Ab·fahrts·ren·nen *das* <-s, -> SPORT *(≈ Abfahrts-lauf)*

ab·schme·cken <schmeckst ab, schmeckte ab, hat abgeschmeckt> *mit OBJ* ■ *jmd. schmeckt etwas ab* KOCH. *probieren, ob eine Speise ausreichend gewürzt ist und eventuell nachwürzen:* die Suppe abschmecken

Ad·ress·buch *das* <-(e)s, Adressbücher> ❶ *ein Notizbuch, in dem man Adressen sammelt* ❷ EDV *innerhalb eines Mailprogramms eine Datei, in der E-Mail-Adressen abgelegt und verwaltet werden* | Bedeutungserklärungen sind kursiv

Ad·van·tage *der* [əd'va:ntɪdʒ] <-s, -s> SPORT *(beim Tennis: ≈ Vorteil) der erste gewonnene Punkt nach dem Einstand*

ähn·lich·se·hen <sieht ähnlich, sah ähnlich, hat ähnlichgesehen> *mit ES* ■ *etwas sieht jmdm. ähnlich (umg.) typisch sein für jemanden* ◆ Zusammenschreibung →R 4.6 Das sieht dir ähnlich!; Es sieht ihm ähnlich, dass er erst am nächsten Morgen nach Hause kommt. | Angabe idiomatischer Redewendungen

Alt·jahr·abend, Alt·jahrs·abend *der* <-s, -e> SCHWEIZ. *Silvesterabend* | Angabe der Betonung / Angabe der Trennmöglichkeiten

Au·to·gramm *das* <-(e)s, -e> *eigenhändige Unterschrift (einer bekannten Persönlichkeit):* Autogramme sammeln ◆ -jäger(in), -stunde | Angabe zur Bildung von Genitiv Singular und Plural

Bild *das* <-(e)s, -er> ❶ *(≈ Gemälde) eine Art flache Platte (aus Papier, Leinwand, Holz o. Ä.), auf der mit Farben eine künstlerische Darstellung gemalt ist:* ein abstraktes Bild; die Bilder eines alten Meisters/des französischen Impressionismus/aus der Spätphase des Künstlers; In der Galerie hängen auch Bilder unbekannter Künstler.; ein Bild ankaufen/aufhängen/besprechen/rahmen/restaurieren ◆ -ergalerie, -erhaken, -errahmen, -ersammlung, Acryl-, Akt-, Aquarell-, Landschafts-, Öl- … | Hinweise auf Komposita, in denen das Stichwort vorkommt

Del·fin *der* <-s, -e> *siehe* **Delphin**

sa·lu·tie·ren <salutierst, salutierte, hat salutiert> *ohne OBJ* ■ *jmd. salutiert* MILIT. *einen militärischen Gruß erweisen:* Die Soldaten salutieren vor ihrem Vorgesetzten. | Angabe von Sachgebieten

Schiff *das* <-(e)s, -e> ❶ *ein größeres Wasserfahrzeug mit eigenem Antrieb:* Das Schiff legt ab/ sticht in See/verkehrt auf einer bestimmten Linie/ havariert/schlägt leck/sinkt/liegt (irgendwo) auf Grund/geht irgendwo vor Anker/liegt im Hafen/ läuft unter deutscher Flagge. ◆ -sarzt, -särztin, -sbau, -sfracht, -skoch, -skatastrophe, -sköchin, -sreise, -srumpf, Fluss-, Forschungs-, Fracht-, Kreuzfahrt-, Küsten-, Passagier-, Segel- …

ONLINE-
WÖRTERBUCH

So einfach können Sie jetzt zusätzlich online nachschlagen:

1. Gehen Sie auf die Seite **www.pons.de/meinpons**

2. Registrieren Sie sich mit Ihrem persönlichen Code: | **67l-9gh-iu6-1fg** |

3. Geben Sie Ihren Benutzernamen, Ihre E-Mail-Adresse und das von Ihnen gewählte Passwort ein.

4. Danach erhalten Sie eine E-Mail mit dem Link für die Freischaltung Ihres persönlichen Zugangs zum Online-Wörterbuch.

5. Der Zugang ist jetzt für Sie freigeschaltet. Mit Ihrem Benutzernamen und Ihrem Passwort können Sie nun online nachschlagen: **wann Sie wollen und von wo Sie wollen.**

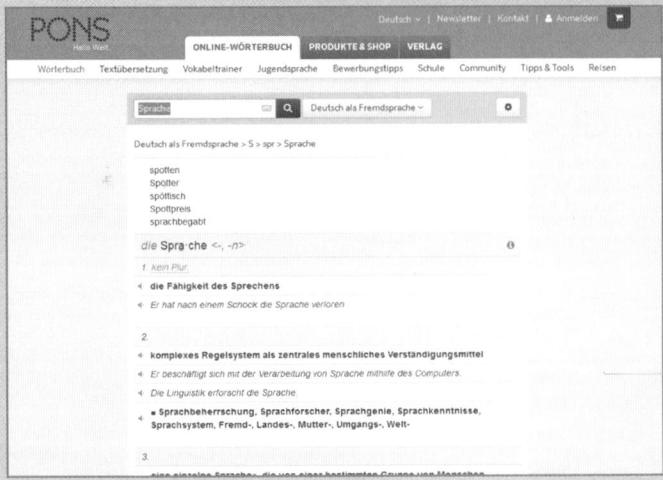

Unsere Nutzungsbedingungen finden Sie im Impressum.

Viel Erfolg beim Nachschlagen
wünscht Ihnen

Ihre PONS Redaktion

GROSSWÖRTERBUCH
DEUTSCH ALS FREMDSPRACHE

Neubearbeitung 2015

PONS GmbH
Stuttgart

PONS
Großwörterbuch
Deutsch als Fremdsprache

Entwickelt auf der Basis des
PONS Großwörterbuchs Deutsch als Fremdsprache
ISBN 978-3-12-517047-6

Bearbeitet von: Prof. Dr. Werner Wolski
Unter Mitwirkung und Leitung der Redaktion PONS Wörterbücher

PONS verpflichtet sich, den Zugriff auf das Online-Angebot,
das zu diesem Buch gehört, mindestens bis Ende 2018 kostenlos zu
gewährleisten. Einen Anspruch der Nutzung, der darüber hinausgeht,
gibt es nicht.
Weitere Informationen entnehmen Sie bitte unseren AGBs.

Warenzeichen, Marken und gewerbliche Schutzrechte
Wörter, die unseres Wissens eingetragene Warenzeichen oder
Marken oder sonstige gewerbliche Schutzrechte darstellen,
sind als solche – soweit bekannt – gekennzeichnet. Die jeweiligen
Berechtigten sind und bleiben Eigentümer dieser Rechte.
Es ist jedoch zu beachten, dass weder das Vorhandensein noch
das Fehlen derartiger Kennzeichnungen die Rechtslage hinsichtlich
dieser gewerblichen Schutzrechte berührt.

1. Auflage 2015 (1,01 - 2015)
© PONS GmbH, Stuttgart 2015
Alle Rechte vorbehalten

www.pons.de
E-Mail: info@pons.de

Projektleitung: Dr. Andreas Cyffka
Gestaltung: Petra Michel, Essen
Umschlaggestaltung: Anne Helbich, Stuttgart
Logoentwurf: Erwin Poell, Heidelberg
Logoüberarbeitung: Sabine Redlin, Ludwigsburg
Satz: Dörr + Schiller GmbH, Stuttgart
Druck: CPI – Clausen & Bosse, Leck
Printed in Germany

ISBN 978-3-12-517429-0

Inhalt

Vorwort

Das **PONS Großwörterbuch Deutsch als Fremdsprache** ist ein Lernerwörterbuch, das auf Benutzerbedürfnisse in Situationen des Erlernens des Deutschen als Fremdsprache zugeschnitten ist. Mit ihm wird den Benutzerinnen und Benutzern Sicherheit im sprachlichen Ausdruck gegeben, ohne dass sie sich durch übermäßig komplexe Kommentierung der ausgewählten Wortschatzbereiche überfordert sehen müssen. Das Wörterbuch enthält überwiegend leicht nachvollziehbare Bedeutungsangaben, die in den Beispielen um gängige Formulierungen zum jeweiligen Stichwort ergänzt werden, und denen Hinweise zur stilistischen Bewertung bzw. sprachlichen Ebene, zur regionalen Verbreitung, sowie zur Fachzugehörigkeit zur Seite gestellt sind. Was die berücksichtigte Fachterminologie angeht, wird gleichwohl darauf geachtet, die potentiellen Benutzerinnen und Benutzer bei aller angestrebten Einfachheit der Kommentierung andererseits nicht zu unterfordern, was wenig hilfreich erscheinen müsste.

Traditionell ist für ein Wörterbuch dieser Art aus Benutzerperspektive wichtig, dass Ausspracheangaben zu solchen Einheiten gemacht werden, für welche die korrekte Aussprache nicht als bekannt vorausgesetzt werden kann. Gleichermaßen bedeutsam sind ausführliche Angaben zu grammatischen Konstruktionen insbesondere bei Verben und zur idiomatischen Verwendung sprachlicher Einheiten. Des Weiteren werden Einsichten in die Vernetzung des Wortschatzes dadurch gegeben, dass so oft wie möglich bedeutungsähnliche bzw. bedeutungsgleiche Einheiten (Synonyme) angegeben werden, sowie solche mit gegensätzlicher Bedeutung (Antonyme). Bei der Stichwortauswahl wurde darauf geachtet, grundlegende Ausdrücke als Stichwörter anzusetzen, aus denen andere (auch Neubildungen) abgeleitet werden können. Anglizismen sowie veraltende und regional verwendete Einheiten des Deutschen (auch solche Österreichs und der Schweiz) werden in repräsentativer Auswahl berücksichtigt.

Für das vorliegende, neu bearbeitete **PONS Großwörterbuch Deutsch als Fremdsprache** sind neue Wege gegangen worden, was das Aufzeigen produktiver Wortbildungsmittel angeht: Es finden sich in ganz erheblichem Umfang gesonderte Wörterbuchartikel dazu, wobei die Palette von Halbaffixen bis zu traditionellen Wortbildungsbestandteilen und solchen reicht, die aus dem Lateinischen und Griechischen stammen. Auch werden vermehrt in jeweiligen Artikelpositionen Komposita sowie Ableitungen aufgezeigt. Dies ermöglicht potentiellen Benutzerinnen und Benutzern, Einblick in die kaum zu überblickende Vielfalt von Wortbildungsmöglichkeiten des Deutschen zu erhalten. Außerdem tragen gesonderte, farbig unterlegte Einzelbeiträge dazu bei, im Zusammenhang einen Überblick nicht nur über wesentliche landeskundliche und sprachwissenschaftliche Bereiche, sondern vor allem auch über Fragen rund um Deutsch als Fremdsprache zu erlangen. Für die Auswahl dieser hier so bezeichneten „Infokästen" war dabei maßgeblich, dass insbesondere fortgeschrittene Lerner und Lernerinnen des Deutschen bei Bedarf auch tiefere Einsichten in die sonst nur knapp über die Bedeutungsangaben und Beispiele erschließbaren Sachverhalte gewinnen können.

Das neu bearbeitete **PONS Großwörterbuch Deutsch als Fremdsprache** will allen Lernerinnen und Lernern des Deutschen ein zuverlässiger Bezugspunkt sein, die sich über Fragen der korrekten Schreibung sowie der grammatisch korrekten Verwendung des Deutschen auf allen sprachlichen Ebenen sachkundig machen wollen. Aufgrund der umfänglichen Berücksichtigung der Wortbildung des Deutschen ist es ein wichtiges Hilfsmittel gleichermaßen in Situationen der Textproduktion wie in solchen der Sprachrezeption.

Viele hochaktuelle neue Stichwörter wie *bloggen, Dachbegrünung, Datenbrille, Energiewende* oder *Webinar* haben im Rahmen der vorliegenden Neubearbeitung in das Wörterbuch Eingang gefunden. Wir hoffen dabei, dass Aktualität und Relevanz der berücksichtigten Sachgebiete dem Kommunikationserfolg von Deutschlernern auf den wichtigen Gebieten zugutekommen, die heute die Hauptmotivation des Erlernens des Deutschen als Fremdsprache darstellen: Ausbildung, Studium und Beruf – und natürlich die erfolgreiche Bewältigung des Alltags mit der Sprache Deutsch.

Stuttgart, Juli 2015

Hinweise für die Benutzung

1. Grundsätzliches

Das vorliegende Wörterbuch soll ein Hilfsmittel für alle sein, die das Deutsche als Fremdsprache erlernen, die sich als Studierende der Germanistik mit dem aktuellen Wortschatz des Deutschen auseinandersetzen oder während des Studiums oder der Berufsausbildung in Deutschland sprachliche Hilfen und Erklärungen suchen.

Einen wesentlichen Teil dieser Zielgruppe bilden auch die Dozenten und Lehrer des Faches Deutsch als Fremdsprache (DaF), denen dieses Wörterbuch ein Hilfsmittel für die Wörterbucharbeit im Unterricht sein soll.

Zum Einsatz in der Praxis des DaF-Unterrichts empfiehlt sich das Wörterbuch in vielen Benutzungssituationen: im Rahmen der systematischen Anleitung zur Wörterbucharbeit, aber auch bei punktuellen Suchfragen zur Rechtschreibung, zur Wortbedeutung, zur Grammatik und zu typischen Wortverbindungen, wie diese im Zusammenhang mit dem Schreiben und der Lektüre deutscher Texte auftreten. Über Anregungen und Formulierungshilfen bei der Textrezeption und der Textproduktion hinaus ermöglicht es auch vertiefende Einsichten in Fragen der Rechtschreibung und Grammatik, da in entsprechenden Regelteilen der Umtexte nachgeschlagen werden kann. Sprachwissenschaftliche Kenntnisse und solche der Wörterbuchbenutzung werden nur in geringem Maße vorausgesetzt.

Als LERNER eine Sprache NICHT als Muttersprache zu haben, beinhaltet, nicht über dasjenige intuitive Wissen zu verfügen, von dem Muttersprachler unproblematisch Gebrauch machen, ohne über Umfang und Art dieses Wissens Rechenschaft ablegen zu können.

Das PONS Großwörterbuch Deutsch als Fremdsprache versucht möglichst viel von diesem Wissen über die Wörter des Deutschen explizit zu machen. Dieses Wissen umfasst vor allem:
- die Schreibung des Stichworts
- die Trennmöglichkeiten
- die Betonung
- eventuelle Schreibvarianten

- das Genus
- eventuelle grammatische Einschränkungen
- stilistische Markiertheit
- Zugehörigkeit zu einem Sachgebiet
- differenzierte Erfassung der Bedeutungen eines Stichworts
- die typischen sprachlichen Kontexte, die das gängige Umfeld des Stichworts bilden, durch Angabe von Kollokationen und bevorzugte syntaktische Verwendungen
- das Wortbildungspotential des Stichworts hinsichtlich seines Verhaltens in Komposition und Derivation, nämlich als Baustein systematischer Wortschatzstrukturen
- Einsicht in die Vernetzung des Wortschatzes durch Angabe von Ausdrücken mit gleicher bzw. sehr ähnlicher Bedeutung (Synonyme) sowie solcher mit gegensätzlicher Bedeutung (Antonyme)

Das Wörterbuch eignet sich somit sowohl als Arbeitsmittel für den Deutschunterricht als auch zum punktuellen Nachschlagen unter einer Suchfrage. Typisch für dieses Wörterbuch ist daher, dass es
- Informationslücken des Benutzers schließt, also umfassend informiert (das heißt aber nicht, dass es zu einem Stichwort immer alle Angaben bietet);
- die aktive Sprachproduktion unterstützt und Einblick in die Struktur des Wortschatzes vermittelt;
- integrativ vorgeht, also den sprachlichen Kontext der einzelnen Stichwörter erschließt: die wesentlichen Synonyme und Antonyme des Stichworts, seine wichtigsten Kontextpartner, sein Vorkommen in idiomatischen Wendungen;
- die Angaben in den Wörterbuchartikeln – wo sinnvoll und notwendig – in Beziehung setzt zu den Regeln des Regelteils zur Rechtschreibung.

2. Bestandteile des Wörterbuchs

Neben dem Wörterverzeichnis bietet das PONS Großwörterbuch Deutsch als Fremdsprache einen lernerfreundlichen Regelteil zur Rechtschreibung und Zeichensetzung. Verweise vom Wörterverzeichnis in den Regelteil zur Rechtschreibung sollen dazu beitragen, dass das Ergebnis der singulären Nachschlagehandlung in systematische Zusammenhänge eingebettet wird.

Daneben liefern gesonderte Textbeiträge im Vorspann des Wörterbuchs Informationen zu Wortbildungen im Deutschen, einschließlich einer Übersicht von Wortbildungsbestandteilen aus dem Lateinischen und Griechischen. Außerdem findet sich dort eine kurze Übersicht zu sprachgeschichtlichen Details des Wortschatzes. In einem weiteren Textteil angeführt sind auch die zahlreichen „Infokästen", die Stichwörtern farbig unterlegt hinzugestellt sind, und in denen im Zusammenhang sprachliche und landeskundliche Details erläutert werden (von „Abitur", „Autobahn", „Brauch" usw. bis „Zweitspracherwerb").

Der Nachspann des Wörterbuchs (nach dem Wörterverzeichnis) umfasst: einen kurzen Abriss der wichtigsten grammatischen Regeln, eine Liste der wichtigsten unregelmäßigen Verben, sowie für Deutschland, Österreich und die Schweiz eine Auflistung der jeweiligen Länder bzw. Bundesländer oder Kantone mit den Hauptstädten bzw. Hauptorten.

3. Welcher Wortschatz?

PONS Großwörterbuch Deutsch als Fremdsprache deckt die aktuelle deutsche Standardsprache ab, also jenes Deutsch, das heute tatsächlich gesprochen und geschrieben wird. Es enthält auch Fremdwörter und Wörter aus Fachsprachen (vgl. dazu die Infokästen „Fremdwort" und „Fachsprache"), sofern sie im modernen Deutsch eine gewisse Verwendungshäufigkeit haben und

sofern sie sprachlich im Benutzerumfeld – z. B. an der Universität – relevant sind.

Das Wörterverzeichnis enthält auch einen Bestand von für den Sprachgebrauch in Österreich und der Schweiz typischen Wörtern, die explizit markiert sind.

4. Zur Rechtschreibreform

Der Wörterbuchtext folgt ohne Ausnahme der neuen deutschen Rechtschreibung. Entsprechende Regelungen machen einen Textteil des Wörterbuchs im Vorspann aus. Zu Entwick-

lungen der Rechtschreibreform findet sich im Wörterverzeichnis ein Infokasten mit Erläuterungen dazu unter dem Stichwort „Rechtschreibreform".

5. Welche Angaben finden sich im Wörterbuch?

5.1 Angaben auf der unmittelbaren Stichwortebene

An der Notation der Stichwörter lässt sich erkennen:

5.1.1 Die mögliche Worttrennung

wird durch Trennpunkte angezeigt: **Sil·be**

5.1.2 Die Betonung

wird bei langem Vokal

durch Unterstreichung,

bei kurzem Vokal

durch einen Punkt unter dem Vokal angegeben.

Bei der Betonung der Stichwörter können Varianten auftreten. Diese werden direkt nach dem Stichwort aufgeführt.

Vo·kal

Kür·ze

6. Alphabetisierung

Hinsichtlich der alphabetischen Anordnung der Stichwörter werden die umgelauteten Vokale „ä", „ö", „ü" so behandelt wie die nicht umgelauteten „a", „o", „u". Es folgen also aufeinander z. B.:

Marathon – Märchen – märchenhaft – Marder/Mahlzeit – Mähne – mahnen.

7. Liste der im Wörterbuch verwendeten Abkürzungen

Abk.	Abkürzung	*österr.*	österreichisch
abwert.	abwertend, pejorativ	*Part.*	Partizip
Adv.	Adverb	*Perf.*	Perfekt
Akk.	Akkusativ	*Pers.*	Person
attr.	attributiv	*Plur.*	Plural
Dat.	Dativ	*präd.*	prädikativ
dial.	dialektal	*Präs.*	Präsens
dichter.	dichterisch	*Prät.*	Präteritum
fachspr.	fachsprachlich	*refl.*	reflexiv
geh.	gehoben	R	Regel im Regelteil
Gen.	Genitiv	*scherzh.*	scherzhaft
hist.	historisch	*schweiz.*	schweizerdeutsch
Inf.	Infinitiv	*Sing.*	Singular
intr.	intransitiv	*süddt.*	süddeutsch
iron.	ironisch	*Superl.*	Superlativ
jmd.	jemand	*tr.*	transitiv
jmdm.	jemandem	*übertr.*	übertragen
jmdn.	jemanden	*umg.*	umgangssprachlich
jmds.	jemandes	*unpers.*	unpersönlich
jugendspr.	jugendsprachlich	*veralt.*	veraltet
Komp.	Komparativ	*verhüll.*	verhüllend
landsch.	landschaftlich	*vulg.*	vulgär
Nom.	Nominativ	*westmdt.*	westmitteldeutsch
norddt.	norddeutsch	*wiss.*	wissenschaftlich
ostmdt.	ostmitteldeutsch		

8. Liste der Sachgebiete

AMTSSPR.	Amtssprache		MATH.	Mathematik
ANAT.	Anatomie		MED.	Medizin
ASTRON.	Astronomie		METEOR.	Meteorologie
BANKW.	Bankwesen		MILIT.	Militär
BAUW.	Bauwesen		MUS.	Musik
BERGB.	Bergbau		PHILOS.	Philosophie
BIOL.	Biologie		PHYS.	Physik
BOT.	Botanik		POL.	Politik
CHEM.	Chemie		PSYCH.	Psychologie
DRUCKW.	Druckwesen		SCHULE	Schule
EDV	Datenverarbeitung		SEEW.	Seewesen
ELEKTROTECHN.	Elektrotechnik		SOZIOL.	Soziologie
FILM	Film		SPORT	Sport
FOTOGR.	Fotografie		SPRACHWISS.	Sprachwissenschaft
GEOGR.	Geografie		RECHTSW.	Rechtswesen
GESCH.	Geschichte		REL.	Religion
KFZ	Automobilwesen		TECHN.	Technik
KOCH.	Kochkunst		TELEKOMM.	Telekommunikation
KUNST	Kunst		THEAT.	Theater
LANDW.	Landwirtschaft		TV	Fernsehen
LIT.	Literatur		WIRTSCH.	Wirtschaft
LUFTF.	Luftfahrt		ZOOL.	Zoologie

9. Angaben zu Rechtschreibvarianten

Das PONS Großwörterbuch Deutsch als Fremdsprache ist ein Bedeutungswörterbuch, aber auch
ein Rechtschreibwörterbuch. Als Rechtschreibwörterbuch bildet es die gültige Rechtschreibung
des Deutschen ab.

Die heutige Orthografie des Deutschen ist insbesondere gekennzeichnet durch eine Vielzahl von
Alternativen, die den Schreibenden angeboten
werden. Wenn es zwei gleichwertige Varianten
gibt, wird eine der Varianten mittels „a." (auch)
angeführt:

Del·phin, *a.* **Del·fin** *der* <-s, -e> ❶ ZOOL. ...

Von der Variante, bei der keine Kommentierung
erfolgt, wird auf die andere durch „siehe" verwiesen:

Del·fin *der* <-s, -e> *siehe* **Delphin**

10. Femininformen

Die Femininform ist in diesem Wörterbuch voll
ausgeschrieben. Auf die gesonderte Einreihung
femininer Formen in das alphabetische Wörterverzeichnis wird verzichtet, weil dadurch der
Umfang des Wörterbuchs unnötig vergrößert
würde.

Leh·rer *der,* **Leh·re·rin** <-s, -> …

11. Exponenten

Exponenten (Hochzahlen) werden bei Homonymen und Homographen dann angesetzt, wenn
entsprechende Einheiten klar zu differenzieren
sind. Ansonsten gilt bei gängiger Mehrdeutigkeit
(Polysemie) die Differenzierung unterschiedlicher Bedeutungen durch Bedeutungsstellennum-
mern (1. Bedeutung, 2. Bedeutung etc.).

Homonyme sind Wörter, die gleich ausgesprochen und gleich geschrieben werden, aber völlig
unterschiedliche Bedeutungen haben; vgl. zur
Homonymie und zur Polysemie auch den Infokasten „Mehrdeutigkeit".

| *die Bank* | ‚die Sitzbank' |
| *die Bank* | ‚das Geldinstitut' |

Homographe sind Wörter, die bei gleicher Schreibung unterschiedlich ausgesprochen werden und
unterschiedliche Bedeutungen haben.

| der *Tenor* | eine Singstimme |
| der *Tenor* | eine bestimmte Einstellung |

Exponenten (Hochzahlen) erhalten auch sprachliche Ausdrücke im Rahmen von Bedeutungsangaben: Damit wird aufgezeigt, in welcher Bedeutung der entsprechende Ausdruck verwendet
wird:

durs·tig *adj so, dass man Durst [1] verspürt:* Nach
der langen Wanderung waren wir durstig.

12. Infokästen

Das PONS Großwörterbuch Deutsch als Fremdsprache enthält zwischen den Wörterbuchartikeln
mehrere farbig unterlegte Infokästen. Gegenstand dieser Infokästen sind sprachwissenschaftliche, landeskundliche und sonstige Zusatzinformationen, die für den Bereich Deutsch als Fremdsprache von Belang sind. Eine gegliederte Übersicht findet sich als Textteil anschließend unter
„Streifzug durch die deutsche Sprache".

13. Phonetik

Die Stichwörter erhalten dann eine Aussprache-
angabe, wenn die korrekte Aussprache nicht ein-
fach erschließbar ist oder nicht als bekannt
vorausgesetzt werden kann. Dies ist vor allem bei
Fremdwörtern der Fall. Die Ausspracheangaben
werden gemäß der gängigen internationalen
Lautschrift (IPA) gemacht. Aus Gründen der
Raumersparnis erstrecken sie sich bei längeren
Einheiten meist nur auf deren problematische
Teile.

14. Eintragsaufbau Substantiv/Nomen

Genitiv Singular und Nominativ Plural der Substantive/Nomina werden angegeben, wobei innerhalb der spitzen Klammern der Strich „-" für das Stichwort in seiner unveränderten Form steht; in einfachen Fällen wird die Pluralangabe nicht ausgeschrieben:

Lạn·ze *die* <-, -n> *eine Waffe, die aus einer langen Stange mit einer Metallspitze besteht:* Der Ritter durchbohrte seinen Gegner mit der Lanze.; ▪ **für jemanden eine Lanze brechen** *(geh.) für jmdn. in der Öffentlichkeit eintreten*

Der Genitiv Singular lautet also *(der) Lanze*, der Nominativ Plural lautet *(die) Lanzen*.

Wird das Stichwort im Plural umgelautet, wird die Pluralform voll ausgeschrieben:

Sạft *der* <-(e)s, Säfte> ...

Gibt es zu einem Substantiv/Nomen keinen Plural, wird das explizit angegeben:

Sä·ge·mehl *das* <-s> */kein Plur./ die vielen kleinen Holzspäne, die beim Sägen als Abfall entstehen*

Kommt ein Substantiv/Nomen nur im Plural vor, wird das ebenfalls angegeben:

Ẹl·tern <-> *Plur.*

Die Angabe des Genus erfolgt mit dem bestimmten Artikel *der, die, das, die/der.*
Es gibt Wörter – z. B. *Joghurt* –, welche wahlweise das eine oder das andere Genus haben können (*der Joghurt, das Joghurt*). In einem solchen Fall werden beide Genera angegeben, getrennt durch einen Schrägstrich. Einige Wörter wie *Eltern, Kosten* usw. besitzen keinen Singular, weshalb sich diesen Stichwörtern kein Genus zuweisen lässt.

Im Anschluss an die verschiedenen Bedeutungen des Stichworts werden häufig Idiome (idiomatische Wendungen, Redewendungen, phraseologische Einheiten) angegeben; vgl. dazu auch die Infokästen „Idiom" und „Phraseologie". Es handelt sich bei den berücksichtigten Einheiten überwiegend um solche, deren Bedeutung sich nicht aus den Bedeutungen der einzelnen Bestandteile erschließen lässt; vgl.:

Leim *der* <-(e)s, -e> *ein Klebstoff, der flüssig ist und mit dem man Holz, Tapeten oder Papier klebt:* Leim auf beide Seiten auftragen; ▪ **jemandem auf den Leim gehen** *(umg.) auf die Tricks von jmdm. hereinfallen;* ▪ **aus dem Leim gehen** *(abwert.) auseinanderfallen* Der Stuhl geht aus dem Leim.

Hier lässt sich die Bedeutung von **jemandem auf den Leim gehen** auch dann nicht erschließen, wenn man die Bedeutungen von **gehen** und von **Leim** kennt.

14.1 Komposita

Die Wortbildung des Deutschen lässt es zu, theoretisch unbegrenzt viele Komposita zu bilden, indem ein Substantiv an ein anderes oder an ein bereits bestehendes Kompositum angehängt wird: Dieses als *Komposition* bzw. *Zusammensetzung* bezeichnete Wortbildungsverfahren ist ein zentrales Mittel der Wortbildung neben Derivation (Ableitung), Konversion und Kürzung; vgl. dazu auch die Infokästen „Halbaffix" und „Wortbildung". Kein Printwörterbuch kann – schon aus Platzgründen – auch nur den Großteil solcher Zusammensetzungen als einzelne Stichwörter ansetzen. Auch müssen, soweit Komposita verzeichnet sind, nicht stets Bedeutungserklärungen angeführt werden: Denn in den meisten Fällen ist die Bedeutung des Kompositums leicht aus den Bedeutungen seiner Bestandteile erschließbar. Dieses Wörterbuch listet daher beim Stichwort in vielen Fällen Komposita ohne eigenständige Bedeutungsangabe auf.

In einer Artikelposition der Wörterbuchartikel zu Substantiven sind oft solche Komposita angeführt, die das Stichwort als Erst- oder Zweitbestandteil enthalten; beim Stichwort **Auto** sind dies z. B.

-abgase, -aufkleber, -bau, -car, -cross, -dach, -dieb(in), -diebstahl, -fabrik, -fahrer(in), -fahrt, -friedhof, -geschäft, -händler(in), -hersteller(in), -hilfe, -hof, -karosserie, -karte, -kennzeichen, -knacker, -kolonne, -konzern, -korso, -lackierer, -lenker(in), -marder, -marke, -mechaniker(in), -museum, -panne, -radio, -reifen, -rennen, -schlosser, -schlüssel, -telefon, -unfall, -verkehr, -vermietung, -werkstatt, -wrack, -zubehör; Last-, Leasing-, Miet-, Personen-, Polizei-

Der Strich steht dabei für das Hauptstichwort, welches bei der Rezeption der Einheiten im Akt des Lesens ergänzt werden muss.

Hier sind meist solche Zusammensetzungen angeführt, die nicht zum Bestand der Stichwörter des Wörterverzeichnisses gehören.

In der Reihe der Komposita findet man zuerst diejenigen Komposita, welche das Stichwort als Erstglied enthalten (wie im obigen Beispiel *Auto*). Dann erst werden diejenigen Komposita angeführt, welche das Stichwort als Zweitglied enthalten:

Stichwort: **Wörterbuch**

Komposita: -benutzung, -forschung, -nachspann, -vorspann, Abkürzungs-, Bild-, Dialekt-, Fach-, Spezial-, Sprach-, Valenz-

Innerhalb dieser Komposita-Reihen gilt die alphabetische Reihenfolge (wie oben **-benutzung** vor **-forschung** vor **-nachspann**)

Hierzu wird in dem sich anschließenden Abschnitt „Streifzug durch die deutsche Sprache" nochmals im Zusammenhang erläutert, welche Neuerungen das vorliegende Wörterbuch dazu enthält, und wie in Einzelheiten bei der Berücksichtigung von Wortbildungsbestandteilen verfahren wird.

14.2 Abgeleitete Wörter

Am Ende vieler Wörterbuchartikel sind abgeleitete Wörter aufgeführt: Es handelt sich um Einheiten, die durch Wortbildung mittels Ableitung (Derivation) zustande gekommen sind. Sie werden – wie die verzeichneten Komposita – gewöhnlich nicht selbst als Stichwörter angesetzt und erhalten keine eigene Bedeutungsangabe.

gut·wil·lig *adj bereitwillig:* Sie ist eine gutwillige Schülerin. ▶ Gutwilligkeit

Denn die Bedeutung eines dieser abgeleiteten Wörter kann man mühelos aus der Bedeutungsangabe desjenigen Stichworts ableiten, dem es im Wörterbuchartikel zugeordnet ist.

Ableitungen sind ebenfalls in alphabetischer Reihenfolge angeordnet; anders als Komposita in ihren Komposita-Nestern sind sie aber ausgeschrieben. Meist werden auf diese Weise auch den Namen von Staaten die Bezeichnungen für Personen entsprechender Nationalität sowie abgeleitete Adjektive hinzugefügt:

Dä·ne·mark <-s> *Staat in Nordeuropa* ▶ Däne, Dänin, dänisch

15. Eintragsaufbau Verb

Wenn die flektierten Formen orthografische oder sonstige Schwierigkeiten in sich bergen, werden bei den Verben nach dem Stichwort folgende Angaben gemacht:

2. Person Singular Präsens, 3. Person Singular Präteritum, 3. Person Partizip Perfekt.

Eine Angabe zu flektierten Formen wird generell immer gemacht: bei starken Verben, unregelmäßigen Verben, bei Verben mit Mischformen, bei Verben, deren Stamm auf „-z", „-tz", „-x", „-s", „-ss", „-ß", „-sch", „-tsch" endet, bei Verben, die auf „-ern", „-eln" enden, sowie bei Verben, bei denen das Perfekt alternativ mit *haben* oder *sein* gebildet wird.

ke·geln <kegelst, kegelte, hat gekegelt> …

keh·ren[1] <kehrst, kehrte, hat/ist gekehrt> …

Bei jedem Verb wird die Angabe gemacht, ob es transitiv, intransitiv oder reflexiv ist. Dazu werden als Konstruktionsmöglichkeiten angegeben: „mit *OBJ*", „ohne *OBJ*", „mit *SICH*" und „mit *ES*". Im Falle konkurrierender Zuordnungen wird mit römischen Ziffern differenziert.

schrei·ben <schreibst, schrieb, hat geschrieben> **I.** *mit OBJ/ohne OBJ* ❶ ▪ *jmd. schreibt (etwas) Schriftzeichen auf einer Unterlage (zumeist auf Papier) aufbringen:* Sie schreibt den Text auf weißes Papier.; Er schreibt ordentlich/gut lesbar/unleserlich/deutlich/in Druckbuchstaben/mit einem Kugelschreiber. ❷ ▪ *jmd. schreibt (jmdm.) (etwas) etwas (in einer bestimmten Art) schriftlich formulieren:* Sie schreibt Gedichte/einen Brief/ein Gutachten/eine wissenschaftliche Arbeit.; Er schreibt für die Zeitung.; Sie schreibt lebendig/spannend/anschaulich/auf Deutsch. ❸ ▪ *jmd. schreibt (etwas) als Autor verfassen:* Er schreibt Krimis/Romane.; Ihr Bruder malt und sie schreibt.* ❹ ▪ *jmd. schreibt (jmdm.) (etwas) eine schriftliche Nachrichten senden:* Ich schreibe schnell noch ein paar Postkarten.; Wie lange hat er nicht geschrieben? **II.** *mit OBJ* ▪ *jmd. schreibt etwas* MUS. *komponieren:* Wer hat die Musik zu diesem Film geschrieben? **III.** *ohne OBJ* ▪ *jmd. schreibt (an etwas* Dat.*)* ❶ *im Begriff sein, einen (langen) Text zu verfassen:* Ich schreibe schon seit Jahren an meiner Doktorarbeit.; Du musst den Text noch ins Reine schreiben. ❷ *(Schreibgerät) funktionieren:* Der Kugelschreiber schreibt nicht. **IV.** *mit SICH* ▪ *jmd./etwas schreibt sich irgendwie eine bestimmte Schreibweise haben:* Wie schreibt sich ihr Name?

15.1 Konstruktionsformeln

Eine Konstruktionsformel wird angegeben, wenn das Verb intransitiv (ohne OBJ), transitiv (mit OBJ), reflexiv (mit SICH) oder unpersönlich (mit ES) gebraucht werden kann, also in jedem Fall. Gehört das Verb mehr als einer Kategorie an, wird mit römischen Ziffern I., II., III. differenziert.

ba·den <badest, badete, hat gebadet> **I.** *mit OBJ* ▪ *jmd. badet jmdn. jdn. in einer Badewanne reinigen:* Die Mutter badet das Baby.; Die Pflegerin badet die alte Dame. **II.** *ohne OBJ* ▪ *jmd. badet* ❶ *sich in der Badewanne befinden* ❷ *(≈ schwimmen)* Sie badet am liebsten im Meer.; ▪ **mit etwas baden gehen** *(umg.) erfolglos sein* Er ist mit seiner Geschäftsidee baden gegangen.

BÜCHER WENNER

Große Str. 69, 49074 Osnabrück
2. Etage, 0541 / 33 103 - 22

Wir sind Osnabrück,
auch im Internet: www.buchweb.de

Bon 124-51 Osnabrück, 17.08.2016 15:44

Anz	Bezeichnung	Preis
1		29,99 € 1
	PONS Großwörterbuch Deutsc	

Summe (Brutto)   29,99 € *

Netto   28,03 € Steuer   1,96 €   7% = 1

Bar gegeben   50,00 €
Rückgeld   20,01 €

Öffnungszeiten: Mo-Sa 9:30 bis 19:00
UStIDNr: DE 117 658 455, Kasse W-2.OG

****
Vielen Dank für Ihren Einkauf.
Umtausch nur mit Kassenbon möglich.
****

Diese Valenzformeln oder Konstruktionsformeln werden mit dem Ziel angeboten, den Benutzer über die möglichen Konstruktionen der Verben und Adjektive zu informieren. Um mit einem Verb grammatisch vollständige und korrekte Sätze bilden zu können, muss man wissen, welche Zahl grammatischer Mitspieler (Aktanten) das Verb fordert:

So verlangt ein einwertiges Verb wie *schlafen* nur einen Mitspieler (*Er schläft.*), ein zweiwertiges Verb wie *betrachten* zwei Mitspieler (*Sie betrachtet das Bild.*), ein dreiwertiges Verb wie *schenken* drei Mitspieler (*Er schenkt ihr sein Fahrrad.*)

Man muss ferner wissen, ob diese Mitspieler obligatorischen oder fakultativen Charakter haben und welchen grammatischen Kasus sie fordern:

jmd./jmds./ jmdm./jmdn.	signalisiert belebte Mitspieler
etwas	signalisiert unbelebte Mitspieler
irgendwo/ irgendwohin/ irgendwoher/ irgendwie/ irgendwann	signalisiert (notwendige) adverbiale Bestimmung von Ort, Richtung, Art und Zeit.

Beispiele:

(1) jmd. bringt jmdn./etwas irgendwo hin

Die Studentin bringt die Bücher in die Bibliothek.

Er bringt das Auto in die Werkstatt.

(2) jmd. vereinbart etwas mit jmdm.

Der Projektleiter vereinbart mit den Mitarbeitern bestimmte Ziele.

In unserer letzten Besprechung haben wir das mit ihnen vereinbart.

(3) jmd. kommt irgendwo her

Er kommt um zehn Uhr aus dem Kino.

Ihre Familie kommt ursprünglich aus Schlesien.

(4) jmd. schämt sich (wegen etwas Gen.**) (vor jmdm.)**

Sie schämte sich wegen des Fehlers vor den Kollegen.

Der kleine Junge schämt sich.

(5) jmd. diskutiert (mit jmdm.) (über etwas Akk.**)**

Wir diskutierten stundenlang.

Der Deutschlehrer diskutiert mit dem Schulleiter über den Stundenplan.

(6) es regnet

Es regnete die ganze Nacht hindurch.

Es regnet schon wieder.

(7) jmd. schläft

Er schläft.

Sie schläft die ganze Nacht.

Die Formeln (4) und (5) zeigen, dass im Falle einer Abfolge mehrerer fakultativer Mitspieler diese jeweils einzeln in Klammern stehen.

Teilweise ist an den Mitspieler-Variablen (z. B. **jmdm.**) der Kasus ablesbar, etwa dass in Formel (2) der Kasus von **jmdm.** der Dativ ist.

In anderen Fällen ist dies nicht so; aus Formel (5) ist beispielsweise nicht ablesbar, dass der Kasus von „etwas" der Akkusativ ist.

Im letzteren Fall – und nur im letzteren – wird der Kasus angegeben.

Wird der Kasus schon aus den Mitspieler-Variablen (z. B. **jmd./jmdm./jmdn.**) klar ersichtlich, wird er nicht angegeben.

16. Eintragsaufbau Adjektiv

Ein Adjektiveintrag enthält nach dem Stichwort fakultativ die Angabe von Komparativ und Superlativ. Dies wird dann so gehandhabt, wenn die Formen des Komparativs/Superlativs orthografische oder sonstige Schwierigkeiten in sich bergen. Regelmäßige Komparativ-/Superlativbildung wird nicht angegeben (z. B. **heiß**: *heißer/am heißesten*). Die Angabe des Superlativs erfolgt mit „am".

sim·pel <simpler, am simpelsten> ...

Es gibt viele Adjektive, zu denen keine Komparativ- und Superlativformen existieren, die folglich nicht steigerbar sind, z. B. **barfuß**. Das Fehlen von Komparativ- und Superlativform wird mittels der Angabe „nicht steig." angegeben:

sinn·bild·lich *adj* /nicht steig./ (≈ symbolisch)

17. Synonyme und Antonyme

Zur Unterstützung der Bedeutungserklärung des Stichworts und als Hinweis auf strukturelle Zusammenhänge im Wortschatz werden bei vielen Stichwörtern vor der Bedeutungsangabe Synonyme angegeben, also Wörter mit ungefähr gleicher Bedeutung; vorangestelltes Angabesymbol ist die Doppeltilde:

ab·bla·sen <bläst ab, blies ab, hat abgeblasen> *mit OBJ* ■ *jmd. bläst etwas ab (umg.: ≈ absagen) sagen, dass etwas, das geplant war, nicht stattfindet:* die Hochzeit/eine geplante Konferenz wieder abblasen

Die gleiche Funktion erfüllt die Angabe von Antonymen, nämlich Wörtern mit entgegengesetzter Bedeutung; Angabesymbol ist der Doppelpfeil:

Abend·brot *das* <-(e)s> */kein Plur./ (≈ Abendessen ↔ Frühstück) eine am Abend eingenommene Mahlzeit, die meist aus Brot, Wurst, Käse und kalten Getränken oder Tee besteht*

18. Orthografische Information

Am Ende von Artikeltexten finden sich in relevanten Fällen orthografische Angaben mit Hinweisen auf Großschreibung, Kleinschreibung, Getrenntschreibung und Zusammenschreibung.

heiß·ma·chen, *a.* **heiß ma·chen** <machst heiß, machte heiß, hat heißgemacht> *mit OBJ* ❶ ■ *jmd. macht jmdn. heiß (umg.)* jemanden sexuell reizen: Wow! Die Frau macht mich heiß! ❷ ■ *jmd. macht jmdm. die Hölle heiß (umg.)* jmdn. unter Druck setzen ◆ Zusammenschreibung →R 4.5, 4.6

19. Verweise

Verweise mit Hilfe des Angabesymbols „→" dienen insbesondere der Vernetzung von Angaben. So wird mittels (→ R ...) auf den Regelteil als Teil zusätzlicher orthografischer Angaben verwiesen, der sich im Vorspann des Wörterbuchs befindet; vgl. vorstehend unter 18.

Des Weiteren finden sich in dem Wörterbuch neben Verweisangaben für Synonyme und Antonyme (siehe unter 17) auch Verweisartikel. Bei unterschiedlicher Schreibung des Anfangsbuchstabens einer Einheit wird mit „siehe" von einem Stichwort auf ein anderes verwiesen, bei dem die vollständige Kommentierung erfolgt. Betroffen davon sind die Stichwort-Reihen „C", „K" und „Z"; es handelt sich dabei meist um Termini aus der Chemie, aber auch um Ausdrücke zu tradierten Sachverhalten und zu solchen aus der Antike:

Car·bo·nat *das* <-(e)s, -e> *siehe* **Karbonat**
Kar·bo·nat, **Car·bo·nat** *das* <-(e)s, -e> *Salz der Kohlensäure*

In gleicher Weise wird z. B. verfahren in Fällen wie *Kenotaph* und *Zenotaph, Crevette* und *Krevette, Cerberus* und *Zerberus, Cellulose* und *Zellulose, Kentaur* und *Zentaur.* Außerdem enthält das Wörterbuch am Ende vieler Wörterbuchartikel Verweise auf andere Stichwörter, wodurch diese miteinander vernetzt werden. So wird mit „siehe" oder „siehe auch" unter anderem auch auf die farbig unterlegten Infokästen verwiesen, aus denen man zu einem Stichwort weitere Informationen im Zusammenhang erschließen kann.

20. Stilistische und andere Markierungen

Kommentare dieser Art fungieren als eine Art „Warntäfelchen", um sich nicht bei der Wortwahl sozusagen „zu vergreifen". Gleichsam objektive Zuschreibungen dieser Art kann es nicht geben; zu ihrer Problematik sei auf den Infokasten „pragmatische Angaben" hingewiesen. Ausdrücke, die im gängigen informellen, beruflichen und privaten Umgang verwendet werden, eine legere Haltung zum Ausdruck bringen und überwiegend im mündlichen Sprachgebrauch vorkommen, werden traditionell als *„umg."* für „umgangssprachlich" markiert; vgl. dazu auch den Infokasten „Umgangssprache":

la·bern <laberst, laberte, hat gelabert> *mit OBJ/ohne OBJ* ■ *jmd.* **labert (etwas)** *(umg. abwert.) viel reden, ohne dabei etwas Wesentliches mitzuteilen:* Lass ihn doch labern, wir kümmern uns nicht darum!; Die Betrunkenen laberten nur noch dummes Zeug.
Ei·fer *der* <-s> /kein Plur./ *starkes Bemühen, Streben, Fleiß:* Alle waren mit großem Eifer bei der Sache.; ■ **im Eifer des Gefechts** *(umg.) vor Aufregung* Das habe ich im Eifer des Gefechts ganz vergessen.; ■ **blinder Eifer** *Eifer ohne Überlegung* ◆ Arbeits-, Lern-

Daneben werden als stilistische Markierungen „gehoben" *(geh.)* und „vulgär" *(vulg.)* verwendet; vgl. dazu auch den Infokasten „pragmatische Angaben". Die als „gehoben" markierten Einheiten gehören dem Wortschatz oberhalb der nicht markierten Ebene an. Als „vulgär" werden Einheiten der groben und anstößigen, in jedem Fall der Verwendung nach stark eingeschränkten Schicht des Wortschatzes verstanden. Diese Wörter sollte man zwar verstehen, wenn man ihnen begegnet; man sollte sie aber selbst nicht verwenden.

Sack *der* <-(e)s, Säcke> ❶ *eine Art großer Beutel aus Stoff, Papier oder Kunststoff, in dem man feste Stoffe transportieren kann:* Ich habe zwei Säcke Kartoffeln bestellt.; den Müll in Säcken abtransportieren; den Zement in Säcken anliefern ◆ Müll-, Plastik-, Sand- ❷ *(vulg.) Schimpfwort für einen Mann:* Du blöder/fauler Sack! ❸ *(vulg.)* Hodensack ❹ ÖSTERR., SÜDDT., SCHWEIZ. *Hosentasche;* ■ **mit Sack und Pack** *(umg.) mit allem, was man hat* Sie kam mit Sack und Pack bei uns an.; ...
Scheiß *der* <-> /kein Plur./ *(vulg.) verwendet, um etwas als äußerst schlecht und wertlos zu bezeichnen:* Mach bloß keinen Scheiß!; Was soll der Scheiß?; Mann, ist das ein Scheiß!

Weitere Angaben dieser Art sind: „abwert.", „iron.", „scherzh.", „übertr." und „verhüll.". Mit so markierten Einheiten (Wörtern und Redewendungen) werden auch bei deren isoliertem Gebrauch Einstellungen zum Ausdruck gebracht. Die Angabe *„abwert."* dient zur Kennzeichnung einer abwertenden Haltung des Sprechers: Mit z. B. *Saftladen* wird zwar der gleiche Gegenstand wie mit *Geschäft* oder *Laden* bezeichnet; allerdings ist mit der Verwendung des Ausdrucks *Saftladen* eine negative Wertung des damit Bezeichneten verbunden.; vgl.:

Saft·la·den *der* <-s, Saftläden> *(umg. abwert.) verwendet, um auszudrücken, dass man sich über ein Geschäft oder eine Firma ärgert:* Und so ein Saftladen nennt sich Fachgeschäft!

Die Angabe „iron." dient zur Kennzeichnung eines ironischen Sprachgebrauchs:

sau·ber *adj* ❶ *(≈ rein ↔ schmutzig) frei von Verschmutzungen:* Die Wäsche ist sauber.; Du kannst das saubere Geschirr wegstellen.; Hier gibt es noch saubere Bäche und Seen. ▶ Sauberkeit ❷ *(≈ ordentlich) gut und sorgfältig:* Sie hat eine saubere Schrift.; Der Entwurf ist sauber ausgearbeitet. ❸ *so, dass es allen oder allem gerecht wird:* Ich denke, wir haben eine saubere Lösung dieses Problems gefunden.; Ein Projekt muss auch sauber abgeschlossen werden. ❹ *(≈ korrekt) so, dass es keine Fehler hat:* Sie hat eine sehr saubere Aussprache. ❺ *(iron.) nicht anständig:* Da hat dich dein sauberer Freund schön hereingelegt. ◆ Getrennt- oder Zusammenschreibung →R 4.16 sauber halten; sauber machen/saubermachen

Hier wird der Sinn eines Wortes ins genaue Gegenteil verkehrt, z. B. wenn man eine sehr schlechte Leistung als „Glanzleistung" bezeichnet.

Schatz·käst·chen *das* <-s, -> *(scherzh.) ein Kästchen, in dem jmd. Gegenstände aufbewahrt, die für ihn wertvoll sind*

Die Angabe *„scherzh." („scherzhaft")* dient zur Kennzeichnung eines humorvollen Sprachgebrauchs, z. B. wenn man ein Fahrrad als „Drahtesel" bezeichnet; vgl. auch:

Als *„übertr."* werden solche Ausdrücke markiert, die nicht gemäß ihrer (primären) Grundbedeutung verwendet werden, sondern in einer davon abgeleiteten, im Vergleich mit ersterer als „übertragen" zu bezeichnenden, Bedeutung; vgl.:

La·wi·ne *die* <-, -n> ❶ *eine große Masse von Schnee, die einen Berg herunterstürzt:* eine Lawine auslösen; Mehrere Skifahrer wurden von der Lawine begraben.; Eine Lawine geht ab. ◆ Geröll-, Schlamm-, Stein- ❷ *(übertr.) eine große Menge von etwas:* Der Artikel löste eine wahre Lawine von Leserbriefen aus.

„veralt." dient zur Kennzeichnung solcher Wörter, die früher üblich waren, aber heute als veraltet empfunden werden. Deren Berücksichtigung lässt sich mit der Rezeption älterer Texte bzw. ihrer Erwähnung in neueren Texten rechtfertigen. Ob eine Einheit bloß als „veraltend" eingeschätzt werden kann, oder ob sie heute völlig „veraltet" ist, lässt sich nicht stets verbindlich angeben.

Ly·ze·um *das* <-s, Lyzeen> ❶ *(veralt.) höhere Schule für Mädchen* ❷ SCHWEIZ. *Oberstufe am Gymnasium;* ■ von hinten Lyzeum, von vorne Museum *(scherzh. veralt.) verwendet, um auszudrücken, dass eine reifere Dame in unangemessener Weise jugendlich gekleidet ist und entsprechend wirkt, ihr wahres Alter dann aber doch evident wird*

Als *„verhüll."* sind solche Einheiten markiert, für die anstelle des eigentlich gemeinten und der Sache nach neutral so zu bezeichnenden Gegenstands oder Sachverhalts eine „verhüllende" Wortwahl getroffen wird. Wer z. B. „dahinscheiden" für „sterben" äußert, möchte den Sachverhalt des Todes evtl. nicht direkt ansprechen; vgl. auch:

Leib·haf·ti·ge *der* <-n> */kein Plur./ (verhüll.) Teufel*

Darüber hinaus wird die Lexik im Hinblick auf die räumliche Verbreitung sowie die Zugehörigkeit zu Fächern bzw. fachlichen Disziplinen mit Angaben versehen, die ebenfalls abgekürzt sind: Mit „österr." sind Einheiten des österreichischen Deutsch markiert, mit „schweiz." solche des Schweizerdeutschen. Außerdem werden verwendet: „süddt." („süddeutsch"), „norddt." („norddeutsch"), „ostmdt." („ostmitteldeutsch") und „westmdt." („westmitteldeutsch"). In Fällen unklarer Zuordnung werden verwendet: „dial." („dialektal") und „landsch." („landschaftlich"). Die Abkürzungen sind mit ihrer ausgeschriebenen Form unter „7. Liste der im Wörterbuch verwendeten Abkürzungen" angeführt.

Für Angaben der Zugehörigkeit zu Fächern/Disziplinen/Einzelwissenschaften werden die unter „8. Liste der Sachgebiete" angeführten Abkürzungen verwendet. Auch diese Angaben können nur als sehr allgemein gehaltene Anhaltspunkte für entsprechende Zuordnungen gelten; eine noch feinere Untergliederung erschien als wenig praktikabel. Neben Angaben wie ZOOL." („Zoologie") werden bei unklarer oder vielfältig gegebener Zuordnung angegeben: „fachspr." („fachsprachlich") und „wiss." („wissenschaftlich").

Streifzug durch die deutsche Sprache

Etappen der Sprachentwicklung des Deutschen

Sprachstufe	ungefähre Zeiteinteilung
Indoeuropäisch Man geht man davon aus, dass es eine indoeuropäische Grundsprache gab, die zwischen Indien und Europa verbreitet war.	2000 bis 550 vor Christus
Germanisch	bis 800 nach Christus
Althochdeutsch	bis 1050
Mittelhochdeutsch	bis 1350
Frühneuhochdeutsch	bis 1650
Neuhochdeutsch	seit 1650

Unser Wortschatz

Der Wortschatz ist ein dynamisches System, das sich mit den Bedürfnissen der Sprecher ständig verändert. Unsere Zeit ist gekennzeichnet durch eine Fülle von neuen Erkenntnissen auf allen Gebieten der sich zunehmend spezialisierenden Wissenschaften. Neuerungen in Technik, Wirtschaft und gesellschaftlichem Leben erfordern vielfältige neue Bezeichnungen. Dem Wortbedarf kann einerseits über die vielen Möglichkeiten der Wortbildung nachgekommen werden, indem mit den bereits vorhandenen Wörtern oder Wortbestandteilen neue Wörter gebildet werden; vgl. dazu auch den sich anschließenden Abschnitt „Wortbildung". Ein anderer Weg ist die Aufnahme von Wörtern aus fremden Sprachen. Seltener kommt es vor, dass Wörter ungebräuchlich wer-

den und schließlich ganz aus dem Sprachgebrauch verschwinden (z. B. „resten" für ‚übrig bleiben', „säcken" für ‚ertränken, ersäufen', „sauersichtig" für ‚unerfreulich, mürrisch, verdrießlich'). Der Wandel des Wortschatzes ist aber nicht auf das Auftreten neuer und das Verschwinden alter Wörter beschränkt. Sehr viele Veränderungen zeigen sich auch bei den Wortbedeutungen. Die Bedeutung von Wörtern kann sich erweitern oder verengen oder auf andere Verwendungsbereiche verschoben werden. „Etymologie" heißt die Wissenschaft, die sich mit der Herkunft und Geschichte der Wörter und ihrer Bedeutungen befasst. „Etymologie" nennt man aber auch die Geschichte eines einzelnen Wortes.

Einige interessante Etymologien (Wortgeschichten)

Das Wort *Schokolade* kann seit dem 17. Jahrhundert in deutschen Texten nachgewiesen werden. Es entstammt einer Eingeborenensprache Mexikos. Die Spanier brachten das mexikanische *chocolatl*, mit dem ein Kakaotrunk bezeichnet wird, nach Europa. In Spanien heißt es *chocolate*, in Frankreich *chocolat*, in England *chocolate* und in den Niederlanden *chocolade*.

Als *blöd* bezeichnete man im Althochdeutschen (800–1050) jemanden, der unwissend und scheu war. Später wandelte sich die Bedeutung zu ‚zaghaft', ‚schwach' und ‚gebrechlich'. Erst in neuerer Zeit wurde die Bedeutung auf ‚geistesschwach' und schließlich auf – heute geläufig – ‚albern' und ‚dumm' eingeschränkt.

Der Ausdruck *Alarm* hat heute die Bedeutung ‚Gefahrmeldung'. Er wurde aus dem italienischen *allarme* abgeleitet und ist eigentlich eine Aufforderung, sich zu bewaffnen. Das italienische Wort ist nämlich aus dem militärischen Ruf „*all'arme!*" = ‚zu den Waffen!' entstanden. Das Substantiv/ Nomen geht auf das lateinische Wort *arma* = „Waffe" zurück, was man noch in *Armee* erkennt.

Eine interessante Erscheinung bei der Wortbildung ist die so genannte „Volksetymologie". Darunter versteht man, dass ein unbekanntes, fremdes Wort inhaltlich umgedeutet und/oder in seiner Form verändert wird, damit es verständlich ist. Ein schönes Beispiel hierfür ist *Hängematte,* aus niederländisch *hangmat* entlehnt. Das niederländische Wort selbst hat weder etwas mit „hängen" noch mit „Matte" zu tun. Es geht (über das gleichbedeutende französische *hamac* und das spanische *hamaca)* auf arawakisch (Indianersprache der Antillen) *[h]amaca* zurück: Das nicht verstandene fremde Wort wurde den Wörtern „hängen" und „Matte" lautlich angeglichen.

Dass *Wand* von *winden* kommt, kann man sich heute kaum noch vorstellen. Eigentlich bedeutet *Wand* ‚das Gewundene, das Geflochtene'. Dies stammt aus einer Zeit, in der die festen Wohnstellen der alten Germanen Flechtwerkbauten waren. Diese Bedeutung findet sich beispielsweise auch bei der *Wendeltreppe* (‚gewundene Treppe') wieder.

Ein seltenes Phänomen sind lautmalende, schallnachahmende Wortschöpfungen. Derartige Einheiten hat man traditionell als „Onomatopoetika" bezeichnet; auch wurden daraus früher Theorien zum vermeintlichen Sprachursprung entwickelt. So wird das Wort *Eule* ebenso wie die Bezeichnung der größten Eulenart *Uhu* auf die Nachahmung des Vogelrufes zurückgeführt. Übrigens hängt auch das Wort *heulen* mit *Eule* zusammen: Es wurde von mittelhochdeutsch (1050–1350) *hiuwel* = *Eule* abgeleitet und heißt demnach eigentlich ‚wie eine Eule schreien'.

Ungebräuchlich sind heutzutage die Wörter *allenthalben* (statt: *überall*) oder *alldieweil* (statt: *währenddessen*), auf die man mitunter in alten Texten stößt.

Übernahmen aus anderen Sprachen

Das Deutsche hat zu allen Zeiten Wörter fremder Sprachen aufgenommen. Insbesondere das Lateinische hat als so genannte Quell- oder Gebersprache eine lange Tradition. Aber auch aus dem Griechischen wurden viele Entlehnungen (oft über das Lateinische vermittelt) aufgenommen. Daneben sind das Französische und das Englische als Quellsprachen und auch als Vermittlersprachen (vor allem für Wörter aus dem Lateinischen) von Bedeutung.

Im Allgemeinen unterscheidet man in der Sprachwissenschaft zwischen Erbwörtern, Lehnwörtern und Fremdwörtern; vgl. dazu auch die Infokästen zu „Entlehnung", „Erbwort", „Fremdwort" und „Internationalismus".

Erbwörter haben wir von unseren Vorfahren übernommen, also „geerbt". Sie sind aus dem Indoeuropäischen über das Alt-, Mittel- und Neuhochdeutsche bis heute überliefert.	Beispiele für **Erbwörter:** *Haus, braun, fett, leben, Mutter, Strom, Ebbe, Sumpf, Volk, Bogen, Helm, Schwert, König, Adel, Dieb, Frieden, Sünde, Burg, Segel, Bett, Hoffnung*
Fremd- und Lehnwörter wurden demgegenüber aus anderen Sprachen übernommen. Dabei sind die **Lehnwörter** in Lautung, Schreibung und Grammatik nicht von deutschen Wörtern zu unterscheiden. Meistens wurden sie im Laufe der Zeit den deutschen Regeln angepasst. Es gibt aber auch entlehnte Wörter, die bereits in ihrer ursprünglichen Form mit den deutschen Regeln übereinstimmen. Das ist beispielsweise bei einigen Lehnwörtern aus dem Englischen der Fall.	Beispiele für **Lehnwörter:** *Mauer* ← lateinisch *murus* *Fenster* ← lateinisch *fenestra* *Wein* ← lateinisch *vinum* *Kirche* ← spätgriechisch *kyrikón* *Engel* ← griechisch *ággelos* *Büro* ← französisch *bureau* *Bluse* ← französisch *blouse* *Streik* ← englisch *strike* *Bass* ← italienisch *basso* Beispiele für **Lehnwörter** aus dem Englischen: *killen, Sport, Tennis, Film, Dock, Farm, Star, Tank, Test*

Fremdwörter sind im Gegensatz zu den Lehnwörtern direkt durch ihre fremde Gestalt, also die fremdartige Aussprache und/oder Schreibung, als Übernahmen aus fremden Sprachen erkennbar.

Viele Entlehnungen aus fremden Sprachen behalten ihre fremde Gestalt, obwohl sie schon vor langer Zeit ins Deutsche gelangten. Es ist also nicht einfach so, dass ein Wort nur lange genug in der deutschen Sprache gebräuchlich sein muss, um an die hiesigen Rechtschreibregeln angepasst zu werden. So kam beispielsweise *Bibliothek* (ursprünglich aus dem Griech., dann auch im Lat.) bereits um 1500 ins Deutsche, während das angepasste *Streik* (aus engl. *strike*) erst seit dem 19. Jahrhundert belegt ist.

Die meisten Fremdwörter stammen aus dem Lateinischen, Griechischen, Französischen und Englischen. Die Entlehnungen aus anderen Sprachen fallen weniger ins Gewicht.

Einen Sonderstatus haben so genannte (Bezeichnungs-)Exotismen, die ausländische Einrichtungen und Gegebenheiten benennen. Hierzu gehören Währungseinheiten, Grußformeln, Eigennamen und andere Bezeichnungen nichtheimischer Lebenserscheinungen.

Beispiele für **Fremdwörter**:

aus dem Lateinischen: *Altar, Bibliothek, multiplizieren, Interesse, Universität, Medizin, Abitur, Horizont, Chor*

aus dem Griechischen: *Psychologie, Apotheke, Grammatik, Evangelium*

aus dem Französischen: *Baguette, Ballett, Terrasse, Intrige, Restaurant, Kompliment, Salon*

aus dem Englischen: *Computer, Job, Manager, Toast, Sherry, Party, Show, live, Trainer, Camping*

aus dem Italienischen: *Giro, Klarinette, Cembalo, Bankrott, Pizza*

aus dem Spanischen: *Kastagnette,Tabak*

aus dem Russischen: *Kollektiv, Kosmonaut, Brigade*

aus dem Ungarischen: *Gulasch, Paprika*

aus dem Arabischen: *Algebra, Matratze*

aus dem Türkischen: *Kiosk,Turban*

aus dem Japanischen: *Karate, Kimono*

aus dem Chinesischen: *Taifun,Tee*

Bezeichnungsexotismen: *Dollar, Öre, Siesta, Champs-Élysées, Känguru, Kolchose, olé*

Zum Einfluss des Englischen auf das Deutsche

Seit Ende des 2. Weltkrieges werden insbesondere Wörter amerikanischer Herkunft in die deutsche Sprache aufgenommen. Man spricht von „Anglizismen" oder auch von „Anglo-Amerikanismen" bzw. „Amerikanismen"; vgl. dazu auch den Infokasten „Anglizismus". Dabei ist dieses Phänomen auch in vielen anderen Sprachen zu beobachten. Es versteht sich von selbst, dass der Einfluss der USA in Wirtschaft, Politik, Wissenschaft, Technik, Kultur und gesellschaftlichem Leben auch zahlreiche sprachliche Entlehnungen mit sich bringt. Man sollte dabei allerdings nicht übersehen, dass auch vor 1945 eine Vielzahl von englischen Entlehnungen – auch aus dem britischen Englisch – in die deutsche Sprache aufgenommen wurden. So gelangten beispielsweise zahlreiche Ausdrücke der Sportsprache vor 1945 ins Deutsche (z. B. *boxen, Jockey, Match, Rekord, Cricket, Golf, Hockey, fair, foul, trainieren,Team*). Das Gleiche gilt für viele Ausdrücke aus dem

gesellschaftlichen Leben (z. B. *Dandy, Klub, Frack, Gentleman, Sandwich, Roastbeef, flirten, Bridge, pokern, Blues, grillen*). Die Terminologie des Jazz kam überwiegend in den zwanziger Jahren des 20. Jahrhunderts aus Amerika ins Deutsche.

Es gibt sogar englische Fremdwörter, die gar keine sind: so genannte **Schein-** oder **Sekundärentlehnungen** (auch: „Pseudofremdwörter"). Darunter versteht man in der deutschen Sprache entstandene Bildungen mit englischem Wortmaterial, die es im Englischen nicht gibt. Beispiele sind: *Handy* (englisch: *mobile [phone]*), *Dressman* (englisch: *male manequin*), *Pullunder* (englische Umschreibung: *sleeveless pullover*), *Twen* (englische Umschreibung: *someone in his/her twenties*), *Showmaster* (englisch: *announcer/ compère*).

Orthografische Anpassung der Anglizismen

Bei Entlehnungen aus dem Englischen zeigt sich deutlich die Tendenz zur unveränderten Übernahme. Es lassen sich zahlreiche Beispiele nennen: *ladylike, Butler, Make-up, Punk, Slum, Feeling, Peeling, Team, cool, Sonnyboy, Toast, Hardware, Story, Tweed, Jeans, Cowboy*. Alle neueren Entlehnungen werden (fast) wie im Original geschrieben und gesprochen. Das hat vor allem folgende Gründe:

• Hohes Ansehen der fremden Sprache:
Seit jeher gelten Fremdsprachenkenntnisse als ein Kennzeichen besonderer Bildung; das gilt umso mehr, wenn die Gebersprache ein so

hohes Ansehen wie derzeit das Englische genießt. Englisch ist „in"; daran besteht kein Zweifel. Mit dem Gebrauch von englischen Wörtern verbinden sich Gefühle von Weltoffenheit, Fortschrittlichkeit und Modernität. Insbesondere die Sprache der Werbung macht sich derartige Verknüpfungen zunutze. Statt „Haarpflegeprodukten" verkauft man besser ein „hairstyling set", statt einer „Zwischenmahlzeit" besser einen „Snack"; statt mit „schickem Aussehen" wirbt man besser mit „coolem Look".

• Fremdsprachenkenntnisse:
  Eng mit dem hohen Ansehen der englischen Sprache hängt zusammen, dass Englisch gegenwärtig die Fremdsprache ist, die von den meisten Sprachteilhabern neben der Muttersprache mehr oder weniger beherrscht wird. Das liegt zum einen daran, dass Englisch in der Regel als erste Schulfremdsprache unterrichtet wird. Zudem ist Englisch als Weltsprache allgemein bekannt und viele Menschen verfügen auch aus beruflichen Gründen zumindest über Grundkenntnisse. Englisch ist lingua franca und erfüllt damit eine Rolle wie in früheren Zeiten das Lateinische.

• Fachsprachen und internationale Kommunikation:
  Die Geschwindigkeit, mit der in den verschiedenen Wissensgebieten Neuerungen hervorgebracht werden, hat einen großen Wortbedarf zur Folge. Dass die Terminologien zu einem großen Teil aus dem Englischen stammen, hängt mit der Geltung des Englischen als Weltsprache zusammen. Hinzu kommt, dass die USA in vielen Wissensgebieten eine Vorreiterrolle einnehmen. Damit geht die Tendenz zur Internationalisierung des Wortgutes einher; die Fachwortschätze der einzelnen Sprachen gleichen sich einander mehr und mehr an. Häufig sind die Fachausdrücke Wörter lateinisch-griechischen Ursprungs, die nach englischem Vorbild im Deutschen und in anderen Sprachen gebraucht werden. Es liegt auf der Hand, dass einheitliche Fachausdrücke/Termini die Kommunikation über Sprachgrenzen hinweg sehr erleichtern. Die Wörter *Chip, Computer, Container, Laser, Radar* versteht man in vielen Sprachen rund um den Erdball. Man spricht hier auch von „Internationalismen"; vgl. dazu auch den Infokasten „Internationalismus" im Wörterverzeichnis.

• Verwandtschaft von Sprachen:
  Von Bedeutung ist auch, dass Englisch und Deutsch beides germanische Sprachen sind (etwa im Gegensatz zu den romanischen Sprachen Französisch, Spanisch und Italienisch). Sie sind also „miteinander verwandt", was sich zum Beispiel daran zeigt, dass manche englischen Wörter gar nicht angepasst werden müssen, um den deutschen Regeln zu entsprechen (s. o.).

Grundsätzliches zur Anpassung fremder Wörter

Grundsätzlich gibt es zwei Möglichkeiten, wie fremde Wörter an das Deutsche angeglichen werden können (wobei natürlich auch Misch- und Übergangsformen auftreten):

Anpassung der deutschen Aussprache an die quellsprachliche Schreibung	Anpassung der deutschen Schreibung an die quellsprachliche Aussprache
Diese Form der Angleichung ist wesentlich häufiger anzutreffen. Es leuchtet ein, dass die flüchtige Aussprache wesentlich leichter und schneller anzupassen ist als die Schreibung. Beispiele: *Apartment, Ballast, Revolver, Bunker, Club/Klub, Humor*	Beispiele: *Känguru,* engl. *kangaroo* *Dschungel,* engl. *jungle* *Streik,* engl. *strike* *Keks,* engl. *cake* *Bumerang,* engl. *boomerang* *Schock,* engl. *shock* *Schal,* engl. *shawl*
Häufig werden angepasste Schreibungen durch Nebenformen eingeführt. Für *Shampoo* gab es zeitweise noch 3 Schreibvarianten: *Schampun, Shampoon, Schampon;* interessanterweise konnte sich die Schreibung mit „*Sch*" nicht durchsetzen. Auch für andere Anglizismen gab es Eindeutschungen, die zugunsten der Originalform wieder verschwanden, z. B.	*Kautsch* für *Couch, tränieren* für *trainieren, Komputer* für *Computer, Klaun* für *Clown.*

Wortbildung

Gerade für Studierende des Faches Deutsch sind die Wortbildungsmöglichkeiten äußerst verwirrend. Unproblematisch sind nur die Fälle, in denen sich die Gesamtbedeutung z. B. eines Kompositums leicht aus den Teilgliedern erschließen lässt: *Konjunkturkrise = Konjunktur + Krise*. In anderen Fällen ist ein Kommentar zur Bedeutung notwendig, z. B. für *Konjunkturspritze*. Deshalb wird im vorliegenden Wörterbuch großer Wert darauf gelegt, die Wortbildung ausführlich zu berücksichtigen. Dies geschieht zunächst durch „Info-Kästen", in denen in zusammenhängender Weise darauf eingegangen wird; vgl. die Artikel „Wortbildung" und „Halbaffixe". Des Weiteren wird der sich ganz besonders hervorhebende Typ der Wortbildung, nämlich die Bildung von Komposita, in einem erheblichen Umfang berücksichtigt; dies geschieht zunächst durch Anführen von Komposita innerhalb jeweiliger Wörterbuchartikel.

Gegenüber früheren Auflagen ist deren Zahl im Rahmen der meisten Wörterbuchartikel um viele Einheiten vermehrt worden:

Beispiel: **Brücke**. Zuerst werden in alphabetischer Reihenfolge die Bildungen angeführt, in denen *Brücke* das Erstglied ist, und zwar mit dem zu ergänzenden Buchstaben; vgl. *-nbau, -nkonstruktion*, bis *-nturm*. Darauf folgen die ebenfalls nicht voll ausgeschriebenen Einheiten, in denen *Brücke* das Zweitglied ist: *Behelfs-*, bis *Tal-* und *Zug-*. Bei der Vielfalt von Zusammensetzungen kann hier (wie sonst) nur eine Auswahl getroffen werden.

Außerdem ist in einer gesonderten Artikelposition die Anzahl der aufgezeigten Wortbildungsmöglichkeiten erheblich im Umfang vermehrt worden. Dies sind substantivische und adjektivische Ableitungen, die voll ausgeschrieben werden:

Aufzeigen von Ableitungen, die keine Kompositabildungen sind:

Neben Ableitungen der Art *Eiterung* (zu**eitern**), *Erhitzung* (zu**erhitzen**) werden hier auch z. B. Ableitungen insbesondere zu Länderbezeichnungen angeführt: **Ghana** mit *Ghanaer, Ghanaerin, ghanaisch*, oder zu sonstigen Bezeichnungen: *Eidetiker, Eidetikerin, eidetisch* (zu**Eidetik**). Die berücksichtigten Einheiten werden alphabetisch angeführt. Die zugestellten Ableitungen werden in solchen Fällen auch als Stichwörter angeführt, wenn sie Besonderheiten aufweisen, z. B. Redewendungen.

Eine weitere wichtige Neuerung besteht darin, dass Wortbildungsbestandteile gesondert als Wörterbuchartikel angeführt werden: Dies ermöglicht deren ökonomische Erfassung und wirft zugleich ein Licht auf eine Spannweite möglicher Kompositabildungen, die als Einzelstichwörter das Wörterbuch dem Umfang nach nur unnötig aufblähen würden. Es handelt sich hier

vor allem um Einheiten, die sich der Bedeutung nach auf ihnen entsprechende Langformen zurückführen lassen. Beispiel: Das Wortbildungselement**Fehl-** ist auf *Fehler* bzw. auf *falsch* zurückzuführen. Dementsprechend wird es als Stichwort mit *-alarm* bis *-zündung* angesetzt. Gleiches gilt für das entsprechende Adjektiv**fehl-** mit z. B. den Zweitgliedern *-besetzt* und *-geleitet*.

Davon unterscheidet sich grundlegend diejenige Bildung von Komposita grundlegend, bei der so genannte „Halbaffixe" als Vorsilben (Präfixe) oder als Nachsilben (Suffixe) dienen. Auch hier wurde darauf geachtet, diese Bildungen in erheblichem Umfang zu berücksichtigen. Halbaffixe (vgl. dazu den Infokasten im Wörterverzeichnis) sind lexikalische Einheiten, deren Bedeutung sich im Wesentlichen in Richtung bloßer Intensivierung oder Abschwächung geändert hat. Von der ursprünglichen Bedeutung solcher Einheiten sind die sonst für sie wesentlichen Bedeutungsmerkmale kaum erhalten geblieben. Deshalb werden sehr häufig angesetzt: Halbaffixe als gesonderte Wörterbuchartikel.

Beispiel: Aus dem Plural von *Bär* (das Tier) ist das reihenbildende Wortbildungselement **Bären-** geworden, mit dem substantivische Komposita wie *-hunger, -kälte* gebildet werden; adjektivische Ableitungen von**bären-** sind z. B. *-stark* und *-ruhig*. Davon unterscheidet sich z. B. das Kompositum *Bärentatze*, das sich aus *Bär* (das Tier), dem Fugenelement *en-* und *Tatze* zusammensetzt. Andere Beispiele sind: *Heiden-* (mit *-angst* bis *-spektakel*), *-zar* (z. B. *Mode-, Presse-*), *Bilderbuch-* (*-hochzeit, -landung*) und *-betont* (*gefühls-, körper-*). Teils stammen sie aus dem Englischen bzw. Amerikanischen, so *Allround-* (z. B. *-genie*) oder *Cyber-* (z. B. *-anzug, -brille*). Oft erfordern diese Einheiten bei gegebener Mehrdeutigkeit eine Differenzierung nach Bedeutungen: So drückt *Mords-* aus, „dass das mit dem Zweitglied Bezeichnete sehr ausgeprägt/intensiv ist" (*-arbeit, -krach*), oder „dass das mit dem Zweitglied Bezeichnete großen Eindruck macht" (*-auto, -ding*). Substantivische und adjektivische Zusammensetzungen mit Halbaffixen werden jeweils gesondert angesetzt. Die entsprechenden Strichartikel finden sich den zugehörigen Vollformen jeweils nachgestellt, z. B. **Bilderbuch-** nach**Bilderbuch** .

In dem Wörterbuch werden aber solche Einheiten nicht anders behandelt als die traditionell aus griechischen und lateinischen Wortbildungsbestandteilen abgeleiteten Einheiten: Auch von diesen werden zahlreiche in gesonderten Wörterbuchartikeln erfasst und der Bedeutung nach unterschieden. Beispiel: Zu**Bio-** zählen z. B. *-chemie* und *-diesel*, zu**bio-** sind z. B. anzuführen *-dynamisch* und *-technisch*. Andere Einheiten, die gesonderte Artikel erhalten, sind z. B. *Makro-* und *makro-*, *Meta-* und *meta-*, *Nano-* und *nano-*.

Wortbildungen mit Bestandteilen aus dem Lateinischen und Griechischen

Zahlreiche Fremdwörter aus dem Lateinischen und Griechischen bestehen aus einem Grundwort, vor das eine Vorsilbe, ein so genanntes *Präfix*, gesetzt wurde. (Beispiel: Präfix *trans* „hinüber" + *portare* „tragen" → „transportieren".) Diese Präfixe sind ursprünglich meist Präpositionen (wie *re* „zurück", *syn* „mit") oder Adverbien (*tele* „fern"); andere sind Zahlwörter (*tri-* „drei"), Adjektive (*mono-s* „allein") oder Substantive/Nomen (*bio-s* „Leben"). Präfixe sind zusammen vor allem mit den Suffixen ein Untertyp der Affixe. Affixartige Wortbildungsmittel, die im Übergang zu gebundenen Wortbildungselementen stehen und reihenbildend sind, heißen *Halbaffixe* oder *Affixoide* (vgl. dazu die vorstehenden Ausführungen sowie den Infokasten „Halbaffix"). Gerade für Einheiten aus dem Griechischen lassen sich hierfür nicht stets klar und einfach zu bezeichnende Nennformen ansetzen.

Oft kann man sich die Bedeutung von Fremdwörtern leichter erschließen, wenn man die Bedeutung des Präfixes kennt. In manchen Zusammensetzungen (Komposita) ist das Präfix auch weitgehend abgeschwächt; es kann dann z. B. nur noch eine Verstärkung des Grundwortes bewirken.

Bei den mit einem Präfix gebildeten Fremdwörtern kann man grob zwei Gruppen unterscheiden: Es gibt diejenigen Wörter, die komplett als Komposita aus dem Lateinischen oder Griechischen übernommen worden sind, die also dort bereits aus Präfix + Verb oder Substantiv/Nomen zusammengesetzt sind (Beispiel: *conservare* – „konservieren"). Die Fachsprachen der Geistes- und Naturwissenschaften haben sich die Präfixe aber auch zunutze gemacht, um daraus neue Wörter zu bilden; das Präfix ist „produktiv" geworden (*Biotop*, eigentlich ‚Ort zum Leben'). Auch die lebendige Umgangssprache geht mit dem Präfixreichtum schöpferisch um, wie zahlreiche Neubildungen zeigen (Beispiel: *Megahit, Bioladen*).

Die nachfolgende Zusammenstellung bietet die wichtigsten Präfixe aus dem Lateinischen und Griechischen mit ihren ursprünglichen Bedeutungen sowie mit Beispielen. (Der Umweg, den manches Wort – etwa über das Französische oder Englische – genommen hat, kann in diesem Rahmen nicht nachgezeichnet werden).

Eine Besonderheit bei der Wortbildung ist der Vorgang der Assimilation: Der letzte Konsonant des Präfixes gleicht sich oft dem Anlaut des folgenden Wortes an. Beispiel: *syn* + *pathos* → *Sympathie*; *ad* + *petere* → *Appetit*.

Nachstehend werden auch etliche solcher Wortbildungselemente berücksichtigt und streng alphabetisch angeordnet, von denen viele im engen Sinne keine Präfixe sind, die aber als Bestandteile in zahlreichen Fremdwörtern und Termini vorkommen. Dies ermöglicht es oft, die Bedeutungen der Bestandteile eines Ausdrucks an Ort und Stelle zu erschließen. So ist *Chromosom* eines der exemplarischen Beispiele unter

som, *soma(t)*; der erste Bestandteil findet sich unter *chrom*, *chromat*.

Um Verwechslungen bzw. Übergeneralisierungen zu vermeiden, ist unbedingt anzuraten, bei unbekannten und hier nicht exemplarisch als Beispiel angeführten Ausdrücken die Ableitung aus dem Griechischen oder dem Lateinischen im Einzelfall zu überprüfen. Das Sternchen * bezeichnet im Folgenden die Herkunft aus dem Griechischen.

a, an*
(dt. un-)
Analphabet, Anarchie, anomal, anonym, amorph, apathisch, asozial

ab, a-, abs-
(dt. von – weg; aus)
abstrakt, abstinent, absolvieren, absolut, Abitur, abrupt, absorbieren

ad (ac-, af-, ag-, ak-, ap-, at-, as-)
(dt. zu; bei; an)
Adjunkt, Addition, Accent, affektiert, Aggression, akzeptieren, Appell, Appetit, apportieren, attraktiv, Aspekt

aequi
(dt. gleich)
Äquivalenz, Äquilibrium, äquivok

akro*
(dt. kurz, Spitze; höchster, äußerster)
Akronym, Akrozephalie, Akropolis, Akrobat

all, allo*
(dt. ein anderer, eine andere, ein anderes)
Allophon, Allomorph, Allogamie, Allotria

ambi, amb
(dt. zweifach; rings um)
Ambiente, Ambitus, Ambitionen, ambivalent

amphi, ampho*
(dt. beide)
Amphibien, Amphore, Amphitheater

ana, an*
(dt. hinauf; zurück; wieder)
Anagramm, analog, anachronistisch, analysieren, Anarchie

anth(os)*
(dt. Blume, Blüte)
Anthologie, Chrysantheme, Exanthem

ante (anti)
(dt. voran, vor)
Antependium, Antezedens, Antizipation

anti, ant*
(dt. gegen, entgegen)
Antipathie, Antipode, Antarktis, Antifaschismus, antiseptisch, antibakteriell, Antikörper,

Antibiotikum, Antialkoholiker, Antagonismus, Antonym

apo*, ap
(dt. von – weg; ab)
Apologie, Apostroph, Apotheke, Aphel

arch(äo), arche*
(dt. Anfang; alt; Herrschaft; ursprünglich)
Archäologie, Archäopteryx, Archiv, Archetyp, Patriarch

arithm(o)*
(dt. Zahl)
Arithmetik, Logarithmus, Arithmogriph

arkt*
(dt. Norden)
Arktis, Antarktis, Arktur/Arkturus

aster, astr(o)*
(dt. Stern)
Asterix, astral, Asteroid, Astronaut, Astrologie

athl(et)*
(dt. Wettkampf; Wettkämpfer)
Athlet, athletisch, Biathlon, Triathlon

auto*
(dt. selbst)
Automat, Auto(mobil), Autodidakt, Autobiografie, Autogramm, Autosuggestion, autonom

ball*
(dt. setzen, stellen; springen, tanzen)
Ballistik, Ballismus; Ball, Ballett, Ballade

bar(y)*
(dt. schwer)
Bariton, Baryonen, Barium

bas*
(dt. Sockel, Grundlage; Schritt)
Basis, Base, Basic English, Baseball, Basophilie

basil*
(dt. königlich; König)
Basilika, Basilikum, Basilisk, Basilosaurus

bel, blem, bol*
(dt. Wurfgeschoss; Wurf; werfen)
Parabel, Emblem, Problem, Anabolika, Embolie

bi
(dt. zwei, doppel-)
Biathlon, Bizeps, bisexuell, bilateral, Bigamie, Biennale, binäres Zahlensystem, bilingual, Bikarbonat, bipolar

Bib(lio)*
(dt. Buch)
Bibliografie, Bibliophilie, Bibel, Biblizismus

bio*
(dt. Leben)
Biologie, biodynamisch, Biochemie, bioaktiv, Biografie, Biotop, Biophysik, Bioladen, Biotonne, Biotechnik

blem* siehe „bel"

bol* siehe „bel"

chem, chym*
(dt. schütten; Saft; Metall-Legierkunst)
Chemie, Alchemie, chymisch

chilioi (chilo)*
(dt. tausend)
Kilogramm, Kilometer, Kilowatt

chlor, chloro*
(dt. grün; hellgrün)
Chlor, Chloroform, Chloroplast, Chlorophyll

chrom, chromat*
(dt. Farbe)
Chromosom, Chrom, monochrom, Chromatographie, Chromosphäre

chron*
(dt. Zeit)
Chronik, Chronologie, chronisch, synchron, Anachronismus

circum
(dt. um – herum; ringsum)
Zirkumpolar, zirkumflektieren, Zirkumflex, zirkumterrestrisch

cis
(dt. diesseits)
cisalpinisch, Cisjordanien, Cisgender, Cisgenetik

con (co-, col-, com-, cor-)
(dt. zusammen mit)
Konvent, kontinuierlich, konkav, Konnotation, Kopilot, koexistieren, Kollokation, Kolloquium, kollektiv, komparativ, Kompetenz, komplementär, Kommunismus, Korrelat, Korreferat, Korrosion

contra
(dt. gegen; entgegengesetzt)
Kontrabass, Kontraindikation, Kontrapunkt, kontrovers, kontraproduktiv, konträr

daktylo*
(dt. Finger)
Daktylus, Polydaktylie, Daktylosaurus, Daktyloskopie, Daktylogramm

de
(dt. von – herab; über; herab, weg; miss-)
Deduktion, dekadent, depressiv, Detektiv, demontieren, dechiffrieren, deportieren, demonstrieren, deklarieren, deklamieren, deformieren

deka*
(dt. zehn)
Dekade, Dekaeder, Dekaliter, Dekalog, Dekapode

dem(o)*
(dt. Volk)
Demokratie, Pandemie, Epidemie, Demagogie

dendr(o)*
(dt. Baum)
Dendrologie, Rhododendron, Dendrochronologie

derm(a), dermato*
(dt. Haut)
Dermatologie, Epidermis, Dermatom

deutero*
(dt. zweiter; der Zweite)
Deuterium, Deuteronomium, Deuterojesaja

dextr(o)*
(dt. rechts)
Dextrose, Dextrokardie, dextrogyr

di*
(dt. zwei)
Dipol, Diärese, Dichronismus, dichromatisch

dia*
(dt. durch; auseinander)
diagonal, Dialektik, Dialekt, Diapositiv, Dialog,
Diagnose, Diagramm, diametral

dis, (di-, dif-, dir-)
(dt. auseinander)
diskret, Dissonanz, diskutieren, Division,
divergent, divers, Differenz, diffizil, direkt

dor, dos, dot*
(dt. geben; die Gabe)
Theodor, Antidoron, Dosis, Dosimetrie, Antidot,
Anekdote

dram(at)*
(dt. handeln; Handlung)
Drama, Dramaturgie, Melodram

drom*
(dt. Lauf; Weg)
Hippodrom, Palindrom, Syndrom, Dromedar

dyn*
(dt. Kraft, Macht; können)
Dynamik, Dynamo, Dynastie, Adynaton

dys*
(dt. schlecht, miss-)
Dysfunktion, Dysgrammatismus, Dyskalkulie,
Dystrophie, Dysarthrie, Dysphagie

ek, ex*
(dt. heraus; aus)
Eklektizismus, Ekstase, Ekzem, Ekliptik,
eklektisch; Exodus, Exorzismus

ekto*
(dt. außen)
Ektoplasma, Ektoderm, Ektoparasit, ektoderm,
ektomorph

elektr(o)*
(dt. Strom, urspr. griech. für Bernstein)
Elektrizität, Elektroenzephalograf, Elektron

en, em*
(dt. innen)
Entropie, entotisch, Enuresis, Empirie, Empathie

endo, ento*
(dt: innen)
Endoskop, Endokarp, endokrin, Entoderm

epi, ep*
(dt. auf; bei; hinzu; darüber)
Epizentrum, Epilog, Epidemie, Epigramm,
Epilepsie, Epoche, Epode

erg(o), org, urg*
(dt. Werk, Arbeit, Instrument)
Ergotherapie, Ergonomik, Synergie; Organismus,
Organ; Chirurgie, Liturgie, Dramaturgie

ero(t)*
(dt. Liebe; Sex)
Erotomane, Erotik, erogen

eryth(ro)*
(dt. rot)
Erythrozyten, das Erythräische Meer, Erythem

eso*
(dt. außerhalb)
Esoterik, esoterisch, esogetisch, Esophorie

eu, ev*
(dt. wohl; gut; leicht; richtig)
Euphorie, Euphemismus, Euthanasie, Eustress;
Evangelium, Evangelie

ex , e
(dt. aus)
Existenz, Exzess, expressiv, Express, exzentrisch,
exzellent; Emigrant, Elativ

exo*
(dt. außerhalb)
exotisch, exotherm, Exoskelett, Exotarium

extra
(dt. außerhalb)
extraordinär, Extravaganz, Extraportion, extrem,
extravertiert, Extratour, Extrawünsche

gastro*
(dt. Magen)
Gastroskopie, Gastroenterologie, Gastronomie

gen(ea), gon*
(dt. Geschlecht; Sippe; das Entstehen/Werden;
entstehen; Nachkommenschaft)
Gen, erogen, homogen, Genealogie, Genesis,
Gonade, Epigone, Heterogonie

geo* (latinisiert als „gä")
(dt. Erde)
Geologie, Geographie, Geometrie, Apogäum

ger*
(dt. alt; Greis)
Gerontologie, Gerontokratie, Geriatrie,
geriatrisch

glott, gloss*
(dt. Zunge; Sprache)
Glottis, Glottochronologie, polyglott, Glossar,
Glosse, Diglossie

glyk(o)* (wiedergegeben auch als „glyco" und
„glyz")
(dt. süß)
Glykose, Glykämie, hypoglykämischer Schock,
Glyzerin, Glycolsäure

gnos, gnom, gnot*
(dt. Wissen; Erkenntnis)
Gnosis, Gnostiker, Agnostik, Diagnose,
Physiognomie, Gnomon, Gnotobiologie,
gnotobiotisch

gon* (siehe auch Form von „gen")
(dt. Knie; Ecke)
Trigonometrie, Goniometer, Gonarthritis,
Pentagon, Hexagon, Polygon

graph*
(dt. schreiben)
Graph, Graphem, Graphologie, Geographie

gramm*
(dt. Geschriebenes)
Gramm, Grammatik, Telegramm, Programm

gyn, gynäko*
(dt. Frau)
Gynoid, Misogynie, androgyn, Gynäkologie

häm, hämato* (im Wortinneren als „äm")
(dt. Blut)
Hämoglobin, Hämatologie, Hämatom, Anämie

hel(io)*
(dt. Sonne)
Helium, Helianthos, Heliotherapie, das
heliozentrische Weltbild, Perihel, Aphel

helix, heliko*
(dt. Spirale, Windung)
Doppelhelix, Helix, Helikopter, Helikon

hemi*
(dt. halb)
Hemisphäre, Hemistichon, hemizyklisch,
Hemiparese, Hemiplegie, hemifazial

hetero*
(dt. anders; ein anderer/eine andere/ein
anderes)
heterogen, heterosexuell, heterotroph,
Heterosphäre, Heterodoxie

hippo*
(dt. Pferd)
Hippodrom, Hippologie, Philipp, Hippopotamus,
Hippotherapie

hod siehe „od"

holo*
(dt. ganz; völlig; gesamt)
Holografie, Holocaust, Holozän, holokristallin

homo*
(dt. gleich)
Homophonie, homogen, homosexuell,
Homografie, Homonym

homoio, homöo*
(dt. ähnlich)
Homoiostase, Homoiologie, Homoioteleuton;
Homöopathie, Homöostase

hydr(o), hyd*
(dt. Wasser)
Hydraulik, hydrieren, Hydrobiologie, Hydrat,
Dehydrierung, Hydrant

hygro*
(dt. feucht)
Hygrometer, Hygroskop, Hygrophyt, hygrophil

hyper*
(dt. über; über – hinaus)
hypersensibel, hyperaktiv, Hyperbel, Hypertonie,
hyperkritisch, Hyperfunktion, hypermodern,
Hyperlink

hypo, hyp*
(dt. unter)
Hyponymie, hyponym, Hypothek, Hypothese,
Hypotonie, Hypotenuse, hypotaktisch, Hypallage,
Hypalgesie, Hypanthium

iatr, iater*
(dt. Arzt)
Iatrik, iatrogen, Iatrophobie, Geriatrie, Pädiatrie,
Psychiater

ichthyo*
(dt. Fisch)
Ichthyosaurier, Ichthyologie, Ichthyodont

id, eid*
(dt. sehen; Art; Aussehen; Gestalt)
Idee, Ideologie, Identifikation, Kaleidoskop,
Android, Rhomboid

in (il-, im-, ir-)
(dt. un-)
instabil, infantil, Individuum, illegal, Immobilie,
immens, immun, Improvisation, irregulär

in (il-, im-, ir-)
(dt. in; an; auf; nach; hinein)
imponieren, Import, infiltrieren, inspizieren,
implizieren, implantieren, inhalieren, insistieren,
Information, irritieren

intra
(dt. unterhalb)
Infrastruktur, Infrarot, Infraschall

inter
(dt. zwischen; unter; mitten)
Interesse, Interpret, intervenieren, Intercity,
interdisziplinär, international, Interferenz,
Internet

intra
(dt. innerhalb)
intramuskulär, intrauterin, Intranet

intro
(dt. hinein)
introvertiert, Introduktion, Introspektion

iso*
(dt. gleich)
Isobare, isochrom, Isoglosse, Isomer, isomorph

iuxta
(dt. neben; dicht bei)
Juxta, Juxtaposition, Juxtapositum,
juxtaglomeruläre Zellen

kako*
(dt. schlecht; miss-)
Kakofonie/Kakophonie, kakofonisch/
kakophonisch, Kakodylverbindung

kal, kall(i)
(dt. schön; Schönheit)
Kalligrafie/Kalligraphie, Kaleidoskop

kardi(o)*
(dt. Herz)
Kardiologie, Karditis, Endokarditis, Kardiakum

kata, kat, kath*
(dt. herab; nieder; zurück; völlig)
katapultieren, Katastrophe, katakaustisch,
Katarrh, Katatonie, katholisch

kin(et), kine(s)*
(dt. bewegen)
Kinetik, kinematografisch/kinematographisch,
Kinetose, Kinesik, Telekinese

klin, klis, klima*
(dt. neigen, Neigung; Bett)
Deklination, Klinik, Pathoklise, Klima,
Klimakterium

kosmo*
(dt. Ordnung; Schmuck; Weltall)
Kosmetik, Mikrokosmos, kosmopolitisch

krat*
(dt. Herrschaft, Stärke)
Demokratie, bürokratisch, Aristokratie

kryp(to)*
(dt. verbergen; verstecken)
Krypta, Kryptografie/Kryptographie, Krypton,
Kryptologie, Apokryphen

kykl(o)* siehe auch „zykl(o)"
(dt. Kreis)
Kykladen, Kykliker, Kyklop

leg, lekt*
(dt. lesen, reden; sich unterhalten, sammeln)
Legasthenie, Elegie; Dialektik, Dialekt,
Eklektizismus

lept(o)*
(dt. leicht; dünn; schmal; fein; gering)
Leptin, leptosom, Leptonen

lex* (siehe auch „leg, lekt")
(dt. Wort, Redeweise)
Lexikon, Lexikographie/Lexikografie, Lexem,
Lexikologie, Alexie, Dyslexie

leuk*
(dt. weiß)
Leukoplast, leukoderm, Leukozyt, Leukom

lith*
(dt. Stein)
Lithografie/Lithographie, Lithosphäre, Lithium,
Monolith, Paläolithikum

log, logo*
(dt. Vernunft; Sinn; Lehre; Rechnung)
Logistik, Logik, Apologie, Analogie, Logo,
Logopädie, Prolog, Nekrolog

lys, lyt*
(dt. lösen; auflösen; Auflösung)
Lysis, Lysin, Lysimeter, Dialyse, Analyse,
analytisch, Elektrolyse

makro*
(dt. groß; weit)
makrobiotisch, Makromolekül, Makrokosmos,
Makrobefehl, Makrostruktur

man(ia), män*
(dt. wüten; rasen; Raserei; Wahnsinn)
Manie, Kleptomanie, Mänade

mega, megalo*
(dt. groß)
Megawatt, Megabyte, Megahertz, Megaphon,
Megatonne, Megalith, Megahit, Omega,
Megalomanie

mel(o)*
(dt. Lied; Glied)
Melos, Melodie, Melodram/Melodrama

mer*
(dt. Teil)
Mereologie, Polymer, Monomer, Dimer,
Zentromer

meso*
(dt. mittlerer; mittig)
Mesoderm, Mesophyten, Mesopotamien,
Mesolithikum, mesoderm

meta, met*
(dt. mit; nach; über; darüber; hinter, neben)
Metapher, metaphysisch, Metamorphose,
Methode, Metamathematik, Metalexikographie,
Metasprache

meter, metr*
(dt. Maß)
Meter, Metronom, Thermometer, Geometrie,
Metrum

mikro*
(dt. klein)
Mikroskop, Mikroorganismus, Mikrobe,
Mikrobiologie, Mikroelektronik, Mikrofon,
Mikrowelle(nherd), Mikrokosmos, Omikron

mille
(dt. tausend)
Millimeter, Milligramm, Milliliter

mim*
(dt. Nachahmung)
Mimose, Mime, Mimik, Mimikry, Pantomime

mini
(dt. kleinster)
Minirock, Minigolf, Minibar

mon(o)*
(dt. allein)
Monotonie, Monolog, Monolith, Monogamie,
Monopol, Monotheismus, Monokultur; Monokel,
Monade, Monarchie

morph*
(dt. Gestalt; Form)
Morphologie, Morphem, Anthropomorphismus,
amorph, morphen, hydromorph, Metamorphose,
Polymorphie

multi
(dt. viel, mehrfach)
multinational(er Konzern), Multimillionär,
multimedial, Multiplikation, multifunktional,
multikulturell, Multivitaminsaft

nano*
(dt. Zwerg; Winzigkeit)
Nanometer, Nanotechnik, Nanosekunde

nekro*
(dt. Toter; tot)
Nekrolog, nekrotisches Gewebe, Nekrose,
Nekrophilie, Nekromant

neo, nea*
(dt. neu)
Neolithikum, Neonazi, Neofaschismus,
neoliberal, Neologismus; Neapel, neapolitanisch

neur(o)*
(dt. Nerv; Nerven)
Neurose, Neurasthenie, Neuron,
Neurotransmitter, Neurochirurgie, neural

non
(dt. nicht)
nonverbal, nonkonformistisch, Nonsens, nonstop

ob (of-, ok-, op-)
(dt. vor – hin; entgegen)
Obduktion, Objekt, Obstipation, objektiv,
obligatorisch, obskur; offerieren, Offerte;
okkupieren, okkult; Opposition, opportun

od, öd* siehe „hod"

oiko(s), ök(o)* (latinisiert: öz)
(dt. Haus; Haushalt)
Ökologie, Ökonomie, Ökosystem, Ökoladen,
Ökumene, Oikonomia, Periöken, Diözese

olig(o)*
(dt. wenig)
Oligarchie, Oligurie; Oligopol, oligotroph,
oligozän, Oligophrenie, Oligodaktylie

omni
(dt. ganz; jeder; alles)
Omnipotenz, omnipräsent, Omnibus, Omnium

ops, opt*
(dt. Sehen; Optik; Auge)
Optik, Optoelektronik, Biopsie, Synopse,
synoptisch, Autopsie

org* siehe „erg"

ortho*
(dt. aufrecht; recht; richtig; gerade)
Orthografie/Orthographie, Orthoepie,
Orthopädie, orthodox, orthogonal

päd(o)*
(dt. erziehen; Kind; Knabe)
Pädagogik, Päderast, Propädeutik, Enzyklopädie,
pädophil

palaio, palä(o)*
(dt. alt)
Palaiologenzeit, Palaiomarchia; Paläontologie,
Paläozen, Paläoklimatologie, Paläoanthropologie

Pan*
(dt. der hässliche griechische Hirtengott)
Panflöte, Panik, panische Furcht

pan-, panto*
(dt. ganz; alle)
Pantheismus, Panoptikum, Panorama,
panafrikanisch, Pankarditis; Pantografie/
Pantographie, Pantodesign, Pantobrille,
Pantothensäure

para* (auch als „par" wiedergegeben; dann Ver-
wechslungsgefahren mit gleich beginnenden
Ausdrücken!)
(dt. bei; gegen; neben, längs)
Parallele, paradox, Parabel, Parabolspiegel,
Parasit, paraphrasieren, Parapsychologie,
Parenthese („par" + „enthesis"), Paranoia,
Parameter; Parodie, Parhelion.

path(o)*
(dt. Leiden)
Pathologie, Pathos, apathisch, Telepathie,
Psychopath, pathogen, sympathisch

patr* („**pater**", danach lat. „**pater**")
(dt. Vater; Landsmann)
Patriot, Patriarchiat, patriarchalisch, Patronage,
Patronym

per
(dt. durch; sehr)
permanent, Perspektive, pervers, perfekt,
perforieren

peri*
(dt. um – herum)
Periode, Peripherie, Peridot, Perihel, Periöke,
perioral, Peristaltik, Periskop

petr(o)*
(dt. Stein; Fels)
Petrus, Petra, Petrikirche, Petrochemie,
Petroleum

phag*
(dt. essen)
Phagozytose, Phagen, Sarkophag,
Bakteriophagen

phän, phan*
(dt. erscheinen; sich zeigen; Erscheinung;
Vorstellung)
Phänomen, Phänotyp, Phantasie/Fantasie,
fanatisch, Epiphanie, Phantom, Phantomschmerz

phas, phem, phet*
(dt. Äußerung; Anzeige; Ruf; verkündigen)
Phase, euphemistisch, Blasphemie, Prophet

pher, phor*
(dt. tragen)
Metapher, Christopher, Peripherie; Metaphorik,
Euphorie, Phosphor

phil, philo*
(dt. liebend; mögend; Freund; Freundschaft)
Philharmonie, Philadelphia, Philipp, bibliophil;
Philosophie, Philologie

phleg*
(dt. Brand; Glut; Dickflüssiges; Schleim)
Phlegma, Phlegmatiker, Phlegmon, die
Phlegräischen Felder (am Vesuv)

phob*
(dt. Furcht; Angst)
Gallophobie, frankophob, Phobie,
Klaustrophobie, Phobos

phon*
(dt. Laut; Stimme; Klang)
Phon, Phonetik, Phonem, Phonograph, Telefon,
Grammophon, Saxophon

phos, phot(o)*
(dt. Licht)
Foto (etc.), Photon, Photovoltaik, Phosphor,
Phosgen

phren*
(dt. Zwerchfell)
Phrenitis, frenetisch, Schizophrenie, Phrenologie

phyl(o)*
(dt. Ursprung; Spross; Stamm; Gattung)
Phylogenese, Phylogenie, Phylum, phyletisch

phys, physio*
(dt. Natur; Wuchs; Konstitution)
Physik, Physis, Hypophyse, Physiologie,
Physiognomie, Physiotherapie

plas, plast*
(dt. bilden; formen; schaffen)
Plasma, Plasmodium, Dysplasie, Plastik, Plastilin,
Plastide, Plastizität

pneuma*
(dt. Atem; Luft; Wind; Geist; Seele)
Pneu, Pneuma, Pneumonie, Pneumatiker,
pneumatisch, Pneumokokkus, Pleumothorax

pod, ped, pez, pus*
(dt. Fuß)
Antipode, Podium, Tetrapode, Pedal, Bipedie,
Trapez, Oktopus

poe, pö*
(dt. machen; schaffen; erschaffen, das Schaffen)
Poet, Poesie, Hämatopoese, Onomatopoesie,
Onomatopöie

poli(t), polis*
(dt. Bürger; Staat; Stadt)
Politik, Polizei, Poliklinik, Akropolis

poly*
(dt. viel; mehrere)
Polyphonie, Polyrhythmus, polymorph,
Polygamie, polyglott, Polyp, Polyamid, Polyester,
Polymer, Polynesien

post
(dt. hinter; nach)
postnatal, Post, postmodern, postoperativ,
Postskript(um), posttraumatisch

prae (prä)
(dt. vor)
präsent, präsentieren, Präsident, Präsidium,
präzis, Präfix, Prädikat, Präservativ, Prämisse,
Prävention, Präparat, prätentiös, Präludium

praeter
(dt. vorbei)
Präteritum, präterpropter, Anus praeter,
Präterismus

prag, prakt, prax*
(dt. tun; handeln; Handlung; Sache; Ding)
Pragmatik, pragmatisch, Pragmatismus,
Praktiker, praktikabel, Praxis

pro*
(dt. vor, vorher, vorwärts; hervor)
Prophezeiung, Prognose, Problem, Prolog,
Programm, prophylaktisch, Propädeutik

pro
(dt. vor; für; anstatt; je)
Produkt, Provision, provisorisch, projizieren,
Projekt, Prospekt, Prozent, Promille, progressiv,
proklamieren, provozieren, Protektion, Prozess,
Prozession, Proportion, Prorektor, Kompromiss,
profan, Proviant, Proseminar, Proportion,
prominent, Pronomen

proto*
(dt. erster)
Prototyp, Proton, Protokoll, Protoplasma,
Protoevangelium

pseud(o)*
(dt. falsch; täuschen)
Pseudowissenschaft, Pseudonym, Pseudepigraf,
Pseudokrupp

psych(o)*
(dt. Seele; Leben)
Psychologie, Psychotherapie, Psychiater,
Psychoanalyse, Psychodrama, Psychogramm,
Psychodiagnostik, Psychosomatik, Psychoterror,
Psychothriller

pus* siehe „pod"

pyr(o)*
(dt. Feuer)
Pyrit, Antipyretikum, Pyrotechnik, Pyromane

re, red
(dt. zurück; wieder/wiederholt)
Resonanz, reduzieren, Revanche, Resultat,
Replik, Resignation, renovieren, Restaurant,
Referat, Reklame, reserviert, Reaktion, Residenz,
reflektieren, Redemption, Redundanz

retro
(dt. rückwärts)
Retrospektive, retrograd, Retrovirus,
Retrozession

rhe, rrhoe/rrhö, rheuma*
(dt. fließen; das Fließen)
Rheologie, Rheopexie, Diarrhö, Gonorrhoe/
Gonorrhö, Rheuma, rheumatologisch

rhetor*
(dt. Redner)
Rhetorik, rhetorisch

rhin*
(dt. Nase)
Rhinozeros, Rhinitis, Otorhinolaryngologie,
Rhinoplastik, rhinologisch

rhythm(o)*
Rhythmus, Eurhythmik, Polyrhythmik;
Rhythmonorm, rhythmogen, Rhythmologie

sark(o)
(dt. Fleisch)
Sarkasmus (nach „zerfleischen"), Sarkom,
Sarkophag, Sarkoidose

schiz, schis*
(dt. spalten, trennen)
Schizophrenie, Schizotymie, Schisma,
Schismogenese

se (auch als „sed" und in neulat. Bildungen komplex)
(dt. beiseite, weg; ohne)
Sezession, separat, selektiv, Sekret, Segregation

semi
(dt. halb)
Semifinale, semipermeabel, Semikolon,
Semivokal

skler*
(dt. hart; spröde)
Sklerose, Arteriosklerose, Sklerodermie,
Sklerometer

skop, skep*
(dt. beobachten; umherschauen)
Horoskop, Stethoskop, Demoskopie,
Kaleidoskop; Skepsis, Skeptizismus

som, soma(t)*
(dt. Körper)
Soma, somatisch, Psychosomatik, Chromosom;
Pentasomie, Somatologie

soph*
(dt. weise)
Sophismus, Theosophie, Philosophie,
Anthroposophie, Sophie/Sofie

sper, spor*
(dt. Same; säen; verstreut; Saat)
Sperma, Spermium, Polyspermie, Spermizid;
Spore, sporadisch, Diaspora, Sporophyll

sphär*
(dt. Kugel, Ball)
Sphäre, Stratosphäre, Sphäroid, sphärische
Trigonometrie, Atmosphäre

steno*
(dt. eng; schmal)
Stenografie/Stenographie, Stenose, stenotherm,
stenotop

strat*
(dt. Lager, Decke; Heer)
Stratosphäre, Stratigraphie/Stratigrafie,
Strategie, Stratopause

strep(h), stroph*
(dt. drehen; geflochten; Drehung; Wendung)
Streptokokken, Streptomyzin, Strophe,
Katastrophe, Apostroph

sub (subs-, suf-, sug-, suk-, sur-, sus-)
(dt. unter; von unten herauf)
Subvention, Subunternehmer, Subtropen,
subtrahieren, Subjekt, Substanz; Suffix;
suggerieren; sukzessiv; Surrealismus; suspekt

super
(dt. über; oben auf)
Superlativ, Supermarkt, Supernova, Supervision,
superschnell, Superstar

supra
(dt. oberhalb; darüber)
Supraleiter, supranational, Supranaturalismus

syn (sy-, syl-, sym-, sys-)*
(dt. mit; zusammen)
Synonymie, Synagoge, Synkope, Synchronie;
System; Syllogismus; Symbol, Sympathie,
Symphonie/Sinfonie; symmetrisch, Symbiose;
System

tach(o), tachy*
(dt. schnell)
Tachometer, Tachykardie, Tachyon, Tachymeter

taktik, tax*
(dt. ordnen; Ordnung; Anordnung)
Taktik, hypotaktisch; Parataxe, Taxonomie

tele*
(dt. fern)
Telefax, Telefon, Telepathie, Telearbeit,
Teleobjektiv, Telegramm, Telekinese

teleo, telo*
(dt. Ziel; Ausgang; Ende)
Teleologie, Entelechie, Telotaxis, Telos, Telophase

thanato*
(dt. Tod)
Thanatologie, Thanatos, Euthanasie,
Thanatopraxie

the(o)*
(dt. Gott)
Theismus, Theologie, Theokratie, Apotheose

therm(o)*
(dt. warm)
Therme, Endotherm, thermisch, Thermosflasche,
Thermometer

thym*
(dt. Geist)
Schizothymie, Thymian, Dysthymie, Katathymie,
Thymus

tom*
(dt. schneiden; zerteilen)
Anatomie, Atom, Dichotomie, Ektomie, Epitome

top(o)*
(dt. Ort; Raum)
Topologie, Topos, Toposforschung, Topik, Biotop,
Utopie, Isotop

trans
(dt. jenseits; über – hinüber, durch)
Transport, transformieren, Transvestit,
transponieren, Transfer, Transistor, transparent,
Transaktion, Trans-Europa-Express,
Transsibirische Eisenbahn

tri*
(dt. drei)
Triangel, Triathlon, Trias, Trigonometrie, Trilogie,
Tritium

troph*
(dt. ernähren)
Trophologie, Trophiestufen: oligotroph,
mesotroph, eutroph; Eutrophie, Dystrophie,
Heterotrophie, Hypertrophie, Atrophie

typ*
(dt. Schlag; Gestalt; Modell)
Typ, Type, Typologie, Typographie, Phänotyp,
Prototyp, Archetyp

ultra
(dt. jenseits, über – hinaus)
Ultraschall, ultraviolett, Ultrakurzwelle, ultralang

urg* siehe „erg"

xeno*
(dt. Fremder; Gast)
Xenophobie, Xenon, Xenomorph, xenophil,
Xenokratie, Xenologie

xero*
(dt. trocken)
Xerokopie, Xerografie/Xerographie, xerophil

zoo*
(dt. Leben; außer in dt. „Zoo": „o" und „o"
getrennt lang ausgesprochen)
Zoologie, Zoo(logischer Garten), Protozoen,
Zootomie, zoophag, Zoophyt

zykl(o), kyklo, cyklo*
(dt. Kreis; Ring)
Zyklop/Kyklop, Zyklon, Zyklotron, zyklothym,
Kykladen, Cyclohexan, Cycloalkane, cyklisch/
zyklisch

Die Infokästen

Die insgesamt 112 Infokästen wurden so ausgewählt, dass sie den Interessen der Benutzerinnen und Benutzern eines solchen Wörterbuchs „Deutsch als Fremdsprache" entgegenkommen. Sie erfahren über die berücksichtigten Bereiche etwas, was sie nicht in gleicher Weise und zusammenhängend anderen Quellen entnehmen können. Es handelt sich um folgende Bereiche:

(a) Deutsch als Fremdsprache und damit zusammenhängende Aspekte:
Auslandsgermanistik
DAAD
Deutsch als Fremdsprache
Einstufungstest
Erwachsenenbildung
Fremdsprache
Goethe-Institut
Halbsprachigkeit
Herder-Institut
Immersion
Mehrsprachigkeit
Zweitspracherwerb

(b) Qualifikationen
Abitur
Bachelor
Benoten
Curriculum
Master

(c) Spracherwerb
Bilingualismus
Erstsprache
Fremdsprache
Legasthenie
Spracherwerb
Zweitspracherwerb

(d) Bundesrepublik Deutschland
Bundesland
Bundesrepublik
Bundeswehr
Grundgesetz
Partei
Widerstandsbewegung
Wirtschaftswunder

(e) Landeskundliche Aspekte
Adventskalender
Aprilscherz
Autobahn
Bier
Brauch
Flohmarkt
Gaststätte
Jahreszahlen
Kaffeehaus
Mahlzeiten
Müll

(f) Die deutsche Sprache und ihre Gliederung („Sprachen in der Sprache")
Deutsch
Diglossie

Fachsprache
Gebärdensprache
Immigrantendeutsch
Jugendsprache
Sprache
Standardsprache
Umgangssprache
Varietät

(g) Allgemeine sprachwissenschaftliche Aspekte im engeren Sinne
Genus
Grammatik
Idiom
Indikativ
Konjunktiv
Mehrdeutigkeit
Phraseologie
Sprichwort
Text
Valenz

(h) Wortarten
Funktionswort
Gradpartikel
Modalpartikel
Partikel
Wortart

(i) Wortschatz und Wortbildung
Anglizismus
Archaismus
Austriazismus
Eigenname
Entlehnung
Erbwort
Falsche Freunde
Fremdwort
Gallizismus
Halbaffix
Helvetismus
Internationalismus
Lexikon
Neologismus
Österreich
Schweiz
Wortbildung
Wortfamilie
Wortfeld

(j) Wörterbuch
Lexikographie
Pragmatische Angaben
Stichwort
Wörterbuch

(k) Sonstige Themen rund um Sprache
Alliteration
Alphabet
Bibliographie
Binnengroßschreibung
Brief
Bühnenaussprache
Fugenelement
Kursivauszeichnung

Lautschrift
Rechtschreibreform
s-Laut
Transliteration

(l) Allgemeine und übergreifende Aspekte:
Interkulturalität
Norm
Regel
römische Zahlen
Stereotyp

Lateinische und griechische formelhafte Ausdrücke

Das Wörterverzeichnis des vorliegenden Wörterbuchs enthält nur wenige formelhafte Ausdrücke dieser Art als Stichwörter; insofern kann die nachfolgende Zusammenstellung als Ergänzung des Wörterverzeichnisses dienen. Um diese Einheiten wenigstens grundlegend einordnen zu können, sind ihnen Kurzkommentare nachgestellt.

Das Sternchen * bezeichnet im Folgenden die Herkunft aus dem Griechischen. Da in Einzelheiten nicht bekannt sein dürfte, auf welchen Vokalen eine Kürze oder eine Länge liegt, sind die Einheiten mit einem Unterpunkt (Aussprache als Kurzvokal) und einem Unterstrich (Aussprache als Langvokal) versehen, gegebenenfalls mit mehreren für jede Teileinheit einer komplexen Einheit.

ab ovo: vom Ei (der Göttin Leda) her; vom allerersten Anfang an; „ab Adam und Eva" (nach Homer; auch bei Horaz, 65 – 8 v.Chr.)

ad absurdum führen: in den Widerspruch führen

ad acta legen: zu den Akten legen; abhaken

ad hoc: eigens zu diesem Zweck; ohne Vorbereitung; auch: aus dem Stehgreif, improvisiert

ad infinitum: ins Unendliche

ad libitum: nach Belieben

ad oculos (demonstrieren) vor Augen führen, verdeutlichen

ad usum Delphini: Für den Gebrauch/die Hände des Dauphins (Ursprung: Klassikerausgaben wurden für den jugendlichen Thronfolger Ludwigs XIV., den „Dauphin", extra bearbeitet; heute ironische Formel für zensierte bzw. bereinigte Textausgaben)

Allotria* treiben: (nach griech. „allotria": „sachfremde, bewegliche Dinge") andere Dinge treiben (als man soll)

Alma Mater: (wörtlich: „nährende Mutter") für Universitäten, an denen Studierende gleichsam mit Wissen und Bildung „genährt" werden

Alter Ego: Ein zweites Ich (der Freund als ein „zweites Ich"; Ursprung bei verschiedenen griech. Autoren, auch bei Aristoteles; ins Lat. durch Cicero)

Anno Domini ...: Im Jahre (des Herrn); für „nach Christus" oder „nach unserer/der Zeitenwende", abgekürzt „A.D."; Beispiel: A. D. MCMLX = 1960)

a posteriori: im Nachhinein (seit Platon und Aristoteles: in der Erfahrung begründete Urteile/ begründetes Wissen; im Unterschied zu Urteilen „a priori"; nach I. Kant: synthetische Urteile a posteriori; verwendet, wenn ein durch die Theorie zu erklärender Sachverhalt bereits eingetroffen ist)

a priori: vom Früheren her/im Vorhinein (seit Aristoteles in der Philosophie, z. B. Descartes, für eine vom aktuellen Wissen bzw. von der Erfahrung unabhängige Basis; in Mathematik und Logik das durch Axiome festgelegte Wissen)

captatio benevolentiae: Der Versuch, das Wohlwollen (der Zuhörer) zu gewinnen (aus „De inventione" des Cicero)

ceteris paribus: unter sonst gleichen Bedingungen (im Rahmen von Experimenten: bei sonst, über genannte Einflussgrößen hinaus, konstant gehaltenen Variablen/Prämissen; abgekürzt: „c.p.")

Circulus vitiosus: (wörtlich: „fehlerhafter Kreis") Zirkelschluss (nach Aristoteles eine Schlussfolgerung, die bereits in den Prämissen enthalten ist); übertragen verwendet heute auch als „Teufelskreis" wechselseitig sich verstärkender Missstände

communis opinio: allgemein verbreitete Meinung

Conditio sine qua non: Bedingung, ohne die etwas nicht geht/nicht eintreten kann; notwendige Voraussetzung (in der Rechtswissenschaft und in der Philosophie: bei Feststellungen zur ursächlichen Geltung einer Sache)

contra (Kontra) geben: dagegenhalten

coram publico: in aller Öffentlichkeit

Corpus Delicti: Gegenstand des Verbrechens; Beweisstück

c. t. = cum tempore: mit Zeitzugabe/mit akademischem Viertel (bei Angaben zum Veranstaltungsbeginn akademischer Lehrveranstaltungen: eine Viertelstunde nach der angegebenen Zeit: 10:16 Uhr statt exakt 10:00 Uhr; Beispiel: Veranstaltungen zur Phraseologie 10.00 Uhr c. t.; Gegensatz: „s. t." = sine tempore: hier exakt 10:00 Uhr)

cui bono? Wem zum Vorteil? Wer könnte daraus einen Vorteil ziehen? (Grundfrage bis heute in der Kriminalistik bei Vorliegen eines Verbrechens; nach Cicero: Verteidigungsrede für Sextus Roscius Amerinus, 80 v. Chr.)

cum grano salis: (wörtlich: mit einem Körnchen Salz) nicht ganz wörtlich zu nehmen

cum laude: lobenswert/mit Lob (Beurteilungsgrad bei Doktorprüfungen/Promotionen, zusammengesetzt aus Dissertation und mündlicher Prüfung, dem Rigorosum; eine dem Durchschnitt entsprechende Leistung, die der Schulnote „gut" oder „befriedigend" entsprechen würde)

cum tempore: siehe unter „c.t."

Cura posterior: (wörtlich: spätere Sorge) zweitrangiges, erst später zu berücksichtigendes/anzugehendes Problem

Curriculum Vitae: Lebenslauf (erstmals in einer Rede Ciceros, 106–43 v. Chr., als Bezeichnung vorkommend)

de facto: faktisch; nach Lage der Dinge; den Tatsachen entsprechend (Beispiel: ein De-Facto-Regime nicht im juristischen Sinne, nämlich nicht de jure, als Staat anerkennen)

de iure: von Rechts wegen; wie es dem Recht bzw. dem Gesetz entspricht (Beispiel: ein nicht de iure, wohl aber de facto eingesetztes Regime eines Staates)

Deus ex Machina: Der Gott aus der (Bühnen-)Maschine (Eingreifen eines Gottes, insbesondere am Ende einer griechischen Tragödie); unerwartete Lösung eines unlösbaren Problems; lat. Übersetzung aus dem Griech.; bei Euripides am Ende der Tragödien oft vorkommend)

edidit: hat herausgegeben (abgekürzt „ed."; „ediderunt", abgekürzt „edd.", bei mehreren Herausgeber(inne)n; auf Buchtiteln mit Namen des Herausgebers/der Herausgeberin)

eo ipso: eben dadurch, ohne weiteres (Beispiel: Er hält den Patriotismus nicht eo ipso für verwerflich.)

Ergo bibamus! „Also trinken wir!" (Teil eines Studentenliedes von J. W. von Goethe)

ex cathedra: vom (päpstlichen) Stuhl aus; mit Unfehlbarkeit

exempli gratia: um des Beispiels willen; zum Beispiel

ex libris: aus den Büchern/aus der Bibliothek von ... (oft künstlerisch gestaltetes Zeichen mit Namen und/oder Wappen eines Bucheigners)

ex officio: von Amts wegen; offiziell

ex post (facto): nach einer Tat; im Nachhinein; hinterher; mit in der Vergangenheit liegenden Ursachen

expressis verbis: ausdrücklich

ex tempore: (wörtlich: aus der Zeit) aus dem Augenblick heraus geäußert/getan; aus dem Stegreif; improvisiert

fabula docet: Die Fabel lehrt (verwendet im Sinne von: „und die Moral von der Geschichte ist...")

fecit: „(Er) hat (es) gemacht." (zusammen mit dem Namen des Künstlers/der Künstlerin auf Kunstwerken zur Bezeichnung der Urheberschaft; abgekürzt „fec."; auch die zugehörige Signatur kann als Monogramm abgekürzt sein.)

Genius Loci: (wörtlich: „der Geist des Ortes") typische Atmosphäre eines Ortes; Symbolträchtigkeit eines Ortes; Nimbus, der einer Örtlichkeit, einer Landschaft etc. eignet (Schutzgeist bzw. Schutz-

gottheit eines Tempels/eines heiligen Ortes in der römischen Mythologie)

hic et nunc: hier und jetzt

honoris causa: ehrenhalber (abgekürzt „h. c."; ehrenhalber verliehener Doktortitel, allein oder zu bereits vorhandenen hinzukommend; Beispiel: „Dr.h.c.", „Prof. Dr. Dr. h.c.")

Horror Vacui: Angst/Abscheu vor der Leere (heute nur in Psychologie und Kunst verwendet, z. B. als Motiv, leere Räume zu bemalen/besprühen; vor Erforschung der Rolle des Luftdrucks in der Mitte des 17. Jhs. durch Pascal und Périer galt seit Aristoteles die Annahme, es gebe einen „Horror Vacui" in der Natur, weshalb Gase und Flüssigkeiten von leeren Räumen angesaugt würden.)

ibidem: ebenda; abgekürzt „ib."

id est: das heißt/ist; abgekürzt bei Erläuterungen auch als „i.e." (steht als erläuternder, heute kaum noch verstandener, Zusatz in Texten in der Rolle von „das heißt", abgekürzt „d. h.")

in absentia (verurteilen): in Abwesenheit (verurteilen)

in abstracto: rein theoretisch/abstrakt/allgemein betrachtet

in concreto: konkret; den einzelnen Fall betreffend

in extenso: ausführlich; in vollem Umfang

in flagranti: (wörtlich: in brennendem Zustand) auf frischer Tat

in medias res: mitten hinein in die Dinge; um ohne Umschweife auf den Kern/das Thema der Angelegenheit zu kommen (nach Horaz, dort „Ars poetica", wo auf die Vorbildrolle Homers Bezug genommen wird)

in memoriam ...: zum Gedenken an ...; zum Gedächtnis

in natura: leibhaftig; in der natürlichen Gestalt; so, wie etwas ist

in nuce: (wörtlich: in einer Nuss) im Keim; im Ansatz

in persona: persönlich; in eigener Person; selbst

in petto haben (ital.): etwas im Sinn/in der Hinterhand haben

in praxi: im wirklichen Leben; in der Praxis (Beispiel: „Rein theoretisch ist das in Ordnung, aber in praxi sieht das ganz anders aus.")

in puncto ...: in Hinsicht auf ...; was ... betrifft; hinsichtlich

in spe: zukünftig (Beispiel: „der Schwiegersohn in spe")

in statu nascendi: im Stadium des Entstehens; im Werden begriffen

in tergo: auf der Rückseite, auf dem Rücken

in toto: im Ganzen

intra muros: (wörtlich: innerhalb der Mauern) 1. innerhalb der Stadtmauern gelegener Stadtteil; 2. in einem Gebäudeteil (Seminar intra muros = in

Gebäuden z. B. der Hochschule); 3. im eigenen Kreis/Zirkel; nicht öffentlich; hinter verschlossenen Türen

ipso facto: durch die Tatsache selbst; eine unvermeidbare Folge nach sich ziehend (auch im juristischen Sinne)

ipso iure: von Rechts wegen

ius gentium: Völkerrecht

Lapsus: „Ausrutscher", Versehen, Fehler („**Lapsus Calami**": Schreibfehler; „**Lapsus Linguae**": Versprecher als sprachliche Fehlleistung; „**Lapsus Memoriae**": Erinnerungs- oder Denkfehler)

lege artis: nach (allen) Regeln der Kunst; kunstgerecht, vorschriftsmäßig

magna cum laude: mit großem Lob; sehr gut (Beurteilungsgrad bei Doktorprüfungen/Promotionen, zusammengesetzt aus Dissertation und mündlicher Prüfung, dem Rigorosum; entspricht der Schulnote „sehr gut)

medias in res: siehe „in medias res"

Modus Operandi: Art und Weise des Vorgehens/ der Verfahrensweise

Modus Procedendi: Vorgehensweise; Art und Weise der Weiterbehandlung einer Angelegenheit

Modus Vivendi: Übereinkunft für ein erträgliches Zusammenleben; erträgliche Übereinkunft trotz unterschiedlicher Positionen (Beispiel: „Wir werden schon einen Modus Vivendi finden.")

mutatis mutandis: mit entsprechenden Änderungen; (bei Vergleichen) auf den neuen Sachverhalt gemünzt (Beispiel: „Die Regeln sind hier nur mutatis mutandis anzuwenden.")

Nervus Rerum: (wörtlich: der Nerv der Dinge) der Kern der Sache

nolens volens: nicht wollend (oder) wollend; ob man will oder nicht (nach dem Terenzkommentar von Donat, hier zum „Eunuchus", 161 v. Chr., geläufig; so bei Cicero, Martial u. a.m.; in dieser Fassung mit Ursprung wohl bei Augustinus, 354–430)

non liquet: Es ist nicht klar; es ist nicht möglich, ein Urteil zu fällen; nicht spruchreif

non plus ultra: nicht darüber hinaus; unüberbietbar; Unübertreffliches/Unüberbietbares (lat. Übersetzung nach dem griech. Dichter Pindar, ca. 522–445 v. Chr.)

notabene: (wörtlich: merke gut/wohl) wohlgemerkt; übrigens; abgekürzt „NB"

opinio communis: die herrschende/allgemeine Meinung bzw. Auffassung

Pars pro Toto: (wörtlich: „der Teil für das Ganze") statt eines allgemeineren Ausdrucks ein Ausdruck für eine Teilmenge (eine lexikalische Relation und eine rhetorische Figur; Beispiel: „Brot" steht für „Nahrung"; „Kopf" steht für „Mensch", wie in „pro Kopf"; vgl. die Umkehrung unter „totum pro parte")

Pax vobiscum: Friede sei mit euch (liturgische Formel als Abschiedssegen)

per decretum: laut Verfügung; durch Verfügung/ Erlass

per definitionem: (schon) der Definition nach („Das ist per definitionem ein Antonym.")

per exemplum: zum Beispiel; abgekürzt „p.e."

per pedes: zu Fuß (Formulierungsbestandteil aus „per pedes apostolorum": „zu Fuß wie die Apostel")

per se: bereits für sich; grundsätzlich (Beispiel: „Was du vorhast, ist per se schon unmöglich.")

Persona grata: eine beliebte/in Gunst stehende/ gern gesehene Person (auch für eine Person im diplomatischen Dienst im Ausland oder zur Ausübung einer Mission)

Persona gratissima: eine in höchster Gunst stehende/sehr willkommene Person

Persona ingrata/Persona non grata: eine in Ungnade gefallene/nicht gern gesehene Person

placet: Es gefällt, wird gebilligt (Jemand „gibt sein Placet" für „gibt sein Einverständnis/seine Zustimmung"; auch als „Erlass" einer weltlichen oder religiösen Führungsperson).

post festum: (wörtlich: wenn das Fest vorbei ist) nachträglich; zu spät

post mortem: nach dem Tode (eintretend/sich ereignend)

prima facie: auf den ersten Blick; bis auf Widerruf, nämlich solange keine gegenteiligen Evidenzen gegeben sind (vor allem im juristischen Sprachgebrauch für den „Anscheinbeweis" verwendet)

primo loco: an erster Stelle; auf dem ersten Platz (bei der Besetzung von Professuren im Hochschulwesen mit mehreren Bewerbern/Bewerberinnen; Beispiel: „Ruf an eine ordentliche Professur „primo loco")

Primus inter Pares: der Erste unter lauter Gleichgestellten; Gruppenmitglied mit gleichen Rechten wie die anderen, aber mit erhöhter Ehrenstellung (eingeführt von Kaiser Augustus, 63 v. Chr.–14 n. Chr.; heute insbesondere auf kirchliche und politische Würdenträger bezogen)

pro domo: (wörtlich: für das Haus) für sich selbst; im eigenen Interesse; zum eigenen Vorteil (nach einer Rede des Cicero, 106–43 v. Chr.)

pro forma: der Form halber; bloß zum Schein; nur, um einer Äußerlichkeit Genüge zu tun

proton pseudos*: erster Irrtum (Aristoteles zu Ausgangsfehlern in wissenschaftlichen Untersuchungen, welche zur Fehlerhaftigkeit des Ganzen führen)

Pro und Contra (Kontra): das Für und Wider

punctum saliens: (wörtlich: der springende Punkt) der Kern/das Zentrum/das Herz eines Objekts oder einer Fragestellung (nach der Tierkunde des griech. Philosophen Aristoteles, 384–322 v. Chr.; danach auch fachsprachlich in der Physiologie: der pulsierende Blutpunkt)

quod erat demonstrandum (q.e.d.): was zu beweisen war

quod libet: (wörtlich: was gefällt) (vor allem in der Substantivierung **Quodlibet** im Sinne von „buntes Durcheinander", „willkürliche Auswahl", „bunte Mischung"; fachsprachlich wird u.a. als „Quodlibet" auch ein Musikstück aus kombinierten, teils lustigen und mit Texten versehenen Melodien bezeichnet)

Quo vadis? Wohin gehst du? (nach dem Evangelium des Johannes: „Domine, quo vadis?"; auch Titel eines Romans)

requiescat in pace: Er/Sie ruhe in Frieden (Grabinschrift; auch liturgische Schlussformel der katholischen Messe; abgekürzt als „R.I.P.")

res dubia: zweifelhafte Angelegenheit (auch im juristischen Sprachgebrauch)

res iudicia/judicia: rechtskräftiges Urteil; rechtskräftige Entscheidung (im juristischen Sprachgebrauch)

res nullius: (wörtlich: niemandes Sache) herrenloses Gut (im juristischen Sprachgebrauch)

res publica: (wörtlich: öffentliche Sache) Gemeinwesen; der Staat (im juristischen Sprachgebrauch)

res sacrae oder Singular **res sacra:** (wörtlich: heilige/geweihte Dinge; geweihte Sache; außerhalb des profanen, i.e. vor dem Tempel liegenden, Bereichs); Kirchensachen im juristischen Sinne (vom staatlichen Recht geschützte kultische Vermögensgegenstände von Religionsgemeinschaften, so z.B. Glocken, Gefäße, Friedhöfe)

rite: genügend, befriedigend (Beurteilungsgrad bei Doktorprüfungen/Promotionen, zusammengesetzt aus Dissertation und mündlicher Prüfung, dem Rigorosum; Leistung, die gerade noch durchgeht und durchschnittlichen Anforderungen genügt; nach Schulnoten dem „ausreichend" entsprechend)

scilicet: es versteht sich; zu ergänzen ist...; natürlich (abgekürzt „scil." oder „sc."; aus „scire" für „verstehen, wissen" und „licet" für „es ist erlaubt"; bei Hinzufügung eines ergänzenden Ausdrucks verwendet)

sede vacante: während der Stuhl unbesetzt ist (meist als Substantiv „Sedevakanz" als „Zeitraum, in dem ein Amt der katholischen Kirche nicht besetzt ist")

sensu strictu: im strengen Sinne; abgekürzt: „s.str." oder „s.s." (in einigen Naturwissenschaften und in der Rechtswissenschaft im Hinblick auf wissenschaftliche Definitionen verwendet)

Septem artes liberales: die sieben freien Künste (Kanon der Antike von sieben Studienfächern, die für einen „freien" Mann die zutreffende Bildung darstellen: Grammatik, Rhetorik, Arithmetik, Dialektik, Musik, Geometrie, Astronomie; auch im Mittelalter als Vorbereitung auf wissenschaftliche Studienfächer)

sic passim: so an verschiedenen Stellen (Vermerk bei Quellenangaben von Texten)

sine anno: ohne Jahr(esangabe) (abgekürzt „s.a."; in Literaturverzeichnissen sowie Bibliographien die Angabe, dass das Erscheinungsjahr unbekannt ist oder fehlt)

sine loco: ohne Ort(sangabe) (abgekürzt: „s.l."; in Literaturverzeichnissen sowie Bibliographien die Angabe, dass der Erscheinungsort unbekannt ist oder fehlt)

sine nomine: ohne Name(nsangabe) (abgekürzt: s.n."; in Literaturverzeichnissen sowie Bibliographien die Angabe, dass der Autoren- oder Herausgebername unbekannt ist oder fehlt)

sine tempore: siehe nachstehend „s.t."

Spiritus Rector: (wörtlich: „Geist als Leiter/ Anführer") Person als treibende Kraft; Initiator(in); führender Geist (Person in einer Führungsrolle aufgrund der Anerkennung seiner intellektuellen Fähigkeiten)

s.t.: = sine tempore: ohne Zugabe bei der Zeit; pünktlich; ohne akademisches Viertel (Angaben zum Beginn einer akademischen Lehrveranstaltung; Beispiel: Vorlesung zur Phraseologie 10:00 Uhr s.t. = nicht erst um 10:15 Uhr Beginn; dann stünde „c.t.")

stante pede: stehenden Fußes; sogleich

Status quo: (wörtlich: Zustand, in dem.../durch den...) gegenwärtiger Zustand einer Sache/Angelegenheit/eines Gegenstands; bestehende Verhältnisse (im Sinne von „Ist-Zustand"; in der Politik auch das Festhalten an politischen Grenzen, gegenwärtigen Machtverhältnissen etc.)

sub limite: unterhalb der Grenze (abgekürzt „s.l."; Korrekturvermerk bei Klausuren, dass diese den Anforderungen nicht genügen)

sub voce: (wörtlich: unter dem Ausdruck/der Äußerung) unter dem Stichwort/Lemma (stets abgekürzt als „s.v."; beim Zitieren von Textteilen aus Wörterbüchern wird per „s.v." auf das Lemma verwiesen; Beispiel: „stehenden Fußes; sogleich (s.v. **stante pede**)". Dabei wird das Lemma stets fett ausgezeichnet.

sui generis: (wörtlich: von seiner eigenen Art) von besonderer/spezifischer Art; eine Klasse für sich darstellend; einzigartig; ohne übliche Formtypik (aus der Philosophie der Scholastik; vor allem fachsprachlich verwendet in Philosophie sowie Rechts- und Politikwissenschaft)

summa cum laude: mit höchstem Lob; mit Auszeichnung (Beurteilungsgrad bei Doktorprüfungen/Promotionen, zusammengesetzt aus Dissertation und mündlicher Prüfung, dem Rigorosum; die höchste Auszeichnungsstufe, noch über „sehr gut" stehend, dem „magna cum laude")

summa summarum: (wörtlich: die Summe der/aller Summen) alles zusammen; insgesamt, alles in allem (nach dem Komödiendichter Plautus, ca. 254–184 v. Chr.)

summum bonum das höchste Gut; das Wichtigste (bildungssprachlich häufig verwendet für etwas höchst Wichtiges; in der römischen Philosophie, insbesondere in der Ethik, oft belegt, so bei Platon und Aristoteles; entspricht im Griechischen dem „Agathon"; bei Thomas von Aquin, ca. 1225–1274, steht es für Gott.)

Tabula rasa: (wörtlich: „saubergeschabte Tafel/ glattgestrichenes Wachstäfelchen in Vorbereitung zum Einritzen der Schrift") unbeschriebenes Blatt (Vergleich mit der Seele bei Platon, Aristoteles, und Albertus Magnus; in Philosophie und Psychologie für den Zustand des menschlichen Verstands nach der Geburt, vor späterer Prägung durch Umwelt und Erfahrung)

terminus, ad quem: Zeitpunkt, bis zu dem (etwas eintritt/erledig ist/sich ereignet hat); der Endpunkt (vor allem für Schlussfolgerungen im Rahmen von Datierungsmethoden in Archäologie und Geschichtswissenschaft verwendet; vgl. auch die gleich aufgebauten, nachstehenden Einheiten)

terminus, ante quem: Zeitpunkt, vor dem (etwas eintritt/erledigt ist/sich ereignet hat)

terminus, a quo: Zeitpunkt, von dem ab (etwas eintritt/erledigt ist/sich ereignet hat)

terminus, post quem: Zeitpunkt, nach dem (etwas eintritt/erledigt ist/sich ereignet hat)

Terminus technicus: Fachausdruck (der bestenfalls im Rahmen einer Fachsystematik im wissenschaftstheoretischen Sinne „definiert" ist)

Terra incognita: unbekanntes Land; Neuland

Tertium Comparationis: Vergleichsmittel; Vergleichspunkt; Aspekt, durch den A und B vergleichbar werden (Argumentationshinsicht in Philosophie, Rhetorik; in der Literaturwissenschaft vor allem im Hinblick auf die Metaphorik; in dem metaphorischen Ausdruck „Hans ist ein Esel" ist z. B. die Eigenschaft „störrisch" das Tertium Comparationis von „Hans" und „Esel".)

Tertium non datur: Etwas Drittes ist ausgeschlossen/wird nicht zugestanden. (Ursprung unklar; Lehrsatz der klassischen, auf der Booleschen Algebra beruhenden, Logik: „Satz vom ausgeschlossenen Dritten" bzw. Prinzip des ausgeschlossenen Mittleren bei kontradiktorischen Gegensätzen; im Rahmen intuitionistischer Logikkalküle, dreiwertiger Logiken, Fuzzylogik und Fuzzy Sets Theory gilt der Satz nicht.)

Totum pro parte: Das Ganze für einen Teil davon (Teilmengenbeziehung, Bedeutungsbeziehung und rhetorische Figur; Beispiel: „England" als „totum" und „die englische Nationalmannschaft" als „pars" in „England gewinnt gegen Frankreich"; vgl. auch die Umkehrung unter „pars pro toto")

Ultima Ratio: (wörtlich: „die letzte Vernunft/die an letzter Stelle kommende vernünftige Überlegung") das letzte/äußerste Mittel; der letzte Ausweg (in Konfliktsituationen)

usque ad finem: (wörtlich: „bis zum Ende") 1. bis zuletzt; bis etwas zu Ende geführt ist; 2. bis zum bitteren Ende

Vade mecum: geh mit mir! (im Deutschen seit dem Mittelalter nur als Substantiv **Vademecum/ Vademekum** gebräuchlich als „Leitfaden"; zunächst Titelwort auf und Bezeichnung für (wissenschaftliche) Nachschlagewerke aus dem Bereich der Ratgeberliteratur, heute aber auch für andere Schriften; vgl. Beispiel: „Vademecum des Landes Sachsen-Anhalt", i. e. ein Leitfaden zu den EU-Strukturfonds)

Variatio delectat: Abwechslung erfreut (z. B. nach Cicero; in Rhetorik und Stilistik zur Vermeidung von Eintönigkeit der Verwendung sprachlicher Ausdrucksmittel in Texten empfohlen; beim Gebrauch definierter Termini völlig unangebrachte und verwirrende Maxime)

Venia Legendi: Lehrbefähigung, an einer Hochschule Lehrveranstaltungen durchführen zu dürfen (die Venia legendi wird in der Regel mit der Habilitation erteilt; ist ein Hochschullehrer nicht mehr an einer Universität tätig, kann/muss er die Venia Legendi durch eine Lehrveranstaltung pro Semester aufrechterhalten.)

vice versa: (und) umgekehrt, wechselweise; abgekürzt: „v.v."

Zoon politikon*: (der Mensch als) auf die Gemeinschaft hin angelegtes Wesen; aus „Ho anthropos physei politikon zoon estin": „Der Mensch ist von Natur aus ein soziales/auf Gemeinschaft angelegtes bzw. Gemeinschaft bildendes Lebewesen" (im 4. Jh. v. Chr. von Aristoteles entwickelte, später oft aufgegriffene, Charakterisierung des menschlichen Wesens).

Regelteil zur Rechtschreibung

Regelteil zur Rechtschreibung

1. Rechtschreibprinzipien und Hilfen

Das richtige Schreiben soll das Verständnis geschriebener Texte erleichtern. Ein relativ einheitliches und bekanntes Schriftbild ermöglicht es Leserinnen und Lesern, sich auf den Inhalt oder die Ausdrucksweise eines Textes zu konzentrieren, anstatt immer wieder durch ungewöhnliche oder wechselnde Schreibweisen davon abgelenkt zu werden.

Am einfachsten wäre es sicher, wenn alle Laute und jedes Wort immer gleich geschrieben würden, sodass man sich nach und nach diese Schreibweisen einprägen könnte. Trotz vieler Vereinfachungen kann dieser Grundsatz aber nicht durchgehend gelten:

- Es gibt viel mehr gesprochene Laute, als Buchstaben zur Verfügung stehen.
  (Laut-Buchstaben-Zuordnung, Laut-Prinzip)

- Die Verwandtschaft zwischen den Wörtern soll erkennbar bleiben, auch wenn verwandte Formen etwas anders klingen. (Stamm-Prinzip)

- Fremdwörter bringen oft andere Laute und andere Schreibweisen mit sich.

- Grammatische Einheiten (z. B. Substantive/Nomen) und grammatische Zusammenhänge (z. B. Nebensätze) sollen um des besseren Verständnisses willen erkennbar sein. (Grammatisches Prinzip in Groß- und Kleinschreibung und Zeichensetzung)

- Der Grad der Zusammengehörigkeit von Wörtern und Wortteilen soll herausgestellt werden. (Bedeutungsprinzip, z. B. in der Namensschreibung oder in Zusammen- und Getrenntschreibung)

Dieses Kapitel stellt vor allem die Prinzipien und Grundregeln vor, die bei der elementaren Rechtschreibung von Lauten und Wörtern helfen.

1.1 Das Lautprinzip

> **R 1.1** Schreiben Sie so, dass Sie für die gleichen Laute oder Klänge möglichst immer die gleichen Buchstaben oder Buchstabenkombinationen verwenden.

Dieses Prinzip der Laut-Buchstaben-Zuordnung ermöglicht es im Idealfall, dass man ein neues Wort nach dem Gehör richtig schreiben kann – aber eben nicht immer. Das erste Hindernis besteht darin: Eine Buchstabenschrift wie die unsere muss die Zahl der Buchstaben klein halten, um lesbar zu bleiben. Dadurch entsteht ein „Übersetzungsproblem": Welche der vielfältigen gesprochenen Laute soll man mit welchen Buchstaben „abbilden"?

1.1.1 Verdoppelung des Konsonanten nach kurz gesprochenem Vokal

Wie wird in der Schriftform angezeigt, ob ein betonter Vokal (Stammvokal) kurz oder lang zu sprechen ist?

> **R 1.2** Nach einem **kurzen betonten Vokal** folgen in der Regel **zwei Konsonanten**.
> *kurz, Küste, gering, bunt, öfter, Ort*
>
> Oft handelt es sich dabei um Doppelkonsonanten.
> *Quallen, irren, rennen, hoffen, schlaff, generell, üppig, Paddel, Hütte*
>
> **Probe:**
> Wird der Konsonant bei der Silbentrennung in jeder der beiden Silben mitgesprochen, so ist er doppelt zu schreiben.
> *Qual-len (aber: Qua-len)*
> *hof-fen (aber: bei Ho-fe)*
> *schlaf-fe (aber: im Schla-fe)*

> **R 1.3** Bei der Verdoppelung schreibt man **ck** statt Doppel-k, **tz** statt Doppel-z.
> *backen, kleckern, Knacks*
> *Blitz, Platz, sitzen*
>
> **Ausnahmen:**
> **tz** und **ck** stehen nie nach **l, m, n, r.**
> *Hölzer, Tanz, Herz, Imker, denken, Birke*

> **R 1.4** **Ausnahmen:**
> Nicht verdoppelt wird der Konsonant in einigen einsilbigen Wörtern, die oft eine besondere grammatische Funktion haben.
> *ab, am, an, bin, bis, das (Artikel, Probe: dieses), dran, es, hat, hin, im, in, man, mit, ob, plus, um, vom, von, was, weg, zum*
> **Aber:** *denn, wenn, dann, wann, dass*
>
> Fremdsprachige Wörter zeigen oft keine Verdoppelung.
> *Chip, Bus, Jet, Job (aber: jobben), Politik, Hotel*
>
> Umgekehrt gibt es in fremdsprachigen Wörtern auch Konsonantenverdoppelung ohne vorangehenden betonten Vokal!
> *Fassade, Kassette, Batterie, Effekt, Grammatik, Konkurrenz*

1.1.2 Kennzeichnung der langen Vokale

Die Länge des Vokals wird also – im Gegensatz zur Kürze – in der Regel nicht besonders gekennzeichnet. Dennoch wird sie in einigen Wörtern zusätzlich durch Vokale oder Konsonanten gekennzeichnet, den so genannten Dehnungszeichen. Damit werden historische Schreibweisen aufgenommen.

R 1.5 **Nach einem lang gesprochenen Vokal folgt in der Regel kein Konsonant (im Stamm).**
wo, da, so

Probe bei mehrsilbigen Wörtern: Silbentrennung *Mo-nat, le-ben, La-ge, gro-ße, Sche-re*

R 1.6 Zusätzliche Kennzeichnung von langen Vokalen:
- **langes i** meist durch **ie**
  liegen, hier, ziemlich, nie, viel, sie
- selten durch **ie** + **h**
  Vieh, befiehl
- in bestimmten Wörtern durch **h**,
  ihm, ihn, ihnen, ihr, ihre, ihrem, ihren
  (aber: dir, mir, wir)
- andere lange Vokale oft durch **h**
  sog. Dehnungs-h (meist vor **l**, **m**, **n**, **r**)
  Höhle, nehmen, Bahn, Uhr
- in Ausnahmefällen durch Doppelvokal
  Paar, Teer, Boot (bei Umlaut kein Doppelvokal: Pärchen, Bötchen)
- lange Vokale in Wörtern mit einem folgendem stimmlosen s-Laut durch **ß** (s. R 2.14)
  Gruß, spießig, Strauß

1.2 Das Stammprinzip

Die bisherige Darstellung des Lautprinzips hat gezeigt: Die **Hauptregel** der Rechtschreibung, nämlich **möglichst immer dieselben Buchstaben für dieselben Laute zu verwenden**, ist nicht so einfach anzuwenden, wie sie klingt. Nun wird außerdem das Lautprinzip bei vielen Wörtern durch ein zweites Prinzip, das Stammprinzip, außer Kraft gesetzt.

R 1.7 **Schreiben Sie so, dass die Herkunft oder Verwandtschaft eines Wortes zu erkennen ist.**
Diese zweite Grundregel ergibt sich aus dem Stammprinzip.

Stämme sind die wichtigsten Bedeutungsträger der Wörter.
kennen, reisen, lieben, beenden

Aus ihnen lassen sich weitere verwandte Wörter bilden.
Haus → hausen, unbehaust

Allerdings können Stämme dabei den Vokal verändern (Ablaut) und – je nach dessen Länge – auch weitere Konsonanten.
kennen – bekennen – erkannt
kennen → Kenntnis, erkannt → Bekannte
fließen – es floss – das Floß

Trotzdem bleibt die Schreibweise so ähnlich (Schemakonstanz), dass man die Familienähnlichkeit von Wörtern erkennen kann.
Wände von Wand (nicht Wende),
lieb von Liebe (nicht liep),
endlich von Ende (nicht entlich),
Schifffahrt = Schiff + Fahrt

R 1.8 Genau genommen behalten nicht nur die Stämme, sondern auch andere wichtige Wortbausteine wie die Vor- und Nachsilben ihre Schreibweise bei. Das Stammprinzip müsste deshalb eigentlich Wortbausteinprinzip oder Morphemprinzip heißen.

Gleichschreibung der Vorsilben:
*auffallen = auf + fallen (nicht *aufallen)*

Gleichschreibung von Nachsilben:
Detektiv wie Detektive
königlich wie König

1.2.1 Schwierigkeiten mit dem Stammprinzip

Das Stammprinzip ist keine „Rechtschreibfalle"; es soll vielmehr die Rechtschreibung erleichtern. Indem man sich an verwandte Wortstämme, Vorsilben und Endungen erinnert, wird das Schreiben vereinfacht. Schwierigkeiten ergeben sich allerdings dann, wenn das Stammprinzip (schreiben Sie „familienähnlich"!) in Konflikt mit dem Lautprinzip gerät (schreiben Sie „klangähnlich"!). **In diesen Fällen geht das Stammprinzip vor.**

R 1.9 Bei vielen Wörtern schreibt man **b**, **d**, **g**, **s**, weil das Stammprinzip dies verlangt, obwohl man **p**, **t**, **k** oder scharfes **s** spricht.
das Lob von loben
das Rad wie Räder (nicht von Rat/Räte)
Erfolg wie folgen
du reist von reisen (nicht von reißen)

Probe: Wort verlängern

R 1.10 Nach einem kurzen betonten Vokal folgen in der Regel zwei Konsonanten.
sämtliche → gesamt
Gebäck → backen

1.2.2 Hilfen bei gleich und ähnlich klingenden Lauten

Praktisch zeigt sich der Konflikt zwischen Laut- und Stammprinzip also meist daran, dass man in

Zweifel gerät, ob man ein Wort einfach „nach dem Gehör" schreiben kann. In solchen Zweifelsfällen helfen zwei Proben.

R 1.11 Proben zum Stammprinzip:
- das Wort auf seine Ausgangsform(en) zurückführen
  gebt → geben, rennst → rennen
  endlos → Ende, entdecken → Vorsilbe „ent"
  Wände → Wand, Wende → wenden
  Schlammmassen → Schlamm/Massen

- das Wort verlängern
  Wind → Winde, Wort → Wörter
  richtig → richtige, peinlich → peinliche
  sprühend → sprühende
  Glas → Gläser, nah → Nähe

Ausnahme: Substantive auf -is und -in mit einfachem Konsonant, obwohl sie bei Verlängerung im Plural Doppelkonsonanten vorweisen.
Kenntnis → Kenntnisse
Freundin → Freundinnen

1.2.3 Die Andersschreibung

R 1.12 Normalerweise werden – nach dem Lautprinzip – Wörter, die gleich klingen, gleich geschrieben, auch wenn sie unterschiedliche Bedeutung haben. Darauf beruht das bekannte Teekesselchen-Raten: das Band/der Band, die Bank (‚Sitzbank')/die Bank (‚Geldinstitut'). In manchen Fällen werden Wortstämme aber auch gezielt anders geschrieben, um ihre Bedeutungen auf einen Blick unterscheiden zu können.

Häufige Andersschreibungen:
Ältere – Eltern
bis – biss → beißen
das – dass (Konjunktion)
Endkampf – Entlassung
viel – er fiel
sie ist – er isst → essen
lehren – leeren
Lied – Lid (am Auge)
mahlen – malen
Mann – man
seit – ihr seid
Seite – Saite
Ware – wahr – er war
wieder – wider (‚dagegen')

1.3 Fremdwörterschreibung

1.3.1 Problem und Grundregel

Bei der Schreibung einheimischer Wörter muss man sich oft fragen, ob man nach dem Laut- oder nach dem Stammprinzip verfahren werden muss. Ähnliche Zweifel tauchen verstärkt bei der Schreibung von Fremdwörtern auf: Darf man nach der deutschen Laut-Buchstaben-Zuordnung verfahren oder muss man die Herkunftsschreibung beachten?

R 1.13 70 % unserer Fremdwörter können nach dem Lautprinzip geschrieben werden!
Die Rechtschreibung wird also als regelgerecht oder normal empfunden.
Bei vielen Fremdwörtern wird man kaum noch erkennen, dass sie aus einer anderen Sprache stammen: Streik (engl. strike), Büro (franz. bureau); sie sind über einen langen Zeitraum ins Deutsche aufgenommen worden.

Andere werden wie Zitate aus der fremden Sprache angesehen und dementsprechend in grammatischer Form und Schreibung unverändert übernommen:
*Das ist doch ganz **easy**!; Der redet doch **pro domo**! Bevor ich **in medias res** gehe…; Geh mal auf **Download**!*

Einige Fremdwörter sind auf dem Wege, „eingedeutscht" zu werden. Sie können deshalb in ihrer Herkunftsschreibweise oder in deutscher Lautung geschrieben werden; die amtliche Regelung gibt „Hauptformen" und „Nebenformen" an.

1.3.2 Eindeutschung und Doppelschreibung

Bei den folgenden Beispielen steht die ältere Schreibung voran, die stärker „eingedeutschte" schließt sich an.

R 1.14 Sind zwei Schreibweisen bei Fremdwörtern möglich, sollte man sich beim eigenen Schreiben immer an dieselbe Schreibweise halten.

Beispiele für „Doppelschreibung":

ai – ä	*Drainage – Dränage*
ph – f	*Graphik – Grafik*
	phantastisch – fantastisch
gh – g	*Joghurt – Jogurt*
	Spaghetti – Spagetti
	Ghetto – Getto
ch – sch	*chic – schick*
eu – ö	*Friseur – Frisör*
rrh – rr	*Katarrh – Katarr*
th – t	*Thunfisch – Tunfisch*
	Panther – Panter
c – ß	*Sauce – Soße*
t – z	*potentiell – potenziell*

R 1.15 Ein Zeichen für Eindeutschung ist auch die Zusammenschreibung ursprünglich mehrteiliger Fremdwörter. Im Deutschen schon lexikalisierte Zusammensetzungen (mit dem Hauptakzent auf dem ersten Bestandteil) werden zusammengeschrieben:
Bluejeans, Swimmingpool, Newcomer.

Liegt der Hauptakzent auf dem zweiten Teil, schreibt man weiterhin getrennt:
High Society, New Age, Electronic Banking.

Oft werden solche Zusammensetzungen zunächst mit Bindestrich aneinandergerückt, was übersichtlicher wirken kann; hier sind dann beide Schreibweisen möglich:

Beispiele für Zusammenschreibung:
Aftershave-Lotion – Aftershavelotion
Centre-Court – Centrecourt
Air-Condition – Aircondition
Midlife-Crisis – Midlifecrisis
Come-back – Comeback
Feed-back – Feedback
Desktop-Publishing – Desktoppublishing
Fulltime-Job – Fulltimejob

Zur Groß- und Kleinschreibung s. R 3.22, zur Bindestrichsetzung R 4.21–23, zur Silbentrennung bei Fremdwörtern R 5.4

1.3.3 Häufige Abweichungen von der deutschen Lautschreibung

R 1.16 Häufig vorkommende Abweichungen von der deutschen Laut-Buchstaben-Zuordnung sollte man sich nach und nach merken.

Häufige Abweichungen von der deutschen Lautschreibung:
ai statt **ä**
Airbus, fair, Saison

c oder **ch** statt **k**
Café, Computer, Clown,
Chaos, Charakter (s. R 2.4)

ph statt **f**
Alphabet, Strophe, Phase (s. R 2.12)

rh statt **r**
Rhythmus, Rhabarber (s. R 2.13)

th statt **t**
Methode, Thema, These,
Theorie, Therapie (s. R 2.16)

y statt **i** oder **ü**
Analyse, Baby, hygienisch,
Lyrik, Physik, Symbol

Keine Doppelkonsonanten nach kurzem betontem Vokal
Profit, Kamera, Hotel

Verdoppelung des Konsonanten, obwohl der vorangehende Vokal nicht betont wird
passieren, Allee, Porzellan

Nicht hörbare Endlaute (z. B. **t** im Französischen)
Eklat, Etat, Trikot, Restaurant, Dessert,
Kuvert

1.3.4 Wiederkehrende Vorsilben und Wortendungen

R 1.17 Häufig vorkommende Wortanfänge und Wortendungen in der Schreibweise von Fremdwörtern sollte man sich nach und nach einprägen.

Achtung! In lateinischen Vorsilben gleicht sich der Endkonsonant häufig an den nachfolgenden an:
z. B. *kon* → *Kommentar, Korrespondent.*

Wiederkehrende Vorsilben und Wortanfänge:

ad-	*Addition, Apparat, Aggression, Akkusativ*
dis-	*Dissonanz, Differenz*
en-	*engagiert, Ensemble, Entree*
inter-	*Interesse, Interview, Intelligenz*
kon-	*Kongress, Kollege, Kombination, Kommentar, Korrespondent*
re-	*Resonanz, reduzieren, Reaktion*
syn-	*Synthese, symmetrisch*

Wiederkehrene Endungen:

-ain	*Refrain, Souterrain*
-ant	*interessant, Pendant*
-anz	*Akzeptanz, Substanz*
-är	*primär, Sekretär*
-ation	*Situation, Organisation, Interpretation*
-eau	*Niveau, Plateau*
-ee	*Allee, Idee, Kaffee*
-eur	*Ingenieur*
-ie	*Industrie, Energie, Batterie, Demokratie*
-iell	*speziell, finanziell*
-ier	*Premier, Atelier (r-Laut nicht hörbar), Scharnier*
-ieren	*regieren, diskutieren, notieren*
-in	*Mannequin, Bulletin, Medizin*
-ine	*Margarine, Maschine*
-it	*Satellit, Kredit*
-iv	*negativ, relativ, konservativ, aktiv*
-ment	*Engagement, Management*

R 1.18 Man kann Fremdwörter nur dann erfolgreich im Wörterbuch nachschlagen, wenn man zumindest mit der Schreibung der ersten Buchstaben des jeweiligen Fremdworts vertraut ist.
Die Schreibweisen aus den unterschiedlichen Herkunftssprachen lassen sich nicht in Regeln fassen. Wer allerdings Englisch, Französisch oder Latein beherrscht, wird mit den häufigsten Fremdwörtern mit der Zeit weniger Schwierigkeiten haben.

1.4 Zusammenfassende Empfehlungen zur Laut-Buchstaben-Zuordnung

1. In erster Linie das Lautprinzip beachten, auch bei Fremdwörtern:
   - die gleichen Laute mit den gleichen Buchstaben(-Kombinationen) wiedergeben
   - deren Aussprache deutlich unterscheiden (z. B. **ä** = offen, **e** = geschlossener).

2. In Zweifelsfällen Proben machen:
   - Stammwort oder verwandtes Wort suchen (s. R 1.7/R 1.11)
   - Silbentrennung versuchen (s. R 1.2/R 1.5)
   - Wörter verlängern (s. R 1.11).

3. Unbekannte Fremdwörter nachschlagen.

2. Buchstabenschreibung

In diesem Kapitel wird – in alphabetischer Reihenfolge – auf Besonderheiten bei der Schreibung einzelner Buchstaben und Buchstabenkombinationen hingewiesen. Allgemeine Grundregeln und Hilfen zur Buchstabenschreibung finden sich im vorigen Kapitel 1, ebenso zur Schreibung von Fremdwörtern (R 1.13 ff.).

R 2.1   aa – ee – oo
Doppelvokal als Zeichen der Länge kommt nur in wenigen Wörtern vor.

Wichtig:
Haar, paar, Paar, Saal, Staat, Waage
Beere, leer, Meer, See, Schnee, Teer
Boot, Moor, Moos, Zoo

Entsprechende Umlaute werden nicht verdoppelt.
Härchen, Pärchen, Säle, Bötchen

R 2.2   ä/e – äu/eu – ai/ei
ä (nicht „e") wird geschrieben, wenn es eine Grundform mit **a** gibt. (Zum Stammprinzip s. R 1.10)
Hände → Hand, hätte → hat
am nächsten → nah,
Ausnahme: *Eltern → alt*

äu (nicht „eu") wird geschrieben, wenn es eine Grundform mit **au** gibt.
Träume →Traum, gräulich → grau,
Käufer → Kauf

Bei einigen Wörtern ist eine solche Grundform nicht mehr erkennbar.
allmählich, gähnen, Lärm, März, Sekretär, Universität, Schädel, täuschen, sich sträuben, Säule

In anderen Fällen wird **e** bzw. **eu** geschrieben.
Welt, Wende, Eule, Euter, Europa

ai (nicht „ei") wird nur in wenigen Wörtern geschrieben.

Hai, Hain, Kaiser, Laie, Mai , Mais, Saite
(aber: Buch-Seite), Waise (‚elternloses
Kind', aber: Art und Weise)

ai kommt auch in Fremdwörtern vor (als ä-Laut gesprochen).
Airport, Refrain, Necessaire (auch Nessessär möglich)

R 2.3   b/p (zu bb vgl. ff, R 2.7)
Wörter, die im Stamm ein **b** haben, behalten dieses, auch wenn es im Auslaut als **p**-Laut gesprochen wird.
lieb, geliebt → lieben
trübselig, eingetrübt → trüben
bleib → bleiben
Trab → traben

Als **Probe** kann man das Wort verlängern. (Zur „Auslautverhärtung" vgl. auch R 1.9)

R 2.4   c/ch/k/z (zu chs siehe x, R 2.18)
Wörter mit **c** oder **ch** am Anfang sind meist fremdsprachlichen Ursprungs.
Camping, cool, Cousin, Chaos, Chor, City, Cineast
Champignon, Chance, Chip

Einige Wörter kann man auch mit **k** oder **z** schreiben.
Code – Kode; circa – zirka

R 2.5   d/t, end/ent
Ist man unsicher, ob ein Wort mit **d** oder **t** geschrieben wird, verlängert man es.
Wald → Wälder, Gast → Gäste,
spannend → spannender → spannendste

Wörter, die auf „Ende" zurückzuführen sind, werden mit **d** geschrieben, die Vorsilbe „ent-" dagegen schreibt man mit **t**. (s. R 1.7)
Endstation, unendlich
entstehen, entscheiden

R 2.6   é/ée/ee
Wörter mit **é**, **ée** oder **ee** kommen häufig aus dem Französischen. Man kann sie ohne Akzent, aber mit Doppel-e schreiben, wenn sie als „eingedeutscht" erscheinen.
Frotté – Frottee
Dragée – Dragee
Pappmaché – Pappmaschee
(zu Fremdwörtern vgl. R 1.17; zu ee in deutschen Wörtern vgl. R 2.1)

Zu **eu/ei** vgl. R 2.2

R 2.7 ff/fff

Doppelkonsonanten (wie **ff**) stehen nach kurzem betontem Vokal.
schaffen, raffen
Andere Doppelkonsonanten:
Egge, Memme, rennen, wippen, rattern usw.

In Fremdwörtern können sie auch nach unbetontem Vokal auftreten.
Lotterie, raffiniert, Billion

Dreifachkonsonanten (wie **fff**) entstehen bei Wortzusammensetzungen.
Rohstofffrage, Schifffahrt
Andere Dreifachkonsonanten:
Schlammmassen, Pappplatten usw.

(zu Doppelkonsonanten s. R 1.2–R 1.4, zum Stammprinzip R 1.7)

R 2.8 g/ig/k

Ist man unsicher, ob im Auslaut **g** oder **k** geschrieben wird, so verlängert man das Wort. Dasselbe gilt für **ig/ich**
(s. auch R 2.3/R 2.5, zum Stammprinzip R 1.8)
Trug → betrogen
Spuk → spuken
gläubig → der Gläubige
freundlich → der Freundliche

Zu **gh/g** vgl. R 1.14

R 2.9 h

Im Wortinnern steht **h** immer dann, wenn ein betonter langer Vokal vorangeht und ein unbetonter kurzer Vokal folgt.
fähig, Höhe, nahen, drehen, sehen, Darlehen, Ruhe

Enthält ein Wortstamm ein **h**, so bleibt es auch in allen Formen und verwandten Wörtern erhalten.
befehlen → befiehlt, gehen → du gehst, sehen → er sieht, nahen → nah

In vielen Fällen steht auch ein **h** nach betontem langem Vokal, wenn **l, m, n, r** folgen:
hohl, Strahl, fühlen, lahm, nehmen, Ruhm, Sohn, ahnen, bohren, führen, Uhr, wahr, lehren, fehlen, Jahr, Wahl, Zahl, mehr, ihm, ihr, ohne, sehr, ihnen

Aber: In den meisten Fällen steht kein **h**!
(Zur Kennzeichnung der Vokallänge vgl. auch R 1.5 und R 1.6):
holen, malen, leeren, Literatur, Natur, Termin, Medizin

R 2.10 i/ie/ieh

Langes **i** wird in heimischen Wörtern in der Regel mit **ie** geschrieben:
ziemlich, Liebe, die, wie, sie, spielen

In wenigen Wörtern schreibt man langes **i** ausnahmsweise mit einfachem **i**:
dir, mir, wir, Bibel, Tiger, wider („gegen")

In Fremdwörtern mit langem **i** ist das einfache **i** in der Schreibung gängig:
Klinik, Klima, Benzin, Kilo
Aber: Scharnier, informieren (ie in Nachsilben)

In wenigen deutschen Wörtern steht auch das Dehnungs-**h**:
Nur in: ihm, ihn, ihnen, ihr

oder sogar **ie + h**:
Nur in: Vieh, ziehen, fliehen, wiehern

(s. zur Vokallänge R 1.5/R 1.6, zum Dehnungs-h R 2.9)

R 2.11 k/ck (zu c s. R 2.4)

ck steht nach kurzem betontem Vokal (anstatt **kk**):
Zecke, zucken, pflücken, Glück, Ruck

Im Gegensatz zu anderen Doppelkonsonanten wird **ck** nicht getrennt:
glü-cken, re-cken
Aber: gel-len, ren-nen

Fremdwörter haben auch ein Doppel-**k**. Nach langem Vokal steht ein einfaches **k**:
Makkaroni, Akkord, Akkusativ, Mokka
Ekel, spuken, quaken, blöken

Zu **ll, mm, nn** s. R 2.7
Zu **oo** s. R 2.1

R 2.12 p/ph/f

In Fremdwörtern steht häufig **ph** (f-Laut):
Pharao, Alphabet, Philosophie

Empfehlung: Gängige Verbindungen mit *-fon, Foto-, -graf* mit f schreiben:
Telefon, Mikrofon, Fotografie, fotokopieren, Biografie

fachsprachliche Verbindungen und Fachwörter mit **ph** (wie im Englischen):
Photosynthese, Demographie, phonetisch

S. auch R 1.14/R 1.16

Für **Doppel-p** gilt R 2.7

R 2.13 r/rh (zu rr s. auch R 2.7)
In einigen Fremdwörtern wird **rh** statt **r** geschrieben:
Rhesusfaktor, Rhapsodie, Rheuma, Rhythmus

R 2.14 s-Laute
Die Schreibung der **s-Laute** erscheint vielen besonders kompliziert. Im Grunde folgt die Regelung aber allgemeinen Rechtschreibprinzipien.

Vor allem soll durch die Schreibung die unterschiedliche Aussprache der s-Laute wiedergegeben werden (s. R 1.1).
In der Aussprache der s-Laute kann man unterscheiden zwischen
- weichem **s** = stimmhaftes **s** = weich gesprochenes **s**, z. B. *sausen*
- scharfem **s** = stimmloses **s** = scharf gesprochenes **s**, z. B. *wissen*.

Weich gesprochenes s wird s geschrieben:
sieben, Sand, Reise, singen, lesen

Scharf gesprochenes s wird in der Regel mit ss oder ß geschrieben:
1. mit **Doppel-s** nach kurzem betontem Vokal
   wissen, gewusst, Kuss, Biss, nass
   Ausnahmen: *des, wes, was, Endsilbe -nis*
2. mit **ß** nach langem Vokal/Diphthong:
   groß, weiß, draußen, heißen, stoßen, Straße, Fuß, Soße, Gruß, Süße, Spaß, bloß, Strauß

Mit der Unterscheidung von Doppel-s und ß beim scharf gesprochenen s werden also – wie sonst in der Rechtschreibung auch (s. R 1.2 – R 1.6) – unterschiedliche Vokalqualitäten gekennzeichnet.
Dies führt allerdings zu folgender Erscheinung, die als Erschwernis für die Schreibung empfunden werden kann:

Je nach Kürze oder Länge des vorangehenden Vokals wechseln ss und ß auch in verwandten Wörtern:
schließen – Schloss – geschlossen, fließen – floss – Fluss, wissen – ich weiß – wusste, messen – Maß, essen – aß, reißen – gerissen – der Riss, vergessen – er vergaß, schießen – erschossen – Schuss, beißen – Biss, genießen – er genoss – Genuss

Als zweite Erschwernis können die Ausnahmen bei der Schreibung des scharfen **s** erscheinen, die das Stammprinzip (s. R 1.9) verlangt.

Scharf gesprochenes s muss mit einfachem s geschrieben werden, wenn es einen dazugehörigen Stamm mit weichem s gibt:
sie reiste → reisen
Haus → hausen

Zusammenfassung zur Schreibung der gesprochenen s-Laute:
Weiches **s** → **s**
Scharfes **s** → **s**, wenn Stamm mit weichem **s** (Stammprinzip, s. R 1.9)
              ss zur Kennzeichnung des kurzen betonten Vokals (s. R 1.2)
              ß zur Kennzeichnung des langen Vokals (s. R 1.6)

In Zweifelsfällen, die eigentlich nur beim Schreiben des scharf gesprochenen s auftreten, helfen Proben.

Proben beim scharfen s:
1. Mit einfachem **s**, weil weiches **s** im Stamm ist? → Wörter verlängern!
   Maus → Mäuse, Preis → Preise
2. **Doppel-s**, weil kurzer Vokal vorausgeht? → einsilbige Wörter verlängern, Silbentrennung: **ss** wird getrennt!
   Kuss → Küs-se, Biss → Bis-se
   Wis-sen, has-sen, nas-ser
3. **ß**, weil langer Vokal vorausgeht? → einsilbige Wörter verlängern, Silbentrennung: **ß** kommt ungetrennt in die Folgesilbe!
   groß → gro-ße, weiß → wei-ßer
   au-ßen, hei-ßen, Stra-ße, Fü-ße, So-ße

R 2.15 s/ss: das – dass
Beide Wörter, „das" und „dass", werden in der Standardsprache mit scharfem **s** gesprochen. Die unterschiedliche Schreibweise geht also nicht auf die Aussprache zurück, sondern will grammatische Merkmale kennzeichnen (s. Andersschreibung R 1.12).
„Das" ist ein Artikel oder Pronomen, bezieht sich meist auf ein Substantiv und kann durch „dieses" oder „welches" ersetzt werden.
Was bedeutet Akkusativ? Das (dieses) weiß ich nicht.
Dies ist das Kleid, das (welches) ich dir zeigen wollte.

„Dass" ist eine Konjunktion, die einen Nebensatz einleitet.
Wir erwarten, dass mein Vater kommt.
Ähnlich: sodass, ohne dass, dadurch dass

Es gibt weitere kurze Wörter, die wie „das" nur auf s enden:
was, wes, des

R 2.16 t/th
In einigen Fremdwörtern wird **th** statt **t** geschrieben:
Theater, katholisch, Theke, Mathematik, Ethos, Thema, Theorie, Thermometer

Schluss-t ist oft nicht hörbar:
Depot, Ressort (s. R 1.16)

Zu **Doppel-t** s. R 2.7

R 2.17 v

v wird in einheimischen Wörtern wie **f** gesprochen und kommt nur in wenigen Wörtern am Wortanfang vor:
ver-, vor-, von, Vater, viel, vier, Vogel, Volk, voll

In fremdsprachlichen Entlehnungen kommt **v** auch an anderen Wortstellen vor und wird wie **w** gesprochen:
Pullover, Vase, Advent, nervös, Villa

R 2.18 x/chs/cks/ks/gs

Der **x**-Laut wird nur in wenigen Wörtern als Buchstabe x geschrieben, oft in fremdsprachlichen Entlehnungen:
Axt, Boxen, Experte, Existenz, extra, Praxis, Taxi, Hexe

In einheimischen Wörtern wird er öfter durch **chs** wiedergegeben:
Achse, Büchse, Fuchs, Lachs, sechs, wachsen, wechseln

In einigen Wörtern wird auch **cks, ks** oder **gs** geschrieben, wenn das Wort auf einen entsprechenden Stamm zurückgeführt werden kann.

Probe: Verlängern!
*Klecks → kleckern
links → linke
unterwegs → auf dem Wege*

Zu **y** in Fremdwörtern s. R 1.16

R 2.19 tz/zz

tz wird nach kurzem Vokal geschrieben (anstelle von **zz**, s. R 1.3).
Tatzen, kratzen, Matratze, setzen

tz wird normal getrennt (anders als **ck**).
Tat-zen, krat-zen, set-zen

zz kommt nur in Fremdwörtern vor.
Skizze, Pizza

R 2.20 z/t/s

-tiell/-ziell, -ens/-enz/-anz
Der **z**-Laut wird in Fremdwörtern vor **i** häufig als **t** geschrieben.
Nation, Konfirmation, partiell, funktionell

In einigen Wörtern ist Doppelschreibung erlaubt (s. R 1.14).
potentiell – potenziell

Empfehlung: z schreiben, wenn es einen Wortstamm mit **z** gibt.
*substanziell → Substanz (**auch:** substantiell)
finanziell → Finanzen*

Zu unterscheiden sind auch Endungen auf **-ens** und **-enz**.
*Kons**ens** (Übereinstimmung),*

*Präs**ens** (grammatischer Terminus: ‚Gegenwart'), **aber:** Präs**enz** (‚Anwesenheit')*

---

3. Groß- und Kleinschreibung

Auch im Deutschen stellt die Kleinschreibung die Basis dar. Besonders begründet werden muss also die Großschreibung, einschließlich verschiedener Ausnahmeregelungen.

Die Großschreibung dient dazu,

– Satz- und Titelanfänge zu kennzeichnen

– und Substantive, Namen und Anredeformen hervorzuheben.

3.1 Großschreibung am Satzanfang und in der Überschrift

3.2 Groß- und Kleinschreibung im Satz

R 3.1 Groß schreibt man das erste Wort

– in einem **selbständigen Satz**
Die Schule brennt.

– nach **Doppelpunkt**, wenn ein ganzer Satz folgt
Ausrüstung: Alle Teilnehmer sollten Regenzeug und Verpflegung mitbringen!

aber: klein, wenn kein ganzer Satz folgt
*Zur Ausrüstung gehören: strapazierfähige Schuhe, Windjacke, Verbandszeug.
Mathematik: gut*

– in **wörtlicher Rede**
Sie fragte: „Kommst du morgen wieder?" und bat dann: „Geh jetzt bitte!"

Aber: Anschließend an wörtliche Rede innerhalb eines ganzen Satzes schreibt man klein.
„Hast du mich verstanden?", fragte sie.

Auch eingeschobene Sätze (in Klammern oder Gedankenstrichen) beginnt man kleingeschrieben.
*Dieses Haus ist (ich kenne kein schöneres Gebäude als dieses in unserer Stadt) unbedingt erhaltenswert.
Er hat – das betont er immer wieder – überhaupt kein Verständnis dafür.*

– bei **Überschriften, Gliederungspunkten**
*Massive Lawinenniedergänge in den Alpen
1. Der Mensch*

3.2.1 Grundregel

R 3.2 Den Anfangsbuchstaben von Werktiteln schreibt man im Satz groß.
Ich habe den Roman „Hundert Jahre Einsamkeit" von García Márquez gelesen.

R 3.3 Substantive (Nomen) und als Substantive gebrauchte Wörter werden im Satz großgeschrieben. Wörter anderer Wortarten werden kleingeschrieben.

Wie erkennt man Substantive im Satz?

Proben:
Im Satz erkennt man Substantive daran,
- dass sie **von einem Erkennungswort begleitet** werden
  Artikel (ein Geschrei)
  Pronomen (dieses Verhalten)
  Präposition (ohne Rücksicht)
  Adjektiv (kindisches Geschrei)
- oder dass man das **Erkennungswort**, z. B. den Artikel, sinnvoll im Satz **hinzusetzen könnte**.
  Die Michaela hat ein großes Interesse an den Fremdsprachen.

Substantive schreibt man immer groß. Das gilt auch für:
- **Zusammensetzungen mit Bindestrich,** die substantivischen Charakter haben, und Substantive innerhalb solcher Zusammensetzungen
  die Ad-hoc-Entscheidung, das Auf-die-lange-Bank-Schieben, das Entweder-Oder
- **Substantive aus anderen Sprachen** (auch innerhalb mehrteiliger Fügungen)
  ein Allegro spielen, einen Caffè Latte trinken, zur High Society gehören
- **Substantive, die Teil fester Gefüge** sind
  auf Grund dessen, außer Acht lassen, zu Hilfe kommen, Hof halten, in Kauf nehmen
- **Zahlsubstantive**
  ein Dutzend, eine Million, das erste Tausend, in den Achtzigern
- **Substantive, die Tageszeiten bezeichnen**
  heute Abend, gestern Mittag

Zur Schreibung der Bindestrich-Substantive s. R 3.21

3.2.2 Substantivierung

Ursprüngliche Substantive sind bereits im Wörterbucheintrag großgeschrieben.

Substantivierungen erkennt man dagegen erst an ihrem Gebrauch im Satz.

R 3.4 Im Satz lassen sich Wörter aller anderen Wortarten, die im Wörterbuch meist kleingeschrieben werden, auch als Substantive gebrauchen (Substantivierung). Als Substantivierung werden sie ebenfalls großgeschrieben.

Substantivierung
- von Verben
  Im Laufen bin ich gut.
- von Adjektiven
  etwas Neues
- von Pronomen
  dein stolzes Ich
- von Konjunktionen
  dein ewiges Wenn und Aber
- von Adverbien
  ein Hin und Her
- von Präpositionen
  das Für und Wider bedenken

Substantivierungen erkennt man an den gleichen Erkennungswörtern und mit Hilfe der gleichen Proben, die man bei ursprünglichen Substantiven macht (s. R 3.3).

3.2.3 Besonderheiten der Substantivierung bei Verben

R 3.5 Infinitive von Verben werden häufig substantiviert.

Erkennungswort:
Artikel
  Das Schreien ist fürchterlich.

Pronomen
  Hör mit diesem Schreien auf.

Präposition
  Durch Schreien erreichst du gar nichts.

Adjektiv
  Lautes Schreien drang an mein Ohr.

Zahlwort
  Alles Schreien half nicht weiter.

Probe: Doch *das* Schreien half nicht weiter.

R 3.6 Im Zweifelsfall klein!
Das Wörtchen **zu** beim Verb ist meist kein Zeichen von Substantivierung, sondern Kennzeichen der normalen Infinitivform des Verbs.
  Hör auf zu schreien!
  Ich habe keine Lust, schwimmen zu gehen.
  Aber: *Kommst du mit zum Schwimmen?*

Sind Zweifelsfälle auch durch eine **Probe** nicht eindeutig zu lösen, so wird kleingeschrieben. Thomas lernt **singen.** Lernt Thomas das Singen? Oder lernt Thomas zu singen?
→ **kleinschreiben!**

Die **Substantivierung des Verbs** kommt häufiger auch in Fügungen mit Bindestrich vor:

das Auf-der-faulen-Haut-Liegen, ein Hand-in-Hand-Arbeiten (zur Schreibung der Bindestrichwörter s. R 3.21).

3.2.4 Besonderheiten der Substantivierung bei Adjektiven, adjektivisch gebrauchten Partizipien und Zahladjektiven

R 3.7 Substantivierte Adjektive, Partizipien und Zahladjektive werden großgeschrieben.

der Kleine, die Schreiende, der Dritte, im Allgemeinen, im Einzelnen, das Folgende, ein Fest für Junge und Alte, am Ersten des Monats, der Nächste, bitte!

Sie werden häufig auch von unbestimmten Zahl- oder Mengenangaben begleitet; der Zusatz einer solchen Angabe kann als Probe dienen.

alles Übrige, etwas Schwieriges, manches Gute, wenig Interessantes, viel Erfreuliches Der Geehrte hat viel/etwas Hervorragendes geleistet.

Auch Substantivierungen ohne Präposition werden großgeschrieben.

jenseits von Gut und Böse, auf Rot schalten, ganz in Grau gekleidet, mit Englisch durchkommen, Alt und Jung

In festen Fügungen aus Präposition und nicht dekliniertem Adjektiv ohne Artikel schreibt man klein.

von nah und fern, von klein auf, in bar bezahlen, schwarz auf weiß

In festen Fügungen aus Präposition und dekliniertem Adjektiv ohne Artikel kann man klein oder groß schreiben.

von weitem/Weitem bis auf weiteres/Weiteres von neuem/Neuem

R 3.8 Adjektive, die einem Substantiv zugeordnet sind, werden in der Regel kleingeschrieben.

eine allgemeine Frage, der blaue Himmel, ein schöner Sommer, die deutsche Sprache

Ein substantiviertes Adjektiv wird großgeschrieben.

im Allgemeinen, das Blau des Himmels, das Schöne des Sommers, im Deutschen sagt man ...

Adjektive mit Artikel werden kleingeschrieben, wenn sie Attribut zu einem vorausgehenden oder folgenden Substantiv sind.

Die kleinen Wünsche erfüllen wir uns sofort, die großen verschieben wir auf später. Von allen Säugetieren ist der Wal das schwerste. Rosen mag Katharina gern. Die gelben liebt sie besonders.

Zur Schreibung von Adjektiven in Namen, Titeln und Herkunftsbezeichnungen s. R 3.17–19

R 3.9 Nicht substantiviert und kleinzuschreiben sind Superlative mit dem Steigerungszeichen am.

Julia springt am höchsten, am besten, am schönsten.

Proben: Ist am nicht durch an dem zu ersetzen? Kann man „wie" fragen? Dann kleinschreiben! ~~an dem~~ höchsten? *Wie springt sie? Am besten!*

Bei festen adverbialen Formen mit „aufs" und „auf das" mit Superlativ ist Groß- oder Kleinschreibung möglich.

aufs beste/Beste, auf das herzlichste/Herzlichste

Aber (nur groß): sein Bestes leisten, zum Besten geben, das Beste für dich

Zur Schreibung von Adjektiven in Namen und Herkunftsbezeichnungen s. R 3.18/R 3.19

3.3 Groß- und Kleinschreibung bei Substantiv-Ähnlichkeit

3.3.1 Desubstantivierung

Einige Wörter sehen aus wie Substantive, werden aber nicht mehr als solche empfunden. Wenn ein früheres Substantiv seine substantivischen Merkmale eingebüßt und die Funktion einer anderen Wortart übernommen hat (Desubstantivierung), wird es kleingeschrieben.

3.3.2 Scheinsubstantive

Einige Wörter haben die Erkennungswörter von Substantiven bei sich, sind aber keine echten Substantive. Wenn ein Wort trotz Erkennungszeichen kein echtes Substantiv ist (Scheinsubstantiv), wird es kleingeschrieben.

R 3.10 Kleingeschrieben werden Adverbien, die auf -s enden und meist Tageszeiten oder Wochentage betreffen.

samstags, nachts, anfangs, abends, morgens, mangels, angesichts, teils ... teils

Aber: heute Abend, morgen Mittag, gestern Morgen, heute früh/auch: heute Früh

R 3.11 Kleingeschrieben werden die Adjektive angst, bang, bankrott, feind, gram, pleite, recht, schuld in Verbindung mit sein, bleiben, werden.

Du bist schuld. Mir wird angst. Ich bin pleite. Er ist bankrott. Das soll mir recht sein!

Ausnahme: recht/Recht, unrecht/Unrecht. Hier gelten beide Schreibweisen: recht/Recht behalten, bekommen, geben; unrecht/Unrecht haben, tun

Aber: Das Substantiv schreibt man groß.
Das ist deine Schuld. Ich habe Angst.
Er macht Pleite/Bankrott.

R 3.12 Kleingeschrieben werden die **Präpositionen** *dank, kraft, laut, statt, trotz, zeit, um ... willen*, die den Genitiv verlangen.
dank deiner Hilfe, laut Plan, trotz deiner Unfreundlichkeit, zeit seines Lebens, um unserer Freundschaft willen

R 3.13 Kleingeschrieben werden die **unbestimmten Zahlwörter** *ein bisschen* (= ‚ein wenig‘) und *ein paar* (= ‚einige‘)
*ein **bisschen** Zucker, ein klein **bisschen** Milch; ein **paar** Äpfel*

Aber: *ein **Paar** Schuhe*

R 3.14 Kleingeschrieben werden **Verbverbindungen mit nicht mehr eigenständigem substantivischem Bestandteil**:
heim-, irre-, leid-, not-, stand-, preis-, statt-, teil-, wunder- in getrennter Stellung.
***Fahr** mich **heim**! Fred **nimmt teil**. Er **gibt** sein Geheimnis nicht **preis**. Wir laufen **eis**. Er stand **kopf**.*

Probe: Infinitiv bilden!
heimfahren, teilnehmen, preisgeben, eislaufen, kopfstehen

In bestimmten festen Fügungen kann klein- und großgeschrieben werden:
achtgeben/Acht geben; achthaben/Acht haben.

Dagegen wird nur großgeschrieben bei:
in Acht nehmen, außer Acht lassen
Aber nur: *Gib gut **acht**! Sie hat große **A**cht darauf gegeben.*

Die Substantivierung wird großgeschrieben.
das Inachtnehmen, das Außerachtlassen

R 3.15 Kleingeschrieben werden gewisse unbestimmte **Zahlwörter** und **Pronomen**, auch wenn sie mit Artikel verbunden werden. Man sollte sich diese Ausnahmen merken!
viel, das meiste, viel/das wenigste, (der) eine, (die) andere, (ein) jeder, (die) beiden, (das) alles, manche

Aber: Wenn der substantivische Charakter betont werden soll, kann auch großgeschrieben werden.
*Grüße die deinen/**D**einen!*
*Jedem das seine/**S**eine!*

Possessivpronomen mit bestimmtem Artikel können klein- oder großgeschrieben werden.
die Meinung der vielen/Vielen; Sehnsucht nach dem anderen/Anderen; das ist etwas anderes/Anderes!

R 3.16 **Kardinalzahlen** unter einer Million und **Ordinalzahlen** (auch in festen Verbindungen) schreibt man klein.
die ersten sieben, acht minus zwei, diese zwölf, Mitte achtzig sein;
zum achten Mal, das vierte Gebot, das siebte Weltwunder

Aber: Bei Substantivierung wird das Zahlwort großgeschrieben.
jeder Zehnte; die Achtzig erreicht haben

Bruchzahlen mit -tel und -stel schreibt man klein, wenn sie vor Maßangaben oder Kardinalzahlen stehen (Uhrzeitangabe); in allen anderen Fällen schreibt man sie groß.
ein viertel Liter Milch, (aber: einen Viertelliter Milch trinken!), viertel vor fünf (Uhr); ein Achtel der Fläche, ein Drittel der Summe

Zur Getrennt- und Zusammenschreibung bei Zahlen s. R 4.19

3.4 Namen, Bindestrichschreibung, Anredeformen

3.4.1 Eigennamen und Bezeichnungen

R 3.17 **Eigennamen werden großgeschrieben.** In mehrteiligen Eigennamen schreibt man das erste und alle weiteren Wörter außer Artikeln, Konjunktionen und Präpositionen groß.
Als Eigennamen gelten:
- **Personennamen**
  Peter Müller, Friedrich der Große, Bettine/ Bettina von Arnim

- **Geografische Namen**
  Berlin-Mitte, Freie und Hansestadt Hamburg, Lange Gasse, Totes Meer, Hohe Tatra, Fränkische Schweiz

- **Historische Ereignisse, Epochen**
  der Westfälische Friede(n), die Antike

- **Titel** von Institutionen, Organisationen, Firmen, Zeitungen
  das Rote Kreuz, das Zweite Deutsche Fernsehen, der Heilige Vater, der Erste Bürgermeister, die SPD

- Andere **feste Bezeichnungen** (für Himmelskörper, Bauwerke, Orden o. Ä.)
  Großer Wagen, der Schiefe Turm von Pisa, das Eiserne Kreuz, der Englische Garten

- **Klassifikationen** in Botanik und Zoologie
  das Fleißige Lieschen, die Gemeine Stubenfliege, die Schwarze Witwe, der Deutsche Schäferhund

R 3.18 Großgeschrieben werden in mehrteiligen Bezeichnungen:
- alle **Substantive** und **Adjektive**
  Großer Wagen, Deutscher Bundestag, Frankfurter Rundschau
- das **erste Wort** (außer dem Artikel)
  In der Unteren Lindengasse, die Vereinigten Staaten von Amerika
- **jedes erste Wort** bei Namen von Gaststätten sowie Titeln von Zeitschriften, Filmen, Büchern
  Zum Bären (Gasthaus), Der Spiegel, Der Tod in Venedig

R 3.19 **Herkunftsbezeichnungen** werden unterschiedlich geschrieben.
- Bezeichnungen auf **-er** werden großgeschrieben
  die Essener Bevölkerung, die New Yorker Rapperszene, der Pariser Charme
- adjektivische Ableitungen auf **-(i)sch, -haft** o. Ä. werden kleingeschrieben
  französische Küche, das kopernikanische Weltsystem, die goetheschen Dramen, die platonischen Dialoge

Aber: Als fester Bestandteil eines Namens oder Titels und bei apostrophiertem Personennamen wird großgeschrieben.
Technisches Hilfswerk, der Westfälische Friede(n), Weströmisches Reich; die Goethe'schen Dramen, die Stein-Hardenberg'schen Reformen

R 3.20 In festen Verbindungen von Adjektiv und Substantiv, die keine Eigennamen sind (auch wenn sie wie Namen aussehen), wird das Adjektiv in der Regel kleingeschrieben.
das neue Jahr, die höhere Mathematik, die graue Maus, der bunte Hund, paradiesische Ruhe, die alten Griechen, ein englischer Garten

Zur Hervorhebung einer **neuen, idiomatisierten Gesamtbedeutung** ist Klein- und Großschreibung des Adjektivs möglich.
das schwarze/Schwarze Brett (= Anschlagtafel),
das Schwarze Loch (= Terminus der Astrophysik),
der weiße/Weiße Tod (= Lawinentod),
der letzte/Letzte Wille (= Testament),
die erste/Erste Hilfe

In **bestimmten Wortgruppen wird das Adjektiv großgeschrieben, obwohl kein Eigenname vorliegt**: bei (Ehren-)Titeln, Amtsbezeichnungen, besonderen Kalendertagen, in fachsprachlichen Ausdrücken.
der Heilige Vater,

der Regierende Bürgermeister von Berlin,
der Erste Mai, der Goldene Schnitt

3.4.2 Bindestrich-Schreibung

R 3.21 Werden **Wörter mit Bindestrichen aneinandergereiht** oder mehrteilige Zusammensetzungen mit Bindestrichen gebildet, werden **Substantive sowie das erste Wort großgeschrieben**; das gilt auch für substantivisch gebrauchte Einzelbuchstaben.
Science-Fiction, Ich-AG, ICE-Strecke, das Sowohl-als-auch, der Trimm-dich-Pfad, Georg-Büchner-Preis, Kopf-an-Kopf-Rennen; die Mund-zu-Mund-Beatmung

Bei **Abkürzungen und Einzelbuchstaben oder -ziffern** ändert sich die Groß- und Kleinschreibung nicht.
das Zungen-r, eine x-beliebige Zahl, der pH-Wert, 100-m-Lauf, 8-fach, 8-jährig, 1-Euro-Stück

In **substantivisch gebrauchten Zusammensetzungen** wird das Verb großgeschrieben:
Das ist ja zum Aus-der-Haut-Fahren!

Zur Setzung von Bindestrichen s. R 4.21 ff.

R 3.22 Bei **mehrteiligen substantivischen Fremdwörtern mit Bindestrich** werden das erste Wort und alle substantivischen Bestandteile großgeschrieben.
Free-TV; Duty-free-Shop; De-facto-Regierung; Make-up-Täschchen; Know-how-Transfer; Burn-out-Syndrom

Zu Tendenzen der Fremdwortschreibung s. R 1.13 ff.

3.4.3 Anredepronomen und Höflichkeitsanrede

R 3.23 Nur die Anrede mit dem Höflichkeitspronomen „Sie" und dem dazu gehörenden Possessivpronomen „Ihr" wird großgeschrieben, um sie vom einfachen Pronomen „sie" unterscheiden zu können.
Wie schön, Sie einmal wiederzusehen! Geht es Ihnen gut? Was macht Ihr Vater eigentlich? Wollen Sie sich das noch einmal überlegen?

Dagegen schreibt man die **vertraulichen Anreden** „du" und „ihr" sowie das Reflexivpronomen „sich" immer **klein**.
Wie schön, dich einmal wiederzusehen! Wie geht es euch? Was macht dein Vater?

Aber: In **Briefen** sind für „du", „ihr" und die dazugehörigen Possessivpronomen beide Schreibweisen möglich:

*Ich schreibe dir/Dir aus dem Urlaub und
sende euch/Euch allen meine Grüße.*

In bestimmten **älteren Anredeformen** schreibt
man **groß.**
*Wie kann ich Euch dienen, gnädiger Herr?
Höre Er mir gut zu!*

4. Getrennt- und Zusammenschreibung

4.1 Grundregel und Übersicht

Die Getrennt- und Zusammenschreibung gilt als
eines der schwierigsten Kapitel der Rechtschreibung. Das hängt auch mit einer Eigenart der
deutschen Wortbildung zusammen.

Im Deutschen kann man – im Gegensatz etwa
zum Englischen und Französischen – Wortgruppen so zusammenziehen, dass sie einen neuen
Wortkörper bilden:

Erwachsenen-bildung	adult education	éducation des adultes
Ganztags-schule	normal day school	école à plein temps

Was nützlich für die Wortbildung ist, kann bei der
Rechtschreibung zu Zweifelsfällen darüber führen, wie man benachbarte Wörter behandeln
muss: Habe ich es mit einer Zusammensetzung
oder mit einer losen Wortgruppe zu tun? Wird
zusammengeschrieben oder getrennt geschrieben?

Grundregel: Bei Getrennt- und Zusammenschreibung gilt der Tradition der deutschen Sprache folgend die **Zusammenschreibung** in den meisten
Fällen. Für die Zusammenschreibung sind mehrere Kriterien wichtig, die weiter unten noch im
Detail behandelt werden:

4.1.1 Das Akzentmuster

Die Betonung der einzelnen Wortbestandteile
kann viel über die Schreibung des Wortes aussagen: Liegt ein zusammenfassender Wortakzent
vor, wird zusammengeschrieben (<u>abwärts</u>fah-
ren). Hat jeder einzelne Bestandteil der Wort-
kombination seinen eigenen Akzent, wird
getrennt geschrieben (<u>aneinander</u> <u>an</u>grenzen),
s. R 4.5.

4.1.2 Die Gesamtbedeutung

Die Gesamtbedeutung eines zusammengesetzten Wortes bestimmt über dessen Schreibung.
Entsteht eine Bedeutung, die über die Bedeutungen der einzelnen Wortteile hinausgeht, wird
zusammengeschrieben (schwerfallen = ‚Mühe
machen', heimlichtun = ‚geheimnisvoll tun',
richtigstellen = ‚berichtigen'), s. R 4.6.

**Lässt sich keine klare Entscheidung darüber tref-
fen, ob eine idiomatisierte Gesamtbedeutung**

vorliegt, so bleibt es den Schreibenden überlassen, getrennt zu schreiben oder zusammenzu-
schreiben.

4.1.3 Die Selbständigkeit eines Substantivs

Bei Verbindungen von Substantiven mit Verben
stellt sich oft die Frage, inwieweit das Substantiv
als „selbständig" eingestuft wird, das heißt, ob es
eine Sinneinheit mit dem Verb bildet oder nicht.
Dies ist oft schwer einzuschätzen. Daher gibt es
Fälle, in denen beide Schreibweisen möglich sind
(achtgeben/Acht geben), s. R 4.6.

In der folgenden Darstellung der einzelnen
Regeln wird immer wieder Bezug auf diese drei
Kriterien genommen, da sie essenziell für die
Getrennt- und Zusammenschreibung sind.

4.2 Zusammenschreibung

Schreibt man zusammen, so entsteht ein neuer
Ausdruck in Form einer Wortzusammensetzung.

Oft kann man deshalb schon vom Sinn her entscheiden, ob zusammengeschrieben werden
muss.

**Immer zusammengeschrieben werden folgende
Wortverbindungen:**

4.2.1 Substantive und Substantivierungen

R 4.1 Immer zusammengeschrieben wer-
den Zusammensetzungen, bei denen der **letzte
Wortteil ein Substantiv**
Birn **baum,** Dienstag **abend,** Vierer **bob,**
Leer **lauf,** Außen **politik,** Nichtraucher **abteil**

oder eine Substantivierung darstellt ·
*das Ski **fahren,** beim Spazieren **gehen,**
das Da **sein,** die Getrennt **schreibung***

4.2.2 Enge Wortverbindungen

R 4.2 Immer zusammengeschrieben werden solche engen Wortverbindungen, meist
Adjektive,
– bei denen ein **Bestandteil nicht selbständig
ist oder als Wortart nicht eindeutig erkennbar ist**
 schnell **lebig,** fehl **schlagen,** wiss **begierig,**
 kund **tun,** überein **stimmen,** acht **fach**

– die **durch ein Fugenelement gekoppelt** sind
 hilf **s**bereit, zukunft **s**orientiert, sonne **n**arm,
 werb **e**wirksam

– bei denen ein **erster einfacher Teil den zweiten verstärkt oder vermindert**
 gemein **gefährlich, brand**aktuell, top **modisch, lau**warm, **minder**wertig

– die **komprimiert wirken,** weil Präpositionen,
Artikel oder Konjunktionen eingespart werden
 altersschwach (= durch das Alter
 geschwächt), butterweich (= so weich wie

Butter), freudestrahlend (= vor Freude strahlend), denkfaul

– die **gleichrangig (nebengeordnet)** sind *hellgrün, feuchtwarm, süßsauer*

gewährleisten: *er gewährleistet/er leistet Gewähr*

Zur Unterscheidung von untrennbaren und trennbaren Verben s. R 4.10 ff.

4.2.3 Mehrteilige Partikeln

R 4.3 Mehrteilige Partikeln (Adverbien, Konjunktionen, Präpositionen) werden **in der Regel zusammengeschrieben**, wenn die einzelnen Teile nicht mehr deutlich erkennbar sind.

indessen, indem, infolge, allerdings, keinesfalls, diesmal, einmal, vielmals, einigermaßen, einerseits, ebenso, umso, meistenteils, deswegen, bisweilen, probeweise, jederzeit, allzu, hierzu, beinahe, derzeit, irgendwann, irgendwie, irgendwer, irgendeine, zuerst, zunächst, sobald, soviel, sooft, anhand, inmitten

Sind die eizelnen Bestandteile deutlich erkennbar oder wird ein Bestandteil erweitert, schreibt man getrennt. Wird bei Zusammensetzungen mit *so-* auf der ersten Silbe betont, schreibt man gleichfalls getrennt.

zu Ende gehen, zu Hilfe kommen; zur Zeit Luthers; statt dass, außer dass; gar nicht, gar kein
diesmal, aber: dieses eine Mal
irgendein, aber: irgend so ein

Wenn man den Ausdruck **als Zusammensetzung oder als Wortgruppe verstehen kann, sind Zusammen- und Getrenntschreibung möglich**:

soweit ich weiß, aber: das ist ja so weit
sooft er kommt, aber: kommt er so oft?

außerstande/außer Stande; imstande/im Stande; zumute/zu Mute; zustande/zu Stande; zuschulden/zu Schulden; zutage/zu Tage; aufgrund/auf Grund; zuwege/zu Wege

4.2.4 Untrennbare Verben

R 4.4 Stets zusammengeschrieben werden auch untrennbare Verben.
frühstücken (ich frühstücke – du frühstückest – sie hat gefrühstückt);
handhaben (ich handhabe – du handhabst – er hat gehandhabt)

In einigen Fällen kann man Fügungen mit einem substantivischen ersten Bestandteil als untrennbares zusammengesetztes Verb ansehen oder als trennbare Wortgruppe. Entsprechend ist Zusammen- und Getrenntschreibung möglich.

staubsaugen: er staubsaugt/er saugt Staub
danksagen: lasst uns danksagen/wir sagen Dank

4.2.5 Zusammengesetztes Verb mit Verbpartikel

R 4.5 Immer zusammengeschrieben werden Verben, die eine Verbpartikel als ersten Bestandteil haben, die auch den Hauptakzent trägt.

Unter *Verbpartikeln* versteht man Bestandteile, welche die Form von Präpositionen bzw. Adverbien haben, oder die unselbständige Wörter sind, die nur noch in zusammengesetzten Wörtern vorkommen.

aufbrechen, ankommen, weggehen, entgegenkommen, entlanggehen, gegenüberstehen, abhandenkommen, abwärtsgehen, beieinanderbleiben, durcheinanderreden, beiseitelegen, daheimbleiben, auseinandersetzen; aneinandernähen; anheimfallen, feilbieten, einhergehen, fürliebnehmen

Auch die aus diesen Verben gebildeten Partizipien (und ihre Substantivierungen) werden zusammengeschrieben.

aneinandergenähte Stoffe; das Aneinandergenähte; sie sind dageblieben; die Dagebliebenen; zusammenhängende Teile; das Zusammenhängende

Aber: Liegt der Hauptakzent auf dem Verb (steht das Adverb also selbständig), schreibt man getrennt.

aneinander angrenzen, sich aneinander freuen, näher beisammen sitzen, sich aneinander gewöhnen

Bei Verbindungen mit „sein" wird immer getrennt geschrieben.

aus sein, vorbei sein; in der letzten Zeit sind sie wieder auseinander gewesen.

4.2.6 Andere Verbverbindungen

R 4.6 Es wird immer (außer siehe nachfolgend Verben mit „-bleiben" usw.) zusammengeschrieben, wenn sich aus den Bestandteilen eine neue Gesamtbedeutung gebildet hat (Idiomatisierung), die nicht aus der „Verrechnung" der Einzelbedeutungen erschließbar ist.
Dies gilt bei:

– **Adjektiv + Verb** (auch in den entsprechenden Partizipformen)
das würde ihm ähnlichsehen (= typisch sein); er wird mich krankschreiben (= Arbeitsunfähigkeit bescheinigen); jemanden freisprechen (= gerichtlich Schuld absprechen); eine alleinstehende Frau

- **Partikel** + Verb
  *Leute, die **alleinstehen** (= ohne Lebenspartner leben); sich **näherkommen** (= intim werden), sich **wiedersehen** (= wieder zusammentreffen), sich **auseinanderleben** (= entfremden)*

- **Verb** + Verb in der Verbindung mit *-bleiben, -lassen* und *-lernen*
  Hier ist bei Idiomatisierung (sog. „übertragene Bedeutung") auch die Zusammenschreibung möglich:
  Auf dem Stuhl sitzen bleiben (= ‚nicht aufstehen'), liegen bleiben (= ‚am Platz bleiben'), kennen lernen (= ‚Erfahrungen mit etwas/jemandem machen')

  aber: sitzen bleiben/sitzenbleiben (= ‚die Klasse wiederholen'), liegen bleiben/liegenbleiben (= ‚unerledigt bleiben'), kennen lernen/kennenlernen (= ‚Bekanntschaft machen')

Die Substantivierung aus der Verbindung von zwei Verben schreibt man immer zusammen.
der Krankgeschriebene, Freigesprochene; das Sitzenbleiben, das Hörensagen, das Fliegenlassen

- **Zusammengeschrieben werden** Zusammensetzungen von einem ersten substantivischen Bestandteil + Verb, wenn der substantivische Bestandteil seine Eigenständigkeit verloren hat. In getrennter Stellung wird kleingeschrieben (s. R 3.14).
  eislaufen, kopfstehen, leidtun, nottun, teilhaben, standhalten, stattfinden, wundernehmen ich laufe eis, er steht kopf, das tut mir leid, das tut jetzt not, er hat daran teil

- In bestimmten festen Fügungen kann es sich bei der Verbindung von Substantiv und Verb um eine Zusammensetzung oder um eine Wortgruppe handeln. Entsprechend schreibt man dort zusammen oder getrennt.

Zu Groß- und Kleinschreibung in diesen Fällen s. R 3.14
*achtgeben/Acht geben (**aber nur:** besonders achtgeben); achthaben/Acht haben; haltmachen/Halt machen; maßhalten/Maß halten (aber nur: sehr maßhalten)*

4.2.7 Zusammengesetzte Partizipien

R 4.7   Zusammengesetzte Partizipien werden zusammengeschrieben, wenn das zugrunde liegende Verb im Infinitiv ebenfalls zusammengeschrieben wird.
wehklagend, herunterfallend, heruntergefallen, irreführend, irregeführt, teilnehmend, teilgenommen

Sind im Infinitiv Zusammen- und Getrenntschreibung möglich (s. R 4.15), so schreibt man auch im Partizip zusammen oder getrennt.
*das **blankgeputzte/blank geputzte** Messer;*

*die **bekanntgegebene/bekannt gegebene** Meldung; der **verlorengegangene/verloren gegangene** Schlüssel*

Kann das zusammengesetzte Partizip gleichermaßen als Zusammensetzung wie als syntaktische Fügung angesehen werden, schreibt man – je nachdem – zusammen oder getrennt.
*eine **alleinerziehende/allein erziehende** Mutter; **aber nur:** die ihren Sohn **ganz allein Erziehende***

*ein **ratsuchender/Rat suchender** Bürger, **aber nur:** ein kompetenten Rat suchender Bürger*

*das **notleidende/Not leidende** Volk, **aber nur:** das äußerste Not leidende Volk*

*ein **aufsehenerregendes/Aufsehen erregendes** Ereignis; **aber nur:** das aufsehenerrregendste Ereignis dieses Jahres*

Dies gilt auch bei Substantivierung.
eine Alleinerziehende/eine allein Erziehende

4.3 Getrenntschreibung

4.3.1 Verbverbindungen

R 4.8   Immer getrennt geschrieben werden folgende Verbverbindungen, wenn keine neue idiomatische Gesamtbedeutung vorliegt:
- **Verb** + Verb
  Ist der erste Bestandteil ein Verb oder ein Partizip, schreibt man getrennt.
  spazieren gehen, lesen lernen, versteckt halten; genehmigt bekommen

Nur wenn eine eigenständige neue Bedeutung vorliegt (Idiomatisierung), schreibt man zusammen.
*Auf dem Stuhl **sitzen bleiben**, den Hund auf der Decke **liegen lassen** (= zulassen, dass er dort liegt), den Brief **zusammen schreiben** (= gemeinsam schreiben)
aber: den Schlüssel **liegenlassen** (= vergessen mitzunehmen), Wörter **zusammenschreiben** (= als ein Wort schreiben)*

Bei Verbindungen mit *bleiben, lassen* (sowie bei *kennen + lernen*) ist bei Idiomatisierung auch die Zusammenschreibung möglich; vgl. dazu R 4.6
*in der Schule **sitzenbleiben/sitzen bleiben** (= nicht versetzt werden)*

- **Wort** + Verb „sein"
  Verbindungen mit „sein" werden immer getrennt geschrieben.
  zufrieden sein, da sein, dabei sein (ich bin dabei gewesen)

- **Substantiv** + Verb
  Verbindungen aus Substantiv und Verb schreibt man getrennt.

Auto fahren, Radio hören, Zeitung lesen, Rad fahren, Not leiden, Angst machen, Diät leben, Geige spielen

Nur wenn das Substantiv (in Verbindung mit dem Verb) keine eigenständige Bedeutung mehr hat, schreibt man zusammen, s. R 4.6.
eislaufen, kopfstehen, standhalten

Substantivierungen schreibt man immer zusammen.
das Radfahren, das Zeitunglesen, das Geigespielen, das Eislaufen, das Kopfstehen
– Adjektiv + Verb
In Verbindung mit einem **einfachen** Adjektiv in konkreter Bedeutung sowie mit einem **komplexen oder erweiterten Adjektiv** schreibt man getrennt.
schnell laufen, gut machen, allein erziehen, übrig bleiben, freundlich grüßen, besser wissen; wetterfest machen, schachmatt setzen, ganz schnell fahren, sehr weit fliegen.

Hat das Verb eine Verbpartikel, schreibt man getrennt.

Zusammen oder getrennt schreibt man bei resultativen Prädikativen (s. R 4.15) und in Fällen, in denen nicht entschieden werden kann, ob es eine neue (idiomatisierte) Gesamtbedeutung gibt (s. R 4.20).
die Wand weiß anstreichen, aber: die Wand weißstreichen/weiß streichen

4.3.2 Wortgruppen mit Adjektiven und Partizipien

R 4.9 Getrennt geschrieben wird in den Wortgruppen
– Adjektiv + Adjektiv
– Adjektiv + Partizip
wenn der erste Bestandteil erweitert oder gesteigert ist.
(sehr) eng verwandt, sehr nah befreundet, eine dichter befahrene Straße; besonders gut verträglich, besser verträglich, sehr gut verträglich, besonders gut verträglich; besonders weit reichend, weiter reichend, am weitesten reichend

Ist aber die ganze Verbindung erweitert oder gesteigert, schreibt man zusammen.
eine solche besserverträgliche Nahrung, eine weitreichendere Entscheidung,

Bei adjektivischem Gebrauch ohne Erweiterung oder Steigerung im ersten Teil schreibt man zusammen oder getrennt.
ein allgemeingültiger/allgemein gültiger Satz; ein schwerverständlicher/schwer verständlicher Text; ein enganliegendes/eng anliegendes Kleid; ein auswendiggelerntes/auswendig gelerntes Gedicht

Partizip + Adjektiv schreibt man getrennt.
glühend heiß, strahlend hell, leuchtend blau Aber: freudestrahlend (s. R 4.2).

Verbindungen von *nicht(s)* mit Adjektiven schreibt man zusammen oder getrennt.
*nichtehelich/nicht ehelich
nichtöffentlich/nicht öffentlich
nichtsahnend/nichts ahnend;
aber: die Sitzung findet nicht öffentlich statt*

4.4 Weiteres zur Unterscheidung von Zusammen- oder Getrenntschreibung

Die Frage „zusammen oder getrennt (oder beides)?" stellt sich bei den bisher behandelten Fällen immer wieder. In diesem Abschnitt sollen einige Aspekte dazu verdeutlicht werden.

Besonders zu beachten sind:

4.4.1 Trennbarkeit und Untrennbarkeit bei mehrteiligen Verben

Mehrteilige Verben führen besonders häufig zu Zweifeln im Hinblick auf die Zusammen- und Getrenntschreibung. Solche Verben bestehen aus einem Verbzusatz und dem eigentlichen Verb: z. B.: *ver*fallen, *um*werfen, *weiter*reichen, *lang*weilen, *heim*bringen, *schluss*folgern.

Der Verbzusatz kann aus einer Vorsilbe (z. B. *ver-*) oder aus einem ursprünglich selbständigen Wort (z. B. *lang*) bestehen.

Lässt sich ein mehrteiliges Verb eindeutig als untrennbares Verb (feste Verbverbindung) einordnen, kann man sicher sein, dass man seine Teile immer zusammenschreibt (s. R 4.4).

Ist dagegen ein mehrteiliges Verb trennbar (unfeste Verbverbindung), schreibt man seine Bestandteile im Infinitiv, in den Partizipien und bei Endstellung des Verbs im Nebensatz zusammen.

4.4.2 Wie unterscheidet man untrennbare und trennbare Verben?

Formen	untrennbare Verben	trennbare Verben
Infinitiv	widersprechen	heimbringen
Präsens	ich **wider**spreche	ich **bringe** sie heim
Präteritum	ich **wider**sprach	ich **brachte** sie heim
Perfekt	ich habe widersprochen	ich habe sie heimgebracht
Partizip Präsens	(dir) widersprechend	(sie) heimbringend
Infinitiv mit zu	ohne dir zu widersprechen	ohne sie heimzubringen
Verb im Nebensatz	der Anlass, bei dem ich dir widersprach	der Anlass, bei dem ich sie heimbrachte

Untrennbare Verben erkennt man daran, dass die Reihenfolge ihrer Bestandteile immer erhalten bleibt.

Trennbare Verben erkennt man daran, dass sich die Reihenfolge ihrer Bestandteile je nach der Stellung des Verbs im Satz ändert.

R 4.10 Untrennbare Verben werden in allen Formen zusammengeschrieben.
froh locken, froh lockend, sie froh lockte, hat froh lockt; über setzen, über setzend, er übersetzte, hat über setzt

Wie erkennt man ein untrennbares Verb?
Probe: Setzt man das Verb ins Präsens oder Präteritum, bleibt die Reihenfolge und die Zusammengehörigkeit der Wortteile bestehen:
handhaben → sie handhabte den Tennisschläger,
maßregeln → er maßregelte uns schon wieder,
vollenden → wir vollenden das Werk

R 4.11 Trennbare Verben werden zusammengeschrieben, wenn Verbzusatz und Verb unmittelbar nebeneinander stehen oder durch „zu" verbunden sind (in Infinitiven, als Partizipien und bei Endstellung im Nebensatz).
herausfinden: Ich habe etwas herausgefunden. umfallen: Ohne umzufallen, umspielte sie die Gegnerin.
fehlschlagen: Der Anschlag schlug fehl. Nachdem er fehlgeschlagen war …

Zum Erkennen trennbarer Verben s . R 4.12 – 14

R 4.12 Trennbare Verben haben meist bestimmte Partikeln als Verbzusatz:
ab-, an-, auf-, aus-, bei-, beisammen-, da-, dabei-, dagegen-, daher-, dahin-, daneben-, dar-, d(a)ran-, d(a)rein-, da(r)nieder-, darum-, davon-, dawider-, dazu-, dazwischen-, drauf-, drauflos-, drin-, durch-, ein-, einher-, empor-, entgegen-, entlang-, entzwei-, fort-, gegen-, gegenüber-, her-, herab-, heran-, herauf-, heraus-, herbei-, hernieder-, herüber-, herum-, herunter-, hervor-, herzu-, hin-, hinab-, hinan-, hinauf-, hinaus-, hindurch-, hinein-, hintan-, hintenüber-, hinterher-, hinüber-, hinunter-, hinweg-, hinzu-, inne-, los-, mit-, nach-, nieder-, ran-, über-, überein-, um-, umher-, umhin-, unter-, vor-, voran-, vorauf-, voraus-, vorbei-, vorher-, vorüber-, vorweg-, weg-, weiter-, wider-, wieder-, zu-, zurecht-, zurück-, zusammen-, zuvor-, zuwider-, zwischen-.

Diese Partikeln tragen in der Regel den Akzent. Mit Hilfe des Akzentprinzips kann man (bei gleichlautenden Partikeln, aber in ver-

schiedenen Bedeutungen) trennbare von untrennbaren Verben unterscheiden:
*trennbar : um*fahren (= ,fahrend zu Fall bringen'), *durch*fahren (= ,nicht aussteigen'), *durch*setzen (= ,mit Nachdruck fordern'), *über*setzen (,mit dem Boot ans andere Ufer')

untrennbar: um fahren (= ,um etw herum fahren'), durch fahren (= ,querdurch fahren'), durch setzen (= ,vermischen'), über setzen (,einen Text in eine andere Sprache bringen')

R 4.13 Achtung! Einige der als Verbpartikel vorkommenden Wörter können auch als selbstständige Adverbien in Wortgruppen auftreten; man erkennt dies an der gleich starken Betonung von Partikel und Verb. In solchen Fällen schreibt man getrennt.
Das Klavier klingt merkwürdig; das wird wohl daher kommen, dass es verstimmt ist. Er wollte lieber vorwärts gehen als rückwärts.

R 4.14 Zu den trennbaren Verben gehören auch solche, deren erster Bestandteil aus folgenden Wörtern und Wortarten besteht:
– aus einem **nicht steigerbaren Adjektiv**
*bereit*halten, *tot*schlagen, *schwarz*arbeiten, *fern*sehen
Probe: nicht sinnvoll ist z. B. „ferner sehen" oder „schwärzer arbeiten" (da idiomatische Gesamtbedeutung, s. R 4.6).

– aus einem **ehemaligen Substantiv oder bei unklarer Wortartenzugehörigkeit**
*haus*halten, *heim*zahlen, *irre*führen, *stand*halten, *statt*finden, *teil*nehmen, *wett*machen, *wunder*nehmen, *fehl*schlagen, *kund*tun

– **In wenigen Fällen mit Substantiv kann man das Verb als trennbar oder als untrennbar auffassen.** (s. R 4.4)
Marathon laufen/marathonlaufen (**nur:** *Er/ Sie läuft Marathon);*
Brust schwimmen/brustschwimmen (**nur:** *Er/Sie schwimmt Brust),*
auch: *Dank sagen/danksagen; Staub saugen/staubsaugen (s. R 4.4)*

Regel:
Alle Zusammensetzungen aus Präposition + Verb mit Betonung auf dem zweiten Bestandteil sind untrennbare Verben (durch*brech*en, wieder*hol*en, unter*stell*en, über*setz*en, unter*schlag*en, durch*reis*en, um*kreis*en, über*hol*en, durch*such*en …).

Trennbare Verben sind alle Zusammensetzungen aus Präposition + Verb mit Betonung auf dem ersten Bestandteil, sowie solche mit einem nicht steigerbaren Adjektiv oder einem (in verbalem Zusammenhang) nicht selbständigen Substantiv.

4.4.3 Resultative Prädikate

Bei mehrteiligen Verben, die den Abschluss einer Tätigkeit zum Ausdruck bringen (resultative Prädikate), sind einige Besonderheiten zu beachten.

R 4.15 Adjektiv + Verb/Partizip

Ist das Adjektiv, das das Resultat der Tätigkeit bezeichnet, ein **einfaches Adjektiv**, schreibt man zusammen oder getrennt.

kleinschneiden/klein schneiden, kaputtmachen/kaputt machen, leeressen/leer essen; das kleingeschnittene/klein geschnittene Brot

Bei Steigerung oder Erweiterung des Adjektivs schreibt man dagegen immer getrennt.

sehr klein schneiden, total kaputt machen, ganz leer essen; der ganz leer gegessene Teller

Auch **bei zusammengesetzten oder abgeleiteten Adjektiven oder zusammengesetzten Verben** schreibt man nur getrennt.

blitzblank polieren, schmutzig machen, fertig aufräumen, blau anmalen; die blau angemalte Tür

Auch **bei reflexiven Verben** schreibt man nur getrennt.

sich warm arbeiten

Besteht eine neue verfestigte Gesamtbedeutung (Idiomatisierung), schreibt man zusammen.

jemanden kaltstellen, einen Termin festnageln, sich wundliegen, jemanden heißmachen, sich reinwaschen

Kann Idiomatisierung nicht eindeutig festgestellt werden, schreibt man zusammen oder getrennt.

etwas fertigschreiben/fertig schreiben; das Zimmer rein(e)machen/rein machen; sich etw. bewusstmachen/bewusst machen etw. bekanntmachen/bekannt machen jemanden bangemachen/bange machen

Die Substantivierung schreibt man immer zusammen.

das Bangemachen, das Kleinschneiden

4.4.4 Partizipgruppen

Bei Partizipgruppen muss man darauf achten, ob sie als Zusammensetzung oder als syntaktische Fügung zu verstehen sind. Außerdem muss man die Besonderheiten der Schreibung bei Erweiterung und Steigerung beachten.

R 4.16 Wortgruppen mit adjektivisch gebrauchten Partizipien werden zusammengeschrieben, wenn eine Zusammensetzung

vorliegt. **Werden sie dagegen als syntaktische Fügung verwendet, wird getrennt geschrieben.**

In Fällen, in denen nicht klar unterschieden werden kann, gelten **beide Schreibweisen;** (s. R 4.7)

Wir sind kunstliebend/Kunst liebend; ein sehr kunstliebender Mann, ein die Kunst liebender Mann;

Das ist grauenerregend/Grauen erregend!; der Anblick war einfach grauenerregend, heftiges Grauen erregend; s. R 4.7

Wird eine **Partizipgruppe erweitert oder gesteigert**, gilt: Ist der erste Bestandteil betroffen, wird getrennt geschrieben; ist die ganze Verbindung betroffen, schreibt man zusammen; (s. R 4.7)

eine äußerst notleidende Bevölkerung – eine große Not leidende Bevölkerung;

ein grauenerregenderes Ereignis, eine schwerwiegendere Entscheidung

4.4.5 Verbindungen mit Adjektiven oder adjektivischen Bestandteilen

Auch bei Verbindungen mit adjektivischen Bestandteilen muss man darauf achten, ob eine Steigerung oder Erweiterung vorliegt.

R 4.17 R 4.17

– **Verbindungen mit einem einfachen unflektierten graduierenden Adjektiv** können getrennt geschrieben oder zusammengeschrieben werden. Bei Steigerung oder Erweiterung des ersten Bestandteils gilt nur Getrenntschreibung. Ist die ganze Verbindung betroffen, schreibt man nur zusammen. In Zweifelsfällen entscheidet der Akzent. (S. R 4.9)

schwer krank/schwerkrank sehr schwer krank, schwerst krank

Er ist höchstpersönlich gekommen./Das ist eine höchst persönliche Angelegenheit.

– *nicht* + Adjektiv: beide Schreibweisen gelten **Aber:** Bezieht sich die Verneinung auf eine größere Einheit, muss getrennt geschrieben werden; s. R 4.9

eine nichtrostende/nicht rostende Schraube; eine gewöhnlich nicht rostende Schraube; s. R. 4.9

4.4.6 Zusammengesetzte Fremdwörter

R 4.18 Adjektiv + Substantiv

Hier bestimmt der Hauptakzent über die Schreibung: **Liegt die Betonung auf der ersten Silbe, kann zusammengeschrieben oder getrennt geschrieben werden.**

Hotdog/Hot Dog, Softdrink/Soft Drink

Bei gleich starker Betonung beider Silben wird getrennt geschrieben.

New Economy, High Society

Zur Schreibung mit Bindestrich s. R 4.23

4.4.7 Zahlen

R 4.19 **Zusammengeschrieben** werden
– alle mehrteiligen Ordnungszahlen
*der siebzehnte Geburtstag, der fünfhundert-
tausendste Teilnehmer, der zweimillionste
Besucher*
– mehrteilige Grundzahlen unter einer Million
*zweihundertsechsundsechzig (z. B. Euro-
Eintrag auf einem Scheck)*

Getrennt geschrieben werden Grundzahlen über einer Million.
zwei Millionen dreitausendvierhundert

Auch Dezimalzahlen schreibt man getrennt.
eins Komma acht

Zusammen oder getrennt:
**Bruchzahlen auf -tel und -stel vor Maßanga-
ben** können zusammengeschrieben oder getrennt geschrieben werden.
*eine Hundertstelsekunde/eine hundertstel
Sekunde*

Jahrzehntangaben mit -iger
die Achtzigerjahre/die achtziger Jahre

Zur Schreibung in Ziffern/mit Bindestrich s. R 4.21

4.4.8 Zusammenfassung: Fälle, in denen Zusammen- und Getrenntschreibung möglich ist

Hier noch einmal im Überblick die Fälle, in denen beide Schreibungen alternativ möglich sind:

R 4.20 **Man kann zusammenschreiben wie
auch getrennt schreiben in allen Fällen, in
denen sich keine Entscheidung darüber treffen
lässt, ob eine idiomatisierte Gesamtbedeutung vorliegt. (S. R 4.8)**
*sich etw. bewusstmachen/bewusst machen;
sich zu etw. bereiterklären/bereit erklären
bessergehen/besser gehen*

Man schreibt zusammen oder getrennt bei **Verben mit einem resultativen Adjektiv** (s. R 4.15)
*kleinschneiden/klein schneiden; blaufär-
ben/blau färben*

Ebenso sind beide Schreibungen möglich bei
**Verbindungen mit adjektivisch gebrauchten
Partizipien**, wenn nicht zu entscheiden ist, ob
es sich um eine Zusammensetzung oder eine
syntaktische Fügung handelt; (s. R 4.7).
*allein erziehend/alleinerziehend,
ratsuchend/Rat suchend*

**In einigen festen Verbindungen von Substanti-
ven und Verben** sind beide Schreibweisen möglich, da nicht entscheidbar ist, ob es sich um
eine Zusammensetzung oder eine Wortgruppe
handelt; (s. R 4.6.
*achtgeben/Acht geben;
haltmachen/Halt machen*

Bei einfachen (nicht gesteigerten, nicht erweiterten) **graduierenden Adjektiven** kann man
zusammenschreiben oder getrennt schreiben;
(s. R 4.9)
*allgemeingültig/allgemein gültig; enganlie-
gend/eng anliegend; nahverwandt/nah verwandt; schwerverdaulich/schwer verdaulich*

Ebenso sind beide Schreibungen möglich bei
Verbindungen von *nicht(s)* mit Adjektiv;
(s. R 4.9)
nichtöffentlich/nicht öffentlich

**Bei bestimmten adverbial gebrauchten Sub-
stantiven** sind beide Schreibungen möglich; die
Schreibenden entscheiden selbst, ob sie die
jeweiligen Wortgruppen als Zusammensetzung
oder Wortgruppe ansehen wollen; (s. R 4.3)
*imstande sein/im Stande, anstelle/an
Stelle, aufgrund/auf Grund, aufseiten/auf
Seiten, mithilfe/mit Hilfe, zugunsten/zu
Gunsten, zuwege/zu Wege bringen*

In wenigen Fällen, in denen man die **Fügung
mit einem substantivischen ersten Bestandteil**
als untrennbares zusammengesetztes Verb
oder als trennbare Wortgruppe ansehen kann,
sind beide Schreibungen möglich. (S. R. 4.4)
*gewährleisten/Gewähr leisten; brust-
schwimmen/Brust schwimmen; marathon-
laufen/Marathon laufen*

4.5 Bindestrichsetzung

Bei der Bindestrichsetzung handelt es sich um
eine Sonderform der Getrennt- und Zusammenschreibung. Die verbundene Wortgruppe wird als
Zusammensetzung behandelt, ohne dass sie
zusammengeschrieben wird.

R 4.21 **Bindestrich wird gesetzt in
Zusammensetzungen:**
– bei Einzelbuchstaben, Abkürzungen und
Ziffern
*C-Dur, T-Shirt, UV-bestrahlt, 100-prozentig,
8-jährig, eine 8-Jährige, 100-m-Lauf*
– bei substantivierten Infinitiven mit mehreren
Bestandteilen
*ein Kopf-an-Kopf-Rennen, dieses In-den-
Tag-hinein-Leben*
– in Zusammensetzungen mit Wortgruppen
(besonders bei Farbadjektiven), um zu betonen, dass zwei Eigenschaften nebeneinander
bestehen
*er ist traurig-ängstlich; sie trägt ein rot-
blau-gestreiftes Kleid*
– Bei Zahladjektiven mit *-fach*. Hier kann man
mit oder ohne Bindestrich schreiben (auch

bei Substantivierungen). Gleiches gilt für
Jahrzehntangaben mit *-iger*.
dreifach; 3fach oder 3-fach;
das Dreifache, das 3fache, das 3-Fache
die 80-er/80er Jahre
– zur Hervorhebung einzelner Bestandteile
Das ist nur eine Kann-Bestimmung! Sie hat
eine große Ich-Stärke;
– bei unübersichtlichen Zusammensetzungen
mathematisch-physikalisch, Biomüll-Ab-
fuhr, Lotto-Annahmestelle
– zur Vermeidung von Missverständnissen
die Hoch-Zeit des Barock, Musik-Erleben
– bei Zusammentreffen von drei gleichen
Buchstaben
Tee-Ei, Ballett-Tänzer, dass-Satz
– bei Zusammensetzungen, die einen Eigennamen enthalten
Baden-Württemberg, Käthe-Kollwitz-
Schule
– in Aneinanderreihungen
Hals-Nasen-Ohrenarzt, Mitte-Links-Koali-
tion; das Entweder-Oder, 8-Wochen-Reise
– **Zur Zusammen- und Getrenntschreibung**
bei Zahlen s. R 4.19

R 4.22 **Bindestriche werden als Ergän-**
zungszeichen verwendet, wenn ein zweimal
vorkommender Wortteil ausgelassen werden
soll (Ersparnisfügung).

Getrennt- und Zusammenschreibung:
hell- und dunkelgrün, An- und Verkauf

R 4.23 **Bei fremdsprachigen Zusammen-**
setzungen kann man zur Verdeutlichung statt
der Zusammenschreibung auch mit Bindestrich schreiben.
Aircondition/Air-Condition; Callcenter/
Call-Center; Fastfoodkette/Fastfood-Kette

Bei Substantivierungen aus einem Substantiv
und einem Adverb schreibt man das Adverb
nach dem Bindestrich klein.
Feedback/Feed-back;
Workout/Work-out;
Countdown/Count-down

Zur Zusammen- und Getrenntschreibung von
zusammengesetzten Fremdwörtern s. R 4.18.

Zu Groß- und Kleinschreibung bei fremdspra-
chigen Bindestrichwörtern s. R 3.22.

4.6 Zusammenfassende Empfehlungen zur
Getrennt- und Zusammenschreibung

Wichtigstes Kriterium zur Zusammenschreibung
ist der zusammenfassende Wortakzent.

Zusammengeschrieben werden vor allem die
Wörter, die einen (neuen) gemeinsamen Aus-

druck bilden. Dazu gehören immer Substantive
und Substantivierungen.

In vielen Fällen ist die Schreibung davon abhängig, ob die Teile zu einer Bedeutung verschmelzen oder umgekehrt die Bedeutung der einzelnen
Wörter besonders hervorgehoben wird.

Bindestriche ermöglichen Wortverbindungen und
heben die einzelnen Bestandteile zugleich hervor.
Werden sie aber zu häufig gebraucht, verpufft
diese Wirkung (ähnlich wie beim zu häufigen
Gebrauch von Anführungsstrichen und Klammern).

5. Worttrennung

Im Vergleich zur alten Regelung weisen die neuen
Regelungen verschiedene Vereinfachungen auf.
Sprechsilben bilden nun die Grundlage für die
Trennsilben. Dadurch wird vor allem der Umgang
mit Fremdwörtern erleichtert. Wer früher keine
Kenntnisse der alten Sprachen (Latein, Griechisch) besaß und keine Kenntnisse des Französischen, hatte es in vielen Fällen schwer, die Sinneinheiten darauf basierender und von solchen
abgeleiteter Fremdwörter zu erkennen, mithin
korrekt zu trennen. Aber die Trennung nach
Sprechsilben hat auch Konsequenzen für die
Trennung von in die deutsche Sprache integrierten Fremdwörtern.

5.1 Die Trennung mehrsilbiger einfacher
Worteinheiten

R 5.1 **Mehrsilbige einfache Worteinheiten**
werden so getrennt, wie sie sich beim langsa-
men Lesen in Silben zerlegen lassen (vgl.
§ 107). Das gilt aber nicht für einzelne Vokale
am Wortanfang; s. R 5.6.
Kel-ler
The-a-ter
Na-ti-o-nen
No-ta-ri-at
Ei-er
Städ-te

5.2 Die Trennung von „st"

R 5.2 **Die Konsonantenverbindung „st"**
wird nun getrennt.

Was mit Hilfe von Eselsbrücken früher in der
Schule gelehrt wurde, gilt nicht mehr: „Trenne
nie ‚st', denn es tut ihm weh!". Die Neuregelung
entspricht der allgemeinen Trennungsregel für
Konsonanten: Wenn mehrere Konsonanten in
einer Worteinheit hintereinander stehen, überträgt man den letzten Konsonanten auf die folgende Zeile.

Traditionell wird getrennt:
Karp-fen
mod-rig
Him-mel

Nunmehr werden nach Sprechsilben auch sämtliche Einheiten mit „st" getrennt:
Els-ter
Pos-ter
trös-ten
Wes-tern

5.3 Die Konsonantenverbindung „ck"

R 5.3   **Die Konsonantenverbindung „ck" wird nicht mehr getrennt.**

Vor den neuen Regelungen galt für Kombinationen wie „ch", „sch", „ph", „rh", „sh" und „th", dass man diese am Zeilenende nicht getrennt hat, weil sie wie ein einzelner Laut ausgesprochen werden. Das „ck" war früher eine Ausnahme des Deutschen (als festgelegte Schreibweise für „kk"). Deshalb hatte man die „ck"-Variante bei Trennung wieder auf die Grundform zurückgeführt: Ein „k" blieb auf der einen Zeile, das andere „k" rückte bei Trennung auf die nächste; vgl. zur früheren Trennung **Bäk-ker*.

Mit der Neuregelung wird folglich die Trennung vereinfacht:
Ha-cke, le-cker, Lü-cke

5.4 Konsonantenverbindungen in Fremdwörtern

R 5.4   **Verbindungen aus Konsonant + „l", „n" oder „r" in Fremdwörtern werden entweder vor dem letzten Konsonanten getrennt, oder sie können ungetrennt in die neue Zeile rücken.**

Vor den Neuregelungen durften solche Verbindungen nicht getrennt werden. Nunmehr wird es Schreiber(inne)n freigestellt, die eine oder die andere Trennungsvariante zu wählen:
Fe-bruar oder *Feb-ruar*
Hyd-rau-lik oder *Hy-drau-lik*
Mag-net oder *Ma-gnet*
Sig-nal oder *Si-gnal*

Die Trennung nach Sprechsilben stellt im Vergleich zur früheren Regelung denen eine Erleichterung dar, die in zahlreichen Fällen diesbezüglich Korrektheitszweifel hatten; wer stets ohne Zweifel die vertraute Trennung praktizieren konnte, kann dies auch weiterhin.

5.5 Trennung ursprünglich zusammengesetzter Einheiten

R 5.5   **Als solche nicht mehr erkannte ursprüngliche Zusammensetzungen können wie Simplizia nach Sprechsilben getrennt werden.**

Auch hier stehen nunmehr bei Fremdwörtern zwei Trennungsmöglichkeiten nebeneinander, da heute (im Unterschied zu früher über die alten Sprachen vermittelten Kenntnissen) nicht mehr davon auszugehen ist, dass diese nach ihren Bestandteilen analysiert werden können:
Chi-rurg und *Chir-urg*
Pä-da-go-gik und *Päd-a-go-gik*
In-ter-es-se und *In-te-res-se*
Nos-tal-gie und *Nost-al-gie*
Al-ler-gie und *All-er-gie*

Aber diese Regelung betrifft nicht nur als Fremdwörter eingeschätzte Einheiten, sondern **ebenso deutschsprachige Ausdrücke**, welche ursprüngliche (aber als solche nicht mehr erkannte) Zusammensetzungen darstellen:
da-rauf oder *dar-auf*
ein-an-der oder *ei-nan-der*
he-ran oder *her-an*
hi-nauf oder *hin-auf*
vor-über oder *vo-rüber*
wa-rum oder *war-um*
Mai-nau oder *Main-au*

Anmerkung: Falsch getrennt ist nach wie vor zum Beispiel:
*bi-ologisch statt *bio-lo-gisch,*
*bis-exu-ell statt *bi-se-xu-ell.*

5.6 Abtrennung von Einzelvokalen

R 5.6   **Ein einzelner Vokal am Wortanfang darf nicht abgetrennt werden.**
Abend
Ufer
Ofen
Idyll
üben

Die ursprünglichen Neuregelungen sahen in solchen Fällen eine Abtrennung vor; vgl. **A-bend.* Etliche Wörterbücher, die in dem Zeitraum kurz nach den 1996 erschienenen „Amtlichen Regelungen" entstanden sind, verzeichnen solche Trennungen. Entsprechende Angaben in solchen Wörterbüchern sind nunmehr als Fehler einzuschätzen. Im Rahmen der Nachbesserungen der Rechtschreibregelungen (nach 1996) wurde die Möglichkeit der Abtrennung von Einzelbuchstaben zurückgenommen.

5.7 Hinweis zu lesehemmenden Trennungen

Obwohl möglich und korrekt, sollten Einheiten nicht an gewissen Trennungsfugen getrennt werden, wenn dadurch missverständliche Lesarten entstehen.

6. Die Zeichensetzung

6.1 Satzschlusszeichen

Das Ende eines Ganzsatzes (einfacher Satz, Satz-reihe oder Satzgefüge) zeigt man in der Regel durch ein Satzschlusszeichen wie Punkt, Frage-zeichen, Ausrufezeichen an.

6.1.1 Der Punkt

Z 1.1 Ein Punkt steht am Schluss von Aussa-gesätzen.
Das Unwetter brach los.
Aussagesätze können durch Komma oder Semikolon abgetrennt werden; ihre Zusam-mengehörigkeit wird dadurch unterstrichen. Eine **wichtige Funktion hat das Semikolon** – im Unterschied zum Komma – bei der Kombina-tion zweier vollständiger Sätze, wenn der zweite vollständige Satz mehr als nur zwei Ein-heiten umfasst und sich gegebenenfalls ein weiterer Nebensatz (mit Komma) anschließt.
Allerdings handele es sich nur um Mutma-ßungen; eindeutige Hinweise gebe es nicht, wie in dem Bericht betont wird.

Blitze zuckten, Donnerschläge folgten, Regen prasselte hernieder.

Ebenso plötzlich hörte es wieder auf; Ruhe kehrte ein.

Z 1.2 *Kein* Punkt steht nach Überschriften und Werktiteln.
Benzinpreise alarmieren Autofahrer
Mein schönstes Erlebnis

Kein Punkt steht nach wörtlicher Rede, wenn der Satz weitergeht. Schließt der Satz mit wörtlicher Rede, folgt kein zweites Schluss-zeichen (vgl. Z 4.3 – Z 4.5).
„Heute gehe ich ins Kino", rief Thomas, „du kannst mitkommen, wenn du Zeit hast."

6.1.2 Das Ausrufezeichen

Z 1.3 Das Ausrufezeichen steht am Schluss von Sätzen, die eine Aufforderung, einen Wunsch oder eine nachdrückliche Behauptung enthalten.
Machen Sie doch Platz!

Könnten wir uns doch morgen schon wieder-sehen!

Glaub mir, er war es, ich habe ihn wieder-erkannt!

Z 1.4 Ausrufezeichen stehen auch nach

– kurzen Befehlen, Bitten, Ausrufen
  Zurücktreten!
  Hilfe!
  Ein toller Ausblick!

– entsprechenden Überschriften und Titeln
  Urlauber gerettet!

6.1.3 Das Fragezeichen

Z 1.5 Das Fragezeichen steht am Schluss

– von Fragesätzen und Kurzfragen
  Möchtest du noch etwas Tee? Genug? Wo warst du, Adam?

– von entsprechenden Überschriften und Titeln
  Mörder gefasst?

Z 1.6 Kein Fragezeichen steht nach indirek-ten Fragen.
Lena fragte, ob ich mitkomme.
Bob erkundigte sich danach, wie es dir geht.

6.2 Kommasetzung

6.2.1 Zur Gliederung im einfachen Satz

6.2.1.1 Grundregeln

Z 2.1 Der so genannte einfache Satz mit den Satzgliedern Subjekt, Prädikat, Objekt, mit adverbialer Bestimmung und einfachen Attri-buten enthält kein Komma!
Eine Tagung ging zu Ende.

In Bremen ging am Freitag eine Tagung über die Beseitigung von Sondermüll zu Ende.

In Bremen ging am letzten Freitag eine Tagung des BUND über die Beseitigung von oft schwer zu verhinderndem Sondermüll zu Ende.

Z 2.2 Wird der einfache Satz unterbrochen durch Aufzählungen, Entgegensetzungen oder Nachträge, dann muss ein Komma gesetzt werden.
In Bremen, dem kleinsten Bundesland, ging am Freitag eine Tagung über die Beseitigung von giftigem, gefährlichem, aber oft schwer zu verhinderndem Sondermüll zu Ende.

(vgl. genauer die nachfolgenden Regeln.)

6.2.1.2 Aufzählungen

Z 2.3 Teile einer Aufzählung werden durch Komma voneinander getrennt, wenn sie nicht durch „und" oder „oder" verbunden sind. Aufgezählt werden können
- einzelne Wörter
  Diese herrliche, großartige Landschaft!
- Satzteile und Wortgruppen
  Wir kaufen Mohrrüben, rote Paprikaschoten und grüne Bohnen.

Sie tritt energisch an, holt schnell auf und erreicht unerwartet als Erste das Ziel.

Z 2.4 Zwischen zwei Adjektiven steht dann kein Komma, wenn sie nicht gleichrangig sind. Im Zweifelsfall helfen folgende **Proben**: Gleichrangige Adjektive kann man vertauschen oder durch „ebenso wie" verbinden. Adjektive, die nicht gleichrangig sind, lassen sich nicht vertauschen: Das letzte Adjektiv ist enger mit dem Substantiv verbunden.

- **gleichrangig: mit Komma**
  eine alte, graue Mauer
  → *eine ebenso alte wie graue Mauer*
- **nicht gleichrangig: ohne Komma**
  eine schöne goldene Uhr
  → *nicht: eine ~~goldene schöne~~ Uhr (Sinn: eine schöne Golduhr; die Uhr ist 1. aus Gold und 2. auch noch schön),*
  das schmackhafte chinesische Essen, die allgemeine politische Lage, helles friesisches Bier

6.2.1.3 Entgegensetzungen

Z 2.5 Entgegensetzungen werden durch Komma abgetrennt. Entgegenstellende Wörter sind z.B.: aber, sondern, einerseits – andererseits, teils – teils.
Sie tritt noch an, aber sie verfehlt den Sieg.
Einerseits durch die Bilder beeindruckend, andererseits inhaltlich dürftig.

Kein Komma steht bei ausschließenden oder vergleichenden Wörtern: oder, entweder – oder, sowohl – als auch, beziehungsweise, wie, als.
Jetzt kommen sowohl mein Freund als auch seine Schwester morgen mit uns.
Wir waren schneller als erwartet. Es lief alles wie gewünscht.

Aber: Folgt ein vollständiger Vergleichssatz, steht ein Komma:
Alles lief, wie wir es uns gewünscht hatten.

6.2.1.4 Zusätze und Nachträge

Z 2.6 Zusätze und Nachträge werden mit Komma abgetrennt:
- Beifügungen im gleichen Fall (Appositionen)
  Birgit, unserer besten Läuferin, wurde der Pokal überreicht.
- Hervorhebungen mit „und zwar", „insbesondere", „nämlich", „z.B.", „vor allem"
  Birgit hatte als Letzte in der Staffel noch den Sieg gerettet, und zwar bravourös!
- nachgestellte Erläuterungen
  Birgit hockte noch auf dem Rasen, sichtlich außer Atem.

6.2.2 Zur Abtrennung von Teilsätzen

Vor allem in längeren Sätzen, die aus mehreren Teilsätzen (Hauptsätzen und Nebensätzen) bestehen, ist das Komma ein unerlässliches Mittel der Gliederung und Übersichtlichkeit.

Nachdem das Unwetter,	Nebensatz 1. Grades
das den ganzen Tag über gewütet hatte,	Nebensatz 2. Grades
abgezogen war,	Nebensatz 1. Grades
trat plötzlich Ruhe ein.	*Hauptsatz*

Z 2.7 Teilsätze werden voneinander durch Komma getrennt, wenn sie nicht durch „und" oder „oder" verbunden sind.
Diese Grundregel lässt sich noch wie folgt unterteilen:

6.2.2.1 Hauptsätze

Z 2.8 Hauptsätze können – statt durch Schlusszeichen oder Semikolon – durch Komma voneinander getrennt werden (vgl. Z 1.1).
Das Gewitter verzog sich, die Natur wurde wieder ruhig.

Kein Komma steht in der Regel, wenn Hauptsätze durch folgende Bindewörter verbunden sind: und, oder, beziehungsweise, weder – noch, entweder – oder.
Das Gewitter verzog sich und die Natur wurde wieder ruhig.
Ebenfalls möglich ist: Das Gewitter verzog sich, und die Natur wurde wieder ruhig.

6.2.2.2 Nebensätze

Z 2.9 *Nebensätze* werden von Hauptsätzen durch Komma abgetrennt.
Das Komma steht vor und nach dem eingeschobenen Nebensatz.
Thomas sagte, dass er morgen kommen wird. Obwohl Anja so müde war, sagte sie zu. Das Buch, das er hatte ausleihen wollen, vergaß er.

Eine wichtige Voraussetzung der korrekten Kommasetzung ist das Erkennen von Nebensätzen.

Z 2.10 *Nebensätze* werden von anderen Nebensätzen durch Komma abgetrennt, soweit sie nicht durch „und" oder „oder" verbunden (und damit gleichrangig) sind.
Thomas sagte, dass er morgen kommen würde, wenn Anja nichts dagegen haben würde.
Obwohl Anja müde war und morgen gern ausgeschlafen hätte, sagte sie zu.

6.2.3 Kann-Regeln zur eigenen Entscheidung

Die Regeln für die Zeichensetzung erlauben eine Reihe von eigenen Entscheidungen. Meist geht es darum, mithilfe der Kommasetzung das Verstehen und die Übersichtlichkeit zu erleichtern. Die wichtigsten Fälle werden im Folgenden dargestellt.

6.2.3.1 Einheit, Nachtrag oder Aufzählung?

Oft liegt es im eigenen Ermessen, ob eine Fügung mit dem einfachen Satz eine Einheit bildet (ohne Komma, s. Z 2.1), ob sie als Zusatz bzw. Nachtrag (Abtrennung durch Komma, s. Z 2.6) oder als Aufzählung (einfaches Komma Z 2.3) verstanden werden soll.

In solchen Fällen entscheidet der/die Schreibende selbst.

Z 2.11 Kann-Regeln für folgende Fälle:
– Nachtrag oder nicht?
Die ganze Familie(,) samt Kindern und Enkeln(,) besuchte die Großeltern.

Alle Ausgaben(,) wie Fahrt und Aufenthalt(,) werden ersetzt. (beispielhafte Erläuterungen zum Substantiv)

– Zusatz von Konjunktion abtrennen (betonen)?
Alle Ausgaben werden ersetzt, vorausgesetzt(,) dass man sie auch nachweisen kann.

6.2.3.2 Erweiterte Infinitive

Z 2.12 Infinitivgruppen grenzt man mit Komma ab, wenn eine der folgenden Bedingungen erfüllt ist.
– Die Infinitivgruppe wird durch um, ohne, statt, anstatt, außer, als eingeleitet.
Er öffnete den Schrank, um die Bücher wieder hineinzustellen.

– Die Infinitivgruppe hängt von einem Substantiv ab.
Sie hatte den Traum, mit ihrer Firma noch erfolgreicher zu sein.

– Die Infinitivgruppe hängt von einem Korrelat oder einem Verweiswort ab.
Susanne liebt es, ihrem Freund lange Briefe zu schreiben.

Wenn ein bloßer Infinitiv vorliegt, können im zweiten und dritten der genannten Fälle die Kommas weggelassen werden, wenn es dadurch nicht zu Missverständnissen kommen kann.

Z 2.13 Werden Infinitiv-, Partizip- und vergleichbare Wortgruppen als Zusätze angekündigt oder nachgestellt, müssen sie nach Z 2.6 – durch Komma abgetrennt werden.
Daran, ihn doch noch aufzuhalten, dachte sie nicht schnell genug. So, über das ganze Gesicht lachend, begrüßte sie ihn am nächsten Tag. Sie saß auf der Terrasse, ganz in Decken verpackt.

6.2.3.3 Empfehlungen zur Kommasetzung bei Infinitiven und Partizipien

Wer geringe Schwierigkeiten hat, erweiterte Infinitive und Partizipien im Satz zu erkennen, sollte sie immer durch Komma abtrennen. Dadurch vermeidet man Missverständnisse und die Gefahr, Ausnahmeregelungen zu übersehen (vgl. Z 2.12/ Z 2.13).

Wer Schwierigkeiten mit dem schnellen Erkennen solcher Wortgruppen hat, sollte auf jeden Fall darauf achten, lange Sätze ausreichend durch Kommas zu gliedern und Nachträge durch Kommas abzutrennen (vgl. Z 2.13). Bei kurzen Sätzen werden der/dem Schreibenden kaum Fehler unterlaufen.

6.2.3.4 Durch „und" verbundene gleichrangige Teilsätze und selbständige Sätze

Z 2.14 Sind gleichrangige Teilsätze, Wortgruppen oder Wörter durch und, oder, beziehungsweise/bzw., sowie (= und), wie (= und), entweder … oder, nicht … noch, sowohl … als (auch), sowohl … wie (auch) oder durch weder … noch verbunden, so setzt man kein Komma.

Aber: Handelt es sich um eine Reihung von selbständigen Sätzen, die durch *und, oder, beziehungsweise/bzw.*, *entweder – oder, nicht – noch* oder durch *weder – noch* verbunden sind, kann man ein Komma setzen, um die Gliederung des Ganzsatzes deutlich zu machen.

Z 2.15 Vor „und" steht ein Komma,
- wenn es in der Verbindung „und zwar" eine nachgestellte Erläuterung einleitet
  *Der Reiseleiter sprach einige Reisende persönlich an, **und zwar diejenigen, die den Bustransfer noch nicht bezahlt hatten**.*
- wenn ein Nachtrag oder Einschub vorausgeht
  *Die Reisenden hockten auf ihren Plätzen, sichtlich erschöpft, **und dösten**.*
- wenn ein eingeschobener Nebensatz vorangeht
  *Der Reiseleiter rief die Teilnehmer herbei, die sich auf der anderen Straßenseite eingefunden hatten, **und stieg als Letzter in den Bus**.*

6.3 Doppelpunkt, Gedankenstrich, Apostroph, Klammern

Doppelpunkt, Gedankenstrich und Klammern können wirkungsvolle Gestaltungsmittel sein (etwa für Zusätze oder Überraschendes) – wenn sie nicht übertrieben häufig eingesetzt werden.

6.3.1 Doppelpunkt

Z 3.1 Der Doppelpunkt kündigt etwas an:
- wörtliche Rede
  Thomas sagte: „Ich komme morgen."
- Aufzählungen, besondere Angaben, erläuternde Einzelheiten
  Bisher habe ich folgende Länder kennen gelernt: Belgien, Frankreich und Italien.
- Zusammenfassungen und Schlussfolgerungen
  Daraus ergibt sich: Du solltest mehr für deine Kondition tun.

Großgeschrieben wird nach Doppelpunkt: immer bei wörtlicher Rede und bei ganzen Sätzen (vgl. R 3.1).

6.3.2 Gedankenstrich und Apostroph

Z 3.2 Der Gedankenstrich wird häufig bei deutlichen Sprechpausen verwendet, und zwar
- um Unerwartetes anzukündigen
  Plötzlich – ein schrecklich lauter Schrei!
  (oft auch Doppelpunkt möglich)
  Plötzlich: ein schrecklich lauter Schrei!

- um Zusätze oder Nachträge einzugrenzen
  In diesem Moment – die Feier war noch nicht zu Ende – schrie jemand im Saal auf.
  (Nach eingeschobenen Ganzsätzen – Parenthesen – steht kein Punkt, wohl aber Frage- oder Ausrufezeichen.)
  So, meine Damen und Herren – und ich betone dies hier ganz bewusst! –, kann es nicht weitergehen!

Z 3.3 Außer als Gedankenstrich und Bindestrich (vgl. R 4.15 – R 4.17) werden waagerechte Striche im Text auch benutzt
- als **Einsparungs- oder Ergänzungszeichen** (vgl. R 4.13)
  Haupt- und Nebengebäude

- als **Gliederungszeichen oder Spiegelstrich**
  Keinen Punkt setzt man
  - nach frei stehenden Zeilen
  - am Ende von Parenthesen
  - nach Abkürzungspunkten (usw.)

Z 3.4 Der **Apostroph** steht als Auslassungszeichen für ausgelassene Laute oder Buchstaben, die normalerweise gesprochen oder geschrieben würden.
  's ist unglaublich! So 'n Blödsinn!
  Ku'damm (für: Kurfürstendamm)

Apostroph wird auch beim Genitiv nach Namen gesetzt, die auf „-s" (auch „-ss", „-ß", „-tz", „-z", „-x") enden.
  Hans' Geburtstag,
  Aristoteles' Philosophie

Kein Apostroph steht
- bei Verschmelzung von Präposition und Artikel,
  Folgen Sie mir aufs Revier!

- bei ungebeugten Adjektiven,
  ein einzig Wort

- bei ausgelassenem Schluss-e.
  Die Reu ist lang.
  Ich lass dich nicht weg.

6.3.3 Klammern – oder Gedankenstriche bzw. auch Kommas?

Z 3.5 Durch Setzen von Klammern kann man Zusätze und Nachträge deutlich vom übrigen Text unterscheiden.
  Susanne (15 Jahre, 10. Klasse) sucht ständigen Chatpartner.

Bei eingeklammerten ganzen Sätzen steht ein Schlusspunkt nur, wenn diese für sich stehen, also nicht in einen anderen Satz einbezogen sind.

> *Beim internationalen Schülertreffen (mit mehreren holländischen Bands) war wirklich etwas los.*
>
> *Tina erhielt den Preis für den originellsten Song. (Der Text war eigentlich ein „alter Hut", aber Melodie und Rhythmus wirkten neu.)*

6.3.4 Empfehlungen zur Setzung von Kommas, Klammern oder Gedankenstrichen

Bei Nachträgen und Einschüben hat man oft die Wahl, ob man sie durch Kommas, durch Klammern, oder aber durch Gedankenstriche vom übrigen Satz abgrenzen will.

1. Von den eher ungewöhnlichen Mitteln sollte man keinen übertrieben häufigen Gebrauch machen, weil sie sonst ihre Wirkung verlieren. Klammern sollte man beispielsweise nicht verwenden, um sich die Mühe eines klaren Satzbaus zu ersparen, sondern für zusätzliche Angaben einsetzen, wie sie auch in Fußnoten stehen könnten:
   Sie isst gern Obst (besonders Trauben und Bananen). Besser: *Sie isst gern Obst, besonders Trauben und Bananen.*

2. Der eingeklammerte Zusatz muss in seiner grammatischen Form zum übrigen Satz passen: *Auf der Ausstellung (Cebit in Hannover) konnte man sich auch von ausländischen Anbietern (Amerikaner, Japaner) das Neueste vorführen lassen.* Hierfür formuliert man korrekt: *Auf der Ausstellung Cebit in Hannover konnte man sich auch von ausländischen Anbietern, z. B. von Amerikanern oder Japanern, das Neueste vorführen lassen.* Ebenso korrekt wäre: *... Anbietern (Amerikanern, Japanern) ...*

3. Ob man Klammern, Gedankenstriche oder Kommas benutzt, hängt von der erwarteten Wirkung ab. Kommas heben den Einschub weniger hervor. Klammern fallen mehr auf, enthalten Zusatzinformationen, die aber nicht als vorrangig erscheinen. Gedankenstriche sollte man vor allem für Einschübe und Ganzsätze (Parenthesen) verwenden, die bewusst, z. B. als Kommentar, hervorgehoben werden sollen.

Abschließend seien vergleichend folgende Beispielsätze angeführt:

– *Auch dieses Bild des Künstlers, ein Stillleben, war in einem verwaschenen Blau gehalten.*

– *Auch dieses Bild des Künstlers (es ist wohl sein letztes) ist in einem verwaschenen Blau gehalten.*

– *Auch dieses letzte Bild des Künstlers – und technisch gesehen kann man es noch als sein gelungenstes bewerten! – beeindruckte niemanden.*

6.4 Anführungszeichen, wörtliche Rede und Zitat

6.4.1 Anführungszeichen

Z 4.1 In Anführungszeichen setzt man

– wörtliche Rede
  Der Minister sagte: „Wir beginnen die humanitäre Offensive mit einer Lebensmittelsendung."

– Zitate (wörtlich wiedergegebene Textstellen)
  Der Minister nannte die Hilfsaktion eine „humanitäre Offensive".

– zitierte Titel (bei kurzen, als Titel erkennbaren Namen auch ohne Anführungszeichen; zur Großschreibung und Deklination vgl. R 3.2)
  „Tonio Kröger" hat mir gut gefallen. In Deutsch lesen wir den „Kaukasischen Kreidekreis". Goethes „Faust" steht erst später auf dem Plan. (auch: Goethes Faust, da in diesem Zusammenhang als Werktitel erkennbar)

– Ausdrücke, die man erläutern, in übertragener Bedeutung oder als ironisch verstanden wissen will (Nicht übertrieben häufig verwenden!)
  Die Präposition „wegen" verlangt den Genitiv. Der Ausdruck „Humor" wird oft unbedacht für alle möglichen komischen Darstellungen benutzt. Die „Formel-1" konnte er „nur" einmal gewinnen!

6.4.2 Wörtliche Rede: Anführungszeichen, Satzzeichen, Groß- und Kleinschreibung

Z 4.2 Ein Begleitsatz kündigt häufig die wörtliche Rede an, unterbricht sie oder folgt ihr.
Grundsätzlich gilt:
– Satzzeichen, die zur wörtlichen Rede gehören, stehen innerhalb der Anführungszeichen; Satzzeichen, die zum Begleitsatz gehören, außerhalb.
– Punkte stehen als Schlusszeichen nur am Ende des Gesamtsatzes; endet dieser mit wörtlicher Rede, so steht kein zweites Schlusszeichen.
– Großgeschrieben wird am Anfang des Gesamtsatzes und nach Doppelpunkt.

Einzelheiten kann man sich am besten anhand der Stellung des Begleitsatzes merken:

Z 4.3 Begleitsatz vorn:
– Doppelpunkt nach Begleitsatz
– danach Großschreibung

- kein zweites Schlusszeichen
  Ulrike fragte: „Hast du heute schon etwas vor?"
  Tim antwortete: „Der Film im Gloria soll gut sein."

Z 4.4   Begleitsatz hinten:

- *Begleitsatz* durch Komma abgetrennt
- kein Schlusspunkt am Ende der wörtlichen Rede
- Kleinschreibung zu Beginn des Begleitsatzes
  „Hast du heute schon etwas vor?", fragte Ulrike.
  „Der Film in der Schauburg soll gut sein", antwortete Tim.

Z 4.5   Begleitsatz eingeschoben:

- Begleitsatz in Kommas eingeschlossen
- danach Kleinschreibung
- Schlusszeichen vgl. Z 4.3 und Z 4.4
  „Tim", fragte Tina, „hast du heute schon etwas vor?"
  „Nein, überhaupt nicht!", meinte Tim, „der Film im Gloria soll gut sein."

6.4.3 Wörtlich zitieren

Z 4.6   Zitierregeln

1. Zitate sind wörtliche Übernahmen aus einem Originaltext. Sie werden durch Anführungszeichen gekennzeichnet.
2. Derartige Textübernahmen müssen dem Original entsprechen, und zwar auch in Rechtschreibung, Zeichensetzung und Grammatik. Tippfehler, Rechtschreibfehler, oder auch Zeichensetzungsfehler im Originaltext werden durch „[sic!]" markiert („so!"). Dadurch wird klargestellt, dass der jeweilige Fehler bereits im Originaltext vorliegt, also nicht auf unkorrektes Zitieren zurückzuführen ist.
3. Auslassungen werden durch drei Punkte gekennzeichnet oder (besser noch) durch drei Punkte in eckigen Klammern („[...]"); sie dürfen den Sinn des Originals nicht entstellen. („Auslassungen werden ... gekennzeichnet ...")
4. Müssten bei einem Zitat zu viele Änderungen vorgenommen werden (s. 2. und 3.), so ist es sinnvoller, den ganzen Satz bzw. die ganze Passage zu zitieren, oder auf das Zitat zu verzichten.
5. Sind im Original schon Anführungszeichen enthalten, so werden diese im Zitat durch einfachen An- und Abführungsstrich ersetzt ('...').

Aa

A

A, a *das* <-, -> *der erste Buchstabe des Alphabets:* ein großes A; ein kleines a; ■ *das A und O das Wichtigste;* ■ **Wer A sagt, muss auch B sagen.** *Wer eine Sache beginnt, muss sie auch zu Ende führen.;* ■ **von A bis Z** *(umg.) von Anfang bis Ende; vollständig*

Aal *der* <-(e)s, -e> *ein sehr langer und dünner Seefisch, der wie eine Schlange aussieht:* gebackener/geräucherter Aal; ■ **sich winden wie ein Aal** *sich vor Verlegenheit winden und (verbal) versuchen, aus einer schwierigen oder peinlichen Situation herauszukommen* ◆ -fang, -korb, -suppe, Fluss-, Räucher-

aalen *mit SICH* ■ *jmd. aalt sich irgendwo (umg.) sich behaglich oder faul ausstrecken:* Sie aalt sich seit Stunden in der Sonne.; Hunderte Urlauber aalten sich am Strand.

aal·glatt *adj /nicht steig./ (abwert.) so, dass man weiß, wie man geschickt aus unangenehmen Situationen wieder herauskommt:* Dieser Vertreter wirkte aalglatt; jede Kritik prallte einfach an ihm ab.

Aar *der* <-(e)s, -e> *(dichter.: ≈ Adler)*

Aar·gau *der* <-s> *ein Kanton der Schweiz*

Aas *das* <-es, -e/Äser> ❶ <*pl:* Aase> *verwesende Tierleiche* ◆ -fliege, -fresser, -geruch, -krähe, -vogel ❷ <*pl:* Äser> *(umg. abwert.) Schimpfwort für einen gemeinen Menschen:* Sie ist ein richtiges Aas.; ■ **kein Aas** *(vulg.) niemand*

Aas·gei·er *der* <-s, -> ❶ *ein Geier, der von Aas[1] lebt* ❷ *(umg. abwert.) Schimpfwort für einen Menschen, der nur an seinem eigenen Vorteil interessiert ist:* So ein Aasgeier! Er hat mir viel zu viel Geld abgenommen!

ab I. *adv (umg.)* ■ **ab sein** *nicht mehr befestigt sein* Der Knopf ist ab.; ■ **auf und ab** *herauf und herunter;* ■ **ab und zu** *manchmal* II. *präp +Akk. vor Zeitangaben verwendet, um auszudrücken, dass eine Aussage jenseits des genannten Zeitpunkts gilt:* Ab morgen werde ich nicht mehr rauchen.; Ab nächster Woche gelten neue Tarife.; ■ **Kinder ab zwölf Jahre** *Kinder, die zwölf Jahre alt sind oder älter;* ■ **ab Werk** WIRTSCH. *im Werk abzuholen*

ab·än·der·bar *adj /nicht steig./ so, dass man es abändern kann:* Das Programm für den Konzertabend ist schon gedruckt, jetzt ist es nicht mehr abänderbar.

ab·än·der·lich *adj /nicht steig./ (selten: ≈ abänderbar)*

ab·än·dern <änderst ab, änderte ab, hat abgeändert> *mit OBJ* ■ *jmd. ändert etwas ab ein oder mehrere Details von etwas verändern:* Das Schreiben wurde nachträglich abgeändert; es enthält jetzt ganz andere Formulierungen. ▶ Abänderung

Ab·än·de·rung *die* <-, -en> *das Abändern:* Eine Abänderung unserer Reisepläne ist nicht mehr möglich. Hotel, Zugfahrt und Schiffsreise sind schon gebucht. ◆ -santrag, -svorschlag

ab·än·de·rungs·fä·hig *adj /nicht steig./ so, dass man eine Änderung an etwas vornehmen kann*

ab·ar·bei·ten <arbeitest ab, arbeitete ab, hat abgearbeitet> I. *mit OBJ* ■ *jmd. arbeitet etwas ab* ❶ *eine bestimmte Menge Arbeit, die einem zugewiesen worden ist, verrichten:* Sie ist dabei, den Stapel Akten, den ihr Chef ihr gegeben hat, abzuarbeiten. ❷ *Schulden durch Arbeit begleichen:* Du kannst deine Schulden gleich bei mir abarbeiten! ▶ Abarbeitung II. *mit SICH* ■ *jmd. arbeitet sich ab so lange arbeiten, bis man völlig erschöpft ist:* Sie hat sich zwanzig Jahre lang für die Firma abgearbeitet.

Ab·art *die* <-, -en> *(≈ Variante) etwas, das im Wesentlichen zu einer bestimmten Kategorie gehört, sich aber in bestimmten Eigenschaften unterscheidet (von Maschinen, bei Drucken etc.):* Der von ihm konstruierte Motor war letztendlich eine Abart des Verbrennungsmotors von …; durch Fehler in der Druckmaschine erzeugte Abarten von Briefmarken ◆ Wasserzeichen-, Zählungs-

ab·ar·tig <abartiger, am abartigsten> *adj* ❶ *(≈ pervers) so, dass es nicht normal, sondern krankhaft ist:* abartige Neigungen haben ▶ Abartigkeit ❷ *(umg. abwert.: ≈ verrückt) verwendet, um auszudrücken, dass man über etwas ziemlich wundert und es sehr seltsam findet:* Sein Verhalten ist ja heute völlig abartig!; Abartig, wie schnell der fährt!

Abb. *Abkürzung von „Abbildung"*

Ab·bau *der* <-(e)s> */kein Plur./* ❶ TECHN., CHEM., BIOL. *der Vorgang, dass etwas in seine Bestandteile zerlegt wird:* der Abbau des Baugerüsts/des Zirkuszelts/der Zuschauertribüne; der Abbau von Fetten in einer chemischen Reaktion/von Alkohol im Blut ◆ -geschwindigkeit, -gleichung, -grad, -kinetik, -kurve, -leistung, -schema, -zeit, Stoffwechsel- ❷ BERGB. *Gewinnung von Bodenschätzen:* der Abbau von Kohle/Eisenerz/Kupfer ◆ -art, -fläche, -gebiet, -grenze, -hammer, -land, -methode, -rechte, -see, -technik, -verfahren, Braunkohle-, Gruben-, Eisenerz-, Kohle-, Zuschauer- ▶ Abbauwürdigkeit ❸ *(≈ Verringerung) der Vorgang, dass etwas verringert wird oder man die Zahl von etwas verringert:* der Abbau von Arbeitsplätzen ◆ Arbeitsplatz-, Job-, Stress-

ab·bau·en <baust ab, baute ab, hat abgebaut> I. *mit OBJ* ■ *jmd. baut etwas ab* ❶ TECHN., CHEM., BIOL. *in seine Bestandteile zerlegen:* eine Bühne/ein Gerüst/ein Zelt abbauen; In der chemischen Reaktion wird Traubenzucker abgebaut. ❷ BERGB. *Bodenschätze gewinnen:* Kohle abbauen ❸ WIRTSCH. *(≈ verringern) Das Unternehmen muss Arbeitsplätze abbauen.* II. *ohne OBJ* ■ *jmd. baut ab seine körperlichen und geistigen Fähigkeiten (im Alter) verlieren:* Seit ihrem 60. Geburtstag hat sie stark abgebaut.

Ab·bau·pro·dukt *das* <-(e)s, -e> *ein Stoff, der durch das Abbauen I.1 entsteht*

ab·bei·ßen <beißt ab, biss ab, hat abgebissen>

A

mit OBJ ■ *jmd. beißt etwas (von etwas Dat.) ab* *in etwas beißen und ein Stück davon abtrennen:* ein Stück (vom Apfel) abbeißen

ạb·bei·zen <beizt ab, beizte ab, hat abgebeizt> *mit OBJ* ■ *jmd. beizt etwas ab* ❶ *eine Substanz, die auf einer festen Oberfläche aufgebracht ist, durch eine chemische Lösung entfernen:* Farbe/ Lack abbeizen ❷ *einen Gegenstand mit einer chemischen Lösung von Farbe befreien:* einen alten Schrank abbeizen

Ạb·beiz·mit·tel *das* <-s, -> *Mittel zum Abbeizen*²

ạb·be·kom·men <bekommst ab, bekam ab, hat abbekommen> *mit OBJ* ❶ ■ *jmd. bekommt etwas (von etwas Dat.)* *einen Teil von etwas erhalten:* Das Kind hat vom Geburtstagskuchen kein Stück abbekommen. ❷ ■ *jmd./etwas bekommt etwas ab* *(umg.) beschädigt werden:* Das Auto hat bei dem Unfall etwas abbekommen. ❸ ■ *jmd. bekommt etwas ab* *etwas lösen, das fest an etwas klebt, haftet o. Ä.:* Ich bekomme den Aufkleber nicht ab, denn er klebt so fest an der Tür.

ạb·be·ru·fen <berufst ab, berief hat, hat abberufen> *mit OBJ* ■ *jmd. beruft jmdn. ab* *jmdn. aus einem Amt, einer Position, einer Stellung o. Ä. entlassen oder in ein anderes Amt, eine andere Position, eine andere Stellung versetzen:* Das Land hat alle Diplomaten aus den Krisengebieten abberufen. ▶ Abberufung

ạb·be·stel·len <bestellst ab, bestellte ab, hat abbestellt> *mit OBJ* ■ *jmd. bestellt etwas ab* *sagen, dass man etwas, das man bestellt hat, nicht mehr haben will:* ein Abonnement/eine Zeitung abbestellen ▶ Abbestellung

ạb·bet·teln <bettelst ab, bettelte ab, hat abgebettelt> *mit OBJ* ■ *jmd. bettelt jmdm. etwas ab* *jmdn. eindringlich um etwas bitten, dass er nicht geben möchte:* Es gelang dem Sohn nicht, seinem Vater noch einmal Geld für eine Reise in die Karibik abzubetteln.

ạb·be·zah·len <bezahlst ab, bezahlte ab, hat abbezahlt> *mit OBJ* ■ *jmd. bezahlt etwas ab* *Schulden in Raten zurückbezahlen:* ein Auto/ eine Eigentumswohnung/einen Kredit abbezahlen ▶ Abbezahlung

ạb·bie·gen <biegst ab, bog ab, hat/ist abgebogen> I. *mit OBJ (haben)* ■ *jmd. biegt etwas ab* *(umg.: ≈ verhindern) bewirken, dass etwas nicht eintritt:* Das habe ich gerade noch mal abgebogen! II. *ohne OBJ (sein)* ■ *jmd. biegt (irgendwohin) ab* *mit einem Fahrzeug die Straße verlassen, auf der man bisher gefahren ist, und nach links oder rechts in eine andere Straße hineinfahren:* in die Seitenstraße abbiegen; nach links/rechts abbiegen; Biegen Sie an der nächsten Kreuzung rechts ab! ▶ Abbieger, Abbiegerin, Abbiegung

Ạb·bie·ger *der* <-s, -> *jmd., der mit einem Auto von einer Straße in eine andere abbiegt:* Sie gab zu Protokoll, sie habe den Abbieger übersehen. ◆ Links-, Rechts-

Ạb·bie·ge·spur *die* <-, -en> *Fahrspur auf der Straße, von der aus man nach links oder rechts in eine andere Straße einfährt:* An Kreuzungen gibt es Abbiegespuren, damit man sicher in andere Straßen einbiegen kann.

Ạb·bie·gung *die* <-, -en> ❶ *das Abbiegen* ❷ *der Punkt, an dem eine Straße oder ein Weg die Richtung ändert:* An der Kreuzung müssen Sie die Abbiegung nach rechts nehmen.

Ạb·bild *das* <-(e)s, -er> *(geh.) etwas, das (den Charakter von) etwas genau zeigt:* die Schule als Abbild der gesellschaftlichen Verhältnisse ◆ -theorie

ạb·bil·den <bildest ab, bildete ab, hat abgebildet> *mit OBJ* ■ *jmd. bildet jmdn./etwas ab* *jmdn. oder etwas auf einer Fotografie, einem Bild oder in einer Zeichnung darstellen*

Ạb·bil·dung *die* <-, -en> *(≈ Illustration) Darstellung eines Gegenstandes oder einer Person als Bild oder Zeichnung:* Das Lehrbuch enthält viele Abbildungen, die wesentlich zum Verständnis beitragen. ◆ -sfehler, -snachweis, -sverzeichnis

Ạb·bil·dungs·maß·stab *der* <-(e)s, Abbildungsmaßstäbe> *Maßstab einer Abbildung:* Der Abbildungsmaßstab ist zu klein, um Details gut zu erkennen.

ạb·bin·den <bindest ab, band ab, hat abgebunden> I. *mit OBJ* ■ *jmd. bindet etwas ab* ❶ *(≈ losbinden) etwas, das irgendwo angebunden ist, lösen:* den Hund vom Zaun abbinden; die Schürze abbinden ❷ MED. *eine Blutung mit einem festen Verband stoppen:* eine Ader/das verletzte Bein abbinden ❸ KOCH. *Suppe, Soße o. Ä. verdicken:* Falls die Soße zu dünn ist, kann man sie mit Mehl abbinden. II. *ohne OBJ* ■ *etwas bindet ab* BAUW. *(von bestimmten Baustoffen) trocknen und hart werden:* Der Beton/Gips muss noch abbinden. ▶ Abbindung

Ạb·bit·te *die* <-, -n> /meist Sing./ *(veralt.) Bitte um Verzeihung:* Abbitte leisten

ạb·bit·ten <bittest ab, bat ab, hat abgebeten> *mit OBJ* ■ *jmd. bittet jmdm. etwas ab (veralt.)* *jmdn. wegen etwas um Verzeihung bitten:* dem Freund eine Schuld abbitten

ạb·bla·sen <bläst ab, blies ab, hat abgeblasen> *mit OBJ* ■ *jmd. bläst etwas ab (umg.: ≈ absagen)* *sagen, dass etwas, das geplant war, nicht stattfindet:* die Hochzeit/eine geplante Konferenz wieder abblasen

ạb·blät·tern <blättert ab, blätterte ab, ist abgeblättert> *ohne OBJ* ■ *etwas blättert ab* *eine dünne Schicht von etwas löst sich ab:* Der Putz am Haus blättert ab.; Die Farbe ist abgeblättert.

ạb·blen·den <blendest ab, blendete ab, hat abgeblendet> I. *mit OBJ/ohne OBJ* ■ *jmd. blendet (etwas) ab* KFZ (↔ aufblenden) *das Licht an einem Fahrzeug so einstellen, dass es nicht mehr blendet:* die Scheinwerfer abblenden; Bei Gegenverkehr muss man abblenden. ▶ Abblendung II. *ohne OBJ* ■ *jmd. blendet ab* FOTOGR. *die Blende verkleinern*

Ạb·blend·licht *das* <-(e)s, -er> KFZ (↔ Fernlicht) *Scheinwerferlicht für den Nahbereich:* Bei Gegenverkehr darf man nur das Abblendlicht einschalten.

ạb·blit·zen <blitzt ab, blitzte ab, ist abgeblitzt> *ohne OBJ* ■ *jmd. blitzt bei jmdm. ab (umg.) keinen Erfolg haben:* Du kannst sie fragen, ob sie dich im Auto mitnimmt; aber mit dieser Frage wirst du bei ihr nur abblitzen.; ■ **jemanden abblitzen lassen** *jmdm. eine Absage erteilen* Sie wollte gern mit ihm tanzen, doch er hat sie abblitzen lassen.

ạb·blo·cken <blockst ab, blockte ab, hat abgeblockt> *mit OBJ* ■ *jmd. blockt etwas ab (≈ abwehren) sich so verhalten, dass man von etwas nicht erreicht werden kann:* alle Hilfsangebote abblocken

ạb·brau·sen <braust ab, brauste ab, hat/ist abgebraust> **I.** *mit OBJ (haben)* ■ *jmd. braust jmdn./etwas ab (≈ abspritzen)* einen Wasserstrahl so über etwas führen, dass Schmutz entfernt wird: Sie braust das verschmutzte Mountainbike nach dem Training mit dem Gartenschlauch ab. **II.** *ohne OBJ (sein)* ■ *jmd. braust ab (umg.) eilig davonfahren:* Er stieg in den Wagen und brauste ab. **III.** *mit SICH (haben)* ■ *jmd. braust sich ab (≈ duschen)*

ạb·bre·chen <brichst ab, brach ab, hat/ist abgebrochen> **I.** *mit OBJ (haben)* ❶ ■ *jmd. bricht etwas (von etwas Dat.) ab einen Teil von etwas wegbrechen:* einen Ast vom Baum abbrechen; ein Stück Schokolade von der Tafel abbrechen ❷ ■ *jmd. bricht etwas ab (≈ abreißen) ein Gebäude zerstören:* ein altes Haus abbrechen ❸ ■ *jmd. bricht etwas ab vorzeitig beenden:* die Lehre/das Studium/die Verhandlungen abbrechen; ■ **sich einen abbrechen** *(umg.) sich große Mühe geben* Er schien sich fast einen abzubrechen; dennoch brachte er die Maschine nicht zum Laufen. **II.** *ohne OBJ (sein)* ■ *etwas bricht ab* ❶ *an einer bestimmten Stelle (in zwei Teile) brechen:* Der Bleistift ist abgebrochen. ❷ *plötzlich aufhören:* Die Verbindung brach ab.

ạb·brem·sen <bremst ab, bremste ab, hat abgebremst> *mit OBJ/ohne OBJ* ■ *jmd. bremst (etwas) ab die Geschwindigkeit (von etwas) verlangsamen; langsamer werden:* Als sie das Kind auf der Straße sah, hat sie schnell abgebremst.; Er konnte den Wagen nicht mehr abbremsen.

ạb·bren·nen <brennst ab, brannte ab, hat/ist abgebrannt> **I.** *mit OBJ (haben)* ■ *jmd. brennt etwas ab etwas anzünden und brennen lassen, bis es nicht mehr da ist:* Fackeln/ein Feuerwerk abbrennen **II.** *ohne OBJ* ■ *etwas brennt ab (≈ niederbrennen) (sein)) brennen, bis es nicht mehr da ist:* Die Scheune ist abgebrannt.; *siehe auch* **abgebrannt**

ạb·brin·gen <bringst ab, brachte ab, hat abgebracht> *mit OBJ* ■ *jmd. bringt jmdn. von etwas Dat. ab jmdn. so beeinflussen, dass er etwas nicht mehr will oder nicht mehr tut:* Ich lasse mich von meinem Plan nicht abbringen!; jemanden vom Thema abbringen

ạb·brö·ckeln <bröckelt ab, bröckelte ab, ist abgebröckelt> *ohne OBJ* ■ *etwas bröckelt ab etwas fällt in vielen kleinen Teilen von etwas herunter:* Der Putz ist von der Wand abgebröckelt. ▸ Abbröckelung/Abbröcklung

Ạb·bruch *der* <-(e)s, Abbrüche> ❶ */kein Plur./ das Abbrechen I.2 von Gebäuden:* Der Abbruch der alten Fabrikanlage dauerte eine Woche. ◆-arbeit, -bagger, -firma, -genehmigung, -geräte, -gewerbe, -hammer, -kosten, -zange ❷ */kein Plur./*

(≈ Beendigung) das Abbrechen I.3: der Abbruch der Friedensverhandlungen; ■ **einer Sache (keinen) Abbruch tun** *(geh.) einer Sache (nicht) schaden* ❸ *(verhüll.: ≈ Schwangerschaftsabbruch) Abtreibung*

Ạb·bruch·haus *das* <-(e)s, Abbruchhäuser> *Haus, das abgerissen werden soll oder gerade abgerissen wird:* In diesem Stadtviertel wohnen nicht viele Menschen; es gibt viele Abbruchhäuser hier.

ạb·bruch·reif *adj /nicht steig./ so, dass ein Gebäude abgebrochen werden muss, weil es baufällig ist*

Ạb·bruch·sieg *der* <-(e)s, -e> SPORT *Sieg, der durch Abbruch eines Wettkampfes oder eines Spiels erzielt wird*

ạb·brü·hen <brühst ab, brühte ab, hat abgebrüht> *mit OBJ* ■ *jmd. brüht etwas ab KOCH. mit kochendem Wasser übergießen:* das Gemüse kurz abbrühen

ạb·brum·men <brummst ab, brummte ab, hat abgebrummt> *mit OBJ* ■ *jmd. brummt etwas ab (umg.: ≈ absitzen) eine Strafe im Gefängnis verbüßen:* Für die Tat musste sie fünf Jahre abbrummen.

ạb·bu·chen <buchst ab, buchte ab, hat abgebucht> *mit OBJ* ■ *jmd. bucht etwas ab BANKW. einen Geldbetrag von einem Konto nehmen* ▸ Abbuchung

Ạb·bu·chung *die* <-, -en> BANKW. *der Vorgang, dass ein Geldbetrag von einem Konto abgezogen wird:* Abbuchungen mit dem Kontoauszug überprüfen

ạb·bürs·ten <bürstest ab, bürstete ab, hat abgebürstet> *mit OBJ* ■ *jmd. bürstet etwas ab mit einer Bürste über etwas streichen, um Staub oder Haare zu entfernen:* den Mantel abbürsten

Abc *das* [abe'tse:] <-> */kein Plur./ (umg.) das Alphabet* ◆-Buch

Ab·cha·si·en <-s> *Republik in Georgien*

ABC-Kampf·an·zug *der* [abe'tse:...] <-(e)s, Kampfanzüge> MILIT. *spezielle Schutzkleidung gegen atomare, biologische oder chemische Kampfstoffe*

Abc-Schüt·ze *der,* **Abc-Schüt·zin** [abe'tse:...] <-n, -n> *(scherzh.) Schulanfänger* ◆Schreibung mit Bindestrich →R 4.21

ABC-Staa·ten [abe'tse:...] <-> *Plur. zusammenfassende Bezeichnung für Argentinien, Brasilien und Chile; ihre Gemeinsamkeit besteht in gegenseitigen Verträgen und enger wirtschaftlicher und politischer Zusammenarbeit*

ABC-Waf·fen [abe'tse:...] <-> *Plur. (↔ konventionelle Waffen) atomare, biologische und chemische Waffen*

ạb·däm·men *mit OBJ* ■ *jmd. dämmt etwas ab Wasser mit einem Damm von etwas fernhalten:* ein kleines Gewässer (einen See, einen Teich) abdämmen; ein Stück Land abdämmen ▸ Abdämmung

Ạb·dampf *der* <-(e)s, Abdämpfe> TECHN. *Dampf, der in Industrieanlagen bei Verarbeitungsprozessen entsteht* ◆-druck, -gerät, -kondensator, -leiter, -rückstand, -turbine, -wärme

A

ab·dämp·fen <dämpfst ab, dämpfte ab, hat abgedämpft> *mit OBJ* ■ *jmd.* **dämpft etwas ab** ❶ *etwas in seiner Wirkung abschwächen:* Geräusche/Lärm/Schall abdämpfen ❷ *Dampf von gekochten Speisen abziehen lassen:* Gemüse/Kartoffeln/eine Suppe abdämpfen

ab·dan·ken <dankst ab, dankte ab, hat abgedankt> *ohne OBJ* ■ *jmd.* **dankt ab** *von einem Herrscheramt zurücktreten:* Der König hat abgedankt. ▶ Abdankung

Ab·deck·blech *das* <-(e)s, Abdeckbleche> TECHN. *Blech, das etwas (als Schutz) abdeckt*

ab·de·cken *mit OBJ* ❶ ■ *jmd.* **deckt etwas ab** *eine Abdeckung von etwas herunternehmen:* im Frühjahr den Brunnen abdecken, der im Winter mit einer Plane geschützt war ❷ ■ *jmd.* **deckt etwas ab** *etwas, das auf etwas lag, wegnehmen;* ■ **ein Dach/den Tisch abdecken** *die Ziegel von einem Dach oder das benutzte Geschirr von einem Tisch nehmen* ❸ ■ *jmd.* **deckt etwas mit etwas** *Dat.* **ab** *(zum Schutz) mit etwas bedecken:* eine Grube mit Brettern abdecken

Ab·deck·hau·be *die* <-, -n> *eine Art Hülle, die man über einen Gegenstand legt, um ihn z. B. vor Staub zu schützen:* die Abdeckhaube abnehmen/hochklappen

Ab·deck·leis·te *die* <-, -n> *Leiste aus Holz oder Plastik, mit der z. B. elektrische Leitungen an einer Wand abgedeckt werden*

Ab·deck·pla·ne *die* <-, -n> *Decke aus Kunststoff oder festem Textilmaterial, mit der man etwas abdeckt:* Die Bauern legen Abdeckplanen über die Strohballen auf ihren Feldern, um sie vor Wind und Regen zu schützen.

Ab·deck·stift *der* <-(e)s, -e> *kosmetischer Stift, der Hautunreinheiten verdeckt:* Um Pickel im Gesicht zu verdecken, kann man einen Abdeckstift verwenden.

Ab·de·ckung *die* <-, -en> *etwas, womit etwas anderes abgedeckt [3] wird*

ab·dich·ten *mit OBJ* ■ *jmd.* **dichtet etwas ab** *etwas so behandeln, dass Luft und Wasser nicht mehr eindringen können* ▶ Abdichtung

Ab·dich·tung *die* <-, -en> ❶ *das Abdichten* ❷ *etwas, womit etwas abgedichtet ist:* Die Abdichtung ist porös geworden.

ab·die·nen *mit OBJ* ■ *jmd.* **dient etwas ab** *(veralt.) eine Dienstzeit ableisten:* Seine Zeit als Soldat bei der Bundeswehr hat er inzwischen abgedient.

ab·ding·bar *adj /nicht steig./* RECHTSW. *so, dass es durch andere Vereinbarungen verändert werden kann:* abdingbare Teile eines Vertrags

Ab·do·men *das* <-s> */kein Plur./* ❶ MED. *der Bereich des Rumpfes zwischen Brustkorb und Becken (der Bauch) beim Menschen sowie der Hinterleib der Gliederfüßler* ◆ -bereich, -durchmesser, -sonographie, -sonografie, -umfang, -untersuchung ▶ abdominal ❷ ZOOL. *der Hinterleib der Gliederfüßler* ▶ abdominal

ab·drän·gen *mit OBJ* ■ *jmd.* **drängt jdn./etwas ab** *bewirken, dass jmd. oder etwas seinen Weg nicht in gerader Linie fortsetzen kann:* jemanden vom Weg abdrängen; Kampfflugzeuge haben die Maschine vom Kurs abgedrängt.

ab·dre·hen **I.** *mit OBJ* ■ *jmd.* **dreht etwas ab** ❶ *eine Armatur betätigen, damit etwas nicht mehr austreten kann:* das Gas/das Wasser/den Wasserhahn abdrehen ❷ *(≈ herausdrehen) etwas, das durch Drehen irgendwo befestigt wurde, wieder abnehmen:* eine Schraube abdrehen ❸ *einen Film oder Szenen für einen Film drehen:* Die Szene im Park haben wir schon abgedreht. **II.** *ohne OBJ* ■ *jmd.* **dreht ab** LUFTF., SEEW. *den Kurs ändern:* Das Flugzeug/Schiff dreht ab.

ab·drif·ten <driftest ab, driftete ab, ist abgedriftet> *ohne OBJ* ■ *jmd./etwas driftet ab* ❶ SEEW., LUFTF. *vom Kurs abkommen (Schiffe oder Flugzeuge)* ▶ Abdrift ❷ *(übertr.) sich von etwas entfernen:* vom Thema abdriften

ab·dros·seln <drosselst ab, drosselte ab, hat abgedrosselt> *mit OBJ* ■ *jmd.* **drosselt etwas ab** *zum Stillstand bringen:* den Motor abdrosseln ▶ Abdrosselung/Abdrosslung

Ab·druck[1] *der* <-(e)s, Abdrücke> *der Umriss von etwas, der sich in etwas Weiches hineingedrückt hat:* Der schwere Schrank hat Abdrücke im Teppichboden hinterlassen. ◆ -folie, -masse, -löffel, Finger-, Fuß-, Gebiss-, Gips- ▶ Abdrucknahme

Ab·druck[2] *der* <-(e)s, Abdrucke> *(≈ Nachdruck) der Vorgang, dass etwas Gedrucktes wieder gedruckt wird:* Abdruck nur mit Genehmigung des Verlages ◆ -genehmigung, -honorar, -recht

ab·dru·cken *mit OBJ* ■ *jmd.* **druckt etwas ab** *einen Text oder ein Bild durch Drucken auf Papier wiedergeben:* Der Essay war vor seiner Buchveröffentlichung schon in einer Zeitschrift abgedruckt worden.

ab·drü·cken **I.** *mit OBJ* ❶ ■ *jmd.* **drückt jmdn. ab** *(umg.) stürmisch umarmen;* ■ **jemandem die Luft abdrücken** *jmdn. so stark drücken, dass er keine Luft mehr bekommt* ❷ ■ *jmd.* **drückt etwas ab** *(umg. salopp) jmd. bezahlt eine bestimmte Summe:* Stell dir vor, für die Konzertkarten mussten wir 120 Euro abdrücken! **II.** *ohne OBJ* ■ *jmd.* **drückt ab** *einen Schuss abgeben*

Ab·druck·er·laub·nis *die* <-, -se> */meist Sing./ Erlaubnis für den Abdruck[2]*

ab·dun·keln <dunkelst ab, dunkelte ab, hat abgedunkelt> *mit OBJ* ■ *jmd.* **dunkelt etwas ab** *in einem Raum die Vorhänge o. Ä. zuziehen, damit es dunkel wird:* Wegen des Projektors muss der Raum für die Präsentation abgedunkelt werden.

ab·du·schen <duschst ab, duschte ab, hat abgeduscht> *mit OBJ* ■ *jmd.* **duscht etwas/sich ab** *(≈ abbrausen) etwas oder sich durch Duschen säubern:* Nach dem Sport duschten sie sich ab.

ab·eb·ben <ebbt ab, ebbte ab, ist abgeebbt> *ohne OBJ* ■ *etwas ebbt ab* ❶ *einen sinkenden Wasserstand verzeichnen, weil Wasser aus einem Gebiet abfließt:* Das Hochwasser ebbte nur langsam ab. ❷ *(übertr.) geringer werden:* Ihre Begeisterung für den Sänger ebbte schnell wieder ab.

Abend *der* <-s, -e> ❶ *die Zeit des Tages vor Sonnenuntergang:* am frühen/späten Abend; Ich gehe heute Abend ins Kino.; gestern/heute/morgen Abend; ■ **Es ist noch nicht aller Tage Abend.** *Es besteht noch Hoffnung.;* ■ **ein bunter Abend** *Abendveranstaltung mit Unterhaltungspro-*

gramm; ■ **Heilig(er) Abend** *der 24. Dezember;*
■ **Man soll den Tag nicht vor dem Abend loben.** *(Sprichwort) verwendet um auszudrücken,
man solle nicht zu früh glauben, den Ausgang einer Sache zu kennen;* ■ **Je später der Abend,
desto netter die Gäste.** *(scherzh.) verwendet als
Begrüßung für Gäste, die spät kommen; siehe
auch* **Dienstagabend** ♦ -brot, -dämmerung, -es-
sen, -friede(n), -garderobe, -gebet, -gottesdienst,
-gymnasium, -handschuh, -himmel, -kleid, -licht,
-Make-up, -nachrichten, -öffnung, -programm,
-röte, -sonne, -spaziergang, -stunde, -veranstaltung,
-verkauf, -wind, -zeit ❷ ■ *...abend /als Zweitglied zusammengesetzter Substantive; kennzeichnet das mit dem Erstglied Bezeichnete als / am
Abend* [1] *stattfindend* ♦ Eltern-, Informations-, Vor-
trags-

Abend·aka·de·mie *die* <-, -n> *(≈ Volkshochschule)*

Abend·aus·gabe *die* <-, -n> *(↔ Morgenausgabe)
Ausgabe einer Zeitung, die am Abend erscheint*

Abend·brot *das* <-(e)s> /kein Plur./ *(≈ Abendessen ↔ Frühstück) eine am Abend eingenommene
Mahlzeit, die meist aus Brot, Wurst, Käse und kalten Getränken oder Tee besteht*

Abend·es·sen *das* <-s, -> *(≈ Abendbrot)*

abend·fül·lend *adj /nicht steig./ so, dass etwas
einen ganzen Abend ausfüllt: ein abendfüllender
Film/ein abendfüllendes Konzert/eine abendfül-
lende Veranstaltung*

Abend·kas·se *die* <-, -n> *(↔ Vorverkauf) Kasse,
an der man direkt vor Beginn einer Veranstaltung
Eintrittskarten kaufen kann*

Abend·kurs *der* <-es, -e> *Lehrgang, der abends
stattfindet: Da ich den ganzen Tag über arbeiten
muss, werde ich einen Abendkurs an der Volkshochschule besuchen.*

Abend·land *das* <-(e)s> /kein Plur./ *(↔ Morgenland) Oberbegriff für die europäischen Länder, die
durch das Christentum und die Antike geprägt
sind: das christliche Abendland* ► Abendländer,
Abendländerin, abendländisch

abend·lich *adj /nicht steig./ so, dass es für den
Abend typisch ist oder am Abend stattfindet: ein
abendlicher Spaziergang*

Abend·luft *die* <-> /meist Sing./ *(↔ Morgenluft)
die Luft, wie sie am Abend ist: Ich möchte gerne
noch ein wenig in der lauen Abendluft spazieren
gehen.*

Abend·mahl *das* <-(e)s, -e> *Handlung im evangelischen Gottesdienst;* ■ **das letzte Abendmahl**
*das letzte gemeinsame Mahl, das Jesus Christus
vor seinem Tod mit seinen Jüngern feierte* ♦ -sfeier,
-swein

Abend·mes·se *die* <-, -n> *(↔ Morgenmesse) katholischer Abendgottesdienst*

Abend·nach·rich·ten *die* <-> *Plur. Nachrichten,
die in den Medien täglich am Abend gesendet
werden*

Abend·öff·nungs·zei·ten <-> *Plur. Öffnungszeiten eines Geschäftes oder einer Institution am
Abend*

Abend·ro·be *die* <-, -n> *(geh.) elegantes Kleid,
das man zu besonderen Anlässen am Abend trägt*

Abend·rot *das* <-s> /kein Plur./ *(↔ Morgenrot)
die rote Färbung, die der Himmel an manchen Tagen vor Sonnenuntergang bekommt*

abends *adv am Abend: Die Veranstaltung findet jeweils dienstags abends statt.; siehe auch* **dienstagabends**

Abend·schu·le *die* <-, -n> *Unterricht (für Erwachsene), der abends stattfindet: Sie besucht die
Abendschule, um sich fortzubilden.*

Abend·stern *der* <-(e)s> /kein Plur./ *(≈ Morgenstern, Venus) hell leuchtender Stern am Abend-
himmel*

Abend·stim·mung *die* <-, -en> /meist Sing./ *die
Stimmung oder Atmosphäre, die an einem Ort
abends herrscht: Bei einem Spaziergang genoss er
die Ruhe und Abendstimmung am Meer.*

Abend·ver·an·stal·tung *die* <-, -en> *Konzert,
Vortrag, Kino- oder Theateraufführung am Abend*

Abend·zei·tung *die* <-, -en> *(↔ Morgenzeitung)
Zeitung, die am Abend erscheint*

Aben·teu·er *das* <-s, -> ❶ *ein Unternehmen, das
aufregend und oft auch gefährlich ist: Die Seefahrt
ist auch heute noch ein Abenteuer.; Als Kind
träumte er von den Abenteuern der Indianer.*
♦ -film, -roman, -spielplatz ❷ *eine kurze Beziehung, die nur sexuelle Motive hat: Er suchte nur
ein schnelles Abenteuer.* ♦ Liebes-

aben·teu·er·lich *adj* ❶ *voller Abenteuer* [1]: *abenteuerliche Geschichten; eine abenteuerliche Reise*
❷ *(abwert.: ≈ übertrieben) so übertrieben, dass
man es kaum ernst nehmen kann: abenteuerliche
Forderungen stellen; Seine Erzählung erschien mir
allzu abenteuerlich.* ❸ *(abwert.) so von der Norm
abweichend, dass es sehr auffällig und komisch
ist: Er trägt die abenteuerlichsten Krawatten.; Sein
Englisch ist grammatisch perfekt, aber seine Aussprache ist abenteuerlich.*

aben·teu·er·lus·tig *adj so, dass jmd. sich gern in
Abenteuer* [1] *begibt*

Aben·teu·er·ur·laub *der* <-(e)s, -e> *spezielles
Urlaubsangebot von Reiseveranstaltern, bei dem
den Teilnehmern besonders aufregende Erlebnisse geboten werden sollen: Ich werde einen
Abenteuerurlaub mit einer Tour durch die Wüste
buchen.*

Aben·teu·rer *der,* **Aben·teu·(r)e·rin** <-s, -> *ein
Mensch, der sich gern auf Abenteuer* [1] *einlässt*

Aben·teu·rer·le·ben *das* <-s> /Plur. selten/ *Leben eines Menschen, das voller Abenteuer* [1] *ist*

aber I. *konj* ❶ *verwendet, um einen Gegensatz
zwischen der Aussage des Hauptsatzes und der
des Nebensatzes auszudrücken: Die Kinder schlafen, aber die Mutter ist noch wach.; Es regnet, aber
es ist nicht kalt.; Er ist schlank, aber trotzdem kräftig.* ❷ *verwendet, um eine Behauptung einzuschränken: Die Portionen sind knapp, aber sehr
sättigend.; Er ist talentiert, aber faul.* **II.** *part
(umg.)* ❶ *verwendet, um eine Aufforderung zu
verstärken: Jetzt aber schnell!; Aber jetzt nichts
wie weg hier!* ❷ *verwendet, um auszudrücken,
dass man etwas nicht erwartet hat: Die Kinder
sind aber groß geworden!; Das ist aber eine schöne
Überraschung!*

Aber ■ **ohne Wenn und Aber** *ohne, dass es mit*

A

irgendwelchen Bedingungen verbunden ist oder von etwas abhängt

Aber·glau·be(n) *der* <-ns> */kein Plur./ (abwert.)* der Glaube an übernatürliche Kräfte in Dingen und Menschen, an Geister, Dämonen, Hexen o. Ä. ◆ Volks-

aber·gläu·bisch *adj (abwert.)* voller Aberglaube: Er ist so abergläubisch, dass er keine Entscheidung ohne Astrologen und Hellseherin trifft.

aber·hun·dert, *a.* **Aber·hun·dert** <-s, -e> *(geh.)* viele hundert

ab·er·ken·nen <erkennst ab, erkannte ab, hat aberkannt> *mit OBJ* ■ *jmd. erkennt jmdm. etwas ab* durch (gerichtlichen) Beschluss wegnehmen: einem Sportler den Weltmeistertitel aberkennen ► Aberkennung

aber·mals *adv (geh.: ≈ erneut)* noch einmal: Der Schüler hat abermals gelogen.

ab·ern·ten *mit OBJ* ■ *jmd. erntet etwas ab* reife Früchte von einem Baum, Strauch oder einem Feld wegnehmen: abgeerntete Felder

Ab·er·ra·ti·on *die* <-, -en> *(fachspr.: ≈ Abweichung)* ◆ -skorrektur

aber·tau·send, *a.* **Aber·tau·send** *das* <-s, -e> *(geh.)* viele tausend

Aber·witz *der* <-es> */kein Plur./ (geh.: ≈ Unding)* völliger Unsinn: Es ist ein Aberwitz, dass ein Staat viel mehr Geld für Rüstung als für soziale Zwecke ausgibt. ► aberwitzig

ab·es·sen <isst ab, aß ab, hat abgegessen> *mit OBJ* ■ *jmd. isst etwas ab* ❶ den essbaren Teil von etwas wegnehmen und aufessen: von den Sträuchern die Beeren abessen; den Belag vom Kuchen abessen ❷ *einen Teller leer essen:* den Teller abessen

Abes·si·ni·en <-s> */kein Plur./* ältere Bezeichnung für Äthiopien ► Abessinier, Abessinierin, abessinisch

Abf. *die* Abkürzung von „Abfahrt"

ABF *die (hist.: in der ehemaligen DDR)* Abkürzung von „Arbeiter- und Bauernfakultät"

ab·fa·ckeln <fackelst ab, fackelte ab, hat abgefackelt> *mit OBJ* ■ *jmd. fackelt etwas ab* ❶ TECHN. nicht verwertbare Gase durch Verbrennen beseitigen ❷ *(umg. abwert.)* etwas niederbrennen ► Abfackelung/Abfacklung

ab·fah·ren <fährst ab, fuhr ab, hat/ist abgefahren> **I.** *ohne OBJ (sein)* ■ *jmd. fährt ab* ❶ *(≈ losfahren)* die Fahrt beginnen: Der Zug fährt in fünf Minuten ab. ❷ SPORT *(mit Skiern) ins Tal fahren;* ■ **(voll) auf etwas/jemanden abfahren** *(umg.)* von etwas oder jmdm. begeistert sein: Diese Musik ist out; auf die fährt heute kein Mensch mehr ab! **II.** *mit OBJ (haben)* ■ *jmd. fährt etwas ab (≈ abtransportieren)* mit dem Fahrzeug von einem Ort weg bringen: Bauschutt/Müll abfahren

Ab·fahrt *die* <-, -en> ❶ Beginn einer Fahrt: Die Abfahrt ist um 7.00 Uhr. ◆ -sbahnsteig, -sgleis, -shafen, -sort, -ssignal, -stermin, -stag, -szeit ❷ SPORT Talfahrt auf Skiern ◆ -slauf, -srennen, -sstrecke ❸ Ausfahrt auf einer Autobahn: Wir müssen die nächste Abfahrt nehmen, um nach Lübeck zu kommen. ❹ AMTSSPR. Abfuhr; Abtransport: die Abfahrt von Gartenabfällen

Ab·fahrts·an·zei·ge *die* <-, -n> Anzeigetafel am Bahnhof, auf der die Abfahrtszeiten stehen

Ab·fahrts·lauf *der* <-(e)s, Abfahrtsläufe> SPORT eine Disziplin des Skisports, bei der die Skifahrer möglichst schnell eine Abfahrt[2] absolvieren müssen ► Abfahrtsläufer, Abfahrtsläuferin

Ab·fahrts·ren·nen *das* <-s, -> SPORT *(≈ Abfahrtslauf)*

Ab·fahrts·stre·cke *die* <-, -n> SPORT Strecke, auf der beim Abfahrtslauf gefahren wird

Ab·fahrts·ta·fel *die* <-, -n> Anzeigetafel, auf der man die Abfahrtszeiten von Bussen, Zügen, Flugzeugen oder Schiffen ablesen kann

Ab·fall *der* <-(e)s, Abfälle> *(≈ Müll)* Stoffe, die nicht mehr verwendet werden und deshalb beseitigt werden: den Abfall in eine Mülltonne werfen ◆ -ablagerungsverordnung, -aufbereitung, -aufkommen, -beauftragte, -behälter, -beratung, -beseitigung, -container, -deponie, -entsorgung, -fibel, -gesetz, -gebühren, -haufen, -industrie, -kalender, -kübel, -lagerung, -management, -menge, -nachweisverordnung, -ordnung, -plan, -produkt, -quote, -ratgeber, -recht, -schlüssel, -sammler, -stoff, -transport, -trennung, -verbrennungsanlage, -vermeidung, -verordnung, -verwertung, -zerkleinerung, Bio-, Küchen-, Industrie-; *siehe auch* Müll

Ab·fall·be·wirt·schaf·tung *die* <-> */kein Plur./* kommerzielle Aktivitäten, die die Abfallbeseitigung und Abfallverwertung betreffen

Ab·fall·ei·mer *der* <-s, -> *(≈ Mülleimer)*

ab·fal·len <fällst ab, fiel ab, ist abgefallen> *ohne OBJ* ❶ ■ *etwas fällt (von etwas) Dat.) ab (≈ herunterfallen, sich lösen)* als Teil von etwas sich lösen und herunterfallen: Vorsicht, das Teil könnte sich lockern und abfallen. ❷ ■ *etwas fällt für jmdn. ab (umg.: ≈ entfallen)* jmdm. als Anteil zukommen: Wie viel fällt für jeden von uns ab? ❸ ■ *jmd. fällt von etwas Dat. ab* jmdm. oder einer Sache untreu werden: vom Glauben abfallen ❹ ■ *etwas fällt ab* TECHN. sich verringern: Der Druck/Die Spannung fällt ab.

ab·fal·lend *adj /nicht steig./* so, dass etwas abfällt[4]

ab·fäl·lig <abfälliger, am abfälligsten> *adj* so, dass man damit zeigt, dass man von jmdm. oder etwas eine schlechte Meinung hat: abfällige Bemerkungen über einen Kollegen/ das Auto des Nachbarn machen

Ab·fall·pro·dukt *das* <-(e)s, -e> Stoff, der bei der Produktion von etwas entsteht, aber nicht die Wichtigkeit der produzierten Sache hat

Ab·fall·stoff *der* <-(e)s, -e> */meist Plur./* Überrest von etwas, der nicht weiter verbraucht werden kann

Ab·fall·ton·ne *die* <-, -n> *(≈ Mülltonne)*

Ab·fall·wirt·schaft *die* <-> */kein Plur./* Gesamtheit der Betriebe, die sich mit der Entsorgung und Verwertung von Abfall beschäftigen

ab·fäl·schen <fälschst ab, fälschte ab, hat abgefälscht> *mit OBJ* ■ *jmd. fälscht etwas ab* SPORT einen Ball im Flug berühren, so dass sich dieser in eine andere Richtung bewegt: einen Ball/einen Schuss abfälschen

ab·fan·gen <fängst ab, fing ab, hat abgefangen>

mit OBJ **❶** ■ *jmd. fängt etwas/jmdn. ab* (≈ *erwischen)* Ich habe ihn gerade noch an der Tür abgefangen. **❷** ■ *jmd. fängt etwas ab* Briefe oder Meldungen nicht an den Empfänger weiterleiten: Die Botschaft kam hier nie an, sie wurde abgefangen. **❸** ■ *jmd. fängt jmdn./etwas ab* einen Gegner oder eine feindliche Handlung abwehren: den Feind/einen gegnerischen Vorstoß abfangen **❹** ■ *jmd. fängt jmdn./etwas ab* wieder unter Kontrolle bringen: ein schleuderndes Auto/ein Flugzeug abfangen

ạb·fär·ben <färbt ab, färbte ab, hat abgefärbt> *ohne OBJ* ■ *etwas färbt ab* Farbe abgeben und damit bewirken, dass etwas anderes diese Farbe annimmt: Die neue Hose hat (auf die übrige Wäsche) abgefärbt.; ■ *etwas färbt auf jemanden ab (umg.) jmdn. so beeinflussen, dass er ein bestimmtes (oft negatives) Verhalten annimmt* Ihr schlechtes Benehmen färbt auf die anderen Schüler ab.

ạb·fas·sen <fasst ab, fasste ab, hat abgefasst> *mit OBJ* ■ *jmd. fasst etwas ab* (≈ *verfassen)* einen Text schreiben: einen Bericht/Brief abfassen ► Abfassung

ạb·fau·len *ohne OBJ* ■ *etwas fault ab* als Teil von etwas faulen und dann abfallen

ạb·fer·ti·gen <fertigst ab, fertigte ab, hat abgefertigt> *mit OBJ* **❶** ■ *jmd. fertigt etwas ab* versandfertig machen: Gepäck abfertigen **❷** ■ *jmd. fertigt jmdn. ab* (≈ *bedienen)* die Antragsteller/Kunden/Reisenden abfertigen **❸** ■ *jmd. fertigt jmdn. (irgendwie) ab (umg.) jmdn. (mit seinem Anliegen) unfreundlich behandeln:* jemanden kurz/unfreundlich abfertigen

Ạb·fer·ti·gung¹ *die* <-, -en> */kein Plur./ das Abfertigen¹, ²:* die Abfertigung von Passagieren am Flughafen; die Abfertigung von Gütern ◆-sgebäude, -shalle, -sschalter, Gepäck-

Ạb·fer·ti·gung² *die* <-, -en> ÖSTERR. *Abfindung*

ạb·feu·ern <feuerst ab, feuerte ab, hat abgefeuert> *mit OBJ* ■ *jmd. feuert etwas ab* mit einer Feuerwaffe einen Schuss abgeben: eine Kugel/einen Schuss/eine Waffe abfeuern

ạb·fin·den <findest ab, fand ab, hat abgefunden> I. *mit OBJ* ■ *jmd. findet jmdn. ab* jmdm. eine Abfindung geben II. *mit SICH* ■ *sich mit etwas Dat. abfinden* etwas als gegeben hinnehmen und nicht mehr versuchen, es zu ändern: sich mit der schwierigen Situation abfinden; Er hat sich nie mit dem Verlust seiner Tochter abgefunden.

Ạb·fin·dung *die* <-, -en> eine Geldsumme, die *jmd. (als Entschädigung) erhält (z. B.* weil ihm seine Arbeitsstelle gekündigt worden ist) ◆-ssumme

ạb·fi·schen <fischst ab, fischte ab, hat abgefischt> *mit OBJ* **❶** ■ *jmd. fischt etwas ab* so viel in einem Gewässer fischen, dass es keine Fische mehr darin gibt: ein Gewässer abfischen **❷** ■ *jmd. fischt etwas (von etwas Dat.) ab* feste Teile aus einer Flüssigkeit herausnehmen: Klumpen aus/ von einer Suppe abfischen

ạb·fla·chen <flachst ab, flachte ab, hat/ist abgeflacht> I. *mit OBJ (haben)* ■ *jmd. flacht etwas ab* etwas flach oder flacher machen II. *ohne OBJ*

(sein) ■ *etwas flacht ab* **❶** *flacher werden* **❷** *etwas verliert an Niveau und Qualität:* Das Interesse am Thema ist abgeflacht.; Die Diskussion flachte ab. ► Abflachung

ạb·flau·en *ohne OBJ* ■ *etwas flaut ab* weniger oder geringer werden: Die Begeisterung/die Euphorie/der Wind flaut langsam ab.

ạb·flie·gen <fliegst ab, flog ab, ist abgeflogen> *ohne OBJ* ■ *jmd. fliegt ab* in einem Flugzeug starten: Ich fliege am Montag nach Peking ab.; Wir fliegen um 11 Uhr morgens in Frankfurt ab.

ạb·flie·ßen <fließt ab, floss ab, ist abgeflossen> *ohne OBJ* **❶** *von etwas herunterfließen:* Vom Dach fließt Regen ab. **❷** (≈ *wegfließen) an eine andere Stelle fließen:* Das Wasser fließt nicht aus der Badewanne ab, weil der Abfluss verstopft ist.

Ạb·flug *der* <-(e)s, Abflüge> *das Abfliegen* ◆-gate, -gewicht, -halle, -information, -plan, -routen, -tafel, -tag, -terminal, -termin, -zeit

Ạb·fluss *der* <-es, Abflüsse> **❶** *das Abfließen:* der Abfluss von Kapital ins Ausland **❷** *Öffnung, durch die Flüssigkeit abfließen kann:* der Abfluss der Badewanne ◆-abdeckung, -adapter, -anschluss, -deckel, -dienst, -garnitur, -gerüche, -gestank, -graben, -hahn, -höhe, -installation, -leistung, -loch, -menge, -reiniger, -rinne, -rohr, -sieb, -stopfen, -stöpsel, -ventil, -verschluss, -verstopfung

Ạb·fol·ge *die* <-, -n> *die Reihenfolge von etwas, das aus mehreren Ereignissen besteht, die hintereinander geschehen:* Kannst du mir nochmal die Abfolge der Tanzschritte erklären?; die Abfolge der Arbeitsschritte/Ereignisse

ạb·for·dern <forderst ab, forderte ab, hat abgefordert> *mit OBJ* ■ *jmd./etwas fordert jmdm. etwas ab* (≈ *abverlangen) als Leistung von jmdm. verlangen:* Die Bergetappe fordert den Rennfahrern viel Kraft ab.

ạb·fo·to·gra·fie·ren <fotografierst ab, fotografierte ab, hat abfotografiert> *mit OBJ* ■ *jmd. fotografiert jmdn./etwas ab* ein Bild mit einem Fotoapparat von jmdm. oder etwas machen

Ạb·fra·ge *die* <-, -n> EDV *der Vorgang, dass jmd. in einem Datenbestand gezielt nach etwas sucht:* die Abfrage von Daten; Eine Abfrage der Datenbank erbrachte keine Ergebnisse. ◆-ergebnis, Datenbank-, Fern-

ạb·fra·gen <fragst ab, fragte ab, hat abgefragt> *mit OBJ* ■ *jmd. fragt jmdn./jmdm. etwas ab* Kenntnisse, die sich jmd. auf einem Gebiet angeeignet hat, durch Fragen überprüfen: dem Schüler den Lehrstoff/die Vokabeln abfragen

ạb·frä·sen <fräst ab, fräste ab, hat abgefräst> *mit OBJ* ■ *jmd. fräst etwas ab* etwas mit einer Fräse von etwas lösen

ạb·frie·ren <frierst ab, fror ab, ist abgefroren> I. *mit OBJ* ■ *jmdm. friert etwas ab* ein Körperteil von jmdm. stirbt aufgrund von großer Kälte ab: Dem Bergsteiger ist ein Finger abgefroren. II. *mit SICH* ■ *jmd. friert sich einen ab (umg.)* sehr stark frieren: Sie musste lange warten und hat sich einen abgefroren.

ạb·frot·tie·ren <frottierst ab, frottierte ab, hat abfrottiert> I. *mit OBJ* ■ *jmd. frottiert jmdn./*

A

etwas ab (mit einem Frottierhandtuch) abtrocknen: Nach dem Schwimmen habe ich meine Haa-
re/mir die Haare abfrottiert. **II.** mit SICH ■ jmd.
frottiert sich ab Weil er vollkommen nass geworden war, frottierte er sich kräftig ab und zog dann
frische Kleidung an.

ạb·füh·len mit OBJ ■ jmd. fühlt (jmdm.) etwas
ab (≈ abtasten) mit den Händen untersuchen: Der
Arzt fühlte mir den Bauch ab.

Ạb·fuhr die <-, -en> ➊ das Abfahren II: die Abfuhr
des Bauschutts ◆ -kosten ➋ (≈ Zurückweisung) der
Vorgang, dass man jmdn. schroff zurückweist: der
Freundin eine Abfuhr erteilen; Mit einer solchen
Abfuhr hatte er nicht gerechnet.

ạb·füh·ren <führst ab, führte ab, hat abgeführt>
I. mit OBJ ➊ ■ jmd. führt jmdn. ab festnehmen
und zur Polizeistation o. Ä. bringen: einen Dieb
abführen ➋ ■ jmd. führt etwas (an jmdn.) ab
(≈ zahlen) Steuern an den Staat abführen **II.** ohne
OBJ ■ etwas führt ab MED. eine Darmentleerung
herbeiführen: abführend wirken ▶ Abführung

Ạb·führ·mit·tel das <-s, -> MED. Medikament, das
die Darmentleerung herbeiführt

Ạb·führ·tee der <-s, -s> Tee, der eine abführende
II Wirkung hat

Ạb·füll·an·la·ge die <-, -n> Anlage, die zur Abfüllung von etwas dient: eine Abfüllanlage in einer
Brauerei

ạb·fül·len <füllst ab, füllte ab, hat abgefüllt> mit
OBJ ➊ ■ jmd. füllt etwas von einem größeren
in ein kleineres Gefäß füllen: (Wein in) Flaschen
abfüllen ▶ Abfüllung ➋ ■ jmd. füllt jmdn. ab
(umg.) betrunken machen: Heute füllen wir dich
ab!

Ạb·ga·be die <-, -n> ➊ der Vorgang, dass man
jmdm. etwas gibt: Letzter Termin für die Abgabe der Arbeiten ist der ... ◆ -preis, -termin
➋ (≈ Steuer) Geldbetrag, der an eine öffentliche
Einrichtung gezahlt wird ◆ -nlast

Ạb·ga·ben·be·las·tung die <-, -en> Belastung,
die durch (finanzielle) Abgaben² entsteht

Ạb·gang der <-(e)s, Abgänge> ➊ der Vorgang,
dass jmd. eine Position bzw. eine Bildungseinrich-
tung/Schule verlässt: Man hätte dem Trainer einen anderen Abgang gewünscht.; ein unerwarte-
ter/unwürdiger Abgang ◆ -szeugnis ➋ SPORT die
Schlussphase einer Turnübung, an deren Ende der
Turner vom Gerät springt: ein sauberer Abgang
vom Barren/Reck ➌ (↔ Aufgang) ein Gang oder
eine abwärts führende Treppe ◆ Treppen- ➍ MED.
der Prozess, bei dem sich etwas aus dem Körper
entfernt: der Abgang von Nierensteinen

Ạb·gän·ger der, **Ạb·gän·ge·rin** <-s, -> ein Schüler, der von der Schule abgeht ◆ Schul-

ạb·gän·gig adj /nicht steig./ ÖSTERR. vermisst: Er
gilt seit einer Woche als abgängig.

Ạb·gangs·bahn·hof der <-(e)s, ...-bahnhöfe>
der Bahnhof, von dem aus Güter verschickt werden

Ạb·gangs·ha·fen der <-s, ...-häfen> Hafen, von
dem aus Güter verschickt werden

Ạb·gangs·prü·fung die <-, -en> (≈ Abschlussprü-
fung) Prüfung, mit der man von einer Schule/Aus-
bildungsstätte abgeht

Ạb·gas das <-es, -e> nicht mehr nutzbares Gas,
das bei chemischen Prozessen entsteht ◆ -anlage,
-bestimmungen, -emissionen, -entschwefelung,
-prüfung, -reiniger, -reinigung, -test, -turbine, -tur-
bolader, Auspuff-, Auto-, Industrie-

ạb·gas·arm adj /nicht steig./ so, dass wenig Abgase produziert werden: abgasarme Autos/Indus-
trieanlagen

Ạb·gas·ent·gif·tung die <-> das Entfernen von
Giftstoffen aus Abgasen

ạb·gas·frei adj /nicht steig./ so, dass keine Abgase erzeugt werden

ạb·gas·hal·tig adj /nicht steig./ so, dass etwas
Abgase enthält

Ạb·gas·ka·ta·ly·sa·tor der <-s, -en> KFZ eine Vorrichtung, die schädliche Stoffe aus Abgasen he-
rausnimmt, damit sie nicht in die Luft gelangen

Ạb·gas·rück·füh·rung die <-> TECHN. Zurücklei-
tung von Abgasen in einen technischen Kreislauf

Ạb·gas·son·der·un·ter·su·chung die <-> /kein
Plur./ (früher:) im Abstand von zwei Jahren durch-
zuführende Abgasuntersuchung an Kraftfahrzeugen (abgekürzt „ASU")

Ạb·gas·un·ter·su·chung die <-, -en> Untersuchung der Abgaswerte an Kraftfahrzeugen; siehe
auch Abgassonderuntersuchung

ABGB RECHTSW. Abkürzung für „Allgemeines Bür-
gerliches Gesetzbuch"

ạb·ge·ben <gibst ab, gab ab, hat abgegeben>
I. mit OBJ ➊ ■ jmd. gibt etwas (bei jmdm./ir-
gendwo) ab (≈ aushändigen) jmdm. etwas, das
man bei sich hatte, geben: Bitte geben Sie ihren
Schlüssel an der Rezeption ab. ➋ ■ jmd. gibt etwas ab (≈ äußern) von sich geben: einen Kommentar abgeben ➌ ■ etwas gibt etwas ab entweichen lassen: radioaktive Strahlung abgeben
➍ ■ jmd. gibt etwas ab zu etwas geeignet sein;
etwas darstellen: Sie wird einmal eine gute Mutter
abgeben.; eine gute/schlechte Figur abgeben
➎ ■ jmd. gibt an jmdn. ab SPORT den Ball zu einem anderen Spieler spielen: den Ball abgeben
➏ ■ jmd. gibt etwas an jmdn. ab von einem
Amt zurücktreten, um es einem anderen zu überlassen: Er hat die Leitung der Firma an seinen
Sohn abgegeben. **II.** mit SICH ■ jmd. gibt sich
mit jmdm./etwas ab ➊ sich beschäftigen: In ihrer Freizeit gibt sie sich gerne mit Pferden ab.; Mit
so einer Kleinigkeit gebe ich mich nicht ab.
➋ (umg. abwert.) zu jmdm. Kontakt haben, der einen schlechten Einfluss ausübt: Mir gefällt es
nicht, dass sie sich immer mit den Punkern am
Bahnhofsplatz abgibt.

ạb·ge·brannt adj /nicht steig./ (umg.) so, dass
man kein Geld mehr hat: Ich bin total abgebrannt.

ạb·ge·brüht adj (umg. abwert.) so, dass man keine
Skrupel hat: Er ist ein abgebrühter Geschäftsmann
und geht keine Kompromisse ein. ▶ Abgebrühtheit

ạb·ge·dreht <abgedrehter, am abgedrehtesten>
adj ➊ (umg.: ≈ verrückt, übermütig) eine total ab-
gedrehte Idee; Unser neuer Nachbar verhält sich
oft etwas eigenartig. Er scheint ein abgedrehter Typ
zu sein. ➋ /nicht steig./ FILM fertig gedreht: die
bereits abgedrehten Passagen

ạb·ge·dro·schen <abgedroschener, am abgedro-

schensten> *adj (umg. abwert.) so, dass etwas nach sehr vielen Wiederholungen bedeutungslos geworden ist:* eine abgedroschene Floskel; ein abgedroschenes Lied/Thema ▸ Abgedroschenheit

ạb·ge·feimt *adj (abwert.: ≈ durchtrieben) so, dass man sehr gerissen ist und üble Tricks kennt:* ein abgefeimter Bursche/Kerl ▸ Abgefeimtheit

ạb·ge·hackt *adj /nicht steig./* ❶ *(von Sprechweise: ≈ stockend) so, dass man während einer Äußerung immer wieder Unterbrechungen macht:* abgehackt sprechen ❷ *so, dass Bewegungen nicht fließend sind*

ạb·ge·här·tet *adj /nicht steig./ so, dass man aufgrund entsprechender Lebensgewohnheiten nicht leicht an (Erkältungs-)Krankheiten erkrankt:* Ich dusche auch im Winter kalt; ich bin abgehärtet.

ạb·ge·hen <gehst ab, ging ab, ist abgegangen> **I.** *mit OBJ* ■ *jmd. geht etwas ab jmd. geht einen Weg nochmal entlang, um etwas zu überprüfen:* Ich bin die ganze Strecke nochmal abgegangen, aber ich habe meinen Schlüssel nicht gefunden. **II.** *ohne OBJ* ❶ ■ *etwas geht irgendwo ab (≈ abbiegen)* Die Straße nach München geht hier ab. ❷ ■ *etwas geht ab (≈ abfahren)* Der Zug nach Mannheim geht von Gleis 3 ab. ❸ ■ *jmd. geht von etwas nicht ab (geh.) seine Gewohnheit oder Meinung nicht ändern:* Er geht nicht davon ab, auch bei Regen täglich einen langen Spaziergang zu machen. ❹ ■ *jmd. geht ab die Schule beenden:* Sie ist nach der neunten Klasse abgegangen. ❺ ■ *etwas geht ab (umg.) sich lösen:* Da ist ja schon wieder ein Knopf abgegangen! ❻ ■ *etwas geht irgendwie ab einen bestimmten Ausgang nehmen:* Das ist noch einmal glimpflich abgegangen! ❼ ■ *etwas geht jmdm. ab mangeln:* Dafür geht mir jegliches Verständnis ab. ❽ ■ *jmd. geht ab als Schauspieler von der Bühne treten:* nach dem 3. Akt von der Bühne abgehen; ■ *Das geht ja ab hier! (jugendspr.) hier ist tolle Stimmung*

ạb·ge·kar·tet *adj /nicht steig./ (umg. abwert.) so, dass es schon vorher heimlich abgesprochen worden ist und einer bestimmten Person zum Nachteil wird:* eine abgekartete Sache; ein abgekartetes Spiel

ạb·ge·klärt *adj so, dass man schon viel erlebt hat und daher eine gewisse Reife ausstrahlt:* Obwohl er erst 30 Jahre alt ist, wirkt er schon ziemlich abgeklärt. ▸ Abgeklärtheit

ạb·ge·la·gert *adj* ■ *gut abgelagert sein die Zeit auf Lager gelegen sein, die für die Qualität zuträglich ist* Dieser Wein ist gut abgelagert.

ạb·ge·lau·fen *adj so, dass ein bestimmtes Datum überschritten ist:* Das Verfallsdatum/der Termin ist abgelaufen.; ein abgelaufener Ausweis/Reisepass

ạb·ge·le·gen *adj so, dass es abseits größerer Ortschaften liegt:* ein abgelegenes Gehöft/Haus ▸ Abgelegenheit

ạb·ge·lehnt *adj /nicht steig./ so, dass etwas zurückgewiesen/nicht genehmigt wird:* ein abgelehnter Antrag

Ạb·gel·tung *die <-, -en>* AMTSSPR. *das Begleichen einer finanziellen Forderung*

ạb·ge·macht *interj verwendet, um auszudrücken,* dass man mit einem Vorschlag einverstanden ist: Abgemacht! Wir treffen uns vor dem Kino!

ạb·ge·mer·gelt *adj (≈ ausgemergelt) so dünn, dass man aussieht, als ob man krank sei*

ạb·ge·neigt *adj /nicht steig./* ■ *jemandem/einem Vorschlag abgeneigt sein gegen jmdn. oder einen Vorschlag sein;* ■ *jemand ist nicht abgeneigt, etwas zu tun jmd. hat nichts dagegen, etwas zu tun* Ich bin nicht abgeneigt, sein Angebot anzunehmen. ▸ Abgeneigtheit

ạb·ge·nutzt *adj so, dass es (starke) Spuren des Gebrauchs aufweist:* Der Tisch ist an der Oberfläche schon sehr abgenutzt.

Ạb·ge·ord·ne·te *der/die <-n, -n> Mitglied des Parlaments*

Ạb·ge·ord·ne·ten·haus *das <-es, Abgeordnetenhäuser>* ❶ *Gesamtheit der Abgeordneten* ❷ *Gebäude, in dem die Abgeordneten tagen*

Ạb·ge·ord·ne·ten·sitz *der <-es, -e> Mandat eines Abgeordneten in einem Parlament*

ạb·ge·ris·sen **I.** *Part. Perf. von* **abreißen II.** *adj* ❶ *(abwert.: ≈ zerlumpt) so, dass jmds. Kleidung voller Löcher und Risse ist:* Hast du gesehen, was für einen abgerissenen Anzug er trägt? ❷ *(abwert.) so, dass jmds. Erscheinungsbild ungepflegt ist:* ein abgerissener Typ ▸ Abgerissenheit

ạb·ge·run·det *adj so, dass die Ecken von etwas rund gemacht worden sind*

Ạb·ge·sand·te *der/die <-n, -n> jmd., der als eine Art Vertreter irgendwohin geschickt worden ist:* der Abgesandte des Königs/der Stadt

ạb·ge·schabt *adj (≈ schäbig) vom vielen Gebrauch abgenutzt und glatt geworden:* die abgeschabten Ärmel des Anzugs

ạb·ge·schie·den *adj (≈ abgelegen) weit von Siedlungen entfernt und einsam gelegen:* ein abgeschiedener Bauernhof ▸ Abgeschiedenheit

ạb·ge·schlafft *adj (umg.) müde und kraftlos:* abgeschlafft von einem langen Arbeitstag heimkehren

ạb·ge·schla·gen *adj* ❶ */nicht steig./* SPORT *(≈ besiegt) so, dass man keinerlei Chance mehr auf den Sieg hat:* abgeschlagen auf dem letzten Platz landen ❷ *(≈ erschöpft)* Nach der Wanderung fühlte ich mich völlig abgeschlagen. ▸ Abgeschlagenheit

ạb·ge·schlos·sen *adj /nicht steig./* ❶ *so, dass es in sich geschlossen ist und eine Einheit bildet:* eine abgeschlossene Wohnung ❷ *(≈ vollendet) so, dass man einen Abschluss² besitzt:* eine abgeschlossene Ausbildung; *siehe auch* **abschließen**

ạb·ge·schmackt *adj (abwert.: ≈ geschmacklos)* eine abgeschmackte Bemerkung; ein abgeschmackter Witz ▸ Abgeschmacktheit

ạb·ge·se·hen ■ *abgesehen von … wenn man … außer Acht lässt;* ■ *es auf jemanden/etwas abgesehen haben sein Interesse auf jmdn. oder etwas richten* Ich glaube, der Lehrer hat es auf mich abgesehen, denn ständig nimmt er mich dran.

ạb·ge·si·chert *adj /nicht steig./ so, dass man für seine Existenz über ausreichende finanzielle Mittel verfügt:* finanziell abgesichert sein

ạb·ge·spannt *adj müde und erschöpft* ▸ Abgespanntheit

ạb·ge·stan·den *adj /nicht steig./ (≈ schal) so, dass ein Getränk nicht mehr frisch schmeckt, weil*

A

es zu lange im Glas gestanden hat: abgestandenes Bier/Wasser

ab·ge·stimmt adj so, dass verschiedene Dinge berücksichtigt worden sind, damit sie zueinanderpassen: Der Kurs ist genau auf die Bedürfnisse von Anfängern abgestimmt.

ab·ge·stor·ben adj /nicht steig./ so, dass ein Körperteil z. B. aufgrund einer Erfrierung ohne Gefühl ist: abgestorbene Zehen

ab·ge·stuft adj ❶ in Stufen angelegt: Der Garten ist abgestuft. ❷ so gestaltet, dass es verschiedene Niveaus hat: ein abgestuftes Kursprogramm

ab·ge·stumpft adj so, dass jmd. gegenüber dem, was in seiner Umwelt geschieht, kein Interesse mehr hat ▶ Abgestumpftheit

ab·ge·tra·gen adj so, dass Kleidung durch häufiges Tragen abgenutzt ist: ein abgetragener Anzug

ab·ge·tre·ten adj so, dass die Absätze von Schuhen durch häufiges Tragen abgenutzt und flacher geworden sind

ab·ge·wetzt adj (≈ abgetragen)

ab·ge·win·nen <gewinnst ab, gewann ab, hat abgewonnen> mit OBJ ■ **jmd. gewinnt jmdm. etwas Akk. ab** ❶ jmd. bekommt von jmdm. etwas als Gewinn: Ich habe ihm im Spiel eine Menge Geld abgewonnen. ❷ bewirken, dass jmd. etwas macht: jemandem ein Lächeln abgewinnen; ■ **jemandem/einer Sache etwas abgewinnen** Gefallen an jmdm. oder einer Sache finden

ab·ge·wöh·nen I. mit OBJ ■ **jmd. gewöhnt jmdm. etwas ab** bewirken, dass jmd. etwas nicht mehr tut: Kann man dem Jungen diese Unart nicht abgewöhnen? II. mit SICH ■ **jmd. gewöhnt sich** Dat. **etwas ab** von einer Gewohnheit ablassen: Er hat sich das Rauchen abgewöhnt.

ab·ge·wrackt adj (umg.) so, dass etwas nicht mehr zu gebrauchen ist und nur noch Schrott darstellt: Teile aus abgewrackten Autos

ab·ge·zir·kelt adj so, dass man sich bemüht, etwas besonders kunstvoll zu tun (und dadurch unnatürlich wirkt): mit genau abgezirkelten Bewegungen

ab·gie·ßen <gießt ab, goss ab, hat abgegossen> mit OBJ ■ **jmd. gießt etwas ab** ❶ Flüssigkeit von etwas oder aus einem Gefäß wegschütten: das Wasser von den Nudeln abgießen; Im Topf ist zu viel Wasser, man muss die Hälfte abgießen. ❷ durch einen Guss[1] eine Art Kopie von etwas herstellen: eine Büste/eine Statue abgießen

Ab·glanz der <-es> /kein Plur./ der Überrest, der von einem vergangenen (sehr guten) Zustand noch sichtbar ist: Die Häuserfassaden sind nur ein Abglanz vergangener Pracht.

ab·glei·chen <gleichst ab, glich ab, hat abgeglichen> mit OBJ ■ **jmd. gleicht etwas ab** ❶ hinsichtlich Größe, Umfang o. Ä. vergleichen: die Messwerte mit denen der anderen Versuchsreihe abgleichen ❷ TECHN. eben machen: eine Mauer abgleichen

ab·glei·ten <gleitest ab, glitt ab, ist abgeglitten> ohne OBJ ■ **jmd. gleitet ab** (≈ abrutschen) den Halt verlieren: von der Stufe abgleiten

Ab·gott der <-(e)s, Abgötter> jmd., der im Übermaß und kritiklos verehrt wird: Der Fußballstar war eine Art Abgott der Jugend.

ab·göt·tisch adj /nicht steig./ so, dass Liebe oder Bewunderung übertrieben stark sind: jemanden abgöttisch lieben/verehren

ab·gra·ben <gräbst ab, grub ab, hat abgegraben> mit OBJ ❶ **jmd. gräbt etwas ab** (≈ abtragen) mit einem Spaten o. Ä. aufnehmen und an die Seite schaufeln: Erde abtragen ❷ ■ **jemandem das Wasser abgraben** (umg. übertr.) jmdn. seine Mittel oder Möglichkeiten nehmen

ab·gra·sen <grast ab, graste ab, hat abgegrast> mit OBJ ❶ **jmd. grast etwas ab** (umg.: ≈ absuchen) intensiv suchen: alle Buchläden nach diesem Roman abgrasen ❷ ■ **ein Tier grast etwas ab** (≈ abweiden) so lange Gras fressen, bis kein Gras mehr da ist: Die Schafe haben die Weide abgegrast.

ab·grei·fen <greifst ab, griff ab, hat abgegriffen> mit OBJ ■ **jmd. greift etwas ab** (fachspr.) etwas mit den Händen oder einem besonderen Gerät abtasten

ab·gren·zen <grenzt ab, grenzte ab, hat abgegrenzt> I. mit OBJ ■ **jmd. grenzt etwas ab** (≈ definieren) genau angeben, was etwas ist oder umfasst und wie es sich von anderen (vergleichbaren) Dingen unterscheidet: ein genau abgegrenztes Arbeitsgebiet; einen Terminus begrifflich gegen einen anderen abgrenzen II. mit SICH ■ **jmd. grenzt sich (von jmdm./etwas) ab** deutlich machen, dass man sich von jmdm. oder etwas unterscheidet: sich von der Meinung eines anderen abgrenzen ▶ Abgrenzung

Ab·gren·zungs·be·stre·bun·gen <-> Plur. Bemühungen mit dem Ziel, sich abzugrenzen II

Ab·grund der <-(e)s, Abgründe> ❶ eine Stelle, an der das Gelände steil in die Tiefe abfällt ❷ ein Gegensatz, der nicht zu überbrücken ist: Zwischen der Meinung der Eltern und der Meinung der Kinder liegen manchmal Abgründe.; ■ **am Rande des Abgrunds** kurz vor dem Untergang oder dem Verderben

ab·grün·dig adj (geh.) so unergründlich oder groß, dass es Angst macht

ab·grund·tief adj /nicht steig./ unermesslich groß: abgrundtiefe Verachtung

Ab·grup·pie·rung die <-, -en> AMTSSPR. (≈ Herunterstufung) das Einordnen in eine niedrigere Gruppe (hinsichtlich einer bestimmten Kategorie)

ab·gu·cken <guckst ab, guckte ab, hat abgeguckt> ohne OBJ ■ **jmd. guckt jmdm. etwas ab** (umg.: ≈ abschauen) etwas, das man bei jmdm. gesehen hat, nachmachen

Ab·guss der <-es, Abgüsse> etwas, das mit einer Gussform hergestellt worden ist

ab·ha·cken mit OBJ ■ **jmd. hackt etwas ab** durch Hacken abtrennen: dem Huhn den Kopf abhacken

ab·ha·ken mit OBJ ■ **jmd. hakt etwas ab** ❶ an ein geschriebenes Wort einen Haken machen: Namen in einer Liste abhaken ❷ (umg.) etwas als erledigt ansehen: Den Besuch bei meiner Oma haben wir also auch abgehakt.

ab·hal·ten <hältst ab, hielt ab, hat abgehalten> mit OBJ ❶ **jmd. hält jmdn. (von etwas Dat.) ab** (≈ hindern) bewirken, dass jmd. etwas nicht tun kann: jemanden von der Arbeit abhalten

② ■ *jmd.* **hält** *etwas* **ab** *(≈ veranstalten)* eine Konferenz/Tagung/Versammlung abhalten **③** ■ *jmd.* **hält ein Kind ab** *beim Verrichten der Notdurft helfen:* ein kleines Kind abhalten

ạb·hạn·deln <handelst ab, handelte ab, hat abgehandelt> *mit OBJ* ■ *jmd.* **handelt** *etwas* **ab** **①** *(≈ erörtern) unter verschiedenen Aspekten bedenken und diskutieren:* ein Thema (ausführlich/ mit wenigen Sätzen) abhandeln **②** ■ *jmd.* **handelt** *jmdm.* *etwas* **ab** *durch Verhandeln in den Besitz von etwas gelangen, obwohl es der Besitzer eigentlich nicht verkaufen wollte:* Ich habe ihm die Briefmarkensammlung doch noch abhandeln können.

ab·hạn·den·kom·men <kommst abhanden, kam abhanden, ist abhandengekommen> *mit OBJ* ■ *etw.* **kommt** *jmdm.* **abhanden** *verlorengehen* ♦ Zusammenschreibung →R 4.5 Während des Konzerts ist mir meine Mütze abhandengekommen.

Ạb·hand·lung *die* <-, -en> *eine schriftliche Darstellung, die Erklärungen zu einem Thema gibt:* eine Abhandlung über das Leben der Menschen im Mittelalter; eine gelehrte/philosophische/theologische/wissenschaftliche Abhandlung

Ạb·hang *der* <-(e)s, Abhänge> *eine Stelle, an der das Gelände (sanft) abfällt* ♦ Steil-

ạb·hän·gen <hängst ab, hing ab, hat abgehangen> **I.** *mit OBJ* **①** ■ *jmd.* **hängt** *etwas* **ab** *von einer Befestigung lösen:* das Bild abhängen; einen Waggon abhängen **②** ■ *jmd.* **hängt** *jmdn.* **ab** *(umg.) überholen und weit hinter sich lassen:* das langsame Auto/die Konkurrenz abhängen **③** ■ *etwas* **hängt von** *jmdm./etwas* **ab** *durch jmdn. oder etwas bedingt sein:* Alles hängt vom Wetter ab!; Ob es ein Erfolg wird, hängt ganz allein von dir ab! **II.** *ohne OBJ* ■ *jmd.* **hängt ab** *(jugendspr.) sich entspannen, nichts tun:* In den Ferien kann man mal wieder so richtig abhängen.

ạb·hän·gig *adj* /nicht steig./ **①** *so, dass es durch etwas bestimmt wird:* Ob das Gartenfest stattfinden kann, ist vom Wetter abhängig. **②** *(≈ selbstständig) so, dass man auf die finanzielle Unterstützung von jmdm. angewiesen ist:* als Student immer noch von den Eltern abhängig sein **③** *(≈ süchtig) so, dass man eine bestimmte Substanz braucht, weil man danach süchtig ist* ♦ alkohol-, drogen-

Ạb·hän·gig·keit *die* <-, -en> **①** *(↔ Selbstständigkeit) der Zustand, dass jmd. von jmdm. abhängig² ist:* die wirtschaftliche Abhängigkeit der Zulieferfirmen von der Autoindustrie ♦ -sbestrebungen **②** *(≈ Sucht) der Zustand, dass jmd. abhängig³ ist* ♦ Alkohol-, Drogen- **③** SPRACHWISS. *(≈ Dependenz) Prinzip der Strukturierung im Satz, wonach eine Worteinheit von einer anderen abhängig ist* ♦ -sbaum, -sgrammatik

ạb·här·ten **I.** *mit OBJ* ■ *jmd.* **härtet** *jmdn.* **ab** *durch bestimmte Maßnahmen die Anfälligkeit für Krankheiten senken* **II.** *mit SICH* ■ *jmd.* **härtet** *sich* **ab** *durch bestimmte Maßnahmen bewirken, dass man sich nicht leicht erkältet:* sich durch kaltes Duschen abhärten ► Abhärtung

ạb·has·peln *mit OBJ* ■ *jmd.* **haspelt** *etwas* **ab** *(abwert.: ≈ herunterleiern) etwas monoton, sehr schnell und ohne innere Beteiligung heruntersagen:* ein Gedicht abhaspeln

ạb·hau·en <haust ab, haute ab, hat/ist abgehauen> **I.** *mit OBJ (haben)* ■ *jmd.* **haut** *etwas* **ab** *(≈ abschlagen) durch Schlagen bewirken, dass etwas von etwas abgetrennt wird:* einen Ast mit der Axt abhauen **II.** *ohne OBJ (sein)* ■ *jmd.* **haut** **ab** *(umg.: ≈ weglaufen)* Als ich meinen Chef auf der Party gesehen habe, bin ich schnell abgehauen.

ạb·häu·ten *mit OBJ* ■ *jmd.* **häutet ein Tier ab** *die Haut von einem getöteten Tier abziehen*

ạb·he·ben <hebst ab, hob ab, hat abgehoben> **I.** *mit OBJ* **①** ■ *jmd.* **hebt** *etwas* **(von etwas** *Dat.)* **ab** *anheben und wegbewegen:* den Deckel vom Topf abheben **②** ■ *jmd.* **hebt ab** TELEKOMM. *(↔ auflegen) den Telefonhörer von der Gabel nehmen* **③** ■ *jmd.* **hebt** *etwas* **von etwas** *Dat.* **ab** *(↔ einzahlen) einen Geldbetrag von einem Konto nehmen:* Geld vom Konto abheben **II.** *ohne OBJ* ■ *jmd./etwas* **hebt ab** **①** ■ *jmd./etwas* **hebt ab** *den Kontakt mit dem Erdboden hinter sich lassen und in die Höhe steigen:* Das Flugzeug/die Rakete hebt vom Boden ab. **②** ■ *jmd.* **hebt ab** *(umg. übertr.) jeglichen Bezug zur Wirklichkeit verlieren:* durch den plötzlichen Ruhm und das viele Geld abheben **III.** *mit SICH* ■ *jmd./etwas* **hebt sich (von etwas** *Dat.)* **ab** *sich von etwas unterscheiden:* Seine Arbeit hebt sich wohltuend von der der anderen ab.

Ạb·he·bung *die* <-, -en> *(↔ Einzahlung) das Abheben I.3*

ạb·hef·ten <heftest ab, heftete ab, hat abgeheftet> *mit OBJ* ■ *jmd.* **heftet** *etwas* **ab** **①** *Papiere oder Dokumente in einen Ordner einsortieren:* Ich muss noch meine Unterlagen abheften. **②** *etwas mit groben Stichen annähen bzw. befestigen:* die Länge einer Hose abheften ► Abheftung

ạb·hei·len <heilt ab, heilte ab, ist abgeheilt> *ohne OBJ* ■ *etwas* **heilt ab** *(≈ verheilen) allmählich heilen:* Die Wunde ist fast vollständig abgeheilt. ► Abheilung

ạb·hel·fen <hilfst ab, half ab, hat abgeholfen> *ohne OBJ* ■ *jmd.* **hilft** *etwas* *Dat.* **ab** *(≈ beseitigen) dafür sorgen, dass etwas Negatives keinen Fortbestand hat:* einem Missstand abhelfen

ạb·het·zen <hetzt ab, hetzte ab, hat abgehetzt> *mit SICH* ■ *jmd.* **hetzt sich ab** *(umg.) sich so beeilen, dass man erschöpft ist:* Ich habe mich völlig abgehetzt, um pünktlich bei dem Termin zu erscheinen.; Du brauchst dich nicht so abzuhetzen, denn der nächste Bus kommt in zwei Minuten

ạb·heu·ern <heuerst ab, heuerte ab, hat abgeheuert> **I.** *mit OBJ* ■ *jmd.* **heuert** *jmdn.* **ab** *(umg.) jmdn. (von einem Betrieb oder einem Bereich, für den er tätig ist) abwerben* **II.** *ohne OBJ* ■ *jmd.* **heuert ab** SEEW. *den Dienst auf einem Schiff beenden:* Ein Matrose heuert ab.

Ạb·hil·fe ■ **Abhilfe schaffen** *ein Problem beseitigen*

ạb·ho·beln <hobelst ab, hobelte ab, hat abgehobelt> *mit OBJ* ■ *jmd.* **hobelt** *etwas* **ab** *durch Hobeln entfernen*

A

ab·hol·be·reit *adj so, dass man etwas abholen kann:* Die Ware lagert abholbereit im Hof.

ab·hold *adv* ■ **jemand ist etwas abhold** *(veralt.) jmd. ist einer Sache abgeneigt* unehrlichen Worten abhold sein; dem Wein abhold sein

ab·ho·len *mit OBJ* ■ *jmd. holt jmdn./etwas ab jmd. oder etwas an einem Ort in Empfang nehmen und mit sich nehmen:* Ich hole dich morgen am Bahnhof ab.; Die bestellten Waren sind da und können abgeholt werden. ▸ Abholung

Ab·ho·ler *der,* **Ab·ho·le·rin** <-s, -> *jmd., der jmdn. oder etwas abholt* ◆ Selbst-

Ab·hol·preis *der* <-es, -e> *Preis, den man zahlt, wenn man eine Ware selbst abholt und nicht vom Verkäufer liefern lässt:* Haushaltsgeräte/Möbel zu Abholpreisen

ab·hol·zen <holzt ab, holzte ab, hat abgeholzt> *mit OBJ* ■ *jmd. holzt etwas ab Bäume fällen:* ein Gebiet/einen Wald abholzen ▸ Abholzung

Ab·hör·ak·ti·on *die* <-, -en> *der Vorgang, dass jmd. die Telefongespräche bestimmter Personen überwacht*

ab·hor·chen *mit OBJ* ■ *jmd. horcht jmdn. ab* MED. *(≈ abhören) mit einem speziellen Instrument prüfend auf die Geräusche hören, die durch die Tätigkeit bestimmter Organe entstehen:* Der Arzt horcht die Lunge/einen Patienten ab.

ab·hö·ren *mit OBJ* ❶ ■ *jmd. hört jmdm. etwas ab;* ■ *jmd. hört jmdn. ab* SCHULE *als Vorbereitung einer Prüfung einem Schüler Fragen stellen, die Prüfungsfragen so nennen, und sich die Antworten geben lassen:* Der Vater hörte seiner Tochter den Lernstoff für die Prüfung ab. ❷ ■ *jmd. hört jmdn. ab Telefongespräche überwachen:* Die Wohnung wurde seit Monaten von der Polizei abgehört.; Die Leitung wird abgehört. ❸ MED. *(≈ abhorchen)*

Ab·hör·ge·rät *das* <-(e)s, -e> *Gerät zum Überwachen von Telefongesprächen*

ab·hör·si·cher *adj technisch gegen die Überwachung durch Fremde abgesichert:* eine abhörsichere Wohnung; ein abhörsicheres Telefon

Ab·hör·skan·dal *der* <-(e)s, -e> *das Bekanntwerden des Vorgangs, dass Telefongespräche ohne gesetzliche Grundlage abgehört wurden*

Abi *das* <-s, -s> *(umg.) kurz für „Abitur"* ◆ -ball, -logo, -shirt, -streich; *siehe* **Abitur**

ab·iso·lie·ren <isolierst ab, isolierte ab, hat abisoliert> *mit OBJ* ■ *jmd. isoliert etwas ab die Isolierung von einem Kabel oder einem Draht entfernen*

Ab·iso·lier·zange *die* <-, -n> *Zange zum Abisolieren*

Ab·i·tur *das* <-s, -e> /meist Sing./ *(≈ Reifeprüfung) die Prüfung, mit der jmd. das Gymnasium abschließt und die ihn zum Studium an einer Hochschule berechtigt:* für das Abitur lernen; nächstes Jahr Abitur machen; Abitur haben ◆ -aufgaben, -ball, -bedingungen, -bewertung, -check, -durchschnitt, -durchschnittsnote, -ergebnis, -fächer, -feier, -hilfe, -jahrgang, -klasse, -klausuren, -lösungen, -note, -prüfungen, -quote, -rede, -reglement, -schnitt, -schwerpunkte, -stufe, -termine, -vorbereitung, -vorgaben, -wissen, -zeitung, -zeug-

nis, -zulassung, Begabten-, Fach-, Nichtschüler-, Not-, Turbo-, Zentral-

> **Das Abitur** ist der höchste Schulabschluss an allgemeinbildenden Schulen. Nach einer entsprechenden Prüfung (Abiturprüfung, Reifeprüfung) ist mit ihm die Berechtigung zur Aufnahme eines Hochschulstudiums gegeben. In den meisten deutschen Gymnasien hat man bislang das Abitur im dreizehnten Schuljahr abgelegt. Da dies im internationalen Vergleich als relativ spät gilt, ist neuerdings die Schulzeit bis zum Abitur zunehmend auf zwölf Jahre verkürzt (Turbo-Abitur) worden. Dies ist Gegenstand zahlreicher gesellschaftspolitischer Auseinandersetzungen. In Deutschland fällt die Bildung in den Zuständigkeitsbereich der einzelnen Bundesländer; Prüfungsanforderungen der Abiturprüfung sind von der Kultusministerkonferenz vorgegeben; für schriftliche Abiturleistungen werden in den Bundesländern fast überall (mit Unterschieden in den Fächern) die Abituraufgaben vom jeweiligen Ministerium gestellt (Zentral-Abitur). Das Abitur kann auch (insbesondere von Erwachsenen) durch Fernlehrgänge, auf dem Zweiten Bildungsweg und über Privatschulen erworben werden, womit teils schwierige Anerkennungsverfahren verbunden sind. In Österreich und der Schweiz gibt es für die Reifeprüfung und das Zeugnis der Reife die Bezeichnungen **Matura** und **Maturität**; in Abhängigkeit vom dortigen Schulsystem wird die Matura im zwölften oder dreizehnten Schuljahr abgelegt.

Ab·i·tu·ri·ent *der,* **Abi·tu·ri·en·tin** <-en, -en> *jmd., der das Abitur macht* ◆ -enanteil, -enausbildung, -enball, -enbefragung, -enberatung, -enentlassung, -enmesse, -enpreis, -enprogramm, -enquote, -enrede, -entag, -enzahl

Ab·i·tur·prü·fung *die* <-, -en> *≈ Abitur*

Ab·i·tur·tref·fen *das* <-s, -> *Treffen von ehemaligen Schülern, die (vor einer bestimmten Zeit) das Abitur gemacht haben*

ab·ja·gen *mit OBJ* ■ *jmd. jagt jmdm. etwas ab jmdm. nach einer Verfolgung etwas abnehmen:* dem Gegner den Ball abjagen

Abk. *Abkürzung von „Abkürzung"*

ab·käm·men *mit OBJ* ■ *jmd. kämmt etwas ab ausgefallene Haare von etwas (mit einem Kamm entfernen):* ein Hundefell/Katzenfell abkämmen

ab·kämp·fen <kämpfst ab, kämpfte ab, hat abgekämpft> *mit SICH* ■ *jmd. kämpft sich (mit etwas Dat.) ab jmd. strengt sich so sehr an, bis er erschöpft ist:* abgekämpft sein; Er hat sich damit abgekämpft, den schweren Koffer in den zweiten Stock zu tragen.

ab·kan·zeln <kanzelst ab, kanzelte ab, hat abgekanzelt> *mit OBJ* ■ *jmd. kanzelt jmdn. ab jmdm. auf unhöfliche Art Vorwürfe machen:* Weil sie den Termin vergessen hatte, wurde sie von ihrem Chef abgekanzelt. ▸ Abkanzelung/Abkanzlung

ab·kap·seln <kapselst ab, kapselte ab, hat abgekapselt> *mit SICH* ■ *jmd.* **kapselt sich ab** *(≈ abschotten) sich von anderen Menschen zurückziehen und keinen Kontakt haben:* Nach dem Tod seiner Frau hat er sich völlig abgekapselt. ▸ Abkapselung/Abkapslung

ab·kar·ren <karrst ab, karrte ab, hat abgekarrt> *mit OBJ* ■ *jmd.* **karrt etwas ab** *(≈ wegkarren) etwas mit einer Karre wegbringen:* nach dem Ausheben der Grube die Erde abkarren

ab·kas·sie·ren <kassierst ab, kassierte ab, hat abkassiert> *mit OBJ/ohne OBJ* ■ *jmd.* **kassiert (jmdn.) ab** ➊ *Geld von jmdm. für etwas nehmen:* Der Kellner möchte abkassieren, weil er gleich Schichtwechsel hat. ➋ *(abwert.) von jmdm. zu viel Geld für etwas nehmen:* In dem Hotel haben sie uns ganz schön abkassiert.

ab·kau·en <kaust ab, kaute ab, hat abgekaut> *mit OBJ* ■ *jmd.* **kaut etwas ab** *mit den Zähnen an etwas nagen (ohne es wirklich zu essen):* abgekaute Fingernägel; ein abgekauter Stift

ab·kau·fen <kaufst ab, kaufte ab, hat abgekauft> *mit OBJ* ■ *jmd.* **kauft jmdm. etwas ab** ➊ *jmdm. etwas gegen Bezahlung abnehmen:* das Auto/die Wohnung abkaufen ➋ *(umg.) glauben:* Das kauft dir doch keiner ab!

ab·keh·ren <kehrst ab, kehrte ab, hat abgekehrt> *mit SICH* ■ *jmd.* **kehrt sich (von jmdm./etwas) ab** *sich von einem Anblick abwenden*

ab·ket·teln <kettelst ab, kettelte ab, hat abgekettelt> *mit OBJ* ■ *jmd.* **kettelt etwas ab** *beim Stricken Maschen von der Nadel abnehmen*

ab·ket·ten *mit OBJ* ■ *jmd.* **kettet etwas ab** *von einer Kette lösen:* das Fahrrad/den Hund abketten

ab·klap·pen *mit OBJ* ■ *jmd.* **klappt etwas ab** *etwas nach unten klappen*

ab·klap·pern <klapperst ab, klapperte ab, hat abgeklappert> *mit OBJ* ■ *jmd.* **klappert etwas (nach etwas** *Akk.***) ab** *(umg.) verschiedene Orte oder Personen nacheinander aufsuchen (weil man etwas sucht):* Ich habe alle Buchhandlungen nach dem Buch abgeklappert.

ab·klä·ren *mit OBJ* ■ *jmd.* **klärt etwas ab** *sich Klarheit über etwas verschaffen:* eine Angelegenheit abklären ▸ Abklärung

Ab·klatsch *der* <-es, -e> *(abwert.) schlechte oder wertlose Nachahmung:* Sein Aufsatz ist nur ein Abklatsch des grundlegenden Artikels von …

ab·klat·schen <klatschst ab, klatschte ab, hat abgeklatscht> *mit OBJ* ■ *jmd.* **klatscht jmdn. ab** ➊ *bei bestimmten Spielen und bei Tänzen eine Person, die gerade mit einem anderen Partner spielt bzw. tanzt, mit der Hand berühren und damit anzeigen, dass man nun selbst der Spiel-/Tanzpartner der Person sein wird* ➋ *mit flachen Händen einen Ball zurückschlagen*

ab·kle·ben <klebst ab, klebte ab, hat abgeklebt> *mit OBJ* ■ *jmd.* **klebt etwas ab** *etwas mit Klebeband abdecken:* Bevor wir streichen, müssen wir die Ränder abkleben.

ab·klem·men *mit OBJ* ■ *jmd.* **klemmt etwas ab** ➊ *mit einer Klemme abtrennen oder unterbrechen:* eine Leitung abklemmen ➋ *(≈ einklemmen)* bewirken, dass ein Körperteil zwischen etwas gerät: *sich den Fuß/einen Finger/die Hand abklemmen*

ab·klin·gen <klingt ab, klang ab, ist abgeklungen> *ohne OBJ* ■ *etwas* **klingt ab** *schwächer werden:* Der Lärm/der Schmerz klingt langsam ab.

ab·klop·fen <klopfst ab, klopfte ab, hat abgeklopft> *mit OBJ* ➊ *jmd.* **klopft etwas von etwas** *Dat.* **ab** *durch Klopfen entfernen:* den Putz/den Schnee/den Staub abklopfen ➋ *jmd.* **klopft jmdn. ab** MED. *prüfend auf eine Körperregion klopfen:* den Brustkorb des Patienten abklopfen ➌ *jmd.* **klopft etwas ab** *(umg.) kritisch überprüfen:* eine Rede auf ihren wirklichen Gehalt abklopfen

ab·knab·bern <knabberst ab, knabberte ab, hat abgeknabbert> *mit OBJ* ■ *jmd.* **knabbert etwas ab** *von etwas kleine Stücke abbeißen:* Sie knabbert gerne an der Schokolade die Nüsse ab.

ab·knal·len <knallst ab, knallte ab, hat abgeknallt> *mit OBJ* ■ *jmd.* **knallt jmdn./ein Tier ab** *(umg. abwert.: ≈ erschießen)* den Feind einfach abknallen

ab·knap·sen <knapst ab, knapste ab, hat abgeknapst> *mit OBJ* ■ *jmd.* **knapst etwas ab** *(umg.) von einer geringen Menge noch etwas für einen bestimmten Zweck wegnehmen:* von dem kleinen Gehalt noch etwas (für den Sohn) abknapsen

ab·knei·fen <kneifst ab, kniff ab, hat abgekniffen> *mit OBJ* ■ *jmd.* **kneift etwas ab** *(≈ abknipsen) einen Teil von etwas mit einer Zange greifen und abtrennen*

ab·kni·cken <knickst ab, knickte ab, hat/ist abgeknickt> I. *mit OBJ (haben)* ■ *jmd.* **knickt etwas ab** *etwas nach unten knicken:* einen Ast abknicken II. *ohne OBJ (sein)* ■ *etwas* **knickt ab** *etwas ändert seine Richtung dadurch, dass es einen Knick macht:* Dort, wo die Straße nach rechts abknickt, wohnen wir.

ab·knip·sen <knipst ab, knipste ab, hat abgeknipst> *mit OBJ* ■ *jmd.* **knipst etwas ab** *(umg.) mit einer Zange etwas Kleines abtrennen:* eine Blüte von einer Topfblume abknipsen

ab·knöpf·bar *adj so, dass man es abknöpfen kann:* eine Jacke mit abknöpfbarer Kapuze

ab·knöp·fen <knöpfst ab, knöpfte ab, hat abgeknöpft> *mit OBJ* ➊ *jmd.* **knöpft etwas ab** *etwas, das mit Knöpfen befestigt ist, abnehmen:* Die Kapuze kann man abknöpfen. ➋ *jmd.* **knöpft jmdm. etwas ab** *(umg.) jmdm. etwas (mit List) wegnehmen:* Er hat uns 100 Euro für diese Vase abgeknöpft.

ab·knut·schen <knutschst ab, knutschte ab, hat abgeknutscht> *mit OBJ* ■ *jmd.* **knutscht jmdn. ab** *(umg.: ≈ abküssen)*

ab·ko·chen <kochst ab, kochte ab, hat abgekocht> *mit OBJ* ■ *jmd.* **kocht etwas ab** ➊ *zum Kochen bringen:* Gemüse abkochen ➋ *etwas zum Kochen bringen, damit enthaltene Bakterien abgetötet werden:* Wasser abkochen

ab·kom·man·die·ren <kommandierst ab, kommandierte ab, hat abkommandiert> *mit OBJ* ■ *jmd.* **kommandiert jmdn. ab** MILIT. *anordnen,*

A

dass jmd. an einem anderen Ort Dienst tut: einen Soldaten zu einer anderen Einheit abkommandieren ▶ Abkommandierung

Ạb·kom·me der <-n, -n> (geh.: ≈ Nachfahre, Nachkomme)

Ạb·kom·men das <-s, -> eine Abmachung (zwischen Staaten), die durch einen Vertrag geregelt ist: ein zwischenstaatliches Abkommen ◆ Wirtschafts-

ab·kom·men <kommst ab, kam ab, ist abgekommen> ohne OBJ ■ jmd. kommt von etwas Dat. ab ❶ sich vom Weg oder Thema entfernen: Das Schiff ist vom Kurs abgekommen. ❷ etwas aufgeben: von einer Idee/einem Plan/einer Verfahrensweise abkommen

ạb·kömm·lich ■ nicht abkömmlich sein von einer Arbeit nicht fortkönnen

Ạb·kömm·ling der <-s, -e> (≈ Nachkomme)

ab·kön·nen <kannst ab, konnte ab, hat abgekonnt> mit OBJ ■ jmd. kann jmdn./etwas nicht ab (umg.) jmdn. oder etwas nicht leiden können: Diesen Typen kann ich nicht ab.

ab·kop·peln <koppelst ab, koppelte ab, hat abgekoppelt> I. mit OBJ ■ jmd. koppelt etwas ab eine Verbindung mit einem Fahrzeug lösen: Die Raumfähre koppelt vom Mutterschiff ab. II. mit SICH ■ jmd. koppelt sich ab sich von einer Gruppe entfernen ▶ Abkoppelung, Abkopplung

ab·krat·zen <kratzt ab, kratzte ab, hat/ist abgekratzt> I. mit OBJ (haben) ■ jmd. kratzt etwas (von etwas Dat.) ab durch Kratzen entfernen: das Eis von der Windschutzscheibe abkratzen II. ohne OBJ (sein) ■ jmd. kratzt ab (vulg.) sterben

ab·krie·gen mit OBJ (umg.) ❶ ■ jmd. kriegt etwas/jmdn. ab (≈ bekommen) Die Letzten haben nichts mehr abgekriegt.; Er hat eine nette Frau abgekriegt. ❷ ■ etwas kriegt etwas ab Schaden erleiden: Der Wagen hat etwas/einige Beulen abgekriegt. ❸ ■ jmd. kriegt etwas (von etwas Dat.) ab etwas Festes von etwas lösen können: Ich kriege den Deckel/den Schmutz nicht ab.

ab·küh·len I. mit OBJ ■ jmd. kühlt etwas ab (↔ erhitzen) die Temperatur von etwas senken: das heiße Blech in kaltem Wasser abkühlen II. mit SICH ■ etwas kühlt sich ab (↔ erwärmen) kühler werden: sich an der frischen Luft abkühlen; Nach dem Gewitter hat sich die Luft merklich abgekühlt.; ■ etwas kühlt sich ab etwas verliert an Intensität Ihr Verhältnis zueinander hat sich schnell abgekühlt. ▶ Abkühlung

ạb·kup·fern <kupferst ab, kupferte ab, hat abgekupfert> mit OBJ ■ jmd. kupfert etwas ab (umg. abwert.: ≈ nachahmen) etwas abschreiben oder kopieren: Du hast doch alles von ihm abgekupfert!

ạb·kup·peln <kuppelst ab, kuppelte ab, hat abgekuppelt> mit OBJ ■ jmd. kuppelt etwas ab (≈ abkoppeln) eine Anhängevorrichtung lösen, um etwas abzuhängen

ạb·kür·zen <kürzt ab, kürzte ab, hat abgekürzt> mit OBJ ❶ ■ jmd. kürzt etwas ab einen kürzeren Weg wählen: Weil wir den Weg abgekürzt haben, waren wir schon so früh zu Hause. ❷ ■ jmd.

kürzt etwas ab etwas dadurch kürzer machen, dass man etwas weglässt: eine Rede abkürzen ❸ ■ jmd. kürzt etwas mit etwas Dat. ab ein Wort nicht ausschreiben, sondern eine Abkürzung benutzen: „Zum Beispiel" kürzt man mit „z. B." ab.

Ạb·kür·zung die <-, -en> ❶ eine Buchstabenfolge, die als Kurzform für ein Wort steht: Die Abkürzung von „zum Beispiel" ist „z. B.". ◆ -sbedeutung, -serklärung, -sfimmel, -sliste, -spunkt, -sregal, -sverzeichnis, -swahn, -swörter, -swörterbuch, -szeichen ❷ (↔ Umweg) ein Weg, der kürzer ist als ein anderer und der zum gleichen Ziel führt: Ich kenne/nehme eine Abkürzung.

Abkürzungen sind im engeren Sinne bloße Kurzformen von Ausdrücken. Wirklich neue Worteinheiten entstehen durch die Bildung solcher Einheiten nicht. Neben Abkürzungen für Maßeinheiten („km"), Gewichtsbezeichnungen („kg") u.a.m. („und anderes mehr") wird die verkürzte Form mit einem Punkt abgeschlossen, so wie man das Wort „Abkürzung" mit „Abk." abkürzt. Häufig werden auch die Anfangsbuchstaben einer Wortgruppe oder der Teile eines zusammengesetzten Wortes zu einer Abkürzung zusammengefügt, wie in „DV" für „Datenverarbeitung" oder „LKW" für „Lastkraftwagen". Häufig gebrauchte Abkürzungen können den Rang von Wörtern erlangen, wie z. B. der Ausdruck „Laser", der auf „light amplification by stimulated emission of radiation" zurückgeht. Im letzteren Fall wissen oft nur noch die wenigsten Benutzer, wofür die verkürzte Schreibweise einmal genau gestanden hat. Verschiedene Abkürzungen lassen sich nach einiger Zeit sogar flektieren, wie z. B. „die LKWs", oder können Bestimmungswörter in Komposita werden, wie „LKW-Fahrer". Die Bildung von Abkürzungen jeder Art (auch hier nicht erwähnter Untertypen) und in jedem Wortschatzbereich (Alltagssprache, Fachsprache) zählt in vielen heutigen Sprachen zu den dynamischen Prozessen im Bereich der Wortbildung.

Ạb·kür·zungs·lis·te die <-, -n> Liste der Abkürzungen [1], die in einem Text, einem Buch o. Ä. verwendet werden: In der Abkürzungsliste findet man Erklärungen für die verwendeten Abkürzungen.

ạb·la·den <lädst ab, lud ab, hat abgeladen> mit OBJ ❶ ■ jmd. lädt etwas ab den Inhalt eines Fahrzeugs ausladen und an einem Ort ablegen: das Gepäck/die Möbel/den Schutt abladen ▶ Ablader, Abladung ❷ ■ jmd. lädt etwas auf jmdn. ab (umg. abwert.) etwas Unangenehmes an jmdn. weitergeben: Verantwortung auf den Kollegen abladen ❸ ■ jmd. lädt etwas bei jmdm. ab (umg.) jmdm. von seinen eigenen Gefühlen erzählen: Sie lädt immer ihre ganzen Probleme bei mir ab.

Ạb·la·ge die <-, -n> ❶ eine Fläche, auf der man etwas ablegen kann: Auf der Ablage standen Tas-

sen und Teller. ◆ Hut- ❷ *das Sortieren und geordnete Ablegen von Dokumenten (in Ordnern):* Ich
muss noch die Ablage machen.

Ab·la·ge·fach *das* <-(e)s, Ablagefächer> *(≈ Handschuhfach) Fach in einem Auto zur Ablage von
Straßenkarten und weiteren Dingen, die man bei
einer Fahrt benötigt*

Ab·la·ge·flä·che *die* <-, -n> *Fläche, auf der man
Dinge ablegen kann:* die Ablagefläche vor dem
Rückfenster des Autos

ab·la·gern <lagerst ab, lagerte ab, hat abgela-
gert> **I.** *mit OBJ* ■ *jmd./etwas lagert etwas ab
bewirken, dass sich etwas irgendwo ansammelt:*
Der Fluss hat Sand und Geröll im Flussbett abgelagert.; Die Firma hat über Jahre Sondermüll auf dem
Gelände abgelagert. **II.** *ohne OBJ* ■ *etwas lagert
ab irgendwo eine gewisse Zeit lagern:* Holz muss
vor der Weiterverarbeitung ablagern.; gut abgela-
gerter Wein **III.** *mit SICH* ■ *etwas lagert sich ab
sich irgendwo ansammeln:* Im Flussbett hat sich
Schlamm abgelagert.; In Wasserleitungen kann
sich Kalk ablagern.

Ab·la·ge·rung *die* <-, -en> ❶ *das Ablagern*
❷ *eine Ansammlung von Stoffen, die durch Ablagern entstanden ist:* Ablagerungen im Gestein
◆ Kalk-, Sand-

Ab·lass *der* <-es, Ablässe> GESCH. *in der katholischen Kirche die Lossprechung von Sünden*

Ab·lass·brief *der* <-(e)s, -e> GESCH. *schriftliche
Bestätigung, dass Ablass erteilt wurde*

ab·las·sen¹ <lässt ab, ließ ab, hat abgelassen>
ohne OBJ ■ *jmd. lässt von jmdm./etwas ab
(umg.) nicht weiter verfolgen; das Interesse an
jmdm. oder etwas verlieren:* von jemandem/ei-
nem Vorhaben ablassen

ab·las·sen² <lässt ab, ließ ab, hat abgelassen>
mit OBJ ■ *jmd. lässt etwas ab* ❶ *aus einem Behälter entweichen lassen:* Dampf/Gase ablassen;
■ **jemand lässt Dampf ab** *jmd. lässt seiner Wut
und seinem Ärger freien Lauf* ❷ *den Inhalt von etwas entweichen lassen:* eine Luftmatratze/ein
Wasserfass ablassen

Ab·lass·han·del *der* <-s> */kein Plur./ Handel mit
Ablassbriefen*

Ab·lass·stop·fen *der* <-s, -> *Stöpsel, den man herauszieht, um Wasser aus einer Wanne abfließen
zu lassen*

Ab·la·ti·on *die* <-, -en> MED. *Entfernung eines
Körperorgans durch Operation*

Ab·la·tiv *der* <-s, -e> SPRACHWISS. *Kasus in bestimmten indoeuropäischen Sprachen*

Ab·lauf *der* <-(e)s, Abläufe> *die Art, wie etwas
abläuft I.3:* den Ablauf der Veranstaltung besprechen

ab·lau·fen <läuft ab, lief ab, hat/ist abgelaufen>
I. *ohne OBJ (sein)* ❶ ■ *etwas läuft ab das Ende
der Zeit erreichen, in der etwas gültig ist:* Das
Haltbarkeitsdatum/der Pass/die Zeit ist abgelaufen. ❷ ■ *etwas läuft (aus etwas Dat.) ab aus etwas herauslaufen:* das Wasser aus der Badewanne
ablaufen lassen ❸ ■ *etwas läuft irgendwie ab in
einer bestimmten Weise vor sich gehen:* Wie soll
die Veranstaltung ablaufen? **II.** *mit OBJ* ❶ ■ *jmd.
läuft etwas ab (haben o sein) irgendwo entlang-*

laufen, um etwas zu suchen: Ich habe/bin die
ganze Straße noch einmal abgelaufen, doch ich
habe meinen Geldbeutel nicht gefunden.; eine
Strecke ablaufen ❷ *(haben) durch vieles Laufen
abnutzen:* Ich habe meine Absätze/Sohlen abgelaufen.

ab·lau·schen <lauschst ab, lauschte ab, hat ab-
gelauscht> *mit OBJ* ■ *jmd. lauscht etwas ab
heimlich etwas hören*

ab·lau·ten <lautet ab, lautete ab, hat abgelau-
tet> *ohne OBJ* ■ *etwas lautet zu etwas Akk. ab*
SPRACHWISS. *als Vokal in verwandten Wörtern einen
Wechsel vollziehen:* A lautet zu e ab.; Wie lautet
das Verb ab?

Ab·le·ben *das* <-s> *(verhüll.: ≈ Tod)*

ab·le·cken <leckst ab, leckte ab, hat abgeleckt>
mit OBJ ■ *jmd. leckt etwas ab mit der Zunge
über etwas fahren, um eine Substanz aufzunehmen:* die Sahne vom Eis ablecken; einen Löffel ablecken; sich genussvoll die Lippen ablecken

ab·le·gen I. *mit OBJ* ■ *jmd. legt etwas ab* ❶ *an
eine bestimmte Stelle legen:* die Bücher auf dem
Tisch ablegen ❷ *(≈ aufgeben) alte Gewohnheiten/
das Rauchen ablegen* ❸ *(≈ leisten) einen Eid/ein
Geständnis/eine Prüfung ablegen* **II.** *ohne OBJ*
❶ ■ *jmd. legt ab (≈ ausziehen) ein Kleidungsstück ausziehen:* den Mantel ablegen; Legen Sie
doch ab! ❷ SEEW. *die Fahrt aufnehmen und sich
vom Festland entfernen:* Das Schiff legt ab.

Ab·le·ger *der* <-s, -> BOT. *Sprössling einer Pflanze*

ab·leh·nen *mit OBJ* ❶ ■ *jmd. lehnt jmdn./et-
was ab gegen jmdn. oder etwas eingestellt sein
und ihn oder es nicht haben wollen:* jede fremde
Hilfe ablehnen; einen Antrag ablehnen; Die Eltern
lehnen den Freund ihrer Tochter ab. ❷ ■ *jmd.
lehnt etwas ab (↔ bewilligen, genehmigen) offiziell sagen, dass ein Wunsch oder ein Antrag nicht
erfüllt wird:* einen Antrag/eine Bitte/ein Gesuch
ablehnen

Ab·leh·nung *die* <-, -en> *das Ablehnen:* Ihr Vorschlag stieß auf Ablehnung.; Die Ablehnung des
Antrags wurde wie folgt begründet. ◆ -sandrohung,
-santrag, -sbescheid, -sdrohung, -serklärung, -sge-
such, -sgrund, -srecht, -sschreiben

ab·leis·ten *mit OBJ* ■ *jmd. leistet etwas ab eine
Dienstzeit hinter sich bringen:* seinen Wehrdienst
ableisten ▶ Ableistung

ab·lei·ten I. *mit OBJ* ❶ ■ *jmd. leitet etwas ab in
eine andere Richtung leiten:* Strom/Wasser ableiten ❷ ■ *jmd. leitet etwas (aus etwas Dat.) ab
gedanklich aus etwas folgern:* aus einer Regel weitere Formeln ableiten **II.** *mit SICH* ■ *etwas leitet
sich (aus/von etwas Dat.) ab auf etwas zurückzuführen sein:* Das Wort „Fenster" leitet sich von
dem lateinischen Wort „fenestra" ab.

Ab·lei·tung *die* <-, -en> ❶ *das Ableiten*
❷ SPRACHWISS. *ein Zusammenhang zwischen verwandten Wörtern:* „Veränderung" ist eine Ableitung von „verändern".

ab·len·ken *mit OBJ/ohne OBJ* ❶ ■ *jmd. lenkt etwas ab bewirken, dass ein sich bewegendes Objekt die Richtung ändert:* ein Geschoss ablenken
❷ ■ *jmd. lenkt (jmdn.) ab die Konzentration
von jmdm. auf etwas anderes lenken:* jemanden

A

bei der Arbeit/vom Thema ablenken; Lenk nicht immer ab, bleib bitte beim Thema!

Ab·len·kung *die* <-, -en> ❶ *das Ablenken* ❷ *etwas, das jmdn. auf andere Gedanken bringt und ihm damit Entspannung ermöglicht:* Ein wenig Ablenkung wäre nach den Prüfungen gut für ihn.

Ab·len·kungs·ma·nö·ver *das* <-s, -> *etwas, das jmd. tut, um jmdn. abzulenken*²: Mit einem Ablenkungsmanöver versuchten sie, an dem Türsteher vorbeizukommen.

Ab·len·kungs·ver·such *der* <-(e)s, -e> (≈ Ablenkungsmanöver)

ab·les·bar *adj so, dass man etwas ablesen kann:* gut ablesbare Instrumente

Ab·le·se·feh·ler *der* <-s, -> *Fehler, der beim Ablesen I.2 gemacht wird*

ab·le·sen <liest ab, las ab, hat abgelesen> **I.** *mit OBJ* ■ *jmd. liest etwas ab* ❶ *etwas (Geschriebenes) vom Blatt lesen und (vor Zuhörern) laut aussprechen:* Der Redner liest seinen Vortrag ab. ❷ TECHN. *einen Zahlenwert auf einem Anzeigegerät oder Zähler registrieren:* Messgeräte/Werte ablesen **II.** *ohne OBJ* ■ *jmd. liest ab* (↔ frei sprechen) Er ist unsicher; er liest bei seinem Referat zu viel ab.

ab·leug·nen *mit OBJ* (≈ abstreiten ↔ zugeben) ■ *jmd. leugnet etwas ab nachdrücklich sagen, dass etwas nicht der Fall ist:* Er hat jede Mitschuld an dem Unfall abgeleugnet. ▶ Ableugnung

ab·lich·ten *mit OBJ* ■ *jmd. lichtet jmdn./etwas ab* (umg.) *fotografieren* ▶ Ablichtung

ab·lie·fern <lieferst ab, lieferte ab, hat abgeliefert> *mit OBJ* ■ *jmd. liefert etwas ab* ❶ (≈ abgeben) *etwas an einen Ort bringen und dortlassen:* alte Batterien im Wertstoffhof abliefern ❷ (≈ erbringen) *eine hervorragende Leistung abliefern* ▶ Ablieferung

Ab·lie·fe·rungs·be·schei·ni·gung *die* <-, -en> *schriftliche Bestätigung, dass jmd. etwas abgeliefert hat*

Ab·lie·fe·rungs·frist *die* <-, -en> *Zeitabschnitt, an dessen Ende jmd. etwas an einem Ort abgeliefert haben muss*

Ab·lö·se *die* <-, -n> ❶ ÖSTERR. *Geldbetrag, den der Mieter einmalig zu Beginn des Mietverhältnisses zahlt* ❷ (umg.) *Geldbetrag, den man an den Vormieter zahlt, wenn man bestimmte Möbel oder Einrichtungsgegenstände in der Wohnung bleiben* ❸ SPORT *kurz für „Ablösesumme"*

ab·lö·sen <löst ab, löste ab, hat abgelöst> **I.** *mit OBJ* ❶ ■ *jmd. löst etwas ab* (≈ entfernen) *bewirken, dass etwas nicht mehr auf etwas klebt/haftet o. Ä.:* Die Folie lässt sich leicht ablösen und hinterlässt keine Rückstände. ❷ ■ *jmd. löst jmdn. ab an der Stelle weitermachen, an der eine andere Person aufgehört hat:* die Kollegin ablösen; Franz Müller löst Hermann Huber im Amt des Bürgermeisters ab. **II.** *mit SICH* ❶ ■ *etwas löst sich (von etwas Dat.) ab sich von selbst von etwas lösen:* Das Poster löst sich von der Wand ab. ❷ ■ *jmd. löst sich (von jmdm.) ab im Laufe der Zeit innerlich Abstand zu jmdm. gewinnen:* Er brauchte viele Jahre, um sich von seinem Lehrer abzulösen. ❸ ■ *jmd. löst sich (mit jmdm.) (bei*

etwas Dat.) ab: ■ *A und B lösen sich bei C ab A und B erledigen die Aufgabe C im Wechsel, d.h. einmal erledigt A die Aufgabe und B macht Pause, und dann erledigt B die Aufgabe und A macht Pause*

Ab·lö·se·sum·me *die* <-, -n> SPORT *ein Geldbetrag, den ein Verein an einen anderen Verein zahlen muss, damit ein Berufssportler vom einen zum anderen wechseln kann:* eine hohe Ablösesumme zahlen

Ab·lö·sung *die* <-, -en> ❶ /kein Plur./ *das Ablösen* ❷ *Person, die jmdn. ablöst I.2.:* Ich kann noch nicht gehen, denn meine Ablösung ist noch nicht da.

Ab·luft *die* <-> /kein Plur./ TECHN. *verbrauchte Luft* ◆ -filter, -schlauch

ab·lut·schen <lutschst ab, lutschte ab, hat abgelutscht> *mit OBJ* ■ *jmd. lutscht etwas ab* (umg.: ≈ ablecken)

ABM *die Abkürzung von „Arbeitsbeschaffungsmaßnahme"*

ab·ma·chen¹ *mit OBJ* ■ *jmd. macht etwas (von etwas Dat.) ab* (umg.: ≈ entfernen) *bewirken, dass etwas nicht mehr da ist, wo es angebracht war:* einen Knopf vom Mantel abmachen

ab·ma·chen² *mit OBJ* ■ *jmd. macht etwas (mit jmdm.) ab* (umg.: ≈ vereinbaren) Ich habe mit ihr abgemacht, dass wir uns um 17 Uhr treffen.; Wir haben abgemacht, dass wir heute ins Kino gehen.; ■ **Abgemacht!** *Ausruf, der eine Vereinbarung bekräftigt*

Ab·ma·chung *die* <-, -en> (≈ Vereinbarung)

ab·ma·gern <magerst ab, magerte ab, ist abgemagert> *ohne OBJ* ■ *jmd. magert ab* (stark) *an Körpergewicht verlieren:* Nach ihrer Krankheit ist sie völlig abgemagert. ▶ Abmagerung

Ab·ma·ge·rungs·kur *die* <-, -en> (umg.) *Diät, die man macht, um an Körpergewicht zu verlieren*

ab·mah·nen *mit OBJ* ■ *jmd. mahnt jmdn. ab* RECHTSW. *jmdn. auf ein Fehlverhalten hinweisen:* Er ist von seinem Arbeitgeber mehrfach abgemahnt worden.

Ab·mah·nung *die* <-, -en> ❶ *das Abmahnen* ❷ RECHTSW. *ein Hinweis auf ein Fehlverhalten mit juristischen Folgen:* Nach mehreren Abmahnungen kann eine Kündigung des Arbeitsvertrages erfolgen.

ab·ma·len *mit OBJ* ■ *jmd. malt etwas ab* (≈ abzeichnen) *etwas so malen, dass es genau einem anderen Bild entspricht*

Ab·marsch *der* <-(e)s, Abmärsche> /Plur. selten/ *der Vorgang, dass ein Marsch in eine bestimmte Richtung begonnen wird*

ab·marsch·be·reit *adj /nicht steig./* zum Abmarsch bereit

ab·mar·schie·ren <marschierst ab, marschierte ab, ist abmarschiert> *ohne OBJ* ■ *jmd. marschiert ab im Marschschritt weggehen*

ab·meh·ren *ohne OBJ* ■ *jmd. mehrt ab* SCHWEIZ. *abstimmen:* einen Antrag/Entwurf/Vorschlag abmehren

Ab·mel·de·be·schei·ni·gung *die* <-, -en> *Bescheinigung, auf der eine Abmeldung bestätigt wird*

ạb·mel·den I. *mit OBJ* ■ *jmd.* **meldet etwas ab** *(↔ anmelden) einer offiziellen Stelle mitteilen, dass man ein Fahrzeug, ein Telefon o. Ä., das man besitzt, nicht mehr benutzt:* sein Auto/den Fernseher/das Telefon abmelden II. *mit SICH* ❶ ■ *jmd.* **meldet sich (bei jmdm./etwas) ab** *(↔ anmelden) einer offiziellen Stelle mitteilen, dass man umzieht oder dass man nicht mehr Mitglied sein möchte:* sich vor dem Umzug in eine andere Stadt bei der Meldestelle abmelden; sich beim Sportverein abmelden ❷ ■ *jmd.* **meldet sich (bei jmdm.) ab** *jmdm., meist einem Vorgesetzten, mitteilen, dass man in der nächsten Zeit nicht da ist:* Vor seinem Urlaub hat er sich bei seinem Chef abgemeldet. ▸ Abmeldung

ạb·mes·sen <misst ab, maß ab, hat abgemessen> *mit OBJ* ■ *jmd.* **misst etwas ab** *mit einem Maß die Länge, Höhe, Breite oder das Fassungsvermögen von etwas bestimmen:* eine Entfernung abmessen

Ạb·mes·sung *die* <-, en> ❶ */kein Plur./ das Abmessen* ❷ */meist Plur./ die Maße eines Gegenstands:* sich die genauen Abmessungen der Maschine/des Schranks notieren

ABM-Kraft *die* <-, ...-Kräfte> *Person, die im Rahmen einer Arbeitsbeschaffungsmaßnahme eingestellt worden ist*

ABMler *der* <-s, -> *(umg.) Person, die eine ABM-Stelle hat*

ạb·mo·de·rie·ren <moderierst ab, moderierte ab, hat abmoderiert> *mit OBJ* ■ *jmd.* **moderiert etwas ab** *als Moderator am Ende einer Sendung in Rundfunk oder Fernsehen oder nach einer Veranstaltung einige Worte zum Abschluss sagen* ▸ Abmoderation

ạb·mon·tie·ren [ˈabmɔntiːrən] *mit OBJ* ■ *jmd.* **montiert etwas ab** *etwas, das an einer Stelle angeschraubt o. Ä. ist, lösen und wegnehmen*

ABM-Stel·le *die* <-, -n> *eine (meist befristete) Arbeitsstelle für Arbeitslose, die diese in den Wirtschaftsprozess eingliedern soll:* eine ABM-Stelle annehmen/antreten/ausschreiben/vergeben

ạb·mü·hen *mit SICH* ■ *jmd.* **müht sich (mit etwas Dat.) ab** *mit großer Mühe und Anstrengung etwas tun:* Ich habe mich wirklich abgemüht, ihr die Hausaufgaben zu erklären, aber sie hat es immer noch nicht verstanden.

Ạb·mus·te·rung *die* <-, -en> SEEW. *der Vorgang, dass jmd. aus dem Dienst auf einem Schiff entlassen wird:* Die Abmusterung des Schiffskochs war vorauszusehen, denn er wollte schon lange kündigen.; Der Kapitän schlug zwei Matrosen für die Abmusterung vor.

ABM-Ver·trag *der* <-(e)s, ABM-Verträge> *Vertrag für eine ABM-Stelle*

ạb·na·beln <nabelst ab, nabelte ab, hat abgenabelt> I. *mit OBJ* ■ *jmd.* **nabelt jmdn. ab** *von der Nabelschnur trennen:* Nach der Geburt wird das Baby abgenabelt. II. *mit SICH* ■ *jmd.* **nabelt sich von jmdm. ab** *(umg.) sich unabhängig machen:* sich von den Eltern abnabeln ▸ Abnabelung

ạb·na·gen *mit OBJ* ■ *jmd./ein Tier* **nagt etwas ab** *das Fleisch, das an einem Knochen verblieben*

ist, abessen: Der Hund hat den Knochen abgenagt.; Schakale nagen einen Tierkadaver ab.

ạb·nä·hen <nähst ab, nähte ab, hat abgenäht> *mit OBJ* ■ *jmd.* **näht etwas ab** *eine Naht so an einem Kleidungsstück anbringen, dass es enger wird* ▸ Abnäher

Ạb·nah·me *die* <-, -n> ❶ *das Abnehmen* I.: Die Abnahme der Bilder erfolgt nach dem Ausräumen der Zimmer. ❷ *(≈ Verringerung ↔ Zunahme) der Vorgang, dass etwas weniger wird:* die Abnahme der Umsätze ❸ *(↔ Zunahme) Gewichtsverlust:* Patienten berichten von einer Abnahme von bis zu fünf Kilogramm.

Ạb·nah·me·ver·pflich·tung *die* <-, -en> *Verpflichtung, etwas abzukaufen*

ạb·nehm·bar *adj /nicht steig./ so, dass man etwas (von etwas) abnehmen kann:* eine Jacke mit abnehmbaren Ärmeln

ạb·neh·men <nimmst ab, nahm ab, hat abgenommen> I. *mit OBJ* ❶ ■ *jmd.* **nimmt etwas ab** *(≈ entfernen) etwas, das irgendwo aufgehängt ist, entfernen:* ein Bild von der Wand abnehmen ❷ ■ *jmd.* **nimmt ab** TELEKOMM. *(↔ auflegen) den Hörer von der Gabel nehmen:* Das Telefon klingelt, kannst du bitte mal abnehmen? ❸ ■ *jmd.* **nimmt jmdm. etwas ab** *jmdm. bei einer Sache helfen:* Er hat mir netterweise einen Teil der Arbeit abgenommen.; Darf ich Ihnen den Koffer abnehmen? ❹ ■ *jmd.* **nimmt jmdm. etwas ab** *von jmdm. etwas kaufen:* Ich bin froh, dass er mir mein altes Fahrrad abgenommen hat. ❺ ■ *jmd.* **nimmt jmdm. etwas ab** *jmdm. etwas wegnehmen:* Die Polizei hat ihm gestern den Führerschein abgenommen.; ■ **jemandem etwas (nicht) abnehmen** *(umg.) jmdm. etwas (nicht) glauben* Diese Geschichte nehme ich ihr nicht ab! II. *ohne OBJ* ❶ ■ **etwas nimmt ab** *(↔ zunehmen) weniger oder geringer werden:* Die Leserzahlen der Zeitschrift haben über die Jahre kontinuierlich abgenommen. ❷ ■ *jmd.* **nimmt ab** *(↔ zunehmen) an Gewicht verlieren, eine Diät machen:* Er hat in drei Monaten fünf Kilo abgenommen.; Ich möchte kein Eis essen, denn ich nehme gerade ab.

ạb·neh·mend *(↔ zunehmend)* ■ **abnehmender Mond** *in der Mondphase, in der ein immer geringeres Stück des Mondes zu sehen ist*

Ạb·neh·mer *der,* **Ạb·neh·me·rin** *die* <-s, -> *(≈ Käufer) jmd., der eine Ware kauft*

Ạb·nei·gung *die* <-, -en> *(↔ Vorliebe) das Gefühl, dass man etwas nicht mag:* Sie hat eine ausgesprochene/erkennbare/unverhohlene Abneigung gegen Computer.

ạb·norm *adj so, dass es in Größe, Stärke o. Ä. vom allgemein Üblichen abweicht*

Ạb·nor·mi·tät *die* <-, -en> *Lebewesen oder Sache, die (in krankhafter Weise) vom Normalen abweicht*

ạb·nut·zen <nutzt ab, nutzte ab, hat abgenutzt> I. *mit OBJ* ■ *jmd.* **nutzt etwas ab** *durch häufiges Benutzen bewirken, dass etwas nicht mehr so makellos ist wie im Neuzustand:* etwas durch häufigen Gebrauch abnutzen II. *mit SICH* ■ **etwas nutzt sich ab** *abgenutzt werden:* Die Autoreifen haben sich schnell abgenutzt. ▸ Abnutzung

A

Ab·nut·zungs·er·schei·nung *die* <-, -en> *etwas, das ein Zeichen der Abnutzung ist*
Abo·li·ti·on *die* <-, -en> RECHTSW. *Aufhebung eines Strafverfahrens, bevor es auf normalem Weg abgeschlossen wird*
Abo·li·ti·o·nis·mus *der* <-> /kein Plur./ *(Kampf für die) Abschaffung der Sklaverei*
Abon·ne·ment *das* [abɔnə'mãː] <-s, -s> *der Vorgang, dass jmd. regelmäßig gegen Bezahlung etwas erhält:* sein Abonnement für das Schauspielhaus/die Fachzeitschrift abbestellen/kündigen/ verlängern ◆-bestellung, -gebühr, -konzert, -kündigung, -Service, -verlängerung, -versicherung, -vertrag, -verwaltung, -zahlung, -zeitung, Auslands-, Bezahlfernseh-, Bücher-, Digital-, E-Mail-, Geschenk-, Internet-, Jahres-, Jugend-, Klingelton-, Mini-, Newsletter-, Online-, Prämien-, Probe-, Prüf-, Studenten-, Tageszeitungs-, Zeitschriften-
Abon·ne·ment·fern·se·hen *das* [abɔnə'mãː...] <-s> /kein Plur./ (≈ Pay-TV) *Fernsehprogramm eines privaten Senders, für dessen Empfang man monatlich eine Gebühr zahlt*
Abon·ne·ment(s)·preis *der* [abɔnə'mãː...] <-es, -e> *Preis für etwas, das man regelmäßig im Abonnement bekommt*
Abon·nent *der,* **Abon·nen·tin** [abɔ'nɛnt] <-en, -en> *jmd., der sich zum regelmäßigen Bezug einer Sache verpflichtet hat* ◆-engewinnung, -enorchester, -enservice, -enwerbung, -enzahlen, -enzeitung, Zeitschriften-, Zeitungs-
abon·nie·ren <abonnierst, abonnierte, hat abonniert> *mit OBJ* ■ *jmd.* **abonniert etwas** *jmd. geht in Bezug auf etwas ein Abonnement ein:* eine Zeitung abonnieren
ab·ord·nen <ordnest ab, ordnete ab, hat abgeordnet> *mit OBJ* ■ *jmd.* **ordnet jmdn. ab** *jmdn. dienstlich an einen bestimmten Ort schicken*
Ab·ord·nung *die* <-, -en> ❶ /kein Plur./ *das Abordnen* ❷ (≈ Delegation) *eine Gruppe von Personen, die in einem bestimmten Auftrag unterwegs ist*
Ab·ort¹ *der* [a'bɔrt] <-(e)s, -e> AMTSSPR. *(veralt.) Toilette*
Ab·ort² *der* [a'bɔrt] <-s, -e> MED. *Fehlgeburt*
ab·pa·cken <packst ab, packte ab, hat abgepackt> *mit OBJ* ■ *jmd.* **packt etwas ab** *in einzelne Portionen verpacken:* abgepackte Wurst
ab·pas·sen <passt ab, passte ab, hat abgepasst> *mit OBJ* ❶ ■ *jmd.* **passt jmdn. ab** *auf jmdn. warten, weil man etwas von ihm möchte:* Der Schüler passte nach dem Unterricht seinen Lehrer ab, um sich bei ihm zu entschuldigen. ❷ ■ *jmd.* **passt etwas ab** *auf einen günstigen Zeitpunkt warten:* Mit seinem Anliegen hat er eine günstige Gelegenheit abgepasst.
ab·pel·len *mit OBJ* ■ *jmd.* **pellt etwas ab** *eine Haut von etwas entfernen:* gekochte Kartoffeln abpellen; nach einem Sonnenbrand Hautstücke vom Körper abpellen; ein gekochtes Ei abpellen
ab·per·len <perlt ab, perlte ab, ist abgeperlt> *ohne OBJ* ■ *etwas* **perlt (an etwas** *Dat.)* **ab** *eine Flüssigkeit bildet an der Oberfläche von etwas Tropfen, die an der Oberfläche herunterlaufen, weil die Flüssigkeit nicht in den Stoff eindringen*

kann: Der Regen perlt an ihrer neuen Regenjacke ab.
ab·pfei·fen <pfeifst ab, pfiff ab, hat abgepfiffen> *mit OBJ* ■ *jmd.* **pfeift etwas ab** SPORT *(als Schiedsrichter) mit dem Schlusspfiff das Spiel beenden*
Ab·pfiff *der* <-(e)s, -e> SPORT *Schlusspfiff, der ein Spiel beendet*
ab·pflü·cken <pflückst ab, pflückte ab, hat abgepflückt> *mit OBJ* ■ *jmd.* **pflückt etwas ab** *eine Frucht oder Pflanze von einer Stelle ablösen und wegnehmen:* Äpfel vom Baum abpflücken; Blumen von einer Wiese abpflücken
ab·pla·gen *mit SICH* ■ *jmd.* **plagt sich (mit jmdm./etwas) ab** *etwas mit viel Mühe tun:* sich mit einer Arbeit/im Garten abplagen
ab·plat·zen <platzt ab, platzte ab, ist abgeplatzt> *ohne OBJ* ■ *etwas* **platzt ab** *aufplatzen und herunterfallen:* Der empfindliche Lack platzt leicht ab.
ab·pral·len *ohne OBJ (sein)* ■ *etwas* **prallt (von etwas** *Dat.)* **ab** *auf eine Oberfläche prallen und von ihr zurückgelenkt werden:* Der Fußball ist vom Torpfosten abgeprallt.
Ab·pral·ler *der* <-s, -> SPORT *Ball, der irgendwo aufschlägt und wieder zurückfliegt*
Ab·pro·dukt *das* <-(e)s, -e> TECHN. *bei der Produktion entstehendes Abfallprodukt*
ab·pum·pen <pumpst ab, pumpte ab, hat abgepumpt> *mit OBJ* ■ *jmd.* **pumpt etwas ab** *Flüssigkeit mit einer Pumpe aus etwas entfernen:* Wasser aus einem überschwemmten Keller abpumpen
ab·put·zen <putzt ab, putzte ab, hat abgeputzt> *mit OBJ* ■ *jmd.* **putzt jmdn./etwas ab** (≈ reinigen) *Schmutz von jmdm. oder etwas entfernen:* ein Kind abputzen; Kannst du dir bitte die Schuhe abputzen?
ab·quet·schen <quetschst ab, quetschte ab, hat abgequetscht> *mit OBJ* ■ *jmd.* **quetscht (jmdm.) etwas ab** *durch sehr starkes Drücken etwas beinahe oder wirklich abtrennen*
ab·rah·men **I.** *mit OBJ* ■ *jmd.* **rahmt etwas ab** (≈ absahnen) *den Rahm von der Milch abschöpfen* **II.** *ohne OBJ* ■ *jmd.* **rahmt ab** *(übertr.:* ≈ absahnen) *jmd. nimmt das Beste für sich, hat den größten Vorteil für sich*
Ab·ra·ka·da·b·ra *das* <-s> /kein Plur./ *eine Zauberformel*
Ab·ra·si·on *die* <-, -en> ❶ GEOL. *Abtragung von Gesteinsschichten* ❷ MED. (≈ Ausschabung)
ab·ras·peln <raspelst ab, raspelte ab, hat abgeraspelt> *mit OBJ* ■ *jmd.* **raspelt etwas ab** *mit einer Reibe kleine Stücke von etwas abtrennen*
ab·ra·ten <rätst ab, riet ab, hat abgeraten> *ohne OBJ* ■ *jmd.* **rät jmdm. (von etwas** *Dat.)* **ab;** ■ *jmd.* **rät jmdm. ab** */plus Inf./* *jmdm. raten, etwas nicht zu tun:* jemanden von einem Vorhaben abraten; jemandem abraten, etwas zu tun
Ab·raum *der* <-(e)s> /kein Plur./ BERGB. *nicht nutzbare Erd- oder Gesteinsschicht über Bodenschätzen* ◆-arbeiten, -beseitigung, -halde, -kippe, -material
ab·räu·men *mit OBJ* ■ *jmd.* **räumt etwas ab** *et-*

was, das an einer Stelle steht, nehmen und wegtragen: das Geschirr abräumen

ạb·re·agie·ren I. *mit OBJ* ■ *jmd. reagiert etwas ab seelische Spannungen abbauen:* seinen Ärger an den Kollegen/beim Sport abreagieren II. *mit SICH* ■ *jmd. reagiert sich ab seine Wut oder Erregung abbauen, indem man irgendetwas tut* ▶ Abreaktion

ạb·rech·nen I. *mit OBJ* ❶ ■ *jmd. rechnet etwas (von etwas Dat.) ab (≈ abziehen, subtrahieren)* die Kosten von den Einnahmen abrechnen ❷ ■ *jmd. rechnet ab* WIRTSCH. *(finanziell) Rechenschaft ablegen, indem man eine Schlussrechnung vorlegt:* Am Jahresende wird abgerechnet. II. *ohne OBJ* ■ *jmd. rechnet (mit jmdm.) ab (umg.) jmdn. wegen eines Vergehens zur Rechenschaft ziehen:* Mit dir werde ich noch abrechnen!

Ạb·rech·nung *die* <-, -en> ❶ *das Abrechnen* ❷ *Schriftstück, das ein Abrechnen I.2 dokumentiert*

Ạb·rech·nungs·ter·min *der* <-(e)s, -e> ❶ *Zeitpunkt, an dem ein Abrechnungszeitraum endet* ❷ *Zeitpunkt oder Tag, an dem eine Abrechnung vorgenommen wird*

Ạb·rech·nungs·zeit·raum *der* <-(e)s, ...-räume> *Zeitspanne, für die eine Abrechnung erstellt wird*

ạb·re·gen *mit SICH (↔ aufregen)* ■ *jmd. regt sich ab (umg.) sich beruhigen:* Nun reg dich mal wieder ab!

ạb·reg·nen *mit SICH* ■ *etwas regnet sich ab als Regen niedergehen;* ■ **Wolken regnen sich ab** *dadurch, dass es regnet, verschwinden die Wolken*

ạb·rei·ben <reibst ab, rieb ab, hat abgerieben> *mit OBJ* ■ *jmd. reibt jmdn./etwas (mit etwas Dat.) ab* ❶ *durch Reiben reinigen:* die Flächen mit einem Tuch sanft abreiben ❷ *durch Reiben trocknen:* sich nach dem Bad mit einem Handtuch abreiben

Ạb·rei·bung *die* <-, -en> ❶ */kein Plur./ das Abreiben* ❷ *(umg.: ≈ Prügel)* ■ **eine Abreibung kriegen** *Prügel bekommen;* ■ **jemandem eine Abreibung verpassen** *jmdn. verprügeln*

Ạb·rei·se *die* <-, -n> *(↔ Anreise) der Vorgang, dass jmd. von einem Ort wegreist:* bis zur Abreise noch den Koffer packen müssen ◆ -datum, -termin

ạb·rei·sen <reist ab, reiste ab, ist abgereist> *ohne OBJ* ■ *jmd. reist ab (↔ anreisen) von einem Ort wegreisen:* Die Gäste reisen am Freitag ab.

Ạb·rei·se·tag *der* <-(e)s, -e> *Tag der Abreise*

ạb·reiß·bar *adj /nicht steig./ so, dass man es abreißen kann*

ạb·rei·ßen <reißt ab, riss ab, hat/ist abgerissen> I. *mit OBJ (haben)* ❶ ■ *jmd. reißt etwas ab (≈ niederreißen)* ein Gebäude zerstören; die alten Häuser abreißen ❷ ■ *jmd. reißt etwas (von etwas Dat.) ab durch Reißen abtrennen:* ein Kalenderblatt abreißen II. *ohne OBJ (sein)* ■ *etwas reißt ab* ❶ *unter Belastung entzweigehen oder zerreißen:* Der Aufhänger/der Knopf ist abgerissen. ❷ *unterbrochen werden:* Der Besucherstrom/die Funkverbindung riss nicht ab.

Ạb·reiß·ka·len·der *der* <-s, -> *Kalender mit Blättern, die man abreißt I.2*

Ạb·reiß·per·fo·ra·ti·on *die* <-, -en> *eine gestanzte oder gelöcherte Linie, an der man etwas leichter abreißen I.2 kann*

ạb·rei·ten *mit OBJ* ■ *jmd. reitet etwas ab eine Strecke auf einem Pferd entlangreiten:* Der Sheriff hatte das ganze Gelände abgeritten, doch von den Viehdieben fand er keine Spur.

ạb·ren·nen <rennst ab, rannte ab, ist abgerannt> I. *mit OBJ* ■ *jmd. rennt etwas ab auf der Suche nach etwas zu verschiedenen Orten oder Personen gehen:* Um ein schönes Geburtstagsgeschenk zu finden, rannte er die ganze Stadt abgerannt. II. *mit SICH* ■ *jmd. rennt sich ab (umg.: ≈ abhetzen) sich sehr beeilen:* sich abrennen, um einen Zug noch zu erreichen

ạb·rich·ten *mit OBJ* ■ *jmd. richtet ein Tier ab (≈ dressieren) ein Tier lehren, ein bestimmtes Verhalten zu zeigen:* einen Hund abrichten ▶ Abrichter, Abrichterin, Abrichtung

Ạb·rieb *der* <-(e)s, -e> */kein Plur./ Abnutzung eines Reifens o. Ä. durch Reibung*

ạb·rieb·fest *adj /nicht steig./ so, dass etwas nicht zu schnell abgerieben wird oder sich durch Reiben löst* ▶ Abriebfestigkeit

ạb·rie·geln <riegelst ab, riegelte ab, hat abgerie­gelt> *mit OBJ* ■ *jmd. riegelt etwas ab (≈ absperren) den Zugang zu etwas versperren:* Der Marktplatz wurde (von der Polizei) weiträumig abgeriegelt; Sicherheitskräfte riegelten das Flughafengelände ab. ▶ Abriegelung/Abrieglung

Ạb·riss *der* <-es, -e> ❶ */kein Plur./ das Niederreißen (von Gebäuden)* ◆ -arbeiten, -bagger, -firma, -förderung, -genehmigung, -grundstück, -haus, -kante, -kosten, -kugel, -unternehmen, -verfügung ❷ *(≈ Übersicht) eine kurze Darstellung einer Sache:* ein Abriss der europäischen Geschichte

Ạb·riss·bir·ne *die* <-, -n> *eine Art große Metallkugel, die beim Abriss eines Gebäudes von einem Kran o. Ä. gegen die Mauern geschlagen wird*

ạb·rol·len <rollst ab, rollte ab, hat/ist abgerollt> I. *mit OBJ (haben)* ■ *jmd. rollt etwas ab* ❶ *etwas, das aufgerollt ist, abwickeln:* ein Kabel abrollen ❷ *beim Gehen zuerst die Ferse und dann die Zehen aufsetzen:* den Fuß abrollen II. *ohne OBJ (sein)* ■ *etwas rollt ab* ❶ *an eine Stelle wegrollen:* Das Flugzeug rollt zum Start ab. ❷ *sich ereignen, verlaufen, sich abspielen:* Die Feier ist ohne Probleme abgerollt. III. *mit SICH* ■ *jmd. rollt sich ab mit dem Körper eine Bewegung machen, bei der man den Körper dreht und auf dem Boden nach vorne rollt, um z.B. einen Aufprall abzuschwächen:* Als Abschluss der Turnübung muss man sich abrollen.

Ạb·roll·kos·ten *die* <-> *Plur. (fachspr.) Kosten für die Abholung und den Transport von Frachtgut*

ạb·rub·beln <rubbelst ab, rubbelte ab, hat abge­rubbelt> *mit OBJ* ❶ ■ *jmd. rubbelt etwas ab etwas kräftig reiben und dadurch die oberste Schicht entfernen* ❷ ■ *jmd. rubbelt jmdn./sich ab jmdn. oder sich mit einem Handtuch kräftig abtrocknen:* Nach dem Schwimmen rubbelte er sich kräftig ab.

A

ab·rü·cken <rückst ab, rückte ab, ist/hat abgerückt> **I.** *mit OBJ (haben)* ▪ *jmd. rückt etwas ab etwas von einer Stelle wegrücken:* den Stuhl vom Tisch abrücken; das Bett von der Wand abrücken **II.** *ohne OBJ (sein)* ❶ ▪ *jmd. rückt von jmdm./ etwas ab auf eine größere Entfernung zu jmdm. oder etwas gehen:* auf der Bank von seinem Nachbarn abrücken; von seiner Meinung abrücken ❷ ▪ *jmd. rückt ab (umg.) nach Erledigung einer Aufgabe einen Ort (mit all seiner Ausrüstung) wieder verlassen:* Als wir die Brandstelle erreichten, rückte die Feuerwehr bereits wieder ab.

Ab·ruf ▪ *auf Abruf so, dass man bereit ist, sofort einer Aufforderung zu folgen* ▸ abrufbereit

ab·ru·fen <rufst ab, rief ab, hat abgerufen> *mit OBJ* ▪ *jmd. ruft etwas ab* EDV *auf gespeicherte Daten zugreifen:* Informationen aus dem Internet/ dem Speicher abrufen

ab·run·den *mit OBJ* ▪ *jmd. rundet etwas ab* ❶ TECHN. *rund machen:* die Ecken des Werkstücks durch Schleifen abrunden; abgerundete Gehäusekanten ❷ *(≈ vervollkommnen) vollenden, indem man das letzte noch fehlende Detail hinzufügt:* einen Abend/einen Eindruck/den Geschmack einer Speise abrunden ❸ MATH. *(↔ aufrunden) einen Betrag auf den nächstkleineren Zehner oder Hunderter usw. verringern:* 1022 Euro auf 1020 Euro abrunden ▸ Abrundung

ab·rüs·ten **I.** *mit OBJ* ▪ *jmd. rüstet etwas ab* ❶ MILIT. *(↔ aufrüsten) die Anzahl der bestehenden Waffen verringern:* Atomwaffen abrüsten ❷ *(↔ einrüsten) ein Gerüst entfernen:* eine Fassade/ein Haus abrüsten **II.** *ohne OBJ* ▪ *jmd. rüstet ab Waffenarsenale verkleinern:* Die Supermächte haben abgerüstet.

Ab·rüs·tung *die* <-> /kein Plur./ MILIT. *das Abrüsten II* ♦ -sabkommen, -skonferenz, -spolitik, -svertrag

ab·rupt *adj (≈ plötzlich) so, dass es sehr schnell und ohne Vorwarnung geschieht:* abrupt anhalten ▸ Abruptheit

Ab·rüs·tungs·kon·fe·renz *die* <-, -en> *Konferenz, auf der Fragen der Abrüstung diskutiert werden*

ab·rut·schen *ohne OBJ* ❶ ▪ *jmd. rutscht (von etwas Dat.) ab keinen festen Halt mehr finden und nach unten rutschen:* mit dem Fuß von einer Stufe abrutschen; Nach tagelangen Regenfällen ist der Hang abgerutscht. ❷ ▪ *jmd. rutscht ab (umg.) (moralisch oder leistungsmäßig) schlechter werden:* Sie ist in Mathematik ziemlich abgerutscht.; In schlechter Gesellschaft rutscht man schnell ab.

Ab·ruz·zen <-> Plur. ❶ *Gebiet im südlichen Mittelitalien* ❷ *Abruzzischer Apennin*

Abs. *Abkürzung von „Absender"*

ab·sä·beln <säbelst ab, säbelte ab, hat abgesäbelt> *mit OBJ* ▪ *jmd. säbelt etwas ab (umg.: ≈ abschneiden)* Wurst mit einem Taschenmesser absäbeln

ab·sa·cken <sackst ab, sackte ab, ist abgesackt> *ohne OBJ (umg.)* ▪ *jmd./etwas sackt ab* ❶ *sich plötzlich nach unten bewegen:* Der Boden/das Flugzeug sackt ab. ❷ *sich leistungsmäßig sehr ver-*

schlechtern: in der Schule absacken ❸ *plötzlich weniger werden:* Ihr Blutdruck/Die Temperatur sackt ab.

Ab·sa·ge *die* <-, -n> ❶ *(↔ Zusage) der Vorgang, dass jmd. sagt, er werde etwas nicht tun:* Ich habe auf meine Einladung nur Absagen erhalten.; Drei der eingeladenen Professoren haben uns Absagen geschickt. ❷ *der Vorgang, dass jdm. klar seine Ablehnung zum Ausdruck bringt:* Der Parteivorsitzende hat in seiner Rede jeglichem Extremismus eine klare Absage erteilt.

ab·sa·gen **I.** *mit OBJ* ▪ *jmd. sagt etwas ab sagen, dass man etwas nicht tun wird:* Leider muss er den Termin absagen.; Das Treffen ist wegen Krankheit abgesagt worden. **II.** *ohne OBJ* ▪ *jmd. sagt (jmdm.) ab sagen, dass man zu einem Treffen nicht kommen kann:* Für morgen muss ich (dir) leider absagen.

ab·sä·gen *mit OBJ* ❶ ▪ *jmd. sägt etwas ab durch Sägen abtrennen:* die störenden Äste absägen ❷ ▪ *jmd. sägt jmdn. ab (umg.) aus dem Amt entfernen oder eine Kandidatur auf ein Amt verhindern:* Mit welchen Argumenten hat man den Kandidaten abgesägt?

ab·sah·nen *mit OBJ/ohne OBJ* ▪ *jmd. sahnt (etwas) ab* ❶ *(≈ abrahmen) von der Milch den Rahm entfernen:* die Milch absahnen ❷ *(umg. abwert.) (unberechtigt) große Vorteile erlangen:* Sie hat bei der Erbschaft ganz schön (viel Geld) abgesahnt.

Ab·sah·ner *der*, **Ab·sah·ne·rin** <-s, -> *(umg. abwert.) jmd., der bei etwas absahnt*[2]

ab·sat·teln *mit OBJ* ▪ *jmd. sattelt ein Tier ab den Sattel von einem Tier nehmen:* ein Pferd absatteln

Ab·satz *der* <-es, Absätze> ❶ *erhöhter hinterer Teil der Schuhsohle:* Damenschuhe mit flachen/ hohen Absätzen ♦ Gummi-, Pfennig-, Stiefel- ❷ WIRTSCH. *der Verkauf von Waren:* den Absatz ankurbeln/fördern/steigern/verdoppeln ♦ -flaute, -förderung, -garantie, -krise, -markt, -plus, -prognose, -rückgang, -schwierigkeiten, -statistik ❸ *ein (kleiner) leerer Raum in einem gedruckten Text, der einen Sinneinschnitt anzeigt:* einen Absatz machen

Ab·satz·ren·ner *der* <-s, -> *ein Artikel, der sich überaus gut und besser als alle anderen verkauft:* Sonnencreme war der Absatzrenner in diesem heißen, sonnigen Sommer.

Ab·saug·an·la·ge *die* <-, -n> *Anlage zum Absaugen von Dämpfen, Rauch o. Ä.*

ab·sau·gen *mit OBJ* ▪ *jmd. saugt etwas ab durch Saugen etwas von einer Stelle entfernen:* Krümel vom Teppich absaugen

ab·scha·ben *mit OBJ* ▪ *jmd. schabt etwas (von etwas Dat.) ab durch Schaben entfernen*

ab·schaf·fen <schaffst ab, schaffte ab, hat abgeschafft> *mit OBJ* ▪ *jmd. schafft etwas ab* ❶ *außer Kraft setzen:* ein Gesetz/eine Vorschrift abschaffen ❷ *sich von etwas trennen oder etwas beseitigen:* das eigene Auto/alle Autos überhaupt abschaffen

Ab·schaf·fung *die* <-> /kein Plur./ *(↔ Einführung) das Abschaffen:* die Abschaffung von Sonderrechten; die Abschaffung der Monarchie in einem Staat

ạb·schä·len <schälst ab, schälte ab, hat abgeschält> *mit OBJ* ■ *jmd. schält etwas ab von etwas die Schale oder Rinde entfernen:* die Rinde von einem Baum/einen Apfel abschälen

Ạb·schalt·au·to·ma·tik *die* <-, -en> *(↔ Einschaltautomatik) Automatik, durch die ein Gerät nach einer bestimmten Zeit selbstständig abgeschaltet wird:* ein Bügeleisen/eine Kaffeemaschine mit Abschaltautomatik

ạb·schal·ten I. *mit OBJ* ■ *jmd. schaltet etwas ab den Schalter so stellen, dass ein Gerät nicht mehr in Betrieb ist bzw. dass kein Strom mehr fließt:* ein Gerät/eine Maschine/den Strom abschalten **II.** *ohne OBJ (umg.)* ■ *jmd. schaltet ab* ❶ *nicht mehr bei der Sache sein:* Der normale Zuhörer hat da schon längst abgeschaltet. ❷ *(≈ entspannen)* In den Ferien will ich einmal richtig abschalten.

ạb·schat·tie·ren <schattierst ab, schattierte ab, hat abschattiert> *mit OBJ* ■ *jmd. schattiert etwas ab Objekte auf einem Bild mit Schatten versehen, um sie hervorzuheben* ▶ Abschattierung

ạb·schät·zen <schätzt ab, schätzte ab, hat abgeschätzt> *mit OBJ* ■ *jmd. schätzt etwas ab durch Schätzen die Zahl oder Menge von etwas annähernd bestimmen:* Lässt sich abschätzen, welche Schäden durch den Sturm entstanden sind? ▶ Abschätzung

ạb·schät·zig *adj (≈ geringschätzig/verächtlich ↔ respektvoll) so, dass man zeigt, dass man wenig von jmdm. hält:* abschätzige Bemerkungen/Blicke/Kommentare

ạb·schau·en SÜDDT., ÖSTERR. **I.** *mit OBJ* ■ *jmd. schaut etwas (von jmdm.) ab (≈ abgucken) etwas, das man bei jmdm. gesehen hat, nachahmen:* Das hast du sicher von ihm abgeschaut! **II.** *ohne OBJ* ■ *jmd. schaut ab* SCHULE *(≈ abschreiben) in das Heft eines Schülers, der neben einem sitzt, sehen und dessen Arbeitsergebnisse ins eigene Heft schreiben*

Ạb·schaum *der* <-(e)s> */kein Plur./ (abwert.) der moralisch minderwertigste Teil einer Gruppe:* der Abschaum der Gesellschaft/Menschheit

ạb·schei·den <scheidest ab, schied ab, hat abgeschieden> *mit OBJ* ■ *jmd. scheidet etwas ab* ❶ *(fachspr.) etwas von etwas trennen* ▶ Abscheider ❷ *(≈ abgeben, ausscheiden) Eine Wunde scheidet Flüssigkeit ab.*

Ạb·scheu *der/die* <-> */kein Plur./ (≈ Ekel) starker Widerwillen:* vor etwas Abscheu empfinden/haben

ạb·scheu·ern <scheuerst ab, scheuerte ab, hat abgescheuert> **I.** *mit OBJ* ■ *jmd. scheuert etwas ab etwas durch Scheuern säubern:* den Boden/den Dreck abscheuern **II.** *mit SICH* ■ *etwas scheuert sich ab etwas nutzt sich durch ständiges Reiben ab:* Der Kragen an der Jacke hat sich abgescheuert.

ạb·scheu·er·re·gend, *a.* **Ạb·scheu er·re·gend** *adj so, dass etwas Abscheu erregt*

ạb·scheu·lich *adj (≈ widerlich) so, dass man großen Ekel davor haben muss:* abscheuliche Kriegs-

verbrechen/Szenen/Taten/Verbrechen ▶ Abscheulichkeit

ạb·schi·cken <schickst ab, schickte ab, hat abgeschickt> *mit OBJ* ■ *jmd. schickt etwas ab eine Nachricht durch die Post oder ein elektronisches System auf den Weg zum Empfänger bringen:* den Brief/die E-Mail/das Paket abschicken

Ạb·schie·be·hin·der·nis *das* <-ses, -se> *Grund, der gegen die Abschiebung einer Person spricht*

ạb·schie·ben <schiebst ab, schob ab, hat/ist abgeschoben> **I.** *mit OBJ (haben)* ❶ ■ *jmd. schiebt etwas ab (≈ wegschieben) den Tisch von der Wand abschieben; die Arbeit/die Schuld auf andere abschieben* ❷ ■ *jmd. schiebt jmdn. ab* POL. *(auf gerichtlichen Beschluss) außer Landes schicken:* abgelehnte Asylbewerber in ihr Heimatland abschieben **II.** *ohne OBJ (sein)* ■ *jmd. schiebt ab (umg. scherzh.) weggehen:* Schieb endlich ab, Mann!

Ạb·schie·be·pra·xis *die* <-, -praktiken> POL. *Art und Weise, wie Asylbewerber oder Flüchtlinge abgeschoben I.2 werden:* die Abschiebepraktiken wurden kritisch betrachtet.

Ạb·schie·be·stopp *der* <-s> */kein Plur./* POL. *behördliches Verbot zum Abschieben (bestimmter) Asylbewerber oder Flüchtlinge*

Ạb·schie·bung *die* <-, -en> *das Abschieben I.2:* die Abschiebung von Flüchtlingen

Ạb·schied *der* <-(e)s, (-e)> *der Vorgang, dass eine Person von einer anderen Person oder Institution weggeht:* Zum Abschied schenkte sie der Abteilung dem ausscheidenden Kollegen eine Flasche Wein und einen Blumenstrauß.; beim Abschied traurig/wehmütig sein; Ich wollte noch Abschied nehmen, doch er war schon weg. ◆ -sbesuch, -sbrief, -sessen, -sfeier, -sgeschenk, -sgesuch, -sgruß, -skuss, -srede, -sschmerz, -sspiel, -sstunde, -sszene, -swort

Ạb·schieds·vor·stel·lung *die* <-, -en> *letzte Vorstellung eines Schauspielers*

ạb·schie·ßen <schießt ab, schoss ab, hat abgeschossen> *mit OBJ* ❶ ■ *jmd. schießt etwas ab (≈ abfeuern) eine Feuerwaffe betätigen und einen Schuss abgeben* ❷ ■ *jmd. schießt etwas ab (≈ starten) eine Rakete abschießen* ❸ ■ *jmd. schießt etwas ab durch Schießen töten oder vernichten:* ein Flugzeug/ein Reh abschießen ❹ ■ *jmd. schießt jmdn. etwas ab jmdm. durch einen Schuss ein Körperteil abtrennen:* Im Krieg wurde ihm ein Arm abgeschossen. ❺ ■ *jmdn. schießt jmdn. ab (umg.) bewirken, dass jmd., der ein hohes Amt innehat, dieses Amt aufgeben muss:* Nach der Wahl hat die Partei den Politiker abgeschossen.; ■ *jemand schießt (mit etwas) den Vogel ab (umg.) jmd. übertrifft (mit etwas) alles, was vorher da gewesen ist, oder fällt durch etwas besonders auf* Mit ihrem neuen Kleid hat sie ja mal wieder den Vogel abgeschossen!

ạb·schir·men *mit OBJ* ■ *jmd. schirmt jmdn./etwas (vor jmdm./etwas) ab vor äußeren Einflüssen schützen:* Der sympathische Sportler ist heute ein Superstar, der bei öffentlichen Auftritten von Bodyguards abgeschirmt wird. ▶ Abschirmung

ạb·schir·ren <schirrst ab, schirrte ab, hat abge-

A

schirrt> *mit OBJ einem Pferd das Geschirr abnehmen*

ạb·schlach·ten *mit OBJ* ▪ *jmd. schlachtet jmdn. ab (abwert.) grausam töten:* Im Krieg wurden tausende Menschen sinnlos abgeschlachtet. ▸Abschlachtung

ạb·schlaf·fen <schlaffst ab, schlaffte ab, ist abgeschlafft> *ohne OBJ* ▪ *jmd. schlafft ab (umg.) müde oder bequem werden*

Ạb·schlag *der* <-(e)s, Abschläge> ❶ *Teilzahlung (von Lohn, Gehalt, Honorar, Gebühren):* vor Beendigung der Arbeit einen Abschlag erhalten; den monatlichen Abschlag für Strom und Wasser erhöhen ❷ SPORT *im Fußball der Vorgang, dass von Tor aus der Torwart den Ball mit der Hand ins Spielfeld wirft* ❸ SPORT *Fläche zum Abschlagen des Balles vor einem Loch beim Golf* ❹ WIRTSCH. *Preissenkung, Preisnachlass*

ạb·schla·gen <schlägst ab, schlug ab, hat abgeschlagen> *mit OBJ* ❶ ▪ *jmd. schlägt etwas ab durch Schlagen abtrennen:* einen toten Ast vom Baum abschlagen ❷ ▪ *jmd. schlägt jmdm. etwas ab (≈ verweigern) jmds. Wunsch nicht erfüllen:* dem Sohn keine Bitte/einen Wunsch abschlagen

ạb·schlä·gig *adj /nicht steig./* ▪ AMTSSPR. ▪ *etwas abschlägig bescheiden etwas ablehnen, nicht genehmigen* Sein Antrag wurde abschlägig beschieden

Ạb·schlags·zah·lung *die* <-, -en> (≈ Teilzahlung)

ạb·schle·cken <schleckst ab, schleckte ab, hat abgeschleckt> *mit OBJ* ▪ *jmd. schleckt etwas ab (umg.: ≈ ablecken)*

ạb·schlei·fen <schleifst ab, schliff ab, hat abgeschliffen> *mit OBJ* ▪ *jmd. schleift etwas ab durch Schleifen glätten:* die überstehenden Kanten abschleifen

Ạb·schlepp·dienst *der* <-es, -e> *Firma, die defekte Kraftfahrzeuge abschleppt*

ạb·schlep·pen I. *mit OBJ* ❶ ▪ *jmd. schleppt etwas ab ein Auto oder ein anderes Fahrzeug, das defekt ist oder falsch geparkt ist, mit ein spezielles Fahrzeug von einem Ort wegschleppen:* falsch geparkte Fahrzeuge abschleppen ❷ ▪ *jmd. schleppt jmdn. ab (umg. abwert.) jmdn., den man gerade in einer Kneipe oder einer Disco kennen gelernt hat, für eine sexuelle Affäre mit zu sich nach Hause nehmen:* Er ist dafür bekannt, dass er nach der Disco immer Mädchen abschleppt. **II.** *mit SICH* ▪ *jmd. schleppt sich (mit etwas Dat.) ab (umg.) sich mit einer schweren Last abmühen:* sich mit zwei schweren Koffern abschleppen

Ạb·schlepp·seil *das* <-(e)s, -e> KFZ *Seil, um ein Kraftfahrzeug an einem anderen zu befestigen und es so hinterherziehen zu können*

Ạb·schlepp·wa·gen *der* <-s, -> KFZ *Wagen, auf dem Fahrzeuge weggebracht werden, weil sie defekt sind und selbst nicht mehr fahren können oder weil sie falsch geparkt sind*

ạb·schließ·bar *adj /nicht steig./ so, dass man etwas abschließen kann*

ạb·schlie·ßen <schließt ab, schloss ab, hat abgeschlossen> **I.** *mit OBJ* ❶ ▪ *jmd. schließt etwas ab mit einem Schlüssel versperren:* das Büro/

den Schrank/das Zimmer abschließen ❷ ▪ *etwas schließt etwas ab umschließen:* etwas luftdicht/wasserdicht abschließen ❸ ▪ *jmd. schließt etwas ab (≈ beenden) eine Arbeit/ein Projekt abschließen ❹ ▪ *jmd. schließt etwas (mit jmdm.) ab (≈ vereinbaren) einen Vertrag/eine Wette abschließen* **II.** *ohne OBJ* ▪ *etwas schließt (mit etwas Dat.) ab (≈ enden) Der Kurs schließt mit einer schriftlichen Prüfung ab.* **III.** *mit SICH* ▪ *jmd. schließt sich ab (≈ abschotten) sich zurückziehen*

ạb·schlie·ßend *adj /nicht steig./ als oder zum Abschluss:* eine abschließende Bemerkung zu einem Thema machen

Ạb·schluss *der* <-es, Abschlüsse> ❶ *das Ende eines Vorgangs oder einer Maßnahme:* Den Abschluss des Seminars bildet ein Besuch in einem Industriebetrieb. ◆-bericht, -erklärung, -kundgebung, -training, -veranstaltung ❷ (≈ Schulabschluss) *das Beenden einer Schul- oder Hochschulausbildung mit einer Prüfung:* Sie hat einen Abschluss in Medizin. ◆-ball, -examen, -feier, -prüfung, -zeugnis, Hauptschul-, Realschul-, Schul-, Studien- ❸ *das Abschließen I.4:* der Abschluss eines Vertrages ◆Geschäfts-, Vertrags- ❹ WIRTSCH. *eine Bilanz, in die alle Gewinne und Verluste eingehen:* der Abschluss des Kontos; den Abschluss machen ◆Jahres-

Ạb·schluss·ar·beit *die* <-, -en> SCHULE *Arbeit oder schriftliche Prüfung, die vor einem Abschluss[2] in Schule oder Beruf geschrieben wird*

ạb·schme·cken <schmeckst ab, schmeckte ab, hat abgeschmeckt> *mit OBJ* ▪ *jmd. schmeckt etwas ab* KOCH. *probieren, ob eine Speise ausreichend gewürzt ist und eventuell nachwürzen:* die Suppe abschmecken

ạb·schmel·zen <schmilzt ab, schmolz ab, hat/ ist abgeschmolzen> **I.** *mit OBJ* ▪ *jmd. schmilzt etwas ab durch Hitze flüssig machen* **II.** *ohne OBJ* ▪ *etwas schmilzt ab durch Schmelzen kleiner werden:* Die Gletscher/Polkappen schmelzen ab.

ạb·schmet·tern <schmetterst ab, schmetterte ab, hat abgeschmettert> *mit OBJ* ▪ *jmd. schmettert etwas ab etwas energisch ablehnen:* ein Anliegen abschmettern

ạb·schmie·ren I. *mit OBJ* ▪ *jmd. schmiert etwas ab* ❶ TECHN. *mit Schmiermittel versehen:* Lager abschmieren ❷ *(umg. abwert.) sehr schlampig abschreiben* **II.** *ohne OBJ* ▪ *etwas schmiert ab* LUFTF. *plötzlich kippen und abstürzen:* Das Flugzeug schmierte aus 100 m Höhe ab.

ạb·schmin·ken *mit SICH* ▪ *jmd. schminkt sich ab Schminke vom Gesicht entfernen:* Vor dem Schlafengehen sollte man sich abschminken.; ▪ *sich etwas abschminken können (umg.) auf etwas verzichten müssen* Den Urlaub kannst du dir abschminken!

Ạb·schmink·mit·tel *das* <-s, -> *kosmetisches Mittel zum Abschminken*

Ạb·schmink·pad *der* [-pɛt] <-s, -s> *Wattebausch zum Abschminken*

ạb·schnal·len I. *mit OBJ* ▪ *jmd. schnallt etwas ab (↔ anschnallen) etwas, das irgendwo mit*

Schnallen befestigt ist, abnehmen: den Gurt abschnallen **II.** *ohne OBJ* ▪ *jmd.* **schnallt ab** *(umg.) sehr beeindruckt oder völlig überrascht sein:* Da schnallst du ab! **III.** *mit SICH* ▪ *jmd.* **schnallt sich ab** *(↔ anschnallen) den Sicherheitsgurt lösen:* Nach dem Start kann man sich abschnallen.

ab·schnei·den <schneidest ab, schnitt ab, hat abgeschnitten> **I.** *mit OBJ* ▪ *jmd.* **schneidet etwas ab** ❶ *durch Schneiden abtrennen:* eine Scheibe Brot abschneiden ❷ *(≈ unterbinden)* den Nachschub/die Zufuhr abschneiden **II.** *ohne OBJ* ▪ *jmd.* **schneidet irgendwie ab** *ein bestimmtes Resultat erzielen:* bei einer Prüfung durchschnittlich/gut/ hervorragend/miserabel/schlecht abschneiden

ab·schnel·len <schnellst ab, schnellte ab, hat/ist abgeschnellt> *ohne OBJ* ▪ *jmd./etwas* **schnellt ab** *mit einem kurzen, heftigen Stoß zum Fliegen oder in die Höhe kommen:* Ein Pfeil schnellt aus/ von einem Bogen ab; Der Springer schnellte vom Sprungbrett ab.

Ab·schnitt *der* <-(e)s, -e> ❶ *ein bestimmter Teil eines Weges:* Der erste Abschnitt der Strecke ist der schwierigste. ◆ Strecken- ❷ *(≈ Passage) ein bestimmter Teil eines Textes:* Welchen Abschnitt des Texts sollen wir bis morgen lesen? ❸ *(≈ Phase) eine bestimmte Zeit in jmds. Leben:* Mit dem Umzug beginnt ein neuer Abschnitt in ihrem Leben ◆ Lebens-

ab·schnitt(s)·wei·se *adv /nicht steig./ so, dass man sich einen Abschnitt nach dem anderen vornimmt:* einen Text abschnittsweise lesen

ab·schöp·fen *mit OBJ* ▪ *jmd.* **schöpft etwas ab** ❶ *etwas von der Oberfläche einer Flüssigkeit herunternehmen:* das Fett von der Suppe abschöpfen ❷ *(≈ einstreichen) materielle Werte oder Geld in den eigenen Besitz bringen:* Gewinne abschöpfen ▸ Abschöpfung

ab·schot·ten **I.** *mit OBJ* ▪ *jmd.* **schottet jmdn. von etwas** *Akk.* **ab** *bewirken, dass keine äußeren Einflüsse auf jmd. wirken können:* versuchen, die Kinder von den Folgen des Skandals abzuschotten **II.** *mit SICH* ▪ *jmd.* **schottet sich ab** *keine äußeren Einflüsse zulassen und keinen Kontakt haben wollen:* Das Land hat sich über Jahrzehnte abgeschottet.; Die Nachbarn haben sich völlig abgeschottet.; Wenn ich lernen möchte, schotte ich mich am liebsten ab. ▸ Abschottung

ab·schram·men **I.** *mit OBJ* ▪ *jmd.* **schrammt etwas ab** *eine Schicht von etwas abkratzen* **II.** *ohne OBJ* ▪ *jmd.* **schrammt ab** *(umg.) eilig verschwinden:* Danach ist sie beleidigt abgeschrammt.

ab·schrau·ben *mit OBJ* ▪ *jmd.* **schraubt etwas ab** *(↔ anschrauben) etwas, das mit Schrauben befestigt ist, entfernen:* die Garderobe/ein Regal von der Wand abschrauben

ab·schre·cken <schreckst ab, schreckte ab, hat abgeschreckt> *mit OBJ* ▪ *jmd./etwas* **schreckt jmdn. ab** ❶ *von etwas abhalten:* Die hohe Strafe soll mögliche Täter abschrecken.; Die Gefahr eines Krieges schreckt viele Urlauber ab. ❷ KOCH. *(in kaltem Wasser) schnell abkühlen lassen:* die Eier abschrecken

ab·schre·ckend *adj so, dass eine unangenehme*

Konsequenz einer Handlung verhindert, dass andere Menschen in gleicher Weise handeln: ein abschreckendes Beispiel

Ab·schre·ckung *die* <-> *das Abschrecken [1]* ◆ -sfunktion, -smethode, -smittel, -spolitik, -sstrafe, -sstrategie, -sszenario, -stheorie, -svideo, -swaffe

ab·schrei·ben <schreibst ab, schrieb ab, hat abgeschrieben> **I.** *mit OBJ* ▪ *jmd.* **schreibt etwas ab** ❶ *nach einer Vorlage einen Text nochmals schreiben* ❷ WIRTSCH. *den Wert eines Gerätes (wegen Abnutzung) um einen bestimmten Betrag herabsetzen:* ein Auto/eine Maschine abschreiben; ▪ **jemanden/etwas abschreiben (können)** *(umg.) nicht mehr mit jmdm. oder etwas rechnen (können)* Deine Freundin/deine CD kannst du abschreiben, die siehst du so bald nicht wieder! **II.** *ohne OBJ* ▪ *jmd.* **schreibt ab** SCHULE *vom Nachbarn abgucken;* ▪ **jemandem abschreiben** *jmdm. schriftlich absagen*

Ab·schreib·feh·ler *der* <-s, -> *Fehler, der beim Abschreiben [1.1] passiert:* Weil mir ein Abschreibfehler unterlaufen ist, habe ich mir eine falsche Uhrzeit für den Arztbesuch notiert.

Ab·schrei·bung *die* <-, -en> WIRTSCH. *der Betrag, um den der Wert eines Gerätes (wegen Abnutzung) gemindert wird*

ab·schrei·bungs·fä·hig *adj /nicht steig./* WIRTSCH. *so, dass etwas für eine Abschreibung geeignet ist*

Ab·schrift *die* <-, -en> AMTSSPR. *(≈ Kopie) eine Abschrift des Vertrags/des Zeugnisses anfertigen*

ab·schür·fen *mit SICH* ▪ *jmd.* **schürft sich** *Dat.* **etwas ab** *sich durch Reiben auf etwas an der Haut eine oberflächliche Verletzung zuziehen:* sich die Haut am Knie/das Knie abschürfen ▸ Abschürfung

Ab·schür·fung *die* <-, -en> ❶ */kein Plur./ das Abschürfen* ❷ *durch Abschürfung entstandene Wunde*

Ab·schuss *der* <-es, Abschüsse> ❶ *das Zünden und Abfeuern insbesondere von Raketen und Feuerwerkskörpern* ◆ -basis, -ermächtigung, -geschwindigkeit, -plattform, -rampe, -rohr, -winkel ❷ *das Töten insbesondere von Wild durch Schüsse* ◆ -hirsch, -liste, -meldung, -quote, -richtlinien, -zeit

ab·schüs·sig *adj stark geneigt:* eine abschüssige Straße ▸ Abschüssigkeit

ab·schüt·teln <schüttelst ab, schüttelte ab, hat abgeschüttelt> *mit OBJ* ❶ ▪ *jmd.* **schüttelt etwas (von etwas** *Dat.***) ab** *durch Schütteln entfernen:* den Schnee vom Mantel abschütteln ❷ ▪ *jmd.* **schüttelt etwas ab** *durch Schütteln bewirken, dass Schmutzpartikel von etwas abfallen:* den Mantel abschütteln ❸ ▪ *jmd.* **schüttelt jmdn. ab** *loswerden:* einen Verfolger/traurige Gedanken abschütteln

ab·schwä·chen **I.** *mit OBJ* ▪ *jmd. etwas* **schwächt etwas ab** *schwächer machen:* die Kritik/die Wirkung abschwächen ▸ Abschwächung **II.** *mit SICH* ▪ *etwas* **schwächt sich ab** *schwächer werden:* Das Hochdruckgebiet/der Lärm schwächt sich ab. ▸ Abschwächung

ab·schwat·zen <schwatzt ab, schwatzte ab, hat abgeschwatzt> *ohne OBJ* ▪ *jmd.* **schwatzt**

A

jmdm. **etwas ab** (umg.) so auf jmdn. einwirken, dass er einem etwas gibt, das er eigentlich nicht geben wollte: Obwohl jeder nur eine Schokolade bekommen sollte, konnte ich meiner Mutter auch noch ein Stück Kuchen abschwatzen.

ạb·schwei·fen <schweifst ab, schweifte ab, ist abgeschweift> ohne OBJ ■ **jmd. schweift (von etwas** Dat.**) ab** (≈ abkommen) beim Diskutieren über ein Thema von etwas zu reden beginnen, das mit dem Thema nichts zu tun hat: Wenn es um Kosten geht, schweift er gern vom Thema ab und fängt an, von der Kunst zu sprechen. ▸ Abschweifung

ạb·schwem·men mit OBJ ■ **etwas schwemmt etwas ab** (von fließendem Wasser) wegtransportieren: Der Fluss schwemmt Sand und Erde ab.; Der Regen schwemmt den Schmutz von den Häusern ab.

ạb·seh·bar adj /nicht steig./ (≈ vorhersehbar) so, dass man es vorhersehen kann: Es war absehbar, dass er nicht zu der Party kommen würde.

ạb·se·hen <siehst ab, sah ab, hat abgesehen> **I.** mit OBJ ■ **jmd. sieht etwas ab ❶** Folgen vorhersehen können: Es ist abzusehen, dass … **❷** (≈ abschauen) beobachten und nachahmen: (von) jemandem bestimmte Verhaltensweisen absehen **II.** ohne OBJ ■ **jmd. sieht (von etwas** Dat.**) ab** auf etwas verzichten, was einem zustehen würde: Wir sehen von einer Anzeige ab.; siehe auch **abgesehen**

ạb·sei·hen <seihst ab, seihte ab, hat abgeseiht> mit OBJ ■ **jmd. seiht etwas ab** eine Substanz in ein Sieb geben, um die Flüssigkeit von den festen Stoffen zu trennen: gekochte Nudeln abseihen

Ạb·sei·te die <-, n> **❶** linke Seite oder Rückseite eines Stoffes **❷** Rückseite eines Gebäudes

ạb·sei·tig adj **❶** abseits gelegen; etwas außerhalb eines Bereiches liegend: eine abseitige Straße; ein abseitiges Haus **❷** (übertr.) abseitige Gedanken/ Vorlieben/Vorstellungen ▸ Abseitigkeit

Ạb·seits das <-> /kein Plur./ SPORT regelwidrige Spielerposition im Fußball: Der Stürmer stand im Abseits. ◆ -falle, -position, -regel, -stellung, -tor **❷** Bereich, der nicht beachtet oder als wichtig erachtet wird: sich nicht ins Abseits drängen lassen; Menschen, die im Abseits stehen

ạb·seits präp + Gen. von etwas entfernt: abseits der Straße

ạb·seits·ste·hen <stehst abseits, stand abseits, hat abseitsgestanden> ohne OBJ (sein) ■ **jmd. steht abseits ❶** entfernt, alleine stehen: Auf der Party stand er immer sehr abseits. **❷** SPORT in regelwidriger Positon beim Fußball stehen: Bei diesem Angriff haben gleich mehrere Spieler abseitsgestanden.

ạb·seits·sit·zen <sitzt abseits, saß abseits, hat abseitsgesessen> ohne OBJ (sein) ■ **jmd. sitzt abseits** entfernt, alleine sitzen: Während des Vortrags hat sie in der letzten Reihe sehr abseitsgesessen.

Ạb·seits·tor das <-(e)s, -e> SPORT Tor, das aus dem Abseits[1] geschossen wurde

ạb·sen·den <sendest ab, sandte ab, hat abgesandt> mit OBJ ■ **jmd. sendet etwas ab** (≈ ab-

schicken) einen Brief, ein Päckchen, eine Nachricht o. Ä. abschicken ▸ Absendung

Ạb·sen·der der, **Ạb·sen·de·rin** <-s, -> **❶** jmd., der etwas absendet **❷** Namen und Adresse eines Absenders[1], die auf einen Briefumschlag geschrieben sind: Man kann den Absender nicht entziffern.

Ạb·sen·ker der <-s, -> BOT. Ableger einer Pflanze, der auf bestimmte Weise eingepflanzt ist

Ạb·sen·kung die <-, -en> der Vorgang, dass etwas niedriger wird

ạb·setz·bar adj /nicht steig./ WIRTSCH. so, dass man es vom zu versteuernden Einkommen abziehen kann: steuerlich absetzbar sein

ạb·set·zen <setzt ab, setzte ab, hat abgesetzt> **I.** mit OBJ **❶** ■ **jmd. setzt etwas ab** (≈ abnehmen) den Hut absetzen **❷** ■ **jmd. setzt etwas ab** (≈ verkaufen) Waren absetzen ▸ Absatz **❸** ■ **jmd. setzt jmdn. ab** (≈ entmachten) jmdm. sein (politisches) Amt wegnehmen: einen Präsidenten absetzen **❹** ■ **jmd. setzt jmdn. irgendwo ab** anhalten und jmdn. aussteigen lassen: den Fahrgast (vor seiner Wohnung) absetzen **❺** ■ **jmd. setzt etwas von etwas** Dat. **ab** etwas Angekündigtes absagen: ein Stück (vom Spielplan)/einen Punkt von der Tagesordnung absetzen **❻** ■ **jmd. setzt etwas von etwas** Dat. **ab** WIRTSCH. vom zu versteuernden Einkommen abziehen: das Auto von der Steuer absetzen **❼** ■ **jmd. setzt etwas ab** MED. ein Medikament nicht länger nehmen **II.** ohne OBJ ■ **jmd. setzt ab** nicht weitersprechen **III.** mit SICH **❶** ■ **etwas setzt sich irgendwo ab** (≈ ablagern) an eine Stelle gelangen und dortbleiben und an Menge zunehmen: Der Sand setzt sich im Flussbett ab. **❷** ■ **jmd. setzt sich an einen Ort ab** unbemerkt an einen bestimmten Ort gehen und dann nicht mehr auffindbar sein: Der Betrüger setzte sich ins Ausland ab.

ạb·si·chern I. mit OBJ ■ **jmd. sichert etwas ab** sicher machen: eine Baustelle/Gefahrenstelle absichern **II.** mit SICH ■ **jmd. sichert sich (gegen etwas** Akk.**) ab** sich vor negativen Folgen schützen: sich gegen etwas (vertraglich) absichern ▸ Absicherung

Ạb·sicht die <-, -en> der Bewusstseinszustand, dass man etwas will: Das war keine böse Absicht!; Das hast du doch mit Absicht gemacht!; War das Absicht oder Zufall?; ■ **nicht in jemandes Absicht liegen** von jmdm. nicht gewollt sein; ■ **ernste Absichten (auf jemanden) haben** jmdn. heiraten wollen ◆ -sanalyse, -sanfechtung, -serklärung, -sprovokation, Rede-, Selbstmord-, Tötungs-

ạb·sicht·lich adj /nicht steig./ mit Absicht: Er hat sie absichtlich übersehen. ▸ Absichtlichkeit

ạb·sichts·los adj /nicht steig./ (≈ unabsichtlich) ohne Absicht

ạb·si·ckern <sickerst ab, sickerte ab, ist abgesickert> ohne OBJ ■ **etwas sickert ab** langsam abfließen: Das Wasser sickert ab.

ạb·sin·gen <singst ab, sang ab, hat abgesungen> mit OBJ/ohne OBJ ■ **jmd. singt (etwas) ab** singen und dabei die Noten von einem Blatt ablesen: ein Lied von einem Blatt absingen; Er konnte nur vom Blatt absingen, denn ohne Noten sang er die Melodie niemals richtig.

ab·sit·zen <sitzt ab, saß ab, hat/ist abgesessen> **I.** *ohne OBJ (sein)* ▪ *jmd. sitzt ab von einem Reittier absteigen:* vom Pferd absitzen **II.** *mit OBJ (haben)* ▪ *jmd. sitzt etwas ab (umg.) pflichtgemäß, aber meist widerwillig eine bestimmte Zeit an einem Ort anwesend sein:* seine Strafe im Gefängnis absitzen; seine Zeit in der Schule absitzen

ab·so·lut *adj /nicht steig./ ohne Einschränkung:* absolut sicher sein; mit absoluter Mehrheit die Wahl gewinnen; den absoluten Willen zu etwas haben ▸ Absolutheit

Ab·so·lu·ti·on *die* <-, -en> ❶ REL. *Lossprechung von Sünden nach der Beichte:* jemandem Absolution erteilen ❷ RECHTSW. *Freisprechung vor Gericht*

Ab·so·lu·tis·mus *der* <-> */kein Plur./* ❶ *die Staatsform, bei der ein Einzelner unbeschränkte Macht ausübt* ❷ *Epochenbezeichnung für das 17. und 18. Jahrhundert in Europa* ▸ absolutistisch

Ab·sol·vent *der,* **Ab·sol·ven·tin** <-en, -en> *jmd., der eine Schule o. Ä. erfolgreich abgeschlossen hat:* Absolventen eines Studiengangs/einer Universität ◆ Hochschul-

ab·sol·vie·ren <absolvierst, absolvierte, hat absolviert> *mit OBJ* ▪ *jmd. absolviert etwas (erfolgreich) durchlaufen:* die Universität absolvieren; täglich ein bestimmtes Trainingsprogramm absolvieren; Sie absolviert ein Traineeprogramm. ▸ Absolvierung

ab·son·der·lich *adj (abwert.) so, dass es stark vom Gewöhnlichen abweicht* ▸ Absonderlichkeit

ab·son·dern <sonderst ab, sonderte ab, hat abgesondert> **I.** *mit OBJ* ▪ *jmd. sondert etwas ab (≈ ausscheiden) eine Körperflüssigkeit aus dem Körper gelangen lassen:* Flüssigkeit/Schleim absondern **II.** *mit SICH* ▪ *jmd. sondert sich von jmdm. ab den Umgang mit anderen meiden:* sich von der Gruppe absondern ▸ Absonderung

Ab·sor·ber *der* <-s, -> TECHN. *Gerät, das etwas absorbiert*

ab·sor·bie·ren [apzɔr'biːrən] <absorbierst, absorbierte, hat absorbiert> *mit OBJ* ▪ *etwas absorbiert etwas (↔ reflektieren) in sich aufnehmen:* Licht absorbieren ▸ Absorption

Ab·sorp·ti·ons·ver·mö·gen *das* <-s> */kein Plur./ die Fähigkeit, etwas zu absorbieren*

ab·spal·ten <spaltest ab, spaltete ab, hat abgespaltet/abgespalten> **I.** *mit OBJ* ▪ *etwas spaltet etwas ab* CHEM. *aus eine Verbindung herauslösen:* Bei der Reaktion wird Sauerstoff abgespaltet. **II.** *mit SICH* ▪ *jmd./etwas spaltet sich von etwas Dat. ab sich als ehemaliger Teil von etwas selbstständig machen:* Die Gruppe hat sich von der Partei abgespalten. ▸ Abspaltung

Ab·spann *der* <-(e)s, -e> FILM, TV *der Text, der am Ende eines Films abläuft und unter anderem Informationen über die Schauspieler, den Regisseur und den Autor enthält*

ab·span·nen *mit OBJ* ▪ *jmd. spannt ein Tier ab (↔ anspannen) einem Tier das Geschirr abnehmen:* die Pferde abspannen

Ab·spann·seil *das* <-(e)s, -e> TECHN. *Seil zum Halten von hochaufragenden Masten*

Ab·span·nung *die* <-> */kein Plur./ (≈ Erschöpfung) der Zustand einer starken körperlichen und geistigen Ermüdung*

ab·spa·ren ▪ *sich etwas vom Munde absparen unter großer Mühe für etwas sparen* Diese Studienreise habe ich mir vom Munde abgespart.

ab·spei·chern <speicherst ab, speicherte ab, hat abgespeichert> *mit OBJ/ohne OBJ* ▪ *jmd. speichert (etwas) (irgendwo) ab* EDV *Daten auf einen Datenträger schreiben lassen:* Veränderungen automatisch in einer Sicherungsdatei abspeichern; auf Diskette/auf der Festplatte/auf CD-ROM abspeichern; Er möchte auf keinen Fall gestört werden, wenn er gerade abspeichert.

ab·spens·tig ▪ *jemanden etwas/den Freund/ die Freundin abspenstig machen jmdm. etwas/den Freund/die Freundin wegnehmen*

ab·sper·ren *mit OBJ* ▪ *jmd. sperrt etwas ab* ❶ SÜDDT., ÖSTERR. *(≈ zusperren) mit einem Schloss bewirken, dass man etwas nicht öffnen kann:* die Tür/das Zimmer absperren ❷ *mit bestimmten Mitteln dafür sorgen, dass man nicht mehr an einen bestimmten Ort betreten kann:* ein Gelände absperren

Ab·sper·rung *die* <-, -en> ❶ *das Absperren*[2] ❷ *eine Barriere, mit der etwas abgesperrt*[2] *ist:* Demonstranten durchbrachen die Absperrung; durch/hinter eine Absperrung gelangen

ab·spie·len **I.** *mit OBJ* ▪ *jmd. spielt etwas ab* ❶ *durch ein Wiedergabegerät wiedergeben lassen:* eine CD/einen Film/eine Schallplatte/ein Tonband abspielen ❷ SPORT *den Ball einem anderen Mitspieler zuspielen:* Warum spielt er denn nicht ab? **II.** *mit SICH* ▪ *etwas spielt sich ab sich ereignet:* Es müssen sich damals unglaubliche Szenen abgespielt haben.

Ab·spiel·ge·rät *das* <-(e)s, -e> *Gerät zum Abspielen von Tonträgern wie Schallplatten, Musikcassetten, Tonbändern u.Ä.*

Ab·spra·che *die* <-, -n> *(≈ Übereinkunft) der Sachverhalt, dass zwei oder mehrere Personen etwas vereinbart haben:* Nach Absprache mit Herrn Müller nehme ich mir morgen einen Tag frei.; etwas in Absprache mit jemandem regeln ◆ Geheim-

ab·spre·chen <sprichst ab, sprach ab, hat abgesprochen> **I.** *mit OBJ* ❶ ▪ *jmd. spricht etwas (mit jmdm. ab) (≈ vereinbaren) einen Termin jemandem absprechen;* War diese Aktion mit der Geschäftsleitung abgesprochen? ❷ ▪ *jmd. spricht jmdm. etwas ab (≈ aberkennen) behaupten, dass jmd. etwas nicht hat:* jemandem ein Recht absprechen; Seine Fähigkeiten kann man ihm nicht absprechen. **II.** *mit SICH* ▪ *jmd. spricht sich (mit jmdm.) ab bei der Planung oder Organisation von etwas mit anderen Beteiligten sprechen, um eine für alle sinnvolle Lösung zu erzielen:* sich mit den Kollegen wegen der Urlaubsplanung absprechen

ab·sprei·zen <spreizt ab, spreizte ab, hat abgespreizt> *mit OBJ* ▪ *jmd. spreizt etwas ab* ❶ *ein Körperteil seitwärts (von der Körpermitte) wegstrecken:* einen Arm/ein Bein/einen Finger abspreizen ❷ BAUW. *Bauteile so stellen, dass sie sich gegenseitig stützen*

ab·spren·gen *mit OBJ* ▪ *jmd. sprengt etwas ab*

durch Sprengen Stücke von einem Ganzen abtrennen

ạb·sprin·gen <springst ab, sprang ab, ist abgesprungen> ohne OBJ ■ **jmd. springt von etwas** Dat. **ab** ❶ aus oder von etwas springen: vom fahrenden Zug abspringen ❷ (umg.) seine Zusage zurückziehen: im letzten Moment von einem Vorhaben abspringen

ạb·sprit·zen <spritzt ab, spritzte ab, hat abgespritzt> I. mit OBJ ■ **jmd. spritzt etwas ab** Wasser auf etwas spritzen, um es zu reinigen: die Pflanzen/den Schmutz von einer Fläche abspritzen II. ohne OBJ (von Flüssigkeiten) mit Druck von etwas zurückprallen: Das Wasser spritzt vom Felsen ab. III. mit SICH ■ **jmd. spritzt sich ab** sich mit einem Wasserstrahl reinigen: sich mit dem Wasserschlauch abspritzen

Ạb·sprung der <-(e)s, Absprünge> das Abspringen; ■ **den Absprung schaffen** etwas (gerade noch) rechtzeitig tun oder sich rechtzeitig von etwas lösen Er hat Glück: Seine alte Firma ist pleite gegangen, aber er hatte rechtzeitig den Absprung geschafft.

Ạb·sprung·bal·ken der <-s, -> SPORT Balken, von dem man beim Weitsprung abspringt

ạb·spu·len mit OBJ ■ **jmd. spult etwas ab** ❶ etwas von einer Rolle o. Ä. abwickeln: einen Film/Garn abspulen ❷ (umg. abwert.) lustlos und eintönig darbieten: ein Gedicht/das übliche Programm abspulen

ạb·spü·len mit OBJ ■ **jmd. spült (etwas) ab** (≈ abwaschen) die Gläser/die Hände/das Obst vor dem Essen abspülen; Du musst heute (Geschirr) abspülen.

ạb·stam·men ohne OBJ ■ **jmd. stammt (von etwas/jmdm.) ab** als Vorfahren haben: Die Vorstellung, der Mensch könnte vom Affen abstammen, war in früheren Zeiten ein Schock für viele Menschen. ▸ Abstammung

Ạb·stam·mungs·leh·re die <-, -n> BIOL. Lehre von der Abstammung aller lebenden Organismen auf der Erde

Ạb·stand der <-(e)s, Abstände> ❶ die räumliche oder zeitliche Entfernung, die etwas von etwas hat: Die Steckdosen sind in einem Abstand von jeweils zwei Metern angebracht.; zehn Meter Abstand zum nächsten Fahrzeug halten; sich in regelmäßigen Abständen treffen; ■ **von etwas Abstand nehmen** auf etwas verzichten; ■ **mit Abstand** mit großem Vorsprung Sie ist mit Abstand die Intelligenteste der Klasse. ◆ -sanzeiger, -sassistent, -sblitzer, -sbolzen, -sflächen, -sfunktion, -sgesetz, -smessung, -srechner, -sschraube, -stempomat, -streue, -sunterschreitung, -svereinbarung, -svergehen, -sverstoß, -svorschriften, -swarner, Seiten-, Winkel- ❷ Zurückhaltung gegenüber jmdm. oder etwas: etwas mit Abstand betrachten; bei jemandem auf Abstand gehen ❸ (≈ Ablöse) ein Geldbetrag, den man jmdm. zahlt, wenn man von ihm Möbel o. Ä. übernimmt: Er zahlt dem Vormieter 800 Euro Abstand für die Küche. ◆ -ssumme, -svereinbarung, -szahlung

Ạb·stand·hal·ter der <-s, -> an der Seite eines Fahrrades angebrachter Arm (aus Plastik), der Au-

tofahrer dazu bringen soll, beim Überholen des Fahrradfahrers ausreichend Abstand zu halten.

Ạb·stands·warn·ge·rät das <-(e)s, -e> TECHN. Gerät, das anzeigt, wann ein Abstand zu etwas zu gering ist

ạb·stat·ten ■ **jemand stattet jemandem einen Besuch ab** (geh.) jmd. besucht jmdn.

ạb·stau·ben mit OBJ ■ **jmd. staubt etwas ab** ❶ Staub entfernen: den Schrank abstauben ❷ (umg.) etwas (auf nicht ganz korrekte Weise) erhalten: bei jemandem Geld abstauben; Wo hast du denn die CD abgestaubt?

Ạb·stau·ber der <-s, -> ❶ (umg.) jmd., der etwas auf nicht ganz korrekte Weise in seinen Besitz bringt ❷ SPORT (▸ Abstaubertor)

Ạb·stau·ber·tor das <-(e)s, -e> SPORT ein Tor, das durch glückliche Umstände mühelos erzielt wurde

ạb·ste·chen <stichst ab, stach ab, hat abgestochen> mit OBJ ❶ ■ **jmd. sticht ein Tier ab** mit einem Messer schlachten: ein Schwein abstechen ❷ ■ **jmd. sticht jmdn. ab** (vulg.) mit einem Messer ermorden: „Ich steche dich ab!", schrie sie ihn an. ❸ ■ **jmd. sticht etwas ab** TECHN. den Abfluss öffnen: den Hochofen abstechen

Ạb·ste·cher der <-s, -> kleiner Ausflug oder Umweg auf einer Reise: einen (kleinen) Abstecher (nach Zürich) machen

ạb·ste·cken <steckst ab, steckte ab, hat abgesteckt> mit OBJ ■ **jmd. steckt etwas ab** ❶ etwas durch Stangen, die man in den Boden steckt, abgrenzen: einzelne Plätze für Wohnwagen oder Zelte auf einem Campingplatz abstecken; ein Spielfeld auf einer Wiese abstecken ❷ vor dem Nähen an einem Kleidungsstück Nadeln so anbringen, dass das Kleidungsstück dem Körper angepasst ist: Die Schneiderin hat die Länge der Hose abgesteckt.

ạb·ste·hen <steht ab, stand ab, hat abgestanden> ohne OBJ ■ **etwas steht ab** (↔ anliegen) als Teil von etwas in einem bestimmten Winkel davon wegzeigen: abstehende Ohren

Ạb·steif·bal·ken der <-s, -> BAUW. Balken, der dazu dient, eine Mauer oder ein Bauwerk abzustützen: einen Absteifbalken in einem Schacht anbringen

ạb·stei·gen <steigst ab, stieg ab, ist abgestiegen> ohne OBJ ❶ ■ **jmd. steigt (von etwas** Dat.**) ab** (↔ aufsteigen) von etwas, auf dem man sich befunden hat, steigen: vom Rad absteigen ❷ ■ **jmd. steigt ab** nach unten steigen: ins Tal absteigen ❸ ■ **etwas steigt ab** abwärts verlaufen: eine absteigende Linie/Tonleiter ❹ ■ **jmd. steigt (irgendwo) ab** (umg.) für eine gewisse Zeit in einem Hotel oder einem Gasthof wohnen: Er ist im teuersten Hotel der Stadt abgestiegen. ❺ ■ **jmd. steigt ab** SPORT (≈ aufsteigen) in eine niedrigere Klasse wechseln: Nach der Saison ist die Mannschaft abgestiegen. ▸ Abstieg

Ạb·stei·ger der <-s, -> SPORT (↔ Aufsteiger) Verein, der in eine niedrigere Klasse wechseln muss: die Absteiger der Bundesliga

ạb·stel·len mit OBJ ❶ ■ **jmd. stellt etwas (irgendwo) ab** (≈ hinstellen) etwas irgendwohin

A

stellen und es dortlassen: die Tasche auf dem Boden/das Fahrrad im Hof/das Auto auf dem Parkplatz abstellen ❷■ *jmd.* **stellt etwas ab** *(≈ abschalten) bewirken, dass etwas nicht mehr in Betrieb ist oder das etwas nicht mehr aus einer Leitung entweicht:* den Fernseher/das Gas/das Radio/den Strom/das Wasser abstellen ❸■ *jmd.* **stellt etwas ab** *(≈ beenden) nicht weiter an etwas festhalten:* eine schlechte Angewohnheit abstellen ❹■ *jmd.* **stellt jmdn. für etwas** *Akk.* **ab** *die Erlaubnis geben, dass jmd. sich einer bestimmten Aufgabe widmet:* Mitarbeiter/Soldaten/Schüler/Sportler (für etwas) abstellen ▶ Abstellung

Ạb·stell·gleis *das* <-es, -e> ❶ *Gleis, auf dem Eisenbahnwagen abgestellt werden* ❷■ **aufs Abstellgleis geraten** *(umg.) in Bedeutungslosigkeit verfallen*

Ạb·stell·hahn *der* <-s, Abstellhähne> *eine Art Regler, mit dem man etwas abstellt, das aus einer Leitung kommt:* der Abstellhahn der Wasserleitung

Ạb·stell·raum *der* <-(e)s, Abstellräume> *Raum, in dem etwas abgestellt wird:* In unserer Wohnung gibt es auch einen kleinen Abstellraum, in dem wir das Bügelbrett, den Staubsauger und das Werkzeug aufbewahren können.

Ạb·stell·tisch *der* <-(e)s, -e> *(≈ Beistelltisch) meist ein kleiner Tisch, auf dem man etwas abstellen kann*

ạb·stem·men I. *mit OBJ* ■ *jmd.* **stemmt etwas ab** *(≈ abstützen) etwas, das umkippen könnte, mit einer Stützvorrichtung sichern* **II.** *mit SICH* ■ *jmd.* **stemmt sich ab** *die Füße oder Arme gegen einen festen Untergrund drücken, um so mehr Kraft und Halt bei etwas zu haben*

ạb·stem·peln <stempelst ab, stempelte ab, hat abgestempelt> *mit OBJ* ❶■ *jmd.* **stempelt etwas ab** *einen Stempel auf etwas machen:* Briefmarken/ein Dokument abstempeln ❷■ *jmd.* **stempelt jmdn. als etwas** *Akk.* **ab** *vorschnell oder unberechtigterweise behaupten, dass jmd. die genannte negative Eigenschaft habe:* jemanden als ständigen Nörgler/als unkollegial abstempeln ▶ Abstempelung/Abstemplung

ạb·ster·ben <stirbst ab, stirbt ab, ist abgestorben> *ohne OBJ* ■ **etwas stirbt ab** ❶ *als Teil eines Menschen- oder Tierkörpers oder einer Pflanze langsam sterben:* Die Blätter der Bäume sterben im Herbst ab.; Äste kranker Bäume sterben ab.; Alte Körperzellen sterben ab und neue werden gebildet. ❷ *(von Fingern) durch Kälte oder mangelnde Durchblutung gefühllos werden:* Ohne Handschuhe sterben mir bald die Finger in der eisigen Kälte ab.

Ạb·stich *der* <-(e)s, -e> *das Abstechen*

Ạb·stieg *der* <-(e)s, (-e)> ❶ *(↔ Aufstieg) das Absteigen:* der gesellschaftliche/soziale Abstieg; der Abstieg in die zweite Liga ❷ *(↔ Aufstieg) das Hinuntergehen von einem Berg oder der Weg, der von einem Berg ins Tal führt:* ein steiler/gefährlicher Abstieg ❸ SPORT *(↔ Klassenerhalt) das Abstiegen⁵*

ạb·stiegs·ge·fähr·det *adj /nicht steig./* SPORT *so, dass ein Verein in Gefahr ist, aufgrund seiner*

Spielergebnisse in eine niedrigere Spielklasse abzusteigen

ạb·stim·men I. *mit OBJ* ■ *jmd.* **stimmt etwas (mit etwas** *Dat.***/auf etwas** *Akk.***) ab** *in Einklang bringen:* die Vorhänge mit den Tapeten abstimmen; sorgfältig auf die einzelnen Gänge abgestimmte Weine **II.** *ohne OBJ* ■ *jmd.* **stimmt (über etwas** *Akk.***) ab** *durch Wahl entscheiden:* über etwas abstimmen lassen **III.** *mit SICH* ■ *jmd.* **stimmt sich mit jmdm. ab** *(≈ sich absprechen)* Die Kollegen haben sich untereinander abgestimmt.

Ạb·stim·mung *die* <-, -en> ❶ */kein Plur./ das Abstimmen I:* die Abstimmung der Vorhänge mit den Tapeten ❷ *Entscheidung durch eine Wahl:* das Ergebnis der Abstimmung ◆-salter, -santrag, -sarten, -sbedarf, -sdaten, -sergebnis, -sgebiet, -sgesetz, -slokal, -smehrheit, -smodalitäten, -sprozess, -srecht, -sresultat, -stext, -sumfrage, -sunterlagen, -svollmacht, -szettel ❸ *technische Feinjustage:* Es hängt viel von der Abstimmung des Fahrwerks ab. ◆-sfehler

Ạb·stim·mungs·mo·dus *der* <-, Abstimmungsmodi> *das Verfahren, die Bedingungen und der Ablauf einer Abstimmung²:* Der Abstimmungsmodus im Sportverein wurde seit vielen Jahren nicht geändert.

ạb·s·ti·nẹnt *adj /nicht steig./ so, dass man auf bestimmte Genüsse verzichtet und vor allem keinen Alkohol trinkt:* Er lebt heute völlig abstinent.

Ạb·s·ti·nẹnz *die* <-> */kein Plur./ der völlige Verzicht auf etwas (insbesondere auf Alkohol):* sexuelle Abstinenz üben ▶ Abstinenzler, Abstinenzlerin

ạb·sto·ßen <stößt ab, stieß ab, hat abgestoßen> **I.** *mit OBJ* ❶■ *jmd.* **stößt etwas (von etwas** *Dat.***) ab** *durch einen Stoß bewirken, dass sich etwas von etwas wegbewegt:* das Floß vom Ufer abstoßen ❷■ *jmd.* **stößt etwas ab** *schnell loswerden:* Aktien/Waren abstoßen ❸■ **etwas stößt jmdn. ab** *Widerwillen erregen:* Sein Benehmen stößt (die anderen) ab. ❹■ **etwas stößt etwas ab** PHYS., MED. *nicht annehmen:* Das transplantierte Herz wurde abgestoßen. ❺■ *jmd.* **stößt etwas ab** *durch Gebrauch beschädigen:* abgestoßene Ecken **II.** *mit SICH* ■ *jmd.* **stößt sich (von etwas** *Dat.***) ab** *durch eine Bewegung bewirken, dass man sich von etwas wegbewegt:* Der Schwimmer stößt sich vom Beckenrand ab.

ạb·sto·ßend *adj (↔ anziehend) so, dass etwas Abscheu erregt*

ạb·stot·tern <stotterst ab, stottere ab, hat abgestottert> *mit OBJ* ■ *jmd.* **stottert etwas ab** *(umg.) in kleinen Raten abbezahlen*

Ạb·s·tract *das/der* ['æbstrækt] <-s, -s> *kurze Inhaltsangabe (eines wissenschaftlichen Aufsatzes)*

ạb·s·tra·hie·ren <abstrahierst ab, abstrahierte, hat abstrahiert> *ohne OBJ* ❶■ *jmd.* **abstrahiert etwas aus etwas** *Dat.* *eine Schlussfolgerung aus etwas ziehen:* aus den Fakten eine Regel abstrahieren ❷■ *jmd.* **abstrahiert von etwas** *Dat.* *etwas bei einer Überlegung nicht in Betracht ziehen oder vernachlässigen:* Von diesen Details muss man abstrahieren.

ạb·strah·len *mit OBJ* ■ **etwas strahlt etwas ab** *in*

A

die Umgebung abgeben: Der Kachelofen strahlt Wärme ab. ▸ Abstrahlung

ab·s·trakt [ap'strakt] <abstrakter, am abstraktesten> adj ❶ (↔ konkret) nicht auf einzelne Details, sondern auf allgemeine Gesetzmäßigkeiten ausgelegt: ein abstrakter Ausdruck; eine abstrakte Theorie ❷ (↔ konkret) ohne Bezug zur Wirklichkeit: Das ist mir alles zu abstrakt! ❸ KUNST so, dass es nicht Gegenstände auf eine die Realität imitierende Weise darstellt, sondern frei mit Farben und Formen Ideen ausdrückt: abstrakte Malerei ▸ Abstraktheit

Ab·s·trak·tum das <-s, Abstrakta> ❶ PHILOS. abstrakte Idee ❷ SPRACHWISS. (↔ Konkretum) Substantiv, das etwas nicht Konkretes bezeichnet: Das Wort „Freiheit" ist ein Abstraktum.

ab·strei·fen mit OBJ ▪ jmd. streift etwas ab ❶ (≈ ablegen) eine Uhr/Handschuhe/ein Kleidungsstück abstreifen; Gewohnheiten/Vorurteile abstreifen ❷ etwas von etwas entfernen, indem man über eine Oberfläche reibt: Asche von der Zigarette abstreifen; Schmutz von den Schuhen abstreifen ❸ (≈ durchforsten, durchkämmen) ein Gelände gründlich durchsuchen: Polizisten streifen das Feld ab, auf der Suche nach weiterem Beweismaterial.

Ab·streif·git·ter das <-s, -> Gitter zum Abstreifen[2]

ab·strei·ten <streitest ab, stritt ab, hat abgestritten> mit OBJ ▪ jmd. streitet etwas ab (≈ bestreiten ↔ zugeben) energisch sagen, dass etwas nicht der Fall ist: Der Angeklagte streitet jegliche Mitschuld ab.

ab·strö·men ohne OBJ ▪ etwas strömt ab (≈ abfließen)

ab·stu·fen mit OBJ ▪ jmd. stuft etwas ab ❶ stufenförmig gestalten: den Hang zum Garten hin abstufen ❷ (≈ staffeln) Gehälter abstufen ▸ Abstufung

ab·stump·fen <stumpfst ab, stumpfte ab, hat/ist abgestumpft> **I.** mit OBJ (haben) ▪ etwas stumpft jmdn. ab unempfindlich oder gleichgültig werden lassen: Sein schweres Schicksal hat ihn/seine Gefühle abgestumpft. **II.** ohne OBJ (sein) ▪ jmd. stumpft ab unempfindlich oder gleichgültig werden ▸ Abstumpfung

Ab·sturz der <-es, Abstürze> ❶ das Abstürzen[1]: Beim Absturz des Hubschraubers kamen alle Insassen ums Leben. ◆ Flugzeug- ❷ EDV der Zustand, dass ein Computer oder ein Computerprogramm nicht mehr reagiert und keine Eingaben mehr gemacht werden können, weil der Computer z. B. von einem Virus befallen ist oder das Programm einen Fehler hat

ab·stür·zen <stürzt ab, stürzte ab, ist abgestürzt> ohne OBJ ❶ ▪ jmd./etwas stürzt ab plötzlich in die Tiefe fallen: Ein Ballon/Bergsteiger/Düsenjet/Flugzeug/Hubschrauber stürzt ab. ❷ ▪ etwas stürzt ab EDV ein Computer gelangt in den Zustand, dass er selbst oder eines der Programme nicht mehr reagiert und keine Eingaben mehr gemacht werden können, weil der Computer z. B. von einem Virus befallen ist oder das Programm einen Fehler hat

ab·stüt·zen <stützt ab, stützte ab, hat abgestützt> **I.** mit OBJ ▪ jmd. stützt jmdn./etwas ab (zusätzlich) stützen und Halt geben: die Decke mit einem Balken abstützen; Er stützte die alte Frau ab, als sie aus dem Sessel aufstehen wollte. **II.** mit SICH ▪ jmd. stützt sich (an etwas Dat.) ab Halt suchen: sich an der Wand abstützen

ab·su·chen mit OBJ ▪ jmd. sucht etwas ab intensiv in etwas nach etwas suchen: die ganze Gegend nach etwas absuchen

ab·surd <absurder, am absurdesten> adj völlig unvernünftig und sinnlos: Diese Vorwürfe sind einfach absurd! ▸ Absurdität

ab·sur·der·wei·se adv so, dass man etwas als absurd bezeichnen kann

Ab·s·zess der [aps'tsɛs] <-es, -e> MED. eitrige Geschwulst

Ab·s·zis·se die [aps'tsɪsə] <-, -n> MATH. (↔ Ordinate) auf der x-Achse abgetragener Wert eines Punktes im Koordinatensystem

Ab·s·zis·sen·ach·se die <-, -en> MATH. (≈ X-Achse) waagerechte Achse im Koordinatensystem

Abt der <-(e)s, Äbte> Vorsteher eines Klosters

Abt. Abkürzung von **Abteilung**

ab·tas·ten mit OBJ ▪ jmd. tastet jmdn./etwas (nach etwas Dat.) ab durch Betasten untersuchen: jemanden nach versteckten Waffen abtasten

Ab·tast·na·del die <-, -n> TECHN. am Tonabnehmer eines Plattenspielers die Nadel, die sich durch die Rillen der Schallplatte bewegt

Ab·tau·au·to·ma·tik die <-> /kein Plur./ die Automatik, die das Abtauen eines Kühlschranks in Gang setzt

ab·tau·en <taust ab, taute ab, hat/ist abgetaut> **I.** mit OBJ (haben) ▪ jmd. taut etwas ab bewirken, dass Eis, das sich an einer Stelle gebildet hat, auftaut: den Kühlschrank abtauen **II.** ohne OBJ (sein) ▪ etwas taut ab (≈ auftauen) Das Eis/die Scheiben tauen ab.

Ab·tau·vor·rich·tung die <-, -en> (≈ Abtauautomatik)

Ab·tei die <-, -en> Kloster, dem ein Abt oder eine Äbtissin vorsteht ◆ -gymnasium, -kirche

Ab·teil, Ab·teil das <-s, -e> abgegrenzter Sitzbereich in einem Eisenbahnwagen ◆ -fenster, -service, -tür, Nichtraucher-, Raucher-, Schlafwagen-

ab·tei·len mit OBJ ▪ jmd. teilt etwas ab einen bestimmten Bereich eines Raumes durch eine Trennwand abtrennen

Ab·tei·lung die <-, -en> ❶ einzelner Bereich eines Unternehmens mit speziellen Aufgaben: Frau Dr. Schulz, Leiterin der Abteilung für Forschung und Entwicklung; eine Abteilung aufbauen/leiten/mit einer anderen Abteilung zusammenlegen ◆ Entwicklungs-, -Export-, Forschungs-, Marketing-, Personal-, Verkaufs-, -Versand-, Werbe- ❷ einzelner Bereich in einem Warenhaus: Die Spielwarenabteilung ist im ersten Stock. ◆ Haushaltswaren-, Spielwaren- ❸ MILIT. eine Truppeneinheit ◆ -sführer, -skommandeur

Ab·tei·lungs·lei·ter der, **Ab·tei·lungs·lei·te·rin** <-s, -> Leiter einer Abteilung[1, 2]

ab·te·le·gra·fie·ren <telegrafierst ab, telegra-

fierte ab, hat abtelegrafiert> *ohne OBJ* ■ *jmd.* **telegrafiert jmdm. ab** *durch ein Telegramm etwas absagen*

A̱b·teuf·ar·bei·ten <-> *Plur.* BERGB. *Arbeiten, bei denen abgeteuft gebaut wird*

ab·teu·fen <teufst ab, teufte ab, hat abgeteuft> *mit OBJ* ■ *jmd.* **teuft etwas ab** BERGB. *einen Schacht in die Erde bauen*

Äb·ti̱s·sin *die* <-, -nen> *Vorsteherin eines Klosters*

A̱b·tön·far·be *die* <-, -n> *Farbe, mit der man andere Farben stufenweise heller oder dunkler machen kann*

A̱b·tö·nungs·par·ti·kel *die* <-, -n> *(≈ Modalpartikel)* SPRACHWISS. *Wortart und entsprechende Einheit mit der Bedeutung, Einstellungen des Sprechers/der Sprecherin vom Gesagten zum Ausdruck zu bringen und diese Einstellungen zu anderen Einstellungen in Beziehung zu setzen: In „Ist der aber groß" ist „aber" keine Konjunktion, sondern Abtönungspartikel/Modalpartikel.; siehe auch* **Modalpartikel, Funktionswort, Partikel**

ab·tör·nen <törnst ab, törnte ab, hat abgetörnt> *mit OBJ* ■ *jmd./etwas törnt jmdn. ab (umg.) bewirken, dass jmd. seine gute Stimmung verliert:* Diese öde Klaviermusik törnt mich völlig ab.

ab·tö·ten <tötest ab, tötete ab, hat abgetötet> *mit OBJ* ■ *jmd.* **tötet etwas ab** *vollständig töten:* Keime abtöten ► Abtötung

ab·tra·gen <trägst ab, trug ab, hat abgetragen> *mit OBJ* ■ *jmd. trägt etwas ab* ❶ *nach und nach entfernen:* das Erdreich/ein Gebäude abtragen ❷ *(geh.) zurückzahlen:* Schulden abtragen ❸ *durch häufiges Tragen abnutzen:* abgetragene Kleidung

ab·träg·lich <abträglicher, am abträglichsten> *adj (geh.: ↔ zuträglich) so, dass es einer Sache oder Entwicklung schadet:* Das Rauchen ist der Gesundheit abträglich. ► Abträglichkeit

ab·trai·nie·ren I. *mit OBJ* ■ *jmd.* **trainiert etwas ab** *sich sportlich so betätigen, dass man abnimmt:* überflüssige Pfunde abtrainieren **II.** *ohne OBJ* ■ *jmd.* **trainiert jmdm./einem Tier etwas ab** *(übertr.) jmdm. ein Verhalten abtrainieren:* einem Hund aggressives Verhalten abtrainieren; einem Menschen die Angst abtrainieren **III.** *mit SICH* ■ *jmd.* **trainiert sich etwas** *Akk.* **ab** *sich von etwas befreien:* Allzu große Disziplinlosigkeit habe ich mir abtrainiert.

ab·trans·por·tie·ren *mit OBJ* ■ *jmd.* **transportiert jmdn./etwas ab** *durch Transportieren an einen anderen Ort bringen* ► Abtransport

ab·trei·ben <treibst ab, trieb ab, hat/ist abgetrieben> **I.** *mit OBJ/ohne OBJ (haben)* ■ *etwas* **treibt jmdn./etwas ab** *vom Kurs abbringen:* Der Wind treibt den Ballon/das Boot ab. **II.** *mit OBJ (haben)* ■ *jmd.* **treibt ein Kind ab** MED. *eine Schwangerschaft abbrechen:* (ein Kind) abtreiben **III.** *ohne OBJ (sein)* ■ *jmd./etwas* **treibt ab** *vom Kurs abkommen:* Der Ballon/das Boot treibt ab.

A̱b·trei·bung *die* <-, -en> MED. *(≈ Schwangerschaftsabbruch) eine Abtreibung vornehmen (lassen)* ♦ -sgegner, -sgegnerin, -sgesetz, -sklinik, -sparagraf/-sparagraph, -spille, -srecht, -sversuch, -sverbot

ab·tren·nen *mit OBJ* ■ *jmd.* **trennt etwas (von etwas** *Dat.***) ab** *bewirken, dass etwas nicht mehr Teil von etwas ist:* Die Bestellkarte lässt sich an der Perforation leicht abtrennen. ► Abtrennung

A̱b·trenn·kar·te *die* <-, -n> *eine Karte, die man von etwas abtrennen kann, z. B. die Bestellkarte an einer Werbesendung*

ab·tre·ten <trittst ab, trat ab, hat/ist abgetreten> **I.** *mit OBJ (haben)* ■ *jmd.* **tritt etwas ab** ❶ *(≈ überlassen) eine andere Person etwas haben lassen:* dem Geschäftspartner Rechte/einen Gewinn abtreten ► Abtretung ❷ *den Schmutz durch Treten entfernen:* die Schuhe gründlich abtreten ► Abtreter ❸ *durch häufiges Begehen oder Laufen abnutzen:* die Absätze/den Teppich abtreten **II.** *ohne OBJ (sein)* ■ *jmd.* **tritt ab** ❶ *ein Amt oder eine wichtige Position aufgeben* ❷ THEAT. *die Bühne verlassen*

A̱b·tre·tungs·er·klä·rung *die* <-, -en> RECHTSW. *Erklärung, dass man Rechte oder Ansprüche an jmdn. abtritt I.1*

A̱b·trieb *der* <-(e)s, -e> *Treiben des Viehs von den Bergweiden ins Tal*

A̱b·trift *die* <-> *Abweichung im Kurs eines Schiffes oder Flugzeugs*

ab·trock·nen <trocknest ab, trocknete ab, hat/ist abgetrocknet> **I.** *mit OBJ (haben)* ■ *jmd.* **trocknet jmdn./etwas ab** *jmdn. oder etwas mit einem Tuch o. Ä. reiben, damit er/es trocken wird:* Nach dem Baden trocknet sie das Kind ab.; Ich trockne mir die Füße ab.; Er trocknet (das Geschirr) ab. **II.** *ohne OBJ (sein)* ■ *etwas/jmd.* **trocknet ab** *trocken werden:* Bei dem heißen Wetter trocknen die Fußböden schnell ab.

A̱b·tropf·brett *das* <-(e)s, Abtropfbretter> *Brett, auf dem gespültes Geschirr abtropfen kann*

ab·trün·nig ■ **jemandem/einer Sache abtrünnig werden** *jmdn. oder etwas nicht mehr die Treue halten* ► Abtrünnige, Abtrünnigkeit

ab·tun <tust ab, tat ab, hat abgetan> *mit OBJ* ■ *jmd.* **tut etwas/jmdn. ab** *als unwichtig hinstellen:* etwas mit einer Handbewegung abtun

ab·tur·nen *ohne OBJ siehe* **abtörnen**

ab·ur·tei·len *mit OBJ* ■ *jmd.* **urteilt jmdn./etwas ab** ❶ RECHTSW. *ein Urteil über jmdn. sprechen:* einen Angeklagten aburteilen ❷ *ohne genaue Prüfung verdammen:* jemandes Leistungen vorschnell aburteilen ► Aburteilung

A̱b·ver·kauf *der* <-(e)s, Abverkäufe> ÖSTERR. *Ausverkauf*

ab·ver·kau·fen *mit OBJ* ■ *jmd.* **verkauft jmdm. etwas ab** ÖSTERR. *im Ausverkauf anbieten*

ab·wä·gen <wägst ab, wog/wägte ab, hat abgewogen/abgewägt> *mit OBJ* ■ *jmd.* **wägt etwas ab** *gründlich prüfen:* die Vor- und Nachteile gegeneinander abwägen; das Für und Wider abwägen; seine Worte sorgfältig abwägen ► Abwägung

ab·wäh·len <wählst ab, wählte ab, hat abgewählt> *mit OBJ* ■ *jmd.* **wählt jmdn./etwas ab** ❶ *jmdn. durch eine Wahl aus seiner Funktion entfernen:* den Vorstand abwählen ❷ SCHULE *sich im Rahmen einer Wahlmöglichkeit dafür entscheiden, dass man in einem bestimmten Fach keinen*

A

Unterricht mehr besuchen muss: Chemie abwählen ▸ Abwahl

ạb·wäl·zen <wälzt ab, wälzte ab, hat abgewälzt> *mit OBJ* ■ **jmd. wälzt etwas (auf jmdn.) ab** *(unangenehme Aufgaben) einem anderen zuschieben:* die Verantwortung (auf andere) abwälzen ▸ Abwälzung

ạb·wan·deln <wandelst ab, wandelte ab, hat abgewandelt> *mit OBJ* ■ **jmd. wandelt etwas ab** *in Teilen verändern:* Das neue Modell ist nur eine leicht abgewandelte Version des Vorgängers. ▸ Abwandelung/Abwandlung

ạb·wan·dern <wanderst ab, wanderte ab, ist abgewandert> *ohne OBJ* ■ **jmd. wandert ab** *eine Region verlassen und sich an einen anderen Ort begeben:* vom Land in die großen Städte abwandern ▸ Abwanderung

Ạb·wär·me *die* <-> */kein Plur./* TECHN. *Wärmeenergie, die als Abfallprodukt eines technischen Prozesses freigesetzt wird* ◆ -nutzung

Ạb·wart *der,* **Ạb·war·tin** <-(e)s, -e/Abwärte> SCHWEIZ. *Hausmeister*

ạb·war·ten <wartest ab, wartete ab, hat abgewartet> **I.** *mit OBJ* ■ **jmd. wartet etwas ab** *auf das Eintreten einer Sache warten:* eine Antwort/den geeigneten Augenblick/eine günstige Gelegenheit/den passenden Moment abwarten **II.** *ohne OBJ* ■ **jmd. wartet ab** *nicht handeln und weiter warten;* ■ **abwarten und Tee trinken** *(umg.) sich ruhig verhalten und auf eine günstige Gelegenheit warten*

ạb·wärts *adv (↔ aufwärts) nach unten:* Es geht abwärts.

ạb·wärts·fah·ren <fährst abwärts, fuhr abwärts, hat/ist abwärtsgefahren> **I.** *mit OBJ (haben)* ■ **jmd./etwas fährt jmdn. abwärts** *nach unten fahren:* Die Bergbahn hat uns abwärtsgefahren. **II.** *ohne OBJ (sein)* ■ **jmd. fährt abwärts** *nach unten fahren* ◆ Zusammenschreibung →R 4.5 Wir sind den Weg abwärtsgefahren.

ạb·wärts·flie·ßen <fließt abwärts, floss abwärts, ist abwärtsgeflossen> *ohne OBJ* ■ **etwas fließt abwärts** *nach unten fließen* ◆ Zusammenschreibung →R 4.5 Ein Baumstamm ist den Fluss abwärtsgeflossen.

ạb·wärts·ge·hen <gehst abwärts, ging abwärts, ist abwärtsgegangen> **I.** *ohne OBJ* ■ **jmd. geht abwärts** *nach unten gehen:* Er ist den ganzen Weg abwärtsgegangen. **II.** *mit ES* ■ **es geht abwärts mit jmdm./etwas** *schlechter werden* ◆ Zusammenschreibung →R 4.5 Seit der neue Chef da ist, geht es mit der Firma abwärts.

Ạb·wärts·be·we·gung *die* <-, -en> *Bewegung nach unten*

Ạb·wärts·ent·wick·lung *die* <-, -en> *ungünstige Entwicklung zum Schlechteren hin*

Ạb·wärts·kom·pa·ti·bi·li·tät *die* <-, -en> TECHN. *der Sachverhalt, dass ein technisches Gerät mit früheren Versionen noch technisch kompatibel ist*

Ạb·wasch¹ *der* <-(e)s, Abwäsche> */Plur. selten/ das Abspülen (von Geschirr):* den Abwasch machen; ■ **Das geht in einem Abwasch!** *(umg.) das kann man alles auf einmal erledigen* ◆ -schüssel, -wasser

Ạb·wasch² *die* <-, ...-wäschen> ÖSTERR. *Abwaschbecken, Spülbecken*

ạb·wa·schen <wäschst ab, wusch ab, hat abgewaschen> **I.** *mit OBJ* ■ **jmd. wäscht etwas ab** *etwas mit Wasser und Seife säubern:* (das Geschirr) abwaschen **II.** *ohne OBJ* ■ **jmd. wäscht ab** *Geschirr spülen:* Ich musste noch abwaschen, weil nicht genug sauberes Geschirr für die Gäste da war.

Ạb·wasch·ma·schi·ne *die* <-, -n> SCHWEIZ. *Spülmaschine*

Ạb·wasch·was·ser *das* <-s> */kein Plur./ (≈ Spülwasser)*

Ạb·was·ser *das* <-s, Abwässer> *durch Gebrauch im Haushalt oder in der Industrie verunreinigtes Wasser* ◆ -beseitigung, -gebühren, -leitung

Ạb·was·ser·an·la·ge *die* <-, -n> *Anlage, um Abwasser zu reinigen oder aufzubereiten*

Ạb·was·ser·auf·be·rei·tung *die* <-, -en> TECHN. *Behandlung oder Reinigung von Abwasser*

ạb·wech·seln <wechselst ab, wechselte ab, hat abgewechselt> *mit SICH* ■ **jmd./etwas wechselt sich (mit jmdm./etwas) ab** *im Wechsel auftreten oder etwas im Wechsel tun:* Regen und Sonnnenschein wechseln sich ab.; sich bei der Betreuung des kranken Kindes abwechseln

ạb·wech·selnd *adv /nicht steig./ im Wechsel (von ... und ...):* bei einem Spiel abwechselnd Karten ziehen

Ạb·wechs·lung *die* <-, -en> *etwas, das nicht dem üblichen Erfahrungsbereich eines Menschen entspricht (und für ihn ein Ausgleich sein kann):* Gartenarbeit kann für einen Büroangestellten eine schöne Abwechslung darstellen.; zur Abwechslung ins Kino gehen; Du musst mal auf andere Gedanken kommen; du brauchst eine Abwechslung!

Ạb·we·ge *auf Abwege geraten sich von einem korrekten Lebenswandel entfernen*

ạb·we·gig *adj so, dass etwas unangebracht ist und man es nicht ernsthaft in Betracht ziehen kann:* Es ist doch völlig abwegig, bei der schlechten Auftragslage neue Leute einstellen zu wollen! ▸ Abwegigkeit

Ạb·wehr *die* <-> */kein Plur./* ❶ *das Abwehren:* auf Abwehr stoßen ❷ SPORT *die Spieler einer Mannschaft, die versuchen sollen, die gegnerischen Stürmer aufzuhalten*

Ạb·wehr·be·reit·schaft *die* <-> */kein Plur./ Bereitschaft zur Abwehr¹*

ạb·weh·ren **I.** *mit OBJ* ■ **jmd. wehrt etwas ab** *verhindern, dass ein Angriff sein Ziel erreicht:* den Angriff/Ball abwehren **II.** *ohne OBJ* ■ **jmd. wehrt ab** *ablehnend reagieren:* „Das ist doch nicht nötig!", wehrte sie ab.

Ạb·wehr·kraft *die* <-, Abwehrkräfte> *die Fähigkeit, etwas abzuwehren:* Gesunde Ernährung steigert die Abwehrkräfte des Körpers.

Ạb·wehr·spie·ler *der,* **Ạb·wehr·spie·le·rin** <-s, -> SPORT *Spieler, der in der Abwehr² spielt*

Ạb·wehr·stoff *der* <-(e)s, -e> MED. *körpereigener Stoff zur Abwehr von Krankheiten*

ạb·wei·chen¹ <weichst ab, weichte ab, hat/ist abgeweicht> **I.** *mit OBJ (haben)* ■ **jmd. weicht etwas ab** *etwas nass machen und es dann ablösen:* ein Etikett abweichen **II.** *ohne OBJ (sein)*

■ **etwas weicht ab** sich durch Feuchtigkeit lösen: Das Plakat weicht ab.

ạb·wei·chen[2] <weichst ab, wich ab, ist abgewichen> ohne OBJ ■ **jmd. weicht (von etwas Dat.) ab** ❶ die bisherige Richtung verlassen: vom Weg abweichen ❷ anders sein: eine (von meiner Meinung) abweichende Auffassung ▶ Abweichler, Abweichlerin, abweichlerisch, Abweichung

ạb·wei·den mit OBJ ■ **ein Tier weidet etwas ab** (≈ abgrasen) auf einer Weide oder Wiese Gras abfressen: Die Kühe haben das Gras abgeweidet.

ạb·wei·sen <weist ab, wies ab, hat abgewiesen> mit OBJ (≈ zurückweisen) ■ **jmd. weist jmdn./ etwas ab** einen Bittsteller wegschicken oder einen Antrag ablehnen: Die Klage wurde abgewiesen.; einen Bettler abweisen ▶ Abweisung

ạb·wei·send adj in einer unfreundlichen Art ablehnend und zurückweisend: eine abweisende Haltung

ạb·wen·den <wendest ab, wandte/wendete ab, hat abgewandt/abgewendet> **I.** mit OBJ ■ **jmd. wendet etwas ab** ❶ <wandte ab, hat abgewandt> zur Seite drehen: den Blick/den Kopf abwenden ❷ <wendete ab, hat abgewendet> verhindern: eine Gefahr abwenden **II.** mit SICH ❶ ■ **jmd. wendet sich ab** sich in eine andere Richtung drehen: Sie wendete sich voller Ekel ab. ❷ ■ **jmd. wendet sich von jmdm./etwas ab** die Verbindung zu jmdm. oder etwas lösen: Wenn du dich weiterhin so verhältst, werden sich alle Freunde von dir abwenden; Immer mehr Hersteller wenden sich von dieser umweltschädlichen Technologie ab.

Ạb·wen·dung die <-> /kein Plur./ ❶ das Abwenden II.2 ❷ das Verhindern von etwas: die Abwendung einer Gefahr

ạb·wer·ben <wirbst ab, warb ab, hat abgeworben> mit OBJ ■ **jmd. wirbt jmdn. ab** durch ein verlockendes Angebot bewirken, dass jmd. seine bisherige Stellung verlässt, um ein anderes Angebot anzunehmen: Der Manager wurde von einer anderen Firma abgeworben. ▶ Abwerber, Abwerberin, Abwerbung

ạb·wer·fen <wirfst ab, warf ab, hat abgeworfen> mit OBJ ■ **jmd. wirft etwas ab** ❶ herunterfallen lassen: Flugblätter abwerfen; Das Pferd hat den Reiter abgeworfen. ❷ WIRTSCH. einen (finanziellen) Gewinn einbringen: Gewinne abwerfen

ạb·wer·ten mit OBJ ❶ ■ **jmd. wertet etwas ab** den Kurs einer Währung niedriger machen: den Dollar abwerten ❷ ■ **jmd. wertet jmdn./etwas ab** mit Worten als minderwertig darstellen

Ạb·wer·tung die <-, -en> ❶ WIRTSCH. das Abwerten[1] einer Währung ❷ (≈ Missachtung)

ạb·we·send adj ❶ /nicht steig./ nicht am Ort: bei einer Veranstaltung abwesend sein ❷ in Gedanken versunken: einen abwesenden Eindruck machen

Ạb·we·sen·heit die <-, -en> ❶ (↔ Anwesenheit) der Zustand, dass jmd. abwesend[1] ist: Auflistung aller Abwesenheiten von Mitarbeitern/Mitarbeiterinnen; ■ **durch Abwesenheit glänzen** (iron.) nicht da sein (und dadurch unangenehm auffallen) ❷ /kein Plur./ der Zustand, dass jmd. unkon-

zentriert und mit seinen Gedanken nicht bei der Sache ist

ạb·wi·ckeln <wickelst ab, wickelte ab, hat abgewickelt> mit OBJ ■ **jmd. wickelt etwas ab** ❶ (↔ aufwickeln) von einer Rolle oder Spule wickeln: das Kabel abwickeln ❷ (≈ erledigen) ein Geschäft abwickeln ▶ Abwicklung ❸ WIRTSCH. eine Firma oder ein Unternehmen auflösen und dabei alle rechtlichen Angelegenheiten erledigen: eine Firma/ein Unternehmen abwickeln ▶ Abwicklung

ạb·wie·geln <wiegelst ab, wiegelte ab, hat abgewiegelt> **I.** mit OBJ ■ **jmd. wiegelt jmdn. ab** (≈ beschwichtigen) bewirken, dass jmds. Aufregung und Wut geringer werden: Er versuchte immer wieder, die aufgebrachte Menge abzuwiegeln. **II.** ohne OBJ ■ **jmd. wiegelt ab** (abwert.) Gegenargumente, Bedenken oder Kritik verharmlosen und herunterspielen: In der lebhaften Debatte wiegelte der Minister ständig ab. ▶ Abwiegelung/ Abwieglung

ạb·wim·meln <wimmelst ab, wimmelte ab, hat abgewimmelt> mit OBJ ■ **jmd. wimmelt jmdn./etwas ab** (umg.) unhöflich abweisen: einen Auftrag/einen lästigen Frager abwimmeln

Ạb·wind der <-(e)s, -e> (↔ Aufwind) nach unten gerichteter Luftstrom

ạb·win·ken <winkst ab, winkte ab, hat abgewinkt/abgewunken> ohne OBJ ■ **jmd. winkt ab** durch eine Handbewegung anzeigen, dass man unzufrieden oder verärgert ist oder etwas nicht will: Ich fragte ihn, wie das Bewerbungsgespräch verlaufen ist, doch er winkte nur ab.; Er wollte ihr noch eine Tasse Kaffee einschenken, aber sie winkte ab.; ■ **bis zum Abwinken** so viel von etwas, dass es schon zu viel ist oder man es nicht mehr mag Bei der Party gab es Kaviar bis zum Abwinken.; Er hat die Vokabeln bis zum Abwinken geübt.

ạb·wirt·schaf·ten ■ **abgewirtschaftet haben** (wirtschaftlich) am Ende sein Dieses Land/die Regierung hat abgewirtschaftet.

ạb·wi·schen <wischst ab, wischte ab, hat abgewischt> mit OBJ ■ **jmd. wischt jmdn./etwas ab** durch Wischen säubern: den Tisch abwischen

ạb·wra·cken <wrackst ab, wrackte ab, hat abgewrackt> mit OBJ ■ **jmd. wrackt etwas ab** ein Fahrzeug (Auto, Schiff) in seine Teile zerlegen und verschrotten: ein Schiff abwracken

Ạb·wurf der <-(e)s, Abwürfe> das Abwerfen: der Abwurf von Lebensmitteln über Notstandsgebieten ◆-vorrichtung

ạb·wür·gen <würgst ab, würgte ab, hat abgewürgt> mit OBJ ■ **jmd. würgt jmdn./etwas ab** ❶ (abwert.: ≈ unterbinden) dafür sorgen, dass etwas, das einem unbequem ist, sehr schnell aufhört: jede ehrliche Diskussion abwürgen ❷ (umg.) abrupt zum Stillstand bringen: den Motor abwürgen

ạb·zah·len mit OBJ ■ **jmd. zahlt etwas ab** (≈ abbezahlen) in Raten bezahlen: das Auto/die Schulden/die Wohnung abzahlen ▶ Abzahlung

ạb·zäh·len I. mit OBJ ■ **jmd. zählt jmdn./etwas ab** die genaue Zahl oder den genauen Betrag durch Zählen feststellen: Geld abzählen **II.** ohne

A

OBJ ■ *jmd.* **zählt ab** *durch Zählen eine Entscheidung treffen oder eine Gruppe bilden:* Vor dem Spiel zählen die Kinder ab, wer fangen soll.

Ab·zähl·reim *der* <-(e)s, -e> *ein Reim, den Kinder beim Abzählen II aufsagen*

Ab·zah·lung *die* <-, -en> *(≈ Ratenzahlung) etwas auf Abzahlung kaufen* ◆ -sbetrag, -sdarlehnen, -sgeschäft, -shypothek, -skauf, -skonto, -skredit, -srate

ab·zap·fen *mit OBJ* ■ *jmd.* **zapft etwas ab** ❶ *aus einem Fass entnehmen:* Bier abzapfen ❷ *(umg.) eine bestimmte Menge als Probe entnehmen:* jemandem Blut abzapfen

ab·zäu·men *mit OBJ* ■ *jmd.* **zäumt etwas ab** *Zaumzeug von einem Reit- oder Zugtier abnehmen*

ab·zäu·nen *mit OBJ* ■ *jmd.* **zäunt etwas ab** *mit einem Zaun abgrenzen:* ein Grundstück/eine Wiese abzäunen ▶ Abzäunung

ab·zeh·ren *mit OBJ* ■ *etwas zehrt jmdn./etwas ab die Substanz von etwas oder die Kräfte von jmdm. verringern:* Sein Körper ist abgezehrt.; Die Krankheit zehrt einen Menschen/seinen Körper ab. ▶ Abzehrung

Ab·zei·chen *das* <-s, -> *an Uniformen oder Kleidungsstücken angebrachtes Emblem, das die Zugehörigkeit zu etwas anzeigt:* (eine Mütze mit dem) Abzeichen der Infanterie ◆ Dienst-

ab·zeich·nen I. *mit OBJ* ■ *jmd.* **zeichnet jmdn./etwas ab** ❶ *nach einer Vorlage zeichnen:* ein Foto abzeichnen ❷ *mit seinem Namen oder Zeichen versehen:* ein Schreiben (als gelesen) abzeichnen **II.** *mit SICH* ■ *etwas zeichnet sich ab* ❶ *erkennbar werden:* Ein Sieg der Angreifer zeichnet sich ab.; In seinem Gesicht zeichnete sich Freude ab. ❷ *als Kontur sichtbar sein und sich von etwas anderem abheben:* Das Muster zeichnet sich deutlich vom Untergrund ab.

Ab·zieh·bild *das* <-(e)s, -er> *Bild, das man von einer Klebefolie abziehen kann*

ab·zie·hen <ziehst ab, zog ab, hat/ist abgezogen> **I.** *mit OBJ (haben)* ■ *jmd.* **zieht etwas ab** ❶ *von etwas herunterziehen:* den Bettbezug/den Ring vom Finger abziehen ❷ MATH. *(≈ subtrahieren)* 2 von 16 abziehen ❸ *Abzüge machen:* ein Schreiben zehnmal abziehen ❹ *(per Befehl) von einem Ort wegholen:* Truppen/Mitarbeiter von einem Einsatzort abziehen **II.** *ohne OBJ (sein)* ■ *jmd./etwas zieht ab* ❶ *sich entfernen:* Das Tief ist nach Norden abgezogen. ❷ *weggehen:* Die Truppen sind abgezogen.; Glücklich ziehen die Kinder mit ihren Geschenken ab.

ab·zie·len *ohne OBJ* ■ *etwas zielt auf etwas Akk.* **ab** *mit einer bestimmten Absicht auf etwas gerichtet sein:* Die Maßnahmen zielen auf einen Abbau der Arbeitslosigkeit ab.

ab·zir·keln <zirkelst ab, zirkelte ab, hat abgezirkelt> *mit OBJ* ■ *jmd.* ❶ *abmessen:* Räume/Strecken auf einer Landkarte abzirkeln; Wege/Flächen in einer Landschaft abzirkeln ▶ Abzirkelung, Abzirklung ❷ *(übertr.) sprachliche Äußerungen sehr genau abwägen* ▶ abgezirkelt

ab·zi·schen <zischst ab, zischte ab, ist abgezischt> *ohne OBJ* ■ *jmd.* **zischt ab** *(umg.: ≈ abhauen) schnell weggehen*

ab·zot·teln <zottelst ab, zottelte ab, ist abgezottelt> *ohne OBJ* ■ *jmd.* **zottelt ab** *(umg.) langsam und trottend weggehen*

Ab·zug *der* <-(e)s, Abzüge> ❶ *Kopie eines Dokuments:* Kannst du mir von diesem Text bitte einen Abzug machen? ❷ FOTOGR. *ein Foto, das aus einem Negativ hergestellt wird:* Von diesem Foto hätte ich gerne einen Abzug. ❸ TECHN. *Vorrichtung, durch die Dämpfe entweichen können:* ein Abzug über dem Küchenherd ◆ -sanlage, -sgraben, -(s)haube, -skanal, -sschacht, -sventilator ❹ */kein Plur./* MILIT. *das Abziehen II.2:* der Abzug der Truppen aus der Stadt ❺ *Auslösehebel von Schusswaffen:* den Finger am Abzug haben ◆ -sbügel, -sschloss, -stuning, -swaage, -swiderstand, -szunge, -szüngel ❻ */kein Plur./ Wegnahme:* nach Abzug aller Unkosten ❼ */nur Plur./ Steuern/Abgaben, die man zahlen muss:* Ihre monatlichen Abzüge sind ziemlich hoch. ◆ -sbetrag, -ssteuer, -stabelle, -sumsätze, -sverfahren, -sverbot

ab·züg·lich *präp + Gen.* WIRTSCH. *so, dass man das Genannte abziehen muss:* abzüglich des zu zahlenden Eigenanteils; abzüglich Eigenanteil

Ab·zugs·fä·hig·keit *die* <-> */kein Plur./* WIRTSCH. ■ *steuerliche Abzugsfähigkeit Möglichkeit, von einem Betrag, der zu versteuern ist, eine Summe abzuziehen*

ab·zwei·gen <zweigst ab, zweigte ab, hat/ist abgezweigt> **I.** *mit OBJ (haben)* ■ *jmd.* **zweigt etwas ab** *Geld von einem größeren Betrag wegnehmen und für einen bestimmten Zweck bereitstellen:* einen bestimmten Geldbetrag für andere Zwecke abzweigen **II.** *ohne OBJ (sein)* ■ *etwas zweigt (irgendwohin) ab eine Verzweigung bilden, die an einen bestimmten Ort führt:* Hier zweigt die Straße nach links ab. ▶ Abzweigung

Ab·zweig·stel·le *die* <-, -n> *Stelle, an der etwas in eine bestimmte Richtung abzweigt II*

ab·zwin·gen <zwingst ab, zwang ab, hat abgezwungen> *ohne OBJ* ■ *jmd.* **zwingt jmdm. etwas ab** *(geh.) Druck und Zwang auf jmdn. ausüben, damit man etwas erhält oder etwas Bestimmtes bei ihm erreicht:* Er hat ihr das Versprechen abgezwungen, dass sie niemandem seine wahre Identität nennen wird.; Sie zwang sich mühsam ein Lächeln ab.

ab·zwit·schern <zwitscherst ab, zwitscherte ab, ist abgezwitschert> *ohne OBJ* ■ *jmd.* **zwitschert ab** *(umg.) weggehen*

a cap·pel·la *adv* MUS. *ohne Begleitung von Instrumenten:* An diesem Abend sang der Sänger a cappella.

A-cap·pel·la-Chor *der* [a ka'pɛla koːɐ̯] <-(e)s, A-cappella-Chöre> *Chor ohne instrumentale Begleitung*

Ac·ces·soire *das* [aksɛ'sŏaːɐ̯] <-s, -s> */meist Plur./ modisches Zubehör*

Ace·tat, Aze·tat *das* [atse'taːt] <-s, -e> CHEM. *eine Chemiefaser* ◆ -brille, -film, -folie, -hüllen, -platten, -seide, -silikon, -stoff

Ace·to bal·sa·mi·co *der* [a'tʃeːto bal'zaːmiko] <-, Aceti balsamici> KOCH. *italienischer Balsamessig*

Ach ■ *mit Ach und Krach (umg.) unter großen*

Anstrengungen, sehr knapp Sie schaffte die Prüfung nur mit Ach und Krach.

ach *interj* ■ **Ach!/Ach so!** *Ausruf als Ausdruck des Erstaunens oder der Überraschung;* ■ **Ach Gott!/Ach je!** *verwendet, um auszudrücken, dass man etwas bedauert oder es schlimm findet*

Achat *der* [aˈxaːt] <-(e)s, -e> *ein Halbedelstein*

Achil·les *der* <-> *griechischer Sagenheld*

Achil·les·fer·se *die* <-> /kein Plur./ (geh.) *der Schwachpunkt von jmdm.; die Eigenschaft, die für ihn gefährlich sein kann*

Achil·les·seh·ne *die* <-, -n> ANAT. *Sehne zwischen Ferse und Wadenmuskel*

Achs·ab·stand *der* <-(e)s, Achsabstände> TECHN. (≈ Radstand) *der Abstand zwischen den beiden Achsen eines Fahrzeugs*

Achs·bruch *der* <-(e)s, Achsbrüche> *Bruch einer Achse*

Achs·druck *der* <-(e)s, Achsdrücke> KFZ (≈ Achslast)

Ach·se *die* <-, -n> ❶ TECHN. *Verbindungsstange zwischen parallel laufenden Rädern:* die zwei Achsen eines Autos ◆ Antriebs-, Hinter-, Vorder- ❷ MATH. *gedachte Mittellinie, um die sich etwas dreht oder an der etwas gespiegelt wird* ◆ Erd-, Körper- ❸ MATH. *eine der beiden Linien eines Koordinatensystems* ◆ Koordinaten-, Symmetrie-, X-, Y- ❹ ■ **auf Achse sein** *(umg.) unterwegs sein* Er ist nur selten zu erreichen, denn er ist immer auf Achse.

Ach·sel *die* <-, -n> ❶ *der Bereich an der Unterseite des Oberarms, der dem Oberkörper am nächsten ist* ◆ -haar, -höhle, -schweiß ❷ *Schulter;* ■ **die/mit den Achseln zucken** *als Geste der Ahnungslosigkeit oder Ratlosigkeit die Schultern heben und wieder senken*

Ach·sel·griff *der* <-(e)s, -e> *Griff unter den Achseln zur Bergung oder Rettung von Personen:* bewusstlose Verletzte mit Achselgriff aus einem verunglückten Auto ziehen

Ach·sel·hemd *das* <-(e)s, -en> *ärmelloses Unterhemd*

Ach·sen·ab·stand *der* <-(e)s, Achsenabstände> siehe **Achsabstand**

ach·sen·sym·me·t·risch *adj so, dass es sich zu einer Achse² symmetrisch verhält*

Achs·la·ger *das* <-s, -> KFZ *Lager, in dem eine Achse¹ angebracht ist*

Achs·last *die* <-, -en> KFZ *maximale Last, mit der eine Achse belastet werden darf*

Acht¹ ■ **außer Acht lassen** *nicht beachten;* ■ **sich in Acht nehmen** *vorsichtig sein;* ■ **Gib Acht!** auch: **Gib acht!** *pass auf* ◆ Getrennt- und Zusammenschreibung →R 4.6; Schreibung mit Bindestrich →R 4.21 das Außer-Acht-Lassen/das Außerachtlassen

Acht² *die* /kein Plur./ GESCH. *Ausschluss aus dem Rechtsschutz mit der Folge, dass jmd. vogelfrei ist:* die Acht über jemanden verhängen

acht *num die Ziffer 8* ◆ Kleinschreibung →R 3.16 alle acht Tage; der achte Mai; um acht Uhr; Schlag acht Uhr; Kinder über acht Jahre; Sie sind acht Personen.; Wir sind zu acht.; die ersten/letzten acht; acht mal vier; Acht und acht macht/ist sechzehn.;

Das macht acht zwanzig.; ◆ Großschreibung →R 3.16 eine Acht schreiben; mit der Acht (Linie 8) fahren; am Achten des Monats; ◆ Schreibung mit Ziffer 8-fach (achtfach); ◆ Schreibung mit Ziffer und Bindestrich →R 4.21 8-jährig (achtjährig); 8-mal (achtmal); 8-malig (achtmalig); 8-teilig (achtteilig)

acht·bän·dig *adj /nicht steig./ aus acht Bänden bestehend:* eine achtbändige Enzyklopädie

acht·bar *adj (geh.: ≈ ehrbar) so, dass man jmdn. respektieren muss*

ach·te *adj in einer Reihenfolge an der Stelle acht:* der achte Platz; Der achte Teil von sechzehn ist zwei.; das achte Gebot; an achter Stelle

Ach·te *der/die/das* <-n, -n> *(in einer Reihenfolge) jmd. oder etwas an der Stelle acht:* Heute ist der Achte (des Monats).; Sie ist die Achte (am Ziel).; Du bist schon der Achte, den ich treffe.; Jedes Achte wird gestrichen. ◆ Großschreibung →R 3.17 Heinrich der Achte

Ach·teck *das* <-(e)s, -e> *geometrische Figur mit acht Ecken*

acht·eckig *adj /nicht steig./ mit acht Ecken*

ach·tel *num der achte Teil von etwas:* ein achtel Zentner; drei achtel Liter; das/ein achtel Kilogramm ◆ Groß- und Zusammenschreibung →R 3.1 ein Achtelliter; das/ein Achtelkilogramm

Ach·tel *das* <-s, -> ❶ *der achte Teil von etwas:* das Achtel vom Zentner; drei Achtel des Ganzen; in drei Achtel aller Fälle ❷ *(als Portionsangabe) ein achtel Liter Wein:* Bitte ein Achtel Rotwein! ◆ Zusammenschreibung →R 4.5 ein Achtelkilogramm; im Dreiachteltakt

Ach·tel·li·ter *der* <-s, -> *ein Achtel von einem Liter*

ach·teln <achtelst, achtelte, hat geachtelt> *mit OBJ* ■ **jmd. achtelt etwas** *in acht gleich große Teile aufteilen:* eine Torte achteln

Ach·tel·pfund *das* <-(e)s, -e> *ein Achtel von einem Pfund*

ach·ten I. *mit OBJ* ■ **jmd. achtet jmdn./etwas** *(≈ respektieren) großen Wert beimessen und mit Respekt betrachten:* seine Eltern achten; fremdes Eigentum achten **II.** *ohne OBJ* ■ **jmd. achtet auf etwas** *seine Aufmerksamkeit auf etwas richten:* auf den Verkehr achten; auf die Kinder achten

äch·ten <ächtest, ächtete, hat geächtet> *mit OBJ* ■ **jmd. ächtet jmdn./etwas** *gemeinschaftlich verdammen:* eine Person/die Todesstrafe ächten ▶ Ächtung

Acht·en·der *der* <-s, -> *Hirsch, dessen Geweih acht Enden hat*

ach·tens *adv an achter Stelle, als achter Punkt in einer Reihenfolge*

Ach·ter *der* <-s, -> ❶ *(umg.) die Ziffer 8:* einen Achter an die Tafel malen ❷ SPORT *Ruderboot mit acht Ruderern* ❸ *eine Bewegung mit der Form einer 8:* auf Schlittschuhen einen Achter laufen

Ach·ter·bahn *die* <-, -en> *in Vergnügungsparks eine Art Bahn mit sehr steil ansteigenden und abfallenden Kurven und Loopings, auf der die Fahrgäste in kleinen Wagen fahren;* ■ **eine Achterbahn der Gefühle** *(umg. übertr.) ein heftiges*

A

Schwanken zwischen (positiven und negativen) Gefühlen

ach·tern *adv* SEEW. *hinten:* Wind von achtern

Ạch·ter·pack *der* <-s> *siehe* **Achterpackung**

Ạch·ter·pa·ckung *die* <-, -en> *Packung, die acht Einheiten von etwas enthält:* Eine Achterpackung Toilettenpapier enthält acht Rollen Toilettenpapier.

acht·fach *adj /nicht steig./ so, dass es in acht Exemplaren vorliegt:* in achtfacher Ausfertigung ◆ Schreibung mit Ziffer →R 4.5 8fach; das 8fache; ◆ Großschreibung →R 3.7 das Achtfache; um das Achtfache größer

acht·far·big *adj /nicht steig./ aus acht Farben bestehend*

Ạcht·flach *das* <-(e)s, -e> (≈ Oktaeder) *eine geometrische Figur mit acht Ecken*

Ạcht·fläch·ner *der* <-s, -> *siehe* **Achtflach**

ạcht·fü·ßig <(nicht steig.)> *adj mit acht Füßen ausgestattet*

Ạcht·ge·ben *das* <-s> */kein Plur./ der Zustand, dass jmd. vorsichtig auf etwas achtet*

Ạcht·hun·dert·jahr·fei·er *die* <-, -n> *eine Feier, die veranstaltet wird, weil etwas achthundert Jahre besteht:* Anlass für die Achthundertjahrfeier ist das achthundertjährige Bestehen unseres Dorfes.

acht·jäh·rig *adj /nicht steig./ acht Jahre alt:* ein achtjähriger Junge ◆ Schreibung mit Ziffer und Bindestrich →R 4.21 ein 8-jähriger Junge; der/die 8-Jährige; ◆ Großschreibung →R 3.7 der/die Achtjährige

acht·jähr·lich *adj /nicht steig./ so, dass sich etwas alle acht Jahre wiederholt*

Ạcht·kampf *der* <-(e)s, Achtkämpfe> SPORT *Disziplin der Leichtathletik*

ạcht·los *adj* (↔ achtsam) *so, dass man auf etwas (und seine Konsequenzen) nicht achtet:* achtlos an etwas vorübergehen; Eine achtlos weggeworfene Zigarette verursachte das Feuer.

ạcht·mal *adv multipliziert mit dem Faktor 8:* achtmal/8-mal so groß; (mit Ziffern) 8 mal 2; (bei besonderer Betonung auch) acht Mal

Ạcht·me·ter *der* <-s, -> SPORT *Strafwurf beim Handball, der aus einer Entfernung von acht Metern auf das Tor ausgeführt wird*

Ạcht·me·ter·brett *das* <-(e)s, -e> *Sprungbrett in einem Schwimmbecken, das sich in acht Metern Höhe befindet*

ạcht·mo·na·tig *adv acht Monate alt oder acht Monate dauernd*

ạcht·mo·nat·lich *adj so, dass sich etwas alle acht Monate wiederholt*

Ạcht·mo·nats·kind *das* <-(e)s, -er> *Kind, das nach acht Monaten Schwangerschaft zu früh geboren wird*

ạcht·mo·to·rig *adj /nicht steig./* TECHN. *mit acht Motoren ausgestattet:* ein achtmotoriges Flugzeug

ạcht·pfün·dig *adj /nicht steig./ so, dass es acht Pfund wiegt* ▸ Achtpfünder

ạcht·pro·zen·tig *adj /nicht steig./ so, dass etwas acht Prozent von etwas enthält*

ạcht·rei·hig *adj /nicht steig./ aus acht Reihen bestehend*

ạcht·sil·big *adj /nicht steig./ aus acht Silben bestehend*

Ạcht·sit·zer *der* <-s, -> *mit acht Sitzplätzen ausgestattetes Fahrzeug*

ạcht·spal·tig *adj /nicht steig./ aus acht Spalten bestehend*

ạcht·spän·nig *adj /nicht steig./ so, dass eine Kutsche von acht Pferden gezogen wird* ▸ Achtspänner

ạcht·spu·rig *adj /nicht steig./ aus acht Fahrspuren bestehend*

Ạcht·stun·den·tag *der* <-(e)s, -e> *ein Arbeitstag von acht Stunden*

ạcht·stünd·lich *adj /nicht steig./ so, dass etwas sich alle acht Stunden wiederholt*

ạcht·tä·gig *adj /nur attr./ acht Tage dauernd:* ein achttägiges Festival

ạcht·täg·lich *adj /nicht steig./ so, dass sich etwas alle acht Tage wiederholt*

Ạcht·uhr·vor·stel·lung *die* <-, -en> *eine Vorstellung oder Veranstaltung, die um acht Uhr beginnt*

Ạcht·uhr·zug *der* <-(e)s> */kein Plur./ ein Zug, der um acht Uhr fährt*

ạcht·und·ein·halb *num 8,5*

Ạch·tung *die* <-> */kein Plur./* ❶ *Wertschätzung und Respekt, die jmdm. zukommen:* sich Achtung verschaffen; eine Achtung gebietende Erscheinung; ■ **Alle Achtung!** *Ausruf, um Bewunderung für jmdn. oder etwas auszudrücken* Ich weiß nicht, wie sie ihr Studium mit Kind geschafft hat. Alle Achtung! ◆ -sapplaus, -sbezeigung, -serfolg, Selbst- ❷ *Ausruf, um Aufmerksamkeit zu erlangen:* Achtung! Achtung! Alle mal herhören!

Ạch·tung *die* <-, -en> */Plur. selten/ gemeinschaftliche Verdammung:* die Ächtung von Atomwaffen/eines Kriegsverbrechers

ạch·tung·ge·bie·tend *adj /nicht steig./ so, dass etwas verlangt, dass man Achtung entgegenbringt*

ạch·tungs·voll *adj* (≈ respektvoll) *achtungsvoll miteinander umgehen*

ạcht·wö·chent·lich *adj /nicht steig./ so, dass sich etwas alle acht Wochen wiederholt*

ạcht·wö·chig *adj /nicht steig./ acht Wochen lang dauernd*

ạcht·zehn *num 18*

ạcht·zehn·hun·dert *num 1800*

ạcht·zehn·jäh·rig *adj /nicht steig./ achtzehn Jahre alt*

ạcht·zehn·te *adj /nicht steig./ in einer Reihenfolge oder Hierarchie an der Stelle achtzehn:* den achtzehnten Platz bei einem Wettkampf belegen

Ạcht·zehn·tel *das der achtzehnte Teil von etwas*

Ạcht·zei·ler *der* <-s, -> *Vers, der aus acht Zeilen besteht*

ạcht·zig *num 80:* Auch mit achtzig Jahren ist er immer noch rüstig.; Er kommt in die achtzig.; Sie sind beide Mitte achtzig.; der Mensch über achtzig; Wein aus dem Jahr achtzig; mit achtzig (Stundenkilometern) fahren; ■ **jemanden auf achtzig bringen** *(umg.) jmdn. reizen oder provozieren*

Ạcht·zig *die* <-, -en> *die Zahl 80*

Ạcht·zi·ger·jah·re, a. **ạcht·zi·ger Jah·re** <-> *Plur. der Zeitraum, der die Jahre zwischen 1980* und 1989 umfasst ◆Schreibung mit Ziffer →R 4.5 80er Jahre/80er-Jahre

acht·zig·jäh·rig adj /nicht steig./ siehe **achtjährig**

acht·zigs·te adj /nicht steig./ in einer Reihenfolge oder Hierarchie an der Stelle achtzig: den achtzigsten Geburtstag feiern; Sie feiert ihren Achtzigsten.

Acht·zigs·tel das <-s, -> der achzigste Teil von etwas; siehe **Achtel**

äch·zen ['ɛçtsn̩] <ächzt, ächzte, hat geächzt> ohne OBJ ■ jmd./etwas ächzt ❶ angestrengt stöhnen: vor Anstrengung ächzen ❷ (≈ knarren) unter der Last von etwas ein langgezogenes Geräusch von sich geben: Der Stuhl ächzte unter seinem Gewicht.

Acker der <-s, Äcker> eine bestimmte Fläche von landwirtschaftlich genutztem Boden: Der Bauer bestellt/pflügt den Acker.; Der Acker liegt brach.; ■ **sich vom Acker machen** (umg.) von einem Ort weggehen Ich werde mich jetzt mal vom Acker machen.; Mach' dich vom Acker! ◆-boden, -fläche, -gaul, -land, Kartoffel-, Kraut-, Rüben-

Acker·bau der <-(e)s> /kein Plur./ das Anbauen von Nutzpflanzen: Ackerbau und Viehzucht

ackern <ackerst, ackerte, hat geackert> I. mit OBJ/ohne OBJ ■ **jmd. ackert (etwas)** mit dem Pflug bearbeiten: (das Feld) ackern II. ohne OBJ ■ **jmd. ackert** (umg.: ≈ schuften) (körperlich oder geistig) hart arbeiten: für die Klassenarbeit ackern

Acker·sa·lat der <-(e)s, Ackersalate> (≈ Feldsalat)

Acker·schol·le die <-, -n> ein flaches Stück Ackerboden, das beim Pflügen nach oben kommt

Acker·senf der <-(e)s> /kein Plur./ auf Äckern und an Wegrändern wachsende gelbblühende Pflanze

Acker·wi·cke die <-, -n> Futterpflanze, die für das Vieh in der Landwirtschaft angebaut wird

Ac·ryl das [a'kry:l] <-s> /kein Plur./ ❶ CHEM. ein transparenter Kunststoff: Der Plattenspieler hat eine Abdeckhaube aus Acryl. ◆-faser, -glas, -harz, -säure ❷ KUNST (≈ Acrylfarbe) Acryl auf Leinwand

Ac·ryl·far·be die <-, -n> eine synthetische (Künstler-)Farbe

Ac·tion die ['ækʃən] <-> ❶ spannende (Film-)Handlung: ein Film mit viel Action ◆-film ❷ (umg.) lebhafter Betrieb: Hier ist ja ganz schön Action!

ac·tion·ge·la·den ['ækʃən...] adj (Film) voller Action[1]

ad ab·sur·dum [at ap'zʊrdʊm] (geh.) ■ **etwas ad absurdum führen** das Widersinnige einer Sache nachweisen

ADAC der <-> Abkürzung von „Allgemeiner Deutscher Automobil-Club"

Ada·gio das [a'da:dʒo] <-s, -s> MUS. Tempobezeichnung: langsam, ruhig

ada·gio adv MUS. Tempobezeichnung in der Musik für „langsam, ruhig"

Ad·ap·ta·ti·on, a. **Ad·ap·ti·on** die <-, -en> ❶ /kein Plur./ BIOL. Anpassung des Organismus an die Umwelt: Veränderungen im Prozess der Adaptation ❷ LIT., THEAT. Umarbeitung eines literarischen Werkes für andere Verwendungszwecke: eine Adaptation des Romans für das Theater/für den Literaturunterricht der 6. Klasse

Ad·ap·ta·ti·ons·recht das <-(e)s, -e> RECHTSW. ❶ Recht, das die Adaptation[2] betrifft ❷ das Recht, etwas zu adaptieren[2]

Ad·ap·ter der [a'dapte] <-s, -> TECHN. Verbindungsstück zum Anschließen von Zusatzgeräten an ein Grundgerät

ad·ap·tie·ren <adaptierst, adaptierte, hat adap­tiert> mit OBJ ❶ BIOL. anpassen ❷ ■ **jmd. adaptiert etwas** LIT., THEAT. ein literarisches Werk umarbeiten ❸ ÖSTERR. eine Wohnung oder ein Haus für einen bestimmten Zweck einrichten und daran anpassen: eine frisch adaptierte 2-Zimmer-Wohnung; eine Villa als Museum adaptieren

Ad·ap·ti·on die (fachspr.) siehe **Adaptation**

ad·ä·quat adj (geh.: ≈ angemessen) einer Sache in ihrer Bedeutung, Wichtigkeit o. Ä. entsprechend: Die Strafe sollte dem Vergehen adäquat sein.; Wir müssen noch eine adäquate Wohnung finden. ▶ Adäquatheit

ad·die·ren <addierst, addierte, hat addiert> mit OBJ ■ **jmd. addiert etwas** MATH. (↔ subtrahieren) zusammenzählen

Ad·dier·ma·schi·ne die <-, -n> Maschine, mit der man addieren kann

Ad·di·ti·on die <-, -en> MATH. (↔ Subtraktion) das Zusammenzählen

Ad·di·tiv das <-(e)s, -e> CHEM. Zusatzstoff in chemischen Substanzen

Ad·duk·ti·on die <-, -en> MED. das Heranziehen eines Körperglieds an den Körper

Ad·duk·tor der <-s, ...-toren> ANAT. Muskel für die Adduktion

Ade·bar der <-s, -e> (umg. scherzh.) Bezeichnung für den Storch

Adel der <-s> /kein Plur./ ❶ Klasse innerhalb der Gesellschaft, die Besitz und einen Titel (historisch auch damit verbundene Vorrechte) durch Geburt ererbt hat ◆-sanrede, -sarchiv, -saufgebot, -sblatt, -serhebung, -sfamilie, -sforschung, -sgeschlecht, -sgesetz, -shaus, -shierarchie, -skalender, -sklasse, -skriterium, -skrone, -slexikon, -sliste, -smann, -smatrikel, -snamen, -sorganisation, -sprädikat, -srang, -sregister, -schlag, -srecht, -srepublik, -ssprache, -sstammbaum, -sstand, -sstufen, -stitel, -stradition, -surkunde, -sverband, -sverein, -sverleihung, -sverzeichnis, -swappen, -swürde, -szeichen, -szusatz, Amts-, Bürger-, Dienst-, Erb-, Geblüts-, Hoch-, Hof-, Klein-, Land-, Reichs-, Verdienst- ❷ ■ **aus dem/von Adel** zu einer adeligen Familie gehörend, von adeliger Herkunft: Er stammt aus dem niederen Adel.; Sie ist von Adel.; ■ **Adel verpflichtet** wenn man einer gewissen gesellschaftlichen Klasse oder Schicht angehört, ist man auch zu einer bestimmten Art der Lebensführung verpflichtet ❸ (geh.) Vornehmheit: der Adel des Herzens ◆Adelung

ad(e)·lig adj /nicht steig./ dem Adel[1] angehörend: ad(e)lig sein

Ad(e)·li·ge der/die <-n, -n> Angehöriger des Adels[1]

adeln <adelst, adelte, hat geadelt> mit OBJ

A

■ *jmd. adelt jmdn. in den Stand des Adels erheben*

Adels·brief *der* <-(e)s, -e> *Urkunde, die die Aufnahme in den Adelsstand bestätigt*

Adels·ge·schlecht *das* <-(e)s, Adelsgeschlechter> *Gruppe von Familien, die dem Adel angehören*

Adels·stand *der* <-(e)s, Adelsstände> *die gesellschaftliche Gruppe der Adeligen:* in den Adelsstand erhoben werden

ade·no·id *adj* MED. *drüsenähnlich*

Ade·nom *das* <-s, -e> MED. *gutartige Geschwulst im Drüsengewebe*

Ad·ept *der* <-en, -en> ❶ *(veralt.) in früheren Zeiten ein Mensch, der um geheime Wissenschaften (die Alchemie) und Künste wusste* ❷ *(geh. scherzh.) ein Lernender oder Schüler, der in Wissenschaft und Künste eingeweiht wird*

Ader *die* <-, -n> ❶ ANAT. *eine der vielen Leitungen, durch die das Blut durch den Körper von Menschen oder Tieren fließt;* ■ **jemanden zur Ader lassen** *(veralt.) jmdn. Blut abnehmen;* ■ **jemanden zur Ader lassen** *(umg. übertr.) von jmdm. viel Geld für etwas nehmen* ♦ -lass, Hauptschlag-, Puls- ❷ */kein Plur./ Veranlagung:* eine künstlerische/musikalische Ader haben; ■ **für etwas keine Ader haben** *einer Sache nicht aufgeschlossen gegenüberstehen* ❸ BOT. *einer der feinen Linien, die man im Inneren eines Blattes sehen kann* ♦ Blatt- ❹ ZOOL. *die feinen Linien auf den Flügeln von Insekten* ❺ BERGB. *eine Art kleiner Gang oder Spalt in einem Felsen oder unter der Erde, in dem es Mineralien oder Erze oder Wasser gibt* ♦ Erz-, Gold-, Wasser-

Äder·chen *das* <-s, -> *eine feine Ader [1]*

Ad·hä·si·on *die* <-, -en> ❶ */kein Plur./* PHYS. *Fähigkeit und Zustand, dass zwei Teile an Grenzschichten aneinanderhaften:* die Adhäsion von Molekülen eines Stoffes ♦ -sarbeit, -sband, -sbarriere, -seffekt, -senergie, -sfolie, -sgewicht, -sgreifer, -skleber, -skraft, -smittel, -smoleküle, -sobjektträger, -stheorie, -svermögen, -sverschluss, -swasser ❷ MED., BIOL. *Verwachsung/Verklebung von Körperorganen/Zellen/Geweben etc.* ♦ -sbauch, -sbeschwerden, -sbruch, -sgürtel, Zell- ❸ RECHTSW. *Ansprüche, die im Zivilrecht aus etwas erwachsen* ♦ -santrag, -sklage, -sverfahren

Ad·hä·si·ons·kraft *die* <-, Adhäsionskräfte> PHYS. *Anziehungskraft zwischen Molekülen*

ad·hä·siv *adj durch Adhäsion wirkend*

Adi·eu, *a.* **adi·eu** [a'diø:] *<-, (-s)> Abschiedsgruß:* (jemandem) Adieu/adieu sagen

ad in·fi·ni·tum *adv (geh.) unbegrenzt, unendlich fortsetzbar*

Ad·jek·tiv *das* ['atjɛktiːf] <-s, -e> SPRACHWISS. *Eigenschaftswort:* „Schön" und „groß" sind Adjektive.; der Komparativ/Superlativ eines Adjektivs; die Steigerungsformen des Adjektivs ♦ -abstrakta, -adverb, -attribut, -bildung, -deklination, -flexion, -formen, -komparation, -komposita, -objekt, -phrase, -probe, -satz, -stellung, -suffix, -valenz ▶ Adjektivierung

ad·jek·ti·visch *adj /nicht steig./* SPRACHWISS. *als*

Adjektiv: der adjektivische Gebrauch eines Partizips

Ad·junkt[1] *der,* **Ad·junk·tin** <-en, -en> ÖSTERR., SCHWEIZ. *Beamtentitel: Assistent(in)*

Ad·junkt[2] *das* <-s, -e> SPRACHWISS. *grammatisch nicht notwendiges attributives Satzelement:* In "Sie kocht bestens" ist "bestens" ein Adjunkt.

Ad·jus·tie·rung *die* <-, -en> ÖSTERR. ❶ *(≈ Uniform) Dienstkleidung:* in dienstlicher Adjustierung erscheinen ❷ *(scherzh.) Aufmachung und Erscheinungsbild:* in merkwürdiger Adjustierung eine Veranstaltung besuchen

Ad·ju·tant *der,* **Ad·ju·tan·tin** [atju'tant] <-en, -en> MILIT. *Begleitoffizier*

Ad·ler *der* <-s, -> *ein großer Raubvogel mit braunschwarzem Gefieder* ♦ -horst

Ad·ler·blick *der* <-(e)s> */kein Plur./ besonders genauer, scharfer, durchdringender Blick eines Menschen*

ad li·bi·tum ❶ *(geh.: ≈ beliebig) ganz nach Belieben* ❷ MUS. *verwendet, um auszudrücken, dass das Tempo für ein Musikstück dem Musiker überlassen bleibt*

Ad·mi·nis·tra·ti·on *die* <-, -en> *(≈ Verwaltung)*

ad·mi·nis·tra·tiv *adj /nicht steig./ behördlich, auf die Verwaltung von etwas bezogen:* eine administrative Maßnahme

Ad·mi·nis·tra·tor *der,* **Ad·mi·nis·tra·to·rin** <-s, ...-toren> *(≈ Verwalter(in))* ♦ System-

Ad·mi·ral *der,* **Ad·mi·ra·lin** [atmi'ra:l] <-s, -e/Admiräle> ❶ MILIT. *höchster Dienstgrad der Kriegsmarine* ❷ <pl nur: Admirale> ZOOL. *ein Tagfalter*

Ad·mi·ra·li·tät *die* <-, -en> MILIT. *die Gesamtheit der Admirale, die oberste Kommandoebene der Marine*

Ad·mi·ral·stab *der* <-(e)s, Admiralstäbe> *obere Führungsgruppe in der Kriegsmarine*

ADN *der* <-> */kein Plur./* GESCH. *(in der ehemaligen DDR) Abkürzung von „Allgemeiner Deutscher Nachrichtendienst"*

Ado·les·zenz *die* [adolɛs'tsɛnts] <-> */kein Plur./ letzter Abschnitt des Jugendalters zwischen Pubertät und Erwachsenenalter* ♦ -krise, -literatur, -phase, -probleme, -roman ▶ adoleszent, Adoleszent

Ado·nis *der* <-, -se> *(geh.) schöner Jüngling oder Mann*

ad·op·tie·ren [adɔp'tiːrən] <adoptierst, adoptierte, hat adoptiert> mit OBJ ■ **jmd. adoptiert jmdn.** *ein Kind, das nicht ein leibliches Kind ist, als eigenes Kind annehmen:* Wir haben eine Tochter adoptiert.

Ad·op·ti·on *die* <-, -en> *Annahme als eigenes Kind*

Ad·op·tiv- *als Erstglied zusammengesetzter Substantive zur Bezeichnung des Adoptionsverhältnisses; die an einer Adoption beteiligten bzw. von einer Adoption betroffenen Personen werden mit dem Zweitglied benannt* ♦ -bruder, -eltern, -familie, -geschwister, -kind, -mutter, -schwester, -sohn, -tochter, -vater

Ad·re·na·lin *das* [adrena'liːn] <-s> */kein Plur./* BIOL. *Hormon der Nebenniere, das vor allem aus-*

geschüttet wird, wenn man aufgeregt und nervös ist ◆-schock, -spiegel, -spritze, -stoß, -sucht

Ad·ress·an·hän·ger der <-s, -> Anhängeschild an Koffern mit der Adresse des Besitzers

Ad·res·sat der, **Ad·res·sa·tin** <-en, -en> Empfänger(in) einer Postsendung oder Information

Ad·res·sa·ten·kreis der <-es, -e> bestimmte Gruppe von Empfängern einer Postsendung oder Information

Ad·ress·auf·kle·ber der <-s, -> aufklebbares Papierschild, auf das man seine Adresse schreibt: vor einer Reise Adressaufkleber auf einem Koffer anbringen

Ad·ress·buch das <-(e)s, Adressbücher> ❶ ein Notizbuch, in dem man Adressen sammelt ❷ EDV innerhalb eines Mailprogramms eine Datei, in der E-Mail-Adressen abgelegt und verwaltet werden

Ad·res·se die <-, -n> ❶ (≈ Anschrift) Name, Wohnort, Straße und Hausnummer, die gemeinsam die Daten bilden, mit denen man einer Person auf dem Postweg etwas schicken kann; ▪ **bei jemandem an die falsche Adresse kommen** bei die falsche Person geraten ◆-nänderung, -nverzeichnis ❷ ein offizielles Schreiben, das an eine hochgestellte Persönlichkeit, eine Institution o. Ä. gerichtet ist und in dem eine einzelne Person oder eine Gruppe sich bei jmdm. bedankt oder jmdn. grüßt: In seiner Adresse erwähnte er alle Helfer.; eine Adresse an den Präsidenten richten ◆ Dank-, Gruß- ❸ EDV eine Nummer, die eine bestimmte Speicherzelle im Speicher eines Computers bezeichnet

Ad·res·sen·auf·kle·ber der <-s, -> siehe auch **Adressaufkleber**

Ad·res·sen·bü·ro das <-s, -s> Büro, das Adressen von Personen und Firmen sammelt und weiterverkauft

ad·res·sie·ren <adressierst, adressierte, hat adressiert> mit OBJ ▪ **jmd. adressiert etwas (an jmdn.)** mit der Anschrift des Empfängers versehen: den Brief an die Eltern adressieren; Einladungen/ein Rundschreiben adressieren

Ad·res·sier·ma·schi·ne die <-, -n> Maschine, die Adressen aufdruckt

ad·rett [a'drɛt] adj sauber und ordentlich

Ad·ria die <-> /kein Plur./ der Teil des Mittelmeeres, der sich zwischen dem Balkan und Italien befindet ▸adriatisch

ad·sor·bie·ren mit OBJ ▪ **etwas adsorbiert etwas** CHEM., PHYS. Gase, Dämpfe, gelöste Stoffe an der Oberfläche fester Körper binden ▸ Adsorption

Ad·sorp·ti·on die <-, -en> CHEM., PHYS. das Adsorbieren

Ad·strin·gens das <-, -genzien/-gentia> MED. entzündungshemmendes, blutstillendes Mittel, das zusammenziehend auf Wunden und Schleimhäute wirkt ▸ adstringieren, adstringierend

A-Dur das <-> /kein Plur./ MUS. eine Tonart

Ad·van·tage der [əd'vɑːntɪdʒ] <-s, -s> SPORT (beim Tennis; ≈ Vorteil) der erste gewonnene Punkt nach dem Einstand

Ad·vent der <-(e)s, -e> /Plur. selten/ Zeit vom vierten Sonntag vor Weihnachten bis Weihnachten: im Advent; der vierte Advent (der letzte

Sonntag vor Weihnachten) ◆-skalender, -skerze, -skranz, -slied, -ssamstag, -(s)sonntag, -(s)zeit

Ad·ven·tist der, **Ad·ven·tis·tin** <-en, -en> Angehöriger einer religiösen Gemeinschaft, die an die baldige Wiederkehr von Jesus Christus glaubt

Ad·vent·ka·len·der der <-s, -> ÖSTERR. siehe **Adventskalender**

Ad·vents·ka·len·der der <-s, ->

Im christlichen Brauchtum finden Kinder im **Adventskalender** traditionell an jedem Adventstag hinter einem zu öffnenden Papptürchen eine Überraschung, die vor allem aus Süßigkeiten (insbesondere aus Schokolade) besteht. Der Kalender umfasst die vier Wochen vor Weihnachten und ist mit Christbäumen, Weihnachtsmännern, Lebkuchen und anderen Weihnachtsmotiven verziert. Adventskalender lassen sich in vielen Varianten käuflich erwerben; oft erstellt man sie aber auch selbst. Es gibt auch Adventskalender, die inhaltlich nicht religiös gehalten sind; und es gibt sogar Adventskalender für Erwachsene.

Ad·vents·kranz der <-es, Adventskränze> Kranz aus Tannenzweigen mit vier Kerzen: Am ersten Sonntag im Advent wird eine Kerze des Adventskranzes angezündet, am zweiten Sonntag zwei Kerzen, am dritten Sonntag drei, bis schließlich am vierten Sonntag alle vier Kerzen auf dem Kranz brennen.

Ad·verb das [at'vɛrp] <-s, Adverbien> SPRACHWISS. (≈ Beiwort, Umstandswort) ein Wort, dass Umstände der Zeit, des Ortes, der Modalität oder des Grundes bezeichnet: Die Wörter „dort" und „bald" sind Adverbien. ◆ Adjektiv- ▸ adverbial, Adverbial

Ad·ver·bi·al das <-s, -e> SPRACHWISS. (≈ Umstandsbestimmung) Bezeichnung für eine grammatische Funktion, die typischerweise von Ausdrücken der Wortart Adverb ausgeübt wird ◆-adjektiv, -bestimmung, -kasus, -satz ▸ Adverbialis, Adverbialisierung

Ad·ver·sa·tiv das <-s, -e> SPRACHWISS. Beziehung mit der Eigenschaft, einen Gegensatz auszudrücken: kontrastierend zu sein ◆-partikel, -satz ▸ adversativ, Adversativität

ad·ver·sa·tiv [atvɛrza'tiːf] adj /nicht steig./ SPRACHWISS. einen Gegensatz zum Ausdruck bringend: „Aber", „doch" und „sondern" sind adversative Konjunktionen.

Ad·vo·ca·tus Di·a·bo·li der <-> /kein Plur./ ❶ REL. katholischer Priester, der Gründe gegen eine Heiligsprechung von Personen vorbringt ❷ (übertr.) jmd., der in eine Diskussion Gegenargumente einbringt, deren Gültigkeit er selbst nicht annimmt; ▪ **den Advocatus Diaboli spielen** Der Diskussionsleiter übernahm die Rolle des Advocatus Diaboli und belebte so das Gespräch.

Ad·vo·kat der, **Ad·vo·ka·tin** [atvo'kaːt] <-en, -en> ÖSTERR., SCHWEIZ. Rechtsanwalt oder Rechtsanwältin

A

Ad·vo·ka·tur *die* <-, -en> SCHWEIZ., ÖSTERR. *Anwaltsbüro, Kanzlei*

Ae·ro- [aˈeːro/ˈɛro] *als Erstglied zusammengesetzter Substantive; die aus dem Griechischen stammende Vorsilbe drückt aus, dass das mit dem Zweitglied Bezeichnete etwas mit Luft/Sauerstoff/Gasen/Luftfahrt zu tun hat bzw. darauf bezogen ist* ◆ -akustik, -bier, -biont, -dynamik, -felge, -flot, -gramm, -helm, -kick, -lith, -logie, -mechanik, -meter, -naut, -nautik, -plan, -salon

ae·ro [aˈeːro/ˈɛro] *als Erstglied zusammengesetzter Adjektive; die aus dem Griechischen stammende Vorsilbe drückt aus, dass das mit dem Zweitglied Bezeichnete etwas mit Luft/Sauerstoff/Luftfahrt zutun hat bzw. darauf bezogen ist* ◆ -dynamisch, -gen, -statisch

ae·rob [aeˈroːp] *adj /nicht steig./* BIOL. *(↔ anaerob) so, dass es Sauerstoff zum Leben benötigt:* aerobe Bakterien

Ae·ro·bic *das* [ɛˈroːbɪk] <-s> */kein Plur./* SPORT *ein Bewegungstraining, bei dem man zu Musikbegleitung bestimmte gymnastische Übungen macht*

Ae·ro·bi·er *der* <-s, -> BIOL. *Organismus, der nur mit Sauerstoff aus der Luft leben kann*

Ae·ro·bi·ont *der* <-en, -en> *siehe* **Aerobier**

Ae·ro·sol *das* <-s, -e> ❶ CHEM., PHYS. *feine Verteilung flüssiger oder fester Stoffe (Schwebeteilchen) in Gasen oder in der Luft:* Rauch und Nebel sind Aerosole. ❷ MED. *Medikament zum Einatmen* ◆ -abscheidung, -behandlung, -bildung, -bombe, -dose, -filter, -generator, -gerät, -kabine, -maske, -messtechnik, -messung, -monitor, -packung, -partikel, -physik, -richtlinie, -schicht, -spektrometer, -spray, -technologie, -teilchen, -therapie, -ventile, -vernebler, -wolke, -zerstäuber

Ae·ro·sta·tik *die* <-> PHYS. *Lehre vom Verhalten strömender Gase oder Flüssigkeiten* ▸ aerostatisch

Af·fä·re *die* <-, -n> ❶ *(umg.) eine unangenehme Angelegenheit:* sich geschickt aus der Affäre ziehen ◆ Bestechungs- ❷ *Liebesverhältnis:* eine Affäre (mit jemandem) haben ◆ Liebes-

Af·fe *der* <-n, -n> ❶ ZOOL. *dem Menschen nahe verwandtes Säugetier, das in seinen verschiedenen Arten in tropischen Ländern in sehr unterschiedlichen Größen und Farben vorkommt, meist in Horden lebt und dessen höher entwickelte Vertreter intelligentes Verhalten zeigen:* Schimpansen, Gorillas und Paviane sind sehr verschiedene Affen.; Nicht alle Affen sind Menschenaffen. ◆ -nkäfig, -nmännchen, -nmensch(en), -nrasse, -nweibchen, -nversuche ❷ *(umg. abwert.) eitle oder dumme Person:* so ein (blöder/dummer/eingebildeter) Affe!; ■ **sich zum Affen machen** *(umg.)* sich Arbeiten, die man als sinnlos empfindet, auftragen lassen; ■ **Mich laust der Affe!** *(umg.)* verwendet, um auszudrücken, dass man sehr überrascht ist; ■ **jemand ist wie vom (wilden) Affen gebissen** *jmd. reagiert völlig überzogen oder verrückt;* ■ **wie ein Affe auf dem Schleifstein (dasitzen)** *(umg. scherzh.) in einer komischen oder krummen Position (dasitzen)* ◆ -nbande ▸ affig, Affigkeit

Af·fekt *der* <-(e)s, -e> *heftiger Erregungszustand:* im Affekt handeln ◆ -abfuhr, -anfall, -armut, -aus-bruch, -bildung, -delikt, -enlehre, -formung, -handlung, -haushalt, -inkontinenz, -kontrolle, -krampf, -lage, -lehre, -logik, -modulation, -modell, -mord, -poetik, -psychose, -reaktion, -regulation, -regulierung, -spiegelung, -starre, -stau, -steuerung, -störung, -theorie, -toleranz, -verarmung, -verflachung, -wahrnehmung, -zustand ▸ affektiert, Affektiertheit, Affektion, affektiv, Affektivität, Affektlosigkeit, Affektualisierung

af·fek·tiert *adj (geh. abwert.: ≈ gekünstelt ↔ ungezwungen) derart unnatürlich und künstlich wirkend, dass es peinlich ist:* eine affektierte Person ▸ Affektiertheit

Af·fek·ti·on *die* <-, -en> ❶ MED. *krankhafter Ablauf oder Zustand* ❷ *(veralt.) Zuneigung bzw. wohlwollende Haltung gegenüber einem anderen*

af·fek·tiv *adj* PSYCH. *durch Affekte bestimmt* ▸ Affektivität

Af·fen- *als Erstglied zusammengesetzter Substantive, mit Betonung (meist) auf beiden Teilen; drückt ein überdurchschnittliches Ausmaß des mit dem Zweitglied Bezeichneten aus, intensiviert dies und verleiht ihm zusätzliche (meist negative) Konnotationen* ◆ -geschwindigkeit, -hitze, -kälte, -liebe -schande, -tempo, -theater, -zirkus

af·fen- *als Erstglied zusammengesetzter Adjektive, mit Betonung auf beiden Teilen; drückt ein überdurchschnittliches Ausmaß des mit dem Zweitglied Bezeichneten aus* ◆ -geil, -stark

Af·fen·brot·baum *der* <-(e)s, Affenbrotbäume> *Baum in den Steppengebieten Afrikas mit essbaren Früchten in der Form einer Gurke*

Af·fen·zir·kus *der* <-ses> */kein Plur./ (abwert.) verwendet, um auszudrücken, dass man einen Vorgang sehr lächerlich findet:* Ich verstehe nicht, warum man um die Sache so einen Affenzirkus veranstaltet!; *siehe auch* **Affen-**

af·fig *adj (umg. abwert.) albern, eitel:* Ich finde ihr Verhalten ausgesprochen affig. ▸ Affigkeit

Af·fi·ni·tät *die* <-, -en> *(geh.) Zuneigung auf Grund ähnlicher Neigungen:* eine Affinität zu jemandem/etwas verspüren

Af·fir·ma·ti·on *die* <-, -en> *(geh.) Bejahung, Bestätigung*

af·fir·ma·tiv *adj (geh.) bejahend, bestätigend*

Af·fix *das* <-es, -e> SPRACHWISS. *Vor- oder Nachsilbe, die an den Wortstamm angehängt wird, z. B. „ent-", „-bar"; siehe auch* **Halbaffix**

Af·fi·xo·id *das* <-(e)s, -e> SPRACHWISS. *siehe auch* **Halbaffix**

af·fi·zie·ren <affizierst, affizierte, hat affiziert> *mit OBJ* ■ **etwas affiziert jmdn./etwas** MED. *reizen; krankhaft verändern*

Af·fri·ka·ta, Af·fri·ka·te *die* <-, -ten> SPRACHWISS. *Verschlusslaut mit folgendem Reibelaut*

Af·front *der* [aˈfrõː/aˈfrɔnt] <-s, -s/(-e)> *(geh.: ≈ Beleidigung) etwas, das als große Beleidigung empfunden wird*

Af·gha·ne *der*, **Af·gha·nin** <-n, -n> ❶ GEOGR. *Angehöriger eines vorderasiatischen Volkes* ❷ ZOOL. *Hunderasse*

Af·gha·ni·s·tan *Staat in Vorderasien* ▸ Afghane, Afghanin, afghanisch

Af·la·to·xin *das* <-s, -e> MED. *krebserregender Stoff in bestimmten Lebensmitteln*

Af·ri·ka, Af·ri·ka <-s> *der drittgrößte Erdteil* ▶ Afrikaner, Afrikanerin, afrikanisch

Af·ro·ame·ri·ka·ner *der,* **Af·ro·ame·ri·ka·ne·rin** <-s, -> *Amerikaner schwarzafrikanischer Abstammung* ▶ afroamerikanisch

Af·ro·look *der* ['a(ː)froluk] <-s> */kein Plur./ Frisur, bei der das Haar in stark gekrauste Locken gebracht wird*

Af·ter *der* <-s, -> MED. *Mastdarmöffnung*

Af·ter·flos·se *die* <-, -n> ZOOL. *Fischflosse, die sich in der Nähe des Afters befindet*

Af·ter·shave *das* ['aːftəʃeɪv] <-(s), -s> (≈ *Rasierwasser) zum Gebrauch nach der Rasur bestimmte, stark alkoholhaltige Lösung, die die Haut pflegt und parfümiert*

Af·ter·shave·lo·tion, *a.* **Af·ter-Shave-Lo·tion** *die* ['aːftəʃeɪvloʊʃn] (≈ *Aftershave)*

ägä·isch *adj die Ägäis betreffend*

Agar-Agar *der/das* <-s> *dickflüssige Masse, die aus getrockneten Rotalgen hergestellt wird*

Aga·ve *die* <-, -n> BOT. *kaktusartige Pflanze*

Agen·da *die* <-, Agenden> **1** *Buch, in das man die Dinge schreibt, die man erledigen muss* **2** (≈ *Tagesordnung) Liste von Themen bei Verhandlungen und Konferenzen:* Auf der Agenda der Tagung standen nur Fragen aus dem finanziellen Bereich.

Agens *das* ['aːgɛns] <-> */kein Plur./* SPRACHWISS. (↔ *Patiens) Träger der durch das Verb ausgedrückten Handlung* ◆ -Actio-Modell

Agent *der,* **Agen·tin** <-en, -en> **1** *jmd., der für einen Geheimdienst arbeitet* ◆ -enfilm, -enkamera, -enkomödie, -enring, -enroman, -enserie, -entätigkeit, -enthriller, -enzentrale, Geheim- **2** WIRTSCH. *(veralt.) Person, die für eine Firma Geschäfte vermittelt und abschließt; Handelsvertreter* ◆ Versicherungs-

Agen·ten·netz *das* <-es, -e> *verzweigtes System, in dem Agenten[1] miteinander in Verbindung stehen*

Agen·tur *die* <-, -en> **1** WIRTSCH. *Vertretung, Geschäftsstelle eines Unternehmens/einer Behörde:* Agentur für Arbeit **2** *kurz für „Nachrichtenagentur"*

Agen·tur·mel·dung *der* <-, -en> *Meldung, die aus einer Nachrichtenagentur stammt*

Ag·glo·me·rat *das* <-(e)s, -e> *(geh.) Anhäufung oder Ansammlung von etwas*

Ag·glo·me·ra·ti·on *die* <-, -en> *(fachspr. oder* SCHWEIZ. *Ballungsraum*

Ag·glu·ti·na·ti·on *die* <-, -en> **1** MED. *Verklebung, Verklumpung (von Zellen, Blutkörperchen)* **2** SPRACHWISS. *Verschmelzung von zwei Wörtern* ▶ agglutinierend

ag·glu·ti·nie·ren <agglutinierst, agglutinierte, hat agglutiniert> *mit OBJ* ■ *jmd. agglutiniert etwas eine Agglutination[2] ausführen:* „Auf das Sofa" kann man zu „aufs Sofa" agglutinieren.

Ag·gre·gat *das* <-(e)s, -e> TECHN. *Einheit von mehreren zusammenwirkenden Maschinen oder Geräten*

Ag·gre·gat·zu·stand *der* <-(e)s, Aggregatzustände> PHYS., CHEM. *Erscheinungsform eines Stoffes:* im festen/flüssigen/gasförmigen Aggregatzustand

Ag·gres·si·on *die* <-, -en> **1** PSYCH. *feindselige, angriffsbereite Stimmung:* Aggressionen abbauen; jemand hat gegenüber Aggressionen; Diese Art von Berichterstattung schürt/weckt Aggressionen. ◆ -strieb **2** POL. *ein militärischer Angriff eines Staates gegen einen anderen Staat*

Ag·gres·si·ons·po·ten·ti·al, *a.* **Ag·gres·si·ons·po·ten·zi·al** *das* <-(e)s, -e> *die Bereitschaft, Möglichkeit oder Wahrscheinlichkeit, dass jmd. aggressiv handelt:* Die Studie hat ergeben, dass das Aggressionspotential der Jugendlichen im Vergleich zu früher gestiegen ist.

ag·gres·siv *adj* (≈ *angriffslustig) so, dass man sich feindselig verhält:* ein aggressiver Junge; aggressives Verhalten **2** *so, dass es auf Aggression ausgerichtet ist:* Dieser Staat betreibt eine aggressive Politik. **3** (≈ *scharf* ↔ *mild) so, dass es die Oberfläche von etwas angreift:* ein aggressives Reinigungsmittel **4** (↔ *dezent) so aufdringlich, dass es unangenehm ist:* ein aggressiver Duft **5** (↔ *defensiv) so rücksichtslos, dass es gefährlich ist:* Seit er das neue Auto hat, fährt er sehr aggressiv.; eine aggressive Fahrweise **6** *so, dass es sich gezielt und intensiv auf etwas oder jmdn. richtet:* aggressive Werbung ▶ Aggressivität

Ägi·de *die* <-> */kein Plur./ (geh.) Leitung, Obhut:* unter der Ägide von ...

agie·ren <agierst, agierte, hat agiert> *ohne OBJ* ■ *jmd. agiert irgendwie (geh.) in einer bestimmten Weise handeln:* geschickt agieren; in der Politik/in der Öffentlichkeit agieren

agil <agiler, am agilsten> *adj (geh.:≈ rege) geistig und körperlich gewandt:* Er ist auch im hohen Alter noch sehr agil.; ein agiler Firmeninhaber/Unternehmer ▶ Agilität

Agio *das* ['aːdʒo] <-s, -s> WIRTSCH. (≈ *Aufgeld) höherer Preis für ein Wertpapier im Vergleich zu seinem Nennwert*

Agi·ta·ti·on *die* <-, -en> **1** *(abwert.) politische Hetze:* Das ist doch pure Agitation! **2** *Werbetätigkeit für bestimmte (politische) Ziele:* Agitation für eine Kandidatin/eine Partei; Agitationsliteratur der frühbürgerlichen Revolution ◆ -skunst, -sliteratur, -slyrik, -smittel, -stheater ▶ Agitator, Agitatorin, agitatorisch

agi·ta·to·risch *adj so, dass sehr stark für etwas geworben wird und Menschen im Sinne bestimmter politischer Ziele beeinflusst werden:* eine agitatorische Rede

agi·tie·ren <agitierst, agitierte, hat agitiert> **I.** *ohne OBJ* ■ *jmd. agitiert* **1** *(abwert.) Hetze betreiben* **2** *für (politische) Ziele werben* **II.** *mit OBJ* ■ *jmd. agitiert jmdn./etwas (umg.) zu beeinflussen versuchen:* Du musst mich nicht agitieren, ich bin schon einverstanden!

Ag·nos·ti·zis·mus *der* <-> */kein Plur./* PHILOS. *die Lehre, dass der Mensch die Unendlichkeit und das Göttliche nicht erkennen kann* ▶ Agnostiker, Agnostikerin

ag·nos·zie·ren [agnɔsˈtsiːrən] <agnoszierst, agnoszierte, hat agnosziert> *mit OBJ* ■ *jmd.*

A

agnostiziert *jmdn./etwas* ÖSTERR. *identifizieren:* einen Toten agnoszieren

Ago·nie *die* [ago'ni:] <-, -n> *(geh.) Todeskampf:* in Agonie verfallen; in der Agonie liegen; eine lange Agonie

Ag·raf·fe *die* [a'grafə] <-, -n> ❶ *Schmuckspange* ❷ MED. *Klammer, um Wunden geschlossen zu halten* ❸ SCHWEIZ. *Krampe*

Ag·rar- *als Erstglied zusammengesetzter Substantive; drückt aus, dass das mit dem Zweitglied Bezeichnete auf die Landwirtschaft bzw. auf den landwirtschaftlichen Anbau bezogen ist* ◆ -abschöpfung, -alkohol, -bericht, -betriebswirt(in), -biologie, -boden, -chemie, -chemikalien, -diesel, -experte, -expertin, -förderung, -genossenschaft, -gigant, -handel, -ingenieur(in), -konzern, -land, -markt, -politik, -preise, -produkt, -produktion, -recht, -subvention, -technik, -umweltpolitik, -unternehmen, -zuschüsse

Ag·rar·be·völ·ke·rung *die* <-> /kein Plur./ *in der Landwirtschaft tätige Bevölkerung*

Ag·rar·fonds *der* <-, -> *Vorrat an Geld und finanziellen Mitteln, die für die Landwirtschaft investiert oder ausgegeben werden sollen*

Ag·ra·ri·er *der*, **Ag·ra·ri·e·rin** [a'graːɐ̯i̯ɐ] <-s, -> *(veralt.)* ❶ *Landwirt(in)* ❷ *Großgrundbesitzer(in)*

ag·ra·risch *adj landwirtschaftlich:* ein agrarisches Land; agrarische Produkte

Ag·rar·re·form *die* <-, -en> *Landwirtschaftsreform, meist: Bodenreform*

Ag·rar·staat *der* <-(e)s, -en> POL., WIRTSCH. *(↔ Industriestaat) Land, in dessen Wirtschaft die Landwirtschaft vorherrscht*

Ag·rar·wirt·schaft *die* <-> /kein Plur./ *Landwirtschaft*

Ag·ree·ment *das* [ə'griːmənt] <-s, -s> POL. *formlose Abmachung oder Einigung zwischen Staaten*

Ag·ri·kul·tur *die* <-, -en> *(fachspr.) Landwirtschaft, Ackerbau*

Ag·ro·no·mie *die* <-> /kein Plur./ *wissenschaftliche Lehre von der Landwirtschaft* ▸ Agronom, Agronomin, agronomisch

Ag·ro·tech·nik *die* <-> /kein Plur./ *Lehre von den technischen Verfahren in der Landwirtschaft*

Ägyp·ten <-s> *Staat im Nordosten Afrikas mit der Hauptstadt Kairo* ▸ Ägypter, Ägypterin, ägyptisch

Ägyp·to·lo·gie *die* <-> /kein Plur./ *wissenschaftliche Erforschung der Kultur und Sprache des ägyptischen Altertums* ▸ Ägyptologe, Ägyptologin, ägyptologisch

ah *part* ❶ *Ausruf der freudigen oder bewundernden Überraschung:* Ah, sieht das aber schön aus!; Ah, nun haben wir es geschafft! ❷ *Ausruf des plötzlichen Verstehens:* Ah, so ist das also! ◆ Großschreibung →R 3.4 Ein bewunderndes Ah war zu hören.

äh *part* ❶ *verwendet, um auszudrücken, dass man sich vor etwas ekelt:* Äh, das sieht ja eklig aus! ◆ Großschreibung →R 3.4 Sie ließ ein angewidertes Äh hören.

aha, aha *part Ausruf des Verstehens und der Bestätigung des Geäußerten:* Aha, so hast du das gemeint!

Aha-Er·leb·nis *das* <-ses, -se> *(umg.) der Vor-*

gang, dass man ganz plötzlich etwas versteht: ein Aha-Erlebnis haben

Ahas·ver *der* [ahas'veːɐ̯/a'hasveːɐ̯] <-s, -s/-e> /Plur. selten/ *(geh.) ein ruheloser Mensch, der immer umherirrt*

ahd. *Abkürzung von „althochdeutsch"*

ahis·to·risch *adj nicht historisch, unhistorisch, außerhalb der Geschichte:* eine ahistorische Betrachtungsweise/Denkweise/ Haltung

Ah·le *die* <-, -n> *Werkzeug zum Vorstechen von Löchern (in Leder)*

Ahn *der*, **Ah·ne** <-(e)s/-en, -en> *(geh.) Vorfahr(in)* ◆ -enchronik, -enforschung, -engalerie, -engrab, -enindex, -enkunde, -enliste, -enlinie, -ennachweis, -enrecherche, -enregister, -enreihe, -ensuche, -entafel, -enwappen, -frau, -herr

ahn·den <ahndest, ahndete, hat geahndet> *mit OBJ* ■ *jmd. ahndet etwas (mit etwas Dat.)* *(geh.) bestrafen:* eine Straftat ahnden ▸ Ahndung

äh·neln <ähnelst, ähnelte, hat geähnelt> *ohne OBJ* ■ *jmd./etwas ähnelt jmdm./etwas* *sich ähnlich sehen; ähnliche oder fast gleiche Eigenschaften haben:* Die beiden Brüder ähneln einander.

ah·nen <ahnst, ahnte, hat geahnt> *mit OBJ* ■ *jmd. ahnt etwas* ❶ *undeutlich vermuten oder vorhersehen:* Das habe ich schon immer geahnt! ❷ *nicht deutlich, sondern nur schemenhaft sehen:* Man konnte seine Gestalt im Dunkeln/im Nebel nur ahnen.; ■ *Ach, du ahnst es nicht!* *(umg.) verwendet, um auszudrücken, dass man eine Nachricht überraschend (und meist unangenehm) findet*

Ah·nen·bild *das* <-(e)s, Ahnenbilder> *Bild oder Gemälde, auf dem ein Ahn/eine Ahne dargestellt ist:* Die Wände des alten Schlosses hängen voller Ahnenbilder.

Ah·nen·kult *der* <-(e)s, -e> *Kult um die Ahnen; große Verehrung der vorangegangenen Generationen:* Ahnenkult betreiben

ähn·lich *adj so, dass zwei Personen oder Dinge relativ viele Merkmale gemeinsam haben:* ähnliche Dinge/Ideen/Interessen/Vorstellungen; Sie hat ihrer Mutter sehr ähnlich gesehen.; Er hatte eine ähnliche Idee.

ähn·lich·se·hen <sieht ähnlich, sah ähnlich, hat ähnlichgesehen> *mit ES* ■ *etwas sieht jmdm. ähnlich* *(umg.) typisch sein für jemanden* ◆ Zusammenschreibung →R 4.6 Das sieht dir ähnlich!; Es sieht ihm ähnlich, dass er erst am nächsten Morgen nach Hause kommt.

Ähn·lich·keit *die* <-, -en> *so, dass jmd. oder etwas jmdm. oder einer Sache ähnlich ist:* eine verblüffende (erstaunliche) Ähnlichkeit mit etwas haben; mit etwas Ähnlichkeit haben; die große Ähnlichkeit der Zwillingsschwestern

Ah·nung *die* <-, -en> ❶ *(≈ Vorgefühl) der Sachverhalt, dass man etwas Zukünftiges bereits spürt, ohne Genaues darüber zu wissen:* eine bestimmte/böse/ungewisse Ahnung haben ❷ /kein Plur./ *(umg.) eine gewisse Vorstellung oder Kenntnis:* von etwas viel/(überhaupt) keine Ahnung haben; Weißt du, wo mein Schlüssel ist? Keine Ahnung!; ■ *null Ahnung* *(umg.) überhaupt keine Ahnung*

ah·nungs·los *adj* /*nicht steig.*/ *so, dass jmd. von einer Sache nichts nichts weiß und auch nichts vermutet:* Er wusste nicht, dass seine Mitarbeiter ihn betrogen; er war vollkommen ahnungslos. ▶Ahnungslosigkeit

ah·nungs·voll *adj* (*geh.*) *so, dass man Unheil voraussieht:* Ahnungsvoll öffnete sie die Zimmertür und fand ihr Kind bewusstlos auf dem Bett.

ahoi *interj* Seemannsruf: Schiff ahoi!

Ahorn *der* <-s, -e> *ein Laubbaum* ◆ -sirup

Äh·re *die* <-, -n> *bei einem Getreidehalm der oberste Teil, der die Körner enthält:* Ähren lesen ◆ -nborste, -nbündel, -ngetreide, -ngräser, -nkrankheiten, -nkranz, -nzopf

Äh·ren·le·se *die* <-> *das Einsammeln von Ähren, die nach der Ernte noch auf dem Feld liegen*

AIDA-For·mel *die* [a?iːda…] <-> /*kein Plur.*/ WIRTSCH. (*Marketing*) *aus den Anfangsbuchstaben der Ausdrücke „attention", „interest", „desire" und „action" gebildeter Ausdruck, der besagt, Werbung solle Aufmerksamkeit, Interesse und den Wunsch nach dem Produkt erwecken und den Konsumenten zur Kaufhandlung veranlassen*

Aids [eːds] <-> /*kein Plur.*/*ohne Artikel*/ MED. (≈ *HIV*) *Kurzwort aus „Acquired Immune Deficiency Syndrome", übertragbare Immunschwächekrankheit* ◆ -aktivist(in), -beratung, -erkrankte, -erkrankung, -erreger, -forschung, -hilfe, -infektion, -infizierte, -kampagne, -nachweis, -patient(in), -prävention, -rate, -symptome, -test, -tote, -untersuchung, -virus, -vorbeugung, -vorsorge, -waise, -zahlen

Aids·ak·ti·vist *der*; **Aids·ak·ti·vis·tin** [ˈeːds…] <-en, -en> *Person, die sich für die Bekämpfung von Aids einsetzt*

aids·po·si·tiv [eːds…] *adj* /*nicht steig.*/ MED. *mit dem Aids-Erreger infiziert*

Ai·ki·do *das* <-(s)> *fernöstliche Sportart der Selbstverteidigung, die Körper und Geist gleichermaßen ansprechen soll*

Air- [ˈɛɐ] *als Erstglied zusammengesetzter Substantive; drückt aus, dass das mit dem Zweitglied Bezeichnete auf die Luft/die Luftfahrt bzw. auf Druckluft bezogen ist* ◆ -brush, -gun, -hockey, -jack, -line, -port

Air·bag *der* [ˈɛɐbɛk] <-s, -s> KFZ *Luftkissen im Auto, das sich bei einem Aufprall automatisch aufbläst, um Verletzungen zu mildern*

Air·bus *der* [ˈɛɐbʊs] <-ses, -se> LUFTF. *Großraum-Passagierflugzeug*

Air·con·di·tio·ning *das* [ˈɛɐkəndɪʃənɪŋ] <-s, -s> *Klimaanlage* ▶Aircondition/Air-Condition, Airconditioner/Air-Conditioner

Air·line *die* [ˈɛɐleɪn] <-, -s> (≈ *Fluggesellschaft*)

Ais *das* <-> /*kein Plur.*/ MUS. *um einen halben Ton erhöhtes a auf der Tonleiter*

Aja·tol·lah, Aya·tol·lah *der* [aja'tɔla] <-(s), -s> *Ehrentitel für Geistliche im Islam*

Aka·de·mie *die* <-, …-mien> ❶ *Vereinigung von Wissenschaftlern oder Künstlern:* die Akademie der Wissenschaften/der Künste ◆ -ausgabe, -gründung, -lehrgang, -mitglied, -programm, -studium, -studium, -theater, -verein, -verlag, -wör-

terbuch ❷ (≈ *Hochschule*) ❸ ÖSTERR. *literarische oder musikalische Veranstaltung*

Aka·de·mi·ker *der*; **Aka·de·mi·ke·rin** <-s, -> (≈ *Hochschulabsolvent(in)*) *jmd., der ein Studium an einer Hochschule abgeschlossen hat* ◆ -arbeitslosigkeit, -arbeitsmarkt, -ball, -bund, -familie, -gehalt, -kind, -mangel, -schwemme, -titel, -verband

aka·de·misch *adj* /*nicht steig.*/ ❶ *die Universität betreffend:* akademische Angelegenheiten; einen akademischen Abschluss haben ❷ (*abwert.:≈ theoretisch*) *nur theoretisch und praxisfern:* Das ist mir alles zu akademisch!; ■ **das akademische Viertel** *die Viertelstunde, um die eine Lehrveranstaltung an der Universität später als angekündigt beginnt*

Aka·zie *die* [a'kaːtsjə] <-, -n> *ein Baum* ◆ -nallee, -nbaum, -nblüte, -ngarten, -nmöbel, -nparkett, -nrinde, -nzweig

Ake·lei *die* <-, -en> *eine Zier- und Wiesenpflanze*

Ak·kla·ma·ti·on *die* [aklama'tsjoːn] <-, -en> (*geh.*) *Beifall, Zuruf:* Die Abstimmung erfolgte per Akklamation. ◆ -sorgan ▶akklamieren

Ak·kli·ma·ti·sa·ti·on *die* <-, -en> ❶ BIOL. *Anpassung von Lebewesen an ein anderes Klima* ❷ (*übertr.*) *die Gewöhnung an neue oder veränderte Lebensumstände:* Nachdem er arbeitslos geworden war, begann für ihn eine Zeit der Akklimatisation.

ak·kli·ma·ti·sie·ren <akklimatisierst, akklimatisierte, hat akklimatisiert> *mit SICH* ■ **jmd. akklimatisiert sich irgendwo** *sich gewöhnen oder anpassen:* Die Schülerin hat sich in der neuen Klasse schnell akklimatisiert.

Ak·kli·ma·ti·sie·rung *die* <-, -en> (≈ *Akklimatisation*)

Ak·kom·mo·da·ti·on *die* <-, -en> ❶ BIOL., MED., PSYCH. (*Anpassung*) *Anpassung des Körpers an äußere Bedingungen oder kognitive Anpassung durch Schaffung neuer Wahrnehmungsschemata* ◆ -stheorie ❷ MED. *Einstellung des Auges auf eine Entfernung* ◆ -sbreite, -sfähigkeit, -skrampf, -slähmung, -sschwäche, -sstörung, -svermögen ❸ REL. *Angleichung einer Religion an eine andere*

Ak·kord *der* <-(e)s, -e> ❶ MUS. *gleichzeitiges Erklingen von Tönen* ◆ -lehre ❷ WIRTSCH. ■ **im Akkord arbeiten** *nach Stückzahl bezahlt werden* ◆ -arbeit, -arbeiter, -lohn

Ak·kor·de·on *das* <-s, -s> MUS. (≈ *Ziehharmonika*) *ein Handzuginstrument, bei dem der Ton durch freischwingende Zungen erzeugt wird* ◆ -balg, -bauer, -festival, -gruppe, -gurte, -koffer, -konzert, -musik, -noten, -orchester, -riemen, -register, -spieler(in), -ständer, -tasten, -verein, -werkstatt

ak·kre·di·tie·ren <akkreditierst, akkreditierte, hat akkreditiert> *mit OBJ* ■ **jmd. akkreditiert jmdn.** ❶ POL. *einen diplomatischen Vertreter bevollmächtigen* ▶Akkreditierung ❷ BANKW. *jmdm. einen Kredit einräumen*

Ak·kre·di·tiv *das* <-(e)s, -e> ❶ AMTSPR. *Beglaubigungsschreiben, mit dem der Diplomaten sich gegenüber anderen Staaten ausweisen können* ❷ BANKW. *Erlaubnis eines Bankkunden, dass jmdm. ein bestimmter Betrag von seinem Geld zur Verfügung gestellt wird.:* ein Akkreditiv eröffnen/stellen

A **Ak·ku** der <-s, -s> kurz für „Akkumulator"

Ak·kul·tu·ra·ti·on die <-, -en> Übernahme von Teilen aus einer fremden Kultur; Anpassung an eine fremde Kultur ◆-smodell, -sprozess, -sstrategie, -sstress, -stheorie

Ak·ku·mu·la·ti·on die <-, -en> Anhäufung, Ansammlung (von Schadstoffen, Kapital etc.) ◆-sfaktor, -sformen, -sgebiet, -sindikatoren, -sprozess, -srate, -stheorie, -szone

Ak·ku·mu·la·tor der [akumu'la:tɔɐ̯] <-s, …-toren> ELEKTROTECHN. ein Gerät zum Speichern von Strom

ak·ku·mu·lie·ren <akkumulierst, akkumulierte, hat akkumuliert> **I.** mit OBJ ■ jmd. akkumuliert etwas ansammeln, anhäufen: Kapital/Wissen akkumulieren **II.** mit SICH ■ etwas akkumuliert sich mehrere Dinge kommen zusammen und verstärken etwas: Gefahren/ungünstige Faktoren akkumulieren sich.

ak·ku·rat adj sorgfältig, ordentlich: eine akkurate Handschrift/Hausfrau/Bügelfalte

Ak·ku·ra·tes·se die <-> Sorgfalt und Genauigkeit

Ak·ku·sa·tiv der <-s, -e> SPRACHWISS. der Kasus des direkten Objekts ◆-ergänzung, -objekt, -präposition, -pronomen, -satz

Ak·ne die ['aknə] <-> /kein Plur./ MED. eine Hauterkrankung, bei der sich durch eine Überproduktion der Talgdrüsen Pickel bilden ◆-pustel

Akon·to das <-s> ÖSTERR. Anzahlung: ein Akonto leisten

AKP-Staa·ten Plur. Afrika, Karibik und Pazifischer Raum

ak·qui·rie·ren [akvi'ri:rən] <akquirierst, akquirierte, hat akquiriert> mit OBJ ■ jmd. akquiriert jmdn./etwas WIRTSCH. Kunden werben ▶ Akquirierung

Ak·qui·si·teur der, **Ak·qui·si·teu·rin** [...'tø:ɐ̯] <-s, -e> ❶ WIRTSCH. jmd., der um Kunden wirbt ❷ Person, die Aufträge für Anzeigen bei einer Zeitung beschafft

Ak·qui·si·ti·on die <-, -en> WIRTSCH. Kundenwerbung ◆ Mittel-

Ak·ri·bie die [akri'bi:] <-> /kein Plur./ (geh.) äußerste Sorgfalt: etwas mit Akribie tun ▶ akribisch

Ak·ro·bat der, **Ak·ro·ba·tin** [akro'ba:t] <-en, -en> ein Zirkusartist, der besonders schwierige und gefährliche Nummern vorführt

Ak·ro·ba·tik die <-> /kein Plur./ besondere (körperliche) Gewandtheit ◆-anzug, -elemente, -figur, -flug, -geräte, -kurse, -schule, -show, -übungen

ak·ro·ba·tisch adj von außerordentlicher (körperlicher) Gewandtheit: akrobatische Übungen

Ak·ro·po·lis die <-> großes Bauwerk oberhalb Athens

Akt der <-(e)s, -e/-en> ❶ <pl: -e> eine bestimmte Aktivität, die als Handlung gilt: der feierliche Akt der Grundsteinlegung; ein Akt der Verzweiflung; Mach nicht so einen Akt daraus! ◆ Fest-, Gnaden-, Rache-, Terror- ❷ <pl: -e> THEAT. Abschnitt eines Schauspiels: Pause nach dem dritten Akt ◆ Schluss- ❸ eine Einzelvorführung im Zirkus: ein akrobatischer Akt ◆ Balance-, Dressur- ❹ <pl: -e> KUNST künstlerische Darstellung des nackten Körpers: ein männlicher/weiblicher Akt

◆-bild, -foto, -fotografie, -malerei, -modell, -zeichnung ❺ <pl: -e> kurz für „Geschlechtsakt": den Akt vollziehen ❻ <pl: -en> ÖSTERR. Akte

Akt·bild das <-(e)s, -er> (≈ Akt) künstlerische Darstellung eines nackten Körpers

Ak·te die <-, -n> Sammlung von Schriftstücken zu einem Vorgang oder einer Person: die Akte einsehen; ■ etwas zu den Akten legen etwas als erledigt betrachten ◆-nberg, -ndeckel, -neinsicht, -nkoffer, -nlage, -nmappe, -nnotiz, -nordner, -nschrank, -ntasche, -nvernichtung, -nzeichen, Gerichts-, Personal-, Polizei-, Prozess-

Ak·ten·berg der <-(e)s, -e> (umg.) eine sehr große Anzahl von Akten

ak·ten·kun·dig adj /nicht steig./ AMTSSPR. durch Akten belegt

Ak·ten·stoß der <-es, Aktenstöße> ein Stapel von Akten

Ak·ten·ver·merk der <-s, -e> eine Notiz oder ein Vermerk in einer Akte mit einer kurzen Information

Ak·ten·ver·nich·tung die <-, -en> das Vernichten von Akten

Ak·teur der, **Ak·teu·rin** [ak'tø:ɐ̯] <-s, -e> ❶ FILM, THEAT. Schauspieler(in) ❷ (übertr.) die aktiven Personen bei einer Sache: die Akteure auf der politischen Bühne

Ak·tie die ['aktsiə] <-, -n> WIRTSCH. ein Wertpapier, das an der Börse gehandelt wird: der Handel mit Aktien an der Börse; Die Aktien fallen/steigen.; Geld in Aktien anlegen; ■ Na, wie stehen die Aktien? (umg.) Na, wie geht's? ◆-nanleihen, -nanteil, -narten, -nbewertungen, -ndepot, -nentwicklung, -nfonds, -ngeschäft, -ngesetz, -nhandel, -nindex, -ninhaber(in), -nkapital, -nkauf, -nkurs, -nliquidität, -nmarkt, -nnennwert, -nprognose, -nrecht, -nrendite, -nrückklauf, -nsteuer, -ntipp, -nsplitting, -ntrends, -nunternehmen, -nverluste, -nwert, -nzertifikat

Ak·ti·en·bör·se die <-, -n> Börse für den An- und Verkauf von Aktien

Ak·ti·en·emis·si·on die <-, -en> Ausgabe von Aktien

Ak·ti·en·ge·sell·schaft die <-, -en> WIRTSCH., RECHTSW. Unternehmen, das durch die Ausgabe von Aktien viele Anteilseigner finanziell an Gewinn und Verlust beteiligt

Ak·ti·en·kurs der <-es, -e> WIRTSCH. Marktpreis der Aktien ◆-einbruch

Ak·ti·en·op·ti·on die <-, -en> WIRTSCH. (≈ Vorkaufsrecht) besonderes Vorrecht beim Kauf von Aktien

Ak·ti·en·pa·ket das <-(e)s, -e> mehrere Aktien des gleichen Unternehmens in der Hand eines Inhabers

Ak·ti·on die [aktsi'o:n] <-, -en> ❶ eine (genau geplante) Aktivität, die einem bestimmten Zweck dient (aus Politik, Wirtschaft, Kunst etc.): eine gemeinsame Aktion planen; eine militärische Aktion durchführen; eine geheime polizeiliche Aktion; Die ganze Aktion dauerte keine fünf Minuten.; ■ jemand ist in Aktion (umg.) jmd. ist gerade mit etwas beschäftigt Stör' mich bitte nicht, ich bin gerade (voll) in Aktion. ◆-sangebot, -sartikel, -sbündnis, -seinheit, -sforschung, -freiheit, -sgemeinschaft, -sgutschein, -shaus, -sideen, -skomitee, -skunst, -skünstler(in), -smalerei, -potential/-spotenzial, -spreis, -sprogramm, -sraum, -sverb, -sverkauf, -swerbung, -szentrum ❷ SCHWEIZ. *Sonderangebot*

Ak·ti·o·när *der*; **Ak·ti·o·nä·rin** <-s, -e> WIRTSCH. *Besitzer von Wertpapieren* ◆-sbericht, -sbindungsvertrag, -sbrief, -sdarlehen, -sgesellschaft, -shauptversammlung, -sklage, -sstimmen, -sstruktur, -sversammlung

Ak·ti·o·närs·stim·men <-> *Plur.* WIRTSCH. *das Abstimmungsrecht bzw. Mitspracherecht bei der Versammlung der Aktionäre*

Ak·ti·ons·frei·heit *die* <-> /kein Plur./ *die Freiheit zu handeln, wie man es für richtig hält*

Ak·ti·ons·preis *der* <-(e)s, -e> WIRTSCH. *günstiger Verkaufspreis, der nur eine begrenzte Zeit gilt*

Ak·ti·ons·ra·di·us *der* <-, Aktionsradien> ❶ (≈ *Wirkungsbereich) Bereich, in dem jmd. tätig oder aktiv ist und etwas bewirken kann:* Die Vertriebsmannschaft soll ihren Aktionsradius ausdehnen. ❷ (≈ *Reichweite) Durch den sparsameren Verbrauch kann der Aktionsradius des Fahrzeugs mit einer Tankfüllung erheblich erweitert werden.*

Ak·ti·ons·tag *der* <-(e)s, -e> *Tag, an dem eine öffentliche Aktion zu einem bestimmten Thema oder Problem durchgeführt wird:* ein Aktionstag gegen die Gewalt an Schulen

Ak·ti·ons·wo·che *die* <-, -n> *der Vorgang, dass mehrere Organisationen in einer Woche gemeinsam Aktionen machen, um über ein bestimmtes Thema zu informieren oder für etwas zu werben*

ak·tiv, ak·tiv *adj* ❶ (↔ *passiv) so, dass man sich engagiert und handelt:* sich aktiv an etwas beteiligen; ein sehr aktiver Schüler; Sie setzt sich aktiv für den Umweltschutz ein. ❷ */nur attr., nicht steig./ so, dass man die Rechte und Pflichten, die mit etwas verbunden sind, wirklich ausübt:* ein aktives Vereinsmitglied; seine aktive Dienstzeit ❸ *mit vielen Aktivitäten verbunden:* aktiver Umweltschutz

Ak·tiv *das* <-s, -e> /Plur. selten/ SPRACHWISS. (↔ *Passiv) Verbform, bei der die Satzhandlung vom Subjekt ausgeht*

Ak·tiv·bür·ger *der* <-s, -> SCHWEIZ. *Staatsbürger mit Wahlrecht und allen sonstigen politischen und bürgerlichen Rechten*

ak·ti·vie·ren [akti'viːrən] <aktivierst, aktivierte, hat aktiviert> *mit OBJ* ■ *jmd. aktiviert jmdn./ etwas veranlassen, tätig zu werden* ▶ Aktivierung

ak·ti·visch *adj* SPRACHWISS. (↔ *passivisch) im Aktiv ausgedrückt*

Ak·ti·vis·mus *der* <-> /kein Plur./ *sehr aktives Verhalten; der Drang zu handeln und aktiv zu sein*

Ak·ti·vist *der*; **Ak·ti·vis·tin** <-en, -en> ❶ *ein Mensch, der politisch sehr aktiv ist* ◆ Freie-Software-, Greenpeace-, Open-Source-, Umwelt- ❷ *in der ehemaligen DDR bzw. im Sozialismus eine Person, die durch gesteigerte Leistung und verbesserte Arbeitsmethoden die Produktion fördert* ◆ Jung-

ak·ti·vis·tisch *adj sich auf die Aktivisten oder den Aktivismus beziehend*

Ak·ti·vi·tät *die* <-, -en> ❶ /kein Plur./ *das Tätigsein:* Unser Sportverein weitet seine Aktivität aus

und gründet eine Sektion Bergwandern und eine Jazztanzgruppe.; Die Börse verzeichnete heute eine gesteigerte/hektische/nervöse Aktivität am Aktienmarkt. ❷ *einzelne Tat oder Handlung:* neue Aktivitäten planen; vergangene Aktivitäten berichten ◆ Strahlungs-, Unterrichts-

Ak·tiv·koh·le *die* <-> /kein Plur./ CHEM. *aktivierte Pflanzenkohle*

ak·tu·a·li·sie·ren <aktualisierst, aktualisierte, hat aktualisiert> *mit OBJ* ■ *jmd. aktualisiert etwas* (geh.) *auf den aktuellen Stand bringen:* ein Lehrbuch/einen Stadtplan aktualisieren ▶ Aktualisierung

Ak·tu·a·li·tät *die* <-, -en> ❶ /kein Plur./ *Gegenwartsbezogenheit:* ein Film von großer Aktualität ❷ /meist Plur./ *neueste Tagesereignisse*

Ak·tu·ar *der*; **Ak·tu·a·rin** <-s, -e> SCHWEIZ. *Schriftführer(in)*

ak·tu·ell *adj* ❶ /nur attr., nicht steig./ gegenwärtig *existierend und vorhanden:* die aktuellen Entwicklungen/Fragen/Meldungen/Probleme ❷ *zeitgemäß und modern:* die aktuellsten Meldungen/Trends; Jetzt sind Kurzhaarfrisuren aktuell.

Akt·zeich·nen *das* <-s> /kein Plur./ *das Zeichnen nackter Körper* ▶ Aktzeichnung

Aku·punk·tur, Aku·punk·tur *die* <-> /kein Plur./ MED. *(traditionelle chinesische) Heilbehandlung durch das Einstechen spezieller Nadeln in bestimmte Körperstellen* ◆-bedarf, -gerät, -linie, -karte, -meridiane, -nadel, -punkt, -tafel ▶ Akupunkteur, akupunktieren

Akus·tik *die* <-> /kein Plur./ ❶ PHYS. *Lehre vom Schall und seiner Ausbreitung* ◆-absorber, -band, -bau, -decke, -element, -gitarre, -ingenieur(in), -kabine, -koppler, -labor, -platte, -putz, -schalter, -schaumstoff, -trennwand, -verglasung, -verstärker, -waffe, -wand, -wolle, -ziegel, Aero-, Bau-, -Elektro-, Hydro-, Raum-, Psycho- ❷ *spezifischer Klang eines Raumes:* Der Konzertsaal hat eine gute Akustik.

akus·tisch *adj* /nicht steig./ *die Akustik betreffend:* jemanden akustisch nicht verstehen; ein akustisches Signal; die akustischen Eigenschaften eines Raumes; akustische Artikulation/Dichtung/Phonetik

akut *adj* ❶ MED. (↔ *chronisch) plötzlich, heftig:* eine akute Erkrankung ❷ (↔ *latent) dringend, im Moment wichtig:* eine akute Gefahr; Dieses Problem wird jetzt akut.

Ak·ze·le·ra·ti·on *die* <-, -en> (fachspr.) *Beschleunigung eines Ablaufs oder Prozesses* ◆-sphase, -sprinzip, -stheorem, -szeit ▶ Akzelerator, akzelerieren

Ak·zent *der* <-(e)s, -e> ❶ SPRACHWISS. *Mittel der Hervorhebung im Sinne der Betonung:* Der Akzent liegt auf der ersten Silbe. ◆-muster, -regel, -wechsel, -zeichen, Satz-, Wort- ▶ Akzentologie, akzentzählend ❷ *Sprachmelodie, Tonfall:* einen amerikanischen/schwäbischen Akzent haben ▶ akzentfrei ❸ *besondere Bedeutung:* auf etwas einen besonderen Akzent setzen

ak·zen·tu·ie·ren *mit OBJ* ■ *jmd. akzentuiert etwas* (geh.) ≈ *betonen) besonders betonen oder*

A

hervorheben: Er muss das Problem nochmals besser akzentuieren, um alle zu überzeugen. ▸ Akzentuierung

Ak·zept *der* <-(e)s, -e> WIRTSCH. ❶ *Annahmeerklärung auf einem Wechsel* ❷ *akzeptierter Wechsel* ◆ -kredit, Aval-, Bürgschafts-, Kredit-

Ak·zep·tant *der* <-en, -en> WIRTSCH. *(≈ Bezogener) jmd., der einen Wechsel annimmt*

ak·zep·tie·ren <akzeptierst, akzeptierte, hat akzeptiert> *mit OBJ* ■ *jmd. akzeptiert jmdn./etwas eine Person oder Sache in ihrer Eigenart annehmen: einen Vorschlag/einen Vorgesetzten akzeptieren* ▸ akzeptabel, Akzeptanz, Akzeptation

Ak·zi·dens *das* <-, Akzidenzien> ❶ PHILOS. *(↔ Substanz) zufälliges, nicht wesentliches oder nebensächliches Merkmal eines Objekts* ❷ MUS. *Vorzeichen, Versetzungszeichen*

ak·zi·den·tell, ak·zi·den·ti·ell [aktsidɛn'tɛl/aktsidɛn'tsi̯ɛl] *adj /nicht steig./ (geh.) zufällig, nicht wesentlich*

Ak·zi·denz·dru·cke·rei *die* <-, -en> *Druckerei, in der nur kleinere Druckerzeugnisse (wie Anzeigen, Broschüren, Formulare, Prospekte) hergestellt werden*

à la ['a 'la] *adv im Stil bzw. nach der Art von …*

alaaf *Ausruf in den Karnevalstagen in der Kölner Gegend:* Am Rosenmontag in Köln ertönt ein lautes „Kölle, alaaf!" von den Wagen im Karnevalsumzug.

Ala·bas·ter *der* <-s> */kein Plur./ eine Gipsart, die weicher als Marmor, aber härter als herkömmlicher Gips ist, die gern für Kunstgegenstände verwendet wird und deren Qualitäten man oft auf weibliche Gestalteigenschaften bezieht:* eine Statue aus Alabaster ◆ -büste, -haut, -figur, -gefäß, -körper, -kugel, -lampe, -leib, -leuchte, -schale, -teint

Alarm *der* <-(e)s, -e> *ein Signal in der Art eines Rufes, eines Sirenentones o. Ä., das anzeigt, dass eine (große) Gefahr besteht:* Alarm auslösen; ■ **blinder/falscher Alarm** *unbegründeter Alarm* ◆ -bereitschaft, -glocke, -kamera, -signal, -stufe, -übung, -zeichen, -zustand, Bomben-, Feuer-, Flieger-, Probe-

Alarm·an·la·ge *die* <-, -en> *technische Anlage an einem Haus oder einem Auto, die einen Alarm auslöst, wenn z. B. ein Fenster oder ein Schloss beschädigt worden sind*

Alarm·funk·ti·on *die* <-, -en> *Mechanismus, der einen Alarm auslöst:* eine Armbanduhr mit Alarmfunktion

alar·mie·ren <alarmierst, alarmierte, hat alarmiert> *mit OBJ* ■ *jmd. alarmiert jmdn./etwas* ❶ *warnen, beunruhigen:* alle Anwohner alarmieren; alarmierende Neuigkeiten ❷ *zu Hilfe rufen:* die Feuerwehr alarmieren ▸ Alarmierung

Alarm·si·re·ne *die* <-, -n> *Sirene, die ertönt, wenn Alarm gegeben wird*

Alaun *der* <-s, -e> CHEM. *blutstillendes Mittel, das auch zum Färben und Beizen verwendet wird* ◆ -stein, -stift

Alb¹ *der* <-(e)s, -en> */meist Plur./ gespenstisches Wesen, Elfe*

Alb² *die* <-> */kein Plur./ Gebirge:* die Schwäbische Alb

Al·ba·ni·en <-s> *Staat auf dem Balkan* ▸ Albaner, Albanerin, albanisch

Al·ba·t·ros *der* <-, -se> ZOOL. *Sturmvogel*

Alb·drü·cken, *a.* **Alp·drü·cken** *das* <-s> */kein Plur./ ein Gefühl der Angst, das man im Schlaf spürt*

Al·be·rei *die* <-, -en> *(abwert.) albernes Benehmen:* Hör' doch endlich mit diesen Albereien auf!

al·bern¹ *adj (abwert.)* ❶ *so kindisch und dumm, dass es als Verhalten Anstoß erregt:* sich albern benehmen; alberne Bemerkungen machen ❷ *(umg. abwert.) unbedeutend:* Wegen dieser albernen Summe machst du so ein Theater! ▸ Albernheit

al·bern² <alberst, alberte, hat gealbert> *ohne OBJ* ■ *jmd. albert sich kindisch und dumm benehmen*

Al·bi·nis·mus *der* <-> */kein Plur./* MED., BIOL. *das Fehlen von Farbstoffen in Haut und Haar*

Al·bi·no *der* <-s, -s> BIOL. *Lebewesen mit fehlender Pigmentbildung und daher fehlendem Farbstoff in Haut und Haaren* ◆ -amsel, -augen, -frosch, -fuchs, -hase, -katze, -maus, -ratte, -rind, -wels

Alb·traum, *a.* **Alp·traum** *der* <-(e)s, Albträume/Alpträume> ❶ *ein Traum, bei dem man große Angst empfindet, weil man darin ein bedrohliches Geschehen erlebt* ❷ *ein schlechtes Erlebnis, eine unangenehme Vorstellung von jmdm./etwas oder eine negative Erinnerung an jmdn./etwas:* Unser letzter Urlaub war der reinste Albtraum!; Dieser Typ ist ein echter Albtraum!

Al·bum *das* <-s, Alben> ❶ *Buch zum Aufbewahren von Fotos, Briefmarken usw.:* Fotos in ein Album einkleben/in einem Album aufbewahren ◆ Briefmarken-, Familien-, Foto-, Sammel- ❷ *eine Musikveröffentlichung auf Schallplatte oder CD:* ein Album der Beatles

Al·che·mie *die* <-> */kein Plur./ eine mittelalterliche Geheimlehre, in der Elemente der Chemie mit Zauberkunst vermischt waren* ▸ Alchemist, alchemistisch

Al·de·hyd *das* <-(e)s, -e> CHEM. *Alkohol, dem das Wasser entzogen wurde* ◆ -gruppe, -hydrat, Acet-, Form-, Glutar-, Propion-

al den·te *adj* KOCH. *nicht ganz weich gekocht:* Gemüse/Spaghetti al dente zubereiten; den Reis ein bisschen mehr al dente kochen

Ale *das* [e:l] <-s, -s> *eine englische Biersorte*

Ale·man·ne *der,* **Ale·man·nin** <-n, -n> *Angehöriger eines germanischen Volksstammes* ▸ alemannisch

alert *adj (veralt. geh.) munter, flink, geistig rege:* alerte Gaukler

Ale·xan·d·ri·ner *der* <-s, -> *eine Versart*

Al·gar·ve *der/die* <-> *südliche Provinz in Portugal*

Al·ge *die* <-, -n> BOT. *eine Art Wasserpflanze* ◆ -nbefall, -nbekämpfung, -ndiesel, -ndünger, -nentfernung, -nextrakt, -nfresser, -ngifte, -nkosmetik, -nkur, -npest, -npräparat, -npulver, -nreaktor, -nsalat, -nschlamm, -ntabletten, -nteppich, -nvermehrung, -nvernichtung, -nwachstum, -nwickel, -nzucht, Blau-, Braun-, Gold-, Kiesel-, Kraftstoff-, Luft-, Makro-, Mikro-, Rot-

Al·ge·b·ra *die* ['algebra] <-, Algebren> *Teilgebiet*

der Mathematik zu Fragen der Struktur/Relation/ Menge bzw. (im schulischen Bereich) zu Gleichungen: abstrakte/allgemeine/assoziative/elementare/kommutative/lineare/multilineare/relationale Algebra ◆ Banach-, Clifford-, Computer-, Divisions-, Graßmann-, Hopf-, Jordan-, Lie-, Mengen-, Vektor- ▶ Algebraiker, algebraisch

Al·ge·ri·en <-s> Staat in Nordafrika ▶ Algerier, Algerierin, algerisch

Al·ge·ri·en·fran·zo·se der, **Al·ge·ri·en·fran·zö·sin** <-n, -n> Franzose, der aus Algerien stammt

Al·gier [-ʒiːɐ̯] <-s> Hauptstadt Algeriens

ALGOL das EDV Abkürzung von „algorithmic language"; eine Programmiersprache

Al·go·rith·mus der [algoˈrɪtmʊs] <-, Algorithmen> MATH., EDV Lösungs- bzw. Bearbeitungsschema ▶ algorithmisch

ali·as adv ■ **A alias B** A (auch B genannt) Meier alias Schmidt

Ali·bi das <-s, -s> ❶ ein Nachweis, dass man zur Tatzeit nicht am Ort eines Verbrechens war: ein hieb- und stichfestes Alibi haben ❷ (übertr.) eine Rechtfertigung: seine Krankheit als Alibi für seine Vergesslichkeit anführen

Ali·bi- als Erstglied einiger zusammengesetzter Substantive; drückt aus, dass das mit dem Zweitglied Bezeichnete nur in der Rolle des Vorwands/der Vertuschung anderer Verhältnisse oder Beziehungen bzw. zwecks Vortäuschung falscher Sachverhalte verwendet wird ◆ -frage, -frau, -freund, -funktion, -karte, -mann, -postkarte, -urlaub

Ali·en der/das [ˈeiljən] <-s, -s> (hauptsächlich in Filmen oder Romanen) außerirdisches Wesen, Lebewesen von einem anderen Planeten

Ali·men·te <-> Plur. Geld, das ein Mann für ein uneheliches Kind jeden Monat an die Mutter des Kindes zahlen muss: Alimente für ein Kind zahlen; Sie hat ihn auf Zahlung von Alimenten verklagt. ◆ -nberechnung, -nbevorschussung, -nhöhe, -npflicht, -nregelung, -nstelle, -nzahlung

Alk¹ der <-s> /kein Plur./ (abwert. umg.) kurz für „Alkohol"

Alk² der <-(e)s, -e> ein Meeresvogel, der wie ein Pinguin aussieht

al·ka·li·frei adj ohne Rückstände von Seife

Al·ka·li·me·tall das <-(e)s, -e> CHEM. sehr reaktionsfähiges Metall

al·ka·lisch adj /nicht steig./ CHEM. basisch, laugenartig

Al·ko·hol der [ˈal.../...ˈhoːl] <-s, -e> ❶ CHEM. eine farblose, brennbare Flüssigkeit: reinen Alkohol enthalten ❷ Alkohol¹ enthaltendes Getränk: keinen/regelmäßig/selten/viel Alkohol trinken; dem Alkohol nicht abgeneigt sein/zusprechen; Der Alkohol hat ihm die Zunge gelöst. ◆ -genuss, -konsum, -kranke, -missbrauch, -problem, -steuer, -sucht, -süchtige, -test, -unfall, -verbot, -verbrauch, -vergiftung ▶ alkoholabhängig, Alkoholabhängige, Alkoholabhängigkeit, Alkoholiker, Alkoholikerin, alkoholisch

Al·ko·hol·ab·hän·gi·ge der/die [ˈal.../...ˈhoːl] <-n, -n> jmd., der vom Alkohol abhängig ist ▶ Alkoholabhängigkeit

Al·ko·ho·li·ker der, **Al·ko·ho·li·ke·rin** <-s, -> jmd., der an Alkoholismus leidet

al·ko·ho·lisch adj /nicht steig./ ❶ Alkohol enthaltend: alkoholische Getränke ❷ CHEM. Alkohol betreffend: alkoholische Gärung

al·ko·ho·li·sie·ren <alkoholisierst, alkoholisierte, hat alkoholisiert> mit OBJ ■ **jmd. alkoholisiert jmdn.** jmdm. eine große Menge Alkohol geben, bis er betrunken ist

Al·ko·ho·lis·mus der <-> /kein Plur./ die (krankhafte) Abhängigkeit von Alkohol

Al·ko·hol·spie·gel der [ˈal.../...ˈhoːl] <-s, -> Konzentration von Alkohol im Blut

Al·ko·hol·steu·er die [ˈal.../...ˈhoːl] <-, -n> Steuer, die auf alkoholische Getränke erhoben wird

al·ko·hol·süch·tig [ˈal.../...ˈhoːl] adj /nicht steig./ süchtig nach Alkohol ▶ Alkoholsüchtige

Al·ko·ven, Al·ko·ven der <-s, -> Bettnische oder kleiner Nebenraum mit Schlafgelegenheit ◆ -aufbau, -bett, -fenster, -heizung, -höhe, -leiter, -mobil, -sicherung, -zimmer

All das <-s> /kein Plur./ (≈ Kosmos, Weltraum) das Universum bzw. das Weltall: ins All fliegen; die Erforschung des Alls ◆ Welt-

all siehe **alle**

Al·lah <-s> /kein Plur./ REL. im Islam die Bezeichnung für Gott

all·die·weil adv ❶ (veralt.) währenddessen, inzwischen ❷ (umg. scherzh.) als Konjunktion „weil" gebraucht: „Ich kaufe noch ein paar Rosen, alldieweil ich im Rendezvous habe", sagte er mit einem Augenzwinkern.

al·le, al·les pron ❶ verwendet, um auszudrücken, dass die genannten Personen oder Dinge die Gesamtheit von etwas darstellen: Alle/All ihre Bemühungen waren erfolglos.; Alle Mitarbeiter sind zur Versammlung erschienen.; Es ist alles versucht worden.; Ich habe „alle" gesagt, da bist auch du gemeint!; Es ist an alle gedacht worden. ❷ verwendet, um auszudrücken, dass etwas im genannten Rhythmus regelmäßig wiederkehrt: alle vierzehn Tage stattfinden; alle dreißig Meter ausruhen müssen; ■ **alles Gute!** verwendet, um (bei einem Abschied) auszudrücken, dass man für jmdn. hofft, es werde ihm in der Zukunft viel Gutes begegnen; ■ **alles in allem** insgesamt gesehen; ■ **vor allem** besonders; ■ **mein Ein und Alles** mein ganzer Lebensinhalt; ■ **auf alle Fälle** in jedem Fall; ■ **ein für alle Mal(e)** für immer

al·le adj (umg.) ❶ (≈ aufgebraucht) nicht mehr da, weil es vollständig verbraucht worden ist: Das Brot/Der Wein ist alle. ❷ (≈ erschöpft) Ich bin völlig alle, weil die Wanderung war so anstrengend!

Al·lee die <-, Alleen> eine Straße, bei der zu beiden Seiten in regelmäßigem Abstand (größere) Bäume stehen ◆ -nbaum, -ngarten, -nradweg, -nschutz, -nstraße, Birken-, Birnbaum-, Blutbuchen-, Doppel-, Feston-, Halb-, Kastanien-, Pappel-, Platanen-

Al·le·go·rie die, a. **Al·le·go·re·se** die <-, ...-rien> KUNST die bildliche Darstellung abstrakter Sachverhalte durch eine konkrete Gestalt oder einen Gegenstand: das Stundenglas als Allegorie der Ver-

A

gänglichkeit; die Germania als Allegorie für das Deutsche Reich ◆ National- ▸ allegorisch

Al·le·go·rik *die* <-> */kein Plur./ das Darstellen von etwas in einer übertragenen Bedeutung:* die Allegorik eines Bildes/einer Geschichte

Al·le·g·ro *das* <-s, -s/Allegri> MUS. *schnelles Musikstück*

al·le·g·ro *adv* MUS. *Tempobezeichnung in der Musik für „schnell, lebhaft"*

al·lein I. *adj* ❶ *so, dass keine andere Person dabei ist:* Er war ganz allein in dem großen Zimmer.; Ich sehe mir den Film allein an, denn meine Freundin mag keine Krimis.; ■ **allein erziehen** *ein Kind ohne den anderen Partner (Mutter oder Vater) aufziehen* Nachdem ihr Mann sie verlassen hatte, musste sie das Kind allein erziehen. ❷ *(≈ einsam) ohne die Gesellschaft anderer Menschen:* Sie ist oft allein, denn ihr Mann arbeitet sehr viel.; sich allein fühlen ❸ *ohne die Hilfe von anderen:* Das kleine Kind kann schon allein stehen.; Hast du die Rechenaufgabe allein gelöst? II. *adv (≈ bereits)* Allein der Gedanke ist furchtbar.; ■ **von allein** *(umg.: ≈ von selbst) von sich aus, ohne Einwirken von außen oder von anderen* Das Kind hat ganz von allein seine Schuhe angezogen, bevor wir spazieren gegangen sind. ◆ Getrenntschreibung →R 4.16 eine alleinerziehende/allein erziehende Mutter

al·lein·be·rech·tigt *adj /nicht steig./ so, dass jmd. als einziger zu etwas berechtigt ist* ▸ Alleinberechtigung

Al·lein·be·sitz *der* <-es> */kein Plur./ Besitz, der einer Person allein gehört*

Al·lein·ei·gen·tum *das* <-s> */kein Plur./ etwas, das einer Person allein gehört* ▸ Alleineigentümer, Alleineigentümerin

Al·lein·gang *der* <-(e)s, Alleingänge> ❶ SPORT *eine Einzelaktion eines Spielers, bei der die anderen Spieler seiner Mannschaft nicht mitwirken:* Der Stürmer startete zu einem Alleingang. ❷ *(übertr.) eine Handlung, die jmd. ohne die Unterstützung oder Zustimmung anderer begeht:* ein Gesetz im Alleingang durchsetzen

Al·lein·herr·schaft *die* <-> */kein Plur./ alleinige Herrschaft einer Person oder Partei:* die Alleinherrschaft anstreben

al·lei·nig *adj /nicht steig./ /nur attr./ (≈ einzig)* der alleinige Erbe des Vermögens; der alleinige Herrscher über das Fürstentum

Al·lein·in·ha·ber *der,* **Al·lein·in·ha·be·rin** <-s, -> *der einzige Inhaber eines Geschäfts oder einer Firma:* Er ist (der) Alleininhaber der Firma/des Restaurants.

al·lein·las·sen <lässt allein, ließ allein, hat alleingelassen> *mit OBJ* ■ *jmd.* **lässt** *jmdn.* **allein** *im Stich lassen, ohne Hilfe zurücklassen* ◆ Zusammenschreibung →R 4.6 Dafür hat er seine Familie alleingelassen.

Al·lein·rei·sen·de, *a.* **al·lein Rei·sen·de** *der* <-n, -n> *jmd., der allein und ohne Begleitung reist:* Heutzutage werden immer mehr Reisen speziell für Alleinreisende angeboten.

Al·lein·schuld *die* <-> */kein Plur./ die alleinige Schuld*

Al·lein·ste·hende *der/die* <-n, -n> *jmd., der nicht verheiratet ist und allein lebt*

Al·lein·ver·kauf *der* <-(e)s> */kein Plur./ Verkauf von Waren, den nur eine bestimmte Firma durchführt:* Die kleine Firma übernahm auf der Messe den Alleinverkauf der Geräte. ◆ -srecht

al·le·lu·jah REL. *(≈ halleluja) Ausruf der Freude*

al·len·falls *adv* ❶ *(≈ höchstens)* In der Prüfung wird er allenfalls eine durchschnittliche Note erreichen. ❷ *(≈ eventuell, unter Umständen)* Dieser Mitarbeiter war selten krank, er hat allenfalls einmal eine kurze Grippe gehabt.

al·ler·äu·ßers·te(r,s) *adj /nicht steig./ verstärkende Form von „äußerst":* in die alleräußerste Ecke einer Gegend verschlagen sein; der alleräußerste Termin für die Abgabe einer Arbeit

al·ler·bes·te *adj verstärkende Form von „am besten"* ◆ Kleinschreibung →R 3.9 Es ist am allerbesten, wenn …; ◆ Großschreibung →R 3.7 Es ist das Allerbeste, was mir je passiert ist.

al·ler·dings I. *adv (≈ jedoch) verwendet, um eine Aussage einzuschränken:* Sie hat gute Zensuren, allerdings nicht in Sport.; Wir haben ein hervorragendes Produkt geschaffen, das Budget wurde allerdings überschritten. II. *adv als Erwiderung auf eine Frage verwendet, um auszudrücken, dass die nachgefragte Sache in vollem Maße zutrifft (und dass die antwortende Person darüber evtl. auch Verärgerung empfindet):* Wartest du schon lange? – Allerdings! III. *part (≈ in der Tat) verwendet, um eine Aussage zu verstärken:* Das war allerdings unhöflich von dir!

Al·l·er·gen *das* <-s, -e> MED. *Stoff, der eine Allergie hervorrufen kann* ◆ -extrakt, -karenz, -kontakt, -präparat, -quelle, -vermeidung, Haupt-

Al·l·er·gie *die* <-, …-gien> MED. *eine überempfindliche Reaktion des Körpers auf bestimmte Stoffe in der Umwelt (z. B. Staub, Blütenpollen oder Tierhaare), die sich meist in Form von Haut- und Schleimhautreizungen zeigt:* eine Allergie gegen Gräserpollen haben ◆ -arten, -auslöser, -ausweis, -beratung, -diagnostik, -fall, -impfung, -kalender, -klinik, -mittel, -pass, -ratgeber, -reaktion, -risiko, -schock, -schub, -spritze, -symptome, -test, -typen, -vermeidung, -wert, Birkenpollen-, Gräser-, Graspollen-, Hausstaub-, Hausstaubmilben-, Inhalations-, Kontakt-, Kreuz-, Nahrungsmittel-, Pollen-, Pseudo-, Tierhaar-

al·l·er·gie·aus·lö·send *adj /nicht steig./ so, dass etwas eine Allergie auslöst*

al·l·er·gie·ge·tes·tet *adj /nicht steig./ so, dass daraufhin geprüft ist, ob es Allergien auslöst oder welche Allergien es auslöst*

al·l·er·gisch *adj /nicht steig./* ❶ MED. *an einer Allergie leidend:* allergisch gegen Katzenhaare sein; eine allergische Reaktion zeigen ❷ MED. *durch eine Allergie hervorgerufen:* ein allergischer Hautausschlag/Schnupfen ❸ *(umg. übertr.) so, dass man etwas absolut nicht leiden kann:* allergisch gegen Kritik sein; auf ein bestimmtes Verhalten absolut allergisch reagieren

Al·l·er·go·lo·gie *die* <-> */kein Plur./ Teilgebiet der Medizin, das sich mit Allergien befasst* ▸ Allergologe, Allergologin, allergologisch

A

al·ler·hand pron /nicht deklinierbar/ (umg.: ≈ viel) allerhand Neues; allerhand erlebt haben; ■ **Das ist ja allerhand!** das ist ziemlich unverschämt

Al·ler·hei·li·gen das <-> /kein Plur./ katholisches Fest zu Ehren aller Heiligen am 1. November ◆ -bild, -gesteck, -kirmes, -litanei

al·ler·hei·ligs·te(r,s) adj /nicht steig./ verstärkende Form von „heilig"

al·ler·lei adj /nicht steig./ (≈ mancherlei) verwendet, um auszudrücken, dass die genannte Sache viele, aber verschiedene Dinge umfasst: allerlei Gerümpel auf dem Dachboden finden; sich allerlei Ausreden anhören müssen; Man hört so allerlei.

al·ler·letzt, **al·ler·letz·te** adj verstärkende Form von „letzt(e)": zu allerletzt ankommen

al·ler·min·des·te(r,s) adj /nicht steig./ verstärkende Form von „mindeste": nicht die allermindeste Vorstellung von etwas haben; nicht das allermindeste Anstandsgefühl haben; Sie versteht nicht das Allermindeste von diesem Fachgutachten.

al·ler·nächs·te adj /nicht steig./ verstärkende Form von „nächste": in allernächster Zukunft

al·ler·neu·es·te, **al·ler·neus·te** adj verstärkende Form von „neu": allerneueste Entwicklungen/ Trends; die allerneuste Mode

al·ler·nö·tigs·te(r,s) adj /nicht steig./ verstärkende Form von „nötig"

al·ler·not·wen·digs·te(r,s) adj /nicht steig./ verstärkende Form von „notwendig"

al·ler·or·ten adv (≈ überall)

al·ler·schlimms·te(r,s) adj /nicht steig./ verstärkende Form von „schlimm"

Al·ler·see·len das <-> /kein Plur./ katholischer Feiertag zu Ehren aller Verstorbenen am 2. November ◆ -tag

al·ler·seits adv alle zusammen: Guten Morgen allerseits!

Al·ler·welts- als Erstglied zusammengesetzter Substantive; drückt aus, dass das mit dem Zweitglied Bezeichnete durchschnittlich, allgemein bekannt und daher nicht besonders interessant ist ◆ -gesicht, -kerl, -mittel, -name, -thema, -wort

Al·ler·welts·ge·schmack der <-(e)s> (umg. abwert.) ein Geschmack ohne besondere Ansprüche, den viele andere auch haben

al·ler·we·nigs·te adj /nicht steig./ verstärkende Form von „wenig" ◆ Kleinschreibung →R 3.9 Das interessiert mich am allerwenigsten!; ◆ Großschreibung →R 3.7 Das wissen die Allerwenigsten!

al·les siehe **alle**

al·le·samt pron (umg.) alle zusammen: Die Gäste sind allesamt gegangen.

Al·les·kön·ner der, **Al·les·kön·ne·rin** <-s, -> jmd., der viele Fähigkeiten auf verschiedenen Gebieten besitzt und fast alles zu können scheint

al·le·zeit, **all·zeit** adv (veralt.: ≈ immer) zu jeder Zeit

all·fäl·lig adv ÖSTERR., SCHWEIZ. eventuell eintretend oder vorhanden: bei allfälligen Unfällen haften

allg. adj Abkürzung von „allgemein"

All·gäu das <-s> Landschaft der nördlichen Alpen und des Alpenvorlandes

All·ge·gen·wart die <-> /kein Plur./ ❶ REL. Gegenwart Gottes in allen Dingen ❷ (geh.) das ständige Dasein von etwas, auch im Bewusstsein eines Menschen: die Allgegenwart der Berge/Seen/ Wälder ▶ allgegenwärtig

all·ge·mein, **all·ge·mein** adj ❶ /nicht steig./ so, dass etwas bei vielen Menschen verbreitet oder zu finden ist: die allgemeine Meinung; Das Thema ist von allgemeinem Interesse.; Nach allgemeiner Auffassung ... ❷ /nicht steig./ so, dass etwas alle Mitglieder einer Gemeinschaft betrifft: allgemeines Wahlrecht; die allgemeine Wehrpflicht ❸ so, dass nur eine relativ einfache Sicht von etwas gegeben wird und Einzelheiten nicht berücksichtigt werden: zu Beginn einige allgemeine Ausführungen machen; Das ist viel zu allgemein, es fehlen doch die ganzen Details. ◆ Großschreibung →R 3.7 im Allgemeinen

All·ge·mein·arzt der, **All·ge·mein·ärz·tin** <-es, Allgemeinärzte> (↔ Facharzt) Arzt für Allgemeinmedizin, der nicht auf eine bestimmte Fachrichtung spezialisiert ist

All·ge·mein·be·griff der <-(e)s, -e> übergeordneter Ausdruck für etwas, der hierarchisch untergeordnete Ausdrücke umfasst

All·ge·mein·be·sitz der <-(e)s> /kein Plur./ Besitz, der allen Mitgliedern einer Gemeinschaft gehört

All·ge·mein·bil·dung die <-> /kein Plur./ das erworbene Wissen und Können, das von einem als gebildet geltenden Menschen erwartet wird und das nicht zur Berufsausbildung gehört ▶ allgemeinbildend/allgemein bildend

all·ge·mein·chi·r·ur·gisch adj /nicht steig./ MED. innerhalb der Chirurgie nicht auf ein besonderes Teilgebiet spezialisiert ▶ Allgemeinchirurgie

All·ge·mein·heit die <-, -en> ❶ /kein Plur./ (≈ Öffentlichkeit) alle Menschen in der Gesellschaft eines Landes: sich an die Allgemeinheit wenden; Das Thema liegt im Interesse der Allgemeinheit. ❷ /nur Plur./ (abwert.: ≈ Allgemeinplatz) nichtssagende Worte: nichts als Allgemeinheiten sagen

All·ge·mein·me·di·zi·ner der, **All·ge·mein·me·di·zi·ne·rin** <-s, -> (↔ Facharzt) Arzt für allgemeine Krankheiten im Bereich der Grundversorgung ▶ allgemeinmedizinisch

All·ge·mein·platz der <-es, Allgemeinplätze> /meist Plur./ (abwert.) eine oft gebrauchte, oberflächliche Redensart, die keinen wesentlichen Inhalt hat

all·ge·mein·ver·bind·lich, **all·ge·mein·ver·bind·lich** adj /nicht steig./ für alle und überall verbindlich oder geltend: allgemeinverbindliche Grundsätze/Regeln/Vorschriften ▶ Allgemeinverbindlichkeit

All·ge·mein·wis·sen das <-s> /kein Plur./ das allgemeine Wissen aus den unterschiedlichen Lebensbereichen, das nicht in ein einzelnes Fachgebiet fällt: Jeder Vortrag setzt ein gewisses Allgemeinwissen der Zuhörer voraus.

All·ge·mein·wohl das <-(e)s> /kein Plur./ das gesellschaftliche Wohl: dem Allgemeinwohl dienen

All·ge·mein·zu·stand der <-(e)s, Allgemeinzu-

A

stände> *der allgemeine Zustand von etwas:* Der Allgemeinzustand des Patienten ist befriedigend.

All·ge·walt *die* <-, -en> *(geh.) unbeschränkte, höchste Macht oder Gewalt über etwas:* die Allgewalt von Naturkatastrophen ▶ allgewaltig

All·heil·mit·tel *das* <-s, -> *etwas, das alle Probleme auf einmal löst:* Es gibt kein Allheilmittel gegen die Arbeitslosigkeit.

Al·li·anz *die* [a'li̯ants] <-, -en> *ein Bündnis zwischen verschiedenen Partnern, das militärischen, politischen oder wirtschaftlichen Zielen dient:* eine militärische/transatlantische Allianz; strategische Allianzen bilden

Al·li·ga·tor *der* <-s, -to̱ren> *eine große Echse aus der Familie der Krokodile* ◆ -leder, China-, Mississippi-

Al·li·ier·te *der/die* [ali'iːʁtə] <-n, -n> */meist Plur./ (≈ Verbündete(r))* ■ **die Alliierten** GESCH. *die in den beiden Weltkriegen gegen Deutschland verbündeten Mächte*

Al·li·te·ra·ti·on *die* <-, -en>

Von einer **Alliteration** spricht man, wenn innerhalb einer bestimmten Wortgruppe eine Wiederholung bzw. ein Gleichklang der anlautenden Silben mit Hauptton gegeben ist. Es handelt sich um ein rhetorisches Stilelement. Dies findet man in manchen Redewendungen, wie z. B. in „in Bausch und Bogen". Aber auch die Sprache der Werbung („... macht mehr Musik") schätzt die Alliteration als Stilmittel, weil sie Slogans klanglich intensiviert und in der geschriebenen Form markanter aussehen lässt. In germanischen Stabreimdichtungen liegt die Alliteration dem Versbau wesentlich zugrunde; öfters wird die Alliteration deshalb mit dem Stabreim gleichgesetzt.

---

all·jähr·lich *adj /nicht steig./ sich jedes Jahr wiederholend:* das alljährliche Klassentreffen/Musikfestival

all·mäch·tig *adj /nicht steig./ so, dass jmd. oder etwas die höchste und absolute Macht über alles hat:* der allmächtige Gott; der Allmächtige; Ihr Chef glaubt wirklich, allmächtig zu sein. ▶ Allmächtige

all·mäh·lich *adj /nicht steig./ so, dass etwas langsam und nach und nach passiert:* eine allmähliche Veränderung; Es wird allmählich dunkel/Herbst.; Wir sollten allmählich aufbrechen/gehen.

al·lo·ch·thon *adj* GEOL. *(≈ bodenfremd) an einem anderen Ort entstanden und später umgelagert*

Al·lo·pa·thie *die* <-, ...-thien> MED. *(↔ Homöopathie) Bezeichnung für die Schulmedizin, die Krankheiten (im Gegensatz zur Homöopathie) mit Medikamenten behandelt, deren Wirkung den Symptomen der Krankheit entgegengesetzt ist* ▶ allopathisch

Al·lo·t·ria ■ **ein großes Allotria machen** *mit viel Lärm sich übertrieben und albern benehmen und Dummheiten machen*

All·round- ['ɔːl'raʊnd...] *als Erstglied zusammengesetzter Substantive; drückt aus, dass mit dem*

dem Zweitglied Bezeichnete auf eine Person zutrifft ❶ *die auf dem genannten Gebiet besonders vielseitig ist* ◆ -künstler(in), -musiker(in), -spieler(in), -sportler(in) ❷ *die generell besonders vielseitig ist* ◆ -genie, -talent

all·sei·tig *adj /nicht steig./ umfassend, vielseitig:* eine allseitige Ausbildung erhalten; allseitig interessiert sein

All·tag *der* <-(e)s, -e> */Plur. selten/ das normale Leben, das häufig als monoton empfunden wird:* der gewöhnliche/graue/normale Alltag; Derart extravagante Mode eignet sich nicht für den Alltag.; Nachtdienste gehören zum Alltag vieler Berufsgruppen. ▶ alltagstauglich ◆ -sablauf, -sangst, -sbegleiter(in), -sbeschäftigung, -sbetreuer(in), -sdasein, -sdeutsch, -sdinge, -sdroge, -serfahrung, -sfragen, -sfloskeln, -sgeschichte, -sgeschichten, -sgespräch, -shandeln, -shilfe, -sirrtümer, -skleid, -skleidung, -skultur, -sleben, -slyrik, -smenschen, -smythen, -spflichten, -sprobleme, -spsychologie, -sritual, -ssituation, -ssorgen, -ssprache, -ssprüche, stress, -stricks, -sunfälle, -sverständnis, -swahnsinn, -sweisheiten, -swelt, -swissen, -swortschatz, Arbeits-, Berufs-, Krankenhaus-, Schul-, Uni-

all·täg·lich *adj (≈ gewöhnlich) so normal, wie es im Alltag vorkommt:* eine alltägliche Geschichte/Situation

All·täg·lich·keit *die* <-> */kein Plur./ der Zustand, dass etwas alltäglich auftritt und dadurch nichts Besonderes mehr ist:* Das tägliche Üben wird eine Alltäglichkeit/zur Alltäglichkeit.

All·tags·kram *der* <-(e)s> */kein Plur./ (umg. abwert.) die Dinge oder Ereignisse des Alltags, die als gewöhnlich oder langweilig empfunden werden*

All·tags·trott *der* <-(e)s> */kein Plur./ (abwert.) der immer gleiche Ablauf des Alltagslebens*

Al·lü·re *die* [a'lyːʁə] <-, -n> */meist Plur./ (geh. abwert.) eigenwilliges oder auffälliges Verhalten:* Obwohl sie eine berühmte Schauspielerin ist, hat sie keine Allüren. ◆ Starallüren

all·wis·send *adj /nicht steig./ so, dass jmd. alles weiß:* Keiner ist allwissend.; ■ **der Allwissende** REL. *Gott* ▶ Allwissenheit

all·zeit *siehe* **allezeit**

all·zu *adv verstärkende Form von „zu":* allzu gern/oft/sehr/viel; Sie war nicht allzu sehr beschäftigt.

all·zu·häu·fig *adj überaus häufig:* allzuhäufige Zuwiderhandlungen gegen die Hausordnung

all·zu·oft *adv überaus oft:* allzuoft etwas vergessen

All·zweck- *als Erstglied zusammengesetzter Substantive; drückt aus, dass mit dem Zweitglied Bezeichnete für eine Vielzahl von Aufgaben benutzt werden kann* ◆ -halle, -möbel, -reiniger, -tuch, -waffe, -werkzeug

Alm *die* <-, -en> *(≈ Bergweide) in den Bergen gelegenes Weideland:* das Vieh auf die Alm treiben ◆ -abtrieb, -auftrieb, -hirt, -hütte

Al·ma Ma̱·ter *die* <- -> */kein Plur./ (geh.) Universität*

Al·ma·nach *der* <-s, -e> ❶ *jährlich erscheinender Verlagskatalog mit Textproben* ❷ *(veralt.) Gattung periodisch erscheinender Bücher (Jahr- und Sammelbücher, Kalender) mit Texten und Bildern aus*

verschiedenen Wissensgebieten ◆ Literatur-, Musen-, Sozial-, Welt-

Alm·auf·trieb der <-s> /kein Plur./ der Vorgang, dass Bergbauern im Frühjahr das Vieh auf die Almen treiben, damit es dort den Sommer über weiden kann

Al·mo·sen das <-s, -> Geld, das man einem Bedürftigen schenkt: um (ein) Almosen bitten

Al·mo·sen·emp·fän·ger der, **Al·mo·sen·emp·fän·ge·rin** <-s, -> (abwert.) jmd., der ein Almosen erhält: nicht wie ein Almosenempfänger dastehen wollen

Alm·rausch der <-(e)s> ÖSTERR. (≈ Alpenrose)

Aloe die [ˈaːloe] <-, -n> BOT. eine Zier- und Heilpflanze

Alp die <-, -en> SCHWEIZ. Alm

Al·pa·ka das <-s, -s> eine südamerikanische Lamaart ◆ -wolle

Alp·drü·cken siehe **Albdrücken**

Al·pe siehe **Alp**

Al·pen <-> Plur. das höchste Gebirge in Europa: die italienischen/österreichischen/schweizer Alpen ◆ -flora, -gipfel, -land, -länder, -landschaft, -panorama, -pflanze, -republik, -rose, -salamander, -straße, -transitverkehr, -vorland

Al·pen·glü·hen das <-s> /kein Plur./ der Vorgang, dass das Sonnenlicht vom Schnee der Alpengipfel reflektiert wird und einen rötlichen Schein ergibt

Al·pen·jä·ger der <-s, -> jmd., der zu den französischen oder italienischen Gebirgstruppen gehört

Al·pen·veil·chen das <-s, -> kleine Frühlingsblume

Al·pen·ver·ein der <-s> /kein Plur./ Verein, der das Bergsteigen und Bergwandern in den Alpen fördert

Al·pha das [ˈalfa] <-(s), -s> der erste Buchstabe des griechischen Alphabets, der meist als Erstglied von Fachtermini verwendet wird ◆ -strahlen, -strahlung, -teilchen, -tier, -virus

Al·pha·bet das [alfaˈbeːt] <-(e)s, -e> die Buchstaben, mit denen die Wörter einer Sprache geschrieben werden: das griechische/lateinische/kyrillische Alphabet

gige Anordnungsprinzip (vgl. unter Wörterbuch). Die frühesten alphabetischen Schriften entstanden um die Mitte des zweiten Jahrtausends v. Chr. im nordsemitischen Sprachraum. Sie waren von der Antike bis heute Grundlage und ein Hauptgegenstand des Schulunterrichts. In Mittel- und Westeuropa geht man seit dem Ende des neunzehnten Jahrhunderts von genereller Alphabetisiertheit der Bevölkerung aus. Dennoch sollte nicht übersehen werden, dass es aufgrund verschiedenster Umstände Menschengruppen mit nicht vorhandenen oder stark eingeschränkten Schreib-/Lesefähigkeiten gibt (funktionaler Analphabetismus).

al·pha·be·tisch adj /nicht steig./ in der Reihenfolge des Alphabets: etwas alphabetisch ordnen und nicht nach Sachgebieten; in alphabetischer Reihenfolge angeordnete Bücher/Schallplatten

al·pha·be·ti·sie·ren mit OBJ ❶ ■ jmd. alphabetisiert etwas alphabetisch ordnen ❷ ■ jmd. alphabetisiert jmdn. (meist größere Bevölkerungsgruppen) das Lesen und Schreiben lehren: die Landbevölkerung alphabetisieren ► Alphabetisierung

Al·pha·teil·chen das <-s, -> PHYS. ein Elementarteilchen

Al·pha·tier das <-(e)s, -e> BIOL. (Verhaltensforschung: ↔ Omegatier) das Tier, das in der Rangordnung eines Rudels die höchste Position einnimmt

al·pin adj /nicht steig./ ❶ (wie) im Hochgebirge: eine alpine Landschaft/Vegetation ❷ /nur attr./ SPORT als Sportart so, dass es im Hochgebirge durchgeführt wird: die alpinen Disziplinen des Skisports; alpines Klettern

Al·pi·nis·mus der <-> /kein Plur./ Bergsteigen im Hochgebirge (der Alpen) ► Alpinist, Alpinistin, Alpinistik

Alp·traum siehe **Albtraum**

Al·rau·ne die [alˈraunə] <-, -n> ❶ BOT. menschenähnlich aussehende Zauberwurzel ❷ ein Zauberwesen

als konj ❶ mit erläuternden Zeitangaben verwendet, um auszudrücken, dass das im Nebensatz ausgedrückte Geschehen sich zu dem im Hauptsatz ausgedrückten Geschehen gleichzeitig oder nachzeitig verhält: Als ich ein Kind war, war sonnabends noch Schulunterricht.; Als ich nach Hause kam, machte ich mich an die Arbeit.; Als ich nach Hause kam, war er schon gegangen. ❷ verwendet, um auszudrücken, dass zwei Dinge ungleich sind: Sie ist größer als er.; Wir machen das anders als ihr. ❸ verwendet, um die genannte Person oder Sache in ihrer Wichtigkeit oder Beschaffenheit zu betonen: Wer sonst als er sollte das tun?; Kein anderer/geringerer als der Präsident schaltete sich ein.; Er redet nichts als dummes Zeug. ❹ nach einem Substantiv oder einem Personalpronomen (Beziehungswort) verwendet, um ein Substantiv als Erläuterung anzuschließen; der grammatische Fall des Substantivs nach „als" richtet sich nach dem

Ein **Alphabet** ist die linear geordnete Menge von Buchstaben eines Schriftsystems. In ihren Elementen unterscheiden sich Sprachen mit einem Alphabet z. B. von Silbenschriften. Der Ausdruck leitet sich her von „alfa" und „beta", den Namen der beiden ersten Buchstaben des griechischen Alphabets. Ein Alphabet dient dazu, eine Sprache zu verschriftlichen und deren Einheiten zu sortieren. Bei allen Unterschieden zwischen den Sprachen sind Alphabete stets Ordnungsstrukturen, was für die Darstellung von Daten in vielen Bereichen, so insbesondere in der Lexikographie (dem Erstellen von Wörterbüchern), eine zentrale Rolle spielt. Denn neben der Anordnung nach Sachgruppen ist die alphabetische Anordnung der Stichwörter/Lemmata (vgl. den Artikel unter Stichwort) in Wörterbüchern das gän-

A

des Beziehungswortes: Sie als Lehrerin sollte das wissen.; Ihm als behandelndem Arzt muss man vertrauen können.; Als Politiker hat er Einfluss.; ■ **als ob/wenn** gleichsetzend Er tat so, als ob er nicht verstünde.; ■ **sowohl … als (auch)** … etwas trifft auf beide oder alle genannten Elemente zu sowohl gestern als auch heute; sowohl Eltern als auch Kinder

als·dann adv SÜDDT., ÖSTERR. (≈ also) Alsdann fangen wir an!

als·dass konj Das sieht zu gut aus, als dass es wirklich sein könnte!

al·so I. adv ❶ verwendet, um eine logische Schlussfolgerung einzuleiten: Die Tür ist nicht abgeschlossen, also muss jemand zu Hause sein.; Ich bin krank, also bleibe ich zu Hause. ❷ verwendet, um bereits Gesagtes zusammenzufassen oder zu erläutern: Busse, Straßenbahnen und Züge, also die öffentlichen Verkehrsmittel; Das betrifft alle, also Kinder und Erwachsene gleichermaßen. **II.** part verwendet, um Ausrufe oder Fragen zu verstärken: Also, kann ich jetzt gehen?; Also, wenn du mich fragst …; Na also, ich habe es ja gleich gesagt!

alt <älter, am ältesten> adj ❶ so, dass jmd. oder ein Tier schon lange gelebt oder etwas schon lange existiert hat: ein alter Baum/Betrieb/Mann/Wein; eine alte Frau/Kultur/Sprache; Dafür ist sie zu alt/noch nicht alt genug.; Das Brot ist alt, es ist vertrocknet. ❷ in einem bestimmten Alter: Wie alt bist du?; die ältere Schwester; Sie ist älter als du. ❸ /nur attr./ (≈ langjährig) so, dass es etwas schon lange (in dieser Form) gegeben hat: ein alter Brauch/Freund/Kollege/Streit/Traum; ein altes Leiden/Vorurteil ❹ /nur attr., nicht steig./ (≈ ehemalig) das alte Dresden; ein alter Klassenkamerad von mir; im Nebeneinander von Altem und Neuem ❺ /nur attr, nicht steig./ (umg. abwert.: ≈ notorisch, unverbesserlich) verwendet, um auszudrücken, dass jmd. immer schon für die genannte Eigenschaft bekannt war: Du alter Schwindler!; Sie ist eine alte Lügnerin.; So ein alter Nörgler hat immer etwas zu kritisieren!; ■ **alles beim Alten lassen** nichts verändern; ■ **alt aussehen** (umg.) ratlos sein, staunen; ■ **jemand wird (irgendwo) nicht alt (werden)** (umg.) jmd. wird irgendwo nicht lange bleiben Heute abend werde ich hier nicht alt, denn ich bin ziemlich müde. ◆ **Großschreibung** →R 3.7 Daran erfreuten sich Alt und Jung.

Alt der <-s, -e> /meist Sing./ MUS. ❶ tiefe Frauenstimme ❷ relativ hohe Stimme bei Blasinstrumenten ◆-flöte, -klarinette, -posaune, -saxophon

Al·tar der <-(e)s, Altäre> ❶ Opfertisch: Auf dem Altar in der Mitte des Tempels haben wahrscheinlich auch Menschenopfer stattgefunden. ❷ in christlichen Kirchen eine Art Tisch für die gottesdienstlichen Handlungen; ■ **eine Frau zum Altar führen** (veralt. geh.) eine Frau heiraten ◆-gemälde, -leuchter, -raum, -(s)sakrament

Al·tar·bild das <-(e)s, -er> über einem Altar[2] hängendes Bild

Alt·bat·te·rie die <-, -n> (umg.) leere, nicht mehr gebrauchsfähige Batterie: Altbatterien gehören in den Sondermüll.

Alt·bau der <-(e)s, Altbauten> ein vor längerer Zeit erbautes Haus ◆-sanierung, -siedlung, -wohnung

alt·be·kannt adj /nicht steig./ so, dass man es schon lange kennt: eine altbekannte Tradition/Vorgehensweise

alt·be·währt adj /nicht steig./ schon lange bekannt und bewährt: ein altbewährtes Hausmittel

Alt·bun·des·kanz·ler der, **Alt·bun·des·kanz·le·rin** <-s, -> jmd., der in früheren Zeiten das Amt des Bundeskanzlers ausgeübt hat

Alt·bun·des·prä·si·dent der <-en, -en> jmd., der in früheren Zeiten das Amt des Bundespräsidenten ausgeübt hat

Al·te der/die <-n, -n> (abwert.) ❶ eine alte Frau bzw. ein alter Mann: Was wollte der/die Alte von dir? ❷ jmds. Ehemann oder Ehefrau: Seine Alte hat gesagt, er kann heute nicht zum Stammtisch kommen.

Alt·ei·sen·händ·ler der, **Alt·ei·sen·händ·le·rin** <-s, -> jmd., der mit Altmetall handelt

Al·ten- als Erstglied zusammengesetzter Substantive; drückt aus, dass das mit dem Zweitglied Bezeichnete auf die Betreuung/Versorgung alter Menschen bezogen ist ◆-betreuung, -club/-klub, -heim, -hilfe, -pfleger(in), -pflegeheim, -wohnheim

Al·ten·ta·ges·stät·te die <-, -n> Ort, an dem sich alte Menschen tagsüber aufhalten können und Betreuung erhalten

Al·ten·teil ■ **sich auf das/sein Altenteil zurückziehen** (umg.) in den Ruhestand treten und nicht mehr beruflich aktiv sein

Al·ter das <-s> /kein Plur./ ❶ die Zeitdauer, während der Lebewesen oder Gegenstände schon existiert haben: ein biblisches/gesegnetes/hohes Alter erreichen; im Alter von neunzig Jahren; Er hat Kinder im schulpflichtigen Alter; das Alter eines Fundes bestimmen/datieren; archäologische Funde von noch unklarem Alter ❷ (↔ Jugend) der späte Lebensabschnitt, der auf das Berufsleben folgt: im Alter gebrechlich/noch rüstig/noch vital sein; Sie ist finanziell gut abgesichert und kann im Alter genießen; auch im Alter geistig rege bleiben ❸ (geh.: ↔ Jugend) alte Menschen: das Alter ehren ◆-sangabe, -sarmut, -sbeschwerden, -sdemenz, -sdiabetes, -sdiskriminierung, -serscheinungen, -sforschung, -sfürsorge, -sgenosse, -sgenossin, -sgrenze, -sgründe, -sgruppe, -sheilkunde, -sheim, -sjahr, -sklasse, -skrankheit, -skurzsichtigkeit, -sleiden, -spyramide, -srente, -srückstellung, -sruhegeld, -sschwäche, -sschwachsinn, -sstarrsinn, -sstufe, -sunterschied, -sversicherung, -sversorgung, -svorsorge, -swerk, Baby-, Erwachsenen-, Greisen-, Jugend-, Kindes-

Al·ter·chen (abwert.) verwendet als abfällige Bezeichnung bzw. Anrede für einen älteren Mann: He, Alterchen, mach' mal Platz!

al·tern <alterst, alterte, ist gealtert> ohne OBJ ❶ ■ **jmd. altert** beginnen, Spuren des Älterwerdens aufzuweisen: Sie ist in den letzten zwei Jahren kaum gealtert.; Falten und graue Haare – er ist merklich gealtert. ❷ ■ **etwas altert** etwas verliert oder ändert im Laufe der Zeit seine Eigenschaften und Qualitäten: Das Material ist stark gealtert.;

Das Altern des Holzes kann eine natürliche Veränderung der Farbe bewirken. ▸ Alterung

al·ter·na·tiv *adj /nicht steig./* ❶ *(geh.) so, dass man zwischen zwei Möglichkeiten wählen kann:* zwei alternative Ideen/Methoden/Termine/Vorschläge ❷ *(geh.) so, dass es im Gegensatz zum bisher Üblichen oder zur Tradition steht:* alternative Behandlungsmethoden vorziehen; alternative Technologien der Energiegewinnung ❸ *so, dass man von den üblichen bürgerlichen Anschauungen und Wertvorstellungen abweicht und besonders viel Wert auf Umweltschutz und Naturverbundenheit legt:* eine alternative Lebensweise; die alternative Bewegung/Szene

Al·ter·na·ti·ve¹ *die* <-, -n> *(≈ Wahlmöglichkeit) eine Möglichkeit, die man anstelle einer anderen auch wählen kann:* Wir haben noch eine bessere Alternative.; Zu dieser Technologie gibt es momentan keine Alternative.

Al·ter·na·ti·ve² *der/die* <-n, -n> *(umg.) Person, die sich in Einstellung und Handeln der alternativen³ Bewegung zurechnet und besonders auf ein umweltbewusstes Handeln achtet*

al·ter·nie·ren <alterniert, alternierte, hat alterniert> *ohne OBJ* ▪ *etwas alterniert (mit etwas Dat.) (geh.) sich abwechseln* ▸ Alternierung

al·ters ▪ **seit alters/von alters her** *(geh.) schon immer*

Al·ters·ab·stand *der* <-s> */kein Plur./ die Jahre, um die jmd. älter ist als eine andere Person:* Seinen Bruder und ihn trennt ein beträchtlicher Altersabstand.; ein Altersabstand von zehn Jahren

Al·ters·asyl *das* <-s, -e> SCHWEIZ. *Altersheim*

Al·ters·be·schrän·kung *die* <-, -en> *Beschränkung darüber, welches Alter jmd. höchstens haben darf, um etwas zu tun oder zu benutzen:* Auf dem Abenteuerspielplatz gibt es eine Altersbeschränkung; Kinder, die älter als 12 Jahre sind, dürfen dort nicht spielen.

Al·ters·be·stim·mung *die* <-, -en> *(↔ Datierung) Bestimmung des Alters eines Gegenstands:* Eine genaue Altersbestimmung der archäologischen Funde steht noch aus.

Al·ters·fleck *der* <-s, -en> *einer der vielen bräunlichen Pigmentflecke, die sich im Alter vor allem an den Handrücken zeigen können*

al·ters·ge·mäß *adj /nicht steig./ so, dass es dem Alter von jmdm. angemessen ist:* Der Unterricht bei dem neuen Lehrer ist viel zu schwer und überhaupt nicht altersgemäß.; ein Lexikon für Kinder mit altersgemäßen Erklärungen

Al·ters·heim *das* <-(e)s, -e> *(≈ Altenheim)*

Al·ters·lei·den *das* <-s, -> *(≈ Alterskrankheit)*

al·ters·schwach *adj /nicht steig./ aufgrund des Alters gebrechlich* ▸ Altersschwäche

Al·ters·si·che·rung *die* <-> */kein Plur./ finanzielle Vorsorge für das Alter*

Al·ters·struk·tur *die* <-> */kein Plur./ die Zusammensetzung einer Gruppe von Menschen unter dem Aspekt ihres Lebensalters:* die Altersstruktur einer Abteilung/der Gesellschaft

Al·ters·teil·zeit *die* <-> */kein Plur./ eine Regelung, die besagt, dass ältere Arbeitnehmer weni-

ger arbeiten, um damit Arbeitsplätze für jüngere Menschen zu schaffen.

Al·ter·tum *das* <-s, Altertümer> ❶ */kein Plur./ der Zeitraum vom Beginn der menschlichen Kultur bis zum 5. Jahrhundert nach Christus, dem Ende des Weströmischen Reichs* ◆-skunde, -swissenschaft ❷ *(veralt.) /nur Plur./ sehr alte Kunstgegenstände:* mit Altertümern handeln

Al·ter·tums·for·schung *die* <-> */kein Plur./ die wissenschaftliche Beschäftigung mit den Kulturen der Antike* ▸ Altertumsforscher, Altertumsforscherin

al·te·rungs·be·stän·dig <nich steig.> *adj so, dass es sich mit zunehmendem Alter nicht verändert:* Das Material ist sehr robust und alterungsbeständig.

Alt·fahr·zeug *das* <-(e)s, -e> *(Kraft)Fahrzeug, das jmdm. bisher gehört hat (im Gegensatz zu einem neu gekauften Auto):* Wir nehmen Ihr Altfahrzeug in Zahlung.

alt·ge·dient *adj /nicht steig./ so, dass man in einem Bereich schon lange tätig war und daher viel Erfahrung hat:* Das sind altgediente Mitarbeiter, denen braucht man nicht mehr viel erklären.

Alt·glas *das* <-es> */kein Plur./ benutzte Gläser und Flaschen, die wiederverwertet werden können* ◆-behälter, -container, -sammlung, -verwertung

Alt·glas·con·tai·ner *der* <-s, -> *eine Art Mülltonne für Glas, in die man leere Flaschen und Gläser (nach Farbsorten getrennt) einwerfen kann*

alt·her·ge·bracht *adj /nicht steig./ (≈ traditionell) seit langer Zeit üblich*

Alt·her·ren·mann·schaft *die* <-, -en> SPORT *eine (Fußball)Mannschaft, deren Mitglieder älter sind oder aus ehemals bekannten (jetzt nicht mehr aktiven) Spielern besteht*

Alt·hoch·deutsch *das* <-(s)> */kein Plur./ Hochdeutsch vom Beginn der schriftlichen Überlieferung ca. im 8. Jahrhundert bis zur Mitte des 11. Jahrhunderts*

Alt·jahr·abend, Alt·jahrs·abend *der* <-s, -e> SCHWEIZ. *Silvesterabend*

alt·jüng·fer·lich *adj /nicht steig./ (abwert.) so, dass eine Frau ziemlich prüde und sehr konservativ ist*

alt·klug *adj /nicht steig./ (abwert.) so, dass ein Kind sich für sein Alter zu erwachsen gibt:* ein altkluges Kind; altkluge Reden führen

Alt·las·ten <-> *Plur.* ❶ *Müll oder Produktionsabfälle, die in der Vergangenheit an einem Ort gelagert worden sind und jetzt eine Gefahr für die Umwelt darstellen* ◆-behandlung, -beitrag, -beratung, -beseitigung, -entsorgung, -erkundung, -erlass, -freistellung, -gutachten, -handbuch, -kataster, -leitfaden, -management, -recht, -regelung, -register, -sanierung, -untersuchung, -verdacht, -verordnung, -verzeichnis ❷ *(übertr.) ungelöste Probleme der Vergangenheit, die bis in die Gegenwart hineinwirken*

alt·mo·disch *adj (abwert.: ≈ unmodern, unzeitgemäß) mit einem Erscheinungsbild oder mit den Ansichten einer früheren Zeit und daher nicht mehr zeitgemäß:* altmodische Ansichten haben/

A

vertreten; Er sah in seinem altmodischen Anzug seltsam aus.; ältere Damen mit altmodischen Hüten und ebensolchen Moralvorstellungen

Alt·öl *das* <-s, -e> *gebrauchtes Öl, das entsorgt werden muss:* Aufbereitung von Altölen

Alt·pa·pier *das* <-s> */kein Plur./ das Papier von alten Zeitungen o. Ä.:* Altpapier sammeln und wiederverwerten ◆ -behälter, -sammlung

Alt·phi·lo·lo·gie *die* <-> */kein Plur./ (↔ Neuphilologie) die Wissenschaft von den alten Sprachen und Literaturen (insbesondere des Lateinischen und Altgriechischen)* ▶ Altphilologe, Altphilologin, altphilologisch

Alt·rei·fen *der* <-s, -> *gebrauchter Autoreifen:* die Entsorgung von Altreifen

Al·t·ru·ismus *der* <-> */kein Plur./ (↔ Egoismus) die Einstellung, dass man die Belange und das Wohlergehen anderer Menschen für wichtig erachtet* ▶ Altruist, Altruistik, altruistisch

Alt·stadt *die* <-, Altstädte> *alter (historischer) Teil einer Stadt:* eine Führung durch die Prager Altstadt; die schmalen Gassen/historischen Gebäude/gemütlichen Lokale der Augsburger Altstadt ◆ -pflaster, -wohnung, -zauber

Alt·stoff *der* <-(e)s, -e> *(≈ Wertstoff) siehe auch* **Müll**

Alt·stoff·con·tai·ner *der* <-s, -> *eine Art Mülltonne für Altstoffe*

Alt·ver·schul·dung *die* <-, -en> *Verschuldung, die auf einen früheren Zeitraum zurückgeht*

alt·ver·traut *adj /nicht steig./ so, dass man es schon lange kennt:* die altvertrauten Gesichter der Kollegen

Alt·wei·ber·som·mer *der* <-s, -> *die warme, sonnige Zeit im Spätsommer*

Alu *das* <-s> */kein Plur./ kurz für „Aluminium"* ◆ -felge, -rad

Alu·fo·lie *die* ['a:lufo:lI̯ə] <-, -n> *kurz für „Aluminiumfolie":* eine silberfarbene Folie aus Aluminium, mit der man z. B. Lebensmittel verpacken kann

Alu·mi·ni·um *das* [alu'mi:nI̯ʊm] <-s> */kein Plur./ ein Leichtmetall, chemisches Zeichen: Al* ◆ -felgen, -folie, -industrie, -koffer, -leiter, -rohr

Alz·hei·mer·krank·heit, *a.* **Alz·hei·mer·Krank·heit** *die* <-> */kein Plur./* MED. *eine schwere Erkrankung, bei der man mehr und mehr Schwierigkeiten hat, sich an Dinge zu erinnern*

am *präp art* ❶ *(≈ „an dem")* am 1. November; am Abend/Morgen; am Anfang/Ende ❷ *vor Superlativen:* am liebsten; am besten; am meisten ❸ *(umg.) verwendet, um auszudrücken, dass der genannte Vorgang sich gerade vollzieht und noch nicht abgeschlossen ist:* am Kochen/Rechnen/Überlegen/Verzweifeln sein

Amal·gam *das* <-s, -e> CHEM. *eine Quecksilberlegierung* ◆ -füllung, Silber- ▶ amalgamieren

Amal·gam·fül·lung *die* <-, -en> MED. *Zahnfüllung aus Amalgam*

Ama·ret·to *der* <-s, Amaretti> *ein italienischer Mandellikör*

Ama·teur *der,* **Ama·teu·rin** [ama'tø:ɐ] <-s, -e> ❶ *(↔ Profi) jmd., der eine Tätigkeit nicht als Beruf, sondern nur als Hobby ausübt* ◆ -film, -fil-mer(in), -fotograf(in) ❷ SPORT *(↔ Berufssportler, Profi) aktiver Sportler, der den Sport nicht als Beruf ausübt, aber an Wettkämpfen teilnimmt* ◆ -boxer(in), -fußballer(in), -liga, -mannschaft, -status, Rad- ❸ *(abwert.: ↔ Fachmann) jmd., der auf einem Gebiet keine Fachkenntnisse besitzt:* Dieses Problem kann ich nicht lösen, denn ich bin auf diesem Gebiet nur ein Amateur.

Ama·teur·funk *der* [ama'tø:ɐ-] <-s> */kein Plur./ das als Hobby ausgeübte Betreiben von Sprechfunk* ▶ Amateurfunker, Amateurfunkerin

Ama·teur·sport *der* [ama'tø:ɐ] <-s> */kein Plur./ (↔ Profisport) Sport, der als Hobby betrieben wird* ▶ Amateursportler, Amateursportlerin

Ama·zo·nas *der* <-> */kein Plur./ ein Strom in Südamerika*

Ama·zo·ne *die* <-, -n> ❶ *Kriegerin der griechischen Sage* ❷ *(übertr.) Turnierreiterin* ◆ -nspringen

Am·ber *der* <-s> */kein Plur./* ❶ *eine fetthaltige Ausscheidung aus dem Darm des Pottwals* ❷ *ein Duftstoff, der aus Amber[1] hergestellt wird*

Am·bi·en·te *das* [ambi'ɛnta] <-> */kein Plur./ (geh.) Umgebung, besondere Stimmung:* ein feierliches/gepflegtes Ambiente; Genießen Sie unsere kulinarischen Spezialitäten in stilvollem Ambiente!

Am·bi·gu·i·tät *die* <-, -en> SPRACHWISS. *Mehrdeutigkeit auf der Ebene des Satzes:* In „Sie reden darüber, dass das Kind aus Paderborn kommt" kann in einer Lesart Cornelia gemeint sein, deren Geburtsstadt Paderborn ist; in einer anderen Lesart redet man darüber, dass „das Kind" gerade aus P. kommt, und nicht aus einem anderen Ort. ▶ ambig *siehe auch* **Mehrdeutigkeit**

Am·bi·ti·on *die* [ambi'tsio:n] <-, -en> */meist Plur./ (geh.) (beruflicher) Ehrgeiz:* künstlerische Ambitionen

am·bi·ti·o·niert *adj (geh.: ≈ strebsam) so, dass man Ambitionen hat und sich engagiert für persönliche Ziele einsetzt:* eine ambitionierte junge Frau

am·bi·va·lent [ambiva'lɛnt] *adj /nicht steig./ (geh.: ≈ zwiespältig) so, dass es in sich widersprüchlich ist:* ambivalente Gefühle; ein ambivalenter Begriff

Am·bi·va·lenz *die* <-, -en> *(geh.) Zwiespältigkeit, Widersprüchlichkeit*

Am·boss *der* <-es, -e> ❶ TECHN. *eiserner Block, auf dem geschmiedet wird* ❷ ANAT. *eines der drei Gehörknöchelchen*

Am·b·ra *das* <-s> */kein Plur./ siehe* **Amber**

am·bu·lant *adj /nicht steig./* ❶ MED. *(↔ stationär) so, dass ein Patient nur für die Dauer der Behandlung beim Arzt oder in der Klinik ist und dort nicht für einen längeren Zeitraum bleibt:* einen Patienten ambulant behandeln; ambulante Versorgung der Patienten ❷ *nicht ortsgebunden:* der ambulante Handel

Am·bu·lanz *die* <-, -en> MED. ❶ *(≈ Rettungswagen)* ❷ *in einem Krankenhaus eine Abteilung, in der Patienten, die nicht im Krankenhaus aufgenommen werden müssen, ambulant[1] behandelt werden*

Amei·se *die* <-, -n> ZOOL. *ein kleines Insekt, das*

rotbraun oder schwarz ist, in Gemeinschaften aus sehr vielen Tieren lebt und dessen Bau die Form eines Hügels oder Haufens hat ◆ -ngift, -nhaufen, -nsäure

Amei·sen·staat *der* <-(e)s, -en> *das geordnete Zusammenleben eines Ameisenvolkes*

amen, a. Amen *interj* REL. *das abschließende Wort nach Gebet oder Predigt;* ■ *ja und amen/Ja und Amen zu etwas sagen (umg.) alles befürworten, immer dafür sein;* ■ **sein Amen (zu etwas) geben** *sein Einverständnis geben*

Ame·ri·ka <-s> ❶ *der zweitgrößte Kontinent der Erde, der aus Nord- und Südamerika besteht* ❷ *(umg.) die USA* ▸ amerikanisch

Ame·ri·ka·ner¹ *der,* **Ame·ri·ka·ne·rin** <-s, -> *jmd., der die US-amerikanische Staatsbürgerschaft hat*

Ame·ri·ka·ner² *der* <-s, -> *ein rundes Gebäck mit einer Oberfläche aus Zuckerguss*

ame·ri·ka·ni·sie·ren *mit OBJ* ■ *jmd. amerikanisiert etwas irgendwo Gebräuche, Moden u.Ä. einführen, wie sie für die USA typisch sind*

Ame·ri·ka·nis·mus *der* <-, Amerikanismen> SPRACHWISS. *ein aus dem amerikanischen Englisch stammender Ausdruck, der sich im Deutschen eingebürgert hat*

Ame·ri·ka·nis·tik *die* <-> SPRACHWISS. *Forschungszweig zur Erforschung der Sprache und Kultur Amerikas* ▸ Amerikanist, Amerikanistin

Ame·thyst *der* <-(e)s, -e> *ein violetter Halbedelstein*

Am·mann *der* <-(e)s, Ammänner> SCHWEIZ. *Gemeindevorsteher*

Am·me *die* <-, -n> *(früher) Frau, die ein fremdes Kind stillt (und betreut)*

Am·men·mär·chen *das* <-s, -> *(abwert.) unglaubwürdige Geschichte*

Am·mer *der/die* <-s/-, -n> *ein Singvogel*

Am·mo·ni·ak *das* [amon'i̯ak/'amoni̯ak] <-s> /kein Plur./ CHEM. *ein stechend riechendes Gas aus Stickstoff und Wasserstoff* ◆ -bindung, -dampf, -derivat, -dünger, -entgiftung, -gas, -geruch, -hydroxid, -lösung, -reiniger, -salze, -verbindungen, -vergiftung, -wasser, -wert

Am·nes·tie *die* [amnɛs'tiː] <-, ...-tien> *durch ein Gesetz verfügter Straferlass: eine Amnestie erlassen/gewähren; unter die Amnestie fallen* ◆ General-, Jubel-, Spezial-, Weihnachts-

am·nes·tie·ren <amnestierst, amnestierte, hat amnestiert> *mit OBJ* ■ *jmd. amnestiert jmdn. durch Gesetz einen Straferlass geben: politische Häftlinge amnestieren* ▸ Amnestierung

Amö·be *die* [a'møːbə] <-, -n> BIOL. *einzelliges Wechseltierchen*

Amö·ben·ruhr *die* <-> /kein Plur./ MED. *eine Krankheit*

Amok *der* ['aːmɔk/a'mɔk] <-s> /kein Plur./ ■ **Amok laufen** *in krankhafter geistiger Verwirrung mit einer Waffe blindwütig töten* ◆ -fahrer(in), -fahrt, -lauf, -läufer(in), -schütze, -schützin

a-Moll *das* <-> /kein Plur./ MUS. *eine Molltonart*

Amor *der* <-s> /kein Plur./ *römischer Liebesgott*

amo·ra·lisch *adj so, dass es nicht dem entspricht,*

was die Moral fordert: ein amoralisches Verhalten; ein amoralischer Mensch ▸ Amoral

amorph [a'mɔrf] *adj /nicht steig./ (geh.) gestaltlos: eine amorphe Masse*

Amor·ti·sa·ti·on *die* <-, -en> /Plur. selten/ WIRTSCH. ❶ *Rückzahlung oder Tilgung einer Schuld* ❷ *der Vorgang, dass man das Geld, das man für die Anschaffung von etwas ausgegeben hat, durch Gewinne zurückbekommt* ◆ -sdauer

amor·ti·sie·ren [amɔrti'ziːrən] <amortisiert, amortisierte, hat amortisiert> *mit SICH* ■ *etwas amortisiert sich* WIRTSCH. *die Kosten, die mit der Anschaffung von etwas verbunden sind, wieder einbringen: Die Anschaffung/Maschine hat sich schon amortisiert.* ▸ Amortisierung

amou·rös [amu'røːs] *adj /nicht steig./ (geh.) die (erotische) Liebe betreffend: amouröse Abenteuer*

Am·pel *die* <-, -n> ❶ *eine Anlage zur Verkehrsregelung, bei der Lichtsignale in den Farben Rot, Gelb und Grün die Aufforderung zum Fahren oder Halten geben: bei Rot über die Ampel fahren; Der Fahrer hatte die Ampel übersehen.* ◆ -anlage, -männchen, -schaltung ❷ *ein Gefäß für Zimmerpflanzen, das man an einem Haken an die Decke hängt* ◆ Blumen-

Am·pel·ko·a·li·ti·on *die* <-, -en> POL. *nach den Parteifarben Rot, Gelb und Grün bezeichnete Koalition aus SPD, FDP und Grünen: Vor der Wahl in NRW wurde eine Ampelkoalition ausgeschlossen.*

Am·pere *das* [am'pɛːɐ] <-(s), -> PHYS. *Maßeinheit für die elektrische Stromstärke, Zeichen: A* ◆ -sekunde, -stunde

Am·pere·me·ter *das* [ampɛːɐ-] <-s, -> *Gerät zum Messen der Stromstärke*

Am·phe·ta·min *das* [amfeta'miːn] <-s, -e> CHEM. *als Aufputschmittel verwendete chemische Verbindung* ◆ -abhängigkeit, -derivat, -doping, -konsum, -nachweis, -präparat, -psychose, -sucht, -tabletten, -test, -vergiftung

Am·phi·bie *die* [am'fiːbi̯ə] <-, -n> ZOOL. *ein Tier, das gleichermaßen im Wasser und auf dem Land leben kann: Der Frosch ist eine Amphibie.* ◆ -nfahrzeug, -npanzer ▸ amphibisch

Am·phi·the·a·ter *das* [am'fiːteatɐ] <-s, -> *ein antikes Freilufttheater mit einer kreisförmigen Spielfläche und halbkreisartig in Stufen aufsteigenden Sitzrängen* ▸ amphitheatralisch

Am·pho·ra, a. Am·pho·re *die* <-, Amphoren> *ein (in der Antike verwendetes) großes Tongefäß* ◆ Wein-

Am·pul·le *die* <-, -n> MED. *Glasröhrchen zur keimfreien Aufbewahrung eines flüssigen Medikaments* ◆ Trink-

Am·pu·ta·ti·on *die* <-, -en> MED. *das Abnehmen eines Körpergliedes durch Operation* ◆ Bein-, Brust-

am·pu·tie·ren [ampu'tiːrən] <amputierst, amputierte, hat amputiert> *mit OBJ* ■ *jmd. amputiert jmdm. etwas* MED. *ein Körperglied durch Operation entfernen: Der Arzt musste der Frau das rechte Bein amputieren.*

Am·sel *die* <-, -n> *ein Singvogel mit schwarzen Federn und leuchtend gelbem Schnabel* ◆ -lied, -männchen, -nest, -paar, -stimmen, -weibchen

A

Amt *das* <-(e)s, Ämter> **❶** *eine offizielle Funktion mit bestimmten Rechten und Pflichten, deren Inhaber gewählt wird:* das Amt des Bürgermeisters/des Elternsprechers/des Universitätsrektors; in ein Amt gewählt werden; ein Amt anstreben/ausüben/niederlegen/übergeben ◆-santritt, -sbefugnis, -sbezirk, -sbonus, -seid, -seinführung, -senthebung, -sgeschäft, -sgeheimnis, -shandlung, -shilfe, -sinhaber(in), -skollege, -skollegin, -smissbrauch, -sniederlegung, -speriode, -sperson, -spflicht, -srichter(in), -sschimmel, -ssiegel, -sträger(in), -svorgänger(in), -svorsteher, -szeit, -szimmer **❷** (≈ *Behörde*) *eine staatliche Institution, die (in einer Region) einen Teilbereich des staatlich-gesellschaftlichen Lebens verwaltet und das Gebäude, in dem die Behörde untergebracht ist:* das Amt für Verkehrsplanung ◆-sgebäude, -shaus, -ssitz, -sstelle, Finanz-, Gesundheits-, Landrats-, Schul-, Wasserwirtschafts- **❸** (≈ *Aufgabe*) *eine Aufgabe, die man übernommen hat oder zu der man sich verpflichtet hat:* In diesem Monat ist es ihr Amt, die Straße zu kehren.; Er hat das schwere Amt übernommen, der Familie die Unglücksnachricht zu übermitteln.; ■ **von Amts wegen** *offiziell;* ■ **in Amt und Würden sein** *(oft iron.) in einer festen Position;* ■ **seines Amtes walten** *seinen Aufgaben oder Pflichten nachkommen;* ■ **Auswärtiges Amt** *offizielle Bezeichnung für das Außenministerium*

Äm·ter·häu·fung *die* <-> /kein Plur./ *der Sachverhalt, dass jmd. gleichzeitig mehrere Ämter hat*

am·tie·ren <amtierst, amtierte, hat amtiert> *ohne OBJ* **❶** *jmd. amtiert als etwas* **❶** *ein bestimmtes Amt ausüben:* (zurzeit) als Vorsitzende amtieren; der amtierende Bürgermeister/Weltmeister **❷** (≈ *fungieren*) *für eine bestimmte Zeit eine Aufgabe oder Funktion übernehmen:* in einem Streit als Schlichter amtieren

amt·lich *adj* /nicht steig./ **❶** *von einem Amt stammend:* eine amtliche Bestätigung; amtliche Dokumente/Verlautbarungen **❷** (≈ *offiziell*) *so, dass es dienstlich und nicht privat ist:* Er sagte, er sei in amtlichem Auftrag hier.

Amts·deutsch *das* <-(s)> /kein Plur./ (≈ *Amtssprache²)*

Amts·füh·rung *die* <-> /kein Plur./ *die Art, wie jmd. ein Amt¹ ausübt*

Amts·ge·richt *das* <-(e)s, -e> RECHTSW. *unterstes Gericht für geringere Strafsachen und Zivilfälle*

Amts·ge·schäft *das* <-(e)s, -e> /meist Plur./ *eine Handlung, die zur Ausübung eines Amtes gehört:* die Führung der Amtsgeschäfte

amts·mü·de *adj* /nicht steig./ *so, dass man keine Lust mehr hat, seine Aufgaben zu erfüllen:* Der alte Bürgermeister wurde langsam amtsmüde. ▶ Amtsmüdigkeit

Amts·spra·che *die* <-, -n> **❶** *die offizielle Sprache in einem Land, die im gesellschaftlichen Leben und von Regierung und Verwaltung benutzt wird* **❷** /kein Plur./ (≈ *Amtsdeutsch*) *die Sprache, die von Behörden z. B. in Briefen und Formularen verwendet wird und meist sehr trocken und schwer verständlich ist*

Amts·stu·be *die* <-, -n> *(veralt.) Büro in einer Behörde*

Amts·tracht *die* <-, -en> *(veralt.) mit manchen Ämtern verbundene besondere Bekleidung*

Amts·über·ga·be *die* <-, -n> (↔ *Amtsübernahme) das Übergeben eines Amtes¹*

Amts·über·nah·me *die* <-, -n> (↔ *Amtsübergabe) das Übernehmen eines Amtes¹*

Amts·weg *der* <-(e)s, -e> /Plur. seltener/ AMTSSPR. *Dienstweg für die Bearbeitung einer Angelegenheit:* den Amtsweg einhalten

Amu·lett *das* [amuˈlɛt] <-(e)s, -e> *(meist als Anhänger an einer Halskette getragener) Gegenstand, der Glück bringen soll*

amü·sant [amyˈzant] <amüsanter, am amüsantesten> *adj lustig und unterhaltsam:* ein amüsantes Buch; ein amüsanter Abend

Amuse-Gueule *das* [amyzˈɡœl] <-(s), -s> KOCH. *kleiner Appetithappen, der vor einem Menü gereicht wird*

Amü·se·ment *das* [amyzəˈmãː] <-s, -s> *unterhaltsamer Zeitvertreib*

Amü·sier·be·trieb *der* <-(e)s, -e> *Lokal o. Ä., in dem man sich amüsieren II.1 kann*

amü·sie·ren <amüsierst, amüsierte, hat amüsiert> **I.** *mit OBJ* ■ *etwas amüsiert jmdn.* (≈ *erheitern) bewirken, dass jmd. über etwas lachen muss oder etwas lustig findet:* Der Gedanke amüsierte ihn. **II.** *mit SICH* **❶** ■ *jmd. amüsiert sich sich vergnügen:* Amüsiert euch gut! **❷** ■ *jmd. amüsiert sich über jmdn./etwas durch jmdn. erheitert werden:* sich über jemanden amüsieren

Amü·sier·lo·kal *das* <-(e)s, -e> (≈ *Amüsierbetrieb)*

an **I.** *präp* **❶** +*Dat.* *verwendet, um eine Orts- oder Zeitangabe zu machen:* Das Bild hängt an der Wand.; an meinem Geburtstag; an der Universität studieren **❷** +*Dat./Akk. verwendet, um als Verbindung zu einem Präpositionalobjekt; Frage: Woran?:* an einem Buch schreiben; an einer Krankheit sterben; an einer Versammlung teilnehmen; an jemanden glauben; sich an jemanden wenden **❸** +*Akk. verwendet, um eine gerichtete Bewegung auszudrücken; Frage: Wohin?:* das Bild an die Wand hängen; ans Telefon gehen; ans Theater gehen **❹** +*Dat.* ■ **A an B** KOCH. *(geh.) verwendet, um auszudrücken, dass eine Speise oder ein Hauptgericht A zusammen mit einer Beilage oder Soße B serviert wird* Der Hauptgang besteht aus gebratenen Wachteln an einer Trüffelsoße. **II.** *adv* (≈ *etwa) mit einer Zahlenangabe verwendet, um auszudrücken, dass es nicht der genaue Zahlenwert, sondern ein ungefährer Wert ist:* an die 500 Schüler; ■ **von nun an** *ab jetzt*

ana·bol *adj* /nicht steig./ MED. *so, dass ein Medikament den Muskelaufbau fördert*

Ana·bo·li·kum *das* [anaˈboːlikʊm] <-s, Anabolika> MED. *ein Präparat, das den Aufbau der Muskeln fördert*

Ana·chro·nis·mus *der* [anakroˈnɪsmʊs] <-, Anachronismen> *(geh.)* **❶** *falsche zeitliche Einordnung* **❷** *eine nicht mehr zeitgemäße Sache* ▶ anachronistisch

an·ae·rob *adj* /nicht steig./ BIOL. (↔ *aerob) so, dass ein Stoffwechselvorgang sich ohne Sauerstoff vollzieht*

Ana·gramm *das* <-s, -e> *ein Wort, das durch die Umstellung von Buchstaben oder Silben eines anderen Wortes entstanden ist*

An·a·ko·luth *das/der* <-s, -e> SPRACHWISS. *das bewusste Abbrechen einer grammatischen Konstruktion als rhetorische Figur*

anal *adj /nicht steig./ den After betreffend*

An·al·ge·ti·kum *das* <-s, ...-ka> MED. *schmerzstillendes Mittel*

ana·log **I.** *adj /nicht steig./* ❶ TECHN. *(↔ digital) so, dass der Stärke eines Signals proportional der Ausschlag eines Messinstruments o. Ä. entspricht:* eine analoge Anzeige/Uhr ❷ *(geh.:≈ ähnlich)* Wir haben analoge Beobachtungen gemacht.; analog verfahren/vorgehen **II.** *präp +Dat. (geh.:≈ entsprechend) so, dass es etwas anderem entspricht:* analog diesem Vorbild

Ana·lo·gie *die* <-, ...-gien> *(geh.) Ähnlichkeit, Entsprechung:* keine Analogien feststellen können ▶ -bildung, -schluss

An·al·pha·bet *der;* **An·al·pha·be·tin** <-en, -en> *jmd., der weder lesen noch schreiben kann oder dazu nur in einem kaum nennenswerten Umfang in der Lage ist* ◆-enkurse, -enquote, -enrate

An·al·pha·be·ten·tum *das* <-s> */kein Plur./ Unfähigkeit (von Bevölkerungsgruppen) zu lesen oder zu schreiben:* In diesem Teil des Landes ist das Analphabetentum weit verbreitet.

An·al·pha·be·tis·mus *der* <-> */kein Plur./ (≈ Analphabetentum) ein Programm zur Bekämpfung des Analphabetismus*

Ana·ly·se [ana'ly:zə] <-, -n> *(geh.)* ❶ *die Untersuchung einer Substanz, eines Sachverhalts oder Problems durch die physische oder gedankliche Zerlegung in kleinere Bestandteile:* eine chemische/gründliche/wissenschaftliche Analyse durchführen; Die Analyse ergab, dass es sich um eine Stickstoffverbindung handelt.; eine gedankliche/logische Analyse des Problems ❷ *kurz für „Psychoanalyse"*

ana·ly·sie·ren <analysierst, analysierte, hat analysiert> *mit OBJ* ❶ ▪ *jmd. analysiert etwas (geh.) durch Zerlegung in seine Bestandteile genau untersuchen:* ein Gedicht/die Lage/ein Problem/die Situation analysieren ❷ ▪ *jmd. analysiert jmdn.* PSYCH. *als Therapeut jmdn. einer Psychoanalyse unterziehen*

Ana·lyst *der;* **Ana·lys·tin** <-en, -en> WIRTSCH. *Börsenexperte*

Ana·ly·tik *die* <-> ❶ MATH. *Teilgebiet zu Schluss- und Beweisverfahren* ❷ CHEM. *Teilgebiet zu Untersuchungstechniken*

Ana·ly·ti·ker *der;* **Ana·ly·ti·ke·rin** <-s, -> ❶ *Person, die als Therapeut/Therapeutin Psychoanalyse betreibt* ❷ *Person, die in Mathematik oder Chemie in dem Teilgebiet der Analytik tätig ist* ❸ *Person, die komplexe wissenschaftliche Sachverhalte systematisch angeht/untersucht*

ana·ly·tisch *adj /nicht steig./ (geh.: ↔ synthetisch) so, dass man eine Gesamtheit gedanklich in ihre einzelnen Bestandteile zerlegt:* analytisch vorgehen; eine analytische Methode; ein analytisch denkender Mensch

An·ä·mie *die* <-, ...-mien> *Blutarmut* ▶ anämisch

Ana·nas *die* <-, -/-se> *eine tropische Frucht mit bräunlicher, rauer, schuppenartiger Schale und gelbem, sehr süßem Fruchtfleisch, das man frisch oder als gesüßte Konserve in Stücken oder Scheiben isst* ◆-aroma, -blüte, -bowle, -eis, -extrakt, -faser, -frucht, -gelee, -gericht, -kompott, -kuchen, -likör, -marmelade, -messer, -milch, -mousse, -palme, -pflanze, -plantage, -salat, -schäler, -schneider, -torte, -wein, -zucht

Ana·päst *der* <-(e)s, -e> SPRACHWISS. *ein Versmaß*

Ana·pher *die* <-, -n> SPRACHWISS. ❶ *eine rhetorische Figur, bei der ein Wort oder mehrere Wörter am Anfang von aufeinanderfolgenden Sätzen wiederholt werden* ❷ *Wiederaufnahme von etwas, das zuvor im Text erwähnt worden ist, als Mittel zur Herstellung eines Textzusammenhangs* ▶ anaphorisch

An·ar·chie *die* [anar'çi:] <-, ...-chien> *Zustand der Gesetzlosigkeit* ▶ anarchisch

An·ar·cho *der* <-(s), -s> *(umg. abwert.) jmd., der sich (gewaltsam) gegen Macht und Organisation (des Staates) auflehnt*

an·äs·the·sie·ren <anästhesierst, anästhesierte, hat anästhesiert> *mit OBJ* ▪ *jmd. anästhesiert jmdn.* MED. *in Narkose versetzen* ▶ Anästhesist, Anästhesistin, Anästhetikum

An·äs·the·ti·kum *das* <-s, Anästhetika> MED. *schmerzstillendes Mittel*

Ana·to·li·en <-s> */kein Plur./ Landstrich in der Türkei* ◆-hypothese, Ost-, West- ▶ anatolisch

Ana·to·mie *die* [anato'mi:] <-, ...mien> ❶ */kein Plur./* MED. *(Lehre von) Form und Körperbau der Lebewesen:* vergleichende Anatomie lehren; die unterschiedliche Anatomie von Mann und Frau ◆-atlas, -klausur, -museum, -schein, -studium, -unterricht, -vorlesung ❷ *Anatomisches Institut*

ana·to·misch *adj /nicht steig./ die Anatomie betreffend:* ein anatomisches Lehrbuch; anatomische Besonderheiten/Modelle/Studien

an·bah·nen <bahnst an, bahnte an, hat angebahnt> **I.** *mit OBJ* ▪ *jmd. bahnt etwas an (≈ in die Wege leiten) die Grundlagen dafür schaffen, dass etwas entstehen oder eine Entwicklung beginnen kann:* Gespräche/eine Ehe anbahnen **II.** *mit SICH* ▪ *etwas bahnt sich an am Beginn einer Entwicklung sein, die sich bereits abzeichnet:* Eine Katastrophe bahnt sich an.; Hier bahnt sich eine technische Revolution an, die ganze Berufsfelder verändern wird. ▶ Anbahnung

an·bän·deln <bändelst an, bändelte an, hat angebändelt> *ohne OBJ* ▪ *jmd. bändelt mit jmdm. an (umg.:≈ flirten) versuchen, mit jmdm. Kontakt aufzunehmen und eine (nicht ernsthafte) Liebesbeziehung zu beginnen:* Er versucht schon den ganzen Abend mit ihr anzubändeln. ▶ Anbändelung

An·bau[1] *der* <-(e)s, -ten> *(↔ Hauptgebäude) ein Gebäudeteil, der einem bestehenden Gebäude hinzugefügt worden ist:* Im Anbau der Galerie finden Sie Zeichnungen und Drucke.

An·bau[2] *der* <-(e)s> */kein Plur./* LANDW. *das Anpflanzen:* der Anbau von Getreide/Reis/Weizen ◆-fläche, -gebiet, Gemüse-, Getreide-, Obst-, Reis-, Wein-, Weizen-

An·bau- als Erstglied zusammengesetzter Substantive; drückt aus, dass das mit dem Zweitglied Bezeichnete aus einzelnen Teilen besteht, die mit etwas anderem gut zusammenpassen und ergänzt werden können ◆ -balkon, -fräse, -häcksler, -kehrmaschine, -kran, -küche, -leuchte, -möbel, -regal, -rutsche, -schneefräse, -schrank, -schuppen, -streuer, -wand, -zelt

an·bau·en[1] **I.** mit OBJ ■ jmd. baut etwas (an etwas Akk.) an einem vorhandenen Bau hinzufügen: eine Garage/Veranda an ein Haus anbauen **II.** ohne OBJ ■ jmd. baut an ein Gebäude erweitern: Wir müssen anbauen, denn der Platz reicht nicht mehr.

an·bau·en[2] mit OBJ ■ jmd. baut etwas an LANDW. Kulturpflanzen auf einer bestimmten Fläche anpflanzen und dort wachsen lassen: Kartoffeln/Wein/Weizen/Zuckerrüben anbauen; Auf dem Feld wurde letztes Jahr Mais angebaut.

An·bau·gren·ze die <-> /kein Plur./ die Höhe, bis zu der noch landwirtschaftlicher Anbau betrieben werden kann

an·bei adv AMTSSPR. als Anlage: anbei die gewünschten Urkunden

an·bei·ßen <beißt an, biss an, hat angebissen> **I.** ohne OBJ ❶ ■ ein Fisch beißt an (als Fisch) nach dem Köder schnappen: Der Fisch hat angebissen. ❷ ■ jmd. beißt an (umg. übertr.) auf ein Angebot eingehen: Die Kunden wollen nicht so recht anbeißen. **II.** mit OBJ ■ jmd. beißt etwas an hineinbeißen: einen Apfel anbeißen; ■ zum Anbeißen sein (umg.) sehr attraktiv sein

an·be·kom·men <bekommst an, bekam an, hat anbekommen> mit OBJ ■ jmd. bekommt etwas an (umg.) anziehen können: Die Schuhe sind zu klein, ich bekomme sie nicht an.

an·be·lan·gen <belangt an, belangte an, hat anbelangt> mit OBJ ■ etwas belangt etwas an (veralt.) betreffen: Was diese Sache anbelangt, bin ich zufrieden.

an·bel·len mit OBJ ■ ein Hund bellt jmdn. an auf jmdn. mit Bellen reagieren

an·be·rau·men <beraumst an, beraumte an, hat anberaumt> mit OBJ ■ jmd. beraumt etwas an AMTSSPR. terminlich festsetzen: eine Sitzung anberaumen ▶ Anberaumung

an·be·ten <betest an, betete an, hat angebetet> mit OBJ ■ jmd. betet jmdn. an ❶ REL. jmdn. oder etwas religiös (als Gottheit) verehren: einen Gott/Götzen anbeten ❷ überschwänglich verehren: Die Fans beten diesen Sänger regelrecht an.; Er betet seine neue Freundin förmlich an. ▶ Anbetung, anbetungswürdig

An·be·tracht ■ in Anbetracht dessen … (geh.) wenn man berücksichtigt …

an·be·tungs·wür·dig <anbetungswürdiger, am anbetungswürdigsten> adj so, dass man es anbeten muss

an·bie·dern <biederst an, biederte an, hat angebiedert> mit SICH ■ jmd. biedert sich (bei jmdm.) an (abwert.) sich auf primitive Art einschmeicheln: Warum sollte ich mich bei ihm anbiedern? ▶ Anbiederung

an·bie·ten <bietest an, bot an, hat angeboten> **I.** mit OBJ ❶ ■ jmd. bietet jmdm. etwas an sagen, dass jmd. etwas haben kann: Wir haben ihm die Wohnung mehrfach angeboten.; Darf ich dir noch eine Tasse Tee anbieten? ❷ ■ jmd. bietet etwas an als Ware zum Verkauf bieten: Das Kaufhaus bietet auch Sportartikel an. **II.** mit SICH ■ jmd./etwas bietet sich an seine Dienste bieten: sich jemandem als Fremdenführer anbieten; ■ etwas bietet sich an etwas ist eine sinnvolle oder vernünftige Möglichkeit ▶ Anbieter, Anbieterin

an·bin·den <bindest an, band an, hat angebunden> mit OBJ ■ jmd. bindet etwas (an etwas Akk.) an mit einer Leine, einer Schnur o. Ä. eine feste Verbindung von etwas mit etwas anderem herstellen: den Hund an einen Zaun anbinden; Er hat das Fahrrad mit einem Schloss an einen Laternenpfahl angebunden. ❷ AMTSSPR. etwas in ein System integrieren: eine Stadt (an das Eisenbahnnetz) anbinden; ■ kurz angebunden sein sehr unfreundlich und abweisend zu jmdm. sein Sie hat mir nicht viel erzählt, denn sie war sehr kurz angebunden.

An·bin·dung die <-> /kein Plur./ AMTSSPR. die Integration von etwas in ein System: die Anbindung an das Eisenbahnnetz ◆ Verkehrs-

an·blaf·fen <blaffst an, blaffte an, hat angeblafft> mit OBJ ■ jmd. blafft jmdn. an (umg. abwert.: ≈ anschnauzen) unfreundlich anreden: Ich habe dir nichts getan; warum blaffst du mich so an?

an·blei·ben <bleibt an, blieb an, ist angeblieben> ohne OBJ ■ etwas bleibt an weiter angeschaltet sein: Der Computer bleibt den ganzen Tag an.

An·blick der <-(e)s, -e> ❶ /kein Plur./ das Betrachten: Beim ersten Anblick kann man gar nicht alle Details wahrnehmen. ❷ das Bild, das sich darbietet: Im Frühjahr sind die Obstbäume ein herrlicher Anblick.; Es bot sich uns ein grotesker/komischer/schockierender/trauriger Anblick.

an·bli·cken <blickst an, blickte an, hat angeblickt> mit OBJ ■ jmd. blickt jmdn./etwas an den Blick auf jmdn. oder etwas richten: Das kleine Mädchen blickte mich mit großen Augen an.

an·boh·ren <bohrst an, bohrte an, hat angebohrt> mit OBJ ■ jmd. bohrt etwas an ein Loch in etwas bohren

An·bot das <-(e)s, -e> ÖSTERR. Angebot

an·brau·sen <braust an, brauste an, ist angebraust> ohne OBJ ■ jmd. braust an schnell angefahren kommen: Er brauste mit seinem neuen Auto an.

an·bre·chen <brichst an, brach an, hat/ist angebrochen> **I.** mit OBJ (haben) ■ jmd. bricht etwas an ❶ nicht ganz durchbrechen: Sie hat ihr Bein/das Tischbein nur angebrochen. ❷ zu verbrauchen beginnen: eine Packung/einen Vorrat anbrechen; ■ eine angebrochene Flasche/Packung eine Flasche oder Packung mit nicht mehr vollständigem Inhalt **II.** ohne OBJ (sein) ■ etwas bricht an ❶ nicht ganz durchbrechen: Der Knochen/der Stock ist nur angebrochen. ❷ (≈ beginnen) Eine neue Zeit/der Tag bricht an.

an·bren·nen <brennst an, brannte an, hat/ist an-

gebrannt> **I.** *mit OBJ (haben)* ▪ *jmd.* **brennt et-**
was an *(≈ anzünden) in Brand stecken:* einen
Holzstapel anbrennen **II.** *ohne OBJ (sein)* ▪ *etwas*
brennt an ❶ *(≈ sich entzünden) zu brennen be-*
ginnen: Das trockene Holz/Stroh brennt leicht an.
❷ KOCH. *beim Kochen oder Braten zu viel Hitze be-*
kommen (und deshalb an der Außenseite schwarz
werden): Der Grießbrei/das Schnitzel ist angebrannt.; ▪ **nichts anbrennen lassen** *(umg.) keine*
Gelegenheit zu einer Liebesaffäre auslassen

an·brin·gen <bringst an, brachte an, hat ange-
bracht> *mit OBJ* ❶ ▪ *jmd.* **bringt etwas (an et-**
was *Dat.)* **an** *(≈ befestigen) mit Nägeln, Schrau-*
ben, Klebstoff o. Ä. bewirken, dass ein kleinerer
Gegenstand mit einem größeren Objekt eine feste
und dauerhafte Verbindung hat: ein Schild/eine
Tafel an der Tür anbringen; am Haus Fensterläden
anbringen ▸ Anbringung ❷ ▪ *jmd.* **bringt etwas**
an *(umg.:* ≈ *herbringen) von irgendwoher in Rich-*
tung des Sprechers bringen: Was bringen die Kinder denn da schon wieder an? ❸ ▪ *jmd.* **bringt et-**
was an *in einem bestimmten Kreis vorbringen:*
seine Kritik/sein Wissen anbringen (können)
An·bruch *der* <-(e)s> */kein Plur./* ▪ **bei Anbruch**
der Nacht/des Tages *bei Beginn der Nacht oder*
des Tages ▸ Tages-
An·cho·vis *die siehe* **Anschovis**
An·dacht *die* <-, -en> ❶ *kurzer Gottesdienst:* eine
Andacht halten ◆ Abend-, Mai-, Morgen- ❷ */kein*
Plur./ *(≈ Hingabe) große Anteilnahme:* voller Andacht lauschen
an·däch·tig *adj (≈ hingebungsvoll) voller Anteil-*
nahme: ein Geschehen andächtig verfolgen ▸ An-
dächtigkeit
an·dachts·voll *adj /nicht steig./ (≈ andächtig)*
An·da·lu·si·en <-s> *Region in Spanien* ▸ Andalu-
sier, andalusieren, andalusisch
An·dan·te *das* <-(s), -s> MUS. *dem Tempo nach*
mäßig langsames Musikstück: Das Andante in
Gustav Mahlers 6. Sinfonie
an·dan·te *adv* MUS. *(Tempoangabe) mäßig langsam*
an·dau·ern <dauert an, dauerte an, hat angedau-
ert> *ohne OBJ* ▪ *etwas* **dauert an** *weiter beste-*
hen: Der Zustand dauert an.; andauernde Schmerzen haben
An·den <-> *Plur. Gebirgszug in Südamerika* ◆ -aus-
läufer, -gebirge, -hochland, -kondor, -land, -musik,
-opal, -pakt, -region, -schakal, -sittich, -staaten, -sta-
chelbeere, -strauch, -tanne, -völker, -zug
An·den·ken *das* <-s> ❶ */kein Plur./ die Erinne-*
rung: jemandes Andenken/das Andenken an jemanden in Ehren halten ❷ *ein Gegenstand, der an*
etwas erinnert: Andenken verkaufen; Der Ring ist
ein Andenken an meine Mutter.
an·den·ken <denkst an, dachte an, hat ange-
dacht> *mit OBJ* ▪ *jmd.* **denkt etwas an** *begin-*
nen, über etwas nachzudenken: Man müsste mal
neue Strategien andenken.; Das Projekt ist bereits
angedacht, aber noch nicht gestartet.
an·de·re(r, s) *pron* ❶ *verwendet, um sich auf die-*
jenigen Mitglieder einer Gruppe zu beziehen, die
bei der genannten Sache nicht beteiligt, gemeint,
relevant o. Ä. sind: Zwei Mitarbeiter haben Urlaub, die anderen sind am Arbeitsplatz.; Mittwoch

ist mein freier Tag; an den anderen Tagen arbeite
ich halbtags. ❷ *verwendet, um sich auf die sonsti-*
gen Dinge, Personen oder Möglichkeiten zu be-
ziehen, die neben etwas auch existieren: Es gibt
diese Lösung, aber es gibt auch eine gute Lösungen.; Versuche es doch mal in einem anderen Geschäft!; und anderes mehr; ▪ **unter anderem** *au-*
ßerdem, auch; ▪ **zum anderen** *andererseits;*
▪ **alles andere als (zufrieden)** *überhaupt*
nicht (zufrieden) ◆ Klein- oder Großschreibung
→R 4.5 etwas anderes/Anderes
an·de·ren·falls, *a.* **an·dern·falls** *adv (≈ sonst)* Du
solltest besser lernen; ander(e)nfalls wirst du die
Prüfung nicht bestehen.
an·de·ren·orts, *a.* **an·dern·orts**, *a.* **an·der·orts**
adv (geh.) an einem anderen Ort: anderenorts
eine Arbeit finden
an·de·rer·seits, *a.* **an·der·seits**, *a.* **and·rer·seits**
adv auf der anderen Seite: Einerseits wollte er helfen, andererseits wagte er es nicht.
än·dern <änderst, änderte, hat geändert> **I.** *mit*
OBJ ❶ ▪ *jmd.* **ändert etwas** *eine Änderung be-*
wirken: die Lage/einen Text ändern; Ich kann es
leider nicht ändern.; Das ändert die Lage nicht wesentlich. ❷ *(Kleidungsstücke) enger, weiter bzw.*
kürzer machen: den Anzug/das Kleid beim
Schneider ändern lassen **II.** *mit SICH* ▪ *etwas* **än-**
dert sich *eine Änderung durchlaufen:* Es ändert
sich wieder nichts.; Sie hat sich ziemlich geändert.
▸ Änderung
an·dern·falls *adv siehe* **anderenfalls**
an·dern·orts, *a.* **an·der·orts** *adv siehe* **anderen-**
orts
an·ders *adv* ❶ *verwendet, um auszudrücken, dass*
etwas im Vergleich zu einer anderen Person oder
Sache mit anderen Merkmalen ausgestattet ist:
anders aussehen/denken; anders denkend/gear-
tet/gläubig/lautend; anders Denkende/Geartete/
Gläubige; Ich habe es mir anders überlegt.; Es geht
nicht anders. ❷ *(mit unbestimmtem Pronomen*
oder Fragepronomen) sonst: wer/wo/wie anders;
jemand/niemand/nirgendwo anders ◆ Getrennt-
oder Zusammenschreibung →R 4.16 der/die anders Denkende/Andersdenkende
An·ders·ar·tig·keit *die* <-> */kein Plur./ der Zu-*
stand, dass etwas sich von anderem unterschei-
det
An·ders·den·ken·de *der/die* <-n, -n> *jmd., der*
andere Ansichten als die Mehrheit hat; siehe auch
anders
an·der·seits *adv siehe* **andererseits**
An·ders·gläu·bi·ge *der/die* <-n, -n> *siehe auch*
anders
an·ders·he·r·um *adv* ❶ *so, dass Vorderseite und*
Hinterseite vertauscht sind: Stell doch das Bett
einmal andersherum auf! ❷ ▪ *jmd.* **ist andershe-**
rum *(umg. verhüll.) jmd. ist homosexuell:* Ich
glaube, der neue Nachbar ist andersherum.
An·ders·sein *das* <-s> */kein Plur./ der Zustand,*
dass jmd. anders ist als andere
an·ders·wo *adv (≈ an einem anderen Ort)*
an·ders·wo·her *adv (≈ von einem anderen Ur-*
sprungsort)
an·ders·wo·hin *adv (≈ in eine andere Richtung)*

an·dert·halb *num einundeinhalb*

an·dert·halb·fach *adj einundeinhalbmal:* der anderthalbfache Betrag; das Anderthalbfache betragen

an·dert·halb·jäh·rig *adj /nicht steig./ einundeinhalbes Jahr alt*

an·dert·halb·stün·dig *adj /nicht steig./ so, dass etwas eine Stunde und dreißig Minuten dauert:* eine anderthalbstündige Vorlesung

Än·de·rung *die* <-, -en> *der Vorgang, dass etwas von einem Zustand in einen neuen Zustand mit anderen Eigenschaften übergeht:* Änderungen des Klimas/der weltpolitischen Lage; Bitte beachten Sie Änderungen des Fahrplans/des Programms/der Tagesordnung! ◆-santrag, -sbescheid, -sdatum, -sentwurf, -sfaktor, -sformular, -sfunktion, -sgesetz, -skündigung, -smitteilung, -smodus, -sprozess, -srate, -sschneiderei, -starifvertrag, -svorschlag, -swesen, -swunsch, Regel-, Satzungs-

an·der·wei·tig I. *adj /nicht steig./ sonstig, andere(r,s):* mit anderweitigen Dingen beschäftigt sein II. *adv /nicht steig./ an eine andere Stelle oder Person:* anderweitig vergeben werden; sich anderweitig umschauen

an·deu·ten <deutest an, deutete an, hat angedeutet> I. *mit OBJ* ■ *jmd. deutet etwas an* ❶ *nicht explizit, sondern nur indirekt (durch Hinweise) zum Ausdruck bringen:* einen Gedanken/eine Vermutung/einen Wunsch andeuten ❷ *in der zeichnerischen Darstellung skizzenhaft ausführen:* Der Zeichner deutet mit wenigen Strichen ein Gesicht an. II. *mit SICH* ■ *etwas deutet sich an in Ansätzen erkennbar sein:* Ein Aufschwung/Eine Wende deutet sich an.

An·deu·tung *die* <-, -en> ❶ *versteckter Hinweis:* eine Andeutung über etwas machen ❷ *kaum sichtbares Anzeichen:* die Andeutung eines Lächelns ►andeutungsweise

an·dich·ten <dichtest an, dichtete an, hat angedichtet> *mit OBJ* ■ *jmd. dichtet jmdm. etwas an (abwert.) sagen, dass jmd. etwas Schlechtes getan haben soll:* Sie dichtet ihm ein Verhältnis mit seiner Sekretärin an.

an·dis·ku·tie·ren *mit OBJ* ■ *jmd. diskutiert etwas an die Dikussion von etwas beginnen (ohne sie zu beenden):* Wir haben das Problem erst andiskutiert; deshalb haben wir noch keine Lösung.

an·do·cken *ohne OBJ* ■ *etwas dockt (an etwas Akk.) an eine feste, begehbare Verbindung herstellen:* Das Raumschiff dockt an die Raumstation an.

An·dock·ma·nö·ver *das* <-s, -> *der Vorgang des Andockens*

An·dor·ra <-s> *Staat in Südeuropa* ►Andorraner, Andorranerin, andorranisch

An·drang *der* <-(e)s> */kein Plur./ der Zustand, dass viele Menschen sich irgendwo drängen:* In der Vorweihnachtszeit herrscht großer Andrang in den Geschäften. ◆Menschen-

an·dre·hen <drehst an, drehte an, hat angedreht> *mit OBJ* ❶ ■ *jmd. dreht etwas an (umg.) (durch Betätigen eines Schalters) einschalten:* das Licht/das Wasser andrehen ❷ ■ *jmd. dreht etwas an so drehen, dass etwas festen Sitz hat:* eine Schraube (fest) andrehen ❸ ■ *jmd. dreht jmdm. etwas an (umg. abwert.: ≈ aufschwatzen)* jemandem etwas (Minderwertiges) andrehen

and·rer·seits *adv siehe* **andererseits**

an·dro·gyn *adj /nicht steig./ so, dass es sowohl männliche als auch weibliche Merkmale aufweist* ►Androgynie

an·dro·hen *mit OBJ* ■ *jmd. droht jmdm. etwas an jmdm. damit drohen, dass man etwas tun wird:* (jemandem) eine Strafe androhen ►Androhung

An·dro·lo·gie *die* <-> */kein Plur./* MED. *(≈ Männerheilkunde ↔ Gynäkologie) Teilgebiet der Medizin, das sich mit den spezifischen Erkrankungen des männlichen Körpers beschäftigt* ►Androloge, Andrologin, andrologisch

An·dro·me·da·ne·bel *der* <-s> */kein Plur./ eine Galaxie im Weltraum, die unserer Galaxie am nächsten ist (nach der griechischen Sagengestalt Andromeda)*

an·drü·cken <drückst an, drückte an, hat angedrückt> *mit OBJ* ■ *jmd. drückt etwas an gegen etwas drücken und so etwas befestigen oder anschalten:* einen Aufkleber/eine Briefmarke andrücken; das Licht andrücken

an·ecken <eckst an, eckte an, ist angeeckt> *ohne OBJ* ❶ ■ *jmd. eckt an etwas Dat. an versehentlich anstoßen:* Ich bin schon wieder mit dem Auto (an der Einfahrt) angeeckt. ❷ ■ *jmd. eckt (bei jmdm.) mit etwas Dat. an (umg.) Missfallen erregen:* bei jemandem (mit seinem Benehmen) anecken

an·eig·nen <eignest an, eignete an, hat angeeignet> *mit SICH* ■ *jmd. eignet sich etwas an* ❶ *(umg.) sich ohne zu fragen etwas nehmen, das Eigentum einer anderen Person ist:* Sie hat sich meinen Stift angeeignet. ❷ *(≈ erlernen) sich ein höfliches Benehmen/bestimmte Kenntnisse/umfangreiches Wissen aneignen* ►Aneignung

an·ei·n·an·der *adv verwendet, um auszudrücken, dass ein Geschehen wechselseitig ist. Wenn z. B. A und B aneinander denken, heißt das, dass A an B denkt und B an A.* ◆Getrenntschreibung →R 4.5 aneinander denken; sich aneinander gewöhnen

an·ei·n·an·der·fü·gen <fügst aneinander, fügte aneinander, hat aneinandergefügt> I. *mit OBJ* ■ *jmd. fügt etwas und etwas aneinander zwei Dinge so verbinden, dass sie an einer Seite Kontakt haben:* die beiden Bauteile aneinanderfügen II. *mit SICH* ■ *etwas fügt sich aneinander zusammenhängen und jeweils an einer Seite Kontakt haben* ◆Zusammenschreibung →R 4.5 Die Reihenhäuser fügen sich aneinander.

an·ei·n·an·der·ge·ra·ten <gerätst aneinander, geriet aneinander, ist aneinandergeraten> *mit OBJ* ■ *jmd. gerät (mit jmdm.) aneinander zwei Personen beginnen sich zu streiten* ◆Zusammenschreibung →R 4.5, R 4.6 Wegen dieser Sache gerieten die Brüder aneinander; seitdem sind sie zerstritten.; Früher geriet ich mit meinem Vater wegen Kleinigkeiten aneinander.

an·ei·n·an·der·gren·zen <grenzen aneinander, grenzten aneinander, haben aneinanderge-

grenzt> *ohne OBJ* ■ *etwas grenzt aneinander eine gemeinsame Grenze haben* ◆Zusammenschreibung →R 4.5 Die Grundstücke grenzen aneinander.

an·ei·n·an·der·klam·mern <klammert aneinander, klammerte aneinander, hat aneinandergeklammert> *mit SICH* ■ *jmd. klammert sich aneinander sich gegenseitig festhalten* ◆Zusammenschreibung →R 4.5 Ängstlich klammerten sie sich aneinander.

an·ei·n·an·der·ku·scheln <kuschelt aneinander, kuschelte aneinander, hat aneinandergekuschelt> *mit SICH* ■ *jemand kuschelt sich aneinander sich zärtlich an die jeweils andere Person schmiegen* ◆Zusammenschreibung →R 4.5 Sie kuschelten sich dicht aneinander.

an·ei·n·an·der·rei·hen <reihst aneinander, reihte aneinander, hat aneinandergereiht> I. *mit OBJ* ■ *jmd. reiht etwas Akk. aneinander aus etwas eine Reihe/Kette bilden:* Wörter aneinanderreihen ▶Aneinanderreihung II. *mit SICH* ■ *etwas reiht sich aneinander hintereinanderstehen, eine Reihe bilden* ◆Zusammenschreibung →R 4.5 In der Schlange reihten sich viele Autos aneinander.

an·ei·n·an·der·sto·ßen <stößt aneinander, stieß aneinander, ist aneinandergestoßen> I. *mit OBJ* ■ *jmd. stößt etwas Akk. aneinander zwei Gegenstände in Kontakt bringen:* Sie hat die Gläser so stark aneinandergestoßen, dass sie kaputt gingen. II. *ohne OBJ* ■ *etwas stößt aneinander zusammenprallen, in Kontakt geraten* ◆Zusammenschreibung →R 4.5 In der dichten Menge stießen sie aneinander.

An·ek·do·te *die* [anɛk'do:tə] <-, -n> *eine kurze Geschichte mit humorvollem Hintergrund:* Er erzählte Anekdoten aus seiner Jugend. ◆-nlexikon, -nsammlung, Wander- ▶Anekdötchen, anekdotenhaft, anekdotisch

an·ekeln <ekelst an, ekelte an, hat angeekelt> *mit OBJ* ■ *etwas ekelt jmdn. an* (≈ anwidern) *Ekel erregen:* Seine Gleichgültigkeit ekelt mich an.

Ane·mo·ne *die* [ane'mo:nə] <-, -n> (≈ Buschwindröschen)

an·er·ken·nen <erkennst an, erkannte an, hat anerkannt> *mit OBJ* ❶ ■ *jmd. erkennt etwas an sagen, dass man die Leistung von jmdm. bemerkt und ein Lob ausspricht:* jemands Arbeit/Erfolge/Leistungen lobend anerkennen ❷ ■ *jmd. erkennt jmdn./etwas an jmdn. oder etwas akzeptieren und respektieren:* den neuen Kollegen/Lehrer anerkennen ❸ ■ *jmd. erkennt etwas an etwas für gültig erklären:* Beim Wechsel der Universität wurden mir alle Scheine anerkannt.; einen Staat diplomatisch anerkennen; ein Urteil/die Vorschriften anerkennen

An·er·ken·nung *die* <-, -en> *das Anerkennen:* einer Leistung/jemandem Anerkennung zollen; die diplomatische Anerkennung eines Staates

an·es·sen <isst an, aß an, hat angegessen> *mit SICH* ■ *jmd. isst sich etwas an durch übermäßiges Essen übergewichtig werden:* sich Kummerspeck anessen

an·fa·chen <fachst an, fachte an, hat angefacht>

mit OBJ ■ *jmd. facht etwas an* (geh.) ❶ (≈ schüren) *bewirken, dass etwas zu brennen beginnt:* ein Feuer anfachen ❷ (übertr.) *aufleben lassen:* jmds. Leidenschaften/einen Streit anfachen

an·fah·ren <fährst an, fuhr an, hat/ist angefahren> I. *ohne OBJ* (sein) ❶ ■ *ein Fahrzeug fährt an sich in Bewegung setzen:* Der Zug fährt an. ❷ ■ *jmd. fährt (irgendwie) an jmd. nähert sich mit einem Fahrzeug:* Er kam mit quietschenden Reifen angefahren. II. *mit OBJ* (haben) ❶ ■ *jmd. fährt jmdn. an eine Person mit einem Fahrzeug streifen:* Der Autofahrer hat einen Radfahrer angefahren.; Der Fußgänger ist angefahren worden. ❷ ■ *jmd. fährt jmdn. an* (umg.) *laut und heftig tadeln:* „Lass mich in Ruhe!", fuhr sie ihn an. ❸ ■ *jmd. fährt einen bestimmten Ort an einen bestimmten Ort zum Ziel haben:* Wir haben den nächsten Parkplatz angefahren.; Der Bus fährt auch die Haltestelle „Schlossplatz" an.

An·fahrts·weg *der* <-(e)s, -e> *der Weg, den man bis zu einem bestimmten Ziel (fahrend) zurücklegt:* ein kurzer/langer Anfahrtsweg

An·fahrts·zeit *die* <-, -en> *die Zeit, die man bis zum Erreichen eines bestimmten Ziels benötigt:* eine kurze/lange Anfahrtszeit haben

An·fall *der* <-(e)s, Anfälle> ❶ *vorübergehender (krankhafter) Zustand:* einen Anfall haben; in einem Anfall von Eifersucht; ■ *einen Anfall bekommen/kriegen sehr wütend werden; außer sich geraten* Ich krieg' gleich einen Anfall, wenn du nicht sofort damit aufhörst!; Schon wenn ich ihn reden höre, kriege ich einen Anfall. ◆Eifersuchts-, Herz-, Husten-, Wut- ❷ /kein Plur./ AMTSSPR. *Auftreten:* Mit einem verstärkten Anfall von Verkehrsbehinderungen ist in der Zeit der Straßenbauarbeiten zu rechnen.

an·fall·ar·tig *adj /nicht steig./ so plötzlich und heftig wie ein Anfall* [1]

an·fal·len <fällst an, fiel an, hat/ist angefallen> I. *mit OBJ* (haben) ■ *ein Tier fällt jmdn. an* (≈ angreifen) Der Hund hat einen Fußgänger angefallen. II. *ohne OBJ* (sein) ■ *etwas fällt an* AMTSSPR. *auftreten:* Es ist viel Arbeit/Post angefallen.

an·fäl·lig *adj so, dass man leicht durch etwas geschädigt wird:* für/gegen Erkältungen/Störungen anfällig sein ◆frost-, krankheits-, pannen-, störungs-, stress- ▶Anfälligkeit

An·fang *der* <-(e)s, Anfänge> ❶ /kein Plur./ *der erste Teil oder Abschnitt von etwas:* Anfang Mai; Anfang nächsten Jahres; der Anfang des Weges ◆-buchstabe, -serfolg, -sgehalt, -skapital, -skenntnisse, -sphase, -sstadium, -szeit ❷ /meist Plur./ *erster Abschnitt einer Entwicklung:* die Anfänge der Menschheit; in den Anfängen stecken; ■ *von Anfang an von Beginn an;* ■ *den Anfang machen* (umg.) *als erster mit etwas beginnen* Ich mache den Anfang, wenn sonst niemand will.; ■ *von Anfang bis Ende komplett, vollständig;* ■ *der Anfang vom Ende der Beginn einer negativen Entwicklung, die zum Scheitern von etwas führt* Dass er arbeitslos wurde, war der Anfang vom Ende.; ■ *Aller Anfang ist schwer!* (Sprichwort) *verwendet, um auszudrücken, dass jmd. etwas im Laufe*

A

der Zeit schon lernen wird; ■ etwas nimmt seinen Anfang beginnen

an·fan·gen <fängt an, fing an, hat angefangen> I. mit OBJ ■ jmd. fängt etwas an ❶ (≈ beginnen) eine Arbeit/ein neues Leben/Streit anfangen; zu regnen anfangen ❷ (umg.: ≈ tun) Was sollen wir jetzt (damit/mit ihm) anfangen? II. ohne OBJ ■ etwas fängt an (≈ beginnen) Das neue Jahr/das Konzert fängt gleich an.; Die Tiefebene/der Weg fängt hier an.; von vorn anfangen

An·fän·ger der, **An·fän·ge·rin** <-s, -> (↔ Fortgeschrittener) jmd., der etwas noch nie (oder nicht oft) gemacht hat und daher keine Erfahrung hat: Dieser Fehler passiert nicht nur Anfängern. ◆ -fehler, Berufs-

An·fän·ger·kurs der <-es, -e> Kurs, der sich an Anfänger richtet

an·fäng·lich adj /nicht steig./ am Anfang von etwas: ihr anfängliches Zögern; anfänglich sehr zurückhaltend sein

an·fangs adv zu Beginn: Er war anfangs nicht sehr erfolgreich.

An·fangs·schwie·rig·keit die <-, -en> /meist Plur./ Problem, das am Beginn einer Tätigkeit entsteht, weil man etwas noch nie oder noch nicht oft gemacht hat und keine Erfahrung hat: Das sind typische Anfangsschwierigkeiten, die bald überwunden sein werden.

An·fangs·un·ter·richt der <-s> /kein Plur./ der erste Unterricht, den jmd. in etwas erhält

An·fangs·ver·dacht der <-s> /kein Plur./ der erste Verdacht, der sich bei jmdm. einstellt: Unser Anfangsverdacht hat sich im Laufe der Ermittlungen bestätigt.

an·fas·sen <fasst an, fasste an, hat angefasst> mit OBJ ❶ ■ jmd. fasst etwas an (≈ berühren) die Hand auf etwas legen: Fass mich nicht an! ❷ ■ jmd. fasst jmdn. irgendwie an jmdn. irgendwie behandeln: Sie fasst die Kinder sehr hart an. ❸ ■ jmd. fasst etwas an (umg.) beginnen: eine Arbeit/Sache geschickt anfassen; ■ Fass doch mal mit an! (umg.) Hilf doch mal mit!

an·fech·ten <fichtst an, focht an, hat angefochten> mit OBJ ❶ ■ jmd. ficht etwas an (≈ bestreiten) behaupten, dass etwas nicht wahr, nicht richtig oder nicht zutreffend sei: eine Behauptung/ein Urteil anfechten ❷ ■ etwas ficht jmdn. an (veralt. geh.: ≈ beunruhigen) Das ficht mich nicht an!; Was ficht dich an? ▶ Anfechtung

an·fein·den <feindest an, feindete an, hat angefeindet> mit OBJ ■ jmd. feindet jmdn. an jmdm. feindlich begegnen: immerzu von allen angefeindet werden ▶ Anfeindung

an·fer·ti·gen <fertigst an, fertigte an, hat angefertigt> mit OBJ ■ jmd. fertigt etwas an (≈ erstellen) einen Gegenstand oder eine geistige Leistung (nach bestimmten Vorgaben oder Bedürfnissen) produzieren: ein Gutachten anfertigen lassen ▶ Anfertigung

an·feuch·ten <feuchtest an, feuchtete an, hat angefeuchtet> mit OBJ ■ jmd. feuchtet etwas an feucht machen: die Rückseite einer Briefmarke/seine Lippen/ein Tuch anfeuchten ▶ Anfeuchter, Anfeuchtung

an·feu·ern <feuerst an, feuerte an, hat angefeuert> mit OBJ ❶ ■ jmd. feuert jmdn. an durch Zurufe antreiben: Die Fans feuerten ihre Mannschaft kräftig an. ❷ ■ jmd. feuert etwas an (≈ anheizen) den Ofen anfeuern

An·feu·e·rung die <-, -en> das Anfeuern¹ ◆ -sruf

an·fle·hen <flehst an, flehte an, hat angefleht> mit OBJ ■ jmd. fleht jmdn. an inständig bitten: jemanden um Erlassung der Schulden/Gnade anflehen ▶ Anflehung

an·flit·zen <flitzt an, flitzte an, ist angeflitzt> ohne OBJ ■ jmd. flitzt an (umg.) schnell angelaufen kommen

An·flug der <-(e)s, Anflüge> ❶ LUFTF. das Fliegen auf ein Ziel zu: Das Flugzeug befindet sich im Anflug auf Berlin. ◆ -befeuerung, -blätter, -gebühren, -geschwindigkeit, -karten, -plan, -radar, -schneise, -winkel, -zeiten ❷ (≈ Andeutung) eine leichte Spur von etwas: mit einem Anflug von Spott; der Anflug eines Lächelns

an·for·dern <forderst an, forderte an, hat angefordert> mit OBJ ■ jmd. fordert etwas an von jmdm. erbitten, dass man etwas geschickt bekommt: Das Einsatzkommando der Polizei forderte Verstärkung an.; Informationen/einen Katalog anfordern

An·for·de·rung die <-, -en> ❶ das Anfordern ❷ /meist Plur./ von jmdm. geforderte Leistung: hohe Anforderungen an jemanden stellen; den Anforderungen nicht gerecht werden ◆ -sprofil

An·fra·ge die <-, -n> eine auf eine bestimmte Sache gerichtete Frage: eine Anfrage an eine Behörde/den zuständigen Minister richten; Uns liegt dazu die Anfrage eines Kunden vor. ◆ -brief, -formular, -management, -nbearbeitung, -optimierung, -text, -unterlagen, -verfahren

an·fra·gen <fragst an, fragte an, hat angefragt> ohne OBJ ■ jmd. fragt (bei jmdm.) an eine Anfrage stellen

an·fres·sen <frisst an, fraß an, hat angefressen> mit OBJ ■ ein Tier frisst etwas an durch Fressen zu beschädigen beginnen: Mäuse haben das Sofa angefressen.

an·freun·den <freundest an, freundete an, hat angefreundet> mit SICH ❶ ■ jmd. freundet sich mit jmdm. an Freundschaft schließen: Sie hat sich schnell mit der neuen Nachbarin angefreundet. ❷ ■ jmd. freundet sich mit etwas Dat. an sich gewöhnen: sich (nicht) mit dem neuen Computer/einem Gedanken/der Situation/dem neuen Wohnort anfreunden können ▶ Anfreundung

an·frie·ren <friert an, fror an, ist angefroren> ohne OBJ ■ etwas friert irgendwo an durch Frieren an einer Stelle haftenbleiben

an·fü·gen <fügst an, fügte an, hat angefügt> mit OBJ ■ jmd. fügt etwas an etwas Akk. an (geh.) hinzufügen: an den Brief einen Beleg anfügen ▶ Anfügung

an·füh·len <fühlst an, fühlte an, hat angefühlt> I. mit OBJ ■ jmd. fühlt etwas an prüfend befühlen: die Stirn/einen Stoff (prüfend) anfühlen II. mit SICH ■ etwas fühlt sich irgendwie an bei Kontakt mit der Haut eine bestimmte Empfin-

dung erzeugen: Die Oberfläche fühlt sich fettig/ kalt/schmierig/unangenehm an.

ạn·füh·ren <führst an, führte an, hat angeführt> *mit OBJ* ❶ ▪ *jmd. führt jmdn./etwas an* (≈ *leiten*) *der Führer einer Gruppe von Personen sein:* den Festzug/eine Gruppe anführen ▶Anführer, Anführerin ❷ ▪ *jmd. führt etwas (als etwas Akk.) an (als Beweis) erwähnen:* ein Beispiel/eine wissenschaftliche Untersuchung/die neuesten Forschungsergebnisse/ ein Zitat anführen ▶Anführung ❸ ▪ *jmd. führt jmdn. an (umg.: ≈ foppen) durch bewusstes Täuschen bewirken, dass jmd. das Falsche glaubt:* Da habt ihr euch aber tüchtig anführen lassen!

Ạn·füh·rungs·zei·chen *das* <-s, -> *eines der beiden Interpunktionszeichen, die wie zwei kleine, senkrechte, parallele Striche aussehen und die zu Beginn der wörtlichen Rede oder eines Wortes tief- und an deren oder dessen Ende hochgestellt werden;* ▪*in* **Anführungszeichen** *(umg.) verwendet, um auszudrücken, dass man einen Ausdruck nicht im engen oder tatsächlichen Sinne verwendet, sondern in einem erweiterten Sinne oder in humorvoller Absicht* Seine Frau ist – in Anführungszeichen – die Buchhalterin der Familie; er selbst kann nicht gut mit Geld umgehen.

ạn·fül·len <füllst an, füllte an, hat angefüllt> *mit OBJ* ▪ *jmd. füllt etwas mit etwas Dat. an etwas vollständig füllen:* Das Regal ist mit Büchern angefüllt.; Ihr Tag ist mit Arbeit angefüllt.

Ạn·ga·be[1] *die* <-, -n> ❶ */meist Plur./ Vermittlung von Daten/Informationen:* nähere Angaben über etwas machen ❷ SPRACHWISS. *Kommentar zu einem sprachlichen Sachverhalt (im Wörterbuch)* ◆ Aussprache-, Bedeutungs-, Betonungs-, Flexions-, Genitivbildungs-, Pluralbildungs- ❸ */kein Plur. (umg. abwert.: ≈ Prahlerei) Äußerungen oder ein Verhalten, mit denen man in übertriebener und oft lächerlicher oder ärgerlicher Weise das eigene Können oder den eigenen Besitz betont:* Das ist doch alles nur Angabe!; Reine Angabe, da ist nichts dahinter. ❹ SPORT *(bei Ballspielen) Einwurf:* Der Gegner hat Angabe!

Ạn·ga·be[2] *die* <-, -n> ÖSTERR. *Anzahlung*

ạn·gaf·fen <gaffst an, gaffte an, hat angegafft> *mit OBJ* ▪ *jmd. gafft jmdn./etwas an (umg. abwert.) aufdringlich anstarren:* Der Typ gafft mich schon die ganze Zeit an.

ạn·ge·ben <gibst an, gab an, hat angegeben> **I.** *mit OBJ* ▪ *jmd. gibt etwas an* ❶ *jmdm. als Information geben:* Bitte Namen und Adresse angeben! ❷ (≈ *vorgeben) bestimmen:* die Richtung/die Strategie/den Ton angeben **II.** *ohne OBJ* ▪ *jmd. gibt an* ❶ *durch Worte oder ein Verhalten in übertriebener und oft lächerlicher oder ärgerlicher Weise das eigene Können oder den eigenen Besitz betonen (umg. abwert.: ≈ prahlen)* Gib doch nicht immer so an!; Dieser Aufschneider gibt bei jeder Gelegenheit an! ❷ SPORT *den Ball einwerfen:* Du musst angeben!

Ạn·ge·ber *der,* **Ạn·ge·be·rin** <-s, -> *(umg. abwert.) jmd., der angibt II.1:* Du alter Angeber! ▶Angeberei

ạn·geb·lich I. *adj /nicht steig./ so, dass etwas*

nicht bewiesen ist und daher nur behauptet wird: ihr angeblicher Freund **II.** *adv /nicht steig./ verwendet, um auszudrücken, dass etwas nicht bewiesen ist und nur behauptet wird:* Er fährt angeblich einen Rolls-Royce.

ạn·ge·bo·ren *adj /nicht steig./ so, dass man es von Geburt an hat:* angeborene Kurzsichtigkeit/ Taubheit ▶ Angeborenheit

Ạn·ge·bot *das* <-(e)s, -e> ❶ *etwas, das jmd. zur Verfügung stellt und das jmd. nehmen, kaufen, nutzen o. Ä. kann:* jemandem ein Angebot machen; Vielen Dank für Ihr freundliches Angebot!; ein Angebot bereitwillig/gern/nur ungern/zögernd akzeptieren/annehmen; das kulturelle Angebot der Großstadt nutzen ❷ */kein Plur./* WIRTSCH. *die angebotenen Waren:* ein reichhaltiges Angebot (an Waren); Angebot und Nachfrage bestimmen in der Marktwirtschaft den Preis. ❸ WIRTSCH. *eine bestimmte Ware, die für einen begrenzten Zeitraum zu einem bestimmten Preis angeboten wird:* Das Angebot gilt nur bis Ende des Monats.; Diese Woche sind Tomaten im Angebot. ◆ -slücke, -spaket, -spalette, -spreis, Sonder-

ạn·ge·bracht *adj /nicht steig./ (≈ angemessen) so sinnvoll und zweckmäßig, dass es in einem bestimmten Zusammenhang richtig erscheint:* Bei dieser hervorragenden Leistung halte ich eine Gehaltserhöhung für angebracht.; Es wäre angebrachter, wenn …

ạn·ge·bun·den ▪ **kurz angebunden sein** *(umg.) sich viel knapper äußern als es erwartbar wäre (und dadurch unhöflich wirken)*

ạn·ge·dei·hen ▪ **jemandem/etwas etwas angedeihen lassen** *(geh.) bewirken, dass jmd. oder etwas erhält* der Arbeit mehr Sorgfalt angedeihen lassen

ạn·ge·fault *adj /nicht steig./ teilweise verfault:* angefaultes Obst

ạn·ge·gilbt *adj /nicht steig./ teilweise vergilbt:* In diesem alten Buch sind die Seiten schon angegilbt.

ạn·ge·gos·sen ▪ **wie angegossen (sitzen)** *(umg.) ganz genau (passen)* Die Hose sitzt wie angegossen.

ạn·ge·grif·fen *adj durch etwas geschwächt:* Seine Gesundheit ist angegriffen. ▶ Angegriffenheit

ạn·ge·hei·tert *adj /nicht steig./ leicht betrunken:* Die Geburtstagsgesellschaft war leicht angeheitert.

ạn·ge·hen <gehst an, ging an, hat/ist angegan­gen> **I.** *mit OBJ* ❶ ▪ *etwas geht jmdn. an (sein) (≈ betreffen) in den Zuständigkeitsbereich oder den Interessenbereich von jmdm. fallen:* Das geht dich überhaupt nichts an!; Was geht mich das an?; Was etwas/jemanden/mich angeht, … ❷ ▪ *jmd. geht jmdn. an (sein)* SÜDDT., ÖSTERR., SCHWEIZ. *(≈ angreifen) Kritik, Vorwürfe o. Ä. gegen jmdn. vorbringen:* Sie ist ihn in aller Öffentlichkeit angegangen. ❸ ▪ *jmd. geht etwas an (haben)* SÜDDT., ÖSTERR., SCHWEIZ. *in Angriff nehmen:* eine Arbeit/ ein Problem angehen; ein Projekt mit großem Elan angehen; Der Läufer ist die ersten Kilometer wahrscheinlich zu schnell angegangen. **II.** *ohne OBJ (sein)* ❶ ▪ *jmd. geht gegen etwas Akk. an* (≈ *vorgehen) gegen etwas kämpfen:* gegen ein Problem/ einen Störenfried angehen ❷ ▪ *etwas geht an*

A

sich in Gang setzen: Die Heizung/das Licht/die Lüftung geht an. **III.** *mit ES (sein)* ■ **es geht nicht an, dass ...** *möglich oder erträglich sein:* Es/das kann (so) nicht angehen.

an·ge·hend *adj /nicht steig./ /nur attr./ (≈ zukünftig)* ein angehender Ehemann/Rechtsanwalt

an·ge·hö·ren <gehörst an, gehörte an, hat angehört> *ohne OBJ* ■ *jmd. gehört etwas Dat.* **an zu** *etwas gehören:* einer Art/Familie/Gattung angehören ▶ Angehörigkeit

An·ge·hö·ri·ge *der/die* <-n, -n> ❶ (≈ *Mitglied*) *jmd., der etwas angehört:* die Angehörigen einer Firma/eines Stammes ◆ Betriebs- ❷ */im Plur./ Familienmitglieder:* seine Angehörigen besuchen ◆ -nkreis, Familien-

An·ge·klag·te *der/die* <-n, -n> *jmd., gegen den eine gerichtliche Anklage besteht*

an·ge·knackst *adj /nicht steig./ (umg.)* ❶ *nicht ganz durchgebrochen:* Der Knochen ist angeknackst. ❷ *leicht beschädigt:* Ihr Verhältnis ist seit dem Streit angeknackst.; Seine Gesundheit ist angeknackst.

an·ge·kratzt *adj /nicht steig./ (umg.) nicht ganz gesund:* Er ist momentan ein wenig angekratzt.

An·gel[1] *die* <-, -n> *einer der Zapfen, mit denen Tür oder Fenster drehbar befestigt werden:* Die Tür quietscht in den Angeln.; ■ **etwas aus den Angeln heben** *(umg.) etwas grundlegend ändern oder erschüttern* die Gesellschaft/die Welt aus den Angeln wollen ◆ Tür-

An·gel[2] *die* <-, -n> *ein zum Fischfang benutzter langer Stab mit einer Art Faden, an dessen Ende ein Haken befestigt ist:* die Angel auswerfen ◆ -haken, -schnur

An·ge·le·gen·heit *die* <-, -en> ❶ (≈ *Vorfall*) *etwas, das sich ereignet hat und für bestimmte Personen eine bestimmte Bedeutung hat:* Das ist eine peinliche Angelegenheit.; Man hoffte, die ganze Angelegenheit würde schnell in Vergessenheit geraten. ❷ (≈ *Sache*) *etwas, das jmdn. in irgendeiner Form betrifft:* Das ist nicht meine Angelegenheit.; Kümmere dich um deine eigenen Angelegenheiten! ◆ Geschäfts-, Privat-

an·geln <angelst, angelte, hat geangelt> **I.** *mit OBJ* ■ *jmd. angelt etwas* mit der Angel fangen: einen großen Hecht angeln **II.** *ohne OBJ* ■ *jmd. angelt* den Angelsport ausüben: angeln gehen **III.** *mit SICH* ■ *jmd. angelt sich jmdn./etwas (umg. scherzh.) erlangen:* sich ein Stück Kuchen/ einen Mann angeln

an·ge·lo·ben *mit OBJ* ■ *jmd. gelobt etwas an* ÖSTERR. *zum Dienstantritt vereidigen:* eine Regierung angeloben

An·ge·lo·bung *die* <-, -en> ÖSTERR. *Vereidigung*

An·gel·ru·te *die* <-, -n> *eine Art langer Stab zum Angeln*

an·gel·säch·sisch *adj /nicht steig./ England oder das Englische betreffend*

An·gel·sport *der* <-s> /kein Plur./ *das als Sport betriebene Angeln*

an·ge·mes·sen *adj so, dass es im richtigen Verhältnis zu etwas steht:* etwas für angemessen halten; ein angemessener Preis ▶ Angemessenheit

an·ge·nehm *adj* ❶ (≈ *nett*) *so, dass man einen*

Menschen wegen seiner Art gern mag: ein angenehmer Kollege/Mensch/Mitarbeiter/Nachbar ❷ (≈ *wohltuend*) *so, dass man sich dabei wohl fühlt:* angenehmes Klima/Wetter ❸ *so, dass es jmds. eigenen Wünschen entspricht:* Es wäre mir sehr angenehm, wenn ...; (Ich wünsche Ihnen eine) angenehme Reise!; ■ **das Angenehme mit dem Nützlichen verbinden** *etwas tun, das Spaß macht und zugleich nützt*

An·ger *der* <-s, -> *(veralt.) Wiese am oder im Dorf:* auf dem Anger spielen ◆ -dorf, Dorf-

an·ge·raut *adj /nicht steig./ mit einer leicht unebenen Oberfläche:* Der Putz am Haus ist angeraut.

an·ge·sagt *adj (jugendspr.) aktuell, in Mode:* (voll) angesagt sein; Auf der Party legen nur die angesagtesten DJs auf.

an·ge·säu·selt *adj (umg.: ≈ beschwipst) leicht betrunken*

an·ge·schim·melt *adj /nicht steig./ so, dass einzelne Stellen zu schimmeln begonnen haben:* angeschimmeltes Brot

an·ge·schla·gen <angeschlagener, am angeschlagensten> *adj leicht beschädigt oder krank:* etwas angeschlagen sein

An·ge·schul·dig·te *der/die* <-n, -n> *jmd., gegen den ein Vorwurf erhoben wird*

an·ge·se·hen <angesehener, am angesehensten> *adj so, dass man jmdm. oder etwas viel Respekt entgegenbringt:* eine angesehene Persönlichkeit

an·ge·sichts *präp +Gen. wenn man ... bedenkt:* angesichts der Tatsache, dass ...; angesichts des Krieges; angesichts von 4 Millionen Arbeitslosen

an·ge·staubt *adj /nicht steig./* ❶ *so, dass eine leichte Staubschicht darauf ist:* angestaubte Möbel ❷ *(abwert.) veraltet:* Ihre Ansichten sind angestaubt.

an·ge·stellt *adj /nicht steig./ (↔ selbstständig) so, dass man ein Arbeitsverhältnis zu einem Arbeitgeber hat*

An·ge·stell·te *der/die* <-n, -n> (↔ Selbstständiger) *jmd., der in einer Firma oder Behörde als Beschäftigter arbeitet* ◆ -ngehalt, -ngesetz, -nkammer, -nrecht, -ntarif, -nverhältnis, -nversicherung, -nversicherungsgesetz, -nvertrag, Bank-, Büro-, Firmen-

an·ge·strengt *adj sehr konzentriert:* ein angestrengtes Gesicht machen; angestrengt arbeiten ◆ Angestrengtheit

an·ge·tan *adj /nicht steig./ begeistert:* Er schien von ihrer neuen Frisur nicht sehr angetan, wenigstens sprach er sie nicht darauf an.; ■ **es jemandem angetan haben** *jmdn. begeistern*

an·ge·trun·ken *adj /nicht steig./ leicht betrunken* ◆ Angetrunkenheit

an·ge·wandt *adj /nicht steig./ (↔ theoretisch) auf die praktische Anwendung gerichtet:* angewandte Mathematik/Sprachwissenschaft

an·ge·wie·sen ■ **auf etwas/jemanden angewiesen sein** *von etwas oder jmdm. abhängig sein* auf die Eltern/auf Arbeitslosengeld angewiesen sein

an·ge·wöh·nen ■ auf etwas/jmdn. <gewöhnst an, gewöhnte an, hat angewöhnt> **I.** *mit OBJ* ■ *jmd. gewöhnt jmdm. etwas an* (↔ abgewöhnen) *bewirken, dass jmd.*

eine bestimmte Gewohnheit entwickelt: den Kindern Diziplin/Ehrlichkeit/Ordnung/Pünktlichkeit/Sauberkeit angewöhnen **II.** *mit SICH* ■ **jmd. gewöhnt sich** *Dat.***etwas an** *an eine bestimmte Gewohnheit annehmen:* Wann hat sie sich das Rauchen angewöhnt? ▸ Angewöhnung

An·ge·wohn·heit *die* <-, -en> *(≈ Gewohnheit) etwas, das jmd. gewohnheitsmäßig tut (und das auf andere eine bestimmte Wirkung hat):* eine gute/schlechte/seltsame Angewohnheit

an·gif·ten <giftest an, giftete an, hat angegiftet> *mit OBJ* ■ **jmd. giftet jmdn. an** *(umg.: ≈ anschnauzen) unfreundlich ansprechen*

An·gi·na *die* <-, Anginen> */Plur. selten/* MED. *(≈ Mandelentzündung)*

an·glei·chen <gleicht an, glich an, hat angeglichen> **I.** *mit OBJ* ■ **jmd. gleicht etwas etwas** *Dat.***/an etwas** *Akk.* **an** *etwas in seinem Umfang so gestalten, dass es (wieder) in einer bestimmten Relation zu einer Bezugsgröße steht:* die Löhne der/an die Preissteigerung angleichen **II.** *mit SICH* ■ **etwas gleicht sich an** *(vor allem hinsichtlich der Farbe) ein Aussehen annehmen, das nur schwer von der Umgebung zu unterscheiden ist:* Die Tiere können sich (im Aussehen) hervorragend ihrer Umgebung angleichen. ▸ Angleichung

Ang·ler *der,* **Ang·le·rin** <-s, -> *jmd., der angelt*
◆-ausrüstung, -bedarf, -fisch, -gruß, -knoten, -latein, -messe, -netz, -prüfung, -rolle, -rute, -sprüche, -verband, -verein, -weste

Ang·ler·la·tein *das* <-s> */kein Plur./* ❶ *stark übertriebener Bericht eines Anglers über seinen Fang* ❷ *(übertr.: ≈ Jägerlatein) stark übertriebener Bericht über einen (persönlichen) Erfolg, eine Leistung o. Ä.*

Ang·ler·wes·te *die* <-, -n> *eine Weste mit vielen Taschen, wie sie typischerweise beim Angeln getragen wird*

an·glie·dern <gliedert an, gliederte an, hat angegliedert> *mit OBJ* ■ **jmd. gliedert etwas etwas** *Dat.* **/an etwas** *Akk.* **an** *ein Gebiet oder eine Abteilung an etwas (funktional, politisch oder verwaltungstechnisch) anschließen:* Die Marktforschungsabteilung wurde an die Marketingabteilung angegliedert. ▸ Angliederung

An·g·li·ka·ner *der,* **An·g·li·ka·ne·rin** <-s, -> *jmd., der der englischen Staatskirche angehört* ▸ anglikanisch, Anglikanismus

An·g·lis·tik *die* <-> */kein Plur./ die Wissenschaft von der englischen Sprache und Literatur* ▸ Anglist, Anglistin, anglistisch

An·g·li·zis·mus *der* <-, Anglizismen> *siehe auch* **Austriazismus, Gallizismus, Helvetismus**

Unter einem **Anglizismus** versteht man ein Ausdrucksmittel, das als Britizismus oder Amerikanismus aus dem angelsächsischen Sprachbereich stammt. Es handelt sich vor allem um lexikalische Entlehnungen, die im Hinblick auf Lautung und Schreibung als fremdartig empfunden werden. Sie sind in unterschiedlichem Ausmaß in die deutsche (oder eine andere) Sprache integriert. Die

Spannweite der Entlehnungen reicht von Lehnübersetzungen (*Flutlicht* zu *floodlight*) bis zu so bezeichneten *Scheinentlehnungen* (Sprachschöpfungen mit bloß englischem Klang, wie *Showmaster*). Aussprache und Schreibung eines Anglizismus können schwanken und die ohnehin vorhandenen Probleme bei der Rezeption verstärken; morphologische Besonderheiten z. B. bei Verben betreffen den Infinitiv (*recyceln* oder *recyclen*), sowie die Flexion (*gelayouted*). Nach englischem Vorbild gebildete grammatische Konstruktionen fallen oft erst bei genauerem Hinsehen auf, z. B. *in 1999* statt *im Jahre 1999*. Durch den übermäßigen Gebrauch von Anglizismen in sämtlichen Bereichen des öffentlichen Lebens (und nicht nur in gewissen Branchen und in der Werbung) werden für einen Großteil der insbesondere älteren Bevölkerung erhebliche Verständnisbarrieren aufgebaut. Von Kritikern wird die Überflutung der deutschen Sprache mit unnötigen Anglizismen als **Denglisch** bezeichnet. In manchen Bereichen (so bei der Bahn und in einigen Firmen) ist deshalb zwischenzeitlich 2010 der übertriebene Gebrauch von Anglizismen zurückgenommen bzw. untersagt worden. In sämtlichen Wörterbüchern kann angesichts der Flut von Anglizismen die Auswahl der entsprechenden Stichwörter nur mehr oder weniger willkürlich erfolgen. In vorliegendem Wörterbuch finden sich z. B. *clean, Cockpit* und *Jukebox*.

An·g·lo·ame·ri·ka·ner, **An·g·lo·ame·ri·ka·ner** *der,* **An·g·lo·ame·ri·ka·ne·rin** <-s, -> *aus England stammender Amerikaner* ▸ angloamerikanisch

an·g·lo·phil *adj* *so, dass man die englische Sprache und alles Englische besonders gern mag* ▸ Anglophilie

An·go·la <-s> */kein Plur./ Staat in Afrika* ▸ Angolaner, Angolanerin, angolanisch

An·go·ra·kat·ze *die* [aŋˈoːrakatsə] <-, -n> *Katze mit besonders langhaarigem, weichen Fell*

an·grab·schen *mit OBJ* ■ **jmd. grabscht etwas/jmdn. an** *(umg. abwert.: ≈ berühren)* Dauernd muss er meine Schiffsmodelle angrabschen!; Der Typ wollte mich angrabschen; da habe ich ihm eine geknallt!

an·greif·bar *adj* */nicht steig./ so, dass man es bezweifeln kann:* eine angreifbare Auffassung

an·grei·fen <greift an, griff an, hat angegriffen> *mit OBJ/ohne OBJ* ❶ ■ **jmd. greift jmdn./etwas an** MILIT. *einen Angriff führen:* (im Morgengrauen) gegnerische Stellungen mit Panzern/Raketen angreifen ❷ ■ **jmd. greift jmdn./etwas an** *heftig kritisieren:* den Minister/den Vorstand in aller Öffentlichkeit angreifen ❸ ■ **etwas greift etwas an** *Schaden zufügen:* Der saure Regen hat das Bauwerk stark angegriffen.; Die Anstrengung der vergangenen Tage hat ihn angegriffen.; angegriffen aussehen; eine angegriffene Gesundheit haben ❹ ■ **jmd. greift an** SPORT *eine besondere Anstren-*

A

gung unternehmen, um eine Entscheidung herbeizuführen: Alle rechnen damit, dass der Favorit auf dieser Etappe frühzeitig angreift.

Ạn·grei·fer der, **Ạn·grei·fe·rin** <-s, -> jmd., der angreift: die Angreifer zurückdrängen/in die Flucht schlagen

ạn·gren·zen <grenzt an, grenzte an, hat angegrenzt> ohne OBJ ■ **etwas grenzt an etwas** Akk. **an** sich in direkter Nachbarschaft befinden: An die Klinik grenzt ein Park an.; das angrenzende Grundstück ►Angrenzer, Angrenzerin, Angrenzung

Ạn·griff der <-(e)s, -e> ❶ MILIT. der Vorgang, dass man mit Waffen gegen jmdn. zu kämpfen beginnt: ein gegnerischer Angriff; ein Angriff auf den Gegner; einen Angriff abwehren/beginnen/stoppen ◆ -skrieg, -swaffe, Bomben-, Luft-, Panzer-, Raketen-, Überraschungs- ❷ heftige Kritik: einen Angriff auf/gegen die Politik der Regierung richten; ■ **etwas in Angriff nehmen** beginnen eine Arbeit/ein Projekt in Angriff nehmen ◆ -sfläche, -sgeist, -slust ❸ SPORT besondere Anstrengung, um eine Entscheidung herbeizuführen: Alle rechnen heute mit einem Angriff des Favoriten. ◆ -sdrittel, -sspiel, -sspieler(in)

ạn·griffs·lus·tig adj (≈ aggressiv) so, dass man Streit sucht

Ạn·griffs·punkt der <-(e)s, -e> eine Schwäche, aufgrund derer man jmdn. oder etwas angreifen kann: keinen Angriffspunkt bieten wollen

ạn·grin·sen <grinst an, grinste an, hat angegrinst> mit OBJ ■ **jmd. grinst jmdn. an** (umg.) ansehen und dabei grinsen: jemanden blöd/dumm/freundlich/spöttisch angrinsen; Was grinst du mich so an?

Ạngst die <-, Ängste> der Zustand, dass man sich sehr vor jmdm. oder etwas fürchtet: in Angst sein; berechtigte/entsetzliche/große/riesige/schreckliche/übertriebene Angst vor etwas/jemandem haben; Angst um etwas/jemanden haben; Mir ist angst (und bange).; jemandem Angst (und Bange) machen; ■ **es hat der Angst zu tun bekommen** (umg.) plötzlich Angst bekommen; ■ **(tausend) Ängste ausstehen** sehr viel Angst haben ◆ -anfall, -attacke, -beißer, -bewältigung, -diagnostik, -erkrankung, -forschung, -gefühl, -gegner(in), -hase, -klinik, -löser, -macher, -neurose, -partie, -patient(in), -ruf, -schweiß, -störung, -traum, -therapie, -zustand, -zustände, -verarbeitung, -werbung, Binnen-, Einschluss-, Examens-, Flug-, Platz-, Prüfungs-, Real-, Todes-

ạngst·er·füllt adj /nicht steig./ voller Angst

Ạngst·geg·ner der, **Ạngst·geg·ne·rin** <-s, -> SPORT (umg.) Gegner, den man besonders fürchtet

ängs·ti·gen <ängstigst, ängstigte, hat geängstigt> I. mit OBJ ■ **etwas ängstigt jmdn.** (geh.) jmdm. Angst machen: Ängstige nicht die Kinder! II. mit SICH ■ **jmd. ängstigt sich** Angst haben: sich vor etwas/jemandem ängstigen; sich wegen etwas/jemandem ängstigen; sich um jemanden/etwas ängstigen ►Ängstigung

ängst·lich I. adj (≈ furchtsam) so, dass jmd. leicht Angst bekommt: Er war ein ängstliches Kind. II. adv ❶ voller Angst: ängstlich um sich blicken

❷ (≈ sorgfältig) so, dass man größte Sorgfalt auf etwas verwendet: ängstlich auf etwas bedacht sein; ■ **(mit etwas) nicht so ängstlich sein** (umg.) es (mit etwas) nicht so eilig haben oder genau nehmen ►Ängstlichkeit

Ạngst·psy·cho·se die <-, -n> PSYCH. Angst, die so stark ist, dass sie einen Zustand seelischen Leidens hervorruft

ạngst·ver·zerrt adj /nicht steig./ so, dass große Angst in einem Gesicht zu sehen ist

ạngst·voll adj /nicht steig./ voller Angst

ạn·gu·cken <guckst an, guckte an, hat angeguckt> mit OBJ ■ **jmd. guckt jmdn./etwas an** (umg.: ≈ ansehen) jmdn./einen Film/ein Buch/ein Foto angucken; Sie guckte ihn erstaunt/erschrocken an.

ạn·gur·ten <gurtest an, gurtete an, hat angegurtet> mit SICH ■ **jmd. gurtet sich an** den Sicherheitsgurt anlegen: sich im Auto/Flugzeug angurten

ạn·ha·ben <hast an, hatte an, hat angehabt> mit OBJ ❶ ■ **jmd. hat etwas an** (umg.) mit etwas bekleidet sein: eine tolle Hose/ein neues Kleid anhaben ❷ ■ **jmd./etwas kann jmdm./etwas etwas anhaben** schaden, etwas Schlechtes nachweisen: jemandem etwas/nichts anhaben können; Er kann mir gar nichts anhaben!

ạn·haf·ten <haftet an, haftete an, hat angehaftet> ohne OBJ ❶ ■ **etwas haftet an jmdm./etwas an** (≈ kleben) Der Aufkleber haftet an dem Buch an. ❷ ■ **etwas haftet jmdm./etwas an** (geh.) mit jmdm. oder etwas in Verbindung gebracht werden: Dem Vorsitzenden/dem Verein haftet ein Makel an.

ạn·hal·ten <hältst an, hielt an, hat angehalten> I. mit OBJ ❶ ■ **jmd. hält etwas an** (≈ stoppen) bewirken, dass die Bewegung oder die Aktivität von etwas zu einem Stillstand kommt: ein Fahrzeug/eine Maschine/eine Uhr anhalten ❷ ■ **jmd. hält jmdn. zu etwas** Dat. **an** (≈ ermahnen) jmd. sagen, er solle zukünftig etwas tun oder beachten: Der Lehrer hält die Schülerin zu größerer Sorgfalt an. II. ohne OBJ ■ **etwas hält an** (≈ stoppen) Der Bus/der Fahrer hielt an.; an der Bushaltestelle anhalten; ■ **die Luft/den Atem anhalten** das Atmen absichtlich unterbrechen; ■ **die Luft/den Atem anhalten** vor Staunen oder Spannung ganz still sein Das Publikum hielt den Atem an, als der Trapezkünstler seine neueste Nummer zeigte.

ạn·hal·tend adj so, dass es lang dauert: lang anhaltender Beifall; Es regnet anhaltend.

Ạn·hal·ter der, **Ạn·hal·te·rin** <-s, -> jmd., der reist, indem er oder sie sich von Autofahrern in deren Fahrzeugen mitnehmen lässt: eine Anhalterin mitnehmen; ■ **per Anhalter fahren** (umg.) sich von Autofahrern mitnehmen lassen

Ạn·halts·punkt der <-(e)s, -e> Detail, welches man beim Aufstellen einer Theorie oder einer Nachforschung verwenden kann: Es gibt noch keine Anhaltspunkte über mögliche Tatmotive.

ạn·hand präp + Gen. (≈ mit) anhand des Fahrplans; anhand von Beweisen überführt werden

Ạn·hang der <-(e)s, Anhänge> ❶ ein zusätzlicher Text, der hinter einem Text steht und weitere Informationen, Hinweise, Angaben o. Ä. enthält: Literaturhinweise finden sich im Anhang. ❷ /kein Plur./ Freunde, (geistige) Mitstreiter, Lebenspartner: Professor X kam mit seinem gesamten Anhang zu der Diskussion.; mit Anhang (zu einer Party) kommen

an·hän·gen[1] <hängst an, hängte an, hat angehängt> *mit OBJ* ■ *jmd. hängt etwas an etwas* Akk. **an** ❶ bewirken, dass etwas (durch eine feste Verbindung) mit (der Hinterseite von) etwas verbunden ist: einen Wohnwagen an den PKW anhängen ❷ ■ *jmd. hängt jmdm. etwas an (umg. abwert.)* (zu Unrecht) behaupten, dass jmd. etwas getan hat: Sie haben mir den Diebstahl angehängt.; Das lasse ich mir nicht anhängen!

an·hän·gen[2] <hängst an, hing an, hat angehangen> *ohne OBJ* ■ *jmd. hängt etwas an (geh.) mit etwas verbunden sein:* einer Sekte/einer Lehre/einem Vorbild anhängen

An·hän·ger[1] *der* <-s, -> ❶ Wagen, der an ein Fahrzeug angehängt wird ◆-kupplung, Auto-, Boots-, Lkw-, Pkw-, Pferde-, Wohnwagen- ❷ *an einer Kette getragener Schmuck:* ein silberner Anhänger mit einem Rubin ▸ Anhängsel

An·hän·ger[2] *der,* **An·hän·ge·rin** <-s, -> (≈ Befürworter) *Person, die für eine Sache eintritt:* ein Anhänger einer Glaubensrichtung/Ideologie/Lehre/Partei/Sekte; ein fanatischer/langjähriger/überzeugter Anhänger einer These ▸ Anhängerschaft

an·häng·lich *adj so, dass jmd. beständig in der Nähe von jmdm. sein will:* ein anhängliches Kind; ein anhänglicher Hund ▸ Anhänglichkeit

an·hau·en <haust an, haute an, hat angehauen> *mit OBJ* ■ *jmd. haut jmdn. um etwas* Akk. **an** (umg.: ≈ anbetteln) *ansprechen und fragen, ob jmd. einem Geld geben oder leihen kann:* einen Freund um Geld anhauen

an·häu·fen <häufst an, häufte an, hat angehäuft> **I.** *mit OBJ* ■ *jmd. häuft etwas an (≈ horten) große Mengen von etwas sammeln:* Geld anhäufen **II.** *mit SICH* ■ *etwas häuft sich an zu einer großen Menge anwachsen:* Die Arbeit hat sich im Laufe der Zeit angehäuft. ▸ Anhäufung

an·he·ben <hebst an, hob an, hat angehoben> *mit OBJ* ■ *jmd. hebt etwas an* ❶ *vom Boden wegheben:* Der schwere Sack lässt sich kaum anheben. ❷ (≈ erhöhen) die Gehälter/den Lebensstandard/die Löhne anheben

an·hef·ten <heftest an, heftete an, hat angeheftet> *mit OBJ* ■ *jmd. heftet etwas an etwas* Akk. **an** *lose (mit einer Klammer oder Nadel) befestigen*

an·heim·fal·len <fällst anheim, fiel anheim, ist anheimgefallen> *mit OBJ* ■ *jmd. fällt etwas Dat.* **anheim** (geh.) *zum Opfer fallen, zufallen* ◆ Zusammenschreibung →R 4.5 der Vergessenheit anheimfallen

an·heim·ge·ben <gibst anheim, gab anheim, hat anheimgegeben> *mit OBJ* ■ *jmd. gibt jmdm. etwas* Akk. **anheim** (geh.) *anvertrauen, überlassen* ◆ Zusammenschreibung →R 4.5

an·heim·stel·len <stellst anheim, stellte anheim, hat anheimgestellt> *mit OBJ* ■ *jmdm. stellt jmdm. etwas* Akk. **anheim** (geh.) *überlassen*

◆ Zusammenschreibung →R 4.5 Er hat ihr die Wahl anheimgestellt.

an·hei·schig (geh.) ■ **sich anheischig machen,** etwas zu tun *sich anbieten, etwas zu tun*

an·hei·zen <heizt an, heizte an, hat angeheizt> *mit OBJ/ohne OBJ* ■ *jmd. heizt etwas an* ❶ (≈ anfeuern) *bewirken, dass ein Ofen warm wird, indem man ihn einschaltet:* (den Ofen) anheizen ❷ (umg.) *bewirken, dass etwas heftiger wird:* die Inflation/den Streit anheizen

an·herr·schen <herrschst an, herrschte an, hat angeherrscht> *mit OBJ* ■ *jmd. herrscht jmdn.* **an** *heftig und sehr unfreundlich zurechtweisen*

an·heu·ern <heuerst an, heuerte an, hat angeheuert> **I.** *ohne OBJ* ■ *jmd. heuert irgendwo* **an** SEEW. *auf einem Schiff als Seemann angestellt werden:* auf einem Schiff anheuern **II.** *mit OBJ* ■ *jmd. heuert jmdn.* **an** ❶ SEEW. *auf einem Schiff als Matrosen einstellen:* einen Matrosen anheuern ❷ (umg. abwert.) *für eine Arbeit anwerben:* Man hatte für wenig Geld Leute angeheuert. ▸ Anheuerung

An·hieb ■ **auf Anhieb** sofort die Sache auf Anhieb begreifen

an·him·meln <himmelst an, himmelte an, hat angehimmelt> *mit OBJ* ■ *jmd. himmelt jmdn.* **an** (umg.) ❶ *auffällig schwärmerisch ansehen:* jemanden den ganzen Abend lang anhimmeln ❷ *übermäßig verehren:* einen Popstar anhimmeln ▸ Anhimmelung

an·hin *adv* SCHWEIZ. *am nächsten, am kommenden:* am 10. Januar anhin

An·hö·he *die* <-, -n> *erhöhte Stelle; Hügel:* Das Schloss liegt auf einer Anhöhe.

an·hö·ren <hörst an, hörte an, hat angehört> **I.** *mit OBJ* ■ *jmd. hört etwas an* ❶ *bewusst hören:* Musik anhören; ein Gespräch anhören ❷ ■ *jmd. hört jmdn.* **an** *hören, was jmd. zu sagen hat:* jemanden vor einem Ausschuss/vor Gericht anhören; Fachleute zu einem Problem anhören ❸ ■ *jmd. hört jmdm./etwas etwas an beim Zuhören erkennen:* ihrer Stimme die Erregung anhören; der Aufnahme anhören, dass sie sehr alt ist **II.** *mit SICH* ■ *etwas hört sich irgendwie an beim Hören einen bestimmten Eindruck vermitteln:* Die Musik hört sich schrecklich an.; ■ **Das hört sich ja gut an!** *das ist viel versprechend*

An·hö·rung *die* <-, -en> RECHTSW., POL. *das Befragen von Experten oder Zeugen zu einem bestimmten Thema:* eine öffentliche Anhörung beantragen

an·hum·peln <humpelst an, humpelte an, ist angehumpelt> *ohne OBJ* humpelnd angelaufen kommen

ani·ma·lisch *adj /nicht steig./* (geh.) *(von Menschen) triebhaft, tierisch:* die animalische Ausstrahlung des Rocksängers ▸ Animalität

Ani·ma·teur *der,* **Ani·ma·teu·rin** [anima'tøːɐ] <-s, -e> *Person, deren Beruf es ist, Urlauber (meist in einem Hotel) zu Freizeitaktivitäten anzuregen*

ani·mie·ren [ani'miːrən] <animierst, animierte, hat animiert> *mit OBJ* ■ *jmd. animiert jmdn. zu etwas* Akk. *(anregen, ermuntern) bewirken,*

A

dass jmd. Lust auf etwas bekommt.: Die Musik animierte ihn zum Tanzen.

Ani·mo·si·tät die [animozi'tɛ:t] <-, -en> /meist Plur./ (geh.) Feindseligkeit: Animositäten vergiften das Klima in der Firma.

An·ion das <-s, -en> PHYS. elektrisches Teilchen, das negativ geladen ist

Anis, Anis der <-(es), -e> eine Gewürz- und Heilpflanze ◆ -brot, -brötchen, -butter, -frucht, -gebäck, -getränk, -gewürz, -kuchen, -likör, -öl, -plätzchen, -pulver, -schnaps, -waffeln, -zwieback

an·kar·ren <karrst an, karrte an, hat angekarrt> mit OBJ ■ jmd. karrt etwas an (umg. abwert.) heranfahren: Touristen in ganzen Busladungen ankarren; Gemüse ankarren

An·kauf der <-(e)s, Ankäufe> das (systematische) Kaufen von etwas: der Ankauf von Wertpapieren ◆ -setat, -srecht, Bücher-

an·kau·fen <kaufst an, kaufte an, hat angekauft> mit OBJ ■ jmd. kauft etwas an systematisch etwas bestimmtes kaufen: Wertpapiere ankaufen ▶ Ankäufer, Ankäuferin

An·ker der <-s, -> SEEW. eine Art großer und schwerer Haken an einer langen Leine oder Kette, der von einem Schiff aus in den Meeresboden gesenkt wird, um das Schiff an einer bestimmten Position zu halten: den Anker (aus)werfen/lichten; ■ vor Anker liegen mit dem Anker am Grund befestigt im Wasser liegen; ■ vor Anker gehen den Anker auswerfen ◆ -boje, -kette, -platz, -spill, -tau, -winde, Rettungs-

an·kern <ankerst, ankerte, hat geankert> ohne OBJ ❶ ■ jmd. ankert den Anker auswerfen: Wir (wollen) in dieser Bucht ankern. ❷ ■ ein Schiff ankert vor Anker liegen: seit Wochen vor der Küste ankern

an·ket·ten mit OBJ ■ jmd. kettet jmdn./ein Tier an etwas Dat. an (↔ losketten) mit einer Kette befestigen: Der Entführer hatte die Geisel an einem Heizungsrohr angekettet.

An·kla·ge die <-, -n> ❶ RECHTSW. der Vorgang, dass jmd. angeklagt¹ wird: gegen jemanden Anklage erheben; jemanden unter Anklage stellen ◆ -bank, -behörde, -brief, -erhebung, -frist, -grundsatz, -kammer, -monopol, -prinzip, -prozess, -rede, -satz, -schrift, -verlesung, -verfahren ❷ /kein Plur./ RECHTSW. (↔ Verteidigung) in einer Gerichtsverhandlung die Seite, die anklagt

an·kla·gen mit OBJ ■ jmd. klagt jmdn./etwas an ❶ RECHTSW. die begründete Behauptung aufstellen, dass jmd. gegen ein Gesetz verstoßen hat: jemanden des Mordes/wegen Mordes/der Steuerhinterziehung anklagen ▶ Ankläger, Anklägerin ❷ Vorwürfe machen: den Vater/das Schicksal/sich selbst anklagen

An·kla·ge·punkt der <-(e)s, -e> RECHTSW. einzelner Inhaltspunkt der Anklage

An·kla·ge·ver·tre·ter der, **An·kla·ge·ver·tre·te·rin** <-s, -> RECHTSW. Vertreter der Anklage²

an·klam·mern <klammerst an, klammerte an, hat angeklammert> I. mit OBJ ■ jmd. klammert etwas an etwas Dat. an mit (einer) Klammer(n) befestigen: die Wäsche an der Leine anklammern; eine Notiz an einen/einem Brief an-

klammern II. mit SICH ■ jmd. klammert sich an jmdn./etwas an sich an jmdm. krampfhaft festhalten: Das Mädchen klammerte sich ängstlich an den Vater an.; ■ seine Hoffnungen an etwas klammern in etwas einen Ausweg oder eine Lösung sehen Sie klammerte ihre ganzen Hoffnungen an den Brief.

An·klang der <-s, Anklänge> eine leichte Ähnlichkeit mit etwas: Anklänge an die Jazzmusik haben; ■ Anklang bei jemandem finden Zustimmung bei jmdm. finden

an·kle·ben <klebst an, klebte an, hat/ist angeklebt> I. mit OBJ (haben) ■ jmd. klebt etwas an etwas Akk. an mit Klebstoff oder Klebeband befestigen: ein Schild an den Briefkasten ankleben; einen angeklebten Bart haben II. ohne OBJ (sein) ■ jmd. klebt an etwas Dat. an an etwas haften, kleben bleiben: Er ist an der frischen Farbe angeklebt.

an·klei·den (geh.) I. mit OBJ ■ jmd. kleidet jmdn. an (≈ anziehen) die Kleidung anlegen: einen Kranken ankleiden; angekleidet sein II. mit SICH ■ jmd. kleidet sich an sich anziehen: sich für den Konzertbesuch ankleiden

an·kli·cken <klickst an, klickte an, hat angeklickt> mit OBJ ■ jmd. klickt etwas an EDV den Cursor auf etwas positionieren und einen Klick mit einer Maustaste ausführen: ein Symbol auf dem Bildschirm (mit der Maus) anklicken

an·klop·fen <klopfst an, klopfte an, hat angeklopft> ohne OBJ ■ jmd. klopft an etwas an an die Tür eines Zimmers klopfen, um einer im Zimmer befindlichen Person sein Eintreten anzukündigen: Bitte erst anklopfen, dann eintreten!; ■ bei jemandem um/wegen etwas anklopfen (umg.) jmdn. um etwas bitten

an·knip·sen <knipst an, knipste an, hat angeknipst> mit OBJ ■ jmd. knipst etwas an (umg.: ↔ ausknipsen) einschalten: Kannst du bitte mal das Licht anknipsen?

an·knüp·fen <knüpfst an, knüpfte an, hat angeknüpft> I. mit OBJ ■ jmd. knüpft etwas an etwas Dat. an ❶ eine Verbindung durch einen Knoten herstellen: einen Faden an etwas anknüpfen ❷ jmd. knüpft etwas an herstellen: Beziehungen anknüpfen II. ohne OBJ ■ jmd./etwas knüpft etwas an etwas Akk. an wieder aufnehmen: an gemeinsame Erinnerungen anknüpfen; an die Worte seines Vorredners anknüpfen ▶ Anknüpfung

an·kö·dern <köderst an, köderte an, hat angeködert> mit OBJ mit einem Köder anlocken

an·koh·len <kohlst an, kohlte an, hat angekohlt> mit OBJ (umg.: ≈ anlügen) Meinst du nicht, sie hat dich bloß angekohlt?

an·kom·men <kommst an, kam an, ist angekommen> I. ohne OBJ ❶ ■ jmd. kommt irgendwo an ein bestimmtes Ziel erreichen: Bist du gut angekommen?; Die Bergsteiger sind nie am Gipfel angekommen.; Die Expedition kam am Südpol an. ❷ ■ jmd. kommt (mit etwas Dat.) bei jmdm. an sich sehr häufig mit einer Sache an jmdn. wenden und und damit damit belästigen: Sie kommt ständig mit ihren Problemen bei mir an. II. mit ES ■ es kommt auf jmdn./etwas an es hängt von jmdm. oder etwas ab; ■ **Es kommt (mir) darauf an, ob …** es hängt (für mich) davon ab, ob …; ■ **Es kommt (mir) darauf an, dass …** es ist (mir) wichtig, dass …; ■ **es d(a)rauf ankommen lassen** (umg.) etwas tun, auch wenn es schädliche Folgen haben kann Lass es nicht darauf ankommen!; ■ **(bei jemandem) gut/schlecht ankommen** bei jmdm. gut oder schlecht aufgenommen werden; ■ **gegen jemanden/etwas nicht ankommen** gegen jmdn. oder etwas machtlos sein

an·kön·nen <kannst an, konnte an, hat angekonnt> ohne OBJ ■ **jmd. kann gegen jmdn./etwas an** es mit jmdm. oder etwas aufnehmen können: Gegen seinen Vorgesetzten kann er nicht an.

an·kot·zen <kotzt an, kotzte an, hat angekotzt> mit OBJ ■ **jmd./etwas kotzt jmdn. an** (vulg.) sehr ärgern, sehr wütend machen: Seine Unpünktlichkeit kotzt mich an.; Es kotzt mich an, dass er nie pünktlich ist.; Der Typ kotzt mich an.

an·krat·zen mit OBJ ■ **etwas kratzt etwas an** (umg.) schwächer machen: Die Misserfolge haben sein Selbstvertrauen angekratzt.

an·kün·di·gen <kündigst an, kündigte an, hat angekündigt> I. mit OBJ ■ **jmd. kündigt etwas an** sagen, dass in der Zukunft etwas geschehen wird: Baumaßnahmen/Sparmaßnahmen/eine Veranstaltung ankündigen ▶ Ankündigung II. mit SICH ■ **etwas kündigt sich an** in seinen Anfängen sichtbar werden: Der Frühling kündigt sich (mit den ersten warmen Tagen) an.

An·kün·di·gung die <-, -en> das Ankündigen / **An·kunft** die <-, Ankünfte> /Plur. selten / das Ankommen: Die Ankunft des Zuges verzögert sich um wenige Minuten.; Seit ihrer Ankunft ist nichts mehr wie es war. ◆-sdatum, -sflüge, -sgate, -shalle, -sliteratur, -sort, -splan, -sroman, -sstempel, -stafel, -stag, -sterminal, -szeit, -zeiten

an·kup·peln <kuppelst an, kuppelte an, hat angekuppelt> mit OBJ ■ **jmd. kuppelt etwas an etwas** Akk. **an** mit einer Kupplung anhängen: einen Anhänger/Wagen ankuppeln ▶ Ankupplung

an·kur·beln <kurbelst an, kurbelte an, hat angekurbelt> mit OBJ ■ **jmd./etwas kurbelt etwas an** (umg.) in Gang bringen: die Konjunktur/Wirtschaft ankurbeln ▶ Ankurbelung, Ankurblung

Anl. Abkürzung von „Anlage"

an·lä·cheln <lächelst an, lächelte an, hat angelächelt> mit OBJ ■ **jmd. lächelt jmdn. an** ansehen und dabei lächeln: Der Junge lächelt das Mädchen an.

an·la·chen <lachst an, lachte an, hat angelacht> mit OBJ ■ **jmd. lacht jmdn. an** ansehen und dabei lachen: jemanden freundlich anlachen; ■ **sich jemanden anlachen** (umg.) eine Beziehung beginnen Hast du schon gesehen, wen er sich diesmal angelacht hat?

An·la·ge die <-, -n> ❶ eine technische Vorrichtung, die bestimmten Zwecken dient: eine Anlage zur Müllsortierung; sanitäre Anlagen ◆-nbau, -nfinanzierung ❷ (≈ Park) gestaltete Freifläche oder Grünfläche: in den Anlagen spazieren gehen; öffentliche Anlagen ◆Freizeit-, Park-, Sport- ❸ WIRTSCH. (≈ Investition) etwas, in das man sein

Geld investiert: Diese Aktie ist eine gute Anlage für dein Geld. ◆-berater(in) -kapital, -nfinanzierung, -papier, -vermögen ❹ /nur Plur./ geistige oder körperliche Voraussetzungen: Er hat die Anlagen zu einem guten Sportler. ◆Charakter- ❺ ein Dokument, das zusammen mit einem Brief an jmdn. geschickt wird: Weiteres entnehmen Sie bitte der Anlage des Briefes.; Als Anlage erhalten Sie … ❻ EDV eine Datei, die zusammen mit einer E-Mail an jmdn. geschickt wird: die Anlage abspeichern/öffnen

-an·la·ge als Zweitglied zusammengesetzter Substantive; kennzeichnet das mit dem Erstglied Bezeichnete als technische Einrichtung bzw. als Gerät (mit Zubehör) ◆Alarm-, Beleuchtungs-, Bewässerungs-, Kühl-, Scheibenwisch-, Sende-, Signal-, Solar-, Stereo-, Wasch-

An·la·gen·bau der <-s> /kein Plur./ Gesamtheit der mit dem Bau von Industrieanlagen befassten Betriebe

An·la·ge·tipp der <-s, -s> (umg.) Hinweis auf eine günstige Form der Geldanlage

An·lass der <-es, Anlässe> ❶ Grund für etwas: Sie hat ohne jeden Anlass gekündigt.; Zu einem Streit besteht kein Anlass.; etwas zum Anlass nehmen; beim geringsten Anlass ◆Groß-, Schieß- ❷ (≈ Feier) ein festlicher/offizieller Anlass ◆Fest-

an·las·sen <lässt an, ließ an, hat angelassen> I. mit OBJ ■ **jmd. lässt etwas an** ❶ den Motor starten: Er lässt den Motor an. ▶ Anlasser ❷ angeschaltet lassen: das Licht anlassen ❸ nicht ausziehen: Soll ich die Schuhe anlassen? II. mit SICH ■ **etwas lässt sich irgendwie an** (umg.) in einer bestimmten Weise beginnen: sich gut/schlecht anlassen

An·las·ser der <-s, -> KFZ Vorrichtung zum Starten des Motors

an·läss·lich präp + Gen. (geh.: ≈ wegen) anlässlich deines Geburtstags

An·lauf der <-(e)s, Anläufe> ❶ SPORT (die Strecke für) das Anlaufen: einen langen Anlauf nehmen; den Anlauf verkürzen ◆-geschwindigkeit ❷ Versuch: beim ersten Anlauf scheitern; einen erneuten Anlauf starten ◆-schwierigkeiten

an·lau·fen <läufst an, lief an, hat/ist angelaufen> I. ohne OBJ (sein) ■ **etwas läuft an** ❶ (≈ starten) Die Maschine/die Werbeaktion läuft an. ❷ beschlagen, sich verfärben: Meine Brille läuft an.; Er lief vor Wut rot an. ❸ /als Part. Perf. mit „kommen"/ herbeilaufen: angelaufen kommen II. mit OBJ (haben) ■ **ein Schiff läuft etwas an** SEEW. ansteuern und für eine gewisse Zeit dortbleiben: einen Hafen anlaufen

An·lauf·stel·le die <-, -n> ein Treffpunkt, an dem es Rat und Hilfe für bestimmte Personen gibt: eine Anlaufstelle für Touristen

An·lauf·zeit die <-, -en> Zeit, die jmd. oder etwas braucht, bis alles gut funktioniert: Die Maschine braucht ein paar Stunden Anlaufzeit.; Sie braucht morgens eine gewisse Anlaufzeit.

An·laut der <-(e)s, -e> SPRACHWISS. (↔ Auslaut) der erste Laut eines Wortes oder einer Silbe ◆-domino, -gesetz, -methode, -reim, -schrift, -spiel, -tabelle, -veränderung, -verhärtung, -wörter

A

an·lau·ten <lautet an, lautete an, hat angelautet> *ohne OBJ* SPRACHWISS. *(↔ auslauten) einen bestimmten Anlaut haben*

an·le·gen <legst an, legte an, hat angelegt> **I.** *mit OBJ* ❶ ▪ *jmd. legt etwas an etwas Akk. an an etwas legen:* eine Leiter (an die Mauer) anlegen; ein Lineal anlegen; (bei) jemandem einen Verband anlegen ❷ ▪ *jmd. legt etwas an (geh.: ≈ anziehen)* die Uniform/den Schmuck anlegen ❸ ▪ *jmd. legt etwas an schaffen, gestalten:* ein Verzeichnis anlegen; ein Beet anlegen; ein hübsch angelegter Garten ❹ ▪ *jmd. legt etwas irgendwie an* WIRTSCH. *(≈ investieren) sein Geld für etwas, das Gewinn bringt, zur Verfügung stellen:* sein Geld Gewinn bringend/in Aktien/in Immobilien/in Wertpapierfonds anlegen **II.** *ohne OBJ* ❶ ▪ *ein Schiff legt an* SEEW. *vor Anker gehen:* im Hafen anlegen ❷ ▪ *jmd. legt (auf jmdn./ein Tier) an zielen:* (mit dem Gewehr) auf jemanden anlegen; ▪ *sich mit jemandem anlegen mit jmdm. Streit beginnen;* ▪ *es auf etwas anlegen etwas beabsichtigen*

An·le·ger *der*, **An·le·ge·rin** <-s, -> WIRTSCH. *(≈ Investor) jmd., der Geld anlegt*

An·le·ge·stel·le *die* <-, -n> *Stelle, an der ein Schiff anlegt II.1*

an·leh·nen <lehnst an, lehnte an, hat angelehnt> **I.** *mit OBJ* ▪ *jmd. lehnt etwas an etwas Akk. an* ❶ *einen Gegenstand in einer leicht geneigten Stellung so gegen ein relativ großes und stabiles Objekt stellen, dass er stehen bleibt:* das Brett/die Leiter an die/der Wand anlehnen ❷ *etwas ähnlich wie ein Vorbild gestalten:* Der Autor lehnte seinen Roman an den Dracula-Stoff an. **II.** *ohne OBJ* ▪ *jmd. lehnt etwas an nicht vollständig schließen:* die Tür/das Fenster (nur) anlehnen; Die Tür war nur angelehnt. **III.** *mit SICH* ▪ *jmd. lehnt sich an etwas Akk. an* ❶ *sich so zu einer Wand oder einem großen Gegenstand stellen, dass der Rücken festen Kontakt damit hat:* sich (mit dem Rücken) an die/der Wand anlehnen; sich an den Baumstamm/den Schrank anlehnen ❷ *nachahmen:* sich (bei/mit etwas) an ein Vorbild anlehnen

An·leh·nung *die* <-> */kein Plur./ das Anlehnen²;* ▪ *in/unter Anlehnung an … nach dem Vorbild von …*

An·leh·nungs·be·dürf·nis *das* <-ses> */kein Plur./ das Bedürfnis, von jmdm. Zärtlichkeit zu erhalten* ▸ anlehnungsbedürftig

an·lei·ern <leierst an, leierte an, hat angeleiert> *mit OBJ* ▪ *jmd. leiert etwas an (umg.) in die Wege leiten:* Kannst du das mal anleiern?

An·lei·he *die* <-, -n> WIRTSCH. *ein langfristiger Kredit:* bei jemandem eine Anleihe aufnehmen/machen; von jemandem Geld leihen; ▪ **Anleihen bei jemandem machen** *(übertr.) jmds. Ideen verwenden* ◆ -ablösung, -papier

an·lei·men <leimst an, leimte an, hat angeleimt> *mit OBJ* ▪ *jmd. leimt etwas an etwas Dat. an mit Leim befestigen*

an·lei·nen <leinst an, leinte an, hat angeleint> *mit OBJ (einen Hund) an die Leine nehmen:* Im Park müssen Hunde angeleint werden.

an·lei·ten <leitest an, leitete an, hat angeleitet>

mit OBJ ▪ *jmd. leitet jmdn. zu etwas Akk. an zeigen, wie etwas gemacht wird:* ein Kind zur Ordnung anleiten

An·lei·tung *die* <-, -en> ❶ *(≈ Instruktion) das Anleiten:* unter Anleitung von … ❷ *schriftlicher Text, der eine Anleitung¹ enthält:* Bitte lesen Sie erst die Anleitung! ◆ Arbeits-, Bedienungs-, Gebrauchs-

an·ler·nen *mit OBJ* ▪ *jmd. lernt jmdn. an in eine Tätigkeit einarbeiten:* einen Hilfsarbeiter anlernen; ein angelernter Arbeiter ▸ Anlernung

An·lie·gen *das* <-s, -> *ein Wunsch, den jmd. in Bezug auf eine bestimmte Sache jmdm. gegenüber hat:* ein dringendes Anliegen haben; sein Anliegen bei der Behörde vortragen

an·lie·gen <liegt an, lag an, hat angelegen> *ohne OBJ* ❶ ▪ *etwas liegt irgendwie an als Kleidungsstück sich eng an den Körper schmiegen:* Das Kleid/der Rock liegt eng an.; ein eng anliegender Pullover ❷ ▪ *etwas liegt an (umg.: ≈ anstehen) zu erledigen sein:* Was liegt sonst noch an? ❸ ▪ *Spannung liegt an etwas Dat. an* ELEKTROTECHN. *etwas steht unter Spannung:* Wenn Spannung anliegt, darf nicht an Stromleitungen gearbeitet werden.

An·lie·ger *der*, **An·lie·ge·rin** <-s, -> *(≈ Anwohner) jmd., dessen Grundstück an etwas angrenzt;* ▪ **Anlieger frei** *nur Anwohner oder Anlieger dürfen in diese Straße fahren* ◆ -beitrag, -gebühr, -gemeinschaft, -grundstück, -kosten, -leistung, -parkplatz, -pflichten, -recht, -verkehr, -weg, -wohnung

an·lo·cken <lockst an, lockte an, hat angelockt> *mit OBJ* ▪ *jmd./etwas lockt jmdn./ein Tier an durch eine Sache bewirken, dass Menschen oder Tiere an einen Ort kommen:* Der Honig hat den Bären angelockt.; Die Musik lockte viele Menschen an.

an·lö·ten <lötest an, lötete an, hat angelötet> *mit OBJ* ▪ *jmd. lötet etwas an etwas Akk. an durch Löten befestigen*

an·lü·gen <lügst an, log an, hat angelogen> *mit OBJ* ▪ *jmd. lügt jmdn. an jmdm. eine Lüge sagen:* Lüge mich nicht immer an!

an·ma·chen <machst an, machte an, hat angemacht> *mit OBJ* ❶ ▪ *jmd. macht etwas an (umg.: ↔ ausmachen) einschalten:* das Licht/das Radio anmachen ❷ ▪ *jmd. macht etwas an etwas Dat. an (umg.) befestigen:* ein Bild (an der Wand) anmachen ❸ ▪ *jmd. macht etwas an entfachen:* Feuer/den Ofen anmachen ❹ ▪ *jmd. macht etwas an zusammen mit weiteren Zutaten oder Stoffen ansetzen:* den Gips/Salat anmachen ❺ ▪ *jmd. macht jmdn. an (umg. abwert.) versuchen, das (sexuelle) Interesse eines Mannes oder einer Frau auf sich zu lenken:* Er macht sie ständig an. ▸ Anmache ❻ ▪ *jmd./etwas macht jmdn. an (umg.) gefallen:* Der Film macht mich (überhaupt nicht) an. ❼ ▪ *jmd. macht jmdn. an (umg.) jmdn. beschimpfen; sich mit jmdm. streiten:* Der Lehrer hat mich heute blöd angemacht.; Mach' mich nicht an!

An·marsch ▪ **im Anmarsch sein** *(umg.) unterwegs sein* ◆ -weg

an·ma·ßen <maßt an, maßte an, hat angemaßt>

mit SICH ■ *jmd. maßt sich etwas an (abwert.)*
sich (unberechtigt) ein Recht nehmen: sich anmaßen, etwas zu tun; sich ein Recht/ein Urteil anmaßen

an·ma·ßend *adj (abwert.: ≈ arrogant) so, dass man*
übertrieben selbstbewusst ist

A̱n·ma·ßung *die <-, -en> der Vorgang, dass jmd.*
unberechtigt Anspruch auf etwas erhebt: die Anmaßung eines Amtes/Rechtes; Das ist eine unerhörte Anmaßung; der Kerl hat kein Recht darauf!

A̱n·mel·de·be·schei·ni·gung *die <-, -en> Bescheinigung, dass sich jmd.* an einem Ort (bei der
Meldebehörde) angemeldet hat

A̱n·mel·de·for·mu·lar *das <-s, -e> Formular, mit*
*dem man sich an einem Ort (bei der Meldebe-
hörde) anmelden kann*

A̱n·mel·de·ge·bühr *die <-, -en> Geldbetrag, den*
man für eine Anmeldung bezahlen muss

an·mel·den I. *mit OBJ* ❶ ■ *jmd. meldet jmdn.*
*bei etwas Dat. an (↔ abmelden) offiziell regis-
trieren lassen:* ein Kind bei einer Schule anmelden; bereits angemeldet sein; ein Auto anmelden
❷ ■ *jmd. meldet etwas an einen Anspruch*
geltend machen: Bedenken/Rechte anmelden
❸ ■ *jmd. meldet etwas an (↔ abmelden) ein*
Gerät, ein Auto o. Ä. offiziell registrieren lassen:
das Auto/den Fernseher/das Radio anmelden
❹ ■ *jmd. meldet etwas an (≈ ankündigen)* Er
hat sein Kommen angemeldet. II. *mit SICH*
■ *jmd. meldet sich an (↔ abmelden) sich offiziell registrieren lassen:* sich beim Einwohnermel-
deamt/polizeilich anmelden

an·mel·de·pflich·tig *adj /nicht steig./ so, dass etwas angemeldet werden muss*

A̱n·mel·dung *die <-, -en> (↔ Abmeldung) das*
Anmelden ◆ -sbestätigung, -sformular, -sgebühren,
-skosten, -spflicht

an·mer·ken <merkst an, merkte an, hat ange-
merkt> *mit OBJ* ❶ ■ *jmd. merkt etwas an*
(geh.) ergänzend sagen oder notieren: Ich möchte
dazu noch etwas anmerken.; in einem Text etwas
anmerken ❷ ■ *jmd. merkt jmdm. etwas an (an*
jmdm.) spüren: jemandem etwas anmerken; sich
nichts anmerken lassen; Man merkt ihr den Ärger
an.

A̱n·mer·kung *die <-, -en> ergänzende Bemerkung oder Notiz* ◆ -sapparat, -sverzeichnis, -sziffer

an·mo·de·rie·ren <moderiert an, moderierte
an, hat anmoderiert> *mit OBJ* ■ *jmd. moderiert*
etwas an TV (↔ abmoderieren) als Moderator
einleitende Worte sprechen ▶ Anmoderation

an·mon·tie·ren <montierst an, montierte an, hat
anmontiert> *mit OBJ* ■ *jmd. montiert etwas an*
etwas an (≈ anschrauben ↔ abmontieren) ein
Regal an die Wand anmontieren

an·mot·zen <motzt an, motzte an, hat ange-
motzt> *mit OBJ* ■ *jmd. motzt jmdn. an (umg.*
abwert.) unfreundlich anreden: Als Junge hat er
häufig seine Brüder angemotzt.

A̱n·mut *die <-> /kein Plur./ Schönheit (der Bewegung):* die Anmut ihrer Bewegungen/des Tänzers

an·mu·tig *adj voller Anmut:* ihr anmutiger Gang

A̱n·mu·tung *die <-, -en> das (ungefähre) Erscheinungsbild von etwas*

an·nä·hen <nähst an, nähte an, hat angenäht>
mit OBJ ■ *jmd. näht etwas an etwas Dat. an*
durch Nähen befestigen: einen Knopf am Hemd
annähen

an·nä·hern <näherst an, näherte an, hat angenä-
hert> I. *mit OBJ* ■ *jmd. nähert etwas an etwas*
Akk. an ähnlich machen: seinen Standpunkt der
allgemeinen Meinung annähern II. *mit SICH* ■ *etwas nähert sich an etwas Akk. an* ❶ ■ *jmd./et-
was nähert sich an jmdm./einem Tier an* sich
(langsam) nähern, näherkommen: Vorsichtig nähert sich die Katze dem schlafenden Hund an.
❷ ■ *jmd. nähert sich an jmdn. an* sich menschlich näherkommen: Sie haben sich im Laufe der
Zeit angenähert. ❸ ■ *etwas nähert sich an etwas Akk. an (≈ sich angleichen) ähnlich werden:*
sich einem Vorbild annähern

an·nä·hernd *adv etwa, ungefähr:* annähernd 200
Teilnehmer; annähernd gleich alt sein; etwas annähernd verstanden haben

An·nä·he·rung *die <-, -en> das Annähern* ◆ -sa-
larm, -sgeschwindigkeit, -spolitik, -srechnung,
-ssensor, -sverbot, -sziele, -szone, -szünder

An·nä·he·rungs·ver·such *der <-(e)s, -e> der*
*Versuch, sich einem Menschen (in sexueller Ab-
sicht) zu nähern:* (plumpe) Annäherungsversuche
machen

An·nah·me *die <-, -n>* ❶ */kein Plur./ (≈ Entgegennahme) der Vorgang, dass jmd. etwas nimmt,
das ihm eine andere Person geben will:* Der Nachbar hat die Annahme des Pakets verweigert.; die
Annahme von Bestechungsgeldern ◆ -erklärung,
-frist, -stelle, -vermerk, -verweigerung ❷ */kein
Plur./ Zustimmung zu etwas:* die Annahme eines
Vorschlags/eines Gesetzes ❸ *(≈ Vermutung) der
Sachverhalt, dass jmd. glaubt, etwas sei der Fall:*
Ich rief an in der Annahme, dass du dich freust.;
der Annahme sein, dass …

An·nah·me·be·stä·ti·gung *die <-, -en> Bestätigung über die Annahme*[1] *von etwas*

An·nah·me·schluss *der <-es> /kein Plur./ Termin, nach dessen Verstreichen etwas irgendwo
nicht mehr angenommen wird*

an·nehm·bar *adj /nicht steig./ (≈ akzeptabel) so
angemessen oder richtig, dass man es akzeptieren
kann:* ein annehmbarer Preis/Vorschlag

an·neh·men <nimmst an, nahm an, hat ange-
nommen> *mit OBJ* ■ *jmd. nimmt etwas an*
❶ *(≈ entgegennehmen) etwas, das jmd. einem geben will, nehmen:* einen Auftrag/ein Paket annehmen ❷ *(↔ ablehnen) sich einverstanden erklären:* einen Vorschlag/einen Gesetzentwurf/eine
Einladung annehmen; Er/seine Bewerbung ist angenommen worden. ❸ *(≈ vermuten) glauben, dass
in Bezug auf eine Sache etwas der Fall sei:* Ich
nehme an, du wirst mir helfen.; Angenommen,
dass … ❹ *(↔ ablegen) sich zu Eigen machen:* einen neuen Namen/schlechte Angewohnheiten annehmen ❺ *(≈ erreichen) einen bestimmten (negativen) Zustand erreichen:* immer schlimmere Aus-
maße/Formen annehmen; ■ *sich einer Sache/
einer Person annehmen* sich um eine Sache
oder eine Person kümmern

An·nehm·lich·keit *die <-, -en> /meist Plur./ et-*

A

was, das bewirkt, dass man sich wohl fühlt: die Annehmlichkeiten des Lebens ▸ annehmlich

an·nek·tie·ren [anɛkˈtiːrən] <annektierst, annektierte, hat annektiert> *mit OBJ* ■ *jmd. annektiert etwas* POL. *(geh.) gewaltsam in Besitz nehmen:* Die Feinde haben das Land annektiert. ▸ Annektierung, Annexion, Annexionismus

an·ner·ven <nervst an, nervte an, hat angenervt> *mit OBJ* ■ *jmd./etwas nervt jmdn. an (umg. abwert.) sehr stark irritieren und ärgern:* Seine Unpünktlichkeit nervt mich an.

An·ne·xi·on *die* [anɛˈksioːn] <-, -en> POL. *gewaltsame Besetzung und Aneignung eines fremden Gebietes*

an·no, *a.* **An·no** *adv (veraltet.) im Jahre:* anno 1970; ■ **anno dazumal** *(umg.) in der Vergangenheit;* ■ **Anno Domini** *im Jahre des Herrn*

An·non·ce *die* [aˈnɔŋsə] <-, -n> *Anzeige:* eine Annonce in die Zeitung setzen ◆-nteil, Heirats-, Zeitungs-

an·nul·lie·ren [anʊˈliːrən] <annullierst, annullierte, hat annulliert> *mit OBJ* ■ *jmd. annulliert etwas für ungültig erklären:* einen Vertrag annullieren ▸ Annullierung

Ano·de *die* <-, -n> PHYS. *(≈ Pluspol ↔ Kathode) positive Elektrode*

an·öden *mit OBJ* ■ *jmd./etwas ödet jmdn. an (umg. abwert.) langweilen:* Der Job ödete sie an.

an·o·mal, **an·o·mal** *adj /nicht steig./ (geh.) von der Norm abweichend:* ein anomales Verhalten; Die Krankheit verläuft anomal.; *siehe auch* **anormal**

An·o·ma·lie *die* <-, ...-lien> *Abweichung vom Normalen*

an·o·nym [anoˈnyːm] *adj* ❶ *von einer ungenannten Person stammend:* ein anonymer Anruf/Brief ❷ *so, dass man unbekannt oder ungenannt bleibt:* anonym bleiben wollen; ein anonymer Anrufer ❸ *so, dass es unpersönlich und kontaktarm wirkt:* anonyme Großstadtsiedlungen/Wohnblocks ▸ Anonymität

Ano·rak *der* [ˈanorak] <-s, -s> *warm gefütterte sportliche Jacke*

an·ord·nen <ordnest an, ordnete an, hat angeordnet> *mit OBJ* ■ *jmd. ordnet etwas an* ❶ *(≈ befehlen) die (verbindliche) Anweisung geben, dass jmd. etwas tun soll:* eine Untersuchung anordnen ❷ *nach bestimmten Regeln ordnen:* die Bilder an der Wand neu anordnen; die Waren nach dem Preis anordnen

An·ord·nung *die* <-, -en> ❶ *(≈ Befehl, Weisung) das Anordnen* ■ *auf jmds. Anordnung auf jmds. Veranlassung:* auf Anordnung des Arztes nicht mehr rauchen ❷ *die Art, wie etwas aufgestellt ist:* die Anordnung der Bücher im Regal

anor·mal *adj /nicht steig./ (↔ normal) so, dass es vom Normalen abweicht:* einen anormalen Eindruck machen; *siehe auch* **anomal**

an·pa·cken <packst an, packte an, hat angepackt> *mit OBJ* ■ *jmd. packt jmdn./etwas an* ❶ *fest anfassen* ❷ *(umg.) in Angriff nehmen:* eine Arbeit anpacken ❸ *(umg.) helfen:* Kannst du mal mit anpacken?

an·pas·sen <passt an, passte an, hat angepasst>

I. *mit OBJ* ■ *jmd. passt etwas Dat./an etwas Akk. an etwas passend machen:* das Bild (in der Größe/Form) an den Rahmen anpassen; die Mittel dem Zweck anpassen **II.** *mit SICH* ■ *jmd. passt sich an jmdn./etwas an sein Verhalten auf die Umgebung abstimmen:* sich an seine Umgebung anpassen/seiner Umgebung anpassen

An·pas·sung *die* <-, -en> /Plur. selten/ *das Anpassen* ◆-sdepression, -sdruck, -serscheinungen, -sfähigkeit, -sfaktor, -sfortbildung, -sfunktion, -sgebot, -sgeld, -sgesetz, -sheuristik, -shilfen, -sinnovation, -sjahr, -sklausel, -skosten, -slehrgang, -sleistung, -smaßnahme, -smechanismus, -sproblem, -sprofil, -sreaktion, -srichtlinie, -sschwierigkeiten, -sstörung, -sstrategie, -ssyndrom, -stest, -sverhalten, -sverlangen, -svermögen, -svorgänge, -szeit

An·pas·sungs·fä·hig *adj so, dass man sich seiner Umgebung anpassen II kann* ▸ Anpassungsfähigkeit

An·pas·sungs·pro·zess *der* <-es, -e> *der Vorgang, dass jmd. oder etwas sich an jmdn. oder etwas anpasst II*

an·pei·len <peilst an, peilte an, hat angepeilt> *mit OBJ* ■ *jmd. peilt etwas an* ❶ TECHN. *die Lage und Entfernung von etwas bestimmen:* einen Sender/ein Schiff/ein Ziel anpeilen ❷ *(umg. scherzh.) zum Ziel haben:* Ich peile einen guten Job an.

an·pflan·zen <pflanzt an, pflanzte an, hat angepflanzt> *mit OBJ* ■ *jmd. pflanzt etwas an Samen von Pflanzen auf fruchtbaren Boden sähen und diesen sich entwickeln lassen:* In ihrem kleinen Garten pflanzt sie Salat, Kartoffeln und Zwiebeln an.

An·pflan·zung *die* <-, -en> *ein Feld o. Ä., wo etwas angepflanzt worden ist* ◆-sratgeber

an·pran·gern <prangerst an, prangerte an, hat angeprangert> *mit OBJ* ■ *jmd. prangert etwas an (geh.) öffentlich tadeln:* Missstände anprangern ▸ Anprangerung

an·prei·sen <preist an, pries an, hat angepriesen> *mit OBJ* ■ *jmd. preist etwas an etwas besonders empfehlen:* seine Ware anpreisen ▸ Anpreisung

an·pre·schen <preschst an, preschte an, ist angeprescht> *ohne OBJ* ■ *jmd. prescht an schnell angelaufen kommen*

An·pro·be *die* <-, -n> *das Anprobieren* ◆-kabine, -model, -spiegel, Kleider-

an·pro·bie·ren <probierst an, probierte an, hat anprobiert> *mit OBJ* ■ *jmd. probiert etwas an etwas anziehen, um zu sehen, ob es die richtige Größe hat (und einem gefällt):* Anzüge/Hüte/Kleidung/Schuhe anprobieren

an·pum·pen <pumpst an, pumpte an, hat angepumpt> *mit OBJ* ■ *jmd. pumpt jmdn. um etwas Akk. an (umg.) jmdn. bitten, dass er/sie einem Geld ausleiht:* jemanden (um 5 Euro) anpumpen; Er braucht dringend Geld, aber seinen Vater kann er nicht schon wieder anpumpen.

An·rai·ner *der*, **An·rai·ne·rin** <-s, -> SÜDDT., ÖSTERR. *Nachbar(in)* ◆-staat

An·ra·ten ■ *auf Anraten auf Empfehlung; gemäß jmds. Rat:* auf Anraten des Arztes ▸ anraten

an·rau·chen <rauchst an, rauchte an, hat ange-

raucht> *mit OBJ* ■ *jmd. raucht etwas an* zu rau-chen beginnen: die eben angerauchte Zigarette ausdrücken

an·rau·en <raust an, raute an, hat angeraut> *mit OBJ* ■ *jmd. raut etwas an* rau machen: eine glatte Schuhsohle anrauen ▶ Anrauung

an·rech·nen <rechnest an, rechnete an, hat an-gerechnet> *mit OBJ* ■ *jmd. rechnet (jmdm.) etwas an* ❶ in Rechnung stellen: Diese Garantie-reparatur rechne ich Ihnen nicht an. ❷ *als Händler beim Kauf eines neuen Gerätes das alte Gerät des Kunden nehmen und vom Kaufpreis des neuen Gerätes einen gewissen Betrag (als Gegenwert des alten) abziehen:* das alte Auto noch mit 500 Euro anrechnen *jmds. Verhalten als sehr gut anerkennen* ■ *jemandem etwas hoch an-rechnen jmds. Verhalten als sehr gut anerkennen* ▶ Anrechnung

An·recht *das* <-(e)s, -e> *jmds. Recht auf etwas:* Er hat kein Anrecht auf diese Position. ◆-skarte

An·re·de *die* <-> */kein Plur./ sprachliche Äuße-rungsform, mit der man sich mündlich oder schriftlich (am Anfang eines Briefes) an ein Ge-genüber wendet:* eine höfliche Anrede ◆-fall, -for-men, -fürwort, -nominativ, -pronomen, -verhalten, -wörter

an·re·den <redest an, redete an, hat angeredet> *mit OBJ* ❶ ■ *jmd. redet jmdn. (irgendwie) an* in einer bestimmten Weise ansprechen: Er hat mich einfach so auf der Straße angeredet.; Er re-dete sie unfreundlich an. ❷ ■ *jmd. redet jmdn. als etwas/irgendwie an jmdn. mit einem be-stimmten Namen ansprechen:* Sie redete ihren Chef mit dem Vornamen an. ❸ ■ *jmd. redet ge-gen etwas Akk. an versuchen, sich mit seiner Stimme gegen Lärm durchzusetzen:* Gegen den Krach der Motoren konnte sie nicht lange anre-den.

an·re·gen <regst an, regte an, hat angeregt> *mit OBJ* ❶ ■ *jmd. regt etwas an (mit einer Äuße-rung) bewirken, dass jmd. mit etwas beginnt oder etwas in Erwägung zieht:* jemanden zum Nach-denken anregen; eine Aktion/eine Maßnahme/ein Projekt anregen ❷ ■ *etwas regt etwas an eine belebende Wirkung haben:* jemandes Appetit/ Kreislauf anregen; ein anregendes Getränk

An·re·gung *die* <-, -en> ❶ *das Anregen* ◆-sener-gie, -smittel ❷ *etwas, das bringt, etwas zu tun:* auf Anregung meines Freundes

an·rei·chern <reicherst an, reicherte an, hat an-gereichert> I. *mit OBJ* ■ *jmd. reichert etwas mit etwas Dat. an den Gehalt von etwas erhö-hen:* ein Nahrungsmittel mit zusätzlichen Minera-lien anreichern; angereichertes Uran II. *mit SICH* ■ *etwas reichert sich an sich ansammeln:* Das Gift reichert sich im Boden an. ▶ Anreicherung

An·rei·se *die* <-, -n> (≈ Abreise) *die Reise zu ei-nem Ort hin* ◆-beschreibung, -datum, -kosten, -plan, -skizze, -tag, -weg, -zeit

An·reiz *der* <-es, -e> (≈ Motivation) *etwas, das be-wirkt, dass jmd. etwas tun will:* den Anreiz zu et-was geben; Anreize schaffen ◆Arbeits-

an·rei·zen <reizt an, reizte an, hat angereizt> *mit OBJ* ■ *jmd. reizt jmdn. zu etwas Dat. an* (≈ mo-tivieren) Die Firma versucht, ihre Mitarbeiter durch Bonuszahlungen zu mehr Leistung anzurei-zen.

an·rem·peln <rempelst an, rempelte an, hat an-gerempelt> *mit OBJ* ■ *jmd. rempelt jmdn. an* (umg.) (absichtlich) mit dem eigenen Körper ge-gen den Körper einer anderen Person stoßen: Er hat mich einfach angerempelt und ist ohne eine Entschuldigung weitergegangen. ▶ Anrempelung/ Anremplung

an·ren·nen <rennst an, rannte an, ist ange-rannt> *ohne OBJ* ❶ ■ *jmd. kommt angerannt /als Part. Perf. mit „kommen"/ sich laufend auf jmdn. zu bewegen:* im letzten Moment angerannt kommen ❷ ■ *jmd. rennt gegen etwas Akk. an verzweifelt gegen etwas kämpfen:* gegen den Feind/die Intoleranz der Menschen/ alte Vorur-teile anrennen

An·rich·te *die* <-, -n> *Geschirrschrank mit einer Fläche zum Bereitstellen von Speisen* ◆-tisch

an·rich·ten *mit OBJ* ■ *jmd. richtet etwas an* ❶ (≈ zubereiten) eine Mahlzeit anrichten ❷ (≈ ver-ursachen) Der Sturm hat schwere Schäden ange-richtet.; Da hat er was Schönes angerichtet!

An·riss *der* <-es, -e> *der Zustand, dass etwas an einer Stelle einen (ersten) Riss hat:* der Anriss ei-ner Muskelfaser ◆Muskelfaser-

an·rü·chig *adj* (≈ verrufen) so, dass etwas einen sehr schlechten Ruf hat und man damit nicht in Verbindung gebracht werden will: eine anrüchige Kneipe ▶ Anrüchigkeit

An·ruf *der* <-(e)s, -e> *der Vorgang, dass jmd. jmdn. per Telefon zu erreichen versucht:* seit Stun-den auf ihren Anruf warten; Um Mitternacht kam der erlösende Anruf – es war alles gut gegangen.; Ich muss noch ganz schnell einen Anruf machen.; Da war ein Anruf für Sie, ein Herr Schulze ... ◆Droh-

An·ruf·be·ant·wor·ter *der* <-s, -> *ein Gerät, das bei einem Telefonanruf den Anrufer automatisch einen gespeicherten Antworttext hören lässt und ihm Gelegenheit gibt, eine Nachricht auf Band zu sprechen*

an·ru·fen <rufst an, rief an, hat angerufen> I. *mit OBJ* ■ *jmd. ruft jmdn. an* ❶ am Telefon jmds. Nummer wählen und die Verbindung aufnehmen: Rufst du mich mal an?; Sie könnte ruhig öfter anru-fen!; Wenn du mich anrufen willst, hier ist meine Nummer.; Wieder hat mich das ganze Wochen-ende niemand angerufen! ▶ Anrufer, Anruferin ❷ (geh.) bei jmdm. Hilfe erbitten: Gott/die Ge-richte anrufen ▶ Anrufung II. *ohne OBJ* ■ *jmd. ruft an jmd. meldet sich telefonisch:* Hat jemand angerufen?; Ich habe gestern schon einmal angeru-fen.; Darf ich mal bei Ihnen anrufen?; Er ruft täg-lich bei mir an. ▶ Anrufer, Anruferin

an·rüh·ren <rührst an, rührte an, hat angerührt> *mit OBJ* ■ *jmd. rührt etwas an* ❶ (≈ anfassen) mit der Hand berühren: Wir dürfen hier nichts an-rühren! ❷ (Zutaten) mischen: Farbe/Kuchenteig/ Tapetenkleister anrühren ❸ (geh.: ≈ rühren) jmdn. innerlich berühren: Das Leid der Kinder rührt uns an.; anrührende Worte finden; ■ *keinen Alko-hol/keine Zigarette (mehr) anrühren (umg.) nicht mehr trinken oder rauchen*

ans *präp* (≈ „an das") Kannst du mal ans Telefon kommen?

An·sa·ge *die* <-, -n> (≈ *Durchsage*) *die Worte, die an die an einem Ort versammelten Menschen gesprochen werden:* eine Ansage machen ◆ Lautsprecher-, Telefon-

an·sa·gen <sagst an, sagte an, hat angesagt> **I.** *mit OBJ* ■ *jmd. sagt etwas an einen (kurzen) Text sprechen, mit dem jmd./etwas angekündigt wird:* einen Künstler/eine Sendung ansagen **II.** *mit SICH* ■ *jmd. sagt sich an seinen Besuch ankündigen:* sich für den Abend bei jemandem ansagen; *siehe auch* **angesagt**

An·sa·ger *der*, **An·sa·ge·rin** *die* <-s, -> *jmd., der im Fernsehen Ansagen macht* ◆ Fernseh-

an·sam·meln <sammelst an, sammelte an, hat angesammelt> **I.** *mit OBJ* ■ *jmd. sammelt etwas an zusammentragen:* Vorräte ansammeln **II.** *mit SICH* ■ *etwas sammelt sich irgendwo/ bei jmdm. an sich an einem Ort oder bei einer Person stauen:* In der Senke hat sich Wasser angesammelt.; Es hat sich viel Ärger/Frustration bei ihm angesammelt.

An·samm·lung *die* <-, -en> *Dinge, die sich an einer Stelle angesammelt II haben*

an·säs·sig *adj* /*nicht steig.*/ *so, dass man an einem bestimmten Ort wohnt* ◆ orts- ► Ansässigkeit

An·satz *der* <-es, Ansätze> **①** *die Stelle, an der etwas an etwas befestigt oder angewachsen ist:* der Ansatz der Arme am Körper/der Äste am Baum ◆ -blondierung, -bolzen, -dauerwelle, -schraube, -stift, -strähnen, -stück, -welle, Haar-, Hals- **②** *die ersten Anzeichen von etwas:* in den ersten Ansätzen stecken bleiben ◆ Bauch-, Rost- **③** WIRTSCH. *veranschlagte Kosten:* Die Baukosten haben den ursprünglichen Ansatz weit überschritten. ◆ -gebot, -pflicht **④** *die Art und Weise, wie man ein Problem zu lösen versucht:* der richtige Ansatz zur Lösung einer Mathematikaufgabe/eines Problems ◆ -punkt, Denk-, Lösungs- **⑤** ■ **etwas ist (schon) im Ansatz falsch/verfehlt/…** *etwas ist nicht deshalb falsch, … weil es nicht richtig gemacht wurde, sondern weil die grundsätzliche Idee/das Grundprinzip falsch ist*

An·saug·rohr *das* <-(e)s, -e> TECHN. *Rohr, durch das etwas angesaugt wird*

an·schaf·fen <schaffst an, schaffte an, hat angeschafft> **I.** *mit OBJ* **①** ■ *jmd. schafft etwas an* (≈ *kaufen*) *eine Ware (von einem größeren Wert) kaufen:* sich ein Auto/eine neue Waschmaschine anschaffen **②** ■ *jmd. schafft jmdm. etwas an* SÜDDT., ÖSTERR. *befehlen* **II.** *ohne OBJ* ■ *jmd. schafft an* (*umg.*) *Prostitution betreiben:* Früher hat sie angeschafft.; anschaffen gehen

An·schaf·fung *die* <-, -en> **①** *das Anschaffen I.1* **②** *etwas, das man gekauft an:* Unsere neueste Anschaffung ist eine Espressomaschine.; Anschaffungen für die neue Wohnung machen ◆ -kosten, -spreis

An·schaf·fungs·wert *der* <-(e)s, -e> *der Wert, den etwas beim Kauf hatte*

an·schal·ten <schaltest an, schaltete an, hat angeschaltet> *mit OBJ* ■ *jmd. schaltet etwas ein*

(↔ *ausschalten*) *in Betrieb setzen:* Schaltest du mal bitte den Fernseher an?

an·schau·en <schaust an, schaute an, hat angeschaut> *mit OBJ* ■ *jmd. schaut etwas an* SÜDDT., ÖSTERR., SCHWEIZ. *ansehen*

an·schau·lich *adj* (≈ *klar*) *so, dass man es gut verstehen und nachvollziehen kann:* ein anschauliches Beispiel geben ► Anschaulichkeit

An·schau·ung *die* <-, -en> (≈ *Auffassung*) *die Art und Weise, wie man über eine Sache denkt und ihr gegenüber eingestellt ist:* seine eigenen Anschauungen zu/über etwas haben; ■ **aus eigener Anschauung** *aus eigener Erfahrung* ein Problem aus eigener Anschauung kennen ◆ -smaterial

An·schau·ungs·un·ter·richt *der* <-(e)s> /kein Plur./ *Unterricht, der Wissen nicht nur abstrakt vermittelt, sondern dieses durch konkrete Beispiele verdeutlicht*

An·schein *der* <-(e)s> /kein Plur./ *der äußere Eindruck, den jmd. oder etwas macht und der auch im Widerspruch zu den tatsächlichen Gegebenheiten stehen kann:* allem Anschein nach; Es hat den Anschein, dass/als ob …; sich den Anschein geben, als ob man ein Künstler/erfolgreich sei; Sein Verhalten konnte durchaus den Anschein erwecken, er habe die Sache im Griff

an·schei·nend *adv* /nicht steig./ *soweit man es nach Kenntnis der Tatsachen sagen kann:* Anscheinend sind sie verlobt.; *vergleiche* **scheinbar**

an·schie·ben <schiebst an, schob an, hat angeschoben> *mit OBJ* ■ *jmd. schiebt etwas an* **①** *ein Fahrzeug schieben, damit es starten kann:* ein Fahrzeug anschieben **②** (*umg. übertr.*) *etwas beschleunigen bzw. in Bewegung setzen:* eine Aktion/die öffentliche Diskussion (über ein Problem) anschieben

an·schie·ßen <schießt an, schoss an, hat/ist angeschossen> **I.** *mit OBJ (haben)* ■ *jmd. schießt jmdn./ein Tier an mit einer Schusswaffe verletzen, aber nicht töten:* Er hat den Hasen nur angeschossen.; angeschossenes Wild **II.** *ohne OBJ (sein) /als Part. Perf. mit „kommen"/* ■ *etwas schießt an* (*umg.*) *sich sehr schnell auf etwas zubewegen:* Er wollte gerade die Straße überqueren, als das Auto angeschossen kam.

An·schlag *der* <-(e)s, Anschläge> **①** *verbrecherischer Überfall:* einem Anschlag zum Opfer fallen ◆ Bomben-, Mord-, Sprengstoff-, Terror- **②** /kein Plur./ TECHN. *die äußerste, an einem Schalter oder anderen Vorrichtung einstellbare Position:* Dreh den Knopf bis zum Anschlag! ◆ -dämpfer, -gummi, -hülse, -leiste, -puffer, -winkel **③** (≈ *Aushang*) *ein geschriebener Text, der an einer öffentlich zugänglichen Stelle an etwas befestigt ist:* etwas durch (einen) Anschlag bekanntmachen ◆ -säule, -tafel **④** *das Anschlagen von Tasten oder Saiten:* einen harten Anschlag haben; 200 Anschläge pro Minute schreiben ◆ -arten, -dynamik

An·schlag·brett *das* <-(e)s, -er> *eine Tafel für Aushänge*

an·schla·gen <schlägst an, schlug an, hat angeschlagen> **I.** *mit OBJ* **①** ■ *jmd. schlägt etwas an an einer Stelle einen Anschlag*[3] *anbringen:* eine Bekanntmachung an der/die Tür anschlagen

❷ ■ *jmd. schlägt etwas an etwas Dat.* **an** TECHN. *befestigen:* ein Brett (mit Nägeln) irgendwo anschlagen **❸** ■ *etwas schlägt irgendwo an mit etwas an einer Stelle anstoßen:* Die Schüssel ist am Rand angeschlagen. **❹** ■ *jmd. schlägt etwas an mit den Fingern berühren:* die Tasten eines Gerätes/Musikinstruments anschlagen **❺** ■ *jmd. schlägt etwas an ertönen lassen:* einen Akkord/ eine Melodie anschlagen **❻** ■ *jmd. schlägt etwas an zu etwas überwechseln:* einen ernsteren Ton/ eine schnellere Gangart anschlagen **II.** *ohne OBJ* **❶** ■ *jmd. schlägt irgendwo an* SPORT *etwas berühren:* an der Wende anschlagen **❷** ■ *ein Hund schlägt an ein kurzes Bellen hören lassen:* Der Hund schlug an.

An·schlags·op·fer *das* <-s, -> *Opfer eines Anschlags[1]*

an·schlie·ßen <schließt an, schloss an, hat angeschlossen> **I.** *mit OBJ* **❶** ■ *jmd. schließt etwas (an etwas Akk.) an mit etwas verbinden:* einen Wasserhahn (an die Leitung)/ein Gerät (ans Stromnetz) anschließen; einen Ort ans Telefonnetz anschließen; Dem Kurhotel ist ein Schwimmbad angeschlossen. **❷** ■ *jmd. schließt etwas an mit einem Schloss befestigen:* ein Fahrrad anschließen **❸** ■ *jmd. schließt etwas Dat./an etwas Akk.) an folgen lassen:* Ich möchte (deinen/an deine Äußerungen) noch eine Frage anschließen. **II.** *ohne OBJ* **❶** ■ *etwas schließt an etwas Akk.* **an** *angrenzen:* Unser Garten schließt an einen Park an. **❷** ■ *jmd. schließt an etwas Akk. an Gedanken fortführen:* Ich möchte an das Gesagte anschließen. **III.** *mit SICH* **❶** ■ *jmd. schließt sich etwas Dat./an etwas Akk.* **an** *an etwas teilnehmen:* sich einer/an eine Gruppe anschließen **❷** ■ *jmd. schließt sich jmdm./an etwas Akk.* **an** *zustimmen:* Ich schließe mich der Meinung meines Vorredners/meinem Vorredner an. **❸** ■ *etwas schließt sich an etwas Akk.* **an** *einander folgen:* Eine Frage schloss sich an die andere an.; eine Stadtbesichtigung mit anschließendem Konzertbesuch

An·schluss *der* <-es, Anschlüsse> **❶** *Anbindung an ein System oder Netz:* der Anschluss an das Abwassernetz; Der (Telefon-)Anschluss ist gestört. ◆ -kabel, -rohr, Gas-, Strom-, Telefon-, Wasser- **❷** *eine (öffentliche) Verkehrsverbindung, die jmdm. nach der Benutzung eines öffentlichen Verkehrsmittels zur Verfügung steht:* Vom Westbahnhof aus haben Sie folgende Anschlüsse: ... ◆ -flug, -stelle, -strecke, -zug **❸** */kein Plur./ das Mithalten mit einer Entwicklung (z. B. Wirtschaft, Sport):* den Anschluss an das Weltniveau verlieren; (im Beruf/in der Schule) den Anschluss verpassen ◆ -tor **❹** */kein Plur./ menschlicher Kontakt:* keinen Anschluss in der neuen Klasse finden; Das Mädchen ist immer so einsam; sie hat irgendwie keinen Anschluss.; ■ **im Anschluss an etwas** *unmittelbar nach etwas;* ■ **den Anschluss verpassen** *den Zug beim Umsteigen nicht mehr erreichen oder bei etwas nicht mehr mitkommen*

An·schluss·ge·bühr *die* <-, -en> *Geld, das man für einen Anschluss[1] bezahlen muss*

An·schluss·ka·bel *das* <-s, -> *Kabel, mit dem ein elektrisches Gerät mit Strom versorgt wird*

An·schluss·tref·fer *der* <-s, -> SPORT *Tor, das eine Mannschaft erzielt, nachdem der Gegner ein Tor erzielt hat*

an·schmach·ten <schmachtest an, schmachtete an, hat angeschmachtet> *mit OBJ* ■ *jmd. schmachtet jmdn.* **an** *jmdm. durch schwärmerische Blicke zu verstehen geben, dass man ihn oder sie (sexuell) sehr attraktiv findet*

an·schmie·gen <schmiegst an, schmiegte an, hat angeschmiegt> *mit SICH* ■ *jmd. schmiegt sich an jmdn.* **an** *(zärtlichen) Körperkontakt mit jmdm. haben:* Das Kind schmiegte sich müde an seine Mutter an.

an·schmieg·sam *adj* /nicht steig./ *so, dass jmd. oder ein Tier gern Zärtlichkeiten hat:* eine anschmiegsame Katze ► Anschmiegsamkeit

an·schnal·len **I.** *mit OBJ* ■ *jmd. schnallt etwas* **an** *(↔ abschnallen) etwas irgendwo mit Schnallen befestigen:* seine Skier anschnallen **II.** *mit SICH* ■ *jmd. schnallt sich* **an** *den Sicherheitsgurt anlegen:* sich im Auto anschnallen

An·schnall·pflicht *die* <-> /kein Plur./ KFZ *die Pflicht, im Auto während der Fahrt Sicherheitsgurte anzulegen*

an·schnau·zen <schnauzt an, schnauzte an, hat angeschnauzt> *mit OBJ* ■ *jmd. schnauzt jmdn.* **an** *(umg.) unfreundlich anreden oder kritisieren:* Ich lasse mich von dir nicht dauernd anschnauzen!

an·schnei·den <schneidest an, schnitt an, hat angeschnitten> *mit OBJ* ■ *jmd. schneidet etwas an* **❶** *einen Schnitt in etwas machen:* Blumen anschneiden, bevor man sie ins Wasser stellt **❷** *von einem Laib Brot, einer Wurst o. Ä. die erste Scheibe abschneiden:* das Brot anschneiden **❸** *zur Sprache bringen:* ein heikles Problem/Thema anschneiden **❹** SPORT *einem Ball einen Drall[1] geben:* ein angeschnittener Ball

An·scho·vis, *a.* **An·cho·vis** *die* [an'ʃoːvɪs] <-, -> *kleine Sardellen* ◆ -filets, -paste

an·schrau·ben <schraubst an, schraubte an, hat angeschraubt> *mit OBJ* ■ *jmd. schraubt etwas an etwas Akk./Dat.* **an** *(↔ abschrauben) mit Schrauben befestigen:* einen Hängeschrank an die/der Wand anschrauben

an·schrei·ben <schreibst an, schrieb an, hat angeschrieben> *mit OBJ/ohne OBJ* **❶** ■ *jmd. schreibt etwas an etwas Akk./Dat.* **an** *auf etwas schreiben:* einen Text an die/der Tafel anschreiben **❷** ■ *jmd. schreibt jmdn.* **an** *sich an jmdn. schriftlich wenden:* jemanden/eine Behörde (in einer Angelegenheit) anschreiben **❸** ■ *jmd. schreibt etwas an auf die Rechnung setzen und später bezahlen lassen:* Ich habe kein Geld dabei. Kann ich (das) anschreiben lassen?

An·schrei·ben *das* <-s, -> *ein Brief, der zusammen mit etwas anderem verschickt wird:* das Anschreiben zu einer Bewerbung ◆ Bewerbungs-

an·schrei·en <schreist an, schrie an, hat angeschrien> *mit OBJ* ■ *jmd. schreit jmdn.* **an** *sehr laut und unfreundlich anreden:* Der Nachbar schreit ständig seine Frau an.

An·schrift *die* <- , -en> *(≈ Adresse) eine neue An-*

A

schrift haben; Teilen Sie uns Änderungen ihrer Anschrift bitte mit. ◆-enaufkleber, -enberichtigung, -enblock, -enermittlung, -enfeld, -engestaltung, -enlesemaschine, -enprüfung, -ensuche, -entafel, -enverzeichnis, -enwechsel, -enzusatz

an·schul·di·gen *mit OBJ* ■ *jmd. schuldigt jmdn. an (geh.) die Schuld geben:* jemanden (wegen) eines Verbrechens anschuldigen

An·schul·di·gung *die* <-, -en> *(geh.) ein (schwerer) Vorwurf, den jmd. gegen jmdn. erhebt:* schwere Anschuldigungen an jemanden richten

an·schwei·ßen <schweißt an, schweißte an, hat angeschweißt> *mit OBJ* ■ *jmd. schweißt etwas (an etwas Akk.) an durch Schweißen befestigen*

an·schwel·len <schwillt an, schwoll an, ist angeschwollen> *ohne OBJ* ■ *etwas schwillt an* ❶ MED. *(↔ abschwellen) auf einen Schlag oder eine Prellung dadurch reagieren, dass das Gewebe relativ stark an Volumen zunimmt:* Der Fuß/Der Knöchel ist stark angeschwollen. ▷ Schwellung ❷ *sehr viel mehr Wasser führen als sonst:* Der Fluss ist stark angeschwollen. ❸ *(geh.) stärker werden:* Der Lärm schwoll an. ▷ Anschwellung

an·schwem·men <schwemmt an, schwemmte an, hat angeschwemmt> *mit OBJ* ■ *Wasser schwemmt etwas an (↔ wegschwemmen) mit sich tragen und irgendwo ablagern:* Der Fluss hat viel Holz angeschwemmt.; angeschwemmter Sand ▷ Anschwemmung

An·se·hen *das* <-s> */kein Plur./ (≈ Reputation) der gute Ruf, den jmd. oder etwas besitzt:* Der Autor ist durch diesen Roman zu hohem Ansehen (bei Lesern und Kritikern) gelangt.; Politiker können durch Fehlentscheidungen schnell an Ansehen verlieren.; Das Ansehen der Firma könnte Schaden nehmen.; ■ *etwas ohne Ansehen der Person tun etwas tun, indem man alle gleich behandelt* ◆-sverlust

an·se·hen <siehst an, sah an, hat angesehen> *mit OBJ* ❶ ■ *jmd. sieht jmdn./etwas an (≈ betrachten)* jemanden freundlich/aufmerksam ansehen; Das muss ich (mir) einmal genauer ansehen. ❷ ■ *jmd. sieht jmdm. etwas an beim Betrachten erkennen können:* Das sieht man dem Sportler/diesem einfachen Gerät nicht an, was in ihm steckt. ❸ ■ *jmd. sieht jmdn./etwas als jmdn./etwas an einschätzen, für etwas halten:* eine Angelegenheit als erledigt ansehen; jemanden als seinen Freund ansehen; ■ *etwas nicht mit ansehen können etwas nicht ertragen können* ▷ ansehenswert

an·sehn·lich *adj* ❶ *(≈ attraktiv) gut aussehend:* ein ansehnlicher junger Mann ❷ *(≈ stattlich ↔ unbedeutend) ziemlich groß:* eine ansehnliche Summe ▷ Ansehnlichkeit

an·sei·len <seilst an, seilte an, hat angeseilt> **I.** *mit OBJ* ■ *jmd. seilt jmdn. an sich mit einem Seil sichern:* einen Kletterer anseilen **II.** *mit SICH* ■ *jmd. seilt sich an sich mit einem Seil sichern:* sich beim Klettern anseilen

an·set·zen <setzt an, setzte an, hat angesetzt> **I.** *mit OBJ* ❶ ■ *jmd. setzt etwas an etwas Akk./Dat. an irgendwo anlegen:* eine Leiter an die/der Wand ansetzen; den Hebel an der richtigen Stelle ansetzen; ein Instrument/ein Glas an den Mund ansetzen ❷ ■ *jmd. setzt etwas an etwas Akk. an (≈ befestigen)* Ärmel an ein Kleid ansetzen ❸ ■ *etwas setzt etwas an entwickeln:* Knospen/Rost ansetzen ❹ ■ *jmd. setzt etwas irgendwie an (≈ festlegen)* einen Termin (auf 17 Uhr) ansetzen; den Preis einer Ware zu hoch ansetzen; ■ **Fett ansetzen** *dick(er) werden* **II.** *ohne OBJ* ❶ ■ *jmd. setzt irgendwo an einen bestimmten Aspekt von etwas zum Ausgangspunkt für eine Kritik, einen Kommentar o. Ä. nehmen:* mit seiner Kritik an einer bestimmten Stelle ansetzen ❷ ■ *jmd. setzt zu etwas Dat. an sich bereit machen:* zu einer Antwort/zum Sprung ansetzen ❸ ■ *etwas setzt an KOCH. (≈ anbrennen) beim Kochen am Topfboden anbrennen:* Du musst aufpassen, denn die Milch setzt leicht an. **III.** *mit SICH* ■ *etwas setzt sich irgendwo an sich an einer Stelle ablagern:* Hier hat sich Kalk/Rost/Schmutz angesetzt.

An·sicht *die* <-, -en> ❶ *(≈ Meinung)* meiner Ansicht nach; Der Ansicht sein, dass …; Ich bin ganz Ihrer Ansicht.; altmodische Ansichten haben/vertreten ❷ *ein Bild von etwas:* die vordere Ansicht des Hauses; ein Kalender mit Ansichten von Berlin; ■ **zur Ansicht** *zur genaueren Prüfung* eine Ware zur Ansicht dalassen ◆-skarte

An·sichts·sa·che <-> ■ *etwas ist Ansichtssache man kann etwas so oder so sehen*

an·sie·deln <siedelst an, siedelte an, hat angesiedelt> **I.** *mit OBJ* ❶ ■ *jmd. siedelt jmdn./ein Tier irgendwo an Menschen oder Tiere an einen Ort bringen, damit sie diesen Ort als neuen Lebensraum akzeptieren:* wieder Braunbären in den Alpen ansiedeln ❷ ■ *jmd. siedelt etwas irgendwo an auf etwas zurückführen:* Dieses Zitat würde ich bei Goethe ansiedeln. **II.** *mit SICH* ■ *jmd. siedelt sich irgendwo an sich an einem Ort dauerhaft niederlassen:* Die Familie siedelte sich im Schwäbischen an.; Auf/an den Felsen haben sich Muscheln angesiedelt.

An·sied·lung, a. **An·sie·de·lung** *die* <-, -en> ❶ *mehrere Häuser, in denen Menschen wohnen* ❷ */kein Plur./ das Ansiedeln* ◆-sgesetz, -spolitik

an·sonst *adv* ÖSTERR. *andernfalls*

an·span·nen *mit OBJ/ohne OBJ* ❶ ■ *jmd. spannt ein Tier an ein Tier vor eine Kutsche, einen Pflug o. Ä. spannen:* Es wird Zeit, die Pferde anzuspannen.; Spann schon mal! ❷ ■ *jmd. spannt etwas an in Spannung versetzen:* die Muskeln/ein Seil anspannen; Das spannt mich zu sehr an!

An·span·nung *die* <-, -en> *Zustand großer (nervlicher) Belastung* ◆-sgrad, -skoeffizient, -sphase, -sübungen

an·spa·ren <sparst an, sparte an , hat angespart> *mit OBJ* ■ *jmd. spart etwas an einen bestimmten Geldbetrag zusammensparen*

An·spiel *das* <-s> */kein Plur./* SPORT *im Fußball der Vorgang, dass ein Spieler das Spiel mit der ersten Bewegung des Balls beginnt* ◆Direkt-

an·spie·len <spielst an, spielte an, hat angespielt> **I.** *ohne OBJ* ■ *jmd. spielt auf etwas Akk. an eine Anspielung machen:* auf eine Bemerkung anspielen; Worauf spielen Sie an? **II.** *mit OBJ*

■ *jmd. spielt jmdn. an* SPORT *den Ball zu jmdm. hinspielen:* den Stürmer anspielen

An·spie·lung *die <-, -en> der Sachverhalt, dass man sich mit einer Äußerung nicht ausdrücklich, sondern indirekt auf etwas bezieht:* Er konnte die dauernden Anspielungen auf seinen Fehler nicht mehr ertragen.; Der Text enthält zahlreiche Anspielungen auf ein anderes Werk des Dichters. ▶ anspielungsreich

an·spin·nen <spinnt an, sponn an, hat angesponnen> *ohne OBJ* ■ *etwas spinnt sich an (umg.) im Begriff sein zu entstehen*

an·spit·zen <spitzt an, spitzte an, hat angespitzt> *mit OBJ* ■ *jmd. spitzt etwas an an einem Ende spitz machen:* den Bleistift anspitzen ▶ Anspitzer

An·sporn *der <-(e)s> /kein Plur./ (≈ Ermutigung) ein Verhalten oder Worte, mit denen man jmdm. Mut macht und seine Motivation steigert*

an·spor·nen <spornst an, spornte an, hat angespornt> *mit OBJ* ■ *jmd./etwas spornt jmdn. (zu etwas Dat.) an (≈ ermutigen) jmdm. Ansporn geben:* Der Trainer spornte seine Athleten zu immer noch besseren Leistungen an.

An·spra·che *die <-, -n>* ❶ *öffentliche Rede:* eine Ansprache halten ◆ Begrüßungs-, Fest- ❷ SÜDDT., ÖSTERR. *Kontakt zu Mitmenschen:* zu Hause keine Ansprache haben

an·sprech·bar *adj /nicht steig./ in der Lage, angemessen zu reagieren:* Der Verletzte ist nicht ansprechbar.; Ich bin erst nach den Prüfungen wieder ansprechbar.

an·spre·chen <sprichst an, sprach an, hat angesprochen> **I.** *mit OBJ* ❶ ■ *jmd. spricht jmdn. an sich an jmdn. mit Worten wenden; mit jmdm. ein Gespräch beginnen:* jemanden auf der Straße ansprechen; jemanden auf ein Thema/wegen etwas ansprechen ❷ ■ *jmd. spricht etwas an zur Sprache bringen:* ein Thema ansprechen ❸ ■ *jmd./etwas spricht jmdn. an gut gefallen:* Diese Musik spricht ihn an.; sich (von jemandem) angesprochen fühlen; sich durch das Design eines Geräts angesprochen fühlen **II.** *ohne OBJ* ❶ ■ *etwas spricht bei jmdm. an die gewünschte Wirkung haben:* Die Medizin spricht bei ihr gut/hervorragend/nicht sonderlich an. ❷ ■ *etwas spricht irgendwie an in einer bestimmten Weise reagieren:* Die Bremsen sprechen gut an.; Der Patient spricht auf die Behandlung gut an.

an·spre·chend *adj (≈ gefällig) so, dass es gut gefällt:* Ihre Wohnung ist ansprechend eingerichtet.

An·sprech·part·ner *der,* **An·sprech·part·ne·rin** *<-s, -> Person(en), z.B. in einer Firma oder Institution, an die man sich bei bestimmten Anliegen wenden kann.:* Ihr Ansprechpartner bei PC-Problemen ist unsere Hotline.

an·sprin·gen <springst an, sprang an, ist/hat angesprungen> **I.** *ohne OBJ (sein)* ❶ ■ *etwas springt an in Gang kommen:* Der Motor springt schnell an. ❷ */als Part. Perf. mit „kommen"/ sich hüpfend nähern:* Die Kinder kommen fröhlich angesprungen. **II.** *mit OBJ (haben)* ■ *ein Tier springt jmdn. an mit einem Sprung angreifen:* Der Hund sprang sie unerwartet an.

An·spruch *der <-(e)s, Ansprüche>* ❶ */meist Plur./ Erwartungen, die jmd. an jmdn. oder etwas stellt:* hohe Ansprüche an jemanden stellen; Die Position ist mit einem hohen Anspruch verbunden. ❷ *(≈ Anrecht) ein Recht, das jmd. auf etwas hat bzw. zu haben glaubt:* auf etwas Anspruch erheben/haben; Daraus erwachsen keinerlei Ansprüche.; Die Zahlung begründet keinen Anspruch auf Wiederholung.; ■ *in Anspruch nehmen sehr beschäftigen:* Die Arbeit nimmt mich momentan sehr in Anspruch.; ■ *etwas in Anspruch nehmen von etwas Gebrauch machen* Ich werde Ihr Angebot in Anspruch nehmen.; Beim Umzug werde ich seine Hilfe in Anspruch nehmen. ◆ -sbegründung, -sberechtigte, -sdauer, -sdenken, -seinbürgerung, -serfüllung, -sgrundlage, -sgruppe, -sinhaber, -skonkurrenz, -snahme, -sniveau, -snorm, -sprinzip, -sprüfung, -srechnung, -srecht, Besitz-, Erb-, Gebiets-, Rechts-, Renten-, Schadenersatz-, Urlaubs-

an·spruchs·los *adj (↔ anspruchsvoll) so, dass man nicht viele Ansprüche stellt:* ein anspruchsloser Mensch; eine anspruchslos eingerichtete Wohnung ▶ Anspruchslosigkeit

an·spruchs·voll *adj (↔ anspruchslos) so, dass jmd. oder etwas viele Ansprüche stellt:* Sie ist ziemlich anspruchsvoll.; Diese anspruchsvolle Aufgabe erfordert viel Kraft.

an·sta·cheln <stachelst an, stachelte an, hat angestachelt> *mit OBJ* ■ *jmd. stachelt jmdn. zu etwas Dat. an bewirken, dass jmd. etwas tun will:* jemanden zu Höchstleistungen anstacheln; jemandes Ehrgeiz anstacheln ▶ Anstachelung

An·stalt *die <-, -en>* ❶ *(veralt.) schulische Einrichtung:* nach drei Verweisen (von) der Anstalt verwiesen werden ◆ -serziehung ❷ *(verhüll.) Heilstätte für psychisch Kranke:* in eine Anstalt eingewiesen werden ◆ -sarzt, -särztin, Heil-, Irren- ❸ *Institution, Behörde:* eine Anstalt des öffentlichen Rechts ◆ -sbeirat, -sgeistliche, -sgesetz, -shaushalt, -slast, Justizvollzugs-

-an·stalt *als Zweitglied zusammengesetzter Substantive; drückt aus, dass das mit dem Erstglied Bezeichnete ein öffentliches Gebäude bzw. eine öffentliche Einrichtung ist* ◆ Bade-, Erziehungs-, Justizvollzugs-, Straf-, Lehr-, Versuchs-

An·stal·ten ■ *(keine) Anstalten machen (umg.) etwas (nicht) tun wollen* Er macht keine Anstalten, für die Prüfungen zu lernen.

An·stalts·lei·ter *der,* **An·stalts·lei·te·rin** *<-s, -> jmd., der eine Anstalt[2] leitet*

An·stand *der <-(e)s, Anstände>* ❶ */kein Plur./ gutes Benehmen:* Das verbietet der Anstand.; keinen Anstand haben ◆ -sbesuch, -sbücher, -sdame, -sformen, -sgefühl, -skeks, -sregeln, -sschenkung, -sverletzung, -swauwau ❷ *Hochsitz des Jägers*

an·stän·dig I. *adj* ❶ *so, dass es von guter Erziehung zeugt:* anständiges Benehmen; Ein anständiger Mensch würde das niemals tun. ▶ Anständigkeit ❷ *so, dass es von einem guten Charakter zeugt:* ein anständiger Kerl; Das ist aber anständig von dir! ▶ Anständigkeit ❸ *(umg.) so, dass man damit zufrieden sein kann:* ein anständiges Essen bekommen; anständige Kleidung tragen; anständige Resultate erzielen **II.** *adv (umg.: ≈ richtig)* jemandem anständig die Meinung sagen

An·stands·hap·pen *der* <-s, -> *(umg.)* ❶ *eine kleine Menge einer Speise, die jmd. aus Höflichkeit isst, obwohl es ihm nicht schmeckt* ❷ *(≈ Anstandsrest) der letzte Rest einer Speise, der übrig bleibt, weil ihn aus Höflichkeit niemand nehmen will*

an·stands·los *adv /nicht steig./ (umg.: ≈ ohne weiteres) verwendet, um auszudrücken, dass etwas keine Probleme verursacht:* Sie können die Ware anstandslos umtauschen.

an·star·ren *mit OBJ* ■ *jmd. starrt jmdn./etwas an den Blick starr auf jmdn. oder etwas richten*

an·statt **I.** *präp + Gen. verwendet, um auszudrücken, dass eine Sache an die Stelle einer anderen getan usw. wird:* Sie hat anstatt (der) Rosen Nelken gekauft. **II.** *konj drückt aus, dass das im Hauptsatz ausgedrückte Geschehen sich ereignete, obwohl eine andere Alternative möglich oder wünschenswert gewesen wäre:* Wir waren im Kino, anstatt für die Prüfung zu lernen.; ■ **anstatt dass ...** *(umg.: ≈ anstatt)* Anstatt dass du schimpfst, solltest du lieber helfen.

an·ste·chen <stichst an, stach an, hat angestochen> *mit OBJ* ■ *jmd. sticht etwas an* ❶ *(≈ anzapfen) an einem Fass den Verschluss öffnen:* ein Fass Bier anstechen ❷ KOCH. *in etwas stechen, um zu prüfen, ob es schon gar ist:* den Braten/das Fleisch/die Kartoffeln anstechen ❸ *in etwas stechen und es so beschädigen:* In der Nacht hat jemand die Autoreifen angestochen. ▶ Anstich

an·ste·cken <steckst an, steckte an, hat angesteckt> **I.** *mit OBJ* ❶ ■ *jmd. steckt jmdm. etwas an etwas an jmds. Finger oder Kleidungsstück befestigen:* einen Ring anstecken; ein Abzeichen/eine Brosche anstecken ❷ ■ *jmd. steckt etwas an (≈ anzünden) ein Haus/die Kerzen/ eine Zigarette anstecken* ❸ ■ *jmd. steckt jmdn. (mit etwas Dat.) an* MED. *eine Krankheit an jmdn. übertragen:* jemanden mit Grippe anstecken; eine ansteckende Krankheit ❹ ■ *jmd. steckt jmdn. (mit etwas Dat.) an ähnliche Reaktionen bei anderen hervorrufen:* jemanden mit seiner guten Laune anstecken; ein ansteckendes Lachen **II.** *mit SICH* ■ *jmd. steckt sich (bei jmdm.) (mit etwas Dat.) an* MED. *durch Kontakt die Krankheit, die eine andere Person hat, auch bekommen:* Er hat sich bei ihr mit Grippe angesteckt.

An·ste·ckung *die* <-, -en> MED. *die Übertragung einer Krankheit durch Kontakt mit einer erkrankten Person* ◆ -sarten, -sdauer, -sfähigkeit, -sgefahr, -skrankheiten, -smöglichkeiten, -srisiko, -swahrscheinlichkeit, -swege, -szeit

an·ste·hen <stehst an, stand an, hat angestanden> *ohne OBJ* ❶ ■ *jmd. steht (für etwas Akk.) an Schlange stehen:* nach Konzertkarten anstehen ❷ ■ *etwas steht an noch folgen:* Was steht heute noch an?; das (für Sonntag) anstehende Fest

an·stei·gen <steigt an, stieg an, ist angestiegen> *ohne OBJ* ■ *etwas steigt an (↔ abfallen) in die Höhe gehen:* Die Temperatur/der Weg steigt an.; Die Lebenshaltungskosten/Die Preise sind (um 1,5%) angestiegen. ▶ Anstieg

an·stel·le, *a.* **an Stel·le** *präp + Gen. (≈ statt)* ◆ Zusammen- oder Getrenntschreibung →R 4.20 Er sprach an Stelle/anstelle seiner Kollegen.; Anstelle von Holz wurde Kunststoff verwendet.

an·stel·len <stellst an, stellte an, hat angestellt> **I.** *mit OBJ* ❶ ■ *jmd. stellt etwas an etwas Dat./ Akk. an (≈ anlehnen) das Fahrrad an der/die Wand anstellen* ❷ ■ *jmd. stellt etwas an (≈ einschalten) das Radio anstellen* ❸ ■ *jmd. stellt jmdn. an in ein Beschäftigungsverhältnis aufnehmen:* einen Schlosser anstellen; jemanden zum Saubermachen anstellen ❹ ■ *jmd. stellt etwas an (umg. scherzh.) unternehmen:* Was wollen wir heute noch anstellen? **II.** *mit SICH* ❶ ■ *jmd. stellt sich irgendwo an sich an das Ende einer Schlange stellen:* sich an der Kasse anstellen ❷ ■ *jmd. stellt sich irgendwie an (umg.) sich in einer bestimmten Weise verhalten:* Stell dich nicht so an!; Das Kind stellte sich bei der Aufgabe sehr geschickt an.

An·stel·lung *die* <-, -en> ❶ *(↔ Entlassung) das Anstellen I.3:* die Anstellung neuer Mitarbeiter ❷ *Arbeitsstelle:* eine Anstellung als Lehrerin haben; eine feste Anstellung haben ◆ -sarten, -sbedingungen, -sbehörde, -sbetrug, -sordnung, -sprüfung, -sreglement, -sschlüssel, -sträger, -sverhältnis, -svertrag

an·stif·ten <stiftest an, stiftete an, hat angestiftet> *mit OBJ* ■ *jmd. stiftet jmdn. zu etwas Dat. an (abwert.) jmdn. durch Worte so beeinflussen, dass er eine schlechte Tat begeht:* jemanden zu einem Diebstahl anstiften ▶ Anstifter, Anstifterin, Anstiftung

an·stim·men <stimmst an, stimmte an, hat angestimmt> *mit OBJ* ■ *jmd. stimmt etwas an beginnen, etwas von sich zu geben:* lautes Geschrei/ ein Lied/die Nationalhymne anstimmen ▶ Anstimmung

An·stoß *der* <-es, Anstöße> ❶ SPORT *(≈ Anspiel)* ❷ *Anregung:* den Anstoß zu etwas geben ◆ Denk- ❸ ■ **(bei jemandem) Anstoß erregen** *(bei jmdm.) Ärger erregen;* ■ **(an etwas) Anstoß nehmen** *sich (über etwas) ärgern*

an·sto·ßen <stößt an, stieß an, hat/ist angestoßen> **I.** *ohne OBJ* ❶ ■ *jmd. stößt mit jmdm. (auf etwas Akk.) an (haben) als Symbol für gemeinsame Freude gefüllte Gläser leicht gegeneinanderstoßen:* auf den Erfolg/die Gesundheit/das neue Jahr anstoßen ❷ ■ *jmd. stößt irgendwo an (sein) unabsichtlich gegen etwas stoßen:* Ich bin am Tisch angestoßen. ❸ ■ *jmd. stößt (bei jmdm.) an (sein) durch sein Verhalten Ärger erregen:* mit einer Bemerkung bei jmdm. anstoßen **II.** *mit OBJ (haben)* ■ *jmd. stößt jmdn. an einen (leichten) Stoß geben:* jemanden mit dem Ellbogen/Fuß anstoßen

an·stö·ßig *adj (≈ obszön) so obszön, dass es Ärger erregt:* ein anstößiger Witz ▶ Anstößigkeit

an·strei·chen <streichst an, strich an, hat angestrichen> *mit OBJ* ■ *jmd. streicht etwas an* ❶ *(≈ tünchen) die Wände weiß anstreichen* ▶ Anstreicher, Anstreicherin, Anstrich ❷ *markieren:* die Fehler rot/eine Stelle in einem Buch anstreichen

an·stren·gen <strengst an, strengte an, hat an-

gestrengt> **I.** *mit OBJ* ❶ ■ *jmd.* **strengt etwas an** *sehr bemühen:* sein Gedächtnis anstrengen ❷ ■ *etwas* **strengt jmdn. an** *(≈ ermüden) jmdm. viel Kraft abverlangen:* Die Arbeit strengt sie sehr an.; Das ist anstrengend für die Augen.; sehr angestrengt aussehen ❸ ■ *jmd.* **strengt etwas an** RECHTSW. *veranlassen:* einen Prozess (gegen jemanden) anstrengen **II.** *mit SICH* ■ *jmd.* **strengt sich an** *sich sehr bemühen:* sich sehr anstrengen, um etwas zu erreichen; Sie muss sich sehr anstrengen, um die Versetzung zu schaffen. ▶ Anstrengung

An·stren·gung *die* <-, -en> *das Anstrengen:* große/riesige Anstrengungen machen/unternehmen; Alle Anstrengungen blieben erfolglos. ◆ Kraft-

An·strich *der* <-(e)s, -e> ❶ *die Farbe, mit der etwas angestrichen ist:* den Anstrich in der Küche auffrischen/erneuern ◆ Außen-, Innen-, Tarn- ❷ *(umg.:≈ Aura) eine bestimmte Ausstrahlung:* Er gibt sich gern den Anstrich des Weltmannes.

An·sturm *der* <-(e)s> */kein Plur.!* *(≈ Andrang) der Sachverhalt, dass sehr viele Menschen gleichzeitig etwas wollen:* dem Ansturm der Kunden kaum standhalten können ◆ Käufer-, Massen-

an·stür·men <stürmst an, stürmte an, ist angestürmt> *ohne OBJ* ❶ ■ *jmd.* **stürmt gegen jmdn./etwas an** *jmdn. oder etwas angreifen:* gegen den Feind/die Festung anstürmen ❷ ■ *jmd.* **stürmt an** */als Part. Perf. mit „kommen"/ sich schnell nähern:* Die Kinder kamen aufgeregt angestürmt.

an·su·chen *ohne OBJ* ■ *jmd.* **sucht bei jmdm. um etwas** *Akk.* **an** ÖSTERR. *förmlich bitten:* um Asyl ansuchen

An·su·chen *das* <-s, -> ÖSTERR. *Gesuch*

An·t·a·go·nis·mus *der* <-, ...-nismen> *(geh.) Kampf oder Streit zwischen zwei Parteien* ◆ Klassen- ▶ Antagonist, Antagonistin, antagonistisch

Ant·ark·tis *die* <-> */kein Plur.!* (↔ Arktis) das Land um den Südpol:* die Antarktis erforschen ◆ -durchquerung, -dorsch, -expedition, -fische, -forschung, -kreuzfahrt, -reise, -station, -stützpunkt, -vertrag, -wetter, Ost-, West- ▶ antarktisch

an·tas·ten <tastest an, tastete an, hat angetastet> *mit OBJ* ■ *jmd.* **tastet etwas an** ❶ *zu verbrauchen beginnen:* ein Erbe/Vorräte (nicht) antasten ❷ *beeinträchtigen; verletzen:* jemandes Ehre/Gefühle/Rechte antasten

an·täu·schen <täuschst an, täuschte an, hat angetäuscht> *ohne OBJ* ■ *jmd.* **täuscht an** SPORT *sich so bewegen, als wolle man den Ball in eine bestimmte Richtung spielen, und ihn dann in eine andere, unerwartete Richtung schießen* ▶ Antäuschung

An·teil *der* <-s, -e> ❶ *der Teil, der jmdm. zusteht:* seinen Anteil (an etwas) fordern; Alle erhalten den gleichen Anteil vom Erbe. ❷ *(≈ Gehalt) etwas, das Bestandteil einer Substanz oder eine Untermenge einer Menge ist:* Das Gas enthält einen hohen Anteil von Stickstoff.; Der Anteil der Studienabbrecher liegt in diesem Fach bei zwanzig Prozent. ❸ WIRTSCH. *Unternehmensbeteiligung:* Anteile erwerben/abstoßen; ■ **Anteil an etwas nehmen** *mitwirken oder Interesse zeigen;* ■ **Anteil an et-** was zeigen *Interesse oder Mitgefühl zeigen;* ■ **Anteil an etwas haben** *bei etwas mitwirken*

an·tei·lig *adv* */nicht steig./ entsprechend den jeweiligen Anteilen:* den Gewinn anteilig auszahlen

An·teil·nah·me *die* <-> */kein Plur.!* ❶ *(≈ Mitgefühl)* jemanden seiner aufrichtigen Anteilnahme versichern ❷ *(≈ Interesse)* unter reger Anteilnahme der Bevölkerung stattfinden

An·teils·eig·ner *der*, **An·teils·eig·ne·rin** <-s, -> WIRTSCH. *Inhaber eines Investmentzertifikats oder eines Anteilscheins*

An·ten·ne *die* <-, -n> *Gerät zum Empfang und zum Senden elektromagnetischer Wellen* ◆ -nfernsehen, -nmast, -nverstärker, Fernseh-, Haus-, Radio-, Satelliten-, Zimmer-

An·ten·nen·wald *der* <-(e)s> */kein Plur.!* (umg. abwert.) (zu) viele Antennen, die irgendwo zu sehen sind:* der Antennenwald auf den Hausdächern

An·tho·lo·gie *die* <-, ...-gien> LIT. *(geh.) Sammlung von Gedichten oder Texten verschiedener Autoren in einem Band oder in mehreren Bänden* ◆ Lyrik-

An·th·ra·zit *der* [antra'tsi:t] <-s, (-e)> */Plur. selten/ hochwertige harte Steinkohle*

an·th·ra·zit *adj* */nicht steig./ von der schwarzgrauen Farbe des Anthrazits:* ein Pullover in anthrazit ▶ anthrazitfarben, anthrazitfarbig

an·th·ro·po·gen *adj* */nicht steig./ (fachspr.) durch Menschen hervorgerufen* ▶ Anthropogenie

An·th·ro·po·lo·gie *die* <-> */kein Plur./ Wissenschaft vom Menschen und seiner Entwicklung* ◆ Industrie-, Kultur-, Medien-, Paläo-, Real-, Sinn-, Sozial-, Sport- ▶ Anthropologe, Anthropologin, anthropologisch

an·th·ro·po·morph *adj* */nicht steig./ (fachspr.) nach der Gestalt des menschlichen Körpers geformt* ▶ anthropomorphisch

An·th·ro·po·so·phie *die* <-> */kein Plur./ eine von Rudolf Steiner begründete Bewegung, die eine ganzheitliche Auffassung vom Menschen vertritt und den Menschen zur Entwicklung höherer seelischer Fähigkeiten und Erkenntnisse führen will* ▶ Anthroposoph, Anthroposophin, anthroposophisch

an·th·ro·po·zen·t·risch *adj* */nicht steig./ so, dass es den Menschen und seine Bedürfnisse in den Mittelpunkt stellt* ▶ Anthropozentrismus

An·ti- *als Erstglied zusammengesetzter Substantive; drückt aus, dass jemand gegen das mit dem Zweitglied Bezeichnete eingestellt ist, oder dass es als Gegenmittel gegen etwas zu dessen Abwehr verwendet wird bzw. etwas entgegengestellt ist* ◆ -amerikanismus, -blockiersystem, -christ, -depressivum, -diabetikum, -dumpinggesetz, -faltencreme, -klopfmittel, -kommunismus, -konzeptivum, -korruptionsbehörde, -kritik, -neuralgikum, -nomie, -pyretikum, -rakete, -raucherkampagne, -serum, -spasmodikum, -teilchen, -terroreinheit, -these, -thetik, -toxin, -transpirant, -virenprogramm, -virensoftware

an·ti- *als Erstglied zusammengesetzter Adjektive; drückt aus, dass jemand gegen das mit dem Zweitglied Bezeichnete eingestellt ist, oder dass es als Gegenmittel gegen etwas zu dessen Abwehr ver-*

A

wendet wird bzw. etwas anderem entgegengestellt ist ◆-amerikanisch, -christlich, -faschistisch, -imperialistisch, -klerikal, -kommunistisch, -konzeptionell, -militaristisch, -monarchisch, -spastisch, -thetisch, -toxisch, -zyklisch

An·ti·al·ko·ho·li·ker der, **An·ti·al·ko·ho·li·ke·rin** <-s, -> Person, die grundsätzlich keinen Alkohol trinkt

an·ti·au·to·ri·tär, an·ti·au·to·ri·tär adj /nicht steig./ so, dass Zwänge und Normen abgelehnt werden: antiautoritäre Erziehung; antiautoritäres Denken

An·ti·ba·by·pil·le die [anti'be:bɪpɪlə] <-, -n> (umg.) Verhütungsmittel in Form von Tabletten, die Frauen regelmäßig einnehmen, um nicht schwanger zu werden

an·ti·bak·te·ri·ell, an·ti·bak·te·ri·ell adj /nicht steig./ so, dass es Bakterien abtötet: ein Mundwasser mit antibakterieller Wirkung

An·ti·bio·ti·kum das [anti'bi̯o:tikʊm] <-s, Antibiotika> MED. biologischer Wirkstoff gegen Krankheitserreger: Der Arzt hat ihr gegen ihre hartnäckige Mandelentzündung ein Antibiotikum verschrieben. ▶ antibiotisch

an·ti·cham·b·rie·ren [antiʃam'bri:rən] <antichambrierst, antichambrierte, hat antichambriert> ohne OBJ ■ jmd. antichambriert (geh. abwert.) um Gunst betteln

an·ti·de·mo·kra·tisch, an·ti·de·mo·kra·tisch adj /nicht steig./ so, dass es gegen die Demokratie gerichtet ist: eine antidemokratische Gesinnung/ Partei/Tendenz

An·ti·fa·schist, An·ti·fa·schist der, **An·ti·fa·schis·tin** <-en, -en> Person, die gegen den Faschismus eintritt ▶ Antifaschismus, antifaschistisch

An·ti·held der, **An·ti·hel·din** <-en, -en> Hauptperson eines Romans oder Films, deren Schwächen oder negative Eigenschaften bewusst deutlich gezeigt werden

an·tik adj /nicht steig./ ❶ /nur attr./ das griechisch-römische Altertum betreffend: eine antike Statue; die antike Mythologie ❷ (≈ altertümlich) antike Möbel; antik aussehen

An·ti·ke die <-> /kein Plur./ das griechisch-römische Altertum: Mythen/Sagen/Schauplätze der Antike ◆-nmuseum, -nhandel, -nroman, -nrezeption, -nsammlung, Spät-

an·ti·ki·sie·rend adj /nicht steig./ so, dass es Stilmerkmale antiker Kunst verwendet

An·ti·kle·ri·ka·lis·mus, An·ti·kle·ri·ka·lis·mus der <-> /kein Plur./ der Zustand, dass jmd. gegen die Kirche und ihre Vertreter eingestellt ist ▶ antiklerikal

An·ti·kör·per der <-s, -> /meist Plur./ MED. körpereigener Abwehrstoff gegen Krankheiten: Antikörper bilden ◆-behandlung, -bildung, -diagnostik, -gewinnung, -herstellung, -konzentration, -mangel, -molekül, -nachweis, -produktion, -struktur, -therapie, -wert

An·til·len Plur. westindische Inselgruppe ◆-inseln, -kreuzfahrt, -staat

An·ti·lo·pe die [anti'lo:pə] <-, -n> ZOOL. ein schlankes Huftier, das sehr schnell laufen kann

und in Afrika und Asien lebt ◆-nfleisch, -ngeweih, -nhörner, -nkopf, -nsteak, Kuh-

An·ti·ma·te·rie die <-> /kein Plur./ PHYS. Form der Materie, deren Atome aus Antiteilchen bestehen

An·ti·mi·li·ta·ris·mus der <-> /kein Plur./ der Sachverhalt, dass man gegen das Militär eingestellt ist ▶ Antimilitarist, Antimilitaristin, antimilitaristisch

An·ti·mon, An·ti·mon das <-s> /kein Plur./ CHEM. chemisches Element, Zeichen: Sb

An·ti·my·ko·ti·kum das <-s, Antimykotika> MED. Mittel gegen Pilzinfektionen ▶ antimykotisch

an·ti·my·ko·tisch adj /nicht steig./ MED. gegen Pilzinfektionen wirksam: eine antimykotische Salbe

An·ti·pa·thie die [antipa'ti:] <-, ...-thien> (↔ Sympathie) Abneigung, Widerwille: eine Antipathie gegen jemanden/etwas haben ▶ antipathisch

An·ti·po·de der, **An·ti·po·din** <-n, -n> ❶ GEOGR. auf der gegenüberliegenden Seite der Erde lebender Mensch ❷ (umg.: ≈ Gegner)

An·ti·qua·ri·at das [antikva'ri̯a:t] <-(e)s, -e> ein Geschäft, in dem mit alten oder gebrauchten Büchern gehandelt wird ▶ Antiquar

an·ti·qua·risch I. adj /nicht steig./ aus dem Antiquariat stammend: ein antiquarisches Buch II. adv /nicht steig./ aus zweiter Hand: ein Buch antiquarisch erwerben

An·ti·qui·tät die [antikvi'tɛ:t] <-, -en> /meist Plur./ altes Kunstwerk, alter wertvoller Gebrauchsgegenstand ◆-engeschäft, -enhandel, -enhändler(in) -ensammler(in)

An·ti·se·mit der, **An·ti·se·mi·tin** [antize'mi:t] <-en, -en> (abwert.) Person, die den Juden feindlich gesinnt ist ▶ antisemitisch

An·ti·sep·ti·kum das <-s, Antiseptika> MED. ein keimtötendes Mittel; Desinfektionsmittel ▶ Antisepsis, antiseptisch

an·ti·sep·tisch adj /nicht steig./ MED. so, dass es Krankheitserreger abtötet: eine antiseptische Lösung; ein antiseptischer Verband

An·ti·sta·tisch adj /nicht steig./ PHYS. so, dass es elektrostatische Aufladung aufhebt

An·ti·zi·pa·ti·on die <-, -en> (geh.) das Antizipieren

an·ti·zi·pie·ren <antizipierst, antizipierte, hat antizipiert> mit OBJ ■ jmd. antizipiert etwas (geh.) vorwegnehmen ▶ Antizipation

Ant·litz das <-es, (-e)> /Plur. selten/ (geh.) Gesicht

an·tö·nen mit OBJ ■ jmd. tönt etwas an ÖSTERR., SCHWEIZ. andeuten: etwas vorsichtig antönen

An·to·nym das [anto'ny:m] <-s, -e> SPRACHWISS. (↔ Synonym) ein Wort, das in der Relation des Gegensatzes zu einem anderen Wort steht: groß/ klein, hoch/tief, kaufen/verkaufen, gedankenlos/ gedankenvoll ◆-enwörterbuch ▶ antonym, Antonymie

An·trag der <-(e)s, Anträge> (≈ Gesuch) ein Schreiben, in dem jmd. (vor allem) eine offizielle Stelle um etwas bittet oder sie zu etwas auffordert: einen Antrag (auf etwas) stellen; auf Antrag von Frau Müller; über einen Antrag abstimmen ◆ -saltersgrenze, -sannahme, -sbearbeitung -sbefugnis, -sbegründung, -sberechtigung, -sdauer, -seingang, -sformular, -sgegner(in), -smuster, -sprüfung, -steller(in), -sunterlagen, -sveranlagung, Anfechtungs-, Feststellungs-, Heirats-, Untätigkeits-, Verpflichtungs-, Vornahme-

an·trai·niert *adj /nicht steig./ so, dass ein Verhalten durch Training erworben worden ist:* ein antrainiertes Verhalten

an·tref·fen <triffst an, traf an, hat angetroffen> *mit OBJ* **❶ ∎ jmd. trifft jmdn./etwas an** *jmdn. oder etwas an einem Ort vorfinden:* jemanden zu Hause antreffen **❷ ∎ jmd. trifft jmdn./etwas (irgendwie) an** *in einer bestimmten Verfassung vorfinden:* jemanden in guter Gesundheit antreffen; ein sehr interessiertes Publikum antreffen

an·trei·ben <treibst an, trieb an, hat/ist angetrieben> I. *mit OBJ (haben)* **❶ ∎ jmd./etwas treibt jmdn. an** *zu etwas bewegen oder anstacheln:* jemanden zu höheren Leistungen antreiben; Was hat dich dazu angetrieben? **❷ ∎ jmd. treibt jmdn./ein Tier an** *vorwärtstreiben:* die Pferde antreiben **❸ ∎ etwas treibt etwas an** TECHN. *die Energie liefern, die eine Maschine oder in Bewegung hält:* von einem Elektromotor/mit Solarenergie/ mit Wasserkraft/vom Wind angetrieben werden II. *ohne OBJ (sein)* **∎ etwas treibt an** *angeschwemmt werden:* Ein Boot ist am Strand angetrieben.

an·tre·ten <trittst an, trat an, hat/ist angetreten> I. *mit OBJ (haben)* **❶ ∎ jmd. tritt etwas an** *beginnen:* die Reise antreten **❷ ∎ jmd. tritt etwas an** *etwas übernehmen:* ein Amt/ein Erbe/jemands Nachfolge antreten II. *ohne OBJ (sein)* **❶ ∎ jmd. tritt (zu etwas** Dat.**) an** *irgendwo pflichtgemäß (zu etwas) erscheinen:* zum Dienst antreten **❷ ∎ jmd. tritt (gegen jmdn.) an** SPORT *sich zum Wettkampf stellen:* gegen den Champion antreten **❸ ∎ jmd. tritt (irgendwie) an** *sich in einer Formation aufstellen:* in Zweierreihe antreten; Lassen Sie die Kompanie antreten!; Angetreten!

An·trieb *der* <-(e)s, -e> **❶** */kein Plur./* *(≈ Motivation) die innere Kraft, etwas zu tun:* etwas aus eigenem Antrieb tun; Er hat keinen rechten Antrieb. ▸ Antriebslosigkeit, Antriebsschwäche **❷** TECHN. *technische Einheit, mit der eine Maschine bewegt wird:* ein Fahrzeug/Gerät mit elektrischem Antrieb ◆ -saggregat, -skraft, -sscheibe, -sschlupfregulierung, -ssystem, -sswelle, Atomenergie-, Diesel-, Direkt-, Elektro-, Fuß-, Hand-, Hybrid-, Hydraulik-, Motor-, Propeller-, Rad-, Raketen-, Rückstoß-, Schaufelrad-, Schwerkraft-, Segel-, Solar-, Treibriemen-, Turbinen-, Wärmekraft-, Wasserkraft-, Windkraft-, Zahnrad-

An·tritt *der* <-(e)s> */kein Plur./* **❶** *das Beginnen von etwas:* bei Antritt der Ausbildung/der Lehre/Reise/des Studiums ◆ -svorlesung **❷** *(≈ Übernahme)* bei Antritt des Amtes/des Erbes

An·tritts·be·such *der* <-(e)s, -e> *der Vorgang, dass jmd., der gerade ein Amt angetreten hat, jmdn. besucht*

An·tritts·re·de *die* <-, -n> *Rede, die jmd. bei Antritt eines Amtes hält*

an·tun <tust an, tat an, hat angetan> *mit OBJ* **∎ jmd./etwas tut jmdm. etwas an** *etwas als Schaden oder Leid zufügen:* Warum hast du mir das angetan?; **∎ sich etwas antun** *sich das Leben nehmen;* **∎ sich etwas Gutes antun** *sich etwas gönnen;* **∎ jemand/etwas hat es jemandem angetan** *verwendet, um auszudrücken, dass jmd. jmdn. oder etwas schön, anziehend usw. findet* Die neue Nachbarin/Das neue Auto hatte es ihm angetan.

an·tur·nen ['antɐ:rnən] <turnst an, turnte an, hat angeturnt> *mit OBJ* **∎ etwas turnt jmdn. an** *(umg.: ↔ abturnen) in gute Stimmung versetzen:* Diese Musik turnt mich an.

Ant·wort *die* <-, -en> **❶** *die Worte, mit denen man reagiert, wenn jmd. eine Frage gestellt hat:* jemandem eine Antwort geben; eine ausführliche/freche/freundliche/knappe/ mürrische/schriftliche Antwort ◆ -brief, -schreiben **❷** *etwas, das eine (angemessene) Reaktion auf etwas darstellt:* Weitere Friedensbemühungen sind unsere Antwort auf diesen neuerlichen Terroranschlag.

ant·wor·ten <antwortest, antwortete, hat geantwortet> I. *mit OBJ* **∎ jmd. antwortet etwas** *etwas als Antwort geben:* Er antwortete nichts. II. *ohne OBJ* **❶ ∎ jmd. antwortet jmdm. (auf etwas** Akk.**)** *auf etwas eine Antwort geben:* auf einen Brief/eine Frage antworten **❷ ∎ jmd. antwortet (auf etwas** Akk.**) mit etwas** Akk. *(≈ reagieren) etwas als Reaktion auf etwas zeigen:* mit einem breiten Grinsen/einem höhnischen Lachen/einem Schulterzucken antworten

an·ver·trau·en <vertraust an, vertraute an, hat anvertraut> I. *mit OBJ* **❶ ∎ jmd. vertraut jmdm. etwas an** *(≈ offenbaren) jmdm. etwas, das bisher niemand weiß, sagen:* jemandem ein Geheimnis anvertrauen **❷ ∎ jmd. vertraut jmdm./etwas etwas an** *vertrauensvoll überlassen:* jemandem ein Kind zur Pflege anvertrauen; jemandem eine schwierige Arbeit anvertrauen II. *mit SICH* **∎ jmd. vertraut sich jmdm. an** *ein persönliches Geheimnis offenbaren:* Schließlich vertraute sich die Schülerin ihrem Klassenlehrer an.

an·wach·sen <wächst an, wuchs an, ist angewachsen> *ohne OBJ* **❶ ∎ etwas wächst an** *(↔ abnehmen) größer werden:* Der Schuldenberg wächst ständig an. **❷ ∎ etwas wächst an etwas** Dat. **an** *festwachsen:* Der Busch ist am Felsen angewachsen.

An·walt *der,* **An·wäl·tin** <-(e)s, Anwälte> **❶** *Rechtsvertreter* ◆ -sberatung, -sbüro, -sgebühr, -shonorar, -skammer, -skosten, -srobe, -ssozietät **❷** *(≈ Fürsprecher) jmd., der sich für eine Sache oder für bestimmte Personen einsetzt:* sich zum Anwalt einer Sache machen; sich als Anwalt der sozial Benachteiligten verstehen

An·walts·kanz·lei *die* <-, -en> *Büro eines Anwalts*[1]

An·wand·lung *die* <-, -en> *(geh.: ≈ Laune) eine plötzliche Stimmung:* aus einer Anwandlung heraus; In einer Anwandlung von Freundlichkeit hat er mich zum Essen eingeladen.

An·wär·ter *der*, **An·wär·te·rin** <-s, -> *(≈ Kandidat) jmd., der sich um ein bestimmtes Amt bewirbt:* der Anwärter auf diesen Posten ◆ Beamten- ▶ Anwartschaft

an·wei·sen <weist an, wies an, hat angewiesen> mit OBJ ❶ ■ *jmd. weist jmdn. etwas an beauftragen:* jemanden anweisen, etwas zu tun ❷ ■ *jmd. weist jmdn. an (≈ anleiten)* jmdm. sagen, was er tun soll und erklären, wie man es macht: Sie weist den Lehrling bei der Arbeit an. ❸ ■ *jmd. weist jmdm. etwas an (≈ zuteilen)* jemandem einen Platz/eine Unterkunft anweisen ❹ ■ *jmd. weist jmdm. etwas an* BANKW. *(≈ überweisen)* jemandem Geld anweisen

An·wei·sung *die* <-, -en> ❶ */kein Plur./ (≈ Befehl)* auf Anweisung von ... ❷ *(≈ Instruktion)* Hinweise zur Handhabung: die Anweisungen in der Gebrauchsanleitung genau befolgen ❸ BANKW. *(≈ Überweisung)*

an·wend·bar *adj /nicht steig./* so, dass man es anwenden kann: Dieses Wissen ist in der Praxis anwendbar.; anwendbares Wissen erwerben

an·wen·den <wendest an, wandte/wendete an, hat angewandt/angewendet> mit OBJ ❶ ■ *jmd. wendet etwas an benutzen:* ein Gerät/eine Methode anwenden; Dieses Gesetz wird hier nicht angewandt/angewendet. ❷ ■ *jmd. wendet etwas auf etwas Akk. an* etwas, das allgemein gültig ist, auf einen konkreten Fall übertragen: ein Gesetz/einen Paragraphen auf einen Fall anwenden; Dieses Modell lässt sich leicht auf unsere Situation anwenden.

An·wen·der *der*, **An·wen·de·rin** <-s, -> EDV *(≈ User)* Person, die ein (bestimmtes) Computerprogramm benutzt ◆ -daten, -dokumentation, -fehler, -freundlichkeit, -gruppe, -handbuch, -kenntnisse, -programme, -software, -unterstützung

An·wen·dung *die* <-, -en> ❶ *das Benutzen, die praktische Umsetzung:* unter Anwendung von Gewalt; Dieses Gesetz findet hier keine Anwendung. ❷ MED. *Heilmaßnahmen im Rahmen einer Kur:* verschiedene Anwendungen zur Linderung der Beschwerden bekommen ◆ -sbereich, -sform, -sgebiet, -smöglichkeit

An·wen·dungs·pro·gramm *das* <-(e)s, -e> EDV *Computerprogramm, mit dem man bestimmte Aufgaben erledigt*

An·wen·dungs·wei·se *die* <-, -n> *bestimmte Art, wie etwas angewendet wird*

an·wer·ben <wirbst an, warb an, hat angeworben> mit OBJ ■ *jmd. wirbt jmdn. an für eine Aufgabe gewinnen:* Freiwillige für eine Arbeit anwerben ▶ Anwerbung

An·we·sen *das* <-s, -> *(geh.) größeres Haus mit Grundstück:* ein herrschaftliches Anwesen

an·we·send *adj /nicht steig./ (↔ abwesend)* so, dass man (gerade) an einem bestimmten Ort ist: bei einer Veranstaltung anwesend sein

An·we·sen·heit *die* <-> */kein Plur./* ❶ *der Sachverhalt, dass jmd. an einem Ort ist, an dem gerade etwas geschieht:* in Anwesenheit von ...; In Anwesenheit zahlreicher Gäste wurde die Ausstellung eröffnet. ◆ -sbescheinigung, -sbonus, -sliste, -snachweis, -spflicht ❷ *(↔ Abwesenheit)* Vorhan-

densein: die Anwesenheit von Bodenschätzen vermuten

An·we·sen·heits·kon·t·rol·le *die* <-, -n> *Kontrolle, ob jmd. zu einem bestimmten Zeitpunkt an einem bestimmten Ort anwesend ist*

an·wi·dern <widerst an, widerte an, hat angewidert> mit OBJ ■ *jmd./etwas widert jmdn. an (abwert.: ≈ anekeln) sehr abstoßen:* Der Anblick der toten Tiere widerte ihn an.; sich angewidert fühlen

An·woh·ner *der*, **An·woh·ne·rin** <-s, -> *jmd., der in der Nachbarschaft von etwas wohnt:* die Anwohner einer Straße ▶ Anwohnerschaft

An·woh·ner·park·platz *der* <-es, ...-plätze> *ein Parkplatz, der für Anwohner reserviert ist*

an·wur·zeln <wurzelt an, wurzelte an, ist angewurzelt> ohne OBJ ■ *etwas wurzelt irgendwo an* Wurzeln bilden und festwachsen: Der Baum ist endlich angewurzelt.; ■ **wie angewurzelt** *(umg.)* reglos Sie stand vor Schreck wie angewurzelt da.

An·zahl *die* <-> */kein Plur./* Zahl oder Menge von etwas: Eine große Anzahl (von) Menschen nahm an der Demonstration teil.

an·zah·len <zahlst an, zahlte an, hat angezahlt> mit OBJ ■ *jmd. zahlt etwas auf etwas Akk. an beim Kauf erst einen Teil des gesamten Kaufpreises bezahlen:* 100 Euro auf den Kühlschrank anzahlen

an·zäh·len <zählst an, zählte an, hat angezählt> mit OBJ SPORT *als Ringrichter beim Boxen langsam zählen, wobei der angeschlagene Boxer innerhalb der Zeit dieses Zählens wieder kampfbereit werden muss:* in der vierten Runde angezählt werden

An·zah·lung *die* <-, -en> *die erste Teilzahlung bei einem Kauf:* eine Anzahlung (von 10.000 Euro) auf etwas leisten ◆ -sbestätigung, -sbürgschaft, -sgarantie, -ssumme

an·zap·fen <zapfst an, zapfte an, hat angezapft> mit OBJ ■ *jmd. zapft etwas an* ❶ *ein Fass öffnen:* ein Fass Bier anzapfen ❷ *(umg.) sich unrechtmäßig Zugang zu etwas verschaffen:* eine Telefonleitung/Wasserleitung anzapfen; ■ **jemanden anzapfen** *(umg.)* Geld von jmdm. leihen ▶ Anzapfung

An·zei·ge *die* <-, -n> ❶ *der Vorgang, dass jmd. etwas (eine Straftat, einen Sterbefall, Seuchen etc.) der zuständigen Stelle meldet:* gegen jemanden Anzeige erstatten; eine Anzeige wegen Körperverletzung; die Anzeige zurückziehen ◆ -pflicht ❷ *(≈ Annonce) ein (kurzer) Text in einer Zeitung, in der jmd. etwas öffentlich bekanntgibt:* eine Anzeige in der Zeitung aufgeben/schalten ◆ -(n)blatt, -nteil, Geburts-, Heirats-, Klein-, Kontakt-, Todes-, Werbe-, Wohnungs- ❸ *Vorrichtung zum Ablesen von Werten oder Informationen:* ein Messgerät mit analoger/digitaler Anzeige ◆ -gerät, -instrument, -tafel

an·zei·gen <zeigst an, zeigte an, hat angezeigt> mit OBJ ❶ ■ *jmd. zeigt jmdn. an* jmdn., der eine Straftat begangen hat, bei der Polizei melden: den Nachbarn wegen nächtlicher Ruhestörung anzeigen; Noch ein Wort und ich zeige Sie an! ❷ ■ *jmd. zeigt etwas an (in der Zeitung) mit einer An-*

A

zeige[2] *bekanntgeben:* seine Hochzeit anzeigen ❸ ■ *etwas zeigt etwas an Werte oder Informationen angeben:* Die Uhr zeigt die Zeit, das Thermometer die Temperatur an.; Die Tafel zeigt die Abfahrt des Zuges an.

An·zei·gen·wer·bung *die* <-> WIRTSCH. *das Verwenden von Zeitungsanzeigen als Werbemittel*

an·zet·teln <zettelst an, zettelte an, hat angezettelt> *mit OBJ* ■ *jmd. zettelt etwas an (abwert.) auf verantwortungslose Weise anfangen:* einen Krieg/Streit anzetteln ◆ Anzettelung

an·zie·hen <ziehst an, zog an, hat angezogen>
I. *mit OBJ* ❶ ■ *jmd. zieht (jmdm.) etwas an (≈ anlegen) ein Kleidungsstück in der dafür vorgesehenen Weise auf den Körper bringen:* sich die Schuhe anziehen; mit Mantel, Schal und Mütze warm angezogen sein; Die Mutter zieht dem Kind eine Jacke an. ❷ ■ *jmd. zieht etwas an befestigen, festmachen:* eine Schraube anziehen; die Handbremse anziehen ❸ ■ *jmd./etwas zieht etwas an bewirken, dass Menschen oder Tiere in größerer Menge herkommen:* Motten werden vom Licht angezogen.; Die Ausstellung zieht zahlreiche Besucher an. ❹ ■ *etwas zieht etwas an durch Magnetismus bewirken, dass Partikel zu einem Objekt gezogen werden und darauf haften:* Der Magnet zieht Eisen an. **II.** *ohne OBJ* ■ *etwas zieht an* ❶ *(umg.: ≈ beschleunigen)* Der Wagen zieht gut an. ❷ *(≈ steigen)* Die Preise ziehen an. **III.** *mit SICH* ❶ ■ *jmd. zieht sich an sich ankleiden* ❷ ■ *jmd. zieht sich (irgendwie) an einen bestimmten Kleidungsstil haben:* Sie zieht sich eher elegant/ meist sportlich an.

an·zie·hend *adj reizvoll, hübsch:* anziehend aussehen

An·zie·hungs·kraft *die* <-, ...-kräfte> ❶ /kein Plural/ *(≈ Attraktivität) Kraft, die Menschen zu jmdm. oder etwas hinzieht:* eine starke Anziehungskraft auf jemanden/etwas ausüben; Die Stadt hat nichts von ihrer Anziehungskraft verloren. ❷ PHYS. *Schwerkraft:* Die Monde werden durch die Anziehungskraft des Planeten in ihrer Bahn gehalten. ◆ Erd-

An·zug[1] *der* <-(e)s, Anzüge> ❶ *eine aus Sakko und passender Hose (aus dem gleichen Stoff) bestehende formelle Oberbekleidung für Männer:* ein eleganter/zweireihiger Anzug ◆ Nadelstreifen-, Tweed- ❷ *eine Bekleidung, die eine bestimmte Funktion erfüllt* ◆ Bade-, Jogging-, Strampel-, Taucher-, Trainings-

An·zug[2] ■ *im Anzug sein sich nähern* Ich glaube, es ist ein Gewitter im Anzug.; Bei ihm ist eine Erkältung im Anzug.

an·züg·lich *adj* ❶ *so, dass man auf etwas anspielt:* anzügliche Bemerkungen machen; anzüglich werden ❷ *so, dass etwas anstößig oder zweideutig oder obszön ist:* eine anzügliche Geschichte ▸ Anzüglichkeit

an·zün·den <zündest an, zündete an, hat angezündet> *mit OBJ* ■ *jmd. zündet etwas an in Brand stecken:* ein Streichholz/eine Zigarette anzünden ▸ Anzünder

an·zwin·kern <zwinkerst an, zwinkerte an, hat angezwinkert> *mit OBJ* ■ *jmd. zwinkert jmdn. an jmdn. ansehen und dabei zwinkern*

Äon *der* [ɛ'oːn/'ɛːɔn] <-s, Äonen> /meist Plur./ (geh.) *unendlich langer Zeitraum; Ewigkeit* ▸ äonenlang

Aor·ta *die* [a'ɔrta] <-, Aorten> MED. *Hauptschlagader*

Apa·che *der*, **Apa·chin** [a'patʃe] <-n, -n> *Angehöriger eines nordamerikanischen Indianerstammes* ◆ -nhäuptling, -nkriege, -nstämme

apart [a'part] *adj auf ungewöhnliche Art reizvoll:* ein apartes Kleid tragen

Apart·heid *die* <-> /kein Plur./ POL. (hist.) *besonders in der Republik Südafrika früher praktizierte völlige Trennung von Menschen verschiedener Hautfarbe in allen Bereichen des öffentlichen Lebens* ◆ -politik

Apart·ment *das* [a'partmɛnt] <-s, -s> *kleine Wohnung*

Apart·ment·haus *das* [a'partmɛnt...] <-es, -häuser> *Haus mit mehreren Apartmentwohnungen*

Apa·thie *die* <-, ...-thien> /Plur. selten / *Teilnahmslosigkeit:* in völliger Apathie dasitzen

apa·thisch *adj teilnahmslos:* Sein apathisches Verhalten ist beunruhigend.

Apen·ni·nen <-> *Plur. ein Gebirge in Italien* ◆ -halbinsel/-Halbinsel ▸ apenninisch

aper *adj* SÜDDT., ÖSTERR., SCHWEIZ. *schneefrei*

Ape·ri·tif *der* [aperi'tiːf] <-s, -s> *alkoholisches Getränk, das man meist vor dem Essen trinkt:* vor dem Essen einen Aperitif nehmen

Ap·fel *der* <-s, Äpfel> *eine essbare runde Frucht, die an Bäumen wächst, eine rote, grüne oder gelbe Schale sowie ein Kerngehäuse hat und (mehr oder weniger) süß schmeckt:* im Herbst Äpfel ernten; Die Äpfel sind noch nicht reif/sauer.; Äpfel vom Bodensee/aus Südtirol; ■ **in den sauren Apfel beißen** *(umg.) etwas Unangenehmes auf sich nehmen;* ■ **Der Apfel fällt nicht weit vom Stamm.** *verwendet, wenn man ausdrücken möchte, dass jmd. in seinem Verhalten dem Vater oder der Mutter sehr ähnlich ist* ◆ -baum, -essig, -gelee, -kraut, -kuchen, -most, -mus, -saft, -schorle, -strudel, -wein

Ap·fel·korn *der* <-s> /kein Plur./ *aus Äpfeln gebrannter klarer Schnaps*

Ap·fel·si·ne *die* <-, -n> *(≈ Orange)*

Apho·ris·mus *der* [afo'rɪsmʊs] <-, Aphorismen> *geistreicher Sinnspruch* ◆ -sammlung ▸ aphoristisch *siehe auch* **Phraseologie**

Aph·ro·di·si·a·kum *das* [afrodi'ziːakʊm] <-s, Aphrodisiaka> MED. *ein Mittel, das das sexuelle Verlangen und Lustempfinden anregen soll* ▸ aphrodisisch

Aph·the *die* ['afta] <-, -n> /meist Plur./ MED. *kleines Geschwür der Mundschleimhaut*

apo·dik·tisch [apo'dɪktɪʃ] *adj /nicht steig./ (geh.) keinen Widerspruch duldend:* eine apodiktische Aussage ▸ Apodiktik

Apo·ka·lyp·se *die* [apoka'lʏpsə] <-> /kein Plur./ ❶ REL. *Schrift des Apostels Johannes über das Weltende* ❷ *vor allem religiöse Gattung zu Themen des Weltuntergangs, verbreitet seit den antiken Schöpfungsmythen* ◆ Baruch- ❸ *(übertr. geh.)*

A

grauenhafte Katastrophe ▶ Apokalyptik, apokalyptisch

Apo·kryph *das* [apoˈkryːf] <-s, -en> /meist Plur./ REL. *nicht als Teil der Bibel anerkannter, aber den Büchern der Bibel ähnlicher Text* ▶ apokryph

Apoll, *a.* **Apol·lo** *der* <-s, -s> ❶ /kein Plur./ *(in der griechischen Antike) der Gott der Dichtkunst* ❷ *(geh.) schöner junger Mann* ◆-tempel

Apo·lo·gie *die* <-, ...-gien> *(geh.) Rechtfertigung einer Lehre:* die Apologie des Sokrates ▶ Apologet, Apologetik, apologetisch

Apo·s·tel *der* <-s, -> ❶ REL. *Jünger Jesu* ◆-brief, -geschichte ❷ *(scherzh. abwert.) ein (übertrieben) eifriger Vertreter einer Sache:* ein Apostel der Sparsamkeit ◆ Gesundheits-

apo·s·to·lisch *adj* /nicht steig./ ❶ *von den Aposteln ausgehend* ❷ *(≈ päpstlich)* den apostolischen Segen erteilen

Apo·s·t·roph *der* [apoˈstroːf] <-s, -e> SPRACHWISS. *Auslassungszeichen*

Apo·the·ke *die* <-, -n> *ein Fachgeschäft, in dem Medikamente (und auch Kosmetika) verkauft werden und das von einer Person mit einer wissenschaftlichen Ausbildung in der Pharmazie geleitet wird:* in der Apotheke ein Rezept vorlegen; Beim Einbruch in die Apotheke wurden Betäubungsmittel entwendet. ◆-nbereitschaft, -ndienst, -nhelferin, -nnotdienst, -umschau

apo·the·ken·pflich·tig *adj* /nicht steig./ *so, dass man ein Medikament nur in der Apotheke kaufen kann*

Apo·the·ker *der,* **Apo·the·ke·rin** <-s, -> *jmd., der eine wissenschaftliche Ausbildung in der Pharmazie hat und Inhaber einer Apotheke ist:* Zu Risiken und Nebenwirkungen fragen Sie Ihren Arzt oder Apotheker! ◆-gewicht, -kammer, -waage

Apo·the·ker·kam·mer *die* <-> /kein Plur./ *Berufsverband der Apotheker*

Apo·the·o·se *die* <-, -n> *(geh.) Vergöttlichung einer Person:* die Apotheose des Homer

Ap·pa·rat *der* [apaˈraːt] <-(e)s, -e> ❶ *(aus mehreren Teilen bestehendes) technisches Gerät* ◆-ebau, -emedizin, Fernseh-, Foto-, Radio-, Rasier-, Telefon- ❷ /kein Plur./ *Gesamtheit der Hilfsmittel und Personen für eine bestimmte Aufgabe:* der gesamte Apparat der Stadtverwaltung ◆ Beamten-, Partei-, Polizei-, Regierungs-, Verwaltungs- ❸ *Bücher, die für die wissenschaftliche Arbeit zusammengestellt worden sind:* ein wissenschaftlicher Apparat; Im Apparat finden Sie alle wichtigen Bücher zu diesem Seminar! ◆ Hand-, Semester-, Seminar- ❹ *ein System von Organen, die eine gemeinsame Funktion haben* ◆ Atmungs-, Bewegungs-, Verdauungs- ❺ *(umg.) etwas, das aufgrund seiner Größe, Beschaffenheit o. Ä. von der Norm abweicht, ungewöhnlich ist und deshalb erstaunt:* Dieser Pilz ist ja wirklich ein ziemlicher Apparat!

Ap·pa·rat·schik *der* [apaˈratʃɪk] <-s, -s> *(abwert.) Funktionär im Staats- und Parteiapparat*

Ap·pa·ra·tur *die* <-, -en> *Gesamtanlage von Apparaten* ❶

Ap·par·te·ment *das* [apartəˈmaŋ] <-s, -s> *kleine komfortable Wohnung*

Ap·pell *der* [aˈpɛl] <-s, -e> ❶ *(≈ Aufruf) Worte, mit denen man jmdn. zu etwas aufruft:* einen Appell (zur Sparsamkeit) an jemanden richten ❷ *Antreten beim Militär zum Befehlsempfang:* zum Appell antreten ◆ Morgen-

Ap·pel·la·ti·on *die* <-, -en> RECHTSW. SCHWEIZ. *Berufung* ◆-sgericht

ap·pel·lie·ren <appellierst, appellierte, hat appelliert> *ohne OBJ* ■ *jmd. appelliert an jmdn./ etwas sich mahnend oder auffordernd an jmdn. oder etwas wenden:* Sie appellierte an seine Vernunft, sich nicht auf dieses Wagnis einzulassen.

Ap·pen·dix¹ *der* <-/-es, -e/Appendizes> *Anhang, Zusatz*

Ap·pen·dix² *der* <-/-es, -e/Appendizes> MED. *(≈ Blinddarm) Wurmfortsatz*

Ap·pen·di·zi·tis *die* <-, Appendizitiden> MED. *(≈ Blinddarmentzündung)*

Ap·pen·zell <-s> *Kanton in der Schweiz*

Ap·pe·tit *der* [apeˈtiːt] <-(e)s> /kein Plur./ *das Bedürfnis, etwas Bestimmtes zu essen:* Appetit auf Obst bekommen ◆-bremse, -happen, -killer, -mangel, -verlust ▶ Appetitanreger, Appetitblocker, Appetithemmer, Appetitzügler, appetitanregend ◆ Zusammenschreibung →R 4.9 ein appetitanregendes Getränk

ap·pe·tit·lich *adj* ❶ *so, dass es Lust auf Essen macht:* Die Wurst sieht appetitlich aus! ❷ *(umg. übertr.: ≈ attraktiv)* Unrasiert und übernächtigt sah er alles andere als appetitlich aus.

ap·pe·tit·los *adj* /nicht steig./ *so, dass man (chronisch) keinen Appetit hat* ▶ Appetitlosigkeit

ap·plau·die·ren <applaudierst, applaudierte, hat applaudiert> *ohne OBJ* ■ *jmd. applaudiert jmdm. Beifall spenden*

Ap·plaus *der* <-es> /kein Plur./ *lebhafter Beifall* ◆ Szenen-

Ap·pli·ka·ti·on *die* <-, -en> ❶ *(geh. oder fachspr.) die Anwendung oder Verwendung von etwas* ◆-sentwickler(in), -sserver, -ssoftware, -stechniken ❷ *zur Zierde auf ein Kleidungsstück aufgenähter Stoff* ❸ MED. *Verabreichung, Anwendung* ◆ Medikamenten- ▶ applikativ ❹ EDV *Anwendungsprogramm*

ap·pli·zie·ren <applizierst, applizierte, hat appliziert> *mit OBJ* ■ *jmd. appliziert etwas* ❶ *(geh. oder fachspr.) anwenden, verwenden* ❷ *eine Applikation² auf ein Kleidungsstück aufnähen* ❸ MED. *anwenden, verabreichen*

ap·por·tie·ren <apportierst, apportierte, hat apportiert> *mit OBJ/ohne OBJ* ■ *ein Hund apportiert etwas (fachspr.) herbeibringen:* Der Hund apportiert (das Wild).

ap·pro·xi·ma·tiv *adj* /nicht steig./ *(fachspr.) annäherungsweise* ▶ Approximation

Ap·rès-Ski-Klei·dung *die* <-> /kein Plur./ *nach dem eigentlichen Skifahren getragene legere Sportmode*

Ap·ri·ko·se [apriˈkoːzə] <-, -n> *eine kleinere, runde Frucht mit einer gelb-orangen, samtigen Schale und einem glatten, relativ großen Stein* ◆-nkonfitüre, -nmarmelade ▶ aprikosenfarben

Ap·ril *der* <-(s), (-e)> /Plur. selten/ *der vierte Monat des Jahres:* jemanden in den April schicken;

mit jemandem am 1. April einen Scherz machen; April, April!

Ap·ril·scherz der <-es, -e>

Am 1. April werden manche Leute Opfer eines **Aprilscherzes**, wenn Sie auf einen Spaß oder Ulk hereinfallen. Wenn an diesem Tag jemand eine Geschichte erzählt, die nicht der Wahrheit entspricht, und die Zuhörer diese Geschichte glauben, wurden sie, wie man dann sagt, *in den April geschickt*. Die Person, auf deren Scherz jemand eingegangen ist, äußert sodann zum Abschluss *April, April!*

---

ap·ro·pos [apro'po:] adv was ... betrifft: Apropos Gesundheit, ich muss morgen zum Arzt.

Ap·sis die <-, Apsiden> ❶ Altarnische im Chor einer Kirche ❷ Nische im Zelt (für Gepäck)

Apu·li·en <-s> eine Region in Italien ▶ apulisch

Aqua- als Erstglied fachsprachlicher Substantive; drückt aus, dass sich das mit dem Zweitglied Bezeichnete auf das Vorhandensein/die Verwendung/Eigenschaften von Wasser bezieht ◆ -drom, -fitness, -gymnastik, -kultur, -naut(in), -stop, -zoo

Aquä·dukt der/das [akvɛ'dʊkt] <-(e)s, -e> eine in der römischen Antike gebaute Wasserleitung, die auf Säulen steht, die in typischer Weise mit Rundbögen verbunden sind

Aqua·jog·ging das [-dʒɔgɪŋ] <-s> /kein Plur./ eine spezielle Art von Wassergymnastik

Aqua·ma·rin der [akvama'ri:n] <-(e)s, -e> ein Edelstein von intensiver blauer Farbe ▶ aquamarin

Aqua·pla·ning das [akva'pla:nɪŋ] <-s> /kein Plur./ Rutschen der Autoreifen auf nasser Fahrbahn

Aqua·rell das [akva'rɛl] <-(e)s, -e> mit Wasserfarben gemaltes Bild ▶ Aquarellmaler, Aquarellmalerin

aqua·rel·lie·ren <aquarellierst, aquarellierte, hat aquarelliert> ohne OBJ ■ **jmd. aquarelliert** mit Aquarellfarbe malen ▶ Aquarellist, Aquarellistin

Aqua·ri·um das [a'kva:riʊm] <-s, Aquarien> Behälter zum Halten von Fischen und Wasserpflanzen ▶ Aquarianer, Aquarianerin

Äqua·tor der [ɛ'kva:to:ɐ] <-s> /kein Plur./ GEOGR. größter Breitenkreis, der die Erdkugel in eine nördliche und eine südliche Halbkugel teilt ◆ -durchmesser, -ebene, -gürtel, -länge, -nähe, -radius, -staaten, -taufe, -umfang, -wulst, -zone

äqua·to·ri·al adj /nicht steig./ (fachspr.) ❶ nur attr./ zur Region am Äquator gehörend: das äquatoriale Afrika ❷ typisch für die Äquatorregion: äquatoriales Klima

Aqua·vit der [akva'vi:t] <-s, -e> mit Kümmel aromatisierter Branntwein

Äqui·li·b·rist der; **Äqui·li·b·ris·tin** [ɛkvili'brɪst] <-en, -en> (fachspr.) Gleichgewichtskünstler, Seiltänzer ▶ Äquilibristik, äquilibristisch

Äqui·va·lenz die [ɛkviva'lɛnts] <-, -en> ❶ (geh. oft übertr.: ≈ Gleichwertigkeit) ❷ PHILOS. zweistellige Aussagenverknüpfung in der Logik, die genau dann wahr ist, wenn die verknüpften elementaren Aussagen den gleichen Wahrheitswert ha-

ben ❸ MATH. Gleichwertigkeit zweier Mengen ❹ SPRACHWISS. Sachverhalt, dass zwei oder mehrere Ausdrücke aus verschiedenen Sprachen in mindestens einer ihrer Bedeutungen (nahezu) gleichwertig sind: "Flügel" und engl. "wing" weisen im Hinblick auf einige ihrer Bedeutungen Äquivalenz auf. ◆ -relation ▶ äquivalent

Ar das <-s, -e> Flächenmaß (100 m²), Zeichen: a: vier Ar Land

Ära die ['ɛːra] <-, Ären> /Plur. selten/ (geh.) ein bestimmter Zeitabschnitt in der Geschichte: die Ära Adenauer

Ara der <-s, -s> ein Papagei

Ara·ber[1], **Ara·ber** der; **Ara·be·rin** <-s, -> Einwohner(in) von Arabien

Ara·ber[2], **Ara·ber** der <-s, -> ZOOL. eine Pferderasse

Ara·bes·ke die [ara'bɛskə] <-, -n> ❶ KUNST Rankenornament ❷ MUS. heiteres Musikstück

Ara·bi·en <-s> Gebiet der arabischen Halbinsel ▶ arabisch

Aral·see, a. **Aral-See** der <-s> /kein Plur./ ein See in Russland

Aran·zi·ni <-> Plur. ÖSTERR. mit Schokolade überzogene (gekochte) Orangenschalen

Ärar der <-s, -e> ÖSTERR. Staatseigentum

Ar·beit die <-, -en> ❶ /kein Plur./ eine planvolle Tätigkeit, mit der man Ergebnisse bewirkt oder Produkte schafft: jemandem viel Arbeit machen; an die Arbeit gehen; Das ist anstrengende/harte/ eine schwere Arbeit.; geistige/körperliche/wissenschaftliche Arbeit; In dem Buch steckt die Arbeit von Jahren. ◆ -sablauf, -saufwand, -seifer, -sgang, -sgerät, -sleistung, -smaterial, -spensum, -splan, -sschritt, -stechnik, -stempo, Büro-, Feld-, Garten-, Haus-, Kopf-, Muskel- ❷ /kein Plur./ als Beruf ausgeübte Tätigkeit: zur Arbeit gehen; Sie hat wieder Arbeit gefunden/die Arbeit verloren. ◆ -sablauf, -sagentur, -salltag, -sanweisung, -satmosphäre, -sbedingungen, -sbeginn, -sbelastung, -sbereich, -sbewilligung, -seinkommen, -seinsatz, -sentgelt, -serfahrung, -serlaubnis, -serleichterung, -sessen, -sfähigkeit, -sgebiet, -sgerät, -sgruppe, -shygiene, -skittel, -skleidung, -sklima, -skollege, -skollegin, -skräftemangel, -skreis, -sleben, -sleistung, -slohn, -smoral, -sniederlegung, -spause, -spensum, -sprogramm, -sprozess, -sraum, -srecht, -sschluss, -sschutz, -sstätte, -sstunde, -ssuche, -steilung, -svermittlung, -svertrag, -swelt, -swoche, -szeit, -szimmer, Halbtags-, Ganztags-, Schicht-, Vollzeit- ❸ /kein Plur./ (umg.) Arbeitsort: auf der Arbeit sein/zur Arbeit gehen; Auf der Arbeit bin ich telefonisch zu erreichen. ❹ Ergebnis einer Tätigkeit: Das ist eine sehr gründliche/gute Arbeit.; eine wissenschaftliche Arbeit (zu einem Thema) anfertigen ◆ Bastel-, Diplom-, Doktor-, Häkel-, Hand-, Qualitäts-, Stümper-, Wert- ❺ SCHULE schriftlicher Leistungstest: eine Arbeit in Mathematik schreiben ◆ Abschluss-, Prüfungs- ❻ Mühe, Anstrengung: Es war eine ganz schöne Arbeit, die Wohnung zu renovieren.; mit jemandem Arbeit haben ◆ Zusammenmenschneigung →R 4.2 arbeitssuchend

ar·bei·ten <arbeitest, arbeitete, hat gearbeitet> **I.** ohne OBJ ❶ ■ **jmd. arbeitet (an etwas** Dat.)

A

körperlich oder geistig tätig sein, um ein bestimmtes Ergebnis zu erzielen: angestrengt/fleißig/unablässig arbeiten; an einem Projekt/über ein Thema arbeiten; mit dem Computer/im Labor arbeiten ❷ ■ *jmd.* **arbeitet (irgendwo)** *beruflich in einer bestimmten Firma, Institution o. Ä. angestellt sein:* im öffentlichen Dienst/an einer Schule/bei der Firma X /als Übersetzerin/freiberuflich arbeiten; Er arbeitet seit kurzer Zeit wieder (in seiner alten Firma).; die arbeitende Bevölkerung ❸ ■ *etwas* **arbeitet** *regelmäßig funktionieren:* Die Lunge/der Motor arbeitet. ❹ ■ *jmd.* **arbeitet mit jmdm.** *durch ständiges Üben ausbilden:* mit einem Schüler/Sportler/Tier arbeiten **II.** *mit OBJ* ■ *jmd.* **arbeitet etwas** *(handwerklich) herstellen:* ein Kleid arbeiten; ein sauber gearbeitetes altes Möbelstück; ein in Gold gearbeitetes Armband **III.** *mit SICH* ■ *jmd.* **arbeitet sich irgendwohin** *sich zu einem Ort durchkämpfen:* sich nach vorn arbeiten; sich durch einen Berg von Post arbeiten; ■ **an sich/seinen Fähigkeiten arbeiten** *sich zu verbessern versuchen;* ■ **in jemandem arbeitet etwas** *etwas beschäftigt jmdn.* stark

Ar·bei·ter *der*, **Ar·bei·te·rin** <-s, -> *(↔ Angestellter) jmd., der beruflich körperliche Arbeit verrichtet:* ein ungelernter Arbeiter ◆ -bewegung, -familie, -kind, -Samariter-Bund, -schutz, -viertel, -wohlfahrt, Bau-, Fabrik-, Geistes-, Gruben-, Hafen-, Land-, Werft- ▸ Arbeiterschaft

Ar·bei·ter·klas·se *die* <-> */kein Plur./ die soziale Klasse der Arbeiter*

Ar·bei·ter·par·tei *die* <-, -en> *eine politische Partei, die besonders die Interessen der Arbeiter vertritt*

Ar·beit·ge·ber, **Ar·beit·ge·ber** *der*, **Ar·beit·ge·be·rin** <-s, -> *(↔ Arbeitnehmer) Person oder Einrichtung, die als Unternehmer Menschen beschäftigt* ◆ -anteil, -belastung, -darlehen, -förderung, -gesetz, -haftung, -insolvenz, -interessen, -leistungen, -organisation, -pflicht, -präsident, -recht, -rechte, -sparzulage, -tag, -umlage, -verband, -wechsel, -zuschuss

ar·beit·ge·ber·freund·lich *adj /nicht steig./ (↔ arbeitnehmerfreundlich) so, dass es besonders den Interessen der Arbeitgeber entspricht*

Ar·beit·neh·mer *der*, **Ar·beit·neh·me·rin** <-s, -> *(↔ Arbeitgeber) Person, die abhängig, nämlich bei einem Arbeitgeber, beschäftigt ist* ◆ -anteil, -beitrag, -daten, -entgelt, -entsendegesetz, -gesetz, -haftung, -interessen, -kammer, -kündigung, -markt, -mitbestimmung, -organisation, -pauschbetrag, -recht, -rechte, -schutz, -sparzulage, -tätigkeit, -veranlagung, -verband, -vertreter, -weiterbildungsgesetz, -zahl, -zulage, -zuschlag

ar·beit·neh·mer·freund·lich *adj /nicht steig./ (↔ arbeitgeberfreundlich) so, dass es besonders den Interessen der Arbeitnehmer entspricht*

Ar·beits·agen·tur *die* <-, -en> *Agentur mit vielen Zweigstellen, welche insbesondere die Aufgabe hat, Arbeit zu vermitteln und ggf. Arbeitslosengeld zu zahlen; frühere Bezeichnung: Arbeitsamt*

ar·beit·sam *adj (≈ fleißig) so, dass man gern und viel arbeitet*

Ar·beits·amt *das* <-(e)s, Arbeitsämter> *(veralt.)*

früher so bezeichnete Behörde zur Vermittlung von Arbeit und Gewährung von Arbeitslosenunterstützung; siehe **Arbeitsagentur**

Ar·beits·be·schaf·fung *die* <-> */kein Plur./ der Versuch, für bestimmte Personengruppen Arbeitsplätze zu schaffen* ◆ -smaßnahme, -sprogramm

Ar·beits·be·schaf·fungs·maß·nah·me *die* <-, -n> AMTSSPR. *staatliche Maßnahmen zur Beschäftigung Arbeitsloser (ABM)*

Ar·beits·ethos *das* <-> */kein Plur./ eine Art moralischer Grundsatz, den man als wesentlich für seine Arbeit betrachtet*

ar·beits·fä·hig *adj /nicht steig./ (↔ arbeitsunfähig) so, dass man (gesundheitlich) in der Lage ist zu arbeiten:* arbeitsfähig sein; Personen im arbeitsfähigen Alter ▸ Arbeitsfähigkeit

Ar·beits·feld *das* <-(e)s, -er> *(≈ Arbeitsgebiet)*

ar·beits·frei *adj /nicht steig./ so, dass man zu dieser Zeit nicht arbeiten muss:* Die meisten Feiertage sind arbeitsfreie Tage.

Ar·beits·ge·mein·schaft *die* <-, -en> *Gruppe von Personen oder Firmen, die gemeinsam auf einem bestimmten Gebiet arbeiten*

Ar·beits·ge·neh·mi·gung *die* <-, -en> *(≈ Arbeitserlaubnis) die Erlaubnis, in einem Land zu arbeiten*

Ar·beits·ge·richt *das* <-(e)s, -e> RECHTSW. *Gericht, das sich mit Fragen des Arbeitsrechts befasst*

Ar·beits·kampf *der* <-(e)s, ...-kämpfe> WIRTSCH. *Auseinandersetzungen zwischen Arbeitnehmern und Arbeitgebern zu Fragen des Lohns und der Arbeitsbedingungen*

Ar·beits·kos·ten <-> *Plur.* WIRTSCH. *Gesamtheit der Kosten, die durch die Beschäftigung von Arbeitnehmern entstehen:* Die hohen Beiträge zur Rentenversicherung treiben die Arbeitskosten in die Höhe.

Ar·beits·kraft *die* <-, Arbeitskräfte> ❶ */kein Plur./ die Fähigkeit des Einzelnen, Arbeit zu verrichten:* sich seine Arbeitskraft erhalten ❷ WIRTSCH. *jede Person, die arbeiten kann:* ein Mangel an Arbeitskräften

ar·beits·los *adj /nicht steig./ ohne Arbeit:* arbeitslos werden; seit einem halben Jahr arbeitslos sein

Ar·beits·lo·se *der/die* <-n, -n> *Person, die arbeitslos ist* ◆ -nquote, -nrate, -nunterstützung, -nversicherung, -nzahl ▸ Arbeitslosigkeit

Ar·beits·lo·sen·quo·te *die* <-, -n> *Anteil der Bevölkerung, der arbeitslos ist:* eine hohe/niedrige/steigende Arbeitslosenquote

Ar·beits·lo·sig·keit *die* <-> */kein Plur./ der Zustand, dass jmd. keinen Arbeitsplatz hat*

Ar·beits·markt *der* <-(e)s> */kein Plur./ das Angebot von Arbeitsplätzen und die Nachfrage danach* ◆ -politik

Ar·beits·mensch *der* <-en, -en> *(umg.) jmd., für den die Arbeit das Wichtigste im Leben ist*

Ar·beits·ord·nung *die* <-, -en> *die schriftlich fixierten Grundsätze, die die Regeln für die Arbeit in einer Firma festlegen*

Ar·beits·pferd *das* <-(e)s, -e> *(umg.) jmd., der sehr viel arbeitet*

Ar·beits·plat·te *die* <-, -n> *(in einer Küche) eine*

Fläche, auf der man bestimmte Küchenarbeiten ausführt

Ạr·beits·platz *der* <-es, Arbeitsplätze> ❶ (≈ *Arbeitsstelle) eine geplante und definierte Position in einem Unternehmen, in der ein Angestellter eine bestimmte Arbeit verrichtet und dafür ein bestimmtes Gehalt erhält:* Das Unternehmen bietet 1.500 Arbeitsplätze.; den Verlust des Arbeitsplatzes befürchten; Viele haben heute Angst um ihren Arbeitsplatz.; Wir müssen Arbeitsplätze erhalten/schaffen. ◆ -abbau, -analyse, -ausstattung, -beschreibung, -beleuchtung, -einrichtung, -ergonomie, -evaluierung, -experte, -expertin, -förderung, -garantie, -gestaltung, -hygiene, -kataster, -konflikte, -kosten, -kündigung, -mobilität, -optimierung, -phobie, -probleme, -reinigung, -richtlinie, -rotation, -schutzgesetz, -sicherheit, -sicherung, -suche, -tausch, -umgebung, -unsicherheit, -verlagerung, -verlust, -vernichtung, -wechsel, -zusage, -zuweisung ❷ *der Platz, an dem jmd. arbeitet:* Herr Müller ist gerade nicht an seinem Arbeitsplatz, denn er macht Mittagspause.

Ạr·beits·spei·cher *der* <-s, -> EDV *Speicher, in dem die aktuell zu verarbeitenden Daten eines Computers abgelegt sind:* Der Computer hat einen großen Arbeitsspeicher.

Ạr·beits·stel·le *die* <-, -n> (≈ *Arbeitsplatz) In der Firma gibt es 200 Arbeitsstellen.; Sie sucht eine neue Arbeitsstelle.; ein Mangel an freien Arbeitsstellen*

Ạr·beits·tag *der* <-(e)s, -e> ❶ *ein Tag, an dem man arbeitet:* 15 Arbeitstage wegen Krankheit fehlen ❷ *die Stunden an einem Tag, in denen man arbeitet:* einen langen Arbeitstag vor sich haben

ạr·beits·un·fä·hig *adj /nicht steig./* (↔ *arbeitsfähig) so, dass man nicht arbeiten kann* ▸ Arbeitsunfähigkeit

Ạr·beits·un·fall *der* <-(e)s , -unfälle> *Unfall, der sich während der Arbeit ereignet*

Ạr·beits·ver·hält·nis *das* <-ses, -se> ❶ RECHTSW. *das rechtliche Verhältnis zwischen Arbeitgeber und Arbeitnehmer* ❷ *nur Plur./ Bedingungen am Arbeitsplatz:* die Arbeitsverhältnisse verbessern

Ạr·beits·wei·se *die* <-, -n> ❶ *Art des Arbeitens:* eine gründliche/nachlässige Arbeitsweise ❷ (≈ *Funktionsweise) die Art, wie etwas funktioniert:* die Arbeitsweise einer Maschine

ar·bi·t·rär *adj /nicht steig./* (geh.) *willkürlich; beliebig; lediglich in einem konventionellen Verhältnis zueinander stehend und nicht naturgegeben* ▸ Arbitrarität

Ạr·bo·re·tum *das* <-s, Arboreten> BOT. *zu Studienzwecken dienende Anpflanzung von Bäumen*

Ạr·cha·i·kum, **Ạr·chä·i·kum** *das* [arˈça:ikʊm] <-s> */kein Plur./* GEOGR. (veralt.) *ältestes Zeitalter der Erdgeschichte*

ar·cha·isch [arˈça:iʃ] *adj /nicht steig./ aus sehr alter Zeit stammend:* die archaischen Kulturen des Zweistromlands

Ạr·cha·is·mus *der* <-, Archaismen>

Unüblich gewordene sprachliche Ausdrucksmittel (Wörter oder syntaktische Konstruktio-

nen), die einem meistens nur noch in Märchen, in der Lyrik oder in älteren Texten begegnen, werden als **Archaismen** (von „archaisch" = aus sehr früher Zeit stammend, altertümlich) bezeichnet. Beispiele sind: *er stund, es ward, Minne, Odem, weiland, Linnen, er buk* (statt „er backte"), *sintemal.* Zunächst handelt es sich bei der Einschätzung eines Wortes, eines Wortkomplexes (*mit Kind und Kegel*), oder einer grammatischen Erscheinung (*Er erinnert sich meiner*) als veraltet, altertümlich bzw. altmodisch um einen diffusen Befund. Dieser kann sich auf die Schreibung oder auch auf die Bedeutung bezogen sein, weshalb es dazu in der Literatur verschiedene weitere Differenzierungen gibt. Einige der Archaismen werden nicht mehr verwendet und auch nicht mehr ohne Kommentar verstanden (so z. B. *Afterrede* in Goethes Werk). Andere werden nur noch verstanden (passiv lebende Archaismen), auch weil sie teils in Dialekten noch gängig sind (z. B. *Oheim*). Soweit Einheiten durch den Gebrauch reaktiviert und gegebenenfalls mit einer neuen Bedeutung versehen werden (aktiv lebende Archaismen), dienen sie vor allem der Erzeugung stilistischer Effekte, so z. B. *Minne* (im Sinne von „Liebe"). In kleineren Wörterbüchern der Gegenwartssprache werden nur ausgewählte Archaismen als Stichwörter angesetzt. Es handelt sich vor allem um solche Einheiten, von denen angenommen werden kann, dass Wörterbuchbenutzer(innen) ihnen in Texten begegnen. Diese Einheiten werden als „veraltet" bzw. (je nach Einschätzung) als „veraltend" markiert.

Ạr·chäo·lo·gie *die* [arçɛoloˈgiː] <-> */kein Plur./* (≈ *Altertumskunde) die wissenschaftliche Erforschung des Altertums, die z. B. im Rahmen von Ausgrabungen das Freilegen (der Überreste) alter Bauwerke beinhaltet* ▸ Archäologe, Archäologin, archäologisch

Ạr·che *die* [ˈarçə] <-> */kein Plur./* REL. *das Schiff, das Noah gebaut haben soll, um sich und die Tierwelt vor der Sintflut zu retten:* die Arche Noah

Ạr·chi·pel *der* [arçiˈpeːl] <-s, -e> GEOGR. (≈ *Inselgruppe) viele Inseln, die nahe beieinanderliegen*

Ạr·chi·tekt *der*, **Ạr·chi·tek·tin** *die* <-en, -en> *an einer Hochschule ausgebildete Fachperson (insbesondere) für das Entwerfen und die Fertigstellung von Bauwerken* ◆ Innen-, Landschafts-, Städtebau-

ar·chi·tek·to·nisch *adj /nicht steig./ auf die Architektur bezogen*

Ạr·chi·tek·tur *die* <-, -en> ❶ */kein Plur./ die Wissenschaft von der Gestaltung und Konstruktion von Bauwerken:* Architektur studieren ◆ -büro ❷ *die Gestaltung eines Bauwerks:* die kühne Architektur einer Brücke ❸ *Baustil:* die gotische/neoklassische/romanische Architektur ◆ -museum ❹ EDV *der logische Aufbau einer Software* ◆ Software-

Ar·chi·tek·tur·bü·ro das <-s, -s> Unternehmen, in dem mehrere Architekten arbeiten

Ar·chiv das [ar'çi:f] <-s, -e> Sammlung von Dokumenten und Urkunden ◆-bild, -material ►Archivar, Archivarin

Ar·chi·vie·rung die <-, -en> das Ablegen von Dingen in einem Archiv ► archivieren

Are·al das [are'a:l] <-s, -e> (geh.) Bodenfläche, Grundstück ◆ Firmen-

Are·na die <-, Arenen> ❶ Stadion für sportliche und sonstige Wettkämpfe/Veranstaltungen ◆ Stierkampf-, Zirkus- ❷ (geh.) Schauplatz

arg <ärger, am ärgsten> I. adj böse, schlimm: mein ärgster Feind; etwas nur noch ärger machen II. adv (umg.) SÜDDT. sehr: ein arg schöner Abend; sich ganz arg anstrengen ◆Großschreibung →R 3.7 das Ärgste befürchten; im Argen liegen; nichts Arges denken

Ar·gen·ti·ni·en <-s> Staat in Südamerika ► Argentinier, Argentinierin, argentinisch

Är·ger der <-s> /kein Plur./ ❶ heftiges Gefühl der Unzufriedenheit und leichter Wut: jemandes Ärger erregen; seinem Ärger Luft machen; jmdm. seinen Ärger anmerken ❷ (≈ Unannehmlichkeiten) jemandem Ärger machen; Wenn du das machst, bekommst du/gibt es Ärger!; So ein Ärger!

är·ger·lich adj ❶ so, dass man Ärger verspürt: ärgerlich über/auf etwas/jemanden sein; eine ärgerliche Reaktion ❷ so, dass es Ärger erregt: eine ärgerliche Panne; das Ärgerlichste daran ist, dass ...

är·gern <ärgerst, ärgerte, hat geärgert> I. mit OBJ ▪jmd./etwas ärgert jmdn. jmdm. Ärger bereiten: Er legt es darauf an, seine Schwester zu ärgern.; Ihre Liederlichkeit ärgert mich. II. mit SICH ▪jmd. ärgert sich über jmdn./etwas Ärger empfinden: Sie ärgert sich über seine ständige Unpünktlichkeit.; ▪sich schwarz ärgern (umg.) sich sehr ärgern

Är·ger·nis das <-ses, -se> etwas, das (viele Menschen) ärgert: Ärgernis erregen; ein öffentliches/ständiges Ärgernis sein

arg·los adj so, dass man an nichts Böses denkt ► Arglosigkeit

Ar·gu·ment das <-(e)s, -e> ❶ etwas, das für oder gegen etwas spricht; Rechtfertigungsgrund: ein gutes/stichhaltiges/überzeugendes Argument für/gegen etwas ◆Gegen-, Haupt- ❷MATH. unabhängige Variable einer Funktion ◆-bereich

ar·gu·men·tie·ren <argumentierst, argumentierte, hat argumentiert> ohne OBJ ▪jmd. argumentiert (irgendwie) Gründe zum Beweis oder zur Rechtfertigung darlegen: logisch/sachlich argumentieren ► Argumentation, argumentativ

Ar·gus·au·gen <-> Plur. (geh.) scharf beobachtender Blick: jemanden/einen Vorgang mit Argusaugen beobachten

Arg·wohn der <-(e)s> /kein Plur./ (geh.: ≈ Misstrauen) Argwohn gegen jemanden/etwas schöpfen; voller Argwohn sein

arg·wöh·nen <argwöhnst, argwöhnte, hat geargwöhnt> mit OBJ ▪jmd. argwöhnt etwas (geh.) misstrauen: Ich argwöhne, dass ...

arg·wöh·nisch adj (geh.) so, dass man voll Misstrauen ist: gegen den Nachbarn argwöhnisch sein

Arie die ['a:rɪə] <-, -n> ein einzelnes Gesangsstück mit Instrumentalbegleitung als Teil einer Oper ◆ Musical-, Operetten-, Opern-

Aris·to·krat der, **Aris·to·kra·tin** [arɪsto'kra:t] <-en, -en> Person, die dem Adel angehört

Aris·to·kra·tie die [arɪstokra'ti:] <-, ...-tien> adelige Oberschicht der Gesellschaft ◆ Hoch-

aris·to·kra·tisch adj /nicht steig./ ❶ /nicht steig., nur attr./ zum Adel gehörend: in aristokratischen Kreisen ❷ (geh.) edel: eine aristokratische Gesinnung

aris·to·te·lisch adj /nicht steig./ durch (den griechischen Philosophen) Aristoteles begründet bzw. an seinen Auffassungen orientiert: die aristotelische Logik

Arith·me·tik die [arɪt'me:tɪk] <-> /kein Plur./ MATH. Lehre vom Rechnen mit Zahlen und Buchstaben

arith·me·tisch adj /nicht steig./ die Arithmetik betreffend: arithmetische Formeln; ▪das arithmetische Mittel Durchschnittswert

Ar·ka·de die <-, -n> Bogen auf zwei Säulen oder Pfeilern ◆-nfenster, -ngang, -ngesims, -nmauer

Ark·tis die ['arktɪs] <-> /kein Plur./ (↔ Antarktis) Land um den Nordpol ◆-bär, -bewohner, -expedition, -forscher, -forschung, -konferenz, -kreuzfahrt, -reise, -station, -vertrag, -vogel, -wolf

ark·tisch adj /nicht steig./ ❶ /nicht steig., nur attr./ (↔ antarktisch) zur Arktis gehörend: arktische Kaltluft ❷ (umg.) sehr kalt: Hier herrscht ja eine arktische Kälte!

Arm der <-(e)s, -e> ❶ANAT. der Teil des menschlichen Körpers, der von der Schulter bis zur Hand reicht: die Arme ausbreiten/verschränken; der linke/rechte Arm; sich den Arm brechen; knochige/magere/muskulöse/sehnige/starke Arme ◆-beuge, -bewegung, -binde, -bruch ❷ länglicher seitlicher Ausleger; Abzweigung von einem Hauptteil: der Arm eines Krans; ein Leuchter mit acht Armen ◆Fang-, Fluss-, Meeres- ❸ (übertr.) Einflussbereich: einen langen Arm haben; der Arm des Gesetzes; jemanden der Mafia in die Arme treiben; ▪jemanden auf den Arm nehmen (umg.) mit jmdm. seine Späße treiben; ▪jemandem unter die Arme greifen jmdm. helfen

arm <ärmer, am ärmsten> adj ❶ (↔ reich) so, dass man ganz wenig materiellen Besitz und ein ganz geringes Einkommen hat: aus armen Verhältnissen kommen; die tiefe Kluft zwischen Arm und Reich ❷ wenig gehaltvoll: arme Böden; arm an Bodenschätzen/Nährstoffen sein; um eine Attraktion ärmer sein ❸ bedauernswert: Du Arme(r)!; der arme Kerl; (umg.) Meine armen Füße; ich kann nicht mehr laufen!; (umg.) arm dran sein

-arm als Zweitglied zusammengesetzter Adjektive; drückt aus, dass das mit dem Erstglied Bezeichnete nur gering ausgeprägt bzw. in geringer Menge vorhanden ist ◆fantasie-, fett-, gefühls-, geräusch-, ideen-, kalorien-, kontakt-, niederschlags-, nikotin-, stickstoff-

Ar·ma·da die <-> /kein Plur./ (große) Flotte von Schiffen

Ar·ma·tur *die* [arma'tuːɐ] <-, -en> ❶ *Kontroll- und Bedienteil von technischen Anlagen* ❷ *Wasserhahn (und Dusche) an Badewanne oder Waschbecken:* die Armaturen putzen ◆-enanzeige, -enbau, -enbrett, -endämmung, -endekor, -engriffe, -enhandel, -enisolierung, -enlampe, -enleuchte, -enmontage, -enpflege, -entechnik, -enzange, Auto-, Küchenarmaturen

Ar·ma·tu·ren·brett *das* <-(e)s, -er> *Tafel, auf der sich die Armaturen[1] befinden:* Am Armaturenbrett im Auto sind u.a. wichtige Kontrolllampen angebracht.

Arm·band *das* <-(e)s, Armbänder> ❶ *um das Handgelenk getragenes Schmuckband* ❷ *um das Handgelenk getragenes Schmuckband, an dem eine Armbanduhr befestigt ist* ◆-uhr

Ar·mee *die* <-, ...-meen> *die Gesamtheit aller bewaffneten Streitkräfte eines Landes* ◆-einheit/-Einheit, -führung, -general, -korps

Är·mel *der* <-s, -> *die Arme bedeckender Teil eines Kleidungsstücks:* ein Hemd mit kurzen Ärmeln; ■ **die Ärmel hochkrempeln** *(umg.) sich an die Arbeit machen;* ■ **etwas aus dem Ärmel schütteln** *(umg.) etwas mit Leichtigkeit tun* ◆-brett, -länge

Är·mel·brett *das* <-(e)s , -er> *eine Art sehr kleines Bügelbrett, das man auf ein Bügelbrett legt, um Ärmel von Blusen und Oberhemden besser bügeln zu können*

Ar·me·ni·en <-s> *Staat in Vorderasien* ▶ Armenier, Armenierin, armenisch

Arm·leh·ne *die* <-, -n> *die Teile an einem Stuhl, auf die man die Arme legen kann*

Arm·leuch·ter *der* <-s, -> *(umg. abwert.: ≈ Idiot) ein Schimpfwort:* Du Armleuchter!

ärm·lich *adj in armen Verhältnissen* ▶ Ärmlichkeit

Arm·reif *der* <-(e)s, -e> *Schmuckstück aus einem (Edel)Metall in der Form eines Reifes, das man um das Handgelenk trägt*

arm·se·lig *adj* ❶ *sehr arm:* eine armselige Hütte ❷ *(abwert.: ≈ erbärmlich) so unzureichend, dass es enttäuschend und ärgerlich ist:* Das war eine armselige Entschuldigung/Veranstaltung. ▶ Armseligkeit

Ar·mut *die* <-> */kein Plur./* ❶ *der Zustand, dass jmd. sehr arm ist:* in Armut leben ◆-sbericht, -sflüchtling, -sgrenze, -srisiko ❷ *(≈ Kargheit) der Zustand, dass von etwas nur sehr wenig vorhanden ist:* die Armut seiner Sprache; geistige Armut

Ar·muts·zeug·nis ■ **ein Armutszeugnis (für etwas/jemanden) sein** *ein Beweis der Untauglichkeit sein;* ■ **sich (mit etwas) ein Armutszeugnis ausstellen** *(mit etwas) zeigen, dass man unfähig ist*

Ar·ni·ka *die* <-, -s> *eine Heilpflanze*

Aro·ma *das* <-s, Aromen/Aromas/Aromata> ❶ *intensiver Duft und Geschmack:* ein angenehmes/würziges Aroma haben; das kräftige Aroma frischen Kaffees; das betörende Aroma der Gewürze ❷ *künstlicher Geschmacks- oder Duftstoff* ◆-dose, -düfte, -entwicklung, -experte, -expertin, -extrakte, -forschung, -gewinnung, -kapseln, -lampe, -massage, -öl, -pasten, -pflege, -pulver, -verdampfer, -vernebler, -verordnung ▶ aromatisieren

aro·ma·tisch *adj mit starkem Aroma:* der aromatische Duft von frischem Kaffee

Ar·rak *der* <-s, -e/-s> *Branntwein aus Reis oder Melasse*

Ar·ran·ge·ment *das* [arãʒə'mãː] <-s, -s> ❶ *(geh.) Übereinkunft:* ein Arrangement mit jemandem treffen ❷ *das (künstlerische) Anordnen, Gestalten; die Vorbereitung:* Sie ist für das Arrangement der Feier zuständig. ❸ KUNST, MUS. *(geh.) künstlerische Bearbeitung* ▶ Arrangeur, Arrangeurin, arrangieren

Ar·rest *der* <-(e)s, -e> *leichte Freiheitsstrafe* ◆-zelle ▶ Arrestant, Arrestantin

ar·re·tie·ren <arretiert, arretierte, hat arretiert> *mit OBJ* ❶ ■ **jmd. arretiert jmdn.** *(veralt.) verhaften* ❷ ■ **jmd. arretiert etwas** TECHN. *bewegliche Teile eines Gerätes blockieren*

Ar·re·tie·rung *die* <-, -en> *das Arretieren[2]*

ar·ri·viert *adj (geh.) erfolgreich, öffentlich anerkannt:* ein arrivierter Künstler

Ar·ri·vier·te *der/die* <-n, -n> *(geh.) beruflich erfolgreiche Person*

ar·ro·gant *adj (abwert.) mit einer sehr eingebildeten und überheblichen Art, die auf andere oft verletzend wirkt:* eine arrogante Art haben; jemanden arrogant ansehen

Ar·ro·ganz *die* <-> */kein Plur./ überhebliche, verletzende Art:* Man kann ihre Schüchternheit leicht mit Arroganz verwechseln.

Arsch *der* <-(e)s, Ärsche> *(vulg.: ≈ Gesäß, Blödmann, Idiot) Schimpfwort:* Du (alter/blöder) Arsch!; ■ **Leck mich am Arsch!** *(vulg.) lass mich in Ruhe* ◆-backe, -kriecher(in), -loch, -pauker

Arsch·kar·te ■ **die Arschkarte ziehen** *(jugendspr.) Pech haben*

Arsch·krie·che·rei *die* <-, -en> *(vulg.) allzu demütiges Verhalten gegenüber einem Vorgesetzten*

Arsch·loch *das* <-(e)s, Arschlöcher> *(vulg.)* ❶ *After* ❷ *(abwert.) Schimpfwort für eine dumme Person:* Du (altes/blödes) Arschloch!

Ar·sen *das* [ar'zeːn] <-s> */kein Plur./* CHEM. *chemisches Element, Zeichen: As* ◆-vergiftung

Ar·se·nal *das* <-(e)s, -e> ❶ MILIT. *Waffenlager* ◆ Waffen- ❷ *(umg. übertr.) eine große Menge:* ein ganzes/wahres Arsenal von Schimpfwörtern

Art *die* <-, -en> ❶ */kein Plur./ bestimmte Weise oder Verhaltensweise:* solcher Art; auf diese Art; die Art und Weise, wie jemand etwas tut; Das ist nicht ihre Art. ◆ Mach- ❷ BIOL. *(≈ Spezies) die niedrigste Kategorie in der Klassifikation der Lebewesen:* vom Aussterben bedrohte Arten; ■ **aus der Art schlagen** *völlig anders sein* ◆-enschutz

Ar·ten·reich·tum *der* <-s> */kein Plur./ große Vielfalt an Arten[2]*

Ar·ten·viel·falt *die* <-> */kein Plur./* BIOL. *Vielfalt der Arten[2]*

Ar·te·fakt *das* <-(e)s, -e> *(fachspr.) etwas, das künstlich hergestellt ist*

Ar·te·rie *die* [ar'teːrɪə] <-, -n> ANAT. *(≈ Schlagader* ↔ *Vene) Blutgefäß, das das Blut vom Herzen wegführt* ◆-nverkalkung ▶ Arteriitis

Ar·th·ros·ko·pie *die* <-, ...-pien> MED. *Untersuchung eines Gelenks* ▶ Arthrose

ar·ti·fi·zi·ell *adj /nicht steig./ (≈ künstlich)*

A

ar·tig <artiger, am artigsten> *adj so, dass man sich (vor allem als Kind) gesittet und brav verhält:* artige Kinder; Sei schön artig!

-ar·tig *als Zweitglied zusammengesetzter Adjektive; drückt aus, dass etwas von ähnlicher oder gleicher Beschaffenheit ist wie das mit dem Erstglied Bezeichnete* ◆ blitz-, bös-, gut-, katzen-, krebs-, palast-, schlag-, sintflut-, wellen-

Ar·ti·kel *der* <-s, -> ❶ SPRACHWISS. *Ausdrucksmittel für Bestimmtheit und Unbestimmtheit, das in manchen Sprachen (wie im Deutschen) ein Begleitwort ist, das vor einem Substantiv steht:* „Der", „die" und „das" sind Artikel.; *der bestimmte/der unbestimmte Artikel* ◆ -bestimmung, -deklination, -endungen, -formen, -gebrauch, -wort ❷ *Ware in einem Geschäft:* alle Artikel um 50% reduzieren ◆ -auszeichnung, -code, -etiketten, -liste, -verzeichnis ❸ *Beitrag in einer Zeitung:* einen interessanten Artikel lesen ◆ -serie, Zeitungs- ❹ RECHTSW. *Abschnitt eines Gesetzes:* Artikel 1 des Grundgesetzes

Ar·ti·kel·rei·he *die* <-, -n> *Folge von Artikeln*³

Ar·ti·ku·la·ti·on *die* <-, -en> ❶ SPRACHWISS. *Lautbildung* ◆ -sart, -sausgleich, -sbasis, -skanal, -sluft, -smodus, -sorgane, -sort, -sposition, -sstelle ► Artikulator ❷ *deutliche Aussprache*

ar·ti·ku·lie·ren <artikulierst, artikulierte, hat artikuliert> **I.** *mit OBJ* ■ *jmd. artikuliert etwas* ❶ SPRACHWISS. *aussprechen:* einen Laut artikulieren ❷ *(geh.) deutlich machen:* seine Ängste artikulieren **II.** *mit SICH* ■ *jmd. artikulkiert sich (geh.) sich Ausdruck verschaffen:* Ihm fällt es schwer, sich zu artikulieren.

Ar·til·le·rie, **Ar·til·le·rie** *die* <-, ...-rien> */Plur. selten /* MILIT. *Geschütztruppe* ◆ -beschuss, -feuer ► Artillerist, Artilleristin, artilleristisch

Ar·ti·scho·cke *die* [arti'ʃɔkə] <-, -n> *ein Gemüse von grüner Farbe und herb-bitterem Geschmack, das oft in Olivenöl eingelegt genossen wird* ◆ -nboden, -nherz

Ar·tist, **Ar·tis·tin** <-en, -nen> ❶ *Person, die beruflich in einem Zirkus Kunststücke vorführt, bei denen es auf große Körperbeherrschung ankommt* ❷ *Person, die insbesondere im sprachlichen Bereich (vor allem dichterisch) herausragendes Ausdrucksvermögen zeigt*

Ar·tis·tik *die* <-> */kein Plur./* ❶ *Kunst der Körperbeherrschung* ◆ -bedarf, -gala, -schule, -zubehör ❷ *künstlerisches Ausdrucksvermögen:* Der Dichter zeigt eine Artistik des Verstummens. ► artistisch

Ar·to·thek *die* <-, -en> *eine Galerie, die Bilder oder Plastiken ausleiht*

Arz·nei *die* <-, -en> *(veralt.:* ≈ *Heilmittel, Medikament) Gegenmittel gegen Krankheiten* ◆ -buch, -kunde, -pflanze

Arz·nei·mit·tel *das* <-s, -> *Medikament* ◆ -budget, -gesetz, -hersteller(in), -konsum, -lehre, -missbrauch, -preisverordnung

Arzt *der*, **Ärz·tin** <-es, Ärzte> *jmd., der Medizin studiert hat und einen Heilberuf ausübt:* ein praktischer Arzt; Der Arzt gibt eine Spritze/schreibt ein Rezept/stellt eine Diagnose/untersucht den Patienten/verschreibt ein Medikament.; Er hat sich beim Arzt einen Termin geben lassen/musste beim Arzt lange warten/sollte mal wieder zum Arzt gehen.; Der Arzt bildet sich zum Facharzt weiter, hat seine eigene Praxis/führt zusammen mit einem Kollegen eine Gemeinschaftspraxis/nimmt an einem Fachkongress teil.; ■ **bis der Arzt kommt** *(Jargon) in extremer Intensität, Menge o. Ä.; bis zum Abwinken* Mehrere DJs legten die ganze Nacht und ließen das Motto des Abends Wirklichkeit werden: „Tanzen bis der Arzt kommt!" ◆ -besuch, -diagnose, -fehler, -gebühr, -kittel, -praxis, -rechnung, -roman, -termin, -wahl, Augen-, Haus-, Haut-, Kinder-, Nerven-, Zahn-

Ärz·te·haus *das* <-es, Ärztehäuser> *Haus, in dem mehrere verschiedene Ärzte ihre Praxen haben*

Arzt·hel·fe·rin *die* <-, -nen> *Angestellte, die dem Arzt in der Praxis hilft*

Ärz·tin *siehe* **Arzt**

Arzt·kos·ten <-> *Plur. Kosten der Behandlung durch einen Arzt*

ärzt·lich *adj /nicht steig./ zu einem Arzt gehörend oder von ihm ausgehend:* ärztliche Pflicht/Schweigepflicht/Versorgung; in ärztlicher Behandlung sein/etwas auf ärztlichen Rat hin tun

As·best *das* <-(e)s, -e> *ein hitzebeständiges Material, das als Baumaterial gesundheitsschädlich ist* ◆ -abbau, -anzug, -belastung, -beseitigung, -bestimmung, -entsorgung, -erkrankung, -fabrik, -faser, -gefahr, -gewinnung, -gutachten, -handschuhe, -krebs, -lunge, -matten, -nachweis, -platten, -richtlinie, -sanierung, -tumor, -untersuchung, -verbot, -vergiftung, -wolle, -wellplatten, -zement

As·bes·to·se *die* <-, -n> *Vergiftung durch Asbest*

Asche *die* <-, (-n)> *der Rückstand von etwas, das verbrennt:* die Asche der Zigarette; Die Bombenangriffe haben die Stadt in Schutt und Asche gelegt. ◆ -nbahn, -nbecher, -nbrenner, -eimer, -kübel, -tonne, -nurne, -nvulkan

ASCII-Code *der* ['aski:ɔːt] <-s> */kein Plur./* EDV *„American Standard Code of Information Interchange"; ein Zeichencode*

As-Dur *das* <-> */kein Plur./* MUS. *eine Tonart*

Aschen·brö·del, *a.* **Aschen·put·tel** *das* <-s, -> *eine Märchenfigur*

Ascher·mitt·woch *der* <-(e)s, -e> */kein Plur./ der Mittwoch nach Fastnacht, der der Beginn der Fastenzeit ist*

asch·fahl *adj /nicht steig./ sehr blass:* mit aschfahlem Gesicht

asch·grau *adj /nicht steig./ von einem bleichen Grau*

As·cor·bin·säu·re *siehe* **Askorbinsäure**

äsen <äst, äste, hat geäst> *ohne OBJ* ■ *ein Tier äst (fachspr.) (von manchen Tieren) fressen:* Die Hirschkuh/das Reh äst.

Aser·bai·d·schan <-s> ❶ *eine Landschaft und Provinz im Nordwesten des Iran* ❷ *Staat am Kaspischen Meer* ► Aserbaidschaner, Aserbaidschanerin, aserbaidschanisch

Asi·en <-s> *der größte Kontinent* ► Asiat, Asiatin, asiatisch

As·ke·se *die* [asˈkeːzə] <-, -n> *(geh.) eine enthaltsame Lebensweise:* in Askese leben; Askese üben ▶ Asket, Asketin, asketisch

As·kor·bin·säu·re, *a.* **As·cor·bin·säu·re** *die* <-> /kein Plur./ CHEM. *chemische Bezeichnung für Vitamin C*

Äs·ku·lap, **Äs·ku·lap** *der* <-> /kein Plur./ *griechischer Gott der Heilkunst; die sich um einen Stab, den er in Darstellungen hält, windende Schlange wurde zum Symbol der Heilkunde* ◆ -schlange, -stab, -zeichen

aso·zi·al *adj /nicht steig./ (abwert.)* ❶ *außerhalb der Gesellschaft stehend, verwahrlost:* asoziale Personen/Verhältnisse ❷ *gesellschaftsschädlich:* asoziales Verhalten ▶ Asozie, Asozialität

As·pekt *der* <-(e)s, -e> ❶ *(geh.) Gesichtspunkt:* etwas unter einem anderen Aspekt sehen ◆ Neben-, Teil- ❷ SPRACHWISS. *eine grammatische Kategorie des Verbs:* der vollendete/unvollendete Aspekt; die Bedeutung des Aspekts in der russischen Sprache ◆ -homonym, -korrelation, -paar, -sprache

As·phalt, **As·phalt** *der* <-(e)s, -e> /Plur. selten/ *grau-schwarzes Material, das meist als Straßenbelag dient:* glatter/rauer Asphalt ◆ -bahn, -dschungel, -lack, -straße

As·phalt·dschun·gel *der* <-s> /kein Plur./ *(umg.) Straßengewirr der Großstadt*

as·phal·tie·ren <asphaltierst, asphaltierte, hat asphaltiert> *mit OBJ* ▪ *jmd. asphaltiert etwas (Straßen) mit einer Oberfläche aus Asphalt versehen* ▶ asphaltisch

As·pik *der* <-s, -e> KOCH. *gallertartige Masse, in die Fleisch oder Eier eingelegt werden:* Aal/Eier in Aspik

As·pi·rant *der*, **As·pi·ran·tin** <-en, -en> *Anwärter auf eine Position* ◆ -enjahr, -enkurs, -enprüfung, -enstelle, Titel-

As·pi·ra·ti·on *die* <-, -en> /Plur. selten/ ❶ /meist Plur./ *(geh.) eine Hoffnung oder ein Ziel, das man ehrgeizig verfolgt:* Sie hat Aspirationen auf eine Karriere/nach einer Karriere als Sängerin. ❷ SPRACHWISS. *behauchte Aussprache der Verschlusslaute* ◆ -skorrelation

as·pi·rie·ren <aspirierst, aspirierte, hat aspi­riert> *mit OBJ* SPRACHWISS. *behaucht aussprechen* ▶ aspiratorisch

As·pi·rin® *das* <-s> /kein Plur./ MED. *ein Mittel gegen Schmerzen:* gegen Kopfschmerzen Aspirin nehmen

Ass *das* <-es, -e> ❶ *die höchste Spielkarte* ◆ Herz-, Pik- ❷ *(umg.) Person, die etwas außergewöhnlich gut kann:* Sie ist ein Ass in Mathematik. ◆ Flieger-

as·sa·nie·ren <assanierst, assanierte, hat assa­niert> *mit OBJ* ▪ *jmd. assaniert etwas* ÖSTERR. *(in einer Stadt) für hygienische Verhältnisse sorgen* ▶ Assanierung

As·sel *die* <-, -n> *ein kleines, graues Krebstier mit einem flachen Körper, das meist an dunklen, feuchten Stellen oder in Tümpeln lebt* ◆ Keller-, Klippen-, Riesen-, Wasser-

As·sem·b·ler *der* [əˈsɛmblə] <-s> /kein Plur./ EDV *eine einfache Programmiersprache*

As·si·mi·la·ti·on *die* <-, -en> *(fachspr.) Anpassung* ◆ -skette

> Man bezeichnet den Einfluss eines Lautes auf die Artikulation eines anderen Lautes, so dass beide einander ähnlich werden, als **Assimilation**. Beispiel: Aus althochdeutsch „zimber" ist neuhochdeutsch „Zimmer" geworden. Es handelt sich dabei sowohl um den Prozess als auch um das Ergebnis eines Lautwandels vor allem im Sinne der artikulatorischen Vereinfachung. Zur Assimilation zählt unter anderem auch die Angleichung an den Folgelaut, wie dies in umgangssprachlich „fymf" (die Zahl „fünf") der Fall ist.

as·si·mi·lie·ren <assimilierst, assimilierte, hat assimiliert> I. *mit OBJ* ▪ *jmd. assimiliert etwas* BIOL. *Stoffe aufnehmen und in körpereigene Stoffe umwandeln:* Kohlendioxid assimilieren II. *mit SICH* ▪ *jmd. assimiliert sich (geh.) sich anpassen:* sich an die Umgebung assimilieren ▶ Assimilation, Assimilierung

As·sis·tent *der*, **As·sis·ten·tin** <-en, -en> *(in bestimmten Berufsfeldern) Helfer, besonders Mitarbeiter eines Professors:* Sie ist wissenschaftliche Assistentin am Lehrstuhl von Prof. Schulze. ◆ Hochschul-

as·sis·tie·ren <assistierst, assistierte, hat assis­tiert> *ohne OBJ* ▪ *jmd. assistiert jmdm. (bei etwas Dat.) (geh.) unterstützen, helfen:* Sie assistiert dem Arzt bei der Operation.

As·so·zi·a·ti·on *die* <-, -en> ❶ POL. *Zusammenschluss* ❷ /meist Plur./ *(geh.) unwillkürliche gedankliche Verknüpfung:* Bestimmte Farben rufen bei den meisten Menschen Assoziationen hervor. ◆ -sanalyse, -sbildung, -sexperiment, -slehre, -slernen, -skette, -spsychologie -stest

as·so·zi·a·tiv *adj /nicht steig./ (geh.) durch gedankliche Verknüpfung*

as·so·zi·ie·ren I. *mit OBJ* ▪ *jmd. assoziiert etwas mit etwas Dat. (geh.) etwas gedanklich miteinander in Verbindung bringen:* mit einer bestimmten Melodie ein schönes Erlebnis assoziieren II. *mit SICH* ▪ *jmd. assoziiert sich* POL. *sich anoder zusammenschließen:* sich assoziieren; assoziierte Mächte

Ast *der* <-(e)s, Äste> *an einem Baum ein dickerer Zweig, der direkt aus dem Stamm hervorwächst:* einen Ast absägen; ein knotiger/kräftiger Ast; ▪ **an dem Ast sägen, auf dem man sitzt** *(umg.) durch sein Verhalten die eigene Lebensgrundlage gefährden;* ▪ **sich einen Ast lachen** *(umg.) sehr lachen* ◆ -gabel, -loch

As·ter *die* <-, -n> *eine Herbstblume*

Äs·thet *der*, **Äs·the·tin** <-en, -en> *(geh.) ein feinsinniger Mensch mit einer hohen Bewusstheit für Schönheit und Kunst*

Äs·the·tik *die* <-> /kein Plur./ *Lehre vom Schönen* ◆ Informations-, Literatur-, Musik-, Neuro-, Wissenschafts- ▶ Ästhetisierung, Ästhetizismus

äs·the·tisch *adj (geh.) geschmackvoll, schön*

Asth·ma *das* [ˈastma] <-s> /kein Plur./ MED. *an-*

A

fallartig auftretende Atemnot ◆-anfall, -klinik, -kuren, -mittel, -pumpe, -spray

asth·ma·tisch adj /nicht steig./ durch Asthma bedingt: asthmatische Anfälle haben ▸ Asthmatiker, Asthmatikerin

ast·rein adj /nicht steig./ (umg.) einwandfrei: Die Sache ist nicht ganz astrein.

As·t·ro·lo·gie die <-> /kein Plur./ die Beschäftigung mit Sternen und Sternbildern mit dem Ziel, daraus Erkenntnisse über die Menschen und das menschliche Schicksal gewinnen zu können ▸ Astrologe, Astrologin, astrologisch

As·t·ro·naut der, **As·t·ro·nau·tin** <-en, -en> jmd., der an Bord eines Raumschiffs durch das Weltall fliegt: An Bord der Raumstation sind derzeit zwei amerikanische und zwei russische Astronauten.; Die meisten Astronauten waren zunächst Piloten.; Die russischen Astronauten nennt man „Kosmonauten". ◆-enernährung, -enkost

As·t·ro·no·mie die <-> /kein Plur./ die Wissenschaft, die sich mit der Erforschung der Sterne und Himmelskörper beschäftigt: visuelle/extragalaktische Astronomie ◆-geschichte, -kalender, -museum, -studium, -verein, Amateur-, Archäo-, Gamma-, Positions-, Röntgen-, Stellar-, Ultraviolett- ▸ Astronom, Astronomin

as·t·ro·no·misch adj /nicht steig./ ❶ /nur attr./ zur Astronomie gehörend: astronomische Betrachtungen ❷ (umg.) sehr hoch, ungeheuer: astronomische Preise

As·t·ro·phy·sik die <-> /kein Plur./ Wissenschaft von der physikalischen Beschaffenheit der Himmelskörper ▸ Astrophysiker, Astrophysikerin, astrophysikalisch

Asyl das [a'zy:l] <-(e)s, -e> ❶ POL. Zuflucht für politisch Verfolgte: jemandem Asyl gewähren; Asyl suchen ◆-antrag, -bescheid, -gerichtshof, -gewährung, -missbrauch, -recht, -suchende ❷ (veralt.) Heim für Not Leidende/Notleidende: ein Asyl für Obdachlose ◆ Obdachlosen-

Asy·lant der, **Asy·lan·tin** <-en, -en> jmd., der Asyl[1] beansprucht ◆-enflut, -engesetz, -enheim, -enrecht, -enschwemme, -enstatus, -enzahl

Asyl·be·wer·ber der, **Asyl·be·wer·be·rin** <-s, -> jmd., der den Antrag stellt, in einem Land Asyl[1] zu erhalten ◆-heim

Asyl·po·li·tik die <-> /kein Plur./ politische Maßnahmen und Entscheidungen im Zusammenhang mit der Gewährung von Asyl[1]

Asyl·ver·fah·ren das <-s, -> AMTSSPR. gerichtliches Verfahren, in dem geklärt wird, ob jmdm. Asyl[1] gewährt werden kann

Asym·me·t·rie die <-, ...-trien> (fachspr.: ↔ Symmetrie) der Zustand, dass etwas nicht symmetrisch ist

asym·me·t·risch adj /nicht steig./ (fachspr.: ↔ symmetrisch) nicht symmetrisch

Ate·li·er das [atə'lje:] <-s, -s> Werkstatt eines Künstlers oder Fotografen ◆-aufnahme, -fenster, -fest, -wohnung, Film-, Maler-

Atem der <-s> /kein Plur./ die ein- und ausgeatmete Luft: Atem holen; den Atem anhalten; außer Atem kommen/sein; ■ **jemanden in Atem halten** jmdn. nicht zur Ruhe kommen lassen ◆-alko-

hol, -alkoholtest, -aussetzer, -beschwerden, -bildung, -depression, -druck, -frequenz, -gas, -gifte, -geräusch, -höhle, -krampf, -lähmung, -luft, -maske, -muskulatur, -not, -organe, -pause, -schutz, -schutzmaske, -stütze, -übung, -volumen, -wege, -wegserkrankung, -zug

atem·be·rau·bend adj sehr schön: ein atemberaubender Anblick; Sie war von atemberaubender Schönheit.

atem·los adj /nicht steig./ ❶ so, dass man kaum Luft bekommt, weil man sich sehr angestrengt hat: atemlos sein/angerannt kommen ▸ Atemlosigkeit ❷ gespannt: Es herrschte atemlose Stille.

Atem·tech·nik die <-, -en> besondere Art des Atmens bei bestimmten Sportarten oder der Meditation

Atem·we·ge <-> Plur. die Atmungsorgane: die Erkrankung der Atemwege

Äthan das <-s> /kein Plur./ CHEM. gasförmiger Kohlenwasserstoff

Athe·is·mus der <-> /kein Plur./ die Weltanschauung, die die Existenz eines Gottes verneint ▸ Atheist, Atheistin, atheistisch

Äther der <-s> /kein Plur./ ❶ MED., CHEM. Betäubungs- und Lösungsmittel ❷ (geh.) die Weite des Himmels; ■ **etwas über den Äther schicken** etwas über Radio senden

äthe·risch adj /nicht steig./ ❶ sehr zart und vergeistigt: eine ätherische Erscheinung ❷ CHEM. ätherhaltig und angenehm duftend: ätherische Öle

Äthi·o·pi·en [ɛ'tio:piən] <-s> Staat in Ostafrika ▸ Äthiopier, Äthiopierin, äthiopisch

Ath·let der, **Ath·le·tin** <-en, -en> ein Sportler, der an einem Wettkampf teilnimmt ◆ Schwer-

ath·le·tisch adj gut muskulös und durchtrainiert: ein athletischer Körperbau ▸ Athletik

At·lan·tik der <-s> /kein Plur./ der Atlantische Ozean: der Ozean, der zwischen Amerika und Afrika und Europa liegt ◆ Nord-, Süd-

at·lan·tisch adj /nicht steig./ vom Atlantik kommend: Atlantische Luftmassen bestimmen unser Wetter in den nächsten Tagen. ◆ Großschreibung →R 3.17 der Atlantische Ozean

At·las[1] der <-, -se/Atlanten> ❶ ein Buch, das Landkarten enthält: etwas im Atlas nachschlagen ◆ Heimat-, Welt- ❷ ein großzügig und reichhaltig mit Bildern, Tabellen und Erläuterungen versehenes Buch zu einem wissenschaftlichen Teilgebiet ◆ Anatomie-, Sprach-

At·las[2] der <-> /kein Plur./ ein Gebirge in Nordafrika

At·las[3] der <-/-ses, -se> ein glänzender, schwerer Seidenstoff

At·las[4] der <-> /kein Plur./ ein Gott, der in der griechischen Mythologie Träger des Himmels war

At·las[5] der <-/-ses> ANAT. der erste Halswirbel

at·men <atmest, atmete, hat geatmet> I. mit OBJ ■ **jmd. atmet etwas** (≈ einatmen) Er atmete die kühle Luft. II. ohne OBJ ■ **jmd. atmet (irgendwie)** Luft in die Atmungsorgane hineinsaugen und verbrauchte Luft von sich geben: Der Patient atmet schwer.; Der Schwerverletzte atmete noch.

At·mo·sphä·re *die* [atmo'sfɛːrə] <-, -n> ❶ */kein Plur./ die Lufthülle der Erde* ❷ PHYS. *(veralt.) Maßeinheit für Druck, Zeichen:* atm ◆-nüberdruck ❸ *(≈ Klima) eine bestimmte (gefühlsmäßig wahrnehmbare) Stimmung, die irgendwo herrscht:* In der Abteilung herrscht eine angespannte/freundschaftliche/gute/kollegiale Atmosphäre. ◆ *Arbeits-* ❹ */kein Plur./ (≈ Flair) die Eigenschaft eines Ortes, sehr stimmungsvoll zu sein und starke Gefühle zu erzeugen:* Paris/Prag ist eine Stadt mit viel Atmosphäre.

at·mo·sphä·risch *adj /nicht steig./ (in) der Atmosphäre¹:* atmosphärische Störungen; der atmosphärische Druck

At·mung *die* <-> */kein Plur./ das Atmen* ◆-sbeschwerden, -sfrequenz, -sgifte, -sgymnastik, -sinsuffizienz, -sintensität, -skette, -smuskulatur, -sphysiologie, -sreflex, -sregulation, -stillstand, -swege, Haut-, Lungen-

At·mungs·or·ga·ne <-> *Plur. alle Organe, die der Atmung dienen*

Ät·na, Ät·na *der* <-s> */kein Plur./ Vulkan auf Sizilien*

Atoll *das* <-s, -e> *ringförmige Koralleninsel* ◆ Bikini-

Atom *das* <-s, -e> *die kleinste Einheit der Materie, von der man früher annahm, sie sei unteilbar* ◆-explosion, -gegner(in), -gewicht, -kern, -kraft, -krieg, -macht, -programm, -rakete, -reaktor, -schmuggel, -sprengkopf, -stopp, -technik, -tod, -U-Boot, -zeitalter

ato·mar *adj /nicht steig./ /nur attr./ die Atome oder die Kernspaltung betreffend:* Vorgänge im atomaren Bereich

Atom·aus·stieg *der* <-s> */kein Plur./ (umg.) Ausstieg aus der Energiegewinnung mit Atomkraftwerken*

Atom·bom·be *die* <-, -n> *Bombe, deren Wirkung auf der Kernspaltung beruht* ◆-nversuch

Atom·ener·gie *die* <-> */kein Plur./ (≈ Kernenergie) (nutzbar gemachte) Energie, die bei der Kernspaltung freigesetzt wird:* die friedliche Nutzung der Atomenergie

Atom·in·dus·t·rie *die* <-> */kein Plur./ der Teil der Wirtschaft, der sich mit der Gewinnung oder Nutzung der Atomenergie befasst*

Ato·mi·sie·rung *die* <-> */kein Plur./ Aufspalten von etwas in (kleine) Einheiten; Überführung von Atomen in einen gasförmigen Aggregatzustand* ◆-seinheit, -senergie, -stemperatur ▶ Atomisator, Atomiseur, atomisieren

Atom·kraft·werk *das* <-(e)s, -e> *(≈ Kernkraftwerk) ein Kraftwerk, das durch Kernspaltung elektrische Energie gewinnt:* die Betreiberfirma/der Kontrollraum/die Kühltürme/der Reaktorblock des Atomkraftwerks; das havarierte Atomkraftwerk

Atom·mei·ler *der* <-s, -> *(≈ Atomkraftwerk)*

Atom·müll *der* <-s> */kein Plur./ (radioaktiver) Abfall aus der Gewinnung oder Nutzung von Atomenergie*

Atom·phy·sik *die* <-> */kein Plur./ (≈ Kernphysik) Theoriebereich zu den Atomen und ihrer Umwandlung* ▶ Atomphysiker, Atomphysikerin

Atom·strom *der* <-(e)s> */kein Plur./ (umg.) elektrischer Strom, der aus der Kernspaltung in Atomkraftwerken gewonnen wird*

Atom·test *der* <-(e)s, -s/-e> *Test von Atomwaffen* ◆-stoppabkommen, -teststoppvertrag

Atom·trans·port *der* <-(e)s, -e> *(umg.) Transport von Atommüll*

Atom·ver·such *der* <-(e)s, -e> MILIT. *Testen einer Atomwaffe*

Atom·waf·fe *die* <-, -n> *Waffe, deren Wirkung auf der Kernspaltung oder -verschmelzung beruht* ◆-nsperrvertrag

atom·waf·fen·frei *adj /nicht steig./* POL. *so, dass es keine Atomwaffen enthält:* eine atomwaffenfreie Zone

Atom·wirt·schaft *die* <-> */kein Plur./ der Teil der Wirtschaft, der sich mit der Gewinnung oder Nutzung der Atomenergie befasst*

ätsch *interj (umg.) verwendet, um auszudrücken aus, dass jmd. Schadenfreude über etwas empfindet:* Ätsch! Ich war zuerst hier!

At·tach·ment *das* [ɛ'tɛtʃment] <-s, -s> EDV *(≈ Anlage) eine Datei, die zusammen mit einem Mail verschickt wird:* ein Attachment öffnen

At·ta·cke *die* <-, -n> ❶ *Angriff, Kritik:* eine gegnerische Attacke; eine scharfe Attacke gegen die Regierung starten ❷ MED. *Anfall* ◆ Fieber-, Herz- ❸ SPORT *(≈ Vorstoß) der Vorgang, dass in einem Rennen plötzlich einer der Fahrer oder Läufer das Tempo forciert und versucht, die Gegner hinter sich zu lassen*

at·ta·ckie·ren <attackierst, attackierte, hat attackiert> *mit OBJ* ■ *jmd. attackiert jmdn./etwas angreifen, kritisieren:* den Gegner attackieren; jemanden verbal attackieren

At·ten·tat, At·ten·tat *das* <-(e)s, -e> *Mordanschlag auf jmdn., der im öffentlichen Leben steht:* ein Attentat auf einen Politiker verüben ◆-sversuch, Schul- ▶ Attentäter, Attentäterin

At·test *das* <-(e)s, -e> *ärztliche Bescheinigung, die etwas über den Gesundheitszustand einer Person aussagt:* ärztliches Attest; (jemandem) ein Attest ausstellen ◆ Schul-

at·tes·tie·ren <attestierst, attestierte, hat attestiert> *mit OBJ* ■ *jmd. attestiert jmdm. etwas (geh.) bestätigen:* Seine Professoren attestierten ihm hervorragende Kenntnisse.

At·ti·tü·de *die* <-, -n> *Haltung, Einstellung*

At·trak·ti·on *die* <-, -en> *etwas, das außergewöhnlich ist und deshalb große Anziehungskraft besitzt:* Paris bietet viele Attraktionen.; Auf dem Jahrmarkt gab es viele neue Attraktionen ◆ Kirmes-, Jahrmarkts-, Zirkus-

at·trak·tiv *adj* ❶ *so, dass jmd. wegen seines guten Aussehens und seiner gepflegten Ausstrahlung für andere Menschen anziehend ist:* eine attraktive Frau ❷ *so, dass es interessant und positiv ist:* Die Ferienanlage bietet viele attraktive Freizeitangebote/Sportmöglichkeiten. ▶ Attraktivität

At·trap·pe *die* <-, -n> *täuschend echte Nachbildung:* Der Kamin ist nicht echt, sondern nur eine Attrappe.

At·tri·but *das* <-(e)s, -e> ❶ *(geh.) auffälliges Merkmal* ❷ SPRACHWISS. *Beifügung als Ergänzung*

zu einem Hauptwort: In „das schöne Kleid" ist „schöne" das Attribut. ◆ -satz ▶ Attribuierung, Attribution

at·tri·bu·tiv adj /nicht steig./ SPRACHWISS. (↔ prädikativ) als Attribut

ät·zen <ätzt, ätzte, hat geätzt> **I.** mit OBJ ■ jmd. ätzt etwas mit Säuren behandeln **II.** ohne OBJ ■ etwas ätzt zerfressend auf etwas wirken: ätzende Flüssigkeiten ▶ Ätzung

ät·zend adj (jugendspr. abwert.) fürchterlich: ein ätzender Film; Der Typ ist absolut ätzend.

Au die <-, -en> SÜDDT., ÖSTERR. siehe **Aue**

au(a) interj (umg.) verwendet, um auszudrücken, dass jmd. Schmerz empfindet: Aua, du stehst auf meinem Fuß!

Au·ber·gi·ne die [obɛrˈʒiːnə] <-, -n> (≈ Eierpflanze) ein längliches Gemüse mit blau-violetter Schale ◆ -nauflauf, -nbällchen, -ncreme, -neintopf, -nfrikadellen, -ngemüse, -ngratin, -nkaviar, -nkuchen, -nmarmelade, -nmus, -nmousse, -npaste, -npüree, -nröllchen, -nsalat, -nsuppe ▶ aubergine

auch I. adv nicht nur …, sondern auch … **II.** part verstärkend bei Fragen und Aussagen: Wirst du auch wirklich da sein?; Wie dem auch sei, ich komme nicht.; Wir feiern im Garten, auch wenn es regnet.; Er hat verschlafen, weshalb er auch zu spät gekommen ist.

Au·di·enz die [auˈdi̯ɛnts] <-, -en> offizieller Empfang bei einer hochgestellten Persönlichkeit: eine Audienz beim Papst; jemandem eine Audienz gewähren ◆ Papst-

Au·dio das <-s, -s> (umg.) kurz für: akustisches Element, Programm etc.

Au·dio- als Erstglied zusammengesetzter Substantive aus dem Bereich der Technik; kennzeichnet das mit dem Zweitglied Bezeichnete als etwas, das mit dem Hören zu tun hat bzw. mit akustischen Ereignissen ◆ -archiv, -aufnahme, -ausgabe, -ausgabegerät, -bearbeitung, -book, -controller, -datei, -effekt, -format, -grabber, -guide, -kabel, -karte, -meter, -metrie, -player, -recorder, -stream, -treiber, -vision, -zeitschrift

Au·dio·kas·set·te die <-, -n> (≈ Musikkassette ↔ Videokassette) eine Kassette für die Aufzeichnung von Musik

au·dio·phil adj /nicht steig./ so, dass eine sehr hohe Qualität der Musikwiedergabe angestrebt oder geschätzt wird: eine audiophile CD; Kunden mit audiophilen Ansprüchen

au·di·tiv adj /nicht steig./ (fachspr.) auf das Gehör bezogen: auditive und visuelle Wahrnehmung

Au·di·to·ri·um das <-s, Auditorien> **①** Hörsaal **②** (geh.) Zuhörerschaft: vor einem großen Auditorium sprechen

Aue die <-, -n> feuchte Wiese oder Niederung: in den Auen spazieren gehen ◆ -nlandschaft, -nwald, Donauauen, Talauen

auf I. präp **①** +Dat. Ortsangabe auf die Frage „wo?": auf dem Bahnhof; auf der Post **②** +Akk. Ortsangabe auf die Frage „wohin?": auf das Land fahren; auf den Tisch stellen; sich auf den Boden setzen; ■ auf Deutsch in deutscher Sprache; ■ auf einmal plötzlich; ■ auf jeden Fall was auch passiert; ■ auf keinen Fall niemals; ■ auf

der Geige spielen Geige spielen; ■ auf diese Weise so **II.** adv **①** (umg.: ↔ zu) offen: Die Tür ist auf. **②** (umg.) wach: Sie ist noch nicht auf.; ■ auf und ab gehen hin und her gehen; ■ ein ständiges Auf und Ab eine ständige Auf- und Abwärtsbewegung; ■ von klein auf seit der Kindheit **III.** interj (umg.) verwendet, um andere Personen dazu aufzufordern, einen Weg anzutreten oder mit einer Aktivität zu beginnen: Auf! Los! Bewegt euch endlich!

auf·ar·bei·ten mit OBJ ■ jmd. arbeitet etwas auf **①** erledigen: liegen gebliebene Post aufarbeiten **②** kritisch auswerten: die Vergangenheit/Forschungsergebnisse aufarbeiten ▶ Aufarbeitung

Auf·ar·bei·tung die <-> /kein Plur./ das Aufarbeiten ◆ Möbel-

auf·at·men ohne OBJ ■ jmd. atmet auf ein Gefühl starker Erleichterung verspüren: Die Menschen in der Region können seit gestern wieder aufatmen: Die Polizei hat den Täter gefasst.

auf·bah·ren mit OBJ ■ jmd. bahrt jmdn. auf eine Leiche auf eine Bahre legen und an einem bestimmten Ort aufstellen: einen Toten aufbahren ▶ Aufbahrung

Auf·bau der <-(e)s, -ten> **①** /kein Plur./ Errichtung: der Aufbau der zerstörten Kirche **②** /kein Plur./ Schaffung: Das Unternehmen befindet sich noch im Aufbau. ◆ -phase **③** /kein Plur./ Gliederung: der Aufbau des Aufsatzes **④** TECHN. Konstruktion, die auf oder über etwas errichtet wurde: Die Aufbauten des Schiffes sind noch nicht fertig.

auf·bau·en <baust auf, baute auf, hat aufgebaut> mit OBJ **①** ■ jmd. baut etwas auf aufstellen: ein Zelt aufbauen **②** ■ jmd. baut etwas auf die Entwicklung von etwas fördern und gestalten: Sein Vater hat das Unternehmen aufgebaut.; Der Trainer hat den jungen Athleten vorsichtig aufgebaut. **③** ■ jmd. baut jmdn. auf Mut zusprechen: Nach der Niederlage musste sie ihren Mann wieder aufbauen.

auf·bäu·men <bäumst auf, bäumte auf, hat aufgebäumt> mit SICH **①** ■ jmd. bäumt sich auf wütend auf etwas sein und sich wehren **②** ■ ein Tier bäumt sich auf sich aufrichten; auf die Hinterbeine stellen: Das Pferd bäumte sich auf.

auf·bau·schen <bauschst auf, bauschte auf, hat aufgebauscht> **I.** mit OBJ **①** ■ etwas bauscht etwas auf (≈ aufblähen) durch Luftzug bewirken, dass sich ein Tuch o. Ä. spannt: die Gardinen/die Segel aufbauschen **②** ■ jmd. bauscht etwas auf als wichtiger darstellen als es ist: die Sache ein bisschen aufbauschen **II.** mit SICH ■ etwas bauscht sich auf aufgebauscht I.1 werden: Die Segel bauschen sich auf (im Wind) auf.

auf·be·hal·ten <behältst auf, behielt auf, hat aufbehalten> mit OBJ ■ jmd. behält etwas auf (umg.) nicht abnehmen: Sie können den Hut/die Brille aufbehalten.

auf·be·rei·ten <bereitest auf, bereitete auf, hat aufbereitet> mit OBJ ■ jmd. bereitet etwas auf **①** in eine (durch einen bestimmten Zweck bestimmte) Form bringen: Die Daten müssen erst aufbereitet werden. **②** (wieder) nutzbar machen: Rohstoffe/Trinkwasser aufbereiten

Auf·be·rei·tung *die* <-, -en> *das Aufbereiten:* Aufbereitung radioaktiver Abfälle; didaktische Aufbereitungen, KfZ-Aufbereitungen ◆ -sanlage, -stechnik, Trinkwasser-

auf·bes·sern <besserst auf, besserte auf, hat aufgebessert> *mit OBJ* ■ *jmd.* **bessert etwas auf** *erhöhen:* jemandes Gehalt aufbessern; Die Schülerin bessert ihr Taschengeld durch das Austragen von Zeitungen auf. ▶ Aufbesserung, Aufbessrung

auf·be·wah·ren <bewahrst auf, bewahrte auf, hat aufbewahrt> *mit OBJ* ■ *jmd.* **bewahrt etwas auf** *an einem bestimmten Ort verwahren:* Wertsachen/Gepäck/ein Andenken an den Großvater aufbewahren

Auf·be·wah·rung *die* <-> */kein Plur./ das Aufbewahren:* das Gepäck zur Aufbewahrung geben ◆ Gepäck-

auf·bie·ten <bietest auf, bot auf, hat aufgeboten> *mit OBJ* ■ *jmd.* **bietet etwas auf** *einsetzen:* alle Kräfte aufbieten

auf·bin·den <bindest auf, band auf, hat aufgebunden> *mit OBJ* ■ *jmd.* **bindet etwas auf** ❶ *etwas, das gebunden ist, lösen:* die Schuhe aufbinden ❷ *etwas hochbinden, das herunterhängt:* einen Ast aufbinden; ■ **jemandem eine Lüge/einen Bären aufbinden** *(umg.) jmdn. belügen*

auf·blä·hen <blähst auf, blähte auf, hat aufgebläht> I. *mit OBJ* ❶ ■ *etwas bläht etwas auf* *groß oder prall machen:* einen aufgeblähten Bauch haben ❷ ■ *jmd.* **bläht etwas auf** *(umg. abwert.) wichtiger machen, als es ist:* eine Sache unnötig aufblähen II. *mit SICH* ■ *jmd.* **bläht sich auf** *(umg. abwert.) wichtig tun:* Er soll sich bloß nicht so aufblähen. ▶ Aufblähung

auf·bla·sen <bläst auf, blies auf, hat aufgeblasen> I. *mit OBJ* ■ *jmd.* **bläst etwas auf** *durch Blasen mit Luft füllen:* den Luftballon aufblasen ▶ aufblasbar II. *mit SICH* ■ *jmd.* **bläst sich auf** *(umg. abwert.) sich wichtig tun:* Blase dich bloß nicht so auf!

auf·blät·tern <blätterst auf, blätterte aufm hat aufgeblättert> *mit OBJ* ■ *jmd.* **blättert etwas auf** *(≈ aufschlagen)* eine Zeitschrift aufblättern

auf·blei·ben <bleibst auf, blieb auf, ist aufgeblieben> *ohne OBJ* ❶ ■ *etwas bleibt auf* *(umg.) offen bleiben:* Das Fenster bleibt auf!; Die Geschäfte bleiben mittags auf. ❷ ■ *jmd.* **bleibt auf** *(umg.) nicht schlafen gehen:* Die Kinder wollen noch ein bisschen aufbleiben.

auf·blen·den <blendest auf, blendete auf, hat aufgeblendet> I. *mit OBJ/ohne OBJ* ■ *jmd.* **blendet (etwas) auf** (das Fernlicht) aufblenden II. *ohne OBJ* ■ *jmd.* **blendet auf** FOTOGR. *die Blende öffnen:* bei Dunkelheit aufblenden

auf·bli·cken <blickst auf, blickte auf, hat aufgeblickt> *ohne OBJ* ❶ ■ *jmd.* **blickt auf** *aufsehen:* von seiner Lektüre kurz aufblicken ❷ ■ *jmd.* **blickt zu jmdm. auf** *verehren:* zu einem Vorbild aufblicken

auf·blit·zen <blitzt auf, blitzte auf, hat/ist aufgeblitzt> *ohne OBJ* ❶ ■ *etwas blitzt auf* *(haben) einen kurzen Lichtschein abgeben:* Das Licht hat kurz aufgeblitzt. ❷ ■ *etwas blitzt jmdm. auf (sein)* Die Erinnerung ist in ihm aufgeblitzt.

auf·blü·hen <blühst auf, blühte auf, ist aufgeblüht> *ohne OBJ* ❶ ■ *etwas blüht auf* *in Blüte kommen:* Die Blumen blühen langsam auf. ❷ ■ *jmd./etwas blüht auf (übertr.) sich sehr positiv entwickeln:* Seit sie umgezogen ist, ist sie richtig aufgeblüht.; Wirtschaft und Tourismus blühten nun auf.

auf·bo·cken <bockst auf, bockte auf, hat aufgebockt> *mit OBJ* ■ *jmd.* **bockt etwas auf** *auf einen Bock² stellen:* das Auto aufbocken und die Reifen wechseln

auf·brau·chen <brauchst auf, brauchte auf, hat aufgebraucht> *mit OBJ* ■ *jmd.* **braucht etwas auf** *vollständig verbrauchen:* die Vorräte aufbrauchen

auf·brau·sen <braust auf, brauste auf, ist aufgebraust> *ohne OBJ* ❶ ■ *etwas braust auf* *sich kurz und heftig erheben:* Der Wind brauste auf.; aufbrausender Beifall ❷ ■ *jmd.* **braust auf** *sich heftig erregen:* ein aufbrausendes Temperament haben

auf·bre·chen <brichst auf, brach auf, hat/ist aufgebrochen> I. *mit OBJ (haben)* ■ *jmd.* **bricht etwas auf** *etwas, das verschlossen ist, mit Gewalt öffnen:* ein Schloss aufbrechen II. *ohne OBJ (sein)* ❶ ■ *etwas bricht auf* *sich öffnen:* Die Knospen brechen auf.; Die Erdkruste brach auf und bildete eine tiefe Spalte. ❷ ■ *jmd.* **bricht (zu etwas Dat.) auf** *losgehen:* Wir brechen morgen früh zur Wanderung auf.

auf·bre·zeln *mit SICH* ■ *jmd.* **brezelt sich auf** *(umg.)* SÜDDT. *sich besonders attraktiv zurechtmachen*

auf·brin·gen <bringst auf, brachte auf, hat/ist aufgebracht> *mit OBJ* ❶ ■ *jmd.* **bringt etwas auf** *mühsam beschaffen:* eine große Summe Geld aufbringen; Kraft/Mut aufbringen ❷ ■ *jmd.* **bringt jmdn. auf** *wütend machen:* jemanden gegen sich aufbringen; sehr aufgebracht sein ❸ ■ *jmd.* **bringt etwas auf** *(umg.) öffnen können:* Bringst du das Fenster auf? ❹ ■ *jmd.* **bringt etwas auf** SEEW. *stoppen und unter Kontrolle stellen:* ein Schiff mit Schmuggelware aufbringen ▶ Aufbringung

Auf·bruch *der* <-(e)s> */kein Plur./* ❶ *das Aufbrechen II.2.:* Weil es schon spät war, drängte er zum Aufbruch. ❷ *der Sachverhalt, dass irgendwo eine Entwicklung ganz am Anfang ist:* Das Land befindet sich im Aufbruch. ◆ -(s)stimmung

auf·brü·hen *mit OBJ* ■ *jmd.* **brüht etwas auf** *mit kochendem Wasser übergießen:* Kaffee aufbrühen

auf·brum·men <brummst auf, brummte auf, hat aufgebrummt> *mit OBJ* ■ *jmd.* **brummt jmdm. etwas auf** *(umg. abwert.) befehlen, dass jmd. etwas tun muss:* jemandem eine Strafe aufbrummen

auf·bü·geln <bügelst auf, bügelte auf, hat aufgebügelt> *mit OBJ* ■ *jmd.* **bügelt etwas auf** *durch kurzes Bügeln bewirken, dass ein Kleidungsstück wieder ohne Falten ist:* nach der Reise den Anzug kurz aufbügeln

auf·bür·den <bürdest auf, bürdete auf, hat aufgebürdet> *mit OBJ* ■ *jmd.* **bürdet jmdm. etwas**

A

auf *(abwert.) übertragen: jemandem eine schwere Last aufbürden*

auf·de·cken <deckst auf, deckte auf, hat aufgedeckt> *mit OBJ* ■ *jmd.* **deckt etwas auf** ❶ *eine Decke oder einen Deckel herunternehmen:* ein Bett/einen Kranken aufdecken; eine Grube aufdecken ❷ *offen hinlegen:* die Karten aufdecken ❸ *(≈ enthüllen) bewirken, dass etwas Verborgenes offen erkennbar wird:* ein Geheimnis/jemands Machenschaften/einen Skandal/ ein Verbrechen aufdecken ▶ Aufdeckung

auf·drän·gen <drängst auf, drängte auf, hat aufgedrängt> *(abwert.)* I. *mit OBJ* ■ *jmd.* **drängt jmdm. etwas auf** *zwingen, etwas anzunehmen:* jemandem ein Geschenk/seine Hilfe/seinen Rat/ eine Ware aufdrängen II. *mit SICH* ❶ ■ *jmd.* **drängt sich jmdm. auf** *sich in lästiger Weise anbieten:* Wir wollen uns (den Nachbarn) nicht aufdrängen. ❷ ■ *etwas drängt sich jmdm. auf* *unwillkürlich bewusst werden:* Der Gedanke drängte sich (uns) förmlich auf.

auf·dre·hen <drehst auf, drehte auf, hat aufgedreht> I. *mit OBJ* ■ *jmd.* **dreht etwas auf** *durch Drehen öffnen:* einen Hahn aufdrehen II. *ohne OBJ* ■ *jmd.* **dreht auf** *(umg.) das Tempo oder die Leistung steigern:* Auf der Party drehte er richtig auf.; auf der Autobahn richtig aufdrehen

auf·dring·lich *adj (abwert.: ≈ lästig) so, dass man sich jmdm. aufdrängt* I.: Sie ist eine aufdringliche Person. ▶ Aufdringlichkeit

auf·dru·cken <druckst auf, druckte auf, hat aufgedruckt> *mit OBJ* ■ *jmd.* **druckt etwas auf etwas** *Akk.* **auf** *auf etwas drucken:* Briefpapier mit aufgedrucktem Firmenzeichen

auf·drü·cken <drückst auf, drückte auf, hat aufgedrückt> *mit OBJ* ❶ ■ *jmd.* **drückt jmdm. etwas auf** *jmdm. etwas abverlangen:* Der Chef drückt uns immer mehr Arbeit auf. ❷ ■ *jmd.* **drückt etwas auf** *durch Drücken öffnen:* die Tür aufdrücken ❸ ■ *jmd.* **drückt etwas auf etwas** *Akk.* **auf** *etwas auf etwas pressen:* einen Stempel (auf etwas) aufdrücken

auf·ei·n·an·der *adv* ❶ *gegenseitig:* aufeinander angewiesen sein; aufeinander einschlagen ❷ *eins auf dem anderen oder auf das andere:* Die Bücher liegen aufeinander.

auf·ei·n·an·der·fol·gen <folgt aufeinander, folgte aufeinander, ist aufeinandergefolgt> *ohne OBJ (sein)* ■ *jmd./etwas folgt aufeinander* *nacheinander kommen* ◆ Zusammenschreibung →R 4.5 Mehrere Lieder folgten aufeinander.

auf·ei·n·an·der·le·gen <legst aufeinander, legte aufeinander, hat aufeinandergelegt> I. *mit OBJ* ■ *jmd.* **legt etwas** *Akk.* **aufeinander** *eine Sache auf die andere legen:* Er legte die Hemden sauber aufeinander. II. *mit SICH* ■ *jmd./etwas legt sich aufeinander* *eine Sache/Person legt sich auf die andere* ◆ Zusammenschreibung →R 4.5 Ihre Hände legten sich aufeinander.

auf·ei·n·an·der·pral·len <prallt aufeinander, prallte aufeinander, ist aufeinandergeprallt> *ohne OBJ* ■ *jmd./etwas prallt aufeinander* *aufeinanderstoßen, gegeneinanderstoßen* ◆ Zusam-

menschreibung →R 4.5 Zwei gegensätzliche Meinungen prallen aufeinander.

auf·ei·n·an·der·sta·peln <stapelst aufeinander, stapelte aufeinander, hat aufeinandergestapelt> *mit OBJ* ■ *jmd.* **stapelt etwas** *Akk.* **aufeinander** *(ordentlich) aufeinanderstellen, aufeinanderlegen, einen Stapel bilden* ◆ Zusammenschreibung →R 4.5 Wir müssen die Kisten aufeinanderstapeln.

Auf·ent·halt *der* <-(e)s, -e> ❶ *der Zustand, dass jmd. an einem bestimmten Ort ist:* ein einjähriger Aufenthalt im Ausland ◆ -sberechtigung, -sbeschränkung, -sbewilligung, -sdauer, -serlaubnis, -sort, -sverbot, Auslands-, Erholungs-, Studien- ❷ *die Zeit, die man beim Wechseln von Eisenbahnzügen oder Flugzeugen an einem bestimmten Umsteigebahnhof/Flughafen verbringt:* Sie haben eine halbe Stunde Aufenthalt in Singen. ◆ -sdauer, -sraum

Auf·ent·halts·ge·neh·mi·gung *die* <-, -en> *die Genehmigung, sich in einem Land aufzuhalten*

Auf·ent·halts·recht *das* <-(e)s, -e> *das Recht, sich in einem Land aufzuhalten*

auf·er·le·gen <erlegst auf, erlegte auf, hat auferlegt> I. *mit OBJ* ■ *jmd.* **erlegt jmdm. etwas auf** *zu etwas verpflichten:* jemandem eine Strafe auferlegen; Man erlegte ihm auf, sich regelmäßig bei der Polizei zu melden. II. *mit SICH* ■ *jmd.* **erlegt sich etwas auf** *sich selbst abverlangen:* sich Disziplin/Enthaltsamkeit auferlegen

auf·er·ste·hen <erstehst auf/auferstehst, erstand auf/auferstand, ist auferstanden> *ohne OBJ* ■ *jmd.* **aufersteht** REL. *ein Toter erwacht zum Leben:* von den Toten auferstehen

Auf·er·ste·hung *die* <-> /kein Plur./ *das Auferstehen:* die Auferstehung von den Toten ◆ -sbotschaft, -sfeier, -sfest, -skirche, -smesse, -sprozession, -ssinfonie/-ssymphonie, -stag

auf·es·sen <isst auf, aß auf, hat aufgegessen> *mit OBJ* ■ *jmd.* **isst etwas auf** *vollständig essen*

auf·fah·ren <fährst auf, fuhr auf, hat/ist aufgefahren> I. *ohne OBJ (sein)* ❶ ■ *jmd.* **fährt auf etwas** *Akk.* **auf** *fahrend aufprallen:* auf ein parkendes Auto/ein Riff auffahren ❷ ■ *jmd.* **fährt auf jmdn. auf** *heranfahren:* dicht auf den Vordermann auffahren ❸ ■ *jmd.* **fährt auf** *hochschrecken:* erschrocken/wütend auffahren II. *mit OBJ (haben)* ■ *jmd.* **fährt etwas auf** ❶ *in Stellung bringen:* Artillerie auffahren ❷ *(umg. übertr.) reichlich auftischen:* reichlich (Wein und gute Speisen) auffahren

Auf·fahrt *die* <-, -en> ❶ *die Fahrt zu einem Ort, der höher liegt als der Ort, von dem man abfährt:* Die Auffahrt auf den Berg war sehr steil. ◆ -sstraße ❷ *das Stück Straße, das auf eine Autobahn führt* ◆ Autobahn- ❸ *eine Straße, die leicht ansteigt und zu einem Gebäude führt:* Die Auffahrt zur Burg ist recht lang.

Auf·fahr·un·fall *der* <-(e)s, Auffahrunfälle> *Verkehrsunfall, bei dem ein Fahrzeug auf ein anderes auffährt [1]*

auf·fal·len <fällst auf, fiel auf, ist aufgefallen> *ohne OBJ* ❶ ■ *jmd./etwas fällt auf* *sich hervortun:* durch besonderen Fleiß auffallen ❷ ■ *etwas*

A

fällt jmdm. (an jmdm.) auf für jmdn. besonders deutlich sein: Sein Fleiß fällt mir an ihm/an seiner Arbeit auf.; Mir ist aufgefallen, dass du in der letzten Zeit sehr viel arbeitest.

auf·fal·lend I. *adj* so, dass es auffällt: ein Bild von auffallender Schönheit II. *adv* (≈ verdächtig) anders als sonst und daher bemerkenswert: auffallend still sein

auf·fäl·lig *adj* auffallend: auffällige Farben/Muster ▶ Auffälligkeit

auf·fan·gen <fängst auf, fing auf, hat aufgefangen> mit OBJ ❶ ■ *jmd. fängt etwas auf* etwas, das geworfen wird, fangen: einen Ball auffangen ❷ ■ *etwas fängt etwas auf* als Gefäß eine Flüssigkeit in sich sammeln: Die Tonne fängt das Wasser auf. ❸ ■ *etwas fängt etwas auf* abfedern: einen Stoß auffangen; (übertr.) negative Folgen einer Sache auffangen

Auf·fang·la·ger *das* <-s, -> ein Lager, in dem jmd. zunächst eine erste Zuflucht findet: ein Auffanglager für Flüchtlinge

auf·fas·sen <fasst auf, fasste auf, hat aufgefasst> mit OBJ ■ *jmd. fasst etwas irgendwie auf* verstehen (als): Das habe ich aber anders aufgefasst.; etwas als Beleidigung auffassen

Auf·fas·sung *die* <-, -en> die Art der Einschätzung/Meinung: nach meiner Auffassung; verschiedener Auffassung sein ◆-sgabe, -sunterschied

Auf·fas·sungs·sa·che ■ *etwas ist Auffassungssache* man kann etwas so oder so sehen

Auf·fas·sungs·ver·mö·gen *das* <-s> /kein Plur./ die Fähigkeit, etwas zu begreifen

auf·fe·gen <fegst auf, fegte auf, hat aufgefegt> mit OBJ ■ *jmd. fegt etwas auf* mit einem Besen zusammenkehren

auf·fin·den <findest auf, fand auf, hat aufgefunden> mit OBJ ■ *jmd. findet jmdn./etwas (irgendwie) auf* finden: nirgends aufzufinden sein; tot aufgefunden werden ▶ Auffindung

auf·flie·gen <fliegst auf, flog auf, ist aufgeflogen> ohne OBJ ❶ ■ *ein Tier fliegt auf* davonfliegen: Plötzlich flogen die Vögel auf. ❷ ■ *etwas fliegt auf* schnell geöffnet werden: Plötzlich flog die Tür auf. ❸ ■ *etwas fliegt auf* (umg.) ein plötzliches Ende finden: Der Schmugglerring/der Betrug/die Versammlung ist aufgeflogen.

auf·for·dern <forderst auf, forderte auf, hat aufgefordert> mit OBJ ■ *jmd. fordert jmdn. zu etwas (Dat.) auf* sagen, dass jmd. etwas tun soll: jemanden zum Gehen/Tanzen auffordern

Auf·for·de·rung *die* <-, -en> Akt und Ergebnis des Aufforderns: einer Aufforderung nachkommen ◆-sform, -ssatz, -sschreiben, -scharakter

auf·fors·ten <forstet auf, forstete auf, hat aufgeforstet> mit OBJ ■ *jmd. forstet etwas auf* mit Bäumen bepflanzen: eine Rodung aufforsten ▶ Aufforstung

auf·fres·sen <frisst auf, fraß auf, hat aufgefressen> mit OBJ ■ *ein Tier frisst etwas auf* vollständig fressen: Der Hund hat sein Futter aufgefressen.; Habt ihr wieder die ganze Schokolade aufgefressen!; ■ *etwas frisst jemanden auf* verwendet, um auszudrücken, dass etwas jmdm. alle

Kraft raubt Die Arbeit/der Kummer/die Sorge/der Stress/die Trauer frisst ihn (noch) auf.

auf·fri·schen <frischst auf, frischte auf, hat/ist aufgefrischt> I. mit OBJ (haben) ■ *jmd. frischt etwas auf* erneuern: Erinnerungen/die Farbe/Kenntnisse/Sprachkenntnisse auffrischen II. ohne OBJ (sein) ■ *etwas frischt auf* stärker werden: Der Wind frischt auf. ▶ Auffrischung

Auf·fri·schungs·kurs *der* <-es, -e> Kurs, in dem Kenntnisse aufgefrischt werden sollen

auf·füh·ren <führst auf, führte auf, hat aufgeführt> I. mit OBJ ■ *jmd. führt etwas auf* ❶ THEAT. auf der Bühne zeigen: ein modernes Stück aufführen ❷ (≈ auflisten) alle Dinge einzeln nennen, die zu etwas gehören: alle Beispiele aufführen II. mit SICH ■ *jmd. führt sich irgendwie auf* (umg.) sich in der genannten (negativen) Weise benehmen: sich affig/unverschämt aufführen ▶ Aufführung

Auf·füh·rung *die* <-, -en> THEAT. das Zeigen eines Stückes auf der Bühne: eine gelungene Aufführung ◆Musical-, Operetten-, Opern-, Theater-

auf·fül·len <füllst auf, füllte auf, hat aufgefüllt> mit OBJ ■ *jmd. füllt etwas auf* wieder füllen: die Regale mit Waren auffüllen; einen Tank auffüllen ▶ Auffüllung

Auf·ga·be *die* <-, -n> ❶ Verpflichtung, Auftrag: sich etwas zur Aufgabe machen; seine Aufgaben erledigen ❷ zu lösendes Problem: eine schwierige Aufgabe stellen/lösen ◆-nbereich, -nfeld, -ngebiet, -nheft, -nstellung, -nverteilung, Haus-, Schul-

auf·ga·beln <gabelst auf, gabelte auf, hat aufgegabelt> mit OBJ ■ *jmd. gabelt jmdn./etwas auf* (umg. abwert.) zufällig finden: Wo hast du denn das Buch/den Kerl aufgegabelt?

Auf·gang *der* <-(e)s, Aufgänge> ❶ hinaufführende Treppe: der Aufgang zum ersten Rang ◆Bühnen-, Treppen- ❷ /kein Plur./ das Aufgehen[3]: bei Aufgang der Sonne ◆-spunkt, Mond-, Sonnen-

auf·ge·ben <gibst auf, gab auf, hat aufgegeben> I. mit OBJ ■ *jmd. gibt etwas auf* ❶ (≈ verzichten) eine Absicht oder Vorstellung, die man bisher hatte, nicht mehr weiterverfolgen: Den Traum vom Rennfahrer musste er nach dem Unfall aufgeben. ❷ ■ *jmd. gibt jmdm. etwas auf* (≈ auftragen) jmdm. etwas als Aufgabe geben: jemandem Hausaufgaben/ein Rätsel aufgeben ❸ ■ *jmd. gibt etwas auf* zur Weiterleitung, Aufbewahrung oder Bearbeitung geben: einen Brief aufgeben; Gepäck aufgeben; eine Anzeige in der Zeitung aufgeben ❹ ■ *jmd. gibt etwas auf* mit etwas aufhören: ein Geschäft/ein Hobby/das Rauchen aufgeben ❺ ■ *jmd. gibt jmdn. auf* nicht mehr daran glauben, dass man jmdm. noch helfen kann: Die Ärzte hatten ihn bereits aufgegeben. II. ohne OBJ ■ *jmd. gibt auf* nicht mehr weitermachen: Zum Schluss hat sie doch aufgegeben.; Der Fahrer gab das Rennen bei Kilometer 143 nach einem Sturz auf.

auf·ge·bla·sen *adj* (umg. abwert.: ≈ überheblich)

Auf·ge·bla·sen·heit *die* <-> /kein Plur./ (≈ Arroganz) Überheblichkeit

Auf·ge·bot *das* <-(e)s> /kein Plur./ offizielle An-

A

kündigung einer Heirat: beim Standesamt das Aufgebot bestellen; ■ **ein großes Aufgebot an Personen/Dingen** viele Personen oder Dinge ◆ -sschein

auf·ge·don·nert adj (umg. abwert.) übertrieben auffallend gekleidet

auf·ge·dreht adj übernervös und sehr aktiv ► Aufgedrehtheit

auf·ge·dun·sen adj so, dass das Gewebe (im Gesicht) leicht geschwollen ist: ein aufgedunsenes Gesicht ► Aufgedunsenheit

auf·ge·hen <gehst auf, ging auf, ist aufgegangen> ohne OBJ ■ **etwas geht auf ❶** sich öffnen: Die Klappe/das Tor/die Tür ging plötzlich auf. **❷** als etwas, das geknotet ist, sich lösen: Die Schleife ist aufgegangen. **❸** aufsteigen und am Himmel sichtbar werden: Die Sonne geht auf. **❹** sich heben: Der Kuchen geht auf. **❺** sich entwickeln: Die Samen gehen schon auf.; ■ **in einer Sache ganz aufgehen** Freude an etwas haben

auf·ge·klärt adj so, dass man das volle Wissen über etwas hat ► Aufgeklärtheit

auf·ge·legt adj /nicht steig./ in einer bestimmten Weise gelaunt: gut/zum Scherzen/schlecht aufgelegt sein

auf·ge·regt adj nervös und unruhig: vor der Prüfung sehr aufgeregt sein ► Aufgeregtheit

auf·ge·schmis·sen adj (umg.) völlig hilflos: Ohne seine Unterstützung wäre ich aufgeschmissen.

auf·ge·setzt adj /nicht steig./ (abwert.: ≈ gekünstelt) nicht echt, sondern nur gespielt: aufgesetzte Fröhlichkeit

auf·ge·ta·kelt adj (umg. abwert.) übertrieben auffällig gekleidet

auf·ge·weckt adj von einer wachen Intelligenz und raschen Auffassungsgabe: ein aufgeweckter kleiner Junge ► Aufgewecktheit

auf·gie·ßen <gießt auf, goss auf, hat aufgegossen> mit OBJ ■ **jmd. gießt etwas auf** aufbrühen mit heißem Wasser (und ziehen lassen): Tee aufgießen ► Aufguss

auf·glie·dern <gliederst auf, gliederte auf, hat aufgegliedert> I. mit OBJ ■ **jmd. gliedert etwas auf** in einzelne Teile gliedern: einen Satz in einzelne Teile aufgliedern II. mit SICH ■ **etwas gliedert sich in etwas** Akk. **auf** gliedern: sich in verschiedene Untergruppen aufgliedern ► Aufgliederung

auf·grei·fen <greifst auf, griff auf, hat aufgegriffen> mit OBJ **❶** ■ **jmd. greift jmdn. auf** finden und festnehmen: Bei der Durchsuchung des Geländes wurden zwei Verdächtige aufgegriffen. **❷** ■ **jmd. greift etwas auf** aufnehmen und weiterführen: eine Anregung/einen Gedanken aufgreifen

auf·grund, auf Grund präp +Gen. wegen ◆ Zusammen- oder Getrenntschreibung →R 4.20 aufgrund/auf Grund dessen; aufgrund/auf Grund der Krankheit; aufgrund/auf Grund von Beschwerden

Auf·guss der <-es, Aufgüsse> das Begießen von etwas mit kochendem Wasser: einen Aufguss von Kamillenblüten machen; ■ **zweiter Aufguss** (übertr. abwert.) billige Nachahmung ◆ -beutel

auf·ha·ben <hast auf, hatte auf, hat aufgehabt> (umg.) I. mit OBJ ■ **jmd. hat etwas auf ❶** als Kopfbedeckung tragen: einen Hut/eine Mütze aufhaben **❷** am Kopf oder im Gesicht haben: eine Brille/Maske aufhaben **❸** zu erledigen haben: viel Hausaufgaben aufhaben II. ohne OBJ ■ **etwas hat auf** (umg.) geöffnet haben: Das Geschäft hat noch auf.

auf·ha·ken <hakst auf, hakte auf, hat aufgehakt> mit OBJ ■ **jmd. hakt etwas auf** etwas, das mit einem Haken verschlossen ist, öffnen

auf·hal·ten <hältst auf, hielt auf, hat aufgehalten> I. mit OBJ **❶** ■ **jmd. hält etwas auf** geöffnet halten: jemandem die Tür aufhalten **❷** ■ **jmd./etwas hält jmdn./etwas auf** behindern: Der Verkehr hat mich aufgehalten.; Ich will Sie nicht länger aufhalten.; eine Entwicklung aufzuhalten versuchen II. mit SICH ■ **jmd. hält sich irgendwo auf** sich befinden: sich im Freien aufhalten

auf·hän·gen <hängst auf, hing auf, hat aufgehängt> I. mit OBJ **❶** ■ **jmd. hängt etwas auf** an einen Ort hängen: das Bild aufhängen; die Wäsche aufhängen; Sie hat (den Telefonhörer) aufgehängt. **❷** ■ **jmd. hängt jmdn. auf** erhängen: jemanden aufhängen **❸** ■ **jmd. hängt jmdm. etwas auf** (umg.) zu etwas Ungewolltem überreden: sich viel Arbeit/eine überteuerte Ware aufhängen lassen II. mit SICH ■ **jmd. hängt sich auf** sich erhängen: Er hat sich aufgehängt.

Auf·hän·ger der <-s, -> **❶** eine Schlaufe an einem Kleidungsstück, mit der man es an einen Haken hängen kann: der Aufhänger an meinem Mantel **❷** aktueller Anlass für etwas: etwas zum Aufhänger seiner Kritik machen

Auf·hän·gung die <-, -en> TECHN. (≈ Radaufhängung) die Aufhängung der Vorderräder

Auf·he·ben(s) ■ **viel Aufheben(s) um etwas machen** etwas viel zu wichtig nehmen

auf·he·ben <hebst auf, hob auf, hat aufgehoben> mit OBJ ■ **jmd. hebt etwas auf ❶** vom Fußboden aufheben **❷** aufbewahren: Briefe (zur Erinnerung) aufheben ► Aufhebung **❸** ungültig machen: ein Urteil aufheben; Die Einnahmen heben die Ausgaben auf. ► Aufhebung **❹** (geh.) förmlich beenden: die Tafel/die Versammlung aufheben ► Aufhebung

auf·hei·tern <heiterst auf, heiterte auf, hat aufgeheitert> I. mit OBJ ■ **jmd. heitert jmdn. auf** aufmuntern: das Kind aufheitern II. mit SICH ■ **etwas heitert sich auf** sonniger werden, aufklaren: Das Wetter heitert sich auf. ► Aufheiterung

Auf·hei·te·rung die <-, -en> der Vorgang, dass an einem wolkigen und regnerischen Tag für kurze Zeit die Sonne zu sehen ist: wechselnd wolkig mit zeitweiligen Aufheiterungen

Auf·hei·zung die <-> /kein Plur./ der Vorgang, dass die Temperatur von etwas steigt ► aufheizen

auf·hel·len <hellst auf, hellte auf, hat aufgehellt> I. mit OBJ ■ **jmd. hellt etwas auf ❶** heller machen: Haare/Farben aufhellen ► Aufheller **❷** klarer machen: die Hintergründe seines Verhaltens aufhellen II. mit SICH ■ **etwas hellt sich auf ❶** aufklaren: Der Himmel hellt sich auf. **❷** freund-

A

licher werden: Ihr Gesicht/die Stimmung hellte sich wieder auf. ► Aufhellung

auf·het·zen <hetzt auf, hetzte auf, hat aufgehetzt> *mit OBJ* ▪ *jmd.* **hetzt jmdn. auf** *durch Worte bewirken, dass jmd. sehr aggressiv gegen jmdn./etwas wird:* Die Mutter hetzt das Kind gegen den Vater auf.; jemanden aufhetzen, etwas zu tun ► Aufhetzung

auf·ho·len <holst auf, holte auf, hat aufgeholt> **I.** *mit OBJ* ▪ *jmd.* **holt etwas auf** *ein Versäumnis ausgleichen:* Versäumtes/Verluste/einen Rückstand aufholen **II.** *ohne OBJ* ▪ *jmd.* **holt auf** *den Rückstand verringern:* Der Sportler hat in der letzten Runde aufgeholt.

auf·hor·chen <horchst auf, horchte auf, hat aufgehorcht> *ohne OBJ* ▪ *jmd.* **horcht auf** *aufmerksam werden:* Die Neuigkeit ließ die gesamte Branche/Fachwelt aufhorchen.

auf·hö·ren <hörst auf, hörte auf, hat aufgehört> *ohne OBJ* ▪ *jmd./etwas* **hört auf** *eine Tätigkeit beenden oder einstellen:* Sie hörte nicht auf zu singen.; Lasst uns hier aufhören!; Plötzlich hörte der Sturm auf.; Also, da hört bei mir der Spaß auf!

auf·hus·sen <husst auf, husste auf, hat aufgehusst> *mit OBJ* ▪ *jmd.* **husst jmdn. auf** ÖSTERR. *aufwiegeln*

auf·kau·fen <kaufst auf, kaufte auf, hat aufgekauft> *mit OBJ* ▪ *jmd.* **kauft etwas auf** *restlos alle Waren kaufen, die es gibt:* Die verunsicherte Bevölkerung hat die gesamten Lebensmittelvorräte aufgekauft.; eine Firma aufkaufen ► Aufkauf, aufkaufen, Aufkäufer, Aufkäuferin

auf·keh·ren <kehrst auf, kehrte auf, hat aufgekehrt> *mit OBJ* ▪ *jmd.* **kehrt etwas auf** *mit einem Besen Schmutz zusammenkehren*

auf·klap·pen <klappst auf, klappte auf, hat aufgeklappt> *mit OBJ* ▪ *jmd.* **klappt etwas auf** *öffnen:* ein Buch aufklappen

auf·kla·ren <klart auf, klarte auf, hat aufgeklart> *ohne OBJ* ▪ *etwas* **klart auf** *heller oder wolkenlos werden:* Der Himmel klarte auf. ► Aufklarung

auf·klä·ren <klärst auf, klärte auf, hat aufgeklärt> **I.** *mit OBJ* ➊ ▪ *jmd.* **klärt etwas auf** *Zusammenhänge herausfinden:* ein Verbrechen aufklären ➋ ▪ *jmd.* **klärt jmdn. auf** *Zusammenhänge erläutern:* jemanden sexuell aufklären **II.** *mit SICH* ▪ *etwas* **klärt sich auf** *verständlich werden:* Die Sache hat sich aufgeklärt. ► Aufklärung

auf·klä·re·risch *adj /nicht steig./ so, dass es auf Aufklärung gerichtet ist:* aufklärerisches Gedankengut

Auf·klä·rung *die* <-> */kein Plur./* ➊ *das Herausfinden der Zusammenhänge:* die Aufklärung des Kriminalfalls ◆-sarbeit, -sbogen, -sgespräch, -squote,-srate ➋ *das Erläutern von Sachverhalten:* die sexuelle Aufklärung; Aufklärung über die Gefahren von Aids ◆-sarbeit, -sbuch, -sfilm, -skampagne, -sliteratur, -smaterial, -sstunde, -sunterricht, -svideo ➌ MILIT. *Erkunden der Lage:* die militärische Aufklärung ◆-sbataillon, -sdrohne, -seinheit, -sflugzeug, -sgeschwader, -skompanie, -ssatellit, -sschiff, Feind-, Truppen- ➍ *geistige Strömung des 18. Jahrhunderts in Europa:* Vertreter der Aufklä-

rung ◆-sdrama, -sepoche, -spädagogik, -szeitalter, Gegen-

Auf·klä·rungs·schrift *die* <-, -en> *Schrift mit dem Ziel der Aufklärung²*

Auf·klä·rungs·trup·pe *die* <-, -n> MILIT. *Truppe mit dem Auftrag der Aufklärung³*

auf·klau·ben <klaubst auf, klaubte auf, hat aufgeklaubt> *mit OBJ* ▪ *jmd.* **klaubt etwas auf** SÜDDT., ÖSTERR. *aufheben*

auf·kle·ben <klebst auf, klebte auf, hat aufgeklebt> *mit OBJ* ▪ *jmd.* **klebt etwas auf etwas** Akk. *auf* etwas mit Klebstoff befestigen

Auf·kle·ber *der* <-s, -> *vorgefertigte selbstklebende Folie mit einem bestimmten aufgedruckten Text oder Emblem*

auf·knöp·fen <knöpfst auf, knöpfte auf, hat aufgeknöpft> *mit OBJ* ▪ *jmd.* **knöpft etwas auf** *die Knöpfe lösen:* die Bluse aufknöpfen

auf·ko·chen <kochst auf, kochte auf, hat/ist aufgekocht> **I.** *mit OBJ (haben)* ▪ *jmd.* **kocht etwas auf** *zum Kochen bringen:* Lassen Sie die Suppe/Milch kurz aufkochen! **II.** *ohne OBJ (sein)* ▪ *etwas* **kocht auf** *zum Kochen kommen:* Die Milch kocht auf.

auf·kom·men <kommst auf, kam auf, ist aufgekommen> *ohne OBJ* ➊ ▪ *jmd.* **kommt für etwas** Akk. **auf** *haften, zahlen:* für Schäden selbst aufkommen; für die Kosten aufkommen ➋ ▪ *etwas* **kommt auf** *entstehen:* Ein schwacher Wind ist aufgekommen.; Zweifel aufkommen lassen ➌ ▪ *jmd.* **kommt irgendwie auf** *landen:* nach dem Sprung weich aufkommen

auf·krem·peln <krempelst auf, krempelte auf, hat aufgekrempelt> *mit OBJ* ▪ *jmd.* **krempelt etwas auf** *Ärmel so einrollen, dass die Unterarme unbedeckt sind:* die Ärmel aufkrempeln

auf·krie·gen <kriegst auf, kriegte auf, hat aufgekriegt> *mit OBJ* ▪ *jmd.* **kriegt etwas auf** *(umg.)* ➊ *öffnen können:* Ich kriege die Fenster nicht auf. ➋ *als Hausaufgabe bekommen:* Wir kriegen in Mathematik immer viel auf.

Aufl. *Abkürzung von „Auflage"*

auf·la·chen <lachst auf, lachte auf, hat aufgelacht> *ohne OBJ* ▪ *jmd.* **lacht auf** *kurz lachen*

auf·la·den <lädst auf, lud auf, hat aufgeladen> **I.** *mit OBJ* ➊ ▪ *jmd.* **lädt etwas auf** *ein Fahrzeug laden:* Kisten (auf einen Wagen) aufladen ➋ ▪ *jmd.* **lädt etwas auf** ELEKTROTECHN. *mit elektrischem Strom füllen:* Batterien aufladen ➌ ▪ *jmd.* **lädt jmdm. etwas auf** *(umg. abwert.) aufbürden:* jemandem/sich selbst viel (Arbeit) aufladen **II.** *mit SICH* ▪ *etwas* **lädt sich auf** ELEKTROTECHN. *sich (elektrisch) aufladen*

Auf·la·dung *die* <-, -en> ➊ */kein Plur./ das Aufladen* ➋ PHYS., TECHN. *der Vorgang, dass etwas (elektrisch) geladen wird* ◆-stechnik, Druckwellen-, Kaskaden-, Motor-, Register-

Auf·la·ge *die* <-, -n> ➊ *Anzahl der gleichzeitig gedruckten Exemplare eines Werkes:* eine hohe Auflage; die erste Auflage ◆-nhöhe ➋ (≈ Bedingung) *jemandem etwas zur Auflage machen* ➌ *Decke, (schützende) Schicht:* eine Matratze mit Auflage; eine Auflage aus Silber

auf·las·sen <lässt auf, ließ auf, hat aufgelassen>

mit OBJ (umg.) ❶ ■ *jmd. lässt etwas auf* geöffnet lassen: die Tür auflassen ❷ ■ *jmd. lässt etwas auf* nicht absetzen: den Hut auflassen ❸ ■ *jmd. lässt jmdn. auf* nicht zu Bett schicken: ein Kind länger auflassen ❹ ■ *jmd. lässt etwas auf* ÖSTERR. schließen, stilllegen

auf·lau·ern <lauerst auf, lauerte auf, hat aufgelauert> *ohne OBJ* ■ *jmd. lauert jmdm. auf* versteckt (mit böser Absicht) auf jmdn. warten: Der Mörder lauerte seinem Opfer auf.

Auf·lauf *der* <-(e)s, Aufläufe> ❶ /*Plur. selten*/ Menschenansammlung: Was ist denn hier für ein Auflauf? ◆Menschen- ❷ KOCH. überbackene Speise ◆Nudel-, Reis-

auf·lau·fen <läufst auf, lief auf, ist aufgelaufen> *ohne OBJ (sein)* ❶ ■ *etwas läuft auf* sich ansammeln: Es sind erhebliche Schulden aufgelaufen. ❷ ■ *ein Schiff läuft auf* SEEW. auf Grund laufen: Das Schiff ist (auf einer Sandbank) aufgelaufen. ❸ ■ *jmd. läuft auf jmdn. auf* im Laufen auf etwas prallen: auf seinen Vordermann auflaufen

auf·le·ben <lebst auf, lebte auf, ist aufgelebt> *ohne OBJ* ❶ ■ *jmd. lebt auf* wieder Lebensmut und Energie schöpfen: In der neuen Umgebung ist sie richtig aufgelebt. ❷ ■ *etwas lebt auf* etwas bekommt wieder Zulauf und Bedeutung: eine Tradition (wieder) aufleben lassen

auf·le·gen <legst auf, legte auf, hat aufgelegt> *mit OBJ/ohne OBJ* ❶ ■ *jmd. legt etwas auf etwas* Akk. *auf* auf etwas legen: Zum Schutz werden spezielle Matten aufgelegt ❷ ■ *jmd. legt auf* TELEKOMM. den Telefonhörer auf die Gabel legen: Ich wollte noch etwas sagen, aber sie hatte schon aufgelegt. ❸ ■ *jmd. legt etwas auf* auftragen: ein Make-up/eine Gesichtsmaske auflegen ❹ ■ *jmd. legt etwas auf* drucken und veröffentlichen: ein Buch auflegen ❺ ■ *jmd. legt irgendwo auf* als Discjockey tätig sein: In dem Laden legen nur Top-DJs auf.

auf·leh·nen <lehnst auf, lehnte auf, hat aufgelehnt> *mit SICH* ❶ ■ *jmd. lehnt sich gegen jmdn./etwas auf* sich energisch wehren: sich gegen das Unrecht auflehnen ▸Auflehnung ❷ ■ *jmd. lehnt sich auf etwas* Akk. *auf* sich aufstützen: sich (mit den Ellbogen) auf den/dem Tisch auflehnen

auf·le·sen <liest auf, las auf, hat aufgelesen> *mit OBJ* ■ *jmd. liest etwas auf* aufsammeln: Äpfel auflesen

auf·leuch·ten <leuchtest auf, leuchtete auf, hat/ist aufgeleuchtet> *ohne OBJ* ■ *etwas leuchtet auf* Ein Stern leuchtet am Himmel aufgeleuchtet.

auf·lo·ckern <lockerst auf, lockerte auf, hat aufgelockert> *mit OBJ* ■ *jmd. lockert etwas auf* ❶ locker(er) machen: die Erde auflockern ❷ abwechslungsreich gestalten: den Unterricht auflockern; ein strenges Muster auflockern ▸Auflockerung

Auf·lo·cke·rungs·übung *die* <-, -en> SPORT Übung, mit der man vor dem Sport die Muskeln lockert

auf·lö·sen <löst auf, löste auf, hat aufgelöst> I. *mit OBJ* ❶ ■ *jmd. löst etwas in etwas* Akk. *auf* zergehen lassen: die Tablette in Wasser auflö-

sen ❷ ■ *jmd. löst etwas auf* nicht mehr weiter bestehen lassen: die Wohnung/sein Konto auflösen; den Vertrag/den Verein auflösen ❸ ■ *jmd. löst etwas auf* aufklären: einen Widerspruch/ein Rätsel auflösen II. *mit SICH* ❶ ■ *etwas löst sich auf* nicht mehr weiter bestehen: Die Partei hat sich aufgelöst. ❷ ■ *etwas löst sich (in etwas* Akk.) *auf* zergehen: Ich habe den Zucker in Wasser aufgelöst.

Auf·lö·sung *die* <-, -en> das Auflösen: die Auflösung des Rätsels ◆-sprozess, -szeichen, Partei-, Rätsel-, Vereins-

Auf·lö·sungs·er·schei·nung *die* <-, -en> etwas, das darauf hinweist, dass die Struktur von etwas zerfällt, dass z.B. Regeln nicht mehr eingehalten werden und dass es nicht mehr lange existieren wird

auf·ma·chen <machst auf, machte auf, hat aufgemacht> I. *mit OBJ* ■ *jmd. macht etwas auf* ❶ (umg.) öffnen: einen Knopf/die Tür aufmachen ❷ (umg.) eröffnen: ein neues Geschäft aufmachen ❸ gestalten: ansprechend/reißerisch aufgemacht sein II. *mit SICH* ■ *jmd. macht sich irgendwohin auf* aufbrechen: sich nach Berlin aufmachen III. *ohne OBJ* ■ *etwas macht auf* ❶ (umg.) geöffnet haben: Heute machen die Geschäfte nicht auf. ❷ (umg.) eröffnet werden: Hier haben viele neue Restaurants aufgemacht.

Auf·ma·cher *der* <-s, -> wichtigste Schlagzeile einer Zeitung

Auf·ma·chung *die* <-, -en> ❶ festliche Garderobe: in großer Aufmachung erscheinen ❷ Art und Weise der Gestaltung: die aufwendige Aufmachung des Buches

auf·mar·schie·ren <marschierst auf, marschierte auf, ist aufmarschiert> *ohne OBJ* ■ *jmd. marschiert auf* ❶ MILIT. Stellung beziehen: Truppen aufmarschieren lassen ▸Aufmarsch ❷ (umg.) vorstellig werden

auf·merk·sam *adj* ❶ wach und konzentriert: aufmerksam zuhören; jemanden auf etwas aufmerksam machen ❷ höflich, zuvorkommend: Das ist sehr aufmerksam von Ihnen!

Auf·merk·sam·keit *die* <-, -en> ❶ /kein Plur./ (↔ Unaufmerksamkeit) Konzentration; reges Interesse: Gegen Ende der vierstündigen Rede ließ die Aufmerksamkeit des Publikums nach. ◆-sdefizit-Syndrom ❷ kleines Geschenk: Das ist nur eine kleine Aufmerksamkeit!

auf·mi·schen <mischst auf, mischte auf, hat aufgemischt> *mit OBJ* ■ *jmd. mischt jmdn. auf* (umg.) verprügeln

auf·mö·beln <möbelst auf, möbelte auf, hat aufgemöbelt> *mit OBJ* ❶ ■ *jmd. möbelt etwas auf* (umg.) erneuern: den alten Schrank aufmöbeln; die Russischkenntnisse aufmöbeln ▸Aufmöbelung ❷ ■ *jmd. möbelt jmdn. auf* jmdn. aufmuntern; jmdn. in eine bessere Stimmung versetzen

auf·mu·cken <muckst auf, muckte auf, hat aufgemuckt> *ohne OBJ* ■ *jmd. muckt auf* (umg.) sich (erfolglos) widersetzen: Muck bloß nicht auf!

auf·mun·tern <munterst auf, munterte auf, hat aufgemuntert> *mit OBJ* ■ *jmd. muntert jmdn. auf* ermuntern; trösten; Mut machen: Er konnte sie mit seinen netten Worten ein wenig aufmuntern. ▶ Aufmunterung

auf·müp·fig *adj (umg.) so, dass man häufig aufbegehrt und sich einer Autorität widersetzt* ▶ Aufmüpfigkeit

Auf·nah·me *die* <-, -n> ❶ */kein Plur./ Beginn:* die Aufnahme der Verhandlungen ❷ */kein Plur./ Beherbergung:* die Aufnahme im Krankenhaus/ Heim ◆-diagnose, -untersuchung ❸ */kein Plur./ Zulassung:* ihre Aufnahme in einen Verein/eine Organisation/Staatengemeinschaft/die Universität etc. ◆-antrag, -gebühr, -kriterien, -richtlinie, -ritual, -stopp, -test, -verfahren ❹ *Empfangsraum oder -schalter:* sich in der Aufnahme melden ◆-einrichtung ❺ *Aufzeichnung auf Film, Tonträger etc.:* im Urlaub viele Aufnahmen machen; sich eine Aufnahme anhören ◆-format, -gerät, -leiter(in), -medium, -modus, -ort, -programm, -software, -studio, -winkel, -zeit, Blitzlicht-, Film-, Landschafts-, Live-, Studio-, Schallplatten-, Tonband- ❻ *das Entgegennehmen von Nahrung, von Krediten etc.* ◆Kredit-, Nahrungs-

Auf·nah·me·be·din·gung *die* <-, -en> *Bedingung, die erfüllt werden muss, damit jmd. an einer Schule o. Ä. zugelassen wird*

auf·nah·me·fä·hig *adj in der Lage, etwas zu erfassen:* Ich bin nicht mehr aufnahmefähig. ▶ Aufnahmefähigkeit

Auf·nah·me·prü·fung *die* <-, -en> *Prüfung, deren erfolgreiches Bestehen Voraussetzung dafür ist, dass jmd. in einer Institution aufgenommen wird*

Auf·nah·me·tech·nik *die* <-> */kein Plur./ die Technik, mit der in einem Studio Musik aufgenommen wird*

auf·neh·men <nimmst auf, nahm auf, hat aufgenommen> *mit OBJ* ❶ ■ *jmd. nimmt etwas auf vom Boden hochheben:* den Koffer aufnehmen ❷ ■ *jmd. nimmt etwas auf beginnen:* sein Studium aufnehmen; Kontakt mit jemandem aufnehmen ❸ ■ *jmd. nimmt jmdn. auf Mitglied werden lassen:* jemanden an der Universität/in eine Partei aufnehmen ❹ ■ *jmd. nimmt jmdn. auf beherbergen:* die Gäste freundlich aufnehmen; Patienten aufnehmen ❺ ■ *jmd. nimmt etwas auf etwas Akk. auf festhalten:* etwas auf Band/auf einen Film aufnehmen/ein Protokoll/eine Anzeige aufnehmen ❻ ■ *jmd. nimmt etwas auf (er)fassen:* (geistig) nichts mehr aufnehmen können; Das Becken nimmt abfließendes Wasser auf. ❼ ■ *jmd. nimmt etwas irgendwie auf irgendwie empfangen:* eine Neuigkeit gelassen aufnehmen; ein Theaterstück begeistert aufnehmen

auf·nö·ti·gen <nötigst auf, nötigte auf, hat aufgenötigt> *mit OBJ* ■ *jmd. nötigt jmdm. etwas auf (abwert.) jmdn. zwingen, etwas (widerwillig) anzunehmen:* jemandem seine Hilfe/ein Geschenk aufnötigen

auf·ok·t·ro·y·ie·ren <oktroyierst auf, oktroyierte auf, hat aufoktroyiert> *mit OBJ* ■ *jd. oktroyiert jmdm. etwas auf (geh.) aufzwingen*

auf·op·fern <opferst auf, opferte auf, hat aufgeopfert> I. *mit SICH* ■ *jmd. opfert sich für jmdn./etwas auf sich sehr einsetzen:* Die Mut-

ter opferte sich für ihre Kinder auf.; sich für eine Sache aufopfern II. *mit OBJ* ■ *jmd. opfert etwas auf (geh.) hingeben:* einer Sache/jemandem sein ganzes Leben aufopfern ▶ Aufopferung, aufopferungsvoll

auf·pas·sen <passt auf, passte auf, hat aufgepasst> *ohne OBJ* ❶ ■ *jmd. passt auf aufmerksam sein:* Pass auf! ❷ ■ *jmd. passt auf jmdn./etwas auf in seine Obhut nehmen:* auf die Kinder/die Taschen aufpassen, damit nichts passiert ▶ Aufpasser, Aufpasserin

auf·pep·pen <peppst auf, peppte auf, hat aufgepeppt> *mit OBJ* ■ *jmd. peppt etwas auf (umg.) einer Sache mehr Wirkung geben:* Die neuen Gardinen peppen das Wohnzimmer auf.

auf·plat·zen <platzt auf, platzte auf, ist aufgeplatzt> *ohne OBJ* ■ *etwas platzt auf so platzen, dass sich eine (große) Öffnung ergibt*

auf·pols·tern <polsterst auf, polsterte auf, hat aufgepolstert> *mit OBJ* ■ *jmd. polstert etwas auf die Polsterung von etwas erneuern:* die Stühle aufpolstern lassen ▶ Aufpolsterung

Auf·prall *der* <-s, -e> */Plur. selten / das Aufprallen* ◆-dämpfer, -energie, -geschwindigkeit, -gewicht, -kraft, -last, -schutz, -trauma, -winkel

auf·pral·len <prallst auf, prallte auf, ist aufgeprallt> *ohne OBJ* ■ *jmd./etwas prallt auf etwas Akk. auf (aus der Bewegung heraus) heftig auf etwas stoßen:* auf den Boden aufprallen; auf einen anderen Wagen aufprallen

Auf·preis *der* <-es, -e> (≈ *Zuschlag) Geld, das man zusätzlich bezahlen muss:* einen Aufpreis zahlen; gegen einen Aufpreis von 50 Euro

auf·pum·pen <pumpst auf, pumpte auf, hat aufgepumpt> *mit OBJ* ■ *jmd. pumpt etwas auf mit Luft füllen:* die Reifen/einen Ball aufpumpen

auf·put·schen <putschst auf, putschte auf, hat aufgeputscht> *(abwert.)* I. *mit OBJ* ❶ ■ *jmd. putscht jmdn. auf aufhetzen:* Die Demonstranten gegen die Polizei/zu Gewalttaten aufputschen ❷ ■ *etwas putscht jmdn. auf (künstlich) leistungsfähiger machen:* jemanden mit Kaffee/Dopingmitteln/Drogen aufputschen II. *mit SICH* ■ *jmd. putscht sich auf sich mit bestimmten Substanzen künstlich zu höheren Leistungen treiben:* sich mit Drogen aufputschen

Auf·putsch·mit·tel *das* <-s, -> *Mittel zur künstlichen Leistungssteigerung*

Auf·putz *der* <-es, -e> ÖSTERR. *Verzierung*

auf·put·zen <putzt auf, putzte auf, hat aufgeputzt> I. *mit OBJ* ■ *jmd. putzt etwas auf (abwert.)* ❶ *übermäßig schmücken* ❷ *etwas besser oder wirkungsvoller erscheinen lassen:* sein Image/eine Bilanz aufputzen II. *mit SICH* ■ *jmd. putzt sich auf jmd. macht sich in übertriebener Weise zurecht; jmd. versucht, auf übertriebene Weise schön zu wirken:* Sie hat sich für das Fest ziemlich aufgeputzt.

auf·raf·fen <raffst auf, raffte auf, hat aufgerafft> *mit SICH* ❶ ■ *jmd. rafft sich auf mühsam aufstehen* ❷ ■ *jmd. rafft sich zu etwas Akk. auf sich überwinden:* sich (zu etwas) aufraffen

auf·ra·gen <ragt auf, ragte auf, hat aufgeragt>

A

ohne OBJ ■ *etwas ragt irgendwo auf* in die Höhe ragen: Der Felsen ragt aus dem Meer auf.

auf·rau·chen <rauchst auf, rauchte auf, hat aufgeraucht> *mit OBJ* ■ *jmd. raucht etwas auf* (umg.) etwas bis zum Ende rauchen: die Zigarette noch nicht aufgeraucht haben

auf·rau·en <raust auf, raute auf, hat aufgeraut> *mit OBJ* ■ *jmd./etwas raut etwas auf* rau machen

auf·räu·men <räumst auf, räumte auf, hat aufgeräumt> *mit OBJ/ohne OBJ* ■ *jmd. räumt etwas auf* irgendwo Ordnung schaffen: Sie hat (das Zimmer) aufgeräumt.; im Büro aufräumen; ■ **mit etwas aufräumen** mit etwas Schluss machen mit Vorurteilen/Gerüchten aufräumen ▸ Aufräumung

auf·recht *adj* ❶ gerade, senkrecht: in aufrechter Haltung ❷ ehrlich: eine aufrechte Gesinnung; ein aufrechter Humanist ◆ Getrenntschreibung →R 4.5 aufrecht sitzen; aufrecht stehen; aufrecht stellen

auf·recht·er·hal·ten <erhältst aufrecht, erhielt aufrecht, hat aufrechterhalten> *mit OBJ* ■ *jmd. erhält etwas aufrecht* unverändert lassen: Kontakt aufrechterhalten; Er hat seine Forderungen aufrechterhalten. ▸ Aufrechterhaltung

auf·re·gen <regst auf, regte auf, hat aufgeregt> **I.** *mit OBJ* ■ *jmd./etwas regt jmdn. auf* ❶ heftige Gefühle hervorrufen: Das regt den Kranken unnötig auf. ❷ (umg.) ärgern: die Eltern aufregen; Du regst mich wirklich auf! **II.** *mit SICH* ■ *jmd. regt sich auf* sich ärgern: sich über den Lärm aufregen

Auf·re·gung *die* <-, -en> der Zustand, dass jmd. voller Unruhe und Nervosität wegen etwas ist: vor Aufregung etwas vergessen; Nur keine Aufregung! ▸ Aufreger

auf·rei·ßen <reißt auf, riss auf, hat aufgerissen> *mit OBJ* ❶ ■ *jmd. reißt etwas auf* weit aufmachen: den Mund aufreißen; die Fenster aufreißen ❷ ■ *jmd. reißt etwas auf* die Oberfläche öffnen: den Brief aufreißen; die Straße aufreißen ❸ ■ *jmd. reißt jmdn. auf* (vulg.) mit sexuellen Absichten Bekanntschaft suchen: ein Mädchen aufreißen ▸ Aufreißer, Aufreißerin

auf·rei·zen <reizt auf, reizte auf, hat aufgereizt> *mit OBJ* ■ *jmd./etwas reizt jmdn. auf* ❶ aufhetzen ❷ erregen: aufreizend angezogen sein ▸ aufreizend, Aufreizung

auf·rich·ten <richtest auf, richtete auf, hat aufgerichtet> **I.** *mit OBJ* ■ *jmd. richtet jmdn./etwas auf* ❶ in aufrechte Stellung bringen: einen Kranken im Bett aufrichten; einen Kran/einen Mast aufrichten ❷ ■ *jmd. richtet jmdn. auf* aufmuntern: den Freund nach den Misserfolgen wieder aufrichten **II.** *mit SICH* ■ *jmd. richtet sich auf* sich aufsetzen: Als sie seine Stimme hörte, richtete sie sich auf.

auf·rich·tig *adj* (≈ ehrlich) ❶ so, dass es ehrlich gemeint ist: mein aufrichtiges Beileid ❷ so, dass man viel von Ehrlichkeit hält und nicht lügt: ein aufrichtiger Charakter ▸ Aufrichtigkeit

Auf·rich·tig·keit *die* <-> /kein Plur./ (≈ Ehrlichkeit)

auf·rol·len <rollst auf, rollte auf, hat aufgerollt>

mit OBJ ■ *jmd. rollt etwas auf* ❶ zusammenrollen: das Kabel (auf eine Trommel) aufrollen ❷ auseinanderrollen: das Poster aufrollen ❸ von Anfang an nochmals untersuchen: einen Fall nochmals aufrollen ❹ MILIT., SPORT erfolgreich angreifen: das Feld (von hinten) aufrollen ▸ Aufrollung

Auf·ruf *der* <-(e)s, Aufrufe> (≈ Appell) der Vorgang, dass jmd. die Menschen öffentlich zu etwas auffordert: ein Aufruf an die Bevölkerung ◆ Streik-, Versammlungs-

auf·ru·fen <rufst auf, rief auf, hat aufgerufen> *mit OBJ/ohne OBJ* ❶ ■ *jmd. ruft jmdn. auf* jmds. Namen laut aussprechen, um sich an die Person zu wenden: einen Schüler/jemandes Namen aufrufen ❷ ■ *jmd. ruft jmdn. zu etwas Akk. auf* auffordern: (jemanden) zum Streik/zu Spenden aufrufen ❸ ■ *jmd. ruft etwas auf* EDV aktivieren: ein Programm/eine Datei aufrufen

Auf·ruhr *der* <-(e)s, -e> /Plur. selten/ Auflehnung; ■ **in Aufruhr versetzen** in Aufregung versetzen ▸ Aufrührer, Aufrührerin, aufrührerisch

auf·rüh·ren <rührst auf, rührte auf, hat aufgerührt> *mit OBJ* ■ *jmd. rührt etwas auf* ❶ (≈ verrühren) den Kakao in der Milch aufrühren ❷ wieder ins (öffentliche) Bewusstsein bringen: eine alte Geschichte/einen Skandal aufrühren

auf·rüh·re·risch *adj* /nicht steig./ zum Aufruhr auffordernd: eine aufrührerische Rede halten

auf·run·den <rundest auf, rundete auf, hat aufgerundet> *mit OBJ* ■ *jmd. rundet etwas auf* MATH. einen Betrag auf den nächstgrößeren Zehner oder Hunderter o. Ä. erhöhen: 1029 Euro auf 1030 Euro aufrunden ▸ Aufrundung

auf·rüs·ten <rüstest auf, rüstete auf, hat aufgerüstet> *mit OBJ/ohne OBJ* ❶ ■ *jmd. rüstet auf* (↔ abrüsten) das Waffenarsenal vergrößern: Das Land rüstet (seine Armee) auf. ❷ ■ *jmd. rüstet etwas auf* ein technisches Gerät durch bestimmte Module erweitern und damit seine Leistungsfähigkeit steigern: den Computer aufrüsten ▸ Aufrüstung

Auf·rüs·tung *die* <-> ❶ das Aufrüsten ◆ -spolitik ❷ EDV das Hinzufügen von Komponenten: PC-Aufrüstung mit neuer Hardware ◆ -skit

auf·rüt·teln <rüttelst auf, rüttelte auf, hat aufgerüttelt> *mit OBJ* ■ *jmd./etwas rüttelt jmdn. auf* ❶ wecken: jemanden (aus dem Schlaf) aufrütteln ❷ (übertr.) bei jmdm. das Bewusstsein oder die Verantwortung für etwas wecken: Dieses Erlebnis hat ihn/sein Gewissen aufgerüttelt. ▸ Aufrüttelung, Aufrüttlung

auf·sa·gen <sagst auf, sagte auf, hat aufgesagt> *mit OBJ* ■ *jmd. sagt etwas auf* auswendig vortragen: ein Gedicht aufsagen

auf·sam·meln <sammelst auf, sammelte auf, hat aufgesammelt> *mit OBJ* ❶ ■ *jmd. sammelt etwas auf* mehrere Dinge, die am Boden liegen, vom Boden wegnehmen: Äpfel aufsammeln ❷ ■ *jmd. sammelt jmdn. (irgendwo) auf* (umg.) jmdn. (irgendwo) finden und mitnehmen: Die Polizei hat einige betrunkene Jugendliche im Park aufgesammelt.

auf·säs·sig *adj* so, dass man Weisungen häufig

nicht gehorcht und sehr frech ist: ein aufsässiges Kind ► Aufsässigkeit

Auf·satz *der* <-es, Aufsätze> ① *in der Schule zu einem Thema verfasster Text:* einen Aufsatz schreiben/verfassen ♦ -analyse, -aufbau, -beurteilung, -bewertung, -didaktik, -erziehung, -gestaltung, -gliederung, -hilfe, -ideen, -korrektur, -lehre, -thema, -unterricht ② *Text, der in einer (meist) wissenschaftlichen Zeitschrift erscheint:* Sein Aufsatz zu Wörterbüchern im Bereich Deutsch als Fremdsprache erscheint demnächst. ♦ -sammlung ③ *ein Teil, das auf ein anderes aufgesetzt wird:* der Schrank hat einen Aufsatz ♦ -becken, -fenster, -filter, -gitter, -herd, -kühlvitrine, -lampe, -leuchten, -mast, -platte, -rolläden, -vitrine, -waschbecken

auf·sau·gen <saugst auf, saugte auf, hat aufgesaugt> *mit OBJ* ① ■ *etwas saugt etwas auf absorbieren:* Flüssigkeiten aufsaugen ② ■ *jmd. saugt etwas auf (umg.) etwas mit dem Staubsauger entfernen:* Saugst du bitte die Brötchenkrümel auf?

auf·schau·en <schaust auf, schaute auf, hat aufgeschaut> *ohne OBJ* ① SÜDDT., ÖSTERR., SCHWEIZ. ■ *jmd. schaut auf (≈ aufblicken) nach oben schauen:* vom Buch aufschauen ② ■ *jmd. schaut zu jmdm. auf jdn. als Vorbild betrachten:* zum Vater aufschauen

auf·schau·keln *mit SICH* ■ *etwas schaukelt sich auf (umg.) eine Problematik tritt immer stärker hervor, weil wechselseitig zwei Beteiligte immer neue Aspekte hinzufügen und diese somit vertiefen:* Der Konflikt schaukelt sich auf. ► Aufschaukelung

auf·scheu·chen <scheuchst auf, scheuchte auf, hat aufgescheucht> *mit OBJ* ■ *jmd./etwas scheucht jmdn./ein Tier auf aufschrecken:* ein Reh aufscheuchen

auf·schich·ten <schichtest auf, schichtete auf, hat aufgeschichtet> *mit OBJ* ■ *jmd. schichtet etwas auf in Schichten aufeinanderlegen:* Mauersteine aufschichten ► Aufschichtung

auf·schie·ben <schiebst auf, schob auf, hat aufgeschoben> *mit OBJ* ■ *jmd. schiebt etwas auf* ① *auf später verlegen:* einen Termin/eine Arbeit aufschieben ► Aufschiebung, Aufschub ② *durch Schieben öffnen:* eine Tür aufschieben

Auf·schlag *der* <-(e)s, Aufschläge> ① *Aufpreis:* einen Aufschlag auf den Ladenpreis verlangen ♦ -skalkulation, -srechnung, -ssatz, -sspanne, Preis- ② *das Aufschlagen beim Fallen:* der Aufschlag des Kometen ♦ -brand, -dichtung, -messgerät, -mittel, -skraft, -srichtung, -sünder ③ *umgefalteter Teil an Kleidungsstücken:* Hosen mit Aufschlag; der Aufschlag des Jacketts ④ SPORT *der Vorgang, dass ein Spieler beim Tennis das Spiel (wieder) aufnimmt, indem er den Ball in die gegnerische Hälfte spielt:* einen harten Aufschlag haben; ■ **jemand hat einen harten Aufschlag** *ein Tennisspieler führt den Aufschlag[4] mit sehr viel Kraft aus* ♦ -annahme, -bewegung, -regel, -rekord, -richtung, -verlust, -wechsel ► Aufschläger, Aufschlägerin

auf·schla·gen <schlägst auf, schlug auf, ist/hat aufgeschlagen> *I. ohne OBJ (sein)* ■ *jmd. schlägt auf etwas Akk. auf landen:* Sie ist hart (auf den Boden) aufgeschlagen. *II. mit OBJ/ohne OBJ (haben)* ① ■ *jmd. schlägt etwas auf öffnen:* ein Buch aufschlagen; die Augen aufschlagen; ein Ei aufschlagen ② ■ *jmd. schlägt etwas auf zeitweilig errichten:* ein Zelt/sein Quartier aufschlagen ③ ■ *jmd. schlägt etwas auf* SPORT (den Ball) aufschlagen ④ ■ *jmd. schlägt etwas auf etwas Akk. auf einen Preis um eine bestimmte Summe erhöhen:* etwas auf den Preis aufschlagen

Auf·schlag·feh·ler *der* <-s, -> SPORT *Fehler beim Aufschlag[4]*

auf·schle·cken <schleckst auf, schleckte auf, hat aufgeschleckt> *mit OBJ* ■ *jmd. schleckt etwas auf (≈ auflecken)*

auf·schlie·ßen <schließt auf, schloss auf, hat aufgeschlossen> *I. mit OBJ/ohne OBJ* ■ *jmd. schließt (etwas) auf* ① *(↔ abschließen) mit dem Schlüssel öffnen:* (jemandem) die Tür aufschließen; Hast du (die Tür) schon aufgeschlossen? ② BERGB., CHEM., BIOL. *nutzbar machen:* ein Erdölfeld aufschließen; Enzyme schließen die Nahrung im Magen auf. *II. ohne OBJ* ■ *jmd. schließt zu jmdm. auf den Anschluss herstellen:* zum Vordermann aufschließen ► Aufschließung

auf·schlit·zen <schlitzt auf, schlitzte auf, hat aufgeschlitzt> *mit OBJ* ■ *jmd. schlitzt jmdn./etwas auf mit einem Messer einen großen Schnitt in etwas machen*

auf·schluch·zen <schluchzt auf, schluchzte auf, hat aufgeschluchzt> *ohne OBJ* ■ *jmd. schluchzt auf ein kurzes Schluchzen von sich geben*

Auf·schluss *der* <-es, Aufschlüsse> *Aufklärung, Auskunft:* Können Sie mir darüber Aufschluss geben?

auf·schlüs·seln <schlüsselst auf, schlüsselte auf, hat aufgeschlüsselt> *mit OBJ* ■ *jmd. schlüsselt etwas auf die Zusammensetzung von Sachverhalten, besonders von Geldbeträgen, genau erkennbar machen* ► Aufschlüsselung, Aufschlüsslung

auf·schluss·reich *adj so, dass es viel Information vermittelt*

auf·schnal·len <schnallst auf, schnallte auf, hat aufgeschnallt> *mit OBJ* ■ *jmd. schnallt etwas auf (↔ abschnallen) durch Schnallen befestigen:* den Rucksack aufschnallen

auf·schnap·pen <schnappst auf, schnappte auf, hat aufgeschnappt> *mit OBJ* ■ *jmd. schnappt etwas auf (umg.) zufällig hören:* (nebenbei) ein Wort aufschnappen

auf·schnei·den <schneidest auf, schnitt auf, hat aufgeschnitten> *I. mit OBJ* ■ *jmd. schneidet etwas auf* ① *mit einer Klinge öffnen:* die Verpackung von etwas aufschneiden ② KOCH. *in Scheiben schneiden:* Brot/Braten/Wurst aufschneiden ► Aufschnitt *II. ohne OBJ* ■ *jmd. schneidet auf (umg. abwert.) übertreiben:* Er schneidet gern ein bisschen auf. ► Aufschneider, Aufschneiderin, aufschneiderisch

Auf·schnei·de·rei *die* <-, -en> *(abwert.) das Aufschneiden II*

Auf·schnitt *der* <-(e)s> /kein Plur./ KOCH. *verschiedene, in Scheiben geschnittene Wurst- oder Käsesorten* ♦ -platte, Käse-, Wurst-

A

auf·schnü·ren <schnürst auf, schnürte auf, hat aufgeschnürt> *mit OBJ* ■ *jmd. schnürt etwas auf (↔ zuschnüren) Schnüre lösen:* ein Paket aufschnüren

auf·schrau·ben <schraubst auf, schraubte auf, hat aufgeschraubt> *mit OBJ* ■ *jmd. schraubt etwas auf (↔ zuschrauben) durch Schrauben öffnen:* ein Konservenglas aufschrauben

auf·schre·cken <schreckst auf, schreckte auf, hat/ist aufgeschreckt> I. *mit OBJ (haben)* ■ *jmd./etwas schreckt jmdn./ein Tier auf erschrecken:* Das Türklingeln hat den schlafenden Hund aufgeschreckt. II. *ohne OBJ (sein)* ■ *jmd. schreckt auf* <*hier auch:* schrickst auf, schrak auf, ist aufgeschreckt> *aus dem Schlaf aufschrecken*

Auf·schrei *der* <-(e)s, -e> *plötzlicher Schrei*

auf·schrei·ben <schreibst auf, schrieb auf, hat aufgeschrieben> *mit OBJ* ■ *jmd. schreibt etwas auf notieren:* (jemandem) eine Nachricht aufschreiben; (sich) eine Adresse aufschreiben

auf·schrei·en <schreist auf, schrie auf, hat aufgeschrien> *ohne OBJ* ■ *jmd. schreit auf plötzlich schreien*

Auf·schrift *die* <-, -en> *etwas, das auf etwas geschrieben ist:* ein Paket mit der Aufschrift „Vorsicht Glas!" ◆ Flaschen-

Auf·schub *der* <-(e)s, Aufschübe> *Verlängerung einer Frist:* ein paar Tage Aufschub erhalten; Das duldet keinen Aufschub! ◆-zeit, Straf-, Zahlungs-

auf·schüt·ten <schüttest auf, schüttete auf, hat aufgeschüttet> *mit OBJ* ■ *jmd. schüttet etwas auf etwas irgendwo so schütten, dass etwas entsteht:* einen Damm aufschütten ▸ Aufschüttung

auf·schwat·zen <schwatzt auf, schwatzte auf, hat aufgeschwatzt> *mit OBJ* ■ *jmd. schwatzt jmdm. etwas auf (umg. abwert.) zu etwas überreden:* jemandem einen Ladenhüter aufschwatzen; Ich habe mir den Vertrag aufschwatzen lassen.

auf·schwin·gen <schwingst auf, schwang auf, hat aufgeschwungen> *mit SICH* ❶ ■ *ein Tier schwingt sich auf (geh.) nach oben fliegen:* Der Adler schwang sich in die Lüfte auf. ❷ ■ *jmd. schwingt sich zu etwas Dat. auf sich aufraffen:* sich zu einer Arbeit aufschwingen ❸ ■ *jmd. schwingt sich zu etwas Dat. auf (abwert.) sich etwas anmaßen:* sich zum Führer der Gruppe aufschwingen

Auf·schwung *der* <-(e)s, Aufschwünge> ❶ *Verbesserung der Lage:* der wirtschaftliche Aufschwung ◆ Wirtschafts- ❷ *SPORT die Bewegung, die man macht, um sich auf ein Turngerät zu schwingen:* einen Aufschwung (am Reck) machen; ■ **jemandem neuen Aufschwung geben** *jmdm. neue Hoffnung oder neuen Mut geben*

Auf·se·hen *das* <-s> */kein Plur./ öffentliche Aufmerksamkeit:* großes Aufsehen erregen; ohne großes Aufsehen ablaufen ◆ Getrennt- oder Zusammenschreibung →R 4.16 Aufsehen erregend/aufsehenerregend; großes Aufsehen erregend; sehr aufsehenerregend, noch aufsehenerregender

auf·se·hen <siehst auf, sah auf, hat aufgesehen> *ohne OBJ* ❶ ■ *jmd. sieht auf nach oben blicken:* vom Buch aufsehen ❷ ■ *jmd. sieht zu jmdm.*

auf bewundernd aufblicken: zu einem Vorbild aufsehen

Auf·se·her *der,* **Auf·se·he·rin** <-s, -> *Wächter, der eine Gruppe bestimmter Personen (z.B. in einem Gefängnis) überwacht* ◆ Gefängnis-, Lager-, Museums-

auf·sei·ten, auf Sei·ten *präp + Gen. was die Position von … betrifft; auf der Seite von jmdm.:* aufseiten der Arbeitnehmer ◆ Getrennt- oder Zusammenschreibung →R 4.20 aufseiten/auf Seiten der Arbeitgeber

auf·set·zen <setzt auf, setzte auf, hat aufgesetzt> I. *mit OBJ* ■ *jmd. setzt etwas auf* ❶ *an eine bestimmte Position am eigenen Körper bringen:* den Rucksack aufsetzen; einen Hut/eine Brille aufsetzen ❷ KOCH. *zum Kochen auf den Herd setzen:* Wasser/das Essen/Kaffee aufsetzen ❸ *schriftlich entwerfen:* einen Brief aufsetzen ❹ *auf eine Unterlage setzen:* den Fuß falsch aufsetzen; den Stift zu steil aufsetzen II. *ohne OBJ* ■ *etwas setzt auf wieder Kontakt mit dem Erdboden bekommen:* Das Flugzeug setzt gerade auf. III. *mit SICH* ■ *jmd. sezt sich auf den Oberkörper in eine aufrechte Stellung bringen:* sich (im Bett) aufsetzen

Auf·sicht *die* <-> */kein Plur./* ❶ *Überwachung und Kontrolle:* unter polizeilicher Aufsicht; der Aufsicht führende Lehrer ◆-samt, -sbeamte, -sbeamtin, -sbehörde, -sbeschwerde, -spersonal, -spflicht ❷ *Person, die Aufsicht¹ führt:* die Aufsicht etwas fragen ◆ Getrennt- oder Zusammenschreibung →R 4.16 der/die Aufsicht Führende; der/die Aufsichtführende; *siehe auch* **Aufsichtführende**

Auf·sicht·füh·ren·de *der/die* <-n, -n> *die Aufsicht führende Person*

Auf·sichts·per·son *die* <-, -en> *jmd., der andere beaufsichtigt*

Auf·sichts·rat *der* <-(e)s, Aufsichtsräte> WIRTSCH., RECHTSW. *in einigen Unternehmensformen rechtlich vorgeschriebenes Organ zur Überwachung des Vorstandes/der Geschäftsführung* ◆-schef(in), -smitglied, -spräsident(in), -ssitzung, -svorsitzende

auf·sit·zen <sitzt auf, saß auf, ist/hat aufgesessen> *ohne OBJ* ❶ ■ *jmd. sitzt auf (sein) sich auf etwas setzen:* Sie saß auf und ritt (auf dem Pferd)/fuhr (mit dem Motorrad) davon. ❷ ■ *etwas sitzt auf (haben) auf etwas festsitzen:* Die Tür lässt sich nicht bewegen, sie sitzt auf.; Das Boot sitzt (auf einer Sandbank) auf. ❸ ■ *jmd. sitzt jmdm. auf (umg.) (sein) hereinfallen:* Sie ist einem Betrug/Betrüger aufgesessen. ▸ Aufsitzer

auf·spal·ten <spaltest auf, spaltete auf, hat aufgespaltet/aufgespalten> I. *mit OBJ* ■ *jmd. spaltet etwas auf zerlegen:* etwas in einzelne Teile aufspalten II. *mit SICH* ■ *etwas spaltet sich auf sich trennen:* Die Klasse hat sich in zwei Gruppen aufgespalten. ▸ Aufspaltung

auf·span·nen <spannst auf, spannte auf, hat aufgespannt> *mit OBJ* ■ *jmd. spannt etwas auf ein (größeres) Stück eines Tuches, einer Plane ganz auffalten:* den Regenschirm/eine Plane aufspannen

auf·spa·ren <sparst auf, sparte auf, hat aufgespart> *mit OBJ* ■ *jmd.* **spart etwas auf** *etwas für die Zukunft sparen:* Das Geld, das er zum Geburtstag bekommen hat, möchte er für später aufsparen. ▶ Aufsparung

auf·spei·chern *mit OBJ* ■ *etwas speichert etwas auf* *für eine längere Zeit in sich bewahren:* Die Herdplatte hat die Wärme aufgespeichert. ▶ Aufspeicherung

auf·sper·ren <sperrst auf, sperrte auf, hat aufgesperrt> *mit OBJ* ■ *jmd.* **sperrt etwas auf** ❶ SÜDDT., ÖSTERR. *aufschließen:* die Tür aufsperren ❷ *(umg.) weit öffnen:* den Mund/die Augen aufsperren; ■ **Sperr deine Ohren auf!** *Hör gefälligst zu!*

auf·spie·len <spielst auf, spielte auf, hat aufgespielt> **I.** *ohne OBJ* ■ *jmd.* **spielt auf** ❶ *mit dem Musizieren beginnen:* zum Tanz aufspielen ▶ Aufspiel ❷ SPORT *ein gutes und selbstbewusstes Spiel bieten:* Die Mannschaft spielte eindrucksvoll auf. ▶ Aufspiel **II.** *mit SICH* ■ *jmd.* **spielt sich auf** *(umg. abwert.) sich wichtig tun:* sich als Chef aufspielen

auf·spie·ßen <spießt auf, spießte auf, hat aufgespießt> *mit OBJ* ■ *jmd.* **spießt etwas auf** *mit einem spitzen Gegenstand (die Mitte von) etwas so durchbohren, dass es an dem Gegenstand hängt:* ein Stück Fleisch mit der Gabel aufspießen ▶ Aufspießung

Auf·split·te·rung, *a.* **Auf·splitt·rung** *die* <-, -en> *das Zerfallen von etwas in einzelne Einheiten, Einzelteile, Gruppen o. Ä.*

auf·spren·gen <sprengst auf, sprengte auf, hat aufgesprengt> *mit OBJ* ■ *jmd.* **sprengt etwas auf** *durch Gewalt oder Sprengen öffnen:* eine Tür/einen Berg aufsprengen ▶ Aufsprengung

auf·sprin·gen <springst auf, sprang auf, ist aufgesprungen> *ohne OBJ* ❶ ■ *jmd.* **springt auf** *schnell aufstehen:* plötzlich (vom Platz) aufspringen ❷ ■ *jmd.* **springt auf etwas** *Akk.* **auf** *auf ein Fahrzeug springen:* auf einen fahrenden Zug aufspringen ❸ ■ *etwas springt auf* *Risse bekommen:* aufgesprungene Lippen haben ❹ ■ *etwas springt auf* *sich plötzlich öffnen, ohne äußere Einwirkung:* die Tür springt auf ▶ Aufsprung

auf·spu·len <spulst auf, spulte auf, hat aufgespult> *mit OBJ* ■ *jmd.* **spult etwas auf** *auf eine Spule wickeln*

auf·spü·ren <spürst auf, spürte auf, hat aufgespürt> *mit OBJ* ■ *jmd.* **spürt jmdn./etwas auf** *herausfinden, wo jmd. oder ein Tier ist:* Wild/einen Dieb aufspüren ▶ Aufspürung

auf·sta·cheln <stachelst auf, stachelte auf, hat aufgestachelt> *mit OBJ* ■ *jmd.* **stachelt jmdn. auf** *(≈ aufhetzen) jemanden aufstacheln, etwas zu tun* ▶ Aufstachelung, Aufstachlung

Auf·stand *der* <-(e)s, Aufstände> *ein Aufruhr einer Gruppe von Menschen, die sich gegen die Regierenden oder eine Führungsschicht wenden;* ■ **Mach' keinen Aufstand!** *Reg' dich nicht auf!* ◆ Bauern-, Volks-

Auf·stän·di·sche *der/die* <-n, -n> *Person, die Teil eines Aufstands ist* ▶ aufständisch

auf·sta·peln <stapelst auf, stapelte auf, hat auf-

gestapelt> *mit OBJ* ■ *jmd.* **stapelt etwas** *Akk.* **auf** *aufeinanderlegen:* Bücher aufstapeln ▶ Aufstapelung, Aufstaplung

auf·stau·en <staust auf, staute auf, hat aufgestaut> **I.** *mit OBJ* ■ *jmd.* **staut etwas auf** *in einem Fluss eine Sperre errichten, damit sich das Wasser staut:* einen Fluss aufstauen **II.** *mit SICH* ■ *etwas staut sich auf* *gestaut werden:* Das Blut/das Wasser hat sich aufgestaut; Es hat sich viel Ärger aufgestaut. ▶ Aufstauung

auf·ste·chen <stichst auf, stach auf, hat aufgestochen> *mit OBJ* ■ *jmd.* **sticht etwas auf** *durch Stechen öffnen:* eine Blase aufstechen

auf·ste·cken <steckst auf, steckte auf, hat aufgesteckt> **I.** *mit OBJ* ■ *jmd.* **steckt etwas auf** ❶ *(an den Finger) stecken:* jemandem einen Ring aufstecken ❷ *hochstecken:* die Haare (zu einer Hochfrisur) aufstecken **II.** *ohne OBJ* ■ *jmd.* **steckt auf** *(umg.) aufgeben:* Er hat lange gehofft, jetzt hat er aber doch aufgesteckt.

auf·ste·hen <stehst auf, stand auf, hat/ist aufgestanden> **I.** *ohne OBJ (haben)* ■ *etwas steht auf* *offen stehen:* Die Tür steht auf. **II.** *ohne OBJ (sein)* ■ *jmd.* **steht auf** ❶ *sich von seinem Sitzplatz erheben:* (von seinem Platz) aufstehen ❷ *das Bett nach dem Schlafen verlassen:* Wochentags stehen wir gewöhnlich um 6 Uhr morgens auf.

auf·stei·gen <steigst auf, stieg auf, ist aufgestiegen> *ohne OBJ* ❶ ■ *jmd.* **steigt auf etwas** *Akk.* **auf** *(↔ absteigen) auf etwas steigen:* auf ein Fahrrad/ein Pferd aufsteigen ❷ ■ *etwas steigt auf* *nach oben steigen:* Der Nebel stieg aus dem Tal auf.; Ein Gefühl stieg in ihm auf. ❸ ■ *jmd.* **steigt auf** *in einen höheren Rang kommen:* beruflich/gesellschaftlich aufsteigen ▶ Aufsteiger, Aufsteigerin ❹ ■ *jmd.* **steigt auf** SPORT *(↔ absteigen) die Zulassung zu einer höheren Spielklasse erhalten:* Die Mannschaft hat gute Chancen aufzusteigen. ▶ Aufsteiger, Aufsteigerin ❺ SCHULE ÖSTERR. *versetzt werden*

auf·stei·gend *adj /nicht steig./ (↔ abfallend) nach oben weisend:* eine aufsteigende Linie; in aufsteigender Reihenfolge

Auf·stei·ger *der,* **Auf·stei·ge·rin** <-s, -> *(umg.) jmd., der einen beruflichen und/oder sozialen Aufstieg gemacht hat*

auf·stel·len <stellst auf, stellte auf, hat aufgestellt> **I.** *mit OBJ* ■ *jmd.* **stellt etwas auf** ❶ *aufbauen:* ein Regal/ein Gerüst aufstellen ❷ *(wieder) aufrichten:* die Kegel (wieder) aufstellen; Der Hund stellt die Ohren auf. ❸ *hinstellen:* Posten vor der Tür aufstellen; Schilder/Tafeln aufstellen ❹ *erarbeiten:* eine Liste/einen Plan/Regeln aufstellen ❺ *öffentlich benennen:* eine Mannschaft/einen Kandidaten aufstellen; eine Behauptung aufstellen **II.** *mit SICH* ❶ ■ *jmd.* **stellt sich auf** *sich in einer bestimmten Weise hinstellen oder gruppieren:* sich hintereinander aufstellen ❷ ■ *etwas stellt sich auf* *sich aufrichten:* Die Nackenhaare stellen sich auf.; ■ **einen Rekord aufstellen** *einen Rekord erreichen*

Auf·stel·lung *die* <-, -en> */Plur. selten/* ❶ *das Aufstellen* ◆ Kosten- ❷ *die Art, wie etwas aufgestellt ist* ◆ Mannschafts-

A

auf·stem·men <stemmst auf, stemmte auf, hat aufgestemmt> *mit OBJ* ■ *jmd. stemmt etwas auf eine Eisenstange so in einen Türspalt stecken und Druck ausüben, dass sich die Tür öffnet*

auf·sti·cken <stickst auf, stickte auf, hat aufgestickt> *mit OBJ* ■ *jmd. stickt etwas auf etwas Akk. auf durch Sticken ein Emblem auf ein Stück Stoff aufbringen*

Auf·stieg *der* <-(e)s, -e> ❶ *das Aufsteigen:* der Aufstieg auf den Berggipfel ❷ *Vorwärtskommen:* der berufliche/sportliche Aufstieg ◆ -schance, -sspiel

Auf·stiegs·mög·lich·kei·ten <-> *Plur. Gelegenheiten zum Aufstieg²:* Die neue Firma bietet ihr viele Aufstiegsmöglichkeiten.

auf·stö·bern <stöberst auf, stöberte auf, hat aufgestöbert> *mit OBJ* ■ *jmd. stöbert jmdn./etwas auf (umg.) zufällig finden:* alte Fotos aufstöbern ▶ Aufstöberung

auf·sto·cken <stockst auf, stockte auf, hat aufgestockt> *mit OBJ* ■ *jmd. stockt etwas auf erhöhen:* das Haus aufstocken; den Kredit aufstocken

Auf·sto·ckung *die* <-, -en> (≈ *Erhöhung*) eine Aufstockung des Budgets/der Aktien/des Taschengelds bzw. eine staatliche Zusatzzahlung bei zu geringem Einkommen ▶ Aufstocker, Aufstockerin

auf·sto·ßen <stößt auf, stieß auf, hat/ist aufgestoßen> **I.** *mit OBJ (sein)* ■ *jmd. stößt etwas auf durch einen Stoß öffnen:* das Fenster aufstoßen **II.** *ohne OBJ* ❶ ■ *jmd. stößt auf (haben) Luft aus dem Magen heraufdringen lassen:* Nach dem Essen musste er aufstoßen. ❷ ■ *etwas stößt jmdm. auf (sein) (umg.) (unangenehm) auffallen:* jemandem (übel) aufstoßen **III.** *mit SICH (haben)* ■ *jmd. stößt sich etwas auf sich verletzen, weil man gegen etwas stößt:* sich das Knie aufstoßen

auf·stre·bend *adj /nicht steig./ sich erfolgreich entwickelnd:* eine aufstrebende Region

Auf·strich *der* <-(e)s, -e> *das, was man auf eine Scheibe Brot streicht:* Was willst du als Aufstrich? ◆ Brot- ▶ aufstreichen

auf·stüt·zen <stützt auf, stützte auf, hat aufgestützt> **I.** *mit OBJ* ■ *jmd. stützt etwas auf etwas abstützen:* die Ellenbogen aufstützen; den Kopf aufstützen **II.** *mit SICH* ■ *jmd. stützt sich auf etwas Akk. auf sich auf etwas stützen:* sich auf den Tisch aufstützen

auf·su·chen <suchst auf, suchte auf, hat aufgesucht> *mit OBJ* ■ *jmd. sucht jmdn./etwas auf sich zu jmdm. hinbegeben:* den Arzt/den Speiseraum aufsuchen

auf·ta·keln <takelst auf, takelte auf, hat aufgetakelt> **I.** *mit OBJ* ■ *jmd. takelt etwas auf* SEEW. *Segel setzen:* ein Schiff auftakeln **II.** *mit SICH* ■ *jmd. takelt sich auf (umg. abwert.) sich übertrieben herausputzen:* Sie hat sich aber wieder aufgetakelt! ▶ Auftakelung, Auftaklung

Auf·takt *der* <-(e)s, -e> ❶ MUS. *erster Takt eines Musikstücks* ❷ */Plur. selten/ Eröffnung/Beginn einer Veranstaltung (Politik, Fernsehen, Sport):* den Auftakt zu einer Veranstaltung bilden; ein guter Auftakt ◆ -fest, -folge, -gespräch, -handlung, -spiel, -springen, -veranstaltung

auf·tan·ken <tankst auf, tankte auf, hat aufgetankt> *mit OBJ/ohne OBJ* ■ *jmd. tankt etwas auf* ❶ *den Tank füllen:* (das Auto) auftanken ❷ *(übertr.) neue Kraft oder Energie sammeln:* In den Ferien möchte sie endlich (neue Kraft) auftanken.

auf·tau·chen <tauchst auf, tauchte auf, ist aufgetaucht> *ohne OBJ* ❶ ■ *jmd./etwas taucht irgendwo auf (wieder) erscheinen:* aus dem Wasser/aus einer Grube auftauchen; in der Ferne/aus dem Nebel auftauchen; *(übertr.)* Das Familienerbstück/mein Freund ist nach langer Zeit wieder aufgetaucht. ❷ ■ *etwas taucht auf (≈ entstehen)* Fragen/Probleme sind aufgetaucht.

auf·tau·en <taust auf, taute auf, hat/ist aufgetaut> **I.** *mit OBJ (haben)* ■ *jmd. taut etwas auf (Gefrorenes) zum Tauen bringen:* das Fleisch auftauen **II.** *ohne OBJ (sein)* ❶ ■ *etwas taut auf (↔ gefrieren)* Der See/das tiefgefrorene Gemüse/das Eis ist aufgetaut. ❷ ■ *jmd. taut auf (umg. übertr.) die Schüchternheit verlieren:* Jetzt taut er langsam auf.

auf·tei·len <teilst auf, teilte auf, hat aufgeteilt> *mit OBJ* ■ *jmd. teilt etwas (auf jmdn.) auf in einzelne Teile zerlegen:* Sein Vermögen wurde unter den Erben aufgeteilt. ▶ Aufteilung

auf·ti·schen <tischst auf, tischte auf, hat aufgetischt> *mit OBJ* ❶ ■ *jmd. tischt (jmdm.) etwas auf auf den Tisch bringen:* leckere Speisen auftischen ❷ ■ *jmd. tischt jmdm. etwas auf (umg. abwert.) erzählen:* jemandem nur Lügen auftischen

Auf·trag *der* <-(e)s, Aufträge> ❶ *Weisung, Verpflichtung:* in jemandes Auftrag handeln; jemandem den Auftrag geben, etwas zu tun ◆ -sarbeit, -skiller, -smord, -swerk ❷ WIRTSCH. *Bestellung:* einen Auftrag an eine Firma vergeben; nicht genügend Aufträge haben; etwas bei jemandem in Auftrag geben ◆ -sbestand, -sbestätigung, -sbuch, -seingang, -slage, -spolster, -srückgang, Millionen- ▶ Auftraggeber, Auftraggeberin, Auftragnehmer, Auftragnehmerin

auf·tra·gen <trägst auf, trug auf, hat aufgetragen> *mit OBJ/ohne OBJ* ■ *jmd. trägt jmdm. etwas auf* ❶ *einen Auftrag erteilen:* jemandem Grüße auftragen; Den Kindern auftragen, einkaufen zu gehen. ❷ ■ *jmd. trägt etwas auf (geh.) auf den Tisch stellen:* reichlich (Speisen) auftragen ❸ ■ *jmd. trägt etwas auf auf eine Fläche verstreichen:* Farbe/ein Make-up auftragen ❹ ■ *jmd. trägt etwas (von jmdm.) auf jmd. trägt Kleidungsstücke, die vorher einer anderen Person gehört haben, bis sie nicht mehr passen oder abgenutzt sind:* Er musste die Hosen seines älteren Bruders auftragen.; ■ **dick auftragen** *(umg. übertr.) übertreiben* Jetzt hast du aber ganz schön dick aufgetragen!

auf·trags·ge·mäß *adv dem Auftrag entsprechend:* Wir werden die Arbeiten auftragsgemäß ausführen.

auf·trei·ben <treibst auf, trieb auf, hat aufgetrieben> *mit OBJ (haben)* ❶ ■ *jmd. treibt jmdn./etwas auf (umg.) herbeischaffen:* das nötige Geld/

etwas Essbares auftreiben; Sie war nirgends aufzutreiben. **②** ■ *etwas treibt etwas auf* bewirken, dass etwas größer wird: Die Hefe treibt den Teig auf.; Sein Bauch war vom Hunger aufgetrieben.

auf·tren·nen <trennst auf, trennte auf, hat aufgetrennt> *mit OBJ* ■ *jmd. trennt etwas auf* etwas, das zusammengenäht ist, durchtrennen: eine Naht auftrennen

Auf·tre·ten das <-s> /kein Plur./ **①** das Vorkommen: das Auftreten einer Krankheit; beim Auftreten von Schwierigkeiten ◆ -shäufigkeit, -swahrscheinlichkeit **②** Benehmen: ein sicheres Auftreten haben

auf·tre·ten <trittst auf, trat auf, ist/hat aufgetreten> **I.** ohne OBJ **①** ■ *jmd. tritt irgendwie auf* den Fuß aufsetzen: geräuschvoll/fest auftreten **②** ■ *jmd. tritt als jmd. auf* THEAT., FILM in einem Film oder Theaterstück eine bestimmte Rolle spielen: in der Rolle des Faust/als Faust/im Film auftreten **③** ■ *jmd. tritt irgendwie auf* sich verhalten: sehr selbstbewusst auftreten **④** ■ *etwas tritt auf* (plötzlich) entstehen: Krankheiten/Probleme treten auf **II.** mit OBJ ■ *jmd. tritt etwas auf* durch Treten öffnen: die Tür auftreten

Auf·trieb der <-(e)s> /kein Plur./ **①** (≈ Schwung) Ansporn, Mut: Der Erfolg gab ihm wieder Auftrieb. **②** PHYS. eine Kraft, die der Schwerkraft entgegengesetzt ist und die auf einen Körper in einer Flüssigkeit/in einem Gas wirkt: Was nicht genügend Auftrieb hat, schwimmt nicht im Wasser/schwebt nicht in der Luft. ◆ -sbewert, -sberechnung, -sdruck, -senergie, -sformel, -sgebiet, -sgeschwindigkeit, -sgesetz, -sgleichung, -sgradient, -sgürtel, -shilfe, -skoeffizient, -skörper, -skraft, -sprinzip, -ssicherheit, -sverteilung, -swaage, -sweste, -szone

Auf·tritt der <-(e)s, -e> **①** THEAT., FILM das Auftreten eines Schauspielers auf der Bühne oder im Film: sein Auftritt im dritten Akt ◆ -sangst, -sbreite, -slied, -smöglichkeiten, -skleidung, -skompetenz, -straining, -sverbot, -svereinbarung, -svermittlung, -svertrag **②** (umg.) ein bestimmtes Verhalten: Mit solchen Auftritten hat er sich viele Feinde gemacht.

auf·trump·fen <trumpfst auf, trumpfte auf, hat aufgetrumpft> ohne OBJ ■ *jmd. trumpft auf* Überlegenheit zeigen: Er trumpfte mit seinem Wissen (gegen seine Konkurrenten) auf.

auf·tun <tust auf, tat auf, hat aufgetan> **I.** mit OBJ ■ *jmd. tut etwas auf* (umg.) finden: ein günstiges Urlaubsquartier auftun **II.** mit SICH ■ *etwas tut sich auf* (geh.) **①** (veralt.) sich plötzlich zeigen: Ein großer Abgrund tat sich vor uns auf. **②** sich bieten: Es taten sich viele Chancen auf.

auf·tür·men <türmst auf, türmte auf, hat aufgetürmt> **I.** mit OBJ ■ *jmd. türmt etwas auf* aufstapeln: Strohballen zu einem riesigen Berg auftürmen **II.** mit SICH ■ *etwas türmt sich auf* sich aufbauen: Am Horizont türmen sich Wolken auf.; Immer mehr Schwierigkeiten türmten sich vor uns auf.

auf·wa·chen <wachst auf, wachte auf, ist aufgewacht> ohne OBJ **①** ■ *jmd. wacht auf* **①** aus dem Schlaf erwachen **②** (umg. abwert.) etwas oder eine Entwicklung, die schon länger andauert (zu

spät) bemerken: Die Behörden sind zu spät aufgewacht.

Auf·wach·raum der <-(e)s, ...-räume> im Krankenhaus ein Raum, in den man Patienten bringt, damit sie nach einer Operation aus der Narkose aufwachen

auf·wach·sen <wächst auf, wuchs auf, ist aufgewachsen> ohne OBJ ■ *jmd. wächst (irgendwie) auf* seine Jugendjahre verleben: Sie ist in einfachen Verhältnissen aufgewachsen.

auf·wal·len <wallst auf, wallte auf, ist aufgewallt> ohne OBJ **①** ■ *jmd. wallt etwas auf* aufkochen: die Milch nur kurz aufwallen lassen **②** ■ *etwas wallt auf* (geh.) plötzlich aufsteigen: Freude/Zorn wallte in ihr auf.; Nebel wallte auf. ► Aufwallung

Auf·wand der <-(e)s> /kein Plur./ das, was für etwas benötigt wird, insbesondere auch in den Bereichen Wirtschaft, Finanzen und Steuern: einen großen Aufwand (an Arbeit) erfordern ◆ -sabgrenzung, -sabschätzung, -sanalyse, -sart, -sbelastung, -sberechnung, -sbuchung, -sdarlehen, -sdeckungsgrad, -sentschädigung, -sminderung, -snachweis, -spauschale, -srentabilität, -sschätzung, -ssteuer, -svergütung, -sverzicht, -swert, -szahl, -szuschuss, Arbeits-, Zeit-

auf·wän·dig, auf·wen·dig <aufwändiger, am aufwändigsten> adj mit großem Aufwand

auf·wär·men <wärmst auf, wärmte auf, hat aufgewärmt> **I.** mit OBJ ■ *jmd. wärmt etwas auf* wieder erwärmen: aufgewärmtes Essen **II.** mit SICH ■ *jmd. wärmt sich auf* **①** irgendwo verweilen, wo es warm ist, um sich selbst wieder warm zu fühlen: sich in der Sonne aufwärmen **②** SPORT vor dem Sport leichte Übungen machen, um die Muskeln in Gang zu setzen: Der Läufer wärmt sich vor dem Rennen auf.; ■ *eine alte Sache wieder aufwärmen* (umg. übertr.) etwas längst Vergessenes wieder zur Sprache bringen ► Aufwärmung

auf·wärts adv (↔ abwärts) nach oben: die Straße aufwärts

auf·wärts·fah·ren <fährst aufwärts, fuhr aufwärts, hat/ist aufwärtsgefahren> **I.** mit OBJ (haben) ■ *jmd./etwas fährt jmdn./etwas aufwärts* nach oben fahren, hochfahren: Der Lift hat uns aufwärtsgefahren. **II.** ohne OBJ (sein) ■ *jmd./etwas fährt aufwärts* ◆ Zusammenschreibung →R 4.5 Sie müssen hier immer aufwärtsfahren, dann kommen Sie zum Bahnhof.

auf·wärts·ge·hen <gehst aufwärts, ging aufwärts, ist aufwärtsgegangen> **I.** ohne OBJ ■ *jmd. geht aufwärts* nach oben gehen, hochgehen: Hier müssen Sie nur noch aufwärtsgehen. **II.** mit ES ■ *es geht mit jmdm./etwas aufwärts* die Situation (einer Person) verbessert sich ◆ Zusammenschreibung →R 4.5 Nach der langen Krankheit geht es wieder aufwärts mit ihr.

Auf·wärts·trend der <-s, -s> eine Entwicklung zum Besseren

Auf·wasch der <-s> /kein Plur./ **①** (umg.) das Abwaschen von Geschirr ◆ -tisch, -wasser **②** ■ *das geht in einem Aufwasch* (umg.) das lässt sich in einem Arbeitsschritt bewältigen

A

auf·wa·schen <wäschst auf, wusch auf, hat aufgewaschen> *mit OBJ* ■ *jmd. wäscht etwas auf* spülen: das Geschirr aufwaschen

auf·we·cken <weckst auf, weckte auf, hat aufgeweckt> *mit OBJ* ■ *jmd./etwas weckt jmdn. auf* bewirken, dass jmd. aus dem Schlaf erwacht: Lautes Rufen/der Donner weckte sie auf.

auf·wei·chen <weichst auf, weichte auf, hat/ist aufgeweicht> **I.** *mit OBJ (haben)* ■ *etwas weicht etwas auf* feucht und weich machen: Der Dauerregen hat den Boden aufgeweicht. **II.** *ohne OBJ (sein)* ■ *etwas weicht auf* weich und feucht werden: Das Brot ist völlig aufgeweicht. ▶ Aufweichung

auf·wei·sen <weist auf, wies auf, hat aufgewiesen> *mit OBJ* ■ *jmd./etwas weist etwas auf (als Merkmal)* besitzen: besondere Fähigkeiten aufweisen

auf·wen·den <wendest auf, wandte/wendete auf, hat aufgewandt/aufgewendet> *mit OBJ* ■ *jmd. wendet etwas auf* in etwas investieren: viel Kraft und Mühe (für etwas) aufwenden ▶ Aufwendung

auf·wen·dig, **auf·wän·dig** <aufwendiger, am aufwendigsten> *adj mit großem Aufwand*

auf·wer·fen <wirfst auf, warf auf, hat aufgeworfen> *mit OBJ* ❶ ■ *jmd./ etwas wirft etwas auf* ins Gespräch bringen: viele Fragen/Probleme aufwerfen ❷ *mit viel Schwung öffnen*: die Tür aufwerfen

auf·wer·ten *mit OBJ* ■ *jmd. wertet etwas auf* den Wert erhöhen: eine Währung/jemandes Stellung aufwerten ▶ Aufwertung

Auf·wer·tung *die* <-, -en> *das Aufwerten*: die Aufwertung des Euro gegenüber dem Dollar ◆ Geld-

auf·wi·ckeln <wickelst auf, wickelte auf, hat aufgewickelt> *mit OBJ* ■ *jmd. wickelt etwas auf* auf eine Spule wickeln: Garn aufwickeln ▶ Aufwickelung, Aufwicklung

auf·wie·geln <wiegelst auf, wiegelte auf, hat aufgewiegelt> *mit OBJ* ■ *jmd. wiegelt jmdn. auf (abwert.) zum Widerstand bewegen*: die Klasse gegen den Lehrer aufwiegeln ▶ Aufwiegelei, Aufwiegelung, Aufwiegler, Aufwieglerin, aufwieglerisch, Aufwieglung

auf·wir·beln <wirbelst auf, wirbelte auf, hat aufgewirbelt> *mit OBJ* ■ *jmd./etwas wirbelt etwas auf* durch Luftzug bewirken, dass etwas (in der Form vieler einzelner Objekte) durch die Luft wirbelt: Der Wind wirbelt Blätter/Schnee/Staub auf.; ■ *viel Staub aufwirbeln* viel Aufsehen erregen

auf·wi·schen <wischst auf, wischte auf, hat aufgewischt> *mit OBJ/ohne OBJ* ■ *jmd. wischt(etwas) auf* ❶ *mit dem Lappen aufnehmen*: Schmutz/Wasser (vom Boden) aufwischen ❷ *etwas mit dem Lappen säubern*: Ich muss noch (den Fußboden/das Bad) aufwischen.

auf·wüh·len <wühlst auf, wühlte auf, hat aufgewühlt> *mit OBJ* ■ *jmd./etwas wühlt etwas auf* ❶ in etwas wühlen und so etwas zum Vorschein bringen: den Boden aufwühlen ❷ *etwas in Bewegung versetzen*: Der Wind wühlte das Meer auf.

❸ ■ *etwas wühlt jmdn. auf* seelisch erschüttern: Der Film hat ihn aufgewühlt.

auf·zäh·len <zählst auf, zählte auf, hat aufgezählt> *mit OBJ* ■ *jmd. zählt etwas auf* nacheinander nennen: alle Zutaten aufzählen

Auf·zäh·lung *die* <-, -en> *das Aufzählen*: das Aufzählen von Mängeln/Zahlen/Versen/Zeicheneinheiten; das Aufzählen von Konstanten in Programmiersprchen ◆ -sdatentyp, -sliste, -spunkt, -sstrich, -ssymbol, -styp, -szeichen

Auf·zah·lung *die* <-, -en> ÖSTERR. *Mehrpreis*

auf·zeich·nen <zeichnest auf, zeichnete auf, hat aufgezeichnet> *mit OBJ* ■ *jmd. zeichnet etwas auf* ❶ *schriftlich oder elektronisch festhalten*: seine Gedanken (in einem Tagebuch) aufzeichnen; eine Sendung aufzeichnen ❷ *zur Erklärung aufmalen*: jemandem den Grundriss der Wohnung aufzeichnen

Auf·zeich·nung *die* <-, -en> *das Aufzeichnen[1]*: die Aufzeichnung einer Sendung vom vergangenen Sonntag ◆ -sabbild, -sbetrachter, -sformat, -sgerät, -spflicht, -sprogramm, -ssoftware, -stool, -sverfahren, Tagebuch-

auf·zei·gen <zeigst auf, zeigte auf, hat aufgezeigt> *mit OBJ* ■ *jmd. zeigt etwas auf (geh.) darlegen*: Er zeigte auf, dass …

auf·zie·hen <ziehst auf, zog auf, hat/ist aufgezogen> **I.** *mit OBJ (haben)* ❶ ■ *jmd. zieht etwas auf* TECHN. *durch Drehen einer Schraube Bewegungsenergie in ein mechanisches System einbringen, welche von diesem dann in bestimmte Bewegungen umgesetzt wird*: die Uhr/einen Mechanismus aufziehen ❷ ■ *jmd. zieht etwas auf* hochziehen: die Fahne/ein Signal aufziehen ❸ ■ *jmd. zieht jmdn./ein Tier auf* großziehen: Kinder/Tiere aufziehen ❹ ■ *jmd. zieht etwas auf (≈ öffnen ↔ zuziehen)* die Gardinen/Vorhänge aufziehen ❺ ■ *jmd. zieht etwas auf (umg.) durchführen*: seinen Geburtstag ganz groß aufziehen ❻ ■ *jmd. zieht jmdn. auf (umg.) neckend ärgern*: jemanden wegen seiner großen Ohren aufziehen **II.** *ohne OBJ (sein)* ■ *etwas zieht auf* sich nähern: Ein Gewitter zieht auf.; Die Wache zieht auf.

Auf·zucht *die* <-> /kein Plur./ *das Aufziehen von Tieren* ◆ -aquarium, -ballen, -becken, -behälter, -boxen, -erde, -flasche, -futter, -haus, -kasten, -lampe, -leuchte, -matte, -medien, -platz, -rack, -rind, -station, -terrarium, -zeit, Geflügel-, Rinder-

Auf·zug *der* <-(e)s, Aufzüge> ❶ *Fahrstuhl*: den Aufzug benutzen ◆ -(s)schacht, Personen-, Speisen- ▶ Aufzugführer, Aufzugführerin ❷ THEAT. *Akt*: Nach dem dritten Aufzug gibt es eine Pause. ❸ *(abwert.) Art der Kleidung*: Willst du in diesem Aufzug ins Theater gehen?

auf·zwin·gen <zwingst auf, zwang auf, hat aufgezwungen> *mit OBJ* ■ *jmd. zwingt jmdn. etwas auf* zu etwas nötigen: jemandem seine Meinung aufzwingen

Aug·ap·fel *der* <-s, -äpfel> ANAT. *kugelförmiger Hauptteil des Auges*; ■ *etwas/jemanden wie seinen Augapfel hüten* sehr gut auf etwas oder jmdn. achten

Au·ge *das* <-s, -n> ❶ *eines der beiden Sehorgane*

von Menschen und Tieren: mit den Augen zwinkern; etwas mit bloßem Auge sehen können; schöne/blaue/braune Augen haben ◆-naufschlag, -nbinde, -ndeckel, -ndiagnose, -nfarbe, -nheilkunde, -nklappe, -nklinik, -nkontakt, -nkrankheit, -nleiden, -nlicht, -n-Make-up, -nmuskel, -noptiker(in), -nringe, -nschatten, -nschmaus, -nstern, -ntropfen, -nwinkel, -nwischerei ❷ *Punkte im Karten- oder Würfelspiel:* Ein Ass zählt elf Augen. ◆-nzahl ❸ ▪ **etwas ins Auge fassen** *(umg.) etwas planen;* ▪ **ins Auge gehen** *(umg.) missglücken;* ▪ **in meinen Augen ...** *meiner Meinung nach;* ▪ **ins Auge fallen** *offensichtlich oder deutlich sein;* ▪ **unter vier Augen** *(umg.) zu zweit und ohne Zeugen* Das besprechen wir aber unter vier Augen.

Au·gen·arzt *der,* **Au·gen·ärz·tin** <-es, Augenärzte> *Facharzt für Augenheilkunde*

Augen·be·schwer·den <-> *Plur. gesundheitliche Probleme mit den Augen*

Au·gen·blick *der* <-(e)s, -e> *kurzer Moment:* Im Augenblick habe ich keine Zeit.; im letzten Augenblick; (Einen) Augenblick bitte! ◆-sidee, -ssache

au·gen·blick·lich, au·gen·blick·lich I. *adj /nicht steig./* ❶ *umgehend:* eine augenblickliche Entscheidung fordern ❷ *(≈ gegenwärtig, momentan) im Moment des Sprechens bestehend:* die augenblickliche Lage **II.** *adv /nicht steig./* ❶ *(≈ sofort, umgehend) ohne zu zögern:* sich augenblicklich bei jemandem melden müssen ❷ *zurzeit:* Ich bin augenblicklich sehr beschäftigt.

Au·gen·braue *die* <-, -n> *die Haare, die oberhalb des Auges in einem schmalen, leicht gebogenen Streifen wachsen:* die Augenbrauen hochziehen ◆-nstift

Au·gen·glä·ser <-> *Plur. (veralt.) Brille*

Au·gen·hö·he ▪ **auf/in Augenhöhe** *so, dass sich etwas auf Höhe der Augen einer Person befindet*

Au·gen·licht *das* <-(e)s> */kein Plur./ Sehfähigkeit:* bei einem Unfall das Augenlicht verlieren

Au·gen·lid *das* <-(e)s, -er> *(≈ Lid) das kleine bewegliche Stück Haut, das das Auge schützt und bedeckt*

Au·gen·maß *das* <-es> */kein Plur./ Fähigkeit, etwas (mit den Augen) abzuschätzen:* nach Augenmaß arbeiten; ein gutes Augenmaß haben; politisches Augenmaß beweisen

Au·gen·mensch *der* <-en, -en> *(umg.) jmd., der sich vor allem vom visuellen Eindruck von etwas leiten lässt*

Au·gen·merk *das* <-(e)s> */kein Plur./ Aufmerksamkeit:* sein Augenmerk auf etwas richten; Unser besonderes Augenmerk muss der schnellen Lösung dieses Problems gelten.

Au·gen·schein *der* <-(e)s> */kein Plur./ oberflächlicher Eindruck:* nach dem Augenschein urteilen; Der Augenschein trügt.; ▪ **etwas in Augenschein nehmen** *etwas prüfen*

Au·gen·schmaus *der* <-> */kein Plur./ (≈ Augenweide)*

Au·gen·wei·de *die* <-> */kein Plur./ erfreulicher Anblick:* Das neue Hochhaus ist nicht gerade eine Augenweide!

Au·gen·zeu·ge *der,* **Au·gen·zeu·gin** <-n, -n>

Person, die ein Geschehen mit eigenen Augen gesehen hat ◆-nbericht ▶ Augenzeugenschaft

Au·gen·zwin·kern *das* <-s> */kein Plur./ zwinkernde Bewegung des Augenlids*

-äu·gig *als Zweitglied zusammengesetzter Adjektive; drückt aus, dass etwas die mit dem Erstglied bezeichnete (Form-)Eigenschaft oder Anzahl der Augen aufweist* ◆blau-, braun-, ein-, groß-, grün-, hell-, kuh-, reh-, rot-, scharf-, schlitz-

Aug·men·ta·ti·vum *das* <-(s), Augmentativa> *(↔ Diminutiv(um))* SPRACHWISS. *Ableitungselement zur Kennzeichnung einer Vergrößerung bzw. Verstärkung* ▶ Augmentation, augmentativ *siehe auch* **Halbaffix**

Au·gust *der* <-(e)s, (-e)> */Plur. selten / der achte Monat des Jahres* ◆-feier

Au·gust ▪ **der dumme August** *Clown, Spaßmacher*

Auk·ti·on *die* [auk'tsi̯oːn] <-, -en> *Versteigerung in einer Räumlichkeit oder im Internet* ◆-sablauf, -sabwicklung, -sanbieter, -sbörse, -sbuch, -sdesign, -sführung, -sgebühren, -sgesetz, -shammer, -skatalog, -ssaal, -ssoftware, -stheorie, -stisch, -stool, -szentrum, All-pay-, Auftrags-, Bilder-, Calcutta-, Internet-, Kunst-, Online-, Vieh-, Zweitpreis-

Auk·ti·o·na·tor *der,* **Auk·ti·o·na·to·rin** <-s, -en> *Person, die eine Auktion leitet*

Auk·ti·ons·haus *das* <-es, Auktionshäuser> *Firma, die Versteigerungen vornimmt*

Au·la *die* <-, Aulen/-s> *Festsaal in einer Schule oder Universität*

Au·pair-Mäd·chen *das* [oˈpɛːrmɛtçən] <-s, -> *Mädchen, das gegen Unterkunft, Verpflegung und Taschengeld in einer Familie in einem anderen Land arbeitet, um dort die Sprache zu erlernen:* als Aupairmädchen nach England gehen

Au·rum *das* <-(s)> */kein Plur./* CHEM. *Gold, Zeichen:* Au

aus I. *präp +Dat.* ❶ *zur Bezeichnung der räumlichen oder zeitlichen Herkunft:* aus dem Haus kommen; aus dem Urlaub schreiben; aus dem Fenster fallen; aus Deutschland kommen; aus dem 18. Jahrhundert stammen ❷ *zum Ausdruck eine Grundes:* aus Spaß; aus Versehen ❸ *zur Bezeichnung eines Ausgangsmaterials oder -zustandes:* aus Holz (hergestellt) sein; sich aus einer Eizelle entwickeln **II.** *adv (umg.)* ❶ *vorbei, vorüber:* Das Theater/das Spiel ist aus. ❷ *(↔ an)* Das Licht/das Feuer ist aus. ❸ *zur Bezeichnung der räumlichen Herkunft:* vom Platz aus sprechen; ▪ **auf etwas aus sein** *(umg.) etwas beabsichtigen;* ▪ **Von mir aus!** *(umg.) Ich habe nichts dagegen.;* ▪ **weder ein noch aus wissen** *hoffnungslos oder ratlos sein*

Aus *das* <-, -> ❶ SPORT *der Raum außerhalb des Spielfelds:* Der Ball war schon im Aus. ❷ *etwas, das das Ende einer Entwicklung/eines Zustands bedeutet:* Die geringen Absätze bedeuten noch lange nicht das Aus für diese Produktreihe.

aus·ar·bei·ten <arbeitest aus, arbeitete aus, hat ausgearbeitet> *mit OBJ* ▪ **jmd. arbeitet etwas aus** *(in allen Einzelheiten) erarbeiten:* ein Referat ausarbeiten; Ich muss das noch fertig ausarbeiten. ▶ Ausarbeitung

A

A

aus·ar·ten <artet aus, artete aus, ist ausgeartet> *ohne OBJ* ■ *etwas artet (zu etwas Dat.) aus (abwert.) außer Kontrolle geraten:* Das Fest artete zu einem Trinkgelage aus. ▶ Ausartung

aus·at·men <atmest aus, atmete aus, hat ausgeatmet> *mit OBJ/ohne OBJ* ■ *jmd. atmet (etwas) aus Atemluft durch Mund oder Nase entweichen lassen* ▶ Ausatmung

aus·ba·den <badest aus, badete aus, hat ausgebadet> *mit OBJ* ■ *jmd. badet etwas aus (umg.) die Folgen tragen:* etwas ausbaden müssen

aus·bag·gern <baggerst aus, baggerte aus, hat ausgebaggert> *mit OBJ* ■ *jmd. baggert etwas aus mit einem Bagger ausheben:* eine Baugrube ausbaggern ▶ Ausbaggerung

Aus·bau *der* <-(e)s, -ten> ❶ */kein Plur./ das Ausbauen* ◆ -arbeiten, -beruf, -facharbeiter(in), -firma, -gebiet, -gewerbe, -messe, -wohnung, Flughafen-, Innen-, Straßen- ❷ *ausgebauter Gebäudeteil*

aus·bau·en <baust aus, baute aus, hat ausgebaut> *mit OBJ* ■ *jmd. baut etwas aus* ❶ *herausnehmen:* das Getriebe ausbauen; ausgebaute Maschinenteile ❷ *baulich verbessern oder erweitern:* ein Haus/eine Wohnung/eine Straße ausbauen ❸ *weiterentwickeln:* die Beziehungen zum Nachbarland ausbauen; seine Position ausbauen

aus·bau·fä·hig *adj entwicklungsfähig* ▶ Ausbaufähigkeit

aus·be·din·gen <bedingst aus, bedang aus, hat ausbedungen> *mit OBJ* ■ *jmd. bedingt sich etwas aus zur Bedingung machen:* sich etwas ausbedingen; Ich muss mir ausbedingen, dass …

aus·bei·ßen <beißt aus, biss aus, hat ausgebissen> *mit SICH* ■ *jmd. beißt sich etwas aus dadurch, dass man etwas Hartes ist, einen Zahn abbrechen:* sich einen Zahn ausbeißen; ■ **sich an jmdm./etwas die Zähne ausbeißen** *(umg.) etwas vergeblich versuchen*

aus·bes·sern <besserst aus, besserte aus, hat ausgebessert> *mit OBJ* ■ *jmd. bessert etwas aus reparieren:* einen Zaun/ein Dach ausbessern ▶ Ausbesserung

Aus·bes·se·rung *die* <-, -en> *das Ausbessern* ◆ -sarbeit, -spinsel, -sstift, -sverkehr, -swerk

aus·beu·len <beulst aus, beulte aus, hat ausgebeult> **I.** *mit OBJ* ■ *jmd. beult etwas aus Beulen entfernen:* den Kotflügel ausbeulen **II.** *mit SICH* ■ *etwas beult sich aus Beulen bekommen:* sich durch langes Tragen ausbeulen; ausgebeulte Hosenbeine ▶ Ausbeulung

Aus·beu·te *die* <-, -n> */Plur. selten/ Ertrag, Gewinn* ◆ Erfolgs-, Ernte-

aus·beu·ten *mit OBJ* ❶ ■ *jmd. beutet jmdn. aus (abwert.: ≈ ausnutzen) übertrieben viel Leistung von jmdm. verlangen und keine Rücksicht auf eventuelle Schäden nehmen, die dieses Verhalten verursacht:* die Arbeiter ausbeuten ▶ ausbeuterisch ❷ ■ *jmd. beutet etwas aus wirtschaftlich nutzen:* Erdöllagerstätten ausbeuten ▶ Ausbeutung

Aus·beu·ter *der*; **Aus·beu·te·rin** <-s, -> *(abwert.) Person, die andere ausbeutet[1]* ◆ -betriebe, -firmen, -klasse ▶ Ausbeuterei, ausbeuterisch

Aus·beu·tung *die* <-, -en> ❶ *(abwert.) Ausnut-*

zung anderer ❷ */kein Plur./* WIRTSCH. *das Ausbeuten[2]: die Ausbeutung der Erzvorkommen*

aus·be·zah·len <bezahlst aus, bezahlte aus, hat ausbezahlt> *mit OBJ* ❶ ■ *jmd. bezahlt jmdm. etwas aus jmdm. Geld geben, das ihm zusteht:* jemandem einen Betrag ausbezahlen; den Erben ihren Anteil ausbezahlen ❷ ■ *jmd. bezahlt jmdn. aus jmdm. nach Beendigung seiner Arbeit seinen Lohn geben:* die Helfer/Hilfskraft ausbezahlen ▶ Ausbezahlung

aus·bil·den <bildest aus, bildete aus, hat ausgebildet> **I.** *mit OBJ* ❶ ■ *jmd. bildet jmdn. aus eine Ausbildung geben:* Lehrlinge/Informatiker ausbilden; jemanden zum Tischler ausbilden; seine Stimme ausbilden lassen ❷ ■ *etwas bildet etwas aus etwas herausbilden:* Blüten/Kiemen ausbilden **II.** *mit SICH* ■ *etwas bildet sich aus entstehen:* Gliedmaßen bilden sich aus. ▶ Ausbildung

Aus·bil·der *der*, **Aus·bil·de·rin** <-s, -> *jmd., der ausbildet I.1*

Aus·bil·dung *die* <-, -en> ❶ *die Gesamtheit aller Lehrmaßnahmen, die dazu führen, dass jmd. eine bestimmte Qualifikation hat:* eine gute Ausbildung genießen ◆ -sbeihilfe, -sberuf, -sfirma, -skosten, -smaßnahmen, -sstätte, -sstelle, -szeit, -szentrum, Berufs-, Spezial- ❷ *das Ausbilden*

Aus·bil·dungs·för·de·rung *die* <-, -en> *finanzielle Beihilfe zur Ausbildung* ◆ -sgesetz

Aus·bil·dungs·platz *der* <-es, Ausbildungsplätze> *Arbeitsplatz, an dem ein Jugendlicher für einen bestimmten Beruf ausgebildet wird* ◆ -abgabe, -angebot, -börse, -förderung, -garantie, -initiative, -mangel, -messe, -offensive, -programm, -suche, -umlage, -vermittlung, -wechsel, -zusage, -zuschuss

Aus·bil·dungs·ver·trag *der* <-(e)s, Ausbildungsverträge> *Vertrag zwischen einem Arbeitgeber und einem Auszubildenden*

aus·bit·ten <bittest aus, bat aus, hat ausgebeten> *mit OBJ* ■ *jmd. bittet sich etwas aus (geh.) verlangen:* Ich bitte mir etwas mehr Aufmerksamkeit aus!

aus·bla·sen <bläst aus, blies aus, hat ausgeblasen> *mit OBJ* ❶ ■ *jmd. bläst etwas aus durch Blasen löschen:* die Kerzen ausblasen ❷ ■ *jmd. bläst etwas aus durch Blasen bewirken, dass der Inhalt von etwas nach außen tritt:* Ostereier ausblasen ❸ ■ *ein Tier bläst etwas aus heftig ausatmen:* Der Wal bläst die Atemluft aus.

aus·blei·ben <bleibst aus, blieb aus, ist ausgeblieben> *ohne OBJ* ❶ ■ *jmd./etwas bleibt aus nicht eintreffen:* Der Erfolg ist ausgeblieben.; Unsere Gäste sind ausgeblieben.; Ihre Regel blieb aus. ❷ ■ *jmd. bleibt aus nicht heimkommen:* Sie sind gestern sehr lange ausgeblieben.

aus·blei·chen <bleichst aus, bleichte/blich aus, ist ausgebleicht/ausgeblichen> *ohne OBJ* ■ *etwas bleicht aus durch die Einwirkung von Licht an Farbe verlieren:* ausgebleichte Jeans

aus·blen·den <blendest aus, blendete aus, hat ausgeblendet> **I.** *mit OBJ* ■ *jmd. blendet etwas aus* TV *(↔ einblenden) den Ton von einer Sendung ausblenden* **II.** *mit SICH* ■ *jmd. blendet sich aus* *sich aus einer Sendung ausschalten:* sich aus einer laufenden Sendung ausblenden ▶ Ausblendung

Aus·blick *der* <-(e)s, -e> ❶ *Blick über etwas:* Von der Burg bot sich ein herrlicher Ausblick über das gesamte Tal. ❷ *Vorschau, Vorausschau auf Kommendes:* ein Ausblick auf kommende Entwicklungen; ein Ausblick auf das nächste Semester

aus·boh·ren <bohrst aus, bohrte aus, hat ausgebohrt> *mit OBJ* ■ *jmd. bohrt etwas aus so bohren, dass etwas innen hohl wird*

aus·bor·gen <borgst aus, borgte aus, hat ausgeborgt> *mit OBJ* ■ *jmd. borgt jmdm. etwas aus ausleihen:* dem Nachbarn Werkzeug ausborgen

aus·bre·chen <brichst aus, brach aus, ist/hat ausgebrochen> **I.** *ohne OBJ (sein)* ❶ ■ *jmd. bricht etwas aus Dat. aus sich (gewaltsam) befreien:* aus dem Gefängnis ausbrechen ❷ ■ *etwas bricht aus plötzlich entstehen:* Die Grippe ist ausgebrochen.; Lauter Jubel brach aus.; Ein Feuer/der Krieg ist ausgebrochen.; ■ *in Tränen/Gelächter ausbrechen zu weinen/lachen beginnen* ❸ ■ *jmd./etwas bricht aus die ursprüngliche Richtung verlassen:* Das Auto bricht seitlich aus.; Das Pferd ist nervös und will ausbrechen. ❹ ■ *ein Vulkan bricht aus ein Vulkan wird aktiv und schleudert Lava und Gestein hervor* **II.** *mit OBJ (haben)* ■ *jmd. bricht etwas aus herausbrechen:* (jemandem/sich) einen Zahn ausbrechen; am Baum einige Zweige ausbrechen

aus·brei·ten <breitest aus, breitete aus, hat ausgebreitet> **I.** *mit OBJ* ■ *jmd. breitet etwas aus* ❶ *offen hinlegen:* eine Decke/Karte ausbreiten; die Fotos vor jemandem ausbreiten; seine Gedanken vor jemandem ausbreiten ❷ *ausstrecken:* die Arme/die Flügel ausbreiten **II.** *mit SICH* ❶ ■ *etwas breitet sich aus sich verbreiten:* Nebel breitet sich über der Stadt aus.; Ein Seuche breitete sich im Land aus.; Die Ratten haben sich in der Stadt ausgebreitet. ❷ ■ *jmd. breitet sich aus (umg.) jmd. nimmt für sich selbst (und seine Sachen) sehr viel Platz in Anspruch:* Er hat sich im ganzen Zimmer ausgebreitet!; Jetzt breite dich nicht so aus. Ich habe ja gar keinen Platz mehr! ▶ Ausbreitung

aus·bren·nen <brennst aus, brannte aus, hat/ist ausgebrannt> **I.** *mit OBJ (haben)* ■ *jmd. brennt etwas aus durch Brennen beseitigen oder reinigen:* Wunden ausbrennen **II.** *ohne OBJ (sein)* ■ *etwas brennt aus durch einen Brand zerstört werden:* Die Fabrik/das Auto ist völlig ausgebrannt.; ■ *jemand ist/fühlt sich ausgebrannt jmd. ist physisch und psychisch völlig erschöpft*

Aus·bruch *der* <-(e)s, Ausbrüche> *das Ausbrechen:* der Ausbruch aus dem Gefängnis; der Ausbruch des Krieges/einer Epidemie/von Fröhlichkeit ◆ -sversuch, Freuden-, Gefühls-, Kriegs-, Temperaments-, Vulkan-, Wut-

aus·brü·ten <brütest aus, brütete aus, hat ausgebrütet> *mit OBJ* ❶ ■ *ein Tier brütet etwas aus (von Vögeln) Eier durch die eigene Körperwärme sich entwickeln lassen* ❷ ■ *jmd. brütet etwas aus (umg.) ausdenken:* Pläne ausbrüten

aus·bu·chen <buchst aus, buchte aus, hat ausgebucht> *mit OBJ* ■ *jmd. bucht etwas aus alle*

Plätze in einem Hotel, einem Flugzeug, einem Bus o. Ä. reservieren: Das Hotel ist leider schon ausgebucht.; ■ *jemand ist ausgebucht jmd. hat keinen Termin mehr frei oder keine Zeit* Der Sänger ist für das ganze Jahr ausgebucht.; Wir sind in den nächsten Wochen vollkommen ausgebucht. ▶ Ausbuchung

aus·bud·deln <buddelst aus, buddelte aus, hat ausgebuddelt> *mit OBJ* ■ *jmd. buddelt etwas aus (umg.: ≈ ausgraben)*

Aus·bund ■ *jemand ist ein Ausbund von etwas jmd. ist voll von der genannten Sache* ein Ausbund an Bosheit/Lebensfreude/Witz sein

aus·bür·gern <bürgerst aus, bürgerte aus, hat ausgebürgert> *mit OBJ* ■ *jmd. bürgert jmdn. aus die Staatsangehörigkeit entziehen* ▶ Ausbürgerung

aus·bürs·ten *mit OBJ* ■ *jmd. bürstet etwas aus mit einer Bürste säubern:* den Fleck (aus der Hose) ausbürsten; die Hose ausbürsten

aus·bü·xen <büxt aus, büxte aus, ist ausgebüxt> *ohne OBJ (umg.) irgendwo weglaufen:* Die Kinder sind ausgebüxt.

aus·che·cken [ˈaʊstʃɛkən] *ohne OBJ* ■ *jmd. checkt aus etwas Dat. aus als Hotelgast nach der letzten Übernachtung das Zimmer räumen und den Zimmerschlüssel zurückgeben:* Wir müssen noch (aus dem Hotel) auschecken.

Aus·dau·er *die* <-> /kein Plur./ ❶ SPORT *die Fähigkeit, eine Leistung über einen langen Zeitraum erbringen zu können:* abwechselnd die Kraft und die Ausdauer trainieren ◆ -aufbau, -belastung, -diagnostik, -doping, -entwicklung, -fähigkeit, -förderung, -gymnastik, -kraft, -lauf, -leistung, -muskulatur, -prüfung, -sport, -test, -verbesserung, -vermögen ❷ *die Eigenschaft, einer Sache eine lange Zeit und ohne Nachlassen des Interesses zu widmen:* Er hat bei dem Projekt enorme Ausdauer bewiesen.

Aus·dau·er·trai·ning *das* <-s> /kein Plur./ SPORT *Training, das die Ausdauer[1] verbessern soll*

aus·deh·nen <dehnst aus, dehnte aus, hat ausgedehnt> **I.** *mit OBJ* ■ *jmd. dehnt etwas aus bewirken, dass etwas länger oder größer wird:* ein Gummiband ausdehnen; seinen Einfluss/eine Versammlung ausdehnen; ausgedehnte Spaziergänge unternehmen **II.** *mit SICH* ■ *etwas dehnt sich aus an Volumen zunehmen:* Körper dehnen sich bei Erwärmung aus.; Das Herrschaftsgebiet/die Wüste hat sich ausgedehnt. ▶ Ausdehnung

aus·den·ken <denkst aus, dachte aus, hat ausgedacht> *mit OBJ* ■ *jmd. denkt etwas aus konzipieren, planen:* (sich) einen Plan ausdenken; ■ *nicht auszudenken sein (in den Folgen) fürchterlich sein*

aus·dre·hen <drehst aus, drehte aus, hat ausgedreht> *mit OBJ* ■ *jmd. dreht etwas aus (umg.) abschalten:* das Gas/die Heizung ausdrehen

Aus·druck¹ *der* <-(e)s, Ausdrücke> ❶ /kein Plur./ *die Fähigkeit, sich sprachlich auszudrücken:* einen gewandten/guten Ausdruck haben ◆ -shilfe, -smittel, -sschwäche, -svermögen, -sweise, -swort ❷ /kein Plur./ *Miene:* einen angespannten/entspannten/fröhlichen/ heiteren/strengen

A

Ausdruck im Gesicht haben ◆-sfähigkeit, -sform, -skraft, -spsychologie, -svermögen, -weise, Gesichts- ❸ *mehr oder weniger expressive künstlerische Äußerungsform* ◆-sgymnastik, -skunst, -smalerei, -stanz, -svermögen ❸ */kein Plur./ etwas nach außen hin Sichtbares:* ein Ausdruck seiner Dankbarkeit; etwas deutlich zum Ausdruck bringen; einer Sache Ausdruck verleihen ❹ *ein Wort oder eine Wendung als sprachliche Einheit mit Ausdrucksseite und Inhaltsseite im Sprachsystem:* ein mundartlicher/treffender/alltagssprachlicher Ausdruck; ■**Ausdrücke gebrauchen** *Schimpfwörter verwenden* ◆-sseite

Aus·druck² *der* <-(e)s, Ausdrucke> EDV *der auf Papier gedruckte Inhalt einer Datei:* von einer Datei einen Ausdruck machen ◆ Computer-

aus·dru·cken <druckst aus, druckte aus, hat ausgedruckt> *mit OBJ* ■ *jmd. druckt etwas aus* EDV *einen Ausdruck² herstellen:* einen Text/eine Datei/eine Seite ausdrucken

aus·drü·cken <drückst aus, drückte aus, hat ausgedrückt> I. *mit OBJ* ■ *jmd. drückt etwas aus* ❶ *auf etwas drücken, damit das darin enthaltene Wasser austritt:* einen Schwamm ausdrücken ❷ *durch Drücken löschen:* die Zigarette ausdrücken ❸ *in Worte fassen:* seinen Dank ausdrücken; Ich weiß nicht, wie ich es ausdrücken soll ... II. *mit SICH* ■ *jmd. drückt sich irgendwie aus sich in einer bestimmten Weise verständlich machen:* sich deutlich/höflich/undeutlich/unverständlich /verständlich ausdrücken

aus·drück·lich, aus·drück·lich I. *adj /nicht steig./ (≈ explizit)* mit meiner ausdrücklichen Erlaubnis II. *adv /nicht steig./ deutlich, klar:* Ich möchte ausdrücklich betonen, dass ...

Aus·drucks·kraft *die* <-> */kein Plur./ die Fähigkeit, künstlerisch etwas auszudrücken oder darzustellen*

aus·drucks·los *adj so, dass ein Gesicht keine Gefühle verrät* ▶ Ausdruckslosigkeit

aus·ei·n·an·der *adv so, dass etwas voneinander getrennt ist oder dabei zwei Teile entstehen* ◆ Getrennntschreibung →R 4.5 Bleibt auseinander!

aus·ei·n·an·der·fal·len <fällt auseinander, fiel auseinander, ist auseinandergefallen> *ohne OBJ* ■ *etwas fällt auseinander in seine einzelnen Teile zerfallen* ◆ Zusammenschreibung →R 4.5

aus·ei·n·an·der·ge·hen <gehst auseinander, ging auseinander, ist auseinandergegangen> *ohne OBJ* ■ *etwas geht auseinander* ❶ *sich in entgegengesetzte Richtungen entfernen; entgegengesetzt sein:* als Freunde auseinander gehen; auseinandergehende Auffassungen ❷ *(umg.) zerbrechen* ❸ *(umg.) zunehmen, dicker werden:* Hans ist in letzter Zeit aber gehörig auseinandergegangen. ◆ Zusammenschreibung →R 4.5 Die Beziehung ging auseinander.

aus·ei·n·an·der·hal·ten <hältst auseinander, hielt auseinander, hat auseinandergehalten> *mit OBJ* ■ *jmd. hält jmdn./etwas auseinander* ❶ *getrennt voneinander halten; entfernt voneinander halten:* Er hat die Streithähne nicht auseinanderhalten können. ❷ *unterscheiden* ◆ Zusam-

menschreibung →R 4.5, 4.6 die Zwillinge nicht auseinanderhalten können

aus·ei·n·an·der·schrei·ben <schreibst auseinander, schrieb auseinander, hat auseinandergeschrieben> *mit OBJ* ■ *jmd. schreibt etwas Akk. auseinander getrennt schreiben, in mehreren Wörtern schreiben* ◆ Zusammenschreibung →R 4.5 Nach der neuen Reform wird dieses Wort auseinandergeschrieben.

aus·ei·n·an·der·set·zen <setzt auseinander, setzte auseinander, hat auseinandergesetzt> I. *mit OBJ* ❶ ■ *jmd. setzt jmdn. auseinander getrennt von einander setzen:* Die Lehrerin setzte die Schüler auseinander. ❷ ■ *jmd. setzt jmdm. etwas Akk. auseinander darlegen, erklären:* jemandem seine Probleme auseinandersetzen II. *mit SICH* ❶ ■ *jmd. setzt sich auseinander sich auf verschiedene Plätze setzen:* Sie standen auf und setzten sich auseinander. ❷ ■ *jmd. setzt sich mit etwas Dat. auseinander über etwas (intensiv) nachdenken, sich mit etwas beschäftigen:* Er hat sich mit dem gesamten Problem auseinandergesetzt. ❸ ■ *jmd. setzt sich mit jmdm. auseinander sich mit jemandem streiten, diskutieren:* Wegen dieser Sachen setzt er sich regelmäßig mit seinem Nachbarn auseinander.

Aus·ei·n·an·der·set·zung *die* <-, -en> *ein Streit wegen etwas:* Wir hatten eine ernste Auseinandersetzung.

aus·er·le·sen *adj von guter Qualität:* die auserlesensten Weine

aus·fah·ren <fährst aus, fuhr aus, hat/ist ausgefahren> I. *ohne OBJ (sein)* ■ *jmd. fährt aus spazieren fahren* II. *mit OBJ (haben)* ■ *jmd. fährt etwas aus* ❶ *mit dem Fahrzeug ausliefern:* Pakete ausfahren ❷ ■ *jmd. fährt jmdn. aus spazieren fahren:* ein Kind (im Kinderwagen) ausfahren ❸ ■ *jmd. fährt etwas aus* TECHN. *herausfahren lassen:* das Fahrgestell/das Fernrohr/den Kranarm ausfahren ❹ ■ *jmd. fährt etwas aus durch Befahren abnutzen:* stark ausgefahrene Straßen ❺ ■ *jmd. fährt ein Fahrzeug aus ein Fahrzeug so fahren, dass der Motor seine maximale Leistung bringt:* Diesen Sportwagen kann man eigentlich nur auf einer Rennstrecke richtig ausfahren.

Aus·fahrt *die* <-, -en> ❶ *der Ort, an dem ein Fahrzeug aus etwas herausfährt:* die Ausfahrt aus der Garage; Bitte nicht vor der Ausfahrt parken! ◆-(s)signal, Hafen- ❷ *(≈ Spazierfahrt)* eine Ausfahrt ins Grüne ❸ *eine Stelle, an der man eine Autobahn verlassen kann* ◆-sschild, -(s)straße, Autobahn-

Aus·fall *der* <-(e)s, Ausfälle> ❶ *der Vorgang, dass etwas ausfällt (Teile, eine Maschine, ein Gerät, eine Leistung):* der Ausfall aller Antriebssysteme ◆-erscheinung, -honorar, -geld, -prämie, -rate, -zeit, Haar-, Strom-, Zahn- ❷ *die Menge, die nicht produziert werden kann, weil Produktionsanlagen ausgefallen sind:* Die Werksleitung beklagt große Ausfälle. ◆-bürgschaft, -deckung, -entschädigung, -forderung, -fracht, -kosten, -risiko, -versicherung

aus·fal·len <fällt aus, fiel aus, ist ausgefallen> *ohne OBJ* ■ *etwas fällt aus* ❶ *(↔ stattfinden) nicht stattfinden:* Heute fällt die letzte Stunde aus.

② ■ *etwas fällt aus* nicht mehr funktionieren: Der Motor/der Strom fiel aus. **③** ■ *etwas fällt aus sich ablösen*: Die Haare/Zähne fallen ihr aus. **④** ■ *etwas fällt irgendwie aus ein bestimmtes Ergebnis bringen*: Der Aufsatz ist gut ausgefallen.; Die Ernte ist reichlich ausgefallen.

aus·fal·lend *adj /nicht steig./ ausfällig*

aus·fäl·lig *adj /nicht steig./ unverschämt werden und z. B. grobe Schimpfworte benutzen*: ausfällig werden

Aus·fall·stra·ße *die* <-, -n> *Hauptverkehrsstraße, die aus einer Stadt herausführt*

aus·fer·ti·gen <fertigst aus, fertigte aus, hat ausgefertigt> *mit OBJ* ■ *jmd. fertigt etwas aus* AMTSSPR. *ausstellen*: Reisepässe ausfertigen ▸ Ausfertigung

Aus·fer·ti·gung *die* <-, -en> AMTSSPR. **①** *das Ausfertigen* ◆-samt, -sgebühr, -svermerk **②** *etwas, das ausgefertigt wurde*: ein Schriftstück in doppelter (dreifacher) Ausfertigung

aus·fet·ten *mit OBJ* ■ *jmd. fettet etwas aus* KOCH. *die Innenseite eines Kochgefäßes mit Fett bestreichen*: ein Backblech/eine Pfanne ausfetten

aus·fin·dig *adv* ■ **jemanden/etwas ausfindig machen** *jmdn. oder etwas finden* Nach einer langen Suche konnte der Detektiv das vermisste Kind ausfindig machen.; ein Hotel für den Urlaub ausfindig machen

aus·flie·ßen <fließt aus, floss aus, ist ausgeflossen> *ohne OBJ* ■ *etwas fließt aus etwas fließt heraus*: Es ist schon viel Öl ausgeflossen.

aus·flip·pen <flippst aus, flippte aus, ist ausgeflippt> *ohne OBJ* ■ *jmd. flippt aus* (umg.) *die Beherrschung verlieren*: Du flippst immer gleich aus!

Aus·flucht *die* <-, Ausflüchte> (geh.) *Ausrede*: Ausflüchte machen

Aus·flug *der* <-(e)s, Ausflüge> *eine (kleinere) Reise, die man zum Spaß unternimmt*: einen Ausflug an den Bodensee machen ◆-sdampfer, -sfahrt, -sort, -sschiff, -sziel, Sonntags-

Aus·flüg·ler *der*, **Aus·flüg·le·rin** <-s, -> *jmd., der sich auf einem Ausflug befindet*

Aus·flugs·ver·kehr *der* <-s> /kein Plur./ *Autoverkehr durch Ausflügler*

Aus·fluss *der* <-es, Ausflüsse> **①** MED. *abgesonderte Flüssigkeit*: ein eitriger Ausfluss **②** TECHN. *Stelle, an der etwas ausfließen kann*: Der Ausfluss ist verstopft. ◆-geschwindigkeit, -gesetz, -gleichung, -koeffizient, -menge, -viskosimeter, -volumen, -zahl, -zeit, -ziffer

aus·for·mu·lie·ren *mit OBJ* ■ *jmd. formuliert etwas aus etwas, das in Form von Stichworten aufgezeichnet ist, die Form vollständiger Sätze geben*

Aus·for·schung *die* <-, -en> ÖSTERR. (polizeiliche) *Ermittlung* ▸ ausforschen

aus·fra·gen <fragst aus, fragte aus, hat ausgefragt> *mit OBJ* ■ *jmd. fragt jmdn. (nach/über etwas Akk.) aus intensiv befragen*: jemanden nach/über etwas ausfragen ▸ Ausfragerei

Aus·fuhr *die* <-, -en> WIRTSCH. *Verkauf von Waren ins Ausland; Export*: die Ausfuhr von Waren ◆-anmeldung, -artikel, -begleitdokument, -bescheinigung, -dokument, -erklärung, -garantie, -genehmi-

gung, -kontrolle, -nachweis, -papiere, -quote, -recht, -risiko, -steuer, -verbot, -vermerk, -verzollung, Getreide-, Güter-

Aus·fuhr·be·stim·mung *die* <-, -en> /meist Plur./ AMTSSPR. *Zollbestimmungen*

aus·füh·ren <führst aus, führte aus, hat ausgeführt> *mit OBJ* **①** ■ *jmd. führt etwas aus* WIRTSCH. (≈ *exportieren* ↔ *einführen*) Waren ausführen **②** ■ *jmd. führt etwas aus erledigen*: einen Auftrag/eine Reparatur ausführen **③** ■ *jmd. führt etwas irgendwie aus* (≈ *darstellen*) *genauer darstellen*: Lassen Sie mich das noch etwas näher ausführen. **④** ■ *jmd. führt ein Tier aus spazieren führen*: den Hund ausführen **⑤** ■ *jmd. führt jmdn. aus mit jmdm. ausgehen*: Er führte seine Frau an ihrem Geburtstag zum Essen aus.

aus·führ·lich, aus·führ·lich *adj umfangreich und mit vielen Details*: ein ausführlicher Bericht; etwas ausführlich beschreiben ▸ Ausführlichkeit

Aus·füh·rung *die* <-, -en> **①** *Verwirklichung eines Vorhabens bzw. Durchführung einer Aktivität an einem Gerät*: die Ausführung eines Vorhabens ◆-sbefehle, -sbestimmungen, -sdatum, -seinheit, -sfehler, -sgesetz, -shinweise, -skompetenz, -skontrolle, -sordnung, -sorgan, -splan, -srichtlinien, -stermin, -sverhinderung, -szeitraum **②** (≈ *Variante*) *eine bestimmte Gestaltungsvariante einer Ware*: Möbel in den verschiedensten Ausführungen; Der Lautsprecher ist in der Ausführung „Buche" und in der Ausführung „Esche" erhältlich. ◆ Luxus-, Sonder-, Qualitäts- **③** /meist Plur./ *eine (längere) Rede, in der jmd. etwas erklärt*: Ich komme zum Ende meiner Ausführungen.

Aus·fuhr·zoll *der* <-(e)s> /kein Plur./ *auf exportierte Waren erhobener Zoll*

aus·fül·len <füllst aus, füllte aus, hat ausgefüllt> *mit OBJ* **①** ■ *jmd. füllt etwas aus bestimmte Angaben in ein Formular hineinschreiben*: ein Formular ausfüllen **②** ■ *etwas füllt etwas aus vollmachen*: Die Möbel füllen den Raum gut aus.; eine Pause mit Gesprächen ausfüllen **③** ■ *jmd. füllt etwas aus eine gewissen Zeit beanspruchen*: Der Tag war mit einem Museumsbesuch ausgefüllt. **④** ■ *etwas füllt jmdn. aus befriedigen*: Diese Aufgabe füllt mich nicht ganz aus. ▸ Ausfüllung

Aus·ga·be *die* <-, -n> **①** /meist Plur./ *Kosten*: Wir haben hohe monatliche Ausgaben.; laufende Ausgaben ◆-naufstellung, -nbeleg, -nkalkulation, -nkürzung, -nliste, -nminimierung, -npauschale, -nplan, -npolitik, -nsteuer, -nstruktur, -ntabelle, -nverwaltung, Staats-, Verteidigungs- **②** *Veröffentlichung*: die monatliche Ausgabe der Zeitschrift ◆-termin, Abend-, Gesamt-, Samstags-, Wochenend- **③** /kein Plur./ *Verteilung und Zuordnung*: die Ausgabe der Fahrkarten/der Zeugnisse ◆-nverteilung, -nzuordnung, -stelle, Bücher-, Waren-

Aus·gang *der* <-(e)s, Ausgänge> **①** *die Stelle, an der man einen geschlossenen Bereich verlässt (Gebäude, Ort)*: am Ausgang warten ◆-stor, -stür, Haupt-, Hinter-, Neben-, Not-, Orts-, Seiten- **②** *das, was am Ende einer Sache als Ergebnis erscheint*: auf den Ausgang des Buches/Spieles gespannt sein ◆ Prozess-, Wahl- **③** *das, was den Ausgangszustand (einer weiteren Entwicklung) bildet* ◆-sba-

A

sis, -smaterial, -sposition, -spunkt, -ssituation, -ssprache ④ /kein Plur./ *Erlaubnis auszugehen:* keinen Ausgang haben; bis Mitternacht Ausgang haben

aus·gangs I. *präp +Gen. (zeitlich) am Ende:* ausgangs des Winters II. *adv am Ausgang*

Aus·gangs·la·ge *die* <-, -n> *die Lage, wie sie zu Beginn einer Entwicklung oder vor einer Veränderung ist*

Aus·gangs·sper·re *die* <-, -n> *offizielles Verbot auszugehen:* Über die Stadt wurde eine nächtliche Ausgangssperre verhängt.

Aus·gangs·stel·lung *die* <-, -en> SPORT *Grundstellung:* in Ausgangsstellung gehen

aus·ge·ben <gibst aus, gab aus, hat ausgegeben> I. *mit OBJ* ① ■ *jmd. gibt etwas für etwas aus verbrauchen:* Geld (für etwas) ausgeben ② ■ *jmd. gibt etwas (an jmdn.) aus verteilen:* Essen ausgeben ③ ■ *jmd. gibt etwas aus in Umlauf bringen:* Banknoten/Briefmarken ausgeben II. *mit SICH* ■ *jmd. gibt sich als etwas aus sich fälschlich bezeichnen als:* sich als Rechtsanwalt ausgeben; ■ **einen ausgeben** *(umg.) Getränke spendieren* ▶ Ausgabe

aus·ge·bombt *adj /nicht steig./ so, dass man keine Wohnung mehr hat, weil das Wohnhaus durch Bombardierung zerstört ist:* Seine Familie wurde im Krieg ausgebombt. ▶ Ausgebombte

aus·ge·bucht *adj /nicht steig./ so, dass nichts mehr frei ist:* Das Hotel ist ausgebucht. ▶ Ausbuchung

aus·ge·dehnt *adj /nicht steig./ so, dass es ziemlich lange dauert:* ein ausgedehnter Spaziergang ▶ Ausdehnung

aus·ge·dient ■ **ausgedient haben** *nicht mehr brauchbar sein* Die Waschmaschine hat ausgedient.

aus·ge·dörrt *adj von der Sonne vertrocknet* ▶ Ausdörrung

aus·ge·fal·len *adj ungewöhnlich:* ausgefallene Kleidung tragen ▶ Ausgefallenheit

aus·ge·feilt *adj sehr durchdacht* ▶ Ausgefeiltheit

aus·ge·flippt *adj (umg.) leicht verrückt:* ein ausgeflippter Typ ▶ Ausgeflipptheit

aus·ge·flo·gen *adj /nicht steig./ /nur präd./ nicht zu Hause:* Die Nachbarn sind ausgeflogen.

aus·ge·franst *adj /nicht steig./ so, dass es am Rand Fransen hat*

aus·ge·fuchst *adj /nicht steig./ (umg.) trickreich und sehr gut durchdacht* ▶ Ausgefuchstheit

aus·ge·gli·chen *adj gleichmäßig, ohne Schwankungen:* ein ausgeglichener Charakter; ein ausgeglichenes Klima ▶ Ausgeglichenheit

aus·ge·hen <gehst aus, ging aus, ist ausgegangen> *ohne OBJ* ① ■ *jmd. geht aus (zur Unterhaltung) in ein Lokal gehen:* abends noch ein bisschen ausgehen ② ■ *etwas geht aus (≈ ausfallen)* Die Federn/die Haare gehen aus. ③ ■ *etwas geht aus verbraucht werden:* Uns geht das Geld/die Geduld aus. ④ ■ *etwas geht irgendwie aus in einer bestimmten Weise enden:* schlecht ausgehen ⑤ ■ *jmd. geht von etwas* Dat. *aus als Voraussetzung betrachten:* Wir können davon ausgehen, dass … ⑥ ■ *etwas geht von jmdm. aus herrüh-*

ren: Der Vorschlag ist von ihr ausgegangen.; Von ihm geht viel Optimismus aus. ⑦ ■ *etwas geht aus erlöschen, ausfallen:* Das Licht/der Motor ist ausgegangen.; ■ **leer ausgehen** *nichts bekommen*

aus·geh·fer·tig *adj /nicht steig./ (veralt.) so, dass man zum Ausgehen[1] bereit ist:* Warte bitte noch. Ich muss mich erst umziehen; denn so bin ich nicht ausgehfertig!

aus·ge·klü·gelt *adj sehr gut durchdacht:* ein ausgeklügelter Plan ▶ Ausgeklügeltheit

aus·ge·las·sen *adj fröhlich und entspannt:* eine ausgelassene Stimmung ▶ Ausgelassenheit

aus·ge·laugt *adj (umg.) müde und erschöpft* ▶ Ausgelaugtheit

aus·ge·macht *adj /nicht steig./ (umg.) vollkommen:* ein ausgemachter Dummkopf

aus·ge·mer·gelt *adj sehr mager:* ein ausgemergeltes Gesicht

aus·ge·nom·men *konj (≈ außer)* Alle sind eingeladen, ausgenommen meine Schwester.

aus·ge·pow·ert ['aʊsɡəpaʊɐt] *adj /nicht steig./ (umg.) völlig erschöpft:* total ausgepowert sein

aus·ge·prägt *adj /nicht steig./ sehr stark vorhanden; sehr deutlich:* ein ausgeprägtes Interesse ▶ Ausgeprägtheit

aus·ge·pumpt *adj /nicht steig./ (umg.) völlig erschöpft*

aus·ge·rech·net *adv (umg.) gerade so, wie nicht zu erwarten war:* Ausgerechnet mir musste das passieren!; ausgerechnet heute, wo ich keine Zeit habe …

aus·ge·reift *adj /nicht steig./ bis zur Perfektion entwickelt* ▶ Ausgereiftheit

aus·ge·schlos·sen *adj /nicht steig./ /nur attr./ unmöglich:* Das ist völlig ausgeschlossen! ▶ Ausgeschlossenheit

aus·ge·spro·chen I. *adj /nicht steig./ besonders groß:* Das ist eine ausgesprochene Frechheit. II. *adv /nicht steig./ sehr:* Sie ist ausgesprochen hübsch.

aus·ge·stal·ten <gestaltest aus, gestaltete aus, hat ausgestaltet> *mit OBJ* ■ *jmd. gestaltet etwas (irgendwie) aus in einer bestimmten Weise gestalten:* eine Feier ausgestalten ▶ Ausgestaltung

aus·ge·stor·ben *adj /nicht steig./ ① so, dass von einer Tiergattung kein Tier mehr lebt:* Die Dinosaurier sind ausgestorben. ② so, dass eine Pflanzenart nicht mehr auf der Erde existiert ③ (umg.) gänzlich verlassen:* nachts ist die Stadt (wie) ausgestorben ▶ Ausgestorbenheit

aus·ge·sucht I. *adj /nicht steig./ (≈ erlesen) besonders fein:* die ausgesuchtesten Köstlichkeiten II. *adv /nicht steig./ besonders:* Sie war ausgesucht höflich. ▶ Ausgesuchtheit

aus·ge·tre·ten *adj /nicht steig./ ① so, dass sich in einem Weg tiefere Spuren gebildet haben, weil viele Leute dort gelaufen sind ② so, dass Schuhe abgenutzt und sehr weit geworden sind, weil sie schon lange getragen werden:* ein ausgetretenes Paar Hausschuhe ▶ Ausgetretenheit

aus·ge·wo·gen *adj gut abgestimmt:* eine ausgewogene Ernährung ▶ Ausgewogenheit

aus·ge·zeich·net *adj /nicht steig./ hervorragend:*

ein ausgezeichneter Wein; Es geht mir ausgezeichnet!

aus·gie·big *adj /nicht steig./ reichlich:* ein ausgiebiges Frühstück; ausgiebigen Gebrauch machen von etwas ▶ Ausgiebigkeit

aus·gie·ßen <gießt aus, goss aus, hat ausgegossen> *mit OBJ* ■ *jmd.* ***gießt etwas aus*** *eine Flüssigkeit aus etwas gießen:* Wasser/eine Flasche ausgießen

Aus·gleich *der* <-(e)s, -e> ❶ *Herstellung eines Gleichgewichts:* einen Ausgleich zwischen den Parteien herstellen; einen Ausgleich erzielen; zum Ausgleich Sport treiben ◆ -sgetriebe, -sverfahren ❷ *Ersatz, durch den ein Mangel oder Defizit kompensiert wird:* Zum Ausgleich dafür bekommst du etwas anderes. ◆ -sabgabe, -samt, -sfonds, -szulage ❸ SPORT *Treffer zum Gleichstand:* in der 90. Minute den Ausgleich schießen ◆ -streffer

aus·glei·chen <gleichst aus, glich aus, hat ausgeglichen> **I.** *mit OBJ* ❶ ■ *jmd.* ***gleicht etwas aus*** *gleichmachen:* Unterschiede ausgleichen ❷ ■ *jmd.* ***gleicht etwas aus*** *einen Mangel beseitigen:* das Konto ausgleichen; mangelndes Können mit viel Fleiß ausgleichen **II.** *ohne OBJ* ■ *jmd.* ***gleicht aus*** SPORT *gleichen Punktestand herstellen:* Der Stürmer konnte in der zweiten Halbzeit ausgleichen. **III.** *mit SICH* ■ ***etwas gleicht sich aus*** *sich gegenseitig aufheben:* Die Unterschiede gleichen sich aus.

Aus·gleichs·sport *der* <-(e)s> */kein Plur./* ein Sport, den man als Ausgleich zu seinem Beruf betreibt

Aus·gleichs·zah·lung *die* <-, -en> *Zahlung, mit der etwas ausgeglichen werden soll*

aus·glei·ten <gleitest aus, glitt aus, ist ausgeglitten> *ohne OBJ* ❶ ■ *jmd.* ***gleitet aus*** *(geh.) ausrutschen:* auf den Fliesen ausgleiten ❷ ■ ***etwas gleitet jmdm. aus*** *aus der Hand rutschen:* Mir ist das Messer ausgeglitten und ich habe mich geschnitten.

aus·gra·ben <gräbst aus, grub aus, hat ausgegraben> *mit OBJ* ■ *jmd.* ***gräbt etwas aus*** ❶ *durch Graben freilegen:* einen Schatz/eine Pflanze ausgraben ▶ Ausgrabung ❷ *etwas längst Vergessenes wieder entdecken:* Wo hast du denn mein altes Poesiealbum wieder ausgegraben?

Aus·gra·bung *die* <-, -en> *eine Grabung, die archäologischen Zwecken dient* ◆ -sfirma, -funde, -shelfer(in), -leiter(in), -smethode, -sort, -sreisen, -sstätte, -swerkzeug ▶ Ausgräber, Ausgräberin

Aus·gra·bungs·stät·te *die* <-, -n> *Ort einer Ausgrabung*

aus·gren·zen <grenzt aus, grenzte aus, hat ausgegrenzt> *mit OBJ* ■ *jmd.* ***grenzt jmdn. aus*** *von einer Gemeinschaft ausschließen:* Ausländer sollten nicht ausgegrenzt werden. ▶ Ausgrenzung

Aus·guck *der* <-(e)s, -e> *ein erhöht gelegener Punkt, von dem aus jmd. die Umgebung überblickt* ◆ -posten

Aus·guss *der* <-es, Ausgüsse> *Abfluss:* den Kaffeerest in den Ausguss schütten ◆ -becken, -reiniger, -rohr, -stein, -stutzen, -tülle

aus·hal·ten <hältst aus, hielt aus, hat ausgehalten> **I.** *mit OBJ* ■ *jmd.* ***hält etwas aus*** *(≈ ertra-*

gen) den Lärm nicht mehr aushalten; es irgendwo (nicht) aushalten können **II.** *ohne OBJ* ■ *jmd.* ***hält aus*** *(≈ durchhalten)* noch lange aushalten können; ■ **jemanden aushalten** *(umg. abwert.)* jmds. Lebensunterhalt bezahlen

aus·hän·di·gen <händigst aus, händigte aus, hat ausgehändigt> *mit OBJ* ■ *jmd.* ***händigt jmdm. etwas aus*** *einer Person mit Berechtigung offiziell übergeben/überlassen:* jemandem einen Brief aushändigen ▶ Aushändigung

Aus·hang *der* <-(e)s, Aushänge> *ein Text, den jmd. an einer bestimmten Stelle an die Wand gehängt hat, damit Leute, die ihn sehen, ihn lesen:* einen Aushang machen

aus·hän·gen <hängst aus, hängte/hing aus, hat ausgehängt/ausgehangen> **I.** *mit OBJ* <hängst aus, hängte, hat ausgehängt> ■ *jmd.* ***hängt etwas aus*** ❶ *aus der Aufhängung heben:* die Tür aushängen; ein ausgehängtes Fenster ❷ *an öffentlicher Stelle hinhängen:* ein Plakat aushängen **II.** *ohne OBJ* <hängst aus, hing aus, hat ausgehangen> ■ ***etwas hängt aus*** *öffentlich angeschlagen sein:* Die Anzeige hat lange ausgehangen.

Aus·hän·ge·schild *das* <-(e)s, -er> *Person oder Sache, die für etwas werben soll:* Die Sportlerin dient der Firma als Aushängeschild.

aus·har·ren <harrst aus, harrte aus, hat ausgeharrt> *ohne OBJ* ■ *jmd.* ***harrt irgendwo aus*** *(geh.) in einer ungünstigen Situation sein und durchhalten*

aus·he·ben <hebst aus, hob aus, hat ausgehoben> *mit OBJ* ■ *jmd.* ***hebt etwas aus*** ❶ *ausschaufeln:* eine Grube/Erdreich ausheben ❷ *aufspüren und verhaften:* einen Ring von Rauschgiftdealern ausheben ❸ ÖSTERR. *(Briefkasten) leeren*

Aus·he·bung *die* <-, -en> SCHWEIZ. *Einberufung*

aus·he·cken <heckst aus, heckte aus, hat ausgeheckt> *mit OBJ* ■ *jmd.* ***heckt etwas aus*** *(umg.) ausdenken:* (mit jemandem) einen Plan ausheckeln

aus·hei·len <heilt aus, heilte aus, ist ausgeheilt> *ohne OBJ* ■ ***etwas heilt aus*** *vollständig heilen:* Die Wunde heilt aus.; vollständig ausgeheilt sein ◆ Ausheilung

aus·hel·fen <hilfst aus, half aus, hat ausgeholfen> *ohne OBJ* ■ *jmd.* ***hilft jmdm. aus*** *(in einer Notlage) helfen:* Er hilft den Eltern im Geschäft aus.; Sie half ihrer Freundin mit Geld aus. ▶ Aushelfer, Aushelferin

Aus·hil·fe *die* <-, -n> *jmd., der in einer Firma oder Laden nicht dauerhaft arbeitet, sondern nur dann, wenn zusätzliche Arbeitskraft benötigt wird:* als Aushilfe arbeiten; für die Hauptsaison einen Kellner zur Aushilfe suchen

Aus·hilfs- *als Erstglied zusammengesetzter Substantive; drückt aus, dass* ❶ *eine Person die mit dem Zweitglied bezeichnete Tätigkeit nur ersatzweise und damit nur bei Bedarf ausübt* ◆ -bedienung, -busfahrer(in), -chauffeur(in), -fahrer(in), -hausmeister(in), -kellner(in) -koch, -köchin, -lehrer(in), -musiker(in), -verkäufer(in) ❷ *eine zeitlich begrenzte Mitarbeit vorliegt, wobei die Art der Tätigkeit mit dem Zweitglied nicht genauer bezeichnet wird* ◆ -arbeit, -arbeiter(in), -beschäftigte, -be-

A

schäftigung, -gehalt, -job, -lohn, -stelle, -tätigkeit, -vertrag

aus·hilfs·wei·se *adv zur Aushilfe:* aushilfsweise bei der Post arbeiten

aus·höh·len <höhlst aus, höhlt aus, hat ausgehöhlt> *mit OBJ* ■ *jmd./etwas höhlt etwas aus* ❶ *hohl machen:* Der Felsen ist vom Wasser ausgehöhlt worden. ❷ *untergraben, weniger wirksam machen:* die Gesetze/das Ansehen des Staates aushöhlen ► Aushöhlung

aus·ho·len <holst aus, holte aus, hat ausgeholt> *ohne OBJ* ■ *jmd. holt aus* ❶ *zum Schlag ansetzen:* zum Schlag ausholen ❷ *(übertr.) in einer umständlichen Weise erzählen und auch über lange Zurückliegendes berichten:* bei einer Erzählung weit ausholen

aus·hor·chen <horchst aus, horchte aus, hat ausgehorcht> *mit OBJ* ■ *jmd. horcht jmdn. aus versuchen, von jmdm. etwas über jmdn. oder etwas in Erfahrung zu bringen:* Kannst du sie nicht mal über den neuen Chef aushorchen? ► Aushorcher

aus·ixen <ixt aus, ixte aus, hat ausgeixt> *mit OBJ* ■ *jmd. ixt etwas aus beim Schreiben mit einer Schreibmaschine ein Stück Text mit dem Buchstaben x überschreiben, um es als durchgestrichen zu markieren*

aus·ken·nen <kennst aus, kannte aus, hat ausgekannt> *mit SICH* ■ *jmd. kennt sich irgendwo/mit etwas Dat. aus Bescheid wissen:* sich in einer Stadt/mit Tieren gut auskennen

Aus·klang *der* <-(e)s, ...-klänge> */Plur. selten/ (geh.) Abschluss:* zum Ausklang des Abends ◆ Festival-

aus·klap·pen <klappst aus, klappte aus, hat ausgeklappt> *mit OBJ* ■ *jmd. klappt etwas aus herausklappen*

aus·klei·den <kleidest aus, kleidete aus, hat ausgekleidet> **I.** *mit OBJ* ■ *jmd. kleidet jmdn. aus* ❶ *die Kleidung ausziehen:* ein Kind/einen Kranken auskleiden ❷ *jmd. kleidet etwas aus das Innere eines Hohlraumes mit einer Schicht versehen:* einen Raum mit Stofftapeten auskleiden **II.** *mit SICH* ■ *jmd. kleidet sich aus (geh.) sich ausziehen:* sich vor dem Zubettgehen auskleiden

Aus·klei·dung *die* <-, -en> *das Auskleiden I.2*

aus·klin·gen <klingt aus> ■ *etwas klingt aus* ❶ *verklingen:* Der letzte Akkord ist ausgeklungen. ❷ *enden:* den Abend friedlich ausklingen lassen ► Ausklang

aus·klop·fen <klopfst aus, klopfte aus, hat ausgeklopft> *mit OBJ* ■ *jmd. klopft etwas aus durch Klopfen den Schmutz aus etwas entfernen:* den Teppich ausklopfen ► Ausklopfer

aus·knip·sen <knipst aus, knipste aus, hat ausgeknipst> *mit OBJ* ■ *jmd. knipst etwas aus ausschalten:* das Licht ausknipsen

aus·ko·chen *mit OBJ* ■ *jmd. kocht etwas aus* ❶ KOCH. *Knochen oder Suppenfleisch kochen, um eine Brühe zu bekommen* ❷ *durch Kochen keimfrei machen*

Aus·kom·men *das* <-s> */kein Plur./ Lebensunterhalt:* ein gutes/bescheidenes Auskommen haben

aus·kom·men <kommst aus, kam aus, ist ausge-

kommen> *ohne OBJ* ❶ ■ *jmd. kommt mit etwas Dat. aus zurechtkommen:* mit dem Geld auskommen; ohne Hilfe nicht auskommen ❷ ■ *jmd. kommt mit jmdm. aus sich vertragen:* Wir kommen gut miteinander aus. ❸ ■ *jmd. kommt jmdm. aus* SÜDDT., ÖSTERR. *entfliehen:* Er ist seinen Verfolgern ausgekommen.

aus·kos·ten <kostest aus, kostete aus, hat ausgekostet> *mit OBJ* ■ *jmd. kostet etwas aus genießen:* seinen Erfolg voll auskosten

aus·krat·zen <kratzst aus, kratzte aus, hat ausgekratzt> *mit OBJ* ■ *jmd. kratzt etwas aus (Rückstände) durch Kratzen entfernen:* den Topf auskratzen

aus·kund·schaf·ten *mit OBJ* ■ *jmd. kundschaftet etwas aus erforschen:* die neue Umgebung auskundschaften ► Auskundschafter, Auskundschaftung

Aus·kunft *die* <-, Auskünfte> ❶ *Information, die man aufgrund einer Frage erhält:* eine Auskunft erteilen; um Auskunft bitten ◆-anspruch, -sbegehren, -sbogen, -sermächtigung, -sersuchen, -serteilung, -sgebühr, -sgesetz, -sklage, -skosten, -spflicht, -srecht, -ssperre, -svereinbarung, -sverlangen, -sverpflichtung, -svertrag, -sverweigerung, -svollmacht, Bahn-, Flug-, Telefon-, Zug- ❷ */kein Plur./ Stelle, die Informationen gibt:* bei der Auskunft nach einer Telefonnummer fragen ◆-sbeamte, -sbeamtin, -sbüro, -sdatei, -sdienst, -shalle, -snummer, -sperson, -sschalter, -sstelle

Aus·kunf·tei *die* <-, -en> *Firma, die Auskunft über Personen einholt oder erteilt* ► Wirtschafts-

aus·la·chen <lachst aus, lachte aus, hat ausgelacht> *mit OBJ* ■ *jmd. lacht jmdn. aus über jmdn. lachen:* jemanden wegen etwas auslachen; Lass dich nicht auslachen!

aus·la·den <lädst aus, lud aus, hat ausgeladen> *mit OBJ* ❶ ■ *jmd. lädt etwas aus aus einem Fahrzeug laden:* Gepäck aus dem Auto/das Auto ausladen ❷ ■ *jmd. lädt jmdn. aus eine Einladung rückgängig machen:* einen Gast wieder ausladen ► Ausladung

Aus·la·ge *die* <-, -n> ❶ *Geld, das man für etwas ausgegeben hat:* meine Auslagen für Unterkunft und Verpflegung ❷ *Waren im Schaufenster:* sich die Auslagen im Schaufenster anschauen ◆ Schaufenster-

aus·la·gern <lagerst aus, lagerte aus, hat ausgelagert> *mit OBJ* ■ *jmd. lagert etwas aus* ❶ *an einen sicheren Ort bringen:* Im Krieg hat man die Kunstgegenstände ausgelagert. ❷ *einen Teil einer Firma oder Behörde an einem anderen Ort unterbringen:* Den Vertrieb haben wir ausgelagert. ► Auslagerung

Aus·land *das* <-(e)s> */kein Plur./ (↔ Inland) von einem Land aus gesehen alle anderen Länder:* ins Ausland fahren; im Ausland sein; aus dem Ausland kommen ◆-sabsatz, -samt, -saufenthalt, -sbeziehungen, -sdeutsche, -seinsatz, -sgeschäft, -sinvestition, -skorrespondent(in), -smarkt, -sschweizer(in), -sreise, -sreporter(in), -sschutzbrief, -sspiel, -sstudium, -stournee, -svermögen, -svertretung

Aus·län·der *der*, **Aus·län·de·rin** <-s, -> *Mensch, der aus dem Ausland stammt* ◆-beauftragte, -beirat, -diskriminierung, -ehe, -entwicklung, -extremismus, -feindlichkeit, -forum, -gesetz, -hass, -hilfe, -integration, -kriminalität, -literatur, -meldeamt, -organisation, -pädagogik, -politik, -polizei, -problematik, -quote, -rat, -statistik, -stopp, -test, -universität, -verein, -versicherung, -verteilung, -vertretung, -wahlrecht, -wesen, -zahl, -zentralregister

Aus·län·der·amt *das* <-(e)s, Ausländerämter> *Amt, das für die Belange von Ausländern zuständig ist*

Aus·län·der·an·teil *der* <-s, -e> *Anteil, den Ausländer irgendwo an der Bevölkerung haben:* eine Stadt mit hohem/niedrigem/geringem Ausländeranteil

Aus·län·der·be·hör·de *die* <-, -n> *(≈ Ausländeramt)*

aus·län·der·feind·lich *adj so, dass man gegenüber Ausländern feindlich eingestellt ist* ▸ Ausländerfeindlichkeit

Aus·län·der·recht *das* <-(e)s> */kein Plur./ Gesetzgebung in Bezug auf Ausländer*

Aus·län·der·vier·tel *das* <-s, -> *Stadtviertel, in dem überwiegend Ausländer wohnen*

aus·län·disch *adj /nicht steig./ aus dem Ausland stammend:* ausländische Erzeugnisse

Aus·lands·ger·ma·nis·tik *die* <-> *Germanistik außerhalb der deutschsprachigen Länder oder als Institut in einem deutschsprachigen Land*

Auslandsgermanistik ist zunächst die Germanistik außerhalb der deutschsprachigen Länder, im Unterschied zur Inlandsgermanistik; der Ausdruck ist sodann aber auch Bezeichnung verschiedener universitärer Institute in deutschsprachigen Ländern, die mit Deutsch als Fremdsprache und Deutsch als Zweitsprache zusammengefasst sind. Der Ausdruck wurde angesichts von Diskussionen der 80er Jahre des letzten Jahrhunderts zur Rolle der Germanistik in deutschsprachigen Ländern und der Germanistik im außereuropäischen Ausland geprägt. Bis heute gibt es nicht nur Unklarheiten der Abgrenzung zwischen außereuropäischer und europäischer Auslandsgermanistik; vielmehr weist auch die Inlandsgermanistik (die traditionelle Germanistik) unterschiedliche Schwerpunktsetzungen auf: Zu ihr gehören nicht nur Institute bzw. Studiengänge für Deutsch als Fremdsprache oder Fremdsprachenphilologie, sondern teils auch interdisziplinäre „German Studies". Im Unterschied zur Inlandsgermanistik in deutschsprachigen Ländern erteilen die deutschen Seminare im außereuropäischen Ausland generell Fremdsprachenunterricht, was oft sogar als deren Hauptaufgabe angesehen wird. Ansonsten unterscheiden sich Inlands- und Auslandsgermanistik nicht in ihrem Gegenstand, sondern in ihrer unterschiedlichen Perspektive (Binnenperspektive oder Außen- bzw. Fremdperspektive).

In der Vergangenheit orientierte sich die Auslandsgermanistik wesentlich an Struktur und Inhalten der Studiengänge der innerdeutschen Germanistik, was heute offenbar kaum noch uneingeschränkt der Fall ist. Im europäischen und mehr noch im außereuropäischen Ausland weist die Germanistik von Land zu Land nach Sprache, Kultur und Wissenschaftsstil, sowie nach gesellschaftspolitischen und institutionellen Bedingungen unterschiedliche Prägungen auf; im europäischen Raum brachten die politischen Wandlungen in Osteuropa seit 1989 erhebliche Veränderungen mit sich.

Immer stärker ins Zentrum der Aufmerksamkeit gerückt ist die Vermittlung der Landeskunde: Denn besonders in der außereuropäischen Auslandsgermanistik gibt es (anders als größtenteils im europäischen Raum, besonders in den EU-Ländern) problematische Perspektiven auch mit gesellschaftspolitischer Brisanz unter anderem deshalb, weil es an der unmittelbaren Anschauung der authentischen Umwelt mangelt.

Die Vielfalt der Orientierungen der europäischen wie der außereuropäischen Germanistik dokumentieren Schriften des DAAD. Eine zentrale Rolle bei der Ausrichtung der Auslandsgermanistik spielen auf Zeit entsandte Lektoren bzw. Gastdozenturen des DAAD, Mitarbeiter der jeweiligen Goethe-Institute sowie Fachberater der Zentralstelle für das Auslandsschulwesen. Auch ist die außereuropäische Auslandsgermanistik in lokalen Fachverbänden (mit Schriftenreihen und Tagungen) organisiert und steht über internationale Fachverbände mit der Inlandsgermanistik sowie der europäischen Germanistik in Verbindung.

Aus·lands·ge·spräch *das* <-(e)s, -e> *mit einem Partner im Ausland geführtes Telefongespräch*

Aus·lands·ver·schul·dung *die* <-> */kein Plur./* WIRTSCH. *Schulden, die ein Land im Ausland hat*

aus·las·sen <lässt aus, ließ aus, hat ausgelassen> *mit OBJ* ❶ ■ *jmd. lässt etwas aus weglassen:* versehentlich einen Buchstaben auslassen ❷ ■ *jmd. lässt etwas an jmdm. aus jmd. etwas spüren lassen:* seine Wut an jemandem auslassen ❸ ■ *jmd. lässt etwas aus* KOCH. *beim Erhitzen Fett aus etwas herauslösen:* Fett/Speck auslassen ❹ ■ *jmd. lässt etwas aus (umg.) ausgeschaltet lassen:* das Licht auslassen ❺ ■ *jmd. lässt etwas aus (umg.) ausgezogen lassen:* die Jacke auslassen; ■ *sich über etwas/jemanden auslassen sich ausführlich über etwas oder jmdn. äußern* ▸ Auslassung

aus·las·ten <lastet aus, lastete aus, hat ausgelastet> *mit OBJ* ■ *etwas lastet jmdn./etwas aus die Leistungsfähigkeit von etwas oder jmdm.* ausnutzen: *eine Maschine richtig auslasten; Momentan bin ich völlig ausgelastet.* ▸ Auslastung

Aus·lauf *der* <-(e)s> */kein Plur./* ❶ *Stelle, an der Flüssigkeit ablaufen kann:* der Auslauf der Wanne ◆-becken, -geschwindigkeit, -hahn, -rinne, -rohr, -ventil, -wanne ❷ */kein Plur./ Möglichkeit, im Freien zu laufen:* Der Hund hat nicht genügend

Auslauf. ◆ -fläche, -haltung, -leine ❸ *umzäunte Flä-che zum freien Laufen:* ein Auslauf für die Pferde/Hunde ◆ -fläche, -gehege ❹ *die Beendigung der Verfügbarkeit über etwas (Waren, Vertrag)* ◆ -arti-kel, -finanzierung, -frist, -prämie, -schi/-ski, -ware

aus·lau·fen <läufst aus, lief aus, ist ausgelaufen> *ohne OBJ* ❶ ■ *etwas läuft aus herauslaufen:* Die Milch läuft aus. ❷ SEEW. ■ *ein Schiff läuft aus den Hafen verlassen:* Das Schiff läuft aus. ❸ ■ *etwas läuft aus die Gültigkeit verlieren:* Der Vertrag läuft zum Monatsende aus.

Aus·läu·fer *der* <-s, -> ❶ METEOR. *auf größere Dis-tanz noch spürbare Folgen:* der Ausläufer eines Tiefs ◆ Tief- ❷ GEOGR. *der äußerste Teil, an dem et-was endet:* die Ausläufer des Gebirges ◆ Gebirgs-

Aus·lauf·mo·dell *das* <-s, -e> *etwas, das nicht mehr länger hergestellt wird:* Dieses Laptop ist ein Auslaufmodell; deshalb ist es so günstig.

Aus·laut *der* <-(e)s, -e> SPRACHWISS. *der letzte Laut eines Wortes* ◆ -gesetz, -verhärtung

aus·lau·ten <lautet aus, lautete aus, hat ausge-lautet> *ohne OBJ* ■ *etwas lautet auf etwas aus* SPRACHWISS. *etwas endet mit einem bestimmten Laut:* auf „e" auslauten

aus·le·ben <lebst aus, lebte aus, hat ausgelebt> **I.** *mit OBJ* ■ *jmd. lebt etwas aus einer Sache Ausdruck verleihen; verwirklichen:* Sie lebt ihre Gefühle voll aus. **II.** *mit SICH* ■ *jmd. lebt sich aus das Leben genießen:* sich richtig ausleben können

aus·le·cken <leckst aus, leckte aus, hat ausge-leckt> *mit OBJ* ■ *jmd. leckt etwas aus mit der Zunge weglecken:* die Schüssel/den Teig (aus der Schüssel) auslecken

aus·lee·ren <leerst aus, leerte aus, hat ausge-leert> *mit OBJ* ■ *jmd. leert etwas aus entlee-ren:* den Mülleimer ausleeren ▶ Ausleerung

aus·le·gen <legst aus, legte aus, hat ausgelegt> *mit OBJ* ■ *jmd. legt etwas mit etwas Akk. aus* ❶ *den Boden von etwas vollständig mit etwas be-legen:* das Zimmer/den Fußboden mit Teppich auslegen ❷ ■ *jmd. legt etwas aus gut sichtbar hinlegen:* Waren im Schaufenster auslegen; Köder für Ratten auslegen ❸ ■ *jmd. legt jmdm. etwas aus Geld kurzzeitig leihen:* dem Freund Geld aus-legen ❹ ■ *jmd. legt etwas aus inhaltlich inter-pretieren:* ein Gedicht/die Bibel auslegen ▶ Ausle-gung ❺ ■ *jmd. legt etwas für etwas Akk. aus für eine bestimmte Leistung planen:* Die Konzerthalle ist für 5000 Besucher ausgelegt.

Aus·le·ger *der* <-s, -> TECHN. *Arm²:* bzw. Querver-strebung (am Kran/am Bagger/an Booten und Überbrückungsteil) ◆ -achse, -arm, -bohrmaschine, -boot, -brücke, -fahne, -gerüst, -kanu, -konsole, -leuchte, -mast, -mulcher, -schild, -strahler, -verlän-gerung

Aus·le·ge·wa·re *die* <-, -n> *Teppichboden*

Aus·le·gung *die* <-, -en> (≈ *Interpretation) Erklä-rung und Deutung des Inhalts eines Textes:* die Auslegung von Bibelstellen ◆ Text-

aus·lei·hen <leihst aus, lieh aus, hat ausgelie-hen> *mit OBJ* ❶ ■ *jmd. leiht jmdm. etwas aus verleihen:* dem Freund ein Buch ausleihen ❷ ■ *jmd. leiht bei jmdm. etwas aus entleihen:*

(sich) bei einem Freund ein Buch ausleihen ▶ Aus-leihe

aus·ler·nen <lernst aus, lernte aus, hat ausge-lernt> *mit OBJ* ■ *jmd. lernt aus seine Lehre be-enden:* Seitdem sie ausgelernt hat, arbeitet sie in München.; ■ **Man lernt nie aus.** *man macht im-mer neue Erfahrungen*

Aus·le·se *die* <-, -n> ❶ /kein Plur./ *das Auswäh-len:* eine strenge Auslese treffen; Die Tiere unter-liegen der natürlichen Auslese. ◆ -prozess, -prü-fung, -verfahren ❷ *Wein aus ausgelesenen Trau-ben*

Aus·le·se- *als Erstglied zusammengesetzter Sub-stantive; bezeichnet Eigenschaften und Teile bei der Registrierung elektronischer Daten, die mit dem Zweitglied allgemein oder speziell genannt werden* ◆ -funktion, -gerät, -kopf, -programm, -rau-schen, -software

aus·le·sen <liest aus, las aus, hat ausgelesen> *mit OBJ* ■ *jmd. liest etwas aus ■ aussortieren:* die Äpfel auslesen und die schlechten Früchte weg-werfen ❷ *(umg.) ein Buch zu Ende lesen:* Hast du den Roman schon ausgelesen?

aus·lie·fern <lieferst aus, lieferte aus, hat ausge-liefert> *mit OBJ* ❶ ■ *jmd. liefert etwas aus aus-händigen:* Pakete/Waren ausliefern ❷ ■ *jmd. lie-fert jmdn. aus POL. dem Heimatstaat übergeben:* Gefangene an ihr Heimatland ausliefern ❸ ■ *jmd. liefert jmdn. einer Sache aus überlassen:* je-manden dem Spott der anderen/dem Hunger aus-liefern; ■ **jemanden ausgeliefert sein** *von jmdm. abhängig sein* ▶ Auslieferung

Aus·lie·fe·rung *die* <-, -en> *das Ausliefern* ◆ -sab-kommen, -sbeleg, -sersuchen, -sfahrer(in), -sgeneh-migung, -sgesetz, -shaft, -slager, -snachweis, -sort, -spaket, -spauschale, -sprotokoll, -srecht, -sschein, -stermin, -sverbot, -sverfahren, -svertrag, -swerk, -szeit, -szustand

Aus·lie·fe·rungs·an·trag *der* <-s, ...-anträge> *Antrag auf jmds. Auslieferung²*

aus·lie·gen <liegt aus, lag aus, hat ausgelegen> *ohne OBJ* ■ *etwas liegt irgendwo aus irgendwo sein und betrachtet werden können:* Die Listen/Pläne liegen im Rathaus aus.

aus·lo·ben <lobst aus, lobte aus, hat ausgelobt> *mit OBJ* ■ *jmd. lobt etwas aus als Belohnung oder Preis aussetzen:* einen Geldbetrag für die Auf-klärung des Falles ausloben ▶ Auslobung

aus·log·gen <loggst aus, loggte aus, hat ausge-loggt> *ohne OBJ* ■ *jmd. loggt (aus etwas Dat.) aus* EDV (↔ *einloggen) sich aus einem Computer-netzwerk abmelden*

aus·lö·schen <löschst aus, löschte aus, hat aus-gelöscht> *mit OBJ* ■ *jmd. löscht etwas aus (geh.)* ❶ *ausmachen:* das Licht/das Feuer auslö-schen ❷ *völlig verschwinden lassen:* einen Feh-ler/die Erinnerung auslöschen; eine ganze Kultur/ein Volk auslöschen ▶ Auslöschung

aus·lo·sen <lost aus, loste aus, hat ausgelost> *mit OBJ* ■ *jmd. lost etwas aus das Los entschei-den lassen:* Gewinner auslosen ▶ Auslosung

aus·lö·sen <löst aus, löste aus, hat ausgelöst> *mit OBJ* ❶ ■ *jmd./etwas löst etwas aus in Gang setzen:* Alarm/eine Lawine auslösen; Freude/Verwunderung auslösen ▶ **Aus·lö·sung** ❷ ■ *jmd. löst jmdn. aus* freikaufen: ein Pfand/Geiseln auslösen

Aus·lö·ser *der* <-s, -> ❶ FOTOGR. *der Schalter, den man betätigt, eine Aufnahme zu machen:* auf den Auslöser drücken ◆ -anschluss ❷ *etwas, das der Grund für etwas anderes ist:* der Auslöser der Katastrophe; Seine Bemerkung war der Auslöser für unseren Streit.

aus·ma·chen <machst aus, machte aus, hat ausgemacht> ❶ ■ *jmd. macht etwas aus (umg.)* löschen: die Kerzen/das Feuer ausmachen ❷ ■ *jmd. macht etwas aus (umg.)* ausschalten: den Fernseher/die Heizung ausmachen ❸ ■ *jmd. macht mit jmdm. etwas aus* vereinbaren: (mit jemandem) einen Treffpunkt/Termin ausmachen; als ausgemacht gelten ❹ ■ *etwas macht etwas aus* betragen: Wie viel macht das aus? ❺ ■ *jmd. macht etwas aus (mit Mühe)* entdecken: im Dunkeln/in der Ferne eine Gestalt ausmachen ❻ ■ *etwas macht jmdm. etwas aus (umg.)* stören: Das macht mir nichts aus!

aus·ma·len <malst aus, malte aus, hat ausgemalt> **I.** *mit OBJ* ■ *jmd. malt etwas aus* etwas mit Farbe füllen: die Zeichnungen ausmalen **II.** *mit SICH* ■ *jmd. malt sich etwas aus* anschaulich darstellen: Ich kann mir lebhaft ausmalen, wie das ausgesehen hat.

Aus·maß *das* <-es, -e> ❶ *der Grad, die Größenordnung von etwas:* das ganze Ausmaß der Katastrophe ❷ *(≈ Größe)* eine Fläche mit den Ausmaßen von zehn Fußballfeldern

aus·mer·zen <merzt aus, merzte aus, hat ausgemerzt> *mit OBJ* ■ *jmd. merzt etwas aus* Untaugliches ausscheiden: einen Fehler/Ungeziefer ausmerzen ▶ Ausmerzung

aus·mes·sen <misst aus, maß aus, hat ausgemessen> *mit OBJ* ■ *jmd. misst etwas aus* die Maße bestimmen: die Wand/ein Zimmer ausmessen ▶ Ausmessung

aus·mis·ten <mistest aus, mistete aus, hat ausgemistet> *mit OBJ/ohne OBJ* ■ *jmd. mistet etwas aus* ❶ den Stall von Mist säubern ❷ *(umg.)* ausräumen und Unbrauchbares wegwerfen: Ich muss heute (den Schrank) ausmisten. ▶ Ausmistung

Aus·nah·me *die* <-, -n> etwas, das von einer Regel abweicht: mit Ausnahme von; ohne Ausnahme; für jemanden eine Ausnahme machen; ■ **Ausnahmen bestätigen die Regel** man sollte sich über Abweichungen von der Regel nicht wundern ◆ -antrag, -athlet(in), -behandlung, -bestimmung, -bewilligung, -erscheinung, -fehler, -genehmigung, -künstler(in), -liste, -modell, -recht, -situation, -stellung, -talent, -tatbestand, -transporte, -vereinbarung, -verordnung

Aus·nah·me·fall *der* <-(e)s, Ausnahmefälle> Fall, der eine Ausnahme von etwas darstellt

Aus·nah·me·re·ge·lung *die* <-, -en> Regelung, die nur in einem Ausnahmefall gilt

Aus·nah·me·zu·stand *der* <-(e)s, Ausnahmezustände> ❶ POL., MILIT. Zustand, in dem die Verfassung eines Staates und bestimmte Rechte nur eingeschränkte Gültigkeit haben, weil es eine außergewöhnliche Situation erfordern macht: den Ausnahmezustand verhängen ❷ *unnormale, nicht übliche Situation*

aus·nahms·los *adj /nicht steig./ ohne Ausnahme* ▶ Ausnahmslosigkeit

aus·nahms·wei·se *adv abweichend von der Regel:* heute ausnahmsweise rauchen

aus·neh·men <nimmst aus, nahm aus, hat ausgenommen> *mit OBJ* ❶ ■ *jmd. nimmt ein Tier aus* KOCH. die Innereien entfernen: ein Huhn ausnehmen ❷ ■ *jmd. nimmt jmdn. von etwas* Dat. aus eine Ausnahme machen: jemanden von einer Pflicht ausnehmen ❸ ■ *jmd. nimmt jmdn. aus jmdm. (betrügerisch) viel Geld wegnehmen:* Betrüger haben die alte Dame ausgenommen.

aus·neh·mend *adv (geh.) sehr:* Es gefiel ihm ausnehmend gut.

aus·nüch·tern <nüchterst aus, nüchterte aus, hat ausgenüchtert> *ohne OBJ* ■ *jmd. nüchtert aus* nüchtern werden: jemanden (wieder) ausnüchtern lassen ▶ Ausnüchterung

aus·nut·zen, *a.* **aus·nüt·zen** <nutzt aus, nutzte aus, hat ausgenutzt> *mit OBJ* ■ *jmd. nutzt jmdn./etwas aus* jmdn. oder etwas zum eigenen Vorteil benutzen: jemanden (schamlos) ausnutzen; sich nicht ausnutzen lassen ▶ Ausnutzung

aus·pa·cken <packst aus, packte aus, hat ausgepackt> **I.** *mit OBJ* ■ *jmd. packt etwas aus* aus der Verpackung nehmen: das Geschenk auspacken; den Koffer auspacken **II.** *ohne OBJ* ■ *jmd. packt aus (umg.)* (Neuigkeiten) erzählen: Nun pack schon aus!

aus·par·ken <parkst aus, parkte aus, hat ausgeparkt> *ohne OBJ* ■ *jmd. parkt aus (↔ einparken)* mit dem Auto aus einer Parklücke fahren

aus·peit·schen <peitschst aus, peitschte aus, hat ausgepeitscht> *mit OBJ* ■ *jmd. peitscht jmdn./ein Tier aus* mit einer Peitsche schlagen ▶ Auspeitschung

aus·pfei·fen <pfeifst aus, pfiff aus, hat ausgepfiffen> *mit OBJ* ■ *jmd. pfeift jmdn. aus* durch Pfiffe missbilligen: die Schauspieler auspfeifen; Die Demonstranten haben den Politiker ausgepfiffen. ▶ Auspfiff

aus·plap·pern *mit OBJ* ■ *jmd. plappert etwas aus (umg. abwert.)* ein Geheimnis achtlos verraten

aus·plau·dern <plauderst aus, plauderte aus, hat ausgeplaudert> *mit OBJ* ■ *jmd. plaudert etwas aus (umg.: ≈ verraten)* ein Geheimnis ausplaudern

aus·plün·dern <plünderst aus, plünderte aus, hat ausgeplündert> *mit OBJ* ■ *jmd. plündert etwas aus* jmdm. in einer geeigneten Situation alles aus etwas wegnehmen: in den Kriegswirren Geschäfte/Häuser ausplündern ▶ Ausplünderung

aus·po·sau·nen <posaunst aus, posaunte aus, hat ausposaunt> *mit OBJ* ■ *jmd. posaunt etwas aus (umg. abwert.)* überall weitererzählen: Warum musst du nur immer alles ausposaunen?!

aus·pres·sen <presst aus, presste aus, hat ausgepresst> *mit OBJ* ■ *jmd. presst etwas aus* durch Pressen den Saft entnehmen: Früchte auspressen

aus·pro·bie·ren <probierst aus, probiere aus, hat ausprobiert> *mit OBJ* ■ *jmd. probiert etwas*

A

aus probieren: ein neues Gerät/Rezept ausprobieren

Aus·puff *der* <-(e)s, -e> KFZ *das Rohr(system), aus dem die Abgase des Motors entweichen* ◆ -anlage, -blende, -dichtung, -endstück, -feder, -flamme, -gummi, -geräusch, -halter, -isolierung, -klappe, -lack, -lager, -muffen, -technik, -temperatur, -test, -topf, -ventil, -verlängerung

Aus·puff·rohr *das* <-(e)s, -e> (≈ *Auspuff*)

aus·pum·pen <pumpst aus, pumpte aus, hat ausgepumpt> *mit OBJ* ▪ *jmd. pumpt etwas aus durch Pumpen ausleeren:* den Keller auspumpen; nach einer Vergiftung den Magen eines Patienten auspumpen

aus·quar·tie·ren [ˈauskvartiːrən] <quartierst aus, quartierte aus, hat ausquartiert> *mit OBJ* ▪ *jmd. quartiert jmdn. aus (↔ einquartieren) (vorübergehend) an einem anderen Ort unterbringen* ▸ Ausquartierung

aus·quet·schen <quetschst aus, quetschte aus, hat ausgequetscht> *mit OBJ* ❶ ▪ *jmd. quetscht etwas aus (≈ auspressen)* eine Zitrone ausquetschen ❷ ▪ *jmd. quetscht jmdn. aus (umg.)* hartnäckig befragen: Sie war so neugierig, dass sie ihn den ganzen Abend über seine neue Freundin ausgequetscht hat. ▸ Ausquetschung

aus·ra·die·ren <radierst aus, radierte aus, hat ausradiert> *mit OBJ* ▪ *jmd. radiert etwas aus* ❶ *mit dem Radiergummi entfernen:* einen Fehler ausradieren ❷ *(umg. abwert.) völlig zerstören:* Im Krieg wurde die Ortschaft völlig ausradiert. ▸ Ausradierung

aus·ran·gie·ren [ˈausranʒiːrən] <rangierst aus, rangierte aus, hat ausrangiert> *mit OBJ* ▪ *jmd. rangiert etwas aus (umg.) als nicht mehr brauchbar aussortieren:* alte Kleidung/ein kaputtes Fahrrad ausrangieren

aus·ras·ten <rastest aus, rastete aus, ist ausgerastet> *ohne OBJ* ❶ ▪ *etwas rastet aus* TECHN. *(↔ einrasten) nicht mehr (ineinander)greifen:* Das Zahnrad ist ausgerastet. ❷ ▪ *jmd. rastet aus (umg.: ≈ ausflippen) wütend werden:* wegen jeder Kleinigkeit ausrasten

aus·rau·ben <raubst aus, raubte aus, hat ausgeraubt> *mit OBJ* ▪ *jmd. raubt jmdn. aus alles stehlen, was jmd. hat oder was in einem Haus ist:* eine Person/ein Haus ausrauben ▸ Ausraubung

aus·räu·chern <räucherst aus, räucherte aus, hat ausgeräuchert> *mit OBJ* ▪ *jmd. räuchert etwas aus mit Hilfe von Rauch vom Ungeziefer befreien:* ein Hornissennest ausräuchern ▸ Ausräucherung

aus·räu·men <räumst aus, räumte aus, hat ausgeräumt> *mit OBJ* ▪ *jmd. räumt etwas aus* ❶ *(↔ einräumen) etwas (aus etwas) herausnehmen:* den Schrank/Bücher (aus dem Schrank) ausräumen ❷ *beseitigen:* Missverständnisse/Zweifel ausräumen ▸ Ausräumung

aus·rech·nen <rechnest aus, rechnete aus, hat ausgerechnet> *mit OBJ* ▪ *jmd. rechnet etwas aus (≈ errechnen) durch Rechnen ein Ergebnis bestimmen:* eine Rechenaufgabe/einen Preis ausrechnen; ▪ **sich etwas ausrechnen** *(umg.)* erwarten sich gute Chancen ausrechnen ▸ Ausrechnung

Aus·re·de *die* <-, -n> *etwas, das man als entschul-*

digenden Grund angibt: um Ausreden nie verlegen sein

aus·re·den <redest aus, redete aus, hat ausgeredet> I. *mit OBJ* ▪ *jmd. redet jmdm. etwas aus (↔ überreden) jmdn. von etwas abbringen:* sich eine Idee nicht ausreden lassen II. *ohne OBJ* ▪ *jmd. redet aus zu Ende sprechen:* Lassen Sie mich bitte ausreden!

aus·rei·chen <reicht aus, reichte aus, hat ausgereicht> *ohne OBJ* ▪ *etwas reicht aus genügen:* Die Vorräte/ihre Kenntnisse reichen aus.; noch ausreichend Brot zu Hause haben

aus·rei·fen <reift aus, reifte aus, ist ausgereift> *ohne OBJ* ▪ *etwas reift aus* ❶ *vollständig reif werden:* die Früchte ausreifen lassen ❷ *immer vollkommener werden:* den Wein ausreifen lassen; eine ausgereifte Technik ▸ Ausreifung

Aus·rei·se *die* <-, -n> *(↔ Einreise) Verlassen eines Landes* ◆ -aufforderung, -bestimmungen, -erlaubnis, -formular, -freiheit, -frist, -gebühr, -möglichkeit, -pflicht, -sperre, -steuer, -untersagung, -verbot, -visum, -welle, -zentrum

Aus·rei·se·an·trag *der* <-(e)s, Ausreiseanträge> GESCH. *in der ehemaligen DDR: Antrag zum Verlassen des Landes in Richtung Westeuropa*

Aus·rei·se·ge·neh·mi·gung *die* <-, -en> GESCH. *in der ehemaligen DDR: Genehmigung zum Verlassen des Landes in Richtung Westeuropa*

aus·rei·sen <reist aus, reiste aus, ist ausgereist> *ohne OBJ* ▪ *jmd. reist aus etwas Dat. aus (↔ einreisen) ein Land verlassen*

aus·rei·se·wil·lig *adj /nicht steig./ so, dass man in ein anderes Land ausreisen will*

aus·rei·ßen <reißt aus, riss aus, hat/ist ausgerissen> I. *mit OBJ (haben)* ▪ *jmd. reißt etwas aus herausreißen:* (jemandem/sich) die Haare ausreißen; Pflanzen ausreißen II. *ohne OBJ (sein)* ▪ *jmd. reißt aus (umg.) weglaufen:* (von zu Hause) ausgerissen sein; Der Hund ist ausgerissen.

Aus·rei·ßer *der,* **Aus·rei·ße·rin** <-s, -> *jmd., der weggelaufen ist*

aus·rei·ten <reitest aus, ritt aus, ist ausgeritten> *ohne OBJ* ▪ *jmd. reitet aus einen Ausritt machen*

aus·ren·ken <renkst aus, renkte aus, hat ausgerenkt> *mit OBJ* ▪ *jmd. renkt jmdm./sich etwas aus* MED. *(↔ einrenken) aus dem Gelenk springen lassen:* (jemandem/sich) die Schulter ausrenken ◆ Ausrenkung

aus·rich·ten <richtest aus, richtete aus, hat ausgerichtet> *mit OBJ* ❶ ▪ *jmd. richtet jmdm. etwas aus jmdm. im Auftrag von jmdm. eine bestimmte Information geben:* Solltest du mir etwas ausrichten?; jemandem einen Gruß ausrichten ❷ ▪ *jmd. richtet etwas aus als Verantwortliche(r) veranstalten:* ein Fest/die Weltmeisterschaften ausrichten ❸ ▪ *jmd. richtet etwas aus (umg.) bewirken:* nichts/etwas ausrichten können ❹ ▪ *jmd. richtet etwas irgendwie aus nach bestimmten Vorgaben aufstellen:* die Kegel richtig ausrichten; das Teleskop auf den Mars ausrichten ❺ ▪ *jmd. richtet etwas auf etwas Akk. aus auf jmdn. oder etwas einstellen:* die Politik auf die Bedürfnisse der Bevölkerung ausrichten ▶ **Ausrichter, Ausrichterin, Ausrichtung**

Aus·ritt *der* <-(e)s, -e> *Spazierritt auf einem Pferd*

aus·rol·len <rollst aus, rollte aus, hat/ist ausgerollt> **I.** *mit OBJ (haben)* ■ *jmd. rollt etwas aus* ❶ *platt rollen:* den Teig ausrollen ❷ *(≈ entrollen ↔ einrollen) etwas, das aufgerollt war, flach machen:* eine Landkarte ausrollen **II.** *ohne OBJ (sein)* ■ *etwas rollt aus so lange rollen, bis es von allein zum Stehen kommt:* das Auto langsam ausrollen lassen

aus·rot·ten <rottest aus, rottete aus, hat ausgerottet> *mit OBJ* ■ *jmd. rottet etwas/ein Tier aus völlig vernichten:* Unkraut ausrotten; eine Tierart völlig ausrotten ▶ **Ausrottung**

aus·rü·cken <rückst aus, rückte aus, hat/ist ausgerückt> **I.** *ohne OBJ (sein)* ■ *jmd. rückt aus* ❶ *(↔ einrücken) zu einem Einsatz aufbrechen:* Die Feuerwehr musste fünfmal ausrücken. ❷ *(umg.) ausreißen:* heimlich (von zu Hause) ausrücken **II.** *mit OBJ (haben)* ■ *jmd. rückt etwas aus (↔ einrücken) mit einem Abstand vor oder hinter die Zeile schreiben:* die Nummerierung der Kapitel nach links ausrücken

Aus·ruf *der* <-(e)s, -e> *etwas, das jmd. ruft*

aus·ru·fen <rufst aus, rief aus, hat ausgerufen> *mit OBJ* ■ *jmd. ruft etwas aus* ❶ *laut rufen:* „Das ist ja schrecklich!", rief sie aus. ❷ *verkünden und in Kraft setzen:* das Kriegsrecht/die Republik ausrufen; jemanden zum König ausrufen ❸ *über Lautsprecher bekanntgeben:* die Abfahrtszeiten ausrufen; jemanden ausrufen lassen

Aus·ru·fe·zei·chen, *a.* **Aus·ru·fungs·zei·chen** *das* <-s, -> *das Interpunktionszeichen, das die Form eines senkrechten Striches mit einem Punkt darunter hat und das einen Ausruf kennzeichnet:* Am Ende des Satzes „Helft mir doch!" steht ein Ausrufungszeichen.

aus·ru·hen <ruhst aus, ruhte aus, hat ausgeruht> **I.** *mit SICH* ■ *jmd. ruht sich aus sich erholen:* sich ein wenig ausruhen **II.** *ohne OBJ* ■ *jmd. ruht aus jmd. ruht, um sich zu entspannen:* nach der Anstrengung ausruhen; ausgeruht aussehen

aus·rüs·ten <rüstest aus, rüstete aus, hat ausgerüstet> *mit OBJ* ■ *jmd. rüstet jmdn./etwas (mit etwas Akk.) aus ausstatten:* jemanden/sich/etwas für eine Unternehmung ausrüsten; für etwas gut ausgerüstet sein ▶ **Ausrüstung**

Aus·rüs·tung *die* <-, -en> ❶ *das Ausrüsten* ❷ *Gegenstände, die jmd. für eine bestimmte Aufgabe benötigt und mit sich führt:* Das Großraumflugzeug kann viele Tonnen militärischer Ausrüstung transportieren. ◆-sgegenstand, -sstück, Bergsteiger-, Schwimm-, Schi-/Ski-, Sport-

aus·rut·schen <rutschst aus, rutschte aus, ist ausgerutscht> *ohne OBJ* ■ *jmd. rutscht (auf etwas Akk.) aus auf einem rutschigen Untergrund das Gleichgewicht verlieren:* auf einer Bananenschale ausrutschen

Aus·rut·scher *der* <-s, -> *(umg.) kleiner Fehler:* Das war nur ein Ausrutscher!

Aus·saat *die* <-, -en> ❶ *das Aussähen* ❷ *etwas, das ausgesät wird* ◆ Getreide-

Aus·sa·ge *die* <-, -n> ❶ *(≈ Äußerung) eine sprachliche Äußerung, die eine Person macht:* Nach Aussage von Kollegen war Herr Meier ein sehr guter Mitarbeiter. ◆-absicht, -intention, -kraft, -satz, -weise, -wert, -wort ❷ SPRACHWISS., MATH. *in der formalen Logik ein Satz, dem sich Eigenschaften zuschreiben lassen und der als wahr oder falsch beurteilt werden kann* ◆-form, -funktion, -nkalkül, -nlogik, All-, Existenz- ❷ RECHTSW. *die Beschreibung eines Unfalls/einer Tat bei der Polizei oder vor Gericht:* eine Aussage (zu etwas) machen/widerrufen; die Aussage verweigern ◆-delikt, -erpressung, -genehmigung, -pflicht, -recht, -tüchtigkeit, -verweigerung, Falsch-, Zeugen- ❸ *eine geistige, inhaltliche Botschaft, die durch etwas vermittelt wird:* die künstlerische Aussage des Romans

aus·sa·ge·kräf·tig *adj so, dass es viel aussagt* ▶ **Aussagekraft**

aus·sa·gen <sagst aus, sagte aus, hat ausgesagt> *mit OBJ/ohne OBJ* ❶ ■ *jmd. sagt etwas aus* RECHTSW. *eine Aussage² machen:* vor Gericht (etwas) gegen jemanden aussagen ❷ ■ *etwas sagt etwas aus zu erkennen geben:* Das Kunstwerk sagt viel/wenig (über den Künstler) aus

aus·schach·ten *mit OBJ* ■ *jmd. schachtet etwas aus Erde ausheben:* eine Baugrube ausschachten ▶ **Ausschachtung**

aus·schal·ten <schaltest aus, schaltete aus, hat ausgeschaltet> **I.** *mit OBJ* ❶ ■ *jmd. schaltet etwas aus (↔ einschalten) mit einem Schalter abstellen:* das Licht/ein Gerät ausschalten ❷ ■ *jmd. schaltet jmdn./etwas aus nicht wirksam werden lassen:* ungünstige Einflüsse ausschalten; den Konkurrenten ausschalten **II.** *mit SICH* ■ *etwas schaltet sich aus der Herd schaltet sich selbstständig aus* ▶ **Ausschaltung**

Aus·schank *der* <-(e)s, Ausschänke> /Plur. selten/ ❶ /kein Plur./ *Ausgabe von Getränken:* Kein Ausschank von Alkohol an Jugendliche unter 16 Jahren! ◆-anhänger, -anlage, -becher, -erlaubnis, -fahrzeug, -genehmigung, -lizenz, -mengen, -pavillon, -recht, -stand, -temperatur, -theke, -tresen, -verbot, -wagen, -zelt, Bier-, Getränke-, Kaffee-, Wein- ❷ *Schanktisch, Theke:* am Ausschank stehen

Aus·schau ■ *nach jemandem/etwas Ausschau halten suchend um sich schauen*

aus·schau·en *ohne OBJ* ❶ ■ *jmd. schaut nach jmdm./etwas aus suchend um sich schauen:* nach jemandem ausschauen ❷ ■ *jmd./etwas schaut irgendwie aus* SÜDD., ÖSTERR. *aussehen:* Du schaust heute gut/krank aus.; ■ **Wie schaut es aus?** *(umg.)* SÜDD., ÖSTERR. *Wie ist die Lage?*

aus·schei·den <scheidest aus, schied aus, hat/ist ausgeschieden> **I.** *mit OBJ (haben)* ■ *jmd. scheidet etwas aus* BIOL. *absondern:* Kot/Schweiß/Urin ausscheiden **II.** *ohne OBJ (sein)* ❶ ■ *jmd. scheidet aus etwas Dat. aus nicht mehr aktiv teilnehmen:* aus dem Berufsleben/Amt ausscheiden; aus dem Spiel ausscheiden ❷ ■ *et-*

A *was scheidet für jmdn. aus* nicht in Betracht kommen: Diese Lösung scheidet für mich aus.

Aus·schei·dung *die* <-, -en> ❶ BIOL. *Stoffe, die vom Körper abgesondert werden* ◆-sfunktion, -sorgan, -sprodukt ❷ *Wettkampf, an dem einige Beteiligte nicht mehr teilnehmen* ◆-skampf, -srunde, End-

Aus·schei·dungs·spiel *das* <-(e)s, -e> SPORT *Spiel, dessen Verlierer aus einem Turnier ausscheidet*

aus·schen·ken <schenkst aus, schenkte aus, hat ausgeschenkt> *mit OBJ* ■ *jmd. schenkt etwas aus* ❶ *im Lokal verkaufen:* Bier ausschenken ❷ *eingießen:* Kaffee/Saft ausschenken ▶Ausschank

aus·sche·ren <scherst aus, scherte aus, ist ausgeschert> *ohne OBJ* ■ *etwas schert aus seitlich aus der Spur fahren:* Das Fahrzeug ist plötzlich seitlich ausgeschert.

aus·schil·dern <schilderst aus, schilderte aus, hat ausgeschildert> *mit OBJ* ■ *jmd. schildert etwas aus mit Schildern versehen:* Die Straße/der Weg zur Oper ist gut ausgeschildert. ▶Ausschilderung

aus·schimp·fen <schimpfst aus, schimpfte aus, hat ausgeschimpft> *mit OBJ* ■ *jmd. schimpft jmdn. aus heftig schimpfen:* ein Kind (wegen etwas) ausschimpfen

aus·schlach·ten <schlachtest aus, schlachtete aus, hat ausgeschlachtet> *mit OBJ* ❶ ■ *jmd. schlachtet ein Tier aus die Eingeweide herausnehmen:* ein totes Tier ausschlachten ❷ ■ *jmd. schlachtet etwas aus (umg.) noch brauchbare Teile entnehmen:* ein altes Auto ausschlachten ❸ ■ *jmd. schlachtet etwas aus (umg. abwert.) bedenkenlos für eigene Zwecke ausnutzen:* eine Affäre (in der Presse) ausschlachten ▶Ausschlachtung

aus·schla·fen <schläfst aus, schlief aus, hat ausgeschlafen> I. *mit OBJ* ■ *jmd. schläft etwas aus schlafen, bis die Nachwirkungen eines Rausches verflogen sind:* einen Rausch ausschlafen II. *ohne OBJ* ■ *jmd. schläft aus schlafen, bis man von selbst aufwacht:* sonntags endlich einmal ausschlafen

Aus·schlag *der* <-(e)s, Ausschläge> ❶ MED. *Hautkrankheit:* einen juckenden Ausschlag bekommen ◆ Haut- ❷ TECHN. *Verlassen der Nullstellung:* der Ausschlag des Pendels/des Messgerätes; ■ **den Ausschlag geben** *entscheidend sein* Das hat (für mich/für meine Entscheidung) den Ausschlag gegeben. ◆ Pendel-, Zeiger-

aus·schla·gen <schlägst aus, schlug aus, hat ausgeschlagen> I. *mit OBJ* ❶ ■ *jmd. schlägt jmdm. etwas aus herausschlagen:* jemandem einen Zahn ausschlagen ❷ ■ *jmd. schlägt etwas aus (≈ ablehnen ↔ annehmen)* ein Angebot ausschlagen ❸ ■ *jmd. schlägt etwas mit etwas Dat. aus (≈ auskleiden)* den Innenraum von etwas mit Stoff oder Papier auskleiden: einen Schrank mit Papier ausschlagen II. *ohne OBJ* ❶ ■ *etwas schlägt aus* BOT. *zu grünen beginnen:* Die Bäume schlagen aus. ❷ ■ *etwas schlägt aus* TECHN. *von der Nullstellung abweichen:* Der Zeiger/das Pen-

del schlägt aus. ▶Ausschlag ❸ ■ *ein Tier schlägt aus treten:* Vorsicht! Das Pferd schlägt aus.

aus·schlag·ge·bend *adj entscheidend:* von ausschlaggebender Bedeutung sein ◆ Großschreibung →R 3.7 das Ausschlaggebende; Ausschlaggebendes

aus·schlie·ßen <schließt aus, schloss aus, hat ausgeschlossen> *mit OBJ* ❶ ■ *jmd. schließt jmdn. aus (umg.: ≈ aussperren)* Man hatte ihn ausgeschlossen, er hatte keinen Schlüssel. ❷ ■ *jmd. schließt etwas aus nicht wirksam werden lassen:* jeden Zweifel/Irrtum von vornherein ausschließen ❸ ■ *jmd. schließt jmdn./etwas von etwas Dat. aus ausnehmen; nicht einbeziehen:* jemanden (von der Teilnahme/aus einer Partei) ausschließen; vom Umtausch ausgeschlossen sein; Mord kann als Todesursache ausgeschlossen werden. ▶Ausschluss

aus·schließ·lich I. *adj /nicht steig./ uneingeschränkt:* sein ausschließliches Recht ▶Ausschließlichkeit II. *adv /nicht steig./ allein, nur:* Es war ausschließlich seine Leistung.

aus·schlüp·fen <schlüpft aus, schlüpfte aus, ist ausgeschlüpft> *ohne OBJ* ■ *ein Tier schlüpft aus aus dem Ei kommen:* Die Küken schlüpfen aus.

Aus·schluss *der* <-es, Ausschlüsse> *das Ausschließen:* unter Ausschluss der Öffentlichkeit stattfinden ◆-diät, -diagnose, -diagnostik, -erklärung, -frist, -grenze, -grund, -klage, -klausel, -kriterium, -liste, -prinzip, -regel, -tatbestand, -termin, -urteil, -verfahren, -wirkung, Partei-, Vereins-

aus·schmü·cken <schmückst aus, schmückte aus, hat ausgeschmückt> *mit OBJ* ■ *jmd. schmückt etwas aus* ❶ *etwas schmücken oder verzieren:* einen Raum (mit Blumen/festlich) ausschmücken ❷ *(umg.) mit etwas ergänzen, um es plastischer und spannender zu machen:* eine Erzählung (mit lustigen Details) ausschmücken ▶Ausschmückung

aus·schnei·den <schneidest aus, schnitt aus, hat ausgeschnitten> *mit OBJ* ■ *jmd. schneidet etwas aus (≈ herausschneiden) aus einer bedruckten Seite nur den Bereich schneiden, auf dem ein bestimmter Text steht oder auf dem sich eine Abbildung befindet:* ein Bild/einen Zeitungsartikel ausschneiden

Aus·schnitt *der* <-(e)s, -e> ❶ *Halsöffnung in Kleidungsstücken:* einen tiefen Ausschnitt haben ◆ Bauch-, Hals-, Rücken- ❷ *Teil eines Ganzen:* ein Ausschnitt aus einem Buch ◆ Bild-, Buch-, Text-, Wörterbuch-

aus·schnitt·wei·se *adv in Ausschnitten* ²

aus·schöp·fen <schöpfst aus, schöpfte aus, hat ausgeschöpft> *mit OBJ* ■ *jmd. schöpft etwas aus* ❶ *durch Schöpfen leeren:* das Wasser (aus einem Boot)/ein Boot ausschöpfen ❷ *voll nutzen:* ein Thema/seine Möglichkeiten ausschöpfen ▶Ausschöpfung

aus·schrei·ben <schreibst aus, schrieb aus, hat ausgeschrieben> *mit OBJ* ❶ ■ *jmd. schreibt etwas aus (↔ abkürzen) in voller Länge schreiben:* ein Wort/seinen Namen ausschreiben ▶Ausschreibung ❷ ■ *jmd. schreibt etwas aus öffentlich be-*

A

kanntgeben, dass für eine Aufgabe jmd. gesucht wird: ein Bauvorhaben ausschreiben; eine Stelle öffentlich ausschreiben ► Ausschreibung ❸ ■ *jmd. schreibt jmdm. etwas aus* (≈ *ausstellen*) *für jmdn. einen schriftlichen Beleg anfertigen:* jemandem eine Quittung/ein Rezept ausschreiben

Aus·schrei·bung *die* <-, -en> *die öffentliche Bekanntgabe, dass für eine Aufgabe jmd. gesucht wird:* die Ausschreibung des Bauvorhabens/der Stelle ◆ -sangebot, -sanzeiger, -sbedingungen, -sblatt, -sdatenbank, -sdienst, -sergebnis, -sfehler, -sformen, -sformular, -sfrist, -sgarantie, -sgesetz, -sgrenze, -skriterien, -spflicht, -srichtlinie, -ssoftware, -stext, -sunterlagen, -sverfahren, -sverordnung, -swettbewerb, Stellen-

Aus·schrei·tung *die* <-, -en> /meist Plur./ *gewalttätige Handlungen (einer Menge):* es kam zu Ausschreitungen

Aus·schuss *der* <-es, Ausschüsse> ❶ *Arbeitsgruppe mit besonderen Aufgaben:* im Ausschuss mitarbeiten; einen Ausschuss zur Vorbereitung des Festes einsetzen ◆ -beratung, -besetzung, -bildung, -mitglied, -sitzung, -verfahren, -vorsitzende, -wesen, Justiz-, Parlaments-, Partei-, Prüfungs-, Regierungs-, Sonder-, Vereins-, Verwaltungs-, Wahl- ❷ *fehlerhafte Ware:* Ausschuss produzieren ◆ -anteil, -arbeit, -erfassung, -quote, -teile, -ware

aus·schüt·teln <schüttelst aus, schüttelte aus, hat ausgeschüttelt> *mit OBJ* ■ *jmd. schüttelt etwas aus durch Schütteln den Schmutz von etwas entfernen:* das Staubtuch ausschütteln

aus·schüt·ten <schüttest aus, schüttete aus, hat ausgeschüttet> *mit OBJ* ■ *jmd. schüttet etwas aus* ❶ *ein Gefäß entleeren:* Wasser (aus einem Eimer)/einen Eimer (mit Wasser) ausschütten ❷ *auszahlen:* Dividenden/Gewinne ausschütten; ■ *jemandem sein Herz ausschütten (umg. übertr.) jmdn. von seinen Problemen erzählen*

Aus·schüt·tung *die* <-, -en> *das Ausschütten²*

aus·schwei·fend *adj (abwert.:* ≈ *zügellos) so, dass man ohne Hemmungen und ohne Rücksicht auf moralische Maßstäbe genießt:* ein ausschweifendes Leben führen ► Ausschweifung

aus·schwen·ken <schwenkst aus, schwenkte aus, hat/ist ausgeschwenkt> I. *mit OBJ (haben)* ■ *jmd. schwenkt etwas aus nach außen schwenken:* den Kranarm ausschwenken II. *ohne OBJ (sein)* ■ *etwas schwenkt aus von einer Richtung seitlich abweichen:* Vorsicht, Hänger schwenkt seitlich aus!

aus·schwin·gen *ohne OBJ* ■ *etwas schwingt aus so lange schwingen, bis es zum Stillstand kommt:* Die Gitarrensaite/Das Pendel schwingt aus.

Aus·se·hen *das* <-s> /kein Plur./ *äußeres Erscheinungsbild:* ein gesundes Aussehen haben

aus·se·hen <siehst aus, sah aus, hat ausgesehen> I. *ohne OBJ* ■ *jmd./etwas sieht irgendwie aus ein bestimmtes äußeres Erscheinungsbild haben:* gepflegt/gesund/hübsch/ungepflegt aussehen; so ähnlich aussehen wie jemand/etwas; ■ *etwas sieht nach etwas aus (umg.) etwas lässt etwas erwarten* Das sieht nach einer Grippe/nach Regenwetter aus. II. *mit ES* ■ *es sieht irgendwie mit etwas aus (umg.) etwas wird sich in einer be-*

stimmten Weise entwickeln: Es sieht gut/schlecht aus mit unserem Vorhaben.

au·ßen *adv (↔ innen) nach außen gehen; von außen kommen; außen vergoldet sein;* ■ *außen vor vernachlässigt* immer außen vor sein; etwas außen vor lassen

Au·ßen·be·zirk *der* <-(e)s, -e> (≈ *Vorort)* die Außenbezirke der Stadt

aus·sen·den <sendest aus, sendete aus, hat ausgesendet> *mit OBJ* ❶ *jmd./etwas sendet etwas aus etwas ausstrahlen:* Signale/Strahlen aussenden ❷ ■ *jmd. sendet jmdn. aus jmdn. mit einem Auftrag irgendwohin schicken:* einen Boten aussenden ► Aussendung

Au·ßen·dienst *der* <-(e)s> (↔ *Innendienst) die Personen, die eine Firma nach außen als Vertreter repräsentieren:* im Außendienst tätig sein ◆ -berater(in), -fahrzeuge, -mitarbeiter(in), -schulung, -stelle, -tätigkeit, -vergütung, -verkäufer(in), -zulage

Aus·sen·dung *die* <-, -en> ÖSTERR. *Rundschreiben*

Au·ßen·han·del *der* <-s> /kein Plur./ *zwischenstaatlicher Handel* ◆ -sbilanz, -spolitik

Au·ßen·mi·nis·ter *der,* **Au·ßen·mi·nis·te·rin** <-s, -> *Minister(in), der/die für die Beziehungen eines Staates zu anderen Staaten zuständig ist* ◆ -konferenz ► Außenministerium

Au·ßen·po·li·tik *die* <-, -en> (↔ *Innenpolitik) alle politischen Maßnahmen, die für die Beziehungen eines Staates zu anderen Staaten maßgeblich sind* ► Außenpolitiker, außenpolitisch

Au·ßen·sei·ter *der,* **Au·ßen·sei·te·rin** <-s, -> ❶ *Person, die sich nicht an die Gemeinschaft anschließt/anpasst oder von den anderen ausgeschlossen wird* ❷ SPORT (↔ *Favorit) jmd., dem nur geringe Chancen auf den Sieg beigemessen wurden:* als Außenseiterin überraschend siegen ◆ -chance, -kunst, -methoden, -problematik, -rolle, -wirkung ► Außenseitertum

Au·ßen·spie·gel *der* <-s, -> KFZ (↔ *Innenspiegel) an der Fahrzeugaußenseite angebrachter Rückspiegel*

Au·ßen·stän·de <-> *Plur.* AMTSSPR. *(geh.) unbezahlte Forderungen:* Außenstände eintreiben

Au·ßen·ste·hen·de *der/die* <-n, -n> *jmd., der mit einer Sache nicht direkt zu tun hat*

Au·ßen·stel·le *die* <-, -n> (≈ *Filiale)*

au·ßer *präp* +*Dat. abgesehen von:* Außer ihm ist niemand gekommen. ■ *außer sich sehr erregt* außer sich sein vor Freude/Zorn; ■ *außer Haus unterwegs;* ■ *außer Acht lassen nicht berücksichtigen;* ■ *außer Stande/außerstande nicht in der Lage* außer Stande sein/außerstande, etwas zu tun ◆ *Getrennt- und Zusammenschreibung* →R 4.20 außer Stand(e)/außerstand(e) sein; außer Stand(e)/außerstand(e) setzen

au·ßer·dem *adv auch noch:* Wir brauchen Milch, Butter und außerdem noch Brot.

Äu·ße·re *das* <-n> /kein Plur./ *äußeres Erscheinungsbild:* ein ansprechendes Äußeres haben; jemanden nach seinem Äußeren beurteilen

äu·ße·re *adj (↔ innere) die äußere Seite des Hauses; der äußere Durchmesser; der äußere Eindruck einer Sache*

A

au·ßer·ehe·lich adj /nicht steig./ (↔ ehelich) so, dass es außerhalb einer Ehe geschieht

au·ßer·fahr·plan·mä·ßig adj /nicht steig./ (↔ fahrplanmäßig) so, dass ein Zug zusätzlich zu denen des normalen Fahrplans eingesetzt wird

au·ßer·ge·wöhn·lich I. adj (↔ normal) besonders: ein außergewöhnliches Ereignis ▸ Außergewöhnlichkeit II. adv sehr: sich außergewöhnlich gut verstehen

au·ßer·halb I. präp +Gen. (↔ innerhalb) außerhalb der Geschäftsstunden; außerhalb seines Herrschaftsbereiches II. adv (umg.) weit entfernt von der Stadt: weit außerhalb wohnen

äu·ßer·lich adj /nicht steig./ (↔ innerlich) so, dass es nicht in den Körper hineingelangt: zur äußerlichen Anwendung; Ihre äußerliche Ruhe täuscht; sie ist sehr aufgeregt.

Äu·ßer·lich·keit die <-, -en> /meist Plur./ (abwert.) etwas, das nichts mit den inneren Werten einer Sache zu tun hat: viel Wert auf Äußerlichkeiten legen

äu·ßern <äußerst, äußerte, hat geäußert> I. mit OBJ ■ jmd. äußert etwas aussprechen: seine Wünsche/Zweifel äußern; Was hat er geäußert? II. mit SICH ❶ ■ jmd. äußert sich seine Meinung sagen: sich zu etwas/über jemanden äußern; Ich will mich zu seinem Verhalten nicht äußern. ❷ ■ etwas äußert sich sichtbar werden: Die Krankheit äußert sich in Fieber und Gliederschmerzen. ▸ Äußerung

au·ßer·or·dent·lich I. adj /nicht steig./ ❶ überdurchschnittlich: eine außerordentliche Leistung ▸ Außerordentlichkeit ❷ /nur attr./ außerhalb der normalen Regelungen: eine außerordentliche Sitzung/Vollmacht/Professur II. adv /nicht steig./ besonders, sehr: außerordentlich interessant ◆Großschreibung →R 3.7 etwas Außerordentliches leisten

au·ßer·par·la·men·ta·risch adj /nicht steig./ so, dass es nicht parlamentarisch ist und außerhalb des Parlaments stattfindet: außerparlamentarische Opposition

au·ßer·plan·mä·ßig adj /nicht steig./ ❶ (↔ planmäßig) nicht planmäßig; über den Plan hinaus: ein außerplanmäßiger Professor; abgekürzt: apl. ❷ zusätzlich zu den fahrplanmäßigen Zügen oder Bussen verkehrend

au·ßer·schu·lisch adj /nicht steig./ außerhalb des Unterrichts: außerschulische Veranstaltungen

äu·ßerst adv sehr: Sie ist äußerst beunruhigt.

au·ßer·stand, a. **au·ßer Stand** siehe auch **außer**
au·ßer·stan·de, a. **au·ßer Stan·de** siehe **außer Stand**

äu·ßers·te adj (↔ innerste) die äußerste Farbschicht lösen; ■ im äußersten Falle im Notfall; ■ mit äußerster Kraft mit letzter Kraft; ■ aufs Äußerste/äußerste außerordentlich ◆Kleinoder Großschreibung →R 3.9 aufs äußerste/Äußerste gespannt sein

Äu·ßers·te das <-n> /kein Plur./ das Schlimmste: bis zum Äußersten gehen; auf das Äußerste gefasst sein

au·ßer·ta·rif·lich adj /nicht steig./ WIRTSCH. (↔ tariflich) nicht durch den Tarif geregelt: außertarifliche Vereinbarungen

au·ßer·tour·lich adv ÖSTERR. zusätzlich, nicht in der normalen Ordnung stehend

Äu·ße·rung die <-, -en> ❶ (umg.) von einer Person oder von einem Tier mit entsprechenden Ausdrucksmitteln Vermitteltes: Die Katze gibt interessante Äußerungen von sich.; Die Äußerung seines Chefs hat ihm nicht gefallen. ◆-freiheit, -svermögen ❷SPRACHWISS. in Raum und Zeit verlaufende sprachliche Aktivität, die mit verbalen, nonverbalen (Gestik, Mimik etc.) und gebärdensprachlichen Ausdrucksmitteln erfolgen kann ◆-sakt, -sbedeutung, -seinheiten, -sumgebung

aus·set·zen <setzt aus, setzte aus, hat ausgesetzt> I. mit OBJ/ohne OBJ ■ jmd. setzt jmdn./ein Tier aus ❶ wegbringen und sich selbst überlassen: ein Kind/ein Haustier aussetzen; ein gefangenes Wildtier (wieder) aussetzen ❷ ■ jmd. setzt jmdn./etwas einer Sache aus einem Einfluss unterwerfen: seine Haut der Sonne aussetzen; den Einflüssen der Umwelt ausgesetzt sein; jemanden/sich einem Verdacht aussetzen ❸ ■ jmd. setzt etwas aus in Aussicht stellen: eine Belohnung aussetzen ❹ bemängeln ■ jmd. setzt etwas an jmdm./etwas Dat. aus kritisieren: an jemandem/einer Sache etwas/nichts auszusetzen haben; Was hast du daran auszusetzen? ❺ ■ jmd. setzt aus unterbrechen: beim Spiel (eine Runde) aussetzen; die Diät aussetzen II. ohne OBJ ■ etwas setzt aus unvermittelt stillstehen: Die Atmung/der Motor/der Lärm setzte plötzlich aus.

Aus·set·zung die <-, -en> /Plur. selten/ das Aussetzen: durch Aussetzung einer Belohnung

Aus·sicht die <-, -en> ❶ Blick: eine schöne Aussicht auf die Stadt haben ◆-sfernglas, -skanzel, -sklippen, -slage, -splattform, -spunkt, -sturm ❷ Hoffnung: keine Aussicht auf Besserung der Lage; ■ in Aussicht stellen versprechen; ■ in Aussicht haben erwarten

aus·sichts·los adj (↔ aussichtsreich) hoffnungslos; ohne Zukunftsperspektive: eine aussichtslose Lage ▸ Aussichtslosigkeit

aus·sichts·reich adj (↔ aussichtslos) so, dass Grund zu Hoffnungen gegeben ist

aus·sie·ben <siebst aus, siebte aus, hat ausgesiebt> mit OBJ/ohne OBJ ❶ ■ jmd. siebt etwas aus etwas mithilfe eines Siebes trennen: Steine aus dem Sand aussieben ❷ ■ jmd. siebt (jmdn.) aus streng auswählen: die Bewerber für das Stipendium aussieben

aus·sie·deln <siedelst aus, siedelte aus, hat ausgesiedelt> mit OBJ ■ jmd. siedelt jmdn. aus etwas Dat. aus zwingen, seinen bisherigen Wohnort zu verlassen: die Bewohner eines Tales vor dem Bau eines Staudammes aussiedeln ▸ Aussiedler, Aussiedlerin, Aussiedelung, Aussiedlung

Aus·sied·ler der; **Aus·sied·le·rin** <-s, -> (≈ Spätaussiedler) Menschen deutscher Volkszugehörigkeit, die aus anderen Ländern (insbesondere aus Russland, Kasachstan, Rumänien) zugezogen sind, die seit 1993 als Deutsche im Sinne des Grundgesetzes gelten und als Spätaussiedler bezeichnet werden ◆-anteil, -arbeit, -aufnahmegesetz, -beauftragte, -beirat, -familien, -forschung, -gesetz, -kinder, -lager, -politik, -recht, -zahlen, Spät-

Aus·sied·ler·hof *der* <-s, ...-höfe> *landwirtschaftlicher Betrieb, der in der Nachkriegszeit z. B. aus Platzmangel aus einem Dorf ausgegliedert worden ist und im Umfeld eines Dorfes blieb*

aus·sit·zen <sitzt aus, saß aus, hat ausgesessen> *mit OBJ* ▪ *jmd.* **sitzt etwas aus** *(umg.) untätig bleiben, bis sich etwas von selbst erledigt: ein Problem aussitzen*

aus·söh·nen I. *mit OBJ* ▪ *jmd.* **söhnt jmdn. mit jmdm. aus** *versöhnen: jemanden mit seinem Gegner aussöhnen* **II.** *mit SICH* ▪ *jmd.* **söhnt sich mit jmdm./etwas aus** *sich versöhnen: sich mit seinem Gegner/seiner Lage aussöhnen* ► Aussöhnung

aus·son·dern <sonderst aus, sonderte aus, hat ausgesondert> *mit OBJ* ▪ *jmd.* **sondert etwas aus** *aussortieren und entfernen: kranke Tiere aussondern* ► Aussonderung

aus·sor·tie·ren <sortierst aus, sortierte aus, hat aussortiert> *mit OBJ etwas, das nicht mehr gebraucht wird, aus einer Menge herausnehmen* ▪ *jmd.* **sortiert etwas aus** *alte Kleider aussortieren* ► Aussortierung

aus·span·nen <spannst aus, spannte aus, hat ausgespannt> **I.** *mit OBJ* ▪ *jmd.* **spannt ein Tier aus** LANDW. *(↔ anspannen) die Pferde ausspannen;* ▪ **jemandem die Freundin/den Freund ausspannen** *(umg.) jmdm. die Freundin oder den Freund wegnehmen* **II.** *ohne OBJ* ▪ *jmd.* **spannt aus** *(umg.) sich erholen: in den Ferien richtig ausspannen können* ► Ausspannung

aus·spa·ren <sparst aus, sparte aus, hat ausgespart> *mit OBJ* ▪ *jmd.* **spart etwas aus** ❶ *(vorläufig) frei lassen: eine Zeile für spätere Notizen aussparen* ❷ *vorläufig nicht berücksichtigen: ein Thema/eine heikle Frage aussparen* ► Aussparung

Aus·spa·rung *die* <-, -en> TECHN. *Lücke: eine Aussparung (im Regal) für die Kabel*

aus·sper·ren <sperrst aus, sperrte aus, hat ausgesperrt> *mit OBJ* ▪ *jmd.* **sperrt jmdn. aus** ❶ *am Hineinkommen hindern: jemanden/ein Tier aussperren* ❷ *im Arbeitskampf: von der Arbeit ausschließen: Die Streikenden wurden von der Betriebsleitung ausgesperrt.* ► Aussperrung

Aus·sper·rung *die* <-, -en> *das Aussperren²: den Arbeitern mit Aussperrung drohen*

aus·spie·len <spielst aus, spielte aus, hat ausgespielt> *mit OBJ/ohne OBJ* ❶ ▪ *jmd.* **spielt etwas aus** *im Kartenspiel spielen: Du musst als Erster (eine Karte) ausspielen.* ❷ ▪ *jmd.* **spielt jmdn. aus** SPORT *nicht zum Zuge kommen lassen: den Gegner geschickt ausspielen* ❸ ▪ *jmd.* **spielt etwas aus** *um etwas spielen: beim Lotto zwei Millionen ausspielen; einen Pokal ausspielen;* ▪ **jemanden gegen jemanden ausspielen** *(umg.) jmdn. benutzen, um einen anderen zu schaden* ► Ausspielung

aus·spi·o·nie·ren <spionierst aus, spionierte aus, hat ausspioniert> *mit OBJ* ▪ *jmd.* **spioniert jmdn./etwas aus** *(abwert.) heimlich über jmdn. oder etwas etwas herausfinden: ein Geheimnis/seine Nachbarn ausspionieren*

Aus·spra·che *die* <-, -n> ❶ */kein Plur./ Realisierung von Sprachlauten bzw. die Art und Weise zu sprechen: eine deutliche Aussprache haben; die Aussprache des „th" im Englischen; die Angabe zur Aussprache von Fremdwörtern in vorliegendem Wörterbuch* ◆-angabe, -bezeichnung, -datenbank, -fehler, -kurs, -norm, -probleme, -schulung, -störung, -training, -wörterbuch, -zeichen ❷ *ernsthaftes Gespräch: mit jemandem eine Aussprache haben* ◆-angebot

aus·spre·chen <sprichst aus, sprach aus, hat ausgesprochen> **I.** *mit OBJ* ❶ *artikulieren: einen Laut/ein Wort/einen Satz richtig aussprechen* ❷ *äußern: seine Gedanken/Sorgen offen aussprechen* **II.** *ohne OBJ* ▪ *jmd.* **spricht aus** *zu Ende sprechen: Bitte lassen Sie mich aussprechen!* **III.** *mit SICH* ❶ ▪ *jmd.* **spricht sich über etwas** *Akk.* **aus** *sich offenbaren: sich mit jemandem (über seine Ängste) aussprechen* ❷ ▪ *jmd.* **spricht sich über jmdn./etwas aus** *(geh.) seine Meinung äußern: sich lobend über jemanden/etwas aussprechen; sich für/ gegen die Todesstrafe aussprechen*

Aus·spruch *der* <-(e)s, Aussprüche> *etwas, das jmd. gesagt hat: ein Ausspruch von Goethe*

aus·spu·cken <spuckst aus, spuckte aus, hat ausgespuckt> *mit OBJ* ▪ *jmd.* **spuckt etwas aus** *Speichel von sich geben*

aus·spü·len <spülst aus, spülte aus, hat ausgespült> *mit OBJ* ▪ *jmd.* **spült etwas aus** *durch Spülen reinigen: die Reste (aus der Schüssel)/die Schüssel ausspülen* ► Ausspülung

aus·staf·fie·ren <staffierst aus, staffierte aus, hat ausstaffiert> *mit OBJ* ▪ *jmd.* **staffiert jmdn./sich (für etwas** *Akk.***) aus** *ausstatten: jemanden für eine Reise ausstaffieren* ► Ausstaffierung

Aus·stand *der* <-(e)s, Ausstände> */Plur. selten / Streik: im Ausstand sein; in den Ausstand treten*

aus·stän·dig *adj /nicht steig./* ÖSTERR. *ausstehend*

aus·stan·zen <stanzt aus, stanzte aus, hat ausgestanzt> *mit OBJ* ▪ *jmd.* **stanzt etwas aus** TECHN. *eine Fläche durch Stanzen herausschneiden: eine Form/ein Metallteil ausstanzen* ► Ausstanzer, Ausstanzung

aus·stat·ten <stattest aus, stattete aus, hat ausgestattet> *mit OBJ* ▪ *jmd.* **stattet jmdn./etwas mit etwas** *Dat.* **aus** *mit etwas versehen: ein modern ausgestattetes Büro; die Kinder mit dem nötigen Wissen ausstatten* ► Ausstattung

Aus·stat·tung *die* <-, -en> ❶ *das Ausstatten: den Auftrag zur Ausstattung des Büros erhalten* ❷ *Ausrüstung: Wohnungen mit modernster Ausstattung* ❸ *Gestaltung: die Ausstattung eines Buches/Films* ◆-sfilm, -sstück ► Ausstatter, Ausstatterin

aus·ste·chen <stichst aus, stach aus, hat ausgestochen> *mit OBJ* ❶ ▪ *jmd.* **sticht (jmdm.) etwas aus** *jmdn. oder etwas dadurch verletzen, dass man mit einem spitzen Gegenstand zusticht: jemandem die Augen ausstechen* ❷ ▪ *jmd.* **sticht etwas aus** *mit einem spitzen Gerät herausstechen: Plätzchen ausstechen; Unkraut ausstechen* ❸ ▪ *jmd.* **sticht jmdn. (bei jmdm.) aus** *von ei-*

A

ner guten Position verdrängen: einen Konkurrenten ausstechen; jemanden bei seiner Freundin ausstechen

aus·ste·hen <stehst aus, stand aus, hat ausgestanden> **I.** mit OBJ ❶ ▪ *jmd.* **kann jmdn./etwas nicht ausstehen** *(umg.)* nicht leiden können: jemanden nicht ausstehen können; Ich kann es nicht ausstehen, wenn … ❷ ▪ *jmd.* **steht etwas aus** *erdulden:* große Angst ausstehen; viel auszustehen haben; Die Sache ist ausgestanden. **II.** ohne OBJ ▪ *etwas steht aus* fehlen: Seine Antwort steht noch aus.

aus·stei·gen <steigst aus, stieg aus, ist ausgestiegen> ohne OBJ ❶ ▪ *jmd.* **steigt aus etwas** Dat. *sich aus einem Fahrzeug begeben:* aus dem Auto/Bus aussteigen ❷ ▪ *jmd.* **steigt aus etwas** Dat. **aus** *(umg.)* bei etwas nicht mehr mitmachen (Sekte, Kriegsbeteiligung, Drogenszene, Projekt etc.): Die Firma ist aus dem Projekt ausgestiegen. ❸ ▪ *jmd.* **steigt aus** *(umg.)* außerhalb gesellschaftlicher Normen leben: Sie ist ausgestiegen und lebt ganz nach ihren eigenen Vorstellungen.

Aus·stei·ger der, **Aus·stei·ge·rin** <-s, -> ❶ *Person, die ausgestiegen²* ist ◆ -bericht, -dorf, -fibel, -gruppe, -hilfe, -land, -programm ❷ *Person, die ausgestiegen³* ist ◆ -film, -gruppe, -insel, -jahr, -leben, -literatur, -paradies, -urlaub

aus·stel·len <stellst aus, stellte aus, hat ausgestellt> mit OBJ ▪ *jmd.* **stellt etwas aus** ❶ öffentlich zeigen (auf einer Messe, im Museum etc.): Bilder im Museum ausstellen ❷ ausfertigen: Pässe/Zeugnisse ausstellen; jemandem ein Rezept ausstellen ❸ *(umg.: ≈ ausschalten ↔ einschalten)* den Fernseher/den Kühlschrank ausstellen

Aus·stel·ler der, **Aus·stel·le·rin** <-s, -> jmd., der etwas ausstellt ¹ ◆ -ausweis, -bedarf, -befragung, -katalog, -liste, -plan, -zahl, -verzeichnis

Aus·stel·lung die <-, -en> Veranstaltung, bei der Kunstwerke oder wirtschaftliche Produkte ausgestellt ¹ werden ◆ -sbesucher, -sdatum, -sfläche, -sgelände, -shalle, -skatalog, -spavillon, -sraum, -sstand, -sstück, Auto-, Automobil-, Einzel-, Fach-, Industrie-, Kunst-, Landwirtschafts-, Open-Air-, Porzellan-, Sonder-

aus·ster·ben <stirbt aus, starb aus, ist ausgestorben> ohne OBJ ▪ *ein Tier/eine Pflanze/eine Familie stirbt aus* sich als Gattung nicht mehr weiter vermehren (mit der Folge, dass kein Tier/keine Pflanze der Gattung bzw. kein Angehöriger der Familie mehr existiert): Viele Arten sterben aus.; eine ausgestorbene Tierart; vom Aussterben bedroht sein

Aus·steu·er die <-, -n> /Plur. selten/ (veralt.: ≈ Mitgift) Ausstattung für den zukünftigen Haushalt, die eine Tochter zur Hochzeit von den Eltern erhält

Aus·stieg der <-(e)s, -e> ❶ Stelle am Fahrzeug zum Aussteigen: Der Ausstieg befindet sich hinten. ◆ -sbeleuchtung, -shilfe, -sfenster ❷ /kein Plur./ das Aussteigen aus einer Gruppierung/einem Verein/einem militärischen Einsatz/einer Art der Energieversorgung etc.: der Ausstieg aus der Kernenergie ◆ -sberatung, -sgesetz, -sklausel,

-sprogramm, -srate, -sstrategie, -stermin, -sszenario, Atom-, Drogen-

aus·stop·fen <stopfst aus, stopfte aus, hat ausgestopft> mit OBJ ▪ *jmd.* **stopft etwas aus** *ein Tier aus das Innere einer Sache mit Material füllen:* ein Kissen/ein Tier ausstopfen ▶ Ausstopfung

Aus·stoß der <-es, Ausstöße> /Plur. selten/ ❶ WIRTSCH. *Gesamtheit der hergestellten Waren; Menge der Leistungen in einer Zeit:* ein Ausstoß von 500 Autos am Tag ◆ -menge, -zeit ❷ *abgegebene Menge:* den Ausstoß von Kohlendioxid verringern ◆ -ladung, -ventil, CO2-/Kohlendioxid-, Treibhausgas-

aus·sto·ßen <stößt aus, stieß aus, hat ausgestoßen> mit OBJ ❶ ▪ *jmd.* **stößt jmdn. aus** *(umg.)* ausschließen: jemanden aus der Gemeinschaft ausstoßen ❷ ▪ *jmd.* **stößt etwas aus** TECHN. *ausblasen:* giftige Gase ausstoßen ❸ ▪ *jmd.* **stößt etwas aus** *von sich geben:* einen Seufzer/Schrei ausstoßen ▶ Ausstoßung

aus·strah·len mit OBJ ▪ *jmd.* **strahlt etwas aus** ❶ senden: ein Programm/ein Konzert ausstrahlen ❷ ein Gefühl vermitteln: Ruhe/Gelassenheit ausstrahlen; Wärme/Kälte ausstrahlen ▶ Ausstrahlung

Aus·strah·lung die <-, -en> ❶ Übertragung: die Ausstrahlung eines Programms ❷ /kein Plur./ (positive) Wirkung einer Person: eine große Ausstrahlung besitzen

aus·stre·cken <streckst aus, streckte aus, hat ausgestreckt> **I.** mit OBJ ▪ *jmd.* **streckt etwas aus** (↔ einziehen) von sich strecken: die Arme/Beine ausstrecken **II.** mit SICH ▪ *jmd.* **streckt sich aus** ❶ sich der Länge nach hinlegen: sich im Bett ausstrecken; ausgestreckt daliegen ❷ sich recken: sich (nach etwas) ausstrecken

aus·strei·chen <streichst aus, strich aus, hat ausgestrichen> mit OBJ ▪ *jmd.* **streicht etwas aus** ❶ durchstreichen: ein Wort/einen Fehler ausstreichen ❷ innen bestreichen: Risse mit Gips ausstreichen; eine Pfanne mit Fett ausstreichen

aus·strö·men **I.** mit OBJ (haben) ▪ *jmd./etwas strömt etwas aus* um sich verbreiten: Er strömt Ruhe aus.; Die Blumen strömen Duft aus. **II.** ohne OBJ (sein) ▪ *etwas strömt aus* als Strom von etwas aus etwas heraus nach außen gelangen: Wasser strömt aus.; Dampf ausströmen lassen; ausgeströmtes Gas; (übertr.) Von ihr strömt Ruhe aus. ▶ Ausströmung

aus·su·chen <suchst aus, suchte aus, hat ausgesucht> mit OBJ ▪ *jmd.* **sucht etwas aus** auswählen: Darf ich mir etwas aussuchen?

Aus·tausch der <-(e)s> /kein Plur./ ❶ der Ersatz: der Austausch eines Spielers; im Austausch ein anderes Gerät erhalten ◆ -akku, -gerät, -getriebe, -motor, -programm, -spieler, -stoff, -teil, Programm- ❷ wechselseitiges Geben: der Austausch von Ideen/Gefangenen/Studenten ◆ -agentur, -aktion, -aufenthalt, -dienst, -familie, -güter, -jahr, -kind, lehrer(in), -organisation, -schüler(in), -student(in), -zentrale, Gedanken-, Güter-, Meinungs-, Gefangenen-, Waren-

aus·tausch·bar adj /nicht steig./ so, dass man es austauschen kann ▶ austauschweise

aus·tau·schen <tauschst aus, tauschte aus, hat ausgetauscht> **I.** *mit OBJ* ■ *jmd. tauscht etwas aus* ❶ *ersetzen:* alte Batterien gegen neue austauschen; einen Spieler (gegen einen anderen) austauschen ▶ Austauschbarkeit ❷ *einander geben:* Gedanken/Erinnerungen (miteinander) austauschen **II.** *mit SICH* ■ *jmd. tauscht sich mit jmdm. über etwas Akk. aus* *sich unterhalten:* sich (über etwas) austauschen

aus·tei·len <teilst aus, teilte aus, hat ausgeteilt> *mit OBJ/ohne OBJ* ■ *jmd. teilt etwas aus* ❶ (↔ einsammeln) *etwas verteilen:* Spielkarten austeilen; die Post austeilen ❷ *(umg.: ↔ einstecken) andere und ihre Gefühle verletzen:* Er hat ordentlich (Schläge/Prügel) ausgeteilt. ▶ Austeilung

Aus·ter *die* <-, -n> *eine essbare Muschel* ◆ -nbesteck, -nextrakt, -nfischer, -nfischerei, -ngabel, -ngericht, -nhandschuh, -nkapseln, -nmesser, -nmuschel, -nrezept, -nschale, -nsauce/-nsoße, -nteller, -nvergiftung, -nzange, -nzubereitung, -nzucht, Felsen-, Hausschuh-, Mangroven-, Neuseeland-

aus·to·ben <tobst aus, tobte aus, hat ausgetobt> *mit SICH* ❶ ■ *jmd. tobt sich aus* *toben, wild spielen:* Die Kinder können sich auf dem Spielplatz richtig austoben. ❷ ■ *jmd. tobt sich aus* *sich bei einer Tätigkeit verausgaben und seinen Gefühlen freien Lauf lassen:* Am Schlagzeug kann er sich austoben.; sich bei einer Tätigkeit austoben ❸ ■ *jmd./etwas tobt sich aus* *mit viel Kraft wüten:* Über dem Meer tobt sich ein Sturm aus. ❹ ■ *jmd./etwas hat sich ausgetobt (und ist erschöpft)* *aufhören zu toben:* Der Sturm hat sich ausgetobt.; Die Kinder haben sich endlich ausgetobt.

aus·tra·gen <trägst aus, trug aus, hat ausgetragen> **I.** *mit OBJ* ■ *jmd. trägt etwas aus* ❶ *von Haus zu Haus gehen und Post in die Briefkästen verteilen:* Briefe/Zeitungen austragen ▶ Austräger, Austrägerin ❷ *zu Ende führen:* einen Streit austragen ❸ *etwas durchführen:* einen Wettkampf austragen ▶ Austragung **II.** *mit SICH* ■ *jmd. trägt sich aus etwas Dat. aus* (↔ eintragen) Sie trug sich aus der Teilnehmerliste wieder aus.; ■ *ein Kind/eine Schwangerschaft austragen* *ein Kind bis zur völligen Reife im Leib tragen* ▶ Austragung

Aus·tra·gung *die* <-, -en> */Plur. selten/* ❶ SPORT *das Austragen:* die Austragung der Olympischen Spiele ◆ -sländer, -smodus, -sort, -sstätte ❷ *die Löschung aus einer Urkunde:* die Austragung aus dem Grundbuch

Aus·tra·li·en <-s> *der kleinste Erdteil* ▶ Australier, Australierin, australisch

aus·trei·ben <treibst aus, trieb aus, hat ausgetrieben> **I.** *mit OBJ* ❶ ■ *jmd. treibt jmdm. etwas aus* (↔ angewöhnen) *unter Zwang abgewöhnen:* jemandem etwas austreiben; Ich werde ihm seine Unzuverlässigkeit schon noch austreiben. ❷ ■ *jmd. treibt jmdn. aus* *verbannen:* Dämonen/den Teufel austreiben ▶ Austreibung **II.** *ohne OBJ* ■ *etwas treibt aus* *Triebe[3] entwickeln:* Die Pflanzen treiben aus.

aus·tre·ten <trittst aus, trat aus, hat/ist ausge-

treten> **I.** *mit OBJ (haben)* ■ *jmd. tritt etwas aus* *durch Treten löschen:* ein Feuer/die Glut austreten **II.** *ohne OBJ (sein)* ❶ ■ *jmd. tritt aus etwas Dat. aus* (↔ eintreten) *freiwillig ausscheiden:* aus der Kirche/aus einem Verein austreten ❷ ■ *jmd. muss/geht austreten* */nur im Infinitiv/ (umg. o veralt.) zur Toilette gehen:* austreten gehen; Ich muss mal austreten. ❸ ■ *etwas tritt aus* (↔ eindringen) *entweichen:* Aus/an der undichten Stelle ist Gas ausgetreten. ▶ Austritt

Aus·t·ri·a·zis·mus *der* <-, Austriazismen> *siehe auch* **Anglizismus, Gallizismus, Helvetismus, Österreich**

Als **Austriazismus** bezeichnet man einen für das Österreichische weithin typischen, für das übrige deutsche Sprachgebiet hingegen unüblichen und als fremdartig wahrgenommenen Ausdruck. Beispiel: *Lamperl* (statt „Lampe"). Der Ausdruck *Austriazismus* leitet sich von der latinisierten Landesbezeichnung *Austria* ab . Etliche dieser Ausdrücke stammen aus der Amtssprache, so *Erlagschein* für „Einzahlungsschein". Bekannte Beispiele sind auch solche aus dem Bereich der Lebensmittelbezeichnungen, teils noch aus Zeiten des österreichisch-ungarischen Vielvölkerstaates, so z.B *Marille* (Aprikose), *Faschiertes* (Hackfleisch). Austriazismen werden in diesem Wörterbuch wie in vielen anderen durch die Angabe „österr." gekennzeichnet, ohne dass damit theoretische Probleme zum Status des österreichischen Deutsch berührt werden.

aus·tri·ck·sen <trickst aus, trickste aus, hat austrickst> *mit OBJ* ■ *jmd. trickst jmdn. aus* *(umg.) überlisten:* den Gegner/den Lehrer/die Eltern austricksen

Aus·tritt *der* <-(e)s, -e> ❶ *der Vorgang, dass jmd. die Mitgliedschaft in einer Organisation kündigt:* der Austritt aus der Partei ◆ -sbescheinigung, -sbarriere, -sdatum, -serklärung, -sformalitäten, -sformular, -sgespräch, -sgründe, -sklausel, -sleistung, -smeldung, -srecht, -sschreiben, -sunterlagen, -svereinbarung, -szeugnis ❷ *das Entweichen von Flüssigkeiten und Gasen aus einem festen Körper/Behälter* ◆ -sfilter, -sstelle, -sverlust, -swinkel

Aus·tritts·wel·le *die* <-, -n> *der Vorgang, dass sehr viele Leute aus einer Institution austreten*

aus·trock·nen <trocknest aus, trocknete aus, hat/ist ausgetrocknet> **I.** *mit OBJ (haben)* ■ *etwas trocknet etwas aus* *trocken machen:* Die Sonne hat den Boden ausgetrocknet.; eine Schüssel (mit einem Tuch) austrocknen **II.** *ohne OBJ (sein)* ■ *etwas trocknet aus* *trocken werden:* Im Sommer trocknet der Fluss aus.; Der Boden/meine Haut/meine Kehle ist ausgetrocknet. ▶ Austrocknung

aus·üben <übst aus, übte aus, hat ausgeübt> *mit OBJ* ■ *jmd. übt etwas aus* ❶ *regelmäßig einer bestimmten Tätigkeit nachgehen:* einen Beruf ausüben ❷ *seinen Einfluss wirksam werden lassen:*

Einfluss/Druck/die Herrschaft ausüben ►Ausübung

aus·ufern <ufert aus, uferte aus, ist ausgeufert> *ohne OBJ* ■ *etwas ufert aus ein sinnvolles Maß übersteigen:* Die Diskussion uferte aus. ►Ausuferung

Aus·ver·kauf *der* <-(e)s, Ausverkäufe> *der Vorgang, dass ein Laden alle seine Waren verkauft, weil er schließen wird:* Ausverkauf wegen Geschäftsaufgabe ◆ -sangebot, -spreise, Teil-, Total-

aus·ver·kauft *adj /nicht steig./* ❶ *so, dass eine Ware restlos verkauft wurde oder im Moment nicht mehr lieferbar ist:* Die Ware ist ausverkauft. ❷ *so, dass es keine freien Plätze mehr gibt:* Das Kino/Stadion war völlig ausverkauft. ►ausverkaufen

aus·wach·sen <wächst aus, wuchs aus, ist ausgewachsen> *mit SICH* ■ *etwas wächst sich zu etwas Dat. aus* ❶ *sich entwickeln:* sich zu einem echten Problem auswachsen; Das kleine Kätzchen hat sich zu einem richtigen Tiger ausgewachsen. ❷ *sich während des Wachsens normalisieren:* Die schiefen Zähne werden sich (mit der Zeit) noch auswachsen!; ■ *Das ist ja zum Auswachsen! (umg.)* man könnte verrückt werden

Aus·wahl *die* <-> */kein Plur./* ❶ *das freie Aussuchen von etwas allgemein:* eine Auswahl treffen ◆ -entscheidung, -grenzen, -hilfe, -möglichkeit, -richtlinien ❷ *bereits vorhandene Menge, aus der man etwas wählen kann, sowie das Resultat der Auswahl:* eine reiche Auswahl an …; Hier ist die Auswahl nicht groß genug.; eine Auswahl aus seinen Werken; die Auswahl, die uns bei den Wettkämpfen vertritt ◆ -gespräch, -liste, -mannschaft, -menü, -orchester, -prüfung, -spieler(in), -test, -wette, -zucht

aus·wäh·len <wählst aus, wählte aus, hat ausgewählt> *mit OBJ* ■ *jmd. wählt etwas aus eine bestimmte Wahl treffen:* jemanden/etwas aus einer Menge auswählen; ausgewählte Teile des Programms zeigen ►Auswahl

Aus·wahl·ver·fah·ren *das* <-s, -> *die Art und Weise, wie etwas ausgewählt wird:* Auswahlverfahren für den gehobenen Dienst

aus·wal·zen <walzt aus, walzte aus, hat ausgewalzt> *mit OBJ* ■ *jmd. walzt etwas aus in eine flache Form bringen:* den Teig auf dem Kuchenblech auswalzen; *(umg. übertr.)* ein Thema unnötig auswalzen

aus·wan·dern <wanderst aus, wanderte aus, ist ausgewandert> *ohne OBJ* ■ *jmd. wandert irgendwohin aus* (↔ *einwandern*) *sein Heimatland für immer verlassen:* nach Amerika auswandern ►Auswanderer, Auswanderin, Auswanderung

Aus·wan·de·rung *die* <-, -en> */Plur. selten/* (↔ *Einwanderung*) *das Auswandern* ◆ -sagentur, -sakten, -santrag, -sbedingungen, -sbehörde, -sberater, -sbewegung, -sgesetz, -sgründe, -shilfe, -sland, -sliste, -smotive, -srate, -sstatistik, -sverbot, -sverfahren, -swelle, -szahl, -sziel

aus·wär·tig *adj /nicht steig./* ❶ *nicht von einem Ort:* die auswärtigen Schüler; auswärtige Firmen ❷ POL. *das Ausland betreffend:* der auswärtige

Dienst; ■ *das Auswärtige Amt das Außenministerium*

aus·wärts *adv* ❶ *außerhalb des Hauses oder Ortes:* Sie kommt von auswärts.; auswärts essen/ spielen ❷ *nach außen:* mit auswärts gerichteten Füßen

Aus·wärts·spiel *das* <-(e)s, -e> SPORT (↔ *Heimspiel*) *Spiel auf dem Platz des Gegners*

aus·wa·schen <wäschst aus, wusch aus, hat ausgewaschen> *mit OBJ* ❶ ■ *jmd. wäscht etwas aus Flecken oder Schmutz durch Waschen entfernen:* den Fleck/die Bluse auswaschen; die Farbe/ den Pinsel auswaschen ❷ ■ *etwas wäscht etwas aus durch Wasser aushöhlen:* Der Regen hat die Felsen/den Weg ausgewaschen.

Aus·wa·schung *die* <-, -en> *durch Wasser verursachte Aushöhlung:* Auswaschungen am Flussufer

aus·wech·sel·bar *adj /nicht steig./* *so, dass man es auswechseln kann:* Das Futter des Mantels ist auswechselbar. ►Auswechselbarkeit

aus·wech·seln <wechselst aus, wechselte aus, hat ausgewechselt> *mit OBJ* ■ *jmd. wechselt etwas aus entnehmen und etwas anderes oder jmdn. anderen dafür einsetzen:* schadhafte Teile auswechseln; einen Spieler auswechseln ►Auswechselung, Auswechslung

Aus·wech·sel·spie·ler *der*, **Aus·wech·sel·spie·le·rin** *<-s, ->* SPORT *Spieler, der gegen einen anderen Spieler ins Spiel eingewechselt wird*

Aus·weg *der* <-(e)s, -e> *Möglichkeit, ein Problem zu lösen:* keinen Ausweg mehr wissen; der letzte Ausweg ◆ -berater(in)

aus·weg·los *adj so, dass es keinen Ausweg gibt:* eine ausweglose Situation ►Ausweglosigkeit

aus·wei·chen <weichst aus, wich aus, ist ausgewichen> *ohne OBJ* ❶ ■ *jmd. weicht jmdm./etwas aus einen Zusammenstoß vermeiden:* einem Hindernis ausweichen; einem Schlag/Geschoss ausweichen ❷ ■ *jmd. weicht jmdm./einer Sache aus (etwas Unangenehmes) vermeiden:* jemandem/einem Problem ausweichen; ausweichend antworten ❸ ■ *jmd. weicht auf etwas Akk. aus etwas anderes nehmen:* auf einen anderen Termin/Raum ausweichen

aus·wei·chend *adj so, dass man nicht direkt auf eine Frage oder Äußerung eingeht:* eine ausweichende Antwort

Aus·weich·ma·nö·ver *das* <-s, -> *Versuch, einem anderen Fahrzeug auszuweichen*[1]

Aus·weich·mög·lich·keit *die* <-, -en> *Möglichkeit zum Ausweichen*[3]

aus·wei·den <weidest aus, weidete aus, hat ausgeweidet> *mit OBJ* ■ *jmd. weidet ein Tier aus die Eingeweide herausnehmen:* ein Wildschwein ausweiden ►Ausweidung

aus·wei·nen <weinst aus, weinte aus, hat ausgeweint> *mit SICH* ■ *jmd. weint sich bei jmdm. (über etwas Akk.) aus (umg.) sich aussprechen, Trost für seine Sorgen finden:* Sie weint sich immer bei ihrer Freundin (über ihre Beziehungsprobleme) aus.; ■ *sich die Augen ausweinen sehr stark weinen*

Aus·weis *der* <-es, -e> ❶ *Dokument, das die Identität eines Bürgers ausweist:* einen Ausweis bean-

A

tragen/verlängern/ausstellen/kontrollieren ◆-anhänger, -antrag, -beantragung, -behörde, -bild, -daten, -dokument, -ersatz, -etui, -fälscher(in), -fälschung, -foto, -gebühren, -gültigkeit, -gesetz, -halter, -hülle, -kopie, -lesegerät, -mappe, -nummer, -pflicht, -recht, -stelle, -verlängerung, -verordnung, -zentrum, Personal- ➋ *Dokument, das von einer Institution als Bestätigung oder Nachweis für etwas ausgestellt wurde und in dem Informationen über den Inhaber enthalten sind* ◆Behinderten-, Bibliotheks-, Messe-, Mitglieds-, Polizei-, Schüler-, Schwerbeschädigten-, Studenten-, Teilnehmer-

aus·wei·sen <weist aus, wies aus, hat ausgewiesen> **I.** *mit OBJ* ➊ ■ *jmd. weist jmdn. aus zum Verlassen des Landes zwingen:* jemanden (aus dem Land) ausweisen ▸Ausweisung ➋ ■ *etwas weist jmdn. als etwas aus etwas zeigt, dass jmd. eine bestimmte Eigenschaft oder Funktion besitzt:* Sein erster Roman weist ihn als begabten Schriftsteller aus. ➌ ■ *jmd./etwas weist etwas Akk. aus etwas zeigen, kennzeichnen:* Die Rechnung weist alle Kosten aus. ➍ ■ *jmd. weist etwas Akk. aus* BAUW. *etwas für eine bestimmte Nutzung vorsehen:* ein Gelände als Bauland ausweisen **II.** *mit SICH* ➊ ■ *jmd. weist sich aus den Pass oder Ausweis vorzeigen:* Können Sie sich ausweisen? ➋ ■ *jmd. weist sich (als jmd./etwas) aus sich zeigen; sich erweisen:* Er weist sich als guter Handwerker aus.

Aus·weis·kon·t·rol·le *die* <-, -n> *Überprüfung der Ausweispapiere*

Aus·weis·pa·pie·re <-> *Plur. amtliche Dokumente, mit denen man seine Identität nachweisen kann*

Aus·wei·sung *die* <-, -en> *das Ausweisen I.1:* die Ausweisung unerwünschter Personen aus dem Land ◆-sbegehren, -sgrund, -sschutz, -sverfahren, -sverfügung, Sofort-

aus·wei·ten <weitest aus, weitete aus, hat ausgeweitet> **I.** *mit OBJ* ■ *jmd. weitet etwas aus* ➊ *durch Gebrauch ausdehnen:* die Hose/Schuhe ausweiten ➋ *erweitern:* die Streiks erheblich ausweiten **II.** *mit SICH* ■ *etwas weitet sich aus sich erweitern:* Das Orkantief weitet sich aus.; sich zu einer Staatskrise ausweiten ▸Ausweitung

aus·wen·dig *adv so, dass man etwas aus dem Gedächtnis kann und keine Textvorlage dazu braucht:* ein Gedicht auswendig lernen; Das kenne ich schon auswendig!

aus·wer·fen <wirfst aus, warf aus, hat ausgeworfen> *mit OBJ* ■ *jmd. wirft etwas aus* ➊ *etwas so werfen, dass es an einer bestimmten Stelle landet:* die Angel/den Anker auswerfen ➋ *etwas ausspucken:* Schleim auswerfen ▸Auswurf ➌ *(fachspr.) ausstoßen, produzieren:* 100 Schrauben pro Minute auswerfen

aus·wer·ten <wertest aus, wertete aus, hat ausgewertet> *mit OBJ* ■ *jmd. wertet etwas aus prüfen und daraus Erkenntnisse gewinnen:* ein Experiment/Ergebnis auswerten ▸Auswertung

aus·wi·ckeln <wickelst aus, wickelte aus, hat ausgewickelt> *mit OBJ* ■ *jmd. wickelt etwas aus (↔ einwickeln) aus dem Papier nehmen, in das etwas eingepackt ist:* das Geschenk auswickeln

aus·wir·ken <wirkt aus, wirkte aus, hat ausgewirkt> *mit SICH* ■ *etwas wirkt sich (irgendwie) (auf etwas Akk.) aus Wirkung zeigen:* sich positiv/gut (auf etwas) auswirken ▸Auswirkung

Aus·wir·kung *die* <-, -en> *(≈ Konsequenz)* verheerende Auswirkungen haben

aus·wi·schen <wischst aus, wischte aus, hat ausgewischt> *mit OBJ* ■ *jmd. wischt etwas aus etwas durch Wischen mit einem Tuch, einem Lappen o. Ä. säubern:* die Gläser/den Schrank auswischen; ■ **jemandem eins auswischen** *(umg.) etwas tun, was jmdm. schadet*

aus·wrin·gen <wringst aus, wrang aus, hat ausgewrungen> *mit OBJ* ■ *jmd. wringt etwas aus einen nassen Lappen oder ein nasses Stück Stoff stark verdrehen, um die Flüssigkeit heraustreten zu lassen:* einen nassen Lappen auswringen

Aus·wuchs *der* <-es, Auswüchse> ➊ MED. *krankhafte Wucherung* ➋ */meist Plur./ (umg. abwert.) Übertreibungen:* Auswüchse der Fantasie/der Bürokratie

aus·wuch·ten <wuchtest aus, wuchtete aus, hat ausgewuchtet> *mit OBJ* ■ *jmd. wuchtet etwas aus* TECHN. *so bearbeiten, dass es sich gleichmäßig um eine Achse dreht:* die Räder auswuchten ▸Auswuchtung

Aus·wurf *der* <-(e)s, Auswürfe> */Plur. selten/ (≈ Sputum)* MED. *ausgespuckter Schleim:* blutiger Auswurf

aus·zah·len <zahlt aus, zahlte aus, hat ausgezahlt> **I.** *mit OBJ* ■ *jmd. zahlt jmdm. etwas aus jmdm. das Geld geben, das ihm zusteht:* jemanden seinen Lohn/Anteil auszahlen; einen Teilhaber auszahlen ▸Auszahlung **II.** *mit SICH* ■ *etwas zahlt sich aus sich lohnen:* Das zahlt sich nicht aus.

aus·zäh·len <zählt aus, zählte aus, hat ausgezählt> *mit OBJ* ➊ ■ *jmd. zählt etwas aus die genaue Anzahl von etwas durch Zählen bestimmen:* Wählerstimmen auszählen ➋ ■ *jmd. zählt jmdn. aus* SPORT *der Schiedsrichter in einem Boxkampf zählt von 1-10, um so den kampfunfähigen Boxer als Verlierer zu erklären:* einen Boxer auszählen ▸Auszählung

aus·zeich·nen <zeichnest aus, zeichnete aus, hat ausgezeichnet> **I.** *mit OBJ* ➊ ■ *jmd. zeichnet etwas aus etwas mit einem Preis versehen:* Waren auszeichnen ➋ ■ *jmd. zeichnet jmdn. mit etwas Akk. aus ehren:* jemanden (mit einem Preis) auszeichnen ➌ ■ *etwas zeichnet jmdn. aus typisch sein:* Besondere Zuverlässigkeit zeichnet sie aus. **II.** *mit SICH* ■ *jmd./etwas zeichnet sich aus aus einer Menge hervortun:* Sie zeichnet sich durch großen Fleiß aus.

Aus·zeich·nung *die* <-, -en> ➊ *Preis:* eine Auszeichnung erhalten; eine Prüfung mit Auszeichnung bestehen ◆Leistungs- ➋ WIRTSCH. *Kennzeichnung von Waren* ◆-setiketten, -sgerät, -smaschine, -spistole, -sschild, -swaage, -szange

Aus·zeich·nungs·spra·che *die* <-, -n> EDV *Sprache zur Beschreibung von Daten in der Computertechnologie (= Markup Language)*

aus·zieh·bar *adj /nicht steig./ so, dass man es ausziehen kann I.2:* ein ausziehbarer Tisch

A

aus·zie·hen <ziehst aus, zog aus, hat/ist ausgezogen> I. *mit OBJ (haben)* ■ *jmd. zieht jmdn./ etwas aus* ❶ *(↔ anziehen) ein Kleidungsstück ablegen bzw. jmdn. entkleiden:* seine Schuhe ausziehen; ein Kind/einen Kranken ausziehen ❷ *verlängern:* den Tisch/die Antenne ausziehen II. *ohne OBJ (sein)* ❶ ■ *jmd. zieht (aus etwas Dat.) aus (↔ einziehen) sein gesamtes Eigentum, seine Möbel usw. aus der Wohnung, in der man bisher gewohnt hat, transportieren und nicht mehr dort wohnen:* aus einem Haus/einer Wohnung ausziehen ❷ ■ *jmd. zieht aus losziehen:* ausziehen, um die Welt kennen zu lernen III. *mit SICH (haben)* ■ *jmd. zieht sich etwas aus (↔ anziehen) ein Kleidungsstück ablegen:* sich die Schuhe ausziehen

Aus·zieh·tisch *der* <-(e)s, -e> *ausziehbarer Tisch*
Aus·zu·bil·den·de *der/die* <-n, -n> *jmd., der eine Ausbildung durchläuft*
Aus·zug *der* <-(e)s, Auszüge> ❶ */kein Plur./ das Verlassen einer Wohnung:* vor dem Auszug ist die Wohnung zu renovieren ◆ -sfrist, -sgebühr, -sparty, -sprotokoll, -srenovierung, -svereinbarung ❷ *ein (kleinerer) Teil eines Textes:* ein Auszug aus einem Buch ◆ Text- ❸ BANKW. *Nachricht über den Kontostand:* sich einen Auszug von der Bank holen ◆ Bank-, Grundbuch-, Konto- ❹ CHEM. *Extrakt:* ein wässriger Auszug aus Kamillenblüten ◆ -(s)mehl, -smittel, -sprodukt
aus·zugs·wei·se *adv in Auszügen²:* auszugsweise aus dem Buch vorlesen
au·tark *adj unabhängig:* wirtschaftlich autark sein ▶ Autarkie
au·then·tisch *adj (geh.) echt, den Tatsachen entsprechend*
Au·then·ti·zi·tät *die* [autɛntitsiˈtɛt] <-> */kein Plur./ (geh.) Echtheit* ◆ -snachweis
Au·tis·mus *der* [auˈtɪsmʊs] <-> */kein Plur./* MED. *krankhafte Kontaktunfähigkeit* ▶ Autist, Autistin, autistisch
Au·to *das* <-s, -s> *kurz für „Automobil":* Auto fahren ◆ -abgase, -aufkleber, -bau, -car, -cross, -dach, -dieb(in), -diebstahl, -fabrik, -fahrer(in), -fahrt, -friedhof, -geschäft, -händler(in), -hersteller(in), -hilfe, -hof, -karosserie, -karte, -kennzeichen, -knacker, -kolonne, -konzern, -korso, -lackierer, -lenker(in), -marder, -marke, -mechaniker(in), -museum, -panne, -radio, -reifen, -rennen, -schlosser, -schlüssel, -telefon, -unfall, -verkehr, -vermietung, -werkstatt, -wrack, -zubehör; Last-, Leasing-, Miet-, Personen-, Polizei-
Au·to·at·las *der* <-es, -se/Autoatlanten> *Straßenatlas für Autofahrer*
Au·to·bahn *die* <-, -en> *eine sehr breite Straße mit zwei getrennten Fahrbahnen, die nur für Kraftfahrzeuge bestimmt ist* ◆ -anschluss, -auffahrt, -ausfahrt, -brücke, -dreieck, -einfahrt, -fähre, -kennzeichen, -knoten, -kreuz, -maut, -netz, -raststätte, -zubringer

Die **Autobahn** ist eine mehrspurige Schnellstraße für Fahrzeuge mit mehr als 60 km/h Geschwindigkeit. Es gibt keine Kreuzungen, sondern nur Auffahrten und Abfahrten. Die Autofahrer werden vom Gegenverkehr durch einen meist massiven Mittelstreifen getrennt; gewöhnlich gibt es auch einen zusätzlichen Standstreifen (Seitenstreifen, Pannenstreifen), auf dem nur im Notfall oder aufgrund polizeilicher Anweisung gehalten werden darf. Autobahnkreuze und Autobahndreiecke sind Übergänge von einer Autobahn auf eine andere, Anschluss-Stellen sind Übergänge in das untergeordnete Straßennetz (z. B. Landstraßen). Personen, die aus Versehen in falscher Richtung auf eine Autobahn auffahren und damit für andere eine große Gefahr darstellen, sind so bezeichnete Geisterfahrer. Auf deutschen Autobahnen gibt es keine Geschwindigkeitsbeschränkung, außer in Baustellenbereichen. In Österreich beträgt die Höchstgeschwindigkeit für Kraftfahrzeuge 130 km/h und in der Schweiz 120 km/h.

Au·to·bahn·auf·fahrt *die* <-, -en> *Straße, die auf eine Autobahn führt*
Au·to·bahn·ge·bühr *die* <-, -en> *Gebühr, die man in manchen Ländern für die Benutzung einer Autobahn bezahlen muss*
Au·to·bahn·meis·te·rei *die* <-, -en> *Straßenmeisterei für die Autobahn*
Au·to·bahn·netz *das* <-es> */kein Plur./ Gesamtheit der (miteinander verbundenen) Autobahnen*
Au·to·bahn·vi·g·net·te *die* <-, -n> SCHWEIZ. *Gebührenmarke für die Autobahnbenutzung*
Au·to·bau·er *der* <-s, -> *(umg.) Firma, die Autos herstellt*
Au·to·bio·gra·fie, a. **Au·to·bio·gra·phie** *die* <-, ...-fien/...-phien> *(literarische) Beschreibung des eigenen Lebens* ▶ autobiografisch/autobiographisch
Au·to·bom·be *die* <-, -n> *in einem Fahrzeug deponierte Bombe*
Au·to·bus *der* <-ses, -se> *ein großes Fahrzeug mit Sitzplätzen für viele Fahrgäste*
au·to·ch·thon [autˈxˈtoːn] *adj /nicht steig./ (geh.)* ❶ *eingesessen:* die autochthone Bevölkerung ❷ *an Ort und Stelle entstanden:* autochthone Sprachen/Kulturen ▶ Autochthonie
Au·to·da·fé *das* <-s, -s> *Ketzergericht und -verbrennung*
Au·to·di·dakt *der*, **Au·to·di·dak·tin** [autodiˈdakt] <-en, -en> *(geh.) Person, die sich ihr Wissen im Selbststudium aneignet* ▶ autodidaktisch
Au·to·drom *das* [autoˈdroːm] <-s, -e> ❶ *ringförmige Straßenanlage für Renn- und Testfahrten* ❷ ÖSTERR. *Fahrbahn für Autoskooter auf Jahrmärkten*
Au·to·fäh·re *die* <-, -n> *eine Fähre, auf der Autos und Personen transportiert werden können*
Au·to·fah·rer *der*, **Au·to·fah·re·rin** <-s, -> *jmd., der ein Kraftfahrzeug fährt* ◆ -club/-klub
Au·to·fried·hof *der* <-(e)s, Autofriedhöfe> *Schrottplatz für alte Autos*
au·to·gen [autoˈgeːn] *adj /nicht steig./ selbsttätig;* ■ **autogenes Schweißen** *mit heißer Flamme*

schweißen; ■ **autogenes Training** *Üben der Selbstentspannung*

Au·to·gramm *das* <-(e)s, -e> *eigenhändige Unterschrift (einer bekannten Persönlichkeit):* Autogramme sammeln ◆ -jäger(in), -stunde

Au·to·gramm·jä·ger *der,* **Au·to·gramm·jä·ge·rin** <-s, -> *(umg. scherzh.) Person, die leidenschaftlich Autogramme sammelt*

Au·to·gramm·stun·de *die* <-, -n> *bestimmte Zeit, während der ein Prominenter an einem öffentlichen Ort Autogramme gibt*

Au·to·haus *das* <-es, Autohäuser> *großes Geschäft, das mit Autos handelt*

Au·to·im·mun·krank·heit *die* <-, -en> MED. *Krankheit, die das eigene Immunsystem angreift*

Au·to·in·dus·t·rie *die* <-, -n> *Gesamtheit der Firmen, die Autos herstellen*

Au·to·ki·no *das* <-s, -s> *Kino im Freien, bei dem man Filme im Auto sitzend anschaut*

Au·to·mat *der* <-en, -en> ❶ *Verkaufsgerät zur Selbstbedienung:* ein Automat für Fahrkarten/ Kondome ◆ -enaufsteller, -enbecher, -enbriefmarken, -enbefüller(in), -endreher(in), -eneinrichter(in), -enfachfrau, -enfachmann, -engebühren, -engewerbe, -enkaffee, -enknacker, -enladen, -enmarkt, -enrestaurant, -enspiele, -enstraße, Fahrkarten-, Fahrschein-, Foto-, Geld-, Getränke-, Internet-, Kaffee-, Münz-, Selbstbedienungs-, Spiel-, Verkaufs-, Voll-, Waschvoll-, Zigaretten- ❷ *Maschine, die den Arbeitsablauf selbst steuert* ▸ Automation, Automatisation, automatisch, automatisieren, Automatisierung, Automatismus

Au·to·ma·tik *die* <-, -en> /*Plur. selten*/ ❶ *technische Vorrichtung zur selbstständigen Regelung einer Tätigkeit* ◆ -betrieb, -dimmer, -entlüfter, -fachmann, -fahrzeug, -fenster, -führerschein, -getriebe, -helm, -lader, -messer, -pistole, -schalter, -schiebetüren, -schloss, -tor, -tür, -uhr, -verriegelung, -waffe, -weste, -zelt , Belichtungs-, Blenden-, Abschalt-, Einschalt- ❷ KFZ *Automatikschaltung*

Au·to·ma·tik·schal·tung *die* <-, -en> KFZ *automatische Schaltung*

Au·to·ma·ti·on *die* <-> /*kein Plur.*/ (geh.: ≈ Automatisation, Automatisierung) hoher Stand der Automatisierung ◆ -sanlagen, -sgrad, -ssysteme, -stechnik, Labor-

Au·to·ma·ti·sa·ti·on *die* <-, -en> (≈ Automatisierung) TECHN., EDV *automatisierte Vorgänge (Computertechnik, Labortechnik, Maschinenbau etc.):* Automatisation von Steuerungen/Industrieinstallationen, in der Antriebstechnik, in der Labormedizin etc. ◆ -sgrad, -stechnik, Office-, Web-

au·to·ma·tisch *adj* /*nicht steig.*/ ❶ *von einer Automatik¹ gesteuert* ❷ (umg.: ≈ routinemäßig) Haben Sie auch den Vergaser überprüft? – Ja, das machen wir automatisch.

au·to·ma·ti·sie·ren <automatisierst, automatisierte, hat automatisiert> *mit OBJ* ■ *jmd. automatisiert etwas* WIRTSCH., TECHN. *so gestalten, dass immer mehr Vorgänge ohne menschliches Zutun ablaufen:* die Produktion automatisieren

Au·to·ma·ti·sie·rung *die* <-, -en> (≈ Automation, Automatisierung) *das Automatisieren* ◆ -sanlage, -satlas, -sbranche, -sebene, -selektroniker(in), -sfeh-

ler, -sgerät, -sgrad, -shierarchie, -sindustrie, -singenieur(in), -skonzept, -slösung, -smesse, -sobjekt, -sprogramm, -sprojekt, -sprozess, -spyramide, -sregion, -sserver, -ssoftware, -sstufe, -ssystem, -stechnik, -stechniker(in), Labor-

Au·to·ma·tis·mus *der* <-, Automatismen> ❶ KUNST *künstlerische Verfahrensweise, die insbesondere im Anschluss an das surrealistische Manifest (André Breton: automatisches Schreiben) als spontan und wie im Rausch vorgestellt wird:* Automatismus des Schreibens, Malens und Komponierens ❷ MED., BIOL. *Aktivitäten in der Verhaltensbiologie, die ohne den Einfluss des Willens ablaufen oder durch eine Steuerung/Kontrolle von außen:* Puls und Atmung, die durch das vegetative Nervensystem gesteuert werden, aber auch psychiatrische Krankheitserscheinungen ◆ Atmungs-

Au·to·mi·nu·te *die* <-, -n> *die Strecke, die man in einem Auto in einer Minute zurücklegt*

Au·to·mo·bil *das* <-s, -e> *Kraftfahrzeug* ◆ -absatz, -ausstellung, -börse, -branche, -club/-klub, -design, -fertigung, -handel, -hersteller, -industrie, -kauffrau, -kaufmann, -messe, -produktion, -recycling, -salon, -technik, -verkäufer(in), -woche, -zulieferer

au·to·nom *adj* /*nicht steig.*/ ❶ POL. *unabhängig in Verwaltung, Kultur und Politik:* eine autonome Republik ❷ *radikal und oft aggressiv gegenüber der Staatsgewalt:* autonome Gruppen

Au·to·no·me *der/die* <-n, -n> *Person, die politisch radikal und aggressiv gegenüber der Staatsgewalt auftritt:* Die friedliche Demonstration wurde durch Autonome gestört.

Au·to·no·mie *die* <-, ...-mien> /*Plur. selten*/ *politische, verwaltungsmäßige und kulturelle Unabhängigkeit* ◆ -anspruch, -bedürfnis, -bestrebungen, -bewegung, -entwicklung, -förderung, -grad, -konflikt, -konzept, -prinzip, -statut, -strategie, -streben, -verlust

Au·to·no·mie·be·hör·de *die* <-, -n> POL. *Behörde, die ein autonomes Gebiet verwaltet:* die palästinensische Autonomiebehörde

Au·to·no·mie·ge·biet *das* <-(e)s, -e> POL. *autonomes Gebiet innerhalb eines Landes:* die palästinensischen Autonomiegebiete

Au·top·sie *die* [au̯'psiː] <-, ...-sien> MED. *Leichenöffnung zur Feststellung der Todesursache:* eine Autopsie anordnen/vornehmen ◆ -bericht

Au·tor *der,* **Au·to·rin** <-s, ...-toren> *Verfasser eines Textes oder Buches* ◆ -enagentur, -enausbildung, -enbuchhandlung, -enbörse, -endatenbank, -enexemplar, -enfilm, -enforum, -engruppe, -enhonorar, -enkollektiv, -enkorrektur, -enlesung, -enplattform, -enporträt, -enrabatt, -enrechte, -enverband, -enverlag, -envertrag, -enverzeichnis, -enwettbewerb, -enzirkel, Drehbuch-, Kinderbuch-, Krimi-, Roman-, Sachbuch- ▸ Autorenschaft

Au·to·re·ver·se *das* ['au̯tərivɐ:ɐ̯s] <-> /*kein Plur.*/ *Umschaltautomatik bei Kassettenrekordern*

au·to·ri·sie·ren <autorisierst, autorisierte, hat autorisiert> *mit OBJ* ■ *jmd. autorisiert jmdn. zu etwas* Akk. (geh.) *bevollmächtigen:* Sie ist autorisiert (dazu), die Verhandlungen zu führen.; ■ **eine autorisierte Übersetzung** *eine vom Autor durchgesehene und genehmigte Übersetzung;*

A

■ **ein autorisierter Fachhändler** *ein Fachhändler, der vom Vertrieb einer Marke offiziell als Händler dieser Marke ausgewiesen ist* ► Autorisierung

au·to·ri·tär *adj /nicht steig./ (geh. abwert.)* ❶ *(↔ antiautoritär) unbedingten Gehorsam fordernd:* autoritäre Erziehung ❷ POL. *undemokratisch:* ein autoritäres Regime

Au·to·ri·tät *die* <-, -en> ❶ */kein Plur./ Ansehen und die damit verbundene Macht:* sich Autorität verschaffen; die Autorität der Eltern ❷ *Person, die wegen ihres fachlichen Könnens anerkannt ist:* eine große Autorität sein ◆-sanspruch, -sargument, -sbeweis, -sgefälle, -skonflikt, -skrise, -sperson, -sprinzip, -sproblem, -sverhältnis, -sverlust

au·to·ri·täts·gläu·big *adj /nicht steig./ (abwert.) willig/bereit, sich Personen/Vorgesetzten/Institutionen gegenüber unkritisch zu verhalten* ► Autoritätsgläubigkeit

Au·to·se·man·ti·kon *das* <-, Autosemantika> *(↔ Synsemantikon)* SPRACHWISS. *traditionelle Bezeichnungen für sprachlichen Einheiten, die eine lexikalische Bedeutung tragen und mit denen man sich auf etwas in der Welt beziehen kann; siehe auch* **Funktionswort, Wortart**

Au·to·stopp *der* <-s> */kein Plur./ (umg.) das Fahren per Anhalter:* per Autostopp nach Hamburg fahren

au·weh *interj drückt aus, dass jmd. etwas entdeckt hat, das negativ oder unangenehm ist:* Auweh, der Schaden ist doch größer; das kann teuer werden!

Avan·ce [a'vã:sə] *(geh.)* ■ **jemandem Avancen machen** ❶ *jmdm. sein Interesse an ihm und an einer Beziehung zu ihm zu verstehen geben* ❷ *jmdm. entgegenkommen, um ihn für sich zu gewinnen*

Avant·gar·de *die* [avã'gardə] <-, -n> *Gruppe der Vorkämpfer für eine Idee, verbunden vor allem mit künstlerischen und politischen Richtungen des 20. Jahrhunderts, denen Fortschrittsgedanke und Radikalität gemeinsam ist:* zur Avantgarde gehö-

ren; die Russische Avantgarde ◆-konzept, -film ► Avantgardist, Avantgardistin, avantgardistisch

Ava·tar *das* <-s, -e> EDV *eine virtuelle Kunstfigur, die die zentrale Rolle in einem Computerspiel o. Ä. hat*

Ave *das* <-(s), -(s)> *kurz für „Ave-Maria"*

Ave-Ma·ria *das* <-(s), -(s)> *„Gegrüßt seist du, Maria!", ein katholisches Gebet*

Aven·tu·rin *der* <-s, -e> *ein Quarzstein*

Ave·nue *die* [avə'ny:] <-, -n> *Prachtstraße*

Aver·si·on *die* <-, -en> *(geh.: ≈ Ablehnung, Abneigung) Gefühl starker Abneigung:* eine Aversion gegen etwas (bestimmte Gerüche)/jemanden (den Nachbarn) haben ◆-sbehandlung, -stherapie, Geschmacks-

Avis *der/das* [a'vi:] <-es, -e> WIRTSCH. *Ankündigung einer Sendung an den Empfänger*

Avi·so *das* <-s, -s> ÖSTERR. *Avis*

Avo·ca·do *die* <-, -s> *birnenförmige grüne Frucht eines südamerikanischen Baumes* ◆-aufstrich, -baum, -butter, -creme, -eis, -füllung, -gericht, -honig, -kern, -maske, -öl, -paste, -pflanze, -soße

axi·al *adj* TECHN. *auf eine Achse bezogen*

Axi·om *das* <-(e)s, -e> *(fachspr.) Grundsatz, der nicht mehr bewiesen werden muss/kann:* das Trägheitsprinzip z. B. ist ein Axiom nach Isaak Newton ► Axiomatik, axiomatisch, axiomatisieren

Axt *die* <-, Äxte> *Beil*

Aya·tol·lah *siehe* **Ajatollah**

Ay·ran, Ai·ran *der/das* <-(s), -(s)> KOCH. *ein Getränk aus Joghurt und Wasser:* zum Döner einen Ayran bestellen

Aza·lee, *a.* **Aza·lie** *die* <-, -n> *eine Zimmerpflanze*

Aze·tat *siehe* **Acetat**

Azo·ren [a'tso:rən] <-> *Plur. Inselgruppe im Atlantischen Ozean* ◆-hoch, -inseln, -tief

Azu·bi *der* [a'tsu:bi, 'a:tsubi] <-s, -s> *kurz für „Auszubildende(r)"*

Azur *der* <-s> */kein Plur./ (geh.) Himmelsblau*

azur·blau *adj /nicht steig./ himmelblau*

Bb

B, b *das* <-s, -s> *der zweite Buchstabe des Alphabets:* ein großes B; ein kleines b

BA *der* [biːʔeː] <-s, -s> *(Abk.) Abkürzung von „Bachelor of Arts"; ein akademischer Grad:* einen BA-Abschluss in Geschichte haben

Baal *der* <-s> *westsemitischer Gott der Fruchtbarkeit und des Sturms*

Ba·bel *das* <-> ❶ *(≈ Sündenbabel) ein Ort wilder Ausschweifungen* ❷ *eine Weltstadt, in der viele Sprachen gesprochen werden;* ■ **der Turmbau von Babel** *die biblische Erzählung vom Ursprung der Sprachen*

Ba·by *das* [ˈbeːbi] <-s, -s> *(≈ Säugling) ein Kleinkind im ersten Lebensjahr;* ■ **ein Baby erwarten** *(umg.) schwanger sein* ◆-fläschchen, -kost, -nahrung

Ba·by·ar·ti·kel *der* [ˈbeːbi...] <-s, -> */meist Plur./ speziell für Babys verwendetes Produkt:* ein Katalog für Babyartikel

Ba·by·aus·stat·tung *die* [ˈbeːbi...] <-, -en> *Kleidung für das Baby und Gegenstände für seine Pflege*

Ba·by·boom *der* [ˈbeːbibuːm] <-s, -s> *(umg.) eine auffallende Zunahme von Geburten in einem bestimmten Zeitraum*

Ba·by·face *das* [ˈbeːbifeɪs] <-> */kein Plur./ (abwert.) ein als (auf unangenehme Art) kindlich und unreif empfundenes Gesicht*

Ba·by·fon®, *a.* **Ba·by·phon** *das* [ˈbeːbifoːn] <-s, -e> *technisches Gerät, das zur akustischen Überwachung des Babys dient:* Dank des Babyphons hören wir auch in 200 Meter Entfernung, wenn das Baby schreit.

Ba·by·lon *das* <-s> *Ruinenstadt am Euphrat, von der die Bibel berichtet, dass sie voller Laster und Sünden gewesen sei*

Ba·by·phon *siehe* **Babyfon**

Ba·by·sit·ter *der,* **Ba·by·sit·te·rin** [ˈbeːbizɪtɐ] <-s, -> *jmd., der in Abwesenheit der Eltern gegen Bezahlung auf ein Baby aufpasst:* Wenn wir ins Theater gehen wollen, brauchen wir für diese Zeit einen Babysitter.

Ba·by·sitz *der* [ˈbeːbi...] <-es, -e> *Sitz mit speziellen Sicherheitsvorrichtungen zum Transport des Babys, besonders in Autos*

Ba·by·zel·le *die* [ˈbeːbi...] <-, -n> TECHN. *kleine, längliche Batterie von 1,5 Volt*

Bac·chant *der,* **Bac·chan·tin** [baˈxant] <-en, -en> *(geh.: nach dem römischen Gott Bacchus) jmd., der gern viel Wein trinkt*

Bac·chus *der* [ˈbaxʊs] *römischer Gott des Weines*

Bach *der* <-(e)s, Bäche> *ein kleiner Fluss, der nicht tief und nicht breit ist:* Hörst du, wie der Bach murmelt/plätschert/rauscht?; Ein kleiner Bach schlängelt sich durch die Wiesen. ▶ Bächlein ◆-bett, -forelle, Gebirgs-

bach·ab *adv* SCHWEIZ. *einen Bach hinab*

Bach·bett *das* <-(e)s, -en> *Bodenrinne, in der ein Bach fließt*

Ba·che *die* <-, -n> ZOOL. *(↔ Frischling, Keiler) ein erwachsenes weibliches Wildschwein*

Ba·che·lor *der* [ˈbɛtʃələ] <-(s), -s> *unterster akademischer Grad* ◆-arbeit, -feier, -grad, -kolloquium, -note, -projekt, -prüfung, -studiengang, -studium, -thema, -verteidigung, -vorprüfung, -zeugnis; *siehe auch* **Master**

Der **Bachelor** ist der erste akademische Grad, der nach einem berufsqualifizierenden Studienabschluss vergeben wird. Es ist dies nach dem (darauf gegebenenfalls aufbauenden) **Master** (vgl. das Stichwort dazu) ein an deutschen Universitäten neu eingeführter Studienabschluss, der im Rahmen des so bezeichneten „Bologna-Prozesses" zu einer Vereinheitlichung der Studiengänge an europäischen Hochschulen führen sollte. Die Regelstudienzeit des Bachelor-Studiums umfasst sechs Semester; Ziel ist neben der Vergleichbarkeit von Hochschulabschlüssen die Verkürzung der Studiendauer, die Erhöhung der Mobilität der Studierenden, sowie die Ermöglichung eines schnelleren Eintritts in das Arbeitsleben. Die im Rahmen des Bachelor-Studiengangs angebotenen Lehrveranstaltungen sind klar durch einzelne Module strukturiert, und zwar nach Einführungsveranstaltungen und weiterführenden Veranstaltungen (Basismodule und Aufbaumodule); hierzu wird angegeben, welche Lehrveranstaltungen obligatorisch, und welche fakultativ sind. Ein Modul fasst mindestens eine Lehrveranstaltung unter einem Lehrziel zusammen. Für ein jeweiliges Modul werden Leistungspunkte errechnet: Sie werden nach dem „European Credit Transfer System" (ECTS) vergeben, wobei im Durchschnitt pro Semester 30 Leistungspunkte erreichbar sind. In der Phase der Entwicklung eines universitären Bachelor-Studiengangs wurden den Vorschlägen jeweiliger Universitäten an spezielle Agenturen weitergegeben; diese überprüften auf dem Wege der Akkreditierung, ob eine Übereinstimmung mit den im Rahmen des Bologna-Prozesses entwickelten Vorgaben erreicht war. Ein abgeschlossener Bachelor-Studiengang qualifiziert zu dem sich anschließenden weiterführenden Masterstudium (vgl. unter diesem Stichwort dazu).
An dem neu eingeführten Bachelor-Studiengängen ist wiederholt Kritik geäußert worden (vielfach belegbar z. B. im Zeitraum des Jahres 2010): Verschulung des Studiums, mangelnde Beliebtheit bei potentiellen Arbeitgebern und damit geringe Chancen bzw. geringe Bezahlung auf dem Arbeitsmarkt, fehlende Zeit für Auslandsaufenthalte und Praxisphasen während des Studiums, mangelnde Gleichwertigkeit mit dem Diplom und dem ausgelaufenen

B

Magister-Studiengang, sowie zentrale Abstellung auf einen schnellen und rentablen Abschluss des Studiums, als „Taylorisierung des Studiums" bezeichnet. Allerdings gibt es keine verlässlichen Zahlen über die Perspektiven der Studierenden dieses Studiengangs; von Befürwortern und Gegnern werden auch unterschiedliche Zahlen zu Studienabbrechern genannt. Empfohlen wird oft, den Master-Abschluss nach dem Bachelor-Studium anzustreben; Überlegungen zur Reformierung des Bachelor-Studiengangs sehen z. B. vor, die Studienzeit um ein Jahr auf vier Jahre zu verlängern.

Bạch·stel·ze *die* <-, -n> ZOOL. *ein zierlicher Vogel mit relativ langen Beinen und einem wippenden Gang*

Back·blech *das* <-s, -e> *ein großes flaches Stück Metall, auf das man beim Backen den Teig legt*

Back·bord *das* <-(e)s> /kein Plur./ SEEW. *(↔ Steuerbord) (in Fahrtrichtung gesehen) die linke Seite des Schiffes*

back·bords *adv* SEEW. *(≈ links ↔ steuerbords)*

Bạ·cke *die* <-, -n> *(≈ Wange) der Teil des Gesichts, der sich rechts bzw. links von Mund und Nase befindet:* rote Backen haben; Er hat Zahnschmerzen und eine dicke, geschwollene Backe.; mit vollen Backen kauen; ■ **Au Backe!** *(umg.) verwendet, um auszudrücken, dass etwas Negatives geschehen ist (und dass es unangenehme Folgen haben wird)* Au Backe, die Vase ist in tausend Scherben zersprungen. Was machen wir bloß?

bạ·cken <backst/bäckst, backte/buk, hat gebacken> *mit OBJ/ohne OBJ* ❶ *jmd. backt (etwas) einen Kuchenteig bereiten und diesen im heißen Ofen garen:* Am Sonntag will ich einen Pflaumenkuchen backen.; Früher wurde bei uns jeden Samstag gebacken. ❷ *jmd. backt etwas eine Speise im heißen Ofen garen:* Die Forelle wird nach diesem Rezept im Ofen gebacken.; ■ **etwas gebacken kriegen/bekommen** *(umg.) etwas erfolgreich durchführen*

Bạ·cken·bart *der* <-(e)s, Backenbärte> *ein Bart, der an beiden Backen seitlich wächst*

Bạ·cken·kno·chen *der* <-s, -> ANAT. *Jochbein:* ein Gesicht mit hohen Backenknochen

Bạ·cken·zahn *der* <-s, Backenzähne> ANAT. *jeder der Zähne, die die seitlichen Teile des Gebisses ausmachen*

Bä·cker *der*, **Bä·cke·rin** <-s, -> *jmd., der beruflich Brot und andere Backwaren herstellt und verkauft* ♦ -brot, -bursche, -handwerk, -innung, -geselle, -laden, -lehrling

Bä·cke·rei[1] *die* <-, -en> ❶ *ein Betrieb, in dem Brot und Backwaren hergestellt werden* ♦ -betrieb, Groß- ❷ *das Handwerk des Bäckers:* Er will Bäckerei und Konditorei erlernen. ❸ *ein Geschäft, in dem Brot und Backwaren verkauft werden*

Bä·cke·rei[2] *die* <-> ÖSTERR. *Kleingebäck (Kekse und Salzgebäck)*

Bä·cker·meis·ter *der*, **Bä·cker·meis·te·rin** <-s,

-> jmd., der einen Meistertitel des Bäckerhandwerks besitzt

Bạck·form *die* <-, -en> *Form, in die Kuchenteig eingefüllt wird:* die Backform vor dem Backen einfetten

Back·gam·mon *das* [bæk'gæmən] <-, -(s)> *ein Strategie- und Würfelspiel*

Back·ground *der* ['bɛkgraunt] <-s> /kein Plur./ ❶ *die sozialen und kulturellen Lebensbedingungen, aus denen jmd. kommt:* Er kommt aus einem kleinen Bergdorf und hat einen ganz anderen Background als sie, die in einer großen Industriestadt aufgewachsen ist. ❷ *Kenntnisse und Erfahrungen, die jmd. für eine bestimmte Aufgabe braucht:* Wir brauchen einen Mitarbeiter mit künstlerischem Background.

Bạck·he·fe *die* <-, -n> *die Hefe, die man zur Herstellung von Hefeteig braucht:* die Backhefe in der lauwarmen Milch auflösen

Bạck·obst *das* <-(e)s> /kein Plur./ *(≈ Dörrobst, Trockenobst) getrocknetes Obst*

Bạck·ofen *der* <-s, Backöfen> *(elektrischer) Ofen zum Backen in einer Bäckerei*[1] *oder im Haushalt:* den Backofen bei zweihundert Grad vorheizen; einen Kuchen in den Backofen schieben; den Backofen mit einem speziellen Spray reinigen ♦ -hitze, -reiniger, -tür

Bạck·pfei·fe *die* <-, -n> *(umg. o veralt.: ≈ Ohrfeige) Schlag mit der flachen Hand auf die Wange*

Bạck·pflau·me *die* <-, -n> *(≈ Dörrpflaume, Trockenpflaume) getrocknete Pflaume*

Bạck·pul·ver *das* <-s> /kein Plur./ *ein Treibmittel, das man zum Herstellen von Teig braucht*

Bạck·re·zept *das* <-s, -e> *Rezept zum Backen von Gebäck oder Kuchen*

Bạck·rohr *das* <-s> ÖSTERR., SÜDDT. *(≈ Backofen)*

Bạ·ck·röh·re *die* <-, -n> *(≈ Backrohr)*

Bạck·slash *der* ['bɛkslɛʃ] <-s, -s> EDV *ein Zeichen, das wie ein Schrägstrich von links oben nach rechts unten aussieht und das man braucht, wenn man Computerverzeichnissen Namen gibt:* Um einen Pfadnamen zu schreiben, benötigt man das Zeichen Backslash.

Bạck·stage·be·reich *der* ['bæksteɪdz...] <-(e)s, -e> *der Bereich, der sich hinter der Bühne (eines Rockkonzerts) befindet*

Bạck·stu·be *die* <-, -n> *Arbeitsraum in einer Bäckerei, in dem gebacken wird*

Bạck·up, *a.* **Back-up** *das* ['bækʊp] <-s, -s> EDV *(≈ Sicherungskopie) eine Kopie, die man als Sicherung von einer Datei herstellt:* regelmäßig Backups von von der laufenden Arbeit machen

Bạck·wa·re *die* <-, -n> /meist Plur./ *vom Bäcker hergestellte Ware*

Bạck·werk *das* <-(e)s> /kein Plur./ *verschiedene Arten von Gebäck*

Bad *das* <-(e)s, Bäder> ❶ *das Baden in der Badewanne:* ein Bad einlaufen lassen/nehmen; Bei Verspannungen tut ein heißes Bad gut. ♦ -emantel, -etuch, -ewanne ❷ *das Baden im Meer oder einem See:* das tägliche Bad im Meer ♦ -ehose, -emantel, -eschuh, -estrand, -etasche, -etuch ❸ *(≈ Badezimmer) der Raum in einem Haus oder einer Wohnung, in dem man in einer Badewanne baden* oder sich unter der Dusche reinigen kann ◆ -reiniger ❹ kurz für „Schwimmbad": Ich fahre noch für zwei Stunden ins Bad. ◆-ehaube, -ehose, -ekappe, -emantel, -emeister(in), -eschuh, -etasche, -etuch ❺ eine Bezeichnung, die Kurorte ihrem Namen voranstellen dürfen: eine Kur in Bad Säckingen machen ◆ -arzt, -kur, -ort

Ba·de·an·stalt die <-, -en> (veralt.) öffentliches Schwimmbad

Ba·de·an·zug der <-(e)s, Badeanzüge> (↔ Bikini) einteiliger Anzug für Frauen, der beim Baden getragen wird

Ba·de·arzt der <-es, Badeärzte> Arzt in einem Kurbad, der die Kurgäste medizinisch betreut

Ba·de·kur die <-, -en> Kur in einem Heilbad: eine Badekur bei der Krankenkasse beantragen

Ba·de·meis·ter der, **Ba·de·meis·te·rin** <-s, -> jmd., der beruflich die technische und organisatorische Aufsicht eines Schwimmbades ausübt

ba·den <badest, badete, hat gebadet> I. mit OBJ ■ jmd. badet jmdn. jdn. in einer Badewanne reinigen: Die Mutter badet das Baby.; Die Pflegerin badet die alte Dame. II. ohne OBJ ■ jmd. badet ❶ sich in der Badewanne befinden ❷ (≈ schwimmen) Sie badet am liebsten im Meer.; ■ mit etwas baden gehen (umg.) erfolglos sein Er ist mit seiner Geschäftsidee baden gegangen.

Ba·den das <-s> /kein Plur./ westlicher Landesteil von Baden-Württemberg ▶ Badener, Badenerin, badensisch

Ba·den-Würt·tem·berg <-s> deutsches Bundesland

Ba·de·ort der <-es, -e> ❶ Kurort mit Warmwasserquellen ❷ (≈ Seebad) Kurort am Meer

Ba·de·sa·chen die <-> Plur. (≈ Badezeug) Dinge, die man zum Baden in einem Schwimmbad oder am Strand braucht

Ba·de·ver·bot das <-(e)s, -e> Verbot, in öffentlichen oder privaten Gewässern zu baden (meist, um bestimmte Gefahren zu vermeiden)

Ba·de·zeug das <-s> /kein Plur./ (umg.: ≈ Badesachen) beim Baden benötigte Dinge, wie Badeanzug, Badehose, Handtuch, Sonnenöl u.Ä.

Ba·de·zim·mer das <-s, -> (≈ Bad) der Raum in einer Wohnung, der zum Baden dient und mit Badewanne oder Dusche ausgestattet ist ◆-ausstattung, -einrichtung

Ba·de·zim·mer·gar·ni·tur die <-, -en> mehrere zusammengehörende Stoffmatten für das Badezimmer, die man auf den Fußboden legt

Ba·de·zu·satz der <-es, Badezusätze> schäumende und pflegende Substanz, die man dem Badewasser zusetzt: ein nach Orangen duftender Badezusatz

ba·disch adj /nicht steig./ zu Baden gehörend: badische Weine

Bad·min·ton das ['bɛtmɪntən] <-> /kein Plur./ SPORT nach festen Regeln gespieltes Federballspiel

Bad·vor·le·ger der <-s, -> Stoffmatte, die man vor die Badewanne legt

baff adj /nicht steig./ (umg.) überrascht: Da bin ich aber baff.; total/völlig baff sein

BAföG, a. **Ba·fög** das <-s> /kein Plur./ AMTSSPR. (nach der Abkürzung von „Bundesausbildungsförderungsgesetz") eine finanzielle Unterstützung, die (unter bestimmten Umständen) Studenten vom Staat erhalten: Hast du für dieses Semester schon Bafög beantragt? ▶-antrag, -empfänger, -erhöhung

Ba·ga·ge die [ba'ga:ʒə] <-> /kein Plur./ ❶ (≈ Gesindel) verwendet als Schimpfwort für eine Gruppe von Menschen ❷ (veralt. oder ÖSTERR. Reisegepäck

Ba·ga·tel·le die <-, -n> ❶ (≈ Kleinigkeit) ein unwichtiges Detail: Es lohnt sich nicht, über diese Bagatelle zu diskutieren. ❷ MUS. kleines, zweiteiliges Instrumentalstück

ba·ga·tel·li·sie·ren <bagatellisierst, bagatelli­sierte, hat bagatellisiert> mit OBJ ■ jmd. bagatellisiert etwas (geh.: ≈ herunterspielen ↔ übertreiben) ein Problem als kleiner darstellen, als es in Wirklichkeit ist

Ba·ga·tell·sa·che die <-, -n> ❶ unbedeutende Angelegenheit ❷ RECHTSW. kleiner, unbedeutender Rechtsstreit

Bag·dad <-s> Hauptstadt des Iraks

Bag·ger der <-s, -> eine schwere Baumaschine mit einem Greifarm, an dessen Ende sich eine große Grabschaufel befindet, mit der Erde ausgehoben wird: für die Ausschachtungsarbeiten einen Bagger benötigen ▶-fahrer, -führer, -loch, -schaufel, -see, Schaufel-

bag·gern <baggerst, baggerte, hat gebaggert> I. mit OBJ ■ jmd. baggert etwas mit einem Bagger ausheben: Der Baggerführer baggert ein Loch. II. ohne OBJ ■ jmd. baggert mit einem Bagger arbeiten: Der Bautrupp baggert seit einer Woche.

Ba·guette das [ba'gɛt] <-s, -s> französisches Stangenweißbrot

bah interj Ausruf des Ekels oder der Verachtung

Ba·ha·mas <-> Plur. Inselstaat in der Karibik ▶Bahamaer, Bahamaerin, Bahamer, Bahamerin, bahamaisch, bahamisch

bä·hen <bäht, bähte, hat gebäht> ohne OBJ ■ ein Tier bäht (≈ blöken) die für Schafe typischen Laute von sich geben: Die Schafe bähten laut.

Bahn die <-, -en> ❶ die bestimmte Strecke, auf der sich etwas bewegt: Die Kugel rollte in der vorgesehenen Bahn.; Elektronen bewegen sich auf bestimmten Bahnen um den Atomkern. ❷ (≈ Spur) ein Streifen auf der Fahrbahn ❸ SPORT abgegrenzte Strecke für sportliche Wettkämpfe ◆ Aschen-, Eis-, Radrenn-, Rodel- ❹ ASTRON. vorberechneter Kurs, den ein Objekt durchläuft: Der Satellit erreichte die vorgesehene Bahn. ◆ Erdumlauf-, Mond-, Satelliten- ❺ Weg, der in einem unwegsamen Gelände geschaffen wird: Wir haben im Schnee eine Bahn freigeschaufelt.; Der Fluss hat sich eine neue Bahn gebrochen. ❻ ein breiter Streifen aus Papier oder Stoff: Tapete zu Bahnen schneiden ◆ Stoff- ❼ kurz für „Eisenbahn": Ich fahre mit der Bahn; Er holt sie von der Bahn ab. ◆-beförderung, -benutzer(in), -damm, -fahrkarte, -fahrt, -fracht, -gelände, -knotenpunkt, -kunde, -kundin, -lieferung, -linie, -netz, -polizei, -post, -reise, -schiene, -schwelle, -spediteur, -spedition, -station, -strecke, -tarif, -taxi, -touristik, -tunnel, -überführung, -übergang, -verbin-

B

dung, -verkehr, wärter(in), -zustellung, Bundes-, Reichs- ❽ SPORT *der Vorgang, dass ein Schwimmer die gesamte Länge eines Schwimmbeckens von einer Begrenzungswand zur anderen durchquert:* 1000m entsprechen im Fünfzigmeterbecken 20 Bahnen.; Nach drei Bahnen liegt die deutsche Meisterin immer noch in Führung.; ■**etwas in die richtigen Bahnen lenken** *(geh.) etwas so organisieren, dass es die gewünschte Entwicklung hat;* ■**sich Bahn brechen** *(umg.) sich durchsetzen;* ■**jemanden aus der Bahn werfen** *(umg.) jmdn. von seinem bisherigen Lebensweg abbringen* Die plötzliche Arbeitslosigkeit hat ihn aus der Bahn geworfen.; ■**freie Bahn für etwas haben** *(umg.) etwas ohne Hindernisse tun können*

Bahn·an·la·gen *die* <-> *Plur. die Gesamtheit der Anlagen, die für den Eisenbahnbetrieb notwendig sind, z. B. Bahnhofsgebäude, Schienen, Weichen u.Ä.:* Das Betreten der Bahnanlagen ist verboten!; Die Bahnpolizei überwacht die Sicherheit der Bahnanlagen.

Bahn·an·schluss *der* <-es, Bahnanschlüsse> *(≈ Zuganschluss) Lage eines Ortes an einer Bahnlinie*

bahn·bre·chend *adj /nicht steig./ (≈ umwälzend) so, dass es eine völlig neue Entwicklung einleitet:* eine bahnbrechende Entdeckung/Erfindung

Bahn·card® *die* <-, -s> *eine Ausweiskarte, die dazu berechtigt, Fahrkarten (der Deutschen Bahn AG) zu ermäßigten Preisen zu erwerben*

bahn·ei·gen *adj /nicht steig./ der Institution Deutsche Bahn AG gehörend* ▶ Bahneigentum

bah·nen <bahnst, bahnte, hat gebahnt> *mit OBJ* ■**jmd. bahnt (jmdm.) einen Weg** ❶ *(gegen einen bestimmten Widerstand) einen Weg schaffen:* mit der Schaufel im tiefen Schnee einen Weg bahnen ❷ *bewirken, dass man so der jmd. irgendwohin gehen kann:* Er bahnte seinem Sohn den Weg zum Erfolg.; Der Schauspieler bahnte sich einen Weg durch die Menge.

Bah·nen·rock *der* <-s, Bahnenröcke> *Damenrock, der aus mehreren Stoffbahnen zusammengesetzt ist*

Bahn·fracht *die* <-> *Transport von Gütern mit der Bahn* ◆-brief, -dienst, -gut, -verkehr

Bahn·hof *der* <-(e)s, Bahnhöfe> *eine aus Bahnhofsgebäude und Bahnsteigen bestehende Anlage, an der Züge abfahren und ankommen:* Ich hole dich vom Bahnhof ab.; Kannst du mich zum Bahnhof bringen?; Nicht alle Züge halten an diesem Bahnhof.; Vor dem Bahnhof parken ständig Taxis.; ■**nur Bahnhof verstehen** *(umg.) nicht verstehen, worum es geht;* ■**jemanden mit großem Bahnhof empfangen** *(umg.) jmdn. festlich und in Anwesenheit vieler Menschen empfangen* ◆-sbuchhandlung, -sgaststätte, -sgebäude, -shalle, -srestaurant, -svorsteher, Bus-, Durchgangs-, Güter-, Kopf-, Rangier-, Sack-, Ziel-

Bahn·hof·buf·fet, **Bahn·hofs·buf·fet** *das* ['ba:nho:fbʏfeː] <-s, -s> SCHWEIZ. *Gaststätte im Bahnhof*

Bahn·hofs·bü·fett, **Bahn·hofs·buf·fet** *das* ['ba:nho:fbʏfeː] <-s, -s> *Gaststätte im Bahnhof*

Bahn·hofs·mis·si·on *die* <-, -en> ❶ */kein Plur./*

eine Organisation, die an Bahnhöfen Menschen mit verschiedenen Dingen, z. B. Speisen und Getränken, der Möglichkeit zum Ausruhen usw. hilft ❷ *die Räume der Bahnhofsmission[1] in einem Bahnhof*

Bahn·hofs·vier·tel *das* <-s, -> *Stadtviertel, das sich in unmittelbarer Nähe des Bahnhofs befindet*

Bahn·hofs·vor·stand *der* <-s, Bahnhofsvorstände> ÖSTERR. *Bahnhofsvorsteher*

Bahn·hofs·vor·ste·her *der*, **Bahn·hofs·vor·ste·he·rin** <-s, -> *jmd., der einen Bahnhof leitet*

Bahn·ki·lo·me·ter *der* <-s, -> *Maß für die mit der Bahn zurückgelegte Strecke*

bahn·la·gernd *adj /nicht steig./ so dass Güter auf dem Bahnhof gelagert werden, bis der Empfänger sie abholt*

Bähn·ler *der*, **Bähn·le·rin** <-s, -> SCHWEIZ. *Eisenbahnangestellter*

Bahn·meis·te·rei *die* <-, -en> *Dienststelle der Bahn, die für die Überwachung, Instandsetzung und Erneuerung der Bahnanlagen zuständig ist*

Bahn·steig *der* <-s, -e> *eine erhöhte Plattform, die in einem Bahnhof neben den Schienen verläuft und den Fahrgästen das Ein- und Aussteigen ermöglicht* ◆-kante, Hoch-, Tief-

Bahn·über·füh·rung *die* <-, -en> *eine Art Brücke, auf der Eisenbahnzüge fahren, und die über eine Straße hinwegführt*

Bahn·über·gang *der* <-s, Bahnübergänge> *eine Stelle, an der eine Straße eine Eisenbahnlinie kreuzt:* ein beschrankter/unbeschrankter Bahnübergang

Bahn·ver·bin·dung *die* <-, -en> ❶ *die Möglichkeit, mit der Eisenbahn von einem Ort zum anderen zu fahren* ❷ *die Fahrplandaten, die eine Bahnverbindung[1] beschreiben*

Bahn·wär·ter *der*, **Bahn·wär·te·rin** <-s, -> *Angestellter der Bahn, der für die Überwachung der Gleisanlagen und die Betätigung der Schranken zuständig ist* ◆-häuschen

Bah·rain <-s> */kein Plur./ Inselgruppe und Scheichtum im Persischen Golf* ▶ Bahrainer, Bahrainerin, bahrainisch

Bah·re *die* <-, -n> *(≈ Trage) eine Art Gestell, auf dem man Kranke, Verletzte oder Tote transportiert* ◆ Toten-, Trag-

Bai *die* [bei] <-, -en> GEOGR. *Meeresbucht*

Bai·ser *das* [bɛˈzeː] <-s, -s> *Gebäck aus Eischnee und Zucker*

Bais·se *die* [ˈbɛːsə] <-, -n> WIRTSCH. *(↔ Hausse) das Fallen von Börsenkursen* ◆-spekulant(in)

Bais·se·spe·ku·lant *der*, **Bais·se·spe·ku·lan·tin** [ˈbɛːsə...] <-en, -en> WIRTSCH. *jmd., der auf das Fallen von Börsenkursen und Preisen spekuliert*

Bais·si·er *der* [bɛˈsi̯eː] <-s, -s> WIRTSCH. *(≈ Baissespekulant)*

Ba·jaz·zo *der* <-s, -s> THEAT. *komische Figur im italienischen Theater*

Ba·jo·nett *das* <-(e)s, -e> MILIT. *(früher) eine scharfe Klinge, die auf einem Gewehrlauf befestigt wird*

Ba·ke *die* <-, -n> ❶ *Verkehrszeichen an Autobahnabfahrten* ❷ SEEW. *Signalzeichen in der Schifffahrt*

Ba·ke·lit® *das* <-s, -e> CHEM. *ein spröder Kunststoff, der aus Kunstharzen hergestellt wird*

Bak·schisch *das* <-(e)s> *(umg.) eine kleine Geldsumme, die man jmdm. (als Trinkgeld oder als Bestechung) gibt*

Bak·te·rie *die* <-, -n> *(≈ Bazille) mikroskopisch kleines, einzelliges Lebewesen:* Es gibt nicht nur Bakterien, die Krankheiten erregen, sondern auch solche, die dem Menschen von Nutzen sind.; Bakterien unter dem Mikroskop betrachten ◆-nkultur, -nträger, Darm-, Fäulnis-

bak·te·ri·ell *adj /nicht steig./ durch Bakterien hervorgerufen:* eine bakterielle Infektion

Bak·te·ri·en·ruhr *die* <-> /kein Plur./ MED. *eine akute Infektionskrankheit, bei der es in der Schleimhaut des Dickdarms zu Entzündungen kommt*

Bak·te·rio·lo·gie *die* <-> /kein Plur./ *Wissenschaft von den Bakterien* ▸ Bakteriologe, Bakteriologin, bakteriologisch

bak·te·ri·zid *adj /nicht steig./* MED. *so, dass es Bakterien abtötet* ▸ Bakterizid

Ba·la·lai·ka *die* <-, Balalaiken/-s> *ein russisches Saiteninstrument* ◆-orchester

Ba·lan·ce *die* [ba'lã:s] <-, -n> *(≈ Gleichgewicht)* ❶ PHYS. *der Zustand, in dem entgegengesetzt wirkende Kräfte gleich stark sind:* Die beiden Waagschalen sind jetzt in der Balance.; Ein Seiltänzer hält die Balance mit Hilfe einer Stange. ◆-akt, Fließ-, Kräfte- ❷ *(geh.) seelische Ausgeglichenheit:* Nach der Krise scheint sie jetzt wieder ihre Balance gefunden zu haben.

ba·lan·cie·ren [balaŋ'si:rən, balã'si:rən] <balancierst, balancierte, hat/ist balanciert> **I.** *mit OBJ (haben)* ■ *jmd. balanciert etwas (auf etwas Dat.) im Gleichgewicht halten:* einen Ball auf dem Kopf balancieren; Sie balanciert gerade ein volles Tablett. **II.** *ohne OBJ (sein)* ■ *jmd. balanciert irgendwo/irgendwie auf etwas gehen, das sehr schmal ist, und dabei sein Gleichgewicht halten:* Er balanciert auf einem Seil.; Sie balancierte sehr geschickt an dem Felsenrand entlang.

bald *adv* ❶ *(≈ gleich, in Kürze) so, dass vom Moment der Äußerung bis zu einem bestimmten Zeitpunkt in der Zukunft nur wenig Zeit vergeht:* Wir sind bald fertig.; Nur Geduld, wir sind bald am Ziel.; Keine Sorge, ich komme bald wieder! ❷ *(umg.: ≈ fast) beinahe:* Das Ordnen der Papiere hat bald zwei Stunden gedauert.; ■ **bald ..., bald ...** *verwendet, um auszudrücken, dass zwei Situationen sich abwechseln* Bald kommt er, bald geht er!

Bal·da·chin *der* <-s, -e> *eine Art Überdachung aus Stoff, die an vier Stangen befestigt ist und die man (zum Beispiel bei Prozessionen) tragen kann*

Bäl·de ■ **in Bälde** *(veralt. oder geh.) bald, innerhalb kurzer Zeit* Der Brief wird sie in Bälde erreichen.

bal·digst *adv (veralt.: ≈ schnellstens) so bald wie möglich:* Ich erwarte, dass diese Aufgabe baldigst erledigt wird.

Bal·dri·an *der* <-s, -e> ❶ BOT. *eine Heilpflanze* ◆-gewächs, -pflanze, -wurzel ❷ /kein Plur./ BOT. *Ölextrakt aus der Wurzel des Baldrians [1], das eine* beruhigende Wirkung hat ◆-öl, -tabletten, -tinktur, -tropfen, -wurzel

Ba·le·a·ren <-> *Plur. Inselgruppe im westlichen Mittelmeer* ▸ Balearer, Balearerin, balearisch

Balg[1] *der* <-(e)s, Bälge> ❶ *(≈ Fell) die Haut, die man einem getöteten Tier abgezogen hat* ❷ *(≈ Blasebalg) Teil eines Geräts, der aus einem in Falten gelegten, festen Material besteht, mit dem man beim Zusammenpressen einen Luftstrom erzeugen kann:* Einige Musikinstrumente (wie das Harmonium, das Akkordeon, das Bandoneon und andere) haben Bälge.

Balg[2] *das* <-s, Bälger> *(umg. oft abwert.) kleines Kind:* ein schreiendes/ungezogenes Balg; Was für ein süßes Balg!

bal·gen <balgst, balgte, hat gebalgt> *mit SICH* ■ *jmd./ein Tier balgt sich mit jmdm./einem Tier (um etwas* Akk.*) miteinander ringen und sich dabei am Boden wälzen (um etwas zu bekommen):* Die Kinder balgen sich auf der Wiese.; Zwei Knaben haben sich um den Ball gebalgt.; Die Hunde balgen sich um den Knochen.

Bal·kan *der* <-s> /kein Plur./ ❶ *Halbinsel in Südosteuropa* ❷ *Gebirge in Südosteuropa* ◆-halbinsel, -krieg, -land, -staat ▸ balkanisch, Balkanologe, Balkanologin, Balkanologie, balkanologisch

Bal·ken *der* <-s, -> ❶ *Holz, das zu einem relativ langen und dünnen Brett gesägt ist, das man beim Bauen als Träger benutzt* ◆-konstruktion, Dach-, Holz-, Quer-, Stütz- ❷ *auf den Schulterklappen einer Uniform eine Art Strich, der den Dienstgrad kennzeichnet;* ■ **lügen, dass sich die Balken biegen** *(umg. abwert.) ohne Skrupel lügen*

Bal·ken·code *der* <-s, -s> WIRTSCH. *computerlesbarer Strichkode, der Angaben zur Ware enthält* ◆-lesegerät

Bal·ken·de·cke *die* <-, -n> *Zimmerdecke aus Balken [1]*

Bal·ken·dia·gramm *das* <-s, -e> *(≈ Säulendiagramm ↔ Tortendiagramm) eine grafische Darstellung von Zahlenwerten in der Form von Säulen mit unterschiedlicher Länge*

Bal·kon *der* [bal'kɔŋ, bal'ko:n] <-s, -s/-e> ❶ *ein Anbau, der in einer gewissen Höhe an der Außenseite eines Gebäudes angebracht ist und den man z. B. benutzt, um darauf zu sitzen* ◆-möbel, -pflanze, -tür, -zimmer ❷ THEAT. *(≈ Galerie) erhöhter Teil des Zuschauerraums (mit Sitzplätzen)*

Bal·ko·ni·en ■ **Urlaub auf Balkonien** *(umg. scherzh.) verwendet, um auszudrücken, dass jmd. den Urlaub nicht an einem Ferienort verbringt, sondern den Balkon der eigenen Wohnung als Ort der Erholung und Entspannung nutzt* Bei anhaltend schlechter Wirtschaftslage könnte Urlaub auf Balkonien wieder häufiger werden.

Ball *der* <-(e)s, Bälle> ❶ SPORT *eine Art Kugel aus Kunststoff oder Leder, die man sich bei verschiedenen (Mannschafts-)Sportarten zuwirft, mit dem Fuß zuspielt oder mit Schlägern schlägt:* Der Ball ist rund.; den Ball abfälschen/annehmen/schießen/treffen/zuspielen ◆-annahme, -behandlung, -führung, -gefühl, -künstler(in), -verlust, -wechsel, Basket-, Feder-, Fuß-, Gummi-, Hand-, Leder-, Tennis-, Volley- ❷ SPORT *im Rahmen des Spiels eine*

B

bestimmte Bewegung des Balls[1]: Dieser Ball war für den Tormann unhaltbar. ❸ *etwas, das wie eine Kugel geformt ist:* Die Sonne geht als feuriger Ball unter. ◆ Erd-, Sonnen-, Schnee- ❹ *große, meist offizielle Veranstaltung, bei der getanzt wird* ◆ -kleid, -nacht, -saal, -schuhe, Abitur-, Abschluss-, Faschings-, Presse-, Schul-, Silvester-, Uni- ❺ ■ **am Ball bleiben** *(umg.) etwas weiterverfolgen*

bal·la·bal·la *adj /nicht steig./ (umg. scherzh.) nicht ganz bei Verstand:* Um das zu machen, muss man schon ballaballa sein.

Ball·ab·ga·be *die* <-, -n> SPORT *(↔ Ballannahme) das Weiterspielen des Balls an einen anderen Spieler der eigenen Mannschaft:* bei der Ballabgabe noch Schwächen haben

Bal·la·de *die* <-, -n> LIT., MUS. *ein Gedicht (oder ein Lied), in dem eine Geschichte erzählt wird* ◆ -nbuch, -ndichter, -nstoff ▶ balladenhaft, balladesk

Bal·last, Bal·last *der* <-(e)s> */kein Plur./* ❶ LUFTF., SEEW. *zusätzliche Gewichte, mit denen Schiffe oder Flugzeuge beladen werden, um eine gleichmäßige Gewichtsverteilung zu erreichen, und die bei Bedarf abgeworfen werden* ❷ *(geh.: ≈ Bürde) etwas, das überflüssig ist und als eine Belastung empfunden wird:* Beim Umzug empfand sie ihre vielen Bücher nur noch als Ballast.; sich von überflüssigem Ballast trennen

Bal·last·stof·fe *Plur. pflanzliche Bestandteile der Nahrung, die vom Körper nicht verwertet werden können, aber die wichtig sind, weil sie der Anregung der Darmtätigkeit dienen:* Vollkornbrot enthält viele Ballaststoffe. ▶ ballaststoffreich

Bäll·chen *das* <-s, -> *eine breiförmige Speise, die zu einer kleinen Kugel geformt ist:* den Teig zu Bällchen formen ◆ Hackfleisch-, Kartoffel-

Bal·len *der* <-s, -> ❶ *Stoff, der zu einem Bündel geschnürt ist, das wie ein Zylinder aussieht* ◆ Stoff- ❷ ANAT. *Muskelgruppe an der Innenseite der Hände und der Unterseite der Füße* ◆ Daumen-, Hand-, Fuß-

bal·len <ballst, ballt, hat geballt> **I.** *mit OBJ* ■ *jmd.* **ballt die Faust** *die Hand fest schließen und zusammenpressen:* Er ballte vor Wut die Faust und schlug auf den Tisch. **II.** *mit SICH* ■ *jmd./etwas ballt sich (zu etwas Dat.) sich als große Masse von etwas an einem Ort zusammendrängen:* Am Himmel ballen sich die Wolken.; mit geballter Kraft/Wucht; In diesen Tagen ballten sich die dramatischen Ereignisse.

Bal·le·ri·na *die* <-, Ballerinen> *Solotänzerin in einem Ballett[3]*

Bal·lett *das* <-(e)s, -e> ❶ */kein Plur./ die Kunst des klassischen Tanzes:* Nach dem Abitur möchte sie zum Ballett. ◆ -ausbildung, -kleid, -schuhe, -schule, -schüler(in) ❷ *ein einzelnes Werk des Balletts[1]:* ein klassisches Ballett aufführen; ein Ballett von Strawinsky ◆ -musik ❸ *eine Gruppe von Tänzern, die ein Ballett[2] tanzen* ◆ -bühne, -direktor(in), -ensemble, -meister(in), -theater

Bal·lett·abend *der* <-s, -e> *Veranstaltung am Abend, auf der ein Ballett[2] aufgeführt wird*

Bal·lett·korps *das* <-, -> *Teil des Balletts, der auf*

der Bühne den Rahmen und Hintergrund für die Solisten abgibt

Bal·lett·mu·sik *die* <-, -en> *als Grundlage für ein Ballett[2] komponierte Musik:* Die Ballettmusik zu „Schwanensee" komponierte Tschaikowski.

Bal·lett·tän·zer, a. Bal·lett-Tän·zer *der*, **Bal·lett·tän·ze·rin** <-s, -> *jmd., der in einem Ballett tanzt*

Ball·füh·rung *die* <-> */kein Plur./* SPORT *das Bewegen des Balls, das der Spieler während des Laufes mit dem Fuß, der Hand oder einem Schläger steuert*

Ball·ge·fühl *das* <-s> */kein Plur./* SPORT *die Fähigkeit eines Spielers zum (eleganten) Umgang mit dem Ball*

Bal·lis·tik *die* <-> */kein Plur./ Lehre von der Flugbahn von Geschossen* ▶ Ballistiker(in)

bal·lis·tisch *adj /nicht steig./ auf die Ballistik bezogen:* Die ballistische Untersuchung wird zeigen, ob mit dieser Waffe geschossen wurde.

Ball·jun·ge *der* <-n, -n> SPORT *jmd., der beim Tennis für die Spieler die Bälle wieder einsammelt*

Ball·kleid *das* <-(e)s, -er> *festliches Kleid, das man bei einem Ball[4] trägt*

Bal·lon *der* [ba'lɔŋ, ba'loːn] <-s, -s/-e> ❶ *eine Art Gummiblase, die mit Luft oder Gas gefüllt wird und so eine (annähernd) runde Kugel ergibt* ◆ Gas-, Luft- ❷ *ein großes Glasgefäß in der Form einer Kugel* ❸ *ein Luftfahrzeug, bei dem an einem großen Ballon[1] aus Stoff, welcher mit Gas oder heißer Luft gefüllt ist, eine Art großer Korb, die Gondel, hängt* ◆ -gondel, -hülle, Gas-, Heißluft-, Versuchs- ❹ ■ **einen Ballon kriegen** *(umg.) einen roten Kopf bekommen*

Bal·lon·är·mel *der* [ba'lɔŋ..., ba'loːn...] <-s, -> *ein Ärmel, der oben sehr weit und unten sehr schmal ist*

Bal·lon·fah·rer *der* [ba'lɔŋ..., ba'loːn...] <-s, -> *Führer eines Ballons:* Wegen des starken Windes hatte der Ballonfahrer Schwierigkeiten bei der Landung.

Bal·lon·sei·de *die* [ba'lɔŋ..., ba'loːn...] <-, -n> *sehr leichtes Material zur Herstellung der Hülle eines Ballons[3]*

Ball·spiel *das* <-(e)s, -e> ❶ *das Spielen mit einem Ball:* den Kindern beim Ballspiel zusehen ❷ SPORT *jede Art von Spiel, bei dem sich (in zwei Mannschaften organisierte) Sportler einen Ball zuspielen:* Fußball, Handball, Basketball und Volleyball sind Ballspiele.

Bal·lung *die* <-, -en> *(≈ Verdichtung) der Sachverhalt, dass an einer bestimmten Stelle eine große Menge von etwas zusammengedrängt ist*

Bal·lungs·ge·biet *das* <-(e)s, -e> *Gebiet, in dem sehr viele Menschen leben:* Ballungsgebiete wie das Ruhrgebiet oder der Rhein-Neckar-Raum

Bal·sam *der* <-s, -e> */Plur. selten/* ❶ *Harze und ätherische Öle, die zu einer zähflüssigen Substanz vermischt sind* ❷ MED. *eine Salbe zur Linderung von Schmerzen* ◆ Haut- ❸ *(geh. übertr.) etwas, das Trost und Linderung für einen Schmerz spendet:* Seine Worte waren wie Balsam für meine Seele.

bal·sa·mie·ren <balsamierst, balsamierte, hat

balsamiert> *mit OBJ* ▪ *jmd.* **balsamiert etwas (mit etwas** *Dat.***)** ❶ (≈ *mumifizieren) einen Leichnam mit konservierenden Mitteln behandeln, um ihn vor Verwesung zu schützen:* Durch Balsamieren konnten Mumien über Jahrtausende erhalten bleiben. ❷ *(geh.) jmdn. oder etwas mit Balsam oder anderen wohlriechenden oder heilkräftigen Mitteln einreiben:* die Haut abends mit einer wertvollen Nährcreme balsamieren

bal·sa·misch *adj* ❶ *den Balsam* [1], *betreffend, wie Balsam* [1] *duftend:* der balsamische Duft der Blüten ❷ *Balsam* [1] *enthaltend:* balsamische Öle

Bal·ti·kum *das* <-s> */kein Plur./ das Gebiet, das Estland, Lettland und Litauen umfasst* ▶ Balte, Baltin, baltisch

Bal·tis·tik *die* <-> */kein Plur./ Wissenschaft von den Sprachen sowie von der Geschichte und Kultur des Baltikums*

Ba·lus·t·ra·de *die* <-, -n> (≈ *Brüstung) eine Art (aufwändig gearbeitetes) Geländer*

Balz *die* <-> */kein Plur./* ZOOL. *Paarungszeit und Paarungsspiel einzelner Vogelarten:* Die Wildtauben sind gerade in der Balz.; Vögel bei der Balz beobachten ▶ balzen ♦ -gesang, -laut, -ruf, -verhalten, -zeit

Bam·bus *der* <-/-ses, -se> ❶ *eine schnell wachsende tropische Pflanze, deren hohler Stengel verholzt und lange, sehr harte Rohre entwickelt* ❷ *die harten Röhren des Bambus* [1]: Aus Bambus kann man Möbel und sogar Häuser bauen. ♦ -hütte, -rohr, -strauch, -wald

Bam·bus·spros·sen *die* <-> *Plur. Keimling des Bambus* [1], *der in der asiatischen Küche als Gemüse verwendet wird*

Bam·mel ▪ **Bammel vor etwas haben** *(umg.) vor etwas Angst haben*

ba·nal *adj (abwert.:* ≈ *trivial) so, dass es oberflächlich ist und keine wichtigen Inhalte vermittelt:* ein banaler Film

ba·na·li·sie·ren <banalisiert, banalisierte, hat banalisiert> *mit OBJ* ▪ *jmd.* **banalisiert etwas** *(geh.:* ≈ *herunterspielen) etwas Wichtiges so behandeln, als ob es banal wäre:* Sie versucht, die Probleme zu banalisieren

Ba·na·li·tät *die* <-, -en> ❶ */kein Plur./* (≈ *Alltäglichkeit) der Zustand, dass etwas banal ist:* Die Angelegenheit war an Banalität nicht zu übertreffen. ❷ */meist Plur./* (≈ *Gemeinplatz) banale Äußerung:* eine Rede voller Banalitäten

Ba·na·ne *die* <-, -n> ❶ *eine in den Tropen wachsende Staudenpflanze* ♦ -nplantage ❷ *die längliche, leicht gekrümmte Frucht der Banane* [1], *deren Schale gelbbraun und deren Fruchtfleisch weiß ist:* eine Banane schälen; zum Frühstück ein Müsli mit Banane essen ♦ -neis, -nschale, -nshake, -nsplit, -nstaude

Ba·na·nen·re·pu·b·lik *die* <-, -en> *(umg. abwert.) ein kleiner, wirtschaftlich unterentwickelter Staat im tropischen Mittelamerika*

Ba·na·nen·ste·cker *der* <-s, -> ELEKTROTECHN. *schmaler, einpoliger Stecker*

Ba·nau·se *der,* **Ba·nau·sin** <-n, -n> *(umg. abwert.:* ≈ *Ignorant) ein Mensch ohne Sinn für Kunst, der für kulturelle Dinge kein Verständnis*

hat: Dieser Banause kann ein gutes Konzert doch gar nicht schätzen! ♦ Kultur-, Kunst- ▶ Banausentum

Band [1] *das* <-(e)s, Bänder> ❶ *ein langes schmales Stück Stoff:* das mit farbigen Bändern geschmückte Haar der Mädchen ♦ Arm-, Haar-, Hals- ❷ TECHN. *kurz für „Tonband":* die Sendung auf Band mitschneiden ❸ *kurz für „Fließband"* ♦ -arbeit, -arbeiter(in) ❹ */meist Plur./ elastisches, dehnbares Gewebe, das die beweglichen Teile des Skeletts verbindet* ❺ TECHN. (≈ *Frequenzbereich)* ▪ **am laufenden Band** *(umg.) ständig, ohne Unterbrechung*

Band [2] *der* <-(e)s, Bände> ❶ *ein gebundenes (meist großes) Buch* ♦ Bild-, Foto- Gedicht-, Kunst- ❷ *ein einzelnes Buch aus einer Buchreihe oder einer Gesamtausgabe:* eine Goethe-Ausgabe in vierzehn Bänden; ▪ **etwas spricht Bände** *aus etwas kann man sehr viele Schlüsse über etwas ziehen* Sein Schweigen sprach Bände.

Band [3] *die* [bɛnt] <-, -s> *eine Gruppe von Musikern, die einen der Stile der modernen Musik spielt* ♦ -leader, Beat-, Country-, Jazz-, Rock-

Ban·da·ge *die* [banˈdaːʒə] <-, -n> MED. (≈ *Stützverband) ein fester Verband, der ein verletztes Körperteil stützen oder schützen soll:* vom Orthopäden eine Bandage verordnet bekommen; ▪ **mit harten Bandagen kämpfen** *(umg.) hart und ohne Rücksicht kämpfen*

ban·da·gie·ren <bandagierst, bandagierte, hat bandagiert> *mit OBJ* ▪ *jmd.* **bandagiert etwas** (≈ *verbinden) mit einer Bandage umwickeln:* das Knie bandagieren

Band·brei·te *die* <-> */kein Plur./ (umg.) das Spektrum, das etwas umfasst oder die Vielfalt, die etwas hat:* Sein Wissen ist von enormer Bandbreite.

Ban·de *die* <-, -n> ❶ SPORT *die feste Umrandung einer Spielfläche oder eines Spielfeldes:* mit dem Ball die Bande treffen ♦ -nwerbung ❷ *(abwert.) verbrecherische Gruppe:* Mitglied einer kriminellen Bande sein ♦ -nbildung, -nchef, -nführer, -nkrieg, -nkriminalität, -nmitglied, -nwesen, Diebes-, Drogen-, Jugend-, Räuber-, Schlepper-, Schmuggler-, Verbrecher-

Ban·del, *a.* **Bän·del** *das* <-s, -> SCHWEIZ. *schmales Band, Schnur;* ▪ **jemanden am Bändel haben** *jmdm. nicht von der Seite weichen und ihn unter Kontrolle halten*

Ban·den·krieg *der* <-(e)s, -e> *bewaffnete Auseinandersetzung zwischen konkurrierenden Banden* [2]: Der Bandenkrieg kostete bereits fünf Menschenleben.

Ban·de·ro·le *die* <-, -n> ❶ *Klebemarke aus Papier auf steuerpflichtigen Import- oder Exportwaren:* Die Banderole an der Zigarettenschachtel ist beschädigt. ❷ (≈ *Spruchband)*

Ban·de·ro·len·steu·er *der* <-s, -n> *mit Hilfe von Banderolen* [1] *erhobene Verbrauchssteuer*

Bän·der·riss *der* <-es, -e> MED. *Riss eines Bandes durch Überlastung*

Band·för·de·rer *der* <-s, -> BAUW. *durch einen Motor angetriebenes Fördergerät, das Schütt-*

B

oder Stückgut auf einem über Rollen laufenden endlosen Band befördert

Band·ge·schwin·dig·keit *die* <-, -en> ❶ *Geschwindigkeit des Magnetbandes bei der Aufnahme und Wiedergabe von Ton- oder Bildaufzeichnungen* ❷ *Geschwindigkeit eines Fließbandes*

bän·di·gen <bändigst, bändigte, hat gebändigt> *mit OBJ* ■ *jmd.* **bändigt jmdn./ein Tier (mit etwas** *Dat.)* ❶ *zähmen:* ein wildes Pferd bändigen ❷ *zur Ruhe oder zur Aufmerksamkeit bringen:* Am Montag haben es Lehrer oft schwer, die Kinder in der Schule zu bändigen. ❸ ■ *jmd.* **bändigt etwas (mit etwas** *Dat.)* *(geh.) unter Kontrolle halten:* Sie bändigt ihre widerspenstigen Haare mit einer Spange.

Ban·dit *der*, **Ban·di·tin** <-en, -en> *Verbrecher, der Mitglied einer Bande² ist*

Band·ke·ra·mik *die* <-, -en> ❶ *für die Jungsteinzeit typische Keramik mit bandförmigen Verzierungen* ❷ */kein Plur./ eine Kultur der frühen Jungsteinzeit in Mitteleuropa*

Band·lauf·werk *das* <-s, -e> EDV *Gerät zur Datenspeicherung auf Magnetbändern*

Band·lea·der *der*, **Band·lea·de·rin** [ˈbɛntliːdə] <-s, -> MUS. *Leiter einer Jazzband*

Band·maß *das* <-es, -e> *ein Metermaß, das man aufrollen kann*

Ban·do·ne·on *das* <-s, -s> *Handharmonika mit Knopfreihen an beiden Seiten:* einen Tango auf dem Bandoneon spielen ◆-spieler

Band·schei·be *die* <-, -n> ANAT. *eine der Knorpelscheiben zwischen zwei Wirbeln der Wirbelsäule:* wegen Problemen mit der Bandscheibe zum Orthopäden gehen ◆-nschaden, -noperation, -nvorfall

Band·stahl *der* <-s> */kein Plur./ bandförmig ausgewalzter Stahl*

Band·wurm *der* <-(e)s, Bandwürmer> *ein Parasit, der im Darm von Tieren und Menschen leben kann* ◆-befall

bang, *a.* **ban·ge** <banger/bänger, am bangsten/am bängsten> *adj furchtsam und ängstlich:* Bange Stunden vergingen, bis sie endlich die positive Antwort bekam.; bange Minuten vor der Prüfung; bange Ahnungen; jemandem Angst und Bange machen; Bange machen/Bangemachen gilt nicht.

ban·gen <bangst, bangte, hat gebangt> *mit OBJ* ■ *jmd.* **bangt um jmdn./etwas** *(geh.) große Angst und Sorge (um jmdn. oder etwas) haben:* Man bangt um das Leben der vermissten Kinder.

Ban·gla·desch <-s> */kein Plur./ Staat am Golf von Bengalen* ▶ Bangale, Bangalin, bangalisch, Bangladescher, Bagladescherin, bangladeschisch

Ban·jo *das* [ˈbanjo; ˈbɛndʒo] <-s, -s> *ein Saiteninstrument, das wie eine Gitarre mit einem runden Resonanzkörper aussieht* ◆-spieler

Bank¹ *die* <-, Bänke> ❶ *ein Gegenstand aus Holz oder Metall, der in Gärten oder Parks steht und auf dem man sitzen kann:* Bei schönem Wetter sind alle Bänke am Seeufer belegt. ◆ Garten-, Holz-, Park- ❷ *kurz für „Sandbank";* ■ **etwas auf die lange Bank schieben** *(umg.) etwas immer wieder aufschieben*

Bank² *die* <-, -en> WIRTSCH. ❶ *eine Institution, bei der man sein Geld auf einem Konto aufbewahren kann, die die Kontoführung erledigt und z. B. Überweisungen durchführt und Kredite gewährt:* ein Konto bei einer Bank eröffnen; Geld von der Bank holen; mit der Bank einen Sparvertrag abschließen; sich von der Bank einen Kontoauszug holen; mit seiner Bank wegen der Finanzierung eines Wohnungskaufes reden ◆-angestellte(r), -auskunft, -automat, -direktor, -einzug, -filiale, -geschäft, -guthaben, -kauffrau, -kaufmann, -konto, -kredit, -kunde, -kundin, -note, -schalter, -tresor, -überfall ❷ *das Gebäude, in dem eine Bank¹ untergebracht ist:* die Geldautomaten/die Schalterhalle einer Bank

-bank *als Zweitglied zusammengesetzter Substantive; drückt aus, dass es sich um eine Institution zur Sammlung und Aufbewahrung des mit dem Erstglied Bezeichneten handelt* ◆ Augen-, Blut-, Daten-, Organ-, Samen-

Bank·an·wei·sung *die* <-, -en> BANKW. *Anweisung an eine Bank, einen Geldbetrag an einen Dritten zu zahlen:* eine Bankanweisung ausfüllen

Bank·au·to·mat *der* <-en, -en> BANKW. *Automat, an dem Kunden mit einer Chipkarte Geld entnehmen können*

Bank·ein·lage *die* <-, -n> BANKW. *Geld, Aktien u.Ä., die man bei einer Bank hat*

Ban·ken·auf·sichts·amt *das* <-(e)s> */kein Plur./* BANKW. *Amt zur staatlichen Aufsicht über das Kreditwesen*

Ban·ken·fu·si·on *die* <-, -en> BANKW. *Zusammenschluss von zwei oder mehreren Banken:* Wegen der Bankenfusion kam es zu Personalabbau.

Ban·ken·kon·sor·ti·um *das* <-s, Bankenkonsortien> *mehrere Banken, die sich wegen eines Geschäfts mit sehr großem Kapitaleinsatz zusammengeschlossen haben, um das Risiko zu verteilen*

Ban·ken·prü·fer *der*, **Ban·ken·prü·fe·rin** <-s, -> BANKW. *jmd., der prüft, ob sich Banken an die gesetzlichen Vorgaben halten*

Ban·ker, *a.* **Bän·ker** *der*, **Ban·ke·rin/Bän·ke·rin** [ˈbɛŋkɐ] <-s, -> *(≈ Bankfachmann)*

Ban·kett¹ *das* <-(e)s, -s/-e> *(geh.) feierliche Veranstaltung mit einem Festessen:* Zum Bankett waren Prominenz aus Kultur und Politik geladen. ◆ Fest-

Ban·kett², **Ban·ket·te** *das* <-(e)s, -e> *befestigter Straßenrand*

Bank·fi·li·a·le *die* <-, -n> *Zweigstelle einer Bank, die sich in einem anderen Stadtteil oder an einem anderen Ort (als die Hauptgeschäftsstelle) befindet*

Bank·ge·heim·nis *das* <-ses> */kein Plur./* BANKW. *Pflicht und Recht einer Bank, Verhältnisse und Konten ihrer Kunden geheim zu halten*

Bank·ge·wer·be *das* <-s> */kein Plur./ Gesamtheit der gewerblichen Unternehmen, die Geld- und Kreditgeschäfte tätigen*

Ban·ki·er *der* [baŋˈkjeː] <-s, -s> *Inhaber oder Vorstandsmitglied einer Bank*

Ban·king *das* [ˈbɛŋkɪŋ] <-s> */kein Plur./ Bankwesen, Bankgeschäfte, Bankverkehr* ◆ Online-

Bank·leit·zahl *die* <-, -en> *Kennziffer einer Bank,*

die zu deren Identifikation im Bankverkehr dient; abgekürzt: BLZ: die Bankleitzahl in das Überweisungsformular eintragen

Bank·nach·bar *der,* **Bank·nach·ba·rin** <-n, -n> *Schüler, der neben einem anderen Schüler auf der Schulbank sitzt*

Bank·no·te *die* <-, -n> *(≈ Geldschein) die Echtheit der Banknoten prüfen*

Ban·ko·mat® *der* <-s, -en> BANKW. *≈ Bankautomat*

Bank·raub *der* <-(e)s, -e> /Plur. selten / *Überfall auf eine Bank, bei dem Geld erbeutet wird: bei einem Banküberfall drei Millionen Euro erbeuten* ▶ Bankräuber, Bankräuberin

Ban·k·rott *der* <-(e)s, -e> ❶ WIRTSCH. *(≈ Konkurs, Pleite) der Sachverhalt, dass eine Firma zahlungsunfähig ist: Wenn die Zahlungen ausbleiben, wird die Firma Bankrott gehen.* ◆-erklärung ❷ *(übertr.) Scheitern, Zusammenbruch: Alle Zeitungen sprachen von einem politischen Bankrott.* ◆Großschreibung →R 3.4 Bankrott machen; *siehe auch* **bankrott**

ban·k·rott *adj /nicht steig./* WIRTSCH. *(≈ zahlungsunfähig) Das Unternehmen ist bankrott.* ◆Kleinschreibung →R 3.3 bankrott sein/werden; jmdn. bankrott machen; *siehe auch* **Bankrott**

ban·k·rott·ge·hen <gehst bankrott, ging bankrott, ist bankrottgegangen> *ohne OBJ* ▪ *jmd.* **geht bankrott** *Pleite sein, kein Geld mehr haben* ◆Zusammenschreibung →R 4.6

Bank·schließ·fach *das* <-(e)s, Bankschließfä­cher> *Schließfach in einer Bank, in dem Wertsachen deponiert werden: den Schmuck in das Bankschließfach legen*

Bank·über·wei·sung *die* <-, -en> BANKW. *durch eine Bank vorgenommene Verschiebung eines Geldbetrags von einem Konto auf ein (Empfänger-)Konto: Sie können per Banküberweisung oder mit Kreditkarte zahlen.*

Bank·ver·bin·dung *die* <-, -en> BANKW. *Kontonummer und Bankleitzahl, die zusammen das Konto einer Person oder Firma eindeutig bezeichnen: Bitte unbedingt Rechnungsnummer und Bankverbindung angeben, sonst kann die Rechnung nicht verbucht werden!*

Bank·ver·kehr *der* <-s> /kein Plur./ *geschäftlicher Verkehr der Banken untereinander*

Bank·voll·macht *die* <-, -en> *jmdm. von einer anderen Person erteilte Ermächtigung, Bankgeschäfte in dessen Namen durchzuführen*

Bank·we·sen *das* <-s> /kein Plur./ *alles, was mit Banken und den von ihnen durchgeführten Geschäften zusammenhängt*

Bann *der* <-(e)s> /kein Plur./ ❶ REL., GESCH. *(≈ Exkommunikation) Ausweisung oder Ausschluss aus einer kirchlichen Gemeinschaft (im Mittelalter)* ◆Kirchen- ❷ *eine magische Kraft oder faszinierende Wirkung, die von etwas ausgeht: Der Krimi zog alle in seinen Bann.; Die Zuschauer standen noch ganz im Banne der Musik.*

Bann·bul·le *die* <-, -n> GESCH. *Urkunde des Papstes, in der ein Bann [1] ausgesprochen wird*

ban·nen <bannst, bannte, hat gebannt> *mit OBJ* ▪ *jmd.* **bannt jmdn./etwas** ❶ *(geh.) mit magischen Kräften fesseln: Der Magier hat die Geister*

gebannt. ❷ ▪ **die Gefahr ist gebannt** *eine Bedrohung ist abgewendet. Nach stundenlangen Löscharbeiten ist jetzt die Gefahr gebannt, dass das Feuer auf die benachbarten Häuser übergreifen könnte.*

Ban·ner *das* <-s, -> ❶ *(≈ Flagge) Fahne mit einem Herrscherwappen* ◆Sieges- ❷ EDV *(≈ Werbebanner) auf einer Website erscheinendes Werbeemblem*

Ban·ner·trä·ger *der* <-s, -> ❶ *jmd., der ein Banner [1] trägt* ❷ *(geh.) bedeutender, auch nach außen hin wirkender Vertreter einer Sache: ein Bannerträger des Fortschrittsgedankens sein*

Bann·fluch *der* <-(e)s, Bannflüche> *mit einer Verfluchung verbundener Kirchenbann (im Mittelalter)*

Bann·wald *der* <-(e)s, Bannwälder> ÖSTERR. *Schutzwald gegen Lawinen*

Ban·tu *der* <-s, -s> *Angehöriger einer Sprach- und Völkergruppe in Afrika* ◆-frau, -sprache

Bap·tis·mus *der* <-> /kein Plur./ REL. *Lehre evangelischer Freikirchen, die als Bedingung für die Taufe ein persönliches Bekenntnis voraussetzt* ▶ Baptist, Baptistin, baptistisch

Bar *die* <-, -s> ❶ *ein Nachtlokal, in dem man (manchmal zu Livemusik) alkoholische Getränke zu sich nimmt* ◆-musik, Cocktail-, Hotel-, Tanz- ❷ *ein sehr kleines Lokal, in dem man (meist stehend) Kaffee trinkt* ◆Espresso- ❸ *(≈ Theke, Tresen) Schanktisch, an dem man im Stehen oder auf Barhockern sitzend alkoholische Getränke trinkt: an der Bar stehen* ◆Haus-, Keller-

bar *adj /nicht steig./* ❶ WIRTSCH. *so, dass mit Münzen oder Scheinen und nicht per Scheck oder Überweisung bezahlt wird: Ich bezahle in bar.* ❷ *(geh.) /nur attr./ absolut, völlig: Das ist barer Unsinn.* ❸ */mit Gen. (veralt.) nackt, bloß: Trotz der Kälte war er baren Hauptes.* ❹ */mit Gen./ (geh. übertr.) völlig ohne: Er war bar jeden Bewusstseins für die Folgen seines Handelns.; ▪ etwas für bare Münze nehmen* *(umg.) etwas naiv glauben*

Bär *der* <-en, -en> ❶ *ein großes und sehr starkes Raubtier mit einem dichten braunen, schwarzen oder weißen Fell und breitem, massigem Körper, das vor allem in Nordamerika, aber auch in Europa und Asien vorkommt: Der Bär ist ein guter Schwimmer/hat ein Schaf gerissen/ hält Winterschlaf in einer Höhle.* ◆-enfell-, -enjunges, Braun-, Eis-, Grizzly-, Panda-, Schwarz- ❷ ▪ **der Große Bär/der Kleine Bär** *Bezeichnung zweier Sternbilder; ▪ jemandem einen Bären aufbinden (umg.) jmdn. zum Scherz anschwindeln; ▪ hungrig/stark sein wie ein Bär (umg.) überaus hungrig oder stark sein*

Ba·ra·cke *die* <-, -n> *eine Art primitives Haus, in dem Menschen meist für kurze Zeit untergebracht sind* ◆Bau-, Holz-, Wellblech-

Bar·ba·dos <-> /kein Plur./ *Inselstaat im Osten der Kleinen Antillen* ▶ Barbadier, Barbadierin, barbadisch

Bar·bar *der,* **Bar·ba·rin** <-s/-en, -en> ❶ *(abwert.) brutaler und primitiver Mensch: sich wie ein Barbar aufführen* ▶ Barbarentum ❷ *(abwert.) unzivilisierter, ungebildeter Mensch* ❸ GESCH. *im*

B

B

antiken griechischen und römischen Kulturkreis die Bezeichnung für Nichtgriechen bzw. Nichtrömer

Bar·ba·ra·zweig der <-(e)s, -e> /meist Plur./ Zweig, der am Barbaratag (4. Dezember) in eine Vase gestellt wird, damit er zu Weihnachten blüht

Bar·ba·rei die <-> /kein Plur./ (abwert.) Grausamkeit, Unmenschlichkeit

bar·ba·risch adj ❶ (abwert.: ≈ brutal) grausam und unmenschlich: ein barbarisches Regime ❷ (abwert.) unzivilisiert und derb: Sein Tischsitten sind barbarisch. ❸ (umg.) sehr: barbarisch heiß/kalt

Bar·be die <-, -n> zur Familie der Karpfenfische gehörende Fischart ◆ Fluss-, Rot-

Bar·be·cue das ['ba:bɪkju:] <-s, -s> ❶ auf dem Rost gegrilltes Fleisch ◆ -sauce ❷ (≈ Grillparty) zum Barbecue eingeladen sein

Bar·be·stand der <-s, Barbestände> Bestand an Bargeld: Der Barbestand des Ladens wird im Tresor aufbewahrt.

Bar·be·trag der <-s, Barbeträge> Betrag an Bargeld: Der Bankräuber erbeutete einen hohen Barbetrag.

Bar·be·zü·ge die <-> Plur. Einkünfte, die jmd. in bar erhält

Bar·bi·tu·rat das <-(e)s, -e> MED. ein Beruhigungs-, Schlaf- oder Narkosemittel: Barbiturate erhält man nur auf Rezept.

Bar·da·me die <-, -n> (↔ Barkeeper) Frau, die in einer Bar¹ Getränke verkauft und die Gäste unterhält

Bar·de der <-n, -n> GESCH. Sänger mittelalterlicher Heldenlieder

Ba·re das <-n> Bargeld, Barbetrag: Eine Ware nur gegen Bares bekommen

Bä·ren- als Erstglied zusammengesetzter Substantive, mit Betonung auf beiden Teilen; drückt aus, dass das mit dem Zweitglied Bezeichnete von außerordentlicher Größe bzw. sehr ausgeprägt ist ◆ -hunger, -kälte, -kraft, -natur

bä·ren- als Erstglied zusammengesetzter Adjektive, mit Betonung auf beiden Teilen; drückt aus, dass das mit dem Zweitglied Bezeichnete von außerordentlicher Größe bzw. sehr ausgeprägt ist ◆ -ruhig, -stark

Bä·ren·dienst der ■ jemandem einen Bärendienst erweisen jmdm. zu helfen versuchen, ihm aber dabei schaden

Bä·ren·dreck der <-s> /kein Plur./ SÜDDT., ÖSTERR., SCHWEIZ. Lakritzstange oder -bonbon

Bä·ren·haut die ■ auf der Bärenhaut liegen faul sein

bä·ren·stark adj /nicht steig./ sehr stark: Er ist ein bärenstarker Mann.; siehe auch **bären-**

Bä·ren·tat·ze die <-, -n> ❶ ZOOL. Tatze eines Bären ❷ BOT. (≈ Bärenklau) ein Pilz der Gattung der Ständerpilze

Ba·rett das <-(e)s, -e/-s> (≈ Baskenmütze) eine Mütze, die wie eine flache Scheibe aussieht, leicht schräg auf den Kopf gesetzt wird und die Teil mancher Uniformen bzw. Amtstrachten ist

Bar·frau die <-, -en> (≈ Bardame)

bar·fuß adj /nicht steig./ ohne Schuhe und Strümpfe: im Sommer barfuß über die Wiese laufen

Bar·geld das <-s> /kein Plur./ Münzen und Geldscheine (im Gegensatz zu Kreditkarten, Schecks usw.): etwas mit Bargeld bezahlen ◆ -geschäft

bar·geld·los adj /nicht steig./ so, dass nicht mit Bargeld, sondern nur mit Kreditkarten, Schecks, Überweisungen o. Ä. bezahlt wird: bargeldloser Zahlungsverkehr

Bar·ge·schäft das <-s, -e> ≈ Bargeldgeschäft

Bar·ho·cker der <-s, -> ein hoher Hocker, auf dem man an einer Bar³ sitzt

bä·rig adj (umg.) ❶ sehr groß und stark: Für so einen bärigen Kerl sind zwei schwere Koffer doch kein Problem. ❷ großartig, außergewöhnlich: in einer bärigen Stimmung sein

Bä·rin die <-, -nen> weiblicher Bär

Ba·ri·ton der <-s, -e> ❶ /kein Plur./ mittelhohe Männerstimmlage zwischen Tenor und Bass: Er hat einen sehr kräftigen Bariton. ❷ Sänger, der Bariton¹ singt: ein gefeierter Bariton ► baritonal, Baritonist

Ba·ri·um das <-s> /kein Plur./ CHEM. chemisches Element; ein silberweißes, an der Luft rasch oxidierendes Leichtmetall: Das chemische Zeichen für Barium ist Ba.

Bar·kas·se die <-, -n> SEEW. ❶ größeres Motorboot ❷ größtes Beiboot auf Kriegsschiffen

Bar·kauf der <-s, Barkäufe> Kauf gegen sofortige Barzahlung

Bar·ke die <-, -n> SEEW. kleines Ruderboot ◆ Fischer-, Fluss-

Bar·kee·per der ['ba:ɐ̯ki:pɐ] <-s, -> jmd., der in einer Bar Getränke mixt und ausschenkt

Bär·lapp der <-s, -e> moosähnliche Pflanze, die zur Gattung der Farne gehört ◆ -gewächs

Bär·lauch der <-s> /kein Plur./ ein zwiebelartiges Liliengewächs, dessen Geruch an Knoblauch erinnert

barm·her·zig adj (≈ gütig ↔ unbarmherzig) so, dass man sehr gut zu anderen Menschen ist, besonders wenn diese in Not sind; ■ ein barmherziger Samariter (geh.) Person mit ausgeprägter Nächstenliebe ► Barmherzigkeit

Bar·mi·xer der <-s, -> (≈ Barkeeper) Person, die in einer Bar auf Bestellung Getränke mischt

Bar·Miz·wa die <-, -s/-s> REL. männlicher Jude, der das 13. Lebensjahr vollendet hat und verpflichtet ist, sich an die religiösen Vorschriften des Judentums zu halten

Ba·rock der/das <-s> /kein Plur./ eine Stilrichtung in der europäischen Kunst von ca. 1600 bis 1750: im Gemälde/eine Kirche aus dem Barock ◆ -dichtung, -kirche, -maler, -möbel, -oper, -theater, -zeitalter

ba·rock adj /nicht steig./ ❶ aus dem Barock stammend: ein barockes Gemälde ❷ (übertr.) im üppigen Stil des Barocks: ein barocker Stil

Ba·rock·mu·sik die <-> /kein Plur./ Musik des Barockzeitalters

Ba·rock·stil der <-s> /kein Plur./ Stil des Barocks: ein Gebäude im Barockstil

Ba·ro·me·ter das <-s, -> Gerät zum Messen des Luftdrucks: Das Barometer fällt/steht auf Regen/steigt. ◆ -stand

Ba·ron der, **Ba·ro·nin** <-s, -e> Anrede für einen Freiherrn

Ba·ro·ness, **Ba·ro·nes·se** die <-, Baronessen> Tochter eines Barons

Bar·ras der <-> /kein Plur./ SÜDDT. ❶ (≈ Kommissbrot) ❷ das Militärwesen, die Armee: zum Barras gehen

Bar·rel das ['bɛrəl] <-s, -s> in England und Nordamerika gebräuchliches Hohlmaß: Der Preis für das Barrel Rohöl ist gestiegen.

Bar·ren der <-s, -> ❶ ein aus Edelmetall gegossener Quader ◆ Gold-, Silber- ❷ SPORT ein Turngerät, bei dem zwei lange Stangen, die Holme, parallel angeordnet sind ◆ -kür, -turnen, -übung, Stufen-

Bar·ri·e·re die [ba'rie:rə] <-, -n> ❶ (≈ Schranke) eine Absperrung, die jmdn. von etwas fernhalten soll: eine Barriere errichten; Wer Eintritt bezahlt hat, wird durch die Barriere gelassen. ❷ SCHWEIZ. Bahnschranke

Bar·ri·ka·de die <-, -n> POL. Hindernis, das bei Straßenkämpfen auf der Straße errichtet wird; ■ **auf die Barrikaden gehen** (umg.) sich gegen etwas auflehnen

Barsch der <-(e)s, -e> ZOOL. im Süßwasser lebender Raubfisch

barsch adj (≈ brüsk, schroff) auf eine grobe Art unfreundlich: eine barsche Antwort; Er war sehr barsch und hat mich schnell abgefertigt.

Bar·scheck der <-s, -s> Scheck, gegen dessen Vorlage Bargeld ausgezahlt wird

Barsch·heit die <-> /kein Plur./ (≈ Ruppigkeit, Schroffheit) grobe und unfreundliche Art: Seine Barschheit macht ihn bei den Kollegen unbeliebt.

Bar·sor·ti·ment das <-(e)s, -e> Buchhandelsbetrieb zwischen Buchhandel und Verlag

Bar·spen·de die <-, -n> Spende in Form von Bargeld

Bart der <-(e)s, Bärte> ❶ die Haare, die bei Männern an Kinn, Wangen und über der Oberlippe wachsen: sich einen Bart stehen/wachsen lassen; ein dichter/grauer Bart; sich den Bart abnehmen/abrasieren/stutzen ▶ bartlos ◆ -flaum, -stoppeln, -wuchs, Backen-, Damen-, Dreitage-, Kinn-, Oberlippen-, Schnauz-, Schnurr-, Spitz-, Voll- ❷ das vordere Ende eines Schlüssels; ■ **etwas hat einen Bart** (umg. abwert.) etwas ist schon lange bekannt Der Witz hat echt einen Bart; der ist uralt!; ■ **der Bart ist ab!** (umg.) jetzt ist aber Schluss damit!; ■ **ein Streit um (des) Kaisers Bart** (umg.) ein überflüssiger Streit

Bart·bin·de die <-, -n> Binde zum Formen des Bartes: nachts eine Bartbinde tragen

Bar·te die <-, -n> ZOOL. Hornplatte im Oberkiefer der Bartenwale

Bar·tel der <-s, -n> /meist Plur./ ZOOL. eines der vom Maul mancher Fische herabhängenden langen, fadenförmigen Gebilde, an denen sich Sinnesorgane befinden

Bart·fa·den der <-s, Bartfäden> ZOOL. (≈ Bartel)

Bart·flech·te die <-, -n> ❶ MED. ansteckende bakterielle Entzündung der Haarbalgdrüsen, bes. im Bartbereich: Seine Bartflechte muss vom Hautarzt behandelt werden. ❷ BOT. auf Nadelbäumen wachsende Flechtenart

Bar·tho·lo·mä·us·nacht die <-> /kein Plur./ GESCH. die Nacht zum 24.8.1572, in der die französische Königinmutter Katharina v. Medici zweitausend Hugenotten in Paris ermorden ließ

bär·tig adj /nicht steig./ so, dass ein Mann einen Bart hat

Bart·schnei·der der <-s, -> elektrisches Gerät zum Schneiden des Bartes

Bart·trä·ger der <-s, -> ein Mann, der einen Bart hat

Bart·wisch der <-(e)s, -e> ÖSTERR. Handfeger

Bar·ver·mö·gen das <-s, -> aus Bargeld bestehendes Vermögen: Er haftet mit seinem Barvermögen.

Ba·ryt, **Ba·ryt** das <-(e)s, -e> CHEM. (≈ Bariumsulfat, Schwerspat) ein farbloses Mineral

Bar·zah·lung die <-, -en> Zahlung mit Bargeld: Die Auslieferung der Ware erfolgt nur gegen Barzahlung.

ba·sal adj /nicht steig./ (geh.: ≈ grundlegend) zu den Grundlagen gehörend: ein basaler Irrtum, basale Kenntnisse

Ba·sa·li·om das <-s, -e> MED. eine Hautgeschwulst

Ba·salt der <-(e)s, -e> schwärzliches Vulkangestein, das besonders im Straßenbau verwendet wird

Ba·sal·tem·pe·ra·tur die <-, -en> MED. am Morgen vor dem Aufstehen gemessene Körpertemperatur der Frau, die zur Feststellung des Eisprungs benutzt werden kann

Ba·sar, **Ba·zar** der <-s, -e> ❶ Marktviertel orientalischer Städte ❷ Verkaufsveranstaltung zu wohltätigen Zwecken: Der Kindergarten veranstaltet einen Basar. ◆ Kuchen-, Wohltätigkeits-

Ba·se die <-, -n> ❶ SÜDDT. (veralt.: ≈ Kusine) ❷ SCHWEIZ. (≈ Tante) ❸ CHEM. (↔ Säure) Substanz, die alkalisch reagiert

Base·ball der ['beɪsbɔːl] <-s> /kein Plur./ SPORT amerikanisches Schlagballspiel ◆ -feld, -kappe, -schläger, -spieler

Ba·se·dow·krank·heit die ['ba:zədo...] <-> /kein Plur./ MED. auf einer Überfunktion der Schilddrüse beruhende Krankheit, die besonders durch das Hervortreten der Augäpfel, das Entstehen eines Kropfes und schnellen Herzschlag gekennzeichnet ist

Base-Jum·ping das ['beɪsdʒampɪŋ] <-s> /kein Plur./ SPORT eine Extremsportart, bei der die Sportler mit Fallschirmen von hohen Gebäuden, Brücken o. Ä. springen

Ba·sel <-s> Stadt in der Schweiz ▶ Baseler, Baselerin, Basler, Baslerin

Ba·sel-Land·schaft Halbkanton in der Schweiz

Ba·sel-Stadt Halbkanton in der Schweiz

BASIC das ['beɪsɪk] <-> /kein Plur./ EDV eine einfache Programmiersprache

ba·sie·ren <basiert, basierte, hat basiert> mit OBJ ■ **etwas basiert auf etwas** Dat. etwas als Grundlage haben: Der Film basiert auf einem Drama von Shakespeare.; Die Theorie basiert auf der Annahme, dass …

Ba·si·li·ka die <-, Basiliken> ❶ Kirche aus frühchristlicher Zeit ❷ Kirchenbau mit erhöhtem Mit-

B

telschiff: im Urlaub in Griechenland eine Basilika besuchen

Ba·si·li·kum *das* <-s> /kein Plur./ BOT. *stark riechende Gewürz- und Heilpflanze:* die Tomatensoße mit Basilikum würzen

Ba·si·lisk *der* <-en, -en> ❶ ZOOL. *im tropischen Amerika beheimateter Leguan mit Hautkämmen über Schwanz und Rücken und Hautlappen am Kopf* ❷ *schlangenartiges Fabeltier in orientalischen Sagen, dessen Blick eine tödliche Wirkung hat*

Ba·sis *die* <-, Basen> ❶ *(≈ Fundament, Grundlage, Voraussetzung) die Grundlage, auf der man etwas aufbauen kann:* Solide Grundkenntnisse sind die Basis, um später den Aufbaukurs besuchen zu können. ◆-lager, -tarif, Gesprächs-, Verhandlungs-, Verständigungs-, Vertrauens- ❷ MILIT. *Gelände als Stützpunkt für militärische Operationen* ◆ Flotten-, Luftwaffen-, Militär-, Operations- ❸ POL. *(↔ Parteispitze) die breite Masse der Parteimitglieder:* Wir müssen die Basis von der Notwendigkeit von Reformen überzeugen.

Ba·sis·aus·stat·tung *die* <-, -en> *(≈ Grundausstattung) grundlegende, notwendige Ausstattung*

ba·sisch *adj /nicht steig./* CHEM. *in der Art einer Base[3]:* Die Substanz reagiert basisch.

Ba·sis·de·mo·kra·tie *die* <-, -n> POL. *eine Staatsform, in der der einzelne Bürger weit reichendes Mitspracherecht hat*

Ba·sis·grup·pe *die* <-, -n> *(links orientierter) politisch aktiver Arbeitskreis, der die Basis der Gesellschaft für bestimmte progressive Ideen zu interessieren versucht*

Ba·sis·sta·ti·on *die* <-, -en> *(≈ Basislager)* ❶ *das Versorgungslager, von dem aus Hochgebirgsexpeditionen gestartet werden:* Mit letzter Kraft erreichten die Bergsteiger die Basisstation. ❷ TELEKOMM. *das an einer bestimmten Stelle dauerhaft aufgestellte Gerät, das an ein schnurloses Telefon die Signale übermittelt*

Ba·sis·wis·sen *das* <-s> /kein Plur./ *(≈ Grundlagenwissen) eine bestimmte Grundlage an Wissen, auf die aufgebaut werden kann*

Bas·ken·land *das* <-(e)s> /kein Plur./ *spanische bzw. französische Region am Golf von Biskaya* ▶ Baske, Baskin, baskisch

Bas·ket·ball *der* <-s, Basketbälle> SPORT ❶ /kein Plur./ *eine Ballsportart, bei der jede Mannschaft versucht, den Ball in den Korb[4] der gegnerischen Mannschaft zu werfen* ◆-bundesliga, -feld, -mannschaft, -schuh, -spieler ❷ *der Ball beim Basketball[1]*

Bas·ler *der,* **Bas·le·rin** <-s, -> *Einwohner Basels*

Bas·re·li·ef *das* [baːrəˈljɛf] <-s, -s> KUNST *relativ flach gearbeitetes Relief*

bass ■ **bass erstaunt sein** *sehr erstaunt sein*

Bass *der* <-es, Bässe> ❶ /kein Plur./ *die tiefste Stimmlage bei Männern:* Im Bass singen ◆-sänger ❷ *die tiefste Stimmlage, die nur bestimmte Instrumente spielen können* ◆-begleitung, -instrument ❸ *jmd., der Bass[1] singt* ❹ *kurz für „Bassgeige"* *oder „Bassgitarre":* den Bass spielen ❺ /meist Plur./ *(↔ Höhen) die tiefen Töne einer Musikaufnahme:* kraftvolle Bässe

Bas·set *der* [ˈbæsɪt] <-s, -s> ZOOL. *ein Hund mit ei-*

nem kräftigen Körper, kurzen Beinen und herunterhängenden Ohren

Bass·gei·ge *die* <-, -n> MUS. *(≈ Kontrabass)*

Bass·gi·tar·re *die* <-, -n> MUS. *viersaitige Gitarre, die den Bass[2] spielt*

Bas·sin *das* [baˈsɛ̃ː] <-s, -s> *künstlich angelegtes Wasserbecken, besonders zum Baden und Schwimmen:* Das Wasser im Bassin muss erneuert werden. ◆ Schwimm-

Bas·sist *der,* **Bas·sis·tin** <-en, -en> MUS. ❶ *ein Musiker, der einen Bass[4] spielt* ❷ *ein Sänger mit einer Stimmlage im Bass[1]*

bass·las·tig *adj so, dass in einem Musikstück der Bass dominiert:* ein basslastiger Song

Bast *der* <-(e)s, -e> ❶ BOT. /eine Pflanzenfaser, die besonders zum Flechten von Gegenständen verwendet wird:* eine Pflanze mit Bast am Bambusstock festbinden ◆-korb, -matte, -rock, -tasche, -untersetzer ❷ ZOOL. *Bewuchs am Hirschgeweih*

bas·ta ■ **und (damit) basta!** *(umg.) drückt aus, dass etwas vom Sprecher als endgültig betrachtet und keine weitere Diskussion erwünscht wird* Ich sage nein, und damit basta!

Bas·tard *der* <-(e)s, -e> ❶ *(veralt.) unehelich geborenes Kind eines Adligen und einer nicht standesgemäßen Frau* ❷ *(abwert.) ein Schimpfwort für jmdn., den man als minderwertig ansieht* ❸ BIOL. *(≈ Hybrid, Kreuzung) ein Tier oder eine Pflanze, das aus der Kreuzung verschiedener Rassen oder Arten hervorgegangen ist*

Bas·tei *die* <-, -en> *(veralt.) vorspringender Teil alter Festungsbauten*

bas·teln <bastelst, bastelte, hat gebastelt> I. *mit OBJ* ■ *jmd. bastelt etwas durch kleine Handwerksarbeiten (als Hobby) anfertigen:* Die Kinder basteln ein Mobile/Modellflugzeuge. II. *ohne OBJ* ■ *jmd. bastelt (an etwas* Dat.*) sich (als Hobby) mit der handwerklichen Anfertigung kleiner Dinge beschäftigen:* Sie bastelt gern.; Er bastelt an seiner Modelleisenbahn. ▶ Bastelarbeit, Bastelei

Bas·til·le *die* [basˈtiːjə; basˈtɪljə; basˈtij] <-> /kein Plur./ GESCH. *Pariser Staatsgefängnis zur Zeit der Französischen Revolution*

Bas·ti·on *die* <-, -en> *(≈ Bollwerk) ein Schutzwehr, das zur Verteidigung einer Burg, Festungsanlage o. Ä. dient*

Ba·tail·lon *das* [bataˈljoːn] <-s, -e> MILIT. *eine Heereseinheit, die aus mehreren Kompanien besteht* ◆-skommandeur

Ba·tik *die* <-, -en> ❶ */kein Plur./ künstlerisches Färben von Stoffen mit Hilfe von Wachs* ◆-farbe ❷ *kunstvoll gefärbter Stoff* ◆-kleid, -tuch ▶ batiken

Ba·tist *der* <-(e)s, -e> *sehr feines Baumwollgewebe:* eine Bluse aus Batist

Bat·te·rie *die* <-, -n> ❶ ELEKTROTECHN. *eine Art Gefäß, in dem die elektrochemische Energie kleiner Elemente in elektrische Energie umgewandelt wird, so dass ein elektrisches Gerät auch ohne Netzanschluss betrieben werden kann:* Die Batterie ist leer/muss ausgetauscht werden/kann im Sondermüll entsorgt werden. ◆-betrieb, -fach, Auto-, Taschenlampen- ❷ MILIT. *kleinste Truppeneinheit bei der Artillerie* ◆ Geschütz- ❸ *(umg.) eine*

B

große Anzahl von identischen Dingen: Im Keller stand eine ganze Batterie Konservenbüchsen.

bat·te·rie·be·trie·ben *adj /nicht steig./ so, dass es den elektrischen Strom aus Batterien erhält:* ein batteriebetriebenes Radio

Bat·zen *der* <-s, -> *(umg.:* ≈ *Klumpen) ein größeres Stück eines Materials:* ein Batzen Lehm ② *(umg.) eine große Menge von etwas:* ein Batzen Geld

Bau¹ *der* <-(e)s> */kein Plur./* ① *das Bauen:* Der Bau des Hauses hat im Frühjahr begonnen. ◆ -antrag, -arbeiten, -arbeiter(in), -behörde, -branche, -erlaubnis, -finanzierung, -firma, -genehmigung, -gerüst, -gruppe, -handwerk, -holz, -ingenieur(in), -konjunktur, -konzern, -kosten, -kran, -kredit, -lärm, -leiter(in), -maßnahme, -material, -projekt, -spardarlehnen, -tätigkeit, -weise, -wirtschaft, Brücken-, Haus-, Instrumenten-, Kirchen-, Schiffs-, Straßen-, Wohnungs- ② *kurz für „Baustelle":* auf dem Bau arbeiten ③ *etwas, das auf bestimmte Weise zusammengesetzt oder geformt ist:* den Bau eines Dramas analysieren; den Bau des Skeletts studieren ◆ Körper-, Satz-, Vers-

Bau² *der* <-(e)s, Bauten> *größeres, bedeutendes Gebäude:* Am Marktplatz stehen mehrere Bauten aus der Renaissancezeit.; ■ **im Bau sein** *(umg.) im Gefängnis sein* ◆ Backstein-, Barock-, Flach-, Pracht-, Stein-

Bau³ *der* <-(e)s, -e> ZOOL. *eine Erdhöhle, wie sie bestimmten Säugetieren als Unterschlupf dient:* Der Fuchs legt einen Bau an. ◆ Dachs-, Fuchs-, Kaninchen-

Bau·amt *das* <-(e)s, Bauämter> (≈ *Baubehörde*) Der Umbau muss vom Bauamt genehmigt werden.

Bau·an·trag *der* <-s, Bauanträge> *Antrag auf Erteilung einer Baugenehmigung*

Bau·ar·bei·ten *die* <-> *Plur. die Arbeiten auf einer Baustelle:* eine Umleitung wegen Bauarbeiten

Bau·art *die* <-, -en> *die Art und Weise, wie etwas gebaut ist:* Dieses Gerät ist von einer völlig neuen Bauart.

Bau·auf·sicht *die* <-> */kein Plur./ das Überwachen der Einhaltung der gesetzlichen Vorschriften beim Bauen von Häusern:* eine Inspektion des Rohbaus durch die Bauaufsicht ◆ -samt, -sbehörde

Bau·ba·ra·cke *die* <-, -n> *Baracke als Aufenthaltsraum für Bauarbeiter*

Bau·be·hör·de *die* <-, -n> (≈ *Bauamt) städtische oder staatliche Behörde, die für das Bauwesen zuständig ist*

Bau·be·schrieb *der* <-(e)s, -e> SCHWEIZ. *Beschreibung eines geplanten Baus*

Bau·boom *der* <-s, -s> *Hochkonjunktur im Bauwesen:* Durch den Bauboom konnten viele neue Arbeitsplätze geschaffen werden.

Bauch *der* <-(e)s, Bäuche> ① (≈ *Leib) unterer vorderer Teil des Rumpfes zwischen Zwerchfell und Becken* ② *stark vorgewölbter Bauch¹:* Im Alter bekam er einen Bauch.; ein dicker Bauch ③ *(umg.:* ≈ *Magen) Nachdem sie zu viel gegessen hatten, tat allen der Bauch weh.;* ■ **mit etwas auf den Bauch fallen** *(umg.) einen Misserfolg erleben;* ■ **sich den Bauch vollschlagen** *(umg. abwert.) viel essen;* ■ **Voller Bauch studiert nicht gern**

wenn man viel gegessen hat, kann man nicht mehr gut lernen; ■ **jemand sagt etwas aus dem hohlen Bauch** *jmd. sagt etwas unvorbereitet und ohne genaue Kenntnisse*

Bauch·de·cke *die* <-, -n> ANAT. *die Muskel- und Bindegewebsschicht, die über den Organen in der Bauchhöhle liegt:* Mit einem Schnitt öffnet der Chirurg die Bauchdecke.

Bauch·fell *das* <-s, -e> ANAT. *die Haut, die die Bauchhöhle auskleidet* ◆ -entzündung

bauch·frei *adj /nicht steig./ so, dass ein Kleidungsstück den Bauch nicht bedeckt:* ein bauchfreies T-Shirt/Top

Bauch·ge·gend *die* <-> */kein Plur./ der Bereich des Bauches:* Schmerzen in der Bauchgegend haben

Bauch·höh·len·schwan·ger·schaft *die* <-, -en> MED. *der Vorgang, dass sich ein Embryo außerhalb der Gebärmutter entwickelt*

bau·chig *adj so, dass ein Gefäß in der Mitte einen größeren Durchmesser hat als an den Enden:* eine bauchige Flasche/Vase

Bauch·la·ge *die* <-> */kein Plur./ (↔ Rückenlage, Seitenlage) die Stellung des Körpers, bei der der Bauch nach unten weist:* in Bauchlage schlafen

Bauch·lan·dung *die* <-, -en> ① *ein Sturz, bei dem jmd. mit dem Bauch auf dem Boden aufschlägt* ② *(umg.) Misserfolg*

Bauch·mus·ku·la·tur *die* <-> */kein Plur./* ANAT. *Muskulatur der Bauchdecke:* durch Gymnastik die Bauchmuskulatur kräftigen

Bauch·na·bel *der* <-s> ANAT. *die kleine runde Vertiefung am Bauch des Menschen*

bauch·re·den *ohne OBJ /nur im Inf./ mit dem Kehlkopf Sprachlaute hervorbringen, ohne dabei die Lippen zu bewegen:* Er lernt bauchreden. ▶ Bauchredner

Bauch·schmer·zen *die* <-> *Plur. Schmerzen im Bauch:* nach dem fetten Essen Bauchschmerzen bekommen

Bauch·spei·chel·drü·se *die* <-, -n> ANAT. (≈ *Pankreas) in der Bauchhöhle liegendes Organ, das wichtige Enzyme für die Verdauung absondert*

Bauch·spie·ge·lung *die* <-, -en> MED. *Untersuchung im Bauchraum mittels einer durch die Bauchdecke eingeführten Sonde*

Bauch·stück *das* <-(e)s, -e> *Stück vom Bauch eines geschlachteten Tieres*

Bauch·tanz *der* <-es, Bauchtänze> *orientalischer Tanz, bei dem die Tänzerin Bauchmuskeln und Hüften rhythmisch bewegt* ▶ Bauchtänzer, Bauchtänzerin

Bauch·um·fang *der* <-s, Bauchumfänge> *in Bauchhöhe gemessener Körperumfang*

Bau·de·zer·nent *der*; **Bau·de·zer·nen·tin** <-en, -en> AMTSSPR. *Leiter einer Baubehörde*

Bau·ele·ment *das* <-(e)s, -e> (≈ *Bauteil) einer der (Grund-)Bestandteile, aus denen etwas zusammengebaut ist:* ein Haus aus vorgefertigten Bauelementen; die einzelnen Bauelemente der Maschine zusammensetzen

bau·en <baust, baute, hat gebaut> I. *mit OBJ* ■ *jmd. baut etwas* ① *ein Gebäude oder eine Straße errichten:* Die Regierung lässt eine neue

B

Autobahn bauen. ❷ *(≈ fertigen) einen technischen Gegenstand nach einem Entwurf ausführen:* Die Firma baut Maschinen für die Verpackungsindustrie. **II.** *ohne OBJ* ■ **jmd. baut (an etwas** *Dat.)* *ein Haus errichten (lassen):* Wir müssen ziemlich sparen, weil wir bauen.; An diesem Bürokomplex wird schon seit letztem Jahr gebaut.; ■ **man kann auf … bauen** *(umg.)* man kann sich auf … verlassen

Bau·er¹ *der,* **Bäu·e·rin** <-n, -n> ❶ *(≈ Landwirt) jmd., der eigenes Land besitzt, darauf Getreide und andere Nutzpflanzen anbaut und Viehzucht betreibt:* Der Bauer bestellt die Felder/betreibt Viehhaltung/füttert die Hühner/melkt die Kühe/mistet den Stall aus. ◆ -ndorf, -nfamilie, -nhaus, -njunge, -nknecht, -nmädchen, -nmagd, -nsohn, -ntochter, -sfrau, Berg-, Gemüse-, Genossenschafts-, Groß-, Klein-, Obst- ❷ *eine Schachfigur:* einen Bauern opfern

Bau·er² *das* <-s, -> *(≈ Vogelkäfig)* Der Vogel sitzt im Bauer. ◆ Vogel-

Bäu·er·chen ■ **ein Bäuerchen machen** *(nur in Bezug auf ein Baby verwendet) aufstoßen* Nachdem es getrunken hatte, machte das Baby sein Bäuerchen.

bäu·er·lich *adj /nicht steig./ (≈ ländlich, rustikal) die Lebensweise des Bauern betreffend oder typisch für sie:* Zeugnisse bäuerlicher Kultur

Bau·ern·auf·stand *der* <-(e)s, Bauernaufstände> GESCH. *Aufstand der Bauern gegen die Feudalherrschaft*

Bau·ern·bub *der* <-en, -en> SÜDDT., ÖSTERR., SCHWEIZ. *Sohn eines Bauern; junger Mann vom Land*

Bau·ern·fän·ger *der* <-s, -> *(abwert.) betrügerischer Mensch, der besonders unerfahrene Menschen schädigt:* in die Fänge eines Bauernfängers geraten ▶ Bauernfängerei

Bau·ern·gar·ten *der* <-s, Bauerngärten> *Gemüse- und Kräutergarten zur Eigenversorgung (der Bauern):* einen Bauerngarten anlegen

Bau·ern·hof *der* <-(e)s, Bauernhöfe> *Wohnhaus und Gebäude für den landwirtschaftlichen Betrieb eines Bauern:* mit den Kindern Ferien auf dem Bauernhof machen

Bau·ern·ka·len·der *der* <-s, -> *Sammlung von Bauernregeln, die nach dem Ablauf der Jahreszeiten geordnet sind und sich besonders auf das Wetter beziehen*

Bau·ern·lüm·mel *der* <-s, -> *(abwert.) rüpelhafter junger Mann vom Land*

Bau·ern·mö·bel *die* <-> Plur. *Möbel im bäuerlichen Stil*

Bau·ern·re·gel *die* <-, -n> *einfacher, meist gereimter Spruch über das voraussichtliche Wetter und die Ernte*

bau·ern·schlau *adj /nicht steig./ so, dass man pfiffig und gewitzt ist und seinen eigenen Vorteil wahrt*

Bau·ern·stu·be *die* <-, -n> *Zimmer, das im bäuerlichen Stil eingerichtet ist*

Bau·ern·ver·band *der* <-(e)s, Bauernverbände> *Verband der Bauern zur Wahrung ihrer Interessen*

Bau·ers·frau *die* <-, -en> *(≈ Bäuerin)*

Bau·fach *das* <-s> /kein Plur./ BAUW. *Fachgebiet des Bauwesens*

bau·fäl·lig *adj (≈ morsch) so, dass ein Gebäude nicht mehr stabil ist:* Das baufällige Haus ist einsturzgefährdet. ▶ Baufälligkeit

Bau·füh·rer *der,* **Bau·füh·re·rin** <-s, -> BAUW. *jmd., der die Arbeiten auf einer Baustelle leitet*

Bau·ge·län·de *das* <-s, -> ❶ *Gelände, das nach den geltenden Bestimmungen bebaut werden kann* ❷ *Gelände, auf dem gebaut wird*

Bau·ge·nos·sen·schaft *die* <-, -en> *Genossenschaft, die für ihre Mitglieder Wohnbauten errichtet und instand hält*

Bau·gru·be *die* <-, -n> *für das Fundament eines Hauses ausgehobene Grube:* die Baugrube durch Absperrungen sichern

Bau·grup·pe *die* <-, -n> TECHN. *aus mehreren Einzelteilen bestehende, in sich geschlossene Einheit eines Gerätes:* Bei der Reparatur des Gerätes wurde eine Baugruppe ausgetauscht.

Bau·herr *der,* **Bau·her·rin** <-en, -en> *Person oder Instanz, die einen Bau errichten lässt und finanziert* ◆ -endarlehen

Bau·hof *der* <-s, Bauhöfe> *ein Platz, auf dem Baustoffe gelagert werden*

Bau·hüt·te *die* <-, -n> ❶ *Aufenthaltsraum und Werkzeugschuppen der Bauarbeiter* ❷ GESCH. *mittelalterliche Vereinigung der Bildhauer und Steinmetze beim Kirchenbau*

Bau·im·pe·ri·um *das* <-s, Bauimperien> *große Unternehmensgruppe im Bereich des Bauwesens*

Bau·jahr *das* <-(e)s, -e> ❶ *das Jahr, in dem etwas gebaut wurde:* Das Baujahr dieses Gebäudes geht aus den Unterlagen hervor. ❷ *der bei einem Bauvorhaben verstreichende Zeitabschnitt von einem Jahr*

Bau·kas·ten *der* <-s, Baukästen> *ein Kasten, in dem zueinanderpassende Konstruktionselemente zusammengestellt sind, mit denen man (vor allem Kinder) im Spiel etwas bauen kann* ◆ Holz-, Metall-

Bau·kas·ten·sy·stem *das* <-s, -e> *eine Methode, mit der größere Objekte oder Anlagen aus einheitlichen, aufeinander abgestimmten kleineren Einzelteilen hergestellt werden:* ein Fertighaus im Baukastensystem

Bau·ko·lon·ne *die* <-, -n> BAUW. *Gruppe von Bauarbeitern im Straßen- und Gleisbau*

Bau·land *das* <-(e)s> /kein Plur./ *Land, das bebaut werden kann*

bau·lich *adj /nicht steig./ auf das Bauen bezogen:* bauliche Veränderungen

Baum *der* <-(e)s, Bäume> *eine große Pflanze mit Stamm, Ästen, Zweigen und Blättern oder Nadeln, die viele Meter hoch wächst:* Im Frühjahr blühen die Bäume.; Der Orkan hat viele Bäume entwurzelt.; Bei Bäumen unterscheidet man Laubbäume und Nadelbäume.; Ein Baum blüht/trägt Früchte/verliert im Herbst seine Blätter.; die Äste/Blätter/Jahresringe/der Stamm/die Wurzel/die Zweige des Baumes; ■ **Bäume ausreißen können** *(umg.) kerngesund sein und sehr viel leisten können;* ■ **Bäume ausreißen können** *sehr kraftvoll und dynamisch sein* Er ist noch

jung und glaubt, dass er Bäume ausreißen kann.;
■ **Bäume wachsen nicht in den Himmel.**
(Sprichwort) Jedes Wachstum hat Grenzen.
♦ -rinde, -stamm, -wipfel, -wurzel, Ahorn-, Apfel-,
Birn-, Kastanien-, Kirsch-, Laub-, Nadel-, Obst-,
Tannen-

Bau·markt *der* <-(e)s, Baumärkte> *ein großes
Geschäft, das Dinge anbietet, die man für Arbeiten in Haus und Garten benötigt:* zum Baumarkt
fahren, um das Material für die Renovierung der
Wohnung zu kaufen

Baum·blü·te *die* <-> */kein Plur./* ❶ *das Blühen
der Bäume* ❷ *die Zeit, in der die Bäume blühen:*
Während der Baumblüte ist Nachtfrost besonders
gefährlich.

Bau·meis·ter *der* <-s, -> *(veralt.:* ≈ *Architekt)
jmd., der nach Plänen Gebäude entwirft und das
Bauen anleitet:* Elias Holl, ein berühmter Baumeis-
ter der Renaissance

bau·meln <baumelt, baumelte, hat gebaumelt>
mit OBJ ■ *etwas baumelt (von etwas Dat.)* lose
schwingend herabhängen: Sie sitzt auf der Mauer
und lässt die Beine baumeln.; Es gab keine Lampe;
von der Decke baumelte nur eine Glühbirne.

Baum·gren·ze *die* <-> */kein Plur./ die Höhe, ab
der im Gebirge keine Bäume mehr wachsen können*

Baum·haus *das* <-es, Baumhäuser> *eine Konstruktion mit Boden, Wänden und Dach, die in
den Ästen eines Baumes gebaut wurde:* die Kinder
spielen im Baumhaus

Baum·kro·ne *die* <-, -n> *Gesamtheit der Äste und
Zweige eines Baumes*

baum·los *adj /nicht steig./ ohne Baumbewuchs:*
ein baumloser Platz

Baum·nuss *die* <-, Baumnüsse> SCHWEIZ. *Walnuss*

Baum·schu·le *die* <-, -n> *Gärtnerei, die Bäume
und Sträucher zieht und verkauft*

Baum·ster·ben *das* <-s> */kein Plur./ (≈ Waldsterben) das massenhafte Absterben von Bäumen:* Ursache für das Baumsterben ist die zunehmende
Umweltverschmutzung.

Baum·struk·tur *die* <-, -en> *(fachspr.) eine (grafisch dargestellte) hierarchische Struktur, bei der
sich ein Element an der Spitze und die ihm untergeordneten Elemente darunter befinden*

Baum·stumpf *der* <-(e)s, Baumstümpfe> *der im
Boden verbliebene Rest eines abgesägten Baumes*

Baum·woll- *als Erstglied zusammengesetzter Substantive; drückt aus, dass das mit dem Zweitglied
Bezeichnete im Zusammenhang mit der Gewinnung und Verarbeitung von Baumwolle steht*
♦ -bluse, -ernte, -faser, -garn, -hemd, -pflanzung,
-plantage, -stoff, -tuch

Baum·wol·le *die* <-> */kein Plur./* ❶ *eine Pflanze
mit großen Blättern, gelben Blüten und walnuss-
großen Kapselfrüchten, aus deren Samenfäden
Garn gemacht wird* ❷ *die (geernteten) Samenfäden der Baumwolle* [1] ❸ *Gewebe aus Baumwollstoff:* ein T-Shirt/Unterwäsche aus Baumwolle

baum·wol·len *adj /nicht steig./ aus Baumwolle:*
eine baumwollene Bluse

Baum·woll·spin·ne·rei *die* <-, -en> *Spinnerei, in
der Baumwolle* [2] *zu Garn verarbeitet wird*

Bau·plan *der* <-(e)s, Baupläne> *Entwurf, den ein
Architekt für ein Bauvorhaben anfertigt*

Bau·platz *der* <-es, Bauplätze> *Gelände, auf dem
gebaut werden kann*

Bau·rat *der*, **Bau·rä·tin** <-(e)s, Bauräte> *leitender Beamter eines Bauamts*

bau·reif *adj /nicht steig./* ❶ *für den Baubeginn
fertig ausgearbeitet:* Die Unterlagen für das Hochhaus sind baureif. ❷ *erschlossen und zur Bebauung freigegeben:* ein baureifes Grundstück

bäu·risch <bäurischer, am bäurischsten> *adj (abwert.) grob, schwerfällig:* Er hat bäurische Manieren.

Bausch ■ **in Bausch und Bogen** *(umg.) völlig;
ohne genauere Unterscheidung* Der Entwurf
wurde in Bausch und Bogen verurteilt.

Bau·scha·den *der* <-s, Bauschäden> *Schaden an
einem Gebäude, der durch unsachgemäßes Bauen
entstanden ist*

bau·schen <bauschst, bauschte, hat ge-
bauscht> **I.** *mit OBJ* ■ *etwas bauscht etwas
(≈ aufblähen) durch Luftzug bewirken, dass etwas prall gespannt wird:* Der Wind bauscht die
Segel. **II.** *mit SICH* ■ *etwas bauscht sich* Falten
schlagen und sich wölben: Ihr Rock bauscht sich
im Wind.

Bau·schutt *der* <-s> */kein Plur./ beim Bauen anfallender Schutt:* den Bauschutt entsorgen

Bau·se·na·tor *der*, **Bau·se·na·to·rin** <-s, -en>
POL. *Leiter oder Leiterin des Bauministeriums in
einigen deutschen Bundesländern*

Bau·spar- *als Erstglied zusammengesetzter Substantive; drückt aus, dass das mit dem Zweitglied
Bezeichnete im Zusammenhang mit dem Bauspa-
ren steht* ♦ -anbieter, -angebot, -antrag, -bera-
ter(in), -berechnung, -betrag, -darlehen, -finanzie-
rung, -gesetz, -guthaben, -kasse, -prämie, -rechner,
-summe, -tarif, -urkunde, -vertrag, -zins

Bau·spa·ren *das* <-s> */kein Plur./ das Sparen auf
der Grundlage eines Bausparvertrages bei einer
Bausparkasse*

Bau·spar·för·de·rung *die* <-, -en> *Förderung des
Bausparens durch bestimmte staatliche Maßnahmen*

Bau·spe·ku·lant *der*, **Bau·spe·ku·lan·tin** <-en,
-en> *(abwert.) jmd., der im Bereich des Bauwesens Spekulation betreibt*

Bau·stadt·rat *der*, **Bau·stadt·rä·tin** <-(e)s, Bau-
stadträte> *für den Bereich des Bauwesens zuständiger Stadtrat*

Bau·stahl *der* <-s> */kein Plur./ Stahl, der im Ma-
schinen-, Schiffs- und Tiefbau verwendet wird*

Bau·stein *der* <-(e)s, -e> ❶ *ein Stein zum Bauen* [1]
❷ *(≈ Element) Bestandteil von etwas, auf dem etwas aufgebaut ist oder wird:* Bausteine einer Theorie; Bausteine der Zellen; Diese kleine Erbschaft
war ein Baustein seines späteren großen Vermögens.

Bau·stel·le *die* <-, -n> *ein Gelände, auf dem gebaut wird:* Das Betreten der Baustelle ist verboten!
♦ -nabsicherung, -nampel, -nausfahrt, -neinrich-
tung, -nfahrzeug, -nschild

Bau·stil *der* <-s, -e> *der bestimmte architektonische Stil, in dem ein Gebäude gestaltet ist*

B

Bau·stoff *der* <-(e)s, -e> *Material, das zum Bauen verwendet wird* ◆-kunde

Bau·teil *das* <-s, -e> ❶ *vorgefertigtes Teil zum Bau von Maschinen und technischen Anlagen* ❷ *Teil eines Bauwerks:* Das hintere Bauteil wurde in einer späteren Periode hinzugefügt.

Bau·teil·re·cy·c·ling *das* <-s> /kein Plur./ *Aufbereitung und Wiederverwendung von Bauteilen* [1]

Bau·trupp *der* <-s, -s> *eine Gruppe von Bauarbeitern, die zusammen arbeiten*

Bau·un·ter·neh·men *das* <-s, -> ≈ *Baufirma*

Bau·vor·ha·ben *das* <-s, -> ❶ *Idee oder Entwurf für einen Bau* ❷ *Gebäude, das sich im Bau befindet*

Bau·wa·gen *der* <-s, -> *ein großer Wagen, der auf einer Baustelle als Aufenthaltsort für die Bauarbeiter oder zur Lagerung von Werkzeugen dient*

Bau·werk *das* <-(e)s, -e> *großes Gebäude, das durch seine Architektur beeindruckt:* ein von Schinkel entworfenes Bauwerk

Bau·we·sen *das* <-s> /kein Plur./ *Gesamtheit der Vorgänge und Einrichtungen, die mit dem Bauen zusammenhängen*

Bau·xit, Bau·xit *der* <-s, -e> *ein Mineral, das Aluminium enthält*

Bau·zaun *der* <-(e)s, Bauzäune> *der Zaun, mit dem eine Baustelle abgesperrt ist*

Bay·er *der;* **Bay·e·rin** <-n, -n> *Einwohner Bayerns*

bay·(e)·risch *adj* /nicht steig./ *Bayern oder dessen Einwohner betreffend, aus Bayern stammend oder für Bayern typisch:* eine bayrische Brotzeit

Bay·ern <-s> *deutsches Bundesland:* Der Freistaat Bayern ist das größte Bundesland Deutschlands.

Bay·reuth *das* <-s> *Wagner-Festspielstadt in Bayern*

Ba·zar *der* <-s, -e> *siehe auch* **Basar**

Ba·zi *der* <-s, -s> SÜDDT., ÖSTERR. *(meist scherzh.) durchtriebener Mensch, Gauner*

Ba·zil·le *die* <-, -n> *(umg.:* ≈ *Bazillus)*

Ba·zil·lus *der* <-, Bazillen> MED. *ein Krankheitserreger*

BE <-s> *Abkürzung von* **Broteinheit**

be·ab·sich·ti·gen <beabsichtigt, beabsichtigte, hat beabsichtigt> *mit OBJ* ■ *jmd. beabsichtigt etwas zu tun (geh.) etwas tun wollen:* Die Familie beabsichtigt den Verkauf der Villa.

be·ach·ten <beachtest, beachtete, hat beachtet> *mit OBJ* ❶ ■ *jmd. beachtet jmdn./etwas zur Kenntnis nehmen:* Sein Verhalten war unauffällig und niemand hat ihn beachtet.; Er hat ihr neues Kleid kaum beachtet. ❷ ■ *jmd. beachtet etwas* (↔ missachten) *bewusst berücksichtigen und sich danach richten:* die Bestimmungen/Regeln/Vorschriften beachten

be·acht·lich *adj* (≈ beträchtlich, stattlich) *ziemlich groß oder ziemlich viel:* beachtliche Fortschritte/ eine beachtliche Geldsumme; Der Film hatte einen beachtlichen Erfolg.

Be·ach·tung *die* <-> /kein Plur./ ❶ *das Beachten* [1]: einer Sache keine Beachtung schenken; Dieses besondere Buch verdient Beachtung. ❷ *das Beachten* [2]: Schon Kinder sollen alle die Beachtung der Verkehrsregeln üben.

Beach·vol·ley·ball *das* ['biːtʃvɔlibal] <-s> /kein Plur./ *eine Art Volleyball, bei der in Zweiermannschaften am Strand gespielt wird*

be·ackern <beackerst, beackerte, hat beackert> *mit OBJ* ■ *jmd. beackert etwas* ❶ *mit Pflug und Egge bearbeiten:* ein Feld beackern ❷ *(umg.) genau bearbeiten, gründlich durcharbeiten*

Be·am·te *der;* **Be·am·tin** <-n, -n> *jmd, der im öffentlichen Dienst oder im Dienst einer Körperschaft des öffentlichen Rechts steht, nicht gekündigt werden kann und im Ruhestand Pension bekommt:* seit zwei Monaten Beamter auf Probe sein; Beamter im Schuldienst/bei der Polizei/in der Finanzverwaltung ◆-nbeleidigung, -nbesoldung, -npension, -nrecht, -nstelle, -nverhältnis ▶ beamtet, Beamtete

Be·am·ten·an·wär·ter *der;* **Be·am·ten·an·wär·te·rin** <-s, -> *Anwärter auf eine Beamtenstelle*

Be·am·ten·bund *der* <-(e)s> /kein Plur./ *Organisation, die die Interessen der Beamten vertritt*

Be·am·ten·deutsch *das* <-s> /kein Plur./ *(abwert.:* ≈ Amtsdeutsch) *Amtssprache, die unverständlich, langatmig und umständlich ist*

Be·am·ten·lauf·bahn *die* <-, -en> *berufliche Laufbahn eines Beamten:* am Anfang der Beamtenlaufbahn stehen

Be·am·ten·tum *das* <-s> /kein Plur./ ❶ *beruflicher und sozialer Stand des Beamten mit den dazugehörenden Rechten und Pflichten* ❷ (≈ Beamtenschaft) *alle Beamten*

be·ängs·ti·gend *adj so, dass es Angst macht:* eine beängstigende Entwicklung/Prognose/Situation

be·an·spru·chen <beanspruchst, beanspruchte, hat beansprucht> *mit OBJ* ❶ ■ *jmd. beansprucht etwas äußern, dass man etwas haben will (und der Meinung sein, dass es einem zusteht):* eine Schadensersatzleistung beanspruchen ❷ ■ *jmd. beansprucht jmdn. Hilfe von jmdm. annehmen:* Ich habe dich heute schon sehr beansprucht. ❸ ■ *etwas beansprucht jmdn./etwas jmds. Zeit und Kraft erfordern:* Der anstrengende Beruf beansprucht ihn völlig. ❹ ■ *etwas beansprucht etwas etwas abnutzen:* Der Teppich im Flur wird stark beansprucht. ▶ Beanspruchung

be·an·stan·den <beanstandest, beanstandete, hat beanstandet> *mit OBJ* ■ *jmd. beanstandet etwas (an etwas Dat.)* (≈ reklamieren) *die Qualität einer Leistung oder einer Ware als ungenügend ansehen und diesen Mangel nicht akzeptieren:* Ich möchte die Reinigung dieser Jacke beanstanden – Die Flecken sind noch nicht beseitigt! ▶ Beanstandung

be·an·tra·gen <beantragst, beantragte, hat beantragt> *mit OBJ* ■ *jmd. beantragt (bei jmdm./etwas) etwas einen Antrag stellen und damit verlangen, dass etwas genehmigt oder ausgefertigt wird:* ein Stipendium beantragen; ein Visum beantragen; Er beantragt Urlaub.; Ich beantrage, über diesen Vorschlag abzustimmen. ▶ Beantragung

be·ant·wor·ten <beantwortest, beantwortete, hat beantwortet> *mit OBJ* ❶ ■ *jmd. beantwortet (jmdm.) etwas eine Antwort auf eine Frage geben:* Der Lehrer beantwortet dem Schüler die

Frage. **②** ■ *jmd.* **beantwortet etwas** *sich auf ein Schreiben hin schriftlich äußern:* einen Brief beantworten **③** ■ *jmd.* **beantwortet etwas mit etwas** *Dat. auf etwas reagieren:* Er beantwortete ihr freundliches Lächeln mit einem fragenden Blick.. ▶ Beantwortung

be·ar·bei·ten <bearbeitest, bearbeitete, hat bearbeitet> *mit OBJ* **①** ■ *jmd.* **bearbeitet etwas (mit etwas** *Dat.***)** *an einem Material arbeiten:* Der Bildhauer bearbeitet den Marmor mit dem Meißel.; Er bearbeitet den Boden im Garten mit der Hacke. **②** ■ *jmd.* **bearbeitet etwas** *an einem Thema arbeiten:* Er bearbeitet dieses Problem in seiner Doktorarbeit. **③** ■ *jmd.* **bearbeitet etwas (für etwas** *Akk.***)** *etwas umgestalten:* Er hat das Orchesterstück für Streichquartett bearbeitet. **④** ■ *jmd.* **bearbeitet jmdn.** *(umg.) versuchen, jmdn. zu etwas zu überreden:* Ich werde ihn bearbeiten, dass er am morgen mitkommt.

Be·ar·bei·ter·ur·he·ber·recht *das* <-s, -e> RECHTSW. *Recht des Bearbeiters, über die eigenen schöpferischen Leistungen zu verfügen*

Be·ar·bei·tung *die* <-, -en> **①** *das Bearbeiten:* Die Bearbeitung der Aufgabe ist sehr aufwändig. ◆ -sgebühr **②** *etwas, das bearbeitet worden ist:* Eine neue Bearbeitung des Wörterbuchs liegt nun vor.

be·arg·wöh·nen <beargwöhnst, beargwöhnte, hat beargwöhnt> *mit OBJ* ■ *jmd.* **beargwöhnt** *jmdn./etwas mit Misstrauen betrachten:* den neuen Nachbarn beargwöhnen

Beat *der* [bi:t] <-s> */kein Plur./* **①** *kurz für „Beatmusik"* **②** *ein bestimmter Rhythmus*

be·at·men <beatmest, beatmete, hat beatmet> *mit OBJ* ■ *jmd./etwas* **beatmet** *jmdn.* MED. *Atemluft zuführen:* Der Patient muss künstlich beatmet werden. ▶ Beatmung

Beat·mu·sik *die* [bi:t...] <-> */kein Plur./* *eine Richtung der Popmusik*

Beau·fort·ska·la *die* ['bo:fœt...] <-> */kein Plur./* METEOR. *ursprünglich 12-, jetzt 17-teilige Skala zur Messung der Windstärke*

be·auf·sich·ti·gen <beaufsichtigst, beaufsichtigte, hat beaufsichtigt> *mit OBJ* ■ *jmd.* **beaufsichtigt jmdn./etwas** *jmdn. oder etwas aufpassen:* Die Klasse wird auf der Schulreise von zwei Lehrern beaufsichtigt. ▶ Beaufsichtigung

be·auf·tra·gen <beauftragst, beauftragte, hat beauftragt> *mit OBJ* ■ *jmd.* **beauftragt jmdn. (mit etwas** *Dat.***)** *jmdm. den Auftrag geben, etwas zu tun:* Er ist mit der Aufklärung des Falles beauftragt.; Ich beauftrage Sie, diese Reklamation zu bearbeiten. ▶ Beauftragung

Be·auf·trag·te *der/die* <-n, -n> *jmd., der einen Auftrag auszuführen hat:* ein Beauftragter der Regierung ◆ General-, Lehr-, Regierungs-, Sonder-

Beau·ty·farm *die* ['bju:tifarm] <-, -en> *(≈ Schönheitsfarm)* Unsere Beautyfarm bietet Ihnen ein perfektes Wellnesswochenende für nur 700 Euro.

be·bau·en <bebaust, bebaute, hat bebaut> *mit OBJ* ■ *jmd.* **bebaut etwas (mit etwas** *Dat.***)** **①** *auf einem Gelände Gebäude errichten:* Das Grundstück wird mit Einfamilienhäusern bebaut.

▶ Bebauung **②** *den Boden bestellen und für den Anbau nutzen:* ein Feld mit Kartoffeln bebauen

Be·bau·ungs·dich·te *die* <-> */kein Plur./* *das Verhältnis der bebauten zur unbebauten Fläche (in einem bestimmten Gebiet)*

Be·bau·ungs·plan *der* <-(e)s, Bebauungspläne> *Plan, nach dem eine Fläche bebaut werden soll*

Bé·bé *das* [be'be:] <-s, -s> SCHWEIZ. *Baby*

Be·ben *das* <-s, -> **①** *(≈ Erschütterung) der Vorgang, dass etwas Großes und Schweres vibriert:* bei der Explosion das Beben der Mauern spüren; Ein Beben durchläuft die Rakete vor dem Start. **②** *kurz für „Erdbeben":* Das Beben legte die Stadt in Schutt und Asche.; ein Beben der Stärke 8 ◆ Nach- **③** *(geh.) leichtes Zittern als Zeichen der Erregung:* Als er mit seiner Rede begann, war ein Beben in seiner Stimme.

be·ben <bebst, bebte, hat gebebt> *ohne OBJ* ■ *jmd./etwas* **bebt ①** *(≈ erzittern) von einer starken Vibration durchlaufen werden:* Die Erde bebt. **②** *infolge starker Erregung zittern:* Vor Aufregung bebten mir die Knie.

be·bil·dern <bebilderst, bebilderte, hat bebildert> *mit OBJ* ■ *jmd.* **bebildert etwas (mit etwas** *Dat.***)** *(≈ illustrieren) etwas mit Bildern versehen* ▶ Bebilderung

Bé·cha·mel·so·ße *die* [beʃaˈmɛl...] <-, -n> KOCH. *helle Soße aus Milch, Butter, Mehl und Gewürzen*

Be·cher *der* <-s, -> *ein Trinkgefäß von relativ hoher, zylindrischer Form:* ein Becher Milch ◆ Kaffee-, Papp-, Plastik-, Silber-, Zinn-

be·chern <becherst, becherte, hat gebechert> *mit OBJ/ohne OBJ* ■ *jmd.* **bechert** *(umg.) viel Alkohol trinken:* Sie becherten die ganze Nacht.; Er hat heute schon viel Wein gebechert.

be·cir·cen *siehe* bezirzen

Be·cken *das* <-s, -> **①** *kurz für „Waschbecken"* ◆ Spül-, Wasch- **②** *kurz für „Schwimmbecken"* ◆ -rand, Nichtschwimmer-, Plansch- **③** ANAT. *der Teil des menschlichen Skeletts, der die Verbindung zwischen den Beinen und der Lendenwirbelsäule herstellt und die Eingeweide in der Bauchhöhle stützt* ◆ -bruch, -knochen **④** MUS. *Schlaginstrument, das aus zwei Metallscheiben besteht, die aneinandergeschlagen werden*

Be·cken·end·la·ge *die* <-, -en> MED. *Längslage des Kindes bei der Geburt, bei der das Becken des Kindes zuerst ausgestoßen wird*

Be·cken·gurt *der* <-s, -e> KFZ *Sicherheitsgurt, der das Becken³ umspannt*

beck·mes·sern <beckmesserst, beckmesserte, hat gebeckmessert> *ohne OBJ* ■ *jmd.* **beckmessert** *(geh. abwert.) auf kleinliche Art kritisieren*

Bec·que·rel *das* [bɛkəˈrɛl] <-s, -> PHYS. *Maßeinheit für die Aktivität einer radioaktiven Substanz*

Be·dacht ■ **mit Bedacht** *(geh.) mit Umsicht und Überlegung* Sie handelte in schwierigen Situationen stets mit Bedacht.

be·dacht <bedachter, am bedachtesten> *adj* **①** *(≈ besonnen) so, dass man über etwas sorgfältig nachgedacht hat:* Er hat sehr bedacht und klug gehandelt. **②** ■ **jemand ist auf etwas bedacht** *jmd. achtet sehr darauf, dass ...* Er war grundsätz-

B

lich auf seinen Vorteil bedacht.; Wir sind sehr darauf bedacht, unseren guten Ruf zu wahren.

be·däch·tig adj (≈ besonnen) so, dass man langsam und betont ruhig sowie überlegt handelt: Sie gingen sehr bedächtig ans Werk. ▸ Bedächtigkeit

be·dan·ken <bedankst, bedankte, hat bedankt> mit SICH ■ jmd. bedankt sich bei jmdm.(mit etwas Dat.) für etwas jmdm. seinen Dank für etwas sagen: Er bedankte sich bei ihr (mit einem Blumenstrauß) für ihre Hilfe.

Be·darf der <-(e)s> /kein Plur./ etwas, das in einer bestimmten Situation benötigt wird: Der Bedarf an Wasser ist gestiegen.; Für meinen persönlichen Bedarf brauche ich nicht viel Geld.; ■ jemandes Bedarf ist gedeckt (umg. scherzh.) jmd. hat endgültig genug von etwas Jetzt waren wir an jedem Wochenende auf einer Party – Mein Bedarf ist erst einmal gedeckt! ◆ -sermittlung, -sfall, -sforschung, -shaltestelle, Büro-, Erdöl-, Energie-, Entscheidungs-, Erneuerungs-, Handlungs-, Handwerker-, Maler-, Nachhol-, Personal-, Reise-, Schreib-, Strom-

Be·darfs·ar·ti·kel der <-s, -> (≈ Gebrauchsgegenstand, Konsumgut) eine Ware, die immer benötigt wird

Be·darfs·de·ckung die <-> /kein Plur./ Befriedigung eines Bedarfs

Be·darfs·gut das <-(e)s, Bedarfsgüter> siehe **Bedarfsartikel**

be·dau·er·lich adj so, dass man es bedauern muss: ein bedauerlicher Irrtum

be·dau·er·li·cher·wei·se adv (≈ leider) verwendet, um auszudrücken, dass etwas negativ ist und man es bedauert: Bedauerlicherweise ist mir ein Fehler unterlaufen.

Be·dau·ern das <-s> /kein Plur./ ❶ der Zustand, dass jmd. wegen einer bestimmten Sache traurig oder enttäuscht ist: Ich habe mit großem Bedauern auf die Reise verzichten müssen. ❷ der Zustand, dass man mit jmdm. Mitgefühl hat: Sie drückte ihm ihr Bedauern über den tragischen Vorfall aus.

be·dau·ern <bedauerst, bedauerte, hat bedauert> mit OBJ ❶ ■ jmd. bedauert etwas (≈ bereuen) ausdrücken, dass einem etwas leid tut oder dass etwas besser nicht hätte geschehen sollen: Ich bedauere, dass ich nicht rechtzeitig kommen konnte. ❷ ■ jmd. bedauert jmdn. (≈ bemitleiden) traurig sein, weil es jmdm. nicht gut geht oder jmd. ein Problem hat: Sie ist wirklich zu bedauern.

be·dau·erns·wert adj so, dass man Mitleid haben muss: Als wir den Hund fanden, war er in einem bedauernswerten Zustand.

be·de·cken <bedeckst, bedeckte, hat bedeckt> mit OBJ ■ jmd. bedeckt etwas/jmdn. (mit etwas Dat.) etwas auf etwas oder jmdn. legen: Der Gärtner bedeckt das Beet mit einer Folie; Schnee bedeckt die Felder.; Sie bedeckte ihr Gesicht mit ihren Händen.

be·deckt adj (≈ bewölkt) ein bedeckter Himmel; ■ sich bedeckt halten (umg.) keinen eindeutigen Standpunkt beziehen

Be·deckt·sa·mer der <-s, -> /meist Plur./ BOT.

(↔ Nacktsamer) Pflanze, deren Samenanlage im Fruchtknoten eingeschlossen ist

Be·de·ckung die <-, -en> ❶ das Bedecken: Wegen des aufkommenden Regens mussten wir uns mit der Bedeckung der Zementsäcke beeilen. ❷ (≈ Abdeckung) etwas, das zum Bedecken benutzt wird: Als Bedeckung dient eine Plane. ◆ Kopf-

Be·den·ken das <-s, -> (≈ Skepsis, Vorbehalt) eine Überlegung, die man aufgrund von Zweifeln und Befürchtungen anstellt: Ich habe Bedenken, deinem Plan zuzustimmen.

be·den·ken <bedenkst, bedachte, hat bedacht> mit OBJ ❶ ■ jmd. bedenkt etwas bei seinen Überlegungen berücksichtigen: Hast du auch bedacht, welche Konsequenzen dein Handeln hat? ❷ ■ jmd. bedenkt jmdn. mit etwas Dat. (geh.) jmdn. mit etwas beschenken: Seine Tante hatte ihn in ihrem Testament reich bedacht.

be·den·ken·los adj /nicht steig./ ❶ ohne Skrupel: Er hat bedenkenlos und ohne Rücksicht auf andere gehandelt. ▸ Bedenkenlosigkeit ❷ so, dass keine Zweifel nötig sind: Dieses Geld kannst du bedenkenlos von mir annehmen – Ich brauche es wirklich nicht!

be·den·kens·wert adj so, dass man darüber nachdenken sollte

be·denk·lich adj ❶ so, dass es Besorgnis erregt: eine bedenkliche Situation; Die Prüfung ist schon bedenklich nah, und du hast immer noch nichts dafür gelernt. ❷ (≈ fragwürdig) so, dass es zweifelhaft ist und man es nicht einfach akzeptieren kann.: Seine politischen Ansichten sind sehr bedenklich. ❸ (≈ besorgt) so, dass jmd. Sorgen hat: Er hatte eine bedenkliche Miene aufgesetzt.

Be·denk·zeit die <-, -en> Zeit bis zu einer Entscheidung, in der man nachdenken kann

be·dep·pert adj (umg.) dumm, verlegen, ratlos: ein bedeppertes Gesicht machen

be·deu·ten <bedeutet, bedeutete, hat bedeutet> I. mit OBJ ❶ ■ etwas bedeutet (jmdm.) etwas eine bestimmte Bedeutung haben: Was soll das bedeuten?; Was bedeutet eigentlich der Ausdruck „historisch"?; Das lateinische Wort „rex" bedeutet „König". ❷ ■ jmd. bedeutet jmdm. etwas einen großen Wert für jmdn. haben: Meine Freunde bedeuten mir viel.; Seine Musik bedeutet ihm alles. II. ohne OBJ ■ jmd. bedeutet (jmdm.) etwas (mit etwas Dat.) (geh.) ein Zeichen geben: Mit einer Handbewegung bedeutete er mir, ich solle mich setzen.

be·deu·tend <bedeutender, am bedeutendsten> adj ❶ so, dass jmd. oder etwas von vielen sehr anerkannt ist: ein bedeutender Dichter/Politiker/Staatsmann/Wissenschaftler; Bedeutende Ereignisse werfen ihren Schatten voraus. ❷ (≈ verstärkend bei Verben und im Komparativ) (≈ beträchtlich, sehr) eine bedeutend große Summe; Er hat sich bedeutend weiterentwickelt. ◆ Großschreibung → R 3.7 das Bedeutende; nichts Bedeutendes; um ein Bedeutendes

be·deut·sam adj ❶ (≈ bedeutungsvoll) besonders wichtig und folgenreich: eine bedeutsame These aufstellen ▸ Bedeutsamkeit ❷ (≈ vielsagend) so,

dass etwas eine noch unbekannte Bedeutung hat:
Sie schenkte ihm ein bedeutsames Lächeln.
Be·deu·tung *die* <-, -en> ❶ *der Sinn, den man in*
einer Handlung oder Gegebenheit sieht: Der
Traum hat eine tiefere Bedeutung. ❷ *(≈ Inhalt, Sig-*
nifikat ↔ Formativ, Signifikant) der sprachliche
Inhalt, der mit einer zeichenhaften Einheit ver-
bunden ist: Wort- und Satzbedeutung; Die Wörter
einer Sprache haben meist mehr als nur eine Bedeutung. ❸ *Wichtigkeit, Wert:* Das ist nichts von
Bedeutung.; Er hat dem Geld nie große Bedeutung
beigemessen.
Be·deu·tungs·feld *das* <-(e)s-, -er> SPRACHWISS.
(≈ Wortfeld) lexikalische Teilhierarchie; siehe
auch **Wortfeld**
Be·deu·tungs·lehre *die* <-, -en> SPRACHWISS. *(≈ Se-*
masiologie) Lehre von der Bedeutung der Wörter
be·deu·tungs·los *adj /nicht steig./ (↔ bedeu-*
tungsvoll) unwichtig; ohne besonderen Sinn: eine
bedeutungslose Feststellung ▶ Bedeutungslosigkeit
be·deu·tungs·schwer *adj /nicht steig./ von gro-*
ßer Bedeutung: eine bedeutungsschwere Entscheidung treffen
Be·deu·tungs·um·fang *der* <-s> */kein Plur./ das*
Spektrum der Bedeutungen[2], die mit der Aus-
drucksseite einer Worteinheit verbunden sind
Be·deu·tungs·un·ter·schied *der* <-s, -e> *Unter-*
schied zwischen zwei Bedeutungen[2]
be·deu·tungs·voll <bedeutungsvoller, am be-
deutungsvollsten> *adj* ❶ *wichtig, bedeutsam[1]:*
Das war ein bedeutungsvoller Schritt, um den Friedensprozess voranzubringen. ❷ *vielsagend, be-*
deutsam[2]: eine bedeutungsvolle Geste
Be·deu·tungs·wan·del *der* <-s> */kein Plur./*
SPRACHWISS. *Prozess und Ergebnis des empirisch*
gegebenen Umstands, dass (wie auf allen anderen
Ebenen des Sprachsystems) im Bereich der Wort-
bedeutungen Veränderungen in der Zeit zu regis-
trieren sind: Bedeutungswandel erfolgt durch Be-
deutungserweiterung, -verengung, -verschiebung,
-verbesserung, -verschlechterung und -übertra-
gung.
Be·deu·tungs·wör·ter·buch *das* <-(e)s, Bedeu-
tungswörterbücher> SPRACHWISS. *Wörterbuch, in*
dem die Bedeutungsangaben obligatorisch sind:
Das vorliegende Wörterbuch ist sowohl ein Lernerwörterbuch, als auch ein Bedeutungswörterbuch.;
siehe auch **Lexikographie, Wörterbuch**
be·die·nen <bedienst, bediente, hat bedient>
I. *mit OBJ* ◼ *jmd. bedient jmdn.* ❶ *jmdm. Spei-*
sen und Getränke servieren: Die Kellnerin bedient
die Gäste. ❷ *einen Kunden beraten, ihm Waren*
anreichen oder an der Kasse abrechnen: Ich
möchte gern ein Paar Schuhe kaufen. – Können Sie
mich bedienen? ❸ ◼ *jmd. bedient etwas ein*
technisches Gerät gebrauchen: Sie bedient den
Rasenmäher/den Staubsauger. ❹ *(fachspr.: ≈ an-*
fahren) Die Haltestelle „Katharinenstraße" wird
wegen Bauarbeiten momentan nicht bedient.
❺ BANKW. ◼ **ein Darlehen bedienen** *die fäl-*
lige Tilgungsrate eines Darlehens zurückzahlen
II. *ohne OBJ* ◼ *jmd. bedient (irgendwo)*
❶ *(≈ servieren)* Er bedient in einer Pizzeria.
❷ *Kunden betreuen:* Sie bedient in einem Möbel-

geschäft. ❸ *beim Kartenspiel die richtige Farbe*
ausspielen: Wer bedient? **III.** *mit SICH* ❶ ◼ *jmd.*
bedient sich (an etwas Dat.) sich Speisen und
Getränke nehmen: Ich bediene mich schon mal an
der Salatbar.; Bitte, bedienen Sie sich! ❷ ◼ *jmd.*
bedient sich einer Sache Gen. (geh.) etwas be-
nutzen: Er bediente sich seiner guten Beziehungen.; ◼ **bedient sein** *(umg.) genug haben* Also
mir reicht's jetzt. Ich bin bedient für heute.
Be·die·ner·füh·rung *die* <-, -en> EDV *Benutzer-*
führung innerhalb eines Computerprogramms
Be·die·ne·rin *die* <-, -nen> SÜDDT., ÖSTERR. *(≈ Haus-*
haltshilfe) Frau, die stundenweise im Haushalt
hilft
be·diens·tet *adj /nicht steig./* ÖSTERR. *angestellt*
Be·diens·te·te *der/die* <-n, -n> ❶ AMTSSPR. *Ange-*
stellte(r) im öffentlichen Dienst ❷ *jmd., der bei ei-*
ner Privatperson gegen Lohn Dienst tut
Be·die·nung *die* <-, -en> ❶ *(≈ Kellnerin, Serviere-*
rin) jmd., der in einer Gaststätte die Gäste bedient
❷ */kein Plur./ das Bedienen von Geräten* ◆ -sfeh-
ler, -skomfort, Fehl- ❸ SÜDDT., ÖSTERR. *Hausgehilfin*
Be·die·nungs·an·lei·tung *die* <-, -en> *mit einem*
Gerät gelieferter Text, der die Bedienung[2] erklärt
Be·die·nungs·an·wei·sung *die* <-, -en> *siehe*
Bedienungsanleitung
be·die·nungs·freund·lich *adj (≈ benutzerfreund-*
lich) für den Benutzer einfach in der Handhabung
be·din·gen <bedingst, bedingte, hat bedingt>
mit OBJ ◼ *etwas bedingt etwas (≈ bewirken, ver-*
ursachen) zur Folge haben, Ursache oder Voraus-
etzung für etwas sein: Ein winziger Fehler bedingte den Systemabsturz.
be·dingt *adj /nicht steig./* ❶ *nur mit Einschrän-*
kungen oder nur in einem bestimmten Sinne: Das
ist nur bedingt richtig.; Ich kann Ihnen meine Zusage nur bedingt geben. ❷ SCHWEIZ. *auf Bewährung*
-be·dingt *als Zweitglied zusammengesetzter Ad-*
jektive; drückt aus, dass das mit dem Erstglied Be-
zeichnete der Grund/die Ursache für etwas ande-
res ist: eine altersbedingte Entlassung ◆ alters-,
-berufs-, krankheits-, preis-, saison-, verletzungs-,
witterungs-, zufalls-
Be·din·gung *die* <-, -en> ❶ *etwas, das gefordert*
wird und das erfüllt sein muss, damit etwas ande-
res geschehen kann: Die Bedingungen für die Zusammenarbeit waren klar definiert.; Ich mache es
nur unter der Bedingung, dass ...; Bitte, dann stellen Sie Ihre Bedingungen! ◆ Liefer-, Teilnahme-,
Vertrags-, Zahlungs- ❷ */meist Plur./ (≈ Umstände)*
gegebene Verhältnisse: Dieses Kunstwerk ist unter
sehr schwierigen Bedingungen des Künstlers entstanden.; Sie hatte in ihrer Studienzeit sehr günstige Bedingungen. ◆ Arbeits-, Existenz-, Lebens-,
Natur-, Umwelt-, Witterungs-
Be·din·gungs·form *die* <-, -en> SPRACHWISS.
(≈ Konditional) Modus, der die Bedingung aus-
drückt
be·din·gungs·los *adj (≈ uneingeschränkt, vorbe-*
haltlos) an keinerlei Bedingungen[1] gebunden:
sich jmdm. bedingungslos unterwerfen; jmdm. bedingungslos vertrauen
be·drän·gen <bedrängst, bedrängte, hat be-
drängt> *mit OBJ* ❶ ◼ *jmd. bedrängt jmdn. (mit*

B

etwas Dat.) jmdn. unter Druck setzen: von einem anderen Fahrzeug im Straßenverkehr bedrängt werden; Er bedrängte sie mit Fragen/Forderungen. ❷ ■ *etwas bedrängt jmdn. belasten, bedrücken:* Die Sorgen um ihre Gesundheit bedrängen sie sehr. **Be·dräng·nis** *die* <-, -se> *Druck, unter dem jmd. steht:* in Bedrängnis geraten

be·dro·hen <bedrohst, bedrohte, hat bedroht> *mit OBJ* ❶ ■ *jmd. bedroht jmdn. (mit etwas Dat.) sich so verhalten, als wolle man jmdn. angreifen:* Er gab zu Protokoll, der Mann habe ihn mit einem Messer bedroht. ❷ ■ *etwas bedroht etwas eine Gefahr für etwas sein:* Ausbrechende Seuchen bedrohen jetzt die Kriegsregion. ▸ Bedrohtheit

be·droh·lich *adj (≈ gefährlich) so, dass davon eine Gefahr ausgeht:* sich in einer bedrohlichen Situation befinden ◆ lebens- ▸ Bedrohlichkeit

Be·dro·hung *die* <-, -en> ❶ *das Bedrohen [1]* ❷ *das Bedrohtsein: die Bedrohung durch das Hochwasser; die Bedrohung des Friedens/der Gesundheit*

be·drü·cken *mit OBJ* ■ *etwas bedrückt jmdn. belasten, traurig machen:* Die vielen Sorgen bedrücken ihn.

Be·drückt·heit *die* <-> /kein Plur./ *(↔ Unbeschwertheit) die Traurigkeit, die durch eine belastende Situation entsteht:* Man konnte der Frau ihre Bedrücktheit ansehen.

Be·du·i·ne *der;* **Be·du·i·nin** <-n, -n> *Angehöriger eines Wüstenstammes* ◆-nzelt ▸ beduinisch

be·dür·fen <bedarf, bedurfte, hat bedurft> *ohne OBJ* ■ *jmd./etwas bedarf einer Sache Gen. (geh.) brauchen, nötig haben:* Sie bedurfte der Hilfe ihrer Freundin.; Es bedarf einiger Mühe, diese Aufgabe zu lösen.

Be·dürf·nis *das* <-ses, -se> *(≈ Verlangen) der Zustand, dass jmd. etwas braucht:* das Bedürfnis nach Liebe und Zärtlichkeit; die Bedürfnisse der Konsumenten ◆-anstalt, -befriedigung, -entwicklung, Mitteilungs-, Ruhe-, Schlaf-, Schutz-, Sicherheits- ▸ bedürfnislos, Bedürfnislosigkeit

be·dürf·tig *adj (≈ mittellos) so, dass man arm ist und Mangel an vielen Dingen hat:* Spenden für Bedürftige sammeln ▸ Bedürftige(r), Bedürftigkeit

-be·dürf·tig *als Zweitglied zusammengesetzter Adjektive; drückt aus, dass das mit dem Erstglied Bezeichnete besonders gebraucht/benötigt wird* ◆ erholungs-, hilfs-, liebe-, pflege-, reparatur-, ruhe-, schutz-, verbesserungs-, wärme-

Beef·steak *das* ['bi:fste:k] <-s, -s> KOCH. *Steak vom Rind*

be·ei·den, be·ei·di·gen <beeidest, beeidete, hat beeidet> *mit OBJ* ■ *jmd. beeidet etwas auf etwas einen Eid leisten:* eine Aussage vor Gericht beeiden

be·ei·digt *adj /nicht steig./ so, dass man einen Eid geleistet hat:* Man zog einen beeidigten Dolmetscher hinzu.

be·ei·len <beeilst, beeilte, hat beeilt> *mit SICH* ■ *jmd. beeilt sich (mit etwas Dat.) (↔ trödeln)* ❶ *sich so verhalten, dass man etwas in möglichst kurzer Zeit macht:* Beeile dich!; Wir müssen uns beeilen, sonst verpassen wir den Zug.; Sie beeilte sich mit ihrer Arbeit, um es abends noch ins Kino

zu schaffen. ❷ *ausdrücken, dass man nicht zögert, etwas zu tun:* Er beeilte sich zu versichern, dass er mithelfen wolle. ▸ Beeilung

be·ein·dru·cken <beeindruckst, beeindruckte, hat beeindruckt> *mit OBJ* ■ *jmd. beeindruckt jmdn. (mit etwas Dat.) auf jmdn. einen positiven Eindruck machen:* Er versuchte seinen Chef mit guten Leistungen zu beeindrucken.

be·ein·flus·sen <beeinflusst, beeinflusste, hat beeinflusst> *mit OBJ* ■ *jmd./etwas beeinflusst jmdn./etwas auf etwas einen Einfluss ausüben:* leicht zu beeinflussen sein; Er ist sehr stark durch seinen Lehrer beeinflusst.; Die gute Stimmung ihrer Kollegen hat sie bei der Arbeit positiv beeinflusst. ▸ Beeinflussung

be·ein·träch·ti·gen <beeinträchtigt, beeinträchtigte, hat beeinträchtigt> *mit OBJ* ■ *etwas beeinträchtigt etwas den Erfolg oder das Wohlbefinden von etwas oder jmdm. verringern:* Das schlechte Wetter hat die Veranstaltung erheblich beeinträchtigt.; Ihr häufiges Kranksein in den letzten Wochen hat sie sehr beeinträchtigt. ▸ Beeinträchtigung

be·elen·den <beelendest, beelendete, hat beelendet> *mit OBJ* ■ *etwas/jmd. beelendet jmdn.* SCHWEIZ. *traurig stimmen*

Beel·ze·bub *der* <-s> /kein Plur./ REL. *der (oberste) Teufel;* ■ *den Teufel mit dem Beelzebub austreiben (geh.) ein Übel durch ein anderes bekämpfen*

be·en·den <beendest, beendete, hat beendet> *mit OBJ* ■ *jmd. beendet etwas (≈ abschließen ↔ anfangen, beginnen) zu einem Ende/zum Abschluss bringen:* sein Studium beenden; ein Gespräch beenden; eine Freundschaft beenden ▸ Beendigung

be·en·gen <beengt, beengte, hat beengt> *mit OBJ* ■ *etwas beengt jmdn. das Gefühl von Enge geben:* Die Kleider/die rigiden Vorschriften beengen mich. ▸ Beengtheit

be·er·ben <beerbst, beerbte, hat beerbt> *mit OBJ* ■ *jmd. beerbt jmdn. (↔ vererben) jmds. Nachlass erhalten:* Die Tochter beerbt ihre Eltern.

be·er·di·gen <beerdigst, beerdigte, hat beerdigt> *mit OBJ* ■ *(≈ beisetzen, bestatten) jmd. beerdigt jmdn. einen Verstorbenen auf einem Friedhof begraben* ▸ Beerdigung

Be·er·di·gung *die* <-, -en> *(≈ Begräbnis, Bestattung) das Beerdigen:* Die Beerdigung findet am Freitag statt. ◆-sansprache, -sanzeige, -sanzug, -sbrauch, -sblumen, -sessen, -sfeier, -sgebet, -skranz, -slied, -sliturgie, -smesse, -smusik, -sinstitut, -spflicht, -spredigt, -srede, -sredner(in), -sritual, -sunternehmen, -sversicherung, -svorbereitungen, -svorschriften, -svorsorge, -szeremonie

Bee·re *die* <-, -n> *eine kleine rundliche Frucht, in deren saftigem Fleisch sich die Samenkerne befinden:* aus den Beeren Marmelade kochen; Beeren pflücken/sammeln/zu Saft verarbeiten ◆-nauslese, -nobst, -nstrauch, -nwein

Bee·ren·aus·le·se *die* <-, -n> *Wein aus vollreifen, ausgelesenen Trauben*

Beet *das* <-(e)s, -e> *ein abgegrenztes (kleineres) Stück Boden in einem Garten oder Park, auf dem*

B

etwas angebaut wird: Beete anlegen/umgraben;
das Beet mit Blumen bepflanzen ◆ Blumen-, Früh-,
Gemüse-

Bee·te *die* <-> */nur Plur./ siehe* **Bete**

be·fä·hi·gen <befähigst, befähigte, hat befä-
higt> *mit OBJ* ■ *etwas befähigt jmdn. zu etwas
Dat. jmdm. die Fähigkeit geben, etwas zu tun:*
Ihre Kenntnisse befähigen sie zu dieser Tätigkeit.;
Er ist ein sehr befähigter Mitarbeiter.

Be·fä·hi·gung *die* <-, -en> *(≈ Qualifikation ↔
Unfähigkeit) Eignung/Tauglichkeit für eine be-
stimmte Aufgabe oder Tätigkeit:* Er stellte seine
Befähigung unter Beweis. ◆ Fahr-

be·fahr·bar *adj /nicht steig./ so, dass man mit einem Fahrzeug dort fahren kann:* Wegen eines Unfalls ist dieser Autobahnabschnitt zur Zeit nicht befahrbar.; Seit Wintereinbruch ist die Straße nur mit
Schneeketten befahrbar. ▶ Befahrbarkeit

be·fah·ren <befährst, befuhr, hat befahren> *mit
OBJ* ■ *jmd. befährt etwas (mit etwas Dat.) auf
einer Straße oder einem Weg mit einem Fahrzeug
fahren:* Diese Straße ist stark befahren.

be·fal·len <befällt, befiel, hat befallen> *mit OBJ*
❶ ■ *etwas befällt jmdn. (als Krankheit oder negative Entwicklung) plötzlich auftreten:* Auf dem
Heimweg wurde er plötzlich von Schwindel befallen.; Sorgen/Zweifel befielen ihn. ❷ ■ *etwas befällt etwas (als Schädling oder Krankheit) etwas
angreifen und beschädigen:* Der Käfer befällt vor
allem Nadelbäume.; Seine Haut ist von Schuppen-
flechten befallen.

be·fan·gen *adj* ❶ *(≈ gehemmt, verlegen) so, dass
man durch etwas in Verlegenheit gebracht ist:*
Beim Vorstellungsgespräch machte sie einen befan-
genen Eindruck. ❷ RECHTSW. *(≈ parteiisch) voreingenommen:* den Zeugen für befangen erklären

Be·fan·gen·heit *die* <-> */kein Plur./* ❶ *(≈ Schüchternheit) Verlegenheit:* Ihre Befangenheit ließ ihr
die Röte ins Gesicht steigen. ❷ RECHTSW. *(≈ Partei-
lichkeit) Voreingenommenheit:* Der Richter wurde
wegen Befangenheit abgelehnt.

Be·fan·gen·heits·an·trag *der* <-s, Befangen-
heitsanträge> RECHTSW. *Antrag auf Ablehnung eines Sachverständigen, Richters. o. Ä., weil man
befürchtet, er könne befangen[2] sein:* bei Gericht
einen Befangenheitsantrag stellen

be·fas·sen <befasst, befasste, hat befasst> I. *mit
OBJ* ■ *jmd. befasst jmdn. mit etwas Dat.
AMTSSPR. jmdm. die Aufgabe übertragen, etwas zu
bearbeiten:* Er ist gerade mit der Bearbeitung des
Falls befasst worden. II. *mit SICH* ■ *jmd. befasst
sich mit etwas/jmdm. (≈ auseinandersetzen,
beschäftigen) sich mit etwas oder jmdm. beschäftigen:* Mit diesem Thema müssen wir uns noch befassen.

be·feh·den <befehdest, befehdete, hat befeh-
det> *mit OBJ* ■ *jmd. befehdet jmdn. (geh.) bekämpfen:* Diese beiden Stämme befehden einander
seit Jahrzehnten. ▶ Befehdung

Be·fehl *der* <-(e)s, -e> ❶ *(≈ Anordnung, Anweisung) der Vorgang, dass jmd., der eine bestimmte
Autorität besitzt, verlangt, dass jmd. etwas sofort
und ohne Widerrede tut:* einen Befehl ausführen;
einem Befehl Folge leisten; einen Befehl verwei-

gern ◆ -sempfänger(in), -ston ❷ MILIT. *(≈ Order) der
Vorgang, dass ein Vorgesetzter einem Untergebenen einen Befehl[1] gibt:* einen Befehl ausführen/
verweigern ◆ -sausgabe, -snotstand, -ston, Dienst-,
Marsch-, Schieß- ❸ EDV *eine Art Anweisung, die
der Benutzer einem Computer durch das Bedienen bestimmter Tasten gibt* ◆ -sfolge

be·feh·len <befiehlst, befahl, hat befohlen> *mit
OBJ* ■ *jmd. befiehlt (jmdm.) etwas (≈ anordnen) einen Befehl[1] geben:* Von dir lasse ich mir
nichts befehlen!; Er befahl ihnen, ihm bedingungslos zu gehorchen.

be·feh·lend *adj /nicht steig./ (≈ gebieterisch) be-
fehlerisch:* mit einem befehlenden Ton sprechen

Be·fehls·be·reich *der* <-(e)s, -e> *der Bereich, in
dem die Befehle von jmdm. Geltung haben*

Be·fehls·fol·ge *die* <-, -n> EDV *Aneinanderreihung von Befehlen[3]*

be·fehls·ge·mäß *adj /nicht steig./ einem Befehl
entsprechend:* Er meldete sich befehlsgemäß bei
seinem Vorgesetzten.

Be·fehls·ge·walt *die* <-, -en> *Befugnis, Befehle
zu erteilen:* Der Kapitän hat auf dem Schiff die Befehlsgewalt.

Be·fehls·ha·ber *der,* **Be·fehls·ha·be·rin** <-s, ->
MILIT. *(≈ Kommandeur) Führer eines militärischen
Großverbandes*

Be·fehls·ver·wei·ge·rung *die* <-, -en> MILIT. *die
Weigerung (eines Soldaten), einen Befehl auszuführen*

be·fes·ti·gen <befestigst, befestigte, hat befes-
tigt> *mit OBJ* ■ *jmd. befestigt etwas (mit etwas Dat.)* ❶ *etwas irgendwo mit einer festen Verbindung anbringen:* ein Regal mit Dübeln an der
Wand befestigen ❷ *stabil machen:* einen Deich befestigen ▶ Befestigung

be·feuch·ten <befeuchtest, befeuchtete, hat be-
feuchtet> *mit OBJ* ■ *jmd. befeuchtet etwas
(≈ anfeuchten) feucht machen:* sich die Lippen befeuchten ▶ Befeuchtung

Beff·chen *das* <-s, -> REL. *zur Tracht protestantischer Geistlicher gehörende weiße Halsbinde*

Be·fin·den *das* <-s> */kein Plur./ (≈ Verfassung)
(gesundheitlicher) Zustand:* Der Arzt erkundigte
sich nach dem Befinden der Patientin. ◆ Allge-
mein-, Wohl-

be·fin·den <befindest, befand, hat befunden>
I. *mit OBJ* ■ *jmd. befindet etwas für irgendwie
(geh.) in einer bestimmten Weise beurteilen:* Die
Kollegen haben seinen Vorschlag für gut befunden.; etwas für passend/richtig/schlecht befinden
II. *ohne OBJ* ■ *jmd. befindet über jmdn./et-
was RECHTSW. (geh.) urteilen:* Der Richter hat über
die Schuld des Angeklagten zu befinden. III. *mit
SICH* ❶ *jmd./etwas befindet sich irgendwo
an einem bestimmten Ort sein:* Der Lichtschalter
befindet sich neben der Tür.; Wo befindet sich die
Garderobe? ❷ ■ *jmd./etwas befindet sich irgendwie in einem bestimmten Zustand sein:* Er
befindet sich im Irrtum.; Sie hat sich inzwischen
erholt und befindet sich wohl.; Wir befinden uns in
der glücklichen Lage, einen großen Garten zu haben.

Be·find·lich·keit *die* <-, -en> *der seelische Zu-*

B

stand, in dem sich jmd. befindet: Ihre Befindlichkeit ist labil.

be·fle·cken <befleckst, befleckte, hat befleckt> *mit OBJ* ■ *jmd. befleckt etwas (geh.)* Flecken auf etwas machen: die Tischdecke beflecken ▶ Befleckung

be·flie·gen <befliegt, beflog, hat beflogen> *mit OBJ* ■ *jmd. befliegt etwas* LUFTF. *eine Strecke planmäßig fliegen:* Seit letzter Woche wird diese Route ebenfalls beflogen.; Dies ist eine stark beflogene Strecke.

be·flis·sen *adj (geh.: ≈ strebsam, (über)eifrig)* bemüht, alles richtig zu machen: Er zeigt sich den Lehrern gegenüber sehr beflissen. ◆ bildungs-, dienst- ▶ Beflissenheit

be·flü·geln <beflügelst, beflügelte, hat beflügelt> *mit OBJ* ■ *etwas beflügelt jmdn.* anregen, motivieren: Das frühlingshafte Wetter beflügelt ihre Stimmung.

be·fol·gen <befolgst, befolgte, hat befolgt> *mit OBJ* ■ *jmd. befolgt etwas* (↔ missachten) sich in seinem Handeln nach etwas richten: einen Ratschlag/eine Vorschrift befolgen ▶ Befolgung

be·för·dern <beförderst, beförderte, hat befördert> *mit OBJ* ❶ *jmd. befördert jmdn./etwas* jmdn. oder etwas transportieren: Das Busunternehmen hat in diesem Jahr mehr Fahrgäste befördert als im letzten. ❷ *jmd. befördert jmdn.* jmdn. mit einer höheren Position betrauen: Er ist zum Abteilungsleiter befördert worden.

Be·för·de·rung *die* <-, -en> ❶ */kein Plur./ der* Transport von Personen oder Waren: die Beförderung der Reisenden ◆ -sgebühr, -skosten, -smittel, -starif, Gepäck-, Personen- ❷ *die Versetzung in eine höhere Position:* die Beförderung zum Abteilungsleiter ◆ -sstau

Be·för·de·rungs·auf·kom·men *das* <-s> Anzahl der beförderten Personen oder Menge der beförderten Waren: Das Beförderungsaufkommen ist gestiegen.

Be·för·de·rungs·be·din·gung *die* <-, -en> */meist Plur./* festgelegte Bedingung der Beförderung[1], die vom Kunden akzeptiert werden muss

Be·för·de·rungs·gut *das* <-(e)s, Beförderungsgüter> Güter oder Waren, die transportiert werden

be·frach·ten <befrachtest, befrachtete, hat befrachtet> *mit OBJ* ■ *jmd. befrachtet etwas (mit etwas* Dat.) *(geh.: ≈ überladen)* in etwas zu viel von etwas einbringen: Das Referat war mit zu vielen Details befrachtet.

be·frackt *adj /nicht steig./* mit einem Frack bekleidet: ein befrackter Kellner

be·fra·gen <befragst, befragte, hat befragt> *mit OBJ* ■ *jmd. befragt jmdn.* ❶ hinsichtlich einer bestimmten Sache Fragen an jmdn. stellen: Ich habe ihn zu seinen Plänen befragt. ❷ eine Befragung durchführen: Die Marktforscher befragten Kunden in den Kaufhäusern.

Be·fra·gung *die* <-, -en> *(≈ Umfrage)* das systematische Stellen von gezielten Fragen, um bestimmte Erkenntnisse zu gewinnen: die Befragung der Zuschauer ◆ -smethode, Bleistift-, Kunden-,

Mitarbeiter-, Online-, Papier-, Volks- ▶ Befrager, Befragerin

be·frei·en <befreist, befreite, hat befreit> *mit OBJ* ■ *jmd. befreit jmdn. (von etwas* Dat.) ❶ jmdn., der gefangen war, frei machen: Nach zehn Tagen wurden die Entführten befreit. ❷ ein Übel, eine Plage von jmdm. nehmen: Dieses Medikament hat mich von meinem lästigen Husten befreit. ❸ jmdn. von einer Zahlung oder Pflicht freistellen: Ich bin von Zuzahlungen bei Rezepten befreit.; Er wurde von der Teilnahme an der Konferenz befreit. ▶ Befreier, Befreierin, Befreiung

Be·frei·ungs·ar·mee *die* <-, -n> Armee, die ein Volk von einer Besatzungsmacht oder einer Diktatur befreit

Be·frei·ungs·be·we·gung *die* <-, -en> politische Bewegung, die für die Freiheit eines Volkes kämpft: Die Befreiungsbewegung kämpft für die Unabhängigkeit des Landes.

Be·frei·ungs·ver·such *der* <-(e)s, -e> Versuch, jmdn. aus einer gefährlichen Lage zu befreien: Der Befreiungsversuch durch die Polizei ist gescheitert.

be·frem·den *mit OBJ* ■ *etwas befremdet jmdn.* *(≈ erstaunen, stutzig machen)* einen seltsamen und unangenehmen Eindruck auf jmdn. machen: Sein Verhalten befremdete mich.

Be·frem·den *das* <-s> */kein Plur./ der* Zustand, dass etwas befremdet: Die Rede des Parteivorsitzenden hat bei vielen Befremden ausgelöst.

be·frem·dend *adj (≈ merkwürdig)* so, dass es Befremden auslöst: ein befremdendes Verhalten

Be·frem·dung *die* <-, -en> siehe **Befremden**

be·freun·den <befreundest, befreundete, hat befreundet> *mit SICH* ■ *jmd. befreundet sich mit jmdm.* *(≈ anfreunden)* Freundschaft schließen: Wir befreundeten uns während unserer Schulzeit.

be·frie·den *mit OBJ* ■ *jmd. befriedet etwas* POL. *(geh.)* (in einem Land) den Frieden herbeiführen: das nach langen Kriegsjahren befriedete Land ▶ Befriedung

be·frie·di·gen <befriedigst, befriedigte, hat befriedigt> I. *mit OBJ* ■ *jmd./etwas befriedigt jmdn.* *(≈ zufrieden stellen)* bewirken, dass jmd. zufrieden ist: Ihre neue Aufgabe befriedigt sie in keiner Weise. II. *mit SICH* ■ *jmd. befriedigt sich (≈ masturbieren)*

be·frie·di·gend *adj /nicht steig./* ❶ so, dass es jmdn. zufrieden macht: Wir haben eine befriedigende Lösung des Problems gefunden. ❷ SCHULE so, dass es die mittlere Schulnote 3 (=„befriedigend“) bekommt: Die Mehrzahl der Schüler erbrachte befriedigende und gute Leistungen.

Be·frie·di·gung *die* <-> */kein Plur./* ❶ die Zufriedenstellung; das Befriedigen: die Befriedigung der Bedürfnisse ◆ Bedürfnis-, Ersatz- ❷ *(≈ Zufriedenheit)* die Nachricht erfüllte ihn mit einer tiefen Befriedigung.

be·fris·ten <befristest, befristete, hat befristet> *mit OBJ* ■ *jmd. befristet etwas (auf etwas* Akk.) zeitlich begrenzen: Der Arbeitsvertrag ist auf ein Jahr befristet. ▶ Befristung

be·fruch·ten <befruchtest, befruchtete, hat be-

fruchtet> *mit OBJ* ■ **etwas befruchtet etwas**
❶ BIOL. *als Samenzelle sich mit einer Eizelle vereinigen* ❷ *(≈ inspirieren) geistig anregen, mit
neuen Ideen versehen:* Die Ideen des Wissenschaftlers haben auch die Arbeit seiner Schüler befruchtet.
Be·fruch·tung *die* <-, -en> BIOL. *die Vereinigung
der männlichen und weiblichen Eizelle, so dass
ein neues Lebewesen entsteht*
Be·fug·nis *die* <-, -se> *(≈ Genehmigung) die Erlaubnis, dass man etwas tun darf:* für etwas keine
Befugnis haben; weitreichende Befugnisse
be·fugt *adj /nicht steig./ (≈ bevollmächtigt) mit
der Erlaubnis ausgestattet, dass man etwas tun
darf:* Er ist befugt, Auskunft zu erteilen.
be·füh·len <befühlst, befühlte, hat befühlt> *mit
OBJ* ■ **jmd. befühlt jmdn./etwas** *(≈ betasten)
prüfend mit den Fingern betasten:* Der Arzt befühlt den Bauch der Patientin.
Be·fund *der* <-(e)s, -e> ❶ *festgestelltes Ergebnis:*
Der Befund des Sachverständigen informiert über
den Zustand der Heizungsanlage. ❷ MED. *Ergebnis
einer Diagnose:* Der Befund der Laboruntersu-
chung liegt vor.; ■ **ein negativer/positiver Befund** *der Sachverhalt, dass man die fragliche
Krankheit nicht hat/hatte* ◆ Krankheits-
be·fürch·ten <befürchtest, befürchtete, hat be-
fürchtet> *mit OBJ* ■ **jmd. befürchtet etwas**
*Angst haben, dass etwas eintreten oder der Fall
sein könnte:* Sie befürchtet, durch die Prüfung zu
fallen.
Be·fürch·tung *die* <-, -en> *(≈ Sorge, Verdacht!) Erwartung einer unangenehmen Sache; schlimme
Ahnung:* Meine Befürchtungen haben sich bewahrheitet.
be·für·wor·ten <befürwortest, befürwortete, hat
befürwortet> *mit OBJ* ■ **jmd. befürwortet etwas** *(≈ begrüßen, gutheißen, zustimmen ↔ ablehnen) für etwas sein; sich für etwas einsetzen:*
Die Bank befürwortet den Kreditantrag.; Ich befür-
worte das Anliegen der Bürgerinitiative. ▶ Befürworter, Befürworterin, Befürwortung
Be·für·wor·ter *der*, **Be·für·wor·te·rin** <-s, ->
(↔ Gegner) jmd., der etwas befürwortet: eine Diskussion zwischen Befürwortern und Gegnern des
Projekts
be·gabt *adj (≈ fähig, talentiert ↔ unbegabt, unfähig, untalentiert) mit bestimmten Talenten ausgestattet:* Sie gilt als künstlerisch sehr begabt.
Be·gab·ten·för·de·rung *die* <-> */kein Plur./ die
Förderung besonders begabter Schüler und Studenten durch Stipendien oder geeigneten Maßnahmen*
Be·ga·bung *die* <-, -en> *(≈ Fähigkeit, Talent) natürliche Anlage zu besonderen Leistungen:* Ihre
Begabung wurde schon sehr früh erkannt.; eine künstlerische/musische/sprachliche Begabung
◆ -sanalyse, -sdiagnostik, -sförderung, -sreserve,
-stest
be·gan·gen *Part. Perf. von* **begehen**
be·ge·ben <begibst, begab, hat begeben> **I.** *mit
SICH* ■ **jmd. begibt sich irgendwohin** *(geh.) an
einen bestimmten Ort gehen:* Er begab sich nach
dem Anruf sofort nach Hause. **II.** *mit ES* ■ **es be-**

gibt sich *(veralt. oder geh.) sich ereignen:* Was
hat sich alles in der Zwischenzeit begeben?; Es begab sich eines Tages, dass ... geschah.
Be·ge·ben·heit *die* <-, -en> *(≈ Ereignis, Vorfall)
etwas, das geschehen ist (und erzählt werden
kann):* Dem Roman liegt eine wahre Begebenheit
zugrunde.; Diese Geschichte erzählt von einer hei-
teren/interessanten/seltsamen Begebenheit.
be·geg·nen <begegnest, begegnete, ist begeg-
net> *mit OBJ* ❶ ■ **jmd. begegnet jmdm./etwas**
(ohne Absicht) mit jmdm. zusammentreffen: Ich
begegne ihm täglich auf dem Weg zum Bahnhof.
❷ ■ **jmd. begegnet etwas** *mit etwas konfrontiert
werden:* Die Forscher begegneten vielen Schwierigkeiten.; Wir sind bei unserer Arbeit immer wieder uralten Ängsten/großem Misstrauen/unüber-
windbaren Vorurteilen begegnet. ❸ ■ **jmd. begegnet etwas** *mit etwas Dat. auf etwas reagieren:*
Sie begegnete seiner arroganten Art mit Heiterkeit.; Er begegnete den Gefahren mit Mut und
Klungheit.
Be·geg·nung *die* <-, -en> ❶ *das Zusammentreffen, das Sichbegegnen:* eine flüchtige/fol-
genreiche/interessante/zufällige   Begegnung
◆ -sstätte ❷ SPORT *sportlicher Wettkampf:* Die Begegnung zwischen den beiden Handballmann-
schaften endete unentschieden.; Und hier die
Ergebnisse der anderen Begegnungen des Wochenendes ...
Be·geg·nungs·stät·te *die* <-, -n> *ein Ort, der für
das Zusammentreffen bestimmter Personengruppen bestimmt ist:* eine Begegnungsstätte für Senioren
be·geh·bar *adj /nicht steig./ so, dass man darin
oder darauf laufen kann:* ein begehbarer Kleiderschrank ▶ Begehbarkeit
be·ge·hen <begehst, beging, hat begangen> *mit
OBJ* ■ **jmd. begeht etwas** ❶ *einen Weg entlang-
laufen, um ihn unter bestimmten Aspekten zu studieren:* Die Abfahrtsläufer begehen vor dem Rennen die Strecke. ❷ *etwas Negatives tun:* Er hat
kein Verbrechen begangen.; Unvorstellbar, dass
normale Menschen solche Untaten begangen haben sollen. ❸ *(geh.) feiern:* Sie hat ihren 79. Geburtstag begangen.; das Firmenjubiläum in einem
festlichen Rahmen begehen
be·geh·ren <begehrst, begehrte, hat begehrt>
mit OBJ ❶ ■ **jmd. begehrt jmdn.** *ein starkes (sexuelles) Verlangen nach jmdm. spüren:* Er begehrte sie, wie er noch nie eine Frau begehrt hatte.
❷ ■ **jmd. begehrt etwas** *(geh.) etwas heftig verlangen:* Sie begehrte dringend, ihn zu einem klä-
renden Gespräch zu treffen.
Be·geh·ren *das* <-s, -> *(geh.) starkes Verlangen:*
ihr leidenschaftliches Begehren, dieses Bild zu besitzen ◆ Volks-
be·geh·rens·wert *adj (≈ attraktiv) so, dass man für
andere (sexuell) attraktiv ist*
be·gehrt *adj (≈ attraktiv, beliebt) so, dass es vielen
Menschen als gut erscheint und es viele gern haben wollen:* ein begehrtes Reiseziel; Ausbildungsplätze in diesem Beruf sind selten und begehrt.;
Dieses unter Sammlern begehrte Modell findet
man fast nur noch auf Tauschbörsen.

B

B

Be·ge·hung *die* <-, -en> *das Begehen [1]:* die Begehung des Streckenabschnitts

be·geis·tern <begeisterst, begeisterte, hat begeistert> I. *mit OBJ* ■ *jmd. begeistert jmdn.* (≈ berauschen, mitreißen) *mit Begeisterung erfüllen:* Der Star begeisterte erneut die Fans. II. *mit SICH* ■ *jmd. begeistert sich für jmdn./ etwas ein starkes Interesse für etwas haben:* Er begeistert sich nur für die Spiele seiner Lieblingsmannschaft.

Be·geis·te·rung *die* <-> /kein Plur./ (≈ Enthusiasmus, Leidenschaft) *der Zustand, dass jmd. von Freude und Erregung erfüllt wird, weil er etwas sehr beeindruckend, gut, interessant o. Ä. findet:* Die Begeisterung der Massen war riesig.; Auf dem Höhepunkt des Konzerts kannte die Begeisterung der Massen keine Grenze mehr.; Er übt diesen Sport mit Begeisterung aus. ◆ Natur-, Sport-, Technik- ▶ begeisterungsfähig

Be·gier·de *die* <-, -n> (≈ Begehren, Gier) *starkes und leidenschaftliches Verlangen nach Genuss:* Seine Begierde war stärker als sein Verstand. ▶ Wissbegierde

be·gie·rig *adj von großem Verlangen nach etwas erfüllt:* Ich bin begierig zu hören, wie die Geschichte ausgegangen ist. ◆ lern-, wiss-

be·gie·ßen <begießt, begoss, hat begossen> *mit OBJ* ■ *jmd. begießt etwas (mit etwas Dat.) mit etwas übergießen:* regelmäßig den Braten begießen; ■ **etwas begießen** (umg.) *ein Ereignis (mit alkoholischen Getränken) feiern* Unser Wiedersehen muss begossen werden!

Be·ginn *der* <-(e)s> /kein Plur./ (≈ Anfang, Start ↔ Ende) *der Augenblick, in dem etwas anfängt:* der Beginn der Theatervorstellung; Zu Beginn des Rennens war das Feld noch geschlossen. ◆ Arbeits-, Renn-, Veranstaltungs-

be·gin·nen <beginnst, begann, hat begonnen> I. *mit OBJ* ■ *jmd. beginnt etwas* (↔ beenden) *mit etwas anfangen:* Er begann einen Streit mit seinen Nachbarn.; Sie begann eine Ausbildung als Bankkauffrau. II. *ohne OBJ* ■ *etwas beginnt* (↔ enden) *zu einer bestimmten Zeit oder an einem bestimmten Ort anfangen:* Der Film beginnt um 20 Uhr.; Die Reise begann morgens am Hauptbahnhof.

be·glau·bi·gen <beglaubigt, beglaubigte, hat beglaubigt> *mit OBJ* ■ *jmd. beglaubigt jmdm. etwas* AMTSSPR. *bestätigen, dass eine Kopie dem Original entspricht:* sich von einem Notar die Urkunde beglaubigen lassen ▶ Beglaubigung

be·glei·chen <begleichst, beglich, hat beglichen> *mit OBJ* ■ *jmd. begleicht (jmdm.) etwas (Schulden oder eine Rechnung) bezahlen:* Ich begleiche die Rechnung in bar. ▶ Begleichung

be·glei·ten <begleitest, begleitete, hat begleitet> *mit OBJ* ❶ ■ *jmd. begleitet jmdn. mit jmdm. zur Gesellschaft oder zum Schutz mitgehen:* Ich begleite dich noch ein Stück! ❷ ■ *jmd. begleitet etwas Anteil nehmen und betreuen:* Der Prozess wird von einem Psychologen begleitet. ❸ MUS. *einen Solisten instrumental unterstützen:* Er begleitet die Sängerin auf dem Klavier.

Be·glei·ter *der*, **Be·glei·te·rin** <-s, -> ❶ *jmd., der* (immer) bei jmdm. ist: Er war in diesen Jahren ihr ständiger/treuer Begleiter. ◆ Flug-, Reise-, Zug- ❷ *jmd., der einen Solisten instrumental begleitet:* Der Begleiter am Flügel hielt sich dezent im Hintergrund. ◆ Klavier- ❸ KOCH. *etwas, besonders ein bestimmter Wein, den man zu bestimmten Speisen genießt:* Dieser kräftige Rotwein ist ein ausgezeichneter Begleiter zu dunklem Fleisch und würzigen Käsesorten.

Be·gleit·er·kran·kung *die* <-, -en> MED. *eine Krankheit, die sich neben einer anderen einstellt, oder deren Folge ist*

Be·gleit·er·schei·nung *die* <-, -en> *etwas, das sich als Folge einer Entwicklung einstellt:* Stress ist eine Begleiterscheinung vieler Berufe.

Be·gleit·flug·zeug *das* <-(e)s, -e> *ein Flugzeug, das ein anderes zum Schutz begleitet*

Be·gleit·mu·sik *die* <-> /kein Plur./ *Musik, die eine Darbietung begleitet, ohne selbst viel Beachtung zu finden:* Begleitmusik zum Film/im Kaffeehaus

Be·gleit·pa·pie·re *die* <-> *Plur. einer Warensendung beigelegtes Dokument*

Be·gleit·schrei·ben *das* <-s, -> *Brief, der zusammen mit etwas verschickt wird*

Be·gleit·text *der* <-es, -e> *Text, der als Erläuterung einer Darstellung beigefügt ist:* Bei diesen beiden Fotos wurden die Begleittexte vertauscht.

Be·glei·tung *die* <-, -en> ❶ /kein Plur./ *das Begleiten von jmdn.:* Sie kam in Begleitung ihres Freundes. ◆ Damen- ❷ *das Begleiten auf einem Instrument:* die Begleitung der Arie auf dem Klavier ◆ Klavier-, Orchester-, Orgel-

be·glü·cken <beglückst, beglückte, hat beglückt> *mit OBJ* ❶ ■ *etwas beglückt jmdn. Akk.* (geh.) *glücklich machen:* ein beglückendes Erlebnis ▶ Beglückung ❷ ■ *jmd. beglückt jmdn. mit etwas Dat.* (geh. scherzh.) *beschenken:* Er hat mich mit einer Vase beglückt.

be·glück·wün·schen <beglückwünschst, beglückwünschte, hat beglückwünscht> *mit OBJ* ■ *jmd. beglückwünscht jmdn. (zu etwas Dat.)* (≈ gratulieren) *Glückwünsche aussprechen:* jmdn. zu seinem Erfolg/zur bestandenen Prüfung beglückwünschen ▶ Beglückwünschung

be·gna·det *adj mit sehr großem Talent ausgestattet:* ein begnadeter Pianist

be·gna·di·gen <begnadigst, begnadigte, hat begnadigt> *mit OBJ* ■ *jmd. begnadigt jmdn. jmdm. die restliche Strafe erlassen:* Der Gefangene wurde nach zehn Jahren Haft begnadigt. ▶ Begnadigung

Be·gna·di·gungs·ge·such *das* <-(e)s, -e> RECHTSW. *Bitte um Begnadigung*

be·gnü·gen <begnügst, begnügte, hat begnügt> *mit SICH* ■ *jmd. begnügt sich mit etwas Dat. mit etwas zufrieden sein und nicht mehr verlangen:* sich mit einem kleinen Imbiss begnügen

Be·go·nie *die* <-, -n> *in tropischen und subtropischen Gebieten beheimatete Zierpflanze mit unsymmetrischen Blättern und weißen, roten, rosa oder gelben Blüten*

be·gra·ben <begräbst, begrub, hat begraben> *mit OBJ* ❶ ■ *jmd. begräbt jmdn. einen Leich-*

nam beerdigen: Seine sterblichen Überreste wurden in aller Stille begraben. ❷ ■ *jmd.* **begräbt etwas** *(übertr.) aufgeben, beenden:* Nach Jahren begruben sie endlich ihren Streit.; Er hat alle seine Hoffnungen begraben.; ■ **Da liegt der Hund begraben!** *Das ist die Ursache des Übels!*

Be·gräb·nis *das* <-ses, -se> *(≈ Beerdigung, Bestattung) der Vorgang, dass ein Toter in einem Sarg oder die Asche eines Toten in einer Urne in der Erde vergraben wird:* Das Begräbnis findet auf dem örtlichen Friedhof statt. ◆-feier, Staats-, Urnen-

be·gra·di·gen <begradigst, begradigte, hat begradigt> *mit OBJ* ■ *jmd.* **begradigt etwas** *durch Baumaßnahmen bewirken, dass etwas gerade wird:* einen Fluss begradigen ▶ Begradigung

be·grap·schen <begrapschst, begrapschte, hat begrapscht> *mit OBJ* ■ *jmd.* **begrapscht jmdn./etwas** *(umg. abwert.: ≈ betätscheln) (in einer als unangenehm und belästigend empfundenen Weise) anfassen:* Er begrapschte sie am Bein.

be·grei·fen <begreifst, begriff, hat begriffen> *mit OBJ* ■ *jmd.* **begreift etwas** *(≈ verstehen) geistig erfassen und im Zusammenhang verstehen:* die Aufgabenstellung begreifen; Von Grammatik hat sie wirklich gar nichts begriffen.; Nun begreife das doch endlich!

be·greif·lich *adj (≈ verständlich ↔ unbegreiflich) leicht zu verstehen:* Das war doch eine völlig begreifliche Reaktion!; Es ist mehr als begreiflich, wenn sie ihn nie mehr sehen will.

be·greif·li·cher·wei·se *adv (≈ natürlich) verständlicherweise:* Begreiflicherweise war sie über seinen Vorschlag nicht erfreut.

be·gren·zen <begrenzt, begrenzte, hat begrenzt> *mit OBJ* ■ *jmd.* **begrenzt etwas** ❶ *eine bestimmte Grenze für etwas festlegen:* Die Teilnehmerzahl des Kurses ist auf zehn Personen begrenzt.; Seine Kenntnisse auf diesem Gebiet sind begrenzt. ❷ *eine Grenze bilden:* Der Zaun begrenzt das Grundstück. ▶ Begrenzung

Be·griff *der* <-(e)s, -e> ❶ PHILOS., SPRACHWISS., PSYCH. *abstrakte (nicht konkrete, nicht mit Wort oder Ausdruck zu verwechselnde) Denkeinheit als kognitiv repräsentierter Wirklichkeitsausschnitt:* Das Kind verfügt über den Begriff des Hundes, wenn es die relevanten Merkmale des entsprechenden Ausdrucks/Wortes kennt und diesen korrekt auf Hunde beziehen kann (und nicht etwa auf andere Tiere bezieht). ◆-sform ❷ *(umg. übertr.: ≈ Wort) ein sprachlich realisierter Ausdruck mit einer Bedeutung:* Im Kindergarten können die Kinder aus Buchstabennudeln Begriffe zusammensetzen und die Begriffe sogar aufessen; Was versteht man unter dem Begriff (gemeint: Terminus) „isotonisch"?; Definiere mir den Begriff (gemeint: Terminus)…; ein abstrakter Begriff (gemeint: Terminus) ◆ Allgemein-, Fach-, Spezial- ❸ *die Vorstellung, die jmd. von etwas hat:* Ich glaube, die haben gar keinen Begriff, wie schwer diese Aufgabe ist!; ■ **schwer von Begriff sein** *(umg. abwert.) einen Sachverhalt nur sehr langsam verstehen;* ■ **Das ist doch ein Begriff!** *Das ist doch berühmt!* Der Prado in Madrid ist unter Kunstkennern ein Be-

griff!; ■ **im Begriff sein (etwas zu tun)** *gerade anfangen, etwas zu tun* Wir sind im Begriff aufzubrechen.

Be·griffs·be·stim·mung *die* <-, -en> *(≈ Definition) genaue Erläuterung eines Begriffs[1]:* eine dem tieferen Verständnis dienende Begriffsbestimmung

Be·griffs·bil·dung *die* <-, -en> *das Erstellen von Fachausdrücken:* die geisteswissenschaftliche Begriffsbildung ist im Vergleich zu der der Physik und Mathematik sehr vage

be·griffs·stut·zig *adj (abwert.) so, dass man nur schwer begreift, was jmd. meint:* Sie war so begriffsstutzig, dass sie die Frage nicht verstehen konnte. ▶ Begriffsstutzigkeit

Be·griffs·ver·wir·rung *die* <-, -en> *der Zustand, dass Ausdrücke/Wörter nicht einheitlich verwendet werden, so dass Missverständnisse entstehen:* In einigen geisteswissenschaftlichen Bereichen herrscht noch eine gewisse Begriffsverwirrung.

be·grün·den <begründest, begründete, hat begründet> *mit OBJ* ❶ *jmd.* **begründet (jmdm.) etwas** *Gründe dafür angeben, warum etwas so ist:* Meinen Verdacht kann ich dir begründen. ❷ *etwas* **begründet etwas** *(geh.) die Grundlage für etwas schaffen:* Die Erfindung begründete den Weltruf der Firma.

Be·grün·der *der,* **Be·grün·de·rin** <-s, -> *(≈ Gründer) jmd., der etwas begründet hat:* Mein Großvater ist der Begründer dieser Firma.

be·grün·det *adj /nicht steig./ so, dass es (gute) Gründe dafür gibt:* Das ist zweifelsohne ein begründeter Einwand.; Ich habe begründete Zweifel daran, dass diese Behauptung stimmt.

Be·grün·dung *die* <-, -en> ❶ *das Begründen[1]:* Die Begründung ihrer Vorgehensweise wurde mit Spannung erwartet.; Er hat ohne Begründung in der Schule gefehlt. ❷ *(≈ Argument) das, was man vorbringt, um zu begründen[1]:* Wie kann man aus der Theorie eine Begründung des Phänomens herleiten?

be·grü·nen <begrünst, begrünte, hat begrünt> *mit OBJ* ■ *jmd.* **begrünt etwas** *irgendwo Rasenflächen anlegen und Blumen oder Bäume anpflanzen:* den Innenhof begrünen; ein begrüntes Dach ▶ Begrünung

be·grü·ßen <begrüßt, begrüßte, hat begrüßt> *mit OBJ* ❶ *jmd.* **begrüßt jmdn.** *jmdn. willkommen heißen/freundlich empfangen:* Ich begrüße dich auch im Namen der Kollegen. ❷ ■ *jmd.* **begrüßt etwas** *(≈ befürworten, billigen, zustimmen ↔ ablehnen) etwas positiv bewerten:* Dieser Vorschlag wurde von allen Seiten begrüßt.

Be·grü·ßung *die* <-, -en> *das Begrüßen[1]:* eine freundliche/herzliche/offizielle Begrüßung; Zur Begrüßung gab es einen Aperitif. ◆-sansprache, -skuss, -srede

be·güns·ti·gen <begünstigst, begünstigte, hat begünstigt> *mit OBJ* ■ *jmd.* **begünstigt jmdn.** ❶ *(≈ bevorzugen) den Vorzug geben:* Bei der Stellenvergabe wurden Bewerberinnen mit Fremdsprachenkenntnissen begünstigt. ❷ *fördern, positiv beeinflussen:* Das milde Wetter begünstigt das Pflanzenwachstum. ❸ AMTSSPR. *unerlaubte Beihilfe leis-*

B

B

ten: Durch sein Verhalten hat er das Verbrechen begünstigt.

Be·güns·ti·gung *die* <-, -en> ❶ */kein Plur./ das Begünstigen* ❷ AMTSSPR. *unerlaubte Unterstützung, bei der man zum Beispiel mit dienstlichen Mitteln private Zwecke oder eine kriminelle Handlung fördert:* Begünstigung im Amt ist verboten.

be·gut·ach·ten *mit OBJ* ■ *jmd. begutachtet jmdn./etwas genau betrachten und durch ein Gutachten einschätzen:* Der Sachverständige begutachtete die Baumängel. ▶ Begutachtung

be·gü·tert *adj (≈ vermögend) sehr wohlhabend:* Sie stammt aus einem begüterten Hause.

be·haart *adj (≈ haarig ↔ haarlos) mit Haaren bewachsen:* eine behaarte Männerbrust ▶ Behaarung

be·hä·big *adj* ❶ *korpulent und in seinem Verhalten träge:* ein behäbiger Mensch ❷ *so, dass man sich langsam und schwerfällig bewegt:* Behäbig stand er endlich von seinem Sitz auf und machte Platz. ❸ SCHWEIZ. *reich, stattlich* ▶ Behäbigkeit

be·haf·tet *adj /nicht steig./* ■ *jemand/etwas ist mit etwas Negativem behaftet jmd. oder etwas wird etwas Negatives nicht los* Nach ihrer Scheidung war sie mit einem Makel behaftet.; Das Lokal ist mit einem sehr zweifelhaften Ruf behaftet.

be·ha·gen *mit OBJ /nur 3. Pers./* ■ *etwas behagt jmdm. (≈ zusagen) gefallen, angenehm sein:* Dieser Vorschlag behagt mir gar nicht.

Be·ha·gen *das* <-s> */kein Plur./ (↔ Unbehagen) angenehmes Gefühl, Zufriedenheit:* Die Kinder aßen mit sichtlichem Behagen.

be·hag·lich *adj (≈ gemütlich)* ❶ *so, dass etwas Behagen macht:* Im Wohnzimmer war es behaglich warm. ❷ *so, dass jmd. Behagen empfindet:* Behaglich streckte er sich im warmen Badewasser aus.

Be·hag·lich·keit *die* <-> */kein Plur./ (≈ Gemütlichkeit) gemütliche Atmosphäre:* Der Kamin verleiht dem Wohnzimmer viel Behaglichkeit.

be·hal·ten <behältst, behielt, hat behalten> *mit OBJ* ❶ ■ *jmd. behält etwas etwas, das man bekommen hat, nicht zurückgeben oder hergeben (müssen):* Er behielt das Geschenk.; Sie behielt ihren Arbeitsplatz. ❷ ■ *jmd. behält jmdn./etwas irgendwo dort lassen, wo jmd. oder etwas ist:* Die Ärztin behielt den Patienten im Krankenhaus.; Behalte den Schirm lieber bei dir! – Es sieht nach Regen aus! ❸ ■ *jmd. behält etwas etwas nicht verlieren oder sich nicht nehmen lassen:* Er behielt trotz allem seinen Humor. ❹ ■ *jmd. behält jmdn./etwas in Erinnerung jmdn. oder etwas im Gedächtnis bewahren;* ■ *etwas für sich behalten nicht weitererzählen* Ich kann diese Neuigkeit sehr wohl für mich behalten.; ■ *etwas im Auge behalten auf etwas gut achtgeben*

Be·häl·ter *der* <-s, -> *ein Gefäß, das dazu dient, eine Substanz in ihm zu lagern oder zu transportieren:* Was wird in den großen Behältern gelagert? ◆ Benzin-, Gas-, Metall-, Öl-, Wasser-

Be·hält·nis *das* <-ses, -se> *Behälter, in dem etwas aufbewahrt wird*

be·hän·de *adj (≈ flink) schnell und geschickt:* Das Kind kletterte behände am Seil hoch. ▶ Behändigkeit

be·han·deln <behandelst, behandelte, hat behandelt> *mit OBJ* ❶ ■ *jmd. behandelt jmdn./etwas etwas als Thema besprechen oder bearbeiten:* Wir behandelten gestern die Novelle/Schiller/das Drama der Shakespearezeit.; Der Film behandelt das Problem der Emigration. ❷ ■ *jmd. behandelt jmdn./etwas irgendwie gegenüber jmdm. oder etwas ein bestimmtes Verhalten zeigen:* Ich habe sie immer freundlich/zuvorkommend behandelt.; Man sollte die Sache diskret behandeln. ❸ ■ *jmd. behandelt jmdn.* MED. *ärztlich betreuen:* Das Unfallopfer wurde vom Notarzt behandelt. ❹ ■ *jmd. behandelt etwas mit etwas Dat. ein Material mit einer pflegenden Substanz bearbeiten:* Ich habe das Holz mit Leinöl behandelt.; ■ *jemanden wie Luft behandeln (umg.) jmdn. nicht beachten;* ■ *jemanden/etwas wie ein rohes Ei behandeln (umg.) jmdn. oder etwas äußerst vorsichtig behandeln*

be·hän·di·gen *mit OBJ* ■ *jmd. behändigt etwas* SCHWEIZ. *ergreifen, an sich nehmen:* Zwei Diebe behändigten die Kasse.

Be·hand·lung *die* <-, -en> ❶ MED. *(≈ Therapie) das Behandeln³ durch jmdn., der einen Heilberuf ausübt:* Diese Behandlung kann ambulant/nur stationär durchgeführt werden. ◆ -sfehler, -smethode, -sstuhl, -szeitraum ❷ *die Art und Weise, wie jmd. mit jmdm. umgeht:* Diese Behandlung muss ich mir von Ihnen nicht gefallen lassen.

Be·hand·lungs·stuhl *der* <-s, Behandlungsstühle> *verstellbarer Stuhl in der Arztpraxis, auf dem der Patient im Liegen oder im Sitzen untersucht oder behandelt werden kann*

Be·hand·lungs·zim·mer *das* <-s, -> *Zimmer in einer Arztpraxis, in dem der Patient medizinisch behandelt wird*

be·hand·schuht *adj /nicht steig./ Handschuhe tragend:* Die Baronin reichte ihm ihre behandschuhte Hand zur Begrüßung.

Be·hang *der* <-(e)s, Behänge> ❶ *etwas, das an etwas hängt:* Die Kirschbäume haben in diesem Jahr einen reichen Behang. ◆ Wand-, Weihnachtsbaum- ❷ *(in der Jägersprache) die Ohren des Hundes*

be·hän·gen <behängst, behängte, hat behängt> *mit OBJ* ■ *jmd. behängt etwas mit etwas Dat. etwas an etwas hängen:* Wir behängen den Weihnachtsbaum mit Strohsternen.

be·har·ren <beharrst, beharrte, hat beharrt> *mit OBJ* ■ *jmd. beharrt auf etwas Dat. an seiner Position festhalten:* Trotz aller Argumente lässt er sich nicht abbringen, sondern beharrt auf seiner Meinung. ▶ Beharrung

be·harr·lich *adj (≈ unermüdlich, zielstrebig) so, dass man sich mit Ausdauer um etwas bemüht oder an etwas festhält:* Beharrlich versuchte sie, das Problem zu lösen.; Er kämpfte beharrlich um den Sieg.; ein beharrlicher Charakter ▶ Beharrlichkeit

Be·har·rungs·ver·mö·gen *das* <-s> */kein Plur./ Ausdauer, Standhaftigkeit:* Er hat ein großes Beharrungsvermögen. – Er wohnt schon seit 30 Jahren in derselben Wohnung!

be·hau·chen <behauchst, behaucht, hat behau-

chen> *mit OBJ* ■ *jmd.* **behaucht etwas** ❶ *auf etwas hauchen; etwas mit seinem Hauch bedecken:* die Gläser der Brille behauchen ❷ SPRACHWISS. *(≈ aspirieren) Konsonanten mit einem Hauchlaut aussprechen* ▸ Behauchung

be·hau·en *mit OBJ* ■ *jmd.* **behaut etwas** *(Stein) in eine bestimmte Form schlagen:* Der Steinmetz behaut einen Marmorblock.

be·haup·ten I. *mit OBJ* ■ *jmd.* **behauptet etwas** ❶ *sagen, dass etwas so und nicht anders ist, ohne einen Beweis dafür zu liefern:* Das kann er zwar behaupten, aber nicht beweisen. ❷ *erfolgreich verteidigen:* Sie behauptete ihre Stellung im Team. **II.** *mit SICH* ■ *jmd.* **behauptet sich (durch etwas** *Akk.***)** *sich durchsetzen und seine Position sichern:* Er konnte sich in seiner neuen Stellung durch Fleiß behaupten.; Bei der großen Konkurrenz durch zwei Supermärkte konnte sich der kleine Laden nicht behaupten.

Be·haup·tung *die* <-, -en> ❶ *eine Aussage, die nicht bewiesen ist:* Wie kommen Sie dazu, eine solche Behauptung aufzustellen? ❷ MATH. *(≈ Hypothese) eine Annahme, die noch nicht bewiesen ist*

Be·hau·sung *die* <-, -en> *(abwert.) notdürftige Wohnung:* eine einfache/primitive Behausung

Be·ha·vi·o·ris·mus *der* <-ses> /kein Plur./ PSYCH. *eine Richtung der Psychologie, die auf wissenschaftlich beobachtbare, empirisch überprüfbare Daten des menschlichen und tierischen Verhaltens zielt, und für die Faktoren der Kognition sowie solche des subjektiven Erlebens/der Introspektion keine bzw. kaum eine Rolle spielen*

be·he·ben <behebst, behob, hat behoben> *mit OBJ* ■ *jmd.* **behebt etwas** ❶ ■ **einen Schaden beheben** *reparieren* Der Mechaniker behob den Schaden in wenigen Minuten. ❷ ÖSTERR. *Geld vom Konto abheben*

be·hei·ma·tet *adj /nicht steig./ (≈ heimisch) an einem Ort, in einem Gebiet zu Hause:* Ihre Familie ist im Sauerland beheimatet. ▸ Beheimatung

be·hei·zen <beheizt, beheizte, hat beheizt> *mit OBJ* ■ *jmd.* **beheizt etwas** *durch Heizen warm machen:* ein beheiztes Schwimmbad; ein beheiztes Wohnzimmer; die beheizte Heckscheibe eines Autos ▸ Beheizung

Be·helf *der* <-(e)s, -e> /meist Sing./ *(≈ Notlösung) provisorische Lösung:* Dies ist nur ein Behelf, bis wir die Ersatzteile bekommen. ◆ -sausfahrt, -sbrücke, -squartier, Not-

be·hel·fen <behilfst, behalf, beholfen> *mit SICH* ■ *jmd.* **behilft sich (mit etwas** *Dat.***)** ❶ *etwas als vorübergehende Lösung verwenden:* Ich behelfe mich vorübergehend mit einem Ersatzgerät. ❷ *versuchen, ohne Hilfe auszukommen:* Ich behelfe mich, bis die Putzhilfe aus dem Urlaub zurück ist.

be·helfs·mä·ßig *adj /nicht steig./ (≈ provisorisch) so, dass man es nur vorübergehend als Lösung akzeptiert:* eine behelfsmäßige Lösung/Reparatur/Unterbringung

Be·helfs·un·ter·kunft *die* <-, Behelfsunterkünfte> *vorübergehende, provisorische Unterkunft:* Die Flüchtlinge wurden in Behelfsunterkünften untergebracht.

be·hel·li·gen *mit OBJ* ■ *jmd./etwas* **behelligt**

jmdn. (mit etwas Dat.*) belästigen, bedrängen:* Ich will dich mit dieser Aufgabe nicht auch noch behelligen. ▸ Behelligung

be·her·ber·gen *mit OBJ* ■ *jmd.* **beherbergt** *jmdn. (≈ unterbringen) Gästen eine Unterkunft geben:* Wir beherbergen die Besucher in unserem Gästezimmer. ▸ Beherbergung

be·herr·schen <beherrschst, beherrschte, hat beherrscht> **I.** *mit OBJ* ❶ ■ *jmd.* **beherrscht** *jmdn. über jmdn. oder etwas Macht ausüben:* Der Diktator beherrschte das Volk zwanzig Jahre lang. ❷ ■ *jmd.* **beherrscht etwas** *hinsichtlich einer Sache sehr gute Kenntnisse oder großes Können haben:* eine Fremdsprache in Wort und Schrift beherrschen; Er beherrscht sein Handwerk als Schreiner perfekt.; Sie beherrscht ihre Stimme auch in den schwierigsten Koloraturen. ❸ ■ *etwas* **beherrscht etwas/jmdn.** *etwas übt großen Einfluss aus:* Diese Idee beherrscht ihn vollständig.; Dieses Produkt beherrscht momentan den Markt. **II.** *mit SICH* ■ *jmd.* **beherrscht sich** *seine Gefühle unter Kontrolle halten:* Er konnte seinen Zorn nur schwer beherrschen.

Be·herr·scher *der;* **Be·herr·sche·rin** <-s, -> *jmd., der Herr über etwas ist:* Der Weltumsegler fühlt sich als Beherrscher der Meere.

Be·herr·schung *die* <-> /kein Plur./ ❶ *Kontrolle über etwas:* Er verlor die Beherrschung über seinen Wagen. ❷ *Kontrolle über sich selbst:* Vor Wut hat er die Beherrschung verloren. ◆ Selbst- ❸ *das Beherrschen I.2:* Die Beherrschung dieses Handwerks erfordert viel Erfahrung.

be·her·zi·gen *mit OBJ* ■ *jmd.* **beherzigt etwas** *den Rat oder die Weisung von jmdm. befolgen:* Ich habe deinen Rat beherzigt. ▸ Beherzigung, beherzigenswert

be·herzt *adj (≈ unerschrocken) mutig und entschlossen:* Durch sein beherztes Handeln konnte das Unfallopfer gerettet werden. ▸ Beherztheit

be·he·xen <behext, behexte, hat behext> *mit OBJ* ■ *jmd.* **behext jmdn./etwas** *jmd. oder etwas verzaubern:* Er glaubt, dass sie ihn mit ihrem bösen Blick behext hat.

be·hilf·lich ■ **jemandem behilflich sein** *jmdm. helfen* Er war ihr beim Umzug behilflich.

be·hin·dern <behinderst, behinderte, hat behindert> *mit OBJ* ■ *jmd./etwas* **behindert jmdn./ etwas** *erschweren:* Dichter Nebel behindert den Verkehr.; Er hat durch ungeschicktes Parken die Durchfahrt behindert. ▸ Behinderung

be·hin·dert *adj /nicht steig./ so, dass man dauerhaft körperlich oder geistig beeinträchtigt ist:* Seit seinem Unfall ist er behindert.; eine Selbsthilfegruppe für Eltern behinderter Kinder ◆ geh-, körper-, seh-

Be·hin·der·te *der/die* <-n, -n> *behinderte Person:* Dieser Bus besitzt auch Plätze für schwer Behinderte/Schwerbehinderte. ◆ -nausweis, -nbeauftragte, -nbegleithund, -ndiskriminierung, -neinrichtungen, -nfahrzeug, -ngleichstellungsgesetz, -nhilfe, -nparkplatz, -nsport, -nsportler(in), -nverband, -nwohnheim

be·hin·der·ten·ge·recht *adj /nicht steig./ so, dass in einem (öffentlichen) Gebäude Treppenhäu-*

B

ser, Lichtschalter, Fahrstühle, Toiletten usw. derart angelegt sind, dass sie auch von Behinderten benutzt oder einfach erreicht werden können

Be·hin·der·ten·werk·statt die <-, Behindertenwerkstätten> eine Werkstatt, in der behinderte Menschen handwerkliche Arbeiten ausüben

Be·hin·de·rung die <-, -en> ❶ ein Hindernis: Die hohe Bordsteinkante ist eine Behinderung für Rollstuhlfahrer. ◆ Verkehrs- ❷ etw., das jmdn. behindert: Er hat eine schwere geistige Behinderung.

Be·hör·de die <-, -n> (≈ Amt) eine staatliche Institution mit bestimmten Aufgaben: einen Antrag bei einer Behörde einreichen ◆ Einwanderungs-, Gesundheits-, Justiz-, Schul-

Be·hör·den·ap·pa·rat der <-(e)s, -e> Gesamtheit aller Behörden, die der Verwaltung eines Gebietes dienen

be·hör·den·über·grei·fend adj /nicht steig./ AMTSSPR. so, dass es mehrere Behörden betrifft: Die Bearbeitung des Antrags kostet viel Zeit, da das Problem behördenübergreifend ist.

be·hörd·lich adj /nicht steig./ (≈ amtlich) von einer Behörde ausgehend: die behördlichen Vorschriften

Be·huf der <-(e)s, -e> AMTSSPR. (veralt.: ≈ Zweck) Zu diesem Behuf(e) muss bis zum Monatsende geräumt werden.

be·hufs präp +Gen. AMTSSPR. (veralt.: ≈ zwecks) Kommen Sie bitte persönlich behufs Feststellung Ihrer Personalien!

be·hü·ten <behütest, behütete, hat behütet> mit OBJ ■ jmd. behütet jmdn. (veralt.: ≈ beschützen) Sie hat das Kind vor einer großen Gefahr behütet.

be·hut·sam adj sorgsam und vorsichtig: beim Ansprechen des Problems behutsam vorgehen; Mit behutsamen Griffen tastet der Arzt die schmerzende Stelle ab. ▶ Behutsamkeit

Bei, a. **Bey** der <-s, -e/-s> türkischer Titel, der meist dem Namen nachgestellt wird

bei präp +Dat. ❶ verwendet, um auszudrücken, dass etwas in der räumlichen Nähe von jmdm./etwas ist: Der Laden liegt direkt bei der Kreuzung.; Ich trage das Bild immer bei mir.; ein kleiner Ort bei Frankfurt; gleich beim Bahnhof; Er war heute beim Frisör. ❷ verwendet, um auszudrücken, dass etwas in jmds. Wohn-, Lebens- oder Arbeitsbereich liegt: bei uns zu Hause; bei einer Firma arbeiten; bei einer Party sein ❸ verwendet, um auszudrücken, dass sich etwas in einer bestimmten Zeitspanne oder zu einem bestimmten Zeitpunkt vollzieht: bei Tag und bei Nacht; Vorsicht bei Ankunft des Zuges! ❹ verwendet, um auszudrücken, dass etwas die genannte Qualität hat oder sich unter den genannten Umständen vollzieht: Er ist bei guter Gesundheit.; Bist du noch bei Verstand?; bei gutem Wetter/bei strömendem Regen ❺ im Werk eines Autors: die Hauptfiguren bei Fontane; die Deutung der Geschichte bei Hegel ❻ zur Angabe eines Zahlenwertes: Die Temperatur liegt bei 10°C. ❼ in Beteuerungsformeln: Ich schwöre bei Gott!

bei·be·hal·ten <behältst bei, behielt bei, hat beibehalten> mit OBJ ■ jmd. behält etwas bei et-

was weiterhin so tun wie bisher: Er hat diese Gewohnheit beibehalten.

Bei·boot das <-(e)s, -e> SEEW. (auf einem Schiff mitgeführtes) kleineres Boot: Die Mannschaft ließ das Beiboot herab, um an Land zu gehen.

bei·brin·gen <bringst bei, brachte bei, hat beigebracht> mit OBJ ■ jmd. bringt jmdm. etwas bei jmdm. eine Fähigkeit oder bestimmte Kenntnisse vermitteln: Der Lehrer bringt den Schülern die Grundregeln der Multiplikation bei.; Niemand hat ihm gutes Benehmen beigebracht.; Soll ich dir die Tanzschritte beibringen?

Beich·te die <-, -n> ❶ REL. der Vorgang, dass jmd. einem Priester im Rahmen eines speziellen Gesprächs seine Sünden anvertraut: zur Beichte gehen ◆ Ohren- ❷ Geständnis (einer Schuld)

beich·ten mit OBJ ■ jmd. beichtet (jmdm.) etwas ❶ REL. die Beichte ablegen: dem Priester seine Sünden beichten ❷ (≈ gestehen) etwas Bedrückendes bekennen: Er hat seiner Mutter alles gebeichtet.

Beicht·ge·heim·nis das <-ses> /kein Plur./ REL. die Pflicht eines Priesters, das Gebeichtete bei sich zu bewahren und niemandem darüber Auskunft zu geben

Beicht·stuhl der <-(e)s, Beichtstühle> REL. eine Art Kabine, in der man in der Kirche die Beichte[1] ablegt

Beicht·va·ter der <-s> REL. katholischer Priester, der die Beichte abnimmt

bei·de pron ❶ verwendet, um auszudrücken, dass die genannte Sache sich auf jede(s) einzelne von zwei Dingen oder Personen bezieht: Sie lud beide zu ihrem Fest ein.; Beide Straßen führen nach Rom.; Er war beide Mal(e) mit im Urlaub.; einer der beiden Freunde; in unser beider Interesse; Das gilt für beides: den Transfer und die Ankunft.; Du hast dich in beidem getäuscht.; Sie haben beide Häuser verkauft.; keins von beiden; in beiden Fällen ❷ /kein Plur./ verwendet, um auszudrücken, dass die eine Sache die andere nicht ausschließt: Ich habe beides vor – im Urlaub mich zu erholen und zu arbeiten.; Er liebt beides, das Theater und die Oper.; Wir brauchen beides – das Auto und die Fahrräder. ◆ Kleinschreibung →R 3.15 wir beide; die(se) beiden; alle(s) beide(s); einer von (den) beiden; ◆ Getrenntschreibung →R 4.5 beide Mal(e)

bei·der·lei adj /nicht steig./ / mit Gen./ von dem einen wie von dem anderen: Der Zoo besaß Löwen beiderlei Geschlechts.

bei·der·sei·tig adj /nicht steig./ (≈ gegenseitig) so, dass beide Seiten zu einer Sache ihre Zustimmung gegeben haben: Der Streit wurde in beiderseitigem Einvernehmen beendet.

bei·dre·hen <drehst bei, drehte bei, hat beigedreht> ohne OBJ ■ etwas dreht bei SEEW. ❶ den Bug des Schiffes gegen den Wind drehen: Wegen des starken Sturmes ließ er beidrehen. ❷ die Fahrt eines Schiffes (bis zum Stillstand) verlangsamen: Das Schiff drehte bei und die Passagiere gingen von Bord.

beid·sei·tig adj /nicht steig./ (↔ einseitig) auf beiden Seiten: ein beidseitig beschriebenes Blatt Papier

beid·seits *präp* +*Gen. auf beiden Seiten von etwas:* beidseits des Flusses

bei·ei·n·an·der *adv* (≈ *zusammen*) Sie saßen schon den ganzen Abend beieinander.; ■**gut/schlecht beieinander sein** *gesundheitlich in gutem oder schlechtem Zustand sein*

bei·ei·n·an·der·ha·ben <hast beieinander, hatte beieinander, hat beieinandergehabt> *mit OBJ* ■*jmd. hat etwas Akk. beieinander* ❶ *zusammenhaben, komplett haben:* Ich habe alle Bildchen der Sammlung beieinander. ❷■*sie nicht alle beieinanderhaben (umg. abwert.) nicht ganz bei Verstand sein, geistig ein wenig verwirrt sein*

bei·ei·n·an·der·sit·zen <sitzt beieinander, saß beieinander, haben beieinandergesessen> *ohne OBJ (sein)* ■*jmd. sitzt beieinander zusammensitzen, gemeinsam sitzen:* Nach dem Spiel hat die Mannschaft noch gemütlich beieinandergesessen.

Bei·fah·rer *der,* **Bei·fah·re·rin** <-s, -> (↔ *Fahrer) jmd., der in einem Kraftfahrzeug neben dem Fahrer sitzt:* Auch für den Beifahrer besteht Gurtpflicht. ◆-sitz

Bei·fah·rer·air·bag *der* <-s, -s> KFZ *schnell aufblasbares Luftpolster, das den Beifahrer bei einem Unfall vor Verletzungen schützen soll*

Bei·fall *der* <-s> /kein Plur./ ❶ (≈ *Applaus) alle Äußerungen (Gesten, Ausrufe usw.), mit denen Menschen zeigen, dass sie jmdm. zustimmen oder dass sie von jmds. Darbietung begeistert sind:* Die Sängerin wurde mit stürmischem Beifall gefeiert.; Das Publikum spendete nach der Aufführung viel Beifall. ❷*Zustimmung:* Sein Vorschlag wurde mit Beifall aufgenommen; ■**Beifall klatschen** *die Handflächen mehrmals gegeneinanderschlagen, um Beifall¹ auszudrücken* ◆-sbekundung, -(s)klatschen, -ssturm

bei·fäl·lig *adj* (≈ *zustimmend* ↔ *ablehnend) so, dass es Anerkennung und Zustimmung ausdrückt:* Sie nickte beifällig.

Bei·falls·ruf *der* <-(e)s, -e> *Beifall ausdrückender Zuruf:* Für seine Rede erntete er laute Beifallsrufe.

Bei·fang *der* <-(e)s> /kein Plur./ *Teil des Fischfangs, der nicht aus der hauptsächlichen gefangenen Fischart besteht:* Außer den Makrelen waren Heringe als Beifang im Netz.

bei·fü·gen <fügst bei, fügte bei, hat beigefügt> *mit OBJ* ■*jmd. fügt etwas Dat. etwas bei* (≈ *beilegen) zu etwas, das man an jmdn. schickt, eine Sache dazulegen:* Dem Geschenk hatte sie eine Karte beigefügt.

Bei·fü·gung *die* <-, -en> ❶ *das Beifügen* ❷SPRACHWISS. (≈ *Attribut)*

Bei·ga·be *die* <-, -n> (≈ *Zugabe) etwas, das man jmdm. oder etwas zusätzlich zu etwas anderem gibt:* Man bringe das Wasser unter Beigabe von etwas Salz zum Kochen.; Ich habe ihm ein Buch und als Beigabe eine Flasche Wein geschenkt. ◆Grab-, Gratis-

beige [beːʃ] *adj /nicht steig./* (≈ *sandfarben) von einem hellen Gelb:* ein beiger Anzug

Bei·ge *die* <-, -n> ÖSTERR., SCHWEIZ. *Stapel, Stoß*

bei·ge·ben <gibst bei, gab bei, hat beigegeben> *mit OBJ* ■*jmd. gibt etwas Dat. etwas bei (geh.)*

etwas als Ergänzung hinzufügen: Man sollte dem Teig eine Prise Salz beigeben.; ■**klein beigeben** *(umg.) einlenken, sich fügen*

Bei·ge·mü·se *das* <-s> /kein Plur./ SCHWEIZ. Beilage¹

Bei·ge·schmack *der* <-s> /kein Plur./ ❶ *neben dem eigentlichen Geschmack wahrnehmbarer ungewohnter Geschmack einer Speise:* Die Suppe hat einen bitteren Beigeschmack. ❷*(übertr.) etwas, das einer Sache (als zusätzliche Eigenschaft) anhaftet:* Seine Antworten hatten einen Beigeschmack von Überheblichkeit.

Bei·g·net *der* [bɛnˈjeː] <-s, -s> KOCH. (≈ *Krapfen) in Fett ausgebackenes Teigstück mit Füllung*

Bei·heft *das* <-(e)s, -e> *ein Heft, das ein Buch oder eine Zeitschrift als Zusatz, Nachtrag oder Register ergänzt:* Der Aufsatz wird als Beiheft Nr. 3 zu dieser Buchreihe erscheinen.

Bei·hef·ter *der* <-s, -> *Hefter, in dem Ergänzungen oder Nachträge gesammelt sind:* eine Akte im Beihefter ablegen

Bei·hil·fe *die* <-, -n> ❶ (≈ *Unterstützung) finanzielle oder materielle Hilfe:* Wegen des Hochwasserschadens erhält die Familie eine einmalige Beihilfe.; Beamte erhalten eine Beihilfe zu den Leistungen der Krankenkasse. ◆-antrag, Arbeitslosen-, Ausbildungs-, Familien- ❷RECHTSW. *vorsätzliche Hilfeleistung bei der Vorbereitung oder Ausführung einer Straftat:* Wer Beihilfe bei einer Straftat geleistet hat, wird vor Gericht angeklagt.

bei·ho·len <holst bei, holte bei, hat beigeholt> *mit OBJ* ■*jmd. holt ewas bei* SEEW. *das Segel einziehen*

Bei·jing *das* [ˈbeɪdʒɪŋ] <-s> (≈ *Peking) Hauptstadt von China*

Bei·koch *der,* **Bei·kö·chin** <-s, Beiköche> (≈ *Hilfskoch) ein Koch, der bei einem Chefkoch mitarbeitet und bestimmte unterstützende Arbeiten ausführt*

bei·kom·men <kommst bei, kam bei, ist beigekommen> *mit OBJ* ❶*jmd. kommt jmdm. irgendwie bei jmdm. gewachsen sein und sich ihm gegenüber durchsetzen können:* Er konnte seinem Gegenüber nur schwer beikommen. ❷ (≈ *lösen) ■jmd. kommt etwas irgendwie bei mit einer Sache fertigwerden können:* Sie versuchte dem Problem auf eine andere Weise beizukommen.

Bei·kost *die* <-> /kein Plur./ *zusätzliche Nahrung:* Der Patient soll auf eine vitaminreiche Beikost achten.

Beil *das* <-(e)s, -e> (≈ *Axt) ein Werkzeug mit breiter Schneide und kurzem Stiel, das man zum Zerkleinern von Holz oder Fleisch benutzt:* das Beil schärfen ◆Fleischer-, Hand-, Kriegs-, Küchen-

bei·la·den <lädst bei, lud bei, hat beigeladen> *mit OBJ* ❶*jmd. lädt etwas bei etwas zusätzlich zu einer Ladung hinzuladen:* Kleinere Kisten können der Fracht noch beigeladen werden. ❷*jmd. lädt jmdn. bei RECHTSW. jmdn. amtlich zu einer Verhandlung vor dem Verwaltungsgericht laden:* Die beigeladene Firma legte gegen diese Entscheidung Berufung ein.

Bei·la·dung *die* <-, -en> ❶ *das Beiladen¹:* die Bei-

B

ladung von Möbeln ❷ (≈ *Nebenlast) zusätzliche Ladung, die zu der eigentlichen Ladung hinzugeladen wird:* Das Schiff hat meist Beiladungen an Bord. ❸ RECHTSW. *die Vorladung von Personen, die nicht direkt am Prozess beteiligt, aber an ihm interessiert sind:* Auf Antrag erfolgen mehrere Beiladungen.

Bei·la·ge *die* <-, -n> ❶ *eine Speise, die zu einem Hauptgericht gegessen wird:* Zum Steak gibt es als Beilage Salat und Kartoffeln. ◆ Gemüse- ❷ *etwas, das einem Druckwerk beigelegt ist:* die literarische Beilage einer Zeitung ◆ Literatur-, Mode-, Roman-, Werbe-

bei·läu·fig *adj* ❶ *so, dass es wie zufällig geäußert, wie nebenher gesagt erscheint:* eine beiläufige Bemerkung machen ▸ Beiläufigkeit ❷ ÖSTERR. *etwa, ungefähr*

bei·le·gen <legst bei, legte bei, hat beigelegt> *mit OBJ* ❶ ■ *jmd. legt etwas* Dat. *etwas bei* *etwas dazulegen:* Das Rückporto habe ich dem Brief beigelegt. ❷ ■ *jmd. legt einen Streit bei* *beenden:* Die Nachbarn legten ihren Streit bei.

Bei·le·gung *die* <-, -en> /Plur. selten/ *das Beilegen²:* Über die Beilegung des Streits waren beide Parteien erfreut.

bei·lei·be *adv* (≈ *wahrhaftig) wirklich, in der Tat:* Er ist beileibe kein Held!

Bei·leid *das* <-(e)s> /kein Plur./ *die Anteilnahme daran, dass jmd. gestorben ist:* Mein herzliches Beileid!; Aufrichtiges Beileid!; den Angehörigen sein Beileid aussprechen ◆ -sbekundung, -sbesuch, -skarte, -sschreiben, -stelegramm

Bei·leids·be·zei·gung *die* <-, -en> *das Ausdrücken des Beileids:* Bei der Trauerfeier nahm sie unter Tränen die Beileidsbezeigungen entgegen.; Von Beileidsbezeigungen am Grabe bitten wir abzusehen.

Bei·leids·brief *der* <-(e)s, -e> (≈ *Kondolenzbrief) ein Brief, in dem jmd. sein Beileid ausdrückt*

bei·lie·gen <liegt bei, lag bei, hat beigelegen> *ohne OBJ* ■ *etwas liegt etwas* Dat. *etwas wird zusammen mit etwas geliefert:* Der heutigen Ausgabe unserer Zeitung liegen Prospekte der Firma XYZ bei.

bei·lie·gend *adj* /nicht steig./ *in der Anlage beigelegt*

beim /*Präp. + Artikel* / (≈ „bei dem") Er verletzte sich beim Arbeiten.; Wir sind gerade beim Mittagessen.

Bei·men·gung *die* <-, -en> *die Beimischung von etwas zu einer Sache:* die Beimengung einer Farbe zu einer anderen

bei·mes·sen <misst bei, maß bei, hat beigemes­sen> *mit OBJ* ■ *jmd. misst etwas … Bedeutung bei* (≈ *zuschreiben) glauben, dass etwas eine bestimmte Bedeutung hat:* Dieser Sache habe ich früher nur geringe/große/ kaum/keine Bedeutung beigemessen. ▸ Beimessung

bei·mi·schen <mischst bei, mischte bei, hat bei­gemischt> *mit OBJ* ■ *jmd. mischt etwas etwas bei* (≈ *beimengen) zu einer Sache etwas dazumischen:* einer Teesorte eine andere beimischen

Bei·mi·schung *die* <-, -en> ❶ *das Beimischen:*

Der Saft wird unter Beimischung von Wasser verdünnt. ❷ *das Beigemischte, der Zusatz*

Bein *das* <-(e)s, -e> ❶ *eines der beweglichen Körperteile, die beim Menschen und bei Tieren zum Stehen und Gehen dienen:* das linke/rechte Bein; die Beine übereinanderschlagen; die Beine von sich strecken; kurze/lange/sehnige/wohlgeformte Beine ◆ -amputation, -ausschnitt, -beuger, -bizeps, -freiheit, -kissen, -krampf, -länge, -massage, -muskel, -muskulatur, -ödem, -paar, -prothese, -rasur, -scheibe, -schere, -schlag, -schuss, -stumpf, -thrombose, -umfang, -verkürzung, -verlängerung, -zucken, -zuckungen ❷ *eines der Elemente, auf denen ein Möbelstück steht:* Der Tisch wackelt, weil ein Bein zu kurz ist.; Ein Tisch mit drei Beinen kann nicht wackeln. ◆ Stuhl-, Tisch- ❸ ■ **jemandem ein Bein stellen** *(umg. übertr.) jmdm. Schwierigkeiten bereiten;* ■ **jemandem Beine machen** *(umg.) jmdn. antreiben, jmdn. davonjagen;* ■ **etwas auf die Beine stellen** *(umg.) etwas aufbauen, Erfolg haben;* ■ **jemandem etwas ans Bein binden** *jmdm. eine lästige Aufgabe oder Pflicht übertragen;* ■ **auf einem Bein kann man nicht stehen** *(umg.) verwendet, um jmdn. dazu aufzufordern, noch ein Glas Schnaps o. Ä. zu trinken;* ■ **mit beiden Beinen im Leben stehen** *(umg.) realistisch und tüchtig sein;* ■ **mit einem Bein im Gefängnis stehen** *(umg.) etwas getan haben, das fast schon illegal ist;* ■ **etwas steht auf schwachen Beinen** *(umg.) etwas ist nicht gut oder sicher begründet;* ■ **Lügen haben kurze Beine** *(Sprichwort) Lügen werden meist schnell aufgedeckt;* ■ **schon früh auf den Beinen sein** *(umg.) morgens früh aufstehen und aktiv sein;* ■ **wieder auf die Beine kommen** *(umg.) wieder gesund werden*

bei·nah, **bei·nah** *adv* (≈ *fast) verwendet um auszudrücken, dass etwas fast geschehen wäre, aber dann doch nicht eingetreten ist:* Ich wäre beinahe hingefallen.; Wir sind beinahe schon da.; Das habe ich beinahe vergessen.

bei·na·he, **bei·na·he** *adv siehe* **beinah**

Bei·na·he·zu·sam·men·stoß *der* <-es, Beinahe­zusammenstöße> *der Sachverhalt, dass zwei Fahrzeuge fast zusammengestoßen wären*

Bei·na·me *der* <-ns, -n> *ein Name, den jmd. (meist wegen einer bestimmten Eigenschaft) zusätzlich zu seinem eigentlichen Namen erhalten hat:* Zar Iwan erhielt den Beinamen „der Schreckliche".

Bein·bruch *der* <-(e)s, Beinbrüche> MED. *Bruch eines Beinknochens:* Der komplizierte Beinbruch muss operativ behandelt werden.; ■ **Das ist doch kein Beinbruch!** *(umg.) Das ist doch nicht so schlimm!*

be·in·hal·ten *mit OBJ* ■ *etwas beinhaltet etwas* ❶ *etwas als Inhalt in sich haben:* Diese Tasche beinhaltet unseren gesamten Reiseproviant. ❷ AMTSSPR. *(geh.: ≈ bedeuten) etwas zum Inhalt haben:* Das Schreiben beinhaltet, dass Ihr Antrag abgelehnt wurde.

bein·hart *adj* ÖSTERR. (≈ *knochenhart) ❶ so hart wie ein Knochen ❷ (≈ unerbittlich.) in besonders hohem Maße keine Nachgiebigkeit zeigend:* Er will in diesem Konflikt nicht nachgeben. Da ist er beinhart.

Bein·haus *das* <-es, Beinhäuser> *Gebäude auf einem Friedhof, in dem ausgegrabene Gebeine aufbewahrt werden*

Bein·kleid *das* <-(e)s, -er> */meist Plur./ (veralt.) Hose*

Bein·well *der* <-s> */kein Plur./ eine Heilpflanze*

Bei·ord·nung *die* <-, -en> */Plur. selten /* ❶ RECHTSW. *gerichtliche Bestellung eines Pflichtverteidigers* ❷ SPRACHWISS. *(≈ Nebenordnung)*

bei·pa·cken <packst bei, packte bei, hat beigepackt> *mit OBJ* ■ *jmd. packt etwas Dat. etwas bei (≈ beilegen) zu einer Sache etwas hinzupacken:* Der Büchersendung wurde ein Prospekt beigepackt.

Bei·pack·zet·tel *der* <-s, -> *der Zettel, der einem Medikament beiliegt und Hinweise für die Anwendung und Informationen über den Inhalt enthält:* Laut Beipackzettel hat dieses Medikament keine Nebenwirkungen.; Lesen Sie den Beipackzettel oder fragen Sie Ihren Arzt oder Apotheker!

bei·pflich·ten <pflichtest bei, pflichtete bei, hat beigepflichtet> *mit OBJ* ■ *jmd. pflichtet jmdm. (in etwas Dat.) bei (≈ zustimmen) sagen, dass man jmds. Meinung teilt:* Du musst mir beipflichten, dass er im Recht ist.

Bei·pro·gramm *das* <-s, -e> *zusätzlich zu einer Veranstaltung laufende Nebenveranstaltungen:* Im Beiprogramm der Sportartikelmesse konnten sich die Besucher selbst an Kletterwänden im Freeclimbing versuchen oder ihre Fitness auf dem Fahrradergometer testen.

Bei·rat *der* <-(e)s, Beiräte> *beratendes Gremium bei einer Behörde, Gesellschaft, Vereinigung o. Ä.:* Der Verlag steht ein wissenschaftlicher Beirat zur Seite. ◆ Eltern-

Bei·ried *das* <-(e)s> */kein Plur./* ÖSTERR. *Rumpfbzw. Lendenstück vom Rind*

be·ir·ren *mit OBJ /nur im Inf./* ■ *jmd. lässt sich durch etwas beirren jmd. wird unsicher:* Der Redner ließ sich durch die Zwischenrufe nicht beirren.

Bei·rut *das* [...'ru:t/'be:...] <-s> *Hauptstadt des Libanons*

bei·sam·men *adv (≈ zusammen)* Wir waren den ganzen Tag beisammen.; ■ *gut beisammen sein (umg.) gut genährt sein, leichtes Übergewicht haben;* ■ *nicht alle beisammen haben (umg. abwert.) nicht ganz bei Verstand sein*

Bei·sam·men·sein *das* <-s> */kein Plur./ die Situation, dass mehrere Menschen sich irgendwo zusammen aufhalten und sich unterhalten:* ein gemütliches/geselliges/zwangloses Beisammensein

Bei·schlaf *der* <-s> */kein Plur./* AMTSSPR. *(≈ Geschlechtsverkehr)*

bei·schlie·ßen <schließt bei, schloss bei, hat beigeschlossen> *mit OBJ* ■ *jmd. schließt etwas Dat. etwas bei* ÖSTERR. *einer Sendung beigeben*

Bei·sein ■ *in jemandes Beisein in jmds. Anwesenheit* Der Zeuge wiederholte seine Aussage im Beisein des Angeklagten.

bei·sei·te *adv* ❶ *auf die Seite, zur Seite:* Er stellte den Stuhl beiseite. ❷ *(≈ abseits) so, dass es am*

Rande des Geschehens ist *(und daher weniger beachtet wird);* ■ *Scherz beiseite! (umg.) verwendet, um (nach einem Scherz) zu betonen, dass etwas, das man sagen wird, ernst gemeint ist*

bei·sei·te·hal·ten <hältst beiseite, hielt beiseite, hat beiseitegehalten> *mit SICH* ■ *jmd. hält sich beiseite sich abseits halten, sich zurückhalten:* Bei unangenehmen Aufgaben hielt er sich immer beiseite.

bei·sei·te·las·sen <lässt beiseite, ließ beiseite, hat beiseitegelassen> *mit OBJ* ■ *jmd. lässt etwas Akk. beiseite vernachlässigen, ignorieren:* die Formalitäten beiseitelassen

bei·sei·te·le·gen <legst beiseite, legte beiseite, hat beiseitegelegt> *mit OBJ* ■ *jmd. legt etwas Akk. beiseite* ❶ *weglegen:* Ich habe das Buch erst einmal beiseitegelegt. ❷ *jemand legt etwas Geld beiseite (umg.) jmd. spart etwas (für einen bestimmten Zweck)* Sie hat etwas Geld für den Urlaub beiseitegelegt.

bei·sei·te·schaf·fen <schaffst beiseite, schaffte beiseite, hat beiseitegeschafft> *mit OBJ* ■ *jmd. schafft etwas Akk. beiseite (umg.) jmd. hat etwas, das er unerlaubt besitzt, versteckt:* Das Diebesgut hatte er längst beiseitegeschafft. ▶ Beiseiteschaffung

Bei·sel *die* <-s, -(n)> ÖSTERR. *Kneipe, Gasthaus*

bei·set·zen <setzt bei, setzte bei, hat beigesetzt> *mit OBJ* ■ *jmd. setzt jmdn. bei (geh.) beerdigen, bestatten:* Die Urne soll morgen beigesetzt werden.

Bei·set·zung *die* <-, -en> *(≈ Beerdigung, Begräbnis) die feierliche Handlung, bei der der Sarg oder die Urne in die Erde gebracht wird:* Zur Beisetzung waren nur die engsten Angehörigen erschienen. ◆ -sarten, -sfeierlichkeiten

Bei·sit·zer, **Bei·sit·ze·rin** <-s, -> AMTSSPR. *Mitglied eines offiziellen Gremiums, einer Kommission*

Bei·spiel *das* <-s, -e> *ein einzelnes Ereignis, ein einzelner Gegenstand oder Individuum, das einen allgemeinen Sachverhalt erklärt und veranschaulicht und als eine Art Muster dafür genannt werden kann:* Können Sie ein Beispiel dafür geben/nennen?; Mir fällt leider gerade kein gutes Beispiel ein.; Viele Komponisten der Barockzeit, wie zum Beispiel Bach, Händel, Vivaldi, sind noch heute berühmt.; ■ *jemand nimmt sich ein Beispiel an jemandem jmd. sieht jmdn. als Vorbild an;* ■ *Das ist ohne Beispiel! Das ist noch nie vorgekommen!;* ■ *jemand sollte sich an jemandem ein Beispiel nehmen jmd. sollte so handeln wie eine andere Person* ◆ -aufgabe, -fall, -frage, -klausur, -mappe, -projekt, -rechnung, -satz, -text, -umfrage, -vertrag, -zeugnis, Muster-, Parade-

bei·spiel·haft *adj /nicht steig./ (≈ vorbildlich) so, dass andere Menschen es als Vorbild betrachten sollten:* Er hat sich in dieser Situation beispielhaft verhalten.

bei·spiel·los *adj /nicht steig./* ❶ *(≈ außergewöhnlich) in seiner Art einzigartig, noch nie dagewesen:* ein beispielloser Erfolg; Mit beispiellosem Einsatz hat sie diese schwierige Aufgabe gelöst.

B

② (≈ *unverschämt*) Das war eine beispiellose Frechheit.

bei·spiels·wei·se *adv* (≈ *zum Beispiel*) Nehmen wir beispielsweise an, dass...

bei·ßen <beißt, biss, hat gebissen> **I.** *mit OBJ* **①** ■ *jmd. beißt etwas* mit den Zähnen erfassen und zerkleinern: Die alte Frau kann das Brot nicht mehr beißen. **②** ■ *ein Tier beißt jmdn.* mit den Zähnen angreifen und dadurch verletzten: Der Hund hat den Mann gebissen.; ■ **Hunde, die bellen, beißen, nicht.** (Sprichwort) jmd., der besonders viel schimpft, droht o. Ä., ist eher harmlos und fügt anderen keinen wirklichen Schaden zu **II.** *ohne OBJ* **①** ■ *jmd. beißt in etwas Akk.* die Zähne in ein Stück Nahrung eindringen lassen: in den Apfel/in das belegte Brot beißen **②** ■ *etwas beißt irgendwo* ein brennendes Gefühl verursachen: Der Qualm beißt in den Augen.; Der Pfeffer beißt auf der Zunge. **III.** *mit SICH* ■ *etwas beißt sich (mit etwas Dat.)* (umg.) nicht zusammenpassen: Diese Farben beißen sich.; Das rote Kleid beißt sich mit dem rosa Schal.

bei·ßend *adj* **①** so scharf und stechend, dass es beißt II.3: beißender Qualm **②** (≈ *sarkastisch*) so ironisch, dass es verletzend ist: beißender Spott; eine beißende Satire

Beiß·zan·ge *die* <-, -n> **①** eine Zange, mit der man Nägel aus etwas ziehen kann **②** (umg. abwert.) eine streitsüchtige Frau

Bei·stand *der* <-(e)s> /kein Plur./ die (moralische) Unterstützung, die man jmdm. in einer schwierigen Situation gibt, oder die auf staatlicher und rechtlicher Ebene erfolgt: einen Freund um Beistand bitten ◆-sabkommen, -sgemeinschaft, -sklausel, -sleistung, -spflicht, -srecht ▶ Beistandschaft

Bei·stands·pakt *der* <-(e)s, -e> POL. ein Abkommen, das zwei oder mehrere Staaten zu gegenseitiger militärischer Hilfe verpflichtet

bei·ste·hen <stehst bei, stand bei, hat beigestanden> *ohne OBJ* ■ *jmd. steht jmdm. in etwas Dat.) bei* praktische Hilfe und/oder moralische Unterstützung geben: Er hat mir in der Not beigestanden.

bei·stel·len <stellst bei, stellte bei, hat beigestellt> *mit OBJ* ■ *jmd. stellt (jmdm.) etwas bei* ÖSTERR. zur Verfügung stellen

Bei·stell·tisch *der* <-(e)s, -e> ein kleiner Tisch, der z. B. neben einem Sofa steht und als Ablage dient

Bei·stell·wa·gen *der* <-s, -> (≈ *Servierwagen, Teewagen*)

Bei·strich *der* <-(e)s, -e> (veralt.: ≈ *Komma*)

Bei·tel *der* <-s, -> TECHN. ein Werkzeug zur Holzbearbeitung, das wie ein Meißel aussieht

Bei·trag *der* <-(e)s, Beiträge> **①** etwas, das jmd. zu einer Sache beiträgt: Was ist sein Beitrag zu diesem Projekt?; ein Sammelband mit Beiträgen namhafter Autoren **②** ein Aufsatz, der in einem Buch oder einer Zeitschrift abgedruckt ist: Das Buch enthält Beiträge von bekannten Wissenschaftlern. **③** (≈ *Beitragszahlung*) ein Geldbetrag, den man für eine Sache regelmäßig an jmdn. zahlt: Die Versicherung hat die Beiträge erhöht.; Über viele Jahre

konnten wir die Beiträge stabil halten ... ◆-sbemessungsgrenze, -sklasse, -spflicht, -srückerstattung, -szahler(in), Gewerkschafts-, Jahres-, Krankenversicherungs-, Mitglieds-, Monats-, Rentenversicherungs-, Sozialversicherungs-, Unkosten- **④** SCHWEIZ. Subvention, Zuschuss

Bei·trags·er·höh·ung *die* <-, -en> (≈ *Beitragsanhebung*) Erhöhung der Beiträge[2]: Die Krankenkasse hat eine Beitragserhöhung beschlossen.

Bei·trags·grup·pe *die* <-, -n> Gruppe, in die die Sozialversicherung den Einzelnen nach der Art seiner Beiträge einordnet

bei·trags·pflich·tig *adj* /nicht steig./ so, dass man Beiträge[2] bezahlen muss: Die Mitgliedschaft in diesem Verein ist beitragspflichtig.

Bei·trags·satz *der* <-es, Beitragssätze> die durch Verträge oder Verordnungen festgelegte Höhe der Beiträge[2]

Bei·trags·sen·kung *die* <-, -en> Verringerung des zu zahlenden Beitrages[2]

Bei·trags·zah·lung *die* <-, -en> Zahlung von Beiträgen[2] ▶ Beitragszahler, Beitragszahlerin

Bei·trags·zeit *die* <-, -en> Zeitraum, in dem Beiträge[2] gezahlt wurden

bei·tre·ten <trittst bei, trat bei, ist beigetreten> *mit OBJ* ■ *jmd. tritt etwas Dat. bei* **①** (≈ *eintreten*) sich bei einer Vereinigung oder Organisation als Mitglied eintragen lassen: Er ist der Gewerkschaft beigetreten. **②** POL. einem Vertrag oder Pakt durch Unterschrift verbindlich zustimmen

Bei·tritt *der* <-(e)s, -e> (≈ *Eintreten*) das Beitreten: Sein Beitritt zu dieser Organisation war keine Überraschung. ◆-serklärung, -sland, -sverhandlung

Bei·wa·gen *der* <-s, -> (mit einem Sitzplatz für einen Beifahrer ausgestatteter) Wagen, der seitlich neben einem Motorrad angebracht ist: ein Motorrad mit Beiwagen ◆-fahrer(in)

bei·woh·nen <wohnst bei, wohnte bei, hat beigewohnt> *ohne OBJ* ■ *jmd. wohnt etwas Dat. bei* (geh.) bei etwas als Gast oder Zuschauer teilnehmen: einer Gerichtsverhandlung beiwohnen ▶ Beiwohnung

Beiz *die* <-, -en> SÜDDT., SCHWEIZ. Wirtschaft, Kneipe

Bei·ze *die* <-, -n> **①** Chemikalie zur Behandlung von Holz ▶ abbeizen **②** Färbemittel für Textilien **③** KOCH. (≈ *Marinade*) eine würzige Flüssigkeit zum Einlegen von Fleisch oder Fisch: Das Wild soll mehrere Tage in der Beize liegen.

bei·zei·ten *adv* (≈ *rechtzeitig*) zur rechten Zeit, früh genug: Ich möchte beizeiten dort sein.

bei·zen <beizt, beizte, hat gebeizt> *mit OBJ* ■ *jmd. beizt etwas (mit etwas Dat.)* **①** Holz oder Textilien mit einer Beize[1, 2] behandeln: Wir wollen den Tisch dunkel beizen. **②** KOCH. (≈ *marinieren*) Speisen in Beize[3] einlegen: gebeizter Lachs

bei·zie·hen <ziehst bei, zog bei, hat beigezogen> *mit OBJ* ■ *jmd. zieht jmdn./etwas bei* ÖSTERR. hinzuziehen, jdn. zu Rate ziehen ▶ Beziehung

Beiz·vo·gel *der* <-s, Beizvögel> zur Jagd abgerichteter Raubvogel

be·ja·hen <bejahst, bejahte, hat bejaht> *mit OBJ*

B

■ *jmd.* **bejaht etwas** *(↔ verneinen) Auf eine Frage mit einem Ja antworten.:* sie bejahte die Frage ► Bejahung

be·jahrt *adj (geh.: ≈ betagt) von relativ hohem Alter:* ein bejahrter Mann ► Bejahrtheit

be·jam·mern <bejammerst, bejammerte, hat bejammert> *mit OBJ* ■ *jmd.* **bejammert etwas** *(abwert.) wehleidig und übertrieben beklagen:* sein eigenen Schicksal bejammern ► bejammernswert

be·kämp·fen <bekämpfst, bekämpfte, hat bekämpft> *mit OBJ* ❶ ■ *jmd.* **bekämpft jmdn.** *gegen jmdn. oder etwas kämpfen und zu besiegen bzw. zu vernichten suchen:* einen politischen Gegner bekämpfen ❷ ■ *jmd.* **bekämpft etwas** *etwas zu verhindern oder zu überwinden suchen, indem man Maßnahmen dagegen ergreift:* eine Seuche bekämpfen; die Arbeitslosigkeit bekämpfen ► Bekämpfung

be·kannt *adj* ❶ *so, dass es viele Menschen kennen:* Das ist eine bekannte Geschichte.; Dieses Problem ist der Öffentlichkeit seit langem bekannt. ❷ *berühmt, anerkannt:* Sie war eine bekannte Sängerin. ❸ *so, dass zwei Menschen zwar nicht befreundet sind, aber sich kennen und öfter Kontakt haben:* Ich bin erst seit kurzem mit ihm bekannt. ◆ Großschreibung →R 3.4 das Bekanntmachen

Be·kann·te *der/die* <-n, -n> *jmd., mit dem man nicht unbedingt befreundet ist, den man aber gut kennt und öfters trifft:* viele Bekannte, aber nur wenige Freunde haben

Be·kann·ten·kreis *der* <-es, -e> *alle Bekannten eines Menschen:* einen großen Bekanntenkreis haben

be·kann·ter·wei·se *adv (≈ bekanntermaßen) wie bekannt ist; wie man weiß*

be·kannt·ge·ben <gibst bekannt, gab bekannt, hat bekanntgegeben> *mit OBJ* ■ *jmd.* **gibt etwas** *Akk.* **bekannt** *öffentlich ausrufen, öffentlich ansagen:* Der Politiker gab seinen Rücktritt bekannt.

Be·kannt·heits·grad *der* <-(e)s, -e> *Grad des Bekanntseins einer Person oder Sache in der Öffentlichkeit:* ein Fußballer/Politiker/Showstar mit einem hohen Bekanntheitsgrad

be·kannt·lich *adv wie bekannt, wie man weiß:* Bekanntlich ist der kommende Freitag ein Feiertag.

be·kannt·ma·chen <machst bekannt, machte bekannt, hat bekanntgemacht> *mit OBJ* ❶ ■ *jmd.* **macht jmdn. bekannt** *jemanden berühmt machen:* Erst dieser Produzent hat ihn bekanntgemacht. ❷ ■ *jmd.* **macht jmdn. mit jmdm. bekannt** *jemanden vorstellen:* Sie hat mich jetzt endlich mit ihren Eltern bekanntgemacht.; Darf ich Sie miteinander bekanntmachen? Frau Müller, dies ist mein Chef, Herr Schulze. Herr Schulze, dies ist meine Nachbarin, Frau Müller.

Be·kannt·ma·chung *die* <-, -en> *öffentliche Mitteilung:* eine amtliche Bekanntmachung lesen

Be·kannt·schaft *die* <-, -en> ❶ *Beginn eines Kontakts oder einer persönlichen Beziehung:* Ich freue mich, ihre Bekanntschaft zu machen. ❷ *ein Mensch, den jmd. kennengelernt hat:* Er brachte seine neue Bekanntschaft mit. ◆Damen-, Frauen-, Herren-, Männer-, Reise-, Urlaubs-

Be·kas·si·ne *die* <-, -n> *Schnepfenvogel mit langem Schnabel, der überwiegend in Mooren und Sümpfen lebt*

be·keh·ren <bekehrst, bekehrte, hat bekehrt> **I.** *mit OBJ* ■ *jmd.* **bekehrt jmdn. zu etwas** *Dat. bewirken, dass jmd. seinen bisherigen Glauben oder seine bisherigen Ansichten ablegt und einen neuen Glauben oder neue Ansichten annimmt:* Sie bekehrte ihn zu ihrer Weltanschauung. **II.** *mit SICH* ■ *jmd.* **bekehrt sich zu etwas** *Dat. sich zu einem anderen Glauben bekennen:* Er bekehrte sich zum Christentum. ► Bekehrung

be·ken·nen <bekennst, bekannte, hat bekannt> **I.** *mit OBJ* ■ *jmd.* **bekennt etwas (vor jmdm.)** *zugeben, dass man etwas getan hat:* Er bekannte seinen Fehler/seine Schuld (vor den Kollegen). **II.** *mit SICH* ■ *jmd.* **bekennt sich zu jmdm./etwas** *offen sagen, dass man für etwas ist oder auf der Seite von jmdm. steht:* Er bekannte sich zu seinen Taten.; Sie bekennt sich zum Christentum.; Der Schauspieler bekennt sich ganz offen zu seiner jungen Geliebten/seiner neuen Freundin.

Be·ken·ner·brief *der* <-(e)s, -e> *ein Brief, in dem sich eine kriminelle bzw. terroristische Vereinigung öffentlich zu einem Anschlag bekennt*

Be·kennt·nis *das* <-ses, -se> ❶ *(≈ Geständnis) der Vorgang, dass man öffentlich etwas zugibt:* ein Bekenntnis ablegen ◆Schuld-, Sünden- ❷ *öffentliches Eintreten für etwas:* ein Bekenntnis zur Demokratie ablegen ❸ *(≈ Konfession) Zugehörigkeit zu einer Religion:* das Bekenntnis des christlichen Glaubens ◆Glaubens-

be·kie·ken <bekiekst, bekiekte, hat bekiekt> *mit OBJ* ■ *jmd.* **bekiekt jmdn./etwas** NORDDT. *genau betrachten:* Lass das Kind mal bekieken!

be·kifft *adj (umg.) durch den Konsum von Haschisch berauscht:* einen bekifften Eindruck machen

be·kla·gen **I.** *mit OBJ* ■ *jmd.* **beklagt etwas** *Schmerz und Trauer über etwas ausdrücken:* Die Angehörigen beklagen seinen Tod.; Er beklagt sein Schicksal. **II.** *mit SICH* ■ *jmd.* **beklagt sich (bei jmdm.) über etwas** *Akk. Kritik an etwas oder Unzufriedenheit mit etwas äußern:* Ich habe mich nicht über das Essen beklagt.

be·kla·gens·wert *adj (≈ bedauerlich) so, dass Anlass besteht, darüber zu klagen:* Das Haus befindet sich in einem beklagenswerten Zustand.

be·kla·gens·wür·dig *adj (≈ beklagenswert)*

Be·klag·te *der/die* <-n, -n> RECHTSW. *derjenige, gegen den in einem Zivilprozess geklagt wird*

be·kle·ben <beklebst, beklebte, hat beklebt> *mit OBJ* ■ *jmd.* **beklebt etwas (mit etwas** *Dat.) etwas auf etwas kleben:* die Wände mit Postern bekleben

be·kle·ckern <bekleckerst, bekleckerte, hat bekleckert> *mit SICH* ■ *jmd.* **bekleckert sich (mit etwas** *Dat.) (umg.: ≈ beschmutzen) die eigene Kleidung mit etwas Flüssigem oder Breiigem beschmutzen:* Das Kind bekleckert sich mit Tomatensoße.

be·kleck·sen <bekleckst, bekleckste, hat be-

B

kleckst> *mit OBJ* ■ *jmd. bekleckst etwas (mit etwas Dat.) Kleckse auf etwas machen:* Sie hat ihre Hände und die Tischdecke mit Tinte bekleckst.

be·klei·den <bekleidest, bekleidete, hat bekleidet> *mit OBJ* ❶ ■ *jmd. bekleidet jmdn. mit etwas Dat. (≈ anziehen) mit Kleidung versehen:* mit Hemd und Hose bekleidet sein ❷ ■ *jmd. bekleidet etwas (geh.) (ein Amt, einen Posten) innehaben:* ein Amt bekleiden

Be·klei·dung *die* <-, -en> *(≈ Kleidung)* ◆ -sindustrie, Berufs-, Damen-, Herren-, Sport-

Be·klei·dungs·haus *das* <-es, Bekleidungshäuser> *Geschäft für Oberbekleidung*

be·klem·men <beklemmst, beklemmte, hat beklemmt> *mit OBJ* ■ *etwas beklemmt jmdn. (≈ bedrücken) bewirken, dass jmd. sich unwohl fühlt:* Die Stille beklemmte ihn. ► Beklemmung

be·klem·mend *adj (≈ beängstigend, bedrückend) so (still und angespannt), dass man sich dabei unwohl fühlt:* Das Schweigen war beklemmend.

be·klom·men *adj von Angst und Unruhe erfüllt:* ein beklommenes Schweigen ► Beklommenheit

be·kloppt *adj (umg. abwert.: ≈ blöd, verrückt) nicht ganz bei Verstand:* Um sich so zu verhalten, muss man schon ganz schön bekloppt sein. ► Bekloppte(r), Beklopptheit

be·ko·chen <bekochst, bekochte, hat bekocht> *mit OBJ* ■ *jmd. bekocht jmdn. (abwert.: ≈ verköstigen) für jmdn. kochen:* Er lässt sich immer noch von seiner Mutter bekochen.

be·kom·men <bekommst, bekam, hat/ist bekommen> **I.** *mit OBJ (haben)* ❶ ■ *jmd. bekommt (von jmdm.) etwas (≈ erhalten) Empfänger einer Nachricht/eines Geschenks/eines Geldbetrags sein:* einen Brief/ein Paket/eine Mail/ein Telegramm bekommen; Das Kind hat zum Geburtstag von seinen Eltern einen Baukasten bekommen.; Er bekommt sein Gehalt immer in der Monatsmitte. ❷ ■ *jmd. bekommt etwas (≈ kriegen) bei jmdm. stellt sich der genannte Zustand ein:* graue Haare bekommen; Hunger bekommen; Sie hat die Grippe bekommen. ❸ ■ *jmd. bekommt etwas etwas für sich erreichen:* Ich habe den Zug gerade noch bekommen.; Er hat die Stelle nicht bekommen. **II.** *ohne OBJ (sein)* ❶ ■ *etwas bekommt jmdm. (irgendwie) auf jmdn. die genannte Wirkung haben:* Der Schnaps auf leeren Magen sollte ihm schlecht bekommen.; Der Klimawechsel ist mir gut bekommen. ❷ ■ *etwas bekommt jmdm. für jmdn. bekömmlich sein:* Das Essen ist mir nicht bekommen.

be·kömm·lich *adj (≈ verträglich, zuträglich) so, dass man es gut verträgt:* Fettes Essen ist schwer bekömmlich. ► Bekömmlichkeit

be·kös·ti·gen <beköstigst, beköstigte, hat beköstigt> *mit OBJ* ■ *jmd. beköstigt jmdn. (geh.) jmdn. regelmäßig mit Essen versorgen:* sich selbst beköstigen

Be·kös·ti·gung *die* <-> */kein Plur./ (geh.)* ❶ *das Beköstigen* ❷ *(≈ Essen, Kost, Verpflegung)* neben dem Gehalt freie Beköstigung bekommen

be·kräf·ti·gen <bekräftigst, bekräftigte, hat bekräftigt> *mit OBJ* ■ *jmd. bekräftigt etwas (mit etwas Dat.) nachdrücklich bestätigen:* Er konnte seine Behauptung mit Beispielen bekräftigen. ► Bekräftigung

be·krän·zen <bekränzt, bekränzte, hat bekränzt> *mit OBJ* ■ *jmd. bekränzt jmdn./etwas mit etwas Dat. mit Kränzen oder Girlanden schmücken:* die Stirn mit Lorbeer bekränzen ► Bekränzung

be·kreu·zi·gen <bekreuzigst, bekreuzigte, hat bekreuzigt> *mit SICH* ■ *jmd. bekreuzigt sich* REL. *das Kreuzzeichen mit einer Bewegung der Hand über Stirn und Brust andeuten:* Sie bekreuzigte sich beim Eintreten in die Kirche. ► Bekreuzigung

be·krie·gen <bekriegst, bekriegte, hat bekriegt> *mit OBJ* ■ *jmd. bekriegt jmdn. (wegen etwas Gen.) Krieg gegen jmdn. führen:* ein Land bekriegen; sich gegenseitig bekriegen

be·krit·teln <bekrittelst, bekrittelte, hat bekrittelt> *mit OBJ* ■ *jmd. bekrittelt jmdn. (wegen etwas Gen.) (abwert.) kleinlich tadeln, kleinlich an jmdn. herumkritisieren* ► Bekrittelung/Bekrittlung

be·krit·zeln <bekritzelst, bekritzelte, hat bekritzelt> *mit OBJ* ■ *jmd. bekritzelt etwas (mit etwas Dat.) etwas mit Kritzeleien versehen:* die Wände bekritzeln

be·küm·mern <bekümmerst, bekümmerte, hat bekümmert> *mit OBJ* ■ *etwas bekümmert jmdn. (≈ bedrücken) bewirken, dass jmd. sich Sorgen macht und deprimiert ist:* Die Krankheit ihres Mannes bekümmert sie. ► Bekümmernis, bekümmert, Bekümmertheit, Bekümmerung

be·kun·den <bekundest, bekundete, hat bekundet> *mit OBJ* ■ *jmd. bekundet etwas (geh.) etwas zum Ausdruck bringen und deutlich zeigen:* Sie bekundeten reges Interesse an dem Vortrag. ► Bekundung

be·lä·cheln <belächelst, belächelte, hat belächelt> *mit OBJ* ■ *jmd. belächelt jmdn./etwas über jmdn. oder etwas spöttisch lächeln:* Ihre Naivität wurde von allen belächelt.

be·la·den <belädst, belud, hat beladen> *mit OBJ* ■ *jmd. belädt jmdn./etwas mit etwas Dat. eine Last auf jmdn. oder in etwas packen:* Er belädt das Auto mit dem Gepäck; Sie war mit ihren Einkäufen schwer beladen. ► Beladung

Be·lag *der* <-(e)s, Beläge> ❶ *(≈ Schutzschicht, Überzug) eine Schicht, die als Schutz auf die Oberfläche von etwas aufgebracht ist:* die Tischplatte aus Holz mit einem Belag schützen ◆ Boden-, Brems-, Straßen- ❷ *eine Schmutzschicht, die sich auf etwas gebildet hat:* den Belag mit Wasser und Seife entfernen ◆ Staub-, Zahn- ❸ *Wurst oder Käse, die man auf eine Scheibe Brot legt* ◆ Brot-

be·la·gern <belagerst, belagerte, hat belagert> *mit OBJ* ■ *jmd. belagert jmdn./etwas* ❶ MILIT. *(eine Stadt, Festung o. Ä.) zum Zweck der Eroberung einschließen und umzingelt halten:* Das feindliche Heer belagert die Burg. ► Belagerung ❷ *(umg.) sich wartend und neugierig um jmdn. oder etwas drängen:* einen Verkaufsstand belagern; Die Reporter belagern den Theaterausgang.

be·la·gert *adj der Zustand, dass etw. umzingelt,*

umstellt oder blockiert ist: Die Kinokasse wurde regelrecht belagert.

Be·la·ge·rungs·zu·stand *der* <-(e)s> */kein Plur./* RECHTSW. *staatlich verhängter Ausnahmezustand, in der die bürgerlichen Gesetze durch Kriegsgesetze abgelöst werden können:* über eine Stadt den Belagerungszustand verhängen

be·läm·mert *adj (umg.) betreten, niedergeschlagen:* Er sah ganz belämmert aus.

Be·lang *der* <-(e)s, -e> ❶ ■ **von Belang** *(≈ von Bedeutung und Wichtigkeit)* Dieser Einwand ist hier nicht von Belang! ❷ */nur Plur./ (≈ Angelegenheiten, Interessen)* die kulturellen Belange unserer Stadt; Ihre Belange interessieren mich nicht!

be·lan·gen <belangst, belangte, hat belangt> *mit OBJ* ■ *jmd.* **belangt jmdn. wegen etwas** AMTSSPR. *(≈ verantwortlich machen, verklagen) jmdn. gerichtlich zur Verantwortung ziehen:* Wegen des Diebstahls wurde er gerichtlich belangt. ▶ Belangung

be·lang·los *adj (≈ unwichtig) nebensächlich, unwichtig:* eine belanglose Bemerkung ▶ Belanglosigkeit

Be·la·rus·se *der,* **Be·la·rus·sin** <-n, -n> *Einwohner von Weißrussland* ▶ belarussisch

be·las·sen <belässt, beließ, hat belassen> *mit OBJ* ■ *jmd.* **belässt etwas irgendwie** *etwas in seinem gegenwärtigen Zustand lassen:* die Bilder vorläufig an dieser Wand belassen; Wir wollen es dabei bewenden lassen.; ■ **alles beim Alten belassen** *nichts verändern*

be·last·bar *adj* ❶ *so beschaffen, dass man etwas belasten[1] kann:* eine mit bis zu 30 Tonnen belastbare Autobahnbrücke ❷ *so, dass man jmdn. belasten[2] kann:* Für diesen Job muss man belastbar und flexibel sein. ▶ Belastbarkeit

be·las·ten <belastest, belastete, hat belastet> *mit OBJ* ❶ ■ *etwas* **belastet etwas** *etwas dem Gewicht von etwas aussetzen:* Der Fahrstuhl wurde zu stark belastet. ❷ *(≈ beanspruchen)* ■ *etwas* **belastet jmdn.** *jmdn. stark beanspruchen oder jmdm. eine Sorge aufladen:* Die Arbeit belastete ihn zunehmend.; Ich will dich nicht mit meinen Problemen belasten. ❸ ■ *etwas* **belastet etwas** *eine schädliche Wirkung haben:* Gifte belasten die Gewässer. ❹ ■ *etwas* **belastet jmdn.** RECHTSW. *als schuldig erscheinen lassen:* Der Zeuge belastete den Angeklagten. ❺ ■ *etwas* **belastet etwas** WIRTSCH. *mit einer finanziellen Last belegen:* Das Haus ist mit einer Hypothek belastet.; ein Konto belasten

be·läs·ti·gen <belästigst, belästigte, hat belästigt> *mit OBJ* ❶ ■ *jmd.* **belästigt jmdn. (mit etwas Dat.)** *jmdn. aufdringlich stören und damit unangenehm sein:* Die Kinder belästigen ihn mit dauerndem Klingeln. ❷ ■ *jmd.* **belästigt jmdn.** *jmdm. gegenüber zudringlich werden:* Sie wurde von einem Betrunkenen belästigt. ▶ Belästigung

Be·las·tung *die* <-, -en> ❶ */kein Plur./ das Belasten, das Belastetwerden:* die zulässige Belastung einer Brücke ❷ *die starke Beanspruchung von etwas oder jmdm.:* Der Motor konnte dieser Belastung nicht länger standhalten.; Sie war der starken seelischen Belastung nicht länger gewachsen.

◆-sprobe ❸ */kein Plur./ mit einer Wirkung, die schädlich ist:* die Belastung des Trinkwassers mit Schadstoffen ◆-sprobe, Schadstoff-, Umwelt- ❹ RECHTSW. */kein Plur./ die Beschuldigung des Angeklagten (durch einen Zeugen)* ❺ WIRTSCH. *die Belegung mit einer finanziellen Last:* die Belastung des Kontos; die Belastung des Hauses mit einer Hypothek; Die monatliche Belastung beträgt fünfhundert Euro.

Be·las·tungs-EKG *das* <-s, -s> MED. *Elektrokardiogramm, das vor und unmittelbar nach körperlicher Anstrengung aufgezeichnet wird*

Be·las·tungs·fä·hig·keit *die* <-> */kein Plur./ die Fähigkeit, Belastungen auszuhalten*

Be·las·tungs·gren·ze *die* <-, -n> *Grenze der Belastbarkeit*

Be·las·tungs·ma·te·ri·al *das* <-s> */kein Plur./* RECHTSW. *Material, das einen Angeklagten belastet[4]*

Be·las·tungs·zeu·ge *der,* **Be·las·tungs·zeu·gin** <-n, -n> RECHTSW. *Zeuge, der den Angeklagten belastet[4]:* den Belastungszeugen vor Gericht befragen

be·laubt *adj mit Blättern bedeckt:* dicht belaubte/dichtbelaubte Bäume ▶ Belaubung

be·lau·ern <belauerst, belauerte, hat belauert> *mit OBJ* ■ *jmd./ein Tier* **belauert jmdn./ein Tier** *lauernd (aus dem Hinterhalt) beobachten, was jmd. tut:* Der Hund belauert die Katze. ▶ Belauerung

be·lau·fen *mit SICH* ■ *etwas* **beläuft sich auf einen Betrag/Wert** *(≈ betragen) etwas macht einen bestimmten Betrag oder Wert aus:* Das Gesamtgewicht beläuft sich auf 700 Kilogramm.

be·lau·schen <belauschst, belauschte, hat belauscht> *mit OBJ* ■ *jmd.* **belauscht jmdn./etwas** *absichtlich heimlich mithören, was jmd. sagt:* Unser Gespräch wurde belauscht.

Bel·can·to *der* <-s> */kein Plur./ siehe* **Belkanto**

be·le·ben <belebst, belebte, hat belebt> I. *mit OBJ* ❶ ■ *jmd.* **belebt etwas (mit etwas Dat.)** *(≈ anregen) lebhafter machen, in Schwung bringen:* Konkurrenz belebt das Geschäft. ❷ ■ *etwas* **belebt etwas** *lebendig(er) gestalten:* Der Park wird durch einen künstlichen Wasserfall belebt. ❸ ■ *jmd.* **belebt etwas mit Leben erfüllen, zum Leben erwecken:** alte Bräuche beleben II. *mit SICH* ■ *etwas* **belebt sich** *lebhafter werden:* Der Umsatz belebt sich langsam.; Die Straßen beleben sich.

be·le·bend *adj (≈ anregend, erfrischend)* Espresso/Grüner Tee hat eine belebende Wirkung.

be·lebt *adj* ❶ *(≈ lebendig ↔ unbelebt) so, dass sich die biologischen Lebensprozesse darin abspielen:* belebte Materie ❷ *so, dass jmd. neue Kraft in sich spürt:* Er fühlte sich nach dem Kaffee gestärkt und belebt. ❸ *so, dass sich viele Menschen dort aufhalten:* Die Straßen sind um diese Uhrzeit sehr belebt. ▶ Belebtheit

Be·le·bung *die* <-> */kein Plur./ das Beleben, das Belebtwerden:* Der Stadtrat diskutierte über Möglichkeiten zur Belebung der Innenstadt. ◆ Neu-, Wieder-

Be·leg *der* <-(e)s, -e> ❶ WIRTSCH. *(≈ Bon, Kassen-*

B

zettel, Quittung) schriftlicher Nachweis, dass man eine Ware bezahlt hat: die für die Steuererklärung notwendigen Belege sortieren ◆ Buchungs-, Spenden-, Zahlungs- ❷ (≈ Quelle) schriftlicher Nachweis, Zeugnis: Der Beleg für dieses Zitat befindet sich in der Fußnote.; Für dieses historische Ereignis gibt es viele Belege in Dokumenten. ◆ -text, Quellen-, Text-

be·le·gen <belegst, belegte, hat belegt> mit OBJ ❶ ■ jmd. belegt etwas mit etwas Dat. etwas auf etwas legen: Sie belegt das Brot mit einer Scheibe Käse. ❷ ■ jmd. belegt etwas sich als Teilnehmer irgendwo einschreiben: Die Studentin belegt eine Vorlesung in Biologie. ❸ ■ jmd. belegt etwas etwas reservieren: Diese beiden Plätze sind schon belegt.; Das Hotel ist voll belegt/vollbelegt. ❹ ■ jmd. belegt etwas mit etwas Dat. nachweisen: Der Kauf lässt sich mit einer Quittung belegen.; die These mit einem Zitat belegen ❺ ■ jmd. belegt etwas SPORT einen bestimmten Platz in einer Rangordnung erreichen: Erwartungsgemäß belegten die Favoriten die ersten Plätze.; Sie belegte einen guten zweiten Platz.

Be·leg·ex·em·p·lar das <-(e)s, -e> Pflichtexemplar eines Buches oder Artikels, das Bibliotheken und anderen Stellen als Nachweis der Veröffentlichung zugeschickt wird: Die Bibliothek erhielt zwei Belegexemplare des Buches.

Be·leg·le·ser der <-s, -> EDV ein Gerät, das Belege automatisiert einliest und verbucht

Be·leg·schaft die <-, -en> die Gesamtheit der Mitarbeiter eines Betriebes ◆ -saktie, -smitglied, -sstärke, -sversammlung, -svertretung

Be·leg·sta·ti·on die <-, -en> Station in einem Krankenhaus, für die ein nicht fest angestellter Arzt zuständig ist

Be·leg·stel·le die <-, -en> Stelle in einem Buch, einem Zeitschriftenartikel o. Ä., aus der ein verwendetes Zitat stammt: die Belegstelle für diesen Ausdruck suchen

Be·leg·stück das <-s, -e> (≈ Belegexemplar)

be·legt adj ❶ mit einem Belag³ bedeckt: belegte Brote ❷ (≈ besetzt) so, dass es bereits jmd. in Anspruch genommen hat: Alle Plätze waren belegt. ❸ (≈ heiser) Der Sänger hatte eine belegte Stimme.

be·leh·ren <belehrst, belehrte, hat belehrt> mit OBJ ■ jmd. belehrt jmdn. über etwas Akk. AMTSSPR. jmdn. über etwas informieren, das ihn angeht und für ihn wichtig ist: Der Polizist wurde belehrt, wie er sich in dieser Situation zu verhalten hat.; Der Angeklagte wurde über seine Rechte und Pflichten belehrt.

Be·leh·rung die <-, -en> ❶ das Belehren: eine innerbetriebliche Belehrung durchführen ◆ Arbeitsschutz- ❷ (abwert.: ≈ Zurechtweisung) der Vorgang, dass jmd. jmdm. sagt, wie etwas richtig zu handhaben ist: Ich habe deine ständigen Belehrungen satt.

be·leibt adj (verhüll.: ≈ dick, korpulent ↔ hager, mager) ein beleibter Herr ▶ Beleibtheit

be·lei·di·gen <beleidigst, beleidigte, hat beleidigt> mit OBJ ■ jmd. beleidigt jmdn. (durch etwas Akk./mit etwas Dat.) (≈ krän-

ken, verletzen) jmds. Gefühle durch bestimmte Worte oder Handlungen verletzen: beleidigende Worte sprechen; einen beleidigenden Brief schreiben

Be·lei·di·gung die <-, -en> ❶ das Beleidigen: eine Anzeige wegen Beleidigung eines Polizeibeamten erhalten ◆ Beamten- ❷ eine beleidigende Äußerung oder Handlung: Ich höre mir deine Beleidigungen nicht länger an!

Be·lei·di·gungs·kla·ge die <-, -n> RECHTSW. eine Klage, die wegen einer Beleidigung² erhoben wurde

be·lei·hen <beleihst, belieh, hat beliehen> mit OBJ ■ jmd. beleiht etwas etwas als Pfand anbieten und dafür Geld erhalten: Um das Geld von der Bank zu erhalten, mussten sie ihr Grundstück beleihen. ▶ Beleihung

be·le·sen adj (≈ bewandert) so, dass man viele Bücher gelesen hat und daher über ein großes Wissen verfügt: Trotz seiner vielen Bücher war er nur wenig belesen. ▶ Belesenheit

be·leuch·ten mit OBJ ■ jmd. beleuchtet jmdn./etwas (mit etwas Dat.) (≈ anstrahlen) einen Lichtschein auf etwas werfen: die Bühne/den Eingang/den Platz/die Straße beleuchten

Be·leuch·tung die <-, -en> ❶ /kein Plur./ das Beleuchten: für eine ausreichende Beleuchtung des Arbeitsplatzes sorgen ❷ die Lampen, die irgendwo vorhanden sind: die Beleuchtung einschalten; Beleuchtungen in allen Bauformen und für verschiedene Zwecke ◆ -sanlage, -seffekt, -stechnik

Be·leuch·tungs·brü·cke die <-, -n> THEAT. (≈ Beleuchterbrücke) Laufsteg über der Bühne zum Anbringen von Scheinwerfern o. Ä.

be·leum·det, **be·leu·mun·det** adj AMTSSPR. so, dass man einen bestimmten Ruf hat: Sie ist bestens/gut beleumundet.

bel·fern <belferst, belferte, hat gebelfert> ohne OBJ (umg.) ❶ ■ ein Tier belfert (≈ kläffen) misstönend bellen: Der Hund belfert schon seit Stunden. ❷ ■ jmd. belfert (≈ schimpfen) Er belferte durch das ganze Treppenhaus.; unhöfliche Worte durchs Telefon belfern

Bel·gi·en das <-s> Staat in Westeuropa ▶ Belgier, Belgierin, belgisch

be·lich·ten <belichtest, belichtete, hat belichtet> mit OBJ ■ jmd. belichtet etwas FOTOGR. Licht auf einen Film, Fotopapier oder eine Platte einwirken lassen: den Film lange belichten, um besondere Effekte zu erzielen ◆ über-, unter- ▶ Belichtung

Be·lich·ter der <-s, -> FOTOGR. der Teil einer Kamera, der zur Belichtung dient

Be·lich·tung die <-, -en> FOTOGR. das Belichten eines Films oder eines Fotos ◆ -sautomatik, -sdauer, -smesser, -szeit

Be·lie·ben das <-s> /kein Plur./ (≈ Ermessen, Gutdünken) die persönliche Vorliebe, die jmd. in Bezug auf etwas hat; ■ nach Belieben nach eigenem Wunsch

be·lie·ben <beliebst, beliebte, hat beliebt> mit OBJ ❶ ■ jmdm. beliebt etwas (geh.) jmd. hat Lust, etwas zu tun: Ihr könnt tun, was euch beliebt. ❷ (iron.) etwas zu tun pflegen; geneigt sein, *etwas zu tun:* Sie beliebt lange zu schlafen.; Der Herr beliebt nun doch zu kommen.

be·lie·big *adj (↔ bestimmt) so, dass aus einer Gesamtheit etwas zufällig herausgegriffen wird:* Nennen Sie ein beliebiges Beispiel!; Man kann jeden beliebigen Mitarbeiter fragen. ◆Großschreibung →R 3.7 jeder Beliebige; alles Beliebige; etwas Beliebiges

Be·lie·big·keit *die* <-> */kein Plur./ beliebige Beschaffenheit:* die Beliebigkeit der ausgewählten Beispiele

be·liebt *adj* ❶ *so, dass jmd. oder etwas von vielen Menschen als sympathisch angesehen wird und allgemein geschätzt wird:* ein beliebter Ferienort; Lange Zeit war Italien der Deutschen beliebtestes Urlaubsland.; Dieser Lehrer ist bei seinen Schülern nicht gerade/sehr/überaus beliebt. ❷ *so, dass etwas häufig angewandt oder benutzt wird:* eine beliebte Ausrede; ein beliebtes Gesprächsthema

Be·liebt·heit *die* <-> */kein Plur./ (≈ Popularität) das Beliebtsein:* Die Sängerin erfreut sich großer Beliebtheit.

be·lie·fern <belieferst, belieferte, hat beliefert> *mit OBJ* ▪ *jmd. beliefert jmdn. (mit etwas Dat.) etwas an einen Abnehmer liefern:* Der Supermarkt wird jeden Mittwoch mit frischen Waren beliefert. ▶ Belieferung

Be·li·ze *das* [...'liːs] <-s> *Staat in Mittelamerika* ▶ Belizer, Belizerin, belizisch

Bel·kan·to, *a.* **Bel·can·to** *der* <-s> */kein Plur./* MUS. *italienische Gesangskunst, bei der der schöne Klang und die schöne Melodie besonders betont werden*

bel·len <bellt, bellte, hat gebellt> *ohne OBJ* ▪ *ein Tier bellt die für einen Hund typischen Laute von sich geben:* Der Hund bellte als der Briefträger kam.; Füchse bellten in der Nacht. ▶ Gebell

Bel·le·t·ris·tik *die* <-> */kein Plur./ (≈ Unterhaltungsliteratur ↔ Klassiker) die Art von im Buchhandel angebotener Literatur, die unterhaltsam und spannend ist, aber nicht immer hohe Qualität hat* ▶ belletristisch

be·loh·nen <belohnst, belohnte hat belohnt> *mit OBJ* ▪ *jmd. belohnt jmdn. mit etwas Dat. (für etwas Akk.) jmdm. zum Dank oder als Anerkennung etwas geben:* Für seine Hilfsbereitschaft wurde er reichlich belohnt.; Sie hat das Kind für seine Hilfe mit fünf Euro belohnt.

Be·loh·nung *die* <-, -en> ❶ */kein Plur./ das Belohnen* ❷ *etwas, das man jmdm. aus Dankbarkeit oder als Anerkennung gibt:* dem ehrlichen Finder eine Belohnung geben

be·lüf·ten <belüftest, belüftete, hat belüftet> *mit OBJ* ▪ *jmd. belüftet etwas dafür sorgen, dass an einen Ort frische Luft kommt:* ein schlecht belüftetes/schlechtbelüftetes Zimmer ▶ Belüftung

Be·lüf·tungs·an·la·ge *die* <-, -n> *technische Einrichtung, die der Belüftung dient*

Be·lüf·tungs·schacht *der* <-(e)s, Belüftungsschächte> *Schacht in einem Gebäude, durch den Luftaustausch erfolgt*

Be·lu·ga[1] *die* <-, -s> *russische Bezeichnung für den Weißwal*

Be·lu·ga[2] *der* <-s> *aus dem Rogen des Beluga bereitete Kaviar* ◆-kaviar

be·lü·gen <belügst, belog, hat belogen> *mit OBJ* ▪ *jmd. belügt jmdn. jmdm. eine Lüge sagen:* Sie haben sich gegenseitig belogen.; Damit belügst du dich doch selbst!

be·lus·ti·gen <belustigst, belustigte, hat belustigt> *mit OBJ* ▪ *etwas belustigt jmdn. (geh.: ≈ amüsieren, erheitern) etwas ruft bei jmdm. Heiterkeit hervor:* mit einem belustigtem Lächeln

Be·lus·ti·gung *die* <-, -en> ❶ *etwas, das der Unterhaltung und dem Zeitvertreib dient:* Auf dem Sommerfest gab es vielerlei Belustigungen. ❷ */kein Plur./ das Belustigtsein:* etwas mit Belustigung beobachten

be·mäch·ti·gen <bemächtigst, bemächtigte, hat bemächtigt> *mit SICH* ❶ ▪ *jmd. bemächtigt sich etwas Gen. (≈ sich aneignen, an sich nehmen) jmd. bringt etwas in seine Gewalt oder seinen Besitz:* Er hat sich des fremden Eigentums bemächtigt. ❷ *(geh.)* ▪ *etwas bemächtigt sich einer Person etwas überkommt, ergreift jmdn.:* Angst bemächtigte sich seiner. ▶ Bemächtigung

be·ma·len <bemalst, bemalte, hat bemalt> *mit OBJ* ▪ *jmd. bemalt etwas etwas mit Malerei versehen:* einen Teller/eine Wand bemalen ▶ Bemalung

be·män·geln <bemängelst, bemängelte, hat bemängelt> *mit OBJ* ▪ *jmd. bemängelt etwas (≈ beanstanden, monieren ↔ gutheißen, loben) als Mangel oder Fehler kritisieren:* die Qualität einer Ware bemängeln ▶ Bemängelung/Bemänglung

be·mannt *adj /nicht steig./ (↔ unbemannt) mit einer Mannschaft versehen:* die bemannte Raumfahrt ▶ Bemannung

be·män·teln <bemäntelst, bemäntelte, hat bemäntelt> *mit OBJ* ▪ *jmd. bemäntelt etwas jmd. verbirgt etwas vor anderen, indem er die Situation als schöner oder besser darstellt, als sie ist:* einen Fehler/ein Problem bemänteln ▶ Bemäntelung

be·merk·bar *adj /nicht steig./* ▪ **jemand macht sich bemerkbar** *jmd. macht auf sich aufmerksam* Sie machten sich mit lauten Rufen bemerkbar.

be·mer·ken <bemerkst, bemerkte, hat bemerkt> *mit OBJ* ▪ *jmd. bemerkt etwas* ❶ *(≈ erkennen, wahrnehmen) auf etwas aufmerksam werden:* Niemand bemerkte, dass er den Raum verließ. ❷ *(≈ äußern, sagen) Nebenbei bemerkt:* Wo ist eigentlich deine Mutter?; Haben sie dazu etwas zu bemerken?

be·mer·kens·wert *adj (≈ beachtlich, bedeutend) so gut, dass es Beachtung und Aufmerksamkeit verdient:* eine bemerkenswerte Leistung

Be·mer·kung *die* <-, -en> *(kurze) mündliche oder schriftliche Äußerung:* Er machte im Gespräch eine sehr treffende Bemerkung.; Der Lehrer schreibt seine Bemerkungen an den Rand des Aufsatzes. ◆Neben-, Rand-, Schluss-, Zwischen-

be·mes·sen <bemisst, bemaß, hat bemessen> *mit OBJ* ❶ *(≈ festlegen)* ▪ *jmd. bemisst etwas irgendwie etwas nach Schätzung oder nach einem bestimmten Maß abmessen oder zuteilen:* Er hat die Zeit zu knapp bemessen.; Die Portionen sind

B

B

in diesem Restaurant sehr reichlich bemessen. ❷ ■ *jmd. bemisst etwas nach etwas* Dat. *Der Anteil der Mieter an den Nebenkosten wird nach einer Pauschale bemessen.* ▸ Bemessung

be·mit·lei·den <bemitleidest, bemitleidete, hat bemitleidet> *mit OBJ* ■ *jmd. bemitleidet jmdn. (wegen etwas* Dat.*) Mitleid mit jmdm. empfinden:* die Trauernden bemitleiden; Bilde dir bloß nicht ein, dass ich dich dafür bemitleide! ▸ Bemitleidung

be·mit·lei·dens·wert *adj (≈ bedauernswert) in einem Zustand, der Mitleid erregt:* ein bemitleidenswerter Mensch

be·mo·geln <bemogelst, bemogelte, hat bemogelt> *mit OBJ* ■ *jmd. bemogelt jmdn. (umg.) nicht ganz ehrlich sein; in harmloser Weise betrügen:* Er hat mich beim Kartenspiel bemogelt.

be·moost *adj von Moos bedeckt:* ein bemooster Stein

be·mü·hen <bemühst, bemühte, hat bemüht> I. *mit OBJ* ■ *jmd. bemüht jmdn. wegen etwas* Dat. *(geh.) jmdm. Mühe machen, indem man ihn um eine kleine Hilfe bittet:* Ich bemühe Sie nur ungern, aber … II. *mit SICH* ❶ ■ *jmd. bemüht sich um jmdn.* sich um jmdn. kümmern: Er sah, dass die alte Frau eben auf der Straße gestürzt war, und bemühte sich gleich um sie. ❷ ■ *jmd. bemüht sich, etwas zu tun* sich Mühe geben: Sie bemühten sich vergeblich, den Zug zu erreichen.

Be·mü·hung *die* <-, -en> ❶ */kein Plur./ das Bemühen* ❷ *etwas, das man tut, um ein bestimmtes Ergebnis zu erzielen:* Trotz aller Bemühungen konnte sie ihr Ziel nicht erreichen.; Ich danke Ihnen für Ihre Bemühungen!

be·mut·tern <bemutterst, bemutterte, hat bemuttert> *mit OBJ* ■ *jmd. bemuttert jmdn. (wie eine Mutter) für jmdn. (oft in übertriebener Weise) sorgen:* Sie bemuttert ihren kleinen Bruder ▸ Bemutterung

be·nach·bart *adj (≈ angrenzend) in der Nachbarschaft; nahe gelegen:* im benachbarten Ort einkaufen

be·nach·rich·ti·gen <benachrichtigst, benachrichtigte, hat benachrichtigt> *mit OBJ* ■ *jmd. benachrichtigt jmdn. (≈ informieren, verständigen) in Kenntnis setzen:* Wir haben sofort den Arzt benachrichtigt.

Be·nach·rich·ti·gung *die* <-, -en> ❶ */kein Plur./ das Benachrichtigen:* Eine Benachrichtigung der Angehörigen ist sofort erfolgt. ❷ *Mitteilung, Nachricht:* Ich habe ihr eine Benachrichtigung geschickt. ◆ -sschreiben

be·nach·tei·li·gen <benachteiligst, benachteiligte, hat benachteiligt> *mit OBJ* ■ *jmd. benachteiligt jmdn. (bei etwas* Dat.*) (↔ bevorzugen) jmdn. in einen Nachteil bringen, indem ihm nicht das gleiche Recht zugesteht wie anderen:* Sie benachteiligte die ältere Tochter gegenüber der jüngeren.; Immer fühlt er sich benachteiligt. ▸ Benachteiligung

be·nach·tei·ligt *adj /nicht steig./ in einem Zustand, in dem man ungerecht behandelt wird:* Er fühlte sich von seinem Lehrer gegenüber seinen Mitschülern benachteiligt.

be·nannt *adj /nicht steig./ so, dass etwas mit einem bestimmten Namen versehen wurde:* Diese Pflanze ist nach ihrem Entdecker benannt.

Bench·mar·king *das* ['bɛntʃmaːkɪŋ] <-> */kein Plur./ die Orientierung des Wettbewerbs an internationalen Maßstäben*

Be·ne·dic·tus *das* <-> */kein Plur./* REL. *Lobgesang in der katholischen Messe*

Be·ne·fiz *das* <-es, -e> *eine Veranstaltung, die wohltätigen Zwecken dient* ◆ -konzert, -spiel, -veranstaltung

Be·neh·men *das* <-s> */kein Plur./ (≈ Auftreten, Betragen, Verhalten) die Gesamtheit der Umgangsformen eines Menschen:* Sein Benehmen war tadellos.; ein freches/gutes/höfliches/schlechtes/tadelloses Benehmen

be·neh·men <benimmst, benahm, hat benommen> *mit SICH* ■ *jmd. benimmt sich irgendwie (≈ sich betragen, sich verhalten) sich in einer bestimmten Weise verhalten:* sich gut/schlecht/tadellos benehmen

be·nei·den <beneidest, beneidete, hat beneidet> *mit OBJ* ■ *jmd. beneidet jmdn. (um etwas* Akk.*) auf jmdn. neidisch sein:* Er beneidet seinen Freund um dessen neues Auto.

be·nei·dens·wert *adj in einer so guten Lage, dass andere Menschen Neid empfinden könnten:* Ihre künstlerische Begabung ist beneidenswert.

Be·ne·lux·staa·ten <-> *Plur. Bezeichnung für Belgien, die Niederlande und Luxemburg*

be·nen·nen <benennst, benannte, hat benannt> *mit OBJ* ■ *jmd. benennt etwas (nach jmdm.) mit einem Namen versehen:* Man benannte den Platz nach dem berühmten Dichter/Politiker …

Be·nen·nung *die* <-, -en> ❶ */kein Plur./ das Benennen* ❷ *Name oder Bezeichnung für etwas:* Für diese Pflanze gibt es unterschiedliche Benennungen.

be·net·zen <benetzt, benetzte, hat benetzt> *mit OBJ* ■ *jmd./etwas benetzt etwas (dichter.) feucht machen:* Tau benetzt das Gras.; Sie benetzt ihre Stirn mit Eau de Cologne.

Ben·ga·len *das* <-s> *Provinz in Indien* ▸ Bengale, Bengalin, bengalisch

Ben·gel *der* <-s, -> ❶ *(umg.)* NORDDT. *(ungezogener) junger Bursche:* So ein frecher Bengel! ❷ LANDSCH. *(veralt.: ≈ Knüppel) (kurzes) Holzstück:* ■ *den Bengel zu hoch werfen* SCHWEIZ. *unberechtigte Ansprüche oder Forderungen stellen*

Be·nimm·re·gel *die* <-, -n> *(umg.) Regel für gutes Benehmen*

Be·nin *das* <-s> *Staat in Afrika* ▸ Beniner, Beninerin, beninisch

be·nom·men *adj wie betäubt:* Als er aus der Narkose erwachte, fühlte er sich noch sehr benommen.; Nach der Prüfung fühlte sie sich noch ganz benommen. ▸ Benommenheit

be·no·ten <benotest, benotete, hat benotet> *mit OBJ* ■ *jmd. benotet jmdn./etwas (≈ zensieren) eine Note geben:* die Klassenarbeit benoten

---

Die Leistungsbeurteilung mit Noten (Schulnoten) ist die **Benotung**. In deutschen Schulen

B

werden die Noten 1 bis 6 vergeben. Dabei ist die 1 („sehr gut") die beste, die 6 („ungenügend") die schlechteste **Note**. Dies ist in manchen Ländern genau umgekehrt: In Bulgarien z. B. und in den meisten Kantonen der Schweiz gilt die 6 als die beste Note. In anderen Ländern wiederum umfasst das Notensystem nur eine andere Anzahl von Stufen (in Österreich: von 1 bis 5); in verschiedenen Ländern ist auch der Skalenumfang wesentlich anders. Die amtlichen Erlasse (Stand: 2010) für Schulen in Deutschland sehen vor, dass im ersten Schulhalbjahr der ersten Klasse vorrangig eine schriftliche Leistungsbewertung (ohne Ziffernnote) erfolgt. Spätestens im zweiten Schulhalbjahr der ersten Klasse werden aber in den Fächern Deutsch und Mathematik Ziffernnoten vergeben, ab der zweiten Klasse sodann in allen Fächern. Es gibt Halbjahres- und Schuljahresnoten für die Fächer sowie für Sozial- und Lernverhalten. Bei der Notengebung sollen diagnostizierte Lernstörungen berücksichtigt werden. An gymnasialen Oberstufen und an anderen Schularten gibt es ein Punktesystem, das der besseren Vergleichbarkeit und Berechnung der Endnote in Ziffern dient. Insgesamt fallen Einzelregelungen zur Benotung in Deutschland in den Kompetenzbereich der einzelnen Bundesländer. Vor allem im außerschulischen Bereich werden auch Zwischennoten geben („1,3", „1,7" usw.).
Generell gilt für die Noten 1 bis 6 bzw. „sehr gut" bis „ungenügend": Die Note „sehr gut" wird erteilt, wenn die Leistung den Anforderungen in besonderem Maße entspricht; die Note „gut" wird erteilt, wenn die Leistungen den Anforderungen voll entspricht; die Note „befriedigend" wird erteilt, wenn sie den Anforderungen im Allgemeinen entspricht, die Note „ausreichend", wenn die Leistung zwar Mängel aufweist, sie aber im Ganzen den Anforderungen entspricht. Als „mangelhaft" gilt sodann eine Leistung, die den Anforderungen nicht entspricht, jedoch erkennen lässt, dass die notwendigen Grundkenntnisse vorhanden und die Mängel in absehbarer Zeit behoben werden können. Die selten vergebene Note „ungenügend" wird vergeben, wenn selbst die Grundkenntnisse so lückenhaft sind, dass die Mängel in absehbarer Zeit nicht behoben werden können.

be·nö·ti·gen <benötigst, benötigte, hat benötigt> *mit OBJ* ■ *jmd. benötigt etwas (≈ bedürfen, brauchen) zu einem bestimmten Zweck nötig haben:* Ich benötige deine Hilfe.; Er benötigt dringend eine Wohnung.
be·nutz·bar, *a.* **be·nütz·bar** *adj /nicht steig./ zum Benutzen geeignet:* Dieses Gerät ist nicht mehr benutzbar. ▶ Benutzbarkeit, Benützbarkeit
be·nut·zen <benutzt/benützt, benutzte/benützte, hat benutzt/benützt> *mit OBJ* ❶ ■ *jmd. benutzt etwas für/als etwas Akk. in bestimmter*

Weise für einen Zweck verwenden: Ich benutze den Raum zum Nähen und Bügeln.; Er benutzt das Buch als Nachschlagewerk. ❷ ■ *jmd. benutzt etwas (≈ gebrauchen)* benutztes Geschirr; ein benutztes Taschentuch; Dieses Handtuch ist schon benutzt, aber ich kann dir ein frisches geben. ❸ ■ *jmd. benutzt jmdn. (abwert.: ≈ ausnutzen) einen Menschen ohne Rücksicht so behandeln, dass er nur den eigenen Zwecken und zum eigenen Vorteil dient:* Der Kerl benutzt dich doch nur!
Be·nut·zer *der,* **Be·nut·ze·rin** <-s, -> *jmd., der etwas benutzt[1]:* die Benutzer der Bibliothek ◆ -kreis, Bibioteks-, Wörterbuch-
be·nut·zer·freund·lich *adj so gestaltet, dass es einfach und angenehm zu handhaben ist:* ein benutzerfreundliches Wörterbuch ▶ Benutzerfreundlichkeit
Be·nut·zer·hand·buch *das* <-(e)s, Benutzerhandbücher> EDV *mit einer Software mitgeliefertes Handbuch*
Be·nut·zer·iden·ti·fi·ka·ti·on *die* <-> */kein Plur./* EDV *Identifikation der Benutzer durch ein bestimmtes Sicherheitssystem:* Erst nach der Benutzeridentifikation bekommt man Zugang zu den Daten.
Be·nut·zer·na·me *der* <-ns, -n> EDV *Name, der als Zugangscode dient:* den Benutzernamen in den Computer eingeben
Be·nut·zer·ober·flä·che *die* <-, -n> EDV *die (grafische) Oberfläche einer Software*
Be·nut·zung *die* <-> */kein Plur./ (≈ Anwendung, Gebrauch, Verwendung) das Benutzen:* die Benutzung der Bibliothek ◆ -sgebühr, Wörterbuch-
Be·nut·zungs·ord·nung *die* <-, -en> *ein Text, in dem die Vorschriften zur Benutzung einer Einrichtung festgelegt sind:* die Benutzungsordnung einer Bibliothek
Ben·zin *das* <-s> */kein Plur./ ein Gemisch aus gesättigten Kohlenwasserstoffen, das als Treibstoff für Verbrennungsmotoren dient* ◆ -feuerzeug, -filter, -kanister, -motor, -preis, -pumpe, -steuer, -tank, -uhr, -verbrauch, Normal-, Super-
ben·zin·be·trie·ben *adj* TECHN. *so, dass Benzin als Antriebsmittel dient:* eine benzinbetriebene Pumpe
Ben·zin·gut·schein *der* <-(e)s, -e> *Gutschein, für den man im Ausland Benzin bekommt*
Ben·zin·hahn *der* <-s, Benzinhähne> KFZ *Vorrichtung an älteren Autotypen, die der Regulierung der Benzinzufuhr dient;* ■ **den Benzinhahn zudrehen** *(umg.) kein Erdöl mehr liefern* Die erdölexportierenden Länder drohen damit, den Benzinhahn zuzudrehen.
ben·zin·spa·rend *adj so, dass man möglichst wenig Benzin verbraucht:* eine benzinsparende Fahrweise
Ben·zin·stand *der* <-(e)s, Benzinstände> *Menge des Benzins im Tank:* den Benzinstand kontrollieren
Ben·zoe *die* ['bɛntsoe] <-> */kein Plur./ wie Vanille duftendes Harz, das als Heil- und Räuchermittel sowie zur Parfümherstellung verwendet wird*
Ben·zol *das* <-s, -e> CHEM. *einfachster aromati-*

B

scher Kohlenwasserstoff, der aus Erdöl, Steinkohlenteer und Gasen gewonnen wird

Beo der <-s, -s> ein Papageienvogel, der wie ein Rabe aussieht und sehr gut Sprachlaute nachahmen kann

be·ob·ach·ten <beobachtest, beobachtete, hat beobachtet> mit OBJ ■ **jmd. beobachtet jmdn./etwas ①** aufmerksam den Blick auf jmdn. oder etwas richten und deutlich wahrnehmen, was geschieht: Ich konnte genau beobachten, wie der Einbrecher die Tür aufbrach. **②** jmdn. oder etwas immer wieder prüfend betrachten: Der Arzt beobachtet den Verlauf der Krankheit.; Die Verkehrswacht beobachtet den Verkehr aus der Luft. **③** jmdn. (heimlich) überwachen: Die Polizei beobachtet einen Tatverdächtigen.; sich beobachtet fühlen **④** ■ **jmd. beobachtet eine Regel** (geh.) ein Gesetz, eine Vorschrift oder eine Regel beachten und einhalten: die Gesetze beobachten

Be·ob·ach·ter der, **Be·ob·ach·te·rin** <-s, -> jmd., der etwas oder jmdn. beobachtet: ein aufmerksamer/kritischer Beobachter ◆-status

Be·ob·ach·tung die <-, -en> **①** /kein Plur./ das Beobachten ◆-ssatellit, Fremd-, Selbst- **②** etwas, das jmd. beobachtet: die Beobachtungen notieren/der Polizei melden **③** Einhaltung von Vorschriften und Regeln: Es wird Wert auf die Beobachtung der Vorschriften gelegt.

Be·ob·ach·tungs·ga·be die <-> /kein Plur./ die Begabung, dass man gut und genau beobachten¹ kann

Be·ob·ach·tungs·sta·ti·on die <-, -en> eine Station die speziell für die Beobachtung von Vorgängen eingerichtet ist, die für die Wissenschaft und ihre Anwendung von Bedeutung sind: eine meteorologische Beobachtungsstation

be·or·dern <beorderst, beorderte, hat beordert> mit OBJ ■ **jmd.beordert jmdn. irgendwohin** sagen, dass jmd. an einen bestimmten Ort kommen soll: Er wurde zu seinem Vorgesetzten beordert.; das Taxi zum Bahnhof beordern

Be·plan·kung die <-, -en> TECHN. die Außenhülle an Booten und Flugzeugen ▷ beplanken

be·pu·dern <bepuderst, bepuderte, hat bepudert> mit OBJ ■ **jmd. bepudert etwas (mit etwas Dat.)** mit Puder bestreuen: den Kuchen mit Staubzucker bepudern; sich die Nase bepudern

be·quem adj **①** so, dass man sich beim Benutzen von etwas wohl fühlt: Ich mag bequeme Schuhe.; ein bequemer Sessel **②** (≈ mühelos) so, dass ein Problem ohne größere Anstrengung gelöst werden kann: Immer wählt er die bequemste Lösung. **③** (≈ faul, träge) so, dass ein Mensch sich nicht gerne anstrengt: Ob er dir helfen würde? Der ist doch viel zu bequem!; ■ **Bitte, machen Sie es sich bequem !** (Anrede an einen Gast) bitte, setzen Sie sich !

be·que·men <bequemst, bequemte, hat bequemt> mit SICH ■ **jmd. bequemt sich zu etwas Dat.** sich endlich widerwillig zu etwas entschließen: Er bequemte sich endlich dazu, seinen Platz der alten Dame anzubieten.; Sie hat sich nach einigem Zögern doch noch zu dieser lästigen Arbeit bequemt.

Be·quem·lich·keit die <-, -en> **①** (≈ Komfort) eine angenehme Einrichtung, die das Leben erleichtert: das Zimmer mit allen Bequemlichkeiten ausstatten **②** /kein Plur./ angenehme, behagliche Lebensweise: In den Ferien liebt er die Bequemlichkeit. **③** /kein Plur./ (≈ Faulheit, Nachlässigkeit, Trägheit) Aus Bequemlichkeit hat sie die Wohnung nicht aufgeräumt.

be·rap·pen <berappst, berappte, hat berappt> mit OBJ ■ **jmd. berappt etwas (für etwas Akk.)** (umg.: ≈ bezahlen) für etwas (widerwillig) zahlen: Für die Renovierung musste ich 3000 Euro berappen.

be·ra·ten <berätst, beriet, hat beraten> **I.** mit OBJ ■ **jmd. berät jmdn.** eine Beratung geben: Der Verkäufer hat die Kundin gut beraten.; lasse mich jetzt vom Rechtsanwalt beraten. **II.** mit SICH ■ **jmd. berät sich mit jmdm. (über etwas Akk.)** sich mit jmdm. ausführlich besprechen: Sie beriet sich mit ihrem Freund über den Kauf eines Autos.

be·ra·tend adj /nicht steig./ so, dass man nicht aktiv entscheidet, sondern nur seinen Rat zu etwas gibt: Prof. Meier besitzt nur eine beratende Funktion in diesem Gremium.

Be·ra·ter der, **Be·ra·te·rin** <-s, -> jmd., dessen Beruf es ist, andere fachkundig zu beraten und beim Lösen von Problemen zu unterstützen: Berater des Bundeskanzlers ◆-gremium, -vertrag, Berufs-, Finanz-, Ehe-, Industrie-, Rechts-, Steuer-, Unternehmens-

Be·ra·ter·stab der <-(e)s, Beraterstäbe> Gruppe von mehreren Beratern, die einer Person zur Verfügung stehen

be·rat·schla·gen <beratschlagst, beratschlagte, hat beratschlagt> ohne OBJ ■ **jmd. beratschlagt mit jmdm. über etwas** Akk. (≈ sich besprechen) gemeinsam überlegen und ausführlich besprechen: Das Paar beratschlagte, ob es nicht umziehen sollte.

Be·ra·tung die <-, -en> **①** der Vorgang, dass jmd. einer anderen Person fachkundig Informationen über etwas gibt und Unterstützung für das Lösen von Problemen anbietet ◆ Berufs-, Ehe-, Finanz-, Lebens-, Rechts-, Steuer-, Studien-, Unternehmens- **②** (≈ Besprechung) der Vorgang, dass eine Gruppe von Personen gemeinsam über ein Problem spricht und zu einer Lösung kommen will: Die Minister sitzen schon seit vier Stunden in einer Beratung hinter verschlossenen Türen.; Das Gericht zieht sich zur Beratung zurück. ◆-sausschuss, -sgremium

Be·ra·tungs·aus·schuss der <-es, Beratungsausschüsse> Ausschuss, der eine beratende Funktion hat oder über etwas berät: Der Beratungsausschuss tagt seit zwei Stunden.

Be·ra·tungs·ge·spräch das <-(e)s, -e> Gespräch, in dem Beratung¹ durchgeführt wird: Ich empfehle Ihnen ein psychologisches Beratungsgespräch.

Be·ra·tungs·stel·le die <-, -n> Institution, in der Experten Menschen mit Beratung¹ zu bestimmten Themen helfen ◆ Drogen-, Ehe-, Erziehungs-, Lohnsteuer-

Be·ra·tungs·un·ter·neh·men *das* <-s, -> *Unternehmen, das sich auf die (kostenpflichtige) Beratung zu bestimmten Themengebieten spezialisiert hat*

be·rau·ben <beraubst, beraubte, hat beraubt> *mit OBJ* ■ *jmd. beraubt jmdn. etwas Gen. jmdm. (gewaltsam) etwas stehlen:* Sie wurde ihres ganzen Geldes beraubt. ▶ Beraubung

be·rau·schen <berauschst, berauschte, hat berauscht> I. *mit OBJ* ■ *etwas berauscht jmdn.* ❶ *in einen Rauschzustand versetzen:* Der Sieg der Fußballmannschaft hat die Fans berauscht. ❷ *(übertr.) in Ekstase versetzen:* Sie waren von der Musik ganz berauscht. II. *mit SICH* ■ *jmd. berauscht sich an/mit etwas Dat.* ❶ *sich betrinken:* Sie berauschten sich am Wein. ❷ *(übertr.) von etwas zu schwärmen beginnen:* sich an einer neuen Idee berauschen

be·rau·schend *adj* ❶ *mit einer Wirkung, die jmdn. in einen Rauschzustand versetzen kann:* ein berauschender Duft; die berauschende Wirkung des Alkohols ▶ Berauschung ❷ *(umg.)* ■ **nicht berauschend** *(umg.) ziemlich schlecht* Deine Noten waren auch nicht gerade berauschend.

be·rauscht *adj /nicht steig./ im Zustand eines Rausches: von Alkohol/Drogen berauscht* ▶ Berauschtheit, Berauschung

Ber·ber *der,* **Ber·be·rin** <-s, -> ❶ *Angehöriger eines nordafrikanischen Volksstammes* ❷ */nur Maskulinum/ eine bestimmte Art von Orientteppich* ❸ */nur Maskulinum/ (umg.) Obdachloser*

Ber·be·rit·ze *die* <-, -n> BOT. *ein Zierstrauch mit Dornen und roten, säuerlich schmeckenden Früchten*

be·re·chen·bar *adj* ❶ *so, dass man es ausrechnen kann:* Die Kosten sind berechenbar. ❷ *(↔ unberechenbar) so, dass man in seiner Wesensart relativ stabil ist und andere nicht mit unerwartetem Verhalten überrascht* ▶ Berechenbarkeit

be·rech·nen <berechnest, berechnete, hat berechnet> *mit OBJ* ■ *jmd. berechnet etwas* ❶ *(≈ ausrechnen, errechnen) durch Rechnen feststellen:* die Wohnfläche eines Hauses berechnen ❷ *(≈ anrechnen) in Rechnung stellen:* für die Reparatur einen Betrag von 150 Euro berechnen ▶ Berechnung

be·rech·nend *adj (abwert.) so, dass man nur seinen eigenen Vorteil sucht:* Sie ist sehr berechnend.; ein berechnender Charakter

Be·rech·nung *die* <-, -en> ❶ *das Ausrechnen von etwas;* Ihre Berechnungen stimmten bis ins kleinste Detail. ◆ -stabelle, Kosten- ❷ */kein Plur./ (abwert.) die Haltung, dass man nur an seinen eigenen Vorteil denkt:* Diesen Vorschlag machte er aus purer Berechnung.

Be·rech·nungs·grund·la·ge *die* <-, -n> *Daten, auf deren Grundlage etwas berechnet wird*

be·rech·ti·gen <berechtigst, berechtigte, hat berechtigt> *mit OBJ* ■ *etwas berechtigt jmdn. zu etwas Dat. jmdm. das Recht geben, etwas zu tun:* Das Ticket berechtigt uns zum Eintritt ins Museum. ▶ Berechtigte

Be·rech·ti·gung *die* <-, -en> ❶ *(≈ Befugnis, Recht) etwas, das jmdm. das Recht zu etwas gibt:* die Berechtigung zur Bedienung einer Maschine erwerben ◆ Lehr-, Wahl- ❷ *(≈ Rechtmäßigkeit, Richtigkeit)* Die Berechtigung des Einspruchs wurde vom Gericht anerkannt.

Be·rech·ti·gungs·schein *der* <-(e)s, -e> *amtliches Papier, auf dem ein Recht, eine Vollmacht oder eine Befugnis bestätigt wird*

be·re·den <beredest, beredete, hat beredet> *mit OBJ* ■ *jmd. beredet etwas (mit jmdm.)* *(≈ beraten, erörtern) etwas mit jmdm. besprechen:* ein Problem zuerst einmal mit einem anderen bereden

be·red·sam *adj (≈ eloquent) so, dass man sich sprachlich gut ausdrücken kann*

Be·red·sam·keit *die* <-> */kein Plur./ (≈ Eloquenz) die Fähigkeit, sich sprachlich gut auszudrücken:* etwas mit großer Beredsamkeit darlegen

be·redt *adj (≈ beredsam)*

be·reg·nen <beregnet, beregnete, hat beregnet> *mit OBJ* ■ *jmd. beregnet etwas (mit etwas Dat.) etwas durch künstlichen Regen bewässern:* Im Sommer muss der Rasen regelmäßig beregnet werden. ▶ Beregnung

Be·reg·nungs·an·la·ge *die* <-, -n> *Anlage zum Besprühen von Feldern und Grünflächen*

Be·reich *der* <-(e)s, -e> ❶ *(≈ Bezirk) ein Gebiet, das sich durch ein Merkmal von anderen Gebieten abgrenzt:* Es gibt in der Stadt auch Bereiche, die man besser meidet. ◆ Küsten-, Stadt- ❷ *Sach- oder Fachgebiet:* im Bereich der Naturwissenschaften ◆ Fach-, Forschungs-, Sonderforschungs- ❸ *Kompetenzbereich:* In meinem Bereich entscheide allein ich. ◆ Arbeits-, Aufgaben-, Einfluss-, Kompetenz-, Wirkungs-

be·rei·chern <bereicherst, bereicherte, hat bereichert> I. *mit OBJ* ■ *etwas bereichert jmdn. reicher an Wissen und Erfahrung machen:* Die Zuhörer konnten ihr Wissen bereichern. II. *mit SICH* ■ *jmd. bereichert sich (an etwas Dat./durch etwas Akk.) reich werden dadurch, dass man sich finanzielle Vorteile auf Kosten anderer verschafft:* Er bereichert sich am Eigentum anderer.; Durch unredliche Geschäftsmethoden hat er sich bereichert.

Be·rei·che·rung *die* <-> */kein Plur./* ❶ *das Bereichern, das Sichbereichern* ❷ *(≈ Gewinn, Nutzen) eine Ergänzung oder Erweiterung von etwas, die man als Vorteil ansieht:* Der neue Mitarbeiter ist eine Bereicherung für unsere Firma.; Ihre musikalischen Beiträge bei dem Fest waren eine echte Bereicherung.

be·rei·fen <bereifst, bereifte, hat bereift> *mit OBJ* ■ *jmd. bereift etwas (mit etwas Dat.)* ❶ *etwas mit Reifen versehen:* ein Auto bereifen ▶ Bereifung ❷ */meist im Part. Perf./ etwas mit Reif überziehen:* Am Morgen waren die Bäume bereift.

Be·rei·fung *die* <-, -en> */Plur. selten/ die zu einem Fahrzeug gehörenden Reifen*

be·rei·ni·gen <bereinigst, bereinigte, hat bereinigt> *mit OBJ* ■ *jmd. bereinigt etwas (durch etwas Akk.) (≈ beilegen, klären, regeln) einen Konflikt diskutieren und beilegen:* Im Gespräch konnten alle Probleme bereinigt werden. ▶ Bereinigung

be·rei·sen <bereist, bereiste, hat bereist> *mit*

B

OBJ ▪ *jmd. bereist etwas* als Reisender unterwegs sein: Er hat die halbe Welt/ganz Europa bereist. ▷ Bereisung

be·reit *adj /nur präd./ /nicht steig./ vorbereitet, fertig:* Der Zug steht zur Abfahrt bereit.; Er ist zu allem bereit.

-be·reit *als Zweitglied zusammengesetzter Adjektive; drückt aus* ❶ *dass jemand (grundsätzlich) den Willen hat, das mit dem Erstglied Bezeichnete auszuführen oder zu befördern* ◆ diskussions-, friedens-, kompromiss-, konzessions-, verhandlungs-, verständigungs- ❷ *dass man darauf vorbereitet ist, das mit dem Erstglied Bezeichnete unmittelbar auszuführen* ◆ abfahr-, aufbruch-, kampf-, reise-, sprung-, start-

be·rei·ten <bereitest, bereitete, hat bereitet> *mit OBJ* ▪ *jmd. bereitet etwas* ❶ *(≈ zubereiten) eine Mahlzeit anrichten:* das Essen bereiten ❷ *(≈ zufügen, zuteilwerden lassen) verursachen:* Das Kind bereitet seinen Eltern viel Freude/Kummer.

be·reit·hal·ten <hältst bereit, hielt bereit, hat bereitgehalten> *mit OBJ* ▪ *jmd. hält etwas bereit zum Gebrauch bereit haben:* den Fahrschein zur Kontrolle bereithalten

be·reits **I.** *adv (≈ schon) verwendet, um auszudrücken, dass etwas früher eintritt als man erwarten würde:* Bereits am nächsten Tag reisten sie ab.; Bereits bei einer Anwendung pro Tag stellt sich eine deutliche Wirkung ein. **II.** *part (≈ allein, sogar) verwendet, um auszudrücken, dass etwas ausreichend ist, um eine bestimmte Wirkung zu erzielen:* Bereits beim Geruch von Fisch wird mir übel.

Be·reit·schaft *die* <-, -en> ❶ */kein Plur./ das Bereitsein, Bereitwilligkeit:* die Bereitschaft zu helfen ◆ Einsatz-, Hilfs- ❷ *eine einsatzbereite Einheit, besonders bei der Polizei:* Mehrere Bereitschaften waren im Einsatz. ◆ -sarzt, Einsatz-

Be·reit·schafts·dienst *der* <-(e)s, -e> *(≈ Notdienst) Hilfsdienst, der für den Notfall Tag und Nacht bereit steht, besonders im Krankenhaus, bei der Feuerwehr und Polizei*

Be·reit·schafts·po·li·zei *die* <-> */kein Plur./ kasernierte Sonderpolizei, die stets zum Einsatz bereit ist*

be·reit·ste·hen <steht bereit, stand bereit, hat bereitgestanden> *ohne OBJ* ▪ *jmd./etwas steht (für etwas* Akk.) bereit *vorbereitet sein und zur Verfügung stehen:* Es steht alles für den Empfang bereit.

be·reit·stel·len <stellst bereit, stellte bereit, hat bereitgestellt> *mit OBJ* ▪ *jmd. stellt etwas bereit zur Verfügung stellen:* Wann können Sie die Geldmittel bereitstellen? ▷ Bereitstellung

Be·rei·tung *die* <-> */kein Plur./ (veralt.) das Bereiten, die Herstellung, die Zubereitung:* die Bereitung einer Speise

be·reit·wil·lig *adj gern zu etwas bereit:* Die Einheimischen gaben den Touristen bereitwillig Auskunft. ▷ Bereitwilligkeit

be·reu·en <bereust, bereute, hat bereut> *mit OBJ* ▪ *jmd. bereut etwas (≈ bedauern) Reue über etwas empfinden:* eine Tat bitter bereuen

Berg *der* <-(e)s, -e> ❶ *(↔ Tal) eine große Erhe-*

bung in der Landschaft, die höher als ein Hügel ist: die Berge der Alpen; in den Bergen klettern/ Skitouren machen/wandern; hohe Berge besteigen ◆ -abhang, -besteigung, -bewohner, -dorf, -gipfel, -hotel, -hütte, -kuppe, -pfad, -rettungsdienst, -rücken, -schi-/-ski, -see, -spitze, -station, -tour, -volk, Tafel- ❷ *(umg.: ≈ Haufen) Anhäufung von Dingen:* Nach dem Urlaub hatte sich ein Berg von schmutziger Wäsche angesammelt. ◆ Akten-, Schulden- ❸ ▪ **über den Berg sein** *(umg.) eine schwierige Situation überwunden haben (oder nach einer Krankheit wieder gesund sein);* ▪ **über alle Berge sein** *(umg.) geflüchtet sein;* ▪ **die Haare stehen jemandem zu Berge** *(umg.) jmd. ist entsetzt;* ▪ **Berge versetzen können** *(umg.) etwas tun können, was fast unmöglich ist;* ▪ **mit etwas hinter dem Berg halten** *etwas mit Absicht noch nicht mitteilen* Sie haben mit ihren Heiratsplänen noch einige Zeit hinter dem Berg gehalten.

-berg *als Zweitglied zusammengesetzter Substantive; drückt aus, dass das mit dem Erstglied Bezeichnete eine unerwartete/unnötig große Menge umfasst* ◆ Betten-, Butter-, Studenten-

berg·ab *adv (↔ bergauf) vom Berg in Richtung Tal, den Berg hinunter:* Auf dem Rückweg ging es meistens bergab.

Ber·ga·mott·öl *das* <-s> */kein Plur./ ein pflanzliches Öl, das angenehm duftet und für Parfüms und Tees verwendet wird*

berg·an *adv (≈ bergauf ↔ bergab) vom Tal in Richtung Berggipfel*

Berg·ar·bei·ter *der*, **Berg·ar·bei·te·rin** <-s, -> *jmd., der in einem Bergwerk arbeitet* ◆ -siedlung, -streik

berg·auf *adv (↔ bergab) den Berg hinauf;* ▪ **es geht mit jemandem/etwas bergauf** *(umg.) gesundheitlich oder wirtschaftlich verbessert sich die Situation einer Person oder Sache*

Berg·bahn *die* <-, -en> *eine Seilbahn oder ein Eisenbahnzug, die auf einen Berg führen*

Berg·bau *der* <-s> */kein Plur./ der Abbau von Bodenschätzen in Bergwerken* ◆ -industrie, -region

Berg·bau·er *der*, **Berg·bäu·e·rin** <-n, -n> *Bauer auf einem im Hochgebirge gelegenen Hof*

berg·bau·lich *adj /nicht steig./ den Bergbau betreffend*

ber·gen <birgst, barg, hat geborgen> *mit OBJ* ❶ ▪ *jmd. birgt jmdn. (aus etwas* Dat.) */meist im Passiv/ Menschen aus einer Notsituation retten:* Der Verletzte konnte in letzter Minute aus dem Fahrzeug geborgen werden. ▷ Bergung ❷ ▪ *jmd. birgt etwas /meist im Passiv/ Material aus einer Unfallsituation in Sicherheit bringen:* Das Wrack des untergegangenen Schiffes konnte geborgen werden. ▷ Bergung ❸ ▪ *etwas birgt etwas (geh.) enthalten:* Der tropische Regenwald birgt noch unentdeckte Pflanzen.

Berg·füh·rer *der*, **Berg·füh·re·rin** <-s, -> *jmd., der beruflich Touristen durch das Hochgebirge führt*

Berg·geist *der* <-(e)s, -er> *Kobold, Zwerg oder Riese, der angeblich in einem Berg lebt*

Berg·kamm *der* <-s, Bergkämme> *schmaler Bergrücken*

Berg·ket·te *die* <-, -n> *eine Kette von Berggipfeln*
Berg·krank·heit *die* <-> */kein Plur./* MED. *(≈ Höhenkrankheit) Krankheit, die bei Bergbesteigungen oberhalb von ca. 3000 Meter auftritt und auf die Verringerung des Sauerstoffgehalts der Luft und die Verminderung des Luftdrucks zurückzuführen ist*
Berg·kris·tall *der* <-s, -e> *besonders klare reine Quarzart, die oft zu Schmuck verarbeitet wird*
Berg·land *das* <-(e)s> */kein Plur./ Landschaft, in der es viele Erhebungen (von nicht allzu großer Höhe) gibt*
Berg·mann *der* <-(e)s, Bergleute o selten pl: Bergmänner> (≈ Bergarbeiter, Grubenarbeiter) jmd., der im Bergwerk arbeitet* ◆ -ssprache ► bergmännisch
Berg·mas·siv *das* <-s, -e> *(≈ Gebirgsstock)*
Berg·not *die* <-> */kein Plur./ (lebensgefährliche) Notlage beim Bergsteigen:* in Bergnot geraten
Berg·pre·digt *die* <-> */kein Plur./* REL. *auf einem Berg gehaltene Predigt von Jesus Christus:* eine theologische Abhandlung über die Bergpredigt
Berg·rutsch *der* <-es, -e> *der Vorgang, dass Geröll sich von einem Berg ins Tal bewegt*
Berg·schuh *der* <-s, -e> *(≈ Wanderschuh) fester Schuh zum Bergsteigen oder zum Wandern in den Bergen:* Für die Tour sind feste Bergschuhe erforderlich.
berg·stei·gen <ist berggestiegen> *ohne OBJ /nur im Inf. und Part. Perf./ im Hochgebirge klettern:* Wir verbringen unseren Urlaub diesmal mit Bergsteigen in den Alpen. ► Bergsteiger, Bergsteigerin
Berg-und-Tal-Bahn *die* <-, -en> *(≈ Achterbahn) eine Bahn (auf Rummelplätzen), bei der Wagen auf einer abwechselnd steil hinauf- und hinunterführenden Strecke fahren*
Berg-und-Tal·fahrt *die* <-, -en> *Fahrt, bei der es abwechselnd steil hinauf und hinunter geht*
Ber·gung *die* <-, -en> */Plur. selten/ Rettung von Menschen und Sicherung von Material bei Unfällen oder Katastrophen:* Die Bergung aller Unfallopfer dauerte Stunden. ◆ -saktion, -sfahrzeug, -shubschrauber, -smannschaft, -sschiff, -strupp, -sversuch
Ber·gungs·ar·beit *die* <-, -en> */meist Plur./ Rettungs- und Aufräumarbeiten nach einer Katastrophe zur Bergung von Überlebenden und Toten:* Die Bergungsarbeiten sind noch nicht abgeschlossen.
Berg·wacht *die* <-, -en> *eine Organisation, die Menschen in Bergnot rettet:* Bei der Lawinenkatastrophe koordiniert die Bergwacht die Rettungsmaßnahmen.
Berg·wand *die* <-, Bergwände> *fast senkrecht aufsteigender Teil eines Berges*
Berg·wan·de·rung *die* <-, -en> *sportlich betriebene Wanderung im Gebirge* ► bergwandern
Berg·welt *die* <-> */kein Plur./ die Berge (in einer bestimmten Region):* die beeindruckende Bergwelt der Alpen
Berg·werk *das* <-(e)s, -e> *(≈ Grube) technische Anlage für den Bergbau und die dazu gehörenden Einrichtungen:* in das Bergwerk einfahren; ein stillgelegtes Bergwerk ◆ Kohle-

Be·richt *der* <-(e)s, -e> *mündliche oder schriftliche Darstellung eines Sachverhalts:* einen Bericht über den Vorfall anfordern; ein ausführlicher/detaillierter/genauer Bericht über die Geschehnisse ◆ -sheft, -sjahr, Augenzeugen-, Bild-, Erlebnis-, Fernseh-, Korrespondenten-, Polizei-, Reise-, Tatsachen-, Unfall-, Zeitungs-
be·rich·ten <berichtest, berichtete, hat berichtet> I. *mit OBJ* ■ *jmd. berichtet jmdm. etwas einen Sachverhalt, ein Geschehen sachlich und nüchtern darstellen:* Er hat ihnen den Hergang des Unfalls ausführlich/bis ins letzte Detail/genau berichtet.; Sie hat alles berichtet, was sie beobachtet hat. II. *ohne OBJ* ❶ ■ *jmd. berichtet von etwas* Dat. *eine Reportage über etwas ausstrahlen oder abdrucken:* Das Fernsehen berichtet live von dem Fußballspiel.; Alle Tageszeitungen berichteten von dem Skandal. ❷ ■ *jmd. berichtet an jmdn.* WIRTSCH. *ein Manager ist gegenüber einem ranghöheren Manager verantwortlich:* Der Marketingleiter berichtet direkt an die Geschäftsleitung.
Be·richt·er·stat·ter *der,* **Be·richt·er·stat·te·rin** <-s, -> *(≈ Korrespondent) jmd., der für eine Zeitung, das Fernsehen oder einen Rundfunksender über aktuelle Ereignisse berichtet:* Der Berichterstatter meldete sich live vom Ort des Geschehens. ◆ Kriegs-
Be·richt·er·stat·tung *die* <-> */kein Plur./ das Berichten von Ereignissen und das Weitergeben von Informationen:* eine unsachliche Berichterstattung durch die Medien
be·rich·ti·gen <berichtigst, berichtigte, hat berichtigt> *mit OBJ* ❶ ■ *jmd. berichtigt etwas (≈ korrigieren) etwas Fehlerhaftes beseitigen und durch das Richtige ersetzen:* Der Schüler berichtigt seinen Schulaufsatz.; Ich muss noch die Fehler im Manuskript berichtigen.; einen Irrtum berichtigen ❷ ■ *jmd. berichtigt jmdn. die Aussagen von jmdm. korrigieren:* Bitte berichtigen Sie mich, wenn ich etwas Falsches sage.
Be·rich·ti·gung *die* <-, -en> ❶ *(≈ Korrektur) das Berichtigen:* die Arbeit zur Berichtigung zurückgeben ❷ *das Berichtigte:* In der Berichtigung der Hausaufgabe sind immer noch Fehler enthalten.
Be·richts·zeit·raum *der* <-(e)s, Berichtszeiträume> *(≈ Berichtperiode) der Zeitraum, über den ein Bericht angefertigt wird*
be·rie·seln <berieselst, berieselte, hat berieselt> *mit OBJ* ❶ ■ *jmd. berieselt etwas (mit etwas* Dat.) *durch leichtes Besprühen mit Wasser ständig gleichmäßig feucht halten:* die Pflanzen im Gewächshaus berieseln ❷ ■ *jmd. berieselt jmdn. (mit etwas* Dat.) *(umg. abwert.) etwas auf jmdn. dauernd unbewusst einwirken lassen:* Im Supermarkt wird man ständig von Musik berieselt. ► Berieselung
be·rin·gen <beringst, beringte, hat beringt> *mit OBJ* ■ *jmd. beringt ein Tier am Bein eines Vogels einen Ring anbringen:* die Tauben beringen ► Beringung
be·ringt *adj* *mit einem Ring versehen:* eine beringte Hand
be·rit·ten *adj* *mit Pferden ausgerüstet:* die berittene Polizei

B

B

Ber·lin <-s> *Hauptstadt von Deutschland und deutsches Bundesland* ▸ Berliner, Berlinerin, berlinerisch

Ber·li·ner *der,* **Ber·li·ne·rin** <-s, -> ❶ *Einwohner Berlins* ❷ */nur Maskulinum / mit Marmelade gefülltes und mit Zucker bestreutes Schmalzgebäck*

ber·li·nern <berlinerst, berlinerte, hat berlinert> *ohne OBJ* ■ *jmd. berlinert (umg.) im Dialekt der Stadt Berlin sprechen*

ber·li·nisch *adj (≈ berlinerisch)*

Bern <-s> *Hauptstadt und Kanton der Schweiz*

Bern·har·di·ner *der* <-s, -> *eine großer, kräftiger Hund mit weißem Fell, das große gelbbraune Flecken aufweist:* Bei dem Unglück wurden Bernhardiner als Lawinensuchhunde eingesetzt. ◆-hund

Bern·stein *der* <-(e)s> *aus fossilem Baumharz entstandener gelblich-brauner Stein, der zu Schmuck verarbeitet wird* ◆-anhänger, -kette, -schmuck ▸ bernsteinfarben

Ber·ser·ker, Ber·ser·ker *der* <-s, -> *wilder Krieger in altnordischen Sagen;* ■ *toben wie ein Berserker (umg.) sehr wütend sein*

bers·ten <birst, barst, ist geborsten> *ohne OBJ* ■ *etwas birst* ❶ *(geh.) unter großem Druck plötzlich auseinanderbrechen:* Der Kessel barst mit einem lauten Knall. ❷ ■ *zum Bersten voll sein stark überfüllt sein*

be·rüch·tigt *adj für eine negative Eigenschaft bekannt:* Er ist ein berüchtigter Falschspieler.

be·rück·sich·ti·gen <berücksichtigst, berücksichtigte, hat berücksichtigt> *mit OBJ* ■ *jmd. berücksichtigt jmdn./etwas (bei etwas Dat.) bei seinen Planungen und Handlungen beachten, in seine Überlegungen mit einbeziehen:* die Wünsche der Freundin berücksichtigen ▸ Berücksichtigung

Be·rück·sich·ti·gung *die* <-> */kein Plur./ (≈ Beachtung) das Berücksichtigen:* unter Berücksichtigung der Vor- und Nachteile

Be·ruf *der* <-(e)s, -e> *(≈ Arbeit, Beschäftigung) eine Tätigkeit, die man dauerhaft ausübt, für die man eine bestimmte Ausbildung besitzt und mit der man seinen Lebensunterhalt verdient:* Sie ist Ärztin/Lehrerin von Beruf.; Erfolg im Beruf haben; es im Beruf zu etwas bringen ◆-sakademie, -sanfänger(in), -sarmee, -saufbauschule, -sausbildung, -saussichten, -sausübung, -sbeamte, -sbildungswerk, -sdichter(in), -seignung, -seinsteiger(in), -serfahrung, -sethos, -sfahrer(in), -sfeuerwehr, -sgeheimnis, -sgruppe, -sheer, -sklasse, -skollege, -skollegin, -slehre, -smatur, -smatura, -smusiker(in), -sorganisation, -spädagogik, -spolitiker(in), -spraktikum, -sreifeprüfung, -srevolutionär, -srichter(in), -srisiko, -sschüler(in), -sschullehrer(in), -sspieler(in), -sstand, -sstätige, -stätigkeit, -sunfähigkeit, -sverbot, -sverbrecher, -svorbereitung, -swechsel, -sweg, -swunsch, -sziel, Ausbildungs-, Lehr-

be·ru·fen <berufst, berief, hat berufen> I. *mit OBJ* ■ *jmd. beruft jmdn. zu etwas Dat.* AMTSSPR. *(≈ ernennen) in ein Amt einsetzen:* zur Richterin berufen werden II. *mit SICH* ■ *jmd. beruft sich auf etwas Akk. etwas zu seiner Rechtfertigung heranziehen:* Er berief sich auf das Grundgesetz/auf seine Rechte als Mitarbeiter. ▸ Berufung

be·ru·fen *adj /nicht steig./ zu etwas bestimmt:* Sie fühlte sich zur Sängerin berufen.; Er ist dazu berufen, anderen zu helfen.; ■ *aus berufenem Munde etwas hören hören, was ein Kenner zu etwas sagt*

be·ruf·lich *adj /nicht steig./ auf den Beruf bezogen:* beruflicher Aufstieg/Erfolg/Ehrgeiz; Beruflich konnte sie sich mit diesem Schritt verbessern.; Er ist beruflich sehr engagiert.

be·rufs·be·glei·tend *adj /nicht steig./ so, dass man es neben dem Beruf absolviert:* eine berufsbegleitende Weiterbildung

Be·rufs·be·ra·ter *der,* **Be·rufs·be·ra·te·rin** <-s, -> *jmd., dessen Beruf es ist, Jugendliche oder Arbeitssuchende über verschiedene Berufe zu informieren und bei der Berufswahl zu unterstützen* ▸ Berufsberatung

Be·rufs·be·ra·tung *die* <-> */kein Plur./ Beratung in allen Fragen der Berufswahl, der Ausbildung und des Berufswechsels (durch die Agentur für Arbeit):* sich bei der Berufsberatung über die Ausbildung informieren

Be·rufs·be·zeich·nung *die* <-, -en> *offizielle Bezeichnung für einen bestimmten Beruf*

Be·rufs·bild *das* <-(e)s, -er> *alles, was einen bestimmten Beruf hinsichtlich der Ausbildung, Tätigkeit und Aufstiegsmöglichkeiten ausmacht*

Be·rufs·bil·dungs·pro·jekt *das* <-(e)s, -e> *Projekt, das sich mit der beruflichen Ausbildung beschäftigt*

Be·rufs·bil·dungs·zen·t·rum *das* <-s, Berufsbildungszentren> *zentrale Einrichtung, die der beruflichen Ausbildung dient*

Be·rufs·bo·xer *der,* **Be·rufs·bo·xe·rin** <-s, -> *(≈ Profiboxer) Sportler, der den Boxsport als Beruf betreibt*

Be·rufs·eh·re *die* <-> */kein Plur./ sittliche Vorstellung vom Wert und den Pflichten eines Berufes:* Der Meister fühlte sich durch die Kritik an seiner Berufsehre gepackt.

Be·rufs·er·fah·rung *die* <-, -en> *praktische Erfahrung in einem Beruf:* noch keine Berufserfahrung haben; Bewerber mit Berufserfahrung bevorzugen ▸ berufserfahren

Be·rufs·fach·schu·le *die* <-, -n> *auf spezielle Berufe vorbereitende Vollzeitschule*

Be·rufs·ge·nos·sen·schaft *die* <-, -en> RECHTSW. *Körperschaft des öffentlichen Rechts, welche Träger der gesetzlichen Unfallversicherung innerhalb eines Gewerbezweiges ist*

Be·rufs·klei·dung *die* <-> */kein Plur./ für die Ausübung eines Berufes vorgeschriebene oder besonders geeignete Kleidung:* Zur Berufskleidung eines Kochs gehört die weiße Kochmütze.

Be·rufs·krank·heit *die* <-, -en> *Krankheit oder Schädigung, die durch die Ausübung bestimmter Berufe erworben wurde:* wegen einer anerkannten Berufskrankheit eine Rente erhalten

Be·rufs·le·ben *das* <-s> */kein Plur./ (≈ Arbeitsleben ↔ Ruhestand) der Lebensabschnitt, in dem man einen Beruf ausübt:* mitten im Berufsleben stehen

Be·rufs·ri·si·ko *das* <-s, Berufsrisiken> *Risiko,*

das die Ausübung bestimmter Berufe mit sich bringt

Be·rufs·schu·le *die* <-, -n> *Schule, die neben der praktischen Berufsausbildung im Betrieb ein- bis zweimal in der Woche besucht werden muss:* eine kaufmännische Berufsschule besuchen ▸ Berufsschullehrer, Berufsschullehrerin

Be·rufs·sol·dat *der,* **Be·rufs·sol·da·tin** <-en, -en> *(↔ Wehrpflichtiger, Zeitsoldat) jmd., der Soldat von Beruf ist*

Be·rufs·sport·ler *der,* **Be·rufs·sport·le·rin** <-s, -> *(≈ Profi ↔ Amateur) Sportler, der eine Sportart berufsmäßig betreibt*

be·rufs·tä·tig *adj /nicht steig./ (≈ erwerbstätig) so, dass man einen Beruf ausübt:* halbtags berufstätig sein ▸ Berufstätige, Berufstätigkeit

Be·rufs·ver·band *der* <-(e)s, Berufsverbände> *freie und unabhängige Vereinigung von Angehörigen von Berufsgruppen zur Wahrung und Vertretung gemeinsamer beruflicher und wirtschaftlicher Interessen*

Be·rufs·ver·kehr *der* <-s> */kein Plur./ (dichter) Straßenverkehr vor Beginn und nach Ende der Arbeitszeit vieler Arbeitnehmer:* die Entlastung des Berufsverkehrs durch die Benutzung öffentlicher Verkehrsmittel

Be·rufs·wahl *die* <-> */kein Plur./ Entscheidung für einen bestimmten Beruf:* Die Berufswahl fiel ihm nicht leicht.

Be·ru·fung *die* <-, -en> ❶ *(≈ Ruf) Angebot, ein Amt in einem wissenschaftlichen, politischen oder künstlerischen Bereich anzunehmen:* Sie erhielt eine Berufung auf den Lehrstuhl für Philosophie. ❷ REL. *eine innere Notwendigkeit, die jmd. spürt und die ihn zum Handeln zwingt* ❸ RECHTSW. *(≈ Revision) Einspruch gegen ein Urteil, so dass ein Gericht einer höheren Instanz neu verhandeln muss:* Der Angeklagte legte Berufung gegen das Urteil des Landgerichts ein. – Jetzt wird das Oberlandesgericht angerufen.; Das Urteil akzeptieren wir nicht; wir gehen in die Berufung. ◆-santrag, -serwiderungsfrist, -sfrist, -sgericht, -sinstanz, -srecht, -sstreitwert, -surteil, -sverfahren

be·ru·fungs·fäh·ig *adj /nicht steig./* RECHTSW. *so, dass man die Möglichkeit hat, vor Gericht Berufung einzulegen*

Be·ru·fungs·klä·ger *der,* **Be·ru·fungs·klä·ge·rin** <-s, -> RECHTSW. *Kläger im Berufungsverfahren*

Be·ru·fungs·kom·mis·si·on *die* <-, -en> *Kommission, die gebildet wird, um über die Berufung[1] eines Kollegen auf einen Lehrstuhl an der Universität zu beraten*

Be·ru·fungs·lis·te *die* <-, -n> *Liste, die die Namen der Bewerber für ein Amt enthält, unter denen die Berufungskommision einen auswählt*

Be·ru·fungs·rich·ter *der,* **Be·ru·fungs·rich·te·rin** <-s, -> RECHTSW. *Richter im Berufungsverfahren*

Be·ru·fungs·ur·teil *das* <-s, -e> RECHTSW. *Urteil nach einem Berufungsverfahren*

Be·ru·fungs·ver·hand·lung *die* <-, -en> ❶ *Verhandlung über eine Berufung[1]* ❷ RECHTSW. *Gerichtsverhandlung, in der über eine Berufung[3] verhandelt wird*

Be·ru·fungs·weg *der* <-(e)s> */kein Plur./ Weg der Berufung durch verschiedene gerichtliche Instanzen*

be·ru·hen <beruhst, beruhte, hat beruht> *ohne OBJ* ■ **etwas beruht auf etwas** *Dat. (≈ basieren) als Grundlage oder Ausgangspunkt haben:* Das Ergebnis beruht auf völlig falschen Zahlen.; ■ **etwas auf sich beruhen lassen** *eine (meist negative) Angelegenheit nicht weiter verfolgen*

be·ru·hi·gen <beruhigst, beruhigte, hat beruhigt> **I.** *mit OBJ* ■ **jmd./etwas beruhigt jmdn.** *(↔ aufregen) durch Worte bewirken, dass jmd. wieder ruhig wird:* Der Arzt beruhigt seinen Patienten.; Ihr Brief hat ihn wieder beruhigt. **II.** *mit SICH* ■ **etwas/jmd. beruhigt sich** ❶ *innerlich ruhiger werden, zur Ruhe kommen:* Sie konnte sich nur schwer beruhigen. ❷ *an Unruhe verlieren:* Der Verkehr hat sich beruhigt.; Das Meer hat sich nach dem Sturm wieder beruhigt. ▸ Beruhigung

Be·ru·hi·gung *die* <-> */kein Plur./ das Beruhigen:* Tabletten zur Beruhigung der Nerven; die Beruhigung des Wetters ◆-smittel, -sspritze, -stablette

be·rühmt *adj wegen besonderer Eigenschaften oder Leistungen sehr bekannt:* ein berühmter Opernsänger; ■ **berühmt-berüchtigt sein** *durch negative Merkmale oder Leistungen einen schlechten Ruf haben* Er ist berühmt-berüchtigt für seine Affären.

Be·rühmt·heit *die* <-, -en> ❶ */kein Plur./ weitreichender Ruhm:* Durch ihre exzentrische Auftritte erlangte die Modeschöpferin Berühmtheit. ❷ *berühmte Person:* Bei der Premiere sah man viele Berühmtheiten.

be·rüh·ren <berührst, berührte, hat berührt> *mit OBJ* ❶ ■ **jmd. berührt jmdn./etwas (mit etwas** *Dat.) (≈ anfassen) einen Kontakt (mit der Hand) herstellen:* den Sitznachbarn leicht an der Schulter berühren ❷ ■ **jmd. berührt etwas** *(≈ anschneiden) ein Thema im Gespräch erwähnen:* Dieses peinliche Thema möchte ich lieber nicht berühren. ❸ ■ **etwas berührt jmdn.** *(≈ ergreifen, nahegehen) in bestimmter Weise auf jmdn. wirken:* Ihr Tod hat alle berührt.

Be·rüh·rung *die* <-, -en> ❶ *das Berühren mit den Händen oder einem Körperteil:* Vermeiden Sie die Berührung der Ausstellungsstücke. ❷ *Kontakt oder Begegnung mit etwas:* Wir kamen mit vielen Menschen in Berührung. ◆-slinie, -spunkt

Be·rüh·rungs·angst *die* <-, Berührungsängste> */meist Plur./* PSYCH. *Angst vor Kontakt mit anderen Menschen oder mit einer Sache:* Das Kind hat Berührungsängste.

Be·rüh·rungs·bild·schirm *der* <-s, -e> *(≈ Touchscreen) Bildschirm, durch dessen Berührung man Funktionen aktivieren kann*

Be·ryll *der* <-(e)s, -e> *glasklarer, farbloser, oft gelblicher Edelstein*

be·sa·gen *mit OBJ* ■ **etwas besagt etwas** *(≈ bedeuten) Dieses Ergebnis besagt nicht viel.*

be·sagt *adj /nicht steig./* AMTSSPR. *so, dass von jmdm. oder etwas in einem bestimmten Zusammenhang bereits die Rede war:* Es war tatsächlich die besagte Person.

B

be·sạm·meln <besammelst, besammelte, hat besammelt> *mit SICH* ■ *jmd.* **besammelt sich** SCHWEIZ. *versammeln:* Die Truppen besammeln sich.

Be·sạmm·lung *die* <-, -en> SCHWEIZ. *(≈ Aufmarsch, Zusammenkommen)*

be·sänf·ti·gen <besänftigst, besänftigte, hat besänftigt> *mit OBJ* ■ *jmd./etwas* **besänftigt** *jmdn. (≈ beruhigen, beschwichtigen ↔ aufregen) durch Worte bewirken, dass jmds. innere Erregung nachlässt:* Ihre Stimme besänftigte seinen Zorn. ▸ Besänftigung

be·sänf·ti·gend *adj (≈ beruhigend, beschwichtigend) so, dass es bewirkt, dass jmds. innere Erregung nachlässt:* Ihr Zureden wirkte besänftigend auf das Kind.

Be·san·mast *der* <-(e)s, -e> SEEW. *hinterer Mast eines Segelschiffes*

Be·sạtz *der* <-es, Besätze> ❶ *Dekor, das auf ein Kleidungsstück aufgenäht ist:* Der Mantel hat einen Besatz aus Pelz. ◆ Pelz-, Spitzen- ❷ LANDW. *Viehbestand (im Verhältnis zur Weidefläche)* ❸ LANDW. *Fischbestand in einem Teich oder Bach* ❹ JAGDW. *Wildbestand in einem Revier*

Be·sạt·zung *die* <-, -en> ❶ *(≈ Crew) die Personen, die die Mannschaft eines größeren Fahrzeuges (bes. Schiffes, Flugzeugs oder Raumschiffes) bilden:* Die Besatzung des Flugzeugs begrüßt die Passagiere an Bord. ◆ Schiffs- ❷ */kein Plur./* MILIT. *Truppen, die ein fremdes Land besetzt halten:* Die Besatzung wurde verstärkt. ◆ -sarmee, -ssoldat, -struppen, -szone

Be·sạt·zungs·ge·biet *das* <-(e)s, -e> MILIT. *besetztes Gebiet, das von einer Besatzungsmacht kontrolliert wird*

Be·sạt·zungs·macht *die* <-, Besatzungsmächte> MILIT. *Staat, der eine Besatzung² in einem fremden Staatsgebiet ausübt*

Be·sạt·zungs·mit·glied *das* <-(e)s, -er> *Mitglied einer Besatzung¹:* die Besatzungsmitglieder eines Flugzeuges

be·sau·fen <besäufst, besoff, hat besoffen> *mit SICH* ■ *jmd.* **besäuft sich** *(umg. abwert.) viel Alkohol trinken, um betrunken zu werden* ▸ Besäufnis

be·schä·di·gen <beschädigst, beschädigte, hat beschädigt> *mit OBJ* ■ *jmd./etwas* **beschädigt** *etwas Schaden an etwas verursachen:* Das Sturm beschädigte das Haus.; Unbekannte haben die Telefonzelle beschädigt.

be·schä·digt *adj /nicht steig./ (≈ defekt, kaputt) so, dass es einen Schaden hat:* ein beschädigtes Auto

Be·schä·di·gung *die* <-, -en> ❶ */kein Plur./ das Beschädigen:* Die Beschädigung der Parkbank erfolgte mutwillig. ◆ Sach- ❷ *beschädigte Stelle:* Beschädigungen an der Hauswand beseitigen

be·schaf·fen¹ <beschaffst, beschaffte, hat beschafft> *mit OBJ* ■ *jmd.* **beschafft** *(jmdm.) etwas (≈ besorgen) jmd. bringt (trotz Schwierigkeiten) etwas herbei:* Ich kann das Geld nicht so schnell beschaffen.; Er versuchte, das nötige Arbeitsmaterial bei verschiedenen Lieferanten zu beschaffen.

be·schaf·fen² *adj /nicht steig./ (≈ geartet) mit bestimmten Eigenschaften versehen:* Er ist von Natur aus so beschaffen.; Das Klima hier ist so beschaffen, dass man mit plötzlichen Regenfällen rechnen muss.

Be·schaf·fen·heit *die* <-, -en> *Zustand, Qualität oder natürliche Eigenart einer Sache:* die Beschaffenheit eines Materials ◆ Boden-, Material-

Be·schaf·fung *die* <-> */kein Plur./ das Beschaffen:* die Beschaffung von Informationen

Be·schaf·fungs·kri·mi·na·li·tät *die* <-> */kein Plur./ kriminelle Handlungen, die von Drogenabhängigen begangen werden, um an Geld zur Beschaffung von Rauschgift zu kommen:* Ursache für die gestiegene Anzahl von Einbrüchen ist in erster Linie die Beschaffungskriminalität.

Be·schaf·fungs·plan *der* <-(e)s, Beschaffungspläne> MILIT. *Plan für die Bereitstellung von Bedarfsgütern für die Truppe*

Be·schaf·fungs·preis *der* <-es, -e> WIRTSCH. *Preis für anzuschaffende Waren, einschließlich der Nebenkosten (z. B. für Transport und Zoll)*

Be·schaf·fungs·wert *der* <-(e)s, -e> WIRTSCH. *das Geld, das erforderlich ist, um eine bestimmte Ware zu beschaffen*

be·schäf·ti·gen <beschäftigst, beschäftigte, hat beschäftigt> **I.** *mit OBJ* ❶ ■ *jmd.* **beschäftigt** *jmdn. gegen Bezahlung als Angestellte bei sich arbeiten lassen:* Die Firma beschäftigt 200 Angestellte. ❷ ■ *etwas* **beschäftigt** *jmdn. in Gedanken und Gefühlen bewegen:* Dieses Problem beschäftigt mich schon lange. **II.** *mit SICH* ■ *jmd.* **beschäftigt sich (mit etwas** *Dat.) (≈ befassen) etwas als Gegenstand seiner Aktivitäten oder als Bereich seiner Interessen haben:* Sie beschäftigt sich gern mit ihren Pflanzen.; Er beschäftigt sich mit Physik.; Wir nehmen ein Kartenspiel mit auf die Fahrt, damit die Kinder sich beschäftigen können.

be·schäf·tigt *adj /nicht steig./* ❶ *so, dass man viele Aufgaben und daher wenig Zeit hat:* Sie war beruflich derart beschäftigt, dass sie den Urlaub verschieben musste.; Wir sind gerade damit beschäftigt, die Möbel umzuräumen.; Er kann nicht ans Telefon kommen, er ist gerade beschäftigt. ❷ *bei einem Arbeitgeber angestellt:* Er ist seit einem Jahr bei der Firma beschäftigt.

Be·schäf·tig·te *der/die* <-n, -n> *(≈ Angestellte) jmd., der in einer Firma angestellt ist:* eine Firma mit dreihundert Beschäftigten

Be·schäf·ti·gung *die* <-, -en> ❶ *Tätigkeit, Zeitvertreib:* einer interessanten Beschäftigung nachgehen; Nach langjähriger Beschäftigung mit diesem Thema schreibt sie jetzt ein Buch darüber. ◆ Freizeit-, Haupt-, Lieblings- ❷ *(≈ Arbeitsverhältnis) Anstellung bei einem Arbeitgeber:* einer Beschäftigung nachgehen; Ich suche eine neue/dauernde/geregelte Beschäftigung.; Die Dauer der Beschäftigung ist befristet. ◆ Teilzeit-, Voll-, Vollzeit- ▸ beschäftigungslos

Be·schäf·ti·gungs·grad *der* <-(e)s, -e> WIRTSCH. *Verhältnis der Erwerbstätigen zur Gesamtbevölkerung oder zur Zahl der Erwerbslosen:* den Beschäftigungsgrad statistisch ermitteln

Be·schäf·ti·gungs·la·ge *die* <-> /kein Plur./ Lage auf dem Arbeitsmarkt

Be·schäf·ti·gungs·maß·nah·me *die* <-, -n> *eine Maßnahme, die der Schaffung von Arbeitsplätzen dient*

Be·schäf·ti·gungs·pro·gramm *das* <-(e)s, -e> *Programm zur Schaffung von Arbeitsplätzen*

be·schäf·ti·gungs·si·chernd *adj* /nicht steig./ *so, dass man Maßnahmen ergreift, um Arbeitsplätze zu sichern und zu erhalten*

Be·schäf·ti·gungs·the·ra·peut *der*, **Be·schäf·ti·gungs·the·ra·peu·tin** <-en, -en> PSYCH. (≈ *Ergotherapeut*) *jmd., der im Rahmen einer Heilbehandlung Beschäftigungstherapie durchführt*

Be·schäf·ti·gungs·the·ra·pie *die* <-, -n> ❶ PSYCH. (≈ *Ergotherapie*) *eine Heilmethode, mit der durch Anleitung zu handwerklicher und künstlerischer Tätigkeit versucht wird, bei seelischen Erkrankungen positive Wirkungen herbeizuführen* ❷ /kein Plur./ (abwert.) *eine (eigentlich unnötige) Arbeit oder Beschäftigung, die nur ausgeübt wird, um Langeweile zu überbrücken:* Was du da machst, ist die reine Beschäftigungstherapie.

Be·schäf·ti·gungs·ver·hält·nis *das* <-ses, -se> RECHTSW. (≈ *Arbeitsverhältnis*) *der Zustand, dass man bei einem Arbeitgeber angestellt ist:* in einem Beschäftigungsverhältnis stehen

Be·schä·ler *der* <-s, -> ZOOL. (≈ *Beschälhengst, Schälhengst*) Zuchthengst

be·schal·len <beschallst, beschallte, hat beschallt> *mit OBJ* ■ *jmd./etwas (mit etwas Dat.)* ❶ *in einem Raum oder einem Gebiet mit Hilfe von Lautsprechern Musik erklingen lassen:* den Platz mit Marschmusik beschallen ❷ MED. *mit Ultraschall untersuchen oder behandeln* ❸ TECHN. *die Struktur von Werkstoffen mit Schall- und Ultraschallwellen untersuchen*

be·schä·men <beschämst, beschämte, hat beschämt> *mit OBJ* ■ *jmd./etwas beschämt jmdn.* (durch sein Verhalten) Scham empfinden lassen: Er beschämte uns durch sein unmögliches Verhalten.; Deine Güte beschämt mich. ▶ Beschämung, beschämt

be·schä·mend <beschämender, am beschämendsten> *adj so, dass man sich für etwas schämen sollte:* Dein Betragen/Verhalten ist beschämend.; Ich finde es beschämend, wie unhöflich du dich benimmst.; Es ist beschämend, dass in dieser Gesellschaft die sozial Schwachen am meisten belastet werden.

be·schat·ten <beschattest, beschattete, hat beschattet> *mit OBJ* ❶ ■ *jmd. beschattet jmdn.* (≈ *bespitzeln, überwachen*) *heimlich beobachten:* Die Polizei ließ den Verdächtigen beschatten ❷ ■ *jmd. beschattet etwas* (geh.) *Schatten verschaffen, vor der Sonne schützen:* die Augen mit der Hand beschatten

Be·schat·tung *die* <-, -en> /Plur. selten/ (≈ *Bespitzelung, Überwachung*) das Beschatten, das Beschattetwerden

be·schau·en <beschaust, beschaute, hat beschaut> *mit OBJ* ■ *jmd. beschaut etwas* LANDSCH. *etwas prüfend anschauen:* Das muss ich mir näher beschauen.

Be·schau·er *der*, **Be·schau·e·rin** <-s, -> ❶ (≈ *Betrachter*) *jmd., der etwas beschaut:* Dem Beschauer zugewandt bilden die Figuren auf dem Bild einen Halbkreis. ❷ (≈ *Fleischbeschauer*) Fleischprüfer

be·schau·lich *adj* (≈ *behaglich, friedlich*) *in einer Art und Weise geruhsam, die ein Wohlgefühl vermittelt:* Das Ehepaar führt ein beschauliches Leben. ▶ Beschaulichkeit

Be·scheid *der* <-(e)s, -e> ❶ /ohne Plur./ *Auskunft, Antwort:* Sag mir bitte rechtzeitig Bescheid, wann dein Zug ankommt. ❷ *schriftliche Mitteilung über eine offizielle Entscheidung:* Ich warte noch auf den Bescheid der Behörde. ◆ Renten-, Steuer- ❸ ■ **jemandem Bescheid stoßen** (umg.) *jmdn. zurechtweisen;* ■ **Bescheid wissen (über etwas)** *informiert sein (über etwas)*

be·schei·den <bescheidest, beschied, hat beschieden> **I.** *mit OBJ* ❶ ■ *jmd. bescheidet etwas irgendwie* AMTSSPR. *einen Bescheid² geben:* Sein Antrag wurde abschlägig beschieden. ❷ ■ *etwas bescheidet jmdm. etwas* /meist im Passiv/ (geh., ≈ *vergönnen*) *zuteilwerden lassen:* Das Schicksal hat uns ein unerwartetes Glück beschieden; Der Mannschaft war kein Erfolg beschieden. **II.** *mit SICH* ■ *jmd. bescheidet sich mit etwas Dat.* (geh.) *sich begnügen:* Wegen ihres geringen Einkommens musste sie sich mit einer kleinen Wohnung bescheiden.

be·schei·den *adj* ❶ (≈ *genügsam, schlicht*) *in seinen Ansprüchen maßvoll:* Sie ist ein eher bescheidener Mensch.; ein bescheidener Wunsch ❷ (≈ *gering*) *Er besaß nur ein bescheidenes Einkommen.* ❸ (≈ *zurückhaltend*) *so, dass man sich nicht in den Vordergrund stellt:* Er trat stets bescheiden auf. ❹ (umg.) *sehr enttäuschend:* Wir hatten einen äußerst bescheidenen Urlaub.; Ihre Leistungen sind mehr als bescheiden.

Be·schei·den·heit *die* <-> /kein Plur./ ❶ *bescheidene Art, bescheidenes Wesen:* Ihre Bescheidenheit war schon sprichwörtlich.; Es wäre falsche Bescheidenheit, nicht auf seine Stärken aufmerksam zu machen. ❷ *Einfachheit, Genügsamkeit:* die Bescheidenheit und Schlichtheit der Einrichtung

be·schei·ni·gen <bescheinigst, bescheinigte, hat bescheinigt> *mit OBJ* ■ *jmd. bescheinigt jmdm. etwas* ❶ (≈ *quittieren*) *schriftlich bestätigen:* den Empfang des Geldes bescheinigen ❷ *anerkennen oder bestätigen, dass jmd. eine bestimmte Eigenschaft hat:* Der Meister bescheinigte dem Lehrling großen Fleiß.

Be·schei·ni·gung *die* <-, -en> ❶ /kein Plur./ *das Bescheinigen:* Die Bescheinigung erfolgt durch eine Quittung. ❷ (≈ *Beleg, Nachweis, Quittung*) *ein Dokument, mit dem etwas bescheinigt wird:* eine Bescheinigung über die Abgabe der Bücher ausstellen ◆ Empfangs-, Gehalts-

be·schei·ßen <bescheißt, beschiss, hat beschissen> *mit OBJ* ■ *jmd. bescheißt jmdn.* (um etwas Akk.) (umg.) *jmdn. betrügen:* Die haben uns glatt um fünf Euro beschissen!

be·schen·ken <beschenkst, beschenkte, hat beschenkt> *mit OBJ* ■ *jmd. beschenkt jmdn. mit*

B

B

etwas jmdm. ein Geschenk machen: Zur Hochzeit wurde das junge Paar reich beschenkt.

be·sche·ren <bescherst, bescherte, hat beschert> *mit OBJ* ❶ ■ *jmd. beschert jmdm. zu Weihnachten (am Heiligen Abend) beschenken:* Das Christkind beschert am Heiligen Abend alle Kinder. ❷ ■ *etwas beschert jmdm. etwas (≈ einbringen) zuteilwerden lassen:* Die neue Aufgabe bescherte ihm eine Menge Probleme.; Jeder Tag beschert uns neue Überraschungen.

Be·sche·rung *die* <-, -en> *das Verteilen der Weihnachtsgeschenke:* Am Heiligen Abend ist Bescherung.; In einigen Gegenden ist es Brauch, dass die Bescherung am ersten Weihnachtstag morgens stattfindet.; *(umg.)* ■ *eine schöne Bescherung!* ■ **Da liegt ja die ganze Bescherung!** *Da liegt ja alles kaputt am Boden!* Die Vase ist umgefallen und zerbrochen, das Wasser ausgelaufen. – Da liegt die ganze Bescherung!

be·scheu·ert *adj (umg. abwert.)* ❶ *(≈ beschränkt, dumm, verrückt) nicht recht bei Verstand:* Sie ist wohl bescheuert so etwas zu verlangen! ❷ *(≈ ärgerlich, unangenehm)* Da hast du mich in eine bescheuerte Situation gebracht.

be·schich·ten <beschichtest, beschichtete, hat beschichtet> *mit OBJ* ■ *jmd. beschichtet etwas (mit etwas Dat.) mit einer Schicht versehen:* mit Kunststoff beschichtete Oberflächen

Be·schich·tung *die* <-, -en> ❶ */kein Plur./ das Beschichten:* Die Beschichtung der Tafel war aufwändiger als gedacht. ❷ *aufgetragene Schicht:* eine wasserabweisende Beschichtung

be·schi·cken <beschickst, beschickte, hat beschickt> *mit OBJ* ■ *jmd. beschickt etwas (mit etwas Dat.)* TECHN. *Material zur Bearbeitung oder Verarbeitung einfüllen:* Die Arbeiter beschicken den Hochofen.

be·schi·ckert *adj (umg.: ≈ angeheitert, beschwipst) in einer leicht betrunkenen, fröhlichen Stimmung:* Bei der Party waren alle leicht beschickert.

Be·schi·ckung *die* <-, -en> ❶ */kein Plur./ das Beschicken* ❷ TECHN. *Material, mit dem ein Hochofen beschickt wird*

be·schie·ßen <beschießt, beschoss, hat beschossen> *mit OBJ* ❶ ■ *jmd. beschießt jmdn./ etwas (mit etwas Dat.) auf etwas mit Schusswaffen schießen:* Die feindlichen Truppen beschießen die Stadt mit ihrer Artillerie. ❷ ■ *jmd. beschießt etwas (mit etwas Dat.) (fachspr.) etwas mit sehr großer Geschwindigkeit auf etwas aufprallen lassen:* Bei dem Experiment werden Atomkerne mit verschiedenen Elementarteilchen beschossen. ▸ Beschießung

Be·schil·de·rung *die* <-> */kein Plur./ Ausstattung der Verkehrswege mit Verkehrs- oder Hinweisschildern:* Wir haben uns wegen der irreführenden Beschilderung verfahren.

be·schimp·fen <beschimpfst, beschimpfte, hat beschimpft> *mit OBJ* ■ *jmd. beschimpft jmdn. Schimpfworte gegen jmdn. richten:* Sie beschimpften sich gegenseitig.

Be·schimp·fung *die* <-, -en> ❶ */kein Plur./ das*

Beschimpfen ❷ *(≈ Schimpfwort) Äußerung, mit der man jmdn. beschimpft:* Das ist eine grobe Beschimpfung.; Ich habe seine lauten/wüsten Beschimpfungen auch gehört.

be·schir·men <beschirmst, beschirmte, hat beschirmt> *mit OBJ* ❶ ■ *jmd. beschirmt jmdn. (vor jmdm./etwas) (geh.: ≈ beschützen, verteidigen) jmdn. vor Gefahren beschützen* ❷ ■ *jmd. beschirmt etwas etwas in der Art eines Schirms über etwas halten:* die Augen mit der Hand beschirmen

be·schis·sen *adj (vulg.: ≈ miserabel, schlecht) sehr schlecht; sehr unangenehm:* Mir geht es zur Zeit beschissen.; Wir hatten im Urlaub beschissenes Wetter.

Be·schlag *der* <-(e)s, Beschläge> ❶ *ein Metallstück, das bewegliche Teile zusammenhält* ❷ *(≈ Hufeisen)* ■ **jemanden/etwas mit Beschlag belegen** *(umg.) etwas ganz für sich in Anspruch nehmen* Heute ist er von seiner Familie mit Beschlag belegt.

be·schla·gen <beschlägst, beschlug, hat/ist beschlagen> *I. mit OBJ (haben)* ❶ ■ *jmd. beschlägt etwas (mit etwas Dat.) etwas mit einem Beschlag¹ versehen* ❷ ■ *jmd. beschlägt ein Tier einem Pferd Hufeisen anlegen* ❸ ■ *etwas beschlägt etwas sich auf etwas als Kondenswasser niederschlagen:* Wasserdampf hat die Scheiben beschlagen. *II. ohne OBJ (sein)* ■ *etwas beschlägt (≈ anlaufen) Kondenswasser auf sich sammeln:* Die Brille ist beschlagen. *III. mit SICH* ■ *etwas beschlägt sich Kondenswasser auf sich sammeln:* Das Fenster hat sich beschlagen.

be·schla·gen *adj (umg.: ≈ bewandert) so, dass jmd. gute Kenntnisse in einer Sache hat:* Die Schülerin war in Physik ziemlich beschlagen. ▸ Beschlagenheit

Be·schlag·nah·me *die* <-> */kein Plur./* AMTSSPR. *der Vorgang, dass eine Behörde etwas zwangsweise sicherstellt*

be·schlag·nah·men <beschlagnahmst, beschlagnahmte, hat beschlagnahmt> *mit OBJ* ■ *jmd. beschlagnahmt etwas (von jmdm.)* AMTSSPR. *(≈ konfiszieren, sicherstellen) in amtlichem Auftrag wegnehmen:* Die Waffe wurde von der Polizei beschlagnahmt. ▸ Beschlagnahmung

be·schleu·ni·gen <beschleunigst, beschleunigte, hat beschleunigt> *I. mit OBJ* ■ *jmd. beschleunigt etwas schneller werden lassen:* Wie können wir das Verfahren beschleunigen?; die Fahrt beschleunigen *II. ohne OBJ* ■ *jmd./etwas beschleunigt schneller werden:* Das Auto beschleunigt sehr gut.; Auf der Zielgeraden beschleunigen die Läufer. *III. mit SICH* ■ *etwas beschleunigt sich (↔ verlangsamen) schneller werden:* Der Puls beschleunigt sich durch die Aufregung.

Be·schleu·ni·ger *der* <-s, -> ❶ PHYS. *(≈ Teilchenbeschleuniger) kernphysikalische Anlage, in der Elementarteilchen beschleunigt werden, um eine Kernumwandlung zu erzeugen* ❷ CHEM. *Katalysator, der chemische Reaktionen beschleunigen soll*

be·schleu·nigt *adj /nicht steig./ so, dass etwas schneller geworden ist:* eine beschleunigte Reaktion

Be·schleu·ni·gung *die* < , -*en*> ❶ */kein Plur./ das Schnellerwerden, das Schnellermachen:* die Beschleunigung des Wirtschaftswachstums ❷ PHYS. *Zunahme der Geschwindigkeit innerhalb einer bestimmten Zeiteinheit*
Be·schleu·ni·gungs·ver·mö·gen *das* <-s> */kein Plur./* TECHN. *Fähigkeit zur Beschleunigung²:* Das Auto hat ein gutes Beschleunigungsvermögen.

be·schlie·ßen <beschließt, beschloss, hat beschlossen> *mit OBJ* ■ *jmd. beschließt etwas* ❶ *(nach gründlicher Überlegung) sich für ein bestimmtes Handeln entscheiden:* Sie beschlossen, die Reise zu unterbrechen. ❷ POL. *über etwas beraten und abstimmen; sich mit Stimmenmehrheit für etwas entscheiden:* Das Gesetz wurde einstimmig beschlossen. ❸ (≈ *abschließen, beenden) auf eine bestimmte Weise zu Ende führen:* Er beschloss seine Rede mit einer Anekdote.
Be·schluss *der* <-es, Beschlüsse> (≈ *Entscheidung) etwas, das (am Ende einer Beratung) beschlossen worden ist:* Wir müssen heute noch einen Beschluss fassen.; Falls die Kommission zu keinem Beschluss kommt ... ◆ Gerichts-, Kommissions-, Mehrheits-, Regierungs-
be·schluss·fä·hig *adj /nicht steig./ so, dass die Voraussetzungen gegeben sind, dass ein Gremium einen Beschluss fassen kann:* Die Versammlung war nicht beschlussfähig, weil zu viele Mitglieder fehlten.
Be·schluss·fas·sung *die* <-, -en> */Plur. selten/ das Fassen eines Beschlusses*
be·schluss·un·fä·hig *adj /nicht steig./ (↔ beschlussfähig) nicht beschlussfähig*
be·schmie·ren <beschmierst, beschmierte, hat beschmiert> *mit OBJ* ■ *jmd. beschmiert etwas mit etwas Dat.* ❶ (≈ *bestreichen) etwas Breiiges gleichmäßig auf der Oberfläche von etwas verteilen:* ein Brötchen mit Butter beschmieren ❷ ■ *jmd. beschmiert jmdn./etwas mit etwas Dat. jmdn. oder etwas mit etwas beschmutzen:* den Tisch mit Speiseresten beschmieren ❸ *(abwert.) unsauber bemalen, verunstalten:* Das Kind hat die Wand mit Kritzeleien beschmiert.
be·schmut·zen <beschmutzt, beschmutzte, hat beschmutzt> *mit OBJ* ■ *jmd. beschmutzt jmdn./etwas* ❶ *schmutzig machen:* Sie hat sich beim Spielen das Kleid beschmutzt. ❷ *jmds. Ruf schädigen:* Er hat durch üble Nachrede den Ruf seines Bekannten beschmutzt.; Das Andenken eines Verstorbenen soll man nicht beschmutzen.
be·schnei·den <beschneidest, beschnitt, hat beschnitten> *mit OBJ* ■ *jmd. beschneidet etwas* ❶ *durch Schneiden kürzen oder in die gewünschte Form bringen:* den Apfelbaum beschneiden ❷ (≈ *einschränken) Du beschneidest meine Rechte!; jemanden in seinem Einkommen beschneiden ❸ ■ *jmd. beschneidet jmdn./etwas die Vorhaut des Penis (aus rituellen oder medizinischen Gründen) ganz oder teilweise entfernen:* ein beschnittener Penis; Der Knabe wurde im Alter von dreizehn Jahren beschnitten. ▶ Beschneidung
Be·schnitt *der* <-(e)s> */kein Plur./ Vorgang des Beschneidens¹:* Der Beschnitt der Obstbäume erfordert viel Erfahrung.

be·schnüf·feln <beschnüffelst, beschnüffelte, hat beschnüffelt> *mit OBJ* ❶ ■ *ein Tier beschnüffelt etwas/jmdn. an etwas schnüffeln:* Der Hund beschnüffelte den Fremden. ❷ *(umg.) vorsichtig prüfen:* die neue Umgebung beschnüffeln ❸ *(umg.: ≈ bespitzeln, observieren) ständig (heimlich) beobachten:* Er wurde vom Geheimdienst beschnüffelt.
be·schnup·pern <beschnupperst, beschnupperte, hat beschnuppert> *mit OBJ* ❶ ■ *ein Tier beschnuppert etwas/jmdn. prüfend an etwas riechen:* Die Katze beschnuppert den Futternapf. ❷ *(umg.) sich jmdm. mit einer gewissen Vorsicht nähern, weil es fremd oder irgendwo neu ist:* den neuen Mitarbeiter erst einmal beschnuppern
be·schö·ni·gen <beschönigst, beschönigte, hat beschönigt> *mit OBJ* ■ *jmd. beschönigt etwas besser darstellen als es in Wahrheit ist:* Sie versuchte ihre eigenen Fehler zu beschönigen. ▶ Beschönigung
be·schö·ni·gend *adj /nicht steig./ so, dass es besser dargestellt wird als es in Wirklichkeit ist*
be·schrän·ken <beschränkst, beschränkte, hat beschränkt> I. *mit OBJ* ■ *jmd. beschränkt etwas/jmdn.* (≈ *begrenzen, einschränken) etwas begrenzen, einer Sache oder jmdm. Schranken setzen:* Er hat sie jahrelang in ihren Rechten beschränkt.; Wir müssen unsere Aktivitäten aus gesundheitlichen Gründen leider etwas beschränken. II. *mit SICH* ■ *jmd. beschränkt sich auf etwas Akk. sich mit etwas begnügen:* Ich beschränke mich mit meinen Ausführungen auf das Wesentliche. ▶ Beschränkung
be·schrankt *adj /nicht steig./ (↔ unbeschrankt) mit Schranken versehen:* ein beschrankter Bahnübergang
be·schränkt *adj* ❶ (≈ *begrenzt) räumlich oder zeitlich eingeschränkt:* Das ist nur in beschränktem Ausmaß möglich.; Wir haben nur beschränkten Platz zum Aufbewahren von Kleidung. ❷ *(abwert.: ≈ einfältig, engstirnig) geistig unbeweglich; nicht sehr weitblickend:* Er ist in seinen Ansichten etwas beschränkt.
Be·schränkt·heit *die* <-> */kein Plur./* ❶ *Begrenztheit:* Die Beschränktheit der Mittel lässt größere Planungen nicht zu. ❷ *(abwert.: ≈ Dummheit, Engstirnigkeit, Kleinlichkeit) geistige Unbeweglichkeit:* Man sieht ihm seine Beschränktheit förmlich an.
be·schrei·ben <beschreibst, beschrieb, hat beschrieben> *mit OBJ* ■ *jmd. beschreibt etwas/jmdn.* ❶ (≈ *schildern) ausführlich mit Worten darstellen, wie jmd. oder etwas aussieht:* etwas anschaulich/ausführlich/detailliert/plastisch beschreiben ❷ *auf etwas schreiben:* Die Blätter dürfen nur einseitig beschrieben werden. ❸ ■ *etwas beschreibt etwas sich in einer bestimmten Bahn bewegen:* Der Fluss beschreibt hier mehrere große Biegungen.
Be·schrei·bung *die* <-, -en> ❶ *das Beschreiben¹, ², ³:* eine ausführliche Beschreibung des Weges ◆ Bild- ❷ *Zusammenstellung der Angaben über etwas* ◆ Personen-, Täter-
be·schrei·ten <beschreitest, beschritt, hat be-

B

B

schritten> *mit OBJ* ■ *jmd. beschreitet einen Weg (geh.) einen neuen Weg gehen:* völlig neue Wege im Umweltschutz beschreiten

Be·schrieb *der* <-(e)s, -e> SCHWEIZ. *Beschreibung*

be·schrif·ten <beschriftest, beschriftete, hat beschriftet> *mit OBJ* ■ *jmd. beschriftet etwas (mit etwas Dat.) mit einer Beschriftung versehen:* die Etiketten der Einmachgläser beschriften

Be·schrif·tung *die* <-, -en> ❶ /*kein Plur.*/ *das Beschriften* ❷ *Worte, die auf etwas geschrieben sind, um den Inhalt zu kennzeichnen oder eine Funktion anzugeben:* Bei diesen Bildern fehlen noch die Beschriftungen; Ich muss noch eine Beschriftung auf dem Etikett anbringen.

be·schul·di·gen <beschuldigst, beschuldigte, hat beschuldigt> *mit OBJ* ■ *jmd. beschuldigt jmdn. (einer Sache)* (≈ *vorwerfen) jmdm. Schuld an etwas geben:* Sie beschuldigten ihn zu Unrecht.; Er beschuldigte sie des Diebstahls.; Man hat ihn beschuldigt, den Kunden betrogen zu haben.

Be·schul·di·gung *die* <-, -en> (≈ *Vorwurf) Äußerung, mit der jmd. beschuldigt wird:* eine falsche Beschuldigung zurückweisen

Be·schuss *der* <-es> /*kein Plur.*/ ❶ MILIT. *gezieltes Feuer aus Schusswaffen:* die feindliche Stellung unter Beschuss nehmen ❷ ■ **jemanden/etwas unter Beschuss nehmen** *jmdn. oder etwas (in der Öffentlichkeit) scharf kritisieren* den Politiker durch gezielte Fragen unter Beschuss nehmen ❸ PHYS. *das Beschießen:* der Beschuss der Teilchen mit Neutronen; ■ *unter Beschuss geraten öffentlich heftig kritisiert werden* Die Regierung ist wegen ihrer Gesundheitspolitik unter Beschuss geraten.

be·schüt·zen <beschützt, beschützte, hat be­schützt> *mit OBJ* ■ *jmd. beschützt jmdn./ein Tier (vor etwas Dat.) dafür sorgen, dass eine Gefahr oder Bedrohung jmdm. nicht schaden kann:* Er beschützte seinen kleinen Bruder vor den anderen Jungen.; Sie hat die Katze vor dem Tierfänger beschützt. ▶ Beschützer

be·schwat·zen <beschwatzt, beschwatzte, hat beschwatzt> *mit OBJ* ■ *jmd. beschwatzt jmdn. (zu etwas Dat.) (umg.)* ❶ *jmdn. zu etwas überreden:* Schließlich habe ich mich doch noch beschwatzen lassen, bei dem Ausflug mitzukommen. ❷ (≈ *bereden) etwas mit jmdm. ausführlich besprechen:* Das lässt sich am besten bei einer Tasse Kaffee beschwatzen.

Be·schwer·de *die* <-, -n> ❶ (≈ *Klage) eine Klage, mit der man sich über jmdn. oder etwas beschwert:* Ich werde bei Ihrem Vorgesetzten Beschwerde einlegen. ◆-frist, -führer, -gegenstand, -recht, -schrift ❷ /*meist Plur.*/ *körperliche Leiden, Schmerzen, Mühe:* die Beschwerden einer Schwangerschaft; Das Treppensteigen macht ihm Beschwerden. ▶ beschwerdefrei

be·schwe·ren <beschwerst, beschwerte, hat be­schwert> **I.** *mit OBJ* ■ *jmd. beschwert etwas (mit etwas Dat.) etwas Schweres auf etwas legen:* die losen Blätter mit einem Stein beschweren **II.** *mit SICH* ❶ ■ *jmd. beschwert sich über etwas Akk.* (≈ *reklamieren) sagen, dass man mit etwas sehr unzufrieden ist:* Er beschwerte sich bei

der Geschäftsleitung über den schlechten Service. ❷ ■ *jmd. beschwert sich über jmdn. Klage über jmds. Verhalten erheben*

be·schwer·lich *adj* (≈ *anstrengend, mühevoll, strapaziös) so, dass es Beschwerden² bereitet und anstrengend ist:* Die Reise war lang und beschwerlich. ▶ Beschwerlichkeit

be·schwich·ti·gen <beschwichtigst, beschwich­tigte, hat beschwichtigt> *mit OBJ* ■ *jmd. beschwichtigt jmdn.* (≈ *beruhigen, besänftigen) so zu jmdm. sprechen, dass er sich beruhigt:* Sie versuchte seinen Zorn zu beschwichtigen.; Sie haben durch eine Spende ihr schlechtes Gewissen beschwichtigt. ▶ Beschwichtigung

be·schwin·deln <beschwindelst, beschwindelte, hat beschwindelt> *mit OBJ* ■ *jmd. beschwindelt jmdn. (mit etwas Dat.) (umg.) jmdn. in einer unbedeutenden Sache (auf harmlose Art) belügen:* Das Kind hat seine Mutter beschwindelt.

be·schwingt *adj* ❶ *gut gelaunt und schwungvoll:* Beschwingt und gut gelaunt fuhr sie nach der Party nach Hause. ❷ *so, dass etwas gute Laune macht:* ein beschwingte Melodie ▶ Beschwingtheit

be·schwipst *adj (umg.) leicht angetrunken:* Schon nach einem Glas Sekt war sie beschwipst. ▶ Beschwipste

be·schwö·ren <beschwörst, beschwor, hat be­schworen> *mit OBJ* ❶ ■ *jmd. beschwört etwas etwas durch einen Schwur bekräftigen:* Er ist bereit, seine Aussage vor Gericht zu beschwören. ❷ ■ *jmd. beschwört etwas Vergangenes in der Vorstellung zurückrufen:* Ich will jetzt nicht die Erinnerungen an die Jugend beschwören. ❸ ■ *jmd. beschwört jmdn. etwas zu tun anflehen:* Ich beschwöre dich, mir zu helfen! ❹ ■ *jmd. beschwört jmdn. Geister oder Götter anrufen:* Der Medizinmann beschwor die Götter. ▶ Beschwörung

be·see·len <beseelt, beseelte, hat beseelt> *mit OBJ* ■ *etwas beseelt jmdn. (geh.) mit einem positiven Gefühl erfüllen:* Die Hoffnung beseelte ihn.; Künstler und Gelehrte waren vom Geist des Humanismus beseelt.

be·seelt *adj (geh.) so, dass man innerlich von etwas erfüllt ist:* der beseelte Ton des berühmten Geigers; Ihr Gesang ist ausdrucksvoll und beseelt. ▶ Beseeltheit

be·se·hen <besiehst, besah, hat besehen> *mit OBJ* ■ *jmd. besieht sich etwas* (≈ *anschauen) genau betrachten:* sich einen Schaden genau besehen

be·sei·ti·gen <beseitigst, beseitigte, hat besei­tigt> *mit OBJ* ❶ ■ *jmd. beseitigt etwas (mit etwas Dat.)* (≈ *entfernen) Flecken/eine Verschmutzung beseitigen* ❷ *aus dem Weg räumen:* das Laub auf dem Gehweg beseitigen ❸ ■ *jmd. beseitigt jmdn. (verhüll.:* ≈ *ermorden, umbringen) töten:* Der Täter beseitigte alle Mitwisser. ▶ Beseitigung

Be·sen *der* <-s, -> ❶ *ein Werkzeug, das aus einer Art Bürste an einem langen Stiel besteht und das man benutzt, um den Boden von Schmutz zu reinigen:* mit dem Besen die Wege kehren ◆-stiel, Kehr- ❷ ■ **ich fresse einen Besen, wenn nicht ...** *(umg.) etwas ist so unwahrscheinlich,*

B

dass es mich sehr wundern würde, wenn nicht ...; ■ **Neue Besen kehren gut** wenn jmd. ein neues Amt innehat, ist er am Anfang besonders eifrig und fleißig

Be·sen·bin·der der, **Be·sen·bin·de·rin** <-s, -> jmd., der Besen herstellt

Be·sen·wirt der, **Be·sen·wir·tin** <-(e)s, -e> SÜDDT. Wirt einer Besenwirtschaft

Be·sen·wirt·schaft die <-, -en> SÜDDT. ein kleines (von Weinbauern betriebenes) Lokal, das nur wenige Wochen im Herbst geöffnet hat (und an einem Besen über der Tür erkennbar ist)

be·ses·sen adj so, dass jmd. innerlich von etwas völlig beherrscht oder heftig ergriffen ist: Sie war von dieser fixen Idee besessen.; Er ist von seiner Arbeit besessen.; Wie besessen arbeitete der Komponist an dem letzten Satz seiner Sinfonie. ◆ kunst-, macht- ▶ Besessenheit

be·set·zen <besetzt, besetzte, hat besetzt> mit OBJ ❶ ■ **jmd. besetzt etwas** (≈ belegen) irgendwo einen von mehreren Sitzplätzen reservieren: In der ersten Reihe sind alle Sitzplätze schon besetzt ❷ ■ **jmd. besetzt etwas mit jmdm.** (≈ vergeben) eine Arbeitsstelle an jmdn. vergeben: Die Posten wurden völlig willkürlich besetzt. ❸ ■ **jmd. besetzt etwas mit jmdm.** THEAT. einem Schauspieler eine Rolle geben: Das Stück wird völlig neu besetzt. ❹ ■ **jmd. besetzt etwas mit etwas** Dat. verzieren: Sie besetzte die Bluse mit einer Borte. ❺ ■ **jmd. besetzt etwas** MILIT. mit Waffengewalt in seinen Einfluss bringen: Truppen besetzten das feindliche Gebiet. ❻ ■ **jmd. besetzt etwas** widerrechtlich in Besitz nehmen: Demonstranten besetzten für einige Stunden die Gleise.; ein Haus besetzen

Be·set·zer der, **Be·set·ze·rin** <-s, -> jmd., der ein Gebäude oder Grundstück widerrechtlich besetzt hält ◆ Haus-

be·setzt adj ❶ (≈ belegt) so, dass jmd. darauf sitzt: Alle Plätze sind schon besetzt. ❷ reserviert: Ist dieser Platz frei? – Nein, er ist schon besetzt. ❸ TELEKOMM. so, dass über eine Telefonleitung gerade ein Gespräch übermittelt wird: Momentan sind alle Leitungen besetzt.

Be·setzt·zei·chen das <-s, -> TELEKOMM. Zeichen, das anzeigt, dass eine Telefonleitung besetzt[3] ist

Be·set·zung die <-, -en> ❶ /kein Plur./ das Besetzen[2, 4, 5] ❷ Gesamtheit der Künstler, die an einem Werk aufführen: die aktuelle Besetzung des Stückes bekanntgeben ◆ -sliste, Star-

be·sich·ti·gen <besichtigst, besichtigte, hat besichtigt> mit OBJ ■ **jmd. besichtigt etwas** einen Rundgang durch eine Anlage, ein Gebäude o. Ä. machen, um es kennenzulernen: eine Ausstellung besichtigen

Be·sich·ti·gung die <-, -en> das Besichtigen: die Besichtigung der Baustelle durch einen Sachverständigen ◆ -serlaubnis, -stermin, -szeit

be·sie·deln <besiedelst, besiedelte, hat besiedelt> mit OBJ ■ **jmd. besiedelt etwas** an einem Ort Häuser bauen und zu leben beginnen: Die Einwanderer besiedelten zuerst die Küstenregionen.; eine dicht besiedelte/dichtbesiedelte Gegend

Be·sied·lung, **Be·sie·de·lung** die <-> /kein Plur./ das Besiedeln, das Besiedeltsein

Be·sied·lungs·dich·te die <-> /kein Plur./ Anzahl der Bewohner je Flächeneinheit

be·sie·geln <besiegelst, besiegelte, hat besiegelt> mit OBJ ❶ ■ **jmd. besiegelt etwas (mit etwas** Dat.**)** bindend bestätigen: Sie besiegelten ihre Abmachung mit einem Handschlag. ❷ ■ **jmd. besiegelt etwas** bewirken, dass etwas entschieden ist: Durch diese Nachricht war ihr Schicksal endgültig besiegelt. ▶ Besiegelung

be·sie·gen <besiegst, besiegte, hat besiegt> mit OBJ ❶ ■ **jmd. besiegt jmdn. (in etwas** Dat.**)** den Sieg in Sport oder Kampf über jmdn. oder etwas erringen: die gegnerische Mannschaft im Fußball besiegen ❷ ■ **jmd. besiegt etwas** (übertr.: ≈ überwinden) Er hat den Krebs besiegt.; Angst/Zweifel besiegen

Be·sieg·te der/die <-n, -n> jmd., der besiegt wurde

be·sin·nen <besinnst, besann, hat besonnen> mit SICH (geh.) ❶ ■ **jmd. besinnt sich auf etwas** Akk. sich erinnern an: Jetzt besinne ich mich wieder darauf! ❷ ■ **jmd. besinnt sich** nachdenken: Er besann sich einen Augenblick, dann ... ❸ ■ **jmd. besinnt sich einer Sache** sich einer Sache bewusst werden: Sie besann sich dann doch noch ihrer Aufgabe/Verpflichtung.; ■ **sich eines Besseren besinnen** seinen Entschluss zum Besseren verändern

be·sinn·lich adj so ruhig und entspannend, dass es psychisch wohltuend ist: einige besinnliche Stunden verbringen; die besinnliche Adventszeit ▶ Besinnlichkeit

Be·sin·nung die <-> /kein Plur./ ❶ das Besinnen[1, 2] (≈ Bewusstsein) der Zustand, in dem man geistig klar und fähig zur bewussten Wahrnehmung ist: Bei dem Unfall verlor sie die Besinnung. ❸ (≈ Vernunft) normaler Zustand der Selbstbeherrschung: Er war erst sehr erregt, konnte dann aber wieder zu Besinnung gebracht werden. ❹ ruhiges Überlegen, Nachdenken: In den Ferien hatte sie endlich Zeit für Muße und Besinnung ▶ besinnlich

be·sin·nungs·los adj /nicht steig./ ❶ bewusstlos; ohnmächtig: Vor Schreck sank sie besinnungslos zu Boden. ▶ Besinnungslosigkeit ❷ aufs höchste erregt, außer sich: besinnungslos vor Wut sein

Be·sitz der <-es> /kein Plur./ (≈ Eigentum, Vermögen) alles, was jmd. besitzt: Das Gemälde befindet sich im Besitz eines privaten Sammlers. ◆ Familien-, Grund-, Kunst-, Privat-

be·sitz·an·zei·gend adj /nicht steig./ ■ **besitzanzeigendes Fürwort** Possessivpronomen

be·sit·zen <besitzt, besaß, hat besessen> mit OBJ ■ **jmd. besitzt etwas** ❶ über einen Gegenstand als sein Eigentum verfügen: Er besitzt eine wertvolle Gemäldesammlung. ❷ eine Eigenschaft haben: Sie besitzt viel Ausdauer/Temperament/nur wenig Geduld.

Be·sit·zer der, **Be·sit·ze·rin** <-s, -> jmd., der etwas besitzt[1] ◆ Auto-, Fabrik-, Haus-, Hotel-, Mit-

be·sitz·er·grei·fend adj mit der Eigenschaft, dass man andere Menschen zu sehr für sich bean-

B

sprucht: Er ist in Ehe und Beruf sehr besitzergreifend.

Be·sit·zer·stolz *der* <-es> */kein Plur./ der Stolz über einen bestimmten Besitz:* das neue Auto voller Besitzerstolz zeigen

Be·sit·zer·wech·sel *der* <-s, -> *Übergang von etwas aus jmds. Besitz an einen anderen Besitzer:* Das Lokal hat zahllose Besitzerwechsel hinter sich.

Be·sitz·gier *die* <-> */kein Plur./ (abwert.) Gier nach Besitz[1]:* Seine Besitzgier trieb ihn in die Kriminalität.

be·sitz·los *adj /nicht steig./ (≈ mittellos) so, dass jmd. ohne Besitz[1] ist:* Er ist völlig besitzlos. ► Besitzlosigkeit

Be·sitz·nah·me *die* <-> */kein Plur./ (≈ das Inbesitznehmen, die Besitzergreifung)*

Be·sitz·tum *das* <-(e)s, Besitztümer> ❶ *Gesamtheit des Besitzes:* Er war bestrebt, sein Besitztum zu vermehren. ❷ */meist Plur./ großer Besitz an Gebäuden und Ländereien:* Die Kirche verfügt über große Besitztümer.

Be·sit·zung *die* <-, -en> *(geh.) größeres Grundstück:* Besitzungen auf dem Lande haben

Be·sitz·ver·hält·nis·se <-> *Plur. die Art und Weise, in der der Besitz verteilt ist:* Die Besitzverhältnisse sind ungeklärt.

be·sof·fen *adj (umg. abwert.: ≈ blau) völlig betrunken:* Die Randalierer waren völlig besoffen. ► Besoffenheit

be·soh·len <besohlst, besohlte, hat besohlt> *mit OBJ ■ jmd. besohlt etwas Schuhe mit Sohlen versehen:* Schuhe vom Schuster neu besohlen lassen ► Besohlung

be·sol·den <besoldest, besoldete, hat besoldet> *mit OBJ ■ jmd. besoldet jmdn. (≈ entlohnen) Arbeitnehmern im öffentlichen Dienst, Beamten oder Soldaten ein bestimmtes Gehalt geben:* Beamte werden vom Staat besoldet.

Be·sol·dung *die* <-, -en> ❶ */kein Plur./ das Besolden* ❷ *Diensteinkommen, Dienstbezüge:* Die Besoldung wird dem Dienstalter angepasst. ◆ -sgruppe

be·son·de·re(r, s) *adj /nicht steig./* ❶ *ungewöhnlich, speziell:* Sie gaben sich besondere Mühe.; eine besondere Freude; ein besonderer Augenblick ❷ *(≈ außerordentlich) besser als gewöhnlich:* Der Schüler besitzt besondere Fähigkeiten. ◆ Großschreibung →R 3.7 das Besondere; im Besonderen; etwas/nichts Besonderes

Be·son·der·heit *die* <-, -en> *(≈ Eigenart, Eigentümlichkeit, Spezialität) besonderes Merkmal, das für etwas typisch ist*

be·son·ders *adv* ❶ *(≈ hauptsächlich) vor allem:* Darauf müsst ihr besonders aufpassen! ❷ *sehr, ausdrücklich:* Dieses Bild ist besonders schön.; Ich hatte auf diesen Aspekt besonders hingewiesen.

be·son·nen *adj (≈ überlegt, bedächtig) so, dass man vor dem Handeln gut nachdenkt und sehr umsichtig ist:* besonnenes Handeln ► Besonnenheit

be·sor·gen <besorgst, besorgte, hat besorgt> *mit OBJ ■ jmd. besorgt etwas* ❶ *(≈ beschaffen, kaufen)* Ich muss noch die Weihnachtsgeschenke besorgen. ❷ *(≈ erledigen) (einen Auftrag) ausfüh-*

ren: Die restlichen Arbeiten besorgte sein Assistent.

Be·sorg·nis *die* <-, -se> *(≈ Sorge) der Zustand, dass man wegen etwas Angst und beunruhigt ist:* Der Zwischenfall gab Anlass zur Besorgnis. ◆ Getrennt- oder Zusammenschreibung →R 4.16 Ihr Gesundheitszustand war Besorgnis erregend/besorgniserregend. Sie war in einem Besorgnis erregenden/besorgniserregenden Zustand.; ◆ Zusammenschreibung →R 4.16 Der Zwischenfall ist äußerst/höchst besorgniserregend.; Das ist ein noch besorgniserregender Zustand.; ◆ Getrenntschreibung →R 4.16 ein große Besorgnis erregender Zustand

be·sorgt <besorgter, am besorgtesten> *adj* ❶ *so, dass man sich Sorgen macht:* Als sie von der Krankheit des Kindes erfuhr, war sie sehr besorgt. ❷ *so, dass man sich um jmdn. kümmert:* Er ist sehr um ihr Wohlergehen besorgt.; ein besorgter Vater

Be·sorgt·heit *die* <-> */kein Plur./ Gefühl der Besorgnis:* Sie konnte ihre Besorgtheit nicht verbergen.

Be·sor·gung *die* <-, -en> ❶ *Erledigung, Einkauf:* eine Besorgung im Supermarkt machen ❷ */kein Plur. / das Besorgen, das Erledigen:* Die Besorgung der Geschäfte nahm den ganzen Tag in Anspruch.

be·span·nen <bespannst, bespannte hat bespannt> *mit OBJ ■ jmd. bespannt etwas (mit etwas Dat.)* ❶ *etwas über etwas spannen:* die Wand mit Stoff bespannen; einen Rahmen mit einem Netz bespannen ❷ *einen Wagen mit Zugtieren versehen:* die Kutsche mit vier Pferden bespannen

Be·span·nung *die* <-, -en> ❶ */kein Plur./ das Bespannen* ❷ *das Material, mit dem etwas bespannt[1] ist:* Die Bespannung dieses Tennisschlägers ist sehr haltbar.

be·spiel·bar *adj /nicht steig./ SPORT so, dass auf einem Platz gespielt werden kann:* Nach dem starken Regen ist der Fußballplatz nicht bespielbar. ► Bespielbarkeit

be·spie·len <bespielst, bespielte, hat bespielt> *mit OBJ ■ jmd. bespielt etwas* ❶ *Bild- oder Tondaten auf einem Datenträger aufzeichnen:* Das Videoband ist bis zum Ende bespielt worden. ❷ *THEAT. Gastspiele geben:* Unser Theater wird von einer Schauspieltruppe aus der Nachbarstadt bespielt. ❸ *SPORT einen Platz zum Spielen nutzen:* einen Fußballplatz bespielen ► unbespielbar

be·spit·zeln <bespitzelst, bespitzelte, hat bespitzelt> *mit OBJ ■ jmd. bespitzelt jmdn. (≈ ausspionieren, observieren, überwachen) (über einen längeren Zeitraum) heimlich beobachten:* Im Auftrag des Chefs bespitzelte er seine Mitarbeiter. ► Bespitzelung/Bespitzlung

be·spre·chen <besprichst, besprach, hat besprochen> I. *mit OBJ ■ jmd. bespricht etwas (mit jmdm.)* ❶ *über eine Angelegenheit sprechen; Meinungen austauschen:* die Aufgabenverteilung mit den Mitarbeitern besprechen ❷ *■ jmd. bespricht etwas über ein Buch, eine Theateraufführung, einen Film oder eine CD eine Kritik schreiben:* Dieser Film ist kürzlich in der Zeitung besprochen worden. ❸ ■ *jmd. besprícht etwas auf einen Tonträger sprechen:* eine Cassette/ein Tonband besprechen ❹ ■ *jmd. bespricht etwas mit magischen Mitteln auf etwas einwirken:* Warzen besprechen **II.** *mit SICH* ■ *jmd. bespricht sich mit jmdm. eine Besprechung mit jmdm. haben:* Wir besprechen uns heute in der Konferenz über das Thema.

Be·spre·chung *die* <-, -en> ❶ *ausführliches Gespräch über eine bestimmte Sache:* eine Besprechung der Lage ♦ Einsatz-, Lage- ❷ *(≈ Rezension) ein Text, in dem der Inhalt eines Buches nach seiner Qualität beurteilt wird:* Die Besprechung des Romans war eher ablehnend. ♦ -sexemplar, Buch- ❸ *das rituelle Beschwören eines Kranken mit dem Ziel, die Krankheit zu heilen:* die Besprechung der Krankheit durch den afrikanischen Medizinmann

Be·spre·chungs·raum *der* <-s, Besprechungsräume> *Raum für Besprechungen*¹

be·spren·gen <besprengst, besprengte, hat besprengt> *mit OBJ* ■ *jmd. besprengt etwas (mit etwas Dat.) etwas feucht machen, indem man Wasser darauf verspritzt:* den Rasen besprengen; Sie besprengt sich mit Eau de Cologne.

be·spren·keln <besprenkelst, besprenkelte, hat besprenkelt> *mit OBJ* ■ *jmd. besprenkelt etwas (mit etwas Dat.) mit vielen kleinen Flecken versehen:* das Tischtuch mit Kaffee besprenkeln

be·sprin·gen <bespringst, besprang, hat besprungen> *mit OBJ* ■ *ein Tier bespringt ein Tier (umg.) ein männl. Tier steigt auf ein weibl. Tier und begattet es:* Der Hengst bespringt die Stute.

be·sprit·zen <bespritzt, bespritzte, hat bespritzt> *mit OBJ* ■ *jmd./etwas bespritzt jmdn./etwas (mit etwas Dat.)* ❶ *durch Spritzen nass machen:* Die Kinder haben Spaß daran, sich im Freibad zu bespritzen. ❷ *durch Spritzen beschmutzen:* Das Auto bespritzte meinen Mantel.

be·sprü·hen <besprühst, besprühte, hat besprüht> *mit OBJ* ■ *jmd. besprüht etwas/jmdn. (mit etwas Dat.) auf etwas sprühen:* die Zimmerpflanzen besprühen; die Frisur mit Haarspray besprühen

be·spü·len <bespült, bespülte, hat bespült> *mit OBJ* ■ *etwas bespült etwas über etwas spülen; spülend berühren:* Der Fluss bespült das Ufer.

Bes·sa·ra·bi·en *das* <-s> *Gebiet nordwestlich des Schwarzen Meeres*

bes·ser <am besten> **I.** *adj /Komparativ von „gut"/* Es wird ihm bald besser gehen.; besser Verdienende; besser Gestellte; ■ *jemands bessere Hälfte (scherzh.) jmds. Ehefrau;* ■ **besser ist besser !** *(umg.) zur Vorsicht* Ich schließe lieber doch das Fenster, besser ist besser!; ■ **Besseres zu tun haben** *sich um etwas nicht kümmern wollen oder können* Ich kann nicht auch noch darauf aufpassen, ob die Kollegen ihre Computer ausgeschaltet haben – Ich habe Besseres zu tun! **II.** *adv /Komparativ von „gut"/ (geh.: ≈ lieber)* Gehe besser zum Arzt!; besser spät als nie; besser gesagt ♦ Großschreibung →R 3.4, R 3.7 das Bessere; sich eines Besseren besinnen; eine Wendung zum Besseren

bes·sern <besserst, besserte, hat gebessert> **I.** *mit OBJ* ■ *etwas bessert jmdn./etwas besser machen:* Auch eine strengere Erziehung besserte ihn nicht mehr. **II.** *mit SICH* ❶ ■ *etwas bessert sich (↔ verschlechtern) besser werden:* Das Wetter hat sich gebessert. ❷ ■ *jmd. bessert sich jmd. macht etwas besser als vorher:* Früher warst du oft unpünktlich, aber du hast dich inzwischen gebessert!

bes·ser·stel·len <stellst besser, stellte besser, hat besser gestellt> **I.** *mit SICH* ■ *jmd. stellt sich besser seine finanzielle und soziale Lage aufbessern:* Durch den Wechsel der Arbeitsstelle versuchte er sich besserzustellen. **II.** *mit OBJ* ■ *jmd. stellt jmdn. besser jmdn. in eine höhere Gehaltsklasse versetzen*

Bes·se·rung *die* <-, -en> ❶ *(≈ Erholung, Genesung, Heilung) das Besserwerden des Gesundheitszustandes:* Der Kranke befindet sich auf dem Wege der Besserung.; Gute Besserung! ❷ *(≈ Verbesserung ↔ Verschlechterung) das Bessermachen:* sich für eine Besserung der Zustände einsetzen

Bes·se·rungs·an·stalt *die* <-, -en> *(veralt.: ≈ Erziehungsanstalt) Fürsorgeheim für schwer erziehbare oder verwahrloste Jugendliche*

Bes·ser·ver·die·nen·de *der/die* <-n, -n> *jmd. mit einem höheren Einkommen als der Durchschnitt der Bevölkerung:* Mit seinem Einkommen gehört er zu den Besserverdienenden.

Bes·ser·wis·ser; **Bes·ser·wis·se·rin** <-s, -> *(abwert.: ≈ Alleswisser; Neunmalkluger, Rechthaber) jmd., der immer glaubt, er sei klüger als andere:* Dieser Besserwisser geht uns langsam auf die Nerven. ▸ Besserwisserei, besserwisserisch

Be·stand *der* <-(e)s, Bestände> ❶ */kein Plur./ (≈ Dauer, Kontinuität) das Bestehen, die Fortdauer von etwas:* den Bestand des Betriebes sichern; Er wollte etwas von Bestand schaffen. ❷ *vorhandene Menge von etwas:* Der Bestand an Rehen in diesem Waldgebiet ist recht groß. ♦ Baum-, Tier-, Wald-, Wild-, Vieh- ❸ WIRTSCH. *(≈ Vorrat) die Warenmenge, die im Lager ist:* den Bestand an verderblichen Lebensmitteln überprüfen ♦ Lager-, Rest-, Waren-

be·stan·den *adj* ❶ *(bewachsen) ein dünn bestandener Wald* ❷ SCHWEIZ. *alt; reifen Alter* ❸ *Part. Perf. von „bestehen"*

be·stän·dig *adj* ❶ *(≈ dauernd, ständig) ohne Unterbrechung:* in beständiger Furcht/Sorge sein; mit beständigem Fleiß arbeiten ❷ *(↔ unbeständig) gleichbleibend, ohne Veränderung:* Das Wetter bleibt beständig; Die Aktienkurse sind zur Zeit ständig. ♦ wert- ❸ *widerstandsfähig, dauerhaft:* Das Material ist gegenüber Hitze beständig.

-be·stän·dig *als Zweitglied zusammengesetzter Adjektive; drückt aus, dass etwas vertragen wird, widerstandsfähig und gegen das geschützt, was mit dem Erstglied bezeichnet wird* ♦ feuer-, frost-, hitze-, kälte-, korrosions-, licht-, nässe-, säure-, temperatur-, wetter-

Be·stän·dig·keit *die* <-> */kein Plur./ beständiges Wesen, beständige Beschaffenheit*

Be·stands·auf·nah·me *die* <-, -n> *der Vorgang,*

B

dass man sich einen Überblick über eine Situation oder einen Bestand²,³ verschafft: Das Buch beginnt mit einer kritischen Bestandsaufnahme der wirtschaftlichen Lage.

Be·stands·kon·t·rol·le *die* <-, -n> *(≈ Inventur) Kontrolle des Bestandes²,³:* monatlich ein Bestandskontrolle im Lager durchführen

Be·stand·teil *der* <-(e)s, -e> *(≈ Element, Komponente) etwas, das Teil einer größeren Einheit ist:* Er zerlegte den Motor in seine Bestandteile.; ■ **sich in seine Bestandteile auflösen** *(umg.) kaputtgehen* ◆ Haupt-

be·stär·ken <bestärkst, bestärkte, hat bestärkt> *mit OBJ* ❶ ■ *jmd./etwas bestärkt jmdn. (in etwas Dat.) (≈ ermutigen) bewirken, dass jmd. seinen Standpunkt sicher und mit Nachdruck vertritt:* Sie hat ihn in seinem Vorhaben bestärkt. ❷ ■ *etwas bestärkt etwas stärker machen:* Diese Indizien bestärken meinen Verdacht, dass … ▶ Bestärkung

be·stä·ti·gen <bestätigst, bestätigte, hat bestätigt> I. *mit OBJ* ❶ ■ *jmd. bestätigt etwas sagen, dass etwas so ist, wie es eine andere Person bereits annimmt:* Die Polizei bestätigte den Verdacht. ❷ ■ *jmd. bestätigt etwas unterschreiben, dass man etwas erhalten hat:* Ich habe den Empfang des Pakets bestätigt. ❸ ■ *etwas bestätigt etwas bekräftigen:* Seine Aussage bestätigt die Aussage der Zeugin. II. *mit SICH* ❶ ■ *etwas bestätigt sich sich als wahr herausstellen:* Das Gerücht hat sich bestätigt. ❷ ■ *jmd. bestätigt sich sein Selbstgefühl steigern:* Sie möchte sich gern in der neuen Aufgabe bestätigen.

Be·stä·ti·gung *die* <-, -en> ❶ */kein Plur./ das Bestätigen* ❷ *Bescheinigung, mit der etwas bestätigt wird:* eine Bestätigung ausstellen

be·stat·ten <bestattest, bestattete, hat bestattet> *mit OBJ* ■ *jmd. bestattet jmdn. (≈ beisetzen)* Er wurde feierlich bestattet.

Be·stat·tung *die* <-, -en> *(≈ Beerdigung, Beisetzung) Begräbnis:* Die Bestattung findet am Freitag statt. ◆ -skosten, -sunternehmen, Erd-, Feuer-, Urnen-

Be·stat·tungs·in·s·ti·tut *das* <-(e)s, -e> *Unternehmen, das im Auftrag der Angehörigen eines Toten die Vorbereitung und Durchführung der Bestattung übernimmt*

be·stäu·ben <bestäubst, bestäubte, hat bestäubt> *mit OBJ* ■ *jmd./etwas bestäubt etwas (mit etwas Dat.)* ❶ *mit etwas Pulvrigem bestreuen oder überziehen:* den Kuchen mit Puderzucker bestäuben ❷ BIOL. *durch Übertragung von Blütenstaub befruchten:* Die Bienen bestäuben die Apfelblüten. ▶ Bestäubung

be·stau·nen <bestaunst, bestaunte, hat bestaunt> *mit OBJ* ❶ ■ *jmd. bestaunt etwas (≈ anstaunen) mit Staunen und Verwunderung betrachten:* Er bestaunte das neue Auto seines Freundes.; Das Kind bestaunt den langen Hals der Giraffe. ❷ ■ *jmd. bestaunt jmdn. (≈ bewundern) Anerkennung und Respekt für jmdn. empfinden:* Ich kann diesen Virtuosen nur bestaunen.

bes·te *adj /Superl. von „gut"/* der beste Freund; ein Anzug aus bestem Stoff; ■ **der erste Beste**

(umg.) jeder Beliebige; ■ **für jmdn. ist das Beste gerade gut genug** *jmd. stellt sehr hohe Ansprüche;* ■ **jemanden zum besten halten** *einen Scherz mit jmdm. machen* Du willst mich wohl zum besten halten?; ■ **etwas zum Besten geben** *etwas Unterhaltsames erzählen* Ich will euch noch eine Anekdote zum besten geben … ◆ Kleinschreibung →R 3.8, R 3.9 am besten; Dieser Saft ist der beste.; ◆ Großschreibung →R 3.4 Es ist das Beste.; zum Besten; sein Bestes tun

be·ste·chen <bestichst, bestach, hat bestochen> *mit OBJ* ❶ ■ *jmd. besticht jmdn. (mit etwas Dat.) (≈ korrumpieren, schmieren) durch unerlaubte Geschenke für sich gewinnen:* Er versuchte den Zollbeamten zu bestechen. ❷ ■ *jmd. besticht durch etwas (≈ imponieren) großen Eindruck auf jmdn. machen:* Sie bestach durch ihr Wissen.

be·stech·lich *adj (≈ käuflich, korrupt) so, dass sich jmd. bestechen¹ lässt:* ein bestechlicher Beamte

Be·stech·lich·keit *die* <-> */kein Plur./* ❶ *Bereitschaft, sich bestechen¹ zu lassen* ❷ RECHTSW. *Annahme von Bestechungsgeldern o. Ä. im Zusammenhang mit einer Amtshandlung*

Be·ste·chung *die* <-, -en> ❶ */kein Plur./ (≈ Korruption) das Bestechen¹* ❷ *der Akt der Bestechung:* Zeuge einer Bestechung sein ◆ Beamten-

Be·ste·chungs·af·fä·re *die* <-, -n> *durch Bekanntwerden einer Bestechung ausgelöster Skandal:* Mehrere hochrangige Politiker waren in die Bestechungsaffäre verwickelt.

Be·steck *das* <-(e)s, -e/-s> ❶ *die Gesamtheit der Werkzeuge, mit denen man Essen zu sich nimmt oder mit deren Hilfe man das Essen zerkleinert bzw. serviert (z. B. Messer, Gabel und Löffel):* noch ein zusätzliches Besteck auflegen ◆ -kasten, -schublade, Ess-, Fisch-, Kuchen-, Obst-, Silber-, Tafel- ❷ MED. *Für einen bestimmten medizinischen Zweck (z. B. eine Operation) zusammengestellter Satz von Instrumenten:* das chirurgische Besteck sterilisieren ◆ Spritz-

Be·ste·hen *das* <-s> */kein Plur./ das Bestehen I., II.:* Die Firma feiert ihr zehnjähriges Bestehen.; das Bestehen von Abenteuern/einer Prüfung

be·ste·hen <bestehst, bestand, hat bestanden> I. *mit OBJ* ■ *jmd. besteht etwas erfolgreich absolvieren:* Alle Kandidaten bestanden die Prüfung. II. *ohne OBJ* ❶ ■ *etwas besteht (irgendwie) existieren:* Dieser Brauch besteht schon viele Jahrhunderte.; Es besteht kein Grund, dass … ❷ ■ *etwas besteht aus etwas Dat. aus etwas zusammengesetzt sein:* Wasser besteht aus Wasserstoff und Sauerstoff. ❸ ■ *jmd. besteht auf etwas Dat. auf etwas beharren:* Der Gast besteht auf einem Zimmer mit Balkon.

be·steh·len <bestiehlst, bestahl, hat bestohlen> *mit OBJ* ■ *jmd. bestiehlt jmdn. jmdm. etwas stehlen:* Er hat sie um einhundert Euro bestohlen.

be·stei·gen <besteigst, bestieg, hat bestiegen> *mit OBJ* ❶ ■ *jmd. besteigt etwas auf etwas steigen:* einen Aussichtsturm/Berg besteigen ▶ Besteigung ❷ ■ *jmd. besteigt etwas in ein Verkehrsmittel einsteigen:* einen Bus/ein Flugzeug besteigen ❸ ■ *ein Tier besteigt ein Tier (≈ bespringen)*

Be·stell·block *der* <-(e)s, Bestellblöcke> *Block, in den Bestellungen eingetragen werden:* etwas auf den Bestellblock notieren

be·stel·len <bestellst, bestellte, hat bestellt> *mit OBJ* ❶ ■ *jmd. bestellt etwas (bei jmdm.) (≈ anfordern) Waren liefern lassen:* Diese Schuhe haben wir nicht am Lager, wir können sie aber bestellen.; Hiermit bestelle ich verbindlich die folgenden Artikel …; Bis zur vollständigen Bezahlung bleibt die bestellte Ware Eigentum des Händlers.; aus einem Katalog/bei einem Versandhaus/per Internet bestellen ❷ ■ *jmd. bestellt etwas (≈ reservieren)* Bitte bestellen Sie mir ein Einzelzimmer mit Dusche.; ein Taxi bestellen; Eintrittskarten bestellen ❸ ■ *jmd. bestellt etwas* sich in einem Lokal ein bestimmtes Gericht oder Getränk kommen lassen ▶ Bestellung ❹ ■ *jmd. bestellt jmdn. irgendwohin* jmdn. bitten, an einen bestimmten Ort zu kommen: Der Chef hat sie heute zu sich bestellt. ❺ ■ *jmd. bestellt jmdn. zu etwas* Dat. AMTSSPR. jmd. erteilt jmdm. den Auftrag zu etwas: Das Gericht hat ihn in diesem Verfahren zum Gutachter bestellt. ❻ ■ *jmd. bestellt jmdm. etwas* jmdm. eine Nachricht ausrichten: Ich soll ihr Grüße bestellen. ❼ ■ *jmd. bestellt etwas Land bebauen:* Der Bauer bestellt den Acker.; ■ **es ist gut/schlecht um jmdm. bestellt** *es geht jmdm. gut/schlecht*

Be·stell·kar·te *die* <-, -n> *Karte, mit der etwas bestellt* [1] *wird:* eine Bestellkarte ausfüllen

Be·stell·num·mer *die* <-, -n> *Nummer, unter der Ware (aus einem Katalog) bestellt* [1] *werden kann*

Be·stel·lung *die* <-, -en> ❶ *Auftrag zur Lieferung einer Ware:* Die Abteilung bearbeitet täglich Hunderte/hunderte von Bestellungen.; eine Bestellung aufgeben/bestätigen/stornieren ◆ -sbearbeitung, Sammel- ❷ */kein Plur./ das Bestellen* [6] ❸ *das Bestellen* [7]*:* die Bestellung des Feldes; ■ **jemandem eine Bestellung ausrichten** *jmdm. eine Botschaft bringen* ❹ *das Bestellen* [3]*;* ■ **die Bestellung aufnehmen** *als Ober notieren, welche Speisen und Getränke die Gäste (an einem bestimmten Tisch) wünschen* Der Ober nimmt die Bestellung auf.

bes·ten·falls *adv im günstigsten Fall:* er kann bestenfalls morgen hier sein

bes·tens *adv* ❶ *sehr gut, so gut wie möglich:* Es geht mir bestens. ❷ *sehr herzlich:* Er lässt sie bestens grüßen.

be·steu·ern <besteuerst, besteuerte, hat besteuert> *mit OBJ* ■ *jmd. besteuert etwas auf etwas Steuern erheben:* die Zinseinnahmen besteuern ▶ Besteuerung

Best·form *die* <-> */kein Plur./* (↔ Formtief) *höchste körperliche oder geistige Leistungsfähigkeit:* Die Sportlerin war in Bestform.

best·ge·klei·det *adj /nicht steig./ am besten gekleidet:* die bestgekleidete Dame des Abends

bes·ti·a·lisch *adj* ❶ *unvorstellbar roh und grausam:* ein bestialischer Mord ❷ *(umg.) so intensiv, dass es unerträglich ist:* Was ist das für ein bestialischer Gestank?

Bes·ti·a·li·tät *die* <-> */kein Plur./ entsetzliche*

Grausamkeit, bestialisches Verhalten oder Vorgehen: die Bestialität der Mörder

Bes·tie *die* <-, -n> ❶ *wildes Tier:* Diese Bestie von Hund hat ein Kind angefallen. ❷ *grausamer Mensch:* Diese Bestie ermordete vier Menschen auf die grausamste Weise.

be·stim·men <bestimmst, bestimmte, hat bestimmt> I. *mit OBJ* ❶ ■ *jmd. bestimmt etwas (≈ entscheiden, festlegen) sagen, was zu geschehen hat:* Der Einsatzleiter bestimmte den weiteren Ablauf. ❷ ■ *jmd./etwas bestimmt etwas vorhersehen, im Voraus festlegen:* Er hat in seinem Testament bestimmt, wie sein Besitz verteilt werden soll.; Das Schicksal hat ihm bestimmt, dass er viel leiden muss. ❸ ■ *jmd. bestimmt etwas (≈ ermitteln) feststellen, was etwas ist:* Blutwerte bestimmen; eine Pflanze bestimmen; einen Begriff bestimmen II. *ohne OBJ* ■ *jmd. bestimmt über etwas Akk. über jmdn. oder etwas verfügen:* Über meine Freizeit bestimme ich immer noch selbst!

be·stimmt <bestimmter, am bestimmtesten> I. *adj* ❶ (↔ beliebig) *so, dass etwas ganz genau feststeht oder festgelegt ist:* Hier darf nur eine bestimmte Anzahl von Leuten hereinkommen.; Ich suche ein bestimmtes Buch. ❷ (≈ nachdrücklich) *so, dass man etwas energisch und entschieden sagt:* Er kann sich gut durchsetzen und auf das bestimmteste seine Meinung sagen.; Sie antwortete höflich, aber bestimmt mit „Nein". II. *adv* (≈ gewiss, sicher) *verwendet, um auszudrücken, dass man etwas für sehr wahrscheinlich hält:* Du hast bestimmt Glück!

Be·stimmt·heit *die* <-> */kein Plur./* ❶ (≈ Entschiedenheit; Festigkeit) *eine Ausstrahlung, die zeigt, dass sich jmd. ganz sicher ist und keine Zweifel hat, dass er sich durchsetzen wird:* die Bestimmtheit seines Auftretens ❷ (≈ Gewissheit, Sicherheit) *der Zustand, dass etwas ganz sicher ist:* etwas mit Bestimmtheit behaupten/wissen

Be·stim·mung *die* <-, -en> ❶ (≈ Vorschrift) *eine Regel, die sagt, was man tun muss:* sich an die gesetzlichen Bestimmungen halten ❷ */kein Plur./* (≈ Schicksal, Sendung) *der Zustand, dass jmdm. eine bestimmte Zukunft vorgegeben ist:* Sie glaubte an ihre Bestimmung als Künstlerin. ❸ *Zweck oder Aufgabe von etwas:* Das neue Gebäude wurde heute eingeweiht und seiner Bestimmung übergeben. ◆ -szweck ❹ *das Feststellen oder Ermitteln, was etwas (gerade) ist oder welchen momentanen Wert etwas gerade hat:* die Bestimmung der Blutfettwerte ◆ Standort- ❺ BIOL. *das Feststellen, von welcher Art ein Lebewesen ist:* die Bestimmung einer Pflanze ◆ -sbuch ❻ SPRACHWISS. *ein Satzteil in Form einer freien genaueren Angabe:* eine adverbiale Bestimmung der Zeit oder des Ortes ◆ Umstands- ❼ PHILOS. (≈ Definition) *die Bestimmung eines Terminus*

Be·stim·mungs·flug·ha·fen *der* <-s, Bestimmungsflughäfen> *Flughafen, zu dem ein Flugzeug fliegen soll*

be·stim·mungs·ge·mäß *adj /nicht steig./ so, dass es der Vorschrift entspricht:* die bestimmungsmäßige Anwendung eines Medikaments

Be·stim·mungs·land *das* <-(e)s, Bestimmungs-

B

länder> ❶ *ein Land, in das Waren exportiert werden* ❷ *ein Land als Ziel eines Verkehrsmittels*

Be·stim·mungs·ort *der* <-(e)s, -e> *Ziel einer Warensendung oder Reise*

be·stirnt *adj /nicht steig./ (geh.) mit Sternen bedeckt:* den bestirnten Himmel betrachten

Best·leis·tung *die* <-, -en> SPORT *die beste Leistung, die in einer Disziplin in einem bestimmten Zeitraum erbracht wurde:* Die Hochspringerin übertraf ihre eigene Bestleistung.

Best·mar·ke *die* <-, -n> SPORT (≈ *Rekord)* Er hat die Bestmarke erreicht und sogar noch übertroffen.

best·mög·lich *adj /nicht steig./ so, dass es so gut wie möglich ist:* Sie bemühte sich in der Schule um bestmögliche Leistungen.

Best·no·te *die* <-, -n> SPORT *die höchste Bewertung in verschiedenen Sportdisziplinen (z. B. Eiskunstlauf, Kunstturnen), die durch Preisrichter vergeben wird:* Der Turner erhielt für seine hervorragende Kür die Bestnote.

Best.-Nr. *Abkürzung von „Bestellnummer"*

be·stra·fen <bestrafst, bestrafte, hat bestraft> *mit OBJ* ■ *jmd. bestraft jmdn. (für etwas Akk.) eine Strafe erteilen:* das Kind für sein freches Verhalten bestrafen ▸Bestrafung

be·strah·len <bestrahlst, bestrahlte, hat bestrahlt> *mit OBJ* ❶ *etwas bestrahlt jmdn./etwas* (≈ *anstrahlen, bescheinen) mit Strahlen hell erleuchten:* Die Sonne bestrahlt ihr Gesicht. ❷■ *jmd. bestrahlt jmdn./etwas (mit etwas Dat.)* MED. *mit speziellen Strahlen behandeln:* eine Geschwulst mit Radium bestrahlen

Be·strah·lung *die* <-, -en> *das Bestrahlen²:* zweimal wöchentlich zur Bestrahlung gehen ◆-stherapie

Be·stre·ben *das* <-s> */kein Plur./* (≈ *Absicht, Trachten) Absicht, Bemühen:* Es ist ihr Bestreben, es in Zukunft besser zu machen.

be·strebt *adj /nicht steig./ so, dass man sich ernstlich bemüht:* Der Chef war bestrebt, seine Angestellten freundlich zu behandeln.

Be·stre·bung *die* <-, -en> */meist Plur./* (≈ *Anstrengung, Bemühung)* All seine Bestrebungen waren vergeblich. ◆Autonomie-, Reform-

be·strei·chen <bestreichst, bestrich, hat bestrichen> *mit OBJ* ■ *jmd. bestreicht etwas mit etwas Dat. etwas auf etwas streichen:* das Brot mit Butter bestreichen; einen Zaun mit Farbe bestreichen

be·strei·ken <bestreikst, bestreikte, hat bestreikt> *mit OBJ* ■ *jmd. bestreikt etwas (ein Unternehmen) durch Streik stillzulegen versuchen:* Der Flughafen wird heute bestreikt.

be·strei·ten <bestreitest, bestritt, hat bestritten> *mit OBJ* ❶■ *jmd. bestreitet etwas* (≈ *abstreiten, leugnen) (entschieden) behaupten, dass etwas nicht wahr ist:* Diese Tatsache habe ich auch nicht bestritten. ❷■ *jmd. bestreitet jmdm. etwas sagen, dass jmd. ein bestimmtes Recht nicht hat:* jmdm. das Recht auf freie Meinungsäußerung bestreiten ❸■ *jmd. bestreitet etwas mit etwas Dat. für etwas finanziell aufkommen:* Wovon soll ich dann meinen Lebensunterhalt bestreiten?

❹■ *jmd. bestreitet etwas durchführen:* Dieses Programm hat er ganz allein bestritten

be·streu·en <bestreust, bestreute, hat bestreut> *mit OBJ* ■ *jmd. bestreut etwas (mit etwas Dat.) mit einer losen, lockeren Schicht von etwas bedecken:* die Erdbeeren mit Zucker bestreuen; die Blumensamen mit Erde bestreuen

Best·sel·ler *der* ['bɛstzɛlɐ] <-s, -> (≈ *Kassenschlager, Renner, Verkaufsschlager* ↔ *Ladenhüter) etwas (vor allem ein Buch), das sich überdurchschnittlich gut verkaufen lässt:* Das Buch wurde sofort zum Bestseller. ◆-autor, Monats-, Welt-

best·si·tu·iert *adj /Superl. von „gut situiert"/* ÖSTERR. (≈ *wohlhabend) bestens situiert:* eine bestsituierte Familie

be·stü·cken <bestückst, bestückte, hat bestückt> *mit OBJ* ■ *jmd. bestückt etwas mit etwas Dat.* ❶ *mit etwas ausstatten:* Sie ist gut mit Kleidern bestückt. ❷ MILIT. *mit Geschützen oder Sprengköpfen ausrüsten:* Die Schiffe sind mit jeweils vierzig Kanonen bestückt. ▸Bestückung

Be·stuh·lung *die* <-, -en> *Gesamtheit der Stühle oder Sitzplätze in einem öffentlichen Gebäude:* die Bestuhlung eines Kinosaals ▸bestuhlen

be·stür·men <bestürmst, bestürmte, hat bestürmt> *mit OBJ* ❶■ *jmd. bestürmt etwas* MILIT. *im Sturm angreifen:* eine feindliche Stellung bestürmen ❷■ *jmd. bestürmt jmdn. wegen etwas Dat. heftig bedrängen:* Fans und Autogrammjäger bestürmten den Star. ▸Bestürmung

be·stürzt *adj /nicht steig./ so, dass jmd. sehr erschrocken und traurig ist:* Alle waren bestürzt über den schrecklichen Unfall. ▸Bestürztheit

Be·stür·zung *die* <-> */kein Plur./* (≈ *Bestürztheit, Betroffenheit) das Bestürztsein:* Mit Bestürzung vernahmen wir die Nachricht vom Tod unseres Freundes.

Be·such *der* <-(e)s, -e> ❶ *das Besuchen:* der Tante einen Besuch abstatten ◆Abschieds-, Antritts-, Arzt-, Ausstellungs-, Haus-, Kino-, Konzert-, Kunden-, Theater- ❷ <-(e)s, -er> (≈ *Gast, Gäste) jmd., der jmdn. besucht:* Besuch empfangen; den Besuch hereinbitten

be·su·chen <besuchst, besuchte, hat besucht> *mit OBJ* ❶■ *jmd. besucht jmdn. bei jmdm. für eine bestimmte Zeit als Gast sein:* Meine Tante uns jedes Jahr besucht.; Besuche mich mal, wenn du in Tübingen bist. ❷■ *jmd. besucht etwas als Teilnehmer, Kunde oder Klient einen Ort oder eine Person aufsuchen:* ein Konzert/eine Stadt/Versammlung besuchen

Be·su·cher *der*; **Be·su·che·rin** <-s, -> ❶ *jmd., der als Gast zu Besuch ist:* Unsere Besucher sitzen gerade im Garten. ❷ *jmd., der als Teilnehmer, Kunde oder Klient jmdn. oder etwas aufsucht:* die Besucher der Messe ◆Ausstellungs-, Konzert-, Messe-, Theater-

Be·su·cher·strom *der* <-(e)s, Besucherströme> *starker Andrang von Besuchern²:* Der Besucherstrom hielt den ganzen Tag über an.

Be·su·cher·zahl *die* <-, -en> */meist Plur./ Anzahl der Besucher einer Veranstaltung*

Be·suchs·zeit *die* <-, -en> *festgesetzte Zeit, in*

der Besuche erlaubt sind (z. B. in einem Krankenhaus)

Be·suchs·zim·mer *das* <-s, -> *ein bestimmtes Zimmer in einer öffentlichen Institution, in dem ein Treffen privater Besucher mit den Personen möglich ist, die für eine bestimmte Zeit in der Institution leben (z. B. in einem Gefängnis)*

be·su·deln <besudelst, besudelte, hat besudelt> *mit OBJ* ■ *jmd. besudelt etwas/jmdn. (mit etwas Dat.)* ❶ *(abwert.) jmdn. oder etwas sehr schmutzig machen:* Er hat sich mit Blut besudelt. ❷ *(übertr.)* Sein guter Ruf wurde besudelt.

Be·ta *das* <-(s), -s> *zweiter Buchstabe des griechischen Alphabets*

Be·ta·blo·cker *der* <-s, -> MED. *kurz für „Betarezeptorenblocker"; Medikament zur Behandlung von Bluthochdruck*

be·tagt *adj (geh.) schon ziemlich alt:* eine betagte Dame ► Betagtheit

be·ta·keln <betakelst, betakelte, hat betakelt> *mit OBJ* ■ *jmd. betakelt etwas* ❶ SEEW. *mit Takelwerk versehen* ❷ ÖSTERR. *betrügen*

Be·ta·ke·lung *die* <-, -en> ❶ *das Betakeln* ❷ *(≈ Takelage)* die Betakelung eines Bootes

be·tas·ten <betastest, betastete, hat betastet> *mit OBJ* ■ *jmd. betastet jmdn./etwas (≈ befühlen) prüfend die Finger über etwas gleiten lassen:* Der Arzt betastet den Bauch der Patientin.

be·tä·ti·gen <betätigst, betätigte, hat betätigt> **I.** *mit OBJ* ■ *jmd. betätigt etwas (≈ bedienen) etwas aktivieren, indem man einen Hebel drückt, eine Taste berührt o. Ä.:* Der Fahrer betätigte die Bremse. **II.** *mit SICH* ■ *jmd. betätigt sich als etwas Nom./irgendwie tätig sein:* Er betätigt sich in seiner Freizeit als Gärtner.; Seine Freundin betätigt sich auch künstlerisch/politisch.

Be·tä·ti·gung *die* <-, -en> ❶ *(≈ Aktivität) der Vorgang, dass jmd. irgendwie tätig oder aktiv ist:* Ein wenig sportliche Betätigung dürfte nicht schaden. ◆-sdrang ❷ */kein Plur./ das Aktivieren (einer Funktion) eines Geräts:* die automatische Betätigung der Alarmanlage

be·tät·scheln <betätschelst, betätschelte, hat betätschelt> *mit OBJ* ■ *jmd. betätschelt jmdn./etwas (abwert.: ≈ begrapschen) in plumper Art und Weise mit der Hand berühren:* Für den plumpen Versuch, sie zu betätscheln, gab sie ihm eine Ohrfeige.

be·täu·ben <betäubst, betäubte, hat betäubt> *mit OBJ* ❶ ■ *jmd. betäubt etwas (mit etwas Dat.) unempfindlich gegen Schmerzen machen:* Der Zahnarzt betäubt den Nerv, bevor er den Zahn zieht. ❷ ■ *jmd. betäubt ein Tier (mit etwas Dat.) (durch Narkose) in eine Art von Schlaf versetzen:* Helfer betäuben den Elefanten, bevor der Tierarzt mit der Behandlung beginnen kann. ❸ ■ *etwas betäubt jmdn. leicht benommen machen:* Der starke Geruch/der Lärm betäubte sie.

Be·täu·bung *die* <-, -en> ❶ */kein Plur./ das Betäuben:* eine örtliche Betäubung vornehmen ❷ *Zustand des Betäubtseins:* Sie ist noch nicht aus der Betäubung erwacht.

Be·täu·bungs·mit·tel *das* <-s, -> *(≈ Narkotikum)*

Mittel zur Betäubung; schmerzstillendes Mittel ◆-gesetz

Be·te, *a.* **Bee·te** *die* <-, -n> */Plur. selten/* ■ **Rote Bete** *rote Rüben* ◆Großschreibung →R 3.17 ein Glas Rote Bete kaufen

be·tei·len <beteilst, beteilte, hat beteilt> *mit OBJ* ■ *jmd. beteilt jmdn. mit etwas* ÖSTERR. *jmdn. mit etwas versorgen:* Flüchtlinge mit Lebensmitteln beteilen

be·tei·li·gen <beteiligst, beteiligte, hat beteiligt> **I.** *mit OBJ* ■ *jmd. beteiligt jmdn. an etwas Dat. einen Anteil geben:* Er beteiligte seine Partner am Gewinn. ► Teilhaber **II.** *mit SICH* ■ *jmd. beteiligt sich an etwas Dat.* ❶ *aktiv an etwas teilnehmen oder mitwirken:* Sie beteiligte sich lebhaft an der Diskussion. ❷ *einen Anteil von etwas zahlen:* Sie beteiligt sich an den Fahrtkosten.

Be·tei·lig·te *der/die* <-n, -n> *(≈ Mitwirkende, Teilhabende, Teilhaber) jmd., der sich beteiligt oder der beteiligt ist:* alle an dem Projekt Beteiligten

Be·tei·li·gung *die* <-, -en> ❶ */kein Plur./ (≈ Teilnahme) das Mitwirken:* Die Beteiligung an der Aktion ist gering. ❷ *der Zustand, dass jmd. finanziell Anteil an etwas hat:* die Beteiligung der Arbeitnehmer am Gewinn ◆Gewinn-, Umsatz-

Be·tei·li·gungs·ge·sell·schaft *die* <-, -en> WIRTSCH. *(≈ Holding) indirekte Form der finanziellen Beteiligung an einem Unternehmen (z. B. durch Beteiligungsfonds)*

be·ten <betest, betete, hat gebetet> *ohne OBJ* ■ *jmd. betet sich mit einem persönlichen Anliegen im Gebet an Gott wenden; zu Gott sprechen:* Ich werde für dich beten.; Lasset uns beten!; für den Frieden beten; das Vaterunser beten; Wir beten für unsere Brüder und Schwestern.; Jetzt kann man nur noch hoffen und beten.

be·teu·ern <beteuerst, beteuerte, hat beteuert> *mit OBJ* ■ *jmd. beteuert (jmdm.) etwas (≈ versichern) sehr nachdrücklich sagen, dass etwas nicht der Fall ist:* Er beteuerte ihr seine Unschuld.; Sie hat immer wieder beteuert, dass sie es nicht mit Absicht getan hat. ► Beteuerung

Beth·le·hem, *a.* **Bet·le·hem** <-s> *Stadt im westlichen Jordanien*

be·ti·teln <betitelst, betitelte, hat betitelt> *mit OBJ* ■ *jmd. betitelt jmdn./etwas (mit etwas Dat.)* ❶ *mit einem Titel versehen:* Der Aufsatz war mit … betitelt. ❷ *(umg.) beschimpfen:* Er betitelte ihn (mit) „Idiot". ► Betitelung

Be·ton *der* [be'tɔŋ, be'toːn] <-s, -s> *ein Baustoff, der aus Zement und Wasser gemischt wird und im gehärteten Zustand sehr fest ist:* ein Bauelement aus Beton gießen ◆-mischer, -pfeiler, -platte, Guss-, Stahl-

be·to·nen <betonst, betonte, hat betont> *mit OBJ* ■ *jmd. betont etwas* ❶ *beim Aussprechen eines Wortes den Akzent auf eine bestimmte Silbe legen:* Dieses Wort betont er stets falsch.; Lateinische Wörter werden in der Regel auf der vorletzten Silbe betont. ❷ *besonders hervorheben:* Sie betonte nochmals die Gründe für diese Entscheidung.

be·to·nie·ren <betonierst, betonierte, hat beto-

B

niert> *mit OBJ* ■ *jmd. betoniert etwas* BAUW. *mit einer Schicht Beton versehen, mit Beton bauen:* eine Straße betonieren ▸ Betonierung

Be·ton·misch·ma·schi·ne *die* [be'tɔŋ-, be'toːn-] <-, -n> BAUW. *Maschine, die aus Zement und Wasser Beton mischt*

Be·ton·si·lo *das* [be'tɔŋ-, be'toːn-] <-s, -s> *(umg. abwert.) großer, unschöner Wohnblock*

be·tont *adj* /nicht steig./ *hervorgehoben, bewusst zur Schau getragen:* Er kleidet sich betont lässig.; Architektur von betonter Sachlichkeit

-be·tont *als Zweitglied zusammengesetzter Adjektive; drückt aus, dass das mit dem Erstglied Bezeichnete in besonderer Weise herausgehoben, unterstrichen bzw. zur Schau gestellt wird* ◆ gefühls-, gemüts-, inhalts-, kampf-, körper-, zweck-

Be·to·nung *die* <-, -en> ❶ SPRACHWISS. *das Betonen* [1]: Die Betonung liegt auf der vorletzten Silbe. ◆ -skorrelation, Satz-, Wort- ❷ (≈ *Herausstellung, Unterstreichung) nachdrückliche Hervorhebung:* die Betonung der eigenen Persönlichkeit

be·tö·ren <betörst, betörte, hat betört> *mit OBJ* ■ *jmd./etwas betört jmdn.* (≈ *bezaubern) durch verführerisches Benehmen bewirken, dass jmd. sich verliebt oder bezaubert fühlt:* Er ließ sich durch ihre Blicke betören.; ein betörender Duft ▸ Betörung

Be·tracht */kein Plur./* ■ etwas in Betracht ziehen *an etwas als Möglichkeit denken* Diesen Fall sollte man in Betracht ziehen.; ■ etwas außer Betracht lassen *nicht erwägen* Diese Überlegung hat er völlig außer Betracht gelassen.; ■ in Betracht kommen *geeignet sein* Sie kam für diese Aufgabe nicht in Betracht.

be·trach·ten <betrachtest, betrachtete, hat betrachtet> *mit OBJ* ❶ ■ *jmd. betrachtet etwas* (≈ *anschauen) etwas eingehend/lange/prüfend betrachten* ❷ ■ *jmd. betrachtet jmdn./etwas als etwas ansehen als:* Sie betrachtete ihn als guten Freund. ▸ Betrachter, Betrachterin

be·trächt·lich <beträchtlicher, am beträchtlichsten> *adj* ❶ (≈ *bedeutend, stattlich) ziemlich groß:* eine beträchtliche Entfernung; Er schuldet uns eine beträchtliche Summe.; Sie hat beträchtliche Fortschritte gemacht. ❷ (≈ *sehr) Das Kind ist beträchtlich gewachsen.*

Be·trag *der* <-(e)s, Beträge> *eine bestimmte Geldsumme:* einen Scheck über einen größeren Betrag ausstellen ◆ Geld-, Kauf-, Rechnungs-

Be·tra·gen *das* <-s> */kein Plur./* *(das von jmdm. beurteilte) Benehmen und Verhalten (eines Kindes oder Schülers):* ein freches/gutes/schlechtes Betragen; Das Betragen des Schülers war vorbildlich.

be·tra·gen <beträgst, betrug, hat betragen> I. *mit OBJ* ■ *etwas beträgt etwas ein bestimmter Betrag sein:* Die Kosten betragen 500 Euro. II. *mit SICH* ■ *jmd. beträgt sich irgendwie ein bestimmtes Betragen zeigen:* Er hat sich im Unterricht immer gut betragen.

be·trau·en <betraust, betraute, hat betraut> *mit OBJ* ■ *jmd. betraut jmdn. mit etwas Dat. (geh.) jmdm. etwas als Aufgabe geben:* Professor Müller

wurde mit dem Amt des Dekans der Fakultät betraut.

be·trau·ern <betrauerst, betrauerte, hat betrauert> *mit OBJ* ■ *jmd. betrauert jmdn./etwas um jmdn. trauern:* den Tod der Eltern betrauern

be·träu·feln <beträufelst, beträufelte, hat beträufelt> *mit OBJ* ■ *jmd. beträufelt etwas mit etwas Dat. eine (geringe Menge) Flüssigkeit in einzelnen Tropfen auf etwas fallen lassen:* den Fisch mit Zitronensaft beträufeln; die Wunde mit Jodtinktur beträufeln

Be·treff *der* <-(e)s> */kein Plur./* AMTSSPR., WIRTSCH. *(veralt.) am Beginn eines förmlichen Briefes verwendet, um anzugeben, worauf man sich im Text bezieht:* Betreff: Ihre Anfrage vom ...

be·tref·fen <betrifft, betraf, hat betroffen> *mit OBJ* ■ *etwas betrifft jmdn./etwas* ❶ *sich auf jmdn. oder etwas auswirken:* Die Umweltverschmutzung betrifft uns alle.; Besonders Kleinbetriebe sind von dem neuen Gesetz betroffen. ▸ betroffen, Betroffenheit ❷ (≈ *angehen) sich auf jmdn. oder etwas beziehen:* Was diese Sache betrifft ...; Was mich betrifft ...

be·tref·fend *adj* /nicht steig./ *die Sache oder Person, um die es sich geht oder von der gerade die Rede ist:* Die betreffende Seite fehlt!; Der betreffende Mitarbeiter soll sich melden.

be·treffs *präp* +Gen. AMTSSPR., WIRTSCH. *(veralt.) hinsichtlich einer bestimmten Angelegenheit:* betreffs Ihrer Anfrage ...

Be·treff·zei·le *die* <-, -n> (≈ *Betreff) die erste (vom Rest des Textes abgesetzte) Zeile in einem förmlichen Schreiben, in der angegeben wird, worum es im Text geht*

be·trei·ben <betreibst, betrieb, hat betrieben> *mit OBJ* ❶ ■ *jmd. betreibt etwas sich mit etwas beschäftigen:* Studien zu einem bestimmten Thema betreiben; die Malerei als Hobby betreiben ❷ ■ *jmd. betreibt etwas etwas ausüben:* ein Geschäft/Handwerk betreiben ❸ ■ *jmd. betreibt etwas mit etwas Dat. etwas zur Energieversorgung von etwas benutzen:* eine Heizung mit Gas betreiben; Früher wurden Mühlen mit Wasserkraft betrieben.

Be·trei·ben ■ auf jemandes Betreiben hin *(geh.) verwendet, um auszudrücken, dass jmd. der Auslöser oder Verursacher von etwas ist* Auf Betreiben der Behörde wurde das Lokal geschlossen.

Be·trei·ber *der*, **Be·trei·be·rin** <-s, -> *Firma, die eine Anlage oder die Versorgung einer Anlage (mit Energie) betreibt:* Betreiber des Kraftwerks ist ...

Be·trei·bung *die* <-, -en> SCHWEIZ. *Veranlassung zur Zahlung eines geschuldeten Geldbetrags*

be·tre·ten[1] <betrittst, betrat, hat betreten> *mit OBJ* ■ *jmd. betritt etwas in etwas eintreten:* Die Laborräume darf man nur mit Schutzkleidung betreten.; Betreten verboten!

be·tre·ten[2] *adj peinlich berührt, verlegen:* Es herrschte betretenes Schweigen.; ein betretenes Gesicht machen ▸ Betretenheit

be·treu·en <betreust, betreute, hat betreut> *mit OBJ* ❶ ■ *jmd. betreut jmdn. jmdn. pflegen und versorgen:* Die Pflegerin betreut die alte Dame.

B

❷ *jmdn., der nicht mehr mündig ist, geschäftlich und rechtlich vertreten:* Er ist geistig verwirrt und muss deshalb betreut werden. ❸ ■ **jmd. betreut etwas** *sich verantwortlich um etwas kümmern:* Das Gebiet Südbaden betreut Herr Huber.; Als Trainer betreut Herr Huber auch die Jugendmannschaft. ▶ Betreuer, Betreuerin, Betreuung

Be·treu·er *der,* **Be·treu·e·rin** <-s, -> ❶ *jmd., der eine Person pflegt und versorgt:* die Betreuerin der behinderten Patientin ◆ Alten- ❷ *jmd., der eine Person, die nicht mehr mündig ist, rechtlich und geschäftlich vertritt:* Für den geistig verwirrten Patienten wird ein Betreuer bestellt. ❸ *jmd., der ein bestimmtes Arbeitsgebiet betreut* ◆ Kunden-

Be·trieb *der* <-(e)s, -e> ❶ *(≈ Unternehmen) eine Firma, die Produkte herstellt:* Den Betrieb hat sein Vater aufgebaut.; Der Betrieb beschäftigt rund dreihundert Mitarbeiter. ◆ -sanalyse, -sangehörige, -sarzt, -särztin, -sausflug, -sausschuss, -sbegehung, -sferien, -sfest, -sführung, -sgeheimnis, -sgelände, -sgemeinschaft, -sinhaber(in), -skapital, -skosten, -skrankenkasse, -sküche, -sleiter(in), -sschließung, -sschluss, -sstilllegung, -sunfall, -sverfassung, -sversammlung, -szeitung, -szugehörigkeit, Dienstleistungs-, Familien-, Groß-, Handwerks-, Industrie-, Staats- ▶ betrieblich ❷ */kein Plur./ (≈ Geschäftigkeit, Verkehr) lebhaftes Treiben:* Am Flughafen herrscht immer Betrieb. ◆ Hoch- ❸ *das Funktionieren eines Geräts oder einer Maschine:* Das Gerät ist in Betrieb.; den Betrieb aufnehmen; außer Betrieb sein ◆ -sstörung, -szeit, Batterie-, Dauer-, Netz- ▶ Inbetriebnahme

be·trieb·sam *adj (≈ geschäftig) so, dass man fleißig und sehr aktiv ist:* ein betriebsamer Mensch; betriebsam hin- und her eilen ▶ Betriebsamkeit

Be·triebs·an·lei·tung *die* <-, -en> *(≈ Gebrauchsanleitung, Gebrauchsanweisung) ein Text, der mit einem Gerät oder einer Maschine geliefert wird und in dem steht, wie man das Gerät richtig bedient, was zu tun ist, wenn etwas nicht funktioniert u.Ä.*

Be·triebs·aus·flug *der* <-(e)s, Betriebsausflüge> *ein Ausflug, den die Belegschaft eines Betriebs[1] (jährlich) unternimmt*

Be·triebs·bahn·hof *der* <-(e)s, Betriebsbahnhöfe> *Bahnhof, in dem Züge gewartet werden*

be·triebs·be·dingt *adj /nicht steig./ durch betriebliche Abläufe ausgelöst:* eine betriebsbedingte Störung

be·triebs·be·reit *adj /nicht steig./ bereit, in Betrieb[3] genommen zu werden:* Nach der Aufwärmphase ist der Kopierer nun betriebsbereit. ▶ Betriebsbereitschaft

be·triebs·blind *adj /nicht steig./ (umg. abwert.) so, dass man durch Gewohnheit im Laufe der Zeit die Mängel und Fehler im eigenen Arbeitsbereich nicht mehr erkennen kann:* Wäre er nicht so betriebsblind, hätte er den Fehler längst entdeckt. ▶ Betriebsblindheit

Be·triebs·dau·er *die* <-> */kein Plur./ der Zeitraum, in dem ein Gerät (voraussichtlich) betrieben[3] werden kann:* Diese Glühbirne hat eine Betriebsdauer von 1000 Stunden.

Be·triebs·er·geb·nis *das* <-ses, -se> WIRTSCH. *Er-*

gebnis des betrieblichen Leistungsprozesses (Gewinn oder Verlust), das durch die Gegenüberstellung von Kosten und Erträgen ermittelt wird

Be·triebs·er·laub·nis *die* <-, -se> RECHTSW. *Erlaubnis zum Betreiben[3] von etwas:* Die Betriebserlaubnis für das Kernkraftwerk wurde nicht erteilt.

Be·triebs·frie·den *der* <-s> */kein Plur./* RECHTSW. *ungestörtes Verhältnis zwischen Arbeitnehmern und Arbeitgebern, so dass beide Seiten ihren Pflichten nachkommen:* eine Störung des Betriebsfriedens

Be·triebs·ge·heim·nis *das* <-ses, -se> *die Produkte einer Firma und ihre Herstellung betreffende Angaben, zu deren Geheimhaltung die Mitarbeiter verpflichtet sind*

be·triebs·in·tern *adj /nicht steig./ nur für die Angehörigen eines Betriebs[1] bestimmt oder diesen zugänglich:* eine betriebsinterne Mitteilung

Be·triebs·kli·ma *das* <-s> */kein Plur./ die Atmosphäre, die in einem Betrieb[1] herrscht:* ein angenehmes Betriebsklima

Be·triebs·lei·tung *die* <-> */kein Plur./* ❶ *Leitung, Führung eines Betriebes* ❷ *Gesamtheit der Personen, die für die Leitung eines Betriebes zuständig sind* ▶ Betriebsleiter, Betriebsleiterin

Be·triebs·nu·del *die* <-, -n> *(umg. scherzh.) unternehmungslustiger, geselliger, betriebsamer Mensch:* Unsere Sachbearbeiterin ist eine richtige Betriebsnudel.

Be·triebs·ob·mann *der* <-s, Betriebsobmänner> RECHTSW. *Arbeitnehmer, der in Kleinbetrieben die Funktion des Betriebsrats innehat*

Be·triebs·ord·nung *die* <-, -en> RECHTSW. *innerbetriebliche Regelung des Arbeitsablaufs sowie der Beziehungen der Betriebsangehörigen untereinander und zur Betriebsleitung*

Be·triebs·prü·fer *der,* **Be·triebs·prü·fe·rin** <-s, -> WIRTSCH. *jmd., der die finanzielle Prüfung der Buchhaltung eines Betriebes[1] durchführt:* Der Betriebsprüfer kam unangemeldet.

Be·triebs·rat *der,* **Be·triebs·rä·tin** <-(e)s, Betriebsräte> ❶ *von den Mitarbeitern eines Betriebs gewählter Vertreter, der ihre Interessen wahrnehmen soll* ❷ */nur maskulin/ Versammlung der Betriebsräte* ◆ -smitglied, -sratsvorsitzende

Be·triebs·ren·te *die* <-, -n> *betriebliche, vom Arbeitgeber gewährte Rente:* Neben der gesetzlichen Rente bekommt sie noch eine Betriebsrente.

Be·triebs·schutz *der* <-es> */kein Plur./* ❶ *planmäßiger Schutz der Anlagen eines Betriebes* ❷ RECHTSW. *Arbeitsschutz im Betrieb[1]*

Be·triebs·si·cher·heit *die* <-> */kein Plur./ der Zustand, dass an einem Arbeitsplatz alle Sicherheitsmaßnahmen getroffen sind und ein Schutz vor Unfällen besteht*

Be·triebs·sys·tem *das* <-s, -e> EDV *das grundlegende Programm zur Steuerung eines Computers, das zugleich die Basis für die Anwendungsprogramme bildet:* Der Fehler beruht auf einer Störung des Betriebssystems.

Be·triebs·tem·pe·ra·tur *die* <-, -en> *ideale Temperatur zum Betreiben[3] einer Maschine:* Wir müssen warten bis die Betriebstemperatur erreicht ist.

B

Be·triebs·ver·lust *der* <-es, -e> WIRTSCH. *negatives Betriebsergebnis*

Be·triebs·wirt·schaft *die* <-> */kein Plur./* WIRTSCH. *(≈ Betriebswirtschaftslehre ↔ Volkswirtschaftslehre) Bereich des Organisierens, Gestaltens und der Führung in Betrieben* ▶ Betriebswirt, Betriebswirtin, betriebswirtschaftlich

Be·triebs·wirt·schafts·leh·re *die* <-> */kein Plur./* WIRTSCH. *(≈ Betriebswirtschaft ↔ Volkswirtschaftslehre) Zweig der Wirschaftswissenschaften, der sich mit der Organisation, dem Aufbau und der Führung von Betrieben befasst*

be·trin·ken <betrinkst, betrank, hat betrunken> *mit SICH* ■ *jmd. betrinkt sich (mit etwas Dat.) so viel Alkohol trinken, dass man einen Rausch hat:* Er betrank sich sinnlos und lallte nur noch.

be·trof·fen *adj* */nicht steig./* **❶** *(≈ berührt, bestürzt) durch etwas (Trauriges oder Negatives) innerlich bewegt:* ein betroffenes Gesicht machen; im Innersten von etwas betroffen sein ▶ Betroffenheit **❷** *so, dass jmd. oder etwas die Wirkung von etwas erfährt:* Auch unsere Gegend war von dem Unwetter betroffen.; Als Betroffener weiß man, dass ...

be·tro·gen *Part. Perf. von* **betrügen**

be·trü·ben <betrübst, betrübte, hat betrübt> *mit OBJ* ■ *etwas betrübt jmdn. (geh.: ≈ bedrücken, bekümmern ↔ erheitern) traurig stimmen:* Diese Nachricht hat uns sehr betrübt.

be·trüb·lich *adj (geh.: ≈ traurig) so, dass es Kummer bereitet:* Der betrübliche Vorfall ereignete sich gestern.

Be·trüb·nis *die* <-, -se> *(geh.: ≈ Traurigkeit) das Betrübtsein:* in tiefe Betrübnis versinken

Be·trug *der* <-(e)s> */kein Plur./ der Vorgang, dass jmd. einer Person absichtlich die Unwahrheit sagt oder etwas vortäuscht und sich damit einen materiellen Vorteil verschafft:* Sie ist wegen Betruges zu einer Gefängnisstrafe verurteilt worden.; Der Betrug konnte ihm nicht nachgewiesen werden. ◆ Scheck-, Versicherungs-, Wahl-

be·trü·gen <betrügst, betrog, hat betrogen> *mit OBJ* **❶** ■ *jmd. betrügt jmdn. (um etwas Akk.) jmdm. bewusst die Unwahrheit sagen oder etwas vortäuschen, um sich selbst einen materiellen Vorteil zu verschaffen:* einen Geschäftspartner um Millionen betrügen; Seine Schwester hat ihn um seinen Anteil des elterlichen Erbes betrogen. **❷** ■ *jmd. betrügt jmdn. (mit jmdm.) gegenüber dem Ehepartner oder dem Freund oder der Freundin sexuell untreu sein:* Er betrügt seine Frau mit einer Kollegin.; Sie hat ihn jahrelang (mit anderen Männern) betrogen. **❸** ■ *jmd. betrügt jmdn. um etwas Akk. jmdn. um etwas bringen, was ihm rechtmäßig zusteht:* Sie wurde um ihren Lohn betrogen.

Be·trü·ger *der*; **Be·trü·ge·rin** <-s, -> *jmd., der andere betrügt:* Wir sind auf einen Betrüger hereingefallen.

Be·trü·ge·rei *die* <-, -en> **❶** *wiederholtes, fortwährendes Betrügen:* Sie erschwindelte sich das Geld durch kleine Betrügereien. **❷** *eine Handlung, die den Tatbestand des Betrugs erfüllt:* Dieser Betrügerei muss Einhalt geboten werden.

be·trü·ge·risch *adj* */nicht steig./ (≈ unlauter) so, dass man einen Betrug bezweckt:* ein betrügerischer Bankangestellter; betrügerische Geschäfte; in betrügerischer Absicht

be·trun·ken *adj von Alkohol berauscht:* Der betrunkene Autofahrer wurde von der Polizei gestoppt.; in betrunkenem Zustand am Steuer erwischt werden ▶ Betrunkenheit

Bet·stuhl *der* <-s, Betstühle> REL. *Kniebank mit einer Armstütze zum Beten*

Bett *das* <-(e)s, -en> **❶** *ein flaches Möbelstück, in dem eine Matratze liegt, auf der man schläft:* Er geht ins Bett/liegt im Bett/macht das Bett. ◆-de-cke, -geschichte, -gestell, -kante, -kasten, -laken, -lektüre, -pfosten, -rand, -schwere, -tuch, -überzug, -umrandung, -vorlage, -vorleger, -wäsche, Doppel-, Ehe-, Feld-, Gäste-, Holz-, Hotel-, Kinder-, Klapp-, Kranken-, Wasser- **❷** ■ *ans Bett gefesselt sein wegen Krankheit im Bett liegen müssen;* ■ *das Bett hüten (umg.) krank im Bett liegen;* ■ *sich ins gemachte Bett legen (umg. abwert.) ohne eigene Anstrengung ein angenehmes Leben finden* Er hat sich durch eine reiche Heirat ins gemachte Bett gelegt.; ■ *mit jemandem ins Bett gehen (umg.) mit jmdm. Geschlechtsverkehr haben*

Bett·an·zug *der* <-(e)s, Bettanzüge> SCHWEIZ. *Bettbezug*

Bett·be·zug *der* <-(e)s, Bettbezüge> *der Überzug, den man über die Bettdecke streift*

bet·tel·arm *adj* */nicht steig./ sehr arm*

bet·teln <bettelst, bettelte, hat gebettelt> *mit OBJ* ■ *jmd. bettelt um etwas Akk.* **❶** *auf der Straße fremde Menschen um einen kleinen Geldbetrag bitten, weil man sehr arm ist und keine Arbeit hat:* Der Obdachlose bettelt um Geld.; auf der Straße betteln **❷** *(besonders von Kindern) immer wieder um etwas bitten:* Die Kinder bettelten darum, ins Kino gehen zu dürfen.

Bet·tel·stab ■ *jemanden an den Bettelstab bringen jmdn. finanziell ruinieren* Seine Spielsucht/Trinkerei hat ihn an den Bettelstab gebracht.

Bett·fe·der *die* <-, -n> **❶** */meist Plur./ eine der Gänsefedern ohne Kiel, die als Füllung für Deckbetten, Kopfkissen und Daunendecken verwendet werden* **❷** *Sprungfeder des Bettrostes*

Bett·fla·sche *die* <-, -n> SCHWEIZ. *Wärmflasche*

Be·tt·ja·cke *die* <-, -n> *eine Jacke, die man im Bett trägt*

bett·lä·ge·rig *adj* */nicht steig./ so krank, dass man längere Zeit oder auf Dauer im Bett liegen muss:* ein bettlägeriger Patient

Bett·la·ken *das* <-s, -> *(≈ Betttuch)*

Bett·ler *der/die*, **Bett·le·rin** <-s, -> *jmd., der bettelt* [1]

Bett·näs·ser *der*; **Bett·näss·se·rin** <-s, -> *jmd., dem im Schlaf ungewollt Urin abgeht:* Durch die seelische Belastung wurde das Kind wieder zum Bettnässer.

Bett·ru·he *die* <-> */kein Plur./ der Zustand, dass man den ganzen Tag im Bett liegen muss, weil man krank oder sehr schwach ist:* Der Arzt hat ihm Bettruhe verordnet.

Bett·schüs·sel *die* <-, -n> *(≈ Nachttopf)*

Bett·sze·ne *die* <-, -n> *Szene in einem Film, in*

B

der sexuelle Handlungen gezeigt werden: Im Film wurde eine sehr freizügige Bettszene gezeigt.

Bẹt·tung *die* <-, -en> *feste Unterlage für Maschinen, Eisenbahngleise, Geschütze*

Bett·wan·ze *die* <-, -n> *in unsauberer häuslicher Umgebung lebende Wanze, die nachts Menschen und Tiere befällt und Blut saugt*

Bett·wä·sche *die* <-> /kein Plur./ *Betttuch und Überzüge für Deckbett und Kopfkissen:* Bettwäsche aus Baumwolle

Bẹtt·zeug *das* <-(e)s> /kein Plur./ ≈ *Bettwäsche*

be·tucht *adj (umg.:* ≈ *reich, wohlhabend)* Sie ist die Tochter betuchter Eltern.

be·tu·lich *adj (abwert.) brav und bieder:* Die Handlung des Romans ist allzu betulich und ermüdend. ▸ Betulichkeit

be·tü·tern <betüterst, betütert, betüterte> *mit OBJ* ■ *jmd. betütert jmdn. (irgendwie)* NORDDT. *jmdn. in übertriebener Weise, die als lästig empfunden wird, umsorgen:* Die Mutter betütert ihren Sohn, obwohl er schon erwachsen ist.

Beu·gel *das* <-s, -> ÖSTERR. *Hörnchen*

beu·gen <beugst, beugte, hat gebeugt> **I.** *mit OBJ* ■ *jmd. beugt etwas* ❶ *(↔ strecken) einen Körperteil krümmen/anwinkeln:* den Arm beugen ❷ SPRACHWISS. *(≈ flektieren)* ein Verb beugen ❸ RECHTSW. *Gesetze willkürlich anwenden oder falsch auslegen:* Er glaubte, er könne die Gesetze beugen wie er wolle. **II.** *mit SICH* ❶ ■ *jmd. beugt sich über etwas Akk. sich so nach vorn neigen, dass der Oberkörper über der genannten Sache ist:* sich über die Brüstung/das Waschbecken beugen ❷ ■ *jmd. beugt sich etwas Dat. gezwungermaßen nachgeben; sich unterordnen:* Er beugte sich ihrem Willen.

Beu·le *die* <-, -n> *eine Schwellung des Hautgewebes als Folge einer starken Reizung:* die Beule mit einem kalten Umschlag kühlen ◆-npest, Eiter-, Frost-

be·un·ru·hi·gen <beunruhigst, beunruhigte, hat beunruhigt> **I.** *mit OBJ* ■ *etwas beunruhigt jmdn. (≈ aufregen ↔ beruhigen) in Unruhe versetzen:* Deine Mitteilung hat mich sehr beunruhigt.; Viele Mitarbeiter sind wegen der Entlassung der Kollegen stark/tief beunruhigt, sie fürchten jetzt um ihren eigenen Arbeitsplatz. **II.** *mit SICH* ■ *jmd. beunruhigt sich in Unruhe oder Sorge sein:* Beunruhige dich nicht wegen dieser Kleinigkeit! ▸ Beunruhigung

be·ur·kun·den <beurkundest, beurkundete, hat beurkundet> *mit OBJ* ■ *jmd. beurkundet etwas durch eine Urkunde bescheinigen:* den Vertrag durch einen Notar beurkunden lassen

Be·ur·kun·dung *die* <-, -en> *das Beurkunden:* die Beurkundung eines Vertrages

be·ur·lau·ben <beurlaubst, beurlaubte, hat beurlaubt> *mit OBJ* ■ *jmd. beurlaubt jmdn. (wegen etwas Gen.)* ❶ *(≈ suspendieren) jmdn. (wegen Verdacht auf Fehlverhalten) sagen, er solle vorläufig nicht mehr zur Arbeit kommen:* Der Beamte wurde bis zur Klärung der Angelegenheit beurlaubt. ❷ *(≈ freigeben, freistellen) jmdn. Urlaub geben:* den Schüler für ein paar Tage beurlauben ▸ Beurlaubung

be·ur·tei·len <beurteilst, beurteilte, hat beurteilt> *mit OBJ* ■ *jmd. beurteilt jmdn./etwas (≈ begutachten, einschätzen) ein Urteil abgeben:* Seine Leistung wurde sehr positiv beurteilt.; Das kann er doch gar nicht beurteilen!

Be·ur·tei·lung *die* <-, -en> ❶ /kein Plur./ *das Beurteilen:* die Beurteilung eines Menschen ❷ *ein schriftliches Dokument, in dem jmd. beurteilt wird:* eine gute Beurteilung bekommen

Beu·schel *das* <-s, -> KOCH. SÜDDT., ÖSTERR. *Gericht aus Lunge und Herz von Tieren*

Beu·te *die* <-> /kein Plur./ ❶ *ein Tier, das ein Jäger erbeutet hat* ◆Jagd- ❷ *ein Tier, das ein Raubtier erbeutet hat:* Der Adler erhob sich mit seiner Beute in die Lüfte. ❸ *etwas, das bei einem Einbruch oder Überfall gestohlen wird:* die Beute des Banküberfalls verstecken; ■ *etwas wird eine Beute der Flammen (übertr.) etwas wird bei einem Brand zerstört* Das Haus wurde eine Beute der Flammen. ◆Diebes-, Kriegs-

Beu·te·kunst *die* <-> /kein Plur./ GESCH. *Kunstgegenstände, die im Krieg erbeutet wurden:* ein Abkommen über die gegenseitige Rückgabe von Beutekunst

Beu·tel *der* <-s, -> ❶ *eine einfache Tasche aus Stoff oder Leder* ◆Einkaufs-, Leinwand-, Stoff- ❷ *(≈ Tüte) kleiner Sack aus Plastik oder Papier* ◆Müll-, Plastik- ❸ ZOOL. *(bei bestimmten Tieren) eine (dem Transport des Jungtieres dienende) Hautfalte;* ■ *tief in den Beutel greifen müssen (umg.) viel Geld für etwas ausgeben müssen*

beu·teln <beutelst, beutelte, hat gebeutelt> *mit OBJ* ■ *etwas beutelt jmdn. jmdm. schwierige Situationen bescheren:* Das Schicksal hat ihn sehr gebeutelt.

Beu·tel·rat·te *die* <-, -n> ZOOL. *ein Nagetier, das vorwiegend nachts aktiv ist und einen langen Schwanz besitzt, der oft als Greiforgan ausgebildet ist*

Beu·tel·tier *das* <-(e)s, -e> ZOOL. *ein Säugetier, dessen Junge nicht voll ausgebildet zur Welt kommen, sondern sich erst nach der Geburt im Beutel³ der Mutter bis zur Lebensfähigkeit entwickeln:* Das kleine Känguru schaut aus dem Beutel seiner Mutter heraus.

Beu·te·zug *der* <-(e)s, Beutezüge> *(≈ Raubzug)* Der Einbrecher konnte nach seinem Beutezug entkommen.

be·völ·kern <bevölkerst, bevölkerte, hat bevölkert> **I.** *mit OBJ* ■ *jmd. bevölkert etwas an einem Ort in großer Anzahl sein:* Touristen bevölkern die Strände an der Costa Brava.; Schon viele Stunden vor dem Konzert bevölkerten Tausende das Festivalgelände. **II.** *mit SICH* ■ *etwas bevölkert sich (mit jmdm.) sich mit Menschen füllen:* An dem heißen Sommertag bevölkerte sich das Freibad schnell.; In der Innenstadt sind die Straßen noch bis in die Nacht mit jungen Leuten bevölkert.

Be·völ·ke·rung *die* <-> /kein Plur./ *Gesamtheit der Einwohner eines bestimmten Gebietes:* die einheimische Bevölkerung ◆-santeil, -sgruppe, -sentwicklung, -srückgang, -swachstum, -steil, Erd-, Welt-, Zivil-

Be·völ·ke·rungs·dich·te *die* <-> /kein Plur./ *die*

Zahl der Menschen, die in einem bestimmten Ge-biet leben (im Verhältnis zur Größe des Gebiets)
Be·völ·ke·rungs·ex·plo·si·on *die* <-> /kein Plur./ rasante Zunahme der Bevölkerung (in einem bestimmten Land)
Be·völ·ke·rungs·po·li·tik *die* <-> /kein Plur./ Politik, die versucht, die Größe oder Zusammensetzung einer Bevölkerung zu beeinflussen ▶ bevölkerungspolitisch
be·voll·mäch·ti·gen <bevollmächtigst, bevollmächtigte, hat bevollmächtigt> *mit OBJ* ■ *jmd. bevollmächtigt jmdn. (zu etwas Dat.)* (≈ befugen) jmdm. eine Vollmacht erteilen: Der Chef hat mich zum Abschluss dieses Vertrags bevollmächtigt. ▶ Bevollmächtigung
be·voll·mäch·tigt *adj* /nicht steig./ (≈ befugt) so, dass man mit einer Vollmacht ausgestattet ist ▶ Bevollmächtigte
be·vor *konj* ❶ (≈ ehe ↔ nachdem) verwendet, um auszudrücken, dass die im Hauptsatz genannte Handlung vor der im Nebensatz genannten abläuft: Bevor wir kochen können, muss ich erst einkaufen.; Ich möchte mit dieser Aufgabe fertig sein, bevor er kommt.; Kurz bevor das Telefon klingelte, öffnete er die Haustür. ❷ ■ **bevor nicht** *nennt im Nebensatz eine Bedingung, die erfüllt sein muss, damit die im Hauptsatz ausgedrückte Handlung geschehen kann* Bevor nicht alle Teilnehmer da sind, kann die Besprechung nicht beginnen.
be·vor·mun·den <bevormundest, bevormundete, hat bevormundet> *mit OBJ* ■ *jmd. bevormundet jmdn.* jmdn. nicht selbstständig entscheiden lassen, sondern ihm (dauernd) Vorschriften machen: Ich lasse mich von dir nicht länger bevormunden! ▶ Bevormundung
be·vor·ra·ten <bevorratest, bevorratete, hat bevorratet> *mit OBJ* ■ *jmd. bevorratet etwas* AMTSSPR. einen Vorrat anlegen: einen Haushalt mit Lebensmitteln bevorraten
Be·vor·ra·tung *die* <-, -en> /Plur. selten/ AMTSSPR. das Bevorraten ◆ Haushalts-
be·vor·rech·tigt *adj* /nicht steig./ AMTSSPR. so, dass jmd. bevorzugt wird: Mütter mit Kindern werden bevorrechtigt behandelt.
be·vor·ste·hen <stehst bevor, stand bevor, hat bevorgestanden> *ohne OBJ* ❶ ■ *ein Ereignis steht bevor* ein Ereignis wird bald eintreten: Die Geburt steht bevor. ❷ ■ *etwas steht jmdm. bevor* etwas (Negatives oder Unangenehmes) wird jmdn. bald betreffen: Nächsten Monat steht uns ein Umzug bevor.; Ihm steht eine Zahnoperation bevor.; Das Schlimmste stand uns erst noch bevor.
be·vor·zu·gen <bevorzugst, bevorzugte, hat bevorzugt> *mit OBJ* ❶ ■ *jmd. bevorzugt etwas* (≈ vorziehen) lieber (haben) wollen: Sie bevorzugt zum Frühstück Tee, er Kaffee. ❷ ■ *jmd. bevorzugt jmdn.* (≈ begünstigen ↔ benachteiligen) jmdm. Vorteile vor anderen gewähren: jmdn. wegen seiner guten Beziehungen bevorzugen; Es ist nicht gut, wenn Eltern ein Kind vor einem anderen bevorzugen. ▶ Bevorzugung
be·wa·chen <bewachst, bewachte, hat bewacht> *mit OBJ* ❶ ■ *jmd. bewacht jmdn.* (≈ kontrollieren, überwachen) jmdn. scharf beobachten und

an der Flucht hindern: die Gefangenen bewachen ▶ Bewacher, Bewacherin ❷ ■ *jmd./ein Tier bewacht jmdn./ein Tier* (≈ beaufsichtigen, behüten, beschützen) Die Katze bewacht ihre Jungen. ❸ ■ *jmd. bewacht etwas* (≈ überwachen) aufpassen, dass nichts Unerlaubtes passiert: Die Polizisten bewachen das Botschaftsgebäude.; ein bewachter Campingplatz/Parkplatz ▶ Bewachung
be·wach·sen *adj* /nicht steig./ so, dass Pflanzen auf einer Fläche wachsen und sie bedecken: eine mit wildem Wein bewachsene Fassade; ein bewachsenes Dach ▶ Bewuchs
be·waff·nen <bewaffnest, bewaffnete, hat bewaffnet> *mit OBJ* ■ *jmd. bewaffnet jmdn.* mit Waffen ausrüsten
Be·waff·nung *die* <-, -en> ❶ /kein Plur./ das Bewaffnen ◆ Wieder- ❷ alle Waffen, mit denen jmd. oder etwas ausgerüstet ist: die Bewaffnung des Flugzeugträgers/der Partisanen
be·wah·ren <bewahrst, bewahrte, hat bewahrt> *mit OBJ* ❶ ■ *jmd. bewahrt etwas* (≈ aufbewahren) längere Zeit aufheben: Viele alte Kleider hat sie in diesem Schrank bewahrt. ❷ ■ *jmd. bewahrt etwas* (≈ beibehalten) erhalten, behalten: eine Tradition bewahren; das Bewahren alten Brauchtums; Sie bewahrt ihre Fassung/ihren Humor.; Ruhe bewahren ❸ ■ *jmd. bewahrt etwas vor etwas Dat.* (≈ behüten) schützen: vor Schaden/Unheil bewahren
be·wäh·ren <bewährst, bewährte, hat bewährt> *mit SICH* ■ *jmd./etwas bewährt sich* sich als geeignet herausstellen, sich als zuverlässig erweisen: Sie hatte sich als treue Freundin bewährt.; Dieses Taschenmesser hat sich schon oft bewährt.
be·wahr·hei·ten <bewahrheitest, bewahrheitete, hat bewahrheitet> *mit SICH* ■ *etwas bewahrheitet sich* (geh.: ≈ bestätigen) sich als wahr herausstellen: Meine Befürchtungen haben sich bewahrheitet.
be·währt <bewährter, am bewährtesten> *adj* so, dass sich etwas als geeignet erwiesen hat: ein bewährtes Hausmittel
Be·wäh·rung *die* <-, -en> ❶ /kein Plur./ das Sichbewähren ❷ RECHTSW. der Vorgang, dass eine Freiheitsstrafe in manchen Fällen nicht im Gefängnis verbüßt werden muss, wenn der Verurteilte bestimmte Aufgaben erfüllt, und wenn er (bei regelmäßiger Kontrolle seiner Lebensweise) den Eindruck macht, dass er nicht wieder straffällig werden wird.: Die Gefängnisstrafe wurde zur Bewährung ausgesetzt.
Be·wäh·rungs·auf·la·ge *die* <-, -n> RECHTSW. mit einer Bewährungsstrafe verbundene Auflage
Be·wäh·rungs·hel·fer *der*, **Be·wäh·rungs·hel·fe·rin** <-s, -> ein Sozialarbeiter, der sich um jmdn. kümmert, der Bewährung² hat: Der Verurteilte muss sich wöchentlich bei seinem Bewährungshelfer melden.
Be·wäh·rungs·pro·be *die* <-, -n> eine Aufgabe, bei der sich jmd. bewähren kann: Er hat die Bewährungsprobe glänzend bestanden.
Be·wäh·rungs·stra·fe *die* <-, -n> RECHTSW. zur Bewährung² ausgesetzte Freiheitsstrafe: Er erhielt eine Bewährungsstrafe von zwei Jahren.

Be·wäh·rungs·zelt *die* <-, -en> *Zeitraum, in dem sich jmd. bewähren soll*

be·wal·det *adj /nicht steig./ so, dass es von Wald bedeckt ist:* Die Landschaft ist reich bewaldet/ reichbewaldet.

Be·wal·dung *die* <-> /*kein Plur.*/ ❶ *Wald, der eine Fläche bedeckt* ❷ *das Aufforsten, das Bewalden:* Das Forstamt beschloss die Bewaldung des Gebietes.

be·wäl·ti·gen <bewältigst, bewältigte, hat bewältigt> *mit OBJ* ■ *jmd.* **bewältigt etwas** *(≈ meistern) den Anforderungen einer schwierigen Aufgabe oder Situation gerecht werden:* Wie soll ich das Chaos hier bewältigen?; Sie hat die Krise nach ihrer Scheidung endlich bewältigt. ▶ Bewältigung

be·wan·dert *adj (≈ erfahren, kundig) so, dass jmd. gute Kenntnisse auf einem Gebiet erworben hat:* Er ist in der Literatur/Musikgeschichte sehr bewandert.

Be·wandt·nis *die* <-, -se> *(geh.) wesentliches Merkmal, Beschaffenheit, Wesen, Charakter;* ■ **mit etwas hat es eine besondere/folgende Bewandtnis ...** *mit etwas sind besondere Umstände oder Eigenschaften verbunden* Mit diesem Erbstück hat es folgende Bewandtnis ...

be·wäs·sern <bewässerst, bewässerte, hat bewässert> *mit OBJ* ■ *jmd.* **bewässert etwas** *(den Boden) durch Zufuhr von Wasser feucht machen (weil es zu wenig natürliche Niederschläge gibt):* das Gemüsebeet bewässern ▶ Bewässerung

be·we·gen[1] <bewegst, bewegte, hat bewegt> **I.** *mit OBJ* ❶ ■ *jmd.* **bewegt etwas/jmdn.** *die Lage oder die Stellung von etwas verändern:* Der Arzt fragte, ob er das Bein bewegen könne.; Sie konnte den schweren Schrank nicht allein bewegen. ❷ ■ *etwas* **bewegt etwas** *etwas in Bewegung bringen oder halten:* Die Kraft des Wassers bewegt die Turbinen. ❸ ■ *etwas* **bewegt jmdn.** *ergreifen, berühren:* Seine Worte hatten sie tief bewegt. **II.** *mit SICH* ■ *jmd./etwas* **bewegt sich** ❶ *seine Position verändern:* Langsam bewegten sich die Tänzer durch den Raum. ❷ *sich in Bewegung bringen:* Da drüben im Gebüsch bewegt sich etwas.; Kinder wollen sich viel bewegen. ❸ *sich verhalten:* Er bewegt sich in der Öffentlichkeit sicher und klug.

be·we·gen[2] <bewegt, bewog, hat bewogen> *mit OBJ* ■ *jmd./etwas* **bewegt jmdn. zu etwas** *Dat. (≈ veranlassen) verursachen, dass jmd. einen bestimmten Entschluss fasst:* Dies bewog ihn schließlich dazu, die Stelle anzunehmen.

Be·weg·grund *der* <-(e)s, Beweggründe> *(≈ Motiv) etwas, das jmdn. zu einer bestimmten Handlung bewegt:* aus niedrigen Beweggründen handeln

be·weg·lich *adj* ❶ *so, dass man es bewegen kann:* eine Puppe mit beweglichen Armen und Beinen ❷ *(≈ agil) so, dass jmd. lebhaft und an Bewegung interessiert ist:* Gymnastik soll den Körper auch im Alter beweglich halten.; Bei diesem Job muss man geistig beweglich bleiben. ❸ *(≈ mobil) so, dass jmd. bereit ist, viel unterwegs zu sein:* Sind Sie für

diesen Job beweglich genug, so dass Sie öfters Dienstreisen machen können?

Be·weg·lich·keit *die* <-> /*kein Plur.*/ ❶ *der Zustand, dass jmd. normal bewegliche* [1] *Gliedmaßen hat:* Aufgrund der Krankheit ist die Beweglichkeit des Patienten stark eingeschränkt. ❷ *der Zustand, dass jmd. lebhaft und an (geistiger oder körperlicher) Bewegung interessiert ist:* Die geistige Beweglichkeit muss im Alter nicht unbedingt abnehmen. ❸ *(≈ Mobilität) der Zustand, dass jmd. bereit ist, viel zu reisen*

be·wegt *adj* ❶ *(≈ aufgewühlt) mit relativ starkem Wellengang:* das bewegte Meer ❷ *so, dass man emotional betroffen ist:* Nach der Rede waren alle Zuhörer tief bewegt/tiefbewegt. ▶ Bewegtheit ❸ *so, dass es sehr reich an wechselnden Ereignissen ist:* das bewegte Leben des Malers

Be·we·gung *die* <-, -en> ❶ *das Bewegen eines Körperteils:* Seine Bewegungen waren noch sehr unbeholfen. ◆ Dreh-, Kopf- ❷ /*kein Plur./ körperliche Aktivität:* auf viel Bewegung und gesunde Ernährung achten ❸ *der Vorgang, dass sich etwas bewegt, seine Lage verändert:* die Bewegung der Planeten ❹ /*kein Plur./ inneres Bewegtsein, Erregung, Ergriffenheit:* Er konnte vor Bewegung nicht sprechen. ❺ *gemeinsame (politische) Bestrebungen einer Gruppe von Menschen* ◆ Frauen-, Friedens-, Protest-, Reform-, Studenten-, Widerstands-

Be·we·gungs·ap·pa·rat *der* <-(e)s, -e> ANAT. *die Gesamtheit der zur Ausführung von Bewegungen erforderlichen Teile des Körpers (beim Menschen und bei höheren Tieren)*

Be·we·gungs·ar·mut *die* <-> /*kein Plur./ der Zustand, dass jmd. zu wenig Bewegung* [2] *hat:* Bewegungsarmut ist der Hauptgrund für ihr Übergewicht.; Sitzen im Büro, Sitzen vor dem Fernseher – Viele Menschen leiden an Bewegungsarmut.

Be·we·gungs·bad *das* <-(e)s, Bewegungsbäder> MED. *Bad mit Bewegungsübungen*

Be·we·gungs·drang *der* <-s> /*kein Plur./ das Bedürfnis, sich zu bewegen:* Kinder haben einen größeren Bewegungsdrang als die meisten Erwachsenen.

Be·we·gungs·frei·heit *die* <-> /*kein Plur./* ❶ *Platz, der in ausreichendem Maße vorhanden ist, damit man Arme und Beine bewegen kann:* Die großzügigen Abteile bieten dem Fluggast reichlich Bewegungsfreiheit. ❷ *(übertr.) Freiheit zum selbstständigen Handeln:* Sie lassen ihren Kindern jede Bewegungsfreiheit.

Be·we·gungs·krieg *der* <-(e)s, -e> MILIT. *(↔ Stellungskrieg) Krieg, in dem die Fronten ständig in Bewegung sind*

be·we·gungs·los *adj /nicht steig./ (≈ reglos) so, dass sich etwas nicht bewegt* ▶ Bewegungslosigkeit

Be·we·gungs·mel·der *der* <-s, -> TECHN. *ein Gerät, das alle in einem bestimmten Bereich stattfindenden Bewegungen registriert und in einer bestimmten Weise (durch Auslösen von Alarm o. Ä.) auf sie reagiert*

Be·we·gungs·the·ra·pie *die* <-, -n> MED. *Therapie durch systematische aktive oder passive Bewegung des Körpers oder einzelner Glieder*

B

B

be·wehrt *adj /nicht steig./ (veralt.) so, dass es mit Waffen versehen ist:* eine bewehrte Burganlage ▸ Bewehrung

be·wei·nen <beweinst, beweinte, hat beweint> *mit OBJ* ■ *jmd. beweint jmdn. (geh.: ≈ beklagen, betrauern) um jmdn. weinen; jmdn. betrauern:* die Toten/einen Verstorbenen beweinen

Be·weis *der* <-es, -e> ❶ *(≈ Nachweis) eindeutiger Beleg dafür, dass etwas wirklich so ist, wie man geglaubt oder angenommen hat:* Der Beweis für seine Schuld konnte von der Polizei erbracht werden. ❷ *die Bestätigung dafür, dass etwas wirklich so ist:* Er schenkte ihr den Ring zum Beweis seiner Liebe. ❸ MATH. *eine Folge logischer Schlussfolgerungen, die eine mathematische Tatsache beweist* ❹ PHILOS. *Schlussfolgerung, die einen fraglichen Sachverhalt als sicher aufzeigt:* ein logischer Beweis

Be·weis·auf·nah·me *die* <-, -n> RECHTSW. *richterliche Prüfung und Benutzung der Beweismittel in einem gerichtlichen Verfahren:* Die Beweisaufnahme ist noch nicht abgeschlossen.

be·weis·bar *adj /nicht steig./ so, dass man es beweisen kann:* Diese These ist nicht beweisbar.

Be·weis·bar·keit *die* <-> */kein Plur./ der Zustand, dass man etwas beweisen kann:* die Beweisbarkeit einer Behauptung

be·wei·sen <beweist, bewies, hat bewiesen> *mit OBJ* ■ *jmd. beweist etwas* ❶ *(≈ nachweisen) zeigen, dass eine Behauptung oder Annahme tatsächlich der Wirklichkeit entspricht* ❷ *(≈ zeigen) zu erkennen geben, dass man eine bestimmte Eigenschaft hat:* Sie bewies ihre gute Erziehung/ihren Mut.; In dieser Diskussion hat er Klugheit bewiesen.

Be·weis·füh·rung *die* <-, -en> *Argumentationsaufbau bei einem Beweis:* eine schlüssige Beweisführung

Be·weis·ge·gen·stand *der* <-(e)s, Beweisgegenstände> RECHTSW. *ein Gegenstand, der in einem Ermittlungsverfahren als Beweis[1] für etwas gilt:* ein vor Gericht zugelassener Beweisgegenstand

Be·weis·ma·te·ri·al *das* <-s, -ien> */Plur. selten/* RECHTSW. *Material, das einen Beweis für etwas darstellt*

be·wen·den ■ *es bei etwas bewenden lassen sich mit etwas zufriedengeben und nicht mehr verlangen* Lassen wir es dabei bewenden!

be·wer·ben <bewirbst, bewarb, hat beworben> *mit SICH* ■ *jmd. bewirbt sich (um etwas Akk.) sich um eine Stelle in einer Firma oder Institution bemühen, indem man in einem Brief an diese mitteilt, dass man dort gerne arbeiten würde:* Sie hat sich um die freie Stelle als Sachbearbeiterin beworben.; Er hat sich in dieser Firma schon einmal beworben.

Be·wer·ber *der*; **Be·wer·be·rin** <-s, -> *jmd., der sich bewirbt:* Auf die Stellenanzeige haben sich mehr als hundert Bewerber gemeldet.

Be·wer·bung *die* <-, -en> ❶ */kein Plur./ der Vorgang, dass sich jmd. bewirbt* ❷ *ein Schreiben an eine Firma oder Institution, in welchem jmd. mitteilt, dass er oder sie dort gern arbeiten würde (und das Gründe und Qualifikationen nennt, die*

für eine Anstellung sprechen): Zu einer Bewerbung gehören ein Lebenslauf und ein Bewerbungsfoto. ◆ Blind-

Be·wer·bungs·ge·spräch *das* <-(e)s, -e> *Gespräch zwischen einem Bewerber und dem Personalchef einer Firma:* sich auf das Bewerbungsgespräch vorbereiten; ein Handbuch mit Tipps für das Bewerbungsgespräch

Be·wer·bungs·schrei·ben *das* <-s, -> siehe **Bewerbung²**

Be·wer·bungs·ver·fah·ren *das* <-s, -> *Verfahren, dem man ausgesetzt ist, wenn man sich bewirbt*

be·wer·fen <bewirfst, bewarf, hat beworfen> *mit OBJ* ■ *jmd. bewirft jmdn. (mit etwas Dat.) etwas auf jmdn. werfen:* Die Kinder bewerfen sich mit Schnee.; Der Redner wurde von aufgebrachten Demonstranten mit faulen Eiern und Tomaten beworfen.

be·werk·stel·li·gen <bewerkstelligst, bewerkstelligte, hat bewerkstelligt> *mit OBJ* ■ *jmd. bewerkstelligt etwas (≈ fertigbringen) ein schwieriges Problem lösen:* Ich weiß nicht, wie ich es bewerkstelligen soll, das Fahrrad ohne fremde Hilfe zu reparieren. ▸ Bewerkstelligung

be·wer·ten <bewertest, bewertete, hat bewertet> *mit OBJ* ■ *jmd. bewertet etwas (≈ beurteilen, einschätzen) etwas seinem Werte nach einschätzen:* die Leistungen in einer Prüfung bewerten; ein Grundstück bewerten

Be·wer·tung *die* <-, -en> ❶ */kein Plur./ das Bewerten* ◆-sangst, -sansätze, -sbogen, -sdiagramm, -seinheit, -sergebnis, -sfragebogen, -sgrundsatz, -sindex, -sleitfaden, -sleistung, -smethode, -snote, -snorm, -spunkte, -srichtlinie, -sskala, -sschlüssel, -stabelle, -sunterlagen, -sverfahren ❷ *bewertendes Urteil:* Die Preisrichter gaben ihre Bewertungen ab. ◆-sergebnis, -sleistung, -smethode, -snote, -spunkte, -sskala, -sverfahren, Einzel-, Gruppen-

Be·wer·tungs·kri·te·ri·um *das* <-s, Bewertungskriterien> */meist Plur./ Kriterium, nach dem etwas oder jmd. bewertet wird*

be·wil·li·gen <bewilligst, bewilligte, hat bewilligt> *mit OBJ* ■ *jmd. bewilligt jmdm. etwas (≈ gewähren) offiziell sagen, dass jmd. etwas haben darf:* für ein Projekt Finanzmittel bewilligen

Be·wil·li·gung *die* <-, -en> *(≈ Genehmigung, Gewährung) das Bewilligen:* Ich warte auf die Bewilligung meines Antrages. ◆-sbescheid, -szeitraum

be·wir·ken <bewirkst, bewirkte, hat bewirkt> *mit OBJ* ■ *jmd. bewirkt etwas (≈ verursachen) durch eine bewusste Aktivität die Ursache dafür sein, dass etwas geschieht:* Alle Bemühungen haben nichts bewirkt.; eine Änderung bewirken

be·wir·ten <bewirtest, bewirtete, hat bewirtet> *mit OBJ* ■ *jmd. bewirtet jmdn. (mit etwas Dat.) einem Gast zu essen und zu trinken geben:* Der Wirt bewirtete seine Gäste gut und reichlich. ▸ Bewirtung

be·wirt·schaf·ten <bewirtschaftest, bewirtschaftete, hat bewirtschaftet> *mit OBJ* ■ *jmd. bewirtschaftet etwas einen Betrieb leiten und dort arbeiten:* Er bewirtschaftet den Bauernhof gemeinsam mit seiner Familie.

Be·wirt·schaf·tung *die* <-> */kein Plur./ das Be-*

wirtschaften: Die Bewirtschaftung des Hofes kostet viel Kraft und Zeit.

Be·wir·tung *die* <-, -en> ❶ */kein Plur./ das Bewirten:* eine gastfreundliche/reichliche Bewirtung ❷ *Essen und Trinken für den Gast; das, womit jmd. bewirtet wird*

Be·wir·tungs·kos·ten *die* <-> *Plur. Kosten für die Bewirtung:* Die Bewirtungskosten dürfen den festgelegten Preis nicht überschreiten.

be·wohn·bar *adj /nicht steig./ so beschaffen, dass man es bewohnen kann:* ein nicht mehr bewohnbares Gebäude

be·woh·nen <bewohnst, bewohnte, hat bewohnt> *mit OBJ* ■ *jmd. bewohnt etwas in etwas wohnen:* in einem Haus bewohnen; eine Etage bewohnen ▶ Bewohner, Bewohnerin, Mitbewohner, Mitbewohnerin

be·wöl·ken <bewölkt, bewölkte, hat bewölkt> *mit SICH* ■ *etwas bewölkt sich* sich mit Wolken bedecken: Der Himmel bewölkt sich.

Be·wöl·kung *die* <-> */Plur. selten/ alle Wolken, die man am Himmel sieht:* aufgelockerte/dichte/starke Bewölkung; Am Spätnachmittag zieht Bewölkung auf und es kann lokal zu Regenschauern kommen.

Be·wuchs *der* <-es> */kein Plur./ Gesamtheit der Pflanzen, mit denen etwas bewachsen ist:* ein üppiger Bewuchs

Be·wun·de·rer *der,* **Be·wun·de·rin** <-s, -> *jmd., der jmd. oder etwas bewundert:* ein Bewunderer der Künste

be·wun·dern <bewunderst, bewunderte, hat bewundert> *mit OBJ* ❶ ■ *jmd. bewundert jmdn. große Achtung und Verehrung für jmdn. empfinden:* einen Filmstar bewundern ❷ ■ *jmd. bewundert etwas* bestaunen, anerkennen: seine großartigen Leistungen bewundern

be·wun·derns·wür·dig *adj* (≈ *bewundernswert*) *so, dass es Bewunderung verdient*

Be·wun·de·rung *die* <-> */kein Plur./ das Bewundern:* das Bild voller Bewunderung betrachten

be·wun·de·rungs·wür·dig *adj /nicht steig./* siehe **bewundernswürdig**

be·wusst *adj* ❶ *so, dass man die Realität und die Konsequenzen von etwas erkennt:* Sie war sich dieser Gefahr durchaus bewusst.; Mir ist nicht bewusst, dass ich das gesagt habe. ❷ *selbst-* ❷ (≈ *absichtlich, vorsätzlich*) *so, dass man etwas mit voller Absicht tut:* Es war eine bewusste Lüge. ❸ (≈ *besagt*) *bereits erwähnt:* Die bewusste Sache wollte ich nochmals ansprechen.

-be·wusst *als Zweitglied zusammengesetzter Adjektiv; drückt aus, dass das mit dem Erstglied Bezeichnete als besonders wichtig anerkannt wird* ◆ *gesundheits-, mode-, natur-, pflicht-, preis-, problem-, traditions-, umwelt-, -verantwortungs-*

be·wusst·los *adj /nicht steig./* (≈ *besinnungslos, ohnmächtig*) *so, dass man ohne Bewusstsein [1] ist:* Nach dem Unfall war sie für kurze Zeit bewusstlos. ▶ Bewusstlosigkeit

be·wusst·ma·chen <machst bewusst, machte bewusst, hat bewusstgemacht> *mit OBJ* ■ *jmd. macht jmdm. etwas Akk. bewusst* klarmachen,

ins Bewusstsein rufen: Er versuchte, ihr das Problem bewusstzumachen.

Be·wusst·sein *das* <-s> */kein Plur./* ❶ MED. *der Zustand, dass ein Mensch mit allen Sinnen seine Umgebung erkennt:* Der Patient verlor das Bewusstsein/ist wieder bei Bewusstsein. ❷ PSYCH. *die Fähigkeit, mit dem Verstand und den Sinnen die Umwelt zu erkennen und zu verarbeiten:* eine Erinnerung ins Bewusstsein rufen; Die möglichen Auswirkungen kamen ihm gar nicht zu Bewusstsein.; Sie musste ihm die negativen Aspekte erst zu Bewusstsein bringen. ◆ Selbst-, Unter- ❸ *das bewusste Erkennen oder Wissen:* im Bewusstsein eigener Verantwortung/Stärke handeln; politisches/soziales Bewusstsein entwickeln

Be·wusst·seins·bil·dung *die* <-> */kein Plur./ die Herausbildung von Bewusstsein [3]*

be·wusst·seins·er·wei·ternd *adj /nicht steig./ so, dass man mit bestimmten Drogen eine Erweiterung des Bewusstseins [1, 2] herbeiführen will:* Psychopharmaka mit bewusstseinserweiternder Wirkung einnehmen ▶ Bewusstseinserweiterung

Be·wusst·seins·schwel·le *die* <-> */kein Plur./* PSYCH. *angenommene Schwelle, über die ein Bewusstseinsinhalt aus dem Unterbewussten ins Bewusstsein [2] tritt, oder umgekehrt*

Be·wusst·seins·stö·rung *die* <-, -en> ❶ MED. *zeitweise Ausschaltung des Bewusstseins [1]* ❷ PSYCH. *Störung des Bewusstseins [2], z. B. durch Zwangsvorstellungen:* Seit frühester Kindheit leidet die Patientin an Bewusstseinsstörungen.

be·wusst·seins·ver·än·dernd *adj /nicht steig./ so, dass es das Bewusstsein [2] verändert:* die bewusstseinsverändernde Wirkung von Rauschgift ▶ Bewusstseinsveränderung

Be·wusst·seins·ver·lust *der* <-(e)s, -e> *Verlust des Bewusstseins [1]:* Infolge des Unfalls kam es zu einem Bewusstseinsverlust des Patienten.

Be·wusst·wer·dung *die* <-> */kein Plur./ Vorgang des Entstehens von Bewusstsein:* der Prozess der Bewusstwerdung des Menschens

Bey, Bei *der* <-s, -e/-s> *ein türkischer Titel, der oft hinter dem Namen steht*

be·zah·len <bezahlst, bezahlte, hat bezahlt> **I.** *mit OBJ* ■ *jmd. bezahlt etwas (mit etwas Dat.)* ❶ *Geld, ein Tauschmittel oder ein Zahlungsmittel als Gegenwert für eine erhaltene Ware oder Dienstleistung geben:* Ich bezahle die Ware gleich bar.; Der Kaufpreis wurde in zehn Raten bezahlt.; Herr Ober, wir würden gern bezahlen! ❷ *(übertr.) etwas für etwas geben:* Er musste diese Erfahrung mit seinem Leben bezahlen.; Viele Künstler mussten ihre Sensibilität mit einer Neigung zur Depression bezahlen. **II.** *ohne OBJ* ■ *jmd. bezahlt (für etwas Akk.) Geld für etwas geben:* Sie können auch mit Scheck bezahlen.

Be·zahl·fern·se·hen *das* <-s> */kein Plur./* (≈ *Pay-TV) privates Fernsehprogramm, für dessen Empfang man bezahlen muss*

Be·zah·lung *die* <-, -en> */Plur. selten/* ❶ */kein Plur./ das Bezahlen* ❷ (≈ *Entgelt, Gehalt, Lohn) die Geldsumme, die jmdm. für seine Arbeit bezahlt wird:* gegen eine gute/geringe Bezahlung arbeiten

B

be·zau·bern <bezauberst, bezauberte, hat bezaubert> *mit OBJ* ■ *jmd./etwas bezaubert jmdn.* (≈ *begeistern, betören*) *entzücken und für sich einnehmen:* Sie bezauberte alle durch ihren Charme. ▸ bezaubernd, Bezauberung

be·zeich·nen <bezeichnest, bezeichnete, hat bezeichnet> *mit OBJ* ❶ ■ *jmd./etwas bezeichnet etwas* einen bestimmten sprachlichen Ausdruck für etwas verwenden: Ich bezeichne dieses Verhalten als Frechheit.; Dieses Wort bezeichnet verschiedene Dinge. ❷ ■ *jmd. bezeichnet jmdm. etwas* etwas genau angeben: Sie bezeichnete ihm genau die Stelle, wo das vergessene Geschenk liegen musste.

be·zeich·nend *adj* (≈ *typisch*) *so, dass es für jmdn. oder etwas charakterstisch ist:* ein bezeichnendes Merkmal; Es ist für ihn bezeichnend, dass er schon wieder zu spät kommt.

Be·zeich·nung *die* <-, -en> ❶ /kein Plur./ (≈ *Kennzeichen*) *das Bezeichnen, das Kenntlichmachen:* die genaue Bezeichnung der Umzugskartons ❷ (≈ *Name*) *ein Wort, mit dem etwas bezeichnet wird:* Diese Tabletten sind unter verschiedenen Bezeichnungen im Handel erhältlich. ◆ Berufs-

be·zei·gen <bezeigst, bezeigte, hat bezeigt> *mit OBJ* ■ *jmd. bezeigt etwas* (veralt.) ❶ *einem Gefühl Ausdruck geben:* den Trauernden unser Mitgefühl bezeigen ❷ (≈ *zeigen*) *etwas zu erkennen geben:* in einer Sache großen Mut bezeigen

be·zeu·gen <bezeugst, bezeugte, hat bezeugt> *mit OBJ* ■ *jmd. bezeugt etwas* etwas als Zeuge erklären: vor Gericht eine Aussage unter Eid bestätigen

Be·zeu·gung *die* <-, -en> *das Bezeugen:* Der Richter schenkte ihren Bezeugungen Glauben.

be·zich·ti·gen <bezichtigst, bezichtigte, hat bezichtigt> *mit OBJ* ■ *jmd. bezichtigt jmdn. einer Tat* (geh.: ≈ *beschuldigen*) *jmdm. die Schuld für etwas geben:* Er bezichtigte ihn des Mordes.

Be·zich·ti·gung *die* <-, -en> ❶ /kein Plur./ *das Bezichtigen* ◆ Selbst- ❷ *bezichtigende Äußerung*

be·zie·hen <beziehst, bezog, hat bezogen> **I.** *mit OBJ* ❶ ■ *jmd. bezieht etwas* in Räume einziehen: Die Familie bezog eine neue Wohnung. ❷ ■ *jmd. bezieht etwas* regelmäßig empfangen oder bekommen: Er bezog ein festes Gehalt.; eine Zeitung beziehen ❸ ■ *jmd. bezieht etwas* eine bestimmte Stellung einnehmen: In dieser Frage bezog sie einen festen Standpunkt. ❹ ■ *jmd. bezieht etwas auf etwas* Akk. etwas in einen Zusammenhang mit etwas bringen: Er bezog ihre Äußerungen auf den Vorfall der letzten Woche. **II.** *mit SICH* ❶ ■ *jmd. bezieht sich auf etwas* Akk. etwas erwähnen und zum Ausgangspunkt für die weiteren Aussagen machen: Sie bezog sich auf unser Telefonat vergangener Woche. ❷ ■ *etwas bezieht sich auf etwas* Akk. in einem inhaltlichen Zusammenhang stehen: Die Bemerkung bezog sich auf die Ereignisse des Vortags. ❸ ■ *der Himmel bezieht sich* der Himmel bewölkt sich

Be·zie·her *der*, **Be·zie·he·rin** <-s, -> *jmd., der etwas bezieht* [2]*:* der Bezieher einer Zeitschrift; der Bezieher von Sozialhilfe

Be·zie·hung *die* <-, -en> ❶ /meist Plur./ (≈ *Kontakt*) *Verbindung oder Kontakt zwischen Einzelnen oder Gruppen:* zwischenmenschliche Beziehungen; internationale/politische/geschäftliche Beziehungen ◆ -sgespräch, -sgestaltung, -skonflikt, -skrise, -smanagement, -ssucht, -sstatus, -sverhältnis, -sverlauf, -swahn ❷ *Liebesbeziehung zwischen Mann und Frau:* in einer eheähnlichen/festen Beziehung leben; eine Beziehung aufgeben/haben/suchen; Sie hat ein Kind aus ihrer früheren Beziehung. ◆ -sangst, -sberater(in), -sberatung, -sdrama, -sdreieck, -sende, -skonflikt, -skrise, -spause, -sphobie, -sratgeber, -stherapie, -stipps, Dreiecks- ❸ *innerer Zusammenhang, wechselseitiges Verhältnis:* die Beziehung zwischen Angebot und Nachfrage; mit einer Sache in keiner Beziehung stehen ❹ ■ **in dieser Beziehung** *in dieser Hinsicht* In dieser Beziehung muss ich dir recht geben.

Be·zie·hungs·kis·te *die* <-, -n> (umg.) komplizierte Liebesbeziehung zwischen zwei Menschen

be·zie·hungs·wei·se *konj* /abgekürzt mit „bzw."/ (≈ *anders gesagt*) *drückt aus, dass zwei Aussagen in gleichem Maße auf etwas zutreffen:* Viele seiner Freunde sind schon älter beziehungsweise im Ruhestand.

be·zif·fern <bezifferst, bezifferte, hat beziffert> *mit OBJ* ■ *jmd. beziffert etwas auf etwas* Akk. (geh.: ≈ *schätzen, taxieren*) *den Betrag von etwas angeben:* Er bezifferte den Schaden auf 5.000 Euro. ▸ Bezifferung

Be·zirk *der* <-(e)s, -e> ❶ (≈ *Region*) *abgegrenztes Gebiet:* Sie ist Kundenbetreuerin für den Bezirk Augsburg. ◆ -sgrenze, -sklasse, -skrankenhaus, -sleiter(in), -sverband, -svorsitzende, Polizei-, Stadt- ❷ *eine Verwaltungseinheit in Ländern, Städten, Gemeinden:* die Bezirke der Stadt ◆ -sbürgermeister(in), -schef(in), -sregierung, -sverwaltung, -svorsteher(in), Stadt-, Verwaltungs- ❸ GESCH. *eine Verwaltungseinheit in der Deutschen Demokratischen Republik* ◆ -srichter(in) ❹ SCHWEIZ. *der Gemeinde übergeordnetes Verwaltungsgebiet* ◆ -srat, -srichter(in), -svorsteher(in)

Be·zirks·amt *das* <-(e)s, Bezirksämter> *oberste Verwaltungsbehörde eines Bezirks*

Be·zirks·bür·ger·meis·ter *der*, **Be·zirks·bür·ger·meis·te·rin** <-s, -> *Bürgermeister eines Stadtbezirks (in sehr großen Städten)*

Be·zirks·ebe·ne *die* <-, -n> *auf der Ebene des Bezirks:* eine Entscheidung auf Bezirksebene treffen

Be·zirks·ge·richt *das* <-(e)s, -e> SCHWEIZ. *Gericht in erster Instanz in Zivil- und Strafsachen:* Der Rechtsstreit wurde vor dem Bezirksgericht verhandelt.

Be·zirks·lei·tung *die* <-, -en> *Regierung in einem Bezirk* [3] ▸ Bezirksleiter, Bezirksleiterin

Be·zirks·li·ga *die* <-, Bezirksligen> SPORT Die Fußballmannschaft ist in die Bezirksliga aufgestiegen.

Be·zirks·schu·le *die* <-, -n> *zentrale Schule im ländlichen Einzugsgebiet*

Be·zirks·spi·tal *das* <-s, -spitäler> SCHWEIZ. *zentrales Krankenhaus in einem Bezirk*

be·zir·zen, *a.* **be·cir·cen** [bəts'ɪrtsn̩] <bezirzt/becirct, bezirzte/becircte, hat bezirzt/becirct>

mit OBJ ■ *jmd. bezirzt jmd. (mit etwas Dat.)*
(umg. scherzh.: ≈ betören, umgarnen) jmdn. (wie
eine Circe) verführen oder bezaubern: Sie hat ihn
völlig bezirzt.

-be·zo·gen *als Zweitglied zusammengesetzter Adjektive; drückt aus, dass sich etwas nach dem richtet oder etwas besonders intensiv an dem orientiert ist, was mit dem Erstglied bezeichnet wird*
♦ gegenwarts-, inhalts-, praxis-, sach-, satz-, text-,
theorie-, vergangenheits-, zukunfts-

Be·zug *der* <-(e)s, Bezüge> ❶ *(≈ Überzug) etw.,
womit etwas bezogen oder überzogen wird:* der
Bezug des Kissens ♦ Bett-, Kissen-, Schon-
❷ */meist Plur./ Gehalt, Einkommen:* Meine Bezüge wurden schon wieder gekürzt. ❸ */kein
Plur./ das Beziehen einer Ware durch Kauf:* der
Bezug einer Zeitung; der Bezug von Waren aus
dem Ausland ❹ */kein Plur./ sachlich bedingte
Verbindung:* in Bezug auf jemanden/etwas; *(geh.)*
Bezug nehmen auf ...; AMTSSPR. mit/unter Bezug
auf etwas

Be·zü·ger *der*, **Be·zü·ge·rin** <-s, -> SCHWEIZ.
❶ *Bezieher (einer Zeitung)* ❷ *Einforderer (von
Steuern)*

be·züg·lich *präp + Gen. (geh.) hinsichtlich:* Bezüglich Ihrer Nachfrage müssen wir Ihnen leider eine
Absage erteilen.

Be·zugs·be·din·gung *die* <-, -en> */meist Plur./
Bedingung, unter der man eine Ware beziehen
kann*

Be·zugs·grö·ße *die* <-, -en> *Größe, Zahl, Größenordnung, nach der sich etwas richtet oder die
Grundlage für die Berechnung von etwas ist:* von
einer festen Bezugsgröße ausgehen

Be·zugs·lei·nen *das* <-s> */kein Plur./ Leinen, das
zum Beziehen von etwas verwendet wird:* das Be-
zugsleinen für Bucheinbände

Be·zugs·per·son *die* <-, -en> PSYCH. *Person, mit
der sich ein Mensch besonders zu Beginn seiner
Entwicklung identifiziert bzw. auseinandersetzt
und an der er sein Denken und Verhalten orientiert:* Eltern sind die ersten und wichtigsten Bezugspersonen.

Be·zugs·preis *der* <-es, -e> *(≈ Einkaufspreis)
Preis, zu dem jmd. eine Ware bezieht*

Be·zugs·punkt *der* <-(e)s, -e> ❶ *Punkt, auf den
eine räumliche Darstellung bezogen wird* ❷ *Or-
ientierungsbasis für das Denken und Handeln:*
Die Bezugspunkte ihres Vortrages waren die Ausführungen ihres Vorredners.

Be·zugs·quel·le *die* <-, -n> *Person oder Stelle,
von der Waren zu beziehen sind:* eine günstige Be-
zugsquelle

Be·zugs·stoff *der* <-(e)s, -e> *Stoff zum Beziehen
von Möbel, Kissen o. Ä.:* für die neuen Kissen einen gestreiften Bezugsstoff auswählen

Be·zugs·sys·tem *das* <-s, -e> ❶ *Koordinatensystem, auf das bestimmte Werte bezogen werden*
❷ *das einer Sache zugrunde liegende System (von
Überzeugungen, Beziehungen usw.):* Der Sportverein stellt für viele Jugendliche ein sinnvolles soziales Bezugssystem dar.

be·zu·schus·sen <bezuschusst, bezuschusste,
hat bezuschusst> *mit OBJ* ■ *jmd. bezuschusst*

etwas für eine Sache einen Zuschuss geben: Die
Gemeinde bezuschusst die Kindergartenplätze.

Be·zu·schus·sung *die* <-, -en> */Plur. selten/ Gewährung eines Zuschusses:* Die Bezuschussung
des Theaters wurde gekürzt.

be·zwe·cken <bezweckst, bezweckte, hat be-
zweckt> *mit OBJ* ■ *jmd. bezweckt etwas (≈ beabsichtigen) eine bestimmte Absicht haben; ein
bestimmtes Ziel mit etwas verfolgen:* Was bezweckt er mit seinen dauernden Anrufen?

be·zwei·feln <bezweifelst, bezweifelte, hat be-
zweifelt> *mit OBJ* ■ *jmd. bezweifelt etwas
Zweifel an etwas haben, nicht glauben wollen:* Ich
bezweifle, dass ich es besser gemacht hätte.

be·zwin·gen <bezwingst, bezwang, hat bezwun-
gen> *mit OBJ* ■ *jmd. bezwingt etwas/jmdn.*
❶ *im (Wett-)kampf besiegen:* den Gegner/die gegnerische Mannschaft bezwingen ❷ *(≈ bewältigen,
meistern) ein Ziel unter großer Anstrengung erreichen:* einen Berg bezwingen ❸ *(≈ beherrschen,
zügeln) ein Gefühl unterdrücken:* seine Leidenschaft bezwingen

Be·zwin·ger *der*, **Be·zwin·ge·rin** <-s, -> *jmd.,
der jmdn. oder etwas bezwungen hat:* der erste
Bezwinger des Mount Everest

Be·zwin·gung *die* <-> */kein Plur./ das Bezwingen, das Bezwungenwerden:* die Bezwingung der
gegnerischen Mannschaft

Bf. *Abkürzung von „Bahnhof"*

BGS *Abkürzung von „Bundesgrenzschutz"*

BH *(umg.) Abkürzung von „Büstenhalter"*

Bhag·van, Bhag·wan *der* ['bagvan] <-s, -s> REL.
❶ *Ehrenbezeichnung für einen religiösen Lehrer
des Hinduismus* ❷ *Träger des Ehrentitels Bhagvan [1]* ❸ */kein Plur./ Abkürzung von „Bhagvan
Shree Rajneesh", den Begründer einer Sekte in
Poona/Indien*

Bhu·tan *der* <-s> *Staat im östlichen Himalaja*
► Bhutaner, Bhutanerin, bhutanisch

Bi·ath·lon *das* <-s, -s> SPORT *eine Disziplin des
Wintersports, die aus Skilanglauf und Scheiben-
schießen besteht*

bib·bern <bibberst, bibberte, hat gebibbert> *mit
OBJ (umg.)* ❶ ■ *jmd. bibbert vor etwas Dat.
(≈ zittern) vor Kälte bibbern* ❷ ■ *jmd. bibbert
um etwas Akk. um etwas zittern, Angst haben*

Bi·bel *die* <-, -n> ❶ */kein Plur./ REL. die Gesamtheit der von den christlichen Kirchen als Wort
Gottes anerkannten Schriften, die in das Alte und
Neue Testament gegliedert sind:* die Bibel ausle-
gen/kommentieren/übersetzen; auf die Bibel
schwören ♦ Luther- ❷ *ein gedrucktes Exemplar
der Bibel [1]:* eine alte Bibel ♦ Bilder-, Familien-, Ta-
schen-

Bi·bel·aus·le·gung *die* <-> */kein Plur./ REL.
(≈ Exegese) Erklärung und Auslegung der Texte
der Bibel*

bi·bel·fest *adj /nicht steig./ so, dass jmd. mit der
Bibel sehr vertraut ist und viele Stellen auswendig
kann*

Bi·bel·ge·sell·schaft *die* <-, -en> */kein Plur./
evangelische Vereinigung zur Herstellung, Übersetzung und Verbreitung der Bibel*

Bi·bel·kon·kor·danz *die* <-, -en> *Verzeichnis al-*

B

ler in der Bibel wichtigen Wörter mit den dazu gehörenden Bibelstellen

Bi·bel·kreis der <-es, -e> eine Gruppe von Personen, die sich regelmäßig treffen, um über Stellen aus der Bibel zu diskutieren und gemeinsam zu beten

Bi·bel·spruch der <-(e)s, Bibelsprüche> eine Bibelstelle, die häufig zitiert wird und bei Konfirmation, Hochzeit, Taufe und anderen Anlässen feierlich vorgelesen oder als Text überreicht wird

Bi·bel·stel·le die <-, -n> (≈ Bibelspruch) Textstelle der Bibel

Bi·bel·stun·de die <-, -en> REL. Andacht mit Bibellesung

Bi·bel·über·set·zung die <-, -en> Übersetzung der Bibel: die lutherische Bibelübersetzung

Bi·ber der <-s, -> ZOOL. ein Nagetier mit bräunlichem Fell, einem Schuppenschwanz und Schwimmfüßen, das an Gewässern lebt, gut schwimmt und Bauten oder Dämme anlegt

Bi·ber·schwanz der <-es, Biberschwänze> ❶ ZOOL. Schwanz eines Bibers ❷ (fachspr.) flacher Dachziegel

Bi·b·lio·gra·fie, a. **Bi·b·lio·gra·phie** die <-, -n> (≈ Bücherverzeichnis, Literaturnachweis) Verzeichnis aller Bücher eines Autors/einer Autorin oder aller wichtigen Bücher und Aufsätze zu einem bestimmten Thema, wobei (im Unterschied zu einem bloßen Literaturverzeichnis) eine Auswertungsbasis angegeben werden muss: eine Bibliografie zur Theorie des Dramas

---

Eine **Bibliografie** ist das nach einer Anordnungsmethode geordnete Verzeichnis von Publikationen zu einem Sachgebiet. Die einzelnen Titel können alphabetisch, systematisch (nach Sachgruppen) und auch chronologisch (nach der zeitlichen Abfolge des Erscheinens) geordnet sein; gängigerweise unterliegen sie der alphabetischen Ordnung von A bis Z. Bibliografien erscheinen als Buch, als Teil eines Buches, in Form einer CD-ROM, oder online; Bezeichnungen für Bibliografien sind Spezial-, Fach- und Allgemeinbibliografie. Der Publikationsform nach handelt es sich bei den bibliografisch erfassten Titeln um selbständig erschienene Schriften (Monografien) oder um unselbständig erschienene Schriften, nämlich in Zeitschriften erschienene Aufsätze sowie in Sammelbänden erschienene Schriften, die schwer erschließbar sind und deshalb auch als versteckte Literatur bezeichnet werden. Selbst Bibliografien können sich verstecken z. B. in Form von Anhängen in Büchern (Monografien oder Sammelbänden) finden; solche Bibliografien werden als versteckte Bibliografie(n) bezeichnet. Grundsätzlich ist zu unterscheiden zwischen abgeschlossenen und periodischen (laufenden) Bibliografien. Auswahlbibliografien sind normalerweise abgeschlossene Bibliografien. Sie erfassen Titel zu einem Sachgebiet bzw. zu einem Fach/einer Disziplin oder auch zu einem Teilgebiet eines Fachs/einer

---

Disziplin. Auswahlbibliografien haben den Nachteil, zum Zeitpunkt ihres Erscheinens nicht mehr aktuell zu sein. In periodischen Bibliografien hingegen werden aktuell publizierte Titel fortlaufend registriert. Die Deutsche Nationalbibliografie z. B. umfasst nach Reihen unterschieden ein wöchentliches, ein monatliches, ein halbjährliches und ein vierteljährliches Verzeichnis von Monografien, unselbständigen Schriften sowie anderen Publikationen (Mikroformen, elektronische Publikationen usw.). Von 2010 an wird die Deutsche Nationalbibliografie nur noch online angeboten, wie auch sonst zunehmend gedruckte Bibliografien durch Datenbaken und Online-Versionen abgelöst werden.

Von zentraler Wichtigkeit ist, dass das Ergebnis einer Zusammenstellung von Titeln nur dann als Bibliografie gelten kann, wenn eine Auswertungsbasis angegeben wird, nämlich die Menge derjenigen Quellen, aus denen die Bibliografie zusammengestellt ist. Bei der bloßen Anführung der z. B. in Seminararbeiten, Examensarbeiten und Dissertationen verwendeten Literatur handelt es sich um ein **Literaturverzeichnis** und um keine Bibliografie, weshalb entsprechender Textteil einer Arbeit auch so benannt werden sollte (z. B. „5. Literaturverzeichnis"). Für die einzelnen Titelpositionen, nämlich Autorname, Vorname, Titel bis hin zur Angabe des Reihentitels, sowie die zwischen den Titelpositionen verwendete Interpunktion, sollte man sich an guten Vorbildern orientieren (z. B. an der Titelaufnahme in Bibliotheken).

---

bi·b·lio·gra·fie·ren, a. **bi·b·lio·gra·phie·ren** <bibliografierst, bibliografierte, hat bibliografiert> mit OBJ ■ jmd. bibliografiert etwas ❶ in einer Bibliografie nachschlagen, bibliografische Angaben aufsuchen: einen Titel bibliografieren ❷ zu einem bestimmten Thema eine Bibliografie erstellen

bi·b·lio·gra·fisch, a. **bi·b·lio·gra·phisch** adj /nicht steig./ die Bibliografie betreffend: bibliografische Angaben

Bi·b·lio·thek die <-, -en> ❶ eine große Sammlung von Büchern, die entweder in privatem Besitz oder der Öffentlichkeit zugänglich ist (und dabei Teil einer Institution, wie z. B. einer Universität oder eines Instituts, sein kann) ◆ Leih-, Privat- ❷ der Raum, in dem sich eine Bibliothek¹ befindet ◆ Instituts-, Staats-, Stadt-, Universitäts-

Bi·b·lio·the·kar der, **Bi·b·lio·the·ka·rin** <-s, -e> Angestellte(r) in einer Bibliothek ◆ Diplom-

Bi·b·lio·theks·be·nut·zer der, **Bi·b·lio·theks·be·nut·ze·rin** <-s, -> jmd., der die Einrichtungen einer Bibliothek benutzt

Bi·b·lio·theks·wis·sen·schaft die <-> /kein Plur./ Wissenschaft vom Bibliothekswesen

bi·b·lisch adj /nicht steig./ die Bibel betreffend, zu ihr gehörend, aus ihr stammend: ein biblisches

Gleichnis; ■ **ein biblisches Alter erreichen** *ein sehr hohes Alter erreichen*

Bịck·bee·re *die* <-, -n> BOT. NORDDT. *(≈ Heidelbeere)*

Bi·det *das* [bi'de:] <-s, -s> *Sitzwaschbecken zur Reinigung des Unterkörpers*

Bi·don *der/das* [bi'dõ] <-s, -s> ❶ SCHWEIZ. *tragund verschließbarer Behälter für Flüssigkeiten* ❷ *(fachspr. veralt.) Trinkflasche am Rennrad*

bie·der *adj* ❶ *(abwert.: ≈ kleinbürgerlich, spießig) langweilig und ohne Reiz, hausbacken und unoriginell:* Sie macht einen etwas biederen Eindruck. ❷ *(veralt.) rechtschaffen, verlässlich* ▸ Biederkeit

Bie·der·mann *der* <-(e)s, Biedermänner> *(abwert.: ≈ Spießer) beschränkter und kleinbürgerlich denkender Mensch*

Bie·der·mei·er *das* <-s> /kein Plur./ KUNST *deutsche Kunst- und Kulturepoche (etwa 1815 bis 1848):* ein Maler des Biedermeiers

Bieder·mei·er·strauß *der* <-es, Biedermeiersträuße> *kurzer, rundlich gebundener Blumenstrauß im Stil des Biedermeier*

bieg·bar *adj so beschaffen, dass man es biegen kann:* ein biegbares Blech

bie·gen <biegst, bog, hat/ist gebogen> **I.** *mit OBJ (haben)* ■ *jmd.* **biegt etwas** *durch Ausüben einer Kraft einen (länglichen) Gegenstand (aus einem formbaren Material) in einer bestimmten Weise verformen:* Sie hat die Zweige beiseitegebogen.; Er hat den Draht wieder gerade gebogen. **II.** *ohne OBJ (sein)* ■ *jmd./etwas* **biegt irgendwohin** *(≈ abbiegen) so gehen oder fahren, dass man dabei einen Bogen macht:* Er ist um die Ecke in die Nebenstraße gebogen. **III.** *mit SICH (haben)* ■ **etwas biegt sich** *unter der Wirkung einer Kraft als (länglicher) Gegenstand (aus einem formbaren Material) in einer bestimmten Weise verformt werden:* Die Bäume biegen sich im Sturm.; Die Brücke hat sich unter der Last gebogen.; ■ **jemand biegt sich vor Lachen** *jmd. lacht sehr heftig;* ■ **jemand tut etwas auf Biegen und Brechen** *jmd. tut etwas unter allen Umständen*

bieg·sam *adj so, dass man es leicht biegen kann:* ein biegsamer Zweig ▸ Biegsamkeit

Bie·gung *die* <-, -en> *(≈ Kurve) eine Stelle, an der eine Straße, ein Weg oder ein Fluss nicht gerade verläuft* ◆ Fluss-, Straßen-, Weg-

Bie·ne *die* <-, -n> ❶ ZOOL. *ein Insekt, das Honig und Wachs produziert:* Der Imker züchtet Bienen.; Bienen sammeln Blütennektar/bilden Bienenvölker.; Die Bienen schwärmen aus. ◆ -nallergie, -narbeiterin, -nbeute, -nflügel, -nfutter, -ngift, -nhaus, -ninstitut, -nkiste, -nkorb, -nlarve, -nnahrung, -nnest, -npollen, -nrasse, -nstaat, -nsterben, -nstich, -ntanz, -ntränke, -nvolk ❷ *(umg. o veralt.) hübsches Mädchen:* eine flotte Biene

bie·nen·flei·ßig *adj /nicht steig./ (≈ emsig) sehr fleißig*

Bie·nen·ho·nig *der* <-s> /kein Plur./ *von der Honigbiene produzierter Honig*

Bie·nen·kö·ni·gin *die* <-, -nen> ZOOL. *das einzige fruchtbare Weibchen eines Bienenvolkes*

Bie·nen·schwarm *der* <-(e)s, Bienenschwärme>

ZOOL. *viele Bienen, die sich gleichzeitig an einer Stelle in der Luft befinden*

Bie·nen·spra·che *die* <-, -en> ZOOL. *Verständigungsmittel der Bienen, bei dem durch tanzende Bewegungen Angaben über Nahrungsquellen, eine Unterkunft o. Ä. gemacht werden*

Bie·nen·stand *der* <-(e)s, Bienenstände> ZOOL. *(≈ Bienenhaus) gegen Witterungseinflüsse geschützter Stand mit mehreren Bienenstöcken*

Bie·nen·stock *der* <-(e)s, Bienenstöcke> *kastenförmiger Behälter mit einer kleinen Öffnung (Flugloch), der als Behausung für ein Bienenvolk dient*

Bie·nen·tanz *der* <-es, Bienentänze> ZOOL. *Verständigungsmittel der Bienen; siehe* **Bienensprache**

Bie·nen·wa·be *die* <-, -n> *Zellenbau der Bienen aus Wachs zum Aufbewahren des Honigs, zum Ablegen der Eier und zur Aufzucht der Larven*

Bie·nen·wachs *das* <-es> /kein Plur./ *Ausscheidungsprodukt der Honigbiene, das Baustoff für die Waben ist* ◆ -kerze

Bie·nen·zucht *die* <-> /kein Plur./ *(≈ Imkerei) Zucht von Bienenvölkern zur Honig- und Wachsgewinnung* ▸ Bühnenzüchter, Bühnenzüchterin

Bi·en·na·le *die* [biɛˈnaːlə] <-, -n> *alle zwei Jahre stattfindende Ausstellung oder Schau besonders in der bildenden Kunst und im Film:* Der Film gewann einen Preis auf der diesjährigen Biennale in Venedig.

Bier *das* <-(e)s, -e> *ein aus Hopfen, Malz, Hefe und Wasser durch Gärung hergestelltes alkoholisches Getränk:* ein alkoholfreies/kühles/obergäriges Bier; Das Bier ist abgestanden/ist frisch vom Fass/ schäumt im Glas.; noch mit auf ein Bier gehen/beim Bier sitzen/ zum Bier einen Schnaps bestellen; ■ **das ist nicht mein Bier** *(umg.) das ist nicht meine Sache* ◆ -abend, -bauch, -dose, -durst, -fass, -flasche, -garten, -glas, -hefe, -kasten, -keller, -kneipe, -krug, -krügel, -leiche, -tisch, -trinker(in), Alt-, Bock-, Dinkel-, Emmer-, Export-, Hafer-, Lager-, Leicht-, Malz-, Rauch-, Roggen-, Schank-, Schwarz-, Spezial-, Stark-, Voll-, Weizen-

Eines der beliebtesten Getränke in Deutschland ist das **Bier**. Diese Tatsache kennt man schon vom Münchner Oktoberfest, dem weltweit bekannten und beliebten Bierfest. Bei einem solchen sitzen die Menschen an „Biertischen" in einem „Bierzelt" und genießen außer Bier auch gern deftige Speisen. Bier trinkt man aus einem „Bierglas" oder einem „Bierkrug"; und in Bayern bestellt man eine „Maß", das heißt einen Liter Bier. Nach einer Statistik aus dem Jahre 2006 steht Deutschland beim Bierkonsum an zweiter Stelle (Österreich an dritter, die Schweiz an elfter Stelle). In Bayern soll der Durchschnittsverbrauch am höchsten sein, in Weingebieten (wie in der Pfalz) am niedrigsten. In Deutschland gilt das Reinheitsgebot, das Verordnungen über Inhaltsstoffe des Biers umfasst: Bier darf nur aus Hopfen, Malz und Wasser bestehen. Das Reinheitsgebot geht (nach verschie-

B

denen Vorläufern dazu) auf das bayerische Reinheitsgebot aus dem Jahre 1516 zurück. Nach dem Lebensmittelrecht werden nach dem Gehalt der Stammwürze z. B. unterschieden: Einfach-, Schank-, Voll- und Starkbiere. Nach der Sorte der verwendeten Hefe werden obergärige Biere (z. B. Kölsch, Weizenbiere, oder das vor allem in Düsseldorf sehr beliebte, dunkle Altbier) und untergärige Biere (z. B. Export-, Pils- und Schwarzbiere, Märzen) unterschieden. Einige Sorten, so die Bockbiere (auch *Starkbiere* genannt), können sowohl ober-, als auch untergärig sein (z. B. Doppelbock und Maibock). Daneben gibt es alkoholfreie Biersorten, aber auch verschiedene Biermischgetränke. Am „Biertisch" kann es recht lustig zugehen: Dann sind die „Biertrinker" überhaupt nicht „bierernst" (übermäßig ernst). Wer aber mehr Bier trinkt als ihm gut tut, der ist eine „Bierleiche" (völlig betrunken); und wer regelmäßig zu viel Bier trinkt, bekommt einen „Bierbauch". Das Herstellen von Bier nennt man *Brauen*; eine Firma, die Bier braut, heißt *Brauerei*.

Bier·brau·er *der*, **Bier·brau·e·rin** <-s, -> (≈ Brauer) *jmd., der Bier braut*
Bier·de·ckel *der* <-s, -> (≈ Bierfilz) *eine kleine Scheibe aus fester Pappe, auf die man das Bierglas stellt:* Bierdeckel auf dem Tisch verteilen
bier·ernst *adj /nicht steig./ (umg.: ≈ todernst) übertrieben ernst und ohne jeden Humor:* ein bierernstes Gesicht machen
Bier·filz *der* <-es, -e> (≈ Bierdeckel)
Bier·kut·scher ■ **fluchen wie ein Bierkutscher** *(umg.) grob fluchen, unflätig schimpfen*
Bier·lei·che *die* <-, -n> *(umg. scherzh.) jmd., der sich mit sehr viel Bier betrunken hat*
Bier·schaum *der* <-s> /kein Plur./ *Schaum, der beim Ausschenken auf dem Bier entsteht:* Er wischte sich den Bierschaum von den Lippen.
Bier·sei·del *der* <-s, -> (≈ Bierkrug)
Bier·sup·pe *die* <-, -n> KOCH. *süße, gewürzte Mehlsuppe mit Bier, Ei, Sahne und anderen Zutaten*
Bier·wär·mer *der* <-s, -> *mit heißem Wasser gefüllte Metallröhre, in die das Bierglas gehängt wird, um das Bier zu erwärmen*
Bier·wurst *die* <-, Bierwürste> *geräucherte Wurst aus Schweinefleisch, Rindfleisch, Speck und Gewürzen*
Bier·zelt *das* <-(e)s, -e> *auf Volksfesten oder Jahrmärkten errichtetes großes Zelt, in dem vor allem Bier ausgeschenkt wird*
Biest *das* <-(e)s, -er> ❶ *(abwert.) lästiges, unangenehmes Tier:* Das Biest hat mich gestochen.; Nehmen sie doch das Biest an die Leine! ❷ *(abwert.) gemeiner, durchtriebener und hinterhältiger Mensch:* So ein elendes Biest!; Das Biest hat mich belogen.
bie·ten <bietest, bot, hat geboten> **I.** *mit OBJ* ❶ ■ *jmd. bietet etwas bei einer Versteigerung o. Ä. eine bestimmte Menge Geld für etwas bieten:*

Sie hat die höchste Summe für das Gemälde geboten. ❷ ■ *jmd./etwas bietet jmdm. etwas anbieten, in Aussicht stellen:* Ich biete Ihnen dafür sehr viel Geld.; Das Institut bietet ihm hervorragende Arbeitsbedingungen. ❸ ■ *etwas bietet jmdm. etwas gewähren, zur Verfügung stellen:* Sein Hobby bietet ihm die nötige Entspannung.; Dieses Hotel bietet sehr viel Komfort. ❹ ■ *jmd. lässt sich etwas bieten jmd. erduldet eine Zumutung:* Diese Unverschämtheit lasse ich mir nicht länger bieten! **II.** *ohne OBJ* ■ *jmd. bietet bei einer Versteigerung ein Angebot machen:* Bei dieser Auktion bietet auch Herr Schmidt von der Galerie Schmidt & Schulze. **III.** *mit SICH* ■ *etwas bietet sich (≈ darbieten) etwas zeigt sich:* Unseren Augen bot sich ein herrlicher Anblick.; Hier bot sich uns die Gelegenheit, einen kleinen Ausflug zu machen.
Bie·ter *der*, **Bie·te·rin** <-s, -> *jmd., der auf einer Versteigerung bietet*
Bi·fo·kal·bril·le *die* <-, -n> *Brille mit Bifokalgläsern*
Bi·fo·kal·glas *das* <-es, Bifokalgläser> *Brillenglas aus zwei verschieden geschliffenen Teilen mit verschiedenen Brennpunkten, das für die Nah- und Fernsicht geeignet ist*
Bi·ga·mie *die* <-> /kein Plur./ *der (gesetzlich strafbare Zustand), dass eine Person gleichzeitig mit zwei anderen Personen die Ehe geschlossen hat:* in Bigamie leben
Big·band, *a.* **Big Band** *die* ['bɪg'bænd] <-, -s> *großes Jazz- oder Tanzorchester mit mehrfacher Besetzung der Instrumente* ♦ Zusammenschreibung →R 4.18 Die Sängerin wurde von einer Bigband begleitet.
Big Busi·ness *das* [bɪg'bɪznɪs] <-> /kein Plur./ *Geschäftswelt der Großunternehmer*
bi·gott *adj (abwert.)* ❶ *von übertriebenem Glaubenseifer geprägt; auf engstirnige Weise fromm:* bigotte Frömmigkeit ❷ (≈ scheinheilig) *Ihrem bigotten Gerede kann man keinen Glauben schenken.*
Bi·got·te·rie *die* <-, -n> ❶ /kein Plur./ (≈ Scheinheiligkeit) *übertriebener Glaubenseifer, kleinliche und engherzige Frömmigkeit* ❷ *bigotte Handlungsweise, Äußerung*
Bi·jou/der/das [bi'ʒu:] <-s, -s> SCHWEIZ. *oder veralt.) Schmuckstück*
Bi·jou·te·rie *die* [biʒutə'ri:] <-, -n> SCHWEIZ. ❶ *Modeschmuck* ❷ *Modeschmuckgeschäft*
Bi·ker *der*, **Bi·ke·rin** [beikɐ] <-s, -> ❶ *Motorradfahrer:* ein Treffen der Biker ♦ -montur, -treffen ❷ *jmd., der Mountainbike fährt:* Die Region um den Gardasee ist ein Eldorado für Biker.
Bi·ki·ni *der* <-s, -s> *zweiteiliger knapper Damenbadeanzug*
bi·la·bi·al *adj /nicht steig./* SPRACHWISS. *so, dass Laute mit beiden Lippen gebildet werden:* Die Laute b, m und p werden bilabial gebildet. ► Bilabialität
Bi·lanz *die* <-, -en> ❶ WIRTSCH. *Aufstellung der Einnahmen und Ausgaben einer Firma* ♦ -buchhalter, -fälschung, -frisur, -summe, Geschäfts-, Handels-, Jahres-, Konzern-, Schluss-, Zwischen- ❷ /kein Plur./ (≈ Ergebnis, Fazit) *abschließender*

B

Überblick über etwas: Sie war mit der Bilanz ihres Arbeitstags zufrieden.

bi·lan·zie·ren <bilanzierst, bilanzierte, hat bilanziert> **I.** mit OBJ ■ jmd. **bilanziert etwas** ❶ WIRTSCH. eine Bilanz über Einnahmen und Ausgaben innerhalb eines Zeitraumes einer Geschäftstätigkeit aufstellen: Er bilanzierte das letzte Quartal. ❷ einen abschließenden Überblick über eine Sache geben: Die Forschungsgruppe bilanziert den erreichten Erkenntnisstand. **II.** ohne OBJ ■ jmd. **bilanziert** BANKW. im Soll und Haben dieselbe Summe zeigen: Das Konto bilanziert.

Bi·lan·zie·rung die <-, -en> das Bilanzieren: die Bilanzierung für das vergangene Geschäftsjahr abschließen

Bi·lanz·kos·me·tik die <-> /kein Plur./ (umg.) Manipulation einer Bilanz

Bi·lanz·prü·fung die <-, -en> WIRTSCH. Prüfung des Jahresabschlusses durch einen Wirtschaftsprüfer ▸ Bilanzprüfer, Bilanzprüferin

Bi·lanz·sa·nie·rung die <-, -en> WIRTSCH. Ausgleichung der Bilanz, so dass die Rentabilität einer Firma wieder hergestellt ist

Bi·lanz·zah·len <-> Plur. WIRTSCH. in einer Bilanz[1] ausgewiesene Zahlen

bi·la·te·ral adj /nicht steig./ ❶ POL. (↔ trilateral) von zwei Seiten ausgehend, zwei politische Partner betreffend: bilaterale Verhandlungen zwischen zwei Staaten; Das bilaterale Abkommen wurde von beiden Außenministern unterzeichnet. ❷ SPRACHWISS. als Lateral so artikuliert, dass die Atemluft an beiden Seiten neben der Zunge entweicht: Das „l" ist ein bilateraler Laut. ❸ SPRACHWISS. zweiseitig: Das sprachliche Zeichen ist bilateral, denn es besteht auf der Ebene des Sprachsystems aus Ausdrucksseite (Formativ) und Inhaltsseite (Bedeutung), die wechselseitig aufeinander bezogen sind ▸ Bilateralität

Bild das <-(e)s, -er> ❶ (≈ Gemälde) eine Art flache Platte (aus Papier, Leinwand, Holz o. Ä.), auf der mit Farben eine künstlerische Darstellung gemalt ist: ein abstraktes Bild; die Bilder eines alten Meisters/des französischen Impressionismus/aus der Spätphase des Künstlers; In der Galerie hängen auch Bilder unbekannter Künstler.; ein Bild ankaufen/aufhängen/besprechen/rahmen/restaurieren ◆ -ergalerie, -erhaken, -errahmen, -ersammlung, Acryl-, Akt-, Aquarell-, Landschafts-, Öl- ❷ (umg.: ≈ Abbildung, Illustration) Welchen Sinn haben die Bilder in einem Wörterbuch?: die Bilder in einem Kinderbuch ❸ (≈ Foto) Fotografie: Ich habe Bilder von unserem Ausflug mitgebracht. ◆ Akt-, Farb-, Hochzeits-, Kinder-, Luft- ❹ FILM (≈ Szene) ohne zeitliche Unterbrechung auf nur einem Schauplatz spielender Handlungsabschnitt eines Films ❺ THEAT. Abschnitt eines Theaterstückes mit unverändertem Bühnenbild: ein Schauspiel in sieben Bildern ❻ LIT. Veranschaulichung von Ideen, Gefühlen usw. durch symbolische oder metaphorische Ausdrucksweise: Der Autor verwendet in seinem Werk viele Gleichnisse und Bilder. ❼ MATH. einem Element durch Abbildung zugeordnetes (anderes) Element ◆ -gerade ❽ der Anblick, der sich jmdm. bietet: Ich werde dieses

Bild nie vergessen. ❾ die Vorstellung von jmdm. oder etwas: Bilder meiner Phantasie; Vor seinem geistigen Auge stiegen die alten Bilder auf. ◆ Menschen-, Sinn-, Traum-, Welt-, Wunsch- ❿ (≈ Ebenbild) Sie ist ganz das Bild ihrer Mutter. ⓫ (≈ Erscheinungsbild) alle Details, die zu etwas gehören: das typische Bild einer Erkrankung ◆ Krankheits- ⓬ (≈ Anblick) Als wir das Haus betraten, bot sich uns ein überraschendes Bild.; ■ **über etwas im Bilde sein** (umg.) alle relevanten Informationen über etwas haben; ■ **jemand ist ein Bild von etwas** jmd. ist ein besonders prächtiges Exemplar von etwas Er ist ein Bild von einem Mann!; ■ **Schwaches Bild!** (umg.) Das ist aber enttäuschend!

Bild·auf·lö·sung die <-, -en> FOTOGR. Angabe darüber, in wieviele Bildpunkte sich eine Fotografie auflöst: beim Kauf einer Kamera wird oft auf eine hohe Bildauflösung geachtet

Bild·aus·schnitt der <-(e)s, -e> Ausschnitt aus einem Bild: ein stark vergrößerter Bildausschnitt

Bild·au·tor der, **Bild·au·to·rin** <-s, -en> Fotograf, von dem die in einem Buch abgedruckten Bilder stammen

Bild·band der <-(e)s, Bildbände> ein Buch, das hauptsächlich Bilder und nur wenige erläuternde Texte enthält: ein Bildband über die Toskana

Bild·be·ar·bei·tung die <-> /kein Plur./ EDV das Bearbeiten von Bildern am Computer: ein Programm zur digitalen Bildbearbeitung

Bild·bei·la·ge die <-, -n> hauptsächlich Bilder enthaltende Beilage in Zeitungen, Werbeprospekten o. Ä.

Bild·be·trach·ter der <-s, -> techn. Gerät, mit dem man Diapositive vergrößert und beleuchtet betrachten kann

Bild·be·trach·tung die <-, -en> ein Text, in dem jmd. beschreibt und reflektiert, was er in einem Bild[1] sieht: eine Bildbetrachtung verfassen

Bild·da·tei die <-, -en> EDV Datei, in der Bilder gespeichert sind

Bild·di·a·go·na·le die <-, -n> KUNST im Aufbau eines Bildes erkennbare Diagonale

bil·den <bildest, bildete, hat gebildet> **I.** mit OBJ ❶ ■ jmd. **bildet etwas (aus etwas** Dat.**)** etwas aus etwas herstellen oder formen: Der Künstler bildet Figuren aus Ton. ❷ ■ jmd. **bildet etwas** entstehen lassen: Der Kaktus bildet Ableger.; Bildet bitte einen Kreis!; Ich möchte mir gern selbst eine Meinung bilden. ❸ ■ jmd. **bildet etwas** etwas zusammenstellen: eine Regierung bilden ❹ ■ etwas **bildet etwas** sein, darstellen: Der Fluss bildet eine natürliche Grenze. ❺ ■ etwas **bildet jmdn.** (≈ schulen) Bildung vermitteln: eine bildende Lektüre; Man soll Jugendliche schon früh musikalisch/künstlerisch bilden. **II.** ohne OBJ ■ etwas **bildet** Bildung vermitteln: Lesen/Reisen bildet. **III.** mit SICH ❶ ■ etwas **bildet sich** (≈ entstehen) Abends bildete sich Nebel.; Am Boden des Gefäßes bilden sich Kristalle. ❷ ■ jmd. **bildet sich** sich Wissen aneignen: Er bildet sich durch Lektüre und den Besuch von Vorträgen. ▸ fort-, weiter-

bil·dend adj /nicht steig./ so, dass etwas lehrreich ist

B

Bil·der·bo·gen *der* <-s, -> *Druckblatt mit Bilderfolgen und (oft gereimtem) Begleittext*

Bil·der·buch *das* <-(e)s, Bilderbücher> *Buch (besonders für Kinder) mit vielen meist farbigen, großformatigen Bildern und wenig Text*

Bil·der·buch- *als Erstglied zusammengesetzter Substantive; drückt aus, dass das mit dem Zweitglied Bezeichnete als ideal/vorzüglich angesehen wird* ◆ -ehemann, -hochzeit, -karriere, -landschaft, -landung, -sommer, -start, -tor, -wetter

Bil·der·druck·pa·pier *das* <-s, -e> *Spezialpapier von hoher Qualität, auf das Bilder gedruckt werden*

Bil·der·ga·le·rie *die* <-, -n> ❶ (≈ *Gemäldegalerie*) *öffentliche Räume, in denen Bilder ausgestellt werden* ❷ (≈ *Bildersammlung, Gemäldesammlung*) *Sammlung von Bildern*

Bil·der·ge·schich·te *die* <-, -n> (≈ *Bildgeschichte*) *einfache Gechichte, deren Inhalt durch Bilder³ vermittelt wird*

Bild·er·ken·nung *der* <-> */kein Plur./* EDV *Fähigkeit eines Programms, (digitalisierte) Bilder zu erkennen*

Bil·der·rät·sel *das* <-s, -> ❶ (≈ *Rebus*) *Rätsel, dessen Lösungswort -satz aus der Bedeutung von Bildern und Zeichen zu erschließen ist* ❷ *Bild, in dem die gesuchte Figur versteckt eingezeichnet ist*

Bil·der·schrift *die* <-, -en> (≈ *Piktografie*) *eine Schrift, in der nicht Buchstaben eines Alphabets Wörter bilden, sondern in der Bildzeichen für bestimmte Bedeutungen stehen*

Bil·der·streit *der* <-(e)s> */kein Plur./* REL., GESCH. *im Verlauf der Kirchengeschichte immer wieder geführter Streit darüber, ob religiöse Bilder in der Kirche gezeigt und verehrt oder angebetet werden dürfen*

Bil·der·stür·mer *der,* **Bil·der·stür·me·rin** <-s, -> ❶ GESCH., REL. *Teilnehmer einer zur Reformationszeit existierenden Bewegung, die die Bilderverehrung bekämpfte* ❷ (übertr.) *jmd., der althergebrachte Vorstellungen bekämpft*

Bil·der·ver·eh·rung *die* <-> */kein Plur./* REL. (≈ *Bilderkult*) *der Vorgang, dass Bilder von göttlichen Wesen oder Heiligen im Gottesdienst und in der Kirche angebetet und verehrt werden*

Bild·flä·che *die* <-, -n> *die Fläche eines Bildes, besonders eine Fläche, auf die ein Bild projiziert wird oder auf der es (fotografisch) erzeugt wird:* Für die Filmvorführung wurde eine riesige Bildfläche verwendet.; ■ **auf der Bildfläche erscheinen** *(umg.) in Erscheinung treten;* ■ **von der Bildfläche verschwinden** *(umg.) plötzlich verschwinden*

Bild·fol·ge *die* <-, -n> ❶ (≈ *Bildserie*) *Abfolge einzelner Bilder in einem bestimmten Zusammenhang* ❷ */kein Plur./* *Aufeinanderfolgen von Bildern:* eine schnelle Bildfolge

Bild·ge·stal·tung *die* <-> */kein Plur./* ❶ *Gestaltung eines Bildes in Bezug auf den Aufbau, die Anordnung der Figuren usw.* ❷ *grafische Gestaltung eines Druckerzeugnisses*

bild·haft *adj* */nicht steig./* *so, dass etwas bildliche Vorstellung weckt:* eine bildhafte Redeweise

Bild·haf·tig·keit *die* <-> */kein Plur./* *bildhafte Beschaffenheit:* die Bildhaftigkeit der Ausdrucksweise des Dichters

Bild·hau·er *der,* **Bild·hau·e·rin** <-s, -> *ein Künstler, der plastische Kunstwerke aus festen Werkstoffen wie Stein oder Metall schafft* ◆ -werkstatt

Bild·hau·e·rei *die* <-> */kein Plur./* *die Kunstform, die Skulpturen aus Stein, Metall o. Ä. schafft* ▶ bildhauerisch

bild·hübsch *adj* */nicht steig./* *(umg.) sehr hübsch:* Ihre Tochter ist bildhübsch.

Bild·jour·na·list *der,* **Bild·jour·na·lis·tin** <-en, -en> *Journalist, der Fotos (und Bildberichte) liefert:* als Bildjournalist für die Stadtzeitung arbeiten

Bild·kom·po·si·ti·on *die* <-, -en> *(künstlerische) Anordnung der Elemente in einem Bild:* sich im Unterricht mit der Bildkompostion eines berühmten Gemäldes beschäftigen

bild·lich *adj* (≈ *anschaulich*) *so, dass man Bilder gebraucht, um etwas auszudrücken oder zu verdeutlichen:* eine sehr bildliche Ausdrucksweise; eine bildliche Darstellung ▶ Bildlichkeit

Bild·mi·scher *der,* **Bild·mi·sche·rin** <-s, -> TV *Angestellter beim Fernsehen, der für das Mischen von akustischen und optischen Aufnahmen einer Fernseh-Livesendung während einer Übertragung zuständig ist*

bild·ne·risch *adj* */nicht steig./* *so, dass es die künstlerische Gestaltung eines Bildes betrifft oder auf ihr beruht:* Die Ausstellung gibt einen Überblick über das bildnerische Schaffen der Künstlerin.

Bild·nis *das* <-ses, -se> (geh.: ≈ *Porträt*) *bildliche Darstellung eines Menschen* ◆ Jugend-, Selbst-

Bild·punkt *der* <-(e)s, -e> ❶ MATH. *Bild eines Punktes unter einer Abbildung* ❷ EDV (≈ *Pixel*) *kleinstes Element bei der gerasterten, digitalisierten Darstellung eines Bildes auf einem Bildschirm oder mit Hilfe eines Druckers*

Bild·ras·ter *das* <-s, -> *Gesamtheit der Punkte, aus denen sich ein Bild zusammensetzt*

Bild·re·por·ta·ge *die* <-, -n> *Reportage, die hauptsächlich Bilder enthält* ▶ Bildreporter, Bildreporterin

Bild·röh·re *die* <-, -en> TV *Elektronenstrahlröhre, die das empfangene Bild auf einem Bildschirm wiedergibt*

Bild·schirm *der* <-(e)s, -e> ❶ TV *die große Fläche auf der Vorderseite eines Fernsehgeräts, auf der man Bilder sieht* ◆ -diagonale, Flach-, LCD-, Plasma- ❷ EDV *der Monitor eines Computers:* am Bildschirm die Helligkeit einstellen; Der Bildschirm flackert.

Bild·schirm·ab·strah·lung *die* <-> */kein Plur./* *(schädliche) Strahlung, die ein Bildschirm abgibt*

Bild·schirm·ar·beit *die* <-, -en> */kein Plur./* *das Arbeiten an einem zu einem Computer gehörenden Monitor*

Bild·schirm·ar·beits·platz *der* <-es, Bildschirmarbeitsplätze> *Arbeitsplatz, an dem Arbeitsaufgabe und Arbeitszeiten an Bildschirmgeräten bestimmend für die ganze Tätigkeit sind*

Bild·schirm·in·halt *der* <-(e)s, -e> *alles, was auf dem eingeschalteten Monitor zu sehen ist*

Bild·schirm·richt·li·nie *die* <-, -n> *Richtlinie für die technischen Parameter eines Bildschirms*

Bild·schirm·scho·ner *der* <-s, -> EDV *eine Einstellung am Computer, die dafür sorgt, dass in Zeiten, in denen am laufenden Gerät keine Tastatureingabe erfolgt, sich auf dem Bildschirm Objekte bewegen und so der Bildschirm geschützt wird*

Bild·schirm·text *der* <-es> /kein Plur./ *Textinformation, die aus Speichern abgerufen und auf dem Bildschirm des Fernsehgerätes sichtbar gemacht werden kann*

bild·schön *adj* /nicht steig./ (umg.: ≈ bildhübsch) *sehr schön:* ein bildschönes Mädchen

Bild·sei·te *die* <-, -n> *die Seite, die bei Münzen und Medaillen eine bildliche Darstellung trägt*

Bild·se·rie *die* <-, -n> *zusammenhängende Folge von Bildern*

Bild·stock *der* <-(e)s, Bildstöcke> *Kruzifix oder Heiligenbild auf einem Pfeiler oder Sockel*

Bild·stö·rung *die* <-, -en> *Störung des Fernsehbildes*

Bild·te·le·fon *das* <-s, -e> *ein Telefon mit einem kleinen Bildschirm, auf dem man den Gesprächspartner sehen kann*

Bild·um·keh·rung *die* <-> /kein Plur./ *fotografisches Verfahren, bei dem ein Negativ in ein Positiv umgewandelt wird*

Bil·dung *die* <-, -en> ❶ /kein Plur./ *die Gesamtheit der in Bildungsinstitutionen erworbenen Kenntnisse und Fertigkeiten:* die berufliche/gymnasiale Bildung ◆-sforschung, -sminister(in), -sministerium, -sreform, -ssenator(in), -sstätte, -ssystem, Erwachsenen-, Hochschul-, Schul- ❷ /kein Plur./ *die Eigenschaft eines Menschen, dass er durch umfangreiches Wissen und gute Erziehung geprägt ist:* Bildung erwerben; Sie strahlt ein hohes Maß an Bildung aus. ◆-seifer, -sniveau, Allgemein-, Persönlichkeits- ❸ /≈ Entstehung, Formung/ das Bilden I.2; I.3; III.1: die Bildung von Kristallen ◆ Bewusstseins-, Imperativ-, Konjunktiv-, Kristall-, Meinungs-, Plural-, Urteils-, Vermögens-, Willens-, Wort-

bil·dungs·be·flis·sen *adj* so, dass man bestrebt ist, sich Bildung² anzueignen

Bil·dungs·bür·ger·tum *das* <-s> /kein Plur./ ❶ gebildete Schicht des Bürgertums ❷ Gesellschaftsschicht (besonders im 19. Jahrhundert), dessen Bildungsideal am klassischen Altertum orientiert war

Bil·dungs·dün·kel *der* <-s> /kein Plur./ *übertriebener Stolz auf die eigene Bildung²*

bil·dungs·feind·lich *adj* ❶ so, dass es für die Aneignung von Bildung² ungünstig oder hinderlich ist: Die bildungsfeindlichen Rahmenbedingungen wurden kritisiert. ❷ so, dass jmd. gegenüber der Aneignung von Bildung² negativ eingestellt ist ▶ Bildungsfeindlichkeit

Bil·dungs·gang *der* <-(e)s, Bildungsgänge> *Verlauf der Bildung¹:* den Bildungsgang im Lebenslauf tabellarisch darstellen

Bil·dungs·ge·fäl·le *das* <-s> /kein Plur./ *der Unterschied im Bildungsstand der verschiedenen Bevölkerungsschichten:* Zwischen Fabrikarbeitern und Akademikern gibt es ein großes Bildungsgefälle.

Bil·dungs·grad *der* <-(e)s, -e> *Grad der Bildung², den jmd. erreicht hat*

Bil·dungs·gut *das* <-(e)s, Bildungsgüter> *Bestandteil des kulturellen Lebens, der zur Bildung² beiträgt*

Bil·dungs·hun·ger *der* <-s> /kein Plur./ *starkes Verlangen danach, sich neues Wissen anzueignen* ▶ bildungshungrig

Bil·dungs·ide·al *das* <-s, -e> *(allgemeines) Ideal der Bildung und Erziehung:* das Bildungsideal der Klassik

Bil·dungs·lü·cke *die* <-, -n> *Mangel an Kenntnissen, die zur Allgemeinbildung gehören:* Der Eignungstest zeigte, dass bei ihm gravierende Bildungslücken vorliegen.

Bil·dungs·mi·se·re *die* <-> /kein Plur./ *Gesamtheit der Missstände im Bildungswesen:* Ziel der neuen Regierung ist es, einen Ausweg aus der Bildungsmisere zu finden.

Bil·dungs·mo·no·pol *das* <-s, -e> *Monopol des Zugangs zu Ausbildungsmöglichkeiten*

Bil·dungs·not·stand *der* <-(e)s> /kein Plur./ *Notstand im Bildungswesen, vor allem durch den Mangel an ausgebildeten Kräften und Ausbildungsmöglichkeiten:* Die Investitionen für Schul-, Hochschul- und Berufsbildung müssen erhöht werden, um den teilweise vorhandenen Bildungsnotstand zu überwinden.

Bil·dungs·po·li·tik *die* <-> /kein Plur./ *der Teil der Kulturpolitik, Sozialpolitik und Wirtschaftspolitik, der die Maßnahmen und Richtlinien für das gesamte Bildungswesen bestimmt* ▶ bildungspolitisch

Bil·dungs·ro·man *der* <-s, -e> LIT. *Roman, in dem die geistige und charakterliche Entwicklung des Helden von der Kindheit bis zur Reifung geschildert wird:* Goethes „Wilhelm Meister" ist ein Bildungsroman.

Bil·dungs·ser·vice *der* <-s, -> *Serviceleistungen auf dem Gebiet der Bildung, z. B. Weiterbildungen, Sprachkurse*

bil·dungs·sprach·lich *adj* /nicht steig./ so, dass es der Sprache der gebildeten Schicht entstammt: bildungssprachliche Ausdrücke

Bil·dungs·ur·laub *der* <-(e)s, -e> *Urlaub, den ein Arbeitnehmer zum Zweck der Weiterbildung nehmen kann*

Bil·dungs·weg *der* <-(e)s, -e> *das Durchlaufen der Bildungsstufen und Ausbildungsarten der schulischen und beruflichen Bildung;* ■ **der zweite Bildungsweg** *die Möglichkeiten wie Abendschulen, Fernschulen usw., die es einem berufstätigen Erwachsenen erlauben, nachträglich einen höheren Bildungsgrad zu erwerben* Er machte eine Schlosserlehre, dann auf dem zweiten Bildungsweg das Abitur und studierte anschließend Maschinenbau.

Bil·dungs·werk *das* <-(e)s, -e> *Institution der Erwachsenenbildung:* evangelische/katholische Bildungswerke ◆ Jugend-

Bil·dungs·we·sen *das* <-s> /kein Plur./ *die Gesamtheit aller Institutionen, Personen und Tätigkeiten, die der Erziehung und Bildung¹, ² dienen*

B

B

Bild·ver·ar·bei·tung *die* <-> /*kein Plur.*/ EDV *Verarbeitung von Bildern durch Computer*

Bild·vor·la·ge *die* <-, -n> DRUCKW. *ein Bild als Vorlage für den Druck*

Bild·wer·bung *die* <-, -en> *Werbung durch bildliche Mittel, z. B. Plakate*

Bild·wer·fer *der* <-s, -> (≈ *Projektor*)

Bil·har·zi·o·se *die* <-> /*kein Plur.*/ MED. *eine Tropenkrankheit, bei der eine durch Würmer ausgelöste Infektion verschiedene Organe schädigt*

bi·lin·gu·al *adj* /*nicht steig.*/ SPRACHWISS. ❶ *so, dass man zwei Sprachen (annähernd auf muttersprachlichem Niveau) beherrscht: ein Kind, das bilingual aufwächst* ❷ (≈ *zweisprachig* ↔ *monolingual*) *so, dass es zwei Sprachen umfasst: ein bilinguales Wörterbuch*

Bi·lin·gu·a·lis·mus *der* <-> /*kein Plur.*/ SPRACHWISS., PSYCH. (≈ *Zweisprachigkeit* ↔ *Monolingualismus*) *eine Form der Mehrsprachigkeit, bei der zwei Sprachen annähernd auf muttersprachlichem Niveau beherrscht werden; siehe auch* **Zweitspracherwerb**

Der **Bilingualismus**, auch als *Zweisprachigkeit* bezeichnet, ist der häufigste Typ der Mehrsprachigkeit. Im weiteren Sinne wird darunter verstanden, dass ein Individuum grammatische und kommunikative Fähigkeiten in zwei Sprachen besitzt, wobei nach Art und Umfang entsprechender Fähigkeiten differenziert werden kann (aktiv und/oder passiv, mündlich und/oder schriftlich bzw. Hörverstehen, Sprechen, Lesen und Schreiben). Im engeren Sinn versteht man unter *Bilingualismus* eine muttersprachliche Kompetenz in zwei Sprachen. Auf gesellschaftlicher Ebene spricht man von *bilingualen Gesellschaften* oder von *gesellschaftlicher Mehrsprachigkeit*, wobei im Einzelnen problematische Einordnungsfragen entstehen. Sind die Kontexte des Gebrauchs der einen oder anderen Sprache ganz unterschiedlich, handelt es sich um Diglossie (vgl. dazu das Stichwort).

Der parallele Erwerb von zwei Erstsprachen kann als Extremfall betrachtet werden. Dieser ist dann gegeben, wenn der Spracherwerb in beiden Sprachen im Alter von bis zu drei Jahren einsetzt und (mit zwischenzeitlichen Tendenzen des Mischens) schließlich zu einer wirklichen Zweisprachigkeit führt. Dazu müssen allerdings sehr günstige Voraussetzungen gegeben sein, z. B. ein durchgängiges Sprachangebot und/oder auch eine Verteilung des Sprachangebots auf Bezugspersonen mit unterschiedlicher Muttersprache. Meist ist nur eine Sprache die Muttersprache (auch: L1, „L" für „Language"), und die Zweitsprache (auch: L2) wird erst später, z. B. im Vorschulalter, erworben. Auch hier ist der Ausprägungsgrad der Zweitsprache von mehreren Faktoren abhängig, so von der Häufigkeit des Kontaktes. Ein viel späterer Beginn (im Schulalter oder gar im Erwachsenenalter) lässt das

Ungleichgewicht zwischen beiden Sprachen ansteigen, wie Untersuchungen ergeben haben. Gewöhnlich setzen Zweisprachige ihre Sprachfertigkeiten in unterschiedlichen Situationen und zu unterschiedlichen Zwecken ein (*funktionaler Bilingualismus*).

Als Erstsprache (L1) kann normalerweise die Muttersprache (Sprache der Eltern oder sonstiger Bezugspersonen) des Kindes gelten (vgl. unter Spracherwerb). Aber es ist auch möglich, dass die Umgebungssprache die Erstsprache ist; dies ist z. B. bei Migranten der Fall, die nicht auf Dauer in einem Land bleiben können oder bleiben wollen. Allerdings kommt es in solchen Fällen zu problematischen bilingualen Situationen: Eine solche Situation ist gegeben, wenn sich erwachsene Migranten die Zweitsprache nur rudimentär (z. B. am Arbeitsplatz) angeeignet haben, entsprechende beschränkte Fähigkeiten von ihnen aber aus verschiedenen Gründen nicht weiterentwickelt worden sind. Noch gravierender ist der Umstand, dass nachgezogene Kinder von Migranten in der Schule mit Deutsch als Zweitsprache konfrontiert werden, ohne dass sie in der Erstsprache (ihrer Muttersprache) ein ausreichendes Niveau auf der Ebene der Schriftlichkeit erreicht haben. In diesem Falle kommt es zu dem, was man als *doppelte Halbsprachigkeit* bezeichnet (vgl. das Stichwort).

Fragen des Bilingualismus sind Gegenstand verschiedener interdisziplinärer Forschungsfelder der Spracherwerbsforschung aus Linguistik, Psycholinguistik, Soziolinguistik (hier die Sprachkontaktforschung) und Fremdsprachendidaktik. Als belegt kann heute angesehen werden, dass es offenbar nur im Kindesalter möglich ist, zentrale Aspekte einer Zweitsprache so erlernen zu können, wie dies gewöhnlich für die Aneignung einer Erstsprache vorauszusetzen ist.

Bil·lard *das* ['bɪljart] <-s, -e/-s> ❶ /*kein Plur.*/ *ein Spiel, bei dem Spieler eine kleine Kugel mit einem langen Stock über einen Tisch bewegen, der mit grünem Filz bespannt ist* ◆-kugel, -stock ❷ *der Tisch, auf dem Billard* [1] *gespielt wird*

Bil·le·teur *der*, **Bil·le·teu·se** *die* [bɪljəˈtøːr] <-s, -e> ❶ SCHWEIZ. *Schaffner* ❷ ÖSTERR. *Platzanweiser*

Bil·lett *das* [bɪ'ljɛt] <-(e)s, -s/-e> ❶ SCHWEIZ. *oder veralt.) Fahrkarte: ein Billett lösen* ❷ ÖSTERR. *oder veralt.) Briefchen, kurzes Schreiben: Er schrieb seiner Liebsten ein Billett.*

Bil·li·ar·de *die* <-, -n> *tausend Billionen*

bil·lig *adj* ❶ (↔ *teuer*) *so, dass für eine Ware oder Dienstleistung ein vergleichsweise niedriger Preis verlangt wird: Noch nie waren CD-Player/Drucker/Festplatten so billig.* ❷ *(abwert.: ≈ minderwertig* ↔ *hochwertig) Er trägt einen billigen Anzug.; Man sieht gleich, dass der Mantel billig war.* ❸ *(abwert.: ≈ mies) moralisch schlecht: Seine billigen Tricks kennt inzwischen jeder.; Das ist eine billige Ausrede!*

bil·li·gen <billigst, billigte, hat gebilligt> *mit OBJ* ■ *jmd.* **billigt etwas** ❶ *etwas genehmigen:* Das Ministerium hat den Vorschlag gebilligt. ❷ (≈ *zustimmen* ↔ *ablehnen*) *mit etwas einverstanden sein, etwas richtig finden:* Ich kann sein Benehmen nicht billigen. ▸ Billigung

Bil·lig·flag·ge ■ **unter Billigflagge** SEEW. *so, dass ein Schiff wegen finanzieller Vorteile unter der Flagge bestimmter Staaten fährt* Der havarierte Tanker fuhr unter einer Billigflagge.

Bil·lig·flug *der* <-(e)s, Billigflüge> *Flug zu einem besonders niedrigen Preis:* Die neue Fluglinie warb mit Billigflügen.

Bil·lig·kräf·te *die* <-> *Plur. Arbeitskräfte, die für ihre Arbeit einen geringen Lohn erhalten*

Bil·lig·lohn *der* <-s, Billiglöhne> */meist Plur./ niedriger Lohn* ◆ arbeit, -länder

Bil·li·gung *die* <-, -en> */Plur. selten/ Zustimmung, Einverständnis:* Sein Plan konnte nicht die Billigung seiner Eltern erhalten.

Bil·lig·wa·re *die* <-, -n> */meist Plur./ (abwert.) Ware von schlechter Qualität (und niedrigem Preis)*

Bil·li·on *die* <-, -en> *eine Million Millionen*

Bim·bam ■ **Heiliger Bimbam!** *(umg. scherzh.) drückt aus, dass jmd. erstaunt oder erschrocken ist*

Bim·bes *der/das* <-> */kein Plur./ (umg.) LANDSCH. Geld*

Bi·me·tall *das* <-s, -e> PHYS. *Streifen aus zwei miteinander verbundenen Metallen, die sich verschieden ausdehnen*

Bim·mel *die* <-, -n> *(umg.:* ≈ *Klingel, Schelle) hell klingende kleine Glocke*

Bim·mel·bahn *die* <-, -en> *(umg.) Kleinbahn*

Bims *der* <-es> ❶ *(abwert.) Kram, Plunder* ❷ *kurz für „Bimsstein"*

bim·sen <bimst, bimste, hat gebimst> *mit OBJ* ■ *jmd.* **bimst etwas** *(umg.:* ≈ *büffeln, pauken) etwas angestrengt lernen:* Für die Klassenarbeit bimst er lateinische und lateinische Vokabeln.

Bims·stein *der* <-(e)s> */kein Plur./ hellgraues, schaumig-poröses vulkanisches Gestein*

bi·när *adj* /nicht steig./ MATH. *so, dass es mit den Ziffern 0 und 1 dargestellt ist: eine binäre Darstellung/Schreibweise*

Bi·när·sys·tem *das* <-s, -e> MATH. *Zahlensystem, das als Basis die Zahl Zwei verwendet und mithilfe von nur zwei Zahlenzeichen (0 und 1) alle Zahlen als Potenzen von 2 darstellt*

Bin·de *die* <-, -n> ❶ *ein langer Streifen aus Verbandsstoff, mit dem man eine Wunde verbindet* ◆ Mull- ❷ *ein Streifen aus Stoff, den man sichtbar um ein Körperglied wickelt* ◆ Augen-, Arm- ❸ *kurz für „Monatsbinde";* ■ **sich einen hinter die Binde gießen** *(umg. scherzh.) Alkohol trinken*

Bin·de·bo·gen *der* <-s, -> MUS. *Bogen über mehrere Noten, der anzeigt, dass die Noten gebunden gespielt werden müssen*

Bin·de·ge·we·be *das* <-s> */kein Plur./ ANAT. Stützgewebe aus Zellen und Fasern, das die Organe umhüllt und stützt* ◆ Bindegewebeschwäche

Bin·de·glied *das* <-(e)s, -er> ❶ *Zwischenstück in einer Kette* ❷ *(übertr.) etwas, das zwei Sachver-*

halte, Zustände, Abschnitte o. Ä. miteinander verbindet

Bin·de·haut *die* <-, Bindehäute> ANAT. *(≈ Konjunktiva) durchsichtige Schleimhaut, die das Augenlid innen und den Augapfel vorn überzieht* ◆ -entzündung

bin·den <bindest, band, hat gebunden> **I.** *mit OBJ* ❶ ■ *jmd.* **bindet etwas (an etwas** *Akk.)* *etwas mit einer Schnur umwickeln, so dass es zusammen hält oder an etwas befestigt wird:* die Blumen zu einem Strauß binden; die Schuhe binden; den Hund mit der Leine an den Baum binden ❷ ■ *jmd.* **bindet etwas** KOCH. *bewirken, dass etwas dickflüssiger wird:* eine Soße mit Mehl binden ❸ ■ *jmd.* **bindet ein Buch** *ein Buch in einen Einband fassen* ❹ ■ *etwas* **bindet jmdn.** *verpflichten:* Sie war vertraglich gebunden.; Er ist an bestimmte Regeln gebunden **II.** *mit SICH* ■ *jmd.* **bindet sich** ❶ *sich durch ein Versprechen festlegen:* sich durch eine Zusage binden ❷ *sich für einen Lebenspartner entscheiden:* Sie ist seit zwei Jahren fest gebunden.; ■ **jemandem sind die Hände gebunden** *(umg.) jmd. kann nicht so handeln, wie er möchte*

bin·dend *adj (≈ verpflichtend) so, dass man es unbedingt befolgen muss:* Meine Anweisungen sind absolut bindend.; eine bindende Zusage geben

Bin·der *der* <-s, -> *(≈ Krawatte) einen farblich zur Jacke passenden Binder tragen*

Bin·de·strich *der* <-s, -e> *ein Interpunktionszeichen in der Form eines waagerechten Striches, den man in bestimmten Schreibungen zwischen Wörter setzt, um anzuzeigen, dass die Wörter eine Einheit bilden* ◆ -artikel

Bin·de·wort *das* <-(e)s, Bindewörter> SPRACHWISS. *(≈ Konjunktion)*

Bind·fa·den *der* <-s, Bindfäden> *Faden zum Binden; dünne Schnur:* das Paket mit einem Bindfaden verschnüren

Bin·dung *die* <-, -en> ❶ PSYCH. *der Zustand, dass ein Mensch emotional eine enge Beziehung zu einem anderen Menschen oder zu einer Sache hat:* Sie hat eine sehr starke Bindung an ihre Mutter.; Er hat eine tiefe Bindung an seine Heimatstadt. ◆ Heimat-, Mutter-, Vater- ❷ *(≈ Skibindung) die Vorrichtung, die einen Skischuh mit dem Ski verbindet*

Bin·dungs·angst *die* <-, Bindungsängste> PSYCH. *die Angst davor, eine feste Bindung[1] mit einer Person einzugehen*

Bin·go *das* <-(s)> */kein Plur./ ein besonders in Großbritannien verbreitetes Glücksspiel, das dem Lotto ähnlich ist*

bin·nen *präp* +*Dat. (geh.:* ≈ *im Verlauf von) innerhalb eines bestimmten Zeitraums:* binnen kurzem; binnen einem Jahr

Bin·nen- *als Erstglied zusammengesetzter Substantive; drückt aus* ❶ *dass das mit dem Zweitglied Bezeichnete im Festland(sbereich), im Landesinneren oder innerhalb eines Staates gelegen ist bzw. sich darauf bezieht/dort vonstatten geht* ◆ -fischerei, -flotte, -gewässer, -hafen, -land, -markt, -schifffahrt, -see, -verkehr ❷ SPRACHWISS., LIT. *dass das mit dem Zweitglied Bezeichnete sich auf ei-*

B

nen mittleren Bereich/auf eine Mittellage bezieht ◆-reim

bin·nen·bords *adv* SEEW. *(↔ außenbords) im Schiff*

Bin·nen·deutsch *das* <- oder -s> */kein Plur./ das Deutsch, das innerhalb der Grenzen Deutschlands gesprochen wird*

Bin·nen·dock *der* <-s, -s> SEEW. *im Hafen liegendes Becken, dessen Wasserstand durch Schleusen konstant gehalten wird: Das Schiff liegt im Binnendock.*

Bin·nen·flücht·ling *der* <-s, -e> *jmd., der innerhalb der Grenzen seines Landes auf der Flucht ist*

Bin·nen·groß·schrei·bung *die* <-> */kein Plur./* SPRACHWISS. *eigentlich unkorrekte Großschreibung eines Buchstabens inmitten eines Wortes*

Obwohl es nach den amtlichen Regelungen zur Rechtschreibung nicht korrekt ist, finden sich in vielen Bereichen des öffentlichen Lebens in großer Häufung Beispiele für die **Binnengroßschreibung**. Es ist dies die Schreibung mit Binnenmajuskel, also einem Großbuchstaben innerhalb eines Wortes. Wer sich außerhalb der orthografischen/orhographischen Normen setzt, hat gute Gründe dafür. Ein zentraler Grund für derartige Verschriftungstendenzen ist der, um jeden Preis Aufmerksamkeit zu erwecken. Es kann sich dabei aber auch um bloß unbedachte Anlehnung an die im Amerikanischen bzw. Englischen übliche Praxis sein. Auffällig ist diese Erscheinungsform im gesamten Bereich der internationalen Werbung, z. B. auch bei Firmennamen und Logos u.a.m. („TimeOut", „BahnCard", „TeleBanking"), sowie im gesamten Bereich der Computertechnologie. Bekannt sind daneben Bestrebungen des Feminismus, durch Binnengroßschreibung weibliche Formen sprachlich einzubeziehen, so in "LehrerInnen". Dadurch lassen sich zwar unschöne und gespreizt wirkende Doppelbezeichnungen der Art „Lehrerinnen und Lehrer" umgehen, besonders bei deren gehäuftem Vorkommen; beim mündlichen Vortrag entsprechender Passagen würden damit allerdings wiederum männliche Formen ausgeschlossen.

Bin·nen·ha·fen *der* <-s, Binnenhäfen> *(↔ Seehafen) Hafen im Landesinneren*

Bin·nen·han·del *der* <-s> */kein Plur./* WIRTSCH. *(↔ Außenhandel) Handel innerhalb der nationalen Grenzen eines Staates*

Bin·nen·markt *der* <-(e)s, Binnenmärkte> *(≈ Inlandsmarkt) Markt innerhalb eines Staates*

Bin·nen·meer *das* <-(e)s, -e> *vom Festland umschlossenes Meer, zum Beispiel das Schwarze Meer*

Bin·nen·staat *der* <-(e)s, -en> *Staat im Binnenland, ohne Verbindung zum Meer, z.B Österreich, die Schweiz*

Bin·nen·was·ser·stra·ße *die* <-, -n> *zum Festland gehörende und davon umschlossene Wasserstraße, z. B. ein Kanal, ein Fluss*

bin·nen·wirt·schaft·lich *adj* /nicht steig./ *so, dass es die Wirtschaft innerhalb eines Staates betrifft*

Bi·no·kel *das* <-s, -> (veralt.) *Brille oder Fernglas mit zwei Linsen für beide Augen*

bi·no·ku·lar *adj* /nicht steig./ (fachspr.) *so, dass es für das Sehen mit beiden Augen eingerichtet ist*

Bi·nom *das* <-s, -e> MATH. *Summe oder Differenz aus zwei Gliedern*

Bi·no·mi·al·ko·ef·fi·zi·ent *der* <-en, -en> MATH. *Koeffizient eines Gliedes im binomischen Lehrsatz*

Bi·no·mi·al·rei·he *die* <-, -n> MATH. *Reihe von Binomen*

Bi·no·mi·al·ver·tei·lung *die* <-> */kein Plur./* MATH. *spezielle Wahrscheinlichkeitsverteilung bei Binomen*

bi·no·misch *adj* /nicht steig./ MATH. *zweigliedrig: ein binomischer Lehrsatz*

Bin·se *die* <-, -n> BOT. *eine grasähnliche Sumpfpflanze;* ■ **in die Binsen gehen** (umg.) *misslingen*

Bin·sen·weis·heit *die* <-, -en> *allgemein bekannte Tatsache*

Bio- *als Erstglied zusammengesetzter Substantive; drückt aus* ❶ *dass ein Bezug auf die lebende Natur und auf organische Stoffe (als Forschungsgegenstand), aber auch auf sonstige Aspekte des Lebens gegeben ist* ◆-adhäsion, -analytik, -diversität, -energetik, -energie, -ethanol, -geografie/-geographie, -impedanz, -indikator, -informatik, -ingenieurwesen, -katalysator, -kraftstoff, -kurve, -polymere, -sensor, -similar, -tin, -turbation, -wetter, -zentrum, -zid, -zönose ❷ *dass ein Bezug auf ökologisch richtigen, möglichst natürlichen und gesunden Landbau sowie auf eine entsprechende Lebensweise und daran ausgerichtete Produkte gegeben ist* ◆-abfall, -abfallverordnung, -alkohol, -berufe, -farbe, -garten, -heizöl, -imkerei, -kost, -kreis, -kosmetik, -kunststoff, -licht, -lifting, -masse, -möbel, -nahrungsmittel, -plastik, -produkt, -reaktor, -saatgut, -siegel, -toilette, -verpackung, -winzer, -zuckerrüben

bio- *als Erstglied in zusammengesetzten Adjektiven; drückt aus, dass ein Bezug auf die lebende Natur und auf organische Stoffe (als Forschungsgegenstand), aber auch auf sonstige Aspekte des Lebens gegeben ist* ◆-aktiv, -technisch, -technologisch

Bio·bau·er *der,* **Bio·bäu·e·rin** <-n, -n> *Landwirt, der ökologische Prinzipien beim Anbau berücksichtigt*

Bio·brot *das* <-(e)s, -e> (umg.) *Brot, dass aus biologisch angebautem Getreide gebacken wurde*

Bio·che·mie, **Bio·che·mie** *die* <-> */kein Plur./* ❶ *die Wissenschaft von der chemischen Zusammensetzung der Organismen und den chemischen Vorgängen in ihnen* ▶ Biochemiker, Biochemikerin, biochemisch ❷ *die biochemische Beschaffenheit von etwas: die Biochemie des Stoffwechsels/der Zelle*

Bio·chip *der* <-s, -s> *Halbleiterelement zur Steue-*

rung und Überwachung der Vorgänge in biochemischen Anlagen

Bio·die·sel *der* <-s> /*kein Plur.*/ *biologisch gewonnener Dieseltreibstoff* ◆-treibstoff

bio·dy·na·misch, bio·dy·na·misch *adj* /*nicht steig.*/ *nur mit organischen Düngemitteln gedüngt:* ein biodynamisch bewirtschaftetes Feld

Bio·ethik *die* <-> /*kein Plur.*/ *Teilgebiet der angewandten Ethik, das sich mit sittlichen Fragen und Verhaltensweisen im Umgang mit Leben und Natur befasst*

Bio·feed·back *das* <-s, -s> BIOL. *Rückkopplung innerhalb eines Regelkreises biologischer Systeme*

Bio·gas *das* <-es> /*kein Plur.*/ *bei der Zersetzung von Mist oder Ähnlichem entstehendes Gas* ◆-speicher, -verwertung

Bio·ge·mü·se *das* <-s> (*umg.*) *im biologischen Anbau produziertes Gemüse*

Bio·ge·ne·se *die* <-> /*kein Plur.*/ BIOL. ❶ *Entstehung des Lebens/der Lebewesen* ❷ *Geschichte der Entstehung des Lebewesens und der Entwicklung seines Stammes*

Bio·gra·fie, *a.* **Bio·gra·phie** *die* <-, ...-fien/ ...-phien> ❶ *Beschreibung einer Lebensgeschichte:* Ich lese gerade eine Goethe-Biografie.; Viele Buchhandlungen haben ein eigenes Regal für Biografien von bekannten Persönlichkeiten. ▸ Biograf/Biograph, Biografin/Biographin, biografisch/ biographisch ❷ (≈ *Lebensgeschichte*) Ich könnte dir aus meiner Biografie einige Erlebnisse erzählen.

Bio·haus *das* <-es, Biohäuser> (*umg.*) *mit natürlichen Materialien und zur natürlichen Umgebung passend gebautes Haus*

Bio·la·den *der* <-s, Bioläden> *Geschäft, in dem man vor allem Lebensmittel kaufen kann, die nicht mit chemischen Mitteln behandelt wurden:* Brot/Kosmetik/Obst/Wein aus dem Bioladen

Bio·lo·gie *die* <-> /*kein Plur.*/ *die Wissenschaft von den lebenden Organismen, den Tieren und dem Pflanzenreich* ▸ Biologe, Biologin

bio·lo·gisch *adj* /*nicht steig.*/ ❶ *so, dass es auf die Biologie bezogen ist:* biologische Forschung ❷ *so, dass es auf Lebensvorgänge bezogen ist:* das biologische Gleichgewicht ❸ *aus oder mit pflanzlichen und tierischen (und nicht aus chemischen) Stoffen hergestellt:* biologisch angebautes Obst und Gemüse

bio·lo·gisch-dy·na·misch *adj* /*nicht steig.*/ LANDW. *so, dass es auf ausschließlich biologischen, nicht auf künstlichen Kräften und Verfahren beruht:* biologisch-dynamische Landwirtschaft

Bio·lu·mi·nes·zenz *die* <-> /*kein Plur.*/ BIOL. *Lichtausstrahlung bei Lebewesen, besonders durch Leuchtbakterien und einige Planktonorganismen*

Bio·mas·se *die* <-> /*kein Plur.*/ BIOL. *Masse der durch Lebewesen anfallenden organischen Substanz in einem bestimmten Lebensraum*

Bio·me·cha·nik *die* <-> /*kein Plur.*/ *Lehre von den Lebenserscheinungen, die nach den Gesetzen der Mechanik ablaufen* ▸ Biomechaniker, Biomechanikerin, biomechanisch

Bio·me·di·zin *die* <-> /*kein Plur.*/ *Teilbereich der* Medizin, in dem vor allem natürliche Heilmittel (Luft, Wasser, Sonne, Diät) angewandt werden

Bio·me·t·rie *die* <-> /*kein Plur.*/ *Anwendung mathematischer Methoden zur zahlenmäßigen Erfassung, Planung und Auswertung von Experimenten in Biologie, Medizin und Landwirtschaft* ▸ biometrisch

Bio·me·t·rik *die* <-> BIOL. *siehe* **Biometrie**

Bio·müll *der* <-s> /*kein Plur.*/ *organische Abfälle, die kompostiert werden können*

Bio·pa·tent *das* <-(e)s, -e> *Patent im Bereich der Biologie oder der angewandten Biologie*

Bio·phy·sik, Bio·phy·sik *die* <-> /*kein Plur.*/ *Wissenschaft von den physikalischen Vorgängen in Lebewesen und der Anwendung von physikalischen Methoden und Erkenntnissen in der Biologie*

Bio·rhyth·mus *der* <-, Biorhythmen> *periodisch ablaufende physiologische Vorgänge bei Lebewesen*

Bio·sphä·re, Bio·sphä·re *die* <-> /*kein Plur.*/ *Gesamtheit der mit Lebewesen besiedelten Schichten der Erde*

Bio·tech·no·lo·gie *die* <-, ...-gien> (≈ *Biotechnik*) *interdisziplinärer Forschungszweig zu Aspekten der Nutzung von Zellen und Organismen für technische Anwendungen* ▸ biotechnisch, biotechnologisch

Bio·ton·ne *die* <-, -n> *Abfalltonne, in der man Biomüll sammelt:* Kartoffelschalen gehören nicht in den Hausmüll, sondern in die Biotonne!

Bio·top *das* <-s, -e> *durch bestimmte Pflanzen und Tiere geprägter Lebensraum* ◆Feucht-

Bio·treib·stoff *der* <-(e)s, -e> *aus Naturstoffen gewonnener Treibstoff*

BIP *das* <-> /*kein Plur.*/ WIRTSCH. *Abkürzung von* „Bruttoinlandsprodukt"

bi·po·lar *adj* /*nicht steig.*/ (≈ *zweipolig*) *so, dass etwas zwei polare Eigenschaften hat*

Bir·cher·müs·li *das* <-s, -s> KOCH. *nach dem Schweizer Arzt Bircher-Benner benannte Speise aus Getreideflocken, Obst und Milch*

Bi·rett *das* <-(e)s, -e> *eine Kopfbedeckung katholischer Geistlicher*

Bir·ke *die* <-, -n> BOT. *ein Laubbaum mit schmalem Stamm, weißer Rinde und kleinen herzförmigen, hellgrünen Blättern* ◆-nallee, -nholz

Bir·ken·reiz·ker *der* <-s, -> BOT. *giftiger Pilz aus der Gattung der Reizker*

Bir·ma <-s> *früherer Name von Myanmar, einem Staat in Hinterindien* ▸ Birmane, Birmanin, birmanisch

Birn·baum *der* <-(e)s, Birnbäume> BOT. *weiß blühender Obstbaum mit Birnen als Früchten*

Bir·ne *die* <-, -n> ❶ *die essbare, am unteren Ende charakteristisch verdickte saftige Frucht des Birnbaums mit orangen-gelber Schale und süßem Geschmack* ❷ /*kurz für „Glühbirne"*/ die Birne auswechseln ❸ (*umg. scherzh.*) *Kopf des Menschen:* sich die Birne anhauen; ■ **Äpfel und Birnen vergleichen** (*umg.*) *Dinge vergleichen, die man nicht vergleichen kann*

bir·nen·för·mig *adj* /*nicht steig.*/ *so, dass es die Form einer Birne hat*

B

bis I. *präp* ❶ *+Akk. mit einer zeitlichen Angabe verwendet, um auszudrücken, dass der genannte Zeitpunkt das äußerste Ende einer Zeitspanne markiert:* Ich warte höchstens noch bis Mittwoch.; Bis Ende der Woche muss die Arbeit fertig sein.; Bis wann sind die Sachen fertig?; Bis morgen! ❷ */mit einer weiteren Präposition/ verwendet, um auszudrücken, dass die genannte Sache die Obergrenze von etwas darstellt:* Jugendliche bis zu 16 Jahren dürfen den Film nicht sehen.; Das Flugzeug war bis auf den letzten Platz ausgebucht. ❸ *verwendet, um auszudrücken, dass die genannte Sache eine Ausnahme von etwas darstellt:* Bis auf gestern bin ich jeden Tag hier gewesen.; Bis auf den Kollegen K haben alle an der Besprechung teilgenommen. ❹ *mit einer räumlichen Angabe verwendet, um auszudrücken, dass der genannte Ort das Ziel einer Bewegung markiert oder das Ende einer Strecke darstellt:* Fahren Sie auch bis Köln?; Ich fahre bis Köln und dann noch weiter nach Bad Honnef.; Von hier bis zum Fenster sind es fünf Meter.; Bei dem Nebel kann man nicht bis ans andere Ufer sehen. II. *konj* ❶ *im Nebensatz verwendet, um auszudrücken, wann die im Hauptsatz genannte Handlung enden wird:* Wir rufen immer wieder dort an, bis sich jemand meldet.; Wir warten, bis ihr fertig seid. ❷ *im Nebensatz verwendet, um eine Bedingung zu nennen, die erfüllt sein muss, damit etwas eintritt:* Ich beachte ihn nicht, bis er sich bei mir entschuldigt.

Bi·sam *der* <-s, -e/-s> *Fell der Bisamratte*
Bi·sam·rat·te *die* <-, -n> *(zu den Wühlmäusen gehörendes) Nagetier, das in Wassernähe lebt*
Bi·schof *der*; **Bi·schö·fin** <-s, Bischöfe> ❶ */nur mask./ REL. ein katholischer Priester von hohem Rang, der vom Papst für die Leitung eines Bistums ernannt wird* ◆ Erz-, Weih- ❷ *REL. hoher evangelischer Würdenträger, der von der Landessynode in die Leitung des Bistums gewählt wird* ◆ Landes-
bi·schöf·lich *adj /nicht steig./ so, dass es einen Bischof betrifft, zu ihm gehört oder ihm zusteht:* das bischöfliche Ordinariat
Bi·schofs·hut *der* <-(e)s, Bischofshüte> *zur Tracht der katholischen Bischöfe gehörender runder, schwarzer Hut*
Bi·schofs·kon·fe·renz *die* <-, -en> *Konferenz der Bischöfe*
Bi·schofs·müt·ze *die* <-, -n> *zum Bischofsgewand gehörende Mütze*
Bi·schofs·sitz *der* <-es, -e> *Amtssitz eines Bischofs*
Bi·schofs·stab *der* <-(e)s, Bischofsstäbe> *ein Stab als Symbol der bischöflichen Würde*
Bi·schofs·wür·de *die* <-> */kein Plur./ Würde, Amt eines Bischofs*
Bi·se *die* <-, -n> SCHWEIZ. *Nordwind, Nordostwind*
Bi·se·xu·a·li·tät *die* <-> */kein Plur./* ❶ BIOL. *(≈ Hermaphroditismus) Doppelgeschlechtlichkeit* ❷ MED., PSYCH. *Nebeneinander von homo- und heterosexueller Veranlagung bei einem Menschen*
bi·se·xu·ell *adj /nicht steig./* ❶ BIOL. *zweigeschlechtig* ❷ MED., PSYCH. *so, dass man sich sexuell sowohl von Männern als auch von Frauen angezogen fühlt*

bis·her *adv (≈ bis jetzt, bislang) von einem unbestimmten Zeitpunkt an bis zum heutigen Tag:* Bisher haben wir das immer so gemacht.
bis·he·rig *adj /nicht steig./ so, dass es bisher so gewesen ist:* sein bisheriges Leben ◆ Großschreibung →R 3.7 das Bisherige; im Bisherigen
Bis·ka·ya *die* <-> *Bucht im Atlantischen Ozean:* der Golf von Biskaya
Bis·kuit *das/der* [bɪs'kvit, bɪs'kviːt] <-(e)s, -s/-e> KOCH. *leichtes Gebäck aus Mehl, Eiern und Zucker*
bis·lang *adv (geh.: ≈ bisher)*
Bi·son *der* <-s, -s> ZOOL. *nordamerikanische Büffelart*
Biss *der* <-es, -e> *der Vorgang, dass jmd. oder ein Tier in etwas beißt:* von dem Apfel war einen Biss nehmen; der Biss eines Hundes; ■ **jemand hat Biss** *(umg.) verwendet, um auszudrücken, dass jmd. (beruflich) sehr ehrgeizig und engagiert ist* ◆ -verletzung, -wunde, Schlangen-, Zecken-
biss·chen *pron /indekl./ verwendet, um eine geringe Menge von etwas zu bezeichnen:* Ein bisschen Glück gehört dazu!; Warten Sie bitte noch ein bisschen!; Es dauert ein bisschen länger.; Die Suppe könnte noch ein bisschen Salz vertragen.; ■ **kein bisschen** *(umg.) überhaupt nicht* Das Kind hatte kein bisschen Angst.; ■ **das bisschen ...** *drückt aus, dass man etwas eine geringe Bedeutung beimisst* Mit dem bisschen Schnupfen ist man doch noch nicht krank! ◆ Kleinschreibung →R 3.15 das bisschen, ein klein bisschen
bis·sel *pron* SÜDDT., ÖSTERR. *(umg.: ≈ bisschen)*
Bis·sen *der* <-s, -> ❶ *die Menge fester Nahrung, die man auf einmal abbeißt:* nur einen Bissen von dem Apfel nehmen; Der Bissen blieb ihm fast im Hals stecken. ❷ *kleine Mahlzeit:* vor der Prüfung nur einen Bissen gegessen haben ◆ Lecker-
bis·serl *adv* SÜDDT., ÖSTERR. *(umg.: ≈ bisschen)*
bis·sig *adj* ❶ *so, dass ein Tier schnell zubeißt:* Vorsicht, bissiger Hund! ❷ *so, dass ein Mensch dazu neigt, unfreundliche Kommentare und scharfe Kritik abzugeben:* eine bissige Bemerkung machen
Bis·sig·keit *die* <-, -en> *die Eigenschaft, bissig² zu sein*
Bis·t·ro, Bis·t·ro *das* <-s, -s> *kleines Lokal, in dem auch ein Imbiss eingenommen werden kann* ◆ -tisch
Bis·tum *das* <-s, Bistümer> *(≈ Diözese) der Bezirk, den ein Bischof verwaltet*
bis·wei·len *adv (geh.) manchmal, ab und zu, hin und wieder:* Bisweilen treffen wir uns auf einen Kaffee.
Bit *das* <-s, -s> EDV *Informationseinheit in der Datenverarbeitung*
Bit·te *die* <-, -n> *an jmdn. gerichteter Wunsch:* eine freundliche/höfliche Bitte äußern; jmdm. eine Bitte abschlagen/erfüllen; etwas nur auf jemands Bitte hin tun; Das war nur eine Bitte, keine Forderung!
bit·te *part* ❶ *verwendet, um auf höfliche Weise etwas zu verlangen:* Darf ich bitte das Fenster öffnen?; Würdest du mir bitte die Butter reichen? ❷ *verwendet als Antwort auf eine Frage oder Bitte:* Ja, bitte, öffnen Sie ruhig das Fenster!; Bitte, hier ist die Butter! ❸ *verwendet, um jmdn. aufzu-*

B

fordern, er solle sein Anliegen vortragen:* Ja, bitte, Sie wünschen?; ■ **na bitte!** *(umg.) verwendet, um auszudrücken, dass man etwas ohnehin gewusst oder angenommen hat;* ■ **Bitte?** *Verwendet, um jmdn. aufzufordern, eine sprachliche Äußerung zu wiederholen (weil man sie akustisch nicht verstanden hat)* ◆ Klein- oder Großschreibung →R 4.5 schön bitte/Bitte sagen

bit·ten <bittest, bat, hat gebeten> *mit OBJ* ❶ ■ *jmd. bittet jmdn. um etwas eine Bitte aussprechen (um etwas zu erhalten); jmdn. fragen, ob er oder sie etwas Bestimmtes tun kann:* Ich bitte um Entschuldigung.; Sie hat um Auskunft/ Hilfe gebeten. ❷ ■ *jmd. bittet jmdn. zu etwas Dat./sich (geh.) einladen:* Darf ich Sie zum Essen bitten ?; Sie hat ihn für morgen Nachmittag zu sich gebeten.

bit·ter *adj* ❶ *(↔ süß) so, dass es sehr herb schmeckt:* der bittere Geschmack der Tropfen; Es gibt auch bittere Schokolade. ❷ *so, dass etwas besonders heftig ist:* Das ist mein bitterer Ernst! ❸ *so ausgeprägt, dass eine Schmerzgrenze erreicht ist:* die bittere Erkenntnis/Wahrheit

Bit·ter *der* <-s, -> *(selten: ≈ Bittsteller) jmd., der um etwas bittet*

bit·ter- *als Erstglied zusammengesetzter Adjektive, mit Betonung auf beiden Teilen; drückt aus, dass das mit dem Zweitglied Bezeichnete in hohem Ausmaß gegeben ist* ◆ -böse, -ernst, -kalt

Bit·ter·keit *die* <-> */kein Plur./* ❶ *bittere Beschaffenheit oder bitterer Geschmack von etwas:* Er mochte diesen Kräuterlikör gerade wegen seiner Bitterkeit. ❷ *(übertr.: ≈ Verbitterung) bitteres Wesen:* In ihr hat sich viel Bitterkeit angesammelt.

Bit·ter·le·mon *das* [...lɛmən] <-(s), -> *Getränk aus Zitronen- und Limettensaft mit geringem Chiningehalt*

bit·ter·lich *adj* ❶ */als Verstärkung/* ■ **bitterlich frieren** *heftig frieren;* ■ **bitterlich weinen** *sehr weinen, schluchzen* ❷ *leicht bitter:* ein bitterlicher Geschmack

Bit·ter·ling *der* <-s, -e> ❶ ZOOL. *kleiner karpfenähnlicher Fisch, dessen bitter schmeckendes Fleisch ungenießbar ist* ❷ BOT. *(≈ Gallenröhrling) Pilzart*

Bit·ter·man·del·öl *das* <-s, -e> */Plur. selten/ blausäurehaltiges Öl, das aus den Kernen verschiedener Früchte (z. B. bittere Mandeln, Aprikosen, Pflaumen) gewonnen wird*

Bit·ter·oran·ge *die* <-, -n> BOT. *(≈ Pomeranze) orangefarbene, runde, der Apfelsine ähnliche, aber kleinere Zitrusfrucht mit sauerem Fruchtfleisch und bitter schmeckender Schale*

Bit·ter·salz *das* <-es, -e> CHEM., MED. *(≈ Magnesiumsulfat)*

Bit·ter·stoff *der* <-(e)s, -e> *bitterer pflanzlicher Stoff zur Herstellung von Bittermitteln*

bit·ter·süß *adj* /nicht steig./ ❶ *gleichzeitig bitter und süß:* ein bittersüßer Geschmack ❷ *gleichzeitig schmerzlich und schön:* ein bittersüßes Gefühl

Bitt·ge·bet *das* <-(e)s, -e> REL. *(↔ Dankgebet) ein Gebet, in dem man Gott um etwas bittet*

Bitt·ge·such *das* <-(e)s, -e> *schriftliche Bitte, Bittschreiben:* ein Bittgesuch stellen

Bitt·pro·zes·si·on *die* <-, -en> REL. *Prozession, bei der die Gläubigen um etwas (besonders die Abwendung von Not und Gefahr) bitten*

Bitt·schrift *die* <-, -en> *(≈ Gesuch) umfangreiches Schriftstück, in dem eine Bitte vorgetragen wird (und das meist an eine höhere Stelle gerichtet ist)*

Bitt·stel·ler, **Bitt·stel·le·rin** *<-s, -> jmd., der förmlich um etwas bittet:* nicht wie ein Bittsteller erscheinen wollen

Bi·tu·men *das* <-s, -/Bitumina> CHEM. *natürlich vorkommende oder aus Erdöl gewonnene teerartige Masse, die u.a. als Abdichtungs- und Isoliermaterial verwendet wird* ◆ -dichtung, -pappe ▸ bituminös

Bi·wak *das* <-s, -e/-s> *provisorisches Nachtlager im Freien*

BIZ ❶ *Abkürzung von „Bank für internationalen Zahlungsausgleich"* ❷ *Abkürzung von „Berufsinformationszentrum"*

bi·zarr *adj* ❶ *ungewöhnlich geformt:* bizarre Wolkenbildungen ❷ *sonderbar, merkwürdig, verschroben:* eine bizarre Persönlichkeit; ein bizarrer Charakter/Lebensstil

Bi·zeps *der* <-(es), -e> *Muskel im Oberarm, der den Unterarm beugt*

Bla·bla *das* <-(s)> *(umg. abwert.) unnützes Gerede*

Bla·che *die* <-, -n> SCHWEIZ. *(≈ Blahe, Plane) großes, grobes Leinentuch*

Black·box, *a.* **Black Box** ['blæk'bɔks] <-, -es> *(fachspr.) Teil eines kybernetischen Systems, dessen inneren Aufbau man nicht kennt, sondern nur aus beobachtbaren Reaktionen erschließen kann* ◆ Zusammenschreibung →R 4.18

Black·out, *a.* **Black-out** *das* ['blæk?aʊt] <-(s), -s> ❶ PHYS. *plötzlicher Stromausfall oder Ausfall von Funkkontakten* ❷ MED. *plötzliches Schwarzwerden des Gesichtsfeldes (bei einem Kreislaufkollaps)* ❸ *plötzliches kurzes Aussetzen des Bewusstseins, so dass die Wahrnehmung oder die Erinnerung kurz unterbrochen wird:* Bei der Prüfung hatte sie ein kleines Blackout.

Black Power *die* ['blæk 'paʊə] <-> */kein Plur./ Bewegung der Afroamerikaner gegen Rassendiskriminierung* ◆ Zusammenschreibung →R 4.18

blaf·fen, **bläf·fen** <blaffst, blaffte, hat geblafft> *ohne OBJ* ■ *jmd. blafft (abwert.) schimpfend sprechen:* „Passen Sie doch auf!", blaffte er. ▸ anblaffen

blä·hen <bläht, blähte, hat gebläht> **I.** *mit OBJ* ■ *etwas bläht etwas bewirken, dass etwas prall und aufgeblasen ist:* Der Wind bläht die Segel. **II.** *ohne OBJ* ■ *etwas bläht Blähungen verursachen:* Hülsenfrüchte blähen. **III.** *mit SICH* ■ *etwas bläht sich durch Wind aufgeblasen werden:* Die Gardinen/Segel blähen sich im Wind.

Blä·hung *die* <-, -en> */meist Plur./ Schmerzen, die durch angestaute Gase in Magen und Darm verursacht werden:* Nach dem Essen bekamen sie heftige Blähungen.

bla·ma·bel <blamabler, am blamabelsten> *adj so, dass es beschämend und peinlich ist:* Dein Verhalten war sehr blamabel.

Bla·ma·ge *die* [bla'ma:ʒə] <-, -n> *beschämender, peinlicher Vorfall:* So eine Blamage kann ich mir in meiner Position nicht leisten.; Dieser Auftritt war eine einzige Blamage!

bla·mie·ren <blamierst, blamierte, hat blamiert> **I.** *mit OBJ* ■ *jmd. blamiert jmdn. (vor jmdm.)* (≈ bloßstellen) jmdn. in Verlegenheit bringen, lächerlich machen: Er blamierte uns durch sein Verhalten.; Sie hat ihn vor allen Gästen blamiert. **II.** *mit SICH* ■ *jmd. blamiert sich* sich in Verlegenheit bringen/lächerlich machen: Sie blamierte sich vor allen Leuten.

blan·chie·ren [blã'ʃiːrən] <blanchierst, blanchierte, hat blanchiert> *mit OBJ* ■ *jmd. blanchiert etwas* KOCH. etwas kurz mit heißem Wasser überbrühen: Das Gemüse sollte man vor dem Einfrieren blanchieren.

blank *adj* ❶ *so sauber, dass es glänzt:* blanke Fensterscheiben ❷ *bloß, nicht bedeckt:* Er sitzt auf der blanken Erde; Sie trägt die Bluse auf der blanken Haut.; blanker Unsinn; ■ **blank sein** *(umg.) kein Geld haben* ◆ Zusammenschreibung →R 4.15 blankgeputzte/blank geputzte Schuhe

Blan·kett *das* <-(e)s, -e> WIRTSCH. *Formular eines Wertpapiers, zu dessen Rechtsgültigkeit noch wichtige Eintragungen fehlen*

blan·ko *adj /nicht steig./ nicht vollständig ausgefüllt:* ein Formular blanko unterschreiben

Blan·ko·kre·dit *der* <-(e)s, -e> WIRTSCH. *Kredit in nicht festgelegter Höhe*

Blan·ko·scheck *der* <-s, -s> *bereits unterschriebener Scheck, in den noch kein Geldbetrag eingetragen ist*

Blan·ko·un·ter·schrift *die* <-, -en> *Unterschrift vor Fertigstellung des dazugehörenden Textes*

Blan·ko·voll·macht *die* <-, -en> RECHTSW. *unbeschränkte Vollmacht:* jmdm. eine Blankovollmacht erteilen

Bläs·chen·aus·schlag *der* <-(e)s, Bläschenausschläge> MED. *Hautausschlag, bei dem sich Bläschen bilden*

Bla·se *die* <-, -n> ❶ *ein mit Luft gefüllter Hohlraum in einem flüssigen Stoff:* Im Wasser bildeten sich auf einmal lauter kleine Blasen. ◆ Luft-, Seifen- ❷ MED. *durch Reizung angeschwollene Stelle der Haut, die sich mit Flüssigkeit füllt:* Sie hat sich beim Wandern eine Blase gelaufen. ◆ Brand- ❸ ANAT. *(≈ Harnblase) das Organ, in dem sich der Harn sammelt* ◆ -nentzündung, -katarrh, -nkatheter, -nkrebs, -nstein ❹ ANAT. *ein Hohlorgan* ◆ Frucht-, Gallen-

Bla·se·balg *der* <-(e)s, Blasebälge> *Gerät, das beim Zusammenpressen einen Luftstrom erzeugt*

bla·sen <bläst, blies, hat geblasen> **I.** *mit OBJ* ❶ ■ *jmd. bläst ein Instrument* ein Blasinstrument spielen: das Horn/die Trompete/die Tuba blasen ❷ ■ *jmd. bläst etwas irgendwohin* durch Blasen bewirken, dass etwas an eine bestimmte Stelle gelangt: Er blies den Rauch in die Luft. ❸ ■ *etwas bläst etwas irgendwohin* etwas in der Luft treiben lassen: Der Wind bläst den Staub durch die Straßen. **II.** *ohne OBJ* ■ *jmd./etwas bläst (irgendwohin)* einen Luftstrom erzeugen:

Er bläst in die Glut.; Der Wind bläst mir ins Gesicht.

Bla·sen·bil·dung *die* <-, -en> *Entstehung von Blasen²*

bla·sen·krank *adj /nicht steig./ so, dass man an der Harnblase erkrankt ist*

Bla·sen·schwä·che *die* <-> /kein Plur./ MED. *Schwäche der Harnblase, so dass der Urin nicht immer gehalten werden kann*

Bla·sen·spie·ge·lung *die* <-, -en> MED. (≈ Zystoskopie) *Untersuchung der Harnblase mit Hilfe eines Blasenspiegels*

Bla·sen·sprung *der* <-(e)s, Blasensprünge> MED. *das Platzen der Fruchtblase unmittelbar vor der Geburt*

Bla·sen·tang *der* <-(e)s> /kein Plur./ BOT. *stark verzweigter Tang mit Luftblasen, die ihn im Wasser aufrecht halten*

Blä·ser *der,* **Blä·se·rin** <-s, -> *jmd., der ein Blasinstrument spielt* ◆ Blech-, Holz-

bla·siert *adj (abwert.) so, dass jmd. herablassend und eingebildet ist:* ein blasierter Mensch ▶ Blasiertheit

Blas·in·s·t·ru·ment *das* <-s, -e> *ein Musikinstrument, bei dem Töne dadurch erzeugt werden, dass man durch einen Hohlraum mit Löchern bläst:* Trompete und Klarinette gehören zu den Blasinstrumenten. ◆ Blech-, Holz-

Blas·ka·pel·le *die* <-, -n> *aus Bläsern bestehende Musikkapelle*

Blas·mu·sik *die* <-> /kein Plur./ *mit Blasinstrumenten gespielte Musik*

Blas·or·ches·ter *das* <-s, -> *aus Bläsern bestehendes Orchester*

Blas·phe·mie *die* <-, ...mien> (≈ Gotteslästerung) *Beschimpfung/Verhöhnung Gottes* ▶ blasphemisch

Blas·rohr *das* <-(e)s, -e> *eine einfache Waffe in der Art eines Rohrs, in das man hineinbläst, um einen Pfeil abzuschießen*

blass <blasser, am blassesten> *adj* ❶ (≈ bleich) *von sehr heller (Gesichts-)Farbe:* Sie wurde plötzlich ganz blass. ❷ *so, dass die Farbe von etwas nur noch eine schwache Intensität hat:* ein blasses Rot; Die Schrift ist mit der Zeit blass geworden.; ■ **keinen blassen Schimmer haben** *(umg.) keine Ahnung haben* ▶ verblassen

blass·blau *adj /nicht steig./ von einem sehr hellen Blau:* ein blassblaues Kleid

Bläs·se *die* <-> /kein Plur./ ❶ *sehr helle Gesichtsfarbe:* Sein Gesicht war von auffallender Blässe.; In früheren Zeiten galt Blässe als vornehm. ❷ *(übertr.) Langweiligkeit, Farblosigkeit:* Die Blässe seines Vortragsstils ermüdete alle.

blass·ge·druckt *adj /nicht steig./ mit (zu) wenig Farbe gedruckt*

Bläss·huhn, Bless·huhn *das* <-(e)s, Blässhühner> ZOOL. *Wasservogel mit grauschwarzem Gefieder und weißem Stirnfleck*

blass·ro·sa *adj /nicht steig./ von einem sehr hellen Rosa:* eine blassrosa Apfelblüte

Blatt *das* <-(e)s, Blätter> ❶ *einer der vielen Teile höherer Pflanzen, der bei den meisten Pflanzenarten eine für die Pflanze charakteristische Form*

und eine grüne Färbung hat, durch den die Pflanze atmet, Wasser verdunstet und das Sonnenlicht aufnimmt: Im Herbst färben sich viele Blätter rot und gelb.; Die Blätter des Baumes sind sein Laub.; gelbe/gezackte/gefiederte/junge/rote/welke Blätter; Tabak gewinnt man aus den Blättern der Tabakpflanze. ◆ Baum-, Birken-, Blüten-, Efeu-, Salat- ② *ein gleichmäßig, meist rechteckig zugeschnittenes Stück Papier:* etwas auf ein Blatt Papier schreiben ◆ Flug-, Kalender-, Titel- ③ *die Klinge einer Säge* ◆ Säge- ④ *(umg.) eine Zeitung* ◆ Abend-, Nachrichten-, Sensations-, Sonntags-, Wochen- ⑥ ■ **etwas steht auf einem (ganz) anderen Blatt** *(umg.) etwas gehört in einen ganz anderen Zusammenhang (und kann von einer gegebenen Situation ausgehend nicht garantiert oder vorhergesagt werden)* Natürlich hast du einen hervorragenden Studienabschluss und einen Doktortitel, aber ob du irgendwo einen Job kriegst, das steht auf einem ganz anderen Blatt!; ■ **kein Blatt vor den Mund nehmen** *(umg.) offen seine Meinung sagen* Die Frau Schulze nimmt kein Blatt vor den Mund; die sagt immer, was sie denkt.; ■ **ein unbeschriebenes Blatt sein** *(umg.) in einem bestimmten Bereich oder im Hinblick auf eine bestimmte Sache nicht bekannt oder auffällig geworden sein* Der XY ist kein unbeschriebenes Blatt; sein letzter Arbeitgeber soll ihm gekündigt haben, weil er Geld aus der Kasse genommen hat.; ■ **Das Blatt hat sich gewendet.** *(umg.) Die Situation hat sich umgekehrt und die Macht, der Vorteil o. Ä. liegt jetzt bei der Person, die vorher im Nachteil oder unterlegen war*

Blatt·ader *die* <-, -n> BOT. *ein Teil des Leitgerüsts aus mehreren Strängen, die das Gerüst eines Blattes[1] bilden*

Blatt·bil·dung *die* <-> /kein Plur./ *Bildung eines Blattes[2] (bei der Papierherstellung) aus einem Gemisch von Faserstoff und Wasser*

Blät·ter·dach *das* <-(e)s, Blätterdächer> /Plur. selten/ *dichtes, ausgebreitetes Laubwerk:* Das Blätterdach der Bäume spendete uns Schatten.

Blat·tern *die* <-> Plur. MED. *(veralt.: ≈ Pocken) eine Infektionskrankheit, bei der sich am ganzen Körper (gerötete) Schwellungen auf der Haut bilden*

blät·tern *adj* <blätterst, blätterte, hat geblättert> ohne OBJ ① ■ *jmd. blättert in etwas Dat. die Seiten eines Buches oder einer Zeitschrift immer wieder umschlagen, ohne den gesamten Inhalt der Seiten zu lesen:* im Wartezimmer gelangweilt in einer Zeitschrift blättern ② ■ *etwas blättert von etwas Dat. sich in dünnen Schichten ablösen:* Die Farbe blättert von der Wand. ▶ abblättern

Blat·ter·nar·be *die* <-, -n> (≈ Pockennarbe)

Blät·ter·teig *der* <-(e)s> /kein Plur./ KOCH. *mehrfach geschichteter, dünn ausgerollter Teig (ohne Hefe oder andere Treibmittel), der nach dem Backen Ähnlichkeit mit aufeinandergelegten Blättern[2] aufweist* ◆ -gebäck, -pastete

Blät·ter·wald *der* <-(e)s> /kein Plur./ *(scherzh.) Vielzahl von Zeitungen und Zeitschriften;* ■ **Es rauscht im Blätterwald.** *(umg.) die Presse schreibt sehr viel über eine bestimmte Sache*

Blatt·ge·mü·se *das* <-s, -> *Gemüse, das aus den Blättern einer Pflanze besteht, z. B.* Spinat

Blatt·gold *das* <-(e)s> /kein Plur./ *fein ausgewalztes reines Gold:* Die Heiligenfigur ist mit Blattgold überzogen.

Blatt·grün *das* <-s> /kein Plur./ (≈ Chlorophyll) *der Blattfarbstoff, der die Blätter grün erscheinen lässt*

Blatt·laus *die* <-, Blattläuse> BOT. *ein kleines, schädliches Insekt, das Pflanzen meist in großer Zahl befällt und an den Blattadern saugt*

blatt·los *adj /nicht steig./ so, dass es ohne Blätter ist:* ein blattloser Baum

Blatt·nerv *der* <-s, -en> *Strang von Leitbündeln, die das Skelett eines Pflanzenblattes bilden*

Blatt·pflan·ze *die* <-, -n> (≈ Blattgewächs) *Zierpflanze mit schönen Blättern*

Blatt·sa·lat *der* <-(e)s, -e> *grüner Salat, z. B.* Kopfsalat, Endiviensalat

Blatt·sil·ber *das* <-s> /kein Plur./ *fein ausgewalztes Silber:* Einen Bilderrahmen mit Blattsilber überziehen.

Blatt·stiel *der* <-(e)s, -e> *Stiel eines Blattes*

Blatt·werk *das* <-(e)s, -e> /Plur. selten/ *die natürliche Belaubung von Bäumen*

blau *adj* ① *von der Farbe des wolkenlosen Himmels:* Das Wasser im Schwimmbecken leuchtet blau.; zum blauen Hemd eine gestreifte Krawatte tragen; Blau und Gelb sind die Farben der schwedischen Flagge.; Sie hat blaue Augen. ◆ azur-, dunkel-, hell-, himmel-, kornblumen-, türkis-, wasser- ② *(umg.: ≈ betrunken)* Er war gestern so blau, dass er sich heute an nichts mehr erinnern kann.; ■ **sein blaues Wunder erleben** *(umg.) in unangenehmer Weise überrascht sein;* ■ **jemand verspricht das Blaue vom Himmel herunter** *(umg. abwert.) jmd. verspricht Unmögliches;* ■ **mit einem blauen Auge davonkommen** *(umg.) mit geringerem Schaden als erwartbar davonkommen;* ■ **ein blauer Fleck** *(umg.) ein durch einen Schlag hervorgerufener Bluterguss unter der Haut* ◆ Kleinschreibung →R 3.20 ein blauer Brief; die blaue Blume (als Sinnbild der Romantik); blauer Montag; ◆ Großschreibung →R 3.7, R 3.17 das Blau des Himmels; die Farbe Blau; der Blaue Reiter (eine Künstlergruppe); der Blaue Planet (die Erde); der Blaue Engel (Siegel für umweltschonende Produkte); ◆ Zusammenschreibung →R 4.5, R 4.15 blau färben/blaufärben; blau streichen/blaustreichen; blau gestreift/blaugestreift

Blau·al·ge *die* <-, -n> BOT. *meist im Süßwasser lebende Alge von blaugrüner Farbe*

blau·äu·gig *adj* ① */nicht steig./ mit blauen Augen* ② *(abwert.) auf naive Weise gutgläubig:* Für dein Alter bist du reichlich blauäugig.

Blau·äu·gig·keit *die* <-> /kein Plur./ *(abwert.)* Naivität, Gutgläubigkeit

Blau·bee·re *die* <-, -n> (≈ Heidelbeere)

Blaue ■ **das Blaue vom Himmel herunterlügen** *(abwert.) ohne Bedenken lügen;* ■ **eine Fahrt ins Blaue** *(umg.) eine Fahrt ohne eigentliches Ziel, die nur der Unterhaltung dient*

Bläue *die* <-> /kein Plur./ *die blaue Farbe von etwas:* die wolkenlose Bläue des Himmels

B

Blau·fuchs *der* <-es, Blaufüchse> ZOOL. *graublaue Abart des Polarfuchses*

blau·ge·fro·ren *adv /nicht steig./ so, dass man sehr stark durchgefroren ist und die Lippen bläulich aussehen*

blau·grau *adj /nicht steig./ gleichzeitig blau und grau:* blaugraue Augen

Blau·helm *der* <-(e)s, -e> */meist Plur./* MILIT. *(umg.) UNO-Soldat*

blau·ka·riert, *a.* **blau ka·riert** *adj /nicht steig./ so, dass etwas mit blauen Karos versehen ist:* ein blaukariertes/blau kariertes Hemd

Blau·kis·sen *das* <-s, -> BOT. *zur Gattung der Kreuzblütler gehörende Pflanze*

Blau·kraut *das* <-s> */kein Plur./* SÜDDT., ÖSTERR. *(≈ Rotkohl)*

bläu·lich *adj von leicht blauer Farbe:* ein bläuliches Glas

Blau·licht *das* <-(e)s> */kein Plur./* ❶ *flackerndes blaues Signallicht auf Krankenwagen, Notarztwagen und Fahrzeugen der Polizei:* mit Sirene und Blaulicht ins Krankenhaus gefahren werden ❷ *kurzwelliger Teil des sichtbaren Lichts, der zu Heilzwecken verwendet werden kann*

Blau·licht·la·ser *der* [...le:zɐ] <-s, -> MED. *mit Blaulicht[2] arbeitender Laser für medizinische Behandlungen*

blau·ma·chen <machst blau, machte blau, hat blaugemacht> *ohne OBJ* ▪ *jmd. macht blau (umg.) nicht in die Schule oder zur Arbeit gehen, weil man keine Lust hat:* Er ist nicht krank, sondern er macht wieder einmal blau.

Blau·mann *der* <-(e)s, Blaumänner> *blauer Arbeitsanzug*

Blau·mei·se *die* <-, -n> ZOOL. *ein kleiner blau und gelb gefärbter Vogel, der in Europa weit verbreitet ist*

Blau·pa·pier *das* <-> */kein Plur./* blaues Pauspapier

Blau·pau·se *die* <-, -n> *Lichtpause von einer durchsichtigen Vorlage, die weiße Linien auf einem bläulichen Papier ergibt*

Blau·säu·re *die* <-> */kein Plur./* CHEM. *ein starkes Gift, das nach Bittermandeln riecht* ◆ -vergiftung

Blau·schim·mel *der* <-s> */kein Plur./ durch einen Pilz verursachte, sich schnell ausbreitende Krankheit des Tabaks*

Blau·stern *der* <-(e)s, -e> BOT. *Pflanze mit blauen, sternförmigen Blüten*

Blau·stift *der* <-(e)s, -e> *Farbstift mit blauer Mine*

Blau·strumpf *der* <-(e)s, Blaustrümpfe> *(abwert. veralt.) eine Frau, die ihr Wissen und ihre Gelehrsamkeit sehr betont und gleichzeitig die als typisch weiblich geltenden Eigenschaften ablehnt*

Blau·sucht *die* <-> */kein Plur./* MED. *(≈ Zyanose) bläuliche Verfärbung der Haut, besonders an Lippen und Fingernägeln infolge von Sauerstoffmangel im Blut (z. B. bei Herzinsuffizienz)*

Bla·zer *der* ['ble:zɐ] <-s, -> *Herren- oder Damenjackett*

Blech *das* <-(e)s, -e> ❶ *sehr dünn gewalztes Metall* ◆ -bläser(in), -blasinstrument, -büchse, -dach, -dose, -eimer, -hütte, -kanister, -musik, -schachtel, -schere, -trommel ❷ *kurz für „Backblech", „Ku-*

chenblech": den Kuchen vom Blech nehmen ❸ */nur mit bestimmtem Artikel; kein Plur./ Bezeichnung für die Blechblasinstrumente in einem Orchester:* das Blech und die Streicher; ▪ **Blech reden** *(umg. abwert.) Unsinn reden*

ble·chen <blechst, blechte, hat geblecht> *mit OBJ/ohne OBJ* ▪ *jmd. blecht (für etwas Akk.) (umg.) (ungern) etwas bezahlen:* Für die schlampige Reparatur musste er auch noch eine Menge/viel Geld blechen.; Sie hat bereits genug geblecht.

ble·chern *adj /nicht steig./* ❶ *aus Blech:* ein blecherner Topf ❷ *so, dass es klingt, als ob man gegen Blech schlägt:* eine blecherne Computerstimme

Blech·la·wi·ne *die* <-, -n> *(umg.) sehr dichter Autoverkehr:* Am Wochenende rollt die Blechlawine in die Berge.

Blech·mu·sik *die* <-> */kein Plur./ (oft abwert.) auf Blechblasinstrumenten gespielte Musik:* Auf dem Volksfest wird Blechmusik gespielt.

Blech·scha·den *der* <-s, Blechschäden> *(↔ Personenschaden) Schaden an der Karosserie eines Kraftfahrzeugs als Folge eines Unfalls:* Bei dem Unfall gab es keinen Personen-, sondern nur einen Blechschaden.

Blech·sche·re *die* <-, -n> *Werkzeug, mit dem man Blech schneiden kann*

ble·cken <bleckst, bleckte, hat gebleckt> *mit OBJ* ▪ *jmd./ein Tier bleckt die Zähne (≈ fletschen) die Zähne sehen lassen;* ▪ **ein Hund bleckt die Zähne** *ein Hund zeigt seine Zähne (und signalisiert damit, dass er bereit ist zuzubeißen)*

Blei *das* <-(e)s> */kein Plur./* CHEM. *ein Schwermetall mit dem chem. Zeichen Pb:* Das Benzin darf nicht mehr mit Blei versetzt werden.; Nach der Arbeit waren ihre Füße schwer wie Blei. ◆ -benzin, -draht, -folie, -gehalt, -glas, -hütte, -industrie, -kugel, -nitrat, -phosphat, -plomben, -rohr, -schürze, -vergiftung, -verglasung

Blei·ak·ku *das* <-s, -s> TECHN. *Akkumulator, der Blei enthält*

Blei·band *das* <-(e)s, Bleibänder> *mit einem Textilüberzug versehene Kette aus Bleikügelchen, die zum Beschweren in den Saum von Gardinen und Vorhängen eingezogen wird, damit diese gleichmäßig fallen*

Blei·be *die* <-, -n> */meist Sing./ (umg.) Ort, wo man dauerhaft bleiben kann:* auf der Suche nach einer neuen Bleibe sein

blei·ben <bleibst, blieb, ist geblieben> *ohne OBJ* ❶ ▪ *jmd. bleibt (irgendwo) sich an dem Ort, wo man ist, weiter aufhalten:* Wir bleiben heute zu Hause.; Alle Gäste waren schon gegangen, nur sie war geblieben.; Er muss heute länger im Büro bleiben. ❷ ▪ *jmd./etwas bleibt irgendwie sich nicht verändern:* Bleiben Sie doch bitte sitzen!; Die Fenster/die Vorhänge bleiben offen/zu.; Die Daten bleiben jetzt so, wie sie sind. ❸ ▪ *jmd. bleibt bei etwas Dat. an etwas festhalten; etwas nicht verändern:* Er bleibt bei seinem Entschluss/seiner Behauptung.; Das war eine Frechheit, dabei bleibe ich! ❹ ▪ *etwas bleibt zu tun zu tun übrig sein:* Die Wohnung ist leergeräumt. – Uns bleibt nur, alles noch einmal durchzufegen.; Das Fest war wunderschön. Uns bleibt nur, Ihnen nochmals herzlich für die Einladung zu danken. ◆ Getrenntschreibung →R 4.6 bleiben lassen; hängen/liegen/sitzen/stehen bleiben

blei·bend adj /nicht steig./ (≈ dauerhaft) so, dass es über die Zeit seine Bedeutung, Wirkung o. Ä. nicht verliert: Nach dem Unfall hatte er bleibende Schäden.; Nach den Milchzähnen kommen die bleibenden Zähne.; ein bleibender Eindruck; eine bleibende Erinnerung; Dinge von bleibendem Wert

blei·ben·las·sen, a. **blei·ben las·sen** <lässt bleiben, ließ bleiben, hat bleiben(ge)lassen> mit OBJ ■ jmd. lässt etwas Akk. bleiben unterlassen, nicht tun ◆ Zusammenschreibung →R 4.6 Kannst du das jetzt bitte bleibenlassen!

Blei·be·recht das <-(e)s> /kein Plur./ Aufenthaltsrecht von ausländischen Mitbürgern im Inland, nachdem sie als Asylbewerber anerkannt worden sind ◆ -sregelung

bleich adj ❶ (≈ blass) so, dass jmd. sehr blass im Gesicht ist: Vor Schreck wurde sie ganz bleich. ◆ kreide-, toten- ❷ so, dass die Farbe von etwas nicht intensiv ist: das bleiche Licht des Mondes

Bleich·creme die <-, -s> kosmetisches Produkt zur Aufhellung der Haut

blei·chen <bleichst, bleichte, hat gebleicht> I. mit OBJ ■ jmd. bleicht etwas (mit etwas Dat.) (≈ aufhellen) etwas bleicher oder weiß machen: die Wäsche bleichen; die Haut bleichen II. ohne OBJ ■ etwas bleicht heller, farbloser werden

Bleich·mit·tel das <-s, -> chemisches Mittel zum Bleichen von Textilien

Bleich·sel·le·rie der <-s, -s> (≈ Stangensellerie) Zuchtform des Selleries mit zarten weißen Blättern

Bleich·sucht die <-> /kein Plur./ MED. (veralt.) durch Eisenmangel bedingte Anämie bei Mädchen und jungen Frauen, die sich in bleicher Gesichtsfarbe zeigt ▶ bleichsüchtig

blei·ern adj ❶ aus Blei hergestellt: bleierne Rohre ❷ mit der Farbe von Blei: das bleierne Grau des Himmels ❸ (übertr.) so, dass es schwer (wie Blei) lastet: Sie verspürte eine bleierne Schwere in den Beinen.; bleierner Schlaf; bleinerne Müdigkeit

blei·far·ben adj /nicht steig./ mit der Farbe von Blei

blei·frei adj /nicht steig./ (↔ bleihaltig) nicht verbleit: bleifreies Benzin ■

Blei·fuß ■ mit Bleifuß fahren (umg.) immer mit Vollgas fahren

Blei·ge·wicht das <-(e)s, -e> Gewicht aus Blei: Die Füße waren ihr so schwer wie Bleigewichte.

Blei·glanz der <-es> /kein Plur./ (≈ Galenit) metallisch glänzendes, graues oder silberweißes Mineral mit sehr hohem Gehalt an Blei, chemisch: Bleisulfid PbS

blei·hal·tig adj so, dass es Blei enthält: bleihaltiges Benzin ■

Blei·kris·tall das <-(e)s, -e> (≈ Bleiglas) Bleioxid enthaltendes, sehr schweres und wertvolles Kristallglas mit hohem Glanz: Weingläser aus Bleikristall

Blei·man·tel der <-s, Bleimäntel> /Plur. selten/ Umhüllung aus Blei, z. B. zur Isolierung von Stromleitungen

Blei·schür·ze die <-, -n> Schürze aus einem bleihaltigen Material zum Schutz vor Strahleneinwirkung (besonders von Personen getragen, die an Röntgengeräten arbeiten)

Blei·sol·dat der <-en, -en> kleine (Spielzeug-)Figur aus Blei, die einen Soldaten darstellt: Bleisoldaten sammeln

Blei·stift der <-(e)s, -e> ein Stift zum Schreiben oder Zeichnen mit einer Graphitmine, die von einem Holzmantel umschlossen ist: mit einem harten/weichen Bleistift zeichnen; den Bleistift anspitzen ◆ -mine, -spitzer, -strich, -stummel, -zeichnung

Blei·stift·ab·satz der <-es, Bleistiftabsätze> sehr dünner, hoher Absatz an Damenschuhen

Blei·weiß das <-es> /kein Plur./ weiße Malerfarbe, die besonders haltbar ist: die Wand mit Bleiweiß streichen

Blen·de die <-, -n> ❶ eine Vorrichtung, die unerwünschte, direkt einfallende Lichtstrahlen fernhält: die Blende herunterklappen ◆ Sicht- ❷ FOTOGR., FILM Einrichtung in der Kamera zur Verkleinerung und Vergrößerung der Objektivöffnung ◆ -neinstellung, -nöffnung ❷ FOTOGR., FILM Blendenzahl: mit Blende 8 fotografieren ❹ BAUW. zur Gliederung oder Verzierung einer Fassade o. Ä. eingesetztes Bauteil ❺ CHEM. durchscheinendes sulfidisches Mineral, das oft stark gefärbt ist ❻ SEEW. Abdeckung für Bullaugen zum Schutz gegen Wassereinbrüche und zur Verdunkelung ❼ Stoffstreifen der an Kleidung und Wäsche als Verzierung angebracht wird: eine Jacke mit einer aufgesetzten Blende

blen·den <blendest, blendete, hat geblendet> mit OBJ/ohne OBJ ❶ ■ etwas blendet (jmdn.) Licht in jmds. Augen strahlen lassen, so dass dieser (fast) nicht mehr sehen kann: Die Scheinwerfer blenden.; Er hat die Fahrerin des entgegenkommenden Autos geblendet.; Die Sonne blendet mich. ❷ ■ jmd. blendet (jmdn.) (abwert.) Kenntnisse und gute Eigenschaften vortäuschen, die man nicht oder nur in geringem Maße hat: Sie blendet doch nur!; Er hatte alle Mitarbeiter durch sein souveränes Auftreten geblendet. ▶ Blender

blen·dend adj /nicht steig./ (≈ ausgezeichnet, hervorragend) so, dass jmd. oder etwas einen großartigen Eindruck macht: Du siehst blendend aus!; ■ jemand steht blendend da (umg.) jmd. lebt unter sehr günstigen Lebensumständen Wieso beklagt er sich denn? Er steht doch blendend da!

Blen·den·zahl die <-, -en> FOTOGR., FILM Zahl zur Kennzeichnung der Öffnungsweite eines Objektivs

Blen·der der, **Blen·de·rin** die <-s, -> (abwert.) jmd., der blendet [2]

blend·frei adj /nicht steig./ (≈ blendungsfrei) so, dass es nicht blendet [1]: eine blendfreie Schreibtischlampe

Blend·la·ter·ne die <-, -n> mit einer Blende [1] versehene Laterne

Blend·mau·er·werk das <-(e)s, -e> BAUW. zur

B

Gliederung oder Verzierung einer Fassade o. Ä. eingesetztes Mauerwerk

Blend·rah·men *der* <-s, -> *(≈ Blindrahmen)* ❶ *Rahmen, in den die Leinwand zum Malen gespannt wird* ❷ *in eine Maueröffnung eingesetzter Rahmen, an dem die Fenster- oder Türflügel befestigt werden*

Blend·schutz *der* <-es> */kein Plur./ Vorrichtung zum Schutz gegen Blendung*

Bles·se *die* <-, -n> *weißer Stirnfleck bei Pferden und Rindern:* ein Fohlen mit einer Blesse

Bless·huhn *siehe* **Blässhuhn**

Bles·sur *die* <-, -en> *(veralt.: ≈ Verletzung, Verwundung)* ❶ *eine Verletzung, die man bei einem Duell bekommt:* Der Korpsstudent hat sich beim Fechten einige Blessuren geholt. ❷ *(scherzh.) kleinere Verletzung*

Bleu *das* [bløː] <-s> */kein Plur./ (umg.) ein blassblauer Farbton*

Blick *der* <-(e)s, -e> ❶ *das Blicken:* Sie warf einen Blick in ihr Notizbuch.; Nach einem Blick auf die Uhr verabschiedete er sich schnell.; Ihre Blicke trafen sich.; den Blick senken; jemandem einen verstohlenen Blick zuwerfen ❷ *der Ausdruck der Augen beim Blicken:* ein freundlicher/ironischer/ sanfter/spöttischer/ungläubiger/ vielsagender/ wohlwollender/zorniger Blick ❸ *(≈ Anblick, Ausblick) etwas, das man von einer Stelle aus sieht:* Von meinem Fenster aus hat man einen herrlichen Blick auf die Berge/auf die Bucht/auf die Landschaft/aufs Meer. ◆Meer-, Panorama-, See- ❹ ■ **auf den ersten Blick** *bei nur flüchtigem Hinsehen;* ■ **Liebe auf den ersten Blick** *Liebe, die man gleich bei der ersten Begegnung für jmdn. empfindet;* ■ **jemanden keines Blickes würdigen** *jmdn. bewusst nicht beachten*

blick·dicht *adj /nicht steig./ (↔ transparent) so, dass man durch etwas nicht hindurchsehen kann:* eine blickdichte Strumpfhose

bli·cken <blickst, blickte, hat geblickt> *ohne OBJ* ❶ ■ *jmd.* **blickt** *irgendwohin (≈ schauen) in eine bestimmte Richtung sehen:* in die Weite blicken; nach links blicken ❷ ■ *jmd.* **blickt** *irgendwie jmdn. mit einem bestimmten Gesichtsausdruck ansehen:* freundlich/scheu/streng blicken; ■ **sich blicken lassen** *(umg.) zu jmdm. kommen* Lass dich doch mal wieder bei uns blicken

Blick·fang *der* <-(e)s, Blickfänge> *etw., das die Blicke auf sich lenkt:* Ein riesiges abstraktes Gemälde war der Blickfang in dem ansonsten eher nüchternen Zimmer.

Blick·feld *das* <-(e)s> */kein Plur./ der Bereich, der mit den Augen erfasst werden kann:* in jemands Blickfeld geraten

Blick·kon·takt *der* <-(e)s, -e> *der Sachverhalt, dass zwei Personen sich gegenseitig ansehen:* Der Redner hielt Blickkontakt zu seinem Publikum.

Blick·win·kel *der* <-s, -> *(≈ Sicht) Perspektive, aus der man etwas betrachtet*

blind *adj /nicht steig./* ❶ *so, dass jmd. nicht sehen kann oder im Sehen stark behindert ist:* Er ist von Geburt an blind.; Sie ist durch eine Augenkrankheit auf einem Auge blind. ◆farben-, schnee- ❷ *(umg.) ohne hinzusehen:* Sie konnte blind

schreiben/tippen. ❸ *(übertr.) so, dass jmd. oder etwas außer Kontrolle ist:* blind vor Hass/ Wut; blinder Fanatismus/Hass ◆-gläubig, -wütig ❹ *(≈ trüb) so, dass etwas nicht mehr durchsichtig oder klar ist:* ein blinder Spiegel; Die Glasscheibe ist blind.; ■ **blinder Alarm** *unnötiger Alarm;* ■ **blinder Fleck** *(übertr.) Stelle, an der der Sehnerv ins Auge eintritt und wo man deshalb nichts sehen kann;* ■ **jeder hat einen blinden Fleck** *jeder ist in seiner Selbsterkenntnis eingeschränkt;* ■ **blinder Passagier** *ein Passagier an Bord eines Schiffes, der keine Schiffskarte hat* ◆Getrennt- oder Zusammenschreibung →R 4.5 der/die blind Gebor(e)ne/Blindgebor(e)ne

Blind·bo·den *der* <-> */kein Plur./* BAUW. *Boden aus rauen, ungehobelten Brettern, auf die der eigentliche Fußboden verlegt wird*

Blind·darm *der* <-(e)s, Blinddärme> ANAT. *der Teil des Dickdarms, an dem der Wurmfortsatz hängt* ◆-entzündung, -operation

Blind·druck *der* <-(e)s, -e> DRUCKW. *(≈ Blindpressung) reliefartige Prägung auf Bucheinbänden aus Leder, die durch Pressung mit einem erhitzten Metallstempel erfolgt*

Blin·de *der/die* <-n, -n> *jmd., der blind¹ ist:* eine spezielle Filmsynchronisation für Blinde und Sehgeschädigte; ■ **Er redet wie der Blinde von der Farbe.** *Er redet von etwas, das er nicht kennt.* ◆-nampel, -nanstalt, -ausweis, -nbrille, -nbücherei, -nführhund, -fußball, -geld, -nheim, -nhilfe, -nhilfswerk, -nhörbücherei, -nhund, -nlehrer(in), -nlesegerät, -nnavigation, -nnotenschrift, -npferd, -nschule, -nstudienanstalt, -ntastatur, -ntorball, -nuhr, -nverband, -nwerkstätte

Blin·de·kuh·spiel *das* <-(e)s, -e> *ein Spiel, bei dem man mit verbundenen Augen einer der Mitspieler fängt und erraten muss, wer es ist*

Blin·den·füh·rer *der;* **Blin·den·füh·re·rin** <-s, -> *Person, die einen Blinden führt*

Blin·den·schrift *die* <-> */kein Plur./ (≈ Brailleschrift, Punktschrift) Schrift aus systematisch angeordneten erhabenen Punkten zum Abtasten für Blinde*

Blin·den·stock *der* <-(e)s, Blindenstöcke> *meist weißer Stock, mit dessen Hilfe sich ein Blinder orientiert*

Blind·flug *der* <-(e)s, Blindflüge> LUFTF. *das Fliegen eines Flugzeugs ohne Sicht, nur mit Hilfe der Navigationsinstrumente*

Blind·gän·ger *der* <-s, -> ❶ MILIT. *Sprengkörper, dessen Ladung auf Grund eines Defektes nicht zündet* ❷ *(umg. abwert.) untauglicher Mensch, Versager*

blind·ge·bo·ren *adj /nicht steig./ so, dass man von Geburt an blind ist*

Blind·ge·bo·re·ne, a. Blind·ge·bor·ne *der* <-n, -n> *jmd., der blind¹ geboren wurde*

Blind·gläu·big·keit *die* <-> */kein Plur./ bedingungsloses und kritikloses Glauben an jmdn. oder etwas:* Ihre Blindgläubigkeit machte sie zu einem leichten Opfer des Betrügers.

Blind·heit *die* <-> */kein Plur./* ❶ *der Zustand, dass jmd. blind¹ ist:* Ihre völlige Blindheit war angeboren. ◆Farben-, Nacht- ❷ *(übertr.: ≈ Verblen-*

dung) der Zustand, dass jmd. die Realität nicht richtig einschätzen kann: mit Blindheit geschlagen sein ◆ Betriebs-

Blind·lan·dung die <-, -en> LUFTF. Landung eines Flugzeuges ohne gute Bodensicht, nur mithilfe der Bordinstrumente

blind·lings adv (≈ unbesonnen) ohne Vorsicht, ohne Bedenken: Sie rannte blindlings in ihr Verderben.; Er schlug blindlings um sich.; blindlings gehorchen

Blind·ma·te·ri·al das <-s> DRUCKW. (≈ Füllmaterial) Gesamtheit der Teile, die im Schriftsatz nicht gedruckt werden (wie z. B. Wort- und Zeilenabstände)

Blind·prä·gung die <-, -en> DRUCKW. siehe **Blinddruck**

Blind·schlei·che die <-, -n> ZOOL. ungiftige Echse, die sich wie eine Schlange am Boden bewegt: Oft wird die Blindschleiche mit einer Schlange verwechselt.

blind·schrei·ben <schreibst blind, schrieb blind, hat blind geschrieben> ohne OBJ ■ jmd. **schreibt blind** auf der Schreibmaschine oder der Tastatur eines Computers (mit zehn Fingern) schreiben, ohne auf die Tasten zu sehen: Von einer Sekretärin wird das Blindschreiben erwartet.

blin·ken <blinkst, blinkte, hat geblinkt> ohne OBJ ■ **etwas blinkt** in kurzen, regelmäßigen Abständen ein Lichtsignal aufleuchten lassen: Wenn die Betriebstemperatur erreicht ist, blinkt eine Kontrolllampe.

Blin·ker der <-s, -> ❶ (≈ Blinkleuchte) eine (kleinere) Lampe an der Vorderseite eines Autos, die blinkt und damit den anderen Verkehrsteilnehmern anzeigt, dass der Fahrer in die entsprechende Richtung abbiegen will: den Blinker setzen ❷ metallisch blinkender Köder an der Angel zum Anlocken der Fische

Blink·licht das <-(e)s, -er> blinkendes Lichtsignal zur Verkehrsregelung, z. B. an Bahnübergängen und Kreuzungen ◆-anlage

blin·zeln <blinzelst, blinzelte, hat geblinzelt> ohne OBJ ■ **jmd. blinzelt** die Augenlider bis auf einen Spalt zusammenkneifen: in der Sonne blinzeln

Blin·zeln das <-s> /kein Plur./ absichtliches Zwinkern mit den Augen, um zu zeigen, dass man mit etwas einverstanden ist oder einen Scherz macht: Er verabschiedete sich von ihr mit einem vielsagenden Blinzeln.

Blitz der <-es, -e> ❶ eine starke elektrische Entladung während eines Gewitters, die wie ein sehr heller und großer Lichtstrahl aussieht, der für sehr kurze Zeit aufleuchtet: Das Haus wurde vom Blitz getroffen.; Ein Blitz durchzuckt den Himmel, dann rollt der Donner. ◆ Kugel- ❷ FOTOGR. (≈ Blitzgerät) Gerät zur Aufhellung bei schlechtem Licht oder bei Dunkelheit ◆-gerät, -licht, -lichtaufnahme, -lichtgerät; ■ **wie vom Blitz getroffen** (umg.) vor Schreck erstarrt; ■ **wie ein geölter Blitz** (umg.) sehr schnell; ■ **wie ein Blitz aus heiterem Himmel** (umg.) sehr überraschend

Blitz- als Erstglied zusammengesetzter Substantive; drückt aus, dass das mit dem Zweitglied Be-

zeichnete sehr schnell (und oft in überraschender Weise) vonstatten geht/verläuft/wirkt ◆-bewerbung, -dating, -diät, -eis, -fieber, -gericht, -gespräch, -giro, -hefter, -heilung, -hochzeit, -hypnose, -idee, -karriere, -krieg, -nachrichten, -reisen, -rezepte, -schach, -sieg, -turnier, -umfrage, -versand, -verschluss, -vertrag, -zement

blitz- als Erstglied zusammengesetzter Adjektive, mit Betonung auf beiden Teilen; drückt aus, dass das mit dem Zweitglied Bezeichnete äußerst effektiv ausgeführt worden ist bzw. in äußerstem Maße gegeben ist ◆-blank, -gescheit, -schnell

Blitz·ab·lei·ter der <-s, -> Anlage, die dazu dient, Blitze von einem Gebäude abzuleiten; ■ **jemanden als Blitzableiter benutzen** (umg.) an jmdm. seine Frustration oder seine Wut abreagieren

Blitz·ak·ti·on die <-, -en> schnelle Aktion, die unerwartet durchgeführt wird: Die Polizei nahm in einer Blitzaktion mehrere Mitglieder der Diebesbande fest.; siehe auch **Blitz-**

Blitz·an·griff der <-(e)s, -e> schneller Angriff, der unerwartet durchgeführt wird; siehe auch **Blitz-**

blitz·ar·tig adj /nicht steig./ sehr schnell und überraschend; schnell wie ein Blitz: Er reagierte blitzschnell auf den Angriff.

Blitz·be·such der <-(e)s, -e> überraschender Besuch von kurzer Dauer; siehe auch **Blitz-**

blitz·blank adj /nicht steig./ (umg.) so sauber, dass alle Oberflächen glänzen: Ihre Küche ist blitzblank geputzt.; siehe auch **blitz-**

blit·zen <blitzt, blitzte, hat geblitzt> I. ohne OBJ ■ **etwas blitzt** ❶ (plötzlich) aufleuchten; im Licht glänzen: Das Badezimmer blitzte vor Sauberkeit.; Ihre Zähne blitzten. ❷ sichtbar oder deutlich werden: Zorn blitzte aus seinen Augen. ❸ FOTOGR. (umg.) ein Blitzlicht verwenden II. mit ES ■ **es blitzt** als Blitz¹ in Erscheinung treten: Es blitzt und donnert.

Blitz·ge·rät das <-(e)s, -e> FOTOGR. Gerät, das ein Blitzlicht erzeugt

Blitz·licht das <-(e)s, -er> FOTOGR. für sehr kurze Zeit sehr hell leuchtendes Licht, das man beim Fotografieren benutzt, wenn das Tageslicht nicht ausreicht ◆-aufnahme, -gerät

Blitz·mer·ker der <-s, -> ❶ (scherzh.) Mensch mit schneller Auffassungsgabe ❷ (iron.) Mensch, der nur langsam begreift; siehe auch **Blitz-**

Blitz·schlag der <-(e)s, Blitzschläge> das Einschlagen eines Blitzes¹, das oft großen Schaden anrichtet: Die Hütte ist durch Blitzschlag in Brand geraten.; Diese Nachricht traf ihn wie ein Blitzschlag.

Blitz·start der <-(e)s, -s> sehr schneller Start: Das Autorennen begann mit einem Blitzstart.; siehe auch **Blitz-**

Blitz·wür·fel der <-s, -> FOTOGR. würfelförmiges Blitzlicht, das auf die Kamera aufgesteckt wird

Bliz·zard der ['blɪzət] <-s, -s> in Nordamerika auftretender schwerer Schneesturm

Bloch der <-(e)s, -e/Blöcher> SÜDDT., ÖSTERR. Holzblock, roh behauener Stamm

Blo·cher der <-s, -> SCHWEIZ. (≈ Bohnerbürste)

Block der <-(e)s, Blöcke> ❶ ein (meist würfel-

B

oder quaderförmiges) Stück einer festen Substanz: ein Block Marmor ❷ ein an einer Seite geleimter Stapel von Blättern aus Papier ◆ Brief-, Notiz-, Papier-, Schreib- ❸ (≈ Wohnblock) Gebäudekomplex: Sie wohnt in dem Block, der gerade renoviert wurde. ◆ Häuser-, Wohn- ❹ ein Abschnitt von etwas: Im ersten Block behandelt das Seminar ... ◆-seminar, -veranstaltung ❺ POL., WIRTSCH. in sich geschlossene Gruppe von wirtschaftlichen oder politischen Kräften in einer Partei oder Organisation oder zwischen Staaten ◆ Ost-

Block·ab·satz der <-es, Blockabsätze> blockförmig aussehender Absatz in einem Schriftstück

Blo·cka·de die <-, -n> ❶ POL. als politisches Druckmittel eingesetzte militärische Absperrung aller Zufahrtswege eines Landes oder einer Stadt: eine Blockade über ein Land verhängen ◆ Hunger-, See- ❷ DRUCKW. durch Blockieren gekennzeichnete Stelle im Schriftsatz ❸ MED. vorübergehender Ausfall von Teilen des Nervensystems

Blo·cka·de·po·li·tik die <-> /kein Plur./ POL. Blockade[1] als politische Maßnahme

Block·buch·sta·be der <-ns, -n> Buchstabe in Blockschrift: Füllen Sie das Formular bitte in Blockbuchstaben aus!

Block·bus·ter der ['blɔkbʌstə] <-s, -> WIRTSCH. etw., das außergewöhnlich erfolgreich ist und sich gut verkauft

Block·flö·te die <-, -n> Blasinstrument aus Holz: Das Kind lernt auf der Blockflöte zu spielen.

block·frei adj /nicht steig./ POL. so, dass ein Staat keinem politischen Block angehört: blockfreie Staaten

Block·haus das <-es, Blockhäuser> ein Haus, das so gebaut ist, dass die Wände aus übereinandergelegten Rundhölzern bestehen

Block·hef·tung die <-, -en> (↔ Fadenheftung) in der Buchbinderei angewandte Heftung, bei der der ganze Buchblock durch Drahtklammern seitlich zusammengehalten wird

Block·hüt·te die <-, -n> kleines Blockhaus

Blo·ckier·brem·se die <-, -n> Bremse, die eine Maschine durch Blockierung zum Stillstand bringen kann

blo·ckie·ren <blockierst, blockierte, hat blockiert> I. mit OBJ ■ jmd./etwas blockiert jmdn./etwas (versperren) eine solche Position einnehmen, dass dadurch der Zugang oder die Zufahrt zu etwas versperrt wird: Das Auto blockiert die Einfahrt. II. ohne OBJ ■ etwas blockiert sich nicht mehr bewegen lassen: Die Bremse blockiert.

Blo·ckie·rung die <-, -en> ❶ /kein Plur./ das Blockieren, das Blockiertwerden ❷ (≈ Blockade) etw., das etwas blockiert ❸ PSYCH. kurze Hemmung oder Unterbrechung des Gedankengangs, der Erinnerung, der Wahrnehmung oder des Handelns

Block·par·tei die <-, -en> Partei, die mit anderen einen Block[5] bildet

Block·satz der <-es> /kein Plur./ DRUCKW. die gleichzeitig links- und rechtsbündige Ausrichtung eines Textes: In den meisten Büchern verwendet man Blocksatz.

Block·scho·ko·la·de die <-> /kein Plur./ einfa-

che, meist bittere Schokolade in Blöcken[1], die besonders zum Backen und zur Herstellung von Glasuren verwendet wird: für die Glasur Blockschokolade zum Schmelzen bringen

Block·schrift die <-> /kein Plur./ lateinische Druckschrift aus Großbuchstaben mit gleichmäßig starken Strichen

Block·staat der <-(e)s, -en> /meist Plur./ POL. Staat, der zusammen mit anderen einen politischen Block[5] bildet

Block·strom der <-(e)s, Blockströme> GEOL. linienartig talwärts verlaufende Anhäufung von Gesteinsblöcken

Block·stun·de die <-, -n> SCHULE (≈ Doppelstunde)

Block·un·ter·richt der <-(e)s> /kein Plur./ SCHULE Organisation des Unterrichts nach thematisch übergreifenden Aspekten und in über die normale Länge einer Unterrichtsstunde hinausgehenden Zeiteinheiten

blöd adj (abwert.) dumm, töricht: Was will der blöde Kerl? ▸ verblöden

blö·deln <blödelst, blödelte, hat geblödelt> ohne OBJ ■ jmd. blödelt (umg.) sich absichtlich albern benehmen, absichtlich Unsinn reden: Der Schüler blödelte und lenkte so die anderen vom Unterricht ab. ◆ herum-

Blöd·ham·mel der <-s, -> (abwert.) Dummkopf, blöde Person

Blöd·heit die <-> /kein Plur./ (abwert.) Dummheit, geistige Beschränktheit, Einfalt

Blö·di·an der <-s, -e> (umg. abwert.: ≈ Dummkopf) jmd., der blöd ist, blöder Kerl

Blöd·mann der <-(e)s, Blödmänner> (umg. abwert.: ≈ Blödian)

Blöd·sinn der <-(e)s> /kein Plur./ (abwert.: ≈ Unsinn) sinnloses und törichtes Reden oder Handeln: Blödsinn reden; Hör doch auf mit diesem Blödsinn!; ■ höherer Blödsinn (umg.: ≈ Nonsense) Gerede ohne tieferen Sinn

blöd·sin·nig adj (abwert.: ≈ unsinnig) eine blödsinnige Bemerkung machen; eine blödsinnige Handlung

blog·gen <bloggst, bloggte, hat gebloggt> ohne OBJ ■ jmd. bloggt regelmäßig Texte in einem Blog publizieren: Um Leser für deinen Blog zu gewinnen, musst du regelmäßig bloggen.

blö·ken <blökst, blökte, hat geblökt> ohne OBJ ■ ein Tier blökt das für Schafe typische Geräusch von sich geben

blond adj von einer hellen, gelblich-goldenen Haarfarbe: ein blond gelockter Junge ◆ asch-, dunkel-, hell-, wasserstoff-

blond·ge·färbt adj /nicht steig./ so, dass die Haare künstlich aufgehellt sind: Gestern war ihr Haar brünett und heute ist es blondgefärbt.

blond·haa·rig adj /nicht steig./ (↔ dunkelhaarig) mit blondem Haar: eine blondhaarige Frau

blon·die·ren <blondierst, blondierte, hat blondiert> mit OBJ ■ jmd. blondiert Haare Haare mit chemischen Mitteln künstlich aufhellen ▸ Blondierung

Blon·di·ne die <-, -n> Mädchen oder Frau mit blondem Haar

B

Blond·kopf *der* <-(e)s, Blondköpfe> *(≈ Blond-schopf) Kind mit blondem Haar*

bloß **I.** *adj /nicht steig./* ❶ *nackt, unbekleidet:* mit bloßen Füßen herumlaufen; Er sitzt auf der bloßen Erde.; Sie schlugen mit bloßen Fäusten aufeinander ein. ❷ *nichts anderes als …:* Das ist bloße Angeberei/bloßes Gerede!; Die bloße Vorstellung regt sie schon auf.; Er konnte es mit bloßem Auge erkennen. **II.** *adv /nicht steig./ (umg.: ≈ nur)* Mir hat es gut gefallen, bloß war ich etwas müde.; Er wollte dir doch bloß einen Gefallen tun! **III.** *part /verwendet, um eine Aussage zu verstärken oder eine Frage zu intensivieren/ (≈ nur)* Geh mir bloß aus dem Weg!; Was ist bloß mit ihr los?

Blö·ße *die* <-, -n> ❶ *(geh.) das Nacktsein; die Nacktheit des Körpers oder eines Körperteils:* seine Blöße bedecken ❷ *Mangel an Deckung:* dem Gegner eine Blöße bieten; ■ **sich eine/keine Blöße geben** *Schwäche/keine Schwäche zu erkennen geben*

bloß·le·gen <legst bloß, legte bloß, hat bloßgelegt> *mit OBJ* ■ *jmd. legt etwas Akk. bloß (≈ aufdecken, freilegen) die Schicht, die etwas bedeckt, entfernen:* Die Archäologen legten die Mauerreste bloß.; Sie wollte ihm gern ihre Motive bloßlegen.

bloß·stel·len <stellst bloß, stellte bloß, hat bloßgestellt> **I.** *mit OBJ* ■ *jmd. stellt jmdn. bloß (≈ blamieren) bewirken, dass jmd. in eine peinliche Situation gerät und lächerlich gemacht wird:* Sein angeblicher Freund stellte ihn in aller Öffentlichkeit bloß. ▶ Bloßstellung **II.** *mit SICH* ■ *sich bloßstellen sich blamieren:* Mit dieser Bemerkung hatte er sich vor ihr bloßgestellt.

Blou·son *das/der* [bluˈzɔŋ] <-s, -s> *kurze, sportliche Jacke mit Bund, die an der Hüfte anliegt und über den Rock oder die Hose getragen wird*

Blow-up *das* [ˈbloʊˈʌp] <-s, -s> FOTOGR. *Vergrößerung (eines Fotos)*

blub·bern <blubberst, blubberte, hat geblubbert> *ohne OBJ* ■ *etwas blubbert das Geräusch machen, das man hört, wenn eine Flüssigkeit kocht und sich Blasen bilden*

Blue·jeans [ˈbluːdʒiːns] *Plur. Hose aus festem Baumwollgewebe (von traditionell blauer Farbe)* ◆ Zusammenschreibung →R 4.18 zur Bluejeans ein T-Shirt tragen

Blues *der* [bluːs] <-> */kein Plur./* ❶ *ein in Nordamerika entstandener Musikstil (mit meist melancholischen Textinhalten)* ◆ -band, -gitarrist(in), -musiker(in), -platte, -rock, -schema, -stück ▶ bluesig ❷ *ein Musikstück im Stil des Blues¹*

Blue·tooth® [ˈbluːtuːə] <-> ELEKTROTECHN. *eine Funktechnik, die vielseitig einsetzbar ist und der drahtlosen Datenübertragung dient*

Bluff *der* [blʊf, blœf, blaf] <-s, -s> *(abwert.) Täuschungsmanöver, bewusste Irreführung:* Sein Angebot erwies sich später als Bluff.

bluf·fen [ˈblʊfn̩, ˈblœfn̩, ˈblafn̩] <bluffst, bluffte, hat geblufft> *ohne OBJ* ■ *jmd. blufft durch dreistes Auftreten bewusst irreführen; täuschen:* Er ließ sich nicht bluffen. ▶ Bluffer

blü·hen <blühst, blühte, hat geblüht> *ohne OBJ* ■ *etwas blüht* ❶ BOT. *Blüten¹ tragen:* Die Bäume blühen.; Im Park blühen die Rosen. ❷ *sich präch-*

tig entwickeln: Der Handel blühte zu jener Zeit. ❸ ■ *etwas blüht jmdm. (umg.) verwendet, um auszudrücken, dass jmdm. etwas Unangenehmes bevorsteht:* Dir blüht noch was!

blü·hend *adj /nicht steig./* ❶ *so, dass es Blüten trägt:* ein blühender Baum ❷ *jung und frisch (aussehend):* ein blühendes Aussehen haben; Er starb im blühenden Alter von zwanzig Jahren. ❸ ■ **eine blühende Fantasie** *(umg.) eine übertrieben ausgeprägte Fantasie*

Blüm·chen *das* <-s, -> *kleine, zarte Blume*

Blüm·chen·kaf·fee *der* <-s, -s> *(umg. scherzh.) sehr dünner Bohnenkaffee*

Blu·me *die* <-, -n> ❶ *eine Pflanze von relativ geringer Höhe, die größere, auffallende Blüten hervorbringt:* Die Blumen blühen.; Blumen gießen/säen/schneiden/züchten ◆ -nbeet, -ndraht, -nerde, -nfenster, -nfreund, -ngarten, -ngeschäft, -ngruß, -händler(in), -nkasten, -nkorb, -nkübel, -npracht, -nständer, -nvase, -nwiese, -nzwiebel, Balkon-, Frühlings-, Garten-, Herbst-, Schnitt-, Sommer-, Stoff-, Sumpf-, Wald-, Wiesen- ❷ *(≈ Bukett) der intensive Duft, das konzentrierte Aroma von Wein, das aus dem Glas aufsteigt:* die Blume des Weines ❸ *Schaum auf dem gefüllten Bierglas:* die Blume vom Bier abtrinken ❹ *(Jägersprache) Schwanz des Hasen;* ■ **etwas durch die Blume sagen** *(umg.) etwas nicht direkt sagen, sondern nur andeuten;* ■ **Danke für die Blumen!** *(iron.) Danke für die kritischen Worte!*

Blu·men·ar·ran·ge·ment *das* <-s, -s> *Festlich angeordnete Blumen, z. B. in Form eines Gesteckes oder eines Blumenkorbes:* beim Floristen die Blumenarrangements für die Hochzeit bestellen

Blu·men·bin·der *der;* **Blu·men·bin·de·rin** <-s, -> *(≈ Florist) jmd., der Sträuße zusammenstellt und Kränze bindet*

Blu·men·kind *das* <-(e)s, -er> ❶ *Kind, das bei feierlichen Anlässen (besonders Hochzeiten) Blumen streut* ❷ *(≈ Hippie)*

Blu·men·kohl *der* <-(e)s> */kein Plur./ Kohl, dessen knolliger, dichter, heller Blütenstand als Gemüse gegessen wird* ◆ -bratling, -gratin, -suppe

Blu·men·kranz *der* <-es, Blumenkränze> *Kranz aus Blumen:* Die Mädchen schmückten ihre Köpfe mit Blumenkränzen.

Blu·men·markt *der* <-(e)s, Blumenmärkte> *Markt, auf dem Blumen verkauft werden*

Blu·men·meer *das* <-es, -e> *(übertr.) eine sehr große Menge von Blumen:* Er verwandelte die Wohnung seiner Angebeteten in ein Blumenmeer.

Blu·men·ra·bat·te *die* <-, -n> *schmales Blumenbeet:* die Blumenrabatte vor dem Haus bepflanzen

Blu·men·schmuck *der* <-(e)s> */kein Plur./ aus natürlichen Blumen oder Blumenornamenten bestehender Schmuck:* der Blumenschmuck für die festlich gedeckte Tafel; der Blumenschmuck auf der Tapete

Blu·men·spra·che *die* <-> *die Bedeutung, die bestimmte Blumen (nach allgemeinem Brauch) haben, wenn man sie verschenkt:* In der Blumensprache bedeuten rote Rosen: Liebe.

Blu·men·strauß *der* <-es, Blumensträuße>

B

Strauß, der aus Schnittblumen besteht: der Dame des Hauses einen Blumenstrauß überreichen

Blu·men·topf *der* <-(e)s, Blumentöpfe> *Topf zum Einpflanzen von Blumen:* Diese Pflanze braucht einen größeren Blumentopf.; ■ **mit etwas keinen Blumentopf gewinnen können** *(umg.) mit etwas keinen Erfolg haben*

Blu·men·zwie·bel *die* <-, -n> *unterirdischer Spross bestimmter blühender Pflanzen in Form einer Knolle (z. B. bei Tulpen)*

blü·me·rant *adj (umg.: ≈ flau, schwach, schwindlig, unwohl)* Mir ist ganz blümerant.

blu·mig *adj* ❶ *(oft abwert.) so, dass eine Rede oder ein Schreiben viele Floskeln enthält:* eine blumige Redeweise ❷ *so, dass es wie Blumen duftet:* ein blumiges Parfüm; Der Wein hat ein blumiges Bukett.

Blun·ze *die* <-, -n> ❶ ÖSTERR. *Blutwurst* ❷ *(umg. abwert.)* dicke, unbewegliche Frau

Blu·se *die* <-, -n> *ein (leichtes) Kleidungsstück für den Oberkörper, das Frauen und Mädchen zu Rock oder Hose tragen:* eine Bluse mit kurzen/langen/weiten Ärmeln

blu·sig *adj so, dass es wie eine Bluse geschnitten ist:* ein blusiges Oberteil

Blust *der/das* <-(e)s> */kein Plur./* SÜDDT., SCHWEIZ. *das Blühen*

Blut *das* <-(e)s> */kein Plur./ die rote Flüssigkeit in den Adern von Menschen und Tieren, die dem Transport von Sauerstoff dient:* Der Verletzte hat viel Blut verloren.; Der Autofahrer hatte zuviel Alkohol im Blut.; die Blutkörperchen/die Blutplättchen/die Gerinnungsfaktoren im Blut; Blut wird nach Blutgruppen eingeteilt.; Blut spenden; kein Blut sehen können; ■ **blaues Blut haben** *(umg. verhüll.) von adliger Geburt sein;* ■ **etwas gibt böses Blut** *(umg.) etwas stiftet Unfrieden;* ■ **etwas liegt jemandem im Blut** *(umg.) etwas entspricht jmds. Veranlagung;* ■ **kaltes Blut bewahren** *beherrscht bleiben;* ■ **Blut geleckt haben** *(umg.) von einer Sache nicht mehr ablassen wollen;* ■ **Blut und Wasser schwitzen** *(umg.) in großer Aufregung sein* ◆ -ader, -armut, -austausch, -bahn, -bildung, -blase, -doping, -eiweiß, -farbstoff, -fleck, -krankheit, -krebs, -kreislauf, -lache, -leere, -pfropf, -plasma, -plättchen, -spur, -transfusion, -übertragung, -untersuchung, -verlust, -wasser, -zelle, -zufuhr ◆ Getrennt- oder Zusammenschreibung →R 4.16 ein Blut bildendes/blutbildendes Medikament; Blut reinigender/blutreinigender Tee; Blut stillend/blutstillend; ein Blut saugendes/blutsaugendes Insekt

Blut·al·ko·hol *der* <-s> */kein Plur./* MED. *Alkoholgehalt des Blutes nach dem Genuss von Alkohol* ◆ -bestimmung, -gehalt, -konzentration, -rechner, -spiegel, -wert

Blut·ap·fel·si·ne *die* <-, -n> *(≈ Blutorange) Apfelsine mit teilweise blutrotem Fruchtfleisch*

blut·arm *adj /nicht steig./* MED. *(≈ anämisch) so, dass sich in jmds. Blut zu wenig rote Blutkörperchen befinden:* ein blutarm aussehendes Kind ▶ Blutarmut

Blut·bad *das* <-(e)s, Blutbäder> */Plur. selten /*

(≈ Gemetzel, Massaker) grausiges Morden: Die Terroristen richteten ein wahres Blutbad an.

Blut·bahn ■ **etwas gelangt/kommt in die Blutbahn** MED. *etwas gelangt in den Blutkreislauf* Durch die Injektion kommt das Medikament in die Blutbahn.

Blut·bank *die* <-, -en> MED. *Einrichtung, in der Blutkonserven hergestellt, aufbewahrt und abgegeben werden*

Blut·bann *der* <-(e)s> */kein Plur./* GESCH. *im Mittelalter bestehende Gerichtsbarkeit über Leben und Tod, die als Lehen übertragen wurde*

blut·be·fleckt *adj /nicht steig./ so, dass sich auf etwas Blutflecken befinden:* seine Hände waren blutbefleckt

blut·be·schmiert *adj /nicht steig./ so, dass Blut auf der Oberfläche von etwas verschmiert ist:* blutbeschmiertes Messer

Blut·bild *das* <-(e)s, -er> MED. *Ergebnis einer mikroskopischen Blutuntersuchung:* ein Blutbild machen

blut·bil·dend *adj /nicht steig./ so, dass es die Bildung der roten Blutkörperchen fördert:* ein blutbildendes Medikament ▶ Blutbildung

Blut·druck *der* <-(e)s> */kein Plur./* MED. *der in den Blutgefäßen herrschende und für den Blutkreislauf erforderliche Druck des Blutes, der durch die Herztätigkeit erzeugt wird:* Sie leidet immer schon an hohem Blutdruck.; den Blutdruck messen ◆ -messgerät

blut·dür·stig *adj (geh.: ≈ blutrünstig, mordgierig)* eine blutdürstige Bestie

Blü·te *die* <-, -n> ❶ BOT. *der Fortpflanzung dienende Teil einer Pflanze, mit meist farbigen Blättern und deutlicher Unterscheidung vom vegetativen Spross* ◆ -nblatt, -nhonig, -nkelch, -nknospe, -npracht, -nzweig ❷ */kein Plur./ das Blühen:* Bald beginnt wieder die Blüte der Obstbäume. ◆ Apfel-, Baum-, Heide-, Kirsch- ❸ *(umg. abwert.) /meist Plur./ gefälschte Banknote*

Blut·egel *der* <-s, -> ZOOL. *im Wasser lebender Ringelwurm mit zwei Saugnäpfen, der Blut aus Blutgefäßen menschlicher oder tierischer Körper heraussaugt*

blu·ten <blutest, blutete, hat geblutet> *ohne OBJ* ■ **jmd./etwas blutet** *Blut verlieren:* Die Wunde blutet stark.; Der Patient blutete aus einer Wunde am Oberschenkel.

Blü·ten·kelch·blatt *das* <-(e)s, Blütenkelchblätter> */meist Plur./* BOT. *eines der Blütenblätter, die um den Blütenkelch herum angeordnet sind*

Blü·ten·pflan·ze *die* <-, -n> BOT. *Pflanze, die Blüten treiben kann*

Blü·ten·pol·len *die* <-> Plur. BOT. *die der Fortpflanzung durch Bestäubung dienenden Teile einer Blüte*

Blü·ten·staub *der* <-(e)s> */kein Plur./* BOT. *(≈ Pollen) mikroskopisch kleine Körper aus den Staubbeuteln der Blütenpflanzen, aus denen die männlichen Geschlechtszellen stammen*

blü·ten·weiß *adj /nicht steig./ sehr weiß, leuchtend weiß:* blütenweiße Wäsche

Blut·er·guss *der* <-es, Blutergüsse> *(≈ Hämatom) eine Stelle, an der sich z. B. nach einer Ver-*

letzung Blut außerhalb der Blutbahn in den Weichteilen angesammelt hat

Blu·ter·krank·heit *die* <-> /kein Plur./ MED. *eine Krankheit, bei der das Blut nicht oder nur wenig gerinnungsfähig ist* ▶ Bluter, Bluterin

Blut·er·satz·mit·tel *das* <-s, -> MED. *physiologische Kochsalzlösung oder andere Flüssigkeit, die dem Körper bei Blutverlust zugeführt werden kann*

Blü·te·zeit *die* <-, -en> ❶ *Zeit des Blühens:* die Blütezeit der Kirschbäume ❷ *(übertr.) die Zeit, in der etwas den Höhepunkt seiner Entwicklung erreicht hat:* Es war die Blütezeit der Dampfmaschine.

Blut·fak·tor *der* <-s, -en> MED. *erbliche Eigenschaft der Blutkörperchen, z. B. Blutgruppe, Rhesusfaktor*

Blut·fett·wert *der* <-(e)s, -e> /meist Plur./ MED. *Wert, der Auskunft über die im Blut enthaltenen Lipide und Cholesterine gibt:* Seine Blutfettwerte sind zu hoch.

Blut·ge·fäß *das* <-es, -e> MED. *(≈ Ader) röhrenförmige Struktur zum Transport von Blut:* Arterien und Venen sind Blutgefäße. ◆-erkrankungen, -verengung, -verkalkung, -verstopfung

Blut·ge·rinn·sel *das* <-s, -> MED. *geronnenes Blut, das ein Blutgefäß an einer bestimmten Stelle verstopft*

Blut·ge·rüst *das* <-s, -e> GESCH. *(veralt.: ≈ Schafott) Hinrichtungsstätte*

blut·ge·tränkt *adj* /nicht steig./ *so, dass es von Blut durchnässt ist:* ein blutgetränkter Verband

blut·gie·rig *adj* *(≈ blutdürstig)*

Blut·grup·pe *die* <-, -n> MED., BIOL. *einer der vier Grundtypen, in die sich Blut nach unveränderlichen und erblichen Kriterien einteilen lässt:* die Blutgruppe bestimmen lassen

Blut·hoch·druck *der* <-s> /kein Plur./ MED. *(≈ Hypertonie) zu hoher Blutdruck*

Blut·hund *der* <-(e)s, -e> ❶ ZOOL. *drahthaariger Jagd- und Fährtenhund aus England* ❷ *(übertr.) blutgieriger Mensch, der foltert und mordet*

blu·tig *adj* *so, dass es mit Blut befleckt ist;* ◼ **ein blutiger Anfänger** *(umg. abwert.) jmd., der überhaupt keine Vorkenntnisse von etwas hat*

blut·jung *adj* /nicht steig./ *sehr jung*

Blut·kon·ser·ve *die* <-, -n> MED. *gespendetes Blut, das für medizinische Zwecke zu einer Einheit abgepackt ist und für Bluttransfusionen verwendet wird*

Blut·kör·per·chen *das* <-s, -> ANAT. *freie Zelle, die ein geformter Bestandteil des Blutes ist:* rote Blutkörperchen

Blut·krebs *der* <-es> MED. *(≈ Leukämie)*

Blut·kreis·lauf *der* <-(e)s, Blutkreisläufe> MED. *Kreislauf des Blutes im Körper*

blut·leer *adj* /nicht steig./ ❶ *so, dass es ohne Blut ist* ▶ Blutleere ❷ *(übertr.) farblos, ohne Ausdruckskraft:* eine blutleere Theaterinszenierung

Blut·oran·ge *die* <-, -n> *(≈ Blutapfelsine)*

Blut·plas·ma *das* <-s> /kein Plur./ MED. *der flüssige Bestandteil des Blutes, der Abwehrstoffe enthält*

Blut·pro·be *die* <-, -n> MED. *Entnahme einer ge-*

ringen Menge Blut aus dem Körper, um dieses medizinisch zu untersuchen

Blut·ra·che *die* <-> /kein Plur./ *(veralt.) ein Mord, der als Rache verübt wird, weil ein Angehöriger einer anderen Familie ein Mitglied der eigenen Familie z. B. getötet hat*

blut·rei·ni·gend *adj* /nicht steig./ MED. *so, dass das Blut von Schlacken befreit wird:* einen blutreinigenden Tee trinken

Blut·rei·ni·gung *die* <-, -en> *(≈ Entschlackung)* ◆-stee

blut·rot *adj* /nicht steig./ *so rot wie Blut*

blut·rüns·tig *adj* *so, dass jmd. sehr grausam ist und viele Menschen getötet hat:* Er ging als blutrünstiger Herrscher in die Geschichte ein.

Blut·sau·ger *der* <-s, -> ❶ ZOOL. *ein Tier, das anderen lebenden Tieren oder Menschen Blut durch die Haut entzieht und sich dadurch ernährt, z. B. Flöhe oder Mücken* ❷ *(umg. abwert.) jmd., der sich auf Kosten anderer rücksichtslos bereichert*

Bluts·ban·de *die* <-> /kein Plur./ *enge Verbindung durch Blutsverwandtschaft*

Bluts·bru·der *der* <-s, Blutsbrüder> *durch feierliches Vermischen von Blutstropfen der Partner besiegelte Männerfreundschaft:* Mit dieser Zeremonie waren sie Blutsbrüder geworden.

Blut·schan·de *die* <-> /kein Plur./ RECHTSW. *(veralt.: ≈ Inzest, Inzucht) inzestuöse Beziehung; Geschlechtsverkehr zwischen Verwandten* ▶ Blutschänder, Blutschänderin, blutschänderisch

Blut·sen·kung *die* <-, -en> MED. *die Entnahme von Blut für eine Blutuntersuchung*

Blut·se·rum *das* <-s, Blutseren> MED. *die klare Flüssigkeit aus Wasser, Eiweißstoffen und Salzen, die bei der Blutgerinnung abgesondert wird*

Blut·spen·de *die* <-, -n> *von einem gesunden Menschen gespendetes Blut zur Bluttransfusion* ▶ Blutspender, Blutspenderin

Blut·spu·cken *das* <-s> /kein Plur./ MED. *(≈ Bluthusten)*

blut·stil·lend *adj* /nicht steig./ *so, dass es bewirkt, dass eine Wunde nicht mehr blutet:* ein blutstillendes Medikament; Die Ärztin legte einen blutstillenden Verband an.

Bluts·trop·fen *der* <-s, -> *Tropfen von Blut*

Blut·sturz *der* <-es, Blutstürze> MED. *heftige plötzliche Blutung*

bluts·ver·wandt *adj* /nicht steig./ *so, dass man durch gleiche Abstammung verwandt ist* ▶ Blutsverwandte, Blutsverwandtschaft

Blut·tat *die* <-, -en> *(geh.: ≈ Mord)*

Blut·test *der* <-(e)s, -s> *(≈ Blutprobe)*

blut·trie·fend *adj* /nicht steig./ *völlig von Blut durchnässt:* ein bluttriefendes Tuch

Blu·tung *die* <-, -en> ❶ *das Bluten, das Austreten von Blut aus einem Blutgefäß:* innere Blutungen ❷ *(≈ Menstruation, Regelblutung) Monatsblutung:* eine unregelmäßige Blutung haben

blut·un·ter·lau·fen *adj* /nicht steig./ *so, dass es durch den Austritt von Blut ins Gewebe bläulichviolett verfärbt ist:* blutunterlaufene Augen

Blut·ver·gie·ßen *das* <-s> /kein Plur./ *(geh.) das Töten, zu dem es bei einer feindlichen Auseinan-*

B

B

dersetzung kommt: Wann hat das Blutvergießen ein Ende?

Blut·ver·gif·tung *die* <-, -en> *(umg.: ≈ Sepsis) die rasche Ausbreitung einer Infektion im Körper, die von einer infizierten Wunde ausgeht*

Blut·wä·sche *die* <-> /kein Plur./ MED. *Reinigung des Blutes von krankhaften Bestandteilen*

Blut·wurst *die* <-, Blutwürste> *(≈ Rotwurst) Kochwurst aus Schweineblut und Speck*

Blut·zu·cker *der* <-s> /kein Plur./ MED. *im Blut enthaltener Traubenzucker* ◆ -bestimmung, -messgerät, -wert

BMX-Rad *das* [be:ɛm'ɪks...] <-(e)s, BMX-Räder> SPORT *kleines, besonders geländegängiges Fahrrad*

Bö(e) *die* <-, Böen> *plötzlicher starker Windstoß*

Boa *die* <-, -s> ZOOL. ❶ *ungiftige südamerikanische Riesenschlange* ❷ *aus Pelz oder Straußenfedern bestehender langer schmaler Schal, der um den Hals gelegt wird:* eine farblich zum Kleid passende Boa

Boat·peo·p·le, a. **Boat-Peo·p·le** ['boʊtpiːpl] *Plur. mit Booten geflohene (vietnamesische) Flüchtlinge*

Bob *der* <-s, -s> SPORT *Rennschlitten für zwei bis vier Personen* ◆ -bahn, -fahrer, -mannschaft

Bob·by *der* <-s, -s> *(umg.) englischer Polizist*

Bob·ren·nen *das* <-s, -> SPORT *mit dem Bob ausgeführtes Rennen*

Bob·sport *der* <-> *Sportart, bei der Wettrennen mit Bobs durchgeführt werden*

Bob·tail *der* ['bɔbteɪl] <-s, -s> ZOOL. *mittelgroßer, langhaarig-zottliger grauer Hütehund*

Boc·cia *das/die* ['bɔtsa] <-, -s> *aus Italien stammendes Kugelspiel*

Bock *der* <-(e)s, Böcke> ❶ *männliches Tier (verschiedener Säugetiere), besonders bei geweih- und gehörntragenden Arten oder bei Kaninchen* ◆ Reh-, Schaf-, Ziegen- ❷ TECHN. *ein Gestell, auf das man Werkstücke legt oder mit dem man z. B. Fahrzeuge in eine erhöhte Position bringt* ▶ aufbocken ◆ Rüst-, Säge- ❸ SPORT *verstellbares Turngerät, über das man Sprünge macht* ◆ -springen ❹ ■ (keinen/null) Bock auf etwas haben *(jugendspr.) auf etwas (keine)Lust haben;* ■ einen Bock haben *bockig sein;* ■ einen Bock abschießen *einen Fehler machen*

bock·bei·nig *adj /nicht steig./ (umg.: ≈ bockig) störrisch, widerspenstig:* Wenn es nicht nach seinem Willen geht, stellt er sich bockbeinig an.

Bock·bier *das* <-(e)s, -e> *starkes Spezialbier*

bo·cken <bockst, bockte, hat gebockt> *ohne OBJ* ❶ ■ *jmd. bockt störrisch sein* ❷ ■ *ein Tier bockt nicht weitergehen wollen:* Das Pferd hat vor dem Hindernis gebockt.

bo·ckig *adj (≈ störrisch) eigensinnig und trotzig:* Das Kind gab eine bockige Antwort.; ein bockiges Tier ▶ Bockigkeit

Bocks·horn ■ sich (nicht) ins Bockshorn jagen lassen *(umg.) sich (nicht) einschüchtern lassen*

Bocks·horn·klee *der* <-s> /kein Plur./ BOT. *als Gewürz verwendeter einjähriger Schmetterlingsblüter*

Bock·sprin·gen *das* <-s> /kein Plur./ SPORT *das Springen über einen Bock[3]*

Bock·sprung *der* <-(e)s, Bocksprünge> ❶ *Sprung über einen Bock[3]* ❷ /meist Plur./ *ungelenker Sprung:* Er vollführte wahre Bocksprünge.

Bock·wurst *die* <-, Bockwürste> *Brühwurst aus Rind- und Schweinefleisch, die in heißem Wasser erwärmt wird:* Bockwurst mit Brötchen und Senf

Bod·den *der* <-s, -> GEOGR. *flache Meeresbucht*

Bo·de·ga *die* <-, -s> ❶ *Weinkeller* ❷ *spanisches Weinlokal*

Bo·den *der* <-s, Böden> ❶ *die oberste Erdschicht:* fruchtbarer/lehmiger/sandiger/steiniger Boden ◆ -bearbeitung, -beschaffenheit, -erosion, -feuchtigkeit, -fräse, -nähe, -nebel, -nutzung, -qualität, -schutzgesetz, -senke, -untersuchung, -verbesserung, -verschmutzung, -verseuchung, Acker-, Fels-, Lehm-, Sand-, Wald- ❷ *der untere Teil von etwas:* Auf dem Boden der Kiste liegt Staub. ◆ -satz ❸ *die Erdoberfläche, auf der man steht:* Der Hammer ist zu Boden gefallen.; das Werkzeug auf den Boden legen ◆ -gefecht, -vase ❹ *der Boden[3] in einem Wohnraum:* in Küche und Bad die Böden wischen ◆ -heizung, -pflege, -wachs, Bretter-, Fuß-, Holz-, Parkett-, Teppich- ❺ *(≈ Grund) die Fläche, die ein Gewässer nach unten begrenzt:* der Boden des Meeres/Teiches ◆ Meeres- ❻ *Territorium:* auf deutschem/französischem Boden; ■ auf fruchtbaren Boden fallen *auf günstige Bedingungen treffen;* ■ etwas aus dem Boden stampfen *(umg.) etwas aus dem Nichts aufbauen* Man hat dort in der Wüste innerhalb von zwei Monaten eine Stadt aus dem Boden gestampft.; ■ jemand hat festen Boden unter den Füßen *(umg.) jmd. hat eine sichere Grundlage;* ■ auf dem Boden von etwas *auf der Grundlage von etwas;* ■ am Boden zerstört sein *(umg.) völlig niedergeschlagen sein;* ■ an Boden gewinnen *(umg. verhüll.) seinen Macht- oder Einflussbereich ausdehnen*

Bo·den·ab·wehr *die* <-> /kein Plur./ MILIT. *Abwehr von Flugzeugen vom Boden aus*

Bo·den·ana·ly·se *die* <-, -n> *(≈ Bodenuntersuchung) chemische Untersuchung von Bodenproben*

Bo·den·aus·tausch *der* <-es> /kein Plur./ *Abtragung des Erdbodens und Ersetzung durch neue Erde*

Bo·den·be·lag *der* <-(e)s, Bodenbeläge> *oberste Schicht oder Bedeckung des Fußbodens, z. B. Teppich, Fliesen, Parkett:* den Bodenbelag reinigen

Bo·den·be·las·tung *die* <-, -en> /Plur. selten/ *Belastung des Bodens durch Schadstoffe*

Bo·den·er·trag *der* <-(e)s, Bodenerträge> *Ernteergebnis, landwirtschaftliche Produktion einer Nutzfläche:* den Bodenertrag steigern

Bo·den·frei·heit *die* <-> /kein Plur./ KFZ *Abstand zwischen dem Boden eines Fahrzeuges und dem Erdboden:* die Bodenfreiheit messen

Bo·den·frost *der* <-(e)s> /kein Plur./ *Frost, der nahe am Boden[3] am Boden herrscht:* Der Bodenfrost ist eine Gefahr für die Pflanzen. ◆ -gefahr

Bo·den·haf·tung *die* <-> /kein Plur./ KFZ *Straßenlage eines Fahrzeugs*

Bo·den·kampf *der* <-(e)s, Bodenkämpfe> MILIT. *(≈ Bodengefecht)*

Bo·den·kun·de *die* <-> /kein Plur./ *(≈ Pedologie)*

B

Wissenschaft, die sich mit der Entstehung, Veränderung und Beschaffenheit des Bodens [1] befasst

bo·den·lang *adj /nicht steig./ so, dass es bis zum Boden reicht:* ein bodenlanges Kleid

bo·den·los *adj /nicht steig./* ❶ *(umg. abwert.: ≈ unerhört)* eine bodenlose Frechheit ❷ *(umg. abwert.) sehr schlecht:* Die Mannschaft hat heute eine bodenlose Leistung geboten. ❸ *sehr tief:* Sie meinte in einen bodenlosen Abgrund zu stürzen.; Die Aktienkurse fielen ins Bodenlose.

Bo·den·per·so·nal *das* <-s> */kein Plur./* LUFTF. *diejenigen Personen, die in den am Boden [3] stationierten Einrichtungen zur Sicherung des Flugverkehrs arbeiten*

Bo·den·pro·be *die* <-, -n> *eine bestimmte Menge von Boden [1], die zum Zwecke einer (wissenschaftlichen) Untersuchung entnommen wird*

Bo·den·re·form *die* <-, -en> RECHTSW. *(≈ Landreform) das Verändern der Besitzverhältnisse an Grund und Boden*

Bo·den·satz *der* <-es> */kein Plur./ (aus einer Flüssigkeit stammende) Partikel, die sich am Boden [2] eines Gefäßes abgesetzt haben*

Bo·den·schät·ze *die* <-> *Plur. die sich im Erdboden befindenden Erze, Kohle, Edelmetalle, Diamanten u.Ä.:* ein an Bodenschätzen reiches Land

Bo·den·see *der* <-s> *See im Alpenvorland, der vom Rhein durchflossen wird*

bo·den·stän·dig *adj* ❶ *lange an einem Ort ansässig; in einer bestimmten Region verwurzelt:* ein bodenständiger Handwerksbetrieb ❷ *(≈ praktisch) in den Dingen des alltäglichen Lebens geschickt:* ein bodenständiger Mensch ▶ Bodenständigkeit

Bo·den·sta·ti·on *die* <-, -en> *Station, von der aus ein Raumflug geleitet wird*

Bo·den·Ste·ward *die,* **Bo·den·Ste·war·dess** [-'stjuːɛt] <-s, -s> *Betreuer der Passagiere am Boden [3]*

Bo·den·streit·kräf·te <-> *Plur.* MILIT. *Streitkräfte, die in Gefechten am Boden [3] eingesetzt werden*

Bo·den·trup·pen <-> *Plur.* MILIT. *(≈ Bodenstreitkräfte)*

Bo·den·tur·nen *das* <-s> */kein Plur./* SPORT *Turnübungen ohne Geräte, die auf dem mit Matten ausgelegten Boden durchgeführt werden:* Europameisterin im Bodenturnen

Bo·den·übung *die* <-, -en> *am Boden [4] durchgeführte (Turn)übung*

Bo·den·ver·dich·tung *die* <-> */kein Plur./ Erhöhung der Dichte des Bodens [1] durch Ausübung von Druck mittels technischer Geräte:* eine Planierraupe zur Bodenverdichtung

Bo·den·wich·se *die* <-, -n> *(veralt.)* LANDSCH. *(≈ Bohnerwachs) Paste zur Pflege eines Holzbodens*

Bo·dhi·satt·wa *der* <-s, -s> REL. *in der buddhistischen Lehre ein erleuchteter Mensch und zukünftiger Buddha, der zum Wohle aller fühlenden Wesen wirkt*

Bo·dy *der* ['bɔdi] <-s, -s> *Kurzform für „Bodysuit"*

Bo·dy·art *die* ['bɔdiaːt] <-> */kein Plur./ auf dem Körper, auf der nackten Haut, aufgebrachte Kunst., z.B. Bemalungen*

Bo·dy·buil·ding *das* ['bɔdibɪldɪŋ] <-s> */kein*

Plur./ das gezielte Aufbauen von Muskulatur durch Krafttraining an speziellen Geräten, in Verbindung mit spezieller Ernährung u.Ä.: im Fitnessstudio Bodybuilding betreiben ▶ Bodybuilder, Bodybuilderin

Bo·dy·guard *der* ['bɔdigaːd] <-s, -s> *(≈ Leibwächter)*

Bo·dy·pain·ting *das* ['bɔdipeɪntɪŋ] <-(s), -s> *das Bemalen des menschlichen Körpers als Kunstform*

Bo·dy·suit *der* ['bɔdisjuːt] <-, -s> *den Rumpf bedeckendes, eng anliegendes, einteiliges Kleidungsstück aus elastischem Material*

Böe *die* <-, -n> *(≈ Bö) heftiger Windstoß*

Bo·fist, Bo·fist *der* <-(e)s, -e> BOT. *ein essbarer Pilz aus der Gattung der Bauchpilze* ◆ Riesen-

Bo·gen *der* <-s, -/Bögen> ❶ *(≈ Biegung) eine Stelle, an der sich die Richtung von etwas ändert:* Der Fluss macht weiter südlich einen Bogen. ❷ *eine Linie, die nicht gerade, sondern gekrümmt ist* ❸ *ein Mauerstück in der Form eines Bogens [2]* ◆ Fenster-, Tor- ❹ *eine Waffe in der Form eines gekrümmten Stabes, über den eine Sehne oder Schnur gespannt ist, die es erlaubt, einen Pfeil abzuschießen* ◆ -schießen, -schütze ❺ *(geh.) ein einzelnes Blatt Papier* ◆ Brief- ❻ *ein mit Rosshaar bespannter, gekrümmter Holzstock, mit dem man ein Streichinstrument spielt* ◆ Geigen- ❼ *kurz für „Druckbogen"* ❽ ■ **den Bogen heraushaben** *(umg.) verstanden haben, wie etwas zu machen ist;* ■ **einen großen Bogen um jemanden/etwas machen** *(umg.) jmdn. oder etwas meiden;* ■ **den Bogen überspannen** *(umg.) eine Sache übertreiben*

Bo·gen·druck·ma·schi·ne *die* <-, -n> DRUCKW. *Maschine zum Drucken einzelner Bogen [7]*

Bo·gen·ein·tei·lung *die* <-, -en> DRUCKW. *Seiteneinteilung auf einem Druckbogen*

Bo·gen·falz·ma·schi·ne *die* <-, -n> DRUCKW. *Maschine zum Falzen der Druckbogen*

Bo·gen·for·mat *das* <-(e)s, -e> DRUCKW. *(≈ Bogengröße) Format eines Druckbogens*

bo·gen·för·mig *adj /nicht steig./ so, dass es die Form eines Bogens [2] hat*

Bo·gen·füh·rung *die* <-> */kein Plur./* MUS. *Handhabung des Bogens beim Spielen von Streichinstrumenten*

Bo·gen·maß *das* <-es, -e> MATH. *(≈ Arkus) Quotient aus Kreisbogenlänge und Radius*

Bo·gen·mon·ta·ge *die* [...mɔn'taʒə] <-, -n> BAUW. *Montage eines Bogens*

Bo·gen·pfei·ler *der* <-s, -> BAUW. *Pfeiler, der einen Bogen stützt*

Bo·gen·schüt·ze *der,* **Bo·gen·schüt·zin** <-n, -n> SPORT *jmd., der mit einem Bogen [4] schießt*

Bo·he·me *die* [boˈeːm/boˈɛːm, boˈheːm/boˈhɛːm] <-> */kein Plur./ ungebundenes Künstlerdasein*

Bo·he·mi·en *der* [boeˈmi̯ɛ̃ː, boheˈmi̯ɛ̃ː] <-s, -s> *jmd., der eine ungebundene Künstlerexistenz führt*

Boh·le *die* <-, -n> *aus einem Baumstamm herausgeschnittenes Holz mit vier Kanten, das als Baumaterial verwendet wird:* einen Weg mit Bohlen belegen ◆ -nbrett, -nbrücke, -nholz

Böh·men *das* <-s> */kein Plur./ Gebiet im Westteil*

B

der Tschechischen Republik ▸ Böhmer, Böhmin, böhmisch

Boh·ne *die* <-, -n> ❶ BOT. *zu den Schmetterlingsblütlern gehörende Gemüsepflanze, deren Samen in länglichen, fleischigen Hülsen sitzen* ❷ *die als Gemüse verwendete Frucht der Bohne¹:* grüne Bohnen als Beilage reichen ◆ Busch-, Feuer-, Stangen, -Wachs- ❸ *der Samenkern bei Kaffee- und Kakaopflanze;* ■ **nicht die Bohne** *(umg.) überhaupt nicht*

Boh·nen·kaf·fee *der* <-s, -s> *Kaffee aus gemahlenen Kaffeebohnen*

Boh·nen·kraut *das* <-(e)s> /kein Plur./ BOT. *zu den Lippenblütlern gehörende Gewürzpflanze mit schmalen länglichen Blättern und kleinen weißen oder lila Blüten:* den Bohneneintopf mit Bohnenkraut würzen

Boh·nen·sa·lat *der* <-(e)s, -e> KOCH. *aus gekochten Bohnen² zubereiteter Salat*

Boh·nen·stan·ge *die* <-, -n> ❶ *Stange, an der sich Bohnen¹ hochranken* ❷ *(umg. scherzh.) langer, dünner Mensch*

Boh·ner·ma·schi·ne *die* <-, -n> *elektrische Maschine zum Bohnern des Bodens*

boh·nern <bohnerst, bohnerte, hat gebohnert> *mit OBJ* ■ **jmd. bohnert etwas (mit etwas Dat.)** *(einen Parkettboden) mit Wachs polieren*

Boh·ner·wachs *das* <-es> /kein Plur./ *Wachs zum Bohnern*

boh·ren <bohrst, bohrte, hat gebohrt> **I.** *mit OBJ* ❶ ■ **jmd. bohrt ein Loch (mit etwas Dat.)** *mit einem Werkzeug ein Loch in einem festen Material erzeugen:* Sie bohrt ein Loch in die Wand. ❷ ■ **jmd. bohrt etwas irgendwohin** *etwas mit Kraft in etwas hineintreiben:* Er bohrte einen Pfahl in die Erde. **II.** *ohne OBJ* ❶ ■ **jmd. bohrt (in etwas Akk.)** *ein Loch machen:* Die Nachbarn bohren schon seit zwei Stunden.; Der Zahnarzt bohrt in einen Zahn. ❷ ■ **jmd. bohrt (nach etwas Akk.)** *auf der Suche nach Bodenschätzen in der Erde einen tiefen Schacht machen:* Die Firma bohrt dort nach Öl. ▸ Bohrung ❸ ■ **jmd. bohrt** *(umg.) drängend nachfragen:* Du kannst so lange bohren, wie du willst, ich verrate nichts. **III.** *mit SICH* ■ **etwas bohrt sich in etwas** *Akk. etwas dringt mit Gewalt in etwas ein:* Der Stachel bohrte sich in ihre Haut.

Boh·rer *der* <-s, -> TECHN. *spitzes, spiralförmiges Werkzeug zum Bohren I* ◆ Gewinde-, Metall-

Bohr·fut·ter *das* <-s> /kein Plur./ TECHN. *Vorrichtung an Bohrmaschinen zum Einspannen des Bohrers*

Bohr·ham·mer *der* <-s, Bohrhämmer> BERGB. *Drucklufthammer, der im Bergbau zum Einsatz kommt*

Bohr·in·sel *die* <-, -n> *zum Bohren III.1 nach Erdöl dienende Plattform im Meer*

Bohr·loch *das* <-(e)s, Bohrlöcher> *durch Bohren III.1 erzeugtes Loch*

Bohr·ma·schi·ne *die* <-, -n> (≈ *Schlagbohrer) ein elektrisches Gerät zum Bohren von Löchern, bei dem ein Motor eine Art Spindel in schnelle Rotation versetzt, auf die man verschiedene Bohrköpfe aufstecken kann* ◆ Gewinde-

Bohr·pro·be *die* <-, -n> *Gesteinsprobe aus Bohrlöchern:* die Bohrprobe untersuchen

Bohr·turm *der* <-(e)s, Bohrtürme> *Konstruktion, in der ein großer Bohrer für das Bohren III.1 aufgehängt ist*

Bohr·win·de *die* <-, -n> *Handbohrgerät für Tischler, bei dem die Bohrbewegung durch eine Kurbel erzeugt wird*

bö·ig *adj mit Windböen einhergehend:* ein böiger Wind

Boi·ler *der* <-s, -> (≈ *Warmwasserbereiter) ein elektrisches Gerät, in dem warmes Wasser bereitet wird:* den Boiler entkalken

Bo·je *die* <-, -n> SEEW. *ein Gegenstand, der auf dem Meer schwimmt und mit einer Leine im Meeresboden verankert ist und ein Signal für Schiffe darstellt*

Bo·le·ro *der* <-s, -s> ❶ *spanischer Tanz mit Kastagnettenbegleitung* ❷ *kurze, offen getragene Damenjacke* ◆ -jacke

Bo·li·vi·en *das* <-s> *Staat in Südamerika* ▸ Bolivianer/Bolivier, Bolivianerin/Bolivierin, bolivianisch/ bolivisch

Böl·ler *der* <-s, -> ❶ *ein Feuerwerkskörper, der einen lauten Knall (aber keinen Funkenregen) erzeugt:* das Knallen der Böller in der Silvesternacht ❷ MILIT. *(früher) ein kleines Geschütz*

böl·lern <böllerst, böllerte, hat geböllert> *mit OBJ/ohne OBJ* ■ **jmd. böllert (mit etwas Dat.)** *(mit dem Böller) laut krachend schießen*

Bol·ler·wa·gen *der* <-s, -> NORDDT. *Handkarre zum Ziehen*

Bol·let·te *die* <-, -n> AMTSSPR. ÖSTERR. *Zoll-, Steuerbescheinigung*

Boll·werk *das* <-(e)s, -e> GESCH. *(geh.: ≈ Befestigungsanlage) Bauwerk zur Verteidigung einer Stadt gegen Angriffe*

Bol·sche·wis·mus *der* <-> /kein Plur./ GESCH. *die Form des Kommunismus, die in der Sowjetunion unter Lenin die marxistische Lehre weiterentwickelt hat* ▸ Bolschewist, Bolschewistin, bolschewistisch

Bol·zen *der* <-s, -> *ein dicker Metall- oder Holzstift, der zum Verbinden von Metall- oder Holzteilen dient:* Die Verbindung der beiden Stahlträger erfolgt mit dicken Bolzen. ◆ -anker, -befestigung, -dübel, -gewinde, -haken, -klemmen, -kupplung, -riegel, -schneider, -schweißgerät, -treppe, -verbindung

Bolz·platz *der* <-es, Bolzplätze> *(umg.) (Spiel-)Platz, auf dem Kinder Fußball spielen können*

Bom·bar·de·ment *das* [bɔmbardəˈmãː, bɔmbardˈmãː] <-s, -s> MILIT. *das Bombardieren*

bom·bar·die·ren <bombardierst, bombardierte, hat bombardiert> *mit OBJ* ■ **jmd. bombardiert jmdn. (mit etwas Dat.)** ❶ *mit etwas beschießen:* die Angreifer von der Festung aus mit Kanonenkugeln bombardieren ❷ *mit Bomben angreifen:* Flugzeuge bombardieren eine Stadt. ❸ *(umg.) eine sehr große Menge von etwas auf jmdn. einstürmen lassen:* Die Redaktion wurde mit Briefen bombardiert.

Bom·bast *der* <-(e)s> /kein Plur./ (≈ *Prunk) über-*

triebener Aufwand: Die Feierlichkeit wurde mit viel Bombast angekündigt.

bom·bas·tisch *adj (oft abwert.:* ≈ *prunkvoll)* mit übertrieben viel Aufwand

Bom·be *die* <-, -n> MILIT. *ein mit Sprengstoff gefüllter länglicher Hohlkörper aus Metall, der bei seiner Explosion schwere Zerstörungen hervorruft;* ■**wie eine Bombe einschlagen** *(umg.)* große Verwirrung stiften Die Nachricht schlug ein wie eine Bombe.; ■**Die Bombe ist geplatzt.** *(umg.) Das gefürchtete Ereignis ist eingetreten.* ◆-nalarm, -nattentat, -ndrohung, -nexplosion, -nflugzeug, -nhagel, -nkrater, -nkrieg, -nleger(in), -nnacht, -nterror, -nteppich, Atom-, Brand-, Flieger-, Wasser-, Wasserstoff-

Bom·ben- *als Erstglied zusammengesetzter Substantive, mit Betonung auf beiden Teilen; drückt aus, dass das mit dem Zweitglied Bezeichnete außerordentlich stark ausgeprägt ist* ◆-erfolg, -form, -gehalt, -geschäft, -hitze, -rolle, -stimmung

bom·ben- *als Erstglied zusammengesetzter Adjektive, mit Betonung auf beiden Teilen; drückt aus, dass das mit dem Zweitglied Bezeichnete außerordentlich stark ausgeprägt ist* ◆-fest, -sicher

Bom·ben·an·griff *der* <-(e)s, -e> MILIT. *Angriff mit Bomben, die aus Flugzeugen (auf eine Stadt oder ein militärisches Ziel) abgeworfen werden*

Bom·ben·an·schlag *der* <-(e)s, Bombenanschläge> *Anschlag, der mittels einer Bombe ausgeführt wird:* Terroristen haben einen Bombenanschlag verübt

Bom·ben·form *die* <-> /kein Plur./ *(umg.) gute körperliche Verfassung, besonders bei Sportlern:* Der Sprinter war in einer Bombenform.; *siehe auch* **Bomben-**

Bom·ben·ge·schwa·der *das* <-s, -> MILIT. *ein Verband von mehreren Bombenflugzeugen*

Bom·ben·le·ger *der,* **Bom·ben·le·ge·rin** <-s, -> *(umg.) jmd., der Bombenanschläge verübt*

Bom·ben·nacht *die* <-, Bombennächte> *die Nacht, in der ein schwerer Bombenangriff stattgefunden hat*

bom·ben·si·cher[1] *adj geschützt vor Bombenangriffen*

bom·ben·si·cher[2] *adj absolut sicher:* ein bombensicheres Geschäft; *siehe auch* **bomben-**

Bom·ber *der* <-s, -> MILIT. *ein Kampfflugzeug, das Bomben abwirft* ◆-angriff, -pilot

Bom·ber·ja·cke *die* <-, -n> *Jacke, die nach dem Vorbild von Fliegerkleidung gearbeitet ist*

bom·bie·ren <bombierst, bombierte, hat bombiert> *mit OBJ* ■**jmd. bombiert etwas** *(Blech oder Glas)* biegen: Der Handwerker bombiert ein Blech.

bom·big *adj (umg.) großartig, außergewöhnlich gut:* Auf der Party war eine bombige Stimmung.

Bom·mel *der* <-s, -n> *(an Kleidungsstücken) kleine Wollkugel als Verzierung:* ein Schal mit Bommeln

Bon *der* [bɔŋ, bõ:] <-s, -s> ❶ *(≈ Beleg) Kassenzettel einer Registrierkasse:* die Preise auf dem Bon nachprüfen ◆Kassen- ❷ *Gutschein:* den Bon für ein freies Getränk einlösen

Bon·bon *der/das* [bõŋˈbɔŋ, bõˈbõ] <-s, -s> *eine Süßigkeit in der Form eines harten, kleinen Klum-*

pens, den man lutscht ◆-dose, -papier, -tüte, Frucht-, Husten-, Pfefferminz-

Bon·bon·ni·e·re, *a.* **Bon·bo·ni·e·re** *die* [bɔŋbɔˈnieːrə] <-, -n> ❶ *dekoratives Gefäß zum Aufbewahren von Pralinen und Bonbons* ❷ *Geschenkpackung Pralinen oder Bonbons*

bon·bon·ro·sa [bɔŋˈbɔŋ..., bõˈbõ...] *adj /nicht steig./ als kitschig empfundener rosa Farbton*

Bond *der* <-s, -s> BANKW. *festverzinsliches, auf den Inhaber lautendes Wertpapier*

bon·gen <bongst, bongte, hat gebongt> *mit OBJ* ■**jmd. bongt etwas** an einer Registrierkasse einen Zahlbetrag eintippen; ■**(Ist) gebongt!** *(umg.) (Das ist)abgemacht oder beschlossen!*

Bon·go *das* <-(s), -s> /meist Plur./ *Trommel kubanischen Ursprungs*

Bo·ni·tät *die* <-> /kein Plur./ WIRTSCH. *(finanzielle) Zuverlässigkeit einer Person oder Firma*

Bon·mot *das* [bõˈmoː] <-s, -s> *treffende geistreiche Wendung; witzige Bemerkung*

Bon·sai *der* <-(s), -s> *ein Baum (als Topfpflanze), der durch die Anwendung eines traditionellen japanischen Zuchtverfahrens nicht nur in der Höhe, sondern auch in Zweigen und Blättern so stark verkleinert ist, dass er eine Art Miniatur eines Baumes darstellt*

Bo·nus *der* <-/-ses, -se/Boni> ❶ WIRTSCH. *etwas, das ein Kunde als eine Art Prämie beim Kauf von etwas zusätzlich als Vergünstigung erhält* ◆-prämie ❷ *(≈ Plus, Vorteil) etwas, das jmdm. als Vorteil oder Vorsprung gegenüber den anderen angerechnet wird:* Vor Spielbeginn erhielten die Kinder einen Bonus von drei Punkten.; Es war ihr Bonus, dass sie zwei Fremdsprachen beherrschte.

Bon·ze *der* <-n, -n> *(umg. abwert.) hochrangiger Funktionär einer Partei oder Gewerkschaft, der große Privilegien genießt:* Die Bonzen haben Luxusgüter, und die einfachen Leuten fehlt es am Nötigsten. ◆Partei-

Bon·zo·kra·tie *die* <-, -n> *(abwert.) übermäßiger Einfluss der Bonzen in einem bestimmten Bereich*

Boo·gie-Woo·gie *der* [ˈbugiˈvʊgi, ˈbuːgɪwuːgɪ] <-/-s, -> ❶ MUS. *Klavierstil des Blues* ❷ *ein Gesellschaftstanz, der sich aus dem Boogie-Woogie entwickelte*

Book·mark *die/das* [ˈbukmaːk] <-/-s, -s> EDV *Eintrag in einem persönlichen elektronischen Adressenverzeichnis zum schnellen Auffinden von bestimmten Websites*

Boom *der* [buːm] <-s, -s> ❶ WIRTSCH. *plötzlicher wirtschaftlicher Aufschwung* ◆Aktien-, Bau- ❷ *plötzliches Interesse an einer Sache:* Altes Blechspielzeug erlebt momentan einen regelrechten Boom.

boo·men [ˈbuːmen] <boomt, boomte, hat geboomt> *ohne OBJ* ■**etwas boomt** *(umg.) einen Boom erleben*

Boot *das* <-(e)s, -e> *ein kleines Wasserfahrzeug:* mit einem Boot über den See fahren; ein Boot mit einem Außenbordmotor; ■**Wir sitzen alle in einem Boot.** *(umg.) Wir sind alle in der gleichen schwierigen Situation.* ◆-sbau, -sfahrt, -shaus, -slänge, -sliegeplatz, -smaat, -smotor, -ssteg, -sver-

B

leih, -szubehör, Bei-, Gummi-, Motor-, Paddel-, Rettungs-, Ruder-, Schnell-, Segel-, Tret-

boo·ten ['buːtn̩] <bootest, bootete, hat gebootet> *mit OBJ* ▪ *jmd.* **bootet etwas** *(einen Computer) neu starten, wobei alle gespeicherten Anwenderprogramme neu geladen werden*

Boot·leg·ger *der* ['buːtlɛɡɐ] <-s, -> *(früher in den USA) Alkoholschmuggler; illegaler Schnapsbrenner*

Boots·an·ge·lei *die* <-> */kein Plur./ das Angeln von einem Boot aus*

Boot-Sek·tor-Vi·rus *der* [buːt...] <-, Boot-Sektor-Viren> EDV *Virus in dem Teil des Computers, in dem nach dem Einschalten das Betriebssystem geladen wird*

Boots·flücht·ling *der* <-s, -e> *siehe* **Boatpeople**

Boots·ha·ken *der* <-s, -> *Stange mit Eisenhaken zum Festhalten oder Abstoßen von Booten*

Boots·mann *der* <-(e)s, Bootsmänner/Bootsleute> SEEW. ❶ *(auf Handelsschiffen) Matrose, der dem Wachoffizier zugeordnet ist* ❷ *(bei der Bundesmarine) Dienstgrad, der dem eines Feldwebels entspricht*

Bor *das* <-s> */kein Plur./* CHEM. *ein Halbmetall, das nur in bestimmten mineralischen Verbindungen auftritt, chemisches Zeichen: B* ◆ -salbe, -wasser

Bord¹ *das* <-(e)s, -e> *(≈ Brett, Gestell, Regal) an einer Wand befestigtes Brett zur Ablage von Büchern oder Geschirr* ◆ Bücher-, Wand-

Bord² *das* <-(e)s, -e> */Plur. selten/* ❶ SEEW. *oberer Schiffsrand* ❷ LUFTF., SEEW. *das Innere vor allem eines eines Flugzeugs oder Schiffs* ◆ -funker(in), -gerät, -kamera, -karte, -küche, -mechaniker(in), -personal, -radar, -verpflegung, -waffe, -werkzeug ❸ **an Bord** *im Inneren eines Schiffs, Flugzeugs oder Raumschiffs* Alle Passagiere sind an Bord.; An Bord der Raumstation ist auch ein japanischer Physiker.; ▪ **über Bord gehen** *vom Schiffsdeck ins Wasser fallen;* ▪ **etwas über Bord werfen** *(geh.) aufgeben* Er warf seine ehrgeizigen Pläne über Bord.

Bord³ *das* <-(e)s, -e/Börder> SCHWEIZ. *Rand, Böschung, Abhang*

Bord-Bo·den-Funk·ver·kehr *der* <-s> */kein Plur./ Funkverkehr zwischen einem Flugzeug oder Raumschiff mit einer Station am Boden*

Bord-Bo·den-Ver·bin·dung *die* <-, -en> *(Kommunikations)verbindung zwischen einem Flugzeug oder einem Raumschiff mit einer Station am Boden*

Bord·case *das/der* ['bɔrtkeɪs] <-, -/-s> *eine Art kleiner Koffer, den man an Bord eines Flugzeugs als Handgepäck mitführen kann:* Das Bordcase darf eine bestimmte Größe und ein bestimmtes Gewicht nicht überschreiten.

Bör·de *die* <-, -n> GEOGR. *fruchtbare Niederung, ebener Landstrich:* die Magdeburger Börde

bor·deaux [bɔr'doː] *adj /nicht steig./ von der dunkelroten Farbe von rotem Wein*

Bor·deaux¹ [bɔr'doː] *Stadt in Frankreich*

Bor·deaux² *der* [bɔr'doː] <-, -> *Wein aus Bordeaux*

bor·deaux·far·ben [bɔr'doː...] *adj /nicht steig./ (≈ weinrot) ein bordeauxfarbenes Kleid*

bor·deaux·rot [bɔr'doː...] *adj /nicht steig./ (≈ bordeauxfarben)*

bord·ei·gen *adj /nicht steig./ so, dass es sich an Bord (eines Schiffes, Flugzeugs o. Ä.) befindet*

Bor·dell *das* <-s, -e> *ein Haus, in dem Prostitution betrieben wird*

Bord·em·pfän·ger *der* <-s, -> TECHN. *Gerät an Bord, mit dem Nachrichten vom Boden empfangen werden können*

Bord·in·s·t·ru·men·t *die* <-(e)s, -e> */meist Plur./* LUFTF. *eines der Mess- und Anzeigegeräte, die in einem Flugzeug eingebaut sind*

Bord·kar·te *die* <-, -n> LUFTF. *Karte, die der Fluggast beim Einchecken bekommt und der er braucht, um an Bord des Flugzeugs gehen zu können*

Bord·stein *der* <-(e)s, -e> */Plur. selten/ der mit Steinen befestigte Rand des Bürgersteigs, der ihn von der Fahrbahn abgrenzt* ◆ -kante

Bor·dü·re *die* <-, -n> *(≈ Borte) schmückende Einfassung; Besatz für Kleider:* eine Tischdecke mit einer handgestickten Bordüre

bo·re·al *adj /nicht steig./* GEOGR. *zum nördlichen Klima Europas, Asiens oder Amerikas gehörend:* ein boreales Klima; boreale Pflanzen und Tierarten

Bo·re·as *der* <-> */kein Plur./* ❶ GEOGR. *Nordwind im Gebiet des Ägäischen Meeres* ❷ *(dichter.) kalter Nordwind*

Borg ▪ **jemandem etwas auf Borg geben** *(umg.) jmdm. etwas ausleihen;* ▪ **etwas auf Borg kaufen** *(umg.) etwas auf Ratenzahlung kaufen*

bor·gen <borgst, borgte, hat geborgt> *mit OBJ* ❶ ▪ *jmd.* **borgt jmdm. etwas** *(≈ leihen)* Kannst du mir dieses Buch bis zur nächsten Woche borgen? ❷ ▪ *jmd.* **borgt sich etwas (von jmdm.)** *sich etwas von jmdm. ausleihen:* Ich habe mir die Bohrmaschine vom Nachbarn geborgt.

Bor·ke *die* <-, -n> *(≈ Rinde) die äußere harte Schicht, die einen Baumstamm bedeckt*

Bor·ken·kä·fer *der* <-s, -> ZOOL. *Käfer, der überwiegend unter der Rinde von Bäumen lebt und sich von ihr ernährt* ◆ -plage

bor·kig *adj /nicht steig./* ❶ *wie eine Borke geformt* ❷ *mit Borke bedeckt*

Born *der* <-(e)s, -e> ❶ *(geh. o veralt.) Brunnen, Wasserquelle:* ein kühler Born ❷ *(geh. o veralt.) Grund, Quelle:* Seine Bücher waren ihm ein Born beständiger Inspiration.

Born·holm <-s> *dänische Insel in der Ostsee*

bor·niert *adj (abwert.) geistig so beschränkt, dass jmd. immer auf seinen Vorstellungen beharrt und nichts dazu lernen will:* Sie verhält sich ausgesprochen borniert.; Er hat bornierte Ansichten.

Bor·niert·heit *die* <-, -en> ❶ *eine bornierte Äußerung, Handlung* ❷ */kein Plur./ eine bornierte Gesinnung*

Bor·re·li·o·se *die* <-> */kein Plur./* MED. *eine Krankheit, die durch Zeckenbiss übertragen wird*

Bor·retsch *der* <-(e)s> */kein Plur./* BOT. *(≈ Gurkenkraut) ein blau blühendes Küchenkraut*

Bor·säu·re *die* <-> */kein Plur./* CHEM. *sehr schwache einbasige Säure*

Bör·se *die* <-, -n> ❶ *(veralt.: ≈ Geldbeutel)* ◆ Geld- ❷ WIRTSCH. *Markt für Aktien, Devisen und vertretbare Waren, für die nach bestimmten festen Bräuchen Preise ausgehandelt werden:* die Börse in Frankfurt/New York; an der Börse handeln; Die Börse verlief heute lebhaft/ruhig. ◆ -naufsicht, -nbeginn, -nbericht, -ncrash, -ngeschäft, -nkurs, -nmitglied, -nnachrichten, -nplatz, -nschluss, -ntipp, -nwert, -nzocker(in), -nzulassung, Waren-, Wertpapier- ❸ *Gebäude der Börse²*

Bör·sen·ba·ro·me·ter *das* <-s> /kein Plur./ WIRTSCH. *(umg.) Stimmung an der Börse, die sich im Aktienkurs widerspiegelt*

bör·sen·fäh·ig *adj /nicht steig./* WIRTSCH. *(≈ börsengängig) so, dass man zur Teilnahme an der Börse berechtigt ist* ▸ Börsenfähigkeit

Bör·sen·fie·ber *das* <-s> /kein Plur./ WIRTSCH. *Ansturm auf Aktien, vermehrter Aktienkauf*

Bör·sen·gang *der* <-(e)s, Börsengänge> WIRTSCH. *der Vorgang, dass ein Unternehmen zur Börse zugelassen wird und dort zu handeln beginnt*

bör·sen·gän·gig *adj /nicht steig./* WIRTSCH. *siehe* **börsenfähig**

Bör·sen·kli·ma *das* <-s> /kein Plur./ WIRTSCH. *die spezifische Qualität, die der Aktienhandel zu einem gegebenen Zeitpunkt hat*

Bör·sen·krach *der* <-(e)s> /kein Plur./ WIRTSCH. *durch unerwartet hohe Kursverluste vieler Aktien verursachter Zusammenbruch der Börsengeschäfte*

Bör·sen·kurs *der* <-es, -e> WIRTSCH. *der Preis, zu dem Aktien an der Börse² gehandelt werden*

Bör·sen·mak·ler *der*, **Bör·sen·mak·le·rin** <-s, -> WIRTSCH. *jmd., der beruflich an der Börse² mit Aktien handelt*

bör·sen·no·tiert *adj /nicht steig./* WIRTSCH. *so, dass der amtliche Börsenkurs festgestellt ist*

Bör·sen·rat·ge·ber *der* <-s, -> WIRTSCH. *Druckerzeugnis oder Sendung im Fernsehen oder Radio mit Informationen zum Thema Börse*

bör·sen·reif *adj /nicht steig./* WIRTSCH. *so, dass eine Firma die Voraussetzungen dafür hat, an die Börse zu gehen*

Bör·sen·schwan·kung *die* <-, -en> WIRTSCH. *Schwankungen der Aktienkurse an der Börse*

Bör·sen·spe·ku·lant *der*, **Bör·sen·spe·ku·lan·tin** <-en, -en> WIRTSCH. *jmd., der an der Börse² aus Schwankungen der Börsenkurse Gewinn erzielt* ▸ Börsenspekulation

Bör·sen·start *der* <-(e)s, -s> WIRTSCH. *der Tag, an dem eine Firma mit ihren Aktien erstmalig an die Börse geht*

Bör·sen·sturz *der* <-es, Börsenstürze> WIRTSCH. *plötzliches und tiefes Fallen der Börsenkurse*

Bör·sen·ver·ein *der* <-s> /kein Plur./ *Spitzenverband des deutschen Buchhandels*

Bör·si·a·ner *der*, **Bör·si·a·ne·rin** <-s, -> *(umg.) jmd., der beruflich an der Börse tätig ist*

Bors·te *die* <-, -n> ❶ *eines der vielen steifen, dicken Haare bestimmter Säugetiere:* die Borsten des Schweins ◆ -ntier, -nvieh, Rücken-, Schwanz-, Schweine-, Wildschwein- ❷ */nur Plur./ Teil einer Bürste, eines Pinsels o. Ä., der entweder aus ge-*

bündelten Borsten[1] *oder aus Kunststoffborsten besteht* ◆ -npinsel ▸ borstig

Bors·ten·tier *das* <-(e)s, -e> *(umg. scherzh.) Schwein*

Bor·te *die* <-, -n> *gewebtes, gemustertes Band, das als Verzierung auf Stoff aufgenäht wird:* Die Tischdecke ist mit Borten besetzt.

bös·ar·tig *adj* ❶ *so, dass jmd. anderen Menschen vorsätzlich schaden will:* ein bösartiger Nachbar ❷ *so, dass ein Tier leicht bereit ist zu beißen:* Vorsicht, das ist ein bösartiger Hund! ❸ *(↔ gutartig) so, dass eine Krankheit sehr gefährlich ist:* ein bösartiger Tumor

Bös·ar·tig·keit *die* <-> /kein Plur./ ❶ *bösartiges Wesen eines Menschen oder Tieres* ❷ MED. *(↔ Gutartigkeit) bösartiger Verlauf einer Krankheit*

Bö·schung *die* <-, -en> *kleiner Abhang:* Das Auto kam von der Straße ab und stürzte die Böschung hinunter. ◆ -sabsicherung, -sbefestigung, -sbegrünung, -sgestaltung, -shöhe, -sneigung, -soberkante, -spflaster, -srutsch, -sstein, -swinkel

Bö·schungs·win·kel *der* <-s, -> *Winkel zwischen Horizontale und Schrägfläche einer Böschung*

bö·se *adj* ❶ *so, dass jmd. moralisch schlecht ist, weil er mit Absicht hat, anderen Menschen Schaden zuzufügen* ❷ *so, dass etwas schlecht, übel, schädlich ist:* böse Erfahrungen; böse Zeiten erleben; eine böse Krankheit haben ❸ *(≈ ärgerlich)* Er hat sie sehr böse angesehen.; Bist du immer noch böse auf mich? ❹ *(umg.) so, dass ein Kind ungezogen und unartig ist:* Heute im Kindergarten war er böse. ❺ *(umg.) so, dass eine Verletzung entzündet ist:* eine böse Wunde haben; ■ **nichts Böses ahnend** *nicht auf etwas Unangenehmes gefaßt* ◆ Großschreibung →R 3.7 das Gute und das Böse unterscheiden; im Guten wie im Bösen; der Böse; ins Böse auseinandergehen

Bö·se·wicht *der* <-(e)s, -er/-e> *(veralt.) böser Mensch, Schurke, Verbrecher*

bos·haft *adj* ❶ *so, dass jmd. absichtlich böse[1] handelt:* ein boshafter Mensch; boshafte Absichten; eine boshafte Gesinnung ❷ *(≈ maliziös) auf eine verletzende Art spöttisch:* eine boshafte Bemerkung; ein boshaftes Lächeln

Bos·haf·tig·keit *die* <-, -en> ❶ /kein Plur./ *Bösartigkeit, Gemeinheit* ❷ *gemeine Bemerkung oder Tat:* Seine Boshaftigkeiten waren kaum mehr zu ertragen.

Bos·heit *die* <-, -en> ❶ /kein Plur./ *das Bösesein, die Schlechtigkeit* ❷ *boshafte Tat* ❸ *(umg.) spöttische Bemerkung:* Ihre kleinen Bosheiten nahmen kein Ende.

Bos·kop *der* <-s , -> *Apfelsorte von säuerlichem Geschmack*

Bos·ni·en *das* <-s> *Gebiet im Norden von Bosnien-Herzegowina* ▸ Bosnier, Bosnierin, bosnisch

bos·nisch-her·ze·go·wi·nisch *adj /nicht steig./ Bosnien-Herzegowina, seine Bewohner betreffend*

Bos·po·rus *der* <-> /kein Plur./ *Meerenge zwischen Schwarzem Meer und Marmarameer*

Boss *der* <-es, -e> *(umg.: ≈ Chef)*

B

Bos·sa-no·va *der* <-, -s> *aus Lateinamerika stammender Modetanz*

bös·wil·lig *adj so, dass man sich absichtlich böse und feindlich verhält:* jmdm. böswillig einen Schaden zufügen ▸ Böswilligkeit

Bo·ta·nik *die* <-> /kein Plur./ *Lehre von den Pflanzen* ▸ Botaniker, Botanikerin, botanisch

bo·ta·nisch *adj /nicht steig./ die Botanik betreffend:* ein botanisches Institut ◆ Großschreibung →R 3.17 der Botanische Garten in München; das Botanische Institut der Universität

bo·ta·ni·sie·ren <botanisierst, botanisierte, hat botanisiert> *mit OBJ/ohne OBJ* ■ *jmd. botanisiert (etw.) Pflanzen zu Studienzwecken sammeln*

Böt·chen *das* <-s, -s> (≈ Bötlein) *kleines Boot*

Bo·te *der*, **Bo·tin** <-n, -n> ❶ *jmd., der in jmds. Auftrag Nachrichten oder Dinge überbringt:* ein Dokument durch einen Boten zustellen lassen; einen Boten beauftragen/schicken; ein zuverlässiger Bote ◆-ndienst, -nlohn, Amts-, Büro-, Eil-, Gerichts-, Post-, Zeitungs- ❷ *(dichter.) Abgesandter, Verkünder:* Schwalben sind die Boten des Sommers. ◆ Friedens-, Frühlings-, Götter-, Todes-, Unglücks-

Bo·ten·gang *der* <-(e)s, Botengänge> *der Vorgang, dass jmd. in jmds. Auftrag eine Botschaft oder einen Gegenstand zu jmdm. transportiert*

bot·mä·ßig *adj /nicht steig./ (geh. o veralt.) gehorsam, untertan:* ein botmäßiges Verhalten

Bot·schaft *die* <-, -en> ❶ *eine (wichtige) Nachricht, die für jmdn. von Interesse ist:* eine geheime/willkommene Botschaft; eine Botschaft senden/übermitteln ◆ Freuden-, Neujahrs-, Schreckens-, Unglücks-, Weihnachts- ❷ *die diplomatische Vertretung eines Staates im Ausland, die von einem Botschafter geleitet wird* ◆-sflüchtlinge, -sgelände, -srat, -srätin, -ssekretär(in), -sviertel ❸ POL. *das Gebäude der Botschaft²:* eine Botschaft mit Polizei bewachen

Bot·schaf·ter *der*, **Bot·schaf·te·rin** <-s, -> POL. *ranghöchster diplomatischer Vertreter eines Staates im Ausland:* jmdn. zum Botschafter ernennen ◆-ebene, -konferenz, -posten

Bot·su·a·na *das* <-s> *Staat in Afrika* ▸ Bosuaner, Botsuanerin, botsuanisch

Bo·t·su·a·ner *der*, **Bo·t·su·a·ne·rin** <-s, -> *Einwohner Botsuanas*

Bo·ts·wa·na *das* <-s> SCHWEIZ. *siehe* **Botsuana**

Bo·ts·wa·ner *der*, **Bo·ts·wa·ne·rin** <-s, -> SCHWEIZ. *siehe* **Botsuaner**

Bött·cher, **Bött·che·rin** <-s, -> *(veralt.:* ≈ *Fassbinder, Küfer) ein Handwerker, der Fässer und andere große Gefäße aus Holz herstellt*

Bött·che·rei *die* <-, -en> ❶ /kein Plur./ (≈ Fassbinderei) *Gewerbe, Tätigkeit des Böttchers* ❷ (≈ Böttcherwerkstatt) *Werkstatt eines Böttchers*

Bot·tich *der* <-s, -e> *großes, wannenartiges Holzgefäß* ◆ Bier-, Brau-, Fisch-, Gär-, Holz-, Wasch-

Bot·tle-par·ty, *a.* **Bot·tle-Par·ty** *die* ['bɔtlpaːtɪ, 'bɔtəlpaːɐ̯ti] <-, -s> *eine Party, bei der jeder Gast eine Flasche eines (alkoholischen) Getränks mitbringen soll*

Bo·tu·lis·mus *der* <-> /kein Plur./ MED. *durch Bakterien verursachte Lebensmittelvergiftung, vor allem durch verdorbene Fleisch- und Wurstkonserven*

Bou·clé, *a.* **Bu·klee** *das* [bu'kle:] <-s, -s> *ungleichmäßiges, gekräuseltes Garn mit Knoten und Schlingen*

Bou·clé-wol·le *die* [bu'kle:...] <-> /kein Plur./ *ungleichmäßige Wolle mit Knoten und Schlingen*

Bou·doir *das* [bu'dǫaːɐ̯] <-s, -s> *(geh. o veralt.) elegantes Damenzimmer*

Bouil·la·baisse *die* [bujaˈbɛːs] <-, -s> KOCH. *eine französische Fischsuppe*

Bouil·lon *die* [bʊlˈjɔn, bʊlˈjõ:/buˈjõ:] <-, -s> KOCH. *(≈ Fleischbrühe)*

Boule *das/die* [buːl] <-(s)> /kein Plur./ *ein französisches Kugelspiel*

Bou·le·vard *der* [buləˈvaːɐ̯] <-s, -s> *breite Prachtstraße, die meist von Bäumen gesäumt ist* ◆-laden

Bou·le·vard·li·te·ra·tur *die* [buləˈvaːɐ̯...] <-, -en> *(abwert.) Unterhaltungsliteratur*

Bou·le·vard·pres·se *die* [buləˈvaːɐ̯...] <-> /kein Plur./ *Gesamtheit der auf Sensationen und Skandale ausgerichteten Presse*

Bou·le·vard·stück *das* [buləˈvaːɐ̯...] <-(e)s, -e> *publikumswirksames, leichtes, unterhaltsames Theaterstück*

Bou·le·vard·zei·tung *die* [buləˈvaːɐ̯...] <-, -en> *(≈ Boulevardblatt) sensationell aufgemachte Zeitung, die ihre Leser besonders mit Gesellschaftsklatsch unterhält*

Bou·quet [buˈkeː] *siehe* **Bukett**

Bour·bon *der* ['bəːbən] <-s, -s> *amerikanischer Whisky mit mildem Geschmack (nach Bourbon County in Kentucky, USA)*

bour·geois [bʊrˈʒǫa] *adj /nicht steig./ so, dass es bürgerliche Konventionen betrifft oder zu ihnen gehört:* bourgeoise Ansichten

Bour·geoi·sie *die* [bʊrʒǫaˈziː] <-> /kein Plur./ ❶ *(geh. o veralt.) wohlhabendes Bürgertum* ❷ GESCH. *herrschende Klasse im Kapitalismus* ❸ *selbstzufriedene bürgerliche Bevölkerung*

Bou·tique *die* [buˈtiːk, buˈtik] <-, -n> *kleiner Laden für Damenmode*

Bo·vist, **Bo·vist** *der* <-(e)s, -e> BOT. *siehe* **Bofist**

Bow·den·zug *der* ['baudn...] <-(e)s, Bowdenzüge> TECHN. *Kabel aus Draht zur Übertragung von Zugkräften, besonders an Kraftfahrzeugen*

Bow·le *die* ['boːlə] <-, -n> *Mischgetränk aus Wein, Sekt und Früchten:* für die Party eine Bowle ansetzen ◆-glas, Erdbeer-

bow·len ['boulən] <bowlst, bowlte, hat gebowlt> *mit OBJ/ohne OBJ* ■ *jmd. bowlt (mit jmdm.) Bowling spielen*

Bow·ling *das* ['boːlɪŋ] <-s> /kein Plur./ *amerikanische Art des Kegelspiels mit zehn Kegeln, die in einem gleichseitigen Dreieck angeordnet sind* ◆-bahn

Box *die* <-, -en> ❶ *einer der beiden Lautsprecher einer Stereoanlage:* die Boxen an den Verstärker anschließen ◆-enständer, Kompakt-, Lautsprecher-, Stand- ❷ *kastenförmiger Behälter* ◆ Brot-, Kosmetik- ❸ *Stallbereich eines Pferdes*

Box·calf *das siehe* **Boxkalf**

bo·xen <boxt, boxte, hat geboxt> I. *mit OBJ*

■ *jmd. boxt jmdn. (in etwas Akk.)* mit der Faust an eine bestimmte Stelle schlagen: Sie boxte mich in die Seite. **II.** *ohne OBJ* ■ *jmd. boxt mit jmdm.* SPORT *(nach festen Regeln)* den Faustkampf ausüben; ■ **jemand boxt sich durchs Leben** *(umg.)* jmd. kämpft im Leben rücksichtslos für sich allein

Bo·xer *der,* **Bo·xe·rin** <-s, -> ❶ SPORT *jmd., der das Boxen als Sport betreibt* ◆ Amateur-, Profi-, Schwergewichts- ❷ */nur im Maskulinum/* eine doggenartige Hunderasse mit breiter Nase

Bo·xer·auf·stand *der* <-(e)s> */kein Plur./* GESCH. 1900 in China ausgebrochene, vom Geheimbund der Boxer geführte Revolte, die sich gegen den Einfluss fremder Mächte richtete

Bo·xer·mo·tor *der* <-s, -en> TECHN. Verbrennungsmotor mit einander gegenüberliegenden Zylindern

Box·hand·schuh *der* <-(e)s, -e> SPORT beim Boxen II getragener gepolsterter Lederhandschuh

Box·kalf, Box·calf *das* ['bɔkskalf, 'bɔkskaːf] <-s> */kein Plur./* chromgegerbtes, feinnarbiges Kalbsleder

Box·kampf *der* <-(e)s, Boxkämpfe> SPORT ein Faustkampf, bei dem zwei Athleten auf einem bestimmten Kampfplatz, dem Ring, unter Aufsicht eines Ringrichters boxen II

Box·ver·ein *der* <-s, -e> Verein, dem Boxsportler angehören und in dem sie trainieren

Boy *der* [bɔy] <-s, -s> Hotelbediensteter in Livree

Boy·group *die* [bɔygruːp] <-, -s> aus attraktiven jungen Männern bestehende Popgruppe, die in ihrer Bühnenshow sehr stark tänzerische Elemente einbringt

Boy·kott *der* [bɔy'kɔt] <-(e)s, -s/-e> Weigerung, bestimmte Waren zu kaufen, weil man aus politischen oder wirtschaftlichen Gründen Druck auf das produzierende Land ausüben will: Man rief zum Boykott dieser Waren auf.; Diesem Land sollte man den Boykott erklären. ◆ -drohung, -erklärung, -maßnahmen

boy·kot·tie·ren [bɔykɔ'tiːrən] <boykottierst, boykottiert, hat boykottiert> *mit OBJ* ■ *jmd.* **boykottiert jmdn./etwas** aus Protest die Beziehungen zu jmdm. einstellen oder bestimmte Waren nicht mehr kaufen

BR *der* Abkürzung von „Bayerischer Rundfunk"

brab·beln <brabbelst, brabbelte, hat gebrabbelt> *mit OBJ* ■ *jmd.* **brabbelt etwas** *(umg. abwert.)* undeutlich vor sich hinreden: Er brabbelt etwas in seinen Bart.

Bra·che *die* <-, -n> (≈ Brachfeld)

Brach·feld *das* <-(e)s, -er> unbebauter, brach liegender Acker

Brach·flä·che *die* <-, -n> brach liegende, unbebaute Fläche

bra·chi·al *adj* /nicht steig./ (geh.) so, dass jmd. handgreiflich, roh oder gewalttätig ist: Er öffnete die Tür mit brachialer Gewalt.

Bra·chi·al·ge·walt *die* <-> */kein Plur./* (geh.) rohe Körperkraft: eine Tür mit Brachialgewalt öffnen

brach·lie·gen <liegt brach, lag brach, hat brachgelegen> *ohne OBJ* ■ *etwas liegt brach* nicht bebaut werden: Der Acker/das Feld liegt brach.

Brach·se *die* <-, -n> ZOOL. siehe **Brasse**

Brack·was·ser *das* <-s> */kein Plur./* ungenießbare Mischung von Süß- und Salzwasser, die besonders in Flussmündungen vorkommt ► brackig

B

Bra·dy·kar·die *die* <-, -n> (↔ Tachykardie) MED. langsamer Herzschlag

Brah·ma *der* <-> */kein Plur./* männliche Gottheit in den indischen Religionen, Personifizierung des Brahman

Brah·man *der* <-s> */kein Plur./* Weltseele; die absolute, göttliche Kraft in den indischen Religionen

Brah·ma·ne *der* <-n, -n> Angehöriger der obersten Kaste des Hinduismus

Braille·schrift *die* ['braː(ː)jə...] <-> */kein Plur./* international gebräuchliche Blindenschrift

Brain·drain, *a.* **Brain-Drain** *der* ['breɪndreɪn] <-s> */kein Plur./* Abwanderung von Wissenschaftlern u.a. hoch qualifizierten Arbeitskräften ins Ausland

Brain·stor·ming *das* ['breɪnstɔːmɪŋ] <-s> */kein Plur./* Methode der Problemlösung durch Sammeln spontaner Einfälle in einer Arbeitsgruppe

Bram *die* <-, -en> SEEW. zweitoberste Verlängerung des Mastes und deren Takelung bei Segelschiffen ◆ -segel

Bran·che *die* ['braː(ʃə] <-, -n> WIRTSCH. ❶ bestimmter Teilbereich der Wirtschaft: die Umsatzentwicklung einer Branche ◆ Elektro-, Lebensmittel-, Textil-, Wachstums-, Zukunfts- ❷ beruflicher Fachbereich, Berufszweig: Er hat in vielen Branchen Erfahrungen gesammelt. ◆ -nbeobachter(in), -nerfahrung

Bran·chen·buch *das* ['braː(ʃən...] <-(e)s, Branchenbücher> (≈ Branchenverzeichnis) Telefon- und Adressbuch, in dem alle Branchen und die zu ihnen gehörenden Firmen aufgezeichnet sind: eine Glaserei im Branchenbuch suchen

Bran·chen·füh·rer *der* ['braː(ʃən...] <-s, -> ❶ jmd., der Marktführer in einer Branche ist ❷ (≈ Branchenverzeichnis)

Bran·chen·kennt·nis *die* ['braː(ʃən...] <-, -se> Wissen, das jmd. über eine bestimmte Branche hat ► Branchenkenner, Branchenkennerin

Bran·chen·rie·se *der* ['braː(ʃən...] <-n, -n> besonders große und umsatzstarke Firma innerhalb einer Branche

bran·chen·üb·lich ['braː(ʃən...] *adj* /nicht steig./ in einer bestimmten Branche üblich

Bran·chen·ver·zeich·nis *das* ['braː(ʃən...] <-ses, -se> Verzeichnis der (nach Branchen geordneten) Adressen von Firmen und Geschäften: Die „Gelben Seiten" sind das wohl bekannteste Branchenverzeichnis.

Brand *der* <-(e)s, Brände> ❶ Feuer, das ein Gebäude erfasst hat und Schaden anrichtet: Ein Brand bricht aus/wird von der Feuerwehr gelöscht/ konnte gerade noch verhindert werden. ◆ -bekämpfung, -binde, -direktor(in), -gefahr, -katastrophe, -meister(in), -rodung, -salbe, -ursache, -wunde, Steppen-, Wald-, Zimmer- ❷ BOT. Pilzkrankheit bei Pflanzen ❸ (umg.) starker Durst nach übermäßigem Alkoholgenuss: Am Morgen nach der Party hatte er einen unglaublichen Brand.; ■ **etwas in Brand stecken** etwas anzün-

B

den, und dadurch ein (großes) Feuer entstehen lassen

brand- als Erstglied zusammengesetzter Adjektive, mit Betonung auf beiden Teilen; drückt aus, dass das mit dem Zweitglied Bezeichnete in außerordentlichem Maße gegeben ist ◆ -aktuell, -eilig, -gefährlich, -heiß, -neu

Brand·an·schlag der <-(e)s, Brandanschläge> Anschlag, bei dem Feuer gelegt wird

Brand·bla·se die <-, -n> durch Verbrennung hervorgerufene Schädigung der Haut, bei der sich Flüssigkeit im Gewebe sammelt

Brand·bom·be die <-, -n> Bombe, die mit einem leicht entzündlichen Stoff gefüllt ist: Beim Angriff auf die Stadt kamen Brandbomben zum Einsatz.

Brand·brief der <-(e)s, -e> (umg.) dringender Mahnbrief

Brand·ei·sen das <-s, -> stempelartiges Werkzeug zum Einbrennen von Brandzeichen, um z.B. die Rinder einer Farm zu kennzeichnen

bran·den <brandet, brandete, hat gebrandet> mit OBJ/ohne OBJ ■ etwas brandet (gegen etwas Akk.) verwendet, um auszudrücken, dass Meerwasser mit großer Kraft gegen das Ufer gespült wird und dabei aufspritzt und schäumt: Wellen branden gegen die Felsen.; Die See brandet stark.

Bran·den·burg das <-s> deutsches Bundesland ▶ Brandenburger, Brandenburgerin, brandenburgisch

Brand·fa·ckel die <-, -n> brennende Fackel, die einen Brand entfachen soll

brand·heiß adj /nicht steig./ /emotional verstärkend/ sehr neu und sehr aktuell: Der Journalist hat brandheiße Neuigkeiten.; siehe auch brand-

Brand·herd der <-(e)s, -e> Ausgangspunkt eines Brandes: Die Feuerwehr sucht noch immer den Brandherd.

bran·dig adj /nicht steig./ ❶ so, dass es brenzlich, leicht angebrannt schmeckt oder riecht ❷ BOT. so, dass eine Pflanze von einem Brand verursachenden Pilz befallen ist ❸ MED. so, dass es von Gewebebrand befallen ist: brandiges Gewebe

Bran·ding das ['brændɪŋ] <-s, -s> ❶ (↔ Piercing) das Einbrennen bestimmter Muster in die Haut ❷ WIRTSCH. die Entwicklung von Markennamen

Brand·kas·se die <-, -n> (umg.) kleinere Feuerversicherungsanstalt

Brand·le·gung die <-, -en> ÖSTERR. siehe Brandstiftung

Brand·mal das <-s, -e> ❶ GESCH. Zeichen, das als Schandmal Verbrechern in die Haut gebrannt wird ❷ Zeichen, das Zuchtvieh in die Haut gebrannt wird, um seine Zugehörigkeit zu einem bestimmten Besitzer identifizieren zu können

brand·mar·ken <brandmarkst, brandmarkte, hat gebrandmarkt> mit OBJ ■ jmd. brandmarkt jmdn./etwas (öffentlich) bloßstellen, scharf kritisieren: Er brandmarkte die unhaltbaren Zustände in der Gesellschaft. ▶ Brandmarkung

Brand·mau·er die <-, -n> Mauer, die verhindern soll, dass Feuer sich im Brandfall weiter auf andere Gebäude oder Gebäudeteile ausweitet

Brand·nar·be die <-, -n> Narbe, die von einer Brandwunde zurückgeblieben ist

Brand·satz der <-es, Brandsätze> leicht entzündliches chemisches Gemisch (als Füllung von Brandbomben)

Brand·schat·zung die <-, -en> (hist.) der Vorgang, dass man Bewohner eines Gebietes oder einer Stadt erpresst, bestimmte Geldsummen zu zahlen, indem man droht, Feuer zu legen und sie auszuplündern

Brand·schutz der <-es> /kein Plur./ Gesamtheit der Maßnahmen zur Verhütung und Bekämpfung von Bränden ◆ -fenster, -matte, -ordnung, -plan, -platten, -schaum, -technik, -tür, -verordnung

Brand·soh·le die <-, -n> innere, aus Leder bestehende Sohle des Schuhs

Brand·stif·ter der, **Brand·stif·te·rin** <-s, -> jmd., der vorsätzlich einen Brand legt oder fahrlässig verursacht hat: Die Polizei ermittelte den Brandstifter. ▶ Brandstiftung

Brand·stif·tung die <-, -en> das vorsätzliche oder fahrlässige Verursachen eines Brandes: Die Brandstiftung löste großen Schaden aus.

Bran·dung die <-> /kein Plur./ Wellen, die sich am Strand oder an der Küste brechen: Die Brandung hat den Felsen ausgehöhlt.; Die Brandung tost.

Bran·dungs·ero·si·on die <-> /kein Plur./ durch Brandung bewirkte Erosion an der Küste

Brand·wa·che die <-, -n> ❶ Überwachung einer Brandstelle nach Beendigung der Löscharbeiten ❷ Posten, der die Brandwache[1] übernimmt

Bran·dy der ['brɛndi] <-s, -s> englische Bezeichnung für Weinbrand

Brand·zei·chen das <-s, -> Zeichen, das mit einem Brandeisen auf das Fell von Zuchttieren aufgebracht ist, um zu kennzeichnen, wer der Eigentümer ist: Die Rinder erhielten alle ein Brandzeichen.

Brannt·wein der <-(e)s, -e> ein aus Wein hergestelltes starkes alkoholisches Getränk ◆ -brennerei, -monopol, -steuer

Brannt·wein·bren·ne·rei die <-, -en> ❶ ein Betrieb, der Branntwein herstellt ❷ /kein Plur./ das Brennen von Branntwein

Bra·si·li·en das <-s> Staat in Südamerika ▶ Brasilianer, Brasilianerin, brasilianisch

Bras·se die <-, -n> SEEW. Tau zum Stellen der Segel

Bras·se, Brach·se die <-, -n> ZOOL. eine Karpfenart

Brat·ap·fel der <-s, Bratäpfel> KOCH. im Backofen gegarter (und gewürzter)Apfel

Bra·ten der <-s, -> KOCH. ein größeres Stück Fleisch, das gebraten wurde oder zum Braten bestimmt ist: einen knusprigen Braten servieren; den Braten anschneiden; ■ den Braten riechen (umg.) eine Sache durchschauen ◆ -duft, -fett, -platte, -sauce/-soße, Enten-, Gänse-, Hasen-, Kalbs-, Rinder-, Sauer-, Schmor-, Schweine-

bra·ten <brätst, briet, gebraten> I. mit OBJ ■ jmd. brät etwas in heißem Fett in einer Pfanne garen: Der Koch brät den Fisch/das Schnitzel. II. ohne OBJ ■ etwas brät in heißem Fett in einer

B

Pfanne gegart werden: Die Schnitzel braten in der Pfanne.

Bra·ten·plat·te *die* <-, -n> *Platte zum Servieren eines Bratens*

Bra·ten·saft *der* <-(e)s, Bratensäfte> /Plur. selten/ KOCH. *Saft, der beim Braten aus dem Fleisch austritt*

Brä·ter *der* <-s, -> *eine ovale, größere Pfanne mit hohem Rand und Deckel, die man zum Braten und Schmoren benutzt:* die vorbereitete Gans in den Bräter legen

brat·fer·tig *adj /nicht steig./ so, dass es zum Braten fertig vorbereitet ist:* ein bratfertiger Sauerbraten

Brat·fett *das* <-(e)s, -e> *zum Braten geeignetes Fett*

Brat·hähn·chen *das* <-s, -> KOCH. *gebratenes Hähnchen*

Brat·hendl *das* <-s, -> KOCH. SÜDDT., ÖSTERR. *Brathähnchen*

Brat·he·ring *der* <-s, -e> KOCH. *in eine saure Marinade eingelegter gebratener Hering*

Brat·huhn *das* <-(e)s, Brathühner> KOCH. *gebratenes Huhn*

Brat·kar·tof·feln *die* <-> /nur Plur./ KOCH. *Gericht aus in Scheiben oder Würfel geschnittenen und in Fett gebratenen Kartoffeln*

Brat·ling *der* <-s, -e> KOCH. *gebratener Kloß aus Gemüse, Kartoffeln oder Hülsenfrüchten* ◆ Gemüse-, Grünkern-

Brat·ofen *der* <-s, Bratöfen> (≈ Backofen) *schließbarer Ofenraum zum Braten oder Backen*

Brat·pfan·ne *die* <-, -n> *Pfanne zum Braten:* eine beschichtete Bratpfanne

Brat·rost *der* <-(e)s, -e> (≈ Grill) *Rost, auf den Fleischstücke, Würste o. Ä. gelegt werden können, um sie dann über offenem Feuer zu braten*

Brat·sche *die* <-, -n> (≈ Viola) *Streichinstrument, das etwas größer als eine Violine und eine Quinte tiefer gestimmt ist*

Brat·spieß *der* <-es, -e> *Spieß zum Braten*

Brat·wurst *die* <-, Bratwürste> *gebratene oder zum Braten bestimmte Wurst, die überwiegend aus Schweinefleisch besteht*

Brauch *der* <-(e)s, Bräuche> *eine Gewohnheit oder Sitte, die sich innerhalb einer Gemeinschaft oder Kultur herausgebildet hat* ◆ Advents-, Fastnachts-, Hochzeits-, Oster-, Weihnachts-

---

Als **Brauch** bezeichnet man eine traditionelle Gewohnheit zu bestimmten Anlässen. Die Gesamtheit der Bräuche einer gesellschaftlichen Gruppe oder eines ganzen Volkes ist deren **Brauchtum**. Bräuche beziehen sich auf wiederkehrende Lebenssituationen (insbesondere Geburt und Tod), vor allem aber auf den Jahreslauf: nach Jahreszeiten (Neujahr, Frühling usw.), nach gesellschaftlichen Jubiläen (Feste, politische Verabschiedungen usw.), sowie auf das Kirchenjahr (Adventszeit, Weihnachten usw.). Dabei setzen die zuletzt genannten Bräuche des Kirchenjahres nicht voraus, dass man besonders religiös ist oder einer christlichen Gemeinschaft angehört: Wie alle Bräuche teilen auch diese mit den Riten das Merkmal der Wiederholung des Gewohnten („dasselbe noch einmal"); sie wirken verbindend und gesellschaftlich stabilisierend. Die gesellschaftsweit üblichen Bräuche sind nach Inhalt und Ablauf in keiner Satzung festgelegt. Ganz anders ist dies bei Bräuchen von Berufsständen, Vereinen usw. So haben Schützenvereine und Karnevalsvereine Satzungen, in denen die Pflege des entsprechenden Brauchtums genau festgelegt ist. Der Karneval z. B. mit seinem Brauchtum ist vor allem in südlichen und westlichen Regionen Deutschlands verbreitet; andere Bezeichnungen sind dafür Fasching sowie (besonders in Süddeutschland) Fasnacht bzw. *Fastnacht*. In Deutschland werden folgende Feste und Bräuche allgemein gefeiert: Der Advent beginnt vier Sonntage vor dem „Heiligen Abend", auf den die Adventszeit einstimmen soll. Gebräuchlich sind Adventskränze, wobei an jedem der vier Sonntage eine weitere Kerze angezündet wird. Der Nikolaustag am 6. Dezember geht auf eine legendäre Gestalt des Christentums zurück. In der Nikolausnacht stellen die Kinder ihre Schuhe vor die Türe, die am nächsten Morgen mit Schokolade und Geschenken gefüllt sind. Weihnachten ist das bedeutendste Familienfest in Deutschland. Es beginnt am Abend des 24. Dezembers („Heiliger Abend": die Geburt Jesu Christi) und schließt die beiden Weihnachtsfeiertage (25. und 26. Dezember) mit ein. Am feierlich begangenen Heiligen Abend werden Weihnachtslieder gesungen und es werden Geschenke verteilt. Im Mittelpunkt steht ein Weihnachtsbaum; es ist dies ein Brauch, der in der ganzen Welt Verbreitung gefunden hat. An den Weihnachtsfeiertagen wird etwas Besonderes gekocht: Ein traditionelles Weihnachtsgericht ist die gebratene Gans (Weihnachtsgans), wie in Amerika der Truthahn. Am Silvesterabend (31. Dezember) wird um Mitternacht ein Feuerwerk gezündet und man wünscht einander ein „gutes neues Jahr". Ostern schließlich ist neben Weihnachten ein sehr wichtiges christliches Fest; es soll an den Tod und die Auferstehung Christi erinnern. Viele Osterbräuche stammen bereits aus vorchristlicher Zeit (so das Osterfeuer). Weithin üblich ist, dass Kinder bemalte Eier und Süßigkeiten erhalten, die vom Osterhasen im Freien versteckt worden sind; dazu gibt es Ostergebäck in verschiedener Form (z. B. als Lamm).

---

brauch·bar *adj* ❶ (↔ unbrauchbar) *so, dass etwas für etwas (noch) benutzt werden kann oder tauglich ist:* Das alte Fahrrad ist durchaus noch brauchbar. ❷ *nützlich, geeignet:* brauchbare Ideen/Vorschläge ❸ (≈ passabel) *relativ gut:* Seine Arbeit ist nicht hervorragend, aber immerhin brauchbar.

Brauch·bar·keit *die* <-> /kein Plur./ *von brauch-*

B

barer Beschaffenheit: ein Gerät auf seine Brauchbarkeit prüfen

brau·chen <brauchst, brauchte, hat gebraucht> *mit OBJ* ❶ ▪ *jmd. braucht etwas (zu etwas Dat.)* (≈ *benötigen*) *als Werkzeug benötigen:* Zum Malen braucht man Pinsel und Farben. ❷ ▪ *jmd. braucht jmdn. (für etwas Akk.) jmd. ist auf jmdn. angewiesen:* Für die Ausführung dieser Arbeit brauche ich fünf Leute. ❸ ▪ *jmd. kann etwas brauchen Verwendung haben:* Kannst du Äpfel brauchen? Wir haben besonders viele im Garten. ❹ ▪ *jmd. braucht etwas (für etwas Akk.) in etwas investieren:* Sie braucht ihre ganze Kraft für diese Arbeit.; Er braucht viel Geld für sein Hobby. ❺ ▪ *jmd. braucht nicht plus Inf. tun müssen:* Er braucht nicht mehr zu kommen.; Es ist Sonntag, ich brauche heute nicht zu arbeiten.

Brauch·tum *das* <-s, Brauchtümer> /*meist Sing.*/ *Gesamtheit der Bräuche, die im Laufe der Zeit entstanden sind:* das alte Brauchtum pflegen ◆-sforschung

Brauch·was·ser *das* <-s> /*kein Plur.*/ (↔ *Trinkwasser*) *Wasser, das schon einmal für etwas gebraucht worden ist und das man weiter verwenden kann (vor allem in der Industrie)*

Braue *die* <-, -n> *einer der beiden Bogen über den Augen, die aus feinen Haaren bestehen;* ▪ *die Brauen hochziehen seinem Erstaunen Ausdruck verleihen* ◆ Augen-

brau·en <braust, braute, hat gebraut> *mit OBJ* ▪ *jmd. braut etwas Bier herstellen*

Brau·en·bürst·chen *das* <-s, -> *kleine Bürste zur kosmetischen Pflege der Augenbrauen*

Brau·e·rei *die* <-, -en> *Unternehmen, das Bier braut*

braun *adj* ❶ *von der Farbe, die wie feuchte Erde aussieht:* Sie hat braune Augen.; das braune Fell des Bären ◆ dunkel-, hell-, kaffee-, rot- ❷ *(umg.) so, dass durch längeren Aufenthalt im Freien jmds. Haut von der Sonnenstrahlung einen dunkleren Farbton angenommen hat:* ganz braun aus dem Urlaub kommen ◆-gebrannt

Braun·bär *der* <-en, -en> *(in Nordamerika und und in Teilen Europas vorkommender) Bär mit braunem Fell*

Bräu·ne *die* <-> /*kein Plur.*/ *die braune Hautfarbe, die jmd. hat, weil er lange in der Sonne war* ◆ Sonnen-, Solarium-

Brau·nel·le¹ *die* <-, -n> ZOOL. *ein Singvogel, der ein grün-braunes Gefieder hat und dem Finken ähnlich ist*

Brau·nel·le² *die* <-, -n> BOT. *eine Wiesenblume mit blauvioletten Blüten*

bräu·nen <bräunst, bräunte, hat/ist gebräunt> I. *mit OBJ (haben)* ▪ *jmd. bräunt etwas* KOCH. *etwas in zerlassener Butter kurz und mit geringer Hitze anbraten, damit es eine braune Färbung bekommt:* Sie bräunt die Zwiebeln in der Pfanne. II. *mit SICH* ▪ *jmd. bräunt sich (≈ sich sonnen) die Sonne auf den Körper scheinen lassen, damit die Haut braun wird:* Sie bräunt sich in der Sonne. III. *ohne OBJ (sein)* ▪ *etwas bräunt* KOCH. *braun werden:* Der Braten ist schon gebräunt.

Braun·koh·le *die* <-> /*kein Plur.*/ (↔ *Steinkohle*)

Kohle von brauner bis schwarzer Farbe, die in langen geologischen Zeiträumen aus abgestorbenen Wäldern entstanden ist: Braunkohle im Tagebau abbauen ◆-nabbau, -nrevier

Braun·koh·le·ver·stro·mung *die* <-> /*kein Plur.*/ *Erzeugung von elektrischem Strom aus Braunkohle*

bräun·lich *adj* /*nicht steig.*/ *sich im Farbton dem Braun nähernd, ins Braune spielend:* eine bräunliche Jacke

Bräu·nungs·lo·ti·on *die* <-, -en> *flüssige Creme, die vor dem Sonnenbad auf die Haut aufgetragen wird*

Bräu·nungs·mit·tel *das* <-s, -> (≈ *Selbstbräuner*) *Substanz, die auf die Haut aufgetragen wird und eine Bräunung der Haut bewirkt*

Braus ▪ *in Saus und Braus leben sorglos und ohne materielle Einschränkungen leben*

Brau·se *die* <-, -n> *(veralt.)* ❶ (≈ *Dusche*) ❷ *stark sprudelnde Limonade* ◆-tablette

Brau·se·kopf *der* <-(e)s, Brauseköpfe> (≈ *Duschkopf*) *der Teil einer Dusche, aus dem das Wasser in vielen dünnen Strahlen austritt:* einen neuen Brausekopf an die Dusche montieren

Brau·se·li·mo·na·de *die* <-, -n> (≈ *Brause*) *mit Kohlensäure versetzte, prickelnde und schäumende Limonade*

brau·sen <braust, brauste, hat gebraust> *ohne OBJ/mit OBJ* ❶ ▪ *etwas braust um/über etwas Akk. das Geräusch von starkem Wind machen:* Der Sturm braust um die Häuser/über die Felder. ❷ (≈ *rasen*) *schnell fahren:* Er braust über die Autobahn. ❸ ▪ *jmd. braust sich jmd. duscht sich*

brau·send *adj* /*nicht steig.*/ *so, dass es sich wie das Geräusch von starkem Wind anhört:* das brausende Geräusch des Sturmes

Brau·se·ta·b·let·te *die* <-, -n> *ein in Tablettenform gepresster Stoff, der nach Zugabe von Wasser ein sprudelndes Getränk ergibt:* eine Brausetablette in einem Glas Wasser auflösen

Braut *die* <-, Bräute> ❶ *eine Frau in den Wochen vor der Hochzeit:* Er stellte seine Braut den Verwandten vor. ❷ *eine Frau an ihrem Hochzeitstag:* Das Foto zeigt Braut und Bräutigam vor der Kirche. ◆-eltern, -kranz, -mutter, -preis, -schmuck, -strauß, -vater, -wagen

Bräu·ti·gam *der* <-s, -e> ❶ *ein Mann in den Wochen vor der Hochzeit:* Sie stellte ihren Bräutigam ihren Eltern vor. ❷ *ein Mann am Tag seiner Hochzeit:* Der Bräutigam sucht nach den Ringen.

Braut·jung·fer *die* <-, -n> (≈ *Brautführerin*) *meist unverheiratete Freundin oder Verwandte der Braut, die diese zur Trauung in die Kirche begleitet*

Braut·kleid *das* <-(e)s, -er> *das (weiße) Kleid, das die Braut am Tag der Hochzeit trägt:* Die Braut trug ein langes Brautkleid aus weißer Spitze.

Braut·paar *das* <-(e)s, -e> ❶ *ein Paar, das verlobt ist und bald heiraten will* ❷ *Braut und Bräutigam am Hochzeitstag:* Das Brautpaar tauscht die Ringe.

Braut·preis *der* <-es, -e> *der Preis, den (in bestimmten Kulturen) der Bräutigam den Eltern der Braut nach alter Tradition zahlen muss*

Braut·schlei·er *der* <-s, -> *der Schleier, den eine (traditionell gekleidete) Braut am Hochzeitstag trägt*

brav *adj* ❶ *(≈ artig) so, dass ein Kind Erwachsenen gegenüber gehorsam ist: ein braves Kind; Sei ein braver Junge!* ❷ *(abwert.: ≈ bieder) so, dass es zu schlicht und nicht besonders attraktiv ist: Das Kleid wirkt viel zu brav.*

bra·vis·si·mo *interj Sehr gut! Ausgezeichnet!*

bra·vo *interj verwendet, um auszudrücken, dass man etwas gut findet: Bravo, das war genau die richtige Antwort!* ◆ Klein- oder Großschreibung →R 4.5 bravo/Bravo rufen

Bra·vo *das* <-s, -s> *Bravoruf, Beifallsruf: Diese ausgezeichnete Leistung hat ein Bravo verdient.; Bravo rufen.*

Bra·vour, *a.* **Bra·vur** [bra'vuːɐ̯] <-> */kein Plur./ großes Geschick, Meisterschaft: Sie löste ihre Aufgabe mit Bravour.; Er hat das Examen mit Bravour bestanden.*

BRD *die Abkürzung von „Bundesrepublik Deutschland"*

Break *der/das* [breɪk] <-s, -s> ❶ SPORT *Gewinn eines Tennisspiels bei gegnerischem Aufschlag* ❷ MUS. *Gesangs- oder Instrumentalsolo, das im Jazz das Spiel der anderen Musiker mit einem scharf entgegengesetzten Rhythmus unterbricht*

Break·dance *der* ['breɪkdaːns, 'breɪkdæns] <-> */kein Plur./ moderner Tanzstil mit Bewegungselementen, die an die abgehackten Bewegungsabläufe von Robotern erinnern*

Brech·durch·fall *der* <-(e)s> */kein Plur./* MED. *Erkrankung mit gleichzeitigem Erbrechen und Durchfall*

Brech·ei·sen *das* <-s, -> *eine massive Eisenstange, mit der man Türen aufbrechen kann*

bre·chen <brichst, brach, hat/ist gebrochen> **I.** *mit OBJ (haben)* ❶ ■ *jmd. bricht etwas (von etwas Dat.) durch Anwendung von Kraft bewirken, dass ein fester Gegenstand in zwei oder mehrere Teile zerlegt wird: Er hat den Ast vom Baum gebrochen.* ❷ ■ *jmd. bricht sich etwas jmd. zieht sich einen Knochenbruch zu: Er hat sich das Bein gebrochen.* ❸ ■ *jmd. bricht etwas (geh.) ein Versprechen oder einen Vertrag nicht einhalten: Sie hat ihr Versprechen gebrochen.* ❹ ■ *etwas bricht jmdn. den Widerstand von jmdm. überwinden: Die Torturen haben seinen Willen gebrochen.* ❺ ■ *etwas bricht jmdn. ein Ereignis ist für jmdn. so schrecklich, dass er daran zerbricht: Das Schicksal hat ihn gebrochen.* ❻ ■ *jmd. bricht etwas eine Grenze überschreiten: Diese Rudermannschaft hat alle bisherigen Rekorde gebrochen.* **II.** *ohne OBJ* ❶ ■ *jmd. bricht erbrechen: Er hatte sich den Magen verdorben und musste den ganzen Tag brechen.* ❷ ■ *jmd. bricht mit jmdm./etwas sich im Streit trennen: Sie hat schon vor Jahren mit ihm gebrochen.* ❸ ■ *etwas bricht (sein) unter dem Einfluss einer Kraft (als fester Gegenstand) in zwei oder mehrere Teile zerlegt werden: Der Stab ist gebrochen.; Das Eis ist gebrochen.* **III.** *mit SICH* ■ *etwas bricht sich (an/in etwas Dat.) abprallen, abgelenkt werden: Die Wellen brechen sich an den Felsen.; Das Licht bricht sich im Tautrop-*

fen.; ■ **Streit vom Zaun brechen** *plötzlich Streit anfangen*

Bre·cher *der* <-s, -> *sehr hohe Meereswelle*

Brech·mit·tel *das* <-s, -> *Mittel, das bewirkt, dass man erbrechen muss*

Brech·reiz *der* <-es, -e> *der Reiz, sich erbrechen zu müssen*

Bre·chung *die* <-, -en> PHYS. *Änderung der Richtung von Licht- und Schallwellen, wenn sie in ein anderes Medium eintreten* ◆ -sgesetz, -skoeffizient, -swinkel

Bre·chungs·win·kel *der* <-s, -> PHYS. *Winkel, in dem die Brechung von Licht- und Schallwellen erfolgt*

Bre·douil·le *die* [bre'dʊljə] <-> */kein Plur./ (umg.) eine unangenehme Lage, in die jmd. geraten ist: Durch den Ausfall der Zahlungen bin ich jetzt ganz schön in der Bredouille.*

Brei *der* <-(e)s, -e> ❶ *eine zähflüssige Substanz: Der Klebstoff ähnelt einem dickflüssigen Brei.* ❷ *eine dickflüssige Speise aus Hafer, Gries oder Gemüse: Das Baby bekommt seinen Brei;* ■ **um den heißen Brei herumreden** *(umg.) es nicht wagen, eine Sache direkt anzusprechen* ◆ Gries-, Milch-, Reis-

brei·ig *adj /nicht steig./ so zähflüssig wie Brei: Die Soße ist zu breiig geworden.*

Breis·gau *das* <-s> *Landschaft am Oberrhein*

breit *adj* ❶ */in Verbindung mit Maßangaben/ die genannte Breite aufweisend: Der Fluss ist an dieser Stelle fünfzig Meter breit.* ❷ *(↔ hoch, tief) in horizontaler Ebene und aus der Sicht des Betrachters von links nach rechts ausgedehnt: ein breiter Kleiderschrank; Der Schrank ist achtzig Zentimeter breit, aber nur vierzig Zentimeter tief.* ❸ *(↔ schmal) von einer relativ großen Breite: Er hat breite Schultern.;* ■ **die breite Masse** *die Mehrheit der Bevölkerung;* ■ **ein breites Echo finden** *auf großes Interesse bei vielen Menschen stoßen* ◆ Großschreibung →R 3.7 des Breiter(e)n darlegen; des Langen und Breiten

Breit·band·an·ti·bio·ti·kum *das* <-s, Breitbandantibiotika> MED. *(≈ Breitspektrumantibiotikum) Antibiotikum, das gegen eine Vielzahl verschiedener Erreger wirksam ist*

Breit·band·ka·bel *das* <-s, -> TECHN. *Spezialkabel zur Übertragung von Frequenzen mit großer Bandbreite*

breit·bei·nig *adj /nicht steig./ mit gespreizten, weit auseinandergestellten Beinen*

Brei·te *die* <-, -n> ❶ *(↔ Höhe, Tiefe) die (aus der Sicht des Betrachters von links nach rechts reichende) horizontale Erstreckung von etwas: die Breite des Flusses/des Hauses/der Straße* ◆ Schrank-, Zimmer- ❷ GEOGR. *(↔ Länge) die Entfernung eines Punktes der Erdoberfläche vom Äquator*

Brei·ten·grad *der* <-(e)s, -e> GEOGR. *Gebiet, das von bestimmten Breiten[2] begrenzt wird: Jede Hemisphäre der Erde hat 90 Breitengrade.; Berlin liegt zwischen dem 52. und 53. Breitengrad.*

breit·ge·fä·chert, *a.* **breit ge·fä·chert** *adj /nicht steig./ so, dass es vielfältig ist und eine große Auswahl bietet* ◆ Zusammenschreibung →R 4.15

B

eine breitgefächerte/breit gefächerte Ausbildung; ein breitgefächertes/breit gefächertes Sortiment

breit·ge·streift, *a.* **breit ge·streift** *adj /nicht steig./ mit breiten Streifen:* eine breitgestreifte Kravatte

breit·ma·chen <machst breit, machte breit, hat breitgemacht> *mit SICH* ■ *jmd./etwas macht sich breit sich ausbreiten* ◆ Zusammenschreibung →R 4.5, 4.6 Die schlechte Stimmung machte sich unter den Mitgliedern breit.; Er machte sich ungeniert auf dem Sofa breit.

breit·schla·gen <schlägst breit, schlug breit, hat breitgeschlagen> *mit OBJ* ■ *jmd. schlägt jmdn. breit (etwas zu tun)* (umg.) jmdn. überreden ◆ Zusammenschreibung →R 4.6 Ich hoffe, sie lässt sich noch breitschlagen und hält die Festrede.

breit·schul·te·rig, **breit·schult·rig** *adj /nicht steig./ so, dass jmds. Schultern breit und kräftig sind:* ein breitschultriger Mann

Breit·schwanz *der* <-es> */kein Plur./ Persianerpelz vom Fell junger Karakulschafe*

Breit·sei·te *die* <-, -n> ❶ (↔ Längsseite) die breitere Seite von etwas ❷ MILIT. *das Abfeuern aller Geschütze auf der Längsseite eines Kriegsschiffes*

Breit·wand·film *der* <-(e)s, -e> *Film mit einem breiteren Format als bei Normalfilmen üblich*

Breit·wand·for·mat *das* <-(e)s, -e> *Format (eines Films), das zur Projektion auf eine Breitwand geeignet ist*

Bre·men <-s> *Stadt und deutsches Bundesland* ▶ Bremer, Bremerin

Brems- KFZ *als Erstglied zusammengesetzter Substantive; drückt aus, dass sich das mit dem Zweitglied Bezeichnete auf Vorgänge und Funktionsweisen der Bremsen insbesondere von Kraftfahrzeugen bezieht* ◆ -anlage, -beschleunigung, -geräusch, -geschwindigkeit, -gleichrichter, -kraft, -kraftverstärker, -leistung, -leuchte, -licht, -manschetten, -moment, -nockenwelle, -pedal, -sattel, -schopper, -seil, -simulator, -spur, -ventil, -verstärker, -verzögerung, -vorgang, -widerstand

Brems·as·sis·tent *der* <-en, -en> KFZ *techn. Hilfe beim Bremsen in Kraftfahrzeugen*

Brems·ba·cke *die* <-, -n> KFZ *der Teil einer Felgenbremse, der beim Bremsen an die Felge gepresst wird*

Brems·be·lag *der* <-(e)s, Bremsbeläge> KFZ *Gummibelag der Bremsbacke*

Brem·se *die* <-, -n> ❶ ZOOL. *großes, grauschwarzes bis braungelbes Insekt, das zu den Stechfliegen gehört* ❷ TECHN. *mechanische Vorrichtung zum Anhalten eines Fahrzeugs bzw. zum Verringern der Geschwindigkeit:* Die Bremsen quietschten, als er plötzlich halten musste. ◆ Felgen-, Fuß-, Hand-, Not-, Rücktritt-, Scheiben-

brem·sen <bremst, bremste, hat gebremst> **I.** *mit OBJ* ■ *jmd. bremst etwas* ❶ *die Bremse betätigen und so etwas verlangsamen oder zum Stillstand bringen:* Der Lokführer bremste den Zug.; Er bremste den Wagen gerade noch vor der roten Ampel. ❷ ■ *jmd./etwas bremst jmdn./etwas* (übertr.) *eine Entwicklung verlangsamen:* Man kann ihn in seinem Eifer kaum bremsen.; Wenn sie ins Erzählen kommt, ist sie nicht mehr

zu bremsen. **II.** *ohne OBJ* ■ *jmd./etwas bremst zum Halten kommen:* Der Zug bremste plötzlich.; Der Faher hat zu spät gebremst.

Brems·flüs·sig·keit *die* <-, -en> KFZ *Flüssigkeit in hydraulischen Bremsanlagen:* die Bremsflüssigkeit kontrollieren

Brems·klotz *der* <-es, Bremsklötze> *ein Klotz, den man unter die Räder eines Fahrzeugs legt, um zu verhindern, dass es wegrollt*

Brems·pro·be *die* <-, -n> *das probeweise Betätigen der Bremse, um so ihre Funktionstüchtigkeit zu überprüfen*

Brems·ra·ke·te *die* <-, -n> *Rakete, die entgegen der Bewegungsrichtung eines Raumfahrzeugs abgefeuert wird, um eine Bremswirkung zu erzielen*

Brems·schei·be *die* <-, -n> KFZ *Teil einer Scheibenbremse*

Brems·schlauch *der* <-(e)s, Bremsschläuche> KFZ *Schlauch, in dem sich die Bremsflüssigkeit befindet*

Brems·trom·mel *die* <-, -n> KFZ *zylindrischer Körper, gegen den beim Bremsen die Bremsbacken gepresst werden*

Brems·zy·lin·der *der* <-s, -> KFZ *Zylinder, der den hydraulischen oder pneumatischen Druck in Bremsdruck umwandelt*

brenn·bar *adj /nicht steig./ so, dass ein Material in Brand geraten kann:* ein schwer brennbares Material

Brenn·dau·er *die* <-> */kein Plur./ die Zeitdauer, während der eine elektrische Lampe brennt, bevor sie funktionsuntüchtig wird:* eine Energiesparlampe mit einer sehr langen Brenndauer

Brenn·ele·ment *das* <-(e)s, -e> PHYS. *Teil einer Reaktoranlage, in dem sich Kernspaltungsprozesse vollziehen*

bren·nen <brennst, brannte, hat gebrannt> **I.** *mit OBJ* ❶ ■ *jmd. brennt etwas (aus etwas Dat.) aus einem Rohstoff durch Hitzeeinwirkung ein Produkt entstehen lassen:* Ziegeln aus Lehm brennen; In dieser Gegend brennen sich viele Leute ihren Schnaps selbst. ❷ ■ *jmd. brennt etwas (auf etwas Akk.)* EDV *Daten auf eine CD-ROM aufbringen:* die Daten auf eine CD brennen ❸ ■ *jmd. brennt etwas (in etwas Akk.) durch Feuer oder Glut ein Loch in etwas entstehen lassen:* Er brannte mit seiner Zigarette ein Loch in seinen Anzug. **II.** *ohne OBJ* ❶ ■ *etwas brennt Flammen oder Glut erzeugen und sich dabei verbrauchen:* Die Zigarette brennt.; Das trockene Holz brennt gut. ❷ ■ *etwas brennt in Brand stehen:* Die Holzhütte brennt. ❸ ■ *etwas brennt vor Überanstrengung schmerzen:* Die Augen/die Füße brennen. ❹ ■ *etwas brennt in den Augen die Augen stark reizen:* Der Qualm brennt in den Augen. ❺ ■ *jmd. brennt auf etwas Akk. ein sehr starkes Verlangen nach etwas empfinden:* Ich brenne auf ein Wiedersehen mit ihr. ❻ ■ *etwas brennt ein Leuchtkörper erzeugt Helligkeit:* Die Lampe/die Kerze brennt. ❼ ■ *jmd. brennt vor etwas Dat. sehr erregt sein:* Er brennt immer vor Ungeduld, wenn die Ferien bevorstehen.

bren·nend *adj /nicht steig./* ❶ (umg.: ≈ sehr) an der Aufklärung des Unfalls brennend interessiert

B

sein **②** (≈ *stark*) *in sehr hohem Maße:* brennendes Verlangen; brennend an etwas interessiert sein

Bren·ner[1] *der* <-s> /kein Plur./ *Gebirgspass in Österreich*

Bren·ner[2] *der* <-s, -> *Gerät mit offener Flamme zum schnellen und starken Erhitzen von etwas* ◆ Gas-

Bren·ne·rei *die* <-, -en> **①** /kein Plur./ *die Herstellung von Branntwein* **②** *Betrieb, der Branntwein herstellt* ◆ Schnaps- **③** (≈ *Kaffeerösterei*) ◆ Kaffee-

Brenn·glas *das* <-es, Brenngläser> (≈ *Konvexlinse*) *speziell geschliffene Glaslinse*

Brenn·holz *das* <-es> /kein Plur./ *zum Heizen dienendes trockenes Holz:* Brennholz für den Kamin sammeln

Brenn·ma·te·ri·al *das* <-s, -ien> *zum Heizen in einem Kamin geeignetes Material:* für den Winter einen Vorrat an Brennmaterial anlegen

Brenn·nes·sel *die* <-, -n> BOT. *eine Pflanze, deren Blättern bei Berührung ein brennendes Gefühl auf der Haut erzeugen*

Brenn·punkt *der* <-(e)s, -e> **①** PHYS. (≈ *Fokus*) *der Punkt, in dem sich die Strahlen brechen, die in eine Linse einfallen:* den Brennpunkt einer Linse bestimmen **②** MATH. *ein Punkt, von dem Kegelschnitte konstruiert werden* **③** CHEM. (≈ *Flammpunkt*) *die Temperatur, bei der sich ein Stoff entzündet und weiterbrennt* **④** (übertr.: ≈ *Blickpunkt, Mittelpunkt*) *zentraler Punkt oder Stelle, auf die die allgemeine Aufmerksamkeit gerichtet ist:* Dieses Problem steht im Brennpunkt des Interesses.

Brenn·raum *der* <-(e)s, Brennräume> TECHN. *Raum, in dem etwas brennt oder gebrannt wird*

Brenn·spie·gel *der* <-s, -> PHYS. *Hohlspiegel, in dessen Brennpunkt eingefallene Sonnenstrahlen eine so starke Temperatur erzeugen, dass man daran etwas entzünden kann*

Brenn·spi·ri·tus *der* <-> /kein Plur./ *ungenießbar gemachter Spiritus, der für technische Zwecke oder im Haushalt verwendet wird*

Brenn·stab *der* <-(e)s, Brennstäbe> PHYS. *Einzelteil eines Brennelements, das in einen Kernreaktor eingebracht wird*

Brenn·stoff *der* <-(e)s, -e> *leicht entzündlicher Stoff, mit dem Wärme erzeugt wird:* fossile Brennstoffe

Brenn·stoff·zel·le *die* <-, -n> PHYS. *ein technisches Gerät, das aus Wasserstoff und (dem in der Luft enthaltenen) Sauerstoff Wasser erzeugt, wobei bei diesem Prozess nutzbare elektrische Energie frei wird* ◆ -nauto

Brenn·wei·te *die* <-, -n> FOTOGR. *Entfernung zwischen Objektiv und Film:* die Brennweite einstellen

brenz·lig *adj* (umg.: ≈ *gefährlich*) *Wenn das Wasser weiter steigt, wird unsere Lage langsam brenzlig.*

Bre·sche ■ **für jemanden in die Bresche springen** (umg.) *jmdm. helfen, indem man an seiner Stelle etwas tut;* ■ **für jmdn. eine Bresche schlagen** (umg.) *sich für jmdn. einsetzen*

Bres·lau <-s> *Stadt an der Oder*

Bre·ta·g·ne *die* [brə'tanjə, bre'tanjə] <-> *französische Halbinsel* ▶ Bretone, Bretonin, bretonisch, Bretonisch

Brett *das* <-(e)s, -er> **①** *ein langes, flaches Stück Holz:* aus Brettern einen Verschlag zimmern ◆ -erboden, -erdach, -erschuppen, -erwand, -erzaun, Bücher-, Sitz- **②** (≈ *Spielbrett*) *die Holzplatte, auf der man bei Brettspielen die Figuren bewegt;* ■ **ein Brett vor dem Kopf haben** (umg.) *etwas nicht sofort verstehen;* ■ **schwarzes/Schwarzes Brett** *Tafel in einem öffentlichen Gebäude, an dem Mitteilungen ausgehängt sind* eine Anzeige ans schwarze/Schwarze Brett hängen

Bret·ter·bu·de *die* <-, -n> (abwert.) *aus Brettern gezimmerte (einfache) Hütte*

Brett·spiel *das* <-(e)s, -e> *eines der Spiele, bei denen die Spieler Figuren über ein Brett*[2] *bewegen*

Bret·zel siehe **Brezel**

Bre·vet *das* [bre've:] <-s, -s> SCHWEIZ. *Prüfungsausweis für Flieger, Bergführer, Skilehrer, Rettungsschwimmer o. Ä.; Ernennungsurkunde für Offiziere*

Bre·vier *das* <-s, -e> **①** REL. *Gebetbuch mit Stundengebeten* **②** *Sammlung mit einzelnen Textstellen eines Dichters:* ein Goethe-Brevier

Bre·zel, *a.* **Brēt·zel** *die* <-, -n> *ein Gebäck, das wie eine Acht geformt und mit groben Salzkörnern bestreut ist* ◆ Laugen-, Salz-, Zucker-

Bre·zen *die* <-, -> SÜDDT., ÖSTERR. (≈ *Brezel*)

Bridge *das* [brɪtʃ] <-> /kein Plur./ *englisches Kartenspiel für vier Spieler*

Brief *der* <-(e)s, -e> *ein Text, der auf ein Blatt Papier geschrieben ist, sich an eine bestimmte Person richtet und per Post transportiert wird:* einen geschäftlichen/privaten Brief schreiben; den Brief in den Umschlag stecken/zur Post bringen/in den Briefkasten einwerfen; ■ **jemandem Brief und Siegel auf etwas geben** (geh.) *jmdm. etwas fest versprechen* ◆ -karte, -kuvert, -papier, -porto, -post, -schreiber(in), -telegramm, -träger(in), Abschieds-, Dankes-, Express-, Geschäfts-, Liebes-

Ein **Brief** besteht der Gestaltung nach aus mehreren Textteilen (Einzelheiten dazu finden sich in der DIN-Norm 5008): Briefkopf mit Absenderangabe und Datumsangabe, Betreffzeile, Anrede und Schlussformel (Grußzeile). Die Absenderangabe erfolgt in der Reihenfolge der Anschrift. Die Angabe zur Adresse gestaltet man als Textteil nach dem Brief ebenso wie auf dem Briefumschlag folgendermaßen: Anrede, Name, Nennung des Berufs bzw. Titels (oder Firma und Ansprechpartner) hintereinander, und zwar auf gesonderter Zeile nach dem Anredeteil „Herrn" bzw. „Frau" bzw. „An das" bei Behörden : „Herrn Walter Schmidt" bzw. „Herrn Rechtsanwalt Dr. Walter Schmidt", oder auch „An das Finanzamt Mitte", und darunter „Zu Hd. Herrn Peter Müller". Die Abkürzung „zu Hd." bedeutet dabei: „zu Händen von ". Es gilt folgende Regel: Steht der Personenname (mit oder ohne „zu Hd.") nach der Firmenadresse, so darf das betref-

B

fende Schreiben von einem anderen als dem genannten Firmenangehörigen geöffnet werden; steht der Name jedoch vor der Firmenangabe, so ist das Schreiben ausschließlich an diese Person adressiert. Bei der Datumsangabe sind folgende Variationen gebräuchlich: „Hamburg, den 30. November 2010", „Hamburg, am 30.11.10", „Hamburg, 30.11.10", „Hamburg, (den) 30.11.2010", „Hamburg, im November 2010" (wenn es nicht auf eine bestimmte Datumsbezeichnung ankommt), sowie auch die amerikanische Schreibweise: „Hamburg 2010-11-30", was allerdings sehr ungewöhnlich wäre. Die Betreffszeile besteht aus einer stichwortartigen Inhaltsangabe, die über der Anrede platziert wird. Dabei wird üblicherweise das Wort „Betreff:" weggelassen. Zwischen der Betreffzeile und der Anrede stehen zwei Leerzeilen. Eine Anrede wird nach dem Grad der Vertraulichkeit gewählt: Ist die Person, an die man sich wendet, nicht vertraut oder sogar unbekannt, so entscheidet man sich für die allgemeine Wendung: „Sehr geehrter Herr Müller". Ist kein Ansprechpartner bekannt, ist die Formel „Sehr geehrte Damen und Herren" sehr gebräuchlich und einzig möglich. Ist die Person dagegen bekannt und vertraut, so schreibt man beispielsweise: „Liebe Frau Müller". Diese Anrede ist heute allerdings z. B. auch bei Internetauktionen völlig gängig. Nach der Anrede setzt man heute meist kein Ausrufezeichen mehr (dann würde die nächste Zeile mit Großbuchstaben begonnen), sondern ein Komma, nach dem man klein weiterschreibt. Der Briefschluss variiert wiederum je nach dem Verhältnis zum Gesprächspartner zwischen distanzierter oder vertrauter Formel: „Hochachtungsvoll" kommt heute nur noch in eingeschränkten Kontexten vor; im förmlichen Kontakt wird „Mit freundlichen Grüßen" verwendet; mehr vertraulich ist „Mit besten Grüßen" und „Freundliche Grüße"; äußerst vertraulich ist z. B. „Liebe Grüße". Im Brief gilt die allgemeine Regel der Anrede: Spricht man den Gesprächspartner mit „du" an, so wird jegliche Anrede klein geschrieben; „Sie" dagegen schreibt man stets groß. In amtlichen Briefen und Geschäftsbriefen findet sich am Schluss oft ein Anlagenvermerk mit der meist unterstrichenen Bezeichnung „Anlagen:" und der kurzen Benennung der Angaben; dieser Textteil steht in angemessenem Abstand zur Unterschrift und so weit wie möglich am unteren Seitenrand.

Brief·ab·la·ge *die* <-, -n> *Behälter, in dem man Briefe ablegt, die noch beantwortet werden müssen*

Brief·be·schwe·rer *der* <-s, -> *ein Gegenstand, den man auf Papier legt, damit es nicht vom Wind fortgeweht werden kann*

Brief·block *der* <-s, Briefblöcke> *Block, von dem einzelne Briefbogen abgetrennt werden können*

Brief·bo·gen *der* <-s, -/Briefbögen> *ein Blatt Papier, auf das man einen Brief schreibt*

Brief·bom·be *die* <-, -n> *ein Brief mit Sprengstoff, der beim Öffnen explodiert*

Brief·freund *der*, **Brief·freun·din** <-(e)s, -e> *ein Briefpartner, mit dem man über persönliche Dinge oder Themen regelmäßig korrespondiert*

Brief·ge·heim·nis *das* <-ses, -se> RECHTSW. *ein Grundrecht, das zusammen mit dem Post- und Fernmeldegeheimnis garantiert, dass persönliche, schriftliche Mitteilungen nicht von staatlichen Institutionen geöffnet werden dürfen:* eine Verletzung des Briefgeheimnisses

Brie·fing *das* <-s, -s> *eine kurze Besprechung, in der jmd., der eine bestimmte Aufgabe ausführen soll, Informationen darüber erhält, was dabei zu beachten ist:* die Mitarbeiter zu einem Briefing zusammenrufen; der Werbeagentur ein Briefing für die neuen Anzeigen geben

Brief·kas·ten *der* <-s, Briefkästen> ❶ *speziell gekennzeichneter Sammelbehälter an Straßen, der regelmäßig geleert wird und in den man (frankierte) Briefe einwerfen kann, die man per Post schicken will* ❷ *eine Art Kasten an der Tür eines Hauses, in welchen eingehende Briefe (vom Briefträger) geworfen werden*

Brief·kas·ten·fir·ma *die* <-, Briefkastenfirmen> *(verhüll.) in betrügerischer Absicht gegründete Scheinfirma, die über keine echten Betriebsmittel verfügt, sondern lediglich über ihre Adresse und Bankverbindung (illegale) Geschäfte ablaufen lässt:* Über die Konten einer Briefkastenfirma in Liechtenstein wurden die finanziellen Transaktionen abgewickelt.

Brief·kopf *der* <-(e)s, Briefköpfe> *Angaben über Absender und oder Adressaten im oberen Teil des Briefes*

brief·lich *adj* /nicht steig./ *so, dass etwas durch einen Brief geschieht:* sich brieflich an die Behörde wenden; auf eine briefliche Antwort warten

Brief·mar·ke *die* <-, -n> *ein Postwertzeichen zum Freimachen von Postsendungen, das man auf einen Briefumschlag klebt, und das auch gesammelt wird* ◆ -nalbum, -nauktion, -nblock, -nbörse, -ndruck, -necke, -nfälschung, -nfalz, -ngeschäft, -nhändler(in), -nkatalog, -nkunde, -nladen, -nlupe, -nmesse, -npapier, -nrand, -nrolle, -ntausch, -ntrennung, -nversand, -nwerte, -nzählnung

Brief·mar·ken·samm·ler *der*, **Brief·mar·ken·samm·le·rin** <-s, -> (≈ Philatelist) *jmd., der Briefmarken (aus verschiedenen Ländern) sammelt* ▸ Briefmarkensammlung

Brief·öff·ner *der* <-s, -> *eine Art Messer zum Aufschneiden von Briefumschlägen*

Brief·part·ner *der*, **Brief·part·ne·rin** <-s, -> *jmd., mit dem man in regelmäßigem Briefwechsel steht*

Brief·ro·man *der* <-s, -e> LIT. *Roman, der ausschließlich oder überwiegend in Form von Briefen geschrieben wurde*

Brief·sen·dung *die* <-, -en> *Sammelbezeichnung der Post für Sendungen in Form von Briefen, Drucksachen oder Päckchen*

Brief·ta·sche *die* <-, -n> *kleine Mappe (aus Leder) für Ausweise und Geldscheine*

Brief·tau·be *die* <-, -n> *Taube mit einem sehr guten Orientierungssinn, die zur Überbringung von Nachrichten eingesetzt werden kann*

Brief·um·schlag *der* <-(e)s, Briefumschläge> *Papierhülle für einen Brief, die man zukleben kann:* eine Briefmarke auf den Briefumschlag kleben

Brief·waa·ge *die* <-, -n> *Waage zum Bestimmen des Gewichts von Briefen*

Brief·wahl *die* <-> /kein Plur./ POL. *bei Wahlen die Stimmabgabe durch einen Brief (in dem Fall, dass der Wähler am Wahltag nicht persönlich anwesend sein kann)* ◆ -antrag, -unterlagen

Brief·wech·sel *der* <-s, -> ❶ *(≈ Korrespondenz) Austausch von Briefen:* mit einem Freund in regelmäßigem Briefwechsel stehen ❷ *Sammlung gedruckter Briefe von zwei Briefpartnern:* der Briefwechsel von Goethe und Schiller

Brief·wer·bung *die* <-> /kein Plur./ *der Vorgang, dass Firmen Briefe an Kunden schicken, in denen sie für ihre Produkte werben*

Bries *das* <-es, -e> KOCH. *innere Brustdrüse von Kälbern, die als Speise zubereitet werden kann* ◆ Kalbs-

Bries·chen, Brös·chen *das* <-s, -> KOCH. *gebratenes Klöschen aus Bries*

Bri·ga·de *die* <-, -n> ❶ MILIT. *selbstständiger Verband des Heeres, der aus Truppenteilen verschiedener Waffengattungen besteht* ◆ -kommandant, -kommandeur, -general(in) ❷ GESCH. *kleinste Arbeitsgruppe in einem Produktionsbetrieb der ehemaligen DDR* ◆ -leiter(in)

Bri·ga·di·er *der*, **Bri·ga·die·rin** [briga'dje:] <-s, -e> ❶ MILIT. *Befehlshaber einer Brigade ¹* ❷ *(≈ Brigadeleiter)*

Brigg *die* <-, -s> SEEW. *Segelschiff mit zwei Masten*

Bri·kett *das* <-s, -s/(-e)> *in die Form eines Quaders gepresste Braun- oder Steinkohle:* den Ofen mit Briketts heizen ◆ -fabrik, Braunkohle-, Eier- ▶ brikettieren, Brikettierung

Bril·lant *der* [brɪl'jant] <-en, -en> *geschliffener Diamant* ◆ -brosche, -collier, -kette, -nadel, -ohrring, -ring, -schmuck

bril·lant [brɪl'jant] *adj (≈ glänzend) so, dass etwas vortrefflich oder hervorragend ist:* ein brillanter Schauspieler; eine brillante Aufführung/Rede

Bril·lan·ti·ne *die* [brɪl'jan...] <-, -n> *(parfümierte) Haarpomade*

Bril·lant·schliff *der* [brɪl'jant...] <-(e)s, -e> *besondere Form des Schliffs bei Edelsteinen*

Bril·lanz *die* [brɪl'ja...] <-> /kein Plur./ ❶ FOTOGR. *(≈ Bildschärfe) gestochene Schärfe einer Fotografie* ❷ *meisterhafte Technik bei der Darbietung von etwas:* die Brillanz seines Violinspiels

Bril·le *die* <-, -n> *zwei Linsen aus Glas oder Kunststoff, die (in ein Gestell gefasst) so vor den Augen des Benutzers getragen werden, dass sie die Sehleistung seiner Augen verbessern oder die Augen schützen:* eine elegante/goldene/randlose Brille; eine Brille mit dicken Gläsern; die Brille abnehmen/aufsetzen/putzen/ins Etui stecken/verlegt haben ◆ -nbügel, -nfassung, -nfutteral, -nglas, -nkorrektur, -nrezept, -nverordnung, -Bifokal-,

Gleitsicht-, Korrektions- Lese-, Lupen-, Pauk-, Prismen-, Scheren-, Schutz-, Sonnen-, Taucher-

Bril·len·etui *das* [...ɛt'vi: ...etɥi:] <-s, -s> *eine aus Kunststoff oder Metall gefertigte Schutzhülle für Brillen*

Bril·len·ge·stell *das* <-(e)s, -e> *die tragenden Elemente einer Brille, an denen die Gläser befestigt sind:* ein filigranes/elegantes Brillengestell

Bril·len·schlan·ge *die* <-, -n> ❶ ZOOL. *indische oder afrikanische Giftschlange, deren Biss tödlich sein kann* ❷ *(umg. abwert.) Brillenträger(in)*

Bril·len·trä·ger *der*, **Bril·len·trä·ge·rin** <-s, -> *jmd., der eine Brille trägt*

bril·lie·ren [brɪl'ji:rən] <brillierst, brillierte, hat brilliert> *mit OBJ* ■ *jmd. brilliert mit etwas Dat. durch besondere Fähigkeiten oder Leistungen herausragen:* Der Pianist brilliert mit seinem virtuosen Spiel.

Brim·bo·ri·um *das* <-s> /kein Plur./ *(abwert.) unnützer Aufwand:* das ganze Brimborium zu Weihnachten

brin·gen <bringst, brachte, hat gebracht> *mit OBJ* ❶ ■ *jmd. bringt etwas irgendwohin an einen bestimmten Ort transportieren:* Der Briefträger bringt die Post.; Bringe bitte den Mantel in die Reinigung! ❷ ■ *etwas bringt etwas als Folge nach sich ziehen:* Das bringt nur Ärger!; etwas bringt viel Anerkennung/Geld/Ruhm ❸ ■ *etwas bringt etwas ein bestimmtes Ergebnis bewirken:* Und was hat es jetzt gebracht?; Das bringt nichts. ❹ ■ *jmd. bringt es zu etwas Dat. durch Leistungen ein bestimmtes Ziel erreichen, das mit gesellschaftlichem Ansehen und materiellem Erfolg verbunden ist:* Er hat es immerhin bis zum Hauptmann/zum Professor gebracht.; Sie wollte es im Leben zu etwas bringen. ❺ ■ *jmd. bringt jmdn./etwas in etwas Akk. bewirken, dass jmd. oder etwas in eine bestimmte Situation gerät:* Du bringst mich immer wieder in Schwierigkeiten.; Nach dieser Aufregung konnte sie ihn kaum zur Ruhe bringen.; Die heftige Auseinandersetzung brachte ihn richtig in Rage. ❻ ■ *jmd. bringt jmdn. irgendwo hin jmdn. an einen anderen Ort begleiten:* Die Mutter bringt das Kind ins Bett.; Nach dem Theaterbesuch brachte er sie nach Hause. ❼ ■ *jmd. bringt jmdn. um etwas Akk. jmd. handelt so, dass ein anderer Schaden erleidet:* Diese öffentliche Mitteilung brachte seinen Partner um seinen guten Ruf.; ■ *jemand/etwas bringt's (voll) (umg.) jmd. oder etwas ist sehr gut* Das Handy bringt's voll; damit kann ich sogar ins Internet!

Bring·schuld *die* <-, -en> RECHTSW. *(↔ Holschuld) Schuld, die am Wohnort des Gläubigers zu begleichen ist*

bri·sant *adj (geh.: ≈ heikel) so, dass etwas großes Interesse erzeugt, weil es Anlass zu Diskussionen oder zu heftigen Kontroversen gibt:* Er vertrat eine brisante These.; Bei diesem brisanten Thema darf man sich auf heftige Diskussionen gefasst machen.

Bri·sanz *die* <-> /kein Plur./ *(geh.) der brisante Charakter von etwas:* die Brisanz der aktuellen politischen Situation

Bri·se *die* <-, -n> *leichter Wind, besonders über*

B

dem Meer und an der Küste: Vom Meer her weht eine leichte Brise. ▸ Meeres·

Bri·tan·ni·en das <-s> ❶ kurz für „Großbritannien" ❷ alter Name für England und Schottland

Bri·te der, **Bri·tin** <-n, -n> jmd., der die britische Staatsbürgerschaft hat

bri·tisch adj /nicht steig./ Großbritannien, die Briten betreffend

Broc·co·li der Plur. siehe **Brokkoli**

Bröck·chen das <-s, -> kleiner Brocken: ein Bröckchen Brot

brö·ckeln <bröckelst, bröckelte, hat/ist gebröckelt> **I.** mit OBJ (haben) ■ jmd. bröckelt etwas in/auf etwas Akk. in Form vieler kleiner Stücke fallen lassen: Er hat das Brot in die Suppe gebröckelt. **II.** ohne OBJ (sein) ■ etwas bröckelt (von etwas Dat.) etwas fällt in vielen kleinen Stücken von etwas herunter: Der Putz bröckelt (von der Mauer).

Bro·cken der <-s, -> ein größerer Klumpen von etwas: ein Brocken Fleisch/Lehm; ■ ein harter Brocken sein (umg.) eine schwierige Aufgabe sein

bro·cken <brockst, brockte, hat gebrockt> mit OBJ ■ jmd. brockt etwas in etwas Akk. etwa in Form von einzelnen Brocken in etwas fallen lassen: Er brockt das Brot in die Suppe.

bröck·lig, a. **brö·cke·lig** adj so, dass es in Brocken zerfällt oder zu zerfallen droht: eine bröcklige Mauer

bro·deln <brodelst, brodelte, hat gebrodelt> ohne OBJ ■ etwas brodelt mit sehr großer Hitze kochen: Die Lava brodelt.

Bro·dem der <-s> /kein Plur./ (geh.) (einen üblen Geruch verbreitender) Dunst

Broi·ler der <-s, -> OSTMDT. gegrilltes Hähnchen

Bro·kat der <-(e)s, -e> schweres, gemustertes, meist mit Gold- oder Silberfäden gearbeitetes Gewebe: eine Kissenhülle aus Brokat ◆ Gold-, Silber-

Bro·ker der ['broːkɐ, 'broʊkə] <-s, -> WIRTSCH. jmd., der beruflich mit Wertpapieren handelt

Brok·ko·li, a. **Broc·co·li** Plur. blumenkohlähnliche Gemüseart

Brom das <-s> /kein Plur./ CHEM. chemisches Element, Zeichen Br

Brom·bee·re die <-, -n> ❶ BOT. zu den Rosengewächsen gehörende Pflanze, die in Ranken oder als Strauch wächst ❷ Frucht der Brombeere[1] ◆ Brombeerkonfitüre, -likör, -marmelade, -saft

Brom·beer·strauch der <-(e)s, Brombeersträucher> Brombeere[1]

bron·chi·al adj /nicht steig./ MED. so, dass es die Bronchien betrifft oder zu den Bronchien gehört

Bron·chi·al·kar·zi·nom das <-s, -e> /Plur. selten/ MED. Krebserkrankung, die von den Schleimhäuten der Bronchien ausgeht

Bron·chi·al·ka·tarrh, a. **Bron·chi·al·ka·tarr** der <-s, -e> MED. (≈ Bronchitis)

Bron·chie die <-, -n> /meist Plur./ ANAT. einer der beiden Zweige der Luftröhre, welche sich immer feiner verästeln

Bron·chi·tis die <-, Bronchitiden> MED. Entzündung der Schleimhäute der Bronchien: akute/ chronische Bronchitis

Bron·cho·s·ko·pie die <-, -n> MED. direkte Betrachtung der Bronchien durch ein Spekulum mit elektrischer Lichtquelle

Bron·to·sau·rus der <-, Brontosaurier> riesiger Saurier, der bis zu dreißig Meter lang werden konnte

Bron·ze die ['brɔnsə, 'brõːsə] <-, -n> ❶ /kein Plur./ eine Mischung aus Kupfer und Zinn ❷ Kunstgegenstand aus Bronze[1]: Er hat seine Bronzen in einer Galerie ausgestellt. ❸ SPORT (↔ Gold, Silber) Medaille aus Bronze[1] für den dritten Platz in einem Wettbewerb

bron·ze·far·ben ['brɔnsə..., 'brõːsə...] adj /nicht steig./ (≈ bronzefarbig) von der gelblich-braunen Farbe von Bronze[1]: ein bronzefarbener Bilderrahmen

Bron·ze·me·dail·le die ['brɔnsə..., 'brõːsə...] <-, -n> (↔ Goldmedaille, Silbermedaille) Auszeichnung für den Dritten eines (meist sportlichen) Wettkampfes: die Bronzemedaille im Kugelstoßen

bron·zen ['brɔnsən, 'brõːsən] adj /nicht steig./ aus Bronze[1]: eine bronzene Statue

Bron·ze·re·li·ef das ['brɔnsə..., 'brõːsə...] <-s, -s> KUNST Relief aus Bronze

Bron·ze·zeit die ['brɔnsə..., 'brõːsə...] <-> /kein Plur./ GESCH. Zeit zwischen dem dritten und dem Beginn des ersten Jahrtausends vor Christus

Bro·sa·me die <-n, -n> /meist Plur./ (veralt.) kleiner Krümel von Brot oder anderem Gebäck

Bro·sche die <-, -n> Schmuckstück, das mit einer Nadel angesteckt wird

Brös·chen das KOCH. siehe **Brieschen**

bro·schie·ren <broschierst, broschierte, hat broschiert> mit OBJ ■ jmd. broschiert etwas DRUCKW. Druckbogen in einen Umschlag aus Karton heften oder leimen

bro·schiert adj /nicht steig./ DRUCKW. in einen Umschlag aus Karton geheftet oder geleimt: eine broschierte Ausgabe der Werke Kafkas

Bro·schur die <-, -en> DRUCKW. Druckwerk mit einem Umschlag aus Papier ohne Einbanddeckel

Bro·schü·re die <-, -n> leicht geheftetes, kleineres Druckwerk, das über etwas informiert ◆ Informations-, Werbe-

Bro·schur·ein·band der <-(e)s, Broschureinbände> DRUCKW. Einband einer Broschur

Brö·sel der <-s, -> (≈ Krümel) ein kleines Stückchen von einer festen, trockenen Substanz: sich die Brösel von der Jacke klopfen ◆ Kuchen-, Semmel-

Brot das <-(e)s, -e> ❶ das Grundnahrungsmittel, das aus Mehl, Salz, Wasser und Hefe gebacken wird: Die Gefangenen lebten von Wasser und Brot.; Unser tägliches Brot gib uns heute! ◆ -suppe, -teig, Grau-, Knäcke-, Kümmel-, Roggen-, Schwarz-, Vollkorn-, Weiß- ❷ ein gebackenes Stück von Brot[1]: das Brot in Scheiben schneiden; beim Bäcker ein Brot und fünf Brötchen kaufen ◆ -kasten, -krümel, -messer, -kruste, -rinde, -scheibe, -schnitte ❸ eine Scheibe von Brot[2]: ein Brot mit Käse/Wurst belegen; ein Brot mit Butter/Frischkäse/Marmelade bestreichen; für den Ausflug Brote machen ◆ -aufstrich, -belag, Butter-, Frühstücks-, Käse-, Marmeladen-, Wurst-

Brot·be·ruf *der* <-(e)s, -e> *(umg.) ein Beruf, den man nur zum Geldverdienen ausübt (und der nichts mit dem eigentlichen Interesse oder den eigentlichen Neigungen einer Person zu tun hat):* Die Tätigkeit als Buchhalter blieb für den Dichter zeitlebens ein Brotberuf.

Bröt·chen *das* <-s, -> *(≈ Semmel) ein meist rundes Gebäck, das aus Mehl, Salz, Wasser und Hefe gebacken wird:* frische/knusprige Brötchen zum Frühstück; Brötchen beim Bäcker holen; ■ **kleinere Brötchen backen** *(umg.) sich mit weniger zufriedengeben;* ■ **seine Brötchen verdienen mit ...** *(umg.) seinen Lebensunterhalt verdienen mit ...* ◆ Mohn-, Rosinen-, Sesam-

Bröt·chen·ge·ber *der* <-s, -> *(umg. scherzh.) Arbeitgeber*

Brot·ein·heit *die* <-, -en> MED. *Einheit zur Berechnung der Menge an Kohlenhydraten, die für Diabetiker sehr wichtig ist*

Brot·frucht·baum *der* <-(e)s, Brotfruchtbäume> BOT. *zur Familie der Maulbeergewächse gehörender Baum mit essbaren Früchten*

Brot·kru·me *die* <-, -n> *kleines Bröckchen vom Brot*

Brot·laib *der* <-(e)s, -e> *ein ganzes Brot[2]*

brot·los *adj /nicht steig./ so, dass das aus einer Tätigkeit resultierende Einkommen nicht ausreicht, um den Lebensunterhalt zu bestreiten:* Ist die Malerei immer eine brotlose Kunst?

Brot·neid *der* <-(e)s> /kein Plur./ *(geh.) Neid auf den Verdienst eines anderen*

Brot·schei·be *die* <-, -n> *(≈ Brotschnitte) eine Scheibe Brot:* eine Brotscheibe mit Wurst belegen

Brot·schnei·de·ma·schi·ne *die* <-, -n> *Maschine zum Schneiden von Brot[2] in einzelne Scheiben*

Brot·schrift *die* <-, -en> DRUCKW. *Schriftart für Bücher und Zeitungen, die besonders häufig verwendet wird*

Brot·zeit *die* <-, -en> ❶ *Pause, während der man etwas isst (und trinkt)* ❷ */kein Plur./ das, was man zur Brotzeit[1] isst (und trinkt):* eine Brotzeit mit zur Arbeit nehmen

Brow·ser *der* ['braʊzə] <-s, -> EDV *Suchprogramm zur Suche von Dokumenten im Internet*

BRT *Abkürzung von „Bruttoregistertonne"*

Bruch *der* <-(e)s, Brüche> ❶ *das Brechen II.3 von etwas* ◆ Achs-, Damm-, Rohr- ❷ */kein Plur./ Missachtung einer Abmachung* ◆ Ehe-, Friedens-, Vertrags- ❸ MATH. *kurz für „Bruchzahl"* ❹ MED. *kurz für „Knochenbruch" oder „Eingeweidebruch"* ◆ Arm-, Bein-, Leisten- ❺ *Abreißen einer wichtigen Verbindung:* der Bruch der Freundschaft; der Bruch mit der Tradition; ■ **etwas geht in die Brüche** *(umg.) eine Verbindung zwischen Menschen reißt ab:* Ihre Freundschaft ging in die Brüche. ❻ *(umg. abwert.) ein minderwertiger Gegenstand:* Ihre so genannten Möbel hier – das ist doch alles Bruch! ❼ *(Jargon: ≈ Einbruch) Kaum aus dem Gefängnis entlassen, hatte er schon wieder einen Bruch gemacht.*

Bruch·band *das* <-(e)s, Bruchbänder> MED. *Bandage, mit der ein Eingeweidebruch gestützt werden soll*

Bruch·bu·de *die* <-, -n> *(umg. abwert.) baufälliges Haus*

bruch·fest *adj /nicht steig./ so, dass es nicht zerbrechen kann:* Brillengläser aus bruchfestem Kunststoff

Bruch·fes·tig·keit *die* <-> /kein Plur./ *bruchfeste Beschaffenheit:* die Bruchfestigkeit eines Werkstoffes prüfen

brü·chig *adj (≈ morsch) so, dass es leicht brechen kann:* ein brüchiger Knochen; eine brüchige Beziehung

Bruch·lan·dung *die* <-, -en> ❶ *Flugzeugunglück, das durch eine missglückte Landung verursacht wird* ❷ *(übertr.) Misserfolg:* Mit seinem neuen Projekt erzielte er eine Bruchlandung.

Bruch·pi·lot *der* <-en, -en> *(umg. abwert.) jmd., der eine Bruchlandung hinter sich hat*

Bruch·rech·nung *die* <-, -en> MATH. *das Rechnen mit Bruchzahlen*

Bruch·scha·den *der* <-s, Bruchschäden> *Schaden, der durch das Zerbrechen von Waren entstanden ist*

Bruch·scho·ko·la·de *die* <-> /kein Plur./ *zerbrochene Schokolade, Schokoladenabfälle*

bruch·si·cher *adj /nicht steig./ so, dass es gegen Zerbrechen gesichert ist:* Das Porzellan wird für den Transport bruchsicher verpackt.

Bruch·stein *der* <-(e)s, -e> *Naturstein, der aus dem Felsen gebrochen wurde und ohne weitere Bearbeitung verwendet wird:* eine Mauer aus Bruchstein errichten

Bruch·stel·le *die* <-, -n> *Stelle, an der etwas gebrochen ist:* die Bruchstelle kleben

Bruch·strich *der* <-(e)s, -e> MATH. *der kleine Strich innerhalb einer Bruchzahl, oberhalb dessen der Zähler[1] und unterhalb dessen der Nenner steht*

Bruch·stück *das* <-(e)s, -e> ❶ *Teil, das von etwas abgebrochen ist:* das Bruchstück einer Vase; Er konnte nur einzelne Bruchstücke des Gesprächs verstehen. ❷ *(≈ Fragment) unvollendeter Teil eines Kunstwerks:* Bisher wurden nur Bruchstücke seines literarischen Schaffens veröffentlicht.

bruch·stück·haft *adj so, dass nur Teile von etwas vorhanden sind:* Ich kann mich nur noch bruchstückhaft an diesen Abend erinnern.

Bruch·teil *der* <-(e)s, -e> *sehr kleiner Teil von etwas:* im Bruchteil einer Sekunde ◆ Sekunden-

Bruch·zahl *die* <-, -en> MATH. *eine aus Zähler[1] und Nenner bestehende Zahl*

Brü·cke *die* <-, -n> ❶ *ein Bauwerk, das es ermöglicht, einen Fluss, ein Tal oder eine Straße zu überqueren:* eine hölzerne/steinerne Brücke; eine Brücke über den Rhein ◆ -nbau, -nkonstruktion, -nbogen, -ndurchfahrtshöhe, -neinsturz, -ngeländer, -nkran, -nmaut, -npfeiler, -nsanierung, -nturm, Autobahn-, Behelfs-, Beton-, Bogen-, Doppelstock-, Dreh-, Einzieh-, Eisenbahn-, Fahrwerk-, Fluss-, Hänge-, Holz-, Hub-, Klapp-, Metall-, Ponton-, Schrägseil-, Schwimm-, Seil-, Senk-, Stahl-, Stein-, Tal-, Zug- ❷ *etwas, das eine verbindende Funktion hat:* Die Kunst lässt Brücken zwischen Menschen verschiedener Nationen entstehen. ◆ -nfunktion ❸ *eine Zahnprothese, die eine Zahnlücke über-*

B

brückt ◆ Basis-, Freiend-, Implantat-, Schwebe- ❹ SEEW. *Kommandozentrale auf einem Schiff* ◆ Kommando- ❺ *(≈ Läufer) ein schmaler Teppich* ❻ SPORT *eine gymnastische Übung, bei der der Körper so weit zurückgebogen wird, bis die Hände den Boden erreichen*

Brü·cken·kopf *der* <-(e)s, Brückenköpfe> MILIT. *Befestigung zur Sicherung eines Flussübergangs*

Brü·cken·ram·pe *die* <-, -n> *flach ansteigende Auffahrt zu einer Brücke¹*

Brü·cken·tag *der* <-(e)s, -e> *Arbeitstag, der zwischen zwei freien Tagen liegt und sich deshalb als Urlaubstag anbietet*

Brü·cken·trä·ger *der* <-s, -> *etwas, das die Brücke¹ trägt, z. B. Beton- oder Eisenpfeiler*

Brü·cken·waa·ge *die* <-, -n> *Waage mit einer breiten Plattform (Brücke) für die Last und ungleicharmigen Hebeln*

Brü·cken·zoll *der* <-s, Brückenzölle> GESCH. *(≈ Brückenmaut) Abgabe für die Überquerung einer Brücke*

Bru·der *der* <-s, Brüder> ❶ *männlicher Verwandter, der von denselben Eltern abstammt:* Mein Bruder ist älter als ich.; Sie hat noch zwei Brüder und eine Schwester. ◆ Zwillings- ❷ *Bezeichnung für einen Mönch oder Ordenspriester:* ein geistlicher Bruder ◆ Kloster-, Ordens- ❸ *(geh.) jmd., mit dem sich jmd. sehr verbunden fühlt:* Sie waren Brüder im Geiste. ◆ Bundes-, Glaubens-

Bru·der·krieg *der* <-(e)s, -e> *Krieg zwischen verwandten Völkern*

Bru·der·kuss *der* <-es, Brüderküsse> *Kuss, der die Freundschaft zwischen Politikern symbolisiert*

Bru·der·land *das* <-(e)s, Bruderländer> *ein verbündetes oder befreundetes Land*

brü·der·lich *adj /nicht steig./ so, wie es unter Brüdern üblich ist:* sich etwas brüderlich teilen

Brü·der·lich·keit *die* <-> /kein Plur./ *brüderliche, liebevolle Gesinnung oder Haltung*

Bru·der·lie·be *die* <-> /kein Plur./ ❶ *Liebe zum Bruder* ❷ *christliche Nächstenliebe:* sich in Bruderliebe um die Armen kümmern

Bru·der·mord *der* <-(e)s, -e> *Mord am eigenen Bruder*

Bru·der·schaft *die* <-, -en> REL. *katholische Vereinigung von Geistlichen und Laien*

Brü·der·schaft *die* <-, -en> /Plur. selten/ *brüderliches Verhältnis, enge Freundschaft;* ■ **Brüderschaft trinken** *den Beginn einer Duzfreundschaft feiern, indem man gemeinsam Wein o. Ä. trinkt*

Bru·der·volk *das* <-(e)s, Brudervölker> *eng verwandtes, befreundetes Volk*

Brü·he *die* <-, -n> ❶ KOCH. *(≈ Bouillon) eine klare Suppe, die durch das Kochen von Fleisch, Gemüse o. Ä. zubereitet wird:* eine Tasse heiße Brühe trinken ◆ Gemüse-, Hühner-, Rinder- ❷ *(abwert.) ein schlecht schmeckendes Getränk:* Und diese Brühe nennt ihr „Kaffee“? ❸ *(abwert.) verschmutztes Wasser:* In dieser schmutzigen Brühe kann man nicht baden.

brü·hen <brühst, brühte, hat gebrüht> *mit OBJ* ■ *jmd. brüht etwas auf mit heißem Wasser zubereiten:* den Kaffee frisch brühen; frisch gebrühter/ frischgebrühter Kaffee

brüh·heiß *adj /nicht steig./ kochend heiß:* eine brühheiße Flüssigkeit

brüh·warm *adv /nicht steig./ (umg.) so, dass jmd. sofort etwas weitererzählt, was er gerade eben erst gehört hat:* Natürlich musste sie die Neuigkeit brühwarm weitererzählen.

Brüh·wür·fel *der* <-s, -> *in Würfelform gepresster Extrakt aus Gemüse, Fleisch, Gewürzen o. Ä., der beim Auflösen in heißem Wasser eine Brühe¹ ergibt*

brül·len <brüllst, brüllte, hat gebrüllt> I. *mit OBJ* ■ *jmd. brüllt etwas (≈ schreien ↔ flüstern) sehr laut rufen:* Er brüllte etwas über die Straße, was ich nicht verstand.; Der Offizier brüllte die Kommandos über den Hof. II. *ohne OBJ* ■ *jmd. brüllt (≈ schreien) sehr laut schreien:* Das Kind brüllt schon seit Stunden.; Der Verletzte brüllte vor Schmerzen.; ■ **zum Brüllen sein** *(umg.) sehr lustig sein;* ■ **Gut gebrüllt Löwe!** *(umg.) Das hast du gut gesagt!*

Brumm·bär *der* <-en, -en> *(umg. abwert.) schlecht gelaunter, unfreundlicher Mensch*

brum·men <brummst, brummte, hat gebrummt> I. *mit OBJ* ■ *jmd. brummt etwas* ❶ *einen langen tiefen Ton von sich geben:* Der Sänger brummte die tiefsten Töne nur, statt sie zu singen. ❷ *(≈ murmeln) etwas unverständlich artikulieren:* Er brummte eine Antwort vor sich hin, so dass ihn niemand verstehen konnte. ❸ *etwas in schlechter Laune äußern:* „So geht das nicht“, brummte er. II. *ohne OBJ* ■ *jmd./etwas brummt* ❶ *einen langen, tiefen Ton von sich geben:* Der Motor brummt.; Der Bär brummt. ❷ *(Jargon) eine Gefängnisstrafe verbüßen:* Er brummt seit einem Jahr. ❸ ■ **jemandem brummt der Kopf** *jmd. hat Kopfschmerzen* Mir brummt nach dem stundenlangen Lernen der Kopf.

Brum·mer *der* <-s, -> *(umg.)* ❶ *eine große, meist lästige Fliege* ❷ *ein schwerer Lastkraftwagen*

brum·mig *adj (umg.) mürrisch, übel gelaunt:* ein brummiges Gesicht machen ▷ **Brummigkeit**

Brumm·schä·del *der* <-s> /kein Plur./ *(umg.: ≈ Kater) Kopfschmerzen nach übermäßigem Alkoholgenuss*

Brunch *der* [brantʃ, branʃ] <-(e)s, -(e)s> *ein am späteren Vormittag eingenommenes reichhaltiges Frühstück, welches das Mittagessen ersetzt*

brun·chen [brantʃən, branʃən] <brunchst, brunchte, hat gebruncht> *ohne OBJ* ■ *jmd. bruncht einen Brunch einnehmen*

Bru·nel·le *die* siehe **Braunelle**

brü·nett *adj /nicht steig./ mit bräunlicher Haarfarbe:* Sie ist ein brünetter Typ.

Brü·net·te *die* <-n, -n> *Frau mit bräunlichen Haaren und bräunlicher Hautfarbe*

Brunft *die* <-, Brünfte> siehe **Brunst**

Brun·nen *der* <-s, -> *eine eingefasste Anlage, bei der aus einem Loch, das tief in die Erde gebohrt ist, Grundwasser entnehmen kann:* einen Brunnen bohren ◆ -figur, -pumpe, -schacht, -wasser, Dorf-, Heil-, Mineral-, Spring-, Zier-

Brun·nen·haus *das* <-es, Brunnenhäuser> *Schutzhäuschen über einem Brunnen*

Brun·nen·kres·se *die* <-> /kein Plur./ BOT. *eine in*

Bächen und Quellen wachsende Pflanze, die man essen kann: einen Salat mit Brunnenkresse zubereiten

Brunst *die* <-, Brünste> /*meist im Sing.*/ ZOOL. (≈ *Brunft, Brunstzeit) Paarungszeit bei vielen Säugetieren z. B. bei Rehen und Hirschen*

brüns·tig *adj* /*nicht steig.*/ ZOOL. *so, dass ein Tier paarungsbereit ist:* ein brünstiger Hirsch

brüsk *adj* (≈ *barsch, schroff) unerwartet unhöflich:* eine brüske Antwort geben; jmdm. brüsk den Rücken kehren

brüs·kie·ren <brüskierst, brüskierte, hat brüskiert> *mit OBJ* ■ *jmd. brüskiert jmdn.(mit etwas Dat./durch etwas Akk.);* ■ *etwas brüskiert jmdn.* *(geh.) schroff und abweisend sein und damit jmdn. erschrecken und beleidigen:* Er brüskiert sie mit seiner unfreundlichen Art.; Sein Verhalten hat mich brüskiert.

Brüs·sel <-s> *Haupstadt von Belgien*

Brust *die* <-, Brüste> ❶ /*kein Plur.*/ *der vordere Teil des Oberkörpers:* die behaarte Brust des Mannes; Die Pistolenkugel durchschlug die Brust.; Bei diesem Eingriff muss der Chirurg die Brust öffnen. ❷ (≈ *Brusthöhle) Innenraum des Rumpfes:* Das Herz schlägt ihm in der Brust. ◆*-entzündung* ❸ *eines der beiden Organe an der Vorderseite der Brust [1] der Frau:* dem Kind die Brust geben; ■ **einen zur Brust nehmen** *(umg.) Alkohol trinken;* ■ **jemanden an die Brust drücken** *jmdn. umarmen* ◆ *Mutter-*

Brust·bein *das* <-(e)s, -e> ANAT. *der flache Knochen im oberen Bereich der Brust [1]*

Brust·beu·tel *der* <-s, -> *eine kleine Tasche, die an einem Band um den Hals unter der Kleidung getragen wird, die vor der Brust [1] hängt und in der man meist Geld transportiert*

brüs·ten <brüstest, brüstete, hat gebrüstet> *mit SICH* ■ *jmd. brüstet sich (mit etwas Dat.) (vor jmdm.) (abwert.: ≈ prahlen) zeigen, dass man sehr stolz auf sich ist, indem man immer wieder von seinem Erfolg spricht:* Er brüstete sich schon wieder mit seiner Note.

Brust·fell *das* <-(e)s, -e> ANAT. (≈ *Pleura) die Brusthöhle umgebende Haut* ◆*-entzündung*

Brust·haar *das* <-(e)s, -e> *(männliche) Behaarung auf der Brust*

Brust·kind *das* <-(e)s, -er> (↔ *Flaschenkind) Kind, das gestillt und so mit Muttermilch ernährt wird*

Brust·kno·ten *der* <-s, -> MED. *(krankhafter) Knoten in der Brust*

Brust·korb *der* <-(e)s, Brustkörbe> ANAT. *Herz und Lunge umschließender Teil des Skeletts*

Brust·krebs *der* <-es> /*kein Plur.*/ MED. (≈ *Mammakarzinom) Befall einer Brust [3] mit Krebs [4]*

Brust·mus·kel *der* <-s, -n> ANAT. *Muskel im Bereich der Brust*

Brust·pan·zer *der* <s, -> (≈ *Brustharnisch) Brustschutz bei mittelalterlichen Ritterrüstungen*

Brust·plas·tik *die* <-, -en> *operative Korrektur der Form der Brust [3]*

Brust·schmerz *der* <-es, -en> *Schmerzen im Bereich der Brust [2, 3]*

Brust·schwim·men *das* <-s> /*kein Plur.*/ SPORT

eine Schwimmtechnik, bei der der Schwimmer mit der Brust auf dem Wasser liegt

Brust·ta·sche *die* <-, -n> *an der Vorderseite einer Jacke oder eines Hemds befindliche Tasche*

Brust·tee *der* <-s, -s> *Tee aus Heilkräutern zur Behandlung von Erkrankungen der Atemwege*

Brust·um·fang *der* <-s, Brustumfänge> /*Plur. selten*/ (≈ *Brustweite) Umfang des Brustkorbes:* den Brustumfang messen

Brüs·tung *die* <-, -en> *eine Schutzwand, ein Geländer an Balkonen und Brücken, die verhindern soll, dass jmd. abstürzt:* Sie beugte sich über die Brüstung, um in den Hof hinunter zu sehen. ◆ *Balkon-, Fenster-, Holz-, Marmor-*

Brüs·tungs·wand *die* <-, -Brüstungswände> *Mauerstück zwischen Fußboden und Fenster*

Brust·war·ze *die* <-, -n> ANAT. *eine der beiden dunkel pigmentierten, warzenförmigen Erhebungen an der Brust [1]*

Brust·wi·ckel *der* <-s, -> (≈ *Brustumschlag) feuchter Umschlag um die Brust [1], der bei Erkrankungen der Atemwege angewendet wird*

Brut *die* <-> /*kein Plur.*/ ❶ *aus Eiern geschlüpfte Jungtiere:* Die Amsel füttert ihre Brut. ❷ *das Brüten [1]* -ei, -henne, -zeit, Vogel- ❸ *(abwert.: ≈ Gesindel, Pack) Gruppe von Personen, die man ablehnt*

bru·tal *adj (abwert.:≈ barbarisch) so, dass jmd. roh und gewalttätig ist:* ein brutaler Mensch; Das Opfer wurde brutal misshandelt. ▷ Brutalisierung, Brutalität

brü·ten <brütest, brütete, hat gebrütet> *ohne OBJ* ❶ ■ *ein Tier brütet als Vogel auf befruchteten Eiern sitzen:* Die Vögel brüten in dieser Jahreszeit. ❷ ■ *jmd. brütet über etwas Dat. (umg.) über etwas angestrengt nachdenken:* Seit Tagen schon brütete sie über dieser Aufgabe.

brü·tend *adj* /*nicht steig.*/ ■ **brütend heiß** *sehr heiß;* ■ **brütende Hitze** *sehr große Hitze*

Brü·ter *der* <-s, -> PHYS. ■ **schneller Brüter** *Kernreaktor zur Erzeugung von spaltbarem Material*

Brut·fisch·chen *das* <-s, -> *kleine, zur Zucht bestimmte Fische*

Brut·hen·ne *die* <-, -n> (≈ *Glucke) Henne, die brütet [1]:* Die Bruthenne sitzt auf dem Nest mit den Eiern.

Brut·kas·ten *der* <-s, Brutkästen> MED. *ein Apparat zur Versorgung von Babys, die zu früh geboren wurden*

Brut·schrank *der* <-(e)s, Brutschränke> ❶ *beheizbarer Schrank, in dem Eier ausgebrütet werden* ❷ BIOL., MED. (≈ *Brutapparat) beheizbarer Laborschrank zur Aufzucht von Mikroorganismen*

Brut·stät·te *die* <-, -n> ❶ (≈ *Brutplatz) Ort, an dem die Eier ausgebrütet werden* ❷ *(abwert.) Ort, an dem sich Seuchen, Ungeziefer und Verbrechen besonders gut entwickeln:* eine Brutstätte der Kriminalität

Brut·stoff *der* <-s, -e> PHYS. *Stoff, der durch Neutroneneinfang im Brutreaktor thermisch spaltbar geworden ist*

brut·to *adv* /*nicht steig.*/ (↔ *netto)* ❶ *ohne Abzug von Steuern und Kosten* ❷ *Warengewicht mit Verpackung*

B

B

Brut·to·ein·kom·men das <-s, -> (↔ Nettoeinkommen) das Einkommen, das man vor Abzug der Steuern hat

Brut·to·ein·nah·me die <-, -n> (↔ Nettoeinnahme) die Einnahme, die man vor Abzug der Steuern hat

Brut·to·er·trag der <-(e)s, Bruttoerträge> (↔ Nettoertrag) der Ertrag, den man vor Abzug der Steuern hat

Brut·to·ge·wicht das <-s, -e> (↔ Nettogewicht) das Gewicht einer Ware einschließlich ihrer Verpackung

Brut·to·ge·winn der <-s, -e> (↔ Nettogewinn) der Gewinn, den man vor Abzug der Steuern hat

Brut·to·lohn der <-(e)s, Bruttolöhne> siehe **Bruttoeinkommen**

Brut·to·mo·nats·ein·kom·men das <-s, -> (↔ Nettomonatseinkommen) Einkommen während eines Monats vor Abzug der Steuern

Brut·to·mo·nats·ent·geld das <-(e)s, -er> (↔ Nettomonatsentgeld) siehe **Bruttolohn**

Brut·to·preis der <-es, -e> (↔ Nettopreis) Gesamtpreis vor Abzug von Rabatt

Brut·to·raum·zahl die <-, -en> SEEW. Einheit, mit der der Rauminhalt eines Schiffes errechnet wird; abgekürzt BRZ

Brut·to·re·gis·ter·tonne die <-, -n> (veralt.) SEEW. siehe **Bruttoraumzahl**

Brut·to·so·zi·al·pro·dukt das <-(e)s, -e> WIRTSCH. die Gesamtheit aller Dienstleistungen und Wirtschaftsgüter eines bestimmten Wirtschaftsbereiches innerhalb eines bestimmten Zeitraumes

Brut·to·wert·schöp·fung die <-> /kein Plur./ (↔ Nettowertschöpfung) siehe **Bruttogewinn**

Brut·to·zu·wachs der <-es, Bruttozuwächse> (↔ Nettozuwachs) der Zuwachs an etwas vor Abzug der Steuern und Abgaben

brut·zeln <brutzelst, brutzelte, hat gebrutzelt> (umg.) I. mit OBJ ■ jmd. brutzelt etwas etwas braten: Er brutzelt ein Schnitzel. II. mit OBJ/ohne OBJ ■ etwas brutzelt (irgendwo) gebraten werden: Der Fisch brutzelt in der Pfanne.

BSE [be?es'e:] <-> (≈ Rinderwahnsinn) kurz für „bovine spongiforme Enzephalopathie", Seuche, die vor allem bei Rindern zu unheilbaren Veränderungen im Gehirn führt: Sie isst aus Angst vor BSE kein Rindfleisch mehr.

BSP Abkürzung von „Bruttosozialprodukt"

Btx-Ge·rät das <-(e)s, -e> (Fernseh)gerät mit Bildschirmtext

Bu·b, Bu·be der <-n, -n> SÜDDT., ÖSTERR., SCHWEIZ. (≈ Junge)

Büb·chen das <-s, -> (≈ Büblein) kleiner Bub

Bu·ben·streich der <-(e)s, -e> (≈ Jungenstreich, Dummerjungenstreich)

Bu·ben·stück das <-s, -e> (veralt.: ≈ Schurkerei) üble Tat

Bü·be·rei die <-, -en> (geh.) siehe **Bubenstück**

Bu·bi der <-s, -s> ❶ Koseform von „Bube" ❷ (abwert.) unreif wirkender junger Mann: Was willst du denn mit so einem Bubi?

Buch das <-(e)s, Bücher> ❶ mehr oder minder viele bedruckte Bögen Papier, die zusammengeheftet sind und von einem festen Umschlag aus Pappe schützend umgeben werden: Das Buch hat 1200 Seiten.; ein Buch lesen/aus dem Regal nehmen/wieder ins Regal stellen; das Impressum/der Klappentext/der Rücken/die Seitenzahl/der Umschlag eines Buches; in einem Buch blättern ◆ -auktion, -einband, -format, -herstellung, -markt, -verleih, -versand ❷ ein längerer Text in der Form eines Buches[1]: wissenschaftliche Bücher; ein informatives/lehrreiches/spannendes Buch; die Besprechung/die Leser/die Rezension/der Titel/der Verlag eines Buches ◆ -messe, -titel, Fach-, Kinder-, Schul-, Koch-, Sach-, Wörter- ❸ WIRTSCH. /nur Plur./ Verzeichnis der Einnahmen und Ausgaben eines Betriebes: Einsicht in die Bücher verlangen; ■ etwas ist jemandem ein Buch mit sieben Siegeln (umg.) jmd. kann etwas überhaupt nicht verstehen; ■ jemand redet wie ein Buch (umg. abwert.) jmd. redet andauernd

Buch·aus·stat·tung die <-, -en> Ausstattung eines Buches (Einband, Papier, Bilder usw.): eine besonders schöne/wertvolle Buchausstattung

Buch·aus·stel·lung die <-, -en> Ausstellung von (neu erschienenen) Büchern: Der Autor signiert sein neuestes Buch auf der Buchausstellung.

Buch·be·spre·chung die <-, -en> (≈ Rezension) kritische Würdigung eines Buches in den Medien: eine Buchbesprechung in der Zeitung lesen

Buch·bin·den das <-s> /kein Plur./ die Herstellung von Bucheinbänden und das Binden von Buchblöcken zu einem Buch ▶ Buchbinder, Buchbinderei, Buchbinderin

Buch·club, a. **Buch·klub** der <-s, -s> (≈ Buchgemeinschaft) (verlagsähnliches) Unternehmen, dessen Mitglieder sich zum regelmäßigen Kauf von Büchern zu besonders günstigen Preisen verpflichten: einem Buchclub beitreten

Buch·de·cke die <-, -n> siehe **Bucheinband**

Buch·de·ckel der <-s, -> (≈ Einbanddeckel) einer der beiden Teile des Bucheinbandes, der die Vorder- und Rückseite des Buches bedeckt: ein Buchdeckel aus Leder

Buch·druck der <-(s)> Das Drucken von Büchern ▶ Buchdrucker, Buchdruckerin

Bu·che die <-, -n> BOT. ein Laubbaum ◆ -nwald, Rot-

Buch·ecker die <-, -n> BOT. Frucht der Buche

Buch·ein·band der <-(e)s, Bucheinbände> äußere Hülle eines Buches: Der Bucheinband hat Risse.

bu·chen <buchst, buchte, hat gebucht> mit OBJ ❶ ■ jmd. bucht etwas verbindlich im Voraus bestellen: Sie buchen die Reise stets schon im Herbst.; Das ganze Hotel war belegt, zum Glück hatten wir gebucht. ❷ ■ jmd. bucht etwas (irgendwohin) WIRTSCH. innerhalb der Buchführung ein- oder ausgehende Geldbeträge bestimmten Konten zuweisen: Buchen Sie den Betrag auf das Konto für Nebenkosten!; ■ etwas als Erfolg buchen etwas als Erfolg ansehen Er buchte seinen ersten Auftritt vor Publikum als Erfolg.

Bu·chen·wald[1] der <-(e)s, Buchenwälder> Wald, in dem hauptsächlich Buchen wachsen

Bu·chen·wald[2] eines der größten Konzentrationslager des Hitlerfaschismus zwischen 1937 und

B

1945, in dem ca. 56000 Menschen, darunter viele Juden, umgekommen sind, und das seit 1991 neu gestaltete Gedenkstätte ist.

Bü·cher- *als Erstglied zusammengesetzter Substantive; drückt aus, dass das mit dem Zweitglied Bezeichnete auf das Printmedium Buch bezogen ist* ♦ -ankauf, -antiquariat, -börse, -druck, -flohmarkt, -freund(in), -gilde, -kiste, -kartons, -kunde, -narr, -neuheiten, -schrank, -sendung, -stube, -stütze, -tausch, -tisch, -versand, -wand

Bü·cher·brett *das* <-(e)s, -er> (≈ *Bücherbord) Ablagebrett für Bücher:* das Bücherbrett an der Wand anbringen

Bü·cher·dienst *der* <-(e)s, -e> *Unternehmen, das Bücher versendet*

Bü·che·rei *die* <-, -en> *öffentliche Bibliothek:* Bücher aus der Bücherei ausleihen

Bü·cher·gut·schein *der* <-(e)s, -e> *Geschenkgutschein, gegen dessen Vorlage man ein Buch eigener Wahl erhält:* Zum Geburtstag bekam sie von ihrer Tante einen Büchergutschein geschenkt.

Bü·cher·markt *der* <-(e)s, Büchermärkte> (≈ *Buchmarkt) Angebot, Nachfrage und Absatz von Büchern*

Bü·cher·re·gal *das* <-(e)s, -e> (≈ *Bücherbord, Büchergestell) Regal zur Aufbewahrung von Büchern*

Bü·cher·stüt·ze *die* <-, -n> *ein relativ schwerer (dekorativer) Gegenstand, der verhindert, dass Bücher am Ende eines Regalbretts herunterfallen*

Bü·cher·weis·heit *die* <-, -en> *(meist abwert.:* ≈ *Buchgelehrsamkeit) rein theoretisches Wissen, das man nur aus Büchern hat*

Bü·cher·wurm *der* <-(e)s, Bücherwürmer> *(umg.) jmd., der viel liest und Bücher liebt:* Er ist ein richtiger Bücherwurm.

Buch·fa·den·heft·ma·schi·ne *die* <-, -n> *Maschine für die Fadenheftung von Büchern*

Buch·fink *der* <-en, -en> ZOOL. *ein Singvogel der zu den Finken gehört und gern in Buchenwäldern lebt*

Buch·füh·rung *die* <-, -en> WIRTSCH. (≈ *Buchhaltung) Aufzeichnung aller Geschäftseinnahmen und -ausgaben*

Buch·hal·ter *der*, **Buch·hal·te·rin** <-s, -> WIRTSCH. *jmd., der die Bücher³ eines Unternehmens führt*

Buch·hal·ter·see·le *die* <-, -n> *(abwert.) Mensch, der übertrieben genau und kleinlich ist*

Buch·hal·tung *die* <-> */kein Plur./* WIRTSCH. *Abteilung, die die Bücher³ eines Unternehmens führt*

Buch·han·del *der* <-s> */kein Plur./ (die Herstellung) und der Vertrieb von Büchern, Zeitschriften, Noten und Bilddrucken* ▶ Buchhändler, Buchhändlerin

Buch·hand·lung *die* <-, -en> *Geschäft, in dem man Bücher kaufen kann*

Buch·hül·le *die* <-, -n> *Buchhülle*

Buch·klub *der* <-s, -s> *siehe* **Buchclub**

Buch·kri·tik *die* <-, -en> *siehe* **Buchbesprechung**

Buch·la·den *der* <-s, Buchläden> *siehe* **Buchhandlung**

Büch·lein *das* <-s, -> *kleines Buch*

Buch·ma·cher *der*, **Buch·ma·che·rin** <-s, ->

(umg.) jmd., der gewerblich Pferdewetten vermittelt

Buch·markt *der* <-(e)s, Buchmärkte> *siehe* **Büchermarkt**

Buch·preis *der* <-es, -e> ❶ *Preis, den man für ein Buch bezahlt:* Die Buchpreise sind gestiegen. ❷ *Preis in Form eines Buches:* Für ihre guten Leistungen erhielt die Schülerin einen Buchpreis.

Buch·preis·bin·dung *die* <-, -en> *verbindliche Regelung für den Buchhandel, nach der Bücher zu einem festgelegten Preis verkauft werden müssen und diesen nicht unterschreiten dürfen*

Buch·prü·fung *die* <-, -en> WIRTSCH. (≈ *Bücherrevision) Überprüfung der Bücher³ eines Unternehmens* ▶ Buchprüfer, Buchprüferin

Buch·rei·he *die* <-, -n> *Reihe zusammengehöriger Bücher, die ein Thema oder eine Themengruppe behandeln:* eine Buchreihe zur Exilliteratur

Buch·rü·cken *der* <-s, -> *Teil des Bucheinbandes, der beide Buchdeckel zusammenhält*

Buchs·baum *der* <-(e)s, Buchsbäume> BOT. (≈ *Buchs) immergrüner Zierstrauch oder Baum mit kleinen ledrigen Blättern*

Buch·se *die* <-, -n> TECHN. (≈ *Steckdose) die Anschlussstelle für einen Stecker (bei elektrischen Geräten)*

Büch·se *die* <-, -n> ❶ (≈ *Dose) kleiner Behälter aus Blech mit Deckel:* eine Büchse mit Bonbons füllen ♦ -nmilch, -nöffner, Konserven- ❷ (≈ *Jagdgewehr)* Der Jäger bekam ein Reh vor die Büchse.

Büch·sen·fleisch *das* <-es> */kein Plur./* (≈ *Dosenfleisch) in Büchsen konserviertes Fleisch*

Buch·sta·be *der* <-ns, -n> *eines der einzelnen Zeichen eines Alphabets, das einen Laut oder eine Lautverbindung bezeichnet:* ein kyrillischer/lateinischer Buchstabe; ein aus vier Buchstaben bestehendes Wort ♦ -neinführung, -ngedicht, -nkombination, -nname, -nrätsel, -nschrift, -nsuppe, -nvariante, -nverbindung, Groß-, Klein-

Buch·sta·ben·schloss *das* <-es, Buchstabenschlösser> *Sicherheitsschloss mit verstellbaren Buchstaben, das nur geöffnet werden kann, wenn die richtige Buchstabenfolge eingestellt ist*

Buch·sta·bier·al·pha·bet *das* <-s, -e> *festgelegte Kennwörter für die einzelnen Buchstaben des Alphabets als Hilfsmittel beim Buchstabieren von Namen und schwierigen Wörtern:* Im deutschen Buchstabieralphabet steht der Name „Ida" für den Buchstaben „I".

buch·sta·bie·ren <buchstabierst, buchstabierte, hat buchstabiert> *mit OBJ* ■ *jmd. buchstabiert (jmdm.) (etwas) die einzelnen Buchstaben eines Wortes oder eines Namens einzeln aufsagen:* Sie musste ihren Namen am Telefon buchstabieren.

buch·stäb·lich *adv* ❶ (↔ *übertragen) so, dass es dem Wortsinn entsprechend gemeint ist:* Wenn man ins Theater geht und von „Bühne" spricht, so meint man das buchstäblich und nicht im übertragenen Sinne von „Öffentlichkeit". ❷ *wirklich, tatsächlich, regelrecht:* Wir erreichen den Zug buchstäblich in der letzten Sekunde.; Sein Gesicht war buchstäblich blau.

B

Bucht *die* <-, -en> *Teil des Meeres, der sich in das Land hinein erstreckt* ◆ Felsen-, Meeres-

Buch·tel *die* <-, -n> KOCH. ÖSTERR. *(≈ Dampfnudel) ein Hefegebäck*

Buch·um·schlag *der* <-s, Buchumschläge> *Schutzumschlag eines Buches*

Bu·chung *die* <-, -en> *das Buchen I, II* ◆ -sfehler, -snummer

Bu·chungs·be·leg *der* <-s, -e> *Beleg, Quittung über eine Buchung:* den Buchungsbeleg muss man sorgfältig aufbewahren

Bu·chungs·ma·schi·ne *die* <-, -en> *Büromaschine zum Verbuchen von Geschäftsvorgängen*

Buch·wei·zen *der* <-s> */kein Plur./* BOT. *zu den Knöterichgewächsen gehörende Pflanze, deren Früchte zu Mehl vermahlen werden können* ◆ -grütze, -pfannkuchen

Buch·wis·sen *das* <-s> */kein Plur./*

Bu·ckel *der* <-s, -> ❶ *(umg.: ≈ Rücken)* jmdm. den Buckel einreiben ❷ MED. *(≈ Kryphose) Wölbung der Wirbelsäule nach hinten als Folge der Deformierung einzelner Wirbelkörper* ❸ *(umg.) Hügel, kleine Erhebung;* ■ **Er/sie … kann mir den Buckel herunterrutschen!** *(umg.) er/sie … möge mich in Ruhe lassen;* ■ **jemand hat einen breiten Buckel** *jmd. hält viel aus und ist sehr belastbar;* ■ **Es läuft mir kalt den Buckel herunter.** *Es schaudert mich.*

bu·cke·lig *siehe* **bucklig**

bu·ckeln <buckelst, buckelte, hat gebuckelt> **I.** *mit OBJ* ■ **jmd. buckelt etwas** *(umg.) etwas sehr Schweres (auf dem Rücken) tragen:* Alle diese Schwierigkeiten hat er allein gebuckelt.; Diese Pakete kann ich schon buckeln. **II.** *ohne OBJ* ❶ ■ **jmd. buckelt** *jmd. macht einen Buckel* ❷ ■ **jmd. buckelt vor jmdm.** *(umg. abwert.) jmd. verhält sich unterwürfig vor jmdm.:* Er buckelte vor ihr und wagte nicht mehr, ihr Widerstand entgegenzusetzen.

Bu·cke·li·ge, Buck·li·ge *der/die* <-n, -n> *Mensch mit einem Buckel²*

Bu·ckel·rind *das* <-(e)s, -er> ZOOL. *Rind mit einem Höcker*

bü·cken <bückst, bückte, hat gebückt> *mit SICH* ■ **jmd. bückt sich** *den Oberkörper nach unten beugen*

buck·lig, bu·cke·lig *adj so, dass er/sie/es einen Buckel², ³ hat:* ein buckliger Mensch; eine bucklige Landschaft

Buck·li·ge *siehe* **Buckelige**

Bück·ling *der* <-s, -e> ❶ *(≈ Räucherhering)* ❷ *(veralt.) Verbeugung:* Der Diener verabschiedete sich mit einem Bücklingen.

Bud·del, But·tel *die* <-, -n> *(umg.)* NORDDT. *Flasche:* eine Buddel Rum

bud·deln <buddelst, buddelte, hat gebuddelt> **I.** *mit OBJ* ■ **jmd. buddelt etwas** *(umg.: ≈ graben)* Löcher buddeln **II.** *ohne OBJ* ■ **jmd. buddelt** *(umg.) zum Vergnügen in etwas graben:* Die Kinder buddeln im Sand.

Bud·dhis·mus *der* <-> */kein Plur./* REL. *Lehre Buddhas* ▶ Buddhist, Buddhistin, buddhistisch

Bu·de *die* <-, -n> ❶ *einfacher Marktstand:* Die Buden für den Markt werden aufgebaut. ◆ Markt-,

Würstchen- ❷ *(abwert.: ≈ Hütte) baufälliges Haus* ❸ *(umg.) kleines Zimmer (insbesondere von Studenten);* ■ **jemandem die Bude einrennen** *(umg.) sich jmdm. durch Besuche aufdrängen;* ■ **eine sturmfreie Bude** *(umg.) ein Zimmer, in dem man zu jeder Tages- und Nachtzeit Besuch empfangen darf* ◆ Studenten-

Bu·den·zau·ber *der* <-s> */kein Plur./ (umg.) ausgelassenes Fest, das jmd. in seinem eigenen Zimmer oder in seiner Wohnung feiert*

Bud·get *das* [by'dʒeː] <-s, -s> POL., WIRTSCH. ❶ *Haushaltsplan einer Gemeinde, eines Staates, einer Institution* ▶ Budgetierung ❷ WIRTSCH. *Plan von zu erwartenden Einnahmen (Volkswirtschaft, Sozialwirtschaft, Gesundheitswesen, Filmwirtschaft usw.)* ◆ -abweichung, -kürzung, Film-, Staats- ▶ Budgetierung ❸ *Plan von zu erwartenden Einnahmen im privaten Bereich* ◆ Familien-, Haushalts-, Urlaubs-

Bü·fett, Buf·fet *das* [byˈfeː/ˈbyfeː] <-(e)s, -s/-e> ❶ *Geschirrschrank, Anrichte* ❷ *Schanktisch einer Gaststätte* ❸ *zur Selbstbedienung angerichtete Speisen:* ein kaltes/warmes Buffet

Büf·fel *der* <-s, -> ZOOL. *ein großes Rind (in Asien und Afrika)* ◆ -leder, Indianer-, Wasser-

büf·feln <büffelst, büffelte, hat gebüffelt> *mit OBJ/ohne OBJ* ■ **jmd. büffelt (etwas/für etwas** *Akk.) (umg.: ≈ pauken) sehr intensiv lernen:* Ich habe den ganzen Abend (Vokabeln) gebüffelt.

Bug *der* <-s, -e> */Plur. selten/* LUFTF., SEEW. *vorderster Teil eines Schiffes oder Flugzeugs*

Bü·gel *der* <-s, -> ❶ *kurz für „Kleiderbügel":* den Anzug auf einen Bügel hängen ◆ Hosen- ❷ *gekrümmtes Teil, das als Halterung oder Einfassung dient:* die beiden Bügel eines Brillengestells ◆ -glas, -klammer, -kopfhörer, -leuchte, -säge, -verschluss

Bü·gel- *als Erstglied zusammengesetzter Substantive; drückt aus, dass das mit dem Zweitglied Bezeichnete sich auf das Glätten von Kleidungsstücken bezieht* ◆ -automat, -brett, -maschine, -tisch, -unterlage, -wäsche, -wasser

Bü·gel-BH *der* <-s, -s> *Büstenhalter mit eingearbeiteten Bügeln*

Bü·gel·ei·sen *das* <-s, -> *ein elektrisches Gerät, dessen Unterseite man aufheizen kann, um damit Wäsche zu bügeln* ◆ Dampf-

Bü·gel·fal·te *die* <-, -n> *in eine Hose gebügelte Falte*

bü·gel·frei *adj /nicht steig./ so, dass man Kleidungsstücke nicht oder kaum bügeln muss*

Bü·gel·griff *der* <-s, -e> *Griff in der Form eines Bügels*

bü·geln <bügelst, bügelte, hat gebügelt> *ohne OBJ* ■ **jmd. bügelt (etwas) (mit etwas** *Dat.) ein Bügeleisen über Kleidungsstücke führen, damit diese glatt werden* ▶ Büglerin

Bü·gel·sä·ge *die* <-, -n> *Säge, die über dem Sägeblatt einen Bügel hat*

bü·gel·tro·cken *adj /nicht steig./ so, dass es nicht ganz trocken ist und es sich leichter bügeln lässt*

Bug·gy *der* [ˈbagi] <-s, -s> ❶ *kleines Auto mit offener Karosserie* ❷ *zusammenklappbarer Kinderwagen*

bug·sie·ren <bugsierst, bugsierte, hat bugsiert> *mit OBJ* ❶ ■ *jmd. bugsiert etwas (mit etwas Dat.) irgendwohin* SEEW. *ein Schiff ins Schlepptau nehmen:* Das Lotsenschiff bugsiert den Hochseefrachter in den Hafen. ❷ ■ *jmd. bugsiert jmdn. irgendwohin* (umg.) *an einen bestimmten Ort, an ein bestimmtes Ziel bringen:* Er war so betrunken, dass sie ihn nach Hause bugsieren mussten.

bu·hen <buhst, buhte, hat gebuht> *ohne OBJ* ■ *jmd. buht Buhrufe von sich geben, um sein Missfallen auszudrücken:* Nach dem Konzert buhten die Zuschauer.

Buh·le *die* <-, -n> (dichter. oder veralt.) *Geliebte, Liebste*

buh·len <buhlst, buhlte, hat gebuhlt> *mit OBJ* ❶ ■ *jmd. buhlt um etwas Akk.* (geh. abwert.) *eifern:* Der ergraute Schauspieler buhlt um die Gunst des Publikums. ❷ ■ *jmd. buhlt mit jmdm./miteinander* (veralt.) *eine Liebesbeziehung mit jmdm. haben:* Sie buhlt mit ihm.

Buh·ne *die* <-, -n> SEEW. *künstliche, zur Landgewinnung eingesetzte Uferbefestigung am Meer*

Büh·ne *die* <-, -n> ❶ *Spielfläche im Theater:* Der Schauspieler betritt die Bühne. ◆ -nausstattung, -nbeleuchtung, -neffekt, -neingang, -nerfolg, -nmusik, -nscheinwerfer, -nshow, Theater- ❷ */nur Plur./* (≈ *Theater*) Die städtischen Bühnen haben die neue Spielsaison eröffnet. ❸ KFZ (≈ *Hebebühne*) ❹ SÜDDT., SCHWEIZ. *Dachboden:* Auf der Bühne bewahren wir Dinge auf, die wir gerade nicht brauchen.; ■ **etwas über die Bühne bringen** *(umg.) etwas meist Unangenehmes erfolgreich erledigen*

Büh·nen·an·wei·sung *die* <-, -en> THEAT. (≈ *Regieanweisung*) *im Text enthaltene Anweisung des Autors für die szenische Gestaltung*

Büh·nen·ar·bei·ter *der*, **Büh·nen·ar·bei·te·rin** <-s, -> THEAT. *Arbeiter in einem Theater, der z. B. die Kulissen auf- und abbaut*

Büh·nen·aus·spra·che *die* <-> (≈ *Standardaussprache) früher gängige Orientierung zu den Aussprachenormen im öffentlichen Bereich (insbesondere für das Theater); siehe auch* **Norm**

Parallel zu den Normen der Rechtschreibung (Orthografie) wird die Norm (vgl. dazu das Stichwort) der geltenden Aussprache traditionell als **Orthoepie** bezeichnet. Im Unterschied zur Rechtschreibung hatten Normen der Aussprache immer nur empfehlenden Charakter; sie würden sich auch nicht vorschreiben bzw. verordnen lassen.Gleichwohl bildeten sich für einige Verwendungsgebiete Ausprachestandards heraus. Seit dem Ende des 19. Jahrhunderts gab es konkrete Versuche (so von Theodor Viëtor), überregional akzeptierbare Aussprachenormen zu schaffen, die über den zahlreichen Dialekten und Umgangssprachen stehen. Eine „reine" Aussprache, die frei von Provinzialismen sein sollte, hatte schon J. W. von Goethe gefordert. Seit Ende des 19. Jahrhunderts bis zur überarbeiteten 19. Auflage von

1969 galt überwiegend das Lehrbuch der **Bühnenaussprache** von Theodor Siebs mit dem Titel „Deutsche Bühnenaussprache" als maßgeblicher Orientierungspunkt. Es war nicht am freien, sondern am reproduzierenden Sprechen (am Rezitieren und Vorlesen) orientiert; sowie an der Aussprache einzelner Wörter (und nicht der von Wortgruppen). Mit dem Ausdruck *Bühnensprache* konkurrieren die Ausdrücke *Standardaussprache, Aussprache des Schriftdeutschen* und *allgemeine deutsche Hochlautung*. Der Ausdruck *Bühnenaussprache* wird etwa seit den 70er Jahren des 20. Jahrhunderts nicht mehr verwendet. Siebs' Werk war erfolgreich, weil es vom Deutschen „Bühnenverein" und von namhaften Sprachwissenschaftlern unterstützt worden ist. Schauspielern wurde vorgeschrieben, äußerst präzise zu artikulieren; für ein einzelnes Phonem sollte z. B. nur eine einzige Variante der Realisierung gelten. So entstand eine überartikulierte und unnatürlich wirkende Aussprache, die von Kritikern als „geziert" und „lächerlich" angesehen wurde. Auch sind dort Besonderheiten der Schweiz und Österreichs kaum beachtet worden.

Seit Bestehen zweier deutscher Staaten nach dem 2. Weltkrieg (BRD und DDR) gab es besonders in der DDR Bestrebungen, orthoepische Normen stärker an die sprachliche Realität anzupassen; ein „Wörterbuch der deutschen Aussprache" erschien dort zuerst 1964 zur „Standardaussprache" für alle öffentlichen Bereiche (Theater, Schule, Rundfunk, Behörden). In der BRD richtete sich das 1962 erschienene „Aussprachewörterbuch" der Duden-Reihe noch an der Bühnenaussprache des „Siebs" aus; in der 2. Auflage 1974 und in späteren Auflagen wurde aber auf die Bühnenaussprache ganz verzichtet und im Untertitel der Ausdruck *Standardaussprache* gewählt. Zwischenzeitlich gab es auch im „Siebs" wesentliche Änderungen; so wurde in der letzten Auflage von 1969 zwischen „gemäßigter" und „reiner" Hochlautung unterschieden; der Titel lautete jetzt nur noch „Deutsche Aussprache". Seit der Wiedervereinigung beider deutscher Staaten 1990 hat es mehrere empirische Untersuchungen zur Aussprache des Deutschen gegeben, so zum Intonationsgebrauch und zu Varianten beim Vorlesen, beim Rezitieren, und beim unvorbereiteten freien Sprechen. Festgestellt wurde unter anderem eine Tendenz der deutschen Aussprache zur Lautabschwächung. Als wesentlich wird im Rahmen aller Bemühungen um eine realitätsbezogene Orthoepie die Analyse der Artikulationsgewohnheiten in natürlichen Situationen angesehen, die auch den heutigen Medienwirklichkeit gerecht wird.

Büh·nen·be·ar·bei·tung *die* <-, -en> THEAT. (≈ *Adaption, Dramatisierung) Bearbeitung eines li-*

B

B

terarischen Inhalts für die Aufführung auf der Bühne [1]

Büh·nen·bild *das* <-(e)s, -er> THEAT. *(≈ Bühnendekoration, Szenerie) künstlerische Ausgestaltung einer Bühne* [1] *mit Vorhängen, Wänden, Möbeln und anderen Gegenständen, die für die Aufführung gebraucht werden*

Büh·nen·bild·ner *der*, **Büh·nen·bild·ne·rin** <-s, -> THEAT. *jmd., der beruflich Bühnenbilder entwirft, gestaltet und deren Anfertigung leitet*

Büh·nen·dar·stel·ler *der*, **Büh·nen·dar·stel·le·rin** <-s, -> THEAT. *Schauspieler an einem Theater*

Büh·nen·de·ko·ra·ti·on *die* <-, -en> THEAT. *siehe* **Bühnenbild**

Büh·nen·dich·tung *die* <-, -en> THEAT. *(≈ Theaterstück) Dichtung für die Bühne*

Büh·nen·er·fah·rung *die* <-> /kein Plur./ THEAT. *Erfahrung im Spielen am Theater:* Diese Schauspielerin verfügt über eine langjährige Bühnenerfahrung.

Büh·nen·fas·sung *die* <-, -en> THEAT. *(≈ Bühnenbearbeitung) Fassung eines Werks, die für die Aufführung auf der Bühne bestimmt ist:* die Bühnenfassung einer Novelle

büh·nen·ge·recht *adj* /nicht steig./ THEAT. *so beschaffen, dass es für die Aufführung auf der Bühne geeignet ist:* eine bühnengeeignete Neubearbeitung des Stoffes

Büh·nen·lauf·bahn *die* <-, -en> THEAT. *beruflicher Werdegang eines Schauspielers am Theater*

Büh·nen·ma·ler *der*, **Büh·nen·ma·le·rin** <-s, -> THEAT. *(≈ Theatermaler) Maler von Bühnendekorationen*

Büh·nen·meis·ter *der*, **Büh·nen·meis·te·rin** <-s, -> THEAT. *(≈ Theatermeister) jmd., der für die Abwicklung des technischen Teils der Proben und Vorstellungen verantwortlich ist*

Büh·nen·spra·che *die* <-> /kein Plur./ THEAT. *(besonders artikulierte) Aussprache auf der Bühne*

Büh·nen·stück *das* <-(e)s, -e> THEAT. *(≈ Schauspiel, Theaterstück)*

büh·nen·tech·nisch *adj* /nicht steig./ THEAT. *so, dass es die Bühnentechnik betrifft* ▶ Bühnentechnik

Büh·nen·werk *das* <-(e)s, -e> THEAT. *zur Aufführung auf einer Bühne bestimmtes Werk*

Büh·nen·wir·kung *die* <-> /kein Plur./ THEAT. *Wirkung eines Bühnenstückes, die durch dramaturgische Handlungen, Effekte u.Ä. erzeugt wird*

Buh·ruf *der* <-(e)s, -e> *Missfallen bekundender Ausruf aus dem Publikum:* Der Redner ging unter Buhrufen von der Tribüne ab.

Bu·ka·rest <-s> *Hauptstadt von Rumänien*

Bu·kett *das* <-(e)s, -s/e> ❶ (geh.) *großer Blumenstrauß* ◆ Blumen-, Hochzeits-, Rosen- ❷ *(≈ Bouquet) Duft, der einen Wein kennzeichnet:* Der Weinkenner erkennt die Weinsorte am Bukett.

Bu·k·lee *das* <-s, -s> *siehe* **Bouclé**

Bu·ko·lik *die* <-> /kein Plur./ LIT. *Hirten- und Schäferdichtung (besonders der Antike)*

Bu·let·te *die* <-, -n> KOCH. *(≈ Frikadelle) mit Ei, Semmelmehl und Zwiebeln vermengtes, zu einem kleineren Klumpen geformtes und in der Pfanne gebratenes Hackfleisch*

Bul·ga·ri·en <-s> *Staat auf dem Balkan* ▶ Bulgare, Bulgarin, bulgarisch, Bulgarisch

Bul·gur *der* <-s> /kein Plur./ KOCH. *Hartweizengrütze*

Bu·li·mie *die* <-> /kein Plur./ MED. *krankhafte Störung des Essverhaltens, so dass sich übermäßiges Essen und Erbrechen abwechseln* ◆ -kranke ▶ Bulimiker, Bulimikerin, bulimisch

Bull·au·ge *das* <-s, -n> SEEW. *rundes Fenster im Schiffsrumpf*

Bull·dog® *der* <-s-, -s> TECHN. *Zugmaschine mit Einzylindermotor*

Bull·dog·ge *die* <-, -n> ZOOL. *eine kurzhaarige, stämmige Hunderasse aus England*

Bull·do·zer *der* ['buldoːzɐ] <-s, -> TECHN. *(≈ Planierraupe) schweres Raupenfahrzeug für Erdbewegungen und zum Planieren*

Bul·le[1] *der* <-n, -n> ❶ ZOOL. *geschlechtsreifes männliches Rind* ❷ (umg. abwert.) *Polizist*

Bul·le[2] *die* <-, -n> GESCH. *mittelalterliche Urkunde des Papstes oder eines anderen Herrschers*

Bul·len-, bul·len- *als Erstglied (einiger) zusammengesetzter Substantive und Adjektive, mit Betonung auf beiden Teilen; drückt aus, dass das mit dem Zweitglied Bezeichnete von besonderer Intensität ist* ◆ -hitze, -stark

bul·lern <bullerst, bullerte, hat gebullert> *ohne OBJ* ▪ *etw./jmd.* **bullert (irgendwo/irgendwie)** (umg.) *dumpfe und rhythmische Geräusche von sich geben:* Das Feuer bullert im Ofen.; Jemand bullert an der Tür.

Bul·le·tin *das* [byl'tɛ̃ː] <-s, -s> *amtlicher Bericht oder Krankenbericht:* Die Ergebnisse der Sitzung wurden in dem Bulletin … veröffentlicht.

Bull·ter·ri·er *der* <-s, -> ZOOL. *ein aus Bulldoggen und Terriern gezüchteter, mittelgroßer, englischer Hund*

Bu·me·rang, Bu·me·rang *der* <-s, -e/-s> *Wurfholz der Ureinwohner Australiens*

Bu·me·rang·ef·fekt *der* <-(e)s, -e> (übertr.) *eine Entwicklung, die letztlich auf die Person, die sie ausgelöst hat, (mit ihren negativen Effekten) zurückwirkt*

Bum·mel *der* <-s, -> (umg.) *gemütlicher Spaziergang* ◆ Schaufenster-, Stadt-

Bum·me·lant *der*, **Bum·me·lan·tin** <-en, -en> (abwert.) *langsamer und träger Mensch*

Bum·me·lei *die* <-, -en> (abwert.) *Trödelei, übermäßige Langsamkeit*

bum·me·lig *adj* (umg.: ≈ langsam, nachlässig, träge)

bum·meln <bummelst, bummelte, hat/ist gebummelt> *ohne OBJ* ❶ ▪ *jmd.* **bummelt (bei etwas** Dat.**)** (haben) (umg.) *trödeln:* Du hast ganz schön gebummelt. ❷ ▪ *jmd.* **bummelt (irgendwo)** (sein) (umg.) *umherschlendern:* Ich bin im Park gebummelt.

Bum·mel·streik *der* <-(e)s, -s> *besonders langsames Verrichten der Arbeit als eine Form des Streiks*

Bum·mel·zug *der* <-(e)s, Bummelzüge> (abwert.) *Nahverkehrszug, der langsam fährt und oft anhält*

bum·mern <bummerst, bummerte, hat gebum-

mert> *ohne OBJ* ❶ ■ *etwas bummert ein po-chendes Geräusch von sich geben:* Ihr Herz bummert laut. ❷ ■ *jmd. bummert an etwas Dat.* LANDSCH. *(mit der Faust) gegen etwas schlagen:* Er bummert gegen die Tür.
bums *interj verwendet, um das Geräusch nachzu-ahmen, das bei einem Fall oder Stoß entsteht*
Bums *der* <-es, -e> ❶ *(umg.) dumpfer Knall, Auf-prall:* Mit einem lauten Bums fiel die Vase zu Boden ❷ *(umg. abwert.) billige Tanzveranstaltung*
bum·sen <bumst, bumste, hat gebumst> **I.** *mit OBJ* ■ *jmd. bumst jmdn. (vulg.) jmd. hat mit jmdm. Geschlechtsverkehr* **II.** *ohne OBJ* ■ *jmd. bumst gegen etwas Akk. (umg.)* ❶ *laut gegen etwas schlagen:* Er hat vor Verzweiflung seinen Kopf gegen die Wand gebumst. ❷ *sich an etwas stark stoßen:* In der Dunkelheit bumste er gegen den Schrank. ❸ ■ *jmd. bumst (vulg.) jmd. hat Geschlechtsverkehr mit jmdm.;* ■ **Es hat gebumst!** *(umg.) Es hat einen Verkehrsunfall gegeben.*
Bund[1] *der* <-(e)s, -e> *etwas, das zusammenge-bunden ist:* ein Bund Petersilie
Bund[2] *der* <-(e)s, Bünde> *offizieller Zusammen-schluss einer bestimmten beruflichen oder sozialen Gruppe;* ■ **den Bund fürs Leben schließen** *(geh.) heiraten;* ■ **Bund und Länder** *die Regierung und die Bundesländer* ◆ Ärzte-, Bauern-, Gewerkschafts-
Bund[3] *der* <-(e)s, Bünde> *Abschluss einer Hose oder eines Rockes an der Taille*
Bund[4] *beim Bund (umg.) bei der Bundeswehr*
Bün·del *das* <-s, -> *mehrere Dinge, die zusam-mengebunden sind*
bün·deln <bündelst, bündelte, hat gebündelt> *mit OBJ* ■ *jmd. bündelt etwas* ❶ *mehrere Dinge oder Ereignisse nach bestimmten Merkmalen zu-sammenfassen:* Aktivitäten bündeln ❷ *(≈ zusam-menbinden)* Altpapier bündeln
Bun·des- *als Erstglied zusammengesetzter Sub-stantive; drückt aus, dass das mit dem Zweitglied bezeichnete Amt, Ministerium, Gericht sowie die damit bezeichnete Behörde, Institution, Einrich-tung oder Organisation der übergeordneten höchsten staatlichen Ebene zugehörig ist (und nicht der Landesebene)* ◆ -agentur für Arbeit, -an-stalt, -arbeitsgericht, -arbeitsminister(in), -arbeits-ministerium, -außenminister(in), -außenministe-rium, -beauftragte, -denkmalamt, -finanzminis-ter(in), -finanzministerium, -frauenministerin, -ge-sundheitsamt, -gesundheitsminister(in), -gesund-heitsministerium, -innenminister(in), -innenminis-terium, -kabinett, -kanzleramt, -kriminalamt, -mi-nisterium, -nachrichtendienst, -polizei, -rech-nungshof, -sicherheitsrat, -umweltminister(in), -umweltministerium, -verkehrsminister(in), -ver-kehrsministerium, -verteidigungsminister(in), -vertei-digungsministerium, -verwaltung, -verwaltungsge-richt, -vorsitzende, -vorstand, -wettbewerbsbe-hörde, -wirtschaftsminister(in), -wirtschaftsminis-terium
Bun·des·an·walt *der* <-(e)s, -anwälte> ❶ RECHTSW. *Anwalt bei einem Bundesgericht* ❷ RECHTSW. SCHWEIZ. *eidgenössischer Staatsanwalt*

in Bundesstrafsachen und Chef der politischen Polizei
Bun·des·ar·chiv *das* <-s> */kein Plur./ Bundesbe-hörde zur Sammlung und Auswertung von Archiv-material aus den Ministerien*
Bun·des·aus·bil·dungs·för·de·rungs·ge·setz *das* <-es> */kein Plur./ siehe* **BAföG**
Bun·des·bahn *die* <-> */kein Plur./ staatliches Ei-senbahnunternehmen* ◆ -direktion
Bun·des·bank *die* <-> */kein Plur./* WIRTSCH. *zen-trale Noten- und Währungsbank der Bundesrepu-blik Deutschland*
Bun·des·be·am·te *der,* **Bun·des·be·am·tin** <-n, -n> *Beamter des Bundes oder eines Bundesstaa-tes*
Bun·des·be·hör·de *die* <-, -n> *eine Behörde der Bundesrepublik Deutschland*
Bun·des·bür·ger *der,* **Bun·des·bür·ge·rin** <-s, -> *Bürger der Bundesrepublik Deutschland*
Bun·des·durch·schnitt *der* <-(e)s> */kein Plur./ auf die Bundesrepublik (Deutschland) bezogener Durchschnittswert von etwas*
Bun·des·fi·nanz·hof *der* <-(e)s> */kein Plur./* RECHTSW. *oberstes Bundesgericht für die Finanzge-richtsbarkeit*
Bun·des·ge·biet *das* <-(e)s> */kein Plur./ Staats-gebiet der Bundesrepublik Deutschland*
Bun·des·ge·richt *das* <-(e)s, -e> ❶ RECHTSW. *Ge-richt, das unabhängig von den Gerichten der ein-zelnen Bundesstaaten besteht* ❷ RECHTSW. SCHWEIZ. *oberster Gerichtshof*
Bun·des·ge·richts·hof *der* <-(e)s> */kein Plur./ oberstes Gericht·der Bundesrepublik Deutschland*
Bun·des·ge·setz *das* <-es, -e> *ein Gesetz der Bundesrepublik Deutschland*
Bun·des·ge·setz·blatt *das* <-(e)s> */kein Plur./* RECHTSW. *Gesetzblatt für Gesetze und Rechtsver-ordnungen, herausgegeben vom Ministerium für Justiz*
Bun·des·grenz·schutz *der* <-es> */kein Plur./ eine polizeiähnliche Institution der Bundesrepu-blik Deutschland, deren Aufgabe vor allem der Schutz der Grenzen ist*
Bun·des·haupt·stadt *die* <-> */kein Plur./ Haupt-stadt der Bundesrepublik Deutschland*
Bun·des·haus *das* <-es> */kein Plur./* POL. SCHWEIZ. *Parlamentsgebäude und zentrales Verwaltungsge-bäude der Eidgenossenschaft in Bern*
Bun·des·haus·halt *der* <-(e)s, -e> WIRTSCH., POL. *Staatshaushalt der Bundesrepublik Deutschland*
Bun·des·heer *das* <-(e)s> */kein Plur./* MILIT. *Ge-samtheit der Streitkräfte eines Bundesstaates*
Bun·des·kanz·ler *der,* **Bun·des·kanz·le·rin** <-s, -> */kein Plur./* POL. ❶ *in der Bundesrepublik Deutschland und in Österreich der Vorsitzende der Bundesregierung* ❷ *in der Schweiz der Leiter der Kanzlei des Bundesrats*
Bun·des·kar·tell·amt *das* <-(e)s> */kein Plur./* RECHTSW. *Behörde, die die Beachtung der Wettbe-werbsvorschriften überwacht*
Bun·des·la·de *die* <-> */kein Plur./* REL. *heiliger Schrein der Israeliten mit den Gesetzestafeln des Moses*
Bun·des·land *das* <-(e)s, Bundesländer> *ein*

B

Land, das zusammen mit anderen Teil eines Bundesstaats ist

Bundesländer nennt man in der juristischen Fachsprache die „Länder" in Deutschland, die zusammen mit anderen einen Bundesstaat bilden. Die Bundesländer der Bundesrepublik Deutschland sind größtenteils nach 1945 entstanden. Bis zur Wiedervereinigung Deutschlands im Jahre 1990 gehörten elf Länder zur Bundesrepublik (vgl. dazu unter „Bundesrepublik"). Sie wurden aus den ehemals westlichen Besatzungszonen gebildet. Die sowjetische Besatzungszone, aus der später die DDR entstand, bildete fünf Länder. Diese werden oft als *neue Bundesländer* bezeichnet; manchmal meint man damit auch das gesamte Gebiet der ehemaligen DDR. Heute gehören 16 Bundesländer zu Deutschland: Baden-Württemberg, Bayern, Berlin, Brandenburg, Bremen, Hamburg, Hessen, Mecklenburg-Vorpommern, Niedersachsen, Nordrhein-Westfalen, Rheinland-Pfalz, das Saarland, Sachsen, Sachsen-Anhalt, Schleswig-Holstein und Thüringen. Unter den Bundesländern sind Bremen, Berlin und Hamburg jeweils gleichzeitig ein Land und eine Stadt; das Land Bremen besteht aus zwei Städten: Bremen und Bremerhaven. Die anderen deutschen Bundesländer haben weitere Verwaltungs- und Selbstverwaltungseinheiten, nämlich Regierungsbezirke, Landkreise und kreisfreie Städte, Kommunalverbände sowie Gemeinden als kleinste selbständige Einheiten. Jedes Bundesland hat eine eigene Verfassung, eine eigene Geschichte, eine eigene Regierung und ein Parlament, den Landtag. Die einzelnen Länder regieren weitgehend selbstständig, müssen sich aber in fast allen Beschlüssen mit dem Bund einigen. Bestimmte Bereiche, wie Außenpolitik oder Verteidigung, hingegen werden auf nationaler Ebene geregelt. Darüber hinaus sind alle Länder im Bundesrat vertreten. Dieser stimmt Gesetzesentwürfen von Bundesregierung und Bundestag zu.

Bun·des·li·ga *die* <-, Bundesligen> */kein Plur./* SPORT *die höchste Spielklasse in einer (Ball-)sportart* ◆-club/-klub, -spiel, -verein, Basketball-, Eishockey-, Fußball-, Handball-, Tischtennis-, Volleyball-

Bun·des·mi·nis·ter *der;* **Bun·des·mi·nis·te·rin** <-s, -> POL. *der Minister oder die Ministerin eines bestimmten Amtsbereichs in der deutschen oder österreichischen Bundesregierung*

Bun·des·nach·rich·ten·dienst *der* <-es> */kein Plur./ (in Deutschland) Geheimdienst zur Beschaffung von Nachrichten aus dem Ausland*

Bun·des·ob·li·ga·ti·on *die* <-, -en> WIRTSCH. *Wertpapier mit fester Verzinsung*

Bun·des·par·tei·tag *der* <-(e)s, -e> POL. *Parteitag auf Bundesebene*

Bun·des·post *die* <-> */kein Plur./ staatliches Postunternehmen in Deutschland bis 1994*

Bun·des·prä·si·dent *der;* **Bun·des·prä·si·den·tin** <-en, -en> ❶ *in Deutschland und Österreich das Staatsoberhaupt, das insbesondere repräsentative Aufgaben hat* ❷ *der Regierungschef der Schweiz*

Bun·des·pres·se·amt *das* <-(e)s> */kein Plur./* POL. *Bundesamt, das u.a. für die staatlichen Pressemitteilungen zuständig ist*

Bun·des·rat *der* <-(e)s> ❶ */kein Plur./ in Deutschland und Österreich ein Parlament aus Vertretern der Bundesländer* ❷ SCHWEIZ. *die Regierung der Schweiz*

Bun·des·recht *das* <-(e)s> */kein Plur./* RECHTSW. *das in einem Bundesstaat geltende Recht des Gesamtstaates*

Bun·des·re·gie·rung *die* <-, -en> POL. *Regierung eines Bundesstaates*

Bun·des·re·pu·blik *die* <-> */kein Plur./ Abkürzung von „Bundesrepublik Deutschland"; siehe auch* **Grundgesetz**

Die Bundesrepublik Deutschland, heute kurz als *Deutschland* bezeichnet, entstand als westdeutscher Teilstaat aus der amerikanischen, der britischen und der französischen Besatzungszone der Siegermächte des 2. Weltkriegs. Sie wurde am 23.05.1949 als demokratischer Rechtsstaat begründet. Ihre Verfassung ist das Grundgesetz. Während der Ära Adenauer (1949-1963) gelang ein Wiederaufbau, der die Demokratie festigte und die Bundesrepublik Deutschland zu einem geachteten Partner des Westens machte. Am 9. Mai 1955 wurde die Bundesrepublik Deutschland Mitglied der NATO. Zwischen 1949 (Gründung der DDR) und 1990 gab es zwei deutsche Staaten. Der Beitritt der DDR zum Geltungsbereich des Grundgesetzes (vgl. das Stichwort) am 03. Oktober 1990 und damit die Wiedervereinigung beider deutscher Staaten beendete 40 Jahre deutscher Zweistaatigkeit. Deutschland hat damit heute etwa 82,2 Millionen Einwohner (Stand 2008).
In der Zeit des „Kalten Krieges" gab es in den 70er Jahren ständig Auseinandersetzungen um die Verwendung der Abkürzung „BRD" für die Bundesrepublik Deutschland, da man sich gegen die insbesondere von staatlichen Stellen der DDR (und damit von dem politischen Gegner) gewählte Parallelbezeichnung wehrte bzw. die DDR nicht als selbständigen Staat anerkannte. Seit den 70er Jahren hat man deshalb in der Bundesrepublik Deutschland die Abkürzung BRD in amtlichen Verlautbarungen nicht mehr verwendet; teils wurde sogar direkt in den Sprachgebrauch eingegriffen, indem man die Verwendung der Abkürzung BRD als sprachlich abweichend beurteilt hat. Seit der deutschen Wiedervereinigung kann die Abkürzung aber wieder unbefangen verwendet werden, auch wenn das seltener der Fall ist. Für *Bundesrepublik Deutschland* ist heute ebenso üblich der Ausdruck *Deutschland*. Das Natio-

nalitätskennzeichen für Kraftfahrzeuge ist „D" für Deutschland, das „D-Schild".

Bun·des·rich·ter *der*; **Bun·des·rich·te·rin** <-s, -> RECHTSW. *Richter an einem Bundesgericht*
Bun·des·schatz·brief *der* <-(e)s, -e> WIRTSCH. *ein käufliches Wertpapier*
Bun·des·so·zi·al·ge·richt *das* <-(e)s> /*kein Plur.*/ RECHTSW. *oberstes Bundesgericht für die Sozialgerichtsbarkeit*
Bun·des·staat *der* <-(e)s, -en> ❶ *ein Staat, der aus mehreren Ländern besteht* ❷ *ein Staat, der einem Staatenbund angehört*
Bun·des·stra·ße *die* <-, -n> *öffentliche Straße in der Bundesrepublik Deutschland, die Teil des zusammenhängenden Verkehrsnetzes aus Bundesfernstraßen ist*
Bun·des·tag *der* <-(e)s> /*kein Plur.*/ POL. *das Parlament der Bundesrepublik Deutschland* ◆ -sabgeordnete, -sdebatte, -sfraktion, -smandat, -smitglied, -ssitzung
Bun·des·tags·prä·si·dent *der*; **Bun·des·tags·prä·si·den·tin** <-en, -en> POL. *vom Bundestag gewählter Präsident, der die Sitzungen des Bundestages einberuft und leitet*
Bun·des·tags·wahl *die* <-, -en> POL. *Wahl der Abgeordneten des Bundestages durch die wahlberechtigten Bürger der Bundesrepublik Deutschland* ◆ -kampf
Bun·des·trai·ner *der*; **Bun·des·trai·ne·rin** <-s, -> SPORT *Spitzentrainer einer Nationalmannschaft der Bundesrepublik Deutschland*
Bun·des·ver·band *der* <-(e)s, Bundesverbände> *Verband, der eine bestimmte Gruppe bundesweit repräsentiert*
Bun·des·ver·fas·sungs·ge·richt *das* <-(e)s> /*kein Plur.*/ *oberstes Gericht der Bundesrepublik Deutschland, das für Fragen der Verfassung zuständig ist*
Bun·des·ver·samm·lung *die* <-, -en> POL. ❶ *in der Bundesrepublik Deutschland die Personen, die den Bundespräsidenten wählen* ❷ SCHWEIZ. *das Parlament der Schweiz*
Bun·des·vor·sit·zen·de *der/die* <-n, -n> *Vorsitzender einer als „Bund" bezeichneten Organisation*
Bun·des·vor·stand *der* <-(e)s, Bundesvorstände> *Vorstand einer als „Bund" bezeichneten Organisation*
Bun·des·wehr *die* <-> /*kein Plur.*/ MILIT. *die Streitkräfte der Bundesrepublik Deutschland* ◆ -ausrüstung, -auto, -beauftragter, -bekleidung, -besoldung, -bestände, -dienst, -depot, -einsatz, -fachschule, -gelände, -hochschule, -krankenhaus, -lazarett, -lieder, -mandat, -mütze, -orchester, -offizier, -reform, -schrank, -soldat(in), -uniform, -universität, -verband, -verwaltung, -zelt; *siehe auch* **Bundesrepublik**, **Grundgesetz**

Bundeswehr nennt man die Streitkräfte der Bundesrepublik Deutschland (vgl. das Stichwort). Die Bundeswehr wurde nach dem Bei-

tritt der Bundesrepublik zur NATO (1955) aufgestellt und verfügte bald über circa eine halbe Million Soldaten. Als Folge einer wachsenden Zahl von Kriegsdienstverweigerern wurde sie nach der Wiedervereinigung geographisch zwar ausgedehnt, aber in der Truppenstärke drastisch reduziert. Heute umfasst sie nur noch rund 250000 Soldaten (Stand von 2010), darunter Berufs- und Zeitsoldaten, Grundwehrdienstleistende und freiwillig länger Wehrdienstleistende. Wer den Dienst mit der Waffe aus Gewissensgründen ablehnt, kann ersatzweise Zivildienst leisten. Zivildienstleistende, auch „Zivi" genannt, werden überwiegend im sozialen Bereich eingesetzt.
Die Bundeswehr ist untergliedert in die Teilstreitkräfte Heer, Luftwaffe und Marine; daneben gibt es militärische (z. B. den zentralen Sanitätsdienst) und zivile (z. B. die Bundeswehrverwaltung) Organisationsbereiche. Die Bundeswehr ist an der Werteordnung des demokratischen Rechtsstaats ausgerichtet. Sie untersteht dem Bundesminister der Verteidigung, was den Vorrang der Politik gegenüber dem Militär sicherstellt. Frauen waren laut Grundgesetz zunächst von sämtlichen militärischen Aufgabenbereichen ausgeschlossen. Im Jahre 1975 gab es eine erste Änderung insofern, als Frauen als Sanitätsoffiziere (Ärztinnen, Apothekerinnen) eingestellt werden durften. Im Jahre 1988 standen den Frauen alle Laufbahnen im Sanitäts- und Militärmusikdienst offen, wozu es 1991 einige Erweiterungen gab. Aber erst seit dem Januar 2001 sind (nach einer Entscheidung des Europäischen Gerichtshofes zur Gleichstellung) in Deutschland alle Laufbahnen für Frauen uneingeschränkt geöffnet. Hierzu war eine Verfassungsänderung erforderlich; die Umsetzung erfolgte 2005 durch ein entsprechendes Gesetz zur Gleichstellung von Soldatinnen und Soldaten. Nach einer Entscheidung des Bundesverfassungsgerichtes steht der Umstand, dass gleichwohl die allgemeine Wehrpflicht nur für Männer gilt, nicht im Widerspruch zum Grundsatz der Gleichberechtigung der entsprechenden Artikels des Grundgesetzes (vgl. das Stichwort). Angesichts einer niedrigen Einberufungsquote der Männer eines Jahrgangs wurden Diskussionen dazu geführt, dass eine Wehrgerechtigkeit kaum noch gewährleistet sei. Am 19. Mai 2010 hat die Bundesregierung zunächst beschlossen (und durchgeführt), an der Wehrpflicht festzuhalten, aber die Dienstzeit für Wehrpflichtige und Zivildienstleistende um drei Monate zu verkürzen, so dass sie nur noch sechs Monate umfasst. Anschließend wurde (mit Beschluss vom 09.12.2010) die Wehrpflicht sogar zum 01.07.2011 ganz ausgesetzt; geplant ist auch eine drastische Verringerung der Truppenstärke.

Bund·fal·ten·ho·se *die* <-, -n> *relativ weit ge-*

B

schnittene Hose, in deren Bund Falten eingenäht sind

bün·dig *adj /nicht steig./* ❶ BAUW. *so, dass es sich auf der gleichen Ebene befindet:* bündig liegende Dielenbretter ❷ *so, dass es treffend und überzeugend ist:* ein bündiger Beweis ❸ *kurz und entschieden:* Er antwortete kurz und bündig.

Bün·dig·keit *die* <-> */kein Plur./* bündige Beschaffenheit

Bünd·nis *das* <-ses, -se> ❶ *feste Verbindung zwischen gleichgesinnten Personen oder Gruppen:* ein Bündnis eingehen ❷ POL. *(≈ Pakt, Bund) meist vertraglich abgesicherte Verbindung zwischen Staaten zur Verfolgung gemeinsamer Interessen:* ein breites Bündnis gegen den Terrorismus ◆ -partner, -politik, -system, -treue, -vertrag, -verpflichtung, Militär-, Verteidigungs-

Bünd·nis·frei·heit *die* <-> */kein Plur./* POL. *der Sachverhalt, dass ein Staat keinem Bündnis² angehört*

Bünd·nis·grü·ne *der/die (in Deutschland) Mitglied der Partei „Bündnis 90/Die Grünen“; siehe auch* **Partei**

Bünd·nis·po·li·tik *die* <-> */kein Plur./ gemeinsame Politik der Staaten, die in einem Bündnis² zusammengeschlossen sind*

Bun·ga·low *der* ['bʊŋɡalo] <-s, -s> *einstöckiges Wohnhaus mit Flachdach* ◆ Ferien-

Bun·gee·jum·ping *das* ['bandʒidʒampiŋ] <-s> */kein Plur./* SPORT *das Springen aus großer Höhe von einem Turm o. Ä., wobei der Springer durch ein Gummiseil gesichert ist*

Bun·gee·seil *das* ['bandʒi...] <-s, -e> *Gummiseil für das Bungeejumping*

Bun·gee·sprin·gen *das* ['bandʒi...] <-s> */kein Plur./ siehe* **Bungeejumping**

Bun·ker *der* <-s, -> MILIT. *Luftschutzkeller* ◆ -anlagen, -bau, -brecher, -ruine, Atomschutz-

bun·kern <bunkerst, bunkerte, hat gebunkert> *mit* OBJ ■ *jmd. bunkert etwas (irgendwo)* ❶ *Massengüter in einem Bunker einlagern* ❷ SEEW. *Brennstoff an Bord nehmen* ❸ *(umg.) verstecken:* Er hatte das Diebesgut in seinem Keller gebunkert.

Bun·sen·bren·ner *der* <-s, -> CHEM. *(≈ Gasbrenner)*

bunt *adj (↔ einfarbig) so, dass es viele verschiedene Farben hat:* ein buntes Kleid; das bunte Herbstlaub; ■ **jemandem wird etwas zu bunt** *(umg.) jmd. hat genug von etwas* ◆ Getrennt- oder Zusammenschreibung →4.16 ein bunt gefiederter/buntgefiederter Vogel; ein bunt gemischtes/buntgemischtes Programm; eine bunt gescheckte/buntgescheckte Katze; bunt schillernde/buntschillernde Fische; ein bunt gestreifter/buntgestreifter Schal

Bunt·far·ben·druck *der* <-(e)s, -e> DRUCKW. *(≈ Mehrfarbendruck)* ein im Buntfarbendruck gedrucktes Bild

bunt·ge·blümt, *a.* **bunt ge·blümt** *adj /nicht steig./ so, dass es mit einem bunten Blumenmuster versehen ist:* ein buntgeblümtes Tuch

bunt·ge·färbt, *a.* **bunt ge·färbt** *adj /nicht steig./*

so, dass es mit bunten Farben versehen ist: ein buntgefärbter Stoff

bunt·ge·fie·dert, *a.* **bunt ge·fie·dert** *adj /nicht steig./ so, dass es bunte Federn besitzt:* ein buntgefiederter Vogel

bunt·ge·mus·tert, *a.* **bunt ge·mus·tert** *adj /nicht steig./ so, dass es mit einem bunten Muster versehen ist:* buntgemusterte Bettwäsche

bunt·ka·riert, *a.* **bunt ka·riert** *adj /nicht steig./ so, dass es mit bunten Karos versehen ist:* ein buntkarierter Schal

Bunt·me·tall *das* <-s, -e> *ungenaue Bezeichnung für Schwermetalle (außer Eisen), die selbst farbig sind oder farbige Legierungen bilden (Kupfer, Blei, Zink, Nickel, Kobalt …)*

Bunt·sand·stein *der* <-(e)s> */kein Plur./ meist roter Sandstein*

Bunt·specht *der* <-(e)s, -e> ZOOL. *ein Vogel mit schwarz-weiß-rotem Gefieder*

Bunt·stift *der* <-(e)s, -e> *Stift mit farbiger Mine*

Bunt·wä·sche *die* <-> */kein Plur./ farbige Textilien*

Bünz·li *der* <-(s), -(s)> SCHWEIZ. *(≈ Spießer)*

Bür·de *die* <-, -n> *(geh.)* ❶ *schwere Traglast:* Der Baum brach unter der Bürde der Schneemassen zusammen. ❷ *Mühe, Kummer:* Er leidet unter der Bürde seines Amtes.

Bu·re *der* <-n, -n> *Nachkomme der niederländischen und deutschen Ansiedler in Südafrika*

Bu·ren·krieg *der* <-s> */kein Plur./* GESCH. *Krieg (1899-1902) zwischen England und den südafrikanischen Staaten der Buren*

Bu·ren·wurst *die* <-, ...-würste> ÖSTERR. *grobe Bockwurst*

Bü·ret·te *die* <-, -n> CHEM. *geeichte zylindrische Glasröhre, die am unteren Ende meist mit einem Glashahn verschlossen ist und zum Abmessen von Flüssigkeiten in der Messanalyse dient*

Burg *die* <-, -en> *eine große, massiv befestigte Wohn- und Verteidigungsanlage des Mittelalters:* die Mauern/Türme/Zinnen/Zugbrücke einer Burg; der Bau/die Belagerung/die Zerstörung einer Burg; Die Ruine der Burg Wieladingen ist ein beliebtes Ausflugsziel. ◆ -belagerung, -enbau, -frieden, -herr(in), -hof, -lehn, -ruine, -tor, -wall, Deutschordens-, Felsen-, Flieh-, Gipfel-, Hang-, Höhlen-, Insel-, Kirchen-, Keuzfahrer-, Landes-, Raub-, Ritter-, Sumpf-, Trutz-, Turm-, Wall-, Wasser-, -Zoll-

Burg·an·la·ge *die* <-, -n> *alle zu einer Burg gehörenden Gebäude und Mauern*

Bür·ge *der* <-n, -n> RECHTSW. *jmd., der eine Bürgschaft übernimmt oder der für etwas bürgt*

bür·gen <bürgst, bürgte, hat gebürgt> *mit* OBJ ■ *jmd. bürgt für jmdn./etwas* für jmdn. oder etwas eine Sicherheit garantieren: Er wird das Geliehene zurückgeben; dafür bürge ich mit meinem Wort.; Mit meinem Besitz bürge ich für die Sicherheit des Darlehens.

Bur·gen·land <-s> *Landschaft in Österreich*

Bür·ger *der*, **Bür·ge·rin** <-s, -> *jmd., der die Staatsbürgerschaft eines Landes besitzt* ◆ -initiative, -komitee, -nähe, -pflicht, -sinn, -versicherung, -vertreter(in), Bundes- ▶ **Bürgertum**

Bür·ger·be·tei·li·gung *die* <-> */kein Plur./ aktive Anteilnahme von Bürgern an politischen und gesellschaftlichen Fragen*

Bür·ger·ent·scheid *der* <-(e)s, -e> *Entscheidung der Bürger durch Abstimmung*

Bür·ger·fo·rum *das* <-s, ...-foren> *Forum, in dem Bürger organisiert sind, um politschen Einfluss zu nehmen*

Bür·ger·krieg *der* <-(e)s, -e> *kriegerische Handlungen zwischen verschiedenen Gruppen innerhalb eines Staates* ◆ -sflüchtling, -sparteien

bür·ger·lich *adj /nicht steig./* ❶ *den Bürger betreffend:* die bürgerlichen Pflichten/Rechte ❷ *dem Bürgertum entsprechend:* einen bürgerlichen Beruf wählen ❸ *(abwert.) (sehr) konservativ:* bürgerliche Anschauungen

Bür·ger·meis·ter *der,* **Bür·ger·meis·te·rin** <-s, -> *jmd., der an der Spitze einer Stadtverwaltung steht* ◆ -amt

Bür·ger·meis·ter·amt *das* <-(e)s, ...-ämter> ❶ *Amt, Wirkungsbereich eines Bürgermeisters* ❷ *Gebäude der Stadt- und Gemeindeverwaltung*

bür·ger·nah *adj /nicht steig./ so, dass es an den tatsächlichen Bedürfnissen und Problemen der Bürger orientiert ist:* eine bürgernahe Politik ▶ Bürgernähe

Bür·ger·recht *das* <-(e)s, -e> RECHTSW., POL. *Gesamtheit der einem Staatsbürger oder Gemeindemitglied zustehenden Rechte* ◆ -sbewegung, -skämpfer ▶ Bürgerrechtler, Bürgerrechtlerin

Bür·ger·recht·ler *der,* **Bür·ger·recht·le·rin** <-s, -> POL. *jmd., der sich dafür einsetzt, dass die Bürgerrechte für alle Bürger eines Staates gelten*

Bür·ger·rechts·be·we·gung *die* <-, -en> POL. *eine Bewegung, in der die Bürgerrechtler zusammengeschlossen sind*

Bür·ger·rechts·kämp·fer *der,* **Bür·ger·rechts·kämp·fe·rin** <-s, -> *jmd., der für die Verwirklichung von Bürger- und Menschenrechten kämpft*

Bür·ger·schaft *die* <-> */kein Plur./* ❶ *alle Bürger* ❷ POL. *das Parlament in Hamburg und Bremen* ◆ -sabgeordnete, -sfraktion

Bür·ger·sprech·stun·de *die* <-, -n> *öffentliche Sprechstunde von Politikern für die Bürger*

Bür·ger·steig *der* <-(e)s, -e> *Gehweg für Fußgänger* ◆ -absenkung, -breite, -reinigung

Bür·ger·ver·samm·lung *die* <-, -en> *Versammlung der Bürger einer Gemeinde*

Bür·ger·wehr *die* <-, -en> GESCH. *militärischer Selbstschutz der Bürger einer Stadt*

Burg·fräu·lein *das* <-s, -> GESCH. *Tochter eines Burgherrn oder Ritters im Mittelalter*

Burg·fried *der* <-(e)s, -e> (≈ *Bergfried) Hauptturm einer mittelalterlichen Burg*

Burg·graf *der* <-en, -en> GESCH. *(im Mittelalter) militärische Befehlshaber einer Burg*

Bürg·schaft *die* <-, -en> (≈ *Garantie) für jmdn.* eine Bürgschaft übernehmen

Bur·gund <-s> *französische Landschaft* ▶ Burgunder, Burgunderin, burgundisch

Bur·gun·der *der* <-s, -> ❶ *Einwohner Burgunds* ❷ *Wein aus Burgund* ❸ GESCH. *Angehöriger eines germanischen Volksstammes*

Burg·ver·lies *das* <-es, -e> *unterirdischer Kerker einer Burg*

Burg·vogt *der* <-(e)s, Burgvögte> GESCH. *Aufseher einer Burg*

Bu·rin *die* <-, -nen> *weibliche Form zu Bure*

Bur·ki·na Fa·so *das* <-s> *Staat in Westafrika (ehemalige französische Kolonie Obervolta)* ▶ Burkiner, Burkinerin, burkinisch

bur·lesk *adj schwankhaft, possenhaft; auf derbe Art komisch:* ein burlesker Humor

Bur·ma *das* <-s> *ein Staat in Hinterindien* ▶ Burmese, Burmesin, burmesich

Bü·ro *das* <-s, -s> *Raum für Arbeiten wie Schreiben, Organisieren usw., die im Zusammenhang mit der Verwaltung, dem Betreiben einer Firma oder Institution stehen* ◆ -angestellte, -arbeit, -automation, -fläche, -gebäude, -gemeinschaft, -haus, -hochhaus, -kauffrau, -kaufmann, -möbel, -personal, -raum, -stuhl, -tätigkeit, -zeit

Bü·ro·ar·ti·kel *der* <-s, -> (≈ *Bürobedarf) in einem Büro benötigter Gegenstand*

Bü·ro·be·darf *der* <-(e)s> */kein Plur./ Gegenstände wie Ordner, Mappen, Schreibpapier, Locher, Stifte usw., die für die Büroarbeit gebraucht werden*

Bü·ro·ein·rich·tung *die* <-, -en> *Gesamtheit der Einrichtungsgegenstände eines Büros*

Bü·ro·ge·hil·fe *der,* **Bü·ro·ge·hil·fin** <-n, -n> *jmd., der einfache Bürotätigkeiten erledigt*

Bü·ro·hengst *der* <-es, -e> *(umg. abwert.) pedantischer, engstirniger Mensch*

Bü·ro·klam·mer *die* <-, -n> *Metallklammer, mit der einzelne Papierbögen zusammengehalten werden*

Bü·ro·kom·mu·ni·ka·ti·on *die* <-> */kein Plur./ Gesamtheit der technischen Anlagen, die für den Nachrichtenaustausch zwischen den Mitarbeitern von Büros genutzt werden*

Bü·ro·kraft *die* <-, Bürokräfte> *jmd., der in einem Büro arbeitet*

Bü·ro·kra·tie *die* <-, -n> ❶ *Beamten- und Verwaltungsapparat eines Landes* ❷ *(abwert.) engstirnige, umständliche Beamtenwirtschaft* ◆ -abbau, -kosten, -theorie, -wahnsinn ▶ Bürokrat, Bürokratin, bürokratisch, Bürokratismus

Bü·ro·ma·schi·ne *die* <-, -n> *Sammelbezeichnung für die im Bürobetrieb eingesetzten Maschinen und Systeme (Computer, Kopiergeräte, Diktiergeräte ...)*

Bü·ro·ma·te·ri·al *das* <-s, Büromaterialien> *siehe* **Büroartikel**

Bü·ro·mensch *der* <-en, -en> *(abwert.) pedantische, nüchterne Bürokraft*

Bü·ro·stun·den <-> *Plur. Zeit, während der in einem Büro gearbeitet wird*

Bur·sche *der* <-n, -n> ❶ *ein junger Mann; Jugendlicher:* ein flinker/strammer Bursche ❷ *(abwert.) ein Mann:* ein seltsamer Bursche

Bur·schen·schaft *die* <-, -en> *eine Studentenverbindung, die nur männliche Studenten aufnimmt und die bestimmte alte Traditionen pflegt* ▶ Burschenschafter, Burschenschaftler, burschenschaftlich

bur·schi·kos *adj so, dass man (als Mädchen oder*

B

Frau) jungenhaft und ungezwungen wirkt: Ihr Benehmen war burschikos. ▶ Burschikosität

Bürs·te *die* <-, -n> *ein Gerät mit einem Handgriff und Borsten, das man über die Oberfläche von etwas bewegt, wobei die Borsten Staub, Haare oder Verunreinigungen entfernen* ◆ -nabstreifer, -naufsatz, -nfrisur, -ngarnitur, -nhalter, -nkehrmaschine, -nreiniger, -ntherapie, -nwalze, Haar-, Kleider-, Klo-, Massage-, Schuh-, Teppich-, Zahn-

bürs·ten <bürstest, bürstete, hat gebürstet> *mit OBJ* ■ *jmd. bürstet jmdn./etwas (mit etwas Dat.)* mit einer Bürste behandeln, um es zu reinigen oder zu pflegen: *Die Krankenkassen schlagen vor, sich nach jeder Mahlzeit die Zähne zu bürsten.; Die Massage mit einer Bürste war sehr wohltuend.;* ■ *etwas gegen den Strich bürsten* mit etwas bewusst sehr anders als normal umgehen *Er spielte das Mozartstück wie eine Komposition von Bach und bürstete es damit richtig gegen den Strich.*

Bürs·ten·mas·sa·ge *die* <-, -n> *Massage mit einer speziellen Bürste*

Bürs·ten·schnitt *der* <-(e)s, -e> *sehr kurz geschnittene Haare*

Bu·run·di *das* <-s> *Staat in Afrika* ▶ Burundier, Burundierin, burundisch

Bür·zel *der* <-s, -> ZOOL. *Schwanzwurzel der Vögel* ◆ -drüse

Bus¹ *der* <-ses, -se> *kurz für „Autobus" oder „Omnibus"* ◆ -fahrer(in), -fahrplan, -reise, -schaffner(in), -verbindungen, Linien-, Stadt-, Überland-

Bus² *der* <-ses> *Sammelleitung zur Datenübertragung zwischen mehreren Funktionseinheiten über einen gemeinsamen Übertragungsweg* ◆ -klemme, -master, -systeme, Daten-, Installations-, Steuer-

Bus·bahn·hof *der* <-(e)s, Busbahnhöfe> *ein zentraler Platz, an dem der Autobusverkehr einer Stadt oder Region zusammenläuft*

Busch *der* <-(e)s, Büsche> ❶ *eine Pflanze, deren viele Äste direkt aus dem Boden wachsen* ◆ Holunder-, -Rosen- ❷ */kein Plur./ Trockengebiet in Afrika und Australien;* ■ *bei jemandem auf den Busch klopfen* (umg.) *unauffällig nachfragen;* ■ *im Busch sein* (umg.) *im Geheimen vorbereitet werden Die Manager verhalten sich so merkwürdig zurückhaltend; da scheint etwas im Busch zu sein.* ◆ -feuer, -pilot

Busch·boh·ne *die* <-, -n> BOT. *als buschige, niedrige Pflanze wachsende Gartenbohne*

Bü·schel *das* <-s, -> *mehrere längliche Objekte, die zusammen eine Art Einheit bilden: ein Büschel Federn/Haare* ◆ Gras-, Haar-

bü·schel·wei·se *adv /nicht steig./ so, dass es in Büscheln ist:* büschelweise Haare verlieren

Busch·hemd *das* <-(e)s, -en> *sportliches Hemd mit aufgesetzten Taschen, das meist über der Hose getragen wird*

Bu·sen *der* <-s, -> */Plur. selten/ beide Brüste einer Frau: ein großer/kleiner/straffer/üppiger/voller Busen* ◆ -wunder

bu·sen·frei *adj /nicht steig./ so, dass der Busen unbedeckt ist* ▶ Busenfreiheit

Bu·sen·freund *der,* **Bu·sen·freun·din** <-(e)s, -e> *(veralt.) sehr enger Freund/enge Freundin*

Bu·sen·star *der* <-s, -s> (umg. abwert.) *weiblicher (Film-)Star mit großem Busen*

Bus·hal·te·stel·le *die* <-, -n> *Haltestelle, die von einem Linienbus regelmäßig angefahren wird*

Busi·ness *das* ['bɪznɪs] <-> */kein Plur./ Geschäftsleben, profitorientiertes Geschäft*

Busi·ness-Class, *a.* **Busi·ness·class** *die* ['bɪznɪz klaːs] <-> */kein Plur./* LUFT. *gehobene Sitzplatzkategorie in Passagierflugzeugen*

Bus·li·nie *die* <-, -n> *Route, die ein Autobus im Linienverkehr regelmäßig befährt*

Bus·sard *der* <-s, -e> ZOOL. *ein Greifvogel* ◆ Adler-, Anden-, Felsen-, Hochland-, Königs-, Mäuse-, Raufuß-, Wege-

Bus·schaff·ner *der,* **Bus·schaff·ne·rin** <-s, -> *jmd., der als Schaffner in einem Bus arbeitet*

Bu·ße *die* <-, -n> ❶ */kein Plur./* REL. *(≈ Reue)* Buße predigen ▶ bußfertig, Bußfertigkeit ❷ RECHTSW. *Geldstrafe, die man für ein Rechtsvergehen zahlen muss*

bü·ßen <büßt, büßte, hat gebüßt> I. *mit OBJ* ■ *jmd. büßt etwas (mit etwas Dat.)* die negativen Konsequenzen eines Fehlers, den man gemacht hat, tragen müssen: *Er büßte alle seine Sünden.; Sie mussts ihre Unvorsichtigkeit büßen.* II. *ohne OBJ* ■ *jmd. büßt für etwas* Akk. *die negativen Konsequenzen von etwas tragen müssen: Er büßte für seinen Leichtsinn.; Im Alter hat sie für ihren Lebenswandel gebüßt.*

Bü·ßer·hemd *das* <-(e)s, -en> GESCH. *zum Zeichen der Buße getragenes Gewand*

Bus·serl *das* <-s, -(n)> SÜDDT., ÖSTERR. (umg.) *Kuss:* jmdm. ein Busserl geben

Buß·fer·tig·keit *die* <-> */kein Plur./* REL. *Bereitschaft zur Buße* ▶ bußfertig

Buß·geld *das* <-(e)s, -er> RECHTSW. *eine Geldstrafe, die man wegen einer Ordnungswidrigkeit bezahlen muss* ◆ -bescheid, -katalog, -ordnung

Buß·geld·ver·häng·ung *die* <-, -en> RECHTSW. *die Verpflichtung zur Zahlung eines Bußgeldes wegen einer Ordnungswidrigkeit*

Buß·got·tes·dienst *der* <-es, -e> REL. *katholischer Gottesdienst, in dem den Gläubigen nach dem gemeinsamen Sündenbekenntnis vom Priester eine generelle Absolution erteilt wird*

Bus·si *der* <-s, -s> *siehe* **Busserl**

Buß- und Bet·tag *der* <-(e)s, -e> *der Buße gewidmeter Feiertag am Mittwoch vor Totensonntag*

Büs·te, Büs·te *die* <-, -n> ❶ *Skulptur, die Kopf und Brust eines Menschen zeigt: die Büste der Nofretete* ◆ Bronze-, Marmor- ❷ *(veralt.) Busen*

Büs·ten·hal·ter *der* <-s, -> *die Brüste stützendes Wäschestück für Frauen; abgekürzt „BH"*

Bus·ti·er *das* [bys'tje:] <-s, -s> *miederartiges, nicht ganz taillenlanges Oberteil für Frauen*

Bu·tan·gas *das* <-es> */kein Plur./ als Brenngas verwendetes Butan*

But·ler *der* ['batlɐ] <-s, -> *Diener in einem gehobenen Haushalt*

Butt *der* <-(e)s, -e> ZOOL. NORDDT. *(≈ Scholle)*

Bütt *die* <-, -en> *Rednerpult im Karneval:* in die Bütt gehen ◆ -enabend, -enrede, -enredner(in)

But·te, **Büt·te** *die* <-, -n> *wannenförmiges Gefäß*
But·tel *die siehe* **Buddel**
Büt·ten·kar·ton *der* <-s, -s> *handgeschöpfter Karton*
Büt·ten·pa·pier *das* <-(e)s> /*kein Plur.*/ *von Hand geschöpftes Papier*
Büt·ten·red·ner *der,* **Büt·ten·red·ne·rin** <-s, -> *jmd., der eine Karnevalsrede hält*
But·ter *die* <-> /*kein Plur.*/ *ein aus Milch gewonnenes Fett als Brotaufstrich oder Bratfett:* ein halbes Pfund Butter; Butter dick aufs Brot schmieren; ■**alles in Butter!** *(umg.)* alles in Ordnung ◆-creme-/-krem-/-kreme, -dose, -gebäck, -käse, -keks, -kuchen, -messer, -rührgerät, -schmalz, -schleuder, -stulle, Dreiviertelfett-, Halbfett-, Knoblauch-, Kräuter-, Land-, -Marken-, Molkerei-, Salz-, Sardellen-, Sauerrahm-, Süßrahm-
But·ter·berg *der* <-(e)s, -e> *(umg.) großer Butterüberschuss, der auf Lager liegt; siehe auch* -**berg**
But·ter·blu·me *die* <-, -n> BOT. *eine gelb blühende Wiesenblume:* einen Kranz aus Butterblumen flechten
But·ter·brot *das* <-(e)s, -e> *ein mit Butter bestrichenes Brot;* ■**jemandem etwas aufs Butterbrot schmieren** *(umg. abwert.) jmdm. deutliche Vorhaltungen machen*
But·ter·brot·pa·pier *das* <-s> /*kein Plur.*/ *(≈ Pergamentpapier) ein Papier, das kein Fett durchlässt und sich daher eignet, mit Butter bestrichene Brote zu verpacken*

But·ter·fahrt *die* <-, -en> *(umg.)* ❶ *Schiffsfahrt mit der Möglichkeit, billig einzukaufen* ❷ *≈ Kaffeefahrt*
But·ter·fass *das* <-es, Butterfässer> ❶ *Fass zum Aufbewahren von Butter* ❷ *Fass, das früher benutzt wurde, um aus Milch Butter herzustellen*
But·ter·milch *die* <-> /*kein Plur.*/ *eine säuerliche Milch mit geringem Fettgehalt*
but·ter·weich *adj* /*nicht steig.*/ *sehr weich*
But·ton *der* ['bʌtn] <-s, -s> ❶ *Anstecker mit einem Emblem oder einem aufgedruckten Text* ❷ EDV *Bedienelement einer Benutzeroberfläche*
But·ton-down-Kra·gen *der* ['bʌtn-daʊn...] <-s, -> *Kragen, dessen Enden festgeknöpft werden*
But·zen·schei·be *die* <-, -n> *kleine, runde, bleigefasste Fensterscheibe mit einer Verdickung in der Mitte*
bye-bye [baɪˈbaɪ, beiˈbei] *adv (umg.) Auf Wiedersehen!*
By·pass·ope·ra·ti·on *die* ['beipas...] <-, -en> MED. *operative Überbrückung eines erkrankten Blutgefäßstückes am Herzen*
Byte *das* [baɪt] <-(s), -(s)> EDV *Informationseinheit von je acht Bit* ◆Giga-, Kilo-, Mega-, -Tera-
By·zanz <-> GESCH. *alter Name für das heutige Istanbul; im alten Griechenland als Byzantion, dann latinisiert als Byzantium; im oströmischen Reich als Konstantinopel*

Cc

C, c *das* <-, -> ❶ *der dritte Buchstabe des Alphabets:* ein großes C; ein kleines c ❷ MUS. *erster Ton der Grund-(C-Dur-)Tonleiter*
Ca·ba·ret *das* [kabaˈreː] <-s, -s> *siehe* **Kabarett**
Ca·b·ri·o·let *das* [kabrioˈleː] <-s, -s> *siehe* **Kabriolett**
Cache *der* [kæʃ] <-, -s> EDV *Pufferspeicher eines Computers*
CAD *das* [kæd] <-> /*kein Plur.*/ EDV *Abkürzung von „computer-aided design": Konstruieren mit dem Computer*
Cad·mi·um, *a.* **Kad·mi·um** *das* <-s> /*kein Plur.*/ CHEM. *silberweiß glänzendes, leicht schneidbares Metall, chemisches Zeichen: Cd*
Cae·si·um, *a.* **Cä·si·um** *das* [tsɛːziʊm] <-s> /*kein Plur.*/ CHEM. *silberweißes, weiches Metall, chemisches Zeichen: Cs*
Ca·fé *das* [kaˈfeː] <-s, -s> ❶ *(≈ Kaffeehaus) eine Gaststätte, in der vor allem Kaffee und Kuchen angeboten werden* ◆Eis-, Garten-, Internet-, Steh-, Straßen- ❷ SCHWEIZ. *Kaffee*
Ca·fé com·plet *der* [kafekõˈplɛ] <- -, -s -s> SCHWEIZ. *Kaffee mit Milch, zu dem Brötchen mit Butter und Marmelade serviert werden*
Ca·fe·te·ria *die* <-, -s/Cafeterien> *eine Art Restaurant (als Teil einer Institution), in dem man*
sich das Essen und die Getränke selbst holt und an einer Kasse bezahlt: Zur Mensa der Universität gehört auch eine Cafeteria.
Cal·ci·um, *a.* **Kal·zi·um** *das* <-s> /*kein Plur.*/ CHEM. *silberglänzendes, sehr weiches Leichtmetall, das nur in Verbindungen vorkommt, chemisches Zeichen : Ca*
Cal·de·ra *die* <-, Calderen> GEOGR. *(≈ Einsturzkrater, Explosionskrater) kesselartige Vertiefung an Vulkanen*
Call·boy *der* ['koːlbɔy] <-s, -s> *ein (junger) Mann, der auf Anruf in jmds. Wohnung kommt, um gegen Bezahlung (homo-)sexuelle Wünsche zu befriedigen*
Call-Cen·ter, *a.* **Call·cen·ter** *das* ['koːlsɛntɐ] <-s, -> TELEKOMM. *zentrale Stelle in einer Firma o. Ä., in der eingehende Anrufe entgegengenommen und bearbeitet oder weitergeleitet werden*
Call·girl *das* ['koːlgəːl] <-s, -s> *eine Prostituierte, die auf Anruf in jmds. Wohnung kommt, um gegen Bezahlung sexuelle Wünsche zu befriedigen*
Call·ing·card, *a.* **Call·ing Card** *die* ['koːlɪŋkɑd] <-, -s> TELEKOMM. *eine Telefonkarte, mit der man ohne Bargeld internationale Telefongespräche führen kann*

C

Cal·va·dos *der* <-, -> *französischer Apfelbrannt-wein*

Cal·vi·nis·mus, *a.* **Kal·vi·nis·mus** *der* <-> /*kein Plur.*/ REL. *evangelisch-reformierte Glaubenslehre*

Ca·lyp·so *der* [ka'lɪpso] <-(s), -s> MUS. ❶ *ein Tanz im Rumbarhythmus* ❷ *volkstümliche Musik Westindiens*

CAM *das* [kæm] <-s> /*kein Plur.*/ EDV *Abkürzung von „computer-aided manufacturing": die auf Computern basierende Steuerung und Überwachung von Produktionsabläufen*

Ca·margue·pferd *das* [ka'marg...] <-(e)s, -e> ZOOL. *eine südfranzösische Pferderasse*

Cam·cor·der *der* ['kamkɔrdɐ] <-s, -> *Kurzform für „Kamerarekorder", eine tragbare Videokamera*

Ca·mem·bert *der* ['kaməmbɛːɐ̯, 'kaməmbɛːɐ̯, kamã'bɛːɐ̯] <-s, -s> *ein Weichkäse aus Frankreich mit einem dünnen, weißen Schimmelbelag*

Ca·mi·on *der* [kamiɔn] <-s, -s> SCHWEIZ. *Lastwagen*

Ca·mi·on·neur *der* [kamiɔ'nøːɐ̯] <-s, -e> SCHWEIZ. *Spediteur*

Ca·mor·ra, *a.* **Ka·mor·ra** *die* <-> /*kein Plur.*/ *eine kriminelle Geheimorganisation in Süditalien*

Camp *das* [kɛmp] <-s, -s> *ein größerer Platz mit Zelten und kleinen, einfachen Häusern, wo man seine Ferien verbringen kann:* mit den Pfadfindern in ein Camp fahren ◆ Ferien-

Cam·pa·g·ne *die* [kam'panjə] <-, -n> /*kein Plur.*/ *siehe* **Kampagne**

cam·pen ['kɛmpn̩] <campst, campte, hat gecampt> *ohne OBJ* ■ *jmd. campt (irgendwo) für eine bestimmte Zeit in den Ferien oder am Wochenende in einem Zelt oder Wohnwagen wohnen:* Wir haben am Waldrand gecampt.

Cam·per *der*, **Cam·pe·rin** ['kɛmpɐ] <-s, -> *jmd., der campt*

cam·pie·ren <campierst, campierte, hat campiert> *ohne OBJ* ■ *jmd. campiert (irgendwo)* SCHWEIZ. *campen, zelten*

Cam·ping *das* ['kɛmpɪŋ] <-s> /*kein Plur.*/ *während des Urlaubs oder am Wochenende in einem Zelt oder Wohnwagen leben:* In diesem Sommer fahren wir zum Camping nach Italien. ◆ -anhänger, -bett, -bus, -dusche, -einrichtung, -führer, -gasflasche, -geschirr, -grill, -heizung, -herd, -kocher, -küche, -liege, -messe, -möbel, -reise, -schrank, -stuhl, -tisch, -toilette, -urlaub, -verein, -wagen, -zelt

Cam·ping·aus·rüs·tung *die* ['kɛmpɪŋ...] <-, -en> *Gesamtheit der Gegenstände, die man zum Camping braucht, z. B. Zelt, Schlafsack, Kocher, Geschirr usw.:* Vor dem Urlaub müssen wir noch unsere Campingausrüstung vervollständigen.

Cam·ping·beu·tel *der* ['kɛmpɪŋ...] <-s, -> *ein leichter Beutel in der Art eines Rucksacks, den man über einer Schulter trägt*

Cam·ping·platz *der* ['kɛmpɪŋ...] <-es, Campingplätze> *ein Platz zum Aufstellen von Zelten und Wohnwagen, der meist mit Wasser- und Stromanschlüssen und sanitären Einrichtungen ausgestattet ist*

Cam·pus *der* ['kampʊs] <-, -> (≈ Universitätsgelände) *Gelände, Gesamtanlage einer Universität*

Ca·nail·le *die* [ka'naljə/ka'najə] <-, -n> *siehe* **Kanaille**

Ca·nas·ta *das* <-s> /*kein Plur.*/ *ein Kartenspiel*

Can·ber·ra *das* ['kænbərə] <-s-s> *Hauptstadt von Australien*

Can·can *der* [kã'kãː] <-s, -s> *ein (Schau-)Tanz, bei dem die Tänzerinnen lange Röcke oder Kleider tragen und ihre Beine hochwerfen, so dass man ihre Unterwäsche sehen kann*

can·celn ['kɛntsl̩n] <cancelst, cancelte, hat gecancelt> *mit OBJ* ■ *jmd. cancelt etwas* rückgängig machen, absagen, streichen: Ich habe den Flug gecancelt.

Can·na·bis *der* <-> /*kein Plur.*/ ❶ BIOL. *Hanf* ❷ *(umg.) Haschisch* ◆ -abhängigkeit, -anbau, -besitz, -blätter, -einnahme, -entzug, -ernte, -gebrauch, -geruch, -gesetz, -handel, -intoxikation, -konsum, -legalisierung, -rauch, -rausch, -rezeptoren, -samen, -sorten, -sucht, -tee, -vergiftung, -verbot, -wirkstoff, -wirkung

Can·nel·lo·ni *die* <-> *Plur.* KOCH. *Röllchen aus Nudelteig, die mit Hackfleisch, Spinat o. Ä. gefüllt und mit Käse überbacken sind*

Ca·nos·sa·gang *der* <-(e)s> /*kein Plur.*/ *siehe* **Kanossagang**

Can·yo·ning *das* ['kɛnjənɪŋ] <-s> /*kein Plur.*/ SPORT *eine Sportart, bei der man in engen Schluchten im Gebirge wandert oder klettert*

CAP *das* <-s> /*kein Plur.*/ *Abkürzung von „computer-aided/assistend planning": computerunterstützte Arbeitsplanung, oder für „computer aided/assistend printing": computerunterstütztes Drucken*

Cape *das* [keːp] <-s, -s> *ein Umhang ohne Ärmel, der einem Mantel ähnlich ist und häufig eine Kapuze hat:* ein weites Cape aus Samt ◆ Regen-

Cap·puc·ci·no *der* [kapʊ'tʃiːno] <-(s), -(s)> *Kaffee mit aufgeschäumter Milch*

Ca·pric·cio *das* [ka'prɪtʃo] <-s, -s> MUS. *heiteres, scherzhaftes Musikstück in freier Form mit unerwarteten rhythmischen und harmonischen Wendungen*

Ca·que·lon *das* ['kakɛlɔn] <-s, -s> SCHWEIZ. *Topf mit Stiel aus Steingut oder Keramik, den man z. B. für Fondue benutzt*

Ca·ra·van *der* ['ka(ː)ravan, kara'vaːn] <-s, -s> ❶ *Kombiwagen* ❷ *Wohnwagen* ❸ *Verkaufswagen:* ein Caravan für Obst und Gemüse

Ca·ra·van·spie·gel *der* <-s, -> KFZ *ein speziell für den Caravan konstruierter, verlängerter Rückspiegel*

Car·bid *das* <-(e)s, -e> *siehe* **Karbid**

Car·bo·nat *das* <-(e)s, -e> *siehe* **Karbonat**

Car·go *der* <-s, -s> *siehe* **Kargo**

Car·go·ho·se *die* <-, -n> *eine Hose, bei der seitlich auf den Hosenbeinen Taschen aufgenäht sind*

Ca·ri·tas *die* <-> /*kein Plur.*/ *katholischer Wohlfahrtsverband in Deutschland*

Ca·ro·tin *das* <-s> /*kein Plur.*/ *siehe* **Karotin**

Car·port *der* ['kaːpɔːt] <-s, -s> *überdachter Abstellplatz für Autos, der an den Seiten offen ist:* das Auto in einem Carport parken

Car·sha·ring, *a.* **Car-Sha·ring** *das* ['kaːʃɛrɪŋ] <-s> /*kein Plur.*/ *der Vorgang, dass ein Auto*

durch verschiedene Personen gegen Gebühr benutzt wird

Car·toon der/das [kar'tu:n] <-s, -s> ❶ Karikatur, satirische Zeichnung ❷ (≈ Comic Strip) gezeichnete oder gemalte, häufig satirische Geschichte in Bildern ▸ Cartoonist, Cartoonistin

Car·ving das ['kaːvɪŋ] SPORT eine Technik beim Ski- oder Snowboardfahren, bei der man sehr enge Kurven auf der Kante des Skis fährt, ohne zu rutschen

Car·ving-Ski der ['kaːvɪnʃiː] <-s, -er> SPORT spezielle Skier für das Carving

Ca·sa·no·va der <-s, -s> (umg.: ≈ Frauenheld, Verführer) verwendet als Bezeichnung für einen Mann, dem es immer wieder gelingt, Frauen zu verführen und der bereits viele Frauen verführt hat (nach dem italienischen Abenteurer und Schriftsteller G. Casanova (1725–1798)) ◆ Vorstadt-

Cash das [kæʃ] <-> /kein Plur./ Bargeld, Barzahlung

Ca·shew·nuss die ['kɛʃu...] <-, Cashewnüsse> essbare Frucht eines Baumes der tropischen Gebiete Amerikas

Cash·flow der ['kæʃfloʊ] <-s> /kein Plur./ WIRTSCH. Überschuss eines Unternehmens nach Abzug aller Unkosten, der zugleich die Kennziffer zur Beurteilung der finanziellen Struktur ergibt

Cash·ge·schäft das ['kæʃ...] <-(e)s, -e> WIRTSCH. Geschäft, bei dem bar bezahlt wird

Cas·set·ten-Re·cor·der, a. **Kas·set·ten·re·cor·der** der <-s, -> Kassettengerät, mit dem Kassetten abgespielt und bespielt werden können

cas·ten ['kaːstən] <castest, castete, hat gecastet> mit OBJ ■ jmd. castet jmdn. FILM für eine bestimmte Rolle die geeignete Person (aus einer größeren Gruppe von Schauspielern, Tänzern o. Ä.) heraussuchen

Cas·ting das ['kaːstɪŋ] <-s, -s> FILM der Vorgang, dass jmd. für eine bestimmte Rolle in einem Film oder Bühnenstück aus einer größeren Gruppe von Schauspielern, Tänzern o. Ä. die geeignete Person heraussucht ◆ -agentur, -band, -büro, -firma, -partner, -redakteur(in), -show, -termin, -vorbereitung, -wahn, -zeitung

Cas·tor® der <-s, -en> ein spezieller Behälter, in dem radioaktives Material transportiert und gelagert werden kann

Cas·tor·be·häl·ter der <-s, -> siehe **Castor**

cat·chen ['kɛtʃn] <catchst, catchte, hat gecatcht> ohne OBJ/mit OBJ ■ jmd. catcht (mit jmdm.) SPORT einen öffentlichen Ringkampf austragen, bei dem fast alle Griffe erlaubt sind ▸ Catcher, Catcherin

Ca·te·ring das ['keɪtərɪŋ] <-s> /kein Plur./ die Versorgung mit Speisen und Getränken (im Rahmen bestimmter Anlässe) ◆ -firma

Cau·sa die <-, Causae> RECHTSW. Grund oder Ursache eines Schadens oder eines anderen Rechtsfalles

Ca·yenne·pfef·fer der [ka'jɛn...] <-s> /kein Plur./ sehr scharfes Gewürz, das überwiegend aus Chili hergestellt wird

CB-Funk der [tseː'beː...] <-(e)s> /kein Plur./ (pri-

vater) Sprechfunkverkehr auf einer bestimmten Frequenz ▸ CB-Funker, CB-Funkerin

cbm (veralt.) Zeichen für Kubikmeter

CC Abkürzung von „Corps consulaire“: konsularisches Korps

CCD Abkürzung von „Conseil de Coopération Douanière“: europäischer Zollrat

ccm (veralt.) Zeichen für Kubikzentimeter

CD die [tseː'deː] <-, -s> Abkürzung von „Compact-disc“ ◆ -audiospur, -aufbewahrung, -autoradio, -börse, -box, -cover, -datenbank, -drucker, -entsorgung, -etiketten, -format, -hülle, -laufwerk, -neuerscheinung, -qualität, -regal, -ständer, -turm, -wechsler, Audio-, Doppel-

CD-Bren·ner der [tseː'deː...] <-s, -> EDV ein Gerät, mit dem man Daten auf spezielle CDs brennen[2] kann

CD-Play·er der [tseː'deːpleːɐ] <-s, -> Abspielgerät für CDs: der Digitalausgang/das Display/die Fernbedienung/das Laufwerk/die Laufwerksschublade des CD-Players

CD-ROM die [tseː'deː'rɔm] <-, -s> EDV eine Art CD, deren Daten von einem Computer gelesen, aber nicht verändert werden können: Dieses Lexikon habe ich mir auf CD-ROM gekauft.

CD-ROM-Lauf·werk das [tseː'deː'rɔm...] <-(e)s, -e> EDV Teil eines Computers, mit dem die Daten oder Programme, die auf CD-ROM gespeichert sind, gelesen werden können

CD-Spie·ler der [tseː'deː...] <-, -> (≈ CD-Player)

CE der Abkürzung von „Council of Europe“: Europarat

Cel·list der, **Cel·lis·tin** die [tʃɛ'lɪst, ʃɛ'lɪst] <-en, -en> MUS. Musiker, der auf einem Cello spielt

Cel·lo das ['tʃɛlo, 'ʃɛlo] <-s, -i/-s> kurz für „Violoncello“; ein Saiteninstrument: ein Konzert für Cello und Orchester

Cel·lo·phan®, a. **Zel·lo·phan** das <-s> /kein Plur./ eine sehr dünne, durchsichtige Folie aus Viskose, die meist zum Verpacken von Lebensmitteln benutzt wird

cel·lo·pha·nie·ren <cellophanierst, cellophanierte, hat cellophaniert> mit OBJ ■ jmd. cellophaniert etwas (selten) eine Ware in Cellophan verpacken

Cel·lu·li·te, a. **Cel·lu·li·tis** die <-> /kein Plur./ MED. (≈ Orangenhaut) (bei Frauen auftretende) Veränderung des Bindegewebes der Unterhaut, besonders an den Oberschenkeln

Cel·lu·loid das <-(e)s, -e> siehe **Zelluloid**

Cel·lu·lo·se die <-, -n> siehe **Zellulose**

Cel·si·us PHYS. Gradeinheit auf der Celsiusskala; internationale Maßeinheit der Temperatur: Die Wassertemperatur an der Küste beträgt 23 Grad Celsius.

Cem·ba·lo das ['tʃɛmbalo] <-s, Cembali/-s> Tasteninstrument, bei dem die Saiten nicht angeschlagen, sondern angerissen werden ◆ -bau, -mechanik, -musik ▸ Cembalist, Cembalistin

Cent der [sɛnt] <-(s), -(s)> ❶ kleinste europäische Währungseinheit: Ein Euro hat einhundert Cent. ❷ kleinste amerikanische Währungseinheit: Ein amerikanischer Dollar hat einhundert Cent.

Cen·ter das ['sɛntɐ] <-s, -> (großes) Einkaufszentrum

Cen·tre·court, a. **Cen·tre-Court** der ['sɛntə-'kɔː(r)t] <-s, -s> SPORT Hauptspielplatz einer Tennisanlage

Cer·be·rus der <-, -se> siehe **Zerberus**

CERN das [sɛrn] <-s> /kein Plur./ Abkürzung von „Conseil Européen pour la Recherche Nucléaire": Europäische Organisation für Kernforschung

Cer·ve·lat der ['sɛrvəla] <-s, -s> SCHWEIZ. eine Brühwurst aus Rindfleisch

Ce·vap·ci·ci [tʃe'vaptʃitʃi] <-> Plur. KOCH. kleine Röllchen aus Hackfleisch, die sehr scharf gewürzt sind und gegrillt werden

Cey·lon das ['tsɛilɔn] <-s> /kein Plur./ frühere Bezeichnung für Sri Lanka

cf Abkürzung von „cost and freight": Kost und Fracht (im Preis eingeschlossen)

Cha-Cha-Cha der ['tʃa'tʃa'tʃa] <-(s), -s> ein lateinamerikanischer Tanz

Chair·man der ['tʃɛːɐmən] <-s, Chairmen> Vorsitzender eines politischen Gremiums in England und Amerika

Chai·se·longue die/das [ʃɛzə'lɔŋ, ʃɛzə'lõːk] <-/-s, -s/-n> gepolsterte Liege mit Kopfstück

Cha·let das [ʃa'leː, ʃa'lɛ] <-s, -s> ➊ Landhaus ➋ SCHWEIZ. Sennhütte

Chal·ko·li·thi·kum das <-> /kein Plur./ (≈ Kupferzeit) Zeit des jüngeren Neolithikums, in der es schon Gegenstände aus Kupfer gab

Cha·mä·le·on das [ka'mɛːleɔn] <-s, -s> ➊ eine Echse, deren Haut sich der Farbe ihrer Umgebung anpassen kann ➋ (umg. abwert.) jmd., der oft seine Überzeugungen wechselt

Cham·pa·g·ner der [ʃam'panjɐ] <-s> /kein Plur./ (≈ Sekt, Schaumwein) ein in Frankreich hergestellter Schaumwein, der nach der französischen Landschaft Champagne benannt ist ◆-becher, -dusche, -flasche, -frühstück, -korken, -kühler, -laune, -probe, -schaum, -torte, -trüffel, -verschluss, -wein, -zange ▶ champagnerfarben, champagnerfarbig, champagnisieren

Cham·pi·g·non der ['ʃampɪnjɔ̃, 'ʃãːpɪŋɔ̃] <-s, -s> BOT. (≈ Egerling) ein weißer oder brauner Speisepilz, der zu der Gattung der Blätterpilze gehört ◆-cremesuppe

Cham·pi·on der ['tʃɛmpiən] <-, -> SPORT Spitzensportler, Meister in einer Sportart

Chan der [kaːn, xaːn] <-s, -e> siehe **Khan**

Chan·ce die ['ʃãːs(ə)] <-, -n> ➊ dargebotene, günstige Möglichkeit, Gelegenheit: Ich habe die Chance, an eine andere Universität zu gehen.; Er hat seine Chance verpasst/erkannt/wahrgenommen.; Sie gab ihm eine letzte Chance. ◆-ngerechtigkeit ➋ /meist Plur./ Erfolgsaussichten: Der Radrennfahrer hat keine Chancen mehr auf den Gesamtsieg.; Bei diesem Wetter haben sie keine Chancen, den Gipfel zu erreichen.; ▪ bei jemandem Chancen haben (umg.) die Aussicht haben, mit jmdm. (sexuellen) Kontakt zu bekommen

Chan·cen·gleich·heit die ['ʃãːsən...] <-> /kein Plur./ Gleichheit der beruflichen, rechtlichen und sozialen Möglichkeiten für alle, ohne Rücksicht auf Geschlecht oder Herkunft: die Forderung nach Chancengleichheit

chan·cen·los ['ʃãːsən...] adj so, dass jmd. ohne Chancen ist: Die gegnerische Mannschaft war chancenlos.

Chan·son das [ʃã'sõː] <-s, -s> ein Lied, das meist künstlerisch anspruchsvoll ist und einen gesellschaftskritischen, satirisch-politischen oder heiter-frivolen Text hat: Französische Chansons hört sie besonders gern. ◆-abend, -sänger(in)

Chan·son·net·te, a. **Chan·so·net·te** die [ʃãsɔ'nɛtə] <-, -n> ➊ (≈ Chansonniere) eine Sängerin von Chansons ➋ ein Lied mit komischem oder frivolem Inhalt

Chan·son·ni·er der [ʃãsɔ'njeː] <-s, -s> ➊ ein Sänger oder Dichter von Chansons ➋ Liedersammlung mit Troubadorliedern

Cha·nuk·ka die [xanuka] <-> /kein Plur./ REL. achttägiges jüdisches Lichterfest zur Erinnerung an die Neuweihe des Jerusalemer Tempels (165 oder 164 v.Chr.)

Cha·os das ['kaːɔs] <-> /kein Plur./ heilloses Durcheinander, gänzlich fehlende Ordnung: Nach dem Umzug herrschte erst einmal ein heilloses Chaos. ◆-Verkehrs-

Cha·os·the·o·rie die ['kaːɔs-] <-, -en> /kein Plur./ MATH. eine mathematische Methode, zufallsbedingte Vorgänge rechnerisch zu beschreiben

Cha·ot der, **Cha·o·tin** die [ka'oːt] <-en, -en> ➊ (abwert.) radikaler Mensch, der seine politischen Ziele mit Gewalt erreichen will ➋ (umg. abwert.) unordentlicher Mensch, ausgeflippte Person

cha·o·tisch [ka'oːtiʃ] adj so, dass es ungeordnet und verworren ist: Wir lebten damals in chaotischen Verhältnissen.; Der Urlaub war ziemlich chaotisch.

Cha·rak·ter der [ka'raktɐ] <-s, -e> ➊ Wesensart (eines Menschen): Er hat einen sehr schwierigen Charakter.; Eine solche Erfahrung prägt den Charakter. ◆-anlage, -bild, -bildung, -fehler, -festigkeit, -kunde, -maske, -schwäche, -stärke, -studie, -typ(en) ➋ ein Mensch von ausgeprägter Eigenart: Ich habe selten zwei derart unterschiedliche Charaktere gesehen. ➌ /kein Plur./ Eigenschaft, Merkmal: Sie liebt den unverwechselbaren Charakter dieser Landschaft. ➍ eine markante Figur in einem Kunstwerk (Musik, Theater, Film, Roman, Drama, Lyrik) ◆-drama, -komik, -rolle, -stück

Cha·rak·ter·dar·stel·ler der, **Cha·rak·ter·dar·stel·le·rin** <-s, -> THEAT., FILM Schauspieler, der Charakterrollen darstellt

Cha·rak·ter·ei·gen·schaft die <-, -en> /meist Plur./ die charakterlichen Eigenschaften eines Menschen: Welche Charaktereigenschaften schätzt du besonders an ihm?

cha·rak·ter·fest adj (≈ charakterstark) willenskräftig, standhaft: Er war stets ein charakterfester Mensch.

cha·rak·te·ri·sie·ren <charakterisierst, charakterisierte, hat charakterisiert> mit OBJ ➊ ▪ jmd. charakterisiert jmdn./etwas irgendwie treffend schildern/darstellen: Er hat seinen neuen Chef als sehr umgänglich charakterisiert. ➋ ▪ etwas charakterisiert jmdn./etwas kennzeich-

nend sein: Leuchtende Farben charakterisieren den Stil dieses Malers.

Cha·rak·te·ri·sie·rung *die* <-, -en> *das Charakterisieren, Charakterisiertwerden* ◆ Kurz-

Cha·rak·te·ris·tik *die* <-, -en> *präzise Schilderung von jmdm. oder etwas:* eine treffende Charakteristik

Cha·rak·te·ris·ti·kum *das* <-s, Charakteristika> *(geh.) typisches Merkmal, typische Eigenschaft:* Die Pinien sind ein Charakteristikum dieser Landschaft.

cha·rak·te·ris·tisch *adj so, dass es die spezifischen Eigenschaften erkennen lässt, für etwas/ jmdn. kennzeichnend ist:* Solche Kameraeinstellungen sind charakteristisch für diesen Regisseur.

cha·rak·ter·lich *adj /nicht steig./ so, dass es den Charakter betrifft:* Er hat sich im Laufe der Zeit charakterlich verändert.

cha·rak·ter·los *adj so, dass jmd. mangelnde charakterliche Qualitäten aufweist:* Genau das zeigt doch, was für ein charakterloser Mensch er ist.

Cha·rak·ter·lo·sig·keit *die* <-, -en> ❶ */kein Plur./ persönliches charakterliches Defizit* ❷ *nicht gutzuheißende, taktlose Handlung:* Das war eine ziemliche Charakterlosigkeit von ihr.

Cha·rak·ter·schau·spie·ler *der;* **Cha·rak·ter·schau·spie·le·rin** <-s, -> *siehe* **Charakterdarsteller**

Cha·rak·ter·zug *der* <-(e)s, Charakterzüge> *charakterliche Eigenschaft, Wesenszug:* Er versteht es, diesen Charakterzug zu betonen.

Char·ge *die* ['ʃarʒə] <-, -n> ❶ AMTSSPR. *Amt, Rang* ❷ MILIT. *Dienstgrad* ❸ *Person mit Dienstgrad:* Die höheren Chargen saßen alle versammelt an einem Tisch. ❹ THEAT. *Nebenrolle* ❺ TECHN. *Ladung* ❻ CHEM. *Herstellungsserie eines Arzneimittels* ◆ -nnummer

Cha·ris·ma *das* ['ça(ː)rɪsma, 'ka(ː)rɪsma] <-s> */kein Plur./* ❶ *(geh.) persönliche Ausstrahlung:* Die Schauspielerin besitzt Charisma. ❷ REL. *von Gott verliehene besondere Gabe*

cha·ris·ma·tisch ['çarɪs..., 'ka(ː)rɪs...] *adj* ❶ *so, dass jmd. Charisma[1] besitzt* ❷ *so, dass es das Charisma[2] betrifft*

Charles·ton *der* ['tʃarlstn] <-s, -s> *amerikanischer Modetanz der 1920er Jahre*

char·mant [ʃar'mant] *adj so, dass jmd. liebenswürdig, bezaubernd, von gewinnendem Wesen ist:* Sie lächelte charmant.

Charme *der* [ʃarm] <-s> */kein Plur./ gewinnendes Wesen eines Menschen, Liebenswürdigkeit:* Sie besitzt einen unwiderstehlichen Charme.; Ich liebe den Charme dieser Stadt.

Chart *der/das* [tʃaːrt] <-s, -s> ❶ *grafische Darstellung von Zahlen:* Die neuen Umsatzzahlen wurden auf Charts der Öffentlichkeit präsentiert. ❷ */nur Plur./* MUS. *Hitliste:* Dieser Titel ist neu in den Charts und gleich auf Platz fünf.

Char·ta *die* ['karta] <-, -s> POL. *wichtige Urkunde im Staats- und Völkerrecht:* Genau dies steht in der Charta der Vereinten Nationen.

Char·ter *der* ['tʃartɐ, 'ʃartɐ] <-s, -s> WIRTSCH. *Miet- oder Pachtvertrag über ein Flugzeug oder ein Schiff* ◆ -boot, -geschäft, -gesellschaft

Char·ter·flug *der* ['tʃarte..., 'ʃarte...] <-(e)s, Charterflüge> LUFTF. *Flug mit einem Charterflugzeug:* einen Charterflug buchen

Char·ter·flug·zeug *das* ['tʃarte..., 'ʃarte...] <-es, -e> *(≈ Chartermaschine) gechartertes Flugzeug*

Char·ter·ma·schi·ne *die* ['tʃarte..., 'ʃarte...] <-, -n> LUFTF. *siehe* **Charterflugzeug**

char·tern ['tʃartɐn] <charterst, charterte, hat gechartert> *mit OBJ* ■ *jmd. chartert etwas* LUFTF., SEEW. *(kurzfristig) mieten:* Er hat ein Flugzeug/ein Schiff gechartert.

Chas·sis *das* [ʃa'siː] <-, -> ❶ KFZ *Fahrgestell bei Fahrzeugen* ❷ ELEKTROTECHN. *Rahmen von elektronischen Geräten*

Cha·su·ble *das* [ʃa'zybl] <-s, -s> *geknöpftes Überkleid für Damen, eine Art langer Weste ohne Ärmel und Seitennähte*

Chat *der* [tʃæt] <-s, -s> EDV ❶ *eine im Internet gebotene Funktion, die es ermöglicht, dass verschiedene Teilnehmer online miteinander einen Dialog führen* ❷ *Onlinekommunikation mithilfe des Chats[1]:* im Chat sein ◆ -abkürzung, -befehl, -dienste, -geflüster, -gespräch, -groups, -jargon, -kommunikation, -namen, -sprache, -verlauf, -zeichen

Cha·teau *das* [ʃa'toː] <-s, -s> ❶ *französische Bezeichnung für Schloss, Burg, Herrenhaus* ❷ *(Bezeichnung für) französische Weingüter, besonders im Gebiet der Bordeauxweine*

Chat·fo·rum *das* [tʃæt...] <-s, Chatforen> EDV *Personenkreis, der im Chat[1] über ein bestimmtes Thema miteinander kommuniziert*

Chat·room *der* [tʃæt'ruːm] <-s, -s> EDV *ein Bereich im Internet, in dem sich ein bestimmter Personenkreis trifft, um zu chatten*

chat·ten [tʃætn] *mit OBJ* ■ *jmd. chattet mit jmdm. (über etwas Akk.)* EDV *sich im Internet miteinander in einem Chat unterhalten*

Chauf·feur *der;* **Chauf·feu·rin** [ʃɔ'føːɐ] <-s, -e> *jmd., der beruflich andere Personen mit dem Auto befördert* ▶ chauffieren

Chauf·feu·se *die* [ʃɔ'føːzə] <-, -n> SCHWEIZ. *Frau, die berufsmäßig Personen im Auto befördert*

chauf·fie·ren [ʃɔ'fiːrən] <chauffierst, chauffierte, hat chauffiert> *mit OBJ* ■ *jmd. chauffiert jmdn. (irgendwo hin)* jmdn. *(berufsmäßig) in einem Kraftfahrzeug befördern:* Er ließ sich von einem Taxifahrer zum Bahnhof chauffieren.

Chaus·see *die* [ʃɔ'seː] <-, -n> *eine (ausgebaute) Landstraße*

Chau·vi *der* ['ʃoːvi] <-s, -s> *(umg. abwert.) siehe* **Chauvinist[2]**

Chau·vi·nis·mus *der* [ʃovi'nɪsmʊs] <-, Chauvinismen> *(abwert.)* ❶ */kein Plur./ übersteigerter Patriotismus, übertriebene Vaterlandsliebe (in Verbindung mit Verachtung anderer Völker)* ❷ */kein Plur./ übertrieben männliches Verhalten gegenüber Frauen* ❸ *(geh.) chauvinistische Handlungen*

Chau·vi·nist *der;* **Chau·vi·nis·tin** [ʃovi'nɪst] <-en, -en> *(abwert.)* ❶ *Vertreter des Chauvinismus[1]* ❷ *(vor allem) ein Mann, der sich Frauen überlegen fühlt, der ein übertriebenes Selbstwertgefühl besitzt und die Überzeugung vertritt, Frauen hätten kein Recht auf Gleichberechtigung*

C

chau·vi·nis·tisch [ʃovi'nɪstɪʃ] *adj (abwert.)* ❶ *so, dass jmd. den Chauvinismus[1] vertritt:* Er verleugnet seine chauvinistische Gesinnung nicht. ❷ *so, dass es den Chauvinismus[2] betrifft:* eine chauvinistische Äußerung

Check *der* [ʃɛk] <-s, -s> SCHWEIZ. *siehe* **Scheck**

Check *der* [tʃɛk] <-s, -s> ❶ *Prüfung, Kontrolle:* Wir führen gerade den letzten Check der Geräte vor dem Abflug durch. ◆ -liste ❷ SPORT *Stoß gegen den Körper des Gegenspielers:* Nach einem unerlaubten Check musste der Eishockeyspieler auf die Strafbank. ◆ Body-

che·cken ['tʃɛkn̩] <checkst, checkte, hat gecheckt> *mit OBJ* ▪ *jmd. checkt etwas (umg.)* ❶ *überprüfen, kontrollieren:* Das Flugzeug wird vor jedem Start gecheckt. ❷ *(umg.: ≈ kapieren) begreifen:* Hast du das noch immer nicht gecheckt?

Cheese·bur·ger *der* ['tʃiːzbɐːgə] <-s, -> *eine mit Salat belegte und mit Käse überbackene Frikadelle in einem Brötchen*

Chef *der*, **Che·fin** [ʃɛf] <-s, -s> ❶ *Vorgesetzter, Leiter:* Die Firma bekommt einen neuen Chef. ❷ *(umg.) lose Anrede an einen Unbekannten:* Chef, haste mal 'nen Euro?

Chef- [ʃɛf...] *als Erstglied zusammengesetzter Substantive; drückt aus* ❶ *dass die mit dem Zweitglied bezeichnete Person eine Personengruppe der gleichen Berufszugehörigkeit leitet* ◆ -chirurg(in), -dirigent(in), -einkäufer(in), -hostess, -ingenieur(in), -koch, -köchin, -lektor(in), -pilot(in), -redakteur(in), -sekretär(in), -trainer(in), -volkswirt(in) ❷ *dass die mit dem Zweitglied bezeichnete Person in einer (Berufs-)Sparte bzw. im Rahmen einer Tätigkeit eine zentrale Rolle spielt* ◆ -designer(in), -ideologe, -ideologin, -theoretiker(in) ❸ *dass die mit dem Zweitglied Bezeichnete auf eine Person in herausragender Position bezogen ist* ◆ -büro, -gespräch, -image, -möbel, -zimmer

Chef·arzt *der*, **Chef·ärz·tin** [ʃɛf...] <-es, Chefärzte> *leitender Arzt (einer Abteilung) eines Krankenhauses* ◆ -abrechnung, -behandlung, -gehalt, -honorar, -rechnung, -sekretärin, -visite, -wahl

Chef·eta·ge *die* [ʃɛf...] <-, -n> ❶ *Stockwerk, in dem die Firmenleitung ihren Sitz hat* ❷ *(übertr.) Firmenleitung:* Die Chefetage sieht das aber anders.

Chef·sa·che *die* [ʃɛf...] <-> */kein Plur./ Angelegenheit, die so wichtig ist, dass der Chef sich selbst darum kümmert:* Er erklärte den Fall zur Chefsache.

Chef·un·ter·händ·ler *der*, **Chef·un·ter·händ·le·rin** [ʃɛf...] <-s -> POL. *jmd. der die Unterhandlungen im Auftrag eines Staates, einer Interessengruppe o. Ä. leitet*

Chef·vi·si·te *die* [ʃɛf...] <-, -n> MED. *Visite des Chefarztes*

Che·mie *die* [çe'miː] <-> */kein Plur./* ❶ CHEM. *Wissenschaft von den (Grund-)Elementen, ihren Eigenschaften und ihren Verbindungen* ◆ -anlage, -arbeiter(in), -didaktik, -fabrik, -ingenieur(in), -katastrophe, -labor, -unterricht, -werker(in), Agrar-, -Elektro-, Festkörper-, Hydro-, Kern-, Kohle-, Komplex-, Naturstoff-, Oleo-, Photo-, Polymer-, Quan-

ten-, Radio-, Solar-, Stereo-, Struktur-, Thermo-, Umwelt- ❷ *(umg.) (Zusatz von) Chemikalien:* Das Eis schmeckt nach Chemie.

Che·mie·fa·ser *die* [çe'miː...] <-, -n> *künstlich, chemisch hergestellte Faser*

Che·mie·kon·zern *der* [çe'miː...] <-s, -e> *Zusammenschluss von Betrieben der chemischen Industrie*

Che·mie·la·bo·rant *der*, **Che·mie·la·bo·ran·tin** [çe'miː...] <-en, -en> *Facharbeiter in einem chemischen Labor*

Che·mie·müll *der* [çe'miː...] <-s> */kein Plur./ Sondermüll, der Chemikalien enthält*

Che·mie·un·fall *der* [çe'miː...] <-(e)s, Chemieunfälle> *Unfall, bei dem Chemikalien freigesetzt werden*

Che·mie·waf·fe *die* [çe'miː...] <-, -n> */meist Plur./* MILIT. *Waffen, deren Wirksamkeit aus der Reaktion chemischer Stoffe resultiert*

Che·mi·ka·lie *die* [çe...] <-, -n> */meist Plur./ industriell hergestellte chemische Stoffe*

Che·mi·ker *der*, **Che·mi·ke·rin** [çe...] <-s, -> *Wissenschaftler auf dem Gebiet der Chemie*

Che·mi·née *das* [ʃmine:] <-s, -s> SCHWEIZ. *offener Kamin in einem Wohnraum*

che·misch [çe:mɪʃ] *adj /nicht steig./* ❶ *so, dass es die Chemie betrifft oder zu ihr gehört:* Diese Gegend ist ein Zentrum der chemischen Industrie. ❷ *so, dass es nach den Gesetzen der Chemie erfolgt:* Sie können die chemische Reaktion jetzt gleich beobachten.

Che·mo·the·ra·pie *die* [çe'mo...] <-, -n> MED. *Behandlung von Infektionskrankheiten oder Krebserkrankungen mit einem aus chemischen Substanzen hergestellten Arzneimittel, das Infektionserreger und Tumorzellen abtötet* ▶ chemotherapeutisch

-chen *produktives Wortbildungsmittel als Zweitglied zusammengesetzter Substantive; drückt eine Verkleinerung/Verniedlichung des mit dem Erstglied Bezeichneten aus; dient in Bezug (insbesondere) auf Personen auch dem Ausdruck zärtlicher Zuneigung* ◆ Bäum-, Bild-, Häus-, Hünd-, Pferd-, Spiel-, Sümm-, Schätz-

Che·que *der* ['tʃɛk] <-s, -s> *siehe* **Scheck**

Che·rub, **Ke·rub** *der* ['çe:rʊp, 'ke:rʊp] <-s, Cherubim> REL. *biblischer Engel (der das Paradies bewacht)*

Ches·ter·kä·se *der* ['tʃɛstɐ...] <-s, -> *gelblich-orange gefärbter Hartkäse*

Chi·an·ti *der* [ki'anti] <-s> */kein Plur./ ein italienischer Rotwein*

Chi·as·mus *der* [çi'asmʊs] <-, Chiasmen> LIT. *eine Stilfigur: Aufeinanderfolge zweier Ausdrücke mit gleichen oder ähnlichen sprachlichen Einheiten, deren Reihenfolge im zweiten Ausdruck vertauscht wird:* der Chiasmus „Kurz ist das Leben, die Kunst ist lang." ▶ chiastisch

chic [ʃɪk] *adj /nur unflektiert /* siehe **schick**

Chi·co·rée, *a.* **Schi·ko·ree** *der/die* ['ʃikore, ʃiko're:] <-s/-> */kein Plur./ eine Pflanze mit gelblich-weißen Blättern, die man als Salat oder Gemüse essen kann* ◆ -salat

Chiem·see *der* ['kiːm...] <-s> GEOGR. *See in Bayern*

Chif·fon der ['ʃɪːfõ:] <-s, -s> ein schleierartiges Seidengewebe: ein Abendkleid aus Chiffon

Chif·f·re die ['ʃɪfrə, 'ʃifɐ] <-s, -n> ❶ Zeichen einer Geheimschrift ❷ Kennziffer in Zeitungsannoncen ◆-anzeige

chif·f·rie·ren [ʃɪ'friːrən] <chiffrierst, chiffrierte, hat chiffriert> mit OBJ ■ jmd. chiffriert etwas (≈ verschlüsseln, codieren ↔ dechiffrieren) etwas in eine Geheimschrift übertragen: Wir haben die Nachricht chiffriert.

Chif·f·rier·ma·schi·ne die <-, -n> ein Gerät zum Chiffrieren und Entziffern von Schriftstücken

Chi·le ['tʃiːlə, 'çiːle] <-s> Staat in Südamerika ▸ Chilene, Chilenin, chilenisch

Chi·li der ['tʃiːli] <-s, -s> ein kleiner, sehr scharfer Paprika, aus gemahlen als Gewürz verwendet wird ◆-gewürz, -kerne, -mühle, -paste, -pfeffer, -schote, -topf

Chi·mä·re die [çi'mɛːrə] <-, -en> siehe **Schimäre**

Chi·na ['çiːna, 'kiːna] <-s> Land in Ostasien ▸ Chinese, Chinesin, chinesisch

Chi·na·kohl der ['çiːna..., 'kiːna...] <-(e)s> /kein Plur./ BOT. aus Ostasien stammende längliche Kohlart, die man als Salat oder Gemüse essen kann

Chi·na·re·s·tau·rant das ['çiːna..., 'kiːna...] <-s, -s> Restaurant, in dem Gerichte angeboten werden, die für die chinesische Küche typisch sind

Chin·chil·la die [tʃɪn'tʃɪla] <-, -s> ZOOL. ein Nagetier aus Südamerika, dessen Pelz sehr wertvoll ist ◆-aufzucht, -farm, -fell, -futter, -gehege, -haltung, -käfig, -mantel, -pelz, -zucht

Chi·nin das [çi'niːn] <-s> /kein Plur./ CHEM. ein Alkaloid der Chinarinde, das als Arznei gegen Fieber, besonders bei Malaria, verwendet wird ▸ chininhaltig

Chip der [tʃɪp] <-s, -s> ❶ /meist Plur./ dünne, gewürzte und geröstete Kartoffelscheibe ◆ Kartoffel- ❷ Spielmarke, die (beim Roulette) einen bestimmten Betrag repräsentiert ❸ ELEKTROTECHN. ein dünnes Halbleiterplättchen mit elektronischen Schaltelementen ◆-fabrik, Rechen-, Steuer-

Chip·kar·te die [tʃɪp...] <-, -n> Karte mit einem Chip³, die man als Ausweis, Zahlungsmittel o. Ä. verwenden kann

Chip·pen·da·le das ['(t)ʃɪpəndeɪl] <-/-s> /kein Plur./ ein Möbelstil, der um 1750 in England entstanden ist: ein Schrank in Chippendale

Chi·ro·prak·ti·ker der, **Chi·ro·prak·ti·ke·rin** [çiːropraktɪkɐ, çiro'praktɪkɐ] <-s, -> jmd., der mit seinen Händen verschobene Wirbelkörper und Bandscheiben einrenkt

Chi·r·ur·gie die [çir...] <-, -n> ❶ /kein Plur./ MED. (Lehre von der) Behandlung von Krankheiten durch operative Eingriffe: Er ist Facharzt für Chirurgie. ◆ Neuro- ▸ Chirurg, Chirurgin, chirurgisch ❷ MED. chirurgische Abteilung in einem Krankenhaus: Der Patient wurde in die Chirurgie eingeliefert.

chi·r·ur·gisch [çir...] adj /nicht steig./ so, dass es die Chirurgie betrifft: chirurgische Instrumente; ■ **chirurgischer Eingriff** Operation

Chi·tin das [çi'tiːn] <-s> /kein Plur./ Hauptbe-

standteil der Körperhülle von Weichtieren und Insekten ◆-hülle, -panzer

Chlor das [kloːɐ̯] <-s> /kein Plur./ CHEM. ein Gas, das einen stechenden Geruch hat und sich schnell mit anderen Elementen verbindet; chemisches Zeichen: Cl ◆ -gas

Chlo·rat das [klo'raːt] <-s, -e> CHEM. Salz der Chlorsäure

chlo·ren ['kloːrn̩] <chlorst, chlorte, hat gechlort> mit OBJ /meist im Passiv/ ■ jmd. chlort etwas; ■ etwas wird gechlort etwas mit Chlor versetzen, um es dadurch keimfrei zu machen: Das Schwimmbad wurde gechlort.

chlor·frei ['kloːr...] adj /nicht steig./ so, dass etwas kein Chlor enthält

chlor·hal·tig ['kloːr...] adj /nicht steig./ so, dass etwas Chlor enthält: chlorhaltiges Wasser

Chlo·rid das [klo'rit, klo'riːt] <-(e)s, -e> CHEM. chemische Verbindung von Chlor mit Metallen oder Nichtmetallen

Chlo·rit das [klo'rit] <-(e)s, -e> CHEM. ❶ Salz der leicht zersetzlichen Chlorsauerstoffsäure, das zum Bleichen und Desinfizieren verwendet wird ❷ grünliches, glimmerähnliches Mineral

Chlo·ro·form das [klo...] <-s> /kein Plur./ früher als Betäubungsmittel (bei Operationen) eingesetzte Flüssigkeit

Chlo·ro·phyll das [kloro'fʏl] <-s> /kein Plur./ BIOL. (≈ Blattgrün) grüner Farbstoff in den Pflanzenzellen, der der Assimilation dient

Chlor·was·ser das ['kloːr...] <-s> /kein Plur./ gechlortes Wasser: Ich vertrage das Chlorwasser im Schwimmbad nicht.

Chlor·was·ser·stoff der ['kloːr...] <-(e)s, -e> /kein Plur./ CHEM. Salzsäuregas; chemische Formel: HCl

Choke, Cho·ker der [tʃoʊk(ɐ)] <-s, -s> KFZ Starthilfe, mit der die Luftzufuhr des Motors reguliert wird: den Choke (heraus)ziehen

Cho·le·ra die ['koːlera] <-> /kein Plur./ MED. eine schwere Infektionskrankheit, bei der es zu starkem Brechdurchfall kommt ◆-bakterien, -bazillus, -bekämpfung, -epidemie, -gebiete, -impfung

Cho·le·ri·ker der, **Cho·le·ri·ke·rin** ['ko...] <-s, -> reizbarer, jähzorniger Mensch: Er ist ein Choleriker.

cho·le·risch ['ko...] adj so, dass jmd. aufbrausend, jähzornig ist: Er reagiert beim geringsten Anlass cholerisch.

Cho·les·te·rin das [çolɛste'riːn, kolɛste'riːn] <-s> /kein Plur./ MED. in allen Körperzellen vorkommendes Fett

Cho·les·te·rin·spie·gel der [çolɛste'riːn..., kolɛste'riːn...] <-s, -> MED. die im Blut enthaltene Menge an Cholesterin: Sein Cholesterinspiegel ist stark erhöht.

Chop·su·ey das [tʃɔp'suːɪ] <-(s), -s> KOCH. chinesisches Gericht aus verschiedenen Gemüsen, Reis und Hühner- oder Schweinefleisch

Chor der [koːɐ̯] <-(e)s, Chöre> ❶ MUS. eine Gruppe von Sängern, die gemeinsam singen ◆-gesang, -konzert, -leiter(in), -musik, -probe -sänger(in), Frauen-, Gospel-, Kinder-, Kirchen-, Knaben-, Männer-, Opern-, Schul- ❷ THEAT. Gruppe von

C

Schauspielern, die die Handlung auf der Bühne kommentiert ❸ *meist nach Osten ausgerichteter Teil einer Kirche mit Hauptaltar* ◆-altar, -gestühl, -schranke, -umgang ❹ *eine Gruppe von Personen, die gemeinsam ein Blechblasinstrument spielen* ◆ Bläser-, Posaunen-

Cho·ral *der* [ko...] <-s, Choräle> REL., MUS. *von der Gemeinde gesungenes Kirchenlied*

Cho·reo·graf, *a.* **Cho·reo·graph** *der;* **Cho·reo·gra·fin** [ko...] <-en, -en> THEAT. *jmd., der Balletttänze entwickelt, gestaltet und einstudiert; Regisseur eines Balletts*

Cho·reo·gra·fie, *a.* **Cho·reo·gra·phie** *die* [ko...] <-, -n> THEAT. *künstlerische Gestaltung, Einstudierung eines Balletts oder eines Tanzes* ▶ choreografisch/choreographisch

Chor·kna·be *der* ['ko:r...] <-n, -n> *Junge, der in einem (Kirchen-)Chor singt*

Cho·se, *a.* **Scho·se** *die* ['ʃo:zə] <-, -n> */Plur. selten/ (umg.) Angelegenheit, Sache:* Die ganze Chose muss bis morgen erledigt sein.; Von dieser Chose spricht morgen kein Mensch mehr.

Chow-Chow *der* [tʃau'tʃau] <-s, -s> *in China gezüchteter Rassehund mit dichtem rotbraunem Pelz und blauer Zunge*

Christ *der;* **Chris·tin** *die* [krɪst] <-en, -en> REL. *jmd., der sich als Getaufter zur christlichen Religion bekennt; Angehöriger des Christentums:* Er ist ein gläubiger Christ. ◆-engemeinde, -engemeinschaft, -enkreuz, -enlehre, -enmensch, -enzeichen ▶ christianisieren, -Christianisierung

Christ- ['krɪst...] *als Erstglied zusammengesetzter Substantive; drückt aus* ❶ *dass das mit dem Zweitglied Bezeichnete sich auf das Weihnachtsfest bezieht* ◆-fest, -geschenk, -schmuck, -stern ❷ *dass die mit dem Zweitglied bezeichnete Person Anhänger(in) bzw. Mitglied der christlich-demokratischen Partei ist* ◆-demokrat(in) ▶ christdemokratisch

Christ·baum *der* ['krɪst...] <-(e)s, -bäume> *(≈ Weihnachtsbaum) ein Tannenbaum, den man zu Weihnachten im Haus aufstellt und mit Kerzen, Kugeln, Figuren o. Ä. schmückt* ◆-kugel, -schmuck, -spitze, -ständer

Chris·ten·heit *die* ['krɪst...] <-> */kein Plur./ (≈ Christengemeinde, Christenvolk) die Gesamtheit aller Christen:* Die gesamte Christenheit feiert Ostern.

Chris·ten·tum *das* ['krɪst...] <-(e)s> */kein Plur./* REL. ❶ *Religion, die auf Jesus Christus, sein Leben und seine Lehre gegründet ist:* sich zum Christentum bekennen ❷ *der individuelle christliche Glaube:* ein weltoffenes/praktisches Christentum

Chris·ten·ver·fol·gung *die* ['krɪst...] <-, -en> GESCH. *die staatliche Verfolgung von Christen (im Römischen Reich)*

Christ·kind *das* ['krɪst...] <-(e)s> ❶ */Plur. selten/ eine plastische oder bildliche Darstellung von Jesus Christus als neugeborenes Kind:* das Christkind in der Krippe verehren ❷ */Plur. selten/ engelhafte Kindergestalt, die zu Weihnachten die Geschenke bringt:* Die Kinder warten schon aufs Christkind.

Christ·kindl·markt *der* ['krɪst...] <-(e)s, Christkindlmärkte> SÜDDT., ÖSTERR. *Weihnachtsmarkt*

christ·lich ['krɪst...] *adj /nicht steig./* ❶ *auf Christus zurückgehend:* die christliche Religion ❷ *der Lehre Christi entsprechend:* Wie ist es um die christliche Nächstenliebe heutzutage bestellt? ❸ *sich zur Lehre Christi bekennend:* Vertreter der christlichen Kirchen trafen sich zu einem Meinungsaustausch. ❹ *im Christentum verankert:* die Kunst des christlichen Abendlands; ■ **Christlicher Verein Junger Menschen (CVJM)** *ein christlicher Jugendverband;* ■ **christliche Zeitrechnung** *Zeitrechnung seit Christi Geburt*

Christ·met·te *die* ['krɪst...] <-, -n> REL. *weihnachtliche Mitternachtsmesse*

Christ·nacht *die* ['krɪst...] <-, Christnächte> *die Nacht von 24. zum 25. Dezember*

Chris·toph *der* ['krɪst...] <-s> *männlicher Vorname*

Christ·stol·len *die* ['krɪst...] <-s, -> *(≈ Christstolle, Stollen) ein Gebäck zur Weihnachtszeit*

Chris·tus *der* ['krɪst...] <Christi> */kein Plur./ kurz für Jesus Christus;* ■ **vor Christi Geburt** *vor unserer Zeitrechnung, vor dem Jahre Null;* ■ **nach Christi Geburt** *nach unserer Zeitrechnung, nach dem Jahre Null*

Chrom *das* [kro:m] <-s> */kein Plur./ ein sehr hartes, silberweiß glänzendes Metall, chemisches Zeichen: Cr* ◆-pflegemittel ▶ verchromen

Chro·ma·to·gra·fie, *a.* **Chro·ma·to·gra·phie** *die* [kro:...] <-, -n> CHEM. *analytisches Verfahren zur Trennung organischer Stoffgemische* ▶ chromatografisch/chromatographisch

Chro·mo·som *das* [kromo'zo:m] <-s, -en> */meist Plur./* BIOL. *fadenförmiges Gebilde, das das Erbgut eines Lebewesens trägt und in jedem Zellkern vorhanden ist:* Die Körperzellen des Menschen enthalten 46 Chromosomen, die ihrerseits aus Genen bestehen. ◆-enaberration, -enanomalie, -enanzahl, -endefekt, -enduplikation, -enerkrankungen, -enfehlbildung, -enfehler, -enforschung, -engruppen, -enkrankheiten, -enlänge, -enmodell, -enmutation, -enpaar, -enreplikation, -ensatz, -enstörung, -enstruktur, -enterritorium, -enuntersuchung, -enveränderung, -enverdopplung, -enwanderung, -enzahl, Makro-, Metastase-, Mikro-, X-, XX-, XY-, Y-

Chrom·stahl *der* [kro:m...] <-(e)s> */kein Plur./ mit Chrom legierter, besonders fester Stahl*

Chro·nik *die* ['kro:nɪk] <-, -en> *geschichtliche Darstellung, in der die Ereignisse in zeitlich genauer Reihenfolge aufgezeichnet werden:* die Chronik einer Epoche/Familie ◆Familien-, Kloster-, Königs-, Landes-, Schul-, Städte-, Vereins-, Welt-

chro·nisch ['kro:nɪʃ] *adj /nicht steig./* ❶ MED. *so, dass jmd. dauerhaft an einer Krankheit leidet:* Sein Husten ist bereits chronisch. ❷ *(umg.) so, dass ein Zustand andauernd gegeben ist:* Sie leidet unter chronischem Geldmangel.

Chro·nist *der;* **Chro·nis·tin** *die* ['kro...] <-en, -en> *Verfasser einer Chronik:* Er war ein bedeutender Chronist jener Epoche/jener Ereignisse. ◆-enpflicht

Chro·no·graph *der* ['kro...] <-s, -en> TECHN. *Gerät*

zur Übertragung der Zeitangabe einer Uhr auf einen Papierstreifen ▸ Chronografie/Chronographie, chronografisch/chronographisch

chro·no·lo·gisch ['kro...] *adj /nicht steig./ so, dass die Ordnung einer Sache dem zeitlichen Ablauf von etwas oder der zeitlichen Abfolge von bestimmten Ereignissen entspricht:* Die Ereignisse sind in chronologischer Reihenfolge zusammengefasst. ▸ Chronologie

Chro·no·me·ter *der* ['kro...] <-s, -> ASTRON., SEEW. *ein exaktes Zeitmessgerät* ▸ chronometrisch

Chrys·an·the·me *die* [kryzan'te:mə] <-, -n> BOT. *eine Zierpflanze mit meist großen, strahlenförmigen Blüten:* ein Strauß gelber Chrysantemen ◆-nball, -enblüten, -enextrakt, -engift, -enhochzeit, -entee

Chur [ku:ɐ̯] *Hauptstadt des schweizer Kantons Graubünden*

Chut·ney *das* ['tʃʌtnɪ] <-s, -s> *scharf gewürzte Paste aus zerkleinerten Früchten* ◆Mango-, Tomaten-

CI *die* [tseʔi:] *Abkürzung von „Corporate Identity"*

ciao, tschau [tʃaʊ̯] *interj italienischer Abschieds- und Willkommensgruß:* Ciao, wir sehen uns dann morgen.; Giovanni begrüßte sie mit einem freundlichen „Ciao". ◆Klein- oder Großschreibung →R 4.5 Zum Abschied sagte sie nur ciao/Ciao, tschau/Tschau.

Ci·d·re *der* ['si:drə] <-> /kein Plur./ *französischer Apfelwein aus der Normandie oder Bretagne:* im Bistro ein Glas Cidre bestellen

cif [tsɪf] *Abkürzung von „cost, insurance, freight":* *eine Rechtsklausel im Überseehandelsgeschäft, wonach im Warenpreis Verladekosten, Versicherung und Fracht bis zum Bestimmungshafen enthalten sind*

CIM *Abkürzung von „computer integrated manufacturing":* *computergestütztes Fertigen von der Projektentwicklung bis zur Produktauslieferung*

Ci·ne·ast *der;* **Ci·ne·as·tin** [sine'ast] <-en, -en> *begeisterter Kinogänger und Filmkenner* ▸ cineastisch

Ci·ne·ma·scope® *das* [sinema'sko:p] <-s> /kein Plur./ FILM *besonderes Verfahren zur Aufnahme und Projektion von Breitwandfilmen*

cir·ca ['tsɪrka] *adv siehe* zirka

Cir·cus *der* ['tsɪrkʊs] <-, -se> *siehe* Zirkus

cir·ka ['tsɪrka] *adv siehe* zirka

Ci·t·rus·frucht *die* ['tsi:trʊs...] <-, Citrusfrüchte> *siehe* Zitrusfrucht

Ci·ty *die* ['sɪti] <-, -s> *Innenstadt, Stadtkern, Geschäftsviertel einer Großstadt:* Ein Teil der City ist Fußgängerzone. ◆-guide, -lage, -maut, -park, -reporter(in), -roller

Ci·ty·bike *das* ['sɪtibaɪk] <-s, -s> *ein kleines Motorrad, das für den Stadtverkehr geeignet ist*

Ci·ty-Trip *der* ['sɪti...] <-s, -> (≈ Städtereise)

cl *Abkürzung von „Zentiliter"*

Clan, Klan *der* [kla:n, klæn] <-s, -e/-s> ❶ *(in Schottland) größerer Familienverbund, Sippe* ❷ *(oft iron.) eine Gruppe von Menschen, die durch verwandtschaftliche Beziehungen oder gemeinsame Interessen verbunden sind*

Cla·queur *der* [kla'kø:ɐ̯] <-s, -e> *bezahlte Person, die Beifall klatscht*

clean [kli:n] *adj /nicht steig./ /nur präd./ (umg.) so, dass jmd. nicht länger süchtig ist; frei von Drogen:* Er ist schon seit fünf Jahren clean.

Clea·ring *das* ['kli:rɪŋ] <-s, -s> WIRTSCH. *gegenseitige Verrechnung von Geldschulden* ◆-stelle, -verkehr

Cle·men·ti·ne *die* <-, -n> *siehe* Klementine

cle·ver ['klɛvɐ] *adj* (≈ gerissen) *so, dass jmd. raffiniert ist, taktisch geschickt vorgeht und geschickt alle Möglichkeiten nutzt:* Er ist ein cleverer Geschäftsmann.; Das war ein cleverer Plan.

Cle·ver·ness *die* ['klɛvɛnɛs] <-> /kein Plur./ *clevere Art, cleveres Verhalten:* Für dieses Geschäft ist er nicht geeignet, denn ihm fehlt es an Cleverness.

Clinch *der* [klɪntʃ, klɪnʃ] <-(e)s, -e> ▪ **mit jemandem im Clinch liegen** *(umg.) sich mit jmdm. streiten;* ▪ **in den Clinch gehen** SPORT *den Gegner beim Boxen umklammern*

Clip *der* <-s, -s> *siehe* Klipp

Cli·que *die* ['klɪkə, 'kli:kə] <-, -n> ❶ *(umg. abwert.) Gruppe/Gemeinschaft, die sich nach ihren eigenen Regeln verhält und die nur ihre eigenen Interessen verfolgt* ❷ *(umg.) Freundeskreis:* Wir waren gestern mit unserer ganzen Clique im Kino.

Cli·quen·wirt·schaft *die* ['klɪkən..., 'kli:kən...] <-> /kein Plur./ *(abwert.) (Bestreben nach) Machtausübung durch eine Clique[1]*

Cli·via *siehe* Klivie

Clo·chard *der* [klɔ'ʃa:r] <-s, -s> *ein Obdachloser in Großstädten, Vagabund*

Clou *der* [klu:] <-s, -s> *zentraler Punkt einer Sache, Glanzpunkt:* Der Clou dabei war, dass ...; Dieser Auftritt war der Clou des Abends.

Clown *der;* **Clow·nin** [klaʊ̯n] <-s, -s> *Spaßmacher im Zirkus oder Varieté:* Im Zirkus hat mir der Clown mit seinen Späßen am besten gefallen. ◆Musik-, Zirkus-

Club *der* <-s, -s> *siehe* Klub

Clus·ter *der* ['klastɐ] <-s, -> ❶ PHYS. *Einzelteilchen, die gemeinsam als Ganzes betrachtet werden* ❷ EDV *Zuordnungseinheit einer Festplatte, eines Datenträgers, auf dem ein Teil einer Datei abgelegt/gespeichert wird*

Coach *der* [ko:tʃ] <-(e)s, -(e)s> SPORT (≈ Trainer) *Betreuer eines Sportlers oder einer Sportmannschaft:* Vor Spielbeginn gab der Coach der Mannschaft noch letzte Anweisungen. ▸ coachen

Co·balt *das* <-s> /kein Plur./ *siehe* Kobalt

Co·ca-Co·la® *die/das* <-s> /kein Plur./ (≈ Coke) *eine koffeinhaltige, mit Kohlensäure versetzte Limonade*

Co·cker·spa·ni·el *der* ['kɔkɐʃpa:niəl] <-s, -s> ZOOL. *einer englischen Rasse angehörender mittelgroßer Jagdhund mit langer Schnauze und großen Schlappohren*

Cock·pit *das* ['kɔkpɪt] <-s, -s> ❶ LUFTF. *der Teil des Flugzeugs, in dem die Piloten sitzen* ❷ *Fahrersitz in einem Rennwagen sowie vertiefter Sitzraum von Jachten etc.*

Cock·tail *der* ['kɔkteːl] <-s, -s> *meist alkoholi-*

C

sches Mischgetränk: einen Cocktail mixen; an der Bar einen Cocktail bestellen ◆ -empfang, -party

Cock·tail·bar *die* ['kɔkteːl...] <-, -s> *Bar, an der Cocktails serviert werden*

Cock·tail·kleid *das* ['kɔkteːl...] <-(e)s, -er> *ein elegantes Kleid für kleinere festliche Anlässe*

Co·coo·ning *das* [kəˈkuːnɪŋ] <-s> /kein Plur./ *der Sachverhalt, dass man sich ganz in die Privat-sphäre zurückzieht und seine Freizeit zu Hause verbringt*

Co·da *die* <-, -s> *siehe* **Koda**

Co·de *der* ['koːt] *siehe* **Kode**

Co·de·ver·schlüs·se·lungs·sys·tem *das* ['koːt...] <-s, -e> *Sicherheitssystem, das nur durch die Ein-gabe des richtigen Codes überwunden werden kann*

Co·dex *der* ['koːdeks] <-, Codices> *siehe* **Kodex**

co·die·ren <codierst, codierte, hat codiert> *mit OBJ* ■ *jmd. codiert etwas; siehe* **kodieren**

Co·die·rung *siehe* **Kodierung**

Coeur *das* [køːɐ] <-/-s, -/-s> *eine Spielkarte im Kartenspiel, auf der ein rotes Herz ist*

Cof·fe·in *das* <-s> /kein Plur./ *siehe* **Koffein**

Co·g·nac® *der* ['kɔnjak] <-s> /kein Plur./ *eine französische Branntweinsorte* ◆ -schwenker ▶ co-gnacfarben

Coif·feur *der*, **Coif·feu·se** [kɔaˈføːɐ, kɔaˈføːzə] <-s, -e> *(geh.: ≈ Friseur)*

Co·i·tus *der* ['kɔiːtʊs] <-, -/-se> *siehe* **Koitus**

Co·la® *die/das* <-, -s> *kurz für „Coca-Cola®"*

Cold-Creme *die* ['koʊldˈkriːm] <-, -s> *halbfette Hautcreme, die Feuchtigkeit enthält und dadurch kühlt*

Col·la·ge *die* [kɔˈlaːʒə] <-, -n> ❶ KUNST *ein Bild, das auf dem Wege der digitalen Bildbearbeitung oder traditionell durch Aufkleben von verschie-denfarbigem Papier oder anderen Materialien her-gestellt wurde:* in der Schule eine Collage anferti-gen ❷ LIT., MUS., THEAT. *aus Teilen unterschiedlicher Herkunft zusammengesetztes/komponiertes neues Ganzes*

Col·lege *das* ['kɔlɪdʒ] <-s, -s> ❶ *höhere Schule (mit Internat) in England* ❷ *Eingangsstufe der Universität in Amerika*

Col·lege-Map·pe *die* ['kɔlɪdʒ...] <-, -n> *mit ei-nem Reißverschluss verschließbare, leichte, flache Tasche im Aktenformat*

Col·lie *der* [kɔli] <-s, -s> ZOOL. *(langhaariger) schottischer Schäferhund* ◆ Kurzhaar-, Langhaar-

Col·li·er *das* [kɔˈlieː] <-s, -s> *siehe* **Kollier**

Co·lor·film *der* [koˈloːɐ...] <-(e)s, -e> FOTOGR. *Farbfilm*

Colt® *der* [kɔlt] <-s, -s> *ein Revolver:* Der Colt wurde nach seinem Erfinder Samuel Colt benannt.

Com·bo *die* ['kɔmbo] <-, -s> MUS. *eine kleine Jazz-band oder Tanzkapelle, in der jedes Instrument nur einmal vorkommt*

Come-back, *a.* **Come·back** *das* [kamˈbɛk] <-s, -s> *das Wiedererlangen von Berühmtheit nach ei-ner längeren Pause:* Mit diesem Auftritt feierte der Sänger ein grandioses Come-back/Comeback.; Die Zeitungen berichteten vom späten Come-back/Comeback des Politikers.

Co·mer See *der* ['koː...] <-s> *See in Italien*

Co·mic *der/das* ['kɔmɪk] <-s, -s> *siehe* **Comic-strip**

Co·mic·heft *das* ['kɔmɪk...] <-(e)s, -e> *Heft mit Comics*

Co·mic·strip *der* ['kɔmɪk 'strɪp] <-s, -s> /meist Plur./ ❶ *Bildergeschichten mit kurzen Texten* ❷ *ein Comicheft*

Co·ming-out *das* ['kʌmɪŋˈaʊt] <-(s), -s> *der Vor-gang, dass jmd. sich zu etwas, das er bisher ver-heimlicht hat (besonders die eigene Homosexuali-tät) öffentlich bekennt*

Com·mon·sense, *a.* **Com·mon Sense** *der* ['kɔmən sɛns] <-> /kein Plur./ *gesunder Men-schenverstand*

Com·mon·wealth *das* ['kɔmənwɛlθ] <-s> /kein Plur./ POL., GESCH. *lockere Gemeinschaft der mit England verbundenen Länder (die einst zum briti-schen Weltreich gehörten)*

Com·pact-disc, *a.* **Com·pact Disc** *die* [kəmˈpɛkt-disk] <-, -s> *zur Speicherung von Musik oder Da-ten benutzter Datenträger in der Form einer klei-nen Scheibe, die von einem Laserstrahl abgetastet wird; abgekürzt „CD"*

Com·pi·ler *der* [kɔmˈpeilɐ] <-s, -> EDV *Computer-programm, das von einer Programmiersprache in eine andere übersetzen kann*

Com·pu·ter *der* [kɔmˈpjuːtɐ] <-s, -> EDV *(≈ Rech-ner) ein elektronisches Gerät, das Daten verarbei-tet* ◆ -anweisung, -befehl, -berechnung, -eingabe, -experte, -fachmann, -fehler, -firma, -generation, -gerät, -grafik, -hersteller, -ingenieur(in), -magazin, -programm, -sprache, -tisch, -wurm, -zeitalter, -zeit-schrift

Com·pu·ter·ana·ly·se *die* [kɔmˈpjuːtɐ...] <-, -n> EDV *wissenschaftliche Untersuchung mithilfe des Computers*

Com·pu·ter·ani·ma·ti·on *die* [kɔmˈpjuːtɐ...] <-, -en> TECHN. *mit Hilfe von Computern erzeugte, dreidimensionale bewegte Bilder:* Die Computera-nimationen in dem Film waren sehr realistisch.

Com·pu·ter·ar·beits·platz *der* [kɔmˈpjuːtɐ...] <-es, Computerarbeitsplätze> *Arbeitsplatz, bei dem sich die Tätigkeit vornehmlich am Computer vollzieht*

Com·pu·ter·dia·g·nos·tik *die* [kɔmˈpjuːtɐ...] <-> /kein Plur./ MED. *Teilgebiet der Diagnostik, das die Erstellung diagnostischer Befunde mithilfe von Computern erforscht und betreibt*

com·pu·ter·er·zeugt [kɔmˈpjuːtɐ...] *adj* /nicht steig./ EDV *so, dass etwas von einem Computer er-stellt wurde:* eine computererzeugte Grafik

Com·pu·ter·freak *der* [kɔmˈpjuːtɐfriːk] <-s, -s> *(umg.) jmd., der sich (auch in seiner Freizeit) sehr intensiv mit dem Computer und seiner Anwen-dung beschäftigt*

com·pu·ter·ge·steu·ert [kɔmˈpjuːtɐ...] *adj* /nicht steig./ EDV, TECHN. *so, dass es von einem Compu-ter gesteuert, kontrolliert und überwacht wird:* Die ganze Anlage läuft computergesteuert.

com·pu·ter·ge·stützt [kɔmˈpjuːtɐ...] *adj* /nicht steig./ EDV *so, dass etwas mithilfe von Computern erfolgt:* Wir haben schon vor Jahren auf eine com-putergestützte Produktion umgestellt.

com·pu·te·ri·sie·ren [kɔmˈpjuːtɐ...] <computeri-

sierst, computerisierte, hat computerisiert> *mit OBJ* ▪ *jmd.* **computerisiert etwas** EDV ❶ *einen Arbeitsplatz mit Computern ausstatten* ❷ *Daten für den Computer aufbereiten oder lesbar machen* ▶ Computerisierung

Com·pu·ter·kri·mi·na·li·tät *die* [kɔmˈpjuːtɐ...] <-> /kein Plur./ *alle Straftaten, die mithilfe eines Computers begangen werden*

com·pu·ter·les·bar [kɔmˈpjuːtɐ...] *adj* /nicht steig./ EDV *so, dass Daten von einem Computer gelesen werden können:* Die neuen Ausweise sind computerlesbar.

Com·pu·ter·lin·gu·is·tik *die* [kɔmˈpjuːtɐ...] <-> /kein Plur./ *eine Teildisziplin der Sprachwissenschaft, die sich mit der maschinellen Verarbeitung von Sprache beschäftigt bzw. Computer benutzt, um das Wesen und die Funktion von Sprache zu erforschen* ▶ Computerlinguist(in), computerlinguistisch

Com·pu·ter·netz·werk *das* [kɔmˈpjuːtɐ...] <-(e)s, -e> EDV *ein System mehrerer miteinander verbundener Computer*

Com·pu·ter·si·mu·la·ti·on *die* [kɔmˈpjuːtɐ...] <-, -en> *die Simulation eines bestimmten Vorgangs am Computer:* Die Szene wurde in einer Computersimulation nachgestellt.; Die Computersimulation zeigt die Auswirkungen der Klimaveränderung.

Com·pu·ter·spiel *das* [kɔmˈpjuːtɐ...] <-(e)s, -e> *ein Spiel, das man am Computer spielt, wobei auf dem Monitor das Spielfeld oder die Spielszenerie und die Akteure zu sehen sind und man Aktionen mithilfe der Tastatur, der Maus oder des Joysticks ausführt*

Com·pu·ter·strah·lung *die* [kɔmˈpjuːtɐ...] <-, -en> EDV *(unerwünschte) Strahlung, die von einem Computer ausgeht*

Com·pu·ter·sucht *die* [kɔmˈpjuːtɐ...] <-> /kein Plur./ *suchtmäßige, unkontrollierte Nutzung des Computers*

Com·pu·ter·ter·mi·nal *der* [kɔmˈpjuːtɐtɐːɐ̯minəl] <-s, -s> EDV *Vorrichtung für die Ein- und Ausgabe von Daten an einer Datenverarbeitungsanlage*

Com·pu·ter·to·mo·gra·fie, *a.* **Com·pu·ter·to·mo·gra·phie** *die* [kɔmˈpjuːtɐ...] <-, -n> MED. *eine Untersuchungsmethode, bei der Ärzte mit dem Computer Bilder von der Struktur der inneren Organe gewinnen*

Com·pu·ter·vi·rus *der* [kɔmˈpjuːtɐ...] <-, Computerviren> EDV *ein Computerprogramm, das unbemerkt in einen Computer eindringt, um dort Störungen oder Schäden zu verursachen:* ein Programm gegen Computerviren installieren

Com·pu·ter·we·sen *das* [kɔmˈpjuːtɐ...] <-s> /kein Plur./ *allgemeine Bezeichnung für alle Bereiche, die sich mit Computern beschäftigen*

Con·cept-Art, *a.* **Con·cept-art** *die* [ˈkɔnsɛptaːɐ̯t] <-> /kein Plur./ KUNST *moderne Kunstrichtung, in der der Entwurf an die Stelle des fertigen Kunstwerkes tritt*

Con·ci·erge *der/die* [kõˈsi̯ɛrʃ] <-, -s/-n> *Pförtner, Hausmeister, Portier*

Con·fe·ren·ci·er *der* [kõferãˈsi̯eː] <-s, -s> THEAT. *unterhaltsamer Ansager bei einer Veranstaltung*

Con·fi·se·rie *die* [kõfizəˈriː] <-, -n> *siehe* **Konfiserie**

Con·nec·tion *die* [kəˈnɛkʃn̩] <-, -s> *Beziehungen, die für jmdn. nützlich sind und ihm Vorteile verschaffen:* Seinen neuen Job hat er seinen vielen Connections zu verdanken.

Con·sul·ting *das* [kənˈsʌltɪŋ] <-s> /kein Plur./ WIRTSCH. *Beratung, Beratertätigkeit*

Con·tai·ner *der* [kɔnˈteːnɐ] <-s, -> *ein großer (Transport-)Behälter* ◆-bahnhof, -hafen, -verkehr, Altpapier-, Glas-, Müll-

Con·tai·ner·dorf *das* [kɔnˈteːnɐ...] <-(e)s, Containerdörfer> *aus Containern bestehendes „Dorf", das der behelfsmäßigen Unterkunft von Menschen in Notsituationen dient:* Nach dem Erdbeben wurde für die Bewohner des zerstörten Ortes ein Containerdorf eingerichtet.

Con·tai·ner·schiff *das* [kɔnˈteːnɐ...] <-(e)s, -e> *ein spezielles Frachtschiff, auf dem Waren oder Güter in Containern transportiert werden*

Con·tai·ner·ter·mi·nal *der/das* [kɔnˈteːnɐ...] <-s, -s> *ein Hafen zum Umladen von Containern*

Con·ter·gan® *das* [kɔ...] <-> /kein Plur./ *ein Schlaf- und Beruhigungsmittel, das aus dem Handel gezogen wurde, da es bei schwangeren Frauen Schädigungen des Kindes verursachte*

Con·ter·gan·kind *das* [kɔ...] <-(e)s, -er> *(umg.) Kind, das missgebildet ist, weil seine Mutter während der Schwangerschaft das Medikament Contergan eingenommen hat*

con·t·ra [ˈkɔntra] *siehe* **kontra**

Con·ve·ni·ence-Foods [kənˈviːnjənsfʊdz] <-> *Plur.* WIRTSCH. *Lebensmittel, die schon weitgehend zubereitet sind und deshalb eine Arbeitserleichterung und Zeiteinsparung bedeuten, z. B. tiefgefrorene Fertiggerichte*

Coo·kie *das* [ˈkʊki] <-s, -s> EDV *Datengruppe, mit der der Benutzer einer Website identifiziert werden kann*

cool [ˈkuːl] *adj* ❶ *(umg.) so, dass jmd. gelassen, ruhig, lässig ist:* Er ist ein ziemlich cooler Typ.; Bleib doch cool! ▶ Coolness ❷ *(umg.) so, dass es eine sehr positive Bewertung ausdrückt:* Die Musik auf der Party war echt cool.

Cool Jazz *der* [ˈkuːl ˈdʒæz] <-> /kein Plur./ MUS. *eine Jazzrichtung der 1950er Jahre*

Co·pro·zes·sor *siehe* **Koprozessor**

Co·py·right *das* [ˈkɔpireit] <-s, -s> *Urheberrecht*

Co·py·right·ver·merk *der* [ˈkɔpireit...] <-s, -e> *Vermerk über das Urheberrecht*

Co·py·shop *der* [ˈkɔpiʃɔp] <-s, -s> *Geschäft, in dem man kopieren kann*

Cord, *a.* **Kord** *der* [kɔrt] <-(e)s, -s/-e> *ein gerippter Baumwollstoff* ◆-hemd, -hose

Cor·don bleu *das* [kɔrdõ ˈblø] <-s, -s> KOCH. *ein paniertes und gebratenes Schnitzel, das mit Schinken und Käse gefüllt ist*

Cor·ned·beef, *a.* **Cor·ned Beef** *das* [ˈkɔːnd ˈbiːf] <-> *zerkleinertes, gepökeltes Rindfleisch in Dosen*

Cor·ner *der* [ˈkɔːnɐ] <-s, -> ❶ SPORT *Ecke im Boxring* ❷ SPORT ÖSTERR., SCHWEIZ. *Eckball, Ecke⁴*

Corn·flakes *die* [ˈkɔːnfleiks] <-> *Plur. geröstete*

C

Maisflocken, die meist mit Zucker und Milch gegessen werden: eine Packung Cornflakes kaufen

Cor·po·rate Iden·ti·ty *die* ['kɔ:pərɪtar'dɛntətɪ] <-, ... Identities> WIRTSCH. *(≈ Unternehmensidentität) das Erscheinungsbild eines Unternehmens in der Öffentlichkeit, in dem sich die Philosophie des Unternehmens sowie das Leistungsangebot und die Arbeitsweise zeigen*

Corps *das* [ko:ɐ̯] <-, -> *siehe* **Korps**

Cor·pus *das* ['kɔ...] <-, Corpora> *siehe* **Korpus**

Cor·ti·son *das* [kɔ...] <-s, -e> *siehe* **Kortison**

Cos·ta Ri·ca ['kɔ...] <-s> */kein Plur./ ein Staat in Mittelamerika* ▸ Costa-Ricaner, Costa-Ricanerin, costa-ricanisch

Côte *die* [ko:t] <-, -s> *französische Bezeichnung für Küste, Hang, Hochfläche (besonders in geographischen Namen)*

Cot·ton *der/das* ['kɔtn̩] <-s> */kein Plur./ Baumwolle, Baumwollstoff:* ein Kleid aus Cotton ◆-maschine

Couch *die* [kaʊtʃ] <-, -(e)s/-en> *ein breites Sofa mit zwei seitlichen Lehnen, auf dem man auch liegen kann:* Er lag auf der Couch und schaute Fernsehen. ◆-decke, -tisch

Couch·gar·ni·tur *die* [kaʊtʃ...] <-, -en> *Polstergarnitur, die meist aus einer Couch und zwei Sesseln besteht*

Couch·po·ta·to *der* [kaʊtʃpə'teɪtəʊ] <-, -es> *(umg. abwert.) jmd., der in seiner Freizeit hauptsächlich auf der Couch liegt oder sitzt (und Fernsehen schaut)*

Cou·leur *die* [ku'lø:ɐ̯] <-, -s> ❶ */Plur. selten/ (Prägung eines Menschen hinsichtlich seiner) Weltanschauung, Einstellung:* Auf dem Kongress waren Literaten verschiedenster Couleur. ❷ *in einer Studentenverbindung: Mütze und Band in einer bestimmten Farbe, durch die die Zugehörigkeit zu einer bestimmten Studentenverbindung angezeigt wird:* Couleur tragen

Count·down, *a.* **Count·down** *der* ['kaʊnt'daʊn] <-s> */kein Plur./* ❶ *das Rückwärtszählen bis Null, bevor der Start (einer Rakete) erfolgt:* Der Count-down läuft. ❷ *(umg.) letzte Vorbereitungen, bevor man etwas macht:* Der Count-down für die Prüfung hat begonnen.

Coun·t·ry·mu·sic *die* ['kʌntrɪ mju:zɪk] <-> */kein Plur./ Volksmusik in Teilen Amerikas*

Coup *der* [ku:] <-s, -s> *häufig illegale, freche Unternehmung bzw. unerwarteter Schlag:* Den Bankräubern war ein großer Coup gelungen.

Cou·pé, *a.* **Ku·pee** *das* [ku'pe:] <-s, -s> ❶ KFZ *zweisitziger Sportwagen* ❷ *(veralt.) Eisenbahnabteil*

Cou·p·let *das* [ku'ple:] <-s, -s> *scherzhaft-satirisches Strophengedicht mit Kehrreim*

Cou·pon, *a.* **Ku·pon** *der* [ku'põ:] <-s, -s> *abtrennbarer Zettel (als Gutschein, Beleg):* Coupons sammeln/ausschneiden/einlösen

Cou·ra·ge *die* [ku'ra:ʒə] <-> */kein Plur./ (umg.) Mut, Unerschrockenheit:* In dieser Situation hat sie Courage bewiesen.

cou·ra·giert [kura'ʒi:ɐt] *adj so, dass jmd. mutig/ beherzt ist:* Sie hat sehr couragiert gehandelt.

Cour·ta·ge, **Kur·ta·ge** [kʊr'ta:ʒə] <-, -n> *Maklerkosten bei Immobiliengeschäften*

Cous·cous *siehe* **Kuskus**

Cou·sin *der* [ku'zɛ̃:] <-s, -s> *(≈ Vetter) Sohn des Onkels oder der Tante*

Cou·si·ne, *a.* **Ku·si·ne** *die* [ku'zi:nə] <-, -en> *Tochter des Onkels oder der Tante*

Cou·vert *das* [ku've:ɐ̯, ku'vɛ:ɐ̯] <-s, -s> *siehe* **Kuvert**

Co·ver *das* ['kavɐ] <-s, -> ❶ *Schallplattenhülle* ◆Platten- ❷ *Titelseite einer Illustrierten* ◆-girl

co·vern <coverst, coverte, hat gecovert> *mit OBJ* ■ *jmd. covert etwas* MUS. *jmd. nimmt ein Lied, mit dem in der Vergangenheit ein anderer Sänger oder eine andere Gruppe erfolgreich war, neu auf:* ein Lied der Beatles covern

Cow·boy *der*, **Cow·girl** ['kaʊbɔy] <-s, -s> *berittener Rinderhirte in Amerika* ◆-film, -hut, -kleidung, -stiefel

Co·yo·te *der* [ko'jo:tə] <-n, -n> *siehe* **Kojote**

CPU *die* [tse:pe:ʔu:] EDV *Abkürzung von „Central Processing Unit"*

Crab·ne·bel *der* ['kræb...] <-s> */kein Plur./* ASTRON. *optische Strahlen sowie Radio- und Röntgenstrahlen aussendender Nebel im Sternbild des Stiers, dessen Form an eine Krabbe erinnert*

Crack¹ *der* [krɛk] <-s, -s> *(umg.) besonders erfolgreicher Sportler; Könner:* Im Eishockey ist er ein richtiger Crack. ◆Computer-, Eishockey-, Fußball-, Tennis-

Crack² *das* [krɛk] <-s> */kein Plur./ Name eines synthetisch hergestellten Rauschgiftes*

Cra·cker *der* ['krɛkɐ] <-, -> *leicht salziges, keksartiges Gebäck*

Crash *der* [krɛʃ] <-(e)s, -s> ❶ *heftiger Zusammenstoß, Unfall:* Nach dem Crash hatte das Auto einen Totalschaden. ❷ WIRTSCH. *folgenreicher Zusammenbruch eines Unternehmens, einer Bank*

Crash·test *der* [krɛʃ...] <-(e)s, -s> *Test, in dem das Unfallverhalten von Fahrzeugen geprüft werden soll:* Um die Sicherheit des Autos zu erhöhen, wurden zahlreiche Crashtests durchgeführt.

Crawl *das* [krɔ:l] <-/-s> */kein Plur., meist ohne Artikel/ siehe* **Kraul**

Cre·do *das* ['kre:...] <-s, -s> *siehe* **Kredo**

Creme, *a.* **Krè·me** *die*, *a.* **Krem** *die* ['krɛ:m] <-, -s> ❶ *Salbe zur Hautpflege:* nach dem Duschen eine Creme benutzen ◆Bräunungs-, Fett-, Feuchtigkeits-, Gesichts-, Haut-, Nacht-, Sonnen- ❷ *eine Süßspeise als Füllung für Süßigkeiten und Torten:* das Gebäck mit Creme füllen; ■ **die Crème de la Crème** *(iron.) die oberste (und vornehmste) Schicht der Gesellschaft* Auf der Gala war nur die Crème de la Crème anwesend. ◆-speise, -törtchen, -torte, Butter-, Erdbeer-, Kaffee-, Sahne-, Schokoladen-, Vanille-

creme·far·ben ['krɛːm...] *adj /nicht steig./ so, dass etwas mattgelb, beige ist:* ein cremefarbenes Kleid

Creme·mas·ke *die* ['krɛːm...] <-, -n> *cremige Gesichtsmaske:* eine Crememaske auftragen

Creme·spü·lung *die* ['krɛːm...] <-, -en> *cremige Haarspülung:* Die Cremespülung soll drei Minuten einwirken.

C

cre·mig ['kre:...] *adj /nicht steig./ (≈ cremeartig)
so, dass etwas wie eine Creme beschaffen ist:* Zuerst müssen Sie Butter und Zucker cremig rühren/
schlagen.
Crêpe *der* [krɛp] <-, -s> KOCH. *feiner, sehr dünner
Pfannkuchen*
Cre·scen·do *das* [krɛ'ʃɛndo] <-s, -s> MUS. *langsam
lauter werdend, im Ton anschwellend*
Creuz·feldt-Ja·kob-Krank·heit *die* <-> /kein
Plur./ MED. *Erkrankung des Nervensystems, die zu
schweren Hirnschäden führt*
Cre·vet·te *die* [kre'vɛtə] <-, -n> *siehe* **Krevette**
Crew *die* [kru:] <-, -s> ❶ SEEW., LUFTF. *Mannschaft,
Besatzung* ❷ *Gruppe, die für eine bestimmte Aufgabe zusammengestellt wird:* Die Crew zur Bergung der Verletzten stieg in den Hubschrauber.
Crois·sant *das* [krɔa'sã] <-(e)s, -s> *Hörnchen aus
Blätterteig:* Ich habe zum Frühstück ein Croissant
gegessen.
Cro·ma·g·non·ty·pus *der* [kroma'ŋõ:...] <->
/kein Plur./ *Menschentyp der Jüngeren Altsteinzeit (nach dem Fundort bei Cro-Magnon in Frankreich)*
Cross *der* [krɔs] <-, -> SPORT ❶ *beim Tennis die
Technik, den Ball schräg über das Spielfeld ins
gegnerische Feld zu spielen* ❷ *kurz für „Crossrennen"/ Querfeldeinrennen* ◆-rad
cross·me·di·al *adj /nicht steig./ so angelegt, dass
es in verschiedenen Medien eingesetzt werden
kann; verschiedene Medien einschließend*
Crou·pi·er *der*, **Crou·pi·e·re** [kru'pie:, kru'pie:rə]
<-s, -s> *Angestellter in einer Spielbank, der das
Spiel betreut und überwacht*
Crowd·sour·cing *das* ['kraudsɔ:sɪŋ] <-(s)> /kein
Plur./ WIRTSCH. *das Verlagern von bestimmten Aktivitäten im Bereich von Problemlösung oder Ideenfindung aus einer Institution heraus auf eine
große Zahl von Personen, die via Internet mit der
Institution kooperieren*
Crux, *a.* **Krux** *die* <-> /kein Plur./ (geh.) ❶ *Leid,
Kummer:* Man hat schon seine Crux mit ihm.
❷ *Schwierigkeit, Last:* Die Crux bei dieser Sache
ist, dass …
Csar·das *der* ['tʃardas] <-, -> MUS. *ungarischer Nationaltanz, der von Zigeunermusik begleitet wird*
◆-fürstin
c.t. *(Abkürzung von „cum tempore") in Verbindung
mit Zeitangaben verwendet, um auszudrücken,
dass eine Vorlesung an einer Universität mit dem
so genannten „akademischen Viertel" beginnt,
das heißt fünfzehn Minuten nach der genannten
vollen Stunde:* Die Vorlesung „Einführung in die
deutsche Literatur" beginnt um vierzehn Uhr c.t.,
also um vierzehn Uhr fünfzehn.
Cu·ma·rin *siehe* **Kumarin**
Cup *der* [kap] <-s, -s> ❶ SPORT *Pokalwettbewerb*
◆-finale, -sieger(in), Europa-, Welt- ❷ SPORT *Siegespokal* ❸ *Schale des Büstenhalters*
Cur·cu·ma *siehe* **Kurkuma**
Cur·ling *das* ['kœːɐlɪŋ] <-s> /kein Plur./ SPORT *dem
Eisstockschießen ähnliche Sportart*
Cur·ri·cu·lum *das* [ku...] <-s, Curricula> *Konzept
zu Entscheidungen über Ziele und Inhalte von Unterricht und deren Ablauf; Lehrplan:* Welche The-

men sieht das Curriculum für das nächste Schuljahr vor? ◆-entwicklung, Ausbildungs-, Kern-,
Sprach-

Meist wird das mit **Curriculum** Gemeinte in
einem Atemzug mit dem Ausdruck *Lehrplan*
genannt bzw. damit gleichgesetzt. Zahlreiche
Überschneidungen sind ebenso mit dem gegeben, was man mit *Bildungsplan, Richtlinie(n)*
oder *Rahmenrichtlinien* meint. Gleichwohl
lässt sich das, was man unter einem Curriculum
versteht, kann, folgendermaßen charakterisieren: Ein Curriculum ist ein Kreislaufkonzept,
das von klar vorgegebenen Lernzielen (Festlegung der Inhalte) bis zu konkreten Entwürfen
von Unterrichtssequenzen und gegebenenfalls
zu erneuter Kontrolle und Optimierung mit
erneutem Durchgang verläuft. Ein Curriculum
enthält also alles, was zur Erreichung eines
Lernziels und seiner Kontrolle dient: Ausgangspunkt ist, Lernziele anzusetzen und zu
begründen (Lernzielbestimmung); die bestenfalls kontrollierte methodische Umsetzung der
Lernziele schließt sich an, indem beispielhaft
Unterrichtssequenzen entworfen und erprobt
werden (Progressionsfestlegung und Wahl der
Arbeitsformen); sodann gibt es eine Rückkopplung erkennbarer Erfolge relativ zur Zielbestimmung und gegebenenfalls eine Korrektur der Verfahrensweise. Gemeinsam ist Lehrplänen, Richtlinien bzw. Rahmenrichtlinien,
dass es um Entscheidungen über Ziele und
Inhalte von Unterricht geht. Im Unterschied zu
einem **Lehrplan**, der die Verteilung eines Lehrstoffs über einen Zeitraum als generelles Planungsinstrument regelt, kommen als Produzenten eines Curriculums nicht nur staatlicherseits berufene Kommissionen in Betracht; es
können auch Lehrerteams sein. Curricula sind
seit Jahrzehnten in der Kritik. Fragen, welche
die Entwicklung von Curricula leiten, sind z. B.:
Welche Fähigkeiten bzw. Fertigkeiten sollen
Kindern und Jugendlichen vermittelt werden?
Über welche sozialen und kulturellen Orientierungen sollen sie verfügen? Was soll zum
Pflichtprogramm (Kerncurriculum) gehören,
und was zum Wahlpflichtangebot? Grundsätzlich, aber auch im Zusammenhang mit Diskussionen zur Pisastudie, handelt es sich dabei um
durchaus brisante Aspekte. Fragen der Legitimation in diesem Bereich sind im Wesentlichen
der Grund für die ständige Überarbeitung bzw.
Neugestaltung von Curricula.

Cur·ry *das* ['kœri] <-s, -s> KOCH. ❶ *(≈ Currypulver)
scharfe, dunkelgelbe Gewürzmischung aus Indien*
❷ *Gericht ostindischer Herkunft aus Fleisch, Fisch
oder Gemüse in scharfer, mit Curry[1] gewürzter
Soße* ◆-baum, -butter, -dressing, -fleisch, -geschnetzeltes, -huhn, -marinade, -mischung, -paste, -pulver, -reis, -soße, -topf
Cur·ry·wurst *die* ['kœri...] <-, Currywürste> KOCH.
eine (meist in Scheiben geschnittene) Bratwurst,

die mit Ketchup oder einer Currysoße übergossen und mit Currypulver bestreut wird und meist zusammen mit einem Brötchen serviert wird

Cur·sor *der* [køːɐ̯sɐ] <-s, -> EDV *eine blinkende Markierung auf dem Bildschirm, die anzeigt, an welcher Stelle die nächste Eingabe erscheinen wird*

cut·ten [ˈkatn̩] <cuttest, cuttete, hat gecuttet> *mit OBJ* ■ *jmd. cuttet etwas* FILM *Film- und Tonbandaufnahmen für die endgültige Fassung schneiden, zusammenstellen und kleben*

Cut·ter *der*, **Cut·te·rin** [ˈkatɐ] <-s, -> FILM *jmd. dessen Beruf es ist, Filme oder Musik zu ihrer Endfassung zurechtzuschneiden*

Cy·ber- [ˈsaɪbɐ] *als Erstglied zusammengesetzter Substantive; drückt aus, dass das mit dem Zweitglied Bezeichnete auf computergesteuerte Prozesse und durch diese generierte virtuelle Welten bezogen bzw. auf solche zurückzuführen ist* ♦ -anzug, -beziehung, -brille, -demokratie, -doktor, -feminismus, -generation, -gesellschaft, -helm, -kultur, -love, -mobbing, -naut, -net, -publizist, -punk, -raum, -sex, -spiel, -sucht, -terrorismus, -war, -welt, -weste, -zombie

Cy·ber·space *der* [ˈsaɪbɐspeːs] <-, -s> EDV *durch Computerprogramme geschaffene, dreidimensionale virtuelle Welt*

Dd

D, d *das* <-, -> ❶ *der vierte Buchstabe des Alphabets:* ein großes D; ein kleines d ❷ MUS. *zweiter Ton der Grund-(C-Dur-)Tonleiter*

da I. *adv* ❶ (≈ *dort* ↔ *hier*) *verwendet, um auf eine bestimmte Stelle, einen bestimmten Ort hinzuweisen:* Ich wohne in dem Haus da drüben.; Da ist sie ja!; Der Schrank bleibt jetzt da, wo ich ihn hingestellt habe. ❷ *(umg.:* ≈ *zu dieser Zeit) verwendet, um auszudrücken, dass etwas zu einer bestimmten Zeit geschehen ist:* Was habt ihr gestern gemacht? Da waren wir im Konzert.; Zu Ostern, da fahre ich in den Urlaub!; Als er Schüler war, da gab es noch getrennte Schulen für Mädchen und Jungen. ❸ *(umg.:* ≈ *deshalb) verwendet, um auszudrücken, dass etwas aus dem genannten Grund geschieht:* Du hast ihm geholfen, da kann er sich ruhig mal bedanken! ❹ *(umg.) in diesem Zusammenhang:* Da fällt mir übrigens noch etwas ein, …; Wegen der Klassenarbeit? Da müsst ihr schon den Lehrer fragen! ❺ (≈ *hier) verwendet, um auszudrücken, dass jemand anwesend oder etwas vorhanden ist:* Herr Krause ist schon da.; Ist deine Mutter gerade da?; Ist noch Brot da?; Der Zug müsste eigentlich schon da sein. ❻ *(umg.) verwendet, um auszudrücken, dass jemand bei Sinnen oder bei Kräften ist:* Morgens brauche ich immer etwas Zeit, bis ich richtig da bin.; Ich frage mich wirklich, ob sie noch richtig da ist!; Er war lange krank, aber jetzt ist er wieder voll da. ❼ *verwendet, um auszudrücken, dass jemand eine bestimmte Aufgabe oder etwas einen bestimmten Zweck hat:* Ich bin dazu da, dir zu helfen.; Wozu ist dieses Gerät da? II. *konj* ❶ (≈ *weil) verwendet, um im Nebensatz den Grund für die im Hauptsatz genannte Sache auszudrücken:* Da ich ihn gut kenne, habe ich zuerst ihn gefragt. ❷ *(geh.:* ≈ *nachdem)* Jetzt, da die Buchmesse zu Ende ist, gibt es wieder freie Hotelzimmer. ♦ Getrenntschreibung →R 4.5, 4.6, 4.8 Wirst du morgen da sein?; Sie möchte da bleiben, wo sie geboren und aufgewachsen ist.; Ich will das Komma da haben, wo es hingehört.; Ich will da sitzen/stehen, wo ich am besten sehen kann.; *siehe auch* **Dagewesene**

DAAD *der* [deːʔaːʔaːˈdeː] <-> /kein Plur./ *Abkürzung von „Deutscher Akademischer Austauschdienst"; siehe auch* **Auslandsgermanistik**, **Deutsch als Fremdsprache**, **Einstufungstest**

Der **Deutsche Akademische Austauschdienst (DAAD)** ist die größte Förderorganisation für den internationalen Austausch von Studierenden und Wissenschaftlern. Zu den wichtigsten Aufgaben zählen: Förderung der deutschen Sprache und Germanistik an ausländischen Hochschulen, Aufbau deutschsprachiger Studiengänge und Hochschulzusammenarbeit auch mit Entwicklungsländern (vgl. dazu auch unter *Auslandsgermanistik*). Bei der Schaffung vielfältiger fachlicher Kooperationen und Partnerschaften in allen Disziplinen kommt dem DAAD eine zentrale Vermittlerrolle unter anderem durch ein weltweites Netz von Lektoren und Lektorinnen zu. Im Rahmen des Engagements für seine ausländischen Stipendiaten bietet der DAAD Semesterstipendien sowie Jahres- und Promotionsstipendien und sprachliche Vorbereitungen auch durch Online-Sprachkurse an. Der DAAD ist Mitglied des „Netzwerk Deutsch". Dies ist eine Initiative nicht nur des DAAD, sondern auch des Auswärtigen Amtes, des Goethe-Instituts und der Zentralstelle für das Auslandsschulwesen zur Förderung von Deutsch als Fremdsprache, abgekürzt DaF (vgl. das Stichwort dazu). Der sprachlichen Förderung liegt ein einheitlicher Sprachtest zugrunde, nämlich der „TestDaF" (vgl. dazu auch unter *Einstufungstest*). Neben diesen Aufgabenbereichen ist der DAAD zum Weiteren z. B. auch der Förderung von Deutsch als Wissenschaftssprache verpflichtet, indem er Leitlinien zur Sicherung der Mehrsprachigkeit (Geltung von Deutsch neben Englisch) in den Wissenschaften entwickelt hat.

da·bei, da·bei *adv* ❶ *verwendet, um auszudrücken, dass etwas nahe bei jmdm. oder etwas ist, einer Sache beigefügt ist oder in einem Preis inbegriffen ist:* Er war dabei, als der Unfall passierte.; Hast du deinen Fotoapparat dabei?; Da drüben wohnen wir, und ganz nahe dabei ist auch ein Schwimmbad.; Ist die Beschreibung (bei dem Gerät) dabei?; Sind im Preis schon die Eintrittsgelder dabei? ❷ */verwendet, um die Wiederholung eines bereits genannten Substantivs oder Satzglieds zu vermeiden/ bei einer Angelegenheit oder Tätigkeit:* Das Seminar ist sehr teuer und doch kommt nichts dabei (≈ bei dem Seminar) heraus.; Was ist schon dabei?; Ich habe mir nichts dabei gedacht.; Wir fahren gemeinsam in den Urlaub, soll es dabei (≈ bei dem gemeinsamen Urlaub)bleiben? ❸ *(≈ nebenbei) verwendet, um auszudrücken, dass sich etwas gleichzeitig mit einem anderen Vorgang vollzieht:* Er macht Hausaufgaben und hört Musik dabei.; Sie kann lesen und dabei auch noch stricken! ❹ *(≈ jedoch) verwendet, um auszudrücken, dass die genannte Sache eigentlich keine richtige Begründung hat:* Ich kann das Rätsel nicht lösen, dabei ist es doch gar nicht so schwierig!; Sie ist mir böse, dabei habe ich ihr nie etwas getan. ◆ Getrenntschreibung →R 4.5, 4.6, 4.8 Was soll da schon dabei sein!; Bei der Sendung werden wieder bekannte Stars dabei sein.; Wir treffen uns morgen, falls es dabei bleibt.; Du darfst keine Angst dabei haben, sonst misslingt es!; Du solltest dabei stehen, nicht sitzen.

da·bei·blei·ben <bleibst dabei, blieb dabei, ist dabeigeblieben> *ohne OBJ* ■ *jmd. bleibt (bei etwas Dat.) dabei eine Sache weiterführen:* Er hat eine Tischlerlehre angefangen und bleibt dabei. ◆ Zusammenschreibung →R 4.5 Wenn man einmal eine Sache begonnen hat, sollte man auch dabeibleiben.; Ich habe diese Meinung schon früher vertreten und bleibe auch dabei.; *siehe auch* **dabei**

Da·bei·ge·we·se·ne *der/die* <-n, -n> *jmd., der irgendwo anwesend war, als etwas Bestimmtes geschah:* Alle Dabeigewesenen können das bezeugen. ◆ Groß- und Zusammenschreibung →R 4.5 einer der Dabeigewesenen; *siehe auch* **dabei**

da·bei·ha·ben <hast dabei, hatte dabei, hat dabeigehabt> *mit OBJ* ■ *jmd. hat etwas/jmdn. dabei (umg.)* ❶ *mit sich führen, bei sich haben:* Hast du einen Stift dabei?; Den Führerschein sollte man immer dabeihaben.; Hat er immer seinen kleinen Bruder dabei? ❷ *an etwas teilnehmen lassen:* Er wollte seine Schwester nicht immer dabeihaben.; *siehe auch* **dabei**

da·bei·sit·zen <sitzt dabei, saß dabei, hat/ist dabeigesessen> *ohne OBJ* ■ *jmd. sitzt (bei etwas/bei jmdm.) dabei sitzend (bei etwas oder jmdm.) anwesend sein:* Er sitzt in jeder Versammlung dabei. ◆ Zusammenschreibung →R 4.5 Sie hat sich nicht in das Gespräch eingemischt, sie hat nur dabeigesessen.; *siehe auch* **dabei**

da·bei·ste·hen <stehst dabei, stand dabei, hat/ ist dabeigestanden> *ohne OBJ* ■ *jmd. steht (bei etwas/bei jmdm.)dabei stehend (bei etwas oder jmdm.) anwesend sein:* Sie konnte nur dabeistehen und hilflos zusehen. ◆ Zusammenschreibung →R 4.5 Sie haben/sind alle dabeigestanden und haben gehört, was ich gesagt habe.

da·blei·ben <bleibst da, blieb da, ist dageblieben> *ohne OBJ* ■ *jmd. bleibt (irgendwo) da an einem bestimmten Ort bleiben und nicht fortgehen:* Wollen wir in den Urlaub fahren, oder wollen wir lieber dableiben? ◆ Zusammenschreibung → R 4.5 Lasst uns noch etwas dableiben, es ist gerade so gemütlich!; *siehe auch* **da**

da ca·po *adv* ❶ MUS. */als Anweisung/ wieder von vorne zu spielen* ❷ *als Beifallsruf in Theater oder Konzert:* Das Publikum will, dass das Stück noch einmal wiederholt wird, und ruft „da capo".

Dach *das* <-s, Dächer> ❶ *der Teil eines Gebäudes, der es nach oben hin abschließt:* ein flaches/steiles Dach; ein Dach mit Stroh/Ziegeln decken; der Sturm hat das Dach beschädigt.; unter dem Dach wohnen ◆ -balken, -fenster, -kammer, -luke, -pfanne, -schaden, -schiefer, -stübchen, -wohnung, -ziegel, Flach-, Haus-, Pult-, Sattel-, Walm- ❷ *kurz für „Autodach":* Das Auto überschlug sich und landete auf dem Dach.; ■ **kein Dach über dem Kopf haben** *(vorübergehend) keine Unterkunft haben;* ■ **unter einem (gemeinsamen) Dach wohnen** *zusammen in einem Haus oder einer Wohnung wohnen;* ■ **unter Dach und Fach** *(umg.) sicher (abgeschlossen)* einen Vertrag/die Ernte unter Dach und Fach haben; ■ **eins aufs Dach kriegen** *(umg.) Prügel oder eine strenge Zurechtweisung bekommen*

Dach·be·grü·nung *die* <-, -en> *das Bepflanzen von Gebäudedächern:* Unser Betrieb ist auf Dachbegrünungen, Natursteinarbeiten und Holzterrassen spezialisiert.

Dach·bo·den *der* <-s, Dachböden> *(≈ Boden, Speicher) der Raum, der sich direkt unter dem Dach eines Hauses befindet (und häufig zum Lagern ungebrauchter Gegenstände dient):* Auf dem Dachboden stehen Kartons mit alten Büchern.

Dach·de·cker *der*, **Dach·de·cke·rin** <-s, -> *jmd., der beruflich Dächer deckt und repariert* ► Dachdeckerei

Dach·first *der* <-(e)s, -e> BAUW. *(≈ Dachsattel, First) die waagerechte Kante, die zwei Dachflächen, die gegeneinander geneigt sind, gemeinsam haben*

Dach·gar·ten *der* <-s, Dachgärten> *auf dem Flachdach eines Hauses angelegter Garten*

Dach·gau·be, *a.* **Dach·gau·pe** *die* <-, -n> BAUW. *aus einem Dach herausgebautes senkrechtes Fenster*

Dach·ge·bälk *das* <-(e)s> */kein Plur./* BAUW. *die Balkenkonstruktion, die ein Dach trägt*

Dach·ge·päck·trä·ger *der* <-s, -> KFZ *ein Gepäckträger, der auf dem Autodach befestigt wird*

Dach·ge·sell·schaft *die* <-, -en> WIRTSCH. *eine Gesellschaft, die einem Konzern übergeordnet ist und diesen leitet*

D

D

Dach·ge·sims *das* <-es, -e> BAUW. *untere, vorgezogene Dachkante*

Dach·glei·che *die* <-, -n> ÖSTERR. *Richtfest:* die Dachgleiche feiern

Dach·kän·nel *der* <-s, -> SCHWEIZ. *Dachrinne*

Dach·kof·fer *der* <-s, -> KFZ *ein spezieller Koffer, der auf einem Autodach befestigt wird, um darin Dinge zu transportieren*

Dach·or·ga·ni·sa·ti·on *die* <-, -en> *eine Organisation, die mehreren Organisationen übergeordnet ist:* Der Deutsche Gewerkschaftsbund ist die Dachorganisation vieler Einzelgewerkschaften.

Dach·pap·pe *die* <-> /kein Plur./ BAUW. *zum Isolieren von Hausdächern verwendete Pappe, die mit Teer oder Bitumen getränkt ist*

Dach·pfan·ne *die* <-, -n> BAUW. *gewellter Dachziegel*

Dach·rin·ne *die* <-, -n> *an der unteren Kante eines Daches angebrachtes (nach oben hin offenes) Rohr, durch das Regenwasser (in senkrecht nach unten führenden geschlossenen Rohren) ablaufen kann*

Dachs *der* [daks] <-es, -e> ZOOL. *zu den Mardern gehörendes Säugetier mit grauem Fell, schwarzweiß gezeichnetem Kopf und einer langen Schnauze, das in Wäldern lebt*

Dach·scha·den *der* <-s, Dachschäden> ❶ *Schaden an einem Dach* ❷ ■ **jemand hat (wohl) einen Dachschaden** *(umg. abwert.) jmd. ist (wohl) verrückt*

Dach·schin·del *die* <-, -n> BAUW. *(≈ Schindel) dünnes, oft wie ein Dachziegel geformtes Holzbrettchen, das zum Decken von Hausdächern und zum Verkleiden der Außenwände benutzt wird*

Dach·schrä·ge *die* <-, -n> BAUW. *Neigung eines Daches*

Dachs·hund *der* <-(e)s, -e> *siehe auch* **Dackel**

Dach·stuhl *der* <-(e)s, Dachstühle> BAUW. *(≈ Dachgestühl) tragendes Gerüst eines Daches (aus Holz), auf dem die Dachziegel befestigt werden*

Dach·trau·fe *die* <-, -n> *(≈ Dachrinne)*

Da·ckel *der* <-s, -> *ein meist brauner Haus- und Jagdhund mit lang gestrecktem Kopf und krummen Vorderbeinen* ◆ Kurzhaar-, Zwerg-

Da·da·is·mus *der* [dada'ɪsmʊs] <-> /kein Plur./ *eine internationale Kunst- und Literaturrichtung um 1920, die gegen künstlerische Ideale und für die Freiheit der Kunst eintrat und in der Kunst das Irrationale betonte* ▶ dadaistisch, Dadaist

da·durch *adv (≈ da hindurch) verwendet, um auszudrücken, dass sich eine Bewegung durch die genannte Sache hindurch vollzieht:* Die Stiefel haben Ösen. Dadurch werden die Schnürsenkel gezogen.; Das Fenster ist viel zu klein. Dadurch können die Diebe nicht ins Haus gelangt sein!; ■ **dadurch, dass …** *(umg.: ≈ weil)* Dadurch, dass er zwei Fremdsprachen spricht, hat er bessere Chancen.

da·durch *adv /verwendet, um die Wiederholung eines bereits genannten Substantivs oder Satzglieds zu vermeiden / (≈ deshalb) durch diese Sache:* Er hat mir seine Hilfe angeboten. Dadurch (≈ durch seine Hilfe) habe ich die Arbeit rechtzeitig

geschafft.; Ich habe mich ausgeruht und bin dadurch (≈ durch das Ausruhen) viel erholter.

da·für, **da·für** *adv* ❶ /verwendet, um die Wiederholung eines bereits genannten Substantivs oder Satzglieds zu vermeiden / für die genannte Sache:* Die Idee stammt von mir und ich habe mich jahrelang dafür (≈ für diese Idee) eingesetzt.; Ich kenne diesen Vorschlag und ich bin dafür (≈ für diesen Vorschlag).; Er kann nichts dafür!; Sie ist keine Künstlerin, man könnte sie aber dafür (≈ für eine Künstlerin) halten. ❷ *verwendet, um auszudrücken, dass etwas als Gegenleistung für etwas gegeben wird:* Ich habe ihr ein Buch gegeben und dafür eine CD bekommen.; Er hat dafür 20 Euro bezahlt. ❸ *verwendet, um auszudrücken, dass etwas richtig erscheint, wenn man einen bestimmten Aspekt bedenkt:* Der Anzug ist teuer, dafür passt er aber gut.; Er hat eine Menge Zeit geopfert, dafür aber auch viel erreicht. ❹ *(umg.: ≈ dagegen) verwendet, um auszudrücken, dass etwas als Mittel gegen etwas dient:* Sie haben Fieber? Dafür verschreibe ich Ihnen Tabletten.; Er leidet unter Verspannungen, aber dafür bekommt er Massagen.

Da·für·hal·ten ■ **nach meinem Dafürhalten** *(geh.) meiner Meinung nach* Nach meinem Dafürhalten sollten wir die Direktion um Erlaubnis bitten.

da·für·kön·nen <kannst dafür, konnte dafür, hat dafürgekonnt> *mit OBJ* ■ **jmd. kann etwas dafür** *(umg.) schuld sein:* Er kann nichts dafür, dass er häufig krank ist. ◆ Zusammenschreibung →R 4.5, 4.6 Niemand hat etwas dafürgekonnt, dass es so gekommen ist.

da·für·spre·chen <sprichst dafür, sprach dafür, hat dafürgesprochen> *mit OBJ* ■ **etwas spricht dafür, dass …** ❶ *ein Anzeichen für etwas sein:* Es spricht einiges dafür, dass sie die neue Chefin wird. ❷ *ein Argument für etwas sein:* Es spricht alles dafür, dass wir die Wohnung jetzt kaufen. ◆ Zusammenschreibung →R 4.5, 4.6 Was hat eigentlich dafürgesprochen, dass sie die Stelle bekam?

da·ge·gen, **da·ge·gen** *adv* ❶ *gegen die genannte Sache:* Dagegen ist nichts einzuwenden.; Sie stand neben dem Schrank und lehnte sich dagegen.; Er schlug mit dem Stock dagegen. ❷ ■ **etwas/nichts dagegen haben** *gegen/nicht gegen etwas eingestellt sein:* Ich habe nichts dagegen, dass er mitkommt. ❸ *im Vergleich zu jmdm. oder etwas:* Sie ist unerträglich, dagegen ist ihr Bruder das liebste Kind. ❹ *(≈ jedoch)* Ich habe ihr oft geschrieben, sie dagegen nur selten.; Sie ist blond, er dagegen schwarzhaarig. ◆ Getrenntschreibung →R 4.5, 4.6, 4.8 Was kann man denn dagegen haben, dass er hier einzieht?; Ich denke, keiner wird dagegen sein, dass du mitkommst.

da·ge·gen·hal·ten <hältst dagegen, hielt dagegen, hat dagegengehalten> *mit OBJ* ■ **jmd. hält etwas dagegen** ❶ *etwas gegen oder neben etwas halten:* Merkst du nicht, dass dieser Stoff eine andere Farbe hat als das Tuch? Halte ihn mal dagegen!; Siehst du das feine Muster im Stoff nicht? Nimm mal die Lampe und halte den Stoff dagegen! ❷ *(geh.: ≈ entgegnen) als Gegenargument nennen:* Sie hielt dagegen, dass diese Theorie veraltet

sei. ◆Zusammenschreibung →R 4.6 Glaubst du,
wir sollten dagegenhalten?

da·ge·gen·set·zen <setzt dagegen, setzte dagegen, hat dagegengesetzt> *mit OBJ* ■ *jmd.* **setzt
etwas dagegen** *etwas gegen etwas sagen:* Was
können wir dagegensetzen, wenn wir so belogen
werden? ◆Zusammenschreibung →R 4.6 Sie
wurde heftig angegriffen und konnte nichts dagegensetzen.

da·ge·gen·stel·len <stellst dagegen, stellte dagegen, hat dagegengestellt> *mit SICH* ■ *jmd.*
stellt sich dagegen *sich widersetzen:* Er stellte
sich mutig dagegen, als sein Freund angegriffen
wurde. ◆Zusammenschreibung →R 4.6 Sie hat
sein Vorgehen verurteilt und sich von Anfang an
dagegengestellt.

Da·ge·we·se·ne *das* <-n> */kein Plur./ das, was es
bisher gegeben hat:* Die Ausstellung zeigt Sensatio-
nelles, noch nie Dagewesenes. ◆Zusammen-
schreibung →R 4.5 alles bisher Dagewesene in
denn Schatten stellen; *siehe auch* **da**

da·ha·ben <hast da, hatte da, hat dagehabt> *mit
OBJ* ■ *jmd.* **hat etwas da** *(umg.) zur Verfügung
oder vorrätig haben:* Hast du noch etwas Brot da?;
Wir können nicht alle Produkte dahaben, auf
Wunsch des Kunden bestellen wir die Sachen.
◆Zusammenschreibung →R 4.5 Ich sehe nach,
ob ich das Buch noch dahabe.

da·heim *adv zu Hause:* wieder daheim sein

da·heim·blei·ben <bleibst daheim, blieb daheim, ist daheimgeblieben> *ohne OBJ* ■ *jmd.*
bleibt daheim *zu Hause bleiben:* Mein Mann ist
heute wegen Kopfschmerzen daheimgeblieben.

da·heim·sit·zen <sitzt daheim, saß daheim, hat
daheimgesessen> *ohne OBJ (sein)* ■ *jmd.* **sitzt
daheim** *zu Hause sitzen:* Sie sitzt den ganzen Tag
traurig daheim.

Da·heim·ge·blie·ben *adj /nicht steig./ so, dass
man zu Hause geblieben und nicht an einen anderen Ort gereist ist:* Sie schickt eine Urlaubskarte an
die daheimgebliebene Freundin.

Da·heim·ge·blie·be·ne *der/die* <-n, -n> *jmd.,
der zu Hause geblieben ist (und nicht an einen
(Urlaubs-)Ort gefahren ist):* an die Daheimgebliebenen denken; Er grüßte alle Daheimgebliebenen.

da·her, **da·her** *adv* ❶ *aus oder von einem bestimmten Ort; von dort:* Du stammst aus Dresden?
Von daher komme ich auch!; Ich sollte in die Stadt?
Daher komme ich gerade! ❷ *(≈ deswegen) aus einem bestimmten Grund:* Ihre Erkältung kommt
daher, dass sie sich bei dem Wetter nicht warm genug anzieht.; Er hat es mir gesagt, daher weiß ich
es schon lange. ◆Getrenntschreibung →R 4.5
Seine Vorsicht wird wohl daher kommen, dass
man ihn gewarnt hat.; Das Missverständnis ist daher gekommen, dass wir uns nicht vorher abgesprochen haben.

da·her·brin·gen <bringst daher, brachte daher,
hat dahergebracht> *mit OBJ* ■ *jmd.* **bringt etwas daher** SÜDDT., ÖSTERR. *von irgendwoher an-
schleppen:* Was hast du denn wieder dahergge-
bracht?

da·her·ge·lau·fen *adj /nicht steig./ (umg. abwert.) ohne Ansehen und von zweifelhafter Her-*

kunft: Glaub doch nicht jedem dahergelaufenen
Kerl, was er dir erzählt! ▷ Dahergelaufene

da·her·kom·men <kommst daher, kam daher, ist
dahergekommen> *ohne OBJ* ■ *jmd.* **kommt irgendwie daher** *sich (auf bestimmte Weise)nä-
hern:* Wir sahen ihn mit schnellen Schritten daher-
kommen. ◆Zusammenschreibung →R 4.5, 4.6
Dann ist sie wieder dahergekommen und hat uns
gestört.; Wie du wieder daherkommst, zieh dich
doch mal ordentlich an!; *siehe aber* **daher**

da·hin, **da·hin** *adv* ❶ *bis zu einem bestimmten Ort
oder Zustand:* Ist es noch weit bis dahin?; Leg das
Buch bitte dahin (, wo du es weggenommen hast)!;
Dahin hat ihn sein ewiges Lügen gebracht!
❷ *(≈ dann) bis zu einem bestimmten Zeitpunkt:*
Wie lange dauert es noch bis dahin?; Bis dahin will
ich mit der Arbeit fertig sein. ❸ ■ **dahin, dass ...**
in eine bestimmte gedankliche Richtung: Meine
Meinung geht dahin, dass ...; sich dahin gehend
äußern/einigen, dass ...; ■ **Mir steht's bis dahin!**
(umg.) ich habe keine Lust mehr; ■ **dahin sein**
(geh.) verloren oder vergangen sein All mein Geld
ist dahin!; Die schöne Jugendzeit ist dahin! ◆Ge-
trenntschreibung →R 4.5 Ich bin zu der Feier eingeladen, wollt ihr auch dahin gehen?; Ich habe die
Tasche dahin gestellt.

da·hin·fal·len <fällt dahin, fiel dahin, ist dahin-
gefallen> *ohne OBJ* ■ **etwas fällt (wegen etwas
Dat.) dahin** SCHWEIZ. *entfallen, wegfallen:* Seine
Gründe dafür fallen dahin.

da·hin·flie·ßen <fließt dahin, floss dahin, ist da-
hingeflossen> *ohne OBJ* ■ **etwas fließt (irgendwie) dahin** *gleichmäßig in einer bestimmten Art
fließen:* Der Bach fließt gemächlich dahin.; Seine
Rede floss eintönig dahin.

da·hin·ge·hen <gehst dahin, ging dahin, ist da-
hingegangen> *ohne OBJ (geh.)* ❶ ■ **etwas geht
(irgendwie) dahin** *in einer bestimmten Art vergehen:* Der Tag ist ohne große Ereignisse dahingegangen. ❷ ■ *jmd.* **geht dahin** *(verhüll.) sterben:*
Er ist viel zu früh dahingegangen. ◆Zusammen-
schreibung →R 4.5, 4.6 Er ließ ein paar Wochen
dahingehen, ohne etwas zu unternehmen.; *siehe*
dahin

da·hin·ge·stellt */nicht steig./* ■ **etwas bleibt/
ist/sei dahingestellt** *etwas ist nicht sicher oder
entschieden* Es sei einmal dahingestellt, ob Fortschritt immer ein Vorteil ist. ◆Zusammenschrei-
bung →R 4.5, 4.6 Ob es wirklich getan hat,
wollen wir einmal dahingestellt lassen.; *siehe aber*
dahin

da·hin·sa·gen <sagst dahin, sagte dahin, hat da-
hingesagt> *mit OBJ* ■ *jmd.* **sagt etwas dahin** *etwas sagen, ohne sich viel dabei zu denken:* Das
habe ich doch nur so dahingesagt, nimm es nicht
so ernst!; Er hat das leichtfertig dahingesagt, damit aber sehr gekränkt.

da·hin·schei·den <scheidest dahin, schied dahin,
ist dahingeschieden> *ohne OBJ* ■ *jmd.* **scheidet
dahin** *(geh. verhüll.) sterben:* Er ist nach Jahren
schwerer Krankheit dahingeschieden.; Sie schied
nach langem Leiden dahin.

da·hin·schlep·pen <schleppst dahin, schleppte
dahin, hat dahingeschleppt> *mit SICH* ❶ ■ *jmd.*

D

schleppt sich dahin sich mühsam und mit großer Anstrengung bewegen: Nach einer Woche in der tropischen Hitze schleppten sich die Expeditionsteilnehmer nur noch dahin. **2** *(übertr.)* verwendet, um auszudrücken, dass etwas sehr viel Zeit benötigt, weil nur sehr kleine Fortschritte gemacht werden: Die Verhandlungen schleppen sich nun schon über Wochen dahin.

da·hin·schwin·den <schwindet dahin, schwand dahin, ist dahingeschwunden> *ohne OBJ* ■ *etwas schwindet dahin (geh.)* weniger werden: Unsere Begeisterung/Der Vorrat an Lebensmitteln war schnell dahingeschwunden.; Das harte Rennen fordert seinen Tribut. – Die Kräfte der Athleten schwinden dahin.

da·hin·sie·chen <siechst dahin, siechte dahin, ist dahingesiecht> *ohne OBJ* ■ *jmd. siecht dahin* lange Zeit sehr krank und dem Tode nahe sein: Er starb, nachdem er viele Monate dahingesiecht war.

da·hin·ten, **da·hin·ten** *adv (≈ dort hinten)* Dahinten im Regal musst du nachschauen!

da·hin·ter, **da·hin·ter** *adv (↔ davor)* hinter der genannten Sache: Wenn du genau wissen willst, was da ist, musst du mal dahinter schauen

da·hin·ter·klem·men <klemmst dahinter, klemmte dahinter, hat dahintergeklemmt> *mit SICH* ■ *jmd. klemmt sich hinter etwas Akk. (umg.)* jmd. fördert etwas mit aller Kraft ◆ Zusammenschreibung →R 4.5, 4.6 Das Projekt kam bisher nicht so recht voran, aber wenn jetzt der Schulze sich dahinterklemmt, gibt es bald Fortschritte.

da·hin·ter·kom·men <kommst dahinter, kam dahinter, ist dahintergekommen> *ohne OBJ* ■ *jmd. kommt dahinter (umg.)* jmd. findet etwas heraus ◆ Zusammenschreibung →R 4.5, 4.6 Sie will nicht verraten, um was es geht, aber ich komme schon noch dahinter.

da·hin·ter·ste·cken <steckst dahinter, steckte dahinter, hat dahintergesteckt> *ohne OBJ* ■ *jmd. steckt dahinter (umg.)* im Zusammenhang mit etwas gibt es noch eine (noch nicht bekannte) wichtige Sache ◆ Zusammenschreibung →R 4.5, 4.6 Es werden noch mehr Mitarbeiter angestellt? Da könnte mehr dahinterstecken, vielleicht soll eine weitere neue Firma gegründet werden.

da·hin·ter·ste·hen <stehst dahinter, stand da­hinter, hat dahintergestanden> *ohne OBJ (sein)* ■ *jmd. steht dahinter (umg.)* jmd. befürwortet etwas und bekennt sich auch öffentlich dazu ◆ Zusammenschreibung →R 4.5, 4.6 Das war ein mutiger Vorschlag, aber er wusste auch, dass die Geschäftsleitung dahintersteht.

da·hi·nü·ber *adv* an dieser Stelle, in dieser Richtung hinüber: Nach etwa 500 Metern erreichst du eine Brücke und dahinüber musst du fahren.

da·hin·ve·ge·tie·ren <vegetierst dahin, vege­tierte dahin, ist dahinvegetiert> *ohne OBJ* ■ *jmd. vegetiert dahin (oft abwert.)* unter elenden Umständen leben: Viele Bewohner der Slums vegetieren in primitiven Hütten dahin.

da·hin·zie·hen <zieht dahin, zog dahin, ist dahin­gezogen> *ohne OBJ* ■ *etwas zieht (irgendwie)*

dahin sich gleichmäßig vorwärtsbewegen: Die Wolken zogen langsam/rasch am Himmel dahin.

Dah·lie *die* <-, -n> eine Gartenblume, die im Spätsommer und Herbst blüht

dak·ty·lisch *adj* /nicht steig./ *LIT.* im Versmaß des Daktylus

Dak·ty·lo·s·ko·pie *die* <-> /kein Plur./ Verfahren zum Abnehmen von Fingerabdrücken für kriminologische oder gerichtsmedizinische Untersuchungen

Dak·ty·lus *der* <-, Daktylen> Versmaß aus einer langen, betonten und zwei kurzen, unbetonten Silben: ein Gedicht in Daktylen

Da·lai-La·ma *der* <-(s), -s> das politische und religiöse Oberhaupt des Buddhismus in Tibet

dal·li *interj (umg.)* verwendet, um auszudrücken, dass sich jmd. beeilen soll; ■ **Nun mach mal dalli!** *Beeile dich!*

Dal·ma·ti·en <-s> /kein Plur./ Landschaft in Kroatien

Dal·ma·ti·ner *der*, **Dal·ma·ti·ne·rin** <-s, -> **1** Einwohner von Dalmatien **2** eine Weinsorte aus Dalmatien **3** ein Jagdhund, für den das weiße Fell mit vielen schwarzen Flecken charakteristisch ist

da·ma·lig *adj* /nicht steig./ zu einem bestimmten Zeitpunkt in der Vergangenheit: In der damaligen Zeit war vieles anders.; mein damaliger Lehrer; Die damaligen Verhältnisse erlaubten das nicht.

da·mals *adv* zu einem bestimmten Zeitpunkt, der schon länger zurückliegt: Damals, als Großvater noch ein junger Mann war ...; Seit damals hat sich viel geändert, es liegt ja auch dreißig Jahre zurück.; Damals stand die Kirche noch, später wurde sie zerstört.

Da·mas·kus Hauptstadt von Syrien

Da·mast *der* <-(e)s, -e> ein einfarbiger feiner Stoff mit eingewebtem Muster: Bettwäsche aus Damast

Da·me *die* <-, -n> **1** (↔ Herr) höfliche Anrede und Bezeichnung für eine Frau: Gestatten Sie, meine Damen?; Die Dame war vor Ihnen an der Reihe.; Meine sehr verehrten Damen und Herren! ◆ -nbekleidung, -nfahrrad, -nmannschaft, -nmode, -noberbekleidung, -nschuh, -nstrumpf, -nunterwäsche **2** eine vornehm wirkende Frau: sich benehmen/kleiden wie eine richtige Dame; Eine Dame tut so etwas nicht! **3** eine Karte beim Skat- oder Romméspiel: eine Dame ausspielen **4** die neben dem König wichtigste Schachfigur **5** /kein Plur./ kurz für „Damespiel": stundenlang Dame spielen

Da·men·be·kannt·schaft *die* <-, -en> (veralt.) Bekanntschaft (eines Mannes) mit einer weiblichen Person

Da·men·bin·de *die* <-, -n> Binde[3] für die Zeit der Monatsblutung

da·men·haft *adj* /nicht steig./ wie eine Dame[2]: In dem eleganten Kostüm wirkt sie sehr damenhaft.

Da·men·mann·schaft *die* <-, -en> (↔ Herrenmannschaft) aus Frauen bestehende Sportmannschaft

Da·men·rad *das* <-(e)s, Damenräder> kurz für „Damenfahrrad"

Da·men·sa·lon *der* <-s, -s> *Friseurgeschäft, in dem nur Frauen und Mädchen bedient werden*

Da·men·sat·tel *der* <-s, -> ❶ *ein Reitsattel für Frauen, der so beschaffen ist, dass die Reiterin beide Beine auf einer Seite des Pferdes hält* ❷ *ein Fahrradsattel, der in seiner Form speziell auf die weibliche Anatomie abgestimmt ist*

Da·men·sitz *der* <-es, -e> *(↔ Herrensitz) Reitsitz im Damensattel*

Da·men·wahl *die* <-> */kein Plur./ der Vorgang, dass beim Tanz die Frauen die Männer zum Tanz auffordern:* Jetzt ist Damenwahl!

Da·men·welt *die* <-> */kein Plur./ (umg. o veralt.) Gesamtheit der Frauen*

Da·me·spiel *das* <-(e)s, -e> *(≈ Dame) ein Brettspiel für zwei Spieler, bei dem auf einem quadratischen Brett mit 12 schwarzen und 12 weißen runden, flachen Spielsteinen gespielt wird*

Dam·hirsch *der* <-(e)s, -e> ZOOL. *ein Hirsch mit einem breiten Geweih, welches wie eine Schaufel geformt ist*

da·mit, da·mit I. *adv* ❶ */verwendet, um die Wiederholung eines bereits genannten Substantivs oder Satzglieds zu vermeiden / mit einer Sache:* Was willst du damit?; Dieses Brecheisen hier, hat der Täter damit (≈ mit diesem Brecheisen) die Tür geöffnet?; Das hat damit gar nichts zu tun.; Damit hatten wir nicht gerechnet.; Weg/heraus damit! ❷ *(≈ demzufolge) verwendet, um eine Schlussfolgerung aus etwas einzuleiten:* Er ist krank. Damit entfällt seine Teilnahme am Fußballturnier. II. *konj* *verwendet, um im Nebensatz den Zweck der Aussage des Hauptsatzes zu nennen:* Ich sage dir das, damit du Bescheid weißt.; Er wollte eine gute Ausbildung für seine Kinder, damit sie es im Leben leichter haben sollten.

Däm·lack *der* <-s, -e/-s> *(umg. abwert.) einfältiger, dummer Mensch*

däm·lich *adj (umg. abwert.)* ❶ *dumm und einfältig:* ein selten dämlicher Kerl ❷ *ungeschickt:* sich dämlich anstellen

Damm *der* <-(e)s, Dämme> ❶ *ein Erdwall, der dazu dient, dass das Wasser in einem Fluss nicht heraustreten und das Land neben dem Fluss überschwemmen kann:* einen Damm aufschütten/errichten/mit Sandsäcken sichern; Die Dämme sind gebrochen.; Das Wasser des Baches wird hinter einem Damm aufgestaut. ◆ Stau- ❷ *Unterbau einer Straße oder Schiene:* Der Damm links und rechts der Schiene war von Unkraut überwuchert. ◆ Bahn- ❸ ANAT. *der Bereich zwischen After und äußeren Geschlechtsorganen beim Menschen;* ■ **nicht auf dem Damm sein** *(umg.) nicht ganz gesund sein;* ■ **wieder auf dem Damm sein** *(umg.) nach einer Krankheit wieder gesund sein*

Damm·bruch *der* <-(e)s, Dammbrüche> *Bruch eines Dammes[1], z. B. durch Hochwasser*

däm·men *mit OBJ* ■ **jmd. dämmt etwas** ❶ *(Wasser) durch einen Damm stauen:* den Fluss dämmen ▶ eindämmen ❷ *etwas gegen Schall oder Wärme bzw. Kälte isolieren* ▶ Dämmung

däm·me·rig *adj /nicht steig./ siehe* **dämmrig**

Däm·mer·licht *das* <-(e)s> */kein Plur./ das sehr schwache Licht in den ganz frühen Morgenstun-*

den und den späten Abendstunden, bei dem man gerade noch etwas sehen kann: Im Dämmerlicht des Abends/Morgens konnte sie kaum etwas erkennen.

däm·mern <dämmert, dämmerte, hat gedämmert> I. *ohne OBJ* ❶ ■ **der Morgen dämmert** *es wird Tag* ❷ ■ **der Abend dämmert** *es wird Nacht* ❸ ■ **jmd. dämmert** *im Halbschlaf sein:* Sie saß im Sessel und dämmerte ein wenig. II. *mit ES* ■ **es dämmert** ❶ *Morgen oder Abend werden:* Es beginnt zu dämmern. ❷ ■ **jemandem dämmert es** *(umg.) jmd. versteht allmählich etwas* Jetzt dämmert's mir!; Es dämmerte nun endlich allen, dass das Spiel nicht mehr zu gewinnen war.

Däm·mer·schop·pen *der* <-s, -> *(veralt.: ≈ Abendschoppen ↔ Frühschoppen) kleiner Trunk (in Gesellschaft) am frühen Abend:* auf der Terrasse beim Dämmerschoppen sitzen

Däm·me·rung *die* <-> */kein Plur./ die Übergangszeit zwischen Tag und Nacht, in der das Licht sehr schwach ist:* Die Dämmerung brach herein.; bei Anbruch der Dämmerung ◆ Abend-, Morgen-

Däm·mer·zu·stand *der* <-(e)s, Dämmerzustände> MED. *ein Zustand des Bewusstseins, in dem der Patient die Außenwelt nur sehr eingeschränkt wahrnehmen kann*

Dämm·plat·te *die* <-, -n> *eine der Platten, mit denen z. B. Hauswände verkleidet werden, um das Haus gegen Schall bzw. gegen Wärme und Kälte zu isolieren*

dämm·rig *adj /nicht steig./ so, dass es noch nicht oder nicht mehr ganz dunkel ist:* Es war schon dämmrig, als wir nach Hause kamen.; Der Morgen kündigt sich mit dämmrigem Licht an.

Dämm·ung *die* <-, -en> TECHN. *eine Schicht zur Isolation gegen Schall oder Wärme bzw. Kälte* ◆ -smittel, Schall-, Wärme-

Da·mo·k·les·schwert *das* <-(e)s> */kein Plur./ (geh.) eine drohende Gefahr, der jmd. dauernd ausgesetzt ist und die ihn jederzeit treffen kann:* Die Entlassung schwebt wie ein Damoklesschwert über den achtzig Mitarbeitern des Kleinbetriebs.

Dä·mon *der* <-s, -Dämonen> *ein mächtiger böser Geist:* Ein Talisman soll vor Dämonen schützen.; von einem Dämon besessen sein ▶ Dämonismus

dä·mo·nisch *adj auf unheimliche Art fesselnd:* ein dämonisches Lachen; eine dämonische Kraft ausüben

Dampf *der* <-(e)s, Dämpfe> ❶ */kein Plur./ (≈ Dunst) die feinen Wassertropfen, die in die Luft aufsteigen, wenn Wasser auf eine höhere Temperatur als 100° erhitzt wird:* Der Dampf schlägt sich an den Fenstern nieder.; Aus den Kühltürmen des Kraftwerks steigt Dampf auf. ◆ -bügeleisen, -druck, -heizung, -strahl, -ventil, -wolke ❷ */nur Plur./* CHEM. *(≈ Ausdünstungen) Stoffe, die aus bestimmten Chemikalien austreten und sich mit der Luft vermischen:* giftige Dämpfe einatmen; ■ **Dampf ablassen** *(umg.) seinen Ärger deutlich äußern* Ich habe lange nichts dazu gesagt, aber heute musste ich mal Dampf ablassen und so richtig meine Meinung sagen.; ■ **jemandem Dampf machen**

D

(umg.) eine Person, die zu träge oder zu faul ist, antreiben

Dampf·an·trieb der <-(e)s, -e> Antrieb (einer Maschine) durch Dampfkraft

Dampf·bad das <-(e)s, Dampfbäder> ❶ (≈ Sauna) Schwitzbad in einem mit Wasserdampf gefüllten Raum: ein Dampfbad nehmen ❷ Raum für das Dampfbad¹: ins Dampfbad gehen

Dampf·boot das <-(e)s, -e> (≈ Dampfer) durch eine Dampfmaschine angetriebenes Schiff: einen Ausflug mit dem Dampfboot machen

damp·fen <dampft, dampfte, hat gedampft> ohne OBJ ▪ etwas dampft ❶ so heiß sein, dass Dampf aufsteigt: dampfend heiße Suppe; Die Klöße dampfen in der Schüssel. ❷ Dunst aufsteigen lassen: Die Pferde dampfen.; Nach dem Regen dampft die Straße in der Sonne.

dämp·fen <dämpfst, dämpfte, hat gedämpft> mit OBJ ❶ ▪ jmd./etwas dämpft etwas (≈ abschwächen) leiser machen: Er dämpfte seine Stimme.; Der Teppich dämpft die Schritte.; gedämpfte Geräusche ❷ ▪ etwas dämpft etwas bewirken, dass etwas schwächer oder weniger intensiv ist: die Erregung/die Freude/den Zorn dämpfen; die Schmerzen dämpfen; Medikamente mit einer dämpfenden Wirkung ❸ ▪ jmd. dämpft etwas KOCH. (≈ dünsten) in Dampf garen: Zwiebeln in der Pfanne dämpfen; gedämpfte Kartoffeln ❹ ▪ jmd. dämpft etwas mit Dampf glätten: die Wäsche dämpfen

Dampf·fer der <-s, -> ❶ kurz für „Dampfschiff" ◆ Ausflugs-, Luxus-, Ozean-, Passagier- ❷ ▪ auf dem falschen Dampfer sein (umg.) falsche Vorstellungen von etwas haben Wenn du glaubst, du kannst mich mit deinen Schmeicheleien einwickeln, bist du aber auf dem falschen Dampfer, ich durchschaue das.

Dämp·fer der <-s, -> ❶ MUS. ein Teil, das man auf die Spitze bestimmter Instrumente setzt, um dem Klang eine bestimmte Färbung zu geben: die Trompete mit Dämpfer spielen ❷ ▪ jemand/etwas bekommt einen Dämpfer (umg. übertr.) durch etwas Negatives wird jmds. Stimmung oder eine Situation verschlechtert Ihre Hoffnungen haben einen Dämpfer bekommen.; Er hat vom Chef einen kräftigen Dämpfer bekommen.

Dampf·fer·fahrt die <-, -en> Fahrt mit einem Dampfschiff

Dampf·kes·sel der <-s, -> TECHN. eine Anlage zur Erzeugung von Wasserdampf, mit dem eine Dampfmaschine oder ein Heizungssystem betrieben wird

Dampf·koch·topf der <-(e)s, Dampfkochtöpfe> (≈ Schnellkochtopf) ein Kochtopf, in dem unter Dampfdruck ein schnelleres Garen der Speisen möglich ist als in herkömmlichen Töpfen

Dampf·kraft die <-> /kein Plur./ PHYS. die Kraft, die durch den Druck von Dampf entsteht

Dampf·kraft·werk das <-(e)s, -e> TECHN. ein Kraftwerk, in dem die Umwandlung von Wärme in Elektroenergie mittels Wasserdampf erfolgt

Dampf·lok die <-, -s> kurz für „Dampflokomotive"

Dampf·lo·ko·mo·ti·ve die <-, -n> eine Lokomo-

tive, die von einer Dampfmaschine angetrieben wird

Dampf·ma·schi·ne die <-, -n> TECHN. eine Maschine, die den Druck des Dampfes in mechanische Energie umwandelt

Dampf·schiff das <-(e)s, -e> ein Schiff, das von einer Dampfmaschine angetrieben wird ◆ -fahrt

Dampf·tur·bi·ne die <-, -n> eine Maschine, bei der der Druck des Dampfes durch Düsen auf Turbinenräder übertragen und danach in mechanische bzw. elektrische Energie umgewandelt wird

Dämp·fung die <-> /kein Plur./ ❶ das Abschwächen von Schall ❷ MED. das Abschwächen von Krankheitssymptomen: ein Medikament zur Dämpfung des Hustenreizes/der psychischen Erregung

Dampf·wal·ze die <-, -n> TECHN. (mit einer Dampfmaschine betriebene) Straßenwalze zum Glätten von frischen Straßenbelägen

Dan der SPORT eine der zehn Rangstufen in den Budosportarten

da·nach, da·nach adv ❶ (≈ nachher) verwendet, um auszudrücken, dass etwas zeitlich nach der genannten Sache liegt: Erst waren wir im Kino, danach noch in einem Restaurant.; Er kam als Sieger ins Ziel. Lange danach kamen seine Verfolger.; Zuerst muss man die Milch erhitzen, danach das Puddingpulver einrühren. ❷ /verwendet, um die Wiederholung eines bereits genannten Substantivs oder Satzteils zu vermeiden/ nach der genannten Sache: Erst sah er den Hebel an der Wand, dann griff er danach (≈ nach dem Hebel); Du magst die Arbeit wohl nicht besonders, aber du wirst dich noch danach (≈ nach der Arbeit) sehnen.; Sie kennen jetzt die Vorschriften. Richten Sie sich bitte danach (≈ nach den Vorschriften)!; Mir ist nicht danach zu Mute. ❸ (≈ so) dem entsprechend: Er ist krank und sieht auch danach aus.; Wahrscheinlich ist Zimt in dem Kuchen; jedenfalls schmeckt er danach.

Dance·floor der ['dɑːnsflɔ] <-s, -s> Tanzfläche in einer Diskothek

Dan·cing das ['dɑːnsɪŋ] <-s, -s> ÖSTERR. ❶ Tanzlokal ❷ Tanzveranstaltung

Dä·ne der, **Dä·nin** <-n, -n> jmd., der die dänische Staatsbürgerschaft hat

da·ne·ben adv ❶ neben etwas: rechts daneben sein; Dicht daneben ist/befindet sich die Schule.; Dort sehen Sie das Rathaus, daneben ist das Naturkundemuseum. ❷ verwendet, um auszudrücken, dass etwas sein Ziel nicht erreicht: Der Schuss ging knapp daneben.; Daneben (geschossen/geraten)! ❸ (≈ außerdem) nebenbei, zudem: Sie ist berufstätig. Daneben studiert sie noch. ❹ im Vergleich zu jmdm. oder etwas: Er ist sehr gewandt, daneben wirkt sein Bruder richtig ungeschickt.; ▪ jemand ist völlig daneben (umg.) jmd. fühlt sich unwohl; ▪ etwas ist voll/völlig daneben (umg. abwert.) etwas ist in einer Situation überhaupt nicht angebracht Sein dummes Grinsen war ja wohl voll daneben.; Ich weiß nicht, was mit mir los ist; ich bin völlig daneben.

da·ne·ben·be·neh·men <benimmst daneben, benahm daneben, hat danebenbenommen> mit

SICH ■ *jmd. benimmt sich (bei etwas Dat.) daneben (umg.) sich schlecht benehmen:* Musst du dich immer so danebenbenehmen?

da·ne·ben·ge·hen <gehst daneben, ging daneben, ist danebengegangen> *mit OBJ* ■ *jmdm. geht etwas daneben (umg.:* ≈ *misslingen* ↔ *gelingen)* Der Versuch, die beiden verfeindeten Parteien zu versöhnen, ist gründlich danebengegangen.; Der Versuch, ihn umzustimmen, ist danebengegangen.; Auch die Wiederholungsprüfung ist leider danebengegangen

da·ne·ben·ge·ra·ten <gerätst daneben, geriet daneben, ist danebengeraten> *ohne OBJ* ■ *jmdm. gerät etwas daneben (≈ misslingen* ↔ *gelingen) etwas misslingt jmdm.:* Das Essen ist mir heute danebengeraten.

da·ne·ben·hal·ten <hältst daneben, hielt daneben, hat danebengehalten> *mit OBJ* ■ *jmd. hält etwas daneben (umg.) zum Vergleich heranziehen:* Wenn man seine bisherigen Leistungen danebenhält, ist doch eine drei in Mathematik gar nicht so schlecht.; Wenn man die Ergebnisse der anderen Teilnehmer danebenhält, können wir mit uns ganz zufrieden sein.

da·ne·ben·lie·gen <liegst daneben, lag daneben, hat danebengelegen> *ohne OBJ* ■ *jmd. liegt (bei etwas Dat.) daneben (umg.) sich in einer bestimmten Hinsicht irren; eine Sache unter einem bestimmten Aspekt falsch einschätzen:* Die Entfernung beträgt 298 Kilometer. Ich habe 250 geschätzt. So weit habe ich gar nicht danebengelegen!; Du hast völlig danebengelegen. Die Sache war ganz anders!

da·ne·ben·schie·ßen <schießt daneben, schoss daneben, hat danebengeschossen> I. *mit OBJ* ■ *jmd. schießt etwas Akk. daneben an etwas vorbeischießen:* Er hat den Ball ja komplett danebengeschossen! II. *ohne OBJ* ■ *jmd. schießt daneben* ❶ am Ziel/am Tor vorbeischießen ❷ *sich verrechnen, etwas verpassen, etwas verfehlen:* Mit dieser Aussage hat er aber danebengeschossen!

da·ne·ben·ste·hen <stehst daneben, stand daneben, hat danebengestanden> *ohne OBJ (sein)* ■ *jmd. steht daneben* ❶ *neben etwas stehen:* Die Unfallstelle war geräumt; nur noch ein paar Schaulustige standen daneben. ❷ *alleine stehen, separat stehen:* Wir alle tanzten, aber er stand nur daneben.

Dä·ne·mark <-s> *Staat in Nordeuropa* ▶ Däne, Dänin, dänisch

da·nie·der·lie·gen <liegst danieder, lag danieder, hat/ist daniedergelegen> *ohne OBJ* ■ *jmd. liegt danieder (geh.)* ❶ *krank sein:* Sie hat/ist mit einer Grippe mehrere Wochen daniedergelegen. ❷ *nicht gedeihen:* Die Wirtschaft/die Kultur des Landes lag danieder. ◆ Zusammenschreibung →R 4.5, 4.6 Das Theater der Stadt hat/ist schon seit einiger Zeit daniedergelegen.

dä·nisch *adj /nicht steig./ zu Dänemark gehörend, daher stammend:* die dänische Hauptstadt/ Sprache ◆ Großschreibung →R 4.5 Dänische Dogge

Dank *der* <-(e)s> *das Gefühl, dass man sich freut, weil jmd. etwas für einen getan hat oder jmd. ei-*

nem etwas gegeben oder geschenkt hat: jemandem Dank sagen/schulden; Ich wollte Ihnen meinen Dank aussprechen.; Ich bin Ihnen zu großem Dank verpflichtet.; aufrichtigen/herzlichen/verbindlichen Dank sagen; Vielen (herzlichen) Dank für eure Hilfe!; Wir wollen allen, die geholfen haben, unseren Dank abstatten.; ohne ein Wort des Dankes; keinen Dank erhalten/erwarten; ■ **Gott sei Dank!** *(umg.) Ausruf der Erleichterung* ◆ Getrennt- oder Zusammenschreibung →R 4.14 Wir wollen euch Dank sagen.; *siehe auch* **danksagen**

dank *präp* +*Dat. verwendet, um auszudrücken, dass die genannte (positive) Sache der Grund für etwas ist:* Er erreichte das Ziel dank seiner Geduld.; Dank seiner Erfahrung stellt das für ihn kein Problem dar. ◆ Kleinschreibung →R 3.12 Ich habe dank deiner Hilfe den Weg gefunden.

dank·bar *adj* ❶ (↔ *undankbar) so, dass jmd. von Dank erfüllt ist:* jemandem für etwas dankbar sein; für jede Hilfe dankbar sein; ein dankbares Publikum ❷ (≈ *lohnend) so, dass es ein gutes Ergebnis einbringt, ohne dabei viel Aufwand zu verursachen:* eine dankbare Aufgabe; Diese Grünpflanze ist sehr dankbar.

Dank·bar·keit *die* <-> /kein Plur./ (↔ *Undankbarkeit) das Bedürfnis, jmdm. für etwas zu danken:* Sie half ihm aus reiner Dankbarkeit.

dan·ke *interj* ❶ *verwendet, um sich bei jmdm. für etwas zu bedanken:* danke sagen; Ich möchte allen danke (schön) sagen. ❷ ■ **(Nein) danke!** *verwendet, um ein Angebot höflich abzulehnen* Möchtest du noch Tee? (Nein) danke!; *siehe* **Dankeschön**

dan·ken I. *mit OBJ (geh.)* ❶ ■ *jmd. dankt jmdm. etwas mit Dank vergelten:* Ihre aufopferungsvolle Hilfe ist ihr schlecht gedankt worden.; Deinen großen Aufwand wird dir niemand danken! ❷ ■ *jmd. dankt jmdm./etwas etwas verdanken, zuschreiben:* Sie dankt diesem Arzt ihr Leben.; Es war auch dem Wetter zu danken, dass der Urlaub schön war.; ■ **nichts zu danken!** *verwendet als höfliche Erwiderung auf einen Dank* Vielen Dank für Ihre Hilfe! Nichts zu danken. Das war doch selbstverständlich! II. *ohne OBJ* ■ *jmd. dankt (jmdm.)(für etwas Akk.)* ❶ *seinen Dank aussprechen:* jemandem für seine Hilfe/seine Einladung danken; Ich danke Ihnen für dieses Gespräch! ❷ *mit Dank ablehnen:* Möchten Sie noch Tee? Nein, ich danke!

Dan·ke·schön *das* <-s> /kein Plur./ *eine kleine Aufmerksamkeit, die man jmdm. als Dank für etwas gibt:* Der Sekt ist ein Dankeschön für deine Hilfe. ◆ Großschreibung →R 3.4 Wir wollen euch heute ein Dankeschön sagen.

Dank·ge·bet *das* <-(e)s, -e> REL. (↔ *Bittgebet) ein Gebet, in dem Gott für etwas gedankt wird*

dank·sa·gen *ohne OBJ /nur Inf./ (geh.)* Wir wollen Gott loben und danksagen. ◆ Zusammen- oder Getrenntschreibung →R 4.14 Lasst uns jetzt allen danksagen, die uns in der Not beigestanden haben.; *siehe* **Dank**

Dank·sa·gung *die* <-, -en> *die Worte, mit denen man (mündlich oder schriftlich) seinen Dank ausdrückt, besonders für die Anteilnahme bei einem Todesfall*

dann *adv* ❶ *verwendet, um eine zeitliche, räumliche oder rangmäßige Folge von etwas auszudrücken:* Wir verabschiedeten uns. Dann gingen wir nach Hause.; Am Zuganfang befinden sich die Wagen der ersten Klasse; dann folgen die der 2.Klasse.; Anne ist die Beste der Klasse, dann folgen Peter und Frank. ❷ *in der Form „wenn ..., dann ..." oder „dann ..., wenn ..." verwendet, um eine Folge auszudrücken, die unter einer bestimmten Bedingung eintritt:* Wenn du mir hilfst, dann helfe ich dir auch.; Wenn es regnet, dann müssen wir zu Hause bleiben.; Ich werde erst dann zustimmen, wenn ...; Selbst dann würde ich es nicht tun, wenn die Lage anders wäre. ❸ *(umg.) verwendet, um auf einen Zeitpunkt in der (unmittelbaren) Zukunft hinzuweisen:* Kommst du dann mal kurz vorbei?; Nächste Woche bin ich nicht da; dann habe ich schon Urlaub.; Wir sehen uns; bis dann! ❹ *(umg.: ≈ außerdem) verwendet, um auszudrücken, dass zusätzlich zu dem Genannten noch etwas dazukommt:* Es war sehr kalt, und dann noch dieser eisige Wind! ❺ *verwendet, um eine Folgerung auszudrücken:* (Sie ist nicht da.) Dann ist sie also doch krank?; (Du willst nicht bleiben?) Dann komm' doch einfach mit! ❻ *(umg.) verwendet, um sich (nicht formell) von jmdm. zu verabschieden:* Ich muss jetzt gehen, bis dann!; Also dann, bis später!

dann·zu·mal *adv* SCHWEIZ. *dann, in jenem Augenblick*

da·r·an, **da·r·an** *adv* ❶ *(räumlich an etwas oder mit etwas verbunden)* ein Topf mit einem Henkel daran; Der Karton hat einen Griff. Daran kann man ihn hochheben. ❷ *(zeitlich) nahe an etwas:* Zuerst sahen wir einen Film, daran anschließend fand eine Diskussion statt.; Ich bin nahe daran, den Plan aufzugeben. ❸ */verwendet, um die Wiederholung eines bereits genannten Substantivs oder Satzteils zu vermeiden/ an diese(r) Sache:* Er hat eine Narbe im Gesicht. Daran (≈ an dieser Narbe) kann man ihn erkennen.; Ich muss noch ... anrufen, erinnere mich bitte daran (≈ dass ich anrufen muss)!; Daran liegt mir nicht viel; Daran glaube ich nicht.; Denk nicht mehr daran!; Es ist nichts Wahres daran, dass ... ◆ Getrenntschreibung →R 4.5 Ihr kennt die Regeln und müsst euch daran halten.; Das Radio ist kaputt. Ich kann nichts mehr daran machen.; Er ist nahe daran gewesen zu verzweifeln.

da·r·an·ge·hen <gehst daran, ging daran, ist darangegangen> *ohne OBJ* ■ *jmd. geht (an etwas Akk.) daran mit etwas anfangen:* Endlich darangehen, das Zimmer aufzuräumen. ◆ Zusammenschreibung →R 4.5, 4.6 Sie muss endlich darangehen, das Autofahren zu lernen.; *siehe aber* **daran**

da·r·an·hal·ten <hältst daran, hielt daran, hat darangehalten> *mit SICH* ■ *jmd. hält sich daran (umg.) sich bemühen oder beeilen:* Wenn er die Prüfung schaffen will, muss er sich aber ordentlich daranhalten. ◆ Zusammenschreibung →R 4.5, 4.6 Wenn ihr pünktlich sein wollt, müsst ihr euch aber daranhalten.; *siehe aber* **daran**

da·r·an·ma·chen <machst daran, machte daran, hat darangemacht> *mit SICH* ■ *jmd. macht*

sich (an etwas Akk.) daran (umg.) mit etwas beginnen: sich daranmachen, etwas zu tun ◆ Zusammenschreibung →R 4.5, 4.6 Ich habe noch viel Arbeit. Ich muss mich jetzt gleich daranmachen.; *siehe aber* **daran**

da·r·an·set·zen <setzt daran, setzte daran, hat darangesetzt> *mit OBJ* ■ *jmd. setzt etwas daran jmd. wagt etwas dafür, dass ...:* Er hat seine Ehe darangesetzt, um seine Karriere voranzubringen.; Sie setzt ihre Gesundheit daran, diese Aufgabe allein zu bewältigen.; ■ **jemand setzt alles daran, um ...** *jmd. unternimmt jede mögliche Anstrengung, um das Genannte zu erreichen* ◆ Zusammenschreibung →R 4.5, 4.6 Er hat alles darangesetzt, sie zu überzeugen.; *siehe aber* **daran**

da·r·auf, **da·r·auf** *adv* ❶ *verwendet, um auszudrücken, dass sich etwas (räumlich) auf der Oberfläche von etwas befindet:* Im Zimmer steht ein Tisch, darauf liegen viele Zeitungen.; Das Papier ist zu dünn. Darauf kann ich nicht schreiben. ❷ *(≈ danach) verwendet, um auszudrücken, dass etwas (zeitlich) danach folgt:* gleich darauf folgen; am Tag darauf; Zuerst knurrte der Hund; darauf begann er zu bellen. ❸ */hinweisend/ verwendet, um einen Bezug herzustellen:* Ich weise dich darauf hin, dass ...; Darauf allein kommt es an!; Wir haben schon lange darauf gewartet.; Darauf vertraust du?; Darauf gebe ich dir mein Wort! ◆ Getrenntschreibung →R 4.5 am darauf folgenden Tag; In der Ecke steht ein Stuhl. Du kannst deine Sachen darauf legen.

da·r·auf·fol·gend *adj* /*nicht steig.*/ *so, dass es in einer Reihenfolge an nächster Stelle ist:* am darauffolgenden Tag

da·r·auf·hin, **da·r·auf·hin** *adv* ❶ *im Anschluss an (und als Folge von) etwas:* Das Experiment misslang. Daraufhin versuchte er es noch einmal. ❷ *im Hinblick auf etwas:* Wir müssen die Software daraufhin testen, ob sie für unsere Arbeit taugt.

da·r·aus, **da·r·aus** *adv* /*verwendet, um die Wiederholung eines bereits genannten Substantivs oder Satzteils zu vermeiden/ aus der genannten Sache:* Sie trug einen Korb. Daraus (≈ aus dem Korb) schaute ein Kätzchen hervor.; Ich habe mir Stoff gekauft. Daraus (≈ aus dem Stoff) will ich mir ein Kleid nähen.; Hier ist die Elbe noch ein kleiner Bach. Daraus (≈ aus dem kleinen Bach) wird später ein breiter Strom.; Daraus wird nichts!; Daraus mache ich mir nichts.

dar·ben <darbst, darbte, hat gedarbt> *ohne OBJ* ■ *jmd. darbt (geh.) Not leiden:* Der König lebte in Saus und Braus, aber sein Volk musste darben.

dar·bie·ten <bietest dar, bot dar, hat dargeboten> **I.** *mit OBJ* ■ *jmd. bietet etwas dar* ❶ *(≈ vorführen) vor Zuschauern aufführen:* Kunststücke/ein Theaterstück darbieten ❷ *in einer bestimmten Weise vermitteln oder vortragen:* den Lehrstoff interessant darbieten; Die Sendung will Nachrichten unterhaltsam darbieten. ❸ *(≈ kredenzen) Speisen und Getränke (in edlem Rahmen) anbieten:* Im Anschluss an die Vernissage wurden den Gästen feine Spezialitäten dargeboten. **II.** *mit SICH* ■ *etwas bietet sich dar* ❶ *sichtbar wer-*

den: Es bot sich ihnen eine herrliche Aussicht dar.
❷ *sich anbieten:* eine sich darbietende Gelegenheit zur Flucht nutzen

Dar·bie·tung *die* <-, -en> *(≈ Vorführung) das Darbieten[1]:* künstlerische/musikalische/tänzerische Darbietungen

dar·brin·gen <bringst dar, brachte dar, hat dargebracht> *mit OBJ* ■ *jmd. bringt etwas dar (geh.)* ❶ REL. *etwas als Opfer bringen* ❷ *geben:* Glückwünsche darbringen

da·r·ein, da·r·ein *adv* ❶ *(räumlich) da hinein:* Sie nahm einen Korb und setzte das Kätzchen darein. ❷ */verwendet, um die Wiederholung eines bereits genannten Substantivs oder Satzglieds zu vermeiden / in die genannte Sache hinein:* Ich kenne die Situation; ich kann mich gut darein (≈ in die Situation) versetzen. ◆ Getrenntschreibung →R 4.5 Er gab ihr ein Mikrofon und ließ sie darein reden.; Das Abteil ist noch frei; wir können uns darein setzen.

da·r·ein·fü·gen <fügst darein, fügte darein, hat dareingefügt> *mit SICH* ■ *jmd. fügt sich (in etwas) darein sich fügen, an etwas anpassen:* Ihre Lebensumstände änderten sich, sie konnte sich aber gut dareinfügen.

da·r·ein·re·den <redest darein, redete darein, hat dareingeredet> *ohne OBJ* ■ *jmd. redet (jmdm.) darein (umg.) sich einmischen:* Es nützt nichts, wenn du ihm ständig dareinredest. ◆ Zusammenschreibung →R 4.5, 4.6 Lass dir doch nicht immer von anderen dareinreden!; *siehe aber* **darein**

da·r·ein·set·zen <setzt darein, setzte darein, hat dareingesetzt> *mit OBJ* ■ *jmd. setzt etwas darein (geh.: ≈ daransetzen) einsetzen, dafür aufbieten:* Sie hat viel Mühe dareingesetzt, den Titel zu gewinnen. ◆ Zusammenschreibung →R 4.5, 4.6 Wir müssen alles dareinsetzen, nicht zu verlieren.; *siehe aber* **darein**

da·r·in, da·r·in *adv* ❶ */verwendet, um die Wiederholung eines bereits genannten Substantivs oder Satzglieds zu vermeiden / (räumlich) in der genannten Sache:* Dort steht eine Tasse. Darin (≈ in der Tasse) ist Milch.; Der Boden war aufgeweicht. Das Auto blieb darin (≈ im Boden) stecken.; Der Kinderwagen ist groß. Die Kinder können zu zweit darin (≈ im Kinderwagen) sitzen. ❷ *(in Bezug auf dieses) hierin:* Darin ist sie ihm weit überlegen.; Darin kann ich dir nicht zustimmen.; Wir sind uns einig darin, dass ... ◆ Getrenntschreibung →R 4.5 Das Schloss ist kaputt. Der Schlüssel ist darin stecken geblieben.; Der Stuhl ist unbequem. Kannst du etwa gut darin sitzen?

dar·le·gen <legst dar, legte dar, hat dargelegt> *mit OBJ* ■ *jmd. legt (jmdm.) etwas dar ausführlich erläutern und erklären:* jemandem seine Gründe ausführlich darlegen ▶ Darlegung

Dar·le·hen, Dar·lehn *das* <-s, -> BANKW. *(≈ Kredit) eine Geldsumme, die eine Bank einem Kunden für eine bestimmte Zeit leiht:* ein Darlehen aufnehmen/beantragen/bewilligen/gewähren/tilgen/zurückzahlen; der Bereitstellungszins/der Effektivzins/die Laufzeit/der Nominalzins/der Tilgungsplan eines Darlehens; den Hausbau/den Immobi-

lienerwerb/den Wohnungskauf mit einem Darlehen finanzieren ◆ -santrag, -sbetrag, -sgeber, -snehmer, -svertrag, -szins

Dar·le·hens·kas·se *die* <-, -n> BANKW. *eine Kreditanstalt, die Darlehen gewährt*

Dar·lehn *das* <-s, -> *siehe* **Darlehen**

Darm *der* <-(e)s, Därme> ❶ ANAT. *beim Menschen und vielen Tieren das Verdauungsorgan, das die Gestalt eines sehr langen, in sehr viele Falten und Windungen gelegten Schlauches hat und dessen Aufgabe es ist, die im Magen vorverdaute Nahrung weiter zu verdauen und deren unverdauliche Bestandteile auszuscheiden:* den Darm entleeren; eine Entzündung/Reizung des Darms ◆ -ausgang, -blutung, -entzündung, -erkrankung, -flora, -geschwür, -infektion, -katarrh, -krebs, -verschluss, Dick-, Dünn-, Mast- ❷ *Wursthaut aus tierischem Darm[1]* ◆ Kunst-, Natur-

Darm·bruch *der* <-s, Darmbrüche> MED. *(≈ Darmperforation, Darmdurchbruch) Durchbruch des Darms[1] in die Bauchhöhle*

Darm·flo·ra *die* <-> */kein Plur./* MED. *die im Darm[1] lebenden Bakterien*

Darm·sai·te *die* <-, -n> *aus Darm[2] hergestellte Saite für Streich- und Zupfinstrumente*

Darm·schlin·ge *die* <-, -n> ANAT. *einzelne Windung des Darms[1]*

Darm·ver·schluss *der* <-es, Darmverschlüsse> MED. *(≈ Ileus) lebensgefährlicher Verschluss in einem Teil des Darms[1]*

Darm·zot·te *die* <-, -n> */meist Plur./* ANAT. *kleine Erhebung auf den Falten der Schleimhaut des Dünndarms*

dar·nie·der·lie·gen <liegst darnieder, lag darnieder, hat darnieder gelegen> *ohne OBJ* ■ *jmd. liegt darnieder (veralt.) siehe* **daniederliegen**

dar·rei·chen <reichst dar, reichte dar, hat dargereicht> *mit OBJ* ■ *jmd. reicht jmdm. etwas dar (geh.)* ❶ *(≈ anbieten) den Gästen Speisen und Getränke darreichen* ❷ *(≈ überreichen) ein Geschenk darreichen*

dar·stel·len <stellst dar, stellte dar, hat dargestellt> *mit OBJ* ■ *jmd. stellt etwas/jmdn. irgendwie dar* ❶ *jmdn. oder etwas in einer bestimmten Weise beschreiben:* etwas detailliert/einseitig/genau/mündlich/ richtig/schriftlich/unvollständig darstellen; Das hat der Zeuge X aber ganz anders dargestellt. ❷ ■ *jmd. stellt jmdn. irgendwie* THEAT. *eine Rolle spielen:* Faust wird von einem Gastschauspieler dargestellt.; ■ **die darstellende Kunst** *Schauspielerei oder Tanzkunst* ▶ darstellen ❸ ■ *etwas stellt jmdn./etwas dar (≈ zeigen, wiedergeben) eine Darstellung von jmdm. oder etwas sein:* Das Bild stellt Christus mit seinen Jüngern dar.; Was soll das Bild darstellen?; Wasser ist auf der Karte blau dargestellt. ❹ ■ *etwas stellt (für jmdn./etwas) etwas dar (≈ bedeuten) Der Wiederaufbau des zerstörten Landes stellte eine enorme Leistung dar.; Seine Krankheit stellt für die Familie ein großes Problem dar.*

Dar·stel·ler *der*, **Dar·stel·le·rin** <-s, -> *jmd., der (z. B. als Schauspieler oder Opernsänger) auf der Bühne eine bestimmte Rolle verkörpert:* Der Dar-

D

D

steller des Faust konnte in dieser Rolle nur wenig überzeugen. ◆Charakter-, Laien-

Dar·stel·lung *die* <-, -en> ❶ /*kein Plur.*/ *das Darstellen* ❷ *etwas, womit etwas dargestellt¹ wird:* eine ausführliche/schriftliche/ wissenschaftliche Darstellung; Deiner Darstellung muss ich mich entschieden widersprechen.; Ich kann mich der Darstellung meines Kollegen nur anschließen.

Dar·stel·lungs·wei·se *die* <-, -n> *die Art und Weise, wie etwas dargestellt¹ wird:* eine abstrakte/anschauliche/drastische/plastische Darstellungsweise

Darts *das* [da:ts] <-> /*kein Plur.*/ *ein Spiel, bei dem kleine Pfeile auf eine Scheibe geworfen werden:* Darts spielen

Dart·schei·be *die* ['da:t...] <-, -n> *die Scheibe, auf die beim Dartspiel mit Pfeilen geworfen wird*

Dart·spiel *das* ['da:t...] <-(e)s, -e> *siehe* **Darts**

da·r·ü·ber, **da·r·ü·ber** *adv* ❶ (↔ *darunter*) (*verwendet, um auszudrücken, dass sich etwas räumlich oberhalb von etwas befindet):* An der Wand steht ein Regal. Darüber hängt ein Bild. ❷ (≈ *mehr*) (*verwendet, um auszudrücken, dass etwas größer als eine bestimmte Menge oder ein bestimmtes Maß ist):* Er ist 40 Jahre oder darüber.; alle, die 2000 Euro verdienen und darüber; Temperaturen von 30 Grad und darüber ❸ /*verwendet, um die Wiederholung eines bereits genannten Substantivs oder Satzglieds zu vermeiden/ über die genannte Sache:* Wir haben den Bericht im Fernsehen gesehen und uns dann darüber (≈ über den Bericht) unterhalten.; Physik studiert haben und viel darüber (≈ über Physik) wissen ❹ *verwendet, um auszudrücken, dass viel Zeit vergangen ist:* Sie redeten lange, und darüber ging der ganze Tag hin.; Er wollte das Buch noch zuende schreiben, aber er ist darüber gestorben.; ■**darüber hinaus** *außerdem* Darüber hinaus hat sie uns noch belogen!; *siehe auch* d(a)rüberfahren, d(a)rübermachen, d(a)rüberstehen

da·r·ü·ber·ma·chen <machst darüber, machte darüber, hat darübergemacht> *ohne OBJ* ■ *jmd. macht sich über etwas Akk. darüber* (≈ *drübermachen) sofort und eifrig mit einer Arbeit beginnen:* Die Hausaufgaben sind immer noch nicht gemacht. Du sollst sofort darübermachen.

da·r·ü·ber·fahren <fährst darüber, fuhr darüber, ist darübergefahren> *ohne OBJ* ■ *jmd. fährt (mit etwas Dat.) darüber* ❶ *über etwas fahren, überfahren:* Da ist die Brücke; lass uns darüberfahren.; Da war ein Fuchs auf der Straße und er ist einfach darübergefahren. ❷ *über etwas streichen* ◆Zusammenschreibung →R 4.5, 4.6 Fahr doch mal kurz (mit dem Lappen) darüber!

da·r·ü·ber·schrei·ben <schreibst darüber, schrieb darüber, hat darübergeschrieben> *mit OBJ* ■ *jmd. schreibt etwas Akk. darüber über etwas (in die Zeile darüber) schreiben* ◆Zusammenschreibung →R 4.5 Ich habe die richtigen Lösungen darübergeschrieben.

da·r·ü·ber·stehen <stehst darüber, stand darüber, hat darübergestanden> *ohne OBJ (sein)* ■ *jmd. steht darüber von etwas nicht berührt*

werden: Der Vorwurf trifft mich nicht, weil ich darüberstehe.

da·r·um, **da·r·um** *adv* ❶ (≈ *herum*) (*verwendet, um auszudrücken, dass etwas eine Sache räumlich umschließt):* darum herum gehen; einen Kreis darum (herum) ziehen; Hier ist das Geschenk – ich wickle noch ein Geschenkpapier darum.; Hinter dem Haus ist eine Wiese. Darum (herum) ist eine Hecke gepflanzt. ❷ /*verwendet, um die Wiederholung eines bereits genannten Substantivs oder Satzglieds zu vermeiden/ um die genannte Sache:* Er hat den Hund angeschafft, aber wollte sich dann nicht darum (≈ um den Hund) kümmern.; sich darum drücken, etwas zu tun; nicht darum herumkommen, etwas zu tun; Uns geht es darum, Klarheit zu schaffen.; Wir kämpfen darum, dass ... ❸ (≈ *deshalb*) *aus diesem Grund:* Sie ist meine Freundin, darum hilft sie mir.; Ich habe darum widersprochen, weil ich deine Meinung nicht teile.; Er hat seine Schwächen. Darum kann man ihn aber nicht ganz verurteilen. ◆Getrenntschreibung →R 4.5 Ich bin nur darum gekommen, weil ich den Vortrag hören wollte.; Wir haben darum gestanden, weil keine Plätze mehr frei waren.

da·r·um·bin·den <bindest darum, band darum, hat darumgebunden> *mit OBJ* ■ *jmd. bindet etwas um etwas darum* (≈ *drumbinden) etwas binden:* Dein Rock ist sehr schön; du solltest aber noch einen Gürtel darumbinden.

da·r·um·kom·men <kommst darum, kam darum, ist darumgekommen> *ohne OBJ* ■ *jmd. kommt (um etwas Akk.) darum* ❶ (*geh.) etwas verlieren:* Sie hatte sich auf die Reise gefreut. Durch ihre Krankheit ist sie darumgekommen. ❷ *etwas vermeiden können:* Heute haben wir einen Aufsatz geschrieben. Weil er krank war, ist Paul darumgekommen. ◆Zusammenschreibung →R 4.5, 4.6 Du musst dich bei ihr entschuldigen; du wirst wohl nicht darumkommen.; *siehe aber* **darum**

da·r·um·le·gen <legst darum, legte darum, hat darumgelegt> *mit OBJ* ■ *jmd. legt etwas um etwas/jmdn. herum* (≈ *drumlegen) Der Blumentopf sieht nicht besonders gut aus; ich würde eine Papiermanschette darumlegen.

da·r·um·ste·hen <stehst herum, stand darum, hat darumgestanden> *ohne OBJ (sein)* ■ *Leute stehen(irgendwo) darum um etwas herum stehen:* Ein Clown zeigte seine Kunststücke auf dem Markt, während die Menge staunend darumstand. ◆Zusammenschreibung →R 4.5 Dort ist wahrscheinlich ein Unfall passiert, wegen der vielen Leute, die darumstehen.; *siehe aber* **darum**

da·r·un·ter, **da·r·un·ter** *adv* ❶ (*verwendet, um auszudrücken, dass sich etwas räumlich unterhalb von etwas befindet) unter diesem:* Dort liegt meine Tasche; mein Schlüssel wird wohl darunter liegen.; Dort ist ein Regendach; wir können uns darunter stellen. ❷ (*verwendet, um auszudrücken, dass etwas kleiner als eine bestimmte Menge oder ein bestimmtes Maß ist) weniger:* Er ist 18 Jahre oder darunter.; alle, die 1000 Euro verdienen und darunter; Temperaturen von -20 Grad und darunter; Unsere Schätzungen haben darunter gelegen.

❸ *(≈ dabei, dazwischen) (verwendet, um auszu-drücken, dass etwas Teil von einer Gesamtheit ist):* Bei so vielen Äpfeln werden wohl auch ein paar schlechte darunter sein.; Es gibt Gesetze da-für; aber dieses Vergehen wird wohl nicht darunter fallen. ❹ *(verwendet, um einen Bezug auszudrü-cken):* Was verstehst du darunter?; Darunter kann ich mir nichts vorstellen. ◆ Getrenntschreibung →R 4.5 darunter gelegene Werte; darunter fal-lende Regelungen; darunter liegende Ortschaften; *siehe aber* **drunterstellen**

da·r·un·ter·lie·gend *adj /nicht steig./ so, dass et-was (räumlich) unter etwas anderem liegt:* Das da-runterliegende Buch ist das richtige.

Dar·wi·nis·mus *der <-> /kein Plur./ die Lehre von der stammesgeschichtlichen Entwicklung der Lebewesen durch Auslese, begründet durch Charles Darwin (1809-1882)* ▸ darwinistisch

das I. *art Nom. und Akk. von „das":* Das Kind schläft.; Sie bereitet das Essen. II. *pron* ❶ *Nom. und Akk. von „das":* das Kind, das dort schläft; Ich meine das Haus, das dort gebaut wird. ❷ *(als De-monstrativpronomen):* Ich will das Kleid, nicht das andere. ❸ *(mit Relativpronomen oder Gliedsatz):* Wiederhole noch einmal das, was du eben gesagt hast.; Er ist nicht zufrieden? Das war doch klar!; Das müssen wir eben einfach ausprobieren. ◆ Schreibung mit 's' →R 2.15 Das Buch, das er ge-rade liest.

Da·sein *das <-s> /kein Plur./ (≈ Existenz) das Le-ben:* ein kümmerliches Dasein fristen; der tägliche Kampf ums Dasein ◆ Erden-, Sklaven-

da·sein *<bist da, war da, ist da gewesen> ohne OBJ* ▪ *jmd./etwas ist da* ❶ *vorhanden sein:* Es müssten noch zwei Kilo Reis in der Küche sein. ❷ *wirklich sein:* Lange hatte sie darauf gewartet, und jetzt war die Situation da. ❸ *anwesend sein:* Gestern war er noch da, aber heute ist er schon in Italien. ❹ *leben:* Es sind nicht mehr viele Ver-wandte da, die sie besuchen könnten.

da·selbst *adv (geh. o veralt.) an diesem Ort, an dieser Stelle*

da·sit·zen *<sitzt da, saß da, hat/ist dagesessen> ohne OBJ* ▪ *jmd. sitzt da* an einem Platz sitzen *(und nichts tun):* Wir können doch nicht einfach so dasitzen und nichts tun! ◆ Zusammenschrei-bung →R 4.5 Wir haben/sind stundenlang dage-sessen und haben gewartet.; *siehe aber* **da**

das·je·ni·ge *siehe* **derjenige**

dass *konj* ❶ *verwendet, um einen Nebensatz ein-zuleiten, der direktes Objekt des Hauptsatzes ist:* Ich bin dagegen, dass wir jetzt gehen.; Du sollst wissen, dass dich alle hier gern mögen. ❷ *verwen-det, um einen Nebensatz einzuleiten, der Subjekt des Hauptsatzes ist:* Dass du überhaupt nichts er-wähnt hast, ärgert mich besonders.; Dass du den Termin vergessen hast, ist gar nicht weiter schlimm. ❸ *verwendet, um einen Nebensatz ein-zuleiten, der eine Folge der im Hauptsatz gemach-ten Aussage bezeichnet:* Er war so müde, dass er sofort einschlief. ❹ ▪ ***Dass (bloß) nichts/kei-ner/niemand ...*** *an der Spitze von Sätzen mit ei-ner Negation verwendet, um die Aussage zu ver-stärken:* Dass bloß nichts verloren geht!; Dass mir

bloß keiner mit Vorwürfen kommt! ◆ Schreibung mit 'ss' →R 2.15 Ich glaube nicht, dass er lügt.; ◆ Getrenntschreibung →R 4.20 Wir teilen den Kuchen so, dass jeder etwas bekommt.; *siehe aber* **sodass**

das·sel·be *pron verwendet, um auszudrücken, dass etwas mit etwas identisch ist:* Das ist genau dasselbe.; Wir wohnen in demselben Hotel wie im vergangenen Jahr.

da·ste·hen *<stehst da, stand da, hat dagestan-den> ohne OBJ* ▪ *jmd. steht da* ❶ *an einem Platz stehen:* Er stand da und wartete auf den Bus. ❷ *leben:* Sie steht ohne Angehörige da.; Er steht mittellos da. ❸ *vor anderen Geltung haben:* Wie stehe ich denn vor den Leuten da, wenn ...

Da·ta-Mi·ning,   **Da·ta·mi·ning**   *das* ['deɪtəmaɪnɪŋ] *<-, -s> EDV Informationsermitt-lung durch Durchsuchen großer Datenmengen:* Die Vorlesung "Data-Mining" vermittelt einen Überblick aus der Wissensgewinnung aus struktu-rierten Daten.

Date *das* [deɪt] *<-s, -s> Verabredung:* Ich habe heute Abend ein Date (mit jemandem).

Da·tei *die <-, -en> EDV auf einem Datenträger un-ter einem Namen gespeicherte, abrufbare Infor-mationen, die eine Einheit bilden:* eine Datei ab-speichern/anlegen/kopieren/löschen/öffnen/ schließen/verschieben ◆ -anfang, -ende, -größe, -name, Grafik-, Text-

Da·tei·ma·na·ger *der <-s, -> EDV ein Programm zur Verwaltung von Anwendungen und Dateien*

Da·ten *Plur.* ❶ *Plur. von „Datum"* ❷ *(gemessene) Werte:* Die Daten der verschiedenen Messstatio-nen werden in einer Zentrale gesammelt und ausgewertet. ❸ *EDV jede Art von Information, die ein Computer verarbeitet:* Daten in einen Rech-ner eingeben; Daten abrufen/kopieren/lö-schen/sichern/speichern/verarbeiten ◆ Personal- ❹ *technische Angaben zu einem Gerät:* die tech-nischen Daten des neuen Modells ◆ Getrennt-schreibung →R 4.9 Daten verarbeitende Maschi-nen

Da·ten·aus·tausch *der <-(e)s, -e> EDV Austausch von gesammelten Informationen:* Datenaustausch zwischen Rechnern, die miteinander vernetzt sind

Da·ten·bank *die <-, -en> EDV eine große Menge von Daten, die in einem Computer nach bestimm-ten Kriterien organisiert sind und komplexe Abfra-gen zulassen:* in verschiedenen Datenbanken re-cherchieren

Da·ten·ba·sis *die <-, Datenbasen> EDV Samm-lung von Rohdaten zum Aufbau einer Datenbank*

Da·ten·be·stand *der <-(e)s, Datenbestände> EDV die vorhandenen Daten:* Ein Virus hat den ge-samten Datenbestand vernichtet.; den Datenbe-stand konvertieren

Da·ten·bril·le *die <-, -n> Brille, in deren Sichtfeld (dem Internet bezogene) Informationen ein-geblendet werden*

Da·ten·er·fas·sung *die <-, -en> EDV die Eingabe oder das Einlesen von Daten auf einen Datenträ-ger:* Datenerfassung mittels Scanner/Tastatur

Da·ten·fern·über·tra·gung *die <-, -en> EDV (ab-gekürzt „DFÜ") Art der Datenübertragung, bei der*

D

mehrere Rechner über ein Datenübertragungsnetz miteinander verbunden sind

Da·ten·klau *der* <-s> */kein Plur./ (umg.) der Diebstahl von Daten*

Da·ten·satz *der* <-es, Datensätze> EDV *eine Gruppe von Daten in einer Datei, die in bestimmter Hinsicht zusammengehören*

Da·ten·schutz *der* <-es> */kein Plur./ EDV Maßnahmen zum Schutz von Personen bei der Verarbeitung ihrer Daten: Der Datenschutz verbietet die Weitergabe dieser Informationen.* ◆-*gesetz*

Da·ten·schutz·be·auf·trag·te *der/die* <-n, -n> *jmd., dessen Beruf es ist, die Einhaltung des Datenschutzes zu überwachen*

Da·ten·si·che·rung *die* <-> */kein Plur./ EDV die Sicherung von gespeicherten Daten vor Verlust*

Da·ten·trä·ger *der* <-s, -> EDV *etwas, auf dem Daten gespeichert werden können: Disketten oder Magnetbänder dienen als Datenträger.*

Da·ten·ty·pist *der,* **Da·ten·ty·pis·tin** <-en, -en> *(≈ Datenerfasser) jmd., der beruflich Daten über eine Tastatur in einen Rechner eingibt*

Da·ten·über·tra·gung *die* <-, -en> EDV *die Übertragung von gespeicherten Daten zwischen verschiedenen Rechnern*

Da·ten·über·tra·gungs·ra·te *die* <-, -n> *Menge an übertragenen Daten in einer bestimmten Zeit*

Da·ten·ver·ar·bei·tung *die* <-> */kein Plur./ EDV die maschinelle Verarbeitung von Informationen mit Computern*

Da·ten·ver·schlüs·se·lung *die* <-, -en> EDV *(≈ Datenchiffrierung) der Vorgang, dass Daten (zum Verhindern von Missbrauch durch Unbefugte) durch eine bestimmte Technik in eine Form gebracht werden, die nicht lesbar oder verstehbar ist, wenn man die benutzte Technik nicht kennt*

da·tie·ren <datierst, datierte, hat datiert> **I.** *mit OBJ* ▪ *jmd. datiert etwas* ❶ *mit einem Datum versehen: einen Brief datieren* ❷ *ein Entstehungsdatum bestimmen: einen Fund auf das 12. Jahrhundert datieren* **II.** *ohne OBJ* ▪ *etwas datiert aus einer Zeit stammen: Dieser Fund datiert aus dem frühen Mittelalter.*

Da·tie·rung *die* <-, -en> *das Datieren* [1, 2]

Da·tiv *der* <-s, -e> SPRACHWISS. *Wemfall, 3. Fall: In dem Satz „Hans schenkt seiner Schwester ein Buch" steht das Wort „Schwester" im Dativ.* ◆-*objekt, Pertinenz-* ▸ *Dativierung*

da·to *adv (umg.) bis heute, bisher: Bis dato habe ich noch keine Antwort auf meine Bewerbung erhalten.*

Dat·scha, Dat·sche *die* <-, -s/Datschen> *kleines Wochenendhaus*

Dat·tel *die* <-, -n> *die dunkelbraune Frucht der Dattelpalme*

Dat·tel·pal·me *die* <-, -n> BOT. *(sub)tropischer, süße Früchte tragender, hoher Baum*

Da·tum *das* <-s, Daten> ❶ *Zeitangabe eines bestimmten Tages (nach dem Kalender): Das heutige Datum ist der 1. April 2003.* ◆ *Bestell-, Eingangs-, Geburts-* ❷ *Zeitpunkt: ein historisches Datum; ein Bild jüngeren Datums*

Da·tums·an·ga·be *die* <-, -n> *Angabe des Datums: ein Schreiben ohne Datumsangabe*

Da·tum(s)·stem·pel *der* <-s, -> *einstellbarer Stempel zum Aufdrucken des (aktuellen) Datums*

Dau·be *die* <-, -n> ❶ *Seitenteil eines Holzfasses* ❷ *Zielstück beim Eisschießen*

Dau·er *die* <-> */kein Plur./ die Zeit, die etwas benötigt: die Dauer der Ausbildung; für die gesamte Dauer ihres Aufenthalts;* ▪ *auf (die) Dauer für unbegrenzte Zeit Der Lärm ist auf die Dauer unerträglich.;* ▪ *von Dauer sein so, dass etwas längere Zeit besteht Ihr Fleiß war leider nicht von Dauer.* ◆ *Aufenthalts-, Gültigkeits-, Reise-*

Dau·er- *als Erstglied zusammengesetzter Substantive; drückt aus, dass das mit dem Zweitglied Bezeichnete sich auf etwas bezieht, das für längere Zeit hält/anhält/Bestand hat, und nicht nur für kurze Zeit* ◆-*arbeitsplatz, -lauf, -obst, -regen, -schaden, -schlaf, -wirkung, -zustand*

Dau·er·auf·trag *der* <-(e)s, Daueraufträge> BANKW. *ein Auftrag, den jmd. einer Bank gibt, damit sie regelmäßig – z. B. immer am ersten Tag eines Monats – einen bestimmten Geldbetrag auf das Konto einer anderen Person überweist*

Dau·er·bren·ner *der* <-s, -> *(umg.) eine Sache oder ein Thema, das lange Zeit öffentliches Interesse erregt: Der Betrugsskandal entwickelte sich zum Dauerbrenner in den Medien.*

Dau·er·frost *der* <-s, Dauerfröste> *permanent anhaltender Frost: in Sibirien und Alaska gibt es große Gebiete mit Dauerfrost.* ◆-*boden*

dau·er·haft *adj* ❶ *(≈ beständig) einen langen Zeitraum anhaltend: eine dauerhafte Beziehung* ❷ *widerstandsfähig: ein dauerhaftes Material* ▸ *Dauerhaftigkeit*

Dau·er·lauf *der* <-(e)s, Dauerläufe> SPORT *längerer Lauf mit gleichmäßiger Geschwindigkeit: Sie macht jeden Morgen einen Dauerlauf im Park.; Statt „Jogging" sagte man früher Dauerlauf.*

dau·ern[1] <dauerst, dauerte, hat gedauert> *ohne OBJ* ▪ *etwas dauert* ❶ *(≈ sich hinziehen) sich über eine bestimmte Zeit erstrecken: Die Versammlung dauert lange/bis zum Abend/zwei Stunden.; Das dauert aber wieder!; Wie lange dauert das denn noch?; Dauert es noch lange?* ❷ *(geh.) Bestand haben: Ihre Freundschaft wird dauern.* ▸ *andauern*

dau·ern[2] <dauert, dauerte, hat gedauert> *mit OBJ* ▪ *jmd./etwas dauert jmdn. (geh.: ≈ leidtun) Mitleid erregen: Die armen Kinder dauerten ihn.*

dau·ernd *adj /nicht steig./* ❶ *(≈ beständig) so, dass es fortwährend und regelmäßig ist: Ihr dauerndes Gerede störte ihn.; eine dauernde Bedrohung darstellen* ❷ *so, dass es häufig vorkommt und störend ist: dauernde Belästigungen; Ihr dauerndes Gerede störte ihn.*

Dau·er·obst *das* <-(e)s> */kein Plur./ Obst, das sich lange hält: Dauerobst im Keller einlagern*

Dau·er·par·ker *der,* **Dau·er·par·ke·rin** <-s, -> *(↔ Kurzparker) jmd., der sein Fahrzeug über einen längeren Zeitraum am gleichen Ort parkt*

Dau·er·stel·lung *die* <-, -en> *eine berufliche Anstellung auf lange Zeit*

Dau·er·wel·le *die* <-, -n> *der Vorgang, dass durch bestimmte chemische Substanzen Haare für eine bestimmte Zeit lockig gemacht werden:* sich vom Frisör eine Dauerwelle machen lassen

Dau·er·wurst *die* <-, Dauerwürste> *lange haltbare, geräucherte Wurst*

Dau·men *der* <-s, -> *der kräftigste Finger der Hand, der zum Körper hin weist:* am Daumen lutschen; ▪ **jemandem die Daumen drücken/halten** *(umg.) jmdm. viel Glück wünschen;* ▪ **über den Daumen gepeilt** *(umg.) grob geschätzt* Es werden über den Daumen gepeilt 5000 Zuschauer gewesen sein. ◆ -nagel

dau·men·breit *adj /nicht steig./ so breit wie ein Daumen:* das Gemüse in daumenbreite Stücke schneiden

Dau·men·re·gis·ter *das* <-s, -> *bestimmte Stellen, die in den Buchblock eines Wörterbuchs so eingeschnitten sind, dass man einen bestimmten alphabetischen Abschnitt aufschlägt, wenn man an die entsprechende Stelle greift*

Dau·ne *die* <-, -n> */meist Plur./ Flaumfeder der Gans oder Ente:* ein Kissen mit Daunen füllen ▸ -nbett, -ndecke, -njacke

da·von, da·von *adv* ❶ *räumlich von etwas (weg):* Dort ist das Rathaus. Ich wohne nicht weit davon.; Wir folgten dem Weg. Davon zweigten wieder zwei Wege ab. ❷ *aus diesem Grund:* Es hatte geklingelt. Davon war er aufgewacht.; Das kommt davon, dass du dich nicht warm angezogen hast. ❸ *(in Bezug auf etwas) von diesem:* Ich gebe davon aus, dass …; Ich habe ihn davon abgehalten, …; Wir haben davon gesprochen, dass wir verreisen wollen.; Das Gegenteil davon ist wahr! ❹ *verwendet, um auszudrücken, dass etwas ein Teil von einer Menge ist:* die Hälfte davon; etwas davon essen/wegnehmen; Wir sind zu fünft in der Mannschaft; drei davon sind Frauen. ❺ *aus einem Material:* Ich habe Stoff gekauft. Davon nähe ich mir ein Kleid.; ▪ **auf und davon** *weg* Der Vogel ist auf und davon geflogen. ◆ Getrenntschreibung →R 4.5 Das ist davon gekommen, dass er so viel raucht.; Der Stoff ist schön. Ich kann mir eine Bluse davon machen; ◆ Getrenntschreibung →R 4.13 auf und davon laufen/fliegen

da·von·blei·ben <bleibst davon, blieb davon, ist davongeblieben> *ohne OBJ* ▪ *jmd.* **bleibt (von etwas) davon** *sich von etwas fernhalten, nicht berühren:* Du sollst davonbleiben!

da·von·flie·gen <fliegst davon, flog davon, ist davongeflogen> *ohne OBJ* ▪ **ein Tier fliegt davon** *wegfliegen* ◆ Zusammenschreibung →R 4.5 Die Zugvögel sind davongeflogen.; Der Vogel ist durch das offene Fenster davongeflogen.

da·von·ge·hen <gehst davon, ging davon, ist davongegangen> *ohne OBJ* ▪ *jmd.* **geht davon** ❶ *(≈ weggehen) sich entfernen:* Sie ging ohne ein Wort davon. ❷ *(übertr.) sterben:* Er ist vor einigen Wochen davongegangen.

da·von·kom·men <kommst davon, kam davon, ist davongekommen> *ohne OBJ* ▪ *jmd.* **kommt (mit/vor etwas) davon** *etwas ohne Schaden überstehen:* Wir sind noch einmal davongekommen.; mit dem Schrecken davonkommen.; ▪ **mit**

dem Leben davonkommen *sein Leben retten können* ◆ Zusammenschreibung →R 4.5, 4.6 mit ein paar blauen Flecken davonkommen

da·von·lau·fen <läufst davon, lief davon, ist davongelaufen> *ohne OBJ* ▪ *jmd.* **läuft (vor jmdm./etwas) davon** *vor einer Gefahr oder Bedrohung flüchten:* Du musst dich den Problemen stellen; du kannst nicht immer einfach davonlaufen.

da·von·ma·chen <machst dich davon, machte sich davon, hat sich davongemacht> *mit SICH* ▪ *jmd.* **macht sich davon** *(umg.) heimlich weglaufen:* sich ohne Abschied einfach davonmachen ◆ Zusammenschreibung →R 4.5, 4.6 Er hat sich klammheimlich davongemacht.

da·von·tra·gen <trägst davon, trug davon, davongetragen> *mit OBJ* ▪ *jmd.* **trägt etwas davon** ❶ *wegtragen:* Die Diebe hatten ihre Beute schon davongetragen. ❷ *(geh.) erleiden:* bei einem Unfall eine Verletzung davontragen ❸ *(geh.) erringen:* bei einem Wettkampf den Sieg davontragen

da·vor, da·vor *adv* ❶ *(↔ dahinter) (räumlich) vor etwas:* Dort hinten ist das Rathaus. Davor ist eine Bushaltestelle.; ein Fenster mit Gardinen davor; Die Tür ließ sich nicht öffnen, weil jemand einen Sessel davorgeschoben hatte. ❷ *(zeitlich) vorher:* Wir müssen morgen eine Entscheidung treffen. Davor sollten wir uns noch einmal beraten.; unmittelbar davor stattfinden ❸ *(in Bezug auf etwas) vor diesem:* Ich habe Angst/Hochachtung davor.; Er hat mich davor gewarnt.

da·vor·le·gen <legst davor, legte davor, hat davorgelegt> *mit OBJ* ▪ *jmd.* **legt etwas** *Akk.* **davor** *etwas vor etwas legen:* eine Kette davorlegen

da·vor·set·zen <setzt davor, setzte davor, hat davorgesetzt> *mit OBJ* ▪ *jmd.* **setzt etwas/jmdn. vor etwas/jmdn.** *vor etwas setzen:* Er machte den Fernseher an und setzte das Kind davor.

da·vor·sit·zen <sitzt davor, saß davor, hat davorgesessen> *ohne OBJ (sein)* ▪ *jmd.* **sitzt davor** *vor etwas sitzen:* Ich konnte es nicht sehen, denn jemand saß davor.

da·vor·ste·hen <stehst davor, stand davor, hat davorgestanden> *ohne OBJ (sein)* ▪ *jmd.* **steht davor** *vor etwas stehen:* Er sah es nicht, obwohl er davorgestanden hat.

da·vor·stel·len <stellst davor, stellte davor, hat davorgestellt> *mit OBJ* ▪ *jmd.* **stellt etwas** *Akk.* **davor** *etwas vor etwas stellen:* Die Tür geht nicht auf! Vielleicht hat jemand etwas davorgestellt?

DAX® *der* [daks] <-> */kein Plur./ WIRTSCH. Abkürzung von "Deutscher Aktienindex"; eine Maßzahl, die den Durchschnittspreis der dreißig wichtigsten deutschen Aktien angibt:* Der DAX fällt/steigt.

da·zu, da·zu *adv* ❶ *zu diesem Zweck:* Was brauche ich dazu?; Dazu musst du dich aber etwas mehr anstrengen!; Du kannst ihn ruhig um Hilfe bitten. Dazu ist er ja da. ❷ *zusätzlich zu etwas:* Sie sang und tanzte dazu.; Er ist faul und auch noch frech dazu!; Ich nehme einen Kaffee und ein Stück Torte dazu. ❸ *in Bezug auf etwas:* Dazu sage ich nichts.; Er war nicht immer ein guter Redner; erst jahrelange Übung hat ihn erst dazu gemacht.;

D

■ **dazu gehören** *notwendig sein* Er sagte, dass einiges (Wissen) dazu gehört, den Test zu bestehen.; ■ **dazu kommen** *(zusätzlich) ergänzt oder berücksichtigt werden* Sie ist nicht besonders gut in der Schule. Dazu kommt, dass sie lange krank war.; ■ **(nicht) dazu kommen** *(keine) Zeit haben* Ich bin nicht dazu gekommen, die Vokabeln zu lernen.; ■ **dazu tun** *beitragen* Was kann ich noch dazu tun? ♦ Getrenntschreibung → R 4.5 Ich weiß noch nicht, ob ich heute dazu komme, dich anzurufen.; Wir haben gestern die Fotosynthese behandelt. Wir wollen wiederholen, was wir dazu gelernt haben.; Das Gerät kostet 3000 Euro. Dazu kommt noch Mehrwertsteuer.; Sie hat nichts dazu getan; wir haben alles allein gemacht.

da·zu·ge·hö·ren <gehörst dazu, gehörte dazu, hat dazugehört> *ohne OBJ* ■ *jmd. gehört (zu etwas/jmdn.) dazu dabei sein, beteiligt sein:* Das gehört mit (zu dem Gerät) dazu.; Sie wollte auch gern dazugehören. ♦ Zusammenschreibung → R 4.5, 4.6 Ich möchte dieses Gerät kaufen. Können Sie mir zeigen, was (an Einzelteilen) dazugehört?; Er hat nie zu unserer Klasse richtig dazugehört.; *siehe aber* **dazu**

da·zu·ge·sel·len <gesellst dich dazu, gesellte sich dazu, hat dich dazugesellt> *mit SICH* ■ *jmd. gesellt sich zu jmdm. dazu zu der genannten Person oder dem genannten Personenkreis gehen und in seiner Gesellschaft bleiben:* Da sein Nachbar der einzige war, den er auf der Party kannte, gesellte er sich zu ihm.

da·zu·kom·men <kommst dazu, kam dazu, ist dazugekommen> *ohne OBJ* ❶ ■ *jmd. kommt dazu zusätzlich an einen Ort oder zu etwas hinzukommen:* Ich weiß nicht, was ihr besprochen habt. Ich bin eben erst dazugekommen. ❷ ■ *etwas kommt zu etwas Dat. dazu zu einer Menge hinzukommen und die Menge noch größer machen:* 15.000 Euro ist der Preis für die Grundausstattung; für Extras können leicht noch 10.000 Euro dazukommen. ♦ Zusammenschreibung → R 4.5 Alle neu Dazugekommenen hören bitte gut zu!; *siehe aber* **dazu**

da·zu·ler·nen <lernst dazu, lernte dazu, hat dazugelernt> *mit OBJ* ■ *jmd. lernt etwas dazu sein Wissen erweitern:* Man muss sein Leben lang dazulernen.; *siehe aber* **dazu**

Da·zu·tun *das* <-s> /kein Plur./ *der Vorgang, dass jmd. durch sein Handeln zu etwas beiträgt:* Das ist ohne mein Dazutun passiert.

da·zu·tun <tust dazu, tat dazu, hat dazugetan> *mit OBJ* ■ *jmd. tut etwas (zu etwas Dat.) dazu (≈ hinzutun) eine Sache/einen Geldbetrag zu einer Sache/einem Geldbetrag hinzufügen:* Wenn du noch ein paar Euro dazutust, reicht es vielleicht. ♦ Zusammenschreibung → R 4.5 Vielleicht müssen wir noch etwas Salz dazutun!; *siehe aber* **dazu**

da·zu·zäh·len <zählst dazu, zählte dazu, hat dazugezählt> *mit OBJ* ■ *jmd. zählt etwas/jmdn. dazu zu etwas hinzurechnen, dazuaddieren:* Hast du die Ausgaben von gestern dazugezählt?

da·zwi·schen *adv* ❶ *räumlich zwischen etwas:* Da vorn sitzen Lisa und Marie. Dazwischen ist noch

ein Platz frei. ❷ *(übertr.) so, dass es weder der einen noch der anderen von zwei Positionen entspricht:* Ich kann mich nicht entscheiden. Meine Meinung liegt irgendwo dazwischen. ❸ *zeitlich zwischen etwas:* Vormittags und nachmittags haben wir Unterricht. Dazwischen haben wir eine Stunde Mittagspause ❹ *(≈ darunter) unter einer Menge:* Dort liegt die Post. Für dich ist leider kein Brief dazwischen. ♦ Getrenntschreibung → R 4.5 Links und rechts von mir fuhren große LKWs. Ich musste dazwischen fahren.; Ich glaube, dieses Teil muss hier dazwischen kommen.; Erst spricht Herr Müller, später Frau Meyer. Ich werde (in der Zeit) dazwischen vortragen.

da·zwi·schen·fah·ren <fährst dazwischen, fuhr dazwischen, ist dazwischengefahren> *ohne OBJ* ■ *jmd. fährt (bei etwas) dazwischen (umg.) sich energisch einmischen:* Wenn ihr euch dauernd streitet, muss ich doch dazwischenfahren.; Er ist bei ihrem Vortrag einfach dazwischengefahren und hat sie unterbrochen. ♦ Zusammenschreibung → R 4.5, 4.6 Der Hund ist dazwischengefahren, als man seinen Herrn angriff.; *siehe aber* **dazwischen**

da·zwi·schen·fun·ken <funkst dazwischen, funkte dazwischen, hat dazwischengefunkt> *ohne OBJ* ■ *jmd. funkt (bei etwas) dazwischen (umg.) sich einmischen und dadurch etwas stören:* Warum kann er nicht einfach zuhören? Immer muss er dazwischenfunken!

da·zwi·schen·kom·men <kommst dazwischen, kam dazwischen, ist dazwischengekommen> *ohne OBJ* ■ *etwas kommt (jmdm.) dazwischen* ❶ *sich in der Zwischenzeit ereignen und dadurch etwas Geplantes verhindern oder aufhalten:* Wenn nichts dazwischenkommt, gehen wir morgen ins Schwimmbad.; Es kann natürlich immer etwas dazwischenkommen, aber man muss trotzdem planen! ❷ *sich einmischen und bei etwas stören:* Wenn uns da nur keiner dazwischenkommt! ♦ Zusammenschreibung → R 4.5, 4.6 Er kommt heute nicht zum Training. Ihm ist wahrscheinlich etwas dazwischengekommen.; *siehe aber* **dazwischen**

da·zwi·schen·lie·gen <liegst dazwischen, lag dazwischen, hat dazwischengelegen> *ohne OBJ* ■ *etwas liegt dazwischen zeitlich zwischen bestimmten Terminen sein:* In den Tagen, die dazwischenliegen, werde ich verreisen.

da·zwi·schen·re·den <redest dazwischen, redete dazwischen, hat dazwischengeredet> *ohne OBJ* ■ *jmd. redet (jmdm.) dazwischen reden, während andere sprechen:* Ihr sollt nicht immer dazwischenreden, wenn ich Radio höre. ♦ Zusammenschreibung → R 4.5, 4.6 Wenn du immer dazwischenredest, verstehe ich gar nichts!; *siehe aber* **dazwischen**

da·zwi·schen·tre·ten <trittst dazwischen, trat dazwischen, ist dazwischengetreten> *ohne OBJ* ■ *jmd. tritt dazwischen* ❶ *zwischen zwei Dinge oder Personen treten, vermittelnd eingreifen* ❷ *(≈ einschreiten) sich einmischen:* bei einem Streit mutig dazwischentreten; Das ist nur seinem beherzten Dazwischentreten zu verdan-

ken. ◆ Zusammenschreibung →R 4.5, 4.6
Wenn er nicht dazwischengetreten wäre, hätte es
eine Schlägerei gegeben.; *siehe aber* **dazwischen**

dB *Abkürzung von „Dezibel"*

DB *Abkürzung von „Deutsche Bahn"*

DDR *die* <-> */kein Plur./* GESCH. *Abkürzung von
„Deutsche Demokratische Republik"*

D-Dur *das* <-s> */kein Plur./* MUS. *eine Tonart*

Dead·line *die* ['dɛdlaɪn] <-, -s> *(≈ Termin) letzt-
möglicher Termin, bis zu dem eine Arbeit getan
sein muss:* Bis zur Deadline muss der Artikel fertig
sein.

Deal *der* [di:l] <-s, -s> *(umg.) Handel; Geschäft:*
Der Deal ging von der Öffentlichkeit weitgehend
unbemerkt über die Bühne.; Er schlug einen Deal
vor ...

dea·len ['di:lən] <dealst, dealte, hat gedealt>
ohne OBJ ■ *jmd.* **dealt (mit etwas** *Dat.) (umg.)
mit Drogen handeln:* Er wurde verhaftet, als er vor
einer Schule dealte.; Er soll mit Kokain gedealt und
andere krumme Geschäfte gemacht haben.; Es
kommt vor, dass Süchtige auch dealen.

Dea·ler *der,* **Dea·le·rin** ['di:lɐ] <-s, -> *(umg.) Person, die mit Drogen handelt:* Der Dealer wurde zu
drei Jahren Gefängnis verurteilt.; Nicht wenige
Dealer sind selbst süchtig. ◆ Drogen-

De·ba·kel *das* <-s, -> *(geh.: ≈ Desaster) ein völliger Misserfolg, der oft das Ende einer Sache bedeutet:* Die misslungene Präsentation war ein De-
bakel, wegen ihr haben wir den Auftrag nicht
bekommen.

De·bat·te *die* <-, -n> *(≈ Diskussion) ein (lebhaftes) Gespräch, in dem Personen mit unterschiedlichen Meinungen über etwas diskutieren:* eine lebhafte Debatte führen; Ein Thema beherrscht die politische Debatte – die Arbeitslosigkeit.; ■ **etwas zur Debatte stellen** *vorschlagen,
dass etwas besprochen wird* Ich stelle meinen Vorschlag zur Debatte.; ■ **zur Debatte stehen**
Thema des Gesprächs sein Das steht hier nicht
zur Debatte. ◆ Grundsatz-, Parlaments-, Partei-, Re-
gierungs-

de·bat·tie·ren <debattierst, debattierte, hat de-
battiert> *ohne OBJ* ■ *jmd.* **debattiert über etwas** *Akk. eine Debatte führen:* mit jemandem
über ein Thema debattieren

de·bil *adj (veralt.) durch eine Behinderung in den
geistigen Fähigkeiten eingeschränkt:* ein debiles
Kind ▶ Debilität

De·bi·tor *der,* **De·bi·to·rin** <-s, -en> */meist Plur./*
BANKW. *(↔ Kreditor) Schuldner, der Waren oder
Leistungen auf Kredit bezogen hat*

De·bi·to·ren·kon·to *das* <-s, -s/Debitorenkon-
ten> BANKW. *Schuldnerkonto zum Verbuchen von
Forderungen*

De·büt *das* [de'by:] <-s, -s> *jmds. erster öffentlicher Auftritt in einer bestimmten Rolle oder Eigenschaft:* sein Debüt (als Schauspieler/Schriftstel-
ler) geben

De·büt·al·bum *das* [de'by:...] <-s, Debütalben>
*erste veröffentlichte Schallplatte oder CD eines
Sängers oder einer Band:* Bereits ihr Debütalbum
war ein großer Erfolg.

De·bü·tant *der,* **De·bü·tan·tin** [deby'tant] <-en,
-en> *Person, die ihr Debüt gibt*

de·chif·f·rie·ren <dechiffrierst, dechiffrierte, hat
dechiffriert> *mit OBJ* ■ *jmd.* **dechiffriert etwas**
*(≈ entschlüsseln ↔ chiffrieren) einen Code ent-
schlüsseln:* Es gelang dem Geheimdienst, die
Nachricht zu dechiffrieren.

Deck *das* <-(e)s, -s/(-e)> *die Fläche auf der Oberseite eines Schiffes:* Alle Mann an Deck!; das Deck
schrubben ◆ Ober-, Promenaden-, Zwischen-

Deck·blatt *das* <-(e)s, Deckblätter> ❶ *Titelblatt
eines Buches oder Heftes* ❷ *äußeres Blatt einer Zigarre*

De·cke *die* <-, -n> ❶ *(≈ Tischdecke) ein größeres
Stück Stoff, das man als Dekoration oder zum
Schutz auf einen Tisch legt:* eine Decke auf den
Tisch legen ❷ *(≈ Bettdecke) ein größeres Stück
(Woll-)Stoff, das man im Bett auf sich oder jmdn.
legt:* unter die Decke kriechen; wegen der Kälte
sich mit einer zusätzlichen Decke zudecken
◆ Stepp-, Woll- ❸ *die Fläche, die einen Raum nach
oben hin abschließt:* auf einer Leiter stehen und
die Decke streichen; die hohen Decken der Altbauwohnung ◆-nbalken, -nbeleuchtung, -nlampe,
-nleuchte, Holz-, Zimmer- ❹ ■ **an die Decke gehen** *(umg.) sehr ärgerlich werden;* ■ **mit jemandem unter einer Decke stecken** *(umg. abwert.)
mit jmdm. gemeinsam eine schlechte oder kriminelle Sache tun;* ■ **jemandem fällt die Decke
auf den Kopf** *(umg.) jmd. hat Langeweile*

De·ckel *der* <-s, -> ❶ *das Teil eines Behältnisses,
das es nach oben hin verschließt:* der stabile Deckel einer Truhe; den Deckel einer Flasche öffnen/
fest verschließen/fest zuschrauben ◆ Kasten-, Kof-
ferraum-, Topf- ❷ *(≈ Buchdeckel) eine der beiden
harten Flächen, die die Seiten eines Buches oder
einer Akte nach vorn und nach hinten begrenzen*
❸ *(umg. scherzh.: ≈ Kopf)* ■ **jemandem was auf
den Deckel geben** *jmdn. zurechtweisen*

De·ckel·korb *der* <-(e)s, Deckelkörbe> *Korb mit
einem Deckel* [1]

de·ckeln <deckelst, deckelte, hat gedeckelt> *mit
OBJ* ■ *jmd.* **deckelt jmdn.** *(umg.) unfreundlich
zurechtweisen:* Der Vater hat den Sohn wegen seiner schlechten Noten gedeckelt.

de·cken <deckst, deckte, hat gedeckt> **I.** *mit
OBJ* ❶ ■ *jmd.* **deckt etwas über etwas** *Akk.
(≈ breiten) ein Tuch, eine Plane o. Ä. so über etwas legen, dass es ganz darunter verborgen ist:*
ein Tuch über etwas decken; eine Plane über den
Holzstapel decken ❷ ■ *jmd.* **deckt etwas (mit etwas** *Dat.) Speisen und Geschirr auftragen:* den
Tisch decken; Ich habe für uns beide gedeckt.
▶ Gedeck ❸ ■ *jmd.* **deckt jmdn.** *das Wissen über
jmds. Verbrechen für sich behalten:* Er begeht
Steuerhinterziehung, und du deckst ihn auch
noch. ❹ SPORT *als Verteidiger einen Stürmer unter
Kontrolle halten:* einen gegnerischen Spieler decken ▶ Manndeckung ❺ ■ *jmd./etwas* **deckt etwas** *ausreichend Mittel bereitstellen:* Wir können
den Bedarf decken.; Das Konto/der Scheck ist
nicht gedeckt.; Der Schaden ist durch die Versicherung gedeckt. ❻ ■ **ein Tier deckt ein Tier** *(≈ begatten)* Der Rüde deckt die Hündin.; ein Pferd de-

D

D

cken lassen **II.** *ohne OBJ* ■ *etwas deckt nichts hindurchscheinen lassen:* Die Farbe deckt gut. **III.** *mit SICH* ■ *etwas deckt sich mit etwas Dat.* (≈ *übereinstimmen*) *den gleichen Inhalt haben:* Seine Aussage deckte sich mit der ihren.; Unsere Ansichten decken sich in diesem Punkt völlig.

de·ckend *adj /nicht steig./ so, dass es nicht durchscheinend ist, nichts durchscheinen lässt:* zum Malen eine deckende Farbe benutzen

De·cken·flu·ter *der* <-s, -> *eine Standleuchte, die zur Decke strahlt und eine indirekte Beleuchtung schafft*

De·cken·ma·le·rei *die* <-, -en> *Gemälde, das an die Decke³ gemalt wurde*

Deck·fä·hig·keit *die* <-> */kein Plur./ Eigenschaft einer Farbe, deckend zu sein*

Deck·far·be *die* <-, -n> (↔ *Lasurfarbe*) *undurchsichtige Farbe, die gemalte Schichten überdeckt*

Deck·fe·der *die* <-, -n> (↔ *Flaumfeder*) *eine der Federn eines Vogels, die das Gefieder nach außen hin abschließen*

Deck·haar *das* <-s, -e> *die oberste Haarschicht auf dem Kopf*

Deck·lack *der* <-(e)s, -e> *undurchsichtiger Lack, der als letzte Schicht aufgetragen wird:* den Decklack mit einer Spritzpistole auftragen

Deck·man·tel *der* <-s> */kein Plur./ (abwert.) Vorwand (für ein schlechtes Verhalten):* Unter dem Deckmantel der Nächstenliebe betrügt er alte Menschen.

Deck·na·me *der* <-ns, -n> *vereinbarter Name, mit dem man sich auf etwas bezieht, das geheim bleiben soll:* Das Projekt läuft unter dem Decknamen „Morgenstern".

Deck·of·fi·zier *der* <-s, -e> MILIT. *(veralt.) Marine-Unteroffizier mit einer besonderen Fachausbildung und langer Dienstzeit*

Deck·plat·te *die* <-, -n> *Platte zum Ab- oder Zudecken von etwas*

Deck·schicht *die* <-, -en> *obere Schicht von etwas, Schutzschicht*

De·ckung *die* <-, -en> ❶ MILIT., SPORT *Schutz vor feindlichem Feuer oder vor einem gegnerischen Angriff:* in Deckung gehen; jemandem Deckung geben; Volle Deckung! ❷ WIRTSCH., BANKW. *Bereitstellung von erforderlichen Mitteln:* die Deckung des Bedarfs an Lebensmitteln; das Konto hat keine ausreichende Deckung ◆ -sbetrag ❸ *Übereinstimmung:* die Ansichten der Gesprächspartner zur Deckung bringen

De·ckungs·lü·cke *die* <-, -n> (≈ *Deckungsloch*) *geplante Ausgabe, für die es noch keine Deckung² gibt*

Deck·wort *das* <-(e)s, Deckwörter> (≈ *Codewort*) *ein Wort, das nur Eingeweihte verstehen und das etwas Geheimes bezeichnet*

De·co·der *der* [dr'koʊdə] <-s, -> *Gerät zur Entschlüsselung kodierter Signale*

De·col·le·té *das* <-s, -s> SCHWEIZ. *Dekolleté*

De·duk·ti·on *die* <-, -en> PHILOS. (≈ *Schlussfolgerung* ↔ *Induktion*) *Ableitung des weniger Allgemeinen oder Besonderen aus dem Allgemeinen*

de·duk·tiv, de·duk·tiv *adj /nicht steig./* (≈ *induktiv*) *so, dass das Besondere aus dem Allgemeinen*

erschlossen wird: eine deduktive Herangehensweise

de·es·ka·lie·rend *adj so, dass es stufenweise abgeschwächt oder verringert wird:* Die Maßnahme hatte eine deeskalierende Wirkung auf den Konflikt.

De·fac·to-An·er·ken·nung *die* <-> */kein Plur./* RECHTSW. *Anerkennung eines Sachverhalts aufgrund bestimmter Tatsachen, aber ohne rechtliche Begründung*

De·fä·tis·mus *der* <-> */kein Plur./* (≈ *Mutlosigkeit*) *Haltung, in der man nicht an einen Erfolg oder guten Ausgang von etwas glaubt* ▶ defätistisch

De·fekt *der* <-(e)s, -e> *Schaden, Mangel:* Das Gerät hat einen Defekt.; einen Defekt beheben/haben ◆ Reifen-, Motor-

de·fekt *adj /nicht steig./ /nicht Adverb/ schadhaft, mangelhaft, beschädigt:* Das Gerät ist defekt.; ein defektes Bauteil

de·fek·tiv *adj /nicht Adverb/ fehlerhaft, lückenhaft*

De·fek·ti·vum *das* <-s, Defektiva> SPRACHWISS. *ein Wort, bei dem Formen der Flektion fehlen:* Die Wörter „Dank" und „Leute" sind Beispiele für Defektiva.

De·fekt·ur·sa·che *die* <-, -n> *Ursache, Grund für einen Defekt*

de·fen·siv, de·fen·siv *adj* ❶ (↔ *offensiv*) *so, dass es nur der Verteidigung dient:* defensive Waffen ❷ *so, dass man Gefahrensituationen durch bedachtes Handeln ausweicht:* eine defensive Fahrweise

De·fen·si·ve *die* <-, -n> (↔ *Offensive*) *Position, aus der man sich verteidigen muss:* in der Defensive sein; aus der Defensive heraus spielen

De·fi·lee *das* [defi'le:] <-s, -s> *feierliches Vorbeimarschieren oder Vorüberziehen (an einer hochgestellten Persönlichkeit)*

de·fi·nie·ren <definierst, definierte, hat definiert> **I.** *mit OBJ* ■ *jmd. definiert etwas (als etwas Akk.) die Bedeutung eines Wortes genau bestimmen:* Gerade einfache Ausdrücke der Alltagssprache, wie „Haus", sind im wissenschaftlichen Sinne überhaupt nicht zu definieren; man kann sie nur umschreiben/charakterisieren, indem man dazu andere Ausdrücke verwendet. **II.** *mit SICH* ■ *jmd. definiert sich über etwas Akk. den Sinn des eigenen Lebens durch etwas oder jmdn. bestimmt sehen:* Er definiert sich nur über seinen Erfolg.; Sie definiert sich am stärksten über ihre Kinder.

de·fi·niert *adj /nicht steig./ (fachspr.) so, dass es (begrifflich oder quantitativ) genau bestimmt oder festgelegt ist:* Auf die Versuchsanordnung wirkt eine definierte Kraft …

De·fi·ni·ti·on *die* <-, -en> MATH., PHYS. *strikte Bedeutungsbestimmung eines Ausdrucks durch Einordnung in ein systematisch geordnetes Netz von Termini, in dem die Ausdrücke aufeinander bezogen geklärt werden:* Es gibt verschiedene Definitionen für diesen Terminus/Ausdruck.; Diese Definition ist nicht ausreichend/ist zu vage/ ist eindeutig.

de·fi·ni·tiv, de·fi·ni·tiv *adj /nicht steig./ (geh.: ≈ endgültig)* Unsere Entscheidung ist definitiv.

de·fi·ni·to·risch *adj /nicht steig./ durch eine Definition*

de·fi·zi·ent *adj /nicht steig./ mangelhaft, untauglich*

De·fi·zit *das* <-(e)s, -e> ❶ WIRTSCH. *(≈ Fehlbetrag) Geld, das (gemessen an einer bestimmten Vorgabe) irgendwo fehlt:* ein Defizit in der Kasse feststellen ◆ Haushalts- ❷ *(geh.: ≈ Lücke, Mangel)* Sie hat noch Defizite auf diesem Gebiet/in ihrer Prüfungsvorbereitung. ◆ Informations-, Wissens- ❸ *(geh.: ≈ Fehler)* Das Programm hat Defizite, die noch beseitigt werden müssen. ▶ defizitär

De·fla·ti·on *die* <-, -en> WIRTSCH. *(↔ Inflation) Sinken des Preisniveaus:* Wirtschaftsexperten sagten eine Deflation voraus. ◆ -spolitik ▶ deflationistisch

de·for·mie·ren <deformierst, deformierte, hat deformiert> *mit OBJ* ■ *jmd. deformiert etwas* ❶ TECHN. *etwas aus seiner ursprünglichen Form bringen:* Nach dem Brand waren die Eisenträger durch die Hitze völlig deformiert. ❷ *(geh.) eine schädliche Wirkung auf etwas ausüben:* jmds. Charakter deformieren ▶ Deformierung

De·for·mi·tät *die* <-, -en> *(≈ Deformation) Abweichung vom normalen Körperbau (durch Entwicklungsstörungen oder äußere Einflüsse)*

De·fros·ter *der* <-s, -> KFZ *Anlage zur Beheizung der Scheiben in Kraftfahrzeugen*

def·tig *adj* ❶ *so, dass Essen in Bezug auf die Zutaten relativ einfach, aber schmackhaft und sättigend ist:* deftiges Essen; deftige Hausmannskost; die deftige bayerische Küche ❷ *(abwert.: ≈ derb)* deftige Späße

De·gen *der* <-s, -> *(↔ Säbel, Schwert) eine Waffe mit einer langen, geraden, schmalen Klinge:* mit dem Degen fechten; den Degen ziehen

De·ge·ne·ra·ti·on *die* <-, -en> *(↔ Regeneration)* ❶ BIOL., MED. *(≈ Verfall) die Degeneration von Gewebe/Organen infolge einer Krankheit oder der natürlichen Alterung und Abnutzung* ❷ *(geh.) (körperlicher oder kultureller) Abstieg im Laufe einer langen Entwicklung:* Degeneration ist häufig die Folge von Inzucht.; die Degeneration der Gesellschaft durch Überfluss und Wohlstand

de·ge·ne·ra·tiv *adj /nicht steig./* MED. *auf Degeneration¹ beruhend:* Arthrose ist eine degenerative Krankheit.

de·ge·ne·rie·ren <degenerierst, degenerierte, ist degeneriert> *ohne OBJ* ■ *jmd./etwas degeneriert* ❶ MED. *(↔ regenerieren) durch Degeneration verfallen:* ein degeneriertes Organ ❷ *(körperlich oder geistig) im Laufe der Entwicklung entarten:* Die Adelskultur ist im Laufe der Zeit immer mehr degeneriert.

De·gen·fech·ter *der,* **De·gen·fech·te·rin** <-s, -> *jmd., der das Fechten mit dem Degen als Sport betreibt*

de·gra·die·ren <degradierst, degradierte, hat degradiert> *mit OBJ* ■ *jmd. degradiert jmdn.* ❶ MILIT. *im Rang zurückstufen:* einen Offizier wegen eines Vergehens degradieren ❷ *(übertr.) herab-*

würdigen, erniedrigen: Der Künstler fühlte sich zum Hobbymaler degradiert. ▶ Degradierung

De·gres·si·on *die* <-, -en> WIRTSCH. *(↔ Progression) fortschreitende Senkung des Steuersatzes bei abnehmendem Einkommen*

De·gus·ta·ti·on *die* <-, -en> SCHWEIZ. *das Prüfen, Probieren, Kosten von Lebensmitteln*

de·gus·tie·ren <degustierst, degustierte, hat degustiert> *mit OBJ* ■ *jmd. degustiert etwas* SCHWEIZ. *Lebensmittel kosten/probieren*

dehn·bar *adj /nicht steig./* ❶ *(≈ elastisch) so, dass man ein Gewebe etwas in die Länge ziehen kann, ohne einen Riss zu verursachen:* ein dehnbarer Stoff ❷ *(≈ vage ↔ eindeutig) nicht klar bestimmt:* ein dehnbarer Ausdruck ▶ Dehnbarkeit

deh·nen <dehnst, dehnte, hat gedehnt> **I.** *mit OBJ* ■ *jmd. dehnt etwas* ❶ *in die Länge oder Breite ziehen:* ein Gummiband dehnen ❷ *strecken:* die Muskeln dehnen ▶ Dehnübung ❸ *einen Laut langgezogen aussprechen:* die Silben dehnen; die gedehnte Aussprache eines Lautes **II.** *mit SICH* ❶ *etwas dehnt sich sich verlängern oder verbreitern:* Die Schuhe dehnen sich noch beim Tragen. ❷ ■ *jmd. dehnt sich sich strecken:* Nach dem Aufstehen dehnt sie sich ausgiebig. ❸ ■ *etwas dehnt sich viel Raum oder Zeit beanspruchen:* Die Versammlung dehnte sich bis in den späten Abend.; Eine weite Ebene dehnte sich vor ihnen. ▶ Dehnung

Deh·nungs·fu·ge *die* <-, -n> BAUW. *Trennfuge zwischen Bauteilen mit unterschiedlicher Wärmeausdehnung*

Deh·nungs-h *das* <-, -> SPRACHWISS. *in deutschen Wörtern der Buchstabe h als Kennzeichen dafür, dass der vorhergehende Vokal lang ausgesprochen wird*

Deh·nungs·zei·chen *das* <-s, -> SPRACHWISS. *ein Schriftzeichen, das die Dehnung eines Lautes kennzeichnet*

de·hy·d·rie·ren <dehydrierst, dehydrierte, hat dehydriert> *mit OBJ* ■ *jmd. dehydriert etwas* CHEM. *Wasser aus einer Verbindung abspalten* ▶ Dehydrierung

Deich *der* <-(e)s, -e> *ein Erddamm, den man zum Schutz gegen Hochwasser aufgeschüttet hat:* Helfer sichern die Deiche mit Sandsäcken.; Die Frage, die alle bewegt, lautet: Werden die Deiche halten? ◆ -bau, Außen-, Fluss-, See-

Deich·schleu·se *die* <-, -n> *Schleuse zum Durchleiten von Wasser durch einen Deich*

Deich·sel *die* <-, -n> *Stange zum Ziehen und Lenken eines Pferdewagens oder Handwagens:* die Deichsel des Handwagens

deich·seln <deichselst, deichselte, hat gedeichselt> *mit OBJ* ■ *jmd. deichselt etwas (umg.) fertigbringen, geschickt durchführen:* Er hat die schwierigen Verhandlungen geschickt gedeichselt.

dein *pron* *(↔ mein)* ❶ *verwendet, um auszudrücken, dass etwas im Besitz der angesprochenen Person ist:* Ist der Wagen da drüben dein Auto? – Nein, der gehört meinem Bruder. ❷ *verwendet, um auszudrücken, dass etwas in einer bestimmten Weise zu der angesprochenen Person gehört:* Wie geht es deinem Mann (≈ dem Mann,

D

der als Ehemann zu dir gehört)?; Dein Zug (≈ der Zug, den du benutzt) fährt gleich!; Mein Hotelzimmer (≈ das Zimmer, das ich im Hotel bewohnt habe) war schön ruhig. ❸ *verwendet, um auszudrücken, dass etwas in einer bestimmten Weise von der angesprochenen Person Person ausgeht:* Spare dir deine Ratschläge (≈ die Ratschläge, die du gibst)!; Wie sind deine Prüfungen (≈ die Prüfungen, die du absolviert hast) gelaufen? ❹ *am Ende von Briefen verwendet, um auszudrücken, dass der Schreiber sich in einer engen Beziehung zum Adressaten sieht:* Viele Grüße, deine Petra; ■**Mein und Dein nicht unterscheiden können** *(verhüll.)* im Verdacht stehen, dass man stiehlt ◆ Groß-/Kleinschreibung →R 3.23 Liebe Andrea, vielen Dank für deinen/Deinen Brief!

dei·ne, dei·ner, dei·nes *pron Personalpronomen der 2. Pers.(du) Sing. Gen.*

dei·ner·seits *adv von dir aus:* Gibt es deinerseits noch Bedenken?

dei·nes·glei·chen *pron alle, die so sind wie du:* Für dich und deinesgleichen ist das doch kein Problem!

dei·net·we·gen *adv wegen dir:* Wir sind nur deinetwegen zu spät gekommen!

dei·ni·ge /*Possessivpronomen, das wie ein Substantiv verwendet wird* / /*der/die/das* / *(veralt.) etwas, das dir gehört:* Wessen Mantel ist das. Ist es der deinige?; Du hast das Deinige zu der Sache beigetragen.; ■**das deinige/Deinige** *deinen Anteil* Du musst das deinige/Deinige dazu tun.; ■**die deinigen/Deinigen** *deine Angehörigen* ◆Groß- oder Kleinschreibung →R 3.15 Grüße bitte die deinigen/Deinigen von mir!

de·in·stal·lie·ren [ˈdeːʔɪnstaliːrən] <deinstallierst, deinstallierte, hat deinstalliert> *mit OBJ* ■ *jmd. deinstalliert etwas* (↔ installieren) abbauen: Die Handwerker deinstallieren die alte Heizungsanlage.

De·is·mus *der* [ˈdeːɪsmʊs] <-> /*kein Plur.*/ REL., PHILOS. *die Vorstellung der Aufklärungszeit, dass man Gott aus Gründen der Vernunft als Schöpfer anerkennen, aber nicht an sein Wirken in der Geschichte glauben muss* ▸ deistisch

De·ka *das* <-/s, -> ÖSTERR. *kurz für Dekagramm*

De·ka·de *die* <-, -n> *Zeitraum von zehn Tagen, Wochen, Monaten oder Jahren*

de·ka·dent *adj (geh.) im kulturellen Verfall begriffen:* eine dekadente Gesellschaft

De·ka·denz *die* <-> /*kein Plur.*/ *(geh.) kultureller Niedergang:* Anzeichen der Dekadenz in der Kunst zu erkennen glauben

de·ka·disch *adj /nicht steig./ (geh.) auf der Dekade beruhend, zur Dekade gehörig:* ein dekadisches System

De·ka·gramm *das* <-s, -e> *zehn Gramm*

De·ka·li·ter *der* <-s, -> *zehn Liter*

De·ka·log *der* <-s> /*kein Plur.*/ REL. *die zehn Gebote der Bibel*

De·ka·me·ter *der* <-s, -> *zehn Meter*

De·kan *der* <-s, -e> ❶ REL. *(in der christlichen Kirche) höherer (protestantischer) Geistlicher* ❷ *Vorsteher eines Fachbereichs einer Universität:* der

Dekan der philosophischen Fakultät; zum Dekan gewählt werden

De·ka·nat *das* <-s, -e> ❶ REL. *Amt oder Bezirk eines Dekans* [1] ❷ *Verwaltung eines Fachbereichs einer Universität*

de·kan·tie·ren <dekantierst, dekantierte, hat dekantiert> *mit OBJ* ■ *jmd. dekantiert etwas* Wein so in eine Karaffe umfüllen, dass der Bodensatz in der Flasche zurückbleibt: Der Kellner dekantiert den Wein.

De·kla·ma·ti·on *die* <-, -en> LIT., THEAT. ❶ *das künstlerisch gestaltete Sprechen eines Textes* ❷ *(abwert.) übertriebene Art, einen Text vorzutragen*

de·kla·ma·to·risch *adj so, dass der Vortrag eines Textes ausdrucksvoll und auf Wirkung bedacht ist:* Seine Rede erschien allzu deklamatorisch.

de·kla·mie·ren <deklamierst, deklamierte, hat deklamiert> *mit OBJ* ■ *jmd. deklamiert etwas* ❶ *einen Text kunstvoll vortragen:* ein Gedicht deklamieren; Dann deklamierte er die noch berühmteren Verse ... ❷ *auf übertriebene Weise einen Text vortragen:* Sie hat das Gedicht pathetisch deklamiert.

De·kla·ra·ti·on *die* <-, -en> ❶ POL. *feierliche öffentliche Verkündung:* die Deklaration der Menschenrechte/der Republik ❷ WIRTSCH. *offizielle Angabe über den Inhalt von etwas, die man beim Zoll oder der Steuerbehörde macht* ❸ *Auflistung der Inhaltsstoffe eines Arzneimittels oder Kosmetikums*

de·kla·rie·ren <deklarierst, deklarierte, hat deklariert> *mit OBJ* ■ *jmd. deklariert etwas* ❶ POL. *öffentlich verkünden* ❷ WIRTSCH. *beim Grenzübertritt für den Zoll angeben:* Waren beim Zoll deklarieren; Haben Sie etwas zu deklarieren? ❸ *jmd. deklariert jmdn./etwas als etwas jmdn. oder etwas feierlich als etwas bezeichnen:* jemanden als seinen Freund deklarieren

de·kla·riert *adj /nicht steig./ so, dass es erklärt oder offenkundig ist:* Er ist ein deklarierter Kriegsgegner.

de·klas·sie·ren <deklassierst, deklassierte, hat deklassiert> *mit OBJ* ■ *jmd. deklassiert jmdn.* ❶ *jmdn. sozial herabsetzen:* Er fühlte sich durch ihre Äußerung deklassiert. ❷ SPORT *überlegen besiegen:* den Gegner deklassieren

De·kli·na·ti·on *die* <-, -en> ❶ SPRACHWISS. *Beugung der Substantive, Adjektive, Pronomina und Numeralia* ◆-sendungen, -sformen, -sklasse, -sschema, -stabelle, -styp ❷ PHYS. *Abweichung der Magnetnadel von der Nordrichtung* ◆-swinkel ❸ ASTRON. *Abweichung eines Gestirns vom Himmelsäquator* ◆-sachse

de·kli·nie·ren <deklinierst, deklinierte, hat dekliniert> *mit OBJ* ■ *jmd. dekliniert etwas* SPRACHWISS. ❶ (≈ *flektieren) die Form eines Substantivs, Adjektivs, Artikels oder Pronomens bilden, die von seiner syntaktischen Funktion im Satz gefordert wird* ❷ (≈ *durchdeklinieren) alle Formen eines Substantivs, Adjektivs, Artikels oder Pronomens nennen* ▸ deklinierbar

de·ko·die·ren <dekodierst, dekodierte, hat dekodiert> *mit OBJ* ■ *jmd. dekodiert etwas* (≈ ent-

schlüsseln ↔ kodieren) eine verschlüsselte Nachricht dekodieren ▸ Dekodierung

De·kol·le·tee, *a.* **De·kol·le·té** *das* [dekɔl'te:] <-s, -s> *tiefer Ausschnitt an Damenkleidern:* ein Abendkleid mit einem gewagten Dekolletee

De·kom·pen·sa·ti·on *die* <-, -en> MED. *(↔ Kompensation) die deutlich erkennbare Verringerung der Leistungsfähigkeit eines Organs, das durch Kompensation überlastet wurde* ▸ dekompensieren

De·kom·po·si·ti·on *die* <-, -en> *(↔ Komposition) das Auflösen von etwas in seine Bestandteile* ▸ dekomponieren

de·kom·pri·mie·ren <dekomprimierst, dekom­primierte, hat dekomprimiert> *mit OBJ* ■ *jmd. dekomprimiert etwas* TECHN. *(↔ komprimieren) den Druck von etwas verringern* ▸ Dekomprimierung

De·kon·ta·mi·na·ti·on *die* <-, -en> PHYS. *(↔ Kontamination) das Entgiften von radioaktiv verseuchten Geräten und Kleidern* ▸ dekontaminieren

De·kon·zen·t·ra·ti·on *die* <-, -en> *(≈ Entflechtung ↔ Konzentration) das Aufheben einer konzentrischen Ordnung oder Verteilung:* die Dekonzentration der Verwaltung

De·kor *der/das* <-s, -s/-e> *etwas, z. B. ein Muster, das zur Verzierung auf einen Gegenstand gemalt oder gedruckt ist:* Porzellan mit handgemaltem Dekor

De·ko·ra·teur *der*, **De·ko·ra·teu·rin** [dekora'tø:ɐ̯] <-s, -e> *jmd., der beruflich Schaufenster oder Kulissen gestaltet*

De·ko·ra·ti·on *die* <-, -en> ❶ */kein Plur./ das Gestalten von Schaufenstern oder Kulissen* ❷ *das, womit etwas ausgestaltet ist:* die Dekoration auf der Bühne/im Schaufenster/im Zimmer ♦-smalerei, -sstoff, Fest-, Innen-, Tisch-, Wand-

De·ko·ra·ti·ons·stück *das* <-(e)s, -e> *ein Gegenstand, der nur zur Dekoration dient und nicht für den Gebrauch oder Verkauf bestimmt ist*

de·ko·ra·tiv *adj so, dass es etwas in wirkungsvoller Weise schmückt:* ein dekoratives Muster; Blumen dekorativ im Zimmer verteilen

de·ko·rie·ren <dekorierst, dekorierte, hat deko­riert> *mit OBJ* ❶ ■ *jmd. dekoriert etwas kunstvoll gestalten:* einen Raum dekorieren ❷ ■ *jmd. dekoriert jmdn. Dat. (≈ auszeichnen) einen Orden verleihen:* jemanden (mit dem Verdienstkreuz) dekorieren; ein hoch dekorierter/ hochdekorierter Wissenschaftler ▸ Dekorierung

De·kret *das* <-(e)s, -e> *Verordnung durch eine Behörde:* ein Dekret erlassen

de·kre·tie·ren <dekretierst, dekretierte, hat de­kretiert> *mit OBJ* ■ *jmd. dekretiert ewas (geh.) verfügen, bestimmen, anordnen:* eine Maßnahme dekretieren

De·le·ga·ti·on *die* <-, -en> ❶ *(≈ Abordnung) eine Gruppe von Personen, die im Auftrag einer Institution, in ein Land oder an einen Ort reisen und diese Institution offiziell vertreten:* Die Delegation aus Russland wurde vom Außenminister empfangen. ♦-sleiter, Regierungs- ❷ RECHTSW. *das Übertragen einer Vollmacht oder Befugnis auf eine andere Person*

de·le·gie·ren <delegierst, delegierte, hat dele­giert> *mit OBJ* ❶ ■ *jmd. delegiert jmdn. (≈ abordnen) sagen, dass jmd. eine bestimmte Aufgabe übernehmen soll und ihn dafür freistellen:* jemanden zu einem Kongress/in einen Ausschuss delegieren ❷ ■ *jmd. delegiert etwas an jmdn. eine Aufgabe übertragen oder weitergeben:* Aufgaben/ Kompetenzen/Rechte an einen Mitarbeiter delegieren

De·le·gier·te *der/die* <-n, -n> *Abgesandte(r):* als Delegierte am Parteitag teilnehmen

de·lek·tie·ren <delektierst, delektierte, hat de­lektiert> *mit SICH* ■ *jmd. delektiert sich an etwas Dat. (geh.) genießen:* Im Verlauf der Festspiele konnten sich die Opernliebhaber an drei verschiedenen Werken delektieren.

Del·fin *der* <-s, -e> *siehe* **Delphin**

De·lhi <-s> *Hauptstadt Indiens*

de·li·kat *adj (geh.)* ❶ *(≈ wohlschmeckend) sehr erlesen und gut:* ein delikater Wein; Das Festessen begann mit einer Reihe delikater Vorspeisen. ❷ *(≈ heikel) so, dass es leicht Schwierigkeiten oder Konflikte hervorrufen kann und daher mit besonderer Vorsicht behandelt werden muss:* eine delikate Angelegenheit; ein delikates Problem ❸ *(geh.: ≈ taktvoll) ein Problem delikat behandeln*

De·li·ka·tes·se *die* <-, -n> *(geh.)* ❶ *eine besonders erlesene und wohlschmeckende Speise, die meist besonders teuer ist:* Räucherlachs ist eine Delikatesse.; ein Geschäft für Delikatessen ❷ */kein Plur./ (geh.) Takt, Feingefühl:* Diese Angelegenheit erfordert viel Delikatesse.

De·likt *das* <-(e)s, -e> RECHTSW. *(≈ Straftat) eine Handlung, die gegen das Gesetz verstößt und strafbar ist:* Er steht wegen eines schweren Delikts vor Gericht. ♦Eigentums-, Verkehrs-

De·lin·quent *der*, **De·lin·quen·tin** <-en, -en> *(geh.: ≈ Verbrecher) jmd., der eine Straftat begangen hat*

De·lin·quenz *die* <-> */kein Plur./ (geh.) Straffälligkeit*

De·li·ri·um *das* <-s, Delirien> *(geh.) der Zustand, dass die Tätigkeit des Verstands eingeschränkt und das Bewusstsein nicht klar ist, z. B. als Folge einer Krankheit oder von Drogenkonsum:* im Delirium sein

Del·le *die* <-, -n> *(umg.) kleine Vertiefung:* Das Auto hat nur eine kleine Delle bekommen.; Der Rodelhang ist voller gefährlicher Dellen.

de·lo·gie·ren [delo'ʒi:rən] <delogierst, delo­gierte, hat delogiert> *mit OBJ* ■ *jmd. delogiert jmdn.* ÖSTERR. *zum Ausziehen aus der Wohnung zwingen:* jemanden delogieren, weil er die Miete nicht mehr zahlen kann ▸ Delogierung

Del·phin, *a.* **Del·fin** *der* <-s, -e> ❶ ZOOL. *ein Meeressäugetier, das wie ein großer Fisch mit silbriggrauer Haut aussieht und sehr intelligent ist* ▸ Delphinarium ❷ SPORT *kurz für „Delphinschwimmen"*

Del·phin·schwim·men, *a.* **Del·fin·schwim·men** *das* <-s> */kein Plur./* SPORT *ein Schwimmstil, bei dem beide Arme gleichzeitig in einer kreisförmigen Bewegung aus dem Wasser bewegt werden, während der Unterkörper eine Art Wellenbewe-*

D

D

gung ausführt ◆ *Getrenntschreibung* →R 4.14 Er ist Delfin geschwommen/delfingeschwommen.

del·phisch *adj /nicht steig./* ❶ *zu der altgriechischen Kultstätte Delphi gehörend:* das Delphische Orakel ❷ *(geh.) rätselhaft und nicht eindeutig:* ein delphischer Spruch

Del·ta¹ *das* <-(s), -s> *der vierte Buchstabe des griechischen Alphabets*

Del·ta² *das* <-s, -s/Delten> *Mündung eines (großen) Flusses, die sich wie ein Fächer in kleinere Flussarme aufteilt:* das Delta der Donau/ des Nil

del·ta·för·mig *adj /nicht steig./ so geformt, dass es aussieht wie der griechische Buchstabe Delta (etwa dreieckig)*

de luxe [dəˈlyks] */häufig nachgestellt / mit allem Luxus ausgestattet* ◆ *-Ausstattung*

dem *pron art Dat. von „der“, „das“:* Ich gebe dem Freund, dem ich Geld schulde, den Betrag zurück.; Ich singe dem Kind, dem ich etwas vorgelesen habe, ein Lied vor.

De·m·a·go·ge *der*, **De·m·a·go·gin** <-n, -n> *(abwert.: ≈ Volksverführer) jmd., der mit seinen politischen Reden die Bevölkerung aufhetzt:* ein von skrupellosen Demagogen aufgehetztes Volk ▶ demagogisch

De·m·a·go·gie *die* <-> */kein Plur./ (abwert.: ≈ Volksverführung) das Aufhetzen der Bevölkerung, z. B. durch politische Reden:* Was er sagt, ist doch pure Demagogie!

De·mar·che [deˈmarʃ(ə)] <-, -n> POL. *diplomatischer Einspruch:* eine Demarche an einen anderen Staat richten

De·mar·ka·ti·ons·li·nie *die* <-, -n> POL. *(vorläufige) Grenzlinie zwischen Staaten*

de·mas·kie·ren <demaskierst, demaskierte, hat demaskiert> *(geh.)* **I.** *mit OBJ* ■ *jmd. demaskiert jmdn./etwas (≈ entlarven) bewirken, dass jmds. vorgetäuschte gute Identität als falsch erkannt wird und seine wahre Identität sichtbar wird:* jemanden als skrupellosen Verbrecher demaskieren **II.** *mit SICH* ■ *jmd. demaskiert sich (durch etwas Akk.) sich (als etwas Schlechtes) offenbaren:* Durch sein Verhalten hat er sich als hinterhältiger Betrüger demaskiert. ▶ Demaskierung

De·men·ti *das* <-s, -s> *(geh.) der Vorgang, dass man (offiziell) sagt, dass eine bestimmte (öffentlich gemachte) Behauptung falsch ist:* Nach den Rücktrittsgerüchten gab der Minister ein Dementi (≈ sagte, dass diese Gerüchte falsch seien und er nicht zurücktreten werde).

de·men·tie·ren <dementierst, dementierte, hat dementiert> *mit OBJ* ■ *jmd. dementiert etwas (geh.) (offiziell) sagen, dass eine bestimmte (öffentlich gemachte) Behauptung falsch ist:* Die Regierung ließ die Meldung nicht dementieren.; Das ist bereits offiziell dementiert worden.

dem·ent·spre·chend *adj /nicht steig./ (≈ demgemäß) so, dass etwas bestimmten anderen Tatsachen entspricht bzw. auf diese abgestimmt ist:* Sie hatte ihre Pflichten vernachlässigt und erhielt eine dementsprechend scharfe Rüge.; Ihr seid hier zu Gast; benehmt euch bitte auch dementsprechend!;

Meine Tochter räumt ja nie ihr Zimmer auf, dementsprechend sieht es hier auch aus.

De·menz *die* <-, -en> MED. *(≈ Dementia) eine geistige Behinderung, deren Ursache erworbene organische Hirnschädigung sind:* an Demenz leiden

de·mi·li·ta·ri·sie·ren <demilitarisierst, demilitarisierte, hat demilitarisiert> *mit OBJ* ■ *jmd. demilitarisiert etwas* POL., MILIT. *entmilitarisieren* ▶ Demilitarisierung

De·mis·si·on *die* <-, -en> *(geh.) Rücktritt von einem Amt:* die Demission des Ministers

de·mis·si·o·nie·ren <demissionierst, demissionierte, hat demissioniert> *ohne OBJ* ■ *jmd. demissioniert* SCHWEIZ. *zurücktreten, seinen Rücktritt erklären* ▶ Demissionär

dem·nach *adv (≈ folglich) verwendet, um auszudrücken, dass eine Aussage aus dem vorher Gesagten folgt:* Die Leute warten noch am Bahnsteig, demnach ist der Zug noch nicht angekommen.

dem·nächst, **dem·nächst** *adv (≈ bald) in der näheren Zukunft:* Demnächst (sehen Sie) in diesem Kino …

De·mo *die* <-, -s> *(umg.) kurz für „Demonstration“*

De·mo·bi·li·sie·rung *die* <-> */kein Plur./ (↔ Mobilisierung) Abrüstung*

De·mo·gra·fie, *a.* **De·mo·gra·phie** *die* <-> */kein Plur./ Wissenschaft von der (zahlenmäßigen) Bevölkerungsentwicklung* ▶ demographisch

De·mo·krat *der*, **De·mo·kra·tin** <-en, -en> ❶ *Person mit demokratischer Gesinnung:* Er ist auch in Zeiten der Diktatur ein Demokrat geblieben. ❷ *Mitglied einer demokratischen Partei:* die Kandidatin der Freien Demokraten ◆ Christ-, Sozial-

De·mo·kra·tie *die* <-, -n> POL. ❶ */kein Plur./ die Regierungsform, bei der eine gewählte Volksvertretung die politische Macht ausübt:* eine parlamentarische Demokratie; in einem Land für die Demokratie eintreten ◆ -verständnis ❷ *Land mit einer Demokratie ¹ als Staatsform:* die jungen Demokratien in Afrika ❸ */kein Plur./ das Prinzip, Entscheidungen durch die Mehrheit treffen zu lassen:* innerbetriebliche Demokratie; der Ruf nach mehr Demokratie in der Unternehmenskultur ◆ Basis-

De·mo·kra·tie·be·we·gung *die* <-, -en> POL. *Bewegung, die in einem Land für die Etablierung einer Demokratie ¹ kämpft*

de·mo·kra·tisch *adj /nicht steig./* ❶ *den Prinzipien der Demokratie ¹, ³ folgend:* eine demokratische Verfassung; eine demokratische Entscheidung ❷ *zur Partei der Demokraten gehörend:* der demokratische Präsidentschaftskandidat

De·mo·kra·ti·sche Volks·re·pu·b·lik Ko·rea *die siehe* **Nordkorea**

De·mo·kra·ti·sche Volks·re·pu·b·lik La·os *die siehe* **Laos**

de·mo·kra·ti·sie·ren <demokratisierst, demokratisierte, hat demokratisiert> *mit OBJ* ■ *jmd. demokratisiert etwas (geh.) etwas nach demokratischen Grundsätzen umgestalten:* ein Land demokratisieren

de·mo·lie·ren <demolierst, demolierte, hat demoliert> *mit OBJ* ■ **jmd. demoliert etwas** *(geh.) (absichtlich) beschädigen:* Betrunkene Jugendliche haben die Telefonzellen demoliert. ▷ Demolierung

De·mons·t·rant *der,* **De·mons·t·ran·tin** <-en, -en> *jmd., der an einer Demonstration teilnimmt*

De·mons·t·ra·ti·on *die* <-, -en> ❶ *der Vorgang, dass sehr viele Menschen sich auf einem öffentlichen Platz versammeln oder durch die Straßen einer Stadt ziehen und dabei mit Sprechchören und Plakaten ihre politische Meinung zeigen oder zeigen, dass sie gegen etwas eingestellt sind* ◆ Friedens-, Massen-, Protest- ❷ *der Vorgang, dass jmd. etwas deutlich zeigt:* Der Aufmarsch der Flotte wird als eine Demonstration der Stärke gewertet. ◆ Macht- ❸ *(≈ Vorführung) der Vorgang, dass jmd. vor einem Publikum eine bestimmte Handlung ausführt, um damit einen Sachverhalt vorzuführen:* Nach dieser Demonstration durch den Leiter des Workshops zweifelten die Teilnehmer nicht mehr an der Richtigkeit dieser These.

De·mons·t·ra·ti·ons·ver·bot *das* <-(e)s, -e> *Verbot, eine Demonstration[1] durchzuführen*

de·mons·t·ra·tiv *adj so, dass etwas offen zur Schau gestellt wird:* sich demonstrativ von jemandem abwenden

De·mons·t·ra·tiv·pro·no·men *das* <-s, Demonstrativpronomina> SPRACHWISS. *ein Wort, mit dem der Sprecher auf etwas hinweist:* Das Wort „dieser" ist ein Demonstrativpronomen.

de·mons·t·rie·ren <demonstrierst, demonstrierte, hat demonstriert> I. *mit OBJ* ❶ ■ **jmd. demonstriert etwas** *zur Schau stellen:* Sie demonstrierte Gelassenheit/guten Willen/Stärke. ❷ ■ **jmd. demonstriert (jmdm.) etwas** *zum besseren Verständnis vorführen:* (jemandem) die Benutzung eines Gerätes demonstrieren; Darf ich Ihnen demonstrieren, wie man das macht? II. *ohne OBJ* ■ **jmd. demonstriert (für/gegen etwas** *Akk.)* **an einer** *Demonstration[1] teilnehmen:* Sie demonstrierten für/gegen das neue Gesetz.

De·mon·ta·ge *die* [demɔn'taːʒə] <-, -n> ❶ */kein Plur./ der Vorgang, dass eine Anlage in ihre einzelnen Bestandteile zerlegt und abgebaut wird:* die Demontage einer Fabrikanlage ❷ *(geh. abwert.) der Vorgang, dass jmd. oder etwas schrittweise in seiner Macht, Bedeutung oder seinem Ansehen geringer gemacht wird:* eine Demontage der demokratischen Grundrechte; die Demontage einer Führungsperson

de·mon·tie·ren <demontierst, demontierte, hat demontiert> *mit OBJ* ❶ ■ **jmd. demontiert etwas** *in seine Bestandteile zerlegen und abbauen:* eine Anlage demontieren ❷ ■ **jmd. demontiert jmdn.** *(geh. abwert.) schrittweise die Macht, Bedeutung oder das Ansehen einer Person geringer machen:* den politischen Gegner demontieren

de·mo·ra·li·sie·ren <demoralisierst, demoralisierte, hat demoralisiert> *mit OBJ* ■ **jmd./etwas demoralisiert jmdn.** *(≈ entmutigen) bewirken, dass jmd. seinen Mut und seine Zuversicht*

verliert: Der ständige Misserfolg hat ihn völlig demoralisiert. ▷ Demoralisierung

De·mo·s·ko·pie *die* <-> */kein Plur./ (≈ Meinungsforschung) der Vorgang, dass man mit bestimmten Untersuchungsmethoden, z. B. gezielten Befragungen, herausfindet, welche Meinungen in der Bevölkerung zu einem bestimmten Thema bestehen* ▷ demoskopisch

de·mo·ti·viert, **de·mo·ti·viert** *adj (≈ motiviert) so, dass jmd. ohne Motivation ist:* ein demotivierter Schüler

De·mut *die* <-> */kein Plur./ die Bereitschaft, etwas als Gegebenheit hinzunehmen, nicht darüber zu klagen und sich selbst als eher unwichtig zu betrachten:* etwas in Demut ertragen

de·mü·tig *adj so, dass jmd. bereit ist, etwas in Demut hinzunehmen:* Er nahm demütig alle Schicksalsschläge hin.

de·mü·ti·gen I. *mit OBJ* ■ **jmd. demütigt jmdn.** *in erniedrigender Weise kränken:* jemanden durch eine herablassende Behandlung demütigen II. *mit SICH* ■ **jmd. demütigt sich** *sich erniedrigen:* Man zwang ihn, sich vor allen Anwesenden zu demütigen. ▷ Demütigung

de·muts·voll *adj /nicht steig./ siehe* **demütig**

den I. *pron art Akk.* von „der": Er mag den Hund, den ich ihm geschenkt habe. II. *art Dat. von Plur. „die":* Sie singt den Kindern ein Lied vor.

De·na·tu·ra·li·sa·ti·on *die* <-> */kein Plur./ (≈ Ausbürgerung ↔ Naturalisation) das Entziehen der Staatsbürgerschaft*

de·na·tu·ra·li·sie·ren <denaturalisierst, denaturalisierte, hat denaturalisiert> *mit OBJ* ■ **jmd. denaturalisiert jmdn.** *(≈ ausbürgern ↔ naturalisieren) jmdm. die Staatsbürgerschaft entziehen*

de·na·tu·rie·ren <denaturierst, denaturierte, hat denaturiert> *mit OBJ* ■ **jmd. denaturiert etwas** CHEM. *etwas durch chemische Umwandlung so verändern, dass es seine ursprüngliche Qualität und wichtige Inhaltsstoffe verliert:* Denaturierte Lebensmittel haben deutlich weniger Vitamine als naturbelassene Lebensmittel. ▷ Denaturierung

Den·d·ro·lo·gie *die* <-> */kein Plur./ die wissenschaftliche Erforschung der Bäume, Sträucher und Gehölze*

de·nen *pron Dat. Plur. von „die":* die Freunde, denen ich vertraut habe

Deng·lisch *das* <-(s)> *(scherzh.: zu „Deutsch" und „Englisch") verwendet, um auszudrücken, dass jmds. Deutsch mit zu vielen und größtenteils überflüssigen oder vermeidbaren englischen Ausdrücken durchsetzt ist*

Denk- *als Erstglied zusammengesetzter Substantive; drückt aus, dass das mit dem Zweitglied Bezeichnete sich auf die mit dem Denken zusammenhängenden kognitiven Eigenschaften/Vorgänge/Operationen bezieht* ◆ -aufgabe, -blockade, -fähigkeit, -fehler, -form, -geschwindigkeit, -gewohnheit, -hemmung, -kraft, -operation, -pause, -prozess, -verbot, -vermögen, -weg, -weise

Denk·an·stoß *der* <-es, Denkanstöße> *etwas, das dazu anregt, über etwas nachzudenken:* Die Zusammenarbeit mit Informatikern hat Linguisten wertvolle Denkanstöße beschert.

D

D

Denk·art *die* <-, -en> *(≈ Denkweise) die typische Art und Weise, wie jmd. denkt:* eine typisch kleinbürgerliche Denkart

denk·bar **I.** *adj /nicht steig./ (≈ vorstellbar) so, dass es sich denken lässt oder dass es möglich ist:* eine denkbare Lösung; Es ist denkbar, dass er noch kommt. **II.** *adv /nicht steig./ (≈ sehr) mit intensivierender Wirkung vor Adjektiven verwendet:* Das war aber denkbar knapp!; Damit haben wir die denkbar beste Lösung des Problems.

Den·ke *die* <-> */kein Plur./ (umg.) persönlich bestimmte Denkart:* Der junge Professor hat eine flotte Denke.

den·ken <denkst, dachte, hat gedacht> **I.** *mit OBJ* **①** *etwas als Gegenstand seiner Gedanken haben:* Was denkst du gerade? **②** ■ *jmd. denkt etwas (≈ annehmen, glauben)* Ich denke, du hast das schon erledigt!; Er hatte gedacht, man würde ihm helfen. **③** ■ *jmd. denkt etwas von jmdm. über jmdn. eine bestimmte Meinung haben:* Das habe ich nicht von dir gedacht!; Schlechtes von jemandem/über jemanden denken **④** ■ *jmd. denkt sich etwas (bei etwas Dat.) mit etwas eine bestimmte Absicht verfolgen:* Was hast du dir dabei gedacht? **II.** *ohne OBJ* **①** ■ *jmd. denkt (≈ überlegen) durch die Aktivität des Verstands zu Aussagen, Gedanken und Schlussfolgerungen gelangen:* klar/logisch/wissenschaftlich denken; Er war so müde, dass er kaum denken konnte.; Störe mich nicht beim Denken! ▶ Denkleistung, Denkmodell, Denkmuster, Denkvermögen, Denkvorgang **②** ■ *jmd. denkt irgendwie eine bestimmte Gesinnung haben:* Er denkt ziemlich bürokratisch/politisch/pragmatisch/technokratisch. **③** ■ *jmd. denkt (über etwas Dat.) urteilen, meinen:* Wie denkst du darüber? **④** ■ *jmd. denkt (an etwas Akk.) in seiner Erinnerung behalten und nicht vergessen:* Hast du an unseren Hochzeitstag gedacht?; Ich werde immer daran denken. ▶ Andenken **⑤** ■ *jmd. denkt (an etwas Akk.) an etwas Interesse haben:* Er denkt nur an sich.; Du musst auch an die Zukunft denken. ◆ Anspruchs-, Konkurrenz-, Prestige-, Profit- **⑥** ■ *jmd. denkt (an etwas Akk.) eine Absicht haben, planen:* Wir denken daran, bald umzuziehen.; ■ **(überhaupt) nicht an etwas denken** *(umg.) nicht die Absicht haben, etwas zu tun* Ich denke überhaupt nicht daran, ihr zu helfen!; ■ **etwas gibt jemandem zu denken** *etwas macht jmdn. auf etwas aufmerksam;* ■ **Wer hätte das gedacht!** *(umg.) Ausdruck der Überraschung*

Den·ker *der;* **Den·ke·rin** <-s, -> *(≈ Philosoph) jmd., der über Grundprobleme der Wissenschaft und des Lebens intensiv nachdenkt (und darüber schreibt):* eine Buchreihe über die großen Denker unseres Jahrhunderts

Denk·fa·b·rik *die* <-, -en> *(umg.) ein Zentrum der Forschung und Entwicklung:* Forschungszentren sind die Denkfabriken eines Landes.

denk·faul *adj (abwert.) so, dass sich jmd. nicht gern geistig anstrengt:* ein denkfauler Mensch

Denk·mal *das* <-s, Denkmäler/(Denkmale)> **①** *ein Kunstwerk, das zur Erinnerung an Personen oder Ereignisse geschaffen worden ist:* ein Denk-

mal für die Opfer des Nationalsozialismus ◆ Goethe-, Krieger-, Schiller- **②** *ein Gegenstand der Geschichte, der Kunst oder Natur, der unbedingt erhalten werden soll, weil er eine bleibende Bedeutung hat:* Diese Kirche ist ein Denkmal der Baukunst des Mittelalters.; Dieser über 500 Jahre alte Baum ist ein Denkmal und darf nicht gefällt werden.; ■ **jemand hat sich ein Denkmal gesetzt** *(geh.) jmd. hat etwas Großes geschaffen, das von bleibendem Wert ist und seinen Tod überdauern wird* ◆ -kunde, -pflege, Bau-, Industrie-, Kultur-, Natur-

denk·mal·ge·schützt *adj /nicht steig./ so, dass etwas unter Denkmalschutz steht:* die denkmalgeschützte historische Innenstadt

Denk·mal·schutz *der* <-es> */kein Plur./ staatliche Maßnahmen zur Bewahrung erhaltenswerter (alter) Gebäude:* Dieses Gebäude steht unter Denkmalschutz. ▶ Denkmalschützer, Denkmalschützerin

denk·not·wen·dig *adj /nicht steig./ logisch*

Denk·schrift *die* <-, -en> *schriftliche Äußerung zu wichtigen öffentlichen Themen, die an eine offizielle Stelle gerichtet ist*

Denk·sport *der* <-s> */kein Plur./ das Lösen von kniffligen Rätseln* ◆ -aufgabe

Denk·spruch *der* <-(e)s, Denksprüche> *(≈ Sinnspruch)*

Den·kungs·art *die* <-, -en> *siehe* **Denkart**

Denk·wei·se *die* <-, -n> *(≈ Mentalität) Denkart*

denk·wür·dig *adj so bedeutend, dass es wert ist, in Erinnerung zu bleiben:* ein denkwürdiges Datum/Ereignis ▶ Denkwürdigkeit

Denk·zet·tel ■ **jemandem einen Denkzettel geben/verpassen** *(umg.) jmdn. so strafen, dass er noch lange daran denkt* Dem Meier habe ich einen Denkzettel verpasst. Der führt so schnell keine Privatgespräche mehr auf Firmenkosten!

denn **I.** *konj* **①** *verwendet, um im Nebensatz eine (bekannte) Ursache der Aussage des Hauptsatzes zu nennen:* Zieh dich warm an, denn es ist kalt!; Ich verzeihe ihm; denn er wusste nicht, was er tat. **②** *(geh.) /in Verbindung mit einem Komparativ/* Sie ist heute schöner denn je.; Er ist als Manager erfolgreicher denn als Arzt. **II.** *part (umg.)* **①** *verwendet, um Überraschung oder Zweifel auszudrücken:* Kannst du denn schon lesen?; Kann man das denn in einem Tag schaffen? **②** *verwendet, um Verärgerung auszudrücken:* Was soll das denn schon wieder heißen?; Ja hat man denn nie genug getan? **③** *verwendet, um eine Frage weniger gezielt, sondern eher beiläufig klingen zu lassen:* Wie läuft denn so die Arbeit?; Geht es dir denn wenigstens besser?; ■ **es sei denn, ...** *(geh.) außer, wenn ...* Ich rede nicht mehr mit dir, es sei denn, du entschuldigst dich.; ■ **geschweige denn** *(geh.) verwendet, um auszudrücken, dass etwas noch viel weniger erwartet werden kann als etwas anderes* Sie hat keine Zeit für einen kurzen Besuch, geschweige denn für eine ganze Woche Ferien.

den·noch *adv (≈ trotzdem) verwendet, um auszudrücken, das etwas der Fall ist, obwohl es Gründe gibt, die es theoretisch verhindern könnten:* Sie hat selbst wenig Geld; dennoch leiht sie uns etwas.

De·no·tat *das* <-s, -e> SPRACHWISS. *das Objekt bzw. der Gegenstand in der außersprachlichen Wirklichkeit, auf den man sich mit einer zeichenhaften sprachlichen Einheit beziehen kann; das einzelne Bezugsobjekt*

De·no·ta·ti·on *die* <-, -en> SPRACHWISS. ❶ *(↔ Konnotation) Die Aspekte der Bedeutung einer lexikalischen Einheit, mit denen ein Bezug auf etwas in der realen oder vorgestellten Wirklichkeit sichergestellt wird* ❷ *Die Relation/Beziehung, in der eine lexikalische Einheit zu etwas in der realen oder vorgestellten Wirklichkeit steht*

den·tal *adj* /nicht steig./ ANAT. *zu den Zähnen gehörig* ▶ Dentalhygiene, Dentallabor

Den·tal·laut *der* <-(e)s, -e> SPRACHWISS. *(≈ Dental, Zahnlaut) Konsonant, der mit der Zungenspitze an den Schneidezähnen gebildet wird:* Zu den Dentallauten gehören beispielsweise „d" und „t"

Den·tist *der,* **Den·tis·tin** <-en, -en> *(veralt.) Zahnarzt ohne Hochschulprüfung*

de·nu·kle·a·ri·sie·ren <denuklearisierst, denuklearisierte, hat denuklearisiert> *mit OBJ* ■ *jmd. denuklearisiert etwas von Atomwaffen befreien* ▶ Denuklearisierung

De·nun·zi·ant *der,* **De·nun·zi·an·tin** <-en, -en> *(abwert.) jmd., der andere aus niederen Beweggründen anzeigt*

De·nun·zi·a·ti·on *die* <-, -en> *(abwert.) eine Anzeige durch einen Denunzianten*

de·nun·zie·ren <denunzierst, denunzierte, hat denunziert> *mit OBJ* ■ *jmd. denunziert jmdn. bei etwas* Dat. *(abwert.) jmdn. aus niederen Beweggründen bei einer Behörde anzeigen:* jemanden bei der Polizei denunzieren ❷ ■ *jmd. denunziert etwas als etwas (abwert.) etwas öffentlich als negativ beurteilen oder kritisieren, so dass dadurch zugleich eine Person angegriffen wird:* eine Rede des politischen Gegners als ideologisches Programm denunzieren

Deo *das* <-s, -s> *(umg.) kurz für „De(s)odorant"* ◆-spray, -stift

De·o·do·rant *das* [deʔodo'rant] <-s, -s> *ein kosmetisches Mittel gegen Körpergeruch, das auf die Achselhöhlen aufgetragen oder aufgesprüht wird*

de·o·do·rie·ren [deʔodo'riːrən] <deodorierst, deodorierte, hat deodoriert> *mit OBJ* ■ *jmd. deodoriert etwas (geh.) den Körpergeruch hemmen*

Deo·rol·ler *der* <-s, -> *ein Deodorant in der Form einer Flasche, an deren Ende sich eine Kugel befindet, welche eine kleine Menge des Inhalts gleichmäßig austreten lässt, wenn man damit über die Haut streicht*

De·par·te·ment¹ *das* [departə'mãː] <-s, -s> *Verwaltungsbezirk in Frankreich*

De·par·te·ment² *das* [departə'mɛnt] <-(e)s, -e> SCHWEIZ. ❶ *Teil der Bundes- oder Kantonsverwaltung* ❷ *Ministerium*

De·pen·dan·ce *die* [depã'dãːs] <-, -n> ❶ *(≈ Niederlassung) Zweigstelle einer Firma* ❷ *Nebengebäude eines Hotels*

De·per·so·na·li·sa·ti·on *die* <-, -en> MED., PSYCH. *eine psychische Störung, bei der sich jmd. nicht*

mehr als Person fühlt und seinen Körper als fremd und nicht zu ihm gehörig empfindet

de·pla·ciert, *a.* **de·plat·ziert** [depla'tsiːɐ̯t] *adj (geh.) so, dass es in einer bestimmten Umgebung unpassend und unangemessen ist:* Seine dauernden Kommentare während des Festvortrags waren völlig deplatziert.

De·po·la·ri·sa·ti·on *die* <-, -en> ❶ CHEM. *Aufhebung der elektrochemischen Polarisation in galvanischen Elementen* ❷ PHYS. *teilweise oder völlige Aufhebung des Polarisationszustandes von Licht* ▶ depolarisieren

De·po·nie *die* <-, -n> *Platz, auf dem Müll (endgültig) gelagert wird* ◆ Atommüll-, Müll-, Sondermüll-

de·po·nie·ren <deponierst, deponierte, hat deponiert> *mit OBJ* ■ *jmd. deponiert etwas irgendwo* ❶ *(≈ hinterlegen) etwas für eine bestimmte Zeit jmdm. geben oder an einem bestimmten Ort lagern, damit es sicher verwahrt ist:* Er hat das Geld in einem Safe deponiert.; Wir haben einen Hausschlüssel beim Nachbarn deponiert. ❷ *(umg. scherzh.) etwas irgendwo hinlegen:* Wo hast du die Autoschlüssel deponiert?

De·por·ta·ti·on *die* <-, -en> *der Vorgang, dass einzelne Menschen oder ganze Volksgruppen aus ihrem Lebensraum zwangsweise an einen anderen Ort verschleppt werden:* die Deportation von Juden in die Konzentrationslager zur Zeit des Nationalsozialismus

de·por·tie·ren <deportierst, deportierte, hat deportiert> *mit OBJ* ■ *jmd. deportiert jmdn. (≈ verschleppen) jmdn. zwangsweise an einen anderen Ort bringen:* Die Häftlinge sind deportiert worden. ▶ Deportierung

De·po·si·tar *der,* **De·po·si·ta·rin** <-s, -e> WIRTSCH. *jmd., der Wertgegenstände oder Wertpapiere verwahrt*

De·po·si·tär, De·po·si·tä·rin *siehe* **Depositar**

De·po·si·ten <-> *Plur.* BANKW. *(≈ Bankeinlagen) Gelder, die für einen mehr oder minder langen Zeitraum bei einer Bank eingelegt werden* ◆-bank, -konto

De·pot *das* [de'poː] <-s, -s> ❶ *eine (staatliche) Stelle zur Aufbewahrung oder Lagerung von Gegenständen oder Stoffen (in großen Mengen)* ❷ BANKW. *eine Abteilung einer Bank, in der Wertsachen gelagert werden* ❸ *eine Art große Garage für Straßenbahnen, Busse oder Lokomotiven:* die Straßenbahn ins Depot fahren ❹ MED. *eine Ablagerung einer Substanz in einem Organ* ❺ SCHWEIZ. *Pfand für Entliehenes*

De·pot·ge·bühr *die* [de'poː...] <-, -en> BANKW. *Entgelt für die Aufbewahrung und Verwaltung von Wertpapieren und Wertsachen*

De·pot·prä·pa·rat *das* [de'poː...] <-(e)s, -e> MED. *ein Medikament, das langsam vom Organismus aufgenommen wird und deshalb über einen längeren Zeitraum wirkt*

Depp *der* <-en, -en> SÜDDT., ÖSTERR. *(abwert.) Dummkopf*

Dep·pen·apo·s·t·roph *der* <-s, -e> *(umg. abwert.) abwertende Bezeichnung für den falschen Apostrophgebrauch in Schreibungen wie z. B.* "nicht's"

D

dep·pert adj /nicht steig./ SÜDDT., ÖSTERR. (abwert.: ≈ blöd, dumm)

De·pres·si·on die <-, -en> ❶ MED., PSYCH. eine psychische Störung, bei der man sich sehr traurig, lustlos und ohne Hoffnung fühlt und oft keine Aktivität mehr zeigt: an schweren Depressionen leiden; in eine Depression fallen; eine Depression medikamentös behandeln ❷ WIRTSCH. (↔ Boom) Phase des wirtschaftlichen Niedergangs

de·pres·siv adj /nicht steig./ ❶ so, dass jmd. an Depressionen leidet: Er ist schon seit vier Monaten depressiv. ❷ von Depression hervorgerufen, zur Depression gehörig: eine depressive Phase/Verstimmung haben; depressive Schuldgefühle haben ▸ Depressivität

de·pri·mie·ren <deprimierst, deprimierte, hat deprimiert> mit OBJ ■ etwas deprimiert jmdn. (≈ niederdrücken) bewirken, dass jmd. entmutigt und niedergeschlagen wird: Diese schlechten Aussichten deprimieren mich.; Bei trübem Wetter ist sie immer deprimiert.

De·pri·va·ti·on die <-, -en> PSYCH. Mangel oder Verlust an Zuwendung; fehlende Zuwendung: die Deprivationen, unter denen Kinder von Suchtkranken leiden

De·pu·tat das <-(e)s, -e> ❶ eine Sachleistung, die zusätzlich zum Lohn oder Gehalt erbracht wird: Ein Schullehrer auf dem Dorf bekam früher zusätzlich zum Gehalt noch ein Deputat an Holz, Kohlen und Lebensmitteln. ❷ die Anzahl der Unterrichtsstunden einer Lehrkraft: Sie unterrichtet mit einem halben Deputat. ◆ Lehr-

De·pu·ta·ti·on die <-, -en> eine Gruppe von Abgesandten einer Regierung oder einer anderen offiziellen politischen Institution

de·pu·tie·ren <deputierst, deputierte, hat deputiert> mit OBJ ■ jmd. deputiert jmdn. einen Bevollmächtigten abordnen

De·pu·tier·te der/die <-n, -n> ein Teilnehmer einer Deputation

der I. art /der bestimmte Artikel in der maskulinen Form; die Form des Femininums lautet „die", die Form des Neutrums „das"/ ❶ verwendet, um auszudrücken, dass es die durch die bezeichnete Person oder Sache nur einmal gibt: das Universum; die Regierung der Bundesrepublik Deutschland; der Maler Paul Klee ❷ verwendet, um auszudrücken, dass die durch das Substantiv bezeichnete Person oder Sache in einer gegebenen Situation dem Sprecher und dem Hörer gleichermaßen bekannt sind und es völlig eindeutig ist, wer oder was gemeint ist: Ist der Computer da überhaupt angeschlossen?; Das Regal reicht fast nicht mehr aus. ❸ verwendet, um auszudrücken, dass die durch das Substantiv bezeichnete Person oder Sache die gleiche ist, die in einem vorangegangenen Satz schon erwähnt wurde: Die Firma hatte zwei Geschäftsführer und einen Prokuristen. Der Prokurist hat vor zwei Jahren gekündigt. ❹ verwendet vor Substantiven, die weiter modifiziert werden: Er hatte das Gefühl, dass niemand ihn mochte.; Beschreiben Sie bitte den Traum, den Sie hatten! ❺ verwendet vor Substantiven, die Eigennamen darstellen: der Daimler-Chrysler-Konzern; das Radsport- Magazin „tour"; die Zeitschrift „Stereo" ❻ (umg.) verwendet vor Personennamen, wenn die Person(en) eindeutig bekannt ist (sind): Die Schulzes aus dem Nachbarhaus ziehen weg.; Heute kommt noch der Robert vorbei. ❼ verwendet vor Personennamen, wenn die Person eine prominente Frau ist, die weithin bekannt ist: die Monroe (≈ die (berühmte) Marilyn Monroe); die Dietrich (≈ die (berühmte) Marlene Dietrich) ❽ (umg.: ≈ pro) Salatköpfe zu einem Euro das Stück; bei Zigarettenpreisen von drei Euro die Packung … ❾ verwendet, um auszudrücken, dass die durch das Substantiv bezeichnete Sache als Gattungsbezeichnung gemeint ist: Der Computer hat die Arbeitswelt verändert (≈ der Computer als Phänomen; jeder einzelne Computer hat zu dieser Veränderung beigetragen). II. /Demonstrativpronomen in der maskulinen Form; die Form des Femininums lautet „die", die Form des Neutrums „das"/ verwendet, um auf die durch das Substantiv bezeichnete Person oder Sache hinzuweisen, die in einer gegebenen Situation dem Sprecher und dem Hörer gleichermaßen gegenwärtig sind und es völlig eindeutig ist, wer oder was gemeint ist: Der Koffer (und nicht der andere) war es.; Wir haben einen Arzt gerufen. Hoffentlich kann der ihr helfen! III. /Relativpronomen in der maskulinen Form; die Form des Femininums lautet „die", die Form des Neutrums „das"/

der·art adv (≈ dermaßen) so, in solchem Maße, auf solche Weise: Er hat sich derart aufgeregt, dass er lange nicht einschlafen konnte.

der·ar·tig adj /nicht steig./ so beschaffen, so geartet: Derartige Vorkommnisse dürfen sich nicht wiederholen.; etwas Derartiges ◆ Großschreibung →R 3.4 Hast du Derartiges schon einmal erlebt?

derb adj ❶ (≈ grob, unsanft) so, dass man im Umgang mit jmdm. oder etwas nicht feinfühlig ist und z. B. nicht darauf achtet, dass es dem anderen nicht Schmerzen zufügt: jemanden derb anfassen ❷ (≈ rau, grob) so, dass die Oberfläche von etwas relativ wenig bearbeitet und daher rau und uneben ist: ein derber Stoff ❸ so, dass Worte oder ein Verhalten zweideutig und ein wenig obszön sind: derbe Späße/Witze

Der·by das ['dɛrbi] <-(s), -s> ❶ Pferderennen ❷ sportliche Begegnung, Wettkampf: das heutige Derby zwischen den beiden lokalen Vereinen

de·re·gu·lie·ren <deregulierst, deregulierte, hat dereguliert> mit OBJ ■ jmd. dereguliert etwas (↔ regulieren) regelnde Maßnahmen aufheben ▸ Deregulierung

de·ren pron Gen. Sing. und Plur. von „die": Die Schülerin, deren Heft ich hier habe …; Die Häuser, deren Dächer man von hier aus sehen kann …

de·rent·we·gen adv wegen dieser: Die Frau, derentwegen er sie verlassen hat …

der·glei·chen pron (geh.) so etwas: Er hatte dergleichen noch nie erlebt.; Dergleichen hatte man noch nie gesehen.

De·ri·vat das <-(e)s, -e> ❶ CHEM. abgeleitete chemische Verbindung ❷ SPRACHWISS. (≈ Ableitung) ein Wort, das von einem anderen Wort abgeleitet ist ▸ derivativ

De·ri·va·ti·on *die* <-, -en> SPRACHWISS. *(≈ Ableitung) Bildung eines neuen Wortes aus einem Ursprungswort* ▸ derivativ

der·je·ni·ge */Demonstrativpronomen in der maskulinen Form; die Form des Femininums lautet „diejenige", die Form des Neutrums „dasjenige"/* ❶ *verwendet mit einem Substantiv, an das ein Relativsatz angeschlossen ist, welcher eine Eigenschaft der durch das Substantiv bezeichneten Person oder Sache bezeichnet:* Diejenigen Kursteilnehmer, die Computergrundkenntnisse haben, können diese Einführung überspringen. ❷ *verwendet wie ein Substantiv, um (intensiv) auf die bezeichnete Person oder Sache hinzuweisen, die ansonsten nicht näher bezeichnet ist:* Derjenige, der keine Fahrkarte hat, muss Strafe zahlen.

der·lei *pron* ❶ *(≈ dergleichen) von solcher Art:* Derlei Bemerkungen finde ich unfair. ❷ *so etwas:* Derlei kommt öfter vor.

der·ma·ßen *adv derart, so sehr:* Musst du dich dermaßen aufregen?; Der Hörsaal war dermaßen überfüllt, dass niemand auf den eintretenden Professor achtete.

Der·ma·to·lo·gie *die* <-> /kein Plur./ MED. *Teilgebiet zu den Hautkrankheiten sowie die entsprechende Abteilung einer Klinik/eines Klinikums* ▸ Dermatologe, Dermatologin, dermatologisch

der·sel·be *pron verwendet, um auszudrücken, dass zwischen zwei Dingen oder Zuständen einer Sache Identität besteht:* Er ist derselbe geblieben wie früher.; Sie sitzen immer auf demselben Platz im Theater.

der·weil *adv (geh.: ≈ inzwischen)* Sie begann derweil zu arbeiten.

Der·wisch *der* <-(e)s, -e> REL. *Mitglied eines islamischen mystischen Ordens, zu dessen Riten Musik und Tänze gehören*

der·zeit *adv (≈ gegenwärtig) zum momentanen Zeitpunkt:* Dieses Buch ist derzeit vergriffen.; der derzeit schnellste Einhundertmeterläufer der Welt

der·zei·tig *adj /nicht steig./ (≈ gegenwärtig)* Seine derzeitige Freundin arbeitet bei der Zeitung.; die derzeitige Lage am Arbeitsmarkt

Des *das* <-, -> MUS. *um einen Halbton erniedrigtes D*

des *art Gen. Sing. von „der" und „das":* das Bild des Kindes/des Vaters

De·sas·ter *das* <-s, -> *(geh.: ≈ Katastrophe) ein großes Unglück mit verhängnisvollen Folgen:* Niemand konnte dieses Desaster vorhersehen.; Der Flug des Luftschiffes endete mit einer Brandkatastrophe – ein Desaster, von dem sich die Luftschifffahrt nie mehr erholen sollte.

de·sas·t·rös *adj (geh.) katastrophal, verhängnisvoll:* Die Expedition endete desaströs mit dem Tod aller Bergsteiger.

de·sa·vou·ie·ren [dɛsavuˈiːrən] <desavouierst, desavouierst, hat desavouiert> *mit OBJ (geh.)* ❶ ■ *jmd. desavouiert jmdn.* POL. *in der Öffentlichkeit bloßstellen* ❷ ■ *jmd. desavouiert etwas* POL. *etwas, das offiziell gilt, nicht anerkennen* ▸ Desavouierung

De·sen·si·bi·li·sie·rung *die* <-> /kein Plur./ MED. *der Vorgang, dass man den Organismus gegen be-*

stimmte Allergene unempfindlich macht, indem man ihn an sie allmählich gewöhnt: Ziel der Behandlung war die Desensibilisierung der Patientin gegen Pollen. ▸ desensibilisieren

De·ser·teur *der* [dezɛtˈtøːɐ̯] <-s, -e> MILIT. *ein Soldat, der sich unerlaubt von der Truppe entfernt:* Auf Deserteure wartete die Verurteilung vor dem Kriegsgericht und der Tod durch Erschießen.

de·ser·tie·ren <desertierst, desertierte, ist de­sertiert> *ohne OBJ* ■ *jmd. desertiert* MILIT. *sich unerlaubt von der Truppe entfernen:* Viele Soldaten sind gegen Kriegsende desertiert.

De·ser·ti·fi·ka·ti·on *die* <-> /kein Plur./ GEOGR. *das Vordringen der Wüste auf zuvor fruchtbares Land*

des·glei·chen *adv (geh.: ≈ ebenfalls)* Die Reisegruppe wartete vor dem Museum, desgleichen der Reiseleiter.

des·halb *adv (≈ darum) aus diesem Grunde:* Seid ihr nur deshalb gekommen?; Er ist krank. Deshalb fehlt er heute.

De·si·de·rat *das* <-(e)s, -e> *(geh.) etwas, dessen Erforschung notwendig oder mindestens wünschenswert ist:* Die Klärung der tieferen Beziehungen zwischen Syntax und Semantik bleibt ein Desiderat der modernen Linguistik.

De·sign *das* [diˈzaɪn] <-s, -s> ❶ *die Gestaltung eines Produkts hinsichtlich seines optischen Erscheinungsbildes und seiner Benutzbarkeit:* ein Gerät in modernem/zeitgemäßem Design ◆ Auto-, Industrie-, Möbel- ❷ /kein Plur./ *die Kunst und Wissenschaft der Produktgestaltung:* Sie studiert Design.; die Stars des italienischen Designs

De·si·g·ner *der,* **De·si·g·ne·rin** [diˈzaɪnɐ] <-s, -> *jmd., der sich beruflich mit der Gestaltung von (industriellen) Produkten beschäftigt:* Das Sofa wurde von einem bekannten Designer entworfen.

De·si·g·ner- [diˈzaɪnɐ] *als Erstglied zusammengesetzter Substantive; drückt aus* ❶ *dass das mit dem Zweitglied Bezeichnete individuell entworfen wurde und (meist) nur für zahlungskräftige Personen, nicht aber als Massenware hergestellt worden ist* ◆ -anlage, -aquarium, -bett, -boden, -brille, -decken, -dusche, -einrichtung, -garage, -garn, -haus, -hemd, -jeans, -kleidung, -krawatte, -küche, -lampe, -liege, -marke, -outlet, -papier, -ring, -schmuck, -schuhe, -sofa, -stoff, -tapete, -tasche, -teppich, -tisch, -radio, -ring, -uhr, -unterwäsche, -villa, -ware, -wolle, -zimmer ❷ *dass das mit dem Zweitglied Bezeichnete bewusst konstruiert (künstlich bzw. synthetisch hergestellt) worden ist* ◆ -hund, -virus

De·si·g·ner·dro·ge *die* [diˈzaɪnɐ...] <-, -n> *synthetisch hergestelltes Rauschgift*

de·si·g·nie·ren <designierst, designierte hat de­signiert> *mit OBJ* ■ *jmd. designiert jmdn. (≈ bestimmen) für ein Amt vorsehen:* der designierte Nachfolger des Ministers

de·si·g·niert *adj /nicht steig./ (geh.) so, dass jmd. für ein Amt vorgesehen ist:* der designierte Nachfolger des Präsidenten

des·il·lu·si·o·nie·ren <desillusionierst, desillu­sionierte, hat desillusioniert> *mit OBJ* ■ *jmd./ etwas desillusioniert jmdn. (geh.) jmdn., der*

D

sich falsche Vorstellungen macht, dadurch enttäuschen, dass man ihm die tatsächliche Realität vor Augen führt: Zahlreiche Abenteurer kehrten vom so genannten „Goldrausch" desillusioniert zurück. ▶ Desillusionierung

Des·in·fek·ti·on *die* <-, -en> MED. (≈ *Desinfizierung*) *Abtöten von Keimen und Bakterien:* die Desinfektion der Operationsinstrumente ◆ -smittel, -sspray

des·in·fi·zie·ren <desinfizierst, desinfizierte, hat desinfiziert> *mit OBJ* ■ **jmd. desinfiziert etwas** MED. *etwas von Keimen oder Bakterien befreien:* chirurgische Instrumente desinfizieren

Des·in·te·gra·ti·on *die* <-> */kein Plur./ (geh.:* ↔ *Integration) Mangel an Integration; schrittweise Auflösung von etwas, das ein integriertes Ganzes ist:* die Desintegration einer Gesellschaft nach Kriegsende

Des·in·te·r·es·se *das* <-s> */kein Plur./ (geh.:* ≈ *Gleichgültigkeit) der Sachverhalt, dass jmd. keinerlei Interesse an etwas zeigt:* mit einem Vorschlag bei den Kollegen auf völliges Desinteresse stoßen

de·skrip·tiv, **de·skrip·tiv** *adj /nicht steig./ (fachspr.:* ↔ *präskriptiv) nur die Beschreibung/ Konstatierung eines gegebenen Zustands betreffend, nicht aber vorschreibend:* eine rein deskriptive Darstellung der hochsprachlichen Norm ▶ Deskription *siehe auch* **Standardsprache**

Desk·top·pu·b·li·shing, *a.* **Desk·top-Pu·b·li·shing** *das* ['dɛsktɔp'pablɪʃɪŋ] <-> */kein Plur./* EDV *Erstellung von Satz und Layout von Texten mit Hilfe des Computers*

De·s·o·do·rant *das* [dɛs?odo'rant] <-s, -s> (≈ *Deodorant) Mittel gegen Körpergeruch* ◆ -spray, -stift

de·s·o·do·rie·ren [dɛs?odo'riːrən] <desodorierst, desodorierte, hat desodoriert> *mit OBJ* ■ **jmd. desodoriert etwas** *den Körpergeruch hemmen*

de·so·lat *adj (geh.) so heruntergekommen, dass es trostlos und hoffnungslos erscheint:* Das Haus befand sich in einem desolaten Zustand.

des·ori·en·tie·ren <desorientierst, desorientierte, hat desorientiert> *mit OBJ* ■ **jmd./etwas desorientiert jmdn.** (↔ *orientieren) falsch unterrichten, verwirren:* Mit gezielten Fehlinformationen sollte die Bevölkerung im Kriegsgebiet desorientiert werden. ▶ Desorientierung

des·ori·en·tiert, **des·ori·en·tiert** *adj (geh.) unzureichend oder falsch informiert (und deshalb verwirrt):* Wir waren in der fremden Umgebung völlig desorientiert.

Des·oxi·da·ti·on *die* <-> */kein Plur./* CHEM. *Entzug von Sauerstoff aus einer chemischen Verbindung* ▶ desoxidieren

Des·oxy·ri·bo·nu·k·le·in·säu·re *die* <-> */kein Plur./* BIOL. (≈ *DNS) die chemische Verbindung, die Träger der Erbinformation ist*

de·s·pek·tier·lich *adj (geh.:* ≈ *abfällig) ohne den nötigen Respekt:* Sie machte sehr despektierliche Bemerkungen über ihren Chef.

De·s·pe·ra·do *der* <-s, -s> ❶ POL. *jmd., der zu verzweifelten, gewalttätigen politischen Aktionen entschlossen ist* ❷ (≈ *Bandit, Abenteurer)*

de·s·pe·rat *adj (geh.) so, dass jmd. verzweifelt und hoffnungslos ist:* sich in einer desperaten Lage befinden

Des·pot *der*, **Des·po·tin** <-en, -en> ❶ POL. (≈ *Tyrann) Person, die eine unumschränkte Gewaltherrschaft ausübt:* ein grausamer Despot ❷ *(abwert.) herrische Person:* Die Abteilungsleiterin hatte den Ruf, eine Despotin zu sein.

des·po·tisch *adj* ❶ POL. *so, dass jmd. eine unumschränkte Macht (mit Gewalt) ausübt:* ein despotischer Fürst ❷ *(abwert.) so, dass jmd. (in einer Machtposition) herrisch und rücksichtslos (zu seinen Untergebenen) ist:* von einem despotischen Chef unterdrückt werden

Des·po·tis·mus *der* <-> */kein Plur./ System der Gewaltherrschaft*

des·sen *pron Gen. von „der", „das":* der Junge/das Kind und dessen Eltern; ■ **dessen ungeachtet** *(geh.) trotzdem* Sie war krank; dessen ungeachtet ging sie zur Arbeit.

Des·sert *das* [dɛ'seːɐ̯] <-s, -s> *eine Nachspeise:* Eis zum Dessert anbieten ◆ -löffel, -teller

Des·sert·wein *der* [dɛ'seːɐ̯...] <-(e)s, -e> *süßer Wein, der meist zum Dessert gereicht wird*

Des·sous *das* [dɛ'suː] <-, -> */meist Plur./ (geh.) elegante Damenunterwäsche*

de·sta·bi·li·sie·ren <destabilisierst, destabilisierte, hat destabilisiert> *mit OBJ* ■ **jmd. desta·bilisiert etwas** *(geh.) aus dem Gleichgewicht bringen:* die politische Lage destabilisieren ▶ Destabilisierung

Des·til·lat·bren·ner *der*, **Des·til·lat·bren·ne·rin** <-s, -> *siehe* **Destillateur**

De·stil·la·teur *der*, **De·stil·la·teu·rin** [destila'tøːr] <-s, -e> *jmd., der Branntwein herstellt*

De·stil·lier·ap·pa·rat *der* <-(e)s, -e> *Apparat zum Destillieren*

des·til·lie·ren <destillierst, destillierte, hat destilliert> *mit OBJ* ■ **jmd. destilliert etwas** CHEM. *eine Flüssigkeit verdampfen und den Dampf wieder eine Flüssigkeit werden lassen:* Alkohol destillieren; destilliertes Wasser ▶ Destillierung

des·to *konj* (≈ *um so) je mehr, desto besser*

de·s·t·ruk·tiv, **de·s·truk·tiv** *adj (geh.)* ❶ (≈ *zerstörerisch) so, dass es Dinge zerstört:* die destruktive Kraft einer Bombe ❷ (↔ *konstruktiv) so, dass jmd. oder etwas nicht dazu beiträgt, dass Situationen besser gemacht und Probleme gelöst werden:* Durch ihre destruktive Haltung hat sie jeden Versuch, das Problem zu lösen, vereitelt. ▶ Destruktivität

des·we·gen *adv* (≈ *aus diesem Grunde) Der Zug hatte Verspätung. Deswegen war ich fünf Minuten später im Büro.*

De·s·zen·denz *die* <-, -en> ❶ *Verwandtschaft in absteigender Linie* ❷ ASTRON. *Untergang eines Gestirns*

De·s·zen·denz·the·o·rie *die* <-, -n> BIOL. (≈ *Abstammungslehre) die Lehre, nach der die höheren Lebewesen aus den niederen hervorgegangen sind*

De·tail *das* [de'taɪ̯] <-s, -s> *(geh.:* ≈ *Einzelheit) etwas bis ins kleinste Detail beschreiben;* ein Automodell mit vielen realistischen Details; ■ **ins De-**

tail gehen *Einzelheiten erklären oder diskutieren* Wir können später noch ins Detail gehen, sollten jetzt aber über die allgemeinen Fakten sprechen.

de·tail·ge·nau [de'tɛɪl...] *adj so, dass es bis ins Detail übereinstimmt:* eine detailgenaue Kopie

de·tail·lie·ren [deta'ji:rən] <detailliert, detaillierte, hat detailliert> *mit OBJ* ■ *jmd.* **detailliert etwas** *bis ins Detail erklären, darstellen:* Er detailliert seine Vorgehensweise.

de·tail·liert [deta'ji:rt] *adj (geh.) sehr genau:* etwas detailliert beschreiben

De·tail·list *der;* **De·tail·lis·tin** [deta'jist] <-en, -en> SCHWEIZ. *Einzelhändler*

De·tek·tei *die* <-, -en> *Detektivbüro*

De·tek·tiv *der;* **De·tek·ti·vin** <-s, -e> *jmd., der beruflich Personen beobachtet oder Verbrechen aufklärt* ◆-roman, Privat-, Polizei-

De·tek·tiv·ge·schich·te *die* <-, -n> *eine Geschichte, die von einem Detektiv handelt, der ein Verbrechen aufklärt*

De·tek·tor *der* <-s, ...-toren> PHYS., TECHN. *ein Gerät, mit dem man bestimmte Stoffe oder Vorgänge nachweisen kann* ◆Lügen-, Metall-

De·ter·mi·nan·te *die* <-, -n> ❶ *(geh.) etwas, das einen Sachverhalt oder eine Entwicklung (mit)bestimmt:* Das Buch analysiert die Determinanten der derzeitigen gesellschaftlichen Entwicklung und diskutiert Lösungsvorschläge namhafter Wissenschaftler. ❷ MATH. *Rechenhilfsmittel der Algebra* ❸ BIOL. *noch ungeklärter Faktor in der Keimentwicklung, der für die Vererbung und Entwicklung bestimmend ist*

De·ter·mi·na·ti·on *die* <-, -en> ❶ *(fachspr.:≈ Abgrenzung, Bestimmung) Bestimmung eines fraglichen Ausdrucks durch einen untergeordneten, der ihn eingrenzt* ❷ BIOL. *die Festlegung, durch die eine Keimzelle darauf ausgerichtet ist, ein bestimmtes Organ in einer bestimmten Weise auszubilden* ❸ PSYCH. *der Sachverhalt, dass alle psychischen Phänomene durch angeborene oder durch erworbene Faktoren bedingt sind*

de·ter·mi·nie·ren <determinierst, determinierte, hat determiniert> *mit OBJ* ■ *jmd.* **determiniert etwas** *(geh.) im Voraus festlegen, bestimmen*

De·ter·mi·nis·mus *der* <-> PHILOS. *die Anschauung, dass alle Ereignisse im Voraus festgelegt sind und es keinen freien Willen gibt* ▸ Determinist, deterministisch

De·to·na·ti·on *die* <-, -en> *starke, laute Explosion:* Bei der Sprengung hörte man mehrere Detonationen.

de·to·nie·ren <detoniert, detonierte, ist detoniert> *ohne OBJ* ■ **etwas detoniert** *(geh.) lautstark explodieren:* Die Bombe detonierte.

Deu·te·lei *die* <-, -en> *(abwert.) eine übertriebene Art, etwas zu deuten I* ◆Stern-

deu·ten I. *mit OBJ* ■ *jmd.* **deutet etwas** *(≈ interpretieren) den Sinn von etwas erklären:* Ich kann seine Worte nicht deuten.; einen Traum deuten **II.** *ohne OBJ* ❶ ■ *jmd.* **deutet auf etwas** *Akk. /irgendwo hin mit dem Finger oder einem Gegenstand eine Geste machen, die jmds. Blick auf eine Person, einen Gegenstand oder in eine be-*stimmte Richtung lenkt: Er deutete zur Tür.; Sie deutet mit dem Finger auf ihren Nachbarn. ❷ ■ *etwas deutet auf etwas Akk. vermuten lassen; ein Anzeichen für etwas sein:* Ihre Beschwerden deuten auf eine Grippe.

Deu·ter *der;* **Deu·te·rin** <-s, -> *jmd., der eine Sache interpretiert oder auslegt* ◆Stern-

Deu·te·ri·um *das* <-s> /kein Plur./ CHEM. *schwerer Wasserstoff*

deut·lich *adj* ❶ *so, dass man es gut, klar und genau wahrnehmen kann:* Der Leuchtturm ist in der Ferne deutlich zu sehen.; laut und deutlich sprechen ❷ *(≈ explizit) so, dass es eindeutig und unmissverständlich ist:* jemandem etwas ganz deutlich sagen; Muss ich erst deutlich werden?

Deut·lich·keit *die* <-> /kein Plur./ ❶ *Klarheit; gute Wahrnehmbarkeit:* die Deutlichkeit, mit der man ein Bild/ein Geräusch wahrnimmt ❷ *(≈ Explizitheit) Unmissverständlichkeit:* jemandem etwas in aller Deutlichkeit sagen

deutsch *adj /nicht steig./* ❶ *zu Deutschland und seinen Bürgern gehörend:* die deutsche Geschichte; die deutsche Regierung; das deutsche Volk ❷ *in der Sprache, die in Deutschland, in Österreich und in (Teilen) der Schweiz gesprochen wird:* die deutsche Sprache; Der Kursleiter spricht mit den Lernern deutsch.; ■ **Deutsche Demokratische Republik** GESCH. *einer der beiden deutschen Staaten (von 1949 bis 1990)* ◆Kleinschreibung →R 4.5 Geschichte wird französisch und alle anderen Fächer werden deutsch unterrichtet.; den Unterricht deutsch halten; deutsch sprechen; ◆Großschreibung →R 4.5 der Deutsche Schäferhund; der Deutsch-Französische Krieg

Deutsch *(das)* <-(s)> ❶ /ohne Artikel/ *die deutsche Sprache:* Sie lernt seit vier Jahren Deutsch. ❷ /mit Artikel/ *die deutsche Sprache in ihrer besonderen Verwendung durch eine Gruppe oder Person:* der eigentümliche Tonfall seines Deutsch; das Deutsch der Beamten ◆Amts-, Beamten-, Juristen- ❸ SCHULE /ohne Artikel/ *die deutsche Sprache und Literatur als Schulfach:* Sie ist Lehrerin für Deutsch und Französisch.; Er unterrichtet Deutsch und Latein am Gymnasium.; in Deutsch immer gute Noten haben; ■ **auf gut Deutsch** *(umg.) in direkter Weise und ohne Umschweife ausgedrückt;* ■ **(Oder) verstehst du kein Deutsch?** *(umg.) verwendet, um auszudrücken, dass man sich über jmds. Verhalten ziemlich ärgert, weil dieser (vor allem eine Aufforderung oder Anweisung) ignoriert oder nicht zu verstehen scheint* ◆-kenntnisse, -kurs, -lehrwerk, -lerner(in), -unterricht ◆Großschreibung →R 3.7 In ihrer Familie sprechen sie viel Deutsch.; Er hat es auf Deutsch gesagt.; ◆Großschreibung →R 3.7 Deutsch als Muttersprache sprechen; Deutsch und Mathematik unterrichten

Der Ausdruck **Deutsch als Fremdsprache** bezieht sich auf unterschiedliche Bereiche der Beschäftigung mit der deutschen Sprache als Nicht-Muttersprache: auf den konkreten Sprachunterricht für Nichtdeutschsprachige,

D

D

auf darauf bezogene wissenschaftliche Unter-suchungen, Forschungsprojekte und methodi-sche Ansätze, sowie auf Studiengänge inner-halb und außerhalb der Germanistik. Institu-tionalisiert wurde Deutsch als Fremdsprache (abgekürzt: DaF) als Fach erst Ende der 70er und Anfang der 80er Jahre des letzten Jahr-hunderts. Es entstand in verschiedenen Aus-prägungen und unter zahlreichen Bezeichnun-gen (als *interkulturelle Germanistik, Deutsch als Zweitsprache* u.a.m.), sowie in unterschied-lichen fachlichen Kontexten (im Rahmen der Sprachlehrforschung, der Fremdsprachendi-daktik u.a.m.). Die Schwerpunktsetzungen sind auch heute nicht einheitlich. Mit dem damit verwandten Ausdruck *Deutsch als Zweitsprache* bezieht man sich heute oft auf denjenigen Bereich des Faches, in dem es um Fragen des Spracherwerbs und der Sprachver-mittlung innerhalb des deutschen Sprach-raums geht, hier insbesondere für Minderhei-ten und Migranten.

DaF umfasst als Fach neben Arbeitsfeldern aus Sprachwissenschaft, Sprachdidaktik, Litera-turwissenschaft und Psychologie auch die Lan-deskunde. Die längste Tradition hat DaF unter den deutschsprachigen Ländern in Deutsch-land; ansonsten sind sehr enge Beziehungen zwischen dem Fach DaF und der Auslandsger-manistik gegeben (vgl. dazu unter diesem Stichwort). Vor große Herausforderungen wurde das Fach im Zuge der Neuorientierun-gen der Germanistik vor allem in Mittel-, Ost- und Südosteuropa gestellt, die mit den politi-schen Wandlungen einhergingen. Konzeptio-nelle Veränderungen im Bereich DaF gibt es zunehmend (auch) innerhalb der Europäischen Union insofern, als sich durch stärkere Mobili-tät der Studierenden und der Lehrkräfte die Grenzen zwischen Muttersprachen- und Fremdsprachenphilologien sowie die zwischen DaF und Deutsch als Zweitsprache verwischen. Zentral gefördert wird DaF von dem DAAD (vgl. das Stichwort dazu).

Deutsch·ar·beit *die* <-, -en> SCHULE *eine schriftli-che Arbeit im Fach Deutsch:* Morgen schreiben wir in der Schule eine Deutscharbeit.
deutsch-deutsch *adj /nicht steig./ /nur attr./* GESCH. *die Beziehungen zwischen der Bundesre-publik und der DDR betreffend:* ein Stück deutsch-deutscher Geschichte
Deut·sche[1] *das* <-n> *die deutsche Sprache:* des Deutschen mächtig sein; *siehe auch* **Austrazis-mus, Helvetismus, Österreich, Schweiz, Stan-dardsprache**

Deutsch ist Landessprache in Deutschland, Österreich und der Deutschschweiz, in Liech-tenstein und Luxemburg. Als Minderheiten-sprache spielt Deutsch ferner eine Rolle in Südtirol, in Ostbelgien, im südlichen Dänemark

und in anderen mittel- und osteuropäischen Staaten. Die wichtigste Varietät (vgl. das Stich-wort) der deutschen Sprache ist heute die übergeordnete deutsche Standardsprache (vgl. das Stichwort dazu; daneben bezeichnet als: *Hochsprache, Schriftsprache, Literatur-sprache*). Sie überdacht eine Vielzahl regiona-ler Mundarten bzw. Dialekte (vgl. das Stich-wort) und andere Varietäten, weshalb sie auch als *Leitvarietät* bezeichnet wird. Im Hinblick auf die Entwicklung des Deutschen werden mehrere Abschnitte angesetzt: Althoch-deutsch (Ahd.) ist die älteste schriftlich bezeugte Form des Hochdeutschen (ca. 750 bis 1050). Mittelhochdeutsch (Mhd.) umfasst hochdeutsche Varietäten zur Zeit des Hoch-mittelalters (ca. 1050 bis 1350). Frühneuhoch-deutsch (Fnhd.) stellt eine Übergangsstufe zum heutigen Deutsch dar und fällt in eine wichtige Kulturepoche, die große Auswirkun-gen auf die Entwicklung der deutschen Sprach-geschichte hatte (z. B. der Buchdruck und Luthers Bibelübersetzung von 1545). Neu-hochdeutsch (Nhd.) wird für das Stadium der deutschen Sprache seit Mitte des 17. Jahrhun-derts angesetzt.

Deut·sche[2] *der/die* <-n, -n> *jmd., der die deut-sche Staatsangehörigkeit hat*
Deutsch·herr *der* <-> */nur Plur./* GESCH. *Ritter des Deutschen Ordens*
Deutsch·land *das* <-s> *der Staat in Mitteleuropa, in dem die Deutschen leben:* die Bevölkerung/die Geschichte/die Grenzen/ die Hauptstadt Deutsch-lands; die Teilung/die Wiedervereinigung Deutschlands ◆ Nord-, Ost-, Süd-, West-
Deutsch·land·rei·se *die* <-, -n> *eine Reise durch Deutschland:* Auf seiner Deutschlandreise machte er in vielen Städten Station.
deutsch·land·weit *adj /nicht steig./ so, dass es ganz Deutschland betrifft oder für ganz Deutsch-land gilt:* eine deutschlandweite Werbekampagne
deutsch·spra·chig *adj /nicht steig./* ❶ *so, dass dort die deutsche Sprache gesprochen wird:* im deutschsprachigen Ausland ❷ *so, dass es in deut-scher Sprache geschrieben ist oder die deutsche Sprache darin benutzt wird:* deutschsprachige Rundfunksendungen im Ausland empfangen kön-nen; eine deutschsprachige Zeitung
Deutsch·tü·me·lei *die* <-> */kein Plur./ (abwert.) übertriebene Betonung der deutschen Wesensart*
Deutsch·un·ter·richt *der* <-(e)s> */kein Plur./ Schulunterricht in deutscher Sprache und Litera-tur*
Deu·tung *die* <-, -en> (≈ *Interpretation*) *die Handlung, dass man versucht, in einer Sache ei-nen bestimmten Sinn zu erkennen, der in ihr (in verschlüsselter Form) enthalten ist:* die Deutung eines Traums; Dieses späte Werk des Dichters scheint sich Deutungen immer wieder zu entzie-hen. ◆ -sansatz, -shinsicht, -sversuch
De·vi·se *die* <-, -n> (≈ *Motto, Wahlspruch*) *ein kurzer Satz oder eine kurze Wendung, in der eine*

Leitlinie enthalten ist, gemäß der jmd. immer handelt oder zu handeln versucht: „Niemals aufgeben!" *ist seine Devise.*

De·vi·sen <-> *Plur.* WIRTSCH. *Zahlungsmittel in fremder Währung:* Waren in Devisen bezahlen ◆ -abteilung, -bedarf, -beschaffer, -bestimmung, -börse, -kurs, -reserve, -schmuggel, -spekulation, -sperre

De·vi·sen·ab·kom·men *das* <-s, -> POL. *Abkommen zwischen Staaten, in dem der Devisenverkehr geregelt ist*

De·vi·sen·bi·lanz *die* <-, -en> WIRTSCH. *Bilanz, die aus der Gesamtheit der Devisengeschäfte berechnet wird*

De·vi·sen·han·del *der* <-s> /kein Plur./ WIRTSCH. *An- und Verkauf von Devisen* ▸ Devisenhändler, Devisenhändlerin

De·vi·sen·markt *der* <-(e)s, Devisenmärkte> WIRTSCH. *Gesamtheit des Devisenhandels einer Wirtschaftsregion*

De·vi·sen·ver·ge·hen *das* <-s, -> RECHTSW. *Vergehen gegen Bestimmungen zur Ein- oder Ausfuhr von Devisen*

de·vot *adj (geh. abwert.) so, dass sich jmd. übertrieben unterwürfig verhält und seinen eigenen Wert völlig unterordnet:* eine devote Haltung einnehmen

De·vo·ti·o·na·li·en *die* <-> *Plur. Gegenstände, die eine religiöse Bedeutung haben (und die man kaufen kann, z. B. Kreuze, Heiligenbilder usw.)*

De·zem·ber *der* <-(s), -> *der zwölfte Monat des Jahres*

de·zent *adj so, dass es zurückhaltend und unaufdringlich ist:* dezente Farben/Farbtöne/Muster; Mode von einer dezenten Eleganz; sich dezent im Hintergrund halten

de·zen·t·ral, de·zen·t·ral *adj /nicht steig./ (geh.: ↔ zentral) so, dass etwas auf verschiedene Stellen aufgeteilt ist und nicht nur von einer einzigen Stelle aus gelenkt wird:* eine dezentrale Energieversorgung mit vielen kleinen Kraftwerken

De·zen·t·ra·li·sa·ti·on *die* <-> /kein Plur./ *das Dezentralisieren; Übertragung von Aufgaben oder Funktionen an verschiedene Stellen*

de·zen·t·ra·li·sie·ren <dezentralisiert, dezentralisierte, hat dezentralisiert> *mit OBJ* ■ *jmd. dezentralisiert etwas (geh.: ≈ zentralisieren) Aufgaben oder Funktionen auf verschiedene Stellen aufteilen:* die Verwaltung dezentralisieren, indem man Aufgaben und Verantwortung an untergeordnete Stellen weitergibt

De·zer·nat *das* <-(e)s, -e> AMTSSPR. *Geschäftsbereich einer Behörde*

De·zer·nent *der*, **De·zer·nen·tin** <-en, -en> AMTSSPR. *Person, die ein Dezernat leitet* ◆ Kultur-

De·zi·bel *das* <-s> /kein Plur./ PHYS. *Einheit der Lautstärke*

de·zi·diert *adj (geh.) so, dass jmd. bestimmt, entschieden und energisch ist:* Er ist dafür bekannt, dass er immer sehr dezidiert seine Meinung sagt.

de·zi·mal *adj /nicht steig./* MATH. *so, dass es auf die Grundzahl 10 bezogen ist*

De·zi·mal·bruch *der* <-(e)s, Dezimalbrüche> MATH. *Bruchzahl, die dezimal ausgedrückt ist und*

mit einem Komma geschrieben wird: *einen gemeinen Bruch in einen Dezimalbruch umwandeln; Einen Bruch mit dem Zähler drei und dem Nenner vier kann man als Dezimalbruch 0,75 (gesprochen: „nullkommafünf" oder „nullkommafünfundsiebzig") darstellen.*

De·zi·mal·klas·si·fi·ka·ti·on *die* <-, -en> MATH. *eine Klassifikation, die sich auf die Grundzahl 10 bezieht*

De·zi·mal·rech·nung *die* <-> /kein Plur./ MATH. *Rechnung mit Dezimalbrüchen*

De·zi·mal·stel·le *die* <-, -n> MATH. *bei Dezimalbrüchen eine Stelle rechts des Kommas:* die erste/zweite Dezimalstelle

de·zi·mie·ren <dezimierst, dezimierte, hat dezimiert> *mit OBJ* ■ *jmd. dezimiert etwas verringern, reduzieren:* Die Zahl der in Freiheit lebenden Tiger ist erheblich dezimiert worden.; Schonungsloses Jagen dezimierte die Büffelherden Nordamerikas.

DFB *der* [de:?ɛf'be:] <-s> /kein Plur./ *Abkürzung von „Deutscher Fußball-Bund"*

DFÜ *die* [de:?ef'y:] <-> /kein Plur./ EDV *Abkürzung von „Datenfernübertragung"*

DGB *der* [de:ge:'be:] <-s> /kein Plur./ *Abkürzung von „Deutscher Gewerkschaftsbund"*

Dha·ka *das* <-s> *Hauptstadt von Bangladesch*

Dia *das* <-s, -s> *kurz für „Diapositiv"* ◆ -abend, -betrachter, -projektor

Di·a·be·tes *der* <-> /kein Plur./ MED. (≈ Zuckerkrankheit) *kurz für „Diabetes mellitus"; eine Krankheit, bei der der Blutzuckerspiegel erhöht ist* ◆ -patient, -therapie

Di·a·be·ti·ker *der*, **Di·a·be·ti·ke·rin** <-s, -> MED. *Person, die an der Zuckerkrankheit leidet* ◆ -kost

Dia·be·trach·ter *der* <-s, -> *optisches Gerät, mit dem Diapositive vergrößert betrachtet werden können*

di·a·bo·lisch *adj (geh.) teuflisch und boshaft:* ein diabolisches Lachen

dia·chron *adj (geh.: ↔ synchron) im geschichtlichen Verlauf betrachtet:* diachrone Motivforschung; diachrone Sprachwissenschaft

Di·a·dem *das* <-s, -e> *kostbarer Kopf- oder Stirnschmuck:* ein mit Diamanten besetztes Diadem

Di·a·g·no·se *die* <-, -n> MED. *der Vorgang, dass ein Arzt durch eine Untersuchung bei einem Patienten eine Krankheit feststellt:* Der Arzt stellt eine Diagnose. ◆ -verfahren, -zentrum, Fehl-

Di·a·g·nos·ti·ker *der*, **Di·a·g·nos·ti·ke·rin** <-s, -> *jmd., der eine Diagnose stellt:* Es hat sich herumgesprochen, dass dieser Arzt in guter Diagnostiker ist. ▸ Diagnostik

di·a·g·nos·ti·zie·ren <diagnostizierst, diagnostizierte, hat diagnostiziert> *mit OBJ* ■ *jmd. diagnostiziert etwas* MED. *eine Krankheit feststellen:* Bei ihm wurde eine Verkrümmung der Wirbelsäule diagnostiziert.

dia·go·nal *adj /nicht steig./ so, dass eine Gerade in einem Viereck von links unten nach rechts oben oder von rechts unten nach links oben verläuft:* diagonale Streifen

Dia·go·na·le *die* <-, -n> MATH. *eine Gerade, die*

D

zwei nicht nebeneinanderliegende Ecken eines Vielecks verbindet

Di·go·nal·schritt der <-(e)s, -e> SPORT Gleitschritt beim Skifahren

Dia·gramm das <-(e)s, -e> grafische Darstellung von Größenverhältnissen oder Zahlenwerten ◆ Säulen-, Torten-

Di·a·kon, a. **Di·a·kon** der <-s, -e/-en> REL. kirchlicher Amtsträger oder Geistlicher

Di·a·ko·nat das <-(e)s, -e> ❶ Amt eines Diakons ❷ Wohnung eines Diakons ❸ Pflegedienst an Hilfsbedürftigen (besonders im Krankenhaus)

Di·a·ko·nie die <-> /kein Plur./ sozialer Dienst der evangelischen Kirche im Bereich Krankenpflege und soziale Fürsorge ◆ -krankenhaus

di·a·ko·nisch adj /nicht steig./ so, dass es den kirchlichen Sozialdienst betrifft

Di·a·ko·nis·se, Di·a·ko·nis·sin die <-, -n/-nen> REL. Krankenschwester im Sozialdienst der evangelischen Kirche

Di·a·lekt der <-(e)s, -e> (≈ Mundart) eine regionale Variante einer Sprache, die in einem bestimmten Gebiet gesprochen wird: Man kann ihn nur schwer verstehen, weil er (starken) Dialekt spricht. ◆ -barriere, -datenerhebung, -forscher(in), -forschung, -geografie/-geographie, -grammatik, -kartografie/-kartographie, -niveau, -sprecher(in), -veränderung, -wörterbuch; siehe auch **Standardsprache, Umgangssprache, Varietät**

Unter einem **Dialekt** bzw. unter einer **Mundart** versteht man die Ausprägungsform einer Sprache (nämlich eine Varietät; vgl. das Stichwort) unter dem Gesichtspunkt der räumlichen Ausdehnung/Reichweite. Historisch betrachtet bilden Dialekte die Grundlage für die Ausbildung aller weiteren sprachlichen Varietäten (Standard- bzw. Hochsprache, Gruppensprachen etc.). Dialekte haben sich ohne eine Normierung herausgebildet: Der Weg führte von den jeweiligen regionalen Dialekten über einzelne Schreibdialekte zur Schriftsprache, die als dann so bezeichnete Standardsprache (vgl. das Stichwort dazu) lehrbar und lernbar wurde, indem sie insbesondere der Schreibung nach (Rechtschreibung) normiert, in Grammatiken und Wörterbüchern festgelegt und schließlich auch gesprochen worden ist. Der regionalen Reichweite nach werden unterschieden: Dorfmundart, Stadtmundart und Regionalmundart. Die entsprechenden Forschungen setzen verstärkt im 19. Jahrhundert ein. Der zugehörige Forschungszweig ist die Dialektologie. Für die räumliche Erfassung von Dialektvarianten im deutschsprachigen Raum und ihre Erfassung in Karten bzw. Atlanten ist seit 1879 der in Marburg ansässige „Deutsche Sprachatlas" als Institut ein zentraler Bezugspunkt. In der Soziolinguistik werden Dialektbesonderheiten insbesondere im Hinblick auf schichtenspezifischen Sprachgebrauch und Aspekte des sozialen Prestiges betrachtet. Dialekte lassen sich nach verschiedenen Merk-

---

malen einordnen: räumliche Erstreckung, sprachlicher Status, kommunikative Leistungsfähigkeit etc. Eine genaue Einschätzung der jeweiligen Dialektverhältnisse kann allerdings nur kleinräumig und bezogen auf eine bestimmte Sprachgemeinschaft erfolgen. Viele Bereiche des öffentlichen Lebens werden (abgesehen von der Deutschschweiz; vgl. dazu unter Diglossie) in den Mundarten nicht verschriftlicht. Dialekte bzw. Mundarten dienen vor allem der Solidarisierung von Sprechern/ Sprecherinnen, zeigen lokale Loyalität und Gruppenzugehörigkeit an.

Dialekte wurden noch im 19. Jahrhundert in allen deutschsprachigen Gebieten, davon in vielen vornehmlich, gesprochen. Heute sind die ursprünglichen Dialekte in nicht wenigen Gegenden, insbesondere in niederdeutschen Sprachlandschaften (Norddeutschland) und in industrialisierten Gebieten, nicht mehr voll im Gebrauch. Als wichtigste Auffälligkeit der sprachlichen Wirklichkeit kann seit Ende des 20. Jahrhunderts gelten, dass sich sprachlicher Gebrauch nicht mehr zwischen extremen Polen abspielt, nämlich lautreine Hochsprache (Bühnendeutsch bzw. Bühnenaussprache; vgl. unter dem Stichwort) auf der einen Seite, regional begrenzte Mundart auf der anderen Seite. Zu ganz wesentlichen Ausgleichsbewegungen haben z. B. beigetragen: durch die Medien beeinflusste Ausbreitung des informellen Charakters großer Bereiche der Öffentlichkeit, sowie Veränderungen im Freizeitverhalten und im Berufsleben. So entstand eine regional gefärbte Umgangssprache (vgl. das Stichwort dazu), die in den Regionen unterschiedlich ausgeprägt ist und für Dialekte eintritt (wie am ehesten im Norden), während es vor allem im Süden auch noch grundlegende Ortsdialekte gibt; dazwischen sind aber sämtliche Varianten und Mischungsverhältnisse möglich. Es ist also eine Fortentwicklung zu einem Sprachkontinuum feststellbar, wobei die Wertschätzung von Dialekten seit Jahrzehnten zugenommen hat, und zwar nicht nur im Rahmen nostalgischer Bezugnahmen auf die eine oder andere Mundart. Heute wird beim Wechsel zwischen den Varietäten eine situationsadäquate Sprachbeherrschung als vorteilhaft angesehen.

Di·a·lek·tik die <-> /kein Plur./ ❶ PHILOS. eine Methode, bei der Erkenntnis durch das Denken in gegensätzlichen Begriffen ohne Erfahrung gesucht wird ❷ rhetorische Kunst der Diskussion in Rede und Gegenrede ❸ (geh.) in einer Sache innewohnende Gegensätzlichkeit: objektive Dialektik ▶ Dialektiker, Dialektikerin, dialektisch

di·a·lek·tisch adj /nicht steig./ zur Dialektik gehörig

Di·a·log der <-(e)s, -e> ❶ (geh.: ↔ Monolog) Gespräch zwischen zwei oder mehreren Personen: einen angeregten Dialog führen ❷ Gespräch zwi-

schen Vertretern verschiedener Gruppen, die sich um gegenseitiges Verständnis bemühen: der interreligiöse/interkulturelle Dialog ❸ *(geh.:* ≈ *Austausch)* den Dialog zwischen Hochschulen und Wirtschaft intensivieren

Di·a·log·form *die* <-> */kein Plur./ literarische Form, bei der Dialoge als wesentliches Gestaltungsmittel eingesetzt werden:* eine Erzählung in Dialogform

di·a·lo·gisch *adj /nicht steig./ so, dass es in Dialogform verfasst ist*

Dia·ly·se *die* <-, -n> ❶ MED. *(≈ Blutwäsche) das regelmäßige Reinigen von Blut bei nierenkranken Patienten* ◆-apparat, -station ❷ CHEM., PHYS. *Verfahren zur Trennung von Flüssigkeiten* ▶ dialytisch

Dia·ly·se·zen·t·rum *das* <-s, Dialysezentren> *Spezialklinik für die Anwendung der Dialyse* [1]

Di·a·mant *der* <-en, -en> *ein sehr harter Edelstein:* ein mit Diamanten besetzter Ring ◆-enhändler(in), -enkollier, -enschmuck, -nadel, -ring

di·a·man·ten *adj /nicht steig./* ❶ *so, dass es aus oder mit Diamant(en) gefertigt ist:* ein diamantener Ring ❷ *so, dass es einem Diamanten ähnlich, mit ihm vergleichbar ist:* diamantener Glanz; ein Stein von diamantener Härte; ■ **diamantene Hochzeit** 60. Hochzeitstag

Di·a·mant·schliff *der* <-(e)s> *die bestimmte Art, in der ein Diamant geschliffen ist*

dia·me·t·ral *adj /nicht steig./* ❶ MATH. *auf einem Durchmesser gelegen* ❷ *(geh.) einander genau entgegengesetzt:* diametral entgegengesetzte Ansichten haben

Dia·po·si·tiv *das* <-s, -e> *(geh.) durchsichtige Fotografie, die auf eine Leinwand projiziert werden kann*

Di·ar·rhö *die* <-> */kein Plur./* MED. *(≈ Durchfall)* ▶ diarrhöisch

Di·a·s·po·ra *die* <-> */kein Plur./* ❶ REL. *ein Gebiet, in dem eine religiöse Minderheit lebt und von einer Mehrheit mit anderer Konfession umgeben ist:* in der Diaspora leben ❷ *die religiöse Minderheit, die in der Diaspora* [1] *lebt*

dia·s·to·lisch *adj /nicht steig./* MED. *(↔ systolisch) so, dass es den Blutdruck im Augenblick der Erschlaffung des Herzmuskels betrifft*

Di·ät *die* <-, -en> *(≈ Schonkost) eine bestimmte Art der Ernährung für Kranke oder Übergewichtige:* Diät halten/verordnet bekommen; eine eiweißreiche/strenge Diät; Er muss Diät leben. ◆-assistent, -jogurt/-joghurt, -koch, -kur, -plan, -schokolade, Reduktions-

Di·ä·ten *die* <-> *Plur.* POL. *Bezüge der Abgeordneten eines Parlaments:* die Diäten erhöhen ◆-erhöhung

di·ä·te·tisch *adj /nicht steig./* MED. *so, dass es der Diät entspricht oder sie betrifft*

Dia·to·nik *die* <-> */kein Plur./* MUS. ❶ *das Dur-Moll-System* ❷ *(↔ Chromatik) das Fortschreiten einer Tonfolge in der Tonleiter, die sieben Stufen hat*

Dia·vor·trag *die* <-(e)s, Diavorträge> *durch das Zeigen von Dias begleiteter Vortrag*

dich *pron Akk. von „du"*

Di·cho·to·mie *die* <-, -n> ❶ PHILOS., SPRACHWISS.

(≈ Zweiteilung) Gliederung nach zwei Gesichtspunkten ❷ BOT. *die Zweiteilung als die Grundform, in der sich viele Pflanzen verzweigen* ▶ dichotomisch

dicht *adj* ❶ *von einer großen Dichte* [1]*:* Die Bäume stehen zu dicht (beieinander).; Es herrschte dichter Verkehr.; dicht bevölkerte/dichtbevölkerte Landstriche ◆-gedrängt, -besiedelt ❷ *(≈ undurchdringlich) so, dass man nicht sehen kann, was dahinter ist:* dichte Bewölkung; dichter Nebel ❸ *undurchlässig:* Das Fass/ Der Reifen ist nicht dicht.; das Dach dichtmachen ◆luft-, wasser- ❹ ■ **nicht (ganz) dicht sein** *(umg. abwert.) verrückt sein* ◆Getrenntschreibung →R 4.15 eine dicht behaarte/dichtbehaarte Brust; dicht gedrängt/dichtgedrängt am Eingang warten

Dich·te *die* <-, (-n)> ❶ *das Ausmaß, in dem gleichartige Dinge irgendwo verteilt sind:* die Dichte der Besiedlung; die Dichte des Verkehrs ◆Bevölkerungs-, Einwohner-, Verkehrs- ❷ PHYS. *das Verhältnis zwischen Masse und Volumen:* die Dichte der Luft

dich·ten[1] *mit OBJ/ohne OBJ* ■ *jmd. dichtet (etwas) ein Gedicht verfassen:* Verse dichten; In seiner Freizeit dichtet er. ▶ Dichtkunst

dich·ten[2] *mit OBJ* ■ *jmd. dichtet etwas (≈ abdichten) dichtmachen:* ein Leck dichten

Dich·ter *der;* **Dich·te·rin** <-s, -> ❶ *jmd., der Gedichte schreibt* ❷ *(veralt.) Person, die literarische Werke verfasst*

dich·te·risch *adj auf die Dichtkunst bezogen:* das dichterische Werk Heinrich Heines; ■ **dichterische Freiheit** *die Freiheit des Dichters, aus künstlerischen Gründen vom alltäglichen Realismus abzuweichen*

Dich·ter·le·sung *die* <-, -en> *(öffentliche) Lesung eines Dichters aus seinen Werken*

Dich·ter·ling *der* <-s, -e> *(abwert.:* ≈ *Versemacher) unbegabter, schlechter Dichter*

dicht·hal·ten <hältst dicht, hielt dicht, hat dichtgehalten> *ohne OBJ* ■ *jmd. hält dicht (umg.) nichts verraten:* Ich hoffe, du kannst dichthalten!

Dicht·kunst *die* <-> */kein Plur./* ❶ *dichterisches Schaffen* ❷ *(≈ Poesie) Dichtung als Kunstgattung*

dicht·ma·chen <machst dicht, machte dicht, hat dichtgemacht> **I.** *mit OBJ* ■ *jmd. macht etwas dicht* ❶ *(umg.) jmd. dichtet etwas ab:* die Fugen am Fenster dichtmachen ❷ *jmd. schließt etwas:* den Laden um achtzehn Uhr dichtmachen **II.** *ohne OBJ* ■ *jmd. macht dicht (umg.) schließen:* Wenn das Geschäft nicht bald besser geht, können wir in einem halben Jahr dichtmachen.; *siehe aber* **dicht**

Dich·tung[1] *die* <-, -en> */kein Plur./* LIT. ❶ *(≈ Lyrik) die Gedichte:* die Dichtung des achtzehnten Jahrhunderts ❷ *Gesamtheit der Literatur (einer Zeit oder eines Autors):* die Dichtung der Klassik; die deutsche Dichtung des Barockzeitalters

Dich·tung[2] *die* <-, -en> TECHN. *Werkstück zur Abdichtung zwischen zwei Geräteteilen; Verschlussteil:* eine defekte/poröse Dichtung auswechseln ◆-sgummi, -sring, -sscheibe

Dich·tungs·bahn *die* <-, -en> BAUW. *undurchlässiges Material zur Abdichtung eines Raumes, das in einer bestimmten Breite aufgelegt wird*

D

dick *adj* ❶ *(umg.: ≈ korpulent, übergewichtig ↔ schlank) so, dass jmd. im Verhältnis zu seiner Körpergröße ein zu hohes Körpergewicht hat:* Sie ist dick geworden.; Sind Dicke wirklich gemütlicher? ❷ *von relativ großem Umfang oder Durchmesser:* ein dicker Baumstamm; ein dickes Seil ❸ *zäh und dickflüssig:* den Saft so lange kochen, bis er dick wird; eine dicke Soße ▸ eindicken ❹ *(umg.) dicht und undurchdringlich:* im dicksten Gewühl/Nebel ❻ *so, dass relativ viel von einer Substanz auf etwas gebracht wird:* das Brett dick mit Farbe bestreichen; dick Butter aufs Brot streichen; ▪ **dicke Freunde** *(umg.) eng vertraute Freunde;* ▪ **es dick(e) haben** *(umg.) es satthaben* Jetzt habe ich es aber dick(e)!; ▪ **durch dick und dünn** *(umg.) durch alle Freuden und Schwierigkeiten* mit jemandem durch dick und dünn gehen

dick·bau·chig *adj so, dass es stark nach außen gewölbt ist:* eine dickbauchige Flasche

Dick·darm *der* <-(e)s, Dickdärme> ANAT. *der auf den Dünndarm folgende Darmabschnitt als letzter Teil des Verdauungstraktes* ◆ -entzündung

Di·cke *die* <-, -n> *der Abstand zwischen den äußeren Begrenzungsflächen eines Körpers:* Bretter mit einer Dicke von zwei Zentimetern

di·cke *adv (umg.) reichlich, vollauf (genug):* Davon haben wir dicke.

dick·fel·lig *adj (umg. abwert.) die Eigenschaft, dass jmd. unempfindlich gegen Ermahnungen und Missbilligungen ist:* Bei ihm wirst du wohl nichts erreichen, er ist ziemlich dickfellig.

dick·flüs·sig *adj (≈ zähflüssig) ein dickflüssiger Saft*

Dick·häu·ter *der* <-s, -> *Bezeichnung für verschiedene Tiere, die groß sind und eine relativ dicke Haut haben, z. B. Elefanten, Nashörner*

Di·ckicht *das* <-(e)s, -e> ❶ *dicht wachsendes/dichtwachsendes Gebüsch:* sich im Dickicht verstecken ❷ *(umg.: ≈ Dschungel) etwas, das kompliziert und undurchschaubar ist:* das Dickicht der Paragraphen und Verordnungen

Dick·kopf *der* <-(e)s, Dickköpfe> *(umg.)* ❶ *eigensinnige Person:* Sie wird sich schon durchsetzen, sie ist ein ziemlicher Dickkopf. ❷ *eigensinniges Wesen:* einen Dickkopf haben; seinen Dickkopf durchsetzen ▸ dickköpfig

Dick·köp·fig·keit *die* <-> /kein Plur./ *(umg.) dickköpfiges, eigensinniges Wesen:* Seine Dickköpfigkeit nervt mich, er will einfach keinen Rat annehmen.

dick·lip·pig *adj so, dass jmd. relativ dicke Lippen hat:* ein dicklippiger Mund

Dick·ma·cher *der* <-s, -> *(umg.) Nahrungsmittel mit vielen Kalorien, dessen (häufiger) Genuss übergewichtig macht*

Dick·milch *die* <-> /kein Plur./ *saure Milch*

Dick·mit·tel *das* <-s, -> KOCH. *Mittel zum Andicken, z. B. einer Soße*

Dick·wanst *der* <-(e)s, -e> *(umg. abwert.) dicke Person*

Di·dak·tik *die* <-> /kein Plur./ *(fachspr.) Theorie des Unterrichts bzw. des Lehrens und Lernens* ◆ Literatur-, Sprach- ▸ Didaktiker, Didaktikerin, didaktisch

die *pron art Nom. Sing. und Plur. und Akk. Sing. und Plur. von „die":* die Katze, die dort sitzt; Ich pflege die Katze, die ich gefunden habe.; die Katzen, die dort sitzen; Ich pflege die Katzen, die ich gefunden habe.

Dieb *der*, **Die·bin** <-(e)s, -e> *jmd., der etwas gestohlen hat:* Der Dieb konnte gefasst werden.; den Dieb auf frischer Tat ertappen ◆ -esgut

Die·bes·beu·te *die* <-, -n> *(≈ Diebesgut) von einem Dieb gestohlene Beute*

die·bes·si·cher *adj /nicht steig./ so, dass etwas vor Dieben gesichert ist:* die diebessichere Aufbewahrung der Wertsachen in einem Tresor

die·bisch *adj* ❶ *so, dass jmd. dazu neigt, häufig zu stehlen:* die diebische Elster ❷ *so, dass man es mit heimlicher Freude tut:* sich diebisch die Hände reiben/über etwas freuen

Dieb·stahl *der* <-(e)s, Diebstähle> *der Vorgang, dass jmd. etwas stiehlt:* der Polizei einen Diebstahl melden ◆ -sdelikt

Dieb·stahl·si·che·rung *die* <-, -en> *technische Sicherung gegen Diebstahl*

die·je·ni·ge *siehe* **derjenige**

Die·le *die* <-, -n> ❶ *einzelnes Brett eines Holzfußbodens:* die Dielen streichen ❷ *(≈ Flur) ein meist kleinerer Vorraum, in den man nach dem Betreten eines Hauses oder einer Wohnung als erstes gelangt und von dem aus man die einzelnen Zimmer betritt:* den Mantel in der Diele ablegen ◆ -nschrank

die·nen *ohne OBJ* ❶ ▪ *jmd. dient bei etwas Dat. in abhängiger Stellung seine Pflicht erfüllen:* Er hat viele Jahre bei seinem Herrn gedient.; beim Militär dienen ❷ ▪ *jmd./etwas dient etwas Dat. (aus eigenem Wunsch) für etwas tätig sein oder sich für etwas einsetzen:* jmd./etwas dient der Allgemeinheit/ dem Fortschritt/einer guten Sache ❸ ▪ *jmd. kann mit etwas Dat. dienen helfen:* Womit kann ich dienen? ❹ ▪ *jmd./etwas dient (jmdm./etwas)(zu etwas Dat.) für etwas nützlich sein oder für einen bestimmten Zweck gebraucht werden:* Wozu dient das?; einem guten Zweck dienen; Damit ist mir nicht gedient.; Der Tisch dient (uns) als Unterlage.

Die·ner *der*, **Die·ne·rin** <-s, -> ❶ GESCH. *jmd., der bei jmdm. angestellt ist, um in dessen Haushalt alle anfallenden Arbeiten zu verrichten:* Der Diener des Grafen sollte verschiedene Besorgungen machen. ◆ -schaft, Haus-, Kammer- ❷ ▪ **einen Diener machen** *(veralt.) eine Verbeugung machen*

dien·lich *adj (geh.) so, dass es einer Sache förderlich und für diese nützlich ist:* Ich würde es für dienlich halten, wenn …; Sein Verhalten war seiner Beförderung wenig/sehr dienlich. ▸ Dienlichkeit

Dienst *der* <-(e)s, -e> ❶ /kein Plur./ *berufliche Arbeit (bei einer öffentlichen Einrichtung):* morgens seinen Dienst antreten; Der Arzt ist seit vierundzwanzig Stunden im Dienst.; Morgen habe ich Dienst.; der Dienst habende Arzt; die Dienst tuenden Beamten ◆ -bereich, -jubiläum, -pistole, -raum, -reise, -villa, -wagen, -wohnung ❷ /kein Plur./ *Tätigkeit als Diener(in):* beim König/bei einem Fürs-

D

ten im Dienst stehen ❸ /kein Plur./ *Tätigkeitsbereich in einer Behörde:* im gehobenen Dienst tätig sein; der diplomatische/öffentliche Dienst ❹ *Hilfe:* jemandem einen Dienst erweisen; ■ **im Dienst(e) einer Sache** *zum Nutzen einer Sache;* ■ **jemand ist außer Dienst** *jmd. ist im Ruhestand* im Dienst(e) der Wahrheit; ■ **in/außer Dienst stellen** *in Betrieb nehmen/stilllegen;* ■ **jemandem gute Dienste leisten** *jmdm. nützlich sein;* ■ **jemandem einen schlechten Dienst erweisen** *jmdm. trotz guter Absichten schaden* ◆ Getrenntschreibung →R 4.16 der Dienst habende/tuende Wachmann

Diens·tag *der* <-(e)s, -e> *der zweite Tag der Woche*

Diens·tag·abend *der* <-s, -e> *am Dienstagabend* ◆ Zusammenschreibung →R 4.1 Jeden Dienstagabend gehe ich zum Sport.

diens·tag·abends *adv* Wir treffen uns immer dienstagabends. ◆ Kleinschreibung →R 3.10 Die Versammlung ist immer dienstagabends.

diens·tä·gig *adj /nicht steig./ so, dass es an einem Dienstag stattfindet:* unser gewohntes dienstägiges Treffen

diens·täg·lich *adj /nicht steig./ so, dass es jeden Dienstag stattfindet:* das diensttägliche Training

diens·tags *adv an jedem Dienstag:* Dienstags haben wir Sport. ◆ Getrenntschreibung →R 4.5 Wir treffen uns immer dienstags abends.; *siehe auch* **dienstagabends**

Dienst·äl·tes·te *der/die* <-n, -n> *diejenige Person einer Gruppe mit den meisten Dienstjahren*

Dienst·an·wei·sung *die* <-, -en> *(≈ Dienstvorschrift) die Gesamtheit der Vorschriften, die die dienstlichen Belange in einem bestimmten Bereich betreffen:* eine Dienstanweisung befolgen

Dienst·auf·sichts·be·schwer·de *die* <-, -n> RECHTSW. *formlose Beschwerde (gegen einen Verwaltungsakt) bei der übergeordneten Behörde*

Dienst·ent·he·bung *die* <-, -en> RECHTSW. *vorläufiges Verbot von Amtshandlungen bei gleichzeitiger Einleitung eines Disziplinarverfahrens*

dienst·frei *adj /nicht steig./ in Bezug auf den Dienst¹ arbeitsfrei:* einen dienstfreien Tag haben

Dienst·ge·ber *der* <-s, -> ÖSTERR. *Arbeitgeber*

Dienst·grad *der* <-(e)s, -e> *beim Militär oder bei der Polizei den bestimmten Rang, den jmd. innerhalb der Hierarchie einnimmt* ◆ Mannschafts-, Offiziers-

Dienst·herr *der*, **Dienst·her·rin** <-(e)n, -en> ❶ *(veralt.) Arbeitgeber:* mehrfach den Dienstherren wechseln ❷ *vorgesetzte Behörde:* Das Innenministerium ist der Dienstherr der Polizei.

Dienst·leis·ter *der*, **Dienst·leis·te·rin** <-s, -> WIRTSCH. *Firma, die Dienstleistungen erbringt* ◆ EDV-, Finanz-

Dienst·leis·tung *die* <-, -en> WIRTSCH. *Arbeit oder Leistung in der Wirtschaft, die nicht direkt der Herstellung von Waren dient, sondern mit der für den Kunden ein Problem gelöst oder eine Aufgabe abgenommen wird:* Geschäfte, Banken oder Hotels bieten Dienstleistungen an. ◆ -sangebot, -sbereich, -sbetrieb, -sunternehmen

Dienst·leis·tungs·ge·sell·schaft *die* <-> /kein Plur./ *(↔ Industriegesellschaft) eine Gesellschaft, in der Dienstleistungsbetriebe eine bestimmende Rolle spielen*

Dienst·leis·tungs·ge·werk·schaft *die* <-, -en> *Gewerkschaft für die Arbeitnehmer, die im Dienstleistungssektor tätig sind*

Dienst·leis·tungs·sek·tor *der* <-s> /kein Plur./ WIRTSCH. *die Gesamtheit der Dienstleistungsbetriebe:* den Dienstleistungssektor in einer Region stärken

dienst·lich *adj /nicht steig./* ❶ *(≈ geschäftlich ↔ privat) so, dass die Ausübung des Berufes betrifft:* Ich bin dienstlich hier.; Er muss dienstlich verreisen.; eine dienstliche Angelegenheit; Möchten Sie ihn dienstlich oder privat sprechen?; seinen dienstlichen Verpflichtungen nachkommen ❷ *so, dass es einen formellen, unpersönlichen Charakter hat:* in dienstlichem Ton mit jemandem reden; Erst war er sehr freundlich, dann jedoch wurde er dienstlich ...

Dienst·mar·ke *die* <-, -n> *eine Plakette, mit der sich Kriminalbeamte und Polizisten in Zivil ausweisen können* ◆ Polizei-

Dienst·neh·mer *der*, **Dienst·neh·me·rin** <-s, -> ÖSTERR. *Arbeitnehmer*

Dienst·ord·nung *die* <-, -en> *Gesamtheit der Dienstvorschriften*

Dienst·per·so·nal *das* <-s> /kein Plur./ *Personal, das Dienste verrichtet, besonders in Haushalten und in Hotels*

Dienst·sa·che *die* <-, -n> *amtliche Angelegenheit:* etwas zur Dienstsache erklären

Dienst·stel·le *die* <-, -n> *Behörde, Amt:* Wenden Sie sich an die zuständige Dienststelle!

Dienst·taug·lich·keit *die* <-> /kein Plur./ MILIT. *Tauglichkeit (für den Wehrdienst) aufgrund der allgemeinen gesundheitlichen Verfassung*

Dienst·un·taug·lich·keit *die* <-> /kein Plur./ RECHTSW. *(≈ Dienstunfähigkeit)*

Dienst·ver·hält·nis *das* <-ses, -se> *Angestelltenverhältnis (im öffentlichen Dienst):* ein Dienstverhältnis eingehen

Dienst·weg *der* <-(e)s> /kein Plur./ AMTSSPR. *vorgeschriebener Ablauf der Bearbeitung einer Angelegenheit:* auf dem Dienstweg; den Dienstweg einhalten

dies·be·züg·lich *adj /nicht steig./ /nicht präd./ (geh.) so, dass es sich auf diese Sache bezieht:* Haben Sie diesbezüglich noch Fragen?

Die·sel *der* <-s, -> ❶ *kurz für „Dieselkraftstoff":* Diesel tanken ❷ *(umg.) Motor oder Fahrzeug mit Dieselantrieb:* einen Diesel fahren ◆ -antrieb, -lok, -lokomotive, -motor

die·sel·be *pron* Sie ist dieselbe geblieben wie früher.; Sie setzen sich immer auf dieselbe Seite.; *siehe* **derselbe**

Die·sel·kraft·stoff *der* <-, -e> *Kraftstoff für Dieselmotoren*

die·ser, die·se, die·ses *pron* ❶ *verwendet, um auf jmdn. oder etwas deutlich hinzuweisen, der oder das in der Situation unmittelbar anwesend ist:* Diese Hose passt mir nicht mehr.; Dieser Brief kam gestern.; Dieses Haus wird abgerissen. ❷ *verwendet, um sich auf einen Zeitraum zu beziehen, der*

D

noch andauert: Die Arbeit muss diesen Monat fertig werden. ❸ *mit einem Substantiv oder Eigennamen verwendet, um eine bestimmte Wertung folgen zu lassen:* Diese neuen Bildschirme sind ganz hervorragend.; Besonders fleißig scheint dieser Herr Schmitz nicht zu sein. ❹ *(≈ dies) verwendet, um sich auf den Inhalt eines ganzen Textes oder Textabschnitts zu beziehen:* Er erklärte alle Ausdrücke und die Zusammenhänge. Dies versetzte uns in die Lage …; Er war in guter Form. Dies(es) war ausschlaggebend für seinen Sieg. ❺ *(↔ jene, jener, jenes) verwendet, um in Bezug auf zwei Personen oder Dinge sich auf die eine Person oder Sache (im Gegensatz zur anderen) zu beziehen:* So unterschiedlich können Brüder sein. Dieser ist extrem fleißig, jener regelrecht arbeitsscheu.

die·sig *adj* so, dass es dunstig oder (leicht) regnerisch ist: diesiges Wetter ▸ Diesigkeit

dies·jäh·rig *adj /nicht steig./ (↔ letztjährig) so, dass es in diesem Jahr stattfindet:* unser diesjähriger Urlaub

dies·mal *adv dieses Mal:* Diesmal helfe ich dir noch, beim nächsten Mal machst du es allein! ◆ Zusammenschreibung →R 4.3 Hat es diesmal geklappt?; *siehe aber* **Mal**

dies·sei·tig *adj /nicht steig./ (geh.: ↔ jenseitig) so, dass es auf dieser Seite gelegen ist:* am diesseitigen Ufer

Dies·seits *das* <-> */kein Plur./ (geh.: ↔ Jenseits)* die Welt; das irdische Leben, in dem man an einen materiellen Körper gebunden ist

dies·seits *präp +Gen. (geh.: ↔ jenseits) auf meiner/unserer Seite:* diesseits der Grenze

Diet·rich *der* <-s, -e> *ein Werkzeug, mit dem man Schlösser öffnen kann, ohne den dazu gehörigen Schlüssel zu haben:* Der Einbrecher hat mit einem Dietrich die Tür geöffnet.

dif·fa·mie·ren <diffamierst, diffamierte, hat diffamiert> *mit OBJ* ■ *jmd. diffamiert jmdn. (geh. abwert.: ≈ verleumden) jmdn. öffentlich durch falsche Behauptungen in einen schlechten Ruf bringen:* jemanden als Lügner diffamieren; diffamierende Äußerungen ▸ Diffamierung

Dif·fe·ren·ti·al, *a.* **Dif·fe·ren·zi·al** *das* <-(e)s, -e> ❶ MATH. *Zuwachs einer Funktion bei einer Änderung ihres Arguments* ❷ KFZ *kurz für „Differenzialgetriebe"*

Dif·fe·ren·ti·al·ge·trie·be, *a.* **Dif·fe·ren·zi·al·ge·trie·be** *das* <-s, -> KFZ *Getriebe, das bei der Fahrt in Kurven die unterschiedlichen Drehzahlen der Räder ausgleicht*

Dif·fe·ren·ti·al·glei·chung, *a.* **Dif·fe·ren·zi·al·glei·chung** *die* <-, -en> MATH. *Gleichung für eine Funktion, in der die gesuchte Funktion und mindestens eine ihrer Ableitungen vorkommen*

Dif·fe·ren·ti·al·rech·nung, *a.* **Dif·fe·ren·zi·al·rech·nung** *die* <-, -en> MATH. *Rechnung mit Differenzialen[1]*

Dif·fe·ren·ti·a·ti·on, *a.* **Dif·fe·ren·zi·a·ti·on** *die* <-, -en> MATH. *Berechnung des Differenzialquotienten einer Funktion*

Dif·fe·renz *die* <-, -en> ❶ *(geh.) feststellbarer Unterschied zwischen Zahlen oder Werten:* Die Messungen ergaben eine Differenz von 20 cm.; eine

unerhebliche Differenz zwischen Einnahmen und Ausgaben ◆-betrag, Höhen-, Preis-, Temperatur- ❷ MATH. *Ergebnis einer Subtraktion:* Die Differenz von 10 und 8 ist 2. ❸ */meist Plur./ (geh.: ≈ Meinungsverschiedenheit) kleine Streitigkeiten:* Zwischen den beiden Kollegen gab es oft Differenzen.

Dif·fe·ren·zi·al *siehe* **Differential**

Dif·fe·ren·zi·al·ge·trie·be *siehe* **Differentialgetriebe**

Dif·fe·ren·zi·al·glei·chung *siehe* **Differentialgleichung**

Dif·fe·ren·zi·al·rech·nung *siehe* **Differentialrechnung**

dif·fe·ren·zie·ren <differenzierst, differenzierte, hat differenziert> I. *ohne OBJ* ■ *jmd. differenziert etwas etwas durch präzise Unterscheidungen genauer oder einem Sachverhalt angemessener machen:* Können Sie die Frage etwas differenzieren? II. *ohne OBJ* ■ *jmd. differenziert zwischen etwas* Dat. *(geh.) genau zwischen etwas unterscheiden:* Zwischen diesen beiden Aspekten/Ausdrücken/ Konzepten/Punkten muss man genau differenzieren.; Er differenziert bei seinen Behauptungen zu wenig. III. *mit SICH* ■ *etwas differenziert sich (fachspr.) sich vom Einfachen zum Komplizierten entwickeln:* Die einfachen Lebewesen der Urzeit haben sich im Laufe der Entwicklungsgeschichte immer weiter differenziert.

Dif·fer·en·ziert·heit *die* <-> */kein Plur./ die Eigenschaft, dass etwas von differenzierter Beschaffenheit ist:* die innere Differenziertheit eines literarischen Werkes; die Differenziertheit der von der Firma angebotenen Arbeitszeitmodelle

dif·fe·rie·ren <differierst, differierte, hat differiert> *ohne OBJ* ■ *etwas differiert (um etwas Akk.) (geh.) sich unterscheiden:* Unsere Ergebnisse differieren erheblich/um einen gewissen Betrag.; differierende Ansichten zu einem Problem haben

dif·fi·zil *adj (geh.) schwierig und kompliziert:* eine diffizile Frage

Dif·frak·ti·on *die* <-, -en> PHYS. *Beugung von Wellen, z. B. Lichtwellen*

dif·fus *adj (geh.)* ❶ PHYS. *unregelmäßig ausgebreitet:* diffuses Licht ❷ *(geh.: ≈ verschwommen) undeutlich und nicht klar abgegrenzt:* von etwas nur eine diffuse Vorstellung haben; diffuse Schmerzen

Dif·fu·si·on *die* <-, -en> ❶ PHYS. *Streuung des Lichts an rauen Oberflächen* ❷ CHEM., BIOL. *selbständige Vermischung von Gasen, Lösungen oder mischbaren Flüssigkeiten aufgrund der Wärmebewegung der Moleküle*

di·gi·tal *adj /nicht steig./* ❶ TECHN. *so, dass es in Ziffern dargestellt ist:* eine digitale Anzeige/Uhr ❷ *(↔ analog) so, dass es im binären System erfolgt:* digitale Informationsverarbeitung

Di·gi·tal- *als Erstglied zusammengesetzter Substantive; drückt aus, dass das mit dem Zweitglied Bezeichnete auf der Technik der Verarbeitung digitaler Signale (Binärcodes) beruht bzw. sich darauf bezieht* ◆-anzeige, -box, -druck, -drucker, -foto, -tografie, -funk, -orgel, -receiver, -rechner, -recorder, -technik, -tonband, -uhr, -verstärker, -waage

Di·gi·tal·fern·se·hen *das* <-s> TECHN. *Fernsehsystem, bei dem die Bildübertragung durch digitalisierte Signale erfolgt, die durch einen Decoder entschlüsselt werden*

di·gi·ta·li·sie·ren <digitalisierst, digitalisierte, hat digitalisiert> *mit OBJ* ■ **jmd. digitalisiert etwas** ❶ TECHN. *in Ziffern darstellen* ❷ EDV *ein analoges Signal in einen digitalen Datenstrom umwandeln* ▸ Digitalisierung

Di·gi·tal·ka·me·ra *die* <-, -s> *Kamera, die im Digitalverfahren arbeitet*

Di·gi·tal Na·tive *der* ['dɪdʒɪtəl 'neɪtɪv] <- -s, - -s> *Person (jüngeren Alters), die mit Computer, Internet und modernen Digitalgeräten aufgewachsen und souverän im Umgang damit ist:* Digital Natives bewegen sich seit ihren Kindertagen im Internet.

Di·gi·tal·uhr *die* <-, -en> *eine Uhr, die die Zeit nicht mit Zeigern, sondern mit Ziffern anzeigt*

Di·gi·tal·zeit·al·ter *das* <-s> */kein Plur./ Zeitalter, in dem die Digitaltechnik in vielen Bereichen angewendet wird*

Di·glos·sie *die* <-, -n> SPRACHWISS. *das Vorkommen von zwei Varietäten in einem Land; siehe auch* **Mehrsprachigkeit, Standardsprache, Varietät**

Die **Diglossie** ist eine Form der Mehrsprachigkeit (vgl. das Stichwort) innerhalb ein und derselben Sprache einer Sprachgemeinschaft, also nicht zwischen eigenständigen Sprachen. Man versteht darunter insbesondere das Nebeneinander von (mehreren) Mundarten/ Dialekten (vgl. das Stichwort dazu) auf der einen, der zugehörigen Standardsprache auf der anderen Seite. Soweit der Ausdruck *Diglossie* nicht auch auf anderes bezogen wird, ist bei Vorliegen einer Diglossie eine klare funktionelle Verteilung der heute als *Varietäten* bezeichneten sprachlichen Ausprägungen (vgl. das Stichwort dazu) ohne graduelle Übergänge gegeben: Die jeweilige Standardsprache (vgl. das Stichwort) wird in ganz bestimmten anderen Situationen verwendet als die jeweiligen Mundarten bzw. Dialektvarianten. Ein prototypisches Beispiel dafür ist die Deutschschweiz (die deutschsprachige Schweiz): Hier sind Lebens- bzw. Themenbereiche (Domänen) des Sprachgebrauchs klar voneinander getrennt: Die Sprecher(innen) wechseln je nach Situation zwischen den lokalen Dialekten und der deutschschweizerischen Standardsprache: Geschrieben wird Standarddeutsch (geschriebenes Schweizerhochdeutsch); die deutschschweizerischen lokalen Dialekte/Mundarten, oft bezeichnet als *Schweizerdeutsch* oder als *Schwyzerdütsch*, hingegen werden meist im mündlichen sprachlichen Umgang verwendet. Die markant spezifischen Ausdrücke in der schweizerischen Standardsprache sind die so bezeichneten *Helvetismen* (vgl. das Stichwort dazu). Aber es gibt auch dialektales Schreiben nicht nur im privaten Bereich, sondern auch in emotional besetzten öffentlichen Bereichen (der Presse, der Werbung usw.); gleichwohl lässt sich insgesamt der Gebrauch der Mundarten als normale mündliche Sprachform in informellen Situationen ansehen. Eine Diglossie-Situation dieser Art wird gewöhnlich als *mediale Diglossie* bezeichnet, weil eine Abhängigkeit vom Ausdrucksmedium und damit von der Wahl der einen oder anderen Varietät gegeben ist. Abgesehen von Schwierigkeiten der Einschätzung von Sprachverhältnissen in Liechtenstein und Luxemburg sind ganz andere Bedingungen in Deutschland und Österreich gegeben, wo sich zwischen Mundarten/Dialekten und Standardsprache eine Umgangssprache entwickelt hat (vgl. die Stichwörter dazu). Ursprünglich wurde mit der Bezeichnung *Diglossie* verbunden, dass bei Vorliegen einer Diglossie-Situation die eine Varietät als hoch, die andere als niedrig eingeschätzt werde. Offenbar gilt das heute auch im Hinblick auf die Deutschschweiz nicht mehr uneingeschränkt: Es ist vielmehr eine Ausweitung der Mundarten in Bereiche feststellbar, die vorher allein der Standardsprache/Hochsprache vorbehalten waren. Dies hängt unter anderem zusammen mit der allgemeinen Tendenz zur Aufwertung des Gebrauchs von Dialekten (vgl. das Stichwort dazu).

D

Dik·ta·fon, *a.* **Dik·ta·phon** *das* <-s, -e> *(≈ Diktiergerät) Gerät zur Aufnahme und Wiedergabe eines gesprochenen Textes*

Dik·tat *das* <-(e)s, -e> ❶ *ein Text, der die Niederschrift eines mündlich vorgelesenen Textes ist:* Heute schreiben wir ein Diktat. ❷ */kein Plur./ das Diktieren¹ zur schriftlichen Aufzeichnung:* Er sprach das Diktat sehr undeutlich.; nach Diktat schreiben; die Sekretärin zum Diktat rufen ❸ *(geh.) etwas von außen Aufgezwungenes:* sich dem Diktat der Mode unterwerfen

Dik·ta·tor *der,* **Dik·ta·to·rin** <-s, ...-toren> POL. *Staatschef, der seine unumschränkte politische Macht mit Gewalt ausübt*

dik·ta·to·risch *adj /nicht steig./* ❶ *so, dass jmd. mit uneingeschränkter Macht ausgestattet ist:* ein diktatorisches Regime ❷ *(übertr.) in der Art eines Diktators:* Die Chefin griff bisweilen zu diktatorischen Maßnahmen.

Dik·ta·tur *die* <-, -en> POL. ❶ */kein Plur./ eine totalitäre Staatsform, in der für eine Einzelnen oder eine Gruppierung eine nahezu uneingeschränkte Macht besteht und es keine (nennenswerte) Opposition gibt:* eine Diktatur errichten/ stürzen; das Leiden des Volkes unter der Diktatur ◆ Militär-, Partei- ❷ *ein Land, in dem eine Diktatur¹ herrscht:* die Umwandlung von Diktaturen in Demokratien

dik·tie·ren <diktierst, diktierte, hat diktiert> *mit OBJ* ■ **jmd. diktiert (jmdm.) etwas** ❶ *einen Text vorsprechen, damit eine andere Person ihn aufschreibt:* jemandem einen Text diktieren ❷ *(geh.) Vorschriften machen; etwas in einer be-*

D

stimmen Weise bestimmen: die Mode/die Preise diktieren

Dik·tier·ge·rät *die* <-(e)s, -e> *eine Art sehr kleiner Kassettenrekorder zur Aufnahme und Wiedergabe eines gesprochenen Textes*

Dik·ti·on *die* <-, -en> *(geh.)* ❶ *(≈ Stil) die individuelle sprachliche Eigenart einer Person, einen bestimmten Wortschatz zu verwenden: eine differenzierte/gehobene/klare Diktion* ❷ *(≈ Artikulation) bestimmte Art der Aussprache: eine ausdrucksvolle/deutliche Diktion*

Di·lem·ma *das* <-s, -s/Dilemmata> ❶ *(geh.: ≈ Zwickmühle) eine Situation, in der man zwischen zwei unangenehmen Dingen wählen muss: einen Ausweg aus einem Dilemma suchen* ❷ *(fachspr.) ein (scheinbar) unlösbares theoretisches Problem: das Dilemma der Vorstellung, dass Licht aus Teilchen oder nicht aus Teilchen, sondern aus Wellen besteht*

Di·let·tant *der*, **Di·let·tan·tin** <-en, -en> *(geh.: ≈ Amateur)* ❶ *jmd., der sich nicht als Fachmann, sondern als Laie mit einer Sache beschäftigt: Ich bin nur eine Dilettantin auf diesem Gebiet.* ❷ *(abwert.: ≈ Stümper) jmd., der etwas nicht gut kann, es aber trotzdem tut: Das ist das Werk eines hoffnungslosen Dilettanten!*

di·let·tan·tisch *adj* ❶ *wie ein Dilettant[1]: eine Sache dilettantisch betreiben* ❷ *(umg. abwert.) wie ein Dilettant[2]: Durch sein völlig dilettantisches Vorgehen hatte er den Verdächtigen gewarnt.*

Di·let·tan·tis·mus *der* <-> */kein Plur./* ❶ *(↔ Professionalismus) Beschäftigung mit einer Sache als Dilettant[1]: Sie sind weit über bloßen Dilettantismus hinaus.* ❷ *(umg. abwert.: ≈ Stümperhaftigkeit) Verhalten als Dilettant[2]: Sein Dilettantismus hat uns wieder einen guten Kunden gekostet.*

Dill *der* <-(e)s> */kein Plur./ eine Gewürzpflanze:* den Gurkensalat mit Dill würzen

Di·men·si·on *die* <-, -en> ❶ */nur. Plur./ räumliche oder zeitliche Abmessungen einer Sache:* Die Explosion hat einen Krater von gewaltigen Dimensionen hinterlassen. ◆ *Raum-, Zeit-* ❷ *MATH., PHYS. Länge, Breite oder Höhe von etwas:* Eine Fläche hat zwei, ein Körper hat drei Dimensionen. ❸ */nur. Plur./ (geh.) das Ausmaß, die Intensität von etwas:* ein Unglück von verheerenden Dimensionen

Di·mi·nu·tiv *das* <-s, -e> SPRACHWISS. *(≈ Verkleinerungsform ↔ Augmentativum) eine sprachliche Form, mit der man ausdrückt, dass ein Gegenstand ein relativ kleiner Vertreter seiner Kategorie ist (z. B. „Häuschen" im Sinne von „kleines Haus"), oder mit der man ausdrückt, dass der Sprecher eine positive emotionale Einstellung hat („Kindchen", „Häschen")* ◆ *-bildung* ▶ Diminution *siehe auch* **Halbaffix**

dim·men <dimmst, dimmte, hat gedimmt> *mit OBJ* ■ *jmd. dimmt etwas (das Licht) mithilfe eines Dimmers regulieren:* das Licht der Stehlampe dimmen

Dim·mer *der* <-s, -> ELEKTROTECHN. *stufenloser Helligkeitsregler:* eine Lampe mit Dimmer

DIN *die* [di:n] <-> */kein Plur./ Abkürzung von*

„Deutsche Industrienorm" ◆ *-Format, -Mitteilungen, -Norm; siehe auch* **Norm**

DIN-A4-Blatt *das* <-(e)s, DIN-A4-Blätter> *ein Blatt Papier im genormten Format DIN A4*

Di·ner *das* [di'ne:] <-s, -s> *(geh.) festliches Essen:* zu einem offiziellen Diner eingeladen sein

Ding *das* <-(e)s, -e> ❶ *ein nicht genau bezeichneter Gegenstand:* Ich muss meine Dinge noch vom Tisch wegräumen. ❷ */nur Plur./ eine nicht genau bezeichnete Angelegenheit oder Tatsache:* Wir haben einige Dinge besprochen.; Dort geschehen angeblich sonderbare Dinge. ◆ *Gefühls-, Glaubens-, Privat-* ❸ *<pl: -er> (umg. abwert.) ein Gegenstand, den man nicht mag oder dessen Namen man nicht kennt:* Was sind denn das für komische Dinger?; ■ **ein Ding drehen** *(umg.) eine Straftat begehen*

ding·fest ■ *jemanden dingfest machen verhaften* Die Polizei konnte den Verbrecher dingfest machen.

ding·lich *adj /nicht steig./ gegenständlich und real*

Dings(·da) *das* <-> */kein Plur./ (umg.) verwendet, um auszudrücken, dass der Sprecher den Namen einer Sache nicht kennt oder ihn nicht für wichtig hält:* Gib mir mal bitte das Dings(da) zum Schreiben!

Ding·wort *das* <-(e)s, Dingwörter> *(≈ Substantiv)*

di·nie·ren <dinierst, dinierte, hat diniert> *ohne OBJ* ■ *jmd. diniert (geh.) festlich speisen:* Die Konferenzteilnehmer dinierten am Abend in einem französischen Restaurant.

Din·kel *der* <-s> */kein Plur./ (≈ Spelt, Spelzweizen) eine Weizenart* ◆ *-bier, -brei, -brot*

Din·ner *das* ['dɪnɐ] <-s, -s> *(festliches) Abendessen:* zum Dinner eingeladen sein

Di·no *der* <-s, -s> *(umg. scherzh.) kurz für „Dinosaurier"*

Di·no·sau·ri·er *der* <-s, -> *eine der Riesenechsen, die in der Urzeit gelebt haben und ausgestorben sind*

Di·o·de *die* <-, -n> TECHN. *Elektronenröhre mit zwei Elektroden (Anode und Kathode)*

Di·o·len® *das* <-s> */kein Plur./ eine Kunstfaser aus Polyester*

di·o·ny·sisch *adj /nicht steig./* ❶ *zum altgriechischen Gott Dionysos gehörend* ❷ *(geh.) wild und rauschhaft:* ein dyonisisches Fest

Di·op·trie *die* <-, -n> PHYS., MED. *Maßeinheit für den Brechwert von Linsen* ◆ *-enausgleich* ▶ dioptrisch

Di·o·ra·ma *das* <-s, Dioramen> KUNST *dreidimensionales Schaubild*

Di·oxan *das* <-s, -e> CHEM. *Lösungsmittel für Lacke, Fette u.Ä.*

Di·oxid, *a.* **Di·oxyd** *das* <-s, -e> CHEM. *Oxid, das zwei Sauerstoffatome enthält*

Di·oxin *das* <-s, -e> CHEM. *giftige Verbindung von Chlor und Kohlenwasserstoff* ▶ dioxinhaltig

Di·oxyd *das siehe* **Dioxid**

Di·ö·ze·san *der* <-en, -en> REL. *Angehöriger einer Diözese* ▶ diözesan

Di·ö·ze·se *die* <-, -n> REL. *(≈ Bistum) Amtsgebiet eines katholischen Bischofs*

Dip *der* <-s, -s> KOCH. *würzige, kalte, dickflüssige Soße zum Eintauchen kleiner Häppchen:* Zu den Gemüsesticks wurde ein Dip gereicht.

Diph·the·rie *die* [dif...] <-> */kein Plur./* MED. *eine gefährliche Infektionskrankheit der Mandeln und des Kehlkopfes* ◆ -schutzimpfung, -serum ▶ diphtherisch

Diph·thong *der* [dif...] <-(e)s, -e> SPRACHWISS. *Doppelvokal:* „Ei", „au" *und* „eu" *sind Diphthonge.*

diph·thon·gie·ren [dif...] <diphthongierst, diphthongierte, hat diphthongiert> *mit OBJ* ▪ *jmd.* **diphthongiert etwas** SPRACHWISS. *einen Vokal in einen Diphthong umbilden* ▶ Diphthongierung

di·p·lo·id *adj /nicht steig./* BIOL. *so, dass es einen doppelten Chromosomensatz hat*

Di·p·lom *das* <-(e)s, -e> ❶ *amtliche Urkunde über den Abschluss einer Ausbildung an einer Fachschule* ◆ Meister-, Übersetzer- ❷ *amtliche Urkunde über den Abschluss des Studiums an einer Universität oder Fachhochschule:* sein Diplom als Ingenieur/Pharmazeut/Psychologe machen ◆ -urkunde

Di·p·lo·mand *der*, **Di·p·lo·man·din** <-en, -en> *jmd., der vor einer Diplomprüfung steht*

Di·p·lom·ar·beit *die* <-, -en> *schriftliche wissenschaftliche Arbeit zur Erlangung eines Diploms[2]:* seine Diplomarbeit mit dem Professor besprechen/einreichen/schreiben

Di·p·lo·mat *der*, **Di·p·lo·ma·tin** <-en, -en> ❶ POL. *jmd., der als Beamter im auswärtigen Dienst sein Land offiziell vertritt:* als Diplomat im Ausland arbeiten ◆ -enausweis, -enlaufbahn, -enpass ❷ *(übertr.) jmd., der geschickt zu verhandeln versteht:* Er ist kein Diplomat, er sagt immer ohne Umschweife, was er denkt.

Di·p·lo·ma·ten·kof·fer *der* <-s, -> *eleganter (schwarzer) Aktenkoffer*

Di·p·lo·ma·tie *die* <-> */kein Plur./* ❶ POL. *Interessensvertretung eines Staates im Ausland* ❷ *Verhandlungsgeschick:* Mit viel Diplomatie kam er schließlich doch zum Ziel. ◆ Geheim-, Reise-

di·p·lo·ma·tisch *adj* ❶ POL. *die zwischenstaatlichen Beziehungen betreffend:* die diplomatische Vertretung eines Landes im Ausland; die diplomatischen Beziehungen zu einem Land abbrechen ❷ *so, dass man sich dezent und taktvoll verhält, aber für das eigene Ziel arbeitet:* bei etwas sehr diplomatisch vorgehen

di·p·lo·mie·ren <diplomierst, diplomierte, hat diplomiert> *mit OBJ* ▪ *jmd.* **diplomiert jmdn.** *jmdm. ein Diplom erteilen*

Di·p·lo·mier·te *der/die* <-n, -n> *jmd., der ein Diplom hat*

Di·p·lom·in·ge·ni·eur *der*, **Di·p·lom·in·ge·ni·eu·rin** [...inʒenjøːr] <-s, -e> *Ingenieur, der sein Studium mit einem Diplom abgeschlossen hat*

Di·pol *der* <-s, -e> PHYS. *Einheit von zwei gleich großen elektrischen oder magnetischen Ladungen, die einander entgegengesetzt sind* ◆ -dichte, -kraft, -molekül, -moment, -strahlung

Di·pol·an·ten·ne *die* <-, -n> TECHN. *Antenne, die aus paarweise aufeinander abgestimmten elektrischen Leitern besteht*

dir *pron Dat. von* „du"

di·rekt **I.** *adj* ❶ *so, dass die Bewegung zu einem Ziel hin auf kürzestem Wege und ohne Umweg erfolgt:* Fahrt ihr direkt ins Theater? – Nein, wir fahren erst bei Hans vorbei.; Das Mädchen ist nach der Schule direkt nach Hause gegangen (und nicht erst zu ihrer Freundin). ❷ *(≈ sofort) unverzüglich; ohne, dass eine Pause dazwischen ist:* Direkt nach der Besprechung der Abteilungsleiter folgt um vierzehn Uhr die Besprechung der Gebietsleiter. ❸ */nicht steig./ nahe bei etwas:* Wir wohnten direkt am Meer.; Wir haben unseren Garten direkt am Haus. ❹ */nicht steig./ ohne Vermittlung:* Ich möchte direkt mit dem Vorgesetzten sprechen.; etwas direkt beim Hersteller (ohne Zwischenhandel) kaufen ❺ */nicht steig./ (umg.: ↔ indirekt) ohne Umschweife, klar und deutlich:* eine sehr direkte Frage; eine offene, direkte Art haben **II.** *adv (umg.: ≈ geradezu)* verwendet, um auszudrücken, dass man von etwas leicht überrascht ist: Du bist ja direkt braun geworden!; Heute morgen hat sie mich direkt mal angelächelt.

Di·rekt- *als Erstglied zusammengesetzter Substantive; drückt aus, dass das mit dem Zweitglied Bezeichnete auf direktem Wege bzw. persönlich erfolgt, nicht aber auf Umwegen oder sonstwie vermittelt* ◆ -anlage, -antrieb, -download, -druck, -drucker, -handel, -kauf, -kommunikation, -kontakt, -lieferung, -marketing, -saft, -schaltgetriebe, -sendung, -spiel, -transport, -überweisung, -verkauf, -versicherung, -zahlung, -zugriff

Di·rekt·bank *die* <-, -en> BANKW. *Bank, bei der man seine Geschäfte direkt abwickelt*

Di·rekt·flug *der* <-(e)s, Direktflüge> LUFTF. *Flug zu einem bestimmten Ziel ohne Zwischenlandung:* einen Direktflug nach Toronto buchen

Di·rekt·heit *die* <-> */kein Plur./ direkte Art, direkte Beschaffenheit:* die Direktheit ihrer Äußerungen

Di·rekt·in·ves·ti·ti·on *die* <-, -en> WIRTSCH. *(↔ Portfolioinvestition) langfristige Kapitalanlage im Ausland, die direkt vorgenommen wird (ohne Inanspruchnahme des Kapitalmarktes)*

Di·rek·ti·on *die* <-, -en> ❶ *Leitung eines Unternehmens:* Dem Prokuristen wurde die Direktion der Firma übertragen. ◆ -sassistent(in), -ssekretär(in) ❷ *Gesamtheit der Personen, die ein Unternehmen leiten* ❸ *Gesamtheit der Büroräume, in denen die Geschäftsleitung untergebracht ist* ❹ SCHWEIZ. *kantonales Ministerium*

Di·rek·ti·ve *die* <-, -n> *eine Anweisung, die von einer übergeordneten Stelle gegeben wird* ▶ direktiv

Di·rekt·kan·di·dat *der*, **Di·rekt·kan·di·da·tin** <-en, -en> POL. *jmd., der in einem Wahlkreis persönlich kandidiert*

Di·rekt·man·dat *das* <-(e)s, -e> POL. *Mandat, das ein Kandidat in einem Wahlkreis persönlich erringt*

Di·rek·tor *der*, **Di·rek·to·rin** <-s, ...to·ren> *jmd., der eine Firma oder Institution leitet* ◆ -posten, Bank-, Fabrik-, Schul-, Zoo-

Di·rek·to·ri·um *das* <-s, Direktorien> *aus mehreren Personen bestehende Leitung eines Unterneh-*

D

mens: das Direktorium einer Versicherungsgesellschaft

Di·rekt·re·por·ta·ge *die* <-, -n> TV *(≈ Livereportage) Reportage, die unmittelbar vom Ort des Geschehens übertragen wird*

Di·rekt·saft *der* <-(e)s, Direktsäfte> *Fruchtsaft, der direkt hergestellt wird (ohne zuerst ein Konzentrat herzustellen)*

Di·rekt·über·tra·gung *die* <-, -en> TV *(≈ Livesendung) Sendung, die direkt vom Aufnahmeort übertragen wird*

Di·rekt·ver·trieb *der* <-(e)s, -e> WIRTSCH. *Verkauf direkt vom Hersteller an den Verbraucher (ohne Zwischenhandel):* landwirtschaftliche Erzeugnisse im Direktvertrieb vermarkten; Durch die Einsparung einer Handelsstufe können Waren im Direktvertrieb billiger angeboten werden.

Di·rekt·wahl *die* <-, -en> POL. *Wahlsystem, bei dem der Kandidat vom Wähler direkt gewählt wird*

Di·rekt·wer·bung *die* <-> /kein Plur./ WIRTSCH. *Werbung, die direkt auf einen möglichen Käufer zielt*

Di·rekt·zu·griffs·spei·cher *der* <-s, -> EDV *Speicher, der Daten nur über kurze Zeiten speichert und zur Zwischenablage von Daten dient*

Di·ri·gent *der*, **Di·ri·gen·tin** <-en, -en> *Person, die ein Orchester oder einen Chor dirigiert; Leiter eines Orchesters* ◆ Chor-, Gast-, Orchester-

Di·ri·gen·ten·pult *das* <-(e)s, -e> *Pult, auf dem der Dirigent seine Partitur ablegt*

di·ri·gie·ren <dirigierst, dirigierte, hat dirigiert> *mit OBJ* ■ *jmd. dirigiert etwas* ❶ MUS. *eine Orchester- oder Choraufführung leiten und dabei mit den Händen und dem Dirigentenstab anzeigen, wann welche Musiker in welcher Weise spielen müssen:* ein Konzert/ein Orchester/eine Sinfonie von Beethoven dirigieren ❷ *führen; leiten:* den Verkehr/die Wirtschaft dirigieren; Sie dirigierte alle zur Tür hinaus.

Di·ri·gis·mus *der* <-> /kein Plur./ WIRTSCH., POL. *staatliche Lenkung der Wirtschaft*

di·ri·gis·tisch *adj* /nicht steig./ WIRTSCH., POL. *so, dass es staatlich gelenkt wird:* mit dirigistischen Maßnahmen in die Wirtschaft eingreifen

Dirndl *das* <-s, -> ❶ SÜDDT., ÖSTERR. *eine für Bayern, Österreich und die Schweiz typische Art von Trachtenkleid, zu dem insbesondere eine weiße Bluse und eine Schürze gehören:* Die Sängerinnen traten im Dirndl auf. ◆-kleid, -rock ❷ ÖSTERR. *junges Mädchen*

Dir·ne *die* <-, -n> *(abwert.: ≈ Nutte) Prostituierte*

Dis *das* <-, -> MUS. *ein um einen halben Ton erhöhtes D*

Dis·co *die siehe* **Disko**

Dis·count *der* [dɪsˈkaʊnt] <-s, -s> WIRTSCH. ❶ *Möglichkeit, die Waren in Selbstbedienung verbilligt zu erwerben* ❷ *siehe* **Discountgeschäft**

Dis·coun·ter *der* [dɪsˈkaʊntɐ] <-s, -> WIRTSCH. *Discountgeschäft*

Dis·count·ge·schäft *das* [dɪsˈkaʊnt...] <-(e)s, -e> *Geschäft des Einzelhandels, in dem Produkte, die nicht preisgebunden sind, mit hohen Rabatten (und in Selbstbedienung) verkauft werden*

Dis·har·mo·nie *die* <-, -n> *(geh.: ↔ Harmonie)* ❶ *die Tatsache, dass etwas nicht zusammenpasst:* die Disharmonie der Farben ❷ *Unstimmigkeit, Streit:* Die Disharmonie in dieser Familie ist offensichtlich.

dis·har·mo·nie·ren <disharmonierst, disharmonierte, hat disharmoniert> *ohne OBJ* ■ *etwas disharmoniert (geh.) nicht oder schlecht zusammenpassen:* Die Farben dieses Bildes disharmonieren.; Die Töne dieses Musikstückes disharmonieren.; Leider disharmonieren diese beiden Kollegen.

dis·har·mo·nisch, **dis·har·mo·nisch** *adj (geh.) so, dass es schlecht zusammenpasst:* eine disharmonische Farbzusammenstellung/Komposition

dis·junkt *adj /nicht steig./* ❶ *(in der Logik) so geartet, dass sprachliche Ausdrücke einander ausschließen, jedoch in einer höheren Gattung zusammengehören:* „Frau" und „Mann" sind disjunkte Ausdrücke/Wörter. ▶ Disjunktion ❷ MATH. *(≈ elementefremd) so, dass Mengen kein gemeinsames Element besitzen:* disjunkte Mengen

Dis·kant *der* <-s, -e> MUS. *hohe Stimmlage*

Dis·ken *Plur. von Diskus*

Dis·ket·te *die* <-, -n> EDV *ein Datenträger in Form einer flachen Kunststoffscheibe:* eine Datei auf Diskette speichern; die Diskette ins Diskettenlaufwerk einführen

Dis·ket·ten·lauf·werk *das* <-(e)s, -e> EDV *in einem Computer fest eingebautes Schreib- und Lesegerät für Disketten*

Disk·jo·ckey, *a.* **Disc·jo·ckey** *der* <-s, -s> *Person, die Tanzveranstaltungen oder im Radio Musik auf Schallplatten oder CDs auswählt und präsentiert*

Dis·ko, *a.* **Dis·co** *die* <-, -s> *(umg.) (Lokal für) Jugendtanzveranstaltung(en) mit Musik von Schallplatten oder CDs*

Dis·ko·gra·fie, *a.* **Dis·ko·gra·phie** *die* <-, -n> *Schallplattenverzeichnis mit den genauen Daten eines Komponisten oder Interpreten*

Dis·ko·mu·sik *die* <-> /kein Plur./ MUS. *(als Musikstil der populären Musik) die Tanzmusik, die in Diskotheken gespielt wird*

Dis·kont *der* <-(e)s, -e> WIRTSCH. *Vorzinsen*

Dis·kont·er·höh·ung *die* <-, -en> WIRTSCH. *Erhöhung der Vorzinsen*

dis·kon·ti·nu·ier·lich, **dis·kon·ti·nu·ier·lich** *adj (↔ kontinuierlich) geh. so, dass es nicht zusammenhängend ist, sondern Unterbrechungen aufweist:* eine diskontinuierliche Entwicklung ▶ Diskontinuität

Dis·kont·la·den *der* <-s, Diskontläden> *siehe* **Discountgeschäft**

Dis·kont·satz *der* <-es, Diskontsätze> WIRTSCH. *Zinssatz für Vorzinsen*

Dis·kont·sen·kung *die* <-, -en> WIRTSCH. *Senkung des Diskontsatzes*

Dis·ko·thek *die* <-, -en> *(Lokal für) Jugendtanzveranstaltung(en) mit Musik von Schallplatten oder CDs*

dis·kre·di·tie·ren <diskreditierst, diskreditierte, hat diskreditiert> *mit OBJ* ■ *jmd. diskreditiert jmdn. (geh.) in einen schlechten Ruf bringen:* einen Politiker diskreditieren

Dis·kre·panz *die* <-, -en> *(geh.) Missverhältnis zwischen zwei Dingen oder Personen:* Die Diskrepanz zwischen Worten und Taten des Politikers war unübersehbar. ▶ diskrepant

dis·kret *adj* ❶ *so, dass jmd. rücksichtsvoll ist:* sich sehr diskret verhalten; sich nach dem Besuch am Krankenbett diskret zurückziehen ❷ *so, dass es unauffällig ist und von niemandem bemerkt wird:* ein diskreter Hinweis ❸ PHYS., MATH. *(↔ kontinuierlich) so, dass es aus einzelnen abgegrenzten Elementen besteht und nicht ein fortlaufendes Kontinuum ist:* diskrete Werte

Dis·kre·ti·on *die* <-> */kein Plur./ (geh.) Verschwiegenheit, die man über vertrauliche Dinge wahrt:* Bitte behandeln Sie diese Informationen mit absoluter Diskretion.; Ich bin mir deiner Diskretion sicher.

dis·kri·mi·nie·ren <diskriminierst, diskriminierte, hat diskriminiert> *mit OBJ* ■ *jmd. diskriminiert jmdn.* ❶ *einen Menschen aus bestimmten Gründen (meist wegen seiner Zugehörigkeit zu einer bestimmten Gruppe) benachteiligen und herabsetzen, indem man ihn schlechter als andere Menschen behandelt:* jemanden wegen seiner Hautfarbe/Religion diskriminieren ❷ *durch negative Äußerungen jmds. Ansehen schaden*

Dis·kri·mi·nie·rung *die* <-, -en> ❶ */kein Plur./ Herabsetzung durch Benachteiligung:* die Diskriminierung ethnischer Minderheiten ❷ *diskriminierende Handlung*

Dis·kurs *der* <-es, -e> *(geh.) mündliche oder schriftliche Erörterung eines Themas:* einen lebhaften Diskurs über etwas führen; der philosophische/politische Diskurs

dis·kur·siv *adj /nicht steig./* ❶ PHILOS. *so, dass etwas von einem verwendeten Ausdruck zu einem anderen logisch fortschreitet:* diskursive Logik ❷ *(geh.) so, dass es gesprächsweise, erörternd erfolgt:* die diskursive Herangehensweise an ein Problem

Dis·kus *der* <-/-ses, -se/Disken> SPORT *eine flache runde Wurfscheibe*

Dis·kus·si·on *die* <-, -en> ❶ *lebhaftes (oft kontrovers geführtes) Gespräch über ein Thema oder Problem* ◆ -sgegenstand, -sveranstaltung, Fernseh-, Podiums- ❷ *die öffentliche Meinungsbildung und Berichterstattung über ein Thema:* die Diskussion in den Medien über das Thema ... verfolgen

Dis·kus·si·ons·fo·rum *das* <-s, Diskussionsforen> *Gruppe von Personen, die vor Zuschauern und Zuhörern diskutieren*

Dis·kus·si·ons·grund·la·ge *die* <-, -n> */Plur. selten/ Grundlage, Ausgangspunkt für eine Diskussion*

Dis·kus·si·ons·run·de *die* <-, -n> ❶ *Gruppe von Personen, die ein Thema (öffentlich) diskutiert* ❷ *Runde, in der (regelmäßig) diskutiert wird*

Dis·kus·wer·fen *das* <-s> */kein Plur./* SPORT *eine Disziplin der Leichtathletik, bei der ein Diskus möglichst weit geworfen wird* ▶ Diskuswerfer, Diskuswerferin

dis·ku·ta·bel *adj /nicht steig./ (↔ indiskutabel) so, dass man es in Erwägung ziehen kann*

dis·ku·tie·ren <diskutierst, diskutierte, hat dis-kutiert> **I.** *mit OBJ* ■ *jmd. diskutiert etwas in einer Diskussion über etwas seine Meinungen austauschen:* Wir haben lange über diese Frage diskutiert. **II.** *ohne OBJ* ■ *jmd. diskutiert mit jmdm. (über etwas Akk.) in einer Diskussion erörtern:* ein Problem/einen Vorschlag diskutieren

dis·pa·rat *adj /nicht steig./ (geh.) so, dass es nicht zueinanderpasst oder sich widerspricht:* zwei disparate Aussagen ▶ Disparität

Dis·pat·cher *der*, **Dis·pat·che·rin** [dɪsˈpɛtʃɐ] <-s, -> *leitender Angestellter zur Überwachung (industrieller) Produktionsabläufe*

Dis·pens *der* <-es, -e> REL. *Befreiung von den geltenden Vorschriften*

dis·pen·sie·ren <dispensierst, dispensierte, hat dispensiert> *mit OBJ* ■ *jmd. dispensiert jmdn. von etwas Dat. (geh.) eine Verpflichtung aufheben:* einen Schüler vom Unterricht dispensieren

Dis·per·si·on *die* <-> */kein Plur./ (fachspr.) Zerstreuung, Verbreitung* ▶ dispers

Dis·play *das* [ˈdɪsple:, dɪsˈpleː] <-s, -s> ❶ EDV *digitales Anzeigefeld für bestimmte Daten:* die Telefonnummer vom Display des Telefons ablesen ❷ WIRTSCH. *Aufsteller zur Warenpräsentation*

Dis·po·nent *der*, **Dis·po·nen·tin** <-en, -en> *leitender kaufmännischer Angestellter*

dis·po·ni·bel *adj /nicht steig./ so beschaffen, dass man darüber (sofort frei) verfügen kann:* disponible Gelder

dis·po·nie·ren <disponierst, disponierte, hat disponiert> *mit OBJ* ■ *jmd. disponiert (irgendwie)(über etwas Akk.)* ❶ *im Voraus planen:* Sie hatte gut disponiert und alle Termine eingehalten. ❷ *(≈ verfügen) die Entscheidungsbefugnis haben und sagen können, was mit etwas geschehen soll:* über sein Geld jederzeit disponieren können

dis·po·niert *adj /nicht steig./ /nicht attr./ (geh.) so, dass man zu etwas veranlagt ist, dazu neigt:* Er ist zu Erkältungen besonders disponiert.

Dis·po·si·ti·on *die* <-, -en> *(geh.)* ❶ *Planung in Bezug auf Mengen, Kapazitäten o. Ä.:* seine Dispositionen ändern ❷ *gegliederter Entwurf eines Textes* ❸ ■ **zur Disposition** *zur freien Verfügung* Mein Auto steht zu eurer Disposition.; einen bestimmten Betrag zur Disposition haben ❹ MED. *Veranlagung:* eine Disposition zu allergischen Erkrankungen haben

dis·pro·por·ti·o·niert, **dis·pro·por·ti·o·niert** *adj (geh.) so, dass es sich nicht in einem ausgewogenen Verhältnis befindet* ▶ disproportional, Disproportionalität

Dis·put *der* <-(e)s, -e> *(geh.: ≈ Auseinandersetzung) Streitgespräch über ein bestimmtes Thema:* in einen Disput eingreifen

dis·pu·tie·ren <disputierst, disputierte, hat disputiert> *ohne OBJ* ■ *jmd, disputiert (mit jmdm.) (über etwas Akk.) (veralt. oder fachspr.) eine gelehrte Diskussion führen*

dis·qua·li·fi·zie·ren <disqualifizierst, disqualifizierte, hat disqualifiziert> **I.** *mit OBJ* ■ *jmdn. wegen etwas Dat. (von etwas Dat.) disqualifizieren* SPORT *(↔ qualifizieren) wegen Regelverletzung von einem Wettkampf ausschließen:* Wer des Dopings überführt wird, wird disqualifiziert. **II.** *mit*

D

SICH ■ *jmd.* **disqualifiziert sich mit etwas** *Dat.* *(geh.:* ↔ *qualifizieren) sich als ungeeignet erweisen:* Mit ihrem Verhalten hat sie sich als Erzieherin disqualifiziert.

Dis·sens *der* <-es, -e> *(geh.) Meinungsverschiedenheit:* In diesem Punkt des Vertrages gibt es noch Dissens zwischen beiden Parteien.

Dis·ser·ta·ti·on *die* <-, -en> *(≈ Doktorarbeit) wissenschaftliche Arbeit zur Erlangung der Doktorwürde* ◆ -sthema, -sdruck, -svorhaben

Dis·si·dent *der,* **Dis·si·den·tin** <-en, -en> *jmd., dessen politische Ansichten grundlegend vom herrrschenden System seines Staates abweichen (und der als Folge dessen oft verfolgt wird):* Das Regime verfolgt alle Dissidenten gnadenlos.

Dis·si·mi·la·ti·on *die* <-, -en> *(↔ Assimilation)* ❶ SPRACHWISS. *das Unähnlichwerden zweier benachbarter gleicher oder ähnlicher Konsonanten durch Ersatz oder durch Ausfall eines Konsonanten* ❷ BIOL. *Abbau und Verbrauch von Körpersubstanz bei gleichzeitiger Gewinnung von Energie*

dis·so·nant *adj so, dass es unschön und missgestimmt klingt:* dissonante Töne

Dis·so·nanz *die* <-, -en> ❶ MUS. *nicht harmonischer Klang:* Das Musikstück ist voller Dissonanzen. ❷ *(geh. übertr.) Unstimmigkeiten:* Zwischen den beiden Kollegen gibt es Dissonanzen.

Dis·tanz *die* <-, -en> ❶ *(geh.) eine (größere) räumliche oder zeitliche Entfernung:* Etwas schon aus großer Distanz erkennen können.; ein Rennen über eine Distanz von 15 km ❷ *(geh.) persönliche Zurückhaltung:* Distanz wahren; auf Distanz gehen ❸ SPORT *vorgesehene Rundenzahl beim Boxkampf:* ein Kampf über die Distanz von zwölf Runden

dis·tan·zie·ren <distanzierst, distanzierte, hat distanziert> **I.** *mit OBJ* ■ *jmd.* **distanziert** *jmdn.* SPORT *überlegen besiegen:* In Rennen vom letzten Sonntag distanzierte er seine wichtigsten Konkurrenten um zehn Sekunden. **II.** *mit SICH* ■ *jmd.* **distanziert sich (von jmdm./etwas)** *(geh.)* ❶ *seine Ablehnung von etwas offen erklären:* Der Minister distanzierte sich von den Äußerungen des Regierungssprechers. ❷ *die Beziehungen zu jmdm. abbrechen:* Nach seiner Scheidung distanzierten sich viele Freunde von ihm. ▶ Distanzierung

dis·tan·ziert *adj (geh.) so, dass sich jmd. zurückhaltend verhält und keinen persönlichen Kontakt sucht:* sich distanziert verhalten; Seine distanzierte Art kann ihm leicht als Arroganz ausgelegt werden. ▶ Distanziertheit

Dis·tel *die* <-, -n> *krautig blühende Pflanze mit stacheligen Blättern und Stengeln*

Dis·ti·chon *das* <-s, Distichen> LIT. *Verseinheit, die aus einem Hexameter und einem Pentameter zusammengesetzt ist*

dis·tin·guiert [dɪstɪŋ'giːrt] *adj (geh.) so, dass sich jmd. in Aussehen und Verhalten betont vornehm gibt:* Sie wirkt im schwarzen Kostüm sehr distinguiert. ▶ Distinguiertheit

Dis·tri·bu·ti·on *das* <-, -en> *(fachspr.)* ❶ *die Art, in der bestimmte Elemente verteilt sind:* eine komplementäre Distribution ❷ WIRTSCH. *einer der*

Kanäle, mit denen Waren vertrieblich an die Kunden gebracht werden ◆ -skanal

Dis·tri·bu·ti·o·na·lis·mus *der* <-> */kein Plur./* SPRACHWISS. *eine Richtung innerhalb der Linguistik, die durch die Untersuchung der Distribution[1] sprachlicher Elemente zu einer objektiven und vollständigen Beschreibung der Struktur einer Sprache gelangen möchte*

dis·tri·bu·tiv *adj /nicht steig./* ❶ SPRACHWISS. *so, dass es in bestimmten Lautumgebungen vorkommt* ❷ MATH. *so, dass es nach dem Distributivgesetz verknüpft ist*

Dis·trikt *der* <-(e)s, -e> *Verwaltungsbezirk*

Dis·zi·p·lin *die* <-, -en> ❶ *die (konsequente) Einhaltung von Regeln:* in der Schule Disziplin halten ◆ Schul-, Selbst- ❷ *Teilgebiet im Sport oder in der Wissenschaft:* die leichtathletischen Disziplinen; die verschiedenen Disziplinen innerhalb der Medizin ▶ interdisziplinär ◆ Fach-, Sport-

dis·zi·p·li·när *adj /nicht steig./* ÖSTERR. *siehe* **disziplinarisch**

dis·zi·p·li·na·risch *adj /nicht steig./* AMTSSPR. *so, dass es die Einhaltung von Regeln betrifft:* disziplinarische Maßnahmen

Dis·zi·p·li·nar·maß·nah·me *die* <-, -n> RECHTSW. *rechtliche Maßnahme gegen ein dienstliches Vergehen eines Beamten:* Gegen den Studiendirektor wird eine Disziplinarmaßnahme eingeleitet.

dis·zi·p·li·nie·ren <disziplinierst, disziplinierte, hat diszipliniert> *mit OBJ* ❶ ■ *jmd.* **diszipliniert jmdn.** *(geh.) zur Einhaltung der Regeln veranlassen:* Diese Klasse ist schwer zu disziplinieren. ❷ ■ *jmd.* **diszipliniert etwas** *in eine strengere Form bringen:* Sie versucht, ihren Arbeitsstil zu disziplinieren. ▶ Disziplinierung

dis·zi·p·li·niert *adj so, dass man die Regeln einhält:* disziplinierte Schüler; sich diszipliniert verhalten ▶ Diszipliniertheit

Dis·zi·p·li·nie·rung *die* <-, -en> *das Disziplinieren*

di·to *adv dasselbe; ebenso*

Di·u·re·ti·kum *das* <-s, Diuretika> MED. *harntreibendes Mittel* ▶ diuretisch

Di·va *die* <-, -s/Diven> *gefeierte Schauspielerin oder Sängerin* ◆ Film-, Opern-

di·ver·gent *adj* ❶ *(geh.) so, dass es entgegengesetzt ist, unterschiedlich verläuft:* Ihre Ansichten waren sehr divergent. ❷ MATH. *so, dass es keinen Grenzwert gibt:* Die Folge der natürlichen Zahlen ist divergent.

Di·ver·genz *die* <-, -en> ❶ *(geh.) Meinungsverschiedenheit:* mit jemandem Divergenzen haben ❷ MATH. *(↔ Konvergenz) das Nichtvorhandensein von Grenzwerten*

di·ver·gie·ren <divergierst, divergierte, ist divergiert> *ohne OBJ* ■ **etwas divergiert** *(geh.) voneinander abweichen:* Unsere Meinungen divergieren in diesem Punkt.; divergierende Auffassungen

di·vers *adj /nicht steig./ (geh.) mehreres, verschiedene Dinge:* Wir konnten zwischen diversen Angeboten wählen.

Di·ver·ti·men·to *das* <-s, Divertimenti> MUS. *heiteres Musikstück*

Di·vi·dend *der* <-en, -en> MATH. *(↔ Divisor) die*

D

zu teilende Zahl in einer Division; Zähler eines Bruches

Di·vi·den·de *die* <-, -n> WIRTSCH. *Gewinnanteile einer Aktie*

Di·vi·den·den·fäh·ig·keit *der* <-, -en> WIRTSCH. *Fähigkeit einer Aktie, einen Gewinn zu erzielen*

di·vi·die·ren <dividierst, dividierte, hat dividiert> *mit OBJ* ■ *jmd.* **dividiert etwas** MATH. *(≈ teilen ↔ multiplizieren) eine Zahl durch eine andere teilen:* 10 dividiert durch 2 ergibt 5.

Di·vi·si·on *die* <-, -en> ❶ MATH. *Teilung einer Zahl durch eine andere* ❷ MILIT. *Abteilung eines Heeres*

Di·vi·si·o·när *der* <-s, -e> SCHWEIZ. ❶ *Befehlshaber einer Division* ❷ *zweithöchster Offiziersgrad (in Friedenszeiten)*

Di·vi·sor *der* <-s, ...-soren> MATH. *(↔ Dividend) die Zahl, durch die bei einer Division[1] geteilt wird; Nenner eines Bruches*

Di·wan *der* <-s, -e/-s> *(veralt.) niedriges Sofa*

DJ *der* ['diːdʒeɪ] <-(s), -s> *(umg.) kurz für „Discjockey"*

dji·bou·tisch *adj* SCHWEIZ. *siehe* **dschibutisch**

DJing *das* ['diːdʒɪŋ] <-s> */kein Pl/ (Jargon) das Plattenauflegen eines DJs*

dl *Abkürzung von „Deziliter"*

DLRG *Abkürzung von „Deutsche Lebens-Rettungs-Gesellschaft"*

DM [deːˈʔɛm] ❶ GESCH. *Abkürzung von „Deutsche Mark"* ❷ SPORT *(↔ EM, WM) Abkürzung von „Deutsche Meisterschaft"*

dm *Abkürzung von „Dezimeter"*

d-Moll *das* <-s> */kein Plur./* MUS. *Tonart mit einem B*

DNS *die* <-> */kein Plur./* BIOL. *Abkürzung von „Desoxyribonukleinsäure"*

do. *Abkürzung von „dito"*

Do·ber·mann *der* <-s, Dobermänner> ZOOL. *eine Hunderasse*

doch I. *konj (≈ aber) drückt im Nebensatz etwas aus, das im Gegensatz zur Aussage des Hauptsatzes steht:* Sie wäre gern gekommen, doch sie hatte keine Zeit.; Der Geist ist willig, doch das Fleisch ist schwach. **II.** *adv* ❶ *(≈ trotzdem) trotz der genannten Sache:* Ich habe es ihm verboten, aber er hat es doch gemacht. ❷ *(≈ aber ja) betont als Antwort verwendet, um auszudrücken, dass gerade das der Fall ist, was in einer Frage verneint oder als fraglich angesehen wird:* Du hast die Prüfung nicht bestanden? Doch!; Du hast das nicht etwa so hingenommen? Doch! Was hätte ich denn machen sollen? **III.** *part* ❶ *unbetont verwendet, um eine Frage beiläufiger klingen zu lassen:* Wie war das doch gleich? ❷ *unbetont verwendet, um eine Aussage zu intensivieren:* Das konnte er doch nicht wissen!; Das ist doch nicht dein Ernst!; Wenn er doch käme!

Docht *der* <-(e)s, -e> *die dünne Schnur in einer Kerze, deren oberes Ende angezündet wird*

Dock *das* <-(e)s, -s> SEEW. *Anlage zum Bau oder zur Reparatur von Schiffen:* Das Schiff liegt im Dock. ◆ -arbeiter(in)

Do·cke *die* <-, -n> ❶ *Garn, das lose zu einem Bündel zusammengedreht ist* ❷ *walzenförmiges Holz- oder Metallstück* ❸ SÜDDT. *Puppe*

Dock·ha·fen *der* <-s, Dockhäfen> *Hafen zum Überholen und Warten von Schiffen*

Do·ge *der* ['doːʒə] <-n, -n> GESCH. *Staatsoberhaupt in den Republiken Genua und Venedig*

Do·gen·pa·last *der* ['doːʒən...] <-(e)s, Dogenpaläste> *Palast der Dogen von Venedig*

Dog·ge *die* <-, -n> ZOOL. *eine Hunderasse*

Dog·ma *das* <-s, Dogmen> ❶ *(geh. abwert.) eine Lehre mit dem Anspruch auf absolute Gültigkeit:* eine Meinung zum Dogma erheben ❷ REL. *ein Glaubenssatz, dessen Gültigkeit als absolut betrachtet wird:* das Dogma von der Unfehlbarkeit des Papstes

Dog·ma·tik *die* <-, -en> ❶ */kein Plur./ (geh. abwert.) eine dogmatische[1] Haltung* ❷ REL. *wissenschaftliche Darstellung der christlichen Glaubenslehre:* Aufbau von Dogmatiken bzw. dogmatischen Entwürfen

Dog·ma·ti·ker *der*, **Dog·ma·ti·ke·rin** <-s, -> ❶ *(geh. abwert.) unkritischer Verfechter einer Lehrmeinung* ❷ REL. *Lehrer der Dogmatik[2]*

dog·ma·tisch *adj* */nicht steig./* ❶ *(geh. abwert.) so, dass man starr an einmal gefassten Meinungen festhält:* ein dogmatischer Führungsstil ❷ REL. *ein Dogma[2] betreffend*

Dog·ma·tis·mus *der* <-> */kein Plur./* ❶ *unkritische Durchsetzung eines Standpunktes:* der Dogmatismus seiner Weltanschauung ❷ REL. *unvermeidliche Voraussetzungen für fundamentale Glaubenswahrheiten*

Dog·men *Plur. von „Dogma"*

Doh·le *die* <-, -n> ZOOL. *ein Rabenvogel*

Dok·tor *der*, **Dok·to·rin** <-s, ...-toren> ❶ *ein akademischer Grad, für dessen Erlangung man ein abgeschlossenes Hochschulstudium als Voraussetzung haben muss und den man durch das Schreiben und Veröffentlichen einer (umfangreichen) wissenschaftlichen Arbeit und das Absolvieren einer mündlichen Prüfung erlangt:* seinen Doktor (in Theologie) machen; Sie ist Doktor/Doktorin der Naturwissenschaften/der Philosophie. ❷ *(umg.) Arzt; Ärztin:* zum Doktor gehen; Mein Kind lässt sich nicht gerne von einem Doktor untersuchen.

Dok·to·rand *der*, **Dok·to·ran·din** <-en, -en> *jmd., der an einer Doktorarbeit schreibt*

Dok·tor·ar·beit *die* <-, -en> *(≈ Dissertation) wissenschaftliche Arbeit zur Erlangung des Doktortitels*

Dok·tor·spiel *das* <-s, -e> */meist Plur./ Kinderspiel, in dem (oft aus sexueller Neugier) eine ärztliche Untersuchung nachgeahmt wird*

Dok·tor·va·ter *der*, **Dok·tor·mut·ter** <-s, Doktorväter> *Professor(in), der/die einen Doktoranden oder eine Doktorandin wissenschaftlich betreut und berät*

Dok·t·rin *die* <-, -en> ❶ *(geh.) eine als absolut gültig erklärte Lehrmeinung:* unverändert an einer Doktrin festhalten ❷ *politischer (programmatischer) Grundsatz:* die Doktrin von der Gewaltenteilung

Do·ku·ment *das* <-(e)s, -e> ❶ *amtliches Schriftstück oder Urkunde:* Können Sie die geforderten Dokumente vorlegen?; Wir benötigen beglaubigte

D

Kopien aller Dokumente. ❷ *Beleg für Ereignisse oder Lebenszusammenhänge (der Vergangenheit):* Die ausgestellten Schiffe sind eindrucksvolle Dokumente der Schiffbaukunst der Wikinger.

Do·ku·men·tar·be·richt *der* <-(e)s, -e> *Bericht, der reale Begebenheiten mit dokumentarischem Material darstellt*

Do·ku·men·tar·film *der* <-(e)s, -e> *(↔ Spielfilm) ein Film, der über Tatsachen berichtet:* ein Dokumentarfilm über eine Polarexpedition ▶ Dokumentarfilmer, Dokumentarfilmerin

do·ku·men·ta·risch *adj /nicht steig./ (↔ fiktional) so, dass es Tatsachen berichtet oder belegt:* dokumentarische Aufnahmen/Fotos

Do·ku·men·ta·ti·on *die* <-, -en> *(geh.)* ❶ *eine geordnete Sammlung von sprachlichen, fotografischen oder gegenständlichen Belegen, die die Entwicklung von etwas darstellt:* eine Dokumentation über die Geschichte des alten Schlosses; eine wissenschaftliche Dokumentation zum Thema „Gentechnik" ◆-szentrum ❷ *Beweis, Beispiel:* eine Dokumentation unserer Hilfsbereitschaft ❸ *dokumentarische Sendung im Radio oder Fernsehen*

do·ku·men·ten·echt *adj /nicht steig./ so, dass eine Schreibflüssigkeit oder Druckfarbe beständig ist und von einem Dokument¹ nicht wieder entfernt werden kann:* dokumentenechte Tinte verwenden

Do·ku·men·ten·map·pe *die* <-, -n> *Mappe zum Aufbewahren von Dokumenten¹*

do·ku·men·tie·ren <dokumentierst, dokumentierte, hat dokumentiert> *(geh.)* **I.** *mit OBJ* ■ *jmd. dokumentiert etwas* ❶ *durch Dokumente² belegen:* Der Film dokumentiert die Leiden der Bevölkerung im Krieg. ❷ *(≈ bekunden) etwas für andere deutlich zeigen:* seinen guten Willen dokumentieren **II.** *mit SICH* ■ *etwas dokumentiert sich (durch Akk. /in etwas Dat.) sich offenbaren:* Darin dokumentiert sich seine demokratische Gesinnung.

Dol·by® *das* ['dɔlbi] <-, -s> TECHN. *kurz für „Dolby System"*

Dol·by-Sys·tem *das* <-s, -e> TECHN. *ein von R.M. Dolby entwickeltes Verfahren zur Verminderung des Rauschens bei Tonaufzeichnungen und der Tonwiedergabe*

Dolch *der* <-(e)s, -e> *ein Messer (als Waffe), dessen Klinge auf beiden Seiten scharf geschliffen ist:* den Dolch ziehen ◆-klinge, -spitze, -stich, -stoß

Dol·de *die* <-, -n> BOT. *schirmähnlicher Blütenstand* ◆Blüten-

Dol·den·blüt·ler *der* <-s, -> BOT. *siehe* **Doldengewächs**

Dol·den·ge·wächs *das* <-es, -e> BOT. *Pflanze mit einem doldenförmigen Blütenstand und gefiederten Blättern*

Dol·den·trau·be *die* <-, -n> BOT. *die Dolde in Form einer Traube*

Dol·lar *der* <-(s), -s> *eine Währungseinheit:* der amerikanische/australische/neuseeländische Dollar ◆im Zusammenhang mit Zahlenangaben endungsloser Plur. 500 Dollar kosten

Dol·lar·kurs *der* <-es, -e> WIRTSCH. *der Marktpreis des amerikanischen Dollars*

Dol·lar·re·ser·ve *die* <-, -n> WIRTSCH. *Dollarbestände eines Landes, die als Reserve dienen*

Dol·men *der* <-s, -> GESCH. *prähistorische große Grabkammer aus Stein (besonders in West- und Nordeuropa)*

Dol·metsch *der* <-(e)s, -e> ÖSTERR. *siehe* **Dolmetscher**

dol·met·schen <dolmetschst, dolmetschte, hat gedolmetscht> *mit OBJ/ohne OBJ* ■ *jmd. dolmetscht (etwas) in einer Situation von jmdm. gemachte mündliche Äußerungen sofort in eine andere Sprache übersetzen:* ein Gespräch dolmetschen; Er dolmetscht für den Außenminister.; bei einer Konferenz dolmetschen

Dol·met·scher *der*, **Dol·met·sche·rin** <-s, -> *jmd., der beruflich dolmetscht:* als Dolmetscher und Übersetzer beim Europäischen Parlament arbeiten ◆-institut, -schule

Do·lo·mit *der* <-s, -e> *eine Gesteinsart*

Do·lo·mi·ten <-> *Plur. Gebirgszug in den italienischen Alpen*

Dom *der* <-(e)s, -e> ❶ *ursprünglich die Bezeichnung für eine Kirche an einem Bischofssitz, heute oft allgemein Bezeichnung einer großen Kirche:* der Mailänder Dom; der Dom von Sankt Blasien ◆-chor, -platz ❷ *drehbare Kuppel einer Sternwarte*

Do·main *die* [dɔ'meːn] <-, -s> *logisches Teilnetz in einem internationalen Netzwerk (Internet), das über einen bestimmten Domain-Namen angesprochen wird:* länderspezifische Domains wie „de" für Deutschland, „bg" für Belgien, „fr" für Frankreich; öffentliche bzw. kommerzielle Domains wie „edu" für „educational", „net" für „Netz" (Internetprovider und Organisationen)

Do·mä·ne *die* <-, -n> ❶ *(≈ Spezialgebiet) ein Wirkungsgebiet, auf dem jmd. besondere Fähigkeiten hat:* Der Film ist nicht seine Domäne, er ist ein ausgesprochener Theaterschauspieler. ❷ GESCH. *Landgut, das dem Staat gehört*

Do·mes·ti·ka·ti·on *die* <-, -en> */Plur. selten /* *das Domestizieren*

do·mes·ti·zie·ren <domestizierst, domestizierte, hat domestiziert> *mit OBJ* ■ *jmd. domestiziert ein Tier/etwas* aus wilden Tieren und Pflanzen Haustiere und Kulturpflanzen machen: domestizierte Rassen

Do·mes·ti·zie·rung *die* <-> */kein Plur./* *siehe* **Domestikation**

do·mi·nant *adj* ❶ BIOL. *so, dass ein Merkmal vorherrschend ist und andere Merkmale verdrängt:* dominant vererbte Merkmale ❷ *(fachspr.) so, dass man andere zwingt, sich unterzuordnen:* das dominante Männchen in der Affengruppe ❸ *so, dass eine Charakterstruktur an jmdm. besonders auffällt:* ein dominanter Charakterzug

Do·mi·nanz *die* <-, -en> */kein Plur./* ❶ BIOL. *Fähigkeit, andere Erbmerkmale zu verdrängen:* die Dominanz eines Merkmals ❷ *(fachspr.) die Fähigkeit, andere zur Unterordnung zu zwingen:* die Dominanz eines Einzelnen in einer Gruppe ❸ *das Vorherrschen eines Merkmals in der Charakter-*

struktur einer Person: die Dominanz seiner Intelligenz

Do·mi·ni·ca *das* <-s> *Inselstaat im Karibischen Meer*

do·mi·nie·ren <dominierst, dominierte, hat dominiert> I. *mit OBJ* ■ *jmd.* **dominiert jmdn./ etwas** *jmdn. oder etwas so beherrschen, dass man die eigenen Eigenschaften und Vorlieben aufprägt und diejenigen anderer nicht gelten lässt:* Sie dominiert die Klasse/ihren Ehemann. II. *ohne OBJ* ■ *jmd./etwas* **dominiert** *vorherrschen:* Diese Meinung dominiert in der Klasse.; *jemand nimmt eine dominierende Stellung ein*

Do·mi·ni·ka·ner *der*, **Do·mi·ni·ka·ne·rin** <-s, -> ❶ REL. *Angehöriger des Dominikanerordens* ❷ *Einwohner der Dominikanischen Republik*

do·mi·ni·ka·nisch *adj /nicht steig./ so, dass es die Dominikaner oder die Dominikanische Republik betrifft*

Do·mi·ni·ka·ni·sche Re·pu·b·lik *die* <-> *Inselstaat im Karibischen Meer*

Do·mi·no *der* <-s, -s> ❶ *ein Spiel mit Spielsteinen, die nach bestimmten Regeln aneinandergelegt werden müssen* ❷ *ein schwarzes Maskenkostüm:* zum Kostümball im Domino erscheinen

Do·mi·zil *das* <-s, -e> *(geh.) das Zuhause:* Wir besichtigten unser neues Domizil.

do·mi·zi·lie·ren <domizilierst, domizilierte, ist domiziliert> *ohne OBJ* ■ *jmd.* **domiziliert irgendwo** *(geh. oder scherzh.) seinen Wonsitz haben, ansässig sein:* Er domiziliert in einer alten Villa.

Dom·pfaff *der* <-s/-en, -en> *ein Singvogel*

Dom·probst *der* <-(e)s, Dompröpste> REL. *Vorsteher, erster Würdenträger des Domkapitels*

Domp·teur *der*, **Domp·teu·se/Domp·teu·rin** [dɔmp'tøːɐ̯] <-s, -e> *jmd., der Tiere dressiert und vorführt:* Eine Gruppe Löwen wurde von ihrer Dompteuse vorgeführt.

Do·na·tor *der*, **Do·na·to·rin** <-s, ...-toren> SCHWEIZ. *Geber, Spender, Stifter*

Do·nau *die* <-> *zweitgrößter Strom Europas, der bei Donaueschingen entspringt und in Rumänien ins Schwarze Meer mündet*

Do·nau·län·der *die* <-> *Plur. die Länder, durch die die Donau fließt*

Dö·ner *der* <-s, -> *kurz für „Dönerkebab"* ◆ -bude, -teller

Dö·ner·ke·bab, *a.* **Dö·ner Ke·bab** *der* ['dønɛrkə-bap] <-(s), -s> *am Drehspieß gegartes und in kleine Stücke geschnittenes Hammelfleisch, das mit Joghurtsoße und Salat in einem Stück Fladenbrot serviert wird*

Dö·ner·ke·bap, **Dö·ner Ke·bap** *siehe* **Dönerkebab**

Don Ju·an *der* [dɔn'xu̯an] <- -s, - -s> *(geh.) ein Frauenheld:* Dieser Mann ist wahrlich kein Don Juan!

Don·ner *der* <-s, -> ❶ *das laute Krachen, das man während eines Gewitters hört und das auf einen Blitz folgt:* Der Donner grollt/kracht/rollt. ❷ *lautes dumpfes Geräusch:* der Donner der Geschütze/der Wellen ◆ Geschütz- ❸ ■ **wie vom Donner gerührt sein** *(umg.) vor Schrecken starr sein*

Don·ner·bal·ken *der* <-s, -> *(umg.) (primitive) Toilette (in einem militärischen Feldlager)*

Don·ner·büch·se *die* <-, -n> *(umg. scherzh.) Gewehr, Pistole*

Don·ner·keil *der* <-(e)s, -e> ❶ *(umg.: ≈ Donnerstein) versteinertes, kegelförmiges Gehäuse eines Kopffüßlers* ❷ GESCH. *prähistorisches Werkzeug*

Don·ner·litt·chen, *a.* **Don·ner·lütt·chen** *(umg.)* NORDDT. *(≈ Donnerwetter) Ausruf des Erstaunens*

don·nern <donnert, donnerte, hat/ist gedonnert> I. *ohne OBJ* ❶ ■ *etwas donnert ein lautes Geräusch verursachen:* Die Geschütze donnern. ❷ ■ *jmd. donnert an etwas Akk. (umg.) heftig anstoßen:* Er hat/ist mit dem Kopf an die Tür gedonnert. ❸ ■ *etwas donnert durch/über etwas Akk. sich mit lautem Geräusch bewegen:* Der Lastwagen ist durch die Ortschaft gedonnert.; Die Flugzeuge donnerten über unsere Köpfe hinweg. ❹ ■ *jmd. donnert gegen etwas Akk. mit lautem Geräusch gegen etwas schlagen:* mit Fäusten gegen die Tür donnern II. *mit ES* ■ **es donnert** *das Geräusch des Donners* [1] *ist zu hören:* Es blitzt und donnert.

Don·ners·tag *der* <-s, -e> *der vierte Tag der Woche*

Don·ners·tag·abend *der* <-s, -e> *am Donnerstagabend* ◆ Zusammenschreibung →R 4.1 Jeden Donnerstagabend gehe ich zum Sport.

don·ners·tag·abends *adv an jedem Donnerstagabend:* Wir treffen uns immer donnerstagabends. ◆ Zusammenschreibung →R 4.2 Die Versammlung ist immer donnerstagabends.

don·ners·tä·gig *adv an jedem Donnerstag:* das donnerstägige Treffen des Sportvereins

don·ners·tags *adv an jedem Donnerstag:* Donnerstags haben wir Sport. ◆ Getrenntschreibung →R 4.13 Wir treffen uns immer donnerstags abends.; *siehe auch* **donnerstagabends**

Don·ner·stim·me *die* <-, -n> *gewaltige, laut dröhnende Stimme:* Seine Donnerstimme war im ganzen Haus zu hören.

Don·ner·wet·ter *das* I. *(umg.) heftige Schelte:* Du kannst dich auf ein großes Donnerwetter gefasst machen! II. *interj verwendet, um großes Erstaunen auszudrücken:* Donnerwetter! Das hätte ich nicht gedacht.

doof <doofer, am doofsten> *adj (umg. abwert.) so, dass jmd. dumm und einfältig ist:* Wie kann man nur so doof sein!

Doof·heit *die* <-, -en> ❶ ■ **kein Plur.** *(umg. abwert.) Dummheit, beschränkte, einfältige Art* ❷ *doofe Bemerkung, doofe Handlung:* Hör doch endlich mit deinen Doofheiten auf!

do·pen <dopst, dopte, hat gedopt> *mit OBJ* ■ *jmd. dopt jmdn. (mit etwas Dat.)* SPORT *(sich) verbotene leistungssteigernde Mittel verabreichen:* Dem Läufer wurde die Silbermedaille aberkannt, weil er sich gedopt hatte.; Der Rennfahrer behauptete, er sei gegen seinen Willen gedopt worden.

Do·ping *das* <-s> */kein Plur./* SPORT *Einnahme verbotener Mittel zur Leistungssteigerung:* Die Sportlerin wurde wegen Dopings gesperrt.; Wie verbreitet ist das Doping im Hochleistungssport? ◆ -analytik, -analytiker(in), -fall, -geständnis, -liste, -mittel, -netzwerk, -probe, -skandal, -sperre, -substanz, -sünder(in), -zyklus, Amphetamin-, Anabolika-, Blut-, Eigenblut-, Gen-, Hormon-

Dop·pel *das* <-s, -> **❶** (≈ *Duplikat*) Ich habe hier noch ein Doppel des Briefes. **❷** SPORT *(bei Tennis und Tischtennis) Spiel zu viert: ein gemischtes Doppel beim Tischtennis*

D

Dop·pel- *als Erstglied zusammengesetzter Substantive; drückt aus* **❶** *dass das mit dem Zweitglied Bezeichnete in zweifacher Weise/Ausführung bzw. gedoppelt vorkommt oder ausgeführt wird* ◆ -adler, -axel, -belastung, -besteuerung, -bett, -boden, -erfolg, -fehler, -fenster, -flinte, -funktion, -haus, -heft, -kabine, -knoten, -kurve, -laut, -lutz, -mord, -naht, -name, -nelson, -nummer, -partner(in), -reim, -rittberger, -rolle, -salchow, -salto, -schlag, -seite, -spitze, -stecker, -stern, -stunde, -tür, -zimmer **❷** *dass das mit dem Zweitglied Bezeichnete sich auf zwei Bereiche erstreckt* ◆ -agent(in), -bürger(in), -sieg, -strategie

Dop·pel·al·bum *das* <-s, Doppelalben> *CD- oder Schallplattenalbum, das aus zwei zusammengehörenden CDs oder Schallplatten besteht*

Dop·pel·be·ga·bung *die* <-, -en> *die Eigenschaft, dass jmd. gleichermaßen zwei Begabungen hat*

Dop·pel·be·lich·tung *die* <-, -en> FOTOGR. *doppelte Belichtung desselben Negativs*

Dop·pel·bil·der <-> *Plur* MED. *fehlerhafte Wahrnehmung, so dass die Bilder beim Wahrnehmen eines Gegenstandes mit beiden Augen nicht miteinander verschmelzen*

dop·pel·bö·dig *adj /nicht steig./ (verhüll.) so, dass etwas vordergründig akzeptabel und auf den zweiten Blick problematisch ist:* Ihre Moral ist doppelbödig.

Dop·pel-CD *die* <-, -s> *siehe* **Doppelalbum**

Dop·pel·de·cker *der* <-s, -> **❶** LUFTF. *Flugzeug mit zwei übereinanderliegenden Tragflächen* **❷** *(umg.) doppelstöckiger Autobus*

dop·pel·deu·tig *adj /nicht steig./ so, dass man es auf zweierlei Arten deuten kann:* eine doppeldeutige Bemerkung

Dop·pel·gän·ger *der*, **Dop·pel·gän·ge·rin** <-s, -> *Person, die einer anderen sehr ähnelt:* Entweder er war es selbst, oder es war sein Doppelgänger.

dop·pel·glei·sig *adj /nicht steig./ so, dass zwei Gleise nebeneinanderliegen:* Die Strecke ist doppelgleisig befahrbar.

Dop·pel·griff *der* <-(e)s, -e> MUS. **❶** *gleichzeitiges Greifen zweier Tasten mit einem Finger auf einem Klavier, einer Orgel oder einem Cembalo* **❷** *gleichzeitiges Streichen zweier Saiten auf einem Streichinstrument*

Dop·pel·haus·halt *der* <-(e)s, -e> *zwei Haushalte, die von einer Person oder einer Familie geführt werden:* Berufsbedingt führt sie einen Doppelhaushalt.

Dop·pel·he·lix *die* <-> */kein Plur./* BIOL. *Struktur des Moleküls der Desoxyribonukleinsäure*

Dop·pel·hoch·zeit *die* <-, -en> *gemeinsame Hochzeit von zwei Paaren*

Dop·pel·kinn *das* <-s, -e> *Fettwulst unter dem Kinn*

Dop·pel·klick *der* <-s, -s> EDV *zweimaliges Anklicken mit der Maustaste:* Führen Sie auf das Symbol einen Doppelklick aus!

Dop·pel·le·ben *das* <-s> */kein Plur./* ■ **jemand führt ein Doppelleben** *jmd. hat eine bestimmte Existenz und daneben heimlich noch eine andere*

Dop·pel·mo·ral *die* <-> */kein Plur./ ein moralisches Doppelleben:* Die 68er haben die bürgerliche Moral als Doppelmoral beschimpft.; Jemand, der vor anderen als Asket auftritt, aber heimlich ausschweifend lebt, muss sich schon den Vorwurf der Doppelmoral gefallen lassen.

dop·peln <doppelst, doppelte, hat gedoppelt> *mit OBJ* ■ **jmd. doppelt etwas** **❶** *ein Duplikat herstellen* **❷** ÖSTERR. *(Schuhe) besohlen*

Dop·pel·pack *der* <-s, -s> *eine Packung, die zwei Einheiten der gleichen Ware enthält:* Den Doppelpack gibt es zu einem günstigen Preis.; T-Shirts im Doppelpack zu zehn Euro

Dop·pel·pass *der* <-es, Doppelpässe> **❶** *(umg.) doppelte Staatsbürgerschaft* **❷** SPORT *im Fußball schneller, direkter Ballwechsel zwischen zwei Spielern derselben Mannschaft mit dem Ziel, die gegnerische Verteidigung zu umspielen*

Dop·pel·punkt *der* <-(e)s, -e> *das Interpunktionszeichen von zwei übereinandergesetzten Punkten „:": vor der direkten Rede einen Doppelpunkt setzen*

Dop·pel·rei·m *der* <-(e)s, -e> LIT. *Endreim mit der folgenden Zeile, der zwei Hebungen hat und sich auf drei oder vier Silben erstreckt:* „Klinggeister" bildet mit „Singmeister" einen Doppelreim.

Dop·pel·sinn *der* <-s> */kein Plur./ der Sachverhalt, dass etwas zwei Bedeutungen hat:* Erst später bemerkte er den Doppelsinn ihrer Bemerkung.

Dop·pel·stock·bus *der* <-ses, -se> (≈ *Doppeldecker Doppelstockomnibus) ein Bus, der zwei Etagen hat*

dop·pelt **I.** *adj /nicht steig./* **❶** *so, dass es die zweifache Menge von etwas ist:* die doppelte Menge; ein doppelter Espresso/Wodka **❷** (≈ *zweifach) so, dass es in zwei Exemplaren existiert oder vorkommt:* doppelt sehen/vorkommen **❸** *(abwert.) unehrlich:* eine doppelte Moral; ein doppeltes Spiel mit jemandem treiben **II.** *adv /nicht steig./ sehr viel mehr:* doppelt aufpassen müssen; doppelt so viel/schnell/schön

Dop·pe·lung *die* <-, -en> *das Doppeltnehmen*

Dop·pel·ver·die·ner *der*, **Dop·pel·ver·die·ne·rin** <-s, -> */meist Plur./* **❶** *Ehepaar, bei dem beide Partner berufstätig sind* **❷** *jmd., der zwei Einkommen hat*

Dop·pel·zent·ner *der* <-s, -> *zwei Zentner; hundert Kilogramm*

Dopp·ler·ef·fekt *der* <-(e)s> */kein Plur./* PHYS. *bei der Ausbreitung von Schall- oder Lichtwellen die Erscheinung, dass sich die Frequenz ändert, wenn sich der Abstand zwischen Sender und Empfänger verändert*

Dopp·lung *die* <-, -en> *siehe* **Doppelung**

Do·ra·do *das* <-s, -s> *(geh.) ein Ort, der sehr gute*

Bedingungen für etwas bietet: Das Gebiet ist ein Dorado für Mountainbiker.

Dorf *das* <-(e)s, Dörfer> ❶ *eine Siedlung auf dem Land, die kleiner als eine Stadt ist:* in einem Dorf in Thüringen wohnen; An das Leben auf dem Dorf haben wir uns schnell gewöhnt.; Die jungen Leute zieht es vom Dorf in die Stadt.; Seine Verlobte war vom Dorf, nämlich eine Bauerntochter. ◆ -bewohner(in), -gemeinde, -pfarrer, -platz, -schule, Bauern-, Berg-, Fischer- ❷ */kein Plur./ (↔ Stadt) ländliche Umgebung:* auf dem Dorf(e) aufwachsen/wohnen ❸ */kein Plur./ die Einwohnerschaft eines Dorfes:* Das ganze Dorf war auf den Beinen.; Bei der Ernte hilft das ganze Dorf (≈ alle Einwohner des Dorfes) mit. ❹ ■ **Das sind für mich böhmische Dörfer!** *(umg.)* davon verstehe ich überhaupt nichts; ■ **Potemkinsche Dörfer zeigen** *(geh.) Blendwerke vorführen, falsche Tatsachen vortäuschen;* ■ **die Kirche im Dorf lassen** *(umg.) sich ans Gegebene halten, an Gebräuchen nichts ändern*

Dorf·an·ger *der* <-s, -> *(veralt.) zentraler Platz im Dorf*

Dorf·ge·mein·de *die* <-, -n> *Gemeinde, die aus einem oder mehreren Dörfern besteht*

Dorf·schen·ke, *a.* **Dorf·schän·ke** *die* <-, -n> *(veralt.) Gasthaus eines Dorfes*

Dorf·trot·tel *der* <-s, -> *(umg. abwert.) Person, die im Dorf für ihre Dummheit bekannt ist und deshalb verspottet wird*

Dorn *der* <-(e)s, -en/-e> ❶ */Plur. <-en>/ BOT. ein (kleinerer) scharfer und spitzer Auswuchs an manchen Pflanzen:* sich an den scharfen/spitzen Dornen der Rose verletzen; ■ **keine Rose ohne Dornen** *(Sprichwort) es gibt keine gute Sache, die nicht auch ihre Nachteile hat;* ■ **jemandem ein Dorn im Auge sein** *für jmdn. ein Ärgernis sein* ❷ */Plur. <-e>/ TECHN. spitzer Metallstift als Werkzeug zum Erweitern von Löchern*

dor·nen·reich *adj /nicht steig./* (≈ dornenvoll) ❶ *so, dass es voller Dornen¹ ist:* ein dornenreicher Strauch ❷ *(geh.) so, dass es voller Leiden und Schwierigkeiten ist:* ein dornenreiches Leben

Dorn·fort·satz *der* <-es, Dornfortsätze> ANAT. *nach hinten gerichteter Fortsatz eines Wirbels*

dor·nig *adj* ❶ *so, dass es voller Dornen¹ ist:* ein dorniges Gestrüpp ❷ *(geh. übertr.) so, dass es voller Schwierigkeiten und Leiden ist:* einen dornigen Weg vor sich haben

Dorn·rös·chen *das* <-s> */kein Plur./ eine Märchenfigur;* ■ **im Dornröschenschlaf liegen** *vor sich hinträumen, über lange Zeit unverändert bleiben*

dör·ren <dörrst, dörrte, hat/ist gedörrt> **I.** *mit OBJ (haben)* ■ *jmd./etwas dörrt etwas etwas trocknen:* Man hat das Fleisch gedörrt, um es haltbar zu machen. ▸ Dörrfleisch **II.** *ohne OBJ (sein)* ■ *etwas dörrt etwas trocknet:* Der Fisch ist an der Luft gedörrt.

Dörr·obst *das* <-(e)s> */kein Plur./ getrocknetes Obst:* im Backofen gedörrtes Obst

dor·sal *adj /nicht steig./* ❶ MED. *so, dass es zum Rücken gehört oder an der Rückseite liegt* ❷ SPRACHWISS. (↔ apikal) *so, dass ein Laut mit dem*

Zungenrücken gebildet wird: Das „ch" in „ich" ist ein dorsaler Laut. ▸ Dorsal(laut)

Dorsch *der* <-(e)s, -e> ZOOL. *ein essbarer Seefisch*

dort *adv* ❶ *an einer bestimmten, vom Sprecher weiter weg liegenden Stelle:* Dort (drüben/hinten) steht meine Tasche.; Bist du schon einmal dort gewesen? ❷ *verwendet, um sich auf etwas vorher Erwähntes zu beziehen:* Ich war heute morgen im Café. Dort (≈ im Café) habe ich Zeitung gelesen.; Wir sind gestern bis Seite 5 gekommen. Dort (≈ auf Seite 5) machen wir jetzt weiter. ❸ ■ **da und dort** *verwendet, um auszudrücken, dass etwas an verschiedenen Stellen oder Orten vorkommt, es aber kein systematisches Muster gibt* Da und dort findet man auf der Insel noch völlig unberührte Bauerndörfer.

dort·be·hal·ten <behältst dort, behielt dort, hat dortbehalten> *mit OBJ* ■ *jmd. behält jmdn./etwas dort an einer Stelle (fest)halten* ◆ Zusammenschreibung →R 4.5 Könnt ihr sie noch ein paar Tage dortbehalten?

dort·blei·ben <bleibst dort, blieb dort, ist dortgeblieben> *ohne OBJ* ■ *jmd./etwas bleibt dort an einem Platz bleiben:* Wie lange seid ihr dortgeblieben?

dort·her *adv (↔ dorthin) von dem erwähnten Ort her; von da; von dort:* Wollt ihr in die Stadt gehen? Ich komme von dorther.

dort·hin *adv (↔ dorther) an den erwähnten Ort hin; nach dort:* Du gehst ins Kino? Kannst du mich dorthin mitnehmen?

dor·tig *adj /nicht steig./* ❶ *so, dass es sich an einem entfernten Ort, der schon genannt worden ist, befindet:* Wir waren in Leipzig. Das dortige Theater … ❷ *so, dass es dort geschieht, sich dort ereignet oder der Fall ist:* Die dortigen Ereignisse beherrschten heute alle Tageszeitungen.; Wir kennen die dortigen Verhältnisse nicht genügend.

Dort·mund <-s> *Stadt im Ruhrgebiet*

dort·zu·lan·de *adv dort in dem erwähnten Land:* Ist das dortzulande so üblich? ◆ Zusammenschreibung →R 4.3 Dortzulande feiert man kein Weihnachten.

DOS [dos] EDV *Abkürzung von „Disc Operating System"; ein Betriebssystem*

Do·se *die* <-, -n> ❶ *kleinerer Behälter aus Metall, Glas oder Keramik mit einem Deckel:* eine Dose für Kekse/Schmuck/Zucker ❷ *kurz für „Konservendose":* Fisch aus der Dose ◆ Bier-, Fisch-, Konserven-, Milch- ❸ *(umg.) Steckdose*

dö·sen <döst, döste, hat gedöst> *ohne OBJ* ■ *jmd. döst (umg.)* ❶ *im Halbschlaf sein:* Ich habe nur ein wenig gedöst. ❷ *unaufmerksam sein:* Hör auf zu dösen und pass endlich auf!; ■ *jemand döst vor sich hin jmd. befindet sich in einem geistigen Dämmerzustand*

Do·sen·öff·ner *der* <-s, -> *Werkzeug zum Öffnen von Konservendosen*

Do·sen·pfand *das* <-s> */kein Plur./ (in Deutschland) auf Getränkedosen und bestimmte Flaschen erhobenes Pfand*

do·sie·ren <dosierst, dosierte, hat dosiert> *mit OBJ* ■ *jmd. dosiert etwas bestimmte Mengen ei-*

D

D

nes Stoffes zum Gebrauch abmessen: ein Medikament richtig/zu hoch dosieren

Do·sie·rung *die* <-, -en> ❶ */kein Plur./ das Abmessen einer bestimmten Menge eines Stoffes zum Gebrauch:* Auf die richtige Dosierung des Medikaments kommt es an! ❷ *(≈ Dosis)*

Do·sis *die* <-, Dosen> *abgemessene Menge:* Diese Dosis des Medikaments/Rauschgifts ist tödlich.; eine hohe Dosis an Strahlung abbekommen ◆Überdosis

Dos·si·er *das* [dɔ'sje:] <-s, -s> *zusammengehöriges (umfangreiches) Aktenmaterial:* ein Dossier anlegen

do·tiert *adj /nicht steig./ (geh.)* so, dass es mit Geldmitteln ausgestattet ist: einen gut dotierten Posten suchen; Die Stelle ist mit 5000 Euro dotiert.; Der Schriftsteller nimmt heute den mit 10.000 Euro dotierten Preis der bekannten Stiftung entgegen.

Do·tie·rung *die* <-, -en> *das Ausstatten mit Sach- und Geldwerten*

Dot·ter *der* <-s, -> *(≈ Eidotter, Eigelb) das Gelbe im Ei:* das Eiweiß vom Dotter trennen

dot·ter·gelb *adj /nicht steig./ so gelb wie ein Eidotter ist:* eine dottergelbe Blume

Dot·ter·sack *der* <-(e)s, Dottersäcke> ZOOL. *mit Dotter gefülltes Ernährungsorgan der Embryonen von Wirbeltieren*

dou·beln ['du:bl̩n] <doubelst, doubelte, hat gedoubelt> *mit OBJ* ▪ *jmd. doubelt jmdn.* FILM *beim Drehen eines Films einen Schauspieler in gefährlichen Situationen durch ein Double ersetzen:* In dieser Szene ist der Star gedoubelt worden.

Dou·b·le *das* ['du:bl̩] <-s, -s> FILM *Person, die beim Drehen eines Films in gefährlichen Situationen einen Schauspieler ersetzt*

Dow-Jones-Ak·ti·en·in·dex *der* [daʊˈdʒoʊnz...] <-/-es> */kein Plur./* WIRTSCH. *siehe* **Dow-Jones-Index**

Dow-Jones-In·dex *der* [daʊˈdʒoʊnz'...] <-es> */kein Plur./* WIRTSCH. *errechneter Durchschnittskurs der dreißig wichtigsten Aktien in den USA*

down [daʊn] *adj (umg.) erschöpft und niedergeschlagen:* völlig down sein

Down·load *der* ['daʊnloʊd] <-s, -s> EDV *das Herunterladen von Daten aus dem Internet auf einen PC:* ein kostenloser Download

down·load·bar ['daʊnloʊd...] *adj /nicht steig./* EDV *so, dass man es herunterladen kann:* ein downloadbares Programm

down·loa·den ['daʊnloʊdn̩] <downloadest, downloadete, hat downgeloadet> *mit OBJ* ▪ *jmd. downloadet etwas* EDV *(≈ herunterladen) Daten aus dem Internet auf einen PC herunterladen:* Er will ein paar Musiktitel downloaden.

Down·syn·drom, *a.* **Down-Syn·drom** *das* ['daʊn...] <-s> */kein Plur./* MED. *genetisch bedingte Erkrankung des Menschen*

Do·zent *der*, **Do·zen·tin** <-en, -en> *jmd., der an einer Universität lehrt und nicht Professor(in) ist*

do·zie·ren <dozierst, dozierte, hat doziert> *ohne OBJ* ❶ ▪ *jmd. doziert über etwas* Akk. *(geh. abwert.) arrogant und in belehrender Weise vortragen:* Sie doziert gern über Erziehung.; in einem do-

zierenden Ton sprechen ❷ ▪ *jmd. doziert an einer Universität lehren*

Dr. *Abkürzung des akademischen Grads „Doktor":* Frau/Herr Dr. Müller

DR GESCH. *Abkürzung von „Deutsche Reichsbahn"*

Dra·che *der* <-n, -n> *ein Fabelwesen in der Art eines großen Ungeheuers, das von einem Helden besiegt werden muss*

Dra·chen *der* <-s, -> ❶ *aus Papier oder Kunststoff und leichten Holmen gebaute Konstruktion an einer langen Schnur, die man (als Spielzeug) vom Wind in die Höhe tragen lässt:* Die Kinder lassen im Herbst Drachen steigen. ❷ SPORT *aus großen Stoffbahnen und leichten Holmen konstruiertes Fluggerät* ❸ *(umg. abwert.) zänkische Frau:* Sie ist ein richtiger Drachen.

Dra·chen·flie·gen *das* <-s> */kein Plur./* SPORT *das Gleiten in der Luft an einem Drachen[2]*

Dra·gee, *a.* **Dra·gée** *das* [dra'ʒe:] <-s, -s> ❶ MED. *(≈ Pille) ein Dragee täglich einnehmen* ❷ *eine Art Bonbon:* ein Dragee mit Himbeergeschmack

Draht *der* <-(e)s, Drähte> *eine sehr dünne Schnur aus Metall oder Kunststoff:* Draht auf eine Rolle wickeln; ▪ **ein heißer Draht** *(umg.) eine direkte (telefonische) Verbindung;* ▪ **einen/keinen guten Draht zu etwas/jemandem haben** *(umg.) eine/keine gute Beziehung zu etwas oder jmdm. haben;* ▪ **auf Draht sein** *(umg.) geistig rege sein* ◆-bespannung, -bürste, -heftung, -stift, -zange, Form-, Kunststoff-, Kupfer-, Walz-

Draht·aus·lö·ser *der* <-s, -> FOTOGR. *Vorrichtung an Fotoapparaten zur Betätigung des Verschlusses*

Draht·be·span·nung *die* <-, -en> *Bespannung mit Draht*

Draht·esel *der* <-s, -> *(umg. scherzh.) Fahrrad*

Draht·funk *der* <-(e)s> */kein Plur./ Übertragung von Rundfunksendungen über Leitungen*

Draht·glas *das* <-es, Drahtgläser> */Plur. selten/ Sicherheitsglas, in das Drahtgewebe eingelegt ist*

Draht·hef·tung *die* <-, -en> *Heftung der Druckbogen eines Buches mit Draht*

drah·tig *adj schlank und durchtrainiert:* ein drahtiger junger Mann ▸ Drahtigkeit

draht·los *adj /nicht steig./* TELEKOMM. *so, dass es über Funk funktioniert und nicht an Leitungen gebunden ist:* ein drahtloses Telefon; drahtlos telefonieren

Draht·seil *das* <-(e)s, -e> *Seil aus zusammengedrehten Stahldrähten:* etwas mit einem Drahtseil sichern; ▪ **Nerven wie Drahtseile haben** *(umg.) sehr starke Nerven haben, nervlich stark belastbar sein*

Draht·seil·akt *der* <-(e)s, -e> ❶ *Vorführung (im Zirkus), bei der ein Akrobat auf einem quer über die Manege gespannten Seil balanciert* ❷ *(übertr.) eine sehr schwierige Angelegenheit:* Die Vermittlung zwischen den feindlichen Regierungen entpuppte sich als Drahtseilakt, der jederzeit scheitern konnte.

Draht·zie·her *der*, **Draht·zie·he·rin** <-s, -> *(abwert.) Person, die eine Sache aus dem Hintergrund in ihrem Sinne steuert:* Die wirklichen Drahtzieher blieben unbekannt.

Drai·na·ge *die* [drɛˈna:ʒə] <-, -n> *siehe* **Dränage**

drai·nie·ren *siehe* **dränieren**
Drai·si·ne *die* [drɛiˈziːnə/drɛˈziːnə] <-, -n> *kleines Schienenfahrzeug zur Kontrolle von Eisenbahnschienen*
dra·ko·nisch *adj /nicht steig./ (geh.) so, dass jmd. sehr streng und rücksichtslos ist:* eine drakonische Strafe verhängen
Drall *der* <-(e)s> */kein Plur./* ❶ PHYS. *Drehung eines fliegenden Körpers um die eigene Achse:* dem Ball/dem Geschoss Drall geben ❷ *(umg. abwert.) Drang in eine bestimmte Richtung:* Diese Partei hat einen deutlichen Drall nach rechts.
drall *adj so, dass jmd. einen rundlichen, kräftigen Körperbau hat:* ein dralles junges Mädchen ▶ Drallheit
Dra·ma *das* <-s, Dramen> ❶ THEAT. *(↔ Komödie) ein Bühnenstück mit verhängnisvollem Ausgang:* ein Drama von Shakespeare; ein fünfaktiges Drama ▶ Dramatiker, Dramatikerin ❷ *bewegendes, verhängnisvolles Geschehen:* Das Drama der Flugzeugentführung nahm eine überraschende Wendung.; Niemand konnte diesem Drama unbeteiligt zusehen.; ■ **ein Drama aus etwas machen** *(umg. abwert.) aus einer Kleinigkeit eine schwierige Situation werden lassen* Mach' doch nicht gleich ein Drama, wenn du mal fünf Minuten warten musst. ◆ Geisel-
dra·ma·tisch *adj* ❶ THEAT. *so, dass es zu den Dramen¹ gehört:* das dramatische Werk Brechts ❷ *so, dass es spannend und aufregend ist:* dramatische Ereignisse; Das Spiel wurde erst zum Schluss dramatisch.
dra·ma·ti·sie·ren <dramatisierst, dramatisierte, hat dramatisiert> *mit OBJ* ■ **jmd. dramatisiert etwas** ❶ LIT. *etwas in der Form eines Dramas¹ darstellen:* einen Roman/einen Stoff dramatisieren ❷ *(geh. abwert.) einer Sache mehr Bedeutung beimessen als ihr zukommt:* Du solltest das Ganze nicht dramatisieren, so schlimm ist es doch gar nicht! ▶ Dramatisierung
dran *adv (umg.)* ❶ *(≈ daran) an etwas:* Dort steht mein Glas, stoß nicht dran! ❷ *an der Reihe:* Jetzt bist du dran!; Ich bin heute in Englisch dran gewesen. ❸ ■ **jmd. ist irgendwie dran** *in einer bestimmten Situation sein:* Er ist arbeitslos und arm dran; da ist sein Bruder als Inhaber eines florierenden Geschäfts besser dran. ❹ ■ **etwas ist an etwas** *Dat.* **dran** *verwendet, um auszudrücken, dass etwas der Wahrheit bis zu dem genannten Grade entspricht:* Da wird schon was dran sein.; An dem Gerücht ist absolut nichts dran.; *siehe* **daran**
Drä·na·ge, *a.* **Drai·na·ge** *die* [drɛˈnaːʒə] <-, -n> ❶ *(Anlage zur) Entwässerung des Bodens* ❷ MED. *Ableitung von Wundabsonderungen* ◆ Wund-
dran·blei·ben <bleibst dran, blieb dran, ist drangeblieben> *ohne OBJ* ■ **jmd. bleibt (an jmdm./ etwas) dran** *(umg.) hartnäckig verfolgen:* an einem Ausreißer/Ziel dranbleiben ◆ Zusammenschreibung →R 4.5, 4.6 Wenn ihr das schaffen wollt, müsst ihr aber dranbleiben.
Drang *der* <-(e)s> */kein Plur./ starkes inneres Begehren:* der Drang nach Emanzipation/Freiheit/ Selbstverwirklichung; Dieser Drang musste ausge-

lebt werden/war kaum zu zügeln/war stärker als jede Vernunft. ◆ Arbeits-, Bewegungs-, Freiheits-, Geltungs-
drän·geln <drängelst, drängelte, hat gedrängelt> I. *mit OBJ/ohne OBJ* ■ **jmd. drängelt (jmdn.)** *(umg.)* ❶ *(andere) beiseiteschieben:* jemanden zur Tür drängeln; Drängle nicht so! ❷ *zur Eile antreiben:* Man muss ihn immer drängeln, sonst macht er überhaupt nichts.; Drängle nicht, ich bin ja schon fertig! II. *mit SICH* ■ **jmd. drängelt sich irgendwohin** *jmd. schiebt andere vor sich her oder zur Seite, um schneller an sein Ziel zu kommen:* sich zur Konzertkasse drängeln; sich in der Warteschlange nach vorne drängeln ▶ Drängler, Dränglerin
drän·gen <drängst, drängte, hat gedrängt> I. *mit OBJ* ■ **jmd. drängt jmdn. irgendwohin** ❶ *beiseiteschieben:* jemanden in die Ecke/von seinem Platz drängen ❷ ■ **jmd. drängt jmdn. zu etwas** *dazu bewegen, etwas zu tun:* jemanden zur Teilnahme an einem Lehrgang/zu einer Entscheidung drängen ❸ ■ **jmd. drängt jmdn. (zu etwas** *Dat.)* *schnelles Handeln verlangen:* jemanden zum Aufbruch drängen; Dränge mich nicht, ich brauche Zeit! II. *ohne OBJ* ■ **jmd. drängt irgendwohin** *versuchen, irgendwohin zu gelangen:* Die Menge drängte zum Ausgang.; Die Firma drängt mit ihren neuen Angeboten auf den Markt. III. *mit SICH* ■ **jmd. drängt sich um etwas** *Akk./***nach etwas** *Dat./***auf etwas** *Akk.* ❶ *eng beieinanderstehen:* Die Neugierigen drängten sich am Fenster. ❷ *sich um etwas bemühen:* Die Fans drängten sich danach, ihrem Idol die Hand schütteln zu dürfen.; Sie drängten auf Abgabe der Arbeit.
Drang·sal *die* <-> */kein Plur./ (geh.) Leid, Not, bedrängte Lage:* Wie konnte ein Mensch diese Drangsal, diese Not nur so lange erdulden?
drang·sa·lie·ren <drangsalierst, drangsalierte, hat drangsaliert> *mit OBJ* ■ **jmd. drangsaliert jmdn./ein Tier (mit etwas** *Dat.) (umg. abwert.) quälen, peinigen:* jemanden mit Fragen drangsalieren; sein Pferd mit Sporen drangsalieren
dran·hal·ten <hältst dich dran, hielt sich dran, hat sich drangehalten> *mit SICH* ■ **jmd. hält sich dran;** *siehe* **daranhalten**
drä·nie·ren, drai·nie·ren *mit OBJ* ■ **jd. dräniert etwas** *eine Dränage durchführen*
dran·kom·men <kommst dran, kam dran, ist drangekommen> *ohne OBJ (umg.)* ❶ ■ **jmd. kommt (mit etwas** *Dat.)* **dran** *mit etwas an der Reihe sein:* Du kommst zuerst dran. ❷ ■ **jmd. kommt dran** SCHULE *vom Lehrer aufgerufen werden:* Ich bin heute in Mathematik drangekommen. ❸ ■ **jmd. kommt dran** *erreichen können:* Kannst du mir die Vase heruntergeben? Ich komme nicht dran.; Ich habe keine Karten für das Konzert; aber er weiß, wie wir drankommen. ◆ Zusammenschreibung → R 4.5, 4.6 Kann ich auch mal drankommen?
dran·krie·gen <kriegst dran, kriegte dran, hat drangekriegt> *mit OBJ* ■ **jmd. kriegt jmdn. dran** *(umg.) jmdn. überlisten, reinlegen:* Da habt ihr mich aber mächtig drangekriegt!

D

dran·neh·men <nimmst dran, nahm dran, hat drangenommen> *mit OBJ* ▪ **jmd. nimmt jmdn. dran** *(umg.) nacheinander befragen oder bedienen, bearbeiten, behandeln o. Ä.:* Der Lehrer hat mich heute in Physik drangenommen.; den nächsten Patienten drannehmen

dran·wa·gen <wagst dran, wagte dran, hat drangewagt> *mit SICH* ▪ **jmd. wagt sich an jmdn./ etwas dran** *(umg.) sich herantrauen:* Wagen wir uns an die Aufgabe dran!

dra·pie·ren <drapierst, drapierte, hat drapiert> *mit OBJ* ▪ **jmd. drapiert etwas** *(geh.)* ❶ *kunstvoll in Falten legen:* ein Tuch wirkungsvoll um die Schultern drapieren ❷ *schmücken:* einen Raum drapieren

Drä·si·ne *die* <-, -n> *siehe* **Draisine**

dras·tisch *adj (abwert.)* ❶ *so, dass es in einer negativen Art und Weise deutlich ist:* ein drastisches Beispiel von Umweltkriminalität ❷ *so, dass es sehr wirksam und spürbar ist:* eine drastische Erhöhung der Preise; eine drastische Strafe

drauf *adv (umg.: ≈ darauf)* ❶ *auf die Oberseite von etwas:* Dort ist meine Tasche. Lege bitte das Buch drauf! ❷ *zusätzlich:* noch eins drauf geben; ▪ **drauf und dran sein, etwas zu tun** *(umg.) im Begriff sein, etwas zu tun;* ▪ **gut/schlecht drauf sein** *(umg.) gut/schlecht gelaunt sein; siehe* **darauf**

Drauf·ga·be *die* <-, -n> ÖSTERR. *Zugabe:* Das Orchester spielte noch eine Draufgabe.

Drauf·gän·ger, *der*, **Drauf·gän·ge·rin** <-s, -> *Person, die ohne viel Überlegung oder ohne Rücksicht auf Gefahren handelt:* Man kann ihn nicht bremsen. Er ist eben ein richtiger Draufgänger.

drauf·ge·hen <gehst drauf, ging drauf, ist draufgegangen> *ohne OBJ* ❶ ▪ **etwas geht für etwas Akk. drauf** *(umg.) verbraucht werden:* Dafür ist mein ganzes Geld draufgegangen. ❷ ▪ **jmd. geht bei etwas Dat. drauf** *(vulg.) sterben:* Sie hätte bei diesem Unfall draufgehen können!

drauf·ha·ben <hast drauf, hatte drauf, hat draufgehabt> *mit OBJ* ▪ **jmd. hat etwas drauf** *(umg.) für etwas sehr begabt sein:* Sie hat ganz schön was drauf in Physik!

drauf·le·gen <legst drauf, legte drauf, hat draufgelegt> *mit OBJ* ▪ **jmd. legt etwas drauf** *(umg.) zusätzlich bezahlen:* Unser Geld reicht noch nicht; du musst noch etwas drauflegen. ◆ Zusammenschreibung →R 4.5, 4.6 Oma hat auf unser Erspartes noch etwas draufgelegt.

drauf·los *adv (umg.) ohne lange nachzudenken:* Einfach drauflos; es wird schon klappen!

drauf·los·ge·hen <gehst drauflos, ging drauflos, ist draufgegangen> *ohne OBJ* ▪ **jmd. geht drauflos** *(umg.) stürmisch und ohne festes Ziel vorwärtsgehen:* Sie hatten kein Ziel und sind einfach draufgegangen. ◆ Zusammenschreibung →R 4.5 Lasst uns einfach drauflosgehen, …

drauf·los·re·den <redest drauflos, redete drauflos, hat drauflosgeredet> *ohne OBJ* ▪ **jmd. redet drauflos** *(umg.) schnell und ohne Überlegung reden:* Sie hat ohne nachzudenken einfach drauflosgeredet. ◆ Zusammenschreibung →R 4.5

Er war nicht vorbereitet und hat in der Vorlesung einfach so drauflosgeredet.

drauf·los·schla·gen <schlägt drauflos, schlug drauflos, hat drauflosgeschlagen> *ohne OBJ* ▪ **jmd. schlägt drauflos** *(umg.) ohne Besinnung zuschlagen:* Er war betrunken und hat drauflosgeschlagen.

drauf·los·stür·zen <stürzt drauflos, stürzte drauflos, ist drauflosgestürzt> *ohne OBJ* ▪ **jmd. stürzt drauflos** *(umg.) eilig auf etwas losrennen:* Als das Geschäft öffnete, stürzte er drauflos.

drauf·los·wirt·schaf·ten <wirtschaftest drauf los, wirtschaftete drauflos, hat drauflosgewirtschaftet> *ohne OBJ* ▪ **jmd. wirtschaftet drauflos** *(umg.) ohne Überlegung wirtschaften:* Sie ist pleite, denn sie hat einfach drauflosgewirtschaftet.

drauf·ma·chen <machst drauf, machte drauf, hat draufgemacht> *mit OBJ* ▪ **jmd. macht einen drauf** *(umg.) lange und ausgiebig (meist in Verbindung mit viel Alkohol)feiern:* Nach der bestandenen Prüfung haben sie einen draufgemacht.

drauf·ste·hen <stehst drauf, stand drauf, hat draufgestanden> *mit OBJ* ▪ **etwas steht auf etwas Dat. drauf** *(umg.) darauf geschrieben stehen:* Sieh mal nach, ob mein Name auch mit draufsteht! ◆ Zusammenschreibung →R 4.5 Ich denke, das muss auf der Gebrauchsanleitung draufstehen.

drauf·zah·len <zahlst drauf, zahlte drauf, hat draufgezahlt> *mit OBJ/ohne OBJ* ▪ **jmd. zahlt (bei etwas Dat.) drauf** *(umg.) bei etwas einen Verlust machen:* bei einem Geschäft draufzahlen müssen ▶ Draufzahlgeschäft

drau·ßen *adv* ❶ (↔ *drinnen*) *außerhalb eines Raumes:* nach draußen gehen; lieber draußen warten; Wer ist da draußen? ❷ *vom Sprecher weit weg:* draußen auf dem Meer; die Schiffe draußen; draußen an der Front ❸ ▪ **jemand ist draußen** *(umg.) jmd. hat die Übung in etwas verloren* Ich habe zwei Jahre kein Französisch gesprochen; ich bin ganz draußen.

drech·seln <drechselst, drechselte, hat gedrechselt> *mit OBJ/ohne OBJ* ❶ ▪ **jmd. drechselt (etwas) (auf etwas Dat.)** Holz auf einer Drehbank bearbeiten:* gedrechseltes Holzspielzeug ❷ ▪ **jmd. drechselt etwas** *etwas sprachlich kunstvoll und zugleich steif formulieren:* Reime/Sätze drechseln

Drechs·ler *der*, **Drechs·le·rin** <-s, -> *jmd., der beruflich drechselt* [1]

Dreck *der* <-(e)s> /kein Plur./ ❶ (≈ *Schmutz*) Meine Schuhe waren nach der Wanderung voller Dreck.; Die ganze Wohnung war nach den Arbeiten voller Dreck.; Die Ecken sind schwer zu reinigen, da kann sich Dreck ansammeln. ◆ -spritzer ❷ *(vulg. abwert.) minderwertige Sache:* Kümmere dich um deinen eigenen Dreck!; Was hast du denn da für einen Dreck gekauft?; ▪ **jemanden aus dem Dreck ziehen** *(umg.) jmdm. aus Schwierigkeiten heraushelfen;* ▪ **etwas in den Dreck ziehen** *(umg.) über etwas sehr abfällig und verächtlich sprechen;* ▪ **Dreck am Stecken haben** *(umg.) Schuld auf sich geladen haben;* ▪ **jemanden wie den letzten Dreck behandeln** *(umg.) jmdn. sehr schlecht behandeln;*

■Das geht dich einen Dreck an! *(vulg.) das geht dich gar nichts an;* ■**die Karre aus dem Dreck ziehen** *(umg.) eine scheinbar hoffnungslos missratene Sache wieder in Ordnung bringen*

Dreck- *als Erstglied zusammengesetzter Substantive; drückt aus, dass das mit dem Zweitglied Bezeichnete in drastischer Weise (zusätzlich) als äußerst unangenehm eingeschätzt wird* ◆ -nest, -sau, -schleuder, -stall, -stück, -wetter; *siehe auch* **Drecks-**

Dreck·fink *der <-en, -en> (umg.: ≈ Schmutzfink) jmd., der sehr schmutzig ist (oder dazu neigt, sich immer wieder schmutzig zu machen):* Mensch Peter! Du bist ein kleiner Dreckfink; gerade habe ich dir ein frisches Hemd angezogen!; *siehe auch* **Dreck-**

Dreck·hau·fen *der <-s, -> (umg.) ein Haufen von Schmutz*

dre·ckig *adj* ❶ *(≈ schmutzig) dreckige Hände/ Schuhe haben; Laufe mit deinen dreckigen Schuhsohlen bloß nicht über den Wohnzimmerteppich.* ❷ *(umg. abwert.) so, dass jmd. gemein und unverschämt ist:* ein dreckiges Grinsen; Seine dreckige Lache ist abstoßend.; ■ **es geht jemandem dreckig** *(umg.) es geht jmdm. schlecht*

Drecks- *als Erstglied zusammengesetzter Substantive; drückt aus, dass das mit dem Zweitglied Bezeichnete in drastischer Weise (zusätzlich) als äußerst unangenehm eingeschätzt wird* ◆ -arbeit, -kerl, -staat; *siehe auch* **Dreck-**

Dreck·sack *der <-(e)s, Drecksäcke> (vulg. abwert.) gemeiner Kerl (Schimpfwort)*

Dreck·schwein *das <-(e)s, -e> (vulg. abwert.)* ❶ *Person, die schmutzig ist:* Das Dreckschwein hat hier alles schmutzig gemacht! ❷ *niederträchtige Person:* Das Dreckschwein hat uns alle ausgenutzt und dann verraten.

Dreck·stall *der <-(e)s, Dreckställe> (vulg. abwert.) sehr schmutzige und unordentliche Wohnung; sehr vernachlässigter Raum*

Dreh *der <-(e)s, -s/-e> (umg.)* ❶ *Trick, Kunstgriff:* Kannst du mir diesen Dreh mal zeigen? ❷ ■ **den Dreh heraushaben** *(umg.) verstanden haben, wie man etwas machen muss;* ■ **so um den Dreh (herum)** *ungefähr um diese Zeit; ungefähr so viel, so hoch/so schnell* Die Höchstgeschwindigkeit liegt bei 120 km/h oder so um den Dreh herum.; Der Anteil liegt bei drei Prozent, oder so um den Dreh.

Dreh- *als Erstglied zusammengesetzter Substantive; drückt aus* ❶ *dass das mit dem Zweitglied Bezeichnete die Eigenschaft aufweist, gedreht werden zu können bzw. dass daran/damit etwas gedreht werden kann* ◆ -achse, -aschenbecher, -bewegung, -bleistift, -boden, -bohrer, -brücke, -bühne, -deichsel, -dimmer, -falttüren, -feder, -garderobe, -gelenk, -gestell, -grill, -handy, -hocker, -kartei, -kippfenster, -kondensator, -kran, -kreuz, -kupplung, -lampe, -leiter, -lichtschalter, -maschine, -meißel, -muskel, -pendel, -punkt, -regal, -restaurant, -riegelverschluss, -sessel, -spieß, -ständer, -stangenschloss, -stuhl, -tabak, -tisch, -tor, -tür, -turm, -würfel, -zylinder ❷ *dass das mit dem Zweitglied Be-*

zeichnete sich auf Filmarbeiten bezieht ◆ -arbeit, -erlaubnis, -ort, -pause, -zeit

Dreh·bank *die <-, Drehbänke> Maschine, in der ein eingespanntes Werkstück rotiert und mit einem Werkzeug bearbeitet wird*

dreh·bar *adj /nicht steig./ so, dass man es drehen kann:* eine drehbare Bühne

Dreh·buch *das <-(e)s, Drehbücher>* FILM *die schriftliche Vorlage für einen Film, die die Figuren und den Verlauf der Handlung beschreibt* ▸ Drehbuchautor, Drehbuchautorin

dre·hen <drehst, drehte, hat gedreht> **I.** *mit OBJ* ■ **jmd. dreht etwas** ❶ *etwas um die eigene Achse bewegen:* ein Rad/eine Schraube drehen ❷ *wenden:* etwas hin und her drehen; den Kopf drehen ❸ *(bestimmte Produkte) mit kreisenden Bewegungen mit den Händen oder maschinell formen:* Papierkügelchen/Zigaretten drehen; Granaten/Seile drehen ❹ *(umg. abwert.) im eigenen Interesse beeinflussen:* etwas so drehen, dass man davon den größten Nutzen hat **II.** *mit OBJ/ohne OBJ* ■ **jmd. dreht (etwas) (irgendwo)** FILM *einen Film machen:* einen Film drehen; Hier wird gerade gedreht.; Sie dreht gerade in Hollywood. ▸ Drehpause **III.** *ohne OBJ* ❶ ■ **etwas dreht** *die Bewegungsrichtung ändern:* Der Wind drehte plötzlich.; Das Schiff dreht. ❷ ■ **jmd./etwas dreht (an etwas** *Dat.) eine Kreisbewegung mit etwas ausführen:* jemand dreht an einem Schalter/ Knopf/Rad **IV.** *mit SICH* ❶ ■ **jmd./etwas dreht sich** *sich um die eigene Achse bewegen:* sich im Kreis drehen; Die Schallplatte dreht sich. ❷ ■ **etwas dreht sich um etwas** *Akk. (umg.) sich um etwas handeln:* Um was dreht es sich?; es dreht sich darum, dass ...; ■ **ein Ding drehen** *(umg.) ein Verbrechen begehen;* ■ **alles dreht sich nur um ...** *(umg.) es geht bei jmdm. oder etwas nur um ...*

Dre·her, **Dre·he·rin** <-s, -> *jmd., der beruflich an einer Drehbank arbeitet*

Dreh·feld *das <-(e)s, -er>* PHYS. *magnetisches oder elektrisches Feld, das sich mit gleichbleibender Geschwindigkeit um seine Achse dreht*

Dreh·kol·ben·mo·tor *der <-s, -en>* TECHN. *(≈ Kreiskolbenmotor; Wankelmotor) Verbrennungsmotor, dessen Kolben eine drehende Bewegung ausführt*

Dreh·kreuz *das <-es, -e> an Durchgängen (als Sperre) befindliches drehbares Metallkreuz, das jeweils nur eine Person hindurchlässt:* Am Eingang zum Werksgelände muss man ein Drehkreuz passieren.

Dreh·mo·ment *das <-s, -e>* PHYS. *Maß für die Drehwirkung der einen drehbaren Körper angreifenden Kräfte*

Dreh·or·gel *die <-, -n> ein mit einer Kurbel betriebenes orgelähnliches (fahrbares) Musikinstrument*

Dreh·schalt·griff *der <-(e)s, -e> der Bedienungsgriff einer Gangschaltung, durch dessen Drehen man die einzelnen Gänge wählt:* Bei diesem Motorrad legt man die Gänge mit einem Drehschaltgriff ein.

Dreh·schei·be *die <-, -n>* ❶ *(≈ Töpferscheibe)*

D

D

❷ *drehbare Plattform zum Umsetzen von Lokomotiven* ❸ *(übertr.) wichtiger Handels- oder Verkehrsknotenpunkt:* Der Hafen ist eine Drehscheibe für den Ost-West-Handel.

Dreh·strom *der* <-(e)s> */kein Plur./* ELEKTROTECHN. *(≈ Dreiphasenstrom) Strom, bei dem drei Wechselströme miteinander verbunden sind* ◆-generator

Dreh·tag *der* <-(e)s, -e> FILM *Tag, an dem Aufnahmen zu einem Film gemacht werden:* Nach zwanzig Drehtagen war der Film fertig.

Dre·hung *die* <-, -en> *das Drehen I, III, IV.1:* eine ganze/halbe Drehung machen

Dreh·zahl *die* <-, -en> KFZ *Anzahl der Umdrehungen in einer bestimmten Zeit* ◆-messer

drei *num die Zahl 3:* drei Kilometer; Wir nehmen die (ersten) drei.; Einer von uns dreien muss gehen.; Das Glas ist drei viertel voll.; Wir treffen uns um drei.; Wir treffen uns um drei viertel sieben.; ein drei viertel Liter; ■ **nicht bis drei zählen können** *(umg. abwert.) nicht besonders klug sein* ◆Kleinschreibung →R 3.16 Die drei haben uns geholfen.; Die Besprechung ist um drei (≈ findet um drei statt).; drei Komma fünf; Es ist drei viertel drei.; Ich nehme einen drei viertel Liter Bier.; *siehe auch* **Viertel**

Drei *die* <-, -en> die Zahl Drei; eine Drei würfeln; Die (Nummer) Drei ist an der Reihe.; in Mathematik eine Drei (≈ die Schulnote Drei) haben ◆Großschreibung →R 3.3, 3.4 Er hat eine Drei geschrieben/mit Drei bestanden.; eine Drei ziehen

Drei·ach·ser *der* <-s, -> *(Last)Wagen mit drei Achsen*

Drei·ak·ter *der* <-s, -> THEAT. *Bühnenstück mit drei Akten*

Drei·bett·zim·mer *das* <-s, -> *Zimmer in einem Hotel oder Krankenhaus mit drei Betten:* ein Dreibettzimmer reservieren

Drei·eck *das* <-(e)s, -e> *eine geometrische Figur mit drei Ecken:* ein gleichschenkliges Dreieck; den Flächeninhalt eines Dreiecks berechnen

drei·eckig *adj /nicht steig./ so, dass es die Form eines Dreiecks hat*

Drei·ecks·be·zie·hung *die* <-, -en> *(≈ Dreiecksverhältnis) intimes Verhältnis zwischen drei Personen*

Drei·ecks·ko·mö·die *die* <-, -n> THEAT. *Komödie, die von einer Dreiecksbeziehung handelt*

Drei·ei·nig·keit *die* <-> */kein Plur./* REL. *(≈ Dreifaltigkeit) in der christlichen Religion die Einigkeit von Vater, Sohn und Heiligem Geist*

drei·er·lei *adj /nicht steig./ von drei Arten oder Sorten:* Dazu habe ich dreierlei zu bemerken ...; Ich muss heute noch dreierlei erledigen.; dreierlei verschiedene Bedeutungen

drei·fach *adj /nicht steig./ so, dass es dreimal so viel ist;* Er verdient das Dreifache.; um das Dreifache größer sein ◆Großschreibung →R 3.3, 3.4 Es kostet das Dreifache.

Drei·fach·steck·do·se *die* <-, -n> *Steckdose für drei Stecker*

Drei·fal·tig·keits·fest *das* <-(e)s, -e> REL. *(≈ Trinitatis) Fest der Dreieinigkeit (am ersten Sonntag nach Pfingsten)*

Drei·fa·mi·li·en·haus *das* <-es, Dreifamilienhäu­ser> *Haus mit drei Wohnungen (für drei Familien)*

Drei·ge·stirn *das* <-(e)s, -e> *(übertr.)* ❶ *drei Sterne* ❷ *drei Personen, die durch Freundschaft oder Arbeit eng miteinander verbunden sind*

Drei·gro·schen·oper *die* <-> */kein Plur./* Titel eines musikalischen Werkes mit dem Text von Bertolt Brecht und der Musik von Kurt Weill

Drei·heit *die* <-> */kein Plur./* die Einheit von drei Wesen, die zusammengehören

drei·hun·dert *num Kardinalzahl „300"*

drei·jäh·rig *adj /nicht steig./ so, dass jmd. oder etwas drei Jahre alt ist:* ein dreijähriges Kind; ein dreijähriger Baum; Beim Pferderennen gehen heute die Dreijährigen an den Start. ◆Großschreibung →R 3.3, 3.4 Das wissen doch schon die Dreijährigen!

drei·jähr·lich *adj /nicht steig./ so, dass es sich alle drei Jahre wiederholt:* Dieses Musikfestival findet dreijährlich statt.

Drei·kampf *der* <-(e)s> */kein Plur./* SPORT *eine Mehrkampfdisziplin, die aus 100-m-Lauf, Weitsprung und Kugelstoßen besteht*

Drei·klang *der* <-(e)s, Dreiklänge> MUS. *ein Akkord aus drei Tönen*

Drei·kö·nigs·fest *das* <-(e)s, -e> REL. *Fest der Heiligen Drei Könige (am 6. Januar)*

Drei·kö·nigs·tag *der* <-(e)s> */kein Plur./ christliches Fest am 6. Januar*

drei·köp·fig *adj /nicht steig./ so, dass es aus drei Personen besteht:* eine dreiköpfige Familie; ein dreiköpfiges Team

Drei·mäch·te·pakt *der* <-(e)s> */kein Plur./ (≈ Dreierpakt) zwischen drei Staaten geschlossener Pakt*

drei·mo·na·tig *adj /nicht steig./* ❶ *so, dass es drei Monate dauert:* ein dreimonatiges Praktikum ❷ *so, dass es drei Monate alt ist:* ein dreimonatiges Baby

Drei·pha·sen·strom *der* <-(e)s> */kein Plur./ siehe* **Drehstrom**

Drei·rad *das* <-(e)s, Dreiräder> *(kleines) Kinderfahrrad mit drei Rädern*

Drei·raum·woh·nung *die* <-, -en> *(≈ Dreizimmerwohnung) Wohnung mit drei Zimmern*

Drei·satz *der* <-es> */kein Plur./* MATH. *ein Rechenverfahren, bei dem man aus drei bekannten eine vierte unbekannte Größe bestimmt* ◆-rechnung

Drei·silb·ler *der* <-s, -> *Wort, das aus drei Silben besteht*

drei·spra·chig *adj /nicht steig./* ❶ *so, dass es in drei Sprachen abgefasst wurde:* ein dreisprachiger Gedichtband ❷ *so, dass jmd. drei Sprachen spricht:* Das Kind wächst dreisprachig auf.

drei·ßig *num Kardinalzahl „30":* über dreißig (Jahre alt) sein; die dreißiger Jahre ◆Großschreibung →R 3.3, 3.4 Das Möbelstück stammt aus den Dreißigern; Er ist in den Dreißigern.

Drei·ßi·ger·ja·hre *die* <-> *Plur. die Jahre 30 bis 39 eines jeden Jahrhunderts:* die Mode der Dreißigerjahre

drei·ßig·jäh·rig *adj /nicht steig./ so, dass jmd. oder etwas dreißig Jahre alt ist:* eine dreißigjährige Zusammenarbeit; Sie ist bereits dreißigjährig an einer schweren Krankheit gestorben. ◆Großschreibung →R 3.17, 3.3 der Dreißigjährige Krieg; alle (über) Dreißigjährigen

Drei·ßigs·tel *das* <-s, -> *der dreißigste Teil von etwas:* ein Dreißigstel

dreist *adj so, dass jmd. unverschämt, frech und anmaßend ist:* eine dreiste Lüge

drei·stel·lig *adj /nicht steig./ so, dass die Zahlenangabe aus drei hintereinanderfolgenden Ziffern besteht:* eine dreistellige Summe zahlen

Dreis·tig·keit *die* <-, -en> *Unverschämtheit, Frechheit:* Er besaß die Dreistigkeit, uns zu belügen.

drei·stu·fig *adj /nicht steig./ so, dass es aus drei Stufen besteht:* ein dreistufiges Verfahren

drei·stün·dig *adj /nicht steig./ so, dass es drei Stunden dauert:* ein dreistündiger Vortrag

Drei·ta·ge·fie·ber *das* <-s, -> MED. *Infektionskrankheit mit hohem Fieber*

drei·tä·gig *adj /nicht steig./ so, dass es drei Tage dauert:* eine dreitägige Reise

drei·tei·lig *adj /nicht steig./ so, dass es aus drei Teilen besteht:* ein dreiteiliges Kostüm

Drei·vier·tel·är·mel *der* [...'fr...] <-s, -> *Ärmel, der knapp über den Ellenbogen reicht:* eine Bluse mit Dreiviertelärmeln

drei·vier·tel·lang [...'fr...] *adj /nicht steig./ so, dass die Länge drei Viertel der normalen Länge beträgt:* ein dreiviertellanger Rock

Drei·vier·tel·li·ter·fla·sche *die* [...fr...] <-, -n> *Flasche, in die dreiviertel Liter Flüssigkeit hineinpasst:* eine Dreiviertelliterflasche Wein

Drei·vier·tel·mehr·heit *die* [...'fr...] <-, -en> *Mehrheit von mindestens 75 Prozent der abgegebenen Stimmen:* Der Kandidat erhielt die Dreiviertelmehrheit.

Drei·vier·tel·stun·de *die* [...fr...] <-, -n> *Zeitraum von 45 Minuten:* Die Fahrt mit dem Zug dauerte eine Dreiviertelstunde.

drei·wö·chig *adj /nicht steig./ drei Wochen dauernd:* ein dreiwöchiger Lehrgang

drei·zehn *num Kardinalzahl „13"*

drei·zehn·jäh·rig *adj /nicht steig./ so, dass jmd. oder etwas dreizehn Jahre alt ist:* ein dreizehnjähriges Mädchen; die dreizehnjährige Kooperation der beiden Firmen

drei·zei·lig *adj /nicht steig./ so, dass ein Text drei Zeilen lang ist:* ein dreizeiliger Vers

Drei·zim·mer·woh·nung *die* <-, -en> *siehe* **Dreiraumwohnung**

Drell *der* <-s, -e> (≈ Drillich) *dreifädiges Gewebe*

Dres. *Abkürzung von „Doktores" (Plural von „Doktor")*

Dre·sche *die* <-> /kein Plur./ (umg.) *Prügel, Schläge:* Dresche kriegen

dre·schen <drischst, drosch, hat gedroschen> *mit OBJ/ohne OBJ* ❶ **jmd. drischt (etwas)** LANDW. *Getreide so bearbeiten, dass die Körner herausfallen:* Getreide/Korn dreschen; Nach dem Ernten wird gedroschen. ❷ **jmd. drischt jmdn.;** **jmd. drischt auf etwas** *Akk.* (vulg.) *hef-*

tig schlagen:* jemanden windelweich dreschen; mit einem Stock auf etwas dreschen

Dre·scher *der* <-s, -> *jmd. der drischt* [1]

Dresch·fle·gel *der* <-s, -> LANDW. *Gerät zum manuellen Dreschen* [1]

Dresch·ma·schi·ne *die* <-, -n> LANDW. *Maschine zum Dreschen* [1]

Dress *das* <-/es, -e> *eine Sportbekleidung, die aus Trikot und passender Sporthose besteht:* Die Mannschaft spielt im gelben Dress.

Dres·seur *der,* **Dres·seu·rin** [drɛ'søːɡ] <-s, -e> *jmd., der Tiere dressiert:* Der Dresseur trainiert mit seinen Hunden.

dres·sie·ren <dressierst, dressierte, hat dressiert> *mit OBJ* **jmd. dressiert ein Tier** *einem Tier bestimmte Fähigkeiten oder Kunststücke antrainieren:* einen Hund dressieren; ein dressierter Affe

Dres·sing *das* <-s, -s> KOCH. *Salatsoße, Marinade* ◆Joghurt-, Kräuter-

Dress·man *der* ['drɛsmən] <-s, Dressmen> *männliches Model*

Dres·sur *die* <-, -en> ❶ */kein Plur./ das Abrichten eines Tieres:* die Dressur von Tigern ❷ *durch Abrichten erworbene Fertigkeit:* Die Löwen führten eine schwierige Dressur vor. ◆-akt, -halsband, -kunststück

Dres·sur·rei·ten *das* <-s> /kein Plur./ SPORT *Reiten in der Art, dass die einzelnen Gangarten des Pferdes exakt herausgearbeitet werden*

drib·beln <dribbelst, dribbelte, hat gedribbelt> *ohne OBJ* **jmd. dribbelt** SPORT *den Ball durch kurze Stöße vorantreiben:* am gegnerischen Spieler vorbei dribbeln

Dribb·ling *das* <-s, -s> SPORT *das Dribbeln*

Drift *die* <-, -en> ❶ *Strömung der Meeresoberfläche* ❷ *unkontrolliertes Treiben auf dem Wasser*

drif·ten <driftest, driftete, ist gedriftet> *ohne OBJ* **etwas driftet irgendwohin** *etwas treibt schwimmend ohne bestimmte Richtung auf dem Wasser:* Das Floß driftet über das Wasser.

Drill *der* <-(e)s> /kein Plur./ MILIT. *hartes (mechanisches) Training von Fertigkeiten:* der tägliche Drill

dril·len <drillst, drillte, hat gedrillt> *mit OBJ* **jmd. drillt jmdn.** ❶ MILIT. *hart trainieren:* die Soldaten im Exerzieren drillen ❷ (abwert.) *durch ständiges Wiederholen üben:* die Schüler in Grammatik drillen; Er war auf diese Fragen gedrillt.

Dril·ling *der* <-s, -e> *eines von drei gleichzeitig von derselben Mutter geborenen Kindern*

drin *adv* (umg.) *innerhalb eines Raumes oder Gefäßes:* Wir warten drin.; In der Flasche ist gar nichts mehr drin!; Sie ist eben noch drin gewesen.; **das ist nichts mehr/noch etwas drin** (umg.) *da ist nichts mehr/noch etwas zu machen;* **etwas ist bei/mit jemandem nicht drin** (umg.) *mit jmdm. nicht zu machen sein:* Betrug ist bei ihm nicht drin. ◆Getrenntschreibung →R 4.8 Die anderen werden wohl noch drin sein.

drin·gen <dringst, drang, ist gedrungen> *ohne OBJ* ❶ **jmd. dringt auf etwas** *Akk. nachdrücklich fordern, dass etwas geschieht:* Der Kunde dringt auf pünktliche Lieferung. ❷ **etwas dringt**

D

***irgendwohin** an eine Stelle gelangen:* Die Nachricht ist an die Öffentlichkeit gedrungen.; Das Sonnenlicht dringt durch die Wolken.; Das Geschoss ist bis in die Lunge gedrungen.

drin·gend *adj* ❶ *so wichtig und eilig, dass es keinen Aufschub duldet:* die dringendsten Reparaturen sofort erledigen; ein dringendes Anliegen haben; Wir können nicht länger warten, die Sache ist viel zu dringend! ❷ *(≈ akut) so konkret, dass sofort eine Maßnahme erfolgen muss:* Es besteht dringender Tatverdacht. ❸ *(≈ nachdrücklich) so, dass man keinen Zweifel daran lässt, dass die eigenen Worte wichtig und ernst sind:* eine dringende Warnung aussprechen

dring·lich *adj siehe* **dringend**

Dring·lich·keit *die* <-> */kein Plur./* ❶ *(≈ Wichtigkeit) der Umstand, dass etwas dringend¹ ist:* die Dringlichkeit des Antrags ◆ -sstufe ❷ *Nachdrücklichkeit:* jemanden mit aller Dringlichkeit zu etwas auffordern/vor etwas warnen

Drink *der* <-(s), -s> *ein (alkoholisches) Getränk:* jemandem einen Drink anbieten

drin·nen *adv (↔ draußen) innerhalb eines Raumes:* drinnen und draußen; sich lieber drinnen aufhalten

drit·te *adj /nicht steig./* am dritten Tag; wir waren zu dritt; Jeder Dritte ist unter dreißig.; der Dritte im Bunde sein; die Dritte Welt; ■ **aus dritter Hand** *gebraucht* etwas aus dritter Hand kaufen; ■ **der lachende Dritte** *(umg.) derjenige, der bei etwas als Unbeteiligter gewinnt* Bei ihrem Streit war ich der lachende Dritte. ◆ Großschreibung →R 3.17 das Dritte Reich

Drit·tel *das* <-s, -> *der dritte Teil von etwas:* Jeder bekommt ein Drittel.

drit·tens *adv an dritter Stelle:* ... und drittens fehlt es uns an dem nötigen Personal.

Drit·te-Welt-La·den *der* <-s, Dritte-Welt-Läden> *ein Geschäft, in dem Waren aus Entwicklungsländern verkauft werden*

Dritt·land *das* <-(e)s, Drittländer> POL. *Land, das außerhalb einer bestimmten vertraglichen Beziehung steht:* Es wurde vereinbart, diese Technik nicht an Drittländer weiterzuverkaufen.

dritt·letz·te *adj /nicht steig./* so, dass es vom Ende her gesehen an dritter Stelle ist: der drittletzte Punkt auf der Tagesordnung; als Drittletzter ins Ziel kommen

Dritt·mit·tel *Plur.* AMTSSPR. *Gelder, die Hochschulen aus Stiftungen oder aus der Wirtschaft für Projekte erhalten:* ein Forschungsprojekt aus Drittmitteln finanzieren

Dritt·staat *der* <-(e)s, -en> POL., RECHTSW. *ein Staat, in den Asylbewerber abgeschoben werden dürfen:* sichere Drittstaaten

Drive *der* [dreif] <-s, -s> ❶ *(umg.) Schwung:* Die Party hatte richtig Drive. ❷ *(umg.) Neigung:* Ich würde ja gern mitkommen, aber mir fehlt der richtige Drive. ❸ MUS. *treibender Rhythmus in Rock- oder Jazzmusik*

Drive-in... [dreifˈin] */als Erstglied in Zusammensetzungen/* eine aus den USA stammende Art, mit dem Auto so in ein Gebäude hineinfahren zu können, dass man die genannte Sache tun kann, ohne aus dem Auto auszusteigen: ins Drive-in-Kino fahren und den Film im Auto sitzend sehen ◆ -Lokal, -Restaurant

DRK *das* <-> */kein Plur./ Abkürzung von „Deutsches Rotes Kreuz"*

Dro·ge *die* <-, -n> *(≈ Rauschgift) eine der Substanzen, die in verschiedenen Weisen konsumiert (getrunken, geraucht, in die Blutbahn gespritzt) werden, die den Konsumenten in einen stark euphorischen Zustand versetzen, eine körperliche und psychische Abhängigkeit erzeugen und oft langfristig die Gesundheit und die sozialen Bindungen des Konsumenten zerstören;* ■ **harte/weiche Drogen** *Drogen, die sehr schnell/weniger schnell abhängig machen* unter dem Einfluss von Drogen stehen/immer wieder zu Drogen greifen/nicht von der Droge loskommen/immer öfter Drogen konsumieren; Die Droge macht sehr schnell abhängig/verändert die Persönlichkeit/kann tödlich sein.; Der Gitarrist starb an einer Überdosis der Droge.; die Dealer/das Einstiegsalter/die Erstkonsumenten einer Droge ◆ -nabhängige, -nberatungsstelle, -ndealer, -nfahndung, -nhandel, -nhändler(in), -nhilfe, -nmissbrauch, -nopfer, -nrazzia, -nstrich, -nsumpf, -ntherapie, -ntote, Designer-, Mode-, Party-, Rausch-, Szene-

Drö·ge·ler *der* <-s, -> SCHWEIZ. *Drogenabhängiger*

dro·gen·ab·hän·gig *adj /nicht steig./* so, dass jmd. von Rauschgift abhängig ist: ein drogenabhängiger Jugendlicher ▶ Drogenabhängige, Drogenabhängigkeit

Dro·gen·dea·ler *der,* **Dro·gen·dea·le·rin** <-s, -> *jmd., der mit illegalen Drogen handelt:* Der Drogendealer wurde von der Polizei festgenommen.

Dro·gen·ent·zug *der* <-(e)s> */kein Plur./ Entwöhnungsbehandlung für Drogenabhängige*

Dro·gen·ge·schäft *das* <-(e)s, -e> *Handel mit illegalen Drogen*

Dro·gen·kon·sum *der* <-s> */kein Plur./ die Einnahme von Drogen:* Der Drogenkonsum in dieser Altersgruppe ist gestiegen.

Dro·gen·ma·fia *die* <-> */kein Plur./ Verbrecherorganisation, die mit Drogen handelt*

Dro·gen·po·li·tik *die* <-> */kein Plur./ Politik einer Regierung im Hinblick auf Drogenabhängige und Drogenhändler*

Dro·gen·pro·b·lem *das* <-s, -e> ❶ *Abhängigkeit von Drogen:* Ich glaube, sie hat ein Drogenproblem. ❷ */kein Plur./ die Schwierigkeiten, die sich für Gesellschaft und Politik aus dem Umgang mit Drogen ergibt:* das Drogenproblem diskutieren

Dro·gen·sucht *die* <-> */kein Plur./ Die Abhängigkeit von Drogen* ▶ drogensüchtig

Dro·gen·sze·ne *die* <-> */kein Plur./ Personengruppe, die im Zusammenhang mit Drogensucht und Drogenhandel in einem Gebiet auftritt:* Im Bahnhofsviertel der Stadt gibt es eine offene Drogenszene.

dro·gen·the·ra·peu·tisch *adj /nicht steig./* die Therapie von Drogenabhängigen betreffend ▶ Drogentherapie

Dro·ge·rie *die* <-, -n> *ein Geschäft, in dem man vor allem Körperpflegemittel, Reinigungsmittel*

und bestimmte Heilmittel kaufen kann ◆-artikel, -kette, -markt, -waren

Dro·gist *der*; **Dro·gis·tin** <-en, -en> *jmd., der beruflich in einer Drogerie arbeitet*

Droh·brief *der* <-(e)s, -e> *ein Brief, in dem Drohungen gegen den Empfänger ausgesprochen werden*

dro·hen <drohst, drohte, hat gedroht> *ohne OBJ* ❶ ■ *jmd.* **droht** *(jmdm.)* **(mit etwas** *Dat.)* *jmdm. etwas Unangenehmes so ankündigen, dass es ihn ängstigt:* jemandem mit der Faust drohen; eine drohende Geste mit der Hand; Man drohte ihr, sie zu entlassen/mit Entlassung.; Du kannst mir nicht drohen! ❷ ■ *etwas* **droht** *sich unheilvoll ankündigen:* Uns droht Gefahr.; Am Horizont droht ein Gewitter/Sturm.; sich vor der drohenden Gefahr in Sicherheit bringen ❸ ■ *jmd./etwas* **droht plus Inf.** *verwendet, um auszudrücken, dass etwas Negatives unmittelbar bevorsteht:* Der Kranke droht zu sterben.; Das Haus droht einzustürzen.

Droh·ne *die* <-, -n> ❶ ZOOL. *männliche Biene* ❷ *(übertr. abwert.) Person, die auf Kosten anderer lebt* ❸ MILIT. *unbemannter militärischer Flugkörper, der fern- oder programmgesteuert zu seinem Ausgangspunkt zurückkehren kann*

dröh·nen <dröhnst, dröhnte, hat gedröhnt> *ohne OBJ* ❶ ■ *etwas* **dröhnt** *ein dumpfes, lautes Geräusch verursachen:* Die Motoren dröhnen.; eine dröhnende Stimme; dröhnender Beifall ❷ ■ *etwas* **dröhnt von etwas** *Dat. von einem dumpfen, lauten Geräusch erfüllt sein:* Die Luft dröhnt von den Motoren der Hubschrauber.; ■ **jemandem dröhnt der Kopf** *jmd. hat starke Kopfschmerzen*

Dröh·nen *das* <-s> /kein Plur./ *ein dröhnendes Geräusch:* das Dröhnen der Motoren

Droh·nen·krieg *der* <-(e)s, -e> *mit Drohnen geführter Krieg*

Dröh·nung *die* <-, -en> *(umg.)* ❶ *(Jargon) Rauschgiftdosis:* eine (volle) Dröhnung ❷ *Rauschzustand*

Dro·hung *die* <-, -en> *die Worte oder Gesten, mit denen jmd. jmdm. droht; das Drohen[1]:* seine Drohung wahr machen; wilde Drohungen ausstoßen; ■ **leere Drohungen** *nicht ernst gemeinte Drohungen*

drol·lig *adj so, dass es nett und rührend ist:* ein drolliges Kätzchen; Das ist ja eine drollige Geschichte!

Dro·me·dar, **Dro·me·dar** *das* <-s, -e> ZOOL. *eine Kamelart mit nur einem Höcker*

Drop-out, a. **Drop·out** *der* [...a̱ʊt] <-s, -s> ❶ *jmd., der aus einer sozialen Gruppe herausgefallen ist* ❷ TECHN. *durch Materialfehler oder Verschmutzung verursachter Aussetzer in der Schallaufzeichnung*

Drops *der/das* <-, -> /meist Plur./ *Bonbon mit Fruchtgeschmack:* dem Kind eine Rolle Drops schenken ◆ Frucht-, Pfefferminz-

Drosch·ke *die* <-, -n> GESCH. *leichte Pferdekutsche zur Personenbeförderung*

Drosch·ken·platz *der* <-es, Droschkenplätze> GESCH. *Platz, an dem die Droschken (wartend) stehen*

Drosch·ken·stand *der* <-(e)s, Droschkenstände> siehe **Droschkenplatz**

Dros·sel *die* <-, -n> ZOOL. *ein Singvogel*

dros·seln <drosselst, drosselte, hat gedrosselt> *mit OBJ* ■ *jmd.* **drosselt etwas** ❶ *die Leistung oder die Zufuhr von etwas verringern:* die Heizung/den Motor drosseln; in gedrosseltem Tempo fahren ❷ *(übertr.) jmdn. in einer bestimmten Weise einschränken:* ihren Eifer drosseln; Er drosselte ihn, bei dem Versuch, noch mehr zu arbeiten.; die Lautstärke der Stimme drosseln

drü·ben *adv auf der gegenüberliegenden Seite von etwas:* Wir wohnen auf dieser Seite der Straße, unsere Freunde aber wohnen da drüben.; Auf dieser Seite des Flusses ist die Altstadt; dort drüben beginnt die Neustadt.

drü·ber *adv (umg.: ≈ darüber) über etwas:* Hier ist unsere Wohnung, das Büro ist drüber.; Ich habe schon viel drüber gelesen.; siehe **darüber**

drü·ber·fah·ren <fährst drüber, fuhr drüber, ist drübergefahren> *ohne OBJ* ■ *jmd.* **fährt drüber** *(umg.)* ❶ *über etwas streichen:* mit der Hand drüberfahren ❷ *(umg.) mit einem Fahrzeug über etwas fahren:* Da ist eine alte Brücke – können wir da drüberfahren? ◆ Zusammenschreibung →R 4.5, 4.6 mit einem Tuch drüberfahren

drü·ber·ma·chen <machst drüber, machte drüber, hat drübergemacht> *mit SICH* ■ *jmd.* **macht sich (über etwas** *Akk.)* **drüber** *(umg.) mit etwas beginnen:* sich mit Eifer drübermachen ◆ Zusammenschreibung →R 4.5, 4.6 Wir haben noch viel Arbeit. Wollen wir uns gleich drübermachen?

drü·ber·ste·hen <stehst drüber, stand drüber, hat drübergestanden> *ohne OBJ* ■ *jmd.* **steht (über etwas** *Akk.)* **drüber** *(umg.) so überlegen sein, dass man von etwas Unangenehmem nicht berührt wird:* Du kannst mich ruhig beschimpfen! Da stehe ich doch drüber! ◆ Zusammenschreibung →R 4.5, 4.6 Wenn man drübersteht, erträgt man auch böse Unterstellungen.

Druck[1] *der* <-s, Drücke> ❶ PHYS. *die Kraft, die auf eine Fläche wirkt:* hoher/niedriger Druck; enormen Drücken ausgesetzt sein; den Druck erhöhen/messen/senken ◆-abfall, -anstieg, -ausgleich, -kessel, -kochtopf, -regler, -ventil, Luft-, Wasser-, Erd-, Über-, Unter- ❷ /kein Plur./ *das Drücken:* etwas durch Druck auf eine Taste in Gang setzen; mit Druck auf eine Ader den Blutstrom unterbrechen ◆ Hände-, Knopf- ❸ /kein Plur./ (≈ Zwang) *Druck auf jemanden ausüben; jemanden unter Druck setzen;* (hinter eine Sache) Druck machen; ■ **jemanden unter Druck setzen** *jmdn. bedrohen, ihn einschüchtern, ihm unter Drohung etwas abnötigen* ◆ Erfolgs-, Leistungs-, Noten-, Zeit- ❹ *(Jargon) Heroininjektion:* sich einen Druck setzen (≈ sich Heroin spritzen)

Druck[2] *der* <-s, -e> ❶ /kein Plur./ DRUCKW. *das Drucken:* Das Buch befindet sich/ist noch im Druck. ◆-auftrag, -erlaubnis, -fehler, -industrie, -kalkulation, -korrektur, -maschine, -papier, -stock, -verbot, Buch-, Stoff- ❷ KUNST *ein gedrucktes*

D

D

Bild: eine Ausstellung alter Drucke ◆-grafik, -muster, -vorlage ❸ */kein Plur./* DRUCKW. *die Art, wie gedruckt worden ist* ◆ Farb-, Kursiv-, Schwarzweiß-

Druck·auf·la·ge *die* <-, -n> DRUCKW. *die Anzahl der Exemplare (eines Buches), die von einem Verlag gedruckt wurden:* Die Druckauflage wurde erhöht.

Druck·bo·gen *der* <-s, -/Druckbögen> DRUCKW. *Papierbogen der aus 16 Buchseiten besteht*

Druck·buch·sta·be *der* <-n/-ns, -n> *gedruckter oder die Druckschrift nachahmender Buchstabe:* Für das Formular bitte Druckbuchstaben verwenden!

Drü·cke·ber·ger *der,* **Drü·cke·ber·ge·rin** <-s, -> *(umg. abwert.) Person, die alles versucht, um nicht arbeiten zu müssen* ▶ Drückebergerei

drü·cken <druckst, druckte, hat gedruckt> *mit OBJ/ohne OBJ* ▪ **jmd. druckt (etwas) (auf etwas Akk.)** *maschinell Texte in einer großen Zahl von Exemplaren auf Papier aufbringen:* Bücher/einen Text/ein Muster/Zeitungen drucken; eine fett/halbfett/kursiv gedruckte Überschrift; ▪ **lügen wie gedruckt** *(umg. abwert.) in unverschämter Weise lügen*

drü·cken <drückst, drückte, hat gedrückt> **I.** *mit OBJ* ▪ **jmd. drückt etwas/jmdn. ❶** *(≈ pressen) eine bestimmte Kraft (großflächig) auf etwas einwirken lassen:* eine Zitrone drücken, bis der Saft herausläuft; jemandem die Hand drücken; jemanden (ans Herz) drücken ❷ *(≈ belasten)* Die Sorge um seine Kinder drückt ihn. **II.** *mit OBJ/ohne OBJ* ❶ ▪ **jmd. drückt (etwas);** ▪ **jmd. drückt (auf etwas Akk.)** *durch Druck betätigen:* einen Knopf/Schalter drücken; auf eine Taste drücken; Wenn du drückst, geht die Türe auf. ❷ ▪ **etwas drückt (jmdn.)** *zu eng sein:* Die Schuhe drücken mich.; Der Verband drückt. ❸ ▪ **etwas drückt etwas** *bewirken, dass etwas geringer oder schlechter wird:* die Löhne/Preise drücken; auf die Stimmung/das Niveau drücken; eine gedrückte Stimmung **III.** *mit SICH* ❶ ▪ **jmd. drückt sich in etwas Akk.** *sich mit Kraft in etwas hineinpressen:* jmd. drückt sich in die Ecke/Kabine/in den Stuhl ❷ ▪ **jmd. drückt sich vor etwas Dat.** *(umg. abwert.) jmd. entzieht sich einer Aufgabe oder einer Verantwortung:* sich vor einer Arbeit/Pflicht drücken; Er drückt sich vor dem Militärdienst.; ▪ **jemanden an die Wand drücken** *(umg.) jmdn. in seiner Existenz vernichten;* ▪ **jemanden drückt irgendwo der Schuh** *(umg.) jmd. hat Sorgen (wegen einer Sache);* ▪ **die Schulbank drücken** *(umg.) zur Schule gehen*

drü·ckend *adj so stark, dass es sehr belastend ist:* drückende Hitze/Sorgen

Dru·cker[1] *der,* **Dru·cke·rin** <-s, -> *jmd., der beruflich druckt*

Dru·cker[2] *der* <-s, -> EDV *Gerät zum Ausdrucken von Daten* ◆-kabel, Laser-, Tintenstrahl-

Drü·cker *der* <-s, -> *Knopf zum Anschalten oder Öffnen:* den Drücker an der Tür betätigen; ▪ **am Drücker sein** *(umg.) die Entscheidungsgewalt haben;* ▪ **auf den letzten Drücker** *(umg.) im letzten Moment*

Dru·cke·rei *die* <-, -en> *Betrieb, in dem Bücher oder Zeitungen gedruckt werden*

Dru·cker·pres·se *die* <-, -n> DRUCKW. *Maschine zum Drucken*

Dru·cker·zei·chen *das* <-s, -> DRUCKW. *(≈ Buchdruckerzeichen, Druckermarke) Haus- oder Firmenmarke eines Druckers, besonders in alten Büchern und frühen Drucken*

Druck·er·zeug·nis *das* <-ses, -se> DRUCKW. *etwas, das gedruckt worden ist:* Tageszeitungen, Magazine und andere Druckerzeugnisse

Druck·fah·ne *die* <-, -n> DRUCKW. *(≈ Fahne) zum Zweck der Korrektur hergestellter Abzug eines gesetzten Druckes, der noch nicht auf Seitenformat gebracht wurde*

druck·fest *adj* TECHN. *so, dass es widerstandsfähig gegen einen bestimmten Druck ist:* druckfestes Material

Druck·form *die* <-, -en> DRUCKW. *Form, mit der auf den Druckträger gedruckt wird*

druck·frei *adj /nicht steig./* DRUCKW. *so, dass es zum Druck freigegeben wurde*

Druck·knopf *der* <-(e)s, Druckknöpfe> ❶ *Knopf an Kleidungsstücken, der durch Drücken geschlossen wird* ◆-verschluss ❷ TECHN. *Knopf zum Ein- oder Ausschalten, der durch Drücken* **II.1** *betätigt wird*

Druck·kor·rek·tur *die* <-> */kein Plur./* DRUCKW. *Korrektur der Druckfahnen*

Druck·le·gung *die* <-, -en> DRUCKW. *das Drucken:* die Drucklegung eines Buches

Druck·luft *die* <-> */kein Plur./* TECHN., PHYS. *zusammengepresste Luft* ◆-bohrer

Druck·mit·tel *das* <-s, -> *etwas, mit dem auf jmdn. Zwang ausgeübt werden kann:* die hohe Arbeitslosigkeit als Druckmittel für Lohnkürzungen benutzen

Druck·pa·pier *das* <-s, -e> DRUCKW. *Papier, auf das gedruckt wird*

Druck·pro·be *die* <-, -n> ❶ DRUCKW. *(≈ Probedruck) Probeabzug eines Textes, der gedruckt werden soll* ❷ TECHN. *Feststellung, ob ein Stoff oder ein System einem bestimmtem physikalischen Druck*[1] *standhält*

Druck·pum·pe *die* <-, -n> TECHN. *(≈ Kompressionspumpe ↔ Saugpumpe) Pumpe, die mit Überdruck pumpt*

druck·reif *adj /nicht steig./* ❶ DRUCKW. *so, dass es ohne weitere Bearbeitung gedruckt werden kann:* ein druckreifes Manuskript ❷ *so, dass es sprachlich perfekt ausgedrückt ist:* Sie formuliert nahezu druckreif.

Druck·schrift *die* <-, -en> ❶ */kein Plur./ Schrift in Druckbuchstaben:* Das Formular bitte in Druckschrift ausfüllen! ❷ *ein gedruckter (nicht gebundener) Text; Druckerzeugnisse und andere Vervielfältigungen von Schriften mit oder ohne bildliche Darstellungen, die dem Presserecht unterliegen*

Druck·sor·te *die* <-, -n> ÖSTERR. *Formblatt, Formular*

Druck·stock *der* <-(e)s, Druckstöcke> DRUCKW. *(≈ Klischee) Druckplatte für den Hochdruck*

Druck·ver·fah·ren *das* <-s, -> DRUCKW. *Verfahren, nach dem Bilder oder Texte vervielfältigt werden:*

Hochdruck, Tiefdruck und Offsetdruck sind Druckverfahren.

Druck·ver·merk *der* <-(e)s, -e> DRUCKW. *(≈ Impressum) Vermerk des Verlages in einem gedruckten Werk:* Im Druckvermerk eines Buches findet man Angaben darüber, wann und wo es erschienen ist.

Druck·wel·le *die* <-, -n> PHYS. *eine Menge zusammengepresster Luft, die sich wie eine Welle nach allen Seiten ausbreitet:* Die Explosion/Lawine verursachte eine starke Druckwelle.

drum *adv kurz für „darum"*; ■ sei's drum *(umg.) das macht nichts, wir nehmen das in Kauf*; ■ mit allem Drum und Dran *(umg.) mit allem, was dazugehört*

Drum·he·rum *das* <-s> */kein Plur./ (umg.) alles, was zu einer Sache dazugehört:* Ich würde mich auf die Feier freuen, wenn das ganze Drumherum nicht wäre.

Drum·mer *der,* **Drum·me·rin** ['dramɐ] <-s, -> *jmd., der in einer Band Schlagzeug spielt*

drum·rum *adv kurz für „drumherum"*

Drums [drams] */Plural/* MUS. *(im Zusammenhang mit Rock- und Jazzmusik) Schlagzeug*

drun·ten *adv* SÜDDT., ÖSTERR. *(≈ dort unten)* drunten im Tal

drun·ter *adv (umg.: ≈ darunter) unter etwas:* Er hebt den Deckel, um zu sehen, was drunter ist.; Er trägt einen Bademantel und nichts drunter.; ■ drunter und drüber gehen *(umg.) durcheinandergehen; siehe* **darunter**

drun·ter·stel·len <stellst drunter, stellte drunter, hat druntergestellt> *mit OBJ* ■ jmd. stellt etwas/sich (unter etwas Akk.) drunter *(umg.)* Hier ist ein Dach; da können wir uns drunterstellen.; Das Rohr ist hier undicht und tropft; da muss man einen Eimer drunterstellen. ♦ Zusammenschreibung →R 4.5 Wo hast du das druntergestellt?

Drusch *der* <-(e)s, -e> LANDW. ❶ */kein Plur./ der Ertrag des Dreschens* ♦ Gersten-, Weizen- ❷ *das Dreschen*

Drü·se *die* <-, -n> ANAT. *ein Organ, das Körpersäfte bildet und absondert* ♦ -nentzündung, -nfunktion, -nschwellung, Schweiß-, Tränen-

Dsche·la·ba *die* <-, -s> *weite arabische Kleidung für Männer*

Dschi·bu·ti *das* <-s> *Staat in Afrika* ▶ Dschibutier, Dschibutierin, dschibutisch

dschi·bu·tisch *adj /nicht steig./ Dschibuti betreffend*

Dschi·had *der* <-> */kein Plur./* REL. *Heiliger Krieg der Muslime zur Verteidigung und Ausbreitung des Islams*

Dschun·gel *der* <-s, -> ❶ *tropischer Regenwald:* das Leben im Dschungel ♦ -pfad ❷ *(übertr.) etwas Undurchdringliches oder Verwirrendes:* der Dschungel der Großstadt/von Paragraphen ♦ Paragraphen-

Dschun·gel·fie·ber *das* <-s> */kein Plur./* MED. *(≈ Gelbfieber)*

DSG *Abkürzung von „Deutsche Schlafwagen- und Speisewagen-Gesellschaft"*

dto. *kurz für „dito"*

DTP *Abkürzung von „Desktoppublishing"*

du *pron* ❶ *als Personalpronomen der zweiten Person verwendet, um sich als Sprecher auf die angesprochene Person zu beziehen:* Kannst du das verstehen?; Du hast jetzt Urlaub, ich muss noch zwei Wochen arbeiten.; Du, schau mal, was ist das hier? ❷ *(umg.: ≈ man) als Indefinitpronomen verwendet, um auszudrücken, dass das Subjekt eine nicht näher bezeichnete Person ist und die Aussage allgemeine Gültigkeit hat:* Du freust du dich auf den Urlaub, und dann regnet es!; Da kannst du einfach nichts machen, das kann niemand ändern.; ■ Leute wie du und ich *(umg.) ganz normale Menschen* ♦ Groß-/Kleinschreibung →R 3.23 Liebe Anne, kannst du/Du meinen Brief schnell beantworten?

Du *das* <-(s), -(s)> *die Anrede mit „du" (im Gegensatz zur Anrede mit „Sie"):* das vertraute Du; jemandem das Du anbieten; jemanden mit Du anreden; mit der Natur auf Du und Du leben (≈ sehr naturverbunden leben) ♦ Großschreibung →R 3.7 mit etwas/jemandem auf Du und Du stehen

du·al *adj /nicht steig./ (fachspr.) so, dass es aus zwei Elementen besteht:* ein duales Ausbildungssystem

Du·al *der* <-s, -e> SPRACHWISS. *ein Numerus, der ausdrückt, dass es sich um zwei Personen oder Dinge handelt oder eine Verbform für (zwei) zusammengehörende Tätigkeiten oder Vorgänge:* Duale finden sich im Slawischen und im Baltischen. ♦ -pronomen

Du·a·lis·mus *der* <-> */kein Plur./* PHILOS. *(≈ Monismus) eine Lehre, die zwei Grundprinzipien des Seins annimmt, die sich ergänzen oder sich widersprechen*

du·a·lis·tisch *adj /nicht steig./ (geh.) den Dualismus betreffend, auf ihm beruhend:* eine dualistische Religion; ein dualistischer Ansatz

Du·a·li·tät *die* <-> */kein Plur./ Zweiheit, Doppelheit, Wechselseitigkeit:* eine Dualität von Axiomen

Dub·bing *das* ['dabɪŋ] <-s, -s> *das Überspielen oder Kopieren von Video- und Tonaufnahmen*

Dü·bel *der* <-s, -> TECHN. *eine Kunststoffhülse, die fest in einer Mauer verankert wird und in die dann eine Schraube hineingedreht wird* ▶ dübeln

du·bi·os *adj (geh. abwert.) so zweifelhaft und ungewiss, dass es Verdacht erregt:* dubiose Geschäfte/Machenschaften

Du·b·let·te *die* <-, -n> ❶ *doppelt vorhandenes Stück (einer Sammlung):* die Dubletten einer Briefmarkensammlung tauschen ❷ *Nachahmung eines Edelsteins* ❸ *zwei übereinandergepresste Schmucksteine*

du·b·lie·ren <dublierst, dublierte, hat dubliert> *mit OBJ* ■ jmd. dubliert etwas ❶ *verdoppeln;* eine Dublette[1] herstellen ❷ *Garne aus mehreren Fäden zusammendrehen:* Garne dublieren ▶ Dubliermaschine ❸ *mit einem Edelmetall überziehen:* Schmuck dublieren

du·cken <duckst, duckte, hat geduckt> I. *mit OBJ* ■ jmd. duckt jmdn. *erniedrigen:* Er ist von seinem Vorgesetzen immer geduckt worden. II. *mit SICH* ❶ ■ jmd. duckt sich *sich bücken:* sich ducken, um einem Schlag auszuweichen; sich

D

unter den Tisch ducken; in geduckter Haltung durch eine Tür gehen ❷ ▪ *jmd. duckt sich vor jmdm. klein beigeben:* sich vor dem Chef ducken

Duck·mäu·ser *der,* **Duck·mäu·se·rin** <-s, -> *(umg. abwert.) Person, die nicht aufzubegehren wagt und sich duckt II.2:* Sie hat nicht widersprochen, die Duckmäuserin!

du·deln <dudelst, dudelte, hat gedudelt> *ohne OBJ/mit OBJ* ▪ **etwas dudelt (etwas)** *(umg. abwert.) eintönige Musik machen:* In der Küche dudelte das Radio Schlagermusik.; Muss diese Musik/das Radio den ganzen Tag dudeln? ▶ Gedudel

Du·del·sack *der* <-(e)s, Dudelsäcke> *ein für Schottland und Irland typisches Blasinstrument, das einen relativ hohen, durchdringenden Grundton erzeugt:* den Dudelsack blasen ◆ -pfeife

Du·ell *das* <-s, -e> ❶ GESCH. *ein Kampf zwischen zwei Personen, der geführt wird, um einen Streit zu entscheiden oder um die Ehre einer der beiden Personen wieder herzustellen:* jemanden zum Duell fordern ◆ Degen-, Pistolen- ▶ duellieren ❷ *sportlicher Zweikampf:* Es läuft alles auf ein Duell zwischen den beiden Tabellenersten hinaus. ❸ *(geh.) Wortgefecht:* Die beiden Diskussionsteilnehmer lieferten sich ein heftiges Duell.

Du·ett *das* <-(e)s, -e> MUS. *Singstück für zwei Stimmen* ◆ Opern-

Duft *der* <-(e)s, Düfte> *angenehmer Geruch:* der Duft von Blumen/Parfüm; ein berauschender/betörender/sinnlicher/süßer/süßlicher/überwältigender/würziger Duft; Der Duft ihres Parfums erfüllte den Raum/weckte angenehme Erinnerungen/verzauberte ihn.; ▪ **sich den Duft der großen weiten Welt um die Nase wehen lassen** *(umg.) in ferne Länder reisen, um diese kennen zu lernen* ◆ -kerze, -mischung

duf·te *interj /nicht Adverb/ (umg. o veralt.) verwendet, um Begeisterung und Zustimmung auszudrücken:* ein attraktives Mädchen eine „dufte Biene" nennen; Das ist ja dufte!

duf·ten <duftest, duftete, hat geduftet> *ohne OBJ* ▪ **jmd./etwas duftet (nach etwas Dat./irgendwie)** *einen bestimmten Duft abgeben:* Die Rose/Seife duftet herrlich.; In der Küche duftet es nach Sonntagsbraten.; herrlich duftende Blumen; frisch aufgebrühter, aromatisch duftender Kaffee

duf·tig *adj so, dass ein Textil zart, leicht und fein ist:* ein duftiges Sommerkleid

Duft·no·te *die* <-, -n> *eine typische Art von Duft:* die feminine/frische/herbe/ maskuline/würzige Duftnote eines Parfüms

Duft·was·ser *das* <-s, Duftwässer> ❶ *(scherzh.:* ≈ *Parfüm)* ❷ *duftend gemachtes Wasser, z. B. Rosenwasser*

Duft·wol·ke *die* <-, -n> *Wolke von Duft:* Sie ist in eine Duftwolke von Parfüm gehüllt.

Duis·burg *das* ['dy:s...] <-s> *Stadt im Ruhrgebiet*

Du·ka·ten *der* <-s, -> GESCH. *eine Goldmünze;* ▪ **Dukaten haben** *reich sein*

dul·den <duldest, duldete, hat geduldet> I. *mit OBJ* ❶ ▪ **jmd. duldet etwas** *zulassen, dass etwas geschieht:* keine Einmischung dulden; Das kann ich keinesfalls dulden!; Die Sache duldet keinen Aufschub! ❷ ▪ **jmd. duldet jmdn./etwas** *erlau-*

ben, dass jmd. oder etwas irgendwo ist: In meinem Garten dulde ich keine Hunde!; Er duldet keine Fremden in seinem Haus.; Asylanten werden oft nur geduldet. II. *mit OBJ/ohne OBJ* ▪ **jmd. duldet (etwas)** *(geh.) (Unangenehmes) ertragen:* still und ohne Widerspruch dulden; Was sie alles dulden mussten!

Dul·der·mie·ne *die* <-, -n> *(umg. iron.) absichtlich aufgesetzter Gesichtsausdruck, der Mitleid erregen soll*

duld·sam *adj so nachsichtig, dass man viel erträgt:* duldsam gegenüber den Fehlern anderer sein; ein duldsamer Mensch

Dult *die* <-, -en> SÜDDT., ÖSTERR. *Jahrmarkt*

Du·ma *die* <-> */kein Plur./* POL. *das russische Parlament*

dumm <dümmer, am dümmsten> *adj (abwert.)* ❶ *(↔ klug, schlau) so, dass es unklug und ohne Verstand ist:* dummes Zeug reden; So ein dummer Kerl, dass er das nicht begreift!; Du bist doch nicht dumm!; Das war dumm von dir; sich dumm stellen ❷ *so, dass es unangenehm ist oder jmdn. irritiert:* eine dumme Sache; Das wird mir jetzt zu dumm.; Das hätte dumm ausgehen können!; Lass doch mal dein dummes Räuspern! ❸ *(umg.) so, dass es jmdm. schwindelig ist:* Mir wurde ganz dumm im Kopf. ❹ *(vulg. abwert.) Gebrauch in Schimpfwörtern:* Du dumme Kuh!; Das dumme Schwein hat es nicht einmal gemerkt!; ▪ **jemandem dumm kommen** *(umg.) unverschämt zu jmdm. sein;* ▪ **dumm wie Bohnenstroh** *sehr dumm[1];* ▪ **jmanden dumm machen** *jmdm. übervorteilen;* ▪ **jemandem wird etwas zu dumm** *jmdm. wird etwas lästig, jmd. wird einer Sache überdrüssig;* ▪ **jemanden für dumm verkaufen** *jmdm. überlisten oder betrügen wollen;* ▪ **sich dumm stellen** *so tun, als ob man nichts wüsste oder verstehen würde*

dumm·dreist *adj /nicht steig./ (abwert.) so, dass jmd. in einer plumpen Art frech ist:* eine dummdreiste Frage

Dum·me *der/die* <-n, -n> *(umg.)* ❶ *jmd., der dumm ist:* Du bist doch kein Dummer/keine Dumme! ❷ *jmd., der (durch seine Naivität) das Opfer von jmdm. oder der Geschädigte eines Betrugs ist;* ▪ **für einen einen Dummen/eine Dumme finden** *eine(n) Gutmütige(n)/Hilfsbereite(n) ausnützen;* ▪ **immer der/die Dumme sein** *der/die Betrogene/Benachteiligte sein*

Dum·mer·jan *der* <-s, -e> *(umg.: meist von einem Erwachsenen gegenüber einem Kind verwendet) Dummkopf, dummer Kerl:* Nun habe keine Angst, du kleiner Dummerjan, der Hund tut dir doch nichts!

dum·mer·wei·se *adj /nicht steig./ (umg.) so, dass etwas durch einen unglücklichen Zufall geschehen ist und nun lästig ist:* Meinen Ausweis habe ich dummerweise vergessen.

Dumm·heit *die* <-, -en> *(abwert.)* ❶ */kein Plur./ mangelnder Verstand:* Ihre Dummheit bringt uns am Ende noch Schaden ein. ❷ *dumme Handlung:* eine Dummheit begehen/bereuen; Macht bitte keine Dummheiten! ◆ Riesen-

Dumm·kopf *der* <-(e)s, Dummköpfe> *(umg. ab-*

wert.) Schimpfwort für eine Person: So ein Dummkopf!; Dieser Dummkopf hat nicht nur seinen Ausweis verloren, sondern auch die Geldbörse.

Dụmm·schwät·zer der, **Dụmm·schwät·ze·rin** <-s, -> (umg. abwert.) jmd., der dummes Zeug redet

Dum·my der ['dami] <-s, -s> eine der Puppen, die beim Testen des Unfallverhaltens von Autos auf die Sitzplätze gesetzt werden

düm·peln <dümpelt, dümpelte, hat gedümpelt> ohne OBJ ■ **etwas dümpelt irgendwo** NORDDT. auf dem Wasser liegen und leicht schaukeln: Der Kahn dümpelt auf dem Wasser.

dumpf adj ❶ (↔ hell) so, dass es gedämpft und tief klingt: ein dumpfes Geräusch; Die Musik/das Radio klingt dumpf. ❷ (↔ frisch) so, dass es feucht und muffig ist: Im Keller riecht es dumpf.; Eine dumpfe Schwüle lastet auf der Stadt. ❸ (abwert.: ↔ aufgeschlossen, wach) so, dass es stumpfsinnig ist: dumpf vor sich hinstarren; die dumpfe Enge der kleinbürgerlichen Welt ❹ (≈ diffus, vage) so, dass es undeutlich ist: ein dumpfes Gefühl haben; etwas dumpf ahnen; einen dumpfen Schmerz verspüren ▶ Dumpfheit

Dụmpf·ba·cke <-, -n> (umg. abwert.) einfältiger, törichter Mensch

Dum·ping das ['dampɪŋ] <-s> /kein Plur./ WIRTSCH. der Vorgang, dass ein Unternehmen viel geringere Preise für seine Produkte verlangt als die Konkurrenz und damit das Ziel verfolgt, die Konkurrenz auszuschalten ◆ -preis

dun adj NIEDERDT. betrunken: Er ist jeden Abend dun.

Dü·ne die <-, -n> Sandhügel am Meer oder in der Wüste ◆ -nsand, Wander-

Dung der <-(e)s> /kein Plur./ als Dünger verwendete Ausscheidungen von Tieren ◆ -grube, -haufen, Kuh-, Pferde-, Schaf-

dün·gen <düngst, düngte, hat gedüngt> mit OBJ ■ **jmd. düngt etwas** Pflanzen mit Dünger versorgen: ein Beet/Pflanzen düngen

Dün·ger der <-s, -> eine Substanz, die man Pflanzen gibt, die zusätzliche Nährstoffe enthält und dafür sorgt, dass die Pflanzen schneller und besser wachsen: mineralischer/organischer Dünger ◆ Blumen-, Flüssig-, Mineral-, Rasen-

Dụn·kel das <-s> /kein Plur./ (geh.: ≈ Dunkelheit) im Dunkel der Nacht; ■ **etwas liegt im Dunkeln** etwas Zukünftiges ist ganz ungewiss Die Zukunft liegt im Dunkeln.

dụn·kel <dunkler, am dunkelsten> adj ❶ so, dass sehr wenig oder kein Licht da ist und man nicht sehen kann: die dunkle Nacht; Es wird langsam dunkel.; Im Zimmer ist es dunkel. ❷ so, dass es von einer Farbe mit viel Schwarzanteil ist: ein dunkler Anzug; ein dunkles Rot ❸ so, dass es einen tiefen Klang hat: eine dunkle Stimme; Der Laut wird eher dunkel ausgesprochen. ❹ so, dass es sehr unerfreulich ist und man nicht gern darüber spricht: das dunkelste Kapitel in seinem Leben ❺ so, dass es ziemlich unklar und unverständlich ist und man nur ahnen kann, was es bedeuten soll: etwas dunkel ahnen; der dunkle

Sinn der Rede/des Textes/der Verse ❻ (abwert.) undurchschaubar und daher verdächtig: dunkle Geschäfte machen; Im Lokal trafen sich öfters auch dunkle Gestalten aus dem Rotlichtmilieu.; ■ **im Dunkeln tappen** noch keine Anhaltspunkte haben und die Zusammenhänge von etwas noch nicht kennen Bei der Fahndung nach dem Sexualverbrecher tappt die Polizei noch völlig im Dunkeln. ◆ Großschreibung →R 3.7 Die Spur verlor sich im Dunkeln.

Dün·kel der <-s> /kein Plur./ (geh. abwert.) Hochmut: Er ist klug und doch völlig ohne jeden Dünkel.

dụn·kel·braun adj /nicht steig./ von einem dunklen Braun: ein dunkelbrauner Anzug

dụn·kel·grün adj /nicht steig./ von einem dunklen Grün: Dunkelgrüne Tannen bedecken die Schwarzwaldhügel.

dụn·kel·haa·rig adj /nicht steig./ so, dass jmd. schwarze oder braune Haare hat: ein dunkelhaariges Mädchen

dụn·kel·häu·tig adj /nicht steig./ so, dass jmd. eine dunkle Hautfarbe hat: Er verträgt die Sonne besser, da er dunkelhäutig ist.

Dụn·kel·heit die <-> /kein Plur./ ❶ (≈ Finsternis) der Zustand, dass etwas dunkel[1] ist: bei Einbruch der Dunkelheit; sich in der Dunkelheit fürchten; wegen der Dunkelheit nichts sehen können ❷ (≈ Rätselhaftigkeit) der Zustand, dass etwas dunkel[5], nicht interpretierbar oder erklärbar ist: die Dunkelheit dieser Textstelle/vieler Gedichte dieses Lyrikers

Dụn·kel·kam·mer die <-, -n> FOTOGR. Entwicklungsraum für Filmnegative

dụn·keln <dunkelt, dunkelte, hat gedunkelt> mit ES ■ **es dunkelt** (geh.) dunkel[1] werden: Der Abend kommt. Es dunkelt allmählich.

Dụn·kel·zif·fer die <-> /kein Plur./ die Zahl der Fälle (einer negativen Sache), die nicht öffentlich oder polizeilich bekannt werden: Bei Gewalt in der Familie muss man mit einer hohen Dunkelziffer rechnen.

dụn·ken <dir dünkt, ihm dünkte, ihm hat gedünkt> (geh.) I. mit SICH ■ **jmd. dünkt sich irgendwie** sich selbst irrigerweise für etwas halten: Du dünkst dich besser als die andern. II. mit ES ■ **es dünkt jmdn.** scheinen; so vorkommen: Mich dünkt, er kommt nicht mehr.

dünn adj ❶ (↔ dick) von relativ kleinem Umfang oder Durchmesser: ein dünner Faden; ein dünner Baumstamm; junge Bäume mit dünnen Ästen ❷ (umg.: ≈ mager) sehr schlank: Er ist aber sehr dünn geworden. ❸ (↔ zähflüssig) so, dass es mit wenig Gehalt an festen Stoffen ausgestattet ist: eine dünne Brühe; Der Honig/Sirup ist sehr dünn geraten.; Ich habe die Soße dünn gemacht. ❹ (↔ dicht) so, dass auf einer bestimmten Fläche eine relativ geringe Anzahl von etwas ist: dünn besiedeltes Land; Seine Haare werden dünn. ❺ kraftlos, leise: eine dünne Stimme; ■ **sich dünne machen** (umg.) verschwinden, sich davonmachen Wir klingelten an seiner Haustür und machten uns dünne.; ■ **dünn gesät sein** selten vorkommen Wirklich kompetente Muttersprachler

D

sind dünn gesät. ◆ Getrenntschreibung →R 4.15, 4.5 in einer dünn besiedelten/dünnbesiedelten Gegend wohnen; Du solltest die Suppe nicht dünn/dünner machen.; Kannst du dich nicht ein bisschen dünner machen?

Dünn·darm *der* <-(e)s, Dünndärme> ANAT. *der Teil des Darmes, der zwischen Magen und Dickdarm liegt* ◆-entzündung

Dünn·druck·pa·pier *das* <-s, -e> DRUCKW. *sehr dünnes Druckpapier*

dünn·ne·ma·chen <machst dünne, machte dünne, hat dünnegemacht> *mit SICH* ▪ *jmd. macht sich dünne (umg.) heimlich oder rasch verschwinden*

dünn·ge·sät *adj /nicht steig./ (umg.: ≈ rar) so, dass es selten vorkommt:* Die Arbeitsplätze in diesem Bereich sind heutzutage dünngesät.

dünn·ma·chen *mit SICH* ▪ *jmd. macht sich dünn (umg.) heimlich weggehen:* Wo ist der Paul schon wieder? Er hat sich wahrscheinlich wieder dünn(e)gemacht! ◆ Zusammenschreibung →R 4.5, 4.6 Hier wird es brenzlig, wollen wir uns nicht lieber dünnmachen?

Dünn·pfiff *der* <-s> */kein Plur./ (umg.: ≈ Durchfall)*

Dunst *der* <-(e)s, Dünste> ❶ *(stickige) nach irgendetwas riechende Luft:* feuchte/giftige/warme Dünste ausströmen; Der Dunst von Zigaretten erfüllte den Raum. ◆-schicht, -schleier, Küchen-, Zigaretten- ❷ */kein Plur./ neblige Luft:* Das Tal liegt im Dunst.; Abendlicher Dunst breitet sich aus.; ▪ blauer Dunst *(umg.) Zigarettenrauch;* ▪ keinen blassen Dunst haben *(umg.) keine Ahnung haben* ◆-glocke, -schleier, -schwaden

Dunst·ab·zugs·hau·be *die* <-, -n> *ein Gerät, das in der Küche die Dünste[1] vom Herd ableitet*

düns·ten <dünstest, dünstete, hat gedünstet> I. *mit OBJ* ▪ *jmd. dünstet etwas* KOCH. *bei geschlossenem Deckel in wenig Flüssigkeit gar werden lassen:* den Fisch/das Gemüse dünsten; gedünstetes Fleisch II. *ohne OBJ* ▪ *etwas dünstet* KOCH. *etwas gart:* Während das Gemüse dünstet, kann ich den Fisch zubereiten.

Dunst·glo·cke *die* <-, -n> *Dunst[1, 2], der geschlossen über einem Gebiet liegt:* Die Stadt liegt unter einer Dunstglocke.

duns·tig *adj /nicht steig./* ❶ *(≈ verhangen ↔ klar) so, dass es leicht neblig ist:* Am Morgen war es noch etwas dunstig, dann wurde es schön.; dunstiges Wetter ❷ *so, dass es voller stickiger Luft ist:* In der Kneipe war es dunstig.; in einem dunstigen Zimmer sitzen

Dunst·wol·ke *die* <-, -n> *Schwall von Dunst, Ausdünstungen:* Als er die Kellertür öffnete, schlug ihm eine Dunstwolke entgegen.

Dü·nung *die* <-> */kein Plur./* SEEW. *durch Wind erzeugter Seegang*

Duo *das* <-s, -s> ❶ *Musikstück für zwei Instrumente* ❷ *zwei Musiker, die gemeinsam musizieren* ❸ *(umg.) zwei Personen, die häufig zusammen auftreten:* ein räuberisches Duo; ein fröhliches Duo

Du·pli·kat *das* <-(e)s, -e> *(geh.: ≈ Abschrift, Zweitschrift) eine zweite Ausfertigung eines Doku-*

ments, die mit dem Original identisch ist: von einer Urkunde ein Duplikat anfertigen lassen

dup·li·zie·ren <duplizierst, duplizierte, hat dupliziert> *mit OBJ* ▪ *jmd. dupliziert etwas (geh.) verdoppeln*

Du·pli·zi·tät *die* <-, -en> *(geh.) doppeltes Vorkommen von etwas:* die Duplizität der Ereignisse

Dur *das* <-> */kein Plur./* MUS. *(↔ Moll) Tongeschlecht mit großer Terz im Grunddreiklang:* eine Sinfonie in Dur ◆-akkord, -tonart, -tonleiter

durch I. *präp +Akk.* ❶ *verwendet, um auszudrücken, dass eine Bewegung quer zu etwas verläuft:* durch den Fluss schwimmen; durch die Tür gehen; durch die Finger/Gardinen sehen; Die Kälte dringt durch die Kleidung. ❷ *verwendet, um auszudrücken, dass ein physischer Gegenstand oder eine Substanz kein Hindernis für etwas ist:* durch die Gardinen sehen können; Die Kälte dringt durch die Kleidung.; Die Lichtstrahlen dringen durch das Wasser. ❸ *(≈ während) verwendet, um auszudrücken, dass ein Prozess über die gesamte Zeitdauer von etwas wirksam ist:* Der Kalender mit seinen aufregenden Sportfotos soll den Fan durch das ganze Jahr begleiten.; Sie weinte die ganze Nacht durch. ❹ *verwendet, um auszudrücken, dass etwas der Begleitumstand oder das Mittel ist, das zu etwas führt:* etwas durch Zufall erfahren; durch einen Unfall ums Leben kommen; durch Fleiß viel erreichen ❺ MATH. *verwendet, um auszudrücken, dass die nach „durch" genannte Zahl der Divisor einer Division ist:* eine Zahl durch eine andere teilen; Sechs (geteilt) durch zwei ist drei. II. *adv (umg.)* ❶ *verwendet, um auszudrücken, dass nach einer bestimmten Uhrzeit ein wenig Zeit vergangen ist:* Es ist schon fünf (Uhr) durch (≈ es ist wenige Minuten nach fünf Uhr). ❷ *(≈ vorbei) verwendet, um auszudrücken, dass jmd./etwas eine bestimmte Stelle passiert und sich dann in Richtung auf ein Ziel weiter bewegt:* Du darfst hier nicht durch.; Der Zug ist schon durch. ❸ KOCH. *(umg.: ≈ gar)* Ist das Fleisch gut durch?; Ich hätte mein Steak gern gut durch.; ▪ durch und durch *vollkommen* durch und durch nass sein; ▪ bei jemandem unten durch sein *jmds. Zuneigung (dauerhaft) verloren haben;* ▪ durch etwas hindurch müssen *Schwierigkeiten, Leiden, eine schwere Zeit überwinden müssen* Er hat die Scheidung beantragt – da muss ich jetzt durch. ◆ Getrenntschreibung →R 4.8 Der Bus wird schon lange durch sein.; Es wird schon fünf Uhr durch sein.; Bei dem bin ich jetzt unten durch!

durch·ar·bei·ten <arbeitest durch, arbeitete durch, hat durchgearbeitet> I. *ohne OBJ* ▪ *jmd. arbeitet durch (umg.) ohne Unterbrechung arbeiten:* Ich habe seit gestern Abend durchgearbeitet.; Ich habe den ganzen Tag über ohne Mittagspause durchgearbeitet. II. *mit OBJ* ❶ ▪ *jmd. arbeitet etwas durch intensiv bearbeiten:* einen Entwurf/einen Text durcharbeiten ❷ ▪ *jmd. arbeitet etwas durch* KOCH. *(≈ durchkneten) mit (kräftigen) Handbewegungen dafür sorgen, dass eine Masse gleichmäßig verrührt wird:* einen Teig ordentlich durcharbeiten III. *mit SICH* ▪ *jmd. arbeitet sich (durch etwas Akk.) durch (umg.)*

sich den Weg bahnen: sich durch dichtes Gestrüpp durcharbeiten; Hier haben sie die Akte zurück – ich habe mich durchgearbeitet. ◆*Zusammenschreibung* →R 4.5 Machen wir eine Pause, oder wollen wir durcharbeiten?

durch·at·men <atmest durch, atmete durch, hat durchgeatmet> *ohne OBJ* ■ *jmd.* **atmet durch** *(besonders nach einer körperlichen oder psychischen Anspannung oder einem Schreck) tief Luft holen:* erst einmal kräftig durchatmen

durch·aus *adv* ❶ *verwendet, um auszudrücken, dass die genannte Sache in der Tat passieren könnte, dass mit einer tatsächlichen Wahrscheinlichkeit mit ihr zu rechnen ist:* Solche Fehler können durchaus vorkommen.; Ein sehr gutes Rennrad kann durchaus 5000 Euro kosten.; Das ist durchaus möglich. ❷ *(≈ bestimmt) verwendet, um zu betonen, dass es absolut keinen Grund gibt, die genannte Sache zu bezweifeln:* Hast du das vergessen? Nein, durchaus nicht! ❸ *(≈ unbedingt) verwendet, um auszudrücken, dass jmd. sich durch nichts von etwas abhalten lässt:* Wenn du das durchaus willst, sollst du es haben.; Sie wollte das durchaus selbst tun.

durch·bie·gen <biegst durch, bog durch, hat durchgebogen> I. *mit OBJ* ■ *jmd.* **biegt etwas durch** *mit Kraft bewirken, dass etwas eine gebogene Form bekommt:* einen Stab so durchbiegen, dass er bricht II. *mit SICH* ■ *jmd.* **biegt sich durch** *unter der Einwirkung einer Kraft eine gebogene Form bekommen:* Das Brett hat sich unter der Last durchgebogen.

durch·blät·tern <blätterst durch, blätterte durch, hat durchgeblättert> *mit OBJ* ■ *jmd.* **blättert etwas durch** *etwas nur oberflächlich beim Blättern lesen:* einen Katalog durchblättern

Durch·blick *der* <-(e)s, -e> ❶ */kein Plur./ (umg.) Verständnis:* Mir fehlt der Durchblick.; einen besseren Durchblick in Mathematik bekommen ❷ *Blick durch eine Öffnung oder Lücke:* Der Wald gewährte an einigen Stellen einen Durchblick ins Tal.

durch·bli·cken <blickst durch, blickte durch, hat durchgeblickt> *ohne OBJ* ■ *jmd.* **blickt (bei etwas** *Dat.)* **durch** ❶ *(umg.) verstehen:* Ich blicke (da) nicht durch.; Blickst du in Chemie noch durch? ❷ *durch eine kleine Öffnung sehen:* Hier ist ein kleiner Spalt in der Mauer; da können wir durchblicken.

Durch·blu·tung *die* <-> */kein Plur./* MED. Versorgung des Gewebes mit Blut; mit Massagen für eine bessere Durchblutung der Haut sorgen

durch·boh·ren <durchbohrst, durchbohrte, hat durchbohrt> *mit OBJ* ■ *jmd./etwas* **durchbohrt etwas** *(bohrend) durch etwas dringen:* ein Brett mit Nägeln/Schrauben durchbohren; Die Tür ist von Schüssen durchbohrt worden.; Die Kugel hat sein Herz durchbohrt.; Mehrere Tunnel durchbohren den Berg.; ■ **jemanden mit Blicken durchbohren** *(übertr.) jmdn. durchdringend ansehen; siehe aber* **durchbohren**

durch·boh·ren <bohrst durch, bohrte duch, hat durchgebohrt> I. *mit OBJ* ■ *jmd./etwas* **bohrt etwas durch** ❶ *ein durchgehendes Loch (in et-*

was) machen: das Brett vollständig durchbohren; Ich habe die Wand ganz durchgebohrt. ❷ *etwas ganz durch etwas hindurchstecken:* den Finger durch etwas durchbohren; Er hat den Korkenzieher ganz durch den Korken durchgebohrt. II. *mit SICH* ■ *jmd.* **bohrte sich durch** *bohrend erreichen:* Die Keime/die Regenwürmer haben sich bis an die Erdoberfläche durchgebohrt.; Die Tunnelbauer haben sich bis ans andere Ende des Berges durchgebohrt.; *siehe aber* **durchbohren**

durch·bra·ten <brätst durch, briet durch, hat durchgebraten> *mit OBJ/ohne OBJ* ■ *jmd.* **brät etwas durch/etwas brät durch** *etwas gar braten:* Ich brate den Fisch durch.; Während das Fleisch durchbrät, kann man das Gemüse zubereiten.; gut durchgebraten sein

durch·bre·chen <brichst durch, brach durch, hat/ist durchgebrochen> I. *mit OBJ (haben)* ■ *jmd.* **bricht etwas durch** ❶ *zerteilen:* Kannst du das Brot/den Stab durchbrechen? ❷ BAUW. *einen Durchbruch[1] machen:* eine Öffnung (durch die Wand) durchbrechen; Es ist am besten, du brichst die Wand hier durch. II. *ohne OBJ (sein)* ■ *etwas bricht durch* ❶ *in zwei Teile brechen:* Das Brett ist durchgebrochen. ❷ *in etwas einsinken:* Die Dielen sind morsch, weshalb du durchgebrochen bist. ❸ *durch etwas hindurchdringen:* Die Sonne ist (durch die Wolken) durchgebrochen.; Der Feind ist durch unsere Linien durchgebrochen.; Der erste Zahn bricht durch.; *siehe aber* **durchbrechen**

durch·bre·chen <durchbrichst, durchbrach, hat durchbrochen> *mit OBJ* ■ *jmd.* **durchbricht etwas** ❶ *mit Gewalt durchdringen:* die gegnerischen Linien durchbrechen; Das Flugzeug hat die Schallmauer durchbrochen. ❷ *mit Zwischenräumen versehen:* die Fassade wird von Fenstern durchbrochen; durchbrochene Strümpfe; *siehe aber* **durchbrechen**

durch·bren·nen <brennst durch, brannte durch, ist durchgebrannt> *ohne OBJ* ❶ ■ *etwas brennt durch* *schmelzen und entzweigehen:* Die Glühbirne/Sicherung ist durchgebrannt. ❷ ■ *jmd.* **brennt (mit jmdm.) durch** *(umg.) heimlich weglaufen:* Unser Hund ist (uns) schon wieder durchgebrannt.; Er ist mit seiner Geliebten durchgebrannt.

durch·brin·gen <bringst durch, brachte durch, hat durchgebracht> *mit OBJ* ❶ ■ *jmd.* **bringt jmdn. durch** *durch intensives Pflegen bewirken, dass jmd. eine sehr schwere Krankheit übersteht und wieder gesund wird:* Die Ärzte hatten ihn aufgegeben, aber sie hat ihn durchgebracht. ❷ ■ *jmd.* **bringt jmdn. durch** *(in einer schweren Zeit) für jmds. Unterhalt sorgen:* Die Mutter hat die Kinder in der schweren Zeit allein durchbringen müssen. ❸ ■ *jmd.* **bringt etwas durch** *(umg. abwert.) durch Verschwenden eine Geldsumme vollständig aufbrauchen:* Er hat sein gesamtes Erbe in wenigen Jahren durchgebracht. ❹ ■ *jmd.* **bringt etwas durch** *erreichen, dass es genehmigt wird:* einen Antrag/Gesetzesvorschlag durchbringen ❺ ■ *jmd.* **bringt etwas durch** *(umg.) durch eine Öffnung*

D

D

bringen: Ich habe den Faden nicht durch die Öse durchgebracht.

Durch·bruch *der* <-(e)s, Durchbrüche> ❶ BAUW. *Öffnung im Mauerwerk:* einen Durchbruch für eine Tür machen ❷ *ein mühevoll erarbeiteter Erfolg:* Mit diesem Film gelang ihm der Durchbruch als Schauspieler. ❸ MILIT. *ein punktueller Sieg über den Gegner, durch den dessen Aufstellung unterbrochen wird:* ein Durchbruch durch die gegnerischen Linien

durch·den·ken <durchdenkst, durchdachte, hat durchdacht> *mit OBJ* ■ *jmd. durchdenkt etwas in Gedanken eine präzise Konstruktion von etwas machen:* eine Sache gut durchdenken, bevor man sie beginnt; ein wohl durchdachter Plan; *siehe aber* **durchdenken**

durch·den·ken <denkst durch, dachte durch, hat durchgedacht> *mit OBJ* ■ *jmd. denkt etwas durch etwas gründlich bis in jede Einzelheit in Gedanken durchgehen, in allen Einzelheiten vorstellen; siehe aber* **durchdenken**

durch·drän·ge(l)n <dräng(el)st durch, dräng(el)te durch, hat durchgedräng(el)t> *mit SICH* ■ *jmd. drängelt sich (durch etwas Akk.) durch* (umg.) *durch etwas mit leichter Gewalt zu gelangen versuchen:* sich durch die Menge/durch eine enge Tür durchdrängeln

durch·dre·hen <drehst durch, drehte durch, hat/ ist durchgedreht> **I.** *mit OBJ (haben)* ■ *jmd. dreht etwas durch mit einem Fleischwolf zerkleinern:* Ich habe das Fleisch (mit dem Fleischwolf) durchgedreht. **II.** *ohne OBJ* ❶ *jmd./etwas dreht durch* (umg.) (sein) *die Ruhe oder den Verstand verlieren:* Dreh' doch nicht gleich durch, du schaffst das schon!; Ich glaube, jetzt ist sie vollkommen durchgedreht! ❷ *jmd./etwas dreht durch* KFZ (haben) *auf dem Untergrund keinen Halt finden und daher keinen Vortrieb erzeugen:* Die Räder haben im Schnee durchgedreht.

durch·drin·gen <dringst durch, drang durch, ist durchgedrungen> *ohne OBJ* ■ *jmd./etwas dringt (irgendwohin) durch hindurchgelangen:* Die Feuchtigkeit ist durch ihre Kleider durchgedrungen.; Durch die Rolladen kann kein Sonnenstrahl durchdringen.; Die Nachricht ist bis zu uns durchgedrungen.; *siehe aber* **durchdringen**

durch·drin·gen <durchdringst, durchdrang, hat durchdrungen> *mit OBJ* ■ *etwas durchdringt etwas/jmdn.* ❶ *hindurchkommen:* Die Feuchtigkeit durchdringt unsere Kleider.; Die Strahlung kann die Bleihülle nicht durchdringen. ❷ *ganz erfüllen:* Ein Gefühl der Freude durchdrang uns.; ganz von einem Gefühl durchdrungen sein; *siehe aber* **durchdringen**

durch·drin·gend *adj so, dass es stark und intensiv ist:* durchdringende Kälte; ein durchdringender Schmerz/Schrei; jemanden durchdringend ansehen

Durch·drin·gung *die* <-> /kein Plur./ (geh.) *das vollständige Verstehen von etwas:* von einer Durchdringung der Gedanken Kants noch weit entfernt sein

durch·drü·cken <drückst durch, drückte durch, hat durchgedrückt> *mit OBJ* ❶ *jmd. drückt*

etwas (durch etwas Akk.) durch (≈ *durchpressen*) *mit Druck bewirken, dass etwas durch ein Sieb o. Ä. hindurchgelangt:* gekochte Kartoffeln (durch ein Sieb) durchdrücken ❷ ■ *jmd. drückt etwas durch eine gerade Haltung einnehmen lassen:* die Knie/den Rücken durchdrücken ❸ ■ *jmd. drückt etwas durch* (umg.: ≈ *durchsetzen*) *mit energischem Auftreten bewirken, dass den eigenen Wünschen entsprochen wird:* seine Meinung durchdrücken; Sie hat (es) durchgedrückt, dass sie mehr Geld bekommt. ❹ ■ *jmd. drückt etwas durch* (umg.) *Wäsche im Waschbecken mit der Hand waschen*

Durch·ei·n·an·der *das* <-s> /kein Plur./ *(Zustand der) Unordnung:* In seinem Zimmer herrscht ein großes Durcheinander.; Nach dem Feueralarm entstand ein großes Durcheinander unter den Anwesenden.

durch·ei·n·an·der *adv so, dass es keine Ordnung (mehr) aufweist:* Die Bücher liegen alle durcheinander.

durch·ei·n·an·der·brin·gen <bringst durcheinander, brachte durcheinander, hat durcheinandergebracht> *mit OBJ* ■ *jmd. bringt jmdn./etwas durcheinander* ❶ *in Unordnung bringen:* Jetzt hast du alle meine Papiere durcheinandergebracht! ❷ *verwechseln:* Du darfst die beiden Sachen nicht durcheinanderbringen. ❸ *verwirren* ◆ Zusammenschreibung →R 4.5 Mit seinem Gerede hat er mich jetzt ganz durcheinandergebracht.

durch·ei·n·an·der·ge·hen <geht durcheinander, ging durcheinander, ist durcheinandergegangen> *mit ES* ■ *es geht durcheinander in einem chaotischen Zustand sein* ◆ Zusammenschreibung →R 4.5, 4.6 Wenn es so durcheinandergeht, versteht sich gar nichts.

durch·ei·n·an·der·ge·ra·ten <gerätst durcheinander, geriet durcheinander, ist durcheinandergeraten> *ohne OBJ* ■ *etwas gerät durcheinander sich vermischen:* Jetzt sind deine und meine Fotos durcheinandergeraten.

durch·ei·n·an·der·lau·fen <läuft durcheinander, lief durcheinander, ist durcheinandergelaufen> *ohne OBJ* ■ *jmd. läuft durcheinander ohne bestimmte Richtung laufen:* Die Kinder sind wild durcheinandergelaufen.; Die ganze Mannschaft ist durcheinandergelaufen.

durch·ei·n·an·der·kom·men <kommst durcheinander, kam durcheinander, ist durcheinandergekommen> *ohne OBJ* ■ *jmd. kommt (bei etwas Dat.) durcheinander die Übersicht verlieren und verwirrt werden:* Sie kam bei den Prüfungsfragen völlig durcheinander.

durch·ei·n·an·der·re·den <redet durcheinander, redete durcheinander, hat durcheinandergeredet> *ohne OBJ* ■ *jmd. redet durcheinander gleichzeitig reden:* Ihr dürft nicht alle durcheinanderreden.; die ganze Klasse redete durcheinander.

durch·ei·n·an·der·wir·beln <wirbelt durcheinander, wirbelte durcheinander, hat durcheinandergewirbelt> *mit OBJ* ■ *jmd./etwas wirbelt etwas Akk. durcheinander durch einen Lufthauch*

D

durcheinanderbringen: Der Wind hat meine Notizen durcheinandergewirbelt.

durch·ei·n·an·der·wer·fen <wirfst durcheinander, warf durcheinander, hat durcheinandergeworfen> *mit OBJ* ■ *jmd. wirft etwas Akk.* **durcheinander** *(umg.) so umherwerfen, dass es in Unordnung gerät:* Kleidungsstücke durcheinanderwerfen

durch·fah·ren <fährst durch, fuhr durch, ist durchgefahren> *ohne OBJ* ■ *jmd./etwas fährt (irgendwo) durch* ❶ *fahrend durch etwas hindurchgelangen:* Wir sind/Der Zug ist gerade durch einen Tunnel durchgefahren.; Wir sind gerade durch Nürnberg durchgefahren. ❷ *ununterbrochen fahren:* Fährt der Zug in Fürth durch oder hält er?; Wir sind ohne Zwischenhalt bis an die Ostsee durchgefahren.; Wir sind fünf Stunden/bis zum nächsten Morgen durchgefahren.; an der Ampel bei Rot durchfahren; *siehe aber* **durchfahren**

durch·fah·ren <durchfährst, durchfuhr, hat durchfahren> *mit OBJ* ❶ ■ *jmd./etwas durchfährt etwas fahrend durchqueren:* Wir haben gerade einen Tunnel durchfahren.; Wir haben Berlin/die ganze Schweiz im Bus durchfahren. ❷ ■ *etwas durchfährt jmdn. (übertr.) als plötzliche Idee über jmdn. kommen:* Plötzlich durchfuhr mich ein Gedanke.; *siehe aber* **durchfahren**

Durch·fahrt *die* <-, -en> ❶ *eine Stelle zum Hindurchfahren:* Hier kommt eine enge Durchfahrt. ❷ */kein Plur./ das Durchfahren:* Durchfahrt verboten!; an der Grenze freie Durchfahrt haben ❸ *Durchreise:* Wir sind nur auf der Durchfahrt; wir wollen nicht bleiben.

Durch·fahrts·stra·ße *die* <-, -n> *Straße, die durch eine Ortschaft führt*

Durch·fall *der* <-(e)s> */kein Plur./* MED. *(als Folge einer Erkrankung oder des Genusses unbekömmlicher Nahrungsmittel) schnelle und häufige Ausscheidung von dünnflüssigem Stuhl:* Durchfall haben ◆-erkrankung

durch·fal·len <fällst durch, fiel durch, ist durchgefallen> *ohne OBJ* ■ *jmd./etwas fällt (durch etwas Akk.) durch* ❶ *durch eine Öffnung fallen:* Das Geldstück ist hier durch das Gitter durchgefallen, ich bekomme es nicht wieder heraus. ❷ SCHULE *eine Prüfung nicht bestehen:* Sie ist in Geschichte durchgefallen.

durch·fau·len <fault durch, faulte durch, ist durchgefault> *ohne OBJ* ■ *etwas fault durch bis ins Innerste faulen, durch Fäulnis zerstört werden:* Der Holzboden fault langsam durch.

durch·fe·gen <fegst durch, fegte durch, hat/ist durchgefegt> *mit OBJ* ■ *jmd./etwas fegt etwas durch durch Fegen säubern:* die Straße durchfegen

durch·feuch·ten <durchfeuchtest, durchfeuchtete, hat durchfeuchtet> *mit OBJ* ■ *jmd./etwas durchfeuchtet etwas ganz feucht machen, völlig mit Feuchtigkeit durchdringen:* den Stoff durchfeuchten

durch·fin·den <findest durch, fand durch, hat durchgefunden> *mit SICH* ■ *jmd. findet sich (durch etwas Akk.) durch den Weg durch etwas hindurch finden:* Wir haben nicht bis zu dir/durch

die Stadt durchgefunden.; Sie konnten sich nicht durch den Wald/zu uns durchfinden.

Durch·fluss·be·gren·zer *der* <-s, -> TECHN. *Vorrichtung, die den Durchfluss (von Wasser) in der Leitung begrenzt (um Wasser zu sparen)*

durch·for·schen <durchforschst, durchforschte, hat durchforscht> *mit OBJ* ■ *jmd. durchforscht etwas gründlich durchsuchen:* Die Polizei hat die Gegend gründlich nach dem Täter durchforscht.; Ich habe meine Aufzeichnungen durchforscht und nichts gefunden. ▶ Durchforschung

durch·fors·ten <durchforstest, durchforstete, hat durchforstet> *mit OBJ* ■ *jmd. durchforstet etwas* ❶ *durchsuchen:* Sie haben die Unterlagen/das Gebiet nach etwas Verdächtigem durchforstet. ❷ LANDW. *ausholzen:* Der Wald wird regelmäßig durchforstet.

durch·fra·gen <fragst durch, fragte durch, hat durchgefragt> *mit SICH* ■ *jmd. fragt sich (irgendwo) durch durch Fragen irgendwohin finden:* Ich habe mich zu euch/zum Bahnhof durchgefragt.

durch·frie·ren <durchfrierst, durchfror, ist durch(ge)froren> *ohne OBJ* ❶ ■ *jmd./etwas friert durch bis ins Innerste kalt werden, auskühlen:* Meine Füße sind ganz durchfroren. ❷ ■ *jmd. friert durch vollständig gefrieren:* Die Eiswürfel sind durchgefroren.

Durch·fuhr *die* <-, -en> *(≈ Transit) der Transport von Waren von einem Staat in einen anderen durch einen dritten hindurch* ◆-bestimmungen, -zoll

durch·führ·bar *adj /nicht steig./ so, dass man es durchführen, realisieren kann:* Unser Plan ist nicht durchführbar.

Durch·führ·bar·keit *die* <-> */kein Plur./ (≈ Realisierbarkeit) die Tatsache, dass etwas durchgeführt werden kann:* die Durchführbarkeit eines Projektes

durch·füh·ren <führst durch, führte durch, hat durchgeführt> *mit OBJ* ■ *jmd. führt etwas durch* ❶ *in die Tat umsetzen:* etwas so durchführen, wie es geplant ist; Wir haben das Sportfest erfolgreich durchgeführt.; Dieses Mitarbeiterteam hat zahllose Projekte durchgeführt.; Das Gelände ist für zwei Tage vollständig gesperrt, weil Physiker der Universität hier ein Experiment durchführen. ❷ *(≈ machen)* Die Reparaturen werden noch diese Woche durchgeführt.; Die Polizei hat eine Untersuchung durchgeführt. ❸ *auf dem Weg durch etwas begleiten:* Besucher durch alle Räume des Schlosses durchführen

Durch·füh·rung *die* <-> */kein Plur./ Umsetzung, Realisierung:* Der Plan war gut, aber seine Durchführung bereitete Schwierigkeiten.; Die Durchführung eines solchen Projekts sollte man nur erfahrenen Leuten anvertrauen. ◆-sbestimmung, -sverordnung

Durch·gang *der* <-(e)s, Durchgänge> ❶ *eine Stelle zum Hindurchgehen:* In dieser Mauer gibt es keinen Durchgang. ❷ */kein Plur./ das Durchgehen:* Durchgang verboten! ❸ *ein (in sich geschlossener) Teil eines Ablaufs oder Prozesses, der mehrere Teile umfasst:* Wir waren im ersten Durchgang dran.; Die Wahl erfolgt in mehreren Durchgängen.

durch·gän·gig *adj /nicht steig./ so, dass etwas ständig der Fall ist oder ohne Ausnahme und ganz allgemein geschieht:* Das Telefon ist durchgängig besetzt.; Wir haben durchgängig geöffnet.; Das ist kein Einzelfall; der Fehler wurde durchgängig gemacht.

D

Durch·gangs·bahn·hof *der* <-(e)s, Durchgangs­bahnhöfe> *(↔ Kopfbahnhof, Sackbahnhof) Bahnhof, durch den die Gleise hindurchlaufen*

Durch·gangs·la·ger *das* <-s, -> *Lager zur vorübergehenden Unterbringung von Flüchtlingen oder Vertriebenen*

Durch·gangs·stra·ße *die* <-, -n> *Straße, die einen Ort vollständig durchquert*

Durch·gangs·ver·kehr *der* <-s> */kein Plur./ Verkehr, der eine Stadt oder Gegend durchquert:* Diese Straße ist für den Durchgangsverkehr gesperrt, aber für Anlieger frei.

durch·ge·ben <gibst durch, gab durch, hat durchgegeben> *mit OBJ* ■ *jmd. gibt etwas durch* ❶ *durch eine schmale Öffnung hindurchreichen:* Mach bitte die Tür auf, damit ich dir die Tasche durchgeben kann! ❷ *herumreichen (und verteilen):* Würden Sie die Anwesenheitsliste bitte durchgeben? ❸ *weiterleiten:* Diese Meldung wurde soeben im Radio durchgegeben.; anrufen und kurz eine Nachricht durchgeben

durch·ge·hen <gehst durch, ging durch, hat/ist durchgegangen> **I.** *ohne OBJ* ■ *jmd. geht etwas durch (unter einem bestimmten Aspekt) prüfen:* Ich habe/bin die Arbeit noch einmal auf Fehler durchgegangen. **II.** *ohne OBJ* ❶ ■ *jmd./etwas geht (durch etwas Akk.) durch durch etwas gehen oder laufen:* Hier müssen wir durchgehen.; Seid ihr hier durchgegangen? ❷ ■ *etwas geht (durch etwas Akk.) durch durch etwas verlaufen:* Die Autobahn wird hier/durch dieses Gebiet durchgehen. ❸ ■ *etwas geht (durch etwas Akk.) durch (umg.) sich durch etwas bringen lassen:* Meinst du, dass der Schrank hier durchgeht?; Der Faden will hier einfach nicht durchgehen. ❹ ■ *jmd./ein Tier geht durch (umg.) ausbrechen:* Die Pferde sind durchgegangen.; Seine Frau ist (ihm) mit einem anderen durchgegangen.; ■ **die Nerven gehen mit jmdm. durch** *(umg.) jmd. wird sehr wütend, weil er unter großer nervlicher Anspannung steht* ❺ ■ *etwas geht (bei jmdm./ etwas) durch (umg.) hingenommen werden:* Meinst du, das geht so durch?; Kann man das so durchgehen lassen?; Diese Frechheit kann ich (ihm) nicht einfach so durchgehen lassen. ❻ ■ *etwas geht bis zu etwas Dat. durch (umg.) andauern:* Die Feier ist bis zum nächsten Morgen durchgegangen.; Wir haben durchgehend geöffnet.

durch·grei·fen <greifst durch, griff durch, hat durchgegriffen> *ohne OBJ* ❶ ■ *jmd. greift (durch etwas Akk.) durch durch etwas hindurch fassen:* Er hat hier (durch den Zaun) durchgegriffen. ❷ ■ *jmd. greift (gegen jmdn.) durch energisch für Ordnung sorgen:* Hier muss mal richtig durchgegriffen werden.; Die Polizei hat gegen die Randalierer durchgegriffen.

durch·grei·fend *adj so, dass jmd. drastische Maßnahmen ergreift oder es zu einschneidenden Änderungen kommt:* eine durchgreifende Änderung

durch·hal·ten <hältst durch, hielt durch, hat durchgehalten> *mit OBJ/ohne OBJ* ■ *jmd. hält (etwas/bei etwas Dat.) durch Erschöpfung oder Müdigkeit überwinden und bis zum Erreichen eines bestimmten Ziels aushalten:* Trotz ihrer Erschöpfung hat sie den Wettkampf bis zum Schluss durchgehalten.; Wenn ich jetzt keinen Kaffee bekomme, halte ich nicht mehr lange durch.

durch·hän·gen <hängst durch, hing durch, hat durchgehangen> *ohne OBJ* ❶ ■ *etwas hängt durch etwas ist nicht straff gespannt:* Die Wäscheleine hängt durch. ❷ ■ *jmd. hängt durch (umg. übertr. abwert.) müde, erschöpft sein und nichts tun können:* Nach Abgabe meiner Arbeit habe ich zwei Tage durchgehangen.

durch·hau·en <haust durch, haute/hieb durch, hat durchgehauen> *mit OBJ* ❶ ■ *jmd. haut etwas durch mit einem Schlag zerteilen:* Er haute/ hieb das Seil mit einer Axt durch. ❷ ■ *jmd. haut jmdn. durch /Prät. nur: „haute durch"/ verprügeln:* Die Jungen hauten ihn richtig durch.

durch·ja·gen <durchjagst, durchjagte, hat durchjagt> *mit OBJ* ❶ ■ *jmd./etwas durchjagt etwas jagend, rasend durchqueren:* Mit seinem Auto durchjagte er das Gebiet. ❷ ■ *etwas durchjagt jmdn. als Idee oder Gefühl plötzlich über jmdn. kommen:* Sie wurde von einem Schreck durchjagt.; *vergleiche aber* **durchjagen**

durch·ja·gen <jagst durch, jagte durch, ist durch­gejagt> *ohne OBJ* ❶ ■ *jmd. jagt durch sich jagend, rasend durch etwas hindurchbewegen:* Gerade eben ist er hier durchgejagt. ❷ ■ *jmd. jagt jmdn./ein Tier durch etwas Akk. (Menschen, Tiere) durch etwas treiben, jagen:* Die Treiber jagten die Füchse durch den Wald. ❸ ■ *jmd. jagt etwas durch etwas Akk. (umg.) etwas sehr schnell bearbeiten:* ein Werkstück durch die Maschine jagen; *vergleiche aber* **durchjagen**

durch·käm·men <kämmst durch, kämmte durch, hat durchgekämmt> *mit OBJ* ■ *jmd. kämmt etwas durch* ❶ *mit dem Kamm glätten:* Sie hat ihr Haar mit einer Bürste durchgekämmt. ❷ *gründlich durchsuchen:* Die Polizei hat den ganzen Wald durchgekämmt.; *siehe auch* **durchkämmen**

durch·käm·men <durchkämmst, durchkämmte, hat durchkämmt> *mit OBJ* ■ *jmd. durchkämmt etwas durchsuchen:* Die Polizei hat den ganzen Wald durchkämmt.; *siehe auch* **durchkämmen**

durch·knöp·fen <knöpfst durch, knöpfte durch, hat durchgeknöpft> *mit OBJ* ■ *jmd. knöpft etwas durch von oben bis unten knöpfen:* ein durchgeknöpftes Kleid

durch·kom·men <kommst durch, kam durch, ist durchgekommen> *ohne OBJ* ❶ ■ *jmd. kommt (durch etwas Akk.) durch hindurchgelangen:* Ob wir durch diesen kleinen Felsspalt durchkommen? ❷ ■ *jmd. kommt (durch etwas Akk.) durch (als Teilabschnitt einer Reise) durchfahren:* Auf unserer Reise sind wir auch durch das Erzgebirge/durch Waldshut durchgekommen. ❸ ■ *jmd.*

D

kommt (zu jmdm./etwas *Dat.***) durch** *(umg.)* *mit Mühe irgendwohin gelangen:* Wir sind nicht bis zu dir durchgekommen, denn es waren zu viele Leute da. ❹■ **jmd. kommt durch** TELEKOMM. *eine telefonische Verbindung zu jmdm. erhalten:* Ich bin nicht durchgekommen; es war andauernd besetzt. ❺■ **jmd. kommt (mit etwas** *Dat.***)(bei etwas** *Dat.***) durch** *(umg.)* *Erfolg haben:* Er ist mit seinem Vorschlag (bei der Kommission) durchgekommen.; Sie ist bei der Prüfung durchgekommen. ❻■ **jmd. kommt durch** *(umg.)* *eine Krankheit oder einen Unfall überleben:* Hoffentlich wird er durchkommen!

durch·kreu·zen <durchkreuzt, durchkreuzte, hat durchkreuzt> *mit OBJ* ■ **jmd. durchkreuzt etwas** *zum Scheitern bringen:* Der Chef hat ihre Urlaubspläne durchkreuzt.

durch·las·sen <lässt durch, ließ durch, hat durchgelassen> *mit OBJ* ■ **jmd. lässt jmdn./etwas durch** *erlauben, dass jmd. oder etwas an jmdn. oder etwas vorbeikommt oder durch etwas hindurchkommt:* Das Sieb lässt nur ganz feinen Staub durch.; Der Pförtner hat uns nicht durchgelassen.; Lassen Sie mich bitte durch?

durch·läs·sig *adj* *(↔ undurchlässig)* *so, dass es Stoffe, Strahlen oder Wärme hindurchdringen lässt:* ein durchlässiges Netz; Die Fenster sind nur teilweise durchlässig. ◆feuchtigkeits-, kälte-, licht-, luft-, wärme-, wasser- ▶Durchlässigkeit

Durch·laucht, Durch·laucht *die* <-, -en> *Anrede für Adelige:* Ihre Durchlaucht, gestatten Sie!

Durch·lauf *der* <-(e)s, Durchläufe> ❶ *(≈ Durchgang) ein (in sich geschlossener) Teil eines Gesamtablaufs:* Die Werkstücke werden in mehreren Durchläufen bearbeitet.; Er ist vorläufiger Sieger nach dem ersten Duchlauf des Wettkampfes. ❷ *eine Stelle, an der etwas durchlaufen kann:* Zwischen den beiden Wasserbecken befindet sich ein schmaler Durchlauf. ◆-erhitzer

durch·lau·fen <läufst durch, lief durch, ist/hat durchgelaufen> **I.** *mit OBJ* ■ **jmd. läuft etwas durch** *durch Laufen abnutzen:* Schuhe/einen Teppich durchlaufen **II.** *ohne OBJ (sein)* ■ **jmd./etwas läuft (durch etwas** *Akk.***) durch** ❶ *hindurchgehen:* Durch dieses Tor sind wir durchgelaufen.; Hier können wir nicht durchlaufen. ❷ *durchqueren:* Sind wir durch ganz Berlin durchgelaufen. ❸ *(durch etwas) hindurchfließen:* Hier ist Regenwasser durchgelaufen.; Der Kaffee ist noch nicht durchgelaufen. ❹ *ohne Unterbrechung laufen:* Wir sind bis zum Nachmittag durchgelaufen. ❺ *nicht unterbrochen werden:* eine durchlaufende Mauer; *siehe auch* **durchlaufen**

durch·lau·fen <durchläufst, durchlief, hat durchlaufen> *mit OBJ* ❶■ **jmd. durchläuft etwas** *sich einem Prozess unterwerfen oder einem Prozess unterworfen werden:* Sie durchläuft eine Ausbildung zur Bankkauffrau.; Der Antrag muss sich durch die Verwaltung durchlaufen. ❷■ **etwas durchläuft jmdn.** *(geh.) (als meist angenehmes Gefühl) plötzlich und intensiv über jmdn. kommen:* Ein wohliges Gefühl durchlief ihn.; Ein Zittern durchlief ihren Körper. ❸■ **jmd. durchläuft etwas** *laufend durchqueren:* Auf der Suche nach diesem La-

den haben wir die ganze Stadt durchlaufen.; *siehe auch* **durchlaufen**

Durch·lauf·er·hit·zer *der* <-s, -> *ein Gerät, das hindurchlaufendes Wasser erhitzt*

durch·lei·ten <leitest durch, leitete durch, hat durchgeleitet> *mit OBJ* ■ **jmd. leitet etwas durch** *etwas durch etwas fließen lassen:* Wasser durch ein Rohr leiten

durch·le·sen <liest durch, las durch, hat durchgelesen> *mit OBJ* ■ **jmd. liest etwas durch** *von Anfang bis Ende lesen:* Ich habe das Buch/den Text gründlich durchgelesen.

durch·leuch·ten <durchleuchtest, durchleuchtete, hat durchleuchtet> *mit OBJ* ❶■ **jmd. durchleuchtet etwas/jmdn.** MED. *(≈ röntgen) sich die Lungen durchleuchten lassen* ❷■ **jmd. durchleuchtet etwas** *untersuchen:* Das Problem sollte mal gründlich durchleuchtet werden.

durch·lö·chern <durchlöcherst, durchlöcherte, hat durchlöchert> *mit OBJ* ■ **jmd. durchlöchert etwas** ❶ *viele Löcher in etwas machen:* Die Schüsse durchlöcherten die Tür. ❷ *(übertr.) unwirksam machen:* ein Gesetz durch viele Ausnahmeregelungen durchlöchern

Durch·lüf·tung *die* <-, -en> */Plur. selten/ der Sachverhalt, dass frische Luft in etwas hineingelangen kann:* Nur regelmäßige Durchlüftung verhindert Schimmelbildung. ▶durchlüften

durch·ma·chen <machst durch, machte durch, hat durchgemacht> **I.** *mit OBJ* ■ **jmd. macht etwas durch** ❶ *etwas Negatives erleben:* Sie hat in/während ihrer Kindheit viel durchmachen müssen.; Er hat eine schlimme Krankheit durchgemacht. ❷ *hinter sich bringen:* Danach hat er eine Ausbildung zum Schlosser durchgemacht. **II.** *mit OBJ/ohne OBJ* ■ **jmd. macht (etwas) durch** *(umg.) ohne Unterbrechung feiern oder arbeiten:* Wir haben die ganze Nacht durchgemacht; dann war die Arbeit fertig.; Wir machen durch bis Morgen früh.

Durch·marsch *der* <-(e)s, Durchmärsche> ❶ *das Marschieren durch ein Gebiet:* Die Truppen befinden sich auf dem Durchmarsch zur Grenze. ❷ *(umg. scherzh.: ≈ Durchfall)* Sie ist krank; sie hat einen schlimmen Durchmarsch.

durch·men·gen <mengst durch, mengte durch, hat durchgemengt> *mit OBJ* ■ **jmd. mengt etwas durch** *gründlich miteinander vermischen:* den Teig durchmengen

Durch·mes·ser *der* <-s, -> *das Doppelte des Radius:* der Durchmesser eines Kreises/einer Kugel

durch·mo·geln <mogelst durch, mogelte durch, hat durchgemogelt> *mit SICH* ■ **jmd. mogelt sich (durch etwas** *Akk.***) durch** *mit Tricks Erfolg haben:* Er hat sich bei der Prüfung ohne zu lernen durchgemogelt.

durch·müs·sen <musst durch, musste durch, hat durchgemusst> *ohne OBJ* ■ **jmd. muss (durch etwas** *Akk.***) durch** *(umg.)* ❶ *irgendwo hindurchgelangen müssen:* Wo muss das Kabel durch?; Durch diesen Bach werden wir wohl durchmüssen. ❷ *etwas Schwieriges ertragen müssen:* Da gibt es keine Ausreden; da musst du durch!

durch·näs·sen <durchnässt, durchnässte, hat

D

durchnässt> *mit OBJ* ■ **etwas durchnässt** *jmdn./etwas vollständig nass machen:* Der Regen hatte uns völlig durchnässt.; ganz durchnässt sein

durch·neh·men <nimmst durch, nahm durch, hat durchgenommen> *mit OBJ* ■ **jmd. nimmt etwas durch** SCHULE *als Unterrichtsthema behandeln:* Was habt ihr heute in Deutsch durchgenommen?

durch·pau·sen <paust durch, pauste durch, hat durchgepaust> *mit OBJ* ■ **jmd. paust etwas durch** *eine Zeichnung oder ein Bild mit Hilfe von durchsichtigem Papier kopieren:* Das Bild hast du sicher durchgepaust!

durch·peit·schen <peitschst durch, peitschte durch, hat durchgepeitscht> *mit OBJ* ❶ ■ **jmd. peitscht jmdn. durch** *auspeitschen:* einen Sklaven durchpeitschen lassen ❷ ■ **jmd. peitscht etwas durch** *(umg. abwert.) mit Macht und Schnelligkeit durchsetzen:* ein Gesetz/einen Plan durchpeitschen

durch·pres·sen <presst durch, presste durch, hat durchgepresse> *mit OBJ* ■ **jmd. presst etwas (durch etwas Akk.) durch** *etwas mit Druck durch etwas hindurchdrücken:* gekochtes Obst durch ein Sieb drücken; Wasser durch enge Rohre durchpressen

durch·prü·geln <prügelst durch, prügelte durch, hat durchgeprügelt> *mit OBJ* ■ **jmd. prügelt jmdn. durch** *(umg.) verprügeln, verhauen:* Er prügelte seinen Gegner durch.

durch·que·ren <durchquerst, durchquerte, hat durchquert> *mit OBJ* ■ **jmd./etwas durchquert etwas** *die Strecke von einem bis zum anderen Ende von etwas zurücklegen:* ein Gebiet/ein Tal/eine Wüste durchqueren

Durch·que·rung *die* <-, -en> *das Durchqueren:* die Durchquerung der Wüste

durch·rech·nen <rechnest durch, rechnete durch, hat durchgerechnet> *mit OBJ* ■ **jmd. rechnet etwas durch** *etwas rechnend prüfen:* eine Aufgabe noch einmal durchrechnen; Wir haben das Angebot durchgerechnet und müssen es leider ablehnen.

durch·reg·nen <regnet durch, regnete durch, hat durchgeregnet> *mit ES* ❶ ■ **es regnet durch** *es hört nicht auf zu regnen:* Es regnet jetzt schon zwei Tagen (ununterbrochen) durch. ❷ ■ **es regnet (durch etwas Akk.) durch** *Regenwasser dringt durch eine normalerweise wasserdichte Schicht durch:* Seit einiger Zeit regnet es (durch unser Dach) durch.

Durch·rei·se ■ **jemand ist auf der Durchreise** *jmds. Aufenthalt an einem Ort ist nicht von Dauer, sondern nur die Folge einer Reiseunterbrechung:* Wir wollen nicht länger bleiben, denn wir sind auf der Durchreise.

durch·rei·sen <reist durch, reiste durch, ist durchgereist> *ohne OBJ* ■ **jmd. reist (irgendwo) durch** *ohne längeren Aufenthalt durch ein Gebiet oder einen Ort reisen:* Wir sind dort auf dem Weg in unseren Urlaub nur durchgereist, weshalb wir die Stadt nicht ausführlich anschauen konnten. ▶ Durchreisende

durch·rei·ßen <reißt durch, riss durch, hat/ist durchgerissen> I. *mit OBJ (haben)* ■ **jmd. reißt etwas durch** *durch Reißen zertrennen:* Er hat das Stück Papier/Stoff durchgerissen.; Der Kontrolleur hat die Eintrittskarte in der Mitte durchgerissen. II. *ohne OBJ (sein)* ■ **etwas reißt durch** *durch Reißen zertrennt werden:* Der Stoff/das Papier ist durchgerissen.

durch·ros·ten <rostet durch, rostete durch, ist durchgerostet> *ohne OBJ* ■ **etwas rostet durch** *durch Rost löchrig oder brüchig werden:* Das Fass/die Karosserie ist durchgerostet.

Durch·ros·tung *die* <-> */kein Plur./ das Durchrosten*

durch·rüh·ren <rührst durch, rührte durch, hat durchgerührt> *mit OBJ* ■ **jmd. rührt etwas durch** *eine Masse durch Rühren kräftig durchmischen:* Hast du den Teig gut durchgerührt?

Durch·sa·ge *die* <-, -n> *Mitteilung über Lautsprecher, Radio oder Fernsehen:* Bitte achten Sie auf die Durchsage(n) am Bahnsteig.; Über eine Durchsage im Radio haben wir gerade erfahren, dass unser Gebiet evakuiert werden soll.

durch·sa·gen <sagst durch, sagte durch, hat durchgesagt> *mit OBJ* ❶ ■ **jmd. sagt etwas durch** *über Lautsprecher mitteilen:* Die Zugverspätung ist durchgesagt worden. ❷ ■ **jmd. sagt jmdm. etwas durch** *etwas weitersagen:* Heute fällt die zweite Schulstunde aus; sag' es bitte den anderen durch!

durch·sä·gen <sägst durch, sägte durch, hat durchgesägt> *mit OBJ* ■ **jmd. sägt etwas durch** *mit einer Säge durchtrennen:* Ich habe den Ast/das Brett durchgesägt.

Durch·satz *der* <-es, Durchsätze> *die Menge eines Stoffes, die eine Produktionsanlage in einer bestimmten Zeit durchläuft*

durch·schau·en <durchschaust, durchschaute, hat durchschaut> *ohne OBJ* ■ **jmd. durchschaut jmdn./etwas** *die wahren Zusammenhänge erkennen, die hinter einer bestimmten äußeren Erscheinung verborgen sind:* Er hat deinen Betrug durchschaut.; Es hat keinen Sinn, denn sie durchschaut dich!

durch·schei·nen <scheint durch, schien durch, hat durchgeschienen> *ohne OBJ* ■ **etwas scheint (durch etwas Akk.) durch** *etwas wird durch etwas anderes hindurch sichtbar:* Es ist noch bewölkt, aber hier und da hat schon die Sonne durchgeschienen.; Die Sonne hat durch die Vorhänge durchgeschienen.; Das Papier ist so dünn, dass die Tinte auf der Rückseite des Blattes durchscheint.; Die bunte Unterwäsche scheint durch das Oberhemd durch.

durch·schei·nend *adj so dünn, dass man hindurchblicken kann:* ein durchscheinender Stoff

Durch·schlag *der* <-(e)s, Durchschläge> ❶ KOCH. *siebähnliches Küchengerät:* die gekochten Spaghetti durch einen Durchschlag gießen ❷ *mit Kohlepapier angefertigte Durchschrift:* Den Durchschlag des Formulars bekommen Sie.

durch·schla·gen <schlägt durch, schlug durch, hat/ist durchgeschlagen> I. *mit OBJ (haben)* ❶ ■ **jmd. schlägt etwas durch** *mit einem Schlag* *in zwei Teile zerlegen:* Er hat das Seil mit einer Axt durchgeschlagen. ② ■ *jmd.* **schlägt etwas (durch etwas** *Akk.***) durch** *mit Schlägen durch etwas treiben:* Ich habe den Nagel ganz (durch das Brett) durchgeschlagen. **II.** *ohne OBJ (sein)* ① ■ **etwas schlägt durch** *weiter vordringen:* Die Nässe ist an einigen Stellen durchgeschlagen. ② ■ **etwas schlägt auf jmdn. durch** *als Eigenschaft vererbt werden:* Das Temperament des Vaters ist auf den Sohn durchgeschlagen. **III.** *mit SICH* ① ■ *jmd.* **schlägt sich irgendwohin durch** *irgendwohin gelangen:* Sie konnten sich mit Mühe zur nächsten Stadt durchschlagen. ② ■ *jmd.* **schlägt sich irgendwie durch** *auf eine bestimmte Weise Schwierigkeiten meistern:* Es war eine schwere Zeit, aber wir haben uns immer irgendwie durchgeschlagen.

durch·schla·gen <durchschlägst, durchschlug, hat durchschlagen> *mit OBJ* ■ **etwas durchschlägt etwas** *gewaltsam durchdringen:* Das Geschoss hat das Dach durchschlagen.

durch·schla·gend *adj* *von großer Wirkung:* ein durchschlagender Beweis; durchschlagenden Erfolg haben

durch·schlän·geln <schlängelst durch, schlängelte durch, hat durchgeschlängelt> *mit SICH* ■ *jmd.* **schlängelt sich (durch etwas** *Akk.***) durch** *sich geschickt durch etwas hindurchbewegen:* Er hat sich durch die Wartenden durchgeschlängelt.

durch·schlüp·fen <schlüpfst durch, schlüpfte durch, ist durchgeschlüpft> *ohne OBJ* ① ■ *jmd. / ein Tier* **schlüpft (durch etwas** *Akk.***) hindurch** *sich geschickt durch etwas hindurchbewegen:* Durch diese Öffnung muss die Katze durchgeschlüpft sein! ② ■ *jmd.* **schlüpft (durch etwas** *Akk.***) hindurch** *sich geschickt dem Zugriff von jmdm. entziehen:* Die Einbrecher sind der plötzlich erschienenen Polizei doch noch durch die Finger geschlüpft.

durch·schmo·ren <schmorst durch, schmorte durch, ist durchgeschmort> *ohne OBJ* ■ **etwas schmort durch** *etwas geht durch übermäßige Hitzeentwicklung kaputt:* Die elektrische Leitung ist durchgeschmort.

durch·schnei·den <schneidest durch, schnitt durch, hat durchgeschnitten> *mit OBJ* ■ *jmd.* **schneidet etwas (mit etwas** *Dat.***) durch** *in zwei Teile schneiden:* Ich habe den Faden durchgeschnitten.; Man hat ihm die Kehle durchgeschnitten.

durch·schnei·den <durchschneidest, durchschnitt, hat durchschnitten> *mit OBJ* ① ■ *jmd.* **durchschneidet etwas (mit etwas** *Dat.***)** *in zwei Teile schneiden:* Ich habe den Faden (mit einer Schere) durchschnitten. ② ■ **etwas durchschneidet etwas** *(geh.) zerteilen:* Das Schiff durchschnitt die Wellen.

Durch·schnitt *der* <-(e)s, -e> *(≈ Mittelwert) der Betrag, der sich ergibt, wenn man mehrere Beträge addiert und das Ergebnis durch die Anzahl der Beträge dividiert:* Der Durchschnitt beträgt / liegt bei 2,8.; im Durchschnitt; über / unter dem Durchschnitt liegen

durch·schnitt·lich *adj / nicht steig. /* ① *so, dass es im Durchschnitt liegt:* ein durchschnittliches Einkommen von 2000 Euro haben ② *so, dass es nicht herausragend ist:* Er ist in der Schule weder schlecht noch gut, sondern durchschnittlich.

Durch·schnitts- *als Erstglied zusammengesetzter Substantive; drückt aus, dass das mit dem Zweitglied Bezeichnete ungefähr dem Mittelmaß / Mittelwert entspricht, also weder von positiver noch negativer Auffälligkeit ist* ◆ -abitur, -alter, -arbeitszeit, -auto, -beitrag, -berechnung, -bewertung, -bildung, -bestand, -bürger, -deutsche, -dicke, -dorf, -einkommen, -erlös, -ertrag, -familie, -farbe, -figur, -frau, -funktion, -gehalt, -geschwindigkeit, -gesicht, -größe, -guthaben, -haus, -haushalt, -hypothese, -intelligenz, -jahreseinkommen, -kosten, -körpergröße, -länge, -leben, -lebenserwartung, -leistung, -leser, -lohn, -maße, -menge, -mensch, -miete, -modell, -preis, -rechner, -rechnung, -schüler, -schweizer

Durch·schnitts·no·te *die* <-, -n> *Note, die als Mittelwert (aus allen Noten) errechnet wurde:* Mit einer Durchschnittsnote von 1,3 ist die Schülerin die beste des diesjährigen Abiturjahrgangs.

durch·schrei·ben <schreibst durch, schrieb durch, hat durchgeschrieben> **I.** *mit OBJ* ■ *jmd.* **schreibt etwas durch** *eine Durchschrift von etwas herstellen, z. B. mithilfe von Kopierpapier* **II.** *ohne OBJ* ■ *jmd.* **schreibt durch** *jmd. schreibt ohne Unterbrechung:* Ich konnte gestern die Arbeit an meinem Roman nicht beenden und habe die ganze Nacht durchgeschrieben.

Durch·schrift *die* <-, -en> *mit Kohlepapier hergestellte Kopie:* Die Durchschrift des Formulars ist für Sie.

Durch·schuss *der* <-es, Durchschüsse> ① DRUCKW. *Zwischenraum zwischen den Zeilen* ② *der Vorgang, dass eine Kugel etwas durchdringt:* Im Krieg erlitt er mehrere Durchschüsse am Bein.

durch·se·hen <siehst durch, sah durch, hat durchgesehen> *mit OBJ* ■ *jmd.* **sieht etwas durch** ① *schnell und oberflächlich prüfen:* Ich habe die Arbeit / das Manuskript schon durchgesehen. ② *durchsuchen:* Ich habe meine Sachen durchgesehen und deine Schlüssel nicht gefunden.

durch·setz·bar *adj / nicht steig. /* *so beschaffen, dass es durchgesetzt werden kann:* Dieser Beschluss ist nur schwer durchsetzbar. ▶ Durchsetzbarkeit

durch·set·zen <setzt durch, setzte durch, hat durchgesetzt> **I.** *mit OBJ* ■ *jmd.* **setzt etwas durch** *Entschiedenheit erreichen, dass etwas geschieht:* Er hat seinen Plan durchgesetzt. **II.** *mit SICH* ① ■ *jmd.* **setzt sich (gegen jmdn. / etwas) durch** *bewirken, dass andere sich dem eigenen Willen unterordnen:* Er kann sich einfach nicht durchsetzen.; Sie hat sich sogar gegen den Willen der Direktion durchgesetzt. ② ■ **etwas setzt sich durch** *allmählich anerkannt werden:* Diese Auffassung hat sich endlich durchgesetzt.; ■ **seinen Kopf durchsetzen** *(umg.) erreichen, das die eigenen Vorstellungen verwirklicht werden; siehe aber* **durchsetzen**

D

durch·set·zen <durchsetzt, durchsetzte, hat durchsetzt> *mit OBJ* ■ *jmd. setzt etwas mit jmdm./etwas* unter etwas mischen: eine Gruppe mit Spionen durchsetzen; Der Aufsatz war mit Fehlern durchsetzt.; *siehe aber* **durchsetzen**

durch·seu·chen <durchseucht, durchseuchte, hat durchseucht> *mit OBJ* ■ *etwas ist/wird mit etwas Dat. durchseucht* vollständig verseuchen: Der Viehbestand ist mit dem BSE-Virus durchseucht.

Durch·sicht *die* <-> */kein Plur./* ❶ *schnelles und oberflächliches Durchlesen eines Textes:* die Durchsicht der Manuskripte ❷ *rasche Kenntnisnahme von etwas:* bei Durchsicht der Bücher ❸ (≈ *Inspektion) (technische) Überprüfung:* ein Auto zur Durchsicht bringen

durch·sich·tig *adj* (≈ *transparent* ↔ *undurchsichtig*) ❶ *so, dass man hindurchsehen kann:* ein durchsichtiger Stoff ❷ *(umg. abwert.:* ≈ *durchschaubar) so, dass man sich davon nicht getäuscht werden kann:* ein durchsichtiger Plan; ein durchsichtiges Argument

Durch·sich·tig·keit *die* <-> */kein Plur./* (≈ *Transparenz* ↔ *Undurchsichtigkeit) durchsichtige Beschaffenheit*

durch·si·ckern <sickert durch, sickerte durch, ist durchgesickert> *ohne OBJ* ❶ ■ *etwas sickert (durch etwas Akk.) durch* hindurchdringen: Das Blut ist durch den Verband durchgesickert. ❷ ■ *etwas sickert (bis zu jmdm.) durch* allmählich bekannt werden: Diese Neuigkeit ist auch bis zu uns durchgesickert.

durch·spre·chen <sprichst durch, sprach durch, hat durchgesprochen> *mit OBJ* ■ *jmd. spricht etwas durch* mit jmdm. etwas ausführlich besprechen: Wir haben den Plan in allen Einzelheiten durchgesprochen.

durch·sprin·gen <durchspringst, durchsprang, ist durchgesprungen> *mit OBJ* ■ *jmd. durchspringt etwas* (geh.) mit einem Sprung durchqueren: Der Löwe durchsprang den brennenden Reifen.

durch·ste·hen <stehst durch, stand durch, hat durchgestanden> *mit OBJ* ■ *jmd. steht etwas durch* (umg.) bis zum Ende ertragen: Wir haben die schwere Zeit gemeinsam durchgestanden.

durch·stei·gen <steigst durch, stieg durch, ist durchgestiegen> *ohne OBJ* ❶ ■ *jmd. steigt (durch etwas Akk.) durch* durch etwas hindurchklettern: Er ist hier (durch das Kellerfenster) durchgestiegen. ❷ ■ *jmd. steigt durch* (umg.: ≈ *mitkommen) verstehen:* Dieses Thema war mir zu schwierig; da bin ich nicht durchgestiegen.

Durch·stich *der* <-s, -e> Herstellung einer direkten Verbindung (durch Graben oder Sprengen): der Durchstich eines Tunnels durch den Berg

durch·stö·bern <durchstöberst, durchstöberte, hat durchstöbert> *mit OBJ* ■ *jmd. durchstöbert etwas* (umg.: ≈ *durchsuchen) Wir haben die Bodenkammer nach alten Kleidern durchstöbert.

durch·sto·ßen <durchstößt, durchstieß, hat durchgestoßen> *mit OBJ* ■ *jmd./etwas durchstößt etwas* durch eine feste Schicht stoßen: Das Küken durchstößt die Schale mit dem Schnabel.

durch·sto·ßen <stößt durch, stieß durch, hat/ist durchgestoßen> **I.** *mit OBJ (haben)* ■ *jmd. stößt etwas durch* ❶ *ein Loch in etwas stoßen:* Ich habe mit dem Bohrhammer die Wand durchgestoßen. ❷ *durchscheuern:* Er hat die Ärmel seiner Jacke durchgestoßen. **II.** *ohne OBJ (sein)* ■ *jmd. stößt (zu jmdm./etwas) durch* (gegen einen Widerstand oder unter schwierigen Umständen) an einen Ort gelangen: Die feindlichen Truppen sind bis zur nächsten Stadt durchgestoßen.; Endlich sind wir bis zu euch durchgestoßen!

durch·strei·chen <streicht durch, strich durch, hat durchgestrichen> *mit OBJ* ■ *jmd. streicht etwas durch* einen Strich durch ein geschriebenes Wort machen, um es als falsch zu kennzeichnen: Alle falsch geschriebenen Wörter habe ich durchgestrichen.

durch·strei·fen <durchstreifst, durchstreifte, hat durchstreift> *mit OBJ* ■ *jmd. durchstreift etwas* ziellos durchwandern: Er hat die Stadt ohne ein festes Ziel durchstreift.

durch·sty·len ['dʊrçʃtaɪlən] <stylst durch, stylte durch, hat durchgestylt> *mit OBJ* ■ *jmd. stylt etwas/jmdn. durch* (umg.) etwas ganz nach einem bestimmten Stil einheitlich gestalten: eine durchgestylte Wohnung

durch·su·chen <durchsuchst, durchsuchte, hat durchsucht> *mit OBJ* ■ *jmd. durchsucht etwas/jmdn.* eine gründliche Suche an einem Ort durchführen: Seine Wohnung ist durchsucht worden.

Durch·su·chung *die* <-, -en> das Durchsuchen: die Durchsuchung einer Wohnung durch die Polizei; Bei der polizeilichen Durchsuchung der Büroräume/des Lagers/des Kellers/der Privatwohnung/der Redaktion wurde belastendes Material sichergestellt. ◆-sbefehl, -sbeschluss

durch·tre·ten <trittst durch, trat durch, hat/ist durchgetreten> **I.** *mit OBJ (haben)* ■ *jmd. tritt etwas durch* auf ein Pedal bis zum Anschlag treten: Sie hat das Gaspedal voll durchgetreten. **II.** *ohne OBJ (sein)* ❶ ■ *jmd. tritt (durch etwas Akk.) durch* nach außen durchdringen: Die Feuchtigkeit ist durch die Wand durchgetreten. ❷ ■ *jmd. tritt durch* irgendwohin rücken: Die Fahrgäste waren nach hinten durchgetreten, um für die anderen Platz zu machen.

durch·trie·ben *adj* (abwert.) so, dass jmd. schlau und hinterhältig ist: ein durchtriebener Bursche ▶ Durchtriebenheit

durch·wach·sen *adj* /nicht steig./ ❶ KOCH. so, dass Speck Streifen von Fleisch bzw. Fleisch Streifen von Fett enthält: durchwachsener Speck ❷ (umg. scherzh.) so, dass es gerade leidlich, nicht ungetrübt ist: Das Wetter/die Stimmung war durchwachsen.

durch·wa·gen <wagst durch, wagte durch, hat durchgewagt> *mit SICH* ■ *jmd. wagt sich durch etwas Akk. durch* wagen, durch etwas hindurchzugehen: Sie wagte sich nicht allein durch den dunklen Wald.

Durch·wahl *die* <-> */kein Plur./* TELEKOMM. *die direkte Telefonnummer, durch deren Wählen man die gewünschte Person ohne Vermittlung er-*

reicht: Können Sie mir die Durchwahl von Herrn Dr. Kunz geben? ◆-**nummer**

durch·wär·men <durchwärmst, durchwärmte, hat durchwärmt> *mit OBJ* ■ *etwas durchwärmt etwas/jmdn.* *gründlich erwärmen:* Der Tee hat uns wieder durchwärmt.; Der Ofen durchwärmt das Zimmer.

durch·weg(s), **durch·weg(s)** *adv ohne Ausnahme:* Seine Haare sind mittlerweile durchweg grau.

durch·wer·fen <wirfst durch, warf durch, hat durchgeworfen> *mit OBJ* ■ *jmd. wirft etwas (durch etwas Akk.) durch etwas (durch eine Öffnung) hindurchwerfen*

durch·wüh·len <wühlst durch, wühlte durch, hat durchgewühlt> *mit OBJ* ■ *jmd. wühlt etwas durch rücksichtslos durchsuchen:* Wir haben alles durchgewühlt und nichts gefunden.; *siehe auch* **durchwühlen**

durch·wüh·len <durchwühlst, durchwühlte, hat durchwühlt> *mit OBJ* ■ *jmd./etwas durchwühlt etwas sich wühlend durch etwas hindurcharbeiten:* Der Maulwurf durchwühlt die Erde.; *siehe auch* **durchwühlen**

durch·wursch·teln, *a.* **durch·wurs·teln** <wurschtelst durch, wurschtelte durch, hat durchgewurschtelt> *mit SICH* ■ *jmd. wurstelt sich (durch etwas) durch (umg.) mit Mühe zurechtkommen:* Wir haben nicht viel zum Leben, aber wir wurschteln uns so durch.

durch·zäh·len <zählst durch, zählte durch, hat durchgezählt> *mit OBJ/ohne OBJ* ❶ ■ *jmd. zählt etwas durch durch Zählen überprüfen:* Sie haben das Geld mehrfach durchgezählt.; Wir müssen noch einmal durchzählen, ob alles stimmt. ❷ ■ *jmd. zählt durch eine Gruppe (von Personen) dadurch abzählen, dass man jeden einzelnen in genauer Abfolge die nächste ganze Zahl sagen lässt:* Sind wir alle wieder beisammen? Bevor wir losfahren bitte einmal durchzählen. – „Eins!" „Zwei!" …

durch·zie·hen <ziehst durch, zog durch, hat/ist durchgezogen> I. *mit OBJ (haben)* ■ *jmd. zieht etwas (durch etwas Akk.) durch* ❶ *durch etwas hindurchziehen:* Ich habe den Faden durch die Nadel durchgezogen. ❷ *(umg.) (mit einer gewissen Energie und Schnelligkeit) erledigen:* Sie haben das gemeinsam durchgezogen; Das müssen wir noch durchziehen; dann haben wir alles geschafft. II. *ohne OBJ (sein)* ■ *jmd. zieht (irgendwo) durch durchmarschieren:* Die Truppen sind durch diese Stadt durchgezogen.; Hier ist eine Herde Elefanten durchgezogen. III. *mit SICH (haben)* ■ *etwas zieht sich (durch etwas Akk.) durch durchgängig vorhanden sein:* Dieser Fehler hat sich durch die gesamte Arbeit durchgezogen.

durch·zie·hen <durchziehst, durchzog, hat durchzogen> *mit OBJ* ■ *etwas durchzieht etwas in verschiedenen Richtungen durch etwas laufen:* Adern durchziehen das Gewebe.; Die Ebene ist von Flüssen durchzogen.; Schulkinder durchziehen eine ganze Stadt.

Durch·zug *der* <-(e)s> */kein Plur./ starker Luftzug in einem Raum:* im Zimmer Durchzug machen

Durch·zugs·recht *das* <-(e)s, -e> RECHTSW. *Erlaubnis, das Gebiet eines fremden Staates mit militärischen Einheiten friedlich zu durchqueren*

durch·zugs·stark *adj /nicht steig./ so, dass es einen guten Durchzug hat:* ein durchzugsstarker Kamin

durch·zwän·gen <zwängst durch, zwängte durch, hat durchgezwängt> *mit OBJ* ■ *jmd. zwängt etwas/sich (durch etwas Akk.) durch hindurchdrängen, hindurchschieben:* Sie zwängten sich durch die Menschenmenge.; Der Einbrecher zwängte sich durch das kleine, offene Fenster.

dür·fen <darfst, durfte, hat dürfen/gedurft> *ohne OBJ* ■ *jmd. darf (etwas)* ❶ *die Erlaubnis haben:* Darf man hier rauchen?; Er hat nicht kommen dürfen.; Er hat nicht ins Kino gedurft. ❷ *verwendet, um eine höfliche Bitte auszusprechen:* Darf ich Sie um einen Gefallen bitten? ❸ *das Recht haben:* Tiere darf man nicht quälen.; Er darf sich mit gutem Gewissen zur Ruhe setzen. ❹ *in die Lage versetzt sein:* Sie dürfen sich wohlhabend nennen.; Ihr dürft euch freuen!; ■ *das dürfte wohl das … sein das ist wahrscheinlich das …;* ■ *Das darf doch (wohl) nicht wahr sein! (umg.) Das ist ja unglaublich!*

dürf·tig *adj* ❶ *(≈ armselig) so arm, dass es Mitleid erregt:* eine dürftige Behausung ❷ *mit so wenig Ergebnissen, Fakten o. Ä., dass es unzulänglich ist:* Für ein Jahr Arbeit ist das ein sehr dürftiges Ergebnis!

dürr *adj* ❶ *(≈ trocken) so, dass Pflanzen oder Teile von Pflanzen ohne Saft sind:* dürre Äste/Blätter/Zweige ❷ *sehr mager:* Sie ist richtig dürr. ❸ *so karg, dass Boden unfruchtbar ist:* dürrer Boden

Dür·re *die* <-, -n> *eine bestimmte (längere) Zeit ohne Regen:* In dem Land herrschte eine große Dürre.; *von einer verheerenden Dürre heimgesucht werden* ◆-**jahr**, -**periode**, -**schäden**

Durst *der* <-(e)s> */kein Plur./* ❶ *(↔ Hunger) das Verlangen nach Flüssigkeit:* Durst haben; seinen Durst löschen; Der Durst war schlimmer als der Hunger. ❷ ■ *Durst auf … das Verlangen nach einem bestimmten Getränk:* Durst auf ein Bier haben ◆**Bier**-, **Kaffee**- ❸ *(übertr.) intensives Verlangen nach etwas:* der Durst nach Freiheit/nach Rache; ■ *einen über den Durst trinken (umg.) mehr Alkohol trinken, als man vertragen kann* ▸**durstlöschend**, **durststillend** ◆**Freiheits**-, **Rache**-, **Taten**-, **Wissens**-

durs·ten <durstest, durstete, hat gedurstet> *ohne OBJ* ■ *jmd. durstet (geh.) Durst¹ verspüren:* Wir mussten lange dursten.

dürs·ten <dürstete, dürstete, hat gedürstet> *(geh.)* I. *ohne OBJ* ■ *jmd. dürstet (nach etwas Dat.) sich nach etwas sehnen:* Das Land dürstet nach Freiheit.; Sie dürsteten richtig nach guter Literatur.; Er dürstete nach Rache. II. *mit ES* ■ *es dürstet jmdn. (nach etwas Dat.)* ❶ *jmd. hat ein starkes Verlangen nach etwas:* Es dürstete ihn nach Gerechtigkeit. ❷ *(veralt.) Durst haben:* Mich dürstet (es).; Es dürstet mich.

durs·tig *adj so, dass man Durst¹ verspürt:* Nach der langen Wanderung waren wir durstig.

durst·lö·schend *adj /nicht steig./ so, dass ein Ge-*

D

tränk den Durst [1] *besonders gut löscht:* ein durst-löschendes Getränk

durst·stil·lend *adj /nicht steig./ siehe* **durstlö-schend**

Durst·stre·cke *die* <-, -n> *eine entbehrungsrei-che Zeit:* eine finanzielle Durststrecke hinter sich haben

Dusch-, Dusch- *als Erstglied zusammengesetzter Substantive; drückt aus, dass die mit dem Zweit-glied bezeichneten Gegenstände sich auf die Du-sche beziehen* ◆-gel, -haube, -kabine, -vorhang, -wanne, -zelle

Du·sche, Du·sche *die* <-, -n> ❶ *eine Vorrichtung zur Reinigung des Körpers, die Wasser in dünnen Strahlen auf den Benutzer fließen lässt:* in die/un-ter die Dusche gehen; Sie stand gerade unter der Dusche, als das Telefon klingelte. ❷ *der Raum, in dem sich eine Dusche* [1] *befindet* ❸ *das Duschen:* eine kalte/warme Dusche nehmen; ■ **eine kalte Dusche** *(umg.) eine unerwartete starke Enttäu-schung* Die Worte des Chefs waren eine kalte Du-sche für ihn.

du·schen ['dʊʃ:.../'du:ʃ...] <duschst, duschte, hat geduscht> *mit OBJ/ohne OBJ* ■ *jmd.* **duscht** *(jmdn.) unter der Dusche reinigen:* Ich habe die Kinder geduscht.; Duschen Sie täglich?

Dusch·vor·la·ge *die* ['dʊʃ:.../'dʊʃ...] <-, -n> *(≈ Du-schmatte) Matte, die vor der Dusche liegt*

Dü·se *die* <-, -n> TECHN. *ein sich nach vorn veren-gendes Rohr, das die Fließgeschwindigkeit von austretenden Gasen oder Flüssigkeiten erhöht:* die Düsen eines Flugzeuges

Du·sel *der* <-s, (o. Pl.)> ❶ SCHWEIZ. *leichter Rausch* ❷ *(umg.) Gefühl der leichten Betäubung:* nach dem Schlafen noch im Dusel sein; im Dusel etwas umwerfen ❸ *(umg.) unverhofftes Glück:* Da hast du aber Dusel gehabt.

dü·sen <düst, düste, ist gedüst> *ohne OBJ* ■ *jmd./etwas* **düst** *(umg.) (schnell) fahren:* Wir sind am Wochenende mal schnell nach Hamburg gedüst.

Dü·sen·an·trieb *der* <-(e)s, Düsenantriebe> *Flugzeugantrieb mit Düsen*

Dü·sen·flug·zeug *das* <-(e)s, -e> *Flugzeug mit Düsenantrieb*

Düs·sel·dorf <-s> *Stadt am Rhein; Landeshaupt-stadt von Nordrhein-Westfalen*

duss·lig, *a.* **dus·se·lig** *adj (umg.)* ❶ *(abwert.: ≈ be-griffsstutzig)* ein dussliger Kerl; Steh nicht so duss-lig herum, hilf mir lieber! ❷ *leicht benommen:* Vom Karussellfahren wird mir immer ganz dusslig.; Ich werde von dem Medikament ganz dusslig im Kopf.

dus·ter, *a.* **düs·ter** *adj* ❶ *dunkel und unheimlich:* ein düsteres Haus; Der Maler malt sehr düstere Bil-der/mit sehr düsteren Farben. ❷ *so, dass es nichts Gutes verheißt:* düstere Aussichten; ein düsteres Gesicht machen

Düs·ter·heit *die* <-> */kein Plur./ (≈ Düsterkeit)* düstere Beschaffenheit: Die Düsterheit des Rau-mes war bedrückend.

Dutt *der* <-(e)s, -s/e> *langes Haar, das zu einem Knoten aufgesteckt ist:* einen Dutt tragen

Duty-free-Shop *der* ['dju:tɪ'fri:ʃɔp] <-s, -s> *(in Flughäfen) ein Laden, in dem man bestimmte Wa-ren zollfrei kaufen kann*

Dut·zend *das* <-s, -/-e> ❶ */Plur.: Dutzend/ (ver-alt.) eine Menge von 12 Stück:* ein/drei Dutzend Eier kaufen; Ich habe gleich ein ganzes Dutzend bestellt.; Ich habe das jetzt schon ein paar dut-zend/Dutzend Mal wiederholt. ❷ */Plur.: (umg.) sehr viele:* Dutzende Schaulustige waren gekom-men.; Es meldeten sich viele dutzend(e)/Dut-zend(e) Bewerber.; Die Geräte gingen zu dutzen-den/Dutzenden kaputt. ◆ Groß- oder Klein-schreibung →R 4.5 viele dutzend(e)/Dutzend(e) Versuche machen; etwas einige dutzend(e)/Dut-zend(e) Male üben

dut·zend·fach *adv /nicht steig./ (umg.) sehr häu-fig:* Wir haben es dutzendfach umsonst versucht.

dut·zend·mal *adv (umg.) sehr häufig:* Das habe ich dir doch schon dutzendmal gesagt!; Sie ist be-stimmt schon dutzendmal zu spät gekommen.

dut·zend·wei·se *adj /nicht steig./* ❶ *(umg.) in großen Mengen:* Sie hat dieses Buch gleich dut-zendweise gekauft, um es an ihre Freunde zu ver-schenken.; Die Geräte haben dutzendweise ver-sagt. ❷ *in einer Anzahl zu je zwölf Stück:* Wir verkaufen die Eier nur dutzendweise.

du·zen <duzt, duzte, hat geduzt> *mit OBJ* ■ *jmd.* **duzt jmdn.** *(↔ siezen) jmdn./einander mit „du" anreden:* Sie duzt ihre Kollegen.; Wir duzen uns/einander schon lange. ▶ Duzfreund

DVD *die* [de:fau'de:] <-, -s> EDV *Abkürzung von „Digital Versatile Disc"; eine Art CD, die eine be-sonders große Menge von Daten speichern kann und auf der (meistens) ein Film, manchmal aber auch Musik gespeichert ist* ◆-Brenner, -Laufwerk, -Player, -Recorder/-Rekorder, -RW, -Video

Dy·na·mik *die* <-, -en> ❶ */kein Plur./ PHYS. Lehre von der Bewegung von Körpern unter dem Ein-fluss von Kräften* ❷ *Bewegung, Fortentwicklung:* die Dynamik der wirtschaftlichen Entwicklung

Dy·na·mis·mus *der* <-> */kein Plur./ REL. weltweit verbreiteter Glaube, dass alles eine Erscheinung großer, unpersönlicher Kräfte ist*

Dy·na·mit *das* <-s> */kein Plur./ Sprengstoff (aus Nitroglyzerin)*

Dy·na·mo, Dy·na·mo *der* <-s, -s> TECHN. *Ma-schine zur Erzeugung von elektrischer aus mecha-nischer Energie* ◆-meter

Dy·nas·tie *die* <-, -en> *(geh.) Herrscherhaus; fürstliches, hochadeliges Geschlecht:* die Dynastie der Wittelsbacher ▶ Dynast, dynastisch

Dys·te·leo·lo·gie *die* <-, -en> *(geh.: ↔ Teleolo-gie) die von Ernst Haeckel aufgestellte Lehre, dass die Entwicklungsvorgänge in der Natur nicht durch einen bestimmten Zweck gesteuert sind*

dz *Abkürzung von „Doppelzentner"*

D-Zug *der* ['de:...] <-s, D-Züge> *Abkürzung von „Durchgangszug"; Schnellzug, der nicht überall hält* ◆-wagen, -zuschlag

Ee

E, e *das* <-, -> *der fünfte Buchstabe des Alphabets:* ein großes E; ein kleines e

EAN-Code *der* [eːaːˈɛn koːt] <-s, -s> *kurz für „Europäischer Artikelnummer-Code": Strichcode auf Waren*

ea·sy [ˈiːzi] <easier, (am easiesten)> *adj (umg.) einfach, leicht zu tun:* Das lernst du ohne Probleme, das ist doch total easy !

Eau de Toi·lette *das* [ˈoː də toaˈlɛt] <-, Eaux de Toilette> *ein Duftwasser (eine Art Parfüm)*

Eb·be *die* <-, -n> */ (↔ Flut) der Zustand, dass der Wasserspiegel des Meeres den niedrigsten Stand hat:* Wenn Ebbe ist, bewegt sich das Wasser vom Strand weg, und bei Flut kehrt es wenige Stunden später wieder zurück.; ■ **in der Kasse/ im Geldbeutel ist Ebbe** *(umg. scherzh.) es ist kein Geld vorhanden*

eben <ebener, am ebensten> **I.** *adj* ❶ *(≈ flach) so, dass es keine Hügel oder Berge gibt:* Wir fuhren durch völlig ebenes Land. ❷ *glatt, gleichmäßig:* Der Weg hat keine Steigungen, er ist ganz eben. **II.** *adv* ❶ *in diesem Moment, gerade jetzt:* Eben kommt er. ❷ *gerade vorhin:* Sie ist eben gefahren. ❸ *gerade noch, mit Müh und Not:* Sie haben den Zug eben (noch) erreicht. ❹ *(umg.)* LANDSCH. *(≈ schnell, kurz)* Kannst du eben (mal) kommen?; Ich gehe (mal) eben einkaufen. **III.** *part* ❶ *verwendet, um eine Aussage zu verstärken:* Er ist eben ein Langweiler.; Dann gehe ich eben zu Fuß.; Eben jetzt brauchen wir die Wohnung.; Dann müssen wir den Ausflug eben verschieben. ❷ *(≈ genau) verwendet, um eine Aussage zu bestätigen:* Ach, deshalb hast Du vorhin so leise gesprochen. – Eben! ❸ *verwendet, um die Verneinung einer Aussage zu verstärken:* Ich dachte, er hat in dem Bereich schon gearbeitet. – Eben nicht! ❹ *(≈ nicht gerade, nicht besonders) in Verneinungen:* Er war nicht eben entgegenkommend.

Eben·bild *das* <-(e)s, -er> *(geh.: ≈ Abbild) jmd., der jmdm. sehr ähnlich sieht:* Dein Sohn ist wirklich dein Ebenbild.

eben·bür·tig *adj* /nicht steig./ *(≈ gleichwertig) so, dass man die gleiche Fähigkeit wie jmd. anderer hat:* Er war seinem Freund ein ebenbürtiger Schachpartner.

eben·da, eben·da *adv gerade dort:* Ebenda wollte er nicht wohnen. ◆ *Zusammenschreibung* →R 4.3 Wir sind von ebendaher gekommen.; Ebendahin gehen wir jetzt auch.; Ebendarum/ebendeshalb/ebendeswegen will ich sie nicht fragen.; Ebendas(selbe) hat er zu mir auch gesagt.; Ebender(selbe)/ebendie(selbe) wollte mich neulich sprechen.

Ebe·ne *die* <-, -n> ❶ *eine flache Landschaft ohne größere Erhebungen* ◆ Fluss-, Hoch-, Tief- ❷ *(≈ Etage, Niveau) der gleiche Rang (mit gleichen Aufgaben und Rechten), den Personen in einem hierarchischen System haben:* Der Antrag wurde auf höchster Ebene beraten/entschieden ◆ Landes-, Minister-, Regierungs-

eben·er·dig *adj /nicht steig./ im Erdgeschoss:* Wir wohnen ebenerdig.

eben·falls *adv auch, gleichfalls:* Sie war ebenfalls nicht für den Preis nominiert.; ■ **(danke,) ebenfalls!** *Dasselbe wünsche ich Ihnen/dir/euch auch.* Guten Appetit! – Danke, ebenfalls!

Eben·holz *das* <-es> */kein Plur./ ein schwarzes, hartes Edelholz*

Eben·maß *das* <-es> */kein Plur./ (geh.: ≈ Harmonie) die Eigenschaft, dass etwas harmonisch und regelmäßig geformt, gestaltet o. Ä. ist*

eben·mä·ßig <ebenmäßiger, am ebenmäßigsten> *adj (geh.: ≈ gleichmäßig) wohlgeformt und harmonisch proportioniert:* Dieser Baum ist von ebenmäßigem Wuchs.; Sie hat ebenmäßige Gesichtszüge.

eben·so *adv (≈ genauso) in gleicher Weise, im gleichen Maße* ◆ Getrenntschreibung →R 4.3 Ich hätte ebenso gut früher kommen können.; Ich bin davon ebenso sehr begeistert wie er.; Ich habe gestern ebenso viel Applaus wie er erhalten.; Er ist ebenso wenig wie sie.; Er hört ebenso gern Musik wie ich.; Sie sind ebenso lange im Urlaub gewesen wie wir.; Du hast ebenso viel(e) Mal(e)/ebenso oft gefehlt wie ich.; ◆ Zusammenschreibung →R 4.3 Das ist ebensolch ein Schirm, wie ich ihn verloren habe.

Eber *der* <-s, -> ZOOL. *männliches Schwein*

Eber·esche *die* <-, -n> BOT. *(≈ Vogelbeerbaum) Baum, der im Herbst hellrote Beeren bekommt, die den Vögeln als Nahrung dienen*

eb·nen *mit OBJ* ■ **jmd. ebnet (jmdm.) etwas** *Akk. (≈ glätten) bewirken, dass etwas eben ist:* Vor der Aussaat ebnet der Gärtner den Boden.; ■ **jemandem den Weg ebnen** *jmdm. Schwierigkeiten aus dem Weg räumen* Der Vater hat dem Sohn den Weg geebnet.

Ebo·la *das* <-s> */kein Plur./ MED. eine sehr schwere ansteckende Krankheit, die mehrmals in Gegenden Afrikas ausgebrochen ist und die fast immer zum Tod führt* ◆ -fieber

E-Busi·ness *das* [ˈiː bɪznɪs] <-> */kein Plur./ EDV alle (elektronisch ausgeführten) Vorgänge wie Bestellungen, Abbuchungen usw., mit denen Geschäfte über das Internet gemacht werden*

EC *der* [eːˈtseː] <-, -s> *kurz für „Eurocity(zug)"*

E-Cash *das* [ˈiː kɛʃ] <-> */kein Plur./ EDV elektronischer Zahlungsverkehr im Internet*

echauf·fie·ren [eʃɔˈfiːrən] <echauffierst, echauffierte, hat echauffiert> *mit SICH* ■ **jmd. echauffiert sich (über jmdn./etwas)** *(veralt. geh.) sich aufregen:* Der ältere Herr echauffierte sich über die Manieren der Jugendlichen.

Echo *das* <-s, -s> ❶ *(≈ Widerhall) der Vorgang, dass Schall von einer Wand reflektiert wird:* Sie riefen laut und lauschten dem Echo. ❷ *das Echo [1], das in den Bergen auftritt, wenn Schall von Felswänden reflektiert wird* ❸ *(übertr.: ≈ Resonanz, Anklang) der Anklang, den etwas bei bestimmten*

E

Personen findet: Sein Vorschlag fand ein lebhaftes Echo. ▶ echoen

Echo·lot *das* <-(e)s, -e> SEEW. *ein Gerät, mit dem man die Tiefe von Wasser messen kann*

Ęch·se *die* <-, -n> ZOOL. *(≈ Reptil) ein Kriechtier* ▶ Eidechse

ęcht I. *adj /Steigerung nur umg./* ❶ *(≈ original) so, dass es nicht künstlich oder gefälscht ist:* Sind das echte Perlen?; Ist das echtes Gold?; Ist die Unterschrift auch echt? ❷ *(≈ aufrichtig) so, dass es nicht vorgetäuscht ist:* Seine Freude war echt.; echte Betroffenheit ❸ *typisch:* ein echter Münchner ❹ CHEM. *so, dass es sich nicht mehr löst:* Die Farbe ist echt. **II.** *part (umg.: ≈ wirklich) verwendet, um eine Aussage zu verstärken:* Würdest du das echt für mich tun?; Das ist echt klasse!

-echt *als Zweitglied zusammengesetzter Adjektive; drückt (besonders in der Werbung) aus, dass etwas die mit dem Erstglied bezeichnete Qualität behält bzw. bestänidig und widerstandsfähig ist* ◆farb-, gefühls-, kuss-, licht-

Ęcht·heit *die* <-> */kein Plur./ das Echtsein I.1, I.2*

Ęck *das* <-(e)s, -e(n)> SÜDDT., ÖSTERR. *Ecke;* ▪ **über Eck** *(≈ diagonal) schräg gegenüber* Dieses Tuch wird über Eck gefaltet und um die Schultern gelegt.

EC-Kar·te *die* [ɛ'tseˌkaːɐtə] <-, -n> WIRTSCH. *kurz für „Eurochequekarte":* Sie bezahlte mit ihrer EC-Karte.

Ęck·ball *der* <-(e)s, Eckbälle> SPORT *im Fußball, der Schuss von der Ecke¹ des Spielfelds, der ausgeführt wird, um den Ball wieder ins Spiel zu bringen*

Ęck·bank *die* <-, Eckbänke> *Sitzbank mit zwei Hälften, die in einer Zimmerecke stehen*

Ęck·chen *das* <-s, -> *(≈ Winkel) kleine Ecke³;* ▪ **sich ein ruhiges/stilles Eckchen suchen** *sich irgendwohin zurückziehen, wo man ungestört ist*

Ęck·da·tum *das* <-s, Eckdaten> */meist Plur./ Daten, nach denen man sich bei einer Planung richten soll*

Ęcke *die* <-, -n> ❶ *der Punkt, an dem zwei Linien oder Kanten zusammenstoßen:* Ich habe mich an der Ecke des Tisches gestoßen. ❷ *Stelle, an der sich zwei Wände, zwei Häuserzeilen, zwei Straßen treffen:* Du kannst das Paket dort in die Ecke stellen.; Der Hund kam wedelnd um die Ecke.; Der Laden ist an der Ecke Königstraße/Kaiserstraße. ◆Haus-, Straßen- ❸ *(umg.) Gegend:* Diese Ecke Deutschlands ist bei Touristen besonders beliebt.; Wir wohnen ja noch in einer halbwegs sicheren Ecke. ❹ SPORT *Eckball* ❺ ▪ **(gleich) um die Ecke sein** *(umg.) (gleich) in der Nähe sein;* ▪ **jemanden um die Ecke bringen** *(umg.) jmdn. umbringen;* ▪ **an allen Ecken und Enden sparen** *(umg.) überall sparen;* ▪ **bis irgendwohin ist es (noch) nicht ganze Ecke** *(umg.) bis irgendwohin ist es (noch) ziemlich weit;* ▪ **mit jemandem um/über ein paar/sieben Ecken (herum) verwandt sein** *(umg.) mit jmdm. entfernt verwandt sein;* ▪ **nicht an jeder Ecke zu haben sein** *(umg.) nicht überall angeboten werden* Der Fachhandel betont, dass guter Service auch nach dem Kauf nicht an jeder Ecke zu haben ist.

Ęcker *die* <-, -n> BOT. *Buchecker*

Ęck·haus *das* <-es, Eckhäuser> *an einer Ecke² stehendes Haus*

ęckig *adj* ❶ *(↔ rund) so, dass es Ecken hat* ❷ *(≈ ungelenk ↔ fließend) so, dass Bewegungen nicht fließend und harmonisch, sondern abrupt und zackig sind:* eckige Bewegungen

Ęck·wert *der* <-(e)s, -e> *(≈ Richtwert) Preis, den etwas mindestens haben muss*

Ęck·zahn *der* <-(e)s, Eckzähne> ANAT. *zwischen Schneide- und Backenzähnen befindlicher relativ spitzer Zahn*

Ęck·zim·mer *das* <-s, -> *Zimmer mit zwei Außenwänden*

Ęc·lair *das* [e'klɛːɐ] <-s, -s> *ein Gebäck*

E-Com·merce *der* ['iːkɔmɐs] <-> */kein Plur./ EDV der Vertrieb von Waren und Dienstleistungen über das Internet*

Eco·no·my·class, *a.* **Eco·no·my-Class** *die* [iˈkɔnəmiklaːs] <-> */kein Plur./ LUFTF. eine Tarifklasse in Passagierflugzeugen*

Ec·s·ta·sy *das* ['ɛkstəzi] <-> */kein Plur./ eine synthetische Droge*

Ecu, *a.* **ECU** *der/die* [e'kyː] <-(s), -(s)> WIRTSCH. *Abkürzung von „European currency unit": europäische Währungs- und Verrechnungseinheit*

Ecu·a·dor [ekʊaˈdoːɐ] <-s> *Staat in Südamerika* ▶ Ecuadorianer, Ecuadorianerin

Ecu·a·do·ri·a·ner *der,* **Ecu·a·do·ri·a·ne·rin** <-s, -> *Einwohner Ecuadors*

edel *adj* ❶ *(veralt.) adlig, vornehm:* Sie stammt von einem edlen Geschlecht ab. ❷ *(≈ kostbar, teuer) wertvoll:* ein edler Pelzmantel ❸ *(geh.) gütig, selbstlos:* ein edler Mensch ▶ veredeln

Edel- *als Erstglied zusammengesetzter Substantive; drückt aus* ❶ *dass die mit dem Zweitglied bezeichnete Person adliger Herkunft ist* ◆-fräulein, -mann ❷ *dass das mit dem Zweitglied Bezeichnete als hochwertig gilt, weil es sich aufgrund besonderer Eigenschaften oder Einstellungen von anderem der gleichen/ähnlichen Art abhebt* ◆-absteige, -distel, -druck, -fäule, -fisch, -holz, -kastanie, -katze, -marder, -nelke, -nuss, -nutte, -pilz, -stahl, -tanne, -weiß, -ziege

Edel·frau *die* <-, -en> GESCH. *(veralt.) Adlige*

Edel·gas *das* <-es, -e> CHEM. *ein chemisches Element (in Gasform), das normalerweise keine chemischen Verbindungen eingeht:* Helium und Neon sind Edelgase.

Edel·kitsch *der* <-(e)s> */kein Plur./ (umg. abwert.) Dinge, die teuer und hochwertig, aber dennoch künstlerisch wertlos sind*

Edel·kna·be *der* <-n, -n> GESCH. *(veralt.) adliger Knabe im Hofdienst*

Edel·me·tall *das* <-s, -e> *ein wertvolles Metall, das nicht rostet:* Gold, Silber und Platin sind Edelmetalle.

Edel·mut *der* <-(e)s> */kein Plur./ (geh. o veralt.) edle Gesinnung, Anständigkeit:* Sie besaß wahren Edelmut. ▶ edelmütig

Edel·stahl *der* <-(e)s> */kein Plur./ rostfreier Stahl:* Töpfe aus hochwertigem Edelstahl

Edel·stein *der* <-(e)s, -e> *ein kleines Stück eines*

Minerals, das selten und daher wertvoll ist: Ein Diamant ist ein geschliffener Edelstein. ◆ Halb-

Edel·weiß *das* <-(es), -(e)> BOT. *eine seltene Blume mit weißen, sternförmigen Blüten, die im Gebirge wächst*

Edel·zwi·cker *der* <-s, -> *ein trockener elsässischer Weißwein*

Eden ■ **der Garten Eden** REL. *das Paradies*

edie·ren <edierst, edierte, hat ediert> *mit OBJ* ■ *jmd. ediert etwas Akk. (wissenschaftlich) herausgeben, veröffentlichen:* eine mittelalterliche Handschrift edieren

Edikt *das* <-(e)s, -e> GESCH. *Erlass, Verordnung:* Der Fürst hatte ein Edikt erlassen.

edi·tie·ren <editierst, editierte, hat editiert> *mit OBJ* ■ *jmd. editiert etwas Akk.* EDV *Daten bearbeiten und verändern* ▸ Editor

Edi·ti·on *die* <-, -en> ❶ *die Herausgabe von Druckerzeugnissen* ❷ *(kritische) Ausgabe, Auflage:* eine Edition der Werke Hegels

Edi·tor, Edi·tor *der*, **Edi·tor** *der*, **Edi·to·rin** <-s, ...-toren> ❶ *Herausgeber (eines Buches)* ❷ EDV *ein Programm zur Textbearbeitung* ▸ editorisch

E-Dur, E-Dur *das* <-> */kein Plur./* MUS. *eine Tonart* ◆-Tonleiter

EDV *die* [e:de:'fau] <-> */kein Plur./ Abkürzung von „elektronische Datenverarbeitung"*

EDV-Bran·che *die* [e:de:'fau...] <-, -n> WIRTSCH. *alle Unternehmen, die mit EDV zu tun haben, indem sie z. B. Computer und Software herstellen*

Efeu *der* <-s> */kein Plur./* BOT. *eine Pflanze, die an Häusern und Bäumen emporklettert*

Eff·eff ■ **etwas aus dem Effeff können/beherrschen** *(umg.) etwas sehr gut können* Sie konnte alle neuen Vokabeln aus dem Effeff.

Ef·fekt *der* <-(e)s, -e> ❶ *(≈ Erfolg) die Wirkung, die etwas auf jmdn. hat:* Der Verkäufer redete und redete, doch der gewünschte Effekt blieb aus. ❷ *(≈ Eindruck) etwas, das eine bestimmte Wahrnehmung hervorruft:* Die optischen Effekte der Bühnenshow waren überwältigend. ◆ Farb-, Klang-, Licht-, Überraschungs-

Ef·fek·ten <-> *Plur.* WIRTSCH. *Wertpapiere, z. B. Aktien* ◆-bank, -geschäft

Ef·fekt·ha·sche·rei *die* <-> */kein Plur./ (umg. abwert.) übertriebenes Bemühen, Eindruck zu machen:* Seine dauernde Effekthascherei geht mir auf die Nerven.

ef·fek·tiv *adj* ❶ *(≈ wirkungsvoll, effektvoll) so, dass die eingesetzte Arbeit eine möglichst große Wirkung hat:* eine besonders effektive Vorgehensweise ❷ *tatsächlich:* Sie haben effektiv nichts erreicht.

Ef·fek·ti·vi·tät *die* <-> */kein Plur./* ❶ *das Verhältnis zwischen der eingesetzten Arbeit und dem durch sie bewirkten Ergebnis* ❷ *ein gutes/nützliches/lohnendes Verhältnis zwischen Arbeit und Ergebnis:* Die Effektivität der geplanten Maßnahmen wurde bezweifelt.

Ef·fek·tiv·lohn *der* <-(e)s, Effektivlöhne> *Tariflohn inklusive aller zusätzlichen Zahlungen*

ef·fekt·voll *adj wirkungsvoll, beeindruckend:* Sie liebt den effektvollen Auftritt.

ef·fi·zi·ent *adj (≈ ökonomisch, rationell ↔ ineffi-*

zient) so, dass mit möglichst wenig Aufwand ein möglichst großes Resultat erzielt wird: eine effiziente Arbeitsweise ▸ Effizienz

egal *adj /nicht steig./ /nur präd./ (umg.: ≈ einerlei) nebensächlich, unwichtig:* Es ist mir ganz egal, ob wir mit dem Auto fahren oder mit der Bahn.

ega·li·tär *adj so, dass politische und soziale Gleichheit für alle Menschen angestrebt werden:* egalitäre Prinzipien ▸ Egalitarismus

Ega·li·tät *die* <-> */kein Plur./ Gleichheit von Personen (vor allem in Bezug auf ihre Rechte)* ▸ egalisieren

Egel *der* <-s, -> ZOOL. *ein Wurm, der Blut saugt* ◆Blut-

Eger·ling *der* <-(e)s, -e> BOT. LANDSCH. *Champignon*

Egge *die* <-, -n> LANDW. *ein Ackergerät, das zum Auflockern des Bodens benutzt wird*

eg·gen <eggst, eggte, hat geeggt> *mit OBJ/ ohne OBJ* ■ *jmd. eggt etwas Akk.* LANDW. *den Boden mit einer Egge lockern:* Der Bauer eggt die Felder.; Der Bauer eggt.

Ego, Ego *das* <-s> */kein Plur./* PSYCH. *das Ich;* ■ **jemand ist das Alter Ego von jemandem** *jmd. ist wie ein Teil der Person des anderen*

Ego·is·mus *der* <-> */kein Plur./ (oft abwert.: ≈ Selbstsucht ↔ Altruismus) die Haltung, das eigene Ich, die eigenen Wünsche in den Mittelpunkt zu stellen*

Ego·ist *der*, **Ego·is·tin** <-en, -en> *jmd., der egoistisch ist:* ein rücksichtsloser Egoist

ego·is·tisch *adj dem Egoismus zuneigend:* Sie handelt zutiefst egoistisch.

ego·zen·t·risch *adj (geh.) so, dass man die eigene Person als Mittelpunkt betrachtet und alles auf das eigene Ich bezieht* ▸ Egozentriker, Egozentrikerin

eh ■ **seit eh und je** *schon immer*

eh *adv* SÜDDT., ÖSTERR. *sowieso, ohnehin:* Heute schaffen wir es eh nicht mehr.

ehe *konj bevor:* Ruf mich bitte an ehe du gehst.

Ehe *die* <-, -n> *die Gemeinschaft, die durch die Heirat entsteht:* Sie gingen schließlich die Ehe ein.; Es blieb eine kinderlose Ehe.; Sie führten eine glückliche/harmonische Ehe.; Er hatte Kinder aus erster Ehe.; ■ **in wilder Ehe** *(veralt.) unverheiratet zusammenleben;* ■ **im Hafen der Ehe landen** *(umg. scherzh.) heiraten* ◆-berater(in), -bett, -recht, -ring, -scheidung, -schließung, -streit, Liebes-, Schein-, Vernunft-

Ehe·an·bah·nungs·in·s·ti·tut *das* <-(e)s, -e> *Institut für Heiratsvermittlung*

Ehe·be·ra·tung *die* <-, (-en)> */meist Sing./ die Beratung von Ehepaaren bei Partnerschaftsproblemen* ◆-sstelle ▸ Eheberater, Eheberaterin

Ehe·bruch *der* <-(e)s> */kein Plur./ der Vorgang, dass eine verheiratete Person eine sexuelle Beziehung mit einer anderen Person als dem Ehepartner eingeht:* Er hatte eine Affäre; damit hat er Ehebruch begangen. ▸ Ehebrecher, Ehebrecherin

Ehe·frau *die* <-, -en> *die Frau, mit der ein Mann verheiratet ist*

Ehe·gat·te *der*, **Ehe·gat·tin** <-n, -n> *(geh.: ≈ Ehepartner)* Ehemann, Ehefrau

Ehe·ge·mahl *der*, **Ehe·ge·mah·lin** <-(e)s, -e> *(geh.) Ehemann, (Ehefrau)*

Ehe·krach *der* <-(e)s, Ehekräche> */meist Sing./ (umg.) Streit zwischen Eheleuten*

Ehe·le·ben *das* <-s> */kein Plur./ das (geschlechtliche) Leben in der Ehe*

Ehe·leu·te <-> *Plur. (geh.) Ehemann und Ehefrau*

ehe·lich *adj /nicht steig./* ❶ *(↔ unehelich) aus einer Ehe stammend:* Das Kind ist ehelich (geboren). ❷ */nur attr./ die Ehe betreffend:* Sie diskutierten über die ehelichen Rechte und Pflichten.; eine eheliche Gemeinschaft; ■ **seinen ehelichen Pflichten nachkommen** *(scherzh.) den sexuellen Teil der Ehe erfüllen*

ehe·los *adj /nicht steig./* (≈ *ledig) nicht verheiratet* ► Ehelosigkeit

ehe·ma·lig *adj /nicht steig./ /nur attr./ einstig, früher:* Auf diesem Foto siehst du auch meinen ehemaligen Freund. ► ehemalige

Ehe·mann *der* <-(e)s, Ehemänner> *der Mann, mit dem eine Frau verheiratet ist*

Ehe·mün·dig·keit *die* <-> */kein Plur./* RECHTSW. *Mindestalter für die Eheschließung*

Ehe·paar *das* <-(e)s, -e> *ein Mann und eine Frau, die verheiratet sind*

eher *adv* ❶ (≈ *früher) Kannst du nicht ein bisschen eher kommen?* ❷ (≈ *lieber) Ich würde eher ins Kino als ins Theater gehen.; Ich würde eher sterben, als zu ihm zurückzugehen.; ■ **etwas ist schon eher möglich** *etwas ist wahrscheinlicher*

Ehe·recht *das* <-(e)s> */kein Plur./* RECHTSW. *die Gesamtheit der juristischen Bestimmungen über die Ehe*

ehern *adj /nicht steig./ (geh.)* ❶ *nicht zu beugen; fest:* Dies ist ein ehernes Gesetz.; Sie verfolgt ihre Ziele mit ehernem Willen. ❷ *aus Eisen:* eine eherne Rüstung

Ehe·schei·dung *die* <-, -en> *Aufhebung der Ehe durch ein Gericht*

Ehe·schlie·ßung *die* <-, -en> (≈ *Trauung, Heirat) Erklärung eines Paares vor dem Standesbeamten, die Ehe miteinander eingehen zu wollen*

Ehe·stand *der* <-(e)s> */kein Plur./* AMTSSPR. *das Verheiratetsein:* Sie treten morgen in den Ehestand.

ehes·te *adj /Superl. zu „eher"/* ❶ *am leichtesten:* Sie kann dir am ehesten helfen. ❷ *am liebsten:* Am ehesten möchte ich nach Italien fahren.

ehes·tens *adv* ❶ *frühestens:* Wir sehen uns ehestens am Samstag. ❷ ÖSTERR. *baldmöglichst*

Ehe·tra·gö·die *die* <-, -n> *Ehestreit mit tragischem Ausgang*

Ehe·ver·spre·chen *das* <-s, -> RECHTSW. *(mündliches) Versprechen gegenüber jmdm., die Ehe mit ihm/ihr einzugehen*

Ehe·ver·trag *der* <-(e)s, Eheverträge> AMTSSPR. *ein Vertrag, der zwischen Ehepartnern geschlossen werden kann und der ihre Besitzverhältnisse regelt*

ehr·bar <ehrbarer, am ehrbarsten> *adj (geh.: ≈ achtbar) anständig und rechtschaffen:* Ihr Großvater war ein ehrbarer Mensch.

Ehr·bar·keit *die* <-> */kein Plur./ das Ehrbarsein*

Ehr·be·griff *der* <-(e)s, -e> *die Auffassung von Ehre [1]*

Eh·re *die* <-, -n> ❶ */kein Plur./* (≈ *Würde) das öffentliche Ansehen, das jmd. aufgrund der Werte seiner Person und seines Handelns besitzt:* Er wollte sich rechtfertigen, da seine Ehre auf dem Spiel stand. ◆ -nfeier, -ngast, -nkodex, -nmitglied, -nplatz, -npräsident(in), -npreis, -nsalut, -nsalve, -nsenator(in), -nsold, -nspalier, -nstrafe, -ntag, -ntanz, -ntitel, -ntor, -ntreffer, -nurkunde, -nwache, -nzeichen, Berufs-, Familien-, Ganoven-, Standes- ❷ */kein Sing./ Wertschätzung, Respekt:* Wir haben uns heute zu Ehren seines Geburtstags versammelt.; Ihr zu Ehren wurde ein großes Fest ausgerichtet.; ■ **jemandem die letzte Ehre erweisen** *zu jmds. Beerdigung gehen;* ■ **Mit wem habe ich die Ehre?** *mit wem spreche ich?;* ■ **Was verschafft mir die Ehre (deines/Ihres Besuches)?** *(iron.) Was ist der Grund deines/Ihres Besuches?;* ■ **etwas auf Ehre und Gewissen behaupten/versichern** *(geh.) behaupten oder versichern, dass etwas wirklich stimmt;* ■ **etwas in Ehren halten** *(umg.) etwas achten und aufbewahren;* ■ **jemanden bei seiner Ehre packen** *(umg.) jmdn. an sein Ehrgefühl erinnern;* ■ **jemanden mit Ehren überhäufen** *(umg.) jmdm. öffentliche Auszeichnungen oder Ehrungen geben*

eh·ren *mit OBJ* ■ **jmd./etwas ehrt jmdn.** *Ehre [2] erweisen:* Der Jubilar wird mit einer Feierstunde geehrt.

Eh·ren·amt *das* <-(e)s, Ehrenämter> *eine Aufgabe, die man ohne Bezahlung in einer Institution ausübt:* Sie übernahm schließlich doch ein Ehrenamt im Verein. ► ehrenamtlich

Eh·ren·bür·ger *der*, **Eh·ren·bür·ge·rin** <-s, -> *Person, der eine Stadt einen Ehrentitel verliehen hat*

Eh·ren·dok·tor *der* <-s, -en> *Doktortitel, den eine Universität jmdm. aufgrund großer Leistungen auf einem Gebiet verliehen hat, obwohl er keine reguläre Promotion abgeschlossen hat, oder diesen Titel zusätzlich zu bereits bestehenden Titeln erhält*

Eh·ren·fried·hof *der* <-(e)s, Ehrenfriedhöfe> *Friedhof für Soldaten, die im Krieg ihr Leben verloren haben*

Eh·ren·ge·leit *das* <-(e)s, -e> */Plur. selten/ (geh.) feierliche Begleitung für einen Ehrengast*

eh·ren·haft *adj* (↔ *unehrenhaft) redlich; rechtschaffen:* Zunächst schien es, als hätte er ehrenhafte Absichten. ► Ehrenhaftigkeit

eh·ren·hal·ber *adv so, dass man etwas als Ehrung verliehen bekommt:* Der Doktortitel wurde ihm ehrenhalber verliehen.

Eh·ren·mal *das* <-(e)s, Ehrenmäler/(-e)> *Denkmal:* Für den berühmten Komponisten errichtete man ein Ehrenmal.

Eh·ren·mann *der* <-es, Ehrenmänner> *jmd., auf dessen Wort man sich verlassen kann*

Eh·ren·mord *der* <-(e)s, -> *das Verbrechen der Tötung meist von Mädchen und Frauen aufgrund vermeintlicher Verletzung eines Ehrenkodexes*

eh·ren·rüh·rig <ehrenrühriger, am ehrenrührigs-

ten> *adj (geh. o veralt.: ≈ beleidigend)* so, dass es die Ehre[1] verletzt

Eh·ren·run·de *die* <-, -n> SPORT *bei einem Laufwettbewerb in einem Stadion eine zusätzliche Runde, die der Gewinner nach dem Rennen läuft;* ■ **eine Ehrenrunde drehen (müssen)** SCHULE *(umg.: ≈ sitzenbleiben) eine Klasse wiederholen (müssen)*

Eh·ren·sa·che ■ *etwas ist für jmdn.* **Ehrensache** *etwas wird von jmdm. als selbstverständliche Pflicht empfunden* Das ist doch Ehrensache, dass ich dir beim Umzug helfe.

Eh·ren·sold *der* <-(e)s, -e> ❶ *als Beigabe zu einem Verdienstorden gewährte Zahlung* ❷ *(in Deutschland:) das Ruhegehalt des Bundespräsidenten*

eh·ren·voll *adj* so, dass es Ehre[2] *einbringt:* eine ehrenvolle Aufgabe

eh·ren·wert *adj (geh.: ≈ ehrbar, anständig)* so, *dass man es respektieren muss:* ein ehrenwerter Beruf

Eh·ren·wort *das* <-(e)s, -e> *ein Versprechen, das man jmdm. gibt und bei dem man sich auf die eigene Ehre beruft:* Sie hat ihr Ehrenwort gebrochen/gegeben.

eh·ner·bie·tig <ehrerbietiger, am ehrerbietigsten> *adj (geh.: ≈ respektvoll)* so, dass man seinen Respekt deutlich zeigt: Man grüßte den Chefarzt ehrerbietig. ▶ Ehrerbietigkeit

Ehr·er·bie·tung *die* <-> */kein Plur./ Respekt, Achtung*

Ehr·furcht *die* <-> */kein Plur./ (≈ Respekt, Hochachtung) große Achtung vor der Würde einer Person oder eines göttlichen Wesens oder vor einem großen Wert:* Ihre majestätische Erscheinung hat uns Ehrfurcht eingeflößt.; Wir hatten stets Ehrfurcht vor dem alten Mann.; Ehrfurcht vor dem Leben

ehr·fürch·tig *adj voller Ehrfurcht:* ehrfürchtiges Schweigen, ehrfürchtige Haltung; Wir lauschten ehrfürchtig der wundervollen Musik.

ehr·furchts·voll *adj ehrfürchtig*

Ehr·ge·fühl *das* <-(e)s> */kein Plur./ Bewusstsein der eigenen Ehre[1]:* Sie hat ein stark ausgeprägtes Ehrgefühl.; Mit dieser Unterstellung hat sie sein Ehrgefühl verletzt.

Ehr·geiz *der* <-es> */kein Plur./ (≈ Ambitionen) die Eigenschaft, dass man sich sehr anstrengt, um viel zu leisten und dafür Anerkennung zu erhalten:* Er ist von Ehrgeiz besessen.; Aus übertriebenem Ehrgeiz will sie besser sein als alle Kollegen.

ehr·gei·zig *adj voller Ehrgeiz:* ehrgeizige Pläne; ein ehrgeiziges Projekt; ein ehrgeiziger Mitarbeiter ▶ Ehrgeizling

ehr·lich *adj* ❶ *(≈ anständig, redlich)* so, dass andere Menschen einem vertrauen können: Diebe sind keine ehrlichen Leute.; ein ehrlicher Handwerker/ Kassierer ❷ *(≈ aufrichtig)* so, dass man die Wahrheit sagt und nicht lügt: Er hat es doch ehrlich mit ihr gemeint.; Sag mir ehrlich: hast du den Teller zerbrochen?; ■ **Ehrlich währt am längsten.** *Man soll immer ehrlich sein; das ist auf die Dauer am besten.*; ■ **Ehrlich gesagt, glaube**

ich nicht mehr daran. *Wenn man mich nach meiner aufrichtigen Meinung fragt...*

Ehr·lich·keit *die* <-> */kein Plur./ (≈ Aufrichtigkeit) die Eigenschaft ehrlich zu sein*

ehr·los *adj ohne Ehre[1], unanständig*

Ehr·lo·sig·keit *die* <-> */kein Plur./ Mangel an Ehre[1]*

Eh·rung *die* <-, -en> *der Vorgang, dass man jmdm. für eine bestimmte Leistung offiziell und öffentlich seine Anerkennung ausspricht:* Die Ehrung der Sportler findet nach dem Wettkampf statt. ◆ Sieger-

Ehr·ver·let·zung *die* <-, -en> *Beleidigung, Kränkung*

Ehr·wür·den *der (veralt. geh.)* ■ **Ehrwürden!** *respektvolle Bezeichnung und Anrede katholischer Geistlicher*

ehr·wür·dig *adj (≈ verehrungswürdig)* so, dass man Ehrfurcht erregt: die ehrwürdigen Professoren der Akademie

Ei *das* <-(e)s, -er> ❶ *das ovale Gebilde, in dem sich bei der Fortpflanzung von Vögeln und bestimmten anderen Tieren das Junge entwickelt:* Hühner und Enten legen Eier.; Wenn das Ei ausgebrütet ist, schlüpft der junge Vogel aus der Schale. ❷ *ein Hühnerei als Nahrungsmittel:* Wünschen Sie ein Ei zum Frühstück? ❸ BIOL. *die weibliche Keimzelle bei Mensch und Tier:* Aus einem befruchteten Ei entwickelt sich ein neues Lebewesen.; ■ **das Ei des Kolumbus** *(umg.) eine erstaunlich einfache Lösung;* ■ **einander wie ein Ei dem andern gleichen** *(umg.) sich zum Verwechseln ähnlich sein;* ■ **wie aus dem Ei gepellt aussehen** *(umg.) besonders akkurat gekleidet sein*

Ei·be *die* <-, -n> BOT. *(≈ Taxus) ein Nadelbaum mit roten Beeren*

Eich·amt *das* <-(e)s, Eichämter> *Amt, das Maße und Gewichte prüft oder eicht*

Ei·che *die* <-, -n> BOT. *ein Laubbaum mit länglichrunden Früchten* ◆ -nblatt, -nholz, -nlaub, -ntisch, -nwald

Ei·chel *die* <-, -n> ❶ BOT. *Frucht der Eiche:* im Herbst Eicheln sammeln ❷ ANAT. *vorderster Teil des männlichen Gliedes oder des weiblichen Kitzlers*

ei·chel·för·mig *adj /nicht steig./ geformt wie eine Eichel[1]*

Ei·chel·hä·her *der* <-s, -> ZOOL. *ein Vogel*

ei·chen *mit OBJ* ■ *jmd. eicht etwas* Akk. *Maße und Gewichte amtlich prüfen und normieren:* die Waage eichen; Die Gewichte sind geeicht.; ■ **Jmd. ist auf etwas geeicht** *jmd. kann etwas gut oder präzis* Sie ist darauf geeicht, kritische Fragen schnell zu beantworten.

Eich·hörn·chen *das* <-s, -> ZOOL. *ein kleines Nagetier mit rotbraunem Fell und buschigem Schwanz, das sehr gut auf Bäumen klettern kann*

Eich·kätz·chen *das* <-s, -> ZOOL. *Eichhörnchen*

Eich·maß *das* <-es, -e> *bei der Eichung verwendetes Maß*

Ei·chung *die* <-, -en> *amtliches Prüfen und Normieren von Maßen und Gewichten*

Eid *der* <-(e)s, -e> *(≈ Schwur) der Vorgang, dass*

E

man vor Gericht feierlich verspricht, dass man die Wahrheit sagen wird: Er hat einen Eid abgelegt/geleistet/geschworen.; Sie musste vor Gericht unter Eid aussagen. ◆ Amts-, Dienst-, Fahnen-, Mein- ▸ beeiden, eidesfähig, Vereidigung ◆ Getrenntschreibung →R 4.5 an Eides statt

Eid·bruch *der* <-(e)s, Eidbrüche> *(geh.) der Vorgang, dass man einen Eid oder Versprechen nicht einhält* ▸ eidbrüchig

Ei·dech·se *die* [ˈeidɛksə] <-, -n> ZOOL. *ein kleines Reptil mit langem Schwanz*

Ei·des·be·leh·rung *die* <-, -en> RECHTSW. *der Vorgang, dass man vor einer Vereidigung vor Gericht über die Bedeutung des Eides informiert wird*

Ei·des·for·mel *die* <-, -n> *die Worte, die man sagt, um einen Eid zu leisten:* Sprechen Sie mir die Eidesformel nach!; Die Eidesformel beginnt mit „ich schwöre".

ei·des·statt·lich *adj /nicht steig./* RECHTSW. *(≈ an Eides statt) so dass etwas die Funktion eines Eides erfüllt:* Er gab eine eidesstattliche Erklärung ab.

Ei·de·tik *die* <-, -en> *die Fähigkeit, dass man etwas, das man gelernt hat, als inneres Bild vor sich sieht* ▸ Eidetiker, Eidetikerin, eidetisch

Eid·ge·nos·se *der*, **Eid·ge·nos·sin** <-n, -n> POL. *Bezeichnung für einen Staatsbürger oder eine Staatsbürgerin der Schweiz*

Eid·ge·nos·sen·schaft *die* <-> /kein Plur./ POL. *die Schweizerische Eidgenossenschaft*

eid·ge·nös·sisch *adj /nicht steig./ /nur attr./* POL. *zur Schweiz gehörig:* die eidgenössische Verfassung

Ei·dot·ter *der/das* <-, -n> *das Eigelb im Hühnerei*

Ei·er- *als Erstglied zusammengesetzter Substantive; drückt aus, dass sich das mit dem Zweitglied Bezeichnete auf das Hühnerei bezieht* ◆ -korb, -kuchen, -likör, -löffel, -mann, -nudel, -pfannkuchen, -punsch, -salat, -schnee, -speise, -uhr, -wärmer

Ei·er·be·cher *der* <-s, -> *ein kleines Gefäß zum Aufstellen gekochter Eier bei Tisch*

Ei·er·frau *die* <-, -en> *Eierverkäuferin*

Ei·er·frucht *die* <-, Eierfrüchte> BOT. *(≈ Aubergine) Frucht der Eierpflanze*

Ei·er·kopf *der* <-(e)s, Eierköpfe> *(umg. oft abwert.)* ❶ *eiförmiger Kopf* ❷ *Bezeichnung für einen Intellektuellen*

Ei·er·ku·chen *der* <-s, -> *Pfannkuchen;* ▪ **Friede, Freude, Eierkuchen** *formelhafter Ausdruck dafür, dass etwas übertrieben harmonisch ist*

Ei·er·lau·fen *das* <-s> /kein Plur./ *ein Kinderspiel, bei dem man mit einem rohen Ei eine bestimmte Strecke laufen muss*

ei·ern <eiert, eierte, hat geeiert> ohne OBJ ▪ *etwas eiert (umg.) sich nicht gleichmäßig drehen:* Mein Vorderrad eiert.

Ei·er·scha·le *die* <-, -n> *die Schale eines Eis:* Du kannst die Eierschalen auf den Kompost werfen.

ei·er·scha·len·far·ben *adj /nicht steig./ von der gelbweißen Farbe von Eierschalen*

Ei·er·schwam·merl *das* <-s, -n> BOT. ÖSTERR. *Pfifferling*

Ei·er·spei·se *die* <-, -n> ❶ *vornehmlich aus Eiern² zubereitete Speise* ❷ ÖSTERR. *Rührei*

Ei·er·stich *der* <-(e)s> /kein Plur./ *Suppeneinlage, die aus einer im Wasserbad gekochten Mischung aus Eiern und Milch besteht*

Ei·er·stock *der* <-(e)s, Eierstöcke> ANAT. *Geschlechtsorgan der Frau, in dem die Eier³ heranreifen*

Ei·er·tätsch *der* <-es, -e> SCHWEIZ. *Eierkuchen*

Ei·fer *der* <-s> /kein Plur./ *starkes Bemühen, Streben, Fleiß:* Alle waren mit großem Eifer bei der Sache.; ▪ **im Eifer des Gefechts** *(umg.) vor Aufregung* Das habe ich im Eifer des Gefechts ganz vergessen.; ▪ **blinder Eifer** *Eifer ohne Überlegung* ◆ Arbeits-, Lern-

Ei·fe·rer *der*, **Ei·fe·rin** <-s, -> *(veralt. abwert.) fanatische Person:* ein religiöser/politischer Eiferer

ei·fern <eiferst, eiferte, hat geeifert> ohne OBJ ▪ **jmd. eifert (für oder gegen jmdn./etwas)** *heftig für oder gegen jmdn. oder etwas sprechen:* gegen die Abtreibung eifern

Ei·fer·sucht *die* <-> /kein Plur./ *die Angst, jmds. Liebe an einen anderen Menschen zu verlieren:* Ihr Handeln entspringt blinder/krankhafter/rasender Eifersucht.; Seine Eifersucht war unbegründet. ▸ eifersüchtig

Ei·fer·suchts·dra·ma *das* <-s, Eifersuchtsdramen> *aus Eifersucht resultierendes, dramatisches Geschehen*

ei·för·mig *adj /nicht steig./ (oval) wie ein Ei¹ geformt*

eif·rig <eifriger, am eifrigsten> *adj (fleißig) so, dass man viel arbeitet und sich anstrengt:* Sie ist eine eifrige Schülerin.; Er war eifrig bei der Sache.

Ei·gelb *das* <-(e)s, -e> *(≈ Eidotter ↔ Eiweiß) der gelbe Teil des Hühnereis*

ei·gen *adj /nicht steig./* ❶ *so, dass es einem selbst gehört:* Er kauft sich ein eigenes Auto.; Sie hatte den Unfall mit eigenen Augen gesehen.; Du solltest dir eine eigene Meinung bilden ❷ *(≈ bezeichnend) typisch:* Er arbeitete mit der ihm eigenen Sorgfalt. ❸ *(veralt.) wunderlich, merkwürdig:* In manchen Angelegenheiten ist sie sehr eigen.; ▪ **in eigener Sache** *so, dass es einen selbst betrifft* Sie ist in eigener Sache unterwegs.; ▪ **auf eigenen Füßen stehen** *von niemandem abhängig sein;* ▪ **sein eigener Herr sein** *von niemandem Befehle erhalten;* ▪ **Eigener Herd ist Goldes wert.** *Ein eigenes Haus zu besitzen ist das Wichtigste.* ▸ aneignen, Eignung, enteignen, zueignen ◆ Kleinschreibung →R 3.13 sich eine Idee zu eigen machen; etwas sein Eigen nennen; Das ist mein Eigen.

Ei·gen- *als Erstglied zusammengesetzter Substantive; drückt aus, dass das mit dem Zweitglied Bezeichnete auf jemand/etwas selbst bezogen bzw. ihm zugehörig ist, oder dass etwas auf die Initiative einer Person zurückgeht* ◆ -angabe, -anteil, -bericht, -bewegung, -dynamik, -gebrauch, -geschmack, -geschwindigkeit, -goal, -gut, -hilfe, -interesse, -kapital, -leistung, -marke, -mittel, -produktion, -regie, -schwingung, -staatlichkeit, -verantwortung, -versicherung, -vorsorge, -ware, -werbung

-ei·gen *als Zweitglied zusammengesetzter Adjektive; drückt aus, dass etwas dem mit dem Erstglied Bezeichneten angehört/zugehörig ist* ◆ betriebs-, firmen-, körper-, staats-, universitäts-, verlags-, volks-, werks-

Ei·gen·art *die* <-, -en> ❶ (≈ *Eigentümlichkeit*) *eine besondere Eigenschaft, die für einen Menschen oder eine Sache typisch ist:* Die Mimose hat die Eigenart, ihre Blätter einzurollen, wenn man sie berührt. ❷ (≈ *Gewohnheit*) *(meist negative) Angewohnheit:* Er hat die Eigenart, eine Tasse immer nur halb auszutrinken.; Er kennt ihre Eigenarten; trotzdem will er sie heiraten.

ei·gen·ar·tig <eigenartiger, am eigenartigsten> *adj* (≈ *merkwürdig*) *so, dass es sonderbar und ein wenig rätselhaft ist:* Das ist schon eine eigenartige Angelegenheit.; Der Sinn dieser eigenartigen Maschine war völlig unklar. ▸ Eigenartigkeit

Ei·gen·bau *der* <-(e)s> */kein Plur./* ❶ *der Vorgang, dass jmd. etwas selbst baut:* Unsere Garage ist in Eigenbau entstanden. ❷ *etwas, das jmd. selbst gebaut hat:* Bei den Lautsprechern handelt es sich um Eigenbau.

Ei·gen·be·darf *der* <-(e)s> */kein Plur./* *der Bedarf an etwas, den jmd. für die eigene Person hat:* Der Garten deckt unseren Eigenbedarf an Gemüse.; ■ **Eigenbedarf geltend machen** *als Vermieter dem Mieter kündigen, weil die Wohnung vom Vermieter oder dessen Familienangehörigen benötigt wird*

Ei·gen·bröt·ler *der* <-s, -> *(abwert.: ≈ Einzelgänger, Sonderling) jmd., der am liebsten für sich allein ist und der auch ganz eigene Ansichten hat*

Ei·gen·fi·nan·zie·rung *die* <-, -en> *Finanzierung durch eigenes Kapital*

ei·gen·ge·setz·lich *adj* */nicht steig./* *so, dass etwas seine eigenen Gesetze und Regeln hat* ▸ Eigengesetzlichkeit

Ei·gen·ge·wicht *das* <-(e)s, -e> ❶ TECHN. *das Gewicht, das ein Fahrzeug ohne Ladung hat* ❷ WIRTSCH. *das Gewicht, das eine Ware ohne Verpackung hat*

ei·gen·hän·dig *adj* */nicht steig./* */nur attr./* *von jmdm. selbst geleistet:* Wir benötigen dazu Ihre eigenhändige Unterschrift.; Ich habe die Arbeit eigenhändig erledigt. ▸ Eigenhändigkeit

Ei·gen·heim *das* <-(e)s, -e> *ein Wohnhaus, das dem Bewohner selbst gehört* ◆-besitzer(in), -zulage

Ei·gen·heit *die* <-, -en> *Eigenart:* Er hat so seine Eigenheiten.

Ei·gen·in·i·ti·a·ti·ve *die* <-, -n> *Initiative, die jmd. von sich aus aufbringt, um etwas zu tun, was für die Öffentlichkeit nützlich ist:* Eine kleine Gruppe hat in Eigeninitiative begonnen, den Bach zu reinigen.

Ei·gen·le·ben ■ **etwas führt ein Eigenleben** *etwas ist relativ selbständig und verhält sich nach seinen eigenen Gesetzen*

Ei·gen·lie·be *die* <-> */kein Plur./* (≈ *Selbstliebe*) *die Liebe, die man für die eigene Person empfindet*

Ei·gen·lob *das* <-(e)s> */kein Plur./* *Selbstlob;* ■ **Eigenlob stinkt.** *(umg.) verwendet, um auszudrücken, dass es meist unberechtigt ist, wenn sich jmd. selbst lobt*

ei·gen·mäch·tig <eigenmächtiger, am eigen-

mächtigsten> *adj* (≈ *auf eigene Faust*) *so, dass jmd. in einer Situation, in der man um Erlaubnis fragen müsste, nur nach seinen eigenen Ansichten handelt und nicht um Erlaubnis fragt:* Sie hat völlig eigenmächtig gehandelt.; Er musste die Entscheidung eigenmächtig treffen. ▸ Eigenmächtigkeit

Ei·gen·na·me *der* <-ns, -n> *(↔ Appellativum, Gattungsname) Name einer einzelnen Person, eines Ortes, eines Produktes usw.:* Im Sprachwörterbuch stehen auch Eigennamen von Personen, Orten, Produkten/Waren usw.

Den **Eigennamen** kommt innerhalb der Wortklasse der Substantive eine Sonderrolle zu. Im Unterschied zu den auch als *Appellativa* bezeichneten **Gattungsnamen** (z. B. *Blume, Rose*) ist für Eigennamen eine große Bezeichnungsfreiheit gegeben. In ihrer identitätsstiftenden und identitätserhaltenden Funktion dienen sie der dauerhaften Benennung in einem Akt der Zuordnung (der gleichsam ein Taufakt ist) zu einem bestimmten Individuum: Dies gilt für Personennamen (Vornamen, Familiennamen, Pseudonyme etc.), Ortsnamen (*Stuttgart*), Namen von Tieren (*Bello*), Namen für Gegenstände, Produkte, Flüsse, Regionen usw. gleichermaßen. Eine zentrale Rolle kommt ihnen nicht nur im Alltagsleben, sondern vor allem auch im Bereich der wissenschaftlichen Terminologiebildung zu. Der Forschungszweig, in dem man sich mit Fragen der Namen generell beschäftigt, ist die Namenforschung (auch: *Onomastik*). Obwohl Eigennamen sprachliche Zeichen wie andere auch sind, gibt es insbesondere zu Fragen ihrer sprachlichen Bedeutung unterschiedliche Auffassungen in Sprachwissenschaft und Logik. Da jede Sprache sie aufweist, werden Eigennamen als sprachliches Universale angesehen. Bei der Übersetzung in andere Sprachen verändert man sie in der Schreibung (normalerweise) nicht; aber die Großschreibung ist zumindest im Deutschen kein markantes Kennzeichen, da auch andere Substantive großgeschrieben werden. Eigennamen weisen unter anderem auch grammatische Besonderheiten auf: Eine Pluralbildung gibt es z. B. bei ihnen zumindest in den klaren Fällen nicht, und bei Gebrauch mit Artikel handelt es sich um Sonderbedingungen (vgl. z. B. den Gattungsnamen *der Adler* und den Vornamen *der Manfred*, aber *der junge Brahms*). Dies gilt allerdings nur für prototypische Eigennamen, denen die zugeordneten zentralen Eigenschaften in vollem Umfang zukommen. Einwohnernamen, Völkernamen usw. fallen in eine Grauzone zwischen Eigennamen und Gattungsnamen: Sie können (z. B. *Stuttgart*) den bestimmten und unbestimmten Artikel annehmen (*der/ein Stuttgarter*) und im Plural ein Kollektiv (*die Stuttgarter*) bezeichnen.

Ei·gen·nutz *der* <-es> /kein Plur./ (≈ Egoismus) *Streben nach dem eigenen Vorteil:* Lass dich nicht täuschen, er handelt aus purem Eigennutz.

ei·gen·nüt·zig <eigennütziger, am eigennützigsten> *adj* (≈ berechnend, egoistisch) *auf den eigenen Vorteil ausgerichtet; selbstsüchtig* ▸ Eigennützigkeit

ei·gens *adv* (≈ extra, vor allem) *aus gerade diesem Grund:* Er ist eigens dafür etwas früher gekommen.; Der Wein wurde eigens für das Fest aus Frankreich importiert.

Ei·gen·schaft *die* <-, -en> ❶ (≈ Qualität) *Merkmal, Besonderheit:* Er besitzt viele gute Eigenschaften.; Geringes Gewicht und Haltbarkeit sind die wichtigsten Eigenschaften dieses Materials. ◆ Charakter-, Material- ❷ ▪ **in jmds. Eigenschaft als ...** *mit der Autorität, den Befugnissen o. Ä., die mit jmds. Rolle als ... verbunden sind* Er sprach in seiner Eigenschaft als Vereinsvorsitzender.

Ei·gen·schafts·wort *das* <-(e)s, Eigenschaftswörter> SPRACHWISS. *Adjektiv*

Ei·gen·sinn *der* <-s> /kein Plur./ (≈ Dickköpfigkei, Starrsinn) *die Eigenschaft, dass man auf seinem eigenen Willen und seiner Meinung beharrt und keinen Rat eines anderen annimmt*

ei·gen·sin·nig <eigensinniger, am eigensinnigsten> *adj* (≈ dickköpfig, starrsinnig) *voller Eigensinn:* Er vertritt eigensinnig seine Meinung. ▸ Eigensinnigkeit

ei·gen·stän·dig <eigenständiger, am eigenständigsten> *adj* (≈ selbstständig, souverän) *von sich selbst bestimmt und nicht von anderen abhängig:* eine eigenständige Entwicklung ▸ Eigenständigkeit

Ei·gen·sucht *die* <-> /kein Plur./ (abwert.) *Egoismus* ▸ eigensüchtig

ei·gent·lich I. *adj* /nicht steig./ /nur attr./ (≈ tatsächlich, wirklich) *so, dass er der wichtigste Teil von etwas ist:* Die eigentliche Enttäuschung war seine Unzuverlässigkeit.; Seine eigentliche Aufgabe ist die Wartung der Computer. **II.** *adv* /nicht steig./ *in Wirklichkeit, im Grunde:* Eigentlich ist sie älter.; Du hast eigentlich Recht, aber... **III.** *part überhaupt:* Was tust du da eigentlich?; Kennst du sie eigentlich näher?

Ei·gen·tor *das* <-(e)s, -e> ❶ SPORT *der Vorgang, dass ein Spieler den Ball versehentlich in das Tor der eigenen Mannschaft schießt:* Der Verteidiger schoss ein Eigentor. ❷ (umg.) ▪ **ein Eigentor schießen** *sich selbst schaden durch Handlungen, mit denen man anderen schaden wollte* Der Abgeordnete forderte eine genaue Untersuchung des Vorfalls, aber das war wohl ein Eigentor – jetzt wird er selbst beschuldigt.

Ei·gen·tum *das* <-s> /kein Plur./ *das, was jmdm. rechtmäßig gehört:* Die Wohnung ist ihr Eigentum.; Das ist Eigentum des Staates.; Fremdes Eigentum sollte man achten. ◆ Privat-, Staats-

Ei·gen·tü·mer *der,* **Ei·gen·tü·me·rin** <-s, -> (≈ Besitzer) *jmd., der etwas als Eigentum besitzt* ◆ -vertreter(in), Haus-, Mit-

ei·gen·tüm·lich, ei·gen·tüm·lich *adj* ❶ (≈ eigenartig) *sonderbar, merkwürdig:* Sie ist ein eigentümlicher Mensch. ❷ (≈ bezeichnend, typisch) *charak-*

teristisch für jmdn. oder etwas: mit dem ihm eigentümlichen Sinn für Humor ▸ Eigentümlichkeit

Ei·gen·tums·de·likt *das* <-(e)s, -e> RECHTSW. *Vergehen gegen jmds. Eigentum:* Diebstahl ist ein Eigentumsdelikt.

Ei·gen·tums·ver·hält·nis *das* <-ses, -se> /meist Plur./ RECHTSW. *die Frage, was wessen Eigentum ist:* Die Eigentumsverhältnisse sind nach wie vor ungeklärt.

Ei·gen·tums·vor·be·halt *der* <-(e)s, -e> RECHTSW. *die Festlegung, dass eine gekaufte Ware bis zur Bezahlung dem Eigentümer gehört:* etwas unter Eigentumsvorbehalt liefern

Ei·gen·tums·woh·nung *die* <-, -en> *Wohnung in einem Mehrparteienhaus, die der Eigentümer selbst bewohnt oder vermietet*

ei·gen·ver·ant·wort·lich <eigenverantwortlicher, am eigenverantwortlichsten> *adj so, dass man in eigener Verantwortung handelt:* etwas eigenverantwortlich entscheiden ▸ Eigenverantwortlichkeit

Ei·gen·ver·brauch *der* <-(e)s, Eigenverbräuche> /meist Sing./ *der eigene Verbrauch*

Ei·gen·wär·me *die* <-> /kein Plur./ *die von jmdm. oder etwas selbst erzeugte Wärme*

ei·gen·wil·lig <eigenwilliger, am eigenwilligsten> *adj* ❶ (≈ eigensinnig) *so, dass man auf seinem eigenen Willen beharrt* ❷ (≈ unkonventionell) *so, dass man nach eigenen Maßstäben denkt und handelt und dabei auch den Mut hat, von der Mehrheit abzuweichen*

eig·nen <eignest, eignete, hat geeignet> *mit SICH* ▪ **jmd./etwas eignet sich (irgendwie) als/für etwas** Akk. *die nötigen Fähigkeiten und Eigenschaften für etwas besitzen:* Sie eignet sich besonders gut für diesen Beruf.; Die Vase eignet sich als Geschenk.

Eig·nung *die* <-> /kein Plur./ *Qualifikation, Befähigung:* Er muss seine Eignung als Führungspersönlichkeit erst beweisen. ◆ -sprüfung, -stest

Ei·klar *das* <-s, -> ÖSTERR. *flüssiges Eiweiß*

Ei·land *das* <-(e)s, -e> (dichter.) *Insel*

Eil·bo·te *der* <-n, -n> (≈ Kurier) *jmd., der etwas sehr schnell an seinen Bestimmungsort befördert:* Wir schicken den Brief besser per Eilboten.

Eil·brief *der* <-(e)s, -e> (≈ Expressbrief) *Brief, der besonders schnell befördert wird*

Ei·le *die* <-> /kein Plur./ (≈ Hast, Hektik) *der Umstand, dass Handlungen unter Zeitdruck geschehen (müssen):* Tut mir Leid, ich bin in Eile.; Sie treibt die Kollegen zur Eile an.; Das hat keine Eile.; Nur keine Eile!; Ich habe in der Eile das Geschenk vergessen.; Wir haben dann in aller Eile die Koffer gepackt.; ▪ **Eile mit Weile!** *Sei schnell, aber mache Pausen !*

Ei·lei·ter *der* <-s, -> ANAT. *Organ, das Eierstock und Gebärmutter verbindet*

Ei·lei·ter·schwan·ger·schaft *die* <-, -en> MED. *eine Schwangerschaft, bei der sich der Fötus im Eileiter (und nicht in der Gebärmutter) entwickelt*

ei·len <eilst, eilte, hat/ist geeilt> **I.** *ohne OBJ* (haben) ▪ **etwas eilt** (≈ etwas drängt) *schnell erledigt werden müssen:* Die Sache hat nicht geeilt.

II. *ohne OBJ (sein)* ▪ **jmd. eilt irgendwohin** *jmd. bewegt sich schnell irgendwohin:* Als sie davon hörte, ist sie mir zu Hilfe geeilt. ▸ beeilen

ei·lends *adv (geh.: ≈ unverzüglich) sehr schnell, rasch:* einer Sache eilends nachkommen

eil·fer·tig <eilfertiger, am eilfertigsten> *adj (geh.: ≈ devot) so, dass man (allzu) eifrig darum bemüht ist, einen Auftrag möglichst schnell zu erledigen* ▸ Eilfertigkeit

Eil·gut *das* <-(e)s> */kein Plur./ Güter, die besonders schnell befördert werden müssen*

ei·lig <eiliger, am eiligsten> *adj* ❶ *so, dass jmd. keine oder wenig Zeit hat:* mit eiligen Schritten, ein eiliges Gespräch; Trödel nicht so, ich habe es eilig! ❷ *(≈ dringlich) so dringend, dass es schnell erledigt werden muss:* Sie müssen sofort damit beginnen, es handelt sich um eine eilige Angelegenheit. ◆ Großschreibung →R 3.7 nichts Eiligeres zu tun haben, als …

Eil·marsch *der* <-es, Eilmärsche> *Marsch, bei dem Soldaten in sehr schnellem Tempo gehen müssen*

Eil·schritt ▪ **im Eilschritt** *in schnellem Gang*

Eil·zug *der* <-(e)s, Eilzüge> *Zug, der auch an den Bahnhöfen kleinerer Orte hält*

Eil·zu·stel·lung *die* <-, -en> *besonders schnelle Zustellung von Briefen oder Waren*

Ei·mer *der* <-s, -> *(≈ Kübel) ein größeres Gefäß, das meist aus Kunststoff oder Metall besteht, einen kreisförmigem Boden und einen Henkel hat:* ein Eimer Wasser; ▪ **im Eimer sein** *(umg.) kaputt oder zerstört sein* ◆ Abfall-, Putz-

ei·mer·wei·se *adv so viel von etwas, dass man die Menge in Eimer füllen kann bzw. könnte:* Dieses Jahr haben wir eimerweise Blaubeeren geerntet.

ein[1] *adv* ▪ **bei jemandem ein und aus gehen** *(umg.) bei jmdm. häufiger Gast sein;* ▪ **nicht mehr ein noch aus wissen** *völlig ratlos sein*

ein[2] **I.** *num* Ein Euro ist zu wenig.; In einem Monat habe ich die Prüfung. **II.** *pron verwendet, um eine unbestimmte Person zu bezeichnen:* Einer nach dem anderen kam an die Reihe.; Einer muss es ja gewesen sein!; Das muss einem doch gesagt werden! **III.** *art unbestimmter Artikel:* Dort stand ein Schild, auf dem war zu lesen, dass …; ▪ **ein für alle Mal(e)** *(umg.) endgültig* Das sage ich dir jetzt ein für alle Mal!; ▪ **in einem fort** *(umg.) ständig;* ▪ **jemands Ein und Alles sein** *jmds. Wichtigstes* Du bist doch mein Ein und Alles.; ▪ **Das ist mir alles eins!** *(umg.) Das ist mir alles egal!;* ▪ **sich einen genehmigen** *(umg.) ein Gläschen Schnaps trinken;* ▪ **jemandem eine runterhauen** *(umg.) jmdm. eine Ohrfeige geben* ◆ Kleinschreibung →R 3.15 die einen lachten, die anderen weinten; von einem/vom einen zum and(e)ren; ◆ Großschreibung →R 3.4, R 3.7 Du bist mein Ein und Alles!

ein·ach·sig *adj /nicht steig./ so, dass ein Fahrzeug nur eine Achse hat:* ein einachsiger Anhänger

Ein·ak·ter *der* <-s, -> THEAT. *Schauspiel in nur einem Akt*

ei·n·an·der *pron (geh.: ≈ sich/euch/uns (gegenseitig)) verwendet, um auszudrücken, dass die genannte Handlung oder Beziehung wechselseitig* *ist;* ▪ **X und Y haben stets einander geholfen** *X hat Y geholfen und Y hat X geholfen;* ▪ **A und B können einander nicht leiden** *A mag B nicht und B mag A nicht*

ein·ar·bei·ten <arbeitest ein, arbeitete ein, hat eingearbeitet> **I.** *mit OBJ* ▪ **jmd. arbeitet jmdn. ein** ❶ *(≈ anlernen) jmdm. die nötigen Erklärungen und Hinweise geben, damit er eine bestimmte Arbeit tun kann:* Der Meister arbeitet den Lehrling ein. ❷ *(integrieren, einbauen) in etwas, vor allem in einen Text, als Teil hineinbringen:* Wir haben viele neue Stichwörter in das Wörterbuch eingearbeitet. **II.** *mit SICH* ▪ **jmd. arbeitet sich (in etwas Akk.) ein** *sich mit einem Aufgabengebiet vertraut machen:* Sie hat sich in der neuen Firma gut eingearbeitet. **III.** *mit OBJ* ▪ **jmd. arbeitet etwas Akk. ein** ÖSTERR. *Arbeitszeit nacharbeiten oder vorarbeiten:* Gestern hatte ich einen freien Tag, jetzt muss ich die acht Stunden einarbeiten. ▸ Einarbeitung

Ein·ar·bei·tung *die* <-, -en> *das Einarbeiten* ◆ -sphase, -szeit

ein·ar·mig *adj /nicht steig./ mit nur einem Arm*

ein·äschern <äscherst ein, äscherte ein, hat eingeäschert> *mit OBJ* ▪ **jmd. äschert jmdn./etwas ein** *zu Asche verbrennen:* Der Leichnam wurde gestern eingeäschert.; Durch den Brand wurden mehrere Häuser eingeäschert. ▸ Einäscherung

ein·at·men <atmest ein, atmete ein, hat eingeatmet> *mit OBJ/ohne OBJ* ▪ **jmd. atmet (etwas Akk.) ein** *(↔ ausatmen) in die Lunge einsaugen:* Das Unfallopfer hat Giftgase eingeatmet.; Er atmete tief ein. ▸ Einatmung

ein·äu·gig *adj /nicht steig./ mit nur einem Auge* ▸ Einäugige

Ein·bahn·stra·ße *die* <-, -n> *Straße, die nur in einer Richtung befahren werden darf*

ein·bal·sa·mie·ren <balsamierst ein, balsamierte ein, hat einbalsamiert> *mit OBJ* ▪ **jmd. balsamiert jmdn./etwas ein** *bestimmte Mittel auf einen toten Körper auftragen, um ihn vor Verwesung zu bewahren:* Die alten Ägypter haben ihre Mumien einbalsamiert. ▸ Einbalsamierung

Ein·band *der* <-(e)s, Einbände> *das feste Material, das um die Seiten eines Buches herum ist und sie schützt:* Das kostbare Buch besitzt einen ledernen Einband. ◆ Schutz-

ein·bän·dig *adj /nicht steig./ (↔ mehrbändig) so, dass ein Inhalt in nur einem Buch gedruckt ist:* ein einbändiges Lexikon/Wörterbuch

Ein·bau *der* <-s, Einbauten> ❶ */kein Plur./ das Einbauen*[1, 2] ❷ *ein Gerät o. Ä., das irgendwo eingebaut ist* ◆ -möbel, -schrank

ein·bau·en <baust ein, baute ein, hat eingebaut> *mit OBJ* ▪ **jmd. baut etwas Akk. ein** ❶ *(↔ ausbauen) installieren:* Die Handwerker benötigten einen Tag, um die neue Küche einzubauen. ❷ *(≈ einarbeiten) (nachträglich) hinzufügen:* Ich habe in meine Diplomarbeit jede Menge Zitate eingebaut.

Ein·bau·kü·che *die* <-, -n> *eingebaute Kücheneinrichtung, die aus mehreren Schränken und darin integrierten Elektrogeräten besteht*

Ein·baum *der* <-(e)s, Einbäume> *Boot aus einem ausgehöhlten Baumstamm*

ein·be·grif·fen *adj /nicht steig./ (≈ inbegriffen, inklusive ↔ ausgenommen) so, dass in etwas mit enthalten ist:* Sind Unterkunft und Verpflegung im Preis einbegriffen?

ein·be·hal·ten <behältst ein, behielt ein, hat einbehalten> *mit OBJ* ■ *jmd. behält etwas Akk.* **ein** *(↔ auszahlen) einen bestimmten Teil eines Geldbetrags nicht ausbezahlen, sondern zurückhalten:* Der Lohn wurde einbehalten.

ein·bei·nig *adj /nicht steig./ mit nur einem Bein*

ein·be·ru·fen <berufst ein, berief ein, hat einberufen> *mit OBJ* ■ *jmd. beruft etwas Akk.* **ein** ❶ *dazu aufrufen, dass mehrere Personen sich an einem Ort versammeln:* eine Versammlung einberufen ❷ MILIT. *(≈ einziehen ↔ entlassen) die Rekruten auffordern, ihren Wehrdienst abzuleisten*

Ein·be·ru·fung *die* <-, -en> ❶ *das Einberufen[1]* ❷ MILIT. *(schriftliche) Aufforderung zur Ableistung des Wehrdienstes ◆-sbefehl, -sbescheid*

ein·be·to·nie·ren <betonierst ein, betonierte ein, hat einbetoniert> *mit OBJ* ■ *jmd. betoniert etwas Akk. (in etwas Akk.) ein etwas in einer Betonmasse befestigen:* Der Pfeiler wurde in den Boden einbetoniert. ▶ Einbetonierung

ein·bet·ten <bettest ein, bettete ein, hat eingebettet> *mit OBJ* ■ *jmd. bettet etwas Akk. ein etwas so legen, dass es von einer Substanz umschlossen wird:* Die Rohre sind in Sand eingebettet. ▶ Einbettung

Ein·bett·zim·mer *das* <-s, -> *(↔ Doppelzimmer, Zweibettzimmer) Zimmer in einem Hotel oder Krankenhaus mit nur einem Bett*

ein·beu·len <beulst ein, beulte ein, hat eingebeult> *mit OBJ* ■ *jmd. beult etwas Akk. ein bewirken, dass etwas eine Beule bekommt:* Er hat mit einem Tritt den Kotflügel eingebeult.

ein·be·zie·hen <beziehst ein, bezog ein, hat einbezogen> *mit OBJ* ■ *jmd. bezieht jmdn./etwas mit ein bei etwas berücksichtigen:* Sie hat die ganze Familie in die Planung mit einbezogen. ▶ Einbeziehung

Ein·be·zug *der* <-(e)s /meist Sing./ SCHWEIZ. Einbeziehung*

ein·bie·gen <biegst ein, bog ein, ist eingebogen> *ohne OBJ* ■ *jmd./etwas biegt irgendwo ein links oder rechts von der ursprünglichen Richtung abbiegen:* Ich bin in die falsche Straße eingebogen.; Du musst (nach) links/rechts einbiegen!

ein·bil·den <bildest ein, bildete ein, hat eingebildet> *mit SICH* ❶ ■ *jmd. bildet sich etwas Akk. ein etwas glauben, was nicht der Realität entspricht:* Ich hatte mir eingebildet, dass sie mich mag. ❷ ■ *jmd. bildet sich etwas Akk. auf etwas Akk. ein eingebildet, stolz sein:* Worauf bildet der sich bloß was ein? ❸ LANDSCH. ■ *jmd. bildet sich etwas Akk. ein unbedingt haben wollen:* Musste es denn ein so teures Auto sein? Na ja, er hat es sich eingebildet.

Ein·bil·dung *die* <-> ❶ */kein Plur./ (≈ Vorstellung, Illusion) der Vorgang, dass sich jdm. etwas einbildet[1]:* Dieser Zustand existiert doch nur in seiner Einbildung. ❷ */kein Plur./ (≈ Arroganz) die*

Eigenschaft, dass jmd. sich selbst für zu wichtig nimmt und die eigene Bedeutung überschätzt: Seine Einbildung kennt keine Grenzen.

Ein·bil·dungs·kraft *die* <-> /kein Plur./ (≈ Fantasie) die Fähigkeit, sich etwas vorstellen zu können

ein·bim·sen <bimst ein, bimste ein, hat eingebimst> *mit OBJ* ■ *jmd. bimst jmdm. etwas Akk. ein (umg.: ≈ einpauken) durch ständiges mechanisches Wiederholen bewirken, dass jmd. etwas lernt*

ein·bin·den <bindest ein, band ein, hat eingebunden> *mit OBJ* ■ *jmd. bindet jmdn./etwas (in etwas Akk.) ein* ❶ *einen Umschlag um etwas legen:* Du solltest das Buch einbinden. ❷ *(≈ integrieren) teilhaben lassen:* Die Firmenleitung versuchte, alle Mitarbeiter in den Entwicklungsprozess einzubinden. ▶ Einbindung

Ein·bin·dung *die* <-> /kein Plur./ das Einbinden[2]

ein·bläu·en <bläust ein, bläute ein, hat eingebläut> *mit OBJ* ■ *jmd. bläut jmdm. etwas Akk. ein (umg.) einschärfen, einprägen:* Wir haben ihm eingebläut, nicht bei Rot über die Straße zu gehen.

ein·blen·den <blendest ein, blendete ein, hat eingeblendet> *mit OBJ* ■ *jmd. blendet etwas Akk. ein (↔ ausblenden) in einem Film erscheinen lassen:* In den Pausen wurden Werbespots eingeblendet. ▶ Einblendung

Ein·blick *der* <-(e)s, -e> ❶ *(≈ Überblick) der Zustand, dass man die wesentlichen Merkmale einer Sachlage oder einer Situation erfasst hat:* Durch zahlreiche Gespräche versuchte sie, sich einen Einblick in die Lage der Firma zu verschaffen. ❷ *prüfendes Hineinsehen:* Einblick in die Akten nehmen

ein·bre·chen[1] <brichst ein, brach ein, ist eingebrochen> *ohne OBJ* ❶ ■ *etwas bricht ein (≈ zusammenbrechen) in einzelne Teile brechen und zusammenfallen:* Vorsicht, der Steg bricht ein! ❷ ■ *jmd. bricht ein durch etwas hindurchbrechen:* Er ist auf dem Eis eingebrochen. ❸ ■ *etwas bricht ein (≈ hereinbrechen) einsetzen, beginnen:* Die Nacht bricht ein.

ein·bre·chen[2] <brichst ein, brach ein, hat/ist eingebrochen> *mit OBJ* ■ *jmd. bricht in etwas Akk. ein* ❶ */sein/ MILIT. (≈ einfallen (sein)) feindliches Gebiet betreten:* Die Rebellen sind ins gegnerische Lager eingebrochen. ❷ */haben/sein/ einen Einbruch[2] begehen:* Er hat/ist gestern im Kaufhaus eingebrochen.

Ein·bre·cher *der,* **Ein·bre·che·rin** <-s, -> *jmd., der einen Einbruch[2] begeht:* Die Polizei ertappte den Einbrecher auf frischer Tat.

Ein·brenn *die* <-, -en> SÜDDT., ÖSTERR. Mehlschwitze

Ein·bren·ne siehe auch **Einbrenn**

ein·bren·nen <brennst ein, brannte ein, hat eingebrannt> **I.** *mit OBJ* ■ *jmd. brennt jmdm. etwas Akk. ein mit einem Brenneisen aufbringen:* Man hatte allen Rindern ein Zeichen eingebrannt. **II.** *mit SICH* ■ *etwas brennt sich in etwas Akk. ein (übertr.) sich einprägen:* Dieses Erlebnis hat sich ihm ins Gedächtnis eingebrannt.

ein·brin·gen <bringst ein, brachte ein, hat eingebracht> **I.** *mit OBJ* ■ *jmd./etwas bringt etwas*

ein ❶ *hineinschaffen:* Im Herbst bringen die Bauern ihre Ernte ein. ❷ POL. *offiziell vorlegen:* Der Gesetzentwurf wurde im Parlament eingebracht. ❸ *(eintragen, erzielen) als Ergebnis bringen:* Diese Geldanlage bringt hohe Zinsen ein.; Die Rede hatte ihr viel Beifall eingebracht. ❹ *(≈ beitragen) Wissen und Ideen, die man hat, irgendwo zur Verfügung stellen:* Er hat eine ganze Reihe neuer Ideen eingebracht. **II.** *mit SICH* ■ *jmd. bringt sich (in etwas Akk.) ein aktiv bei etwas mitwirken:* sich in die Diskussion einbringen

ein·bro·cken <brockst ein, brockte ein, hat eingebrockt> *mit OBJ* ■ *jmd. brockt jmdm. etwas Akk. ein (umg.) etwas verursachen, was für einen selbst oder für eine andere Person unangenehm ist:* Was hast du dir denn da wieder eingebrockt?; Da hast du mir aber was Schönes eingebrockt!

Ein·bruch¹ *der* <-(e)s> */kein Plur./ (≈ Anbruch) Beginn:* Wir fahren bei Einbruch der Dunkelheit/der Nacht. ◆ Kälte-, Winter-

Ein·bruch² *der* <-(e)s, Einbrüche> *das gewaltsame Eindringen in ein Haus, eine Wohnung oder ein Gebiet:* Der Einbruch in die Villa konnte in letzter Sekunde vereitelt werden. ◆-sdiebstahl, Bank-

ein·bruch·si·cher <einbruchsicherer, am einbruchsichersten> *adj so, dass es schwer oder unmöglich ist, in ein Haus einzubrechen*

ein·buch·ten <buchtest ein, buchtete ein, hat eingebuchtet> *mit OBJ* ■ *jmd. buchtet jmdn. ein (umg.) im Gefängnis einsperren:* Dieser Verbrecher gehört doch längst schon eingebuchtet!

Ein·buch·tung *die* <-, -en> ❶ *(umg.) das Einsperren* ❷ *Vertiefung, Delle*

ein·bud·deln <buddelst ein, buddelte ein, hat eingebuddelt> *mit OBJ* ■ *jmd. buddelt jmdn./etwas (in etwas Akk.) ein (umg.) vergraben*

ein·bun·kern *mit OBJ* ■ *jmd. bunkert jmdn. ein (umg. übertr.) einsperren*

ein·bür·gern <bürgerst ein, bürgerte ein, hat eingebürgert> **I.** *mit OBJ* ■ *jmd. bürgert jmdn. ein (↔ ausbürgern) die Staatsangehörigkeit verleihen:* Er wurde schließlich in den/die Vereinigten Staaten eingebürgert. **II.** *mit SICH* ■ *etwas bürgert sich ein zur Gewohnheit werden:* Hier bürgern sich schlechte Umgangsformen ein.

Ein·bür·ge·rung *die* <-, -en> *das Einbürgern* ¹ ◆-stest, -surkunde

Ein·bu·ße *die* <-, -n> *(≈ Abnahme) Verlust dadurch, dass etwas schwindet:* Einbuße an Ansehen/Einfluss/Gesundheit; Bei dem Geschäft hatte er schwere finanzielle Einbußen erlitten. ◆ Lohn-, Wert-

ein·bü·ßen <büßt ein, büßte ein, hat eingebüßt> *mit OBJ* ■ *jmd. büßt jmdn./etwas ein verlieren:* Sie hat ihren guten Ruf eingebüßt.

ein·che·cken <checkst ein, checkte ein, hat eingecheckt> **I.** *mit OBJ* ■ *jmd. checkt jmdn./etwas ein LUFTF. am Flughafenschalter abfertigen:* Hast du schon das Gepäck eingecheckt? **II.** *ohne OBJ* ■ *jmd. checkt ein den Beginn der Flugreise antreten:* Wir müssen jetzt einchecken!

ein·cre·men <cremst ein, cremte ein, hat eingecremt> *mit OBJ* ■ *jmd. cremt jmdn./etwas ein*

Creme *auf jmdn. oder etwas auftragen:* sich mit Körperlotion/Sonnencreme eincremen; Ich creme mir die Hände ein.

ein·däm·men <dämmst ein, dämmte ein, hat eingedämmt> *mit OBJ* ■ *jmd. dämmt etwas ein (≈ begrenzen) unter Kontrolle bringen:* Die Feuerwehr konnte den Brand glücklicherweise eindämmen. ▶ Eindämmung

ein·damp·fen <dampfst ein, dampfte ein, hat eingedampft> *mit OBJ* ■ *jmd. dampft etwas ein Flüssigkeit (teilweise) verdampfen lassen*

ein·de·cken <deckst ein, deckte ein, hat eingedeckt> **I.** *mit OBJ (umg.: ≈ überhäufen)* ■ *jmd. deckt jmdn. (mit etwas Dat.) ein jmdn. von etwas im Übermaß geben:* Mein Chef deckt mich ständig mit Arbeit ein. **II.** *mit SICH* ■ *jmd. deckt sich mit etwas Dat. ein (≈ sich versorgen) Vorräte von etwas anlegen:* Wir decken uns mit Lebensmitteln für das verlängerte Wochenende ein.

ein·deu·tig <eindeutiger, am eindeutigsten> *adj* ❶ *(↔ mehrdeutig, vieldeutig, zweideutig) so, dass man es nur in einer Weise interpretieren kann:* Das war eine eindeutige Aussage.; Dieses Gesetz ist nicht eindeutig formuliert. ▶ Eindeutigkeit ❷ *(≈ deutlich) genau zu erkennen:* Sie arbeitet eindeutig schneller als ihre Kollegin.; Die Flaschen müssen eindeutig gekennzeichnet sein.

ein·deut·schen <deutschst ein, deutschte ein, hat eingedeutscht> *mit OBJ* ■ *jmd. deutscht etwas ein Wörter aus fremden Sprachen der deutschen Sprache anpassen:* Diese Ausdrücke/Schreibungen sind eingedeutscht worden.; Das lateinische Wort „fenestra" ist zu dem Wort „Fenster" eingedeutscht worden. ▶ Eindeutschung

ein·di·cken <dickst ein, dickte ein, hat eingedickt> *mit OBJ* ■ *jmd. dickt etwas ein dickflüssiger machen:* Sie dickt die Soße noch etwas ein.

ein·drin·gen <dringst ein, drang ein, ist eingedrungen> *ohne OBJ* ■ *jmd./etwas dringt (in etwas Akk.) ein (gewaltsam) in etwas gelangen:* Die giftigen Dämpfe sind in die Fabrikhalle eingedrungen.; Die Einbrecher drangen durch die Hintertür in das Gebäude ein.

ein·dring·lich <eindringlicher, am eindringlichsten> *adj (≈ nachdrücklich) energisch und mit großem Ernst:* Es wurde eindringlich vor der Ansteckungsgefahr gewarnt. ▶ Eindringlichkeit

Ein·dring·ling *der* <-s, -e> *jmd., der irgendwo eingedrungen ist:* Der nächtliche Eindringling konnte unerkannt entkommen.

Ein·druck *der* <-(e)s, Eindrücke> ❶ *die Art, wie jmd. oder etwas auf jmdn. wirkt:* Es könnte der Eindruck von Interesselosigkeit entstehen.; Man sollte um jeden Preis den Eindruck von Voreingenommenheit vermeiden.; Ich habe den Eindruck, dass …; Seine Worte können leicht einen ganz falschen Eindruck erwecken.; Bei vielen Fans ist der Eindruck entstanden, dass … ❷ *eine positive Wirkung, die jmd. oder etwas auf jmdn. macht:* Sie hat großen Eindruck auf mich gemacht.; So eine Leistung wird Eindruck machen.; ■ **Eindruck schinden** *(umg. abwert.) jmdn. beeindrucken (wollen)* ◆ Gesamt-, Sinnes-

ein·drü·cken <drückst ein, drückte ein, hat ein-

E

gedrückt> **I.** *mit OBJ* ■ *jmd./etwas drückt etwas ein* durch Drücken bewirken, dass etwas eingebeult wird oder zerbricht: Der Sturm drückte die Fenster ein.; Der Einbrecher hat die Tür eingedrückt. **II.** *mit SICH* ■ *etwas drückt sich in etwas* Akk. *ein* irgendwo einen Abdruck hinterlassen: Das Profil der Schuhe hatte sich tief in den Schnee eingedrückt.

ein·drück·lich <eindrücklicher, am eindrücklichsten> adj SCHWEIZ. (≈ nachdrücklich) tief und nachhaltig ins Bewusstsein dringend, eindrucksvoll

ein·drucks·voll <eindrucksvoller, am eindrucksvollsten> adj so, dass es Eindruck² macht: Dies war eine wirklich eindrucksvolle Präsentation.

ein·dun·keln <dunkelt ein, dunkelte ein, hat eingedunkelt> mit ES ■ *es dunkelt ein* SCHWEIZ. dunkel werden

ein·eb·nen <ebnest ein, ebnete ein, hat eingeebnet> mit OBJ ■ *jmd. ebnet etwas ein* eben machen: Ich werde die Blumenbeete nächstes Jahr einebnen. ▶ Einebnung

Ein·ehe die <-> /kein Plur./ (≈ Monogamie ↔ Vielehe, Bigamie) der Zustand, dass in einer Gesellschaft ein Mann nur eine Ehefrau haben kann

ein·ei·ig adj /nicht steig./ /nur attr./ aus einem Ei entstanden: eineiige Zwillinge

ein·ein·halb, ein·ein·halb num eins Ganzes plus die Hälfte davon: Wir sehen uns dann in eineinhalb Wochen.; siehe auch **anderthalb**

ein·en·gen <engst ein, engte ein, hat eingeengt> mit OBJ ■ *jmd./etwas engt jmdn. ein* jmdn. sehr stark durch Vorschriften und Überwachung daran hindern, selbstständig zu handeln: Sie hatten ihren Sohn in seiner Freiheit stark eingeengt. ▶ Einengung

Ei·ner der <-s, -> SPORT Ruderboot für eine Person: Er ist amtierender Deutscher Meister im Einer.

Ei·ner·lei das <-s> /kein Plur./ (abwert.) ■ das ewige Einerlei als öde empfundene Monotonie

ei·ner·lei adj /nicht steig./ (≈ egal) gleichgültig: Es ist mir alles einerlei.

ei·ner·seits adv auf der einen Seite: Einerseits bin ich froh darüber, andererseits …

Ei·ner·zim·mer das <-s, -> SCHWEIZ. Einzelzimmer

ei·nes·teils adv (geh.) einerseits: Einesteils mag er keine Parties, and(er)enteils möchte er auch nicht allein zuhause bleiben.

ein·fach <einfacher, am einfachsten> **I.** adj ❶ (↔ schwierig) so, dass die Lösung eines Problems nicht schwer ist: Die Prüfungsaufgaben waren eher einfach. ❷ (≈ anspruchslos) so, dass es nicht sehr teuer oder besonders geschmackvoll ist: Sie trug einfache Kleidung. ❸ so, dass eine Fahrkarte nur für eine Richtung gilt: Ich brauche eine einfache Fahrkarte nach München. ❹ nicht doppelt: ein einfacher Knoten **II.** part verwendet, um eine Aussage zu verstärken: Das ist einfach unerträglich.; So etwas tut man einfach nicht.; Erik ist einfach super! ◆ Groß- oder Kleinschreibung →R 3.9 Das ist das einfachste/Einfachste gelöst.; ◆ Großschreibung →R 3.7 Es ist das Einfachste, wenn du mich später anrufst.

Ein·fach·heit die <-> /kein Plur./ einfache Art zu

leben: ein von Einfachheit und Bescheidenheit geprägtes Leben

ein·fä·deln <fädelst ein, fädelte ein, hat eingefädelt> **I.** mit OBJ ❶ ■ *jmd. fädelt etwas ein* was Akk.)ein den Faden in das Nadelöhr einführen ❷ ■ *jmd. fädelt etwas ein* (umg.) mit List vorbereiten: Dieses Treffen hast du geschickt eingefädelt. **II.** mit SICH ■ *jmd. fädelt sich (in etwas* Akk.) *ein* (Verkehr) sich in die Wagenkolonne einer Fahrbahn einordnen: sich in den laufenden Verkehr einfädeln

ein·fah·ren <fährst ein, fuhr ein, hat/ist eingefahren> **I.** mit OBJ ■ *jmd. fährt etwas ein* ❶ (haben) ein neues Fahrzeug fahren, um sich daran zu gewöhnen: Wir haben das neue Auto eingefahren. ❷ (sein) TECHN. (↔ ausfahren) ein mechanisches Bauteil in das Innere einer Konstruktion hineinziehen: Siehst du, wie das Flugzeug nach dem Start das Fahrgestell einfährt? ❸ (haben) (≈ einbringen) als Resultat erzielen: Wir haben eine gute Ernte/hohe Gewinne/mit dieser Firma nur Verluste eingefahren. **II.** ohne OBJ (sein) ■ *etwas fährt irgendwo ein* als Eisenbahnzug in einen Bahnhof fahren: Der Zug aus Magdeburg ist heute auf Gleis 4 eingefahren. **III.** mit SICH (haben) ■ *etwas fährt sich ein* etwas wird üblich: eingefahrene Gewohnheiten/ Strukturen

Ein·fahrt die <-, -en> ❶ (↔ Ausfahrt) Stelle, Weg zum Hineinfahren: Einfahrt freihalten! ◆ Hof-, Tor- ❷ das Einfahren II: Der Zug erhält Einfahrt auf Gleis 3.

Ein·fall der <-(e)s, Einfälle> ❶ (≈ Idee) plötzlicher Gedanke: Da hattest du mal einen guten Einfall! ❷ /kein Plur./ das Einfallen² ❸ MILIT. (≈ Angriff) das Einfallen³: Der Einfall der feindlichen Truppen stand kurz bevor.

ein·fal·len <fällst ein, fiel ein, ist eingefallen> ohne OBJ ■ *jmd./etwas fällt (in etwas* Akk.) *ein* ❶ (≈ einstürzen) in einzelne Teile zerfallen und einstürzen: Die alte Hütte fällt bald ein. ❷ hereindringen: Das Licht fällt schräg ein. ❸ MILIT. eindringen: Die Truppen fielen in das feindliche Territorium ein. ❹ in den Sinn kommen: Ich kann mich nicht daran erinnern, es fällt mir nichts dazu ein.; Da fällt mir gerade ein, dass …; ■ **Was fällt dir ein!** Was erlaubst du dir!; ■ **Das fällt mir nicht im Traum(e) ein!** Ich denke gar nicht daran (das zu tun)!

ein·falls·los adj (abwert.) gewöhnlich, banal, ohne besondere Einfälle¹ ▶ Einfallslosigkeit

ein·falls·reich <einfallsreicher, am einfallsreichsten> adj (≈ originell) so, dass man viele neue bzw. gute Ideen hat: eine einfallsreiche Mitarbeiterin

Ein·falls·reich·tum der <-s> /kein Plur./ reiche Fülle an (guten) Einfällen

Ein·fall·stra·ße die <-, -n> (viel befahrene) Straße, die in eine größere Ortschaft hineinführt

Ein·falls·win·kel der <-s, -> PHYS. der Winkel, unter dem ein Strahl auf eine Fläche trifft

Ein·falt die <-> /kein Plur./ ❶ (≈ Naivität) Mangel an der Fähigkeit, etwas zu beurteilen: In seiner Einfalt hat er den Betrug nicht durchschaut. ❷ (≈ Schlichtheit) einfache, aufrichtige Gesinnung: kindliche Einfalt

ein·fäl·tig <einfältiger, am einfältigsten> *adj* *(≈ naiv) so, dass man sehr unkritisch ist und alles bedenkenlos glaubt oder ernst nimmt*
Ein·falts·pin·sel *der* <-s, -> *(umg. abwert.) einfältiger Mensch*
Ein·fa·mi·li·en·haus *das* <-es, Einfamilienhäuser> *(↔ Mehrfamilienhaus) Wohnhaus für nur eine Familie*
ein·fan·gen <fängst ein, fing ein, hat eingefangen> **I.** *mit OBJ* ■ *jmd. fängt jmdn./ein Tier ein (↔ freilassen) einen Mensch oder ein Tier fangen und irgendwo festhalten:* Der ausgebrochene Stier konnte wieder eingefangen werden. ❷ ■ *jmd./etwas fängt etwas ein einen Eindruck festhalten und (künstlerisch) wiedergeben:* In dem Gemälde ist die Abendstimmung meisterhaft eingefangen. **II.** *mit SICH* ■ *jmd. fängt sich etwas Akk. ein* ❶ *(umg.) eine Krankheit (durch Ansteckung) bekommen:* Ich habe mir eine schlimme Grippe eingefangen. ❷ *(umg.) geschlagen werden:* Wenn du weiter so frech bist, fängst du dir gleich eine (Ohrfeige)/Prügel ein.
ein·fär·ben <färbt ein, färbte ein, hat eingefärbt> *mit OBJ* ■ *jmd. färbt etwas ein auf etwas einen Farbstoff auftragen und dadurch bewirken, dass es eine andere Farbe bekommt* ▶ Einfärbung
ein·far·big *adj /nicht steig./ (↔ mehrfarbig, bunt) von nur einer Farbe*
ein·fas·sen <fasst ein, fasste ein, hat eingefasst> *mit OBJ* ■ *jmd. fasst etwas ein* ❶ *einen Saum um etwas herumnähen:* Knopflöcher einfassen ❷ *mit einer Einrahmung versehen:* Ich lasse den Edelstein in Silber einfassen.
Ein·fas·sung *die* <-, -en> ❶ *das Einfassen* ❷ *das Material, mit dem etwas eingefasst^2 ist*
ein·fet·ten <fettest ein, fettete ein, hat eingefettet> *mit OBJ* ■ *jmd. fettet etwas ein mit Fett einreiben:* Hast du die Kuchenform schon eingefettet?
ein·fin·den <findest ein, fand ein, hat eingefunden> *mit SICH* ■ *jmd. findet sich irgendwo ein an einen Ort kommen:* Bitte finden Sie sich 15 Minuten vor Veranstaltungsbeginn hier wieder ein.
ein·flech·ten <flichtst ein, flocht ein, hat eingeflochten> *mit OBJ* ■ *jmd. flicht etwas (in etwas Akk.) ein* ❶ *beim Flechten einfügen:* sich ein Band ins Haar einflechten ❷ *etwas während einer Unterhaltung beiläufig erwähnen:* In ihren Vortrag pflegt sie klassische Zitate einzuflechten.
ein·flie·gen <fliegst ein, flog ein, ist eingeflogen> **I.** *mit OBJ* ■ *jmd. fliegt jmdn./etwas irgendwo ein jmdn. oder etwas mit dem Flugzeug irgendwohin bringen:* In das Katastrophengebiet mussten Medikamente eingeflogen werden. **II.** *ohne OBJ* ■ *etwas fliegt irgendwohin/-woher ein* Das Flugzeug ist nach Frankreich eingeflogen.; Die Hubschrauber fliegen soeben in feindliches Territorium ein.; Der Staatschef ist extra aus London eingeflogen.
ein·flie·ßen <fließt ein, floss ein, ist eingeflossen> *ohne OBJ* ❶ ■ *etwas fließt in etwas Akk. ein etwas (Flüssiges) fließt in eine Flüssigkeit hinein:* Das Abwasser fließt in die unterirdischen Kanäle ein. ❷ ■ *etwas fließt (irgendwo) ein hinzu-*

kommen, eindringen: Es fließt von Osten (her) Kaltluft nach Deutschland ein ❸ ■ **etwas einfließen lassen** *etwas beiläufig erwähnen*
ein·flö·ßen <flößt ein, flößte ein, hat eingeflößt> *mit OBJ* ■ *jmd. flößt jmdm. etwas ein* ❶ *(umg.) durch sein Auftreten und Aussehen bewirken, dass jmd. eine bestimmte (meist negative) Empfindung hat:* Er flößt der kleinen Schwester mit seinen Grimassen Angst ein.; Er flößt mir nicht gerade Vertrauen ein. ❷ *eine Flüssigkeit in jmds. Mund geben und herunterschlucken lassen:* Die Krankenschwester hat ihm gerade die Medizin eingeflößt.
Ein·flug·schnei·se *die* <-, -n> LUFTF. *Schneise zum Einfliegen auf einen Flugplatz*
Ein·fluss *der* <-es, Einflüsse> ❶ *die Wirkung, die jmd. oder etwas auf jmdn. hat:* Er übt einen schlechten Einfluss auf seinen Bruder aus.; Im Werk des Künstlers lassen sich verschiedene Einflüsse nachweisen. ◆ -bereich, -möglichkeit, Alkohol- ❷ *Ansehen, die Macht, die jmd. genießt und das mit einer gewissen Macht verbunden ist:* Er war ein Mann mit großem Einfluss. ◆ -sphäre ▶ beeinflussen
Ein·fluss·nah·me *die* <-> */kein Plur./ der Versuch, dass jmd. in ein Geschehen eingreifen und seinen Verlauf mitbestimmen will:* Wir werden Ihre ständigen Versuche der Einflussnahme nicht weiter hinnehmen.
ein·fluss·reich *adj mit viel Einfluss^2:* Sie hatte einflussreiche Freunde.
ein·flüs·tern <flüsterst ein, flüsterte ein, hat eingeflüstert> *mit OBJ* ■ *jmd. flüstert jmdm. etwas ein* ❶ *jmdm. etwas heimlich und leise (ins Ohr) sagen:* Sein Mitschüler hat ihm die Antwort eingeflüstert. ❷ *jmdn. (aus Missgunst) (gegen jmdn.) aufhetzen, beeinflussen:* Ich weiß schon, wer dir diesen Unsinn eingeflüstert hat! ▶ Einflüsterung
ein·för·mig <einförmiger, am einförmigsten> *adj (abwert.) gleichförmig, eintönig* ▶ Einförmigkeit
ein·frie·den <friedest ein, friedete ein, hat eingefriedet> *mit OBJ* ■ *jmd. friedet etwas ein einzäunen:* ein Grundstück einfrieden
Ein·frie·dung *die* <-, -en> ❶ */kein Plur./ das Einfrieden* ❷ *eine Mauer, eine Hecke oder ein Zaun, die ein Grundstück abgrenzen*
ein·frie·ren <frierst ein, fror ein, hat/ist eingefroren> **I.** *mit OBJ* ■ *jmd. friert etwas ein* ❶ */haben/ (↔ auftauen) durch starkes Abkühlen haltbar machen:* Das übrige Gemüse frieren wir ein. ❷ *(übertr.) Kontakte unterbrechen:* Die diplomatischen Beziehungen wurden eingefroren. **II.** *ohne OBJ (sein)* ■ *etwas friert ein (≈ zufrieren ↔ auftauen) aufgrund großer Kälte sich so mit Eis füllen, dass keine Flüssigkeit mehr hindurchfließen kann:* Die Wasserrohre sind eingefroren.
ein·fü·gen <fügst ein, fügte ein, hat eingefügt> **I.** *mit OBJ* ■ *jmd. fügt etwas (in etwas Akk.) ein etwas irgendwo als neuen Bestandteil einsetzen:* Zur Sicherheit fügte man zusätzliche Stahlträger in das Gerüst ein. **II.** *mit SICH* ■ *jmd. fügt sich irgendwie (in etwas Akk.) ein (≈ anpassen) sich so verhalten, dass man als Teil einer Gemeinschaft*

E

oder einer bestimmten Umgebung gelten kann: Die neue Schülerin fügt sich gut in die Klasse ein.

Ein·fü·gung *die* <-, -en> ❶ *das Einfügen* ❷ *etwas, das irgendwo eingefügt¹ worden ist*

ein·füh·len *mit SICH (haben)* ■ *jmd. fühlt sich (irgendwie) in jmdn./etwas ein die Gefühle eines anderen verstehen oder nachvollziehen können:* Die Ärztin kann sich gut in die Patienten einfühlen.

ein·fühl·sam <einfühlsamer, am einfühlsamsten> *adj so, dass man sich in die Gefühle anderer Menschen hineinversetzen kann* ▸ Einfühlsamkeit

Ein·füh·lungs·ver·mö·gen *das* <-s> /kein Plur./ (≈ Empathie) die Fähigkeit, die Gefühle anderer Menschen verstehen oder nachvollziehen zu können: Sie litt unter mangelndem Einfühlungsvermögen.

Ein·fuhr *die* <-, -en> WIRTSCH. (≈ Import ↔ Ausfuhr, Export) der Vorgang, dass Waren aus dem Ausland in ein Land hineintransportiert und dort verkauft werden ◆-artikel, -beschränkung, -bestimmung, -hafen, -verbot, Getreide-, Waren-

ein·füh·ren <führst ein, führte ein, hat eingeführt> *mit OBJ* ❶ ■ *jmd. führt (jmdm.)etwas (irgendwohin) ein in eine Öffnung hineinstecken:* Die Mutter führt ihrem kranken Kind ein Fieberzäpfchen ein. ❷ ■ *jmd. führt etwas ein* WIRTSCH. (↔ ausführen) *importieren:* Güter im Wert von vielen Millionen Euro einführen ❸ ■ *jmd. führt etwas ein* WIRTSCH. *auf den Markt bringen:* Im Frühjahr will der Konzern gleich vier neue Modelle in der Luxusklasse einführen. ❹ ■ *jmd. führt jmdn. irgendwo ein in einer gesellschaftlichen Gruppe bekanntmachen:* Sie führte ihren neuen Freund in ihren Freundeskreis ein. ❺ ■ *jmd. führt jmdn. in etwas Akk. ein vertraut machen:* Der Meister führt den Lehrling (in die neue Arbeit) ein. ❻ ■ *jmd. führt (irgendwo) etwas ein eine Neuerung etablieren:* Warum haben wir diese Regelung nicht schon früher eingeführt?

Ein·fuhr·ge·neh·mi·gung *die* <-, -en> WIRTSCH. (≈ Einfuhrlizenz) Genehmigung für die Einfuhr einer bestimmten Ware

Ein·fuhr·sper·re *die* <-, -n> POL., WIRTSCH. *staatliches Verbot von Importen*

Ein·füh·rung *die* <-, -en> ❶ WIRTSCH. *das Einführen³ von etwas Neuem* ❷ *das Einführen⁴ einer Person in die Gesellschaft* ❸ (≈ Anleitung) *ein Text, der die Grundlagen eines Gebiets erklärt:* Dieses Buch bietet eine gute Einführung in die Verhaltensbiologie.

ein·fül·len <füllst ein, füllte ein, hat eingefüllt> *mit OBJ* ■ *jmd. füllt etwas in etwas Akk. ein in etwas füllen:* Wir haben die Marmelade in Gläser eingefüllt.

Ein·ga·be *die* <-, -n> ❶ AMTSSPR. *Gesuch oder Beschwerde in schriftlicher Form:* Wir haben deswegen schon einige Eingaben bei der zuständigen Behörde gemacht. ❷ EDV *das Eingeben von Daten* ◆-fehler, -taste

Ein·gang *der* <-(e)s, Eingänge> ❶ (↔ Ausgang) *die Öffnung, durch die man in ein Gebäude oder in einen Bereich gelangt* ◆-shalle, -stor, -stür,

Dorf-, Haupt-, Haus-, Hinter-, Hof-, Neben-, Orts-, Seiten-, Vorder- ❷ (↔ Ausgang) WIRTSCH. *das Eingehen von Waren oder Bestellungen:* Nach Eingang der Ware werden sie sofort benachrichtigt.; Die Bestellung wurde sofort nach Eingang bearbeitet. ◆-sbestätigung, -sbuch, -sdatum, -sstempel, -svermerk, Post-, Waren- ❸ (↔ Ausgang) *Öffnung, durch die etwas ins Innere eines Organs gelangen kann* ◆ Darm-, Magen-

ein·gän·gig <eingängiger, am eingängigsten> *adj so, dass man etwas leicht verstehen und behalten kann:* eine eingängige Melodie, ein eingängiger Slogan ▸ Eingängigkeit

ein·gangs *adv* (geh.) *am Anfang (eines Textes):* Wie bereits eingangs erwähnt, …

Ein·gangs·be·stä·ti·gung *die* <-, -en> AMTSSPR. (≈ Empfangsbestätigung) *der Vorgang, dass jmd. sagt, dass er eine bestimmte (schriftliche) Nachricht erhalten hat*

Ein·gangs·buch *das* <-(e)s, Eingangsbücher> AMTSSPR. *Buch zum Eintragen der eingegangenen² Waren*

ein·ge·ben <gibst ein, gab ein, hat eingegeben> *mit OBJ* ❶ ■ *jmd. gibt etwas in etwas Akk. ein* EDV *Informationen durch Bedienen der Tasten in einen Computer hineingelangen lassen:* Daten eingeben ❷ ■ *jmd. gibt jmdm. etwas ein* (≈ einflößen²) *jmdm. etwas zuführen, damit er es schlucken kann*

ein·ge·bil·det <eingebildeter, am eingebildetsten> *adj* (abwert.:≈ arrogant, hochmütig) *so, dass man übertrieben stolz auf die eigene Person ist:* Der eingebildete Junge findet natürlich keine Freunde.

Ein·ge·bo·re·ne, **Ein·ge·bor·ne** *der/die* <-n, -n> *in Bezug auf Naturvölker verwendet, um die Menschen zu bezeichnen, die ursprünglich in einem bestimmten Gebiet leben* ◆-nsprache, -nstamm

Ein·ge·bung *die* <-, -en> (≈ Inspiration, Idee) *plötzlicher (entscheidender oder wichtiger) Gedanke:* Es war wie eine göttliche Eingebung.; Plötzlich schien es, als hätte er eine Eingebung.

ein·ge·fal·len *Part. Perf. von* **einfallen**

ein·ge·fal·len <eingefallener, am eingefallensten> *adj so mager, dass die Wangenknochen hervortreten:* Nach wochenlanger Krankheit hatte sie eingefallene Wangen.

ein·ge·fleischt *adj /nicht steig./ /nur attr./ unveränderlich:* eingefleischte Gewohnheiten; ■ **ein eingefleischter Junggeselle** *ein Junggeselle aus Überzeugung*

ein·ge·gos·sen *Part. Perf. von* **eingießen**

ein·ge·hen <gehst ein, ging ein, ist eingegangen> **I.** *mit OBJ* ■ *jmd. geht etwas ein sich auf etwas einlassen:* Sie ist dieses Risiko/diese Wette tatsächlich eingegangen. **II.** *ohne OBJ* ❶ ■ *etwas geht ein* (≈ einlaufen) *beim Waschvorgang an Größe verlieren:* Die Hose ist beim Waschen eingegangen. ❷ ■ *eine Pflanze/ein Tier geht ein verkümmern, sterben:* Die Palme ist mir eingegangen.; ■ **etwas ist zum Eingehen** (umg.) *etwas ist extrem belastend* Diese Hitze ist zum Eingehen! ❸ ■ *etwas geht ein* AMTSSPR. *zugestellt werden:* Wie viele Briefe sind in dieser Sache eingegangen?

④ ■ *etwas geht ein* verstanden werden: Es will mir einfach nicht eingehen, warum … ⑤ ■ *jmd. geht auf etwas/jmdn. Akk. ein* sich befassen mit etwas: Auf meine Fragen ist er überhaupt nicht eingegangen.; Er sollte mehr auf sie eingehen. ⑥ ■ *etwas geht in etwas Akk. ein* Beachtung finden: Der Stil geht ebenfalls in die Bewertung ein.

ein·ge·hend <eingehender, am eingehendsten> *adj /nur attr./ (≈ ausführlich, gründlich) so, dass es mit großer Sorgfalt geschieht und alle Details beachtet werden:* Nach eingehender Prüfung sind wir zu dem Schluss gekommen, dass … ◆Groß- und Kleinschreibung →R 3.9 auf das Eingehendste/auf das eingehendste

ein·ge·legt *adj /nicht steig./ so, dass Nahrungsmittel in eine Flüssigkeit gelegt sind, die sie haltbar macht:* eingelegte Gurken

Ein·ge·mach·te *das* <-n> */kein Plur./ Obst oder Gemüse, das haltbar gemacht wurde, indem man es in luftdicht verschlossenen Gläsern gekocht hat;* ■ *etwas geht ans Eingemachte (umg.) etwas erfordert alle Kraft* Der Aufstieg ging ganz schön ans Eingemachte.

ein·ge·mein·den *mit OBJ* ■ *jmd. gemeindet etwas in etwas Akk. ein* einen Ort verwaltungstechnisch in einen anderen (größeren) eingliedern ▶ Eingemeindung

Ein·ge·mein·dung *die* <-, -en> *das Eingemeinden:* Die Stadt hat mit den Eingemeindungen jetzt knapp 30.000 Bürger.

ein·ge·nom·men *Part. Perf. von* **einnehmen**

ein·ge·schnappt *adj (umg. abwert.) beleidigt* ▶ Eingeschnapptheit

ein·ge·schneit *adj /nicht steig./ so von Schnee bedeckt oder umschlossen, dass man nicht fort kann:* Letzten Winter waren wir eine Woche lang eingeschneit.

ein·ge·schos·sig *adj /nicht steig./ so, dass es nur ein Geschoss hat*

ein·ge·schrie·ben *adj /nicht steig./ offiziell als Mitglied registriert:* eingeschriebene Studenten

ein·ge·schwo·ren <eingeschworener, am eingeschworensten> *adj so, dass man fest zu jmdm. oder etwas steht:* Sie bildeten ein eingeschworenes Team.

ein·ge·stan·de·ner·ma·ßen, **ein·ge·stand·ner·ma·ßen** *adv (geh.) wie zugegeben wird*

Ein·ge·ständ·nis *das* <-ses, -se> *(≈ Bekenntnis) Geständnis; das Zugeben von etwas*

ein·ge·ste·hen <gestehst ein, gestand ein, hat eingestanden> *mit OBJ* ■ *jmd. gesteht (jmdm.) etwas ein (≈ bekennen) gestehen:* Sie hatte ihre Mitschuld eingestanden.

ein·ge·stellt *adj /nicht steig./ so, dass man eine bestimmte Einstellung zu jmdm. oder etwas hat:* Sie ist eine äußerst modern eingestellte Person.

ein·ge·stri·chen *adj /nicht steig./ MUS. von einer mittleren Tonlage, die im Notenblatt durch einen senkrechten Strich gekennzeichnet ist:* das eingestrichene A

ein·ge·wach·sen *adj /nicht steig./ in etwas festgewachsen:* ein eingewachsener Zehennagel

Ein·ge·wei·de <-> *Plur. die inneren Organe*

ein·ge·weiht *adj /nicht steig./ so, dass man über eine geheime Sache informiert ist* ▶ Eingeweihte

ein·ge·wöh·nen <gewöhnst ein, gewöhnte ein, hat eingewöhnt> *mit SICH* ■ *jmd. gewöhnt sich irgendwo ein (≈ sich einleben) sich an eine Umgebung gewöhnen*

Ein·ge·wöh·nung *die* <-> */kein Plur./ das Eingewöhnen* ◆-szeit

ein·ge·zo·gen *Part. Perf. von* **einziehen**

ein·gie·ßen <gießt ein, goss ein, hat eingegossen> *mit OBJ* ■ *jmd. gießt (jmdm.) etwas ein* ein Getränk aus einer Flasche oder Kanne in ein Trinkglas gießen: Gieß mir bitte noch ein Glas Wein ein.

ein·gip·sen <gipst ein, gipste ein, hat eingegipst> *mit OBJ* ■ *jmd. gipst etwas ein mit Gips umhüllen:* Der Arzt hat mir gleich das gebrochene Bein eingegipst.

ein·glei·sig *adj /nicht steig./* ① *nur aus einem Gleis bestehend:* Die eingleisige Bahnstrecke wird kaum noch befahren. ② *(≈ einseitig) so, dass man in seinem Denken oder Handeln keine Alternativen berücksichtigt:* eine eingleisige Argumentation

ein·glie·dern <gliederst ein, gliederte ein, hat eingegliedert> *mit OBJ/mit SICH* ■ *jmd. gliedert jmdn./etwas/sich (in etwas Akk.) ein (≈ integrieren, einfügen) ein Teil von etwas werden (lassen):* Der Trainer gliederte die neuen Spieler geschickt in die Mannschaft ein.; Sie musste lernen, sich einzugliedern. ▶ Eingliederung

ein·gra·ben <gräbst ein, grub ein, hat eingegraben> *mit OBJ/mit SICH* ■ *jmd. gräbt jmdn./etwas/sich (in etwas Akk.) ein in der Erde vergraben:* Wir haben die Knollen eingegraben.; Der Käfer hat sich eingegraben.

ein·gra·vie·ren <gravierst ein, gravierte ein, hat eingraviert> *mit OBJ* ■ *jmd. graviert etwas (in etwas Akk.) ein durch Ritzen eine Schrift oder ein Muster in eine harte Oberfläche aus Stein oder Metall prägen:* Sie ließ ihren Namen in den Ring eingravieren. ▶ Eingravierung

ein·grei·fen <greifst ein, griff ein, hat eingegriffen> *ohne OBJ* ■ *jmd. greift (in etwas Akk.) ein (≈ einschreiten) sich mit einer Maßnahme irgendwo einmischen:* Die Polizei konnte noch rechtzeitig eingreifen, bevor der Streit eskalierte.

Ein·greif·trup·pe *die* <-, -n> MILIT. *für den Einsatz in Krisengebieten geschulte Truppe*

Ein·griff *der* <-(e)s, -e> ① MED. *Operation:* Der Eingriff wurde unter örtlicher Betäubung vorgenommen. ② *(≈ Übergriff) Einmischung:* Er sah in der Frage gleich einen Eingriff in seine Privatsphäre.

ein·grup·pie·ren <gruppierst ein, gruppierte ein, hat eingruppiert> *mit OBJ* ■ *jmd. gruppiert jmdn./etwas (in etwas Akk.) ein einer bestimmten Kategorie zuweisen:* Die Angestellten sind nach Lohngruppen eingruppiert. ▶ Eingruppierung

ein·ha·ken <hakst ein, hakte ein, hat eingehakt> **I.** *mit OBJ* ■ *jmd. hakt etwas ein eine Verbindung mit einem Haken herstellen:* Kannst du mir helfen, den Verschluss einzuhaken? **II.** *ohne OBJ* ■ *jmd. hakt irgendwo ein (umg.)*

E

etwas aufgreifen, sich einmischen: Da muss ich mal einhaken. **III.** *mit SICH* ■ *jmd. hakt sich (bei jmdm.) ein* den eigenen Arm mit dem Arm einer anderen Person verschränken: Er hakte sich bei mir ein.

Ein·halt ■ **einer Sache Einhalt gebieten** *(geh.)* eine negative Entwicklung

ein·hal·ten <hältst ein, hielt ein, hat eingehalten> *mit OBJ* ■ *jmd. hält etwas Akk. ein* (≈ beachten) so handeln, wie es die Regeln oder Bestimmungen verlangen: Haben Sie die Regeln nicht eingehalten?; ■ **eine Frist/einen Termin einhalten** eine Aufgabe bis zu dem Zeitpunkt erfüllt haben, der durch eine Frist/einen Termin vorgegeben ist

Ein·hal·tung *die* <-> */kein Plur./* (≈ Beachtung) das Einhalten: Er forderte die strikte Einhaltung der Regeln.

ein·han·deln <handelst ein, handelte ein, hat eingehandelt> *mit SICH* ■ *jmd. handelt sich etwas Akk. ein* (umg.) als Konsequenz des eigenen Handelns mit etwas konfrontiert werden: Für mein Verhalten habe ich mir schwere Vorwürfe eingehandelt.

ein·hän·gen <hängst ein, hing ein, hat eingehängt> **I.** *mit OBJ* ■ *jmd. hängt etwas Akk. ein* an einer Stelle durch Hängen befestigen: den Fensterladen einhängen **II.** *mit OBJ/ohne OBJ* ■ *jmd. hängt (etwas Akk.) ein* (≈ auflegen) (den Telefonhörer) auf den Apparat legen **III.** *mit SICH* ■ *jd. hängt sich bei jmdm. ein* (umg.) sich bei jmdm. einhaken

ein·he·ben <hebst ein, hob ein, hat eingehoben> *mit OBJ* ■ *jmd. hebt etwas ein* ÖSTERR. kassieren

ein·hef·ten <heftest ein, heftete ein, hat eingeheftet> *mit OBJ* ■ *jmd. heftet etwas irgendwo ein* durch Heften in etwas befestigen: ein Blatt Papier in einen Ordner einheften

ein·hei·misch *adj* /nicht steig./ von Natur aus in einer bestimmten Region beheimatet: Die Sendung beschäftigte sich vor allem mit einheimischen Tieren und Pflanzen. ▶ Einheimische

ein·heim·sen <heimst ein, heimste ein, hat eingeheimst> *mit OBJ* ■ *jmd. heimst etwas ein* (umg.) erlangen, erhalten: Sie hat viel Beifall eingeheimst.

ein·hei·ra·ten <heiratest ein, heiratete ein, hat eingeheiratet> *ohne OBJ* ■ *jmd. heiratet in etwas Akk. ein* durch Heirat Zugang zu einer (wohlhabenderen) Gesellschaftsschicht erlangen: Er hat in eine reiche Bankiersfamilie eingeheiratet. ▶ Einheirat

Ein·heit *die* <-, -en> ❶ /kein Plur./ (≈ Zusammenhang) der Umstand, dass eine Sache einen einheitlichen Charakter hat, von einem Leitprinzip durchdrungen ist und dadurch von anderen (vergleichbaren) Sachen unterschieden und abgegrenzt ist: Die staatliche Einheit war ernsthaft gefährdet.; Die drei Stücke bilden eine Einheit. ◆ -sgebühr, -sgedanke, -spartei, -spreis, -sstreben, -swährung ❷ MILIT. (≈ Abteilung) ein Truppenverband: Schwer bewaffnete Einheiten stießen in dieses Gebiet vor. ◆ Gefechts-, Polizei-, Truppen- ❸ (fachspr.) Maßeinheit: Die Einheit zum Messen

der Länge ist der Meter. ◆ -sgröße, -snorm, Gewichts-, Längen-, Maß-, -Währungs-

ein·heit·lich <einheitlicher, am einheitlichsten> *adj* (≈ gleichartig) von einer Art, von einem Leitprinzip geprägt: einheitliche Gestaltung der Büroräume, einheitliche Kleidung ▶ Einheitlichkeit, vereinheitlichen

Ein·heits·lis·te *die* <-, -n> POL. Liste mit allen zur Wahl stehenden Parteikandidaten

Ein·heits·staat *der* <-es, -en> POL. von einer Zentralgewalt geleiteter Staat

ein·hei·zen <heizt ein, heizte ein, hat eingeheizt> *ohne OBJ* ■ *jmd. heizt (irgendwie) ein heizen:* Bei der Kälte müssen wir ordentlich einheizen.; ■ **jemandem tüchtig einheizen** (umg.) jmdm. Vorwürfe machen oder jmdn. ermahnen

ein·hel·lig *adj* /nicht steig./ (geh.) übereinstimmend: Wir sind einhellig der Meinung, dass … ▶ Einhelligkeit

ein·her·ge·hen <gehst einher, ging einher, ist einhergegangen> *mit OBJ* ■ *etwas geht mit etwas Dat. einher* (geh.) gleichzeitig mit etwas vorkommen: Migräne geht oft mit Übelkeit und Lichtempfindlichkeit einher.

ein·ho·len <holst ein, holte ein, hat eingeholt> *mit OBJ* ■ *jmd. holt jmdn./etwas ein* ❶ SEEW. etwas, das irgendwo aufgehängt war, herunterholen: die Flagge/die Segel einholen ❷ (≈ erreichen) beim Laufen oder Fahren auf gleiche Höhe mit jmdm. gelangen, der vor einem gelaufen oder gefahren war: Endlich konnten wir das Auto einholen.; Sie holte ihn beim Laufen ein. ❸ (einen zeitlichen Abstand) aufholen: Der Zug hat die Verspätung wieder eingeholt. ❹ (umg.) einkaufen ❺ anfordern; ■ **bei jemandem Rat einholen** jmdn. um Rat bitten

Ein·horn *das* <-(e)s, Einhörner> ein Fabeltier in der Gestalt eines Pferdes mit einem Horn auf der Stirn

Ein·hu·fer *der* <-s, -> ZOOL. (↔ Paarhufer) Tier, dessen Huf aus nur einem Zeh besteht

ein·hül·len <hüllst ein, hüllte ein, hat eingehüllt> *mit OBJ/mit SICH* ❶ ■ *jmd./ hüllt jmdn./sich (in etwas Akk.) ein* als Hülle um etwas legen: Sie hatte das Baby/sich in eine Decke eingehüllt. ❷ ■ *etwas hüllt etwas/sich (in etwas Akk.) ein* etwas wie eine Decke umgeben: Wolken hatten die Gipfel eingehüllt.; Die Gipfel hatten sich in Wolken eingehüllt.

ein·hun·dert *num* 100; siehe **hundert**

ei·nig *adj* /nicht steig./ ❶ so, dass mehrere Personen einer Meinung sind: Alle Parteien sind sich in diesem Punkt einig. ❷ so, dass mehrere Personen einen gemeinsamen Beschluss fassen: Sie wurden sich über die Konditionen einig.; Die Interessenvertreter sind über den Vertrag miteinander einig geworden.

ei·ni·ge *pron* ❶ verwendet, um eine unbestimmte Menge von etwas zu bezeichnen: Es gibt in einiger Entfernung eine Hütte.; In einigen Tagen kommt er zurück.; Ich habe bereits einige Mal(e) nachgefragt. ❷ ziemlich wenig: Einiges Geld habe ich noch. ❸ ziemlich viel: Er hat darin einige Erfahrung.; Ich weiß einiges über sie.

ein·i·geln <igelst ein, igelte ein, hat eingeigelt> *mit SICH* ■ *jmd.* **igelt sich irgendwo ein** *(übertr.) sich (wie ein Igel) zurückziehen, von anderen isolieren:* Er igelt sich in letzter Zeit in seinem Zimmer ein. ▸ Einigelung

ei·ni·gen <einigst, einigte, hat geeinigt> *mit SICH* ■ *jmd.* **einigt sich (mit jmdm.) (auf/ über etwas** *Akk.)* *eine gemeinsame Lösung finden:* Wir haben uns auf einen neuen Termin geeinigt.; Sie haben sich über den Preis geeinigt.

ei·ni·ger·ma·ßen *adv* ❶ *(≈ ziemlich) ein wenig:* Die Fahrt war einigermaßen anstrengend. ❷ *verwendet, um auszudrücken, dass etwas nicht schlecht, aber auch nicht wirklich gut ist:* Gestern war ich krank, heute geht es mir einigermaßen.

Ei·nig·keit *die* <-> */kein Plur./* *der Zustand, dass die Meinungen verschiedener Personen übereinstimmen:* Es herrschte große Einigkeit in diesem Punkt.; ■ **Einigkeit macht stark.** *verwendet, um auszudrücken, dass eine Gruppe von Menschen viel erreichen kann, wenn unter ihnen Einigkeit besteht*

Ei·ni·gung *die* <-, -en> *das Herstellen von Einigkeit:* Die Tarifparteien konnten über die strittigen Fragen keine Einigung erzielen. ◆-sbestreben, -sversuch, -svorschlag

ein·imp·fen <impfst ein, impfte ein, hat eingeimpft> *mit OBJ* ■ *jmd.* **impft jmdm. etwas ein** ❶ MED. *einen Impfstoff in den Körper spritzen* ❷ *(umg. übertr.) mit großem Nachdruck sagen:* Wir haben den Kindern immer wieder eingeimpft, dass …

ein·ja·gen <jagst ein, jagte ein, hat eingejagt> *mit OBJ* ■ *jmd.* **jagt jmdm. etwas ein** *bewirken, dass jmd. plötzlich eine (negative) Empfindung bekommt:* Sie hatte mir einen ziemlichen Schrecken eingejagt.; Er hat mir richtig Angst eingejagt.

ein·jäh·rig *adj* */nicht steig./* ❶ *ein Jahr alt:* ein einjähriges Kind ❷ *ein Jahr dauernd:* eine einjährige Belagerung der Burg ❸ *(von Pflanzen) nur ein Jahr lebend*

Ein·jäh·ri·ge *das* <-n> */kein Plur./* SCHULE *(veralt.: ≈ mittlere Reife) Schulabschluss nach der 10. Klasse*

ein·kal·ku·lie·ren <kalkulierst ein, kalkulierte ein, hat einkalkuliert> *mit OBJ* ■ *jmd.* **kalkuliert etwas (in etwas** *Akk.)* **ein** *(≈ berücksichtigen) in eine Rechnung einbeziehen:* Die Kosten für die Fahrt habe ich bereits einkalkuliert.

ein·kas·sie·ren <kassierst ein, kassierte ein, hat einkassiert> *mit OBJ* ❶ ■ *jmd.* **kassiert (bei jmdm.) etwas ein** *einen bestimmten Geldbetrag für eine Sache oder eine Leistung abnehmen:* Der Beitrag wird jeweils am Monatsende einkassiert. ❷ ■ *jmd.* **kassiert etwas ein** *(umg.) jmdm. etwas wegnehmen:* Sie hat unseren Ball einfach einkassiert.

Ein·kauf *der* <-(e)s, Einkäufe> ❶ *das Einkaufen:* Kannst du heute den Einkauf erledigen/machen? ◆-sabteilung, -sbeutel, -skorb, -smeile, -smöglichkeit, -snacht, -snetz, -squelle, -stasche, -stüte ❷ */meist Plur./ die Waren, die man eingekauft hat:* Hilfst du mir, die Einkäufe die Treppe hochzutragen?

ein·kau·fen <kaufst ein, kaufte ein, hat eingekauft> *mit OBJ/ohne OBJ* ■ *jmd.* **kauft etwas ein** *(verschiedene) Waren in den Geschäften kaufen:* Kannst du noch (etwas) Obst einkaufen?; Ich muss nach der Arbeit noch einkaufen.

Ein·käu·fer *der*, **Ein·käu·fe·rin** <-s, -> WIRTSCH. *jmd., der in einer Firma die Aufgabe hat, bestimmte Waren einzukaufen*

Ein·kaufs·bum·mel *der* <-s, -> *zwangloser Gang durch die Läden, bei dem man Einkäufe macht:* Am Samstag wollen wir einen Einkaufsbummel machen.

Ein·kaufs·cen·ter *das* <-s, -> *siehe* **Einkaufszentrum**

Ein·kaufs·ge·nos·sen·schaft *die* <-, -en> WIRTSCH. *(betriebliche) Genossenschaft zum gemeinsamen Einkauf*

Ein·kaufs·pas·sa·ge *die* <-, -n> *(meist überdachte) Zone mit vielen Geschäften*

Ein·kaufs·preis *der* <-es, -e> WIRTSCH. *(≈ Bezugspreis) Preis, den ein Händler für die Ware, die er verkauft, bezahlt hat*

Ein·kaufs·zei·le *die* <-, -n> *Haupteinkaufsstraße*

Ein·kaufs·zen·t·rum *das* <-s, Einkaufszentren> *großer Gebäudekomplex, der einen Supermarkt und meist weitere Geschäfte und Restaurants umfasst:* Hier entsteht ein Einkaufszentrum mit einem Fastfood-Restaurant.

Ein·kehr *die* <-> */kein Plur./* ❶ *(veralt.) Rast:* Sollen wir wieder in diesem Gasthof Einkehr halten? ❷ *(geh.) Nachdenken über sich selbst:* Nach all der Aufregung wollte er erst einmal etwas innere Einkehr halten.

ein·keh·ren <kehrst ein, kehrte ein, ist eingekehrt> *ohne OBJ* ❶ ■ *jmd.* **kehrt (in etwas** *Akk.)* **ein** *(veralt.) eine Rast oder einen kurzen Besuch machen:* Im nächsten Gasthof werden wir einkehren.; Wir wollen unterwegs bei Freunden einkehren. ❷ ■ *etwas kehrt (in etwas* *Dat.)* *ein kommen:* Endlich kehrt hier wieder Ruhe ein.

ein·kel·lern <kellerst ein, kellerte ein, hat eingekellert> *mit OBJ* ■ *jmd.* **kellert etwas ein** *(als Vorrat) im Keller lagern:* Wir haben einen Zentner Kartoffeln eingekellert. ▸ Einkellerung

ein·ker·kern <kerkerst ein, kerkerte ein, hat eingekerkert> *mit OBJ* ■ *jmd.* **kerkert jmdn. ein** *(umg.) jmdn. in einem Kerker einsperren* ▸ Einkerkerung

ein·kes·seln <kesselst ein, kesselte ein, hat eingekesselt> *mit OBJ* ■ *jmd.* **kesselt jmdn./etwas ein** *in einer gewaltsamen Auseinandersetzung die Gegner an einem Ort zusammentreiben, wo sie nicht flüchten können:* Die Armee wurde eingekesselt und besiegt. ▸ Einkesselung

ein·kla·gen <klagst ein, klagte ein, hat eingeklagt> *mit OBJ* ■ *jmd.* **klagt etwas (bei jmdm.) ein** *vor Gericht klagen, um sein Recht zu bekommen:* Schulden einklagen ▸ einklagbar

ein·klam·mern <klammerst ein, klammerte ein, hat eingeklammert> *mit OBJ* ■ *jmd.* **klammert etwas ein** *in Klammern setzen* ▸ Einklammerung

Ein·klang *der* <-(e)s> */kein Plur./* ❶ *(geh.) Übereinstimmung:* Er war bemüht, Familie und Beruf in Einklang zu bringen. ❷ MUS. *Zusammenklang*

E

zweier oder mehrerer Stimmen auf dem gleichen Ton oder im Oktavabstand

ein·kle·ben <klebst ein, klebte ein, hat eingeklebt> *mit OBJ* ■ *jmd.* **klebt etwas in etwas** *Akk.* **ein** *in etwas kleben:* die Urlaubsfotos (in das Album) einkleben

ein·klei·den <kleidest ein, kleidete ein, hat eingekleidet> *mit OBJ* ■ *jmd.* **kleidet jmdn./sich (neu) ein** *(viele) neue Kleidungsstücke für jmdn. kaufen:* Sie hat ihre Kinder ganz neu eingekleidet.; Sie hat sich für den neuen Job völlig neu eingekleidet.; Die Soldaten wurden neu eingekleidet ▸ Einkleidung

ein·klem·men <klemmst ein, klemmte ein, hat eingeklemmt> *mit OBJ* ❶ ■ *jmd.* **klemmt (jmdm./sich) etwas ein** *bewirken, dass etwas von zwei Seiten gedrückt und dabei verletzt wird:* Er hatte sich/ihm den kleinen Finger in der Tür eingeklemmt. ❷ ■ *jmd.* **klemmt etwas in etwas** *Akk.* **ein** *(≈ einspannen) bewirken, dass etwas in einer Halterung festen Halt hat:* Du musst das Werkstück fest in den Schraubstock einklemmen.

ein·kni·cken <knickst ein, knickte ein, hat/ist eingeknickt> *ohne OBJ* ❶ ■ **etwas knickt ein** *einen Knick bekommen* ❷ ■ *jmd.* **knickt etwas ein** *einen Knick in etwas machen:* Knick nicht die Ecken in deinem Buch ein! ❸ ■ *jmd.* **knickt (in sich) ein** *durch Knicken der Knie zusammensinken;* ■ **jemand knickt vor jemandem ein** *jmd. verliert seine innere Haltung vor jmdm.:* Selbst die amerikanische Landwirtschaft knickt vor der Marktmacht der europäischen Verbraucher ein.

ein·ko·chen <kochst ein, kochte ein, hat eingekocht> *mit OBJ/ohne OBJ* ■ *jmd.* **kocht (etwas) ein** *(≈ einmachen) Speisen durch Kochen und luftdichtes Verschließen haltbar machen:* Sie kocht Obst und Gemüse/Marmelade ein.

Ein·kom·men *das* <-s, -> *(≈ Gehalt) das Geld, das man als Entlohnung für seine Arbeit erhält:* Als … hat sie ein durchschnittliches/hervorragendes/hohes/niedriges Einkommen.; das zu versteuernde Einkommen ◆-seinbuße, -sentwicklung, -sniveau, -sverhältnisse, -sverteilung, -szuwachs, Jahres-, Monats-

Ein·kom·mens·gren·ze *die* <-, -n> AMTSSPR. *Grenze des Einkommens, die für bestimmte Fragen der Besteuerung wichtig ist:* Sie hat keinen Anspruch auf den Zuschuss, weil sie knapp über der Einkommensgrenze liegt.

Ein·kom·men(s)·steu·er *die* <-, -n> *die Steuer, die ein Bürger für sein Einkommen bezahlen muss*

Ein·kom·men(s)·steu·er·er·klä·rung *die* <-, -en> AMTSSPR. *Formular, in das man alle wichtigen Daten seines Einkommens und seiner Abgaben einträgt und einmal jährlich beim Finanzamt abgibt*

ein·krei·sen <kreist ein, kreiste ein, hat eingekreist> *mit OBJ* ❶ ■ *jmd.* **kreist jmdn./etwas ein** *(≈ umstellen) einen Kreis um jmdn. oder etwas bilden, um ihn/es in die Enge zu treiben:* Die feindlichen Truppen wurden eingekreist. ❷ ■ *jmd.* **kreist etwas ein** *(übertr.) durch Diskutieren herausfinden, wo der Kern eines Problems ist:* Im Verlauf der Aussprache gelang es, das Problem einzukreisen.

ein·kre·men *siehe* **eincremen**

Ein·künf·te <-> *Plur. (≈ Bezüge) das Geld, das jmd. erhält:* Wie hoch sind Ihre monatlichen Einkünfte?; Einkünfte aus Kapitalvermögen ◆ Nebeneinkünfte

ein·la·den <lädst ein, lud ein, hat eingeladen> *mit OBJ* ❶ ■ *jmd.* **lädt etwas (in etwas** *Akk.***) ein** *Dinge in ein Fahrzeug hineintun:* Kannst du die Koffer in den Kofferraum einladen? ❷ ■ *jmd.* **lädt jmdn. (zu etwas** *Dat.***) ein** *sagen, dass jmd. zu einem Fest kommen soll:* Wir hatten all unsere Freunde zu seinem Geburtstag eingeladen.

ein·la·dend *adj* /nicht steig./ *(≈ verlockend) so, dass etwas sehr attraktiv ist und man es gern haben oder tun will:* Ich konnte diesem einladenden Angebot einfach nicht widerstehen.

Ein·la·dung *die* <-, -en> *die Worte, mit denen man jmdn. bittet, an einem Fest oder einer Veranstaltung teilzunehmen:* Wir erhielten eine Einladung zur Hochzeit. ◆-sschreiben, -karte, Geburtstags-, Hochzeits-

Ein·la·ge *die* <-, -n> ❶ *ein kleinerer Teil eines künstlerischen Programms, der zwischen den Hauptteilen kommt:* Mir gefielen besonders die musikalischen Einlagen. ❷ KOCH. *Nudeln, Knödel oder Fleischstückchen, die man in eine dünne Suppe gibt* ❸ *Sohle zum Einlegen in einen Schuh:* Sie benötigt dringend orthopädische Einlagen. ❹ BANKW. *Sparguthaben:* Die Einlagen bei den Banken sind gesunken.

ein·la·gern <lagerst ein, lagerte ein, hat eingelagert> *mit OBJ* ■ *jmd.* **lagert etwas (irgendwo) ein** *in einen Keller oder Speicher bringen und dort aufbewahren:* Sollen wir Kartoffeln einlagern? ▸ Einlagerung

ein·lan·gen <langst ein, langte ein, ist eingelangt> *ohne OBJ* ■ *jmd.* **langt (irgendwo) ein** ÖSTERR. *eintreffen:* Wir konnten gerade noch rechtzeitig einlangen.

Ein·lass *der* <-es, Einlässe> ❶ /kein Plur./ *Zutritt (bei öffentlichen Veranstaltungen):* Einlass erst ab 18 Jahren!; Das Konzert beginnt um 20 Uhr, Einlass ist ab 19 Uhr. ◆-karte, -zeit ❷ *(veralt.) Eingangstür:* Alle Einlässe waren versperrt.

ein·las·sen <lässt ein, ließ ein, hat eingelassen> **I.** *mit OBJ* ❶ ■ *jmd.* **lässt jmdn. ein** *hereinlassen* ❷ ■ *jmd.* **lässt etwas (irgendwohin) ein** *einsetzen, einfügen:* in die Decke eingelassene Strahler ❸ ■ *jmd.* **lässt etwas ein** *(↔ ablassen) Wasser einfüllen:* das Badewasser einlassen ❹ ■ *jmd.* **lässt etwas ein** SÜDDT., ÖSTERR. *mit Wachs einreiben oder mit Farbe streichen:* Wir sollten das Holz (mit Farbe) einlassen. **II.** *mit SICH* ❶ *jmd. macht bei etwas mit:* Er hat sich auf riskante Geschäfte eingelassen. ❷ ■ *jmd.* **lässt sich auf etwas** *Akk.* **ein** *einer Sache zustimmen:* Darauf lasse ich mich nicht ein! ❸ ■ *jmd.* **lässt sich mit jmdm. ein** *(umg. abwert.) mit jmdm. Kontakt haben:* Er hat sich mit Kriminellen eingelassen.; ■ **ein Mann lässt sich mit einer Frau ein** *ein Mann hat intimen Kontakt mit einer Frau:* Sie bereut es, dass sie sich so schnell mit ihm eingelassen hat.

ein·läss·lich <einlässlicher, am einlässlichsten> *adj* SCHWEIZ. *gründlich, eingehend, ausführlich*

Ein·lauf *der* <-es, Einläufe> ❶ MED. *(≈ Klistier) Einführung von Flüssigkeit in den Darm, um ihn zu reinigen:* Die Krankenschwester musste dem Patienten einen Einlauf machen. ❷ SPORT *die Reihenfolge, in der die Sportler das Ziel erreichen*

ein·lau·fen <läufst ein, lief ein, ist eingelaufen> **I.** *ohne OBJ* ❶ ■ *jmd./etwas läuft (irgendwohin) ein ankommen:* Wer ist zuerst ins Ziel eingelaufen? ❷ ■ *etwas läuft ein (≈ eingehen) der Vorgang, dass Textilien kleiner werden, wenn sie zu heiß gewaschen werden:* Die neue Hose ist bei der Wäsche eingelaufen. **II.** *mit OBJ* ■ *jmd. läuft etwas ein Schuhe durch Tragen bequemer werden lassen:* Ich muss die Schuhe erst einlaufen.

ein·le·ben <lebst ein, lebte ein, hat eingelebt> *mit SICH* ■ *jmd. lebt sich in etwas Dat. ein sich an einen neuen Ort gewöhnen:* Sie hat sich gut in Berlin eingelebt.

ein·le·gen <legst ein, legte ein, hat eingelegt> *mit OBJ* ❶ ■ *jmd. legt etwas (in etwas Akk.) ein in Essig legen und dadurch haltbar machen:* Wir legen die Gurken immer in Essig ein. ❷ ■ *jmd. legt etwas ein KFZ an einem Getriebe einen bestimmten Gang wählen:* den ersten Gang einlegen ❸ ■ *jmd. legt etwas ein FOTOGR.* Warte, ich muss erst einen neuen Film einlegen. ❹ ■ *jmd. legt etwas gegen etwas Akk. ein AMTSSPR. offiziell oder bei Gericht erklären, dass man gegen etwas protestiert:* Sie hat Widerspruch/ihr Veto eingelegt.; ■ **eine Pause einlegen** *eine Pause machen;* ■ **ein gutes Wort für jemanden einlegen** *für jmdn. sprechen oder für jmdn. um etwas bitten*

Ein·le·ge·soh·le *die* <-, -n> *ein Stück Leder oder Fell in der Form eines Fußes, das in einen Schuh eingelegt wird*

ein·lei·ten <leitest ein, leitete ein, hat eingeleitet> *mit OBJ* ❶ ■ *jmd. leitet etwas (mit etwas Dat.) ein beginnen, eröffnen:* Das Fest wurde durch eine Rede eingeleitet.; Er hat seinen Aufsatz mit einem geschickt gewählten Zitat eingeleitet. ❷ MED. ■ *jmd. leitet etwas (mit etwas Dat.) ein bewirken, dass die Geburt beginnt:* die Geburt (durch Medikamente) einleiten; Wenn die Wehen zu lange dauern, warten manche Ärzte nicht länger, sondern leiten ein. ❸ ■ *jmd. leitet etwas (gegen jmdn.) ein AMTSSPR. (bei Behörden oder Gericht) veranlassen:* Wir werden wohl rechtliche Schritte gegen sie einleiten.

ein·lei·tend *adj* /nicht steig./ /nur attr./ (geh.) *als Einleitung:* Einleitend möchte ich sagen, dass …

Ein·lei·tung *die* <-, -en> ❶ *(↔ Nachwort) ein Text, der vor einem anderen Text steht:* Das Buch hat eine lange Einleitung. ◆-skapitel ❷ MED. /kein. Plur./ *das Einleiten*[1]

ein·len·ken <lenkst ein, lenkte ein, hat eingelenkt> *ohne OBJ* ■ *jmd. lenkt ein in einem Konflikt nachgeben:* Nach heftigem Streit lenkte er endlich doch ein.

ein·ler·nen <lernst ein, lernte ein, hat eingelernt> *mit OBJ* ■ *jmd. lernt jmdn. ein (≈ anlernen) jmd. führt jmdn. in seine Arbeit ein, indem*

er ihm Informationen und einfache Aufgaben gibt: Sie hat ihre Kollegin gut eingelernt.

ein·le·sen <liest ein, las ein, hat eingelesen> **I.** *mit OBJ* ■ *jmd. liest etwas (mit etwas Dat.) ein EDV Daten in einen Computer gelangen lassen:* Wir können die Daten bis morgen mit dem Scanner einlesen. **II.** *mit SICH* ■ *jmd. liest sich (in etwas Akk.) ein durch Lesen sich Kenntnisse über ein Gebiet aneignen:* In dieses Gebiet muss ich mich erst einlesen.

ein·leuch·ten <leuchtet ein, leuchtete ein, hat eingeleuchtet> *mit ES* ■ *etwas leuchtet jmdm. ein etwas erscheint jmdm. verständlich und sinnvoll:* Seine Argumente wollen mir einfach nicht einleuchten.

ein·lie·fern <lieferst ein, lieferte ein, hat eingeliefert> *mit OBJ* ■ *jmd. liefert jmdn. (in etwas Akk.) ein jmdn. in eine Institution bringen, wo er eine Zeit lang bleibt:* ins Krankenhaus/ins Gefängnis einliefern ▸ Einlieferung

Ein·lie·ger·woh·nung *die* <-, -en> *(Miet-)Wohnung innerhalb eines Privathauses*

ein·lo·chen <lochst ein, lochte ein, hat eingelocht> *mit OBJ* ■ *jmd. locht jmdn. ein (umg. abwert.: ≈ einbuchten) jmdn. ins Gefängnis sperren*

ein·log·gen <loggst ein, loggte ein, hat eingeloggt> *mit SICH* ■ *jmd. loggt sich in etwas Akk. ein EDV (↔ ausloggen) durch Eingeben von Benutzername und Passwort bewirken, dass man Zugriff auf ein Computernetzwerk hat*

ein·lö·sen <löst ein, löste ein, hat eingelöst> *mit OBJ* ■ *jmd. löst etwas ein* ❶ *zurückkaufen:* Er hatte wieder genügend Geld, um sein Pfand einzulösen. ❷ WIRTSCH. *sich auszahlen lassen:* Sie löste den Scheck/den Wechsel ein. ❸ *(≈ erfüllen) das tun, was man zuvor versprochen oder angekündigt hat:* Er konnte sein Versprechen nicht einlösen.

ein·lul·len <lullst ein, lullte ein, hat eingelullt> *mit OBJ* ■ *jmd./etwas lullt jmdn. ein* ❶ *schläfrig machen:* Das monotone Geräusch der Wellen lullte sie allmählich ein. ❷ *in Sicherheit wiegen:* Versuch nicht, mich einzulullen – ich weiß, was du vor hast!

ein·ma·chen <machst ein, machte ein, hat eingemacht> *mit OBJ* ■ *jmd. macht etwas ein (≈ einkochen) durch Kochen und luftdichtes Verschließen haltbar machen:* Marmelade einmachen

Ein·mach·glas *das* <-es, Einmachgläser> *beim Einmachen verwendetes Glas*

ein·mal I. *adv* ❶ *auf einmal plötzlich* Auf einmal tauchte er aus der Dunkelheit auf. ❷ ■ *auf einmal zugleich* Sie kamen alle auf einmal. ❸ *zu irgendeiner Zeit:* Hier bin ich schon einmal gewesen.; Wirst du mich später einmal besuchen? ❹ *ein einziges Mal:* Ich habe ihn erst einmal gesehen. **II.** *part* ❶ *verstärkend:* Darf ich auch einmal fahren? ❷ *eingrenzend:* Wir wollen erst einmal schlafen.; ■ **Einmal ist keinmal.** *Ein einziger Versuch zählt nicht oder ist nicht so schlimm.* ◆Schreibung mit Ziffer und Bindestrich →4.21 1-mal; 1- bis 2-mal

Ein·mal·eins *das* <-> /kein Plur./ ❶ MATH. ■ *das kleine Einmaleins das Multiplizieren der Zahlen*

1–10; ▪ **das große Einmaleins** *das Multiplizieren der Zahlen 1–20* **②** *(umg.) das Grundwissen über etwas*

ein·ma·lig *adj /nicht steig./* **①** */nicht steig./ (↔ mehrmalig) so, dass es nur einmal erfolgt:* Er erhielt eine einmalige Abfindung. **②** *so, dass es nur einmal existiert:* Es bot sich mir eine einmalige Chance/Gelegenheit. **③** *(≈ einzigartig) von besonders guter Qualität:* Diese Reise war ein einmaliges Erlebnis ! ▸ Einmaligkeit

Ein·mal·lin·se *die* <-, -n> *Kontaktlinse für den einmaligen Gebrauch*

Ein·mal·zah·lung *die* <-, -en> *nur einmal erfolgende Zahlung*

Ein·mann- *als Erstglied zusammengesetzter Substantive; drückt aus* **①** *dass das mit dem Zweitglied Bezeichnete von einer einzigen Person betrieben werden kann/betrieben wird bzw. zu dessen Betätigung eine einzige Person ausreicht* ◆ -betrieb, -boot, -firma, -flieger, -flugzeug, -gesellschaft, -helikopter, -hubschrauber, -jolle, -orchester, -platte, -ruderboot, -säge, -theater, -torpedo, -unterhalter, -unternehmen **②** *dass das mit dem Zweitglied Bezeichnete für eine einzelne Person gedacht ist bzw. für diese ausreicht* ◆ -kocher, -pack, -packung, -paket, -verpflegung, -zelt

Ein·mann·ka·pel·le *die* <-, -n> *ein Musiker, der gleichzeitig eine Reihe von Instrumenten bedient*

Ein·mann·wa·gen *der* <-s, -> VERKEHR *Straßenbahnwagen ohne Schaffner, der nur vom Fahrer bedient wird*

Ein·marsch *der* <-es, Einmärsche> *das Einmarschieren:* Am Beginn der Wettkämpfe stand der feierliche Einmarsch der Sportler ins Stadion.; Der Einmarsch der Truppen (in das feindliche Gebiet) stand unmittelbar bevor. ◆ -befehl, Truppen-

ein·mar·schie·ren <marschierst ein, marschierte ein, ist einmarschiert> *ohne OBJ* ▪ **jmd. marschiert irgendwo ein** *der Vorgang, dass eine große Gruppe von Menschen in einer festen Ordnung marschieren und an einem Ort ankommen:* Die Sportler sind ins Stadion einmarschiert.; Die Truppen sind in feindliches Gebiet einmarschiert.

ein·mei·ßeln <meißelst ein, meißelte ein, hat eingemeißelt> *mit OBJ* ▪ **jmd. meißelt etwas (in etwas** *Akk.)* **ein** *etwas mit einem Meißel in einen Stein eingravieren*

ein·men·gen <mengst ein, mengte ein, hat ein­gemengt> **I.** *mit OBJ* ▪ **jmd. mengt etwas (in etwas** *Akk.)* **ein** *(geh.) hinzufügen, unterrühren:* Mehl in den Teig einmengen **II.** *mit SICH* ▪ **jmd. mengt sich (in etwas** *Akk.)* **ein** *(umg.: ≈ einmischen) sich um Dinge kümmern, die einen nichts angehen:* Er hat sich schon wieder in unseren Streit eingemengt.

ein·mi·schen <mischst ein, mischte ein, hat ein­gemischt> *mit SICH* ▪ **jmd. mischt sich (in etwas** *Akk.)* **ein** *in die Angelegenheit eines anderen Menschen eingreifen:* Misch dich nicht in meine Angelegenheiten ein! ▸ Einmischung

ein·mo·to·rig *adj /nicht steig./ mit nur einem Motor:* ein einmotoriges Flugzeug

ein·mot·ten <mottest ein, mottete ein, hat ein­gemottet> *mit OBJ* ▪ **jmd. mottet etwas ein** **①** *(mit einem Mittel gegen Motten) wegpacken:* Ich habe die Sommerkleidung bereits eingemottet. **②** *(umg.) etwas längere Zeit nicht mehr gebrauchen;* ▪ **Lass dich doch einmotten mit deinen Ideen !** *Deine Ideen sind nutzlos.*

ein·mum·me(l)n <mummelst ein, mummelte ein, hat eingemummelt> *mit OBJ* ▪ **jmd. mummelt jmdn./etwas ein** *(umg.) warm anziehen*

ein·mün·den <mündest ein, mündete ein, ist ein­gemündet> *ohne OBJ* ▪ **etwas mündet in etwas** *Akk.* **ein** **①** *hineinfließen:* Der Rhein mündet in die Nordsee ein. **②** *in etwas anderes übergehen:* Die Straße mündet in einen Kreisverkehr ein.

Ein·mün·dung *die* <-, -en> **①** *das Einmünden* **②** *Stelle, an der ein Fluss oder eine Straße einmündet*

ein·mü·tig *adj /nicht steig./ (geh.) einstimmig; einvernehmlich:* ein einmütiger Beschluss ▸ Einmütigkeit

ein·nach·ten <nachtet ein, nachtete ein, hat ein­genachtet> *mit ES* ▪ **es nachtet ein** SCHWEIZ. *Nacht werden*

Ein·nah·me *die* <-, -n> **①** */kein Plur./ (≈ Eroberung) das Einnehmen*[4]*:* Die Einnahme der feindlichen Festung erwies sich als schwierig. **②** */meist Plur./ Einkommen, das man durch Arbeit, Verkaufen, Vermieten, oder durch Zinsen erhält:* Heute hatten wir hohe Einnahmen.; Die öffentlichen Einnahmen gehen weiter zurück. ◆ -seite, -soll, Jahres-, Tages-

Ein·nah·me·aus·fall *der* <-(e)s, Einnahmeaus­fälle> *das Ausfallen von Einnahmen*[2]

Ein·nah·me·quel·le *die* <-, -n> *etwas, das jmdm. Geld einbringt:* Sie besaß mehrere Einnahmequellen.

ein·ne·beln <nebelst ein, nebelte ein, hat einge­nebelt> *mit OBJ mit (künstlichem) Nebel einhüllen:* Der Zigarettenrauch nebelt uns ein. ▸ Einnebelung, Einneblung

ein·neh·men <nimmst ein, nahm ein, hat einge­nommen> *mit OBJ* **①** ▪ **jmd. nimmt etwas ein** *(geh.) Essen zu sich nehmen:* Wir nehmen jeden Tag pünktlich um 12 Uhr das Mittagessen ein. **②** ▪ **jmd. nimmt etwas ein** *Geld in die Kasse bekommen:* Heute habe ich relativ viel Geld eingenommen. **③** ▪ **jmd. nimmt etwas sich auf einen Sitzplatz begeben:** Bitte nehmen Sie Ihre Plätze ein! **④** ▪ **jmd. nimmt etwas ein** MILIT. *erobern:* Sie nahmen nach erbittertem Kampf das feindliche Gebiet ein. **⑤** ▪ **etwas nimmt etwas ein** *(räumlich) ausfüllen:* Allein das Sofa nimmt schon die Hälfte des Zimmers ein.; ▪ **jemanden für etwas/sich einnehmen** *jmdn. von etwas oder sich überzeugen oder begeistern*

ein·neh·mend <einnehmender, am einneh­mendsten> *adj (≈ anziehend) so sympathisch, dass man jmdm. mögen muss:* Sie hatte ein einnehmendes Wesen.

ein·ni·cken <nickst ein, nickte ein, ist einge­nickt> *ohne OBJ* ▪ **jmd. nickt ein** *(umg.) in leichten Schlaf fallen:* Sie nickt häufig vor dem Fernseher ein.; Im Publikum waren viele nach einer Stunde eingenickt.

ein·nis·ten <nistest ein, nistete ein, hat eingenis-

tet> *mit SICH* ❶ ▪ *ein Tier nistet sich irgendwo ein* an einem Ort ein Nest bauen und dann dort leben: Ich glaube, im Schuppen hat sich ein Vogelpärchen eingenistet. ❷ ▪ *jmd. nistet sich irgendwo ein* (umg. abwert.) sich niederlassen, für längere Zeit bleiben: Glaubt sie, sie kann sich jetzt hier einnisten? ▸ Einnistung

Ein·öde *die* <-, -n> verlassene Gegend

Ein·öd·hof *der* <-(e)s, Einödhöfe> LANDW. abgelegener Bauernhof

ein·ölen <ölst ein, ölte ein, hat eingeölt> *mit OBJ* ▪ *jmd. ölt jmdn./etwas (mit etwas Dat.) ein* mit Öl einreiben: Sie ölt ihre Haut vor dem Sonnenbad mit Öl ein.; Du könntest mal wieder die Fahrradkette einölen.

ein·ord·nen I. *mit OBJ* ▪ *jmd. ordnet jdn./etwas in etwas Akk. ein* in einer bestimmten Ordnung unterbringen: Er ordnet gerade die neuen Bücher ins Regal ein. **II.** *mit SICH* ▪ *jmd. ordnet sich in etwas Akk.) ein* ❶ sich anpassen: Die Schülerin ordnet sich gut in den Klassenverband ein. ❷ KFZ eine bestimmte Fahrspur aufsuchen: Du musst dich vor der nächsten Kreuzung rechts/links einordnen.

Ein·ord·nung *die* <-, -en> das Einordnen / ◆-sschwierigkeiten

ein·pa·cken <packst ein, packte ein, hat eingepackt> *mit OBJ/ohne OBJ* ❶ ▪ *jmd. packt etwas (in etwas Akk.) ein* (≈ einwickeln) eine Hülle aus Papier, Plastikfolie o. Ä. als Schutz um etwas tun: Würden Sie bitte das Buch in Geschenkpapier einpacken? ❷ ▪ *jmd. packt etwas ein* in ein Gepäckstück geben: Ich packe für die Reise warme Kleidung ein.; ▪ **einpacken können** (umg.) aufgeben müssen Mit deinen schlechten Kenntnissen in Mathematik kannst du einpacken.

ein·par·ken <parkst ein, parkte ein, hat eingeparkt> *ohne OBJ* ▪ *jmd. parkt irgendwo ein* ein Auto in einer Parklücke abstellen

ein·pas·sen <passt ein, passte ein, hat eingepasst> *mit OBJ* ▪ *jmd. passt etwas (in etwas Akk.) ein* passend machen, maßgerecht einfügen: Die Handwerker passen gerade die neuen Fenster ein. ▸ Einpassung

ein·pau·ken <paukst ein, paukte ein, hat eingepaukt> **I.** *mit OBJ* ▪ *jmd. paukt (jmdm.) etwas ein* (umg. abwert.: ≈ eintrichtern) jmdm. schnell und mit vielen Wiederholungen einen Wissensstoff vermitteln: Früher haben die Lehrer ihren Schülern eine Lektion nach der anderen eingepaukt. **II.** *mit SICH* ▪ *jmd. paukt sich etwas ein* etwas angestrengt lernen und sich durch Wiederholen einprägen: Vor dem Test hat er sich die Vokabeln eingepaukt.

ein·pen·deln <pendelst ein, pendelte ein, hat eingependelt> *mit SICH* ▪ *etwas pendelt sich (auf etwas Akk.) ein* einen Durchschnittswert erreichen: Zum Börsenschluss hatten sich die Aktienkurse wieder eingependelt.

ein·pfer·chen <pferchst ein, pferchte ein, hat eingepfercht> *mit OBJ* ▪ *jmd. pfercht jmdn./Tiere (irgendwo) ein* auf (zu) kleinem Raum zusammendrängen: Die Hühner waren in einem Stall eingepfercht.; Die Gefangenen waren auf engstem Raum eingepfercht.

ein·pflan·zen <pflanzt ein, pflanzte ein, hat eingepflanzt> *mit OBJ* ❶ ▪ *jmd. pflanzt etwas (in etwas Akk.) ein* Pflanzen in die Erde einsetzen, damit sie dort wachsen ❷ ▪ *jmd. pflanzt jmdm. etwas ein* MED. (≈ implantieren) Das neunköpfige Ärzteteam pflanzte dem Patienten in einer achtstündigen Operation ein neues Herz ein. ▸ Einpflanzung

ein·pin·seln <pinselst ein, pinselte ein, hat eingepinselt> *mit OBJ* ▪ *jmd. pinselt etwas (mit etwas Dat.) ein* etwas mit Hilfe eines Pinsels mit einer Flüssigkeit bestreichen: Sie hat die Wunde mit Jod eingepinselt. ▸ Einpinselung, Einpinslung

ein·pla·nen <planst ein, plante ein, hat eingeplant> *mit OBJ* ▪ *jmd. plant jmdn./etwas ein* von vornherein berücksichtigen: Deinen Besuch habe ich jetzt gar nicht eingeplant. ▸ Einplanung

ein·po·lig *adj* /nicht steig./ PHYS. mit nur einem Pol: Diese elektrische Leitung ist nur einpolig.

ein·prä·gen <prägst ein, prägte ein, hat eingeprägt> **I.** *mit OBJ* ▪ *jmd. prägt etwas in etwas Akk. ein* eindrücken: Sie ließ ihre Initialen in den Ring einprägen. **II.** *mit SICH* ▪ *jmd. prägt sich etwas ein* etwas im Gedächtnis festhalten, so dass man es sich merken kann: Ich kann mir die Vokabeln einfach nicht einprägen.; Diese Melodie hat sich mir eingeprägt. ▸ Einprägung

ein·präg·sam <einprägsamer, am einprägsamsten> *adj* (≈ markant, eindrucksvoll) so, dass man es sich mehr vergisst: ein einprägsames Gesicht ▸ Einprägsamkeit

ein·quar·tie·ren <quartierst ein, quartierte ein, hat einquartiert> *mit OBJ/mit SICH* ▪ *jmd. quartiert jdn./sich irgendwo ein* jmdn. oder sich in einem Quartier unterbringen: Sie hatten ihre Gäste im Hotel einquartiert.; Wir haben uns bei seinen Eltern einquartiert.; Die Truppen wurden in Kasernen einquartiert. ▸ Einquartierung

Ein·rad *das* <-(e)s, Einräder> SPORT ein Fahrrad, das nur über ein Laufrad verfügt

ein·rah·men <rahmst ein, rahmte ein, hat eingerahmt> *mit OBJ* ▪ *jmd. rahmt etwas Akk. ein* in einen Rahmen geben: Bilder/Fotos einrahmen ▸ Einrahmung

ein·ram·men <rammst ein, rammte ein, hat eingerammt> *mit OBJ* ▪ *jmd. rammt etwas in etwas Akk. ein* mit großer Kraft (in den Boden) hineinstoßen: Sie rammten die Zaunpfähle tief in den Boden ein.

ein·ras·ten <rastest ein, rastete ein, ist eingerastet> *ohne OBJ* ▪ *etwas rastet irgendwo ein* (meist mit einem knackenden Geräusch) mechanisch ineinandergreifen, so dass etwas fest verbunden wird: Der Verschluss am Koffer ist eingerastet.; Der Schlüssel passt, denn das Schloß ist eingerastet.; ▪ **jemand ist eingerastet** (umg.) jmd. ist beleidigt Seit ich ihm das gesagt habe, ist er eingerastet.

ein·räu·chern <räucherst ein, räucherte ein, hat eingeräuchert> *mit OBJ* ▪ *jmd. räuchert etwas ein* mit Rauch erfüllen: Du räucherst die ganze Wohnung ein mit deinem Zigarettenqualm!

E

ein·räu·men <räumst ein, räumte ein, hat eingeräumt> *mit OBJ* ❶ ▪ *jmd. räumt etwas in etwas Akk. ein hineinlegen, einordnen:* Ich will noch die Wäsche in den Schrank einräumen. ❷ ▪ *jmd. räumt etwas ein einrichten:* Sie räumt gerade ihre neue Wohnung ein. ❸ ▪ *jmd. räumt etwas ein (≈ zugeben) sagen, dass ein Vorwurf berechtigt ist:* Der Minister hat Fehler bei der Abwicklung des Falles eingeräumt. ▷ Einräumung

ein·rech·nen <rechnest ein, rechnete ein, hat eingerechnet> *mit OBJ* ▪ *jmd. rechnet etwas (in etwas Akk.)ein jmd. in einer Rechnung berücksichtigen:* Er hat sämtliche Kosten schon eingerechnet.

ein·re·den <redest ein, redete ein, hat eingeredet> **I.** *mit OBJ* ▪ *jmd. redet jmdm. etwas ein durch Äußerungen bewirken, dass jmd. etwas glaubt:* Diese Werbung will mir einreden, dass ich diese Ware unbedingt brauche.; Hat dir das dein neuer Freund eingeredet? **II.** *ohne OBJ* ▪ *jmd. redet auf jmdn. ein eindringlich mit jmdm. reden:* Sie redete stundenlang auf ihn ein, aber er blieb bei seiner Meinung.

Ein·rei·be·mit·tel *das* <-s, -> *Mittel zum Einreiben (der Haut)*

ein·rei·ben <reibst ein, rieb ein, hat eingerieben> *mit OBJ* ▪ *jmd. reibt etwas (mit etwas Dat.) ein durch Reiben eine Substanz auf etwas verteilen:* die Freundin mit Sonnenöl einreiben; Schuhe mit Fett einreiben ▷ Einreibung

ein·rei·chen <reichst ein, reichte ein, hat eingereicht> *mit OBJ* ▪ *jmd. reicht etwas (bei etwas Dat.) ein offiziell Dokumente bei einer Behörde oder Dienststelle vorlegen:* Er wird seine Bewerbungsunterlagen/den Antrag gleich morgen einreichen.

ein·rei·hen <reihst ein, reihte ein, hat eingereiht> **I.** *mit OBJ* ▪ *jmd. reiht etwas unter etwas Akk. ein einordnen:* Man reiht ihn unter die größten Komponisten dieses Jahrhunderts ein. **II.** *mit SICH* ▪ *jmd. reiht sich in etwas Akk. ein sich in eine Reihe stellen:* Ich reihte mich in die lange Schlange der Wartenden ein.

Ein·rei·her *der* <-s, -> (↔ Zweireiher) *Anzug mit nur einer Knopfreihe am Jackett*

ein·rei·hig *adj /nicht steig./* (↔ zweireihig) *in oder mit nur einer Reihe von Knöpfen:* ein einreihiges Jackett

Ein·rei·se *die* <-, -n> (↔ Ausreise) *der Vorgang, dass jmd. die Grenze zu einem anderen Land überschreitet* ◆ -erlaubnis, -genehmigung, -verbot, -verweigerung, -visum

Ein·rei·se·be·stim·mung *die* <-, -en> */meist Plur./* AMTSSPR. *behördliche Bestimmung über die Einreise*

ein·rei·sen <reist ein, reiste ein, ist eingereist> *ohne OBJ* ▪ *jmd. reist irgendwo ein* (↔ ausreisen) *über die Grenze in ein anderes Land kommen:* Sie durfte nach England einreisen.

ein·rei·ßen <reißt ein, riss ein, hat/ist eingerissen> **I.** *mit OBJ* ▪ *jmd. reißt etwas ein* ❶ */haben/ niederreißen:* das alte Haus einreißen ❷ *einen Riss hineinbringen:* Sie hat das Foto leider etwas eingerissen. **II.** *ohne OBJ (sein)* ❶ ▪ *etwas reißt ein an einer Stelle einen Riss haben:* Diese

Buchseite ist eingerissen. ❷ ▪ *etwas reißt irgendwo ein* (umg.) *zur Gewohnheit werden:* Was reißt denn hier ein?

ein·ren·ken <renkst ein, renkte ein, hat eingerenkt> **I.** *mit OBJ* ▪ *jmd. renkt (jmdm.) etwas ein* ❶ MED. (↔ ausrenken) *in die ursprüngliche (richtige) Lage zurückführen:* Der Arzt konnte ihren Arm/Wirbel wieder einrenken. ❷ ▪ *jmd. renkt etwas ein* (umg. übertr.) *wieder in Ordnung bringen:* Das werden wir schon wieder einrenken. **II.** *mit SICH* ▪ *etwas renkt sich ein ein schlechtes Verhältnis bessert sich von selbst wieder:* Sie hatten Streit, aber jetzt hat sich ihr Verhältnis wieder eingerenkt. ▷ Einrenkung

ein·ren·nen <rennst ein, rannte ein, hat eingerannt> *mit OBJ* ▪ *jmd. rennt (jmdm.) etwas ein:* ▪ **bei jemandem offene Türen einrennen** (umg.) *versuchen, jmdn. von etwas zu überzeugen, wovon er bereits überzeugt ist;* ▪ **jemandem die Bude einrennen** (umg.) *jmdn. häufig aufsuchen, um etwas zu erreichen*

ein·re·xen <rext ein, rexte ein, hat eingerext> *mit OBJ* ▪ *jmd. rext etwas ein* ÖSTERR. *einwecken:* Neben Marmelade haben wir für den Winter wieder Kompott eingerext.

ein·rich·ten <richtest ein, richtete ein, hat eingerichtet> **I.** *mit OBJ* ❶ ▪ *jmd. richtet etwas ein anlegen:* Wir müssen ein Bankkonto/ein neues Adressenverzeichnis einrichten. ❷ ▪ *jmd. richtet etwas mit etwas Dat. ein eine Wohnung mit Möbeln, Vorhängen, Teppichen usw. ausstatten:* Wie werden wir die neue Wohnung einrichten? ❸ ▪ *jmd. richtet etwas ein* (geh.) *möglich machen:* Können Sie es einrichten, mich um sechs Uhr zu treffen? ❹ ▪ *jmd. richtet etwas ein neu schaffen:* Das Büro wurde eben erst eingerichtet. **II.** *mit SICH* ❶ ▪ *jmd. richtet sich (auf jmdn./etwas) ein* (geh.) *sich vorbereiten:* Ihr müsst euch auf einige Schwierigkeiten einrichten. ❷ ▪ *jmd. richtet sich irgendwie ein seine Wohnung in bestimmter Weise möblieren:* Sie haben sich im französischen Stil/luxuriös eingerichtet.

Ein·rich·tung *die* <-, -en> ❶ */kein Plur./ das Einrichten I.1, I.2, II.2:* Es geht um die Einrichtung eines Sparkontos.; Die Einrichtung des Wohnzimmers kostete uns viel Geld. ❷ (≈ Ausstattung) *alle Möbel einer Wohnung:* eine Wohnung mit einer einfachen/ eleganten/hochwertigen/modernen/ nüchternen/sachlichen Einrichtung; Die Einrichtungen aus beiden Wohnungen werden wir größtenteils mitnehmen. ◆-sgegenstand, Wohnungs- ❸ *Institution:* Die Sparmaßnahmen betrafen kulturelle/ öffentliche/soziale/staatliche Einrichtungen.

ein·rit·zen <ritzt ein, ritzte ein, hat eingeritzt> *mit OBJ* ▪ *jmd. ritzt etwas in etwas Akk. ein etwas ritzen:* Er ritzte seine Initialen in die Holzbank/die Rinde des Baumes.

ein·rol·len <rollst ein, rollte ein, hat eingerollt> **I.** *mit OBJ* ▪ *jmd. rollt etwas ein etwas so wickeln, dass es zu einer Rolle wird:* Wir rollen den Teppich für den Transport ein. **II.** *mit SICH* ▪ *jmd./ etwas rollt sich ein sich zusammenrollen:* Das

Blatt rollt sich wegen der Schädlinge/vor Trockenheit ein.

ein·ros·ten <rostest ein, rostete ein, ist eingerostet> *ohne OBJ* ■ *jmd./etwas rostet ein* ❶ *Rost ansetzen:* Das alte Fahrrad ist völlig eingerostet. ❷ *(umg.) (wegen mangelnder Übung) ungelenkig oder steif sein:* Er sollte sich mehr bewegen, er ist total eingerostet.

ein·rü·cken <rückst ein, rückte ein, hat/ist eingerückt> **I.** *ohne OBJ (sein)* ■ *jmd. rückt (in etwas Akk.) ein* MILIT. *einmarschieren:* Die Truppen rückten in feindliches Gebiet ein. **II.** *mit OBJ (haben)* ■ *jmd. rückt etwas ein eine Textzeile etwas weiter rechts vom Rand beginnen lassen:* Die Zitate habe ich eingerückt. ▶ Einrückung

Eins *die* <-, -en> ❶ *die Ziffer 1:* Sie hat eine Eins gewürfelt.; Das Fußballspiel steht gerade bei eins zu null. ❷ *(im deutschen Schulsystem) die beste Schulnote:* Er wollte unbedingt eine Eins schreiben.; in Mathematik und Sport eine Eins haben ❸ *sehr gute Bewertung:* das ist eins A (Ia) Qualität !

eins I. *num verwendet, um die Uhrzeit von dreizehn Uhr zu bezeichnen:* Es ist schon halb eins. **II.** *adj* ❶ (↔ *uneins) einig, gleicher Meinung:* wir sind darin eins, dass … ❷ *dasselbe:* Das macht keinen Unterschied, das ist doch alles eins !; ■ **jemandem eins sein** *(umg.) gleichgültig (sein)* Sie war ihm völlig eins geworden. **III.** *pron etwas:* Sie wollte ihm eigentlich eins auswischen.; Eins möchte ich dir noch sagen.; *siehe auch* **acht**

Ein·saat *die* <-, -en> ❶ */meist Sing./ Saatgut* ❷ */kein Plur./ das Einsäen*

ein·sa·cken¹ <sackst ein, sackte ein, hat eingesackt> *mit OBJ* ■ *jmd. sackt etwas ein* ❶ *in Säcke packen:* Hilf mir bitte, die Kartoffeln einzusacken. ❷ *(umg. abwert.) kassieren:* Sie hat dort ganz schön viel Geld eingesackt.

ein·sa·cken² <sackst ein, sackte ein, ist eingesackt> *ohne OBJ* ■ *jmd. sackt (in etwas Akk.) ein versinken:* Wir kamen nur langsam voran, da wir ständig im Schnee einsackten.

ein·sä·en <säst ein, säte ein, hat eingesät> *mit OBJ* ■ *jmd. sät etwas ein Saatgut in den Boden stecken:* Er hat diesmal auf dem Feld Weizen eingesät.

ein·sal·zen <salzt ein, salzte ein, hat eingesalzen/eingesalzt> *mit OBJ* ■ *jmd. salzt etwas ein (≈ pökeln) Nahrungsmittel in Salz einlegen und dadurch haltbar machen:* Fisch einsalzen

ein·sam <einsamer, am einsamsten> *adj* ❶ *so, dass man wenig soziale Kontakte hat und viel allein ist:* Alte Menschen sind oft einsam. ❷ *(≈ abgelegen) so, dass in der Umgebung keine anderen Gebäude sind:* ein einsames Haus am Waldrand ❸ *menschenleer, wenig bewohnt:* Dort gibt es weite, einsame Strände.; eine einsame Gegend

Ein·sam·keit *die* <-> */kein Plur./* ❶ *das Alleinsein:* Sie liebt die Einsamkeit. ❷ *Abgeschiedenheit:* Das Ferienhäuschen liegt in absoluter Einsamkeit.

ein·sam·meln <sammelst ein, sammelte ein, hat eingesammelt> *mit OBJ* ■ *jmd. sammelt etwas ein von jedem Mitglied einer Gruppe eine be-*

stimmte Sache nehmen: Wer sammelt das Geld für die Klassenfahrt ein?; Der Lehrer sammelt die Hefte der Schüler ein. ▶ Einsammelung, Einsammlung

Ein·satz *der* <-es, Einsätze> ❶ (≈ *Engagement) die Anstrengung, die man für eine Sache erbringt:* Sie arbeiteten mit großem Einsatz/unter Einsatz aller Kräfte für das Projekt. ❷ *das Verwenden von Geräten:* Erst der Einsatz von Computern macht diese Arbeit möglich. ❸ *der Vorgang, dass jmd. mit seinem Beruf verbundene Funktion oder Tätigkeit ausübt:* Über den Einsatz des angeschlagenen Spielers wird morgen entschieden.; Man diskutiert über den Einsatz von Bodentruppen. ◆-befehl, -bereitschaft, -dienst, -gebiet, -gruppe, -kommando, -leiter(in), -leitung, -plan, -truppe, -wagen, -zentrale, Feuerwehr-, Polizei-, Truppen- ❹ *die Geldsumme, die man bei einem Glücksspiel oder einer Wette gibt oder nennt:* Er hat einen hohen Einsatz gegeben und damit viel riskiert. ❺ MUS. *der Vorgang, dass zu einem bestimmten Zeitpunkt ein Musiker zu spielen beginnt:* Der Pianist hat seinen Einsatz verpasst.; Der Dirigent gab dem Orchester den Einsatz.; ■ **unter Einsatz ihres Lebens** *unter Lebensgefahr* ❻ *ein Behälter, den man in einen anderen Behälter einsetzt:* Zu diesem Kochtopf gehört ein Einsatz zum Dämpfen.

ein·satz·be·reit *adj /nicht steig./ bereit zum Einsatz²*, ³, ⁴, ⁵: Der Computer/Der Spieler/Die Einheit ist einsatzbereit.

Ein·satz·be·reit·schaft *die* <-> */kein Plur./ (≈ Engagement) der Wille, sich für etwas einzusetzen:* Seine Einsatzbereitschaft überraschte mich.

ein·satz·freu·dig <einsatzfreudiger, am einsatzfreudigsten> *adj gern bereit, sich einzusetzen*

ein·sau·en <saust ein, saute ein, hat eingesaut> *mit SICH* ■ *jmd. saut sich (mit etwas Dat.) ein (umg.) schmutzig machen:* Schau dich mal an – du hast dich ja total (mit Tomatensoße) eingesaut!

ein·sau·gen <saugst ein, saugte ein, hat eingesaugt> *mit OBJ* ■ *jmd./etwas saugt etwas Akk. ein durch Saugen aufnehmen:* den Duft von Blumen einsaugen

ein·säu·men <säumst ein, säumte ein, hat eingesäumt> *mit OBJ* ■ *jmd./etwas säumt etwas ein* ❶ *ein Kleidungsstück mit einem Saum versehen* ❷ *einfassen:* Eine Allee ist eine von Bäumen eingesäumte Straße.

ein·schal·ten <schaltest ein, schaltete ein, hat eingeschaltet> **I.** *mit OBJ* ■ *jmd. schaltet etwas ein* ❶ *in Betrieb setzen:* Schalte doch bitte das Licht/den Fernseher ein. ❷ *bewirken, dass jmd. aktiv wird:* Wir werden wohl die Polizei einschalten müssen. **II.** *mit SICH* ■ *jmd. schaltet sich (in etwas Akk.) ein eingreifen, sich einmischen:* Nach wiederholten Fouls schaltete sich endlich der Schiedsrichter ein.

Ein·schalt·he·bel *der* <-s, -> *Hebel zum Einschalten einer Maschine*

Ein·schalt·quo·te *die* <-, -n> TV *Zahl der Fernsehzuschauer einer bestimmten Sendung:* Zur Hauptsendezeit erreicht man natürlich eine hohe Einschaltquote.

ein·schär·fen <schärfst ein, schärfte ein, hat ein-

geschärft> *mit OBJ* ■ *jmd.* **schärft jmdm. etwas ein** *jmdn. nachdrücklich dazu auffordern, eine Regel einzuhalten:* Wir haben den Kindern Vorsicht im Straßenverkehr eingeschärft. ▸ Einschärfung

ein·schät·zen <schätzt ein, schätzte ein, hat eingeschätzt> *mit OBJ* ■ *jmd.* **schätzt jmdn./etwas irgendwie ein** (≈ *bewerten*) *in bestimmter Weise beurteilen:* Sie hatten die Situation falsch/genau richtig/realistisch/zu pessimistisch eingeschätzt.; Er hatte seine Fähigkeiten/sich falsch eingeschätzt und war der Aufgabe dann doch nicht gewachsen. ▸ Einschätzung

ein·schen·ken <schenkst ein, schenkte ein, hat eingeschenkt> *mit OBJ* ■ *jmd.* **schenkt jmdm. (etwas) ein** (≈ *eingießen*) *aus einer Flasche oder Kanne Flüssigkeit in ein Glas gießen:* Sie schenkte dem Gast ein Glas Wein ein.

ein·sche·ren <scherst ein, scherte ein, ist eingeschert> *ohne OBJ* ■ *jmd.* **schert irgendwo ein** VERKEHR *sich wieder in die richtige Fahrspur einordnen*

ein·schi·cken <schickst ein, schickte ein, hat eingeschickt> *mit OBJ* ■ *jmd.* **schickt etwas irgendwo ein** (≈ *einsenden*) *irgendwohin schicken:* Wir werden die Blutproben zur Analyse ins Labor einschicken.

ein·schie·ben <schiebst ein, schob ein, hat eingeschoben> *mit OBJ* ■ *jmd.* **schiebt etwas (in etwas** *Akk.***) ein** (*umg.:* ≈ *dazwischenschieben*) *etwas, das sich über einen gewissen Zeitraum erstreckt, an einer Stelle unterbrechen, um etwas anderes zu tun:* Nächste Woche muss ich mal einen Urlaubstag einschieben. ▸ Einschiebsel, Einschiebung

ein·schie·ßen <schießt ein, schoss ein, hat eingeschossen> **I.** *mit OBJ* ■ *jmd.* **schießt etwas** *Akk.* **ein** *durch Schüsse zerstören:* Die Soldaten hatten alle Fenster und Türen eingeschossen. **II.** *mit SICH* ■ *jmd.* **schießt sich ein** *sich im Schießen üben und immer treffsicherer werden;* ■ **sich auf jmdn. einschießen** *jmdn. immer wieder kritisieren* Diese Zeitung hat sich darauf eingeschossen, den Bürgermeister zu kritisieren.

ein·schif·fen <schiffst ein, schiffte ein, hat eingeschifft> **I.** *mit OBJ* ■ *jmd.* **schifft jmdn./etwas irgendwo ein** SEEW. *an Bord eines Schiffes bringen* **II.** *mit SICH* ■ *jmd.* **schifft sich irgendwo ein** SEEW. *eine Reise an Bord eines Schiffes beginnen* ▸ Einschiffung

ein·schla·fen <schläfst ein, schlief ein, ist eingeschlafen> *ohne OBJ* ❶ ■ *jmd./ein Tier* **schläft ein** *in Schlaf fallen:* Nach dem anstrengenden Tag bin ich schon früh eingeschlafen. ❷ ■ *etwas* **schläft ein** *(von Arm/Bein) gefühllos werden und kribbeln:* Mein rechter Arm ist eingeschlafen. ❸ ■ *etwas* **schläft ein** *langsam weniger werden und schließlich ganz enden:* Unser Kontakt schlief mit der Zeit ein. ❹ ■ *jmd.* **schläft ein** (*verhüll.:* ≈ *entschlafen*) *(ohne Qualen) sterben*

ein·schlä·fern <schläferst ein, schläferte ein, hat eingeschläfert> *mit OBJ* ❶ ■ *etwas* **schläfert jmdn. ein** *in Schlaf versetzen:* Diese Musik schläfert mich ein. ❷ ■ *etwas* **schläfert jmdn. ein**

(≈ *beschwichtigen*) *sorglos machen, in falsche Sicherheit bringen:* Sie wollen uns von der Ölpest ablenken und unsere Aufmerksamkeit einschläfern. ❸ ■ *jmd.* **schläfert ein Tier ein** *ein Tier durch eine Injektion töten:* Unser Hund musste leider eingeschläfert werden ▸ Einschläferung

ein·schlä·fernd <einschläfernder, am einschläferndsten> *adj* (*umg.:* ≈ *monoton*) *so gleichförmig und langweilig, dass man dabei einschlafen könnte:* Stell doch bitte diese einschläfernde Musik ab!

Ein·schlaf·stö·rung *die* <-, -en> /*meist Plur.*/ *Schwierigkeiten beim Einschlafen*

Ein·schlag *der* <-(e)s, Einschläge> ❶ *das Einschlagen* II.1: Der Einschlag des Meteoriten war verheerend. ◆-trichter, Bomben-, Granaten- ❷ *eine Tendenz zu etwas:* Seine dunklen Haare verraten südländischen Einschlag.; Das Fell war dunkelbraun mit einem Einschlag ins Rötliche.

ein·schla·gen <schlägst ein, schlug ein, hat eingeschlagen> **I.** *mit OBJ* ❶ ■ *jmd.* **schlägt etwas in etwas** *Akk.* **ein** *durch Schlagen mit dem Hammer bewirken, dass etwas in etwas steckt:* Könntest du einen Nagel in die Wand einschlagen? ❷ ■ *jmd.* **schlägt etwas ein** *durch Schlagen zerstören:* Der Junge hat die Fensterscheibe eingeschlagen. ❸ ■ *jmd.* **schlägt etwas in etwas** *Akk.* **ein** (≈ *einwickeln*) *um etwas Papier, Folie o. Ä. wickeln:* Das Buch ist in Packpapier eingeschlagen. ❹ ■ *jmd.* **schlägt etwas ein** *mit einem Saum oder Umschlag versehen:* Der Saum ist 5 cm eingeschlagen. ❺ ■ *jmd.* **schlägt etwas ein** KFZ *herumdrehen:* Du musst jetzt das Lenkrad stark nach rechts einschlagen. ❻ ■ *jmd.* **schlägt etwas ein** *in einer bestimmten Richtung gehen:* Wir werden einen neuen Weg einschlagen.; Er hat eine recht erfolgreiche Laufbahn eingeschlagen. **II.** *ohne OBJ* ■ *etwas* **schlägt in etwas** *Akk.* **ein** ❶ *in einen Gegenstand gewaltsam hineindringen:* Der Blitz schlug in den Kirchturm ein. ❷ ■ *etwas* **schlägt (bei jmdm.) ein** (*umg.*) *gut ankommen, Anklang finden:* Dieser Film hat total eingeschlagen. ❸ ■ *jmd.* **schlägt auf jmdn. ein** *prügeln:* Sie haben auf ihn eingeschlagen, bis er sich nicht mehr bewegte.

ein·schlä·gig *adj* /*nicht steig.*/ ❶ AMTSSPR. *dazugehörig:* Das geht aus den einschlägigen Bestimmungen hervor. ❷ ■ **einschlägig vorbestraft sein** RECHTSW. *bereits wegen eines ähnlichen Vergehens bestraft sein*

ein·schlei·chen <schleichst ein, schlich ein, hat eingeschlichen> *mit SICH* ❶ ■ *jmd.* **schleicht sich (in etwas** *Akk.***) ein** *heimlich hineinkommen:* Der Einbrecher hatte sich nachts in das Büro eingeschlichen. ❷ ■ *etwas* **schleicht sich (in etwas** *Akk.***) ein** *versehentlich geschehen:* Hier haben sich schon wieder Fehler eingeschlichen.

ein·schlep·pen <schleppst ein, schleppte ein, hat eingeschleppt> *mit OBJ* ■ *jmd.* **schleppt etwas in etwas** *Akk.* **ein** *(als erkrankte Person) bewirken, dass sich andere Menschen anstecken und sich eine Krankheit ausbreitet:* Wer hat hier die Grippe eingeschleppt? ▸ Einschleppung

ein·schleu·sen <schleust ein, schleuste ein, hat

E

eingeschleust> *mit OBJ* ■ *jmd.* **schleust jmdn./etwas in etwas** *Akk.* **ein** *unbemerkt in etwas hineingelangen lassen:* Die Agenten wurden eingeschleust. ▸ Einschleusung

ein·schlie·ßen <schließt ein, schloss ein, hat eingeschlossen> *mit OBJ* ❶ ■ *jmd.* **schließt etwas in etwas** *Akk.* **ein** (≈ *wegschließen) etwas in einen Schrank tun und diesen abschließen:* Wir haben die Medikamente (für Kinder unzugänglich) im Schrank eingeschlossen. ❷ ■ *etwas* **schließt etwas ein** *vollständig umgeben:* Eine hohe Hecke schloss das Grundstück ein.

ein·schließ·lich I. *präp* +*Gen.* (≈ *inklusive* ↔ *zuzüglich) so, dass die genannte Sache einen Geldbetrag enthält:* Dies wäre der Preis einschließlich (der) Mehrwertsteuer. **II.** *adv* ■ **von X bis einschließlich Y** *verwendet, um auszudrücken, dass das Gesagte von X bis Y gilt und auch noch für Y zutrifft:* Wir haben von Mittwoch bis einschließlich Freitag geschlossen (≈ *auch Freitag ist geschlossen).*

ein·schmei·cheln <schmeichelst ein, schmeichelte ein, hat eingeschmeichelt> *mit SICH* ■ *jmd.* **schmeichelt sich (bei jmdm.) ein** *(abwert.) sich durch entsprechendes Verhalten bei jmdm. beliebt machen:* Sie schmeichelte sich bei ihrem Lehrer ein. ▸ Einschmeichelung/Einschmeichlung, Einschmeichler, Einschmeichlerin

ein·schmei·chelnd <einschmeichelnder, am einschmeichelndsten> *adj* (≈ *sanft) in einer so angenehmen Art, dass man es mögen muss:* Sie besaß eine einschmeichelnde Stimme.

ein·schmie·ren <schmierst ein, schmierte ein, hat eingeschmiert> *mit OBJ* ■ *jmd.* **schmiert etwas (mit etwas** *Dat.***) ein** *eine fettige oder ölige Substanz auf etwas auftragen*

ein·schmug·geln <schmuggelst ein, schmuggelte ein, hat eingeschmuggelt> *mit OBJ* ■ *jmd.* **schmuggelt jmdn./etwas (in etwas** *Akk.***) ein** *heimlich (und illegal) durch eine Kontrolle oder Grenze bringen:* Sie wussten nicht, wer die Drogen ins Land eingeschmuggelt hatte. ▸ Einschmuggelung/Einschmugglung

ein·schnap·pen <schnappst ein, schnappte ein, ist eingeschnappt> *ohne OBJ* ❶ ■ *etwas* **schnappt ein** *ins Schloss fallen:* Die Tür schnappte ein. ❷ ■ *jmd.* **schnappt ein** *beleidigt sein:* Er ist furchtbar schnell eingeschnappt.

ein·schnei·den <schneidest ein, schnitt ein, hat eingeschnitten> **I.** *mit OBJ* ■ *jmd.* **schneidet etwas ein** *einen Schnitt in etwas machen:* Hast du den Stoff an der Seite eingeschnitten? **II.** *ohne OBJ* ■ *etwas* **schneidet (in etwas** *Akk.***) ein** *so eng anliegen, dass es schmerzt:* Der Gürtel schneidet (in die Haut) ein.

ein·schnei·dend <einschneidender, am einschneidendsten> *adj* (≈ *folgenschwer, drastisch) so, dass es große Konsequenzen hat:* ein einschneidendes Ereignis; Die Regierung beschloss einschneidende Maßnahmen im Gesundheitswesen.

Ein·schnitt *der* <-(e)s, -e> ❶ (≈ *Kerbe) Stelle, an der ein Schnitt in etwas gemacht ist* ❷ (≈ *Wendepunkt, Zäsur) ein Ereignis, das etwas nachhaltig*

verändert: Diese Begegnung war ein bedeutsamer Einschnitt in seinem Leben.

ein·schnü·ren <schnürst ein, schnürte ein, hat eingeschnürt> *mit OBJ* ■ *etwas* **schnürt (in etwas** *Akk.***) ein** *einschneiden II* ▸ Einschnürung

ein·schrän·ken <schränkst ein, schränkte ein, hat eingeschränkt> **I.** *mit OBJ* ■ *jmd.* **schränkt etwas ein** (≈ *reduzieren, vermindern) weniger von etwas konsumieren oder etwas seltener tun:* Sie sollten das Rauchen einschränken. **II.** *mit SICH* ■ *jmd.* **schränkt sich ein** *sparen:* Seit Vater arbeitslos ist, müssen wir uns (finanziell) ziemlich einschränken.

Ein·schrän·kung *die* <-, -en> ❶ *das Einschränken II:* Wir hatten vor dem Umzug verschiedene Einschränkungen hinnehmen müssen. ❷ (≈ *Vorbehalt) etwas, das von einer Aussage ausgenommen bleibt:* Ich stimme Ihnen ohne Einschränkung zu.

Ein·schrei·be·brief *der* <-(e)s, -e> *Brief, der dem Empfänger persönlich und gegen Unterschrift ausgehändigt wird*

Ein·schrei·ben *das* <-s, -> *siehe* **Einschreibebrief**

ein·schrei·ben <schreibst ein, schrieb ein, hat eingeschrieben> **I.** *mit OBJ* ■ *jmd.* **schreibt etwas (in etwas** *Akk.***) ein** (≈ *eintragen) irgendwo hineinschreiben* ▸ Inschrift **II.** *mit SICH* ■ *jmd.* **schreibt sich (irgendwo) (in etwas** *Akk.***) ein** (≈ *immatrikulieren) jmd. meldet sich irgendwo an, indem er seinen Namen in eine Liste schreibt:* Sie wollte sich an der Universität einschreiben.; Hast du dich schon in die Kursliste eingeschrieben? ▸ Einschreibung

Ein·schrei·bung *die* <-, -en> *das Einschreiben II*

ein·schrei·ten <schreitest ein, schritt ein, ist eingeschritten> *ohne OBJ* ■ *jmd.* **schreitet gegen jmdn. ein** (≈ *eingreifen) eine Autorität greift in ein bestimmtes Geschehen ein, um es zu beenden:* Die Polizei schritt gegen die Demonstranten ein.

ein·schrump·fen <schrumpft ein, schrumpfte ein, ist eingeschrumpft> *ohne OBJ* ■ *etwas* **schrumpft ein** *sich zusammenziehen und dadurch kleiner werden:* Die Äpfel haben lange gelegen und sind eingeschrumpft. ▸ Einschrumpfung

ein·schüch·tern <schüchterst ein, schüchterte ein, hat eingeschüchtert> *mit OBJ* ■ *jmd.* **schüchtert jmdn. ein** (≈ *entmutigen, erschrecken) jmdm. Angst machen oder jmdn. unsicher machen:* Er wollte sie durch sein barsches Auftreten einschüchtern.; Ich lasse mich von deinen Drohungen nicht einschüchtern. ▸ Einschüchterung

Ein·schüch·te·rungs·ver·such *der* <-(e)s, -e> *ein Verhalten, mit dem jmd. jmdn. einschüchtern will*

ein·schu·len <schulst ein, schulte ein, hat eingeschult> *mit OBJ* ■ *jmd.* **schult jmdn. ein** *ein Kind zum ersten Mal in einer Schule aufnehmen:* Das Mädchen wurde im Alter von sechs Jahren eingeschult. ▸ Einschulung

Ein·schuss *der* <-es, Einschüsse> *Stelle, wo die Kugel aus einer Schusswaffe eingedrungen ist* ◆-stelle/-Stelle, -winkel

ein·schüt·ten <schüttest ein, schüttete ein, hat

E

eingeschüttet> *mit OBJ* ■ *jmd. schüttet etwas (in etwas Akk.) ein* eine Flüssigkeit in etwas gießen

ein·schwei·ßen <schweißt ein, schweißte ein, hat eingeschweißt> *mit OBJ* ■ *jmd. schweißt etwas in etwas Akk. ein* TECHN. *etwas mit Hilfe einer Verpackungsmaschine (zum Schutz) mit einer eng anliegenden Plastikfolie überziehen:* War das Fleisch eingeschweißt?

ein·seg·nen <segnest ein, segnete ein, hat eingesegnet> *mit OBJ* ■ *jmd. segnet jmdn./etwas ein* REL. ❶ (≈ *einweihen*) *den kirchlichen Segen über etwas sprechen* ❷ (≈ *konfirmieren*) *den kirchlichen Segen über die Konfirmanden sprechen:* Mit 14 Jahren werden die Jugendlichen eingesegnet. ▸ Einsegnung

ein·seh·bar *adj* /nicht steig./ ❶ *so, dass man in etwas hineinsehen kann:* Mich stört, dass unser Balkon so leicht einsehbar ist. ❷ *so, dass etwas verständlich ist:* Er hat aus einsehbaren Gründen so gehandelt.

ein·se·hen <siehst ein, sah ein, hat eingesehen> *mit OBJ* ❶ ■ *jmd. sieht etwas ein* (prüfend) *hineinsehen:* Können wir die Akten/Unterlagen einsehen? ❷ ■ *jmd. sieht etwas ein* (≈ *verstehen*) *zur Erkenntnis kommen:* Ich habe seine Argumente eingesehen. ❸ ■ *jmd. sieht etwas ein etwas als negativ erkennen:* Er hat seinen Fehler/sein Unrecht eingesehen. ❹ ■ *jmd. sieht etwas ein weit blicken können:* Von hier aus ist das Gelände gut einzusehen.; ■ **ein Einsehen haben** *merken, dass etwas nicht geht* Als das Gewitter schon ganz nahe war, hatten die Bergsteiger endlich ein Einsehen und kehrten um. ▸ Einsicht, einsichtig

ein·sei·fen <seifst ein, seifte ein, hat eingeseift> *mit OBJ* ❶ ■ *jmd. seift jmdn./etwas ein mit Seife einschäumen:* Sie seifte das kleine Kind von oben bis unten ein. ❷ ■ *jmd. seift jmdn. ein* (umg.: ≈ *anschmieren*) *mit vielen Worten zu etwas überreden, was wenig wert ist:* Da habt ihr mich aber tüchtig eingeseift!

ein·sei·tig <einseitiger, am einseitigsten> *adj* ❶ /nicht steig./ (↔ *beidseitig*) *so, dass es nur eine Seite betrifft:* Das Papier ist einseitig beschrieben.; Eine einseitige Lähmung blieb nach dem Unfall zurück. ❷ (↔ *ausgewogen*) *so, dass es in übertriebener Weise nur einen Aspekt herausgreift:* Die Berichterstattung in den Medien war völlig einseitig. ❸ (≈ *unausgewogen*) *so, dass ein Bestandteil einen zu großen Anteil an etwas hat:* Lauter Fleisch und kaum Gemüse – Diese einseitige Ernährung ist nicht gesund!

Ein·sei·tig·keit *die* <-, -en> *der Zustand, dass etwas einseitig²,³ ist*

ein·sen·den <sendest ein, sendete/sandte ein, hat eingesendet/eingesandt> *mit OBJ* ■ *jmd. sendet etwas ein* (≈ *einschicken*) *irgendwohin schicken:* Hast du den Leserbrief schon eingesandt?

Ein·sen·der *der*, **Ein·sen·de·rin** *die* <-s, -> *jmd., der etwas eingeschickt hat:* Bei diesem Preisausschreiben gab es nur wenige Einsender.

Ein·sen·de·schluss *der* <-es> /kein Plur./ Ter-

min, bis zu dem jmd. etwas irgendwohin schicken muss: Einsendeschluss ist der …

Ein·sen·dung *die* <-, -en> *etwas, das jmd. irgendwohin geschickt hat:* Jede richtige Einsendung gewinnt einen Preis.

ein·setz·bar *adj* /nicht steig./ *so, dass man etwas einsetzen I.2 kann:* Das Gerät ist vielseitig einsetzbar.

ein·set·zen <setzt ein, setzte ein, hat eingesetzt> **I.** *mit OBJ* ❶ ■ *jmd. setzt etwas (in etwas Akk.) ein* (≈ *einfügen*) *bewirken, dass etwas Teil von etwas ist:* Sollen wir nicht ein Fenster in das Dach einsetzen lassen? ❷ ■ *jmd. setzt etwas ein jmd. verwendet etwas:* Vor Weihnachten werden Sonderzüge eingesetzt.; Zur Überwachung der Demonstration wurden viele Polizisten eingesetzt. ❸ ■ *jmd. setzt etwas ein jmd. bringt etwas in Aktion:* Sie setzte alle Kräfte ein, um das Rennen zu gewinnen. ❹ ■ *jmd. setzt etwas bei etwas Dat. ein jmd. gibt Geld zum Einsatz (im Glücksspiel oder bei einer Wette):* Er hat viel Geld (im Spiel) eingesetzt. ❺ ■ *jmd. setzt etwas ein jmd. riskiert etwas:* Er hat sein Leben eingesetzt. ❻ ■ *jmd. setzt jmdn. in etwas Akk. ein* (≈ *ernennen, einstellen*) *bewirken, dass jmd. ein bestimmtes Amt bekommt:* Sie haben einen neuen Vorstand eingesetzt. **II.** *ohne OBJ* ■ *etwas setzt irgendwann ein* (geh.) *anfangen:* Der Winter setzte dieses Jahr relativ spät ein. **III.** *mit SICH* ■ *jmd. setzt sich (für jmdn./etwas) ein* ❶ (≈ *sich bemühen, engagieren*) *sich anstrengen, damit etwas Fortschritte macht:* Sie hatte sich sehr für das Projekt eingesetzt. ❷ (geh.: ≈ *sich verwenden*) *sich sehr anstrengen, damit es jmdm. gut geht:* Er setzt sich stets für jeden seiner Schüler ein.

Ein·set·zung *die* <-, -en> (≈ *Ernennung*) *das Einsetzen I.3:* Die Einsetzung der Kommission ist für Montag geplant. ◆ Amts-

Ein·sicht *die* <-, -en> ❶ (≈ *Erkenntnis*) *etwas, das bisher unklar war und das man nun als das Ergebnis von Nachdenken verstanden hat:* Ich bin zu der Einsicht gekommen, dass … ❷ /kein Plur./ AMTSSPR. *die Erlaubnis, etwas einsehen zu dürfen:* Wir werden Einsicht in die Akten beantragen.; Wurde Ihnen Einsicht in die Verträge gewährt?

ein·sich·tig <einsichtiger, am einsichtigsten> *adj* ❶ (geh.: ≈ *vernünftig* ↔ *uneinsichtig*) *so, dass man Argumenten gegenüber zugänglich ist und die Sachlage richtig beurteilt:* Er war einsichtig und versprach, seinen Arbeitsstil zu verändern. ❷ (≈ *plausibel, verständlich* ↔ *unverständlich*) *so, dass etwas leicht zu verstehen ist:* Das sind einsichtige Argumente/Gründe.

Ein·sicht·nah·me *die* <-> /kein Plur./ AMTSSPR. *der Vorgang, dass man Einsicht² nimmt:* Diese Dokumente sind nur zur Einsichtnahme bestimmt.

ein·si·ckern <sickert ein, sickerte ein, ist eingesickert> *ohne OBJ* ■ *etwas sickert (in etwas Akk.) ein* (≈ *versickern*) *in kleinen Flüssigkeitsmengen in eine feste Substanz hineinlaufen und in ihr verschwinden:* Das Öl ist in den Boden eingesickert.

Ein·sie·de·lei *die* <-, -en> *Wohnort eines Einsiedlers*

Ein·sied·ler *der,* **Ein·sied·le·rin** <-s, -> *(≈ Eremit) jmd., der an einem einsamen Ort freiwillig allein lebt* ▸ einsiedlerisch

ein·sil·big <einsilbiger, am einsilbigsten> *adj* ❶ */nicht steig./* SPRACHWISS. *(↔ mehrsilbig) so, dass es aus einer Silbe besteht:* „Rad" ist ein einsilbiges Wort. ❷ *(umg.: ≈ wortkarg) so, dass man nur ungern spricht:* Sie ist eine einsilbige Person. ▸ Einsilbigkeit

Ein·sil·ber, **Ein·silb·ler** *der* <-s, -> SPRACHWISS. *Wort mit nur einer Silbe*

ein·sin·ken <sinkst ein, sank ein, ist eingesunken> *ohne OBJ* ▪ *jmd./etwas sinkt (in etwas Akk.) ein in etwas sinken:* Der Wagen ist im Morast eingesunken.

ein·sit·zen <sitzst ein, saß ein, hat eingesessen> *ohne OBJ* ▪ *jmd. sitzt (in etwas Dat.) ein* RECHTSW. *inhaftiert sein* ▸ Insasse

ein·span·nen <spannst ein, spannte ein, hat eingespannt> *mit OBJ* ❶ ▪ *jmd. spannt etwas (in etwas Akk.) ein* TECHN. *bewirken, dass etwas in einer Halterung festen Halt hat:* Zuerst musst du das Werkstück in den Schraubstock/ein Blatt Papier in die Schreibmaschine einspannen. ❷ ▪ *jmd. spannt ein Tier ein Pferde vor einen Wagen spannen:* Hast du die Pferde schon eingespannt? ❸ ▪ *jmd. spannt jmdn. für etwas Akk. ein (umg.) zur Arbeit heranziehen; belasten:* In seinem neuen Job wird er für viele Arbeiten eingespannt.

Ein·spän·ner *der* <-s, -> ❶ *(fachspr.) Kutsche, die von einem Pferd gezogen wird* ❷ ÖSTERR. *Kaffee mit Sahnehaube*

ein·spa·ren <sparst ein, sparte ein, hat eingespart> *mit OBJ* ▪ *jmd. spart jmdn./etwas ein jmdn. oder etwas nicht mehr verwenden, weil man spart:* Überall werden Arbeitskräfte/Kosten eingespart. ▸ Einsparung

ein·spei·sen <speist ein, speiste ein, hat eingespeist> *mit OBJ* ▪ *jmd. speist etwas in etwas Akk. ein* TECHN. *einem System zuführen:* Seit gestern kann das neue Kraftwerk Strom ins öffentliche Netz einspeisen. ▸ Einspeisung

ein·sper·ren <sperrst ein, sperrte ein, hat eingesperrt> *mit OBJ* ❶ ▪ *jmd. sperrt jmdn./ein Tier (in etwas Dat./Akk.) ein in etwas sperren:* Wer hat die Katze in der/die Garage eingesperrt? ❷ ▪ *jmd. sperrt jmdn. ein (umg.: ≈ inhaftieren) ins Gefängnis bringen*

ein·spie·len <spielst ein, spielte ein, hat eingespielt> **I.** *mit OBJ* ❶ ▪ *etwas spielt etwas Akk. ein* THEAT., FILM *Gewinn erzielen:* Der neue Film spielte unerwartet viel Geld ein. ❷ ▪ *jmd. spielt etwas ein (von Band oder Schallplatte oder CD) abspielen:* Bei der Siegerehrung wurde die Nationalhymne eingespielt. ❸ ▪ *jmd. spielt etwas ein in einem Studio eine Plattenaufnahme machen:* Die Band hat das neue Album in nur drei Tagen eingespielt. **II.** *mit SICH* ❶ ▪ *jmd. spielt sich ein* SPORT *vor dem eigentlichen Wettkampf als Vorbereitung mit noch geringem Einsatz spielen, um die Muskeln zu lockern:* Die Fußballer spielen sich

gerade ein. ❷ ▪ *etwas spielt sich ein (umg.) immer besser funktionieren:* Die Zusammenarbeit wird sich schon noch einspielen. ▸ Einspielung

Ein·spra·che *die* <-, -n> ÖSTERR., SCHWEIZ. *Einspruch*

ein·spra·chig *adj /nicht steig./* ❶ *(↔ mehrsprachig) so, dass man (nur) eine Sprache spricht;* ▪ **einsprachig (aufgewachsen) sein** *mit (nur) einer Muttersprache aufgewachsen sein* ▸ Einsprachigkeit ❷ *(≈ monolingual ↔ bilingual, zweisprachig) so, dass es in nur einer Sprache verfasst ist:* ein einsprachiges Wörterbuch

ein·sprin·gen <springst ein, sprang ein, ist eingesprungen> *ohne OBJ* ▪ *jmd. springt (für jmdn.) ein (umg.: ≈ vertreten) etwas stellvertretend für jmdn. tun, der ausfällt:* Er sprang sofort für seinen Kollegen ein, als er hörte, dass dieser einen Unfall gehabt hatte.

ein·sprit·zen <spritzt ein, spritzte ein, hat eingespritzt> *mit OBJ* ▪ *jmd. spritzt jmdm. etwas ein (≈ injizieren) mit einer Spritze in jmds. Körper gelangen lassen:* Dem Patienten wurde ein Impfstoff eingespritzt. ▸ Einspritznadel, Einspritzung

Ein·spritz·mo·tor *der* <-s, -en> KFZ *ein Verbrennungsmotor, bei dem der Kraftstoff eingespritzt wird*

Ein·spruch *der* <-(e)s, Einsprüche> RECHTSW. *Widerspruch gegen das Urteil oder den Beschluss eines Gerichts/einer Behörde:* Der Angeklagte hat gegen das Urteil Einspruch erhoben.; Ich erhebe Einspruch!; Dem Einspruch wird stattgegeben! ◆-sfrist, -srecht

ein·sprü·hen <sprühst ein, sprühte ein, hat eingesprüht> *mit OBJ* ▪ *jmd. sprüht etwas (mit etwas Dat.) ein eine Substanz durch Sprühen auf etwas auftragen:* die neuen Stiefel mit Imprägnierspray einsprühen

ein·spu·rig *adj /nicht steig./* *(↔ mehrspurig) mit nur einer Fahrspur:* Auf der einspurigen Fahrbahn bildete sich ein Stau.; Wegen einer Baustelle ist die Autobahn hier nur einspurig zu befahren.

einst·(mals) *adv* ❶ *(geh. o veralt.: ≈ damals) früher:* Einst(mals) haben wir uns gut verstanden. ❷ *(≈ später) in ferner Zukunft:* Einst wirst du an meine Worte zurückdenken. ◆Großschreibung →R 3.4 das Einst und das Jetzt

ein·stamp·fen <stampfst ein, stampfte ein, hat eingestampft> *mit OBJ* ▪ *jmd. stampft etwas ein etwas durch Stampfen zerkleinern und als Rohstoff verarbeiten:* Die alten Zeitschriften werden eingestampft. ▸ Einstampfung

Ein·stand¹ ▪ **seinen Einstand geben** *(↔ seinen Ausstand geben) für die Arbeitskollegen eine kleine Feier geben, weil man an einem neuen Arbeitsplatz die Arbeit begonnen hat*

Ein·stand² *der* <-(e)s, Einstände> ÖSTERR. *Dienstantritt*

ein·stau·ben <staubst ein, staubte ein, ist eingestaubt> *mit OBJ* ▪ *etwas staubt ein staubig werden:* Unsere Glasvitrine staubt immer so schnell ein.

ein·ste·cken <steckst ein, steckte ein, hat eingesteckt> *mit OBJ* ❶ ▪ *jmd. steckt etwas ein ❶ in die Tasche stecken:* Hast du dein Feuerzeug einge-

E

steckt? **2** *etwas Negatives hinnehmen:* Er musste viele Kränkungen/Niederlagen einstecken.

Ein·steck·kamm *der* <-(e)s, Einsteckkämme> *Kamm, mit dem man das Haar befestigt*

Ein·steck·tuch *das* <-(e)s, Einstecktücher> *Tuch, das (teilweise sichtbar) in der Brusttasche eines Jacketts getragen wird*

ein·ste·hen <stehst ein, stand ein, ist eingestanden> *ohne OBJ* ■ *jmd. steht für jmdn./etwas ein* **1** *(≈ garantieren) sich zu jmdm. oder einer Sache bekennen:* Dies ist ein erstklassiges Produkt, dafür stehe ich ein ! **2** *(≈ eintreten) für etwas Verantwortung übernehmen:* Für die Folgen dieser Entscheidung stehe ich ein. **3** *(≈ haften) Schaden ersetzen:* Für den Schaden steht der Verursacher ein.

ein·stei·gen <steigst ein, stieg ein, ist eingestiegen> *ohne OBJ* ■ *jmd. steigt (in etwas Akk.) ein* **1** *in ein Haus steigen:* Die Diebe sind über den Balkon eingestiegen. **2** *in ein Fahrzeug steigen:* Bitte einsteigen, Türen schließen selbsttätig, Vorsicht bei der Abfahrt! **3** *(umg.) irgendwo eine Tätigkeit beginnen:* Er ist in die Politik/in die Firma seines Freundes eingestiegen.

Ein·stei·ger *der*, **Ein·stei·ge·rin** <-s, -> *(≈ Anfänger ↔ Fortgeschrittener) jmd., der gerade erst mit einer Sache begonnen hat:* Das Buch liefert wertvolle Tipps für Einsteiger und Fortgeschrittene. ◆ -auto, -gitarre, -handy, -kamera, -modell, -programm, -seminar

ein·stel·len <stellst ein, stellte ein, hat eingestellt> **I.** *mit OBJ* **1** ■ *jmd. stellt etwas ein (beenden) bewirken, dass etwas aufhört:* Wegen Sturmwarnung wird der Schiffsverkehr eingestellt.; Die Angriffe wurden zeitweilig eingestellt. **2** ■ *jmd. stellt jmdn. ein (≈ anstellen ↔ entlassen) eine Arbeitsstelle besetzen:* Man plant, neue Arbeiter/Aushilfen/Techniker/ DV-Fachleute/Führungskräfte einzustellen. **3** ■ *jmd. stellt (an/bei etwas Dat.) etwas ein an der Skala eines technischen Geräts einen Wert wählen:* beim Fernsehen den Kontrast/am Radio einen anderen Sender einstellen **II.** *mit SICH* **1** ■ *jmd.stellt sich (irgendwo) ein erscheinen, kommen:* Es hatten sich unerwartet viele Menschen eingestellt. **2** ■ *jmd. stellt sich (auf etwas Akk.) ein sich bereit machen:* Flugreisende müssen sich auf längere Wartezeiten einstellen. **3** ■ *jmd. stellt sich (auf etwas Akk.) ein anpassen:* Er hatte sich auf fremde Gewohnheiten einzustellen.

ein·stel·lig *adj /nicht steig./ (als Zahl: ↔ mehrstellig) mit nur einer Ziffer:* Das Kennzeichen hatte eine einstellige Zahl. ▸ Einstelligkeit

Ein·stel·lung *die* <-, -en> **1** *(≈ Haltung, Gesinnung) die Ansichten, die jmd. zu einem bestimmten Thema hat:* eine politische/religiöse Einstellung **2** *(≈ Anstellung) der Vorgang, dass eine Firma jmdm. einen Arbeitsplatz gibt:* Die Einstellung von neuen Arbeitskräften ist bereits geplant. ◆ -sbescheid, -sgespräch, -sstopp, -stermin, -stest **3** */kein Plur./* AMTSSPR. *(≈ Beendigung) das Einstellen I.1:* Die Einstellung des Verfahrens war die Folge. ◆ Verfahrens-

Ein·stel·lungs·sa·che ■ *Das ist Einstellungssa-*

che *Das ist je nach Einstellung[1] (individuell) verschieden*

Ein·stieg *der* <-(e)s, -e> **1** *Öffnung zum Einsteigen:* Die Höhle hat nur einen schmalen Einstieg. **2** */kein Plur./ das Beginnen mit etwas:* Die Firma plant den Einstieg ins Exportgeschäft.

Ein·stiegs·dro·ge *die* <-, -n> *eine Droge, mit der jmd. seinen Drogenkonsum beginnt und dann immer härtere Drogen konsumiert*

ein·stim·men <stimmst ein, stimmte ein, hat eingestimmt> **I.** *mit OBJ* **1** ■ *jmd. stimmt jmdn./etwas auf etwas Akk. ein jmdn. auf etwas vorbereiten:* Der Redner hat das Publikum mit einer kleinen Geschichte auf das Thema eingestimmt. **2** ■ *jmd. stimmt etwas ein etwas in Einklang bringen:* Die Musiker haben ihre Instrumente eingestimmt. **II.** *ohne OBJ* ■ *jmd. stimmt ein* **1** *(≈ zustimmen) einwilligen:* Er hat einen Vorschlag gemacht, und alle haben eingestimmt. **2** MUS. *(≈ einsetzen) anfangen, mitzusingen oder mitzuspielen:* Nach dem Solo stimmten die anderen Instrumente ein. **III.** *mit SICH* ■ *jmd. stimmt sich ein sich in eine Gefühlsstimmung bringen:* Wir haben uns auf das Fest eingestimmt. ▸ Einstimmung

ein·stim·mig *adj /nicht steig./* **1** *ohne eine Gegenstimme:* Der Kandidat wurde einstimmig zum Präsidenten gewählt. **2** MUS. *(↔ mehrstimmig) ohne eine Begleitstimme:* Sie singen das Lied einstimmig. ▸ Einstimmigkeit

ein·strah·len <strahlst ein, strahlte ein, hat eingestrahlt> *ohne OBJ* ■ *etwas strahlt (irgendwo) ein als Lichtstrahl auf etwas treffen*

Ein·strah·lung *die* <-, -en> *das Einstrahlen* ◆ Licht-, Sonnen-

ein·strei·chen <streichst ein, strich ein, hat eingestrichen> *mit OBJ* **1** ■ *jmd. streicht etwas (mit etwas Dat.) ein etwas Breiiges auf etwas auftragen:* Streich die Tapeten schon mal mit Kleister ein. **2** ■ *jmd. streicht etwas ein (umg. abwert.) an sich nehmen:* Sie strich eilig das Geld ein. **3** ■ *jmd. streicht etwas ein (abwert.) als Bezahlung erhalten:* Er hat ein stattliches Honorar eingestrichen.

Ein·streu *die* <-> */kein Plur./* LANDW. *eingestreutes Stroh in Ställen*

ein·streu·en <streust ein, streute ein, hat eingestreut> *mit OBJ* ■ *jmd. streut etwas (in etwas Akk.) ein* **1** *etwas in kleinen Teilen in etwas hineinwerfen:* Sie hat die Kräuter in die Suppe eingestreut. **2** *(übertr.) etwas in einem Text erwähnen:* Er hat in seine Rede einige Zitate eingestreut.

ein·stu·die·ren <studierst ein, studierte ein, hat einstudiert> *mit OBJ* ■ *jmd. studiert etwas ein etwas so lange üben bis man es perfekt kann:* Wir haben ein neues Stück einstudiert. ▸ Einstudierung

ein·stu·fen <stufst ein, stufte ein, hat eingestuft> *mit OBJ* ■ *jmd. stuft jmdn./etwas (irgendwie) ein einordnen:* Man hat sie in eine höhere Steuerklasse eingestuft. ▸ Einstufung

Ein·stu·fungs·test *der* <-(e)s, -s> SCHULE *Test zur Ermittlung von Kenntnissen, um jemand einem*

Kurs zuzuordnen; siehe auch **DAAD, Deutsch als Fremdsprache**

Ein **Einstufungstest** ist ein Instrument zur Einteilung der Teilnehmer(innen) von Sprachkursen in Gruppen unterschiedlichen Niveaus. Er besteht in der Ermittlung von Vorkenntnissen der Einzustufenden. Bei **Weiterführungstests** hingegen wird nach dem Besuch eines Kurses festgestellt, wie sich der weitere Lernweg im Rahmen des jeweils angebotenen Kursangebots gestalten soll. Einstufungs- und Weiterführungstests sind an den Kurs- bzw. Lehrplänen für jeweilige Stufen ausgerichtet.
Für Einstufungstests sind vor allem kurze Schreibaufgaben in den Bereichen Wortschatz und Grammatik zu bewältigen; Kompetenz im mündlichen Sprachgebrauch wird gewöhnlich in Form eines authentischen Gesprächs über z. B. persönliche Interessen ermittelt. Schriftliche Aufgaben bestehen bevorzugt in korrekturfreundlichen Verfahren, die auch zeitsparend und unabhängig von subjektiven Urteilen erfolgen können. Am bekanntesten sind „Multiple-Choice-Aufgaben"; es sind dies so bezeichnete *geschlossene* Aufgaben, bei denen nach einem kurzen Einleitungsteil (Fragestellung bzw. Einleitungssatz) die jeweils korrekten Lösungen angekreuzt bzw. zugeordnet werden müssen.
Für Deutsch als Fremdsprache, abgekürzt DaF (vgl. das Stichwort dazu), gibt es einen Test, der weltweit angeboten sowie zentral erstellt und ausgewertet wird: den „TestDaF". Es ist dies mit Teilnehmern aus 175 Nationen der wichtigste Sprachtest für das Studium sowie für akademische Berufe (Lehrkräfte im Bereich DaF und Lektoren/Lektorinnen ausländischer Hochschulen). Der Test wird seit 2001 weltweit als Prüfung für ausländische Studieninteressenten und Studieninteressentinnen zum Nachweis deutscher Sprachkenntnisse angeboten. TestDaF wurde im Auftrag des DAAD (vgl. unter dem Stichwort) entwickelt. Der Test ist auch von allen deutschen Hochschulen anerkannt. Er ermöglicht den Hochschulen eine differenzierte Zulassung ausländischer Studierender je nach dem erforderlichen Sprachniveau in den Bereichen Leseverstehen, Hörverstehen, sowie schriftlicher und mündlicher Ausdruck. Geregelt wird die Anerkennung der sprachlichen Studierfähigkeit ausländischer Studierender durch die „Rahmenordnung über deutsche Sprachprüfungen für das Studium an deutschen Hochschulen". Diese Rahmenordnung ist im Jahre 2004 von der Hochschulrektorenkonferenz und der Kultusministerkonferenz beschlossen worden.

---

ein·stün·dig *adj* /nicht steig./ so, dass es eine Stunde dauert

ein·stür·men <stürmst ein, stürmte ein, hat eingestürmt> *ohne OBJ* ■ *jmd./etwas stürmt auf*

jmdn. (mit etwas *Dat.***) ein** *jmdn. heftig mit etwas konfrontieren:* Die Leute stürmten mit ihren Fragen auf ihn ein.; Viele Erinnerungen stürmten auf ihn ein.

Ein·sturz *der* <-es, Einstürze> *das Einstürzen:* Das Haus ist vom Einsturz bedroht. ◆-beben, -gefahr

ein·stür·zen <stürzt ein, stürzte ein, ist eingestürzt> *ohne OBJ* ■ *etwas stürzt ein zusammenfallen, zusammenbrechen:* Vorsicht, die Decke stürzt ein!

einst·wei·len *adv* ❶ (geh.: ≈ vorerst) im Moment: Einstweilen können wir nur abwarten. ❷ (≈ inzwischen) in der Zwischenzeit: Putz du den Salat, ich kümmere mich einstweilen um die Soße.

einst·wei·lig *adj* /nicht steig./ (≈ vorläufig) so, dass es Gültigkeit hat, bis eine neue Entscheidung getroffen ist: Das Gericht hat eine einstweilige Verfügung erlassen.

ein·tä·gig *adj* /nicht steig./ (↔ mehrtägig) so, dass es einen Tag dauert: ein eintägiges Seminar

Ein·tags·flie·ge *die* <-, -n> ❶ ZOOL. ein Insekt, das (meist) nur einen Tag lang lebt ❷ (umg. übertr.) kurzlebige Idee oder Sache, der schon nach kurzer Zeit nicht mehr beachtet wird

ein·tau·chen <taucht ein, tauchte ein, hat/ist eingetaucht> I. *mit OBJ (haben)* ■ *jmd. taucht etwas in etwas* Akk. *ein in etwas tauchen:* Sie hat die Angewohnheit, Croissants in Milch einzutauchen. II. *ohne OBJ (sein)* ■ *jmd. taucht in etwas* Akk. *ein sich in eine Flüssigkeit begeben:* Der Vogel tauchte ins Wasser ein, um Fische zu jagen.

ein·tau·schen <tauschst ein, tauschte ein, hat eingetauscht> *mit OBJ* ■ *jmd. tauscht etwas (für/gegen etwas* Akk.*) ein etwas durch Tausch bekommen:* Er hat seine Briefmarken gegen Münzen eingetauscht.

ein·tei·len <teilst ein, teilte ein, hat eingeteilt> *mit OBJ* ❶ ■ *jmd. teilt etwas ein etwas mit einer bestimmten Absicht in sinnvolle Teile aufgliedern:* seine Kräfte/Nahrungsmittel/den Proviant/Zeit einteilen ❷ ■ *jmd. teilt jmdn.(in/für etwas* Akk.*) ein mit einer bestimmten Funktion ausstatten:* Er ist für die Organisation eingeteilt.

Ein·tei·ler *der* <-s, -> (↔ Bikini) einteiliger Badeanzug

ein·tei·lig *adj* /nicht steig./ (↔ mehrteilig) so, dass es aus nur einem Teil besteht

Ein·tei·lung *die* <-, -en> ❶ /kein Plur./ das Einteilen ❷ die Art, wie etwas eingeteilt ist

ein·tö·nig <eintöniger, am eintönigsten> *adj* (≈ gleichförmig, monoton ↔ abwechslungsreich) so, dass es keine Abwechslung bietet

Ein·tö·nig·keit *die* <-> /kein Plur./ (≈ Gleichförmigkeit, Monotonie) der Zustand, dass etwas eintönig ist

Ein·topf *der* <-es, Eintöpfe> KOCH. eine kräftige, dicke Suppe mit mehreren Gemüsesorten, die meist als Hauptmahlzeit gegessen wird: ein Eintopf mit Erbsen und Wurst ◆-essen, -gericht, Erbsen-, Kartoffel-, Nudel-

ein·top·fen <topfst ein, topfte ein, hat einge-

E

topft> *mit OBJ* ■ *jmd.* **topft** *etwas* **ein** *in einen Blumentopf pflanzen*

Ein·tracht *die <-> /kein Plur./ (≈ Harmonie ↔ Zwietracht) der Zustand, dass Menschen harmonisch zusammenleben:* Sie vertragen sich gut und leben in Eintracht.

ein·träch·tig <einträchtiger, am einträchtigsten> *adj (≈ friedlich, harmonisch) so, dass Eintracht herrscht:* Menschen und Tiere leben hier einträchtig nebeneinander.

Ein·trag *der <-(e)s, Einträge>* ❶ *eine Notiz, die irgendwo eingetragen ist:* Sein Verhalten hatte einen Eintrag ins Klassenbuch zu Folge. ❷ *die Informationen, die in einem Wörterbuch zu einem bestimmten Stichwort stehen* ◆ Wörterbuch-

ein·tra·gen <trägst ein, trug ein, hat eingetragen> *mit OBJ* ❶ ■ *jmd.* **trägt** *etwas/sich in etwas Akk.* **ein** *etwas in etwas hineinschreiben:* Alle Teilnehmer mussten ihren Namen/sich in die Liste eintragen. ❷ ■ *etwas* **trägt** *etwas. etwas Akk.* **ein** *(≈ einbringen) jmdm. als Ergebnis seines Handelns zukommen:* Diese Arbeit hat ihm wenig Lob/ Gewinn eingetragen.

ein·träg·lich <einträglicher, am einträglichsten> *adj (≈ lukrativ, rentabel) so, dass es viel Gewinn bringt:* ein einträgliches Geschäft ▶ Einträglichkeit

Ein·tra·gung *die <-, -en> eine Notiz, die irgendwo eingetragen[1] ist oder wird:* Die Eintragung im Grundbuch/im Familienbuch muss geändert werden.

ein·trai·niert *adj /nicht steig./ (≈ einstudiert) so, dass man etwas perfekt kann, weil man es viel geübt hat:* Er hat eine gut eintrainierte Übung vorgeführt.

ein·träu·feln <träufelst ein, träufelte ein, hat eingeträufelt> *mit OBJ* ■ *jmd.* **träufelt** *jmdm. etwas ein als einzelne Tropfen in etwas fallen lassen:* Die Krankenschwester träufelt dem Patienten vorsichtig Augentropfen ein.

ein·tref·fen <triffst ein, traf ein, ist eingetroffen> *ohne OBJ* ❶ ■ *jmd./etwas* **trifft** *(irgendwo)* **ein** *ankommen:* Die Ware ist noch nicht eingetroffen.; Ich treffe am Freitag um 14 Uhr dreißig ein. ❷ ■ *etwas* **trifft** **ein** *sich bestätigen, sich verwirklichen:* Es ist alles eingetroffen, was du vorhergesagt hast.; Meine Hoffnungen/Befürchtungen/Erwartungen sind eingetroffen.

Ein·tref·fen *das <-s> /kein Plur./* ❶ *(≈ Ankunft) das Ankommen* ❷ *der Vorgang, dass etwas eintrifft[2]:* Niemand hat mit dem Eintreffen dieser Vorhersage gerechnet.

ein·trei·ben <treibst ein, trieb ein, hat eingetrieben> *mit OBJ* ■ *jmd.* **treibt** *etwas (von jmdm.)* **ein** *(abwert.) von jmdm. geschuldetes Geld (zurück)fordern:* Vereinsbeiträge/ Steuern eintreiben; Er versuchte vergeblich, seine Schulden einzutreiben.

ein·tre·ten <trittst ein, trat ein, hat/ist eingetreten> **I.** *mit OBJ (haben)* ■ *jmd.* **tritt** *etwas* **ein** *durch Treten zerstören:* Vor Wut hat er die Tür eingetreten. **II.** *ohne OBJ (sein)* ❶ ■ *jmd.* **tritt** *(in etwas Akk.)* **ein** *in einen Raum gehen:* Treten Sie ein!; Er trat leise in das Zimmer ein. ❷ ■ *jmd.* **tritt** *(in etwas Akk.)* **ein** *(≈ beitreten) sich irgend-*

als Mitglied aufnehmen lassen: Sie ist in ein Kloster/in eine Partei eingetreten. ❸ ■ *jmd.* **tritt** *für etwas Akk.* **ein** *jmdn. in Schutz nehmen oder für jmdn. sprechen:* Sie ist immer für ihn eingetreten. ❹ ■ *etwas* **tritt** **ein** *(≈ geschehen) sich ereignen:* Das Unglaubliche trat ein.; Sollte der Fall eintreten, dass …

ein·trich·tern <trichterst ein, trichterte ein, hat eingetrichtert> *mit OBJ* ■ *jmd.* **trichtert** *jmdm. etwas* **ein** *(umg.) mühsam beibringen:* Er versuchte, dem Nachhilfeschüler die englischen Vokabeln einzutrichtern.

Ein·tritt *der <-(e)s, -e>* ❶ *(≈ Zutritt) das Eintreten II.1:* Eintritt verboten! ❷ *(≈ Start) der Vorgang, dass jmd. eine bestimmte Sache beginnt:* Beim Eintritt ins Berufsleben sollte man bestimmte Dinge beachten. ❸ *(≈ Beitritt) der Vorgang, dass sich jmd. irgendwo als Mitglied aufnehmen lässt:* Sie entschloss sich für den Eintritt in den Verein. ❹ *Eintrittsgeld:* Für die Ausstellung wird wenig Eintritt verlangt.; ■ **Eintritt frei !** *es wird kein Eintrittsgeld verlangt*

Ein·tritts·geld *das <-(e)s, -er> (≈ Eintritt) das Geld, das man bezahlen muss, um irgendwo Eintritt[1] zu erhalten*

Ein·tritts·kar·te *die <-, -n> (≈ Billett) ein Stück Papier, das beweist, dass man sein Eintrittsgeld bezahlt hat*

ein·trock·nen <trocknet ein, trocknete ein, ist eingetrocknet> *ohne OBJ* ■ *etwas* **trocknet** **ein** ❶ *etwas Flüssiges wird trocken:* Der Milchfleck ist inzwischen eingetrocknet. ❷ *(≈ vertrocknen) wegen Mangel an Wasser sterben (von Pflanzen):* Die Pflanzen sind bei der Dürre eingetrocknet.

ein·trü·ben <trübt ein, trübte ein, hat eingetrübt> *mit SICH* ■ *etwas* **trübt** *sich* **ein** *trüb werden:* Gegen Abend trübt sich das Wetter ein.; Der Himmel hat sich eingetrübt, es gibt Regen. ▶ Eintrübung

ein·tru·deln <trudelst ein, trudelte ein, ist eingetrudelt> *ohne OBJ* ■ *jmd.* **trudelt** *(irgendwo)* **ein** *(umg.) (verspätet und nacheinander) ankommen:* So langsam trudelten alle Gäste ein.

ein·tun·ken <tunkst ein, tunkte ein, hat eingetunkt> *mit OBJ* ■ *jmd.* **tunkt** *etwas in etwas Akk.* **ein** LANDSCH. *eintauchen I:* Sie tunkte das Brot in die Suppe ein.

ein·tü·ten <tütest ein, tütete ein, hat eingetütet> *mit OBJ* ■ *jmd.* **tütet** *etwas* **ein** *(umg.) in Tüten einpacken*

ein·üben <übst ein, übte ein, hat eingeübt> *mit OBJ* ■ *jmd.* **übt** *etwas* **ein** *(≈ einstudieren) etwas so lange üben bis man es perfekt kann:* Wir üben gerade einen neuen Tanz ein. ▶ Einüber, Einüberin, Einübung

ein·und·ein·halb *siehe auch* **eineinhalb**

Ein·ver·nah·me *die <-, -n>* RECHTSW. ÖSTERR., SCHWEIZ. *(≈ Verhör) Vernehmung vor Gericht*

Ein·ver·neh·men *das <-s> /kein Plur./ (≈ Übereinstimmung) der Zustand, dass mehrere Personen die gleiche Meinung haben und das Verhältnis zwischen ihnen gut ist:* Sie haben in gegenseitigem Einvernehmen den Vertrag gekündigt.; Sie

trennten sich schließlich in gutem Einvernehmen.
▸ einvernehmlich

ein·ver·neh·men <vernimmst ein, vernahm ein, hat einvernommen> *mit OBJ* ▪ *jmd. vernimmt jmdn. ein* SCHWEIZ. *verhören, vernehmen*

ein·ver·stan·den *adj* /nicht steig./ /nur präd./ *so, dass man in etwas einwilligt:* Ich bin damit einverstanden.; ▪ **sich mit etwas einverstanden erklären** *einer Sache zustimmen*

Ein·ver·ständ·nis *das* <-ses, -se> /meist Sing./ *(≈ Einwilligung) der Vorgang, dass jmd. sagt, dass er mit etwas einverstanden ist:* Die Tochter bat die Eltern um ihr Einverständnis für die Reise.; Die Eltern gaben der Tochter ihr Einverständnis. ◆ -erklärung

ein·wach·sen¹ <wächst ein, wuchs ein, ist eingewachsen> *ohne OBJ* ▪ **etwas wächst ein** ❶ *in Erde wachsen und dann dort verwurzelt sein:* Die Sträucher sind noch nicht eingewachsen. ❷ MED. *im Gewebe festwachsen:* Der Zehennagel ist eingewachsen.

ein·wach·sen² <wachst ein, wachste ein, hat eingewachst> *mit OBJ* ▪ *jmd. wachst etwas ein Wachs auf etwas auftragen:* Er hat seine Ski frisch eingewachst.

Ein·wand *der* <-(e)s, Einwände> *(≈ Protest, Widerspruch) der Vorgang, dass jmd. sagt, dass er gegen etwas ist:* ein berechtigter/unerwarteter Einwand; Es erhob sich kein Einwand gegen den Beschluss.

Ein·wan·de·rer *der,* **Ein·wan·de·rin** <-s, -> *(≈ Immigrant ↔ Auswanderer) jmd., der in einem fremden Land lebt und dort auf Dauer bleiben will*

ein·wan·dern <wanderst ein, wanderte ein, ist eingewandert> *ohne OBJ* ▪ *jmd. wandert in etwas Akk. ein (≈ immigrieren) in ein fremdes Land kommen, um dort auf Dauer zu leben:* Wir wollen nach Kanada/in die USA einwandern.

Ein·wan·de·rung *die* <-, -en> *(≈ Immigration ↔ Auswanderung) der Vorgang, dass jmd. in ein Land einwandert* ◆ -sbehörde, -sbeschränkung, -sbestimmung, -serlaubnis, -sgesetz, -sland, -spolitik, -sverbot, -swelle

ein·wand·frei *adj* /nicht steig./ ❶ *(≈ fehlerfrei) so, dass es keine Fehler hat:* Das ist ein einwandfreies Produkt. ❷ *(≈ vorbildlich) so, dass es nichts daran auszusetzen gibt:* Ausnahmsweise legte er ein einwandfreies Benehmen an den Tag.

ein·wärts *adv* (↔ auswärts) *nach innen:* Die Stäbe waren einwärtsgebogen.

ein·wärts·dre·hen <drehst einwärts, drehte einwärts, hat einwärtsgedreht> *mit OBJ* ▪ *jmd. dreht etwas Akk. einwärts nach innen drehen:* die Hände/Füße einwärtsdrehen

ein·wech·seln <wechselst ein, wechselte ein, hat eingewechselt> *mit OBJ* ▪ *jmd. wechselt jmdn. (gegen jmdn.)ein* SPORT *einen Spieler aus dem Spiel nehmen und für ihn einen Ersatzspieler ins Spiel schicken:* Der Trainer wechselte in der achtundsechzigsten Minute einen neuen Spieler ein. ▸ Einwechselung/Einwechslung

ein·we·cken <weckst ein, weckte ein, hat eingeweckt> *mit OBJ* ▪ *jmd. weckt etwas ein (≈ ein-*

kochen) Wir haben den ganzen Tag Kirschen eingeweckt.

Ein·weck·glas *das* <-es, Einweckgläser> *(≈ Einmachglas) Glas zum Einwecken*

ein·weg·fla·sche *die* <-, -n> *(↔ Mehrwegflasche, Pfandflasche) Flasche, die nach dem Gebrauch als Altglas entsorgt wird*

Ein·weg·ge·schirr *das* <-(e)s, -e> *Geschirr (aus Pappe), das nach Verwendung weggeworfen wird*

ein·wei·chen <weichst ein, weichte ein, hat eingeweicht> *mit OBJ* ▪ *jmd. weicht etwas ein* ❶ *Wäsche vor dem eigentlichen Waschen in Seifenlauge legen, um den Schmutz zu lösen:* Er weichte die stark verschmutzte Wäsche ein. ❷ *zum Weichwerden in Wasser legen:* Hülsenfrüchte/ trockene Brötchen einweichen

ein·wei·hen <weihst ein, weihte ein, hat eingeweiht> *mit OBJ* ❶ ▪ *jmd. weiht etwas ein feierlich und öffentlich zum ersten Mal gebrauchen:* Das neue Schauspielhaus wurde feierlich eingeweiht. ❷ ▪ *jmd. weiht jmdn./etwas (in etwas Akk.) ein (umg.) in eine geheime Sache einführen:* Er weihte sie in seinen Plan ein.

Ein·wei·hung *die* <-, -en> *das Eröffnen einer Institution oder eines Gebäudes mit einer Feier:* Die offizielle Einweihung findet morgen statt.

ein·wei·sen <weist ein, wies ein, hat eingewiesen> *mit OBJ* ▪ *jmd. weist jmdn. in etwas Akk. ein* ❶ *(≈ instruieren) jmdm. die notwendigen Erklärungen geben, damit er eine bestimmte Arbeit tun kann:* Er wies die Aushilfe in die Arbeit ein. ❷ *anordnen, dass jmd. eingeliefert wird:* Der Arzt hat sie ins Krankenhaus eingewiesen.

Ein·wei·sung *die* <-, -en> *das Einweisen*

Ein·wei·sungs·schein *der* <-(e)s, -e> *Bescheinigung zur Einweisung²*

ein·wen·den <wendest ein, wendete/wandte ein, hat eingewendet/eingewandt> *mit OBJ* ▪ *jmd. wendet etwas (gegen jmdn./etwas) ein einen Einwand vorbringen:* Dagegen habe ich nichts einzuwenden.

ein·wer·fen <wirfst ein, warf ein, hat eingeworfen> *mit OBJ* ❶ ▪ *jmd. wirft etwas (mit etwas Dat.) ein durch Werfen zerstören:* Er hat die Fensterscheibe mit einem Stein eingeworfen. ❷ ▪ *jmd. wirft etwas in etwas Akk. ein in den Briefkasten werfen:* Kannst du den Brief bei der Post einwerfen? ❸ ▪ *jmd. wirft etwas ein (umg.) in die Diskussion einbringen:* „Das habt ihr doch die ganze Zeit gewusst!", warf er wütend ein.

ein·wer·tig *adj* /nicht steig./ CHEM. *mit nur einer Wertigkeit* ▸ Einwertigkeit

ein·wi·ckeln <wickelst ein, wickelte ein, hat eingewickelt> *mit OBJ* ▪ *jmd. wickelt jmdn./etwas (in etwas Akk.) ein* ❶ ▪ *jmd. wickelt etwas (in etwas Akk.) ein Papier, Folie o. Ä. um etwas herumlegen, um es zu schützen:* Würdest du die Brote in Butterbrotpapier einwickeln? ❷ ▪ *jmd. wickelt jmdn. ein (umg. abwert.) jmdn. mit List für etwas oder sich gewinnen:* Er hat sie mit seinen Versprechungen ganz schön eingewickelt.

ein·wil·li·gen <willigst ein, willigte ein, hat eingewilligt> *ohne OBJ* ▪ *jmd. willigt (in etwas*

Akk.) **ein** (≈ *zustimmen) sagen, dass man mit etwas einverstanden ist:* Sie willigte schließlich in den Vertrag ein.

Ein·wil·li·gung *die* <-, -en> *(≈ Zustimmung) der Vorgang, dass jmd. in etwas einwilligt:* Ich habe meine Einwilligung noch nicht gegeben.

ein·wir·ken <wirkst ein, wirkte ein, hat eingewirkt> *ohne OBJ* ❶ ■ *etwas wirkt (auf etwas Akk.)* **ein** *seine Wirkung auf etwas entfalten:* Die Salbe muss einige Zeit einwirken.; Wie lange soll man das Fleckenmittel einwirken lassen? ❷ ■ *jmd. wirkt (auf jmdn.)* **ein** (≈ *beeinflussen) versuchen, jmdn. zu etwas zu bewegen:* Mir hört er kaum zu, kannst du in dieser Sache nicht etwas auf ihn einwirken? ▶ Einwirkung

Ein·woh·ner *der*, **Ein·woh·ne·rin** <-s, -> *jmd., der irgendwo dauerhaft wohnt* ◆-amt, -verzeichnis, -zahl ▶ Einwohnerschaft

Ein·woh·ner·mel·de·amt *das* <-(e)s, Einwohnermeldeämter> *(in Deutschland) Amt, das An- und Abmeldungen der Bürger registriert*

Ein·woh·ner·schwund *der* <-(e)s> */kein Plur./ Rückgang der Einwohnerzahl (eines Ortes)*

Ein·wurf *der* <-(e)s, Einwürfe> ❶ *das Einwerfen²* ❷ *Einwand, Bemerkung:* Sie reagierte überhaupt nicht auf seinen Einwurf. ❸ SPORT *im Fußball der Vorgang, dass ein Spieler den Ball mit den Händen von außerhalb des Spielfelds in das Spielfeld hineinwirft:* Die gegnerische Mannschaft hat Einwurf.

Ein·zahl *die* <-> */kein Plur./* SPRACHWISS. *(↔ Mehrzahl) Singular*

ein·zah·len <zahlst ein, zahlte ein, hat eingezahlt> *mit OBJ* ■ *jmd. zahlt etwas (auf/in etwas Akk.)* **ein** *(↔ abheben) auf ein Konto geben:* Sie hat regelmäßig Geld auf ihr Sparkonto eingezahlt.; Ein Arbeitnehmer hat 40 Jahre lang in die Rentenkasse eingezahlt.

Ein·zah·ler *der*, **Ein·zah·le·rin** <-s, -> *jmd., der (Geld) einzahlt*

Ein·zah·lung *die* <-, -en> *(↔ Abhebung) der Vorgang, dass jmd. Geld auf ein Konto einzahlt* ◆-sbeleg, -sschalter

Ein·zah·lungs·schein *der* <-(e)s, -e> SCHWEIZ. *Zahlschein*

ein·zäu·nen <zäunst ein, zäunte ein, hat eingezäunt> *mit OBJ* ■ *jmd. zäunt etwas ein mit einem Zaun umgeben:* Wir werden das Gartengrundstück noch einzäunen.

ein·zeich·nen <zeichnest ein, zeichnete ein, hat eingezeichnet> *mit OBJ* ■ *jmd. zeichnet etwas (in etwas Akk.)* **ein** *durch Zeichnen markieren:* Die Lage des Hauses war in dem Plan rot eingezeichnet.

Ein·zei·ler *der* <-s, -> *einzeiliges Gedicht*

Ein·zel- *als Erstglied zusammengesetzter Substantive; drückt aus* ❶ *dass das mit dem Zweitglied Bezeichnete nur eine Person betrifft und nur auf diese bezogen ist* ◆-abteil, -arrest, -bett, -fahrschein, -gespräch, -grab, -haft, -kabine, -mitgliedschaft, -person, -schicksal, -therapie, -unterricht, -wesen, -zelle ❷ *dass das mit dem Zweitglied Bezeichnete nur von einer Person durchgeführt bzw. gemacht wird* ◆-aktion, -kampf, -kämpfer(in), -leis-

tung, -reise, -reisende, -rennen, -täter, -wettbewerb ❸ *dass das mit dem Zweitglied Bezeichnete nur einmal vorhanden ist* ◆-anfertigung, -ausgabe, -beispiel, -beobachtung, -exemplar, -frage, -kind, -stück, -teil

Ein·zel·(spiel) *das* <-(e)s, -e> ❶ SPORT *(↔ Doppel(spiel)) Spiel nur eines Spielers gegen einen anderen* ❷ MUS. *Solo(spiel)*

Ein·zel·ex·em·plar *das* <-s, -e> *einzige Anfertigung, Sonderausgabe (eines Gegenstandes)*

Ein·zel·fahr·schein *der* <-s, -e> *(↔ Mehrfahrtenfahrschein) Fahrschein, der zu nur einer Fahrt berechtigt*

Ein·zel·fall *der* <-(e)s, Einzelfälle> ❶ *(≈ Singularität) etwas, das nur einzeln vorkommt* ❷ *(≈ Sonderfall) etwas, das nur als einzelnes Ereignis angesehen wird* ◆-prüfung

Ein·zel·ga·be *die* <-, -n> MED. *Einzeldosis (eines Medikaments)*

Ein·zel·gän·ger *der*, **Ein·zel·gän·ge·rin** <-s, -> ❶ *jmd., der den Kontakt mit anderen meidet:* Sie zog sich mehr und mehr zurück, bis sie schließlich eine richtige Einzelgängerin wurde. ❷ *ein Tier, das nicht im Rudel lebt:* Katzen sind Einzelgänger.

Ein·zel·ge·spräch *das* <-s, -e> *(↔ Gruppengespräch) Gespräch mit nur einer Person*

Ein·zel·han·del *der* <-s> */kein Plur./* WIRTSCH. *(↔ Großhandel) Verkauf von Waren direkt an den Verbraucher* ◆-skaufmann ▶ Einzelhändler, Einzelhändlerin

Ein·zel·heit *die* <-, -en> *(≈ Detail) ein einzelner Aspekt von etwas, der zusammen mit vielen anderen die Gesamtheit von etwas ausmacht:* Das musst du mir in allen Einzelheiten erzählen.; Auf die Einzelheiten werde ich später eingehen.

ein·zel·lig *adj /nicht steig./* BIOL. *so, dass es nur aus einer Zelle besteht* ▶ Einzeller

ein·zeln *adj /nicht steig./ (↔ zusammen) jeder/jede/jedes für sich allein:* Sie kamen alle einzeln.; Wir mussten einzeln (herein)kommen.; Ich habe einen einzelnen Handschuh gefunden. ◆ Großschreibung →R 3.7 der/die/das Einzelne; jeder Einzelne; alles im Einzelnen aufführen; Einzelne werden sich vielleicht wundern.

Ein·zel·rich·ter *der*, **Ein·zel·rich·te·rin** <-s, -> RECHTSW. *Richter, der eine Gerichtsverhandlung ohne Kollegen führt*

Ein·zel·stun·de *die* <-, -en> *(≈ Privatstunde) Unterrichtsstunde für nur einen Schüler*

Ein·zel·ver·kauf *der* <-(e)s, Einzelverkäufe> *Verkauf im Einzelhandel*

Ein·zel·wett·be·werb *der* <-(e)s, -e> SPORT *Einzelkampf*

Ein·zel·zim·mer *das* <-s, -> *(↔ Doppelzimmer) Zimmer im Hotel oder Krankenhaus mit nur einem Bett:* Ich habe im Hotel ein Einzelzimmer gebucht.

ein·zie·hen <ziehst ein, zog ein, hat/ist eingezogen> **I.** *mit OBJ (haben)* ❶ ■ *jmd. zieht etwas* **ein** *durch Anspannung der Muskeln ein Körperteil bewegen:* Er zog den Bauch/den Kopf ein. ❷ ■ *jmd. zieht etwas ein* AMTSSPR. *einkassieren:* Wie viel Steuergelder wurden in diesem Zeitraum eingezogen?; Die Miete wird monatlich eingezo-

gen. **❸** ■ *jmd. zieht etwas ein* *(≈ konfiszieren) aus dem Verkehr ziehen:* Die Polizei hat seinen Führerschein eingezogen.; Die alten Geldscheine wurden eingezogen. **❹** ■ *jmd. zieht jmdn. ein* MILIT. *(≈ einberufen ↔ entlassen) zum Militärdienst holen:* Man zog alle Wehrpflichtigen ein. **❺** ■ *jmd. zieht etwas ein* TECHN. *einbauen:* Wir wollen eine Zwischenwand einziehen. **II.** *ohne OBJ (sein)* **❶** ■ *jmd. zieht (in etwas Akk.) ein* *seine Möbel und seinen sonstigen Hausrat in eine Wohnung oder ein Haus bringen, um dort zu wohnen:* Nächste Woche ziehen wir in die neue Wohnung ein. **❷** ■ *etwas zieht (in etwas Akk.) ein* in *Haut, Haar oder eine Oberfläche aufgenommen werden:* Die Sonnencreme zieht schnell ein.; Das Pflegemittel muss in das Leder einziehen.; ■ **Erkundigungen über jemanden/etwas einziehen** *sich über jmdn. oder etwas erkundigen*
ein·zig I. *adj /nicht steig./ so, dass es außer der genannten Person oder Sache nichts oder niemanden anderes gibt:* Sie ist meine einzige Freundin. **II.** *adv /nicht steig./ (≈ alleinig) ganz:* Das war das einzig Richtige.; ■ **einzig und allein** *nur* Dies war einzig und allein deine Schuld. ▶ Einzigkeit ◆ Großschreibung →R 3.7, R 3.15 der/die/ das Einzige; als Einziges; ein/kein Einziger; er als Einziger/sie als Einzige
ein·zig·ar·tig <einzigartiger, am einzigartigsten> *adj einmalig, sehr gut:* eine einzigartige Leistung ▶ Einzigartigkeit
Ein·zim·mer·woh·nung *die* <-, -en> *Wohnung, die (außer Bad und Küche oder Kochnische) nur aus einem Zimmer besteht*
ein·zu·ckern <zuckerst ein, zuckerte ein, hat eingezuckert> *mit OBJ* ■ *jmd. zuckert etwas ein* *Zucker zu etwas geben:* Die Johannisbeeren sind sehr sauer, wir sollten sie einzuckern.
Ein·zug *der* <-(e)s, Einzüge> /meist Sing./ **❶** (↔ Auszug) *der Vorgang, dass jmd. irgendwo einzieht II.1:* Wir veranstalten zum Einzug in die neue Wohnung ein Fest. **❷** *das Einziehen I. 2-4* **❸** EDV *in einem Textdokument der Abstand vom linken Seitenrand*
Ein·zugs·be·reich *der* <-(e)s, -e> *(≈ Einzugsgebiet) das Gebiet, aus dem Menschen in eine (Groß)stadt zur Arbeit, zum Einkaufen oder zu Veranstaltungen kommen*
Ein·zugs·er·mäch·ti·gung *die* <-, -en> AMTSSPR. *(≈ Vollmacht) die (schriftliche) Erlaubnis, von jmds. Bankkonto Geld abzuheben*
Ein·zugs·ge·biet *das* <-(e)s, -e> *(≈ Einzugsbereich)*
Ein·zugs·ver·fah·ren *das* <-s, -> *bargeldloses Bezahlen, bei dem das Geld per Bankeinzug vom Konto des Kunden abgebucht wird*
Eis *das* <-es> /kein Plur./ **❶** *Wasser in gefrorenem Zustand:* Das Eis schmilzt/taut.; auf dem Eis ausrutschen ◆ -bär, -beutel, -block, -decke, -fach, -fläche, -glätte, -jacht/-yacht, -kasten, -kristall, -pickel, -schicht, -scholle, -segeln, -stadion, -stau, -tanz **❷** *eine Süßspeise aus Milch, Zucker und verschiedenen Aromen, die kalt genossen wird, oder Getränke mit Eis:* Ich hätte gern ein Eis mit Schlagsahne/mit heißen Himbeeren.; ■ **etwas auf Eis**

E

legen *(umg.) etwas verschieben;* ■ **das Eis ist zwischen ihnen gebrochen** *(übertr.) zwei fremde Personen sind sich nähergekommen* ◆ -café, -creme/-crème, -crusher, -maschine, -schokolade, -tüte, -waffel, -würfel
eis·lau·fen <läuft eis, lief eis, ist eisgelaufen> *ohne OBJ* ■ *jmd. läuft eis mit Schlittschuhen auf dem Eis laufen/fahren:* Wir sind eislaufen gewesen. ◆ Zusammenschreibung →R 4.6
Eis·bahn *die* <-, -en> *(≈ Schlittschuhbahn) Bahn zum Eislaufen*
Eis·be·cher *der* <-s, -> *in einem Becher servierte Speise aus Eis² verschiedenen Früchten, Likör und Schlagsahne*
Eis·bein *das* <-(e)s, -e> /kein Plur./ KOCH. *gepökeltes und gekochtes Bein vom Schwein*
Eis·berg *der* <-(e)s, -e> *ein sehr großes Stück vom polaren Eis, das im Meer schwimmt:* Das Schiff rammte einen Eisberg.; ■ **Das ist nur die Spitze des Eisbergs!** *Das ist nur ein Teil des Problems (ein anderer Teil ist noch gar nicht sichtbar)*
Eis·berg·sa·lat *der* <-(e)s, -e> *(≈ Krachsalat) grüner Salat mit relativ festen Blättern*
Eis·beu·tel *der* <-s, -> MED. *mit Eis gefüllter Beutel zum Kühlen von Körperteilen*
Eis·blu·me *die* <-, -n> /meist Plur./ *kristallisiertes Eis an Glasflächen:* Auf dem Fenster hatten sich Eisblumen gebildet.
Eis·bre·cher *der* <-s, -> **❶** SEEW. *Schiff zum Aufbrechen zugefrorener Fahrrinnen auf Flüssen und dem Meer* **❷** TECHN. *Vorbauten an Brücken zum Schutz gegen antreibendes Eis*
Eis·die·le *die* <-, -n> *(≈ Eiscafé) eine Art Café, wo man besonders Eis² essen kann*
Ei·sen *das* <-s, -> **❶** /kein Plur./ CHEM. *ein chemisches Element, Zeichen: Fe* **❷** *ein Stück aus Eisen¹;* ■ **zum alten Eisen gehören** *(umg. abwert.) alt und unbrauchbar sein;* ■ **ein heißes Eisen** *(umg.) eine heikle Angelegenheit oder ein schwieriges Problem;* ■ **mehrere Eisen im Feuer haben** *(umg.) sich alternative Möglichkeiten offenhalten* ▶ eisenhaltig, eisenhart ◆ -bergwerk, -beton, -blech, -block, -draht, -erz, -gehalt, -gerüst, -gießerei, -guss, -händler, -hütte, -industrie, -stange, -träger, -verhüttung, -waren, -zeit ◆ Getrenntschreibung →R 4.9 Eisen verarbeitende Industrie
Ei·sen·bahn *die* <-, -en> **❶** *das öffentliche Verkehrsmittel, das Menschen und Güter mit Zügen auf der Schiene tranportiert:* Wir fahren mit der Eisenbahn. ◆ -beamte, -beamtin, -brücke, -damm, -fahrt, -gleis, -linie, -schiene, -schranke, -schwelle, -signal, -station, -wagen, -zug **❷** *kurz für „Modelleisenbahn":* Vater und Sohn spielen mit der Eisenbahn.; ■ **es ist (aller)höchste Eisenbahn** *(umg.) es ist höchste Zeit*
Ei·sen·bah·ner *der,* **Ei·sen·bah·ne·rin** *die* <-s, -> *(umg.) jmd., der bei der Eisenbahn¹ arbeitet*
Ei·sen·bahn·ge·sell·schaft *die* <-, -en> *Gesellschaft, die Eisenbahnlinien verwaltet*
Ei·sen·bahn·kno·ten·punkt *der* <-es, -e> *eine (größere) Ortschaft, an deren Bahnhof sich mehrere Eisenbahnlinien schneiden*

Ei·sen·bahn·netz das <-es, -e> das Schienennetz der Eisenbahn[1]

Ei·sen·bahn·schaff·ner der, **Ei·sen·bahn·schaff·ne·rin** <-s, -> jmd., der bei der Eisenbahn[1] arbeitet und in Zügen die Fahrkarten kontrolliert und verkauft

Ei·sen·erz das <-es, -e> ein Mineral, das Eisen enthält

Ei·sen·hüt·te die <-, -n> BERGB. Anlage zur Eisengewinnung

Ei·sen·kraut das <-(e)s, Eisenkräuter> BOT. (≈ Verbena) Pflanze mit harten Stängeln

Ei·sen·lack der <-(e)s, -e> Lack zum Anstreichen von Eisen

Ei·sen·man·gel der <-s> /kein Plur./ MED. Mangel an Eisen im Körper

Ei·sen·prä·pa·rat das <-(e)s, -e> MED. eisenhaltiges Medikament

Ei·sen·trä·ger der <-s, -> TECHN. tragende Konstruktion aus Eisen

Ei·sen·ver·hüt·tung die <-, -en> BERGB. Gewinnung und Weiterverarbeitung von Eisen

Ei·sen·wa·ren <-> Plur. kleine Eisengegenstände, zum Beispiel Nägel, Schrauben oder Drähte

Ei·sen·zeit die <-> /kein Plur./ GESCH. die Zeit vom achten bis zum ersten Jahrhundert vor Christus, in der Menschen erstmals Eisen für Werkzeuge und Waffen verwendet haben

ei·sern <eiserner, am eisernsten> adj ❶ /nicht steig./ aus Eisen gefertigt: ein eisernes Tor ❷ (≈ zäh) sehr stabil und fest: Er besaß offenbar eine eiserne Gesundheit. ❸ (übertr.: ≈ unerbittlich, unbeugsam) streng und unnachgiebig: Sie trainierte mit eiserner Disziplin.; Er hat einen eisernen Willen.

Ei·ses·käl·te die <-> /kein Plur./ große Kälte

Eis·fach das <-(e)s, Eisfächer> (≈ Tiefkühlfach) ein Fach im Kühlschrank, in dem es sehr kalt ist und in dem man Tiefkühlkost lagert

Eis·feld das <-(e)s, -er> eine große vereiste Fläche

Eis·fi·sche·rei die <-> /kein Plur./ (im Winter betriebener) Fischfang unter dem Eis

eis·ge·kühlt adj /nicht steig./ so, dass es (mit Eiswürfeln) stark gekühlt ist: eisgekühlte Getränke

eis·grau adj /nicht steig./ von dem hellen Grau von Eis: eisgraues Haar

Eis·ha·ken der <-s, -> SPORT gebogenes Gerät zum Sichern beim Bergsteigen

Eis·hei·li·gen <-> Plur. die Tage zwischen dem 11. und dem 15. Mai, an denen oft sehr kaltes Wetter herrscht

Eis·ho·ckey das <-s> /kein Plur./ SPORT ein Mannschaftssport, bei dem sich die Spieler auf Schlittschuhen bewegen und versuchen, eine kleine Gummischeibe, den Puck, ins gegnerische Tor zu schießen ◆-mannschaft, -schläger, -spieler, -torwart

ei·sig <eisiger, am eisigsten> adj ❶ sehr kalt: Bei der eisigen Kälte bleibe ich am liebsten zu Hause. ❷ (≈ frostig) unfreundlich und ohne menschliche Wärme: Nach seiner Ansprache herrschte eisiges Schweigen im Saal.

Eis·kaf·fee der <-s, -s> kalt genossener Bohnenkaffee mit Eis und Schlagsahne

eis·kalt I. adj /nicht steig./ ❶ (≈ eisig) von sehr geringer Temperatur: Gestern wehte ein eiskalter Wind. ❷ (abwert.: ≈ kaltblütig) brutal, ohne jedes Mitgefühl: Das war ein eiskalter Mord. II. adv /nicht steig./ (umg. abwert.) unverschämt: Die hat mich eiskalt angelogen!

Eis·kas·ten der <-s, -> ÖSTERR. Kühlschrank

Eis·klet·tern das <-s> /kein Plur./ SPORT Klettern im Eis

Eis·kris·tall der <-s, -e> /meist Plur./ ein einzelnes der Kristalle, die Eis[1] bilden

Eis·kü·bel der <-s, -> mit Eisstückchen gefüllter Behälter, um Getränke zu kühlen

Eis·kunst·lauf der <-(e)s> /kein Plur./ SPORT ein Sport, bei dem man auf Schlittschuhen bestimmte Figuren ausführen muss

Eis·kunst·lau·fen das <-s> /kein Plur./ SPORT (≈ Eiskunstlauf)

Eis·lauf der <-(e)s> /kein Plur./ SPORT (≈ Eiskunstlauf) ▸ Eisläufer, Eisläuferin

Eis·mann der <-es, Eismänner> ❶ Eisverkäufer ❷ /kein Sing./ ÖSTERR. die Eisheiligen

Eis·meer das <-(e)s, -e> GEOGR. (≈ Polarmeer) das nördliche/südliche Eismeer

Eis·prinz der, **Eis·prin·zes·sin** <-en, -en> SPORT (umg.) populärer Eiskunstläufer

Ei·sprung der <-(e)s, Eisprünge> /Plur. selten/ BIOL., MED. (≈ Follikelsprung, Ovulation) der Vorgang im Körper der Frau, dass jeden Monat ein Ei den Eierstock verlässt und dann bereit ist zur Befruchtung

Eis·re·gen der <-s> /kein Plur./ Regen, der auf den Boden fällt und dort gleich gefriert

Eis·sa·lat der <-(e)s, -e> (≈ Eisbergsalat)

Eis·sa·lon der <-s, -s> ÖSTERR. Eisdiele

Eis·schnell·lauf der <-(e)s> /kein Plur./ SPORT ein Sport, bei dem die Athleten auf Schlittschuhen ein Wettrennen auf einer Eisbahn austragen ◆-bahn ▸ Einschnelllaufen, Eisschnellläufer, Eisschnellläuferin

Eis·schrank der <-(e)s, Eisschränke> (veralt.: ≈ Kühlschrank)

Eis·stand der <-(e)s, Eisstände> Verkaufsstand für Eis[2]

Eis·tee der <-s, -s> gekühlter Tee (mit Eis[2])

Eis·tü·te die <-, -n> tütenförmige Waffel (mit Eiskugel/n darin)

Eis·vo·gel der <-s, Eisvögel> ZOOL. ein Vogel mit metallisch-grünem Gefieder

Eis·wüs·te die <-, -n> mit Eis bedeckte Land- oder Wasserfläche

Eis·zap·fen der <-s, -> Wasser, das zu Eis in der Form eines länglichen Zapfens gefroren ist: An der Dachrinne hängen Eiszapfen.

Eis·zeit die <-> /kein Plur./ (≈ Glazialzeit) ein Zeitalter der Erdgeschichte, in dem die Temperatur sehr stark zurückging und sich sehr große Gletscher bildeten, die das Aussehen der Erdoberfläche veränderten

ei·tel <eitler, am eitelsten> adj ❶ (abwert.: ≈ selbstgefällig) so, dass man übertrieben viel Wert auf sein Äußeres legt: Er ist ein eitler Tropf. ❷ (dichter.: ≈ nichtig) wertlos: eitle Dinge

Ei·tel·keit *die* <-, -en> */meist Sing./ das Eitelsein [1, 2]*

Ei·ter *der* <-s> */kein Plur./* MED. *die gelbliche Flüssigkeit, die aus einer infizierten Wunde austritt* ◆-bakterien, -geschwür, -herd, -pickel

ei·te·rig *adj voller Eiter; siehe* **eitrig**

ei·tern <eitert, eiterte, hat geeitert> *ohne OBJ* ■ *eine Wunde eitert Eiter bildet sich in einer Wunde:* Wenn du die Wunde nicht sauber machst, eitert sie womöglich noch. ▶ Eiterung

eit·rig, *a.* **ei·te·rig** <eit(e)riger, am eit(e)rigsten> *adj voller Eiter:* Die eit(e)rige Wunde muss schnellstens behandelt werden.

Ei·weiß *das* <-es, -e> ❶ (↔ *Eidotter, Eigelb) der klare Teil der Eisubstanz* ❷ BIOL., CHEM. *die äußerst komplexe chemische Verbindung, die der Grundstoff der Zellen und der organischen Stoffe ist*

Ei·weiß·kör·per *der* <-s, -> BIOL., CHEM. *Eiweißstoff*

Ei·weiß·man·gel *der* <-s> */kein Plur./* MED. *Mangel an Eiweiß im Körper*

Ei·weiß·prä·pa·rat *das* <-(e)s, -e> MED. *Medikament, das Eiweiß enthält*

ei·weiß·reich <eiweißreicher, am eiweißreichsten> *adj reich an Eiweiß:* Sportler sollten eiweißreiche Nahrung zu sich nehmen.

Ei·zel·le *die* <-, -n> BIOL. *die weibliche Keimzelle*

Eja·ku·lat *das* [ejaku'la:t] <-(e)s, -e> MED. *die Samenflüssigkeit, die beim Orgasmus des Mannes ausgespritzt wird*

Eja·ku·la·ti·on *die* [ejakula'tsjo:n] <-, -en> *(≈ Samenerguss)* ▶ ejakulieren

Ekel¹ *der* <-s> */kein Plur./ (≈ Abscheu) das Gefühl, dass man gegen etwas großen Widerwillen hat:* Vor Ekel musste sie sich übergeben.; Er hat einen Ekel vor Spinnen. ◆ Getrennt- oder Zusammenschreibung →R 4.16 Ekel erregend/ekelerregend; großen Ekel erregend; sehr ekelerregend; am ekelerregendsten

Ekel² *das* <-s, -> *(umg. abwert.) widerliche Person:* Er ist ein richtiges Ekel!

ekel·haft *adj* ❶ *so, dass man Ekel empfindet:* Was ist das für ein ekelhafter Gestank? ❷ *(≈ widerwärtig) sehr unangenehm:* Wir hatten ekelhaftes Wetter.

eke·lig *adj sehr unangenehm; siehe* **eklig**

ekeln <ekelst, ekelte, hat geekelt> **I.** *ohne OBJ* ■ *jmdm./jmdn. ekelt vor jmdm./etwas jmd. empfindet Ekel vor jmdm. oder etwas:* Mich/Mir ekelt vor dir. **II.** *mit SICH* ■ *jmd. ekelt sich vor jmdm./etwas jmd. empfindet Ekel vor jmdm. oder etwas:* Sie ekelt sich vor ihm.

Ekel·pa·ket *das* <-s, -e> *(umg. abwert.) ekelhafte Person*

Ek·lat *der* [e'kla:] <-s, -s> *(geh.: ≈ Skandal) etwas, das großes Aufsehen hervorruft und Anstoß erregt:* Ihr Auftritt verursachte einen Eklat.

ek·la·tant *adj /nicht steig./ (geh.: ≈ offenkundig) so, dass es sehr deutlich und leicht zu sehen ist:* Das ist ein eklatanter Unterschied!

Ek·lek·ti·ker *der;* **Ek·lek·ti·ke·rin** [ek'lɛktikɐ] <-, -> *(geh.) jmd., der sich aus verschiedenen Theorien das ihm jeweils Passende auswählt* ▶ eklektisch, Eklektizismus

ek·lig, *a.* **eke·lig** <ekliger, am ekligsten> *adj* ❶ *so, dass es Ekel erregt:* Sie findet Würmer eklig. ❷ *(umg.) sehr unangenehm:* Sie war gestern ganz schön eklig.

Ek·lip·se *die* <-, -n> ASTRON. *Sonnenfinsternis* ▶ Ekliptik

Ek·s·ta·se *die* <-, -n> *(≈ Rausch) der Zustand, dass jmd. ein sehr starkes Hochgefühl und sehr angenehme Empfindungen hat:* Die Raver gerieten in Ekstase. ▶ Ekstatiker, Ekstatikerin, ekstatisch

Eku·a·dor [ekua'do:ɐ] <-s> *Staat in Südamerika* ▶ ekuadorianisch *siehe* **Ecuador**

Eku·a·do·ri·a·ner *der;* **Eku·a·do·ri·a·ne·rin** <-s, -> *siehe* **Ecuadorianer**

Ek·zem *das* [ɛk'tse:m] <-s, -e> MED. *ein (entzündlicher) Ausschlag auf trockener Haut*

Ela·bo·rat *das* <-(e)s, -e> ❶ *(geh.) schriftliche Ausarbeitung* ❷ *(abwert.) Machwerk:* Dieses Elaborat kann man doch nicht lesen.

ela·bo·riert *adj /nicht steig./* ❶ *(fachspr.) sehr gut ausgearbeitet:* Das war ein sehr elaborierter Vortrag. ❷ SPRACHWISS. *(↔ restringiert) so, dass man in seinem sprachlichen Ausdruck über viele Mittel verfügt und diese differenziert einsetzt*

Elan *der* <-> */kein Plur./ (≈ Schwung) die große Energie, mit der jmd. eine Aufgabe bewältigt:* Sie ging voller Elan ans Werk.

elas·tisch <elastischer, am elastischsten> *adj (≈ dehnbar, flexibel) so, dass es länger wird, wenn man daran zieht:* Der Arzt hat das verstauchte Gelenk mit einer elastischen Binde umwickelt.

Elas·ti·zi·tät *die* [elastitsi'tɛ:t] <-, -en> */meist Sing./ das Elastischsein:* die Elastizität des Materials

Ela·tiv *der* <-s, -e> SPRACHWISS. *absoluter Superlativ*

Elb·kahn *der* <-(e)s, Elbkähne> ❶ *Kahn auf der Elbe* ❷ */nur Plur./ (scherzh.) sehr große Schuhe*

Elch *der* <-(e)s, -e> ZOOL. *eine nordische Hirschart*

El·do·ra·do *das* <-s, -s> *ein für eine bestimmte Sache sehr günstiges Gebiet:* Die Inseln sind ein Eldorado für Sporttaucher.

E-Lear·ning *das* ['i:lɐ:nɪŋ] <-(s)> */kein Plur./ Lernen unter Einsatz von Computer und digitalen Medien*

Ele·fant *der* <-en, -en> ZOOL. *großes Säugetier in Afrika und Indien, für das der Rüssel, die graue Haut und die großen Ohren charakteristisch sind;* ■ *sich wie ein Elefant im Porzellanladen benehmen (umg.) sich in einer Situation sehr ungeschickt verhalten; siehe auch* **Elfenbein**

Ele·fan·ten·haut ■ *eine Elefantenhaut haben (scherzh. übertr.: ≈ ein dickes Fell haben) gegen Spott, Kritik unempfindlich sein*

Ele·fan·ten·her·de *die* <-, -n> *Herde von Elefanten*

Ele·fan·ten·hoch·zeit *die* <-, -en> *(umg.) Fusion zweier großer Konzerne*

Ele·fan·ten·rüs·sel *der* <-s, -> *Rüssel eines Elefanten*

Ele·fan·ten·schild·krö·te *die* <-, -n> ZOOL. *eine Landschildkröte*

ele·gant *adj* ❶ *(≈ geschmackvoll) so, dass es in seiner Gestaltung von erlesenem Geschmack ist:* Sie trug ein elegantes Abendkleid.; die elegante Li-

E

E

nienführung der Limousine ❷ *(≈ gewandt) fein in der Bewegung:* elegante Schritte, elegante Formulierungen

Ele·ganz *die <-> /kein Plur./ elegante Art:* Kreationen von edler Eleganz

Ele·gie *die <-, -n> LIT. wehmütiges Gedicht, Klagelied*

ele·gisch *adj /nicht steig./ (geh.) wehmütig*

elek·tri·fi·zie·ren <elektrifiziert, elektrifizierte, hat elektrifiziert> *mit OBJ* ■ *jmd. **elektrifiziert** etwas auf den Betrieb mit elektrischem Strom umstellen:* Die Eisenbahnstrecke wird elektrifiziert. ▸ Elektrifizierung

Elek·tri·ker *der,* **Elek·tri·ke·rin** *<-s, -> jmd., der berufsmäßig elektrische Anlagen und Leitungen installiert*

elek·trisch *adj /nicht steig./* ❶ *mit elektrischem Strom betrieben:* Wir sollten die elektrische Geräte/Schaltkreise überprüfen. ❷ *auf das Phänomen der Elektrizität bezogen*

elek·tri·sie·ren <elektrisierst, elektrisierte, hat elektrisiert> *mit OBJ* ❶ ■ *jmd. **elektrisiert etwas** jmd. erzeugt elektrische Ladung in etwas:* Er hat den Metallstab durch Reibung elektrisiert. ▸ Elektrisierung ❷ ■ *jmd. **elektrisiert** jmd.. begeistert jmdn.:* Die Rolling Stones elektrisieren auch heute noch ihr Publikum.; ■ **wie elektrisiert sein** *(umg.) erschrocken oder aufgerüttelt sein* Sie sprang wie elektrisiert auf, als das Telefon läutete.

Elek·tri·zi·tät *die <-> /kein Plur./* ❶ *elektrischer Strom:* Das Kraftwerk versorgt die ganze Stadt mit Elektrizität. ❷ PHYS. *die Kraft zwischen Elementarteilchen mit positiver und negativer Ladung*

Elek·tri·zi·täts·werk *das <-(e)s, -e> Unternehmen, das Haushalte mit Elektrizität[1] versorgt*

Elek·tro- *als Erstglied zusammengesetzter Substantive; drückt aus, dass das mit dem Zweitglied Bezeichnete mit der Nutzung von Elektrizität/ Strom bzw. mit darauf beruhenden Verfahren zu tun hat* ◆ -akupunktur, -akustik, -auto, -bus, -chemie, -enzephalogramm, -epilation, -fahrrad, -fahrzeug, -galvanik, -gerät, -gitarre, -grill, -großhandel, -heizung, -herd, -hobel, -industrie, -ingenieur(in), -installateur(in), -konzern, -küche, -lok, -magnet, -magnetismus, -massage, -mechaniker(in), -meister(in), -mikroskop, -monteur(in), -motor, -ofen, -osmoseverfahren, -physik, -piano, -pistole, -pneumatik, -pumpe, -rad, -radar, -rasenmäher, -rasierer, -roller, -rollstuhl, -schocker, -segler, -stimulation, -turbine, -quirl, -vaporisation, -zahnbürste, -zaun, -zentralheizung

Elek·tro·an·trieb *der <-(e)s, -e> Antrieb mit Elektromotor:* Der Bus fährt mit Elektroantrieb.

Elek·tro·de *die <-, -n> PHYS. Metallstab, der elektrischen Strom an Wasser oder Gase abgibt oder von ihnen aufnimmt*

Elek·tro·dy·na·mik *die <-, -en> PHYS. (↔ Elektrostatik) Lehre von der mechanischen Wirkung der Elektrizität* ▸ elektrodynamisch

Elek·tro·kar·dio·gramm *das <-(e)s, -e> MED. Aufzeichnung der Herzmuskelströme, abgekürzt „EKG"*

Elek·tro·ly·se *die <-, -n> CHEM., PHYS. Zerlegung* chemischer Verbindungen in ihre Bestandteile durch elektrischen Strom

Elek·tro·lyt *das <-(e)s, -e> CHEM., PHYS. elektrischen Strom leitende Flüssigkeit, deren chemische Verbindung sich durch Elektrolyse aufspalten lässt*

Elek·tro·mo·bil *das <-s, -e> KFZ elektrisch betriebenes Fahrzeug*

Elek·tron *das <-s, ...-tronen> PHYS., CHEM. elektrisch negativ geladenes Elementarteilchen*

Elek·tro·nen·mi·k·ro·s·kop *das <-(e)s, -e> PHYS., CHEM. ein Mikroskop, dessen Vergrößerungsleistung so groß ist, dass damit kleinste Teilchen beobachtet werden können*

Elek·tro·nen·the·o·rie *die <-, -en> PHYS. Theorie, dass sich in Metallen Elektronen frei bewegen*

Elek·tro·nik *die <-> /kein Plur./ ELEKTROTECHN. der Zweig der Elektrotechnik, der sich mit integrierten Schaltkreisen, Halbleitern usw. befasst* ◆ -industrie ▸ Elektroniker, Elektronikerin, elektronisch

Elek·tro·schock *der <-(e)s, -s> MED. zur Behandlung psychischer Krankheiten eingesetzte Schocktherapie mittels elektrischer Stromstöße*

Elek·tro·s·kop *das <-s, -e> PHYS. Instrument zum Nachweis elektrischer Spannung*

Elek·tro·smog *der <-s> /kein Plur./ die Strahlung, die von elektrischen Leitungen und Geräten ausgeht*

Elek·tro·stat *der <-en, -en> TECHN. ein nach dem elektrostatischen Prinzip arbeitender Lautsprecher, bei dem Töne erzeugt werden, indem eine fast masselose Folie zwischen Elektroden beschleunigt wird*

Elek·tro·sta·tik *die <-> PHYS. (↔ Elektrodynamik) Lehre von dem ruhenden elektrischen Ladungen*

Elek·tro·tech·nik *die <-> /kein Plur./ ELEKTROTECHN. die Lehre von der Konstruktion elektrischer Geräte und Maschinen* ▸ Elektrotechniker, Elektrotechnikerin

Elek·tro·the·ra·pie *die <-, -en> MED. Heilverfahren mittels elektrischen Stroms; siehe auch* **Elektroschock**

Ele·ment *das <-(e)s, -e>* ❶ CHEM. *einer der chemischen Grundstoffe:* Wir behandeln gerade das Periodensystem der chemischen Elemente. ❷ *(≈ Bestandteil) etwas, das (zusammen mit anderen Teilen) Teil von etwas ist:* Die einzelnen Elemente dieser Theorie sind ...; Er vereinigt in seiner Musik Elemente des Jazz mit Elementen des Rock. ❸ MATH. *ein Objekt, das Teil einer Menge[4] ist:* A, B und C sind Elemente der Menge M.; ■ **in seinem Element sein** *(umg.) entsprechend des eigenen Wesens oder der eigenen Vorlieben handeln* Im Sportunterricht ist sie in ihrem Element.

ele·men·tar *adj /nicht steig./* ❶ *(≈ grundlegend) so, dass es ganz wesentlich ist und zu den Grundlagen einer Sache gehört:* elementare Begriffe/ Kenntnisse/ Pflichten/ Voraussetzungen ❷ *(≈ mächtig) so, dass (Natur)kräfte von sehr großer Gewalt sind:* Das Gewitter brach mit elementarer Gewalt herein.; Hier wirken elementare Naturkräfte. ▸ Elementargewalt, Elementarkraft

Ele·men·tar·klas·se *die* <-, -n> *(veralt.) Grundschulklasse*

Ele·men·tar·la·dung *die* <-, -en> PHYS. *elektrische Ladung der Elementarteilchen*

Ele·men·tar·teil·chen *das* <-s, -> PHYS. *einer der Bausteine der Materie*

Ele·ment·bau *der* <-(e)s, -ten> TECHN. SCHWEIZ. *Fertigbau*

Elen *der* <-s, -> ZOOL. *Elch*

Elend *das* <-(e)s> */kein Plur./ der Zustand großen Unglücks oder großer Not:* Wir helfen, wo das Elend am größten ist.; das Elend der Armen zu lindern versuchen; ■ **ein Häufchen Elend sein** *in einem elenden Zustand ein*

elend <elender, am elendsten> *adj* ❶ *(≈ übel) so, dass man sich sehr schlecht fühlt, weil man krank oder sehr deprimiert ist:* Sie fühlt sich elend.; Mir ist elend (zumute). ❷ *(≈ armselig) so, dass die Lebensbedingungen sehr schlecht und ärmlich sind:* Sie wohnen in einer elenden Behausung.; Er führt ein elendes Leben. ❸ *(umg.: ≈ furchtbar) verwendet, um eine Aussage zu verstärken:* Das ist eine elende Arbeit/eine elende Hitze heute.

elen·dig <elendiger, am elendigsten> *adj* LANDSCH. *elend*

elen·dig·lich, elen·dig·lich <elendiglicher, am elendiglichsten> *adv (geh.) in elender² Weise:* elendiglich zugrunde gehen

Elends·vier·tel *das* <-s, -> *(≈ Slum, Elendsquartier) Gebiet (einer Großstadt), in dem Menschen in großer Armut und unter menschenunwürdigen Bedingungen leben*

Ele·ve *der*, **Ele·vin** *die* <-n, -n> *(geh.) Schüler, Lehrling*

elf *num* Wir sind zu elfen/elft.; *siehe auch* **acht**

Elf *die* <-, -en> ❶ *die Zahl 11* ❷ SPORT *Fußballmannschaft:* Die Elf betritt das Spielfeld.

Elf·fe *die* <-, -n> *in Märchen und Sagen ein weibliches Wesen mit Zauberkraft*

Elf·fen·bein *das* <-(e)s> */kein Plur./ die Substanz, aus der die Stoßzähne von Elefanten bestehen:* Um Schmuck aus Elfenbein herzustellen, werden immer noch Elefanten abgeschlachtet. ◆ -schnitzer(in) ► elfenbeinern, elfenbeinfarben

Elf·fen·bein·küs·te *die* <-> */kein Plur./* GEOGR. *(≈ Côte d'Ivoire) ein Staat in Westafrika*

Elf·fen·bein·turm ■ **in seinem Elfenbeinturm sitzen** *(umg.) als Künstler oder Gelehrter abgekapselt und weltfremd sein und sich nur seiner geistigen Beschäftigung widmen*

Elf·me·ter *der* <-s, -> SPORT *im Fußball der als Bestrafung für ein Foul vollzogene, direkte Schuss auf das Tor:* Der Schiedsrichter müsste einen Elfmeter geben.; Wer hat den Elfmeter geschossen/verwandelt?; Der Torwart hat den Elfmeter gehalten. ◆ -tor

elf·te *num* Sein Name stand an elfter Stelle.; *siehe auch* **achte**

elf·tel *num siehe auch* **achtel**

Elf·tel *das* <-s, -> *der elfte Teil von etwas; siehe auch* **Achtel**

eli·mi·nie·ren <eliminierst, eliminierte, hat eliminiert> *mit OBJ* ■ **jmd. eliminiert etwas** *(geh.)* beseitigen: Fehlerquellen/Störfaktoren eliminieren ► Elimination

eli·sa·be·tha·nisch *adj /nicht steig./* GESCH. *auf das Zeitalter Elisabeths I. von England bezogen*

Eli·si·on *die* <-, -en> SPRACHWISS. *Ausstoßung eines unbetonten Vokals im Wortinneren oder -ende*

eli·tär <elitärer, am elitärsten> *adj* ❶ */nicht steig./ zur Elite gehörend:* Er gehört auch zu diesem elitären Kreis. ❷ *(abwert.) hochnäsig, weil man sich zu einer Elite gehörig fühlt:* Sein elitäres Benehmen geht mir langsam auf die Nerven.

Eli·te *die* <-, -n> *die (in Bezug auf ein bestimmtes Kriterium) besten Personen (einer Gruppe oder Gesellschaft):* Die hier versammelten Personen gehören zweifellos zur geistigen/intellektuellen/politischen Elite des Landes. ◆ -förderung, -truppe, Kultur-, Sport-

Eli·xier *das* <-s, -e> *eine Substanz, der man eine heilende Wirkung oder sogar Zauberkraft zuspricht* ◆ Lebens-

Ell·bo·gen *der* <-s, -> ANAT. *das Gelenk zwischen Oberarm und Unterarm;* ■ **seine Ellbogen gebrauchen** *(umg.) rücksichtslos handeln;* ■ **keine Ellbogen haben** *(umg.) sich nicht durchsetzen können* ◆ -freiheit, -gelenk, -schützer

Ell·bo·gen·frei·heit *die* <-> */kein Plur./ (übertr.) Bewegungsfreiheit*

Ell·bo·gen·ge·sell·schaft *die* <-> */kein Plur./ (abwert. übertr.) eine Gesellschaft, in der man sich nur mit egoistischem und rücksichtslosem Verhalten durchsetzt*

Ell·bo·gen·mensch *der* <-en, -en> *(abwert.) jmd., der sich rücksichtslos durchsetzt*

Ell·bo·gen·schüt·zer *der* <-s, -> SPORT *eine Art Polster für den Ellbogen, das man in bestimmten Sportarten zum Schutz trägt*

El·le *die* <-, -n> ❶ ANAT. *(↔ Speiche) einer der beiden Unterarmknochen* ❷ *(veralt.) ein Längenmaß*

El·len·bo·gen *siehe auch* **Ellbogen**

el·len·lang *adj /nicht steig./ übermäßig lang:* Sie schreibt immer ellenlange Briefe an ihren Bruder.

El·lip·se *die* <-, -n> ❶ MATH. *ein Kegelschnitt* ❷ LIT. *eine Stilfigur: Auslassung von Wörtern in Sätzen*

el·lip·sen·för·mig *adj /nicht steig./ (≈ oval) in der Form einer Ellipse¹*

el·lip·tisch *adj /nicht steig./* ❶ MATH. *in der Form einer Ellipse* ❷ SPRACHWISS. *von der Art einer Ellipse²:* eine elliptische Konstruktion

elo·quent *adj (geh.: ≈ redegewandt) so, dass man sich sehr gut sprachlich ausdrücken kann:* Es war ein Genuss, ihrem eloquenten Vortrag zu lauschen.

Elo·quenz *die* <-> */kein Plur./ (geh.: ≈ Redegewandtheit) die Eigenschaft, eloquent zu sein*

El Sal·va·dor <-s> *Staat in Mittelamerika*

Els·ter *die* <-, -n> ZOOL. *ein Rabenvogel;* ■ **(eine) diebische Elster (sein)** *(umg.) die Neigung haben zu stehlen*

el·ter·lich *adj /nicht steig. / /nur attr./ so, dass es von den Eltern gehört oder von ihnen ausgeht:* Sie wohnen jetzt im elterlichen Haus.; die elterliche Fürsorge

El·tern <-> *Plur. Vater und Mutter:* Sie hat ihren Eltern viel Freude gemacht.; Alle Eltern wollen das

E

Beste für ihr Kind.; ■**etwas ist nicht von schlechten Eltern** *etwas ist kräftig und gut beschaffen Dieser Wein ist nicht von schlechten Eltern.* ▸Großeltern, Urgroßeltern ◆-initiative, -liebe, -paar, -schlafzimmer, -zeit

El·tern·abend *der* <-s, -e> SCHULE *Informationsabend, bei dem die Eltern der Schüler einer Schule den Lehrern Fragen stellen können*

El·tern·bei·rat *der* <-es, Elternbeiräte> SCHULE *die gewählten Vertreter der Eltern der Schüler einer Schule*

El·tern·haus *das* <-es, Elternhäuser> *das Haus der Eltern, in dem man aufgewachsen ist*

El·tern·recht *das* <-(e)s, -e> RECHTSW. *Rechte der Eltern ihren Kindern gegenüber*

El·tern·sprech·tag *der* <-(e)s, -e> SCHULE *Elternabend*

El·tern·teil *der* <-(e)s, -> *Vater oder Mutter*

El·tern·zeit *die* <-, -> *Anspruch auf eine Auszeit für Mütter oder Väter, in der sie sich dem Kind widmen und gleichzeitig Kontakt zum Beruf aufrechterhalten können*

Ely·si·um *das* <-s, Elysien> *(dichter.: ≈ Paradies) das vollkommene Glück*

EM [eː'ʔɛm] SPORT *(↔ DM, WM) Abkürzung von „Europameisterschaft"*

E-Mail *die/das* ['iːmeɪl] <-, -s> EDV *elektronische Botschaft, die über Computernetze verschickt wird: Ich habe eine E-Mail erhalten/geschrieben/ verschickt/ abgespeichert/ausgedruckt.* ◆-Programm, -Software

Email(·le) *das* [e'meı, e'maljə] <-, -n> *Schmelzüberzug auf metallischen Oberflächen*

email·lie·ren [ema'jiːrən, emal'jiːrən] <emaillierst, emaillierte, hat emailliert> *mit OBJ* ■ *jmd. emailliert etwas Akk. (fachspr.) mit einer Schicht aus Emaille überziehen*

Email·lier·ofen *der* <-s, Emaillieröfen> *(fachspr.) Brennofen zum Emaillieren*

Eman·ze *die* <-, -n> *(umg. abwert.) selbstbewusste Frau, deren (Einsatz für die) Gleichberechtigung als übertrieben empfunden wird*

Eman·zi·pa·ti·on *die* <-> /kein Plur./ ❶ *der Vorgang, dass sich jmd. aus seiner bisherigen Abhängigkeit von jmdm. befreit* ❷ *gesellschaftliche Gleichstellung und Gleichberechtigung der Frau mit dem Mann*

Eman·zi·pa·ti·ons·be·we·gung *die* <-, -en> *Bewegung, die zur Emanzipation führen soll*

eman·zi·pa·to·risch *adj /nicht steig./ so, dass es Emanzipation als Ziel hat*

eman·zi·pie·ren <emanzipierst, emanzipierte, hat emanzipiert> *mit SICH* ■ *jmd. emanzipiert sich (von jmdm./etwas) sich von einer Abhängigkeit befreien: Die moderne Frau hat sich längst emanzipiert.; Es dauerte lange, bis sich die Lohnarbeiter emanzipiert hatten.*

eman·zi·piert *adj selbstbewusst und unabhängig: eine emanzipierte junge Frau*

Em·bar·go *das* <-s, -s> POL. *(≈ Ausfuhrsperre) ein Verbot, bestimmte Waren in ein Land zu liefern: Man verhängte ein Waffenembargo.*

Em·b·lem *das* <-s, -e> *(geh.: ≈ Sinnbild) (die Abbildung von) etwas, das als Symbol für eine be-*

stimmte Eigenschaft gilt: *Der Löwe wird traditionell als Emblem der Stärke betrachtet.* ▸emblematisch

Em·bo·lie *die* <-s, -n> MED. *der Vorgang, dass ein Blutpfropfen eine Ader verstopft*

Em·b·ryo *der/das* <-s, -s/-nen> *ein noch nicht geborenes Lebewesen im Mutterleib*

Em·b·ryo·nal·ent·wick·lung *die* <-> /kein Plur./ *die Entwicklung des Embryos*

eme·ri·tie·ren <emeritierst, emeritierte, hat emeritiert> *mit OBJ* ■ *jmd. emeritiert jmdn. (fachspr.) einen Hochschullehrer in den Ruhestand entlassen: Der Professor ist vor zwei Jahren emeritiert worden.*

Eme·ri·tus *der* <-, Emeriti> *(fachspr.) emeritierter Hochschulprofessor*

Emi·g·rant *der*, **Emi·g·ran·tin** <-en, -en> *(↔ Immigrant) jmd., der in ein anderes Land geflüchtet ist, um dort zu leben.* ◆-enschicksal

Emi·g·ran·ten·li·te·ra·tur *die* <-, -en> LIT. *(≈ Exilliteratur) Literatur, die von Emigranten geschaffen wurde*

Emi·g·ra·ti·on *die* <-, -en> *(↔ Immigration) Auswanderung aus dem eigenen Land, weil man dort aus politischen oder religiösen Gründen nicht mehr leben kann;* ■ *die innere Emigration der Vorgang, dass besonders Intellektuelle ihre Opposition gegen eine Diktatur nur passiv ausdrücken*

emi·g·rie·ren <emigrierst, emigrierte, ist emigriert> *ohne OBJ* ■ *jmd. emigriert irgendwohin (↔ immigrieren) aus dem eigenen Land auswandern, weil man dort aus politischen oder religiösen Gründen nicht mehr leben kann.: Sie emigrierte 1933 nach Italien/in die USA.*

emi·nent *adj /nicht steig./ (geh.: ≈ bedeutend) außerordentlich: Die Besprechung ist von eminenter Wichtigkeit.*

Emi·nenz *die* <-, -en> REL. *Anrede für Kardinäle*

Emir, **Emir** *der* <-s, -e> *ein arabischer Fürstentitel*

Emi·rat *das* <-(e)s, -e> *ein arabisches Fürstentum*

Emis·si·on *die* <-, -en> ❶ PHYS. *das Abgeben von Strahlung* ❷ *(fachspr.) Ausströmen von Stoffen in die Atmosphäre: Das Ziel war, die Emission von Schadstoffen drastisch zu verringern.* ❸ WIRTSCH. *Ausgabe von Wertpapieren*

Emit·tent *der* <-en, -en> ❶ WIRTSCH. *jmd., der Wertpapiere ausgibt* ❷ *(fachspr.) jmd., der Emissionen[2] verursacht*

emit·tie·ren <emittierst, emittierte, hat emittiert> *mit OBJ* ■ *jmd. emittiert etwas WIRTSCH. Wertpapiere in Umlauf setzen*

E-Moll, **E-Moll** *das* <-> /kein Plur./ MUS. *eine Tonart* ◆-Tonleiter

Emo·ti·con *das* <-s, -s> EDV *eine Kombination von Zeichen, mit der der Verfasser einer E-Mail einen Gefühlszustand andeuten kann; z. B. wird durch die Zeichen :-) ein lachendes Gesicht angedeutet*

Emo·ti·on *die* <-, -en> *(geh.: ≈ Gefühlsregung) der Vorgang, dass jmd. ein bestimmtes Gefühl hat: Emotionen wie Wut, Ärger, Freude …; Er zeigte bei der Preisverleihung keinerlei Emotionen.*

emo·ti·o·nal <emotionaler, am emotionalsten> *adj* ❶ *(≈ gefühlsmäßig) so, dass es von Emotionen* gelenkt wird oder mit ihnen zu tun hat: Sie handelt meist emotional. ❷ *(abwert.) erregt:* Ihre emotionale Reaktion war verständlich.

emo·ti·o·na·li·sie·ren   [emotsi̯onaliˈziːrən] <emotionalisierst, emotionalisierte, hat emotionalisiert> *mit OBJ* ■ *jmd. emotionalisiert etwas Akk. (geh.) bewirken, dass ein Thema nicht mehr nur sachlich diskutiert wird, sondern dass auch Emotionen wichtig werden:* eine Diskussion emotionalisieren

Emo·ti·o·na·li·tät *die* <-> *emotionales Verhalten*

emo·ti·o·nell *adj siehe* **emotional**

emo·ti·ons·ge·la·den *adj /nicht steig./ voller starker Emotionen:* Nach dem Spiel herrschte eine emotionsgeladene Atmosphäre.

Em·pa·thie *die* [ɛmpaˈtiː] <-, ...-thi̯en> */meist Sing./ (≈ Einfühlungsvermögen) das Vermögen, sich in Eigenarten eines Gegenübers z. B. mit anderem kulturellem Hintergrund einfühlen zu können:* In einem psychologischen Gespräch ist Empathie sehr wichtig. ▸ empathisch *siehe auch* **Interkulturalität**

em·pfahl *Prät. von* **empfehlen**

em·pfand *Prät. von* **empfinden**

Emp·fang *der* <-(e)s, Empfänge> ❶ */kein Plur./ der Vorgang, dass man etwas erhält:* Wir haben die Lieferung bereits in Empfang genommen.; Der Empfang der Lieferung wurde bestätigt. ❷ *(feierliche) Begrüßung:* Am Sonntag findet ein großer Empfang für alle Konferenzteilnehmer statt. ◆-schef, -sdame, -shalle, -sraum, -szimmer, Sekt-, Steh- ❸ TECHN. *die Qualität, mit der man Signale empfängt²:* Der Empfang ist gestört. ◆-santenne, -sstation, -sstörung

emp·fan·gen <empfängst, empfing, hat empfangen> *mit OBJ* ❶ ■ *jmd. empfängt jmdn. als Gäste im Rahmen eines Festaktes begrüßen:* Der Botschafter empfängt die Diplomaten (mit einem Festakt). ❷ ■ *jmd. empfängt etwas (mit etwas Dat.)* ELEKTROTECHN. *mit einem technischen Gerät registrieren oder auffangen:* mit dem Teleskop Signale aus dem All empfangen; Er empfängt diesen Sender nicht.

Emp·fän·ger *der,* **Emp·fän·ge·rin** <-s, -> ❶ *jmd., der etwas erhält oder erhalten soll:* Der Empfänger des Briefes ist unbekannt verzogen. ❷ ELEKTROTECHN. *Empfangsgerät*

emp·fäng·lich <empfänglicher, am empfänglichsten> *adj (≈ offen) bereit, etwas entgegen zu nehmen:* Ich bin für gute Ratschläge durchaus empfänglich.; Ich wusste, dass der Professor sehr empfänglich für Schmeicheleien war.

Emp·fäng·lich·keit *die* <-> */kein Plur./ das Empfänglichsein*

Emp·fang·nah·me *die* <-> */kein Plur./* AMTSSPR. *das Entgegennehmen*

Emp·fäng·nis *die* <-, -se> *Befruchtung einer Eizelle durch eine Samenzelle*

Emp·fäng·nis·ver·hü·tung *die* <-> */kein Plur./ alle Maßnahmen wie Antibabypille, Kondome usw., die dafür sorgen, dass eine Frau nach dem Geschlechtsverkehr mit einem Mann nicht schwanger wird* ▸ empfängnisverhütend

Emp·fäng·nis·zeit *die* <-, -en> RECHTSW. *Zeit, in*

der die Empfängnis eines Kindes stattgefunden haben muss

Emp·fangs·be·reich *der* <-(e)s, -e> *Bereich, in dem man Empfang³ hat*

Emp·fangs·be·schei·ni·gung *die* <-, -en> AMTSSPR. *(≈ Empfangsbestätigung) Bescheinigung über den Empfang¹*

Emp·fangs·chef *der,* **Emp·fangs·che·fin** <-s, -s> *Hotelangestellter, der Kunden und Gäste empfängt*

emp·feh·len <empfiehlst, empfahl, hat empfohlen> I. *mit OBJ* ❶ ■ *jmd. empfiehlt (jmdm.) etwas jmdm. sagen, dass etwas sehr gut ist und dass man es benutzen soll:* Dieses Restaurant kann ich nur empfehlen. ❷ ■ *jmd. empfiehlt (jmdm.) jmdn. jmdm. sagen, dass jmd. sehr kompetent ist und dass man seine Dienste in Anspruch nehmen kann:* Kannst du mir einen guten Arzt empfehlen? II. *mit SICH* ■ *jmd./etwas empfiehlt sich* ❶ *(geh.: ≈ sich anbieten) von Vorteil sein:* Bei Schwierigkeiten empfiehlt es sich, Folgendes zu tun: ... ❷ *(geh. o veralt.) sich verabschieden:* Ich empfehle mich!

emp·feh·lens·wert *adj so, dass man es empfehlen¹ kann:* ein empfehlenswertes Lokal

Emp·feh·lung *die* <-, -en> *der Vorgang, dass jmd. etwas empfiehlt:* Ich komme auf Empfehlung von ...

Emp·feh·lungs·schrei·ben *das* <-s, -> *ein Brief, in dem jmd. eine Empfehlung ausspricht*

emp·fin·den <empfindest, empfand, hat empfunden> *mit OBJ* ❶ ■ *jmd. empfindet etwas (für jmdn./etwas) ein positives Gefühl verspüren:* Er empfand tiefe Gefühle für sie.; Sie empfindet doch etwas für ihn, auch wenn sie es nicht zugeben will. ❷ ■ *jmd. empfindet etwas (als etwas Akk.) etwas (in einer bestimmten Weise) wahrnehmen, fühlen:* Hunger/Durst/ Kälte empfinden; Freude/ Reue/ Scham empfinden; Die Gäste könnten das als Beleidigung empfinden.

emp·find·lich <empfindlicher, am empfindlichsten> *adj* ❶ *(≈ sensibel) so, dass man schnell gekränkt ist:* Sie ist eine empfindliche Person.; Bei solchen Bemerkungen ist er sehr empfindlich. ❷ *(≈ sensitiv, reizbar) so, dass ein Körperorgan leicht gereizt wird:* empfindliche Augen/Haut ❸ *schmerzlich:* Sein Ausscheiden war ein empfindlicher Verlust für das ganze Team.; ■ **empfindliche Kälte** *(umg.) große Kälte*

Emp·find·lich·keit *die* <-> */kein Plur./ das Empfindlichsein¹, ²*

emp·find·sam <empfindsamer, am empfindsamsten> *adj (geh.: ≈ sensibel) so, dass man auf seine Umwelt sehr schnell mit ausgeprägten Gefühlen reagiert*

Emp·find·sam·keit *die* <-> */kein Plur./* ❶ *(geh.: ≈ Sensibilität) Aufnahmefähigkeit für Reize und Eindrücke* ❷ LIT. *Bezeichnung für eine Epoche der Literatur im 18. Jahrhundert, die sehr gefühlsbetont war*

Emp·fin·dung *die* <-, -en> *(≈ Gefühl, Wahrnehmung) etwas, das jmd. empfindet* ◆-snerv

Emp·fin·dungs·lo·sig·keit *die* <-> */kein Plur./*

E

(≈ *Gefühllosigkeit*) *der Zustand, dass jmd. oder etwas ohne Empfindung ist*

emp·fing *Prät. von* **empfangen**

emp·foh·len *Part. Perf. von* **empfehlen**

emp·fun·den *Part. Perf. von* **empfinden**

Em·pha·se *die* <-, -n> /*meist Sing.*/ (*geh.:* ≈ *Nachdruck*) *besondere (gefühlsmäßige) Betonung, die jmd. auf etwas legt* ▶ emphatisch

Em·phy·sem *das* [ɛmfyˈzeːm] <-s, -e> MED. *Vorkommen von Luft, das übermäßig ist und an einer unerwarteten Stellen auftritt* ◆ Lungen-

Em·pi·rie *der* <-> /*kein Plur.*/ (*geh.*) (*wissenschaftliche*) *Erkenntnis, die nicht auf theoretischer Ableitung aus abstrakten Regeln beruht, sondern auf Fakten, die aus der Erfahrung gewonnen werden* ▶ Empiriker, Empirikerin, empirisch

Em·pi·ris·mus *der* <-> /*kein Plur.*/ PHILOS. *Lehre der Empirie*

em·por·ar·bei·ten <arbeitest empor, arbeitete empor, hat emporgearbeitet> *mit SICH* ■ **jmd. arbeitet sich (zu etwas** *Dat.***) empor** *beruflich durch ehrgeiziges Verhalten vorankommen:* Er hat sich zum Abteilungsleiter emporgearbeitet.

Em·po·re *die* <-, -n> (*zum Altar oder zur Bühne*) *offenes Obergeschoss (in einer Kirche oder einem Theater*)

em·pö·ren <empörst, empörte, hat empört> (*geh.*) **I.** *mit OBJ* ■ **jmd./etwas empört jmdn.** *zornig machen:* Seine unverschämte Bemerkung empörte sie. **II.** *mit SICH* ■ **jmd. empört sich (über jmdn./etwas)** *sich ärgern:* Alle empörten sich über sein Verhalten.

em·pö·rend <empörender, am empörendsten> *adj so ärgerlich, dass man sich darüber aufregen muss:* eine empörendes Verhalten

Em·por·kömm·ling *der* <-s, -e> (*abwert.*) *jmd., dessen schneller (beruflicher oder politischer) Aufstieg als ungerechtfertigt empfunden wird*

em·por·ra·gen <ragt empor, ragte empor, ist emporgeragt> *ohne OBJ* ■ **etwas ragt empor** *nach oben ragen:* Es scheint, als würden die Berge bis in den Himmel emporragen.

em·por·schau·en <schaust empor, schaute empor, hat emporgeschaut> *ohne OBJ* ❶ ■ **jmd. schaut (zu etwas) empor** *nach oben schauen* ❷ ■ **jmd. schaut zu jmdm. empor** (≈ *verehren*) *sehr viel Respekt für jmdn. empfinden*

em·por·schwin·gen <schwingst empor, schwang empor, hat emporgeschwungen> *mit SICH* ❶ ■ **jmd. schwingt sich empor** *den eigenen Körper durch eine schwungvolle Bewegung in die Höhe bewegen* ❷ ■ **jmd. schwingt sich zu etwas** *Akk.* **empor** (*geh.*) *eine große Leistung vollbringen:* sich zu großen Taten/Leistungen emporschwingen

em·pört *adj sehr verärgert und aufgeregt:* Ich war zutiefst empört über ihr Auftreten.

Em·pö·rung *die* <-, -en> (≈ *Entrüstung*) Sie brachten laut ihre Empörung zum Ausdruck.

em·sig <emsiger, am emsigsten> *adj* (≈ *fleißig*) *so, dass man sich sehr anstrengt und viel arbeitet:* Sie lernt emsig für die Klausur. ▶ Emsigkeit

Emul·ga·tor *der* <-s, ...-toren> CHEM. *Stoff, mit dem man Emulsionen*[1] *herstellt* ▶ emulgieren

Emul·si·on *die* <-, -en> ❶ CHEM. *der Zustand, dass zwei Flüssigkeiten, die man an sich nicht mischen kann, als ganz feine Tropfen in einander verteilt sind* ❷ FOTOGR. *lichtempfindliche Schicht*

End- *als Erstglied zusammengesetzter Substantive; drückt aus, dass das mit dem Zweitglied Bezeichnete die letzte Station/der Schlusspunkt/das letzte Stück von etwas ist bzw. den Abschluss einer Entwicklung/eines Prozesses/eines Vorgangs bildet* ◆ -erfolg, -fassung, -geschwindigkeit, -haltestelle, -kampf, -konsonant, -kunde, -kundin, -lagerung, -lauf, -montage, -moräne, -phase, -punkt, -resultat, -runde, -stadium, -stück, -summe, -ursache, -vokal, -zeit, -ziel, -ziffer, -zustand, -zweck

End·aus·schei·dung *die* <-, -en> SPORT (≈ *Endrunde*) *die letzte Station in einem (mehrstufigen) Wettbewerb:* Ich kam bis in die Endausscheidung, wurde dann aber doch nur Zweite.

End·be·scheid *der* <-(e)s, -e> AMTSSPR. *letzter, endgültiger Bescheid*

End·buch·sta·be *der* <-n, -n> (↔ *Anfangsbuchstabe*) *letzter Buchstabe (eines Wortes*)

End·darm *der* <-(e)s, Enddärme> ANAT. (≈ *Dickdarm*)

En·de *das* <-s, -n> ❶ /*kein Plur.*/ *der Punkt, der in zeitlicher Hinsicht etwas abschließt:* Dies war dann das Ende des Gesprächs.; (Am) Ende des Monats geben wir eine Party.; Die Arbeit muss bis zum Ende der Woche fertig sein. ❷ *der Punkt, an dem etwas räumlich aufhört:* Fahren Sie bis zum Ende der Straße, dann ...; ■ **zu Ende sein** *vorbei sein;* ■ **mit seiner Weisheit am Ende sein** (*umg.*) *nicht mehr weiter wissen;* ■ **das Ende vom Lied** (*umg.*) *das enttäuschende Resultat;* ■ **am Ende der Welt sein** *ganz weit weg sein* Dieses Dorf liegt ja am Ende der Welt!; ■ **das dicke Ende** (*umg.*) *das Unangenehme* Das dicke Ende kommt erst noch.

End·ef·fekt ■ **im Endeffekt** *letztlich* Im Endeffekt hat sich nichts geändert.

En·de·mie *die* <-, ...-mien> MED. *örtlich begrenztes Auftreten von Infektionskrankheiten*

en·de·misch *adj* /*nicht steig.*/ ❶ MED. *auf die Endemie bezogen* ❷ BIOL. (*als Tier- oder Pflanzenart*) *nur in begrenzten Gebieten vorkommend:* Auf dieser Insel findet man viele endemische Pflanzen.

en·den <endest, endete, hat geendet> *ohne OBJ* ❶ ■ **jmd./etwas endet** ❶ ■ **etwas endet (irgendwann)** *zeitlich aufhören:* Das Semester endet am 28. Februar.; Diese Arbeit endet nie. ❷ ■ **etwas endet (irgendwo)** *räumlich aufhören:* Die Straße endet nach 500 Metern. ❸ ■ **etwas endet (irgendwie)** *einen bestimmten Ausgang haben:* Die Partie endete mit einem 2:0. ❹ ■ **jmd. endet mit etwas** *Dat.* *eine Handlung mit einer bestimmten Sache beenden:* Der Redner endete mit einem Zitat.

End·er·geb·nis *das* <-ses, -se> (≈ *Resultat* ↔ *Zwischenergebnis*) *endgültiges Ergebnis, das sich nicht mehr ändert:* das Endergebnis einer Wahl

end·gül·tig *adj* /*nicht steig.*/ (↔ *vorläufig*) *so,* *dass es sich nicht mehr ändert:* Meine Entscheidung ist endgültig.

En·di·vie *die* <-, -n> BOT. *eine Salatpflanze*

End·la·ger *das* <-s, -> *endgültiger Lagerplatz von radioaktiven Abfällen* ► endlagern, Endlagerung ◆ -stätte

End·lauf *der* <-(e)s, Endläufe> SPORT *letzter, über Sieg und Niederlage entscheidender Lauf*

end·lich *adv verwendet, um auszudrücken, dass man sich das Eintreten von etwas sehr wünscht:* Das Projekt ist nach fünf Jahren endlich fertig geworden.; Wann kommst du endlich?; Können wir jetzt endlich losfahren?; Höre endlich mit dem Gejammer auf!

End·lich·keit *die* <-> /kein Plur./ (↔ Unendlichkeit) (zeitliche oder räumliche) Begrenztheit*

end·los *adj /nicht steig./ (umg.) sehr lang:* Dieses endlose Warten macht mich fertig! ► Endlosigkeit

End·lo·sig·keit *die* <-> /kein Plur./ *der Zustand, dass etwas kein Ende zu haben scheint:* die Endlosigkeit der Wüste

en·do·gen *adj /nicht steig./* MED. (↔ exogen) *der Zustand, dass etwas von innen her entsteht:* Sie ist an einer endogenen Depression erkrankt.

En·do·kri·no·lo·gie *die* <-> /kein Plur./ MED. *Lehre von der Funktion der Drüsen* ► endokrin

En·do·s·ko·pie *die* <-, ...-pien> MED. *der Vorgang, dass der Arzt Organe und Innenräume des Körpers untersucht, indem er eine sehr kleine Kamera einführt* ► Endoskop, endoskopieren

End·reim *der* <-(e)s, -e> SPRACHWISS. (↔ Anfangsreim) *Reim am Ende der Zeile*

End·sil·be *die* <-, -n> SPRACHWISS. (↔ Anfangssilbe) *die letzte Silbe eines Wortes*

End·spiel *das* <-s, -e> SPORT *Entscheidungsspiel eines Turniers*

End·spurt *der* <-(e)s, -s/-e> ❶ SPORT (≈ Sprint) *der Vorgang, dass zum Ende eines Rennens die Sportler mit maximaler Geschwindigkeit auf die Ziellinie zustreben:* Das Rennen wurde im Endspurt entschieden. ❷ (übertr.) *der Vorgang, dass man vor einem entscheidenden Ziel nochmals alle Kräfte aufbietet:* In der Prüfungsvorbereitung hat der Endspurt begonnen.

End·stand *der* <-es> /kein Plur./ SPORT *letzter Spielstand, der den Ausgang eines Wettbewerbs bestimmt*

End·sta·ti·on *die* <-, -en> ❶ *letzte Station einer Eisenbahn- oder Straßenbahnstrecke* ❷ (übertr.) *das, wo eine negative Entwicklung letztlich endet:* Endstation für viele Raser ist oft das Krankenhaus.

En·dung *die* <-, -en> SPRACHWISS. (≈ Suffix) *veränderbarer letzter Wortbestandteil:* Welche Endung hat dieses Wort im Genitiv? ► endungslos

End·ver·brau·cher *der;* **End·ver·brau·che·rin** <-s, -> WIRTSCH. (≈ Endkunde) *Konsument*

End·zei·le *die* <-, -n> (↔ Anfangszeile) *letzte Zeile eines Gedichts*

Ener·ge·tik *die* <-, -en> PHYS. *Lehre von der Umwandlung der Energie* ► energetisch

Ener·gie *die* <-, -n> ❶ /kein Plur./ PHYS. *eine physikalische Grundgröße: die Beziehung von Energie und Materie; Energie wird benötigt, um eine chemische Reaktion in Gang zu setzen.* ◆ Atom-, Be-

wegungs-, Masse-, Ruhe- , Solar- ❷ TECHN. *mechanische oder elektrische Kraft:* In einer Turbine wird Wasserkraft in elektrische Energie umgewandelt. ◆ -erzeugung, -krise, -lieferung, -sparmaßnahme, -sparprogramm, -steuer, -umwandlung, -vergeudung, -verschwendung, -versorgung ❸ /kein Plur./ (≈ Tatkraft, Vitalität) *Nach dem Urlaub ging sie mit neuer Energie an die Arbeit.*

ener·gie·arm <energieärmer, energieärmsten> *adj (↔ energiereich) arm an Energie*

ener·gie·be·wusst *adj so, dass man darauf achtet, dass keine Energie[2] verschwendet wird (zum Beispiel durch eine schadhafte Heizung)*

Ener·gie·bün·del *das* <-s, -> (umg.) *Person mit viel Energie[3]*

Ener·gie·form *die* <-, -en> *Art der Energie[2]*

ener·gie·ge·la·den *adj /nicht steig./ voller Energie[3]*

Ener·gie·ge·win·nung *die* <-> /kein Plur./ *das Erzeugen von elektrischem Strom:* alternative Formen der Energiegewinnung

Ener·gie·kri·se *die* <-, -n> *ein großer Mangel an Energie[2], der viele wirtschaftliche Probleme erzeugt.*

Ener·gie·lie·fe·rant *der* <-en, -en> *etwas, das Energie liefert:* Zucker ist ein guter Energielieferant.

ener·gie·los *adj /nicht steig./ ohne Energie[3]* ► Energielosigkeit

Ener·gie·po·li·tik *die* <-> /kein Plur./ POL. *politische Maßnahmen, die die Gewinnung von Energie, z. B. den Bau von Kraftwerken, betreffen* ► energiepolitisch

Ener·gie·quel·le *die* <-, -n> ❶ *ein Rohstoff, aus dem man Energie[2] gewinnen kann* ❷ *etwas, woraus Energie[3] entstehen kann:* Freude ist eine gute Energiequelle.

ener·gie·reich <energiereicher, am energiereichsten> *adj reich an Energie*

Ener·gie·spen·der *der* <-s, -> *etwas, das Energie spendet:* Zucker ist ein guter Energiespender.

Ener·gie·trä·ger *der* <-s, -> *etwas, dessen Energie genutzt werden kann:* Kohle, Gas und Öl sind gängige Energieträger.

Ener·gie·ver·brauch *der* <-(e)s> /kein Plur./ *die Menge an Energie[2], die von jmdm. oder etwas verbraucht wird:* Das Auto hat einen hohen Energieverbrauch. ► Energieverbraucher

Ener·gie·ver·lust *der* <-(e)s, -e> (↔ Energiezufuhr) *Verlust an Energie*

Ener·gie·wen·de *die* <-> /kein Plur./ *Ablösung von Energiegewinnung aus fossilen Brennstoffen und Atomkraft durch erneuerbare Energien:* Um das Stromnetz fit für die Energiewende zu machen, besteht in den kommenden Jahren ein erheblicher Netzentwicklungs- und Optimierungsbedarf.

ener·gisch <energischer, am energischsten> *adj (≈ entschlossen) so, dass man eine Aufgabe tatkräftig bewältigt und sich nicht aufhalten lässt:* Die Ordner griffen energisch durch.

Ener·gy-Drink, *a.* **Ener·gy·drink** *der* ['ɛnɐdzɪdrɪŋk] <-s, -s> *anregendes Getränk, das Koffein und eine Reihe von energiespendenden Stoffen enthält*

E

En·fant ter·ri·b·le *das* [ãfãtɛ'ri:bl] <-/-s, -/-s> *(geh.) unkonventioneller Mensch, der dazu neigt, andere Menschen durch sein Verhalten zu provozieren und zu schockieren:* ein Enfant terrible der klassischen Musik/der Kunstszene/des Tennissports

eng <enger, am engsten> *adj* ❶ *(↔ breit) so, dass es im Vergleich zu seiner Länge relativ schmal ist:* ein enges Tal ❷ *(↔ geräumig) so, dass relativ wenig Raum zur Verfügung steht:* in dem engen Büro kaum Platz für die Bücher haben ❸ *so, dass sich ein Kleidungsstück (zu) dicht an den Körper anschmiegt:* Die Hose ist viel zu eng. ❹ *(≈ dicht) mit sehr wenig Zwischenraum:* Die Pflanzen stehen noch zu eng. ❺ *(≈ innig) so, dass man sich menschlich sehr nahe ist:* Sie waren enge Freunde.; ■ **jemand sieht etwas nicht so eng** *jmd. ist tolerant eingestellt* Was ist denn schon dabei, wenn sie sich die Haare grün färbt ? Das muss man doch nicht so eng sehen ! ◆ Getrennt- oder Zusammenschreibung →R 4.16 in eng anliegendes/enganliegendes Kleid; eng befreundet/engbefreundet sein; eng verwandte/engverwandte Personen; ◆ Groß- oder Kleinschreibung →R 3.9 aufs/auf das Engste; aufs/auf das engste

En·ga·ge·ment *das* [ãgaʒə'mã:] <-s, -s> ❶ *(geh.) die Anstellung eines Künstlers:* Sie erhielt ein Engagement an der Staatsoper. ❷ *energischer Einsatz:* Zunächst gingen sie die Aufgabe mit viel Engagement an.

en·ga·gie·ren [ãga'ʒi:rən] <engagierst, engagierte, hat engagiert> **I.** *mit OBJ* ■ *jmd. engagiert jmdn. verpflichten:* Der Intendant engagierte den Künstler. **II.** *mit SICH* ■ *jmd. engagiert sich (für jmdn./etwas) sich einsetzen:* Obwohl ich mich ziemlich für ihn engagiert hatte, nutzte es nichts.

en·ga·giert *adj mit viel Engagement[2]:* Sie ist eine engagierte Lehrerin/Politikerin. ▶ Engagiertheit

En·ge *die* <-> */kein Plur./ der Zustand, dass etwas eng[2] ist:* Die Enge des Zimmers wirkte bedrückend.; ■ **jemanden in die Enge treiben** *(umg.) jmdn. in Bedrängnis bringen*

En·gel *der* <-s, -> ❶ REL. *in der christlichen Religion ein überirdisches Wesen, das nahe bei Gott ist und als Bote Gottes zu den Menschen kommen kann:* die Heerscharen der Engel ❷ *(umg.) sanfter, liebevoller Mensch:* Diese Frau ist ein wahrer Engel. ◆ Schutz-

en·gel·haft *adj engel(s)gleich*

En·gels·ge·duld *die* <-> */kein Plur./ (umg.) sehr große Geduld*

en·gel(s)·gleich *adj /nicht steig./ (geh.) wie ein Engel[1]*

En·gels·zun·gen ■ **mit Engelszungen reden** *mit großem Einsatz reden, um jmdn. von etwas zu überzeugen*

En·ger·ling *der* <-(e)s, -e> ZOOL. *Larve des Maikäfers*

Eng·land <-s> *europäisches Land, dessen Hauptstadt London ist*

Eng·län·der[1] *der*; **Eng·län·de·rin** <-s, -> *jmd., der die englische Staatsbürgerschaft hat*

Eng·län·der[2] *der* <-s> ÖSTERR. *besondere österr. Süßspeise*

Eng·län·der[3] *der* <-s, -> TECHN. *ein Schraubenschlüssel*

eng·lisch *adj /nicht steig./ zu England gehörig:* Er versucht, einen englischen Garten anzulegen.; Sie sprach englisch (in englischer Sprache) bei ihrem Vortrag, nicht deutsch.; ■ **das ist nicht die feine englische Art** *das ist nicht sehr höflich* ◆ Großschreibung →R 3.7, R 3.17 das Englische; Sie lernt Englisch (die englische Sprache).; Sie spricht gut Englisch.; der Englische Garten in München; *siehe auch* **deutsch**

eng·lisch·spra·chig *adj /nicht steig./* ❶ *auf Englisch* ❷ *Englisch sprechend:* die englischsprachige Bevölkerung

eng·ma·schig *adj /nicht steig./ (↔ grobmaschig) mit engen Maschen:* ein engmaschiger Zaun

Eng·pass *der* <-es, Engpässe> ❶ *Stelle, wo sich eine Straße verengt* ❷ *(übertr.: ≈ Mangel) etwas, wovon es zu einem bestimmten Zeitpunkt zu wenig gibt:* Bei Rohöl gibt es gerade einen Engpass.

En·gramm *das* <-s, -e> MED. *die Spur, die im Gehirn bleibt, wenn ein Gedanke gedacht worden ist*

en gros *adv* WIRTSCH. *in großen Mengen*

eng·stir·nig <engstirniger, am engstirnigsten> *adj (abwert.: ≈ beschränkt) so, dass man außer seiner eigenen Meinung nichts gelten lässt* ▶ Engstirnigkeit

en·har·mo·nisch *adj /nicht steig./ MUS. die Eigenschaft, dass ein Ton im Klang gleich ist, aber nach der Harmonie verschieden heißen kann* ▶ Enharmonik

enig·ma·tisch *adj (geh. fachspr.) rätselhaft*

En·jam·be·ment *das* [ãʒãbə'mã:] <-s, -s> SPRACHWISS. *(≈ Zeilensprung)*

En·kel *der*; **En·ke·lin** <-s, -> *Enkelkind*

En·kel·kind *das* <-(e)s, -er> *das Kind von jmds. Sohn oder Tochter:* Die Großeltern haben ihre Enkelkinder besucht.; Sie ist erst 40 und hat schon ein Enkelkind.

En·kla·ve *die* <-, -n> POL. *(↔ Exklave) vom eigenen Staatsgebiet umschlossenes Fremdgebiet*

en masse [ã:'mas] *adv (geh.: ≈ massenhaft) in sehr großer Menge*

en mi·ni·a·ture [ã:minja'ty:ɐ] *adv*

enorm *adj /nicht steig./ außerordentlich, ungeheuer:* enorme Anstrengungen/Kräfte/Schwierigkeiten ▶ Enormität

en pas·sant [ã:pa'sã] *adv*

En·que·te *die* [ã'kɛ:t] <-, -n> ❶ AMTSSPR. *amtliche Erhebung, Untersuchung* ◆ -kommission ❷ ÖSTERR. *Arbeitstagung*

En·sem·b·le *das* [ã'sã:bl] <-s, -s> KUNST, THEAT. *eine Gruppe von Künstlern* ◆ -mitglied, -musik, Musik-, Theater-

ent·ar·ten <entartet, entartete, ist entartet> *ohne OBJ* ■ **etwas entartet (zu etwas** *Dat.)* *(abwert.) sich von seinem ursprünglichen Charakter entfernen und etwas ganz anderes werden:* Die Veranstaltung entartet allmählich zu einer Bühne für die Eitelkeiten der Teilnehmer. ▶ entartet, Entartung

ent·äu·ßern <entäußerst, entäußerte, hat ent-

äußert> *mit SICH* ■ *jmd.* **entäußert sich** *jmds./etwas* *(geh.:* ≈ *entsagen) ohne etwas auskommen, auf etwas verzichten und es deshalb weggeben:* Er hat sich seines ganzen Besitzes entäußert und ist Einsiedler geworden. ▶ Entäußerung

ent·band *Prät. von* **entbinden**

ent·beh·ren <entbehrst, entbehrte, hat entbehrt> I. *mit OBJ* ❶ ■ *jmd.* **entbehrt jmdn./etwas** *ohne (jmdn. oder etwas) auskommen:* Ich kann meine Sekretärin nicht entbehren. ❷ ■ *jmd.* **entbehrt jmdn.** *vermissen:* Sie entbehrte ihren Mann schrecklich, als er im Krankenhaus lag. II. *ohne OBJ* ■ *jmd.* **entbehrt etwas** *Gen. (geh.) nicht besitzen:* Diese Behauptung entbehrt jeglicher Grundlage.

ent·behr·lich <entbehrlicher, am entbehrlichsten> *adj (≈ überflüssig ↔ unentbehrlich) so, dass man gut ohne es auskommen kann:* Viele moderne Haushaltsgeräte sind entbehrlich.

Ent·beh·rung *die* <-, -en> *(geh.) die Notwendigkeit, auf etwas verzichten zu müssen, weil man arm ist oder weil eine Situation es erfordert:* In jener Zeit mussten wir viele Entbehrungen auf uns nehmen.; Die Expeditionsteilnehmer mussten viele Entbehrungen auf sich nehmen.

ent·bei·nen <entbeinst, entbeinte, hat entbeint> *mit OBJ* ■ *jmd.* **entbeint etwas** *Akk. die Knochen entfernen:* ein Stück Fleisch entbeinen

ent·bin·den <entbindest, entband, hat entbunden> *mit OBJ/ohne OBJ* ❶ ■ **eine Frau entbindet** *eine Frau bringt ein Kind zur Welt:* Seine Frau hat gestern entbunden.; ■ **eine Frau wird von einem Kind entbunden** *eine Frau bringt ein Kind zur Welt* Sie wurde von einem gesunden Jungen entbunden. ❷ ■ *jmd.* **entbindet jmdn. von etwas** *Dat. (≈ lossprechen) sagen, dass jmd. sein bisheriges Amt nicht mehr ausüben soll:* Man will ihn von allen Pflichten entbunden.

Ent·bin·dung *die* <-, -en> *(≈ Geburt)*

ent·blö·ßen <entblößt, entblößte, hat entblößt> I. *mit OBJ* ■ *jmd.* **entblößt etwas** *die Kleidung, die ein Körperteil bedeckt, entfernen:* Er entblößt seinen Arm. II. *mit SICH* ■ *jmd.* **entblößt sich** *(übertr.) zeigen, was man wirklich denkt oder fühlt:* Durch ihr schlechtes Benehmen haben sie sich vor uns entblößt.

ent·brannt *Prät. von* **entbrennen**

ent·brann·te *Prät. von* **entbrennen**

ent·bren·nen <entbrennt, entbrannte, ist entbrannt> *ohne OBJ* ■ **etwas entbrennt** *(geh.) sich leidenschaftlich oder erregt entwickeln:* Zwischen den beiden Kontrahenten entbrannte ein heftiger Streit.; Sie entbrannte in heftiger Liebe zu ihm.

ent·bun·den *Part. Perf. von* **entbinden**

ent·bü·ro·kra·ti·sie·ren <entbürokratisierst, entbürokratisierte, hat entbürokratisiert> *mit OBJ* ■ *jmd.* **entbürokratisiert etwas** *unbürokratisch(er) machen* ▶ Entbürokratisierung

ent·de·cken <entdeckst, entdeckte, hat entdeckt> *mit OBJ* ■ *jmd.* **entdeckt jmdn./etwas** ❶ *auf etwas stoßen, was bisher noch unbekannt war:* Das Phänomen wurde erstmals 1920 entdeckt.; eine Pflanzenart entdecken ❷ *(he-*

raus)finden: Wir haben das Versteck entdeckt.; Er konnte keine Fehler entdecken. ❸ *erkennen können:* Schon aus der Ferne entdeckte ich die Kirchtürme der Stadt.; Wir entdeckten ihn unter den Zuschauern.

Ent·de·cker *der*, **Ent·de·cke·rin** <-s, -> *jmd., der etwas entdeckt* [1] *hat:* Kolumbus ist der Entdecker Amerikas. ◆ -freude

Ent·de·ckung *die* <-, -en> *der Vorgang, dass etwas entdeckt* [1] *wird:* Dem Forscherteam gelang eine große Entdeckung. ◆ -sfahrt, -sreise

En·te *die* <-, -n> ❶ ZOOL. *ein Schwimmvogel mit relativ breitem Schnabel* ❷ *(umg.) eine Zeitungsmeldung, der man nicht glauben kann* ◆ Zeitungs-

ent·eh·ren <entehrst, entehrte, hat entehrt> *mit OBJ* ■ *jmd.* **entehrt jmdn./etwas** *(geh. o veralt.) jmds. Ehre schädigen oder zerstören:* Er hat sie entehrt, indem er ihre Liebesbriefe anderen gezeigt hat. ▶ Entehrung

ent·eig·nen <enteignest, enteignete, hat enteignet> *mit OBJ* ■ *jmd.* **enteignet jmdn./etwas** *einer Person ihr Eigentum wegnehmen, um es zu staatlichem Eigentum zu machen:* Der Staat enteignete die damalige Besitzerin nach dem Krieg. ▶ Enteignung

ent·ei·len <enteilst, enteilte, ist enteilt> *ohne OBJ* ■ *jmd.* **enteilt jmdm./etwas** *(geh.) davoneilen*

ent·ei·sen <enteist, enteiste, hat enteist> *mit OBJ* ■ *jmd.* **enteist etwas** *Eis entfernen:* Heute musste ich zum ersten Mal in diesem Winter die Autoscheiben enteisen. ▶ Enteisung

En·te·le·chie *die* <-, ...-chien> PHILOS. *die Kraft in einem Organismus, die seine Entwicklung lenkt* ▶ entelechisch

En·ten·bra·ten *der* <-s, -> *eine gebratene Ente*

En·ten·jagd *die* <-, -en> *die Jagd auf Enten*

En·tente *die* [ã'tã:t] <-, -n> POL. *(veralt.) Staatenbündnis*

ent·er·ben <enterbst, enterbte, hat enterbt> *mit OBJ* ■ *jmd.* **enterbt jmdn.** *im Testament festhalten, dass der eigene Sohn oder die eigene Tochter kein Erbe erhalten soll:* Sie hat ihre Tochter enterbt. ▶ Enterbte, Enterbung

En·te·rich *der* <-s, -e> *(≈ Erpel) männliche Ente*

en·tern <enterst, enterte, hat geentert> *mit OBJ* ■ *jmd.* **entert etwas** SEEW. *mit Gewalt ein Schiff unter sein Kommando bringen:* Die Piraten entern das Schiff. ▶ Enterer, Enterhaken

En·te·ro·sko·pie *die* <-, ...-pien> MED. *(≈ Darmspiegelung) die Untersuchung des Darms mit Hilfe einer Sonde, die in den Enddarm eingeführt wird*

En·ter·tai·ner *der*, **En·ter·tai·ne·rin** ['ɛntətei̯nɐ] <-s, -> THEAT., TV *jmd., der ein Publikum (allein) unterhält*

ent·fa·chen <entfachst, entfachte, hat entfacht> *mit OBJ* ■ *jmd./etwas* **entfacht etwas** ❶ *(geh.) in Brand stecken:* Man vermutet, dass der Wind das Feuer entfacht hat. ❷ *(übertr.) bewirken, dass ein heftiges Gefühl oder ein heftiges Geschehen entsteht:* einen Streit/Hass/Streit/ einen Krieg entfachen

ent·fal·len <entfällt, entfiel, ist entfallen> *ohne*

E

E

OBJ ❶ ■ *etwas entfällt jmdm.* nicht mehr erinnert werden: Der Name ist mir leider entfallen. ❷ ■ *etwas entfällt* (≈ ausfallen) nicht stattfinden: Wegen Erkrankung des Dozenten entfallen alle Deutschkurse. ❸ ■ *etwas entfällt* (≈ wegfallen) Bei manchen Formen entfällt die Endung. ❹ ■ *etwas entfällt auf jmdn.* als Anteil auf jmdn. kommen: Auf jedes Vereinsmitglied entfällt ein Unkostenbeitrag von zehn Euro.

ent·fal·ten <entfaltest, entfaltete, hat entfaltet> **I.** *mit OBJ* ■ *jmd. entfaltet etwas Akk.* ❶ auseinanderfalten: eine Landkarte entfalten ❷ *(übertr.:* ≈ zeigen, entwickeln) erkennen lassen: In solchen Momenten entfaltete sie ihre Talente.; Er entfaltete plötzlich eine fieberhafte Tätigkeit. **II.** *mit SICH* ❶ ■ *etwas entfaltet sich* sich öffnen: Die Blüte hat sich entfaltet. ❷ ■ *jmd. entfaltet sich* *(übertr.)* sich entwickeln: Sie konnte sich in diesem Beruf frei entfalten.

Ent·fal·tung *die* <-> /kein Plur./ *(übertr.)* Entwicklung: die Entfaltung der Persönlichkeit ◆ -smöglichkeit, -sspielraum

ent·fär·ben <entfärbst, entfärbte, hat entfärbt> **I.** *mit OBJ* ■ *jmd. entfärbt etwas* bewirken, dass die unerwünschte Farbe aus verfärbten Textilien herausgeht: verfärbte Wäsche entfärben. **II.** *mit SICH* ❶ ■ *etwas entfärbt sich* etwas verliert an Farbe: Blüten/Blätter/Stoffe entfärben sich ▸ Entfärber ❷ ■ *jmd. entfärbt sich* *(veralt.)* jmd. wird blass

Ent·fär·bung *die* <-, -en> das Entfärben I. ◆ -smittel

ent·fer·nen <entfernst, entfernte, hat entfernt> **I.** *mit SICH* ❶ ■ *jmd. entfernt sich (von jmdm./etwas)* (≈ fortgehen) irgendwo weggehen: Langsam entfernten sich die Gestalten. ❷ ■ *jmd. entfernt sich von etwas Dat.* (≈ abweichen) Der Redner hatte sich vom eigentlichen Thema entfernt. **II.** *mit OBJ* ■ *jmd. entfernt etwas* (≈ beseitigen) bewirken, dass etwas nicht mehr da ist: Kannst du den Fleck (auf der Tischdecke) entfernen?

ent·fernt <entfernter, am entferntesten> *adj* ❶ in einer bestimmten Entfernung: Die nächste Raststätte ist noch einige Kilometer (weit/von hier) entfernt. ❷ */nur attr./ nicht direkt;* nicht unmittelbar: Wir sind entfernte Verwandte.; Sie haben eine entfernte Ähnlichkeit.; ■ **nicht im Entferntesten** keinesfalls

Ent·fer·nung *die* <-, -en> (≈ Distanz) die Wegstrecke, die zwischen zwei Dingen liegt: Wir pflanzen den nächsten Baum in fünf Metern Entfernung.; Sie traf aus einer Entfernung von dreißig Metern das Ziel. ◆ -smesser

ent·fes·seln <entfesselst, entfesselte, hat entfesselt> *mit OBJ* ❶ ■ *jmd. entfesselt jmdn.* (selten) von den Fesseln befreien ❷ ■ *jmd. entfesselt etwas* (≈ auslösen) bewirken, dass etwas beginnt, das durch große Intensität und Leidenschaft gekennzeichnet ist: Mit dieser Behauptung entfesselte sie einen heftigen Streit.; Aufruhr/Leidenschaft/Kampf/Krieg entfesseln

Ent·fes·se·lung *die* <-, -en> das Entfesseln: die Entfesselung der Naturgewalten

ent·fet·ten <entfettest, entfettete, hat entfettet> *mit OBJ* ■ *jmd. entfettet etwas* etwas von Fett befreien ▸ Entfettung

ent·fiel *Prät. von* **entfallen**

ent·flamm·bar *adj /nicht steig./* so, dass es in Brand geraten kann: leicht entflammbare Materialien

ent·flam·men <entflammst, entflammte, hat/ist entflammt> *mit OBJ* ■ *jmd./etwas entflammt jmdn./etwas (für etwas Akk.)* (geh.: ≈ entfachen) bewirken, dass ein Gefühl entsteht und sehr stark wird: Der Vortrag entflammte die Begeisterung der Zuhörer.; ■ **in Liebe/Zorn entflammt sein** (geh.) sehr verliebt oder sehr zornig sein

ent·flie·gen <entfliegst, entflog, ist entflogen> *ohne OBJ* ■ *ein Tier entfliegt (jmdm.)* wegfliegen: Wellensittich entflogen!

ent·flie·hen <entfliehst, entfloh, ist entflohen> *ohne OBJ* ■ *jmd. entflieht (aus etwas Dat.)* fliehen: Die Verbrecher konnten aus dem Gefängnis entfliehen.

ent·flog *Prät. von* **entfliegen**

ent·flo·gen *Part. Perf. von* **entfliegen**

ent·floh *Prät. von* **entfliehen**

ent·flo·hen *Part. Perf. von* **entfliehen**

ent·frem·den <entfremdest, entfremdete, hat entfremdet> **I.** *mit OBJ* ■ *jmd./etwas entfremdet jmdn./etwas (von jmdm./etwas)* nicht dem eigentlichen Zweck entsprechend verwenden: Man hatte den Saal seinem eigentlichen Zweck entfremdet. **II.** *mit SICH* ■ *jmd. entfremdet sich (von jmdm.)* einander fremd werden: Die beiden Ehepartner haben sich völlig (voneinander) entfremdet.

Ent·frem·dung *die* <-> /kein Plur./ das Entfremden II: Die zunehmende Entfremdung wurde für beide Partner zur Belastung. ▸ Selbstentfremdung

ent·füh·ren <entführst, entführte, hat entführt> *mit OBJ* ■ *jmd. entführt jmdn./etwas* (≈ kidnappen) eine oder mehrere Personen in seine Gewalt bringen und irgendwo festhalten, um die Durchsetzung bestimmter Ziele oder ein Lösegeld zu erpressen: Die Luftpiraten haben ein Flugzeug entführt.; Die Täter fordern ein hohes Lösegeld für den Entführten.

Ent·füh·rer *der*, **Ent·füh·re·rin** <-s, -> (≈ Kidnapper) jmd., der jmdn. entführt

Ent·füh·rung *die* <-, -en> das Entführen ◆ -sversuch

ent·gan·gen *Part. Perf. von* **entgehen**

ent·ge·gen *präp + Dat.* (≈ gegen) Entgegen meinen Erwartungen kam er doch noch.; Das ist entgegen unserer Abmachung.

ent·ge·gen·brin·gen <bringst entgegen, brachte entgegen, hat entgegengebracht> *mit OBJ* ■ *jmd. bringt jmdm. etwas entgegen* gegenüber jmdm. als innere Einstellung haben: Sie brachte ihrem Partner viel Vertrauen entgegen.

ent·ge·gen·ge·hen <gehst entgegen, ging entgegen, ist entgegengegangen> *ohne OBJ* ■ *jmd. geht jmdm. entgegen* in jmds. Richtung gehen: Er ging ihr ein Stück entgegen.

ent·ge·gen·ge·setzt *adj /nicht steig./* so, dass es

das genaue Gegenteil von etwas ist: Sie vertraten völlig entgegengesetzte Meinungen/Interessen.

ent·ge·gen·hal·ten <hältst entgegen, hielt entgegen, hat entgegengehalten> *mit OBJ* ■ *jmd.* **hält jmdm. etwas entgegen** *(geh.) als Gegenargument anführen:* Dieser Argumentation ist entgegenzuhalten, dass ...

ent·ge·gen·kom·men <kommst entgegen, kam entgegen, ist entgegengekommen> *ohne OBJ* ■ *jmd.* **kommt jmdm. entgegen** ❶ *(≈ entgegengehen)* Sie ist uns auf halbem Weg entgegengekommen. ❷ *(übertr.) jmdm. Zugeständnisse machen:* Weiter können wir Ihnen mit unserem Angebot nicht entgegenkommen.

ent·ge·gen·kom·mend <entgegenkommender, am entgegenkommendsten> *adj so, dass man zu Zugeständnissen bereit ist:* Sie machten uns einen entgegenkommenden Vorschlag.; Ich habe ihnen nachgegeben und bin Ihren Wünschen entgegengekommen.

ent·ge·gen·neh·men <nimmst entgegen, nahm entgegen, hat entgegengenommen> *mit OBJ* ■ *jmd.* **nimmt etwas entgegen** *(≈ annehmen) etwas, das jmd. bringt, an sich nehmen:* Können Sie diesen Brief entgegennehmen?; Die Schauspieler nahmen den Applaus gerne entgegen.

ent·ge·gen·se·hen <siehst entgegen, sah entgegen, hat entgegengesehen> *ohne OBJ* ■ *jmd.* **sieht etwas** *Dat.* **entgegen** *(geh.) mit einer bestimmten gefühlsmäßigen Einstellung auf etwas warten:* Wir sehen Ihrer baldigen Antwort gelassen entgegen.; Wir sahen den Ereignissen mit Spannung entgegen.

ent·ge·gen·set·zen <setzt entgegen, setzte entgegen, hat entgegengesetzt> *mit OBJ* ■ *jmd.* **setzt etwas** *Dat.* **etwas entgegen** *(geh.) jmd. verwendet etwas als Gegenargument:* Können Sie diesen Beweisen etwas entgegensetzen?

ent·ge·gen·ste·hen <stehst entgegen, stand entgegen, hat/ist entgegengestanden> *ohne OBJ* ■ *etwas steht etwas* *Dat.* **entgegen** *(geh.) ein Grund sein, der gegen etwas spricht:* Was steht dem entgegen?; Dem steht allerdings entgegen, dass ...

ent·ge·gen·tre·ten <trittst entgegen, trat entgegen, ist entgegengetreten> *ohne OBJ* ■ *jmd.* **tritt jmdm./etwas (irgendwie) entgegen** ❶ *(geh.) sich jmdm. entgegenstellen:* Er ist seinem Gegner furchtlos entgegengetreten. ❷ *(übertr.) sich gegen etwas wenden:* Solchen Vorurteilen muss man entgegentreten.

ent·ge·nen <entgegnest, entgegnete, hat entgegnet> *mit OBJ* ■ *jmd.* **entgegnet jmdm. etwas** *(≈ erwidern) als Antwort geben:* Sie entgegnete ihm daraufhin, dass ...

ent·ge·hen <entgehst, entging, ist entgangen> *ohne OBJ* ■ *jmdm. entgeht etwas* *(geh.) unbemerkt bleiben:* Das ist mir wohl entgangen.; Mir ist (durchaus) nicht entgangen, dass ...

ent·geis·tert <entgeisterter, am entgeistertsten> *adj so, dass man über etwas sehr überrascht und ziemlich erschrocken ist:* Sie machte ein völlig entgeistertes Gesicht.

Ent·gelt *das* <-(e)s, -e> */meist Sing./ finanzielle*

Gegenleistung: Sie können sich das Gerät gegen ein geringes Entgelt borgen.

ent·gel·ten <entgiltst, entgalt, hat entgolten> *mit OBJ* ■ *jd.* **entgilt jmdm. etwas (mit etwas)** *jmdm. etwas als Dank für etwas geben*

ent·gelt·lich *adj /nicht steig./* ᴀᴍᴛꜱꜱᴘʀ. *(↔ unentgeltlich) gegen Entgelt*

ent·gif·ten <entgiftest, entgiftete, hat entgiftet> *mit OBJ* ■ *jmd.* **entgiftet jmdn./etwas** *von Giftstoffen befreien* ► Entgiftung

Ent·gif·tung *die* <-> */kein Plur./ das Entgiften* ♦ -sanlage

ent·ging *Prät. von* **entgehen**

ent·glei·sen <entgleist, entgleiste, ist entgleist> *ohne OBJ* ❶ ■ *etwas entgleist aus den Geleisen springen:* Der Zug ist bei hoher Geschwindigkeit/an einer Baustelle/beim Rangieren entgleist. ❷ ■ *jmd.* **entgleist** *(umg. übertr.) sich taktlos benehmen:* Nachdem er etwas zu viel getrunken hatte, ist er völlig entgleist.

Ent·glei·sung *die* <-, -en> ❶ *der Vorgang, dass ein Zug aus den Geleisen springt:* Zu hohe Geschwindigkeit war angeblich die Ursache für die Entgleisung. ❷ *(umg. übertr.) taktloses Benehmen:* Eine derartige Entgleisung hatte es bei der Abschlussfeier noch nie gegeben.

ent·glei·ten <entgleitest, entglitt, ist entglitten> *ohne OBJ* ■ *jmdm. entgleitet etwas (geh.) aus der Kontrolle von jmdm. geraten:* Die Situation ist mir völlig entglitten.

ent·glitt *Prät. von* **entgleiten**

ent·glit·ten *Part. Perf. von* **entgleiten**

ent·gol·ten *Part. Perf. von* **entgelten**

ent·grä·ten <entgrätest, entgrätete, hat entgrätet> *mit OBJ* ■ *jmd.* **entgrätet etwas** *aus einem Fisch die Gräten entfernen:* bereits entgrätete Filetstücke

ent·haa·ren <enthaarst, enthaarte, hat enthaart> *mit OBJ* ■ *jmd.* **enthaart etwas** *Haare entfernen:* Wir müssen das Sofa enthaaren.; Sie ließ sich die Beine enthaaren.

Ent·haa·rung *die* <-> */kein Plur./ (≈ Epilation) das Enthaaren* ♦ -screme, -smittel

ent·hal·ten <enthältst, enthielt, hat enthalten> **I.** *mit OBJ* ■ *etwas enthält etwas* ❶ *als Teil des Inhalts haben:* Das Buch enthält umfangreiche Literaturhinweise. ❷ *(≈ fassen) als Inhalt haben:* Die Flasche enthält einen Liter Saft. **II.** *mit SICH* ■ *jmd.* **enthält sich etwas** *Gen. bei einer Abstimmung keine Meinung äußern:* 17 Abgeordnete enthielten sich der Stimme.

ent·halt·sam <enthaltsamer, am enthaltsamsten> *adj* ❶ *so, dass man auf etwas verzichtet:* In Bezug auf Alkohol und Zigaretten blieb er enthaltsam. ❷ *(≈ keusch) so, dass man auf sexuelle Beziehungen verzichtet:* Ein Mönch/eine Nonne lebt enthaltsam.

Ent·halt·sam·keit *die* <-> */kein Plur./* ❶ *(≈ Mäßigkeit) das Enthaltsamsein:* Ich übe mich zur Zeit in Enthaltsamkeit, was Alkohol betrifft. ❷ *(≈ Keuschheit) Verzicht auf sexuelle Beziehungen:* Wer im Kloster leben will, muss Enthaltsamkeit geloben.

Ent·hal·tung *die* <-, -en> *das Enthalten II:* Bei der

Abstimmung gab es 50 Stimmen für und 42 Stimmen gegen den Vorschlag sowie 3 Enthaltungen.

ent·här·ten <enthärtest, enthärtete, hat enthärtet> *mit OBJ* ∎ *jmd. enthärtet etwas den Kalk aus Wasser entfernen:* Wir enthärten das Wasser, bevor wir Tee damit zubereiten.

Ent·här·ter *der* <-s, -> *Mittel zum Enthärten (von Wasser)*

ent·haup·ten <enthauptest, enthauptete, hat enthauptet> *mit OBJ* ∎ *jmd. enthauptet jmdn. (≈ köpfen) jmdm. (als Strafe) den Kopf abschlagen* ▶ Enthauptung

ent·häu·ten <enthäutest, enthäutete, hat enthäutet> *mit OBJ* ∎ *jmd. enthäutet ein Tier Akk. die Haut abziehen*

ent·he·ben <enthebst, enthob, hat enthoben> *mit OBJ* ∎ *jmd. enthebt jmdn. etwas Gen.* ❶ *aus einem Amt entlassen:* Wegen seiner Affäre hat man ihn des Amtes enthoben. ❷ *(geh.) befreien:* Das enthebt dich nicht von deiner Verantwortung.

Ent·he·bung *die* <-, -en> *das Entheben* ◆ Amts-

ent·hei·li·gen <entheiligst, entheiligte, hat entheiligt> *mit OBJ* ∎ *jmd./etwas entheiligt jmdn./etwas* REL. *(≈ entweihen)* ▶ Entheiligung

ent·hem·men <enthemmst, enthemmte, hat enthemmt> *mit OBJ* ∎ *etwas enthemmt jmdn. von seelischen Hemmungen befreien:* Alkohol enthemmt viele Menschen, so dass sie sich unkontrolliert verhalten.

Ent·hem·mung *die* <-, -en> *das Enthemmen* ▶ Enthemmtheit

ent·hielt *Prät. von* enthalten

ent·hob *Prät. von* entheben

ent·ho·ben *Part. Perf. von* entheben

ent·hül·len <enthüllst, enthüllte, hat enthüllt> *mit OBJ* ∎ *jmd. enthüllt etwas (geh.)* ❶ *die Umhüllung von etwas wegnehmen:* Das Denkmal wurde feierlich enthüllt. ❷ *(übertr.: ≈ verraten, offenlegen) etwas, das lange geheimgehalten wurde, öffentlich bekanntmachen:* Er hat seine Pläne/sein Geheimnis endlich enthüllt; Die Presse enthüllte den Skandal.

Ent·hül·lung *die* <-, -en> ❶ */kein Plur./ das Enthüllen¹:* Die Enthüllung der Büste findet morgen statt. ❷ *(übertr.) das Enthüllen²:* Alle Zeitungen berichteten über die Enthüllung des Finanzskandals.

Ent·hül·lungs·jour·na·lis·mus *der* <-> */kein Plur./ (abwert.) Journalismus, der sich mit dem Enthüllen² von Skandalen befasst*

En·thu·si·as·mus *der* <-> */kein Plur./ große Begeisterung:* Sie ging mit großem Enthusiasmus an die Arbeit. ▶ Enthusiast, Enthusiastin, enthusiastisch

En·ti·tät *die* <-, -en> PHILOS. *ein existierendes Ding*

ent·jung·fern <entjungferst, entjungferte, hat entjungfert> *mit OBJ* ∎ *jmd. entjungfert jmdn. (≈ deflorieren) mit einer weiblichen Person den für sie ersten Geschlechtsverkehr vollziehen* ▶ Entjungferung

ent·kal·ken <entkalkst, entkalkte, hat entkalkt> *mit OBJ* ∎ *jmd. entkalkt etwas Kalkrückstände*

entfernen: regelmäßig die Kaffeemaschine entkalken ▶ Entkalkung

ent·kam *Prät. von* entkommen

ent·ker·nen <entkernst, entkernte, hat entkernt> *mit OBJ* ∎ *jmd. entkernt etwas den Kern herauslösen:* Wir entkernen die Sauerkirschen, bevor wir sie weiterverarbeiten.

Ent·ker·ner *der* <-s, -> *Gerät zum Entkernen*

ent·klei·den <entkleidest, entkleidete, hat entkleidet> *mit OBJ/mit SICH* ∎ *jmd. entkleidet jmdn./sich (geh.: ≈ ausziehen) die Kleidung ausziehen:* Die Krankenschwester entkleidete den Patienten.; Er entkleidete sich. ▶ Entkleidung

ent·kof·fe·i·nie·ren <entkoffeinierst, entkoffeinierte, hat entkoffeiniert> *mit OBJ* ∎ *jmd. entkoffeiniert etwas das Koffein aus etwas entfernen* ▶ entkoffeiniert

ent·kom·men <entkommst, entkam, ist entkommen> *ohne OBJ* ∎ *jmd. entkommt jmdm./etwas vor etwas flüchten können:* Der Polizist war der Diebin auf den Fersen, aber sie ist trotzdem entkommen.; Wir sind der Gefahr mit knapper Not entkommen.

ent·kor·ken <entkorkst, entkorkte, hat entkorkt> *mit OBJ* ∎ *jmd. entkorkt etwas (↔ zukorken) den Korken herausziehen:* die Weinflasche entkorken

ent·kräf·ten <entkräftet, entkräftete, hat entkräftet> *mit OBJ* ❶ *etwas entkräftet jmdn. (geh.: ≈ schwächen) die Kräfte rauben:* Die Krankheit hat ihn total entkräftet. ❷ ∎ *jmd. entkräftet etwas (übertr.: ≈ widerlegen) beweisen, dass etwas nicht wahr ist oder keine Gültigkeit hat:* Diese Argumente sind nicht zu entkräften.; Er konnte ihre Vorwürfe entkräften.

Ent·kräf·tung *die* <-> */kein Plur./* ❶ *das Entkräften¹* ❷ *völlige Erschöpfung:* Er starb schließlich an Entkräftung.

ent·kri·mi·na·li·sie·ren <entkriminalisierst, entkriminalisierte, hat entkriminalisiert> *mit OBJ* ∎ *jmd. entkriminalisiert jmdn./etwas von dem Vorwurf der Kriminalität befreien* ▶ Entkriminalisierung

ent·la·den <entlädst, entlud, hat entladen> I. *mit OBJ* ∎ *jmd. entlädt etwas (≈ abladen, ausladen) den Inhalt eines Fahrzeugs aus dem Laderaum holen:* Sie entladen noch am Anhänger. II. *mit SICH* ∎ *etwas entlädt sich* ❶ ELEKTROTECHN. *die elektrische Ladung abgeben:* Die Batterie hat sich entladen. ❷ *(umg.) heftig zum Ausbruch kommen:* Sein ganzer Ärger hat sich bei mir entladen.

Ent·la·dung *die* <-, -en> ❶ *das Ausladen:* die Entladung der Container ❷ ELEKTROTECHN. *das Abgeben elektrischer Ladung:* die Entladung der Batterie

ent·lang I. *präp* +Dat./Akk./Gen. *parallel zu etwas:* Entlang dem Ufer/des Ufers gibt es einen Weg.; Die ganze Straße entlang standen große Kübel mit Blumen. II. *adv* Die Zuschauer stellten sich der Strecke entlang auf, um das Radrennen zu beobachten.

ent·lang·fah·ren <fährst entlang, fuhr entlang, ist entlanggefahren> *ohne OBJ* ∎ *jmd. fährt etwas Akk. entlang neben etwas (her)fahren*

ent·lang·flie·gen <fliegst entlang, flog entlang, ist entlanggeflogen> *mit OBJ* ■ *jmd. fliegt etwas Akk. entlang neben etwas (her)fliegen:* Wir sind die Küste entlanggeflogen.

ent·lang·ge·hen <gehst entlang, ging entlang, ist entlanggegangen> *mit OBJ* ■ *jmd. geht etwas Akk. entlang neben etwas (her)fliegen*

ent·lang·lau·fen <läufst entlang, lief entlang, ist entlanggelaufen> *mit OBJ* ■ *jmd. läuft etwas Akk. entlang neben etwas (her)laufen*

ent·lang·spa·zie·ren <spazierst entlang, spazierte entlang, ist entlangspaziert> *mit OBJ* ■ *jmd. spaziert etwas Akk. entlang neben etwas (her)spazieren*

ent·lar·ven <entlarvst, entlarvte, hat entlarvt> *mit OBJ* ■ *jmd. entlarvt jmdn./etwas (umg.: ≈ aufdecken, enthüllen) etwas Negatives, das verborgen war, erkennbar werden lassen:* Sie entlarvten den Lügner/die Argumente als reinen Vorwand. ▸ Entlarvung

ent·las·sen <entlässt, entließ, hat entlassen> *mit OBJ* ❶ ■ *jmd. entlässt jmdn.* als Arbeitgeber das Arbeitsverhältnis kündigen: Man hatte 200 Arbeiter entlassen. ❷ ■ *jmd. entlässt jmdn. aus etwas Dat./in etwas Akk. (≈ freilassen) gehen lassen:* jmdn. aus dem Gefängnis/Schule/Krankenhaus entlassen; Er wurde aus der Verantwortung entlassen.; Die junge Demokratie wurde in eine ungewisse Zukunft entlassen.

Ent·las·sung *die* <-, -en> ❶ *(≈ Kündigung) der Vorgang, nicht freiwillig aus einer Institution wegzugehen* ◆-sgesuch, -spapiere, -sschein, -sschreiben, Dienst-, Massen- ❷ *der terminbedingte Weggang/das Ausscheiden aus einer Institution* ◆-sfeier, -spapiere, -sschein, -szeugnis, Haft-, -Schul-

ent·las·ten <entlastest, entlastete, hat entlastet> *mit OBJ* ■ *jmd. entlastet jmdn. (von/ bei etwas Dat.)* ❶ *(umg.) jmd. nimmt jmdm. etwas Mühevolles ganz oder teilweise ab:* Entlastet er seine Frau nicht bei der Hausarbeit?; Der neue Assistent hat den Professor von der Korrekturarbeit entlastet. ❷ *(übertr.) von einem Verdacht oder einer Anschuldigung befreien:* Der Zeuge entlastete den Angeklagten.

Ent·las·tung *die* <-, -en> *das Entlasten*

Ent·las·tungs·zeu·ge *der,* **Ent·las·tungs·zeu·gin** <-n, -n> RECHTSW. *Zeuge, der mit seiner Aussage den Angeklagten entlastet* [2]

ent·lau·ben <entlaubst, entlaubte, hat entlaubt> **I.** *mit OBJ* ■ *jmd. entlaubt etwas das Laub (von einem Baum) entfernen:* Man kann Bäume mit Chemikalien besprühen um sie so zu entlauben. **II.** *mit SICH* ■ *ein Baum entlaubt sich das Laub abwerfen:* Im Herbst entlauben sich die Bäume.

Ent·lau·bung *die* <-> /kein Plur./ *das Entlauben* ◆-smittel

ent·lau·fen <entläufst, entlief, ist entlaufen> *ohne OBJ* ■ *jmd./ein Tier entläuft (≈ ausreißen) weglaufen:* Unsere Katze ist entlaufen.

ent·lau·sen <entlaust, entlauste, hat entlaust> *mit OBJ* ■ *jmd. entlaust jmdn./ein Tier von Läusen befreien* ▸ Entlausung

ent·le·di·gen <entledigst, entledigte, hat entle-

digt> *mit SICH* ■ *jmd. entledigt sich jmds./etwas (geh.: ≈ loswerden) sich von jmdm. oder etwas befreien:* Er entledigte sich seiner Kleider.; Sie entledigte sich ihrer vermeintlichen Freundin.

ent·lee·ren <entleerst, entleerte, hat entleert> *mit OBJ* ■ *jmd. entleert etwas (↔ füllen) leeren:* Wir entleeren jeden Tag den Mülleimer.; Er musste seine Blase entleeren. ▸ Entleerung

ent·le·gen <entlegener, am entlegensten> *adj (≈ abgelegen) so, dass es einsam und fern von Siedlungen ist:* Er lebt allein auf einem entlegenen Bauernhof. ▸ Entlegenheit

ent·leh·nen <entlehnst, entlehnte, hat entlehnt> *mit OBJ* ❶ ■ *jmd. entlehnt etwas (aus etwas Dat.) (veralt.: ≈ entleihen) etwas aus einem anderen Bereich übernehmen:* Er hat die Gewohnheit, Gäste mit einer tiefen Verbeugung zu begrüßen – das hat er aus der japanischen Kultur entlehnt. ❷ ■ *etwas entlehnt etwas (aus etwas Dat.)* SPRACHWISS. *aus einer anderen Sprache übernehmen:* Das Deutsche hat viele Wörter aus dem Lateinischen entlehnt.

Ent·leh·nung *die* <-, -en> ❶ *das Entlehnen* [1] ❷ SPRACHWISS. *(≈ Lehnwort ↔ Erbwort) Das Wort „Fenster" ist aus dem Lateinischen entlehnt.*

Die **Entlehnung** ist Prozess und Resultat der Übernahme eines sprachlichen Ausdrucks aus einer Gebersprache (Kontaktsprache), wobei der jeweilige Ausdruck in Flexion, Aussprache und Schreibung an die Nehmersprache angepasst ist. Davon abgehoben wird das Fremdwort (vgl. das Stichwort dazu), das eine solche Anpassung nicht oder in einem nur geringen Ausmaß erkennen lässt, so dass die fremde Herkunft deutlicher sichtbar bleibt. Die traditionell so bezeichnete **Entlehnung** ist neben der Wortbildung ein zentrales Mittel der Bereicherung der entlehnenden Sprache und eine universelle Erscheinung, die durch Sprachkontakt bedingt ist. Denn gleichsam „unvermischte" natürliche Sprachen gibt es nicht. Wie für die Erbwörter (vgl. das Stichwort dazu) sind auch für Lehnwörter bzw. für die Entlehnung klare Begrenztheiten nicht stets auszumachen. Entsprechende Fragestellungen werden meist im Zusammenhang mit solchen zur Etymologie und zum Bedeutungswandel behandelt. Für Erbwörter ist der Nachweis zu erbringen, dass sie in allen Vorstufen der betreffenden Sprache bereits vorhanden waren; ansonsten gelten sie als Lehnwörter, die in historischer Zeit aus einer anderen Sprache übernommen worden sind. So bezeichnetes *äußeres Lehngut* ist normalerweise leicht aufgrund morphematischer Eigenschaften erkennbar (z. B. *Mystik*), so bezeichnetes *inneres* wird kaum als Lehngut wahrgenommen (z. B. *Fenster, Ziegel*), da entsprechende Einheiten dem Deutschen angeglichen (assimiliert) sind. Für das Deutsche wird geschätzt, dass der Lehnwortschatz etwa ein Viertel des allgemeinen Wortschatzes aus-

E

macht, der so bezeichnete *Erbwortschatz* die restlichen drei Viertel. Die stets mit Fragen des Lehnworts einhergehende Attitüde des Sprachpurismus ist heute weitgehend überwunden; sie besteht aber mit einiger Berechtigung im Hinblick auf den unnötigen Gebrauch von Anglizismen in heutiger Zeit, wie überhaupt Untersuchungen zur Entlehnung gegenwärtig meist am Beispiel der Anglizismen erfolgen.
Prototypische Lehnwörter werden öfters als solche „im engeren Sinne" verstanden, die Fremdwörter als Lehnwörter „im weiteren Sinne". Hiernach wäre im Bereich der Dubletten *chic* ein Fremdwort und *schick* ein Lehnwort im engeren Sinne.
Traditionell werden zahlreiche Untertypen der Entlehnung unterschieden. Bei der *Lehnbildung* entsteht ein neuer Ausdruck in Anlehnung an einen (bereits vorhandenen) anderen bzw. den aus einer anderen Sprache, z. B. *Mitlaut* nach dem lateinischen Fremdwort bzw. Lehnwort *Konsonant*. Die relativ freie Lehnschöpfung liegt z. B. vor in *Orthografie/Orthographie* (für *Rechtschreibung*) und *Umwelt* (für *Milieu*). Ein Untertyp ist die Lehnübertragung mit Verschiebungen der Bedeutung, so *Wolkenkratzer* aus *skyscraper* (statt „Himmelskratzer"), oder *Urknall* nach *big bang* (statt „Großknall" oder „großer Knall"). Im Zentrum der Aufmerksamkeit stehen lexikalische Entlehnungen. Auf syntaktischer Ebene sind so bezeichnete *Lehnwendungen* aus dem Englischen bzw. Amerikanischen z. B. *Das ist nicht mein Ding, vergiss es*, oder auch Fügungen mit Sprachmischung (z. B. *nicht ganz fit sein*).

ent·lei·hen <entleihst, entlieh, hat entliehen> *mit OBJ* ■ *jmd. entleiht etwas (irgendwo)* (≈ *ausleihen* ↔ *verleihen*) etwas, das einem anderen gehört, sich geben lassen, um es für eine bestimmte Zeit zu benutzen: Er hat das Buch aus der Bibliothek entliehen. ▶ Entleihung

ent·lief *Prät. von* **entlaufen**
ent·lieh *Prät. von* **entleihen**
ent·lie·hen *Part. Perf. von* **entleihen**
ent·ließ *Prät. von* **entlassen**
ent·lo·ben <entlobst, entlobte, hat entlobt> *mit SICH* ■ *jmd. entlobt sich* (selten: ↔ *verloben*) die Verlobung auflösen, rückgängig machen ▶ Entlobung
ent·lo·cken <entlockst, entlockte, hat entlockt> *mit OBJ* ■ *jmd. entlockt jmdm. etwas Akk.* (geh.) durch geschickte Methoden bewirken, dass jmd. etwas sagt oder tut: Sie entlockte ihm das Geheimnis/ein Lächeln.
ent·loh·nen <entlohnst, entlohnte, hat entlohnt> *mit OBJ* ■ *jmd. entlohnt jmdn. jmdm.* Lohn geben: Die Arbeiter wurden stets pünktlich entlohnt.
ent·löh·nen <entlöhnst, entlöhnte, hat ent-

löhnt> *mit OBJ* ■ *jmd. entlöhnt jmdn.* SCHWEIZ. *siehe* **entlohnen**
Ent·loh·nung *die* <-, -en> (≈ *Bezahlung*) das Geld, das man als Lohn erhält
Ent·löh·nung *die* <-, -en> SCHWEIZ. *siehe* **Entlohnung**
ent·lud *Prät. von* **entladen**
ent·lüf·ten <entlüftest, entlüftete, hat entlüftet> *mit OBJ* ■ *jmd. entlüftet etwas Akk.* die Luft aus etwas lassen: Nach dem Sommer entlüften wir alle Heizungen im Haus.
Ent·lüf·ter *der* <-s, -> TECHN. (elektrisches) Gerät zum Absaugen und Austauschen von Luft
Ent·lüf·tung *die* <-, -en> das Entlüften ◆ -sanlage, -sventil
Ent·lüf·tungs·hau·be *die* <-, -n> TECHN. über dem Herd befindliche Haube zum Absaugen von Küchengerüchen
ent·mach·ten <entmachtest, entmachtete, hat entmachtet> *mit OBJ* ■ *jmd. entmachtet jmdn.* die Macht nehmen: Der Herrscher/ die Regierung wurde entmachtet.
ent·men·schen <entmenschst, entmenschte, hat entmenscht> *mit OBJ* ■ *etwas entmenscht jmdn.* (geh.) seiner Menschlichkeit/ menschlichen Würde berauben: Der Krieg entmenscht viele. ▶ Entmenschung
ent·mensch·li·chen <entmenschlichst, entmenschlichte, hat entmenschlicht> *mit OBJ* ■ *jmd. entmenschlicht jmdn.; siehe* **entmenschen**
ent·mi·li·ta·ri·sie·ren <entmilitarisierst, entmilitarisierte, hat entmilitarisiert> *mit OBJ* ■ *jmd. entmilitarisiert etwas Akk.* MILIT. Truppen und militärische Anlagen aus einem Gebiet entfernen: Man schuf eine entmilitarisierte Zone. ▶ Entmilitarisierung
ent·mi·nen <entminst, entminte, hat entmint> *mit OBJ* ■ *jmd. entmint etwas Akk.* MILIT. von Minen befreien
ent·mi·schen <entmischst, entmischte, hat entmischt> *mit OBJ* ■ *jmd. entmischt etwas Akk.* (fachspr.) eine Mischung in ihre Bestandteile auflösen ▶ Entmischung
ent·mis·ten <entmistest, entmistete, hat entmistet> *mit OBJ* ■ *jmd. entmistet etwas* ❶ LANDW. (≈ *ausmisten*) von Mist befreien: einen Stall entmisten ▶ Entmistung ❷ (umg. übertr.) in Ordnung bringen: Ich müsste dringend meinen Schreibtisch entmisten.
ent·mün·di·gen <entmündigst, entmündigte, hat entmündigt> *mit OBJ* ■ *jmd. entmündigt jmdn.* ❶ RECHTSW. beschließen, dass jmd. nicht mehr als mündig gilt , weil er nicht (mehr) frei über sich bestimmen kann und daher einen Vormund/ Betreuer braucht: Der geistig schwer behinderte Mann wurde entmündigt. ❷ (umg.) mit jmdm. so umgehen, als ob er nicht selbst über sich bestimmen könnte: Und ich gehe doch heute Abend weg – ich lasse mich von dir nicht entmündigen!; *siehe auch* **Vormundschaft**
Ent·mün·dig·te *der/die* <-n, -n> RECHTSW. jmd., der entmündigt wurde
Ent·mün·di·gung *die* <-, -en> das Entmündigen

ent·mu·ti·gen <entmutigst, entmutigte, hat entmutigt> *mit OBJ* ■ *jmd./ etwas entmutigt jmdn. den Mut nehmen:* Er ließ sich durch seinen Chef nicht entmutigen, sondern beantragte die Versetzung ein zweites Mal.; Sie ließ sich auch von einem Misserfolg nicht entmutigen. ▶Entmutigung, entmutigend

ent·nahm *Prät. von* **entnehmen**

Ent·nah·me *die* <-, -n> *das Entnehmen*[1]: Entnahme von Organen

ent·na·zi·fi·zie·ren <entnazifizierst, entnazifizierte, hat entnazifiziert> *mit OBJ* ■ *jmd. entnazifiziert jmdn./etwas* POL. (≈ denazifizieren) *von nationalsozialistischen Einflüssen befreien*

Ent·na·zi·fi·zie·rung *die* <-, -en> POL. *der Vorgang, dass nach 1945 in Deutschland versucht wurde, die nationalsozialistischen Einflüsse in den wichtigen öffentlichen Bereichen zu beseitigen*

ent·neh·men <entnimmst, entnahm, hat entnommen> *mit OBJ* ■ *jmd. entnimmt etwas (aus) etwas Dat.* ❶ *(geh.) herausnehmen:* Er hat unerlaubt der Kasse Geld entnommen. ❷ *(geh.: ≈ folgern) aus etwas einen Schluss ziehen:* Ihren Worten entnahm ich, dass …; Sie entnahm (aus) seinem Brief, dass …; Weitere Hinweise entnehmen Sie bitte aus der Gebrauchsanweisung.

ent·ner·ven <entnervst, entnervte, hat entnervt> *mit OBJ* ■ *jmd./etwas entnervt jmdn. nervös machen:* Sie war ganz entnervt nach der langen Wartezeit.; *siehe auch* **nerven**

ent·nervt *adj /nicht steig./ so, dass die Nerven strapaziert sind; siehe auch* **genervt**

Ent·ner·vung *die* <-> /kein Plur./ *das Entnervtsein*

ent·nom·men *Part. Perf. von* **entnehmen**

ent·ölen <entölst, entölte, hat entölt> *mit OBJ* ■ *jmd. entölt jmdn./etwas von Öl befreien:* entöltes Kakaopulver ▶Entölung

ent·pa·cken <entpackst, entpackte, hat entpackt> *mit OBJ* ■ *jmd. entpackt etwas* ❶ (≈ auspacken) *die Packung entfernen* ❷ EDV *die ursprüngliche Größe einer komprimierten Datei wiederherstellen:* eine Zip-Datei entpacken

ent·pflich·ten <entpflichtest, entpflichtete, hat entpflichtet> *mit OBJ* ■ *jmd. entpflichtet jmdn. (von etwas Dat.) (geh.: ≈ entbinden) jmdn. von einer Pflicht oder einem Amt befreien:* einen Hochschulprofessor entpflichten ▶Entpflichtung

ent·po·li·ti·sie·ren <entpolitisierst, entpolitisierte, hat entpolitisiert> *mit OBJ* ■ *jmd. entpolitisiert etwas das Politische aus etwas entfernen:* eine Rede entpolitisieren ▶Entpolitisierung

ent·pri·va·ti·sie·ren <entprivatisierst, entprivatisierte, hat entprivatisiert> *mit OBJ* ■ *jmd. entprivatisiert etwas* (≈ verstaatlichen) *den privaten Status in einen staatlichen überführen:* ein Unternehmen entprivatisieren ▶Entprivatisierung

ent·pup·pen <entpuppst, entpuppte, hat entpuppt> *mit SICH* ■ *jmd./etwas entpuppt sich (als etwas) (übertr.: ≈ sich erweisen) sich anders zeigen als erwartet:* Die Sache entpuppte sich

schwieriger als zuvor angenommen.; Sie entpuppte sich als gemeine Lügnerin.

ent·rah·men <entrahmst, entrahmte, hat entrahmt> *mit OBJ* ■ *jmd. entrahmt etwas den Rahm entfernen:* Magermilch ist entrahmte Milch. ▶Entrahmung

Ent·rah·mer *der* <-s, -> TECHN. *Maschine zum Entrahmen*

ent·rang *Prät. von* **entringen**

ent·rann *Prät. von* **entrinnen**

En·t·re·cote *das* [ã'trəko:t] <-(s), -s> KOCH. (geh.) *das Zwischenrippenstück vom Rind*

En·t·ree *das* [ã'tre:] <-(s), -s> ❶ (geh.) *Eingangsraum* ❷ (geh.) *Eintrittsgeld* ❸ (geh.) *Vorspeise* ❹ MUS. *Eröffnungsmusik, Auftrittslied*

ent·rei·ßen <entreißt, entriss, hat entrissen> *mit OBJ* ■ *jmd. entreißt jmdm. etwas von jmdm. wegreißen:* Der Dieb entriss der alten Dame die Handtasche.

ent·rich·ten <entrichtest, entrichtete, hat entrichtet> *mit OBJ* ■ *jmd. entrichtet etwas* AMTSSPR. *bezahlen:* Es sind monatliche Mitgliedsbeiträge zu entrichten. ▶Entrichtung

ent·rie·geln <entriegelst, entriegelte, hat entriegelt> *mit OBJ* ■ *jmd. entriegelt etwas* (≈ aufsperren) *den Riegel lösen:* das Gartentor entriegeln ▶Entriegelung

ent·rin·gen <entringst, entrang, hat entrungen> **I.** *mit OBJ* ■ *jmd. entringt jmdm. etwas (geh.) jmdm. eine Sache im Kampf wegnehmen:* Es gelang ihm, dem Verbrecher die Waffe zu entringen. **II.** *mit SICH* ■ *etwas entringt sich jmdm. (geh.) etwas kommt ohne Absicht, aber mühsam heraus:* Ein Seufzer/Schrei entrang sich seiner Brust.

ent·rin·nen <entrinnst, entrann, ist entronnen> *ohne OBJ* ■ *jmd./etwas entrinnt jmdm./etwas* ❶ (geh.) *schnell vergehen:* Die Zeit entrinnt mir. ❷ (geh.) *mit Mühe entkommen:* Er ist dem Tode entronnen. ❸ (geh.) *herausfließen:* Tränen entrannen ihren Augen.

Ent·rin·nen *das* <-s> /kein Plur./ (geh.) *Flucht(möglichkeit) aus einer Situation:* Es gibt kein Entrinnen!

ent·riss *Prät. von* **entreißen**

ent·ris·sen *Part. Perf. von* **entreißen**

ent·ron·nen *Part. Perf. von* **entrinnen**

En·tro·pie *die* <-, …-pien> PHYS. *Tendenz in der unbelebten Welt zu immer größerer Unordnung*

ent·ros·ten <entrostest, entrostete, hat entrostet> *mit OBJ* ■ *jmd. entrostet etwas von Rost befreien:* die Fahrradkette entrosten

ent·rü·cken <entrückst, entrückte, hat entrückt> *mit OBJ* ■ *etwas entrückt jmdn. jmdn. (geistig) an einen anderen oder überirdischen Ort, in einen anderen Zustand, in eine andere Zeit versetzen* ▶Entrückung

ent·rückt *adj /nicht steig./ (geh.) in einem geistigen Zustand versetzt, in dem man sich so fühlt, als wäre man woanders:* Sie hatte einen ganz entrückten Blick, als sie von ihm sprach. ▶Entrücktheit

ent·rüm·peln <entrümpelst, entrümpelte, hat entrümpelt> *mit OBJ* ■ *jmd. entrümpelt etwas von unnützen Dingen befreien:* den Dachboden entrümpeln; *siehe auch* **Gerümpel**

ent·run·gen *Part. Perf. von* **entringen**
ent·rüs·ten <entrüstest, entrüstete, hat entrüs­tet> **I.** *mit OBJ* ▪ *jmd./etwas entrüstet jmdn. (geh.: ≈ empören) jmdn. ärgern:* Diese Bemerkung entrüstete sie. **II.** *mit SICH* ▪ *jmd. entrüstet sich (über jmdn./etwas) (geh.:≈ sich empören) sich über etwas ärgern:* Die Lehrerin entrüstet sich über die Unverschämtheiten ihrer Schüler.
Ent·rüs·tung *die* <-> */kein Plur./ (geh.:≈ Empörung) das Entrüsten*
ent·saf·ten <entsaftest, entsaftete, hat entsaf­tet> *mit OBJ* ▪ *jmd. entsaftet etwas Akk. den Saft herauspressen:* Wie viele Orangen soll ich für die Bowle entsaften?
Ent·saf·ter *der* <-s, -> TECHN. *(elektrisches) Gerät zum Entsaften*
ent·sa·gen <entsagst, entsagte, hat entsagt> *ohne OBJ* ▪ *jmd. entsagt jmdm./etwas Dat. (geh.) zukünftig auf etwas verzichten:* Der König hat dem Thron entsagt.; Als Mönch musste er den weltlichen Dingen entsagen.
Ent·sa·gung *die* <-, -en> *(geh.: ≈ Entbehrung)*
ent·sandt *Part. Perf. von* **entsenden**
ent·sand·te *Prät. von* **entsenden**
ent·sann *Prät. von* **entsinnen**
ent·schä·di·gen <entschädigst, entschädigte, hat entschädigt> *mit OBJ* ▪ *jmd. entschädigt jmdn. (für etwas Akk.)* ❶ *jmdm. für seine Mühe oder Kosten einen Ersatz geben:* Die Freude über das gelungene Resultat hat ihn für seine Mühen entschädigt.; Wir haben ihn für seine Unkosten entschädigt ❷ *jmdm. eine Geldsumme geben, um einen Schaden auszugleichen, den er erlitten hat:* Das Unfallopfer wurde angemessen entschädigt.
Ent·schä·di·gung *die* <-, -en> ❶ *etwas, das jmdm. zum Ausgleich für seine Mühe oder Kosten gegeben wird* ❷ *(≈ Schadensersatz) eine Geldsumme, die jmd. für einen ihm zugefügten Schaden erhält:* Er hat eine hohe Entschädigung gezahlt.; Sie hat eine angemessene Entschädigung erhalten ◆ -sfonds, -ssumme, Aufwands-
ent·schär·fen <entschärfst, entschärfte, hat ent­schärft> *mit OBJ* ▪ *jmd. entschärft etwas* ❶ *einen Sprengkörper so behandeln, dass er nicht mehr explodieren kann:* Spezialisten gelang es, die Bombe zu entschärfen. ❷ *(übertr.) beschwichtigend wirken:* Sie entschärfte die heikle Situation, indem sie das Thema wechselte.
Ent·schär·fung *die* <-, -en> *das Entschärfen*
Ent·scheid *der* <-(e)s, -e> AMTSSPR. *(offizielle) Entscheidung:* Der Entscheid des Schiedsrichters ist nicht mehr anfechtbar.
ent·schei·den <entscheidest, entschied, hat ent­schieden> **I.** *mit OBJ* ▪ *jmd. entscheidet etwas (durch seine Autorität) einer Angelegenheit eine bestimmte Richtung geben:* Die Geschäftsleitung hat entschieden, dass das Werk gebaut wird. **II.** *ohne OBJ* ▪ *jmd. entscheidet über etwas Akk. eine Entscheidung treffen:* Wir entscheiden morgen über das weitere Vorgehen. **III.** *mit SICH* ▪ *jmd. entscheidet sich für jmdn./etwas eine von mehreren Möglichkeiten wählen:* Wie habt ihr euch entschieden?; Ich denke, ich entscheide mich für das teurere Modell.

ent·schei·dend <entscheidender, am entschei­dendsten> *adj (≈ ausschlaggebend) so, dass es wesentlich beeinflusst, wie etwas sich weiter entwickelt:* Dies war ein entscheidender Fehler/Fortschritt.
Ent·schei·dung *die* <-, -en> ❶ *das (auf der Basis von jmds. Autorität) erfolgende Festlegen des Willens, um eine Sache in eine bestimmte Richtung zu bringen:* Die Entscheidung der Geschäftsleitung steht fest: Das Werk wird gebaut. ❷ *(≈ Entschluss) das, was jmd. beschlossen hat:* Die Entscheidung des Ausschusses besagt, dass ... ❸ *die Wahl einer von mehreren Möglichkeiten:* Die Entscheidung fällt zugunsten des teureren Modells.
Ent·schei·dungs·fin·dung *die* <-, -en> *(geh.) das Finden einer Entscheidung*
ent·schei·dungs·freu·dig <entscheidungsfreudi­ger, am entscheidungsfreudigsten> *adj so, dass man selbstbewusst ist und wenig Mühe hat, Entscheidungen zu treffen:* Er ist ein entscheidungsfreudiger Chef.
Ent·schei·dungs·pro·zess *der* <-es, -e> *(längerer) Vorgang des Abwägens, der zu einer Entscheidung führt*
Ent·schei·dungs·schlacht *die* <-, -en> *Schlacht, die um die (endgültige) Entscheidung einer Sache geführt wird*
Ent·schei·dungs·spiel *das* <-(e)s, -e> SPORT *das Spiel in einem Turnier, das über den Gesamtsieg entscheidet*
Ent·schei·dungs·spiel·raum *der* <-(e)s, Ent­scheidungsspielräume> *Ausmaß der Möglichkeit, sich (frei) zu entscheiden*
Ent·schei·dungs·trä·ger *der* <-s, -> *Institution oder Person, die für das Entscheiden einer Sache zuständig ist*
ent·schied *Prät. von* **entscheiden**
ent·schie·den <entschiedener, am entschie­densten> *adj /nur attr./ (≈ entschlossen) so, dass man eine sehr feste Meinung zu etwas hat und sich nicht leicht abbringen lässt:* Er ist ein entschiedener Gegner dieses Gesetzesvorschlags.; Sie trat entschieden für den Frieden ein. ◆ Groß- oder Kleinschreibung →R 3.9 auf das Entschiedenste: auf das entschiedenste
Ent·schie·den·heit *die* <-> */kein Plur./ entschlossene Haltung:* Er trat mit aller Entschiedenheit für das Verbot des Walfangs ein.
ent·schla·cken <entschlackst, entschlackte, hat entschlackt> *mit OBJ* ▪ *jmd. entschlackt etwas* MED. *den Körper von Rückständen des Stoffwechsels befreien, indem man bestimmte Maßnahmen macht*
Ent·schla·ckungs·kur *die* <-, -en> MED. *dem Entschlacken dienende Kur*
ent·schla·fen <entschläfst, entschlief, ist ent­schlafen> *ohne OBJ* ▪ *jmd. entschläft (verhüll.: ≈ verscheiden) sterben:* Die Patientin ist gestern friedlich entschlafen.
ent·schlief *Prät. von* **entschlafen**
ent·schlie·ßen <entschließt, entschloss, hat ent­schlossen> *mit SICH* ▪ *jmd. entschließt sich zu etwas Dat. (≈ entscheiden) einen Entschluss*

fassen: Wozu hast du dich entschlossen?; Ich habe mich anders entschlossen.

Ent·schlie·ßung *die <-, -en>* AMTSSPR. *Beschluss*

ent·schloss *Prät. von* **entschließen**

ent·schlos·sen *<entschlossener, am entschlossensten> adj energisch, tatkräftig:* Sie legte ein entschlossenes Handeln an den Tag.; ▪ **kurz entschlossen/kurzentschlossen** *kurzfristig entschieden* Wir sind kurz entschlossen ins Kino gegangen.; ▪ **fest entschlossen sein etwas zu tun** *etwas unbedingt tun wollen* Sie ist fest entschlossen, sich bei ihm zu beschweren. ▸ Entschlossenheit

ent·schlüs·seln *<entschlüsselst, entschlüsselte, hat entschlüsselt> mit OBJ* ▪ *jmd. entschlüsselt etwas (≈ dechiffrieren, dekodieren ↔ verschlüsseln) den verborgenen Sinn oder die in etwas versteckte Bedeutung herausfinden:* Den Forschern gelang es, die Geheimschrift zu entschlüsseln. ▸ Entschlüsselung

ent·schluss·fä·hig *adj /nicht steig./ fähig zu Entschlüssen; siehe aber* **beschlussfähig**

Ent·schluss·fä·hig·keit *die <-> /kein Plur./ die Fähigkeit, Entschlüsse zu fassen*

ent·schluss·freu·dig *<entschlussfreudiger, am entschlussfreudigsten> adj (≈ entscheidungsfreudig) so, dass es einem leicht fällt, Entscheidungen zu treffen:* ein entscheidungsfreudiger Chef

ent·schuld·bar *<entschuldbarer, am entschuldbarsten> adj (geh.) so, dass es entschuldigt werden kann:* Das war eine entschuldbarer Fehler.; Tut mir Leid, aber das war ein nicht entschuldbares Verhalten.

ent·schul·den *<entschuldest, entschuldete, hat entschuldet> mit OBJ* ▪ *jmd. entschuldet etwas von Schulden befreien:* ein Grundstück entschulden

ent·schul·di·gen *<entschuldigst, entschuldigte, hat entschuldigt>* I. *mit OBJ* ▪ *jmd. entschuldigt jmdn./etwas (mit etwas Dat.) Gründe nennen, die jmds. (negatives) Verhalten erklären:* Sie entschuldigte ihre schlechten Schulleistungen mit der familiären Situation. II. *mit SICH* ▪ *jmd. entschuldigt sich (bei jmdm.) (für etwas) sagen, dass das eigene negative Handeln einem Leid tut:* Er entschuldigt sich bei der Lehrerin (für sein wiederholtes Zuspätkommen).

Ent·schul·di·gung *die <-, -en>* ❶ *der Akt des Entschuldigens:* Er wollte eine Entschuldigung vorbringen.; Ihre Entschuldigung nehme ich an/ lasse ich nicht gelten. ❷ SCHULE *eine schriftliche Entschuldigung[1]:* Die Eltern schrieben dem Sohn eine Entschuldigung für die Schule. ❸ *die sprachliche Formel, mit der man die Bitte um Entschuldigung[1] einleitet oder einen Fremden anspricht:* Entschuldigung, wo geht es hier zum Bahnhof?; Entschuldigung, das war nicht böse gemeint.

Ent·schul·di·gungs·brief *der <-(e)s, -e>* SCHULE *Entschuldigung[2]*

Ent·schul·di·gungs·grund *der <-(e)s, Entschuldigungsgründe> Begründung einer Entschuldigung[1, 2]:* Das ist kein Entschuldigungsgrund!

Ent·schul·di·gungs·schrei·ben *das <-s, -> Entschuldigungsbrief*

Ent·schul·dung *die <-, -en> das Entschulden*

ent·schwand *Prät. von* **entschwinden**

ent·schwe·feln *<entschwefelst, entschwefelte, hat entschwefelt> mit OBJ* ▪ *jmd. entschwefelt etwas* CHEM. *von Schwefel befreien*

ent·schwin·den *<entschwindest, entschwand, ist entschwunden> ohne OBJ* ▪ *jmd./etwas entschwindet jmds. Blicken/irgendwo(hin) (geh.) verschwinden:* Am Horizont entschwand das Schiff den Blicken.

ent·schwun·den *Part. Perf. von* **entschwinden**

ent·seelt *adj /nicht steig./ (geh.) tot:* Sie sank entseelt zu Boden.

ent·sen·den *<entsendest, entsendete/entsandte, hat entsendet/entsandt> mit OBJ* ▪ *jmd. entsendet jmdn. (irgendwohin) (geh.) an einen Ort senden:* Man entsandte Unterhändler, um die Verträge vorzubereiten.

Ent·set·zen *das <-s> /kein Plur./ großer Schrecken:* Namenloses Entsetzen machte sich breit.

ent·set·zen *<entsetzt, entsetzte, hat entsetzt>* I. *mit OBJ* ▪ *jmd./etwas entsetzt jmdn. sehr stark erschrecken:* Diese Äußerung hat manchen Zuhörer entsetzt. II. *mit SICH* ▪ *jmd. entsetzt sich (über etwas Akk.)* Sie entsetzte sich über den Zustand des Hauses.

ent·setz·lich *<entsetzlicher, am entsetzlichsten> adj (≈ grässlich, furchtbar) sehr schlimm:* Wir hatten entsetzliche Angst.; Diese entsetzliche Hitze bringt mich noch um.

ent·si·chern *<entsicherst, entsicherte, hat entsichert> mit OBJ* ▪ *jmd. entsichert etwas die Sicherung[3] einer Schusswaffe lösen:* Er entsicherte die Pistole und gab einen Warnschuss ab.

ent·sin·nen *<entsinnst, entsann, hat entsonnen> mit SICH* ▪ *jmd. entsinnt sich jmds./etwas Gen./plus Inf. (geh.) sich erinnern:* Ich kann mich nicht entsinnen, dir das erlaubt zu haben.; Soweit ich mich entsinnen kann, wohnt er in München.

ent·son·nen *Part. Perf. von* **entsinnen**

ent·sor·gen *<entsorgst, entsorgte, hat entsorgt> mit OBJ* ▪ *jmd. entsorgt etwas Müll abtransportieren:* Hast du das Altglas/den Müll schon entsorgt? ▸ Entsorgung

ent·span·nen *<entspannst, entspannte, hat entspannt>* I. *mit OBJ/ohne OBJ* Alle Beteiligten waren bemüht, die Lage im Krisengebiet zu entspannen. II. *mit SICH* ▪ *jmd./etwas entspannt sich* ❶ *sich ausruhen, erholen:* Nach den Prüfungen musste ich mich erst mal entspannen. ❷ *glätten:* Ihre Gesichtszüge entspannten sich langsam. ❸ *an Gefährlichkeit abnehmen:* Die Lage im Krisengebiet hat sich entspannt.

ent·spannt *adj im Zustand der Entspannung:* eine entspannte Atmosphäre

Ent·span·nung *die <-> /kein Plur./* ❶ *Konflikten entgegenwirken:* Es geht darum, in diesem Krisengebiet Entspannung zu erreichen. ◆-spolitik ❷ *das Gefühl, körperlich und psychisch entspannt bzw. locker und unverkrampft zu sein* ◆-sübung, -stherapie

ent·spie·geln *<entspiegelst, entspiegelte, hat entspiegelt> mit OBJ* ▪ *jmd. entspiegelt etwas*

E

E

Akk. TECHN. *mit einer Schicht zur Verminderung von Lichtreflexen überziehen:* eine Brille entspiegeln lassen ▶ Entspiegelung, Entspieglung

ent·sprach *Prät. von* **entsprechen**

ent·sprang *Prät. von* **entspringen**

ent·spre·chen <entsprichst, entsprach, hat entsprochen> *ohne OBJ* ■ *jmd./etwas entspricht etwas Dat.* ❶ *die Eigenschaften besitzen, die irgendwo gefordert werden:* Sie entsprach den Anforderungen und wurde eingestellt. ❷ *mit etwas übereinstimmen:* Seine Aussage entspricht der Wahrheit.

ent·spre·chend *adj /nicht steig./* ❶ *einem Sachverhalt in einer bestimmten Weise angemessen:* Du musst dich durch entsprechendes Training auf den Wettkampf vorbereiten. ❷ *passend, zuständig:* Du musst dich bei der entsprechenden Behörde melden. ❸ *gemäß:* den Umständen entsprechend, den Aufgaben entsprechend

Ent·spre·chung *die* <-, -en> *etwas, das einer anderen Sache in einer bestimmten Weise entspricht:* Könnt ihr mir die deutsche Entsprechung dieses englischen Begriffs nennen?; Dieses russische Wort hat keine Entsprechung im Deutschen.

ent·sprin·gen <entspringst, entsprang, ist entsprungen> *ohne OBJ* ❶ ■ *ein Fluss entspringt irgendwo seine Quelle haben:* Die Elbe entspringt im Riesengebirge. ❷ ■ *etwas entspringt irgendwo (geh.) herrühren:* Aus solchem Denken entspringt auch leicht die Vorstellung, dass ... ❸ *jmd. entspringt irgendwoher (umg.) entfliehen:* der entsprungene Häftling

ent·spro·chen *Part. Perf. von* **entsprechen**

ent·sprun·gen *Part. Perf. von* **entspringen**

ent·stam·men <entstammst, entstammte, -> *ohne OBJ /kein Part. Perf./* ■ *jmd.etwas entstammt (aus) etwas Dat. (geh.) aus etwas stammen:* Er entstammt einer reichen Kaufmannsfamilie.; Diese Vorstellung entstammt der Mythologie.

ent·stand *Prät. von* **entstehen**

ent·stan·den *Part. Perf. von* **entstehen**

ent·ste·hen <entstehst, entstand, ist entstanden> *ohne OBJ* ■ *etwas entsteht* ❶ *zu existieren beginnen:* Das Leben entsteht mit der Befruchtung einer Eizelle. ❷ *hervorgerufen werden:* Weiterer Schaden ist nicht entstanden.; Es sollte nicht der Eindruck entstehen, dass ...; Sind Ihnen dadurch Kosten entstanden? ❸ *gebaut werden:* Hier entsteht ein neues Einkaufszentrum.

Ent·ste·hung *die* <-, -en> */meist Sing./ das Entstehen [1]:* Wasser ist die Voraussetzung für die Entstehung von Leben. ◆ -sort, -sursache, -szeit

Ent·ste·hungs·ge·schich·te *die* <-> */kein Plur./ die Geschichte der Entstehung oder des Ursprungs einer Sache:* die Entstehungsgeschichte der Erde

ent·stei·gen <entsteigst, entstieg, ist entstiegen> *ohne OBJ* ■ *jmd. entsteigt etwas Dat. (geh.) aus etwas steigen:* Die Göttin ist der Legende nach dem Meer entstiegen.

ent·stei·nen <entsteinst, entsteinte, hat entsteint> *mit OBJ* ■ *jmd. entsteint etwas Akk. den Kern entfernen:* Wir müssen die Kirschen erst entsteinen.

ent·stel·len <entstellst, entstellte, hat entstellt> *mit OBJ* ■ *jmd. entstellt etwas* ❶ *verunstalten:* Die Verbrennungen/Narben haben sein ganzes Gesicht entstellt. ❷ *(übertr.) verzerrt wiedergeben:* Seine Worte wurden von der Presse völlig entstellt.

ent·stel·lend <entstellender, am entstellendsten> *adj so, dass es etwas entstellt [1]:* eine entstellende Narbe im Gesicht haben

Ent·stel·lung *die* <-, -en> *das Entstellen*

ent·stieg *Prät. von* **entsteigen**

ent·stie·gen *Part. Perf. von* **entsteigen**

ent·stö·ren <entstörst, entstörte, hat entstört> *mit OBJ* ■ *jmd. entstört etwas Akk. TECHN. (technische) Störfaktoren beseitigen:* Wir ließen die Leitungen/das Gerät durch einen Fachmann entstören.

Ent·stö·rungs·stel·le *die* <-, -n> TELEKOMM. Wenn es beim Telefonieren weiterhin derart rauscht, sollten wir die Entstörungsstelle anrufen.

ent·strö·men <entströmt, entströmte, ist entströmt> *ohne OBJ* ■ *etwas entströmt etwas Dat. aus etwas strömen:* Das Rohr ist undicht, ihm entströmt Gas.

ent·ta·bu·i·sie·ren <enttabuisierst, enttabuisierte, hat enttabuisiert> *mit OBJ* ■ *jmd. enttabuisiert etwas Akk. von Tabus befreien:* Das Thema Sexualität wurde seit den sechziger Jahren immer mehr enttabuisiert.

ent·tar·nen <enttarnst, enttarnte, hat enttarnt> *mit OBJ* ■ *jmd. enttarnt jmdn./etwas (≈ aufdecken) die wahre Identität von jmdm., der sich als ein anderer ausgegeben hat, herausfinden:* Der Spion wurde schließlich doch enttarnt. ▶ Enttarnung

ent·täu·schen <enttäuschst, enttäuschte, hat enttäuscht> *mit OBJ* ■ *jmd./etwas enttäuscht jmdn. traurig machen, weil man Erwartungen nicht erfüllt:* Sie wollte ihre Eltern nicht enttäuschen.; Der mit Spannung erwartete Film enttäuschte mich sehr.

ent·täuscht *adj /nicht steig./ traurig, weil Erwartungen nicht erfüllt wurden:* Ich bin enttäuscht, dass ich das Geschenk nicht bekommen habe.

Ent·täu·schung *die* <-, -en> *etwas, das jmdn. traurig macht, weil es seine Erwartungen erfüllt:* Er musste die herbe Enttäuschung erst überwinden.; Der Urlaub war eine einzige Enttäuschung – vierzehn Tage Dauerregen und ein schlechtes Hotel.

ent·thro·nen <entthronst, entthronte, hat entthront> *mit OBJ* ■ *jmd. entthront jmdn. (≈ absetzen) Der König wurde entthront.* ▶ Entthronung

ent·völ·kern <entvölkerst, entvölkerte, hat entvölkert> *mit OBJ* ■ *jmd./etwas entvölkert etwas Akk. die Bevölkerung fast vernichten:* Die Hungersnot hatte ganze Landstriche entvölkert. ▶ Entvölkerung

ent·waff·nen <entwaffnest, entwaffnete, hat entwaffnet> *mit OBJ* ■ *jmd. entwaffnet jmdn.* ❶ *die Waffen abnehmen* ▶ Entwaffnung ❷ *jmd. so positiv begegnen, dass er keinen Grund mehr hat, etwas Negatives zu sagen:* Seine Ehrlichkeit entwaffnete sie – sie verschwieg, was sie ihm hatte sagen wollen.

ent·waff·nend <entwaffnender, am entwaffnendsten> *adj so charmant, dass eine andere Person nicht mehr negativ gestimmt sein kann:* Sie besaß ein entwaffnendes Lächeln.; Ich war erstaunt über ihre entwaffnende Offenheit.

ent·wal·den <entwaldest, entwaldete, hat entwaldet> *mit OBJ* ■ *jmd. entwaldet etwas auf einer Fläche den Wald zerstören:* entwaldete Landstriche ▶ Entwaldung

ent·warf *Prät. von* **entwerfen**

Ent·war·nung *die* <-, -en> *Beendigung eines Alarmzustands:* In den Hochwassergebieten konnte endlich Entwarnung gegeben werden.

ent·wäs·sern <entwässerst, entwässerte, hat entwässert> *mit OBJ* ■ *jmd. entwässert etwas Wasser aus etwas entfernen:* Der Sumpf wurde entwässert.

Ent·wäs·se·rung *die* <-> */kein Plur./ das Entwässern*

Ent·wäs·se·rungs·an·la·ge *die* <-, -n> *(≈ Kanalisation)*

Ent·wäs·se·rungs·mit·tel *das* <-s, -> MED. *(≈ Diuretikum) Mittel, das überschüssiges Wasser aus den Körperzellen ableitet*

Ent·wäs·se·rungs·rohr *das* <-(e)s, -e> *Rohr, das Wasser ableitet*

ent·we·der *konj* ■ **entweder ... oder ...** *verwendet, um zwei alternative Möglichkeiten zu beschreiben* Entweder ruft er mich an oder ich schicke ihm ein Fax. ◆ *Großschreibung* →R 3.4 *das Entweder-oder*

ent·wei·chen <entweichst, entwich, ist entwichen> *ohne OBJ* ■ *jmd./etwas entweicht (aus etwas Dat.)* **❶** *aus etwas ausströmen:* Eine Leitung ist undicht; Das Gas entweicht aus der Leitung. **❷** *(geh.) entfliehen:* Der Gefangene ist aus dem Gefängnis entwichen.

ent·wei·hen <entweihst, entweihte, hat entweiht> *mit OBJ* ■ *jmd./etwas entweiht etwas* REL. **❶** *einen heiligen Gegenstand in böser Absicht so behandeln, dass er beschmutzt oder zerstört wird:* eine Kirche/ einen Altar/ ein religiöses Symbol entweihen **❷** *einen heiligen Ort durch unpassendes Verhalten stören:* Durch ihr lautes Schreien in der Kirche haben sie die heilige Stille entweiht.; *siehe auch* **Weihe**

ent·wen·den <entwendest, entwendete, hat entwendet> *mit OBJ* ■ *jmd. entwendet etwas (geh.: ≈ stehlen) heimlich wegnehmen:* Der Prokurist hat aus der Kasse einen größeren Geldbetrag entwendet.

ent·wer·fen <entwirfst, entwarf, hat entworfen> *mit OBJ* ■ *jmd. entwirft etwas Akk.* **❶** *als Vision skizzieren:* Der Autor entwirft in seinem Roman das Bild einer Zukunft, in der ... **❷** *(≈ erarbeiten) einen technischen Gegenstand konstruieren:* Entworfen wurde auch dieses neue Modell von Chefentwickler Prof. Dr. Ulrich. **❸** *als Künstler kreativ gestalten:* Die Inneneinrichtung des Restaurants wurde von einem bekannten Modeschöpfer entworfen.

ent·wer·ten <entwertest, entwertete, hat ent-

wertet> *mit OBJ* **❶** ■ *jmd. entwertet etwas eine Fahrkarte lochen oder stempeln(wenn man die Fahrt beginnt), damit sie gültig wird* **❷** ■ *jmd. entwertet etwas (≈ entkräften) bewirken, dass etwas keine Gültigkeit oder keinen Wert mehr hat:* Das entwertet meine Aussage noch lange nicht. **❸** *(≈ abwerten) über jmdn. negative Bemerkungen machen, so dass er sich nicht mehr wertvoll fühlt:* Er hat sie immer wieder durch Kritik und Ironie entwertet.

Ent·wer·ter *der* <-s, -> *Gerät zum Entwerten*[1]

ent·wich *Prät. von* **entweichen**

ent·wi·chen *Part. Perf. von* **entweichen**

ent·wi·ckeln <entwickelst, entwickelte, hat entwickelt> **I.** *mit OBJ* ■ *jmd. entwickelt etwas* **❶** *(≈ bauen) durch gezielte Überlegungen, Versuche und Konstruktionen einen (technischen) Gegenstand schaffen:* Wer hat den ersten Mikrochip entwickelt? **❷** *wirksam und sichtbar werden lassen:* Sie entwickelte viel Fantasie. **❸** *eine Gedankenfolge schaffen:* Der Redner entwickelte diesen Gedanken mit viel Überzeugungskraft.; Der Physiker entwickelt in diesem Buch eine interessante Theorie. **❹** FOTOGR. *einen Film so behandeln, dass Fotos daraus entstehen:* Ich lasse die Filme gleich morgen entwickeln. **II.** *mit SICH* ■ *jmd. entwickelt sich (zu etwas Dat.) (≈ heranreifen)* Das Mädchen hat sich zu einer jungen Frau entwickelt.

Ent·wick·ler *der*, **Ent·wick·le·rin** <-s, -> *jmd., der beruflich mit dem Entwickeln*[1] *von Dingen befasst ist* ◆ Software-

Ent·wick·lung *die* <-, -en> **❶** *die Schaffung von (technischen) Gegenständen durch gezielte Überlegungen, Versuche und Konstruktionen:* Die Entwicklung des Transistors verdrängte die Röhrentechnik.; Der Physiker beschäftigt sich mit der Entwicklung einer völlig neuen Theorie des Supraleiters. ◆ -sstadium, -sprozess, Neu- **❷** FOTOGR. *Verfahren, welches aus Filmen Fotos entstehen lässt* **❸** *Reifungsprozess; Prozess der Herausbildung:* Sie ist noch jung, ihre Entwicklung ist noch lange nicht abgeschlossen. ◆ -sabschnitt, -sgeschichte, -sroman, -srückstand, -sstadium

Ent·wick·lungs·al·ter *das* <-s> */kein Plur./ (≈ Entwicklungsjahre) Alter, in dem sich ein Kind (zum Erwachsenen) entwickelt*

ent·wick·lungs·fä·hig <entwicklungsfähiger, am entwicklungsfähigsten> *adj so, dass eine Entwicklung stattfinden kann:* ein entwicklungsfähiges Verfahren ▶ Entwicklungsfähigkeit

Ent·wick·lungs·ge·schich·te *die* <-> */kein Plur./ Geschichte der Entwicklung (des Lebens auf der Erde)* ▶ entwicklungsgeschichtlich

Ent·wick·lungs·hil·fe *die* <-> */kein Plur./ systematische Hilfeleistungen, die Länder der Dritten Welt von den Industriestaaten erhalten* ▶ Entwicklungshelfer, Entwicklungshelferin

Ent·wick·lungs·jah·re <-> *Plur. (≈ Pubertät)*

Ent·wick·lungs·land *das* <-(e)s, Entwicklungsländer> *Land, das im Vergleich mit den Industriestaaten unterentwickelt ist*

Ent·wick·lungs·po·li·tik *die* <-> */kein Plur./* POL. *Politik, die die Entwicklung der Dritten Welt zum Ziel hat* ▶ entwicklungspolitisch

E

E

Ent·wịck·lungs·ro·man *der* <-s, -e> LIT. *Roman, der von der (geistigen) Entwicklung eines (unreifen) Menschen handelt:* Goethes „Wilhelm Meister" *ist ein Entwicklungsroman.*

Ent·wịck·lungs·stand *der* <-(e)s> */kein Plur./ Stadium, das jmd. oder etwas in seiner Entwicklung erreicht hat*

Ent·wịck·lungs·stö·rung *die* <-, -en> *Störung in der Entwicklung[3]*

ent·wịr·ren <entwirrst, entwirrte, hat entwirrt> *mit OBJ* ■ *jmd. entwirrt etwas etwas, das ungeordnet und wirr ist, wieder ordnen:* ein Telefonkabel entwirren

ent·wị·schen <entwischst, entwischte, ist entwischt> *ohne OBJ* ■ *jmd. entwischt (jmdm./ etwas) (umg.) fliehen:* Der Dieb konnte entwischen.

ent·wöh·nen <entwöhnst, entwöhnte, hat entwöhnt> *mit OBJ* ❶ ■ *jmd. entwöhnt jmdn. (von etwas Dat.) durch bestimmte Maßnahmen bewirken, dass sich jmd. von einer Gewohnheit oder Sucht befreien kann:* Der Drogenabhängige wurde in der Klinik von seiner Sucht entwöhnt. ❷ ■ *jmd. entwöhnt jmdn. ein Baby daran gewöhnen, dass es immer weniger Muttermilch bekommt und immer mehr andere Nahrung*

Ent·wöh·nung *die* <-> */kein Plur./ das Entwöhnen*

ent·wọr·fen *Part. Perf. von* **entwerfen**

ent·wür·di·gen <entwürdigst, entwürdigte, hat entwürdigt> *mit OBJ* ■ *jmd./etwas entwürdigt jmdn. die Würde rauben:* entwürdigende Zustände ► Entwürdigung

Ent·wurf *der* <-(e)s, Entwürfe> ❶ *eine vorläufig ausgearbeiteter Text, der als Grundlage für etwas dient:* Bis wann ist der schriftliche Entwurf fertig? ◆ Gesetz-, Haushalts-, Vertrags- ❷ *(≈ Skizze) eine Zeichnung, die jmd. (z. B. ein Architekt) als Plan gemacht hat, um danach etwas zu schaffen (z. B. bauen)* ► Rohentwurf ◆ Haus-, Mode-

ent·wur·zeln <entwurzelst, entwurzelte, hat entwurzelt> *mit OBJ* ■ *jmd./etwas entwurzelt jmdn./etwas* ❶ *die Wurzeln herausreißen:* Der Orkan entwurzelte viele Bäume. ❷ *(übertr.) jmdn. der vertrauten Umgebung berauben:* Seit seiner Ausweisung fühlt er sich entwurzelt. ► Entwurzelung

ent·zau·bern <entzauberst, entzauberte, hat entzaubert> *mit OBJ* ■ *jmd./etwas entzaubert jmdn./etwas (↔ verzaubern) den Zauber[2] nehmen:* Er hat mit seiner ironischen Äußerung die Stimmung entzaubert. ► Entzauberung

ent·zer·ren <entzerrst, entzerrte, hat entzerrt> *mit OBJ* ■ *jmd. entzerrt etwas* ❶ TECHN. *die Verzerrung aus einer fotografischen Aufnahme beseitigen* ❷ *eine konflikthafte Situation bearbeiten:* Ist die Lage im Krisengebiet inzwischen entzerrt ?

Ent·zer·rer *der* <-s, -> *Gerät, das Aufnahmen entzerrt[1]*

Ent·zer·rung *die* <-, -en> *das Entzerren[1]*

ent·zie·hen <entziehst, entzog, hat entzogen> I. *mit OBJ* ■ *jmd. entzieht jmdm. etwas fortnehmen:* Sie entzogen den Eltern ihre Kinder.; Die Polizei hat mir den Führerschein entzogen.; Er ent-

zog ihr seine Hilfe/sein Vertrauen. II. *mit SICH* ■ *jmd. entzieht sich jmdm./etwas (geh.) so handeln, dass man sich einer Verantwortung nicht mehr stellen muss:* Sie hat sich ihrer Verantwortung geschickt entzogen.; ■ *etwas entzieht sich jemandes Kenntnis (geh.) jmd. weiß nichts davon;* ■ *einer Sache den Boden entziehen verhindern, dass etwas weitergeht* Seit Jahren versucht die Regierung in Kolumbien, dem Drogenhandel den Boden zu entziehen.

Ent·zie·hungs·kur *die* <-, -en> MED. *eine Therapie, um jmdn. von einer Sucht zu heilen (Abhängigkeit von Alkohol oder Tabletten)*

ent·zif·fern <entzifferst, entzifferte, hat entziffert> *mit OBJ* ■ *jmd. entziffert etwas* ❶ *(≈ lesen) schwer lesbare Schriftzeichen erkennen:* Seine Handschrift ist nicht zu entziffern. ❷ *(≈ entschlüsseln) den geheimen Sinn von Zeichen verstehen:* Die Bilderschrift der Ägypter (Hieroglyphen) ist vor 200 Jahren entziffert worden.

Ent·zif·fe·rung *die* <-> */kein Plur./ das Entziffern*

ent·zip·pen <entzippst, entzippte, hat entzippt> *mit OBJ* ■ *jmd. entzippt etwas* EDV *eine (Zip-)Datei entpacken*

ent·zog *Prät. von* **entziehen**

ent·zo·gen *Part. Perf. von* **entziehen**

Ent·zü·cken *das* <-s> */kein Plur./ große Begeisterung und Freude:* Sie geriet in Entzücken.; Sein Vorschlag versetzte sie in Entzücken.

ent·zü·cken <entzückst, entzückte, hat entzückt> *mit OBJ* ■ *etwas entzückt jmdn. begeistern:* Sein Charm entzückte sie.; Ich bin entzückt von ihr.

ent·zü·ckend <entzückender, am entzückendsten> *adj so, dass jmd. bei jmdm. Entzücken erregt:* Das Kind sieht in seinem Kleid entzückend aus

ent·zückt *adj begeistert*

Ent·zug *der* <-(e)s> */kein Plur./* ❶ *Wegnahme:* Der Entzug des Führerscheins traf ihn hart. ◆ Freiheits-, Führerschein-, Schlaf- ❷ MED. *Entziehungskur:* Er ist auf Entzug, bitte biete ihm keinen Alkohol an! ◆-sanfall, -sanstalt, -sdelirium, -sklinik, -smedikament, -spsychose, -sprogramm, -sschmerz, -ssyndrom, -ssymptom, -stherapie

Ent·zugs·er·schei·nung *die* <-, -en> MED. *körperliches und seelisches Unwohlsein eines Suchtkranken, das sich bei Entzug des Alkohols bzw. der Drogen einstellt*

ent·zünd·bar *adj /nicht steig./ (≈ entflammbar) so, dass es leicht brennt:* leicht entzündbares Material ► Entzündbarkeit

ent·zün·den <entzündest, entzündete, hat entzündet> I. *mit OBJ* ■ *jmd. entzündet etwas (geh.) in Brand setzen:* Wir entzündeten das Feuer. II. *mit SICH* ❶ ■ *etwas entzündet sich zu brennen anfangen:* Das Gemisch entzündet sich schon bei geringer Temperatur. ❷ ■ *etwas entzündet sich (an etwas Dat.) (übertr.) entstehen:* An dieser Behauptung entzündete sich eine heftige Diskussion. ❸ ■ *etwas entzündet sich* MED. *(≈ infizieren) Die Wunde hat sich entzündet.*

ent·zün·det <entzündeter, am entzündetsten>

adj MED. *(≈ infiziert)* Die entzündete Wunde sollte rasch behandelt werden.

ent·zünd·lich *adj /nicht steig./* ❶ *(≈ entflammbar)* Vorsicht, dieses Gemisch ist leicht entzündlich! ❷ MED. *so, dass eine Infektion vorliegt:* eine entzündliche Erkrankung

Ent·zün·dung *die* <-, -en> ❶ *das Entzünden I* ❷ MED. *das Entzündetsein* ◆Blinddarm-, Hals-, Lungen-

ent·zün·dungs·hem·mend *adj /nicht steig./* MED. *so, dass es eine Entzündung² hemmt:* eine entzündungshemmende Salbe

Ent·zün·dungs·herd *der* <-(e)s, -e> MED. *Körperstelle, an der eine Entzündung² angefangen hat*

ent·zwei *adj /nicht steig./ /nur präd./* kaputt

ent·zwei·en <entzweit, entzweite, hat entzweit> **I.** mit OBJ ■ *jmd./etwas entzweit jmdn./etwas (geh.)* jmd. oder etwas zerstört die Partnerschaft oder Freundschaft zwischen zwei Personen: Die unterschiedlichen Lebensauffassungen entzweiten das Paar. **II.** mit SICH ■ *jmd. entzweit sich (mit jmdm.)* (geh.) zwei Partner oder Freunde werden zu Gegnern oder Feinden: Wegen des Streits um das Erbe haben sich die Geschwister entzweit.

ent·zwei·ge·hen <geht entzwei, ging entzwei, ist entzweigegangen> ohne OBJ ■ *etwas geht entzwei* kaputt gehen

ent·zwei·schla·gen <schlägt entzwei, schlug entzwei, hat entzweigeschlagen> mit OBJ ■ *jmd. schlägt etwas* Akk. *entzwei in Stücke schlagen*

Ent·zwei·ung *die* <-, -en> *das Ergebnis des Entzweiens*

en vogue [ã'vo:k] *adv (geh.) jetzt gerade in Mode:* Solche Schuhe sind jetzt en vogue.

En·ze·pha·lo·gramm *das* <-s, -e> MED. *Messung und Aufzeichnung der Gehirnströme (EEG)*

En·zi·an *der* <-s, -e> ❶ BOT. *eine Alpenblume* ❷ */kein Plur./ ein Likör*

En·zy·k·li·ka *die* <-, Enzykliken> REL. *ein Schreiben mit einer Stellungnahme des Papstes zu einem bestimmten Thema*

en·zy·k·lisch *adj /nicht steig./ /nur attr./ (geh.)* einen Kreis durchlaufend

En·zy·k·lo·pä·die *die* <-, ...-di̯en> *ein großes Nachschlagewerk, das Daten zum Sprachwissen und zum Sachwissen gleichermaßen enthält* ▶ Enzyklopädist, enzyklopädisch

En·zym *das* <-(e)s, -e> BIOL. *Ferment bzw. Verbindung, die den Stoffwechsel reguliert* ▶ enzymatisch, Enzymologie

Epi·de·mie *die* <-, ...-mi̯en> MED. *ansteckende Massenerkrankung* ◆Cholera-, Grippe-

Epi·de·mio·lo·gie *die* <-> MED. *Lehre von den Epidemien* ▶ Epidemiologe, Epidemiologin, epidemiologisch

epi·de·misch *adj /nicht steig./* ❶ *in der Art einer Epidemie:* eine epidemisch auftretende Krankheit ❷ *(übertr.: ≈ seuchenartig)* sich epidemisch verbreiten

Epi·der·mis *die* <-, Epidermen> MED. *(≈ Oberhaut) äußerste Hautschicht* ▶ epidermisch

epi·go·nal *adj /nicht steig./ (geh.: ↔ kreativ)* nachahmend

Epi·go·ne *der* <-n, -n> *(geh. abwert.)* jmd., der andere nachahmt, die schöpferisch tätig sind

epi·go·nen·haft *adj /nicht steig./ (geh. abwert.: ≈ epigonal)*

Epi·gramm *das* <-s, -e> LIT. *kurzes Gedicht* ▶ Epigrammatiker, Epigrammatikerin, epigrammatisch

Epik *die* <-> */kein Plur./* LIT. *erzählende Dichtkunst, zum Beispiel Romane und Novellen* ▶ Epiker, Epikerin

Epi·ku·re·er *der,* **Epi·ku·re·e·rin** <-s, -> *(geh.: ≈ Genussmensch)* jmd., der den Lebensgenuss für das wichtigste im Leben hält

epi·ku·re·isch <epikureischer, am epikureischsten> *adj (geh.)* genießerisch

Epi·la·ti·on *die* <-, -en> *(fachspr.) das Entfernen von Körperhaaren*

Epi·lep·sie *die* <-, ...-si̯en> MED. *(≈ Fallsucht) eine Krankheit, bei der Krämpfe den ganzen Körper ergreifen* ▶ Epileptiker, Epileptikerin, epileptisch

epi·lie·ren <epiliert, epilierte, hat epiliert> mit OBJ ■ *jmd. epiliert etwas (fachspr.) Körperhaare entfernen*

Epi·lier·ge·rät *das* <-(e)s, -e> *(fachspr.) elektrisches Gerät zum Entfernen der Körperhaare*

Epi·log *der* <-s, -e> LIT. *(↔ Prolog) Nachwort*

Epi·pha·ni·as *das* <-> */kein Plur./* REL. *Fest der Epiphanie, Dreikönigstag (6.Januar)*

Epi·pha·nie *die* <-, ...-ni̯en> REL. *die Erscheinung (eines) Gottes unter den Menschen*

episch *adj /nicht steig./* ❶ *in der Art eines Epos:* ein episches Werk ❷ *(geh. übertr.) so, dass sehr weitschweifig erzählt oder dargestellt wird:* Sie schilderte den Vorfall in epischer Breite.

epi·s·ko·pal *adj /nicht steig./ /nur attr./* REL. *bischöflich*

Epi·s·ko·pal·kir·che *die* <-, -n> REL. *Kirche mit bischöflicher Leitung*

Epi·s·ko·pat *das* <-(e)s, -e> REL. ❶ *ein Bischofsamt, Würde eines Bischofs* ❷ *Gesamtheit der Bischöfe*

Epi·so·de *die* <-, -n> ❶ LIT. *eingeschobene Nebenhandlung im Roman* ❷ *nebensächliches Ereignis:* eine kurze Episode im Leben des Künstlers

epi·so·den·haft *adj /nicht steig./* kurz, nebensächlich

epi·so·disch *adj /nicht steig./ (≈ episodenhaft)*

Epi·s·tel *die* <-, -n> ❶ REL. *Apostelbrief im Neuen Testament* ❷ REL. *kirchliche Lesung aus den Apostelbriefen* ❸ *(umg. scherzh.) längerer Brief* ❹ ■ *jemandem die Episteln lesen (veralt.: ≈ jmdm. die Leviten lesen) jmdm. eine Strafpredigt halten*

Epi·s·te·mo·lo·gie *die* <-> */kein Plur./* PHILOS. *(≈ Erkenntnistheorie)*

epi·s·te·mo·lo·gisch *adj /nur attr./ /nicht steig./* PHILOS. *(≈ erkenntnistheoretisch) die Epistemologie betreffend*

Epi·the·ton *das* <-s, Epitheta> ❶ SPRACHWISS. *attributiv gebrauchtes Adjektiv oder Partizip* ❷ LIT. *schmückendes Beiwort*

Epi·zen·t·rum, Epi·zen·t·rum *das* <-s, Epizentren> *(fachspr.) Zentrum eines Erdbebens*

epo·chal adj /nicht steig./ (geh.) so, dass es eine Epoche bestimmt oder bedeutsam für sie ist: eine epochale Erfindung

Epo·che die <-, -n> ein geschichtliches Zeitalter: Es war die Epoche der großen Entdeckungen. ◆ -nstil, -numbruch

Epos, Epos das <-, Epen> LIT. langes Gedicht, das meist von Helden erzählt: Das Gilgamesch-Epos aus dem babylonischen Raum zählt zu den ältesten Dichtungen. ◆ Helden-, National-

Equip·ment das [ɪˈkvɪpmənt] <-s, -s> Ausrüstung

er pron Ich kenne ihn schon lange; er ist mit mir in die Schule gegangen.

Er·ach·ten ■ meines Erachtens/meinem Erachten nach (geh.) meiner Meinung nach

er·ah·nen <erahnst, erahnte, hat erahnt> mit OBJ ■ jmd. erahnt etwas (geh.: ≈ ahnen) Schon lange vor Ende des Films konnte man das Ende bereits erahnen.

er·ar·bei·ten <erarbeitest, erarbeitete, hat erarbeitet> mit OBJ/mit SICH ■ jmd. erarbeitet sich etwas durch Arbeit erreichen: Ihm wurde nichts geschenkt, er hat sein Vermögen hart erarbeitet.; Ihren Erfolg hat sie sich allein erarbeitet.; Das Referat haben wir gemeinsam erarbeitet.; Wir sollten einen Plan erarbeiten. ▸ Erarbeitung

Erb- als Erstglied zusammengesetzter Substantive; drückt aus ➊ dass das mit dem Zweitglied Bezeichnete auf der Nachfolge von Besitzansprüchen/Vermögensansprüchen beruht bzw. auf Ansprüchen infolge einer (adligen) Herkunft, oder dass es auf langer Tradition beruht/auf einem frühen Ursprung gründet ◆ -anteil, -auseinandersetzung, -bauer, -bäuerin, -baurecht, -bescheinigung, -besitz, -betrug, -gesetz, -großherzog, -herr, -hof, -leihe, -monarchie, -nachlass, -nachweis, -nachfolge, -nießbrauch, -pacht, -onkel, -quote, -recht, -sachen, -schein, -tante, -teil, -tochter, -unwürdigkeit, -vertrag, -verzicht, -wort, -zins ➋ BIOL. dass das mit dem Zweitglied Bezeichnete genetisch verankert ist oder auf genetische Gegebenheiten/Eigenschaften gerichtet ◆ -faktor, -leiden, -merkmal, -molekül, -schaden, -substanz

Erb·an·la·ge die <-, -n> BIOL. Eigenschaft, die von einer Generation zur nächsten vererbt wird

Erb·an·spruch der <-(e)s, Erbansprüche> RECHTSW. Anspruch auf ein Erbe; ■ einen Erbanspruch geltend machen Anspruch auf ein Erbe erheben

Er·bar·men das <-s> /kein Plur./ (≈ Mitleid) Sie hatte Erbarmen mit ihm.; Er kannte kein Erbarmen mehr.

er·bar·men <erbarmst, erbarmte, hat erbarmt> mit SICH ■ jmd. erbarmt sich jmds./etwas Gen. (geh.) ≈ helfen) Mitleid haben und helfen: Sie erbarmte sich seiner/des Tieres.

er·bar·mens·wert adj /nicht steig./ der Zustand, dass jmd. oder etwas bei jmdm. Mitleid erregt: Die Kinder in dem Elendsviertel sehen erbarmenswert aus.

er·bärm·lich <erbärmlicher, am erbärmlichsten> adj ➊ erbarmenswert ➋ (umg.: ≈ miserabel) schlecht: Die Bezahlung ist erbärmlich.; erbärmliches Wetter ➌ (≈ schändlich) so, dass man Ver-

achtung dafür haben muss: Was ist er für ein erbärmlicher Lügner! ➍ (umg.: ≈ furchtbar) verwendet, um negative Adjektive oder Verben zu verstärken: Wie hast du geschlafen? – Erbärmlich schlecht!

er·bar·mungs·los adj (≈ hartherzig) so, dass man kein Erbarmen hat ▸ Erbarmungslosigkeit

er·bat Prät. von erbitten

er·bau·en <erbaust, erbaute, hat erbaut> I. mit OBJ /meist im Passiv/ ■ jmd. erbaut etwas (geh.: ≈ bauen) errichten: Die Kirche wurde im 18. Jahrhundert erbaut. II. mit SICH ■ jmd. erbaut sich an etwas Dat. (geh.) sich erfreuen: Er konnte sich an einem gelungenen Kunstwerk/einer schönen Lektüre erbauen.

Er·bau·er der, **Er·bau·e·rin** <-s, -> jmd., der etwas erbaut I

er·baut adj /nicht steig./ ■ von/über etwas nicht (gerade, unbedingt) erbaut sein nicht erfreut sein

Er·bau·ung die <-> /kein Plur./ innerliche Stärkung: Sie las die Gedichte zu ihrer Erbauuung.

Er·bau·ungs·li·te·ra·tur die <-> /kein Plur./ LIT. Literatur, die der Erbauung dienen soll

Erb·bau·er der, **Erb·bäu·e·rin** <-s, -n> LANDW. Bauer, der ein Gut (zur Erbleihe) besitzt

Erb·bau·recht das <-(e)s, -e> RECHTSW. erbliches Recht, auf einem Grundstück zu bauen

erb·be·rech·tigt adj /nicht steig./ RECHTSW. (≈ erbfähig) berechtigt, ein Erbe anzutreten

Erb·be·sitz der <-es, -e> RECHTSW. erblicher Besitz

Erb·bio·lo·gie die <-> /kein Plur./ (≈ Genetik)

Er·be¹ der, **Er·bin** <-n, -n> jmd., der erbt ◆ Thron- ▸ Alleinerbe, Haupterbe, Miterbe

Er·be² das <-s> /kein Plur./ ➊ (≈ Erbteil) der Besitz, den jmd. erbt: das mütterliche Erbe ➋ Tradition: Noch heute fasziniert das kulturelle Erbe jener Epoche. ◆ Weltkultur-

er·be·ben <erbebst, erbebte, hat erbebt> ohne OBJ ■ jmd./etwas erbebt ➊ (geh.) kurz beben: Das ganze Haus erbebte, als der schwere LKW vorbeifuhr. ➋ sich stark innerlich erregen: Sie erbebte vor Zorn.

Erb·ei·gen·schaft die <-, -en> vererbte Eigenschaft

Erb·ein·set·zung die <-, -en> RECHTSW. Einsetzung zum Erben

er·ben <erbst, erbte, hat geerbt> mit OBJ/ohne OBJ ■ jmd. erbt (etwas) (von jmdm.) (↔ vererben) als Erbe erhalten: Er würde das Haus einmal von seinen Eltern erben.; Sie hatte geerbt.

er·bet·teln <erbettelst, erbettelte, hat erbettelt> mit OBJ ■ jmd. erbettelt etwas durch Betteln erhalten

er·beu·ten <erbeutest, erbeutete, hat erbeutet> mit OBJ ■ jmd. erbeutet etwas als Beute nehmen: Die feindlichen Truppen erbeuteten eine große Anzahl von Kunstschätzen.

erb·fä·hig siehe auch erbberechtigt

Erb·fall der <-es, Erbfälle> RECHTSW. Todesfall, durch den jmd. zum Erben wird

Erb·feh·ler der <-s, -> MED. Defekt im Erbgut

Erb·feind der <-es, -e> jmd., der seit Generationen jmds. Feind ist ▸ Erbfeindschaft

Ẹrb·fol·ge *die* <-, -n> GESCH. *die gesetzlich be-stimmte Rangfolge aller Personen, die Anspruch auf ein Erbe haben* ◆-krieg, -recht

Ẹrb·gang *der* <-(e)s> /kein Plur./ ❶ BIOL. *Verer-bung eines Merkmals* ❷ RECHTSW. *Erbfolge*

Ẹrb·gut *das* <-(e)s> /kein Plur./ BIOL. *Gesamtheit der Erbanlagen*

er·bie·ten <erbietest, erbot, hat erboten> *mit SICH* ■ *jmd. erbietet sich:* ■ *sich erbieten et-was zu tun (geh.) sich bereit erklären, etwas zu tun*

Ẹrb·in·for·ma·ti·on *die* <-, -en> BIOL. *die in den Erbanlagen genetisch festgelegte Information*

er·bit·ten <erbittest, erbat, hat erbeten> *mit OBJ* ■ *jmd. erbittet etwas (geh.) um etwas bit-ten:* Gnade erbitten; Ich erbitte Ihren Rat in dieser Angelegenheit.

er·bit·tern <erbitterst, erbitterte, hat erbittert> *mit OBJ* ■ *etwas erbittert jmdn. (geh.) sehr zor-nig machen:* Die Ungerechtigkeit erbitterte sie.

er·bit·tert <erbitterter, am erbittertsten> *adj so, dass es sehr heftig und voller Hass ist:* Der erbit-terte Kampf dauerte mehrere Stunden.

Er·bit·te·rung *die* <-> /kein Plur./ *Zorn, Groll*

er·blas·sen <erblasst, erblasste, ist erblasst> *ohne OBJ* ■ *jmd. erblasst (geh.) blass werden:* vor Neid/Schreck/Wut erblassen

Ẹrb·las·ser *der*, **Ẹrb·las·se·rin** <-s, -> RECHTSW. *Person, die ein Erbe hinterlässt*

er·blei·chen <erbleichst, erbleichte/erblich, ist erbleicht/erblichen> *ohne OBJ* ■ *jmd. erbleicht (geh.) bleich werden*

er·blich *Prät. von* **erbleichen**

ẹrb·lich *adj /nicht steig./ so, dass es vererbt wird:* Die Krankheit ist erblich bedingt.; ■ *erblich belastet sein bestimmte negative Erbanlagen ha-ben*

er·bli·chen *Part. Perf. von* **erbleichen**

Ẹrb·lich·keit *der* <-> /kein Plur./ *das Erblichsein*

er·bli·cken <erblickst, erblickte, hat erblickt> *mit OBJ* ■ *jmd. erblickt jmdn./etwas sehen;* ■ *das Licht der Welt erblicken (geh.) geboren werden*

er·blin·den <erblindest, erblindete, ist erblin-det> *ohne OBJ* ■ *jmd. erblindet das Augenlicht verlieren* ▶ Erblindung

er·blü·hen <erblühst, erblühte, ist erblüht> *ohne OBJ* ■ *etwas erblüht (geh.: ≈ aufblühen)*

Ẹrb·mas·se *die* <-, -n> /meist Sing./ ❶ BIOL., MED. *Gesamtheit der (biologischen) Erbanlagen* ❷ RECHTSW. *alles an Vermögen und Gütern, was vererbt wird*

er·bo·sen <erbost, erboste, hat erbost> *(veralt.)* **I.** *mit OBJ* ■ *jmd./etwas erbost jmdn. böse ma-chen:* Ihr Verhalten erboste ihn. **II.** *mit SICH* ■ *jmd. erbost sich über etwas Akk. böse wer-den:* Darüber habe ich mich sehr erbost.

er·bost *adj wütend, böse*

er·bot *Prät. von* **erbieten**

er·bo·ten *Part. Perf. von* **erbieten, erbitten**

Ẹrb·prinz *der* <-en, -en> GESCH. *(≈ Thronfolger) der Prinz, der den Königsthron erben wird*

er·brach *Prät. von* **erbrechen**

er·bracht *Part. Perf. von* **erbringen**

er·brach·te *Prät. von* **erbringen**

Er·bre·chen *das* <-s> /kein Plur./ *der Vorgang, dass sich jmd. erbricht*

er·bre·chen <erbrichst, erbrach, hat erbrochen> **I.** *mit OBJ* ■ *jmd. erbricht etwas Nahrung aus dem Magen unverdaut wieder durch den Mund abgeben, weil man Übelkeit verspürt:* Er hat sein Essen erbrochen. **II.** *mit SICH* ■ *jmd. erbricht sich (≈ sich übergeben) Nahrung erbrechen:* Ihr wurde schlecht, sie musste sich erbrechen.; ■ *bis zum Erbrechen bis zum Überdruss* Er hat dieses Musikstück bis zum Erbrechen gespielt.

er·brin·gen <erbringst, erbrachte, hat erbracht> *mit OBJ* ■ *jmd. erbringt etwas (≈ liefern)* Den Beweis/die Leistung solltest du erst mal erbrin-gen.

er·bro·chen *Part. Perf. von* **erbrechen**

Ẹrb·scha·den *der* <-s, Erbschäden> MED. *Defekt im Erbgut*

Ẹrb·schaft *die* <-, -en> *das, was jmd. geerbt hat* ◆-sanspruch, -steuer

Ẹrb·schlei·cher *der*, **Ẹrb·schlei·che·rin** <-s, -> *(abwert.) Person, die sich durch Täuschung oder Schmeichelei ein Erbe verschaffen will* ▶ Erb-schleicherei

Ẹrb·se *die* <-, -n> BOT. *eine Hülsenfrucht* ◆-nbrei, -npüree, -nschote, -nsuppe

Ẹrb·sen·ein·topf *der* <-es, Erbseneintöpfe> *di-cke Erbsensuppe*

Ẹrb·sen·zäh·le·rei *die* <-> /kein Plur./ *(abwert.) kleinliches Verhalten* ▶ Erbsenzähler, Erbsenzähle-rin

Ẹrb·stück *das* <-(e)s, -e> *Gegenstand, den jmd. geerbt hat*

Ẹrb·sün·de *die* <-> /kein Plur./ REL. *die nach christlicher Vorstellung dem Menschen seit dem Sündenfall angeborene Sündhaftigkeit*

Ẹrbs·wurst *die* <-, Erbswürste> *in Wurstform ge-presstes Erbsenmehl*

Ẹrb·wort *das* <-(e)s, Erbwörter> SPRACHWISS. *sprachliche Einheit, für die der Nachweis nicht er-bracht werden kann, dass sie aus einer anderen Sprache stammt*

Ein **Erbwort** ist eine lexikalische Einheit, für welche die Herkunft aus einer anderen Sprache nicht nachweisbar ist. Gemeinhin wird der Wortschatz des Deutschen nach dem Krite-rium der Herkunft in den Erbwortschatz einer-seits, den Lehn- und Fremdwortschatz (vgl. dazu die Stichwörter) andererseits eingeteilt. Als „ererbt" gilt eine lexikalische Einheit, wenn sie anhand von Belegen bis in die älteste rekonstruierbare Sprachstufe zurückverfolgt werden kann. Wann einer Einheit die Bezeich-nung **Erbwort** zukommt, kann nur im Hinblick auf den jeweiligen Untersuchungszeitraum beurteilt werden. Für das Deutsche beinhaltet eine solche Untersuchung die etymologische Rückführung auf die historischen Sprachstufen und gegebenenfalls auf das Westgermanische, sodann auf das Urgermanische und ggf. in Form einer Hypothese (mit einem Sternchen für erschlossene Formen versehen) auch auf

E

das Indogermanische. Für das echte Erbwort *Vater* z. B. kann eine Geschichte von mehr als vier Jahrtausenden nachgewiesen werden; die erschlossene Urform ist **pətēr*; vgl. auch *Mutter* und ahd. *muoter*, germanisch *moder*, sowie indoeuropäisch **mātér*. In etlichen Fällen ist ein positiver Nachweis schwer zu führen, z. B. bei starker Assimilation älterer Lehnwörter bzw. ihrer Entlehnung in sehr früher Zeit; deshalb wird gewöhnlich sozusagen pragmatisch vorgegangen und definitorisch festgesetzt, dass zu den Erbwörtern alle Einheiten zählen, für die eine fremde Herkunft nicht nachgewiesen werden kann.

Neuere sprachwissenschaftliche Darstellungen berücksichtigen den Aspekt des Erbwortes nicht oder nur oberflächlich. Gelegentlich finden sich Bezugnahmen darauf im Rahmen der Behandlung sprachhistorischer Sonderaspekte, unter anderem zur Fachsprache. So ergeben z. B. Untersuchungen zum „Sachsenspiegel" (aus den Jahren 1224 bzw. 1225), dass in ihm zum Grundbestand Erbwörter wie *ban* („Bann"), *ding* („Ding"), *erbe* („Erbe"), *vride* („Friede") und *sache* („Sache") gehören, die bereits mit ihrer Rechtsbedeutung in die Zeit vor dem Althochdeutschen zurückführen.

Einen wesentlichen geschichtlichen Hintergrund zur Einschätzung der Rolle des Erbwortschatzes geben ab: die Stammwortauffassung der Barockzeit und die Fremdwortauffassung seit der Aufklärung. Mit der „Fruchtbringenden Gesellschaft" (1617 gegründete literarische Gruppe der Barockzeit) sind wesentliche Auffassungen zur Ursprünglichkeit der Stammwörter im Deutschen verbunden; das Konzept der Gesellschaft beinhaltete die Aufforderung zur Zurückdrängung fremdsprachlicher Einflüsse, womit gleichzeitig sprachpflegerische Aktivitäten im Hinblick auf den Erbwortschatz begründet worden sind. Diese Tradition setzte sich in verschiedenen sprachpuristischen Bestrebungen bis ins 20. Jahrhundert fort; dabei können puristische (auf die sprachliche „Reinheit" bedachte) stets umgekehrt als erbwortfreundliche Bestrebungen erfasst werden.

Erd- *Als Erstglied zusammengesetzter Substantive; drückt aus* ❶ *dass das mit dem Zweitglied Bezeichnete auf Eigenschaften/Gegebenheiten unseres heimischen Planeten bezogen ist* ◆ -atmosphäre, -bevölkerung, -erwärmung, -gas, -geschichte, -kern, -kruste, -krümmung, -magnetismus, -mantel, -mittelpunkt, -oberfläche, -satellit, -umfang, -umkreisung, -umlaufbahn, -vermessung, -wärme ❷ *dass das mit dem Zweitglied Bezeichnete mit Bodenmaterial und entsprechenden Schichten zutun hat* ◆ -bestattung, -brocken, -fall, -haufen, -hügel, -klumpen, -masse, -schicht, -wall ❸ *dass das mit dem Zweitglied Bezeichnete sich auf Gegebenheiten/Gegenstände in oder auf den festen Grund/Untergrund bzw. auf die Oberfläche*

bezieht, auf der man steht oder auf der man sich bewegt ◆ -höhle, -kabel, -oberfläche, -spalte

Erd·ach·se *die* <-> /kein Plur./ GEOGR. *als durch den Nord- und den Südpol verlaufend gedachte Achse, um die sich die Erde dreht*

er·dacht *Part. Perf. von* **erdenken**

er·dach·te *Prät. von* **erdenken**

Erd·an·zie·hung *die* <-> /kein Plur./ PHYS. *(≈ Gravitation) Schwerkraft*

Erd·ap·fel *der* <-s, Erdäpfel> SÜDDT. *Kartoffel*

Erd·aus·hub *der* <-(e)s, Erdaushübe> *die Menge von Erde [2], die man ausgehoben hat*

Erd·bahn *die* <-> /kein Plur./ *die Bahn der Erde [1] um die Sonne*

Erd·ball *der* <-s> /kein Plur./ *(≈ Erdkugel) die Erde [1]:* Wenn sie in Rente ist, will sie um den ganzen Erdball reisen.

Erd·be·ben *das* <-s, -> *der Vorgang, dass durch die im Erdinneren wirkenden Kräfte in einer bestimmten Region die Erde bebt:* ein leichtes/schweres Erdbeben; ein Erdbeben der Stärke … auf der Richterskala; Das Erdbeben brachte viele Häuser zum Einsturz. ◆ -gebiet, -herd, -messer, -opfer, -vorhersage, -warte, -welle

Erd·be·ben·herd *der* <-(e)s, -e> *Ausgangspunkt eines Erdbebens*

Erd·be·ben·mes·ser *der* <-s, -> *(≈ Seismograph) Messgerät zum Bestimmen der Stärke eines Erdbebens*

Erd·bee·re *die* <-, -n> ❶ BOT. *eine Pflanze mit weißen Blüten und roten Früchten* ❷ *die süß schmeckende Frucht der Erdbeere [1]*

Erd·beer·eis *das* <-es> /kein Plur./ *mit Erdbeeren(geschmack) hergestelltes Speiseeis*

Erd·beer·kon·fi·tü·re *die* <-, -n> *Konfitüre aus Erdbeere*

Erd·beer·mar·me·la·de *die* <-, -n> *Marmelade aus Erdbeeren*

Erd·beer·tor·te *die* <-, -n> *Torte, die mit Erdbeeren belegt ist*

Erd·be·schleu·ni·gung *die* <-> /kein Plur./ PHYS. *die Beschleunigung, die auf einen zu Boden fallenden Gegenstand wirkt*

Erd·bo·den *der* <-s> /kein Plur./ *der Boden [3], auf dem man steht;* ■ *etwas dem Erdboden gleichmachen etwas völlig zerstören;* ■ *wie vom Erdboden verschluckt/verschwunden sein (umg.) plötzlich nicht mehr auffindbar sein;* ■ *jemand möchte vor Scham im Erdboden versinken jmd. schämt sich so sehr, dass er nicht mehr sichtbar sein will*

Er·de *die* <-, -n> ❶ /kein Plur./ *(≈ Welt) der vom Menschen bewohnte Planet:* Wie lange lebten die Dinosaurier auf der Erde?; Er träumte davon, die Erde einmal vom Weltraum aus zu sehen.; Wie groß ist der Abstand zwischen Erde und Mond?; ■ **Mutter Erde** *die Natur, der wir alle angehören* Mutter Erde ernährt uns alle. ❷ /kein Plur./ *(≈ Erdboden) Boden [3]:* Die Vase ist mir auf die Erde gefallen. ❸ *Blumenerde:* Man benötigt verschiedene Erden für diese Spezialmischung. ◆ Blumen-, Garten-, Humus-, Heil-, Torf- ❹ *(umg.) ein bestimmtes Stück Land:* ein nettes Fleckchen Erde ❺ ELEKTROTECHN. *eine Leitung, mit der man etwas* *erdet;* ■ **etwas aus dem Boden stampfen** *etwas sehr schnell schaffen oder beschaffen* Dieser Stadtteil ist in wenigen Jahren aus dem Boden gestampft worden.; ■ **jemanden unter die Erde bringen** *daran schuld sein, dass jmd. vorzeitig stirbt* Der jahrelange Streit mit den Verwandten hat sie unter die Erde gebracht.; ■ **unter der Erde liegen** *tot und beerdigt sein* Ihr Mann liegt schon seit 3 Jahren unter der Erde. ► Erdung

er·den <erdest, erdete, hat geerdet> ■ *jmd.* **erdet etwas** ELEKTROTECHN. *eine Verbindung zwischen einem elektrischen Gerät und der Erde herstellen:* Ist die Antenne geerdet?

Er·den·bür·ger *der* <-s, -> *Mensch in dieser Welt;* ■ **ein neuer Erdenbürger** *ein neugeborenes Kind*

er·den·ken <erdenkst, erdachte, hat erdacht> *mit OBJ* ■ *jmd.* **erdenkt etwas** *(geh.) sich ausdenken*

Er·den·kind *das* <-(e)s, -er> *(geh.) ein dem Diesseits zugewandter Mensch*

er·denk·lich *adj /nicht steig./ so, dass man es sich vorstellen kann:* Ich wünsche Ihnen alles erdenklich Gute. ◆ Großschreibung → R 3.7 alles Erdenkliche tun

Er·den·le·ben *das* <-s> /kein Plur./ *(dichter.:* ≈ *Diesseits) das irdische Leben*

Er·den·rund *das* <-(e)s> /kein Plur./ *(dichter.) alle Gegenden der Erde*

Erd·er·schüt·te·rung *die* <-, -en> *(≈ Erdbeben, Erdstoß)*

Erd·er·wär·mung *die* <-> /kein Plur./ *die Erwärmung der Erde durch den Treibhauseffekt*

Erd·gas *das* <-es> /kein Plur./ *brennbares Gasgemisch, das als Rohstoff in der Erde vorkommt* ◆-vorkommen

Erd·geist *der* <-es, -er> *in der Erde wohnender Dämon*

Erd·ge·schoss *das* <-es, -e> *zu ebener Erde liegendes Geschoss eines Gebäudes*

Erd·hörn·chen *das* <-s, -> ZOOL. *ein Nagetier*

Erd·hü·gel *der* <-s, -> *Hügel aus Erde*[2]

er·dich·ten <erdichtest, erdichtete, hat erdichtet> *mit OBJ* ■ *jmd.* **erdichtet etwas** *frei erfinden:* Das ist doch alles nur erdichtet und erlogen.

er·dig <erdiger, am erdigsten> *adj* ❶ *wie Erde:* Hier riecht es so erdig. ❷ *(übertr.) kraftvoll und atmosphärisch:* Sein erdiger Blues ist auf dieser Platte meisterhaft eingefangen.

Erd·kreis *der* <-es> /kein Plur./ *(geh.) die Welt*

Erd·krö·te *die* <-, -n> ZOOL. *eine Krötenart*

Erd·kru·ste *die* /kein Plur./ *die oberste geologische Schicht der Erde*[1]

Erd·ku·gel *die* <-, -n> ❶ /kein Plur./ *die Erde*[1] ❷ *(≈ Globus)*

Erd·kun·de *die* <-> /kein Plur./ SCHULE *das Schulfach, das die Grundlagen der Geografie vermittelt*

Erd·lei·tung *die* <-, -en> ELEKTROTECHN. *Leitung zum Erden*

erd·nah <erdnäher, am erdnächsten> *adj* ASTRON. *der Erde*[1] *nah:* ein erdnaher Planet

Erd·nä·he *die* <-> /kein Plur./ ASTRON. *Punkt der geringsten Entfernung des Mondes von der Sonne*

E

Erd·nuss *die* <-, Erdnüsse> BOT. *eine Nussart* ◆-öl

Erd·öl *das* <-s> /kein Plur./ *in der Erde vorkommender Rohstoff, aus dem z. B. Benzin und Heizöl hergestellt werden:* Die Preise für Erdöl steigen.; Erdöl fördern/verarbeiten ◆-chemie, -förderung, -gewinnung, -raffinerie, -verarbeitung, -vorkommen ◆ Getrenntschreibung → R 4.3, R 4.12 Erdöl exportierend, Erdöl fördernd

er·dol·chen <erdolchst, erdolchte, hat erdolcht> *mit OBJ* ■ *jmd.* **erdolcht jmdn.** *(geh.) mit einem Dolch erstechen*

Erd·öl·feld *das* <-(e)s, -er> *(≈ Ölfeld)*

erd·öl·hal·tig <erdölhaltiger, am erdölhaltigsten> *adj so, dass Erdöl darin enthalten ist*

Erd·öl·pro·duk·ti·on *die* <-, -en> *die Förderung von Erdöl* ► Erdölproduzent, Erdölproduzentin

Erd·reich *das* <-s> /kein Plur./ *(≈ Erdboden) Das Wasser versickert im Erdreich.*

er·dreis·ten <erdreistest, erdreistete, hat erdreistet> *mit SICH* ■ *jmd.* **erdreistet sich** *(geh.) es wagen:* Er wird sich doch wohl nicht erdreisten, mich nachts anzurufen !

er·dros·seln <erdrosselst, erdrosselte, hat erdrosselt> *mit OBJ* ■ *jmd.* **erdrosselt jmdn.** *(≈ erwürgen) jmdn. durch Zuschnüren der Kehle töten* ► Erdrosselung

er·drü·cken <erdrückst, erdrückte, hat erdrückt> *mit OBJ* ■ *jmd./etwas* **erdrückt jmdn.** ❶ *zu Tode drücken:* Die Tunnelarbeiter wurden durch einbrechende Erdmassen erdrückt. ❷ *(übertr.) fast unerträglich belasten:* Er fühlte sich von so viel Liebe fast erdrückt.

er·drü·ckend *adj /nicht steig./* AMTSSPR. *(≈ schwerwiegend, gravierend) so, dass etwas bei einer Beurteilung sehr viel wiegt:* Es gibt erdrückende Beweise dafür, dass er die Tat begangen hat.

Erd·rutsch *der* <-es, -e> *der Vorgang, dass Erdmassen einen Abhang herabrutschen:* Infolge der starken Regenfälle der letzten Wochen kam es zu einem Erdrutsch, der das halbe Dorf verschüttet hat.

Erd·schat·ten *der* <-s, -> *(durch die Sonne hervorgerufener) Schatten, den die Erde (auf den Mond) wirft*

Erd·schluss *der* <-es, Erdschlüsse> ELEKTROTECHN. *(unerwünschte) Erdleitung eines elektrischen Gerätes*

Erd·schol·le *die* <-, -n> *(≈ Erdklumpen, Erdbrocken)*

Erd·stoß *der* <-es, Erdstöße> *Erschütterung der Erde*

Erd·strö·me *Plur.* PHYS., ELEKTROTECHN. *durch den Erdboden fließende elektrische Ströme*

Erd·teil *der* <-, -e> *(≈ Kontinent) einer der großen Teile, aus denen die Landmasse der Erde*[1] *besteht:* Australien ist ein Erdteil.

Erd·tra·bant *der* <-en, -en> ASTRON. *(≈ Mond) Erdsatellit:* Es gibt einen Erdtrabanten, den Mond, aber mehrere Trabanten des Planeten Jupiter.

er·dul·den <erduldest, erduldete, hat erduldet> *mit OBJ* ■ *jmd.* **erduldet etwas** *(geh.:* ≈ *ertragen) mit Geduld aushalten*

Erd·um·se·ge·lung, Erd·um·seg·lung *die* <-, -en> *die Umsegelung der Erde*[1]

Er·dung *die* <-, -en> ELEKTROTECHN. *das Erden eines elektrischen Geräts*

erd·ver·bun·den <erdverbundener, am erdverbundensten> *adj so, dass man sich mit der Natur verbunden fühlt*

er·ei·fern <ereiferst, ereiferte, hat ereifert> *mit SICH* ■ *jmd. ereifert sich (über jmdn.) (wegen etwas Gen.) (geh.) sich aufregen:* Sie konnte sich über ihn/den Vorfall stundenlang ereifern. ▶ Ereiferung

er·eig·nen <ereignet, ereignete, hat ereignet> *mit SICH* ■ *etwas ereignet sich (≈ passieren) etwas geschieht:* Gestern hat sich ein Unfall ereignet.

Er·eig·nis *das* <-ses, -se> *Vorfall, Geschehen;* ■ *ein freudiges Ereignis (umg.) eine Geburt;* ■ *große Ereignisse werfen ihren Schatten voraus es gibt Anzeichen, dass ein großes Ereignis bevorsteht* ◆ Kriegs-, Natur-

er·eig·nis·reich <ereignisreicher, am ereignisreichsten> *adj mit vielen Ereignissen:* Das waren wirklich ereignisreiche Tage!

er·ei·len <ereilt, ereilte, hat ereilt> *mit OBJ* ■ *jmdn./etwas ereilt etwas (geh.: ≈ treffen) erreichen, überraschen:* Das Schicksal hat sie ereilt.

Erek·ti·on *die* <-, -en> *der Vorgang, dass sich der Penis infolge sexueller Erregung aufrichtet und vergrößert* ◆ -sstörung ▶ erektil

Ere·mit *der,* **Ere·mi·tin** <-en, -en> *(fachspr.) Einsiedler*

er·fah·ren <erfährst, erfuhr, hat erfahren> *mit OBJ* ❶ ■ *jmd. erfährt etwas von jmdm./durch jmdn. gesagt bekommen:* Wie ich von ihr erfahren habe, ...; Sie erfuhr in den Gesprächen einige interessante Neuigkeiten. ❷ ■ *jmd. erfährt etwas (geh.: ≈ erleben) selbst die Erfahrung von etwas machen:* Er hat nie wirklichen Kummer erfahren.

er·fah·ren <erfahrener, am erfahrensten> *adj so, dass man viel erlebt hat und daher viel Wissen hat:* ein erfahrener Lehrer

Er·fah·rung *die* <-, -en> ❶ */kein Plur./ das auf eigenen Erlebnissen beruhende Wissen einer Person:* Alle Kollegen schätzen seine große Erfahrung.; Die Erfahrung lehrt, dass ...; Ich weiß dies aus eigener Erfahrung. ◆ -saustausch, -bericht, -statsache, -swissenschaft ❷ *(geh.) ein bestimmtes Erlebnis:* Die Gastfreundschaft dieser Menschen war eine wunderbare Erfahrung.

er·fah·rungs·ge·mäß *adv so, dass es aus der Erfahrung[1] heraus bekannt ist:* Zu dieser Jahreszeit ist es dort erfahrungsgemäß sehr kühl.

er·fah·rungs·mä·ßig *adj /nicht steig./ auf Erfahrung beruhend*

Er·fah·rungs·schatz *der* <-es, Erfahrungsschätze> *Summe der Erfahrungen, die jmd. auf einem bestimmten Gebiet gemacht hat:* Er kann in diesem Bereich auf einen reichen Erfahrungsschatz zurückblicken.

Er·fah·rungs·welt *die* <-, -en> *(geh.) die Welt, die sich dem Betrachter gemäß seiner individuellen Erfahrung zeigt*

Er·fah·rungs·wert *der* <-es, -e> *(↔ Messwert) durch Erfahrung gewonnener Wert*

er·fand *Prät. von* **erfinden**

er·fas·sen <erfasst, erfasste, hat erfasst> *mit OBJ* ❶ ■ *jmd. erfasst etwas (geh.: ≈ begreifen) sehen und geistig verarbeiten:* Er hat die neue Situation sofort erfasst. ❷ ■ *jmd./etwas erfasst etwas (≈ registrieren) sehen und in einer bestimmten Form dokumentieren:* Bei der Inventur wurden alle Artikel erfasst. ❸ ■ *etwas erfasst jmdn. /meist Passiv/ mit sich reißen:* Der Motorradfahrer wurde von dem Lastwagen erfasst.

er·fin·den <erfindest, erfand, hat erfunden> *mit OBJ* ❶ ■ *jmd. erfindet etwas* ❶ *eine Erfindung machen:* Wer hat eigentlich das Telefon erfunden? ❷ *sich ausdenken:* Wie erfindest du nur immer neue Geschichten?

Er·fin·der *der,* **Er·fin·de·rin** <-s, -> *jmd., der erfindet[1]* ◆ -aktivitäten, -börse, -beratung, -forum, -messe, -recht(e), -vergütung

Er·fin·der·geist *der* <-(e)s> */kein Plur./ die Mentalität, dass man Erfindungen macht:* Sein Erfindergeist hat ihm schon mehrere Patente eingebracht.

er·fin·de·risch <erfinderischer, am erfinderischsten> *adj so, dass man Einfälle hat und sich Lösungen ausdenkt;* ■ **Not macht erfinderisch.** *in einer schwierigen Situation findet man oft gute Lösungen*

Er·fin·der·schutz *der* <-es> */kein Plur./ Schutz des Erfinders vor unberechtigter Nutzung seiner Erfindung*

Er·fin·dung *die* <-, -en> ❶ *die erstmalige Schaffung von etwas:* Die Erfindung des Rades/des Telefons hatte weit reichende Folgen. ◆ -sgesetz, -skraft, -smeldung, -svergütung ❷ *etwas, das jmd. erfunden hat:* Die Erfindung wurde der Öffentlichkeit bereits 1917 vorgestellt.

Er·fin·dungs·ga·be *die* <-> */kein Plur./ (≈ Einfallsreichtum)*

er·fin·dungs·reich <erfindungsreicher, am erfindungsreichsten> *adj erfinderisch* ▶ Erfindungsreichtum

Er·folg *der* <-(e)s, -e> ❶ */kein Plur./ (↔ Misserfolg) die Tatsache, dass eine Anstrengung zu einem guten Ergebnis führt und Anerkennung findet:* Der Erfolg der Mannschaft bestätigt die Methoden des Trainers.; Das Theaterstück war ein voller Erfolg. ◆ -sautor(in), -sbilanz, -shonorar, -skontrolle, -smeldung, -smodell, -sprämie, -squote, -sstory, -strainer(in), -sziffer, -szwang ❷ *eine einzelne Leistung, die mit Erfolg[1] verbunden ist.:* Die Siege in diesen Rennen sind bedeutende Erfolge.; ■ **von Erfolg gekrönt werden/sein** *erfolgreich sein* Ihre Versuche, die Prüfungen zu bestehen, waren nicht von Erfolg gekrönt. ◆ Getrenntschreibung →R 4.16 Erfolg versprechend/erfolgversprechend; viel Erfolg versprechend; erfolgversprechender, sehr erfolgversprechend, am erfolgversprechendsten

er·fol·gen <erfolgt, erfolgte, ist erfolgt> *ohne OBJ* ■ *etwas efolgt (irgendwann/irgendwo) (≈ geschehen)* Daraufhin erfolgte ein lauter Knall.

er·folg·los *adj /nicht steig./ (≈ erfolgreich) ohne Erfolg[1]* ▶ Erfolglosigkeit

er·folg·reich <erfolgreicher, am erfolgreichsten> *adj so, dass man Erfolg[1] hat*

Er·folgs·aus·sicht *die* <-, -en> /*meist Plur.*/ *die Aussicht auf Erfolg*[1]

Er·folgs·be·tei·li·gung *die* <-, -en> *finanzielle Beteiligung an einer erfolgreichen Unternehmung*

Er·folgs·den·ken *das* <-s> /*kein Plur.*/ *das auf Erfolg*[1] *gerichtete Denken*

Er·folgs·er·leb·nis *das* <-ses, -se> *Situation, in der man sich als erfolgreich erlebt und die daher motivierend wirkt*

Er·folgs·ge·heim·nis *das* <-ses, -se> *ein bestimmtes Wissen oder eine bestimmte Fertigkeit, die jmdm. zum Erfolg verhilft:* Was ist nur sein Erfolgsgeheimnis?

Er·folgs·ge·schich·te ■ jemandes **Werdegang ist eine (einzige) Erfolgsgeschichte** *jmd. hat immer nur Erfolg gehabt*

Er·folgs·kur·ve *die* <-, -n> *Kurve, die den Erfolg (optisch) abbildet:* Seine Erfolgskurve verläuft steil nach oben.

Er·folgs·mensch *der* <-en, -en> *(umg.) jmd., der (beruflich) erfolgreich ist*

Er·folgs·quo·te *die* <-, -n> *der Anteil derjenigen, die eine Sache erfolgreich abschließen*

Er·folgs·re·zept *das* <-(e)s, -e> *(≈ Erfolgsgeheimnis)*

er·for·der·lich <erforderlicher, am erforderlichsten> *adj* *(≈ nötig) so, dass man es haben muss:* Die Bewerberin wies alle erforderlichen Qualifikationen auf. ◆ Großschreibung →R 3.7 das Erforderliche tun

er·for·der·li·chen·falls *adv* AMTSSPR. *wenn es erforderlich sein sollte*

er·for·dern <erforderst, erforderte, hat erfordert> *mit OBJ* ■ **etwas erfordert etwas** *nötig machen:* Diese Tätigkeit erfordert viel Geduld.; Das erfordert große Sorgfalt.

Er·for·der·nis *das* <-ses, -se> *(≈ Notwendigkeit) etwas, das notwendig ist*

er·for·schen <erforschst, erforschte, hat erforscht> *mit OBJ* ■ **jmd. erforscht etwas** *(wissenschaftlich) genau untersuchen*

Er·for·scher *der*; **Er·for·sche·rin** <-s, -> *Wissenschaftler, der etwas erforscht hat*

Er·for·schung *die* <-, -en> *das Erforschen:* Zu dieser Zeit begann man mit der Erforschung Afrikas/des Weltalls.

er·fra·gen <erfragst, erfragte, hat erfragt> *mit OBJ* ■ **jmd. erfragt etwas** *durch Fragen in Erfahrung bringen:* Ich musste den genauen Weg erfragen.

er·freu·en <erfreust, erfreute, hat erfreut> I. *mit OBJ* ■ **jmd. erfreut jmdn. (mit/ durch etwas** *Dat.)* Sie erfreute die Eltern mit einem Besuch/ durch gute Noten. II. *mit SICH* ■ **jmd. erfreut sich (an jmdm./etwas)** *Freude haben:* Er erfreut sich an Büchern.; ■ **sich großer Beliebtheit erfreuen** *sehr beliebt sein;* ■ **sich bester Gesundheit erfreuen** *sehr gesund sein*

er·freu·lich <erfreulicher, am erfreulichsten> *adj so positiv, dass man sich darüber freuen kann:* Es ist erfreulich zu erfahren, dass …

er·freu·li·cher·wei·se *adv* Erfreulicherweise ging dann alles gut.

er·frie·ren <erfrierst, erfror, hat/ist erfroren>
I. *ohne OBJ (sein)* ■ **jmd./etwas erfriert** ❶ *sterben, weil man zu großer Kälte ausgesetzt war:* Die Bergsteiger erfroren.; Die Blumen sind bei dem plötzlichen Frost erfroren. ❷ *unter der Einwirkung sehr großer Kälte als Körperteil absterben:* Seine Füße sind erfroren. II. *mit SICH (haben)* ■ **jmd. erfriert sich etwas** *Akk. in die Lage geraten, dass unter der Einwirkung sehr großer Kälte ein Körperteil abstirbt:* Sie hätte sich beinahe die Zehen erfroren.

er·fri·schen <erfrischst, erfrischte, hat erfrischt>
I. *mit OBJ* ■ **etwas erfrischt jmdn.** *wieder frisch und wach machen:* Die Cola hat mich zum Glück sofort erfrischt. II. *mit SICH* ■ **jmd. erfrischt sich mit etwas** *Dat. sich wieder frisch machen:* Er erfrischt sich nach dem Sport mit einem Bad/einer kalten Dusche/einem kühlen Bier.

er·fri·schend <erfrischender, am erfrischendsten> *adj* ❶ *so, dass es erfrischt:* Er freute sich jetzt auf ein erfrischendes Getränk. ❷ *(übertr.) so, dass es andere Menschen positiv stimmt:* Sie war bekannt für ihren erfrischenden Humor.

Er·fri·schung *die* <-, -en> ❶ *(≈ erfrischendes Getränk)* Sie nahmen erst mal eine Erfrischung zu sich. ❷ *das Erfrischen:* Die Erfrischung durch ein Bad/eine kalte Dusche tat mir gut.

Er·fri·schungs·ge·tränk *das* <-s, -e> *kaltes, nichtalkoholisches Getränk*

er·fror *Prät. von* **erfrieren**

er·fro·ren *Part. Perf. von* **erfrieren**

er·fuhr *Prät. von* **erfahren**

er·fül·len <erfüllst, erfüllte, hat erfüllt> I. *mit OBJ* ❶ ■ **jmd./etwas erfüllt etwas** *völlig entsprechen:* Er konnte ihre Erwartungen nicht erfüllen.; Leider erfüllen Sie nicht unsere Bedingungen. ❷ ■ **jmd./etwas erfüllt etwas** *Anforderungen gerecht werden:* Er sollte besser seine Verpflichtungen erfüllen. ❸ ■ **etwas erfüllt jmdn.** *stark beschäftigen und daher ausfüllen:* Ihr neues Hobby erfüllt sie voll und ganz. ❹ ■ **etwas erfüllt etwas** *in einem Raum verteilt sein und deutlich wahrgenommen werden können:* Der Duft von Weihrauch erfüllte die ganze Kirche. II. *mit SICH* ■ **jmd./etwas erfüllt sich** *wahr werden; sich verwirklichen:* Endlich erfüllte sich ihr Wunsch.

Er·fül·lung *die* <-> /*kein Plur.*/ *(geh.) Befriedigung:* Sie sehnte sich nach Erfüllung.; Er fand Erfüllung in dieser Aufgabe.; ■ **etwas geht (für jemanden) in Erfüllung** *für jmdn. erfüllt sich ein bestimmter Wunsch*

er·fun·den *Part. Perf. von* **erfinden**

er·gab *Prät. von* **ergeben**

er·gan·gen *Part. Perf. von* **ergehen**

er·gän·zen <ergänzt, ergänzte, hat ergänzt> I. *mit OBJ* ❶ ■ **jmd. ergänzt etwas (durch etwas** *Akk.)* *eine Sache hinzufügen, die fehlt:* Hast du schon die Vorräte ergänzt? ❷ ■ **jmd. ergänzt etwas** *eine Anmerkung machen:* Darf ich an dieser Stelle noch ergänzen, dass … II. *mit SICH (in Bezug auf zwei Dinge oder Personen) Eigenschaften haben, die gut harmonieren und die zusammen eine stimmige Einheit ergeben:* Die beiden ergänzen sich prima.

Er·gän·zung *die* <-, -en> ❶ *das Ergänzen:* Die

E

er·gat·tern <ergatterst, ergatterte, hat ergattert> *mit OBJ* ■ *jmd. ergattert etwas (umg.) (mit List) bekommen:* Diese seltene Schallplatte habe ich auf dem Flohmarkt ergattert.; Wo hast du denn die Eintrittskarten noch ergattert?

er·gau·nern <ergaunerst, ergaunerte, hat ergaunert> *mit OBJ* ■ *jmd. ergaunert etwas (umg.) sich etwas durch Betrug aneignen:* Der Betrüger hat Millionen ergaunert.

er·ge·ben <ergibst, ergab, hat ergeben> **I.** *mit OBJ* ■ *etwas ergibt etwas (zeigen)* erkennbar werden lassen: Die genaue Prüfung hat ergeben, dass … **II.** *mit SICH* ❶ ■ *etwas ergibt sich (aus etwas Dat.)* etwas kann man aus etwas ableiten ❷ ■ *jmd. ergibt sich* aufgeben: Der Feind hat sich ergeben.; ■ *jemand ergibt sich in sein Schicksal jmd.* versucht nicht mehr, eine Entwicklung aufzuhalten ❸ *(≈ resultieren) das Ergebnis sein:* Hieraus ergibt sich, dass …

er·ge·ben <ergebener, am ergebensten> *adj* so, dass man demütig und ohne Widerspruch eine Sache akzeptiert: Ergeben sah sie ihrem Schicksal entgegen.; ■ *jemandem (treu) ergeben sein sich jmdm. (bedingungslos) unterordnen*

Er·geb·nis *das* <-ses, -se> *Resultat, das bei oder aus etwas entsteht:* Das Gespräch führt doch zu keinem Ergebnis.; ein unerwartetes/ überraschendes/positives/ erwartbares/enttäuschendes Ergebnis; Wir sind zu dem Ergebnis gekommen, dass … ♦ Abstimmungs-, End-, Forschungs-, Prüfungs-, Teil-, Verhandlungs-, Wahl-, Zwischen-

er·geb·nis·los *adj /nicht steig./* ohne Ergebnis: Die Suche wurde ergebnislos abgebrochen. ▶ Ergebnislosigkeit

Er·geb·nis·rech·nung *die* <-, -en> *Gewinn-und-Verlust-Rechnung*

er·ge·hen <ergehst, erging, ist ergangen> **I.** *ohne OBJ* ■ *etwas ergeht an jmdn.* AMTSSPR. *(geh.)* offiziell erteilt werden: In wenigen Tagen ergeht eine Nachricht an Sie. **II.** *mit SICH* ■ *jmd. ergeht sich in etwas Dat. (geh.)* jmd. bringt etwas ausführlich zur Sprache: Sie erging sich in endlosen Vorwürfen. **III.** *mit ES* ■ *jemandem ergeht es irgendwie jmd.* macht eine Erfahrung von der genannten Art Es ist ihr schlecht/nicht schlecht ergangen.; ■ *etwas über sich ergehen lassen* etwas geduldig ertragen

er·gie·big <ergiebiger, am ergiebigsten> *adj* ❶ so, dass es viel von etwas abgibt: eine ergiebige Quelle ❷ *(≈ sparsam)* so, dass man relativ wenig von etwas benötigt: Die Lotion ist sehr ergiebig, man braucht nur ein paar Tropfen. ▶ Ergiebigkeit

er·gie·ßen <ergießt, ergoss, hat ergossen> *mit SICH* ■ *etwas ergießt sich in/auf/über jmdn./etwas* ❶ als Flüssigkeit plötzlich und sehr heftig auf jmdn. fallen: Ein Platzregen ergoss sich über die Passanten. ❷ *(übertr.)* Ein Strom von Touristen ergoss sich auf die Straße.; Eine Flut wüster Beschimpfungen ergoss sich über ihn.

er·ging *Prät. von* **ergehen**

er·glü·hen <erglühst, erglühte, ist erglüht> *ohne*

OBJ ■ *etwas erglüht (geh.)* plötzlich aufglühen: Ihre Augen erglühten vor Zorn.

er·go *adv (geh.)* also, folglich

Er·go·me·ter *das* <-s, -> MED. *Gerät zur Messung der körperlichen Leistungsfähigkeit*

Er·go·no·mie *die* <-> /kein Plur./ *(fachspr.)* Erforschung der Leistungsmöglichkeiten und optimalen Arbeitsbedingungen des Menschen

Er·go·no·mik *die* <-> /kein Plur./ *(fachspr.)* die Lehre von der Ergonomie

er·go·no·misch <ergonomischer, am ergonomischsten> *adj (fachspr.)* nach den Gesetzen der Ergonomie gestaltet: Du solltest deinen Arbeitsplatz ergonomischer gestalten.; Ein ergonomisch geformter Schreibtischstuhl.

er·goss *Prät. von* **ergießen**

er·gos·sen *Part. Perf. von* **ergießen**

Er·go·the·ra·pie *die* <-, -n> *(fachspr.)* Beschäftigungs- und Arbeitstherapie ▶ Ergotherapeut, Ergotherapeutin

er·göt·zen <ergötzt, ergötzte, hat ergötzt> *mit SICH* ■ *jmd. ergötzt sich an etwas Dat. (geh.)* Freude haben: Er ergötzte sich an ihrem Anblick. ▶ Ergötzung

er·götz·lich <ergötzlicher, am ergötzlichsten> *adj (geh.)* so, dass es jmdn. ergötzt

er·grau·en <ergraust, ergraute, ist ergraut> *ohne OBJ* ■ *jmd./etwas ergraut* grau werden: Sein Haar war offensichtlich vorzeitig ergraut.; Sie ist spät ergraut.

er·grei·fen <ergreifst, ergriff, hat ergriffen> *mit OBJ* ❶ ■ *jmd. ergreift etwas* mit der Hand fassen und festhalten: Er ergriff seinen Krug und prostete mir zu. ❷ ■ *jmd. ergreift jmdn. (≈ festnehmen)* Der Täter konnte kurze Zeit später ergriffen werden. ▶ Ergreifung ❸ ■ *etwas ergreift jmdn. (geh.: ≈ bewegen)* starke Gefühle in jmdm. erwecken: Der Film hatte sie zutiefst ergriffen. ▶ Ergriffenheit ❹ ■ *etwas ergreift jmdn. (geh.)* plötzlich empfinden lassen: Ein Gefühl des Zorns ergriff sie.; ■ *einen Beruf ergreifen (geh.)* einen Beruf wählen und auszuüben beginnen; ■ *die Initiative/Flucht ergreifen* aktiv werden; ■ *die Macht ergreifen* die Macht übernehmen

er·grei·fend <ergreifender, am ergreifendsten> *adj (geh.: ≈ bewegend)* so, dass es gefühlsmäßig stark berührt: War dies nicht ein ergreifender Film?; ■ *schlicht und ergreifend (gesagt)* ganz einfach *(gesagt)* Was du da behauptest, ist schlicht und ergreifend nicht wahr !

Er·grei·fung *die* <-> /kein Plur./ *das Ergreifen[2]:* Für die Ergreifung des Täters ist eine Belohnung ausgesetzt.

er·griff *Prät. von* **ergreifen**

er·grif·fen <ergriffener, am ergriffensten> *adj (geh.: ≈ bewegt)* so, dass man wegen etwas von starken Gefühlen bewegt wird ▶ Ergriffenheit

er·grün·den <ergründest, ergründete, hat ergründet> *mit OBJ* ■ *jmd. ergründet etwas Akk.* untersuchen: Man wollte die genaueren Ursachen noch ergründen. ▶ ergründbar, Ergründung

Er·guss *der* <-es, Ergüsse> ❶ Bluterguss ❷ Samenerguss ❸ *(abwert. iron.)* wortreicher Ausbruch einer Gefühlsregung (bezüglich einer Sa-

che): Ich habe mir wieder seine neuesten lyrischen Ergüsse anhören müssen!

er·ha·ben <erhabener, am erhabensten> *adj (geh.)* ❶ *würdig, feierlich:* ein erhabener Augenblick, ein erhabenes Gefühl ❷ *der Zustand, dass eine Person sich so überlegen fühlt, dass sie durch Kritik oder Probleme nicht gestört wird;* ■ **jemand ist über etwas erhaben** *etwas berührt jmdn. nicht* Sie war über seine Vorwürfe erhaben.

Er·ha·ben·heit *die* <-> */kein Plur./ (geh.:* ≈ *Würde) der Zustand, dass jmd. oder etwas große Würde hat und Eindruck macht.:* die Erhabenheit der Natur/eines Kunstwerks

Er·halt *der* <-(e)s> */kein Plur./* ❶ *der Vorgang, dass jmd. etwas erhält:* Sie müssen den Erhalt des Pakets bestätigen. ❷ *das Bewahren von Gegenständen oder Werten:* Für den Erhalt des alten Gebäudes muss viel getan werden.

er·hal·ten <erhältst, erhielt, hat erhalten> *mit OBJ* ■ *jmd. erhält etwas* ❶ *bekommen:* Ich habe einen Brief/ein Geschenk/einen Auftrag/einen Schlag auf den Arm erhalten. ❷ *bewahren:* Man wollte möglichst viel alte Bausubstanz erhalten.
▸ erhaltenswert

er·hal·ten *Part. Perf. zu* **erhalten**

er·hält·lich *adj /nicht steig./ so, dass man es bekommen oder kaufen kann:* Dieser Artikel ist jetzt überall im guten Fachhandel erhältlich.

Er·hal·tung *die* <-> */kein Plur./ das Bewahren:* Der Verein setzt sich für die Erhaltung des kulturellen Erbes ein.

er·hän·gen <erhängst, erhängte, hat erhängt> **I.** *mit OBJ* ■ *jmd. erhängt jmdn.* *als Form der Hinrichtung jmdn. töten, indem man einen Strick um seinen Hals bindet und ihn irgendwo aufhängt:* Der Sheriff ließ den Mörder erhängen. **II.** *mit SICH* ■ *jmd. erhängt sich* *sich töten, indem man einen Strick um den eigenen Hals bindet, diesen an einem erhöhten Punkt festbindet und dann von etwas herunterspringt:* Sie hat sich auf dem Dachboden erhängt.

er·här·ten <erhärtest, erhärtete, hat erhärtet> **I.** *mit OBJ* ■ *jmd./etwas erhärtet etwas (durch etwas Akk.) (geh.) bekräftigen, bestätigen:* Er konnte seine Theorie durch weitere Forschungen erhärten. **II.** *ohne OBJ* ■ *etwas erhärtet hart werden:* Die flüssige Lava erhärtet in wenigen Tagen. **III.** *mit SICH* ■ *etwas erhärtet sich (geh.) sich verstärken:* Die Beweise haben sich erhärtet.

er·ha·schen <erhaschst, erhaschte, hat erhascht> *mit OBJ* ■ *jmd. erhascht etwas (geh.)* Er konnte nicht mal einen kurzen Blick erhaschen.

er·he·ben <erhebst, erhob, hat erhoben> **I.** *mit OBJ* ■ *jmd. erhebt etwas* ❶ *(geh.) hochheben:* Ich erhebe das Glas auf dein Wohl! ❷ WIRTSCH. *Abgaben einfordern:* Die Regierung will schon wieder neue Steuern erheben.; Sollen wir einen Unkostenbeitrag erheben? **II.** *mit SICH* ■ *jmd. erhebt sich (geh.:* ≈ *aufstehen) die sitzende Position verlassen:* Er erhob sich nur sehr langsam aus dem Sessel. ❷ ■ *jmd. erhebt sich (übertr.) sich auflehnen:* Das Volk erhob sich gegen den Diktator.; ■ **gegen jemanden Anklage erheben** *jmdn. vor Gericht anklagen* ❸ ■ *etwas erhebt*

sich (geh.) zeitlich aufkommen: Es erhebt sich die Frage, ob …; Plötzlich erhob sich lautes Geschrei/ stürmischer Applaus.; Es erhob sich ein starker Wind. ❹ ■ *etwas erhebt sich räumlich auftreten:* Das Gebirge erhob sich vor unseren Augen.

er·he·ben <erhebst, erhob, hat erhoben> *mit OBJ* ■ *jmd. erhebt etwas* AMTSSPR. *(behördlich) feststellen*

er·he·bend <erhebender, am erhebendsten> *adj so, dass etwas sehr befriedigend ist und jmdm. ein sehr feierliches Gefühl gibt:* ein erhebendes Gefühl

er·heb·lich <erheblicher, am erheblichsten> *adj (*≈ *beträchtlich) ziemlich viel:* Sie hatten eine erhebliche Menge Alkohol getrunken.

Er·he·bung *die* <-, -en> ❶ *kleiner Hügel:* Nur kleine Erhebungen verweisen auf die Gräber aus keltischer Zeit. ❷ AMTSSPR. *Einziehung von Gebühren:* die Erhebung von Steuern ❸ *offizielle Untersuchung:* gemäß einer Erhebung des Bundesministeriums für … ❹ *(*≈ *Aufstand) der Vorgang, dass ein Volk den Kampf gegen die herrschende Schicht beginnt:* die Erhebung der germanischen Stämme gegen die Römer

Er·he·bungs·bo·gen *der* <-s, Erhebungsbögen> *Fragebogen zu einer (statistisch auszuwertenden) Umfrage*

er·hei·tern <erheiterst, erheiterte, hat erheitert> *mit OBJ* ■ *jmd./etwas erheitert jmdn. fröhlich stimmen:* Seine Witze konnten sie nicht erheitern.

er·hei·ternd <erheiternder, am erheiterndsten> *adj so, dass es jmdn. erheitert*

Er·hei·te·rung ■ **etwas trägt zur Erheiterung bei** *Belustigung* Solche Schreckensmeldungen tragen nicht gerade zur Erheiterung der Leser bei.

er·hel·len <erhellst, erhellte, hat erhellt> *mit OBJ* ❶ ■ *etwas erhellt etwas hell machen:* Die einfallende Sonne erhellt den Saal. ▸ Erhellung ❷ ■ *etwas/jmd. erhellt etwas (übertr.) etwas klarer erscheinen lassen:* Die Aussage des Zeugen erhellte die Angelegenheit. ▸ Erhellung

er·hielt *Prät. von* **erhalten**

er·hit·zen <erhitzt, erhitzte, hat erhitzt> **I.** *mit OBJ* ■ *jmd. erhitzt etwas bewirken, dass etwas heiß wird:* den Backofen auf 180 Grad erhitzen **II.** *mit SICH* ❶ ■ *etwas erhitzt sich heiß werden:* Das Gasgemisch hatte sich sehr stark erhitzt. ❷ ■ *jmd. erhitzt sich (geh.) in Eifer oder Zorn geraten:* Die Gemüter hatten sich bei der Auseinandersetzung stark erhitzt. ▸ Erhitzung

er·hob *Prät. von* **erheben**

er·ho·ben *Part. Perf. von* **erheben**

er·hof·fen <erhoffst, erhoffte, hat erhofft> *mit OBJ* ■ *jmd. erhofft etwas (von jmdm./etwas) in Bezug auf etwas bestimmte Hoffnungen haben:* Ich habe mir einiges von dem neuen System/Programm erhofft.

er·hö·hen <erhöhst, erhöhte, hat erhöht> **I.** *mit OBJ* ■ *jmd. erhöht etwas (*≈ *steigern) Man erhöhte die Steuern. **II.** *mit SICH* ■ *etwas erhöht sich (um/auf etwas Akk.) (*≈ *ansteigen) größer werden:* Die Preise haben sich schon wieder erhöht.; ■ **erhöhte Temperatur haben** *leichtes Fieber haben*

E

Er·hö·hung *die* <-, -en> ❶ *das Erhöhen* ❷ *(selten) Hügel*

er·ho·len <erholst, erholte, hat erholt> *mit SICH* ■ *jmd. erholt sich (von etwas Dat.) sich nach Anstrengung ausruhen und wieder neue Kräfte sammeln:* Wir wollen uns im Urlaub so richtig erholen.

er·hol·sam <erholsamer, am erholsamsten> *adj so, dass man sich gut erholt:* Sie verlebten einige erholsame Tage auf dem Land.

Er·ho·lung *die* <-> /kein Plur./ *der Vorgang, dass sich jmd. erholt* ◆-sort, -surlaub, -swert, -szeit, -szentrum ◆ Getrennt- oder Zusammenschreibung →R 4.16 Erholung suchende/erholungsuchende Schüler; die Erholung Suchenden/Erholungsuchenden; ◆ Großschreibung →R 3.4 die Erholung Suchenden/die Erholungsuchenden

er·ho·lungs·be·dürf·tig <erholungsbedürftiger, am erholungsbedürftigsten> *adj so, dass man Erholung braucht*

Er·ho·lungs·ge·biet *das* <-(e)s, -e> *Gebiet, das viele Menschen aufsuchen, um dort einen Erholungsurlaub zu verbringen* ▶ Naherholungsgebiet

er·hö·ren <erhörst, erhörte, hat erhört> *mit OBJ* ■ *jmd. erhört jmdn. (geh.) jmds. Bitten entsprechen:* Er erhörte ihr Flehen.

er·in·nern <erinnerst, erinnerte, hat erinnert> **I.** *mit OBJ* ■ *jmd./etwas erinnert jmdn. an etwas Akk. dafür sorgen, dass er oder sie sich an etwas erinnert:* Seine Gegenwart erinnerte mich an … **II.** *mit SICH* ■ *jmd. erinnert sich an jmdn./ etwas eine bestimmte Erinnerung haben:* Ich erinnere mich noch gut an unser letztes Treffen.

Er·in·ne·rung *die* <-, -en> ❶ *das, was man von einem Ereignis in der Vergangenheit oder von einer vergangenen Zeit im Bewusstsein hat:* Daran habe ich schöne/schreckliche/tröstliche Erinnerungen.; Wir schwelgten in Erinnerungen. ❷ */kein Plur./ das Erinnern I:* Ich schicke dir einige Fotos zur Erinnerung an vergangene Zeiten.

Er·in·ne·rungs·ver·mö·gen *das* <-s> /kein Plur./ *die Fähigkeit, sich an Dinge zu erinnern:* Sie besitzt ein gutes Erinnerungsvermögen.

Er·in·ne·rungs·wert *der* <-(e)s, -e> *Wert, den man einer Sache aufgrund von Erinnerungen beimisst:* Diese Brosche hat für mich Erinnerungswert.

Erin·nye, **Erin·nys** *die* <-, -Erinnyen> /meist Plur./ *(geh.) griechische Rachegöttin*

Eri·t·rea <-s> GEOGR. *Staat in Nordostafrika* ▶ Eritreer, Eritreerin, eritreisch

er·ja·gen <erjagst, erjagte, hat erjagt> *mit OBJ* ■ *jmd. erjagt etwas etwas durch Jagen erbeuten*

er·kal·ten <erkaltet, erkaltete, ist erkaltet> *ohne OBJ* ■ *etwas erkaltet* ❶ *kalt werden:* Die Lava ist erkaltet. ❷ *(geh.) an Intensität verlieren:* Ihre Gefühle für ihn sind erkaltet.

er·käl·ten <erkältest, erkältete, hat erkältet> *mit OBJ/mit SICH* ■ *jmd. erkältet sich sich eine Erkältung zuziehen:* Ich habe mich erkältet.

Er·käl·tung *die* <-, -en> *leichtere Erkrankung, die meist mit Husten, Halsschmerzen und Mattigkeit verbunden ist:* eine beginnende/fiebrige/leichte/schwere Erkältung

er·kämp·fen <erkämpfst, erkämpfte, hat erkämpft> *mit OBJ* ■ *jmd. erkämpft (sich) etwas durch kämpferischen Einsatz erreichen:* In der Nachspielzeit erkämpfte (sich) das Team noch den Einzug ins Finale.

er·kannt *Part. Perf. von* **erkennen**

er·kann·te *Prät. von* **erkennen**

er·kau·fen <erkaufst, erkaufte, hat erkauft> *mit OBJ* ■ *jmd. erkauft sich etwas etwas erreichen, indem man dafür etwas Bestimmtes gibt:* Du kannst dir ihre Liebe nicht erkaufen.; Vielfach wird der Fortschritt um den Preis der Umweltzerstörung erkauft.

er·kenn·bar *adj /nicht steig./ so, dass man es erkennen kann:* Es gibt erkennbare Vorzeichen gegeben, dann … ▶ Erkennbarkeit

er·ken·nen <erkennst, erkannte, hat erkannt> *mit OBJ* ❶ ■ *jmd. erkennt jmdn./etwas wiedererkennen:* An seinen roten Haaren habe ich ihn sofort erkannt.; Erkennen Sie die Melodie? ❷ ■ *jmd. erkennt jmdn./etwas klar sehen:* Ich kann den Kirchturm in der Ferne kaum erkennen. ❸ ■ *jmd. erkennt etwas bemerken:* Ich erkannte nur zu deutlich, dass …; Sie erkannte die böse Absicht dahinter nicht. ❹ ■ *jmd. erkennt etwas wahrnehmen, ausmachen:* Es bestehen gute Heilungschancen, wenn man die Krankheit frühzeitig erkennt.

er·kennt·lich *adj /nicht steig./ (geh.)* ■ *sich jemandem für etwas erkenntlich zeigen (geh.) sich jmdm. für etwas dankbar zeigen, indem man ein Geschenk gibt oder eine Gefälligkeit erweist:* Er hat oft Pakete für mich angenommen, dafür habe ich mich heute mit einer Flasche Wein erkenntlich gezeigt

Er·kennt·nis *die* <-, -se> ❶ */meist Plur./ Einsicht in etwas, die den wissenschaftlichen oder administrativen Kenntnisstand erweitert:* Durch ihre Forschungen gelang es den Wissenschaftlern, zu einer Reihe neuer Erkenntnisse zu kommen.; das philosophische Streben nach Erkenntnis; Es liegen neue Erkenntnisse über den Täter vor. ◆-fähigkeit, -interesse, -kritik, -vermögen ❷ *persönliche Einsicht:* Ich bin schließlich zu der Erkenntnis gekommen, dass …

Er·kennt·nis·stand *der* <-(e)s> /kein Plur./ *alle Erkenntnisse, die es aktuell zu einem Sachverhalt gibt*

Er·kennt·nis·the·o·rie *die* <-, -n> PHILOS. *Teilgebiet zu Grundfragen der Erkenntnis* ▶ erkenntnistheoretisch

Er·ken·nungs·dienst *der* <-es, -e> *kriminalpolizeiliche Dienststelle, die die Aufgabe hat, Personen/Sachen zu identifizieren und dafür technische und wissenschaftliche Methoden einsetzt* ▶ erkennungsdienstlich

Er·ken·nungs·me·lo·die *die* <-, -n> *Melodie, die als Erkennungszeichen dient:* Die Fernsehserie „Bonanza" hatte eine eingängige Erkennungsmelodie.

Er·ken·nungs·zei·chen *das* <-s, -> ❶ *etwas, woran zwei Personen sich erkennen können, wenn sie sich an einem Ort treffen:* als Erkennungszei-

chen eine Zeitung in der Hand halten ❷ *etwas, woran etwas anderes wiedererkannt werden kann*
Ẹr·ker *der* <-s, -> *(geh.) mit Fenstern versehener Vorbau an Gebäuden*
er·klang *Prät. von* **erklingen**
er·klär·bar *adj /nicht steig./ so, dass man es erklären kann:* nur schwer erklärbare/schwererklärbare Vorgänge
er·klä·ren <erklärst, erklärte, hat erklärt> **I.** *mit OBJ* ■ */etwas erklärt (jmdm.) etwas* ❶ *sagen, wie etwas funktioniert oder aufgebaut ist:* Kannst du mir das Computerspiel erklären? ❷ *(≈ begründen) den Grund für etwas sagen:* Erkläre mir bitte, weshalb du schon wieder zu spät bist. ❸ *offiziell sagen, bekanntgeben:* Er erklärte ihr seine Liebe.; Man erklärte dem Nachbarstaat den Krieg.; Der Minister erklärte seinen Rücktritt.; ■ **jemanden für tot erklären (lassen)** einen Vermissten offiziell als tot bezeichnen (lassen) **II.** *mit SICH* ■ *etwas erklärt sich zu einer Erklärung gelangen:* Das wird sich nach einiger Zeit von selbst erklären.; ■ **jemand erklärt sich einverstanden** *jmd. sagt, dass er oder sie einverstanden ist*
er·klär·lich *adj /nicht steig./ (≈ begreiflich, verständlich ↔ unerklärlich)* Mir ist einfach nicht erklärlich, wie …
er·klär·li·cher·wei·se *adv so, dass es erklärliche Gründe hat*
er·klärt *adj /nicht steig./ (geh.) so, dass es die feste Absicht von jmdm. ist:* Es war sein erklärtes Ziel, diese Prüfung zu bestehen.
er·klär·ter·ma·ßen, er·klär·ter·ma·ßen *adv (≈ erklärterweise, ausdrücklich) wie bereits in einer (schriftlichen) Erklärung zum Ausdruck gebracht:* Sie hat erklärtermaßen auf jegliche Ansprüche verzichtet.
Er·klä·rung *die* <-, -en> ❶ *(≈ Erläuterung) die Worte, mit denen jmd. sagt, wie etwas funktioniert oder aufgebaut ist:* Ich kann den Erklärungen des Lehrers nicht folgen. ❷ *(≈ Begründung) die Worte, mit denen jmd. einen Grund angibt:* Sie hat doch für alles eine Erklärung. ❸ *(≈ Verlautbarung) die Worte, mit denen jmd. etwas offiziell verkündet:* Er gab vor der Presse eine Erklärung ab.
Er·klä·rungs·ver·such *der* <-(e)s, -e> *Versuch einer Erklärung*²
er·kleck·lich <erklecklicher, am erklecklichsten> *adj (geh.: ≈ beträchtlich) ziemlich groß:* eine erkleckliche Summe
er·klẹt·tern <erkletterst, erkletterte, hat erklettert> *mit OBJ* ■ *jmd. erklettert etwas (≈ besteigen) auf etwas klettern*
er·klịm·men <erklimmst, erklomm, hat erklommen> *mit OBJ* ■ *jmd. erklimmt etwas (geh.) erklettern*
er·klịn·gen <erklingst, erklang, ist erklungen> *ohne OBJ* ■ *etwas erklingt (≈ ertönen) gehört werden können*
er·klọmm *Prät. von* **erklimmen**
er·klọm·men *Part. Perf. von* **erklimmen**
er·klụn·gen *Part. Perf. von* **erklingen**
er·krạn·ken <erkrankst, erkrankte, ist erkrankt> *ohne OBJ* ■ *jmd./ein Tier erkrankt (an etwas*

Dat.) krank werden: Sie erkrankte plötzlich an einer Grippe.
Er·krạn·kung *die* <-, -en> *Krankheit:* eine ansteckende/plötzliche Erkrankung
Er·krạn·kungs·fall *der* <-(e)s, Erkrankungsfälle> *(≈ Krankheitsfall) im Falle einer Erkrankung*
er·kụn·den <erkundest, erkundete, hat erkundet> *mit OBJ* ■ *jmd. erkundet etwas (≈ auskundschaften) sich eine bestimmte Gegend genau ansehen und dann die Einzelheiten kennen:* Wir erkundeten erst mal die nähere Umgebung.
er·kụn·di·gen <erkundigst, erkundigte, hat erkundigt> *mit SICH* ■ *jmd. erkundigt sich nach jmdm./etwas (≈ fragen) gezielt nach einer bestimmten Sache fragen:* Ich werde mich erst noch am Schalter nach den neuen Fahrpreisen erkundigen.
Er·kụn·di·gung *die* <-, -en> */meist Plur./ (≈ Nachforschung) der Vorgang, dass jmd. gezielt Informationen über jmdn./etwas sammelt:* Hat man über ihn Erkundigungen eingezogen?
Er·kụn·dung *die* <-, -en> *das Auskundschaften:* Die eingehende Erkundung des Geländes dauerte mehrere Stunden. ◆-sfahrt, -sflug, -strupp
er·lag *Prät. von* **erliegen**
Er·lag·schein *der* <-s, -e> ÖSTERR. *Einzahlungsschein*
er·lah·men <erlahmst, erlahmte, ist erlahmt> *ohne OBJ* ■ *jmd./etwas erlahmt* ❶ *lahm*² *werden:* Die Hand ist mir vom vielen Schreiben völlig erlahmt. ❷ *(geh.: ≈ nachlassen) geringer werden:* Das Interesse an der Ausstellung ist ziemlich erlahmt. ▸Erlahmung
er·lạn·gen <erlangst, erlangte, ist erlangt> *mit OBJ* ■ *jmd. erlangt etwas (geh.) erreichen, bekommen:* Endlich gelang es ihnen, den Doktortitel/den inneren Frieden. ▸Erlangung
Er·lạn·gung *die* <-> */kein Plur./ das Erlangen* ◆ Wieder-
Er·lạss *der* <-es, -e> AMTSSPR. *Verordnung oder Bekanntmachung der Behörde*
er·lạs·sen <erlässt, erließ, hat erlassen> *mit OBJ* ■ *jmd. erlässt (jmdm.) etwas* ❶ AMTSSPR. *offiziell anordnen:* Man erließ ein Gesetz/eine hohe Strafe. ❷ *freistellen; von einer Zahlung entbinden:* Man hatte ihm die restliche Strafe erlassen.
er·lau·ben <erlaubst, erlaubte, hat erlaubt> **I.** *mit OBJ* (↔ *verbieten)* ❶ ■ *jmd. erlaubt (jmdm.) etwas (≈ gestatten) die Erlaubnis geben:* Ihre Eltern erlauben ihr nicht, dass sie bei ihrem Freund übernachtet. ❷ ■ *etwas erlaubt (jmdm.) etwas (geh.) möglich machen:* Die Straße erlaubt keine höhere Geschwindigkeit.; Mein Terminkalender erlaubt es (mir) nicht, morgen nach Hamburg zu fliegen. **II.** *mit SICH* ■ *jmd. erlaubt sich etwas sich das Recht oder die Freiheit nehmen:* Er denkt wohl, er könne sich hier alles erlauben.; ■ **Was erlauben Sie sich?** *drückt aus, dass man sich über jmds. Verhalten sehr ärgert* Sie haben sich an der Kasse zweimal vorgedrängelt – was erlauben Sie sich?
Er·laub·nis *die* <-, -se> */meist Sing./ (≈ Genehmigung)* Er bat sie um Erlaubnis.; Sie erteilte/gab ihm die Erlaubnis.

E

er·laubt *adj /nicht steig. / (↔ verboten)*

er·laucht *adj (geh. iron.) aus wichtigen Persönlichkeiten bestehend:* Eine erlauchte Gesellschaft hatte sich zur Filmpremiere versammelt.

er·läu·tern *<erläuterst, erläuterte, hat erläutert> mit OBJ* ■ *jmd.* **erläutert (jmdm.) etwas** *ausführlich erklären*

Er·läu·te·rung *die <-, -en> Erklärung eines Sachverhalts zur Sicherung des Verständnisses* ◆ Bedeutungs-

E **Er·le** *die <-, -n>* BOT. *ein Laubbaum*

er·le·ben *<erlebst, erlebte, hat erlebt> mit OBJ* ❶ ■ *jmd.* **erlebt etwas** *noch am Leben sein und daher Zeuge von etwas sein können:* Hätte das mein Vater noch erlebt! ❷ ■ *jmd.* **erlebt etwas** *(sinnlich) erfahren; durch- oder mitmachen:* Diejenigen, die den Krieg erlebt haben, ...; Wir erlebten eine große Freude. ❸ ■ *jmd.* **erlebt etwas/ jmdn.** *etwas oder jmdn. kennen lernen und auf sich wirken lassen:* Wir haben ihn noch ganz anders erlebt.; Sie erlebten zum ersten Mal die Liebe.; Wir haben ein wundervolles Konzert erlebt.; Sie wollen in die Großstadt, um etwas zu erleben. ❹ ■ *jmd./etwas* **erlebt etwas** *eine bestimmte Phase durchmachen:* Die Wirtschaft erlebt momentan einen ungeheuren Aufschwung.; ■**du kannst gleich was erleben !** *(umg.) verwendet, um auszudrücken, dass man jmdn. bestrafen wird* Wenn du nicht sofort aufhörst, deine kleine Schwester zu ärgern, dann kannst du was erleben!

Er·leb·nis *das <-ses, -se>* ❶ *eine bestimmte Erfahrung:* Es war das Erlebnis der ersten Liebe. ❷ *eine besonders aufregende Erfahrung:* Der Urlaub wurde zu einem unvergesslichen Erlebnis.

Er·leb·nis·park *der <-s, -s> Freizeitpark*

Er·leb·nis·welt *die <-, -en>* PSYCH. *die Welt, wie sie sich dem einzelnen Menschen in seinen Erlebnissen darstellt:* die Erlebniswelt eines Kindes

er·le·di·gen *<erledigst, erledigte, hat erledigt> mit OBJ* ❶ ■ *jmd.* **erledigt etwas** *(≈ tun) Aufgaben erfüllen:* Ich habe noch einiges zu erledigen. ❷ ■ *jmd.* **erledigt jmdn.** *(umg.) töten;* **für jemanden erledigt sein** *(umg.) sich um jmdn. oder etwas nicht mehr kümmern* Er ist ab sofort für mich erledigt. ▶ Erledigung

er·le·gen *<erlegst, erlegte, hat erlegt> mit OBJ* ■ *jmd.* **erlegt ein Tier** *ein Tier töten*

er·le·gen *Part. Perf. von* **erliegen**

er·le·gen *<erlegst, erlegte, hat erlegt> mit OBJ* ■ *jmd.* **erlegt etwas** ÖSTERR. *(einen Geldbetrag) zahlen*

er·leich·tern *<erleichterst, erleichterte, hat er­leichtert> mit OBJ* ❶ ■ *jmd./etwas* **erleichtert (jmdm.) etwas** *leichter und bequemer machen:* Die neue Maschine erleichtert (ihm) die Arbeit.; Die Medikamente erleichtern ihm das Leben. ❷ ■ *etwas* **erleichtert jmdn.** *innerlich befreien:* Der Anruf hatte sie sehr erleichtert.; ■**jemanden um seine Geldbörse erleichtern** *(umg. iron.) jmds. Geldbörse stehlen*

er·leich·tert *<erleichterter, am erleichtertsten> adj mit einem Gefühl von Erleichterung:* Sie verließ erleichtert die Arztpraxis.

Er·leich·te·rung *die <-, -en> das Erleichtern [1, 2]* ◆ Arbeits-

er·lei·den *<erleidest, erlitt, hat erlitten> mit OBJ* ■ *jmd.* **erleidet etwas** *(geh.) Opfer eines Unglücks werden:* Er hat großes Unrecht erlitten.

er·ler·nen *<erlernst, erlernte, hat erlernt> mit OBJ* ■ *jmd.* **erlernt etwas** *eine bestimmte Fähigkeit erwerben:* Willst du kein Musikinstrument erlernen?

er·le·sen *<erlesener, am erlesensten> adj (geh.: ≈ exquisit) von höchster Qualität:* erlesene Weine anbieten ▶ Erlesenheit

er·leuch·ten *<erleuchtest, erleuchtete, hat er­leuchtet> mit OBJ* ❶ ■ *etwas* **erleuchtet etwas** *hell machen:* Grelle Blitze erleuchteten den nächtlichen Himmel. ❷ ■ *etwas* **erleuchtet jmdn.** *(geh.) spirituell durchdringen und zu höherem Bewusstsein führen*

Er·leuch·tung *die <-, -en>* ❶ *(umg.) plötzlicher Einfall, Erkenntnis:* Die Erleuchtung kam ihm beim Baden. ❷ REL. *spirituelle Durchdringung, die zu höherem Bewusstsein führt:* die Erleuchtung durch den Heiligen Geist

er·lie·gen *<erliegst, erlag, ist erlegen> ohne OBJ* ■ *jmd.* **erliegt jmdm./etwas** *(geh.) nicht mehr widerstehen können, besiegt werden:* Er erlag schließlich ihrem Charme.; Sie erlagen der feindlichen Übermacht und ergaben sich.; ■**einem Irrtum/einer Täuschung erliegen** *sich irren oder täuschen (lassen);* ■**einer Krankheit erliegen** *(verhüll.) sterben*

Er·lie·gen ■**zum Erliegen kommen** *zum Stillstand kommen* Der Berufsverkehr kam völlig zum Erliegen.

er·ließ *Prät. von* **erlassen**

er·litt *Prät. von* **erleiden**

er·lit·ten *Part. Perf. von* **erleiden**

er·lo·gen *Part. Perf. von* **erlügen**

Er·lös *der <-es, -e> eingenommener Geldbetrag für einen gemeinnützigen Zweck:* Der Erlös wird für wohltätige Zwecke gespendet.

er·losch *Prät. von* **erlöschen**

er·lo·schen *Part. Perf. von* **erlöschen**

er·lö·schen *<erlischt, erlosch, ist erloschen> ohne OBJ* ■ *etwas* **erlischt** ❶ *(geh.: ≈ ausgehen) aufhören zu brennen:* Die Kerze ist erloschen. ❷ *(übertr.) nachlassen:* Ihre anfängliche Leidenschaft ist erloschen. ❸ RECHTSW. *aufhören zu bestehen:* Der Anspruch auf das Erbe ist erloschen.

er·lö·sen *<erlöst, erlöste, hat erlöst> mit OBJ* ■ *jmd./etwas* **erlöst jmdn. (von etwas** Dat.) *befreien, retten:* Sie konnte ihn schließlich aus dieser peinlichen Situation erlösen.; ■**von seinen Leiden erlöst werden** *(verhüll.) sterben*

Er·lö·ser *der <-s> /kein Plur. /* REL. *Im Christentum ist der Sohn Gottes, Jesus Christus, der Erlöser (der Menschheit).*

er·lü·gen *<erlügst, erlog, hat erlogen> mit OBJ* ■ *jd.* **erlügt etwas** *etwas, das man nur erfunden hat, als wahr darstellen:* Das ist doch alles nur erlogen.

er·mäch·ti·gen *<ermächtigst, ermächtigte, hat ermächtigt>* I. *mit OBJ* ■ *jmd.* **ermächtigt jmdn. zu etwas** Dat. AMTSSPR. *die Erlaubnis oder*

Vollmacht geben: Ich habe ihn ermächtigt, das Geld von meinem Konto abzuheben. **II.** *mit SICH* ■ *etwas ermächtigt sich jmds.* (geh. übertr.) ergreifen: Eine große Erregung ermächtigte sich seiner.

Er·mäch·ti·gungs·ge·setz *das* <-es, -e> RECHTSW. *Gesetz, das der Exekutive (in Notzeiten) legislative Befugnisse überträgt, damit ein Ausnahmezustand bewältigt werden kann*
er·mah·nen <ermahnst, ermahnte, hat er­mahnt> *mit OBJ* ■ *jmd. ermahnt jmdn.* (zu etwas *Dat.*) *zu etwas mahnen:* Die Lehrerin ermahnte die Schüler zur Vorsicht.
Er·mah·nung *die* <-, -en> ❶ *das Ermahnen* ❷ *die Worte, mit denen man jmdn. ermahnt*
er·man·geln <ermangelst, ermangelte, hat er­mangelt> *ohne OBJ* ■ *jmd./etwas ermangelt etwas* Gen. (geh.) *Mangel haben:* Dieser Vorwurf ermangelt jeglicher Begründung.; *siehe auch* **entbehren**
Er·man·ge·lung ■ in **Ermangelung des/eines/ von ...** *weil ... nicht existiert* In Ermangelung eines Besseren mussten wir ...; In Ermangelung besserer Vorschläge wurde alles beim Alten belassen.
er·man·nen <ermannst, ermannte, hat er­mannt> *mit SICH* ■ *jmd. ermannt sich* (geh.) *seinen Mut zusammennehmen; sich zusammenreißen:* Ermanne dich! ▸ Ermannung
er·maß *Prät. von* **ermessen**
er·mä·ßi·gen <ermäßigst, ermäßigte, hat ermä­ßigt> *mit OBJ* ■ *jmd. ermäßigt etwas* den Preis *reduzieren:* Im Schlussverkauf wurden die Preise um ein Drittel ermäßigt.; Am Wochenende gelten ermäßigte Tarife.
er·mä·ßigt *adj /nicht steig./ im Preis reduziert*
Er·mä·ßi·gung *die* <-, -en> *Preisnachlass:* Schüler und Studenten erhalten eine Ermäßigung.
er·mat·ten <ermattest, ermattete, ist/hat er­mattet> **I.** *mit OBJ (haben)* ■ *etwas ermattet jmdn.* (geh.) *matt machen, ermüden:* Die lange Reise hat ihn ermattet. ▸ Ermattung **II.** *ohne OBJ (sein)* ■ *jmd./etwas ermattet* (geh.) *müde werden und deshalb in einer Anstrengung nachlassen:* Langsam ermattete ihre Gegenwehr. ▸ Ermattung
er·mat·tet <ermatteter, am ermattetsten> *adj* (geh.) *erschöpft*
er·mes·sen <ermisst, ermaß, hat ermessen> *mit OBJ* ■ *jmd. ermisst etwas* (geh.) (in seiner Bedeutung) erfassen: Das Ausmaß des Unfalls konnte niemand vorher ermessen.
Er·mes·sen *das* <-s> /kein Plur./ (geh.) ■ **etwas liegt in jemandes Ermessen** *jmd. kann verantwortlich über etwas entscheiden* Die Entscheidung liegt nicht in meinem Ermessen.; ■ **nach menschlichem Ermessen** *mit größter Wahrscheinlichkeit*
Er·mes·sens·fra·ge ■ **das ist eine Ermessensfrage** *das ist eine Frage, die nur subjektiv beantwortet werden kann* Aufklärung des Patienten – das ist eine Ermessensfrage.
Er·mes·sens·spiel·raum *der* <-(e)s, Ermessens­spielräume> *Spielraum, der sich je nach persönlichem Ermessen (einer Sache) ergibt*

er·mit·teln <ermittelst, ermittelte, hat ermit­telt> **I.** *mit OBJ* ■ *jmd. ermittelt etwas* feststellen: einen Durchschnittswert ermitteln; Die Polizei konnte die Identität des Opfers ermitteln. **II.** *ohne OBJ* ■ *jmd. ermittelt in etwas* Dat. *polizeilich untersuchen:* Die Polizei ermittelt in diesem Fall.
Er·mitt·lung *die* <-, -en> *Nachforschungen von Seiten einer Behörde oder einem politischen Gremium:* Die polizeilichen Ermittlungen wurden eingeleitet/eingestellt. ◆-sarbeit, -sausschuss, -sbeamte, -sbeamtin, -sbehörde, -sergebnis, -srichter(in)
Er·mitt·lungs·ver·fah·ren *das* <-s, -> RECHTSW. *Verfahren einer Rechtsbehörde, um festzustellen, ob öffentliche Anklage jmdn. erhoben werden soll.*
er·mög·li·chen <ermöglichst, ermöglichte, hat ermöglicht> *mit OBJ* ■ *jmd./etwas ermöglicht (jmdm.) etwas* möglich *machen:* Das feuchte Klima ermöglicht das schnelle Wachstum der Pilze.; Die Eltern versuchten mit allen Mitteln, ihren Kindern eine gute Ausbildung zu ermöglichen. ▸ Ermöglichung
er·mor·den <ermordest, ermordete, hat ermor­det> *mit OBJ* ■ *jmd. ermordet jmdn.* einen Mord begehen: Es gab viele Spekulationen darüber, wer Kennedy ermordet hat. ▸ Ermordung
er·mü·den <ermüdest, ermüdete, hat/ist ermü­det> **I.** *mit OBJ (haben)* ■ *jmd./etwas ermüdet (jmdn.)* müde *machen:* Diese Arbeit hat mich sehr ermüdet. **II.** *ohne OBJ (sein)* ■ *jmd./etwas ermüdet* müde werden: Die sehnigen Beine der Rennfahrer scheinen nie zu ermüden.
er·mü·dend <ermüdender, am ermüdendsten> *adj so, dass man davon müde wird:* eine ermüdende Diskussion
Er·mü·dung *die* <-> /kein Plur./ Er schlief vor Ermüdung ein.
er·mun·tern <ermunterst, ermunterte, hat er­muntert> *mit OBJ* ■ *jmd./etwas ermuntert jmdn.* (zu etwas *Dat.*) freundlich auffordern; ermutigen: Sie ermunterte ihn, die Prüfung zu wiederholen. ▸ Ermunterung
er·mu·ti·gen <ermutigst, ermutigte, hat ermu­tigt> *mit OBJ* ■ *jmd./etwas ermutigt jmdn.* (zu etwas *Dat.*) positiv bestärken; Mut geben: Er ermutigte sie immer wieder, Klavier zu spielen. ▸ Ermutigung
er·näh·ren <ernährst, ernährte, hat ernährt> **I.** *mit OBJ* ■ *jmd./ etwas ernährt jmdn.* versorgen, für den Unterhalt sorgen: Ich habe eine Familie zu ernähren.; Seine Malerei hat ihn viele Jahre ernährt. **II.** *mit SICH* ■ *jmd. ernährt sich (irgendwie) (von etwas* Dat.*)* von einer bestimmten Art von Nahrung leben: Wir ernähren uns vegetarisch.; Pandabären ernähren sich von Bambus. ▸ Ernährer
Er·näh·rung *die* <-> /kein Plur./ die Nahrung, von der sich jmd. ernährt II: Wir bevorzugen eine ausgewogene/fleischlose/vegetarische Ernährung. ◆-sbasis, -sforschung, -slage, -slehre, -splan, -sphysiologie, -splan, -sstörung, -swissenschaftler(in)
er·nannt *Part. Perf. von* **ernennen**
er·nann·te *Prät. von* **ernennen**

er·nen·nen <ernennst, ernannte, hat ernannt> *mit OBJ* ▪ *jmd. ernennt jmdn. (zu etwas Dat.) jmdn. offiziell mit einem bestimmten Amt versehen:* Man ernannte sie zur Parteivorsitzenden.

Er·nen·nung *die* <-, -en> *das Ernennen:* Morgen findet seine feierliche Ernennung zum Rektor statt.
◆ -sschreiben, -surkunde

er·neu·er·bar *adj /nicht steig./ so, dass es erneuert werden kann:* erneuerbare Energien ▸ Erneuerbarkeit

er·neu·ern <erneuerst, erneuerte, hat erneuert> **I.** *mit OBJ* ▪ *jmd. erneuert etwas ein Teil gegen ein neues Teil auswechseln:* Wir mussten das Dach erneuern. ▸ Erneuerung **II.** *mit SICH etwas wird aus sich selbst wieder neu:* Durch Selbstkritik erneuert sich eine Gesellschaft immer wieder. ▸ Erneuerung

er·nied·ri·gen <erniedrigst, erniedrigte, hat erniedrigt> *mit OBJ* ▪ *jmd./etwas erniedrigt jmdn. jmdn. durch Worte oder Taten demütigen* ▸ Erniedrigung

er·nied·ri·gend <erniedrigender, am erniedrigendsten> *adj demütigend*

Ernst *der* <-es> */kein Plur./* ❶ *die ernste Natur von etwas:* Man macht den Ernst der Lage nicht erkannt. ❷ ▪ **allen Ernstes** *tatsächlich;* ▪ **jemand macht mit etwas Ernst** *jmd. tut etwas, das er oder sie vorher angekündigt hat* Jetzt hat er mit seinen Drohungen wirklich Ernst gemacht.; ▪ **Das kann nicht dein Ernst sein!** *es kann doch nicht sein, dass du das wirklich meinst;* ▪ **der Ernst des Lebens** *der harte Alltag:* Bald kommst du aus der Schule, dann beginnt für dich der Ernst des Lebens !

ernst *adj* ❶ *nicht sorglos, nicht heiter:* Als sie vom Arzt kam, machte sie eine ernste Miene.; Er scheint ein ernster Mensch zu sein. ❷ *bedeutungsvoll:* Es war ihm ein ernstes Anliegen; ernste Musik ❸ *aufrichtig:* Ich gebe dir jetzt einen ernst gemeinten Rat. ❹ *bedrohlich:* Es war eine sehr ernste Situation. ▪ ernstnehmen ◆ Getrenntschreibung →R 4.3 ▪ ein ernst gemeinter Rat; ein ernst genommener Hinweis

Ernst·fall *der* <-(e)s> */kein Plur./ der Fall, dass eine bestimmte (negative) Situation tatsächlich eintritt:* Hat man denn schon einmal den Ernstfall geprobt?; Im Ernstfall muss das schneller gehen.

ernst·haft *adj* ❶ *(≈ ernst¹) so, dass man nur wenig lacht:* Sind in seiner Familie alle so ernsthaft? ❷ *(≈ gewichtig) wesentlich und von großer Bedeutung:* Ich habe ernsthafte Mängel an dem Gerät festgestellt. ❸ *(≈ aufrichtig:)* Er hat mir ein ernsthaftes Angebot gemacht. ❹ *(≈ gefährlich) so, dass es die Gesundheit von jmdm. bedroht:* Die Verletzungen sind doch ernsthafter, als wir dachten. ▸ Ernsthaftigkeit

ernst·lich *adj /nicht steig./* ❶ *wirklich:* Ich werde gleich ernstlich wütend! ❷ *bedrohlich:* Er ist ernstlich krank.

Ern·te *die* <-, -n> ❶ LANDW. *das Ernten¹* ◆ -arbeit, -arbeiter(in), -brigade, -einsatz, -helfer(in), -kranz, -krone, -maschine, -monat, -staden, -segen, -zeit ❷ LANDW. *das, was man erntet¹:* Die Bauern bringen die Ernte ein.; Der Sturm hat einen Teil der

Ernte vernichtet. ❸ *Resultat einer Tätigkeit oder Arbeit:* Die Ernte unserer langen Forschungsarbeit war nicht groß.

Ern·te·aus·fall *der* <-(e)s, Ernteausfälle> LANDW. *(durch widrige Umstände) schlecht ausgefallene Ernte:* Wir mussten dieses Jahr erhebliche Ernteausfälle hinnehmen.

Ern·te·dank·fest *das* <-(e)s, -e> REL. *kirchliches, meist am ersten Sonntag im Oktober gefeiertes Fest nach der Ernte*

ern·ten <erntest, erntete, hat geerntet> *mit OBJ* ▪ *jmd. erntet etwas* ❶ *Getreide, Obst und Gemüse, die man angebaut hat, vom Feld bzw. aus dem Garten sammeln:* Wir werden morgen die Äpfel ernten.; Die Bauern ernten den Weizen. ❷ *(umg. übertr.) bekommen, erhalten:* Dafür erntete ich nichts als Undank.

er·nüch·tern <ernüchterst, ernüchterte, ist ernüchtert> *mit OBJ* ▪ *etwas ernüchtert jmdn. jmdm. Illusionen nehmen:* Das Prüfungsergebnis ernüchterte ihn. ▸ Ernüchterung

er·nüch·ternd <ernüchternder, am ernüchterndsten> *adj (≈ desillusionierend) so, dass es die Hoffnungen oder Ideale von jmdm. (teilweise) zerstört:* eine ernüchternde Erfahrung

Er·obe·rer *der* <-s, -> *Angehöriger einer Gruppe, die ein Land oder Gebiet erobert haben:* die Eroberer Amerikas

er·obern <eroberst, eroberte, hat erobert> *mit OBJ* ❶ ▪ *jmd. erobert etwas* MILIT. *ein Gebiet unter seine Kontrolle bringen:* Die Stadt wurde schließlich erobert. ❷ ▪ *jmd. erobert etwas (≈ erringen)* Sie eroberte doch noch den ersten Platz. ❸ ▪ *jmd. erobert jmdn. (übertr.) jmdn. für sich gewinnen, so dass eine Liebesbeziehung daraus entsteht*

Er·obe·rung *die* <-, -en> ❶ *das Erobern¹,²* ❷ *(übertr.) Person, die man erobert² hat:* Er wollte mir seine neue Eroberung vorstellen.

Er·obe·rungs·krieg *der* <-(e)s, -e> MILIT. *Angriffskrieg*

er·öff·nen <eröffnest, eröffnete, hat eröffnet> **I.** *mit OBJ* ❶ ▪ *jmd. eröffnet etwas (geh.) offiziell sagen, dass etwas für die Menschen zugänglich ist:* Morgen wird die Ausstellung/die Straße eröffnet. ❷ ▪ *jmd. eröffnet etwas (↔ schließen) seinen Geschäftsbetrieb aufnehmen:* Hier eröffnet mein Bekannter demnächst ein Friseursalon. ❸ ▪ *jmd. eröffnet etwas* AMTSSPR. *offiziell erklären, dass etwas begonnen hat:* Ich eröffne hiermit die Sitzung.; Die Theatersaison wird nächste Woche eröffnet. ❹ ▪ *jmd. eröffnet etwas bei etwas Dat. (↔ auflösen) einrichten:* Hast du schon ein Konto bei der Bank eröffnet? ❺ ▪ *jmd. eröffnet jmdm. etwas (geh.) offenbaren, jmdn. zu erkennen geben:* Sie eröffnete ihm, dass sie einen anderen liebt. **II.** *mit SICH* ▪ *etwas eröffnet sich jmdm. (geh.) zugänglich werden:* Durch das Studium eröffneten sich mir völlig neue Möglichkeiten.

Er·öff·nung *die* <-, -en> ❶ *Erklärung, dass etwas der Öffentlichkeit zugänglich ist:* Die Eröffnung der Ausstellung erfolgte durch den Minister. ◆ -sfeier, -srede ❷ *Aufnahme des Geschäftsbetriebs:*

Bei der Eröffnung gibt es Freibier. ❸ *Erklärung, dass etwas begonnen hat:* Was machen wir bis zur Eröffnung der Sitzung? ❹ *das Einrichten:* Bei Eröffnung des Kontos habe ich gleich 100 Euro eingezahlt. ❺ *(geh.) Offenbarung:* Ihre Eröffnungen machten ihn sprachlos.

Er·öff·nungs·spiel *das* <-(e)s, -e> SPORT *(↔ Endspiel) erstes Spiel in einem Turnier*

ero·gen <erogener, am erogensten> *adj /nicht steig./ sexuell erregbar:* die erogenen Zonen von Mann und Frau

er·ör·tern <erörterst, erörterte, hat erörtert> *mit OBJ* ■ *jmd. erörtert etwas Akk. die verschiedenen Aspekte von etwas abwägen und diskutieren:* Habt ihr die Lage/die Probleme/das Für und Wider schon erörtert?

Er·ör·te·rung *die* <-, -en> ❶ *das Erörtern* ❷ *wissenschaftliche Abhandlung, die ein Thema erörtert*

Eros *der* <-> */kein Plur./* ❶ *(geh.) die sexuelle Liebe:* Das Buch beschäftigt sich mit dem Eros in Malerei und Literatur. ❷ *in der griechischen Mythologie der Gott der Liebe*

Ero·si·on *die* <-, -en> *(fachspr.) Abtragung, Abschürfung von Boden und Gestein durch Wasser, Eis und Wind:* Die bizarren Gesteinsformationen sind durch Erosion entstanden. ♦ -sschutz ▶ erosiv

Ero·tik *die* <-> */kein Plur./* ❶ *die Kunst oder Lehre vom Gefühl der Liebe* ❷ *die geschlechtliche Liebe und Sexualität:* Die vor Erotik knisternde Atmosphäre des Films lässt sich mit Worten kaum beschreiben.; Über Erotik wird heute viel freier gesprochen als früher.

Ero·tik·blatt *das* <-es, Erotikblätter> *(iron.) erotisches Journal*

Ero·tik·ka·nal *der* <-s, Erotikkanäle> *(iron.) Fernsehkanal, der (vorwiegend) Filme mit erotischem Inhalt sendet*

ero·tisch <erotischer, am erotischsten> *adj (≈ sinnlich) die Erotik betreffend:* Sie unterhielten sich über die erotische Ausstrahlung dieser Frau/dieses Mannes.

ero·ti·sie·rend <erotisierender, am erotisierendsten> *adj so, dass es erotisch wirkt:* die erotisierende Wirkung eines Parfums

Ero·to·ma·nie *die* <-> */kein Plur./* MED., PSYCH. *krankhaft übersteigerter Geschlechtstrieb* ▶ Erotomane, Erotomanin, erotomanisch

Ẹr·pel *der* <-s, -> ZOOL. *(≈ Enterich) männliche Ente*

er·picht *adj* ■ *auf etwas erpicht sein (umg.) auf etwas versessen oder begierig sein*

er·pres·sen <erpresst, erpresste, hat erpresst> *mit OBJ* ■ *jmd. erpresst jmdn. (mit etwas Dat.)* ❶ *durch Drohung zu etwas zwingen:* Man erpresste ihn mit den entwendeten Geschäftsunterlagen. ❷ *durch Drohung erlangen:* Sie versuchten, seine Unterschrift zu erpressen.

Er·pres·ser *der*, **Er·pres·se·rin** <-s, -> *jmd., der jmdn. erpresst*

er·pres·se·risch <erpresserischer, am erpresserischsten> *adj mit der Absicht der Erpressung*

Er·pres·sung *die* <-, -en> *das Erpressen*

er·pro·ben <erprobst, erprobte, hat erprobt> *mit*

OBJ ■ *jmd. erprobt etwas gründlich prüfen:* Wir müssen die neuen Werkstoffe erst noch genau erproben. ▶ Erprobung

er·probt *adj /nicht steig./ geprüft und für zuverlässig befunden:* Dies ist ein erprobtes Arzneimittel.; Er ist ein erprobter Torwart.

Er·pro·bung *die* <-, -en> *das Erproben* ♦ -sphase

er·qui·cken <erquickst, erquickte, hat erquickt> *mit OBJ* ■ *jmd./etwas erquickt jmdn./sich (mit etwas Dat.) (geh.) sich laben:* sich nach einem heißen Tag mit einem kühlen Bad und einem erfrischendem Getränk erquicken ▶ Erquickung

er·quick·lich <erquicklicher, am erquicklichsten> *adj (geh. iron.) erfreulich:* Der Ausgang der Geschichte war leider nicht so erquicklich.

er·rang *Prät. von* **erringen**

er·ra·ten <errätst, erriet, hat erraten> *mit OBJ* ■ *jmd. errät etwas durch Raten auf etwas kommen:* Hast du das Lösungswort erraten?; Soll ich deine Gefühle erraten?

er·ra·tisch *adj /nicht steig./ /nur attr./ (übertr.) verstreut, verirrt:* erratische Steinblöcke

Er·ra·tum *das* <-s, Errata> *(geh.) Druckfehler*

er·rech·nen <errechnest, errechnete, hat errechnet> *mit OBJ* ■ *jmd. errechnet etwas durch Rechnen zu einem bestimmten Ergebnis kommen:* Sie hatte errechnet, dass die Ausgaben zu hoch sein würden. ▶ errechenbar

er·reg·bar <erregbarer, am erregbarsten> *adj* ❶ *so, dass man sich leicht aufregt:* Pass auf, was du sagst, er ist ein leicht erregbarer Mensch. ▶ Erregbarkeit ❷ *(≈ erogen)*

er·re·gen <erregst, erregte, hat erregt> I. *mit OBJ* ■ *jmd./etwas erregt jmdn.* ❶ *bewirken:* Ihr Auftritt erregte großes Aufsehen/einigen Ärger.; Er hatte bereits ihren Verdacht erregt. ❷ *emotional bewegen:* Der Streit hatte sie erregt. ❸ *in sexuelle Erregung versetzen:* Ihr Anblick erregte ihn. II. *mit SICH* ■ *jmd. erregt sich (über etwas Akk.) sich aufregen:* Sie erregt sich ständig über die Nachbarn.

Er·re·ger *der* <-s, -> MED. *Auslöser einer Krankheit:* Der Erreger ist gut erforscht.

Er·regt·heit *die* <-> */kein Plur./ das Erregtsein*

Er·re·gung *die* <-, -en> ❶ *Aufregung:* Die Erregung ist inzwischen wieder einer nüchternen Betrachtung gewichen. ❷ *sexuelle Reizung*

er·reich·bar *adj /nicht steig./ so, dass man oder etwas erreicht werden kann:* Ich bin telefonisch momentan nicht/über Handy erreichbar.; Unser Hotel ist gut erreichbar. ▶ Erreichbarkeit

er·rei·chen <erreichst, erreichte, hat erreicht> *mit OBJ* ❶ ■ *jmd. erreicht etwas an etwas gelangen, um es zu fassen:* Ich kann die Lampe nicht erreichen, hole mir bitte ein Leiter. ❷ ■ *jmd. erreicht etwas durchsetzen:* Endlich hatte sie ihr Ziel erreicht. ❸ ■ *jmd. erreicht etwas zu jmdn. oder etwas gelangen:* Er erreichte ein biblisches Alter.; Wir haben den Bus gerade noch erreicht. ❹ ■ *jmd. erreicht jmdn. unter etwas Dat.* TELEKOMM. *mit jmdm. in Verbindung treten:* Unter welcher Nummer kann ich Sie telefonisch erreichen?

er·ret·ten <errettest, errettete, hat errettet> *mit OBJ* ■ *jmd./etwas errettet jmdn. (aus/von/*

E

vor etwas *Dat.***)** *(geh.) retten:* Er hat das Kind vor dem Ertrinken errettet. ▸Errettung
er·rịch·ten <errichtest, errichtete, hat errichtet> *mit OBJ* ▪ *jmd.* **errichtet (jmdm.)** *etwas* ❶ *(geh.) (auf)bauen:* Dort errichtet man einen Schornstein/ein Gerüst/ein Denkmal. ❷ *offiziell gründen:* Auf diesem Gebiet wurde schließlich der neue Staat errichtet.
Er·rịch·tung *die* <-> */kein Plur./* ❶ *das Bauen* ❷ *die Gründung*
er·riet *Prät. von* **erraten**
er·rịn·gen <erringst, errang, hat errungen> *mit OBJ* ▪ *jmd.* **erringt** *etwas etwas durch hohen Einsatz erreichen:* Die Mannschaft konnte in letzter Minute den Sieg erringen. ▸Erringung
er·rö·ten <errötest, errötete, ist errötet> *ohne OBJ* ▪ *jmd.* **errötet (vor/aus etwas)** *rot werden:* Sie errötete vor Scham/Verlegenheit.
er·run·gen *Part. Perf. von* **erringen**
Er·rụn·gen·schaft *die* <-, -en> *ein bedeutendes Ergebnis:* Die technischen Errungenschaften jener Zeit beeindrucken noch heute.
er·sah *Prät. von* **ersehen**
er·sann *Prät. von* **ersinnen**
Er·sạtz *der* <-es> */kein Plur./* etwas oder jmd., das etwas oder jmdn. ersetzt: Wir konnten für den verletzten Spieler noch keinen vollwertigen Ersatz finden. ◆-anspruch, -dehnung, -droge, -frau, -gewebe, -handlung, -infinitiv, -mittel, -präparat, -rad, -reifen, -reserve, -schlüssel, -spieler(in), -torwart(in), -zeit
Er·sạtz·bank *die* <-, ...-bänke> SPORT *Reservebank für die zu ersetzenden Spieler*
Er·sạtz·be·frie·di·gung *die* <-, -en> */meist Sing./* PSYCH. *durch eine Ersatzhandlung erreichte Triebbefriedigung*
Er·sạtz·dienst *der* <-es> */kein Plur./* Zivildienst, der anstelle von Wehrdienst geleistet wird
Er·sạtz·hand·lung *die* <-, -en> PSYCH. Handlung anstelle der eigentlich angestrebten (aber nicht durchführbaren) Handlung
Er·sạtz·kas·se *die* <-, -n> eine Krankenkasse, die von den Arbeitnehmern im Rahmen der gesetzlichen Versicherungspflicht gewählt werden kann
er·sạtz·los *adj* /nicht steig./ so, dass es keinen Ersatz dafür gibt: Die Sendung wird ersatzlos aus dem Programm gestrichen.
Er·sạtz·mann *der* <-s, -leute> SPORT Ersatzspieler
Er·sạtz·mit·tel *das* <-s, -> MED. (≈ Surrogat) ersatzweise verabreichtes Mittel
er·sạtz·pflich·tig *adj* /nicht steig./ verpflichtet, einen Schaden zu ersetzen
Er·sạtz·teil *das* <-s, -e> Teil eines Geräts, das ein defektes Teil ersetzen kann: Ersatzteile können jahrelang nachgekauft werden. ◆-lager
Er·sạtz·trup·pe *die* <-, -n> MILIT. ❶ (≈ Reservetruppe) ❷MILIT. Truppe, die Rekruten ausbildet
er·sạtz·wei·se *adv als Ersatz*
er·sau·fen <ersäufst, ersoff, ist ersoffen> *ohne OBJ* ▪ *jmd./ein Tier ersäuft (in etwas* Dat.*)* (vulg.) ertrinken
er·schaf·fen <erschaffst, erschuf, hat erschaffen> *mit OBJ* ▪ *jmd.* **erschafft** *jmdn./etwas* ❶ REL. *jdn. oder etwas zum Leben erwecken:*

Gott hat den Menschen erschaffen ▸Erschaffung ❷ *(geh.) eine kreative Leistung vollbringen, die sich in einer literarischen Figur/einem Werk der bildenden Kunst darstellt:* Mit dem Faust hat Goethe eine Figur erschaffen, die … ▸Erschaffung
er·schạl·len <erschallt, erscholl/erschallte, ist erschollen/erschallt> *ohne OBJ* ▪ *etwas erschallt* ❶ *(geh.) widerhallen:* Im Korridor erschallten Schritte. ❷ *(geh.) ertönen:* Ein Lied erschallt.
er·schau·ern <erschauerst, erschauerte, ist erschauert> *ohne OBJ* ▪ *jmd.* **erschauert (vor etwas** Dat.*) (geh.) schaudern:* Ich erschauerte aus Angst vor ihm.
Er·schei·nen *das* <-s> */kein Plur./* ❶ *der Vorgang, dass sich jmd. irgendwo einfindet:* Es wird um pünktliches Erscheinen gebeten. ❷ *der Vorgang, dass ein Druckwerk veröffentlicht wird*
er·schei·nen <erscheinst, erschien, ist erschienen> *ohne OBJ* ▪ *jmd./etwas erscheint irgendwann/irgendwo/irgendwie* ❶ *als Druckwerk publiziert werden:* Das Buch erscheint im nächsten Jahr/später als geplant.; Die Zeitschrift erscheint monatlich/vierteljährlich. ❷ *sichtbar werden:* Auf dem Foto erscheinen Streifen, die man als Spuren von Elementarteilchen deuten kann. ❸ *sich einfinden, kommen:* Er musste vor Gericht erscheinen.; Erscheint bitte pünktlich! ❹ *irgendwie wirken:* Seine Art erscheint manchmal (als) arrogant, dabei ist er nett.; Seine Ausführungen erscheinen (mir) ganz logisch.
Er·schei·nung *die* <-, -en> *das äußere Bild von jmdm.;* ▪ *eine angenehme äußere Erscheinung* ein angenehmes Äußeres; ▪ *in Erscheinung treten* sichtbar oder wirksam werden ◆-sdatum, -sjahr, -sort, -stermin, Alters-, Ermüdungs-
Er·schei·nungs·fest *das* <-(e)s> */kein Plur./* REL. Epiphanias
Er·schei·nungs·form *die* <-, -en> Form, die eine Erscheinung hat oder annimmt: Eine Erscheinungsform von Wasser ist Eis.
Er·schei·nungs·wei·se *die* <-, -n> Art (und Weise), wie etwas erscheint
Er·schei·nungs·welt *die* <-> */kein Plur./* die sinnlich wahrgenommene Welt; siehe auch **Erfahrungswelt**
er·schien *Prät. von* **erscheinen**
er·schie·nen *Part. Perf. von* **erscheinen**
er·schie·ßen <erschießt, erschoss, hat erschossen> *mit OBJ* ▪ *jmd.* **erschießt** *jmdn.* **(mit etwas** Dat.*) mit einer Schusswaffe töten:* Man musste das angefahrene Reh erschießen.; Er hatte sich erschossen.; ▪ *ganz erschossen sein* (umg.) völlig erschöpft sein
Er·schie·ßung *die* <-, -en> Hinrichtung durch Erschießen ◆-skommando
er·schlaf·fen <erschlaffst, erschlaffte, ist erschlafft> *ohne OBJ* ▪ *jmd./etwas* **erschlafft** *schlaff werden* ▸Erschlaffung
er·schla·gen¹ <erschlägst, erschlug, hat erschlagen> *mit OBJ* ▪ *jmd./etwas* **erschlägt** *jmdn.* durch Schläge töten; ▪ *vom Blitz erschlagen werden* durch Blitzschlag getötet werden; ▪ *Das*

erschlägt mich (förmlich)! *Das überrascht mich sehr!*

er·schla·gen[2] <erschlagener, am erschlagensten> *adj /nur präd./ (umg.) erschöpft:* Nach der langen Autofahrt war ich völlig erschlagen.

er·schlei·chen <erschleichst, erschlich, hat erschlichen> *mit OBJ* ■ *jmd. erschleicht (sich) etwas (abwert.) unrechtmäßig erwerben:* Das Erbe haben sie (sich) doch erschlichen. ▶ Erschleichung

er·schlich *Prät. von* **erschleichen**

er·schli·chen *Part. Perf. von* **erschleichen**

er·schlie·ßen <erschließt, erschloss, hat erschlossen> **I.** *mit OBJ* ■ *jmd. erschließt etwas (aus etwas Dat.)* ❶ *(fachspr.) nutzbar machen:* Man erschloss dort Bauland/neue Rohstoffquellen/neue Märkte. ❷ *Schlussfolgerungen über die Bedeutung anstellen:* Ich erschloss die Bedeutung dieses Wortes aus dem Kontext. ▶ Erschließung **II.** *mit SICH* ■ *etwas erschließt sich jmdm. (geh.) in seiner Bedeutung für jmdn. erfassbar werden:* Diese Komposition/die abstrakte Malerei erschließt sich nicht jedem. ▶ Erschließung

er·schloss *Prät. von* **erschließen**

er·schlos·sen *Part. Perf. von* **erschließen**

er·schlug *Prät. von* **erschlagen**

er·scholl *Prät. von* **erschallen**

er·schol·len *Part. Perf. von* **erschallen**

er·schöp·fen <erschöpfst, erschöpfte, hat erschöpft> **I.** *mit OBJ* ❶ ■ *etwas erschöpft jmdn. müde machen:* Die Hitze erschöpfte ihn völlig. ❷ ■ *etwas erschöpft etwas (übertr.) aufbrauchen, nachlassen:* Seine finanziellen Möglichkeiten waren erschöpft.; Meine Geduld ist langsam erschöpft. **II.** *mit SICH* ■ *etwas erschöpft sich in etwas Dat. (geh.) nicht über eine bestimmte Sache hinausgelangen:* Der Vortrag erschöpfte sich in der Auflistung vieler Fragen, ohne mögliche Antworten auch nur anzudeuten.

er·schöp·fend <erschöpfender, am erschöpfendsten> *adj (geh.) so, dass alle Faktoren berücksichtigt werden:* Dies war eine wirklich erschöpfende Darstellung des Themas.

Er·schöp·fung *die* <-> */kein Plur./ sehr große Schwäche und Müdigkeit als Folge großer Anstrengung:* Wir arbeiteten bis zur Erschöpfung.
◆-ssyndrom, -stod, -szustand

er·schoss *Prät. von* **erschießen**

er·schos·sen[1] *Part. Perf. von* **erschießen**

er·schos·sen[2] *adj /nicht steig./ (umg.) sehr müde, erschöpft:* Nach der anstrengenden Bergtour kamen sie abend total erschossen zurück.; *siehe auch* **erschlagen**

er·schrak *Prät. von* **erschrecken**[2]

er·schre·cken[1] <erschreckst, erschreckte, hat erschreckt> *mit OBJ* ■ *jmd. erschreckt jmdn. bewirken, dass jmd. in Schrecken gerät:* Sie hat mich zu Tode erschreckt.; Musst du deinen Bruder immer so erschrecken?

er·schre·cken[2] <erschrickst, erschrak, hat/ist erschrocken> **I.** *ohne OBJ (sein)* ■ *jmd. erschrickt (vor jmdm./etwas) in Schrecken geraten:* Ich erschrecke sehr leicht. **II.** *mit SICH (haben)* ■ *jmd. erschrickt sich (vor jmdm./etwas)*

(umg.) in Schrecken geraten: Ich habe mich zunächst fürchterlich erschrocken.

er·schro·cken *Part. Perf. von* **erschrecken**[2]

er·schuf *Prät. von* **erschaffen**

er·schüt·tern <erschütterst, erschütterte, hat erschüttert> *mit OBJ* ❶ ■ *etwas erschüttert etwas in Schwingung versetzen:* Als der schwere Lastwagen vorbeifuhr, erschütterte er das Haus. ❷ ■ *etwas erschüttert etwas (übertr.) erzittern lassen:* Ein Krieg erschütterte das Land. ❸ ■ *etwas erschüttert jmdn. aus der Fassung bringen:* Diese Nachricht hat mich erschüttert. ❹ ■ *etwas erschüttert etwas (übertr.) infrage stellen:* Mein Vertrauen in sie ist erschüttert.

er·schüt·ternd *adj so, dass etwas die Gefühle sehr stark schockiert:* erschütternde Bilder/Berichte/Ereignisse; Ich habe einen erschütternden Bericht über die Katastrophe von Tschernobyl gehört.

Er·schüt·te·rung *die* <-, -en> ❶ *(starke) Vibration:* Mehrere Erdstöße erschütterten das Land. ◆Erd- ❷ */kein Plur./ (übertr.) Ergriffenheit:* Ihr war die Erschütterung anzusehen.

er·schwe·ren <erschwerst, erschwerte, hat erschwert> *mit OBJ* ■ *jmd./etwas erschwert jmdm. etwas bewirken, dass etwas schwierig wird:* Die heftigen Regenfälle erschwerten die Rettungsarbeiten.; Ihm wurde der Zugang zur Universität erschwert.

er·schwe·rend */nicht steig./* ■ erschwerend **kommt hinzu, dass …** *was noch schlimmer ist, …*

Er·schwer·nis *die* <-, -se> *(geh.) Hindernis, Belastung:* Ihre finanziellen Engpässe sind eine zusätzliche Erschwernis.

Er·schwer·nis·zu·la·ge *die* <-, -n> *zusätzlicher Lohn bei besonders schwerer Arbeit*

er·schwing·lich <erschwinglicher, am erschwinglichsten> *adj so preisgünstig, dass man es sich noch leisten kann:* Qualität zu erschwinglichen Preisen ▶ Erschwinglichkeit

er·se·hen <ersiehst, ersah, hat ersehen> *mit OBJ* ■ *jmd. ersieht etwas aus etwas Dat. (geh.) entnehmen können:* Er konnte aus den Bewerbungsunterlagen ersehen, dass …; Aus den Zeilen lässt sich nicht ersehen, was der Schreiber wollte.

er·seh·nen <ersehnst, ersehnte, hat ersehnt> *mit OBJ* ■ *jmd. ersehnt jmdn./etwas (geh.) sich nach etwas sehnen:* Sie ersehnten ein Kind.; Der Frieden war lang ersehnt.

er·set·zen <ersetzt, ersetzte, hat ersetzt> *mit OBJ* ■ *jmd. ersetzt (jmdm.) etwas einen Ersatz leisten:* Du musst mir den Schaden ersetzen.; Ihre Auslagen werden (Ihnen) selbstverständlich ersetzt.; ein defektes Teil ersetzen ▶ Ersetzung

er·sicht·lich <ersichtlicher, am ersichtlichsten> *adj so, dass man daraus etwas ersehen kann:* Hieraus ist ersichtlich, dass … ▶ Ersichtlichkeit

er·sin·nen <ersinnst, ersann, hat ersonnen> *mit OBJ* ■ *jmd. ersinnt etwas (geh.) sich ausdenken:* eine List ersinnen

er·soff *Prät. von* **ersaufen**

er·sof·fen *Part. Perf. von* **ersaufen**

er·son·nen *Part. Perf. von* **ersinnen**

er·spä·hen <erspähst, erspähte, hat erspäht>

E

E

mit *OBJ* ■ *jmd.* **erspäht** *jmdn./etwas (irgendwo)* *(geh.)* angestrengt nach etwas schauen: Wir versuchten das Wild zu erspähen.

er·spa·ren <ersparst, ersparte, hat erspart> *mit OBJ* ■ *jmd.* **erspart (jmdm.) etwas** ❶ *Geld zurücklegen; sparen* ❷ *(umg.)* jmdn. mit etwas verschonen: Erspar dir die Mühe!; Es erspart uns sehr viel Arbeit, wenn wir …

Er·spar·nis *die* <-, -se> */meist Plur./* das, was man *spart[1]* hat: Ich habe keine Ersparnisse mehr.; Meine Ersparnisse sind fast aufgebraucht. ◆ Arbeits-, Geld-, Kosten-, Kraft-, Material-, Platz-, Raum-, Zeit-

er·sprieß·lich <ersprießlicher, am ersprießlichsten> *adj (geh.)* günstig, vorteilhaft, nützlich: ein nicht gerade ersprießlicher Anblick ▸ Ersprießlichkeit

erst **I.** *adv* ❶ *zuerst:* Ich muss das erst fertig machen, dann komme ich.; Erst regnete es, dann begann es zu schneien. ❷ *nicht früher als:* Der nächste Bus fährt erst in zehn Minuten.; Ich habe ihn erst letzte Woche gesehen.; Ich habe mir erst die halbe CD angehört. **II.** *part* ❶ *nur schon:* Hätten wir doch erst Ferien! ❷ *gerade, noch mehr:* Da war er erst recht beleidigt.

er·stach *Prät. von* **erstechen**
er·stand *Prät. von* **erstehen**
er·stan·den *Part. Perf. von* **erstehen**
er·star·ren <erstarrst, erstarrte, ist erstarrt> *ohne OBJ* ■ *jmd./etwas* **erstarrt (zu etwas** *Dat.)* ❶ *hart werden:* Die Lava erstarrte sehr bald. ❷ *unbeweglich werden:* Ihre Zehen waren vor Kälte ganz erstarrt. ❸ *plötzlich eine unbewegte Haltung einnehmen.:* Ich erstarrte vor Entsetzen/Schreck.

Er·star·rung *die* <-> */kein Plur./* das Erstarren[1, 2, 3]

er·stat·ten <erstattest, erstattete, hat erstattet> *mit OBJ* ■ *jmd.* **erstattet (jmdm.) etwas** bezahlen, ersetzen: Diese Ausgaben werden (Ihnen) natürlich erstattet.

Er·stat·tung *die* <-, -en> Kostenerstattung ◆ -sbetrag

Erst·auf·füh·rung *die* <-, -en> THEAT., FILM *(≈ Uraufführung)*

Er·stau·nen *das* <-s> */kein Plur./* Sie versetzt mich immer wieder in Erstaunen.; Zu meinem großen Erstaunen sind wirklich alle gekommen.

er·stau·nen <erstaunst, erstaunte, hat/ist erstaunt> **I.** *mit OBJ (haben)* ■ *jmd./etwas* **erstaunt jmdn.** bewirken, dass andere Menschen staunen: Sein Verhalten erstaunte alle. **II.** *ohne OBJ (sein)* ■ *jmd.* **erstaunt (über etwas** *Akk.)* in Erstaunen geraten: Ich erstaune über deine Ausdauer.

er·staun·lich <erstaunlicher, am erstaunlichsten> *adj* so ungewöhnlich oder unerwartet, dass man staunt: Er ist mit 80 Jahren erstaunlich vital.

er·staun·li·cher·wei·se *adv*
Erst·aus·ga·be *die* <-, -n> ❶ *Die erste Veröffentlichung eines Buches:* Die Erstausgabe dieses Buches/dieser Briefmarke ist schon vergriffen. ❷ *ein Exemplar der ersten Auflage eines Buchs*

Erst·aus·stat·tung *die* <-, -en> Ausstattung am

Anfang: Meine Schwiegermutter steuerte damals das Geld für unsere Erstausstattung bei.

erst·bes·te *adj /nicht steig./ (abwert.) der/die/ das erste , worauf man stößt:* Kauf nicht gleich die erstbeste Spülmaschine, es gibt da große Unterschiede in der Qualität!

Erst·be·stei·gung *die* <-, -en> die erste Besteigung: Die Erstbesteigung des Berges gelang 1951.

Erst·druck *der* <-(e)s, -e> *(≈ Erstausgabe)*
ers·te *num* ❶ *das zeitlich früheste:* Es war wirklich das erste Mal, dass ich zu spät kam.; Sie war die Erste, die das gemacht hat.; Als Erstes werde ich duschen.; Karl der Erste; der Erste Weltkrieg; der Erste Mai; ■ **der erste beste** *der, der zufällig als erster erscheint (und meist nicht der beste ist)* Sie hat in vielen Läden nach einem passenden Mantel gesucht – und schließlich hat sie den ersten besten gekauft! ❷ *das qualitativ beste:* die erste Geige spielen; erster Klasse fahren; ■ **erste Sahne !** *ausgezeichnet!* Wie der neue Chef seine Ideen dargestellt hat, das war erste Sahne! ❸ *das höchste (in der Rangfolge):* der Erste Vorsitzende; die Erste Bundesliga ◆ Kleinschreibung →R 3.20

er·ste·chen <erstichst, erstach, hat erstochen> *mit OBJ* ■ *jmd.* **ersticht jmdn. (mit etwas** *Dat.)* durch Stechen mit einem Messer töten: Der Täter hat das Opfer mit einem Dolch erstochen.

er·ste·hen <erstehst, erstand, hat erstanden> *mit OBJ* ■ *jmd.* **ersteht etwas** *(geh.) (unter schwierigen Umständen)* erwerben: Wir konnten das Haus doch noch erstehen.

Ers·te-Hil·fe *die* <-> */kein Plur./* Sofortmaßnahmen bei der Behandlung von Verletzten: Erste Hilfe leisten ◆ -Ausrüstung, -Kasten, -Kurs, -Lehrgang, -Leistung

er·stei·gen <ersteigst, erstieg, hat erstiegen> *mit OBJ* ■ *jmd.* **ersteigt etwas** *(geh.)* besteigen: Morgen werden wir diesen Berg ersteigen.

er·stei·gern <ersteigerst, ersteigerte, hat ersteigert> *mit OBJ* ■ *jmd.* **ersteigert etwas** bei einer Versteigerung am meisten Geld für eine Sache bieten und sie dadurch erwerben: Ein japanischer Sammler hat das Bild (für eine riesige Summe) ersteigert. ▸ Ersteigerung

ers·tens *adv (bei einer Aufzählung verwendet):* Erstens habe ich keine Zeit und zweitens keine Lust.

erst·ge·bo·ren *adj /nicht steig./* so, dass man als erste/r geboren wurde

Erst·ge·bo·re·ne *der/die* <-n, -n> *(≈ Älteste/r) jmd., der als erster geboren wurde*

Erst·ge·burts·recht *das* <-(e)s> */kein Plur./ (veralt.) Recht des Erstgeborenen*

Erst·ge·nann·te *das* <-n> */kein Plur./ (↔ Letztgenannte) das zuerst Genannte*

er·sti·cken <erstickst, erstickte, hat erstickt> **I.** *mit OBJ (haben)* ■ *jmd.* **erstickt jmdn./etwas** ❶ ■ *jmd.* **erstickt jmdn.** bewirken, dass jmd. erstickt **II**: Sie erstickte ihr eigenes Kind mit einem Kissen. ❷ ■ *jmd.* **erstickt etwas** bewirken, dass etwas keine Luft mehr bekommt: Er erstickte das Feuer mit einer Decke. **II.** *ohne OBJ (sein)* ■ *jmd.* **erstickt (an etwas** *Dat.)* sterben, weil man keine

Atemluft mehr bekommt: Der Patient ist qualvoll erstickt.

Er·sti·ckung *die* <-> /kein Plur./ *Zustand und Ergebnis des Umstands, dass es jemand an Atemluft mangelt:* Der Gerichtsmediziner stellte Tod durch Erstickung fest. ◆ -sanfall, -sgefahr, -stod

er·stieg *Prät. von* **ersteigen**

er·stie·gen *Part. Perf. von* **ersteigen**

erst·klas·sig *adj* /nicht steig./ *von bester Qualität:* eine erstklassige Leistung

Erst·kläss·ler *der,* **Erst·kläss·le·rin** <-s, -> SCHULE SÜDDT., ÖSTERR., SCHWEIZ. *Schüler, der die erste Klasse der Grundschule besucht*

Erst·kom·mu·ni·on *die* <-, -en> REL. *Fest des erstmaligen Empfangs der Kommunion (in der katholischen Kirche)* ◆ -sfeier ▶ Erstkommunikant, Erstkommunikantin

Erst·kon·su·ment *der,* **Erst·kon·su·men·tin** <-en, -en> *jmd., der zum ersten Mal Drogen konsumiert*

Erst·ling *der* <-s, -e> *das erste Kind:* Das ist mein ältester Sohn, mein Erstling

Erst·lings·ar·beit *die* <-, -en> KUNST *das erste Werk eines Künstlers*

Erst·lings·werk *das* <-(e)s, -e> LIT. *das erste Werk, das ein Schriftsteller verfasst hat:* War das nicht das Erstlingswerk dieses Autors?

erst·ma·lig *adj* /nicht steig./ /nur attr./ *so, dass es das erste Mal ist:* Wir wohnten der erstmaligen Aufführung dieses Stückes bei. ▶ Erstmaligkeit

erst·mals *adv zum ersten Mal:* Ich sah ihn erstmals in München.

er·sto·chen *Part. Perf. von* **erstechen**

erst·ran·gig *adj* /nicht steig./ /nur attr./ *von höchster Qualität, so dass jmd. den ersten Platz einnimmt.:* Er ist ein erstrangiger Sportler. ▶ Erstrangigkeit

er·stre·ben <erstrebst, erstrebte, hat erstrebt> *mit OBJ* ■ *jmd. erstrebt etwas Akk. (geh.) intensiv danach streben, etwas zu erreichen* ▶ erstrebenswert

er·stre·cken <erstreckt, erstreckte, hat erstreckt> *mit SICH* ■ *etwas erstreckt sich über/ auf etwas Akk.* ❶ *sich räumlich ausdehnen:* Das Grundstück erstreckt sich über ein Gebiet von fast 100 Hektar. ❷ *(≈ sich hinziehen) sich zeitlich ausdehnen:* Die Verhandlungen erstreckten sich über mehrere Jahre. ❸ *(geh.) sich beziehen:* Meine Kritik erstreckt sich vor allem auf die beiden ersten Kapitel.

er·stre·cken <erstreckt, erstreckte, hat erstreckt> *mit OBJ* ■ *jmd. erstreckt etwas* SCHWEIZ. *(Frist, Termin) verlängern, hinausschieben*

er·strei·ten <erstreitest, erstritt, hat erstritten> *mit OBJ* ■ *jmd. erstreitet (sich) etwas (geh.: ≈ erkämpfen) durch Kampf erringen*

er·stritt *Prät. von* **erstreiten**

er·strit·ten *Part. Perf. von* **erstreiten**

Erst·schlag *der* <-es, Erstschläge> MILIT. *(atomarer) Angriff, bevor der Gegner als Erster zuschlagen kann*

Erst·se·mes·ter, **Erst·se·mest·ler** *das* <-s, -> *Student/in im ersten Semester* ◆ -beratung

Erst·spra·che *die* <-, -n> SPRACHWISS. *Muttersprache; siehe auch* **Spracherwerb**

Der Ausdruck **Erstsprache** wird gewöhnlich mit dem gleichgesetzt, was man unter **Muttersprache** versteht. Aufgrund naheliegender Fragen des Spracherwerbs ist er in der Zusammensetzung *Erstspracherwerb* fest verankert (vgl. das Stichwort *Spracherwerb*). Vor allem wird der Ausdruck auch im Unterschied zum Erwerb einer Zweitsprache, dem Zweitspracherwerb (vgl. das Stichwort), bzw. zu dem einer Fremdsprache verwendet. In solchen Zusammenhängen wird die Erstsprache auch als „L1", die Zweitsprache als „L2" abgekürzt. Darüber hinaus lassen bilinguale Situationen (vgl. unter *Bilingualismus*) und Fragen der Mehrsprachigkeit von Migrantenkindern weitere Probleme erkennen, weshalb im Hinblick darauf manchmal zwischen *Erstsprache* und *Muttersprache* unterschieden wird.

Die Aneignung einer Erstsprache im Sinne von *Muttersprache* verläuft in der frühen Kindheit in mehreren Phasen, ohne dass es dazu einer Unterweisung, also einer gesteuerten Anleitung von außen, bedarf. Der Erstspracherwerb umfasst sind jeder Prozess einen Ausgangszustand; dies sind hier genetische (artspezifische/biologische/angeborene) Voraussetzungen. Für Art und Umfang des weiteren Verlaufs ist sodann der Zugang zu sprachlichen Äußerungen der Bezugsperson(en) erforderlich (der Input bzw. das Sprachangebot der Umgebungssprache), sowie ein Antrieb bzw. Anlässe zum Voranschreiten des Prozesses. Ein relativ stabiler Zustand (wenn auch nicht als Endzustand zu bezeichnen) muss etwa zwischen dem dritten und dem fünften/sechsten Lebensjahr erreicht sein, um von einem Kind sagen zu können, es seien die wesentlichen sprachlichen Regeln verinnerlicht und damit kognitiv verfügbar geworden. Dies umfasst passives sprachliches, nur zu einem geringen Teil dem Bewusstsein zugängliches, Wissen auf allen sprachlichen Ebenen: Syntax und Morphologie, Phonologie, sowie Semantik und Pragmatik. Die Grundprinzipien des Satzbaus werden gewöhnlich bereits im Alter von drei Jahren erworben. Mit Schuleintritt ist die weitere Entwicklung durch Unterrichtung bestimmt.

Erst·stim·me *die* <-, -n> POL. *Erste Stimme, die der Wähler einem Kandidaten aus seinem Wahlkreis gibt; siehe auch* **Zweitstimme**

er·stun·ken ■ *erstunken und erlogen sein (umg. abwert.) eine gemeine Lüge sein*

er·stür·men <erstürmst, erstürmte, hat erstürmt> *mit OBJ* ■ *jmd. erstürmt etwas* MILIT. *im Sturm einnehmen:* Die Festung konnte erstürmt werden. ▶ Erstürmung

Erst·ver·öf·fent·li·chung *die* <-, -en> KUNST *erst-*

E

malige *Veröffentlichung (eines Werkes oder Buches)*

Erst·wäh·ler *der;* **Erst·wäh·le·rin** <-s, -> POL. *jmd., der zum ersten Mal wählt*

Erst·zu·las·sung *die* <-, -en> VERKEHR *erstmalige Zulassung (eines Fahrzeugs)*

er·su·chen <ersuchst, ersuchte, hat ersucht> *mit OBJ* ■ *jmd. ersucht jmdn. um etwas Akk. (geh.) höflich oder offiziell eine Bitte äußern:* Ich hatte sie höflich ersucht, mir zu helfen.; das Amt um eine Auskunft ersuchen

Er·su·chen *das* <-s, -> AMTSSPR. *(geh.) Anfrage, Bitte:* auf Ersuchen von …

er·tap·pen <ertappst, ertappte, hat ertappt> *mit OBJ/mit SICH* ■ *jmd. ertappt jmdn. (bei etwas Dat.) erwischen:* Die Polizei ertappte den Dieb auf frischer Tat.; Ich habe mich dabei ertappt, dass ich schon wieder Schokolade gegessen habe.

er·tas·ten <ertastest, ertastete, hat ertastet> *mit OBJ* ■ *jmd. ertastet jmdn./etwas durch Tasten etwas herausfinden:* Er ertastete im Dunkeln den Lichtschalter.

er·tei·len <erteilst, erteilte, hat erteilt> *mit OBJ* ■ *jmd. erteilt jmdm. etwas (geh.) geben:* Sie erteilt ihm Klavierunterricht.; Ich erteile Ihnen die Erlaubnis, früher zu gehen. ▶ Erteilung

er·tö·nen <ertönt, ertönte, ist ertönt> *ohne OBJ* ■ *etwas ertönt hörbar werden:* Musik ertönte. ◆ Großschreibung →R 3.4, R 3.5 bei Ertönen des Signals …

Er·trag *der* <-(e)s, Erträge> ❶ *finanzieller Gewinn* ◆-saussichten, -slage, -sminderung, -ssteigerung, -ssteuer, -swert, Netto-, Rein- ❷ LANDW. *Ernte²* ◆ Boden-, -Ernte-

er·tra·gen <erträgst, ertrug, hat ertragen> *mit OBJ* ■ *jmd. erträgt jmdn./etwas aushalten, erdulden:* Ich kann diesen Lärm nicht mehr ertragen.; die Schmerzen tapfer ertragen

er·trag·fä·hig *adj /nicht steig./ so, dass es Ertrag bringen kann:* ertragfähiges Startkapital ▶ Ertragfähigkeit

er·träg·lich <erträglicher, am erträglichsten> *adj so, dass man es noch aushalten kann:* Die Schmerzen sind mittlerweile (einigermaßen) erträglich. ▶ Erträglichkeit

er·trag·los *adj /nicht steig./ ohne Ertrag*

er·trag·reich <ertragreicher, am ertragreichsten> *adj (↔ ertragarm) so, dass es viel Ertrag abwirft:* ein ertragreicher Boden

Er·trags·la·ge *die* <-> /kein Plur./ WIRTSCH. *die Lage bezüglich eines Ertrages:* Die Ertragslage der Firma hat sich inzwischen wieder verbessert.

er·trank *Prät. von* **ertrinken**

er·trän·ken <ertränkst, ertränkte, hat ertränkt> *mit OBJ* ❶ ■ *jmd. ertränkt jmdn./ein Tier jmdn. oder ein Tier lange genug ins Wasser tauchen, um das Ertrinken zu verursachen:* Hat er eine Katze etwa ertränkt? ❷ ■ *jmd. ertränkt etwas in etwas Dat. soviel Alkohol trinken, dass man etwas (vorübergehend) vergisst:* Er hat seinen Kummer in Alkohol ertränkt.

er·träu·men <erträumst, erträumte, hat erträumt> *mit OBJ* ■ *jmd. erträumt (sich) etwas (≈ ersehnen) etwas intensiv wünschen. was man*

schon lange haben möchte: Er hatte sich ein solches Haus stets erträumt.

er·trin·ken <ertrinkst, ertrank, ist ertrunken> *ohne OBJ* ■ *jmd./ein Tier ertrinkt sterben, weil Wasser in die Lunge gerät*

er·trot·zen <ertrotzst, ertrotzte, hat ertrotzt> *mit OBJ* ■ *jmd. ertrotzt etwas jmd. bekommt etwas, nachdem er es trotzig gefordert hat:* Der 16 jährige Sohn hat ertrotzt, dass er jetzt von zuhause ausziehen darf.

er·trug *Prät. von* **ertragen**

er·trun·ken *Part. Perf. von* **ertrinken**

er·tüch·ti·gen <ertüchtigst, ertüchtigte, hat ertüchtigt> *mit SICH* ■ *jmd. ertüchtigt sich (in etwas Dat.) (geh.) sich betätigen, aktiv sein:* Er sollte sich häufiger körperlich ertüchtigen. ▶ Ertüchtigung

er·üb·ri·gen <erübrigt, erübrigte, hat erübrigt> **I.** *mit OBJ* ■ *jmd. erübrigt etwas übrig lassen, frei halten:* Könnten Sie etwas Zeit für mich erübrigen?; Wir können das Geld erübrigen. **II.** *mit SICH* ■ *etwas erübrigt sich überflüssig sein:* Es erübrigt sich zu sagen … ▶ Erübrigung

eru·ie·ren <eruierst, eruierte, hat eruiert> *mit OBJ* ■ *jmd. eruiert etwas (schweiz. auch: jmdn.) (geh.) herausfinden, ausfindig machen* ▶ Eruierung

Erup·ti·on *die* <-, -en> *(fachspr.) Ausbruch eines Vulkans* ▶ eruptiv

Erup·tiv·ge·stein *das* <-(e)s, -e> *(fachspr.) (aufgrund einer vorausgegangenen Eruption) erstarrtes Gestein*

er·wa·chen <erwachst, erwachte, ist erwacht> *ohne OBJ* ■ *jmd./etwas erwacht (aus etwas)* ❶ *aufwachen:* Er erwachte aus einem Traum/ einer Illusion. ❷ *entstehen:* Seine Neugierde erwachte. ■ *ein böses Erwachen geben eine schlimme Überraschung sein*

er·wach·sen¹ <erwächst, erwuchs, ist erwachsen> *ohne OBJ* ■ *etwas erwächst aus etwas Dat. (geh.) entstehen:* Daraus werden Ihnen einige Kosten erwachsen.

er·wach·sen² <erwachsener, am erwachsensten> *adj so, dass man kein Kind und kein Jugendlicher mehr ist:* Sie hat zwei erwachsene Söhne.; Du musst endlich erwachsen werden!

Er·wach·se·ne *der/die* <-n, -n> *jmd., der erwachsen² ist* ◆-nbildung, -ntaufe

Er·wach·se·nen·bil·dung *die* <-> /kein Plur./ *Bildungsmaßnahmen für Erwachsene*

Unter **Erwachsenenbildung** versteht man die Fortsetzung oder Wiederaufnahme organisierten Lernens, und zwar im Anschluss an eine wie auch immer geartete erste Bildungsphase. Andere Ausdrücke dafür sind **Weiterbildung** und *Andragogik*. Die Förderung der Erwachsenenbildung ist gesetzlich geregelt, auch im Zusammenhang mit dem Konzept des lebenslangen Lernens. Für die Erwachsenenbildung gelten in Deutschland je nach Bundesland eigene Sonderregelungen. Träger der Erwachsenenbildung sind neben den Volkshochschulen verschiedene Organisationen, Einrichtungen und Verbände, die thematisch weit gestreut sind und als Bildungswerk bzw. Bildungseinrichtungen verschiedene Angebote umfassen: Bundeszentrale und Landeszentralen für politische Bildung, gemeinnützige und private, gewerkschaftliche, kirchliche sowie universitäre Einrichtungen, und Bildungseinrichtungen in Betrieben. Neben Einrichtungen, die Kurse mit Präsenz anbieten, gibt es auch neue Formen der Erwachsenenbildung ausschließlich über das Internet. Getragen werden die Einrichtungen nicht nur durch Teilnehmergebühren, sondern auch durch Zuschüsse entsprechender Dachorganisationen sowie durch kommunale und staatliche Leistungen.

er·wä·gen <erwägst, erwog, hat erwogen> *mit OBJ* ■ *jmd. erwägt etwas* ❶ *sorgfältig durchdenken, prüfen:* Wir hatten die Vor- und Nachteile des Plans sorgfältig erwogen. ❷ *(geh.) in Betracht ziehen:* Wir erwägen, nächstes Jahr nach Italien in den Urlaub zu fahren.
Er·wä·gung *die* <-, -en> *(geh.) sorgfältige Überlegung:* Wir haben natürlich auch diese Möglichkeit in Erwägung gezogen.
er·wäh·len <erwählst, erwählte, hat erwählt> *mit OBJ* ■ *jmd. erwählt jmdn./etwas (geh.) mit Bedacht (aus)wählen, aussuchen:* sich eine Frau erwählen
er·wäh·nen <erwähnst, erwähnte, hat erwähnt> *mit OBJ* ■ *jmd. erwähnt jmdn./etwas nennen:* Sie hat ihn mehrfach lobend erwähnt.; Sie hat beiläufig erwähnt, dass … ▶ erwähnenswert, erwähntermaßen, Erwähnung
er·warb *Prät. von* **erwerben**
er·wär·men <erwärmst, erwärmte, hat erwärmt> *mit OBJ* ■ *jmd. erwärmt etwas Akk. warm machen;* ■ *sich für jmdn./etwas erwärmen (umg. übertr.) sich für jmdn. oder etwas begeistern*
Er·wär·mung *die* <-> */kein Plur./ das Erwärmen* ◆ Erd-
er·war·ten <erwartest, erwartete, hat erwartet> *mit OBJ* ❶ ■ *jmd. erwartet etwas rechnen mit:* Ich erwarte Post.; Ich erwarte deinen Anruf vor neun Uhr.; Das das passieren würde, war schon lange zu erwarten. ❷ ■ *jmd. erwartet etwas hoffen auf:* Wir hatten erwartet, dass die neue CD besser ist. ❸ ■ *jmd. erwartet etwas von jmdm./etwas (geh.) sich versprechen:* Ich erwarte (mir) bessere Leistungen von dir.; ■ *ein Kind erwarten schwanger sein*
Er·war·tung *die* <-, -en> *etwas, das jmd. erwartet:* Er hatte die (in ihn gesetzten) Erwartungen enttäuscht.; Das neue Tätigkeitsfeld entsprach nicht gerade ihren Erwartungen.; Sie sah sich in ihren Erwartungen getäuscht. ◆ -sabfrage, -sangst, -sbericht, -sbild, -sdruck, -seffekt, -serwartungen, -sfehler, -sgespräch, -shypothese, -sklärung, -skonformität, -slernen, -slücke, -smanagement, -snutzen, -spotential/-spotenzial, -sprofil, -srechnung, -ssicherheit, -sstruktur, -stheorie

er·war·tungs·ge·mäß *adj /nicht steig./ wie zu erwarten war:* Sie hatte erwartungsgemäß keine Zeit.
Er·war·tungs·hal·tung *die* <-, -en> *von einer bestimmten Erwartung geprägte (innere) Einstellung, Haltung:* Er ging mit einer zu hohen Erwartungshaltung an die Sache heran.
Er·war·tungs·ho·ri·zont *der* <-(e)s, -e> *(übertr.) Ausmaß der Erwartungen, die jmd. (bezüglich einer Sache) hat:* soziale Erwartungshorizonte
er·war·tungs·voll <erwartungsvoller, am erwartungsvollsten> *adj voller Erwartung:* Er sah sie erwartungsvoll an.
er·we·cken <erweckst, erweckte, hat erweckt> *mit OBJ* ■ *jmd./etwas erweckt etwas (in jmdm.) (geh.) hervorrufen; bewirken, dass etwas (ein Gefühl z. B.) in jmd. entsteht:* Dieses Buch erweckte sein Interesse.; Sie erweckte den Eindruck, als ob sie noch müde wäre.
er·weh·ren <erwehrst, erwehrte, hat erwehrt> *mit SICH* ■ *jmd. erwehrt sich jmds./etwas (geh.) sich zur Wehr setzen, mit Mühe abwehren:* Sie konnte sich seiner nicht länger erwehren.; Er konnte sich des Eindrucks nicht erwehren, dass …
er·wei·chen <erweichst, erweichte, hat erweicht> *mit OBJ* ■ *jmd./etwas erweicht jmdn. (durch etwas Akk.) milde stimmen:* Er ließ sich durch ihre Tränen nicht erweichen. ▶ Erweichung
er·wei·sen <erweist, erwies, hat erwiesen> **I.** *mit OBJ* ❶ ■ *jmd. erweist etwas beweisen:* Das muss erst noch erwiesen werden. ❷ ■ *jmd. erweist jmdm. etwas (geh.) zuteilwerden lassen:* Du könntest deinen Eltern etwas mehr Respekt erweisen!; Alle seine Freunde erwiesen ihm die letzte Ehre. **II.** *mit SICH* ■ *jmd./etwas erweist sich als jmd./etwas/irgendwie (geh.) sich zeigen, sich herausstellen:* Er erwies sich als unfähig.; Das neue Werkzeug erwies sich als sehr nützlich.; Das Gemälde erwies sich als Fälschung.
er·wei·ter·bar *adj /nicht steig./ so, dass man es erweitern kann* ▶ Erweiterbarkeit
er·wei·tern <erweiterst, erweiterte, hat erweitert> **I.** *mit OBJ* ■ *jmd. erweitert etwas (durch etwas Akk.) vergrößern:* Man musste die Sportanlage erweitern.; Er versuchte, durch Lesen seinen Horizont zu erweitern. ▶ Erweiterung **II.** *mit SICH* ■ *etwas erweitert sich sich ausdehnen:* Die Pupillen erweiterten sich. ▶ Erweiterung
Er·wei·te·rungs·bau *der* <-(e)s, -s/-ten> *Bau, der ein (schon vorhandenes) Gebäude erweitert*
er·wei·te·rungs·fä·hig *adj /nicht steig./ so, dass man es erweitern kann* ▶ Erweiterungsfähigkeit
Er·werb *der* <-(e)s, -e> *Prozess und Resultat der Aneignung von etwas* ◆ -sarbeit, -sbiografie/-sbiographie, -sfähigkeit, -smöglichkeit, -squelle, -squote, -szweig, Geld-, Grundstücks-, Neben-, Sprach-
er·wer·ben <erwirbst, erwarb, hat erworben> *mit OBJ* ■ *jmd. erwirbt etwas* ❶ *zu Eigen machen:* Sie hatte erhebliches Ansehen/ beträchtliches Wissen erworben. ❷ *kaufen:* Sie haben das Haus (käuflich) erworben. ▶ Erwerber, Erwerberin
er·werbs·be·schränkt *adj /nicht steig./ (nur) eingeschränkt erwerbsfähig* ▶ Erwerbsbeschränkung

E

er·werbs·fä·hig *adj /nicht steig./ in der Lage, durch Arbeit ein Einkommen zu erzielen:* Ist er noch voll erwerbsfähig? ▶ Erwerbsfähigkeit

Er·werbs·le·ben *das* <-s> */kein Plur./ Berufsleben*

er·werbs·los *adj /nicht steig./ (≈ arbeitslos)* ▶ Erwerbslosigkeit

Er·werbs·min·de·rung *die* <-, -en> *Minderung der Erwerbsfähigkeit* ◆ -srente

Er·werbs·mög·lich·keit *die* <-, -en> *Möglichkeit, seinen Lebensunterhalt zu verdienen*

er·werbs·tä·tig *adj /nicht steig./ im Berufsleben stehend:* die erwerbstätige Bevölkerung ▶ Erwerbstätige, Erwerbstätigkeit

er·werbs·un·fä·hig *adj /nicht steig./ nicht erwerbsfähig:* Nach seinem Unfall war er erwerbsunfähig.

Er·werbs·un·fä·hig·keit *die* <-> */kein Plur./ das Erwerbsunfähigsein* ◆ -srente

Er·werbs·zweig *der* <-(e)s, -e> *Berufszweig*

er·wi·dern <erwiderst, erwiderte, hat erwidert> *mit OBJ* ■ *jmd. erwidert (jmdm.) etwas (auf etwas Akk.)* ❶ *antworten:* Darauf erwiderte sie, dass ... ❷ *(geh.) auf eine Empfindung mit der gleichen Empfindung reagieren:* Hat sie deine Liebe nicht erwidert?

Er·wi·de·rung *die* <-, -en> ❶ *die Worte, die jmd. erwidert* [1] ❷ */kein Plur./ das Erwidern* [2]: Seine Liebe fand keine Erwiderung.

er·wies *Prät. von* **erweisen**

er·wie·sen *Prät. Perf. von* **erweisen**

er·wir·ken <erwirkst, erwirkte, hat erwirkt> *mit OBJ* ■ *jmd. erwirkt etwas* AMTSSPR. *erreichen:* Der Anwalt erwirkte eine einstweilige Verfügung.

er·wirt·schaf·ten <erwirtschaftest, erwirtschaftete, hat erwirtschaftet> *mit OBJ* ■ *jmd. erwirtschaftet etwas als Ergebnis der wirtschaftlichen Tätigkeit erzielen:* Das Unternehmen hat im letzten Geschäftsjahr einen hohen Gewinn erwirtschaftet. ▶ Erwirtschaftung

er·wi·schen <erwischst, erwischte, hat erwischt> *mit OBJ* ■ *jmd. erwischt jmdn./etwas* ❶ *(umg.) jmdn. dabei antreffen, dass er etwas Verbotenes tut:* Er wurde im Kaufhaus beim Stehlen erwischt. ❷ *(umg.) zufällig bekommen:* Er erwischte gerade noch den letzten Bus.; Sie erwischte das größte Stück Kuchen.

er·wog *Prät. von* **erwägen**

er·wo·gen *Part. Perf. von* **erwägen**

er·wor·ben *Part. Perf. von* **erwerben**

er·wuchs *Prät. von* **erwachsen**

er·wünscht *adj* willkommen: Angeberei ist hier nicht erwünscht. ▶ Erwünschtheit

er·wür·gen <erwürgst, erwürgte, hat erwürgt> *mit OBJ* ■ *jmd. erwürgt jmdn./ein Tier durch Würgen töten*

Erz- *als Erstglied zusammengesetzter Substantive; drückt aus* ❶ *dass das mit dem Zweitglied Bezeichnete einen hohen Rang in einer Hierarchie innehat oder grundsätzlicher (althergebrachter) Natur ist* ◆ -diözese, -feindschaft, -herzog ❷ *dass dass mit dem Zweitglied Bezeichnete mit seinen negativen Eigenschaften in extremer Weise auf jemand/etwas zutrifft; mit Betonung auf beiden*

Teilgliedern ◆ -gauner, -halunke, -schurke, -schurkin, -rivale -übel

erz- *als Erstglied zusammengesetzter Adjektive, mit Betonung auf beiden Teilen; drückt aus, dass das mit dem Zweitglied Bezeichnete in seinen gegebenen negativen Eigenschaften besonders ausgeprägt ist* ◆ -dumm, -faul, -reaktionär

er·zäh·len <erzählst, erzählte, hat erzählt> *mit OBJ* ❶ ■ *jmd. erzählt (jmdm.) etwas Akk. von etwas berichten:* Sie erzählte ein Urlaubserlebnis. ❷ ■ *jmd. erzählt etwas eine Erzählung vortragen:* Sei still, er erzählt gerade eine Geschichte. ❸ ■ *jmd. erzählt etwas sagen:* Er erzählt nur Lügen.; Du darfst es niemandem erzählen!; ■ *Du kannst mir viel erzählen! Das glaube ich dir nicht!* Er soll schon einmal mit der Queen diniert haben ? Du kannst mir viel erzählen!

er·zäh·lens·wert *adj* so, dass es wert ist, erzählt zu werden

Er·zäh·ler *der*, **Er·zäh·le·rin** <-s, -> ❶ *jmd., der erzählt* [2]: Sie ist eine gute Erzählerin (von Märchen). ❷ LIT. *vom Autor erfundene Figur, die erzählt* [2] ◆ Geschichten-, Märchen-

er·zäh·le·risch *adj /nicht steig./ /nur attr./ auf das Erzählen oder die Erzählkunst bezogen:* Sie besitzt ein großes erzählerisches Talent.

Er·zähl·kunst *die* <-, Erzählkünste> *die Kunst des Erzählens*

Er·zäh·lung *die* <-, -en> ❶ *das Erzählte* ❷ LIT. *ein kleinerer Prosatext*

Erz·bis·tum *das* <-s, Erzbistümer> REL. *Diözese eines Erzbischofs; siehe auch* **Erz-**

Erz·en·gel *der* <-s, -> REL. *(in der Bibel) einer der vier ranghöchsten Engel:* der Erzengel Gabriel; *siehe auch* **Erz-**

er·zeu·gen <erzeugst, erzeugte, hat erzeugt> *mit OBJ* ■ *jmd./etwas erzeugt etwas* ❶ *verursachen, bewirken:* Der Film erzeugte eine knisternde Spannung im Publikum. ❷ *produzieren:* Solarzellen erzeugen Strom aus Sonnenenergie.

Er·zeu·ger[1] *der*, **Er·zeu·ge·rin** <-s, -> ❶ *jmd., der etwas oder eine Ware produziert:* Wir kaufen das Gemüse direkt beim Erzeuger. ❷ *(iron.) leiblicher Vater*

Er·zeu·ger[2] *der*, **Er·zeu·ge·rin** <-s, -> ÖSTERR. *Hersteller* ◆ -land, -preis

Er·zeug·nis *das* <-ses, -se> *(≈ Produkt) etwas, das als Ware hergestellt worden ist:* Die landwirtschaftlichen Erzeugnisse dieser Region werden direkt vermarktet. ◆ Druck-, Fabrik-, Natur-, Spitzen-

Er·zeu·gung *die* <-> */kein Plur./ das Erzeugen* [2]: Fachleute diskutierten alternative Möglichkeiten zur Erzeugung von Strom.

Erz·feind *der* <-(e)s, -e> ❶ *erbitterter, langjähriger Feind* ❷ *(verhüll.) Teufel; siehe auch* **Erz-**

Erz·gru·be *die* <-, -n> *Bergwerk, in dem Erz abgebaut wird*

erz·hal·tig <erzhaltiger, am erzhaltigsten> *adj* Erz enthaltend: erzhaltiges Gestein

Erz·her·zog·tum *das* <-s, Erzherzogtümer> *siehe auch* **Erz-**

er·zieh·bar *adj /nicht steig./ so, dass jmd. erzogen werden kann* ◆ Getrenntschreibung → R 4.17

ein Heim für schwer erziehbare/schwererziehbare Kinder

er·zie·hen <erziehst, erzog, hat erzogen> *mit OBJ* ■ *etwas erziehen jmdn. (zu etwas* Dat.*)* Kindern eine Erziehung geben: Die Eltern erzogen ihre Kinder zur Höflichkeit.; Sie wurde in einem Heim erzogen.

Er·zie·her *der*, **Er·zie·he·rin** <-s, -> ❶ *jmd., der erzieht:* Hier haben die Eltern als Erzieher versagt. ❷ *jmd., der beruflich Kinder betreut:* Sie ist Erzieherin im Kindergarten.

er·zie·he·risch *adj / nicht steig. / / nur attr. / die Erziehung betreffend:* erzieherische Aufgaben; zu erzieherischen Maßnahmen greifen

Er·zie·hung *die* <-> */kein Plur. /* alle Maßnahmen, die Kindern und Jugendlichen die Fähigkeiten vermitteln sollen, die sie im Leben brauchen: Sie genoss eine gute/liberale/strenge Erziehung. ◆ -sfehler, -smaßnahme, -smethode, -sschwierigkeiten, -ssystem, -sziel, Kinder-, Kunst-, Musik-

Er·zie·hungs·an·stalt *die* <-, -en> *(≈ Erziehungsheim)*

Er·zie·hungs·bei·hil·fe *die* <-, -n> *Geld, das den erziehenden Erwachsenen vom Staat gegeben wird für die Versorgung der Kinder*

Er·zie·hungs·be·ra·ter *der*, **Er·zie·hungs·be·ra·te·rin** <-s, -> *jmd., der in Erziehungsfragen berät* ▶ Erziehungsberatung

Er·zie·hungs·be·ra·tungs·stel·le *die* <-, -n> *Beratungsstelle, die für Erziehungsfragen zuständig ist*

Er·zie·hungs·be·rech·tig·te *der/die* <-n, -n> AMTSSPR. *die Eltern oder ein Vormund*

Er·zie·hungs·geld *das* <-(e)s> */kein Plur. /* Geld, das eine Mutter nach der Geburt ihres Kindes vom Staat bekommt (bis zu 12 Monate lang), solange sie im Erziehungsurlaub ist.: Nach der Geburt ihres Kindes erhielt sie Erziehungsgeld.

Er·zie·hungs·heim *das* <-(e)s, -e> *Heim für Jugendliche, deren Erziehung der Staat zu übernehmen hat*

Er·zie·hungs·ro·man *der* <-(e)s, -e> LIT. *(≈ Initiationsroman, Entwicklungsroman) Roman, der vom (geistigen) Reifeprozess der Hauptfigur handelt*

Er·zie·hungs·ur·laub *der* <-(e)s, -e> *(veralt.)* siehe **Elternzeit**

Er·zie·hungs·wis·sen·schaft *die* <-, -en> *(≈ Pädagogik) Wissenschaft von der Erziehung von Menschen* ▶ Erziehungswissenschaftler, Erziehungswissenschaftlerin, erziehungswissenschaftlich

er·zie·len <erzielst, erzielte, hat erzielt> *mit OBJ* ■ *jmd. erzielt etwas erreichen:* Die Firma erzielte großen Erfolg mit dem neuen Produkt.; Das Unternehmen erzielte einen hohen Gewinn. ▶ Erzielung

Er·zie·lung *die* <-> */kein Plur. /* das Erzielen

er·zit·tern <erzitterst, erzitterte, hat erzittert> *ohne OBJ* ■ *jmd./etwas erzittert vibrieren:* Der Boden erzitterte unter den Hufen der Pferde.

erz·kon·ser·va·tiv *adj / nicht steig. / (abwert.) sehr konservativ; siehe auch* **erz-**

Erz·la·ger *das* <-s, -> *Ort, an dem Erz vorkommt*

er·zog *Prät. von* **erziehen**

er·zo·gen *Part. Perf. von* **erziehen**

er·zür·nen <erzürnst, erzürnte, hat erzürnt> **I.** *mit OBJ* ■ *etwas erzürnt jmdn. (geh.) zornig machen:* Ihr Verhalten erzürnte die Mitarbeiter. **II.** *mit SICH* ■ *jmd. erzürnt sich (über jmdn./ etwas) (geh.) zornig werden:* Sie erzürnten sich über die frechen Bemerkungen.

er·zwang *Prät. von* **erzwingen**

er·zwin·gen <erzwingst, erzwang, hat erzwungen> *mit OBJ* ■ *jmd. erzwingt etwas (von jmdm.) zwingen:* Man hatte seine Unterschrift erzwungen.; Er erzwang sich den Zutritt zum Büro des Chefs.

er·zwun·gen *Part. Perf. von* **erzwingen**

er·zwun·ge·ner·ma·ßen *adv unter Zwang*

es¹ */Personalpronomen der 3. Pers. Sing. Neutrum /* ❶ *verwendet, um sich auf ein Substantiv zu beziehen, dass bereits genannt wurde und dessen Genus Neutrum ist:* Wo ist das Buch? Es liegt auf dem Tisch.; Das Kind ist sechs Jahre alt. Es kommt demnächst in die Schule. ❷ *verwendet, um den Inhalt eines vorangegangenen Satzes aufzugreifen:* Er hat die Prüfung nicht bestanden. – Ich habe es ja vorausgesehen (≈ Ich habe vorausgesehen, dass er die Prüfung nicht bestehen würde). ❸ ■ *es plus „sein" verwendet mit einem Substantiv anstelle von „er" oder „sie":* Am Waldrand sah man zwei Gestalten. Es waren Bauer Schulze und der Förster.

es² *pron / unpersönliches Pronomen; in unpersönlichen Konstruktionen verwendet, um die grammatische Funktion des Subjekts zu besetzen .../* ❶ *mit einigen Verben, die die Beschaffenheit des Wetters ausdrücken:* Es regnet.; Es schneit. ❷ *mit einigen Verben, die ein solches unpersönliches Objekt verlangen:* Es gehört sich einfach, dass man ehrlich ist.; Es geht um viel mehr als nur um Geld.; Es kommt darauf an, ... ❸ *in einigen Wendungen, die ein rein formales Objekt verlangen:* Ich meine es nur gut.; Sie hat es eilig.; Jetzt hat er es auch noch an der Bandscheibe. ❹ *mit Zeitangaben:* Es ist jetzt vierzehn Uhr. ❺ *als Platzhalter für ein Substantiv oder einen Nebensatz, der später folgt:* Es ist fraglich, ob das stimmt (≈ Ob das stimmt, ist fraglich). ❻ *als formales Subjekt in Passivkonstruktion:* Es wurde getanzt und gesungen.

Esche *die* <-, -n> BOT. *ein Laubbaum*

Esel *der* <-s, -> ZOOL. *eine Art kleines Pferd, für das das graue Fell und die langen Ohren charakteristisch sind:* Früher hat der Bauer die Getreidesäcke dem Esel aufgeladen und ihn zur Mühle getrieben.; ■ *du Esel! du dummer Mensch !* Pass doch auf, du Esel !; ■ *er ist ein geduldiger Esel er lässt sich von anderen alles aufladen, ohne zu protestieren;* ■ *er ist störrisch wie ein Esel er tut nicht, was man ihm von ihm schon lange geraten ist, ein besseres Fahrrad zu kaufen – aber er ist störrisch wie ein Esel !;* ■ *Der Esel nennt sich selbst zuerst. drückt aus, dass jmd. unbescheiden ist und den ersten Platz einnehmen will* ◆ Last-, Reit-

Ese·lei *die* <-, -en> *(übertr.) Dummheit, Torheit*

Esels·brü·cke *die* <-, -n> *(übertr.) ein Wort, das*

E

man gebraucht, um sich ein anderes Wort besser merken zu können: eine Eselsbrücke bilden

Esels·ohr das <-s, -en> (umg. übertr.) eine umgeknickte Ecke an einer Buchseite: Mach bloß keine Eselsohren in das Buch – ich habe es aus der Bibliothek.

Es·ka·la·ti·on die <-, -en> (geh.) der Vorgang, dass etwas eskaliert

es·ka·lie·ren <eskaliert, eskalierte, ist eskaliert> mit OBJ ■ etwas eskaliert (zu etwas Dat.) (geh.) langsam anwachsen, sich stufenweise steigern: Die Auseinandersetzungen zwischen der Polizei und den Demonstranten eskalierten.; Der Streit eskalierte und endete in einer Schlägerei. ▶ deeskalieren

Es·ka·pa·de die <-, -n> (geh.) eigenwillige, oft unüberlegte Handlung; Streich: Man kannte ja seine nächtlichen Eskapaden.

Es·ki·mo der/die <-s, -s> Angehöriger eines im hohen Norden Kanadas und Alaskas lebenden Volkes

Es·kor·te die <-, -n> (fachspr.) Begleitung, Geleit: Für die Sicherheit des Politikers sorgte eine Eskorte.

es·kor·tie·ren <eskortierst, eskortierte, hat eskortiert> mit OBJ ■ jmd. eskortiert jmdn./etwas (fachspr.) begleiten: Polizisten auf Motorrädern eskortierten den Wagen des Präsidenten.

Eso·te·rik die <-> /kein Plur./ ❶ (fachspr.) (eine Art) Geheimlehre ❷ (fachspr.) bestimmte religiöse, mystische oder philosophische Riten, Ideen und Gebräuche, die nur für Eingeweihte (geistig) zugänglich sind ▶ esoterisch

Es·pa·d·ril·le die [...padri:j] <-, -s> Stoffschuh mit geflochtener Sohle

Es·pe die <-, -n> BOT. (≈ Zitterpappel) ein Laubbaum

Es·pen·laub ■ zittern wie Espenlaub (umg.) stark zittern

Es·pe·ran·to das <-(s)> eine künstlich geschaffene Sprache (Welthilfssprache, Plansprache), die Elemente verschiedener Sprachen aufgreift und zur internationalen Verständigung zwischen Sprechern unterschiedlicher Muttersprachen beitragen soll

Es·pres·so der <-s, -s/Espressi> (italienischer) Kaffee mit sehr kräftigem Geschmack, der nach Zubereitung in einer speziellen Maschine aus kleinen Tassen getrunken wird

Es·prit der [ɛs'pri:] <-s> /kein Plur./ (geh.) Fähigkeit, sich elegant und feinsinnig auszudrücken: Sie sprühte förmlich vor Esprit.

Ess- als Erstglied zusammengesetzter Substantive; drückt aus, dass das mit dem Zweitglied Bezeichnete im Zusammenhang mit der Nahrungsaufnahme steht ◆-ecke, -gewohnheit, -küche, -löffel, -lust, -störung, -sucht, -tisch, -unlust, -verhalten, -waren, -zimmer

Es·say der/das ['ɛse/ɛ'se:] <-s, -s> LIT. kürzere, anspruchsvollere, subjektiv gefärbte Abhandlung über ein bestimmtes Thema aus Kunst, Wissenschaft oder Philosophie: Kennst du die Essays von Montaigne? ▶ Essayist, Essayistin, essayistisch

ess·bar adj /nicht steig./ (≈ genießbar ↔ unge-

nießbar) so, dass es für den Genuss durch den Menschen geeignet ist: ein essbarer Pilz ▶ Essbarkeit

Ess·be·steck das <-(e)s, -e> zur Nahrungsaufnahme benötigtes Besteck: Gabel, Messer, Löffel

Es·se die <-, -n> ❶ LANDSCH., OSTMDT. Schornstein ❷ Rauchabzug über offenem Feuer

Es·sen das <-s, -> ❶ /kein Plur./ Nahrung: Das Einkommen reicht gerade für Miete und Essen. ❷ /kein Plur./ Mahlzeit[2]: Wir sitzen gerade beim Essen.; Wir haben Gäste zum Essen eingeladen. ❸ ein Gericht, eine bestimmte Mahlzeit[1]: Das Essen schmeckt/bekommt mir gut/ist mir schlecht bekommen/reicht für alle.; Das Essen ist fertig.; Es gibt warmes Essen. ❹ eine Mahlzeit als gesellschaftliches Ereignis: Der Senator gibt heute Abend ein Essen (für einhundert Gäste). ◆-karte, -nszeit, Abend-, Abschieds-, Arbeits-, Fest-, Mittag-

es·sen <isst, aß, hat gegessen> I. mit OBJ/ohne OBJ ■ jmd. isst etwas durch Kauen und Schlucken Nahrung aufnehmen: Sie essen gern Gemüse/kein Fleisch.; Er aß genussvoll/hastig/im Stehen/unregelmäßig. II. ohne OBJ ■ jmd. isst irgendwie eine Mahlzeit zu sich nehmen, die nach einer genannten Zubereitungsart gekocht ist: Wollen wir französisch/italienisch/griechisch/vegetarisch/mittags warm/abends kalt essen?; ■ essen wie ein Spatz sehr wenig essen; ■ Es wird nichts so heiß gegessen, wie es gekocht wird. Man stellt sich etwas viel schlimmer vor, als es ist.; ■ Essen und Trinken hält Leib und Seele zusammen. Man muss essen, wenn man bei Kräften bleiben will.

Es·sen·keh·rer der, **Es·sen·keh·re·rin** <-s, -> LANDSCH., OSTMDT. Schornsteinfeger

Es·sen·mar·ke die <-, -n> ein kleiner Gutschein, den man an einer Kasse kauft und mit dem man z. B. in einer Kantine sein Essen bezahlen kann: Die Essensmarken werden Anfang des Monats ausgegeben.

es·sen·ti·ell adj siehe essenziell

Es·senz die <-, -en> ❶ /kein Plur./ (geh.) Auszug des Wesentlichen: Die Essenz seines Vortrags lässt sich in wenigen Worten zusammenfassen. ❷ (fachspr.) Extrakt, konzentrierte Lösung ◆Essig-, Rosen-

es·sen·zi·ell, a. **es·sen·ti·ell** adj /nicht steig./ (geh.) wichtig, wesentlich: die essentiellen Dinge des Lebens

Es·ser der, **Es·se·rin** <-s, -> jmd., der isst; ■ ein guter/schlechter Esser sein (gewöhnlich) viel/wenig essen

Ess·ge·schirr das <-s, -e> transportables Geschirr aus Metall, das besonders Arbeiter und Soldaten verwenden

Es·sig der <-s, -e> eine aus Wein gewonnene Flüssigkeit, die sauer schmeckt und zum Würzen und Konservieren verwendet wird: Salat mit Essig und Öl anmachen; Wir haben verschiedene Essige (Essigsorten) angesetzt.; in Essig eingelegte Gurken; ■ mit etwas ist es Essig (umg.) aus etwas wird nichts Unser Auto ist kaputt – mit dem Urlaub ist es Essig ! ◆-baum, -essenz, -frucht, -gurke, -säure

Ess·ka·sta·nie die <-, -n> essbare Kastanie

Ess·kul·tur *die* <-> */kein Plur./ Kultur des Essens und der Art, wie Speisen zubereitet und serviert werden*

Ess·löf·fel *der* <-s, -> *größerer Löffel, mit dem man z. B. Suppe isst*

ess·löf·fel·wei·se *adv in Esslöffeln abgemessen:* jmdm. esslöffelweise Essen reichen

Ess·stäb·chen *das* <-s, -> *aus zwei Stäbchen bestehendes chinesisches Essbesteck*

Es·ta·b·lish·ment *das* [isˈtɛblɪʃmənt] <-s> */kein Plur./ (abwertt.) die soziale Schicht in einer Gesellschaft, die sich etabliert hat und gegenwärtig die Macht hat; siehe auch* **etablieren**

Est·land, Êst·land <-s> GEOGR. *Staat in Nordosteuropa* ▶ Este/Estländer, Estin/Estländerin, estländisch/estnisch

Es·t·ra·gon *der* <-> */kein Plur./ BOT. eine Gewürzpflanze*

Est·rich *der* <-s, -e> ❶ *(fachspr.) (Zement-)Fußboden* ❷ SCHWEIZ. *Dachboden*

eta·b·lie·ren <etablierst, etablierte, hat etabliert> I. *mit OBJ* ■ **jmd. etabliert etwas** *(geh.) einrichten, gründen:* mit der Gründung eines Lehrstuhls einen Forschungszweig an einer Universität etablieren II. *mit SICH* ■ **jmd./etwas etabliert sich (irgendwo) (als etwas)** ❶ *niederlassen:* Er etablierte sich als Geschäftsmann. ❷ *eine sozial sichere Position einnehmen (und sich darin festsetzen):* Das Lokal hat sich etabliert, jeden Abend herrscht Hochbetrieb.; Er hat sich als Großhändler etabliert.

Eta·b·lis·se·ment *das* [etablɪs(ə)ˈmã] <-s, -s> ❶ *(geh.) Betrieb, Niederlassung* ❷ *(verhüll.) Bordell*

Eta·ge *die* [eˈtaːʒə] <-, -n> *Stockwerk:* Er wohnt in/auf der 3. Etage.

Eta·gen·woh·nung *die* <-, -en> *Mietwohnung in einer Etage*

Etap·pe *die* [eˈtapə] <-, -n> ❶ SPORT *Teilabschnitt eines Rennens:* Die Rundfahrt geht über achtzehn Etappen.; Erik hat drei Etappen und das Trikot des des besten Sprinters gewonnen. ❷ *ein Abschnitt von etwas:* Die zweite Etappe unserer Reise führte uns durchs Voralpenland.; Das ist eine neue Etappe in der Entwicklung unseres Unternehmens.

Etap·pen·sieg *der* <-(e)s, -e> SPORT *Sieg auf einer Teilstrecke (eines Rennens)*

Etap·pen·ziel *das* <-(e)s, -e> *Ziel einer Etappe*

Etat *der* [eˈtaː] <-s, -s> WIRTSCH. *Haushalt bzw. Haushaltsplan (eines Staates, einer Gemeinde etc.); Geldmittel; Plan für die Ausgaben und Einnahmen* ◆-aufstellung, -jahr, -kürzung, -überschreitung

ete·pe·te·te *die* [ˈeːtəpəˈteːtə] *adj /nur. präd./ /nicht steig./ (umg. abwert.) verwöhnt, zimperlich, übertrieben fein:* Sie ist sehr etepetete.

Eter·nit® *das* [etɛrˈniːt] <-s> */kein Plur./ (fachspr.) Faserzement*

Ethik *die* <-, -en> ❶ PHILOS. *Sittenlehre* ❷ */kein Plur./ (geh.) alle sittlichen Normen, auf denen verantwortungsbewusstes Handeln fußt* ◆-kommission, -unterricht, Bio-, Sozial-

Ethik·kom·mis·si·on *die* <-, -en> POL. *Kommission, die sich mit Fragen der Ethik beschäftigt*

Ethik·un·ter·richt *der* <-(e)s> */kein Plur./ SCHULE alternativ zum Religionsunterricht eingesetztes Schulfach, das Werte und Normen des menschlichen Lebens zum Thema hat*

ethisch *adj /nicht steig./ /nur attr./* ❶ *die Ethik betreffend:* Die neuesten Entdeckungen der Biologie und Medizin schaffen viele neue ethische Probleme ❷ *unter ethischem Aspekt gut:* eine ethische Grundeinstellung haben/ ethisch einwandfrei sein

eth·nisch *adj /nicht steig./ (fachspr.) eine bestimmte Volksgruppe betreffend*

Eth·no·lekt *der* <-(e)s, -e> SPRACHWISS. *Bezeichnung für eine sprachliche Varietät ethnischer Minderheiten; siehe auch* **Immigrantendeutsch, Varietät**

Eth·no·lo·gie *die* <-> */kein Plur./ (fachspr.) Völkerkunde* ▶ Ethnologe, Ethnologin, ethnologisch

Eth·no·pop *der* <-s> */kein Plur./ MUS. Popmusik, die Elemente der traditionellen Musik (besonders) aus Afrika, Asien und Südamerika enthält*

Etho·lo·gie *die* <-> *vergleichende Verhaltensforschung; auch: Verhaltensbiologie* ▶ Ethologe, Ethologin, ethologisch

Ethos *der* <-> */kein Plur./ (geh.) ethisch-moralische Gesinnung:* Er folgt in seinem Leben einem strengen Ethos. ◆ Arbeits-, Berufs-

Eti·kett *das* <-(e)s, -e(n)/-s> ❶ *kleines Schild* ❷ *Preisschild*

Eti·ket·te *die* [etiˈkɛtə] <-> */kein Plur./ (geh.) Gesamtheit der Umgangsformen:* ein Verstoß gegen die Etikette; Sie wahrte die Etikette.

eti·ket·tie·ren <etikettierst, etikettierte, hat etikettiert> *mit OBJ* ■ **jmd. etikettiert etwas/ jmdn.** Akk. ❶ *beschildern* ❷ *Waren auszeichnen* ❸ *eine Eigenschaft zuschreiben:* Die Gegner des amerikanischen Präsidenten etikettieren ihn als Cowboy.

et·li·che *pron (geh.) einige:* Wir sind etliche Tage dortgeblieben.; Ich hatte etliche Mal(e) bei ihr angerufen.

Etü·de *die* <-, -n> MUS. *Übungs-, Vortrags-, Konzertstück mit besonderen Schwierigkeiten* ◆ Klavier-

Etui *das* [ɛˈtviː, eˈtÿiː] <-s, -s> *Gehäuse, Futteral:* die Brille ins Etui legen

Etui·kleid *das* <-(e)s, -er> *schmal geschnittenes Kleid*

et·wa I. *adv* ❶ *ungefähr:* Die Reparatur kostet etwa 700 Euro. ❷ *beispielsweise:* Dieter etwa kauft sich nicht alle zwei Jahre ein neues Auto. II. *part* ❶ *möglicherweise, gar:* Hat sie etwa einen Unfall gehabt? ❷ *eine Verneinung verstärkend:* Affen sind nicht etwa andere Menschen. ❸ *einen Imperativ verstärkend:* Glaube nicht etwa, du könntest mich belügen! ❹ *einen Frage verstärkend:* Meinst du etwa, es war mein Fehler?

et·wa *adv* SCHWEIZ. *bisweilen, manchmal*

et·wa·ig *adj* [ˈɛtva(ː)ɪç] *adj /nicht steig./ /nur attr./ (geh.) vorhanden, eventuell:* Etwaige Fragen beantworte ich später.

et·was¹ */Indefinitpronomen/* ❶ *verwendet, um eine nicht näher bestimmte Sache zu bezeichnen:* Gibt es etwas Neues?; Es gibt da etwas Neues …;

Ich weiß etwas, das ...; Sie hat kaum etwas gesehen.; Hat er dir etwas getan? ❷ *verwendet, um eine nicht näher bestimmte Sache zu bezeichnen, die erst später genauer ausgeführt wird:* Du musst uns etwas erklären. Wie hast du es geschafft ...?; Etwas freut mich besonders, nämlich das Lob meines Kollegen. ❸ *verwendet, um eine kleine Menge von etwas zu bezeichnen, das bereits genannt wurde:* Ist noch etwas von der Torte da?; ■ **das gewisse Etwas haben** *(umg.) einen nicht genau identifizierbaren Reiz besitzen* Manche Experten glauben, dass nur italienische Rennräder das gewisse Etwas haben.

ẹt·was² *part (≈ ein bisschen) verwendet, um eine kleine Menge oder einen geringen Grad von etwas auszudrücken:* nach dem Joggen noch etwas außer Atem sein; Wir wollen noch etwas spazieren gehen.

Ety·mo·lo·ge *der*, **Ety·mo·lo·gin** <-n, -n> SPRACHWISS. *jmd., der Etymologie betreibt*

Ety·mo·lo·gie *die* <-, ...-gien> SPRACHWISS. ❶ *Lehre von der Herkunft und Geschichte der Wörter* ❷ *einzelner etymologischer Zusammenhang*

ety·mo·lo·gisch *adj /nicht steig./ /nur attr./* SPRACHWISS. *auf die Etymologie bezogen:* etymologische Zusammenhänge

EU *die* [eːˈuː] <-> /kein Plur./ POL. *Abkürzung von „Europäische Union"* ◆ -Außenkomissar(in), -Beitritt, -Bestimmung, -Erweiterung, -Umweltkommissar(in), -Wettbewerbskommissar(in)

EU-Bin·nen·markt *der* <-(e)s> WIRTSCH. *freier Verkehr von Waren, Dienstleistungen, Personen und Kapital innerhalb der EU-Länder*

EU-Bür·ger·schaft *die* <-> POL. *Gesamtheit der EU-Bürger* ▶ EU-Bürger, EU-Bürgerin

euch *pron* Kennt ihr euch schon länger? ◆ Großschreibung →R 3.23 Liebe Susanne, lieber Rainer, ich möchte euch/Euch herzlich gratulieren...

Eu·cha·ris·tie *die* <-, ...-tien> REL. *das Abendmahl in der christlichen Kirche* ◆ -feier ▶ eucharistisch

EU-ein·heit·lich *adj /nicht steig./ so, dass es innerhalb der EU einheitlich geregelt ist*

eu·er, **eu·re**, **eu·ri·ge** *pron* ◆ Groß- oder Kleinschreibung →R 3.15 Grüßt mir die Eueren/Euren/Eurigen.; Grüßt mir die eueren/euren/eurigen.; Ihr müsst das Euere/Eurige tun.; Ihr müsst das euere/eurige tun.; ◆ Kleinschreibung →R 3.8 Unser Haus steht dicht bei dem euren/eurigen.; ◆ Zusammenschreibung →R 3.23 Liebe Susanne, lieber Rainer, wir möchten uns für eure/Eure Einladung bedanken...

EU-Er·wei·te·rung *die* <-> /kein Plur./ POL. *Ausdehnung der EU-Mitgliedschaft auf weitere Länder (im Osten)*

EU-Füh·rer·schein *der* <-(e)s, -e> *innerhalb der EU (einheitlich) gültiger Führerschein*

Eu·ge·nik *die* <-, -en> MED. *Teil der Humangenetik, die die Ausbreitung von Genen mit ungünstigen Eigenschaften einschränken soll* ▶ eugenisch

Eu·ka·lyp·tus *der* <-> /kein Plur./ BOT. *ein tropischer Laubbaum* ◆ -baum, -bonbons, -öl

eu·kli·disch *adj /nicht steig./* MATH. *auf die Lehre des Mathematikers Euklid bezogen:* Die euklidi-

sche Geometrie arbeitet mit dem dreidimensionalen Raum.

EU-Kom·mis·sar *der*, **EU-Kom·mis·sa·rin** <-s, -e> POL. *Mitglied der EU-Kommission*

EU-Kom·mis·si·on *die* <-, -en> POL. *Exekutivorgan der EU*

Eu·le *die* <-, -n> ZOOL. *ein Nachtvogel;* ■ **Eulen nach Athen tragen** *etwas schon (längst) allgemein bekanntes/übliches sagen/tun wollen*

Eu·len·spie·gel *der* <-s> /kein Plur./ LIT. *närrischer Held eines deutschen Volksbuches aus dem 16. Jahrhundert*

Eu·len·spie·ge·lei *die* <-s, -en> *(übertr.) Streich*

EU-Mi·nis·ter·rat *der* <-es, EU-Ministerräte> POL. *Legislative der EU*

Eu·nuch *der* [ɔyˈnuːx] <-en, - en> *Kastrat*

Eu·phe·mis·mus *der* [ɔyfeˈmismus] <-, Euphemismen> SPRACHWISS. *beschönigender Ausdruck:* „Freudenhaus" ist ein Euphemismus für „Bordell". ▶ euphemistisch

Eu·pho·rie *die* <-> /kein Plur./ (geh.) Hochstimmung ▶ euphorisch

eu·pho·ri·sie·ren <euphorisiert, euphorisierte, hat euphorisiert> *mit OBJ* ■ *jmd./etwas euphorisiert jmdn.* MED. *in Euphorie versetzen:* Rauschmittel euphorisieren.

Eu·ra·si·en <-s> GEOGR. *Europa und Asien umfassendes Landgebiet* ▶ eurasisch

Eu·ra·si·er *der*, **Eu·ra·si·e·rin** <-s, -> *jmd., der das Kind je eines europäischen und eines asiatischen Elternteils ist*

eu·re *pron* Habt ihr eure Hausaufgaben schon gemacht?; Ich würde gern mit eurem Vater sprechen.; Ist eure Mutter zu Hause?; *siehe auch* **euer**

eu·rer·seits *pron von eurer Seite, von euch aus:* Habt ihr eurerseits einen anderen Vorschlag?

eu·res·glei·chen *pron Leute wie ihr:* Hier seid ihr unter euresgleichen.

eu·ret·we·gen *adv euch zuliebe, wegen euch:* Ich habe extra euretwegen gewartet.

eu·ret·wil·len *adv (veralt.) euretwegen:* Ihr solltet es um euretwillen tun.

eu·ri·ge *pron siehe* **euer**

Eu·ro *der* <-s, -s> *die europäische Währungseinheit*

Eu·ro·cent *der* <-s, -s> *EU-Währungseinheit; siehe* **Cent**

Eu·ro·cheque *der* [...ʃɛk] <-s, -s> *bei den Banken fast aller europäischen Länder einlösbarer Scheck* ◆ -karte

Eu·ro·ci·ty·zug® *der* <-(e)s, Eurocityzüge>

Eu·ro·land *das* <-(e)s> /kein Plur./ POL. *Gesamtgebiet der EU-Länder*

Eu·ro·norm *die* <-, -en> *innerhalb der EU gültige Norm*

Eu·ro·pa *das* <-s> /kein Plur./ *aus dem westlichen Teil Eurasiens bestehender Staatenkomplex* ◆ -abgeordnete, -brücke, -cup-fan, -flagge, -gegner(in), -parlament, -pokal, -politik, -rat, -rekord, -straße, -union

Eu·ro·pä·er *der*, **Eu·ro·pä·e·rin** <-s, -> *jmd., der Bürger eines europäischen Staates ist*

Eu·ro·pa·fan *der* <-s, -s> *Anhänger der europäischen Einigung*

eu·ro·pä·isch *adj /nicht steig./ /nur attr./ auf Europa bezogen; zu Europa gehörend:* der europäische Gedanke ◆ Großschreibung →R 3.17 Die Außenminister der Europäischen Gemeinschaft trafen zusammen.; Wo tagt das Europäische Parlament?

Eu·ro·pä·i·sie·rung *die* <-> */kein Plur./* POL. *das Europäisieren*

Eu·ro·pä·is·mus *der* <-, Europäismen> SPRACH-WISS. *ein in mehreren Sprachen Europas vorhandener sprachlicher Ausdruck; siehe auch* **Internationalismus**

Eu·ro·pa·li·ga *die* <-, Europaligen> SPORT *Liga der besten europäischen Mannschaften in einer bestimmten Sportart*

Eu·ro·pa·meis·ter·schaft *die* <-, -en> SPORT *Meisterschaft, durch die die beste Mannschaft Europas oder der beste europäische Sportler in einer bestimmten Disziplin bestimmt werden* ▸ Europameister, Europameisterin

Eu·ro·pa·mi·nis·ter *der*, **Eu·ro·pa·mi·nis·te·rin** <-s, -> POL. *Minister für europäische Angelegenheiten*

Eu·ro·pa·par·la·ment *das* <-(e)s> POL. *Kurzform für „Europäisches Parlament" : Parlament der EU*

Eu·ro·pa·pass *der* <-es, Europapässe> *Kurzform für „Europäischer Pass"*

Eu·ro·pa·po·kal *der* <-s, -e> SPORT *Pokal für den Sieger in der Europameisterschaft*

Eu·ro·pa·wah·len <-> *Plur.* POL. *Wahlen zum europäischen Parlament*

Eu·ro·pol *der* <-s> */kein Plur./ Kurzform für „Europäisches Polizeiamt" : europäisches Kriminalamt*

Eu·ro·skep·sis *die* <-> */kein Plur./* POL. *Skepsis in Bezug auf den Zusammenschluss Europas zu einer wirtschaftlichen Einheit* ▸ Euroskeptiker, Euroskeptikerin, euroskeptisch

Eu·ro-Stoxx *der* <-> */kein Plur./* WIRTSCH. *Gruppe der wichtigsten europäischen Aktien*

Eu·ro·vi·si·on *die* <-> */kein Plur./* TV *kurz für „europäisch" und „Television"*

eu·ro·zen·t·risch *adj /nicht steig./ /nur attr./* POL. *auf Europa als Mittelpunkt bezogen:* Er vertritt eine stark eurozentrische Meinung. ▸ Eurozentrismus

Eu·ter *das* <-s, -> *das Organ des weiblichen Rinds, in dem die Milch gebildet wird*

Eu·tha·na·sie *die* <-> */kein Plur./* MED. *durch die unmenschliche Praxis während der Zeit der Hitlerdiktatur in Verruf geratene Sterbehilfe, die man unheilbar Kranken leistet, um ihnen einen qualvollen Tod zu ersparen*

eva·ku·ie·ren <evakuierst, evakuierte, hat evakuiert> *mit OBJ* ■ *jmd. evakuiert jmdn./etwas (fachspr.) Menschen aus einem Gebiet bringen, weil dort eine drohende Gefahr, z. B. wegen einer Naturkatastrophe, besteht:* Die Bevölkerung wird aus ihren Häusern evakuiert.; Die gesamte Stadt musste wegen eines Vulkanausbruchs evakuiert werden. ▸ Evakuierung

Eva·lu·a·ti·on *die* <-, -en> *(geh.: ≈ Evaluierung) Beurteilung, Bewertung, kritische Einschätzung*

eva·lu·ie·ren <evaluierst, evaluierte, hat evaluiert> *mit OBJ* ■ *jmd. evaluiert jmdn./etwas*

(geh.) sach- und fachgerecht beurteilen ▸ Evaluierung

evan·ge·lisch *adj /nicht steig./ /nur attr./* REL. *(≈ protestantisch)* Er ging in die evangelische Kirche. ◆ Großschreibung →R 3.17 die Evangelische Kirche in Deutschland

evan·ge·li·sie·ren <evangelisierst, evangelisierte, hat evangelisiert> *mit OBJ* ■ *jmd. evangelisiert jmdn.* REL. *jmdn. zum Evangelium bekehren, mit dem Evangelium bekanntmachen* ▸ Evangelisierung

Evan·ge·list *der* <-en, -en> REL. *Verfasser der Evangelien: Matthäus, Lukas, Markus und Johannes*

Evan·ge·li·um *das* <-s, ...-lien> REL. ❶ */kein Plur./* REL. *Die Heilsbotschaft von Jesus Christus* ❷ REL. *die von den Evangelisten überlieferte Lebensgeschichte Jesu*

Eva·po·ra·ti·on *die* <-, -en> */kein Plur./ (fachspr.) Verdunstung* ▸ evaporieren

Event *der/das* [ɪˈvɛnt] <-s, -s> *(umg.) besondere Veranstaltung; herausragendes Ereignis:* Das Popkonzert war ein Event. ◆ -manager(in)

Event·ma·na·ger *der*, **Event·ma·na·ge·rin** [ɪˈvɛntmɛnɪdʒe] <-s, -> *jmd., der beruflich Veranstaltungen organisiert: Eventmanager planen, konzipieren und führen Veranstaltungen jeder Art durch.*

Even·tu·a·li·tät *die* <-, -en> *(geh.) Möglichkeit; Fall, der eintreten könnte:* für alle Eventualitäten gerüstet sein

even·tu·ell I. *adj /nur attr./ /nicht steig./ so, dass es möglicherweise auftreten kann:* Ich habe versucht, eventuelle Probleme zu berücksichtigen. II. *adv /nicht steig./ (umg.) vielleicht:* Ich komme eventuell ein bisschen später.

Ever·green *der* [ˈevɐɡriːn] <-s, -s> *(umg.) Melodie, die lange Zeit populär ist*

evi·dent *adj /nicht steig./ (geh.) offenkundig:* Es besteht ein evidenter Zusammenhang zwischen ... ▸ Evidenz

Evo·ka·ti·on *die* <-, -en> ❶ *das Evozieren* ❷ RECHTSW. *Vorladung vor ein höheres Gericht*

Evo·lu·ti·on *die* <-> */kein Plur./* ❶ BIOL. *die durch Mutation und Selektion geprägte fortschreitende Entwicklung der Lebensformen in der Natur* ❷ *(≈ Fortschritt ↔ Revolution) friedliche Entwicklung in der menschlichen Gesellschaft*

evo·lu·ti·o·när *adj /nicht steig./ /nur attr./ auf die Evolution bezogen*

Evo·lu·ti·ons·the·o·rie *die* <-> */kein Plur./* BIOL. *(≈ Abstammungslehre) Theorie der Evolution*

evo·zie·ren <evozierst, evozierte, hat evoziert> *mit OBJ* ■ *jmd. evoziert etwas (geh.) hervorrufen, vor dem geistigen Auge entstehen lassen:* Erinnerungen, Bilder evozieren

ewig *adj /nicht steig./* ❶ *von unbegrenzter zeitlicher Ausdehnung, zeitlos:* Christen glauben an die Auferstehung und das ewige Leben.; ewiges Licht, ewige Stadt (Rom) ❷ *sich ständig wiederholend:* Der ewige Wechsel von Ebbe und Flut wird vom Mond verursacht. ❸ *(umg.) sehr lange dauernd:* Ich habe die ewigen Diskussionen satt!; ■ **ewig und drei Tage** *sehr lang* Das dauert ja mal wieder

E

E

ewig und drei Tage, bis du fertig bist !; ■ **ein ewiger Student** *Ein Student, der schon sehr lange studiert und noch keinen Studienabschluss hat*
Ewig·gest·ri·ge *der/die* <-n, -n> *(abwert.) Mensch, dessen Ansichten veraltet und rückständig sind*
Ewig·keit *die* <-, -en> ❶ */kein Plur./ unbegrenzte zeitliche Erstreckung* ❷ *(umg.) sehr lange Zeit:* Die Prüfung schien eine Ewigkeit zu dauern.; Wir hatten uns Ewigkeiten nicht mehr gesehen.
Ex *der/die* <-, -> *(umg.) ehemalige/r Partner/in:* Ihr Ex hat ihr für das Kind sehr viel zusätzliches Geld gegeben
Ex- *als Erstglied zusammengesetzter Substantive; drückt aus, dass das mit dem Zweitglied Bezeichnete sich auf einen früheren Zustand/Status bezieht* ◆ -frau, -freund, -gatte, -gattin, -kanzler(in), -mann, -minister(in), -präsident(in), -weltmeister(in)
ex·akt *adj* ❶ *genau:* Können Sie exakte Angaben über den Unfallhergang machen? ❷ *so, dass es sich mathematisch oder naturwissenschaftlich darstellen lässt:* Er studiert die exakten Wissenschaften.
Ex·akt·heit *die* <-> */kein Plur./ Genauigkeit, Sorgfalt*
ex·al·tiert *adj (geh. abwert.: ≈ überspannt) künstlich aufgeregt, übertrieben begeistert:* Er lacht immer so exaltiert; eine exaltierte Person ▸ Exaltiertheit
Ex·a·men *das* <-s, -/Examina> *Prüfung (insbesondere zum Abschluss eines Studiums):* Ich habe letztes Frühjahr das Examen abgelegt/gemacht.; Der Bewerber ist zum Examen zugelassen.; Alle Kandidaten haben das schriftliche Examen bestanden. ◆ -sangst, -skandidat(in), -snote, Doktor-, Magister-, Staats-
Ex·a·mens·ar·beit *die* <-, -en> *im Rahmen eines Examens angefertigte schriftliche Arbeit*
ex·a·mi·nie·ren <examinierst, examinierte, hat examiniert> *mit OBJ* ■ *jmd. examiniert jmdn. (in etwas Dat.) (geh.) jmdn. prüfen* ❶ *Der Professor hat den Studenten examiniert.* ❷ *jmdn. auf eine prüfende Art befragen:* „Warum kommst du so spät?"− „Das sage ich dir nicht, denn ich will nicht von dir examiniert werden". ▸ Examinierung
Ex·change *das* [ɪks'ʧeːntʃ] <-, -s> *Raum oder Geschäft, in dem man ausländisches Geld gegen deutsches Geld tauschen kann (und umgekehrt)*
Ex·e·ge·se *die* <-, -n> */meist Sing./ REL. die Deutung von heiligen Schriften nach ihrem Sinn (mit Blick auf ihren geschichtlichen Ursprung und ihre bleibende Botschaft)* ◆ Bibel-, Text- ▸ Exeget, Exegetin, exegetisch
ex·e·ku·tie·ren¹ <exekutierst, exekutierte, hat exekutiert> *mit OBJ* ■ *jmd. exekutiert jmdn. hinrichten; die Todesstrafe vollstrecken:* Der Verurteilte wurde in den Morgenstunden exekutiert.
ex·e·ku·tie·ren² <exekutierst, exekutierte, hat exekutiert> *mit OBJ* ■ *jmd. exekutiert etwas Akk.* ÖSTERR. *pfänden*
Ex·e·ku·ti·on *die* <-, -en> ❶ *Hinrichtung; Vollstreckung eines Todesurteils* ❷ RECHTSW. ÖSTERR. *Pfändung*

Ex·e·ku·ti·ve *die* <-, -n> POL. *die vollziehende Staatsgewalt* ▸ exekutiv
Ex·e·ku·tiv·or·gan *das* <-s, -e> POL. *Organ der Exekutive*
Ex·em·pel *das* <-s, -> *(geh. o veralt.) (vorbildhaftes) Beispiel;* ■ **die Probe aufs Exempel machen** *die Richtigkeit einer Annahme durch Probieren nachweisen;* ■ **ein Exempel statuieren** *ein warnendes Beispiel geben* ◆ Rechen-
Ex·em·p·lar *das* <-s, -e> *ein einzelnes Stück aus einer Menge gleichartiger Stücke:* ein Exemplar eines Buches ◆ Einzel-, Pflicht-, Pracht-
ex·em·p·la·risch *adj /nicht steig./ (geh.) beispielhaft:* Ich möchte dies an einem Fall exemplarisch verdeutlichen.
ex·em·p·li·fi·zie·ren <exemplifizierst, exemplifizierte, hat exemplifiziert> *mit OBJ* ■ *jmd. exemplifiziert etwas (an etwas Dat.) (geh.) anhand eines Beispiels erklären* ▸ Exemplifikation, Exemplifizierung
ex·er·zie·ren <exerzierst, exerzierte, hat exerziert> *ohne OBJ* ■ *jmd. exerziert* MILIT. *das Marschieren üben:* Der Soldat exerziert. ▸ durchexerzieren
Ex·hi·bi·ti·o·nis·mus *der* <-> */kein Plur./* ❶ PSYCH. *der krankhafte Zwang, als Mann sein Geschlechtsteil in der Öffentlichkeit zu entblößen* ▸ Exhibitionist, exhibitionistisch ❷ *(geh. oft abwert.) lustvolle Zurschaustellung (des eigenen Körpers)* ▸ Exhibitionist, Exhibitionistin, exhibitionistisch
ex·hu·mie·ren <exhumierst, exhumierte, hat exhumiert> *mit OBJ* ■ *jmd. exhumiert jmdn.* AMTSSPR. *einen Leichnam mit behördlicher Genehmigung aus dem Grab nehmen* ▸ Exhumierung
Exil *das* <-s, -e> *durch die untragbar gewordenen politischen Verhältnisse oder durch Verbannung begründete Auswanderung, der Auswanderungsort:* Er musste während des Krieges ins Exil gehen.
Exil·li·te·ra·tur *die* <-, -en> LIT. *im Exil (zum Beispiel während des Nationalsozialismus) verfasste Literatur*
Exil·re·gie·rung *die* <-, -en> POL. *aus dem Exil heraus agierende Regierung*
Exis·ten·ti·a·lis·mus *der siehe* **Existenzialismus**
exis·ten·ti·ell *adj siehe* **existenziell**
Exis·tenz *die* <-, -en> ❶ */kein Plur./ das Dasein oder Vorhandensein:* Die Existenz von Leben außerhalb unseres Sonnensystems ist umstritten.; Ich wusste nichts von der Existenz dieses Fotos. ❷ *das menschliche Leben:* Die menschliche Existenz bleibt ein Rätsel. ❸ *das menschliche Leben unter dem Aspekt des finanziellen Abgesichertseins und des ökonomischen Auskommens:* Er wollte sich eine gesicherte Existenz aufbauen.; Die Rezession hatte eine ganze Reihe von Existenzen vernichtet.; ■ **eine verkrachte Existenz** *(umg. abwert.) ein im Leben gescheiterte Person*
Exis·tenz·angst *die* <-, Existenzängste> *(geh.) auf die Existenz² bezogene Angst:* Er litt häufig unter Existenzangst.
exis·tenz·be·dro·hend <existenzbedrohender, am existenzbedrohendsten> *adj so, dass es eine Bedrohung für die Existenz² darstellt*

Exis·tẹnz·be·rech·ti·gung *die* <-, -en> */meist Sing./ (≈ Daseinsberechtigung) Berechtigung, vorhanden zu sein*

exis·tẹnz·fä·hig *adj /nicht steig./ (≈ lebensfähig) fähig zu existieren* ► Existenzfähigkeit

Exis·tẹnz·grün·dung *die* <-, -en> WIRTSCH. *Die Gründung einer eigenen Firma, um sich selbstständig zu machen* ♦-sberatung, -sseminar ► Existenzgründer, Existenzgründerin

Exis·tẹn·zi·a·lịs·mus, *a.* **E·xis·ten·ti·a·lịs·mus** *der* <-> */kein Plur./* PHILOS. *philosophische Strömung, die sich auf existentielle Erfahrungen im menschlichen Leben bezieht (Tod, Angst, Freiheit, Leiden)*

exis·tẹn·zi·ẹll, *a.* **exis·ten·ti·ẹll** <existenzieller, am existenziellsten> *adj mit dem menschlichen Leben verbunden, lebenswichtig:* existenzielle Fragen

Exis·tẹnz·kampf *der* <-(e)s, Existenzkämpfe> *der Kampf um die Existenz³*

Exis·tẹnz·mi·ni·mum *das* <-s, Existenzminima> *die unbedingt erforderlichen finanziellen Mittel, die man benötigt, um seine Existenz³ zu sichern benötigt:* Das Einkommen liegt unter dem Existenzminimum.

Exis·tẹnz·phi·lo·so·phie *die* <-> */kein Plur./* PHILOS. *(≈ Existentialismus)*

exis·tie·ren <existierst, existierte, hat existiert> *ohne OBJ* ■ *jmd./etwas existiert* ❶ *bestehen:* Das Geschäft existiert erst seit wenigen Monaten.; Es existieren keinerlei Beweise. ❷ *in finanzieller Hinsicht leben:* Von diesem Gehalt kann doch kein Mensch existieren.

Ẹx·i·tus *der* <-> */kein Plur./* MED. *Tod*

ex·klu·sịv <exklusiver, am exklusivsten> *adj (geh.)* ❶ *gesellschaftlich abgehoben; vornehm:* Er ist einem exklusiven Golfklub beigetreten. ► Exklusivität ❷ *(geh.) anspruchsvoll, erlesen:* Wir waren gestern in einem exklusiven Restaurant. ► Exklusivität

ex·klu·sị·ve *präp* + Gen. *(↔ inklusive) unter Ausschluss von:* exklusive aller Versandkosten; exklusive Getränken; exklusive Porto

Ex·klu·sịv·in·ter·view *das* <-s, -s> *Interview, das jmd. außer der Reihe (in einer Zeitschrift oder in Rundfunk oder Fernsehen) gibt*

Ex·klu·sịv·recht *das* <-(e)s, -e> *besonderes Recht, etwas zu veröffentlichen (so, dass niemand anders es gleichfalls veröffentlichen darf)*

Ex·kom·mu·ni·ka·ti·on *die* <-, -en> REL. *das Exkommunizieren*

ex·kom·mu·ni·zie·ren <exkommunizierst, exkommunizierte, hat exkommuniziert> *mit OBJ* ■ *jmd. exkommuniziert jmdn.* REL. *(≈ Kirchenbann) jmdn. aus der (katholischen) Kirche ausschließen*

Ex·kre·mẹnt *das* <-(e)s, -e> */meist Plur./ (geh.) Kot, Ausscheidung*

Ex·kụrs *der* <-es, -e> *(geh.) bewusste Abschweifung; Behandlung eines nebensächlichen Themas in einem Vortrag oder einem Text:* Ich möchte darauf in einem kleinen Exkurs genauer eingehen.

Ex·kur·si·on *die* <-, -en> *(geh.) Ausflug, Lehrfahrt*

Ex·ma·t·ri·ku·la·ti·on *die* <-, -en> *(fachspr.: ≈ Exmatrikulierung)*

ex·ma·t·ri·ku·lie·ren <exmatrikulierst, exmatrikulierte, hat exmatrikuliert> *mit OBJ/mit SICH* ■ *jmd. exmatrikuliert jmdn./sich (fachspr.: ↔ immatrikulieren) aus der Matrikel einer Universität streichen:* Man hat ihn zum Wintersemester exmatrikuliert.; Ich habe mich zum Sommersemester exmatrikuliert.

Ex·ma·t·ri·ku·lie·rung *die* <-, -en> *(fachspr.: ↔ das Immatrikulieren) das Exmatrikulieren*

Ẹx·o·dus *der* <-> */kein Plur./ (geh.)* ❶ *massenhafte Auswanderung, Auszug* ♦Massen- ❷ REL. *Name des 2. Buchs Mose, das sich auf den Auszug des Volkes Israel aus Ägypten bezieht*

ex·or·bi·tạnt *adj /nicht steig./ (geh.) außergewöhnlich, enorm* ► Exorbitanz

Ex·or·zịs·mus *der* <-> */kein Plur./* REL. *das Anwenden bestimmter Praktiken (im Katholizismus, aber auch in anderen Religionen), um vermeintliche böse Geister bzw. den angeblichen Teufel auszutreiben* ► Exorzist, exorzistisch

Exot *der*, **Exo·tin** <-en, -en> *Mensch, Tier, Pflanze fremdartigen Aussehens oder fremdländischer Herkunft*

Exo·te, Exo·tin *siehe auch* **Exot**

Exo·tik *die* <-> */kein Plur./ (geh.)* ❶ *fremdartiges Aussehen oder Wesen* ❷ *so, dass etwas anziehend wirkt, weil es fremdartig ist:* ein Hauch/ der Reiz der Exotik; Diese Insel mit ihrer geheimnisvollen Exotik lockt uns schon lange.

exo·tisch <exotischer, am exotischsten> *adj fremdartig; fremdartigen Zauber ausstrahlend:* exotische Düfte/Fische/Früchte/Länder

Ex·pạn·der *der* <-s, -> SPORT *ein Gerät zum Trainieren der Arm- und Brustmuskeln*

ex·pan·die·ren <expandierst, expandierte, hat expandiert> *ohne OBJ* ■ *etwas expandiert* WIRTSCH., POL. *sich ausdehnen:* Durch die großen Exportaufträge expandiert das Unternehmen stark.

Ex·pan·si·on *die* <-, -en> WIRTSCH., POL. *Ausdehnung des Einflussbereichs; Erweiterung; Ausbreitung:* Die Wirtschaft ist auf Expansion angewiesen. ♦-sabsichten, -sbestrebungen, -sdrang, -sgeschwindigkeit, -skraft, -skurs, -sstrategie

Ex·pan·si·ons·po·li·tik *die* <-> */kein Plur./* POL. *Politik, die darauf zielt, ihren Machtbereich auszudehnen*

ex·pan·sịv *adj /nicht steig./ /nur attr./ auf Expansion gerichtet:* eine expansive Unternehmensstrategie

Ex·pe·di·ẹnt *der*, **Ex·pe·di·ẹn·tin** <-en, -en> ❶ *(fachspr.) kaufmännischer Angestellter im Versand* ❷ *(fachspr.) Reisebürokaufmann*

ex·pe·die·ren <expedierst, expedierte, hat expediert> *mit OBJ* ■ *jmd. expediert etwas (fachspr.: ≈ versenden, ausgeben) das Befördern von Versandgütern*

Ex·pe·dịt *das* <-(e)s, -e> ÖSTERR. *Versandabteilung*

Ex·pe·di·ti·on *die* <-, -en> ❶ *Forschungsreise in ein bestimmtes Gebiet:* eine Expedition in die Arktis ♦Polar-, Urwald- ❷ *Gesamtheit der Teilnehmer an einer Expedition¹* ❸ *Versandabteilung eines Unternehmens*

E

Ex·pe·ri·ment *das* <-(e)s, -e> ❶ *ein naturwissenschaftlicher Versuch, durch den man etwas entdecken oder beweisen will:* Die Forscher wagten das Experiment.; Der Physiklehrer hat ein Experiment aufgebaut. ❷ *ein Versuch, etwas anders zu machen, der ein gewisses Risiko in sich birgt:* Vorsicht, bloß keine Experimente !

Ex·pe·ri·men·tal·film *der* <-(e)s, -e> FILM *(≈ Studiofilm)*

Ex·pe·ri·men·tal·phy·sik *die* <-> */kein Plur./* PHYS. *experimentelle Physik*

ex·pe·ri·men·tell *adj /nicht steig./* ❶ *(fachspr.) auf Experimenten beruhend:* Nach dem theoretischen Teil gehe ich jetzt an den experimentellen Teil meiner Arbeit. ❷ THEAT. *mit besonderen, verfremdend wirkenden künstlerischen Mitteln frei gestaltet:* ein experimentelles Theaterstück

Ex·pe·ri·men·tier·büh·ne *die* <-, -n> THEAT. *Bühne für experimentelles Theater*

ex·pe·ri·men·tie·ren <experimentierst, experimentierte, hat experimentiert> *ohne OBJ* ▪ **jmd. experimentiert (mit/an jmdm./etwas)** *Versuche anstellen*

Ex·pe·ri·men·tier·freu·de *die* <-> */kein Plur./ Freude am Experimentieren* ▸ experimentierfreudig

Ex·per·te *der*, **Ex·per·tin** <-n, -n> *(↔ Laie) jmd., der auf einem bestimmten Fachgebiet ein fundiertes Wissen hat:* Das Gericht will mehrere Experten anhören.; Nach Meinung von Experten wird ...; den Rat eines Experten einholen ◆ -ngespräch, -ngruppe, -ngutachten, -nsystem, Finanz-, Kunst-, Literatur-, Steuer-, Wirtschafts-

Ex·per·ten·rat *der* <-(e)s> *(≈ Expertengremium, Expertenstab) aus Experten zusammengesetzter Rat*

Ex·per·ti·se *die* <-, -en> *(geh.) Gutachten eines Experten*

Ex·pli·ka·ti·on *die* <-, -en> PHILOS. *Erläuterung problematischer oder unscharfer sprachlicher Äußerungen; Erklärung:* die Explikation der Termini in einem Beweissystem ▸ explikativ

ex·pli·zie·ren <explizierst, explizierte, hat expliziert> *mit OBJ* ▪ **jmd. expliziert (jmdm.) etwas** *(geh.) erläutern:* eine These explizieren

ex·pli·zit *adj (↔ implizit) ausdrücklich; deutlich*

ex·plo·die·ren <explodierst, explodierte, ist explodiert> *ohne OBJ* ▪ **jmd./etwas explodiert** ❶ *(↔ implodieren) durch sehr großen inneren Druck zerbersten:* Der Kessel explodiert. ❷ *(umg. übertr.) einen Wutausbruch haben*

Ex·plo·si·on *die* <-, -en> ❶ *Sprengung:* Sie brachten die Bombe auf dem Versuchsgelände zur Explosion. ◆ -sgefahr, -sherd, -skatastrophe, -sknall, -skraft, -skrater, Bomben-, Gas-, Kern- ❷ *das Anwachsen in relativ kurzer Zeit* ◆ Bevölkerungs-, Kosten-, Preis-

ex·plo·si·ons·ar·tig *adj /nicht steig./ wie eine Explosion:* Die Kosten stiegen explosionsartig.

ex·plo·siv <explosiver, am explosivsten> *adj so, dass es leicht explodieren kann:* ein explosives Gasgemisch ▸ Explosivität

Ex·po·nat *das* <-(e)s, -e> *(fachspr.) Ausstellungsstück (eines Museums)*

Ex·po·nent *der* <-en, -en> ❶ MATH. *Hochzahl* ❷ *(geh.) (bedeutender) Vertreter eines Faches, einer Disziplin oder einer Denkrichtung*

Ex·po·nen·ti·al·funk·ti·on *die* <-, -en> MATH. *mathematische Funktion, bei der die Veränderliche x als Exponent auftritt*

Ex·po·nen·ti·al·glei·chung *die* <-, -en> MATH. *mathematische Gleichung*

ex·po·nie·ren <exponierst, exponierte, hat exponiert> ▪ **jmd. exponiert sich (mit etwas** Dat.**)** *(geh.) sich vor anderen hervortun (und so besonders der Kritik aussetzen):* Sie exponierte sich mit kritischen Beiträgen.

ex·po·niert *adj (geh.) herausgehoben (und dadurch besonders angreifbar):* eine exponierte Stellung einnehmen

Ex·port *der* <-(e)s, -e> WIRTSCH. *(↔ Import) Ausfuhr von Waren ins Ausland* ◆ -abhängigkeit, -anteil, -artikel, -beschränkung, -firma, -genehmigung, -handel, -kauffrau, -kaufmann, -markt, -quote, -rückgang, -schlager, -überschuss, -verbot, -versicherung, -ware, -wirtschaft, Getreide-, Waffen-

Ex·port·bier *das* <-(e)s, -e> *helle Biersorte*

Ex·port·bo·nus *der* <-/-ses, -se> WIRTSCH. *staatliche Förderung des Exports*

Ex·por·teur *der* <-s, -e> WIRTSCH. *(↔ Importeur) Unternehmen, das Waren exportiert*

Ex·port·ge·schäft *das* <-(e)s, -e> WIRTSCH. *(↔ Importgeschäft) Exportfirma*

ex·por·tie·ren <exportierst, exportierte, hat exportiert> *mit OBJ* ▪ **jmd. exportiert etwas (irgendwohin)** WIRTSCH. *(↔ importieren) Waren ins Ausland ausführen*

Ex·port·in·dus·trie *die* <-, -n> WIRTSCH. *(↔ Importindustrie) für den Export produzierende Industrie*

Ex·port·land *das* <-(e)s, Exportländer> WIRTSCH. *(↔ Importland) exportierendes Land*

Ex·port·na·ti·on *die* <-, -en> *(↔ Importnation) exportierende Nation*

Ex·po·sé, *a.* **Ex·po·see** *das* <-s, -s> *(geh.)* ❶ *erläuternder Bericht* ❷ *Übersicht, Plan* ❸ FILM, LIT. *Handlungsskizze; Kurzfassung für ein Drehbuch*

Ex·po·si·ti·on *die* <-, -en> LIT., MUS. *vorbereitender, einleitender Teil*

ex·press *adv eilig:* Der Brief wurde express zugestellt.

Ex·press *der* <-es> */kein Plur./* VERKEHR ÖSTERR. *Schnellzug*

Ex·press·ab·fer·ti·gung *die* <-> */kein Plur./ schnelle Abfertigung*

Ex·press·bo·te *der*, **Ex·press·bo·tin** <-n, -n> *(≈ Eilbote)*

Ex·press·gut *das* <-es, Expressgüter> VERKEHR *auf schnellstem Wege (per Eisenbahn) befördertes Transportgut*

Ex·pres·si·o·nis·mus *der* <-> */kein Plur./* KUNST *Kunstrichtung zu Beginn des 20. Jahrhunderts:* Franz Marc und August Macke waren Maler des Expressionismus. ▸ expressionistisch

ex·pres·siv <expressiver, am expressivsten> *adj* KUNST *(geh.) ausdrucksvoll:* Das Publikum war vom expressiven Stil der Autorin begeistert. ▸ Expressivität

Ex·pr<u>e</u>ss·sen·dung *die* <-, -en> *(≈ Expressbrief)*
Ex·pr<u>e</u>ss·stra·ße *die* <-, -n> VERKEHR SCHWEIZ.
Schnellstraße
ex·qui·s<u>i</u>t *adj (geh.) erlesen, vorzüglich:* Es gab exquisite Weine.
Ex·ten·si·on *die* <-, -en> ❶ *(geh.:* ↔ *Intension) Ausdehnung, Umfang* ❷ */ohne Plur./* PHILOS., SPRACHWISS. *(↔ Intension) die Menge aller Gegenstände/Objekte, auf die man sich mit einem sprachlichen Ausdruck beziehen kann:* die extensionale Definition durch Aufzählung (zur Bestimmung der Extension eines Ausdrucks) ▸ extensional
ex·ten·s<u>i</u>v <extensiver, am extensivsten> *adj (geh.) ausgedehnt, umfassend*
ex·t<u>e</u>rn *adj /nicht steig./* ❶ *(geh.:* ↔ *intern) außerhalb:* Ich lasse diese Arbeiten extern erledigen. ❷ SCHULE *an einer anderen Schule:* Er darf die Prüfung extern ablegen.
<u>e</u>x·t·ra *adj /nicht steig./* ❶ *gesondert:* Er wollte die Getränke extra bezahlen. ❷ *zusätzlich:* auf einem extra Blatt Papier Notizen machen ❸ *speziell, ausschließlich:* Das habe ich extra für dich gekauft.
Ex·t·ra- *als Erstglied zusammengesetzter Substantive* ❶ *drückt aus, dass das dem Zweitglied Bezeichnete eine Ausnahme von der Regel darstellt, als Besonderes hinzukommt und damit eine Sonderrolle spielt* ◆ -ausgabe, -chor, -klasse, -ordinarius, -platz, -post, -raum, -tour, -vaganz, -vorstellung, -zimmer ❷ *drückt in fachsprachlichen Ausdrücken aus, dass etwas außerhalb des mit dem Zweitglied bezeichneten bekannten Bereichs liegt und in einen anderen Bereich übergreift* ◆ -polation, -systole, -version
ex·t·ra- *als Erstglied zusammengesetzter Adjektive; drückt aus, dass etwas außerhalb des mit dem Zweitglied bezeichneten Bereichs liegt bzw. über diesen hinausgeht* ◆ -galaktisch, -korporal, -ordinär, -zellular/-zellulär
<u>E</u>x·t·ra·blatt *das* <-(e)s, Extrablätter> *Sonderausgabe einer Zeitung*
<u>E</u>x·t·ra·fahrt *die* <-, -en> VERKEHR SCHWEIZ. *Sonderfahrt*
ex·tra·hie·ren <extrahierst, extrahierte, hat extrahiert> *mit OBJ* ■ *jmd. extrahiert etwas* ❶ *(fachspr.) einen Teil von etwas aus etwas herausziehen:* aus den Daten alle Einträge mit einem bestimmten Merkmal extrahieren ❷ MED. *einen Zahn ziehen*
Ex·tr<u>a</u>kt *der* <-(e)s, -e> ❶ *(fachspr.) Auszug, Konzentrat* ◆ Fleisch-, Pflanzen- ❷ *(übertr.) Zusammenfassung:* der Extrakt eines Vortrags
Ex·trak·ti·on *die* <-, -en> ❶ *(fachspr.) das Extrahieren* ❷ MED. *das Ziehen eines Zahnes*
<u>E</u>x·tra·net *das* <-s, -s> EDV *(↔ Intranet) Computervernetzung zwischen Firmen*
<u>e</u>x·t·ra·or·di·när *adj /nicht steig./ (geh.) außergewöhnlich*
<u>E</u>x·t·ra·por·ti·on *die* <-, -en> *eine Portion zusätzlich:* Als Belohnung bekommst du heute eine Extraportion Schokolade.
<u>e</u>x·t·ra·ter·res·t·risch *adj /nicht steig./ /nur attr./* ASTRON., PHYS. *außerhalb des Planeten Erde*

liegend: extraterrestrische Physik; extraterrestrisches Leben
ex·t·ra·va·g<u>a</u>nt, <u>e</u>x·t·ra·va·gant *adj (geh.) ausgefallen, überspannt:* extravagante Kleidung/Mode/Schuhe ▸ Extravaganz
ex·t·ra·ver·t<u>ie</u>rt *adj* PSYCH. *(↔ introvertiert) nach außen gerichtet* ▸ Extraversion, Extravertiertheit
<u>E</u>x·t·ra·wurst ■ **immer eine Extrawurst gebraten haben wollen** *(umg. abwert.) immer eine Ausnahme beanspruchen*
<u>E</u>x·t·ra·zug *der* <-(e)s, -züge> VERKEHR SCHWEIZ. *Sonderzug*
Ex·tr<u>e</u>m *das* <-s, -e> ❶ *etwas, das auf einer (gedachten) Skala den höchsten Grad erreicht hat:* In diesem Winter hatten wir in der Temperatur das Extrem von 20 Grad Minus. ❷ *(umg. abwert.) äußerster Standpunkt;* ■ **jemand fällt von einem Extrem ins andere** *jmd. verhält sich widersprüchlich* Er fiel von einem Extrem ins andere – erst bat er freundlich um die Auskunft, dann brüllte er los.
ex·tr<u>e</u>m <extremer, am extremsten> *adj äußerst ..., an die Grenzen gehend:* extreme Belastungen/Temperaturen
Ex·tr<u>e</u>m·fall *der* <-(e)s, Extremfälle> *außergewöhnlicher Fall*
Ex·t·re·m<u>i</u>s·mus *der* <-> */kein Plur./ radikale Haltung in weltanschaulichen oder religiösen Fragen* ▸ Extremist, Extremistin, extremistisch
Ex·t·re·mi·t<u>ä</u>·ten <-> *Plur. (geh.) Arme und Beine*
Ex·tr<u>e</u>m·si·tu·a·ti·on *die* <-, -en> *extreme Situation:* Für diesen Job muss man auch in Extremsituationen einen kühlen Kopf bewahren.
Ex·tr<u>e</u>m·sport *der* <-(e)s> */kein Plur./* SPORT *besonders gefährlicher und/oder strapaziöser Sport*
Ex·tr<u>e</u>m·sport·art *die* <-, -en> SPORT *Sportart, zu der extreme Belastungen und/oder Risiken gehören*
<u>e</u>x·t·ro·ver·t<u>ie</u>rt *adj* PSYCH. *(↔ introvertiert) auf den Kontakt mit anderen Menschen hin orientiert:* Sie ist ein sehr extrovertierter Mensch. ▸ Extrovertiertheit
ex·zel·l<u>e</u>nt *adj /nicht steig./ (geh.) ausgezeichnet*
Ex·zel·l<u>e</u>nz *die* <-, -en> ❶ *Anrede* ❷ *hoher Titel:* Eure Exzellenz ... ❸ *überragende Qualität* ◆ -cluster, -initiative
Ex·zel·l<u>e</u>nz·in·i·ti·a·ti·ve *die* <-> *Initiative des Bundes und der Länder zur Förderung von Wissenschaft und Forschung an deutschen Hochschulen mit dem Ziel, nach außen sichtbar die Spitzenforschung zu fördern sowie die Qualität des Hochschulstandortes Deutschland zu verbessern*
Ex·z<u>e</u>n·t·rik *die* <-> */kein Plur./* PSYCH. *(geh.) Zustand der Überspanntheit* ▸ Exzentriker, Exzentrikerin, exzentrisch
ex·zep·ti·o·n<u>e</u>ll *adj /nicht steig./ (geh.) ausnahmsweise (eintretend), außergewöhnlich gut:* eine exzeptionelle Aufführung ▸ Exzeptionalität
ex·zer·p<u>ie</u>·ren <exzerpierst, exzerpierte, hat exzerpiert> *mit OBJ* ■ *jmd. exzerpiert etwas Akk. (geh.) herausschreiben und zusammenfassen:* wichtige Textstellen exzerpieren

E

Ex·zerpt *das* <-(e)s, -e> *(geh.) Auszug (aus einem Buch oder einem Text)* ◆ Text-, Prüfungs-
Ex·zess *der* <-es, -e> *maßlose Handlung:* etwas bis zum Exzess (be)treiben
ex·zes·siv *adj (geh.) übermäßig, maßlos, aus-*

schweifend: einen exzessiven Lebensstil pflegen
Eye·li·ner *der* ['eileinɐ] <-s, -> *kosmetischer Stift, den eine Frau benützt, um ihre Augen zu umranden*

Ff

F

F, f *das* <-, -> *der sechste Buchstabe des Alphabets:* ein großes F; ein kleines f
Fa·bel *die* <-, -n> LIT. *eine kurze Geschichte, in der meist Tiere die Hauptrolle spielen, und die den Leser moralisch belehren will* ◆ -buch, -dichter, -wesen, Tier-
fa·bel·haft *adj /nicht steig./ (umg.) großartig, sehr gut:* fabelhaftes Urlaubswetter; fabelhafte Leistungen/Noten; Sie kann fabelhaft singen/tanzen.
Fa·bel·we·sen *das* <-s, -> *ein Tier, das nicht wirklich existiert, sondern als Figur in der Mythologie vorkommt:* Das Einhorn ist ein Fabelwesen.
Fa·brik *die* <-, -en> *ein Industriebetrieb, der bestimmte Produkte in großen Mengen mit Hilfe von Maschinen herstellt:* die Arbeiter/das Gelände/ die Schornsteine/die Werkshallen einer Fabrik; in einer Fabrik arbeiten/morgens in die Fabrik gehen/ abends aus der Fabrik kommen/in der Fabrik in der Spätschicht arbeiten; Die Fabrik stellt neue Arbeiter ein/kauft modernere Maschinen/entlässt einen Teil der Belegschaft/ rationalisiert die Produktion.; Die Fabrik stellt Elektromotoren/Haushaltsgeräte/ Spielwaren/Textilien her. ◆ -arbeiter(in), -gelände, -(s)halle, -schornstein, -tor, -ware, Eisenwaren-, Fahrrad-
Fa·bri·kant *der*, **Fa·bri·kan·tin** <-en, -en> ❶ *jmd., der eine Fabrik besitzt (und leitet):* Er wuchs als Sohn eines Fabrikanten auf. ❷ *(≈ Hersteller) eine Firma, die etwas herstellt:* ein Fabrikant von Rüstungsgütern
Fa·bri·kat *das* <-(e)s, -e> ❶ *ein Erzeugnis einer bestimmten Marke oder Herkunft:* Dieses Auto ist ein britisches Fabrikat.; Soll es ein bestimmtes Fabrikat sein? ❷ *(≈ Erzeugnis) das neueste Fabrikat unserer Firma*
Fa·bri·ka·ti·on *die* [fabrika'tsɪoːn] <-, -en> *(geh.) die fabrikmäßige Herstellung von etwas:* Das Werk hat die Fabrikation von Elektromotoren schon Anfang der neunziger Jahre eingestellt. ◆ -sfehler
Fa·brik·be·sit·zer *der*, **Fa·brik·be·sit·ze·rin** <-s, -> *(≈ Fabrikant [1]) jmd., der eine Fabrik besitzt (und leitet)*
fa·brik·mä·ßig, **fa·briks·mä·ßig** *adj /nicht steig./ (wie) in einer Fabrik; serienmäßig:* die fabrikmäßige Herstellung eines Produktes
fa·brik·neu, **fa·briks·neu** *adj /nicht steig./ noch ungebraucht; frisch aus der Fabrik:* ein fabrikneues Fahrrad
fa·bri·zie·ren <fabrizierst, fabrizierte, hat fabriziert> *mit OBJ* ▪ *jmd. fabriziert etwas* ❶ *(umg.)*

mühsam mit einfachen Mitteln herstellen: aus Ästen und Blättern notdürftig eine kleine Hütte fabrizieren ❷ *(umg. abwert.) (etwas Dummes) machen:* Sie hat schon wieder einen Unfall fabriziert. ❸ *(veralt.) herstellen, produzieren:* In dieser Gegend werden seit einhundert Jahren Uhren fabriziert.
fa·bu·lie·ren *ohne OBJ* ▪ *jmd. fabuliert mit viel Fantasie Geschichten erfinden:* Sie kann wunderschön fabulieren, deshalb lieben Kinder ihre Bücher so sehr.; ins Fabulieren geraten
Fa·cet·te, *a.* **Fas·set·te** *die* [fa'sɛtə] <-, -n> ❶ TECHN. *eine der geschliffenen Flächen auf Edelsteinen* ❷ *(geh. übertr.) eine von mehreren Eigenschaften einer Sache, die sich bei einer bestimmten Betrachtungsweise offenbart:* ein Problem in all seinen Facetten beleuchten; die verschiedenen Facetten einer interessanten Persönlichkeit
Fach *das* <-(e)s, Fächer> ❶ *ein abgetrennter Teil in einem Möbelstück oder in einer Tasche:* ein Fach im Schreibtisch öffnen; alle Fächer der Brieftasche nach etwas durchsuchen ◆ Besteck-, Geheim-, Schub- ❷ *(≈ Gebiet) das Arbeitsgebiet, auf dem jmd. tätig ist:* eine Kapazität in seinem Fach sein; Welches Fach haben Sie studiert?; sich auf ein Fach spezialisieren ◆ -personal, -tagung ❸ SCHULE *ein Unterrichtsfach:* in drei Fächern eine Eins erhalten ◆ Haupt-, Lieblings-, Neben- ❹ *die Eignung von Sängern oder Darstellern für bestimmte Rollen:* das dramatische/komische/lyrische Fach; ▪ **vom Fach sein** *(umg.) in einem Fachgebiet ausgebildet oder darin Experte sein* Sie müsste es eigentlich wissen, sie ist schließlich vom Fach.
-fach *als Zweitglied zusammengesetzter Adjektive; drückt aus, dass etwas in derjenigen Anzahl/ Menge vorhanden ist, die mit dem Erstglied bezeichnet wird* ◆ zwei-, drei-, vier- usw., mehr-, viel-
Fach·ab·i·tur *das* <-s> */kein Plur./ ein Abitur, das zum Studium an einer Fachhochschule, aber nicht zum Studium an einer Universität berechtigt*
Fach·ar·bei·ter *der*, **Fach·ar·bei·te·rin** <-s, -> *jmd., der eine Lehre in einem bestimmten Beruf abgeschlossen hat:* sich zum Facharbeiter qualifizieren; ▪ **seinen Facharbeiter haben** *(umg.) seine Ausbildung zum Facharbeiter erfolgreich abgeschlossen haben*
Fach·arzt *der*, **Fach·ärz·tin** <-es, Fachärzte> *ein Arzt, der sich auf ein bestimmtes medizinisches Teilgebiet spezialisiert hat:* eine Überweisung zum Facharzt ausstellen; eine Weiterbildung zum Fach-

arzt machen; ein Facharzt für Radiologie/Psychiatrie

Fach·aus·druck *der* <-(e)s, Fachausdrücke> *(≈ Terminus) in einem Fachgebiet verwendetes Wort:* Medizinische Fachausdrücke sind für den Laien oft schwer verständlich.

Fach·be·griff *der* <-(e)s, -e> *(≈ Fachausdruck)*

Fach·blatt *das* <-(e)s, -blätter> *(≈ Fachzeitschrift)*

Fach·buch *das* <-(e)s, Fachbücher> *ein Buch mit einem zu einem Fachgebiet gehörenden Inhalt, das man nicht zur Unterhaltung, sondern zur Weiterbildung liest:* Das ist ein Fachbuch, das nicht für den allgemein interessierten Laien geschrieben ist.
◆ **·autor**

Fach·chi·ne·sisch *das* <-> */kein Plur./ (umg. abwert.) Fachsprache bzw. Fachjargon, die bzw. der außerhalb von Fachkreisen nicht verstanden wird*

fä·cheln <fächelst, fächelte, hat gefächelt> *ohne OBJ* ■ *jmd. fächelt (mit etwas Dat.) sich einen erfrischenden Luftzug verschaffen, indem man etwas hin- und herschwenkt:* dem Kranken/sich die Stirn mit einem Blatt fächeln

Fä·cher *der* <-s, -> *eine Art Halbkreis aus Stoff oder Papier, mit dem man sich einen erfrischenden Luftzug verschaffen kann, indem man ihn hin- und herschwenkt:* einen Fächer schwenken

fä·cher·ar·tig *adj /nicht steig./ wie ein Fächer geformt*

fä·cher·über·grei·fend *adj /nicht steig./ (≈ interdisziplinär) so, dass verschiedene Fachgebiete oder Wissenschaften daran beteiligt sind*

Fach·frau *die* <-, -en> *weibliche Form zu „Fachmann"*

Fach·ge·biet *das* <-(e)s, -e> *ein bestimmtes (wissenschaftliches) Arbeitsgebiet:* naturwissenschaftliche Fachgebiete; Das fällt nicht in mein Fachgebiet.

Fach·ge·lehr·te *der/die* <-n, -n> *Wissenschaftler in einem bestimmten Fachgebiet*

fach·ge·recht *adj /nicht steig./ so, wie es Fachleute machen:* eine fachgerecht durchgeführte Reparatur

Fach·ge·schäft *das* <-(e)s, -e> *ein Einzelhandelsgeschäft, das auf den Handel mit bestimmten Waren spezialisiert ist:* ein Fachgeschäft für Bürobedarf/Elektronik; etwas im Fachgeschäft kaufen

Fach·han·del *der* <-s> *die Gesamtheit der Einzelhandelsgeschäfte, die auf eine bestimmte Art von Produkten spezialisiert sind und neben dem reinen Verkauf auch Beratung und Service leisten*

Fach·händ·ler *der,* **Fach·händ·le·rin** <-s, -> *jmd., der ein Fachgeschäft betreibt*

Fach·hoch·schu·le *die* <-, -n> *eine Bildungseinrichtung, auf der man einen akademischen Abschluss in bestimmten (technischen) Disziplinen erwerben kann:* Design/Druckereiwesen/Elektrotechnik/Mediengestaltung an der Fachhochschule studieren

Fach·idi·ot *der* <-en, -en> *(umg. abwert.) jmd., der nur etwas von seinem Fach versteht und nichts darüber hinaus kennt:* So eine enge Spezialausbildung bringt nur Fachidioten hervor.

Fach·kennt·nis *die* <-, -se> */meist Plur./ Kennt-*

nis auf einem Fachgebiet: hervorragende Fachkenntnisse besitzen

Fach·kraft *die* <-, ...-kräfte> */meist Plur./ jmd., der eine Ausbildung in einem bestimmten Fachgebiet besitzt* ◆ Fachkräftemangel

fach·kun·dig *adj (≈ sachkundig) mit viel Fachkenntnis:* Die fachkundige Montage setzt einen Fachmann voraus.; eine fachkundige Beratung in Versicherungsfragen

Fach·leu·te <-> *Plur. siehe* **Fachmann**

fach·lich *adj /nicht steig./ auf ein Fach² bezogen:* Seine fachliche Qualifikation ist hervorragend.

Fach·li·te·ra·tur *die* <-, -en> *zu einem Fachgebiet gehörende Literatur:* die Fachliteratur zu einem Thema studieren

Fach·mann *der,* **Fach·frau** <-(e)s, Fachleute/Fachmänner> *(≈ Experte) eine Person, die Spezialkenntnisse auf einem bestimmten Fachgebiet hat:* ein erfahrener/geschätzter/hervorragender/routinierter Fachmann

fach·män·nisch *adj (↔ amateurhaft) in der Art von Fachleuten:* eine fachmännisch ausgeführte Arbeit; Es sieht sehr fachmännisch aus, wie sie das macht.

Fach·mes·se *die* <-, -n> *Messe für ein bestimmtes Fachgebiet:* die Fachmesse für Computertechnik/für Zweiräder

Fach·ober·schu·le *die* <-, -n> *eine höhere Schule, an der man ein Fachabitur erwerben kann*

Fach·per·so·nal *das* <-s> */kein Plur./ Personal, das in einem bestimmten Fach ausgebildet ist*

Fach·pres·se *die* <-> */kein Plur./ die Gesamtheit der Fachzeitschriften zu einem bestimmten Gebiet:* Das Gerät ist in der Fachpresse sehr gut beurteilt worden.

Fach·schu·le *die* <-, -n> *eine Ausbildungsstätte, die berufliche Kenntnisse auf einem bestimmten Fachgebiet vermittelt:* eine Fachschule für soziale und Pflegeberufe

fach·sim·peln <fachsimpelst, fachsimpelte, hat gefachsimpelt> *ohne OBJ* ■ *jmd. fachsimpelt (über etwas Akk.) sich einer bestimmten Thema unterhalten, von dem man viel versteht:* lange über Autos/den Beruf/Fußball/den Radsport fachsimpeln; Nun hört mal auf zu fachsimpeln, wir wollen auch mitreden! ▶ Fachsimpelei

Fach·spra·che *die* <-, -n> *die zu einem Fachgebiet gehörende Sprache, die vor allem durch den Gebrauch besonderer Ausdrücke (Termini) gekennzeichnet ist:* die Fachsprache der Chemie/Mathematik/Rechtswissenschaft; *siehe auch* **Varietät**

F

Fächer, Disziplinen, Fachgebiete, Branchen und die damit verbundenen Berufe entwickeln eigene Formen der Sprachverwendung, die man üblicherweise als **Fachsprachen** bezeichnet. Auffälligstes Kennzeichen von Fachsprachen sind ihre eigenen Ausdrücke, in denen sich in entsprechenden Fachtexten das zu einem Gebiet gehörende Fachwissen spiegelt, und die man als *Fachterminologie* bezeichnet, falls Präzision angestrebt bzw. erreicht wird. In

F

vielen Bereichen ist die Fachsprache aber nicht präziser als die Gemeinsprache bzw. Alltagssprache, was die verwendeten Ausdrücke angeht. Stärker abgrenzbar sind Besonderheiten der Fachsprachen von solchen des dichterischen Sprachgebrauchs. Außer im lexikalischen Bereich, hier vor allem bei Vorhandensein von Termini, lassen sich fachsprachliche Texte aber auch durch eigene Textsorten und manche Eigenarten der Satzkonstruktion von der so genannten *Gemeinsprache* abgrenzen. Häufig gibt es Abweichungen in der Schreibung, z. B. *Cellulose* (Fachsprache), *Zellulose* (Gemeinsprache). Oft unterscheidet man die Bereiche Technik (z. B. Fachsprache der Kfz-Technik), Institutionen (z. B. Fachsprache der Verwaltung), und Wissenschaften (z. B. Fachsprache der Physik). Fachsprachen werden heute gewöhnlich neben Gruppensprachen, Mundarten usw. als Varietäten (vgl. das Stichwort dazu) eingeordnet.

fạch·sprach·lich *adj* /nicht steig./ *auf eine Fachsprache bezogen; zu ihr gehörend:* ein fachsprachlicher Ausdruck/Text; der fachsprachliche Gebrauch eines Wortes

Fạch·ta·gung *die* <-, -en> *eine Tagung von Fachleuten eines bestimmten Gebietes*

Fạch·text *der* <-es, -e> *ein Text, der in einer bestimmten Fachsprache verfasst ist:* juristische/medizinische Fachtexte übersetzen

Fạch·welt *die* <-> /kein Plur./ *die Gesamtheit aller Fachleute auf einem bestimmten Gebiet:* großes Ansehen in der wissenschaftlichen Fachwelt genießen; Die Entdeckung erregte weltweit Aufsehen in der linguistischen/medizinischen Fachwelt.

Fạch·werk *das* <-(e)s> /kein Plur./ *eine Art zu bauen, bei der die Wände aus von außen sichtbaren Balken bestehen, die mit Mauerwerk gefüllt sind* ◆ -bau, -haus, -konstruktion

Fạch·wis·sen *das* <-s> /kein Plur./ *Wissen auf einem bestimmten Fachgebiet:* ein beeindruckendes/großes/hervorragendes/umfassendes Fachwissen besitzen

Fạch·wort *das* <-(e)s, Fachwörter> (≈ *Terminus*) *in einem Fachgebiet verwendetes Wort:* ein Fachwort aus der Geologie/Medizin

Fạch·zeit·schrift *die* <-, -en> *eine Zeitschrift, in der Themen eines bestimmten Fachgebiets behandelt werden*

Fạ·ckel *die* <-, -n> *ein langes Holzscheit, das am oberen Ende mit einem leicht brennbaren Material überzogen ist:* eine Fackel anzünden; Das Gewölbe wurde von Fackeln erhellt.

fạ·ckeln <fackelst, fackelte, hat gefackelt> *ohne OBJ* ■ *jmd. fackelt nicht lange* (umg.) *nicht zögern oder nachdenken:* Mit denen würde ich gar nicht so lange fackeln, die würde ich gleich rauswerfen!

Fạ·ckel·trä·ger *der*, **Fạ·ckel·trä·ge·rin** <-s, -> *jmd., der bei öffentlichen Veranstaltungen eine Fackel trägt*

fạd, **fạ·de** <fader, am fad(e)sten> *adj* (abwert.)

❶ *so, dass es nur schwach gewürzt ist und keinen starken Geschmack hat:* ein fade schmeckendes Essen; die fade Krankenhauskost ❷ SÜDDT., ÖSTERR. *langweilig:* eine fade Veranstaltung; Mir ist fad!; ■ **ein fader Beigeschmack** *das Gefühl, dass eine Sache nicht ganz richtig abgelaufen ist* Wir haben unsere Vorstellungen verwirklichen können, aber bei allem ist ein fader Beigeschmack geblieben.

Fạ·den *der* <-s, Fäden> *eine Art sehr dünne Schnur, mit der man etwas näht oder zubindet:* das Paket mit einem Faden verschnüren; etwas mit einem Faden festbinden; den Faden in eine Nähnadel einfädeln; Der Chirurg vernäht die Wunde mit einem speziellen Faden.; ■ **der rote Faden** (umg.) *ein Grundgedanke, der immer wieder aufgegriffen wird;* ■ **alle Fäden in der Hand halten** (umg.) *alles kontrollieren;* ■ **den Faden verlieren** (umg.) *nicht mehr genau wissen, worüber man spricht;* ■ **etwas hängt am seidenen Faden** (geh.) *etwas ist in Gefahr* Nach dem Unfall hing sein Leben am seidenen Faden. ◆ Baumwoll-, Nylon-

Fạ·den·nu·deln <-> *Plur. sehr dünne Nudeln*

fạ·den·schei·nig *adj* ❶ (abwert.) *so, dass man gleich erkennt, dass es unwahr ist:* den fadenscheinigen Ausreden keinen Glauben schenken ❷ (veralt.) *so abgenutzt, dass der Stoff ganz dünn geworden ist:* Der Anzug/der Stoff ist an vielen Stellen fadenscheinig geworden.

Fạd·heit *die* <-> /kein Plur./ SÜDDT., ÖSTERR. *die Eigenschaft, langweilig und uninteressant zu sein*

fạ·di·sie·ren *mit* SICH ■ *jmd. fadisiert sich* (umg.) ÖSTERR. *sich langweilen:* Ich habe mich auf der Party schrecklich fadisiert.

Fạ·gott *das* <-(e)s, -e> MUS. *ein Holzblasinstrument*

fä·hig *adj* ❶ *so, dass man in der Lage ist, etwas zu tun:* Sie ist nicht fähig zu lügen.; Nach dem Unfall war er nicht fähig, seine Beine zu bewegen.; Ich glaube, er ist zu allem fähig! ❷ (≈ *kompetent*) *so, dass man sein Fach sehr gut beherrscht:* ein fähiger Mitarbeiter; eine fähige Ärztin/Wissenschaftlerin

-fä·hig *als Zweitglied zusammengesetzter Adjektive; drückt aus* ❶ *dass eine Person oder Sache zu dem gut in der Lage oder geeignet ist, was mit dem Erstglied bezeichnet wird* ◆ anpassungs-, bau-, -denk-, flug-, lern-, schul-, widerstands- ❷ *dass man mit einer Person oder Sache dasjenige gut durchführen kann, was mit dem Erstglied bezeichnet wird* ◆ manövrier-, strapazier-, streich-, vernehmungs-

Fä·hig·keit *die* <-, -en> ❶ /meist Plur./ (≈ *Begabung*) *das Können auf einem bestimmten Gebiet:* sich bestimmte Fähigkeiten aneignen/erwerben; bestimmte Fähigkeiten haben/trainieren/vermitteln; schauspielerische Fähigkeiten haben; an jemandes Fähigkeiten (nicht) zweifeln ◆ Denk-, Lern- ❷ /kein Plur./ (≈ *Vermögen*) *die Eigenschaft, etwas zu können:* Sie besitzt die Fähigkeit, andere zu überzeugen. ◆ Anpassungs-

fạhl *adj* ❶ (≈ *blass*) *so, dass die Haut matt und weiß aussieht:* eine fahle Haut haben; vor Schreck ganz fahl aussehen ◆ asch- ❷ (≈ *trüb*) *nicht hell:* im fahlen Schein der Laterne; das fahle Licht der Dämmerung

fahn·den <fahndest, fahndete, hat gefahndet> *ohne OBJ* ▪ *jmd. fahndet nach jmdm.* *polizeilich suchen:* Die Polizei fahndet nach dem Täter/nach dem Diebesgut.; Nach dem entflohenen Sträfling wird seit dem Wochenende landesweit gefahndet.

Fahn·der *der,* **Fahn·de·rin** <-s, -> *ein Polizist, der systematisch nach jmdm./etwas sucht:* Die Fahnder stießen auf ein Rauschgiftlager.

Fahn·dung *die* <-, -en> *das gezielte Suchen der Polizei nach Personen oder Dingen:* Die Fahndung nach dem Täter/dem Diebesgut verlief erfolgreich.; jemanden zur Fahndung ausschreiben ◆ -serfolg, -sliste

Fahn·dungs·lis·te *die* <-, -n> AMTSSPR. *eine Liste aller polizeilich gesuchten Personen:* jemanden auf die Fahndungsliste setzen

Fah·ne *die* <-, -n> ❶ *ein großes (rechteckiges) Tuch, das die Farben und Zeichen eines Landes bzw. einer Vereinigung trägt und als ihr Symbol gilt:* die amerikanische/deutsche/italienische Fahne; die Fahne eines Fußballvereins; Die Fahne wird gehisst/flattert im Wind/weht auf Halbmast/wird eingeholt. ❷ DRUCKW. *der Ausdruck eines gesetzten, noch nicht auf Seitenformat umbrochenen Textes:* Fahnen korrigieren/lesen ❸ *(umg. abwert.) jmds. Atem, der stark nach Alkohol riecht:* eine Fahne haben; ▪ **seine Fahne nach dem Wind hängen** *(abwert.) sich immer der gerade herrschenden Meinung anschließen;* ▪ **sich etwas auf seine Fahnen schreiben** *sich etwas zum Ziel setzen;* ▪ **mit fliegenden Fahnen zum Gegner überwechseln** *seine Meinung plötzlich und ohne Not ins Gegenteil verkehren*

Fah·nen·ab·zug *der* <-(e)s, Fahnenabzüge> DRUCKW. *Fahne²*

Fah·nen·eid *der* <-(e)s, -e> MILIT. *auf die Fahne¹ geleisteter Eid:* Die Rekruten leisteten den Fahneneid.

Fah·nen·flucht *die* <-> /kein Plur./ MILIT. *der Vorgang, dass im Krieg ein Soldat von der eigenen Truppe wegläuft:* wegen Fahnenflucht zum Tode verurteilt werden ▸ Fahnenflüchtige

Fah·nen·stan·ge *die* <-, -n> *ein hoher Mast zum Aufhängen einer Fahne:* ▪ **das ist (dann aber) das Ende der Fahnenstange** *(umg.) das ist die größte Menge von etwas* 4000 Euro willst du für dein altes Auto? Also, ich würde mal sagen 1500, das ist dann aber das Ende der Fahnenstange!

Fähn·rich *der* <-s, -e> ❶ *ein militärischer Dienstgrad unterhalb des Offiziersranges* ❷ MILIT. *jmd. mit dem Dienstgrad eines Fähnrichs¹*

Fahr- *als Erstglied zusammengesetzter Substantive; drückt aus, dass sich das mit dem Zweitglied Bezeichnete auf Gegenstände und Gegebenheiten bezieht, die mit dem Betrieb und der Nutzung von Fahrzeugen/Verkehrsmitteln zu tun haben* ◆ -dauer, -dienst, -eignung, -fehler, -gefühl, -geräusch, -geschäft, -geschwindigkeit, -komfort, -kosten, -leistung, -licht, -personal, -simulator, -strecke, -stunde, -tauglichkeit, -test, -zeit, -ziel

Fahr·aus·weis *der* <-es, -e> ❶ AMTSSPR. *Fahrkarte:*

im Besitz eines gültigen Fahrausweises sein; Die Fahrausweise bitte! ❷ SCHWEIZ. *Führerschein*

Fahr·bahn *die* <-, -en> *der Teil der Straße, der für die Fahrzeuge bestimmt ist:* Unebenheiten der Fahrbahn; von der Fahrbahn abkommen ◆ -belag, -markierung, -verlauf, Gegen-

fahr·bar *adj* /nicht steig./ *so, dass man es fahren kann:* ein fahrbarer Tisch; ▪ **ein fahrbarer Untersatz** *(umg. scherzh.) ein Auto*

Fahr·dienst·lei·ter *der,* **Fahr·dienst·lei·te·rin** <-s, -> EISENB. *jmd., der innerhalb eines bestimmten Streckenabschnitts den Zugverkehr regelt*

Fäh·re *die* <-, -n> *ein Schiff, das Personen und Fahrzeuge regelmäßig auf einer bestimmten Strecke über ein Gewässer befördert:* mit der Fähre nach England fahren; Die Fähre setzt an das andere Ufer über. ◆ Fährmann

Fahr·ei·gen·schaft *die* <-, -en> /meist Plur./ *die technischen Eigenschaften eines Fahrzeugs, die sich beim Fahren in einer bestimmten Weise zeigen*

fah·ren <fährst, fuhr, hat/ist gefahren> **I.** *mit OBJ* ▪ *jmd. fährt etwas* ❶ *(haben) ein Fahrzeug lenken:* Haben Sie den Wagen gefahren?; Sie lernt Auto fahren. ❷ *(umg.) als Fahrzeug (besitzen und) regelmäßig verwenden:* Wir fahren einen Kleinbus/Sportwagen/ein Cabrio.; Mancher träumt davon, einen schnellen Sportwagen zu fahren.; Was für einen Wagen fahrt ihr? ❸ *(fachspr.) betreiben oder leisten:* einen Hochofen/eine technische Anlage fahren; volle Leistung fahren; eine Schicht fahren ❹ ▪ *jmd. fährt etwas (sein) ein Fahrzeug oder Gerät zur Fortbewegung benutzen:* Auto/Bahn/Ballon/Rad/Schlittschuhe fahren ❺ *mit einem Fahrzeug eine Strecke bewältigen:* Wir mussten einen Umweg fahren.; Welche Strecke seid ihr gefahren? ❻ ▪ *jmd. fährt jmdn./etwas irgendwohin (haben) jmdn. oder etwas mit einem Fahrzeug an einen Ort befördern:* Sie hat ihre Mutter zum Bahnhof gefahren. **II.** *ohne OBJ* ▪ *jmd. fährt (mit etwas Dat.) (irgendwohin)* ❶ +Dat. *(sein) sich mit einem Fahrzeug irgendwohin begeben:* Ich bin mit dem Auto/dem Rad/dem Schiff gefahren.; Heute fahren wir nach Berlin/in den Urlaub.; Fährst du heute oder soll ich fahren? ❷ ▪ *jmd. fährt irgendwie (sein) ein Fahrzeug in bestimmter Weise bewegen:* rücksichtslos/schnell/vorsichtig fahren ❸ ▪ *jmd. fährt mit etwas Dat. irgendwohin (sein) in oder aus etwas gleiten:* mit der Hand über die Stirn fahren; mit den Beinen in die Schlafsack fahren; mit der Hand aus dem Ärmel fahren ❹ ▪ *jmd. fährt mit etwas Dat. über etwas Akk. (haben o sein) über etwas gleiten lassen:* mit dem Tuch über den Tisch fahren; sich/jemandem mit der Hand über die Stirn fahren ❺ ▪ *etwas fährt (sein) sich (als Fahrzeug) fortbewegen:* Das Auto fuhr über die Kreuzung.; Der Zug fährt durch den Tunnel.; ein schnell fahrendes Fahrzeug ❻ ▪ *etwas fährt (als Verkehrsmittel) regelmäßig auf einer Strecke verkehren:* Der Bus fährt täglich/viertelstündlich.; Der Zug fährt nach Hamburg.; Der ICE fährt im Stundentakt. ❼ ▪ *etwas fährt irgendwohin (sein) etwas be-*

F

F

wegt sich plötzlich in eine Richtung: Der Schrecken ist mir in die Glieder gefahren.; Ein Windstoß fuhr durch die Blätter; ■ **etwas fahren lassen** *(geh.)* etwas aufgeben Sie ließ alle Hoffnung fahren.; ■ **in die Höhe fahren** *(umg.)* aufschrecken; ■ **aus der Haut fahren** plötzlich wütend werden; ■ **einen fahren lassen** *(umg.)* einen Darmwind entweichen lassen ◆ Getrenntschreibung →R 4.8 Wollen wir heute Rad fahren?; Wann willst du fahren lernen?; Wir könnten heute ein wenig spazieren fahren.

Fah·rer *der*, **Fah·re·rin** <-s, -> *jmd., der ein Fahrzeug lenkt:* Der Fahrer konnte gerade noch bremsen. ◆-flucht, -sitz, Auto-, Bus-, Fahrrad-, Motorrad-, Rad-

Fah·re·rei *die* <-, -en> *(umg. abwert.)* ❶ *ungeschicktes Fahren:* Jetzt bremst der schon wieder ganz plötzlich und grundlos, was ist denn das für eine Fahrerei? ❷ *häufiges, als lästig empfundenes Fahren:* nach acht Jahren Wochenendbeziehung die Fahrerei satthaben

Fah·rer·flucht *die* <-> */kein Plur./* RECHTSW. *der Vorgang, dass jmd., der einen Unfall verursacht hat, von der Unfallstelle wegläuft oder wegfährt, sich nicht um das Unfallopfer kümmert und auch nicht die Polizei verständigt:* Fahrerflucht begehen; Fahrerflucht ist eine strafbare Handlung. ▶ fahrerflüchtig

Fah·rer·la·ger *das* <-s> SPORT *bei einem Auto- oder Motorradrennen der Bereich, in dem die (Teams der) Rennfahrer ihre Materialwagen und Wohnmobile aufgestellt haben*

Fah·er·laub·nis *die* <-> */kein Plur./* ❶ *(≈ Führerschein) die amtliche Genehmigung, ein Auto zu fahren:* die Fahrerlaubnis haben/machen ❷ *die Bescheinigung, die zum Fahren eines Autos berechtigt:* die Fahrerlaubnis bei sich haben/mitführen

Fähr·frau *die* <-, -en> *siehe* **Fährmann**

Fahr·gast *der* <-(e)s, Fahrgäste> *eine Person, die von einem öffentlichen Verkehrsmittel befördert wird:* Die neuen Züge bieten den Fahrgästen deutlich mehr Komfort.

Fahr·gast·be·fra·gung *die* <-, -en> *im Rahmen von Marktforschung durchgeführte Befragung der Fahrgäste im Personenverkehr der Bahn:* Die Verkehrsbetriebe haben eine Fahrgastbefragung durchgeführt, um direkt von ihren Kunden zu erfahren, welche Eigenschaften des komplett neu entwickelten Zuges gut ankommen und wo Verbesserungsbedarf besteht.

Fahr·geld *das* <-(e)s> */kein Plur./ das Geld, das man für die Beförderung in einem öffentlichen Verkehrsmittel bezahlen muss:* Ich habe zwei Euro Fahrgeld bezahlen müssen.

Fahr·ge·le·gen·heit *die* <-, -en> *die Möglichkeit, irgendwo mitfahren zu können:* Ich suche für Sonntag eine Fahrgelegenheit nach München.

Fahr·ge·mein·schaft *die* <-, -en> *eine Gruppe von Personen, die regelmäßig die gleiche Wegstrecke zurücklegen und sich die Fahrtkosten teilen:* eine Fahrgemeinschaft bilden, um die Kinder zur Schule zu bringen/um zur Arbeit zu kommen

Fahr·ge·stell *das* <-(e)s, -e> KFZ *der Teil des Au-*

tos, an dem die Achsen und Räder aufgehängt sind

fah·rig *adj so, dass jmd. sich schnell und unkontrolliert bewegt, weil er nervös ist:* fahrige Bewegungen machen ▶ Fahrigkeit, zerfahren

Fahr·kar·te *die* <-, -n> *(≈ Ticket) eine Art Ausweis, der zum Mitfahren in einem öffentlichen Verkehrsmittel berechtigt:* eine Fahrkarte kaufen/lösen; eine einfache Fahrkarte nach Basel ◆-nautomat, -nkontrolleur, -nschalter, Rück-

Fahr·kos·ten, Fahrt·kos·ten <-> *Plur. die für die Fahrt anfallende Kosten:* die Fahrtkosten abrechnen/erstattet bekommen ◆-erstattung

fahr·läs·sig *adj (abwert.) ohne die notwendige Vorsicht oder Aufmerksamkeit, zu der man verpflichtet ist:* Sein fahrlässiges Verhalten hat zu dem Unfall geführt.; ■ **fahrlässige Tötung/Körperverletzung** RECHTSW. *unbeabsichtigte Tötung oder Körperverletzung*

Fahr·läs·sig·keit *die* <-, -en> ❶ */kein Plur./ die Eigenschaft, fahrlässig zu sein:* Das ist aus Fahrlässigkeit geschehen, nicht mit Absicht. ❷ *eine fahrlässige Handlung:* Das war eine grobe Fahrlässigkeit von dir.

Fahr·leh·rer *der*, **Fahr·leh·re·rin** <-s, -> *jmd., der beruflich anderen Menschen das Autofahren beibringt*

Fähr·li·nie *die* <-, -n> *eine Strecke, die von Fähren im Linienverkehr befahren wird:* die Fährlinie zwischen Calais und Dover

Fähr·mann *der*, **Fähr·frau** <-(e)s, Fährmänner/ Fährleute> *jmd., der eine kleinere Fähre führt:* Der Fährmann setzte uns in seinem Boot über den Fluss/See.

Fahr·plan *der* <-(e)s, Fahrpläne> *eine Art Tabelle, in der steht, zu welchen Zeiten Eisenbahnzüge oder Autobusse von einem Ort zu verschiedenen Zielen fahren:* den Fahrplan studieren; Laut Fahrplan müsste der Bus/Zug jetzt kommen. ◆-auskunft, -wechsel, Sommer-, Winter-

fahr·plan·mä·ßig *adj /nicht steig./ (↔ außerfahrplanmäßig) entsprechend der im Fahrplan angegebenen Zeit:* Fahrplanmäßige Ankunft ist sechzehn Uhr zwölf.

Fahr·pra·xis *die* <-> */kein Plur./* ■ **jemand hat Fahrpraxis** *jmd. hat Erfahrung im Fahren* Sie hat schon zehn Jahre Fahrpraxis.

Fahr·preis *der* <-es, -e> *für den Transport mit einem öffentlichen Verkehrsmittel zu bezahlender Preis* ◆-erhöhung , -ermäßigung, -erstattung

Fahr·prü·fung *die* <-, -en> *eine Prüfung, die man machen muss, um den Führerschein zu erhalten:* die Fahrprüfung ablegen

Fahr·rad *das* <-(e)s, Fahrräder> *(≈ Rad) ein Fahrzeug, das zwei Räder hat, auf dem man sitzt und mit den Beinen eine Art Zahnrad in Bewegung hält, das über eine Kette das Hinterrad antreibt:* ein altes/defektes/gebrauchtes/neues/rostiges Fahrrad; das Fahrrad an eine Hauswand lehnen/putzen/reparieren/ schieben; täglich Fahrrad fahren ◆-anhänger, -händler, -kette, -klingel, -weg, -sattel, -ständer, Damen-, Herren-, Kinder- ◆Getrenntschreibung →R 4.8 Wollen wir Fahrrad fahren oder nehmen wir das Auto?

Fahr·rad·com·pu·ter *der* <-s, -> *ein kleines elek-*

tronisches Gerät für das Fahrrad, das die Geschwindigkeit und die gefahrenen Kilometer anzeigt

Fahr·rad·ku·rier *der* <-s, -e> *jmd., der in einer Großstadt beruflich Briefe oder Pakete, die nicht auf dem üblichen Postweg befördert werden, mit dem Fahrrad transportiert*

Fahr·rad·stän·der *der* <-s, -> *eine Vorrichtung zum Abstellen von Fahrrädern*

Fahr·rin·ne *die* <-, -n> SEEW. *eine markierte Strecke in Gewässern, die die erforderliche Wassertiefe für die dort verkehrenden Schiffe besitzt*

Fahr·schein *der* <-(e)s, -e> AMTSSPR. *(≈ Fahrkarte)* ◆-kontrolle

Fahr·schu·le *die* <-, -n> *ein Unternehmen, in dem man lernen kann, wie man ein Auto oder Motorrad fährt und in dem man den Führerschein erwerben kann* ▶ Fahrschüler, Fahrschülerin

Fahr·si·cher·heit *die* <-> /kein Plur./ *die technischen Voraussetzungen eines Fahrzeugs, die für Sicherheit sorgen*

Fahr·si·mu·la·tor *der* <-s, -en> *eine Vorrichtung, die dem Benutzer die gleichen Eindrücke vermittelt, wie sie beim Fahren eines Kraftfahrzeugs entstehen*

Fahr·spur *die* <-, -en> *eine von mehreren Spuren einer Straße:* die Fahrspur wechseln; eine Autobahn mit drei Fahrspuren in jeder Richtung

Fahr·stil *der* <-s, -e> *die individuelle Art, wie jmd. Auto fährt:* ein aggressiver/defensiver/vorsichtiger Fahrstil

Fahr·strei·fen *der* <-s, -> ÖSTERR. *Fahrspur*

Fahr·stuhl *der* <-(e)s, Fahrstühle> *(≈ Aufzug, Lift) eine Kabine, die sich in einem Schacht auf- und abbewegt und Personen von einem Stockwerk zum anderen transportiert:* mit dem Fahrstuhl fahren; im Fahrstuhl stecken bleiben ◆-kabine, -schacht

Fahrt *die* <-, -en> ❶ /kein Plur./ *das Fahren:* die Fahrt des Autos bremsen/verlangsamen; nach mehreren Stunden Fahrt; in voller Fahrt (≈ mit maximaler Geschwindigkeit); Der Schlitten kam langsam in Fahrt (≈ wurde langsam schneller). ◆Heim-, Rück-, Weiter- ❷ *eine Reise mit einem Fahrzeug:* verschiedene Fahrten unternehmen; Die Fahrt führt uns zunächst zum Bodensee.; eine erlebnisreiche/herrliche/zweistündige Fahrt; eine Fahrt zum Mond; ▪ **in Fahrt sein** *(umg.)* wütend sein oder nicht aufhören zu reden; ▪ **in Fahrt kommen** *(umg.)* wütend werden oder anfangen, viel zu reden ◆Entdeckungs-, Studien-, Urlaubs-

Fähr·te *die* <-, -n> ❶ *die Spur, die ein Tier hinterlässt:* die Fährte eines Fuchses; eine Fährte aufnehmen/verfolgen ❷ *(übertr.) die Spur eines Verbrechers:* die Fährte eines Verbrechers verfolgen; ▪ **jemanden auf eine falsche Fährte locken** *(umg.) jmdn. in die Irre führen*

Fahr·tech·nik *die* <-> /kein Plur./ *die bestimmten Kenntnisse (und ihre Umsetzung), wie man ein Fahrzeug (sicher) fährt*

Fahr·ten·buch *das* <-(e)s, Fahrtenbücher> *ein Buch, in dem die Fahrten mit einem Auto zu Kontrollzwecken eingetragen werden:* ein Fahrtenbuch führen

Fahr·ten·schrei·ber *der* <-s, -> *ein Gerät in einem Lastwagen oder Autobus, das Geschwindigkeit, Fahrtdauer und Fahrpausen zu Kontrollzwecken aufzeichnet*

Fahrt·kos·ten *siehe* **Fahrkosten**

Fahrt·rich·tung *die* <-, -en> *die Richtung, in die ein Fahrzeug fährt:* in Fahrtrichtung/entgegen der Fahrtrichtung sitzen; Aussteigen in Fahrtrichtung links!

fahr·tüch·tig *adj /nicht steig./* ❶ *so, dass man ein Auto sicher fahren kann:* Nach Einnahme des Medikaments ist man nur noch bedingt fahrtüchtig. ❷ *so, dass es sicher gefahren werden kann:* Das Auto ist wieder fahrtüchtig.

Fahr·tüch·tig·keit *die* <-> /kein Plur./ ❶ *die Fähigkeit, ein Fahrzeug sicher zu fahren:* Alkoholische Getränke/manche Medikamente beeinträchtigen die Fahrtüchtigkeit. ❷ *die technische Verkehrssicherheit eines Fahrzeugs:* ein Fahrzeug auf seine Fahrtüchtigkeit hin überprüfen

Fahrt·wind *der* <-(e)s /kein Plur./ *durch die Bewegung eines Fahrzeugs erzeugter Luftstrom:* Die Plane flattert im Fahrtwind.

fahr·un·tüch·tig *adj /nicht steig./* *(↔ fahrtüchtig)* ❶ *so, dass jmd. ein Fahrzeug nicht mehr sicher lenken kann:* Nach dem Genuss von Alkohol/Drogen ist man fahruntüchtig. ❷ *so, dass ein Fahrzeug technische Mängel hat und deshalb nicht mehr fahrsicher ist:* ein fahruntüchtiges Fahrzeug

Fahr·ver·bot *das* <-(e)s, -e> *das Verbot, ein Kraftfahrzeug zu führen:* ein vierwöchiges Fahrverbot aussprechen/erhalten

Fahr·ver·hal·ten *das* <-s> /kein Plur./ *(geh.)* ❶ *die Art, wie sich ein Fahrzeug fährt:* Der Wagen hat ein sportliches/träges Fahrverhalten. ❷ *die Art, wie jmd. ein Kraftfahrzeug fährt:* Er zeigt ein aggressives/defensives/rücksichtsvolles Fahrverhalten.

Fahr·was·ser *das* <-s> /kein Plur./ SEEW. *eine markierte Strecke in Gewässern, die die erforderliche Wassertiefe für die dort verkehrenden Schiffe besitzt:* das Fahrwasser eines Flusses; ▪ **in jemandes Fahrwasser mitschwimmen** *(umg. abwert.) unkritisch jmds. Meinungen übernehmen;* ▪ **im richtigen Fahrwasser sein** *etwas sagen oder tun, worin man sich sicher fühlt, weil man es gut kann*

Fahr·wei·se *die* <-, -n> *(≈ Fahrstil)*

Fahr·werk *das* <-(e)s, -e> LUFTF. *die Räder eines Flugzeugs und deren Aufhängung:* nach dem Start das Fahrwerk einziehen; vor der Landung das Fahrwerk ausfahren

Fahr·zeug *das* <-s, -e> *ein technisches Gerät, das der Fortbewegung dient:* ein mit Muskelkraft/mit Benzin betriebenes Fahrzeug; ein Fahrzeug mit Elektromotor/Kettenantrieb; Im Winter ist der Pferdeschlitten ein beliebtes Fahrzeug.; ein Fahrzeug, das sich im Wasser und auf dem Land fortbewegen kann; Manche Experten meinen, dass das Fahrzeug der Zukunft über Brennstoffzellen verfügen wird. ◆-bau, -brief, -klassen, -kolonne, -schein, -technik

F

F

Fahr·zeug·füh·rer *der,* **Fahr·zeug·füh·re·rin** <-s, -> AMTSSPR. *jmd., der ein Fahrzeug lenkt*

Fahr·zeug·hal·ter *der,* **Fahr·zeug·hal·te·rin** <-s, -> AMTSSPR. *eine Person, die ein Kraftfahrzeug besitzt:* den Fahrzeughalter eines PKW ermitteln

Fahr·zeug·len·ker *der,* **Fahr·zeug·len·ke·rin** <-s, -> SCHWEIZ. *Fahrzeugführer*

Fai·ble *das* ['fɛːbl̩] <-s, -s> *Vorliebe; Neigung:* Sie hat ein Faible für Jazzmusik.; Er hat eben ein Faible für alte, wertvolle Bücher.; Die Lehrerin hat ein Faible für bestimmte Schüler.

fair [fɛːɐ̯] *adj* ❶ (≈ *anständig*) *so, dass man in seinem Handeln gerecht, ehrlich und anständig ist:* ein faires Urteil; Das war nicht fair von ihr!; Wenn du ihn kritisierst, solltest du aber fair bleiben. ❷ SPORT *den sportlichen Regeln entsprechend:* ein fairer Wettkampf

Fair·ness *die* ['fɛːɐ̯nɛs] <-> */kein Plur./* ❶ *gerechtes und anständiges Verhalten:* Es ist ein Gebot der Fairness, dass du auch seine Argumente anhörst. ❷ *den sportlichen Regeln entsprechendes Verhalten*

Fair·play, *a.* **Fair Play** *das* ['fɛːɐ̯pleː] <-(s)> */kein Plur./ anständiges oder den (sportlichen) Regeln entsprechendes (Verhalten im) Spiel*

fä·kal *adj /nicht steig./ (geh.) Fäkalien betreffend*

Fä·ka·li·en <-> *Plur. (geh.) Urin und Kot*

Fa·kir *der* <-s, -e> ❶ *ein Angehöriger einer religiösen Sekte (besonders in Indien), der asketisch lebt und den Körper durch geistige Übungen unempfindlich gegen Schmerz machen kann:* Der Fakir kann auf einem Nagelbrett liegen. ❷ *ein Zauberkünstler, der ähnliche Dinge wie ein Fakir[1] tun kann:* als Fakir im Zirkus auftreten

Fak·si·mi·le *das* [fak'tsiːmile] <-s, -s> DRUCKW. *eine exakte Nachbildung eines Druckerzeugnisses oder Bildes:* das Faksimile einer alten Handschrift; ein altes Buch in Faksimile herausgeben

Fakt *der/das* <-(e)s, -en/-s> *(geh.) eine (bewiesene) Tatsache:* sich bei der Bewertung einer Sache an die Fakten halten; Die Fakten sind uns schon längst bekannt.; Unsere Leser wollen Fakten, Fakten, Fakten …; ■ **Fakt ist, dass …** *(umg.) es steht fest, dass …*

fak·tisch *adj /nicht steig./ (≈ effektiv) tatsächlich:* Der faktische Nutzen ist gering.; Die Kleinbetriebe sind die faktischen Verlierer der Reform.; Es ist faktisch alles beim Alten geblieben.

Fak·ti·zi·tät *die* <-, -en> PHILOS. (↔ *Logizität*) *sinnlich erfahrbare Gegenständlichkeit, Tatsächlichkeit*

Fak·tor *der* <-s, …-toren> ❶ *eine Ursache, die (zusammen mit anderen) ein Ergebnis beeinflusst:* ein bestimmender/entscheidender/wesentlicher/wichtiger Faktor; verschiedene Faktoren in Betracht ziehen; Das Wetter wird von sehr unterschiedlichen Faktoren bestimmt. ◆ *Unsicherheits-, Wirtschafts-, Zeit-* ❷ MATH. *die Zahl, mit der eine andere Zahl multipliziert wird:* mit Faktor 3 multiplizieren; ■ **der menschliche Faktor** *menschliches Versagen als mögliche Ursache von Unfällen* ◆ -enanalyse ▶ faktoriell

Fak·to·tum *das* <-s, -s/Faktoten> *eine Person, die schon lange Zeit in demselben Unternehmen*

oder Haushalt beschäftigt ist und alle anfallenden Arbeiten erledigt

Fak·tum *das* <-s, Fakten/Fakta> *(geh.: ≈ Fakt) eine (bewiesene) Tatsache:* ein längst bekanntes Faktum ◆ Faktenmaterial, Faktenwissen

Fa·kul·tas *die* <-, Fakultäten> *die wissenschaftliche Lehrbefähigung für den Unterricht an Gymnasien:* große/kleine Fakultas; Er kann mit der großen Fakultas in Geschichte am Gymnasium bis zur Abiturklasse unterrichten.

Fa·kul·tät *die* <-, -en> ❶ *eine Abteilung an einer Universität, an der mehrere verwandte Fächer zusammengefasst sind:* die juristische/medizinische/ neuphilologische/philosophische/theologische Fakultät ◆ -sbeschluss, -sordnung, -ssitzung ❷ MATH. *das Produkt aus allen vorkommenden natürlichen Zahlen, von eins beginnend, bis zu einer angegebenen Zahl:* Vier Fakultät ist das Produkt aus eins, zwei, drei und vier, also vierundzwanzig.

fa·kul·ta·tiv *adj /nicht steig./ (geh.: ↔ obligatorisch) so, dass es freigestellt ist, ob man etwas tut oder nicht:* fakultativer Unterricht; Die Teilnahme an diesem Kurs ist fakultativ.

Fal·bel *die* <-, -n> *ein gekräuselter Zierbesatz an Kleidungsstücken:* ein Rock mit Falbeln

Fal·ke *der* <-n, -n> *ein kleinerer Raubvogel:* einen Falken zur Jagd abrichten ▶ Falknerei ◆ -nhorst

Fal·ken·jagd *die* <-> */kein Plur./ die Jagd mit abgerichteten Falken*

Fall¹ *der* <-(e)s> */kein Plur./* ❶ *die senkrechte Bewegung von oben nach unten:* der Fall aus 2000 Metern Höhe; der freie Fall eines Körpers; der lautlose Fall der Schneeflocken ❷ (≈ *Sturz*) *sich beim Fall vom Gerüst schwer verletzen* ❸ *die Art, wie ein Stoff herabhängt:* der Fall des Kleides/der Gardinen ❹ *das Scheitern oder der Untergang:* der Fall einer Stadt nach langer Belagerung; der Fall der Berliner Mauer; ■ **zu Fall kommen** *(geh.)* stürzen oder scheitern auf der Treppe zu Fall kommen; Der Präsident ist durch eine Intrige zu Fall gekommen.; ■ **jemanden zu Fall bringen** *(geh.)* bewirken, dass jmd. stürzt oder scheitert

Fall² *der* <-(e)s, Fälle> ❶ *eine Situation, die eintreten kann:* im günstigsten/schlimmsten Fall(e); auf jeden Fall/auf alle Fälle; für den Fall/gesetzt den Fall, dass wir verlieren, …; Wenn das der Fall sein sollte/In diesem Fall, … ❷ *ein Sachverhalt, mit dem man sich unter einem bestimmten Aspekt beschäftigen muss:* ein juristischer/medizinischer Fall; ein akuter Fall von Blinddarmentzündung; ein alltäglicher/komplizierter/ hoffnungsloser/besonders schwerer Fall; Das ist ein ganz klarer Fall.; Jeder Fall hat seine Besonderheiten.; Wir entscheiden von Fall zu Fall, wie wir vorgehen. ❸ SPRACHWISS. (≈ *Kasus*) *der erste/dritte Fall;* ein Adjektiv/Pronomen/Substantiv in den zweiten Fall setzen; ■ **jemand ist ein hoffnungsloser Fall** *(umg.)* jmd. ist unverbesserlich und will sich nicht ändern; ■ **jemand/etwas ist nicht mein Fall** *(umg.)* jmd. oder etwas gefällt mir nicht; ■ **auf jeden Fall** *ganz bestimmt;* ■ **auf alle Fälle** *unbedingt;* ■ **auf keinen Fall** *absolut nicht;* ■ **gesetzt den Fall, dass …** *(geh.)* angenommen, dass …

Fall·beil *das* <-(e)s, -e> *eine scharfe, schwere Klinge, die in einer Schiene nach unten fällt und bei Hinrichtungen den Kopf des Verurteilten vom Rumpf abtrennt*

Fall·bei·spiel *das* <-(e)s, -e> *ein Fall ², der als Beispiel für etwas dient*

Fall·be·schleu·ni·gung *die* <-> /*kein Plur.*/ PHYS. *die Beschleunigung, die auf einen Körper im freien Fall einwirkt*

Fal·le *die* <-, -n> ❶ *ein Trick, mit dem jmd. jmdn. täuschen will:* jemandem eine Falle stellen; in eine Falle geraten; Vorsicht bei dieser Frage! Das ist eine Falle! ❷ (*umg.:* ≈ *Bett*) sich in die Falle hauen ❸ *eine Vorrichtung zum Fangen von Tieren:* Fallen im Wald aufstellen ◆ Fuchs-, Mause- ❹ SCHWEIZ. *(Tür-)Klinke*

fal·len <fällst, fiel, ist gefallen> *ohne OBJ* ■ *jmd./etwas fällt (von etwas Dat.)* ❶ *sich von oben nach unten bewegen:* Die Äpfel fallen vom Baum.; Regen/Schnee fällt vom Himmel.; Mir ist das Glas aus der Hand gefallen.; Du hast den Ball fallen lassen.; Der Arbeiter ist vom Gerüst gefallen. ❷ ■ *jmd./etwas fällt* zu Grunde gehen; vernichtet werden: Viele Soldaten fielen in dieser Schlacht.; Nach langer Belagerung ist die Festung gefallen.; Grenzen/trennende Schranken/Regierungen fallen. ❸ ■ *jmd. fällt* stürzen oder sich schnell irgendwohin bewegen: Sie ist gefallen und hat sich das Bein gebrochen.; Sie fielen todmüde ins Bett.; auf die Knie fallen; jemandem um den Hals fallen ❹ ■ *etwas fällt* (≈ *sinken* ↔ *steigen*) geringer werden: Die Temperatur fällt.; Der Wasserspiegel fällt. ❺ ■ *etwas fällt* (übertr.: ↔ *steigen*) an Wert verlieren: Die Aktien/Börsenkurse fallen.; Das Niveau der Sendung ist sehr gefallen.; Die Preise fallen. ❻ ■ *etwas fällt* sich irgendwie ereignen: Es fiel ein Schuss.; Ist so eine Bemerkung/der Name wirklich gefallen?; Das Urteil ist gefallen. ❼ ■ *jmd. fällt in/unter etwas Akk.* (plötzlich) in einen Zustand geraten: in Ohnmacht/in tiefen Schlaf fallen; beim König in Ungnade fallen; Die Pferde fallen in Galopp.; unter die Räuber fallen ❽ ■ *etwas fällt auf jmdn./etwas* treffen: Das Los ist auf dich gefallen.; Licht fällt auf ihr Gesicht.; Ein Schatten fiel auf den Weg.; Ihr Geburtstag fällt auf einen Freitag.; Die Konferenz fällt in die Urlaubszeit. ❾ ■ *etwas fällt in/auf etwas Akk.* zu etwas gehören: Das fällt nicht in meinen Bereich.; unter ein Gesetz fallen; Dieses Tier fällt in die Gruppe der Beuteltiere.; ■ **etwas fallenlassen** (übertr.) (Pläne) aufgeben, auf etwas verzichten; ■ **mit der Tür ins Haus fallen** (umg. abwert.) sofort auf ein Thema zu sprechen kommen; ■ **jemandem in den Rücken fallen** (abwert.) jmdn. verraten; ■ **nicht auf den Mund gefallen sein** (umg.) gut reden können; ■ **nicht auf den Kopf gefallen sein** nicht dumm sein

fal·len·las·sen, *a.* **fal·len las·sen** <lässt fallen, ließ fallen, hat fallenlassen> *mit OBJ* ■ *jmd. lässt jmdn./etwas fallen* ❶ verstoßen: Nach dem öffentlichen Skandal hat sie ihn fallenlassen. ❷ aufgeben: Wir haben unseren Plan fallenlassen müssen.

fäl·len <fällst, fällte, hat gefällt> *mit OBJ* ■ *jmd.*

fällt etwas ❶ *den Stamm (eines Baumes) oberhalb der Erde abtrennen:* einen Baum fällen ❷ (geh.) *als gültig verkünden:* eine Entscheidung/ein Urteil fällen

Fall·ge·schwin·dig·keit *die* <-, -en> PHYS. *die Geschwindigkeit, mit der ein Körper zu Boden fällt*

Fall·ge·setz *das* <-es, -e> /*kein Plur.*/ PHYS. *das physikalische Gesetz der Schwerkraft*

Fall·gru·be *die* <-, -n> *eine getarnte Grube, die dazu bestimmt ist, dass jmd./ein Tier hineinfällt:* ein Tier in einer Fallgrube fangen

Fall·hö·he *die* <-, -n> *die Höhe, aus der etwas herabfällt*

fäl·lig *adj* /*nicht steig.*/ ❶ (≈ *zahlbar*) so, dass es gezahlt werden muss: Die Miete ist zum Monatsersten fällig.; einen fälligen Betrag zahlen ❷ notwendig oder angebracht: Nach jeder Fahrt sind Wartungsarbeiten fällig.; Jetzt wäre aber eine Entschuldigung fällig!

Fäl·lig·keit *die* <-> /*kein Plur.*/ *der Zeitpunkt, an dem etwas gezahlt werden muss:* einen Betrag bei Fälligkeit bezahlen ◆ -sklausel, -stermin

Fall·obst *das* <-(e)s> /*kein Plur.*/ *das Obst, das vor der Ernte vom Baum fällt:* Fallobst zu Marmelade/Saft verarbeiten

Fall-out, *a.* **Fall·out** *der* [fɔːlˈaʊt] <-s, -s> PHYS. *der radioaktive Niederschlag nach einer Kernexplosion*

Fall·reep *das* [ˈfalreːp] <-(e)s, -e> SEEW. *eine Treppe, die außen an einem Schiff angebracht ist und über die man auf das Schiff gehen kann*

Fall·rück·zie·her *der* <-s, -> SPORT *(Fußball) eine bestimmte Art den Ball zu spielen, bei der der Spieler sich nach dem Ballkontakt rücklings zu Boden fallen lässt*

falls *konj* *für den Fall, dass ...:* Falls es regnet, verschieben wir das Fest.

Fall·schirm *der* <-(e)s, -e> *ein großer Schirm aus Stoff, der dazu dient, Personen oder Gegenstände, die aus einem Flugzeug springen oder abgeworfen werden, langsam zu Boden gleiten zu lassen* ◆ -absprung, -springer(in)

Fall·schirm·jä·ger *der* <-s, -> MILIT. ❶ *ein Soldat, der dazu ausgebildet ist, mit dem Fallschirm hinter den gegnerischen Linien abzuspringen* ❷ /*Plur.*/ *der militärische Truppenteil, der Fallschirmjäger ¹ ausbildet:* bei den Fallschirmjägern sein

Fall·strick *der* <-(e)s, -e> (umg.) *eine List, mit der jmdm. geschadet werden soll:* eine Prüfungsarbeit voller Fallstricke

Fall·stu·die *die* <-, -n> (fachspr.) *eine wissenschaftliche Untersuchung eines einzelnen Sachverhalts, die beispielhaft Probleme aufzeigen soll:* eine These anhand mehrerer Fallstudien belegen

Fall·sucht *die* <-> /*kein Plur.*/ (veralt.) *Epilepsie* ▸ fallsüchtig

Fall·tür *die* <-, -en> *eine versteckt angebrachte Klappe im Boden, durch die man eine Person in einen Schacht fallen lassen kann*

fall·wei·se *adv* ÖSTERR. *gelegentlich, in einzelnen Fällen*

falsch *adj* ❶ (↔ *richtig*) so, dass es nicht dem entspricht, was zutreffend oder erforderlich ist: an

F

die falsche Tür klopfen; sich falsch ausdrücken; jemandem die falsche Adresse/Telefonnummer geben; Du hast falsch gesungen.; Deine Entscheidung war falsch.; Er hat genau das Falsche getan. ❷ *(umg.:* ↔ *echt) so, dass es nachgemacht ist oder nicht der Wirklichkeit entspricht:* falsche Banknoten/Zähne; ein falscher Stein; Die Kette ist nicht aus echtem Gold, sie ist falsch.; Der Dieb hat unter falschem Namen im Hotel übernachtet. ❸ *(*↔ *ehrlich) so, dass es nicht dem entspricht, was man tatsächlich denkt oder will:* ein falsches Lächeln; jemandem falsche Versprechungen machen ❹ *unpassend; unangebracht:* etwas im falschen Moment sagen; Habe ich etwas Falsches gesagt?; ■ **jemand gerät (mit einer Bitte) an den Falschen** *jmd. wird mit einer Bitte abgewiesen* Mit seiner erneuten Bitte um Gehaltserhöhung ist er bei seinem Chef aber an den Falschen geraten!; ■ **ohne Falsch sein** *(geh.) offen und ehrlich sein;* ■ **jemand ist ein falscher Fuffziger** *(umg. abwert.) jmd. ist unehrlich* ◆ Großschreibung →R 3.7 Du hast das Falsche gekauft!; Wir haben den Falschen/die Falsche verdächtigt.; Sie ist freundlich und völlig ohne Falsch.

falsch·lie·gen <liegst falsch, lag falsch, hat falschgelegen> *ohne OBJ (sein)* ■ **jmd. liegt falsch** *(umg.) sich irren:* Mit deiner Meinung über ihn hast du komplett falschgelegen.

falsch·spie·len <spielst falsch, spielte falsch, hat falschgespielt> *ohne OBJ* ■ **jmd. spielt falsch** *(umg.) betrügen:* Einer von Euch spielt doch falsch!

Falsch·aus·sa·ge die <-, -n> RECHTSW. *unrichtige Aussage vor Gericht:* eidliche/uneidliche Falschaussage

fäl·schen <fälschst, fälschte, hat gefälscht> *mit OBJ* ■ **jmd. fälscht etwas** *in betrügerischer Absicht Kopien von etwas herstellen:* Banknoten/Bilder/Dokumente/Kunstwerke/ Urkunden fälschen; mit gefälschten Papieren reisen; jemands Unterschrift fälschen

Fäl·scher der, **Fäl·sche·rin** <-s, -> *jmd., der etwas fälscht* ◆ -bande, Kunst-

Falsch·geld das <-(e)s> */kein Plur./ gefälschte* Banknoten

Falsch·heit die <-> /kein Plur./ ❶ *(*↔ *Richtigkeit) die Eigenschaft, dass etwas falsch [1] ist:* die Falschheit einer Aussage/einer Behauptung/eines Urteils ❷ *(abwert.:* ↔ *Ehrlichkeit) die Eigenschaft, unehrlich oder betrügerisch zu sein:* Er hat ihre Falschheit gleich durchschaut.

fälsch·lich adj */nicht steig./ (geh.) zu Unrecht; irrtümlich:* ein fälschlicher Verdacht; Er wurde fälschlich des Diebstahls beschuldigt.

fälsch·li·cher·wei·se adv *(geh.) zu Unrecht:* jemanden fälschlicherweise verdächtigen/verhaften

Falsch·par·ker, **Falsch·par·ke·rin** <-s, -> *jmd., der sein Auto im Parkverbot abstellt*

Falsch·spie·ler der, **Falsch·spie·le·rin** <-s, -> *jmd., der gewohnheitsmäßig beim Spiel betrügt:* jemanden als Falschspieler entlarven

Fäl·schung die <-, -en> ❶ */kein Plur./ das Fälschen:* Die Fälschung von Geld/Unterschriften/ Urkunden ist strafbar. ❷ *ein gefälschter Gegen-*

stand: Nur ein Fachmann kann die Fälschung vom Original unterscheiden.

fäl·schungs·si·cher adj */nicht steig./ so, dass es nicht gefälscht werden kann:* fälschungssichere Ausweise/Geldscheine

Fal·sett das <-(e)s, -e> MUS. *Kopfstimme:* (im) Falsett singen

Fal·si·fi·kat das <-(e)s, -e> *(geh.) ein gefälschter Gegenstand:* Bei diesem Kunstwerk handelt es sich leider um ein Falsifikat.

falt·bar adj */nicht steig./ so, dass man es zusammenfalten kann*

Falt·blatt das <-(e)s, Faltblätter> *(*≈ *Broschüre) ein Text auf einem gefalteten Blatt Papier, der Informationen über etwas enthält:* auf einem Faltblatt über die Tarife/geplanten Veranstaltungen/ neuesten Angebote informieren

Falt·boot das <-(e)s, -e> *ein kleineres Boot, das man zum Transport zusammenlegen kann*

Falt·dach das <-(e)s, Faltdächer> KFZ *faltbares Dach:* ein Auto mit zurückgeschlagenem Faltdach

Fal·te die <-, -n> ❶ *eine absichtlich dort angebrachte Stelle in einem Stoff, wo der Stoff gefaltet ist:* Der Mantel ist weit und bequem, denn er hat im Rücken eingenähte Falten.; eine Hose mit korrekt gebügelten Falten ◆ Bügel-, Bund-, Keller- ❷ *ein ungewollter Knitter im Stoff:* Das Hemd hat nach dem Waschen viele Falten, ich muss es noch bügeln. ❸ *eine der Linien, an denen die Haut nicht glatt ist, sondern eine schmale Furche aufweist:* Falten haben; das Gesicht eines alten Mannes mit vielen Falten; Sie ist dick geworden und hat viele Falten unter dem Kinn. ◆ Lach-, Sorgen-, Stirn-

fal·ten *mit OBJ* ■ **jmd. faltet etwas** ❶ *Papier oder Stoff entlang einer Linie umlegen und damit in eine bestimmte Form bringen:* Er faltete den Brief und steckte ihn in den Umschlag.; ein Hemd/ein Tischtuch falten und in den Schrank legen ❷ *ineinander verschränken:* die Hände falten; mit gefalteten Händen beten ❸ *(fachspr.) wellenförmig zusammenpressen:* Gesteinsschichten falten

Fal·ten·ge·bir·ge das <-s, -> *(fachspr.) ein Gebirge, das durch das Falten von Gesteinsschichten entstanden ist*

fal·ten·los adj */nicht steig./ so, dass es keine Falten aufweist:* ein glattes, faltenloses Gesicht; ein faltenloses Gewand

Fal·ten·rock der <-(e)s, Faltenröcke> *Damenrock mit eingenähten Zierfalten*

Fal·ten·un·ter·sprit·zung die <-, -en> *Verfahren zur Reduzierung von Falten im Gesicht, bei dem Substanzen unter die Hautoberfläche injiziert werden*

Fal·ten·wurf der <-(e)s, Faltenwürfe> *die Art, in der die Falten eines Stoffes fallen:* der Faltenwurf eines Gewandes/Schleiers

Fal·ter der <-s, -> *(*≈ *Schmetterling) Ein bunter* Falter saß auf der Blume. ◆ Nacht-, Tag-

fal·tig adj *(*≈ *runzlig) mit vielen Falten:* faltige Haut

Fal·tung die <-> /kein Plur./ *die bestimmte Art, wie etwas gefaltet ist*

Falz der <-es, -e> ❶ *die Linie, an der ein Papier gefaltet ist:* ein Papierbogen mit einem Falz ▶ ge-

falzt ❷ DRUCKW. *die Rille zwischen dem Buchrücken und dem Buchdeckel* ❸ TECHN. *eine Verbindungsnaht zwischen zwei Blechteilen:* eine Konservendose am Falz öffnen ✦-maschine
fal·zen <falzt, falzte, hat gefalzt> *mit OBJ* ■ *jmd.*
falzt etwas mit einem Falz[1], [3]versehen
fa·mi·li·är *adj* ❶ *im Bezug auf die Familie:* aus familiären Gründen nicht teilnehmen können; Das ist eine rein familiäre Angelegenheit.; die familiären Bande ❷ *(≈ zwanglos) so, dass es irgendwo locker und ungezwungen zugeht:* Hier herrscht eine familiäre Atmosphäre. ▸ Familiarität
Fa·mi·lie *die* <-, -n> ❶ *Eltern und ihr(e) Kind(er):* eine kinderreiche Familie; Wir bieten Urlaub für die ganze Familie.; eine Familie ernähren; Familie Mayer ist verreist. ✦-nangelegenheit, -nausflug, -nberatungsstelle, -nbuch, -ndrama, -nfeier, -ngericht, -nglück, -nstammbuch, -npolitik, -nrecht ❷ *alle miteinander verwandten Personen:* Zur Geburtstagsfeier der Großmutter traf sich die ganze Familie.; aus guter/reicher/wohlhabender Familie stammen ✦-nähnlichkeit, -nanlass, -nangehöriger, -nanhang, -nbande, -nbegräbnis, -nbild, -nchronik, -nehre, -nereignis, -ngeheimnis, -ngeschichte, -nmitglied, -nroman ❸ BIOL. *eine Kategorie in der Einteilung der Lebewesen:* Eine Ordnung gliedert sich in Familien und zu einer Familie gehören verschiedene Gattungen.; die Familie der Katzenartigen; ■**Das bleibt in der Familie.** *(umg.) das bleibt geheim;* ■**Das kommt in den besten Familien vor.** *(umg.) Das ist nicht so schlimm, das kann vorkommen.*
Fa·mi·li·en·al·bum *das* <-s, ...-alben> *ein Fotoalbum mit Fotos der Mitglieder einer Familie und Aufnahmen von Familienfesten*
Fa·mi·li·en·be·trieb *der* <-(e)s, -e> *ein Betrieb, bei dem die Mitarbeiter miteinander verwandt sind*
fa·mi·li·en·feind·lich *adj /nicht steig./ (↔ familienfreundlich) so, dass die gesellschaftlichen Verhältnisse nicht günstig für Familien und ihre Bedürfnisse sind, z.B. weil es zu wenig preiswerte Wohnungen oder zu wenig Kinderbetreuung gibt* ▸ Familienfeindlichkeit
Fa·mi·li·en·gruft *die* <-, -en> *ein großes, vornehmes Grabmal, in dem mehrere Mitglieder einer Familie bestattet sind*
Fa·mi·li·en·krach *der* <-s> */kein Plur./ Streit innerhalb einer Familie*
Fa·mi·li·en·kreis ■**im (engsten) Familienkreis** *unter denjenigen, die (nahe) miteinander verwandt sind* Die Feier findet im engsten Familienkreis statt.
Fa·mi·lien·le·ben *das* <-s> */kein Plur./ das Zusammenleben von Eltern und Kind(ern):* Das Familienleben leidet unter der großen Arbeitsbelastung des Vaters.
Fa·mi·li·en·na·me *der* <-ns, -n> *der Name, der im Unterschied zum Vornamen die Zugehörigkeit zu einer bestimmten Familie angibt:* Bitte mit dem Familiennamen unterschreiben!; Bei der Heirat haben sie sich entschieden, den Namen der Frau als Familiennamen anzunehmen.
Fa·mi·li·en·pass *der* <-es, Familienpässe> *ein*

Pass, der einer ganzen Familie verbilligten Eintritt bei öffentlichen Veranstaltungen oder andere Vergünstigungen ermöglicht
Fa·mi·li·en·pfle·ge *die* <-> */kein Plur./ Betreuung einer Familie[1] durch eine Person, die beim Jugendamt angestellt ist und die regelmäßig zur Unterstützung, Beratung und Betreuung der Kinder die Familie aufsucht* ▸ Familienpfleger(in)
Fa·mi·li·en·pla·nung *die* <-> */kein Plur./ Empfängnisverhütung (und Planung der Geburt von Kindern in einer Familie):* Kondom oder Pille als Mittel zur Familienplanung benutzen
Fa·mi·li·en·stand *der* <-(e)s> */kein Plur./* AMTSSPR. *der Umstand, ob jmd. verheiratet oder ledig ist:* Bitte geben Sie Ihren Familienstand an!
Fa·mi·li·en·va·ter *der* <-s, Familienväter> *ein Ehemann, der Vater von Kindern ist*
Fa·mi·li·en·ver·band *der* <-(e)s> */kein Plur./* AMTSSPR. *alle in einem Haushalt lebenden Familienmitglieder*
Fa·mi·li·en·ver·hält·nis·se *die* <-> *Plur.* AMTSSPR. *alles, was zu den Lebensbedingungen einer Familie gehört:* Sie leben in chaotischen/geordneten Familienverhältnissen.; Das Kind lebt durch den Alkoholismus beider Eltern in sehr problematischen Familienverhältnissen.
Fa·mi·li·en·zu·sam·men·füh·rung *die* <-, -en> AMTSSPR. *die Zusammenführung von (bisher getrennt lebenden) Mitgliedern einer Familie durch Zuzug aus dem Ausland:* im Rahmen der Familienzusammenführung die Einreise für Ehefrau und Kinder beantragen
Fa·mi·li·en·zu·wachs *der* <-es> */kein Plur./ (umg. scherzh.)* ■**Familienzuwachs bekommen** *ein Baby bekommen*
fa·mos *adj (veralt. umg.) ausgezeichnet; großartig*
Fa·mu·la·tur *die* <-, -en> MED. *ein Praktikum, das ein Mediziner im Rahmen seiner klinischen Ausbildung als Arzt machen muss* ▸ famulieren
Fan *der* [fɛn] <-s, -s> *(≈ Anhänger) jmd., der sich sehr für etwas begeistert:* die Fans einer Fußballmannschaft; Sie ist ein Fan dieses Sängers.; Die begeisterten Fans stürmten den Platz. ✦-club, -magazin, -shop, Fußball-, Jazz-, Musik-, Radsport-
Fa·nal *das* <-s, -e> *(geh.) ein Zeichen, das etwas Kommendes ankündigt:* ein Fanal setzen; zum Fanal für eine neue Zeit werden
Fa·na·ti·ker, **Fa·na·ti·ke·rin** <-s, -> *(abwert.) jmd., der sich in blindem Eifer und völlig unkritisch für eine Sache oder Idee einsetzt:* Er ist ein Fanatiker, sachliche Argumente lässt er nicht gelten.
fa·na·tisch *adj (abwert.) einer Sache leidenschaftlich und in blindem Eifer ergeben:* fanatisch für etwas eintreten; ein fanatischer Eiferer; ein fanatischer Glaube an etwas ▸ Fanatismus
fa·na·ti·sie·ren *mit OBJ* ■ *jmd./etwas fanatisiert jmdn. jmdn. fanatisch machen:* die fanatisierten Volksmassen
Fan·club *siehe* **Fanklub**
Fan·fa·re *die* <-, -n> ❶ MUS. *ein Blechblasinstrument: ein Musikzug mit Fanfaren und Trommeln* ❷ MUS. *ein mit der Fanfare geblasenes Signal:* eine Fanfare erklang

F

Fang *der* <-(e)s, Fänge> ❶ *gefangene Tiere:* ein magerer/reicher Fang; seinen Fang präsentieren; Die Fischer hoffen auf reichen Fang. ❷ */kein Plur./ das Fangen von Tieren:* Die Fischkutter kehren vom Fang heim.; der Fang von wild lebenden Tieren ❸ *(fachspr.) (die Reißzähne im) Gebiss von Fleischfressern:* der Fang eines Hundes/einer Raubkatze ❹ */im Plur./ (fachspr.) Krallen von Raubvögeln;* ■ **in jemands Fänge geraten** *(übertr.) unter den Einfluss von jmdm. geraten, der böse und gefährlich ist*

Fang·arm *der* <-(e)s, -e> ZOOL. *(≈ Tentakel) beweglicher armartiger Körperteil zum Fangen von Beutetieren:* die Fangarme eines Kraken

Fan·ge·mein·de *die* ['fɛŋgəˌmaɪndə] <-, -n> *die Gesamtheit der Fans einer Person oder Sache:* eine große Fangemeinde haben

fan·gen <fängst, fing, hat gefangen> **I.** *mit OBJ/ ohne OBJ* ❶ ■ *jmd. fängt jmdn./ein Tier eine Person oder ein Tier in seine Gewalt bringen und festhalten:* den Dieb verfolgen und fangen; Fische fangen; Der Hund hat ein Kaninchen gefangen. ❷ ■ *jmd. fängt etwas etwas, das in der Luft fliegt, ergreifen:* einen Ball (mit den Händen) fangen; Sie kann gut fangen. **II.** *mit SICH* ❶ ■ *jmd./ ein Tier fängt sich von etwas festgehalten werden:* Der Schmetterling hat sich im Spinnennetz gefangen.; Sein Fuß hatte sich in einer Schlinge gefangen. ❷ ■ *jmd. fängt sich sich unter Kontrolle bringen:* Er stolperte, konnte sich aber noch rechtzeitig (vor dem Sturz) fangen.; Der Schmerz überwältigte ihn, doch bald hatte er sich wieder gefangen.

Fang·flot·te *die* <-, -n> *alle Schiffe, die für den Fischfang bestimmt sind:* die Fangflotte eines Landes/eines Unternehmens

Fang·fra·ge *die* <-, -n> *eine listige Frage, mit der man erreichen will, dass der Befragte ungewollt etwas preisgibt:* Diese Fangfrage des Prüfers war nicht fair. – Aber jetzt war klar, dass die Studentin das Gebiet nicht vorbereitet hatte.

Fang·ge·biet *das* <-(e)s, -e> *ein Gebiet, in dem bestimmte Tiere gefangen I werden*

Fan·go *der* ['faŋgo] <-s> */kein Plur./ Mineralschlamm, der bei bestimmten Krankheiten als Packung oder Bad heilend wirkt* ◆-bad, -packung, -therapie

Fan·klub, *a.* **Fan·club** *der* ['fɛnklʊb] <-s, -s> *ein Verein, in dem sich Fans organisiert haben*

Fan·ta·sie, *a.* **Phan·ta·sie** *die* <-, ...-sien> ❶ */kein Plur./ die Fähigkeit, sich Dinge ausdenken und vorstellen zu können:* viel/wenig/eine blühende/eine schmutzige Fantasie haben; die Fantasie anregen ❷ *(≈ Einbildung) etwas Vorgestelltes oder Erträumtes:* Das ist doch bloße Fantasie und hat nichts mit der Wirklichkeit zu tun!; die Fantasien eines Künstlers/Träumers; sexuelle Fantasien ❸ MUS. *ein frei gestaltetes Musikstück*

Fan·ta·sie·ge·bil·de, *a.* **Phan·ta·sie·ge·bil·de** *das* <-s, -> *(geh. abwert.) ein Produkt der Einbildung:* Das sind doch reine Fantasiegebilde, die nichts mit der Wirklichkeit gemein haben!

fan·ta·sie·los, *a.* **phan·ta·sie·los** *adj (abwert.)*

ohne *Fantasie[1]:* ein fantasieloser Mensch; eine fantasielose Gestaltung

Fan·ta·sie·preis, *a.* **Phan·ta·sie·preis** *der* <-es, -e> */meist Plur./ (umg. abwert.) ein völlig überhöhter Preis:* 25 Euro für eine Pizza? Das sind ja hier wohl Fantasiepreise!

fan·ta·sie·reich, *a.* **phan·ta·sie·reich** *adj /nicht steig./ (↔ fantasielos) mit viel Fantasie[1]*

Fan·ta·sie·rei·se, **Phan·ta·sie·rei·se** *die* <-, -n> *eine auf Bildern der eigenen Fantasie aufgebaute Entspannungstechnik*

fan·ta·sie·ren, *a.* **phan·ta·sie·ren** *ohne OBJ* ❶ ■ *jmd. fantasiert (über etwas Akk.) von seinen Vorstellungen sprechen:* über die Zukunft fantasieren ❷ ■ *jmd. fantasiert* MED. *im Traum oder im Fieber wirre Dinge sagen:* Er hat die ganze Nacht fantasiert.

fan·ta·sie·voll, *a.* **phan·ta·sie·voll** *adj (↔ fantasielos) mit viel Fantasie[1]:* eine fantasievolle Ausgestaltung; ein fantasievoller Mensch

Fan·tast, *a.* **Phan·tast** *der*, **Fan·tas·tin** <-en, -en> *(geh. abwert.: ↔ Realist) jmd., der seinen Träumen nachhängt und sich nicht an der Wirklichkeit orientiert:* ein wirklichkeitsfremder Fantast

Fan·tas·te·rei, *a.* **Phan·tas·te·rei** *die* <-, -en> *(geh. abwert.) eine Träumerei, die nichts mit der Wirklichkeit zu tun hat:* Mit solchen Fantastereien können wir uns nicht beschäftigen, dazu fehlt uns die Zeit.

fan·tas·tisch, *a.* **phan·tas·tisch** *adj* ❶ *(geh.) so, dass es der Fantasie[1] entstammt und nicht glaubwürdig ist:* fantastische Vorstellungen haben; Es klang ziemlich fantastisch, was er uns da erzählte. ❷ *(umg.) hervorragend; sehr gut:* ein fantastisches Ergebnis; sich fantastisch verstehen; Der Läufer erreichte eine fantastische Zeit.

Fan·zine *das* ['fɛnzɪn] <-s, -s> *eine Zeitschrift für die Mitglieder eines Fanclubs*

FAQ *die* <-, -s> *(kurz für „Frequently Asked Question") in einem bestimmten Zusammenhang häufig gestellte Frage*

Fa·rad *das* <-(s), -> */kein Plur./* PHYS. *nach dem Physiker Faraday benannte Maßeinheit der elektrischen Kapazität*

Farb- *als Erstglied zusammengesetzter Substantive; drückt aus, dass das mit dem Zweitglied Bezeichnete auf Gegenstände und Eigenschaften bezogen ist, die farbig sind oder die Farbqualitäten aufweisen/erzeugen* ◆-auswahl, -anstrich, -balance, -beutel, -blindheit, -codes, -definition, -design, -dimensionen, -druck, -empfindlichkeit, -empfindung, -festiger, -film, -filter, -harmonie, -hintergrund, -intensität, -kasten, -kreis, -kombination, -komponente, -kontrast, -kopie, -lehre, -mischung, -modell, -modus, -monitor, -muster, -negativfilm, -nuance, -nummer, -palette, -patrone, -pigmente, -probe, -profile, -psychologie, -quadrat, -qualität, -raum, -roller, -schema, -schicht, -spektrum, -stift, -symbolik, -tafel, -tabelle, -temperatur, -tiefe, -toner, -tupfen/-tupfer, -tusche, -variante, -verlauf, -vorlage, -walze, -wirkung, -zahl, -zerlegung, -zuordnung, -zusammenstellung

Farb·auf·nah·me *die* <-, -n> *ein Foto, das die natürlichen Farben (annähernd) wiedergibt*

Farb·band *das* <-(e)s, Farbbänder> *ein mit Farbe versehenes Textilband für eine Schreibmaschine*

Farb·bild *das* <-(e)s, -er> *(≈ Farbfoto) eine farbige Fotografie*

Far·be *die* <-, -n> ❶ *die vom Auge wahrgenommene unterschiedliche Reflexion des Lichtes durch verschiedene Oberflächen:* verschiedene Farben wahrnehmen; Nagellack/ein Kleid/ein Auto in/von roter Farbe; Welche Farbe hast du am liebsten/steht dir am besten?; Welche Farbe haben ihre Haare?; Manche Tiere können ihre Farbe wechseln.; Der Film/Das Foto ist in Farbe.; eine gelbe/grüne/rote Farbe haben ◆ Grund-, Leucht-, Pastell- ❷ *eine zum Anstreichen, Färben oder Malen verwendete Substanz von einer bestimmten Farbe¹:* Die Maler haben fünf Kübel weiße Farbe verbraucht.; Die Farbe ist stark deckend/kann mit Wasser verdünnt werden.; Der Maler mischt Farben auf der Palette/trägt die Farbe in dicken Schichten auf.; blaue Farbe zum Färben eines Stoffes kaufen ◆ Acryl-, Aquarell-, Öl-, Rostschutz-, Tempera-, Wand-, Wasser- ❸ */kein Plur./ das frische, gesunde Erscheinungsbild von jmds. Haut:* Er hat in den zwei Urlaubswochen in den Bergen Farbe bekommen. ❹ *eine Einteilung von Spielkarten in Serien:* die Farbe Rot/Herz ausspielen; ■ **in Farbe** *(↔ schwarzweiß) so, dass es die natürlichen Farben (annähernd) wiedergibt;* ■ **die Farben eines Landes** *die Farben der Nationalflagge eines Landes;* ■ **Farbe bekennen** *sagen, was man wirklich denkt*

farb·echt *adj /nicht steig./ so, dass es keine Farbe verliert:* farbechte Stoffe

fär·ben I. *mit OBJ* ■ **jmd./etwas färbt etwas** *bewirken, dass etwas eine bestimmte Farbe bekommt:* Haare/Leder/Stoffe/Textilien färben; Die untergehende Sonne färbt den Himmel rot.; Sie hat sich die Haare gefärbt. II. *ohne OBJ* ■ **etwas färbt** *(umg.) Farbe entweichen lassen:* Der Stoff/Die neuen Hosen färben beim Waschen. III. *mit SICH* ■ **etwas färbt sich irgendwie** *einen bestimmten Farbton annehmen:* Das Wasser färbte sich blutrot.; Der Himmel färbte sich rot.

far·ben·blind *adj /nicht steig./* MED. *so, dass man Farben mit dem Augen nicht oder nur unzureichend unterscheiden kann* ▶ Farbenblindheit

far·ben·froh *adj mit vielen bunten Farben:* sich farbenfroh kleiden; ein farbenfrohes Bild

Far·ben·kas·ten *der siehe* **Farbkasten**

Far·ben·leh·re *die* <-> */kein Plur./* PHYS., PSYCH. *das Wissensgebiet, das sich mit der Natur der Farben, ihrer Entstehung, ihrer Wirkung und ihrem Zusammenspiel beschäftigt*

Far·ben·pracht *die* <-> */kein Plur./ großer Reichtum an Farben:* die Farbenpracht der Blüten/des herbstlichen Waldes

Fär·ber *der*, **Fär·be·rin** <-s, -> *jmd., der beruflich Stoffe oder Leder färbt*

Fär·be·rei *die* <-, -en> *ein Betrieb, in dem Stoffe oder Leder gefärbt werden*

Farb·fern·se·hen *das* <-s> */kein Plur./ (↔ Schwarzweißfernsehen) Fernsehen mit Bil-*dern, die die natürlichen Farben (annähernd) wiedergeben

Farb·fern·se·her *der* <-s, -> *(↔ Schwarzweißfernseher) ein Fernsehgerät, das Bilder überträgt, die die natürlichen Farben (annähernd) wiedergeben*

Farb·fo·to *das* <-s, -s> *(↔ Schwarzweißfoto) ein Foto, das die natürlichen Farben (annähernd) wiedergibt*

far·big *adj* ❶ *sehr bunt:* farbige Kostüme tragen; ein farbiges Bild abgeben ▶ Farbigkeit ❷ */nicht steig./ (↔ schwarzweiß) so, dass es die natürlichen Farben (annähernd) wiedergibt:* ein farbiges Foto; farbige Fernsehbilder ❸ */nicht steig./ (↔ farblos) getönt:* farbige Brillengläser; eine farbige Flüssigkeit ❹ */nicht steig./ (↔ weiß) dunkelhäutig:* farbige Menschen ❺ *(übertr.: ≈ lebhaft) so, dass man sich etwas gut vorstellen kann:* eine farbige Schilderung

Far·bi·ge *der/die* <-n, -n> *ein Mensch mit dunkler Hautfarbe*

Farb·kas·ten, *a.* **Far·ben·kas·ten** *der* <-s, Farbkästen> *ein Kasten mit Farben² zum Malen (von Bildern)*

Farb·ko·pie *die* <-, -n> *eine farbige Fotokopie* ▶ Farbkopierer

farb·los *adj /nicht steig./* ❶ *so, dass etwas keine Farbe hat:* eine geruchlose und farblose Substanz; farbloses Glas ❷ *(abwert.) so, dass jmd. unauffällig und langweilig wirkt:* ein farbloser Redner

Farb·ska·la *die* <-, Farbskalen> *eine Reihe verschiedener Farbtöne:* eine Farbskala von Orange bis Violett

Farb·stoff *der* <-(e)s, -e> *eine Substanz zum Färben einer Sache:* Wurst enthält Farbstoffe und Konservierungsstoffe.; Die Algen besitzen einen roten Farbstoff.; natürliche und synthetische Farbstoffe

Farb·ton *der* <-(e)s, Farbtöne> *eine bestimmte von mehreren Schattierungen einer Farbe:* Rot in verschiedenen Farbtönen; warme, erdige Farbtöne

Fär·bung *die* <-, -en> ❶ */kein Plur./ der Vorgang des Färbens:* das Leder zur Färbung vorbereiten ❷ *die Art, wie etwas gefärbt ist:* eine rote Färbung annehmen; die verschiedenen Färbungen des abendlichen Himmels

Far·ce *die* ['farsə] <-, -n> ❶ *(geh. abwert.) eine Sache, die als wichtig dargestellt wird, im Verhältnis zu diesem Anspruch aber lächerlich wirkt:* Die Höhe dieser Spende ist eine Farce, wenn man bedenkt, was die Firma für Gewinne macht. ❷ THEAT. *ein Lustspiel* ❸ KOCH. *eine Füllung aus Fleisch oder Fisch und anderen Zutaten*

Farm *die* <-, -en> ❶ *ein landwirtschaftlicher Betrieb (in Nordamerika und Australien)* ❷ *ein landwirtschaftlicher Betrieb, in dem bestimmte Tiere gezüchtet werden* ◆ Geflügel-, Hühner-, Schlangen-

Far·mer *der*, **Far·me·rin** <-s, -> *jmd., der eine Farm¹ besitzt und betreibt*

Farn *der* <-(e)s, -e> BOT. *eine Pflanze mit gefiederten Blättern, die in Schatten und Feuchtigkeit wächst* ◆ -kraut

F

Fär·se *die* <-, -n> ZOOL. *eine Kuh, die noch kein Kalb zur Welt gebracht hat*

Fa·san *der* <-(e)s, -e(n)> *ein wild lebender Hühnervogel* ◆-enjagd, -enzucht

Fa·sche *die* <-, -n> ÖSTERR. *Binde (für verletzte Gliedmaßen)*

fa·schie·ren *mit OBJ* ÖSTERR. *durch den Fleischwolf drehen*

Fa·schier·te *das* <-n> /kein Plur./ ÖSTERR. *Hackfleisch*

Fa·sching *der* <-s, -e/-s> SÜDDT., ÖSTERR. *(≈ Fastnacht) Karneval(szeit):* Fasching feiern ◆Weiber-

Fa·schings·diens·tag *der* <-(e)s, -e> SÜDDT., ÖSTERR. *der letzte Tag der Karnevalszeit*

Fa·schis·mus *der* <-> /kein Plur./ GESCH. *nach einem Führerprinzip organisierte, undemokratische, rassistische, nationalistische Ideologie bzw. Staatsform:* der deutsche Faschismus unter Hitler; der italienische Faschismus unter Mussolini; in der Zeit des Faschismus ▶Faschist, Faschistin, faschistisch

fa·schis·to·id *adj* *so, dass es noch nicht im vollen Sinne faschistisch ist, aber sehr starke Züge des Faschismus trägt*

Fa·se·lei *die* <-, -en> *(umg. abwert.) unsinniges, zusammenhangloses Geschwätz:* Was soll denn diese Faselei, komm doch mal zur Sache!

fa·seln <faselst, faselte, hat gefaselt> *mit OBJ/ ohne OBJ* ■ *jmd. faselt (etwas);* ■ *jmd. fasel über etwas Akk. (umg. abwert.) weitschweifig über etwas reden, das man nicht gut kennt:* Unsinn faseln; stundenlang über/von etwas faseln; Was faselt er da bloß?; Genug gefaselt!

Fa·ser *die* <-, -n> ❶ *ein einzelner, relativ langer und dünner Strang eines Gewebes:* die Fasern eines Stoffes; ein Stoff aus synthetischen Fasern ◆-holz, -platte, -struktur, Textil- ❷ *ein langer Strang eines organischen Materials:* die Fasern der Muskulatur/einer Pflanze ◆Muskel-

fa·se·rig, fas·rig *adj* *aus Fasern bestehend, mit Fasern:* faseriges Fleisch/Papier

fa·sern <faserte, hat gefasert> *ohne OBJ* ■ *etwas fasert Fasern verlieren:* Das Papier fasert in den Rändern.

Fa·shion *die* [ˈfɛʃən] <-> /kein Plur./ (Jargon) *Mode*

Fas·nacht SÜDDT., SCHWEIZ. *Fastnacht*

fas·rig *adj* *siehe* **faserig**

Fass *das* <-es, Fässer> ❶ *ein aus Holz oder Metall bestehendes annähernd zylindrisches Gefäß (zur Aufbewahrung von Flüssigkeiten):* ein Fass Bier/ Öl/Wein; ein hölzernes Fass; Bier vom Fass zapfen; ein Fass über den Hof rollen ◆-bier, -wein, Bier-, Öl-, Wein- ❷ *die Menge einer Flüssigkeit, die in ein Fass[1] passt:* zwei Fässer/Fass Wein leeren; ■ **ein Fass aufmachen** *(umg.) etwas feiern;* ■ **ein Fass ohne Boden** *(abwert.) eine Sache, in die man viel Geld oder Arbeit steckt, ohne einen Erfolg zu sehen;* ■ **der Tropfen, der das Fass zum Überlaufen bringt** *(übertr.) etwas, das zu einer langen Reihe ärgerlicher Dinge hinzukommt und etwas ins Unerträgliche steigert;* ■ **Das schlägt dem Fass den Boden aus!** *(umg.) das ist eine große Unverschämtheit*

Fas·sa·de *die* <-, -n> ❶ *die (zur Straße weisende) Vorderansicht eines Gebäudes:* ein Hotel mit einer reich verzierten Fassade ◆-ngestaltung, -nklettern, -npflege ❷ *das äußere Erscheinungsbild von etwas, das etwas verbergen soll:* Hinter dieser intellektuellen Fassade herrschte in Wirklichkeit Geistlosigkeit.; ■ **etwas ist nur Fassade** *(umg. abwert.) etwas ist nur da, um einen bestimmten Eindruck zu erwecken* Ihre Freundlichkeit ist nur Fassade, in Wirklichkeit kann sie dich gar nicht leiden.

fas·sen I. *mit OBJ* ❶ ■ *jmd./etwas fasst etwas (≈ ergreifen) (mit der Hand) einen festen Kontakt zu etwas herstellen:* Fassen Sie die Stange mit beiden Händen!; jemanden am Ärmel fassen; Eine Windbö fasste den Drachen und trug ihn in die Höhe. ❷ ■ *jmd. fasst jmdn. gefangen nehmen:* Der Dieb konnte schnell gefasst werden. ❸ ■ *jmd. fasst etwas (≈ begreifen) Ich kann es einfach nicht fassen.;* Er fasst das Gelernte schnell.; Es ist nicht zu fassen, was da geschehen ist. ❹ ■ *jmd. fasst etwas (≈ schöpfen) zustande bringen:* Mut fassen; Vertrauen zu jemandem fassen ❺ ■ *jmd. fasst etwas formulieren:* ein Gesetz neufassen; seine Gedanken in Worte fassen; ein Schreiben kurzfassen ❻ ■ *jmd. fasst etwas in etwas Akk./ mit etwas Dat. mit einem Rahmen versehen:* ein in Silber gefasster Diamant; das Glas in Blei fassen; den Brunnen mit Feldsteinen fassen ▶Fassung ❼ ■ *etwas fasst etwas aufnehmen können:* Der Tank fasst tausend Liter.; Das Stadion fasst zehntausend Zuschauer. ▶Fassungsvermögen **II.** *ohne OBJ* ❶ ■ *jmd. fasst an etwas Akk. nach etwas greifen:* mit der Hand an die Decke fassen; sich/ jemandem an die Stirn fassen ❷ ■ *etwas fasst irgendwo Halt finden; greifen:* Die Reifen fassen nicht richtig auf diesem Boden; Die Schraube fasst nicht richtig im Gewinde. **III.** *mit SICH* ■ *jmd. fasst sich wieder zur Ruhe kommen:* Er war sehr aufgeregt, hat sich aber wieder gefasst.; ■ *sich kurzfassen kurz das Wesentliche sagen;* ■ *jemand fasst sich ein Herz (umg.) jmd. traut sich, etwas zu tun* ▶Fassung

Fas·set·te *die siehe* **Facette**

fass·lich *adj* /nicht steig./ ■ *... fasslich so, dass es gut zu begreifen ist:* Die Lektionen sind gut/ leicht fasslich gestaltet.

Fas·son *die* [faˈsɔŋ/faˈsõː/faˈsoːn] <-, -s/-en> ❶ *die Machart eines Kleidungsstücks:* ein Mantel nach neuester Fasson ❷ *die Form, die etwas normalerweise hat:* ein aus der Fasson geratenes Kleidungsstück; Er isst gern Süßes, deshalb ist er etwas aus der Fasson geraten.; ■ **Jeder soll nach seiner Fasson selig werden.** *jeder soll so leben, wie er es für richtig hält* ◆-schnitt

Fas·sung *die* <-, -en> ❶ *die Einrahmung von etwas:* ein Diamant mit silberner Fassung; ein Brunnen mit einer Fassung aus Feldsteinen ❷ *das zum Einschrauben einer Glühbirne vorgesehene Gewinde:* Die Birne passt nicht in die Fassung. ❸ /kein Plur./ *inneres Gleichgewicht; Beherrschtheit:* die Fassung bewahren/verlieren ❹ *die sprachliche Form eines Textes:* den Text in eine bessere/straffere Fassung bringen ❺ *Version, Bearbeitung:* Von diesem Gedicht gibt es verschiedene Fassungen.; die neue Fassung eines Stücks ◆ Spät-, Ur-

fas·sungs·los *adj /nicht steig./ (≈ entsetzt) ohne jedes Verständnis:* jemanden fassungslos anstarren; Sie war fassungslos über so viel Frechheit. ▸ Fassungslosigkeit

Fas·sungs·ver·mö·gen *das* <-s, -> ❶ *(≈ Kapazität) die Fähigkeit, etwas aufzunehmen:* Das Fass hat ein Fassungsvermögen von tausend Litern.; das Fassungsvermögen eines Stadions durch einen Umbau vergrößern ❷ *(≈ Verständnis) die Fähigkeit, etwas zu verstehen:* Das übersteigt mein Fassungsvermögen!

fast *adv (≈ beinahe) nahe an einem bestimmten Zustand oder einer bestimmten Maßzahl:* fast zehn Stunden gearbeitet haben; fast einhundert Kilogramm wiegen

fas·ten *ohne OBJ* ■ *jmd. fastet* ❶ *aus religiösen Gründen kein Fleisch oder (fast) keine Nahrung zu sich nehmen* ❷ *(umg.) weniger oder nichts essen, um den Körper zu entschlacken und an Gewicht zu verlieren:* mehrere Tage fasten

Fas·ten *das* <-s> */kein Plur./ das Fasten [1, 2]* ◆ -gebot, -kur, -monat, -predigt, -speise, -tag, -zeit, Heil-

Fas·ten·kur *die* <-, -en> *eine Kur, bei der man aus medizinischen Gründen fastet*

Fas·ten·zeit *die* <-, -en> ❶ *eine Zeit, in der aus religiösen Gründen gefastet wird* ❷ REL. *in der katholischen Religion die Zeit von Aschermittwoch bis Ostern*

Fast·food, *a.* **Fast Food** *das* ['fa:stfu:d] <-(s)> *bestimmte Speisen, z. B. Hamburger, die in speziellen Imbisslokalen schnell zubereitet und dort oder gleich auf der Straße gegessen werden:* Es ist sehr ungesund, sich nur von Fastfood zu ernähren.

Fast·nacht *die* <-> */kein Plur./ die letzten Tage vor der Fastenzeit, in denen ausgelassen nach bestimmten Traditionen (in Kostümen) gefeiert wird:* Fastnacht feiern; zu Fastnacht Urlaub nehmen ◆ -sbrauch, -sdienstag, -smaske, -streiben, -sumzug

Fas·zi·na·ti·on *die* <-> */kein Plur./ eine große Anziehungskraft, die von etwas ausgeht:* Der Sport übt auf viele Menschen eine große Faszination aus.

fas·zi·nie·ren *mit OBJ* ■ *jmd./etwas fasziniert jmdn.* auf jmdn. sehr anziehend wirken: Der Sport fasziniert ihn.; Sie war völlig fasziniert von dem Anblick.; Ein faszinierendes Schauspiel bot sich den staunenden Zuschauern.

fa·tal *adj so, dass etwas sehr schlimme Folgen hat:* ein fataler Fehler/Irrtum

Fa·ta·lis·mus *der* <-> */kein Plur./ (geh.) ein passives Verhalten, das durch den Glauben bewirkt wird, das eigene (schlimme) Schicksal sei nicht zu verändern oder zu vermeiden:* in Fatalismus verfallen ▸ fatalistisch, Fatalist, Fatalistin

Fa·ta Mor·ga·na *die* <-, Fata Morganen/-s> *eine (über Wüsten vorkommende) durch Luftspiegelung verursachte optische Sinnestäuschung:* Er glaubte, Wasser in der Ferne zu sehen, aber es war nur eine Fata Morgana.

Fatz·ke *der* <-n/-s, -n/-s> *(umg. abwert.) eitler, dummer Mensch*

fau·chen *ohne OBJ* ■ *ein Tier/etwas faucht ein zischendes Geräusch (als Drohung) von sich geben:* Der Löwe/Die Katze fauchte böse.; das Fauchen der Dampflokomotive

faul *adj* ❶ *von Bakterien zersetzt und daher verdorben:* faules Obst/Wasser ▸ Faulgas, Faulschlamm ❷ *(abwert.: ↔ fleißig) so, dass man träge ist und nicht gerne arbeitet:* nur faul herumsitzen; ein fauler Bursche ❸ *(umg. abwert.) irgendwie verdächtig:* An der Sache ist doch etwas faul.; Was sind denn das für faule Ausreden?; ■ **fauler Zauber** *(umg. abwert.) Schwindel, Gaukelei;* ■ **faule Witze machen** *(umg. abwert.) schlechte und primitive Witze machen*

Fäu·le *die* <-> */kein Plur./ der Zustand, dass etwas faul [1] ist* ◆ Zahn-

fau·len <fault, faulte, ist gefault> *ohne OBJ* ■ *etwas fault von Bakterien zersetzt werden und dadurch verderben:* Das Obst/Wasser fault.

fau·len·zen <faulenzt, faulenzte, hat gefaulenzt> *ohne OBJ* ■ *jmd. faulenzt (umg. abwert.) faul [2], untätig sein:* Während ihr hier faulenzt, müssen wir hart arbeiten!; im Urlaub in der Sonne liegen und faulenzen

Fau·len·zer, Fau·len·ze·rin <-s, -> *(umg. abwert.) jmd., der gern faulenzt* ◆ -leben

Fau·len·ze·rei *die* <-> */kein Plur./ (umg. abwert.) das Faulenzen:* Jetzt ist Schluss mit der Faulenzerei!

Faul·heit *die* <-> */kein Plur./ (↔ Fleiß) die Eigenschaft, dass man sich nicht gern anstrengt und nicht gern arbeitet:* die Faulheit eines Schülers; Deine Faulheit wird dir noch schaden!

fau·lig *adj /nicht steig./ faul [1]:* fauliges Obst/Wasser

Fäul·nis *die* <-> */kein Plur./ der Prozess des Faulens:* Im Wald roch es nach Fäulnis.; von Fäulnis in Verwesung übergehen ◆ -bakterien, -erreger, -prozess

Faul·pelz *der* <-es, -e> *(umg. abwert.) (harmlose Bezeichnung für) eine Person, die träge ist und keine Lust zum Arbeiten hat:* Na, ihr Faulpelze, wollt ihr nicht auch einmal mithelfen?

Faul·tier *das* <-(e)s, -e> *ein in Südamerika lebendes Säugetier, das sich sehr langsam bewegt und auf Bäumen lebt*

Faun *der* <-(e)s, -e> *ein altrömischer Waldgeist, der besonders eine starke sexuelle Triebhaftigkeit verkörpert:* ein bocksfüßiger/gehörnter/Flöte spielender Faun

Fau·na *die* <-, Faunen> *(↔ Flora) Tierwelt:* die reiche Fauna des Regenwaldes

Faust *die* <-, Fäuste> *die zu einer geschlossenen Form nach innen gekrümmten Finger einer Hand:* vor Wut die Fäuste ballen; die Hand zur Faust ballen; ■ **mit der Faust auf den Tisch hauen** *energisch dafür sorgen, dass die eigene Meinung beachtet wird;* ■ **auf eigene Faust** *ohne fremde Hilfe:* auf eigene Faust eine Lehrstelle suchen; ■ **die Faust im Nacken spüren** *sich gezwungen fühlen* ◆ -hieb, -schlag

Faust·ball *der* <-(e)s> */kein Plur./* SPORT *ein Ball-*

F

spiel für zwei Mannschaften, bei dem der Ball mit der Faust geschlagen wird

Fäust·chen ■ sich ins Fäustchen lachen *(umg.)* heimlich Schadenfreude empfinden

faust·dick ■ es faustdick hinter den Ohren haben *(umg.)* gewitzt sein

Faust·hand·schuh *der* <-s, -e> *(↔ Fingerhandschuh)* ein Handschuh, der die Hand (außer dem Daumen) als Ganzes umhüllt

Faust·pfand *das* <-(e)s, Faustpfänder> *(geh.)* ein Gegenstand, der als Sicherheit für eine Forderung dient: jemandem etwas als Faustpfand überlassen

Faust·recht *das* <-(e)s> /kein Plur./ ein gesetzloser Zustand, in dem jeder das, was er für Recht hält, (mit Gewalt) selbst durchzusetzen versucht

Faust·re·gel *die* <-, -n> *(umg.)* eine einfach anzuwendende, ungefähre Regel: Das kann als Faustregel etwa so gelten.

Fau·teuil *der* [fo'tœj] <-s, -s> ÖSTERR. *Sessel*

Faux·pas *der* [fo'pa] <-, -> /kein Plur./ ein Verstoß gegen die guten Umgangsformen: einen Fauxpas begehen

Fa·ve·la *die* <-, -s> /meist Plur./ Slum in südamerikanischen Großstädten

Fa·vo·rit *der*, **Fa·vo·ri·tin** <-en, -en> ❶ *(≈ Liebling)* jmd., der besonders begünstigt oder gemocht wird: der Favorit des Chefs ❷ SPORT *wahrscheinlicher Gewinner:* Die beiden Favoriten treffen in diesem Wettkampf aufeinander.

Fax *das* <-, -(e)> ❶ *kurz für „Telefax(gerät)"* ◆ -anschluss, -gerät, -nummer ❷ *eine durch ein Fax¹ gesendete Nachricht:* jemandem ein Fax schicken

Fa·xen <-> Plur. *(umg.)* ❶ *(≈ Grimassen)* Die Kinder machten Faxen hinter dem Rücken des Lehrers. ❷ *(abwert.)* ein dummer Scherz: Was sind denn das für Faxen?; Macht keine Faxen!

fa·xen <faxt, faxte, hat gefaxt> *mit OBJ/ohne OBJ* ■ jmd. faxt jmdm. etwas *(umg.)* ein Fax schicken: jemandem eine Nachricht/ein Dokument faxen; Während ich telefoniere, kannst du faxen.

Fax·ge·rät *das* <-(e)s, -e> ein Gerät zum Versenden von Telefaxen

Fa·yence *die* [fa'jã:s/fa'jaŋs] <-, -n> feine, weiß glasierte Töpferware

Fa·zit *das* <-s, -s> Schlussfolgerung: ein Fazit ziehen

FCKW *das* [ɛftse:ka've:] <-(s), -s> Abkürzung von „Fluorchlorkohlenwasserstoff"

FCKW-frei [ɛftse:ka've:...] adj /nicht steig./ ohne Zusatz von FCKW: ein FCKW-freies Treibmittel

F-Dur, F-Dur *das* <-s> /kein Plur./ MUS. auf einem Grundton F basierende Durtonart

Fea·ture *das* ['fi:tʃe] <-s, -s> ein Dokumentarbericht (mit Reportagen und Kommentaren) für das Fernsehen oder den Rundfunk

Fe·ber *der* <-s, -> ÖSTERR. Februar

Fe·b·ru·ar *der* <-(s), -e> der zweite Monat des Jahres

Fecht- SPORT als Erstglied zusammengesetzter Substantive; drückt aus, dass sich das mit dem Zweitglied Bezeichnete auf das Fechten als Sport bezieht ◆ -abstand, -ausdruck, -ausrüstung, -bahn,

-bekleidung, -boden, -degen, -handschuh, -hieb, -kunst, -meister(in), -sport, -turnier, -unterricht

fech·ten <fichtst, focht, hat gefochten> ohne OBJ ■ jmd. ficht mit Florett, Degen oder Säbel im Zweikampf (sportlich) gegeneinander kämpfen: miteinander fechten; gegen jemanden mit dem Degen fechten; ■ mit Worten fechten *(geh.)* miteinander hart diskutieren; ■ für jemanden/etwas fechten *(geh.)* sich für jmdn. oder etwas einsetzen ◆ Degen-, Säbel-

Fech·ter *der*, **Fech·te·rin** <-s, -> SPORT jmd., der das Fechten als Sport betreibt ◆ -bund, -stellung

Fecht·mas·ke *die* <-, -n> beim Fechten getragene Schutzmaske für das Gesicht

Fe·der *die* <-, -n> ❶ *eines der vielen Gebilde, mit denen der Körper von Vögeln bedeckt sind:* Die Federn bilden das Gefieder des Vogels.; ein Vogel mit vielen bunten Federn; Früher benutzte man eine angespitzte Feder zum Schreiben. ◆ -kiel, Flaum-, Schwanz-, Schwung- ❷ *ein spitzes Metallstück, das, in eine Halterung gesteckt, zum Schreiben oder Zeichnen dient:* die Feder des Füllfederhalters; eine Zeichnung mit einer Feder anfertigen ◆ -strich, Schreib-, Stahl- ❸ TECHN. *eine Metallspirale, die dazu dient, Druck oder Stöße abzufangen oder eine Kraft zu speichern und abzugeben:* die Federn in einer Matratze; die Feder einer Spieluhr aufziehen/spannen; ■ sich mit fremden Federn schmücken *(umg.)* einen Erfolg, zu dem man nicht beigetragen hat, für sich in Anspruch nehmen; ■ Federn lassen müssen *(umg.)* Nachteile hinnehmen müssen; ■ zur Feder greifen etwas schreiben ◆ -antrieb, -kernmatratze, -klemme, -kraft, -spirale, Spiral-, Sprung-

Fe·der·ball *der* <-(e)s, Federbälle> ❶ ein kleiner Gummiball, an dem kreisförmig Gebilde befestigt sind, die wie Federn¹ aussehen ❷ /kein Plur./ SPORT ein Spiel, bei dem sich zwei Spieler mit Schlägern einen Federball¹ zuspielen ◆ -schläger, -spiel

Fe·der·bett *das* <-(e)s, -en> eine mit den Federn¹ von Gänsen gefüllte Bettdecke

fe·der·füh·rend adj /nicht steig./ hauptverantwortlich; maßgeblich: bei einem Projekt federführend sein ► Felderführung

Fe·der·ga·bel *die* <-, -n> die gefederte Gabel² eines Mountainbikes

Fe·der·ge·wicht *das* <-(e)s, -e> SPORT ❶ /kein Plur./ eine niedrige Gewichtsklasse bei bestimmten Sportarten ❷ jmd., der in dieser Gewichtsklasse eine von bestimmten Sportarten betreibt: Er boxt im Federgewicht. ◆ -sklasse

Fe·der·hal·ter *der* <-s, -> ❶ ein Holzgriff zur Befestigung einer Schreibfeder: die Feder in einen Federhalter stecken ❷ kurz für „Füllfederhalter"

Fe·der·kleid *das* <-(e)s, -er> *(fachspr.)* die Federn eines Vogels: ein braunes/buntes/voll entwickeltes Federkleid haben

fe·der·leicht adj /nicht steig./ *(umg.)* sehr leicht: ein federleichter Stoff

Fe·der·le·sen ■ nicht viel Federlesen(s) mit jemandem/etwas machen *(umg.)* in Bezug auf jmdn. oder etwas schnell und entschlossen handeln

fe·dern <federst, federte, hat gefedert> **I.** *mit OBJ* ■ *jmd. federt etwas mit federnden Dämpfungselementen ausstatten:* ein gut gefederter Sitz; ein Auto ausreichend federn **II.** *ohne OBJ* ■ *etwas federt elastisch auf Druck und Stoß reagieren:* Das Sprungbrett federt.; eine federnde Unterlage; bei der Landung nach einem Sprung in den Knien federn

Fe·der·schmuck *der* <-(e)s> /kein Plur./ *ein Kopfschmuck aus Federn¹ wie er bei Naturvölkern und besonders den nordamerikanischen Indianern getragen wird*

Fe·de·rung *die* <-, -en> *die Ausstattung mit federnden Dämpfungselementen:* die Federung eines Autos/eines Sofas

Fe·der·vieh *das* <-s> /kein Plur./ (umg. scherzh.) *Geflügel:* Er hält etwas Federvieh auf seinem Hof.

Fe·der·zeich·nung *die* <-, -en> *mit einer Zeichenfeder angefertigte Zeichnung*

Fee *die* <-, -Feen> *eine weibliche Märchenfigur, die über Zauberkräfte verfügt:* eine böse/gute/schöne Fee ▶ feenhaft ◆ -nmärchen, -nschloss

Feed·back, *a.* **Feed·back** *das* ['fiːdbæk] <-s, -s> *Reaktion, Rückmeldung:* jemandem ein Feedback geben; Wir haben noch kein Feedback auf unsere Anfrage erhalten.

Fee·ling *das* ['fiːlɪŋ] <-s, -s> ❶ *(umg.:* ≈ *Gefühl)* Es muss ein tolles Feeling sein, auf den Wellen zu surfen. ❷ *(Jargon:* ≈ *Einfühlungsvermögen)* ein Feeling für das Publikum haben

Fe·ge·feu·er *das* <-s> /kein Plur./ REL. *der Ort, an dem nach katholischem Glauben die Bestrafung für kleinere Sünden erfolgt:* durch das Fegefeuer gehen

fe·gen <fegst, fegte, hat/ist gefegt> **I.** *mit OBJ/ohne OBJ (haben)* ■ *jmd. fegt etwas* ❶ *mit dem Besen säubern:* Er fegt gerade den Hof.; Hast du schon gefegt? ❷ SÜDDT., SCHWEIZ. *(≈ wischen)* mit dem Lappen säubern:* die Spüle fegen; Ich muss nur noch fegen, dann ist alles sauber. **II.** *mit OBJ (haben)* ■ *jmd. fegt etwas von etwas* Dat. *etwas mit einer raschen Bewegung irgendwo entfernen:* die Papiere mit einer Handbewegung vom Tisch fegen; die Blätter vom Weg fegen **III.** *ohne OBJ (sein)* ■ *etwas fegt irgendwohin/über etwas* Akk. *(umg.) sich schnell bewegen:* Der Wagen fegt um die Ecke.; Sie fegten aus dem Zimmer.; Ein Sturm fegte über das Feld.; Im Herbst fegen starke Winde über die Hochflächen.

Feh·de *die* <-, -n> (geh.) *ein lang anhaltender (ernster) Streit:* mit jemandem in Fehde liegen

Fehl ■ *ohne Fehl und Tadel* (veralt. geh.) *ohne Fehler oder Makel*

fehl ■ *fehl am Platze sein irgendwo nicht passen oder nicht angemessen sein* Schadenfreude ist hier völlig fehl am Platze!; Ich fühle mich hier fehl am Platze.

Fehl- *als Erstglied zusammengesetzter Substantive; drückt aus* ❶ *dass das mit dem Zweitglied Bezeichnete nicht korrekt (ausgeführt) ist oder nicht richtig gehandhabt wird/worden ist* ◆ -alarm, -bedienung, -belegung, -besetzung, -deutung, -diagnose, -disposition, -einschätzung, -entscheidung, -entwicklung, -ernährung, -farbe, -funktion, -hal-

tung, -information, -interpretation, -investition, -kalkulation, -konstruktion, -planung, -schluss, -spekulation, -sprung, -verhalten, -wurf, -zündung ❷ *dass das mit dem Zweitglied Bezeichnete nicht (mehr) vorhanden ist* ◆ -bestand

fehl- *als Erstglied zusammengesetzter Adjektive; drückt aus, dass das mit dem Zweitglied Bezeichnete nicht korrekt ist oder nicht richtig gehandhabt wird/worden ist* ◆ -besetzt, -ernährt, -gebildet, -interpretiert, -geleitet

Fehl·an·zei·ge ■ **Fehlanzeige!** *(umg.) verwendet, um auszudrücken, dass etwas doch nicht so ist wie angenommen* Du hast geglaubt, der Computer funktioniert wieder? Fehlanzeige, er ist gerade wieder abgestürzt!

Fehl·be·stand *der* <-(e)s, Fehlbestände> *eine bestimmte Menge von etwas, die an einer bestimmten Stelle fehlt*

Fehl·be·trag *der* <-(e)s, Fehlbeträge> WIRTSCH. *(≈ Manko²) bei einer Abrechnung fehlender Geldbetrag:* einen Fehlbetrag aus eigener Tasche ausgleichen

feh·len I. *ohne OBJ* ❶ ■ *jmd./etwas fehlt nicht vorhanden oder anwesend sein:* Im Medikamentenschrank standen alle Fläschchen, nur eines fehlte.; Er will sich das fehlende Geld leihen. ❷ ■ *etwas fehlt jmdm.* *zu einem bestimmten Geldbetrag noch eine Differenz bilden:* Mir fehlen noch zehn Euro, dann kann ich mir die Hose kaufen. ❸ ■ *jmd./etwas fehlt jmdm.* *(umg.) (schmerzlich) vermisst werden:* Du fehlst mir sehr, wann kommst du wieder? ❹ ■ *jmd. fehlt (geh.) etwas Unrechtes tun:* Er hatte gefehlt und musste dafür büßen. ▶ Verfehlung ❺ ■ *jmd. fehlt nicht an seinem Arbeitsplatz oder seinem üblichen Aufenthaltsort sein:* Der Schüler fehlt heute wegen Krankheit.; Im Büro fehlten während der Grippewelle einige. **II.** *mit ES* ■ *es fehlt jmdm. an etwas nicht ausreichend vorhanden sein:* Es fehlte uns am Allernötigsten.; Bei der Feier fehlte es an nichts.; Wir wollen es an nichts fehlen lassen.; ■ *jemandem fehlt etwas (umg.) jmd. leidet an etwas* Du siehst schlecht aus. Fehlt dir etwas?; ■ *Das hat gerade noch gefehlt! (umg.) das können wir jetzt überhaupt nicht gebrauchen;* ■ *Weit gefehlt! (geh.) das ist völlig falsch;* ■ *es fehlte nicht viel, und ... wäre geschehen beinahe wäre ... geschehen*

Feh·ler *der* <-s, -> ❶ *ein falsches Verhalten:* Ich glaube, es war ein Fehler, ihm zu vertrauen.; einen Fehler begehen/bereuen/wieder gutmachen; jemandem seine Fehler vorhalten ❷ *etwas, das falsch ist:* viele Fehler im Diktat haben; einen Fehler korrigieren/machen; den Fehler im Computerprogramm suchen; Ein technischer Fehler hat zu dem Unglück geführt. ❸ *(≈ Mangel) eine kleine Stelle in etwas, an der sich etwas nicht perfekt oder beschädigt ist:* Der Stoff hat einige kleine Fehler im Muster.; Der Lack hat kleine Fehler.; Ware mit kleinen Fehlern verbilligt abgeben ❹ *(≈ Schwäche ↔ Stärke) eine schlechte Charaktereigenschaft:* Jeder Mensch hat seine Fehler!; die Fehler des anderen tolerieren können; an seinen Fehlern arbeiten

feh·ler·an·fäl·lig *adj* /nicht steig./ *so, dass es häu-*

F

F

fig nicht so funktioniert, wie es sollte: ein fehleranfälliges Gerät/Programm ▶ Fehleranfälligkeit

feh·ler·frei *adj /nicht steig./ (↔ fehlerhaft) ohne Fehler²:* eine fehlerfreie Arbeit

feh·ler·haft *adj /nicht steig./ (↔ fehlerfrei) mit Fehlern²,³:* eine fehlerhafte Arbeit; eine fehlerhafte Ware zurückgeben ▶ Fehlerhaftigkeit

feh·ler·los *adj /nicht steig./ (↔ fehlerhaft) ohne Fehler:* Kein Mensch ist fehlerlos.; fehlerlos schreiben

Feh·ler·mel·dung *die* <-, -en> EDV *von einem Computerprogramm ausgegebene Meldung, dass ein Fehler aufgetreten ist*

Feh·ler·quel·le *die* <-, -n> *etwas, woraus sich Fehler ergeben können:* Diese schwierige Regel ist immer wieder eine Fehlerquelle.

Feh·ler·quo·te *die* <-, -n> *die Anzahl von Fehlern in einer gegebenen Zahl untersuchter Fälle:* eine hohe Fehlerquote aufweisen

Fehl·ge·burt *die* <-, -en> MED. *der Abgang eines noch nicht lebensfähigen Embryos:* eine Fehlgeburt haben

fehl·ge·hen <gehst fehl, ging fehl, ist fehlgegan­gen> *ohne OBJ (geh.)* ❶ ■ *jmd. geht fehl sich verirren:* Wir sind einige Male fehlgegangen, ehe wir das gesuchte Haus gefunden haben. ❷ ■ *jmd. geht fehl in etwas Dat. sich irren:* Ich gehe wohl nicht fehl in der Annahme, dass … ❸ ■ *etwas geht fehl nicht gelingen:* Der dritte Schuss/der erste Versuch ging fehl. ◆ Zusammenschreibung →R 4.5, 4.6 Von da aus könnt ihr gar nicht mehr fehlgehen!; … und wenn wir in unserem Urteil fehlgehen?

Fehl·griff *der* <-(e)s, -e> *eine falsche Entscheidung:* Dieses Kostüm war ein Fehlgriff, es steht mir nicht.; Es war ein Fehlgriff, diesen Mitarbeiter einzustellen.

Fehl·leis·tung *die* <-, -en> PSYCH. *Störung einer Leistung, die unter normalen Umständen fehlerfrei erbracht werden kann:* Sein häufiges Versprechen ist eine Fehlleistung infolge seiner Erschöpfung.

Fehl·pass *der* <-es, Fehlpässe> SPORT *der Vorgang, dass im Fußball ein Spieler den Ball versehentlich an einen Spieler der gegnerischen Mannschaft abspielt*

Fehl·schlag *der* <-(e)s, Fehlschläge> (≈ Misserfolg) Die Investition erwies sich als Fehlschlag.

fehl·schla·gen <schlägt fehl, schlug fehl, ist fehl­geschlagen> *ohne OBJ* ■ *etwas schlägt fehl (≈ misslingen)* Das Vorhaben ist fehlgeschlagen. ◆ Zusammenschreibung →R 4.5, 4.6 Das kann gar nicht fehlschlagen, wir haben alles bedacht!

Fehl·start *der* <-s, -s> SPORT *der Vorgang, dass bei einem Wettkampf ein Läufer startet, bevor der Startschuss gefallen ist:* einen Fehlstart beim 100-Meter-Lauf verursachen

fehl·tre·ten <trittst fehl, trat fehl, ist fehlgetre­ten> *ohne OBJ* ■ *jmd. tritt fehl (mit dem Fuß) falsch auftreten:* Ich bin fehlgetreten und habe mir den Fuß verstaucht. ◆ Zusammenschreibung →R 4.5, 4.6 Pass auf, dass du nicht fehltrittst!

Fehl·tritt *der* <-(e)s, -e> ❶ *der Vorgang, dass jmd. beim Gehen mit dem Fuß so ungünstig auf*

kommt, dass er sich verletzt: sich durch einen Fehltritt auf steinigem Gelände den Fuß brechen ❷ *eine moralisch zu verurteilende Tat:* Sie würde ihm diesen Fehltritt nie verzeihen, wenn sie davon erführe.

Fehl·ur·teil *das* <-(e)s, -e> *(geh.)* ❶ *eine falsche Beurteilung von jmdm. oder etwas:* Es ist ein Fehlurteil, wenn du ihn für unehrlich hältst. ❷ *ein ungerechtes Gerichtsurteil:* Durch ein Fehlurteil kam ein Unschuldiger ins Gefängnis.

Fehl·ver·such *der* <-(e)s, -e> SPORT *ungültiger Versuch*

Fei·er *die* <-, -n> *eine Veranstaltung, bei der Menschen zusammenkommen, um in einem formellen oder einem lockeren Rahmen gemeinsam ihre Freude darüber zum Ausdruck zu bringen, dass ein positives Geschehen, z. B. einen Erfolg, ein Jubiläum, eine bestandene Prüfung o. Ä. gibt:* die Feier zu seinem achtzigsten Geburtstag; eine Feier im engsten Familienkreis/im Kollegenkreis; Zu dieser Feier sind alle recht herzlich eingeladen.; ■ **zur Feier des Tages** *(umg.) um diesen Anlass zu würdigen* Zur Feier des Tages wurde Champagner bestellt. ◆-stunde, Abschieds-, Jubiläums-, Sieges-

Fei·er·abend *der* <-s, -e> ❶ *der nach der Arbeitszeit verbleibende Rest des Tages:* Was machst du heute am Feierabend?; Ich wünsche Ihnen einen schönen Feierabend! ❷ */kein Plur./ das Ende der Dienstzeit:* Wir machen um fünf Uhr Feierabend.; Wir haben jetzt Feierabend.; ■ **Jetzt ist aber Feierabend (damit)!** *(umg.) das dulde ich nicht länger*

fei·er·lich *adj* ❶ *(≈ festlich)* ein feierlicher Anlass; Es herrschte eine feierliche Stimmung.; das Jubiläum feierlich begehen ❷ *ernst und in würdiger Form:* etwas feierlich geloben/versprechen; etwas mit feierlichem Ernst sagen; ■ **Das ist nicht mehr feierlich!** *(umg.) Das ist unerträglich!*

Fei·er·lich·keit *die* <-, -en> ❶ */kein Plur./ die Eigenschaft, feierlich zu sein:* die Feierlichkeit des Augenblicks ❷ *eine feierliche Veranstaltung:* Freunde zu einer kleinen Feierlichkeit einladen; die Feierlichkeiten zum Geburtstag der Königin

fei·ern <feierst, feierte, hat gefeiert> *mit OBJ/ ohne OBJ* ❶ ■ *jmd. feiert (etwas)* einen als positiv empfundenen Anlass festlich mit einer Feier begehen: den Geburtstag im engsten Familienkreis feiern; Im Mai feiern sie Hochzeit.; Das muss gefeiert werden.; Heute wird nicht gearbeitet, heute wird gefeiert!; Mit einem Festessen, Musik und Tanz wurde bis in die Nacht gefeiert. ❷ ■ *jmd. feiert jmdn. ehren oder bejubeln:* Das Publikum feierte den Dirigenten mit langem Beifall.; Der Olympiasieger wurde nach seiner Rückkehr gefeiert.

Fei·er·tag *der* <-(e)s, -e> *ein Tag, an dem aus kirchlichem oder weltlichem Anlass nicht gearbeitet wird:* An Sonn- und Feiertagen bleibt die Behörde geschlossen. ▶feiertäglich ◆-ruhe, Weihnachts-

fei·er·tags *adv an einem Feiertag:* Sonn- und feiertags verkehrt kein Bus auf dieser Strecke.

feig, fei·ge *adj* ❶ *(↔ mutig) so, dass man Gefahren und Herausforderungen ausweicht:* Es war feige, dass er einfach davongelaufen ist.; So ein feiger Kerl, warum hat er dir nicht geholfen? ❷ *(abwert.: ≈ gemein) hinterhältig und böse:* ein feiges Attentat; ein feiger Mörder/Verräter

Fei·ge *die* <-, -n> *die Frucht des Feigenbaumes:* frische/getrocknete Feigen essen ◆ -nbaum

Feig·heit *die* <-> */kein Plur./ (↔ Mut) die Eigenschaft, feige zu sein:* Aus Feigheit hat sie alles verraten.

Feig·ling *der* <-s, -e> *(abwert.) jmd., der feige ist:* Sie ist ein Feigling, warum hat sie nicht ehrlich ihre Meinung gesagt?

feil·bie·ten <bietest feil, bot feil, hat feilgeboten> *mit OBJ* ■ *jmd. bietet etwas feil (geh.) zum Kauf anbieten:* Auf dem Markt wurden herrliche Früchte feilgeboten.

Fei·le *die* <-, -n> *ein Eisenstab mit einer rauen Oberfläche, der dazu dient, die Oberfläche von Gegenständen zu glätten:* Holz/Metall mit einer Feile bearbeiten ◆ Nagel-

fei·len I. *mit OBJ/ohne OBJ* ■ *jmd. feilt etwas mit einer Feile bearbeiten:* sich/jemandem die Fingernägel feilen; lange an einem Werkstück feilen **II.** *ohne OBJ* ■ *jmd. feilt an etwas Akk. (übertr.) etwas sorgfältig überarbeiten:* Er feilte lange an seinem Vortrag.

feil·schen <feilschst, feilschte, hat gefeilscht> *ohne OBJ* ■ *jmd. feilscht um etwas Akk. (≈ handeln) mit jmdm., der etwas anbietet, lange sprechen, um ihn dazu zu bewegen, den Preis zu senken:* lange mit jemandem um eine Ware/den Preis feilschen; Ich lasse nicht mit mir feilschen, entweder du stimmst zu oder du lässt es!

Feil·staub *der* <-s> */kein Plur./ der (Metall)staub, der beim Feilen von etwas abfällt*

fein I. *adj* ❶ *(↔ grob) so, dass es aus relativ kleinen oder relativ dünnen Bestandteilen besteht:* ein feines Gewebe; die feinen Verästelungen eines Blattes; feiner Sand/Staub; eine feine Schicht Reif; die Farbe/Salbe fein auftragen; ein fein geädertes/feingeädertes Blatt; ein fein gesponnenes/feingesponnenes Netz ❷ *(↔ eklatant, krass) von geringer Intensität:* ein feiner Unterschied ❸ *so, dass es hohen Ansprüchen gerecht wird:* vorzügliches Essen und dazu feine Weine; fein riechen/schmecken; Ich habe euch etwas Feines mitgebracht. ❹ *(≈ schön) sehr gut:* Fein, dass du mitkommst; Das habt ihr wirklich fein gemacht! ❺ *fähig, alles gut wahrzunehmen und zu unterscheiden:* ein feines Gespür für etwas haben; ein feines Gehör/eine feine Nase haben ❻ *sehr vornehm:* die feinen Leute; eine feine Gesellschaft; feine Manieren haben ❼ *(umg. abwert.) verwendet, um auf ironische Weise auszudrücken, dass man es verurteilt:* Da bist du ja in feine Gesellschaft geraten!; Du bist mir ja ein feiner Freund!; Das hat er ja fein eingefädelt! **II.** *adv (umg.) schön, hübsch:* etwas fein säuberlich abschreiben; Du musst jetzt fein still sitzen!; Komm fein pünktlich heim!; ■ **vom Feinsten** *(umg.) auserlesen* In diesem Hotel ist alles vom Feinsten!; ■ **fein heraus sein** *(umg.) nicht (wie die anderen) in Schwierigkeiten sein* ◆ Großschreibung →R 3.7 Weine und Speisen vom Feinsten; ◆ Getrenntschreibung →R 4.15 fein gestreif-

ter/feingestreifter Stoff; fein geschnittene/feingeschnittene Wurst; eine Oberfläche fein schleifen/feinschleifen; *siehe aber auch* **feinschleifen**

Fein·ab·stim·mung *die* <-> */kein Plur./ die genaue Abstimmung der Details von etwas*

Fein·bä·cke·rei *die* <-> *(≈ Konditorei) das Herstellen von Torten und feinem Gebäck (im Gegensatz zum Backen von Brot)*

Feind *der,* **Fein·din** <-(e)s, -e> ❶ *(↔ Freund) jmd., der gegen jmdn. oder etwas eingestellt ist und diese Person oder Sache aktiv bekämpft:* sich jemanden zum Feind machen; Sie sind erbitterte Feinde.; Er war ein erklärter Feind des Kaisers.; die Feinde der Demokratie; Er ist ein Feind solcher Politik. ◆ Erz-, Tod- ❷ */kein Plur./* MILIT. *die gegnerischen Truppen:* den Feind im Morgengrauen angreifen; zum Feind überlaufen

Feind·bild *das* <-(e)s, -er> *die (meist bewusst aufgebaute) Vorstellung, dass eine bestimmte Personengruppe jmds. Feind ist:* ein klares Feindbild haben; (sich) über viele Jahre ein Feindbild aufbauen

feind·lich *adj* ❶ *(≈ freundlich) so, dass man jmdn. oder etwas ablehnt oder aktiv bekämpft:* der Kollegin feindliche Blicke zuwerfen; sich feindlich gegenüberstehen; dem Nachbarstaat feindlich gesonnen sein; feindliche Angriffe auf die Hauptstadt starten; Hier herrscht eine feindliche Atmosphäre. ❷ MILIT. *(≈ gegnerisch) feindliche Truppen; ein feindlicher Angriff/Überfall ❸ *(übertr.) so, dass es keine guten Bedingungen bietet:* feindliche Lebensbedingungen; eine feindliche Umwelt

-feind·lich *als Zweitglied zusammengesetzter Adjektive* ❶ *drückt aus, dass es eine besonders negative Einstellung zu dem mit dem Erstglied Bezeichneten gibt* ◆ ausländer-, fortschritts-, frauen-, staats- ❷ *drückt aus, dass im Hinblick auf das mit dem Erstglied Bezeichnete besonders negativen Folgen zu erwarten sind* ◆ familien-, kommunikations-, lebens-

Feind·schaft *die* <-, -en> *(↔ Freundschaft) der Zustand, dass Menschen Feinde sind:* eine erbitterte/jahrelange Feindschaft

feind·se·lig *adj /nicht steig./ (↔ freundlich) so, dass man jmdn. oder etwas ablehnt und dies deutlich zu erkennen gibt:* feindselige Blicke; eine feindselige Atmosphäre

Feind·se·lig·keit *die* <-, -en> ❶ */kein Plur./ feindliche Einstellung:* eine lang gehegte Feindseligkeit zu seinem Kollegen ❷ */meist Plur./ (verhüll.) kriegerische Handlungen:* die Feindseligkeiten eröffnen; die Einstellung der gegenseitigen Feindseligkeiten

fein·füh·lig *adj (≈ sensibel ↔ grob) in der Lage, die Gefühle anderer gut wahrzunehmen:* ein feinfühliger Mensch; feinfühlig mit einem Problem umgehen; eine feinfühlige Art haben

Fein·füh·lig·keit *die* <-> */kein Plur./ (≈ Sensibilität ↔ Grobheit) feines Empfinden und einfühlsame Art einer Person*

Fein·ge·fühl *das* <-s> */kein Plur./ (≈ Sensibilität) die Fähigkeit, auf die Gefühle anderer einzugehen*

Fein·gold *das* <-(e)s> */kein Plur./ (fachspr.) Gold von sehr hohem Reinheitsgrad*

Fein·heit *die* <-, -en> ❶ */kein Plur./ feine Be-

F

schaffenheit: die Feinheit eines Stoffes/ihrer Haare; die Feinheit eines Musters/der Linien/ihrer Stimme ❷ /kein Plur./ Vornehmheit: Er wusste vor lauter Feinheit nicht, wie er sich ausdrücken sollte. ❸ /meist Plur./ Einzelheit; Detail: Die Feinheiten besprechen wir später.; alles bis in die kleinsten Feinheiten planen

fein·kör·nig adj (↔ grobkörnig) aus sehr kleinen Körnern bestehend: ein feinkörniges Mehl; feinkörniger Sand

Fein·kost die <-> /kein Plur./ (≈ Delikatessen) erlesene Lebensmittel: ein Geschäft für Feinkost ◆ -geschäft

fein·ma·chen <machst fein, machte fein, hat feingemacht> mit SICH ■ jmd. macht sich fein sich schönmachen, sich für einen besonderen Anlass anziehen: Du hast dich heute aber feingemacht!

fein·ma·schig adj (↔ grobmaschig) aus sehr engen Maschen bestehend: ein feinmaschiges Netz

Fein·me·cha·nik die <-> /kein Plur./ ein Gebiet der Technik, das sich mit der Herstellung sehr präziser mechanischer Geräte befasst ◆ Feinmechaniker, Feinmechanikerin

fein·schlei·fen <schleifst fein, schliff fein, hat feingeschliffen> mit OBJ TECHN. (Präzisionsgeräte) abschließend schleifend bearbeiten: den Hohlspiegel eines Teleskops feinschleifen

Fein·schme·cker der, **Fein·schme·cke·rin** <-s, -> (≈ Gourmet) jmd., der eine Vorliebe für sehr gute und teure Speisen hat ◆ -lokal

Fein·sil·ber das <-s> /kein Plur./ (fachspr.) Silber von sehr hohem Reinheitsgrad

Fein·strumpf·ho·se die <-, -n> eine Damenstrumpfhose aus dünnem Gewebe

Fein·un·ze die <-, -n> (fachspr.) eine Gewichtseinheit für Feingold und Feinsilber: Eine Feinunze beträgt 31,10 Gramm.

Fein·wä·sche die <-, -n> ❶ /kein Plur./ Wäschestücke, die besonders schonend gewaschen werden müssen: Feinwäsche waschen; ein Waschgang/Waschmittel für Feinwäsche ❷ der Vorgang des Waschens von Feinwäsche: Ich wasche heute zwei Feinwäschen.

Fein·wasch·mit·tel das <-s, -> Waschmittel für die Feinwäsche[2]

feist adj (abwert.) auf unschöne Art fett: ein feistes Gesicht ▶ Feistigkeit

fei·xen <feixt, feixte, hat gefeixt> ohne OBJ ■ jmd. feixt (umg. abwert.) über das ganze Gesicht höhnisch lachen: Da gibt es gar nichts zu feixen!; Warum feixt du so schadenfroh?

Feld das <-(e)s, -er> ❶ ein abgegrenztes Stück Ackerland, auf dem etwas angebaut wird: Der Bauer bestellt/pflügt das Feld.; Auf den Feldern wächst Gerste/Roggen/Weizen. ◆ -arbeit, -blume, -rand, -weg, Getreide-, Kartoffel-, Roggen-, Weizen- ❷ (≈ Gebiet) ein bestimmtes (wissenschaftliches) Arbeitsgebiet: ein großer Erfolg auf dem Feld der Genforschung; auf verschiedenen Feldern forschen; einen großen Themenbereich in einzelne Felder unterteilen; das weite Feld der Psychologie ◆ Forschungs- ❸ eine abgegrenzte geometrische Fläche: Die Linien unterteilen das Brett in vierundsechzig Felder.; einzelne Felder einer Tabelle/eines Formulars ausfüllen ❹ SPORT (≈ Spielfeld) Die Spieler kommen auf das Feld gelaufen.; einen Spieler vom Feld stellen ❺ SPORT die geschlossene Gruppe der Teilnehmer eines Rennens: Die Ausreißer haben fünf Minuten Vorsprung auf das Feld. ❻ MILIT. (veralt.) Schlachtfeld: im Feld fallen; ins Feld ziehen ❼ PHYS. ein Raum, in dem bestimmte Kräfte wirken: ein elektrisches/magnetisches Feld; ■ das freie/weite Feld (geh.) ein offenes, nicht abgegrenztes Gelände sich im freien Feld bewegen; ■ etwas ins Feld führen (geh.) etwas als Argument verwenden; ■ gegen jemanden/etwas zu Felde ziehen jmdn. oder etwas bekämpfen; ■ jemanden aus dem Feld schlagen jmdn. besiegen; ■ das Feld räumen seinen Platz freigeben; vor jmdm. zurückweichen

Feld·bett das <-(e)s, -en> ein einfaches, zusammenklappbares Bett

Feld·blu·me die <-, -n> eine am Rand von Äckern wachsende Blume

Feld·fla·sche die <-, -n> MILIT. eine zur militärischen Marschausrüstung gehörende Wasserflasche

Feld·geist·li·che der <-n, -n> ein Militärgeistlicher, der Truppen im Feld[6] betreut

Feld·hand·ball der <-s> /kein Plur./ SPORT (↔ Hallenhandball) das Handballspiel, das im Freien und nicht in der Halle betrieben wird

Feld·herr der <-en, -en> (veralt.) Oberbefehlshaber über Krieg führende Truppen

Feld·ho·ckey das <-s> /kein Plur./ auf Rasen betriebenes Ballspiel für zwei Mannschaften, deren Spieler den Ball mit Schlägern über dem Boden ins gegnerische Tor zu spielen versuchen

Feld·kü·che die <-, -n> MILIT. mobile Militärküche

Feld·la·ger das <-s, -> MILIT. (veralt.) ein Lager von Soldaten, die im Einsatz sind: sich im Feldlager befinden

Feld·la·za·rett das <-s, -e> MILIT. mobiles Lazarett zur Versorgung der Verwundeten im Krieg

Feld·mar·schall der <-s, Feldmarschälle> ❶ /kein Plur./ ein hoher militärischer Dienstgrad ❷ Träger des Dienstgrads eines Feldmarschalls[1]

Feld·maus die <-, Feldmäuse> eine kleine, auf Äckern verbreitete Wühlmaus

Feld·post die <-> /kein Plur./ MILIT. die Post, die im Krieg zwischen den Truppen an der Front und der Heimat hin- und hergeschickt wird: etwas mit Feldpost schicken

Feld·sa·lat der <-(e)s, -e> eine Salatart mit kleinen grünen Blättern

Feld·spat der <-(e)s> /kein Plur./ ein farbloses Mineral

Feld·stär·ke die <-, -n> PHYS. die Stärke einer in einem Kraftfeld wirkenden Kraft: die elektrische Feldstärke messen

Feld·ste·cher der <-s, -> ein Fernglas mit starker Vergrößerungswirkung

Feld·ver·weis der <-es, -e> SPORT (Platzverweis) der Vorgang, dass der Schiedsrichter einen Spieler wegen Foulspiels vom Platz schickt

Feld·we·bel der <-s, -> MILIT. ❶ /kein Plur./ ein

unterer militärischer Dienstgrad ❷ Träger des Dienstgrads eines Feldwebels[1]

Feld·zug der <-(e)s, Feldzüge> ❶ eine große militärische Aktion ❷ (übertr.) eine Kampagne gegen etwas: ein Feldzug gegen das Rauchen

Fel·ge die <-, -n> der Teil des Rades, der den Reifen trägt ◆ -nbremse, Aluminium-, Auto-, Carbon-, Hochprofil-

Fell das <-(e)s, -e> ❶ /Plur. selten/ die Haut von Tieren mit den darauf wachsenden Haaren: ein dichtes/geschecktes/glänzendes Fell haben; das Fell eines Bären/einer Kuh ❷ die abgezogene behaarte Haut eines Tieres zur Weiterverarbeitung: Felle zu Kleidung verarbeiten; eine mit Fell bespannte Trommel; ■ jemandem das **Fell über die Ohren ziehen** (umg.) jmdn. betrügen; ■ **ein dickes Fell haben** (umg.) viel ertragen können, ohne beleidigt zu sein; ■ **seine Felle davonschwimmen sehen** (umg.) sehen, dass man immer schlechtere Chancen hat, seine Vorstellungen zu verwirklichen

Fel·la·che der <-n, -n> Bauer des Vorderen Orients

Fels[1] der <-> /kein Plur./ hartes Gestein: eine Schicht aus hartem Fels; In diesen Höhen gibt es nur noch nackten Fels. ◆ -block, -brocken, -masse, -spalte

Fels[2] der <-ens/-en, -en> (geh.: ≈ Felsen) Ein Fels ragte aus dem Wasser.; ■ **ein Fels in der Brandung** (geh.) jmd., auf dessen Zuverlässigkeit man auch unter schwierigen Umständen vertrauen kann

Fels·block der <-(e)s, Felsblöcke> ein größerer Gesteinsblock

Fel·sen der <-s, -> eine großer (aufragender) Gesteinsblock: Ein Felsen ragte aus der Ebene auf.; einen Felsen erklettern; ein hoher/glatter/schroffer Felsen; eine Landschaft aus bizarren Felsen ◆ -nest, -riff, -schlucht, -wüste

fel·sen·fest adj /nicht steig./ (umg.) unerschütterlich: felsenfest von etwas überzeugt sein; ein felsenfester Entschluss

fel·sig adj mit vielen Felsen

Fels·mas·siv das <-s, -e> ein großer Gebirgsstock aus Fels

Fels·wand die <-, Felswände> eine steil aufragende Gesteinswand

Fe·me·ge·richt das <-s, -e> GESCH. eine geheime gerichtliche Versammlung, bei der die Ermordung eines politischen Gegners beschlossen wurde ◆ verfemt

fe·mi·nin adj ❶ (↔ maskulin, viril) mit einer sehr weibliche Ausstrahlung: sehr feminin wirken; ein feminine Ausstrahlung/Frisur ❷ /nicht steig./ SPRACHWISS. (↔ maskulin) von weiblichem Genus: ein feminines Substantiv

Fe·mi·nin·form die <-, -en> SPRACHWISS. die zu einem Substantiv gehörende feminine[2] Form: „Lehrerin" ist die Femininform zu „Lehrer".

Fe·mi·nis·mus der <-> /kein Plur./ eine Ideologie und gesellschaftliche Bewegung, die die Gleichberechtigung der Frau in allen Lebensbereichen und eine Veränderung der gesellschaftlichen Rollen

von Frauen anstrebt ▸ Feminist, Feministin, feministisch siehe auch **Genus**

Fen·chel der <-s, -> ❶ BOT. eine Arznei-, Gewürz- und Gemüsepflanze ❷ der als Arznei oder Gewürz verwendete Samen des Fenchels[1]: aus Fenchel Tee kochen ◆ -öl, -tee

Feng-Shui, a. **Feng·shui** das <-> /kein Plur./ aus der fernöstlichen Geisteswelt stammendes Prinzip, nach dem z. B. beim Bau von Häusern oder der Einrichtung von Räumen die Kräfte der fünf Naturelemente und ihre Wirkung auf den Menschen zu berücksichtigen sind

Fens·ter das <-s, -> ❶ eine mit (gerahmten) Glasscheibe versehene Öffnung in einer Mauer: die Fenster putzen; ein Fenster kippen/öffnen/schließen; neue Fenster einbauen lassen; durch das Fenster aus dem/in das Zimmer schauen; ein Fenster zum Hof/zur Straße; sich aus dem Fenster lehnen ◆ -putzer(in), -sims, Dach-, Doppel-, Keller- ❷ eine mit (gerahmten) Glasscheiben versehene Öffnung in einem Fahrzeug: die Fenster eines Autos herunterkurbeln; aus den Fenstern des Flugzeugs die Tragflächen sehen ◆ -heber, -kurbel, Seiten- ❸ EDV in grafischen Benutzeroberflächen ein abgegrenzter Bildschirmbereich mit einem bestimmten Inhalt: ein Fenster öffnen/schließen/verkleinern; ein aktives Fenster; ■ **weg vom Fenster sein** (umg.) keine Chancen oder keinen Einfluss mehr haben; ■ **sich zu weit aus dem Fenster lehnen** (übertr.) sich zu weit vorwagen

Fens·ter·bank die <-, Fensterbänke> eine hölzerne oder steinerne Platte unter einem Fenster im Gebäudeinneren: Blumentöpfe auf die Fensterbank stellen

Fens·ter·brett das <-(e)s, -er> (≈ Fensterbank)

Fens·ter·brief·um·schlag der <-(e)s, Fensterbriefumschläge> ein Briefumschlag mit einer (mit transparenter Folie abgedeckten) Aussparung für die auf dem Briefbogen stehende Adresse

Fens·ter·flü·gel der <-s, -> einer der beiden Teile eines Fensterrahmens: beide Fensterflügel weit öffnen

Fens·ter·he·ber der <-s, -> KFZ eine Vorrichtung zum Öffnen und Schließen der Autofenster: elektrische Fensterheber

Fens·ter·kitt der <-s> /kein Plur./ eine Masse, die zwischen Fensterrahmen und Fensterglas aufgetragen wird und dort eine harte, dicht schließende Schicht ergibt

Fens·ter·la·den der <-s, Fensterläden> ein Holzladen, der als Sichtschutz vor ein Fenster geklappt werden kann: die Fensterläden schließen

Fens·ter·le·der das <-s, -> ein Lederlappen zum Reinigen von Fensterscheiben

Fens·ter·platz der <-es, Fensterplätze> der Sitzplatz auf der Fensterseite (in öffentlichen Verkehrsmitteln): einen Fensterplatz bevorzugen

Fens·ter·rah·men der <-s, -> aus Holz, Metall oder Kunststoff bestehender Rahmen für ein Fenster[1]: den Fensterrahmen reparieren/streichen

Fens·ter·schei·be die <-, -n> die Glasscheibe eines Fensters[1]

Fe·ri·al·ar·beit die <-> /kein Plur./ ÖSTERR. Ferienjob

F

Fe·ri·en *Plur.* ❶ *die Tage im Jahr, in denen kein Schulunterricht stattfindet:* die Ferien zu Ostern, zu Pfingsten und zu Weihnachten; In zwei Wochen sind/haben wir Ferien!; in den Ferien verreisen/nichts Besonderes vorhaben ◆-beginn, -ende, -zeit, Oster-, Pfingst- Weihnachts- ❷ *die Tage im Jahr, in denen Behörden und große Betriebe nicht arbeiten:* Die Firma/die Behörde macht über Weihnachten Ferien. ◆-zeit ❸ *(umg.) Urlaubsreise:* in die Ferien fahren; seine Ferien planen; seine Ferien im Ausland verbringen; ■ **die großen Ferien** *die unterrichtsfreie Zeit im Sommer* ◆-wohnung

Fe·ri·en·haus *das <-es, Ferienhäuser> ein Haus, in dem man während eines Urlaubsaufenthaltes wohnt:* ein Ferienhaus mieten

Fe·ri·en·heim *das <-(e)s, -e> ein Wohnheim, in dem Kinder ihre Ferien verbringen können*

Fe·ri·en·la·ger *das <-s, -> eine Freizeitveranstaltung für Schulkinder während der schulfreien Zeit:* ins Ferienlager an der Ostsee fahren

Fer·kel *das <-s, -> ❶ das Junge des Schweins:* Die Sau hat acht Ferkel geworfen. ❷ *(umg. abwert.) eine schmutzige Person:* Er ist ein Ferkel, immer muss er so anzügliche Witze erzählen!; Müsst ihr Ferkel euch denn immer so bekleckern?

fer·keln <ferkelst, ferkelte, hat geferkelt> *ohne OBJ* ❶ ■ **ein Tier ferkelt** *(fachspr.) (als Sau) Junge bekommen:* Die Sau hat geferkelt. ❷ ■ *jmd. ferkelt (umg. abwert.) sich unanständig benehmen:* Müsst ihr denn immer so ferkeln? ❸ ■ *jmd. ferkelt (umg. abwert.) sich oder etwas schmutzig machen:* Wer hat denn hier wieder so geferkelt?

Fer·ment *das <-(e)s, -e>* CHEM. *(veralt.:* ≈ *Enzym)*

fern I. *adj* ❶ *(↔ nahe¹) in großem räumlichen Abstand gelegen:* von fernen Ländern träumen; etwas von fern beobachten; die am fernsten liegenden Berge ❷ *(↔ nahe²) in großem zeitlichen Abstand:* die ferne/fernere Zukunft; Dieser Tag ist nicht mehr fern. **II.** *präp +Dat. (geh.) in großem räumlichen Abstand:* fern der Heimat/der Küste; fern jeder menschlichen Siedlung ◆ Großschreibung →R 3.17 der Ferne Osten

Fern- *als Erstglied zusammengesetzter Substantive; drückt aus, dass das mit dem Zweitglied Bezeichnete eine große räumliche Distanz aufweist oder auf etwas weit Entferntes bezogen ist bzw. über große Distanzen geht* ◆-abitur, -beziehung, -blick, -diagnose, -heilung, -heizung, -hochschule, -kabel, -kommunikation, -kopie, -lehrgang, -matura, -montage, -pendlerbeihilfe, -pendlerpauschale, -radweg, -reise, -sehen, -sicht, -sprecher, -trainer, -tourismus, -touristik, -trauung, -universität, -unterricht, -überwachung, -wanderweg, -wartung, -wirkung, -zeugung, -ziel, -zug, -zugriff

-fern *(≈ -fremd ↔ -nah) als Zweitglied zusammengesetzter Adjektive, drückt aus, dass jemand oder etwas weit von dem entfernt ist, was mit dem Erstglied bezeichnet wird* ◆ gegenwarts-, lebens-, praxis-, realitäts-, wirklichkeits-

fern·be·dien·bar *adj /nicht steig./ so, dass man ein Gerät mit einer Fernbedienung steuern kann*

Fern·be·die·nung *die <-, -en> ❶ /kein Plur./ das Steuern von elektrischen Geräten aus der Ferne:*

ein Gerät auf Fernbedienung umschalten ❷ *ein kleines Gerät, mit dem man elektrische Geräte aus der Entfernung steuern kann:* die Fernbedienung des Fernsehers nicht finden können

fern·blei·ben <bleibst fern, blieb fern, ist ferngeblieben> *ohne OBJ* ■ *jmd. bleibt (von) etwas Dat. fern an einem Ort nicht erscheinen:* Er ist der Veranstaltung ferngeblieben.; Niemandem ist unser Fernbleiben aufgefallen.

Fern·blick *der <-(e)s> /kein Plur./ die weite Sicht in die Ferne:* vom Gipfel des Berges den Fernblick genießen

Fer·ne *die <-, -en> ❶ /kein Plur./ (↔ Nähe) ein großer räumlicher Abstand:* etwas aus der Ferne beobachten; eine Brille für die Ferne; in weiter Ferne etwas erkennen ❷ */kein Plur./ großer zeitlicher Abstand:* Die Lösung dieses Problems liegt noch in weiter Ferne.; Die Vergangenheit rückt in immer größere Ferne. ❸ *(geh.) entfernte Gegenden:* einen Gruß aus der Ferne schicken; Es zog ihn in die Ferne.; die Fernen des Weltalls erkunden

fer·ner I. *adv (geh.) in Zukunft:* Diese Regel wollen wir auch ferner berücksichtigen.; Wir wollen seiner auch ferner gedenken. **II.** *konj (geh.:* ≈ *außerdem)* Wir brauchen Mehl, Zucker und Butter, ferner Rosinen und Zitronat.; **"ferner liefen"** *(umg.) auf einem unbedeutenden Rang* Er hat sie nur unter "ferner liefen" erwähnt.

Fern·fah·rer *der,* **Fern·fah·re·rin** *<-s, -> jmd., der beruflich Güter mit Lastkraftwagen über große Entfernungen transportiert:* als Fernfahrer arbeiten

Fern·flug *der <-(e)s, Fernflüge> (↔ Inlandsflug) ein Flug über eine große Entfernung*

fern·ge·lenkt *adj /nicht steig./ (≈ ferngesteuert) durch Fernsteuerung gelenkt:* ein ferngelenktes Modellflugzeug

Fern·ge·spräch *das <-(e)s, -e> (↔ Ortsgespräch) eine Telefongespräch über eine größere Distanz*

fern·ge·steu·ert *adj /nicht steig./ (≈ ferngelenkt) mit einer vom Gerät räumlich getrennten Steuerung ausgestattet:* Die Rakete erreicht ferngesteuert ihr Ziel.

Fern·glas *das <-es, Ferngläser> ein optisches Gerät, mit dem weit entfernt liegende Objekte durch zwei Linsen scharf und vergrößert gesehen werden können*

fern·gu·cken *ohne OBJ* ■ *jmd. guckt fern (umg.:* ≈ *fernsehen)*

fern·hal·ten <hältst fern, hielt fern, hat ferngehalten> *mit SICH* ■ *jmd. hält sich fern von jmdm. mit jemandem keine persönlichen Beziehungen aufbauen:* Von diesen Leuten solltest du dich lieber fernhalten.

Fern·ko·pie·rer *der <-s, -> (≈ Fax) ein Gerät, mit dem man Texte oder Bilder einlesen, telefonisch übertragen und beim Empfänger als Kopie ausdrucken kann* ► Fernkopie, fernkopieren

Fern·kurs *der <-es, -e> ein Kurs, bei dem der Lernende ohne persönlichen Kontakt mit dem Lehrenden durch Briefe, Fernseh- und/oder Rundfunksendungen unterrichtet werden*

Fern·las·ter *der <-s, -> (umg.) im Fernverkehr fahrender Lastzug*

Fern·lehr·in·s·ti·tut *das* <-(e)s, -e> *ein Institut,
das Fernkurse anbietet*
Fern·licht *das* <-es, -er> KFZ *aufgeblendetes
Scheinwerferlicht:* mit Fernlicht fahren
fern·lie·gen <liegt fern, lag fern, hat ferngele-
gen> *mit ES (sein)* ■ **Es liegt jmdm. fern (etwas
Akk. zu tun)** *für jmdn. nicht in Betracht kommen:*
Es liegt mir fern, ihn zu verdächtigen.
Fern·mel·de·tech·nik *die* <-> */kein Plur./ der
Zweig der Elektrotechnik, welcher sich mit der
Nachrichtenübermittlung über Telefon und Funk
beschäftigt*
fern·münd·lich *adj /nicht steig./ (veralt.) telefo-
nisch:* jemandem etwas fernmündlich mitteilen
Fern·ost */unveränderlich/ Ostasien:* aus/in/nach
Fernost
Fern·rohr *das* <-s, -e> *ein zylindrisches optisches
Gerät, mit dem weit entfernt liegende Objekte
durch zwei Linsen scharf und vergrößert gesehen
werden können:* den Mond durch ein Fernrohr be-
trachten
Fern·schrei·ben *das* <-s, -> *mit einem Fernschreiber übermittelter Text*
Fern·schrei·ber *der* <-s, -> *ein Gerät zur telegra-
fischen Übermittlung von Texten, das einer
Schreibmaschine ähnelt:* eine Nachricht mit dem
Fernschreiber übermitteln
Fern·seh- *als Erstglied zusammengesetzter Substantive; drückt aus, dass das mit dem Zweitglied
Bezeichnete auf den Fernseher als Gerät und darauf gerichtete Tätigkeiten bezogen ist, oder auf
das Fernsehen als Institution/Organisation und
entsprechende Technik* ◆-antenne, -apparat, -bal-
lett, -bild, -brille, -casting, -code, -dienst, -duell,
-empfang, -familie, -film, -format, -gerät, -handy,
-highlights, -interview, -journalismus, -kamera,
-koch, -köchin, -kommentar, -konsum, -kritik, -kul-
tur, -legenden, -leute, -lotterie, -macher, -medien,
-moderator(in), -monitor, -nachrichten, -programm,
-quote, -quiz, -rack, -rat, -rechte, -reporter(in),
-schirm, -serie, -show, -signal, -software, -spiel,
-spot, -sprecher(in), -star, -station, -sucht, -team,
-techniker(in), -teilnehmer(in), -test, -tipp, -ton,
-turm, -übertragung, -umfrage, -urteil, -verbot, -ver-
halten, -vorschau, -werbung, -wissenschaft, -zeit-
schrift, -zunft, -zuschauer(in)
Fern·seh·an·sa·ger *der,* **Fern·seh·an·sa·ge·rin**
<-s, -> *jmd., der beruflich im Fernsehen Ansagen
spricht*
Fern·se·hen *das* <-s> */kein Plur./* ❶ TECHN. *eine
Technologie, mit der man über große Entfernungen drahtlos bewegte Bilder und Ton von einem
Sender zu einem Empfangsgerät übertragen und
in einem Gerät sicht- und hörbar machen kann:*
die Erfindung des Fernsehens ❷ *die von Fernsehsendern ausgestrahlten Programme:* Was gibt es
heute im Fernsehen? ❸ *die Fernsehsender und
alle mit ihnen zusammenhängenden Personen
und Aktivitäten:* Er arbeitet als Journalist/Kamera-
mann beim Fernsehen.; Das Fernsehen überträgt
ab 21 Uhr das Konzert in voller Länge.
fern·se·hen <siehst fern, sah fern, hat ferngese-
hen> *ohne OBJ* ■ **jmd. sieht fern** *Sendungen im
Fernsehgerät anschauen:* Wir haben den ganzen

Abend ferngesehen.; Er braucht sein tägliches
Fernsehen.
Fern·se·her *der* <-s, -> *(umg.) ein Gerät zur Wie-
dergabe von Fernsehsendungen:* einen neuen
Fernseher kaufen; den Fernseher reparieren lassen;
viele Stunden vor dem Fernseher verbringen; die
Bildröhre/die Fernbedienung des Fernsehers
Fern·seh·fas·sung *die* <-, -en> *für das Fernse-
hen²* *geschaffene Fassung eines Films*
Fern·seh·ge·bühr *die* <-, -en> */meist Plur./ das
Geld, das man an die Rundfunkanstalt bezahlen
muss, wenn man einen Fernseher betreibt*
Fern·seh·ka·nal *der* <-s, Fernsehkanäle> *be-
stimmter Frequenzbereich eines Fernsehsenders*
Fern·seh·sen·der *der* <-s, -> *eine Station, die
Fernsehprogramme ausstrahlt* ▶ Fernsehsendung
Fern·seh·se·rie *die* <-, -n> *eine Folge von mehre-
ren thematisch zusammenhängenden Fernsehfil-
men*
Fern·seh·stu·dio *das* <-s, -s> *ein Studio, in dem
Fernsehsendungen aufgezeichnet werden*
Fern·sicht *die* <-> */kein Plur./ die Sicht über
große Entfernungen:* Im Herbst herrscht in den
Bergen oft sehr gute Fernsicht.
Fern·sprech- *(fachspr.) als Erstglied zusammenge-
setzter Substantive; drückt aus, dass das mit dem
Zweitglied Bezeichnete sich auf das Telefon und
zugehörige Dienste/Anlagen bezieht* ◆-amt, -an-
lage, -ansagedienst, -anschluss, -apparat, -auskunft,
-gebühren, -geheimnis, -netz, -nummer, -teilneh-
mer(in)
Fern·sprech·ver·kehr *der* <-s> */kein Plur./
AMTSSPR. die Gesamtheit der in einer bestimmten
Zeit in einem Bereich geführten Telefonate:* den
Fernsprechverkehr zwischen zwei Teilnehmern
überwachen
fern·ste·hen <stehst fern, stand fern, hat fernge-
standen> *mit OBJ* ■ **jmd. steht jmdm. fern** *zu
jmdm. keine nähere Beziehung haben:* fernste-
hende Bekannte
Fern·steu·e·rung *die* <-, -en> ❶ */kein Plur./ eine
vom zu steuernden Gerät räumlich getrennte
Steuerung:* mittels Fernsteuerung ins Ziel gelenkt
werden; mit Fernsteuerung ausgestattet sein
❷ *(≈ Fernbedienung) das Gerät, mit dem etwas
ferngesteuert wird*
Fern·stu·di·um *das* <-s> */kein Plur./ ein Studium, bei dem Lernende und Lehrende Unter-
richtsmaterialien auf elektronischem oder postalischem Weg austauschen* ▶ Fernstudent, Fernstu-
dentin
Fern·ver·kehr *der* <-s> */kein Plur./ der Verkehr
zum Transport von Gütern oder Personen über
große Entfernungen:* Der Fernverkehr nimmt stetig zu.; Er arbeitet als LKW-Fahrer im Fernverkehr.;
im Fernverkehr verkehrende Züge ◆-straße
Fern·wär·me *die* <-> */kein Plur./ Heizungs-
wärme, die in einem Heizwerk zentral erzeugt
und über Rohrleitungen zu den Häusern bzw.
Wohnungen transportiert wird:* mit Fernwärme
heizen ◆-versorgung
Fern·weh *das* <-s> */kein Plur./ (↔ Heimweh) die
Sehnsucht nach fernen Ländern:* Fernweh (nach
fremden Ländern) haben

F

F

Fer·se *die* <-, -n> ❶ ANAT. *der hintere Teil des Fußes:* Blasen an den Fersen haben ❷ *der Teil an Strümpfen, der die Ferse bedeckt:* Der Strumpf hat ein Loch in der Ferse. ❸ *(umg.) Absatz am Schuh:* Der Schuh ist an den Fersen abgetreten.; ■ **jemandem auf den Fersen sein/bleiben** *(umg.) nicht aufhören, jmdn. zu verfolgen;* ■ **sich an jemandes Fersen heften** *(umg.) jmdn. fortwährend verfolgen*

Fer·sen·geld ■ **Fersengeld** **geben** *(umg. scherzh.) flüchten* Als sie sahen, dass sie bedroht wurden, gaben sie schleunigst Fersengeld.

fer·tig *adj /nicht steig./* ❶ *vollendet; abgeschlossen:* die Lagerung der fertigen Produkte; ein fertiges Manuskript; Kannst du das Essen fertig kochen? ❷ *(≈ bereit) so, dass alles Nötige für etwas getan ist:* Wir sind fertig zur Abreise.; Bist du endlich fertig?; Wir müssen alles/uns für die Abreise fertig machen. ❸ *(umg.) am Ende seiner Kräfte oder Mittel:* von der Anstrengung/Hitze/Schwüle völlig fertig sein; Er ist finanziell und gesundheitlich völlig fertig.; ■ **mit jemandem fertig sein** *(umg.) keine Beziehung mehr zu jmdm. haben (wollen)* ◆ Getrenntschreibung →R 4.5, 4.8 Wann werden wir die Arbeit fertig haben/bekommen?; Wann werden Sie fertig sein?

-fer·tig *als Zweitglied zusammengesetzter Adjektive; drückt das, dass das mit dem Erstglied Bezeichnete sofort und ohne weitere Vorbereitungen ausgeführt werden kann* ◆ back-, bezugs-, druck-, koch-, versand-

Fer·tig·bau *der* <-s, Fertigbauten> ❶ */kein Plur./ Fertigbauweise:* die Technologie des Fertigbaus ❷ *ein Haus, das aus vorgefertigten Bauteilen gebaut wurde*

Fer·tig·bau·wei·se *die* <-> */kein Plur./ das Bauen von Häusern mit vorgefertigten Bauteilen:* Häuser in Fertigbauweise bauen

fer·tig·be·kom·men, *a.* **fer·tig be·kom·men** <bekommst fertig, bekam fertig, hat fertigbekommen> *mit OBJ* ■ **jmd. bekommt etwas** *Akk. fertig* etwas schaffen: Sie hat es fertigbekommen, in dieser einfachen Prüfung durchzufallen.

fer·tig·brin·gen <bringst fertig, brachte fertig, hat fertiggebracht> *mit OBJ* ■ **jmd. bringt etwas** *Akk. fertig* ❶ *zustandebringen, erreichen:* Sie brachte es fertig, den Streit zu beenden. ❷ *zum Abschluss bringen:* Kannst du die Arbeit bis morgen fertigbringen ?

fer·ti·gen *mit OBJ* ■ **jmd. fertigt etwas** *(geh.) herstellen:* Das Werk fertigt Halbleiter und Mikrochips.

Fer·tig·er·zeug·nis *das* <-ses, -se> */meist Plur./* WIRTSCH. *(≈ Fertigfabrikat) Erzeugnis, das alle Stufen der Herstellung durchlaufen hat:* Das Land importiert Rohstoffe und exportiert Fertigerzeugnisse.

Fer·tig·fa·b·ri·kat *das* <-(e)s, -e> *(≈ Fertigerzeugnis)*

Fer·tig·ge·richt *das* <-(e)s, -e> *ein industriell hergestelltes Gericht, das nur noch erwärmt werden muss und dann genussfertig ist*

Fer·tig·haus *das* <-es, Fertighäuser> *in Fertigbauweise gebautes Haus*

Fer·tig·keit *die* <-, -en> *(geh.)* ❶ */kein Plur./ die*

Fähigkeit zu etwas Bestimmtem: eine große Fertigkeit im Malen/Nähen haben ◆ Finger-, Lese-, Rede- ❷ */nur Plur./ berufliches Können:* seine Fertigkeiten einsetzen/unter Beweis stellen; die für diesen Beruf erforderlichen Fertigkeiten

fer·tig·ma·chen <machst fertig, machte fertig, hat fertiggemacht> *mit OBJ* ❶ *(umg.) deprimieren:* Dieser Streit macht mich fertig! ❷ *(umg.) zermürben:* Mit ihren ständigen Attacken wollen sie mich fertigmachen. ❸ *(umg.) verprügeln:* Nach der Schule wurde er dann richtig fertiggemacht.

fer·tig·stel·len <stellst fertig, stellte fertig, hat fertiggestellt> *mit OBJ* ■ **jmd. stellt etwas** *Akk. fertig* zum Abschluss bringen: einen Bericht/eine Arbeit fertigstellen ▶ Fertigstellung

Fer·tig·teil *das* <-(e)s, -e> *ein vorgefertigtes Bauteil:* ein Haus aus Fertigteilen bauen

Fer·ti·gung *die* <-, -en> */Plur. selten/ (geh.) die Herstellung:* die Fertigung eines Gerätes aufnehmen/einstellen ◆ -skosten, -standort

fer·tig·wer·den <wirst fertig, wurde fertig, ist fertiggeworden> *mit OBJ* ■ **jmd. wir mit jmdm./etwas fertig** ❶ *überwinden, bewältigen:* Er ist nie mit dem Tod seiner Schwester fertiggeworden. ❷ *jmdm. körperlich oder geistig in einer Auseinandersetzung überlegen sein:* Mit ihm wirst du niemals fertigwerden!

Fes *der* [feːs] <-(es), -(e)> *die traditionelle Filzkappe türkischer Männer*

fesch [fɛʃ/feːʃ] *adj* SÜDDT., ÖSTERR. *gut aussehend:* ein fescher Kerl; einen feschen Hut tragen; fesch aussehen

Fes·sel¹ *die* <-, -n> */meist Plur./ Kette, Riemen oder Strick, mit denen man jmdn. oder ein Tier festbindet:* jemanden in Fesseln legen; die Fesseln lockern/lösen/sprengen; schwere Fesseln an den Füßen tragen

Fes·sel² *die* <-, -n> ❶ *(bei Huftieren) der schmale Teil zwischen Huf und Bein* ❷ ANAT. *der schmale Teil des Beines oberhalb der Fußgelenke:* schlanke Fesseln haben

Fes·sel·bal·lon *der* <-s, -s/-e> *ein mit einem Seil in der Erde verankerter Gasballon:* die unteren Schichten der Atmosphäre mit einem Fesselballon erkunden

fes·seln <fesselst, fesselte, hat gefesselt> *mit OBJ* ❶ ■ **jmd. fesselt jmdn. (an etwas** *Akk.) jmdn. oder etwas an etwas festbinden:* Er fesselte ihm (die) Arme und (die) Beine.; Er fesselte ihn an den Händen.; Sie fesselten die Geisel an einen Stuhl.; Die Gefangenen waren mit Ketten gefesselt. ❷ ■ **jmd. fesselt jmdn. (mit etwas** *Dat.) die Aufmerksamkeit auf sich lenken:* Der Magier fesselt die Zuschauer mit seiner Darbietung.; ein fesselndes Buch; fesselnd erzählen können; ■ **ans Bett/den Rollstuhl gefesselt sein** *(wegen einer Krankheit) im Bett liegen müssen oder auf den Rollstuhl angewiesen sein*

Fest *das* <-(e)s, -e> ❶ *(≈ Feier) eine Veranstaltung, bei der mehrere Menschen miteinander (aus irgendeinem Anlass) feiern:* ein Fest feiern/geben/veranstalten; zu einem Fest eingeladen sein; ein ausgelassenes/fröhliches/rauschendes Fest ◆ -besucher, -gast, -gelände, Abschieds-, Garten-,

Hochzeits-, Kinder-, Neujahrs-, Sommer-, Stadt-, Straßen-, Volks- **②** *ein Feiertag aus kirchlichem oder weltlichem Anlass:* Weihnachten ist ein kirchliches Fest. ◆ Oster-, Pfingst-, Weihnachts-

fẹst *adj* **①** *nicht flüssig oder gasförmig:* feste Stoffe/Körper; feste Nahrungsmittel zu sich nehmen **②** *hart und stabil:* ein festes Material; ein sehr festes Holz; eine feste Schale haben; ein festes Dach über dem Kopf haben; festen Boden unter den Füßen haben **③** (↔ *locker*) *so, dass etwas nur mit relativ viel Kraft aus etwas herausgelöst werden kann:* ein fester Verband; eine Schraube fest anziehen; Der Zahn sitzt noch ganz fest im Kiefer.; ein im Boden fest verwurzelter/festverwurzelter Baum **④** (≈ *energisch*) *kräftig und mit Bestimmtheit:* die Lippen fest aufeinanderpressen; ein fester Händedruck; fest mit dem Fuß auftreten; mit fester Stimme sprechen; fest zuschlagen/zutreten **⑤** *so stabil, dass es nur schwer verändert werden kann:* einen festen Glauben/Willen haben; der festen Überzeugung sein; fest an etwas glauben; etwas fest vereinbaren/versprechen; sich fest auf etwas verlassen; etwas steif und fest behaupten; feste Grundsätze haben; ein festes Honorar/einen festen Preis vereinbaren; einen festen Berufswunsch haben; fest auf etwas bestehen; eine feste Zeit vereinbaren; tief und fest schlafen **⑥** (≈ *ständig*) *so, dass die genannte Sache beständig und dauerhaft ist:* ihr fester Freund; ein fester Wohnsitz; eine feste Anstellung haben; einen festen Freundeskreis haben; für zwei Jahre fest angelegtes Geld **⑦** SCHWEIZ. *beleibt, rundlich* ◆ Getrenntschreibung →R 4.5 jemanden (ganz) fest (im Arm) halten; Wenn die Tür aufgehen soll, musst du fest/fester treten.; festkochende Kartoffeln; ◆ Zusammen- und Getrenntschreibung →R 4.16 ein fest geschnürter/festgeschnürter Stiefel; eine fest gefügte/festgefügte Verbindung; eine fest sitzende/festsitzende Schraube; ein in der Tradition fest verwurzelter/festverwurzelter Glaube; fest umrissene/festumrissene Vorstellungen von etwas haben; ein fest besoldeter/festbesoldeter Beamter

-fẹst *als Zweitglied zusammengesetzter Adjektive; drückt aus, dass etwas dasjenige aushält/erträgt bzw. vor dem sicher ist, was mit dem Erstglied bezeichnet wird* ◆ bruch-, feuer-, hitze-, koch-, reiß-, waschmaschinen-, wetter-

Fẹst·aus·schuss *der* <-es, Festausschüsse> *eine Gruppe von Personen, die ein Fest organisieren:* Treffen der Festausschüsse von Karnevalsvereinen

fẹst·bei·ßen <beißt fest, biss fest, hat festgebissen> *mit SICH* **①** ■ *ein Tier beißt sich an etwas Akk. fest zubeißen und nicht wieder loslassen:* Der Hund hat sich an meiner Jacke festgebissen. **②** ■ *jmd. beißt sich an etwas Akk. fest* (umg. übertr.) *sich mit etwas sehr intensiv beschäftigen:* Sie hat sich an dieser Idee richtig festgebissen.

fẹst·bin·den <bindest fest, band fest, hat festgebunden> *mit OBJ* ■ *jmd. bindet ein Tier/etwas (an etwas Dat.) fest so anbinden, dass es eine feste Verbindung hat:* einen Hund mit einer Leine am Zaun festbinden

fẹst·blei·ben <bleibst fest, blieb fest, ist festgeblieben> *ohne OBJ* ■ *jmd. bleibt fest* (↔ *nach-*

geben) nicht von seiner Meinung abrücken: Sie wollte ihn überreden, aber er ist festgeblieben.; Ihr müsst festbleiben und dürft nicht nachgeben!

fẹst·dre·hen *mit OBJ* ■ *jmd. dreht etwas fest so drehen, dass eine feste Verbindung bekommt:* die Schraube festdrehen

fẹs·te *adv* (umg.) *sehr, stark:* jemanden feste verhauen; Wir haben fest mitgeholfen.; Immer feste, du schaffst es!

fẹs·ten *mit OBJ* ■ *jmd. festet* SCHWEIZ. *ein Fest feiern*

Fẹst·es·sen *das* <-s, -> *ein schmackhaftes und üppiges Essen (anlässlich eines Festes):* Du hast gut gekocht. Das war ja wieder ein Festessen heute!; Der Bürgermeister gibt zum Empfang der Gäste ein Festessen.

fẹst·fah·ren <fährst fest, fuhr fest, hat festgefahren> *mit SICH* ■ *jmd./etwas fährt sich fest* **①** *nicht weiterfahren können:* Wir haben uns mit dem Auto im Schlamm festgefahren.; Das Auto hat sich im Sand festgefahren. **②** (umg. übertr.) *nicht weiterkommen:* Die Gespräche/Verhandlungen haben sich festgefahren.

fẹst·fres·sen <frisst fest, fraß fest, hat festgefressen> *mit SICH* ■ *etwas frisst sich fest* TECHN. *blockieren, sich nicht mehr bewegen lassen:* Der Kolben/die Schrauben haben sich festgefressen.

fẹst·hal·ten <hältst fest, hielt fest, hat festgehalten> **I.** *mit OBJ* ■ *jmd. hält etwas fest* **①** (↔ *loslassen*) *(mit den Händen) ergreifen und halten:* Kannst du mal kurz die Leine festhalten?; Während ich das Bild festhalte, kannst du den Nagel einschlagen.; Sie hatte die Angewohnheit, die Stecknadeln beim Anprobieren mit den Lippen festzuhalten. **②** (≈ *aufzeichnen*) *in Bild, Ton oder Schrift dokumentieren:* die wichtigsten Beschlüsse im Protokoll festhalten; Die Rede ist auf Tonband festgehalten worden.; ein Ereignis in Ton und Bild festhalten **③** ■ *jmd. hält jmdn. fest nicht weggehen lassen:* Die Polizei hat den Dieb mehrere Stunden auf dem Revier festgehalten.; Ich bin noch im Büro festgehalten worden, deshalb komme ich zu spät. **II.** *ohne OBJ* ■ *jmd. hält an etwas Dat. fest beibehalten, auf etwas bestehen:* an einer Auffassung/Gewohnheit festhalten; An dieser Tradition haben wir seither festgehalten.; Wollen sie noch immer an ihrer Meinung festhalten? **III.** *mit SICH* ■ *jmd. hält sich an etwas Akk. fest mit den Händen etwas greifen, um nicht zu fallen:* Halte dich fest, sonst fällst du um.; sich am Geländer festhalten

fẹs·ti·gen **I.** *mit OBJ* ■ *jmd./etwas festigt etwas* **①** *fest oder stabil machen:* Das Mittel festigt die Haare.; ein Gerüst mit einigen Stützstreben festigen **②** *dauerhaft machen:* eine Freundschaft/seine Macht festigen **II.** *mit SICH* ■ *etwas festigt sich* **①** *fest oder stabil werden:* Die Haare haben sich durch das Mittel gefestigt. **②** *dauerhaft werden:* Die Beziehung der beiden hat sich gefestigt.

Fẹs·ti·ger *der* <-s, -> (≈ *Haarfestiger*) *ein Mittel, das den Haaren mehr Halt geben soll*

Fẹs·tig·keit *die* <-> /kein Plur./ **①** (≈ *Härte, Stabilität*) *die Eigenschaft, dass etwas unter Einwirkung*

F

F

von Kräften hält und nicht bricht: die Festigkeit einer Brücke/eines Gerüsts; die Festigkeit eines Materials testen ② *(≈ Beständigkeit) die Eigenschaft, dass jmd. äußeren Einflüssen widersteht:* die Festigkeit einer Beziehung; die Festigkeit eines Gesellschaftssystems ③ *standhaftes, entschlossenes Verhalten:* Er vertritt seine Meinung mit Festigkeit.

Fẹs·ti·gung *die* <-> /kein Plur./ ① *der Vorgang, dass etwas stabil und hart wird:* Zur Festigung erhält die Brücke einen weiteren Stützpfeiler. ② *der Vorgang, dass etwas dauerhaft wird:* die Festigung der gegenseitigen Beziehungen/einer Freundschaft

Fẹs·ti·val *das* <-s, -s> *eine große, meist mehrtägige Veranstaltung, die einer bestimmten Sache gewidmet ist:* ein Festival der modernen Musik/ des zeitgenössischen Films ◆-besucher, -gelände, Film-, Jazz-, Rock-, Schlager-, Theater-

fẹst·klam·mern <klammerst fest, klammerte fest, hat festgeklammert> *mit SICH* ■ *jmd. klammert sich an etwas Dat. fest mit den Händen etwas greifen und nicht loslassen:* sich am Geländer festklammern, um nicht zu fallen; Das Kind klammerte sich ängstlich am Ärmel der Mutter fest.

fẹst·kle·ben <klebst fest, klebte fest, hat/ist festgeklebt> I. *mit OBJ (haben)* ■ *jmd. klebt etwas (an etwas Dat.) fest etwas mit Klebstoff befestigen:* Er hat das Plakat an der Wand festgeklebt. II. *ohne OBJ (sein)* ■ *etwas klebt an etwas Dat. fest (umg.) an etwas haften:* Das Einschlagpapier ist am Kuchen festgeklebt.; Der Kaugummi ist an der Schuhsohle festgeklebt.

Fẹst·klei·dung *die* <-> /kein Plur./ *elegante Kleidung, die zu einem festlichen Anlass getragen wird*

Fẹst·kör·per·phy·sik *die* <-> /kein Plur./ *das Teilgebiet der Physik, dass den Aufbau der Materie untersucht*

Fẹst·land *das* <-(e)s> /kein Plur./ ① *(≈ Kontinent) eine große zusammenhängende Landmasse:* die dem asiatischen Festland vorgelagerten Inseln ◆-(s)sockel ② /kein Plur./ *(↔ Meer) das Land im Gegensatz zum Meer:* nach wochenlanger Fahrt endlich Festland erreichen

fẹst·le·gen <legst fest, legte fest, hat festgelegt> *mit OBJ* ① ■ *jmd. legt etwas fest bestimmen; verordnen:* Regeln für ein Spiel festlegen; den Preis/einen Zeitpunkt/die Gebühren/eine Strafe festlegen; Wer hat das eigentlich festgelegt?; Das ist so festgelegt worden, daran müssen wir uns halten. ② ■ *jmd. legt etwas fest BANKW. Geld fest anlegen:* sein Geld für zwei Jahre festlegen ③ ■ *jmd. legt jmdn. auf etwas Akk. fest verpflichten:* jemanden auf etwas festlegen; Bitte legen Sie mich nicht auf meine Äußerungen fest.; Ich will mich nicht festlegen, vielleicht ändere ich meine Ansicht doch noch.

Fẹst·le·gung *die* <-, -en> *Bestimmung; Verordnung:* sich genau an die Festlegungen halten; eine neue Festlegung treffen

fẹst·lich *adj wie bei einem Fest; zu einem Fest gehörend:* ein festlicher Umzug; festliche Stimmung verbreiten; festlich gekleidet sein

Fẹst·lich·keit *die* <-, -en> ① *(≈ Feier) eine festliche Veranstaltung:* eine Festlichkeit/die Festlichkeiten zum fünfhundertjährigen Stadtjubiläum ② /kein Plur./ *Feststimmung:* die Festlichkeit der Veranstaltung/des Augenblicks

fẹst·lie·gen <liegst fest, lag fest, hat festgelegen> *ohne OBJ* ① ■ *etwas liegt fest festgesetzt sein:* Der Zeitpunkt liegt seit längerer Zeit fest. ② ■ *etwas liegt für etwas Akk. fest BANKW. fest angelegt sein:* Das Geld liegt für mehrere Jahre fest. ③ ■ *etwas liegt irgendwo fest SEEW. auf Grund gelaufen sein:* Das Schiff liegt auf der Sandbank fest.

fẹst·ma·chen I. *mit OBJ* ① ■ *jmd. macht etwas (an etwas Dat.) fest (≈ befestigen) bewirken, dass etwas eine feste Verbindung mit etwas hat:* ein Plakat an der Wand festmachen; das Fahrrad am Zaun festmachen; ein Abzeichen an der Jacke festmachen ② ■ *jmd. macht etwas (an etwas Dat.) fest (umg.) feststellen:* Diese Entwicklung lässt sich an statistischen Werten festmachen. ③ ■ *jmd. macht etwas (mit jmdm.) fest (umg.) vereinbaren:* einen Termin mit jemandem festmachen II. *ohne OBJ* ■ *ein Schiff macht irgendwo fest SEEW. anlegen:* Das Schiff hat im Hafen festgemacht.

Fẹst·mahl *das* <-(e)s, Festmähler/-e> *(geh.: ≈ Festessen) ein üppiges Essen (anlässlich eines Festes)*

fẹst·na·geln <nagelst fest, nagelte fest, hat festgenagelt> *mit OBJ* ① ■ *jmd. nagelt etwas an etwas Dat. fest mit einem Nagel befestigen:* ein Bild an der Wand festnageln ② ■ *jmd. nagelt jmdn. auf etwas Akk. fest (umg. übertr.: ≈ verpflichten) jmdn. zwingen, bei dem, was er gesagt hat zu bleiben:* jemanden auf seine Äußerungen festnageln; Ich lasse mich von dir nicht auf das festnageln, was ich gesagt habe.

fẹst·nä·hen *mit OBJ* ■ *jmd. näht etwas an etwas Dat. fest durch Nähen bewirken, dass etwas fest mit etwas verbunden ist*

Fẹst·nah·me *die* <-, -n> *der Vorgang, dass die Polizei jmdn. festnimmt:* Hinweise geben, die zur Festnahme der Täter führen

fẹst·neh·men <nimmst fest, nahm fest, hat festgenommen> *mit OBJ* ■ *jmd. nimmt jmdn. fest in Haft nehmen:* Die Polizei konnte den Täter wenige Stunden nach der Tat festnehmen.

Fẹst·netz *das* <-es, -e> /meist Plur./ *(↔ Mobilnetz) das System von fest installierten Telefonleitungen* ◆-anschluss

Fẹst·plat·te *die* <-, -n> EDV *ein in einen Computer eingebautes Speichermedium:* Dateien auf (der) Festplatte speichern; sich etwas auf die Festplatte herunterladen

Fẹst·preis *der* <-es, -e> WIRTSCH. *ein festgelegter Preis:* für eine Dienstleistung einen Festpreis vereinbaren

Fẹst·red·ner *der*, **Fẹst·red·ne·rin** <-s, -> *jmd., der bei einer Festveranstaltung eine Rede hält*

fẹst·schnal·len <schnallst fest, schnallte fest, hat festgeschnallt> *mit OBJ* ■ *jmd. schnallt jmdn./etwas mit etwas Dat. fest (mit einem*

Gurt) anbinden: sich/die Kinder im Auto mit dem Gurt festschnallen

fẹst·schrau·ben <schraubst fest, schraubte fest, hat festgeschraubt> *mit OBJ* ■ *jmd.* **schraubt** **etwas an etwas** *Dat.* **fest** *durch Anschrauben eine feste Verbindung herstellen:* ein Schild an der Tür festschrauben

fẹst·schrei·ben <schreibst fest, schrieb fest, hat festgeschrieben> *mit OBJ* ■ *jmd.* **schreibt et-** **was fest** *etwas als gültig festlegen:* eine Regelung vertraglich festschreiben ► Festschreibung

fẹst·set·zen <setzt fest, setzte fest, hat festgesetzt> **I.** *mit OBJ* ❶ *jmd.* **setzt etwas fest** *bestimmen:* einen Termin festsetzen ❷ *jmd.* **setzt** **jmdn. fest** *(umg.)* *in Haft nehmen:* einen Täter festsetzen **II.** *mit SICH* ■ *etwas* **setzt sich ir-** **gendwo fest** ❶ *sich ansammeln und haftenblei-* *ben:* Der Schmutz hatte sich in den Ecken festgesetzt. ❷ *(übertr.) im Gedächtnis bleiben:* Diese Idee hat sich in seinem Kopf festgesetzt.

fẹst·sit·zen <sitzt fest, saß fest, hat festgeses- sen> *ohne OBJ* ■ *jmd.* **sitzt irgendwo fest** *(umg.) irgendwo nicht wegkommen:* Aufgrund ei- nes Motorschadens sitzen sie fest.

Fẹst·spiel *das* <-(e)s, -e> */meist Plur./* eine Reihe von thematisch zusammenhängenden Veranstal- tungen: die Festspiele des modernen Theaters ◆-bühne, -gast, -haus, -stadt

fẹst·ste·hen <stehst fest, stand fest, hat festge- standen> *ohne OBJ* ■ *etwas* **steht fest** *endgültig (beschlossen) sein:* Unsere Entscheidung steht un- verrückbar fest.; einen bereits feststehenden Ter- min nochmals verschieben

fẹst·stell·bar *adj /nicht steig./* ❶ *so, dass man es feststellen[1] kann:* ein deutlich feststellbarer Unter- schied ❷ TECHN. *so, dass es in in einer Position festgestellt[4] werden kann:* Der Hebel ist feststell- bar.

fẹst·stel·len *mit OBJ* ❶ *jmd.* **stellt etwas fest** *ermitteln:* jemandes Personalien feststellen; fest- stellen, ob noch genügend Vorräte vorhanden sind; Die Wissenschaftler haben festgestellt, dass … ❷ *jmd.* **stellt etwas fest** *entdecken, bemerken:* Ich habe festgestellt, dass mein Schlüs- sel weg ist.; feststellen, dass die Kinder groß ge- worden sind ❸ *jmd.* **stellt etwas fest** *aus- drücklich vor anderen sagen:* Ich möchte feststel- len, dass ich nicht einverstanden bin. ❹ *jmd.* **stellt etwas fest** TECHN. *bewirken, dass etwas nicht verstellt werden kann:* den Hebel in einer Position feststellen

Fẹst·stel·lung *die* <-, -en> ❶ */kein Plur./ das Feststellen:* die Feststellung der Personalien; die Feststellung der Krankheitsursache ❷ *das, was man festgestellt hat:* die Feststellung machen, dass der Schlüssel weg ist ❸ *etwas, das man ausdrück- lich äußert:* Ich beziehe mich auf die Feststellun- gen meines Vorredners.

Fẹst·tag *der* <-(e)s, -e> *ein Tag, an dem ein Fest begangen wird* ◆-skleidung, -sstimmung

fẹst·tre·ten <trittst fest, trat fest, hat festgetre- ten> *mit OBJ* ■ *jmd.* **tritt etwas fest** *durch Tre- ten festmachen:* den Boden festtreten

Fẹs·tung *die* <-, -en> GESCH. *eine Burganlage, die*

zur Verteidigung gut befestigt ist ◆-sanlage, -sgra- ben-, -swall

fẹst·ver·zins·lich *adj /nicht steig./* BANKW. *mit fest vereinbarten Zinsen:* festverzinsliche Wertpa- piere

Fẹst·wo·che *die* <-, -n> *sich über eine Woche er- streckende Festlichkeiten*

fẹst·zie·hen <ziehst fest, zog fest, hat festgezo- gen> *mit OBJ* ■ *jmd.* **zieht etwas fest** *durch Zie- hen bewirken, dass etwas straff oder eng wird:* eine Schnur/einen Knoten festziehen

Fẹst·zug *der* <-(e)s, Festzüge> *im Rahmen eines Festes stattfindender Umzug*

Fe·ta *der* <-s> */kein Plur./ in Salzlake gereifter Käse (aus Kuhmilch)*

Fe·te *die* <-, -n> *(umg. jugendspr.) (privates) Fest mit Musik und Tanz:* eine Fete zum Geburtstag veranstalten

Fe·tisch *der* <-(e)s, -e> ❶ *ein Gegenstand, dem man magische Kräfte zuschreibt:* die Verehrung ei- nes Fetischs ❷ *ein Gegenstand, der jmdn. in sexu- elle Erregung versetzt*

Fe·ti·schist *der,* **Fe·ti·schis·tin** <-en, -nen> *jmd., der durch bestimmte Gegenstände sexuell erregt wird* ◆Gummi-, Leder- ► fetischistisch

Fẹtt *das* <-(e)s, -e> ❶ */kein Plur./ ein Bestandteil menschlichen und tierischen Körpergewebes:* Fett ansetzen; viel Fett auf den Hüften haben; Das Fett verhindert, dass sich die Tiere im kalten Was- ser unterkühlen. ◆-absaugung, -gewebe, -polster, -sucht ❷ *festes oder flüssiges Nahrungsmittel, das aus pflanzlichem oder tierischem Fett[1] gewonnen wird:* Fleisch in viel Fett braten; pflanzliche Fette den tierischen Fetten vorziehen ◆Brat-, Pflanzen-, Kokos- ❸ *ein Schmiermittel:* eine Achse mit Fett schmieren; ■ *sein* **Fett abbekommen/abkrie-** **gen** *(umg.) bestraft oder kritisiert werden;* ■ *je-* **mand sitzt im Fett** *(umg.) jmd. lebt in materiell guten Verhältnissen*

fẹtt *adj* ❶ (↔ *mager*) *reich an Fett[2]:* fettes Essen; zu fett essen/kochen ❷ *(umg. abwert.:* ↔ *dünn) sehr dick:* Er ist nicht mehr korpulent, sondern re- gelrecht fett.; ein fettes Gesicht haben; Sie ist ziem- lich fett geworden. ❸DRUCKW. (↔ *mager) als Buch- stabe mit besonders dicken Linien gestaltet:* ein fett gedruckter Buchstabe; eine fette Überschrift; eine fette Linie ziehen ❹ *fruchtbar; ergiebig:* fetter Boden; eine fette Ernte; Auf sieben fette Jahre fol- ten sieben magere Jahre.; fette Beute machen; fette Gewinne einstreichen ❺ *(jugendspr.) verwendet, um auszudrücken, dass jmd. oder etwas als sehr positiv eingeschätzt wird:* Mann, die neue CD ist echt fett!; Die Fete war voll fett. ◆Getrenntschrei- bung →R 4.5 einen Text fett drucken; fett ge- druckte Buchstaben

Fẹtt·ab·sau·gung *die* <-, -en> MED. (≈ *Liposuk- tion) ein Verfahren der kosmetischen Chirurgie, bei dem überflüssiges Fett aus dem Gewebe durch Absaugen entfernt wird*

fẹtt·arm *adj* (↔ *fettreich) (als Speise) wenig Fett enthaltend:* fettarme Kost; sich fettarm ernähren

Fẹtt·au·ge *das* <-s, -n> *an der Oberfläche einer Flüssigkeit schwimmendes Fett:* Auf der Suppe schwimmen Fettaugen.

F

Fẹtt·druck *der* <-s, -e> DRUCKW. *das Drucken in Buchstaben, die fett³ sind*

fẹt·ten I. *mit OBJ* ■ *jmd. fettet etwas mit Fett³ schmieren:* die Lager/Naben fetten **II.** *ohne OBJ* ■ *etwas fettet Fett¹ absondern:* Die Haare fetten schnell.; eine fettende Creme

Fẹtt·fleck *der* <-(e)s, -en> *ein von Fett verursachter Fleck*

Fẹtt·ge·halt *der* <-(e)s, -e> *der Anteil an Fett in etwas:* der Fettgehalt im Käse/in der Wurst

Fẹtt·ge·we·be *das* <-s, -> ANAT. *Gewebe aus Fettzellen:* das Fettgewebe unter der Haut ◆ Unterhaut-

fẹt·tig *adj* ❶ *so, dass viel Fett darin enthalten ist:* fettiges Fleisch; fettiges Essen ❷ *so, dass es besonders viel Fett absondert:* fettige Haare; fettige Haut ❸ *so, dass Fett daran haftet:* fettiges Geschirr

fẹtt·lei·big *adj stark übergewichtig:* fettleibig sein; ein fettleibiger Mensch ▶ Fettleibigkeit

Fẹtt·näpf·chen ■ **ins Fettnäpfchen treten** *(umg.) etwas Ungeschicktes oder Unpassendes sagen*

Fẹtt·pols·ter *das* <-s, -> *(umg.) Fettansammlung im Körper:* Fettpolster auf den Hüften haben

Fẹtt·sack *der* <-s, -säcke> *(abwert.) Schimpfwort für einen korpulenten Menschen*

Fẹtt·säu·re *die* <-, -n> CHEM. *eine organische Säure, die Hauptbestandteil des Fettes ist:* tierische Fettsäuren

Fẹtt·sucht *die* <-> */kein Plur./* MED. *krankhafte Neigung zu Übergewicht*

Fe·tus, Fö·tus *der* <-/-ses, -se/Föten> MED. *ein Embryo ab dem dritten Monat der Schwangerschaft* ▶ fötal

Fẹt·zen *der* <-s, -> ❶ *ein unregelmäßig abgerissenes Stück Stoff oder Papier:* ein Fetzen Papier; einen Fetzen Stoff abreißen ◆ Papier-, Stoff- ❷ *einzelne, unzusammenhängende Teile von etwas:* die Fetzen einer Melodie/eines Gesprächs ❸ *(umg. abwert.) (hässliches) Kleidungsstück:* Diesen Fetzen willst du in die Oper anziehen?; ■ **sich streiten, dass die Fetzen fliegen** *(umg.) sich heftig streiten*

fẹt·zen <fetzt, fetzte, hat gefetzt> *(umg.)* **I.** *mit OBJ* ■ *jmd. fetzt etwas aus/von etwas* Dat. *(umg.) reißen:* die Bilder aus dem Album fetzen; die Tapete von der Wand fetzen **II.** *ohne OBJ* ■ *etwas fetzt (jugendspr.) begeisternd sein:* Die Musik der Band fetzt wirklich.; Die Schuhe fetzen, die muss ich haben! **III.** *mit SICH* ■ *jmd. fetzt sich mit jmdm. (umg.) sich streiten:* Sie fetzt sich mit ihrer Freundin.

fẹt·zig *adj (jugendspr.) so, dass es mitreißt und begeistert:* fetzige Musik

feucht *adj* ❶ *(↔ trocken) voll Wasser, aber noch nicht völlig nass:* den Tisch mit einem feuchten Lappen abwischen; eine feuchte Oberfläche; Die Wände der Wohnung sind feucht.; feuchtes Toilettenpapier; feuchte Luft ❷ *so, dass es häufig regnet:* ein feuchtes Klima; feuchtes Wetter

Feucht·bio·top *der* <-(e)s, -e> *(fachspr.) ein Biotop, dessen Lebensgemeinschaft auf Gewässer angewiesen ist*

Feucht·ge·biet *das* <-(e)s, -e> *(fachspr.) Wiese, Moor oder Sumpfgebiet, das ständig oder zeit-* weise mit Wasser bedeckt ist: Feuchtgebiete unter Naturschutz stellen

Feuch·tig·keit *die* <-, -en> */kein Plur./* (↔ Trockenheit) *der Zustand, dass etwas (insbesondere die Luft) Wasser enthält:* Feuchtigkeit führt häufig zu Schimmel an den Wänden.; Die in der Luft enthaltene Feuchtigkeit reicht diesem Tier zum Leben. ◆ -sgehalt, -sgrad, -smesser, Luft-

feucht·warm *adj /nicht steig./* (≈ schwül) *gleichzeitig feucht und warm:* ein feuchtwarmes Klima; eine feuchtwarme Hitze

feu·dal *adj /nicht steig./* ❶ GESCH. *auf den Feudalismus bezogen, zu ihm gehörend:* eine feudale Gesellschaftsordnung ❷ *den Adel betreffend:* ein feudales Schloss; feudale Kreise der Gesellschaft ❸ *vornehm; prachtvoll:* ein feudales Essen; eine feudal eingerichtete Wohnung

Feu·dal·herr *der* <-en, -en> GESCH. *(im Mittelalter) ein Adliger, der (großen) Grundbesitz hat*

Feu·da·lis·mus *der* <-> *eine Gesellschaftsordnung, in der die Herrschaft vom Grund und Boden besitzenden Adel ausgeübt wird:* der Feudalismus im mittelalterlichen Europa ▶ feudalistisch

Feu·er *das* <-s, -> ❶ */kein Plur./* *die Flammen, durch die etwas brennt und Licht und Wärme erzeugt:* Feuer machen; Feuer an etwas legen; Das Dach hat Feuer gefangen. ◆ -anzünder, -zeug, Herd-, Kamin-, Kohlen-, Lager- ❷ (≈ Brand) *der Vorgang, dass etwas brennt:* Ein Feuer brach aus.; ein glimmendes/loderndes/wärmendes Feuer; ein Feuer anzünden/löschen; sich um ein Feuer versammeln; ein Feuer speiender Drache; Haben Sie vielleicht eine Zigarette für mich und auch Feuer? ◆ -ball, -leiter ❸ *Herd; Kochstelle:* den Topf vom Feuer nehmen; etwas auf kleinem Feuer kochen ◆ -stelle ❹ */kein Plur./* MILIT. *das Abfeuern von Schusswaffen:* das Feuer einstellen/eröffnen ◆ -befehl, -bereitschaft, -pause, -waffe ❺ */kein Plur./* (≈ Temperament) *leidenschaftliche Begeisterung:* Man spürt das innere Feuer dieses Musikers.; Diese Frau hat aber Feuer! ◆ -eifer ❻ */kein Plur./* *Glanz:* das Feuer der Farben; das Feuer in ihren Augen; das Feuer eines Diamanten; ■ **Feuer und Flamme für etwas sein** *(umg.) begeistert für etwas sein* Sie ist Feuer und Flamme für deinen Vorschlag.; ■ **für jemanden durchs Feuer gehen** *alles für jmdn. tun;* ■ **für etwas keine Hand ins Feuer legen** *für etwas nicht garantieren;* ■ **jemand spielt mit dem Feuer** *jmd. ist leichtsinnig und fordert eine Gefahr heraus;* ■ **jemand fängt Feuer** *jmd. verliebt sich* ◆ Getrenntschreibung → R 4.9 Feuer speiend

Feu·er·alarm *der* <-(e)s, -e> *Alarm bei Ausbruch eines Feuers:* Feueralarm auslösen

Feu·er·be·stat·tung *die* <-, -en> *die Art der Bestattung, bei der der Tote erst verbrannt wird und dann die Asche in einer Urne beigesetzt wird*

Feu·er·ei·fer *der* <-s> */kein Plur./* *(umg.) großer Eifer:* mit Feuereifer bei der Sache sein

feu·er·fest *adj /nicht steig./ so, dass es von Feuer nicht zerstört wird:* feuerfestes Geschirr/Material

feu·er·ge·fähr·lich *adj /nicht steig./ so, dass es leicht in Brand gerät:* feuergefährliche Stoffe sicher lagern

Feu·er·ge·fecht *das* <-(e)s, -e> MILIT. *ein Gefecht mit Schusswaffen*

Feu·er·lö·scher *der* <-s, -> *ein Gerät, das in den meisten öffentlichen Gebäuden hängt und mit dem man Schaum auf ein (kleineres) Feuer sprühen kann, um es zu löschen*

Feu·er·lösch·fahr·zeug *das* <-(e)s, -e> *ein Einsatzfahrzeug der Feuerwehr, das über Geräte zur Brandbekämpfung verfügt*

Feu·er·mal *das* <-s, -e> MED. *eine Stelle, an der die Haut eines Menschen dauerhaft eine rote Verfärbung hat*

Feu·er·mel·der *der* <-s, -> *ein Gerät, über das Alarm ausgelöst werden kann, wenn ein Feuer ausgebrochen ist: den Feuermelder betätigen*

feu·ern <feuerst, feuerte, hat gefeuert> **I.** *mit OBJ* ❶ ■ *jmd. feuert (etwas) heizen:* einen Ofen feuern; Holz/Kohle/Öl feuern ❷ ■ *jmd. feuert etwas irgendwohin (umg.) mit Schwung irgendwohin werfen:* die Tasche in die Ecke feuern ❸ ■ *jmd. feuert jmdn. (umg.) entlassen:* Nach zwanzig Jahren in der Firma haben sie ihn einfach gefeuert! **II.** *ohne OBJ* ❶ ■ *jmd. feuert irgendwie* Es wird kalt, da müssen wir tüchtig feuern!; Wir feuern noch mit Kohle. ❷ ■ *jmd. feuert etwas Akk.)* MILIT. *schießen:* aus allen Rohren feuern; auf ein Ziel feuern; ■ **jemandem eine feuern** *(umg.) jmdm. eine Ohrfeige geben*

feu·er·rot *adj /nicht steig./ (umg.) von hellem, strahlendem Rot:* vor Wut feuerrot anlaufen

Feu·ers·brunst *die* <-, Feuersbrünste> */Plur. selten/ (geh.) ein verheerender Brand, der viele Gebäude oder gar Stadtteile vernichtet*

Feu·er·schlu·cker *der,* **Feu·er·schlu·cke·rin** <-s, -> *ein Artist, der brennende Fackeln mit dem Mund löscht*

Feu·er·stein *der* <-(e)s, -e> *ein fester Stein, der scharfe Bruchkanten bildet:* Funken aus einem Feuerstein schlagen; Faustkeile aus Feuerstein herstellen

Feu·er·stuhl *der* <-s> *(umg.) ein schweres Motorrad*

Feu·er·tau·fe *die* <-, -n> *ein Anlass, bei dem jmd. oder etwas seine Tauglichkeit unter Beweis stellen muss:* Unser selbst gebautes Boot hat in dem Sturm auf dem See seine Feuertaufe bestanden.

Feu·e·rung *die* <-> */kein Plur./* ❶ *das Heizen:* Die Feuerung einer Dampflokomotive erfolgt von Hand. ❷ *Brennmaterial:* Es wird noch mehr Feuerung benötigt.

Feu·er·wa·che *die* <-, -n> *das Gebäude, in dem die einsatzbereiten Feuerwehrleute und die Löschtechnik untergebracht sind*

Feu·er·waf·fe *die* <-, -n> *(≈ Schusswaffe)*

Feu·er·wehr *die* <-, -en> *die Institution, deren Mitglieder Brände löschen, Verletzte bergen und bei Katastrophen Hilfe leisten:* bei der freiwilligen Feuerwehr arbeiten; die Feuerwehr alarmieren/rufen; Die Feuerwehr rückt aus. ◆ -auto, -leiter, -frau, -mann

Feu·er·werk *das* <-(e)s, -e> ❶ *eine Veranstaltung, bei der Feuerwerkskörper abgefeuert werden:* ein Feuerwerk veranstalten ❷ *(umg.) Feuerwerkskörper:* Feuerwerk für Silvester kaufen

Feu·er·werks·kör·per *der* <-s, -> *ein Gegenstand, der nach dem Anzünden in die Höhe steigt, explodiert und durch Funken farbenprächtige Effekte am dunklen Nachthimmel erzeugt:* einen Feuerwerkskörper abbrennen

Feu·er·zeug *das* <-(e)s, -e> *ein kleines, mit Benzin oder Gas arbeitendes Gerät, mit dem man eine Flamme erzeugen kann:* eine Zigarette mit einem Feuerzeug anzünden ◆ Gas-, Sturm-

Feuil·le·ton *das* [fœjə'tɔ̃:/ˈfœjətɔ̃] <-s, -s> ❶ *unterhaltender Teil einer Zeitung, der sich mit Themen aus Kultur und Literatur beschäftigt* ❷ *ein literarischer Artikel:* ein Feuilleton schreiben ▸ Feuilletonist, feuilletonistisch

feu·rig *adj* ❶ *temperamentvoll:* feurige Rhythmen spielen; ein feuriger junger Hengst ❷ *(geh.) wie Feuer leuchtend:* das feurige Rot der untergehenden Sonne ❸ *scharf:* eine feurige Soße; ein feurig gewürztes Steak

Fex *der* <-es/-en, -e/-en> SÜDDT., ÖSTERR. *Narr*

Fez *der siehe* **Fes**

FH *Abkürzung von „Fachhochschule"*

Fi·a·ker *der* <-s, -> ÖSTERR. ❶ *Pferdekutsche zur Personenbeförderung:* im Fiaker fahren ❷ *jmd., der beruflich Personen in einer Pferdekutsche befördert:* als Fiaker arbeiten

Fi·as·ko *das* <-s, -s> *(abwert.) ein großer Misserfolg:* Die Veranstaltung war schlecht organisiert und endete in einem Fiasko.; ein peinliches Fiasko erleiden

Fi·bel *die* <-, -n> *(veralt.) erstes Lesebuch in der Grundschule:* in der Fibel lesen

Fi·ber *die* <-, -n> *(geh.) eine Muskel- oder Pflanzenfaser:* Jede Fiber seines Körpers war angespannt.

Fi·b·ro·se *die* <-, -n> MED. *eine Lungenkrankheit*

Fiche *die* <-, -n> SCHWEIZ. *Karteikarte*

Fich·te *die* <-, -n> BOT. ❶ *ein Nadelbaum* ❷ *Holz der Fichte [1]:* Der Schreibtisch ist aus Fichte.

Fick *der* <-s, -s> *(vulg.) Geschlechtsverkehr*

fi·cken *mit OBJ/ohne OBJ* ■ *jmd. fickt (jmdn.) (vulg.) Geschlechtsverkehr haben:* Sie haben (miteinander) gefickt.; Er hat sie gefickt.

fi·del *adj (umg.: ≈ fröhlich) lustig; heiter:* ein fideler Mensch; Du bist ja so fidel heute!

Fi·del *die* <-, -n> MUS. *ein (mittelalterliches) einer Geige ähnliches Streichinstrument:* die Fidel spielen

Fi·di·bus *der* <-/-ses, -/-se> *aus einem Papierstreifen gefalteter Anzünder für Feuer oder die Tabakpfeife*

Fi·d·schi·in·seln <-> *Plur. eine Inselgruppe im Südwestpazifik*

Fie·ber *das* <-s, -> */Plur. selten/* ❶ MED. *(stark) erhöhte Körpertemperatur:* hohes/leichtes Fieber haben/bekommen ◆ -anfall, -mittel, -thermometer ❷ *(geh.) Leidenschaft; Besessenheit:* Die Computerhacker verfielen in ein regelrechtes Fieber auf der Suche nach dem Geheimcode.

Fie·ber·fan·ta·sie, *a.* **Fie·ber·phan·ta·sie** *die* <-,

F

-n> *eine im Fieber¹ erlebte Halluzination:* Fieberfantasien haben

fie·ber·frei *adj /nicht steig./ ohne Fieber¹:* Der Patient ist seit drei Tagen fieberfrei.

fie·ber·haft *adj /nicht steig./* ❶ MED. *mit Fieber¹ verbunden:* eine fieberhafte Erkrankung der Atemwege ❷ *aufgeregt; hektisch:* fieberhaft nach etwas suchen; etwas in fieberhafter Eile tun

fie·be·rig *adj /nicht steig./ siehe* **fiebrig**

Fie·ber·kur·ve *die* <-, -n> *eine grafische Darstellung der gemessenen Körpertemperatur*

fie·bern <fieberst, fieberte, hat gefiebert> *ohne OBJ* ❶ ■ *jmd. fiebert* Fieber haben: Der Patient fiebert wieder. ❷ ■ *jmd. fiebert vor etwas* Dat. *(geh.) aufgeregt und nervös sein:* vor Spannung fiebern ❸ ■ *jemand fiebert nach etwas etwas unbedingt haben wollen:* Sie fiebert danach, endlich zu verreisen.

fie·ber·sen·kend *adj /nicht steig./* MED. *so, dass es bewirkt, dass Fieber¹ zurückgeht:* ein fiebersenkendes Medikament

fieb·rig, fie·be·rig *adj /nicht steig./* ❶ *mit Fieber¹ verbunden:* eine fiebrige Erkältung haben ❷ *Fieber¹ habend:* Seit wann ist das Kind so fiebrig?

Fie·del *die* <-, -n> *(umg. o veralt.) Geige*

fie·deln <fiedelst, fiedelte, hat gefiedelt> *mit OBJ/ohne OBJ* ■ *jmd. fiedelt (etwas) (auf der) Geige spielen:* Er fiedelt ein fröhliches Lied.; Er fiedelt den ganzen Tag auf seiner Geige.

fie·pen *ohne OBJ* ■ *ein Tier fiept* einen leisen, hohen Ton von sich geben: Der kleine Hund fiepte sehnsüchtig, um auf den Arm genommen zu werden.

fies *adj (umg. abwert.: ≈ gemein)* abstoßend, widerwärtig: ein fieser Kerl; eine fiese Visage haben; Wie kannst du nur so fies sein!; Sie waren ganz schön fies zu mir!

Fi·es·ta *die* [ˈfi̯esta] <-, -s> *(spanisches) Volksfest*

fif·ty-fif·ty [ˈfɪftiˈfɪfti] *adv (umg.) zur Hälfte (zwischen zwei Personen) geteilt:* Komm, wir nehmen das Geld und machen fifty-fifty.

Fight *der* [feit] <-s, -s> *Nahkampf beim Boxen:* sich einen harten Fight liefern

figh·ten [ˈfeitn̩] <fightest, fightete, hat gefightet> *ohne OBJ* ■ *jmd. fightet* SPORT ehrgeizig kämpfen: Die Mannschaft hat gefightet, aber sie hatte keine Chance zu gewinnen.

Fi·gur *die* <-, -en> ❶ *(≈ Statur) Gestalt; Körperform:* eine drahtige/kräftige/rundliche/schlanke/ sportliche stämmige Figur ◆-Ideal- ❷ *(umg. abwert.: ≈ Gestalt) zwielichtige Person:* Was sind denn das für Figuren, die sich so etwas ausdenken?; Seltsame Figuren schlichen durch die dunklen Straßen. ❸ *eine (bedeutende) Persönlichkeit:* eine bedeutende Figur der Geschichte ◆-Identifikations-, Leit-, Vater- ❹ KUNST *ein Charakter in einem Roman oder einem Drama:* die Figuren in einem Film/Roman/Theaterstück; die Figur des Hamlet darstellen/verkörpern ◆Märchen-, Roman- ❺ *eine (künstlerisch gestaltete) plastische Nachbildung eines Menschen oder eines Tieres:* Die kleine griechische Figur stellt den Liebesgott Amor dar.; die Figur eines kleinen Elefanten aus Porzellan ◆Gips-,

Porzellan-, Wachs- ❻ *(≈ Spielfigur)* die Figuren auf einem Schachbrett ❼ SPORT *eine Folge von (tänzerischen) Bewegungen:* eine schwierige Figur beim Eiskunstlauf; ■ **eine gute/schlechte Figur bei etwas machen** *(umg.)* einen guten/schlechten Eindruck bei etwas machen

fi·gur·be·tont *adj so, dass ein Kleidungsstück die Figur¹ gut zur Geltung bringt*

fi·gür·lich *adj /nicht steig./* ❶ KUNST *(↔ abstrakt) Figuren darstellend:* eine figürliche Abbildung/ Zeichnung ❷ SPRACHWISS. *(≈ wörtlich) übertragen:* Das ist figürlich, nicht wörtlich gemeint.

Fik·ti·on *die* [fɪkˈtsi̯oːn] <-, -en> *(geh.) etwas Erfundenes bzw. Erdachtes:* Das alles ist pure Fiktion und hat nichts mit der Wirklichkeit zu tun. ▶ fiktional, fiktiv

fik·tiv *adj /nicht steig./ (geh.) erfunden; erdacht; angenommen:* Die Geschichte spielt in einem fiktiven Land.; Wir müssen unseren Berechnungen einen fiktiven Betrag zugrunde legen, da wir die genaue Summe nicht kennen.

File *der/das* [feil] <-s, -s> EDV *(≈ Datei)* ein File öffnen/schließen/speichern

Fi·let *das* [fiˈleː] <-s, -s> KOCH. *ein zartes Stück Fleisch ohne Knochen bzw. ein Stück Fisch ohne Gräten* ◆-braten, -stück, Fisch-, Schweine-, Rinder-

Fi·let·steak *das* [fiˈleː:...] <-s, -s> KOCH. *ein Steak aus der Lende eines Rindes oder Schweines*

Fi·li·a·le *die* <-, -n> *Zweiggeschäftsstelle:* die Filiale eines Geschäfts/eines Unternehmens/einer Bank ▶ Filialnetz

Fi·li·al·lei·ter *der*, **Fi·li·al·lei·te·rin** <-s, -> *jmd., der eine Filiale leitet*

fi·li·g·ran *adj (geh.) zart; dünn; fein:* ein filigranes Geflecht aus dünnen Fäden ▶ Filigran

Fi·li·pi·no *der*, **Fi·li·pi·na** <-s, -s> *Einwohner(in) der Philippinen*

Fi·li·us *der* <-, -se> *(scherzh.) Sohn:* Was macht denn Ihr Filius?

Film *der* <-(e)s, -e> ❶ *eine Rolle aus beschichtetem, lichtempfindlichem Kunststoff, auf den Bilder aufgenommen werden können:* einen neuen Film in die Kamera einlegen; einen Film belichten/entwickeln; ein Film für Röntgenaufnahmen; die Lichtempfindlichkeit eines Films ❷ *eine Folge von bewegten Bildern, die wirkliche Begebenheiten oder eine erdachte Geschichte darstellen:* einen Film drehen; in einem Film mitspielen; sich einen Film im Kino ansehen; die Filme dieses Regisseurs ◆-erfolg, -festival, -festspiele, -kamera, -kritik, -kritiker(in), -preis, -produktion, -regisseur(in), -schauspieler(in), -sternchen, -verleih, -vorschau, -vorstellung, -wirtschaft, Dokumentar-, Fernseh-, Kriminal-, Porno-, Spiel- ▶Verfilmung ❸ */kein Plur./ (umg.) die Gesamtheit der Personen und Firmen, die Filme² drehen:* beim Film arbeiten; Sie wollte schon immer zum Film.; den deutschen Film fördern ❹ *eine dünne Schicht von etwas:* Ein dünner Film aus Öl lag auf dem Wasser.; ■ **im falschen Film sein** *(umg.)* sich sehr über etwas wundern Ich dachte, ich wäre im falschen Film, aber es war wirklich ernst gemeint! ◆Öl-, Schmutz-

Film·ate·li·er *das* <-s, -s> *ein Studio, in dem Spielfilme gedreht werden*

Fil·me·ma·cher *der,* **Fil·me·ma·che·rin** <-s, -> *jmd., der beruflich Filme²produziert*

fil·men *mit OBJ/ohne OBJ* ■ *jmd.* **filmt (etwas)** *auf Film¹ aufnehmen:* eine Szene filmen; Morgen filmen wir weiter.

Fil·mer *der,* **Fil·me·rin** <-s, -> *(umg.) Person, die etwas filmt:* Der Filmer hat mit seiner Kamera alles genau dokumentiert.

Film·in·dus·t·rie *die* <-> */kein Plur./ die Industrie, die Filme² produziert*

fil·misch *adj /nicht steig./ mit Hilfe des Films²:* die filmische Darstellung; Nicht immer gelingt dem Regisseur die filmische Umsetzung der geheimnisvollen Atmosphäre des Romans.

Film·mu·sik *die* <-, -en> *(≈ Soundtrack) musikalische Untermalung von Filmen²:* die Filmmusik zu etwas schreiben

Film·pro·jek·tor *der* <-s, -en> *ein Gerät zum Vorführen von Filmaufzeichnungen*

Film·riss *der* <-es, -e> ❶ *das Reißen eines Films¹:* einen Filmriss kleben ❷ *(umg.) eine Gedächtnislücke:* Ich kann mich an nichts mehr erinnern, ich glaube, ich hatte gestern einen Filmriss.

Film·star *der* <-s, -s> *jmd., der als Filmschauspieler(in) sehr populär ist:* Willi ist ein beliebter und mehrfach ausgezeichneter Filmstar im Kinderfernsehen

Film·stern·chen *das* <-s, -> *(abwert.) weiblicher Filmstar*

Film·ver·leih *der* <-(e)s, -e> ❶ */kein Plur./ das professionelle Verleihen von Filmen² an Kinos* ❷ *eine Firma, die professionell Filme² an Kinos verleiht*

Film·vor·schau *die* <-> */kein Plur./ (≈ Trailer) einige Szenen aus einem neuen Film², die zusammen mit einem Text eine Art Werbefilm für jenen ergeben*

Film·vor·stel·lung *die* <-, -en> *die Aufführung eines Films²:* Die Filmvorstellung hat schon begonnen.

Film·wirt·schaft *die* <-> */kein Plur./ alle Unternehmen, die mit Kinofilmen Geld verdienen*

Fi·lou *der* [fi'lu:] <-s, -s> *(scherzh.) eine Person, die andere geschickt zu betrügen versteht:* Du bist schon ein Filou! Ich habe gar nicht gemerkt, dass ich betrogen wurde.

Fil·ter *der* <-s, -> ❶ *eine Vorrichtung, durch die man Flüssigkeiten oder Gase passieren lässt, um darin enthaltene Bestandteile auszusondern:* einen Filter für Schadstoffe in den Schornstein einbauen; den Kaffee durch den Filter laufen lassen ◆-staub, Abgas-, Kaffee-, Luft-, Papier-, Rauch-, Staub- ❷ *der Teil einer Zigarette, der einen Teil der Giftstoffe aus dem Rauch entfernen soll:* Zigaretten mit/ohne Filter ▸filterlos ◆Zigaretten- ❸FOTOGR., PHYS. *eine Vorrichtung, die bestimmte Bestandteile des Lichtes zurückhält:* einen Filter vor das Objektiv setzen ◆Farb-

Fil·ter·kaf·fee *der* <-s> */kein Plur./ unter Benutzung eines Filters¹ zubereiteter Bohnenkaffee*

fil·tern <filterst, filterte, hat gefiltert> *mit OBJ* ■ *jmd.* **filtert etwas** *durch einen Filter¹ passieren lassen:* den Kaffee filtern; die Abgase filtern ▸Filterung

Fil·ter·pa·pier *das* <-(e)s, -e> *ein Einsatz aus Papier für Filter¹*

fil·t·rie·ren *mit OBJ* ■ *jmd.* **filtriert etwas** *(fachspr.) filtern* ▸ Filtrierpapier

Filz *der* <-es, -e> ❶ *ein aus Wolle in einem bestimmten Press- und Walkverfahren hergestellter dichter Stoff:* ein Hut/Pantoffeln aus Filz ◆-hut, -pantoffeln, -unterlage ❷ *ein Gewirr von Fäden oder Haaren:* Ihre Haare waren ein einziger Filz ❸ *(umg. abwert.: ≈ Klüngel) ein System gegenseitiger unrechtmäßiger Vergünstigungen unter Inhabern öffentlicher Ämter:* Das ist doch alles ein Filz. ◆Parteien-

fil·zen <filzt, filzte, hat/ist gefilzt> **I.** *mit OBJ* ❶ ■ *jmd.* **filzt etwas** *(haben) (aus) Filz herstellen:* Hüte filzen; Frau Müller führt uns vor, wie man filzt. ❷ ■ *jmd.* **filzt jmdn./etwas** *(haben) (umg.) durchsuchen:* Fahrzeuge/Gepäckstücke/Personen filzen; Er ist an der Grenze gefilzt worden. **II.** *ohne OBJ (haben o sein)* ■ **etwas filzt** *zu Filz werden:* Die Wolle filzt, wenn man sie in der Maschine wäscht.

Filz·laus *die* <-, Filzläuse> *ein Ungeziefer, das bevorzugt im menschlichen Schamhaar vorkommt*

Fil·zo·kra·tie *die* <-, ...-tien> *(umg. abwert.) ein politisches System, das von gegenseitigen unrechtmäßigen Vergünstigungen unter Machthabern gekennzeichnet ist*

Filz·pan·tof·fel *der* <-s, -n> *ein Hausschuh mit einem Oberteil aus Filz¹*

Filz·stift *der* <-es, -e> *ein Tintenstift mit einer Spitze aus Filz¹:* mit Filzstiften malen/schreiben

Fim·mel *der* <-s, -> *(umg. abwert.: ≈ Tick) eine seltsame Angewohnheit oder Vorliebe:* Das ist ein Fimmel von ihm, dass immer alles aufgeräumt sein muss.; Die hat doch einen Fimmel!

Fi·na·le *das* <-s, -/Finals> ❶ */Plur.: <Finale>/ Ende einer Veranstaltung oder Aufführung:* Zum Finale des Stadtfestes gibt es ein großes Feuerwerk.; das Finale einer Sinfonie ❷ */Plur.: <Finals>/* SPORT *Endspiel:* sich für das Finale qualifizieren; Die Finals der Weltmeisterschaften finden in der nächsten Woche statt. ◆Achtel-, Halb-, Viertel-

Fi·nan·ci·er *der* siehe **Finanzier**

Fi·nanz- *als Erstglied zusammengesetzter Substantive; drückt aus, dass das mit dem Zweitglied Bezeichnete sich auf Geldangelegenheiten/Finanzen bezieht* ◆-abteilung, -ausgleich, -ausschuss, -beamte, -beamtin, -bedarf, -behörde, -berater(in), -buchhalter(in), -buchhaltung, -experte, -expertin, -genie, -geschäft, -hilfe, -hoheit, -kraft, -minister(in), -ministerium, -not, -plan, -planung, -verwaltung, -vorstand, -wesen, -wirtschaft

Fi·nanz·amt *das* <-(e)s, Finanzämter> *die Behörde, die für die Erhebung der Steuern zuständig ist*

Fi·nanz·dienst·leis·tun·gen <-> *Plur.* WIRTSCH. *Dienstleistungen auf dem Gebiet der Verwaltung und Bereitstellung von Geldern:* Banken und Sparkassen bieten Finanzdienstleistungen an.

Fi·nan·zen <-> *Plur.* ❶WIRTSCH. *die in einem Bereich eingenommenen und ausgegebenen Gelder:* die Finanzen einer Firma verwalten; die Finanzen einer Behörde prüfen ◆ Staats- **②** *(umg.) das Geld, das man zur Verfügung hat:* Meine Finanzen sind etwas knapp.

fi·nan·zi·ell *adj /nicht steig./* **①** *auf die Finanzen bezogen:* die finanziellen Verhältnisse; finanzielle Probleme/Sorgen haben **②** *mit Geld:* den Sohn finanziell unterstützen; finanzielle Hilfe gewähren; sich finanziell an einem Unternehmen beteiligen

Fi·nan·zi·er, *a.* **Fi·nan·ci·er** *der* [finan'tsi̯eː] <-s, -s> *eine Person oder Firma, die Geld für etwas gibt:* für ein Projekt/ein Festival einen Finanzier finden

fi·nan·zier·bar *adj /nicht steig./ so, dass genügend Geld dafür zur Verfügung steht:* Der Bau ist teuer, aber finanzierbar.; Diese Rentenerhöhung ist im Moment nicht finanzierbar.

fi·nan·zie·ren *mit OBJ* ■ *jmd. finanziert etwas das Geld für etwas bereitstellen:* ein Projekt finanzieren; ein privat finanzierter Bau; sein Studium mit Gelegenheitsarbeiten finanzieren ▶ Finanzierung

Fi·nanz·markt *der* <-(e)s, Finanzmärkte> WIRTSCH. *der Markt, auf dem Geld angelegt und verliehen werden kann:* die Finanzmärkte der Welt

Fi·nanz·mit·tel <-> *Plur.* AMTSSPR. *Geld für etwas:* Für diese Reform fehlen dem Land die Finanzmittel.

Fi·nanz·platz *der* <-(e)s, -plätze> *eine Stadt, in der es wichtige Unternehmen der Finanzbranche, große Banken usw. gibt:* wichtige Finanzplätze wie Frankfurt am Main

Fi·nanz·po·li·tik *die* <-> */kein Plur./ die Politik im Hinblick auf die öffentlichen Einnahmen und Ausgaben eines Landes:* die Finanzpolitik der Regierung kritisieren ▶ finanzpolitisch

Fi·nanz·sprit·ze *die* <-, -n> *(umg.) eine (zusätzliche) finanzielle Hilfe:* eine Finanzspritze für ein Projekt, das sich in wirtschaftlichen Schwierigkeiten befindet

Fin·del·kind *das* <-(e)s, -er> *ein ausgesetztes Kleinkind, das von jmdm. gefunden wird*

fin·den <findest, fand, hat gefunden> I. *mit OBJ* **①** ■ *jmd. findet etwas durch Suchen oder zufällig auf etwas stoßen:* Hast du deine Schlüssel gefunden?; Ich kann meine Brille nirgends finden.; Ich habe im Regal mein altes Lieblingsbuch gefunden.; In Alaska hatte man Gold gefunden.; Ich habe in ihm einen Freund gefunden.; Hast du eine Arbeit gefunden?; Wer findet die Lösung des Rätsels?; Ich habe den Bahnhof schlecht finden können.; Wo finde ich das Ägyptische Museum?; Ich habe dich in der Menge nicht gefunden. **②** ■ *jmd. findet etwas (geh.) in verblasster Bedeutung: bekommen:* Anerkennung/Beachtung/reißenden Absatz finden; Sie hat an der Sache Gefallen gefunden.; Ich habe noch keine Gelegenheit gefunden, ihm zu danken. **③** ■ *jmd. findet jmdn./etwas irgendwie eine bestimmte Einschätzung von etwas haben:* Wie findest du diesen Roman?; Ich fand die Vorstellung sehr spannend.; Er findet sie langweilig.; Ich finde, er ist sehr nett. So, findest du? II. *ohne OBJ* ■ *jmd. findet irgendwohin irgendwohin gelangen:* Ich habe nicht nach Hause

gefunden.; Wie finde ich zum Bahnhof? III. *mit SICH* **①** ■ *etwas findet sich sich irgendwie einstellen:* Alles Weitere wird sich finden. **②** ■ *jmd. findet sich sein inneres Gleichgewicht herstellen:* Nach dem Schreck brauchte sie etwas Zeit, um sich wieder zu finden.

Fin·der *der*, **Fin·de·rin** <-s, -> (↔ Verlierer) *eine Person, die etwas gefunden hat, was ein anderer verloren hat:* Der ehrliche Finder erhält eine Belohnung.

Fin·der·lohn *der* <-(e)s> */kein Plur./ das Geld, das ein Finder erhält, der das Gefundene beim Eigentümer abgibt*

fin·dig *adj so, dass man gute Einfälle hat und schlau ist:* ein findiges Kerlchen; Sie ist doch immer sehr findig, vielleicht weiß sie einen Rat. ▶ Findigkeit

Find·ling *der* <-s, -e> **①** *ein Felsblock, der von eiszeitlichen Gletschern aus seinem Ursprungsgebiet transportiert wurde:* ein Findling aus Granit **②** (≈ Findelkind)

Fi·nes·se *die* <-, -n> */meist Plur./ (geh.)* **①** *ein raffiniertes (technisches) Detail:* ein Badezimmer mit allen Finessen; ein mit allen Finessen ausgestatteter Wagen **②** (≈ Trick) Deine Finessen kenne ich schon!; mit allen Finessen versuchen, jemanden hinters Licht zu führen

Fin·ger *der* <-s, -> **①** *eines der fünf Glieder einer Hand:* der kleine Finger; einen Ring an jedem Finger tragen; mit dem Finger auf jemanden zeigen; einen Ring an seinem Finger stecken ◆ -kuppe, Mittel-, Ring-, Zeige- **②** *der Teil eines Handschuhs, der einen Finger¹ umschließt:* ein Handschuh mit abgeschnittenen Fingern; ■ lange Finger machen *(umg.) stehlen;* ■ jemandem auf die Finger sehen *(umg.) jmdn. kontrollieren;* ■ sich etwas aus den Fingern saugen *(umg.) etwas frei erfinden;* ■ jemandem auf die Finger klopfen *(umg.) jmdn. ermahnen oder kontrollieren;* ■ den Finger auf die Wunde legen *auf ein Problem oder Übel deutlich hinweisen;* ■ jemanden um den kleinen Finger wickeln *jmdn. sehr leicht beeinflussen können;* ■ überall seine Finger im Spiel haben *(umg.) an allem beteiligt sein;* ■ sich die Finger nach etwas lecken *(umg.) begierig auf etwas sein;* ■ keinen Finger für etwas krumm machen *für etwas nichts tun;* ■ sich die Finger verbrennen an etwas *bei etwas Schaden erleiden;* ■ die Finger von jmdm./etwas lassen *auf jmdn. oder etwas verzichten*

Fin·ger·ab·druck *der* <-(e)s, Fingerabdrücke> *der Abdruck, den die Linien auf der Haut der Fingerkuppe beim Berühren eines Gegenstandes hinterlassen:* Der Mörder wurde anhand der Fingerabdrücke überführt, die man auf der Tatwaffe fand.; Die Polizei nimmt die Fingerabdrücke von dem Verdächtigen.

Fin·ger·breit, *a.* **Fin·ger breit** *der* <-, -> *ein Abstand von der Breite eines Fingers¹:* einen/zwei Fingerbreit frei lassen; keinen Fingerbreit zurückweichen

fin·ger·breit *adj /nicht steig./ etwa so breit wie ein Finger¹:* ein fingerbreiter Spalt

fin·ger·dick *adj* /*nicht steig.*/ *etwa so dick wie ein Finger[1]:* eine fingerdicke Schicht

fin·ger·fer·tig *adj sehr geschickt mit den Fingern[1]*

Fin·ger·fer·tig·keit *die* <-> /*kein Plur.*/ *Geschick bei Arbeiten, die mit den Fingern[1] ausgeführt werden:* eine große Fingerfertigkeit an den Tag legen

Fin·ger·ges·te *die* <-, -n> *zur Steuerung von Computern und Smartphones eingesetztes Streichen der Fingerspitzen über das (berührungsempfindliche) Display*

Fin·ger·glied *das* <-(e)s, -er> *einzelner Abschnitt eines Fingers[1]*

Fin·ger·hut *der* <-(e)s, Fingerhüte> **①** *eine kleine Kappe aus Kunststoff oder Metall, die beim Nähen zum Schutz auf der Fingerkuppe getragen wird* **②** BOT. *eine im Wald und auf Wiesen wachsende Pflanze, deren Blüten, die an einem langen Stängel hängen, Fingerhüten ähneln*

Fin·ger·kup·pe *die* <-, -n> *die Rundung an der Fingerspitze*

fin·gern <fingerst, fingerte, hat gefingert> (*umg.*) **I.** *mit OBJ* ▪ **jmd. fingert etwas aus etwas** *Dat. mit den Fingern herausziehen:* Er fingerte seinen Ausweis aus der Brusttasche. **II.** *ohne OBJ* ▪ **jmd. fingert an etwas** *sich an etwas zu schaffen machen:* Sie fingerte nervös an ihrem Armband.

Fin·ger·na·gel *der* <-s, Fingernägel> *die relativ harte, kleine Platte, die den vordersten Teil des Fingers bedeckt:* sich die Fingernägel feilen/schneiden/sauber machen/lackieren

Fin·ger·spit·ze *die* <-, -n> *der vorderste Teil des Fingers:* etwas vorsichtig mit den Fingerspitzen berühren

Fin·ger·spit·zen·ge·fühl *das* <-s> /*kein Plur.*/ **①** (≈ *Fingerfertigkeit*) *Geschick im Umgang mit Dingen:* Um Uhren zu reparieren, braucht man viel Geduld und Fingerspitzengefühl. **②** (≈ *Taktgefühl*) *Einfühlungsvermögen:* Sie hat das nötige Fingerspitzengefühl, um mit schwierigen Kollegen gut auszukommen.

Fin·ger·zeig *der* <-(e)s, -e> (≈ *Hinweis*) jemandem einen (kleinen) Fingerzeig geben

fin·gie·ren [fɪŋ'giːrən] *mit OBJ* ▪ **jmd. fingiert etwas** (*geh.*) *vortäuschen oder fälschen:* eine fingierte Rechnung; Sie hat diesen Schwächeanfall nur fingiert.

Fi·nish *das* ['fɪnɪʃ] <-s, -s> **①** SPORT (≈ *Endspurt*) ein spannendes Finish; ein großartiges Finish hinlegen **②** TECHN. *die Qualität, in der die Oberfläche (von Metallen) gearbeitet ist:* Auch die Gehäuse der Geräte wissen mit dem makellosen Finish polierten Aluminiums zu gefallen.

Fink *der* <-en, -en> *ein Singvogel*

Fin·ken *der* <-s, -> SCHWEIZ. *Hausschuh*

Finn·land <-s> *Staat in Skandinavien* ▶ Finne, Finnin, finnisch

fins·ter <finst(e)rer, am finstersten> *adj* **①** (↔ *hell*) *ganz ohne Licht; sehr dunkel:* in finst(e)rer Nacht; Hänsel und Gretel verirrten sich im finsteren Wald.; Es wurde sehr schnell finster.; Im Zimmer war es völlig finster.; Finstere Wolken zogen am Himmel auf. **②** (≈ *mürrisch*) *mit einem* Gesichtsausdruck, der jmds. schlechte Laune deutlich zu erkennen gibt: ein finsteres Gesicht machen; jemanden finster ansehen; finster vor sich hinstarren **③** (*abwert.*: ↔ *vertrauenerweckend*) *unheimlich, anrüchig:* ein finsterer Geselle; finstere Gestalten; in einer finsteren Gegend wohnen **④** (*abwert.*) *mit böser Gesinnung:* finstere Absichten/Pläne hegen **⑤** (*abwert.*) *rückständig und von Unwissenheit gekennzeichnet:* im finsteren Mittelalter; Es herrschten finstere Zustände in diesem Land. **⑥** *unbestimmt Böses ahnend:* finstere Vorahnungen haben; einen finsteren Verdacht haben

Fins·ter·nis *die* <-, -se> **①** /*kein Plur.*/ *das (völlige) Fehlen von Licht:* Im Zimmer herrschte völlige Finsternis.; Bei dieser Finsternis kann man nichts sehen. **②** ASTRON. *kurz für „Sonnenfinsternis" oder „Mondfinsternis"*

Fin·te *die* <-, -n> **①** (*geh. abwert.*: ≈ *Bluff*) *Täuschung:* jemanden mit einer Finte täuschen **②** SPORT *eine Bewegung zur Täuschung des Gegners*

Fir·le·fanz *der* <-es> /*kein Plur.*/ (*umg. abwert.*) *überflüssiges Zeug:* Diesen Firlefanz können wir getrost weglassen!

firm *adj erfahren und sicher auf einem Gebiet oder in einer Sache:* Er ist firm auf seinem Gebiet.

Fir·ma *die* <-, Firmen> *ein (privates) Unternehmen, das Waren produziert, mit ihnen handelt oder Dienstleistungen anbietet* ◆ Bau-, Computer-, Export-, Handels-, Internet-, Liefer-, Vertriebs-

Fir·ma·ment *das* <-(e)s> /*kein Plur.*/ (*geh.*: ≈ *Himmel*) Die Sterne funkeln am Firmament.

fir·men *mit OBJ* ▪ **jmd. firmt jmdn.** REL. *das katholische Sakrament der Firmung verleihen:* Er ist gefirmt worden.

Fir·men- *als Erstglied zusammengesetzter Substantive; drückt aus, dass das mit dem Zweitglied Bezeichnete sich auf ein Unternehmen/eine Firma bezieht* ◆ -chef(in), -gründer(in), -gründung, -gruppe, -inhaber(in), -kunde, -kundin, -name, -sitz, -sprecher(in), -stempel, -verzeichnis, -wagen, -wert, -zugehörigkeit

Fir·men·lei·tung *die* <-, -en> **①** /*kein Plur.*/ *die Leitung einer Firma:* die Firmenleitung an den Nachfolger übergeben **②** *die Personen, die eine Firma leiten:* Die Firmenleitung ist zu einer Beratung zusammengekommen.

Fir·men·schild *das* <-(e)s, -er> (*an einem Gebäude angebrachtes*) *Schild mit dem Namen der Firma, die ihre Räume in dem Gebäude hat*

Fir·men·zei·chen *das* <-s, -> (≈ *Logo, Markenzeichen*) *ein wiedererkennbares Zeichen, mit dem eine Firma seine Produkte versieht*

Fir·men·zu·ge·hö·rig·keit *die* <-> *die Zeit, die jmd. in einer Firma gearbeitet hat:* in seiner zwölfjährigen Firmenzugehörigkeit

Firm·ling *der* <-s, -e> REL. *jmd., der das Sakrament der Firmung erhalten hat oder erhält*

Fir·mung *die* <-, -en> REL. *ein Sakrament der katholischen Kirche, das jmdn. im Glauben festigen soll*

Firn *der* <-s, -e> *körniger Altschnee im Hochgebirge* ◆ -feld

Fir·nis *der* <-ses, -se> *ein farbloser Anstrich, der*

F

als Schutzschicht auf etwas aufgetragen wird: der Firnis auf einem altem Ölgemälde

First *der* <-es, -e> BAUW. *die waagerechte Kante, die ein spitzes Dach nach oben hin abschließt* ◆-balken, Dach-

Fis *das* <-, -> MUS. *um einen Halbton erhöhtes F*

Fisch *der* <-(e)s, -e> ❶ *ein im Wasser lebendes Wirbeltier, das eine mit Schuppen bedeckte Haut hat, mit Kiemen atmet und Flossen zum Schwimmen besitzt:* Karpfen und Hecht sind bekannte Fische.; Fische fangen; ein Schwarm Fische; Im Aquarium schwimmen Fische. ◆-bestand, -brut, -flosse, -gräte, -laich, -schuppe, -schwanz, -schwarm, -sterben, -teich, -zucht, Meeres-, See-, Süßwasser- ❷ KOCH. *Fisch[1] als Speise:* gebratener/gekochter/geräucherter/panierter Fisch ◆-brötchen, -filet, -gericht, -markt, -semmel, -suppe, -vergiftung ❸ ■ **Fische** *Name eines Tierkreiszeichens* ❹ *jmd., der im Zeichen der Fische[3] geboren ist:* Er/Sie ist Fische.; ■ **kleine Fische** *(umg.) unbedeutende Kleinigkeiten;* ■ **stumm wie ein Fisch sein** *(umg.) nichts sagen;* ■ **ein dicker Fisch** *(umg.) eine Person, die schwerer Verbrechen verdächtigt wird* Der Polizei ist ein dicker Fisch ins Netz gegangen.; ■ **weder Fisch noch Fleisch sein** *(umg. abwert.) nicht richtig einzuordnen sein* ◆ Getrenntschreibung →R 4.9 die Fisch verarbeitende Industrie

Fisch·be·steck *das* <-(e)s, -e> *zum Essen von Fisch[2] benutztes Besteck*

fi·schen <fischst, fischte, hat gefischt> I. *mit OBJ/ohne OBJ* ■ *jmd. fischt (etwas) Fischfang betreiben:* Er geht Aale fischen.; Sonntags geht er immer fischen. II. *mit OBJ* ■ *jmd. fischt etwas aus etwas Dat. (umg.) irgendwo herausholen:* eine saure Gurke aus dem Glas fischen; ■ **im Trüben fischen** *(umg. abwert.) aus unklaren Verhältnissen Vorteile gewinnen*

Fi·scher *der,* **Fi·sche·rin** <-s, -> *jmd., der beruflich Fischfang betreibt* ◆ Hochsee-, Küsten-

Fi·sche·rei *die* <-> */kein Plur./ der als Beruf betriebene Fischfang* ◆-erlaubnis, -recht, Hochsee-, Küsten-

Fisch·fang *der* <-(e)s> */kein Plur./ das (gewerbsmäßige) Fangen von Fischen:* Die Menschen in dieser Region leben überwiegend vom Fischfang.

Fisch·händ·ler *der,* **Fisch·händ·le·rin** <-s, -> *jmd., der beruflich mit Speisefischen handelt*

Fisch·kut·ter *der* <-s, -> *für den Fischfang benutztes (kleineres) Schiff*

Fisch·mehl *das* <-s> */kein Plur./ aus zermahlenen Fischresten hergestelltes Pulver*

Fisch·ot·ter *der* <-, -n> *am und im Wasser lebendes kleines Säugetier, das überwiegend Fische frisst*

fisch·reich *adj so, dass darin viele Fische vorhanden sind:* ein fischreiches Gewässer ► Fischreichtum

Fisch·stäb·chen *das* <-s, -> KOCH. *eine Speise aus zu kleinen Stäben gepresstem und paniertem Fisch*

Fisch·ster·ben *das* <-s> */kein Plur./ das massenhafte Sterben von Fischen:* Das Fischsterben

wurde durch die Einleitung von giftigen Stoffen in das Wasser verursacht.

Fisch·zug *der* <-(e)s, Fischzüge> ❶ *das Auswerfen und Einholen des Fischernetzes:* zu einem Fischzug auslaufen ❷ *(übertr.) eine ertragreiche Unternehmung:* einen großen Fischzug machen/planen

Fi·si·ma·ten·ten *(umg.)* ■ **Fisimatenten machen** *Ausflüchte machen, um einer Sache auszuweichen* Nun mach mal keine Fisimatenten!

fis·ka·lisch *adj /nicht steig./ (geh.) den Fiskus betreffend*

Fis·kus *der* <-> */kein Plur./ (geh.) der Staat als Eigentümer des öffentlichen Vermögens:* Steuern an den Fiskus abführen

Fi·so·le *die* <-, -n> ÖSTERR. *grüne Bohne*

Fis·tel *die* <-, -n> MED. *durch Krankheit entstandener oder künstlicher Kanal, der ein Organ mit der Körperoberfläche oder einem anderen Organ verbindet*

Fis·tel·stim·me *die* <-, -n> */Plur. selten/* ❶ MUS. *männliche Kopfstimme* ❷ *(umg. abwert.) eine unangenehm hohe Stimme bei Männern:* mit Fistelstimme sprechen

fit <fitter, am fittesten> *adj (körperlich) leistungsfähig:* sich mit Sport fit halten; körperlich und geistig fit bleiben/sein

Fit·ness *die* <-> */kein Plur./ eine gute körperliche (und geistige) Verfassung* ◆-gerät, -training

Fit·ness·cen·ter *das* <-s, -> *eine Einrichtung, in der man (gegen Bezahlung) an speziellen Geräten seinen Körper trainieren kann*

Fit·tich *der* <-s, -e> *(geh.) Flügel:* Der Vogel breitete seine Fittiche aus.; ■ **jemanden unter seine Fittiche nehmen** *(umg.) sich um jmdn. kümmern, ihm Schutz gewähren*

fix <fixer, am fixesten> *adj* ❶ */nicht steig./ feststehend; unveränderlich:* eine fixe Größe; eine fixe Idee haben; einen fixen Termin vereinbaren; die fixen Kosten mit berücksichtigen ❷ *(umg.) flink:* etwas ganz fix erledigen; Das ist aber fix gegangen! ❸ *(umg.) fähig, schnell zu verstehen:* ein fixes Kerlchen; Du musst etwas Geduld haben, sie ist nicht ganz so fix.; ■ **fix und fertig** *(umg.) ganz fertig* Die Arbeit ist fix und fertig.; ■ **fix und fertig** *völlig erschöpft* Nach dieser Schufterei war sie vollkommen fix und fertig.; Die Hitze macht mich fix und fertig!

fi·xen <fixt, fixte, hat gefixt> *ohne OBJ* ■ *jmd. fixt* ❶ *(umg.) sich Rauschgift spritzen:* Er fixt schon seit einigen Jahren. ❷ WIRTSCH. *an der Börse Leerverkäufe tätigen*

Fi·xer *der,* **Fi·xe·rin** <-s, -> ❶ *(umg.) jmd., der sich (regelmäßig) Rauschgift spritzt* ❷ WIRTSCH. *Person, die an der Börse spekuliert*

Fi·xer·stu·be *die* <-, -n> *ein betreuter Raum, in dem Personen, die schwer heroinabhängig sind, Drogen konsumieren können*

fix·fer·tig *adj* SCHWEIZ. *fix und fertig*

fi·xie·ren <fixierst, fixierte, hat fixiert> *mit OBJ* ❶ ■ *jmd. fixiert etwas* AMTSSPR. *schriftlich festhalten:* eine Vereinbarung schriftlich fixieren ❷ ■ *jmd. fixiert etwas* AMTSSPR. *festlegen:* etwas vertraglich fixieren ❸ ■ *jmd. fixiert etwas (mit* *etwas Dat.) befestigen:* ein Plakat mit Klebeband an der Wand fixieren; einen gebrochenen Arm mit einem Verband fixieren ❹ ■ *jmd. fixiert etwas starr ansehen:* einen Punkt mit den Augen fixieren; jemanden mit seinen Blicken fixieren

Fi·xum *das* <-s, Fixa> *(geh.: ↔ Provision) ein festgesetztes Grundgehalt:* zusätzlich zu einem Fixum noch leistungsbezogene Zuschläge bekommen

Fjord *der* <-(e)s, -e> *ein tief ins Landesinnere hinein reichender Meeresarm:* die Fjorde Norwegens

FKK [ɛfkaːˈkaː] *Abkürzung von „Freikörperkultur"*

FKK-Strand *der* [ɛfkaˈkaː...] <-(e)s, FKK-Strände> *ein Strand, an dem man unbekleidet baden und sich nackt aufhalten kann*

flach *adj* ❶ *(≈ eben ↔ bergig, hügelig) so, dass es keine größere Erhebungen wie Hügel oder Berge gibt:* ein flaches Gelände; das flache Land ❷ *so, dass jmd. oder etwas parallel zum Erdboden liegt und mit dem ganzen Körper einen möglichst geringen Abstand zum Boden legen* ❸ *(≈ seicht ↔ tief) so, dass Wasser eine geringe Tiefe hat (und man darin noch stehen kann):* ein flaches Gewässer; An dieser Stelle ist der Fluss ganz flach.; Nichtschwimmer sollten sich im flachen Wasser aufhalten. ❹ *(als Erhebung) nicht hoch:* ein flacher Hügel; sich flach über den Boden erheben ❺ *so, dass es nicht aus einer (gedachten) Ebene heraussteht oder sich über diese erhebt:* flache Schuhe; einen flachen Bauch/eine flache Brust haben ❻ *(≈ niedrig)* ein flacher Tisch; Die Decke des Ganges wurde immer flacher. ❼ *(abwert.: ≈ oberflächlich) geistig nicht besonders anspruchsvoll:* Das war nur flache Unterhaltung ohne jeden Anspruch.; Das Buch/Das Gespräch ist mir zu flach. ❽ *(fachspr.: ↔ tief) so, dass Strukturen wenige Hierarchieebenen aufweisen:* Die Daten besitzen relativ flache Strukturen. ❾ ■ **das flache Land** *(umg.) das Gebiet außerhalb der Stadt* auf das flache Land ziehen; ■ **flach atmen** *nicht tief Luft holen* ◆ Getrenntschreibung → R 4.5 Es ist besser, wenn du im Bett flach/etwas flacher liegst.; Der Patient muss sich flach/flacher legen.; Der Patient muss flach/flacher gelegt werden.; ein flach gedrückter Karton; *siehe aber* **flachliegen**

Flach·bild·schirm *der* <-(e)s, -e> TECHN. *ein Computer- oder Fernsehbildschirm, der in der Tiefe geringe Abmessungen hat:* Ein Computer mit Flachbildschirm braucht weniger Platz auf dem Schreibtisch.

Flach·dach *das* <-(e)s, Flachdächer> BAUW. *ein Dach in flacher Bauform:* Das Flachdach der Klinik dient auch als Landeplatz für Hubschrauber.

Flä·che *die* <-, -n> ❶ MATH. *eine geometrische Figur, die eine Ausdehnung in Länge und Breite hat:* Ein Würfel hat sechs Flächen.; eine rechteckige/runde Fläche; den Inhalt/die Größe einer Fläche berechnen ❷ *ein Stück Land mit einer bestimmten Ausdehnung:* Weite Flächen sind überschwemmt.; Diese Flächen gehören der Stadt.; eine Fläche bebauen/verpachten ◆ Acker- Gewerbe-

Flä·chen·in·halt *der* <-(e)s, -e> MATH. *die Größe*

einer geometrischen Figur: den Flächeninhalt eines Kreises berechnen

Flä·chen·maß *das* <-es, -e> MATH. *eine Maßeinheit für den Flächeninhalt*

flach·fal·len <fällt flach, fiel flach, ist flachgefallen> *ohne OBJ* ■ *etwas fällt flach (umg.: ≈ ausfallen) nicht stattfinden:* Die heutige Veranstaltung muss leider flachfallen, weil der Künstler erkrankt ist. ◆ Zusammenschreibung → R 4.5, 4.6 Meine diesjährige Geburtstagsfeier ist flachgefallen.

Flach·land *das* <-(e)s> */kein Plur./ (↔ Bergland, Gebirge) eine flache Landschaft ohne größere Erhebungen:* Das Gebirge geht unvermittelt ins Flachland über.

flach·lie·gen <liegt flach, lag flach, hat flachgelegen> *ohne OBJ* ■ *jmd. liegt flach (umg.) krank sein:* Sie liegt schon seit drei Tagen flach. ◆ Zusammenschreibung → R 4.11 Wenn du dich bei dem Wetter nicht wärmer anziehst, wirst du nächste Woche bestimmt flachliegen.

Flach·mann *der* <-(e)s, Flachmänner> *(umg.) eine kleine Flasche, die man in der Tasche tragen kann (und die meist ein alkoholisches Getränk enthält)*

Flachs *der* <-es> */kein Plur./* ❶ BOT. *eine Nutzpflanze, aus der man Fasern und Öl gewinnen kann:* Flachs anbauen/ernten ❷ *die aus der Flachspflanze gewonnene Faser:* Flachs spinnen; Flachs zu Leinen verarbeiten ❸ *(umg.) Scherz:* Mach keinen Flachs!; Das habe ich nur aus Flachs gesagt.

flachs·blond *adj* */nicht steig./ von sehr hellem Blond:* flachsblonde Haare haben

flach·sen <flachst, flachste, hat geflachst> *ohne OBJ* ■ *jmd. flachst (umg.) Scherze machen; etwas nicht ernst meinen:* Flachst du oder ist das dein Ernst?

flach·sig *adj* ÖSTERR. *zäh, sehnig (Fleisch)*

fla·ckern <flackerst, flackerte, hat geflackert> *ohne OBJ* ■ *etwas flackert unruhig brennen oder leuchten:* Das Feuer/die Taschenlampe flackert.

Fla·den *der* <-s, -> ❶ *ein flaches, rundes Brot:* Fladen backen ◆-brot ❷ *ein flacher Haufen aus dickflüssigem Material:* ein Fladen Kuhmist ◆ Kuh-

Flag·ge *die* <-, -n> *eine Fahne als Symbol eines Landes:* die Flagge eines Landes; die Flagge hissen; Das Schiff fährt unter deutscher Flagge.; ■ **Flagge zeigen** *sich öffentlich zu etwas bekennen* ◆-nalphabet, -ngruß, -nmast, National-, Piraten-, Schiffs-

flag·gen *ohne OBJ* ■ *jmd. flaggt Flagge(n) aufziehen:* Das Schiff/Die Botschaft hat geflaggt.; halbmast flaggen

Flagg·schiff *das* <-(e)s, -e> ❶ SEEW. *das wichtigste Schiff einer Flotte* ❷ *(übertr.) das wichtigste Produkt eines Unternehmens:* Das auf der Messe gezeigte Modell ist das Flaggschiff unter den Produkten dieser Firma.

Flair *das* [flɛːɐ̯] <-s> */kein Plur./ (geh.) die besondere Ausstrahlung eines Ortes oder einer Veranstaltung:* Die Stadt hat ein fast südliches Flair.; Dem Festival fehlte es am nötigen Flair.

Flak *die* <-, -/-s> MILIT. ❶ *Abkürzung von „Flugabwehrkanone"* ❷ */kein Plur./ eine mit Flugabwehr-*

F

F

kanonen ausgestattete militärische Einheit: Er war im Zweiten Weltkrieg bei der Flak. ◆ -helfer(in)

Fla·kon *der/das* [fla'kɔ̃ː] <-s, -s> *ein kleines Gefäß für Parfüm*

flam·bie·ren *mit OBJ* ■ *jmd. flambiert etwas* KOCH. *eine Speise mit Alkohol übergießen und anzünden:* Eis mit flambierten Pfirsichen

Fla·me *der*, **Flä·min** <-n, -n> *Einwohner(in) von Flandern*

Fla·men·co *der* [fla'mɛŋko] <-(s), -s> *eine Liedform bzw. ein Tanz aus Andalusien:* einen Flamenco tanzen ◆ -musik, -tänzer

Fla·min·go *der* <-s, -s> *ein Wasservogel mit rosafarbenem Gefieder und stelzenartigen Beinen*

flä·misch *adj /nicht steig./ auf Flandern bezogen, aus Flandern stammend:* die flämische Sprache; das Flämische als Muttersprache sprechen; *siehe auch* **deutsch**

Flam·me *die* <-, -n> ❶ *der sichtbare Lichteffekt des Feuers:* mit blauer/roter Flamme brennen; lodernde Flammen ◆ Gas- ❷ *(veralt. umg.) Freundin:* Na, hast du mal wieder eine neue Flamme? ❸ *Kochstelle:* ein Herd mit vier Flammen; etwas auf kleiner Flamme kochen; ■ **in Flammen stehen** *brennen;* ■ **ein Raub der Flammen werden** *(geh.) verbrennen;* ■ **etwas den Flammen übergeben** *(geh.) etwas verbrennen*

flam·mend *adj /nicht steig./* ❶ *intensiv leuchtend:* ein flammendes Rot ❷ *leidenschaftlich:* eine flammende Rede halten

Flam·men·wer·fer *der* <-s, -> *eine Waffe, die einen starken Feuerstrahl erzeugt*

Flan·dern <-s> *eine Landschaft in Belgien* ► flandrisch

Fla·nell *der* <-s, -e> *ein leichter, wärmender Wollstoff:* Bettwäsche/Nachtwäsche aus Flanell ◆ -hemd, -hose

fla·nie·ren <flanierst, flanierte, hat/ist flaniert> *ohne OBJ* ■ *jmd. flaniert irgendwo (geh.) irgendwo zum Zeitvertreib langsam spazierengehen:* Wir haben ein bisschen im Park flaniert.; Wir sind durch die Straßen der Stadt flaniert.

Flan·ke *die* <-, -n> ❶ *eine der beiden Seiten eines Pferdes:* die Sporen in die Flanken des Pferdes drücken ❷ MILIT. *die Seite einer Kampfformation:* Die Flanken der Truppe waren ungeschützt. ❸ SPORT *beim Fußball ein Schuss von der Seite des Spielfelds vor das gegnerische Tor:* eine Flanke schlagen ❹ SPORT *der seitliche Sprung von einem Turngerät:* Er ging mit einer Flanke vom Barren ab.

flan·ken SPORT **I.** *mit OBJ/ohne OBJ* ■ *jmd. flankt (etwas)* einen Ball seitlich schlagen: einen Ball ins Tor flanken; Müller flankt, dann Pass von Maier – und Tor! **II.** *ohne OBJ* ■ *jmd. flankt von etwas Dat.* mit einem seitlichen Sprung von etwas abgehen: vom Gerät flanken

flan·kie·ren *mit OBJ* ■ *etwas flankiert etwas (geh.)* ❶ *zu beiden Seiten von etwas stehen oder gehen:* Das Tor wurde von zwei Wachposten flankiert.; Bäume flankieren den Weg. ❷ *(übertr.) unterstützen:* ein Projekt mit finanziellen Mitteln flankieren; flankierende Maßnahmen ► Flankierung

Flansch *der* <-(e)s, -e> ❶ TECHN. *eine ringförmige*

Verbreiterung am Ende eines Rohres ❷ *das in einer Art Verdickung auslaufende Ende einer Nabe, in dem die Speichennippel eingelassen sind* ◆ Hochflanschnabe, Niederflanschnabe

Fla·sche *die* <-, -n> ❶ *ein Gefäß (meist aus Glas), in dem man Flüssigkeiten aufbewahrt, das meist einen wie ein Zylinder geformten Körper und einen länglichen Hals hat und das man mit einem Korken oder einer Schraubkappe verschließt:* eine Flasche Bier/Cognac/Mineralwasser/Saft/Wein; eine Flasche Öl/Spülmittel; eine Flasche entkorken/öffnen/verschließen ◆ -nautomat, -ngärung, -nmilch, -nnahrung, -nöffner, Bier-, Einweg-, Milch-, Pfand-, Sekt-, Wasser-, Wein- ❷ *die Menge von etwas, die in eine Flasche* ¹ *passt:* eine ganze Flasche Wein austrinken ❸ *(umg. abwert.:* ≈ *Pfeife) Schwächling; Versager:* Du bist mir vielleicht eine Flasche!; Diese Flasche hat doch nicht den Mut, sich zu wehren!

Fla·schen·bier *das* <-(e)s, -e> *(↔ Fassbier) in Flaschen abgefülltes Bier*

fla·schen·grün *adj /nicht steig./ von dem Grün, das an Weinflaschen erinnert*

Fla·schen·hals *der* <-es, Flaschenhälse> *der längliche obere Teil einer Flasche*

Fla·schen·kind *das* <-(e)s, -er> *(↔ Brustkind) ein Kleinkind, das mit der Milchflasche ernährt wird:* Man nimmt an, dass Flaschenkinder krankheitsanfälliger sind als Brustkinder.

Fla·schen·pfand *das* <-s> */kein Plur./ bei der Rückgabe leerer Mehrwegflaschen erhaltenes Pfandgeld*

Fla·schen·post *die* <-> */kein Plur./ eine auf Papier geschriebene Nachricht, die man in eine leere Flasche steckt, um diese auf dem Wasser irgendwohin treiben zu lassen*

Fla·schen·zug *der* <-(e)s, Flaschenzüge> TECHN. *eine Vorrichtung zum Heben von Lasten, bei der ein Seil über Rollen bzw. über eine Rolle läuft*

Flasch·ner *der* <-s, -> SÜDDT. *Klempner*

flat·ter·haft *adj (abwert.) schnell und häufig bereit, seine Prinzipien zu ändern:* ein flatterhaftes Wesen haben ► Flatterhaftigkeit

flat·tern <flatterst, flatterte, hat/ist geflattert> *ohne OBJ* ❶ ■ *ein Tier flattert mit den Flügeln (haben) mit den Flügeln schnelle Bewegungen machen:* Der Vogel flatterte aufgeregt (mit den Flügeln). ❷ ■ *ein Tier flattert irgendwo/irgendwohin (sein) mit schnellen Bewegungen der Fügel fliegen:* Der Schmetterling flattert von Blume zu Blume. ❸ ■ *etwas flattert irgendwo (haben) vom Wind bewegt werden:* Die Fahnen flatterten im Wind.; Die Wäsche hat auf der Leine geflattert.; Die Blätter sind zu Boden geflattert. ❹ ■ *etwas flattert (haben) sich ungleichmäßig bewegen:* Der Puls flattert.; Seine Hände flattern vor Aufregung.

flau *adj* ❶ *schwach; unwohl:* ein flaues Gefühl haben; Mir wird ganz flau im Magen. ❷ *langweilig; lustlos:* eine flaue Stimmung; Die Börse verzeichnet einen flauen Handel.; Die Geschäfte gehen flau. ► Flauheit

Flaum *der* <-(e)s> */kein Plur./* ❶ *die ganz dünnen weichen Federn, die direkt auf der Haut von Vögeln unter den Deckfedern wachsen:* Die Altvögel polstern das Nest mit ihrem Flaum. ◆-feder, Enten-, Gänse- ❷ *(umg. scherzh.) leichte Behaarung:* Ein leichter Flaum bedeckt sein Kinn. ◆ Bart-

flau·mig *adj* ❶ *aus Flaum bestehend:* das flaumige Gefieder der Küken ❷ SÜDDT., ÖSTERR. *weich und zart:* ein flaumig weicher Stoff; flaumige Kissen

Flausch *der* <-(e)s, -e> *ein weicher Wollstoff* ▶flauschig

Flau·sen <-> *Plur. (umg. abwert.) dumme oder unnütze Einfälle:* Der Junge hat nur Flausen im Kopf.

Flau·te *die* <-, -n> ❶ SEEW. *Windstille:* Die Segelregatta musste wegen der anhaltenden Flaute ausfallen. ❷ WIRTSCH. *sehr schwache Konjunktur:* Momentan herrscht Flaute in der Bauwirtschaft. ❸ *(übertr.) Lustlosigkeit; Leistungsschwäche:* Gegen Ende des Schuljahres hatte sie eine Flaute.

Flech·te *die* <-, -n> ❶ /nur Plur./ *(geh.) geflochtenes Haar:* Sie hat ihre blonden Flechten zur Frisur gesteckt. ❷ BOT. *eine Pflanze aus Algen und Pilzfäden:* Die Flersen waren mit gelben Flechten bewachsen. ◆ Moos-, Pilz- ❸ MED. *(≈ Ekzem) ein Hautausschlag:* eine Flechte an den Händen haben ◆ Schuppen-

flech·ten <flichst, flocht, hat geflochten> *mit OBJ* ▪ *jmd. flicht etwas* ❶ *(mehrere Stränge von etwas) miteinander verschlingen:* Haare/Weidenzweige/Wollfäden flechten ❷ *durch Flechten herstellen:* Körbe flechten; einen Zopf flechten

Fleck *der* <-(e)s, -e> ❶ *eine schmutzige Stelle, die entstanden ist, weil eine (meist flüssige) Substanz darauf gekommen ist:* Das Hemd/Die Tischdecke hat Flecken.; sich einen Fleck auf das Hemd machen; Der Fleck ist beim Waschen nicht (he)rausgegangen. ◆-entferner, Blut-, Fett-, Schmutz-, Tinten- ❷ *eine Stelle, die sich in der Farbe von der Umgebung unterscheidet:* Die Katze hat ein schwarzes Fell und kleine weiße Flecken über den Augen. ❸ *(umg.) Ort; Stelle:* sich nicht vom Fleck rühren; Der Stein lässt sich nicht vom Fleck bewegen.; Das ist ein schöner Fleck, wo ihr Urlaub machen wollt.; ▪ **ein blauer Fleck** *(umg.) ein Bluterguss unter der Haut;* ▪ **vom Fleck weg** *(umg.) sofort;* ▪ **nicht vom Fleck kommen** *(umg.) nicht weiterkommen*

Fle·cken *der* <-s, -> ❶ *Schmutzfleck* ◆-wasser ❷ *eine Stelle, an der etwas eine andere Farbe aufweist:* ein weißes Fell mit braunen Flecken ❸ *(veralt.) eine kleinere Ortschaft:* in einem kleinen Flecken wohnen

fle·cken·los *adj* /nicht steig./ *so, dass sich keine schmutzigen Stellen darauf befinden:* Die Wäsche ist fleckenlos rein geworden.

Fleck·ent·fer·ner, *a.* **Fle·cken·ent·fer·ner** *der* <-s, -> *ein chemisches Mittel zum Entfernen von Flecken[1] aus Textilien*

Fle·cken·was·ser *das* <-s, -> *(≈ Fleckentferner)*

Fle·ckerl·tep·pich *der* <-s, -e> SÜDDT., ÖSTERR. *ein Teppich aus Stoffresten*

fle·ckig *adj so, dass es (viele) schmutzige Stellen hat:* ein fleckiges Hemd

fled·dern <fledderst, fledderte, hat gefleddert> *mit OBJ/ohne OBJ (umg.)* ❶ ▪ *jmd. fleddert (jmdn.) (abwert.) (Wehrlose) ausplündern:* Leichen fleddern ❷ ▪ *jmd. fleddert et-*

was (scherzh.) nach Verwertbarem durchsuchen: Ich habe den Schreibtisch/den Sperrmüll gefleddert.

Fle·der·maus *die* <-, Fledermäuse> *ein kleines Säugetier, das fliegen und sich besonders gut auch im Dunkeln orientieren kann, das oft in Höhlen lebt und sich von Insekten ernährt:* Die Höhle/das alte Gemäuer wird von Fledermäusen bewohnt.

Fleece *das* [fliːs] <-> /kein Plur./ *ein stark wärmendes, winddichtes Gewebe, das oft für Sportbekleidung verwendet wird* ◆-jacke

Fle·gel *der* <-s, -> (abwert.: ≈ Lümmel, Rüpel) *ein junger Mann, der sich ungezogen benimmt:* Dieser Flegel hat mir doch die Tür vor der Nase zugeschlagen!

Fle·ge·lei *die* <-, -en> *(abwert.) ungezogenes Verhalten:* Deine Flegeleien habe ich satt!

fle·gel·haft *adj (abwert.: ≈ rüpelhaft) ungezogen:* flegelhaftes Benehmen

Fle·gel·jah·re <-> *Plur. (umg. scherzh.) der Entwicklungsabschnitt, in dem ein junger Mensch zu flegelhaftem Benehmen neigt:* in die Flegeljahre kommen

Fle·hen *das* <-s> /kein Plur./ *inständiges Bitten:* sich aufs Flehen verlegen; All sein Flehen war umsonst.

fle·hen *ohne OBJ* ▪ *jmd. fleht um etwas Akk. (geh.) inständig bitten:* Die Gefangenen flehen um Gnade.; jemandem einen flehenden Blick zuwerfen

fle·hent·lich *adj /nicht steig./ (geh.: ≈ inständig) so, dass man fast verzweifelt um etwas bittet:* flehentliches Bitten

Fleisch *das* <-(e)s> /kein Plur./ ❶ *das die Knochen umgebende Muskelgewebe von Tieren und Menschen:* Die Wunde ging tief ins Fleisch. ❷ KOCH. *das Fleisch[1] von Tieren als Nahrung:* fettes/mageres/sehniges Fleisch; das Fleisch braten/garen/kochen/panieren/würzen ◆-brühe, -extrakt, -gabel, -gericht, -saft, Kalb-, Rind-, Schweine- ❸ *(≈ Fruchtfleisch) die feste Substanz, die das Innere von Früchten bildet:* ein Pfirsich mit festem Fleisch ❹ *(veralt. geh.) der menschliche Körper im Hinblick auf seine Sexualität:* die Bedürfnisse des Fleisches; Der Geist ist willig, doch das Fleisch ist schwach.; ▪ **jemand schneidet sich ins eigene Fleisch** *(umg.) jmd. fügt sich selbst einen Schaden zu;* ▪ **jemandem in Fleisch und Blut übergehen** *(umg.) jmdm. zur Gewohnheit werden und deshalb nicht viel Nachdenken erfordern;* ▪ **vom Fleisch(e) fallen** *(umg.) sehr abmagern;* ▪ **sein eigen Fleisch und Blut** *(veralt. geh.) die eigenen Kinder* ◆ Getrenntschreibung →R 4.9 Fleisch fressende Pflanzen; die Fleisch verarbeitende Industrie

Fleisch·be·schau *die* <-> /kein Plur./ ❶ *die amtliche Untersuchung von zum Verzehr bestimmten Fleisch[2]* ❷ *(abwert.) das lustvolle Betrachten wenig bekleideter Frauen durch Männer*

Flei·scher *der,* **Flei·sche·rin** *die* <-s, -> *(≈ süddt. Metzger, norddt. Schlachter) jmd., der beruflich Tiere schlachtet und Fleisch[2] verarbeitet bzw. verkauft* ◆-geschäft, -geselle, -handwerk, -meister

Fleisch·ex·t·rakt *der* <-(e)s, -e> KOCH. *eine aus*

F

Fleischbrühe gewonnene Paste, die zum Würzen und Zubereiten von Speisen verwendet wird

fleisch·far·ben *adj /nicht steig./ von der Farbe (weißer) menschlicher Haut:* Die Tänzerin trug ein fleischfarbenes Kostüm.

Fleisch·fres·ser *der* <-s, -> BIOL. *(↔ Pflanzenfresser) ein Tier, das sich vom Fleisch anderer Tiere ernährt*

Fleisch·ga·bel *die* <-, -n> *eine Gabel mit langem Stiel und zwei Zacken, mit der man Bratenfleisch festhält, wenn man es schneiden will*

Fleisch·hau·er *der* <-s, -> ÖSTERR. *Metzger, Fleischer*

flei·schig *adj so, dass viel Fleisch [1, 3] daran ist:* fleischige Lippen haben; die fleischigen Blätter eines Kaktus

Fleisch·küch·le *das* <-s, -> KOCH. *(≈ Bulette, Frikadelle) Hackfleisch, das zu einer Art kleinen Kugel geformt ist, die man in der Pfanne brät und warm oder kalt isst*

fleisch·lich *adj /nicht steig./ (veralt. geh.) körperlich; sexuell:* fleischliches Verlangen; den fleischlichen Freuden entsagen ▸ Fleischlichkeit

fleisch·los *adj /nicht steig./ so, dass es kein Fleisch enthält:* die fleischlose Kost des Vegetariers

Fleisch·spieß *der* <-es, -e> KOCH. *kleinere Fleischstücke, die meist zusammen mit Zwiebel-, Gurken- und Paprikascheiben auf einem Spieß angeordnet sind*

Fleisch·to·ma·te *die* <-, -n> *eine Tomatenart mit besonders festem Fruchtfleisch*

Fleisch·wa·ren <-> *Plur. Sammelbegriff für Fleisch und Wurst:* die Abteilung/die Theke für Fleischwaren

Fleisch·wolf *der* <-(e)s, Fleischwölfe> *ein Gerät zum Zerkleinern von Fleisch:* Fleisch durch den Fleischwolf drehen

Fleisch·wun·de *die* <-, -n> MED. *eine Wunde, die tief ins Fleisch [1] geht*

Fleisch·wurst *die* <-, Fleischwürste> KOCH. *eine Wurst, die aus Blut, zerkleinertem Fleisch [2] und Gewürzen hergestellt wird*

Fleiß *der* <-es> /kein Plur./ *(↔ Faulheit) die Eigenschaft, viel und eifrig zu arbeiten:* voller Fleiß arbeiten; Der Mitarbeiter zeigt wenig Fleiß.; ■ **mit Fleiß** SÜDDT. *absichtlich.*

flei·ßig *adj* ❶ *(↔ faul) voller Fleiß:* ein fleißiger Schüler; die fleißigen Bienen; es mit fleißiger Arbeit zu etwas bringen wollen ❷ *intensiv und regelmäßig:* fleißig lernen/Sport treiben; fleißig im Garten arbeiten

flek·tie·ren *mit OBJ* ■ *jmd. flektiert etwas* SPRACHWISS. *ein Wort in seinen grammatischen Formen beugen:* Das Flektieren von Substantiven heißt Deklinieren, das Flektieren von Verben heißt Konjugieren. ▸ flektierbar, Flexion

flen·nen *ohne OBJ* ■ *jmd. flennt (umg. abwert.) lautstark weinen:* Hör endlich auf zu flennen!

flet·schen <fletschst, fletschte, hat gefletscht> *mit OBJ* ■ *ein Tier fletscht die Zähne drohend zeigen:* Der Hund fletscht die Zähne.

fle·xi·bel <flexibler, am flexibelsten> *adj* ❶ *(≈ biegsam, elastisch) so, dass man es leicht biegen kann:* ein flexibles Material; Die Angelrute

ist sehr flexibel. ❷ *(übertr.: ≈ anpassungsfähig) so, dass jmd. oder etwas sich leicht an verschiedene Situationen und Aufgaben anpasst:* ein flexibler Mitarbeiter; ein flexibel einsetzbares Gerät; den Ablauf flexibel gestalten

fle·xi·bi·li·sie·ren *mit OBJ* ■ *jmd. flexibilisiert etwas (geh.) flexibel gestalten:* die Arbeitszeiten flexibilisieren ▸ Flexibilisierung

Fle·xi·bi·li·tät *die* <-> /kein Plur./ ❶ *(≈ Biegsamkeit) die Eigenschaft, dass etwas sich leicht bewegen lässt* ❷ *(≈ Anpassungsfähigkeit) die Eigenschaft, dass jmd. sich leicht an verschiedene Situationen und Aufgaben anpasst:* von seinen Mitarbeitern große Flexibilität verlangen

Fle·xi·on *die* <-, -en> SPRACHWISS. *die Beugung eines Wortes in seinen grammatischen Formen* ◆-skategorien, -sklasse, -smorphem, -sparadigma, Innen-, Wurzel- ▸ flektieren, Flexiv

Fli·cken *der* <-s, -> *ein kleineres Stück Stoff, das zur Ausbesserung von Textilien dient* ◆Leder-, Stoff-

fli·cken *mit OBJ* ■ *jmd. flickt etwas (≈ ausbessern) zerrissenen Stoff reparieren:* einen Reifen flicken; Socken flicken; eine Hose flicken

Fli·cken·tep·pich *der* <-s, -e> *aus vielen kleinen Stoffstücken zusammengenähter Teppich*

Flick·schus·te·rei *die* <-, -en> *(abwert.) eine schlechte Arbeit, die zahlreiche Mängel und Nachbesserungen aufweist*

Flick·zeug *das* <-s> /kein Plur./ *Werkzeug und Material zum Flicken:* Flickzeug für Fahrradreifen; Flickzeug für Kleidung

Flie·der *der* <-s> /kein Plur./ ❶ *ein Strauch, der duftende, doldenförmige Blüten trägt:* blauer/roter/weißer Flieder ◆-blüte, -busch, -strauch ❷ *blühende Zweige des Flieders [1]:* Er brachte ihr weißen Flieder mit.

Flie·ge *die* <-, -n> ❶ ZOOL. *ein kleines, schwarzes, flugfähiges Insekt mit durchsichtigen Flügeln:* Fliegen schwirren um das Obst herum. ◆-ndreck, -nfenster, Frucht-, Obst-, Schmeiß-, Stuben- ❷ *eine Schleife, die man anstelle einer Krawatte trägt:* eine Fliege umbinden; ■ **keiner Fliege etwas zuleide tun** *(umg.) friedfertig sein;* ■ **zwei Fliegen mit einer Klappe schlagen** *(umg.) zwei Dinge zugleich erledigen;* ■ **umfallen wie die Fliegen** *(umg.) (von Personen) in großer Zahl krank werden oder sterben;* ■ **die Fliege machen** *(umg.) schnell von einem Ort weggehen*

flie·gen <fliegst, flog, hat/ist geflogen> **I.** *mit OBJ (haben)* ❶ ■ *jmd. fliegt etwas irgendwohin ein Luftfahrzeug steuern:* Der Pilot fliegt die Maschine nach München. ❷ ■ *jmd. fliegt etwas irgendwohin mit dem Flugzeug transportieren:* Er hat die Fracht/die Passagiere nach Venezuela geflogen. **II.** *ohne OBJ (sein)* ❶ ■ *ein Tier fliegt sich selbstständig durch die Luft bewegen:* Die Bienen/die Schmetterlinge/die Vögel fliegen. ❷ ■ *jmd. fliegt irgendwohin mit dem Flugzeug reisen:* Er ist nach Spanien/von Frankfurt nach London geflogen. ❸ ■ *etwas fliegt irgendwohin durch die Luft getrieben werden:* Die Blätter fliegen durch die Luft.; Eine Feder fliegt zu Boden.; Ein Ball fliegt durch das Fenster. ❹ *(umg.)* sich schnell bewegen; eilen: Sie flog in seine Arme.; Ich fliege!; in fliegender Eile angerannt kommen **⑤** *(umg.)* hinfallen: Er flog auf die Nase. **⑥** ■ *jmd. fliegt aus etwas* Dat. *(umg.)* entlassen werden: Er ist aus der Firma geflogen.; ■ **auf jemanden/etwas fliegen** *(umg.)* von jmdm. oder etwas spontan sehr begeistert sein Sie fliegt auf den Filmstar.; ■ **eine fliegende Untertasse** *(scherzh.)* ein unbekanntes Flugobjekt; ■ **ein fliegender Händler** ein Händler, der keinen festen Verkaufsstand hat ◆Großschreibung →R 3.18, 3.17 der Fliegende Holländer; Fliegende Fische

Flie·gen·ge·wicht *das* <-(e)s, -e> SPORT **①** */kein Plur./* (↔ Schwergewicht) die leichteste Gewichtsklasse in bestimmten Sportarten: im Fliegengewicht antreten **②** *ein Sportler der Gewichtsklasse Fliegengewicht¹*: Er ist ein Fliegengewicht.

Flie·gen·klat·sche *die* <-, -n> ein Gegenstand, mit dem man nach Fliegen schlägt

Flie·gen·pilz *der* <-es, -e> ein giftiger Pilz, der eine rote Kappe mit weißen Punkten hat

Flie·ger *der* <-s, -> **①** *(umg.: ≈ Flugzeug)* Mein Flieger geht schon um acht Uhr morgens.; sich in den Flieger nach London setzen **②** *(≈ Pilot)* ein erfahrener Flieger **③** MILIT. *ein (einfacher) Soldat der Luftwaffe*

Flie·ger·ab·wehr *die* <-> */kein Plur./* (≈ Flugabwehr)

Flie·ger·alarm *der* <-(e)s, -e> eine von Sirenen gegebene Warnung vor einem Luftangriff: Fliegeralarm geben

Flie·ger·an·griff *der* <-s, -e> MILIT. *ein Angriff durch Kampfflugzeuge*

Flie·ger·horst *der* <-es, -e> MILIT. *ein militärischer Flugplatz*

flie·hen <fliehst, floh, ist geflohen> ohne OBJ ■ *jmd. flieht vor etwas* Dat. *(≈ flüchten)* von einem Ort weglaufen, weil dort eine Gefahr ist: ins Ausland/aus dem Gefängnis fliehen; vor einem Unwetter fliehen; Tausende Menschen flohen vor den herannahenden Truppen.

Flieh·kraft *die* <-, Fliehkräfte> */kein Plur./* PHYS. *(≈ Zentrifugalkraft)*

Flie·se *die* <-, -n> BAUW. *eine von vielen kleinen Keramikplatten, mit denen man Fußböden oder Wände in Küche und Badezimmer bedecken kann:* gelbe Fliesen für das Bad auswählen ◆-nboden

Flie·sen·le·ger *der,* **Flie·sen·le·ge·rin** <-s, -> jmd., der beruflich Fußböden und Wände mit Fliesen bedeckt

Fließ·band *das* <-(e)s, Fließbänder> ein maschinell vorwärtsbewegtes Band, auf dem Werkstücke von einem Arbeitsplatz zum nächsten transportiert und stufenweise bearbeitet werden: am Fließband arbeiten ◆-arbeit, -arbeiter(in)

Fließ·band·fer·ti·gung *die* <-> */kein Plur./* die industrielle Fertigung am Fließband

flie·ßen <fließt, floss, ist geflossen> ohne OBJ **①** ■ *etwas fließt irgendwohin* sich als Flüssigkeit irgendwohin bewegen: Die Elbe fließt in die Nordsee.; Der Fluss/Strom fließt träge dahin.; Das Regenwasser fließt in die Tonne.; Das Wasser fließt in das Becken/über den Beckenrand.; Das Blut fließt in den Adern.; ein zäh fließender Brei; Weißt du, wo Moldau und Elbe ineinanderfließen? **②** ■ *etwas fließt sich gleichmäßig (irgendwo) bewegen:* In den Leitungen fließt Strom.; Der Verkehr fließt wieder ungehindert. **③** ■ *etwas fließt Flüssigkeit abgeben:* Der Wasserhahn fließt.; Meine Nase fließt dauernd. **④** ■ *etwas fließt in etwas* Akk. *(übertr.)* in größeren Mengen irgendwohin gelangen: Erhebliche Geldmittel sind über die Jahre in diesen Bau geflossen.; Es ist viel Arbeit in dieses Projekt geflossen.; ■ **ein Zimmer mit fließendem Wasser** ein Zimmer mit Anschluss an die Wasserleitung

flie·ßend *adj* */nicht steig./* **①** so, dass im Ineinander übergeht und es keine scharfe Grenze gibt: ein fließender Übergang; fließende Grenzen **②** ohne Stockungen: eine Sprache fließend sprechen; seine Rede in fließendem Englisch halten

Fließ·heck *das* <-s, -s> KFZ *ein nach hinten flach abfallendes Heck eines PKW*

flim·mer·frei *adj* */nicht steig./* so, dass ein Bildschirm nicht flimmert

flim·mern <flimmerst, flimmerte, hat geflimmert> ohne OBJ ■ *etwas flimmert* **①** in unregelmäßigem Wechsel heller und dunkler werden: Das Fernsehbild flimmert.; Die Luft flimmert vor Hitze.; Die Sterne flimmern am Himmel. **②** einen unregelmäßigen Wechsel in seiner Tätigkeit aufweisen: Das Herz flimmert.

flink <flinker, am flink(e)sten> *adj* so schnell und geschickt: flinke Bewegungen machen; flink klettern/rechnen können; flink wie ein Wiesel sein ▶Flinkheit

Flin·te *die* <-, -n> (≈ Jagdgewehr) Der Jäger legt mit der Flinte auf den Hasen an.; ■ **die Flinte ins Korn werfen** *(umg.)* zu früh aufgeben ◆Doppel-, Jagd-, Schrot-

Flip·chart, *a.* **Flip-Chart** *das* ['flɪptʃaːt] <-s, -s> ein auf einem Gestell befestigter großer Papierblock, der anstelle einer Wandtafel verwendet wird

Flip·per *der* <-s, -> **①** ein am Spielautomaten gespieltes Geschicklichkeitsspiel: Flipper spielen **②** ein Spielautomat zum Flipperspielen: stundenlang am Flipper stehen ◆-automat

flip·pern <flipperst, flipperte, hat geflippert> ohne OBJ ■ *jmd. flippert* *(umg.)* Flipper spielen

flip·pig *adj* *(jugendspr.)* flott und irgendwie auffällig: flippige Klamotten tragen; ein flippiger Typ

flir·ren ohne OBJ ■ *etwas flirrt* in unregelmäßigem Wechsel heller und dunkler werden: Die Luft flirrt vor Hitze.; Er starrte auf den Computer bis der Bildschirm zu flirren schien.

Flirt *der* [flœrt] <-(e)s, -s> das Flirten: Hatten die beiden ein Verhältnis oder war es nur ein harmloser Flirt? ◆-spruch, -schule, -signale

flir·ten ['flœrtn̩] ohne OBJ ■ *jmd. flirtet mit jmdm.* auf nette, unverbindliche Art jmdm. sein erotisches Interesse zeigen: Die beiden haben nur ein wenig miteinander geflirtet.

Flitt·chen *das* <-s, -> *(umg. abwert.)* eine Frau, die häufig mit wechselnden Partnern sexuellen Kontakt sucht (und sich dafür bezahlen lässt)

Flit·ter *der* <-s, -> **①** glitzernde Metallplättchen

F

zum Aufnähen: ein Kleid mit viel Flitter tragen ❷ */kein Plur./ (abwert.) billiger oder unechter Schmuck:* Das ist doch alles nur Flitter!

Flit·ter·wo·chen <-> *Plur. die ersten Wochen nach der Hochzeit (in denen ein Paar üblicherweise verreist):* in den Flitterwochen sein; in die Flitterwochen fahren; die Flitterwochen in Venedig verbringen

flit·zen <flitzt, flitzte, ist geflitzt> *ohne OBJ* ■ *etwas/ein Tier flitzt irgendwohin (umg.) sich sehr schnell (irgendwohin) bewegen:* Ein Auto flitzte um die Ecke.; Die Maus flitzt in ihr Loch.

Flit·zer *der* <-s, -> *(umg.) ein schnelles Auto:* Er fährt irgendeinen roten Flitzer.

floa·ten ['floːtn̩] *ohne OBJ* ■ *etwas floatet* WIRTSCH. *durch Freigabe des Wechselkurses schwanken*

Flo·cke *die* <-, -n> ❶ *kurz für „Schneeflocke":* Der Schnee fällt in dichten Flocken. ❷ *ein kleines Stück von einem leichten Material:* Das Ei bildet Flocken in der kochenden Brühe.; Auf dem Wasser schwimmen weiße Flocken von Schaum.; einzelne Flocken von der Watte abreißen ◆ Staub- ❸ KOCH. *zu kleinen Plättchen verarbeitete Getreidekörner:* Hafer zu Flocken verarbeiten ◆ Hafer-

flo·ckig *adj /nicht steig./ in Flocken²:* Die Milch wird flockig, sie ist wahrscheinlich sauer.

Floh *der* <-(e)s, Flöhe> ❶ ZOOL. *ein Blut saugendes Insekt, das Tiere und Menschen befällt:* Der Hund hat Flöhe.; Mich hat ein Floh gebissen. ❷ *(umg. scherzh.) eine kleine, lebhafte Person:* Ihre kleine Tochter ist ein richtiger Floh.; ■ **jemandem einen Floh ins Ohr setzen** *(umg.) in jmdm. unerfüllbare Wünsche wecken;* ■ **die Flöhe husten hören** *(umg.) besonders vorsichtig und etwas misstrauisch sein*

Floh·markt *der* <-(e)s, Flohmärkte> *ein Markt, auf dem mit alten oder gebrauchten Gegenständen gehandelt wird*

Ein **Flohmarkt**, auch bezeichnet als *Trödelmarkt*, ist eine Marktveranstaltung, auf der in erster Linie Privatanbieter gebrauchte Gegenstände (Trödelkram) verkaufen können. Betreiber von Neuwaren müssen eine gültige Reisegewerbekarte haben. Wo sich gewerbliche Anbieter übermäßig breitmachen, wird dies von vielen als unangenehm empfunden. Eine Anmeldung ist nicht nötig. Denn auf Termine und Plätze wird durch rechtzeitige Plakatierung hingewiesen; viele Flohmärkte finden regelmäßig (oft am Samstagen) statt. Nicht angeboten werden dürfen: Waffen, Tiere, pornografische Artikel, sowie Kühlschränke, Herde usw. Der Verkauf von Lebensmitteln ist nur nach Genehmigung erlaubt. Die Veranstalter von Flohmärkten erheben Standgebühren, die teilweise recht hoch sind (bis zu acht EUR pro Meter und mehr); Betreiber von Neuwaren zahlen mehr; auch gibt es Pauschalpreise für eine Standfläche plus PKW. Für die angebotenen Artikel muss man sich überlegen bzw. aushandeln, was man dafür

haben will. Immerhin will man ein Plus machen und nicht nur die Standgebühr herausbekommen. Für viele hat der Flohmarkt im Wesentlichen einen Unterhaltungswert: Jemand hat gesagt: „Wer auf dem Flohmarkt reich wird, wird nie wieder arm".

Flop *der* <-s, -s> *(umg.) ein Misserfolg:* Das ganze Fest war ein riesengroßer Flop.; Das Buch sollte ein Verkaufsschlager werden, wurde aber ein Flop.

flop·pen *ohne OBJ* ■ *etwas floppt (umg.) ein Flop werden*

Flop·py·disk, *a.* **Flop·py Disk** *die* ['flɔpi'dɪsk] <-, -s> EDV *eine flexible Kunststoffscheibe zum Speichern von Daten:* eine Floppydisk in das Laufwerk einlegen

Flor¹ *der* <-s, -e/Flöre> ❶ *ein dünnes Gewebe:* eine Bluse aus Flor ❷ *Fasern bei samtartigen Geweben:* der Flor eines Teppichs

Flor² *der* <-s, -e> */Plur. selten/ (geh.: ≈ Blütenpracht) eine große Menge blühender Blumen:* in Flor duftender Rosen ◆ Blütenflor

Flo·ra *die* <-> */kein Plur./ (↔ Fauna) die Gesamtheit aller Pflanzen (eines Gebietes):* die Flora der Alpen/der Steppengebiete

Flo·rett *das* <-(e)s, -e> *eine Stoßwaffe mit vierkantiger Klinge:* mit dem Florett fechten ◆ -fechten

flo·rie·ren *ohne OBJ* ■ *etwas floriert prächtig gedeihen:* Das Geschäft/Die Wirtschaft floriert.

Flo·ris·tik *die* <-> *(≈ Blumenbinderei) das Handwerk, Blumen (und Pflanzen) zu kunstvollen Gestecken, Gebinden, Sträußen usw. zu arrangieren* ▶ Florist, Floristin

Flos·kel *die* <-, -n> *(abwert.) eine nichtssagende Redewendung, die man meist nur aus Höflichkeit gebraucht:* eine abgedroschene/nichtssagende Floskel ◆ Höflichkeits- ▶ floskelhaft

Floß *das* <-es, Flöße> *ein aus zusammengebundenen Holzstämmen bestehendes einfaches Wasserfahrzeug:* auf Flößen den Fluss hinunterfahren ◆ -fahrt

Flos·se *die* <-, -n> ❶ ZOOL. *ein Körperteil von Fischen, das ähnlich wie ein Fächer oder Segel aussieht und mit dem ein Fisch seine Bewegung im Wasser steuert:* die Flossen eines Fisches ◆ Schwanz- ❷ *(≈ Schwimmflosse) eine Art Schuh für Taucher oder Schwimmer, dessen Oberfläche groß ist und mit dem man sich gut im Wasser fortbewegen kann:* mit Flossen schwimmen/tauchen ◆ Schwimm- ❸ *(umg. abwert.) Hand:* Nimm gefälligst deine Flossen von meiner Schulter!

flö·ßen <flößt, flößte, hat geflößt> *mit OBJ* ❶ ■ *jmd. flößt etwas irgendwohin Baumstämme als Floß transportieren:* Baumstämme den Fluss hinunter flößen ❷ ■ *jmd. flößt jmdm. etwas irgendwohin (Flüssigkeit) vorsichtig verabreichen:* dem Kranken die Medizin in den Mund flößen ▶ einflößen

Flö·ßer *der*, **Flö·ße·rin** <-s, -> *jmd., der beruflich Holz flößt¹:* das alte Handwerk des Flößers ▶ Flößerei

Flö·te *die* <-, -n> *ein Blasinstrument, das aus einem (dünnen) Rohr aus Holz oder Metall besteht,* *in dem sich auf einer Seite kleine Löcher befinden:* Flöte spielen; eine Komposition für Gitarre und Flöte ◆-nbläser(in), -nkonzert, -nmusik, -nsolo, -nspiel, -nton, Block-, Pan-, Quer-

flö·ten *mit OBJ/ohne OBJ* ■ **jmd. flötet (etwas)** ❶ *auf einer Flöte spielen:* Sie kann schon einfache Melodien flöten.; Wer flötet da so schön? ❷ *(umg.) mit einschmeichelnder Stimme sprechen:* Sie flötete ihm etwas ins Ohr.; Wenn du so flötest, weiß ich, dass du irgendetwas willst. ❸ *(Vogel) singen:* Die Nachtigall flötet (ihr Lied).; ■ **flöten gehen** *(umg.) verloren gehen*

Flö·tist *der,* **Flö·tis·tin** <-en, -nen> *jmd., der (beruflich) Flöte spielt:* als Flötistin in einem Orchester spielen

flott *adj* ❶ *schnell (und geschickt):* die Arbeit flott erledigen; eine flotte Bedienung; ein flotter Tänzer; Jetzt müssen wir aber flott machen! ❷ *modern und elegant:* flott gekleidet sein; ein flottes Auto ❸ *nicht langweilig; leichtlebig:* Er scheint dort ein flottes Leben geführt zu haben.; flotte Unterhaltung bieten ❹ SEEW. *seetüchtig:* Das Boot ist nicht flott. ◆ Getrenntschreibung →R 4.5, 4.6 Wenn wir nicht flott/etwas flotter machen, kommen wir zu spät.; *siehe aber* **flottmachen**

flott·be·kom·men <bekommst flott, bekam flott, hat flottbekommen> *mit OBJ* ■ **jmd. bekommt etwas flott** ❶ SEEW. *seetüchtig machen:* ein Schiff wieder flottbekommen ❷ *(umg.) fahrbereit machen:* Hast du dein altes Auto wieder flottbekommen?

Flot·te *die* <-, -n> *mehrere zusammengehörige militärische oder zivile Schiffe:* die Flotte eines Landes ◆-nmanöver, -nverband, Handels-, Kriegs-

flott·ma·chen *mit OBJ* ■ **jmd. macht etwas flott** ❶ SEEW. *seetüchtig machen:* ein Schiff wieder flottmachen ❷ *(umg.) fahrbereit machen:* ein altes Motorrad wieder flottmachen

Flöz *das* <-es, -e> BERGB. *zum Abbau nutzbare Schicht im Gestein* ◆ Kohle-

Fluch *der* <-(e)s, Flüche> ❶ *ein magischer Spruch, mit dem man Böses wünscht:* Angeblich lag ein Fluch auf diesem Schloss.; Die böse Fee hatte einen Fluch gegen das Mädchen ausgesprochen. ❷ *in Wut geäußerte Worte:* einen derben Fluch ausstoßen ❸ */kein Plur./ etwas, das großes Unglück bringt:* Hunger und Krankheit sind ein Fluch für die Menschheit.

flu·chen *ohne OBJ* ■ **jmd. flucht** *Flüche² ausstoßen:* über/auf jemanden fürchterlich fluchen; Laut fluchend trottete er davon.

Flucht¹ *die* <-> */kein Plur./ das Fliehen:* die Flucht vor den Verfolgern; seine Flucht aus dem Gefängnis vorbereiten; Tausende befanden sich auf der Flucht.; auf der Flucht erschossen werden; ■ **die Flucht ergreifen** *fliehen;* ■ **jemanden in die Flucht schlagen** *jmdn. veranlassen zu fliehen;* ■ **die Flucht nach vorn antreten** *etwas Gefährliches angreifen* ◆-fahrzeug, -gefahr, -plan, -reaktion, -verdacht, -versuch, -wagen

Flucht² *die* <-, -en> *etwas, das in einer geraden Linie angeordnet ist:* Die Häuser stehen in einer Flucht. ◆ Häuser-, Zimmer-

flucht·ar·tig *adj /nicht steig./ sehr schnell:* Die Zuschauer verließen fluchtartig die Halle.

flüch·ten <flüchtest, flüchtete, ist/hat geflüchtet> **I.** *ohne OBJ (sein)* ■ **jmd. flüchtet vor jmdm./etwas** *vor jmdm. oder etwas weglaufen; sich in Sicherheit bringen:* Alle flüchteten, als der Sturm losbrach.; Es ist niemand mehr da, alle Bewohner sind geflüchtet.; vor dem Terror im Land flüchten; Sie sind zu Verwandten ins Ausland geflüchtet. **II.** *mit SICH (haben)* ■ **jmd. flüchtet sich irgendwohin** *seine Zuflucht in etwas suchen:* Das Tier hat sich in seine Höhle geflüchtet.; sich in Tagträume flüchten

Flucht·hel·fer *der,* **Flucht·hel·fe·rin** <-s, -> *jmd., der anderen bei der Flucht hilft* ▶ Fluchthilfe

flüch·tig *adj* ❶ *auf der Flucht:* Der Täter ist noch flüchtig, aber die Polizei ist ihm auf der Spur. ❷ *(≈ oberflächlich ↔ gründlich) nicht genau und gründlich, sondern nur schnell:* die Akten flüchtig durchsehen; eine sehr flüchtige Arbeit; eine flüchtige Bekanntschaft; Bereits ein flüchtiger Blick zeigt … ❸ *(geh.) von kurzer Dauer:* ein flüchtiger Blick/Kuss; nur einen flüchtigen Augenblick lang etwas sehen ❹ CHEM. *so, dass es schnell verdunstet:* Äther ist eine flüchtige Substanz.

Flüch·tig·keit *die* <-, -en> */Plur. selten/* ❶ *oberflächliches Arbeiten:* aufgrund seiner Flüchtigkeit einen Fehler übersehen ❷ *(geh.) Vergänglichkeit:* die Flüchtigkeit des Augenblicks

Flüch·tig·keits·feh·ler *der* <-s, -> *ein Fehler, der aufgrund von oberflächlichem, schnellem Arbeiten entsteht:* viele Flüchtigkeitsfehler machen

Flücht·ling *der* <-s, -e> *jmd., der vor etwas flüchtet oder geflüchtet ist:* ein politischer Flüchtling; Flüchtlinge aufnehmen/unterbringen ◆-selend, -sheim, -shilfswerk, -slager, -sstrom, -sschicksal, -sschiff, -swelle, Kriegs-

Flücht·lings·camp *das* [-kæmp] <-s, -s> *(≈ Flüchtlingslager) ein Lager, in dem Flüchtlinge vorübergehend untergebracht sind*

Flücht·lings·hilfs·werk *das* <-(e)s, -e> *eine humanitäre Organisation, die versucht, die Not von (Kriegs)flüchtlingen durch Bereitstellung von Nahrung, Zelten, Medikamenten o. Ä. zu lindern*

Flücht·lings·strom *der* <-(e)s, Flüchtlingsströme> *eine große Zahl von Flüchtlingen, die gemeinsam ein Gebiet verlassen*

Flucht·weg *der* <-(e)s, -e> ❶ AMTSSPR. *der Weg, auf dem man im Katastrophenfall ein Gebäude verlässt:* Der Fluchtweg ist ausgeschildert/darf nicht verstellt werden. ❷ *der Weg, auf dem jmd. flüchtet oder geflüchtet ist:* Sein Fluchtweg führte ihn über Frankreich nach Amerika.

Flug *der* <-(e)s, Flüge> ❶ */kein Plur./ die Fortbewegung durch die Luft:* den Flug der Vögel studieren; Der Raubvogel schlägt seine Beute im Flug.; der Flug eines Flugzeugs/einer Kanonenkugel/einer Rakete ◆ Vogel- ❷ *eine Reise auf dem Luftweg:* einen Flug buchen; Hatten Sie einen angenehmen Flug?; Der Flug nach Hamburg dauert etwa eine Stunde.; Die Vögel sammeln sich zu ihrem Flug in den Süden. ◆-angst, -aufnahme, -betrieb, -dauer, -erfahrung, -gast, -gesellschaft, -geschwindigkeit, -höhe, -kapitän, -lärm, -lehrer, -linie, -personal,

F

F

-reise, -route, -sicherheit, -wetter, -wetterwarte, -zeit, Inlands-, Transatlantik- ❸ *(umg.) eine bestimmte Linienmaschine im Flugverkehr:* Der Flug aus London verspätet sich um eine Stunde.; Der nächste Flug nach Paris geht in sechs Stunden.; ■ **Die Zeit vergeht wie im Fluge.** *Die Zeit vergeht sehr schnell.*

Flug·ab·wehr *die* <-> */kein Plur./* MILIT. *das Abwehren von angreifenden Flugzeugen* ◆-kanone, -rakete

Flug·asche *die* <-> */kein Plur./* *Asche, die bei Verbrennungsvorgängen entsteht und vom Rauch weggetragen wird:* die Flugasche eines Kraftwerks

Flug·auf·kom·men *das* <-s, -> AMTSSPR. *die Zahl der auf einem Flughafen startenden und landenden Flugzeuge*

Flug·bahn *die* <-, -en> *die Bahn, die ein Geschoss auf seinem Weg zum Ziel beschreibt:* die Flugbahn einer Rakete vorausberechnen

Flug·be·glei·ter *der*, **Flug·be·glei·te·rin** <-s, -> LUFTF. *(≈ Steward(ess)) jmd., der beruflich in Flugzeugen die Passagiere betreut*

Flug·blatt *das* <-(e)s, Flugblätter> *ein bedrucktes Blatt Papier (mit einem Text, der sich auf Aktuelles bezieht), das kostenlos in großen Mengen verteilt wird:* in der Fußgängerzone Flugblätter verteilen; mit Flugblättern Werbung machen/politische Ideen verbreiten/zu einer Demonstration aufrufen ◆-aktion

Flug·da·ten·schrei·ber *der* <-s, -> LUFTF. *ein Gerät, das in einem Flugzeug technische Daten eines Fluges aufzeichnet:* Anhand des Flugdatenschreibers konnte die Unfallursache ermittelt werden.

Flug·dra·chen *der* <-s, -> SPORT *ein motorloses Fluggerät in Form eines mit Stoff bespannten Gestells*

Flü·gel *der* <-s, -> ❶ *eines der beiden Körperteile bei Vögeln und Insekten, mit deren Hilfe sie (meist) fliegen können:* die Flügel eines Insekts/ Vogels; Der Pinguin hat Flügel, aber er kann nicht fliegen.; Das Huhn flattert mit den Flügeln.; Engel werden häufig mit Flügeln dargestellt. ◆-schlag, Schmetterlings- ❷ *(umg.: ≈ Tragfläche) eine der beiden Tragflächen eines Flugzeugs:* der linke/ rechte Flügel eines Flugzeugs ❸ TECHN. *das Blatt eines rotierenden Geräteteils:* die Flügel einer Schiffsschraube/eines Ventilators/einer Windmühle ❹ *eine Seite einer zweigeteilten Fläche, Sache oder Gruppe:* der rechte Flügel eines Gebäudes; den rechten Flügel einer Doppeltür/des Fensters öffnen; die beiden Flügel eines Altars; der linke Flügel der Lunge/der Nase; den Gegner im Kampf/auf dem Spielfeld über die Flügel angreifen; der linke Flügel einer Partei ◆Altar-, Fenster-, Haupt-, Lungen-, Nasen-, Seiten- ❺ MUS. *ein dem Klavier ähnliches Tasteninstrument mit einem sehr großen Resonanzkörper:* auf dem Flügel spielen; ■ **etwas verleiht jemandem Flügel** *etwas ermutigt jmdn.;* ■ **jemand lässt die Flügel hängen** *(umg.) jmd. ist mutlos*

flü·gel·lahm *adj* */nicht steig./* ❶ *mit verletzten Flügeln [1]:* ein flügellahmer Vogel ❷ *kraftlos; kränkelnd:* Nach der Anstrengung waren wir alle ziem-

lich flügellahm.; Was ist mit dir? Du siehst recht flügellahm aus!

Flü·gel·mut·ter *die* <-, -n> TECHN. *eine Schraubenmutter mit zwei Griffen, die das Drehen mit bloßer Hand erleichtern*

Flü·gel·tür *die* <-, -en> *eine Doppeltür mit zwei Flügeln [4]*

flug·fä·hig *adj* */nicht steig./* *so, dass es fliegen kann:* ein flugfähiges Flugzeugmodell

Flug·gast *der* <-es, Fluggäste> *eine Person, die in einem Passagierflugzeug befördert wird* ◆-aufkommen, -kapazität

flüg·ge *adj* */nicht steig./* ❶ *(von Vögeln) in dem Alter, dass ein Jungvogel fliegen kann:* Die Vogeljungen sind schon/werden bald flügge. ❷ *(umg. übertr.) (als Jugendlicher) selbstständig:* Die Kinder werden langsam flügge.

Flug·ha·fen *der* <-s, Flughäfen> *ein Gelände für das Starten und Landen von Flugzeugen mit Gebäuden zur Abfertigung von Passagieren* ◆-bus, -gebäude, -halle, -restaurant

Flug·ka·pi·tän *der*, **Flug·ka·pi·tä·nin** <-s, -e> *der Chefpilot eines Verkehrsflugzeugs*

Flug·kör·per *der* <-s, -> *ein Objekt, das fliegt:* ein militärischer Flugkörper

Flug·lot·se *der*, **Flug·lot·sin** <-n, -n> *jmd., der in einem Flughafen den Start- und Landebetrieb überwacht und regelt*

Flug·platz *der* <-es, Flugplätze> *ein (kleineres) Gelände zum Starten und Landen von Flugzeugen:* ein militärischer/ziviler Flugplatz; ein Flugplatz für Segelflieger ◆Militär-, Zivil-

flugs *adv (veralt.) schnell:* Flugs kam er herbeigelaufen.

Flug·sau·ri·er *der* <-s, -> *ein Saurier, der fliegen kann*

Flug·schein *der* <-(e)s, -e> ❶ *ein Dokument, das zum Führen eines Flugzeugs berechtigt:* seinen Flugschein machen ❷ *(≈ Flugticket)*

Flug·schrei·ber *der* <-s, -> *kurz für „Flugdatenschreiber"*

Flug·ti·cket *das* <-s, -s> *ein Ausweis, der zum Mitfliegen in einem Passagierflugzeug berechtigt:* ein Flugticket ausstellen/kaufen/stornieren

flug·tüch·tig *adj* */nicht steig./* *so, dass ein Flugzeug die technischen Voraussetzungen hat, dass es (sicher) fliegen kann* ▶ Flugtüchtigkeit

Flug·ver·kehr *der* <-s> */kein Plur./* *die Gesamtheit der Flüge in einem bestimmten Bereich zu einer bestimmten Zeit:* Der Flugverkehr hat zugenommen.; den Flugverkehr regeln/überwachen

Flug·waf·fe *die* <-> (o. Pl.)> SCHWEIZ. *Luftwaffe*

Flug·we·sen *das* <-s> */kein Plur./* AMTSSPR. *die Gesamtheit der Institutionen, Unternehmen und Bestimmungen, die mit dem Luftverkehr zusammenhängen*

Flug·zeit *die* <-, -en> *die Zeit, die man in einem Flugzeug fliegt:* Nach einer Flugzeit von zwei Stunden erreichen wir Paris.

Flug·zeug *das* <-(e)s, -e> *ein Luftfahrzeug mit Tragflächen, das über einen eigenen Antrieb verfügt:* militärische und zivile Flugzeuge; sich an Bord eines Flugzeuges befinden; Ein Flugzeug rollt an den Start/hebt vom Boden ab/startet/ erreicht eine bestimmte Flughöhe/gerät in Turbulenzen/ stürzt ab/setzt zur Landung an/landet. ◆-absturz, -bau, -entführung, -führer, -modell, -rumpf, -technik, -typ, -unglück, Düsen-, Kampf-, Passagier-, Rettungs-, Segel-, Sport-, Verkehrs-

Flug·zeug·bau·er *der* <-s, -> *ein Unternehmen, das Flugzeuge herstellt* ▸ Flugzeugbau

Flug·zeug·be·sat·zung *die* <-, -en> *(≈ Crew) die Mannschaft eines Flugzeugs*

Flug·zeug·trä·ger *der* <-s, -> MILIT. *ein großes Kriegsschiff, auf dessen Oberdeck Kampfflugzeuge starten und landen können*

Flu·i·dum *das* <-s, Fluida> *(geh.: ≈ Aura) die besondere Ausstrahlung einer Sache oder Person:* das Fluidum eines Künstlers; Die Stadt hat ein ganz besonderes Fluidum.

Fluk·tu·a·ti·on *die* <-, -en> *(geh.) der Vorgang, dass die Teilnehmer oder Mitarbeiter von etwas ständig wechseln:* In der Firma herrscht seit einiger Zeit eine hohe Fluktuation.; Da die Fluktuation hoch ist, haben wir zu wenige erfahrene Mitarbeiter.

fluk·tu·ie·ren *ohne OBJ* ■ *etwas fluktuiert (geh.) schnell wechseln; unterschiedlich sein:* Die Seminarteilnehmer fluktuieren sehr stark.; Die Unfallzahlen fluktuieren.

Flun·der *die* <-, -n> ❶ ZOOL. *ein in Salz-und Brackwasser lebender Speisefisch mit einem abgeplatteten Körper:* geräucherte Flundern essen ❷ *(Jargon) etwas (besonders ein Sportwagen), das sehr flach und aerodynamisch gebaut ist;* ■ *platt wie eine Flunder sein (umg. scherzh.) sehr erstaunt sein*

Flun·ke·rei *die* <-, -en> *(umg.)* ❶ */kein Plur./ das Flunkern:* Lass deine Flunkerei! ❷ *eine kleine, zum Scherz gesagte Unwahrheit:* Glaubst du seine Flunkereien?

flun·kern <flunkerst, flunkerte, hat geflunkert> *ohne OBJ* ■ *jmd. flunkert (umg.) zum Scherz die Unwahrheit sagen:* Hör auf zu flunkern!; Du flunkerst doch nur!

Flunsch ■ *einen Flunsch ziehen (umg.) sein Gesicht weinerlich verziehen* Musst du solch einen Flunsch ziehen?

Flu·or *das* <-s> */kein Plur./* CHEM. *ein chemisches Element*

Flu·or·chlor·koh·len·was·ser·stoff *der* <-(e)s, -e> CHEM. *eine giftige chemische Verbindung, die die Ozonschicht der Erdatmosphäre schädigt:* ein Kühlmittel/Treibgas ohne Fluorchlorkohlenwasserstoff

Flu·o·res·zenz *die* <-> */kein Plur./ (fachspr.) die Eigenschaft bestimmter Stoffe zu fluoreszieren*

flu·o·res·zie·ren *ohne OBJ* ■ *etwas fluoresziert (fachspr.) bei Bestrahlung mit Licht oder Röntgenstrahlen von selbst leuchten*

Flur[1] *der* <-(e)s, -e> ❶ *ein (langer) Gang mit verschiedenen Türen:* aus dem Klassenzimmer auf/in den Flur gehen; jemanden im/auf dem Flur warten lassen; ein langer, dunkler Flur ◆Krankenhaus- ❷ *(≈ Diele)* ◆-garderobe

Flur[2] *die* <-, -en> ❶ *(geh.) unbewaldetes Land:* durch Wald und Flur streifen; die grüne Flur ❷ *(fachspr.) nutzbares, vermessenes Land:* Das

Grundstück gehört zur Flur der Gemeinde; die Flur neu ordnen/vermessen lassen

Flur·scha·den *der* <-s, Flurschäden> *Schaden an landwirtschaftlichen Nutzflächen:* Das Unwetter/ Das Wild hat großen Flurschaden angerichtet.

Flu·se *die* <-, -n> NORDDT. *abgelöste Fasern oder Partikel von einem Textil, die sich zu einer Art Flocke zusammengeballt haben*

Fluss *der* <-es, Flüsse> ❶ *ein größeres fließendes Gewässer:* Der Lech ist ein Fluss in Bayern.; Der Fluss bildet die Grenze zwischen beiden Ländern.; Ein Fluss entspringt irgendwo/mündet irgendwo ins Meer/führt viel Wasser/erreicht einen bestimmten Pegelstand ◆-begradigung, -dampfer, -gabelung, -gebiet, -hafen, -ufer, Grenz-, Neben- ❷ */kein Plur./ (geh.) der (ununterbrochene) Ablauf einer Sache:* der Fluss der Zeit; den Fluss einer Rede unterbrechen; Die Verhandlungen kommen/ geraten langsam in Fluss.; Die Ermittlungen sind in Fluss.

fluss·ab·wärts *adv (↔ flussaufwärts) in Richtung der Flussmündung:* flussabwärts fahren

Fluss·arm *der* <-(e)s, -e> *ein einzelner Teil eines sich verzweigenden Flusses:* Eine Insel teilt die Elbe an dieser Stelle in zwei Flussarme.; Im Mündungsgebiet teilt sich die Donau in viele Flussarme.

fluss·auf·wärts *adv (↔ flussabwärts) in Richtung der Quelle eines Flusses:* flussaufwärts rudern

Fluss·bett *das* <-(e)s, -en/-e> *eine Rinne in der Erdoberfläche, durch die ein Fluss fließt:* ein Flussbett verlegen; das alte/neue Flussbett; Das Flussbett ist ausgetrocknet.

flüs·sig *adj* ❶ *(↔ fest, gasförmig) weder fest noch gasförmig, sondern von der Eigenschaft des Wassers:* flüssiger Honig; flüssige Seife; flüssiger Sauerstoff; flüssige Nahrung zu sich nehmen; das Fett durch Erhitzen flüssig machen ❷ *(↔ stockend) ohne Stockung:* flüssig schreiben/sprechen; ein flüssiger Vortrag; Der Verkehr auf der Autobahn läuft/ist flüssig. ❸ *(Geld) verfügbar:* flüssige Mittel; flüssiges Kapital

Flüs·sig·keit *die* <-, -en> ❶ *eine Substanz, die nicht fest und nicht gasförmig, sondern von der Eigenschaft des Wassers ist:* eine farb- und geruchlose Flüssigkeit; Der Körper scheidet verschiedene Flüssigkeiten aus. ❷ */kein Plur./ alles, was flüssig ist:* In der Sauna scheidet der Körper viel Flüssigkeit.; viel Flüssigkeit zu sich nehmen; Die Flüssigkeit verdunstet an der Oberfläche der Blätter. ❸ */kein Plur./ der flüssige Ablauf einer Sache:* die Flüssigkeit des Verkehrs beeinträchtigen

Flüs·sig·kris·tall·an·zei·ge *die* <-, -n> TECHN. *(≈ LCD-Anzeige) eine bei elektronischen Geräten häufig zur Wiedergabe von Ziffern, Buchstaben und Zeichen benutzte Anzeige aus flüssigen Kristallen:* eine Quarzuhr mit Flüssigkristallanzeige

flüs·sig·ma·chen <machst flüssig, machte flüssig, hat flüssiggemacht> *mit OBJ* ■ *jmd. macht etwas Akk. flüssig* ❶ *verflüssigen:* die Schokolade durch Erhitzen flüssig machen ❷ *(umg.) zur Verfügung stellen, übrig haben:* Geld für etwas flüssigmachen; Kannst du noch etwas Geld für den Urlaub flüssigmachen?

Fluss·krebs *der* <-es, -e> *ein Süßwasserkrebs*

F

Fluss·lauf *der* <-(e)s, Flussläufe> *der Verlauf eines Flusses:* Der Radwanderweg folgt dem Flusslauf.

Fluss·mün·dung *die* <-, -en> *die Stelle, an der ein Fluss in ein Meer oder einen See mündet*

Fluss·nie·de·rung *die* <-, -en> *das feuchte Ufergebiet eines Flusses*

Fluss·pferd *das* <-(e)s, -e> ZOOL. *ein in den Gewässern Afrikas lebendes, Pflanzen fressendes Säugetier mit massivem Körperbau, breitem Maul und dicker Lederhaut*

Fluss·schiff *das* <-es, -e> *ein auf (großen) Flüssen verkehrendes Last- oder Personenschiff* ◆-fahrt

flüs·tern <flüsterst, flüsterte, hat geflüstert> *mit OBJ/ohne OBJ* ■ *jmd. flüstert (etwas)* *in sehr leisem Ton sprechen:* jemandem etwas ins Ohr flüstern; Ihr müsst nicht so flüstern!; ■ **jemandem (et)was flüstern** *(umg.) jmdm. gehörig die Meinung sagen* Dir werde ich was flüstern!

Flüs·ter·pro·pa·gan·da *die* <-> */kein Plur./* *(umg.) etwas, das man sich heimlich weitererzählt*

Flüs·ter·ton ■ **im Flüsterton** *sehr leise* etwas im Flüsterton sagen

Flut *die* <-, -en> ❶ *(↔ Ebbe) das regelmäßige Ansteigen des Wasserspiegels im Meer:* die Flut kommt; bei Flut ❷ */nur Plur./ (geh.) große Mengen von Wasser:* die Fluten des Amazonas; sich in die kühlen Fluten stürzen; ■ **eine Flut von ...** *eine unerwartet große Menge von ...* Bei der Redaktion ging eine Flut von Leserzuschriften ein.

flu·ten <flutest, flutete, hat/ist geflutet> **I.** *mit OBJ (haben)* ■ *jmd. flutet etwas* *mit Wasser füllen:* eine Schleuse fluten **II.** *ohne OBJ (sein)* ■ *jmd./etwas flutet irgendwohin* *in großen Mengen hereinströmen:* Das Wasser flutet über die Dämme.; Die Zuschauer fluteten in das Stadion.; Licht flutet durch das offene Fenster.

Flut·ka·ta·s·t·ro·phe *die* <-, -n> *eine durch Überflutung mit Wasser ausgelöste Katastrophe*

Flut·licht *das* <-(e)s, -er> *das von starken Scheinwerfern erzeugte sehr helle Licht, das in Sportstadien eingesetzt wird:* Das Fußballspiel fand bei Flutlicht statt.

Flut·wel·le *die* <-, -n> *eine große Welle:* Die Flutwelle des Hochwassers bewegt sich auf Koblenz zu.

Fly·er *der* [fleiər] <-s, -> *(fachspr.) ein Faltblatt mit Werbung:* Flyer drucken/gestalten/verteilen

f-Moll *das* <-> */kein Plur./ auf dem Grundton f beruhende Molltonart*

fö·de·ral *adj /nicht steig./* POL. *auf einer Föderation beruhend:* eine föderale Staatsform

Fö·de·ra·lis·mus *der* <-> */kein Plur./* POL. *(↔ Zentralismus) ein politischer Grundsatz, bei dem den einzelnen Gliedern eines Bundesstaates größtmögliche Eigenständigkeit zugestanden wird*

fö·de·ra·lis·tisch *adj /nicht steig./* POL. *(↔ zentralistisch) zum Föderalismus gehörend oder ihn betreffend:* eine föderalistische Verfassung; Die Vereinigten Staaten von Amerika sind ein föderalistischer Staat.

Fö·de·ra·ti·on *die* [fødera'tsi̯o:n] <-, -en> POL. *ein Zusammenschluss von gleichberechtigten Staaten oder Organisationen*

fö·de·ra·tiv *adj /nicht steig./* POL. *auf einer Föderation beruhend:* eine föderative Staatsform

Foh·len *das* <-s, -> *ein junges Pferd*

foh·len *ohne OBJ* ■ *ein Pferd fohlt (fachspr.) (als Pferd) ein Junges bekommen:* Das Pferd hat gefohlt.

Föhn *der* <-(e)s, -e> ❶ METEOR. *ein warmer Fallwind* ▶föhnig ◆-wetter ❷ *ein elektrischer Haartrockner, der einen warmen Luftstrom erzeugt:* die Haare mit einem Föhn trocknen

föh·nen *mit OBJ* ■ *jmd. föhnt etwas* *mit einem Föhn² trocknen:* sich/jemandem die Haare föhnen

Föh·re *die* <-, -n> BOT. *Kiefer*

Fo·kus *der* <-, -se> PHYS. *Brennpunkt:* der Fokus einer Linse ▶fokussieren

Fol·ge *die* <-, -n> ❶ */meist Plur./ (≈ Konsequenz) etwas, das als Ergebnis von etwas geschieht:* die Folgen der Umweltverschmutzung/einer Krankheit; die verheerenden Folgen des Wirbelsturms; Du wirst die Folgen deiner Entscheidung selbst tragen müssen. ◆ Rechts-, Todes-, Unfall- ❷ *(≈ Reihe) eine Reihe von zeitlich oder räumlich nacheinander auftretenden Dingen:* eine Folge von Tönen/Zahlen; eine Folge von Besprechungen/Fernsehsendungen/Konzerten/Unfällen ❸ *ein einzelner Bestandteil einer Serie:* Sie will keine Folge ihrer Lieblingsserie im Fernsehen verpassen.; die erste Folge von mehreren Teillieferungen; ■ **in der Folge** *(geh.) danach* In der Folge will man auch die anderen Gebäude restaurieren.; ■ **Folge leisten** *(geh.) befolgen; gehorchen* einer Aufforderung/einem Befehl Folge leisten; *siehe aber* **infolge, infolgedessen, zufolge**

Fol·ge·er·schei·nung *die* <-, -en> *etwas, das als Ergebnis von etwas geschieht:* Die Klimaveränderungen sind Folgeerscheinungen der Erwärmung der Erdatmosphäre.

Fol·ge·kos·ten <-> *Plur. als Ergebnis von etwas entstehende Kosten:* die Folgekosten einer Investition bedenken

fol·gen <folgst, folgte, hat/ist gefolgt> *ohne OBJ* ❶ ■ *jmd./etwas folgt jmdm./etwas (sein) sich hinter jmdm. oder etwas herbewegen:* Der Wagen folgte ihnen unauffällig.; Folgen Sie mir!; jemandem auf Schritt und Tritt folgen; Der Weg folgt dem Lauf des Baches.; Sie folgten dem Weg, der nach Süden führte. ❷ ■ *etwas folgt etwas (sein) zeitlich oder räumlich als Nächstes kommen:* Als Nächstes folgt (im Programm) eine Sonate von Mozart.; Er folgte seinem Vorgänger im Amt des Präsidenten.; den Worten auch Taten folgen lassen; Auf die sanfte Hügellandschaft folgte eine hohe Gebirgskette.; Erst kommen die Fußballer, dann folgen die Leichtathleten. ❸ ■ *jmd. folgt jmdm./etwas (sein) (geh.) geistig erfassen; verstehen:* Ich kann Ihnen nicht ganz folgen.; Der Vorlesung konnten nur noch wenige Studenten folgen. ❹ *(sein) aufmerksam beobachten:* einer Vorstellung/einem Geschehen gespannt folgen ❺ ■ *etwas folgt aus etwas Dat. (sein) sich (logisch) ergeben:* Aus einer Erkenntnis folgt eine neue.; Aus

diesem Schreiben folgt, dass er uns kündigt.
❻ ■ *jmd.* **folgt etwas** *Dat. (sein) einer Sache gemäß handeln oder sein:* einer Aufforderung/einem Beispiel folgen; Ihre Kleidung folgt immer der Mode. **❼** ■ *jmd.* **folgt jmdm.** *(haben) gehorchen:* Die Kinder folgen nicht.; Die Schüler haben dem Lehrer nicht gefolgt.; Der Hund folgt (ihr) aufs Wort.

fol·gend *adj* **❶** *so, dass es auf etwas folgt:* Auf den folgenden Seiten erläutert der Autor … **❷** *verwendet, um auszudrücken, dass im anschließenden Teil des Textes bestimmte Dinge oder Personen genannt werden:* Uns sind folgende Kosten entstanden: …; Folgende Teilnehmer haben gewonnen: … ◆ Großschreibung →R 3.7 Ich möchte Folgendes bemerken: …; Bitte beachten Sie das Folgende: …; Unsere Auffassung beruht auf Folgendem: …; Das gilt für Absatz drei und alle (darauf) Folgenden.; Das werde ich im Folgenden noch weiter ausführen.

fol·gen·der·ma·ßen *adv auf die anschließend beschriebene Weise:* Das machen wir folgendermaßen: …

fol·gen·reich *adj mit bedeutenden Folgen:* ein folgenreicher Entschluss

fol·gen·schwer *adj mit schweren (negativen) Folgen:* ein folgenschwerer Verkehrsunfall

fol·ge·rich·tig *adj /nicht steig./ (≈ konsequent) so, wie es sich logisch ergibt:* folgerichtig handeln; Das war eine folgerichtige Entscheidung. ▷ Folgerichtigkeit

fol·gern <folgerst, folgerte, hat gefolgert> *mit OBJ* ■ *jmd.* **folgert etwas aus etwas** *Dat. (geh.) eine Schlussfolgerung ziehen:* Was folgerst du aus seinem Verhalten?

Fol·ge·rung *die* <-, -en> *(≈ Schlussfolgerung) das Ergebnis einer logischen Überlegung:* aus etwas eine bestimmte Folgerung ziehen ◆ Schluss-

Fol·ge·zeit *die* <-> */kein Plur./ die sich an etwas anschließende Zeit:* In der Folgezeit war sie oft krank.

folg·lich *konj (≈ daher; deshalb) verwendet, um auszudrücken, dass etwas aus dem Genannten gefolgert werden kann:* Er war gar nicht zu Hause, folglich kannst du auch nicht mit ihm gesprochen haben.

folg·sam *adj (≈ artig, fügsam, gehorsam) so, dass man Anweisungen sofort ausführt:* folgsame Kinder; Der Hund legte sich folgsam hin. ▷ Folgsamkeit

Fo·li·ant *der* <-en, -en> *ein (altes) großformatiges Buch:* In den Regalen der Schlossbibliothek standen dicke Folianten aus dem vergangenen Jahrhundert.

Fo·lie *die* <-, -n> *Kunststoff oder Metall von sehr geringer Dicke und großer Fläche:* etwas in Folie verpacken; eine hauchdünne Folie aus Metall; in Folie eingeschweißte Waren ◆ -nschweißgerät, -nverpackung, Alu-, Klarsicht-, Plastik-

Fo·li·en·kar·tof·fel *die* <-, -n> *eine in Aluminiumfolie gebackene Kartoffel*

Folk *der* [foʊk] <-s> */kein Plur./ eine Musikrichtung, die von der Rockmusik und regionalen Musiktraditionen verschiedener (englischsprachiger)* Länder beeinflusst ist und oft balladenhafte Texte verarbeitet: Bob Dylan ist ein bekannter Vertreter des Folks.

Folk·lo·re *die* [fɔlkˈloːrə] <-> */kein Plur./* **❶** *volkstümliche Überlieferung:* Zur Folklore gehören Bräuche, Feste, Trachten, aber auch besondere Formen der Gestaltung von Alltagsgegenständen **❷** MUS. *traditionelle volkstümliche Musik:* Volkslieder und Volkstänze gehören zur Folklore.; Die Sinfonie enthält Elemente der heimischen Folklore.

Folk·lo·rist *der*, **Folk·lo·ris·tin** [fɔlkloˈrɪst] <-en, -en> *jmd., der sich (wissenschaftlich) mit volkstümlicher Überlieferung beschäftigt*

folk·lo·ris·tisch *adj /nicht steig./* **❶** *das Wissen über volkstümliche Überlieferungen betreffend:* folkloristisches Interesse; folkloristische Informationen **❷** *auf volkstümlicher Überlieferung beruhend:* Diese traditionelle Kunst/Musik enthält viele folkloristische Elemente.

Folk·sän·ger *der* <-s, -> *jmd., der Folksongs (öffentlich) vorträgt*

Folk·song *der* [ˈfoʊksɔŋ] <-s, -s> *traditionelles englisches, schottisches, irisches oder nordamerikanisches Volkslied*

Fol·li·kel *der* <-s, -> BIOL. *die Hülle der reifenden Eizelle im Eierstock*

Fol·säu·re *die* <-> */kein Plur./* CHEM. *ein Vitamin*

Fol·ter *die* <-, -n> **❶** *das bewusste Quälen eines Menschen, um diesen zu zwingen, eine Aussage zu machen:* Amnesty International ist eine Organisation, die weltweit gegen Folter protestiert.; unter der Folter ein Geständnis ablegen ◆ -instrument, -kammer, -knecht, -methode, -qual, -werkzeug **❷** *(geh. übertr.) etwas, das jmdn. quält:* die Folter des langen Wartens; ■ **jemanden auf die Folter spannen** *(umg.) jmdm. bewusst Informationen vorenthalten* Spannt mich doch nicht so lange auf die Folter, redet schon!

Fol·ter·bank *die* <-, Folterbänke> GESCH. *ein Gerät zum Foltern in Form einer Bank, auf der das Opfer gestreckt wird*

fol·tern <folterst, folterte, hat gefoltert> *mit OBJ* ■ *jmd.* **foltert jmdn.** *jmdn. quälen, um bestimmte Informationen oder Geständnisse von ihm zu erzwingen:* einen Gefangenen foltern ▷ Folterung

Fol·te·rung *die* <-, -en> *das Foltern:* die Folterung von Gefangenen

Fon *das siehe* **Phon**

Fön® *der* <-(e)s, -e> *eine bestimmte Marke eines elektrischen Haartrockners; siehe auch* **Föhn**

Fond *der* [fɔ̃ː] <-s, -s> **❶** */Plur. selten /* KFZ *der hintere Teil des Wageninneren:* im Fond eines Wagens sitzen **❷** KUNST *der Hintergrund (eines Bildes oder Musters):* Der Fond des Gemäldes ist grün.; weiße Punkte auf blauem Fond **❸** KOCH. *Bratensatz als Grundlage für Soßen:* den Fond mit Wasser angießen

Fonds *der/das* [fɔ̃ː] <-, -> WIRTSCH. *Geldreserve für einen bestimmten Zweck:* Geld in einem Fonds anlegen; Gelder für ein Projekt aus dem Fonds einer Stiftung erhalten ◆ -manager, Aktien-, Investment-

Fon·due *das* [fɔ̃ˈdyː] <-s, -s> KOCH. *ein schweizeri-*

F

F

sches Gericht, bei dem bei Tisch Fleischstücke in heißem Öl gegart bzw. Brotstücke in geschmolzenen Käse getaucht werden ◆-gabel, -set, Fleisch-, Käse-

Fo·no·tech·nik die siehe **Phonotechnik**

Fo·no·ty·pis·tin die siehe **Phonotypistin**

Font der <-s, -s> EDV eine Schriftart, die man am Computer einstellen kann

Fon·tä·ne die <-, -n> ❶ ein großer Wasserstrahl: Eine Fontäne schoss aus der defekten Wasserleitung.; In der Mitte des Sees befindet sich eine große Fontäne. ❷ ein Springbrunnen mit einem großen Wasserstrahl: In der Mitte des Platzes steht eine Fontäne.

Fon·ta·nel·le die <-, -n> MED. am Schädel Neugeborener auftretende Knochenlücke

Foot·ball der ['fʊtbɔːl] <-s> /kein Plur./ dem Rugby ähnliches, aus Nordamerika stammendes Mannschaftsspiel ◆-liga, -mannschaft, -star

fop·pen mit OBJ ■ jmd. foppt jmdn. (umg.) jmdn. zum Scherz die Unwahrheit sagen: Ihr wollt mich foppen, ihr seid doch nicht wirklich den ganzen Weg gelaufen! ▶ Fopperei

for·cie·ren [fɔr'siːrən] mit OBJ ■ jmd. forciert etwas (geh.) ❶ seine Anstrengungen verstärken, damit etwas stärker oder besser wird: eine Entwicklung/das Tempo forcieren ❷ erzwingen: Das Vertrauen eines Kindes kann man nicht forcieren, das muss von selbst kommen.

För·de die <-, -n> NORDDT. eine weit ins Landesinnere reichende Meeresbucht: die Kieler Förde

För·der·an·la·ge die <-, -n> BERGB. eine Anlage, mit der Bodenschätze abgebaut werden: eine Förderanlage für Braunkohle/Erdöl

För·der·band das <-(e)s, Förderbänder> TECHN. ein Endlosband, das über Rollen läuft und zum Transport von Schüttgut verwendet wird: den Sand mit einem Förderband nach oben transportieren

För·de·rer der, **För·de·rin** <-s, -> eine Person, die etwas mit ihrem Geld oder Einfluss unterstützt: ein Förderer der Kunst

För·der·korb der <-(e)s, Förderkörbe> BERGB. eine Kabine aus Draht, in der Personen oder Lasten im Bergwerk nach oben oder unten befördert werden

för·der·lich adj /nicht steig./ (geh.: ↔ abträglich) für eine bestimmte Sache günstig: Das Rauchen ist deiner Gesundheit nicht förderlich.; Die Geldmittel sind unserem Projekt förderlich.

För·der·men·ge die <-, -n> BERGB. die Menge von Bodenschätzen, die in einer bestimmten Zeit in einem bestimmten Bereich abgebaut werden

För·der·mit·tel <-> Plur. AMTSSPR. Geldmittel, mit denen etwas (zusätzlich) finanziert wird: den Bau einer Schule/ein Forschungsprojekt mit Fördermitteln unterstützen; Fördermittel beantragen/beziehen

for·dern <forderst, forderte, hat gefordert> mit OBJ ❶ ■ jmd. fordert etwas (von jmdm.) energisch verlangen: mehr Geld/höhere Gehälter/ mehr Arbeitsplätze fordern; Ich fordere von dir eine Entschuldigung/, dass du dich entschuldigst.; Die Entführer forderten ein hohes Lösegeld.

❷ ■ etwas fordert jmdn. anstrengen; herausfordern: Die neue Arbeit fordert ihn sehr.; In der Schule ist sie nicht ausreichend gefordert. ❸ ■ etwas fordert etwas (geh.) (Todesopfer) kosten: Das Flugzeugunglück forderte 200 Menschenleben/Opfer/Tote.

för·dern <förderst, förderte, hat gefördert> mit OBJ ❶ ■ jmd. fördert jmdn./etwas mit Geld oder mit seinem Einfluss unterstützen: besonders begabte Studenten fördern; die Jugendarbeit finanziell fördern; Sie ist von ihrem Chef immer gefördert worden. ❷ ■ jmd. fördert etwas (≈ voranbringen) bewirken, dass etwas immer besser wird: den technischen Fortschritt fördern ❸ ■ jmd. fördert etwas BERGB. Bodenschätze abbauen: Erdgas/Erdöl/Kohle fördern

För·der·pro·gramm das <-s, -e> ein Programm zur (finanziellen) Unterstützung von etwas: ein Förderprogramm für eine wirtschaftlich benachteiligte Region

För·der·schacht der <-(e)s, Förderschächte> BERGB. ein Schacht zum Abbau von Bodenschätzen: in den Förderschacht einfahren

För·der·turm der <-(e)s, Fördertürme> BERGB. ein turmartiger Aufbau über einem Förderschacht, in dem die Anlage zum Auf- und Abbewegen des Förderkorbes untergebracht ist

For·de·rung die <-, -en> ❶ (≈ Anspruch) etwas, das jmd. nachdrücklich verlangt: auf einer Forderung bestehen; eine Forderung ablehnen/stellen; die Forderungen, die von den Gewerkschaften an die Arbeitgeber gestellt werden ◆-skatalog, Lohn-, Maximal- ❷ WIRTSCH., BANKW. eine offene Rechnung: eine Forderung in Höhe von 500 Euro geltend machen ◆Rest-

För·de·rung die <-, -en> ❶ /kein Plur./ (≈ Unterstützung) das Fördern: die Förderung junger Talente ❷ ein Programm zur (finanziellen) Unterstützung: für ein Vorhaben verschiedene Förderungen nutzen ❸ /kein Plur./ BERGB. der Abbau: die Förderung von Kohle einstellen ❹ BERGB. die abgebaute Menge von etwas: Die tägliche Förderung in diesem Schacht beträgt …

För·der·ver·ein der <-(e)s, -e> ein Verein zur (finanziellen) Unterstützung bestimmter Zwecke oder Personen: einen Förderverein für eine Schule/den Zoo gründen

Fo·rel·le die <-, -n> ein in schnell fließenden, klaren Gewässern lebender Speisefisch ◆-nteich, -nzucht

For·ke die <-, -n> NORDDT. Mistgabel

Form die <-, -en> ❶ ein ungeformtes Gefäß, in das man eine Masse gibt, die darin dann fest wird: Das flüssige Eisen wird in Formen gegossen.; Teig mit Formen ausstechen; den Teig in eine runde Form gießen; Die Kinder spielen im Sandkasten mit bunten Formen. ◆Back-, Guss-, Kuchen- ❷ die äußere Gestalt von Gegenständen: eine längliche/ quadratische/rechteckige/runde/unregelmäßige Form haben ◆Gesichts-, Kopf- ❸ /nur Plur./ (verhüll.) Brust und Po (bei Frauen): eine Frau mit üppigen Formen ❹ die Sauberkeit der Gestaltung von Schriftstücken: bei einem Schulaufsatz die Form bewerten; Bei einem Bewerbungsschreiben sollte man auf eine gute Form achten. **⑤** *(≈ Gestalt) die Art und Weise, wie etwas vorkommt oder verwirklicht ist:* die verschiedenen Formen menschlichen Zusammenlebens; etwas in Form eines Vertrages festhalten; die Lehrveranstaltung in Form eines Seminars abhalten; Unser Plan nimmt langsam Form an. **⑥** *die spezifische Ausprägung von etwas:* Die Natur hat viele Formen solcher Kristalle hervorgebracht.; eine heute lebende Form eines urzeitlichen Lebewesens **⑦** KUNST, LIT. *die Art und Weise, wie ein Inhalt gestaltet ist:* Für seine literarische Arbeit hat er sich für die Form des Romans entschieden.; Die gewählte Form sollte dem Inhalt entsprechen. ◆ Balladen-, Gedicht-, Roman- **⑧** *(≈ Umgangsform) gutes gesellschaftliches Benehmen:* die Regeln der guten Form; Du solltest bei deiner berechtigten Kritik die Form wahren.; sich in aller Form entschuldigen **⑨** */kein Plur./ (gute) körperliche und geistige Verfassung:* gut/ schlecht in Form sein; Die Form eines Athleten vor einem Wettkampf; Die Mannschaft lässt Mängel in der Form erkennen.; Max ist ja heute richtig in Form!; ■ **aus der Form gehen/geraten** *dick werden;* ■ **zu großer Form auflaufen** *sich zu einer großen Leistung steigern* ◆ -krise, -tief, Hoch-, Tages-, Top-

for·mal *adj /nicht steig./* **❶** *auf die äußere Gestaltung bezogen:* der formale Aufbau; die formale Gestaltung **❷** *die Vorschriften betreffend:* formale Mängel aufweisen; Der Vertrag ist wegen eines formalen Fehlers ungültig. **❸** *der Form nach, aber nicht wirklich:* Der Lehrstuhl ist zwar formal Teil des Instituts, arbeitet aber völlig selbstständig.; Die Gleichberechtigung ist zwar formal auf dem Papier, aber nicht tatsächlich verwirklicht.

Form·al·de·hyd *der* <-s> CHEM. *ein farbloses, giftiges Gas, das (in Flüssigkeit gelöst) zur Desinfektion und in Kunststoffen verwendet wird:* Manche Möbel enthalten Formaldehyd.

For·ma·li·tät *die* <-, -en> */meist Plur./ etwas, das auf Grund von (bürokratischen) Vorschriften erledigt werden muss:* Das ist eine reine Formalität.; die bei der Einreise in ein Land notwendigen Formalitäten

For·mat *das* <-(e)s, -e> **❶** *die genormten Abmessungen von Papier:* ein Blatt Papier im Format DIN A4; Fotos im Format 9 x 13 Zentimeter entwickeln lassen ◆ Buch-, DIN-, Groß-, Klein-, Postkarten- **❷** EDV *eine bestimmte Form der Speicherung von Dateien:* eine Datei von einem Format in ein anderes konvertieren ◆ Daten- **❸** *(geh.) jmds. große Bedeutung als Persönlichkeit:* ein Künstler/Wissenschaftler von Format; Diese Schauspielerin hat Format.

for·ma·tie·ren *mit OBJ* ■ **jmd. formatiert etwas** EDV *einen Datenträger so vorbereiten, dass darauf neue Daten gespeichert werden können:* Die Festplatte formatieren heißt, alle darauf befindlichen Daten zu löschen.; formatierte Disketten kaufen

For·ma·tie·rung *die* <-, -en> EDV **❶** */kein Plur./ das Formatieren:* eine Formatierung der Festplatte vornehmen ◆ Format: Die Formatierung ist wichtig für die Übermittlung der Daten.

For·ma·ti·on *die* [fɔrma'tsi̯oːn] <-, -en> **❶** *eine*

F

Gruppe von Dingen oder Personen, die eine bestimmte Struktur hat: eine militärische/tänzerische Formation **❷** *eine bestimmte Anordnung von Dingen oder Personen:* in geschlossener Formation fliegen; sich in einer Formation aufstellen ◆ -sflug **❸** */kein Plur./ (fachspr.) der Prozess der Herausbildung:* die Formation gesellschaftlicher Schichten **❹** *(Gesteinsschichten aus einem bestimmten) Erdzeitalter:* eine geologische Formation

form·bar *adj /nicht steig./* **❶** *so, dass die äußere Form verändert werden kann:* eine formbare Masse **❷** *so, dass der Charakter verändert werden kann:* ein formbarer junger Mensch ▸ Formbarkeit

form·be·stän·dig *adj so, dass es seine Form behält:* ein formbeständiges Material ▸ Formbeständigkeit

Form·blatt *das* <-(e)s, Formblätter> AMTSSPR. *Formular:* ein Formblatt ausfüllen

For·mel *die* <-, -n> **❶** MATH., PHYS. *eine Gleichung, die ein allgemein gültiges Gesetz ausdrückt:* die Formel zur Berechnung des Kreisumfangs; Der Mathematiklehrer füllt die Tafel mit Formeln. ◆ -sammlung **❷** CHEM. *eine Kurzschreibweise, die die Struktur einer chemischen Verbindung beschreibt* **❸** *ein fester, immer wieder verwendeter sprachlicher Ausdruck:* die Formel eines Eides/eines Glaubensbekenntnisses/für die Begrüßung; eine gebräuchliche/stereotype/nichtssagende Formel ◆ Beschwörungs-, Eid(es)-, Gruß-, Zauber- **❹** *eine vereinfachte Beschreibung:* das, was man sagen will, auf eine einfache Formel bringen; eine verständliche Formel für etwas finden **❺** SPORT *eine Klasse von Rennfahrzeugen mit festgelegten technischen Eigenschaften:* ein Rennen der Formel 1 ◆ Formel-1-Rennen ◆ Schreibung mit Bindestrich bei Zusammensetzungen →R 4.21 Formel-1-Pilot

for·mell *adj* **❶** *so, wie es den Vorschriften entspricht:* den Vertrag formell durch die Unterschrift besiegeln **❷** *so, dass es den Umgangsformen entspricht:* einen formellen Antrittsbesuch machen **❸** *dem äußeren Anschein nach:* Rein formell gesehen ist sie im Recht, aber eigentlich ist ihr Handeln doch nicht richtig. **❹** *distanziert, kühl:* Er hat sich sehr formell betragen.

for·men I. *mit OBJ* ■ **jmd. formt etwas** **❶** *eine bestimmte äußere Form*[2] *geben:* Lehm zu einer Kugel formen; mit den Händen einen Trichter formen; aus Knetmasse Figuren formen **❷** *(charakterlich) bilden:* jemanden zu einem großen Künstler formen **II.** *mit SICH* ■ **etwas formt sich** *eine bestimmte Form bekommen:* Der Ton formte sich unter seinen Händen zu einer Vase.

for·mie·ren I. *mit OBJ* ■ **jmd. formiert jmdn. (Menschen) in bestimmter Weise aufstellen:** Personen in Zweierreihen formieren; die Mannschaft für ein Spiel formieren **II.** *mit SICH* ■ **jmd./etwas formiert sich** *sich in bestimmter Weise anordnen:* Atome formieren sich zu Gitterstrukturen.; Der Festumzug formierte sich.; Die Wartenden formieren sich zu einer Zweierreihe.

-för·mig *als Zweitglied zusammengesetzter Adjektive; drückt aus, dass etwas (ungefähr) die Form*

F

des mit dem Erstglied Bezeichneten hat: ei-, glocken-, herz-, hufeisen-, kreis-, L-, stern-

förm·lich *adj* ❶ *der Vorschrift entsprechend:* die förmliche Übergabe der Urkunden/Zeugnisse; etwas förmlich beantragen ❷ *(abwert.: ≈ formell) nur den Regeln der Höflichkeit entsprechend:* eine sehr förmliche Begrüßung; Warum bist du so förmlich? ❸ *(umg.) regelrecht; geradezu:* Er explodierte förmlich vor Wut.

Förm·lich·keit *die* <-, -en> ❶ */kein Plur./* förmliches, steifes Verhalten: Er ist kein Freund der Förmlichkeit. ❷ *eine förmliche, steife Handlung:* Lassen wir doch die Förmlichkeiten!

form·los *adj /nicht steig./* ❶ *ohne feste Form:* eine formlose Masse ◆ Formlosigkeit ❷ AMTSSPR. *ohne vorgeschriebene Form:* ein formloses Schreiben aufsetzen; einen formlosen Antrag stellen ▶ Formlosigkeit

Form·sa·che ■ *etwas ist eine (reine) Formsache etwas geschieht, um den Vorschriften zu genügen*

For·mu·lar *das* <-s, -e> *(amtlicher) Vordruck mit Feldern, in die bestimmte Informationen eingetragen werden sollen:* ein Formular ausfüllen ◆ Anmelde-, Antrags-, Einzahlungs-, Überweisungs-

for·mu·lie·ren *mit OBJ* ■ *jmd. formuliert etwas in bestimmter Weise sprachlich ausdrücken:* etwas elegant/geschickt/ präzise/umständlich formulieren; eine Frage/einen Gedanken formulieren

For·mu·lie·rung *die* <-, -en> ❶ */kein Plur./ das Formulieren als Prozess:* die Formulierung eines grammatisch richtigen Satzes; die Formulierung von Erkenntnissen/Gedanken ❷ *ein formulierter Text:* eine elegante/geschickte/ präzise/umständliche Formulierung; eine bestimmte/andere Formulierung zitieren ◆ -sresultat

form·voll·en·det *adj /nicht steig./* perfekt in der Ausführung: eine formvollendete Verbeugung; ein formvollendetes Bild

forsch *adj (allzu) selbstbewusst und entschlossen:* forsch auftreten; eine forsche Art haben; sehr forsch Auto fahren ▶ Forschheit

for·schen <forschst, forschte, hat geforscht> *ohne OBJ* ❶ ■ *jmd. forscht irgendwo mit wissenschaftlichen Methoden untersuchen:* auf einem Gebiet/an einem Problem forschen ❷ ■ *jmd. forscht nach jmdm./etwas intensiv suchen:* nach einem Vermissten forschen ❸ ■ *jmd. forscht nach etwas Dat. nach etwas intensiv fragen:* nach den Ursachen für etwas forschen ▶ nachforschen

For·scher *der*, **For·sche·rin** <-s, -> *eine Person, die etwas mit wissenschaftlichen Methoden untersucht:* ein namhafter/unermüdlicher Forscher; als Forscher in einem Institut/Unternehmen arbeiten ◆ -geist, Altertums-, Bibel-, Gen-, Markt-, Natur-

For·schung *die* <-, -en> ❶ *das Untersuchen mit wissenschaftlichen Methoden:* neueste Forschungen auf dem Gebiet der Genetik; die Forschungen eines Teams von Wissenschaftlern ▶ Erforschung ❷ */kein Plur./ (≈ Wissenschaft) die forschende Tätigkeit auf einem Gebiet:* die Forschung auf dem Gebiet der Medizin/Physik/Sprachwissenschaft; der neueste Stand der Forschung; Berichte über

neueste Erkenntnisse aus der Forschung; Unsummen in die Forschung investieren ◆ -sabteilung, -sarbeit, -saufgabe, -sauftrag, -sbeitrag, -sbericht, -sergebnis, -sgebiet, -sgegenstand, -sinstitut, -slabor, -smethode, -sobjekt, -sprojekt, -sprogramm, -svorhaben, -szentrum, -szweck, Altertums-, Geschichts-, Krebs-, Sprach-, Verhaltens-, Weltraum- ❸ */kein Plur./ die Gesamtheit der Forscher auf einem Gebiet:* Die Forschung strebt noch für dieses Jahrzehnt eine plausible Theorie dieser Erscheinung an.

For·schungs·ein·rich·tung *die* <-, -en> *eine Institution/ein Unternehmen, in dem wissenschaftliche Untersuchungen durchgeführt werden*

Forst *der* <-(e(n))> *die Gesamtheit der wirtschaftlich genutzten Waldflächen in einem Gebiet:* ein privater/staatlicher Forst

Forst·ar·bei·ter *der*, **Forst·ar·bei·te·rin** <-s, -> *jmd., der beruflich im Wald Bäume fällt*

Förs·ter *der*, **Förs·te·rin** <-s, -> *jmd., der beruflich für das Hegen des Waldbestands und des Wilds in einem Forst zuständig ist*

Forst·haus *das* <-es, Forsthäuser> *Wohnhaus und Dienststelle des Försters*

Forst·wirt *der*, **Forst·wir·tin** <-(e)s, -e> *jmd., der auf dem Gebiet der Forstwirtschaft eine akademische Ausbildung hat und beruflich einen Forst betreut:* Sie ist eine studierte Forstwirtin.

Forst·wirt·schaft *die* <-> */kein Plur./ die Wissenschaft von der Pflege und Bewirtschaftung des Waldes* ▶ forstwirtschaftlich

For·sy·thie *die* [fɔrˈzyːtiə/fɔrˈzyːtsiə/fɔrˈziːtsiə] <-, -n> BOT. *ein im Frühling gelb blühender Busch*

Fort *das* [foːr] <-s, -s> MILIT. *ein befestigtes Lager:* ein Fort errichten/stürmen

fort *adv* ❶ *(≈ weg) verschwunden; nicht mehr vorhanden:* Meine Brille ist fort.; Jetzt ist alles Geld fort.; Die Schlüssel können doch nicht einfach fort sein! ❷ *an einem entfernten Ort:* Wir sind im August für drei Wochen fort.; Sie wohnte weit fort von ihrer Heimat. ❸ *zu irgendeinem entfernten Ort:* Mach dich fort!; Fort (in den Müll) mit diesem ganzen nutzlosen Kram! ❹ *fortlaufend; ohne Unterbrechung:* Und so ging das in einem fort.; Ihr stellt euch bitte in alphabetischer Reihenfolge auf. Erst kommt Anton, dann Britta, dann Conrad und so fort.

Fort·be·stand *der* <-(e)s> */kein Plur./ (geh.) das weitere Bestehen:* Der Fortbestand vieler Arten ist gefährdet.

fort·be·ste·hen <bestehst fort, bestand fort, hat fortbestanden> *ohne OBJ* ■ *etwas besteht fort (geh.) weiterhin existieren:* Diese Bestimmungen bestehen fort.; Unsere Freundschaft wird immer fortbestehen.

fort·be·we·gen <bewegst fort, bewegte fort, hat fortbewegt> **I.** *mit OBJ* ■ *jmd. bewegt etwas fort von einem Platz an einen anderen bewegen:* Der Schrank war so schwer, dass ich ihn kaum fortbewegen konnte. **II.** *mit SICH* ■ *jmd./etwas/ ein Tier bewegt sich fort sich von einem Ort zum anderen bewegen:* sich nur mühsam fortbewegen können; Dieses Tier bewegt sich auf vier Beinen fort.

Fort·be·we·gung *die* <-> /kein Plur./ *(geh.) der Vorgang, dass jmd. oder etwas seine Position verändert und von einem Ort irgendwie an einen anderen gelangt:* eine langsame/schnelle Fortbewegung; die Fortbewegung im Wasser/in der Luft ◆ -sart

Fort·be·we·gungs·mit·tel *das* <-s, -> *ein technisches Hilfsmittel zur Fortbewegung:* Flugzeug, Auto, Eisenbahn, Schiff oder Fahrrad sind Fortbewegungsmittel; umweltschonende Fortbewegungsmittel; auf den Rollstuhl als Fortbewegungsmittel angewiesen sein

fort·bil·den <bildest fort, bildete fort, hat fortgebildet> **I.** *mit OBJ* ■ *jmd. bildet jmdn. fort (≈ schulen) zusätzliches Wissen (für den Beruf) vermitteln:* Der Trainer bildet die Mitarbeiter in Zeitmanagement fort. **II.** *mit SICH* ■ *jmd. bildet sich fort zusätzliches Wissen (für seinen Beruf) erwerben:* Heute muss man sich ständig fortbilden.; Er hat sich in Abendkursen auf eigene Kosten fortgebildet.

Fort·bil·dung *die* <-, -en> *(≈ Weiterbildung) ein Lehrgang, in dem man sich fortbildet:* eine Fortbildung besuchen/machen ◆ -skurs-, -slehrgang, -smaßnahme, -sprogramm, Lehrer-

fort·blei·ben <bleibst fort, blieb fort, ist fortgeblieben> *ohne OBJ* ■ *jmd. bleibt (von etwas Dat.) fort (≈ wegbleiben)* **①** *zeitweise nicht an einem Ort sein:* Ihr seid aber lange fortgeblieben – ich warte schon seit zwei Stunden auf euch! **②** *zeitweise nicht an etwas teilnehmen:* Wie lange/oft sind sie (vom Unterricht) fortgeblieben?

fort·brin·gen <bringst fort, brachte fort, hat fortgebracht> *mit OBJ (≈ wegbringen)* **①** ■ *jmd. bringt jmdn./etwas fort an einen anderen Ort bringen:* Die Verletzten wurden schnell fortgebracht. **②** ■ *jmd. bringt etwas fort von der Stelle bewegen:* Sie konnte die schwere Truhe kaum fortbringen.

Fort·dau·er *die* <-> /kein Plur./ *(geh.) das Weiterbestehen:* die Fortdauer der Dürreperiode; Die Fortdauer des Projekts ist gefährdet/gesichert.

fort·dau·ern <dauerst fort, dauerte fort, hat fortgedauert> *ohne OBJ* ■ *etwas dauert fort (geh.: ≈ andauern) nicht aufhören:* Die Hitze/die Kälteperiode dauert fort.; An der Grenze kommt es fortdauernd zu Auseinandersetzungen.; Ich kann deine fortdauernden Nörgeleien nicht mehr hören!

fort·dür·fen *ohne OBJ* ■ *jmd. darf fort (≈ wegdürfen) die Erlaubnis haben, von irgendwo wegzugehen:* Die Kinder dürfen heute nachmittag fort.

forte *adv* **①** MUS. *sehr laut* **②** MED. *(in Verbindung mit Medikamentennamen) stark wirkend*

fort·exis·tie·ren <existierst fort, existierte fort, hat fortexistiert> *ohne OBJ* ■ *jmd./etwas existiert fort weiterhin existieren:* Die Firma wird unter einem anderen Namen fortexistieren.; Die meisten Menschen glauben, dass sie nach ihrem Tode fortexistieren. ▶ Fortexistenz

fort·fah·ren <fährst fort, fuhr fort, hat/ist fortgefahren> **I.** *mit OBJ (haben)* ■ *jmd. fährt etwas fort (≈ fortbringen) mit einem Fahrzeug an einen anderen Ort bringen:* Wir haben den Müll fortgefahren. **II.** *ohne OBJ (sein)* **①** ■ *jmd. fährt fort (≈ wegfahren) an einen anderen Ort fahren:* Er ist gestern fortgefahren. **②** ■ *jmd. fährt mit etwas Dat. fort (geh.: ≈ fortsetzen) weitermachen:* Der Redner ist mit dem Vortrag fortgefahren.; Sie fuhr fort, ihr Lied zu singen.; Gestatten Sie, dass ich fortfahre?

fort·fal·len <fällst fort, fiel fort, ist fortgefallen> *ohne OBJ* ■ *etwas fällt fort (geh.: ≈ wegfallen) nicht mehr gültig sein oder weggelassen werden:* Diese Bestimmung ist in dem neuen Gesetz fortgefallen.; Dieser Satz kann fortfallen, er ist überflüssig. ▶ Fortfall

fort·flie·gen <fliegst fort, flog fort, ist fortgeflogen> *ohne OBJ* ■ *ein Tier fliegt fort (≈ wegfliegen) an einen anderen Ort fliegen:* Der Vogel ist fortgeflogen.

fort·füh·ren <führst fort, führte fort, hat fortgeführt> *mit OBJ* **①** ■ *jmd. führt etwas fort (≈ weiterführen) von jmdm. übernehmen und weiterhin betreiben:* Sein Werk wurde von seinem Nachfolger fortgeführt.; Diese Tradition wird bis auf den heutigen Tag fortgeführt. **②** ■ *jmd. führt jmdn. fort (≈ wegführen) an einen anderen Ort führen:* Man führte die Gefangenen fort.

Fort·füh·rung *die* <-> /kein Plur./ *(≈ Weiterführung) die Übernahme und das Weiterbetreiben:* die Fortführung des väterlichen Betriebes

Fort·gang *der* <-(e)s> /kein Plur./ **①** *(≈ Weggang) die Tatsache, dass jmd. weggeht:* nach dem Fortgang der wichtigsten Wissenschaftler **②** *(geh.) der weitere Verlauf:* Wir sind gespannt auf den Fortgang der Ereignisse.; Die Verhandlung nimmt ihren Fortgang.

fort·ge·hen <gehst fort, ging fort, ist fortgegangen> *ohne OBJ* ■ *jmd. geht fort* **①** *(≈ weggehen) sich von einem Ort entfernen:* Sie ist ohne Abschied einfach fortgegangen. **②** *(≈ ausgehen) zum Vergnügen außer Haus gehen:* Ich bin schon lange nicht mehr fortgegangen. **③** *(umg.: ≈ weitergehen) ununterbrochen andauern:* Der Urlaub mit dem herrlichen Wetter könnte noch ein paar Wochen so fortgehen.

fort·ge·schrit·ten <fortgeschrittener, am fortgeschrittensten> *adj* **①** *so, dass jmd. Fortschritte gemacht hat* **②** ■ *eine Krankheit im fortgeschrittenen Stadium eine Krankheit, die sich schon sehr weit entwickelt hat*

fort·ge·setzt *adj* /nicht steig./ *so, dass etwas auf ärgerliche Weise andauert:* fortgesetzter Lärm; fortgesetzte Störungen

for·tis·si·mo *adv* MUS. *sehr laut*

fort·ja·gen <jagst fort, jagte fort, hat/ist fortgejagt> **I.** *mit OBJ* ■ *jmd. jagt jmdn./ein Tier fort* **①** /haben/ *von einem Ort wegjagen:* Er hat den Hund fortgejagt. **②** /haben/ *plötzlich aus Verärgerung entlassen:* Das Dienstmädchen wurde verdächtigt, gestohlen zu haben und auf der Stelle fortgejagt. **II.** *ohne OBJ (sein)* ■ *jmd. jagt fort (umg.) schnell weglaufen oder wegfahren:* Er ist wie ein Wilder fortgejagt.

Fort·kom·men *das* <-s> /kein Plur./ **①** *das Weiterkommen auf einem Weg:* Unser Fortkommen wurde durch ein Unwetter/eine Reifenpanne erschwert. **②** *beruflicher Aufstieg:* Die Eltern sorg-

F

F

ten sich sehr um das Fortkommen ihres einzigen Kindes.

fort·kom·men <kommst fort, kam fort, ist fortgekommen> *ohne OBJ* ❶ ▪ *jmd.* **kommt fort** *sich von einem Ort entfernen können:* Vor fünfzehn Uhr wird er kaum fortkommen.; Ich bin einfach nicht fortgekommen, das Gespräch war so interessant. ❷ ▪ *jmd.* **kommt fort** *sich vorwärtsbewegen können:* Im Sand wirst du mit dem Fahrrad nicht gut fortkommen. ❸ ▪ *jmd.* **kommt fort** *(beruflich) vorankommen:* mit der Arbeit fortkommen; im Leben gut fortkommen ❹ ▪ *etwas* **kommt fort** *abhandenkommen:* Unser ganzes Gepäck ist fortgekommen. ❺ ▪ *etwas* **kommt fort** *weggeworfen werden:* Die alten, aussortierten Sachen können fortkommen!

fort·lau·fen <läufst fort, lief fort, ist fortgelaufen> *ohne OBJ* ❶ ▪ *jmd.* **läuft (von jmdm./etwas) fort** *(≈ weglaufen) sich von einem Ort entfernen:* Sie lief von der Gruppe fort und stellte sich in eine Ecke des Hofes. ❷ ▪ *jmd.* **läuft fort** *etwas oder jmdn. verlassen:* Er ist von zu Hause fortgelaufen.; Ihm ist die Frau fortgelaufen.

fort·lau·fend *adj /nicht steig./ ohne Unterbrechung:* Die Seiten sind fortlaufend nummeriert.; Sie werden fortlaufend über die Ereignisse informiert.

fort·le·ben <lebst fort, lebte fort, hat fortgelebt> *ohne OBJ* ▪ *jmd./etwas* **lebt (in etwas** *Dat.***) fort** *(geh.) in lebendiger Erinnerung bleiben:* Die Schriftstellerin lebt in ihren Werken fort.; Der Geist dieser Zeit lebt in der Architektur fort.

fort·ma·chen *mit SICH* ▪ *jmd.* **macht sich fort** *(umg.: ≈ sich davonmachen) jmd. geht schnell und unauffällig weg:* Er hat sich nach dem Diebstahl gleich davongemacht.

fort·pflan·zen <pflanzt fort, pflanzte fort, hat fortgepflanzt> *mit SICH* ❶ ▪ *jmd./ein Tier/etwas* **pflanzt sich fort** *(≈ sich vermehren) Nachkommen hervorbringen:* Pflanzen/Tiere/Menschen pflanzen sich fort.; sich geschlechtlich/durch Teilung fortpflanzen ❷ ▪ *etwas* **pflanzt sich fort** *(geh.: ≈ sich verbreiten) sich ausbreiten:* Die Schwingungen pflanzen sich im Wasser fort.; Das Echo pflanzt sich in den Bergen fort.

Fort·pflan·zung *die* <-> */kein Plur./* ❶ *das Hervorbringen von Nachkommen:* geschlechtliche/ungeschlechtliche Fortpflanzung; der Fortpflanzung dienen ◆-smedizin, -svorgang, -szyklus ❷ *(geh.) die Ausbreitung:* die Fortpflanzung der Schallwellen in verschiedenen Medien untersuchen

Fort·pflan·zungs·fä·hig *adj /nicht steig./ in der Lage, Nachkommen hervorzubringen:* im fortpflanzungsfähigen Alter sein

Fort·pflan·zungs·or·gan *das* <-(e)s, -e> BIOL. *ein Organ, das der Hervorbringung von Nachkommen dient*

Fort·pflan·zungs·trieb *der* <-(e)s, -e> BIOL. *der Trieb zum Hervorbringen eigener Nachkommen:* Der Fortpflanzungstrieb dient der Erhaltung der eigenen Art.

fort·schaf·fen <schaffst fort, schaffte fort, hat fortgeschafft> *mit OBJ* ▪ *jmd.* **schafft jmdn./**

etwas fort (≈ wegschaffen) von einem Ort an einen anderen bringen: Die Kunstschätze wurden angeblich noch vor dem Krieg fortgeschafft.; die Verletzten auf einer Bahre fortschaffen

fort·schi·cken <schickst fort, schickte fort, hat fortgeschickt> *mit OBJ* ▪ *jmd.* **schickt jmdn. fort** *(≈ wegschicken) an einen anderen Ort schicken:* Er hat die Kinder für den Nachmittag fortgeschickt.

fort·schlei·chen *mit SICH* ▪ *jmd.* **schleicht sich fort** *(≈ wegschleichen) sich unauffällig, leise entfernen*

fort·schrei·ten <schreitest fort, schritt fort, ist fortgeschritten> *ohne OBJ* ▪ *etwas* **schreitet fort** *(geh.)* ❶ *sich zum Guten entwickeln:* Wie schreiten die Arbeiten fort?; Der Bau der Brücke schreitet weiter fort.; eine fortgeschrittene Technologie ❷ *in derselben Weise weitergehen:* Die Krankheit schreitet weiter fort.; das fortgeschrittene Stadium einer Krankheit; die fortschreitende Zerstörung der Ozonschicht

Fort·schritt *der* <-(e)s, -e> ❶ */kein Plur./ die Gesamtentwicklung hin zu einer höheren Stufe:* der soziale/technische/wissenschaftliche Fortschritt; der rasche Fortschritt in der Gentechnik; an den Fortschritt glauben; Das ist der Preis für den technischen Fortschritt. ❷ *ein einzelner Entwicklungsschritt zum Besseren:* Das Projekt hat große Fortschritte gemacht.; Das stellt einen riesigen Fortschritt dar.; Der Heilungsprozess macht Fortschritte.; Die Schülerin hat im vergangenen Jahr große Fortschritte gemacht.

fort·schritt·lich *adj* ❶ *so, dass es dem neuesten Entwicklungsstand entspricht:* eine fortschrittliche Methode/Technologie; fortschrittliche Auffassungen haben ❷ *dem Fortschritt gegenüber positiv eingestellt:* ein fortschrittlicher Mensch/Politiker

fort·schwem·men *mit OBJ* ▪ *etwas* **schwemmt etwas fort** *(≈ wegschwemmen) etwas durch die Strömung im Wasser wegbewegen*

fort·set·zen <setzt fort, setzte fort, hat fortgesetzt> **I.** *mit OBJ* ▪ *jmd.* **setzt etwas fort** *aufnehmen, weiterführen:* die Verhandlungen fortsetzen; den Weg allein fortsetzen; ein Gespräch am nächsten Tag fortsetzen; eine Fernsehserie fortsetzen **II.** *mit SICH* ▪ *etwas* **setzt sich fort** ❶ *sich räumlich weiter ausbreiten:* Die Mauer setzt sich hinter der Straße fort.; Seine Schwierigkeiten setzten sich auch in höheren Klassenstufen fort. ❷ *weiter andauern:* Dieses Problem setzte sich im letzten Jahr fort.

Fort·set·zung *die* <-, -en> ❶ */kein Plur./ das Weiterführen:* die Fortsetzung der Verhandlungen ❷ *(≈ Serie) etwas, das fortgesetzt wird:* die Reportage wird als Fortsetzung gesendet ❸ *einzelne Folge einer Serie:* Die nächste Fortsetzung sehen Sie morgen.

Fort·set·zungs·ro·man *der* <-s, -e> *ein Roman, der in Fortsetzungen[3] erscheint*

For·tu·na <-s> */kein Plur./ römische Glücksgöttin*

fort·wäh·rend *adj /nicht steig./ (≈ ständig, permanent) so, dass es sich in lästiger Weise oft wie-*

derholt: Fortwährend klingelt das Telefon.; Musst du uns fortwährend stören?

fort·wir·ken <wirkst fort, wirkte fort, hat fortgewirkt> *ohne OBJ* ■ *etwas wirkt fort (geh.: ≈ weiterwirken) weiterhin wirken:* Die tiefen Eindrücke der Reise wirkten noch lange in uns fort.

fort·zer·ren *mit OBJ* ■ *jmd. zerrt jmdn. fort (≈ wegzerren) mit Gewalt an jmdm. zerren, um zu bewirken, dass er von einer Stelle weggeht*

Fo·rum *das* <-s, Foren/Fora> *(geh.)* ❶ */Plur.: Foren / eine öffentliche Diskussion:* zu einem politischen Forum einladen; auf einem Forum zur Stadtentwicklung sprechen ❷ */Plur.: Foren / geeigneter Ort oder Personenkreis, um etwas zu erörtern:* das richtige Forum für ein Thema/für die Erörterung eines Problems finden ❸ GESCH. *ein Platz für öffentliche Versammlungen im alten Rom*

fos·sil *adj /nicht steig./ aus der Urzeit (als Versteinerung erhalten):* fossile Brennstoffe; fossile Pflanzen und Tiere ▶ Fossilie

Fos·si·li·sie·rung *die* <-, -en> SPRACHWISS. *(≈ Fossilierung) Sachverhalt, dass beim Zweitspracherwerb bzw. Fremdsprachenerwerb die Sprachkenntnisse über einen erreichten unzulänglichen Stand hinaus nicht weiterentwickelt werden und gleichsam „versteinern"; siehe auch* **Zweitspracherwerb**

Fo·to *das* <-s, -s> *kurz für „Fotografie":* ein Foto machen ◆-album, -amateur, -atelier, -ausrüstung, -ausstellung, -design, -geschäft, -labor, -papier, -reportage, -wettbewerb, Erinnerungs-, Familien-, Farb-, Kinder-, Pass-, Schwarzweiß-, Urlaubs-

Fo·to·ap·pa·rat *der* <-(e)s, -e> *(≈ Kamera) Gerät zur Herstellung von dauerhaften Lichtbildern auf Filmen oder anderen Speichermedien:* einen Film in den Fotoapparat einlegen; Bilder mit dem Fotoapparat machen

Fo·to-CD *die* <-, -s> EDV *CD zur Speicherung von Fotos*

Fo·to·de·sign *das* <-s, -s> *die formgerechte Gestaltung von Fotografien*

fo·to·gen, *a.* **pho·to·gen** *adj so, dass jmd. auf Fotografien vorteilhaft zur Geltung kommt:* Kleine Kinder sind immer fotogen.

Fo·to·graf, *a.* **Pho·to·graf** *der;* **Fo·to·gra·fin** <-en, -en> *jmd., der beruflich fotografiert:* Die Passbilder habe ich von einem Fotografen machen lassen.

Fo·to·gra·fie, *a.* **Pho·to·gra·phie** *die* <-, ...-fien/ ...-phien> ❶ *mit einem Fotoapparat hergestelltes Lichtbild:* sich alte Fotografien ansehen ❷ */kein Plur./ die Kunst und das Verfahren des Fotografierens:* die Erfindung der Fotografie; Ihr Hobby ist die Fotografie.

fo·to·gra·fie·ren <fotografierst, fotografierte, hat fotografiert> I. *mit OBJ* ■ *jmd. fotografiert jmdn./etwas durch Fotografie aufnehmen und abbilden:* Sie fotografiert hauptsächlich Menschen und Landschaften. II. *ohne OBJ* ■ *jmd. fotografiert irgendwie dauerhafte Lichtbilder auf Filmen oder anderen Speichermedien herstellen:* Er kann gut fotografieren.

fo·to·gra·fisch, *a.* **pho·to·gra·fisch** *adj /nicht steig./* ❶ *auf das Fotografieren bezogen, zu ihm*

gehörend: den Text mit fotografischen Abbildungen ergänzen ❷ *so detailgetreu wie eine Fotografie:* ein fotografisches Gedächtnis haben; die Einzelheiten auf einem Bild fotografisch genau malen

Fo·to·ko·pie *die* <-, ...-pien> *(≈ Kopie) ein Lichtbildabzug eines Dokuments:* eine Fotokopie einer Rechnung für die Akten anfertigen

fo·to·ko·pie·ren *mit OBJ* ■ *jmd. fotokopiert etwas einen Lichtbildabzug herstellen:* ein Schriftstück fotokopieren ▶ Fotokopierer, Fotokopiergerät

Fo·to·me·t·rie *die* <-> *siehe* **Photometrie**

Fo·to·mo·dell *das* <-s, -e> *(≈ Model) eine Person, die sich gegen Entgelt fotografieren lässt:* Sie/Er arbeitet als Fotomodell für eine Werbeagentur.

Fo·to·mon·ta·ge *die* ['fo:tɔmɔn'ta:ʒə] <-, -n> ❶ */kein Plur./ das Herstellen eines (künstlerischen) Bildes aus einzelnen Teilen mehrerer Fotos* ❷ *ein durch Fotomontage entstandenes Bild*

fo·to·rea·lis·tisch *adj /nicht steig./ als gemalte künstlerische Darstellung so reich an Details wie eine Fotografie*

Fo·to·satz, *a.* **Pho·to·satz** *der* <-es> */kein Plur./* DRUCKW. *(≈ Lichtsatz, Filmsatz) fotografisch hergestellter Satz*

Fo·to·syn·the·se, *a.* **Pho·to·syn·the·se** *die* <-> */kein Plur./* BIOL., CHEM. *Aufbau organischer aus anorganischen Stoffen mit Hilfe von Licht:* Grüne Pflanzen führen Fotosynthese durch.

Fo·to·vol·ta·ik *die* TECHN. *siehe* **Photovoltaik**

Fo·to·zel·le *die siehe* **Photozelle**

Fö·tus *der siehe* **Fetus**

Fot·ze *die* <-, -n> ❶ *(vulg.: ≈ Vulva)* ❷ *(umg.)* SÜDDT., ÖSTERR. *Mund* ❸ *(umg.)* SÜDDT., ÖSTERR. *Ohrfeige*

Foul *das* [faul] <-s, -s> SPORT *Regelverstoß:* das Foul mit einem Elfmeter ahnden; In der zweiten Halbzeit häuften sich die Fouls. ◆-spiel

foul [faul] *adj /nicht steig./* SPORT *regelwidrig:* foul spielen

fou·len ['faulən] *mit OBJ* ■ *jmd. foult jmdn.* SPORT *einen Regelverstoß begehen:* Der Spieler ist gefoult worden.

fou·tie·ren *mit OBJ* ■ *jmd. foutiert etwas* SCHWEIZ. *sich um etw. nicht kümmern*

Fox·ter·ri·er *der* <-s, -> ZOOL. *eine Jagdhunderasse*

Fox·trott *der* <-(e)s, -e> *ein Gesellschaftstanz*

Fo·yer *das* [foa'je:] <-s, -s> *Vorraum eines Theaters*

Fracht *die* <-, -en> ❶ *die Ladung, die zu befördern ist:* die Fracht einladen/ausladen/an Bord nehmen ◆-flugzeug, -gut, -liste, -schiff, -verkehr, -versicherung, Schiffs- ❷ *die Gebühr, die für die Beförderung einer Ladung zu zahlen ist:* 300 Euro Fracht zahlen ◆-kosten, -tarif

Fracht·brief *der* <-(e)s, -e> *ein Begleitpapier, das mit einer Fracht mitgeschickt wird*

Frach·ter[1] *der* <-s, -> *ein Schiff für den Transport von Frachten*

Frach·ter[2] *der;* **Frach·te·rin** <-s, -> ÖSTERR. *Spediteur*

Fracht·gut *das* <-(e)s, Frachtgüter> *Güter, die transportiert werden (sollen):* das Frachtgut verladen

F

Fracht·raum *der* <-(e)s, Frachträume> ❶ */kein Plur./* der zur Verfügung stehende Transportraum; Für die Hilfstransporte wird zusätzlicher Frachtraum benötigt. ❷ *Laderaum in Fahrzeugen:* im Frachtraum eines Schiffes als blinder Passagier mitfahren

Frack *der* <-(e)s, -s/Fräcke> *ein eleganter schwarzer Abendanzug mit langen Schößen, der von Orchestermusikern als Berufskleidung getragen wird:* Der Zauberkünstler trat in Frack und Zylinder auf.

Fra·ge *die* <-, -n> ❶ *eine sprachliche Äußerung, mit der sich jmd. an eine Person wendet und auf die er eine Antwort erwartet, die ihm eine Information gibt oder eine Entscheidung mitteilt:* jemandem/an jemanden neugierige Fragen stellen; Fragen zur Person beantworten; War das eine Frage oder eine Aussage?; Habe ich damit Ihre Frage beantworten können? ◆ Informations-, Prüfungs-, Scherz- ❷ *Thema; ungelöstes Problem:* die Frage der Einwanderung diskutieren; neue/ schwierige Fragen aufwerfen; wichtige Fragen zu entscheiden haben; Politische Fragen interessieren ihn besonders.; ■ **eine rhetorische Frage** *eine Frage, deren Antwort der Fragesteller bereits kennt;* ■ **Das ist eine Frage des/der ...** es hängt alles von ... ab; Das ist eine Frage der Geduld/des Geldes/der Zeit.; ■ **in Frage stellen** *Zweifel an jmdm. oder etwas haben;* ■ **etwas in Frage/infrage stellen** *gefährden oder unsicher machen* Deine Krankheit stellt unsere Planung in Frage/infrage.; ■ **in Frage/infrage kommen** *erlaubt oder möglich sein* Das kommt überhaupt nicht in Frage/infrage!; ■ **außer Frage stehen** *(geh.) ganz sicher sein* Es steht außer Frage, dass er mitkommt.; ■ **ohne Frage** *(geh.) ganz sicher* Sie ist ohne Frage eine große Künstlerin.; ■ **keine Frage** *ganz bestimmt oder sicher* Sie hat es gewusst, keine Frage! ◆ Ermessens-, Geschmacks-, Glaubens-, Kosten-, Lebens-, Schicksals- ◆ Getrennt- oder Zusammenschreibung →R 4.20 Das fehlende Geld stellt das Projekt in Frage/infrage; Es kommt überhaupt nicht in Frage/infrage, dass du mitkommst!; die in Frage/infrage kommenden Personen; *siehe auch* **infrage**

Fra·ge·bo·gen *der* <-s, -> *ein Formular mit bestimmten vorgegebenen Fragen, die man schriftlich beantworten soll:* einen Fragebogen ausfüllen ◆ -aktion

fra·gen I. *mit OBJ* ■ *jmd. fragt jmdn. (etwas) das Wort an jmdn. richten, um etwas zu erfahren:* jemanden nach dem Weg/nach der Zeit/nach seinem Namen fragen; Darf ich Sie fragen, wie spät es ist?; Fragen Sie nur!; Die Kinder haben viel gefragt.; Ich könnte Sie noch vieles fragen.; Mich hat ja keiner gefragt!; Jemand hat nach dir gefragt.; Sie fragt nicht (danach), ob es erlaubt ist. II. *mit SICH* ■ *jmd. fragt sich etwas über etwas nachdenken oder sich über etwas unsicher sein:* Ich frage mich, ob er wohl noch kommt. III. *mit ES* ■ *es fragt sich, ob ... unsicher oder zweifelhaft sein:* Es fragt sich, ob wir Recht haben.; Sie ruft dich an, es fragt sich nur, wann.

Fra·ge·pro·no·men *das* <-s, ...-pronomina>

SPRACHWISS. *(≈ Interrogativpronomen) ein Pronomen, das einen Fragesatz einleitet:* „Wer" ist ein Fragepronomen.

Fra·ge·rei *die* <-, -en> *(umg. abwert.) (als lästig empfundenes) dauerndes Fragen:* Lasst doch die dauernde Fragerei! Ihr werdet es schon rechtzeitig erfahren.

Fra·ge·satz *der* <-es, Fragesätze> SPRACHWISS. *ein Satz mit einer bestimmten Wortstellung, die eine Frage ¹ zum Ausdruck bringt*

Fra·ge·stel·ler *der*, **Fra·ge·stel·le·rin** <-s, -> *jmd., der eine Frage ¹ stellt*

Fra·ge·stel·lung *die* <-, -en> ❶ *die Art und Weise, wie eine Frage formuliert ist:* eine unklare Fragestellung ❷ *ein zu erörterndes Problem:* das Interesse an politischen/medizinischen Fragestellungen wecken

Fra·ge·stun·de *die* <-, -n> POL. *ein festgelegter Zeitraum, in dem Personen die Möglichkeit haben, einem Gremium Fragen zu stellen:* Die Partei hat eine Fragestunde zu diesem Thema beantragt.

Fra·ge-und-Ant·wort-Spiel *das* <-s, -e> ❶ *ein Gesellschaftsspiel, bei dem fertige Antworten vorgegebenen Fragen zugeordnet werden* ❷ *(abwert.) ein Gespräch, in der nur bereits bekannte Antworten gegeben werden:* das Interview geriet zu einem langweiligen Frage-und-Antwort-Spiel ◆ Schreibung mit Bindestrich →R 4.21 Wir spielen am liebsten Frage-und-Antwort-Spiele.

Fra·ge·wort *das* <-(e)s, Fragewörter> SPRACHWISS. *ein Wort, das einen Fragesatz einleitet*

Fra·ge·zei·chen *das* <-s, -> *das Satzzeichen „?", das an das Ende von Fragesätzen gesetzt wird*

fra·gil *adj (geh.) zerbrechlich; zart:* eine fragile Konstruktion; eine fragile Gesundheit haben ▶ Fragilität

frag·lich *adj /nicht steig./* ❶ *(geh.: ≈ betreffend) schon erwähnt:* Bitte zahlen Sie den fraglichen Betrag bis morgen!; Die Polizei hat das fragliche Auto gefunden. ❷ *(≈ ungewiss) so, dass noch nicht sicher ist, was geschehen wird:* Es ist äußerst fraglich, ob wir erreichen, was wir wollen. ▶ Fraglichkeit

frag·los *adj /nicht steig./ (geh.: ≈ zweifellos) so, dass kein Zweifel daran besteht:* Sie ist fraglos eine der besten Sängerinnen.; Er hat fraglos Recht mit seinem Einwand. ▶ Fraglosigkeit

Frag·ment *das* <-(e)s, -e> ❶ *(geh.: ≈ Bruchstück) etwas, das ein (losgelöster) Teil von einer Sache ist:* Bei den Ausgrabungen fand man Fragmente alter Malereien/einer alten Siedlung. ❷ *ein unvollendetes Kunstwerk:* Das Buch/die Oper ist ein Fragment geblieben.

frag·men·ta·risch *adj /nicht steig./ (geh.) bruchstückhaft:* Er konnte das Erlebte nur fragmentarisch wiedergeben.

frag·wür·dig *adj (abwert.) so, dass eine Person oder eine Verhaltensweise keinen guten Eindruck macht und moralische Bedenken und Zweifel weckt:* ein moralisch äußerst fragwürdiges Vorgehen; in fragwürdige Gesellschaft geraten ▶ Fragwürdigkeit

Frai·sen ['fraizn] <-> *Plur.* SÜDDT., ÖSTERR. *Krämpfe (bei Kindern):* die Fraisen kriegen

Frak·ti·on *die* [frak'tsi̯oːn] <-, -en> POL. *die Gruppe der Abgeordneten einer Partei im Parlament:* die Fraktionen im Bundestag; Die Fraktion stimmt geschlossen gegen den Vorschlag. ◆ -sausschuss, -sbeschluss, -schef(in), -sdisziplin, -sführer(in), -sgeschäftsführer, -smitglied, -ssitzung, -svorsitz, -svorsitzende, -svorstand, -szwang

Frak·ti·ons·spre·cher *der*, **Frak·ti·ons·spre·che·rin** <-s, -> *Person, die eine Fraktion gegenüber der Presse bzw. der Öffentlichkeit vertritt*

Frak·tur *die* <-, -en> ❶ MED. *Knochenbruch:* eine Fraktur des Oberschenkels ❷ DRUCKW. *eine Schriftart beim Druck;* ■ **mit jemandem Fraktur reden** *jmdm. deutlich die Meinung oder die Wahrheit sagen*

Fran·chi·sing *das* ['fræntʃaɪzɪŋ] <-s> */kein Plur./* WIRTSCH. *eine Vertriebsform im Einzelhandel, bei der ein Unternehmer seine Produkte über eigene Lizenzvertragspartner absetzt*

frank ■ **frank und frei** *(umg.) ohne Hemmungen* jemandem frank und frei seine Meinung sagen

Fran·ke *der*, **Frän·kin** <-n, -n> *Einwohner Frankens* [1]

Fran·ken[1] <-s> *Region im Norden Bayerns und Baden-Württembergs* ◆ -wein ▸ Franke, Fränkin, fränkisch

Fran·ken[2] *der* <-s, -> WIRTSCH. *die Währungseinheit der Schweiz:* ein Schweizer Franken

fran·kie·ren *mit OBJ* ■ *jmd. frankiert etwas eine Postsendung mit Briefmarken versehen:* einen Brief/ein Paket ausreichend frankieren; Die Sendung war nicht frankiert.

frän·kisch *adj /nicht steig./ auf die Region Franken bezogen, aus ihr stammend:* fränkischer Wein

Fran·ko·fo·nie, *a.* **Fran·ko·pho·nie** *die* <-> */kein Plur./ alle Gebiete, in denen das Französische Landessprache ist*

Frank·reich <-s> *Staat in Westeuropa*

Fran·se *die* <-, -n> *Faden, der mit vielen anderen am Rand eines Gewebes herabhängt:* eine Bluse/ein Teppich mit Fransen

Fran·zo·se *der*, **Fran·zö·sin** <-n, -n> *jmd., der die französische Staatsbürgerschaft hat*

fran·zö·sisch *adj /nicht steig./ auf Frankreich bezogen, daher stammend:* die französische Küche; die französische Sprache lernen; Er sprach während der Diskussion französisch (in französischer Sprache), nicht englisch.; die französische Schweiz; Sie spricht gut Französisch.; Er lernt Französisch.; etwas auf Französisch sagen; die Französische Revolution; *siehe auch* **deutsch**

frap·pie·ren *mit OBJ* ■ *etwas frappiert jmdn. (geh.) überraschen; verblüffen:* Deine Antwort frappiert mich wirklich.; Sie hat eine frappierende Ähnlichkeit mit einer bekannten Schauspielerin.

Frä·se *die* <-, -n> *eine Maschine, mit der man Oberflächen (von Werkstücken) schneidend bearbeiten kann:* den Straßenbelag mit einer Fräse bearbeiten

frä·sen *mit OBJ* ■ *jmd. fräst etwas mit einer Fräse bearbeiten:* ein Werkstück fräsen; ein Gewinde fräsen

Fraß *der* <-es> */kein Plur./ (umg. abwert.) schlechtes Essen:* Was ist das wieder für ein Fraß!

Frat·ze *die* <-, -n> ❶ *(≈ Grimasse) ein absichtlich verzerrtes Gesicht:* Fratzen schneiden ❷ *(abwert.) hässliches, Furcht erregendes Gesicht:* die Fratze eines Dämons ❸ *(umg. abwert.) ein (Mensch und sein) Gesicht:* Ich kann seine Fratze nicht mehr sehen!; Was will die Fratze schon wieder hier? ▸ fratzenhaft

Frau *die* <-, -en> ❶ *eine erwachsene, weibliche Person:* eine alte/attraktive/berufstätige/erfolgreiche/gebildete/schöne Frau; Aus dem kleinen Mädchen ist eine Frau geworden.; Er kennt viele Frauen.; Das Thema interessiert Frauen und Männer gleichermaßen. ◆ -enarbeit, -enarzt, -enärztin, -enbeauftragte, -enberuf, -enbewegung, -enbuchladen, -enchor, -enfilm, -enförderung, -engefängnis, -engruppe, -enhaar, -enhaus, -enheilkunde, -enklinik, -enkrankheit, -enleiden, -enmannschaft, -enparkplatz, -enpower, -enquote, -enrechtler(in), -enrolle, -ensache, -enstimme, -enverband, -enwahlrecht, -enzeitschrift ❷ *(≈ Ehefrau)* eine Frau finden/heiraten; Seine Frau ist Spanierin.; sich von seiner Frau scheiden lassen; seine Frau verlieren; Er hat sie zu seiner Frau gemacht. ❸ *verwendet als Anrede für erwachsene weibliche Personen:* Spreche ich mit Frau Müller?; Frau Schulze, ist Ihr Mann gerade zu sprechen?

Frau·chen *das* <-s, -> *(↔ Herrchen) Besitzerin eines Hundes*

Frau·en·arzt *der*, **Frau·en·ärz·tin** <-es, Frauenärzte> *(≈ Gynäkologe) ein Arzt oder eine Ärztin, der/die auf Frauenkrankheiten und Geburtshilfe spezialisiert ist*

Frau·en·be·auf·trag·te *der/die* <-n, -n> *eine Person, die beauftragt ist, sich für die Gleichberechtigung und Förderung von Frauen in einer Institution einzusetzen*

frau·en·be·wegt *adj /nicht steig./ (scherzh.) in der Frauenbewegung aktiv oder mit den Zielen der Frauenbewegung einverstanden*

Frau·en·be·we·gung *die* <-> */kein Plur./ eine gesellschaftliche Bewegung, die die Gleichberechtigung der Frau in allen Lebensbereichen anstrebt*

Frau·en·för·de·rung *die* <-> */kein Plur./ Förderung von Frauen in Bildung, Beruf und Gesellschaft:* einen Plan zur Frauenförderung aufstellen

Frau·en·haus *das* <-es, Frauenhäuser> *ein Haus, in dem Frauen (und ihre Kinder) Zuflucht finden, die von ihren Partnern misshandelt worden sind*

Frau·en·quo·te *die* <-, -n> *der (angestrebte bzw. vorgeschriebene) Anteil von Frauen in bestimmten Funktionen und Arbeitsbereichen:* die Frauenquote erhöhen

Frau·en·recht·le·rin *die* <-, -nen> *(≈ Feministin) Person, die für die Gleichberechtigung der Frau in allen Lebensbereichen eintritt*

Frau·en·sa·che ■ **etwas ist Frauensache** *(↔ Männersache) verwendet, um auszudrücken, dass der Sprecher glaubt, die genannte Sache sei nur für Frauen relevant oder betreffe nur Frauen:* Manche Männer glauben, der Haushalt sei reine Frauensache.

Frau·en·zeit·schrift *die* <-, -en> *eine speziell für Frauen herausgegebene Zeitschrift*

Frau·en·zim·mer *das* <-s, -> *(umg. abwert.)* ab-

F

F

wertende Bezeichnung für eine Frau: ein unverschämtes Frauenzimmer

Fräu·lein das <-s, -s> ➊ (veralt.) eine unverheiratete Frau: ein junges Fräulein; Sie ist noch Fräulein. ➋ die nicht mehr gebräuchliche Anrede für
unverheiratete Frauen: Fräulein Schmidt ➌ (veralt.) Anrede für eine Kellnerin: Fräulein, die Rechnung bitte!

frau·lich adj (↔ mädchenhaft) im Verhalten und
Aussehen wie eine erwachsene, reife Frau: eine
frauliche Figur haben ▸ Fraulichkeit

Freak der [friːk] <-s, -s> ➊ eine Person, deren Lebensweise von dem als normal Empfundenen abweicht: Er ist ein richtiger Freak. ➋ eine Person,
die sich in übertriebener Weise für etwas begeistert: die Freaks des Rennsports; Dieses Computerspiel ist nur etwas für Freaks. ◆ Computer-, Musik-,
Sport-

frea·kig [ˈfriːkɪç] adj (Jargon) außerhalb des als
normal Empfundenen stehend: sich freakig kleiden; freakige Musik

frech adj ➊ nicht gehorsam: ein freches Kind; freche Antworten geben; frech grinsen ➋ auffällig
und ein bisschen provozierend: eine freche Frisur;
sich jung und frech kleiden; freche Zeichnungen

Frech·dachs der <-es, -e> (umg.) ein vorlautes
Kind

Frech·heit die <-, -en> ➊ /kein Plur./ (≈ Unverschämtheit) freches Verhalten: Mit seiner Frechheit hat er einiges erreicht. ➋ eine freche Bemerkung oder Handlung: Diese Frechheiten lassen wir
uns nicht länger bieten!

Free·clim·ber der [friːklɛɪmbɐ] <-s, -> SPORT
jmd., der ohne größere Hilfsmittel in steilen Felswänden klettert

Free·jazz, a. **Free Jazz** der [ˈfriːˈdʒɛs] <-> /kein
Plur./ MUS. eine Stilrichtung des Jazz

Free·sie die <-, -n> BOT. eine duftende, lilienähnli-
che Frühlingsblume

Fre·gat·te die <-, -n> ➊ MILIT., SEEW. schneller
Bootstyp der Marine ◆ -nkapitän ➋ (umg. abwert.)
eine auffällig gekleidete (ältere) Frau: eine alte Fre-
gatte

frei adj ➊ so, dass man in politischer oder persönlicher Hinsicht unabhängig und nicht gefangen ist
oder unter Zwängen steht: ein freies Land; ein
freier Mitarbeiter; eine freie Reichsstadt; ein freies
Leben führen; Die Gefangenen sind seit gestern
wieder frei.; Der Täter läuft noch frei herum.; einen Hund frei laufen lassen; eine frei werdende
Wohnung wieder vermieten ➋ an keine Form
oder Vorschrift gebunden: die freie Rede; eine
freie Versform; in der Musik/im Theater frei improvisieren; eine freie Übersetzung/Auslegung eines Textes; Der Film wurde frei nach einem Märchen von Andersen gedreht. ➌ /nicht steig./
ohne (dienstliche) Verpflichtungen: Heute haben
wir frei.; ein freier Nachmittag ➍ /nicht steig./
ungehindert: eine freie Meinungsäußerung; die
freie Wahl des Berufes; der freie Wettbewerb; etwas frei entscheiden können; Sie können über alles frei verfügen.; Der Zug ist nun frei Fahrt.; Die Medikamente sind frei verkäuflich/erhältlich.; Vom
Aussichtsturm aus hat man einen freien Blick auf

die Stadt. ➎ /nicht steig./ so, dass es offen ist
und nichts daran angrenzt: ein freies Feld/Ge-
lände; unter freiem Himmel schlafen; ein völlig frei
(im Gelände) stehendes Haus; bei schönem Wetter
ins Freie gehen ➏ /nicht steig./ ohne Hilfsmittel:
(ohne Manuskript) frei sprechen; frei auf einem
wackeligen Balken balancieren; Unser Kind kann
seit einigen Tagen frei laufen. ➐ /nicht steig./
(≈ leer, unbesetzt) so, dass niemand oder nichts
den Platz beansprucht: eine freie Stelle wieder besetzen; Ist dieser Platz noch frei?; Die Wohnung/
das Haus ist schon lange frei.; fünf Zentimeter
Rand frei lassen; eine Gasse für die Rettungsfahr-
zeuge frei machen; Einfahrt freihalten! ➑ /nicht
steig./ (≈ kostenlos) so, dass man nichts dafür bezahlen muss: freier Eintritt; Kinder unter fünf Jahren sind frei.; freie Verpflegung haben; freie Fahrt
auf allen öffentlichen Verkehrsmitteln haben;
■ **frei Haus** WIRTSCH. ohne Transportkosten bis ins
Haus liefern; bei frei Haus liefern; ■ **frei von etwas**
(geh.) ohne etwas frei von Krankheit/Schuld;
■ **auf freiem Fuß sein** nicht in Haft sein Der Täter ist noch/wieder auf freiem Fuß.; ■ **aus freien
Stücken** freiwillig Sie hat das aus freien Stücken
getan.; ■ **freie Hand haben** frei entscheiden können Sie haben völlig freie Hand bei der Planung.
◆ Großschreibung →R 3.7 Die Kinder spielen im
Freien.; ◆ Großschreibung →R 3.17 die
Freie Reichsstadt Bremen; ◆ Getrenntschreibung
→R 4.5, 4.6 Kann man dieses Modell auch frei
(im Handel) bekommen?; einen Gegenstand frei
(auf der Hand) halten; frei laufende Hunde; frei lebende Elefanten; einige Felder im Formular ganz/
teilweise frei lassen.; Er war bemüht, bei seinem
Vortrag frei zu sprechen.; ein einzelner, frei (auf
dem Feld) stehender Baum; Sie versuchte, auf
dem Schwebebalken frei zu stehen.; die bei einer
Reaktion frei werdende Energie; siehe aber **freibekommen, freigeben, freihalten, freilassen,
freimachen, freisprechen, freistehen, freistellen**

-frei als Zweitglied zusammengesetzter Adjektive;
drückt aus ➊ dass das mit dem Erstglied Bezeichnete nicht besteht/vorhanden ist ◆ akzent-, alko-
hol-, fehler-, störungs-, vorurteils- ➋ dass das mit
dem Erstglied Bezeichnete nicht gezahlt werden
muss ◆ beitrags-, gebühren-, porto-, steuer-, zoll-
➌ dass das mit dem Erstglied Bezeichnete nicht
eintreten kann ◆ knitter-, rost- ➍ dass das mit dem
Erstglied Bezeichnete nicht getan werden muss
◆ bügel-, reparatur-, wartungs-

Frei·bad das <-(e)s, Freibäder> ein Schwimmbad
unter freiem Himmel: im Sommer öffnen die Frei-
bäder ◆ -saison

frei·be·kom·men <bekommst frei, bekam frei,
hat freibekommen> I. mit OBJ ■ **jmd. bekommt
jmdn./etwas frei** erreichen, dass jmd. oder etwas frei wird: einen Gefangenen freibekommen;
Ich kann meinen eingeklemmten Fuß nicht freibekommen. II. ohne OBJ ■ **jmd. bekommt frei** erreichen, dass man von der Arbeit frei ist: Ich habe
einige Tage freibekommen.; siehe aber **frei**

frei·be·ruf·lich adj /nicht steig./ (↔ angestellt)
so, dass man beruflich arbeitet, ohne irgendwo

angestellt zu sein: freiberuflich arbeiten; ein freiberuflicher Journalist ▸ Freiberuflichkeit

Frei·be·trag *der* <-(e)s, Freibeträge> WIRTSCH. *der Teil der Einkünfte, auf die keine Steuern oder Abgaben zu zahlen sind* ◆ Kinder-

Frei·bier *das* <-(e)s> */kein Plur./ kostenlos ausgeschenktes Bier:* Zum Fest gab es Freibier.

Frei·brief *der* <-(e)s> */kein Plur./ (geh.)* ■ **etwas ist kein Freibrief für etwas** *etwas gibt keine Erlaubnis für etwas, das sonst verboten ist* Du darfst nicht denken, dass deine Krankheit ein Freibrief ist, uns herumzukommandieren.

Frei·den·ker *der*, **Frei·den·ke·rin** <-s, -> *eine Person, die sich keiner (bestimmten) Religion zugehörig fühlt* ▸ Freidenkertum

Frei·er *der* <-s, -> ❶ *(verhüll.) Kunde einer Prostituierten* ❷ *(veralt.) ein Mann, der einer Frau die Ehe versprochen hat*

Frei·ex·em·p·lar *das* <-s, -e> *ein Buch, das jmd. vom Verlag kostenlos erhält:* Der Autor erhält fünf Freiexemplare jeder Auflage.

Frei·fahrt *die* <-, -en> *die Erlaubnis, mit einem Verkehrsmittel kostenlos mitfahren zu dürfen*

frei·ge·ben <gibst frei, gab frei, hat freigegeben> I. *mit OBJ* ■ *jmd. gibt etwas frei den Gebrauch von etwas gestatten:* Die Straße/das Gebäude wird zur Nutzung freigegeben.; ein Manuskript zur Veröffentlichung freigeben; Wild zum Abschuss freigeben II. *ohne OBJ* ■ *jmd. gibt jmdm. frei sagen, dass jmd. an einem bestimmten Tag nicht arbeiten muss:* Der Chef hat ihr heute freigegeben.

frei·ge·big *adj* (≈ *großzügig* ↔ *geizig*) *so, dass man anderen gern und reichlich vom eigenen Besitz abgibt:* ein freigebiger Mensch; Ihr seid aber heute freigebig! ▸ Freigebigkeit

frei·gie·big *adj* (≈ *freigebig*)

frei·ha·ben, *a.* **frei ha·ben** <hast frei, hatte frei, hat freigehabt> *ohne OBJ* ■ *jmd. hat irgendwann frei (umg.) arbeitsfrei haben:* Im August werde ich ein paar Tage freihaben.; Hast du heute frei?

frei·hal·ten <hältst frei, hielt frei, hat freigehalten> *mit OBJ* ■ *jmd. hält jmdn. frei für jmdn. in einem Lokal bezahlen:* Sie hat zu ihrem Geburtstag alle freigehalten.; *siehe auch frei hab*

Frei·han·del *der* <-s> */kein Plur./* WIRTSCH. *Handel, der durch keine Zölle und Bestimmungen eingeschränkt ist* ◆ -sabkommen, -szone

frei·hän·dig *adj* /*nicht steig.*/ *ohne die Hände zu gebrauchen:* freihändig balancieren; freihändig Fahrrad fahren

Frei·heit *die* <-, -en> ❶ */kein Plur./ der Zustand, unabhängig, nicht unterdrückt oder gefangen zu sein:* in Freiheit leben; die Freiheit lieben; wieder in Freiheit sein; einem Tier die Freiheit schenken; die Freiheit des Denkens/Geistes/der Wissenschaft ❷ */kein Plur./ Handlungsfreiheit:* Wir haben die Freiheit zu tun, was wir für richtig halten.; Sie haben die Freiheit zu gehen! ◆ Gedanken-, Meinungs-, Presse-, Rede- ❸ */meist Plur./ Vorrecht:* seinen Kindern/Mitarbeitern viele Freiheiten lassen; sich einige Freiheiten erlauben; Das sind dichterische Freiheiten. ❹ */nur Plur./* POL.

Grundrechte: die bürgerlichen/demokratischen Freiheiten

frei·heit·lich *adj* /*nicht steig.*/ *auf die Freiheit ausgerichtet, vor Freiheit bestimmt:* eine freiheitliche Gesinnung; eine freiheitliche Verfassung

Frei·heits·be·rau·bung *die* <-> */kein Plur./* RECHTSW. *die Tatsache, dass jmd. widerrechtlich irgendwo festgehalten wird*

Frei·heits·stra·fe *die* <-, -n> RECHTSW. (≈ *Gefängnisstrafe*) eine Freiheitsstrafe von drei Jahren ohne Bewährung aussprechen/verbüßen

Frei·kar·te *die* <-, -n> *kostenlose Eintrittskarte:* Wir verlosen zehn Freikarten für das Konzert.

frei·kau·fen *mit OBJ* ■ *jmd. kauft jmdn. frei Geld bezahlen und damit bewirken, dass jmd. freigelassen wird:* die Geiseln/Gefangenen freikaufen

Frei·kör·per·kul·tur *die* <-> */kein Plur./* (≈ *Nudismus) eine Bewegung, deren Mitglieder sich an bestimmten Orten, z. B. Stränden, nackt aufhalten und nackt baden:* ein Strand für Freikörperkultur; Sie sind Anhänger der Freikörperkultur.

Frei·land·hal·tung *die* <-> */kein Plur./* LANDW. (↔ *Käfighaltung) das Halten von Nutztieren im freien⁵ Gelände:* Hühner/Eier aus Freilandhaltung

Frei·land·huhn *das* <-(e)s, -hühner> *Huhn, das in freiem Gelände (und nicht in einer Legebatterie) gehalten wird*

frei·las·sen <lässt frei, ließ frei, hat freigelassen> *mit OBJ* ■ *jmd. lässt jmdn./ein Tier frei aus der Gefangenschaft entlassen:* Gefangene freilassen; ein gefangenes Tier wieder freilassen; *siehe aber auch frei*

Frei·las·sung *die* <-, -en> *Entlassung aus der Gefangenschaft:* Mit der Freilassung der Geiseln ist bald zu rechnen.

frei·le·gen *mit OBJ* ■ *jmd. legt etwas frei bewirken, dass etwas nicht mehr bedeckt ist:* die tieferen Gesteinsschichten freilegen; ein wertvolles Wandgemälde freilegen

frei·lich *adv* ❶ (≈ *allerdings) (einschränkend) jedoch:* Ich hatte freilich nicht angenommen, dass es so teuer werden würde. ❷ *(umg.) (zur Bekräftigung einer bejahenden Antwort) gewiss, bestimmt:* Weißt du das auch schon? Ja, freilich!; Freilich will ich helfen, ich weiß nur nicht, wie.

Frei·licht·büh·ne *die* <-, -n> *nicht überdachte, im Freien befindliche Bühne für Theateraufführungen*

Frei·los *das* <-es, -e> *ein kostenloses Los*

frei·ma·chen I. *mit OBJ* ❶ ■ *jmd. macht etwas frei* (≈ *frankieren) eine Postsendung mit Briefmarken versehen:* Bitte legen Sie einen ausreichend freigemachten Briefumschlag bei! ❷ ■ *jmd. macht sich frei* MED. (≈ *entkleiden) verwendet als Aufforderung des Arztes an den Patienten, für eine Untersuchung die Kleider auszuziehen:* Sie können sich schon mal freimachen! II. *mit SICH* ■ *jmd. macht sich frei (für etwas Akk.) (umg.) jmd. nimmt sich Zeit für etwas; siehe aber auch frei*

Frei·mau·rer *der*, **Frei·mau·re·rin** <-s, -> GESCH. *ein Anhänger eines geschlossenen, in Logen organisierten Bundes mit aufklärerischen und huma-*

nistischen Zielen (und geheim gehaltenen Ritualen) im 18. Jahrhundert ▸ freimaurerisch

Frei·mut der <-s> /kein Plur./ Offenheit: etwas mit großem Freimut bekennen ▸ freimütig

frei·neh·men mit OBJ/ohne OBJ ■ **jmd. nimmt sich** Dat. **(etwas) frei** eine bestimmte Zeit Urlaub nehmen und nicht arbeiten: Ich habe mir heute/den Nachmittag freigenommen.

frei·set·zen <setzt frei, setzte frei, hat freigesetzt> mit OBJ ❶ ■ **etwas setzt etwas frei** CHEM., PHYS. aus einer Verbindung lösen: Energie/Sauerstoff freisetzen; giftige Dämpfe freisetzen ❷ ■ **jmd. setzt jmdn. frei** (verhüll.) entlassen: Arbeitskräfte freisetzen

frei·spie·len <spielst frei, spielte frei, hat freigespielt> mit SICH ■ **jmd. spielt sich** Akk. **frei** SPORT so spielen, dass man nicht mehr vom Gegner gedeckt ist: Der Stürmer hat sich freigespielt.

Frei·sprech·an·la·ge die <-, -n> eine Vorrichtung, mit der man telefonieren kann ohne den Telefonhörer in der Hand halten zu müssen

frei·spre·chen <sprichst frei, sprach frei, hat freigesprochen> mit OBJ ■ **jmd. spricht jmdn. frei** (durch einen Richterspruch) feststellen, dass ein Angeklagter nicht schuldig ist oder ihm seine Schuld nicht nachgewiesen werden kann: Ich kann ihn von einer Mitschuld an dem Unfall nicht freisprechen.; Er wurde wegen Mangels an Beweisen freigesprochen. ▸ Freisprechung

Frei·spruch der <-s, Freisprüche> RECHTSW. der Vorgang, dass der Richter dazu kommt, den Angeklagten freizusprechen: Der Verteidiger plädierte auf Freispruch.; Freispruch mangels Beweise

Frei·staat der <-(e)s, -en> (veralt.) Republik; ■ **der Freistaat Bayern/Sachsen** Das Bundesland Bayern nennt sich aus Tradition noch heute „Freistaat".

frei·ste·hen <steht frei, stand frei, hat freigestanden> I. ohne OBJ ■ **etwas steht frei** nicht vermietet oder besetzt sein: Die Wohnung steht schon lange frei. II. mit ES ■ **es steht jmdm. frei etwas zu tun** im eigenen Ermessen liegen: Es steht dir frei zu kommen und zu gehen, wann du willst.; siehe aber auch frei

frei·ste·hend adj /nicht steig./ so, dass keine anderen Häuser direkt danebenstehen

frei·stel·len <stellst frei, stellte frei, hat freigestellt> mit OBJ ❶ ■ **jmd. stellt jmdn. von etwas frei** von einer Pflicht befreien: Er wurde vom Wehrdienst (aus gesundheitlichen Gründen) freigestellt.; Ich kann nicht mehr als drei Mitarbeiter einen Monat lang freistellen. ❷ ■ **jmd. stellt jmdm. etwas frei** anheimstellen oder überlassen: Ich stelle es dir frei, ob du mitkommst.

Frei·stel·lung die <-, -en> das Befreien von einer Pflicht: eine Freistellung vom Unterricht

Frei·stil der <-s> /kein Plur./ SPORT eine Disziplin beim Ringen und Schwimmen ◆ -ringer

Frei·stoß der <-es, Freistöße> SPORT Strafstoß im Fußball: Der Schiedsrichter verhängte einen Freistoß.

Frei·tag[1] der <-(e)s, -e> der fünfte Tag der Woche: am Freitagabend; siehe auch **Dienstag, freitagabends, freitags**

Frei·tag[2] der <-(e)s, -e> SCHWEIZ. (arbeits)freier Tag

frei·tag·abends adv immer freitags am Abend ◆ Kleinschreibung →R 3.10 Wir treffen uns immer freitagabends.; siehe aber auch **freitags**

frei·tags adv immer an Freitagen: Wir treffen uns regelmäßig freitags. ◆ Kleinschreibung →R 3.10 Der Film kommt immer freitags abends.; siehe aber auch **freitagabends**

Frei·tod der <-(e)s, -e> (geh.) Selbstmord: den Freitod wählen

Frei·trep·pe die <-, -n> BAUW. eine breite Treppe, die außen vor einem Gebäude hinaufführt

Frei·wild ■ **jemanden als Freiwild betrachten** denken, dass man mit jmdm. machen kann, was man will

frei·wil·lig adj /nicht steig./ nur nach eigenem Willen und ohne äußeren Zwang: Er hat sich freiwillig für diese Aufgabe gemeldet. ▸ Freiwilligkeit

Frei·wil·li·ge der/die <-n, -n> Person, die etwas freiwillig tut: Für diesen Katastropheneinsatz werden noch Freiwillige gesucht.; als Freiwilliger an die Front gehen

Frei·zei·chen das <-s, -> TELEKOMM. Signal, das anzeigt, dass eine Leitung unbesetzt ist

Frei·zeit die <-> /kein Plur./ die Zeit, die einem außerhalb der Arbeitszeit zur freien Gestaltung verbleibt: In seiner Freizeit treibt er Sport. ◆ -aktivitäten, -angebot, -bekleidung, -beschäftigung, -einrichtung, -gestaltung, -hemd, -kleidung, -park, -wert

Frei·zeit·ge·sell·schaft die <-, -en> eine Gesellschaft, die davon bestimmt ist, dass die Freizeit einen immer größeren Raum einnimmt

Frei·zeit·in·dus·t·rie die <-> der Wirtschaftszweig, der Waren und Dienstleistungen für die Gestaltung der Freizeit produziert

Frei·zeit·zen·t·rum das <-s, Freizeitzentren> eine Einrichtung, in der für die Freizeit verschiedene Aktivitäten angeboten werden: ein Freizeitzentrum für Jugendliche/Kinder

frei·zü·gig adj ❶ nicht streng den Vorschriften folgend: eine freizügige Erziehung; Bestimmungen freizügig auslegen ❷ (verhüll.) so, dass es Sexualität und körperliche Reize offen zeigt: ein ziemlich freizügiger Film; freizügig gekleidet sein ❸ frei in der Wahl seines Aufenthaltsortes: freizügig leben können; ein freizügiges Leben führen

Frei·zü·gig·keit die <-> /kein Plur./ ❶ freizügige Einstellung: mehr Freizügigkeit in der Erziehung fordern ❷ das Recht, seinen Aufenthaltsort frei zu wählen: den Bürgern des Landes volle Freizügigkeit gewähren/zusichern

fremd adj ❶ (↔ vertraut) unbekannt; nicht vertraut: Auf dem Fest sah sie nur fremde Gesichter/Menschen.; Die Umgebung war ihm fremd.; Deine Stimme klingt ganz fremd!; Angst vor allem Fremden haben.; Ich bin fremd hier, können Sie mir den Weg zeigen?; Diese Musik ist mir nicht ganz fremd. ❷ einem anderen Land angehörend, aus ihm kommend: fremde Kulturen/Menschen/Religionen/Sprachen/Völker; fremde Länder kennen lernen ❸ (↔ eigen) von anderen; anderen gehörend: Das ist fremdes Eigentum; ein fremdes Kind annehmen; ein fremdes Grundstück betreten; Fremdes Leid kümmert ihn nicht.; etwas ohne fremde Hilfe schaffen; das Geschäft in fremde Hände abgeben; Das ist nichts für fremde Ohren.

-fremd *(≈ -fern) als Zweitglied zusammengesetzter Adjektive; drückt aus, dass jemand/etwas nicht an dem ausgerichtet/orientiert ist, was mit dem Erstglied bezeichnet wird* ◆ fach-, lebens-, praxis-, realitäts-, wirklichkeits-

fremd·ar·tig *adj (≈ exotisch) ungewöhnlich; wenig vertraut:* ein fremdartiges Aussehen haben; fremdartige Sitten und Gebräuche ▶ Fremdartigkeit

fremd·be·stimmt *adj /nicht steig./* PSYCH. *so, dass ein Mensch sein Handeln nicht selbst bestimmt, sondern dies von anderen getan wird* ▶ Fremdbestimmung

Frem·de¹ *die <-> /kein Plur./ Land, das jmdm. fremd ist:* Was willst du in der Fremde?

Frem·de² *der/die <-n, -n>* ❶ *jmd., den man nicht kennt:* Ein Fremder stand vor der Tür. ❷ *jmd., der nicht zu einer bestimmten Gruppe gehört:* Das ist unsere Angelegenheit, das geht Fremde gar nichts an. ❸ *Person, die aus einem anderen Land kommt:* Der Fremde wurde neugierig bestaunt.; Selten kamen Fremde in diese Gegend.

frem·deln *<fremdelst, fremdelte, hat gefremdelt> ohne OBJ* ■ *jmd. fremdelt als Kind Fremden gegenüber Scheu zeigen:* Das Kind fremdelt.

frem·den *ohne OBJ* ■ *jmd. fremdet* SCHWEIZ. *fremdeln*

Frem·den·füh·rer *der,* **Frem·den·füh·re·rin** *<-s, -> Person, die beruflich Touristen Sehenswürdigkeiten zeigt:* sich von einem Fremdenführer die Stadt zeigen lassen

Frem·den·hass *der <-es> /kein Plur./ (≈ Xenophobie) Hass auf Menschen aus anderen Ländern:* Die Täter gaben Fremdenhass als Motiv an.

Frem·den·le·gi·on *die <-> /kein Plur./* MILIT. *eine französische Militäreinheit, die aus ausländischen bezahlten Soldaten besteht:* zur Fremdenlegion gehen

Frem·den·ver·kehr *der <-s> /kein Plur./ (≈ Tourismus) der Vorgang, dass Menschen als Urlauber an einen Ort bzw. in ein Land reisen und sich dort aufhalten:* Die Region lebt vom Fremdenverkehr.; Ein Rückgang des Fremdenverkehrs würde einen Verlust an Arbeitsplätzen bedeuten. ◆ -samt, -sbüro, -sverein

Frem·den·zim·mer *das <-s, -> zur Übernachtung angebotenes Zimmer in einem Gasthaus*

fremd·ge·hen *<gehst fremd, ging fremd, ist fremdgegangen> ohne OBJ* ■ *jmd. geht fremd seinem Partner (sexuell) untreu sein:* Sie ist fremdgegangen.

Fremd·herr·schaft *die <-, -en>* POL. *die Herrschaft eines Volkes über ein anderes:* Das Land hat unter der jahrelangen Fremdherrschaft gelitten.

Fremd·kör·per *der <-s, ->* ❶ MED. *ein Gegenstand, der in den Körper eingedrungen ist:* einen Fremdkörper im Auge haben ❷ *Person, die nicht an einen Ort passt:* Sie fühlte sich wie ein Fremdkörper in dieser Gesellschaft.

fremd·län·disch *adj /nicht steig./ aus einem an-*

deren Land: fremdländisch aussehen; fremdländische Pflanzen

Fremd·ling *der <-s, -e>* ❶ *eine Person, die sich irgendwo fremd fühlt:* Sie fühlte sich als Fremdling in der Klasse. ❷ *eine Person, die aus einem anderen Land kommt:* Die Inselbewohner begrüßten die Fremdlinge.

Fremd·spra·che *die <-, -n> eine Sprache, die nicht die eigene Muttersprache ist:* mehrere Fremdsprachen beherrschen; ein Lehrbuch für Deutsch als Fremdsprache; *siehe auch* **Bilingualismus**, **Deutsch als Fremdsprache**, **Zweitspracherwerb**

F

Als **Fremdsprache** gilt jede Sprache, die sich eine Person nach abgeschlossenem Erstspracherwerb (Erwerb einer Muttersprache) aneignet. Eine Fremdsprache wird im gesteuerten Spracherwerb vor allem im schulischen Unterricht erworben, aber auch durch Sprachkurse außerhalb der Schule, sowie auch autodidaktisch im Eigenstudium. Davon unterschieden wird der Erwerb einer Zweitsprache (Zweitspracherwerb) im Kindesalter (vgl. unter *Bilingualismus*) oder im Erwachsenenalter ohne Unterricht (vgl. unter *Zweitspracherwerb*). Fremdsprachenkenntnisse lassen sich nach den Gesichtspunkten der aktiven oder passiven Sprachbeherrschung, sowie der im mündlichen oder schriftlichen Bereich beurteilen. In vielen beruflichen Tätigkeitsfeldern gilt die Beherrschung mindestens einer Fremdsprache als Schlüsselqualifikation.

Fremd·sprach·er·werb, *a.* **Fremd·spra·chen·er·werb** *der <-s> /kein Plur./ Erwerb einer Fremdsprache/Zweitsprache im gesteuerten Spracherwerb; siehe auch* **Zweitspracherwerb**

fremd·spra·chig *adj /nicht steig./* ❶ *eine fremde Sprache sprechend:* fremdsprachige Gäste ❷ *in einer fremden Sprache abgefasst:* fremdsprachige Literatur; Teile des Fachunterrichts werden fremdsprachig gehalten.

fremd·sprach·lich *adj /nicht steig./* ❶ *eine fremde Sprache betreffend:* im fremdsprachlichen Unterricht Englisch/Französisch lernen ❷ *aus einer fremden Sprache kommend:* fremdsprachliche Wörter

Fremd·wäh·rung *die <-, -en>* WIRTSCH. *Währung eines anderen Landes:* der Umtausch von einer Fremdwährung in die Landeswährung

Fremd·wort *das <-(e)s, Fremdwörter> ein aus einer fremden Sprache stammendes Wort:* Fremdwörter richtig benutzen; Viele Fremdwörter stammen aus dem Lateinischen oder Griechischen.; ■ **etwas ist für jemanden ein Fremdwort** *etwas ist jmdm. völlig fremd und nicht von ihm zu erwarten* Höflichkeit ist wohl ein Fremdwort für Dich!; *siehe auch* **Anglizismus**, **Entlehnung**

Ein **Fremdwort** ist das Ergebnis der Übernahme eines sprachlichen Ausdrucks aus einer

F

Gebersprache in eine Nehmersprache. Der Grad der Anpassung an die Nehmersprache ist meist sehr gering, weshalb die übernommene Einheit als „fremd" empfunden wird. Besonders hierin unterscheidet sich das Fremdwort von dem Lehnwort (vgl. unter *Entlehnung*). Da nicht stets eine klare Grenze zwischen Fremdwort und Lehnwort zu ziehen ist, gelten Fremdwörter oft auch als Lehnwörter „im weiteren Sinne". Als Fremdwort wird sicherlich eher *Appetit* wahrgenommen als *Film*. Fremdwortgebrauch dient einerseits der Imagepflege, so wenn jemand äußert, er gehe „zum Ophthalmologen" (statt zu sagen: „zum Augenarzt"). Andererseits macht die oft modische Übernahme von Fremdwörtern seit dem 17. Jahrhundert einen Großteil der Sprachkritik aus: Sprachpflegerische bzw. sprachpuristische Bemühungen waren stets darauf gerichtet, die deutsche Sprache vom fremden (z. B. aus dem Französischen kommenden) Einflüssen zu „reinigen". Aus dem „Verdeutschungswörterbuch" des Sprachforschers, Wörterbuchmachers und Pädagogen Joachim Heinrich Campe (1746 bis 1818) stammen z. B.: *Feingefühl* für *Takt*, *Randbemerkung* für *Glosse*, *Esslust* für *Appetit*, *Stelldichein* für *Rendezvous*. Etwa 300 solcher Verdeutschungen sind in den allgemeinen Sprachgebrauch eingegangen. Heute wird die Fremdwortfrage meist im Zusammenhang mit dem unnötigen Gebrauch von Anglizismen (vgl. das Stichwort dazu) diskutiert.

fre·ne·tisch *adj* /nicht steig./ (≈ stürmisch) mit sehr viel Begeisterung und Energie vorgetragen: frenetischer Beifall
fre·quen·tie·ren *mit OBJ* ■ *jmd. frequentiert etwas* (geh.) häufig besuchen: eine sehr frequentierte Straße; ein gut frequentiertes Lokal
Fre·quenz *die* <-, -en> ❶ PHYS. Schwingungszahl: Der Radiosender sendet auf der Frequenz …; Licht einer bestimmten Frequenz; Ein Subwoofer übernimmt die Frequenzen unterhalb von 20 Hz. ◆-bereich ❷ (geh.) ÖSTERR. Besucherzahl: die Frequenz eines Konzertes ❸ (fachspr.) Häufigkeit des Vorkommens: die Frequenz eines Wortes im Sprachgebrauch
Fres·ko *das* <-s, Fresken> KUNST auf frischem, noch feuchtem Putz aufgetragene Wandmalerei: eine mit Fresken geschmückte Kapelle; eine mit Fresken ausgemalte Villa in der Toskana ◆-maler(in), -malerei
Fres·sa·li·en <-> Plur. (umg. scherzh.) Nahrungsmittel: Ich sorge für die Getränke und du kümmerst dich um die Fressalien.
Fres·se *die* <-, -n> (vulg. abwert.) ❶ Mund: Sie hat eine Fresse wie ein Pferd. ❷ Gesicht: Ich will deine dumme Fresse nicht mehr sehen!; ■ *jemandem eine in die Fresse hauen* jmdn. verprügeln; ■ *die Fresse halten* schweigen Halt endlich die Fresse!; ■ *die/eine große Fresse haben* angeben; prahlen

Fres·sen *das* <-s> /kein Plur./ (umg.) Nahrung für Tiere: einem Hund sein Fressen geben; ■ *ein gefundenes Fressen* (umg.) etwas, das jmdm. sehr willkommen ist Sein Fehler war ein gefundenes Fressen für seinen missgünstigen Kollegen.
fres·sen <frisst, fraß, hat gefressen> I. *mit OBJ/ohne OBJ* ■ *ein Tier frisst (etwas)* ❶ als Tier Nahrung aufnehmen: Die Katze frisst ihr Futter.; Unser Hund frisst nicht mehr.; Der Vogel frisst ihr aus der Hand.; Ziegen fressen gerne Äpfel. ❷ (vulg.) essen: Wer hat denn wieder meine Pralinen gefressen?; Friss nicht immer so gierig!; Der Kerl frisst wie ein Schwein. II. *mit OBJ* ❶ ■ *etwas frisst etwas* in großen Mengen verbrauchen: Die Arbeit frisst viel Zeit.; Der Bau hat ein ganzes Erspartes gefressen.; Der Kühlschrank frisst viel Strom. ❷ ■ *etwas frisst etwas in etwas* Akk. durch Zerstörung erzeugen: die Säure hat ein Loch in das Material gefressen; Der Rost hat ein Loch in das Blech gefressen.; Die Raupen haben Löcher in die Blätter gefressen. ❸ ■ *jmd. frisst etwas* (umg.) begreifen: Hast du es endlich gefressen?; Sie kommt nicht mehr zurück, wann frisst er das endlich? III. *ohne OBJ* ■ *etwas frisst an etwas* Dat. allmählich zerstören: Der Rost frisst an der Karosserie.; Das Feuer frisst um sich.; Die Brandung frisst an der Küste. IV. *mit SICH* ■ *etwas frisst sich in etwas* Akk. in etwas allmählich eindringen: Der Bohrer frisst sich in das Holz.; Der Wurm frisst sich durch den Stamm.; Die Bagger fraßen sich in die Erde.; ■ *jemanden gefressen haben* (umg.) jmdn. nicht leiden können.; ■ *jemanden zum Fressen gernhaben* (umg.) jmdn. sehr gernhaben
Fress·napf *der* <-(e)s, Fressnäpfe> Gefäß, aus dem ein Tier frisst
Frett·chen *das* <-s, -> ZOOL. eine Art Marder, der als Haustier gehalten wird
Freu·de *die* <-, -n> ❶ /kein Plur./ das intensive, positive Gefühl, dass man über etwas Gutes empfindet: Sein Sohn macht ihm viel Freude.; jemandem eine/wenig Freude bereiten; die Freude über einen Gewinn; die Freude an der Natur; Es ist mir eine große Freude, Sie begrüßen zu dürfen.; aus Freude einen Luftsprung machen ◆-nruf, -nschrei, -nsprung, -ntag, -ntaumel, Entdecker-, Lebens- ❷ /nur Plur./ (geh.) freudige Erlebnisse bzw. Ereignisse: die Freuden des Lebens/des Winters; die kleinen Freuden des Alltags
Freu·den·haus *das* <-es, Freudenhäuser> (verhüll.) Bordell
Freu·den·mäd·chen *das* <-s, -> (verhüll.) Prostituierte
Freu·den·tanz ■ *einen Freudentanz aufführen* sich sehr freuen
Freu·den·trä·nen <-> Plur. aus Freude vergossene Tränen
freu·de·strah·lend *adj* /nicht steig./ strahlend vor Freude ◆ Zusammenschreibung →R 4.2 jemanden mit freudestrahlenden Augen ansehen
Freu·di·a·ner *der* <-s, -> jmd., der ein Anhänger der Lehre Sigmund Freuds ist ► freudianisch
freu·dig *adj* ❶ so, dass es jmdn. erfreut: eine freudige Nachricht ❷ voller Freude: freudig gestimmt

sein; jemanden freudig begrüßen; ▪ **ein freudiges Ereignis** *die Geburt eines Kindes*

-freu·dig *als Zweitglied zusammengesetzter Adjektive; drückt aus, dass eine besonders positive Einstellung bzw. starke Neigung im Hinblick auf das mit dem Erstglied Bezeichnete gegeben ist* ◆arbeits-, entschluss- genuss-, kontakt-, reise-, spendier-, trink-

freud·los *adj (geh. abwert.) ohne Freude; trist:* ein freudloses Dasein; eine freudlose Gegend ▶Freudlosigkeit

freu·en I. *mit OBJ* ▪ *etwas freut jmdn.* *Freude[1] bereiten:* Ihr Geschenk freute ihn sehr. **II.** *mit SICH* ❶▪ *jmd. freut sich über etwas Akk.;* ▪ *jmd. freut sich, dass ... Freude empfinden:* Ich freue mich, dass es klappt.; Er freut sich über das Geschenk.; Die ganze Mannschaft freute sich mit Jan über den Sieg im Zeitfahren. ❷ *gespannt und mit Freude[1] erwarten:* Wir freuen uns auf die Ferien.; Sie freuen sich auf ihr erstes Kind. **III.** *mit ES* ▪ *es freut jmdn., dass ... es bereitet jmdm. Freude[1], dass ...:* Es freut mich, dass Sie daran gedacht haben.

Freund *der,* **Freun·din** <-(e)s, -e> ❶ *eine Person, mit der man eine gegenseitige vertrauensvolle Beziehung hat:* ein guter/langjähriger/treuer/wahrer Freund; Uli ist mein bester Freund.; Ich habe in ihm einen guten Freund gefunden.; gemeinsame Freunde haben; mit Freunden in den Urlaub fahren; Lass uns Freunde bleiben! ◆Jugend-, Schul-, Studien- ❷ *eine Person, zu der man eine (dauerhafte) sexuelle Beziehung hat:* Ist das der neue Freund deiner Tochter?; Er hat noch keine feste Freundin. ❸ */keine weibliche Form/ (↔ Feind) Mitstreiter:* unter Freunden sein; die politischen Freunde um sich versammeln; Freund und Feind nicht unterscheiden können ◆Partei- ❹ *(≈ Liebhaber) jmd., der etwas Bestimmtes mag:* Er ist ein großer/kein großer/überhaupt kein Freund des Boxsports.; Er ist ein Freund der modernen Musik.; kein Freund der Wahrheit sein (≈ öfters lügen) ◆Kunst-, Tier- ❺ *(≈ Förderer) jmd., der etwas fördert:* der Verein der Freunde der Universität ❻ *(übertr.) verwendet, um auszudrücken, dass eine gefühlsmäßige Beziehung zwischen etwas und dem Menschen besteht:* Der Hund ist der beste Freund des Menschen.; unsere gefiederten Freunde; der Baum, der Freund des Menschen; ▪**jemandem Freund sein** *(veralt. geh.) jmdm. freundlich gesinnt sein*

Als **falsche Freunde,** genauer: „falsche Freunde des Übersetzers", (engl. *false friends,* franz. *faux amis*) bezeichnet man Wörter oder Wendungen verschiedener Sprachen mit ähnlicher oder identischer Form, aber unterschiedlicher Bedeutung, z. B. ital. *caldo* = „warm" (aber nicht: „kalt"), franz. *figure* = „Gesicht" (aber nicht: „Figur"), engl. *eventually* = „gelegentlich" (aber nicht: „eventuell"), engl. *to become* = „werden" (aber nicht: „bekommen"). Falsche Freunde, zu denen es auch mehrere Wörterbücher gibt, stellen im Zusammenhang mit Über-

setzungen dann ein Problem dar, wenn scheinbare Entsprechungen nicht als unzutreffend erkannt werden. Im Alltagsleben werden solche Parallelen gern im Scherz verwendet.

freund·lich *adj* ❶ *entgegenkommend und aufmerksam (im Umgang):* ein freundliches Lächeln; freundlich bedient/empfangen werden.; Eine freundliche Frau hat uns weitergeholfen.; Wären Sie so freundlich, mir zu helfen?; Das ist sehr freundlich von Ihnen! ❷ *so, dass es angenehme Gefühle hervorruft:* freundliches Wetter; die Räume in freundlichen Farben streichen; Die Stimmung an der Börse war freundlich. ❸ *wohlwollend:* jemandem freundlich gesinnt sein; ein freundliches Urteil über jemanden abgeben

-freund·lich *als Zweitglied zusammengesetzter Adjektive* ❶ *drückt aus, dass eine positive Einstellung im Hinblick auf das mit dem Erstglied Bezeichnete gegeben ist* ◆hunde-, katzen-, kinder-, menschen- ❷ *drückt aus, dass etwas (politisch) von besonderem Vorteil für Personen(gruppen) oder Sachen ist, die mit dem Erstglied bezeichnet werden* ◆arbeitgeber-, arbeitnehmer-, familien-, regierungs-, umwelt-

Freund·lich·keit *die* <-, -en> ❶ */kein Plur./ die Eigenschaft, freundlich zu sein:* Freundlichkeit gegenüber den Kunden; jemanden mit großer Freundlichkeit willkommen heißen; Die Freundlichkeit der Räume gefällt mir. ❷ *eine freundliche Tat:* Kann ich Sie um eine Freundlichkeit bitten?

Freund·schaft *die* <-, -en> *eine Beziehung zwischen Menschen, die auf gegenseitiger vertrauensvoller Zuneigung beruht:* mit jemandem Freundschaft schließen; Die beiden verbindet eine jahrelange herzliche Freundschaft.; ▪**in aller Freundschaft** *ohne Streit zu beabsichtigen; wohlwollend* Er hat es ihm in aller Freundschaft gesagt. ◆-sdienst, -svertrag

freund·schaft·lich *adj /nicht steig./ in der Art von Freunden:* eine freundschaftliche Beziehung zu jemandem haben; freundschaftliche Bande knüpfen; jemandem einen freundschaftlichen Rat geben

Freund·schafts·spiel *das* <-(e)s, -e> SPORT *ein Spiel, bei dem es nicht um den Sieg in einem Wettbewerb geht*

Fre·vel *der* <-s, -> ❶ *(geh.) ein Verstoß gegen religiöse bzw. moralische Regeln:* sich eines Frevels schuldig bekennen; Es ist kein dummer Streich, sondern grober Frevel, wenn man hilflose Tiere quält. ❷ *eine Handlung, der man Unverständnis entgegenbringt:* Es war Frevel, die alten Grammophonplatten wegzuwerfen!

fre·vel·haft *adj (geh.) sehr zu verurteilen:* frevelhafter Leichtsinn; jemandem das Frevelhafte seines Tuns klar machen ▶Frevelhaftigkeit

fre·veln <frevelst, frevelte, hat gefrevelt> *ohne OBJ* ▪ *jmd. frevelt (veralt. geh.) etwas Verwerfliches tun:* Er sah ein, dass er gefrevelt hatte.; gegen das Gesetz/religiöse Gebote freveln ▶Frevler, Frevlerin

Frie·den *der* <-s, -> ❶ */kein Plur./ der Zustand,*

F

F

dass kein Krieg herrscht: den Frieden erhalten/ersehnen/gefährden/sichern; Die Menschen sehnen sich nach dem jahrelangen Krieg nach Frieden.; Es geht um Krieg oder Frieden.; Endlich herrscht wieder Frieden. ◆ -snobelpreis, -ssicherung, -sstifter, -ssymbol, -szeit(en) ❷ POL. *Friedensvertrag:* einen Frieden abschließen/aushandeln; den Frieden verkünden; der Westfälische Friede(n) ◆ -sverhandlungen, -svertrag ❸ */kein Plur./ Eintracht; Abwesenheit von Streit:* Wollt ihr endlich Frieden geben!; Lass mich in Frieden!; in Frieden auseinandergehen ❹ */kein Plur./ der Zustand innerer Gelassenheit und Ruhe:* Der Pater strahlt inneren Frieden aus.; Er konnte keinen Frieden finden.; in Ruhe und Frieden leben; in Frieden sterben können; ■ **Friede sei mit euch!** REL. *christlicher Segensspruch;* ■ **Ruhe in Frieden** REL. *christlicher Grabspruch;* ■ **jemand traut dem Frieden nicht** *jmd. glaubt nicht, dass ein friedlicher Zustand andauert* Die Kinder sind plötzlich so leide – aber ich traue dem Frieden nicht!; ■ **um dem lieben Friedens willen** *um Streit zu vermeiden;* ■ **es ist alles Friede, Freude, Eierkuchen** *es wirkt alles so harmonisch, ist es aber in Wirklichkeit nicht*

Frie·dens·ab·kom·men *das* <-s, -> POL. *Abkommen zwischen zwei Staaten, das einen Krieg beendet:* ein Friedensabkommen aushandeln/schließen/unterzeichnen

Frie·dens·be·mü·hun·gen <-> *Plur. diplomatische Gespräche, die bewirken sollen, dass zwei Staaten einen Krieg beenden*

Frie·dens·be·we·gung *die* <-> */kein Plur./ eine Bürgerbewegung, die sich für Abrüstung und gegen Kriege einsetzt*

Frie·dens·for·schungs·in·s·ti·tut *das* <-(e)s, -e> *ein wissenschaftliches Institut, das sich mit den Bedingungen von Krieg und Frieden mit dem Ziel beschäftigt, Kriege zu verhindern*

Frie·dens·mis·si·on *die* <-, -en> *diplomatische Mission mit dem Ziel der Beendigung eines militärischen Konflikts:* Der Botschafter reist zu einer Friedensmission in das Kriegsgebiet.

Frie·dens·pfei·fe ■ **mit jemandem die Friedenspfeife rauchen** *(umg. scherzh.) einen Streit mit jmdm. beenden*

Frie·dens·po·li·tik *die* <-> */kein Plur./ Politik, die der Erhaltung des Friedens dient:* eine konsequente Friedenspolitik betreiben

Frie·dens·rich·ter *der* <-s, -> SCHWEIZ. *Laienrichter, der bei kleineren Streitigkeiten einen Vergleich zwischen den Parteien zustande bringen soll*

Frie·dens·stif·ter *der* <-s, -> *jmd., der bewirkt, dass irgendwo der Frieden wiederhergestellt wird*

Frie·dens·tau·be *die* <-, -n> *die weiße Taube als Symbol des Friedens*

Frie·dens·zeit *die* <-, -en> *Zeit, in der Frieden herrscht:* eine lange Friedenszeit; in Friedenszeiten

fried·fer·tig *adj so, dass man immer bereit ist, sich ohne Streit zu einigen:* ein friedfertiger Charakter/ Mensch ▸ Friedfertigkeit

Fried·hof *der* <-(e)s, Friedhöfe> *abgegrenztes Gelände, auf dem sich Gräber befinden:* jemanden

auf dem Friedhof beisetzen/begraben/bestatten ◆ -sgärtnerei, -skapelle, -smauer, -sruhe

fried·lich *adj* ❶ *nicht auf Krieg ausgerichtet; dem Frieden dienend:* eine friedliche Lösung des Konflikts anstreben; die friedliche Nutzung der Kernenergie; einen Streit mit friedlichen Mitteln beilegen; friedlich zusammenleben/miteinander arbeiten ❷ *(umg.) nicht streitsüchtig:* Eigentlich bin ich ein friedlicher Mensch, aber ... ❸ *ruhig und ungestört:* eine friedliche Landschaft; ein friedliches Bild; Sie saßen friedlich beieinander. ▸ Friedlichkeit

fried·lie·bend *adj den Frieden liebend:* ein friedliebender Mensch; ein friedliebendes Volk

frie·ren <frierst, fror, hat/ist gefroren> **I.** *ohne OBJ* ❶ ■ *jmd. friert (haben) Kälte verspüren:* Mir ist kalt, ich friere.; Ich friere an den Füßen. ❷ ■ *etwas friert (sein) bei Frost erstarren:* Das Wasser ist zu Eis gefroren. **II.** *mit ES* ❶ ■ *es friert (haben) (Temperatur) unter den Gefrierpunkt sinken:* Heute Nacht wird es frieren. ❷ ■ *es friert jmdn. (haben) (umg.) jmd. verspürt Kälte:* Es friert mich entsetzlich.

Fries *der* <-es, -e> KUNST *ein schmückender waagerechter Streifen an einer Wand:* ein Fries aus bunten Kacheln

Fries·land <-s> *Landschaft in Norddeutschland*

fri·gid, fri·gi·de *adj (als Frau) nicht in der Lage, sexuelle Befriedigung zu erlangen* ▸ Frigidität

Fri·gi·di·tät *die* <-> */kein Plur./ die Eigenschaft, frigide zu sein*

Fri·ka·del·le *die* <-, -n> KOCH. *(Bulette) zu einem größeren Kloß geformte und gebratene Masse aus Hackfleisch, Ei, Paniermehl und gehackten Zwiebeln*

Fri·kas·see *das* <-s, -s> KOCH. *Gericht aus gekochtem Fleisch in einer hellen Soße*

Fri·ka·tiv *der* <-s, -e> SPRACHWISS. *(≈ Reibelaut)*

Fris·bee® *das* ['frɪzbɪ] <-, -s> SPORT *eine runde Wurfscheibe, die zwei Spieler einander zuwerfen:* Frisbee spielen

frisch *adj* ❶ *noch nicht alt, verdorben oder welk:* der Duft von frischem Kaffee; frische Brötchen vom Bäcker holen; frisch gebackenen/frischgebackenen Kuchen essen; Das Fleisch/Gemüse/Obst ist nicht mehr ganz frisch.; frisches Gras/Laub ❷ *nicht in irgendeiner Form haltbar gemacht:* frische Milch kaufen; ein frisch geschnittenen/frischgeschnittenen Kräutern würzen; Ich esse frisches Obst lieber als konserviertes.; Wir servieren nur frischen, keinen gefrorenen Fisch. ❸ *(≈ sauber) neu und nicht benutzt:* Ich ziehe mir mal ein frisches Hemd an.; ein frisches Blatt Papier nehmen; Bringen Sie mir bitte ein frisches Glas!; zum Spülen frisches Wasser nehmen; frische Luft ins Zimmer lassen; Ich gehe mich ein wenig frischmachen. ❹ *so, dass es erst kürzlich erfolgt ist:* frisch von der Schule/Universität kommen; Vorsicht, frisch gestrichen/frischgestrichen!; eine frische Erinnerung/Spur/Wunde ❺ *kraftvoll; nicht matt:* mit frischen Kräften; wieder ganz frisch aussehen; frische Farben; Es weht eine frische Brise. ❻ *kühl:* Heute ist es frisch draußen.; Das Wasser im See ist noch ganz schön frisch.; ■ **jemanden auf frischer Tat ertappen** *(umg.) jmdn. bei etwas überraschen*

Die Einbrecher wurden auf frischer Tat ertappt.
◆ Getrennt- und Zusammenschreibung →R 4.16
frisch gebackenes/frischgebackenes Brot; ◆ Getrenntschreibung →R 4.6 sich frischmachen, bevor man ausgeht; die Blumen/das Gemüse frisch-
halten

-frisch *als Zweitglied zusammengesetzter Adjek-*
tive; drückt aus, dass das mit dem Erstglied Be-
zeichnete gerade erst irgendwoher gekommen ist
bzw. mit ihm vor kurzem etwas getan worden ist
◆ druck-, -ernte-, fang-, ofen-, post-, röst-
frisch·ge·ba·cken *adj /nicht steig./ (umg.*
scherzh.) ein Ehepaar, das gerade erst geheiratet
hat: ein frischgebackenes Ehepaar

Fri·sche *die <-> /kein Plur./* ❶ *die Eigenschaft,*
nicht alt zu sein: Qualität und Frische zeichnen
unsere Backwaren aus. ❷ *die Eigenschaft, kraftvoll*
und nicht matt zu sein: geistige/körperliche Frische; voll jugendlicher Frische sein; Nächste Woche sehen wir uns in alter Frische wieder!; die Frische der Farben ❸ *Sauberkeit:* die Frische der
Wäsche; ein Duft voller Frische ❹ *(≈ Kühle) die*
Frische des frühen Morgens

Frisch·fleisch *das <-es> /kein Plur./ Fleisch von*
frisch geschlachteten Tieren

Frisch·hal·te·box *die <-, -en> eine Art kleine*
Kiste aus Kunststoff, deren Deckel fest schließt
und in der Nahrungsmittel (im Kühlschrank) lange
frisch¹ bleiben

Frisch·hal·te·fo·lie *die <-, -n> dünne Plastikfolie,*
mit der man Speisen abdecken kann, damit diese
länger frisch bleiben

Frisch·kä·se *der <-s, -> ein noch nicht gereifter,*
quarkähnlicher Käse

Frisch·ling *der <-s, -e>* ZOOL. *ein junges Wild-*
schwein: eine Bache mit Frischlingen

Fri·seur, *a.* **Fri·sör** *der,* **Fri·seu·rin** [friˈzøːr] *<-s,*
-e> jmd., der beruflich anderen Menschen die
Haare schneidet und frisiert: Der Friseur färbt einer Kundin die Haare/legt eine Dauerwelle/föhnt
die Haare/pflegt einem Kunden den Vollbart/
macht einem Kunden einen modischen Kurzhaar-
schnitt. ◆ -artikel, -bedarf, -handwerk, -meister, -sa-
lon

Fri·seu·se *die* [friˈzøːzə] *<-, -n> (≈ Friseurin)*

fri·sie·ren *mit OBJ* ❶ ◼ *jmd. frisiert jmdn. das*
Haar in bestimmter Weise gestalten: Die Models
müssen vor dem Fototermin noch frisiert werden.;
immer gut frisiert sein; jemandem/sich die Haare
frisieren ❷ ◼ *jmd. frisiert etwas* WIRTSCH. *(umg.*
abwert.) fälschen: eine Bilanz/Statistik frisieren
❸ ◼ *jmd. frisiert etwas* KFZ *(umg.) durch be-*
stimmte Manipulationen einen Motor leistungsfä-
higer machen

Fri·sier·sa·lon *der <-s, -s> Geschäft, in dem den*
Kunden die Haare geschnitten und frisiert werden

Fri·sör *siehe* **Friseur**

Frist *die <-, -en> ein Zeitraum von einem be-*
stimmten Zeitpunkt, innerhalb dessen etwas erle-
digt werden muss: jemandem für die Erledigung
einer Sache eine vierwöchige Frist setzen; eine
Frist einhalten/überschreiten/verlängern; sich an
die vorgegebenen Fristen halten; Wir geben Ihnen
eine Frist von zwei Wochen, um den Betrag zu be-

zahlen. ◆ -überschreitung, Kündigungs-, Liefer-,
Zahlungs-

fris·ten *mit OBJ* ◼ *jmd. fristet sein Leben (geh.)*
verbringen: sein Leben in ärmlichen Verhältnissen
fristen

frist·ge·recht *adj /nicht steig./ so, dass eine Frist*
eingehalten wird: die fristgerechte Anlieferung der
Waren

frist·los *adj /nicht steig./ ohne, dass eine Frist ge-*
währt wird: eine fristlose Kündigung aussprechen;
Der Buchhalter wurde fristlos gekündigt.

Fri·sur *die <-, -en> eine bestimmte Art, die Haare*
zu gestalten: Er hat eine ganz neue Frisur.; eine
freche/moderne Frisur tragen ◆ Kurzhaar-, Lo-
cken-

Frit·teu·se *die* [friˈtøːzə] *<-, -n>* KOCH. *Gerät zum*
Frittieren

frit·tie·ren *mit OBJ* ◼ *jmd. frittiert etwas* KOCH.
Speisen in heißem Fett schwimmend garen

fri·vol *adj so, dass es offen auf sexuelle Dinge an-*
spielt: frivole Bemerkungen machen; Lieder mit
frivolen Texten ▸ Frivolität

froh *adj* ❶ *(↔ traurig) von Freude erfüllt:* viele
frohe Menschen kamen zum Fest; froh gelaunt zur
Arbeit kommen; froh über/um den Ausgang einer
Sache sein; seines Lebens nicht mehr froh werden;
Sie können noch froh sein, dass nicht mehr passiert
ist. ❷ *(≈ freudig) so, dass es Freude auslöst:* eine
frohe Botschaft/Nachricht überbringen; Die Geburt eines Kindes ist ein frohes Ereignis. ◆ Getrenntschreibung →R 4.9 eine froh gelaunte/ge-
stimmte Gesellschaft

froh·ge·mut *adj (veralt. geh.) guter Laune:* frohgemut an die Arbeit gehen ◆ Zusammenschreibung
→R 4.2 Hans nahm seine Gans unter dem Arm
und machte sich frohgemut auf den Weg nach
Hause.

fröh·lich *adj* ❶ *(↔ traurig) ausgelassen und ver-*
gnügt: eine fröhliche Stimmung; ein fröhliches Lachen; fröhlich und ausgelassen feiern ❷ *heiter und*
optimistisch: Er ist überhaupt ein fröhlicher
Mensch.

Fröh·lich·keit *die <-> /kein Plur./ (↔ Traurigkeit)*
der Zustand, vergnügt zu sein: Ihre Fröhlichkeit
steckte alle anderen an.

froh·lo·cken *<frohlockst, frohlockte, hat froh-*
lockt> ohne OBJ ◼ *jmd. frohlockt (geh.) sich*
(heimlich) freuen: Er frohlockte über seinen Sieg.;
über den Misserfolg anderer frohlocken

Froh·na·tur *die <-, -en> jmd., der meist gut ge-*
launt ist: Sie ist eine richtige Frohnatur, der nichts
so leicht die gute Laune verderben kann.

Froh·sinn *der <-s> /kein Plur./ (geh.) heitere*
Stimmung: Frohsinn um sich verbreiten

fromm *<frommer/frömmer,   frommste/*
frömmste> adj ❶ *sehr religiös:* ein frommer
Mensch; sehr fromm erzogen sein; ein frommes
Leben führen ❷ *(abwert.) voll gespielter Un-*
schuld: einen frommen Augenaufschlag haben;
Deine frommen Sprüche kannst du dir sparen!; Er
kann der schlimmste Rüpel sein und danach wieder ganz fromm tun.

Fröm·me·lei *die <-, -en> (abwert.) das Frömmeln*

fröm·meln *<frömmelst, frömmelte, hat geiröm-*

F

F

melt> *ohne OBJ* ■ *jmd. frömmelt (abwert.) nach außen hin übertrieben fromm tun:* eine frömmelnde Haltung

Fröm·mig·keit *die* <-> /kein Plur./ *die Eigenschaft, fromm zu sein:* ein Leben voller Frömmigkeit führen

Frömm·ler *der* <-s, -> *(abwert.) jmd., der frömmelt*

Fron *die* <-> /kein Plur./ ❶ GESCH. *körperliche Arbeit als Dienstleistung für den Lehnsherrn* ◆-dienst ❷ *(geh. übertr. abwert.) eine als Last empfundene Arbeit:* Wenn man keine freie Zeit mehr hat, wird die Arbeit zur Fron.

Fron·ar·beit *die* <-, -en> SCHWEIZ. *freiwillige unbezahlte Arbeit für eine Gemeinde, eine Genossenschaft oder einen Verein*

frö·nen *ohne OBJ* ■ *jmd. frönt etwas Dat. (geh.) eine Sache genussvoll tun:* seinem Hobby/einem Laster frönen

Fron·leich·nam *der* <-s> /kein Plur./ REL. *ein katholischer Feiertag am zweiten Donnerstag nach Pfingsten*

Front *die* <-, -en> ❶ *die vordere Seite:* die Front eines Gebäudes; Die Front des Fahrzeugs war völlig demoliert.; Die Front der Truppen abschreiten. ◆-fenster, -seite, Fenster-, Häuser-, Schaufenster- ❷ METEOR. *Luftmasse:* Eine Front subtropischer Warmluft nähert sich unserem Gebiet. ◆ Gewitter-, Kalt-, Kaltluft-, Kaltwetter-, Warm- ❸ MILIT. *die Kampflinie, an der Truppen direkt auf den Feind treffen:* der Verlauf der Front; an die Front müssen; eine zweite Front eröffnen ◆-bericht, -einsatz, -soldat, -verlauf ❹ *Menschen, die sich gemeinsam gegen etwas einsetzen:* Die Front der Gegner dieses Projekts wächst täglich.; ■ **Front gegen etwas machen** *gegen eine Sache widersetzen;* ■ **an vorderster Front** *(übertr.) maßgeblich; in einer wichtigen Position;* ■ **in Front gehen** SPORT *die Spitzenposition einnehmen*

fron·tal *adj* /nicht steig./ *direkt von vorn:* frontal zusammenstoßen; den Gegner frontal angreifen ▶ Frontalzusammenstoß

Front·schei·be *die* <-, -n> KFZ *vordere Scheibe eines Autos:* durch die Frontscheibe eine klare Sicht haben

Frosch *der* <-(e)s, Frösche> ZOOL. *ein zu der Familie der Lurche gehörendes, im und am Wasser lebendes Tier:* Die Frösche quaken im Teich.; ■ **einen Frosch im Hals haben** *(umg.) heiser sein;* ■ **Sei kein Frosch!** *(umg.) sei nicht ängstlich/sei kein Spielverderber!* ◆-laich, -teich

Frosch·laich *der* <-(e)s> ZOOL. *befruchtete Froscheier*

Frosch·mann *der* <-(e)s, Froschmänner> *Taucher mit Spezialausrüstung für bestimmte Arbeiten unter Wasser:* Das Wrack wurde von Froschmännern untersucht.

Frosch·per·s·pek·ti·ve *die* <-> /kein Plur./ *(umg.) Blickwinkel von unten nach oben:* Wir beobachteten aus der Froschperspektive, was sich über uns abspielte.

Frost *der* <-(e)s, Fröste> *Temperaturen unter null Grad Celsius:* Es herrschte bitterer/strenger Frost.; Bei Frost müssen die Pflanzen abgedeckt werden.

◆-beule, -einbruch, -gefahr, -nacht, -periode, -schaden, -schutz(mittel), Boden-, Nacht-

Frost·beu·le *die* <-, -n> MED. *Schwellung, die jmd. aufgrund von Erfrierungen auf der Haut bekommt*

frös·teln <fröstelst, fröstelte, hat gefröstelt> **I.** *ohne OBJ* ■ *jmd. fröstelt (leicht) frieren:* Sie fröstelte in der kühlen Abendluft. **II.** *mit ES* ■ *es fröstelt jmdn. von einem leichten Gefühl der Kälte befallen werden:* Mich fröstelt jetzt doch ein wenig.

frost·frei *adj* /nicht steig./ *mit Temperaturen über dem Gefrierpunkt:* eine frostfreie Nacht

fros·tig *adj* /nicht steig./ ❶ *sehr kalt:* eine frostige Nacht ❷ *(abwert.) unfreundlich; nicht herzlich:* ein frostiges Lächeln; ein frostiger Empfang

Frost·nacht *die* <-, ...-nächte> *eine Nacht, während der die Temperatur unter den Gefrierpunkt fällt*

Frot·tee, *a.* **Frot·té** *das/der* [frɔ'te:/'frɔte:] <-(s), -s> *ein Stoff mit rauer Oberfläche, der sich gut zum Abtrocknen eignet:* ein Bademantel/ein Handtuch/Socken aus Frottee ◆-handtuch, -schlafanzug, -socken

frot·tie·ren *mit OBJ* ■ *jmd. frottiert jmdn. mit einem Handtuch trockenreiben:* jemanden/sich mit einem Handtuch frottieren; (jemandem/sich) die Haare frottieren

frot·zeln <frotzelst, frotzelte, hat gefrotzelt> *ohne OBJ* ■ *jmd. frotzelt über jmdn./etwas (umg.) leicht spotten:* Er frotzelte gern über sie/ihr Hobby.

Frucht *die* <-, Früchte> ❶ *bestimmte essbare, reife, fleischige Samen von Pflanzen:* Der Apfel ist die Frucht des Apfelbaums.; eine Schale mit frischen Früchten auf den Tisch stellen; eingekochte/einheimische/exotische/kandierte Früchte ◆-bonbon, -eis, -geschmack, -jogurt/-joghurt ❷ BIOL. *die reifen Samen von Pflanzen:* Die Kastanie ist die Frucht des Kastanienbaumes. ❸ *(fachspr.) das im Mutterleib heranwachsende Kind bzw. Junge:* die Frucht ihres Leibes ❹ *(geh. übertr.) Ergebnis:* die Frucht seiner Bemühungen; Unser Fleiß hat reiche Früchte getragen. ❺ SCHWEIZ. *Getreide;* ■ **verbotene Früchte** *verlockende, aber verborene Genüsse* ◆ *Getrennt- oder Zusammenschreibung* →R 4.16 Frucht bringende/fruchtbringende Gespräche; Frucht tragende/fruchttragende Bäume; *siehe aber auch* **fruchtbringend, fruchttragend**

frucht·bar *adj* ❶ *so, dass es viel Frucht hervorbringt:* fruchtbares Land; ein fruchtbares Jahr ❷ *sehr vermehrungsfreudig:* Mäuse sind überaus fruchtbare Tiere. ❸ *so, dass es gute Ergebnisse bringt:* eine fruchtbare Zusammenarbeit; eine fruchtbare Fantasie haben; ■ **nicht fruchtbar sein** *keine Nachkommen hervorbringen können*

Frucht·bar·keit *die* <-> /kein Plur./ *die Eigenschaft, fruchtbar zu sein:* die Fruchtbarkeit des Bodens; die Fruchtbarkeit der Diskussion

Frucht·bla·se *die* <-, -n> ANAT. *die das Ungeborene im Mutterleib einschließende, mit Fruchtwasser gefüllte Eihülle*

frucht·brin·gend *adj (geh.) nützlich:* eine äußerst fruchtbringende Zusammenarbeit ◆ Zusammen-

F

schreibung →R 4.16 Das Gespräch verlief sehr
fruchtbringend/hätte nicht fruchtbringender sein
können.; *siehe aber auch* **Frucht**
Frücht·chen *das* <-s, -> *(umg. abwert.) ungezoge-*
nes Kind: Du bist mir ja ein Früchtchen!
fruch·ten <fruchtet, fruchtete, hat gefruchtet>
ohne OBJ ■ *etwas fruchtet* zum Erfolg führen;
Unsere Ermahnungen fruchteten bei ihr nicht.
Frucht·fleisch *das* <-es> */kein Plur./ das saftige,*
weiche Gewebe einer Frucht: ein Apfel mit festem
Fruchtfleisch
Frucht·fol·ge *die* <-, -n> LANDW. *eine bestimmte*
Abfolge des Anbaus verschiedener Nutzpflanzen
auf einem Feld
frucht·los *adj /nicht steig./ (abwert.) so, dass es*
keinen Erfolg hat: fruchtlose Bemühungen; eine
lange, fruchtlose Diskussion ▶ Fruchtlosigkeit
Frucht·saft *der* <-(e)s, Fruchtsäfte> *in einer*
Frucht gespeicherter Saft: den Fruchtsaft aus einer
Apfelsine pressen; verschiedene Fruchtsäfte im An-
gebot haben ◆-getränk
Frucht·säu·re *die* <-> */kein Plur./ in Obst enthal-*
tene natürliche Säure
frucht·tra·gend *adj /nicht steig./ siehe auch*
Frucht ◆ Zusammen- oder Getrenntschreibung
→4.12 fruchttragende/Frucht tragende Bäume
Frucht·was·ser *das* <-s> */kein Plur./* MED. *die*
Flüssigkeit, die das Ungeborene in der Gebärmut-
ter umgibt: das Fruchtwasser untersuchen lassen
◆-untersuchung
Frucht·zu·cker *der* <-s> */kein Plur./ in einer*
Frucht enthaltener Zucker
Fruc·to·se *die* <-> */kein Plur./ Fruchtzucker*
fru·gal *adj (geh.) karg; nicht reichlich:* ein frugales
Mahl
früh **I.** *adj* ❶ *relativ zeitig am Tag:* am frühen Morgen; Es ist noch früh, noch nicht mal sechs Uhr.;
sehr früh aufstehen/zu Bett gehen ❷ *relativ zeitig*
im Jahr: ein früher Winter; eine frühe Ernte/Obst-
sorte ❸ *zeitig im Bezug auf einen Zeitpunkt:* Die
Bahn kommt aber früh heute!; Wir müssen heute
früh/früher schließen, da ich noch einen anderen
Termin habe.; Ich komme eine Stunde früher als
du. ❹ *am Beginn einer Entwicklung:* seit frühester
Kindheit; ein früher Picasso; ein frühes Werk des
Künstlers; seine leider früh verstobene Mutter
❺ *am Beginn eines Zeitabschnitts:* das frühe Mittelalter; die frühen siebziger Jahre **II.** *adv am Mor-*
gen: Wir sehen uns morgen früh!; am Montag
früh; ■ **früher oder später** *ganz bestimmt* ◆Ge-
trenntschreibung →R 4.5 die (viel zu) früh verstorbene Schauspielerin ...; ein früh vollendetes Kunstwerk; ◆Groß- oder Kleinschreibung
→R 3.10 Ich habe sie heute früh/Früh getroffen.
Früh·auf·ste·her *der,* **Früh·auf·ste·he·rin** <-s,
-> *(↔ Langschläfer) Person, die gewohnheitsmä-*
ßig sehr früh am Tag aufsteht
Früh·chen *das* <-s, -> *ein Baby, das zu früh gebo-*
ren wurde und im Brutkasten liegt
Frü·he *die* <-> */kein Plur./ (geh.) der frühe Mor-*
gen: Wir brachen in aller Frühe auf.
Früh·ehe *die* <-, -n> *eine Ehe, bei der beide Ehe-*
leute sehr viel jünger als üblich sind
frü·her **I.** *adj* ❶ *vor einem gegebenen Zeitpunkt lie-*

gend: seine frühere Freundin; unsere früheren
Mitarbeiter; deine früheren Aussagen; Früher oder
später erfährst du es ja doch! ❷ *relativ lange Zeit*
zurückliegend: in früheren Zeiten **II.** *adv in der*
Vergangenheit: Früher war alles anders.; Ich
kenne ihn von früher (her).
Früh·er·ken·nung *die* <-> MED. *das Erkennen von*
Krankheiten in einem sehr frühen Stadium: Die
Früherkennung von Krebs erhöht die Heilungs-
chancen.
frü·hes·tens *adv (↔ spätestens) nicht eher als:*
Ich komme frühestens um acht nach Hause.; Diese
Äpfel werden frühestens im August reif.
frü·hest·mög·lich *adj /nicht steig./ (↔ spätest-*
möglich) so früh, wie es möglich ist: zum frühest-
möglichen Zeitpunkt beginnen
Früh·ge·burt *die* <-, -en> ❶ *zu frühe Geburt:* eine
Frühgeburt haben ❷ *ein zu früh geborenes Kind:*
eine Station zur Betreuung von Frühgeburten
Früh·jahr *das* <-(e)s, -e> *(≈ Frühling)*
Früh·jahrs·mü·dig·keit *die* <-> */kein Plur./ im*
Frühjahr bei manchen Menschen auftretende Ab-
gespanntheit
Früh·jahrs·putz *der* <-es, -e> *gründliche Reini-*
gung der Wohnung im Frühjahr
Früh·ling *der* <-s, -e> ❶ *die Jahreszeit zwischen*
dem Ende des Winters und dem Beginn des Som-
mers: die ersten sonnigen Tage des Frühlings; Im
Frühling öffnen wieder die Straßencafés. ◆-sabend,
-sanfang, -sbeginn, -slied, -sluft, -smonat, -ssonne,
-stag ❷ *(geh. übertr.) Jugendzeit:* der Frühling des
Lebens; mit fünfzig Jahren einen zweiten Frühling
erleben
Früh·lings·ge·füh·le ■ **jemand bekommt Früh-**
lingsgefühle *jmd. ist (durch den Frühling) sehr*
gut gestimmt und flirtet ein wenig
Früh·lings·rol·le *die* <-, -n> KOCH. *ein chinesi-*
sches Gericht in Form einer mit Bambussprossen
und Gemüse gefüllten und frittierten Teigtasche
früh·mor·gens *adv am frühen Morgen:* Frühmor-
gens lag noch Tau auf den Wiesen.
Früh·pen·si·o·nie·rung *die* <-, -en> *der Vorgang,*
dass jmd. (aus gesundheitlichen Gründen) früher
als üblich in den Ruhestand geht
früh·reif *adj /nicht steig./ in der geistigen und*
körperlichen Entwicklung dem eigentlichen Alter
voraus: ein sehr frühreifes Kind ▶ Frühreife
Früh·schicht *die* <-, -en> *(↔ Spätschicht) in*
den frühen Morgenstunden beginnende Arbeits-
schicht: zur Frühschicht gehen; Frühschicht haben
Früh·schop·pen *der* <-s, -> *eine Zusammenkunft*
(in einer Gaststätte) am Vormittag, bei der Alkohol
getrunken wird: zum Frühschoppen gehen
Früh·stück *das* <-s, -e> *die erste Mahlzeit des Ta-*
ges: Wünschen Sie ein Ei zum Frühstück?; ein le-
ckeres/reichhaltiges Frühstück; zum Frühstück frische Brötchen/ein Ei/Kaffee/Marmelade/ Müsli/
ein Spiegelei/Tee/Toast servieren; Frühstück gibt
es zwischen sieben und neun Uhr, an Wochenen-
den bis zehn Uhr.; ■ **das zweite Frühstück** *am*
späteren Vormittag eingenommene Zwischen-
mahlzeit ◆-sfernsehen, -stisch, -szeit
früh·stü·cken *mit OBJ/ohne OBJ* ■ *jmd. früh-*
stückt (etwas) (zum) Frühstück essen: Ich früh-

stücke nur eine Tasse Kaffee und ein Brötchen.; Sonntags frühstücken wir immer sehr spät.

Früh·warn·sys·tem *das* <-s, -e> MILIT. *ein System, mit dem militärische Angriffe zu einem sehr frühen Zeitpunkt erkannt werden können*

Früh·werk *das* <-s, -e> (↔ Spätwerk) *ein Kunstwerk, das ein Künstler am Anfang seines Schaffens kreiert hat*

früh·zei·tig *adj* (↔ spät) *zu einem frühen Zeitpunkt:* eine Veränderung frühzeitig bemerken; frühzeitig in Rente gehen ▸ Frühzeitigkeit

Fruk·to·se, *a.* **Fruc·to·se** *die* <-> /kein Plur./ *Fruchtzucker*

Frust *der* <-(e)s> /kein Plur./ (umg.) *kurz für „Frustration":* großen Frust haben

frus·ten *mit OBJ* ■ *etwas frustet jmdn.* (jugendspr.) *enttäuscht und niedergeschlagen machen:* Das frustet mich ziemlich!; Nach der nicht bestandenen Prüfung war ich ziemlich gefrustet.

Frus·t·ra·ti·on *die* [frʊstra'tsi̯oːn] <-, -en> (geh.) *Enttäuschung über ein vergebliches Bemühen:* Als das Vorhaben nicht richtig gelingen wollte, verspürten sie eine große Frustration.; seine Frustrationen abreagieren ◆ -stheorie, -stoleranz

frus·t·rie·ren *mit OBJ* ■ *etwas frustriert jmdn.* (geh.: ↔ motivieren) *enttäuscht und niedergeschlagen machen:* Der Misserfolg hat alle sehr frustriert.

FTP EDV *Abkürzung von „File Transfer Protocol"*

Fuchs *der*, **Füch·sin** <-es, Füchse> ❶ ZOOL. *ein kleines Raubtier, das einem Hund ähnelt und (meist) ein rotbraunes Fell hat:* Der Fuchs lebt in einem Bau/geht auf die Jagd. ◆ -loch, -pelz ❷ /keine weibliche Form/ *Person, die sehr klug und geschickt ist:* Sie ist ein Fuchs, sie hat den Fehler gleich gefunden! ❸ /keine weibliche Form/ *ein Pferd mit braunem Fell;* ■ *dort, wo sich* **Fuchs und Hase gute Nacht sagen** (umg. abwert.) *in einer sehr einsamen, schlecht erreichbaren Gegend;* ■ *jemand ist ein (schlauer) Fuchs* (umg.) jmd. ist schlau

Fuchs·bau *der* <-s, -e> *die Höhle eines Fuchses[1]*

fuch·sen <fuchst, fuchste, hat gefuchst> *mit OBJ* ■ *etwas fuchst jmdn.* (umg.) *ärgern:* Dieser dumme Fehler hat mich aber sehr gefuchst!

Fuch·sie *die* <-, -n> BOT. *ein Zierstrauch mit hängenden rot-violetten Blüten*

fuch·sig *adj* (umg.) *wütend:* Jetzt werde ich aber langsam fuchsig!

fuchs·rot *adj* /nicht steig./ *leuchtend rotbraun:* fuchsrote Haare haben

Fuchs·schwanz *der* <-es, Fuchsschwänze> ❶ *der Schwanz eines Fuchses[1]* ❷ TECHN. *eine Säge mit einem spitz zulaufenden Sägeblatt, das an nur einem Griff befestigt ist*

fuchs·teu·fels·wild *adj* /nicht steig./ (umg.) *sehr verärgert:* fuchsteufelswild werden

Fuch·tel *die* <-, -n> ❶ /kein Plur./ (umg. abwert.) *strenge Zucht oder Bevormundung:* jemanden unter seine Fuchtel nehmen; bei jemandem unter der Fuchtel/unter jemandes Fuchtel stehen ❷ (umg.) ÖSTERR. *zänkische Frau*

Fu·der *das* <-s, -> *die Ladung eines Ackerwagens:* ein Fuder Heu; ■ *das* **Fuder überladen** SCHWEIZ. *zu viel des Guten tun, zu viel auf einmal wollen*

fuff·zig *adj* (umg.) *fünfzig*

Fug ■ *mit Fug und Recht* (geh.) *mit vollem Recht* Das darf ich mit Fug und Recht sagen.

Fu·ge[1] *die* <-, -n> *eine schmale Spalte:* Wo beide Teile aufeinanderstoßen, bleibt immer eine Fuge.; schmale Fugen im Mauerwerk abdichten; ■ *aus* **den Fugen gehen** *den Zusammenhalt verlieren* ◆ -nkitt, -nmaterial, -nmörtel

Fu·ge[2] *die* <-, -n> MUS. *ein streng aufgebautes mehrstimmiges Musikstück:* eine Fuge von Bach spielen ◆ -nschema

fü·gen I. *mit OBJ* ■ *jmd. fügt etwas (zu etwas Dat./an etwas Akk.) miteinander verbinden oder hineinbauen:* Stein an Stein fügen; zwei/viele Teile zu einem Ganzen fügen; ein Teil des Puzzles in eine Lücke fügen **II.** *mit SICH* ❶ ■ *jmd. fügt sich nachgeben:* Wir protestieren nicht mehr und fügen uns jetzt eben. ❷ ■ *etwas fügt sich (so), dass ...* (geh.) *zufällig geschehen:* Es fügte sich (so), dass beide das Gleiche wollten. ❸ ■ *etwas fügt sich zu etwas Dat. etwas (Ganzes) ergeben:* die Teile fügen sich zu einem Ganzen; die einzelnen Punkte fügen sich zu einem Bild ❹ ■ *etwas fügt sich in etwas Akk.* (geh.) *passen:* Das fügt sich in das ganze Bild, das ich von ihm habe.; Sie fügt sich gut in die Klasse ein.; Das Gebäude fügt sich gut in die Landschaft.; Es fügt sich gut, dass wir den gleichen Weg haben.

Fu·gen·ele·ment *das* <-s, -e> *siehe auch* **Wortbildung**

Als **Fugenelement** bezeichnet man ein lautliches und als Buchstabe/Buchstabenfolge schriftlich realisiertes Element, das im Wesentlichen der leichteren Aussprache dient. Fugenelemente werden an Nahtstellen (Kompositionsfugen) vor allem zwischen den Bestandteilen zusammengesetzter lexikalischer Einheiten (Komposita) eingefügt; seltener kommen sie auch in Ableitungen zwischen Stamm und Suffix vor; vgl. *hoffnungslos* und *Mönchstum*. Sehr häufig ist das Fugenelement „s"; vgl. *Amtssprache* und *Abfahrtszeit*. Weitere Fugenelemente sind z. B. das „e" (*Hundehütte*), das „es" (*Freundeskreis*), das „n" (*laienhaft*), und das „ens" (*Schmerzensgeld*). Manche Wörter sind sowohl mit, als auch ohne Fugenelement gebräuchlich, z. B. *beitrag(s)zahlend*. Es gibt auch regionale Unterschiede, z. B. norddt. *Schweinebraten*, süddt. *Schweinsbraten*. In verschiedenen Fällen ist sogar die Bedeutung einer Einheit mit oder ohne Fugenelement unterschiedlich: *Landmann* („Bauer") und *Landsmann* („Person aus dem gleichen Land/aus der gleichen Gegend"). Im Einzelnen sind die Regularitäten sehr kompliziert, insbesondere zur Verwendung des Fugen-„s". So gelten z. B. für offizielle Benennungen insbesondere im Bereich des Steuerrechts in Deutschland Regelungen, die auf Festsetzungen beruhen, und wonach im

Unterschied zu analogen alltagssprachlichen Ausdrücken kein Fugen-„s" auf das Erstglied zusammengesetzter Komposita folgt. Auch gilt dies dann nur in Deutschland, nicht aber in Österreich und der Schweiz; vgl. *Einkommensteuer* (amtlich) im Unterschied zu *Einkommensverteilung*, oder auch *Körperschaftsteuer* im Unterschied zu *Verkehrszeichen*. In der Rechtssprache (Arbeitsrecht, Verwaltungsrecht etc.) hingegen ist das Fugen-„s" im Unterschied zu Österreich in Deutschland üblich; vgl. *Schadensersatz* und *Schmerzensgeld* im Unterschied zu österr. *Schadenersatz* und *Schmerzengeld*. Vor allem in Österreich ist das Fugen-„s" viel stärker üblich als in Deutschland, wobei teils Übereinstimmungen mit süddeutscher Verwendung gegeben sind. Im österreichischen Deutsch stets ein Fugen-„s"; vgl. z. B. *Aufnahmsprüfung, Einnahmsquelle, Gelenksentzündung*, oder auch *Fabriksarbeiter*. In vorliegendem Wörterbuch werden Einheiten mit und ohne Fugen-„s" separat angeführt, wenn sie an unterschiedlicher alphabetischer Stelle stehen; eine der Einheiten eröffnet dann einen Verweisartikel. Andernfalls werden die unterschiedlichen Varianten im Lemma durch Umklammerung des „s" angezeigt.

füg·sam *adj (≈ folgsam) so, dass man widerspruchslos gehorcht:* ein fügsames Kind ▸ Fügsamkeit
Fü·gung *die* <-, -en> ❶ */ohne Plur./ (geh.) ein (günstiges) Schicksal:* eine glückliche Fügung ❷ SPRACHWISS. *(≈ Wendung)*
fühl·bar *adj /nicht steig./* ❶ *so, dass man es irgendwie wahrnehmen kann:* eine fühlbare Spannung zwischen zwei Menschen; ein fühlbarer Unterschied ❷ *so, dass man es ertasten kann:* fühlbare Unebenheiten in der Oberfläche; Der Puls ist kaum noch fühlbar.
füh·len I. *mit OBJ* ▪ *jmd. fühlt etwas* ❶ *als körperliche Empfindung wahrnehmen:* Er fühlte den Schmerz kaum.; Hitze/Kälte fühlen; einen Druck im Magen fühlen; Er fühlte, wie jemand ihn an der Schulter berührte. ❷ *innerlich empfinden:* Mitleid/Trauer/Glück fühlen; Hass gegen jemanden fühlen; Sie fühlte, dass sie beobachtet wurde. ❸ *mit den Händen ertasten:* jemandem den Puls fühlen II. *ohne OBJ* ▪ *jmd. fühlt nach etwas (≈ tasten) mit den Händen suchen:* im Dunkeln nach dem Lichtschalter fühlen; in der Tasche nach dem Schlüssel fühlen III. *mit SICH* ▪ *jmd. fühlt sich irgendwie* ❶ *seinen Körper irgendwie wahrnehmen:* sich krank/jung/fiebrig fühlen; Fühlst du dich besser heute? ❷ *seinen seelischen Zustand irgendwie wahrnehmen:* sich betrogen/glücklich/überflüssig/schuldig fühlen; sich jemandem überlegen fühlen; Sie fühlte sich für ihn verantwortlich.; Er fühlt sich schon als Arzt, obwohl er noch in der Ausbildung ist.; sich als freier Mensch/Betrogener fühlen; ▪ **sich fühlen** *(umg. abwert.) eingebildet sein* Sie fühlt sich aber wieder heute!;

▪ **sich wie neugeboren fühlen** *sich sehr gut erholt fühlen*
Füh·ler *der* <-s, -> ZOOL. *ein paariges, längliches Tastorgan bei Insekten, Schnecken und Krebsen:* Der Krebs bewegt seine langen Fühler.; Die Schnecke zieht ihre Fühler ein. ❷ TECHN. *(≈ Sensor) eine Vorrichtung, die Messdaten aus der Umgebung aufnimmt und weiterleitet;* ▪ **seine Fühler (nach etwas) ausstrecken** *(umg. übertr.) vorsichtig (eine Situation) erkunden*
Fuh·re *die* <-, -n> *die Menge, die ein Transportmittel fasst:* eine Fuhre Kohle (vom LKW) abladen; zwei Fuhren Sand (mit der Schubkarre) bringen
füh·ren I. *mit OBJ* ❶ ▪ *jmd. führt etwas irgendwie (geh.) handhaben:* den Pinsel geschickt führen; die Säge/den Geigenbogen mit der linken Hand führen ❷ ▪ *jmd. führt etwas* AMTSSPR. *bedienen oder steuern:* ein Kraftfahrzeug/Segelflugzeug/eine technische Anlage führen ❸ ▪ *jmd. führt etwas im Sortiment oder auf einer Liste haben:* Wir führen alle namhaften Marken.; Diesen Artikel führen wir nicht.; jemanden als vermisst führen; Er wird in unserer Statistik nicht geführt. ❹ ▪ *jmd. führt etwas leiten:* einen Staat/eine Organisation/die Ermittlungen führen; ein Geschäft/Unternehmen führen; Die Lehrerin führt die Klasse seit zwei Schuljahren. ❺ ▪ *jmd. führt etwas verwalten:* die Bücher/ein Konto führen ❻ ▪ *jmd. führt etwas (geh.) in verblasster Bedeutung: machen:* ein Gespräch/einen Prozess führen; den Beweis für etwas führen; Krieg führen ❼ ▪ *jmd. führt jmdn. irgendwohin (Personen) irgendwohin geleiten:* Er führt Touristen durch die Stadt/Burganlage.; Er führte die Gäste zum Tor.; Hunde sind an der Leine zu führen!; jemanden in die Irre führen ❽ ▪ *jmd. führt etwas irgendwohin (Dinge) dazu bringen, sich in einer Richtung zu bewegen:* den Löffel zum Mund führen; die Hand an die Stirn führen; die verbrauchte Luft ins Freie führen; jemandem (beim Schreiben) die Hand/die Feder führen ❾ ▪ *etwas führt zu etwas Dat. etwas zum Ergebnis haben:* Das führt ihn zu einer neuen Erkenntnis.; Das hat uns zur Einsicht geführt.; Das hat sie auf eine falsche Fährte geführt.; Wohin soll uns das noch führen? ❿ ▪ *jmd./etwas führt etwas mit sich haben:* den Ausweis mit sich führen; einen Namen/Titel führen; Der Fluss führt Hochwasser. II. *ohne OBJ* ▪ *etwas führt zu etwas Dat.* ❶ *bewirken:* Alle Versuche führten zu nichts.; Das führt zur Verarmung der Bevölkerung.; Diese Politik führt in den Ruin.; Wohin soll das alles noch führen? ❷ *in einer Richtung verlaufen:* Der Weg führt am Rathaus.; Diese Wasserleitung führt ins Badezimmer.; Die Buslinie führt zum Stadion. ❸ *an der Spitze oder am besten sein:* Er führt mit zweiundachtzig Punkten.; die führende Mannschaft; die führenden Softwareanbieter; die führenden Industrienationen; Führende Wissenschaftler haben das bestätigt. III. *mit SICH* ▪ *jmd. führt sich irgendwie sich benehmen:* Der Häftling führt sich gut.; ▪ **zu weit führen** *so sein, dass man damit nicht einverstanden sein kann* Das führt aber wirklich zu weit! ◆ Getrenntschreibung →R 4.8 einen Hund spazieren führen

F

Füh·rer *der,* **Füh·re·rin** <-s, -> ❶ *eine Person, die sehr gute Ortskenntnis hat und andere auf ihrem Weg begleitet:* Die Reisegruppe folgte ihrer Führerin durch die Stadt.; für einen Bergtour einen Führer engagieren; von einem Führer durch das Werksgelände begleitet werden ◆ Berg-, Fremden-, Reise- ❷ *das geistige oder politische Oberhaupt einer bestimmten Gruppe:* die Führerin einer Partei/Organisation/Sekte; der Führer der Opposition ◆-eigenschaften, -persönlichkeit, -rolle, Geschäfts-, Konzern-, Partei- ❸ AMTSSPR. *eine Person, die ein Fahrzeug steuert:* der Führer eines Kraftfahrzeugs/Flugzeugs/Krans ◆ Flugzeug-, Kran-, Lok-, Zug- ❹ */keine weibliche Form/ ein Buch mit praktischen Informationen über einen bestimmten Sachbereich:* einen Führer für Paris/die Bretagne kaufen; ■ **der Führer** GESCH. *(im Nationalsozialismus) Bezeichnung für Adolf Hitler*

Füh·rer·aus·weis *der* <-es, -e> SCHWEIZ. *Führerschein*

Füh·rer·haus *das* <-es, Führerhäuser> *die Kabine für den Fahrer in schweren Fahrzeugen*

füh·rer·los *adj /nicht steig./* ❶ *ohne eine Person, die steuert:* ein führerloses Fahrzeug ❷ *ohne eine Person, die leitet:* Die Partei war führerlos

Füh·rer·schein *der* <-(e)s, -e> *die amtliche Erlaubnis, ein Fahrzeug zu fahren:* einen Führerschein haben

Fuhr·mann *der* <-(e)s, Fuhrleute/Fuhrmänner> *Person, die einen Pferdewagen lenkt*

Fuhr·park *der* <-s, -s> *alle Kraftfahrzeuge, die zu einem bestimmten Unternehmen gehören:* der Fuhrpark einer Spedition; der Fuhrpark der städtischen Verkehrsbetriebe

Füh·rung *die* <-, -en> ❶ */kein Plur./ die Gruppe von Personen, die etwas leitet:* Die Führung des Unternehmens ist geschlossen zurückgetreten. ◆-sebene, -sgremium, -skraft, -swechsel, Betriebs-, Partei-, Staats- ❷ */kein Plur./ das (verantwortliche) Leiten:* jemandem die Führung einer Abteilung/Partei/Verhandlung übertragen ◆Betriebs-, Partei-, Staats- ❸ */kein Plur./ Vorsprung im Wettbewerb:* mit zwei Sekunden in Führung (vor dem Hauptfeld) liegen; Das Unternehmen liegt im Softwarebereich in Führung. ❹ */kein Plur./ Verhalten:* Bei guter Führung kann ihm ein Teil der Strafe erlassen werden. ◆-szeugnis ❺ *geführte Besichtigung:* Führungen durch die Burganlage finden alle zwei Stunden statt. ❻ */kein Plur./ (geh.) Handhabung:* die richtige Führung des Pinsels/des Werkzeugs erlernen ❼ */kein Plur./ (geh.) in verblasster Bedeutung: Durchführung oder Handhabung:* die Führung eines Beweises/eines Prozesses; die Führung eines Gesprächs/einer Diskussion/der Verhandlungen ◆ Ball-, Beschwerde-, Beweis-, Kamera-, Protokoll-, Prozess-, Verhandlungs-

Füh·rungs·ebe·ne *die* <-, -n> *die Personen, die ein Unternehmen leiten:* Entscheidungen, die auf der Führungsebene getroffen werden

Füh·rungs·kraft *die* <-, Führungskräfte> *Person, die in einem Unternehmen andere Mitarbeiter führt:* Wir suchen Führungskräfte für unser Unternehmen.

Füh·rungs·po·si·ti·on *die* <-, -en> ❶ *führende*

Position in einem Unternehmen:* mehr Frauen in Führungspositionen beschäftigen ❷ *führende Position im Wettbewerb:* Die Mannschaft/der Rennfahrer liegt in Führungsposition.; eine Führungsposition auf dem Weltmarkt innehaben

Füh·rungs·spit·ze *die* <-, -n> *die Gruppe von Personen, die ein Unternehmen oder eine Organisation führen:* ein Wechsel an der Führungsspitze des Unternehmens

Füh·rungs·stil *der* <-s, -e> *die Art und Weise, wie jmd. ein Unternehmen oder eine Organisation führt:* Sie hat einen autoritären/liberalen Führungsstil.

Füh·rungs·zeug·nis *das* <-ses, -se> *eine schriftliche Beurteilung darüber, wie sich jmd. geführt III hat:* ein polizeiliches Führungszeugnis vorlegen

Fuhr·un·ter·neh·men *das* <-s, -> (≈ Spedition) *Unternehmen, das im Auftrag anderer Güter befördert* ▸ Fuhrunternehmer, Fuhrunternehmerin

Fül·le *die* <-> ❶ *(geh.) große Menge:* eine riesige/enorme Fülle von Daten/Eindrücken; Bei der Polizei ging eine große Fülle von Hinweisen ein. ❷ *(geh.) üppige Beschaffenheit:* die Fülle ihres Haares/des Klanges; seine große körperliche Fülle ◆ Haar-, Klang-, Körper-, Leibes-, Stimm- ❸ KOCH. *Masse zum Füllen:* für den Entenbraten eine Fülle aus Äpfeln und anderen Zutaten bereiten

Fül·len *das* <-s, -> ZOOL. *(geh.: ≈ Fohlen) Jungtier von Pferden/Eseln/Kamelen*

fül·len I. *mit OBJ* ❶ ■ *jmd. füllt etwas mit etwas Dat. mit etwas umschließen:* Er füllt die Badewanne mit Wasser; die Gläser nur halb mit Saft füllen; einen Riss in der Mauer mit Gips füllen; ein Regal mit Büchern füllen ❷ ■ *jmd. füllt etwas in etwas Akk. etwas in etwas hineintun:* Wasser in das Becken füllen; Federn in das Kissen füllen; den Kaffee in die Tassen füllen; ein Gebäck mit Marmelade füllen; gefüllte Pfannkuchen ❸ ■ *etwas füllt etwas (geh.) einen Raum (ganz) einnehmen:* Die Zuschauer füllen den halben Saal.; Die Möbel füllen den Raum nicht.; Das Essen füllt den Magen.; Der Bericht füllt mehrere Seiten.; eine Lücke im Angebot füllen; ein halb gefüllter Tank **II.** *mit SICH* ■ *etwas füllt sich voll werden:* Der Saal füllte sich allmählich.; Ihre Augen füllten sich mit Tränen.

Fül·ler *der* <-s, -> *(umg.) kurz für „Füllfederhalter"*

Füll·fe·der *die* <-, -n> ÖSTERR. *Füller, Füllfederhalter*

Füll·fe·der·hal·ter *der* <-s, -> *Schreibgerät mit einem Behälter für Tinte, der nachgefüllt/ausgewechselt werden kann*

fül·lig *adj* ❶ *(verhüll.) dick:* Sie ist etwas füllig geworden. ❷ *reichlich/üppig:* fülliges Haar haben

Full·time·job, *a.* **Full-Time-Job** *der* ['fʊltaɪmdʒɔp] <-s, -s> ❶ *Ganztagsarbeit:* einen Fulltimejob in einem Unternehmen haben ❷ *(umg.) Tätigkeit, die jmdn. sehr in Anspruch nimmt:* Die Betreuung meines Kindes ist zur Zeit ein Fulltimejob.

Fül·lung *die* <-, -en> ❶ *Material, mit dem etwas gefüllt ist:* ein Kissen mit einer Füllung aus Daunen; die Füllung ist aus dem Zahn gefallen; für die Pasteten eine Füllung aus Fleisch bereiten ❷ */kein Plur./ der Vorgang des Füllens:* Was wird zur Füllung der Matratzen verwendet?; zur Füllung eines Zahnes Gold verwenden

Fum·mel *der* <-s, -> *(umg. abwert.) Kleid*

fum·meln <fummelst, fummelte, hat gefummelt> *ohne OBJ (umg.)* ❶ ■ *jmd.* **fummelt an etwas** *Dat. (abwert.) sich irgendwo mit den Händen zu schaffen machen:* Irgendwer hat an meinem Computer gefummelt.; in der Tasche nach dem Schlüssel fummeln ❷ ■ *jmd.* **fummelt** *etwas Schwieriges mit den Händen tun:* Ich musste lange fummeln, bis ich den Faden durch das Nadelöhr bekommen hatte. ❸ ■ *jmd.* **fummelt** *in sexueller Absicht berühren:* Hör auf zu fummeln!

Fun *der* [fan] <-s> */kein Plur./ (Werbesprache) Spaß:* der Urlaubsort für Action, Fun und Lebensfreude

Fund *der* <-(e)s, -e> ❶ *das Auffinden von etwas:* einen Fund/mehrere Funde machen; Der Fund dieser Lagerstätte ist lange geheim gehalten worden. ❷ *gefundene Sache:* einen Fund bergen/heben/sichern; Aufsehen erregende Funde aus der Altsteinzeit sind im Museum zu bewundern. ◆ -gegenstand, -objekt, -ort, -stelle, Grab-, Münz-

Fun·da·ment *das* <-(e)s, -e> ❶ *Unterbau eines Gebäudes oder einer schweren Maschine:* das Fundament graben/gießen/mauern; ein Gebäude bis auf die Fundamente abreißen ◆ -platte, Beton- ❷ *(übertr.) Grundlage oder Basis:* Seine Thesen beruhen auf einem soliden wissenschaftlichen Fundament.; in der Schule das Fundament für die spätere Berufsausbildung legen; eine Gesellschaft/ein Land bis in die Fundamente erschüttern

fun·da·men·tal *adj /nicht steig./ (geh.) grundlegend:* ein fundamentaler Unterschied; von fundamentaler Bedeutung für etwas/jemanden sein

Fun·da·men·ta·lis·mus *der* <-> */kein Plur./* POL., REL. *eine politische Anschauung oder Religion, die sich dogmatisch an die ursprünglichen Inhalte ihrer Lehre hält:* religiöser/politischer/islamistischer Fundamentalismus ▶ Fundamentalist, Fundamentalistin, fundamentalistisch

Fund·amt *das* <-(e)s, Fundämter> ÖSTERR. *Fundbüro*

Fund·bü·ro *das* <-s, -s> *Stelle, wo gefundene Gegenstände abgegeben werden können*

Fund·gru·be *die* <-, -n> *(umg.) eine Stelle, wo etwas reichlich zu finden ist:* Antiquariate sind (wahre) Fundgruben für die Liebhaber alter Bücher.

fun·diert *adj (geh.) gut begründet:* eine fundierte Meinung zu etwas haben; fundierte Kritik an etwas üben

Fund·sa·che *die* <-, -n> *Sache, die jmd. gefunden hat:* eine Fundsache im Fundbüro abgeben

Fun·dus *der* <-> ❶ THEAT., FILM *der vorhandene Bestand an Kulissen, Requisiten und Kostümen:* etwas im Fundus haben; der Fundus eines Theaters ❷ *(geh. übertr.) Bestand:* einen reichen Fundus an Erfahrungen haben

Fünf *die* <-, -en> *die Zahl Fünf:* eine Fünf schreiben/würfeln; Die (Linie) Fünf hatte wieder Verspätung.; Die Nummer Fünf ist an der Reihe. ◆ Großschreibung →R 3.3 Er hat in Deutsch eine Fünf bekommen.

fünf *num* fünf Personen; Wir nehmen die ersten fünf.; Eine von uns fünfen muss gehen.; Wir treffen uns um fünf.; Wir sind zu fünft.; ■ **seine fünf Sinne beieinanderhaben** *(umg.) völlig normal sein;* ■ **fünf (Minuten) vor zwölf** *(umg.) so, dass man schnell handeln muss;* ■ **fünf gerade sein lassen** *(umg.) etwas nicht so genau nehmen;* ■ **etwas an fünf Fingern ausrechnen können** *etwas leicht vorherberechnen können* ◆ Kleinschreibung →R 3.16 Die fünf bekommen einen Preis; Es ist um fünf.; fünf Komma fünf; *siehe auch* **acht**

Fünf·eck *das* <-(e)s, -e> *geometrische Figur mit fünf Ecken*

fünf·eckig *adj /nicht steig./ mit fünf Ecken:* ein fünfeckiger Raum ◆ Schreibung mit Ziffer und Bindestrich →R 4.21 5-eckig

Fün·fer *der* <-s, -> ❶ *(umg.) ein Geldstück oder -schein im Wert von Fünf:* Hast du mal einen Fünfer? ❷ *ein Gewinn mit fünf Richtigen:* einen Fünfer im Lotto haben

fün·fer·lei *adj /nicht steig./ von fünf verschiedenen Arten:* Zum Grillfleisch gab es fünferlei verschiedene Soßen.

fünf·fach *adj /nicht steig./ fünfmal so viel:* die fünffache Summe; Sie verdient das Fünffache.; um das Fünffache größer sein ◆ Großschreibung →R 3.4 Das kostet das Fünffache.

fünf·hun·dert *num 500*

fünf·jäh·rig *adj /nicht steig./ fünf Jahre alt oder andauernd:* ein fünfjähriges Kind; einen fünfjährigen Arbeitsvertrag haben ◆ Großschreibung →R 3.4 Die Fünfjährigen müssen keinen Eintritt zahlen.; ◆ Schreibung mit Ziffer und Bindestrich →R 4.21 5-jährig; der/die 5-Jährige

Fünf·kampf *der* <-es> */kein Plur./* SPORT *Wettkampf in fünf verschiedenen Disziplinen* ▶ Fünfkämpfer, Fünfkämpferin

fünf·mal *adv fünf Male:* Ich habe das Buch schon fünfmal gelesen.; Ihr Garten ist fünfmal so groß wie unserer.; Das Buch ist fünfmal teurer als das andere.; *siehe auch* **Mal**

Fünf·ster·ne·ho·tel *das* <-s, -s> *Hotel der Luxusklasse*

Fünf·ta·ge·wo·che *die* <-, -n> *Arbeitswoche mit fünf Arbeitstagen:* die Einführung der Fünftagewoche

fünf·te(r, -s) *num* die fünfte Kolonne; *siehe auch* **achte**

fünf·tel *num* ein fünftel Liter; *siehe auch* **achtel**

Fünf·tel *das* <-s, -> *der fünfte Teil von etwas:* Jeder bekommt ein Fünftel.

fünf·tens *adv an fünfter Stelle:* ... Und fünftens muss ich Ihnen noch etwas Wichtiges mitteilen.

fünf·zehn *num*

fünf·zig *num* über fünfzig (Jahre alt) sein; Sie ist Mitte fünfzig.

Fünf·zi·ger *der* <-s, -> *(umg.) Geldstück oder -schein im Wert von fünfzig:* mit einem Fünfziger zahlen; ■ **falscher Fünfziger** *(umg. abwert.) ein Mensch, dem man nicht trauen kann*

fünf·zi·ger *adj /unveränderlich/ die fünfziger Jahre/die Fünfzigerjahre* ◆ Großschreibung →R 3.4 die Musik der Fünfziger; Er ist in den Fünfzigern.;

F

◆ Schreibung mit Ziffer →R 4.5 50er Jahre/50er-Jahre

fünf·zig·jäh·rig *adj /nicht steig./ fünfzig Jahre andauernd oder alt:* eine fünfzigjährige Zusammenarbeit; Er ist fünfzigjährig gestorben.

fünf·zigs·te *adj /nicht steig./ Jeder fünfzigste Anrufer gewinnt.; Jeder Fünfzigste hat eine Gewinnchance.*

fun·gie·ren *ohne OBJ* ■ *jmd./etwas fungiert als etwas (geh.) etwas Bestimmtes tun:* als Schiedsrichter fungieren

Fun·gi·zid *das* <-(e)s, -e> CHEM. *Mittel zur Pilzbekämpfung*

F

Funk *der* <-s> */kein Plur./* ❶ *die drahtlose Übermittlung von Informationen durch elektromagnetische Wellen:* über Funk die Polizei rufen; etwas mittels Funk übertragen ◆ -amateur(in), -gerät, -station ❷ *eine Anlage zum Funken I:* Das Auto ist mit Funk ausgestattet. ◆ -anlage, -gerät, -telefon ❸ *(umg.) kurz für „Rundfunk(anstalt)":* Sie arbeitet beim Funk.

Fun·ke *der* <-ns, -n> ❶ *ein kleines glühendes Teilchen:* mit/aus einem Stein Funken schlagen; Die Räder schleifen auf den Schienen und sprühen Funken.; Der Rauch trägt Funken des Feuers in die Luft. ❷ *(umg.) ein ganz klein wenig:* keinen Funken Verstand im Kopf haben ◆ Getrenntschreibung →R 4.16 ein Funken sprühendes/funkensprühendes Feuer

fun·keln <funkelst, funkelte, hat gefunkelt> *ohne OBJ* ■ *etwas funkelt verschieden hell leuchten oder glänzen:* An ihrem Ring funkelte ein Diamant.; Die Sterne funkeln am Himmel.; ■ *jemands Augen funkeln (übertr.) jmds. Augen lassen innere Erregung erkennen* Seine Augen funkeln vor Zorn/Freude.

fun·kel·na·gel·neu *adj /nicht steig./ (umg.) völlig neu:* ein funkelnagelneues Fahrrad zum Geburtstag bekommen

Fun·ken *der* <-s, -> *(≈ Funke)* ◆ -flug

fun·ken *mit OBJ* ■ *jmd. funkt (etwas) durch elektromagnetische Wellen drahtlos (Informationen) übermitteln:* jemandem eine Nachricht funken; einen Notruf/SOS funken; Er funkt gerade. **II.** *mit ES* ■ *es funkt (umg.)* ❶ *Funken schlagen:* Im Lichtschalter hat es gefunkt. ❷ *jmdm. bewusst werden:* Bei ihm hat es endlich gefunkt! ❸ *Ärger oder Streit geben:* Wenn ihr mir nicht folgt, dann funkt's aber!

Fun·ker *der,* **Fun·ke·rin** <-s, -> *jmd., der mit einem Funkgerät Nachrichten übermittelt*

funk·ge·steu·ert *adj /nicht steig./ so, dass die steuernden Signale durch Funk auf das Gerät übertragen werden*

Funk·netz *das* <-es, -e> *ein System von mehreren Geräten, die über Funk miteinander verbunden sind*

Funk·sprech·ge·rät *das* <-(e)s, -e> *ein kleines Gerät zur drahtlosen Nachrichtenübermittlung über kurze Entfernungen:* sich auf der Baustelle mit Funksprechgeräten verständigen

Funk·spruch *der* <-(e)s, Funksprüche> *eine per Funk übermittelte Nachricht:* einen Funkspruch senden

Funk·stil·le *die* <-> */kein Plur./* ❶ *Zeit, in der kein Funkverkehr herrscht:* Zur Zeit herrscht Funkstille. ❷ *(umg. übertr.) Situation, in der (zerstrittene) Parteien nicht miteinander reden:* Zwischen den beiden herrscht zur Zeit Funkstille.

Funk·ti·on *die* [fʊŋk'tsi̯oːn] <-, -en> ❶ */kein Plur./ das Funktionieren; die Tätigkeit:* Eine regelmäßige Wartung sichert die einwandfreie Funktion der Gerätes.; die Funktion des menschlichen Verdauungssystems erläutern; die Funktion des Herzens unterstützen ❷ *Amt:* eine leitende/untergeordnete Funktion; eine Funktion vom Vorgänger übernehmen; die Funktion des Kassenwarts innehaben/ausüben; mehrere Funktionen gleichzeitig bekleiden ❸ *Aufgabe; Zweck; Leistung:* die Funktion des Erzählers in einem Theaterstück; Welche Funktion hat der Blinddarm eigentlich?; Die Farben am Gerät haben keine bestimmte Funktion; sie sind nur Verzierung. ❹ MATH. *eine Größe, die von einer oder mehreren anderen abhängt und als Kurve in einem Koordinatensystem dargestellt werden kann:* eine lineare Funktion; eine Funktion mit zwei Variablen; ■ *in Funktion treten (geh.) tätig werden* Das Notaggregat tritt bei Stromausfall in Funktion.; ■ *außer Funktion sein (geh.) nicht mehr tätig oder gültig sein* Die Anlage ist außer Funktion.; Diese Bestimmung ist außer Funktion.

funk·ti·o·nal [fʊŋktsi̯o'naːl] <-, -> *adj (geh.)* ❶ *auf die Funktion bezogen:* eine funktionale Einheit bilden ❷ *zweckmäßig:* eine Wohnung funktional einrichten ▶ Funktionalität

Funk·ti·o·na·lis·mus *der* <-> */kein Plur./* ❶ BAUW. *eine Richtung der Architektur, bei der die Gestaltung eines Bauwerkes dessen Zweck berücksichtigt* ❷ PSYCH. *eine Theorie, die die menschliche Psyche in Zusammenhang mit und in Abhängigkeit von den biologischen Funktionen des Körpers sieht*

Funk·ti·o·när *der,* **Funk·ti·o·nä·rin** [fʊŋktsi̯o'nɛːɐ̯] <-s, -e> *Person, die in einer Organisation ein Amt innehat:* die Funktionäre des Fußballverbandes/einer Partei/der Gewerkschaft

funk·ti·o·nell [fʊŋktsi̯o'nɛl] <-, -> *adj* ❶ *dem Zweck entsprechend:* etwas nach funktionellen Gesichtspunkten gestalten ❷ MED. *auf das richtige Funktionieren bezogen:* funktionelle Erkrankungen eines Organs

funk·ti·o·nie·ren [fʊŋktsi̯o'niːrən] *ohne OBJ* ■ *etwas funktioniert (irgendwie) (störungsfrei) arbeiten:* Das Gerät funktioniert jetzt wieder einwandfrei.; Das Radio funktioniert nicht richtig.; Mein Gedächtnis funktioniert noch ganz gut.; Wie funktioniert das eigentlich?

Funk·ti·ons·be·klei·dung *die* <-, -en> SPORT *Kleidung aus speziellen Stoffen, die atmungsaktiv und windabweisend sind und den Bedürfnissen des Sports besonders gut entsprechen:* Funktionsbekleidung garantiert, dass der Körper auch bei großen Anstrengungen trocken bleibt.

funk·ti·ons·ge·recht *adj /nicht steig./ so, dass etwas seiner Funktion entsprechend beschaffen ist*

Funk·ti·ons·tas·te *die* <-, -n> EDV *eine von mehreren Tasten auf einer Computertastatur, die mit einer bestimmten Funktion belegt sind*

funk·ti·ons·tüch·tig *adj /nicht steig./ so, dass es (störungsfrei) funktioniert:* ein funktionstüchtiges Gerät ▸ Funktionstüchtigkeit

funk·ti·ons·un·fä·hig *adj /nicht steig./ so, dass etwas nicht (mehr) funktioniert*

Funk·ti·ons·verb·ge·fü·ge *das* <-s, -> *(≈ Streckform)* SPRACHWISS. *phraseologische Einheit, die aus einem präpositionalen Objekt und einem Funktionsverb besteht, und die meist als „Nominalstil" verpönt worden ist:* „Billigung finden" statt „gebilligt werden", „zur Anwendung kommen" statt „angewendet werden"; *siehe auch* **Phraseologie**

Funk·ti·ons·wei·se *die* <-, -n> *die Art und Weise, wie etwas funktioniert:* die Funktionsweise des Gehirns

Funk·ti·ons·wort *das* <-(e)s, Funktionswörter> *(≈ Synsemantikum ↔ Autosemantikum) zusammenfassende Bezeichnung für sprachliche Einheiten, die unterschiedlichen Wortarten angehören und denen eine Leistung im Satzzusammenhang zukommt; siehe auch* **Partikel**

Der Ausdruck **Funktionswort** (meist im Plural: *Funktionswörter*) ist eine Sammelbezeichnung für eine sprachliche Einheit mit vor allem syntaktisch-struktureller Leistung. Dazu zählen sowohl Einheiten traditioneller Wortarten, wie die Konjunktionen, Präpositionen und Artikel, als auch Einheiten der großen Klasse der Partikeln (Gradpartikeln, Abtönungs- bzw. Modalpartikeln usw.) im engeren Sinne (vgl. unter dem Stichwort). Sie gehören sämtlich dem Grundwortschatz an (vgl. unter dem Stichwort) und sind ihrer Bedeutung nach nicht leicht zu beschreiben. Die Bezeichnung *Funktionswort* geht darauf zurück, dass zumindest den meisten dieser Einheiten früher keine „eigentliche" sprachliche Bedeutung (gemeint ist: eine lexikalische Bedeutung) zugeschrieben wurde, sondern nur eine Leistung („Funktion") im Satzzusammenhang. Denn anders als z. B. mit *Katze* oder auch *Hexe* (so genannte *Autosemantika*) werden mit ihnen keine tatsächlichen bzw. vorgestellten Gegenstände der Welt benannt bzw. bezeichnet. Deshalb kommentiert man solche Einheiten in Wörterbüchern auch nicht mit z. B. „bezeichnet", sondern mit „drückt...aus" bzw. auch „verwendet, um auszudrücken, dass...". Gewöhnlich unterscheidet man heute zwischen lexikalischer Bedeutung (*Katze*: „Haustier, das...") einerseits, und grammatischer Bedeutung meist nur für Morpheme andererseits (die Bedeutung z. B. von *-heit* in *Freiheit*). Seit der Partikelforschung der 80er Jahre des letzten Jahrhunderts gibt es zahlreiche Bemühungen, auch die lexikalische Bedeutung der Funktionswörter genauer zu bestimmen, als es zuvor möglich gewesen ist. Wegen der Schwierigkeiten ihres Gebrauchs kommt den Funktionswörtern gerade im Unterricht Deutsch als Fremdsprache ein ganz zentraler Stellenwert zu.

Funk·turm *der* <-(e)s, Funktürme> *ein Turm, auf dem Antennen zum Senden, Empfangen oder Weiterleiten von Signalen über elektromagnetische Wellen angebracht sind*

Funk·uhr *die* <-, -en> *eine Uhr, die über Funk ein Signal empfängt und deshalb immer die exakte Zeit anzeigt*

Funk·ver·bin·dung *die* <-, -en> *eine Verbindung über Funk:* eine Funkverbindung herstellen; Die Funkverbindung ist abgebrochen.

Funk·ver·kehr *der* <-(e)s> */kein Plur./ der Austausch von Informationen über Funk:* Der Funkverkehr ist zusammengebrochen.; mit jemandem in Funkverkehr treten

Fun·zel, Fun·sel *die* <-, -n> *(umg. abwert.) Lampe, die nur trübes Licht abgibt:* Im Zimmer brannte nur eine trübe Funzel.

für *präp* +Akk. ❶ *(↔ gegen) verwendet, um auszudrücken, dass eine Handlung geschieht, damit die genannte Sache getan oder begünstigt oder realisiert wird:* für ein Gesetz stimmen; für seine politische Meinung eintreten/demonstrieren; Werbung für etwas machen; für höhere Löhne streiken; für die Prüfung lernen; für einen guten Zweck spenden ❷ *verwendet, um auszudrücken, dass die genannte Sache der Lohn oder der Gegenwert von etwas ist:* für Geld arbeiten; Für diese Anerkennung lohnt sich unsere Anstrengung.; Wie viel hast du für das Kleid bezahlt? ❸ *verwendet, um auszudrücken, dass die genannte Sache speziell für jmdn., etwas oder ein Tier gedacht oder geeignet ist:* ein Buch für Kinder; Käfige für Vögel sollten nicht zu klein bemessen sein.; ein spezielles Regal für Weinflaschen ❹ *verwendet, um die Zugehörigkeit oder das Betroffensein von jmdm. oder etwas anzugeben:* ein Brief/ein Geschenk/eine Nachricht/Post für dich; Das gilt auch für dich!; Das ist interessant/klar/schrecklich/ eine Beleidigung für mich.; ein Vorbild für die Jugend; ein großer Verlust für alle; der Grund für ihr Versagen; für etwas verantwortlich sein; sich für etwas begeistern/interessieren; die Vorliebe für etwas ❺ *verwendet, um auszudrücken, dass jmd. oder etwas anstelle oder im Austausch für jmdn. oder etwas steht:* Kannst du nicht für mich hingehen?; Ich habe ihm für das Buch zwei CDs gegeben.; Ich schäme mich für dich! ❻ *(≈ während) verwendet, um eine Zeitspanne auszudrücken* für zwei Jahre ins Ausland gehen; für die nächsten zwei Stunden nicht gestört werden wollen ❼ *verwendet, um eine Abfolge zu beschreiben:* Punkt für Punkt miteinander durchgehen; seinem Ziel Stück für Stück näher kommen ❽ *verwendet, um auszudrücken, dass jmd. als etwas betrachtet wird bzw. eine bestimmte Eigenschaft besitzt:* sich für einen Künstler halten; Er galt allen für einen Lügner; Sie gab ihn für ihren Bruder aus.; Er wurde für tot erklärt. ❾ *im Vergleich zu anderen seiner Art:* Für einen Siebzigjährigen ist er noch sehr rüstig.; Für die Jahreszeit ist es zu kühl.; Für einen Luxuswagen ist das Auto preiswert.; ■ **was für ein/eine/einen** *(umg.) welches/welche/welcher* Was für eine Frau zieht ich heute an?; Was habt ihr für ein Glück!; ■ **für sich** *allein/abgeschieden/getrennt von anderen*

F

Sie will für sich leben/bleiben.; Für sich genommen, ist die Sache nicht so schwierig.; Das musst du für dich behalten!; ■ **das Für und Wider abwägen** *prüfen, was für und was gegen etwas spricht* ◆ Großschreibung →R 3.4 das Für und Wider von etwas abwägen

Fur·che *die* <-, -n> ❶ *eine Rille im Boden:* mit dem Pflug eine Furche ziehen; Die Räder des Wagens haben Furchen im Waldweg hinterlassen. ❷ *(geh.) Falte im Gesicht:* tiefe Furchen auf der Stirn haben

fur·chen <furchst, furchte, hat gefurcht> *mit OBJ* ■ *jmd. furcht etwas (geh.)* ❶ *Furchen machen:* Der Pflug furcht den Boden.; Das Schiff furcht die Wellen. ❷ *in Falten legen:* sorgenvoll die Stirn furchen

fur·chig *adj so, dass etwas viele Furchen hat*

Furcht *die* <-> /kein Plur./ *(geh.) große Angst vor etwas:* Furcht vor etwas haben; vor Furcht zittern; jemandem Furcht einjagen/in Furcht versetzen; ■ **keine Furcht kennen** *mutig sein* ◆ Getrennt- oder Zusammenschreibung →R 4.16 ein Furcht erregender/furchterregender Anblick; Der Löwe brüllte Furcht einflößend/furchteinflößend.; ◆ Getrenntschreibung →R 4.16 eine große Furcht erregender Anblick; eine große Furcht einflößende Vorstellung; ◆ Zusammenschreibung →R 4.16 Dieser Anblick war noch furchterregender, am furchterregendsten.; eine höchst furchteinflößende Vorstellung, eine noch furchteinflößendere Vorstellung

furcht·bar *adj* ❶ *so, dass es Furcht oder Entsetzen verursacht:* ein furchtbarer Traum; Sie hat Furchtbares erleben müssen.; ein furchtbares Unglück ❷ *(umg. abwert.) sehr stark/groß/intensiv:* ein furchtbarer Sturm/Lärm; ein furchtbarer Husten; eine furchtbare Hitze ❸ *(umg.) sehr:* Sie war furchtbar traurig.; Gestern war es furchtbar kalt.; Sie musste furchtbar husten/lachen.; Wir haben furchtbar viele Himbeeren im Garten.

furcht·ein·flö·ßend *adj /nicht steig./* Der Löwe gab eine furchteinflößende Vorstellung von sich.; *siehe auch* **Furcht**

fürch·ten **I.** *mit OBJ* ■ *jmd. fürchtet etwas* ❶ *(geh.) Angst haben:* Er fürchtet nichts so sehr wie Streit.; Sie fürchtet die Einsamkeit/Wahrheit.; weder Tod noch Teufel fürchten; ein gefürchteter Verbrecher ❷ *(veralt. geh.) achten oder Respekt haben:* Gott/seine Eltern fürchten ❸ *(geh.) etwas Unangenehmes erwarten:* Er fürchtet den Verlust seines Erbes.; Sie fürchtet, kritisiert zu werden.; Ich fürchte, du hast Recht. **II.** *ohne OBJ* ■ *jmd. fürchtet um etwas Akk. (geh.) um Sorgen machen:* Sie fürchtet um ihre Schönheit/Gesundheit.; Sie mussten um ihr Leben fürchten. **III.** *mit SICH* ■ *jmd. fürchtet sich (vor etwas)* Furcht empfinden: Er fürchtet sich in der Dunkelheit.; Sie fürchtet sich vor Spinnen.; Wir fürchten uns davor, etwas zu verlieren.

fürch·ter·lich *adj* ❶ *so, dass es Furcht oder Entsetzen verursacht:* ein fürchterlicher Anblick; eine fürchterliche Drohung ❷ *(umg. abwert.) so, dass es sehr stark/groß/intensiv ist:* ein fürchterlicher Sturm; fürchterlicher Lärm; einen fürchterlichen Spaß haben ❸ *(umg. abwert.) so, dass es sehr*

schlecht ist: ein fürchterlicher Film; eine fürchterliche Darbietung; Es war ein fürchterlicher Abend. ❹ *(umg.) sehr:* fürchterlich viel wissen; fürchterlich dick sein; sich ganz fürchterlich freuen

furcht·er·re·gend <-er, am furchterregendsten> *adj so, dass es Furcht auslöst:* Der Film/Ihr Anblick war furchterregend.; *siehe auch* **Furcht**

furcht·los *adj ohne Furcht:* ein furchtloser Mensch; eine furchtlose Tat ▶ Furchtlosigkeit

furcht·sam *adj voller Furcht:* ein furchtsamer Mensch; jemandem einen furchtsamen Blick zuwerfen ▶ Furchtsamkeit

für·ei·n·an·der *adv der eine für den anderen:* Wir werden immer füreinander da sein.

Fu·rie *die* <-, -n> ❶ *Rachegöttin der römischen Mythologie* ❷ *(geh. abwert.) Frau, die (häufig) wütend ist:* Sie ist eine richtige Furie.; Sie tobte wie eine Furie.

fu·ri·os *adj (geh.) mitreißend, begeisternd:* ein furioses Finale hinlegen; ein furioses Spiel auf der Gitarre

Fur·nier *das* <-s, -e> *eine dünne Deckschicht (auf Möbeln oder Musikinstrumenten) aus wertvollem Holz:* ein Schrank mit einem Furnier aus Kirschbaumholz ◆-platte

fur·nie·ren *mit OBJ* ■ *jmd. furniert etwas* mit einem Furnier versehen ▶ Furnierung

Fu·ro·re *die* <-> /kein Plur./ ■ **jemand macht Furore** *Aufsehen durch Erfolg erregen* Die Schauspielerin hat mit diesem Film Furore gemacht.; Diese Erfindung machte schnell Furore.

fürs *präp +Akk. (umg.) Kurzform für „für das":* ■ **fürs Erste** *vorläufig* Das muss fürs Erste reichen.

Für·sor·ge *die* <-> /kein Plur./ ❶ *das Bemühen um Personen oder Sachen, die Hilfe benötigen:* die elterliche Fürsorge für ihr Kind; den Grünpflanzen viel Fürsorge angedeihen lassen; Unsere Katze vertrauen wir im Urlaub der Fürsorge der Nachbarin an. ❷ *eine öffentliche Einrichtung, die für die Betreuung Hilfsbedürftiger zuständig ist:* bei der Fürsorge arbeiten; Unterstützung bei der Fürsorge beantragen; Um diesen Fall muss sich die Fürsorge kümmern. ◆-einrichtung ❸ *(umg.) Geld, das an Bedürftige als Unterstützung gezahlt wird:* von der Fürsorge leben

Für·sor·ge·amt *das* <-(e)s, ...-ämter> SCHWEIZ. *Sozialamt*

Für·sor·ger *der*, **Für·sor·ge·rin** <-s, -> *Person, die beruflich (in einer Fürsorgeeinrichtung) Hilfsbedürftige unterstützt*

für·sorg·lich *adj so, dass jmd. liebevoll um jmds. Wohl bemüht ist:* Sie hat sehr fürsorgliche Eltern.

Für·spra·che *die* <-> /kein Plur./ *das Ausüben des eigenen Einflusses zu Gunsten von jmdm./etwas:* bei jemandem Fürsprache für jemanden einlegen; Dank ihrer Fürsprache hat sie die Stelle doch bekommen.

Für·sprech *der* <-s, -e> SCHWEIZ. *Rechtsanwalt*

Für·spre·cher *der*, **Für·spre·che·rin** <-s, -> ❶ *Person, die ihren Einfluss zu Gunsten von jmdm. oder etwas ausübt:* Mit dem Fraktionschef hatte man einen mächtigen Fürsprecher für die Sache gewonnen.; In mir hast du einen Fürsprecher für deine Pläne. ❷ SCHWEIZ. *Rechtsanwalt*

Fürst *der,* **Fürs·tin** <-en, -en> ❶ GESCH. *Person, die dem hohen Adel angehört und ein Territorium beherrscht:* weltliche/geistliche Fürsten; der regierende Fürst eines Landes; Der König rief seine Fürsten zu sich. ◆-endienst, -engruft, -enschloss, -enschule ❷ *Adelstitel zwischen Graf und Herzog:* jemanden zum Fürsten ernennen; Hermann Fürst von Pückler-Muskau ❸ *Herrscher:* Der Zar/König war Fürst über ein großes Reich.; der Fürst der Hölle/Unterwelt; ■ **wie ein Fürst leben** *im Überfluss leben*

Fürs·ten·tum *das* <-(e)s, Fürstentümer> *von einem Fürsten oder einer Fürstin regiertes Staatswesen:* das Fürstentum Liechtenstein/Monaco

fürst·lich *adj* ❶ *zu einem Fürsten oder einer Fürstin gehörend, von ihm/ihr stammend:* die fürstliche Kutsche/Residenz; die fürstliche Familie ❷ *so gut und üppig, wie man es bei einem Fürsten erwartet:* fürstlich speisen; jemanden fürstlich bewirten

Fürst·lich·keit *die* <-, -en> *Angehöriger des Fürstenadels*

Furt *die* <-, -en> *ein Durchgang durch einen Fluss, an dem das Wasser sehr niedrig ist:* den Fluss an einer Furt durchqueren

Fu·run·kel *der/das* <-s, -> MED. *eitriges Geschwür*

Für·wort *das* <-(e)s, -Fürwörter> SPRACHWISS. *(≈ Pronomen)* Ein Possessivpronomen ist ein besitzanzeigendes Fürwort.

Furz *der* <-es, Fürze> *(vulg.)* ❶ *Gase, die aus dem Darm entweichen:* einen Furz lassen ❷ *(abwert.) unbedeutende Kleinigkeit:* Wegen jedem Furz rennt er gleich zum Lehrer!

fur·zen <furzt, furzte, hat gefurzt> *ohne OBJ* ■ **jmd. furzt** *(vulg.) Gase aus dem Darm entweichen lassen*

Fu·sel *der* <-s, -> *(umg. abwert.) billiger, minderwertiger Schnaps*

Fu·si·on *die* <-, -en> ❶ CHEM., PHYS. *Verschmelzung von Atomkernen:* die bei der Fusion frei werdende Energie ◆-sreaktor, Kern- ❷ WIRTSCH. *Zusammenschluss von Unternehmen:* die Fusion zweier Großbanken ◆-sverhandlungen, -svertrag

fu·si·o·nie·ren *ohne OBJ* ■ **etwas fusioniert mit etwas** *Dat.* WIRTSCH. *sich zusammenschließen:* Die beiden Automobilkonzerne haben fusioniert.; Die Bank fusioniert mit einer anderen. ▶Fusionierung lassen

Fu·si·ons·wel·le *die* <-, -n> *der Vorgang, dass es innerhalb von kurzer Zeit zu mehreren Fusionen [2] kommt*

Fuß *der* <-es, Füße> ❶ ANAT. *der unterste Teil des Beines bei Menschen und (manchen) Tieren, der in sich in Zehen, Ferse usw. gliedert und dessen Sohle den Boden berührt:* kalte Füße haben; Blasen an den Füßen haben; auf beiden Füßen stehen; den Fuß auf die erste Treppenstufe setzen; Das Pferd ist am linken hinteren Fuß verletzt. ◆-amputation, -gelenk, -pflege, -schweiß, -spitze ❷ *(umg.)* SÜDDT. *das Bein bei Menschen und kurzbeinigen Tieren:* Nimm die Füße von Tisch!; Das Krokodil hob einen Fuß in die Höhe. ❸ *das, worauf ein Möbelstück oder ein Gegenstand steht:* der Fuß eines Leuchters/einer Lampe/eines Glases; ein Sessel mit vier Füßen ❹ */kein Plur./ (≈ Sockel)* der Fuß des Denkmals ❺ */kein Plur./ der untere Teil von etwas Hohem:* der Fuß des Berges; am Fuß(e) des Fernsehturms; am Fuß(e) der Treppe warten ❻ GESCH. *ein (altes) Längenmaß:* eine fünf Fuß breite Mauer; ■ **Bei Fuß!** *Befehl an Hunde, neben dem Herrchen oder Frauchen zu gehen;* ■ **zu Fuß gehen** *laufen* Fahren wir oder gehen wir zu Fuß?; ■ **gut/schlecht zu Fuß sein** *gut/schlecht laufen können;* ■ **mit jemandem auf gutem/vertrautem Fuß stehen** *ein gutes/vertrauliches Verhältnis zu jmdm. haben;* ■ **auf freiem Fuß** *frei/nicht gefangen* Die Täter befinden sich noch auf freiem Fuß.; ■ **auf großem Fuß(e) leben** *viel Geld ausgeben;* ■ **auf eigenen Füßen stehen** *selbstständig sein;* ■ **irgendwo Fuß fassen** *irgendwo heimisch werden* Sie hat in der neuen Umgebung schnell Fuß gefasst.; ■ **immer auf die Füße fallen** *bei Schwierigkeiten immer wieder Glück haben;* ■ **kalte Füße bekommen/kriegen** *(umg. übertr.) etwas Geplantes nicht tun, weil man Angst bekommen hat;* ■ **jemandem zu Füßen liegen** *jmdn. sehr verehren;* ■ **etwas/jemanden mit Füßen treten** *etwas oder jmdn. mit Missachtung behandeln* die Rechte eines Volkes mit Füßen treten; ■ **jemandem auf die Füße treten** *jmdn. kränken oder beleidigen;* ■ **nicht Hand noch Fuß haben** *nicht realistisch sein* ◆Getrenntschreibung →R 4.5 Der Weg war keinen/kaum einen Fuß breit.; ein etwa einen Fuß breiter Spalt im Felsen; *siehe aber auch* **Fußbreit, fußbreit**

Fuß·ab·druck *der* <-(e)s, Fußabdrücke> *auf dem Erdboden zurückbleibender Abdruck eines Fußes:* Der Täter hatte Fußabdrücke hinterlassen.

Fuß·ab·strei·fer *der* <-s, -> *(≈ Fußabtreter)*

Fuß·ab·tre·ter *der* <-s, -> *eine Matte vor einer Tür, die zum Reinigen der Schuhsohlen von Straßenschmutz dient*

Fuß·an·gel *die* <-, -n> ❶ *eine Vorrichtung, die so am Boden angebracht ist, dass jmd. darüberstolpern und zu Fall kommen soll:* Fußangeln auslegen ❷ *(übertr.) versteckte Schwierigkeiten:* Seine Fragen waren voller Fußangeln.

Fuß·bad *das* <-(e)s, Fußbäder> ❶ *das Baden der Füße:* jeden Tag ein Fußbad nehmen ❷ *ein Badezusatz zum Baden der Füße:* ein Fußbad in der Apotheke kaufen

Fuß·ball *der* <-s, Fußbälle> ❶ */kein Plur./* SPORT *ein Ballspiel für zwei Mannschaften, bei dem die Spieler den Ball nur mit dem Fuß (und mit dem Kopf), aber nicht mit der Hand berühren dürfen und bei dem es darum geht, möglichst viele Tore zu schießen:* sich für Fußball begeistern; gern Fußball spielen; Fußball ist ein Volkssport und dominiert die Sportberichterstattung in den Medien. ◆-mannschaft, -meister, -platz, -schuh, -spiel, -spieler(in), -stadion, -star, -tor, -trikot, -übertragung, -verein, -weltmeisterschaft, Damen-, Hallen- ❷ *der beim Fußball [1] benutzte Lederball:* einen neuen Fußball kaufen

Fuß·ball·club, *a.* **Fuß·ball·klub** *der* <-s, -s> *ein Sportverein, in dem Fußball gespielt wird*

Fuß·bal·len *der* <-s, -> *das Muskelpolster, das sich an der Unterseite des Fußes am Zehenansatz befindet:* auf den Fußballen gehen; Dieser Tanzschritt wird auf dem Fußballen, und nicht auf der Ferse getanzt.

Fuß·bal·ler *der*, **Fuß·bal·le·rin** <-s, -> *(umg.) jmd., der (regelmäßig) Fußball spielt*

Fuß·ball·klub *der* <-s, -s> *siehe* **Fußballclub**

Fuß·ball·meis·ter *der* <-s, -> *die Fußballmannschaft, die die beste Mannschaft in einem Land ist* ▸ Fußballmeisterschaft

Fuß·ball·über·tra·gung *die* <-, -en> *der Vorgang, dass ein Fußballspiel live im Radio oder Fernsehen gesendet wird* ◆ -srechte

Fuß·ball·ver·band *der* <-(e)s, Fußballverbände> *eine Organisation, in der die Fußballvereine auf regionaler, nationaler oder internationaler Ebene zusammengefasst sind*

Fuß·bank *die* <-, Fußbänke> *niedrige, für die Füße gedachte Bank:* Das Kind stellte sich auf eine Fußbank, um sich im Spiegel zu betrachten.; die Füße zur Entspannung auf eine Fußbank legen

Fuß·bett *das* <-(e)s> */kein Plur./ die innere Sohle eines Schuhs, die besonders weich ist und in der Form dem Fuß angepasst ist:* Schuhe mit Fußbett kaufen

Fuß·bo·den *der* <-s, Fußböden> *der Boden eines Raumes in einem Gebäude:* den Fußboden wischen ◆ -aufbau, -belag, -bretter, -design, -diele, -erwärmung, -fliesen, -folie, -gestaltung, -heizung, -isolation, -isolierung, -kühlung, -lampe, -leiste, -matte, -mosaik, -muster, -platte, -pflege, -reiniger, -reinigungsmaschine, -schutz, -sanierung, -technik, -verlegung, -versiegelung, -wachs

Fuß·breit, *a.* **Fuß breit** *der* <-, -> *Abstand oder Fläche, die so breit ist wie ein Fuß:* keinen Fußbreit zurückweichen ◆ Zusammenschreibung →R 4.2 jeden Fußbreit Land verteidigen; *siehe aber auch* **Fuß**

fuß·breit *adj /nicht steig./ etwa so breit wie ein Fuß:* Die Mauer war etwa fußbreit.; ein fußbreiter Spalt im Felsen; *siehe aber auch* **Fuß**

Fus·sel *der/die* <-s/-, -n> *ein kleines Stück Faser oder Wolle:* die Fusseln vom Anzug bürsten

fus·se·lig, **fuss·lig** *adj (umg.)* ❶ *voller Fusseln:* Dein Jackett ist ganz fusselig. ❷ *so, dass es fusselt:* ein fusseliger Pullover; ■ **sich den Mund fusselig reden** *viel reden, ohne dabei etwas zu erreichen*

fus·seln <fusselst, fusselte, hat gefusselt> *ohne OBJ* ■ *etwas fusselt (umg.) Fäden verlieren:* Der Stoff fusselt.

fu·ßen <fußt, fußte, hat gefußt> *ohne OBJ* ■ *etwas fußt auf etwas Dat. (geh.) auf etwas beruhen:* Der Film fußt auf einer wirklichen Begebenheit.; Unser Verdacht fußt auf Beobachtungen.

Fuß·en·de *das* <-s, -n> *(↔ Kopfende) die Seite, auf der (gewöhnlich) die Füße liegen:* das Fußende eines Bettes; Der Sanitäter stand am Fußende des am Boden Liegenden.

Fuß·gän·ger *der*, **Fuß·gän·ge·rin** *die* <-s, -> *Person, die zu Fuß geht* ◆ -ampel, -brücke, -überweg

Fuß·gän·ger·in·sel *die* <-, -n> *Fläche in der Mitte einer Straße, auf der Fußgänger stehen können, wenn sie die Straße überqueren wollen:* Eine Fußgängerinsel erleichtert das Überqueren der verkehrsreichen Straße.

Fuß·gän·ger·strei·fen *der* <-s, -> SCHWEIZ. *Zebrastreifen*

Fuß·gän·ger·über·gang *der* <-(e)s, ...-übergänge> *eine Stelle auf der Straße, die in besonderer Weise markiert ist und an der Fußgänger die Straße überqueren dürfen*

Fuß·gän·ger·über·weg *der* <-(e)s, -e> *speziell gekennzeichnete Stelle, an der Fußgänger eine Straße überqueren können, während Kraftfahrzeuge warten müssen*

Fuß·gän·ger·zo·ne *die* <-, -n> *für den Autoverkehr gesperrter Bereich, meist in der Innenstadt von Städten:* in der Innenstadt mehrere Fußgängerzonen einrichten

Fuß·he·bel *der* <-s, -> *ein Hebel, der mit dem Fuß bedient wird*

Fuß·kett·chen *das* <-s, -> *eine kleine Kette, die Frauen als Schmuck um das Fußgelenk tragen*

fuß·krank *adj /nicht steig./* ❶ *so, dass man an den Füßen Schmerzen hat, weil man z.B. zu viel gelaufen ist* ❷ *(umg. scherzh.) verwendet um auszudrücken, dass jmd. nicht gerne läuft*

Fuß·leis·te *die* <-, -n> *eine Leiste, die am Übergang vom Fußboden zur Wand angebracht wird und dazu dient, die Fuge zwischen Fußboden und Wand zu verdecken*

fuss·lig *adj (umg.) siehe* **fusselig**

Fuß·na·gel *der* <-s, Fußnägel> *(↔ Zehennagel) die Hornplatte, die den vordersten Teil der Zehen bedeckt:* sich die Fußnägel feilen/lackieren/schneiden ◆ Fußnagelschere

Fuß·no·te *die* <-, -n> ❶ *eine Anmerkung zu einem bestimmten Ausdruck oder Textabschnitt am unteren Seitenrand:* einen fraglichen Ausdruck in einer Fußnote erklären; die Fußnoten mit hochgestellten Zahlen/Buchstaben kenntlich machen ❷ *(übertr.) eine ergänzende Bemerkung:* zu dem Gesagten noch eine Fußnote machen

Fuß·pfle·ge *die* <-> */kein Plur./ (≈ Pediküre) die kosmetische und medizinische Pflege der Füße* ▸ Fußpfleger, Fußpflegerin

Fuß·pilz *der* <-es> MED. *eine Hautpilzerkrankung im Bereich der Zehen:* einen Fußpilz haben ◆ -erkrankung

Fuß·punkt *der* <-(e)s, -e> ❶ MATH. *der Punkt, auf dem eine Senkrechte als Lot auf einer Geraden oder einer Ebene steht* ❷ ASTRON. *der Punkt, der dem höchsten Punkt der Himmelskugel (dem Zenit) gegenüberliegt*

Fuß·ras·te *die* <-, -n> *eine Fußstütze an Motorrädern*

Fuß·ring *der* <-(e)s, -e> *ein Ring, den Vögel als Erkennungszeichen am Fuß tragen*

Fuß·sack *der* <-(e)s, Fußsäcke> *eine Art kleiner Sack oder Beutel aus einem wärmenden Material, in den man die Füße stecken kann, um sie zu wärmen*

Fuß·schal·tung *die* <-, -en> *eine Schaltung, die mit dem Fuß bedient wird*

Fuß·sche·mel *der* <-s, -> *eine Art kleiner Hocker, auf den man die Füße legen kann*

Fuß·soh·le *die* <-, -n> *der untere Teil des Fußes:* Mir tun die Fußsohlen weh.

Fuß·spit·ze *die* <-, -n> *die Spitze des Fußes:* sich auf die Fußspitzen stellen

Fuß·spur *die* <-, -en> *die Spur, die jmd. beim Laufen hinterlässt:* einer Fußspur folgen

Fuß·stap·fe *die* <-, -n> *der Abdruck, den ein Fuß im weichen Untergrund hinterlässt:* Fußstapfen im frischen Schnee hinterlassen; ■ **in jemandes Fußstapfen treten** *jmdm. als Vorbild nacheifern* Sie ist in die Fußstapfen ihrer Mutter getreten und auch Schauspielerin geworden.

Fuß·stap·fen *der* <-s, -> *siehe* **Fußstapfe**

Fuß·tritt *der* <-(e)s, -e> ❶ *absichtliches Stoßen mit dem Fuß:* jemandem/einem Tier Fußtritte geben ❷ *(übertr. abwert.) eine verletzende Behandlung:* Die Kollegen haben ihm immer wieder Fußtritte versetzt, bis er sein Vorhaben aufgab.

Fuß·trup·pe *die* <-, -n> *(≈ Infanterie) der Teil einer Armee, der nicht mit Fahrzeugen oder Pferden ausgestattet ist und der für den Nahkampf ausgebildet ist*

Fuß·volk *das* <-s> */kein Plur./* ❶ *(umg. abwert.) die in einem Machtgefüge ganz unten stehenden Personen:* Ich habe hier nichts zu sagen, ich gehöre doch nur zum Fußvolk! ❷ MILIT., GESCH. *die Soldaten der Infanterie*

Fuß·wan·de·rung *die* <-, -en> *eine Art längerer Spaziergang in der Natur*

Fuß·wa·schung *die* <-, -en> *ein altorientalischer Brauch, bei dem die Füße eines Besuchers als Zeichen der Gastfreundschaft gewaschen werden*

Fuß·weg *der* <-(e)s, -e> ❶ *die Zeit, die man für einen Weg zu Fuß braucht:* Es sind ungefähr zehn Minuten Fußweg bis zum Strand. ❷ *ein Weg für Fußgänger:* Der Fußweg verläuft beiderseits der Straße.; Auf der Autobrücke gibt es keinen Fußweg.

Fuß·wur·zel *die* <-, -n> *ein Knochen am Fuß, der sich zwischen dem Unterschenkelknochen und dem Mittelfußknochen befindet*

Fu·ton *der* ['fu:tɔn] <-s, -s> *eine japanische Schlafmatratze* ◆ -bett, -gestell

futsch *adj /nicht steig./ (umg.) weg oder kaputt:* Ich habe meinen verlorenen Ring nicht wieder gefunden, er wird wohl futsch sein!; Meine Uhr ist futsch!

Fut·ter¹ *das* <-s> */kein Plur./* ❶ *Nahrung für Tiere:* den Schweinen Futter geben; Futter für die Tiere schneiden/einlagern; Futter für die Katze/den Hund kaufen ◆ -getreide, -mais, -napf, -rübe, -silo, -trog, Dosen-, Fisch-, Hühner-, Kraft-, Schweine-, Trocken-, Vieh-, Vogel- ❷ *(umg.) Essen* ❸ *(umg. übertr.) etwas zum Verarbeiten:* Bücher sind Futter für die Fantasie.; Das Material ist alle, die Maschine braucht neues Futter.

Fut·ter² *das* <-s, -> ❶ *textiles Material, mit dem ein Kleidungsstück oder ein Gegenstand innen ausgeschlagen ist:* ein Mantel mit einem Futter aus Pelz; das Futter aus einer Jacke heraustrennen; ein Briefumschlag mit rosa Futter; eine Schachtel mit einem Futter aus Samt ◆ Leder-, Pelz-, Seiden-, Woll- ❷ BAUW. *Füllmaterial von Türen*

Fut·te·ral *das* <-s, -e> *eine Hülle zum Schutz empfindlicher Gegenstände:* ein Futteral für eine Brille/ein Fernglas/einen Schirm

Fut·ter·mit·tel *das* <-s, -> *Tierfutter*

fut·tern <futterst, futterte, hat gefuttert> *mit OBJ/ohne OBJ* ■ *jmd. futtert (etwas) (umg.) viel und mit Appetit essen:* Heute haben die Kinder aber richtig gefuttert.; Futtere doch nicht so viel Schokolade!

füt·tern¹ <fütterst, fütterte, hat gefüttert> **I.** *mit OBJ/ohne OBJ* ■ *jmd. füttert jmdn. mit etwas Dat.* ❶ *Nahrung verabreichen:* ein Kleinkind mit Brei füttern; einen Hund mit Fleisch füttern; Der Storch füttert gerade seine Jungen.; Der Landwirt füttert gerade/morgens und abends. ❷ *etwas zum Verabreichen der Nahrung benutzen:* Sie füttert das Kind/das Rehkitz mit einer Flasche.; Ich füttere mit einem Löffel. **II.** *mit OBJ* ■ *jmd. füttert etwas mit etwas Dat. (umg. übertr.) mit Material versorgen:* den Computer mit Daten füttern; den Ofen mit Kohle füttern

füt·tern² <fütterst, fütterte, hat gefüttert> *mit OBJ* ■ *jmd. füttert etwas (mit etwas) etwas innen mit Stoff oder einem anderen Material ausschlagen:* eine warm gefütterte Jacke; einen Mantel mit Pelz füttern

Fut·ter·napf *der* <-(e)s, Futternäpfe> *ein Napf, aus dem Tiere ihr Futter fressen können*

Fut·ter·neid *der* <-(e)s> */kein Plur./* ❶ *Neid auf die Nahrung, die andere erhalten:* Das Tier hat einen ausgeprägten Futterneid. ❷ *(umg. abwert.) Missgunst gegenüber jmdm., der im Vorteil zu sein scheint*

Fut·ter·rü·be *die* <-, -n> *eine Rübe, die ausschließlich als Tierfutter dient*

Fut·ter·si·lo *das/der* <-s, -s> *eine Art großer Behälter in Form eines Turms, in dem Futtermittel aufbewahrt werden*

Füt·te·rung¹ *die* <-, -en> *das Verabreichen von Nahrung an Tiere:* bei der Fütterung der Raubtiere zusehen ◆ Fisch-, Raubtier-, Tier-, Vogel-

Füt·te·rung² *die* <-, -en> *Material, mit dem etwas innen ausgeschlagen ist:* ein Briefumschlag mit einer Fütterung aus buntem Papier ◆ Pelz-, Seiden-

Fu·tur *das* <-s, -e> */meist Sing./* SPRACHWISS. *Zeitform des Verbs zum Ausdruck von Zukünftigem*

Fu·tu·ris·mus *der* <-> */kein Plur./* KUNST *eine künstlerische Bewegung zu Beginn des 20. Jahrhunderts, die wie der Expressionismus den Bruch mit den Traditionen forderte* ▶ Futurist, Futuristin, futuristisch

Fu·tu·ro·lo·gie *die* <-> */kein Plur./* *Zukunftsforschung* ▶ Futurologe, Futurologin, futurologisch

Fu·zel, Fus·sel *der* <-s, -> *(umg.)* ÖSTERR. *Fussel*

Fuz·zi *der* <-s, -s> *(umg. abwert.) eine nicht ganz ernst zu nehmende Person (als Vertreter eines bestimmten Berufsstands):* Was war denn das für ein Fuzzi eben? ◆ Design-, Versicherungs-, Werbe-

Fuz·zy·lo·gik *die* ['fazi...] <-> MATH. *auf der Theorie unscharfer Mengen beruhender Ansatz zur Modellierung von Vagheiten und Unschärfen*

F

Gg

G, g *das* <-, -> *der siebte Buchstabe des Alphabets:* ein großes G; ein kleines g

G-8 *die* <-, -> POL. *kurz für „Gemeinschaft führender Industrienationen"* ▸-Gipfel, -Treffen

gab *Prät. von* **geben**

Ga·bar·di·ne *die* [ˈgabardiːn/gabarˈdiːn(ə)] <-> /kein Plur./ *ein Kammgarngewebe*

Ga·be *die* <-, -n> ❶ *(geh.) Geschenk:* Gold, Myrrhe und Weihrauch waren die Gaben der Heiligen Drei Könige. ❷ *(geh.) Spende:* Man bat um eine milde Gabe für die Armen. ❸ *Begabung:* Er hat die Gabe eines guten Sprachgefühls. ❹ /kein Plur./ MED. *das Verabreichen eines Medikaments* ❺ SCHWEIZ. *Gewinn, Preis*

Ga·bel *die* <-, -n> ❶ *ein Gegenstand mit einem längeren Stiel und mehreren parallelen Zacken am vorderen Ende, den man zum Aufnehmen von Speisen benutzt:* Er legte Löffel, Messer und Gabel neben den Teller. ◆ Ess- ❷ LANDW. *landwirtschaftliches Gerät mit langem Stiel und mehreren Zinken* ◆ Heu-, Mist- ❸ *das drehbare Bauteil eines Fahrrads, an dem das Vorderrad befestigt ist*

Ga·bel·bis·sen *der* <-s, -> *zusammengerolltes Häppchen aus Fischfilet*

ga·bel·för·mig *adj* /nicht steig./ *geformt wie eine Gabel:* Der Weg teilte sich in zwei gabelförmig auseinanderstrebende Pfade.

Ga·bel·früh·stück *das* <-s, -e> *(veralt.) (herzhaftes) zweites Frühstück bei festlichen Anlässen*

Ga·bel·kreuz *das* <-es, -e> *Kreuz in Form eines „Y"*

ga·beln <gabelt, gabelte, hat gegabelt> *mit SICH* ■ **etwas gabelt sich (in etwas** *Akk.***)** *(von Wegen, Straßen o. Ä.) sich teilen und auseinanderstreben*

Ga·bel·stap·ler *der* <-s, -> *ein kleines Fahrzeug mit einer vorn angebrachten Hebevorrichtung, mit dessen Hilfe man schwere Lasten aufnehmen, transportieren und beispielsweise auf einen LKW laden kann* ◆-fahrer

Ga·be·lung *die* <-, -en> *Stelle, an der sich ein Weg bzw. eine Straße gabelt*

Ga·bel·wei·he *die* <-, -n> *eine Vogelart*

Ga·ben·tisch *der* <-(e)s, -e> *Tisch, auf dem z. B. Weihnachts- oder Geburtstagsgeschenke liegen:* den Gabentisch aufbauen

Ga·bun <-s> *Staat in Afrika* ▸ Gabuner, Gabunerin, gabunisch

ga·ckern <gackert, gackerte, hat gegackert> *ohne OBJ* ■ **ein Tier gackert** *die für Hühner typischen Laute von sich geben:* Die Hühner gackern.

Gad·get *das* [ˈgɛdʒɪt] <-s, -s> *kleine Warenprobe*

Gad·get·brief *der* [ˈgɛdʒɪt...] <-(e)s, -e> *Werbesendung mit aufgeklebter Warenprobe*

gaf·fen <gaffst, gaffte, hat gegafft> *ohne OBJ* ■ **jmd. gafft** *(abwert.) neugierig und sensationslüstern schauen, etwas anstarren:* An der Unfallstelle standen zahllose Schaulustige und gafften. ▸ Gaffer, Gafferin, Gafferei

Gag *der* [gɛk] <-s, -s> ❶ *(≈ Sketch) witzige Einlage, kleine humorvolle, komische Darbietung im Theater, im Kabarett, in einem Film:* einen Gag präsentieren ❷ *(umg.) Besonderheit:* Der Gag bei der Sache war, dass …

ga·ga *adj* /nur präd./ /nicht steig./ *(umg.) verrückt*

Ga·ge *die* [ˈgaːʒə] <-, -n> *das Honorar, das ein Künstler für einen Auftritt erhält:* Der Manager des Schauspielers handelt die Gage aus. ▸ Gagist, Gagistin

gäh·nen <gähnst, gähnte, hat gegähnt> *ohne OBJ* ■ **jmd. gähnt** *als Zeichen von Müdigkeit oder Langeweile geräuschvoll durch den weit geöffneten Mund einatmen:* Sie gähnte herzhaft/vor Müdigkeit.

Ga·la *die* <-, -s> ❶ *festliche Kleidung für besondere Anlässe:* in Gala erscheinen ◆-anzug, -uniform ❷ *festliche Veranstaltung, zu der die Besucher in Gala*[1] *erscheinen* ◆-aufführung, -konzert

Ga·la·abend *der* <-s, -e> *festliche Abendveranstaltung (bei der beispielsweise prominente Persönlichkeiten auftreten)*

ga·lak·tisch *adj* /nicht steig./ ❶ ASTRON. /nur attr./ *zur Galaxis gehörend* ❷ *(umg.) besonders gut*

Ga·lan *der* <-s, -e> ❶ *(iron.) (den Frauen gegenüber) vornehm auftretender Mann* ❷ *(umg. abwert.) Liebhaber*

ga·lant *adj* *(geh. o veralt.) (als Mann gegenüber Frauen) betont höflich, aufmerksam und liebenswürdig:* Er half ihr galant aus dem Mantel.

Ga·lan·te·rie *die* <-> /kein Plur./ *(geh. o veralt.) galantes Benehmen*

Ga·la·pa·gos·in·seln <-> *Plur. Inselgruppe im Pazifik*

Ga·la·xie *die* <-, -n> ASTRON. *ein großes Sternensystem außerhalb der Milchstraße*

Ga·la·xis *die* <-, Galaxien> ASTRON. ❶ /kein Plur./ *die Milchstraße* ❷ *(selten) Galaxie*

Ga·lee·re *die* [gaˈleːrə] <-, -n> GESCH. *in der Antike und im Mittelalter eingesetztes (Kriegs-)Schiff, auf dem Sklaven oder Sträflinge rudern mussten* ◆-sklave, -nsträfling

Ga·lee·ren·stra·fe *die* <-, -n> *Rudern auf einer Galeere als Strafe für ein Verbrechen*

Ga·le·rie[1] *die* <-, -n> ❶ *Geschäft oder großer Raum, in dem Kunstwerke ausgestellt und verkauft werden* ❷ *auf der Innenhofseite eines Schlosses um das Obergeschoss führender Gang* ❸ *prunkvoller, durch lange Fensterfronten hell gestalteter Festsaal in Schlössern* ❹ *schmaler Laufgang an der Fassade romanischer Kirchen*

Ga·le·rie[2] *die* <-, -n> ÖSTERR. *Halbinsel*

Ga·le·rie[3] *die* <-, ...-rien> SCHWEIZ. *Tunnel mit fensterartigen Öffnungen auf der Talseite*

Ga·le·rist *der,* **Ga·le·ris·tin** <-en, -en> *jmd., der eine Galerie besitzt und mit Kunstwerken handelt*

Gal·gen *der* <-s, -> *eine Vorrichtung, an der Menschen durch Erhängen hingerichtet werden:* Der Mörder wurde zum Tod am Galgen verurteilt.

Gạl·gen·frist *die* <-, -en> /meist Sing./ (umg. übertr.) der kurze Zeitraum, der jmdm. bis zu einem unangenehmen Termin oder Ereignis noch bleibt oder gewährt wird: Zum Glück hat mein Professor mir noch eine Galgenfrist bis nächsten Montag gewährt/eingeräumt.

Gạl·gen·hu·mor *der* <-s> /kein Plur./ (umg.) (bitterer) Humor, den man sich bewahrt, obwohl man sich in einer unangenehmen oder verzweifelten Lage befindet

Gạl·gen·strick *der* <-(e)s, -e> (umg. scherzh.: ≈ Schlitzohr) Gauner, gerissener Mensch

Gạl·gen·vo·gel *der* <-s, Galgenvögel> (umg. abwert.) ein verbrecherischer Mensch

Ga·lị·ci·en <-s> Gebiet in Spanien ▸ Galicier(in), galicisch

Ga·li·läa <-> GEOGR. Gebiet in Palästina ▸ Galiläer(in), galiläisch

Ga·li·ons·fi·gur *die* <-, -en> ❶ geschnitzte Figur an der Spitze alter Schiffe ❷ (übertr.) ein beliebter, bekannter Mensch, der zu Werbezwecken in den Vordergrund gerückt wird: Man machte ihn zur Galionsfigur der Partei.

gä·lisch *adj* /nur attr./ /nicht steig./ die Kelten betreffend: die gälische Sprache

Ga·li·zi·en frühere Bezeichnung für ein Gebiet nördlich der Karpaten

Gạl·le *die* <-, -n> ❶ ANAT. kurz für „Gallenblase" ❷ bitteres, von der Leber gebildetes Sekret, das bei der Fettverdauung hilft; ■ jemandem steigt, kommt die Galle hoch/schwillt die Galle/ läuft die Galle über jmd. wird erkennbar wütend ◆-nblase, -nkolik, -nleiden, -nstein, -nweg

gạl·le(n)·bịt·ter *adj* /nicht steig./ bitter wie Galle²

Gạl·len·bla·se *die* <-, -n> ANAT. mit der Leber verbundenes Organ, das die Galle² speichert ◆-nentzündung

Gạl·len·weg *der* <-(e)s, -e> /meist Plur./ ANAT. zur Galle¹ gehörendes Gefäß

Gạl·lert, Gal·lẹrt *das* <-(e)s> /kein Plur./ (beispielsweise nach dem Einkochen und Erkaltenlassen von Knochenbrühe entstehende) zähe, durchsichtige Masse ◆-masse

gạl·lert·ar·tig, gal·lẹrt·ar·tig *adj* /nicht steig./ so zäh wie Gallert

Gạl·lẹr·te *die* siehe **Gallert**

gạl·lẹr·tig *adj* /nicht steig./ aus Gallert(e) bestehend

Gạl·li·en <-s> lateinischer Name Frankreichs ▸ Gallier, Gallierin

gạl·lig *adj* ❶ sehr bitter (im Geschmack) ▸ Galligkeit ❷ boshaft: galliger Humor ▸ Galligkeit

gạl·lisch *adj* /nur attr./ /nicht steig./ zu Gallien gehörig: die gallische Sprache

Gạl·li·um *das* <-s> /kein Plur./ CHEM. ein chemisches Element

Gal·li·zịs·mus *der* <-, Gallizismen> siehe auch **Anglizismus, Austriazismus, Helvetismus**

Ein **Gallizismus** ist ein aus dem Französischen in eine andere Sprache übernommener Ausdruck (Wort, Wortkomplex, Wendung), z. B.

Portmonee, vis-à-vis, L'art pour l'art, Trottoir, Jalousie, Tournee, Milieu, galant, Chicorée, Cognac, Clou, Chiffre, Chaussee. In manchen Fällen handelt es sich um Ausdrücke, die eigentlich gar nicht ihren Ursprung in der französischen Sprache haben. Derartige Einheiten bezeichnet man als Schein-Gallizismen; ein Beispiel dafür ist der Ausdruck Friseur, dem im Französischen coiffeur entspricht. Die Bezeichnung Gallizismus leitet sich von Gallien ab, dem römischen Namen für das Gebiet des heutigen Frankreich. Gallizismen werden in diesem Wörterbuch durch die Herkunftsangabe „franz." gekennzeichnet.

G

Gal·lo·ne *die* <-, -n> ein in Großbritannien und Amerika verwendetes Hohlmaß: Eine englische Gallone entspricht 4,55 Liter, eine amerikanische Gallone entspricht 3,79 Liter.

gal·lo·phil *adj* (≈ frankophil ↔ frankophob)

Gal·lo·phi·lie *die* <-> /kein Plur./ (≈ Frankophilie ↔ Frankophobie)

gal·lo·phob *adj* (≈ frankophob ↔ frankophil)

Gal·lo·pho·bie *die* <-> /kein Plur./ (≈ Frankophobie ↔ Frankophilie)

Ga·lọpp *der* <-s, -s/-e> die schnellste Gangart eines Pferdes; ■ im Galopp (umg.: ≈ im Eiltempo) sehr schnell Ich musste meine Besorgungen heute im Galopp erledigen. ◆-bahn, -rennbahn

ga·lọp·pie·ren <galoppierst, galoppierte, hat/ist galoppiert> ohne OBJ ■ jmd. galoppiert (irgendwohin) im Galopp reiten

Ga·lọpp·ren·nen *das* <-s, -> SPORT Pferderennen im Galopp

Ga·lọ·sche *die* <-, -n> ❶ (veralt.) Überschuhe aus Gummi ❷ LANDSCH. (umg.) (Haus-)Schuhe

gạlt Prät. von **gelten**

gal·va·ni·sie·ren <galvanisierst, galvanisierte, hat galvanisiert> mit OBJ ■ jmd. galvanisiert etwas TECHN. eine dünne Metallschicht mit Hilfe von elektrischem Strom auftragen ▸ Galvanisierung

Ga·ma·sche *die* <-, -n> /meist Plur./ vom Fuß bis zum Knie reichende Beinbekleidung aus Stoff oder Leder

Gạm·be *die* <-, -n> MUS. ein Streichinstrument

Gạm·bia <-s> Staat in Westafrika ▸ Gambier, Gambierin, gambisch

Gam·bịst *der*, **Gam·bịs·tin** <-en, -en> MUS. jmd. der Gambe spielt

Gam·bịt *das* ['gæmbɪt] <-s, -s> SPORT ein bestimmter Zug im Schachspiel

Game·boy® *der* ['ge:mbɔy] <-s, -s> ein tragbares elektronisches Spielgerät

Game·show *die* ['ge:mʃou] <-, -s> TV Spiel- oder Quizsendung

Gạm·ma *das* <-(s), -s> der dritte Buchstabe des griechischen Alphabets

Gạm·ma·strah·len <-> Plur. radioaktive Strahlen, die in der Werkstoffprüfung und Strahlentherapie eingesetzt werden

Gam·me·lei *die* <-> /kein Plur./ (umg. abwert.) das Gammeln

gạm·me·lig, **gạmm·lig** *adj* ❶ *verdorben, ungenießbar:* Wirf endlich mal das gammelige Gemüse im Kühlschrank weg! ❷ *(oft abwert.) unordentlich, ungepflegt, vernachlässigt:* gammelig angezogen sein

Gạm·mel·le·ben *das* <-s, -> *(umg. abwert.) gammelige Lebensweise*

Gạm·mel·look *der* <-s, -s> *(umg.) gammeliger Kleidungsstil*

gạm·meln <gammelst, gammelte, hat gegam­melt> *ohne OBJ* ■ *jmd. gammelt* ❶ *(umg. abwert.) ohne feste Arbeit und ohne Zukunftspläne ziellos in den Tag hineinleben:* Nachdem er sein Studium abgebrochen hatte, begann er zu gammeln. ❷ *die Zeit mit Nichtstun verbringen:* Gammel nicht rum, hilf mir lieber!

Gạmm·ler *der*, **Gạmm·le·rin** <-s, -> *(umg. abwert.) jmd., der gammelt* [2]

Gạmm·ler·tum *das* <-s> */kein Plur./ (umg. abwert.) die Gammelei*

gạmm·lig *adj siehe* **gammelig**

Gạms *die* <-, -/-en> LANDSCH. *Gämse*

Gạms·bart *der* <-(e)s, Gamsbärte> *Schmuck an (Trachten-)Hüten*

Gạms·bart *der siehe* **Gamsbart**

Gạms·bock *der* <-(e)s, Gamsböcke> ZOOL. *männliche Gämse*

Gạms·bock *der* ZOOL. *siehe* **Gamsbock**

Gạm·se *die* <-, -n> ZOOL. *in den Gebirgen Europas lebendes Tier, das ungefähr wie eine Ziege aussieht*

Gạ·neff *der* <-(s), -e/-s> ÖSTERR. *Ganove*

Gạng[1] *der* <-(e)s, Gänge> ❶ *die Art und Weise, wie jmd. läuft:* Das Kleinkind hat noch einen unsicheren Gang.; Mit schwankendem Gang verließ der Betrunkene das Lokal. ❷ *das Gehen (zu einem bestimmten Zweck, mit einem bestimmten Ziel):* Mir graut vor dem Gang zum Zahnarzt.; Nach dem Mittagessen macht der Chef einen Gang durch die neue Fabrikhalle.; Bevor wir in den Urlaub fahren, muss ich noch einige Gänge erledigen. ❸ *(≈ Korridor) ein Flur, der Zimmer verbindet:* Würdest du bitte die Schuhe im Gang ausziehen? ❹ *einer der aufeinanderfolgenden Teile einer Mahlzeit:* Das Menü bestand aus drei Gängen. ◆ Fisch-, Fleisch-, Haupt- ❺ *eines der an einem Getriebe wählbaren Übersetzungsverhältnisse:* Er schaltete vom ersten in den zweiten Gang.; Das Fahrrad verfügt über achtzehn Gänge.; ■ *in Gang bringen/in Gang setzen bewirken, dass etwas in Bewegung gerät oder zu funktionieren beginnt;* ■ *im Gange sein als gegen jmdn. oder etwas gerichtete Aktion (heimlich) vorbereitet werden* Es hat den Anschein, als sei eine Verschwörung im Gange.; ■ *seinen (geordneten) Gang gehen sich so entwickeln, wie es zu erwarten ist;* ■ *einen Gang zulegen (umg.) das Tempo bei etwas steigern*

Gạng[2] *die* [gæŋ] <-, -s> ❶ *organisierte Gruppe von Verbrechern* ❷ *Bande von (verwahrlosten) Jugendlichen*

Gạng·art *die* <-, -en> ❶ *eine der Arten, in die man den Laufstil von Pferden einteilt:* Trab ist eine der Gangarten des Pferdes. ❷ *die Art und Weise, wie sich beispielsweise eine Sportmannschaft ge-* genüber ihrem Gegner oder ein Vorgesetzter gegenüber seinen Mitarbeitern verhält: Der Chef/ die Mannschaft hatte eine härtere Gangart angeschlagen.

gạng·bar *adj* ❶ *(≈ gängig) gebräuchlich, allgemein üblich* ❷ *begehbar:* ein gangbarer Pfad ▶ Gangbarkeit

Gạn·gel·band *(abwert.)* ■ *jemanden am Gängelband führen/haben/halten* jmdn. *gängeln*

Gạn·ge·lei *die* <-, (-en)> *(abwert.) das Gängeln*

gạn·geln <gängelst, gängelte, hat gegängelt> *mit OBJ* ■ *jmd. gängelt* jmdn./etwas *(abwert.: ≈ bevormunden)* jmdm. *keine Handlungsfreiheit lassen, sondern ihm (dauernd) sagen, was er tun soll*

gạn·gig *adj* ❶ *gebräuchlich, allgemein üblich:* Seine Ansicht/seine Meinung weicht erheblich von der gängigen ab. ❷ *viel gekauft, handelsüblich:* Wir führen alle gängigen Fabrikate/Marken. ▶ Gängigkeit

Gạn·gli·on *das* <-s, Ganglien> */meist Plur./* MED. ❶ *Nervenknoten* ❷ *Überbein*

Gạng·schal·tung *die* <-, -en> TECHN. *eine Vorrichtung, mit deren Hilfe man einen bestimmten Gang*[5] *wählen kann:* Hat dein Fahrrad eine Gangschaltung?

Gạng·steig *der* <-(e)s, -e> ÖSTERR. *Bürgersteig, Gehsteig*

Gạngs·ter *der* ['gæŋstɐ] <-s, -> *(abwert.) Schwerverbrecher:* Die Polizisten lieferten sich mit dem berüchtigten/gefürchteten Gangster eine Schießerei. ◆ -bande, -boss, -methode ▶ Gangstertum

Gạngs·ter·braut *die* ['gæŋstɐ...] <-, Gangster­bräute> *(abwert.) Frau oder Freundin eines Gangsters*

Gạng·way *die* ['gæŋweɪ] <-, -s> LUFTF., SEEW. *eine Art fahrbare Treppe zum Besteigen oder Verlassen eines Flugzeuges oder Schiffes*

Gạ·no·ve *der*, **Gạ·no·vin** <-n, -n> *(umg. abwert.) Betrüger, Dieb*

Gạ·no·ven·eh·re *die* <-> */kein Plur./ Ehrgefühl eines Ganoven:* jemanden bei seiner Ganovenehre packen

Gạ·no·ven·spra·che *die* <-, -n> *Sprache, die (nur) unter Ganoven benutzt wird*

Gạns *die* <-, Gänse> ❶ *ein Wasservogel mit grauen oder weißen Federn, der größer ist als eine Ente und wegen seines Fleisches und seiner Federn als Nutztier gehalten wird:* Gänse schnattern/werden gemästet/werden gerupft/werden gebraten. ❷ *(≈ Gänsebraten)* Zu Weihnachten gab es bei uns immer Gans. ❸ *(umg. abwert.) als Schimpfwort für eine Frau verwendet:* Diese dumme Gans!

Gän·se·blüm·chen *das* <-s, -> *eine kleine Wiesenblume mit weißen Blütenblättern*

Gän·se·bra·ten *der* <-s, -> *Braten vom Fleisch der Gans*

Gän·se·brust *die* <-> *Bruststück einer (gebratenen) Gans*

Gän·se·ei *das* <-(e)s, -er> *das Ei einer Gans*

Gän·se·fe·der *die* <-, -n> *die Feder einer Gans*

Gän·se·füß·chen *das* <-s, -> *(umg.) Anführungszeichen:* ein Wort in Gänsefüßchen setzen

Gän·se·haut *die* <-> */kein Plur./ Bezeichnung für die durch Frieren oder durch Erschrecken ausgelöste Veränderung der Hautoberfläche, wobei sich die Haare aufstellen, so dass viele kleine Erhebungen entstehen*

Gän·se·keu·le *die* <-, -n> *Keule einer gebratenen Gans*

Gän·se·kiel *der* <-(e)s, -e> *Kiel der Gänsefeder*

Gän·se·klein *das* <-s> */kein Plur./* ❶ *gekochte Innereien und Füße einer Gans* ❷ *Gericht aus Gänseklein [1]*

Gän·se·le·ber *die* <-> *Leber einer Gans* ♦ *-pastete*

Gän·se·marsch ■ **im Gänsemarsch** *(umg.) so, dass mehrere Personen in einer Reihe hintereinanderlaufen Die Kinder gingen im Gänsemarsch über den Hof.*

Gän·se·rich *der* <-s, -e> *(≈ Ganter) eine männliche Gans*

Gän·se·schmalz *das* <-es> */kein Plur./ Schmalz aus Gänsefett*

Gan·ter *der* <-s, -> NORDDT. *(≈ Gänserich)*

ganz I. *adj /nicht steig./* ❶ *(umg.) /nur präd./ unbeschädigt: Du solltest die Gläser vor dem Umzug gut verpacken, damit sie ganz bleiben.* ❷ *verwendet, um auszudrücken, dass die Gesamtheit der genannten Sache betroffen ist: Er hatte seinen ganzen Bekanntenkreis zu der Party eingeladen – niemand fehlte.; Sie hat ganz Amerika bereist, nicht nur den Norden.; Sie müssen die Gebrauchsanweisung erst ganz lesen.* ❸ *alle, alles: Er hat das ganze Geld ausgegeben.* ❹ *(umg.) verwendet, um eine Mengen-, Zahlenangabe zu verstärken: Er hat eine ganze Menge CDs.; Das Flugzeug hatte ganze zwei Stunden Verspätung.* ❺ *(umg.) nicht mehr als: Die Lampe hat ganze 10 Euro gekostet.* **II.** *adv /nicht steig./* ❶ *vollständig: Wir haben die Torte ganz aufgegessen.; Ich musste die Arbeit ganz allein machen.; Da bin ich ganz deiner Meinung.* ❷ *sehr, überaus: Er war ganz begeistert.; Sie wurde vor Schreck ganz blass.* ❸ *ziemlich, relativ: Die CD ist ganz gut.;* ■ **ganz und gar** *vollständig* ♦ Großschreibung → R 3.4 *das Ganze (bleiben lassen); ein (harmonisches) Ganzes (bilden); als Ganzes; das (große) Ganze; aufs Ganze gehen; im Ganzen (gesehen); im Großen und Ganzen; nichts Ganzes und nichts Halbes sein; ums Ganze (gehen)*

Gän·ze ■ **zur Gänze** *vollständig*

Ganz·heit *die* <-> */kein Plur./ (≈ Ungeteiltheit, Vollständigkeit) das Ganzsein: etwas in seiner/ihrer Ganzheit betrachten/erfassen*

ganz·heit·lich *adj /nicht steig./ so, dass alle Aspekte einer Sache berücksichtigt und größere Zusammenhänge erkannt werden: Wir sollten mit einer ganzheitlichen Betrachtungsweise an dieses Problem herangehen.; ganzheitliche Medizin* ▶ Ganzheitlichkeit

Ganz·heits·kos·me·tik *die* <-, -a> *ganzheitliche Kosmetik*

Ganz·heits·me·di·zin *die* <-> */kein Plur./ ganzheitliche Medizin*

Ganz·heits·me·tho·de *die* <-, -n> *(≈ Ganzwortmethode) Methode des Lesenlernens, bei der die Wörter als ganzheitliche Einheiten gelernt werden*

Ganz·heits·psy·cho·lo·gie *die* <-> */kein Plur./ ganzheitliche Psychologie*

ganz·jäh·rig *adj /nicht steig./ das ganze Jahr über: Das Hotel ist ganzjährig geöffnet.*

gänz·lich *adv (≈ völlig) Diese Idee erscheint mir gänzlich undurchführbar.*

ganz·sei·tig *adj /nur attr./ /nicht steig./ so, dass es eine ganze (Zeitungs-)Seite ausfüllt: eine ganzseitige Anzeige*

ganz·tä·gig *adj /nicht steig./ den ganzen Tag über: Das Café ist ganztägig geöffnet.*

ganz·tags *adv (↔ halbtags) so, dass es den ganzen (Arbeits-)Tag dauert: Sie will wieder ganztags arbeiten.*

Ganz·tags·ar·beit *die* <-> */kein Plur./ Arbeit, die man ganztags ausübt*

G

Ganz·tags·be·schäf·ti·gung *die* <-, -en> *(≈ Ganztagsarbeit)*

Ganz·tags·schu·le *die* <-, -n> *Schule, die die Schüler ganztags besuchen*

Ganz·ton *der* <-(e)s, Ganztöne> MUS. *(↔ Halbton)*

Ganz·ton·lei·ter *die* <-, -n> MUS. *aus Ganztönen bestehende Tonleiter*

ganz·zah·lig *adj /nicht steig./ MATH. aus einer ganzen Zahl bestehend*

gar[1] *adj /meist präd./ /nicht steig./ so lange gekocht oder gebraten, dass es weich und bekömmlich ist: Das Fleisch/Das Gemüse ist noch nicht gar.*

gar[2] *adj ÖSTERR. zu Ende: Das Geld ist bald gar.*

gar[3] I. *adv (≈ überhaupt) in Verbindung mit „nicht" und „kein" verwendet, um die Aussage zu verstärken: Wir hatten damit gar kein Problem.; Das ist gar nicht wahr!; Natürlich konntest du das Buch nicht finden, es existiert gar nicht!* **II.** *part* ❶ *(≈ etwa) verwendet zum Ausdruck einer Verstärkung bei Vermutungen: Er wird doch nicht gar einen Unfall gehabt haben?* ❷ *verwendet zur Verstärkung eines steigernden „zu" oder „so": Das hätte ich gar zu gerne gesehen.; Sie ist gar so schnell beleidigt.* ❸ *(≈ wohl) Er dachte gar, ich würde ihm das geliehene Geld schenken.*

Ga·ra·ge *die* [ga'ra:ʒə] <-, -n> ❶ *ein einfacher Bau, in dem man ein Auto abstellt: Ich stelle noch schnell das Auto/das Motorrad in die Garage.* ♦ *-neinfahrt, -nstellplatz, -ntor, -nwagen* ❷ SCHWEIZ. *(Auto-)Werkstatt*

Ga·ra·gen·wa·gen *der* [ga'ra:ʒən...] <-s, -> *ein Auto, das immer in einer Garage abgestellt worden ist, und daher gut erhalten ist*

ga·ra·gie·ren [gara'ʒi:rən] <garagierst, garagierte, hat garagiert> *mit OBJ* ■ *jmd. garagiert etwas ÖSTERR., SCHWEIZ. das Auto in die Garage stellen*

Ga·ra·gist *der*, **Ga·ra·gis·tin** [gara'ʒɪst] <-en, -en> SCHWEIZ. *Inhaber einer Autoreparaturwerkstätte*

Ga·rant *der*, **Ga·ran·tin** <-en, -en> *eine Person, eine Institution, eine Firma o. Ä., die für die Sicherung oder Erhaltung von etwas bürgt: Dieses Unternehmen gilt seit Jahrzehnten als Garant innovativer, hochwertiger Produkte.*

Ga·ran·tie *die* <-, ...-tien> ❶ *(≈ Gewähr) etwas,*

G

das die Sicherheit gibt, dass in der Zukunft irgendetwas der Fall sein wird: Natürlich gibt es keine Garantie, dass wir an diesem Tag auch noch schönes Wetter haben werden. ❷ *schriftliche Zusicherung des Herstellers, dass er für eine bestimmte Zeit nach dem Kauf eines Produkts die Kosten für die Behebung eventueller Mängel übernimmt:* Der Fernseher hat noch ein halbes Jahr Garantie. ◆-anspruch, -karte, -zeit ❸ /meist Plur./ BANKW. Bürgschaft

Ga·ran·tie·frist *die* <-, -en> *die Frist, innerhalb der eine Garantie² gültig ist:* Die Garantiefrist ist schon abgelaufen.

Ga·ran·tie·leis·tung *die* <-, -en> ❶ /kein Plur./ *das Leisten von Garantie²* ❷ *Leistung, die in der Garantie² inbegriffen ist:* Zu den Garantieleistungen dieses Produkts gehört auch der Reparaturservice.

ga·ran·tie·ren <garantierst, garantierte, hat garantiert> *mit OBJ* ■ *jmd./etwas garantiert etwas* ❶ *zusichern:* Ich garantiere Ihnen, dass Sie für dieses Gerät auch in zehn Jahren noch Ersatzteile bekommen.; Wenn du so weitermachst, garantiere ich für nichts! ❷ (≈ *gewährleisten) dafür sorgen, dass etwas sicher ist:* Das Grundgesetz garantiert die Rechte des Bürgers.

ga·ran·tiert I. *Part. Perf. von* **garantieren II.** *adv* (≈ *bestimmt) verwendet, um auszudrücken, dass man sich über die genannte Sache ganz sicher ist:* Das hat er garantiert wieder vergessen.

Ga·r·aus ■ **jemandem/etwas den Garaus machen** *dafür sorgen, dass jmd. oder etwas irgendwo nicht mehr ist/nicht mehr existiert* Ich werde dem Ungeziefer den Garaus machen!

Gar·be *die* <-, -n> ❶ LANDW. *zusammengebundene, zum Trocknen aufgestellte Bündel geschnittener Getreidehalme* ❷ MILIT. *mehrere, rasch aufeinander abgefeuerte Schüsse*

Gar·çon *der* [garˈsɔ̃] <-s, -s> ❶ (veralt.) Junggeselle ❷ Kellner

Gar·çonne *die* [garˈsɔn] <-> ❶ (veralt.) Junggesellin ❷ knabenhafte Frau

Gar·çon·ni·ère *die* [garsɔniˈɛr] <-, -n> ÖSTERR. Einzimmerwohnung

Gar·da·see *der* <-s> See in Oberitalien

Gar·de *die* <-, -n> ❶ Leibwache ❷ eine Gruppe eines Karnevalsvereins, die zur Karnevalszeit in farbenprächtigen Uniformen auftritt ◆ Prinzen-

Gar·de·of·fi·zier *der* <-s, -e> MILIT. Offizier der Garde¹

Gar·de·ro·be *die* <-, -n> ❶ /kein Plur./ die Gesamtheit der Oberbekleidung, die eine Person besitzt oder gerade trägt: Sie besitzt eine sehr elegante Garderobe. ❷ ein Möbelstück zum Aufhängen bzw. Ablegen von Hüten, Mänteln und Jacken ◆-nständer ❸ ein Raum (beispielsweise in einem Theater oder Museum), in dem Besucher ihre Jacken und Mäntel abgeben können

Gar·de·ro·ben·frau *die* <-, -en> Frau, die in Theatern oder Museen die Mäntel, Jacken usw. der Besucher zur Aufbewahrung entgegennimmt

Gar·de·ro·ben·ha·ken *der* <-s, -> Haken in der Garderobe³ zum Aufhängen von Kleidung

Gar·de·ro·ben·mar·ke *die* <-, -n> (nummerierte)

Marke, die man beim Abgeben der Jacken und Mäntel an der Garderobe³ erhält

Gar·de·ro·ben·stän·der *der* <-s, -> ein Gestell mit Haken, das dazu dient, Kleidung und Hüte aufzuhängen

Gar·di·ne *die* <-, -n> (≈ *Store) ein durchscheinender Vorhang, der eine Fensterfläche in ganzer Breite bedeckt:* Würdest du bitte die Gardinen aufziehen/zuziehen?; ■ **hinter schwedischen Gardinen** *(umg. scherzh.) im Gefängnis* ◆-nstoff

Gar·di·nen·leis·te *die* <-, -n> über dem Fenster befestigte Leiste, an der man Gardinen aufhängt

Gar·di·nen·pre·digt *die* <-, -en> (umg. scherzh.) Vorhaltungen in strafendem Ton: Der Vater hielt dem Sohn eine Gardinenpredigt.

Gar·di·nen·ring *der* <-(e)s, -e> Ringe, an denen man Gardinen aufhängt

Gar·di·nen·stan·ge *die* <-, -en> über einem Fenster angebrachte Stange, an der man Gardinen aufhängt

Gar·dist *der,* **Gar·dis·tin** <-en, -en> Angehöriger einer Garde¹

ga·ren <garst, garte, hat gegart> **I.** *mit OBJ* ■ *jmd. gart etwas so lange kochen, bis es gar wird:* Ich habe den Braten drei Stunden gegart. **II.** *ohne OBJ* ■ *etwas gart gar werden:* Während das Fleisch gart, können Sie die Beilagen herrichten.

gä·ren <gärte/gor, hat/ist gegärt/gegoren> *ohne OBJ* ■ *etwas gärt (zu etwas Dat.)* ❶ (haben) sich (teilweise) unter Bildung von Säure oder Alkohol zersetzen: Der Most gärt. ❷ (sein) durch Gären¹ zu etwas anderem werden: Der Wein ist zu Essig gegoren. ❸ (haben) (übertr.) entstehen und allmählich stärker werden: Die Wut gärte in ihm.

gar·ge·kocht *adj* /nicht steig./ gar¹

gä·rig <gäriger, am gärigsten> *adj (veralt.) durch Gären¹ ungenießbar geworden:* gäriger Apfelsaft

Gar·koch *der,* **Gar·kö·chin** <-s, Garköche> Koch in einer Garküche

Gar·kü·che *die* <-, -n> (≈ *Speisegastwirtschaft)*

Gär·mit·tel *das* <-s, -> Mittel zum Gären¹ einer Flüssigkeit

Garn *das* <-(e)s, -e> Nähfaden; ■ **jemandem ins Garn gehen** *(umg.) von jmdm. gestellt, gefasst werden;* ■ **jemanden ins Garn locken** *jmdn. mit etwas anlocken und ihn so überlisten* ◆-rolle, -spule, Häkel-, Näh-, Stopf-

Gar·ne·le *die* <-, -n> ZOOL. *ein Krebs*

gar·ni *adj* /nicht steig./ *siehe* **Hotel garni**

gar·nie·ren <garnierst, garnierte, hat garniert> *mit OBJ* ■ *jmd. garniert etwas (mit etwas Dat.)* Speisen mit Dekoration versehen: einen Salatteller mit Tomatenscheiben garnieren ▸ Garnierung

Gar·ni·son *die* <-, -en> MILIT. ❶ Truppenstandort ❷ alle an einem Standort stationierten Truppen ◆-(s)kirche, -(s)stadt

Gar·ni·tur *die* <-, -en> ❶ eine Reihe verschiedener, zusammengehörender, aufeinander abgestimmter Gegenstände, die einem bestimmten Zweck dienen: eine Garnitur Unterwäsche ❷ (umg.) die besten oder die weniger guten Vertreter aus einer Gruppe: Die Mannschaft spielt heute mit der ersten/zweiten Garnitur. ❸ KOCH. das, womit eine Speise garniert ist

Garn·knäu·el *der/das* <-s, -> *zu einem Knäuel aufgewickeltes Garn*

gars·tig *adj* ❶ *(veralt.) ungezogen, unfreundlich:* Zu wem gehört dieses garstige Kind? ❷ *hässlich und böse:* In dem Märchen kommt eine garstige Hexe vor. ❸ *unangenehm, abscheulich:* Was für ein garstiges Wetter! ▸ Garstigkeit

Gär·stoff *der* <-(e)s, -e> *(≈ Gärmittel)*

Gar·ten *der* <-s, Gärten> ❶ *ein durch Zaun oder Hecke abgegrenztes (oft an ein Haus anschließendes oder zu ihm gehörendes) Grundstück, in dem Pflanzen wachsen, Blumenbeete angelegt sind und oft auch Bäume stehen:* Zum Haus gehört ein gepflegter/verwilderter Garten.; Bei schönem Wetter verlegen wir das Fest in den Garten.; Ich arbeite zur Entspannung gern im Garten. ◆-anlage, -arbeit, -architekt(in), -bank, -beet, -blume, -erde, -fest, -gemüse, -gerät, -grill, -haus, -häuschen, -schlauch, Gemüse-, Obst- ❷ *großflächige, parkähnliche Anlage:* Wir waren am Wochenende im botanischen/ zoologischen Garten.; ▪ **der Garten Eden** REL. *das Paradies*

Gar·ten·amt *das* <-(e)s, Gartenämter> *für Grünanlagen zuständiges Amt*

Gar·ten·bau *der* <-(e)s> /kein Plur./ *intensiver Anbau von Gemüse, Obst oder Blumen*

Gar·ten·bau·aus·stel·lung *die* <-, -en> *Ausstellung, auf der gartenbauliche Erzeugnisse zur Schau gestellt werden*

Gar·ten·cen·ter *das* <-s, -> *Einkaufszentrum für Garten(bau)produkte*

Gar·ten·hag *der* <-s, -häge> SCHWEIZ. *(≈ Hag) Gartenzaun, Gartenhecke*

Gar·ten·lau·be *die* <-, -n> *kleines, an der Seite offenes Gartenhaus*

Gar·ten·lo·kal *das* <-s, -e> *(≈ Biergarten) Gaststätte, in der man im Freien sitzt*

Gar·ten·schau *die* <-, -en> *(≈ Gartenbauausstellung)*

Gar·ten·schlauch *der* <-(e)s, Gartenschläuche> *Schlauch mit Spritzdüse, mit dem man den Garten wässert*

Gar·ten·sitz·platz *der* <-es, ...-plätze> SCHWEIZ. *mit Platten belegte Fläche bei einem Haus für den Aufenthalt im Freien*

Gar·ten·sprit·ze *die* <-, -n> *(≈ Gartenschlauch)*

Gar·ten·stadt *die* <-, Gartenstädte> *Stadt mit vielen Grünflächen, die nahe einer Großstadt liegt*

Gar·ten·wirt·schaft *die* <-, -en> *(≈ Gartenlokal)*

Gar·ten·zwerg *der* <-(e)s, -e> *eine bunte Figur, die eine Art kleines Männchen mit Bart und Zipfelmütze darstellt und die oft als Dekoration in Gärten aufgestellt wird*

Gärt·ner *der*; **Gärt·ne·rin** <-s, -> *jmd., der beruflich Pflanzen für den Verkauf anbaut* ◆-handwerk

Gärt·ne·rei *die* <-, -en> *Betrieb, in dem Pflanzen für den Verkauf angebaut werden*

Gärt·ne·rin·art ▪ **auf/nach Gärtnerinart** KOCH. *mit bunter Gemüsebeilage*

gärt·ne·risch *adj* /nur attr./ /nicht steig./ *die Gärtnerei betreffend*

gärt·nern <gärtnerst, gärtnerte, hat gegärtnert> *ohne OBJ* ▪ **jmd. gärtnert** *(als Hobby) im Garten arbeiten*

Gä·rung *die* <-, -en> *das Gären* [1, 2] ◆-sprozess, -sverfahren

Gar·zeit *die* <-, -en> *die Zeit(dauer), in der ein Nahrungsmittel beim Kochen oder Braten gar* [1] *wird*

Gas *das* <-es, -e> ❶ *ein Stoff, der nicht in fester und nicht in flüssiger Form existiert und meist farblos ist:* Unter den Gasen gibt es so genannte Edelgase.; Bei dieser chemischen Reaktion wird ein Gas frei. ◆-flasche, -austritt, -behälter, -beleuchtung, -bildung, -brenner, -druck, -entwicklung, -feuerzeug, -flamme, -flasche, -gemisch, -geruch, -kessel, -lampe, -motor, -rohr, -vergiftung ❷ *ein Gas* [1], *das man zum Kochen und Heizen verwendet* ◆-anzünder, -behälter, -bildung, -boiler, -brenner, -entwicklung, -feuerung, -flamme, -heizung, -herd, -kessel, -kocher, -ofen, -rohr, -verbrauch, -vergiftung ❸ KFZ *(umg.) kurz für „Gaspedal";* ▪ **Gas geben** *(ein Fahrzeug) beschleunigen* ◆-hebel

Gas·ab·le·ser *der*; **Gas·ab·le·se·rin** <-s, -> *(veralt.) jmd., der beruflich die Gasanzeige in Haushalten abliest (und das Geld dafür einnimmt)*

Gas·an·griff *der* <-(e)s, -e> MILIT. *Angriff mit Giftgas*

Gas·an·schluss *der* <-es, Gasanschlüsse> *Anschluss an das örtliche Gasversorgungswerk*

Gas·an·stalt *die* <-, -en> *(≈ Gaswerk)*

Gas·aus·tritt *der* <-(e)s> /kein Plur./ *Austreten oder -strömen von Gas* [1, 2]

Gas·au·to·mat *der* <-en, -en> *mit Münzen betriebener Gaszähler*

gas·be·heizt *adj* /nicht steig./ *mit Gas* [2] *beheizt:* eine gasbeheizte Wohnung

gas·be·trie·ben *adj* /nicht steig./ *mit Gas* [1] *betrieben:* ein gasbetriebenes Auto

Gas·ex·plo·si·on *die* <-, -en> *durch Gas(entwicklung oder -austritt) ausgelöste Explosion*

Gas·feu·e·rung *die* <-> /kein Plur./ *das Heizen mit Gas* [2]

gas·för·mig *adj* /nicht steig./ *aus oder wie Gas* [1]

Gas·fuß *der* <-es> /kein Plur./ *(umg.) Fuß eines Autofahrers, mit dem das Gaspedal gedrückt wird*

Gas·hahn *der* <-s, Gashähne> *Hahn, mit dem man die Gaszufuhr regelt:* den Gashahn auf-/abdrehen

Gas·kam·mer *die* <-, -n> GESCH. *(im Nationalsozialismus) Raum zur Tötung von Menschen (insbesondere Juden) durch Giftgas in den Konzentrationslagern*

Gas·la·ter·ne *die* <-, -n> *mit Gas* [1] *betriebene (Straßen-)Laterne*

Gas·licht *das* <-(e)s, -er> ❶ *durch Gas* [1] *erzeugtes Licht* ❷ *Flamme einer Gaslaterne*

Gas·mann *der* <-(e)s, Gasmänner> *(umg. o veralt.: ≈ Gasableser) jmd., der von Zählern den Gasverbrauch der privaten Haushalte abliest*

Gas·mas·ke *die* <-, -n> *Atemschutzmaske zum Schutz vor giftigen Gasen*

Ga·so·lin *das* <-s> /kein Plur./ CHEM. *Zwischenprodukt bei der Destillation von Rohöl, ein Leichtbenzin*

Gas·pa·t·ro·ne *die* <-, -n> *mit Gas[1] gefüllte Patrone*

Gas·pe·dal *das* <-s, -e> *Pedal im Auto, mit dem man die Kraftstoffzufuhr regelt*

Gas·pis·to·le *die* <-, -n> *Pistole, die mit gasgefüllter Munition geladen wird*

Gas·rech·nung *die* <-, -en> *Rechnung für den Gasverbrauch*

Gäss·chen *das* <-s, -> *kleine Gasse*

Gas·se *die* <-, -n> ❶ *kleine, enge Straße (zwischen zwei Häuserreihen):* Wir schlenderten durch die engen Gassen der Altstadt. ❷ *(übertr.) ein freier Weg, auf dem man ungehindert laufen kann:* Man bahnte dem bekannten Musiker eine Gasse durch die Menschenmenge.

G

Gas·sen·bub *der* <-en, -en> SÜDDT., ÖSTERR., SCHWEIZ. *Gassenjunge*

Gas·sen·hau·er *der* <-s, -> *(umg. o veralt.) ein sehr bekanntes, einfaches Lied:* einen Gassenhauer grölen

Gas·sen·jun·ge *der* <-n, -n> *(abwert.: ≈ Straßenjunge) Junge, der sich auf der Straße herumtreibt*

gas·sen·sei·tig *adj /nicht steig./* ÖSTERR. *zur Straße hin gelegen:* das gassenseitige Fenster

Gas·sen·witz *der* <-es, -e> *derber Witz*

Gas·sen·wort *das* <-(e)s, Gassenwörter> *derbes Wort:* Wo hat das Kind nur diese Gassenwörter her?

Gas·si ■ **Gassi gehen** *(umg.) mit einem Hund auf die Straße gehen oder spazieren gehen*

Gast *der* <-(e)s, Gäste> ❶ *jmd., der jmdm. einen Besuch macht und sich für eine gewisse Zeit in dessen Wohnung oder Haus aufhält:* Übers Wochenende sind bei uns Freunde zu Gast.; Biete den Gästen schon mal einen Aperitif an. ❷ *jmd., der in einem Restaurant speist:* Der Gast an Tisch fünf hat nach der Weinkarte verlangt. ❸ *jmd., der in einem Hotel oder einer Pension übernachtet:* Unser Haus bietet dem Gast jeden erdenklichen Komfort. ❹ *Persönlichkeit (aus Kunst oder Politik), die an einer Veranstaltung teilnimmt:* Zur Einweihung des Museums erwartet man Gäste aus dem In- und Ausland.; Bei der Filmpremiere werden der Regisseur und die Hauptdarsteller zu Gast sein. ❺ SPORT *bei Ballspielen im Rahmen einer Liga die Mannschaft, die irgendwo ein Auswärtsspiel bestreitet:* Und damit steht es 3:2 für die Gäste.

Gas·tan·ker *der* <-s, -> *Tanker mit Gasladung*

Gast·ar·bei·ter *der,* **Gast·ar·bei·te·rin** *die* <-s, -> *frühere Bezeichnung für einen ausländischen Arbeitnehmer*

Gast·do·zent *der,* **Gast·do·zen·tin** *die* <-en, -en> *Dozent, der als Gast an einer ausländischen Hochschule (zeitweise) tätig ist*

Gäs·te·bett *das* <-(e)s, -en> *Bett für das Übernachten von Gästen[1]*

Gäs·te·buch *das* <-(e)s, Gästebücher> *ein Buch des Gastgebers, in das (meist prominente) Personen ihre Unterschrift und eine Widmung hineinschreiben, wenn sie irgendwo zu Gast waren*

Gäs·te·zim·mer *das* <-s, -> *ein Raum in einem Haus oder einer Wohnung, in dem Gäste[1] übernachten können*

Gast·fa·mi·lie *die* <-, -n> *Familie, die (im Rah-*men eines Austausches) einen ausländischen Gast(schüler oder -studenten) aufnimmt

gast·frei *adj /nicht steig./ gastfreundlich:* ein gastfreies Haus haben/führen

Gast·frei·heit *die* <-> */kein Plur./ Gastfreundschaft:* In unserem Haus genießt jeder Gastfreiheit.

gast·freund·lich *adj so, dass man gerne Gäste einlädt und ihnen gegenüber sehr zuvorkommend ist*

Gast·freund·schaft *die* <-> */kein Plur./ die Eigenschaft, dass man bereitwillig Gäste bei sich aufnimmt und sie zuvorkommend behandelt*

Gast·ge·ber *der,* **Gast·ge·be·rin** *die* <-s, -> ❶ *(↔ Gast) jmd., der in seinem Haus Gäste beherbergt* ❷ SPORT *bei Ballspielen im Rahmen einer Liga die Mannschaft, die ein Heimspiel bestreitet:* Und damit steht es 2:1 für den/die Gastgeber.

Gast·ge·schenk *das* <-(e)s, -e> *Geschenk, das ein Gast seinen Gastgebern als Dank überreicht:* ein Gastgeschenk mitbringen

Gast·haus *das* <-es, Gasthäuser> *Lokal, in dem man essen, trinken (und übernachten) kann:* Wir wollen in einem einfachen Gasthaus auf dem Land einkehren.; Unser Gasthaus bietet auch Fremdenzimmer an.

Gast·hof *der* <-(e)s, Gasthöfe> *(≈ Gasthaus)*

Gast·hö·rer *der,* **Gast·hö·re·rin** *die* <-s, -> *jmd., der nicht an einer Universität immatrikuliert (eingeschrieben) ist und nur an bestimmten Lehrveranstaltungen teilnimmt*

gas·tie·ren <gastierst, gastierte, hat gastiert> *ohne OBJ* ■ *jmd. gastiert irgendwo (als Künstler) in einer fremden Stadt eine Vorstellung geben:* Das Anglistentheater der Universität gastierte mit Shakespeares Hamlet in einundzwanzig Städten.

Gast·kon·zert *das* <-(e)s, -e> *Konzert, das auf einer fremden Bühne stattfindet:* Wir geben nächste Woche ein Gastkonzert in Hamburg.

Gast·land *das* <-(e)s, Gastländer> *Land, in dem sich ein Ausländer als Besucher aufhält*

gast·lich *adj (≈ gastfreundlich) so, dass Gäste sich dort wohlfühlen können:* Wir wurden gastlich empfangen/aufgenommen/bewirtet. ▶ Gastlichkeit

Gast·mahl *das* <-(e)s, -e/Gastmähler> *(geh.) (gehobenes) Festessen für Gäste:* ein Gastmahl geben/veranstalten

Gast·mann·schaft *die* <-, -en> SPORT *die Mannschaft, die (als Gast) auf gegnerischem Boden spielt*

Gast·pro·fes·sor *der,* **Gast·pro·fes·so·rin** *die* <-s, -en> *Professor, der als Gast an einer ausländischen Hochschule (zeitweise) lehrt* ▶ Gastprofessur

Gast·red·ner *der,* **Gast·red·ne·rin** *die* <-s, -> *jmd., der als Gast irgendwo eine Rede hält:* Als Gastrednerin spricht beim Apothekerkongress die Gesundheitsministerin.

gas·t·risch *adj /nicht steig./* MED. ❶ *den Magen betreffend* ❷ ■ **gastrische Krise** *krampfartige Schmerzen im Unterbauch*

Gas·t·ri·tis *die* <-, Gastritiden> MED. *Magenschleimhautentzündung*

Gast·rol·le *die* <-, -n> FILM, THEAT., TV *von einem*

Künstler als Gast übernommene Rolle: Sie hatte eine Gastrolle in dem TV-Krimi (übernommen).

Gas·t·ro·nom *der,* **Gas·t·ro·no·min** <-en, -en> *Gastwirt eines (Feinschmecker-)Restaurants:* Der Viersternekoch gehört zu den führenden Gastronomen Deutschlands.

Gas·t·ro·no·mie *die* <-> */kein Plur./ das Gewerbe, das die Unterbringung und Bewirtung von Gästen in Hotels oder Restaurants betreibt:* sinkende Gästezahlen in der Gastronomie; das in der gehobenen Gastronomie übliche Preisniveau ▸ gastronomisch

Gast·schü·ler *der,* **Gast·schü·le·rin** <-s, -> *Schüler, der im Rahmen eines Austauschs die Schule eines anderen Landes besucht*

Gast·spiel *das* <-(e)s, -e> *Vorführung, Auftritt auf einer fremden Bühne, in einer fremden Stadt als Gast:* Der russische Zirkus gibt mehrere Gastspiele in deutschen Städten. ◆ -reise

Gast·stät·te *die* <-, -n> *(≈ Gasthaus, Lokal)* ◆ -ngesetz, -ngewerbe, -nverordnung, Betriebs-, Schank-, Selbstbedienungs-, Speise-, Übernachtungs-, Unterhaltungs-, Verpflegungs-

In Deutschland gibt es eine große Anzahl sehr verschiedener **Gaststätten**, nämlich Übernachtungs-, Verpflegungs- und Unterhaltungsgaststätten, die vom Gaststättengewerbe weiter unterteilt werden. Ein Restaurant beispielsweise ist ein Speiselokal, in dem man mittags und abends warme Mahlzeiten bekommen kann. Im Café dagegen kann unter zahlreichen alkoholfreien und besonders heißen Getränken gewählt werden; es werden aber auch Weine und Spirituosen angeboten. Dazu wählt man aus einem reichhaltigen Kuchen- und Tortenangebot. Immer häufiger kann man auch kleine warme Mahlzeiten zu sich nehmen. Die typischsten Torten und Kuchen sind: Schwarzwälderkirschtorte, Käsekuchen, Apfelkuchen, Marmorkuchen, Biskuitrolle und Erdbeer- oder Himbeertorte. Ein Biergarten wiederum schenkt vornehmlich alkoholische Getränke aus, vor allem aber Bier. Einen Biergarten gibt es lediglich in der warmen Jahreszeit, da man im Freien, an schattigen Plätzen oder unter Bäumen sitzt. Das Pendant zum Biergarten ist die Weinstube, in der insbesondere Wein getrunken wird. Dieser stammt gewöhnlich aus der jeweiligen Region. Die Pizzeria wird zumeist von italienischen Besitzern geführt, die italienische Spezialitäten, von Nudelgerichten über Fleisch- und Fischgerichte, aber auch sehr bekannte italienische Nachspeisen und selbstgemachtes Eis anbieten. Pizzerien verfügen, wie der Name bereits andeutet, insbesondere über ein vielfältiges Angebot an Pizzen.

Gast·stu·be *die* <-, -n> *für die Gäste vorgesehener größerer Raum in einem Gasthaus*

Gast·vor·le·sung *die* <-, -en> *Vorlesung, die ein Gastdozent oder -professor hält*

Gast·wirt *der,* **Gast·wir·tin** <-(e)s, -e> *jmd., der ein Gasthaus als Pächter oder Inhaber betreibt*

Gast·wirt·schaft *die* <-, -en> *(≈ Gasthaus)*

Gas·uhr *die* <-, -en> *(≈ Gaszähler) die Gasuhr ablesen*

Gas·werk *das* <-(e)s, -e> *Betrieb, der die Haushalte mit Erdgas beliefert*

Gas·zäh·ler *der* <-s, -> *Gerät, mit dem man den Gasverbrauch misst*

Gas·zu·fuhr *die* <-, -en> */meist Sing./ Zufuhr von Gas* [1, 2]

Gatsch *der* <-es> */kein Plur./* ÖSTERR. *Schlamm*

Gat·te *der* <-n, -n> *(geh.) Ehemann*

Gat·ten·lie·be *die* <-> */kein Plur./ (geh.) Liebe der Ehepartner zueinander*

Gat·ten·mord *der* <-(e)s, -e> RECHTSW. *(geh.) Mord am Ehepartner*

Gat·ter *das* <-s, -> ❶ *ein einfacher Holzzaun* ❷ *ein aus Holzlatten gebautes Tor* ◆ -tor

Gat·tin *die* <-, -nen> *(geh.) Ehefrau*

Gat·tung *die* <-, -en> ❶ *Tier- oder Pflanzenart:* Diese Gattung von Tieren/von Pflanzen ist vom Aussterben bedroht. ❷ *Gesamtheit von Dingen, die in ihren wesentlichen Merkmalen übereinstimmen:* In der Literaturwissenschaft unterscheidet man die Gattungen Epik, Lyrik und Dramatik.

Gat·tungs·be·griff *der* <-(e)s, -e> *übergeordneter Ausdruck für mehrere Arten:* Unter den Gattungsbegriff der Säugetiere fallen auch wir Menschen.

GAU *der* [gau] <-(s), -s> */meist Sing./ kurz für „größter anzunehmender Unfall"; der schwerste Störfall, der in einem Kernkraftwerk auftreten kann* ◆ Super-

Gau·be *die* <-, -n> LANDSCH. *Erker* ◆ -nfenster, Dach-

Gau·cho *der* ['gautʃo] <-(s), -s> *südamerikanischer Rinderhirte*

Gau·di *die/das* <-, -s> *(umg.)* SÜDDT. *Vergnügen, Spaß*

Gau·kel·bild *das* <-(e)s, -er> *(geh.) trügerisches (auf Sinnestäuschung beruhendes) Bild*

Gau·ke·lei *die* <-, -en> *(geh.) Vortäuschung, Vorspiegelung*

gau·kel·haft *adj (geh. abwert.) gauklerisch*

gau·keln <gaukelst, gaukelte, hat gegaukelt> *ohne OBJ* ❶ ■ *jmd./etwas gaukelt (dichter. geh.) schwankend fliegen, schweben:* ein Schmetterling gaukelt in der Luft ❷ ■ *jmd. gaukelt (veralt. geh.) Gaukelei treiben*

Gau·kel·spiel *das* <-(e)s, -e> *(geh. abwert.) Gaukelei:* Er treibt ein Gaukelspiel mit dir.

Gauk·ler *der,* **Gauk·le·rin** <-s, -> *(veralt. geh.) jmd., der auf Jahrmärkten oder im Zirkus (akrobatische) Kunststücke vorführt*

Gauk·le·rei *die* <-, -en> *(geh. abwert.) Gaukelei:* Gaukelei (mit jemandem) treiben

gauk·le·risch *adj (veralt. geh.) trügerisch*

Gaul *der* <-(e)s, Gäule> ❶ *(abwert.) schlechtes Pferd:* Ein edles Rennpferd ist dieser alte Gaul wohl nicht! ❷ LANDSCH. *Pferd*

Gau·men *der* <-s, -> ANAT. *der obere Teil der Mundhöhle*

Gau·men·freu·de *die* <-, -n> */meist Plur./ gute*

G

Speise, gutes Getränk: Erlesene Gaumenfreuden erwarten die Gäste.

Gau·men·kit·zel *der* <-s, -> *(geh.)* Gaumenfreude

Gau·men-R *das* <-s, -s> SPRACHWISS. *am Gaumenzäpfchen, der Uvula, artikulierter R-Laut*

Gau·men·se·gel *das* <-s, -> ANAT. *(≈ Velum) hinterer (weicher) Teil des Gaumens*

Gau·ner *der,* **Gau·ne·rin** <-s, -> *(abwert.)* ❶ *Schwindler, Betrüger, (harmloserer) Verbrecher* ❷ *(umg.) schlauer, durchtriebener Mensch*

Gau·ner·ban·de *die* <-, -n> *Bande von Gaunern*

gau·ne·risch *adj (≈ betrügerisch) nach Art eines Gauners*

gau·nern <gaunerst, gaunerte, hat gegaunert> *ohne OBJ* ■ *jmd. gaunert Gaunereien verüben*

Gau·ner·spra·che *die* <-, -n> *(nur) unter Gaunern gesprochene (Geheim-)Sprache* ▶ *gaunersprachlich*

Gau·pe *die* <-, -n> *(≈ Gaube)*

Ga·ze *die* ['gaːzə] <-, -n> *ein dünnes Gewebe mit Maschen, die wie ein Gitter aussehen*

Ga·zel·le *die* <-, -n> *eine Antilopenart*

Ga·zet·te *die* <-, -n> *(veralt.) Zeitung*

ge·ach·tet *adj (≈ respektiert) so, dass man Achtung genießt:* Er ist ein von allen Mitarbeitern geachteter Vorgesetzter.

ge·äch·tet *adj (aus einer Gemeinschaft oder der Gesellschaft) ausgestoßen, weil man ein Verbrechen oder eine moralisch sehr schlechte Tat begangen hat* ▶ Geächtete

Ge·äch·ze *das* <-s> */kein Plur./ (abwert.) ständiges Ächzen*

ge·adert *adj /nicht steig./ (≈ geädert) mit langen dünnen Strukturen, die an Adern erinnern: geadertes Gestein*

ge·ädert *adj /nicht steig./ (≈ geadert)*

Ge·al·ber *das* <-s> */kein Plur./ (umg.) albernes Verhalten*

Ge·al·be·re *das* <-s> */kein Plur./ (umg. abwert.) Gealber*

ge·ar·tet *adj /nicht steig./* ■ *irgendwie geartet von der genannten Art oder Beschaffenheit:* wie auch immer geartet ▶ Geartetheit

Ge·äst *das* <-(e)s> */kein Plur./ (geh.) die Äste eines Baumes*

Ge·bäck *das* <-(e)s, -e> */kein Plur./ Nahrungsmittel wie Kuchen, Kekse usw., die man durch Backen hergestellt hat:* Sie servierte Gebäck zum Kaffee. ◆ -schale, -stück, -zange

Ge·bal·ge *das* <-s> */kein Plur./ (umg. abwert.) ständiges Balgen*

Ge·bälk *das* <-(e)s> */kein Plur./ Balkengefüge (im Dach eines Hauses)*

Ge·bal·ler, Ge·bal·le·re *das* <-s> */kein Plur./ (umg. abwert.) ständiges Ballern:* So langsam geht mir dieses Geballere an Fastnacht auf die Nerven!

ge·ballt *Part. Perf. von* ballen

ge·bar *Prät. von* gebären

Ge·bär·de *die* <-, -n> *(≈ Geste) eine Körperbewegung, die etwas Bestimmtes ausdrückt:* Er machte eine abweisende/drohende/einladende Gebärde.

ge·bär·den <gebärdest, gebärdete, hat gebärdet> *mit SICH* ■ *jmd. gebärdet sich irgendwie sich auffällig, in der genannten Weise verhalten:*

Es ist lächerlich, wie er sich gebärdet.; Sie hat sich wie eine Wahnsinnige gebärdet.

Ge·bär·den·spiel *das* <-(e)s> */kein Plur./ Gestik und Mimik*

Ge·bär·den·spra·che *die* <-, -n> *als eigenständige Sprache geltendes Ausdrucksmittel, das gehörlosen Menschen zur Verfügung steht und bei dem Gebärden, Mimik und Körperhaltung dazu dienen, sprachliche Inhalte auszudrücken* ▶ gebärdensprachlich *siehe auch* **Sprache**

Eine **Gebärdensprache** ist eine visuell wahrnehmbare Sprache, die von gehörlosen und schwerhörigen Menschen als Ausdrucksmittel benutzt wird. Von der Sprachwissenschaft ist die Gebärdensprache als eigenständige Sprache anerkannt, da sie ebenso wie die **Lautsprache** über Grammatik und Lexikon verfügt (vgl. unter diesen Stichwörtern). Eine Gebärdensprache besteht aus Einheiten (Gebärden), die mit den Händen in Verbindung mit Mimik und Mundbild hervorgebracht werden. Zentrale Merkmale (Parameter) sind: Handform bzw. Handstellung, Bewegung und Ausführungsort. Das Verb wird z. B. aus dem Adjektiv durch Hinzufügen einer Bewegung abgeleitet; Nomina werden mit kürzerer verhaltener Bewegung gebildet, Verben mit größerer und fortgesetzter Bewegung. In ihren kombinatorischen Möglichkeiten und damit in ihrer Komplexität steht sie der Lautsprache weder in grammatischer (Darstellung von Flexion, Tempus usw.), noch in inhaltlicher Hinsicht (Darstellung konkreter und abstrakter Sachverhalte) nach. Irrtümlich hat man oft angenommen, eine Gebärdensprache sei lediglich sozusagen „sichtbar gemachtes Deutsch", man könne nur konkrete Dinge ausdrücken, es gebe eine universale Gebärdensprache etc.

Gebärdensprachen sind über Jahrhunderte hinweg von Gehörlosen untereinander entwickelt worden. Sie unterscheiden sich zwar von Land zu Land; allerdings sind große Überschneidungen zwischen den verschiedenen Gebärdensprachen festzustellen. Für den deutschsprachigen Raum sind zu unterscheiden: die „Deutsche Gebärdensprache" (DGS), die „Österreichische Gebärdensprache" (ÖGS), und die „Deutschschweizer Gebärdensprache" (DSGS). Es gibt das Berufsbild des so bezeichneten *Gebärdensprachdolmetschers* (nicht: „Gebärdendolmetscher"). Nach Inkrafttreten des „Behindertengleichstellungsgesetzes" (2002 in Deutschland) können Gehörlose auf solche Dolmetscher(innen) z. B. bei Behörden zurückgreifen. Interessenvertretung der Gehörlosen ist der „Deutsche Gehörlosen-Bund e.V." (DGB).

---

ge·bä·ren <gebärst, gebar, hat geboren> *mit OBJ* ■ *eine Frau gebärt ein Kind* ein Kind zur Welt bringen

ge·bär·fä·hig *adj /nicht steig./ so, dass eine Frau gebären kann:* eine Frau im gebärfähigen Alter
Ge·bär·mut·ter *die* <-, Gebärmütter> *(≈ Uterus) Hohlorgan (bei Frauen und weiblichen Säugetieren), in dem sich die befruchtete Eizelle fortentwickelt*
ge·bauch·pin·selt ■ sich gebauchpinselt fühlen *(umg. scherzh.) sich geschmeichelt oder geehrt fühlen*
Ge·bäu·de *das* <-s, -> *großes Haus* ◆-technik, -teil, Haupt-, Neben-
Ge·bäu·de·kom·plex *der* <-es, -e> *mehrere Gebäude, die zusammen eine Einheit bilden*
Ge·bäu·de·rei·ni·gung *die* <-, -en> ❶ *das Reinigen von Gebäuden* ▶ Gebäudereiniger, Gebäudereinigerin ❷ *Betrieb, der Gebäude reinigt*
Ge·bei·ne <-> *Plur. (geh.) Skelett (eines Toten)*
Ge·bell, Ge·bel·le *das* <-(e)s> */kein Plur.) (umg. abwert.) anhaltendes Bellen*
ge·ben <gibst, gab, hat gegeben> **I.** *mit OBJ* ❶ ■ *jmd. gibt (jmdm.) etwas etwas, das man selbst hat, in die Hand eines anderen legen:* Wortlos gab er mir den Zettel.; Ich gebe Ihnen die Unterlagen morgen. ❷ ■ *jmd. gibt (jmdm.) etwas (≈ schenken)* Hast du der Bedienung kein Trinkgeld gegeben?; Seine Mutter gibt ihm hin und wieder Geld. ❸ ■ *jmd. gibt jmdm. etwas für etwas* Akk. *(≈ bezahlen)* Sie haben mir für das alte Auto noch 500 Euro gegeben. ❹ ■ *jmd. gibt etwas irgendwohin etwas irgendwohin bringen:* Ich muss den Computer zur Reparatur geben.; Kleider in die Reinigung geben ❺ ■ *jmd. gibt etwas bieten, gewähren:* Der Politiker hat ein Interview gegeben. ❻ ■ *jmd. gibt jmdm. etwas (≈ verleihen) bewirken, dass jmd. etwas hat:* Ihre Worte haben mir neue Hoffnung/neuen Mut gegeben. ❼ ■ **ein Tier gibt Milch** *ein weibliches Säugetier produziert Milch* ❽ ■ *etwas gibt etwas (≈ ergeben) zum Ergebnis haben:* Drei mal drei gibt neun. ❾ ■ *jmd. gibt etwas aufführen:* Die Rockband gibt mehrere Konzerte in Deutschland. ❿ ■ *jmd. gibt etwas (≈ veranstalten)* Wir geben morgen eine große Party. ⓫ ■ *jmd. gibt etwas (veralt.) unterrichten:* Der Lehrer gibt neben Mathematik auch Physik. ⓬ ■ *jmd. gibt etwas (umg.: ≈ spielen)* Er gibt hier den starken Mann, dabei ist ihm zum Weinen zumute. **II.** *ohne OBJ* ■ *jmd. gibt zu Beginn eines Kartenspiels die Karten an die einzelnen Spieler austeilen:* Wer gibt? **III.** *mit SICH* ❶ ■ *jmd. gibt sich (irgendwie) sich in bestimmter Weise verhalten:* Er hat sich stets als verständiger Freund gegeben. ❷ ■ *jmd. gibt sich nachlassen (und aufhören):* Anfangs drückten mich die neuen Schuhe ein wenig, aber das hat sich inzwischen gegeben. **IV.** *mit ES* ■ **es gibt jmdn./etwas** ❶ *existieren:* Es gibt verschiedene Arten von Wörterbüchern. ❷ *angeboten werden:* Es gab allerlei Speisen und Getränke. ❸ *eintreten, kommen:* Es soll Regen geben.
ge·be·ne·deit *adj /nur präd./ /nicht steig./* REL. *(nur in Verbindung mit Maria, der Gottesmutter:) gesegnet*
Ge·ber *der*, **Ge·be·rin** <-s, -> *jmd., der (jmdm.) etwas gibt*

Ge·ber·land *das* <-(e)s, Geberländer> *Land, das ein anderes Land (finanziell) unterstützt*
Ge·ber·lau·ne ■ jemand ist in Geberlaune *jmd. ist in einer Stimmung, in der man großzügig ist*
Ge·bet *das* <-(e)s, -e> *die Worte, mit denen man zu Gott spricht:* Der Priester spricht ein Gebet.; Möge der Herr unsere Gebete erhören!; jemanden in seine Gebete einschließen; ■ **jemanden ins Gebet nehmen** *(umg.) jmdn. eindringlich ermahnen, etwas zu tun oder etwas zu unterlassen* ◆-buch, -gottesdienst, -snische, -steppich, Bitt-, Dank-, Fürbitte-, Stoß-
ge·be·ten *Part. Perf. von* **bitten**
ge·bets·müh·len·ar·tig *adj /nicht steig./ (umg. abwert.) so, dass jmd. etwas ständig und mechanisch wiederholt*
Ge·biet *das* <-(e)s, -e> ❶ *großer Landschaftsteil, geografische Region:* Weite Gebiete des Landes waren überschwemmt.; Dieses Gebiet steht unter Naturschutz. ❷ *Sach-, Fachgebiet:* ein Fachmann auf dem Gebiet der Raumfahrttechnik; Das fällt nicht in mein Gebiet, da müssen Sie sich an meine Kollegin wenden. ◆ Arbeits-
ge·bie·ten <gebietest, gebot, hat geboten> **I.** *mit OBJ* ■ *jmd./etwas gebietet (jmdm.) etwas (geh.) dringend erfordern:* Die Situation gebietet schnelles Eingreifen/rasches Handeln/äußerste Vorsicht.; Deine Klugheit gebietet (es) dir, eine solche Chance zu nutzen. **II.** *ohne OBJ* ■ *jmd. gebietet über jmdn./etwas Herrschaft ausüben, Befehlsgewalt haben:* Der König gebietet über sein Land/über seine Armee.
Ge·bie·ter *der*, **Ge·bie·te·rin** <-s, -> *Herrscher, Herr*
ge·bie·te·risch *adj (≈ herrisch) so, dass man keinen Widerspruch duldet:* in gebieterischem Ton sprechen
Ge·biets·ab·tre·tung *die* <-, -en> *das Abtreten eines Gebietes (an einen anderen Staat)*
Ge·biets·an·spruch *der* <-(e)s, Gebietsansprüche> *Anspruch, den ein Staat auf ein Gebiet erhebt:* Gebietsansprüche erheben/geltend machen
Ge·biets·ho·heit *die* <-> */kein Plur.) (≈ Territorialhoheit)* die Gebietshoheit innehaben
Ge·biets·kran·ken·kas·se *die* <-, -n> ÖSTERR. *Ortskrankenkasse*
Ge·biets·re·form *die* <-, -en> *Reform der Gliederungsgebiete einer regionalen Verwaltung:* eine Gebietsreform auf Länderebene durchführen
ge·biets·wei·se *adj /nur attr./ /nicht steig./ auf gewisse Gebiete bezogen:* Für morgen wurde gebietsweise Regen vorhergesagt.
Ge·bil·de *das* <-s, -> *etwas, das irgendwie gebildet, geformt ist:* Ein Molekül/Ein Staat ist ein kompliziertes Gebilde.
ge·bil·det I. *Part. Perf. von* **bilden II.** *adj (↔ ungebildet) durch die Ausbildung (in der Schule, im Studium) mit einem relativ umfassenden Wissen ausgestattet:* ein sehr gebildeter Mensch
Ge·bil·de·te *der/die* <-n, -n> *jmd., der über Bildung verfügt*
Ge·bin·de *das* <-s, -> *verschiedene Blumen, die zu Dekorationszwecken zusammengebunden sind*

G

Ge·bir·ge *das* <-s, -> ❶ *viele hohe Berge, die zusammen eine Gruppe mit einem einheitlichen Namen bilden:* Die Alpen sind das bekannteste Gebirge Europas. ♦ Hoch-, Mittel- ❷ *die Region eines Gebirge¹:* Wir fahren dieses Jahr nicht ans Meer, sondern ins Gebirge.

ge·bir·gig *adj so, dass sich irgendwo Berge befinden:* Wir fuhren durch den gebirgigen Süden des Landes.

Ge·birgs- *als Erstglied zusammengesetzter Substantive; drückt aus, dass das mit dem Zweitglied Bezeichnete auf personelle/sachliche Gegebenheiten sowie Tätigkeiten bezogen ist, die mit dem Gebirge zusammenhängen* ♦ -artillerie, -bach, -bahn, -bildung, -blumen, -division, -dorf, -entstehung, -enzian, -express, -fluss, -formen, -geschütz, -gewässer, -gletscher, -grat, -gruppe, -infanterie, -kamm, -klima, -landschaft, -lauf, -mulde, -pass, -pflanze, -pionier, -quelle, -sanitäter, -schlag, -see, -tal, -tracht, -truppe, -vegetation, -verein, -vogel, -volk, -wasser, -wetter, -zelt, -ziege, -zonen

Ge·birgs·be·woh·ner *der*, **Ge·birgs·be·woh·ne·rin** <-s, -> (≈ Bergbewohner) Bewohner einer Ortschaft im Gebirge¹

Ge·birgs·jä·ger *der* <-s, -> MILIT. ❶ *Soldat, der speziell für den Einsatz im Gebirge ausgebildet ist* ❷ /kein Sing./ Kampftruppe von Gebirgsjägern¹

Ge·birgs·ket·te *die* <-, -n> (≈ Gebirgszug) Aneinanderreihung von Bergen oder Gebirgen

Ge·birgs·la·ge *die* <-> /kein Plur./ Lage im Gebirge¹: Das Dorf ist aufgrund seiner Gebirgslage nur schwer zugänglich.

Ge·birgs·mas·siv *das* <-s, -e> (≈ Gebirgsstock) einzelnes Gebirge¹

Ge·birgs·rü·cken *der* <-s, -> (linienförmiger) oberster Teil oder Kamm eines Gebirgszuges

Ge·birgs·stock *der* <-(e)s, Gebirgsstöcke> Gebirgsmassiv

Ge·birgs·zug *der* <-(e)s, Gebirgszüge> lang gestrecktes (Teil-)Gebirge

Ge·biss *das* <-es, -e> ❶ *die Gesamtheit der Zähne, die zusammen den Kauapparat eines Menschen oder eines Tieres bilden* ❷ *eine Zahnprothese, die ein Gebiss¹ ersetzt:* ein Gebiss tragen ♦ -träger(in)

Ge·blä·se *das* <-s, -> *ein Gerät, das einen Luftstrom erzeugt, der etwas kühlen, erwärmen oder belüften soll*

ge·bla·sen *Part. Perf. von* blasen

ge·blümt *adj* /nicht steig./ *mit einem Blumenmuster:* ein geblümtes Kleid

Ge·blüt *das* <-(e)s> /kein Plur./ (geh. o veralt.) Herkunft, Abstammung: eine Dame von edlem/vornehmem Geblüt

ge·bo·gen *Part. Perf. von* biegen

ge·bongt *adj* /nur präd./ (umg.) *verwendet, um auszudrücken, dass man irgendetwas als in Ordnung oder erledigt ansieht oder dass man etwas verstanden hat:* Ist gebongt, ich komme dann so gegen vier bei dir vorbei und bringe die Bohrmaschine mit!

ge·bo·ren I. *Part. Perf. von* gebären **II.** *adj* ❶ *verwendet, um den Mädchennamen einer verheirateten Frau anzugeben:* Sie ist eine geborene Müller. ❷ (≈ gebürtig) *so, dass man an dem genannten Ort geboren wurde:* Er ist ein geborener Münchner. ❸ *so, dass man für die genannte Tätigkeit besonders talentiert ist:* Sie ist die geborene Schauspielerin.

ge·bor·gen *adj so, dass man sich bei jmdm. oder an einem Ort sicher und beschützt fühlt:* Sie fühlte sich bei ihm geborgen. ▸ Geborgenheit

Ge·bot *das* <-(e)s, -e> *ein Grundsatz für das Handeln, den die Moral, die Religion oder die Vernunft vorschreibt:* Sie folgte stets dem Gebot der Menschlichkeit/dem Gebot der Nächstenliebe.; im Religionsunterricht die Zehn Gebote besprechen; ■ etwas ist das Gebot der Stunde *etwas ist aktuell besonders notwendig*

ge·bot *Prät. von* gebieten

ge·bo·ten ❶ *Part. Perf. von* bieten ❷ *Part. Perf. von* gebieten

Ge·bots·schild *das* <-(e)s, -er> (↔ Verbotsschild) *ein Verkehrsschild, das zu einem bestimmten Handeln auffordert*

ge·bracht *Part. Perf. von* bringen

ge·brannt *Part. Perf. von* brennen

Ge·bräu *das* <-(e)s, -e> (abwert.) *Bezeichnung für ein schlecht schmeckendes Getränk:* Dieses Gebräu soll Kaffee sein?

Ge·brauch *der* <-(e)s, Gebräuche> ❶ /kein Plur./ (≈ Anwendung, Benutzung, Verwendung) *der Vorgang, dass man etwas zu einem bestimmten Zweck (als Werkzeug) benutzt:* Der zu häufige Gebrauch dieses Medikaments kann zu Gesundheitsschäden führen.; Den Gebrauch von zu vielen Fremdwörtern sollte man vermeiden.; Ich musste den Gebrauch eines Wörterbuches erst üben.; Vor Gebrauch schütteln!; Solche Maschinen sind schon lange nicht mehr im/in Gebrauch.; Weshalb hast du von deinem Recht keinen Gebrauch gemacht? ♦ -sgrafik/-graphik, -sgut, -smusik, -smuster, -swert, Wort- ❷ /meist Plur./ (≈ Brauch) *eine bestimmte Handlung, die irgendwo traditionell überliefert ist und mit der eine bestimmte (rituelle) Bedeutung verbunden ist:* Sie hat sich lange Zeit mit den Sitten und Gebräuchen der Naturvölker beschäftigt.

ge·brau·chen <gebrauchst, gebrauchte, hat gebraucht> *mit OBJ* ■ jmd. gebraucht etwas (irgendwie) ❶ (≈ anwenden, benutzen, verwenden) *zu einem bestimmten Zweck (als Werkzeug) benutzen:* Man sollte das Medikament nur entsprechend den Vorschriften des Beipackzettels gebrauchen.; Solche Dinge sind zu vielem zu gebrauchen.; Kannst du diese Werkzeuge gebrauchen? ❷ ■ etwas gebrauchen können (umg.) *benötigen* Du könntest eine Mütze gebrauchen.; Ich könnte jetzt (gut) eine Tasse Kaffee gebrauchen.

ge·bräuch·lich *adj* (≈ üblich) *so, dass es normalerweise gebraucht wird:* Dieses Wort ist heute nicht mehr gebräuchlich. ▸ Gebräuchlichkeit

Ge·brauchs·an·lei·tung *die* <-, -en> (≈ Gebrauchsanweisung)

Ge·brauchs·an·wei·sung *die* <-, -en> *ein schriftlicher Text, der mit einem Gerät mitgeliefert wird und in dem erklärt wird, wie man das Gerät korrekt benutzt*

Ge·brauchs·ar·ti·kel *der* <-s, -> *(↔ Luxusartikel)* Artikel, den man (täglich) braucht

ge·brauchs·fä·hig *adj /nicht steig./* so, dass man es gebrauchen oder benutzen kann: Ist dein Staubsauger wieder gebrauchsfähig?

ge·brauchs·fer·tig *adj /nicht steig./* so, dass ein Produkt bereit für den Gebrauch ist: eine gebrauchsfertige Wandfarbe

Ge·brauchs·ge·gen·stand *der* <-(e)s, Gebrauchsgegenstände> etwas, das zum täglichen Gebrauch gedacht ist (und das man nicht besonders schonen muss)

Ge·brauchs·gü·ter <-> *Plur.* (≈ Gebrauchsgegenstände) Güter für den (täglichen) Gebrauch

ge·braucht I. *Part. Perf. von* **gebrauchen** II. *adj* so, dass etwas schon einen Vorbesitzer hatte: Da mir eine neue Kamera zu teuer war, habe ich mir eine gebrauchte gekauft.

Ge·braucht·wa·gen *der* <-s, -> ein Kraftfahrzeug, das bereits einen Vorbesitzer hatte ◆ -händler, -markt

Ge·bre·chen *das* <-s, -> *(geh.)* eine Krankheit, die einen Menschen dauerhaft körperlich oder geistig beeinträchtigt

ge·brech·lich *adj* (≈ altersschwach) mit einem Gebrechen behaftet: Sie war zu jenem Zeitpunkt bereits alt und gebrechlich. ▶ Gebrechlichkeit

ge·bro·chen *adj /nicht steig./* ❶ tief getroffen und deprimiert: Seit dem Tod ihres Mannes war sie ein gebrochener Mensch. ❷ so, dass man eine Fremdsprache mit starkem Akzent spricht und relativ viele Fehler macht: Der Mann beschrieb mir in gebrochenem Englisch den Weg.

Ge·brü·der <-> *Plur.* (veralt.: als Teil von Firmenbezeichnungen) Brüder: Gebrüder Schulze: Metallwaren

Ge·brüll *das* <-(e)s> /kein Plur./ (abwert.) anhaltendes Brüllen

Ge·bühr *die* <-, -en> Geldbetrag, der als Entgelt für eine Dienstleistung bezahlt werden muss: eine Gebühr (für etwas) entrichten (müssen); Die Bank hat die Gebühren für die Kontoführung erhöht/gesenkt.; ■ **nach Gebühr** (geh.) angemessen; ■ **über Gebühr** (geh.) mehr als nötig jemandes Geduld über Gebühr strapazieren ◆ -einzugszentrale, -enerhöhung, -enermäßigung, -envignette

ge·büh·ren <gebührt, gebührte, hat gebührt> I. ohne OBJ ■ **etwas gebührt jmdm.** (geh.: ≈ zustehen) der angemessene Lohn für jmds. Einsatz sein: Für seine uneigennützige Hilfe gebührt ihm unser Dank. II. mit SICH ■ **etwas gebührt sich** (geh.) sich gehören: Es gebührt sich nicht, in Kirchen laut zu sprechen.

Ge·büh·ren·an·zei·ger *der* <-s, -> Gerät (am Telefon), das die Anzahl der Gebühreneinheiten anzeigt

ge·büh·rend *adj /nicht steig./* so, wie man es verdient hat: Die siegreiche Mannschaft wurde am Flughafen gebührend empfangen/begrüßt.

ge·büh·ren·der·ma·ßen *adv* so wie es sich für jmdn. oder etwas gebührt: Sein Abschluss wurde gebührendermaßen gefeiert.

ge·büh·ren·der·wei·se *adv* (≈ gebührendermaßen)

Ge·büh·ren·ein·heit *die* <-, -en> TELEKOMM. Zeiteinheit im Fernsprechverkehr, für die eine bestimmte Menge Geld zu bezahlen ist

ge·büh·ren·frei *adj /nicht steig./* (↔ gebührenpflichtig) so, dass für etwas keine Gebühren zu entrichten sind ▶ Gebührenfreiheit

Ge·büh·ren·ord·nung *die* <-, -en> amtliche Tabelle, nach der in einem bestimmten Dienstleistungsbereich/Berufszweig die Gebühren zu berechnen sind

ge·büh·ren·pflich·tig *adj /nicht steig./* (↔ gebührenfrei) so, dass für etwas Gebühren zu entrichten sind

Ge·büh·ren·zäh·ler *der* <-s, -> (≈ Gebührenanzeiger)

ge·bühr·lich *adj* (veralt.: ≈ gebührend ↔ ungebührlich) so, wie es für etwas angemessen ist: etwas gebührlich bewundern

ge·bun·den I. *Part. Perf. von* **binden** II. *adj* ❶ (≈ abhängig) so, dass man in einer dauerhaften Beziehung zu etwas steht und davon abhängig ist: Das können wir nicht selbst entscheiden, wir sind da an unsere Lieferanten gebunden. ❷ so, dass man einen festen Partner hat: Ab einem bestimmten Alter sind die meisten gebunden. ▶ Gebundenheit

Ge·burt *die* <-, -en> der Vorgang, dass beim Menschen und bei Säugetieren das Kind/das Jungtier aus dem Körper der Mutter kommt: Das Paar freut sich auf die Geburt seines Kindes. ◆ -enstatistik, -enzahl

Ge·bur·ten·an·stieg *der* <-(e)s> /kein Plur./ (↔ Geburtenrückgang) der Zustand, dass mehr Kinder geboren werden (als in einem Vergleichszeitraum): Im Vorjahr verzeichnete man einen rapiden Geburtenanstieg.

Ge·bur·ten·kon·t·rol·le *die* <-> /kein Plur./ Planung und Steuerung von Geburten: Empfängnisverhütung ist ein Mittel zur Geburtenkontrolle.

Ge·bur·ten·ra·te *die* <-, -n> (statistisch berechnete) Häufigkeit der Geburten (in einem bestimmten Zeitraum): Die Geburtenrate ist seit ein paar Jahren rückläufig.

Ge·bur·ten·rück·gang *der* <-(e)s, Geburtenrückgänge> /meist Sing./ (↔ Geburtenanstieg)

ge·bur·ten·schwach <geburtenschwächer, am geburtenschwächsten> *adj* (↔ geburtenstark) so, dass relativ wenig Kinder geboren wurden: In diesem Jahr wird ein besonders geburtenschwacher Jahrgang eingeschult.

ge·bur·ten·stark <geburtenstärker, am geburtenstärksten> *adj* (↔ geburtenschwach) so, dass relativ viele Kinder geboren wurden: Vor zwei Jahren wurde ein besonders geburtenstarker Jahrgang eingeschult.

Ge·bur·ten·über·schuss *der* <-es, Geburtenüberschüsse> Überwiegen der Geburten gegenüber den Sterbefällen

Ge·bur·ten·zahl *die* <-, -en> (≈ Geburtenziffer)

Ge·bur·ten·zif·fer *die* <-, -n> (≈ Geburtenzahl) Anzahl der Geburten, die pro Jahr auf 1000 Personen kommen

ge·bür·tig *adj /nicht steig./* verwendet, um anzugeben, dass man in dem genannten Ort oder in *der genannten Region geboren wurde:* Sie ist eine gebürtige Münchnerin/Sächsin.

Ge·burts- *als Erstglied zusammengesetzter Substantive; drückt aus, dass das mit dem Zweitglied Bezeichnete sich auf Ereignisse/Vorkommnisse/Ursprungsverhältnisse im Zusammenhang mit der Geburt bezieht* ◆-datum, -gewicht, -jahr, -land, -ort, -stadt, -stunde, -vorbereitung

Ge·burts·adel *der* <-s> /*kein Plur.*/ *vererbte Adelszugehörigkeit*

Ge·burts·an·zei·ge *die* <-, -n> *Anzeige einer Geburt (in einer Zeitung oder beim Standesamt)*

Ge·burts·feh·ler *der* <-s, -> *körperliche oder geistige Behinderung, die jmd. schon seit seiner Geburt hat*

Ge·burts·haus *das* <-(e)s, Geburtshäuser> (↔ *Sterbehaus) das Haus, in dem jmd. geboren worden ist:* Schillers Geburtshaus in Marbach besichtigen

Ge·burts·hel·fer *der,* **Ge·burts·hel·fe·rin** <-s, -> *jmd., der beruflich Geburtshilfe leistet*

Ge·burts·hil·fe *die* <-> /*kein Plur.*/ *die (medizinische) Hilfe, die einer gebärenden Frau bei der Geburt vom Geburtshelfer geleistet wird*

Ge·burts·mal *das* <-(e)s, Geburtsmäler> (≈ *Muttermal)*

Ge·burts·na·me *der* <-ns, -n> *der (Familien-)Name, den man von Geburt an trägt:* Sie will ihren Geburtsnamen nach der Heirat (bei)behalten.

Ge·burts·schein *der* <-(e)s, -e> (≈ *Geburtsurkunde)*

Ge·burts·tag *der* <-(e)s, -e> *der Jahrestag von jmds. Geburt, den man feiert:* Herzlichen Glückwunsch zum Geburtstag!; Er feierte am Wochenende seinen achtzigsten Geburtstag. ◆-sfeier, -sfest, -sgeschenk, -skuchen, -sparty, -storte, -süberraschung, -swünsche

Ge·burts·tags·kar·te *die* <-, -n> *(bebilderte und mit einer Glückwunschformel versehene) Karte, die man jmdm. zum Geburtstag schickt*

Ge·burts·tags·kind *das* <-(e)s, -er> *(scherzh.) jmd., der Geburtstag hat*

Ge·burts·ur·kun·de *die* <-, -n> *amtliches Dokument, das jmds. Geburt beurkundet*

Ge·burts·vor·be·rei·tungs·kurs *der* <-es, -e> *Kurs für werdende Eltern, der sie auf die Geburt vorbereitet*

Ge·burts·we·he *die* <-, -n> /*meist Plur.*/ *(die Geburt oder Entbindung einleitende) Wehe:* Die Geburtswehen setzen ein/haben begonnen.; in den Geburtswehen liegen

Ge·burts·zan·ge *die* <-, -n> MED. *Zange, mit deren Hilfe man das Neugeborene herauszieht*

Ge·büsch *das* <-(e)s, -e> *Gruppe von Büschen, Sträuchern*

Geck *der* <-en, -en> *(abwert.) eitler, sich übertrieben modisch kleidender Mann*

ge·cken·haft *adj (abwert.) wie ein Geck:* sich geckenhaft kleiden ▸ Geckenhaftigkeit

Ge·cko *der* <-s, -s/Geckonen> ZOOL. *ein kleines, zu den Echsen gehörendes Kriechtier*

ge·dacht I. *Part. Perf. von* **denken** **II.** *adj* ❶ ■ **etwas ist irgendwie gedacht** *etwas ist als etwas gemeint* Das Buch war eigentlich als Geschenk gedacht.; So war das nicht gedacht! ❷ *so, dass es nicht real, sondern nur in der Vorstellung existiert:* Geht man entlang einer gedachten Linie zwischen Eingangstor und Hauptverwaltung ...

ge·dach·te *Prät. von* **gedenken**

Ge·dächt·nis *das* <-ses, -se> ❶ /*meist Sing.*/ *die Fähigkeit, sich an Dinge zu erinnern:* Sie hat ein gutes Gedächtnis.; Im Alter lässt das Gedächtnis oft nach.; Ich muss mir die Ereignisse von damals erst wieder ins Gedächtnis rufen.; Das habe ich völlig aus dem Gedächtnis verloren. ◆-leistung, -störung, -verlust, Kurzzeit-, Langzeit-, Ultrakurzzeit- ❷ /*kein Plur.*/ *(geh.) ehrendes Andenken, das man jmdm. bewahrt:* Zum Gedächtnis an den Wohltäter veranstaltete man eine große Feier. ◆-feier, -gottesdienst

Ge·dächt·nis·lü·cke *die* <-, -n> *fehlende Erinnerung an einen Vorgang*

Ge·dächt·nis·pro·to·koll *das* <-s, -e> *aus dem Gedächtnis gefertigtes Protokoll*

Ge·dächt·nis·schwä·che *die* <-> /*kein Plur.*/ MED. *(teilweiser oder vorübergehender) Gedächtnisverlust*

Ge·dächt·nis·schwund *der* <-(e)s> /*kein Plur.*/ *eine Krankheit, bei der man allmählich sein Gedächtnis verliert*

Ge·dächt·nis·stüt·ze *die* <-, -n> *(umg.) etwas, das dabei hilft, dass man sich etwas Bestimmtes merken kann*

Ge·dächt·nis·trai·ning *das* <-s> /*kein Plur.*/ *systematisches Training, das das Gedächtnis[1] verbessern soll*

ge·dämpft *adj (≈ schumm(e)rig ↔ grell) so, dass die Beleuchtung nicht stark und hell, sondern eher schwach und diskret ist:* am Essplatz gedämpftes Licht bevorzugen

Ge·dan·ke *der* <-ns, -n> ❶ *ein bestimmter geistiger Inhalt, der als zusammenhängende Einheit gedacht wird:* Wir haben schon eine Reihe guter/vernünftiger Gedanken für das Projekt gesammelt.; seine Gedanken in einem Tagebuch festhalten ❷ (≈ *Einfall, Idee) Plötzlich kam mir der rettende Gedanke.; bei einem Brainstorming die Gedanken aller Teilnehmer sammeln ❸ ■ **in Gedanken** *in dem Zustand, in dem man konzentriert über etwas nachdenkt und nicht auf seine Umwelt achtet:* Sie war ganz/tief in Gedanken. ❹ (≈ *Vorstellung)* Allein der Gedanke an diese Prüfung macht mich nervös. ❺ (≈ *sprachlicher Inhalt; Aussagekraft)* Wir diskutierten über den Gedanken der Freiheit.; ■ **sich Gedanken (über jemanden/etwas) machen** *sich (um jmdn. oder um etwas) sorgen;* ■ **jemandes Gedanken lesen können** *erraten, was jmd. denkt*

Ge·dan·ken·aus·tausch *der* <-(e)s> /*kein Plur.*/ *ein Treffen, bei dem die Teilnehmer ihre Meinungen zu etwas äußern und sich die Meinungen der anderen Teilnehmer anhören:* Professoren aus vier Universitäten treffen sich am Rande der Konferenz zu einem Gedankenaustausch zum Thema „Universität und Berufsleben".

Ge·dan·ken·blitz *der* <-es, -e> *(umg. scherzh.) plötzlicher Einfall*

Ge·dan·ken·flug *der* <-(e)s, Gedankenflüge> *(übertr.) (geistig)* hochfliegende, phantastische Gedanken: Er konnte ihrem Gedankenflug nicht folgen.

Ge·dan·ken·gang *der* <-(e)s, Gedankengänge> *eine Folge zusammenhängender Gedanken, die zu einem bestimmten Ziel führt:* einem Gedankengang nicht ganz folgen können

Ge·dan·ken·gut *das* <-(e)s> /kein Plur./ *Gesamtheit von jmds. Gedanken:* das Gedankengut der Spätantike/Hegels

ge·dan·ken·los *adj (abwert.:* ≈ unüberlegt) *so, dass man nicht sorgfältig genug überlegt, welche Konsequenzen etwas haben kann:* Durch sein gedankenloses Handeln hätte er beinahe einen Unfall ausgelöst. ▶ Gedankenlosigkeit

Ge·dan·ken·sprung *der* <-(e)s, Gedankensprünge> *der Vorgang, dass (in einem Gespräch) sehr plötzlich das Thema gewechselt wird*

Ge·dan·ken·strich *der* <-(e)s, -e> *ein Satzzeichen in der Form eines waagerechten Strichs, das dazu dient, einen gedanklichen Einschub in einem Satz kenntlich zu machen*

Ge·dan·ken·über·tra·gung *die* <-> /kein Plur./ *(≈ Telepathie) Fähigkeit, Gedanken oder Gefühle einer anderen Person unmittelbar wahrzunehmen*

ge·dan·ken·ver·lo·ren *adj (≈ gedankenversunken) so tief in Gedanken, dass man seine Umwelt nicht wahrnimmt:* gedankenverloren ins Weite/ vor sich hin starren

ge·dan·ken·ver·sun·ken *adj (≈ gedankenverloren)*

Ge·dan·ken·welt *die* <-> /kein Plur./ *(≈ Gedankengut)*

ge·dank·lich *adj /nur attr./ /nicht steig./* ❶ *auf Überlegungen beruhend:* Ihre Aussage steht doch in keinem gedanklichen Zusammenhang mit den Problemen, die wir hier erörtern. ❷ *in Gedanken:* Ich habe das Problem gedanklich erfasst/durchdrungen.

Ge·deck *das* <-(e)s, -e> *alle Gegenstände, die man beim Essen braucht:* Soll ich noch ein Gedeck mehr auflegen?

ge·deckt I. *Part. Perf. von* **decken II.** *adj* ❶ *so, dass Farben nicht grell und strahlend, sondern eher matt und ruhig sind:* eine in gedeckten Farben gehaltene Wohnungseinrichtung ❷ *so, dass ein Scheck die entsprechende Menge Geld auf einem Bankkonto entspricht:* Der Scheck war nicht gedeckt.

Ge·deih ■ *auf Gedeih und Verderb bedingungslos* Die Geiseln waren den Kidnappern auf Gedeih und Verderb ausgeliefert.

ge·dei·hen <gedeiht, gedieh, ist gediehen> *ohne OBJ* ■ *etwas gedeiht irgendwie* ❶ *sich in positiver Weise entwickeln:* Die im Frühjahr eingesetzten Pflanzen gediehen prächtig. ❷ *(gut) voranschreiten:* Wie weit ist deine Doktorarbeit inzwischen gediehen?

Ge·denk- *als Erstglied zusammengesetzter Substantive; drückt aus, dass das mit dem Zweitglied Bezeichnete der Erinnerung an eine Person oder an ein Ereignis gewidmet ist* ◆ -andacht, -anzeige, -bibliothek, -buch, -feier, -gedicht, -gottesdienst,

-jahr, -karte, -kerze, -konzert, -kultur, -münze, -ort, -platte, -portal, -prägung, -rede, -stätte, -stunde, -tafel, -tag, -veranstaltung

ge·den·ken <gedenkst, gedachte, hat gedacht> *ohne OBJ* ❶ ■ *jmd. gedenkt jmds./einer Sache* an jmdn. oder etwas ehrend zurückdenken: In einer Schweigeminute gedachte man des verstorbenen Präsidenten. ❷ ■ *jmd. gedenkt plus Inf. (geh.:* ≈ *beabsichtigen) die Absicht haben:* Was gedenkt die Stadtverwaltung gegen die Missstände zu tun?

Ge·denk·mar·ke *die* <-, -n> *Briefmarke zum Gedenken^1 an jmdn. oder etwas*

Ge·denk·mi·nu·te *die* <-, -n> *(≈ Schweigeminute) eine Gedenkminute (für jmdn.) einlegen*

Ge·denk·stät·te *die* <-, -n> *zum Gedenken^1 angelegter Ort*

Ge·denk·stein *der* <-(e)s, -e> *zum Gedenken^1 an jmdn. oder etwas errichtetes Denkmal aus Stein*

Ge·dicht *das* <-(e)s, -e> *ein relativ kurzer literarischer Text, in dem die Sprache oftmals gereimt und in Versen organisiert oder auch völlig frei eingesetzt wird, um eine künstlerische Aussage zu machen oder eine bestimmte ästhetische Wirkung zu erzielen:* Er hat ein Gedicht auswendig gelernt/ aufgesagt/rezitiert.; Neben Romanen und Essays hat die Autorin auch zahlreiche Gedichte geschrieben/verfasst.; Gedichte expressionistischer Autoren; ■ *ein Gedicht sein (umg.) hervorragend sein:* Der Wein/Das Essen war ein Gedicht. ◆ -band, -sammlung, -zyklus, Liebes-, Helden-

Ge·dicht·in·ter·pre·ta·ti·on *die* <-, -en> *Prozess und Ergebnis der Deutung/des Verständlichmachens eines Gedichts (als literaturwissenschaftliche Arbeitsform)*

ge·die·gen *adj* ❶ *(≈ rein) so, dass es ausschließlich aus dem genannten Edelmetall besteht:* Der Ring ist aus gediegenem Gold. ❷ *qualitativ gut verarbeitet:* Die Kommode ist sehr gediegen. ❸ *gründlich, solide:* Sie hat gediegene Kenntnisse in Literaturwissenschaft. ▶ Gediegensein

ge·dieh *Prät. von* **gedeihen**

ge·die·hen *Part. Perf. von* **gedeihen**

Ge·döns *das* <-es> /kein Plur./ LANDSCH. *(abwert.) Getue:* Nun mach doch kein solches Gedöns wegen dieser Kleinigkeit!

Ge·drän·ge *das* <-s> /kein Plur./ *der Zustand, dass viele Menschen gleichzeitig an einem bestimmten Ort sind und sich dort bewegen:* Vor Weihnachten herrscht in der Fußgängerzone/in den Kaufhäusern ein furchtbares Gedränge.; ■ *ins Gedränge geraten/kommen in (zeitliche) Schwierigkeiten kommen*

ge·drängt *adj so, dass sehr viel von etwas auf relativ engem raum ist* ▶ Gedrängtheit

ge·drückt I. *Part. Perf. von* **drücken II.** *adj niedergeschlagen, deprimiert:* Weshalb war sie so gedrückter Stimmung? ▶ Gedrücktheit

ge·drun·gen I. *Part. Perf. von* **dringen II.** *adj (≈ untersetzt) so, dass jmd. nicht sehr groß, aber ziemlich kräftig und korpulent ist:* von gedrungener Gestalt. ▶ Gedrungenheit

Ge·du·del *das* <-s> /kein Plur./ *(abwert.) andau-*

G

ernd laufende Musik, die als störend empfunden wird: Wie hältst du nur das ständige Gedudel aus dem Radio aus?

Ge·duld *die* <-> */kein Plur./ die Fähigkeit oder Bereitschaft, etwas ruhig und beherrscht abzuwarten oder zu ertragen:* Diese Warterei stellt die Geduld auf eine harte Probe.; Meine Geduld ist am Ende!; *sich in Geduld fassen/üben*

ge·dul·den <geduldest, geduldete, hat geduldet> *mit SICH* ■ *jmd. geduldet sich Geduld haben und weiter warten:* Bitte gedulden Sie sich noch einen Augenblick!

ge·dul·dig *adj (↔ ungeduldig) so, dass man Geduld hat:* Sie ist eine geduldige Zuhörerin.; Er hat die Untersuchung geduldig über sich ergehen lassen.

Ge·dulds·fa·den ■ *jemandem reißt der Geduldsfaden (umg.) jmd. verliert die Geduld*

Ge·dulds·pro·be *die* <-, -n> *(Bewährungs-)Probe für die Geduld:* Ihre Trödelei hat mich auf eine harte Geduldsprobe gestellt.

Ge·dulds·spiel *das* <-(e)s, -e> *Spiel, für das man viel Konzentration und Geschicklichkeit braucht*

ge·dun·sen *adj (≈ aufgedunsen) so, dass es leicht angeschwollen ist:* ein vom Alkohol gedunsenes Gesicht ▶ Gedunsenheit

ge·eig·net *adj (↔ ungeeignet) für einen bestimmten Zweck passend oder angemessen:* Er ist der geeignete Mann für diese Aufgabe: fleißig und willensstark.; Wir wenden geeignete Maßnahmen ergreifen. ▶ Geeignetheit

Geest *die* <-, -en> *(fachspr.: ↔ Marsch(land)) höher gelegenes, trockenes Küstenland* ◆ -land

Ge·fahr *die* <-, -en> *eine Situation, in der jmd. oder jmds. Leben oder Gesundheit/etwas bedroht wird:* Die Bergsteiger gerieten in akute/ernste/tödliche Gefahr.; Die Geiseln sind inzwischen außer Gefahr.; Rauchen ist eine Gefahr für die Gesundheit.; Brandrodung stellt eine ernsthafte Gefahr für den Urwald dar.; ■ *(auch) auf die Gefahr hin, dass ... selbst wenn die Gefahr besteht, dass ...;* ■ *jemand läuft Gefahr, etwas zu tun es besteht die Gefahr, dass jmd. etwas tut* ◆ -enbereich, -enstelle, Ansteckungs-, Explosions-, Feuer-, Kriegs-, Unfall-

ge·fähr·den <gefährdest, gefährdete, hat gefährdet> *mit OBJ* ■ *jmd./etwas gefährdet jmdn./etwas in Gefahr bringen:* Mit deiner leichtsinnigen Art gefährdest du nicht nur dich selbst. ▶ Gefährdung

Ge·fah·ren·herd *der* <-(e)s, -e> *Stelle, von der aus sich (immer wieder) Gefahren ergeben:* Die Region ist ein ausgesprochener Gefahrenherd: In den letzten drei Jahren gab es hier fünf Terroranschläge.

Ge·fah·ren·quel·le *die* <-, -n> *Ursache einer Gefahr*

Ge·fah·ren·zo·ne *die* <-, -n> *Bereich, in dem man bestimmten Gefahren ausgesetzt ist*

Ge·fah·ren·zu·la·ge *die* <-, -n> *finanzielle Vergütung, die ein Arbeitnehmer erhält, weil mit seiner Arbeit bestimmte Gefahren verbunden sind*

Ge·fahr·gut *das* <-(e)s, Gefahrgüter> AMTSSPR.

(für die Allgemeinheit) gefährliches (Transport-)Gut ◆ -transport

ge·fähr·lich *adj voller Gefahr für jmdn. oder etwas:* Viele der frühen Expeditionen waren gefährliche Unternehmen.; Das ist eine gefährliche Krankheit.; Gefährliche neue Krankheiten wie SARS werden zu einer globalen Bedrohung. ▶ Gefährlichkeit

ge·fahr·los *adj ohne Gefahr:* An der Ampel können Fußgänger gefahrlos die Straße überqueren. ▶ Gefahrlosigkeit

Ge·fährt *das* <-(e)s, -e> *(scherzh.) Fahrzeug:* Hast du für dieses klapprige Gefährt wirklich noch 3000 Euro bezahlt?

Ge·fähr·te *der*, **Ge·fähr·tin** <-n, -n> *jmd., der jmds. Freund und Begleiter ist und mit ihm Erlebnisse teilt* ◆ Lebens-

Ge·fäl·le *das* <-s, -> ❶ *der Grad, den die Neigung von etwas hat:* Die Straße hat ein starkes Gefälle. ❷ *(≈ Unterschied) das Ausmaß, in dem sich verschiedene soziale Gruppen unterscheiden:* Das soziale Gefälle in diesem Stadtteil ist besonders ausgeprägt.

ge·fal·len <gefällst, gefiel, hat gefallen> **I.** *ohne OBJ* ■ *jmd./etwas gefällt jmdm. (irgendwie) Gefällt dir das Geschenk?; Es gefällt mir gar nicht, dass ...; Die Ausstellung hat mir hervorragend gefallen* **II.** *mit SICH* ■ *jmd. gefällt sich irgendwie jmd. mag es, wenn er in einer bestimmten Rolle ist:* Er gefällt sich in der Rolle des großzügigen Gastgebers.; ■ *sich etwas gefallen lassen (umg.) etwas geduldig ertragen und hinnehmen*

ge·fal·len *Part. Perf. von* **fallen**

Ge·fal·len¹ *der* <-s, -> *(≈ Gefälligkeit) etwas, das man tut, um jmdm. eine kleine Hilfe zu geben:* Sie würden mir einen großen Gefallen tun, wenn ...; Darf ich Sie um einen kleinen Gefallen bitten?

Ge·fal·len² *das* <-s> */kein Plur./ der Zustand, dass man jmdn. oder etwas mag und sympathisch findet:* Sie hat offenbar Gefallen an ihm gefunden.

Ge·fal·le·ne *der/die* <-n, -n> *Soldat, der im Krieg gestorben ist*

ge·fäl·lig *adj* ❶ *(≈ ansprechend) so, dass es für viele attraktiv ist:* Sie achtet stets auf ein gefälliges Äußeres. ❷ *(≈ hilfsbereit) so, dass man anderen gern hilft:* Er hat sich mir damals gefällig erwiesen/gezeigt.

Ge·fäl·lig·keit *die* <-, -en> ❶ *(≈ Gefallen) etwas, das man aus Freundschaft oder Hilfsbereitschaft tut:* Könntest du mir die Gefälligkeit erweisen, nach meiner Katze zu sehen, solange ich nicht hier bin? ❷ */kein Plur./ Hilfsbereitschaft:* Sie hat das damals aus reiner Gefälligkeit getan.

ge·fäl·lig·keits·hal·ber *adv (umg.) so, dass es als Gefälligkeit gedacht ist*

ge·fäl·ligst *adv (umg.) bei Aufforderungen verwendet, um auszudrücken, dass man ziemlich verärgert ist:* Mach gefälligst die Tür zu!; Lass mich gefälligst in Ruhe!

Ge·fall·sucht *die* <-> */kein Plur./ (abwert.: ≈ Eitelkeit) übermäßiges Bedürfnis, anderen zu gefallen* ▶ gefallsüchtig

ge·fälscht *adj /nicht steig./ (↔ original, echt) so,*

dass es in betrügerischer oder unerlaubter Weise nachgemacht ist: Seine Papiere waren gefälscht.

ge·fan·gen I. *Part. Perf. von* **fangen II.** *adj* ◆ Getrenntschreibung → R 4.1 jemanden gefangen halten; jemanden gefangen nehmen

Ge·fan·ge·ne *der/die* <-n, -n> ❶ *Häftling, Sträfling:* Die Gefangenen wurden abgeführt/in ihre Zellen gesperrt/gut behandelt/freigelassen. ❷ *(≈ Kriegsgefangener)*

Ge·fan·ge·nen·la·ger *das* <-s, -> *Lager, in dem Gefangene untergebracht sind*

Ge·fan·ge·nen·trans·port *der* <-(e)s, -e> *Transport von Gefangenen*

Ge·fan·gen·schaft *die* <-, -en> */kein Plur./* ❶ *der Umstand, dass jmd. von jmdm. gefangen gehalten wird:* Der Soldat geriet in Gefangenschaft/wurde aus der Gefangenschaft entlassen. ❷ *der Zustand, dass ein Tier nicht in freier Wildbahn, sondern in einem Zoo o. Ä. lebt:* Erstmals gelang es, diese Tiere in Gefangenschaft zu züchten.

Ge·fäng·nis *das* <-ses, -se> ❶ *(≈ Haftanstalt, Strafanstalt) ein stark gesichertes Bauwerk, in dem Verurteilte Freiheitsstrafen verbüßen:* Der Verbrecher sitzt seit mehreren Jahren im Gefängnis.; Sie wurde frühzeitig aus dem Gefängnis entlassen. ◆ -arzt, -ärztin, -aufseher(in), -direktor(in), -kleidung, -mauer, -seelsorge, -strafe, -wärter(in), -zelle, Frauen-, Untersuchungs- ❷ *kurz für „Gefängnisstrafe":* mit zehn Jahren Gefängnis bestraft werden

Ge·fäng·nis·be·am·te *der*, **Ge·fäng·nis·be·am·tin** <-n, -n> *Strafvollzugsbeamte*

Ge·fäng·nis·geist·li·che *der/die* <-n, -n> *Geistlicher, der in einem Gefängnis die Gefangenen betreut*

Ge·fäng·nis·in·sas·se *der*, **Ge·fäng·nis·in·sas·sin** <-n, -n> *jmd., der in einem Gefängnis eine Haftstrafe verbüßt*

Ge·fa·sel *das* <-s> */kein Plur./ (umg. abwert.) dauerndes unsinniges Gerede*

Ge·fäß *das* <-es, -e> ❶ *kleiner Behälter (für Flüssigkeiten):* unter den tropfenden Wasserhahn ein Gefäß stellen ❷ ANAT. *(≈ Ader) eine der Leitungsbahnen im Körper von Menschen und Tieren, in denen Blut transportiert wird:* Rauchen schädigt die Gefäße. ◆ -erkrankung, -erweiterung, -krankheit, -leiden, -system, -verengung, -wand

Ge·fäß·chi·r·ur·gie *die* <-> */kein Plur./* MED. *chirurgisches Teilgebiet, das sich mit Krankheiten der Gefäße² beschäftigt*

ge·fäß·er·wei·ternd *adj (↔ gefäßverengend) so, dass es eine Erweiterung der Blutgefäße bewirkt:* Dieses Medikament wirkt gefäßerweiternd.

ge·fasst I. *Part. Perf. von* **fassen II.** *adj (beherrscht, ruhig) so, dass man nicht aufgeregt ist und sich unter Kontrolle hat:* Er nahm die Nachricht vom Tod seines Großvaters sehr gefasst entgegen.; ■ **auf etwas gefasst sein** *mit dem Eintreten eines bestimmten Ereignisses rechnen und darauf vorbereitet sein;* ■ **sich auf etwas gefasst machen** *mit etwas Unangenehmem rechnen* Der kann sich auf etwas gefasst machen!

ge·fäß·ver·en·ge(r)nd *adj (↔ gefäßerweiternd) so, dass es eine Verengung der Blutgefäße bewirkt:* Dieses Medikament wirkt gefäßverengend.

Ge·fäß·ver·kal·kung *die* <-, -en> *(≈ Arteriosklerose) der Vorgang, dass sich in den Blutgefäßen Kalk ablagert*

Ge·fecht *das* <-(e)s, -e> ❶ MILIT. *kurze bewaffnete Auseinandersetzung feindlicher militärischer Truppen oder feindlicher bewaffneter Gruppen* ◆ -sabschnitt, -sbereitschaft, -spause, -sstand, Feuer-, Schein- ❷ *(übertr.) Auseinandersetzung:* Vertreter der Regierung und der Opposition lieferten sich während der Debatte hitzige Gefechte.; ■ **jemanden außer Gefecht setzen** *(umg.) jmdn. daran hindern, wirksam zu handeln* ◆ Wort-

Ge·fechts·li·nie *die* <-, -n> *Frontlinie*

ge·fechts·mä·ßig *adj /nur attr./ / nicht steig./ zum Gefecht bereit:* gefechtsmäßig ausgerüstete Truppen

ge·fehlt *adj /nicht steig./* SCHWEIZ. *missraten*

Ge·feil·sche *das* <-s> */kein Plur./ (abwert.) ständiges Feilschen*

ge·feit *adj* ■ **gegen etwas gefeit sein** *(geh.) vor etwas sicher oder geschützt sein*

Ge·fie·der *das* <-s, -> *(≈ Federkleid) alle Federn eines Vogels:* Der Vogel putzt/plustert sein Gefieder.

ge·fie·dert *adj /nicht steig./ mit Federn versehen:* ein gefiederter Pfeil

ge·fiel *Prät. von* **gefallen**

Ge·fil·de *das* <-s, -> *(geh.) Landschaft, Gegend*

ge·fin·kelt *adj* ÖSTERR. *schlau, durchtrieben*

Ge·flecht *das* <-(e)s, -e> ❶ *(≈ Flechtwerk) etwas, das geflochten ist* ❷ *(≈ Gewirr) ein dichtes Netz von Linien oder Strängen:* Die Forscher drangen durch das Geflecht der Kletterpflanzen in die Höhle vor.; Unter der Haut schimmert das Geflecht der Adern.

ge·fleckt *adj /nicht steig./ (von Tieren) mit einem Fell, das einzelne Flecken einer anderen Farbe als der Rest des Fells aufweist:* gefleckte Kühe

ge·flis·sent·lich *adj /nur attr./ / nicht steig./ absichtlich:* Die Rednerin hat den Zwischenruf geflissentlich überhört.

Ge·flü·gel *das* <-s> */kein Plur./* ❶ *Sammelbezeichnung für Hühner, Enten und Gänse* ◆ -haltung, -zucht, -züchter(in) ❷ *Fleisch von Geflügel¹ als Speise:* Fisch und Geflügel spielen in der Küche dieses Landes eine wichtige Rolle. ◆ -salat, -schere, -wurst

Ge·flü·gel·farm *die* <-, -en> LANDW. *(größerer) Betrieb für die Aufzucht von Geflügel¹*

Ge·flü·gel·hof *der* <-(e)s, Geflügelhöfe> LANDW. *(kleinerer) Betrieb für die Aufzucht von Geflügel¹*

Ge·flüs·ter *das* <-s> */kein Plur./ dauerndes Flüstern*

Ge·fol·ge *das* <-s, -> */meist Sing./ Personen, die eine (bedeutende) Persönlichkeit begleiten:* Der König zog mit seinem Gefolge in die Stadt ein.

Ge·folg·schaft *die* <-, -en> ❶ */kein Plur./ (im Mittelalter) die treuen Anhänger einer (adligen) Person* ❷ */kein Plur./ Gehorsam:* Sie hatten ihm die Gefolgschaft verweigert/aufgekündigt. ❸ *Anhängerschaft:* blinde Gefolgschaften

Ge·folgs·mann *der* <-(e)s, ...-männer/...-leute> *(≈ Anhänger) jmd., der zur Gefolgschaft gehört:*

G

Der Revolutionär hatte viele Gefolgsmänner um sich geschart.

ge·formt *adj /nicht steig./ mit einer bestimmten Form ausgestattet:* geformt wie ... ▸ Geformtheit

Ge·fra·ge *das* <-s> */kein Plur./ (abwert.) dauerndes Fragen*

ge·fragt *adj beliebt, begehrt:* ein gefragter Star

ge·frä·ßig *adj (abwert.) so, dass man zu gern und zu viel isst* ▸ Gefräßigkeit

Ge·frei·te *der/die* <-n, -n> MILIT. ❶ *ein (niedriger) militärischer Dienstgrad* ❷ *Person mit diesem Dienstgrad*

ge·frier- *als Erstglied zusammengesetzter Substantive; drückt aus, dass das mit dem Zweitglied Bezeichnete sich auf den gefrorenen Zustand von etwas bzw. auf eingefrorene Waren bezieht* ♦ -aggregat, -akku, -anlage, -beutel, -box, -bruchtechnik, -dose, -fach, -gerät, -klasse, -kombination, -lager, -lagerung, -mittel, -obst, -raum, -schrank, -technik, -trocknung, -verfahren, -vorgang, -wagen, -ware, -wärme, -würfel, -zeit, -zelle

Ge·frier·brand *der* <-(e)s, Gefrierbrände> *Schäden an nicht sachgemäß tiefgefrorenen Lebensmitteln*

ge·frie·ren <gefriert, gefror, ist gefroren> *ohne OBJ* ■ *etwas gefriert etwas sehr stark abgekühlt werden, dass festes Material sehr hart und Wasser zu Eis wird:* Die Pfützen sind gefroren.; Der Boden ist gefroren.

ge·frier·ge·trock·net *adj /nicht steig./ durch Gefriertrocknung haltbar gemacht:* gefriergetrocknete Küchenkräuter

Ge·frier·gut *das* <-(e)s, Gefriergüter> *durch Gefrieren haltbar gemachte Lebensmittel*

Ge·frier·punkt *der* <-(e)s> */kein Plur./ die Temperatur, bei der Wasser gefriert*

Ge·frier·schutz·mit·tel *das* <-s, -> *(≈ Frostschutzmittel)*

Ge·frier·trock·nung *die* <-> */kein Plur./ Trocknungsverfahren, bei dem einem Lebensmittel Wasser als Eis entzogen wird*

Ge·fro·re·ne(s), **Ge·fror·ne(s)** *das* <-n/(-)> */kein Plur./ (veralt.)* SÜDDT., ÖSTERR. *Speiseeis*

Ge·frot·zel *das* <-s> */kein Plur./ (umg. abwert.) ständiges Frotzeln*

Ge·fuch·tel, **Ge·fuch·te·le** *das* <-s> */kein Plur./ (umg. abwert.) ständiges Fuchteln*

Ge·fü·ge *das* <-s, -> ❶ *eine Konstruktion aus verschiedenen Elementen:* Die Dachbalken bilden ein stabiles Gefüge. ❷ *(≈ Struktur) der genaue Aufbau eines strukturierten Gebildes:* das syntaktische Gefüge eines Satzes analysieren

ge·fü·gig *adj (abwert.) widerstandslos gehorsam:* Er wollte sie unter Androhung von Gewalt gefügig machen. ▸ Gefügigkeit

Ge·fühl *das* <-(e)s, -e> ❶ *(≈ Empfindung) der Vorgang, dass man über den Zustand seines Körpers eine bestimmte Wahrnehmung hat:* Man verspürt ein Gefühl von Kälte/von brennender Hitze auf der Haut/von Schwere in Armen und Beinen.; Ich habe bei der Prüfung so viel geschrieben, dass ich gar kein Gefühl mehr in den Fingern habe. ❷ *(≈ Emotion) eine seelische Regung:* Sie überkam ein Gefühl der Angst/der Freude/der

Panik/der Wut.; Er konnte seine Gefühle nicht verbergen.; Sie ließ ihren Gefühlen freien Lauf.; Sie müssen Ihre Gefühle besser unter Kontrolle haben! ❸ */kein Plur./ (≈ Ahnung) der Vorgang, dass man etwas zwar nicht genau weiß, aber dass man instinktiv spürt, dass etwas der Fall sein oder geschehen wird:* Mein Gefühl sollte mich nicht täuschen.; Ich hatte von vornherein so ein mulmiges/ungutes Gefühl bei der Sache. ❹ *(≈ Gespür) die Fähigkeit, etwas souverän zu handhaben, weil man es sehr gut kennt oder viel Erfahrung hat:* Die Fahrpraxis wird ihm im Laufe der Zeit ein Gefühl für das Fahrzeug geben/verleihen.; Sie hat ein Gefühl für Musik.; ■ **das Höchste der Gefühle** *(umg.) das Äußerste, was man erwarten oder sich vorstellen kann, die Obergrenze;* ■ **etwas im Gefühl haben** *(umg.) etwas ahnen;* ■ **mit gemischten Gefühlen** *(umg.) so, dass man gleichzeitig Freude und Unbehagen spürt*

ge·fühl·los *adj /nicht steig./* ❶ *(≈ taub) ohne Gefühl[1]; so, dass man an einem Körperteil nichts empfindet:* Meine Finger sind ganz gefühllos vor Kälte. ❷ *(≈ kalt) ohne Gefühl[2]:* Wie konnte sie ihn nur so gefühllos behandeln? ▸ Gefühllosigkeit

ge·fühls·arm *adj (≈ emotionslos) so, dass man nur selten starke Gefühle[2] hat* ▸ Gefühlsarmut

Ge·fühls·aus·bruch *der* <-(e)s, Gefühlsausbrüche> *der Vorgang, dass jmd. sehr heftig und ohne Hemmungen zeigt, welche Gefühle ihn bewegen:* Er nahm ihren Gefühlsausbruch gelassen hin.

ge·fühls·be·tont *adj so, dass man sich stark von seinen Gefühlen leiten lässt*

Ge·fühls·du·se·lei *die* <-, -en> *(umg. abwert.) ein Denken und Handeln, bei dem sich jmd. viel zu stark von Gefühlen leiten lässt und zu wenig von der Vernunft*

ge·fühls·du·se·lig, **ge·fühls·dus·lig** *adj (umg. abwert.) von Gefühlsduselei bestimmt:* Sei bloß nicht so gefühlsduselig; er spielt nur mit deinen Gefühlen!

ge·fühls·kalt *adj (≈ gefühllos)* ▸ Gefühlskälte

Ge·fühls·la·ge *die* <-> */kein Plur./ die Situation, in der man sich hinsichtlich der eigenen Gefühle befindet:* In welcher Gefühlslage hat der Autor wohl dieses Gedicht geschrieben?; Existenzangst und Sorge um die Zukunft – sieht so die Gefühlslage der Nation aus?

Ge·fühls·le·ben *das* <-s> */kein Plur./ Gesamtheit aller Gefühle, die eine Person hat:* ein reges/starkes Gefühlsleben besitzen

ge·fühls·mä·ßig *adj /nicht steig./ die Gefühle betreffend:* Sie hat sich gefühlsmäßig sehr stark in die Sache eingebracht.

Ge·fühls·mensch *der* <-en, -en> *(↔ Verstandesmensch) jmd., der in seinem Verhalten hauptsächlich vom Gefühl bestimmt wird*

Ge·fühls·re·gung *die* <-, -en> *(≈ Emotion) ein bestimmtes Gefühl[2], das von jmdm. erlebt oder wahrgenommen wird:* Er hat die Tat offensichtlich ohne jede Gefühlsregung verübt.

Ge·fühls·sa·che ■ *etwas ist (reine) Gefühlssache etwas wird ausschließlich dem Gefühl nach beurteilt* Also erlernen kann man das Komponie-

ren eigentlich nicht, es ist mehr oder weniger Gefühlssache!

Ge·fühls·über·schwang *der* <-(e)s, Gefühls-
überschwänge> *Übermaß der Gefühle*

Ge·fühls·wal·lung *die* <-, -en> *der Vorgang, dass
ein bestimmtes Gefühl plötzlich sehr stark (und
unkontrollierbar) wird:* In einer plötzlichen Ge-
fühlswallung ergriff er ihre Hände.

Ge·fühls·welt *die* <-> /kein Plur./ (≈ *Gefühlsleben)* Sie hat seine Gefühlswelt ganz schön durcheinandergebracht.

ge·fühl·voll *adj mit viel Gefühl:* ein gefühlvoller
Film

ge·fun·den *Part. Perf. von* **finden**

ge·furcht *adj mit Furchen:* ein gefurchtes Gesicht

ge·fürch·tet *adj so, dass man Angst vor jmdm.
oder etwas hat:* ein gefürchteter Verbrecher

ge·füt·tert *adj /nicht steig./ (≈ wattiert) mit einem Futter versehen:* gefütterte Stiefel; ein gefüt-
terter Briefumschlag

ge·ga·belt *adj /nicht steig./ mit einer Gabelung
versehen*

ge·gan·gen *Part. Perf. von* **gehen**

ge·ge·ben¹ *Part. Perf. von* **geben**

ge·ge·ben² *adj /nicht steig./* ❶ *so, dass es vorhanden ist:* Wir werden aus gegebenem Anlass
eine Party veranstalten.; Ich hatte diese Kenntnisse
als gegeben vorausgesetzt. ❷ *passend, günstig:* Ich
werde zu gegebener Zeit darauf zurückkommen.

ge·ge·be·nen·falls *adv (abgekürzt: ggf.) in dem
Fall, dass bestimmte Voraussetzungen dafür erfüllt
sind*

Ge·ge·ben·heit *die* <-, -en> /meist Plur./ *die bestimmten Umstände, die irgendwo herrschen:*
Man muss die jeweiligen Gegebenheiten der Länder berücksichtigen.

ge·gelt *adj mit Haargel versehen:* eine gegelte Frisur

ge·gen I. *präp +Akk.* ❶ (≈ an) *verwendet, um auszudrücken, dass etwas in Richtung einer Sache
weist:* Sie lehnte sich gegen das Auto.; Er lehnte
die Leiter gegen die Wand. ❷ (≈ entgegen) *verwendet, um auszudrücken, dass etwas einer anderen Sache entgegenwirkt und sie zu überwinden
versucht:* Der Schwimmer kämpfte gegen die Strömung an.; Man musste förmlich gegen den Lärm
anschreien. ❸ *verwendet, um auszudrücken, dass
etwas ungefähr im Bereich der genannten Sache
ist:* Wir wollen gegen Abend ankommen.; Gegen
Ende des Konzerts verließen die ersten Zuhörer
den Saal. ❹ *drückt aus, dass jmd. die genannte Sache ablehnt, bekämpft oder verhindert:* Ich bin gegen jede Form von Gewalt.; Sind Sie für oder gegen
die Atomkraft?; Gegen Sonnenbrand gibt es hochwirksame Sonnencremes. ❺ *im Austausch für:*
Dieses Medikament gibt es nur gegen Rezept.
❻ *(umg.) im Vergleich:* Gegen ihn bist du ein
Zwerg. ❼ SPORT *verwendet, um auszudrücken,
dass die genannten Parteien Gegner in einem
sportlichen Wettkampf sind:* Das Spiel Brasilien gegen Italien wird im Fernsehen übertragen. **II.** *adv*
(≈ ungefähr) *Es waren gegen 500 Besucher auf
dem Konzert.*

Ge·gen- *als Erstglied zusammengesetzter Substan-*

tive; *drückt aus,* ❶ *dass das mit dem Zweitglied
Bezeichnete aus der entgegengesetzten Richtung
kommt* ♦-bewegung, -druck, -fahrbahn, -licht,
-sprechanlage, -strom, -strömung ❷ *dass das mit
dem Zweitglied Bezeichnete der inhaltlichen Aus-
richtung/Orientierung bzw. der Gesinnung nach
zu jemand/etwas in Opposition steht oder etwas
anderem korrespondiert* ♦-bild, -buchung, -kandi-
dat(in), -kathete, -kultur, -papst, -part, -partei, -re-
gierung, -seite, -strömung, -stück ❸ *dass das mit
dem Zweitglied Bezeichnete zur Bekämpfung bzw.
Widerlegung von etwas verwendet wird, oder zu
dessen Ausgleich* ♦-finanzierung, -gift, -mittel
❹ *dass das mit dem Zweitglied Bezeichnete eine
Reaktion auf etwas ähnlicher oder vergleichbarer
Art ist* ♦-aktion, -angebot, -angriff, -antrag, -argu-
ment, -behauptung, -beweis, -demonstration, -ent-
wurf, -finanzierung, -gabe, -geschäft, -gewalt, -kurs,
-maßnahme, -offensive, -reaktion, -rede, -regie-
rung, -schlag, -spionage, -stimme, -stoß, -strategie,
-these, -treffer, -veranstaltung, -vorschlag, -wehr,
-welt, -wirkung, -wort, -zeuge, -zug

Ge·gen·an·zei·ge *die* <-, -n> /meist Plur./ MED.
*ein Umstand, der die Anwendung eines bestimm-
ten Medikamentes verbietet*

Ge·gen·be·such *der* <-(e)s, -e> *ein Besuch, den
man als Erwiderung eines erfolgten Besuches
macht:* Letztes Jahr war unser Chor in Frankreich,
dieses Jahr erhalten wir einen Gegenbesuch vom
Chor der französischen Partnerstadt.

Ge·gen·be·we·gung *die* <-, -en> *eine organisierte Gruppe, die in Opposition zu etwas steht*

Ge·gend *die* <-, -en> ❶ *ein bestimmter (kleinerer)
Teil einer Landschaft:* Wir kamen durch eine ein-
same/gebirgige/verlassene Gegend. ❷ (≈ Stadtviertel) *Er wohnt in einer vornehmen Gegend.* ♦Bahn-
hofs-, Villen- ❸ (≈ Umland) *der Bereich in der
Nähe einer Stadt:* Sie ist in die Gegend um München gezogen. ❹ *nicht näher bestimmbarer Kör-
perbereich:* Schmerzen in der Gegend des Magens
♦Blinddarm-, Herz-, Magen-

Ge·gen·dar·stel·lung *die* <-, -en> *ein Text in einer Zeitung, in dem jmd. aus seiner Sicht etwas
ganz anders beschreibt als es die Zeitung in einem
früheren Artikel über ihn getan hat*

Ge·gen·dienst *der* <-(e)s, -e> (≈ Gegenleistung)
*Gefälligkeit als Reaktion auf eine erwiesene Gefäl-
ligkeit:* jemandem einen Gegendienst schulden

ge·gen·ei·n·an·der *adv verwendet, um auszudrü-
cken, dass zwischen zwei Dingen oder Personen
(A und B) wechselseitig eine Kraft wirkt, d.h. wie
A auf B einwirkt, wirkt auch B auf A ein*

ge·gen·ei·n·an·der·drü·cken <drückt gegeneinander, drückte gegeneinander, hat gegenein-
andergedrückt> *mit OBJ* ■ *jmd.* **drückt**
jmdn./etwas **gegeneinander** *eine Sacher/Per-
son gegen eine andere drücken:* Wir haben unsere
Handflächen gegeneinandergedrückt.; Die Menschenmenge hat sie gegeneinandergedrückt.

ge·gen·ei·n·an·der·pral·len <prallt gegeneinander, prallte gegeneinander, ist gegeneinander-
geprallt> *ohne OBJ* ■ *jmd./etwas prallt gegeneinander gegeneinanderstoßen, aufeinandertreffen:* Die Kugeln sind gegeneinandergeprallt.

G

ge·gen·ei·n·an·der·stel·len <stellst gegeneinander, stellte gegeneinander, hat gegeneinandergestellt> *mit OBJ* ▪ **jmd. stellt etwas** *Akk.* **gegeneinander** *etwas gegen etwas stellen/lehnen, mit der Rückseite zueinanderstellen:* Er hat die Stühle gegeneinandergestellt.

ge·gen·ei·n·an·der·sto·ßen <stößt gegeneinander, stieß gegeneinander, hat/ist gegeneinandergestoßen> *mit OBJ* ▪ **jmd. stößt jmdn./etwas gegeneinander** *jemanden/etwas gegen jemanden/etwas stoßen (absichtlich oder aus Versehen):* Sie haben ihre Köpfe gegeneinandergestoßen

Ge·gen·fahr·bahn *die* <-, -en> *Fahrbahn für die in entgegengesetzter Richtung fahrenden Fahrzeuge*

Ge·gen·fi·gur *die* <-, -en> *(≈ Gegenpart) jmd., dessen Wesen im Gegensatz zu dem einer anderen Person steht:* Der Kriminalroman lebt von der Spannung zwischen dem hartgesottenen Kommissar und seiner Gegenfigur, dem zurückhaltenden Detektiv.

Ge·gen·fra·ge *die* <-, -n> *Frage als Reaktion auf eine gestellte Frage:* Lassen Sie mich mit einer Gegenfrage antworten!

Ge·gen·ge·schenk *das* <-(e)s, -e> *Geschenk als Reaktion auf ein erhaltenes Geschenk*

Ge·gen·ge·wicht *das* <-(e)s, -e> *etwas, das eine bestimmte Sache ausgleicht oder ihr eine annähernd gleiche Kraft entgegensetzt:* Sein soziales Engagement bildet eine Art Gegengewicht zu seiner Tätigkeit als Unternehmer.

Ge·gen·kla·ge *die* <-, -n> RECHTSW. *Klage, die der Beklagte gegen den Kläger erhebt:* eine Gegenklage einreichen ▶ Gegenkläger

ge·gen·läu·fig *adj /nicht steig./ so, dass es die entgegengesetzte Tendenz von etwas hat:* Nachdem die Wahlbeteiligung lange Zeit zurückging, ist jetzt eine gegenläufige Tendenz auszumachen – sie steigt wieder.

Ge·gen·leis·tung *die* <-, -en> *(≈ Gegendienst) etwas, das man für jmdn. tut, weil dieser einem geholfen hat:* Wenn ihr mir beim Umziehen helft, repariere ich als Gegenleistung euer Auto.

Ge·gen·lie·be ▪ **Gegenliebe finden/auf Gegenliebe stoßen** *Anklang, Zustimmung finden* Sein Vorschlag stieß auf wenig Gegenliebe.

Ge·gen·part *der* <-s> *gegnerische Seite (im Wettkampf):* Sein Gegenpart konnte ihm in dieser Disziplin wenig entgegensetzen.

Ge·gen·pol *der* <-s, -e> ❶ GEOGR. *entgegengesetzte Pole:* Nord- und Südpol sind Gegenpole ❷ *(übertr.) ein Gegengewicht zu etwas:* einen Gegenpol zu etwas bilden

Ge·gen·pro·be *die* <-, -n> *(≈ Umkehrprobe) der Vorgang, dass man die Richtigkeit eines Sachverhalts dadurch zusätzlich prüft, indem man sich davon überzeugt, dass der entgegengesetzte Sachverhalt nicht zutrifft*

Ge·gen·re·for·ma·ti·on *die* <-> /kein Plur./ GESCH. *Gegenbewegung der katholischen Kirche gegen die Reformation (im 16. und 17. Jahrhundert)* ▶ gegenreformatorisch

Ge·gen·re·vo·lu·ti·on *die* <-, -en> *(≈ Konterrevo-*

lution) gegen eine erfolgte Revolution gerichtete Bewegung, die es als Ziel hat, den vorrevolutionären Zustand wiederherzustellen*

Ge·gen·rich·tung *die* <-, -en> *die Richtung (B nach A), die einer bestimmten Richtung (A nach B) genau entgegengesetzt ist:* Achtung, in der Gegenrichtung kommt Ihnen ein Fahrzeug entgegen!

Ge·gen·satz *der* <-es, Gegensätze> *(≈ Kontrast) (großer) Unterschied zwischen zwei Personen oder Dingen:* Der Gegensatz von Arm und Reich ist nicht zu übersehen.; Die beiden Aussagen stehen in einem eklatanten (offenkundigen) Gegensatz zueinander.; Unsere Gesellschaft ist voller Gegensätze.; ▪ **im Gegensatz** *im Unterschied* Im Gegensatz zu seinem Bruder ist er völlig unsportlich.

ge·gen·sätz·lich *adj völlig unterschiedlich, einander entgegengesetzt:* Diesbezüglich vertreten wir wohl gegensätzliche Meinungen/Standpunkte.; Die beiden Wetterberichte lieferten völlig gegensätzliche Vorhersagen. ▶ Gegensätzlichkeit

Ge·gen·satz·paar *das* <-(e)s, -e> *zwei sprachliche Ausdrücke oder Dinge, die im Gegensatz zueinander stehen:* „Warm“ und „kalt“ bilden ein Gegensatzpaar.

ge·gen·sei·tig *adj /nicht steig./ (≈ wechselseitig) verwendet, um auszudrücken, dass zwischen zwei Dingen oder Personen (A und B) ein wechselseitiges Geschehen erfolgt, d.h. was A mit B tut, tut auch B mit A:* Sie provozieren sich gegenseitig mit Unfreundlichkeiten.; Die elektronischen Bauteile können sich gegenseitig beeinflussen.

Ge·gen·sei·tig·keit *die* <-> /kein Plur./ wechselseitiges Verhältnis:* Ihre Antipathie beruht auf Gegenseitigkeit.

Ge·gen·spie·ler *der,* **Ge·gen·spie·le·rin** <-s, -> *(≈ Widersacher) jmd., der genau die entgegengesetzten Ziele verfolgt wie man selbst*

Ge·gen·sprech·an·la·ge *die* <-, -n> *Sprechanlage, mit der von beiden Seiten (gleichzeitig) gesprochen werden kann*

Ge·gen·stand *der* <-(e)s, Gegenstände> ❶ *ein (nicht näher beschriebenes) Ding, das eine bestimmte physische Ausdehnung und eine bestimmte Form hat:* ein quaderförmiger/schwerer/scharfkantiger/elegant geformter Gegenstand ❷ */meist Sing./ (≈ Thema) etwas, das irgendwo behandelt wird:* Die Dramen Schillers sind Gegenstand meiner mündlichen Prüfung. ❸ *(≈ Objekt) etwas, das Ziel von etwas wird:* Die Neuinszenierung des Theaterstücks wurde zum Gegenstand heftiger Kritik.; Der Skandal war Gegenstand zahlreicher Fernsehberichte.

ge·gen·ständ·lich *adj (≈ dinglich, konkret ↔ gegenstandslos, abstrakt) so, dass es konkrete Dinge darstellt:* gegenständliche Malerei; Seine frühen Bilder waren noch gegenständlich, die späteren abstrakt. ▶ Gegenständlichkeit

Ge·gen·stands·be·reich *der* <-(e)s, -e> *Bereich, dem etwas zuzuordnen ist:* Den Gegenstandsbereich der Medizin bilden Krankheiten.

ge·gen·stands·los *adj /nicht steig./ ❶ (≈ hinfällig) so, dass es keine Begründung mehr hat und ungültig ist:* Im Falle eines Irrtums meinerseits betrachten Sie mein Schreiben bitte als gegenstandslos! ❷ KUNST (↔ *gegenständlich*) *abstrakt:* gegenstandslose Malerei

ge·gen·steu·ern <steuerst gegen, steuerte gegen, hat gegengesteuert> *ohne OBJ* ■ *jmd. steuert gegen* ❶ (≈ *gegenlenken) durch Lenken die Abweichung korrigieren, die entsteht, weil eine Kraft auf ein Fahrzeug wirkt:* Als das Auto aus dem Tunnel kam und vom Seitenwind erfasst wurde, musste der Fahrer gegensteuern. ❷ (*übertr.) Gegenmaßnahmen ergreifen:* Wir müssen gemeinsam versuchen gegenzusteuern, die Entwicklung selbst können wir wohl nicht aufhalten.

Ge·gen·stim·me *die* <-, -n> *bei einer Abstimmung gegen einen Kandidaten/einen Vorschlag abgegebene Stimme:* Es gab fünfundzwanzig Gegenstimmen und eine Enthaltung.

Ge·gen·strö·mung *die* <-, -en> (*übertr.) in Opposition zu jmdm. oder etwas verlaufende Entwicklung:* Schon bald sollte eine Gegenströmung zur derzeitigen Politik einsetzen.

Ge·gen·teil *das* <-s> /kein Plur./ *etwas, das zu einer Sache die genau entgegengesetzten Eigenschaften aufweist:* Er ist faul und unzuverlässig, das genaue Gegenteil seiner fleißigen und strebsamen Schwester.; Gestern hat er gerade das Gegenteil behauptet.; Ich bin nicht verärgert, ganz im Gegenteil!

ge·gen·tei·lig *adj /nicht steig./ so, dass es das Gegenteil von etwas ist:* Ich habe mit ihr darüber gesprochen, aber sie sieht das nicht so, sie ist gegenteiliger Meinung/Auffassung.

Ge·gen·tor *das* <-(e)s, -e> SPORT (≈ *Ausgleich) ein Tor der gegnerischen Mannschaft, das erzielt wird, nachdem man selbst bereits ein Tor erzielt hat:* Die Mannschaft erzielte kurz darauf ein Gegentor.

Ge·gen·über *das* <-s, -> /meist Sing./ *Person, mit der man ein Gespräch führt:* Sein Gegenüber schien von seinen Argumenten völlig unbeeindruckt.

ge·gen·über I. *präp + Dat.* ❶ *bezeichnet eine frontal entgegengesetzte Lage:* Gegenüber dem Krankenhaus gibt es eine Apotheke. ❷ *in Bezug auf die genannte Person oder Sache:* Mir gegenüber ist sie immer höflich. II. *adv der entgegengesetzten Seite:* Er wohnt direkt/schräg gegenüber. ◆ Zusammenschreibung →R 4.5 gegenüberliegen(d); gegenüberstehen; gegenüberstellen

ge·gen·über·lie·gend *adj /nicht steig./ so, dass es sich auf der anderen Seite befindet:* Wir kamen mit einer Fähre ans gegenüberliegende Ufer.

ge·gen·über·sit·zen <sitzt gegenüber, saß gegenüber, hat gegenübergesessen> *ohne OBJ* ■ *jmd. sitzt jmdm./etwas gegenüber auf der gegenüberliegenden Seite von jmdm. sitzen*

ge·gen·über·ste·hen <stehst gegenüber, stand gegenüber, hat gegenübergestanden> *ohne OBJ* ❶ ■ *jmd. steht jmdm./etwas gegenüber jmdm. zugewandt stehen:* Im Bus stand ich plötzlich meinem alten Schulfreund gegenüber. ❷ ■ *jmd. steht jmdm. gegenüber gegeneinander spielen:* Die beiden Mannschaften standen

sich im Finale zum ersten Mal gegenüber. ❸ ■ *jmd. steht etwas gegenüber mit etwas konfrontiert werden:* Wir standen großen Schwierigkeiten gegenüber. ❹ ■ *jmd. steht jmdm./etwas irgendwie gegenüber eine bestimmte Einstellung zu jmdm. oder etwas haben:* Ich stand diesem Plan zunächst skeptisch gegenüber.

ge·gen·über·stel·len <stellst gegenüber, stellte gegenüber, hat gegenübergestellt> *mit OBJ* ❶ ■ *jmd. stellt jmdn. gegenüber (≈ konfrontieren) zwei Menschen im gleichen Raum unmittelbar zusammenkommen lassen:* Täter und Opfer wurden einander gegenübergestellt. ❷ ■ *jmd. stellt etwas etwas gegenüber (≈ vergleichen) zwei Dinge betrachten und sehen, an welchen Stellen sie gleich bzw. verschieden sind:* Wenn man die erste und die zweite Fassung des Textes gegenüberstellt, fällt auf, dass … ▸ Gegenüberstellung

ge·gen·über·tre·ten <trittst gegenüber, trat gegenüber, ist gegenübergetreten> *ohne OBJ* ■ *jmd. tritt jmdm./etwas gegenüber vor jmdn. oder etwas (hin)treten:* Es fällt mir schwer, ihr nach diesen peinlichen Vorfällen gegenüberzutreten.

Ge·gen·ver·kehr *der* <-s> /kein Plur./ *der Verkehr auf der Gegenfahrbahn:* Es herrschte starker Gegenverkehr, so dass ich den Lastwagen nicht überholen konnte.

Ge·gen·wart *die* <-> /kein Plur./ *die jetzige Zeit im Gegensatz zur Vergangenheit und zur Zukunft:* Es dürfte sich um einen der bedeutendsten Romane der Gegenwart handeln.; Welche Strömungen finden sich in der amerikanischen Literatur/ Kunst der Gegenwart?; ■ *in jemandes Gegenwart in jmds. Anwesenheit* In Gegenwart des Kollegen wollte er keine Kritik üben.

ge·gen·wär·tig *adj /nicht steig./ (≈ derzeit(ig)) so, wie es zum Zeitpunkt des Sprechens oder Schreibens der Fall ist:* Die gegenwärtige politische Lage in dem vom Bürgerkrieg heimgesuchten Land lässt sich nur schwer beurteilen.

ge·gen·warts·be·zo·gen *adj so, dass es an der Gegenwart (und ihren Problemen und Gegebenheiten) ausgerichtet ist (und nicht an Vergangenheit oder Zukunft)*

Ge·gen·warts·be·zug *der* <-(e)s, Gegenwartsbezüge> *Bezug zur Gegenwart:* Historische Ereignisse haben oft nach vielen Jahren noch einen Gegenwartsbezug.

ge·gen·warts·fern *adj (↔ gegenwartsnah) nicht im Einklang mit der Gegenwart:* Er hat völlig gegenwartsferne Vorstellungen. ▸ Gegenwartsferne

Ge·gen·warts·kunst *die* <-> /kein Plur./ *gegenwärtige Kunst*

Ge·gen·warts·li·te·ra·tur *die* <-> /kein Plur./ *gegenwärtige Literatur*

ge·gen·warts·nah *adj (↔ gegenwartsfern) im Einklang mit der Gegenwart:* ein gegenwartsnahes Geschichtsverständnis ▸ Gegenwartsnähe

Ge·gen·warts·spra·che *die* <-, -n> *die dem aktuellen Sprachgebrauch entsprechende Sprache*

Ge·gen·wert *der* <-(e)s> /kein Plur./ *ein Wert, der einem anderen Wert entspricht:* Bei der Tom-

G

bola gab es Preise im Gegenwert von 1000 Euro zu gewinnen.

Ge·gen·wind *der* <-(e)s> /kein Plur./ (↔ *Rückenwind*) *Wind, der der Fahrtrichtung eines Fahrzeugs entgegengesetzt ist:* Der starke Gegenwind macht das Radfahren an der Küste ziemlich anstrengend.

ge·gen·zeich·nen <zeichnest gegen, zeichnete gegen, hat gegengezeichnet> *mit OBJ* ■ *jmd.* **zeichnet etwas gegen** AMTSSPR. *seine Unterschrift ebenfalls unter ein Schriftstück setzen, das bereits von jmdm. unterschrieben worden ist:* Den gegengezeichneten Vertrag reichen Sie bitte an uns zurück!

ge·gli·chen *Part. Perf. von* **gleichen**

ge·glie·dert I. *Part. Perf. von* **gliedern** II. *adj so, dass etwas eine Gliederung aufweist:* ein gut gegliederter Aufsatz

ge·glit·ten *Part. Perf. von* **gleiten**

ge·glom·men *Part. Perf. von* **glimmen**

ge·glückt I. *Part. Perf. von* **glücken** II. *adj so, dass etwas gut gelungen ist:* Sie hat in ihrer Arbeit eine geglückte Verbindung zwischen den Themengebieten hergestellt.

Geg·ner *der,* **Geg·ne·rin** <-s, -> ❶ (≈ *Widersacher*) *jmd., der jmdn. oder etwas bekämpft:* Sie war ihm in der Diskussion eine ebenbürtige/unerbittliche Gegnerin.; Die Gegner und Befürworter dieses Planes trafen am Verhandlungstisch zusammen. ❷ SPORT *der oder die anderen Spieler oder Teilnehmer in einem Spiel oder Wettkampf:* Wir haben Stärken und Schwächen des Gegners genau analysiert.; Momentan hat er kaum einen ernst zu nehmenden Gegner. ❸ (≈ *Feind*) *in einer militärischen Auseinandersetzung die Armee, gegen die man kämpft:* Der Feldherr plante, den Gegner im Morgengrauen mit einem Angriff zu überraschen.

geg·ne·risch *adj /nur attr./ /nicht steig./ den Gegner betreffend, zu ihm gehörend, von ihm ausgehend:* den Ball ins gegnerische Tor schießen

Geg·ner·schaft *die* <-> /kein Plur./ ❶ *gegnerische Haltung:* Sie hat ihre Gegnerschaft offen zum Ausdruck gebracht. ❷ *Gesamtheit der Gegner:* Nun gehört auch noch der gesamte Aufsichtsrat zu seiner Gegnerschaft.

ge·gol·ten *Part. Perf. von* **gelten**

ge·go·ren *Part. Perf. von* **gären**

ge·gos·sen *Part. Perf. von* **gießen**

gegr. *adj Abkürzung von „gegründet"*

ge·gra·ben *Part. Perf. von* **graben**

ge·grif·fen *Part. Perf. von* **greifen**

ge·grün·det *Part. Perf. von* **gründen**

Ge·ha·be *das* <-s> /kein Plur./ (umg. abwert.: ≈ *Getue*) *ein Verhalten, das künstlich und unecht wirkt*

ge·habt ■ **wie gehabt** *so wie bisher (üblich)* Sein Zustand ist wie gehabt, weder besser noch schlechter.

Ge·hack·te *das* <-n> /kein Plur./ Hackfleisch

Ge·halt[1] *das* <-(e)s, Gehälter> (↔ *Lohn*) *das Geld, das ein Angestellter oder Beamter für seine berufliche Arbeit regelmäßig bekommt:* Sie bezieht ein durchschnittliches/geringes/hohes Gehalt. ◆-sabzug, -sauszahlung, -sbuchhaltung,

-sempfänger, -serhöhung, -sforderung, -skonto, -skürzung, -sliste, -snachzahlung, -sverhandlung, -sverrechnung, -swunsch, -szettel, -szulage, Anfangs-, Durchschnitts-, Jahres-, Monats-, Spitzen-

Ge·halt[2] *der* <-(e)s, -e> ❶ *der geistige Inhalt von etwas und der Wert, der diesem beigemessen wird:* Experten streiten über den künstlerischen/literarischen Gehalt des Romans. ❷ *die Menge eines Stoffes, die in einem Gemisch ist:* Wie hoch ist der Gehalt an Gold bei diesen Münzen? ◆ Alkohol-, Fett-, Sauerstoff-, Säure-

ge·hal·ten *Part. Perf. von* **halten**

ge·hal·ten ■ **gehalten sein, etwas zu tun** *zu etwas verpflichtet sein* Sie sind gehalten, mir diesbezüglich Rechenschaft abzulegen.

ge·halt·los *adj /nicht steig./* (↔ *gehaltvoll*) *ohne inhaltlichen Gehalt[2]* ▶ Gehaltlosigkeit

Ge·halts·ab·rech·nung *die* <-, -en> *ein Dokument, auf dem steht, welches Gehalt jmd. bekommt, welche Abgaben davon abgeführt werden und welchen Betrag er ausgezahlt bekommt:* die Gehaltsabrechnung ausgehändigt bekommen

Ge·halts·grup·pe *die* <-, -n> *die Kategorie, in der man sich aufgrund seines Gehalts befindet*

Ge·halts·stu·fe *die* <-, -n> Gehaltsgruppe

Ge·halts·vor·stel·lung *die* <-, -en> *Vorstellung, die sich jmd. über die Höhe seines Gehalts macht:* Meine Gehaltsvorstellungen bewegen sich zwischen … und … Euro.

ge·halt·voll *adj* (↔ *gehaltlos*) *reich an inhaltlichem Gehalt[2]:* ein gehaltvoller Essay

ge·han·di·kapt, *a.* **ge·han·di·capt** [gə'hɛndikɛpt] *adj /nicht steig./ behindert, benachteiligt:* Nach einem Schlag auf den Knöchel war der Stürmer sichtlich gehandikapt.; Durch den Ausfall wichtiger Spieler war die Mannschaft im Finale gehandikapt.

Ge·hän·ge *das* <-s, -> *etwas, das (herunter)hängt* ◆ Ohr-

ge·häs·sig *adj (abwert.) boshaft und missgünstig:* Mit seinen gehässigen Bemerkungen verdarb er uns den ganzen Abend.

Ge·häs·sig·keit *die* <-, -en> ❶ /kein Plur./ Boshaftigkeit ❷ gehässige Bemerkung

ge·häuft I. *Part. Perf. von* **häufen** II. *adj* ❶ *wiederholt:* In der Nacht kam es gehäuft zu Zwischenfällen. ❷ ■ **ein gehäufter Löffel** KOCH. (↔ *gestrichen*) *so, dass das Pulver (von Kaffee, Mehl, Zucker o. Ä.), das sich in einem Löffel befindet, eine Art kleinen Berg bildet* Danach gebe man einen gehäuften Teelöffel Backpulver in den Teig.

Ge·häu·se *das* <-s, -> ❶ *das feste Gebilde, das manche Schnecken auf ihrem Rücken tragen:* das Gehäuse einer Schnecke ❷ *die feste Hülle, die eine Apparatur oder ein Gerät von allen Seiten umgibt:* Das Gehäuse der Uhr ist vergoldet. ❸ *der innere Teil von Äpfeln und Birnen, der die Samenkerne enthält*

geh·be·hin·dert *adj so, dass man nicht normal gehen kann, weil man durch eine Krankheit ein Problem mit den Beinen oder den Gelenken hat* ▶ Gehbehinderte, Gehbehinderung

Ge·he·ge *das* <-s, -> *in einem Wald oder einem Zoo ein Gelände, das mit einem Zaun abgesperrt*

ist und in dem bestimmte Tiere leben: Im Zoo wird das Gehege der Zebras neu gestaltet.; ■ **jemandem ins Gehege kommen** *(umg.) jmds. Absichten oder Pläne stören* ◆ Wild-

ge·heim *adj* ❶ *so, dass nur bestimmte Personen davon wissen (dürfen/sollen):* Man hatte eine geheime Abmachung getroffen.; Im Tresor befinden sich streng geheime Unterlagen.; Sollte es vor dem Spiel etwa geheime Absprachen gegeben haben?; Sie kennt meine geheimsten Gedanken/Wünsche. ❷ *(≈ mysteriös) so rätselhaft, dass man es nur mit dem Verstand nicht erklären kann:* Es schien, als seien hier geheime Kräfte im Spiel gewesen.; ■ **im Geheimen** *im Verborgenen, heimlich* ◆ Großschreibung →R 3.4, R 3.7 im Geheimen

Ge·heim- *als Erstglied zusammengesetzter Substantive; drückt aus, dass das mit dem Zweitglied Bezeichnete sich auf Gegebenheiten, Gegenstände und Aktionen bezieht, die im Verborgenen bzw. versteckt vorhanden sind/ablaufen, oder die nur Gruppen betreffen, die in etwas eingeweiht sind* ◆-abkommen, -absprache, -akte, -botschaften, -bund, -bündelei, -code, -diplomatie, -dokument, -fach, -favorit, -gang, -gesellschaft(en), -information, -kamera, -kommando, -konto, -loge(n), -menü, -mittel, -objekt, -operation, -orden, -organisation, -polizei, -projekt, -rat, -rezept, -sender, -sitzung, -tinte, -tür, -versteck, -waffe, -wissen

Ge·heim·agent *der*, **Ge·heim·agen·tin** <-en, -en> *Mitarbeiter eines Geheimdienstes*

Ge·heim·bund *der* <-(e)s, ...-bünde> *eine Organisation, deren Mitglieder sich nicht offen zu ihr bekennen und die gemeinsam heimlich für ein bestimmtes Ziel arbeiten*

Ge·heim·dienst *der* <-(e)s, -e> *die Organisation eines Staates, die versucht, in geheimer Mission Informationen beispielsweise über militärische und strategisch relevante Daten anderer Länder zu bekommen* ▶ geheimdienstlich ◆-chef, -mitarbeiter, -zentrale

Ge·heim·hal·tung *die* <-> /kein Plur./ *der Umstand, dass etwas geheim gehalten wird:* Er ist zur absoluten/strikten Geheimhaltung verpflichtet.

Ge·heim·leh·re *die* <-, -n> *geheimes Wissen, das nur einem bestimmten Kreis von Personen bekannt ist:* Die Geheimlehre der (schwarzen) Magie beschäftigt sich mit Geisterbeschwörung.

Ge·heim·nis *das* <-ses, -se> *etwas, das geheim ist:* Sie vertraute mir ein Geheimnis an.; Hast du das Geheimnis verraten?; Ich habe nie ein Geheimnis daraus gemacht, dass ... ◆Betriebs-, Staats-

Ge·heim·nis·krä·mer *der*, **Ge·heim·nis·krä·me·rin** <-s, -> /meist Sing./ *jmd., der über seine Angelegenheiten zu anderen nicht offen spricht, sondern gern Geheimnisse hat* ▶ Geheimniskrämerei

Ge·heim·nis·trä·ger *der*, **Ge·heim·nis·trä·ge·rin** <-s, -> *jmd., der (beruflich) Zugang zu geheimen Sachverhalten hat*

Ge·heim·nis·tu·er *der*, **Ge·heim·nis·tu·e·rin** <-s, -> *(≈ Geheimniskrämer)* ▶ Geheimnistuerei

ge·heim·nis·um·wit·tert *adj /nicht steig./ so, dass man dort etwas Geheimnisvolles vermutet:* eine geheimnisumwitterte Insel

ge·heim·nis·um·wo·ben *adj /nicht steig./ (≈ geheimnisumwittert)*

ge·heim·nis·voll *adj (≈ mysteriös) so, dass es keine Erklärung dafür gibt und viele Rätsel damit verbunden sind:* Die geheimnisvollen Vorgänge wurden nie ganz aufgeklärt.

Ge·heim·num·mer *die* <-, -n> *geheime (Telefon-)Nummer:* Wegen der vielen anonymen Anrufe haben wir jetzt eine Geheimnummer beantragt.

Ge·heim·rats·ecken <-> Plur. *(umg. scherzh.) die kahlen Stellen, die manche Männer durch Haarausfall oberhalb der Schläfen bekommen*

Ge·heim·sa·che *die* <-> /kein Plur./ *geheime Angelegenheit: etwas zur Geheimsache erklären*

Ge·heim·schrift *die* <-, -en> *eine geheime Schrift, die nur von Eingeweihten gelesen werden kann*

Ge·heim·spra·che *die* <-, -n> *eine geheime Sprache, die nur von Eingeweihten verstanden wird*

Ge·heim·tipp *der* <-s, -s> *etwas noch relativ Unbekanntes, das aber sehr empfehlenswert ist:* Dieses Lokal/Diese Internetadresse ist ein echter Geheimtipp.

ge·heim·tun <tust geheim, tat geheim, hat geheimgetan> *ohne OBJ* ■ **jmd. tut geheim** *etwas vor jmdm. geheim halten*

Ge·heim·wis·sen·schaft *die* <-, -en> *(≈ Geheimlehre)*

Ge·heim·zahl *die* <-, -en> *ein Zahlencode, den man für die Benutzung von etwas (beispielsweise von Schlössern, Tresoren, Scheckkarten) kennen muss*

Ge·heim·zei·chen *das* <-s, -> *geheimes, nur für Eingeweihte verständliches Zeichen:* Sie verständigten sich hinter seinem Rücken mit Geheimzeichen.

Ge·heiß ■ **auf jemandes Geheiß** *auf jmds. Anordnung hin*

ge·hemmt *adj so, dass man Hemmungen hat:* Er verhält sich immer so gehemmt mir gegenüber.

Ge·hemmt·heit *die* <-> /kein Plur./ *das Gehemmtsein*

ge·hen <gehst, ging, ist gegangen> **I.** *ohne OBJ* ❶ ■ **jmd. geht** *sich aufrecht in mittlerem Tempo so fortbewegen, dass immer ein Fuß Kontakt mit dem Erdboden hat:* Er geht gebückt/langsam/schnell/zu Fuß.; Ich brauche keinen Aufzug, ich gehe lieber. ❷ ■ **jmd. geht irgendwohin** *gehen¹ und dabei ein bestimmtes Ziel anstreben oder einen bestimmten Zweck verfolgen:* Ich gehe baden/einkaufen/nach Hause/schlafen/spazieren. ❸ ■ **jmd. geht** *(≈ weggehen) einen Ort verlassen:* Wollt ihr etwa schon gehen?; Der Kollege ist bereits gegangen (= nicht mehr am Arbeitsplatz). ❹ ■ **jmd. geht irgendwohin** *sich irgendwohin begeben, um dort eine Ausbildung zu machen, zu arbeiten, sich zu erholen:* Sie geht noch in die Schule/auf die Universität.; Er geht ins Ausland.; Ich gehe nächste Woche in Urlaub. ❺ ■ **jmd. geht ...** *einen neuen Lebensabschnitt, ein bestimmtes Alter erreichen:* Wann gehst du in Rente?; Er geht auf die 60 zu. ❻ ■ **jmd. geht als etwas** *eine bestimmte Verkleidung tragen:* Er geht

G

zum Fasching als Clown. ❼ ■ *jmd. geht an etwas etwas unerlaubterweise benutzen:* Geh bloß nicht an meine Stereoanlage! ❽ ■ *etwas geht in etwas (umg.) Platz haben:* Geht meine Reisetasche noch in den Kofferraum? ❾ ■ *jmd. geht mit jmdm. (als Jugendliche) eine Beziehung miteinander haben:* Seit wann geht sie mit ihm? ❿ ■ *etwas geht jmdm. irgendwohin reichen:* Das Wasser geht ihm bis zum Bauch. ⓫ ■ *etwas geht irgendwohin fahrplanmäßig fahren oder fliegen:* Der Zug geht noch bis München. ⓬ ■ *etwas geht auf etwas in eine Richtung zeigen:* Der Eingang geht auf die Straße.; Die Zimmer gehen auf Süden. ⓭ ■ *etwas geht irgendwohin treffen:* Der Ball ging ins Tor. ⓮ ■ *etwas geht (irgendwie) funktionieren:* Das Radio geht nicht mehr.; Die Uhr geht falsch. ⓯ ■ *etwas geht irgendwie ablaufen, verlaufen:* Ist bei der Prüfung alles gut gegangen?. ⓰ ■ *etwas geht läuten, klingeln:* Das Telefon geht. ⓱ ■ *etwas geht gegen jmdn./etwas gerichtet sein:* Seine Anspielungen gehen eindeutig gegen mich. ⓲ ■ *etwas geht über etwas übersteigen:* Das geht über meine Möglichkeiten. ⓳ ■ *etwas geht in etwas in eine neue Phase, ein neues Stadium eintreten:* Das Spiel geht in die Verlängerung. ⓴ ■ *etwas geht irgendwie sich verkaufen lassen:* Dieses Produkt geht gut/überhaupt nicht. ㉑ ■ *ein Wunsch geht in Erfüllung ein Wunsch wird erfüllt* Mein Wunsch ging endlich in Erfüllung.; ■ *etwas geht zu Bruch etwas zerbricht;* ■ *etwas geht in Druck/Produktion etwas wird gedruckt oder produziert* Das Manuskript geht nächste Woche in Druck. **II.** *mit ES* ❶ ■ *jmdm. geht es irgendwie sich in der genannten körperlichen Verfassung befinden:* Es geht ihm gut/hervorragend/miserabel/schlecht.; Nie ging es mir besser als heute.; Ihr ist es vor zehn Jahren noch nicht so gut gegangen. ❷ ■ *es geht (in/bei etwas Dat.) um etwas etwas ist irgendwo das Thema:* Worum geht es in diesem Film?; ■ *wo jemand geht und steht immerzu, überall;* ■ *in sich gehen über sein Verhalten nachdenken, um es zu ändern;* ■ *gegangen werden (umg. scherzh.) entlassen werden* ◆ Getrenntschreibung →R 4.5, 4.6 baden/schlafen/spazieren gehen; vorwärtsgehen

ge·hen·las·sen, *a.* **ge·hen las·sen** <lässt gehen, ließ gehen, hat gehenlassen> *mit SICH* ■ *jmd. lässt sich gehen sich nicht beherrschen, sich keine Selbstdisziplin auferlegen:* Seit dem Ende der Beziehung lässt er sich ziemlich gehen.

Ge·het·ze *das* <-s> /kein Plur./ (abwert.) ❶ *ständiges Hetzen:* Dieses dauernde Gehetze nach Geld ist unerträglich. ❷ (≈ Hetzerei) *Aufwiegelei*

ge·hetzt *adj* *so, dass man hetzen muss(te):* Sie kam immer total gehetzt an. ▶ Gehetztheit

ge·heu·er *adj* /nur präd./ /nicht steig./ ■ *etwas ist jemandem nicht (ganz) geheuer etwas ist jmdm. unheimlich oder verdächtig*

Geh·gips *der* <-es, -e> *Gipsverband am Bein, mit dem man gehen kann*

Ge·hil·fe *der*, **Ge·hil·fin** <-n, -n> ❶ (geh.: ≈ Helfer) *jmd., der jmdm. bei etwas hilft* ❷ RECHTSW. *Komplize*

Ge·hil·fen·schaft *die* <-> /kein Plur./ SCHWEIZ. *Beihilfe*

Ge·hirn *das* <-(e)s, -e> *das Organ von Mensch und höheren Tieren, das Sitz des Gedächtnisses und des Bewusstseins ist und alle Funktionen des Organismus steuert* ◆ -blutung, -chirurgie, -erweichung, -nerv, -operation, -schale, -tumor, -windung, -zelle

Ge·hirn·er·schüt·te·rung *die* <-, -en> MED. *durch Schlag oder Stoß hervorgerufene vorübergehende Schädigung des Gehirns*

Ge·hirn·hälf·te *die* <-, -n> *eine der beiden Hälften des Gehirns:* die rechte/linke Gehirnhälfte

Ge·hirn·haut *die* <-> /kein Plur./ MED. *siehe* **Hirnhaut**

Ge·hirn·haut·ent·zün·dung *die* <-, -en> MED. *siehe* **Hirnhautentzündung**

Ge·hirn·schlag *der* <-(e)s, Gehirnschläge> MED. *Schlaganfall*

Ge·hirn·wä·sche *die* <-> /kein Plur./ *der Versuch, durch bestimmte Maßnahmen und psychischen Druck jmds. Urteilskraft und (politische) Einstellung gewaltsam zu verändern*

Geh·mi·nu·te *die* <-, -n> *in Minuten gemessene Strecke, die man zu Fuß zurücklegt:* Der Bahnhof ist nur drei Gehminuten von hier entfernt.

ge·ho·ben I. *Part. Perf. von* **heben II.** *adj* ❶ (sozial) *höher stehend:* ein gehobenes Viertel ❷ (≈ gewählt) Er bediente sich einer gehobenen Ausdrucksweise. ❸ ■ *in gehobener Stimmung in froher Stimmung und guter Laune* ❹ ■ *gehobene Ansprüche Ansprüche, die mehr verlangen als das Alltägliche oder Durchschnittliche* Der Wagen stellt auch gehobene Ansprüche zufrieden.

Ge·höft, **Ge·höft** *das* <-(e)s, -e> (abgelegener) *Bauernhof*

Ge·hölz *das* <-es, -e> ❶ *kleines Wäldchen:* sich in einem Gehölz verstecken ❷ /kein Sing./ *Bäume und Sträucher:* Förster kümmern sich um die verschiedensten Arten von Gehölzen.

Ge·hör *das* <-(e)s> /kein Plur./ *die Fähigkeit, hören zu können:* Im Alter lässt das Gehör nach.; ■ *nach dem Gehör spielen ein Instrument spielen, ohne dabei die Melodie von Noten abzulesen;* ■ *(kein) Gehör finden (nicht) beachtet werden;* ■ *jemandem/einer Sache (kein) Gehör schenken jmdn. oder etwas (nicht) anhören;* ■ *sich Gehör verschaffen dafür sorgen, dass man angehört wird* ◆ -fehler, -gang

ge·hor·chen <gehorchst, gehorchte, hat gehorcht> *ohne OBJ* ❶ ■ *jmd./ein Tier gehorcht jmdm. jmds. Anweisungen Folge leisten:* Der Hund gehorcht aufs Wort. ❷ ■ *etwas gehorcht etwas etwas wird durch bestimmte Gesetzmäßigkeiten gesteuert:* Es ist noch wenig erforscht, welchen Gesetzen diese Systeme gehorchen.

ge·hö·ren I. *ohne OBJ* ❶ ■ *etwas gehört jmdm. jmds. Eigentum sein:* Das Buch gehört mir.; Wem gehört die Jacke da? ❷ ■ *etwas gehört zu etwas Dat. erforderlich sein:* Es gehört Mut dazu, seine Meinung so offen zu sagen. ❸ ■ *jmd. gehört zu etwas Dat. Teil sein von:* Du gehörst jetzt zur Familie.; Er hat viele Jahre zu dieser Abteilung gehört. ❹ ■ *etwas gehört zu etwas Dat. an einer* bestimmten Stelle passend sein: Das gehört jetzt aber nicht zum Thema. **II.** *mit SICH* ■ *etwas gehört sich (nicht)* sich (nicht) ziemen, (un)angebracht sein: Ein solches Verhalten gehört sich einfach nicht.

ge·hör·ge·schä·digt *adj /nicht steig./ so, dass man einen Gehörfehler hat*

ge·hö·rig *adj /nicht steig./ (umg.: ≈ gründlich) so, dass es ziemlich heftig ist und eine starke Wirkung hat:* Ich habe ihr gehörig die Meinung gesagt.; Du hast mir einen gehörigen Schrecken eingejagt.

ge·hör·los *adj /nicht steig./ so, dass jmd. nicht über die Fähigkeit des Hörens verfügt* ► Gehörlose, Gehörlosigkeit

Ge·hör·lo·sen·spra·che *die <-, -n> Sprache, die Gehörlose benutzen, um sich zu verständigen*

Ge·hörn *das <-(e)s, -e> die Hörner eines Tieres*

Ge·hör·nerv *der <-s, -en> Hörnerv*

Ge·hor·sam *der <-s> /kein Plur./ das Verhalten, dass man Befehlen oder Aufforderungen sofort Folge leistet:* In der Ausbildung der Soldaten wurde unbedingter Gehorsam verlangt.

ge·hor·sam *adj so, dass man Befehlen oder Aufforderungen sofort Folge leistet* ► Gehorsamkeit

Ge·hor·sams·pflicht *die <-> /kein Plur./ die Pflicht, jmds. Befehlen Folge zu leisten:* die Gehorsamspflicht des Soldaten gegenüber dem Vorgesetzten

Ge·hör·scha·den *der <-s, Gehörschäden> (≈ Gehörfehler)*

Ge·hör·schutz *der <-es> /kein Plur./ etwas, das man sich in die Ohren steckt oder auf den Ohren trägt, um bei großem Lärm das Gehör zu schützen*

Geh·steig *der <-(e)s, -e> (≈ Bürgersteig)*

Geht·nicht·mehr ■ *bis zum Gehtnichtmehr (umg.) bis zum Überdruss* Wir haben das Stück bis zum Gehtnichtmehr geübt.

Ge·hu·pe *das <-s> /kein Plur./ (umg. abwert.) dauerndes Hupen*

Geh·ver·band *der <-s, Gehverbände> MED. ein Verband, der nicht beim Gehen hindert*

Geh·weg *der <-(e)s, -e> ❶ (≈ Bürgersteig) ❷ Fußweg*

Gei·er *der <-s, -> ZOOL. ein Greifvogel*

Gei·fer *der <-s> /kein Plur./ aus dem Maul von Tieren (oder dem Mund von Menschen) rinnender Speichel*

gei·fern *<geiferst, geiferte, hat gegeifert> ohne OBJ ❶* ■ *ein Tier geifert Speichel aus dem Mund laufen lassen:* Der Hund geifert. *❷* ■ *jmd. geifert über jmdn./etwas (umg. abwert.) bösartig über jmdn. schimpfen*

Gei·ge *die <-, -n> ein kleineres Saiteninstrument, dessen Saiten vom Spieler mit einem Bogen gestrichen werden;* ■ *die erste Geige spielen (umg.) die führende Rolle spielen;* ■ *die zweite Geige spielen (umg.) wenig zu sagen haben;* ■ *nach jemandes Geige tanzen (umg.) ohne zu widersprechen das tun, was ein anderer von jmdm. verlangt* Ich kann nicht verstehen, dass sie immer nach seiner Geige tanzt. ◆ *-nhals, -nkasten, -nsaite*

gei·gen *<geigst, geigte, hat gegeigt> mit OBJ/ ohne OBJ* ■ *jmd. geigt (etwas) (umg.) Geige spielen:* Sie geigt ein Stück von Beethoven.; Sie

geigt gerade.; ■ *jemandem etwas geigen (umg.) jmdm. heftig die Meinung sagen*

Gei·gen·bau·er *der,* **Gei·gen·bau·e·rin** *<-s, -> jmd., der beruflich Geigen (und andere Streichinstrumente) herstellt* ► Geigenbau

Gei·gen·spiel *das <-(e)s> /kein Plur./ Spielen auf der Geige* ► Geigenspieler, Geigenspielerin

Gei·ger *der,* **Gei·ge·rin** *<-s, -> Geigenspieler*

Gei·ger·zäh·ler *der <-s, -> PHYS. ein Gerät, das die Stärke von radioaktiver Strahlung misst*

geil *adj ❶ (jugendspr.) verwendet, um auszudrücken, dass man etwas sehr gut findet:* Wir haben geile Musik gehört.; Das war ein geiles Konzert/Video. *❷* ■ *geil auf ... (jugendspr.) so, dass man etwas sehr gern haben will* Er ist ganz geil auf dieses Motorrad. *❸ (vulg.) gierig nach Sex:* Was wollte der geile Bock?

Gei·sel *die <-, -n> eine Person, die von jmdm. entführt und mit Gewalt irgendwo festgehalten wird, um dadurch ein Lösegeld oder die Durchsetzung bestimmter Forderungen zu erpressen:* Die Bankräuber haben den Kassierer als Geisel genommen.; Es heißt, die Geiseln seien noch am Leben. ◆ *-befreiung, -gangster, -haft*

Gei·sel·dra·ma *das <-s, Geiseldramen> dramatisch verlaufende Geiselnahme*

Gei·sel·nah·me *die <-, -n> Gefangennahme einer oder mehrerer Geiseln*

Gei·sel·neh·mer *der,* **Gei·sel·neh·me·rin** *<-s, -> Krimineller, der Geiseln in seine Gewalt bringt*

Gei·sha *['geːʃa, 'geiʃa] <-, -s> eine Frau, die zur Unterhaltung der Gäste in japanischen Teehäusern tanzt und singt*

Geiß *die <-, -en> ZOOL. SÜDDT., ÖSTERR., SCHWEIZ. weibliche Ziege*

Gei·ßel *die <-, -n> ❶ (≈ Plage) etwas, das für viele Menschen sehr schlimm ist:* Die Pest war eine Geißel der Menschheit. *❷ ein Stab, an dessen Ende Riemen oder Schnüre befestigt sind und der als Peitsche verwendet wird*

gei·ßeln *<geißelst, geißelte, hat gegeißelt> mit OBJ ❶* ■ *jmd. geißelt jmdn./etwas (≈ anprangern) sehr heftig anklagen oder verurteilen:* Der Minister geißelte insbesondere die Missachtung der Menschenrechte in diesem Land. ► Geißelung

Geiß·fuß *der <-es, Geißfüße> eine (Heil-)Pflanze*

Geiß·lein *das <-s, -> kleine Geiß:* das Märchen vom Wolf und den sieben Geißlein

Geist¹ *der <-(e)s)/ /kein Plur./ ❶ (≈ Intellekt, Verstand) die Fähigkeit des Menschen, (logisch) zu denken, Schlüsse zu ziehen und Urteile zu bilden und ein (sich entwickelndes) Bewusstsein zu bilden:* die erstaunlichen Fähigkeiten des Geistes; Körper, Geist und Seele bilden eine Einheit.; Sein Geist ist verwirrt. *❷ (≈ Gesinnung) die zentrale Idee, die für das Wesen einer Sache charakteristisch ist:* Mit seinem Dopingvergehen hat der Sportler gegen den olympischen Geist verstoßen.; Heiterkeit und Fairness machen den Geist dieser Wettkämpfe aus. *❸* ■ *im Geiste in der Fantasie, in der Vorstellung* Im Geiste sah er das neue Haus/ Auto schon vor sich. *❹ (geh.) Sinn:* Du hast ganz in meinem Geist(e) gehandelt.; der Geist der Aufklärung/des achtzehnten Jahrhunderts; ■ *den/*

seinen Geist aufgeben *(umg. scherzh.)* kaputtgehen

Geist² *der* <-(e)s, -er> ❶ *der Mensch im Hinblick auf seine verstandesmäßigen Fähigkeiten:* Kleinere Geister lehnten die Ideen des Denkers ab. ❷ *ein Wesen, das man sich als überirdisch vorstellt und das nicht an einen Körper oder eine materielle Form gebunden ist:* Der Medizinmann beschwört die Geister.; Der Heilige Geist kam über die Apostel. ❸ *(≈ Gespenst) eine Spukgestalt:* In dem alten Schloss soll es Geister geben.; Der Geist des Toten erscheint angeblich immer um Mitternacht.; ■ **von allen guten Geistern verlassen sein** *(umg.) etwas völlig Unvernünftiges tun* ◆ -erbeschwörer, -erbeschwörung, -ererscheinung

G

Geis·ter·bahn *die* <-, -en> *eine auf Jahrmärkten aufgebaute Anlage, bei der man in kleinen Wagen durch abgedunkelte Räume fährt, wobei einen verschiedene unheimliche Geräusche und Erscheinungen erschrecken (sollen)*

Geis·ter·fah·rer, **Geis·ter·fah·re·rin** <-s, -> *(umg.) jmd., der auf der Autobahn in der falschen Richtung fährt*

Geis·ter·ge·schich·te *die* <-, -n> *(≈ Gespenstergeschichte) eine Geschichte, in der Geister vorkommen*

Geis·ter·hand ■ **wie von/durch Geisterhand** *so, als würde es durch eine unsichtbare Hand oder Kraft getan oder bewegt*

geis·tern <geisterst, geisterte, ist gegeistert> *ohne OBJ* ❶ ■ *jmd. geistert irgendwo (umg.) irgendwo ziellos umherlaufen:* Sie konnte nicht schlafen und geisterte die ganze Nacht durchs Haus. ❷ ■ *etwas geistert irgendwo als Idee irgendwo präsent sein:* Geistert diese Idee immer noch durch seinen Kopf?

Geis·ter·stadt *die* <-, Geisterstädte> *eine Stadt, die wie ausgestorben ist, weil keine Menschen zu sehen sind*

Geis·ter·stun·de <-> */kein Plur./ die Stunde nach Mitternacht, in der die Geister erscheinen sollen*

geis·tes·ab·we·send *adj (≈ zerstreut) so unkonzentriert, dass man nicht bei der Sache ist und dauernd an etwas anderes denkt*

Geis·tes·ar·bei·ter *der,* **Geis·tes·ar·bei·te·rin** <-s, -> *jmd., der geistig arbeitet*

Geis·tes·blitz *der* <-(e)s, -e> *(umg.) plötzlicher (guter) Einfall*

Geis·tes·ga·be *die* <-, -n> */meist Plur./ geistige Fähigkeit*

geis·tes·ge·gen·wär·tig *adj schnell und besonnen:* Er handelte sehr geistesgegenwärtig und verhinderte so größeres Unheil. ▶ Geistesgegenwart

Geis·tes·ge·schich·te *die* <-> */kein Plur./ die Geschichte der politischen, wissenschaftlichen und philosophischen Strömungen einer Epoche oder eines Landes* ▶ geistesgeschichtlich

geis·tes·ge·stört *adj so, dass jmd. an einer Krankheit des Geistes oder der Psyche leidet* ▶ Geistesgestörte, Geistesgestörtheit

Geis·tes·grö·ße *die* <-, -n> ❶ */kein Plur./ (≈ Genialität) die Eigenschaft, dass jmd. hervorragende geistige Fähigkeiten besitzt:* Sein Artikel war nicht gerade ein Zeichen von Geistesgröße. ❷ *durch geistige Leistungen herausragende Persönlichkeit:* Geistesgrößen des 18. Jahrhunderts

Geis·tes·hal·tung *die* <-, -en> *die grundsätzliche innere Einstellung, die jmd. gegenüber etwas besitzt*

geis·tes·krank *adj /nicht steig./ (≈ geistesgestört)* Der Attentäter war offensichtlich geisteskrank. ▶ Geisteskranke, Geisteskrankheit

Geis·tes·le·ben *das* <-s> */kein Plur./ alles, was irgendwo auf wissenschaftlichem und kulturellem Gebiet geschieht:* das Geistesleben in Nachkriegsdeutschland

geis·tes·schwach *adj (veralt.) geistig behindert* ▶ Geistesschwäche

Geis·tes·ver·fas·sung *die* <-> */kein Plur./ die bestimmte geistige Verfassung, in der sich jmd. gerade befindet:* Ich bin jetzt nicht in der Geistesverfassung, diese Person zu sehen.

geis·tes·ver·wandt *adj /nicht steig./ so, dass man ähnliche Anschauungen und Meinungen besitzt* ▶ Geistesverwandtschaft

Geis·tes·wis·sen·schaf·t *die* <-, -en> */meist Plur./ (↔ Naturwissenschaften) diejenigen Wissenschaften, die sich mit Sprache, Literatur und Kultur beschäftigen* ▶ Geisteswissenschaftlerin, geisteswissenschaftlich

geis·tig *adj /nur attr./ /nicht steig./ in Bezug auf das Denkvermögen, den Verstand:* Die körperliche Tätigkeit im Garten ist ein Ausgleich zu seiner geistigen Arbeit im Beruf.; geistig minderbemittelt/rege/träge

geist·lich *adj /nur attr./ /nicht steig./ die Religion oder die Kirche betreffend:* der geistliche Würdenträger der katholischen Kirche

Geist·li·che *der* <-n, -n> *(≈ Priester)*

geist·los *adj (abwert.) mit so wenig neuen oder reizvollen Ideen, dass es langweilig und nichtssagend ist:* Er fand die geistlosen Gespräche auf der Party einfach furchtbar. ▶ Geistlosigkeit

geist·reich *adj intelligent und witzig:* Er fiel in der Diskussion durch mehrere geistreiche Bemerkungen auf.

Geiz *der* <-es> */kein Plur./ die Eigenschaft, dass man zwanghaft und übertrieben sparsam ist:* Er würde niemals Geld spenden, das lässt sein Geiz nicht zu.; Dass ist keine Sparsamkeit mehr, das ist schon Geiz! ▶ geizig

gei·zen <geizt, geizte, hat gegeizt> *ohne OBJ* ■ *jmd. geizt (mit etwas Dat.) etwas nur sparsam einsetzen:* Die Entwickler haben mit pfiffigen Detaillösungen nicht gegeizt.

Geiz·hals *der* <-es, Geizhälse> *(abwert.) geizige Person*

Geiz·kra·gen *der* <-s, -> *(umg. abwert.: ≈ Geizhals)*

Ge·jam·mer *das* <-s> */kein Plur./ (umg. abwert.) dauerndes Jammern:* Höre mit dem Gejammer auf und tue endlich was!

Ge·kei·fe *das* <-s> */kein Plur./ (umg. abwert.) dauerndes Schimpfen*

Ge·ki·cher *das* <-s> */kein Plur./ (umg. abwert.) dauerndes Kichern:* Das Gekicher in der Klasse geht dem Lehrer auf die Nerven.

Ge·kläff, Ge·kläf·fe *das* <-(e)s> */kein Plur./ (umg. abwert.) dauerndes Bellen:* Vom Hof hört man das Gekläff der Hunde.

Ge·klap·per *das* <-s> */kein Plur./ (umg.) (dauerndes) Klappern:* Aus der Küche dringt das Geklapper von Geschirr.

Ge·klim·per *das* <-s> */kein Plur./ (umg. abwert.) dauerndes Klimpern:* Ich weiß, dass er dieses Klavierstück üben muss, aber ich kann das Geklimper nicht mehr hören!

Ge·klin·gel *das* <-s> */kein Plur./ (umg. abwert.) anhaltendes Klingeln*

Ge·klirr, Ge·klir·re *das* <-(e)s> */kein Plur./ (umg. abwert.) ständiges Klirren*

Ge·klop·fe *das* <-s> */kein Plur./ (umg. abwert.) dauerndes Klopfen*

ge·knickt I. *Part. Perf. von* **knicken II.** *adj niedergeschlagen, enttäuscht*

ge·kocht *adj /nicht steig./ (≈ gar ↔ roh) gekochtes Gemüse*

ge·konnt I. *Part. Perf. von* **können II.** *adj meisterhaft:* Der Stürmer passte den Ball gekonnt in den Strafraum.

Ge·kräch·ze *das* <-s> */kein Plur./ (umg. abwert.) dauerndes Krächzen:* Dein Gekrächze neulich am Telefon war kaum zu verstehen.

Ge·kreisch, Ge·krei·sche *das* <-s> */kein Plur./ (umg. abwert.) anhaltendes Kreischen:* Kannst du mal dafür sorgen, dass die Kinder mit ihrem Gekreisch aufhören?

Ge·krit·zel *das* <-s> */kein Plur./ (umg. abwert.) unleserliche (Hand-)Schrift*

Ge·krö·se *das* <-s, -> *(≈ Eingeweide) Gedärm*

ge·krümmt *adj (↔ gerade) so, dass es nicht (mehr) gerade, sondern bogenförmig verläuft:* Ihr Rücken war von der vielen Arbeit ganz gekrümmt.

ge·küns·telt *adj (abwert.) so, dass es nicht echt und natürlich wirkt:* Sie lachte etwas gekünstelt.

Gel *das* <-s, -e/-s> **❶** *zähflüssige Substanz:* Mit einem speziellen Gel gefüllte Polster sollen diesen Fahrradsattel bequemer machen. **❷** *ein Kosmetikum in der Form eines Gels[1]:* Das Präparat gibt es als Creme oder als Gel. ◆Haar-

Ge·la·ber *das* <-s> */kein Plur./ (umg. abwert.) nichtssagendes, dummes Gerede*

Ge·läch·ter *das* <-s, -> *lautes Lachen:* Als er das hörte, brach er in schallendes Gelächter aus.

ge·lack·mei·ert *adj /nicht steig./ (umg. scherzh.) hintergangen, betrogen:* Ich fühlte mich gelackmeiert. ▶ Gelackmeierte

Ge·la·ge *das* <-s, -> *ein Fest, bei dem im Übermaß gegessen und getrunken wird*

Ge·lähm·te *der/die* <-n, -n> *jmd., der seinen Körper oder einzelne Gliedmaßen nicht bewegen kann*

Ge·län·de *das* <-s, -> **❶** *ein Stück Landschaft in seiner natürlichen Beschaffenheit:* Mountainbikes eignen sich auch für hügeliges/unwegsames Gelände.; Das Gelände macht den Wettkampf zu einer echten Herausforderung.; Die Soldaten machen im Gelände militärische Übungen. ◆-abschnitt, -fahrrad, -fahrzeug, -formen **❷** *ein Stück abgegrenztes Land:* Auf diesem Gelände werden Messehallen errichtet. ◆Ausstellungs-, Firmen-, Messe-

ge·län·de·gän·gig *adj so, dass ein Fahrzeug in unwegsamem Gelände fahren kann* ▶ Geländegängigkeit

Ge·län·der *das* <-s, -> *eine Stange, die entlang einer Treppe angebracht ist, an der man sich festhalten kann* ◆Balkon-, Treppen-

Ge·län·de·spiel *das* <-(e)s, -e> *ein Spiel, das im (freien) Gelände stattfindet:* Die Jugendfreizeit hat ein Geländespiel vorbereitet.

Ge·län·de·wa·gen *der* <-s, -> *für das Fahren abseits der Straße konstruiertes Kraftfahrzeug*

ge·lang *Prät. von* **gelingen**

ge·lan·gen <gelangst, gelangte, ist gelangt> *ohne OBJ* **❶** ■ *jmd. gelangt irgendwohin an einen bestimmten Ort kommen:* Er konnte aus eigener Kraft nicht mehr ans rettende Ufer gelangen. **❷** ■ *etwas gelangt irgendwohin irgendwohin geraten (ohne dass dies von jmdm. gewollt ist):* Die vertraulichen Informationen gelangten an die Öffentlichkeit.; Die Chipfertigung erfolgt in einem Raum, in den keinerlei Staub gelangen darf.; Gelangen Erreger in die Wunde, kommt es zu einer Infektion. **❸** ■ *jmd. gelangt zu etwas Dat. zu etwas kommen, etwas erreichen:* Er gelangte zu Ruhm und Ehre.; Ich gelangte schließlich zu der Überzeugung/zu der Erkenntnis, dass …

ge·las·sen I. *Part. Perf. von* **lassen II.** *adj so ruhig und beherrscht, dass man jmdm. seine Gefühle nicht anmerkt:* Was auch passierte, er blieb stets gelassen. ▶ Gelassenheit

Ge·la·ti·ne *die* [ʒelaˈtiːnə] <-> */kein Plur./ eine Substanz, die man zum Eindicken und Binden von Speisen sowie zur Herstellung von Sülze verwendet*

ge·läu·fig *adj so, dass es oft vorkommt und daher allgemein bekannt ist:* Er hat einen ganz geläufigen Namen, aber er ist mir im Augenblick entfallen.; Dieses Wort/Diese Redensart ist mir nicht geläufig. ▶ Geläufigkeit

ge·launt *adj /nicht steig./* ■ *jmd. ist irgendwie gelaunt jmd. hat die genannte Stimmung:* Er war an diesem Morgen bestens/gut/hervorragend/miserabel/unglaublich schlecht gelaunt. ◆Getrennt- oder Zusammenschreibung →R 4.16 gut gelaunt/gutgelaunt; schlecht gelaunt/schlechtgelaunt

Gelb *das* <-s, -/-s> **❶** *gelber Farbton:* Gibt es diesen Pullover auch in einem zarteren/kräftigeren Gelb?; ein in leuchtendem Gelb lackiertes Fahrrad **❷** *die Stellung der Verkehrsampel, bei der gelbes Licht leuchtet:* Er fuhr bei Gelb noch schnell über die Kreuzung.

gelb *adj von der Farbe der Zitronenschale:* die gelben Flaumfedern eines Kükens; das rote, gelbe oder grüne Licht der Verkehrsampel; gelbe Wiesenblumen; ■ **das Gelbe Trikot** sport *das Trikot des Führenden in einem Etappenrennen* ◆Großschreibung →R 3.17 Gelbe Rüben; die Gelbe Karte; das Gelbe Trikot

gelb·braun *adj /nicht steig./ (≈ ocker(farben)) von der Farbe von Sand*

Gel·be ■ **das Gelbe vom Ei sein** *(umg.) das Beste,*

G

Vorteilhafteste sein Dieser Vorschlag ist nicht gerade das Gelbe vom Ei.

Gẹlb·fie·ber *das* <-s> /kein Plur./ MED. *eine ansteckende Tropenkrankheit*

gẹlb·lich *adj nicht von reinem gelben Farbton, sondern mit einem Anteil von Gelb* ◆ Getrenntschreibung →R 4.9 gelblich grün; gelblich rot

Gẹlb·sucht *die* <-> /kein Plur./ MED. *eine Lebererkrankung*

Gẹlb·wurst *die* <-, Gelbwürste> *eine mild gewürzte Fleischwurst von heller Farbe*

Gẹlb·wur·zel *die* <-, -n> BOT. *(≈ Kurkuma) eine Gewürzpflanze*

Gẹld *das* <-(e)s, -er> ❶ /kein Plur./ *die vom Staat hergestellten Münzen und Banknoten, die als Zahlungsmittel verwendet werden:* Er hat viel Geld ausgegeben/ benötigt/auf seinem Konto eingezahlt/gespart/ überwiesen/verdient/verschwendet.; Hier kann man bares Geld sparen.; Das kostet mich eine beträchtliche Menge/schöne Stange Geld.; Geld macht nicht unbedingt glücklich.; Bei der Sache geht es doch nur ums Geld. ◆ -briefträger(in), -entwertung, -forderung, -geschenk, -institut, -kassette, -menge, -not, -sorgen, -spende, -strafe, -summe, -umtausch, -verschwendung, Bar-, Buß-, Eintritts-, Haushalts-, Papier-, Schul-, Silber-, Falsch- ❷ /meist Plur./ *viel Geld[1]:* Sie hat ihre Gelder angelegt/investiert.; Es sollen beträchtliche Gelder in die Parteikasse geflossen sein.; ■ **im Geld schwimmen** *(umg.) viel Geld haben;* ■ **Geld wie Heu haben** *(umg.) sehr reich sein;* ■ **Geld unter die Leute bringen** *(umg.) Geld ausgeben;* ■ **sein Geld zum Fenster hinauswerfen/zum Schornstein hinausjagen** *(umg.) sein Geld verschwenden;* ■ **sein Geld arbeiten lassen** *Geld so anlegen, dass man Zinsen bekommt;* ■ **zu Geld kommen** *reich werden;* ■ **etwas zu Geld machen** *verkaufen* ◆ Spenden-

Gẹld·au·to·mat *der* <-en, -en> *ein Automat, an dem man mithilfe seiner Scheckkarte Geld von seinem Konto abheben kann*

Gẹld·be·trag *der* <-(e)s, Geldbeträge> *(≈ Geldsumme) eine bestimmte Menge Geld, deren Größe mit einer Zahlenangabe ausgedrückt wird*

Gẹld·beu·tel *der* <-s, -> *(≈ Portmonee) eine (kleine) Tasche aus Leder oder Kunststoff, in der man sein Bargeld mit sich trägt*

Gẹld·bör·se *die* <-, -n> (geh.: ≈ Geldbeutel)

Gẹld·bu·ße *die* <-, -n> *(≈ Geldstrafe)*

Gẹld·fra·ge ■ **etwas ist nur eine Geldfrage** *ob etwas gemacht werden kann, hängt nur davon ab, ob man genügend Geld hat*

Gẹld·gier *die* <-> /kein Plur./ *Gier nach Geld* ▶ geldgierig

Gẹld·gür·tel *der* <-s, -> *ein Gürtel, in dem man Geld mit sich trägt (um es besonders sicher am Körper zu verwahren)*

Gẹld·hahn ■ **jemandem den Geldhahn zudrehen** *jdm. kein Geld mehr geben*

Gẹld·hei·rat *die* <-> /kein Plur./ *der Vorgang, dass jmd. einen Partner geheiratet hat und der Grund dafür vor allem der war, dass der Partner (viel) Geld hat*

Gẹld·in·s·ti·tut *das* <-(e)s, -e> *Bank, Sparkasse*

gẹld·lich *adj* /nur attr./ /nicht steig./ *(≈ finanziell) das Geld, die Finanzen betreffend*

Gẹld·mit·tel <-> *Plur. das Geld, das irgendwo zur Verfügung steht:* Meine Geldmittel sind inzwischen erschöpft.

Gẹld·quel·le *die* <-, -n> *eine Möglichkeit, Geld zu bekommen:* Sein Job bei der Agentur ist zur Zeit seine einzige Geldquelle.

Gẹld·rol·le *die* <-, -n> *eine feste Papierrolle, in die Münzen eingepackt sind:* Die Kassiererin musste eine neue Geldrolle aufmachen, um das Wechselgeld ausbezahlen zu können.

Gẹld·sa·che *die* <-, -n> /meist Plur./ *eine Geld betreffende Angelegenheit:* In Geldsachen versteht er keinen Spaß.

Gẹld·sack *der* <-(e)s, Geldsäcke> ❶ *ein Sack, der (Münz)Geld enthält* ❷ *(umg. abwert.) jmd., der reich (und gleichzeitig geldgierig) ist*

Gẹld·schein *der* <-(e)s, -e> *(≈ Banknote)*

Gẹld·schrank *der* <-(e)s, Geldschränke> *(≈ Tresor)*

Gẹld·se·gen *der* <-s> /kein Plur./ *eine (größere) Menge Geld, die jmdm. (überraschend) zuteilwird:* Der frischgebackene Lottogewinner weiß noch gar nicht, dass ihm ein Geldsegen ins Haus steht.

Gẹld·sor·te *die* <-, -n> BANKW. *(ausländische) Währungseinheit*

Gẹld·stück *das* <-(e)s, -e> *(≈ Münze)*

Gẹld·wä·sche *die* <-> /kein Plur./ *(umg. abwert.) der Vorgang, dass jmd. illegal erworbenes Geld (z. B. aus Drogenhandel und Prostitution) in einem anderen (unbedenklichen) Geschäft anlegt* ▶ Geldwäscher

Gẹld·wech·sel *der* <-s> /kein Plur./ *(≈ Geldumtausch)*

Gẹld·zu·wen·dung *die* <-, -en> *finanzielle Unterstützung:* Sie erhielt eine einmalige Geldzuwendung von ihrem Arbeitgeber.

Ge·lee *der/das* [ʒe'le:] <-s, -s> *mit Zucker gekochter, stark eingedickter Fruchtsaft, den man als Brotaufstrich isst*

Ge·le·ge *das* <-s, -> *von Vögeln und Reptilien an einem Ort abgelegte Eier*

ge·le·gen I. *Part. Perf. von* **liegen II.** *adj* ■ **etwas kommt jemandem gelegen** *etwas ist günstig für jmdn.* Dein Besuch kommt mir momentan gar nicht gelegen, da ich sehr beschäftigt bin.

Ge·le·gen·heit *die* <-, -en> ❶ *eine Situation, die günstig für jmdn. ist und die Möglichkeit bietet, dass er etwas Bestimmtes tun kann:* Ich musste lange auf diese Gelegenheit warten.; Ich habe diese einmalige/seltene Gelegenheit verpasst.; Sie haben anschließend die Gelegenheit, dem Referenten Fragen zu stellen.; Diese Gelegenheit lasse ich mir nicht entgehen.; Bei der Gelegenheit wollte ich fragen, ob … ❷ *(≈ Anlass)* Diesen Anzug trage ich nur zu besonderen Gelegenheiten; ■ **die Gelegenheit beim Schopf(e) fassen/ergreifen/packen/nehmen** *einen einmaligen, günstigen Augenblick schnell ausnutzen*

Ge·le·gen·heits·ar·beit *die* <-, -en> *kurzfristige (und vorübergehende) Beschäftigung* ▶ Gelegenheitsarbeiter, Gelegenheitsarbeiterin

Ge·le·gen·heits·dich·tung *die* <-, -en> *Dichtung, die zu einem bestimmten Anlass verfasst worden ist*

Ge·le·gen·heits·job *der* <-s, -s> (≈ *Gelegenheitsarbeit)*

Ge·le·gen·heits·kauf *der* <-(e)s, Gelegenheitskäufe> ❶ *ein Kauf, zu dem man sich aufgrund eines günstigen Preises spontan entschließt* ❷ *bei einem Gelegenheitskauf¹ erworbener Gegenstand*

ge·le·gent·lich *adj /nicht steig./* ❶ (≈ *manchmal) so, dass es nur ab und zu und nicht regelmäßig geschieht:* Ich fahre nur gelegentlich mit dem Auto, meist benutze ich die Straßenbahn oder das Rad. ❷ *zu einem Zeitpunkt, an dem es günstig ist:* Wir sollten gelegentlich den Keller aufräumen.

ge·leh·rig *adj so, dass jmd. schnell lernt:* ein gelehriger Schüler

ge·lehrt I. *Part. Perf. von* **lehren II.** *adj von großer (akademischer) Bildung:* gelehrte Frauen des Mittelalters wie Hildegard von Bingen

Ge·lehr·te *der/die* <-n, -n> *jmd., der gelehrt ist*

Ge·lehr·ten·streit *der* <-(e)s, -e> */meist Sing./ (wissenschaftlicher) (Meinungs)Streit unter Gelehrten*

Ge·lehrt·heit *die* <-> */kein Plur./ das Gelehrtsein:* Die mittelalterlichen Mönche waren oft von umfassender Gelehrtheit.

Ge·lei·se *das* <-s, -> SCHWEIZ. *Gleis*

Ge·leit *das* <-(e)s, -e> *(geh.) eine Begleitung, die man jmdm. zum Schutz oder als Ehrung mitgibt;* ■ **freies/sicheres Geleit** RECHTSW. *die Garantie, jmdn. weder anzugreifen noch gefangen zu nehmen, während er etwas Bestimmtes tut;* ■ **jemandem das letzte Geleit geben** *(geh. verhüll.) an jmds. Beerdigung teilnehmen* ◆ -schutz, -zug

ge·lei·ten <geleitest, geleitete, hat geleitet> *mit OBJ* ■ **jmd. geleitet jmdn. (irgendwohin)** *(geh.: ≈ begleiten) jmdn. zum Schutz oder als Ehrung begleiten*

Ge·leit·wort *das* <-(e)s, -e> *(geh.: ≈ Vorwort) ein einleitender Text, der vor dem eigentlichen Inhalt (eines Buches) steht:* eine Publikation mit einem Geleitwort versehen

Ge·lenk *das* <-(e)s, -e> ❶ ANAT. *ein Körperteil, das eine bewegliche Verbindung zwischen Knochen bildet* ◆ -entzündung, -knorpel, -kugel, -rheumatismus, -schmiere, -versteifung, Arm-, Fuß-, Hand-, Hüft-, Knie-, Schulter-, Sprung- ❷ TECHN. *bewegliche Verbindung zwischen Teilen einer Konstruktion* ◆ -fahrzeug, -kopf, -welle

ge·len·kig *adj so, dass jmds. Körper sehr beweglich ist:* Turner und Artisten müssen gelenkig sein. ▶ Gelenkigkeit

Ge·lenk·kap·sel *die* <-, -n> ANAT. *Kapsel eines Gelenks¹* ◆ -entzündung

Ge·lenk·kopf *der* <-(e)s, Gelenkköpfe> ANAT. *(runder) Teil eines Gelenks¹*

Ge·lenk·pfan·ne *die* <-, -n> ANAT. *(schalenförmiger) Teil eines Gelenks¹, der den Gelenkkopf aufnimmt*

ge·lernt I. *Part. Perf. von* **lernen II.** *adj so, dass man die genannte Sache im Rahmen einer Lehre erlernt hat:* Er ist gelernter Elektriker.

Ge·lieb·te *der/die* <-n, -n> *eine Person, mit der man als verheiratete Person eine außereheliche sexuelle Beziehung unterhält:* Seine Frau hat herausgefunden, dass er eine Geliebte hat.

ge·lie·fert sein */nicht steig./* ■ **geliefert sein** *(umg.: ≈ erledigt, verloren) Wenn sie ihn erwischen, ist er geliefert.*

Ge·lier·mit·tel *das* <-s, -> *eine Substanz, die man zur Herstellung von Gelee verwendet und die dafür sorgt, dass Fruchtsaft dick wird*

Ge·lier·zu·cker *der* <-s, -> *Zucker, der mit Geliermittel vermischt ist*

ge·lin·de *adj /nicht steig./ vorsichtig (formuliert):* Das ist – gelinde gesagt – eine Frechheit.

ge·lin·gen <gelingt, gelang, ist gelungen> *ohne OBJ* ■ **jmdm. gelingt etwas** *Nom. zu einem positiven Ausgang, einem guten Ergebnis kommen:* Der Kuchen ist dir gut gelungen.; Es gibt Tage, an denen einem nichts gelingt.; Manchen Menschen scheint alles zu gelingen.

gell *part (umg.) SÜDDT.* (≈ *nicht wahr?) verwendet, um auszudrücken, dass der Sprecher eine Bestätigung seiner Aussage vom Hörer wünscht:* Du kommst doch auch, gell?

gel·len <gellt, gellte, hat gegellt> *ohne OBJ* ■ **etwas gellt** *hell und durchdringend schallen:* Schreie gellten durch die Nacht.

ge·lo·ben <gelobst, gelobte, hat gelobt> *mit OBJ* ■ **jmd. gelobt (jmdm.) etwas** *Akk. (geh.) feierlich versprechen oder schwören:* Der Minister gelobt Treue gegenüber der Verfassung.

Ge·löb·nis *das* <-ses, -se> *(geh.) das öffentlich gegebene, feierliche Versprechen, dass man etwas Bestimmtes tun wird:* Die Rekruten legen ein Gelöbnis ab. ◆ -feier

ge·löst I. *Part. Perf. von* **lösen II.** *adj* (≈ *entspannt) so, dass man sich frei von Stress und Problemen fühlt:* Nach der bestandenen Prüfung wirkte er sehr gelöst. ▶ Gelöstheit

Gel·se *die* <-, -n> ÖSTERR. *Stechmücke*

gel·ten <giltst, galt, hat gegolten> **I.** *ohne OBJ* ❶ ■ **etwas gilt (für jmdn./etwas)** *Gültigkeit haben:* Diese Fahrkarte gilt nicht in ICE-Zügen!; Die Regeln gelten für alle.; Das gilt auch für dich!; Es gelten unsere Geschäftsbedingungen. ❷ ■ **jmd./etwas gilt (als) etwas** *Nom. irgendwie beurteilt, eingeschätzt werden:* Er gilt als kompetenter Fachmann auf diesem Gebiet.; Italienische Schuhe gelten als besonders elegant. ❸ ■ **etwas gilt jmdm.** *für jmdn. bestimmt oder an jmdn. gerichtet sein:* Die Bemerkung/Der Gruß galt dir. ❹ ■ **etwas gilt etwas** *Dat. (geh.) auf ein Ziel hin gerichtet sein:* In dieser Zeit galt mein alleiniges Interesse der Fertigstellung meiner Doktorarbeit. **II.** *mit ES* ■ **es gilt (etwas zu tun)** *es kommt auf etwas an:* Es gilt, jetzt keine Zeit mehr zu verlieren.; ■ **etwas geltend machen** *auf berechtigte Ansprüche hinweisen und sie durchsetzen wollen*

Gel·tung *die* <-> */kein Plur./* (≈ *Gültigkeit)* ■ **an Geltung verlieren** *bedeutungslos werden;* ■ **zur Geltung bringen** *vorteilhaft wirken lassen;* ■ **zur Geltung kommen** *durch etwas vorteilhaft wirken* ◆ -sbereich, -sdauer

Gel·tungs·be·dürf·nis *das* <-ses> */kein Plur./*

(≈ Geltungsdrang) das Bedürfnis, von anderen beachtet und für seine Leistungen anerkannt zu werden

Gel·tungs·drang *der* <-(e)s> /kein Plur./ *(≈ Geltungsbedürfnis)*

Gel·tungs·sucht *die* <-> /kein Plur./ *das übermäßige Bedürfnis, von anderen beachtet und anerkannt zu werden*

Ge·lüb·de *das* <-s, -> *feierliches Versprechen:* Der Priester hat ein Gelübde abgelegt.

ge·lun·gen I. *Part. Perf. von* **gelingen II.** *adj (umg.) witzig, originell:* Das war eine gelungene Idee!

ge·lüs·ten *mit ES* ■ *jmdn. gelüstet es nach etwas Dat. (geh. oder scherzh.) jmd. spürt ein starkes Verlangen nach etwas:* Es gelüstet mich nach Schokolade.

Ge·mach *das* <-(e)s, Gemächer> *(geh.) großer, vornehmer Wohnraum:* Im linken Flügel des Schlosses befinden sich die Gemächer der Gräfin.

ge·mäch·lich *adj (↔ hastig) langsam und ohne Hast:* Er kam gemächlichen Schrittes auf mich zu. ▶ Gemächlichkeit

Ge·mächt *das* <-(e)s, -e> *(scherzh.) das männliche Geschlechtsteil*

Ge·mahl *der* <-(e)s, -e> /meist Sing./ *(geh.) Ehemann*

Ge·mah·lin *die* <-, -nen> *(geh.) Ehefrau*

Ge·mäl·de *das* <-s, -> *(von einem Maler geschaffenes) Bild:* Das ist ein Gemälde von van Gogh. ◆ -ausstellung, -sammlung, Öl-

Ge·mäl·de·ga·le·rie *die* <-, -n> *eine Galerie, in der Gemälde ausgestellt sind*

ge·mäß I. *adj /nicht steig./ jmdm. oder etwas entsprechend:* Er suchte eine seinen Fähigkeiten gemäße Stellung. **II.** *präp +Dat. entsprechend, laut:* Seinem Wunsch gemäß übernahm sein Sohn das Geschäft.; Gemäß Paragraph 198 kam das Gericht zu der Auffassung, dass …

-ge·mäß *als Zweitglied zusammengesetzter Adjektive; drückt aus, dass etwas zu dem passt/dem entspricht bzw. den Erfordernissen dessen genügt, was mit dem Erstglied bezeichnet wird* ◆ alters-, art-, auftrags-, erfahrungs-, erwartungs-, fach-, frist-, ordnungs-, sach-, standes-, termin-, traditions-, vereinbarungs-, wahrheits-, wunsch-, zeit-

ge·mä·ßigt I. *Part. Perf. von* **mäßigen II.** *adj* ❶ *politisch nicht extrem:* Er vertritt gemäßigte Ansichten. ❷ *so, dass es nicht extrem ist:* Diese Tiere leben weder in den Tropen, noch in den Polarregionen, sondern nur in den gemäßigten Zonen unserer Erde.

Ge·mäu·er *das* <-s, -> *(abwert.) (altes) Bauwerk*

Ge·mau·le *das* <-s> /kein Plur./ *(umg. abwert.) (ständiges) Maulen:* Ich habe dieses ewige Gemaule ums Essen satt!

Ge·mau·schel *das* <-s> /kein Plur./ *(umg. abwert.) (ständiges) Mauscheln*

Ge·me·cker *das* <-s> /kein Plur./ *(umg. abwert.) dauerndes Meckern*

ge·mein *adj* ❶ *(≈ niederträchtig) hinterhältig und voller Bosheit:* Die gemeine Bemerkung hat sie tief verletzt.; Seine Mitschüler hatten ihn gemein behandelt. ❷ *(umg.: ≈ ärgerlich) unerfreulich:* Ich

finde es gemein, dass ich die bessere Note nur um einen Punkt verpasst habe. ❸ *(umg.) sehr intensiv:* Ich hatte gemeine Kopfschmerzen. ❹ *(umg.) sehr:* Das hat gemein weh getan. ❺ BOT., ZOOL. *ohne besondere Merkmale:* die gemeine Stubenfliege ❻ ■ *etwas mit jmdm./etwas gemein haben mit jmdm. oder etwas eine gemeinsame Eigenschaft haben:* Er hat nichts mit seinem Bruder gemein. ◆ Großschreibung →R 3.17 die Gemeine Stubenfliege

Ge·mein·de *die* <-, -n> ❶ *(in Deutschland) kleinste Verwaltungseinheit eines Staates:* Die Gemeinden sind zu einem Zweckverband zusammengeschlossen.; Bund, Länder und Gemeinden ◆ -behörde, -bezirk, -eigentum, -verwaltung ❷ *(≈ Pfarrei) die Menschen (in einer Stadt), für die ein Priester zuständig ist:* Die Gemeinde bekommt einen neuen Priester.; die evangelische/katholische Gemeinde ◆ -mitglied, -pfarrer, Pfarr- ❸ *die Menschen, die in einer Gemeinde¹ leben:* Die Gemeinde wählt eine neuen Bürgermeister. ❹ *die Menschen, die in einer Gemeinde² leben:* Die ganze Gemeinde hatte gespendet, um eine neue Kirchturmglocke zu finanzieren. ❺ *alle Besucher eines Gottesdienstes:* Der Pfarrer sprach zur versammelten Gemeinde. ❻ *Verwaltungsgebäude einer Gemeinde¹:* Ich muss den Antrag noch zur Gemeinde bringen. ❼ *eine Gruppe von Menschen, die etwas verbindet:* Die Gemeinde der treuesten Fans hat bereits die Plätze unmittelbar vor der Bühne eingenommen.

Ge·mein·de·am·mann *der* <-(e)s, …-männer> SCHWEIZ. *Gemeindevorsteher*

Ge·mein·de·bann *der* <-(e)s> /kein Plur./ SCHWEIZ. *Gemeindegebiet*

Ge·mein·de·haus *das* <-es, Gemeindehäuser> *der (Kirchen-)Gemeinde gehörendes Gebäude für Versammlungen und amtliche Angelegenheiten*

Ge·mein·de·hel·fer *der,* **Ge·mein·de·hel·fe·rin** <-s, -> *Angestellter der (evangelischen) Kirchengemeinde:* Die neue Gemeindehelferin engagiert sich besonders in der Jugendarbeit.

Ge·mein·de·pfle·ge *die* <-> /kein Plur./ *soziale Fürsorge der (evangelischen) Kirchengemeinde*

Ge·mein·de·prä·si·dent *der,* **Ge·mein·de·prä·siden·tin** <-en, -en> SCHWEIZ. *Gemeindevorsteher*

Ge·mein·de·rat *der,* **Ge·mein·de·rä·tin** <-(e)s, Gemeinderäte> ❶ *Gremium der gewählten Vertreter einer Gemeinde¹* ❷ *ein Mitglied des Gemeinderates¹*

Ge·mein·de·ver·samm·lung *die* <-, -en> SCHWEIZ. *Versammlung aller Stimmberechtigten einer Gemeinde, um über wichtige Angelegenheiten zu beschließen und zu wählen*

Ge·mein·de·woh·nung *die* <-, -en> ÖSTERR. *Sozialwohnung*

ge·mein·ge·fähr·lich *adj (für andere Menschen) sehr gefährlich:* Die Fahndung nach dem gemeingefährlichen Verbrecher läuft bereits.

Ge·mein·gut *das* <-(e)s> /kein Plur./ *(geh.) etwas, das der Allgemeinheit gehört;* ■ *zum Gemeingut werden allgemein bekannt werden* Dieses Lied ist längst zum Gemeingut geworden.

Ge·mein·heit *die* <-, -en> ❶ /kein Plur./

G

(≈ Schlechtigkeit) gemeine¹ Art: Das hat er doch aus purer Gemeinheit getan. ❷ *gemeine¹ Handlung:* Ich traue ihm jede Gemeinheit zu. ❸ *(umg.) etwas Unerfreuliches, Ärgerliches:* Ich hatte mich so auf dieses Konzert gefreut, und jetzt fällt es aus – so eine Gemeinheit!

ge·mein·hin *adv (geh.: ≈ gewöhnlich) normalerweise:* Man geht gemeinhin davon aus, dass ...

ge·mein·nüt·zig *adj so, dass es nicht auf Gewinn ausgerichtet ist, sondern dem allgemeinen Wohl dient:* ein gemeinnütziger Verein ▸ Gemeinnützigkeit

Ge·mein·platz *der <-es, Gemeinplätze> (abwert.: ≈ Binsenweisheit) eine allgemein bekannte Redensart, die aber nichtssagend ist und keine echte Bedeutung (mehr) hat:* nur Gemeinplätze von sich geben; Wir sind alle nur Menschen

ge·mein·sam *adj /nicht steig./* ❶ *so, dass es gleichzeitig mehreren Personen gehört:* Er zog aus ihrer gemeinsamen Wohnung aus. ❷ *so, dass bestimmte Dinge oder Eigenschaften (bei zwei oder mehreren Personen) übereinstimmen:* Die Liebe zu guter Literatur war ihnen gemeinsam.; Die beiden Brüder haben nichts (miteinander) gemeinsam. ❸ *so, dass mehrere Personen etwas zusammen tun:* Wir haben einen gemeinsamen Ausflug unternommen.; Wir sollten gemeinsam versuchen, eine Lösung zu finden.

Ge·mein·schaft *die <-, -en>* ❶ *eine Gruppe von Menschen, die zusammenleben (und zusammenarbeiten):* Die Einwohner des Dorfes bilden eine verschworene Gemeinschaft.; Er schätzt das Leben und Arbeiten in der Gemeinschaft. ❷ POL. */in bestimmten Wendungen/ mehrere Staaten, die in einer bestimmten Weise ein organisiertes Ganzes bilden:* die Europäische Gemeinschaft; die Gemeinschaft Unabhängiger Staaten (GUS) ❸ ■ *in Gemeinschaft mit jmdm./etwas in Zusammenarbeit mit jmdm. oder etwas:* Das Konzert wurde in Gemeinschaft mit einem privaten Rundfunksender veranstaltet.

ge·mein·schaft·lich *adj /nicht steig./* ❶ *einer Gemeinschaft¹ gehörend oder sie betreffend:* Sie vertritt die gemeinschaftlichen Interessen der Schüler. ❷ *(≈ gemeinsam) so, dass es von allen zusammen geleistet wird:* Die gemeinschaftlichen Anstrengungen führen schließlich zum Ziel.

Ge·mein·schafts·an·schluss *der <-es, ...-anschlüsse>* TELEKOMM. *ein Hauptanschluss, der sich auf verschiedene Fernsprechanschlüsse aufteilt*

Ge·mein·schafts·be·sitz *der <-es> /kein Plur./ etwas, das mehreren Personen gleichzeitig gehört*

Ge·mein·schafts·ge·fühl *das <-(e)s> /kein Plur./ das Bewusstsein, zu einer Gruppe von Menschen zu gehören*

Ge·mein·schafts·geist *der <-es> /kein Plur./ die Bereitschaft, sich für andere Menschen in der Gemeinschaft einzusetzen:* Mit diesem Alleingang hat er nicht gerade Gemeinschaftsgeist bewiesen.

Ge·mein·schafts·kü·che *die <-, -n> von mehreren Mietern (oder Bewohnern einer Wohngemeinschaft) gemeinsam genutzte Küche*

Ge·mein·schafts·le·ben *das <-s> /kein Plur./ das Leben in einer Gemeinschaft:* In meiner frühe-

ren WG konnte von Gemeinschaftsleben keine Rede sein – jeder kümmerte sich nur um sich selbst.

Ge·mein·schafts·pra·xis *die <-, -praxen> von mehreren Ärzten geführte Praxis*

Ge·mein·schafts·schu·le *die <-, -n> Schule für Kinder aller Konfessionen*

Ge·mein·schafts·sinn *der <-(e)s> /kein Plur./ (≈ Gemeinschaftsgeist)*

ge·mein·ver·ständ·lich *adj /nicht steig./ für alle verständlich:* Der Wissenschaftler gab eine gemeinverständliche Einführung in sein Fachgebiet.

Ge·mein·wohl *das <-(e)s> /kein Plur./ das Wohlergehen der Allgemeinheit:* etwas dient dem Gemeinwohl

Ge·men·ge *das <-s, -> (≈ Gemisch)*

ge·mes·sen I. *Part. Perf. von* **messen II.** *adj* ■ *gemessenen Schrittes (geh.) ruhig und würdevoll* Gemessenen Schrittes trat das Hochzeitspaar vor den Altar.

Ge·met·zel *das <-s, -> (≈ Blutbad, Massaker) der Vorgang, dass gleichzeitig sehr viele Menschen getötet werden:* Regierungstruppen haben ein Gemetzel unter den Dorfbewohnern angerichtet.

Ge·misch *das <-(e)s, -e> etwas, das aus zwei oder mehreren Substanzen besteht*

ge·mischt I. *Part. Perf. von* **mischen II.** *adj so, dass Männer und Frauen dazu Zutritt haben:* Sie singt in einem gemischten Chor.; Er geht in die gemischte Sauna.

Ge·mun·kel *das <-s> /kein Plur./ (umg.) (heimliches) Gerede*

Ge·mur·mel *das <-s> /kein Plur./ dauerndes Murmeln:* Im Publikum erhob sich ein Gemurmel.

Ge·mü·se *das <-s, -> Pflanzen wie Bohnen, Erbsen, Karotten, Spargel usw., die man meist in gegarter Form als (warme) Mahlzeit bzw. als Beilage zu Mahlzeiten isst:* Möchtest du Salat oder Gemüse zum Braten?; Er baut sein Gemüse selbst an. ◆-anbau, -beet, -brühe, -eintopf, -garten, -gärtner(in), -handlung, -konserve, -saft, -suppe, Blatt-, Dosen-, Frisch-, Garten-, Wurzel-

Ge·mü·se·bei·la·ge *die <-, -n> aus Gemüse bestehende Beilage zu einem Fleisch- oder Fischgericht*

Ge·mü·se·frau *die <-, -en> (umg.: ≈ Gemüsehändlerin) eine Frau, die (auf einem Markt oder in einem Laden) Gemüse verkauft*

ge·mus·tert *adj /nicht steig./ mit einem bestimmten Muster versehen:* eine bunt gemusterte Krawatte

Ge·müt *das <-(e)s, -er> /kein Plur./ (≈ Psyche) alle seelischen und vom Gefühl ausgehenden Kräfte und Empfindungen eines Menschen:* Das Kind hat ein fröhliches/sonniges/zartes Gemüt.; Er ist zwar körperlich ein Riese, er hat jedoch ein sanftes Gemüt.; ■ *etwas erhitzt die Gemüter etwas versetzt Menschen in Aufregung* Die Diskussion erhitzte die Gemüter.; ■ *jemandem aufs Gemüt schlagen deprimierend auf jmdn. wirken;* ■ *sich etwas zu Gemüte führen sich Kenntnisse aneignen, z. B. durch Lesen* Vor der Prüfung solltest du dir dieses Buch noch einmal zu Gemüte führen. ◆-sleiden, -sverfassung

G

ge·müt·lich *adj* ❶ *(≈ behaglich) mit einer angenehmen Atmosphäre, in der man sich wohl und entspannt fühlt: Das Lokal besitzt eine gemütliche Atmosphäre.; Manche gehen abends aus, aber viele lieben es am Feierabend gemütlich.; ein gemütlicher Abend vor dem Fernseher* ❷ *zwanglos und gesellig: Wir saßen gemütlich beisammen.* ❸ *freundlich und umgänglich: Er ist ein gemütlicher älterer Herr.* ❹ *(≈ gemächlich) so langsam, dass es nicht allzu anstrengend ist: Nach dem Essen haben wir einen gemütlichen Spaziergang gemacht.* ▸ Gemütlichkeit

Ge·müts·art *die* <-, -en> *(≈ Temperament) Er ist von ruhiger Gemütsart.*

Ge·müts·be·we·gung *die* <-, -en> *(≈ Emotion) sichtbare Regung des Gefühls (als Reaktion auf etwas)*

ge·müts·krank *adj /nicht steig./* MED., PSYCH. *an Depressionen leidend* ▸ Gemütskranke, Gemütskrankheit

Ge·müts·la·ge *die* <-, -n> *(momentaner) Zustand des Gemüts*

Ge·müts·mensch *der* <-en, -en> *(umg.) ein freundlicher Mensch, der sich nicht aus der Ruhe bringen lässt*

Ge·müts·ru·he ■ *in aller Gemütsruhe so, dass man etwas ruhig und gelassen tut und sich durch niemanden nervös machen lässt* Wir warteten schon, während er noch in aller Gemütsruhe seinen Koffer packte.

Ge·müts·zu·stand *der* <-es, Gemütszustände> *(≈ Gemütslage) Sein Gemütszustand ist momentan sehr instabil.*

Gen *das* <-s, -e> */meist Plur./ Erbfaktor, Erbanlage* ◆ -bank, -diagnostik, -doping, -mais, -material, -mutation, -pool, -technik, -technologie, -test, -therapie

ge·nau <genauer, am genau(e)sten> *adj* ❶ *(≈ exakt ↔ ungefähr) so, dass es nicht nur ungefähr oder geschätzt ist, sondern präzise dem tatsächlichen Wert entspricht: Können Sie mir die genaue Uhrzeit sagen?; Die genauen Zahlen liegen noch nicht vor.* ❷ *(≈ sorgfältig) so, dass alle Details berücksichtigt werden: Wir werden den Vorfall genau untersuchen.; Können Sie uns eine genaue Beschreibung des Täters geben?* ❸ *sehr gut: Ich kenne ihn genau.* ❹ *besonders aufmerksam: Ihr müsst jetzt genau aufpassen.* ❺ *(umg.) verwendet, um auszudrücken, dass man derselben Meinung ist: „So kann es nicht weitergehen!" „Genau!"* ❻ *(umg.: ≈ endgültig) Ich kann dir noch nicht genau sagen, ob ich das bis zum Wochenende erledigen kann.* ◆ Getrenntschreibung →R 4.15 genau genommen; die Karten werden genau so verteilt, dass jeder Spieler …; ◆ Großschreibung →R 3.4 etwas des Genaueren erläutern; nichts Genaues wissen; ◆ Groß- und Kleinschreibung →R 3.9 aufs Genau(e)ste/genau(e)ste

Ge·nau·ig·keit *die* <-> */kein Plur./* ❶ *(≈ Präzision) die Eigenschaft, dass etwas seine Aufgabe mit großer Exaktheit ausführt und es keine Abweichungen gibt: Die Waage funktioniert mit großer Genauigkeit.* ◆ Tefff- ❷ *(≈ Sorgfalt) Die Arbeit erfordert Fleiß und Genauigkeit.*

ge·nau·so *adv im gleichen Maße* ◆ Getrenntschreibung →R 4.5 Du kannst genauso gut den Bus nehmen.; Sie arbeitet genauso viel.; Das stört mich genauso wenig.; Das dauert genauso lang(e).; Sie war genauso oft krank wie ich.

Gen·darm *der* [ʒanˈdarm, jäˈdarm] <-en, -en> ÖSTERR., SCHWEIZ. *Polizist*

Gen·dar·me·rie *die* [ʒandarməˈriː, ʒändarməriː] <-, …-rien> ÖSTERR., SCHWEIZ. ❶ *Einheit der Polizei auf dem Land* ❷ *Gesamtheit der Gendarmen*

ge·nehm *adj* ■ *jemandem genehm sein (geh.) jmdm. angenehm und willkommen sein Dieser Termin ist mir sehr genehm.*

ge·neh·mi·gen <genehmigst, genehmigte, hat genehmigt> I. *mit OBJ* ■ *jmd. genehmigt (jmdm.) etwas die Erlaubnis zu etwas geben: Der Antrag wurde genehmigt.* II. *mit SICH* ■ *jmd. genehmigt sich etwas (umg. scherzh.) etwas zu sich nehmen: Soll ich mir noch ein Gläschen Wein genehmigen?*

Ge·neh·mi·gung *die* <-, -en> *(offizielle) Erlaubnis: Ich muss erst beim Amt eine Genehmigung einholen.* ◆ -sverfahren

Ge·neh·mi·gungs·pflicht *die* <-> */kein Plur./* AMTSSPR. *die gesetzliche Verpflichtung, etwas genehmigen zu lassen* ▸ genehmigungspflichtig

ge·neigt *adj* ■ *zu etwas geneigt sein bereit, etwas zu tun;* ■ *jemandem geneigt sein (geh.) jmdm. wohlgesinnt sein* ▸ Geneigtheit

Ge·ne·ra <-> *Plur. Plur. von* **Genus**

Ge·ne·ral *der* <-(e)s, -e/Generäle> ❶ */kein Plur./* MILIT. *ein hoher militärischer Dienstgrad* ❷ MILIT. *Träger dieses Dienstgrads* ◆ -leutnant, Brigade-, Luftwaffen-

Ge·ne·ral- *als Erstglied zusammengesetzter Substantive* ❶ *drückt aus, dass das mit dem Zweitglied Bezeichnete generell gilt/wirksam ist (und Endgültigkeitscharakter hat)* ◆ -ablass, -absage, -absolution, -amnestie, -audienz, -auftrag, -beichte, -bereinigung, -bevollmächtigung, -debatte, -entwässerungsplan, -ermächtigung, -faktor, -handel, -inspektion, -klausel, -maut, -streik, -überholung, -versammlung, -vollmacht ❷ *drückt aus, dass jemand oder etwas in dem mit dem Zweitglied bezeichneten Bereich den höchsten Rang innehat/ die höchste Instanz ist* ◆ -direktor(in), -gouvernement, -inspekteur, -intendant, -konsul, -landesarchiv, -sekretär, -unternehmer, -vikar, -vikariat

ge·ne·ral- *als Erstglied zusammengesetzter Adjektive; drückt aus, dass das mit dem Zweitglied Bezeichnete generell in einem Bereich gilt/wirksam ist: eine generalpräventive Wirkung durch das Strafrecht erzielen* ◆ -bevollmächtigt, -präventiv, -saniert, -überholt

Ge·ne·ral·bun·des·an·walt *der*, **Ge·ne·ral·bun·des·an·wäl·tin** <-(e)s, -anwälte> *oberster Staatsanwalt beim Bundesgerichtshof; siehe auch* **General-**

ge·ne·ra·li·sie·ren <generalisierst, generali­sierte, hat generalisiert> *mit OBJ/ohne OBJ* ■ *jmd. generalisiert (etwas Akk.) (geh.) verallgemeinern: Es gibt zu viele verschiedene Fälle, das kann man nicht generalisieren.; Er generalisiert gern.* ▸ Generalisierung

G

Ge·ne·ra·list *der*, **Ge·ne·ra·lis·tin** <-en, -en> *(↔ Spezialist) jmd., dessen Interessen breit gefächert sind und der Kenntnisse auf vielen Gebieten hat*

Ge·ne·ral·kon·su·lat *das* <-(e)s, -e> *Amtssitz eines hochrangigen Konsuls; siehe auch* **General-**

Ge·ne·ral·pau·se *die* <-, -n> MUS. *Pause für alle Instrumente:* eine Generalpause einlegen; *siehe auch* **General-**

Ge·ne·ral·pro·be *die* <-, -n> *letzte/endgültige (Theater-)Probe vor der Premiere für alle Beteiligten; siehe auch* **General-**

Ge·ne·ral·se·kre·tär *der*, **Ge·ne·ral·se·kre·tä·rin** <-s, -e> *Leiter der Verwaltung einer großen Organisation oder Partei; siehe auch* **General-**

Ge·ne·ral·staats·an·walt *der*, **Ge·ne·ral·staats·an·wäl·tin** <-(e)s, Generalstaatsanwälte> *oberster Staatsanwalt beim Oberlandesgericht; siehe auch* **General-**

Ge·ne·ral·stab *der* <-(e)s, Generalstäbe> MILIT. *ein Kreis von hohen Offizieren, der den obersten Befehlshaber und die Heeresleitung berät* ◆ -schef, -soffizier; *siehe auch* **General-**

Ge·ne·ral·streik *der* <-s, -s> *Streik aller Berufstätigen (ohne Rücksicht auf ihren Berufszweig):* Die Gewerkschaften rufen zum Generalstreik auf.; *siehe auch* **General-**

ge·ne·ral·über·ho·len *mit OBJ /nur im Inf. und im Part. Perf. verwendet / einer sehr gründlichen technischen Überprüfung und Wartung unterziehen:* Das Flugzeug wird generalüberholt. ▷ Generalüberholung *siehe auch* **General-**

Ge·ne·ra·ti·on *die* <-, -en> ❶ *diejenigen Menschen, die ungefähr im gleichen Jahr geboren sind:* Man befragte die jüngere/die ältere Generation nach ihren Wünschen für die Zukunft.; Meine Generation hat den Krieg erlebt. ❷ *einzelne Stufe der Geschlechterfolge:* Das Geschäft ist seit vier Generationen in Familienbesitz. ❸ *ein Zeitraum von ungefähr dreißig Jahren:* Das kann noch Generationen dauern. ❹ *Geräte und Maschinen, die ungefähr den gleichen Entwicklungsstand haben:* Nächstes Jahr kommt eine neue Generation von Computern auf den Markt.

Ge·ne·ra·ti·o·nen·ver·trag *der* <-(e)s> */kein Plur./ das soziale System, in dem jeweils die im Berufsleben stehende Generation die Renten der Rentner bezahlt*

Ge·ne·ra·ti·ons·kon·flikt *der* <-(e)s, -e> *der Konflikt, der sich aus der Tatsache ergeben kann, dass ältere und jüngere Menschen teilweise sehr unterschiedliche Ansichten über viele Dinge haben:* Wenn Kinder, Eltern und Großeltern zusammen in einem Haus wohnen, kann der Generationskonflikt spürbar werden.

Ge·ne·ra·ti·ons·un·ter·schied *der* <-(e)s, -e> *Unterschied in Anschauung und Verhaltensweise zwischen den unterschiedlichen Generationen*

ge·ne·ra·tiv, **ge·ne·ra·tiv** *adj /nur attr./ /nicht steig./* ❶ BIOL. *auf die Fortpflanzung bezogen* ❷ SPRACHWISS. *der linguistischen Theorie der generativen Grammatik verpflichtet:* generative Semantik/Wortbildung ▷ Generativität

Ge·ne·ra·tor *der* <-s, ...-toren> *eine Maschine,*

die mechanische Energie in elektrischen Strom umwandelt

ge·ne·rell *adj /nicht steig./ so, dass es allgemein gültig ist oder angewendet werden kann:* Es geht hier um die Frage, wie man generell in solchen Fällen verfahren soll.; Es gibt keine generelle Lösung für das Problem.

ge·ne·rös *adj (geh.) großzügig* ▷ Generosität

ge·nervt *adj so, dass jmd. durch etwas irritiert oder gestört wird und deshalb ärgerlich wird*

Ge·ne·se *die* <-, -n> *(fachspr.) Entstehung, Entwicklung:* die Genese einer Krankheit

ge·ne·sen <genest, genas, ist genesen> *ohne OBJ* ■ **jmd. genest (von etwas** *Dat.***)** *(geh.) gesund werden* ▷ Genesende(r)

Ge·ne·sis, **Ge·ne·sis** *die* <-> */kein Plur./* REL. *(≈ Schöpfungsgeschichte) der biblische Bericht über die Erschaffung der Welt*

Ge·ne·sung *die* <-, -en> */meist Sing./ (geh.) das Gesundwerden:* Die Genesung des Patienten macht gute Fortschritte. ◆ -sheim, -sprozess, -surlaub, -swünsche

Ge·ne·sungs·heim *das* <-(e)s, -e> *Erholungsheim, Sanatorium*

Ge·ne·tik *die* <-> */kein Plur./* BIOL. *das Teilgebiet der Biologie, das sich mit der Vererbung befasst* ◆ Human- ▷ Genetiker, Genetikerin, genetisch

Genf <-s> *Kanton oder Stadt in der Schweiz*

Gen·fer See, *a.* **Gen·fer·see** *der* <-s> *ein See in der Schweiz, an dem u.a. die Städte Genf und Lausanne liegen*

Gen·for·schung *die* <-> */kein Plur./ die Erforschung menschlicher, tierischer und pflanzlicher Gene (und der Möglichkeiten ihrer Manipulation zu bestimmten Zwecken)* ▷ Genforscher, Genforscherin

ge·ni·al *adj* ❶ *so, dass man überdurchschnittlich begabt ist und (auf einem bestimmten Gebiet) über sehr große Fähigkeiten verfügt:* geniale Komponisten wie Mozart ❷ *(umg.) sehr gut, hervorragend:* eine geniale CD/Fete; Es war eine geniale Idee von dir, auf diese Party zu gehen.

ge·ni·a·lisch *adj /nicht steig./ (geh.) in der Art eines Genies:* eine genialische Ader besitzen

ge·ni·a·li·tät *die* <-> */kein Plur./ große Begabung mit außergewöhnlichen geistigen, vor allem schöpferischen Fähigkeiten:* Die Konstruktion verrät die Genialität des Erfinders.

Ge·nick *das* <-(e)s, -e> *der untere, hintere Teil des Halses;* ■ **jemandem/einer Sache das Genick brechen** *(umg.) jmdn. oder etwas scheitern lassen, zugrunde richten* ◆ -bruch, -schmerzen, -schuss

Ge·nick·schlag *der* <-(e)s, Genickschläge> *Schlag ins Genick*

Ge·nick·star·re *die* <-> */kein Plur./* ❶ *Steifheit in der Nackengegend* ❷ MED. *(veralt.: ≈ Meningitis)*

Ge·nie *das* [ʒeˈniː] <-s, -s> */kein Plur./ die überdurchschnittliche schöpferische, geistige Begabung:* das Genie eines Künstlers ◆ -kult, -streich ❷ *ein Mensch, der über Genie¹ verfügt* ◆ Universal-

ge·nie·ren [ʒeˈniːrən] <genierst, genierte, hat geniert> *mit SICH* ■ **jmd. geniert sich (vor**

G

G

jmdm.) in der Gegenwart anderer Menschen gehemmt sein, weil man sich wegen etwas schämt: Beim Umkleiden genierte sie sich als einzige vor ihren Mitschülerinnen.

ge·nieß·bar *adj (↔ ungenießbar) so, dass man etwas als Nahrungsmittel verzehren kann*

ge·nie·ßen <genießt, genoss, hat genossen> *mit OBJ* ▪ *jmd.* **genießt etwas** ❶ *aus einer Sache für sich Freude, Genuss und Wohlbehagen ableiten:* Er genoss sein Leben in vollen Zügen.; Ich habe dieses Konzert sehr genossen.; die angeregte Unterhaltung mit einem Freund/ das köstliche Essen/die schönen Urlaubstage am Meer/die spannende Lektüre genießen; ▪ **jemand ist (nur) mit Vorsicht zu genießen** *jmd. ist eher unfreundlich und schnell gereizt* ❷ *(geh.) erhalten:* Er genoss eine gute Ausbildung.; Sie genießt hohes Ansehen bei ihren Freunden.

Ge·nie·ßer *der*; **Ge·nie·ße·rin** <-s, -> *jmd., der gern bestimmte Dinge, vor allem gutes Essen, guten Wein usw., genießt* ▸ genießerisch

Ge·nie·streich *der* <-(e)s, -e> *(umg.) eine besonders originelle Tat, mit der jmd. einen Erfolg erzielt*

Ge·nie·trup·pe *die* <-, -n> MILIT. SCHWEIZ. *Pioniertruppe*

ge·ni·tal *adj /nur attr./ /nicht steig./ die Genitalien betreffend*

Ge·ni·tal *das siehe* **Genitale**

Ge·ni·ta·le *das* <-s, Genitalien> */meist Plur./* MED. *Geschlechtsorgan*

Ge·ni·ta·li·en <-> *Plur.* MED. *Geschlechtsorgane*

Ge·ni·tiv *der* <-s, -e> SPRACHWISS. *zweiter Fall, Wes-Fall:* Der Genitiv von „Haus" lautet „Hauses".; Das Attribut/Objekt steht im Genitiv. ◆-attribut, -bildung, -form, -kompositum, -konstruktion, -metapher, -objekt, -präposition

Ge·ni·us *der* <-, Genien> *(geh.: ≈ Genie)* Der Genius Shakespeares ist bislang unerreicht.

Gen·la·bor *das* <-s, -s/-e> *Labor, in dem Genforschung betrieben wird*

Gen·le·bens·mit·tel *das* <-s, -> *(umg.) Lebensmittel aus genetisch veränderten Pflanzen*

Gen·ma·ni·pu·la·ti·on *die* <-, -en> BIOL. *der Eingriff in das genetische Material von Lebewesen mit der Absicht, gezielte Veränderungen herbeizuführen* ▸ genmanipuliert

Ge·nom *das* <-s, -e> BIOL. *im Chromosomensatz gespeicherte Erbanlage* ◆-analyse, -bank, -datenbank, -forschung, -größe, -hybridisierung, -nachweis, -projekt, -sequenz, -sequenzierung

Ge·nör·gel *das* <-s> */kein Plur./ (abwert.) ständiges Nörgeln:* Dein ewiges Genörgel über das Essen reicht mir jetzt!

ge·noss *Prät. von* **genießen**

Ge·nos·se *der*, **Ge·nos·sin** <-n, -n> *(Partei-)Kamerad* ◆ Partei-, Zimmer-

ge·nos·sen *Part. Perf. von* **genießen**

Ge·nos·sen·schaft *die* <-, -en> *ein Zusammenschluss mehrerer Personen, beispielsweise Handwerker oder Bauern, mit dem Ziel, ihre gleichen wirtschaftlichen Interessen durch gemeinschaftlichen Geschäftsbetrieb zu fördern* ▸ genossen-

schaftlich ◆-sbank, -smitglied, Landwirtschafts-, Produktions-

Gen·re *das* ['ʒ̃ãːrə] <-s, -s> *künstlerische (insbesondere literarische) Gattung:* Das Buch lässt sich nur schwer einem literarischen Genre zuordnen.

Gen·re·bild *das* ['ʒ̃ãːrə...] <-(e)s, -er> KUNST *im Stil der Genremalerei gehaltenes Bild*

Gen·re·ma·le·rei *die* ['ʒ̃ãːrə...] <-> */kein Plur./* KUNST *Malerei von alltäglichen Szenen*

Gen·tech·nik *die* <-> */kein Plur./* BIOL. *auf der Gentechnologie basierende Manipulation von Genen zu bestimmten Zwecken* ▸ gentechnisch

Gen·t·le·man *der* ['dʒɛntlmən] <-s, Gentlemen> *ein gebildeter Mann, der sich durch Charakter und Anstand auszeichnet*

gen·t·le·man·like ['dʒɛntlmənlɛik] *adv /nicht steig./ nach Art eines Gentlemans:* sich gentlemanlike verhalten; Ganz gentlemanlike half er ihr aus dem Mantel.

Gen·trans·fer *der* <-s, -s> BIOL. *Übertragung fremden Erbguts in eine befruchtete Eizelle*

Gen·t·ri·fi·zie·rung *die* <-, -en> *der Vorgang, dass ein vormals ärmeres Stadtviertel durch den Zuzug reicherer Bevölkerungsgruppen sozial und strukturell so verändert wird, dass die vormaligen Bewohner sich ein Leben in diesem Viertel nicht mehr leisten können*

Ge·nua <-s> *Hafenstadt in Norditalien*

ge·nug *adv* ❶ *(≈ ausreichend) so, dass die vorhandene Menge ausreicht, um alle Bedürfnisse zu befriedigen:* Du brauchst dich zu beeilen, wir haben noch genug Zeit.; Es ist genug Essen für alle da.; Er bekommt nie genug. ❷ */nachgestellt/ angemessen:* Er ist schon alt genug, um das zu entscheiden.; Ist die Wohnung groß genug?

Ge·nü·ge ▪ **einer Sache Genüge tun/leisten** *(geh.) eine Sache gebührend berücksichtigen;* ▪ **zur Genüge** *(oft abwert.) in ausreichendem Maß*

ge·nü·gen <genügst, genügte, hat genügt> *ohne OBJ* ❶ ▪ **etwas genügt für etwas** Akk. *(≈ (aus)reichen) genug sein:* Für diese Prüfung genügt eine Woche Vorbereitung.; Das genügt fürs Erste.; Hast du genügend Geld dabei? ❷ ▪ *jmd./etwas genügt etwas* Dat. *(≈ gerecht werden) die Fähigkeiten oder Eigenschaften haben, die irgendwo erwartet werden:* Der Bewerber genügt den Anforderungen.; Das Gerät gehört zur Luxusklasse und genügt höchsten Ansprüchen.

ge·nüg·sam *adj* ❶ *(≈ bescheiden) so, dass man mit wenig zufrieden ist:* Ein genügsamer Mensch stellt keine großen Ansprüche. ❷ *so, dass ein Tier wenig Nahrung braucht:* Die genügsamen Maulesel sind gute Lastentiere. ▸ Genügsamkeit

Ge·nug·tu·ung *die* <-> */kein Plur./ die innere Befriedigung, die jmd. hat, weil er etwas bekommt, was ihm seiner Meinung nach zusteht:* Seine Beförderung war ihm eine große Genugtuung.

ge·nu·in *adj /nicht steig./ (geh.) echt:* eine genuine Frage

Ge·nus, Ge·nus *das* <-, Genera> SPRACHWISS. *grammatisches Geschlecht:* Im Deutschen gibt es drei

Genera, nämlich Maskulinum, Femininum und Neutrum. ◆-schwankung, -variante

Dem **Genus** bzw. dem grammatischen Geschlecht nach gehören im Deutschen die Substantive den Maskulina, den Feminina, oder den Neutra an. Angezeigt wird das Genus mit dem bestimmten Artikel: *der Mann, die Frau, das Kind.* Da das Deutsche eine flektierende Sprache ist, werden Markierungen für das Genus sowie für Numerus und Kasus auf Teile von Nominalgruppen verteilt, nämlich auf Artikel, Adjektiv und Nomina, zwischen denen Kongruenz (Übereinstimmung darin) besteht: *des großen Hauses, dem großen Hause* usw. Da im Deutschen das grammatische Geschlecht oft nicht mit dem natürlichen bzw. biologischen Geschlecht, dem **Sexus**, übereinstimmt (vgl. *das Kind*), stellt das Genus insbesondere für Lerner des Deutschen als Zweit- oder Fremdsprache ein großes Problem dar: Die Nomina müssen einzeln mit dem richtigen Genus gelernt werden.
Beim Einprägen des Genus helfen einige Regelmäßigkeiten; generelle Regeln zum Genusgebrauch gibt es nicht: Bei Personen- und Verwandtschaftsbezeichnungen stimmen Genus und Sexus meist überein (*der Onkel, die Tante,* aber: *das Weib*). Maskulina sind: Bezeichnungen der Jahreszahlen, Monate, Tage (*der Winter*), der Himmelsgegenden und Witterungsbedingungen (*der Norden, der Regen*), Abstrakta z. B. auf *-ismus* (*der Feminismus*). Feminina sind fast alle Wörter mit dem „Schwa"-Laut (Murmellaut) am Ende (*die Sache*), auch z. B. Baumbezeichnungen und viele Blumenbezeichnungen (*die Eiche, die Tulpe*), Substantivierungen von Zahlen (*die Zehn*), Substantive z. B. mit den Endungen *-heit, -schaft, -keit* (*die Heiterkeit*). Neutra sind z. B.: Substantivierungen außer solchen von Zahlen (*das Ich, das Grün, das Laufen*), Bezeichnungen z. B. für Metalle und viele chemische Elemente (*das Silber, das Helium,* aber *der Schwefel*), und Verkleinerungsformen (*das Höschen* zu *die Hose*).
Die Kategorie des Genus wird in den Sprachen ganz unterschiedlich ausgedrückt. Agglutinierende Sprachen wie das Türkische haben kein Genus und kennen damit auch nicht die Probleme der Zuweisung eines Nomens zum Maskulinum, Femininum und Neutrum.
Dass im Deutschen grammatisches Geschlecht und natürliches Geschlecht oft auseinanderfallen, ist seit den 80er Jahren einer der Kritikpunkte des Feminismus gewesen. Hauptargument war, Frauen würden sprachlich „zum Verschwinden" gebracht. Dies gilt für viele Maskulina und zugehörige Personal- und Possessivpronomina (*Wer schwanger ist, „der" soll kommen*), aber insbesondere auch für den Gebrauch generischer Formen, die als Gattungsnamen oder Typenbezeichnungen der

verallgemeinernden Bezeichnung dienen: *der Mensch, der Flüchtling*. In einer frühen Phase der Auseinandersetzungen darum ist es im Hinblick auf Maskulina zu überzogenen Forderungen und Vorschlägen gekommen, z. B. *die Menschin, die Mitgliederin*. Längst ist es auch in allen Wörterbüchern üblich geworden, Parallelformen anzusetzen: *der Lehrer, die Lehrerin*. Soweit möglich, können unschöne Doppelformen angegeben werden: *Lehrende, Studierende*. Das oft verwendete Binnen-„I" wie in „LehrerInnen" wird meist nicht befürwortet, weil damit z. B. im mündlichen Vortrag Männer ausgeschlossen werden.
In diesem Wörterbuch werden Feminina den maskulinen Formen angehängt und nicht gesondert verzeichnet, um das Wörterbuch dem Stichwort-Bestand nach nicht unnötig aufzublähen. Mit einem Schrägstrich zwischen Artikelangaben der Art „die/der" wird angezeigt, dass beide Artikel zutreffen (z. B. *der/ die Auszubildende*). Ein Genus wird sowohl Ausdrücken ohne Singular (*Eltern, Kosten*), als auch vielen Eigennamen (z. B. *Nordrhein-Westfalen*) nicht zugeordnet.

Ge·nu̱·schel *das* <-s> */kein Plur./* *(abwert.) dauerndes Nuscheln:* Bei deinem Genuschel kann man dich ja kaum verstehen!
Ge·nu̱ss *der* <-es, Genüsse> ❶ */kein Plur./ das Genießen* [1]: Vor dem Genuss von Alkohol/von Zigaretten wird immer wieder gewarnt. ❷ *Freude, Annehmlichkeit:* Die perfekte Akustik ließ das Konzert zu einem echten Genuss werden.; ■ **in den Genuss von etwas kommen** *etwas erhalten, das man haben will oder das einem zusteht*
ge·nu̱ss·fä̱·hig *adj fähig, etwas zu genießen*
ge·nu̱ss·freu̱·dig *adj so, dass man gern und häufig genießt*
Ge·nu̱ss·gift *das* <-(e)s, -e> *ein Genussmittel, das unter Umständen schädliche Wirkungen haben kann:* Während dieser Diät sollte man Genussgifte wie Alkohol, Zigaretten und Kaffee vermeiden.
ge·nu̱ss·lich *adj so, dass man etwas bewusst genießt* [1]
Ge·nu̱ss·mensch *der* <-en, -en> *jmd., der genussfreudig ist*
Ge·nu̱ss·mit·tel *das* <-s, -> *etwas, das man nicht wegen seines Nährwertes genießt, sondern weil es gut schmeckt oder anregt, zum Beispiel Schokolade, Kaffee oder Tabak*
ge·nu̱ss·voll *adj genüsslich*
gen·ver·än·dert *adj /nicht steig./ so, dass eine Pflanze gentechnisch manipuliert wurde, um deren Frucht bestimmte Eigenschaften zu geben:* Sind genveränderte Tomaten immer als solche gekennzeichnet?
ge·öff·net *adj /nicht steig./* (≈ *offen*) *so, dass Geschäftsstunden sind und man einen Laden o. Ä. betreten kann:* Wir haben morgen nur bis 19 Uhr geöffnet.
Geo·gra·fi̱e, *a.* **Geo·gra·phi̱e** *die* <-> */kein Plur./*

❶ *die Wissenschaft von der Erde und ihrem Aufbau, von den Erscheinungen der Erdoberfläche, von der Wechselwirkung zwischen Erde und Mensch* ▶ Geograf/Geograph, Geografin/Geographin, geografisch/geographisch **❷** (≈ *Erdkunde*) *das Schulfach, in dem Geografie[1] unterrichtet wird*

Geo·lo·gie *die* <-> */kein Plur./ die Wissenschaft von der Entstehung, Entwicklung und Veränderung der Erde* ▶ Geologe, Geologin, geologisch

Geo·me·t·rie *die* <-> */kein Plur./* MATH. *das Teilgebiet der Mathematik, das sich mit ebenen und räumlichen Gebilden beschäftigt* ▶ geometrisch

ge·ord·net *adj so, dass eine bestimmte Ordnung herrscht:* in geordneten Verhältnissen leben

George·town ['dʒɔːdʒtaʊn] <-s> *Hauptstadt von Guyana*

Ge·or·gi·en <-s> *Republik in Transkaukasien* ▶ Georgier, Georgierin, georgisch

Geo·wis·sen·schaft *die* <-, -en> */meist Plur./ Wissenschaft von der Erde*

geo·zen·t·risch *adj /nicht steig./ die Erde als Mittelpunkt betreffend:* eine geozentrische Vorstellung vom Universum haben

Ge·päck *das* <-(e)s> */kein Plur./ die Taschen und Koffer, die jmd. auf einer Reise mit sich führt:* Ich muss noch mein Gepäck am Gepäckschalter aufgeben.; Sie reist mit leichtem Gepäck.; das Gepäck in den Kofferraum laden ◆ -annahme, -aufbewahrung, -ausgabe, -fach, -karren, -kontrolle, -raum, -schalter, -schein, -schließfach, -versicherung, Reise-

Ge·päck·ab·fer·ti·gung *die* <-, -en> **❶** *das Abfertigen des (Reise-)Gepäcks:* Die Gepäckabfertigung dauert sicher noch eine Weile. **❷** *Schalter zur Gepäckabfertigung[1]*

Ge·päck·an·hän·ger *der* <-s, -> *ein kleines Schild, das man an Taschen oder Koffern anbringt und auf dem Name und Adresse des Besitzers stehen*

Ge·päck·netz *das* <-es, -e> *in Zügen oder Autobussen eine Art Gitter, das über den Sitzen angebracht ist und auf dem man Gepäck ablegen kann*

Ge·päck·stück *das* <-(e)s, Gepäckstücke> *ein Koffer oder eine Tasche, die jmd. als Gepäck auf einer Reise mit sich führt*

Ge·päck·trä·ger *der* <-s, -> **❶** *eine einfache Vorrichtung an einem Fahrrad, auf der Gepäckstücke befestigt werden können* **❷** *jmd., der Reisenden auf Bahnhöfen gegen Bezahlung das Gepäck trägt*

Ge·pard, **Ge·pard** *der* <-en/-s, -en/-e> *eine Raubkatze*

ge·pfef·fert *adj (umg.) übertrieben hoch:* In dem Lokal haben sie gepfefferte Preise.

ge·pflegt I. *Part. Perf. von* **pflegen II.** *adj* **❶** *so, dass es durch sorgfältige Pflege in einem guten Zustand ist:* Der Garten wirkt sehr gepflegt. **❷** *so, dass jmd. ein korrektes Erscheinungsbild hat:* Wer im Beruf viel mit Kunden zu tun hat, muss auf ein gepflegtes Äußeres achten. **❸** *niveauvoll und kultiviert:* In dem Restaurant kann man sehr gepflegt essen.; Entspannen Sie sich in unserer Hotelbar bei

Spitzenweinen oder einem gepflegten Pils. ▶ Gepflegtheit

Ge·pflo·gen·heit *die* <-, -en> *(geh.) Gewohnheit*

ge·pierct *adj /nicht steig./ mit einem Piercing versehen:* ein gepiercter Bauchnabel

Ge·plän·kel *das* <-s, -> *harmloser Streit, scherzhaftes Wortgefecht* ◆ Wort-

ge·plant *adj /nicht steig./ so, dass man etwas gewollt und bewusst auf seine Realisierung hingearbeitet hat:* Das Umsatzplus im zweiten Halbjahr war geplant.; Unser zweites Kind war eigentlich nicht geplant.

Ge·plap·per *das* <-s> */kein Plur./ (umg. oft abwert.) dauerndes Plappern*

Ge·plät·scher *das* <-s> */kein Plur./ das von fließendem Wasser erzeugte Geräusch*

Ge·pol·ter *das* <-s> */kein Plur./ (dauerndes) Poltern, lautes Rumpeln*

Ge·prän·ge *das* <-s> *(geh.) Prunk*

Ge·qua·ke *das* <-s> */kein Plur./ ständiges Quaken (von Fröschen)*

Ge·quat·sche *das* <-s> *(umg. abwert.) dauerndes Quatschen:* Ihr Gequatsche hält ja kein Mensch aus!

Ge·quen·gel *das* <-s> */kein Plur./ (abwert.) ständiges Quengeln:* Das Gequengel der Kinder geht mir auf die Nerven!

Ge·ra·de *die* <-n, -n> MATH. *eine Linie von unendlicher Ausdehnung*

ge·ra·de I. *adj* **❶** *nicht gekrümmt:* eine gerade Linie zeichnen; Kannst du den Draht wieder gerade biegen? **❷** *nicht schräg:* Die Mauer ist völlig gerade. **❸** (≈ *aufrichtig*) Sie ist ein gerader Mensch, der immer offen seine Meinung sagt. **❹** (≈ *genau*) Eben hast du das gerade Gegenteil behauptet. **II.** *adv* **❶** (≈ *momentan*) *in diesem Moment:* Ich kann nicht mitkommen, weil ich gerade zu tun habe. **❷** (≈ *soeben*) Er ist gerade gegangen. **III.** *part* **❶** (≈ *ausgerechnet*) *verwendet, um auszudrücken, dass man das Genannte im Zusammenhang mit einer bestimmten Person oder Sache für besonders unpassend oder unerwartet hält:* Gerade du musst dich darüber beklagen!; Weshalb darf gerade er diese Rolle spielen?; Muss der Zug gerade heute so viel Verspätung haben? **❷** ■ *nicht gerade ... verwendet, um eine Verneinung abzuschwächen:* Ich verdiene nicht gerade viel in diesem Beruf.; Das hast du nicht gerade toll gemacht. **❸** *verwendet, um auszudrücken, dass jmd. etwas mit Mühe und Not erreicht hat:* Sie hat die Prüfung gerade noch geschafft.; Wir haben den Bus gerade noch erreicht. ◆ Getrenntschreibung →R 4.5, 4.6 den Draht gerade biegen; eine Kerze gerade halten; ein Tischtuch gerade richten; sie gerade sitzen/gerade stehen

ge·ra·de·aus, **ge·rad·aus** *adv in gerader Linie und ohne nach links oder rechts abzubiegen:* Wenn Sie zum Bahnhof wollen, müssen Sie einfach nur geradeaus fahren.

ge·ra·de·bie·gen <biegst gerade, bog gerade, hat geradegebogen> *mit OBJ* ■ *jmd. biegt etwas gerade (umg.) in Ordnung bringen:* Er hat die Sache wieder geradegebogen.

ge·ra·de·he·r·aus *adv* (≈ *direkt, freimütig, offen*)

so, dass man nicht viele Umschweife macht und klar seine Meinung sagt: Sie sagt stets geradeheraus ihre Meinung.

ge·rä·dert *adj (umg. übertr.) sehr erschöpft:* Nach der Bergtour waren wir völlig gerädert.; Ich fühle mich heute wie gerädert.

ge·ra·de·so *adv (≈ ebenso)* ◆ Getrenntschreibung →R 4.5 geradeso gut; geradeso viel

ge·ra·de·ste·hen <stehst gerade, stand gerade, hat/ist geradegestanden> *ohne OBJ* ■ *jmd. steht für etwas Akk. gerade (umg.) die Folgen tragen, sich verantworten:* Als Manager muss er für die wirtschaftliche Entwicklung der Firma geradestehen.

ge·ra·de·wegs *adv* **❶** *(≈ direkt) ohne einen Umweg zu machen:* Er ging nach der Schule geradewegs nach Hause. **❷** *ohne Umschweife:* Sie kam geradewegs auf dieses Thema zu sprechen.

ge·ra·de·zu, **ge·ra·de·zu** *adv beinahe, wirklich:* Das ist geradezu unmöglich!; Das ist ein geradezu idealer Termin.

Ge·rad·heit *die* <-> */kein Plur./ das Geradesein*

ge·rad·li·nig *adj* **❶** *in gerader Richtung* **❷** *(≈ aufrichtig)* Er ist eine geradlinig denkende Persönlichkeit. ▷ Geradlinigkeit

ge·ram·melt *adj /nicht steig./* ■ **gerammelt voll** *(umg.) so voll, dass niemand mehr hineinpasst* Der Konzertsaal war in Kürze gerammelt voll.

ge·rän·dert *adj /nicht steig./ mit einem Rand versehen:* vor Müdigkeit geränderte Augen haben

Ge·ran·gel *das* <-s> */kein Plur./ (umg.)* **❶** *(harmlose) Rauferei* **❷** *der Vorgang, dass mehrere Personen (in harmloser Weise) um etwas kämpfen:* Es lohnt sich, früh zu kommen, nachher geht wieder das Gerangel um die besten Sitzplätze los.

Ge·ra·nie *die* <-, -n> BOT. *eine (als Balkonblume beliebte) Blume*

ge·rann *Prät. von* **gerinnen**

Ge·rant *der* [ʒe...] <-en, -en> SCHWEIZ. *Geschäftsführer eines Gastwirtschaftsbetriebs*

Ge·ra·schel *das* <-s> */kein Plur./ (umg.) dauerndes Rascheln*

Ge·rät *das* <-(e)s, -e> **❶** *ein Werkzeug, ein Apparat, eine Maschine, die zu einem bestimmten Zweck dient:* Zum Umgraben ist nicht eine Schaufel, sondern ein Spaten das richtige Gerät.; Aus technischer Sicht ist das teuerste Gerät nicht unbedingt das beste. ◆ Arbeits-, Garten-, Küchen-, Schreib-, Sport- **❷** SPORT *eine Vorrichtung, an der bestimmte Turnübungen ausgeführt werden:* Er turnt am liebsten an den Geräten, besonders an Reck oder Barren. **❸** */kein Plur./ (≈ Ausrüstung) Gesamtheit von Geräten [1]:* Die Feuerwehr prüft regelmäßig ihr Gerät. ◆ -haus

ge·ra·ten <gerätst, geriet, ist geraten> *ohne OBJ* **❶** ■ *jmd./etwas gerät irgendwohin zufällig irgendwohin gelangen:* Das Auto geriet auf die falsche Fahrbahn. **❷** ■ *jmd./etwas gerät in etwas Akk. in einen unangenehmen Zustand, eine unangenehme Situation kommen:* Unverhofft geriet die Expedition in Schwierigkeiten.; Das Schiff geriet in einen Sturm. **❸** ■ *etwas gerät irgendwie ausfallen, gelingen:* Der Kuchen ist gut/schlecht geraten. **❹** ■ *jmd. gerät nach jmdm. (veralt.) ähnlich*

werden: Das Kind ist nach dem Vater/nach der Mutter geraten.

Ge·rä·te·schup·pen *der* <-s, -> *Schuppen für Geräte [1]*

Ge·rä·te·tur·nen *das* <-s> */kein Plur./* SPORT *das Turnen an Geräten [2]* ▷ Geräteturner, Geräteturnerin

Ge·rä·te·übung *die* <-, -en> SPORT *Turnübung an Geräten [2]*

Ge·ra·te·wohl *das* ■ **aufs Geratewohl** *(umg.) auf gut Glück* Wir haben unsere Räder aus dem Keller geholt und sind aufs Geratewohl losgefahren.

ge·räu·chert *adj /nicht steig./ so dass ein Nahrungsmittel durch Rauch haltbar gemacht worden ist:* geräucherter Aal/Schinken

ge·raum *adj /nur attr./ /nicht steig./ (geh.) beträchtlich:* Ich habe das Buch vor geraumer Zeit gelesen.

ge·räu·mig *adj so, dass viel Platz zur Verfügung steht:* Sie hat eine geräumige Wohnung. ▷ Geräumigkeit

Ge·rau·ne *das* <-s> */kein Plur./ (geh.) ständiges Raunen:* Ein beifälliges Geraune erhob sich, als der Pianist auf die Bühne trat.

Ge·räusch *das* <-(e)s, -e> *ein hörbarer Klang, der von etwas erzeugt wird:* In der Hotelküche hört man das Klappern von Geschirr und viele andere Geräusche.; Ich habe ein dumpfes/verdächtiges Geräusch im Keller gehört. ◆ -dämpfung, -minderung

ge·räusch·arm *adj so, dass es wenig Geräusche erzeugt:* Die neue Generation von Motoren ist sehr geräuscharm.

ge·räusch·däm·mend *adj /nicht steig./ als Material so dick und absorbierend, dass Geräusche gedämpft werden* ▷ Geräuschdämmung

ge·räusch·em·pfind·lich *adj so, dass man (sehr) empfindlich auf Geräusche reagiert* ▷ Geräuschempfindlichkeit

Ge·räusch·ku·lis·se *die* <-> */kein Plur./ ständig im Hintergrund vorhandene, nicht bewusst wahrgenommene Geräusche*

ge·räusch·los *adj /nicht steig./ so, dass es kein Geräusch verursacht:* Die Katze nähert sich geräuschlos dem Mauseloch. ▷ Geräuschlosigkeit

Ge·räusch·pe·gel *der* <-s, -> *Stärke von Geräuschen:* den Geräuschpegel senken

ge·räusch·voll *adj laut:* sich geräuschvoll die Nase putzen

ger·ben <gerbst, gerbte, hat gegerbt> *mit OBJ* ■ *jmd. gerbt etwas Häute und Felle zu Leder verarbeiten*

Ger·ber *der*, **Ger·be·rin** *die* <-s, -> *jmd., der beruflich in der Gerberei tätig ist*

Ger·be·ra *die* <-, -(s)> BOT. *eine Schnittblume*

Ger·be·rei *die* <-, -en> *ein Betrieb, in dem Leder gegerbt wird*

Gerb·säu·re *die* <-, -n> *organischer Gerbstoff*

Gerb·stoff *der* <-(e)s, -e> *zum Gerben verwendeter Stoff*

ge·recht *adj* **❶** *so, dass es moralisch angemessen ist und dem geltenden Recht und den allgemeinen Wertmaßstäben entspricht:* ein gerechtes Urteil/eine gerechte Strafe; Ich finde es nicht gerecht,

G

dass ...; Es wäre viel gerechter, wenn alle das Gleiche bekämen. ❷ *so, dass jmd. gerecht[1] entscheidet:* Er war stets ein gerechter Richter. ❸ *so, dass niemand bevorzugt wird:* Das Kind hat die Bonbons gerecht verteilt.; ■ **jemandem/einer Sache gerecht werden** *jmdn. oder eine Sache angemessen beurteilen*

-ge·recht *als Zweitglied zusammengesetzter Adjektive; drückt aus, dass etwas dem wesentlich entspricht, was mit dem Erstglied bezeichnet wird* ◆ alters-, art-, bedarfs-, familien-, frist-, maßstabs-, termin-, tier-

ge·rech·ter·wei·se *adv richtigerweise:* Man muss gerechterweise sagen, dass ...

ge·recht·fer·tigt *adj so, dass es eine Rechtfertigung für etwas gibt:* Seine Befürchtungen sind absolut gerechtfertigt.

Ge·rech·tig·keit *die <-> /kein Plur./* ❶ *das Gerechtsein (als Prinzip):* Ein solches Gesetz würde die soziale Gerechtigkeit gefährden. ❷ *etwas, das als gerecht[1] angesehen wird:* Ihm ist schließlich doch noch Gerechtigkeit widerfahren.; Die Gerechtigkeit nimmt ihren Lauf.

Ge·rech·tig·keits·ge·fühl *das <-s> /kein Plur./ Gefühl für Recht und Unrecht:* Ihr Verhalten widerstrebte seinem Gerechtigkeitsgefühl.

Ge·rech·tig·keits·sinn *der <-es> /kein Plur./ (≈ Gerechtigkeitsgefühl)*

Ge·re·de *das <-s> /kein Plur./ (umg. abwert.)* ❶ *(≈ Geschwätz) jmds. Worte, die als inhaltslos oder überflüssig empfunden werden* ❷ *abfälliges Reden über eine nicht anwesende Person;* ■ **ins Gerede kommen** *Gegenstand des Klatsches, eines Gerüchts werden*

ge·re·gelt *adj (≈ geordnet) so, dass etwas eine bestimmte Ordnung hat:* einen geregelten Tagesablauf haben

ge·reift *adj so, dass jmd. oder etwas Reife besitzt:* eine gereifte Persönlichkeit; Ein gereifter Käse hat mehr Aroma.

ge·reizt I. *Part. Perf. von* **reizen II.** *adj überempfindlich, aggressiv:* Weshalb hat er so gereizt reagiert? ▶ Gereiztheit

Ge·ren·ne *das <-s> /kein Plur./ (umg. abwert.) das Zurücklegen vieler Wege, um ein bestimmtes Ziel zu erreichen:* Ich war in vier Läden und habe doch keinen Anzug gefunden, soviel Gerenne für nichts!

Ge·richt[1] *das <-(e)s, -e>* RECHTSW. ❶ *die Institution, die im Falle eines Rechtsstreits das Urteil fällt und die Strafen verhängen kann:* Das Gericht lädt Zeugen vor/tagt/vertagte sich.; Der Streit wurde vor Gericht entschieden.; Das Gericht kommt zu folgendem Urteil: ... ◆ -sarzt, -särztin, -sbeschluss, -sdolmetscher(in), -sentscheid, -skosten, -sordnung, -sreporter, -ssaal, -ssprache, -stermin, -surteil, -sverhandlung, -svorsitzende, -sweg ❷ *ein Gebäude, in dem ein Gericht[1] untergebracht ist;* ■ **hart mit jemandem ins Gericht gehen** *jmdn. energisch zurechtweisen* ◆ -sgebäude, -ssaal

Ge·richt[2] *das <-(e)s, -e> auf eine bestimmte Weise zubereitete Nahrungsmittel, die in einer bestimmten Weise kombiniert werden:* Er kocht deftige/schmackhafte/typisch italienische Gerichte.

◆ Fertig-, Fisch-, Fleisch-, Haupt-, Leib-, National-, Pilz-, Schnell-

ge·richt·lich *adj /nur attr./ /nicht steig./ von einem Gericht[1], mithilfe des Gerichts[1] durchgeführt:* Die gerichtliche Untersuchung des Falles ist abgeschlossen.; Ich überlege noch, ob ich gegen ihn gerichtlich vorgehen soll.

Ge·richts·ak·te *die <-, -n> Akte des Gerichts[1] über einen bestimmten Fall*

ge·richts·ärzt·lich *adj /nur attr./ /nicht steig./ auf die Gerichtsmedizin bezogen:* ein gerichtsärztliches Gutachten anfordern ▶ Gerichtsarzt, Gerichtsärztin

Ge·richts·bar·keit *die <-> /kein Plur./* ❶ *Befugnis zur Rechtsprechung* ❷ *alle Gerichte[1]*

ge·richts·be·kannt *adj dem Gericht[1] bekannt:* ein gerichtsbekannter Straftäter

Ge·richts·hof *der <-es, Gerichtshöfe> Gericht[1] höherer Instanz*

Ge·richts·me·di·zin *die <-> /kein Plur./ die Abteilung eines Gerichts[1], in der speziell ausgebildete Ärzte beispielsweise die Leichen getöteter Personen hinsichtlich der Todesursache untersuchen* ▶ Gerichtsmediziner, Gerichtsmedizinerin, gerichtsmedizinisch

ge·richts·no·to·risch *adj /nur attr./ /nicht steig./ vom Gericht[1] zur Kenntnis genommen:* ein gerichtsnotorischer Straftäter

Ge·richts·ord·nung *die <-> /kein Plur./ die Gerichtsbarkeit regelnde Ordnung*

Ge·richts·re·fe·ren·dar *der;* **Ge·richts·re·fe·ren·da·rin** *<-s, -e> Rechtsreferendar*

Ge·richts·sach·ver·stän·di·ge *der/die <-n, -n> vom Gericht[1] (für ein Gutachten) beauftragter Sachverständiger*

Ge·richts·schrei·ber *der;* **Ge·richts·schrei·be·rin** *<-s, ->* SCHWEIZ. *Jurist, der für die Kanzleigeschäfte eines Gerichtes[1] verantwortlich ist, das Protokoll führt und die Urteile redigiert (hat beratende Stimme in den Gerichtssitzungen)*

Ge·richts·ver·fah·ren *das <-s, -> die Untersuchung eines Falles vor Gericht[1] mit abschließender Urteilsverkündung:* Gegen den mutmaßlichen Täter wurde bereits ein Gerichtsverfahren eingeleitet.

Ge·richts·voll·zie·her *der;* **Ge·richts·voll·zie·he·rin** *<-s, -> Beamter, der Vorladungen zustellt oder Pfändungen vornimmt*

Ge·richts·weg ■ **auf dem Gerichtsweg** *mithilfe des Gerichts[1]* auf dem Gerichtsweg gegen jemanden vorgehen

ge·rie·ben I. *Part. Perf. von* **reiben II.** *adj (≈ durchtrieben) schlau, gerissen:* Der Kleine ist schon jetzt ein geriebener Schlingel.

ge·ring *adj* ❶ *so, dass es in Bezug auf die Menge, das Ausmaß oder die Größe nicht sehr groß, unbeträchtlich oder klein ist:* Eine geringe Menge Rotwein verfeinert die Soße.; Wir haben auf der heutigen Etappe nur eine geringe Entfernung zurückgelegt. ❷ *so, dass es in Bezug auf den Grad, die Intensität oder das Maß minimal, niedrig oder unbedeutend ist:* Diese Aspekte sind nur von geringer Bedeutung.; Er hat sich nicht die geringste Mühe gegeben!; geringschätzen ◆ Großschreibung →R 3.4, R 3.7 ein Geringes tun; um ein Geringes erhöhen; nichts Geringeres als ...; es geht sie nicht das Geringste an; es ist das Geringste, was er tun kann; es stört mich nicht im Geringsten; auch der Geringste hat Anspruch auf ...; kein Geringerer als ...

Ge·ring·ach·tung *die* <-> /kein Plur./ (≈ Geringschätzung)

ge·rin·gelt *adj /nicht steig./ mit ringförmig verlaufenden Streifen:* ein geringeltes T-Shirt

ge·ring·fü·gig *adj in sehr geringem, nicht nennenswertem Maße:* Die neueste Version des Computerspiels wurde nur geringfügig verbessert. ▸ Geringfügigkeit

ge·ring·schät·zig *adj voller Geringschätzung:* Sie lächelte geringschätzig.; Er sah mich mit einem geringschätzigen Blick an.

Ge·ring·schät·zung *die* <-> /kein Plur./ die Art, eine Person oder Sache mit einer gewissen Verachtung und Herablassung zu betrachten

ge·rings·ten·falls *adv (geh.: ≈ zumindest)* Du hast geringstenfalls den entstandenen Schaden zu ersetzen.

ge·ringst·mög·lich *adj /nicht steig./ so gering wie möglich:* Der Schaden ist geringstmöglich zu halten.

ge·rin·nen <gerinnt, gerann, ist geronnen> *ohne OBJ* ■ *etwas gerinnt* den Vorgang durchlaufen, bei dem eine Flüssigkeit Klümpchen bildet und fest wird: Die Milch ist geronnen.; Bei Menschen, die an der Bluterkrankheit leiden, gerinnt das Blut nicht.

Ge·rin·nung *die* <-> /kein Plur./ das Gerinnen ◆ Blut-

ge·rin·nungs·fä·hig *adj /nicht steig./ so, dass etwas gerinnt oder gerinnen kann* ▸ Gerinnungsfähigkeit

ge·rin·nungs·hem·mend *adj /nicht steig./ MED. so, dass etwas die Gerinnung des Blutes hemmt:* gerinnungshemmende Medikamente

Ge·rin·nungs·mit·tel *das* <-s, -> MED. die Gerinnung des Blutes hemmendes Medikament

Ge·rip·pe *das* <-s, -> (≈ Skelett)

ge·rippt *adj /nicht steig./ mit Rippenmuster:* ein gerippter Stoff

ge·ris·sen I. *Part. Perf. von* **reißen II.** *adj (umg.) (auf eine gemeine Art) schlau und auf den eigenen Vorteil bedacht:* Er ist ein äußerst gerissener Geschäftsmann.

Germ *der/die* <-(e)s> /kein Plur./ ÖSTERR. *Backhefe* ◆-knödel

Ger·ma·ne *der*, **Ger·ma·nin** <-n, -n> *Angehöriger eines nordeuropäischen Volksstammes*

ger·ma·nisch *adj /nur attr./ /nicht steig./ die Germanen betreffend, zu ihnen gehörend, von ihnen stammend:* Er erforscht die germanischen Sprachen.

ger·ma·ni·sie·ren <germanisiert, germanisierte, hat germanisiert> *mit OBJ* ■ *jmd. germanisiert etwas* ❶ SPRACHWISS. *eindeutschen:* ein Fremdwort germanisieren ❷ GESCH. *der deutschen Sprache oder Kultur angleichen* ▸ Germanisierung

Ger·ma·nis·mus *der* <-, Germanismen> SPRACH-

WISS. ❶ *sprachliche Eigentümlichkeit des Deutschen* ❷ *Entlehnung aus dem Deutschen*

Ger·ma·nis·tik *die* <-> /kein Plur./ *Wissenschaft von der deutschen Sprache und Literatur* ▸ Germanist, Germanistin, germanistisch

gern, **ger·ne** <lieber, am liebsten> *adv* ❶ *so, dass man ein positives Gefühl dabei hat und es mit Vergnügen tut:* Ich komme gern mit ins Kino.; Er ist ein gern gesehener Gast. ❷ *ohne weiteres:* Das will ich dir gern glauben. ❸ *nach Möglichkeit:* Ich würde gern noch den Brief zu Ende lesen, dann komme ich mit. ❹ *(umg.) leicht, schnell:* In Ecken bilden sich gern Spinnweben.

gern·ha·ben <hast gern, hatte gern, hat gerngehabt> *mit OBJ* ■ *jmdn./etwas gern* ❶ *(sehr) mögen:* „Liebst du sie?" „Nein, ich habe sie einfach gern." ❷ *(umg. iron.) mit dem/mit der/mit dir will ich nichts mehr zu tun haben:* der kann/die kann/du kannst mich gernhaben

Ge·röll *das* <-(e)s> /kein Plur./ *viele Gesteinsbrocken:* Bei Hochwasser führt der Fluss viel Geröll mit sich. ◆-halde, -schutt

ge·ron·nen *Part. Perf. von* **gerinnen**

Gers·te *die* <-> /kein Plur./ *eine Getreideart*

Gers·ten·korn *das* <-(e)s, Gerstenkörner> ❶ *Frucht der Gerste* ❷ MED. *eitrige Entzündung am Augenlid*

Gers·ten·saft *der* <-(e)s> /kein Plur./ *(scherzh.) Bier*

Ger·te *die* <-, -n> *biegsamer, dünner Stock*

ger·ten·schlank *adj /nicht steig./ sehr schlank:* Als Model muss man gertenschlank sein.

Ge·ruch *der* <-(e)s, Gerüche> *das, was mit der Nase wahrgenommen werden kann:* In der Luft lag ein scharfer/stechender/süßlicher/würziger Geruch.; In der Bibliothek herrschte ein Geruch nach Staub und Papier. ◆-sbelästigung, -sorgan, -svermögen, -sverschluss

ge·ruch·los *adj /nicht steig./ so, dass es keinen Geruch hat:* ein geruchloses Gas ▸ Geruchlosigkeit

ge·ruchs·emp·find·lich *adj empfindlich gegenüber Geruch:* eine geruchsempfindliche Nase besitzen

ge·ruchs·frei *adj /nicht steig./ (≈ geruchlos)*

Ge·ruchs·sinn *der* <-(e)s> /kein Plur./ *die Fähigkeit, Gerüche wahrzunehmen*

Ge·rücht *das* <-(e)s, -e> *etwas, das im Gespräch als Behauptung weitergetragen wird, aber unbestätigt ist:* Es geht das Gerücht um, dass ...; Gerüchten zufolge soll er sich in Berlin aufhalten.

Ge·rüch·te·kü·che *die* <-> /kein Plur./ *(umg. abwert.) Ort, an dem viele Gerüchte entstehen*

ge·rüch·te·wei·se *adv nur als Gerücht:* etwas gerüchteweise erfahren

ge·ru·hen <geruhst, geruhte, hat geruht> *ohne OBJ* ■ *jmd. geruht etwas zu tun (geh. o veralt. oder iron.) sich herablassen:* Geruht der Herr Sohn auch endlich aufzustehen?

ge·rührt *adj (≈ ergriffen) so, dass man Rührung empfindet:* Gerührt nahm sie die Glückwünsche entgegen.

ge·ruh·sam *adj (≈ behaglich) Eigentlich sollte es ein geruhsamer Abend werden.* ▸ Geruhsamkeit

Ge·rüm·pel *das* <-s> /kein Plur./ *(abwert.) alte,*

G

nicht mehr brauchbare Gegenstände: Wir müssen inzwischen das Auto im Hof parken, weil die ganze Garage voller Gerümpel ist.

Ge·rụm·pel das <-s> /kein Plur./ (oft abwert.) ständiges Rumpeln: Kannst du mal mit dem Gerumpel aufhören, ich verstehe sonst kein Wort!

Ge·rụn·di·um das <-s, Gerundien> SPRACHWISS. gebeugter Infinitiv des lateinischen Verbs

Ge·rüst das <-(e)s, -e> ❶ ein Gestell, das an Hauswänden aufgestellt wird, wenn die Wände gestrichen werden oder Reparaturen gemacht werden müssen: Für die Malerarbeiten am Haus wurde ein Gerüst aufgestellt. ◆ Bau- ❷ die grobe Gliederung eines Textes, die noch nicht in den Details ausgearbeitet ist: Das Gerüst für meine Diplomarbeit steht bereits.

Ge·sạb·ber das <-s> /kein Plur./ ständiges Sabbern

ge·sạl·zen I. Part. Perf. von **salzen II.** adj (umg.) ❶ (von Preisen: ≈ gepfeffert) sehr hoch: In diesem Lokal haben sie gesalzene Preise. ❷ grob: Dem werde ich einen gesalzenen Brief schreiben!

ge·sạmt adj /nur attr./ /nicht steig./ so, dass es in Bezug auf die genannte Sache alles einschließt: Die gesamten Arbeiten wurden in nur zwei Jahren geleistet.; Die Firma trägt die gesamten Kosten.; Das Unwetter hat die gesamte Ernte vernichtet. ▸ Gesamtbetrag, Gesamtbevölkerung, Gesamtsumme

Ge·sạmt- als Erstglied zusammengesetzter Substantive; drückt aus, dass das mit dem Zweitglied Bezeichnete sich auf etwas bezieht, das mögliche Einzelteile/Details als Ganzheit erfasst bzw. sie einer allgemeinen Betrachtung zuführt ◆ -ansicht, -betrag, -bevölkerung, -bild, -deutschland, -eindruck, -ergebnis, -fläche, -gewicht, -gewinn, -jahr, -klassement, -komplex, -konzept, -konzeption, -kosten, -leistung, -note, -schaden, -schau, -schuldner(in), -sieg, -sieger(in), -situation, -summe, -text, -übersicht, -verband, -volumen, -werk, -wertung, -wirtschaft, -zahl

Ge·sạmt·ar·beits·ver·trag der <-(e)s, Gesamtarbeitsverträge> SCHWEIZ. Tarifvertrag

Ge·sạmt·aus·ga·be die <-, -n> eine Buchausgabe, die alle Werke eines Schriftstellers umfasst: eine Gesamtausgabe der Werke Shakespeares

Ge·sạmt·deutsch·land das <-s> /kein Plur./ ganz Deutschland (insbesondere hinsichtlich der Einheit der westlichen und der östlichen Bundesländer) ▸ gesamtdeutsch

Ge·sạmt·ein·druck der <-(e)s, Gesamteindrücke> der Eindruck, den man unter Berücksichtigung aller Aspekte von einer Sache hat

ge·sạmt·eu·ro·pä·isch adj /nicht steig./ ganz Europa betreffend

ge·sạmt·ge·sell·schaft·lich adj /nicht steig./ die gesamte Gesellschaft betreffend: ein gesamtgesellschaftliches Phänomen

ge·sạmt·haft adv SCHWEIZ. insgesamt

Ge·sạmt·heit die <-> /kein Plur./ alle beteiligten Personen, Sachen, Vorgänge oder Erscheinungen, die zusammengehören: Noch kann man die Probleme in ihrer Gesamtheit nicht abschätzen.

Ge·sạmt·kunst·werk das <-(e)s, -e> die Vereini-

gung von Dichtung, Musik, Tanzkunst und bildender Kunst in der Oper

Ge·sạmt·la·ge die <-> /kein Plur./ die allgemeine Lage, die (vor allem unter einem bestimmten Aspekt) irgendwo herrscht: Die wirtschaftliche Gesamtlage ist als kritisch einzuschätzen.

Ge·sạmt·schuld die <-> /kein Plur./ gesamte Schuld: die Gesamtschuld an etwas tragen

Ge·sạmt·schu·le die <-, -n> eine Schule, die einen Grund-, Haupt-, Realschul- und Gymnasialzweig in sich vereint

Ge·sạmt·um·satz der <-es, Gesamtumsätze> der gesamte Umsatz, den ein Unternehmen (in einem bestimmten Zeitraum) gemacht hat

Ge·sạmt·wert der <-(e)s> /kein Plur./ der gesamte Wert, den etwas hat: Diebesgut im Gesamtwert von … Euro

Ge·sạmt·zu·sam·men·hang der <-(e)s, Gesamtzusammenhänge> der übergreifende Zusammenhang, in den sich alle Aspekte von etwas einordnen lassen: etwas in den Gesamtzusammenhang einordnen

Ge·sạnd·te der/die, **Ge·sạnd·tin** <-n, -n> diplomatischer Vertreter eines Staates in einem anderen Staat

Ge·sạndt·schaft die <-> /kein Plur./ Gruppe mehrerer Gesandter

Ge·sạng der <-(e)s, Gesänge> ❶ /kein Plur./ das Singen: Er hat meinen Gesang auf der Gitarre begleitet.; Sie erkennt die Vögel am Gesang. ❷ /nur Plur./ Lied: Der Chor singt gregorianische Gesänge.; Ich habe mir eine CD mit den Gesängen der heimischen Vogelarten gekauft. ❸ /kein Plur./ das Singen als Kunstform und (Studien-)fach: Sie hat am Konservatorium Gesang studiert. ◆ -sausbildung, -slehrer(in)

Ge·sạng·buch das <-(e)s, Gesangbücher> ein Buch mit Text und Noten von (Kirchen)Liedern

ge·sạng·lich adj /nur attr./ /nicht steig./ den Gesang betreffend: eine gesangliche Darbietung

Ge·sạngs·leh·rer, **Ge·sạngs·leh·re·rin** <-s, -> jmd., der Unterricht im Singen gibt

Ge·sä̈ß das <-es, -e> der Teil des Körpers, auf dem man sitzt

Ge·sä̈ß·ta·sche die <-, -n> Tasche am Gesäßteil einer Hose

ge·schä̈·digt adj so, dass jmd./etwas einen Schaden davongetragen hat: ein geschädigtes Gehör ▸ Geschädigte

ge·schạfft adj (umg.) müde, erschöpft

Ge·schä̈ft das <-(e)s, -e> ❶ (≈ Handel) der Vorgang, dass jmd. eine Sache zum Kauf anbietet und ein anderer sie zu einem bestimmten Preis kauft: Die Geschäfte gehen gut/stocken.; Das Geschäft kommt zustande/ist perfekt.; Sie haben ein Geschäft abgeschlossen. ❷ /kein Plur./ Verkauf, Absatz: Zu Saisonbeginn wird sich das Geschäft wieder beleben. ❸ /kein Plur./ Gewinn: Damit hast du ein gutes Geschäft gemacht. ❹ Betrieb, Unternehmen, Firma: Er übernimmt das Geschäft seines Vaters. ❺ Laden: Wann öffnen die Geschäfte? ◆ -sgründung, -sinhaber ❻ zu erledigende Aufgabe: Das ist ein ziemlich undankbares Geschäft!; ■ sein Geschäft erledigen/machen/verrich-

ten *(umg.)* den Darm oder die Blase entleeren ⓖ SCHWEIZ. *Verhandlungs-, Abstimmungsgegenstand*

Ge·schäf·te·ma·cher *der*, **Ge·schäf·te·ma·che·rin** <-s, -> *(abwert.) jmd., der aus allem ein Geschäft¹ machen will, um möglichst viel Gewinn zu erzielen* ▶ Geschäftemacherei

ge·schäf·ten <geschäftest, geschäftete, hat geschäftet> *ohne OBJ* ∎ *jmd.* **geschäftet** *Akk.* SCHWEIZ. ❶ *ein Geschäft oder Gewerbe betreiben* ❷ *mit jmdm. Geschäfte machen, geschäftlich verkehren*

ge·schäf·tig *adj (≈ betriebsam) so, dass irgendwo sehr viele Menschen sehr aktiv sind:* In der Fußgängerzone herrschte geschäftiges Treiben. ▶ Geschäftigkeit

ge·schäft·lich *adj /nur attr./ /nicht steig./* ❶ *(≈ beruflich ↔ privat)* Er ist zurzeit geschäftlich unterwegs. ❷ *die Geschäfte¹ betreffend:* Die Firma besitzt geschäftliche Kontakte nach Amerika.

Ge·schäfts- *als Erstglied zusammengesetzter Substantive; drückt aus,* ❶ WIRTSCH. *dass sich das mit dem Zweitglied Bezeichnete auf geschäftliche Aktivitäten und dazugehörige Einrichtungen/Ereignisse/Vorgänge bezieht* ◆ -adresse, -anteil, -auto, -bank, -bereich, -beziehung, -brief, -eröffnung, -freund(in), -gebaren, -geheimnis, -haus, -idee, -inhaber(in), -interesse, -jubiläum, -kapital, -kunde, -kundin, -leiter(in), -leitung, -lokal, -methode, -partner(in), -politik, -raum, -reise, -schluss, -strategie, -stunden, -tätigkeit, -träger(in), -verbindung, -wagen, -zimmer, -zweck ❷ POL., RECHTSW. *dass das mit dem Zweitglied Bezeichnete sich auf organisatorische Aspekte bzw. auf die interne Ordnung staatlicher Organe (Parlamente, Gerichte) bezieht* ◆ -bericht, -ordnung, -verteilungsplan

Ge·schäfts·ab·schluss *der* <-es, Geschäftsabschlüsse> *Abschluss eines Geschäfts¹:* Der Geschäftsabschluss gestaltete sich als schwieriger als erwartet.

Ge·schäfts·auf·ga·be *die* <-, -n> *der Vorgang, dass ein Laden aufgelöst wird*

Ge·schäfts·auf·lö·sung *die* <-, -en> *Auflösung eines Geschäfts:* Nach dem Konkurs stand die Geschäftsauflösung kurz bevor.

Ge·schäfts·be·din·gun·gen <-> *Plur. vertraglich und im Voraus festgelegte Bedingungen für den Abschluss eines Geschäfts*

Ge·schäfts·be·richt *der* <-(e)s, -e> *Bericht über die geschäftliche Entwicklung eines Unternehmens (innerhalb eines bestimmten Zeitraums)*

Ge·schäfts·bü·cher <-> *Plur. Bücher, in denen die geschäftlichen Ereignisse (eines Unternehmens) eingetragen werden:* Einblick in die Geschäftsbücher nehmen/erhalten

ge·schäfts·fä·hig *adj /nicht steig./* RECHTSW. *(↔ geschäftsunfähig) so, dass eine Person (rechtlich gesehen) Geschäfte abschließen kann:* Der Junge ist noch nicht volljährig, also nur beschränkt geschäftsfähig. ▶ Geschäftsfähigkeit

Ge·schäfts·feld *das* <-(e)s, -er> *ein Bereich, in dem ein Unternehmen tätig ist:* neue Geschäftsfelder erschließen

Ge·schäfts·frau *die* <-, -en> *siehe* **Geschäftsmann**

Ge·schäfts·füh·rung *die* <-, -en> *(≈ Geschäftsleitung) die in der Hierarchie eines Unternehmens oberste Abteilung, die die Unternehmensziele vorgibt und alle Vorgänge steuert* ▶ Geschäftsführer, Geschäftsführerin

Ge·schäfts·ge·heim·nis *das* <-ses, -se> *siehe* **Betriebsgeheimnis**

Ge·schäfts·jahr *das* <-es, -e> *(≈ Wirtschaftsjahr) ein Kalenderjahr unter dem Aspekt der wirtschaftlichen Aktivität und vor allem der Gewinne:* Das letzte Geschäftsjahr war nicht so ertragreich, wie wir es erwarteten.

Ge·schäfts·la·ge *die* <-> */kein Plur./* ❶ *die wirtschaftliche Situation eines Unternehmens:* Die Geschäftslage ist momentan kritisch. ❷ *die Lage eines Unternehmens als (Wirtschafts-)Standort:* Wir eröffnen den Laden in guter Geschäftslage, nämlich genau im Stadtzentrum.

Ge·schäfts·leu·te <-> *Plur.* ❶ *Plural von:* Geschäftsmann ❷ *alle Geschäftsmänner und Geschäftsfrauen*

Ge·schäfts·mann *der*, **Ge·schäfts·frau** <-(e)s, Geschäftsmänner/Geschäftsleute> *jmd., ein Geschäft⁴, leitet oder Geschäfte¹ tätigt*

ge·schäfts·mä·ßig *adj /nicht steig./* ❶ *auf Geschäftliches bezogen* ❷ *sehr sachlich und daher unpersönlich wirkend:* etwas in geschäftsmäßigem Tonfall sagen

Ge·schäfts·ord·nung *die* <-, -en> *die Vorschriften, die das Funktionieren eines Parlaments, eines Amts oder eines Vereins regeln*

Ge·schäfts·part·ner *der*, **Ge·schäfts·part·ne·rin** <-s, -> *Beteiligte(r) an einem Geschäft¹*

Ge·schäfts·prak·tik *die* <-, -en> */meist Plur./ (≈ Geschäftsmethode)* Das sind ja regelrecht kriminelle Geschäftspraktiken bei euch!

Ge·schäfts·rück·gang *der* <-(e)s, Geschäftsrückgänge> *Rückgang im Umsatz eines Unternehmens*

ge·schäfts·schä·di·gend *adj so, dass etwas dem geschäftlichen Ansehen schadet:* geschäftsschädigendes Verhalten ▶ Geschäftsschädigung

Ge·schäfts·schluss *der* <-es, ...-schlüsse> *Endpunkt des Zustandekommens eines Verkaufs:* nach Geschäftsabschluss

Ge·schäfts·sinn *der* <-(e)s> */kein Plur./ Gespür für gute Geschäfte¹*

Ge·schäfts·sitz *der* <-es, -e> *Ort, wo sich ein Geschäft¹ befindet:* Die Firma hat ihren Geschäftssitz in München.

Ge·schäfts·stel·le *die* <-, -n> *(eine Art) Zweigstelle oder externes Büro einer Institution*

Ge·schäfts·stra·ße *die* <-, -n> *eine Straße, in der sich viele Geschäfte⁵ befinden*

ge·schäfts·tüch·tig *adj geschickt im Anbahnen und Abschließen guter Geschäfte¹:* ein geschäftstüchtiger Lehrling ▶ Geschäftstüchtigkeit

ge·schäfts·un·fä·hig *adj /nicht steig./* RECHTSW. *(↔ geschäftsfähig) nicht geschäftsfähig* ▶ Geschäftsunfähigkeit

Ge·schäfts·ver·kehr *der* <-s> */kein Plur./ das*

Abwickeln von Geschäften[1]: reger/lauer Geschäftsverkehr

Ge·schäfts·vier·tel *das* <-s, -> *(↔ Wohnviertel) ein Stadtteil, in dem sich vor allem Geschäfte[4, 5] befinden*

Ge·schäfts·vor·gang *der* <-(e)s, Geschäftsvorgänge> *(in die Geschäftsbücher einzutragendes) geschäftliches Ereignis*

Ge·schäfts·welt *die* <-> /kein Plur./ ❶ *alle Geschäftsleute* ❷ *der Lebensbereich, zu dem die Geschäfte[4] gehören*

Ge·schäfts·zeit *die* <-, -en> /meist Plur./ *die Zeit, in der ein Laden oder eine Geschäftsstelle für Kunden geöffnet ist*

Ge·schäfts·zim·mer *das* <-s, -> *(≈ Büro) Zimmer für die Abwicklung geschäftlicher Angelegenheiten*

Ge·schäfts·zweig *der* <-(e)s, -e> *(≈ Branche)*

ge·schah *Prät. von* **geschehen**

Ge·schä·ker *das* <-s, -> *(oft abwert.) dauerndes Schäkern:* Ihr Geschäker mit dem neuen Mitarbeiter gefällt mir überhaupt nicht.

ge·schätzt *adj so, dass jmdm. Wertschätzung entgegengebracht wird:* ein von allen geschätzter Kollege

ge·scheckt *adj /nicht steig./ (von Tierfell: ≈ scheckig) gefleckt:* ein geschecktes Fell

Ge·sche·hen *das* <-s> /kein Plur./ *(≈ Vorgang) etwas, das sich ereignet*

ge·sche·hen <geschieht, geschah, ist geschehen> *ohne OBJ* ❶ ■ *etwas geschieht (≈ sich ereignen, passieren) sich als Handlung oder Vorgang in der Realität vollziehen:* Was ist geschehen?; Erst geschieht tagelang nichts, dann jagen sich die Ereignisse.; Wann geschah das Unglück? ❷ ■ *etwas geschieht ausgeführt werden:* Das Verbrechen geschah bereits letzte Woche. ❸ ■ *etwas geschieht jmdm.* *widerfahren, zustoßen:* Wenn du aufpasst, kann dir nichts geschehen.; ■ *es ist um jemandem geschehen jmd. ist verloren, finanziell oder gesundheitlich ruiniert;* ■ *es ist um etwas geschehen ein Vorfall beendet die Existenz von etwas;* ■ *etwas geschieht jemandem recht jmd. verdient etwas* Es geschieht ihm recht, dass sie ihn beim Abschreiben erwischt hat.

-ge·sche·hen *als Zweitglied zusammengesetzter Substantive; drückt aus, dass Abläufe/Vorkommnisse/Aktivitäten in dem mit dem Erstglied bezeichneten Bereich generell in ihrem Umfang erfasst werden* ◆Krankheits-, Unterrichts-, Verkehrs-, Wetter-

ge·scheit *adj* ❶ *klug, intelligent:* Er ist ein gescheiter Bursche. ❷ *kluge Gedanken enthaltend:* der gescheite Plan ❸ *(umg.: ≈ vernünftig)* Sei doch gescheit und lass es bleiben!

Ge·schenk *das* <-(e)s, -e> *etwas, das man jmdm. zu einem bestimmten Anlass gibt, um der Person eine Freude zu machen:* Er hat seiner Freundin zum Geburtstag ein teures Geschenk gemacht.; Unter dem Weihnachtsbaum stapelten sich die Geschenke.; Das lange Wochenende in Paris ist ein Geschenk meines Mannes.; ■ *ein Geschenk des Himmels etwas, das einen völlig unerwartet aus einer bestimmten Situation be-* freit oder erlöst ◆-boutique, -gutschein, -idee, -sendung, Abschieds-, Geburtstags-, Hochzeits-, Weihnachts-

Ge·schenk·ar·ti·kel *der* <-s, -> *ein Produkt, das eigens für den Zweck hergestellt wird, als Geschenk gekauft zu werden:* Abteilung für Geschenkartikel

Ge·schenk·pa·ckung *die* <-, -en> *eine ansprechende Verpackung für etwas, das als Geschenk dienen soll*

Ge·schenk·pa·pier *das* <-s> /kein Plur./ *bunt gemustertes Papier zum Einwickeln von Geschenken*

Ge·schich·te *die* <-, -n> ❶ *(≈ Erzählung) der (längere) Text, in dem jmd. über ein (vergangenes) Geschehen berichtet:* Die Großmutter erzählt den Kindern Geschichten.; Die Geschichte spielt im alten Russland.; ■ *etwas ist eine lange Geschichte etwas ist so kompliziert, dass man es nicht mit wenigen Worten erklären kann* ❷ /kein Plur./ *die politische, kulturelle und gesellschaftliche Entwicklung einer bestimmten Region:* Er interessiert sich für die Geschichte Deutschlands.; ein Buch über die Geschichte der Stadt Augsburg ❸ *Wissenschaft von der Geschichte[2]:* Er studiert Alte/Mittlere/Neue Geschichte und Germanistik.; Ein Historiker ist ein Wissenschaftler auf dem Gebiet der Geschichte. ❹ *(umg.) Angelegenheit:* Kannst du dich an diese merkwürdige/seltsame Geschichte von damals noch erinnern?; ■ *Geschichte machen etwas Entscheidendes für die Entwicklung der Menschheit leisten*

-ge·schich·te *als Zweitglied zusammengesetzter Substantive; drückt aus,* ❶ *dass das mit dem Erstglied Bezeichnete eine Erkrankung ist, die längere Zeit andauert bzw. angedauert hat* ◆Herz-, Magen-, Nieren-, Unterleibs- ❷ *(abwert.) dass das mit dem Erstglied Bezeichnete ein sexuelles Abenteuer ist* ◆Bett-, Dreiecks-, Frauen-, Männer-, Weiber-

ge·schicht·lich *adj /nur attr./ /nicht steig./* ❶ *auf die Geschichte[2] bezogen* ❷ *so, dass es den historischen Tatsachen entspricht:* Aufgrund der wenigen schriftlichen Quellen kann über die geschichtlichen Ereignisse nur spekuliert werden. ▶Geschichtlichkeit

Ge·schichts·be·wusst·sein *das* <-s> /kein Plur./ *die Eigenschaft, dass man sich dessen bewusst ist, dass Menschen und ihr Leben immer Teil von geschichtlichen Prozessen bzw. der Geschichte[2] sind*

Ge·schichts·buch *das* <-(e)s, Geschichtsbücher> SCHULE *Lehrbuch für Geschichte[2]*

Ge·schichts·dra·ma *das* <-s, Geschichtsdramen> *eine Form des Dramas, die historische Stoffe behandelt:* die Geschichtsdramen Schillers

Ge·schichts·for·schung *die* <-, -en> *wissenschaftliche Erforschung der Geschichte[2]*

Ge·schichts·klit·te·rung *die* <-> /kein Plur./ *mit einer bestimmten Absicht verfälschte Darstellung oder Deutung geschichtlicher Ereignisse*

Ge·schichts·leh·rer *der,* **Ge·schichts·leh·re·rin** <-s, -> SCHULE *Lehrer für Geschichte[2]*

ge·schichts·los *adj /nicht steig./ ohne Bewusst-*

sein für die Geschichtlichkeit von Ereignissen ▸ Geschichtslosigkeit

Ge·schichts·schrei·ber *der*, **Ge·schichts·schrei·be·rin** <-s, -> *(veralt.)* Historiker

Ge·schichts·schrei·bung *die* <-, -en> */meist Sing./* schriftliche Darstellung der Geschichte²

Ge·schichts·stu·di·um *das* <-s, Geschichtsstudien> Studium der Geschichte³

Ge·schichts·stun·de *die* <-, -n> SCHULE Schulstunde im Unterrichtsfach Geschichte

ge·schichts·träch·tig *adj* so, dass die Geschichtlichkeit eines Ereignisses oder Ortes zum Ausdruck kommt: ein geschichtsträchtiger Moment

Ge·schichts·un·ter·richt *der* <-s> */kein Plur./* SCHULE Unterricht im Schulfach Geschichte

Ge·schichts·werk *das* <-(e)s, -e> *(umfangreiche)* Abhandlung über Geschichte²

Ge·schichts·wis·sen·schaft *die* <-, -en> Wissenschaft von der Geschichte²

Ge·schick¹ *das* <-(e)s, -e> ❶ *(geh.)* Schicksal ❷ */meist Plur./* die politischen und wirtschaftlichen Verhältnisse: Der Seniorchef wachte fast zwei Jahrzehnte über die Geschicke der Firma.

Ge·schick² *das* <-(e)s> */kein Plur./* *(geh.)* die Fähigkeit, etwas schnell und gekonnt auszuführen: Er hat Geschick zum Schnitzen.; Sie hat Talent und Geschick.

Ge·schick·lich·keit *die* <-> */kein Plur./* Geschick²: Ich musste seine handwerkliche Geschicklichkeit bewundern.

Ge·schick·lich·keits·prü·fung *die* <-, -en> SPORT *(im Motorsport)* eine Prüfung, bei der es besonders auf die Fahrtechnik und Geschicklichkeit des Fahrers ankommt

ge·schickt *adj* ❶ mit großem Geschick²: Er ist ein geschickter Bastler. ❷ gewandt und klug: Er stellt geschickte Fragen.; Sie hat sich geschickt verteidigt.

Ge·schie·be *das* <-s> */kein Plur./* *(umg. abwert.)* dauerndes Schieben

Ge·schimp·fe *das* <-s> */kein Plur./* *(umg. abwert.)* ständiges Schimpfen

Ge·schirr *das* <-(e)s, -e> ❶ Dinge aus Porzellan und Glas, die man zum Essen und Trinken benutzt: Sie besitzen elegantes/wertvolles Geschirr. ❷ */kein Plur./* alle Dinge, die man zum Kochen und Essen benutzt: Wer wäscht heute das Geschirr ab? ❸ die Riemen, mit denen ein Pferd oder ein anderes Zugtier vor den Wagen gespannt wird

Ge·schirr·spü·ler *der* <-s, -> *(umg.)* Maschine zum Spülen des Geschirrs²

Ge·schirr·spül·ma·schi·ne *die* <-, -n> *(≈ Geschirrspüler)*

Ge·schirr·tuch *das* <-(e)s, Geschirrtücher> Tuch zum Trocknen des gespülten Geschirrs²

Ge·schirr·wasch·ma·schi·ne *die* <-, -n> SCHWEIZ. Geschirrspülmaschine

Ge·schiss *das* <-es> */kein Plur./* *(umg.)* unnötiges Getue: Mach doch kein Geschiss wegen einer solch kleinen Sache!

ge·schlän·gelt *adj* */nicht steig./* so, dass etwas in Schlangenlinien verläuft: eine geschlängelte Wegstrecke

ge·schlaucht *adj (umg.)* müde, erschöpft

Ge·schlecht *das* <-(e)s, -er> ❶ */kein Plur./* die Merkmale, aufgrund derer Lebewesen als männlich oder weiblich bestimmt werden: Welches Geschlecht hat der Hund? ❷ alle Lebewesen, die ein gleiches Geschlecht haben: das männliche und das weibliche Geschlecht ❸ kurz für „Geschlechtsteil" ❹ *(geh.)* Familie, Sippe: Er stammt aus einem alten/vornehmen Geschlecht. ❺ SPRACHWISS. Genus; ■das starke Geschlecht *(umg. scherzh.)* die Männer; ■das schwache/schöne Geschlecht *(umg. scherzh.)* die Frauen

Ge·schlech·ter·fol·ge *die* <-, -n> Abfolge der Generationen

Ge·schlech·ter·kampf *der* <-(e)s, Geschlechterkämpfe> *(oft scherzh.)* Kampf der Geschlechter² untereinander: Trotz der Emanzipationsbewegung tobt der Geschlechterkampf weiter.

Ge·schlech·ter·rol·le *die* <-, -n> die (soziale) Rolle, die das jeweilige Geschlecht² einnimmt: Heutzutage sind die Geschlechterrollen nicht mehr so eindeutig zu definieren wie früher.

Ge·schlech·ter·ver·hält·nis *das* <-ses, -se> das Verhältnis der Geschlechter² zueinander

ge·schlecht·lich *adj* */nur attr./* */nicht steig./* ❶ *(≈ sexuell)* mit jemandem geschlechtlich verkehren ❷ BIOL. *(↔ ungeschlechtlich)* das Geschlecht¹ betreffend: Das Buch beschreibt die biologischen Vorgänge bei der geschlechtlichen Fortpflanzung. ▸ Geschlechtlichkeit

Ge·schlechts·akt *der* <-(e)s, -e> *(≈ Geschlechtsverkehr, Koitus)* der Vorgang, dass sich Mann und Frau sexuell vereinigen: den Geschlechtsakt vollziehen

Ge·schlechts·be·stim·mung *die* <-, -en> Bestimmung der Geschlechtszugehörigkeit

Ge·schlechts·ge·nos·se *der*, **Ge·schlechts·ge·nos·sin** <-n, -n> Vertreter des eigenen Geschlechts²

Ge·schlechts·krank·heit *die* <-, -en> eine Erkrankung, die durch den Geschlechtsverkehr übertragen wird und besonders die Geschlechtsorgane befällt

ge·schlecht(s)·los *adj* */nicht steig./* *(≈ asexuell)* so, dass ein Lebewesen keine Geschlechtszugehörigkeit hat: ein geschlechtsloses Wesen

Ge·schlechts·merk·mal *das* <-(e)s, -e> eines der Merkmale, die männliche und weibliche Lebewesen voneinander unterscheiden

ge·schlechts·neu·t·ral *adj* */nicht steig./* weder männlich noch weiblich: eine geschlechtsneutrale Anredeformel

Ge·schlechts·or·gan *das* <-(e)s, -e> Organ, das der geschlechtlichen Befriedigung und der Fortpflanzung dient

Ge·schlechts·part·ner *der*, **Ge·schlechts·part·ne·rin** <-s, -> *(≈ Sexualpartner)*

ge·schlechts·reif *adj* */nicht steig./* so alt und so weit körperlich entwickelt, dass sich ein Lebewesen fortpflanzen kann: ein geschlechtsreifes Weibchen ▸ Geschlechtsreife

ge·schlechts·spe·zi·fisch *adj* */nicht steig./* speziell zu einem Geschlecht² gehörig: sich geschlechtsspezifisch verhalten

G

Ge·schlechts·teil *das* <-(e)s, -e> *äußerlich sicht-bares Geschlechtsorgan*

Ge·schlechts·trieb *der* <-(e)s> /kein Plur./ (≈ Se-xualtrieb)

Ge·schlechts·um·wand·lung *die* <-, -en> (ope-rative) Umwandlung des biologischen Ge-schlechts: eine Geschlechtsumwandlung vorneh-men (lassen)

Ge·schlechts·un·ter·schied *der* <-(e)s, -e> einer der Unterschiede zwischen Individuen, der auf die jeweilige Geschlechtszugehörigkeit zurückzu-führen ist

Ge·schlechts·ver·kehr *der* <-s> /kein Plur./ (≈ Geschlechtsakt) Sie sagte aus, es sei in dieser Nacht zum Geschlechtsverkehr mit dem Angeklag-ten gekommen.

Ge·schlechts·wort *das* <-(e)s, Geschlechtswör-ter> SPRACHWISS. *Artikel*

ge·schlif·fen I. *Part. Perf. von* **schleifen II.** *adj* (in Bezug auf die äußere Form und das Verhalten) perfekt, tadellos: Sie hat geschliffene Manieren. ▶ Geschliffenheit

ge·schlos·sen I. *Part. Perf. von* **schließen II.** *adj* /nicht steig./ ❶ (≈ vollzählig) so, dass alle Perso-nen, die zu einer Gruppe gehören, anwesend sind: Die Familie kam geschlossen zu dieser Feier. ❷ so, dass nur Eingeladene dazugehören: Im Ne-benzimmer des Gasthauses feiert eine geschlos-sene Gesellschaft. ❸ in sich zusammenhängend: Er ist zu schnell durch die geschlossene Ortschaft gefahren.

Ge·schmack *der* <-(e)s, Geschmäcke/Geschmä-cker> ❶ das, was man beim Essen und Trinken wahrnimmt: Er lobte besonders den süßen/schar-fen/süß-sauren/exotischen/fruchtigen/frischen Geschmack des Essens.; Die Erdbeeren sind ganz frisch und ausgezeichnet im Geschmack.; der un-vergleichliche Geschmack frischer Trüffel ❷ die Fähigkeit, Schönes von Hässlichem zu unterschei-den und seine Umgebung mit schönen und pas-senden Dingen zu gestalten: Er hat viel/we-nig/keinen/einen guten/einen schlechten Ge-schmack.; Sie hat ihre Wohnung mit viel Ge-schmack eingerichtet. ❸ (geh.) die Mode, die zu einer bestimmten Zeit oder in einer bestimmten Epoche am wichtigsten ist: In dem Haus ist ein Zimmer, das ganz im Geschmack des Biedermeiers eingerichtet ist. ◆ Zeit- ❹ persönliche Vorliebe: Das ist nicht mein/nach meinem Geschmack.; Die CD trifft genau meinen Geschmack.; ■ **an etwas Geschmack finden** an etwas Freude oder Spaß finden; ■ **an etwas Geschmack gewinnen/ei-ner Sache Geschmack abgewinnen/auf den Geschmack kommen** die angenehmen Seiten einer Sache langsam entdecken

ge·schmack·lich *adj* /nur attr./ /nicht steig./ den Geschmack [1, 2] betreffend: eine geschmackliche Verirrung

ge·schmack·los *adj* ❶ ohne Geschmack [1]: Das Es-sen war nicht würzig, sondern völlig geschmack-los. ❷ ohne Geschmack [2]: Wie kann man seine Wohnung derart geschmacklos einrichten? ❸ takt-los und unverschämt: Er kränkte sie mit dieser ge-schmacklosen Bemerkung.

Ge·schmack·lo·sig·keit *die* <-, -en> ❶ /kein Plur./ Taktlosigkeit ❷ geschmacklose [3] Äußerung oder Handlung

Ge·schmack·sa·che *die* <-> /kein Plur./ eine Frage des Geschmacks [4]: Mir gefällt diese Musik nicht, aber das ist Geschmackssache.

Ge·schmacks·emp·fin·dung *die* <-> /kein Plur./ (≈ Geschmackssinn)

Ge·schmacks·fra·ge *die* <-, -n> Frage des Ge-schmacks [4]

Ge·schmacks·nerv *der* <-s, -en> für die Ge-schmacksempfindung zuständiger Nerv

ge·schmacks·neu·t·ral *adj* /nicht steig./ so, dass etwas keinen spezifischen Geschmack [1] aufweist: eine geschmacksneutrale Gemüsesorte

Ge·schmacks·rich·tung *die* <-, -en> ❶ eine der verschiedenen Varianten eines Geschmacks [1]: Es gibt Whiskys in vielen unterschiedlichen Ge-schmacksrichtungen. ❷ eine der verschiedenen Varianten eines Geschmacks [4]: Das Einrichtungs-haus führt Möbel in ganz verschiedenen Ge-schmacksrichtungen.

Ge·schmacks·sa·che *siehe* **Geschmacksache**

Ge·schmacks·sinn *der* <-(e)s> /kein Plur./ die Fähigkeit, den Geschmack [1] wahrzunehmen

Ge·schmacks·stoff *der* <-(e)s, -e> CHEM. *ein Stoff, der den Geschmackssinn anspricht: ohne künstliche Geschmacksstoffe*

Ge·schmacks·ver·ir·rung *die* <-, -en> (abwert.) Abweichung vom guten Geschmack [2]: Was für ein unmöglicher Lampenschirm – dein Bruder leidet wohl an Geschmacksverirrung!

Ge·schmacks·ver·stär·ker *der* <-s, -> CHEM. *ein Stoff, der den Eigengeschmack von etwas ver-stärkt*

ge·schmack·voll *adj* (↔ geschmacklos) mit Ge-schmack [2]: Sie ist stets geschmackvoll gekleidet.; eine geschmackvoll eingerichtete Wohnung

Ge·schmat·ze *das* <-s> /kein Plur./ (umg. ab-wert.) (dauerndes) Schmatzen

Ge·schmei·de *das* <-s, -> (geh.) (wertvoller) Schmuck

ge·schmei·dig *adj* ❶ weich: Das Leder ist sehr ge-schmeidig. ❷ anmutig und kraftvoll: Sie bewegt sich geschmeidig wie eine Katze.

Ge·schmeiß *das* <-es> /kein Plur./ ❶ (geh.) Un-geziefer ❷ (abwert.) Gesindel

Ge·schmier, **Ge·schmie·re** *das* <-(e)s> /kein Plur./ (umg. abwert.) ❶ ein Text, der unsau-ber (mit der Hand) geschrieben ist und den man nur schwer lesen kann: Dein Geschmier kann doch kein Mensch lesen! ❷ niveauloser Text

Ge·schnet·zel·te *das* <-n> /kein Plur./ LANDSCH. *Gericht aus dünnen, kleinen Fleischstücken in Soße* ◆ Kalbs-, Puten-, Schweine-

ge·schnie·gelt *adj* (oft abwert.: ≈ herausgeputzt) so, dass man auf sein äußeres Erscheinungsbild (übertrieben) viel Mühe verwendet hat: ein ge-schniegelter Typ; ■ **geschniegelt und gebügelt** sorgfältig zurechtgemacht

Ge·schöpf *das* <-(e)s, -e> ❶ (von Gott geschaffe-nes) Lebewesen ❷ eine literarische Figur, die ein Autor erfunden und ausgestaltet hat: Dr. Hannibal

Lecter ist das Geschöpf des amerikanischen Schriftstellers Thomas Harris.

Ge·schoss¹ *das* <-es, -e> *etwas, das aus einer Schusswaffe abgefeuert wird:* Das Geschoss hinterließ ein Loch von drei Zentimetern Durchmesser.

Ge·schoss² *das* <-es, -e> *(≈ Stockwerk)* Wir wohnen im obersten Geschoss. ◆ Ober-, Unter-

ge·schraubt I. *Part. Perf. von* **schrauben II.** *adj (abwert.: ≈ gestelzt) so, dass jmds. sprachliche Ausdrucksweise nicht natürlich klingt, sondern übertrieben geschliffen ist:* Seine Ausdrucksweise war ziemlich geschraubt. ▷ Geschraubtheit

Ge·schrei *das* <-s> */kein Plur./* ❶ *(umg. oft abwert.) dauerndes Schreien* ❷ *(umg.) lautes Jammern wegen Kleinigkeiten:* Deswegen brauchst du doch kein solches Geschrei zu machen.

Ge·schreib·sel *das* <-s> */kein Plur./ (umg. abwert.) minderwertig Geschriebenes*

ge·schult *adj (≈ geübt) so, dass man etwas sofort erkennt, weil man viel Erfahrung hat:* ein geschultes Auge besitzen

Ge·schütz *das* <-es, -e> *schwere Feuerwaffe;* ▪ **schweres Geschütz auffahren** *(umg.) jmdm. sehr scharf entgegentreten, sehr energisch kritisieren*

Ge·schütz·feu·er *das* <-s, -> MILIT. *das Feuern von Geschützen:* sich im Geschützfeuer befinden

Ge·schwa·der *das* <-s, -> MILIT. *Verband von Schiffen oder Flugzeugen*

Ge·schwa·fel *das* <-s> */kein Plur./ (umg. abwert.) langes, dummes Reden, dauerndes Schwafeln*

Ge·schwätz *das* <-es> */kein Plur./* ❶ *anhaltendes, dummes Reden* ❷ *(umg. abwert.) Unsinn, Klatsch:* Ich gebe nichts auf das Geschwätz anderer Leute.

ge·schwät·zig *adj (umg. abwert.) so, dass man allzu viel redet:* eine geschwätzige Art haben/besitzen ▷ Geschwätzigkeit

ge·schweift *adj /nicht steig./* ❶ *so, dass es einen Schweif hat* ❷ ▪ **geschweifte Klammern** *(↔ eckige, runde, spitze Klammern) so, dass Klammern eine bogenförmig runde Form haben, bei der eine kleine Spitze nach außen zeigt* einen Ausdruck in geschweifte Klammern setzen

ge·schwei·ge *adv* ▪ **nicht A, geschweige denn B** *nicht A und erst recht nicht B* Sie wollte ihm nicht zuhören, geschweige denn seine Entschuldigung annehmen.

ge·schwind *adj* SÜDDT. *schnell:* Ich gehe geschwind zum Einkaufen.

Ge·schwin·dig·keit *die* <-, -en> ❶ *(≈ Tempo) die Eigenschaft bewegter Körper, pro Zeiteinheit eine bestimmte Wegstrecke zurückzulegen:* Der Wagen kam mit hoher Geschwindigkeit von der Fahrbahn ab.; Die Geschwindigkeit beträgt 45 Kilometer pro Stunde. ❷ *das Verhältnis der geleisteten Arbeit zur benötigten Zeit:* Das System verarbeitet Daten mit rasender Geschwindigkeit.

Ge·schwin·dig·keits·be·gren·zung *die* <-, -en> *die Bestimmung, dass man auf einem bestimmten Abschnitt einer Straße mit einem Kraftfahrzeug maximal mit einer bestimmten Geschwindigkeit[1] fahren darf*

Ge·schwin·dig·keits·mes·ser *der* <-s, -> *(≈ Tachometer)*

Ge·schwin·dig·keits·über·schrei·tung *die* <-, -en> *der Vorgang, dass jmd. schneller fährt als es der zulässigen Höchstgeschwindigkeit entspricht*

Ge·schwis·ter <-> *Plur. zwei oder mehrere Personen, die Brüder und/oder Schwestern sind*

ge·schwol·len I. *Part. Perf. von* **schwellen II.** *adj (abwert.) affektiert, hochtrabend, schwülstig:* eine geschwollene Ausdrucksweise

Ge·schwo·re·ne *der/die* <-n, -n> RECHTSW. *Laienrichter*

Ge·schwo·re·nen·ge·richt *das* <-(e)s, -e> ❶ RECHTSW. *(veralt.) Schwurgericht* ❷ RECHTSW. *für schwerwiegendere Verbrechen zuständiges Gericht[1], dem auch Geschworene angehören*

Ge·schwulst *die* <-, Geschwülste> *(≈ Tumor) ein Gebilde, das sich in einem Organ durch krankhaftes Zellwachstum gebildet hat*

Ge·schwür *das* <-(e)s, -e> *(meist eitrige) Entzündung*

Ge·selch·te *das* <-n> */kein Plur./* SÜDDT., ÖSTERR. *Rauchfleisch*

Ge·sel·le *der*, **Ge·sel·lin** <-n, -n> ❶ *ein Handwerker, der seine Lehrzeit mit einer Prüfung beendet hat* ❷ *(veralt.) Bursche*

ge·sel·len <gesellst, gesellte, hat gesellt> *mit* SICH ❶ ▪ **jmd. gesellt sich zu jmdm.** *sich jmdm. anschließen:* Nachdem es eine Weile allein gespielt hatte, gesellte sich das Kind zu den anderen. ❷ ▪ **etwas gesellt sich zu etwas** *hinzukommen:* Zu seinen privaten Problemen gesellte sich die Sorge um den Arbeitsplatz.

ge·sel·lig *adj* ❶ *so, dass man gern in Gesellschaft anderer Menschen ist:* Er ist ein geselliger Typ, der sich in der Gemeinschaft wohl fühlt. ❷ *zwanglos und unterhaltsam:* Wir wollen uns morgen zu einem geselligen Beisammensein treffen.

Ge·sel·lig·keit *die* <-> */kein Plur./ das Geselligsein*

Ge·sell·schaft *die* <-, -en> ❶ *die Menschen, die in einem Land zu einer bestimmten Zeit unter bestimmten Verhältnissen zusammenleben:* Welche Werte bestimmen die heutige Gesellschaft? ❷ */kein Plur./ Umgang:* Sie ist in schlechte Gesellschaft geraten.; Er legte keinen Wert auf meine Gesellschaft. ❸ */kein Plur./ soziale Oberschicht:* Er wurde bei dieser Gelegenheit in die Gesellschaft eingeführt. ❹ *Gruppe von Menschen, die beisammen sind:* Im Nebenraum des Gasthauses feiert eine fröhliche/ausgelassene/geschlossene Gesellschaft. ❺ *Zusammenschluss von Menschen mit gemeinsamen Interessen oder Zielen:* Damals wurde diese literarische Gesellschaft gegründet. ❻ WIRTSCH. *Handels-, Industrieunternehmen, Firma;* ▪ **jemandem Gesellschaft leisten** *bei jmdm. sein*

Ge·sell·schaf·ter *der*, **Ge·sell·schaf·te·rin** <-s, -> WIRTSCH. *Teilhaber an einer Gesellschaft[6]*

ge·sell·schaft·lich *adj /nur attr./ /nicht steig./* ❶ *die Gesellschaft[1] betreffend, sozial:* Die gesellschaftlichen Verhältnisse haben sich in den vergangenen Jahrzehnten stark gewandelt. ❷ *in der Gesellschaft[1]:* Er hat sich gesellschaftlich verbessert.

G

G

❸ *in der Gesellschaft*[3] *üblich:* Er beherrscht die gesellschaftlichen Umgangsformen.

Ge·sẹll·schafts·an·zug *der* <-(e)s, Gesellschaftsanzüge> *Anzug für eine festliche Abendgesellschaft*

ge·sẹll·schafts·fä·hig *adj so, dass jmd. oder etwas den Maßstäben der Gesellschaft*[3] *entspricht:* Seit der Geburt ihres unehelichen Kindes scheint sie in manchen Kreisen nicht mehr gesellschaftsfähig zu sein.

Ge·sẹll·schafts·kri·tik *die* <-, -en> *Kritik an der Gesellschaft*[1] ▸ Gesellschaftskritiker, Gesellschaftskritikerin, gesellschaftskritisch

Ge·sẹll·schafts·leh·re *die* <-> /kein Plur./ **❶** SCHULE (≈ *Gemeinschaftskunde) Schulfach, das Geographie, Geschichte und Sozialkunde umfasst* **❷** *Soziologie*

Ge·sẹll·schafts·ord·nung *die* <-, -en> *bestimmte Art, wie eine Gesellschaft*[1] *strukturiert ist*

Ge·sẹll·schafts·po·li·tik *die* <-> /kein Plur./ *Sozialpolitik* ▸ gesellschaftspolitisch

Ge·sẹll·schafts·raum *der* <-(e)s, Gesellschaftsräume> *Raum für Gesellschaften*[4]

Ge·sẹll·schafts·rei·se *die* <-, -n> *von einer Gruppe organisierte Reise*

Ge·sẹll·schafts·schicht *die* <-, -en> *bestimmte soziale Schicht der Gesellschaft*[1]

Ge·sẹll·schafts·spiel *das* <-(e)s, -e> *ein unterhaltsames Spiel für mehrere Personen*

Ge·sẹll·schafts·stück *das* <-(e)s, -e> THEAT. *Theaterstück, dessen Thematik in der höheren Gesellschaft anzusiedeln ist*

Ge·sẹll·schafts·tanz *der* <-es, Gesellschaftstänze> *ein Paartanz, dessen Schritte festgelegt sind:* Der Walzer ist ein Gesellschaftstanz.

Ge·sẹll·schafts·wis·sen·schaft *die* <-, -en> **❶** /kein Sing./ *Soziologie* **❷** /meist Plur./ *Wissenschaften, die die Gesellschaft*[1] *als Untersuchungsgegenstand haben* ▸ gesellschaftswissenschaftlich

Ge·sẹll·schafts·zim·mer *das* <-s, -> (≈ *Gesellschaftsraum)*

ge·sẹngt ▪ wie eine gesengte Sau fahren *(umg.) zu schnell fahren*

Ge·sẹtz *das* <-es, -e> **❶** *vom Staat festgesetzte, rechtlich bindende Vorschrift:* Das neue Gesetz wurde im Parlament eingebracht/beraten/verabschiedet. ◆-essammlung, Einwanderungs-, Jugendschutz-, Notstands-, Straf- **❷** *eine Grundregel, die bestimmte Vorgänge und Phänomene erklärt:* Wie lautet das Gesetz der Gravitation/das Gesetz von Angebot und Nachfrage? ◆ Form-, Moral-

Ge·sẹtz·ent·wurf *der* <-(e)s, Gesetzentwürfe> POL. *Entwurf eines Gesetzes:* dem Parlament einen Gesetzentwurf vorlegen

Ge·sẹt·zes·än·de·rung *die* <-, -en> POL. *Änderung eines bestehenden Gesetzes*[1]

Ge·sẹt·zes·bre·cher *der,* **Ge·sẹt·zes·bre·che·rin** <-s, -> *jmd., der gegen das Gesetz oder gegen das geltende Recht verstoßen hat* ▸ Gesetzesbruch

Ge·sẹt·zes·ent·wurf *der* <-(e)s, Gesetzentwürfe> POL. SCHWEIZ. *Gesetzentwurf*

Ge·sẹt·zes·hü·ter *der,* **Ge·sẹt·zes·hü·te·rin** <-s, -> *(scherzh.) Polizist*

ge·sẹt·zes·kun·dig *adj so, dass man sich in den Gesetzen*[1] *auskennt*

Ge·sẹt·zes·lü·cke *die* <-, -n> *Lücke in der Gesetzgebung:* eine Gesetzeslücke ausnutzen

Ge·sẹt·zes·no·vel·le *die* <-, -n> POL. *Ergänzung oder Nachtrag zu einem bestehenden Gesetz*[1]: eine Gesetzesnovelle einbringen

Ge·sẹt·zes·ta·fel *die* <-, -n> /meist Plur./ REL. *(in der Bibel) die steinernen Tafeln, auf denen die Zehn Gebote stehen*

ge·sẹt·zes·treu *adj so, dass man die Gesetze*[1] *befolgt:* ein gesetzestreuer Bürger ▸ Gesetzestreue

Ge·sẹt·zes·vor·la·ge *die* <-, -n> POL. *Gesetzentwurf*

Ge·sẹtz·ge·ber *der* <-s, -> POL. *staatliche Instanz (meist das Parlament), die Gesetze*[1] *verabschiedet*

ge·sẹtz·ge·be·risch *adj /nur attr./ /nicht steig./ POL. die Gesetzgebung betreffend:* das gesetzgeberische Verfahren

Ge·sẹtz·ge·bungs·ver·fah·ren *das* <-s, -> *Verfahren der Gesetzgebung*

ge·sẹtz·lich *adj /nur attr./ /nicht steig./ durch ein Gesetz*[1] *festgelegt:* Du hättest dich an die gesetzlichen Bestimmungen halten sollen. ▸ Gesetzlichkeit

ge·sẹtz·los *adj ohne Gesetz*[1], *oder Gesetze*[1] *missachtend:* In dieser Stadt herrschen seit geraumer Zeit gesetzlose Zustände. ▸ Gesetzlosigkeit

ge·sẹtz·mä·ßig *adj /nicht steig./* **❶** *rechtmäßig, legal:* Sie ist zweifelsfrei die gesetzmäßige Besitzerin. **❷** *durch ein Gesetz*[2] *geregelt, regelmäßig (ablaufend):* Wir haben es hier mit einer gesetzmäßigen Entwicklung zu tun. ▸ Gesetzmäßigkeit

ge·sẹtzt *adj reif, besonnen, fest in seinen Ansichten:* Auch du wirst im Alter gesetzter werden. ▸ Gesetztheit

ge·sẹtz·wid·rig *adj so, dass etwas gegen das Gesetz verstößt:* eine gesetzwidrige Tat verüben ▸ Gesetzwidrigkeit

Ge·seuf·ze *das* <-s> /kein Plur./ (umg.) *ständiges Seufzen:* Lass doch das Geseufze – ruf ihn einfach an.

ge·si·chert *adj so, dass etwas sicher oder geschützt ist:* etwas aus gesicherter Quelle erfahren haben

Ge·sicht *das* <-(e)s, -er> **❶** *vordere Seite des Kopfes* ◆-screme/-scrème, -shälfte, -slähmung, -smuskel, -snerv, -ssinn, -sstraffung, -swasser, Kinder-, Madonnen-, Verbrecher- **❷** *Miene, Gesichtsausdruck:* ▪ jemandem etwas offen ins Gesicht sagen *jmdm. deutlich die Meinung sagen;* ▪ sein wahres Gesicht zeigen *sein wahres Wesen zeigen;* ▪ ein langes Gesicht machen *enttäuscht blicken;* ▪ den Tatsachen ins Gesicht sehen *vor der Realität nicht zurückschrecken;* ▪ jemanden zu Gesicht bekommen *jmdn. sehen;* ▪ das Gesicht verlieren *durch sein Verhalten Ansehen und Respekt verlieren;* ▪ das Gesicht wahren *in einer schwierigen Situation so tun, als ob alles in Ordnung wäre*

Ge·sichts·aus·druck *der* <-(e)s, Gesichtsausdrücke> (≈ *Miene) Ausdruck des Gesichts*

Ge·sichts·er·ker *der* <-s, -> *(scherzh.) Nase*

Ge·sichts·far·be die <-, -n> (≈ Teint) Farbe, Tönung der Gesichtshaut: eine gesunde/rosige Gesichtsfarbe haben

Ge·sichts·feld das <-(e)s> /kein Plur./ das, was man mit unbewegtem Auge erfassen kann: ein eingeschränktes Gesichtsfeld haben/besitzen

Ge·sichts·form die <-, -en> Form des Gesichts: eine ovale/längliche Gesichtsform haben

Ge·sichts·kon·t·rol·le die <-, -n> (oft scherzh.) Kontrolle, bei der jmd. nach dem äußeren Eindruck beurteilt wird: Wir müssen erst noch die Gesichtskontrolle des Türstehers überstehen.

Ge·sichts·mas·ke die <-, -n> ❶ eine Maske, die man (z. B. im Karneval) vor dem Gesicht trägt ❷ ein kosmetisches Präparat, das auf das Gesicht aufgetragen wird und dort eine bestimmte Zeit einwirkt

Ge·sichts·pee·ling das <-s, -s> Peeling der Gesichtshaut

Ge·sichts·punkt der <-(e)s, -e> Aspekt, Blickwinkel: Derartige Produktionsverfahren sind unter wirtschaftlichen Gesichtspunkten heute nicht mehr rentabel.

Ge·sichts·ro·se die <-, -n> MED. Wundrose im Gesichtsbereich

Ge·sichts·schlei·er der <-s, -> das Gesicht bedeckender Schleier

Ge·sichts·straf·fung die <-, -en> (operative) Straffung der Gesichtshaut: eine Gesichtsstraffung vornehmen lassen; siehe auch Lifting

Ge·sichts·ver·lust der <-(e)s> (übertr.: ↔ Gesichtswahrung) Verlust von Ansehen, Respekt

Ge·sichts·wah·rung die <-> /kein Plur./ (↔ Gesichtsverlust)

Ge·sichts·zug der <-(e)s, Gesichtszüge> /meist Plur./ typische, charakteristische Ausprägung eines Gesichts [1]: Sie hat edle/feine/harte/ebenmäßige Gesichtszüge.

Ge·sims das <-es, -e> fensterbrettartiger Mauervorsprung ◆-brett

Ge·sin·del das <-s> /kein Plur./ (abwert.: ≈ Pack) heruntergekommene, arme, zur Kriminalität neigende Menschen

ge·sinnt adj /nicht steig./ eine Meinung vertretend: Ich war ihm durchaus freundlich gesinnt. ◆ Getrenntschreibung → R 4.3 gut gesinnt; gleich gesinnt sein; anders gesinnt sein

Ge·sin·nung die <-, -en> grundsätzliche Art, in der jmd. denkt: Ich kenne seine politische Gesinnung nicht. ◆-stäter(in), -swandel

Ge·sin·nungs·ge·nos·se der, **Ge·sin·nungs·ge·nos·sin** <-n, -n> jmd., der die gleiche (politische) Gesinnung hat

ge·sin·nungs·los adj so, dass man keine (positive) Gesinnung, Haltung aufweist: ein gesinnungsloser Machtmensch ▶ Gesinnungslosigkeit

Ge·sin·nungs·lump der <-en, -en> (abwert.) jmd., der gesinnungslos ist oder seine Gesinnung opportunistisch ändert

Ge·sin·nungs·schnüf·fe·lei die <-, -en> (abwert.) (als aufdringlich empfundenes) Ausforschen der Gesinnung von jmdm.

ge·sin·nungs·treu adj so, dass man seinen Gesinnungen treu ist oder bleibt ▶ Gesinnungstreue

Ge·sin·nungs·wech·sel der <-s, -> Wechsel der Gesinnung

ge·sit·tet adj mit guten Manieren, wohlerzogen: ein gesittetes Wesen haben

Ge·socks das <-(e)s> /kein Plur./ (abwert.) Gesindel, Pack

Ge·söff das <-s, -e> (umg. abwert.) schlecht schmeckendes Getränk

ge·son·dert adj /nicht steig./ einzeln, extra: Die Geräte werden gesondert verpackt.

Ge·sot·te·ne das <-n> /kein Plur./ LANDSCH. gekochtes Fleischgericht

Ge·spann das <-(e)s, -e> ❶ zwei Menschen, die gut zueinanderpassen: Die zwei sind/bilden ein gutes Gespann. ❷ Zugtiere, die gemeinsam einen Wagen ziehen ❸ ein Wagen mit einem Gespann [1]

ge·spannt I. Part. Perf. von **spannen** II. adj ❶ neugierig, erwartungsvoll: Da bin ich aber mal gespannt!; Sie öffnete gespannt ihr Geschenk. ❷ angespannt; so, dass es einen unterschwelligen Konflikt gibt: Die Lage im Krisengebiet ist nach wie vor gespannt.

Ge·spannt·heit die <-> /kein Plur./ das Gespanntsein

Ge·spenst das <-(e)s, -er> ❶ (≈ Geist) ein spukendes Wesen in Menschengestalt, das Furcht verbreitet (das jedoch nicht wirklich existiert): In der alten Burg soll es Gespenster geben. ◆-erglaube ❷ Gefahr: Man sollte jetzt nicht das Gespenst eines neuen Krieges heraufbeschwören.; ▪Gespenster sehen (umg.) sich etwas einbilden

Ge·spens·ter·ge·schich·te die <-, -n> Geschichte, in der Gespenster vorkommen

Ge·spens·ter·stun·de die <-, -n> Geisterstunde

ge·spens·tisch adj (≈ unheimlich) sehr unheimlich: Vor dem Unwetter herrschte gespenstische Stille.

ge·sperrt adj /nicht steig./ ❶ nicht zugänglich, abgeschlossen: eine gesperrte Zufahrt; ein gesperrtes Konto ❷ (vom Schriftsatz her) mit größeren Abständen zwischen den Buchstaben gedruckt

Ge·spie·le der, **Ge·spie·lin** <-n, -n> ❶ Spielkamerad, Freund ❷ (scherzh.) Geliebte(r)

ge·spielt adj /nicht steig./ (≈ vorgetäuscht) nicht echt: etwas mit gespieltem Entsetzen/Erstaunen sagen

Ge·spons der <-es, -e> (scherzh.) Ehemann ◆-Ehe-

Ge·spött ▪jemanden zum Gespött machen jmdn. lächerlich machen; ▪zum Gespött (der Leute) werden sich lächerlich machen und verspottet werden

Ge·spräch das <-(e)s, -e> ❶ (≈ Unterhaltung) der Vorgang, dass zwei oder mehrere Menschen eine bestimmte Zeit miteinander sprechen und ihre Gedanken über etwas austauschen: Wir führten ein gutes/langes/intensives/offenes/vertrauliches/fachliches/dienstliches Gespräch. ◆-sanalyse, -sbasis, -sbeendigung, -seröffnung, -spartner(in), -spause, -sstoff, -steilnehmer(in), -sthema, -stherapie, -swort, -spartikel, Streit-, Unterrichts- ❷ (≈ Telefonat) kurz für „Telefongespräch“: Legen Sie das Gespräch bitte auf mein Zimmer. ◆Fern-, Nah-, Orts-

ge·sprä·chig *adj* *so, dass man sich gern mit anderen Menschen unterhält* ▸ Gesprächigkeit

Ge·sprächs·be·reit·schaft *die <-> /kein Plur./ Bereitschaft zum Gespräch:* Gesprächsbereitschaft zeigen/signalisieren ▸ gesprächsbereit

Ge·sprächs·ge·gen·stand *der <-(e)s, Gesprächsgegenstände> Gegenstand, Thema eines Gesprächs*

Ge·sprächs·kreis *der <-es, -e> Gruppe von Leuten, die Gespräche miteinander führen*

Ge·sprächs·lei·ter *der*, **Ge·sprächs·lei·te·rin** *<-s, -> (≈ Diskussionsleiter, Moderator) jmd., der eine Gesprächsrunde leitet*

Ge·sprächs·par·ti·kel *die <-, -n> siehe auch* **Gesprächswort, Partikel**

Ge·sprächs·run·de *die <-, -n> Diskussionsrunde*

ge·sprächs·wei·se *adj /nicht steig./ durch oder im Gespräch:* etwas gesprächsweise anklingen lassen

Ge·sprächs·wort *das <-(e)s, Gesprächswörter> (≈ Gesprächspartikel) Einheit einer Unterklasse der Partikeln, mit der im Gespräch das Verstehen gesteuert wird, mit der die Gesprächsschritte gegliedert werden, und die der Rückmeldung dient:* Die Ausdrücke „aha", „hm", „na" und „ne" sind Gesprächswörter.; Na, dann mal los!; „Hm", interpretierte der Übersetzungscomputer, „ist ein Laut, der von Terranern hervorgebracht wird, um eine kurze Gesprächspause für schweigendes Nachdenken anzuzeigen."; *siehe auch* **Partikel**

Ge·sprächs·zeit *die <-, -en> Sprechzeit*

ge·spreizt I. *Part. Perf. von* **spreizen** II. *adj (abwert.) geziert, gekünstelt, unnatürlich:* Sie hat sich sehr gespreizt ausgedrückt. ▸ Gespreiztheit

ge·spren·kelt *adj /nicht steig./ mit kleinen Punkten versehen:* Die Eier dieses Vogels sind gesprenkelt.

Ge·spritz·te *der <-n, -n>* ÖSTERR. *Weinschorle*

Ge·spür *das <-s> /kein Plur./ die Fähigkeit, etwas gefühlsmäßig und instinktiv zu erfassen:* Für so etwas hat er überhaupt kein/ein feines /gutes Gespür.

Ge·stalt *die <-, -en>* ❶ *die äußere Erscheinung des Menschen bezüglich seines Körperbaus:* Er ist von gedrungener/hagerer/schmächtiger Gestalt.; ein Mann von der Gestalt eines Hünen ❷ *eine Person, die man nur undeutlich erkennen kann:* am Ende der Straße gerade noch schemenhaft eine Gestalt erkennen können ❸ *bedeutende Persönlichkeit der Geschichte:* Cicero und Seneca, Gestalten der römischen Geschichte ❹ *(≈ Figur) literarische Figur:* die zentrale Gestalt eines Romans ▸ Märchen-, Fantasie-/Phantasie-, Roman- ❺ *die sichtbare äußere Form von etwas:* Das Sternbild hat die Gestalt eines Wagens.; ■ **in Gestalt von etwas/in Gestalt einer Sache** *erscheinend, vorhanden seiend als;* ■ **Gestalt annehmen/gewinnen** *langsam Wirklichkeit werden*

ge·stal·ten *<gestaltest, gestaltete, hat gestaltet>* I. *mit OBJ* ■ *jmd. gestaltet etwas einer Sache eine bestimmte Form geben:* Die Dozenten sind bemüht, die Workshops abwechslungsreich zu gestalten.; Schüler des Leistungskurses Kunst haben das Mosaik im Innenhof des Gymnasiums

gestaltet.; Es gibt viele Möglichkeiten, die Freizeit zu gestalten. II. *mit SICH* ■ *etwas gestaltet sich irgendwie sich in einer bestimmten Art und Weise entwickeln:* Die Bergungsarbeiten gestalten sich äußerst schwierig.

ge·stalt·los *adj /nicht steig./ (≈ formlos) so, dass es keine (erkennbare) Gestalt hat* ▸ Gestaltlosigkeit

Ge·stal·tung *die <-, -en> /meist Sing./ das Gestalten I, das Gestaltetsein* ◆ -sprinzip, -swille

Ge·stal·tungs·kraft *die <-, Gestaltungskräfte> die Kraft, etwas kreativ zu gestalten*

Ge·stam·mel *das <-s> /kein Plur./ (abwert.) undeutlich hervorgebrachte, gestotterte Worte, Sätze:* Sein Gestammel war kaum zu verstehen.

ge·stand *Prät. von* **gestehen**

ge·stan·den *Part. Perf. von* **gestehen**

ge·stän·dig *adj /nicht steig./ so, dass man eine kriminelle Tat gesteht:* Sein inzwischen geständiger Komplize hat auch verraten, dass weitere Überfälle geplant waren. ▸ Geständigkeit

Ge·ständ·nis *das <-ses, -se> eine Äußerung, in der jmd. sagt, dass er ein Verbrechen begangen hat:* Der Festgenommene hat überraschend ein Geständnis abgelegt.

Ge·stän·ge *das <-s, -> mehrere Stangen, die zusammen eine Konstruktion bilden:* Das Zelt besteht aus Zeltleinwand, Spannseilen und einem Gestänge.

Ge·stank *der <-(e)s> /kein Plur./ (abwert.) übler Geruch:* Im Stall herrschte ein unbeschreiblicher Gestank.

ge·stat·ten *<gestattest, gestattete, hat gestattet>* I. *mit OBJ* ■ *jmd./etwas gestattet jmdm./etwas etwas Akk. (förmlich) genehmigen, erlauben:* Der Arzt gestattete ihm einen kurzen Besuch auf der Intensivstation.; Der Zutritt zu diesen Räumen ist nur den Mitarbeitern gestattet.; Gestatten Sie mir eine Erklärung! II. *mit SICH* ■ *jmd. gestattet sich etwas (umg.) sich die Freiheit nehmen, sich gönnen:* Er gestattete sich eine ausgiebige Pause.

ge·stat·tet *adj /nicht steig./ (≈ erlaubt) Rauchen ist nicht gestattet.*

Ges·te, **Ge·ste** *die <-, -n>* ❶ *Bewegung von Körperteilen (besonders der Arme und Hände), durch die man etwas Bestimmtes zum Ausdruck bringt:* Sie machte eine einladende/entschuldigende Geste.; Er begleitete seinen Vortrag mit lebhaften Gesten. ❷ *Handlung, die etwas indirekt zum Ausdruck bringt:* Es war eine nette Geste von ihm, dass er mir zum Dank Blumen geschenkt hat.

Ge·steck *das <-(e)s, -e> kunstvoll angeordnete Blumen, Zweige* ◆ Blumen-

ge·ste·hen *<gestehst, gestand, hat gestanden>* I. *mit OBJ/ohne OBJ* ■ *jmd. gesteht (jmdm.) (etwas Akk.) eine kriminelle Tat zugeben:* Er gestand den Einbruch.; Sie hat nach einem langen Verhör gestanden. II. *mit OBJ etwas zugeben, offen aussprechen:* Ich gestehe ganz offen, dass ich daran überhaupt nicht gedacht habe.; Sie gestand ihm ihre Liebe.

Ge·stein *das <-(e)s, -e> die festen mineralischen*

Bestandteile der Erde: Die gesamte Insel besteht aus vulkanischem Gestein. ◆ -sart, -sbrocken

Ge·steins·ader *die* <-, -n> *Ader im Gestein*

Ge·steins·block *der* <-s, Gesteinsblöcke> *Gesteinsmasse*

Ge·steins·for·ma·ti·on *die* <-, -en> GEOL. *bestimmte Zusammensetzung von Gesteinsschichten*

Ge·steins·kun·de *die* <-> /kein Plur./ GEOL. (≈ *Petrologie, Petrographie) die Lehre oder Wissenschaft von den Gesteinen*

Ge·steins·mas·se *die* <-, -n> *(zusammenhängende) Masse von Gestein*

Ge·stell *das* <-(e)s, -e> *eine meist aus Holz- oder Metallteilen bestehende Konstruktion, die etwas trägt oder die zur Aufbewahrung von etwas dient:* Im Raum standen lediglich ein Tisch und ein paar einfache Gestelle mit Büchern und Aktenordnern. ◆ Bett-, Bücher-, Draht-, Holz-

ge·stellt I. *Part. Perf. von* **stellen II.** *adj unnatürlich:* Gebt euch einfach ganz natürlich: Das Foto soll ja nicht gestellt wirken.

ge·stelzt I. *Part. Perf. von* **stelzen II.** *adj (abwert.) unnatürlich, gekünstelt:* Sie sprach sehr gestelzt.

ges·tern *adv am Tage vor dem heutigen:* Gestern früh hätte ich beinahe verschlafen.; Was ist gestern Abend/Mittag/Morgen/Nachmittag/Früh passiert?; Er hat mich erst gestern angerufen.; ▓ **(nicht) von gestern sein** *(umg.) (nicht) altmodisch, rückständig sein*

Ges·tik, Ges·tik *die* <-> /kein Plur./ *Gesamtheit der Gesten, die das Sprechen begleiten*

ges·ti·ku·lie·ren <gestikulierst, gestikulierte, hat gestikuliert> *ohne OBJ* ▓ *jmd.* **gestikuliert** *heftige Bewegungen mit den Armen und Händen ausführen, um auf sich aufmerksam zu machen oder um das, was man sagt, zu unterstreichen:* Da ich sie von der anderen Straßenseite aus nicht hören konnte, begann sie wild/lebhaft zu gestikulieren. ▶ Gestikulation

Ge·stirn *das* <-(e)s, -e> *(hell) leuchtender Himmelskörper*

ge·stirnt *adj /nicht steig./ mit Sternen:* der gestirnte Himmel

ges·tisch, ges·tisch *adj /nur attr./ /nicht steig./ mithilfe von Gesten:* ein gestisch ausdrucksvolles Spiel

Ge·stö·ber *das* <-s, -> *Schneeflocken, die vom Wind in eine Richtung getrieben werden* ◆ Schnee-

Ge·stöhn, Ge·stöh·ne *das* <-(e)s> *(umg. abwert.) dauerndes Stöhnen*

Ge·stot·ter *das* <-s> /kein Plur./ *(umg. meist abwert.) (dauerndes) Stottern*

Ge·stram·pel *das* <-s> /kein Plur./ *ständiges Strampeln:* Hör auf mit dem Gestrampel, sonst fällst du noch herunter!

ge·streckt ▓ **in gestrecktem Galopp** *in schnellem Galopp*

ge·streift *adj /nicht steig./ mit Streifen versehen* ◆ Getrennt- oder Zusammenschreibung →R 4.16 quer gestreift/quergestreift

ge·stri·chelt *adj /nicht steig./ mit (vielen feinen) Strichen versehen:* eine gestrichelte Linie

ge·stri·chen I. *Part. Perf. von* **streichen II.** *adj /nicht steig./ so, dass etwas nicht stattfindet:* Der Flug wurde gestrichen.; gestrichene Vergünstigungen

ge·strickt *adj /nicht steig./* ❶ *durch Stricken hergestellt:* ein selbst gestrickter/selbstgestrickter Pullover ❷ ▓ **einfach gestrickt sein** *(umg. abwert.) ein schlichtes Gemüt besitzen*

gest·rig *adj /nicht steig./* ❶ *zu dem Tag gehörend, der vor dem Tag der Äußerung liegt:* Was habt ihr am gestrigen Abend gemacht? ❷ *(≈ altmodisch) rückständig* ◆ Großschreibung →R 3.7 eine reichlich gestrige Auffassung vertreten

Ge·strüpp *das* <-(e)s, -e> *wild wachsendes, dichtes Gebüsch*

Ge·stüt *das* <-(e)s, -e> *ein Betrieb, in dem Pferde gezüchtet werden*

Ge·such *das* <-(e)s, -e> AMTSSPR. (≈ *Eingabe) eine offizielle schriftliche Bitte, die jmd. an eine Behörde richtet:* ein Gesuch einreichen

Ge·su·del *das* <-s> /kein Plur./ *(umg. abwert.: ≈ Sudelei) unordentlich Geschriebenes oder Gezeichnetes*

ge·sund <gesünder, am gesündesten> *adj* ❶ *(≈ krank) so, dass alle Teile und Organe des Körpers intakt sind und funktionieren:* Das Kind ist körperlich und geistig gesund.; Nach der Kur fühlt sie sich viel gesünder. ❷ *so, dass man daran die Gesundheit von jmdm. ablesen kann:* Ihr Gesicht hat eine gesunde Farbe. ❸ *so, dass es gut für jmds. Gesundheit ist:* Rauchen ist nicht gesund. ❹ *so, dass es auf einer soliden wirtschaftlichen Basis beruht:* Er ist Chef eines gesunden Betriebes. ❺ *natürlich, normal:* Das sagt einem doch der gesunde Menschenverstand.; Ein wenig gesunder Ehrgeiz dürfte dir nicht schaden. ◆ Getrennt- und Zusammenschreibung →R 4.15 gesundmachen/ gesund machen; gesundpflegen/gesund pflegen; ◆ Zusammenschreibung →R 4.5, 4.6 gesundbeten; gesundschreiben; gesundschrumpfen; gesundstoßen

ge·sun·den <gesundest, gesundete, ist gesundet> *ohne OBJ* ▓ *jmd.* **gesundet** *(geh.: ≈ genesen) gesund werden*

Ge·sund·heit *die* <-> /kein Plur./ *der Zustand des körperlichen und geistigen Wohlbefindens, in dem alle Teile und Organe des Körpers intakt sind und funktionieren:* Er ist bei bester Gesundheit.; Sie hat eine eiserne/robuste Gesundheit.; Wir wünschen dem Jubilar Gesundheit und ein langes Leben.; Gesundheit kann man nicht kaufen.; In seinem Alter sollte er mehr auf seine Gesundheit achten. ◆ -sfanatiker(in), -spflege, -spolitik, -srisiko, -sschaden, -sschutz, -szustand

ge·sund·heit·lich *adj /nur attr./ /nicht steig./ auf die Gesundheit bezogen:* Seit wann hast du gesundheitliche Probleme?; Wie geht es dir gesundheitlich?

Ge·sund·heits·amt *das* <-(e)s, Gesundheitsämter> *die staatliche Behörde in einer Stadt oder in einem Landkreis, die für die Gesundheit der Einwohner zuständig ist*

Ge·sund·heits·apo·s·tel *der* <-s, -> *(scherzh.)*

G

jmd., der in übertriebener Weise auf eine gesunde Lebensführung achtet

Ge·sund·heits·be·hör·de *die* <-, -n> *(≈ Gesundheitsamt)*

ge·sund·heits·be·wusst *adj so, dass man auf seine Gesundheit achtet:* auf eine gesundheitsbewusste Ernährung achten

ge·sund·heits·för·dernd *adj förderlich für die Gesundheit:* gesundheitsfördernde Aufbaustoffe zu sich nehmen

Ge·sund·heits·für·sor·ge *die* <-, -n> *staatliche Institution, die in Fällen gesundheitlicher Not Fürsorge leistet*

ge·sund·heits·ge·fähr·dend *adj gefährlich für die Gesundheit:* Rauchen ist gesundheitsgefährdend.

Ge·sund·heits·ge·fähr·dung *die* <-, -en> *Gefährdung der Gesundheit*

Ge·sund·heits·re·form *die* <-, -en> POL. *Reform im Gesundheitswesen*

ge·sund·heits·schä·di·gend *adj (≈ gesundheitsschädlich)*

ge·sund·heits·schäd·lich *adj so, dass es die Gesundheit schädigt:* gesundheitsschädliche Dämpfe einatmen

Ge·sund·heits·we·sen *das* <-s> */kein Plur./ die Gesamtheit aller Personen und Institutionen, die sich um die medizinische Versorgung in einem Land kümmern:* Man diskutiert schon lange eine Reform des Gesundheitswesens.

Ge·sund·heits·zeug·nis *das* <-ses, -se> *(von einem Arzt ausgestelltes) Schriftstück, das bescheinigt, dass jmd. gesund ist (und nicht an einer ansteckenden Krankheit leidet)*

ge·sund·schrei·ben <schreibst gesund, schrieb gesund, hat gesundgeschrieben> *mit OBJ ■ jmd. schreibt jmdn. gesund (↔ krankschreiben) als Arzt bescheinigen, dass jmd. (wieder) gesund und arbeitsfähig ist*

ge·sund·schrump·fen <schrumpfst gesund, schrumpfte gesund, hat gesundgeschrumpft> *mit OBJ ■ jmd. schrumpft etwas gesund etwas, das zu groß geworden ist, auf eine Größe verkleinern, die wieder rentabel und wirtschaftlich erfolgreich ist:* Man muss die Firma gesundschrumpfen.; Der Konzern hatte sich gesundgeschrumpft.

ge·sund·sto·ßen <stößt gesund, stieß gesund, hat gesundgestoßen> *mit SICH ■ jmd. stößt sich (bei etwas Dat.) gesund bei einem Geschäft sehr viel Geld verdienen*

Ge·tier *das* <-(e)s> */kein Plur./ nicht näher bestimmte Tiere*

ge·tönt *adj /nicht steig./ mit einer Tönung versehen:* eine getönte Sonnenbrille; getönte Haare

Ge·tö·se *das* <-s> */kein Plur./ (oft abwert.) lautes Tosen, Lärm:* Mach doch nicht solch ein Getöse um nichts!

ge·tra·gen I. *Part. Perf. von* **tragen II.** *adj langsam und feierlich:* Aus dem Radio erklang eine getragene Melodie.

Ge·tram·pel *das* <-s> */kein Plur./ (umg. abwert.) dauerndes Trampeln:* Was ist das für ein Getrampel auf dem Gang?

Ge·tränk *das* <-(e)s, -e> *zum Trinken bestimmte Flüssigkeit (mit der man z. B. den Durst stillt):* Auf

der Party gab es alkoholische und alkoholfreie Getränke. ◆-automat, -edose, -ekarte, -ekeller, -ekiste, -estand, -esteuer, Erfrischungs-, Fruchtsaft-, Milchmix-

Ge·trän·ke·aus·schank *der* <-(e)s, Getränkeausschänke> */meist Sing./ das Ausschenken von Getränken*

Ge·trän·ke·markt *der* <-(e)s, Getränkemärkte> *ein Geschäft, in dem nur Getränke verkauft werden*

ge·trau·en <getraust, getraute, hat getraut> *mit SICH ■ jmd. getraut sich (etwas zu tun) (geh.) sich etwas trauen:* Sie getraute sich nicht, ihn anzusprechen.

Ge·trei·de *das* <-s, -> *eine Pflanze, die über lange Halme verfügt und deren Frucht aus Körnern besteht, die man zu Mehl verarbeitet:* Welche Sorten von Getreide kennst du? ◆-anbau, -ausfuhr, -brei, -einfuhr, -export, -feld, -handel, -import, -lieferung, -markt, -mühle, -preis, -silo, -sorte, -speicher, Futter-, Sommer-, Winter-

Ge·trei·de·bau *der* <-s> */kein Plur./ der Anbau von Getreide*

Ge·trei·de·ern·te *die* <-, -n> ❶ *Ernten von Getreide* ❷ *geerntetes Getreide:* Die letztjährige Getreideernte ist besser ausgefallen als diesmal.

Ge·trei·de·korn *das* <-(e)s, Getreidekörner> *Frucht der Getreidepflanze*

ge·treu I. *adj (geh.) so, dass es einer gegebenen Sache genau entspricht:* Das war eine getreue Wiedergabe des Unfallhergangs. **II. präp** +Dat. *(geh.: ≈ entsprechend)* Alles wurde getreu seinem letzten Willen ausgeführt.

-ge·treu *als Zweitglied zusammengesetzter Adjektive; drückt aus, dass etwas demjenigen genau entspricht, das mit dem Erstglied bezeichnet wird* ◆maßstabs-, natur-, original-, wahrheits-, wirklichkeits-

ge·treu·lich *adj /nur attr./ (geh.) treu, gemäß einer Vorgabe:* jemandem getreulich zur Seite stehen; einen Tathergang getreulich wiedergeben

Ge·trie·be *das* <-s, -> *der Teil einer Maschine, der die vom Motor erzeugte Bewegung überträgt:* Das Auto hat einen Schaden im Getriebe. ◆-öl, -schaden, Automatik-, Fünfgang-, Schalt-

ge·trost *adv gerne, ohne Umschweife:* Sollten Sie Probleme haben, können Sie sich getrost an mich wenden.

Get·to, *a.* **Ghet·to** *das* <-s, -s> ❶ *(meist abwert.) abgetrennter Wohnbezirk einer Stadt, in dem eine bestimmte Gruppe von Menschen lebt* ❷ GESCH. *abgetrenntes Stadtviertel, in dem die jüdische Bevölkerung leben musste*

Get·to·blas·ter, *a.* **Ghet·to·blas·ter** *der* <-s, -> *(umg.) (tragbarer) Radiorekorder*

Get·to·i·sie·rung, *a.* **Ghet·to·i·sie·rung** *die* <-, -en> *(geh. oft abwert.) Isolierung oder Isoliertheit einer (zu einer Minderheit gehörenden) Bevölkerungsgruppe*

Ge·tue *das* <-s> */kein Plur./ (umg. abwert.) übertrieben unecht, gekünstelt wirkendes Verhalten:* Soviel Getue wegen solch einer Kleinigkeit!

Ge·tüm·mel *das* <-s, -> *lautes Durcheinander vieler Menschen:* sich (mitten) ins Getümmel stürzen

ge·tupft *adj /nicht steig./ mit Tupfen:* eine getupfte Bluse

Ge·vat·ter *der,* **Ge·vat·te·rin** <-s, -n> ❶ *(veralt.) Taufpate* ❷ *(veralt. oft scherzh.)* nahestehende Person: Gevatter Tod

Ge·viert *das* <-(e)s, -e> ❶ *Viereck, Quadrat* ❷ *umschlossener Platz, Hof*

Ge·wächs *das* <-es, -e> ❶ *Pflanze* ◆-haus ❷ *Geschwulst, Tumor*

ge·wach·sen I. *Part. Perf. von* **wachsen II.** *adj* ■ **jemandem/einer Sache gewachsen sein** *einem Überlegenen standhalten, eine schwierige Aufgabe bewältigen*

Ge·wächs·haus *das* <-es, Gewächshäuser> *Treibhaus*

ge·wagt I. *Part. Perf. von* **wagen II.** *adj* ❶ *riskant, kühn:* Das ist ein gewagter Plan. ❷ *so, dass man aufgrund der gängigen Moralvorstellungen daran Anstoß nehmen könnte:* Der Ausschnitt ihres Kleides ist sehr gewagt.

ge·wählt I. *Part. Perf. von* **wählen II.** *adj nicht alltäglich, bewusst vornehm:* Sie drückt sich sehr gewählt aus. ► Gewähltheit

Ge·währ *die* <-> */kein Plur./ Garantie, Sicherheit, Bürgschaft:* Ich übernehme keine Gewähr dafür, dass ...; Diese Angaben erfolgten wie immer ohne Gewähr.; Ich leiste Gewähr dafür.; *siehe auch* **gewährleisten**

ge·wahr *adv* ■ **jemandes/einer Sache gewahr werden** *(geh.)* jmdn. oder etwas wahrnehmen, erkennen

ge·wäh·ren <gewährst, gewährte, hat gewährt> *mit OBJ* ■ *jmd. gewährt (jmdm.) etwas Akk.* ❶ *bewilligen:* Man gewährte den Flüchtlingen Schutz/Asyl. ❷ *erfüllen:* Sie gewährte mir einen Wunsch/eine Bitte.; ■ **jemanden gewähren lassen** *jmdm. keine Vorschriften machen*

ge·währ·leis·ten <gewährleistest, gewährleistete, hat gewährleistet> *mit OBJ* ■ *jmd. gewährleistet (jmdm.) etwas Akk. sicherstellen:* Die Sicherheit der Passagiere war zu jedem Zeitpunkt gewährleistet.; Wir haben einen glatten Übergang gewährleistet.; *siehe aber auch* **Gewähr**

Ge·währ·leis·tung *die* <-, -en> ❶ *das Gewährleisten* ❷ *Mängelhaftung* ❸ SCHWEIZ. *Genehmigung, Bestätigung von kantonalen Verfassungen durch den Bund*

Ge·währ·leis·tungs·frist *die* <-, -en> *Frist, innerhalb der ein Verkäufer dem Käufer gegenüber für eventuelle Mängel an der Ware haftet*

Ge·währ·leis·tungs·pflicht *die* <-, -en> *gesetzliche Verpflichtung (des Verkäufers) zur Gewährleistung²*

Ge·wahr·sam *der* <-s> */kein Plur./* ■ **jemanden in (polizeilichen) Gewahrsam nehmen/in (polizeilichem) Gewahrsam sein** *jmdn. verhaften oder in Haft sein*

Ge·währs·frau *die* <-, -en> *siehe* **Gewährsmann**

Ge·währs·mann *der,* **Ge·währs·frau** <-(e)s, Gewährsmänner/Gewährsleute> *zuverlässige Person, auf deren Aussage man sich stützt*

Ge·währs·per·son *die* <-, -en> *Gewährsmann oder -frau*

Ge·walt *die* <-, -en> ❶ */kein Plur./ Macht:* Der

Diktator missbrauchte die staatliche Gewalt.; Die Verschwörer haben die Gewalt an sich gerissen.; Die Terroristen brachten mehrere Geiseln in ihre Gewalt. ❷ */kein Plur./ das Einsetzen von körperlicher Stärke mit dem Ziel, jmdn. zu etwas zu zwingen, jmdn. zu verletzen; brutales Vorgehen:* Ich bin gegen jede Art von Gewalt.; Die Täter wendeten brutale/rohe Gewalt an. ❸ */kein Plur./ körperliche Kraft, mit der etwas erreicht wird:* Die Tür ließ sich nur mit Gewalt öffnen. ❹ *große Kraft eines Naturphänomens:* Mit unvorstellbarer Gewalt stürzen die Schneemassen ins Tal.; ■ **sich/etwas in der Gewalt haben** *sich oder etwas beherrschen;* ■ **mit (aller) Gewalt** *unbedingt*

Ge·walt·akt *der* <-(e)s, -e> ❶ *anstrengende Handlung, mit der in kurzer Zeit viel erreicht wird* ❷ *Anwendung von Gewalt²*

Ge·walt·an·dro·hung *die* <-, -en> *Androhung von Gewalt: von jemandem unter Gewaltandrohung ein Geständnis erzwingen*

ge·walt·be·reit *adj bereit, Gewalt anzuwenden:* gewaltbereite Jugendliche ► Gewaltbereitschaft

Ge·walt·de·likt *das* <-(e)s, -e> *unter Gewaltanwendung verübte Straftat*

Ge·wal·ten·tei·lung *die* <-> */kein Plur./* POL. *Trennung der staatlichen Obrigkeit in Gesetzgebung, Rechtsprechung und Verwaltung*

ge·walt·frei *adj /nicht steig./ ohne Anwendung von Gewalt²:* eine gewaltfreie Demonstration

ge·wal·tig *adj* ❶ *(umg.) eindrucksvoll (aufgrund der Größe):* In Nordamerika gibt es einzigartige Wälder mit uralten, gewaltigen Mammutbäumen.; Die Pyramiden sind gewaltige Bauwerke. ❷ *sehr stark, sehr intensiv:* Bei der Kernspaltung werden gewaltige Kräfte freigesetzt.; Wir litten unter der gewaltigen Hitze/Kälte. ❸ *sehr groß (in Menge, Anzahl):* Eine gewaltige Zahl von Heuschrecken fiel über die Felder her. ❹ *sehr beeindruckend:* Der Sportler vollbrachte eine gewaltige Leistung.; Der Komponist hat ein gewaltiges Werk hinterlassen. ❺ *sehr:* Solltest du das glauben, dann hast du dich gewaltig getäuscht.

-ge·wal·tig *als Zweitglied zusammengesetzter Adjektive; drückt aus, dass eine Person eine enorme Wirkung im Hinblick auf das mit dem Erstglied Bezeichnete erzielen kann* ◆rede-, sprach-, stimm-, wort-, schuss-

Ge·walt·kur *die* <-, -en> *Radikalkur*

ge·walt·los *adj /nicht steig./ gewaltfrei, ohne Anwendung von Gewalt²:* einen Konflikt gewaltlos lösen ► Gewaltlosigkeit

Ge·walt·marsch *der* <-es, Gewaltmärsche> *anstrengender, langer Marsch:* einen Gewaltmarsch auf sich nehmen

Ge·walt·maß·nah·me *die* <-, -n> *mit Gewalt ergriffene oder angewendete Maßnahme*

Ge·walt·mensch *der* <-en, -en> *jmd., der dazu neigt, Gewalt anzuwenden*

ge·walt·sam *adj* (↔ *friedlich)* Nach dem gewaltsamen Umsturz herrscht Chaos in diesem Land. ► Gewaltsamkeit

Ge·walt·tat *die* <-, -en> *unter Anwendung von Gewalt² begangene Straftat* ► Gewalttäter, Gewalttäterin

ge·walt·tä·tig adj so, dass sich jmd. rücksichtslos mit Gewalt² durchsetzt: ein gewalttätiger Ehemann ▸ Gewalttätigkeit

Ge·walt·ver·bre·chen das <-s, -> unter Gewaltanwendung begangenes Verbrechen ▸ Gewaltverbrecher, Gewaltverbrecherin

ge·walt·ver·herr·li·chend adj so, dass Gewalt darin als positiv und richtig dargestellt wird: ein gewaltverherrlichender Film ▸ Gewaltverherrlichung

Ge·walt·ver·zicht der <-(e)s> /kein Plur./ POL. Verzicht auf die Anwendung militärischer Mittel, der von zwei oder mehreren Staaten vertraglich geregelt ist

Ge·wand das <-(e)s, Gewänder> ❶ (geh.) festliches Kleidungsstück ❷ SÜDDT., ÖSTERR., SCHWEIZ. Kleidung

ge·wan·det adj /nicht steig./ (geh.) ein Gewand tragend: eine prunkvoll gewandete Statue

ge·wandt I. Part. Perf. von **wenden II.** adj geschickt und sicher: Er ist ein gewandter Tänzer.

ge·wann Prät. von **gewinnen**

Ge·wäsch das <-(e)s> /kein Plur./ (umg. abwert.) leeres Gerede: Das Gewäsch der Nachbarn interessiert mich nicht.

Ge·wäs·ser das <-s, -> eine größere, natürliche Ansammlung von Wasser, wie z. B. ein See oder ein Fluss: Die Wasserqualität der stehenden und der fließenden Gewässer hat sich wieder verbessert. ◆ Binnen-, Küsten-

Ge·wäs·ser·ana·ly·se die <-, -n> Analyse der Wasserqualität: eine Gewässeranalyse durchführen/vornehmen (lassen)

Ge·wäs·ser·be·las·tung die <-, -en> (durch Umweltverschmutzung verursachte) Belastung der Gewässer

Ge·we·be das <-s, -> ❶ BIOL. Struktur aus gleichartigen Zellen ❷ Stoff

Ge·webs·flüs·sig·keit die <-, -en> Lymphe

Ge·webs·trans·plan·ta·ti·on die <-, -en> Transplantation von Gewebe

Ge·wehr das <-(e)s, -e> eine Feuerwaffe mit relativ langem Lauf: Der Schuss wurde aus einem Gewehr abgegeben. ◆ -kugel, -salve, -schuss, Jagd-

Ge·wehr·kol·ben der <-s, -> (≈ Schaft) hinterer Teil des Gewehrs

Ge·wehr·lauf der <-(e)s, Gewehrläufe> Lauf eines Gewehrs: den Gewehrlauf auf jemanden richten

Ge·wehr·mün·dung die <-, -en> Mündung eines Gewehrs: Öffnung des Gewehrlaufs

Ge·weih das <-(e)s, -e> die Hörner, die bei bestimmten Wildtieren die erwachsenen männlichen Tiere haben: Hirsche und Rehböcke haben ein Geweih. ◆ Elch-, Hirsch-

ge·weiht I. Part. Perf. von **weihen II.** adj /nicht steig./ REL. gesegnet: eine geweihte Hostie

ge·wellt adj mit Wellen oder Locken: gewelltes Haar; eine gewellte Linie

Ge·wer·be das <-s, -> selbstständige berufliche Tätigkeit in bestimmten Berufszweigen ◆ -betrieb, -fläche, -freiheit, -gebiet, -steuer, Bau-, Gaststätten-, Hotel-

Ge·wer·be·amt das <-(e)s, Gewerbeämter> Gewerbeaufsichtsamt

Ge·wer·be·auf·sichts·amt das <-(e)s, Gewerbeaufsichtsämter> Amt, welches den Arbeitsschutz in Betrieben überwacht

Ge·wer·be·schein der <-(e)s, -e> Schein, der zur Ausübung eines Gewerbes berechtigt

ge·wer·be·trei·bend adj /nicht steig./ /nur attr./ ein Gewerbe ausübend

Ge·wer·be·zweig der <-(e)s, -e> Sparte innerhalb eines bestimmten Gewerbes

ge·werb·lich adj /nur attr./ /nicht steig./ das Gewerbe betreffend: Diese Räume sind ausschließlich für die gewerbliche Nutzung bestimmt.

Ge·werk·schaft die <-, -en> Zusammenschluss der Arbeitnehmer zur Durchsetzung ihrer Interessen ◆ -sbeitrag, -sbewegung, -sführer(in), -sfunktionär(in), -smitglied, -ssitzung, -sversammlung, -svorsitzende, Drucker-, Eisenbahner-, Polizei- usw.

Ge·werk·schaf·ter der, **Ge·werk·schaf·te·rin** <-s, -> Mitglied oder Funktionär einer Gewerkschaft

Ge·werk·schaft·ler, Ge·werk·schaft·le·rin siehe **Gewerkschafter**

Ge·werk·schafts·bund der <-(e)s, Gewerkschaftsbünde> Vereinigung verschiedener Gewerkschaften: Deutscher Gewerkschaftsbund

ge·werk·schafts·nah <gewerkschaftsnäher, am gewerkschaftsnächsten> adj einer Gewerkschaft (politisch) nahestehend: eine gewerkschaftsnahe Partei

Ge·werk·schafts·ver·band der <-(e)s, Gewerkschaftsverbände> Gewerkschaftsbund

Ge·wicht das <-(e)s, -e> ❶ /kein Plur./ (wiegbare) Schwere eines Körpers: Voll beladen beträgt das Gewicht des Fahrzeugs mehr als vier Tonnen.; Sie sollten besser auf Ihr Gewicht achten! ❷ /kein Plur./ PHYS. Kraft, mit der ein Körper nach unten zieht ❸ Gegenstände mit einer bestimmten Schwere (die man beispielsweise zum Wiegen benutzt) ❹ /kein Plur./ Bedeutung: Du solltest dieser Angelegenheit nicht so viel Gewicht beimessen.; ▪ **ins Gewicht fallen** Bedeutung haben

Ge·wicht·he·ben das <-s> /kein Plur./ SPORT eine Sportart, in der Gewichte gehoben oder gestemmt werden ▸ Gewichtheber, Gewichtheberin

ge·wich·tig adj sehr bedeutend: Sie hat dabei ein gewichtiges Wort mitzureden. ▸ Gewichtigkeit

Ge·wichts·ein·heit die <-, -en> Maßeinheit, in der das Gewicht von etwas bestimmt wird

Ge·wichts·ver·la·ge·rung die <-, -en> Verlagerung des (eigenen) Gewichts

ge·wieft adj (umg.) (aus Erfahrung) schlau, gerissen: ein gewiefter Halunke

Ge·wie·her das <-s> /kein Plur./ dauerndes Wiehern

ge·willt adj /nicht steig./ (geh.) bereit: Bist du gewillt, das zu tun?; Ich bin nicht gewillt, deine Launen länger zu ertragen.

Ge·wim·mel das <-s> /kein Plur./ Durcheinander von vielen kleinen Lebewesen

Ge·win·de das <-s, -> ein Rille in Form einer Spirale an einer Schraube oder einer Mutter: Schrauben und Muttern haben ein Gewinde.

Ge·winn der <-(e)s, -e> ❶ WIRTSCH. (↔ Verlust) das Geld, das jmd. bei einem Geschäft (nach Ab-

zug aller Kosten) verdient: Im vergangenen Jahr verzeichnete das Unternehmen Gewinne in Millionenhöhe. ❷ *Preis, den man irgendwo gewinnen kann:* Den Siegern winken Gewinne im Wert von über zehntausend Euro. ❸ *Bereicherung:* Der neue Spieler ist ein Gewinn für den Verein. ◆ Getrennt- oder Zusammenschreibung →R 4.9 eine Gewinn bringende/gewinnbringende Investition; ◆ Getrenntschreibung →R 4.16 großen Gewinn bringend; *siehe auch* **gewinnbringend**

Ge·winn·ab·füh·rung *die* <-, -en> AMTSSPR. *Ablieferung von Steueranteilen eines Gewinns an das Finanzamt*

Ge·winn·aus·schüt·tung *die* <-, -en> WIRTSCH. *Auszahlung von Anteilen an einem Gewinn*

Ge·winn·be·tei·li·gung *die* <-, -en> *Beteiligung der Arbeitnehmer am betrieblichen Gewinn*

ge·winn·brin·gend *adj so, dass es einen Gewinn bringt:* ein gewinnbringendes Geschäft ◆ Zusammen- oder Getrenntschreibung →R 4.9 gewinnbringend/Gewinn bringend; *siehe auch* **Gewinn**

ge·win·nen <gewinnst, gewann, hat gewonnen> **I.** *mit OBJ/ohne OBJ* ■ *jmd. gewinnt (etwas Akk.) in einem Kampf, einem Wettkampf, einem Wettstreit, einem Spiel, einer Auseinandersetzung siegen:* Die Gäste gewannen mit 2:0.; Wer hat gewonnen?; Der Exweltmeister gewinnt diese Etappe überlegen mit einem Vorsprung von zwei Minuten. **II.** *mit OBJ* ■ *jmd. gewinnt etwas Akk. (aus etwas Dat.)* ❶ *aufgrund eigener Anstrengungen erlangen:* Er gewann hohes Ansehen/großen Einfluss. ❷ *herstellen:* Gummi gewinnt man aus Kautschuk. **III.** *ohne OBJ* ■ *jmd./etwas gewinnt an etwas Dat. mehr bekommen:* Das Flugzeug gewinnt wieder an Höhe.

ge·win·nend I. *Part. Präs. von* **gewinnen II.** *adj sympathisch:* Sie hat ein gewinnendes Lächeln.

Ge·win·ner *der*, **Ge·win·ne·rin** <-s, -> (≈ *Sieger*) Dem Gewinner winkt eine Siegprämie in Höhe von zehntausend Euro.

Ge·winn·los *das* <-es, -e> *Los eines Gewinnspiels:* ein Gewinnlos ziehen

Ge·winn·mar·ge *die* <-, -n> WIRTSCH. *Gewinnspanne*

Ge·winn·ma·xi·mie·rung *die* <-, -en> WIRTSCH. *Streben nach größtmöglichem Gewinn*

Ge·winn·quo·te *die* <-, -n> *Anteil am Gesamtgewinn*

Ge·winn·span·ne *die* <-, -n> WIRTSCH. *Unterschied zwischen dem Einkaufs- oder Herstellungspreis einer Ware und ihrem Verkaufspreis*

Ge·winn·stre·ben *das* <-s> /kein Plur./ *Streben nach Gewinn*

Ge·win·nung *die* <-, -en> /meist Sing./ *Erzeugung, Förderung* ◆ Erdöl-

Ge·winn·zahl *die* <-, -en> *eine Zahl, z. B. in einer Lotterie, die ausgelost wurde und mit der ein Gewinn verbunden ist:* Bei sechs richtigen Gewinnzahlen kann man eine Million Euro gewinnen.

Ge·win·sel *das* <-s> /kein Plur./ *(abwert.)* ❶ *dauerndes Winseln* ❷ *unwürdiges Bitten*

Ge·wirr *das* <-(s)> ❶ *wirres Knäuel* ❷ *Durcheinander:* Wie soll man sich in diesem Gewirr von

Gassen zurechtfinden?; In diesem Gewirr von Stimmen kann ich nichts verstehen.

ge·wiss *adj* /nicht steig./ ❶ *ganz sicher (eintretend):* Gewiss ist das keineswegs, es ist im Gegenteil höchst unsicher. ❷ *sicherlich:* Die Vorstellung hat gewiss schon begonnen. ◆ Großschreibung →R 3.4, R 3.7 etwas/nichts Gewisses

Ge·wis·sen *das* <-s, -> *Bewusstsein von Gut und Böse des eigenen Handelns:* Sein Gewissen regte sich.; Sie plagte ihr Gewissen.; Ich hatte ein gutes/schlechtes Gewissen.; ■ *jemanden auf dem Gewissen haben an jmds. Tod oder Untergang (mit)schuldig sein;* ■ *etwas auf dem Gewissen haben etwas verschuldet haben;* ■ *jemandem ins Gewissen reden auf jmdn. wohlwollend einreden*

ge·wis·sen·haft *adj* (≈ *sorgfältig*) *so, dass man sehr genau jedes Detail überprüft:* Alles ist gewissenhaft überprüft worden. ▷ Gewissenhaftigkeit

ge·wis·sen·los *adj kalt und skrupellos:* Die Bevölkerung ist entsetzt über das gewissenlose Vorgehen der Betrüger. ▷ Gewissenlosigkeit

Ge·wis·sens·bis·se <-> *Plur. die Schuldgefühle, die man bekommt, weil einem bewusst ist, dass das eigene Handeln falsch ist*

Ge·wis·sens·ent·schei·dung *die* <-, -en> *eine Entscheidung, bei der das Gewissen ausschlaggebend ist:* eine Gewissensentscheidung fällen

Ge·wis·sens·fra·ge *die* <-, -n> /meist Sing./ *eine Frage, bei deren Beantwortung das Gewissen (und nicht so sehr rationale Gründe) ausschlaggebend ist:* eine Gewissensfrage stellen

Ge·wis·sens·grün·de <-> *Plur. Gründe, für die das Gewissen entscheidende Bedeutung hat:* den Kriegsdienst aus Gewissensgründen ablehnen

Ge·wis·sens·kon·flikt *der* <-(e)s, -e> *aus widerstreitenden Gewissensgründen resultierender Konflikt:* in einen Gewissenskonflikt geraten

Ge·wis·sens·not *die* <-, Gewissensnöte> *starker Gewissenskonflikt:* in Gewissensnöte geraten

ge·wis·ser·ma·ßen *adv sozusagen:* Er ist gewissermaßen ein Seelenverwandter von mir.

Ge·wiss·heit *die* <-> /kein Plur./ *Sicherheit:* Das kann ich nicht mit Gewissheit sagen.; Ich musste mir darüber Gewissheit verschaffen, dass …

Ge·wit·ter *das* <-s, -> *ein Unwetter mit Blitz und Donner und meist sehr starkem Regen:* In den nächsten Tagen bestimmen Schauer und Gewitter unser Wetter.; Ein Gewitter zieht auf/braut sich zusammen/richtet schwere Schäden an. ◆ -regen, -schauer, -sturm, -wolke, Sommer-, Wärme-, Winter-

Ge·wit·ter·front *die* <-, -en> Gegen Abend zieht eine Gewitterfront vom Westen heran.

ge·wit·tern <gewittert, gewitterte, hat gewittert> *mit ES* ■ *es gewittert es blitzt und donnert:* Es gewitterte mehrere Stunden lang.

Ge·wit·ter·nei·gung *die* <-, -en> *Wahrscheinlichkeit eines Gewitters:* Die Gewitterneigung verstärkt sich im Laufe des Tages.

Ge·wit·ter·stim·mung *die* <-> /kein Plur./ *(oft übertr.) allgemeine Stimmung vor einem Gewitter:* Bei uns zu Hause herrscht zur Zeit Gewitterstimmung.

G

Ge·wit·ter·zie·ge *die* <-, -n> *(abwert.)* streitlustige Frau

ge·witt·rig *adj* mit der Neigung zu Gewittern: gewittrige Schauer

ge·witzt *adj* schlau: Er ist ein gewitzter Geschäftsmann.

ge·wöh·nen I. *mit OBJ* ■ *jmd. gewöhnt jmdn. an jmdn./etwas* vertraut machen: Er musste die Katze erst an sich gewöhnen.; Der Trainer gewöhnt die Athleten an höhere Belastungen. II. *mit SICH* ■ *jmd./etwas gewöhnt sich an jmdn./ etwas* vertraut werden: Die Augen müssen sich erst an die Dunkelheit gewöhnen.; Nach dem Umzug ins Ausland musste er sich erst an die neuen Sitten und an die neue Umgebung gewöhnen.

G

Ge·wohn·heit *die* <-, -en> *(unbewusst)* automatisch ablaufende Handlung, Selbstverständlichkeit: Unsere Spielabende sind längst zur Gewohnheit geworden.; Das ist eine schlechte Gewohnheit von ihm.; Er tut dies aus reiner Gewohnheit.; Ich musste damals meine Gewohnheiten ändern.; Das ist die Macht der Gewohnheit! ◆-strinker(in), -sverbrecher, Denk-, Lebens-, Trink-

ge·wohn·heits·ge·mäß *adj /nicht steig./* einer bestimmten Gewohnheit gemäß: Er wollte gewohnheitsgemäß die Tür hinter sich ins Schloss fallen lassen.

ge·wohn·heits·mä·ßig *adj /nicht steig./* aus Gewohnheit: etwas schon ganz gewohnheitsmäßig tun

Ge·wohn·heits·mensch *der* <-en, -en> jmd., dessen Leben von festen Gewohnheiten bestimmt, geprägt wird; siehe auch **Gewohnheitstier**

Ge·wohn·heits·recht *das* <-(e)s> /kein Plur./ RECHTSW. nicht schriftlich festgelegtes, aber durch Gewohnheit festgelegtes Recht

Ge·wohn·heits·sa·che *die* <-> /kein Plur./ etwas, war für jmdn. eine Gewohnheit ist: Das ist alles nur Gewohnheitssache.

Ge·wohn·heits·tier *das* <-(e)s, -e> *(scherzh.)* Gewohnheitsmensch

ge·wöhn·lich *adj* ❶ normal: Heute ist nichts Besonderes passiert, es war ein ganz gewöhnlicher Tag. ❷ üblich: Ich ging zur gewönlichen Zeit ins Bett. ❸ *(abwert.)* unfein, von niedrigem Niveau, ordinär: Er ist ein ziemlich gewöhnlicher Mensch.

Ge·wöhn·lich·keit *die* <-> /kein Plur./ das Gewöhnlichsein

ge·wohnt *adj /nicht steig./* üblich, vertraut: Wir werden in gewohnter Weise vorgehen.; Nachdem er lange fort war, genoss er es, wieder in der gewohnten Umgebung zu sein.; ■ *etwas gewohnt sein* etwas als Selbstverständlichkeit betrachten

ge·wöhnt *adj* so, dass man an etwas gewohnt ist: Ich bin es gewöhnt, morgens früh aufzustehen.

Ge·wöh·nung *die* <-> /kein Plur./ das Sichgewöhnen

ge·wöh·nungs·be·dürf·tig *adj* so, dass man sich (erst) daran gewöhnen muss: Dieses neue Spaghettigericht ist gewöhnungsbedürftig.

Ge·wöh·nungs·sa·che *die* <-> /kein Plur./ Gewohnheitssache

Ge·wöl·be *das* <-s, -> gekrümmte Steindecke (in Kirchen, Sälen, Kellern) ◆-bogen, -pfeiler, Kreuz-

ge·wölbt *adj* mit einer Wölbung versehen: eine gewölbte Decke

Ge·wühl *das* <-(e)s> /kein Plur./ ❶ *(dauerndes)* Wühlen, Herumsuchen ❷ lebhaftes Durcheinander *(vieler Menschen, Tiere)*: Am Beginn des Schlussverkaufes stürzten sich auch diesmal wieder viele Schnäppchenjäger ins Gewühl.

ge·wür·felt *adj* mit einem Würfelmuster versehen: eine gewürfelte Tagesdecke

Ge·würm *das* <-(e)s, -e> /meist Sing./ Würmer, Reptilien

Ge·würz *das* <-es, -e> ein Mittel, mit dem man Speisen würzt und das entweder aus Pflanzen oder künstlich hergestellt wird: Das Gewürz ist mir zu scharf. ◆-bord, -gurke, -handel, -kuchen, -mischung, -pflanze, -traminer

Ge·würz·bord *das* <-(e)s, -e> *(an der Wand befestigte)* Haltevorrichtung für Gewürze, die meist in kleinen Dosen oder Gläsern aufbewahrt werden

Ge·würz·müh·le *die* <-, -n> Mühle für Gewürze

Ge·würz·nel·ke *die* <-, -n> die Knospe des Nelkenbaumes, die man als Gewürz verwenden kann

ge·würzt *adj /nicht steig./* so, dass Gewürz daran ist: ein scharf gewürztes Gericht

Gey·sir *der* ['gɛɪ̯ziːɐ̯] <-s, -e> Quelle, die in bestimmten Abständen heißes Wasser in Fontänen ausstößt

gez. *adj* kurz für „gezeichnet"

Ge·zänk *das* <-(e)s> /kein Plur./ *(abwert.)* dauerndes Zanken

ge·zeich·net *adj /nicht steig./* Vermerk unter Schriftstücken, dass man es selbst unterschrieben hat

Ge·zei·ten <-> *Plur.* Wechsel von Ebbe und Flut ◆-tafel, -wechsel

Ge·zei·ten·kraft·werk *das* <-(e)s, -e> mithilfe von Gezeitenstrom betriebenes Kraftwerk

Ge·zei·ten·strom *der* <-(e)s, Gezeitenströme> durch den Gezeitenwechsel verursachte Meeresströmung ◆-anlage

Ge·ze·ter *das* <-s> /kein Plur./ *(abwert.)* dauerndes Schimpfen, Jammern mit schriller Stimme

ge·zielt I. *Part. Perf. von* **zielen** II. *adj* auf einen bestimmten Zweck ausgerichtet: Der Kriminalbeamte stellte gezielte Fragen.

ge·zie·men <geziemt, geziemte, hat geziemt> *mit SICH* ■ *etwas geziemt sich (nicht)* *(veralt.)* sich gehören: Hör auf damit, das geziemt sich nicht bei Tisch.

ge·ziert I. *Part. Perf. von* **zieren** II. *adj* affektiert, nicht natürlich, gekünstelt: Sie hat eine entsetzlich gezierte Ausdrucksweise.

Ge·ziert·heit *die* <-> /kein Plur./ das Geziertsein

Ge·zirp, Ge·zir·pe *das* <-s> /kein Plur./ dauerndes Zirpen: das Gezirp der Grillen

Ge·zweig *das* <-(e)s> /kein Plur./ *(geh.)* Zweige

Ge·zwit·scher *das* <-s> /kein Plur./ dauerndes Zwitschern: Hörst du das Gezwitscher der Vögel?

ge·zwun·gen I. *Part. Perf. von* **zwingen** II. *adj* nicht aus freiem Willen und deshalb unnatürlich wirkend: Sie lachte gezwungen.

ge·zwun·ge·ner·ma·ßen *adv* so, dass es unter ei-

nem Zwang oder aus einer Notwendigkeit heraus geschieht: Wir mussten den Urlaub gezwungenermaßen abbrechen.

GG *kurz für „Grundgesetz"*

ggfs. *adv kurz für „gegebenenfalls"*

Gha·na <-s> *Staat in Afrika* ▸ Ghanaer, Ghanaerin, ghanaisch

Ghet·to *siehe* **Getto**

Ghet·to·blas·ter *siehe* **Gettoblaster**

Ghet·to·i·sie·rung *siehe* **Gettoisierung**

Ghost·wri·ter *der,* **Ghost·wri·te·rin** ['goʊstraɪtɐ] <-s, -> *(geh.) ein Autor, der beispielsweise für Prominente Reden, Memoiren usw. schreibt und selbst nicht als Verfasser in Erscheinung tritt*

Gi·b·ral·tar, Gi·b·ral·tar, Gi·b·ral·tar <-s> *Insel bei Spanien* ▸ Gibraltar, Gibraltaerin, gibraltaisch

Gicht *die* <-> */kein Plur./* MED. *durch eine Stoffwechselstörung verursachte Erkrankung der Gelenke* ◆-anfall, -knoten

Gie·bel *der* <-s, -> *dreieckige Abschlusswand eines (Sattel-)Daches an den Schmalseiten* ◆ Dach-, -fenster

Gier *die* <-> */kein Plur./ heftiges, maßloses Verlangen:* Sein ganzes Tun wurde von einer hemmungslosen/unersättlichen Gier nach Macht und Reichtum bestimmt. ◆ Geld-

gie·rig *adj voller Gier:* Er aß gierig den ganzen Teller leer.

-gie·rig *als Zweitglied zusammengesetzter Adjektive; drückt aus, dass eine besondere Neigung gegeben ist, das mit dem Erstglied Bezeichnete tun/erhalten/erleben zu können* ◆ geld-, gold-, macht-, mord-, profit-, rach-, raff-

gie·ßen <gießt, goss, hat gegossen> **I.** *mit OBJ/ ohne OBJ* ■ *jmd. gießt (etwas Akk.)* ❶ *Pflanzen mit Wasser versorgen:* Hast du die Blumen schon gegossen?; Während der heißen Sommertage muss man jeden Abend gießen. ❷ *etwas herstellen, indem man flüssiges Metall in eine Hohlform füllt und darin erstarren lässt:* In diesem Betrieb gießt man Glocken.; Sie sind in der Werkstatt und gießen. **II.** *mit OBJ* ■ *jmd. gießt etwas in etwas Akk. eine Flüssigkeit aus einem Gefäß irgendwohin fließen lassen:* Der Kellner goss den Wein in die Gläser. **III.** *mit ES* ■ *es gießt (irgendwie) (umg.) stark regnen:* Es gießt (in Strömen).

Gie·ße·rei *die* <-, -en> *ein Betrieb, in dem Gegenstände aus Metall durch Gießen I.2 hergestellt werden* ◆ -arbeiter, -betrieb, Eisen-

Gieß·kan·ne *die* <-, -n> *Wasserkanne zum Gießen I.1*

Gieß·kan·nen·prin·zip *das* <-s> */kein Plur./ gleichmäßige Verteilung von staatlichen Geldmitteln, ohne die unterschiedlichen Verhältnisse der Empfänger zu berücksichtigen*

Gift *das* <-(e)s, -e> *eine Substanz, die schädliche oder tödliche Auswirkungen für einen Organismus hat:* Das Gift hat seinen Körper zerstört.; ■ **auf etwas Gift nehmen können** *(umg.) etwas als ganz sicher betrachten können;* ■ **Gift und Galle speien/spucken** *(umg.) sehr wütend sein;* ■ **Gift für jemanden/etwas sein** *sehr schädlich für jmdn. oder etwas sein* ◆ -drüse, -mord, -mörder(in), -pfeil, -pflanze, -pilz, -schlange, -spinne,

-stachel, -stoff, -zahn, Insekten-, Pflanzen-, Ratten-, Schlangen-

gif·ten <giftest, giftete, hat gegiftet> **I.** *mit OBJ* ■ *etwas giftet jmdn. sehr ärgerlich machen:* Ihr Verhalten giftete ihn. **II.** *mit SICH* ■ *jmd. giftet sich (über etwas Akk.) sehr ärgerlich werden:* Als sie davon erfuhr, giftete sie sich gewaltig.

Gift·gas *das* <-es, -e> *giftiges Gas*

gif·tig *adj* ❶ *Gift enthaltend:* Im Labor sind die giftigen Chemikalien mit einem Totenkopf gekennzeichnet. ❷ *(umg.) boshaft:* Er warf ihr einen giftigen Blick zu. ▸ Giftigkeit

Gift·müll *der* <-s> */kein Plur./ Müll, der giftige Stoffe enthält* ◆ -deponie, -transport

Gift·nu·del *die* <-, -n> *(abwert.) giftige, missgünstige Frau*

Gift·sprit·ze *die* <-, -n> ❶ *Spritze, mit der zum Tode verurteilte Menschen hingerichtet werden* ❷ *(abwert.) Giftnudel*

Gift·wol·ke *die* <-, -n> *aus giftiger Substanz bestehende Wolke*

Gift·zwerg *der* <-(e)s, -e> *(umg. abwert.) Schimpfwort für einen kleinen, boshaften Menschen*

Gi·gant *der,* **Gi·gan·tin** <-en, -en> ❶ *(geh.) Riese* ❷ *Person, die in einem bestimmten Bereich große Bedeutung erlangt hat:* Er ist ein Gigant des Radsports.

gi·gan·tisch *adj riesig, imposant:* Das ist ein gigantisches Bauwerk/Schiff.

Gim·mick *der* <-s, -s> *Werbegag*

Gim·pel *der* <-s, -> ZOOL. *ein Singvogel*

Gin *der* [dʒɪn] <-s, -s> *englischer Wachholderbranntwein*

ging *Prät. von* **gehen**

Gink·go *der* ['ɡɪŋko] <-s, -s> BOT. *ein Baum*

Gin·seng *der* ['ɡɪnzɛŋ] <-, -s> BOT. *eine Pflanze, aus deren Wurzel man ein Anregungsmittel herstellt*

Gins·ter *der* <-s, -> BOT. *ein Strauch*

Gip·fel *der* <-s, -> ❶ *der höchste Punkt eines Berges:* Morgen wird die Expedition den Gipfel erreichen. ❷ *(umg.) das Äußerste der genannten Sache:* Das ist doch der Gipfel der Frechheit!

Gip·fe·li *das* <-s, -> SCHWEIZ. *mundartlich: Hörnchen*

gip·feln <gipfelt, gipfelte, hat gegipfelt> *ohne OBJ* ■ *etwas gipfelt in etwas Dat. in etwas seinen Höhepunkt erreichen:* Ihre Rede gipfelte in einem Aufruf zur Solidarität.

Gip·fel·tref·fen *das* <-s, -> POL. *Treffen führender (politischer) Persönlichkeiten*

Gips *der* <-es, -e> ❶ *eine Kalkart* ❷ *Pulver aus Gips¹, das man mit Wasser anrühren kann, um damit beispielsweise Löcher in der Wand auszufüllen oder Figuren oder Büsten herzustellen*

Gips·bein *das* <-(e)s, -e> *wegen eines Knochenbruchs mit einem festen Gipsverband umgebenes Bein*

Gips·büs·te *die* <-, -n> *Büste aus Gips*

gip·sen <gipst, gipste, hat gegipst> *mit OBJ* ■ *jmd. gipst etwas Akk.* ❶ *mit Gips ausbessern:* Wir müssen vor dem Streichen die Wand gipsen.

G

G

❷ *(umg.) einen Gipsverband anlegen:* Der Arzt hatte das gebrochene Bein gegipst.

Gips·fi·gur *die* <-, -en> *Figur aus Gips*

Gips·ver·band *der* <-(e)s, Gipsverbände> *aus in Gips² getränkten Binden hergestellter Verband, der hart wird und beispielsweise zum Ruhigstellen gebrochener Gliedmaßen dient:* einen Gipsverband anlegen/erneuern

Gi·raf·fe *die* <-, -n> ZOOL. *ein Steppentier mit einem sehr langen Hals*

Girl *das* ['gɜ:l] <-s, -s> *(umg.) Mädchen*

Gir·lan·de *die* <-, -n> *eine Art langer Streifen aus buntem Papier oder verschiedenen Pflanzen, den man zur Dekoration bei Festen aufhängt:* Die Decke des Festsaals war mit Girlanden geschmückt.

Girl-Group *die* ['gɜ:l gru:p] <-, -s> (↔ Boy-Group) *Mädchenband*

Gir·lie *das* ['gɜ:li] <-s, -s> *(umg.) mädchenhaftfrech auftretende (junge) Frau*

Gi·ro *das* [ʒi:...] <-s, -s/Giri> *bargeldloser Zahlungsverkehr* ♦ -bank, -konto, -scheck

Gi·ro·ver·kehr *der* [ʒi:...] <-s> */kein Plur./ über Girokonten abgewickelte Zahlungsweise*

Gischt *die* <-, -en> */Plur. selten/ das schaumige, spritzende Wasser bei starkem Wellengang*

Gi·tar·re *die* <-, -n> *ein Musikinstrument mit einem langen Hals und meist sechs Saiten:* der Hals/die Saiten einer akustischen/elektrischen Gitarre; die Gitarre an den Verstärker anschließen/spielen/stimmen ♦ -nsolo, -nspieler(in), -nverstärker, Bass-, E(lektro)-, Rhythmus-

Gi·tar·ren·sai·te *die* <-, -n> *Saite an einer Gitarre*

Git·ter *das* <-s, -> *eine Absperrung, die aus sich waagerecht und senkrecht kreuzenden Stäben aus Holz oder Metall besteht:* Vor den Fenstern befinden sich massive Gitter aus Eisen.; ■ **hinter Gittern** *(umg.) ins oder im Gefängnis* ♦ -fenster, -stab, -tür, -zaun

git·ter·ar·tig *adj /nicht steig./ einem Gitter ähnlich:* ein gitterartiges Geflecht

Git·ter·bett·(chen) *das* <-s, -en/(-)> *(kleines) Bett für Kleinkinder, das (als Schutzvorrichtung) von einem Gitter umgeben ist*

git·ter·för·mig *adj /nicht steig./ geformt wie ein Gitter*

Git·ter·rost *der* <-(e)s, -e> *mit Gitter verkleidete Abdeckung von Öffnungen*

Git·ter·werk *das* <-(e)s, -e> *Gebilde aus Gitter:* sämtliches Gitterwerk an einem Gebäude erneuern

Glace *die* [gla(:)s] <-, -n> SCHWEIZ. *Speiseeis*

Gla·cé·hand·schuh, *a.* **Gla·cee·hand·schuh** ■ **jemanden mit Glacéhandschuhen anfassen** *(umg.) jmdn. überaus vorsichtig behandeln*

Gla·cé·le·der, *a.* **Gla·cee·le·der** *das* <-s, -> */meist Sing./ weiches Leder aus Ziegen- oder Lammfell*

Gla·di·a·tor *der* <-s, ...-toren> GESCH. *Schaukämpfer im antiken Rom*

Gla·di·o·le *die* <-, -n> *eine Gartenblume*

Glanz *der* <-es> */kein Plur./* **❶** *die Eigenschaft, dass etwas glänzt¹:* Der Silberschmuck hatte seinen Glanz verloren und musste poliert werden. **❷** *einer Sache innewohnender, bewunderter gro-*

ßer Vorzug: Der Glanz der Jugend/der Schönheit war längst verblasst.

glän·zen¹ <glänzt, glänzte, hat geglänzt> *ohne OBJ* ■ *jmd./etwas glänzt* **❶** *(aufgrund einer sehr glatten oder sehr sauberen Oberfläche) Licht reflektieren, leuchten:* Das Auto glänzt vor Sauberkeit. **❷** *(übertr.) hervorragen, hervorstechen, sich auszeichnen:* Der Sportler glänzte durch gute Leistungen.

glän·zen² <glänzt, glänzte, hat geglänzt> *mit OBJ* ■ *jmd. glänzt etwas Akk.* SCHWEIZ. *zum Glänzen bringen, polieren*

glän·zend I. *Part. Präs. von* **glänzen II.** *adj (umg.) hervorragend:* Die Athletin hat bei den letzten Wettkämpfen glänzende Ergebnisse erzielt.; Das war ein glänzender Einfall.

Glanz·idee *die* <-, -n> *(umg. oft iron.) sehr gute Idee*

Glanz·leis·tung *die* <-, -en> *(oft iron.) sehr gute Leistung*

glanz·los *adj* **❶** *ohne Glanz¹, matt, trübe:* glanzloses Haar **❷** *ohne Glanz², mittelmäßig:* ein glanzloses Abschlusszeugnis

Glanz·punkt *der* <-es, -e> *(übertr.) Höhepunkt:* Der Glanzpunkt der Vorstellung war das Geigensolo.

Glanz·rol·le *die* <-, -n> THEAT., FILM, TV *von einem Schauspieler besonders gut ausgefüllte Rolle:* Sein letzter Auftritt war unbestreitbar seine Glanzrolle.

Glanz·stück *das* <-(e)s, -e> **❶** *sehr gute Leistung* **❷** *sehr wertvoller Gegenstand:* Dieses Gemälde ist das Glanzstück des Museums.

glanz·voll *adj* **❶** *sehr gut, hervorragend:* eine glanzvolle Leistung **❷** *festlich, prunkvoll:* einen glanzvollen Auftritt haben

Glas *das* <-es, Gläser> **❶** */kein Plur./ ein lichtdurchlässiges, leicht zerbrechliches Material:* Man kann optische Linsen aus Glas oder aus Kunststoff anfertigen.; Der Architekt entwirft überwiegend Bürohochhäuser aus Stahl, Beton und Glas. ♦ -fenster, -flasche, -gefäß, -geschirr, -reiniger, -scheibe, -scherbe, -tür, -vitrine, -ware **❷** *Trinkgefäß aus Glas¹:* Dieses Glas ist für den Weißwein, das andere für das Mineralwasser.; Er hob sein Glas und prostete mir zu. **❸** *verwendet als Maßangabe:* Er hat schon drei Gläser Bier getrunken. **❹** *Behälter aus Glas¹:* Wir haben noch einige Gläser mit Marmelade im Vorratsraum. **❺** *kurz für „Brillenglas":* Die Gläser beschlagen. **❻** *kurz für „Fernglas"*

Glas·au·ge *das* <-s, -n> MED. *künstliches Auge aus Glas¹*

Glas·blä·ser *der*, **Glas·blä·se·rin** <-s, -> *jmd., der beruflich Glasgegenstände aus flüssigem Glas¹ herstellt*

Gla·ser *der*, **Gla·se·rin** <-s, -> *jmd., der beruflich Glasscheiben zuschneidet und einsetzt* ♦ -werkstatt

Gla·se·rei *die* <-, -en> *Betrieb eines Glasers*

glä·sern *adj /nicht steig./ aus Glas¹ bestehend:* ein gläsernes Gefäß; *siehe aber auch* **glasig**

Glas·fa·ser·ka·bel *das* <-s, -> *Kabel, das aus einem fadenförmigen Glaserzeugnis hergestellt wird*

Glas·glo·cke *die* <-, -n> ❶ *Glocke aus Glas* ❷ *glockenförmige Haube aus Glas¹:* Käse unter einer Glasglocke aufbewahren

Glas·haus *das* <-es, Glashäuser> *Gewächshaus, Treibhaus*

gla·sig *adj* ❶ *durchsichtig wie Glas:* Du musst die Zwiebeln braten, bis sie glasig sind. ❷ *starr, ausdruckslos:* Sie hatte glasige Augen.

Glas·kas·ten *der* <-s, Glaskästen> *kastenförmiger Behälter mit Glaswänden*

glas·klar, **glas·klar** *adj /nicht steig./* ❶ *klar und durchsichtig wie Glas¹:* Das Wasser des Gebirgsbaches ist glasklar. ❷ *(umg.) völlig klar und deutlich:* Er hat sich doch glasklar ausgedrückt.

Glas·kör·per *der* <-s, -> ANAT. *Teil des menschlichen Auges*

Glas·nost *die* <-> */kein Plur./* POL. *(vor allem in Bezug auf die Regierung der ehemaligen Sowjetunion) das Offenlegen der politischen Ziele der Regierung*

Glas·nu·del *die* <-, -n> *asiatische, durchsichtige Nudelsorte aus Reismehl*

Gla·sur *die* <-, -en> ❶ *dünne, glasartige Schicht auf Keramik- oder Porzellanwaren* ❷ *dünner Überzug aus Zucker oder Schokolade auf Gebäck*

Glas·wa·re *die* <-, -n> */meist Plur./ (zum Verkauf gedachte) Gegenstände aus Glas¹*

glatt <glatter/glätter, am glattesten/glättes­ten> *adj* ❶ *ohne Unebenheiten:* Der Tisch hat eine glatte Oberfläche. ❷ *rutschig:* Die Straßen waren glatt. ❸ *ohne Schwierigkeiten:* Die Landung des Flugzeuges/Die Fahrt verlief glatt. ❹ *(umg.) eindeutig, klar erkennbar:* Das ist glatter Wahnsinn/eine glatte Lüge! ◆ Getrennt- und Zusammenschreibung →R 4.15 glatt bügeln/glattbügeln; glatt hobeln/glatthobeln; glatt kämmen/ glattkämmen; glatt machen/glattmachen; glatt polieren/glattpolieren; glatt rasieren/glattrasieren; glatt schleifen/glattschleifen; glatt streichen/glattstreichen

Glät·te *die* <-> */kein Plur./ das Glattsein ¹, ²*

Glatt·eis *das* <-es> */kein Plur./ nach Frost (auf dem Boden) entstehende Eisschicht;* ■ **jemanden aufs Glatteis führen** *(umg.) jmdn. überlisten wollen*

Glätt·ei·sen *das* <-s, -> SCHWEIZ. *Bügeleisen*

Glatt·eis·ge·fahr *die* <-, -en> *Gefahr, dass sich Glatteis bildet:* Fahr vorsichtig – im Radio war heute von Glatteisgefahr die Rede.

glät·ten¹ <glättest, glättete, hat geglättet> *mit OBJ* ■ *jmd. glättet etwas Akk. glatt machen, ebnen:* Sie glättete Falten ihres Rocks.

glät·ten² <glättest, glättete, hat geglättet> *mit OBJ* ■ *jmd. glättet etwas Akk.* SCHWEIZ. *bügeln*

glatt·ge·hen <geht glatt, ging glatt, ist glattge­gangen> *ohne OBJ* ■ *etwas geht glatt ohne Probleme gehen, in Ordnung sein:* Ist bei der Prüfung alles glattgegangen?

glatt·weg *adv (umg.)* ❶ *ohne zu zögern, kurzerhand:* Sie hat meine Bitte glattweg abgelehnt. ❷ *eindeutig:* Das ist glattweg gelogen.

Glat·ze *die* <-, -n> *(umg.) haarloser, kahler Kopf:* eine Glatze haben/bekommen

Glatz·kopf *der* <-es, Glatzköpfe> *(umg. oft abwert.) Mann mit Glatze* ▶ glatzköpfig

Glau·be *der* <-ns> */kein Plur./* ❶ *feste Überzeugung, die nicht auf Fakten, Beweisen, sondern auf dem Gefühl beruht:* Sein Glaube an die Zukunft ist unerschütterlich.; Er wurde von einem blinden/fanatischen/ unerschütterlichen Glauben getrieben.; Du solltest seinen Worten keinen Glauben schenken. ❷ *religiöse Überzeugung:* Ein fester Glaube bestimmte ihr Leben. ❸ *Religion:* Sie trat zum christlichen Glauben über.

glau·ben <glaubst, glaubte, hat geglaubt> I. *mit OBJ/ohne OBJ* ■ *jmd. glaubt (an) etwas Akk. etwas für wahr, richtig oder möglich halten:* Sie glaubte ihm kein Wort mehr.; Ich kann einfach nicht glauben, dass …; Man glaubte dem Angeklagten nicht.; Ich glaube nicht an Wunder. II. *mit OBJ* ■ *jmd. glaubt etwas Akk. meinen, der Ansicht sein:* Ich glaube, dass dieser Plan gut ist.; Glaubst du, wir schaffen das bis morgen? III. *ohne OBJ* ■ *jmd. glaubt an etwas Akk.* ❶ *vertrauen:* Glaubst du noch an seine Ehrlichkeit? ❷ *aufgrund seiner religiösen Einstellung von der Existenz einer Person, Sache überzeugt sein:* Sie glaubt an die Auferstehung Christi.; ■ **dran glauben müssen** *(umg.) sterben*

Glau·bens·ar·ti·kel *der* <-s, -> REL. *(Teil-)Abschnitt aus dem Glaubensbekenntnis*

Glau·bens·be·kennt·nis *das* <-ses, -se> ❶ *Zugehörigkeit zu einer Religionsgemeinschaft, Konfession* ❷ */kein Plur./* REL. *die (in einem Gebet zusammengefassten) wichtigsten Grundsätze der christlichen Religion* ❸ *Überzeugung:* Der Politiker legte in einer Rede sein politisches Glaubensbekenntnis ab.

Glau·bens·bru·der *der*, **Glau·bens·schwes·ter** <-s, Glaubensbrüder> *jmd., der den gleichen (religiösen) Glauben hat*

Glau·bens·din·ge <-> *Plur. (Gesamtheit der) den Glauben betreffende Angelegenheiten:* in Glaubensdingen keinen Spaß verstehen

Glau·bens·ei·fer *der* <-s> */kein Plur./ im Zusammenhang mit Glaubensdingen stehender Eifer:* Sie entwickelte einen regelrechten Glaubenseifer nach ihrer Bekehrung.

Glau·bens·frei·heit *die* <-> */kein Plur./ Religionsfreiheit:* jemandem Glaubensfreiheit gewähren

Glau·bens·ge·mein·schaft *die* <-, -en> *alle Angehörigen einer Konfession, einer religiösen Gruppe*

Glau·bens·kri·se *die* <-, -n> *Krise in Bezug auf den (eigenen) Glauben:* eine Glaubenskrise durchmachen

Glau·bens·rich·tung *die* <-, -en> *Richtung innerhalb des Glaubens:* Welche Glaubensrichtung vertrittst du?

Glau·bens·sa·che *die* <-, -n> *etwas, das nicht auf Beweisen, sondern auf dem Glauben beruht:* Das kann man nicht nachweisen, das muss man als Glaubenssache akzeptieren.

Glau·bens·satz *der* <-es, Glaubenssätze> ❶ *als absolut vertretene religiöse These* ❷ *(≈ Glaubensartikel)*

Glau·bens·schwes·ter *die* <-, -n> *siehe* **Glaubensbruder**

Glau·bens·streit *der* <-(e)s, -e> /*meist Sing.*/ *Streit um Glaubensdinge:* einen Glaubensstreit anzetteln/anfangen

Glau·ber·salz *das* <-es> CHEM. *ein Abführmittel*

glaub·haft *adj überzeugend:* Er konnte mir glaubhaft versichern, dass …

Glaub·haf·tig·keit *die* <-> /*kein Plur.*/ *die Eigenschaft, glaubhaft zu sein*

gläu·big *adj (im christlichen Sinne oder im Sinne anderer Religionen) von der Existenz Gottes überzeugt, fromm:* Er ist gläubiger Christ/Moslem.

-gläu·big *als Zweitglied zusammengesetzter Adjektive; drückt aus, dass eine besondere Neigung gegeben ist, das mit dem Erstglied Bezeichnete ungeprüft/vorurteilslos/kritiklos/ohne Zweifel anzuerkennen und ihm zu vertrauen* ◆ autoritäts-, obrigkeits-, wissenschafts-, zukunfts-

Gläu·bi·ge *der/die* <-n, -n> *jmd., der gläubig ist*

Gläu·bi·ger *der*, **Gläu·bi·ge·rin** <-s, -> (↔ Schuldner) *jmd., der einem anderen Geld geliehen hat*

Gläu·big·keit *die* <-> /*kein Plur.*/ *das Gläubigsein*

glaub·wür·dig *adj verlässlich, glaubhaft:* Du kannst ihm vertrauen – er hat mir glaubwürdig versichert, nichts damit zu tun zu haben.

Glaub·wür·dig·keit *die* <-> /*kein Plur.*/ *die Eigenschaft oder der Zustand, dass man etwas oder jmdm. glauben kann*

gleich I. *adj* /*nicht steig.*/ ❶ *völlig identisch:* Man forderte gleichen Lohn für gleiche Arbeit.; Es sollte gleiches Recht für alle gelten. ❷ *sehr ähnlich, vergleichbar:* Alle Geschwister haben die gleiche Figur. ❸ *unverändert:* Die Preise sind seit Jahren gleich geblieben. **II.** *adv* /*nicht steig.*/ ❶ *sofort:* Einen Moment, ich komme gleich. ❷ *unmittelbar daneben:* Er wohnt gleich am Bahnhof. ❸ *zugleich:* Er hat sich gleich drei Hemden gekauft. **III.** *part* ❶ *doch, noch:* Wie war gleich Ihr Name? ❷ *verwendet, um seinen Unmut auszudrücken:* Wenn wir jetzt nicht anfangen, können wir es gleich bleiben lassen. **IV.** *präp* +*Dat. (geh.) wie:* Er stolzierte gleich einem Pfau. ◆ Großschreibung →R 3.4, R 3.7 das Gleiche tun; Es kommt aufs Gleiche hinaus.; Gleiches mit Gleichem vergelten; ◆ Getrenntschreibung →R 4.9, 4.5 gleich alt; gleich groß; gleich lang; gleich schnell; gleich weit; gleich denkend; ein gleich lautender Name; gleich geartete Verhältnisse; ein gleich gelagerter Fall; zwei gleich gesinnte Freunde; zwei gleich gestimmte Seelen; zwei gleich geschriebene Namen; ◆ Zusammenschreibung →R 4.5, 4.6 gleichgeschlechtlich; gleichkommen; gleichmachen; gleichschalten; gleichsetzen; gleichstellen; gleichtun; gleichziehen

gleich·alt·rig, *a.* **gleich·al·te·rig** *adj* /*nicht steig.*/ *im gleichen Alter:* Wir sind fast gleichaltrig.

gleich·ar·tig *adj* /*nicht steig.*/ *von der gleichen Art:* Sie haben mit gleichartigen Problemen zu kämpfen. ▶ Gleichartigkeit

gleich·be·deu·tend *adj* /*nicht steig.*/ *so, dass et-* was das Gleiche bedeutet wie etwas anderes: Das Schweigen war gleichbedeutend mit einer Absage.

Gleich·be·hand·lung *die* <-, -en> *gleiche Behandlung:* Von Gleichbehandlung kann in dieser Firma nicht die Rede sein!

gleich·be·rech·tigt *adj* /*nicht steig.*/ *so, dass man über die gleichen Rechte verfügt:* Sie sind gleichberechtigte Geschäftspartner.

Gleich·be·rech·ti·gung *die* <-> /*kein Plur.*/ *der Zustand, dass auf bestimmten Gebieten gleiche Rechte für bestimmte Personengruppen herrschen:* Ist die Gleichberechtigung der Frau überall durchgesetzt?

glei·chen <gleichst, glich, hat geglichen> *ohne OBJ* ■ *jmd./etwas gleicht jmdm./etwas (irgendwie) ähnlich sein:* Sie gleicht ihrer Mutter.; Die Zwillinge gleichen sich wie ein Ei dem anderen.

glei·chen·tags *adv* SCHWEIZ. *am gleichen Tag*

glei·cher·ma·ßen *adv in gleicher Weise, ebenso:* Der Lehrer ist bei seinen Schülern wie bei seinen Kollegen gleichermaßen beliebt.

glei·cher·wei·se *adv gleichermaßen*

gleich·falls *adv ebenfalls, auch:* „Viel Glück!" „Danke, gleichfalls!"; Wir hatten gleichfalls Pech.

gleich·för·mig *adj ohne Veränderung (ablaufend), eintönig:* Diese gleichförmige Arbeit macht wahrlich kein Vergnügen.; Die Tage im Krankenhaus verliefen gleichförmig. ▶ Gleichförmigkeit

gleich·ge·stellt *adj* /*nicht steig.*/ *den gleichen Rang, die gleiche Stellung einnehmend:* Was das Finanzielle betrifft, so sind wir gleichgestellt. ▶ Gleichgestelltheit

Gleich·ge·wicht *das* <-(e)s, -e> ❶ *der Zustand, dass ein Körper ausbalanciert ist:* Der Seiltänzer verlor das Gleichgewicht und wäre beinahe verunglückt. ◆ -slage, -sorgan, -ssinn, -sstörung ❷ *innere Ausgeglichenheit:* Er lässt sich durch nichts aus dem Gleichgewicht bringen. ❸ *ausgeglichener Zustand:* Solche Eingriffe in die Natur stören das ökologische Gleichgewicht.

gleich·gül·tig *adj* ❶ *ohne Interesse, ohne Anteilnahme:* Er steht dieser Sache völlig gleichgültig gegenüber. ❷ *egal, unwichtig:* Es ist gleichgültig, wie die Mannschaft heute spielt, sie ist in jedem Falle bereits abgestiegen.

Gleich·gül·tig·keit *die* <-> /*kein Plur.*/ *Teilnahmslosigkeit*

Gleich·heit *die* <-> /*kein Plur.*/ ❶ *sehr große Übereinstimmung, Ähnlichkeit:* Nachdem wir uns eine Weile unterhalten haben, stellten wir die Gleichheit unseres Musikgeschmackes fest. ❷ /*kein Plur.*/ *das Gleichsein bezüglich der Stellung, der Rechte:* Es geht uns um die Gleichheit aller vor dem Gesetz.

Gleich·heits·(grund)·satz *der* <-es, Gleichheits(grund)sätze> *Grundsatz-/prinzip-/recht der Gleichheit*

Gleich·heits·prin·zip *das* <-s, -ien/-e> *Gleichheits(grund)satz*

Gleich·heits·zei·chen *das* <-s, -> MATH. *Zeichen zur Kennzeichnung der absoluten Gleichheit[1] zweier Zahlen, Größen*

Gleich·klang *der* <-(e)s> /*kein Plur.*/ *Harmo-*

nie, Übereinstimmung: Beiden wurde an diesem Abend der Gleichklang ihrer Seelen bewusst.

gleich·kom·men <kommst gleich, kam gleich, ist gleichgekommen> *ohne OBJ* ▪ *jmd./etwas kommt jmdm./etwas gleich* ❶ *entsprechen:* Eine solche Unterstellung kommt einer Beleidigung gleich. ❷ *jmdn. erreichen, jmdm. gleichwertig sein:* An Ausdauer und Disziplin kommt ihm so schnell niemand gleich.

gleich·lau·fend *adj /nicht steig./ (oft übertr.) in die gleiche Richtung (ver)laufend:* gleichlaufende Tendenzen aufweisen

gleich·ma·chen <machst gleich, machte gleich, hat gleichgemacht> *mit OBJ* ▪ *jmd./etwas macht etwas Akk. gleich bestehende Unterschiede beseitigen:* man kann nicht alle Menschen gleichmachen

Gleich·ma·che·rei *die* <-> */kein Plur./ (abwert.) das Verhalten, verschiedene Sachverhalte oder Menschen in unangemessener Weise gleichzusetzen:* In diesem Fall hat es keinen Sinn, Gleichmacherei betreiben zu wollen.

gleich·mä·ßig *adj* ❶ *zu gleichen Teilen, im gleichen Ausmaß, ausgewogen:* Tragen Sie die Salbe gleichmäßig auf den betreffenden Stellen auf. ❷ *ausgeglichen, ohne Schwankungen:* Der Patient atmet gleichmäßig.

Gleich·mä·ßig·keit *die* <-> */kein Plur./ der Zustand, dass etwas gleichmäßig ist oder verläuft*

Gleich·mut *der/die* <-(e)s> */kein Plur./ ausgeglichener Gemütszustand, Gelassenheit:* Er nahm die Nachricht mit scheinbarem Gleichmut entgegen.

gleich·mü·tig *adj mit Gleichmut:* eine Sache gleichmütig ertragen ▸ Gleichmütigkeit

gleich·na·mig *adj /nur attr./ /nicht steig./ demselben Namen:* Der Film basiert auf dem gleichnamigen Drama von Shakespeare.

Gleich·nis *das* <-ses, -se> LIT. *kurze Erzählung, die eine (abstrakte) Vorstellung durch den Vergleich mit einer zweiten aus einem anderen, meist sinnlich-gegenständlichen Bereich anschaulicher oder eindringlicher macht, wobei beide Vorstellungen in einem wesentlichen Moment zusammenfallen; Parabel*

gleich·nis·haft *adj /nicht steig./ in der Art oder wie ein Gleichnis:* eine gleichnishafte Geschichte erzählen

gleich·ran·gig *adj /nicht steig./ auf oder von gleichem Rang:* Was ihre Mathematikleistungen betrifft, so sind sie fast gleichrangig. ▸ Gleichrangigkeit

gleich·sam *adv (geh.) sozusagen, gewissermaßen:* Sie hatte etwas gleichsam Unwirkliches, wie sie da auf einmal stand.

gleich·schal·ten <schaltest gleich, schaltete gleich, hat gleichgeschaltet> *mit OBJ* ▪ *jmd. schaltet jmdn./etwas gleich (abwert.) (in Diktaturen) dafür sorgen, dass alle (politischen, wirtschaftlichen, kulturellen) Institutionen auf eine einheitliche Linie gebracht und der herrschenden Denkweise angepasst werden*

Gleich·schal·tung *die* <-> */kein Plur./ das*

Gleichschalten: die Gleichschaltung der Kirche im Nationalsozialismus

gleich·schen·ke·lig, **gleich·schenk·lig** *adj /nicht steig./* MATH. *so, dass ein Dreieck zwei gleich lange Seiten hat*

Gleich·schritt *der* <-(e)s> */kein Plur./* MILIT. *eine Art des Gehens oder Marschierens, bei der alle Beteiligten zur gleichen Zeit denselben Fuß nach vorne setzen und so im selben Rhythmus gehen:* Die Soldaten marschieren im Gleichschritt.

gleich·sei·tig *adj /nicht steig./* MATH. *so, dass eine geometrische Figur gleich lange Seiten hat* ▸ Gleichseitigkeit

gleich·set·zen <setzt gleich, setzte gleich, hat gleichgesetzt> *mit OBJ* ▪ *jmd. setzt jmdn./etwas jmdm./etwas gleich als vergleichbar, gleich(wertig) betrachten:* Du kannst doch die damaligen Verhältnisse nicht mit den heutigen gleichsetzen. ▸ Gleichsetzung

Gleich·stand *der* <-(e)s> */kein Plur./* SPORT *gleiche Punktzahl bzw. Zahl von Toren:* Bei Gleichstand nach der Verlängerung wird das Spiel im Elfmeterschießen entschieden.

gleich·stel·len <stellst gleich, stellte gleich, hat gleichgestellt> *mit OBJ* ▪ *jmd. stellt jmdn./etwas jmdm./etwas gleich auf die gleiche Stufe (mit) stellen:* Die Arbeiter wurden (mit) den Angestellten gleichgestellt.

Gleich·stel·lung *die* <-, -en> */meist Sing./ das Gleichstellen:* Die Gleichstellung von Mann und Frau ◆-sbeauftragte, -sgesetz

Gleich·strom *der* <-(e)s> */kein Plur./* ELEKTROTECHN. *(↔ Wechselstrom) elektrischer Strom, der immer in die gleiche Richtung fließt*

gleich·tun <tust gleich, tat gleich, hat gleichgetan> *mit OBJ* ▪ *jmd. tut es jmdm. (an/in etwas Dat.) gleich jmdn. nachahmen oder versuchen, die gleiche Leistung wie ein anderer zu erbringen:* Sie wollte es ihren älteren Geschwistern gleichtun und ebenfalls Artistin werden.

Glei·chung *die* <-, -en> MATH. *das Gleichsetzen zweier mathematischer Größen:* eine Gleichung aufstellen/lösen

Glei·chungs·sys·tem *das* <-s, -e> MATH. *System von Gleichungen*

gleich·viel, **gleich·viel** *adv gleichgültig, wie dem auch sei:* Gleichviel, wir müssen trotzdem auf die anderen warten.

gleich·wer·tig *adj /nicht steig./ von gleichem Wert:* Die Mannschaft war ein gleichwertiger Gegner.

gleich·wie *konj (ebenso) wie*

gleich·win·ke·lig, **gleich·wink·lig** *adj /nicht steig./* MATH. *so, dass ein Dreieck zwei gleiche Winkel hat*

gleich·wohl, **gleich·wohl** *adv dennoch, trotzdem:* Ich muss gleichwohl darauf bestehen, dass …

gleich·zei·tig *adj /nicht steig./ zur gleichen Zeit:* Wenn alle gleichzeitig sprechen, verstehe ich überhaupt nichts. ▸ Gleichzeitigkeit

gleich·zie·hen <ziehst gleich, zog gleich, hat gleichgezogen> *ohne OBJ* ▪ *jmd. zieht mit jmdm./etwas gleich eine ähnliche Leistung wie*

G

eine andere Person erbringen: Sie hat mit der Rekordhalterin gleichgezogen und dieses Turnier nun ebenfalls acht Mal gewonnen.

Gleis *das* <-es, -e> ❶ *der Fahrweg für Schienenfahrzeuge, der aus Holz- oder Betonschwellen und Schienen besteht* ◆ -abschnitt, -anschluss, -bett, -dreieck, -verlegung, Abstell-, Bahn-, Rangier-, Straßenbahn- ❷ *Bahnsteig:* Der Zug fährt in wenigen Minuten auf Gleis 8 ein.; ■ **aus dem Gleis bringen/werfen** *aus dem gewohnten Lebensrhythmus geraten*

Gleis·ar·bei·ten <-> *Plur. Bauarbeiten an den Gleisen:* Gleisarbeiten verrichten ▶ Gleisarbeiter, Gleisarbeiterin

Gleis·bau *der* <-s> /kein Plur./ *die Herstellung und das Verlegen von Gleisen*

glei·ßend *adj sehr hell glänzend:* Er wurde vom gleißenden Licht eines Scheinwerfers geblendet.

Gleis·über·gang *der* <-(e)s, Gleisübergänge> *Übergang von einem Gleis zum anderen*

glei·ten <gleitest, glitt, ist geglitten> *ohne OBJ* ■ **jmd./etwas gleitet irgendwohin** ❶ *sich leicht und gleichmäßig bewegen:* Sie gleiten mit ihren Inlineskates über den glatten Asphalt. ❷ *schwebend fliegen:* Der Adler gleitet durch die Lüfte. ❸ *herabgleiten:* Die Schwimmerin gleitet vom Rand des Schwimmbeckens ins Wasser.

gleit·fä·hig *adj so, dass etwas gleitet* ▶ Gleitfähigkeit

Gleit·flug·zeug *das* <-(e)s, -e> *Segelflugzeug*

Gleit·schirm *der* <-(e)s, -e> *eine Art Fallschirm, den man benutzt, um von Bergen herab ins Tal zu segeln* ◆ Getrenntschreibung →R 4.8 Gleitschirm fliegen

Gleit·se·geln *das* <-s> /kein Plur./ SPORT *Paragliding*

Gleit·zeit *die* <-> /kein Plur./ *Arbeitszeitregelung, bei der Anfang und Ende der Arbeitszeit innerhalb bestimmter Grenzen frei gewählt werden können*

Glet·scher *der* <-s, -> *sehr große zusammenhängende Eismasse im Hochgebirge* ◆ -bach, -eis, -feld, -see, -spalte, Eiszeit-, Hochgebirgs-

Glet·scher·tour *die* <-, -en> *Wanderung zu einem Gletscher:* eine Gletschertour unternehmen

Glet·scher·zun·ge *die* <-, -n> *das vordere, schmal zulaufende Ende eines Gletschers*

glich *Prät. von* **gleichen**

Glied *das* <-(e)s, -er> ❶ *ein Arm oder ein Bein:* Das Kind zitterte vor Kälte an allen Gliedern.; Sie streckte ihre Glieder. ◆ -erbau, -erpuppe, -erschmerz(en) ❷ (≈ *Penis*) *das männliche Glied;* ein steifes Glied ❸ *eines der Teile einer Kette:* Eine Kette ist so stark wie ihr schwächstes Glied. ◆ Ketten- ❹ *(übertr.) einzelnes Verbindungselement:* Das ist ein wichtiges Glied in der Beweiskette. ◆ -satz, Binde-, Zwischen-

Glie·der·ket·te *die* <-, -n> *aus einzelnen Gliedern³ bzw. Segmenten bestehende Halskette*

glie·dern <gliederst, gliederte, hat gegliedert> I. *mit OBJ* ■ **jmd. gliedert etwas** *Akk. in eine bestimmte Ordnung bringen:* Er hat seine Diplomarbeit in zehn Kapitel gegliedert. II. *mit SICH* ■ **etwas gliedert sich in etwas** *Akk. eine bestimmte*

Gliederung aufweisen: Das Bauprojekt gliedert sich in vier Phasen.

Glie·der·pup·pe *die* <-, -n> *Puppe mit beweglichen Gliedern¹*

Glie·der·rei·ßen *das* <-s> /kein Plur./ (≈ Gliederschmerz) *siehe auch* **Rheuma**

Glie·de·rung *die* <-, -en> ❶ /kein Plur./ *das Gliedern, Strukturieren:* Ich bin noch mit der Gliederung meines Aufsatzes beschäftigt. ❷ (≈ *Aufbau, Struktur) das Art, wie etwas gegliedert ist:* Das Deckengemälde weist eine klare Gliederung auf.

Glied·ma·ße *die* <-, -n> /meist Plur./ *ein Arm oder ein Bein*

Glied·satz *der* <-es, Gliedsätze> SPRACHWISS. *Nebensatz in der Rolle eines Satzgliedes*

glim·men <glimmt, glomm/glimmte, hat geglommen/geglimmt> *ohne OBJ* ■ **etwas glimmt** *schwach und ohne Flamme brennen, glühen:* Die Reste des Lagerfeuers glimmen noch.; das Glimmen einer Zigarette auf weite Entfernung sehen können

Glimm·stän·gel *der* <-s, -> (umg. scherzh.) *Zigarette*

glimpf·lich *adj ohne größeren Schaden:* Wir sind bei dem Hochwasser glimpflich davongekommen.; Das ist ja noch mal glimpflich ausgegangen.

glit·schig *adj (umg.) feucht und glatt:* Der glitschige Fisch glitt ihm aus den Händen.

glitt *Prät. von* **gleiten**

Glit·ter *der* <-s> /kein Plur./ *Flitter*

glit·zern <glitzert, glitzerte, hat geglitzert> *ohne OBJ* ■ **etwas glitzert** *immer wieder hell aufblitzen und im Licht funkeln:* Das Meer/Der Schnee glitzert in der Sonne.

glo·bal *adj /nicht steig./* ❶ *so, dass die gesamte Erde und alle Menschen davon betroffen sind:* Stehen Naturkatastrophen im Zusammenhang mit der globalen Klimaveränderung? ❷ (≈ *umfassend) über ein globales Wissen verfügen* ❸ *allgemein und ohne große Tiefe:* Ich habe von diesen Problemen nur eine sehr globale Vorstellung.

glo·ba·li·siert *adj /nicht steig./ mit den Merkmalen des Globalismus:* die globalisierte Finanzwelt

Glo·ba·li·sie·rung *die* <-> /kein Plur./ *der Vorgang, dass vor allem wirtschaftliche Fragen nicht mehr nur innerhalb eines Landes relevant sind, sondern eine weltweite Ausdehnung bekommen:* In der Diskussion ging es um Gefahren und Chancen der zunehmenden Globalisierung der Wirtschaft/der Märkte. ◆ -sgegner(in), -skritik, -skritiker(in)

Glo·be·trot·ter *der*; **Glo·be·trot·te·rin** <-s, -> *jmd., der die ganze Welt bereist (hat)*

Glo·bus *der* <-ses, Globen/-se> ❶ /kein Plur./ *die Erde:* Sie ist schon um den ganzen Globus gereist. ❷ *kleines Modell der Erdkugel:* ein beleuchteter Globus

Glo·cke *die* <-, -n> ❶ *eine Art großer (beweglich und mit nach unten weisender Öffnung aufgehängter) Topf aus Metall, der an der Unterseite weiter ist als an der Oberseite; ein Stab aus Metall, der Klöppel, schlägt beim Bewegen der Glocke gegen deren Wände und erzeugt einen (lau-*

ten) Ton: Die Glocken läuten. ◆-ngeläut, -ngießerei, -nklang, -nklöppel, -nläuten, -nton, Kirchen-, Turm- ❷ LANDSCH. (≈ Türklingel) ❸ ein Gerät, das ein akustisches Signal erzeugt, das auf etwas hinweist: Die Glocke läutet zum Stundenwechsel/zur großen Pause.; Für den Läufer ertönte die Glocke zur letzten Runde.; ▪etwas an die große Glocke hängen (umg. abwert.) etwas überall erzählen ◆ Haus-, Tür-, Wohnungs-

-glo·cke als Zweitglied zusammengesetzter Substantive; drückt aus, ❶ dass das mit dem Erstglied Bezeichnete ungefähr die Form einer Glocke hat und zum Schutz über Nahrungsmittel gestülpt wird ◆ Butter-, Käse-, Küchen- ❷ dass das mit dem Erstglied Bezeichnete in der Atmosphäre ungefähr die Form einer Glocke hat ◆ Dunst-, Rauch-

Glo·cken·blu·me die <-, -n> eine Garten- und Wiesenblume

glo·cken·hell adj /nicht steig./ klar und hell (wie eine Glocke klingend): eine glockenhelle Stimme besitzen

Glo·cken·schlag der <-(e)s, Glockenschläge> Schlag einer Glocke[1], welcher die Zeit angibt: Beim Glockenschlag war es zehn Uhr.

Glo·cken·spiel das <-(e)s, -e> ❶ mehrere Glocken[1], die meist an einem öffentlichen Gebäude angebracht sind und mit einer Uhr verbunden sind und die zu bestimmten Uhrzeiten eine Melodie spielen: Zu jeder vollen Stunde ertönt das Glockenspiel im Rathaus. ❷ ein Musikinstrument mit mehreren Plättchen aus Metall, auf die man mit einer Art kleinem Hammer schlägt, um so den Klang zu erzeugen

Glo·cken·stuhl der <-(e)s, Glockenstühle> die Balkenkonstruktion in einem Kirchturm, an der die Glocken[1] hängen

Glo·cken·turm der <-(e)s, Glockentürme> der Turm, der zu einer Kirche gehört und in dem die Glocken[1] hängen

Glo·cken·zei·chen das <-s, -> (≈ Glockenschlag) Beim Glockenzeichen ist es genau zwölf Uhr.

Glöck·ner der, **Glöck·ne·rin** <-s, -> GESCH. jmd., der die Kirchenglocken läutet: der Glöckner von Notre Dame

glomm Prät. von **glimmen**

Glo·ria das <-s> /kein Plur./ ❶ (oft iron.) Ruhm, Glanz ❷ REL. Lobgesang im christlichen Gottesdienst

Glo·rie die <-> /kein Plur./ (geh.) Ruhm, Glanz

Glo·ri·fi·ka·ti·on die <-, -en> das Glorifizieren

glo·ri·fi·zie·ren <glorifizierst, glorifizierte, hat glorifiziert> mit OBJ ▪jmd. glorifiziert jmdn./ etwas (geh.) verherrlichen: Er wurde von der Bevölkerung als Held glorifiziert. ▸ Glorifizierung

glor·reich adj (meist iron.) herrlich, großartig: Das war wirklich eine glorreiche Idee!

Glos·sar das <-s, -e> alphabetisches Wörterverzeichnis (mit Erklärungen): das lateinisch-althochdeutsche Glossar Abrogans aus dem 8. Jahrhundert ◆ Graffiti-, Drogen-, Orgel-

Glos·se die <-, -n> ❶ knapper, polemischer Presse-, Rundfunk- oder Fernsehkommentar zu einem aktuellen Ereignis ◆-nschreiber(in) ❷ LIT., SPRACH-

WISS. Bedeutungserklärung eines Ausdrucks in alten Handschriften ◆-nsammlung

Glot·ze die <-, -n> (umg.) Fernseher: Sitzt du schon wieder vor der Glotze?

glot·zen <glotzt, glotzte, hat geglotzt> ohne OBJ ▪jmd. glotzt (irgendwie) (umg. abwert.) starr und dümmlich blicken: Was glotzt ihr so blöde?

Glück das <-(e)s> /kein Plur./ ❶ besonders günstiger Zufall, erfreuliche Fügung des Schicksals: Er hat bei dem Unfall unverschämtes Glück gehabt, dass ihm nichts Schlimmeres passiert ist. ❷ das personifizierte Glück: Ihr winkt/lacht das Glück. ❸ angenehme, freudige Gemütsverfassung: Manche Leute muss man zu ihrem Glück zwingen.; Was fehlt dir noch zu deinem Glück?; ▪sein Glück versuchen/probieren etwas mit der Hoffnung auf Erfolg tun; ▪sein Glück machen erfolgreich sein; ▪auf gut Glück ohne die Gewissheit eines Erfolges ◆ Getrenntschreibung →R 4.8, 4.9 Glück bringend; Glück verheißend

Glu·cke die <-, -n> Henne

glü·cken <glückt, glückte, ist geglückt> ohne OBJ ▪etwas glückt jmdm. gelingen: Die Notlandung glückte.; Der Versuch wollte einfach nicht glücken.

glu·ckern <gluckert, gluckerte, hat gegluckert> ohne OBJ ▪etwas gluckert ein Geräusch von fließendem Wasser abgeben: Das Wasser gluckert in der Zentralheizung.

glück·lich adj ❶ erfolgreich: Der glückliche Gewinner erhält einen Preis im Wert von 10.000 Euro. ❷ günstig, vorteilhaft: Du hast keinen glücklichen Zeitpunkt für deinen Besuch gewählt. ❸ von Zufriedenheit erfüllt: Sie ist ein glücklicher Mensch.; Ich bin wunschlos glücklich.

Glück·li·che der/die <-n, -n> jmd., der (in den Augen anderer) Glück[1] bei etwas (gehabt) hat: Du Glücklicher hast deine Prüfungen schon hinter dir!

glück·li·cher·wei·se adv zum Glück: Glücklicherweise gab es bei dem Unfall keine Verletzten.

Glücks·brin·ger der <-s, -> ein Gegenstand, den man immer mit sich führt, weil man glaubt, er bringe Glück[1]

glück·se·lig adj sehr glücklich[3]: Ein glückseliges Lächeln umspielte ihre Lippen.

Glück·se·lig·keit die <-> /kein Plur./ der Zustand, in dem man glückselig ist

gluck·sen <gluckst, gluckste, hat gegluckst> ohne OBJ ▪jmd./etwas gluckst ❶ gluckern ❷ ein dunkel klingendes Geräusch von sich geben, während man ein Lachen unterdrückt

Glücks·fall der <-(e)s, Glücksfälle> ein zufälliges Ereignis, das sehr erfreulich ist: Es war ein Glücksfall, dass ich diese seltene CD noch bekommen habe.

Glücks·fee die <-, -n> (scherzh.) eine weibliche Person, die bei Glücksspielen die Lose zieht und die Gewinner bekanntgibt

Glücks·kä·fer der <-s, -> LANDSCH. Marienkäfer

Glücks·kind das <-(e)s, -er> (umg.) jmd., der oft Glück[1] hat

Glücks·pilz der <-(e)s, -e> (umg.) Glückskind

Glücks·rit·ter der, **Glücks·rit·te·rin** <-s, ->

G

leichtsinniger Mensch, der sorglos auf sein Glück vertraut

Glücks·sa·che ■ etwas ist (reine) Glückssache *etwas hängt nur von einem günstigen Umstand oder Zufall ab*

Glücks·spiel *das* <-(e)s, -e> *ein Spiel, bei dem das Glück (und nicht das Können) der Spieler über den Ausgang des Spiels entscheidet:* Roulette ist ein Glücksspiel. ▸ Glücksspieler, Glücksspielerin

glück(s)·strah·lend *adj /nicht steig./ vor Glück strahlend:* die glücksstrahlende Siegerin

Glücks·sträh·ne *die* <-, -n> *längere Reihe von glücklichen Zufällen:* eine Glückssträhne haben

Glück·wunsch *der* <-es, Glückwünsche> *Gratulation:* Herzlichen Glückwunsch zum Geburtstag!; Glückwünsche entgegennehmen ◆-karte, -telegramm

Glüh·bir·ne *die* <-, -en> *Glühlampe*

glü·hen <glühst, glühte, hat geglüht> *ohne OBJ* ■ *jmd./etwas glüht* ❶ *ohne Flamme brennen, vor Hitze rot leuchten:* Die Kohlen im Gartengrill glühen noch. ❷ *(übertr.) ein rotes Gesicht haben:* Ihr Gesicht/Ihre Stirn glühte aus Nervosität vor der Prüfung. ❸ *einen sehr heißen Kopf oder Körper haben, weil man Fieber hat*

glü·hend I. *Part. Präs. von* **glühen** *adj* ❶ *sehr stark:* Sie wurde von glühendem Hass/von einem glühenden Verlangen angetrieben. ❷ *leidenschaftlich:* Sie ist eine glühende Verehrerin dieses Schauspielers. ◆ Getrenntschreibung →R 4.9 glühend rot; glühend heiß

Glüh·lam·pe *die* <-, -en> *der Gegenstand aus Glas in einer Lampe, der leuchtet*

Glüh·wein *der* <-(e)s, -e> *erhitzter, gewürzter Rotwein, den man besonders im Winter trinkt*

Glüh·würm·chen *das* <-s, -> ZOOL. *ein Leuchtkäfer*

Glut *die* <-, -en> ❶ *Masse, die glüht [1]:* Bevor sie aufbrachen, traten sie noch die Glut des erloschenen Lagerfeuers aus. ❷ */kein Plur./ sehr große Hitze:* Diese Pflanzen haben besondere Strategien entwickelt, um in der sengenden Glut der Sonne überleben zu können. ❸ */kein Plur./ (geh.) Leidenschaftlichkeit:* Sie entfachte erneut die Glut seiner Liebe.

glut·äu·gig *adj /nicht steig./ (übertr.) dunkle, feurige Augen besitzend:* eine glutäugige südamerikanische Schönheit

Glut·hauch *der* <-(e)s> */kein Plur./ (oft übertr. geh.) heißer Wind*

glut·rot *adj /nicht steig./ (geh. oft übertr.) rot wie Glut:* Glutrot ging die Sonne unter.

Gly·ce·rin siehe **Glyzerin**

Gly·kol *das* <-s, -e> CHEM. *ein Frostschutz- und Lösungsmittel*

Gly·ze·rin, Gly·ce·rin *das* <-s, -e> CHEM. *Substanz, die man beispielsweise zur Herstellung von Cremes, Salben, Farbstoffen und Sprengstoff verwendet*

GmbH *die* <-, -s> *kurz für „Gesellschaft mit beschränkter Haftung "*

Gna·de *die* <-, -n> ❶ */kein Plur./ Gunst, Wohlwollen gegenüber einem sozial oder beruflich Tieferstehendem:* Er hängt von der Gnade seines Vor-

gesetzten ab. ❷ *eine Tat aus Gnade [1]:* Er hat mir eine Gnade erwiesen. ❸ *Milderung einer verdienten Strafe:* Der Verurteilte bat/flehte um Gnade. ❹ REL. *Vergebung der Sünden durch Gott;* ■ **die Gnade haben** *(iron.) sich herablassen* Hättest du vielleicht die Gnade, endlich aufzustehen?; ■ **Gnade vor Recht ergehen lassen** *nachsichtig sein;* ■ **Euer Gnaden** *(veralt.) Anrede für hochrangige Personen*

Gna·den·be·weis *der* <-es, -e> *Beweis der Gnade [1]*

Gna·den·brot *das* <-es> */kein Plur./ die Versorgung von einem alten Tier oder einem alten Menschen, das/der nicht mehr arbeiten kann, aus Mitleid oder als Dank:* Auf diesem Bauernhof gewährt man alten Pferden das Gnadenbrot.

Gna·den·frist *die* <-> */kein Plur./ die letzte Möglichkeit, die man jmdm. gibt, um endlich etwas zu erledigen bzw. einer Pflicht nachzukommen:* Ich gewähre/gebe dir noch eine Gnadenfrist von zwei Tagen.

gna·den·los *adj ohne Nachsicht, ohne Mitleid, ohne Erbarmen:* jmdn. gnadenlos verfolgen ▸ Gnadenlosigkeit

gna·den·reich *adj* REL. *reich an Gnade [1]:* ein gnadenreiches Jahr

Gna·den·schuss *der* <-es> */kein Plur./* ■ *jemand gibt einem Tier den Gnadenschuss jmd. tötet ein verletztes Tier, um es von seinem Leiden zu erlösen*

Gna·den·tod *der* <-es> *(geh.) Euthanasie:* jmdn. den Gnadentod sterben lassen

gna·den·voll *adj* REL. *voller Gnade*

gnä·dig *adj* ❶ *(oft iron.) gütig, wohlwollend:* Sie war so gnädig, mir ihren Wagen zu leihen. ❷ REL. *voller Gnade* ❸ *nachsichtig, milde:* ein gnädiger Richter

Gnom *der* <-en/-s, -en/-e> *Kobold, Zwerg*

gno·men·haft *adj in der Art eines Gnomen:* ein gnomenhaftes Aussehen besitzen

Gnu *das* <-s, -s> ZOOL. *eine Antilopenart*

Goal *das* <-s, -s> ÖSTERR., SCHWEIZ. *Tor*

Goal·get·ter *der* ['goːlgɛtə] <-s, -> ÖSTERR., SCHWEIZ. *Torschütze*

Goal·kee·per *der* ['goːlkiːpə] <-s, -> ÖSTERR., SCHWEIZ. *Torwart*

Go·be·lin *der* [gobə'lɛ̃ː] <-s, -s> *Bildteppich für die Wand*

Go·ckel *der* <-s, -> SÜDDT., ÖSTERR. *Hahn*

Go·der *der* <-s, -> ÖSTERR. *Doppelkinn*

Goe·the-In·s·ti·tut *das* <-(e)s, -e> *gemeinnütziger Verein zur Förderung der deutschen Sprache im Ausland; siehe auch* **Deutsch als Fremdsprache**

Das **Goethe-Institut (GI)** mit Hauptsitz in München verfolgt als Kulturinstitut der Bundesrepublik Deutschland das Ziel, die deutsche Sprache im Ausland und die kulturelle Zusammenarbeit mit anderen Ländern zu fördern. Mit seinem Netzwerk aus Goethe-Instituten, Kulturgesellschaften und anderen Einrichtungen, sowie mit Prüfungs- und Sprachlehrzentren erfüllt es so zentrale Aufgaben der auswärtigen Kultur- und Bildungspolitik. Zu seinem Aufgabenbereich gehört auch die Vermittlung eines umfassenden und aktuellen Deutschlandbilds im Ausland. Das Goethe-Institut führt Sprachkurse durch, erarbeitet Lehrmaterialien und ist im Bereich der Lehrerfortbildung tätig. Von dem Goethe-Institut in Zusammenarbeit mit anderen Organisationen entwickelte Standards im Unterricht „Deutsch als Fremdsprache" (vgl. das Stichwort) sind international anerkannt. Außerdem vermittelt das Goethe-Institut international Gastprofessuren und beteiligt sich an Forschungen sowie sprachpolitischen Initiativen.

Go-go-Girl *das* ['goːgoː gɜːl] <-s, -s> *Go-Go-Tänzerin*

Go-go-Tän·ze·rin *die* <-, -nen> *Vortänzerin in Nachtlokalen oder Diskotheken*

Go·kart *das* <-s, -s> ❶ SPORT *niedriger, kleiner Rennwagen* ❷ *einem Gokart¹ nachgebautes Tretauto für Kinder* ◆-rennen

Gold *das* <-(e)s> /kein Plur./ ❶ *ein wertvolles Edelmetall:* Der Kelch ist aus echtem/massivem/purem/reinem Gold.; In dieser Gegend hat man früher Gold gesucht/gewaschen. ◆-ader, -kette, -klumpen, -legierung, -mine, -münze, -plombe, -preis, -ring, -schmuck, -zahn ❷ *Gegenstand aus Gold¹, beispielsweise ein Schmuckstück, eine Münze;* ■ **Gold in der Kehle haben** *eine sehr schöne Singstimme haben;* ■ **etwas ist nicht mit Gold zu bezahlen/aufzuwiegen** *etwas ist überaus kostbar, unersetzlich*

Gold·bar·ren *der* <-s, -> *Barren aus Gold*

Gold·barsch *der* <-(e)s, -e> ZOOL. *ein Speisefisch* ◆-filet

gold·blond *adj* /nicht steig./ *goldfarbenes Blond:* goldblonde Locken haben

gold·braun *adj* /nicht steig./ *ins Goldfarbene übergehendes Braun:* ein goldbraun gebratenes Hähnchen

Gold·broi·ler *der* <-s, -> LANDSCH. *goldbraunes Grillhähnchen*

Gold·bro·kat *der* <-(e)s, -e> *Brokatstoff mit eingewebten Goldfäden*

gol·den *adj* /nicht steig./ ❶ *aus Gold bestehend:* Er kaufte sich eine goldene Uhr. ❷ *wie Gold:* Ihr Haar schimmerte golden. ❸ *erfolgreich und schön:* Er träumte von einer goldenen Zukunft. ◆ Großschreibung →R 3.17 Prag bezeichnet man auch als die Goldene Stadt.; Die berühmte Persönlichkeit hat sich in das Goldene Buch der Stadt eingetragen.; Der Pfarrer predigte über die Geschichte vom Goldenen Kalb.; ◆ Kleinschreibung →R 3.20 Sie feierten goldene Hochzeit.

Gol·den Goal *das* ['gəʊldən gəʊl] <-s, -s> SPORT *Spielentscheidung durch das erste Tor in der Nachspielzeit:* ein Golden Goal erzielen

gold·far·ben *adj* /nicht steig./ *mit einer goldenen Farbe:* eine goldfarbene Handtasche

Gold·fie·ber *das* <-s> /kein Plur./ *Goldrausch, Goldgier*

Gold·fisch *der* <-(e)s, -e> ZOOL. *ein Zierfisch, der eine rote oder rot-goldene Farbe hat:* ein Aquarium mit Goldfischen besitzen; ■ **einen Goldfisch an der Angel haben** *(übertr. scherzh.) eine vermögende Person heiratswillig gemacht haben*

Gold·fül·lung *die* <-, -en> *(Zahn-)Füllung aus Gold:* beim Zahnarzt eine Goldfüllung bekommen

gold·gelb *adj* /nicht steig./ *von kräftigem Gelb:* einen Pfannkuchen von beiden Seiten goldgelb backen

Gold·grä·ber *der,* **Gold·grä·be·rin** <-s, -> *jmd., der irgendwo in der Erde nach Gold sucht:* Goldgräber in Alaska/Australien

Gold·grä·ber·stim·mung *die* <-> /kein Plur./ *(übertr.) (plötzlich) Gewinnaussichten haben:* irgendwo herrscht Goldgräberstimmung

Gold·gru·be *die* <-, -n> *(umg.) sehr einträgliches Geschäft:* Dieser Laden ist eine wahre Goldgrube.

Gold·haar *das* <-s> /kein Plur./ *(übertr.) goldblondes Haar*

Gold·hams·ter *der* <-s, -> ZOOL. *ein Nagetier* ◆-käfig

gol·dig *adj* (umg.) *niedlich:* Sie hat ein goldiges Kind.

Gold·kind *das* <-es, -er> *sehr liebes Kind*

Gold·kro·ne *die* <-, -n> ❶ *goldene Krone* ❷ *(Zahn-)Krone aus Gold:* beim Zahnarzt eine Goldkrone gemacht bekommen

Gold·me·dail·le *die* <-, -n> SPORT *für den ersten Platz in einem Wettkampf verliehene Auszeichnung*

Gold·rausch *der* <-es> /kein Plur./ *der Zustand, dass die Entdeckung von Goldvorkommen in einer Gegend dazu führt, dass viele Menschen als Goldgräber dorthin gehen*

Gold·re·gen *der* <-s, -> BOT. *ein Strauch oder Baum mit gelben Blüten*

gold·rich·tig *adj* /nicht steig./ *(umg.) absolut richtig:* Das war eine goldrichtige Entscheidung.

Gold·schatz *der* <-es, Goldschätze> ❶ *Schatz aus Goldmünzen:* Der Bauer hat beim Pflügen einen Goldschatz gefunden. ❷ *verwendet als Kosewort für jmdn., den man sehr mag oder dem man für etwas dankt:* Du bist ein echter Goldschatz!

Gold·schmied *der,* **Gold·schmie·din** <-s, -e> *jmd., der beruflich Schmuckstücke aus Gold (oder anderen Edelmetallen) anfertigt*

Gold·staub *der* <-es> /kein Plur./ *sehr feines Goldpulver*

Gold·su·cher *der,* **Gold·su·che·rin** <-s, -> *jmd., der beruflich nach Gold sucht; siehe auch* **Goldgräber**

Gold·ton *der* <-(e)s, Goldtöne> *Tönung ins Goldene:* etwas weist einen warmen Goldton auf

Gold·waa·ge *die* ■ **alles/jedes Wort auf die Goldwaage legen** *(umg.) alles wortwörtlich bzw. übergenau nehmen*

Gold·wäh·rung *die* <-, -en> WIRTSCH. *Währung in Form von Gold(münzen)*

Go·lem *der* <-s> /kein Plur./ *(nach jüdischen Sagen) eine große, menschenähnliche, zeitweise zum Leben erwachende, künstlich geschaffene Tonfigur*

G

Golf¹ *der* <-(e)s, -e> GEOL. *große Meeresbucht, Meerbusen:* der Golf von Mexiko

Golf² *das* <-s> /kein Plur./ SPORT *ein Rasenspiel, bei dem Spieler versuchen, einen kleinen Ball mithilfe eines Schlägers über eine relativ große Distanz mit möglichst wenig Schlägen in ein Loch zu spielen* ◆ -ball, -platz, -schläger, -spieler(in), -turnier, Mini-

Golf·staat *der* <-(e)s, -en> GEOGR. *Staat am Persischen Golf*

Golf·strom *der* <-(e)s> /kein Plur./ GEOGR. *eine warme Meeresströmung im Nordatlantik*

Go·li·ath *der* <-s, -s> ❶ /kein Plur./ REL. *ein im alten Testament vorkommender Riese* ❷ *ein sehr großer Mann*

Go·mor·rha ■ **(wie bei) Sodom und Gomorrah** *(übertr.) Zustand oder Ort, wo Dekadenz und Laster vorherrschen*

Gon·del *die* <-, -n> ❶ *ein langes, schmales, venezianisches Boot* ❷ *Seilbahnkabine* ❸ *der große Korb an einem Ballon*

Gon·del·bahn *die* <-, -en> SCHWEIZ. *Seilbahn*

Gong *der* <-s, -s> *ein Schlaginstrument (mit dem man beispielsweise ein Signal geben kann)*

gön·nen <gönnst, gönnte, hat gegönnt> *mit OBJ* ■ *jmd. gönnt jmdm. etwas Akk.* ❶ *das Glück, den Erfolg eines anderen neidlos sehen, anerkennen:* Ich gönne ihm sein gutes Zeugnis, denn er hat sehr viel dafür gearbeitet.; Er hat mir die Freude nicht gegönnt. ❷ *sich oder jmdm. etwas zukommen lassen:* Ich gönne mir jetzt eine kleine Pause.; Das Gewissen wird ihnen keine Ruhe gönnen.

Gön·ner *der*, **Gön·ne·rin** <-s, -> *jmd., der andere, besonders Künstler, finanziell unterstützt; Mäzen*

gön·ner·haft *adj (abwert.)* in arroganter Weise freundlich, wohlwollend: Er antwortete mit gönnerhafter Miene.

gor *Prät. von* **gären**

Gör *das* <-(e)s, -en> NORDDT. *(oft abwert.)* ❶ /meist Plur./ *Kind* ❷ *(unartiges) kleines Mädchen*

gor·disch *adj /nur attr./ /nicht steig./* ■ *ein gordischer Knoten (übertr.) ein unlösbares Rätsel oder Problem;* ■ *den/einen gordischen Knoten durchhauen (übertr.) mit einer (scheinbar unüberwindlichen) Schwierigkeit fertigwerden*

Gö·re *die* <-, -n> Gör

Gor·gon·zo·la *der* <-s> *eine Käsesorte*

Go·ril·la *der* <-s, -s> ZOOL. *ein großer Menschenaffe*

Go·sche *die* <-, -n> *(oft abwert.)* LANDSCH. *Mund:* die Gosche halten

go·schert *adj* ÖSTERR. *vorlaut*

Gos·pel *das/der* <-s, -s> REL. *religiöses Lied der nordamerikanischen Schwarzen* ▸ Gospelsänger, Gospelsängerin

Gos·se *die* <-, -n> ❶ *Rinnstein* ❷ *(abwert.) die unterste, als moralisch verkommen betrachtete Schicht der Gesellschaft:* Er ist in der Gosse aufgewachsen/gelandet.

Gös·sel *das* <-s, -> NORDDT. *(≈ Gänseküken)*

Gös·ser·mus·kel *der* <-s> ÖSTERR. *(umg.) Bierbauch*

Go·tik *die* <-> /kein Plur./ *Stilepoche der europäi-schen Kunst von der Mitte des 12. bis zum Ende des 15. Jahrhunderts* ◆ Backstein-, Früh-, Spät-

go·tisch *adj /nicht steig./ die Gotik betreffend, zu ihr gehörend, aus ihr stammend:* eine gotische Kathedrale

Gott *der* <-es/(-s), Götter> ❶ /kein Plur./ REL. *höchstes übernatürliches Wesen im Christentum, Islam, Judentum als Schöpfer der Welt und Lenker des Schicksals:* Sie beteten zu/vertrauten auf Gott.; Möge Gott ihm verzeihen!; ein gütiger/verzeihender Gott ◆ -esbeweis, -eskrieger(in) ❷ *eines von mehreren überirdischen, kultisch verehrten Wesen:* die griechischen/germanischen/römischen Götter; ■ **(großer, allmächtiger, guter, mein) Gott!/o, ach (du lieber, mein) Gott** *verwendet als Ausrufe des Bedauerns, der Verwunderung;* ■ **grüß (dich, euch, Sie) Gott!** LANDSCH. *verwendet als Grußformel;* ■ **weiß Gott** *wahrhaftig, wirklich* Das Wäre weiß Gott nicht nötig gewesen.; ■ **so Gott will** *(umg.) wenn nichts dazwischen kommt;* ■ **leben wie Gott in Frankreich** *(umg.) im Überfluss leben;* ■ **Gott und die Welt** *alles Mögliche, alle möglichen Leute;* ■ **Gott sei Dank!** *verwendet als Ausruf der Erleichterung;* ■ **um Gottes willen** *verwendet als Ausruf des Entsetzens, des Bedauerns, der Überraschung;* ■ **leider Gottes** *(umg.) bedauerlicherweise;* ■ **wie ein junger Gott** *sehr schön* Er singt/tanzt wie ein junger Gott.

gott·be·gna·det *adj /nicht steig./ mit viel Talent und außerordentlichen Fähigkeiten:* Sie ist eine gottbegnadete Sängerin.

Göt·ter- *als Erstglied zusammengesetzter Substantive; drückt aus, dass das mit dem Zweitglied Bezeichnete sich auf antike Gottheiten oder solche in Sagen und bei Naturvölkern bezieht, sowie auch auf deren Darstellung* ◆ -dämmerung, -funke(n), -gaben, -glaube, -himmel, -karten, -kräfte, -mahl, -masken, -mutter, -mythen, -namen, -olymp, -orakel, -paar, -pantheon, -rat, -reich, -tempel, -trank, -vater, -verehrung, -welt, -zeichen

Gott·er·bar·men ■ **zum Gotterbarmen** *(umg.)* ❶ *sehr schlecht:* Die Kapelle spielte zum Gotterbarmen. ❷ *jämmerlich:* Das Kind weinte zum Gotterbarmen.

Göt·ter·bo·te *der*, **Göt·ter·bo·tin** <-n, -n> *Bote einer Gottheit:* In der griechischen Mythologie ist Hermes der Götterbote.

Göt·ter·gat·te *der* <-n, -n> *(umg. scherzh.) Ehemann:* Was hat sich denn mein Göttergatte da wieder einfallen lassen?

gott·er·ge·ben *adj /nicht steig./ (übertrieben) demütig:* gottergeben auf die Verurteilung warten

Göt·ter·ge·schlecht *das* <-(e)s, -er> *Geschlecht von Göttern:* das Göttergeschlecht der Titanen in der griechischen Mythologie

göt·ter·gleich *adj /nicht steig./ Gott/einer Gottheit gleich/ähnlich:* eine göttergleiche Stimme besitzen

Göt·ter·sa·ge *die* <-, -n> LIT. *von Göttern handelnde Sage*

Göt·ter·spei·se *die* <-, -n> *eine Süßspeise*

Göt·ter·trank *der* <-(e)s, Göttertränke> /meist

Sing./ (übertr. scherzh.) sehr wohlschmeckendes Getränk

Got·tes·acker *der* <-s, Gottesäcker> LANDSCH. *(geh.) Friedhof*

Got·tes·an·be·te·rin *die* <-, -nen> ZOOL. *eine Heuschreckenart*

Got·tes·dienst *der* <-(e)s, -e> REL. *(≈ Messe) eine gemeinsame Feier zur Ehre Gottes, die meist in einer Kirche stattfindet, und bei der man betet und singt:* Am nächsten Sonntag wird ein ökumenischer Gottesdienst abgehalten.; ein katholischer/ evangelischer Gottesdienst

Got·tes·furcht *die* <-> /kein Plur./ *achtungsvolle Demut gegenüber Gott* ▸ gottesfürchtig

Got·tes·ga·be *die* <-, -n> *(wie von Gott gegebene) wunderbare Gabe*

Got·tes·gna·den·tum *das* <-s> POL. *Verständnis, dass der Herrscher von Gottes Gnaden eingesetzt wurde:* Im Absolutismus war das Gottesgnadentum vorherrschend.

Got·tes·haus *das* <-es, Gotteshäuser> REL. *Kirche*

Got·tes·lamm *das* <-(e)s> /kein Plur./ REL. *Bezeichnung für Jesus*

Got·tes·läs·te·rer *der*, **Got·tes·läs·te·rin** <-s, -> *jmd., der Gotteslästerung betreibt*

Got·tes·läs·te·rung *die* <-, -en> *Blasphemie*

Got·tes·mann *der* <-(e)s, Gottesmänner> *(geh. oft scherzh.) (eifriger) Geistlicher*

Got·tes·mut·ter *die* <-> /kein Plur./ REL. *Maria, die Mutter von Jesus*

Got·tes·sohn *der* <-(e)s> /kein Plur./ REL. *Jesus*

Got·tes·ur·teil *das* <-(e)s, -e> GESCH. *(im Mittelalter) ein Urteil in Rechtsstreitigkeiten oder über Schuld und Unschuld, das durch ein (vermeintliches) Zeichen Gottes herbeigeführt wird*

gott·ge·fäl·lig *adj so, dass es Gott gefällt; so, wie Gott es haben will:* ein gottgefälliges Leben führen

gott·ge·ge·ben *adj /nicht steig./ von Gott gegeben:* etwas als gottgegeben hinnehmen

gott·ge·sandt *adj /nicht steig./* REL. *von Gott gesandt*

gott·ge·weiht *adj /nicht steig./* REL. *für Gott bestimmt:* ein gottgeweihtes Leben führen wollen

gott·ge·wollt *adj /nicht steig./* REL. *von Gott beabsichtigt, geplant:* etwas als gottgewollt akzeptieren

Gott·heit *die* <-, -en> *ein Gott²:* Ich habe mir ein Buch über heidnische Gottheiten gekauft.

Göt·ti *der* <-(s), -(s)> SCHWEIZ. *Pate*

Göt·tin *die* <-, -nen> *ein weiblicher Gott:* Die griechische Göttin der Liebe heißt Aphrodite. ◆ Liebes-, Sieges-

gött·lich *adj* ❶ *zu Gott¹ gehörend:* Die Gläubigen priesen die göttliche Allmacht. ❷ *von Gott¹ kommend:* Sie vertraute auf eine göttliche Eingebung. ❸ *sehr gut, sehr schön:* Wir lauschten der göttlichen Musik.

gott·lob *adv (als Ausdruck der Erleichterung gebraucht) zum Glück:* Gottlob hat wenigstens einer daran gedacht.

gott·los *adj* ❶ *unmoralisch, verrucht:* gottlose Reden führen ❷ *ohne Gott:* ein gottloses Leben führen ▸ Gottlose, Gottlosigkeit

gotts·er·bärm·lich *adj /nicht steig./ (umg.) sehr erbärmlich:* gottserbärmlich schluchzen

gotts·jäm·mer·lich *adj /nicht steig./ (umg.) gottserbärmlich, sehr stark:* gottsjämmerlich frieren

Gott·va·ter *der* <-s> /kein Plur./ REL. *Gott¹ als Vater von Jesus*

gott·ver·dammt *adj /nur attr./ /nicht steig./ (vulg.) verflucht:* Das ist eine gottverdammte Schweinerei!

gott·ver·las·sen *adj (umg. abwert.) so abseits und einsam gelegen, dass man es als trostlos, bedrückend empfindet:* In diesem gottverlassenen Dorf langweile ich mich zu Tode!

Gott·ver·trau·en *das* <-s> /kein Plur./ *Vertrauen in Gott:* Nach diesem Schicksalsschlag war sein Gottvertrauen erschüttert.

Göt·ze *der* <-n, -n> ❶ *etwas (ein Mensch, ein Tier, ein Ding), das als Gott verehrt und angebetet wird* ❷ *etwas oder jmd., von dem man sich abhängig macht und dem gegenüber man unkritisch ist:* Fernsehen und Computer sind die Götzen unserer Zeit

Göt·zen·die·ner *der*, **Göt·zen·die·ne·rin** <-s, -> *jmd., der Götzendienst leistet*

Göt·zen·dienst *der* <-es, -e> *Verehrung, Anbetung eines Götzen*

Götz·zi·tat *das* <-(e)s> *die Worte „Leck mich am Arsch":* Die Stimmung in der Mannschaft war ziemlich gereizt, und da und dort soll man da schon mal das Götzzitat vernommen haben

Gou·da *der* ['gaʊda] <-s, -s> *eine Käsesorte*

Gour·met *der* [gʊr'me:] <-s, -s> *Feinschmecker* ◆-lokal, -tempel

Gour·met·tem·pel *der* [gʊr'me:...] <-s, -> *(oft iron.) in Fachkreisen geschätztes Feinschmeckerlokal*

Gou·ver·neur *der*, **Gou·ver·neu·rin** [gʊvɛr'nø:ɐ̯] <-s, -e> ❶ POL. *höchster Regierungsvertreter eines Bundesstaates in den USA* ❷ GESCH. *Verwalter einer Kolonie*

Grab *das* <-(e)s, Gräber> ❶ *für die Beerdigung eines Toten ausgehobene Grube:* Die Angehörigen und Freunde nahmen am offenen Grab Abschied von dem Toten. ❷ *Platz auf einem Friedhof, an dem ein Toter beerdigt ist:* Vor Allerheiligen werden die Gräber geschmückt.; ■ **jemanden zu Grabe tragen** *(geh.) jmdn. beerdigen;* ■ **sich sein eigenes Grab schaufeln** *(umg.) sich durch sein leichtsinniges Verhalten selbst schaden;* ■ **verschwiegen wie ein Grab sein** *(umg.) sehr verschwiegen sein*

Grab·bel·tisch *der* <-(e)s, -e> *(umg. oft abwert.) großer Verkaufstisch mit Billigwaren in Kaufhäusern*

Gra·ben *der* <-s, Gräben> ❶ *lange, schmale Vertiefung im Erdreich:* Zur Bewässerung der Felder wurden Gräben ausgehoben.; Das Auto kam von der Straße ab und landete im Graben. ❷ MILIT. *kurz für „Schützengraben"*

gra·ben <gräbst, grub, hat gegraben> **I.** *mit OBJ* ■ *jmd. gräbt etwas* Akk. *Erdreich wegbewegen und so eine Vertiefung, einen Gang in der Erde entstehen lassen:* Bevor wir den Baum einpflanzen können, müssen wir ein Loch graben.; Der

Fuchs hat sich einen Bau gegraben.; Die Arbeiter mussten tief graben, um an die Leitungen/Rohre zu gelangen. **II.** *ohne OBJ* ■ *jmd.* **gräbt nach etwas** *Dat. grabend suchen:* In dieser Gegend hat man früher nach Gold/nach Kohle gegraben. **III.** *mit SICH* ■ *jmd.* **gräbt sich in etwas** *Akk. (geh.) mit großer Kraft oder Gewalt eindringen, einsinken:* Ihre Fingernägel gruben sich in seinen Arm.; Die Räder des Autos gruben sich in den Sand.

Gra·ben·krieg *der* <-(e)s, -e> MILIT. *Krieg, der vor allem in der gegenseitigen Beschießung der in Gräben positionierten Gegner besteht*

Grä·ber·feld *das* <-(e)s, -er> *Feld mit Gräbern*

Gra·bes·ru·he *die* <-> */kein Plur./ (oft übertr.) tiefe Ruhe (wie im Grab):* es herrschte Grabesruhe

Gra·bes·stil·le *die* <-> */kein Plur./ (oft übertr.) tiefe Stille (wie im Grab):* es herrschte Grabesstille

Gra·bes·stim·me *die* <-> */kein Plur./ dunkle, unheimlich anmutende Stimme:* Das sagte er mit Grabesstimme, so dass es mir kalt den Rücken herunterlief.

Grab·ge·sang *der* <-(e)s, Grabgesänge> ❶ *Gesang bei der Beerdigung* ❷ *(übertr.) Auftakt des Endes (von etwas):* Diese Rückschläge waren der Grabgesang der Revolution.

Grab·le·gung *die* <-, -en> *Begräbnis:* die Grablegung Christi

Grab·licht *das* <-(e)s, -er> *Licht, das man auf Gräber stellt*

Grab·mal *das* <-(e)s, Grabmäler> *prunkvolles Grab*

Grab·räu·ber *der*, **Grab·räu·be·rin** <-s, -> *Grabschänder*

Grab·re·de *die* <-, -n> *(von einem Geistlichen gehaltene) Rede oder Predigt bei der Beerdigung*

Grab·schän·der *der*, **Grab·schän·de·rin** <-s, -> *jmd., der ein Grab schändet*

grab·schen *siehe* **grapschen**

Grab·scher *siehe* **Grapscher**

Grab·stein *der* <-(e)s, -e> *auf einem Grab stehender Gedenkstein mit Namen und Geburts- und Todesdatum des Toten*

Grab·tuch *das* <-(e)s, Grabtücher> *(≈ Leichentuch) Tuch, mit dem der Leichnam eingehüllt wird:* das berühmte Grabtuch von Turin

Gra·bung *die* <-, -en> *das Graben nach Funden, die historisch und archäologisch wertvoll sein könnten:* Die Studenten nehmen an einer archäologischen Grabung teil.; *siehe auch* **Ausgrabung**

Grad *der/das* <-(e)s, -/-e> ❶ <*Plur.:* Grad> *Maßeinheit der Temperatur:* Gestern waren fünfzehn Grad (Celsius) über/unter Null.; Er wäscht die Wäsche bei sechzig Grad. ❷ <*pl:* Grad> *Maßeinheit für Winkel:* Die Geraden bilden einen Winkel von fünfundvierzig Grad. ❸ <*pl:* Grade> *Ausmaß:* Der Grad der Wasserverschmutzung in den Seen hat erfreulicherweise abgenommen. ❹ <*pl:* Grade> *Rang:* Er hat den Grad eines Doktors in Philosophie erworben.; ■ **sich um hundertachtzig Grad drehen/ändern** *(umg.) sich oder seine Ansichten völlig verändern*

grad·aus *adv (umg.) siehe* **gerad(e)aus**

gra·die·ren <gradierst, gradierte, hat gradiert> *mit OBJ* ■ *jmd.* **gradiert etwas** *Akk. eine Gradeinteilung vornehmen* ▶ Gradierung

Grad·par·ti·kel *die* <-, -n> *Einheit einer Unterklasse der Partikeln, mit der man sich auf ein Bezugsglied im Satz bezieht; siehe auch* **Funktionswort**, **Partikel**

Das Deutsche ist eine sehr partikelreiche Sprache, weshalb gerade auch im Unterricht „Deutsch als Fremdsprache" den Partikeln ein erhebliches Gewicht zukommt. Einen zentralen Untertyp der Partikeln (vgl. das Stichwort) stellen die **Gradpartikeln** dar. Der Ausdruck wurde 1976 für Einheiten der Art *auch, nur, sogar* und viele andere geprägt, die besondere semantische und syntaktische Eigenschaften aufweisen. Viele der Einheiten sind zugleich in anderen Bedeutungen auch Modalpartikel/Abtönungspartikel (vgl. das Stichwort) oder Adverb. Vor der in den 80er Jahren des letzten Jahrhunderts einsetzenden Partikelforschung sind sie überhaupt nicht registriert worden bzw. den Adverbien zugeschlagen worden. In „Nur ich habe Hans gratuliert" und „Ich habe nur Hans gratuliert" ist *nur* eine Gradpartikel. Gradpartikeln beziehen sich nicht auf den ganzen Satz (wie die Modalpartikeln), sondern auf ein nachfolgendes Bezugsglied, hier im ersten Fall auf *ich*, im zweiten Fall auf *Hans*. Der lexikalischen Bedeutung nach wird der Basissatz zu anderen möglichen Erwartungen und Einstellungen in Beziehung gesetzt („Niemand sonst hat ihm gratuliert" bzw. „Ich habe niemand sonst gratuliert"). In „Geh mir nur aus dem Wege" hingegen ist *nur* Modalpartikel, in „Berlin ist schön, nur zu überlaufen" Adverb. Die Bedeutungen der Gradpartikeln sind in Details sehr unterschiedlich; in vielen Fällen quantifizieren und skalieren sie. In vorliegendem Wörterbuch wird keine gesonderte Wortartenangabe „Gradpartikel" angesetzt; gleiches gilt für andere Partikeln. Sie erhalten unterschiedslos die Wortartenangabe „Partikel".

---

gra·du·ell *adj /nicht steig./* ❶ *fein, gerade noch erkennbar:* Die graduellen Unterschiede kann man leicht übersehen. ❷ *allmählich:* Man konnte eine graduelle Verbesserung seines Gesundheitszustandes erkennen.

gra·du·ie·ren <graduierst, graduierte, hat graduiert> *mit OBJ/ohne OBJ* ■ *jmd.* **graduiert (jmdn.)** *einen akademischen Grad erwerben oder verleihen* ▶ Graduierung

gra·du·iert *adj /nicht steig./ einen akademischen Grad, Titel besitzend* ▶ Graduierte

Grad·un·ter·schied *der* <-(e)s, -e> *in Grad gemessener Unterschied:* der Gradunterschied beträgt …

grad·wei·se *adv allmählich, graduell sich ändernd:* eine gradweise Veränderung an jemandes Wesen wahrnehmen

Grae·cum *das* <-s> */kein Plur./ amtliche Prüfung im Altgriechischen; siehe auch* **Latinum**

Graf *der,* **Grä·fin** <-en, -en> *ein Adelstitel*
Gra·fem *das siehe* **Graphem**
Graf·fi·to *das* <-s, Graffiti> *von anonymen Verfassern stammende Aufschriften und Bilder an öffentlich zugänglichen Wänden sowie in Verkehrsmitteln*
Gra·fie *die siehe* **Graphie**
Gra·fik, *a.* **Gra·phik** *die* <-, -en> ❶ */kein Plur./ Sammelbezeichnung für künstlerische Zeichen- und Vervielfältigungstechniken* ❷ *künstlerische Zeichnung, mithilfe eines künstlerischen Verfahrens hergestellter Druck:* Morgen werden Grafiken von Picasso versteigert. ❸ *Diagramm, Schaubild:* Eine Grafik veranschaulicht den Verlauf der Aktienkurse im letzten halben Jahr.
Gra·fi·ker, *a.* **Gra·phi·ker** *der,* **Gra·fi·ke·rin** <-s, -> *jmd., der beruflich Grafiken² herstellt*
Gra·fik·kar·te *die* <-, -n> EDV *Bauteil eines Computers, das den Monitor steuert und das Monitorbild erzeugt*
Grä·fin *die* <-, -nen> *siehe* **Graf**
gra·fisch, *a.* **gra·phisch** *adj /nur attr./ /nicht steig./* ❶ *zur Grafik¹ gehörend* ❷ *schematisch, mit einem Diagramm dargestellt:* Der Verlauf der Aktienkurse im vergangenen halben Jahr lässt sich natürlich auch grafisch darstellen.
Gra·fit *der siehe* **Graphit**
Gra·fo·lo·gie *die siehe* **Graphologie**
gra·fo·lo·gisch *adj siehe* **graphologisch**
Graf·schaft *die* <-, -en> ❶ GESCH. *Amts-, Herrschaftsgebiet eines Grafen* ❷ *ein Verwaltungsbezirk (besonders in Großbritannien)*
Gral *der* <-s> */kein Plur./* ❶ GESCH. *in der mittelalterlichen Literatur vorkommender wundertätiger Stein* ◆-ssage, -ssuche ❷ REL. *heilige Schale, in der das Blut Jesu aufgefangen wurde*
Grals·rit·ter *der* <-s, -> GESCH. *im Dienste des Grals stehender Ritter*
Gram *der* <-(e)s> */kein Plur./ (geh.) dauernder Kummer:* Sie ist von tiefem Gram gezeichnet.
grä·men <grämst, grämte, hat gegrämt> **I.** *mit OBJ* ∎ **etwas grämt jmdn.** *(geh.) traurig machen:* Es grämte ihn, dass … **II.** *mit SICH* ∎ **jmd. grämt sich (wegen jmdm./etwas) (über jmdn./etwas)** *wegen etwas traurig sein:* Er grämte sich über diesen Verlust.
gräm·lich *adj missmutig, verdrossen:* Er setzte eine grämliche Miene auf.
Gramm *das* <-s, (-e)> *eine Gewichtseinheit:* Tausend Gramm bilden ein Kilogramm.
Gram·ma·tik *die* <-, -en> ❶ *Gesamtheit der Regeln einer Sprache als Teil des sprachlichen Wissens oder der entsprechende Theoriebereich:* Sie beherrscht die deutsche Grammatik. ◆-regel, -theorie, -unterricht, Dependenz-, Schul-, Transformations-, Universal-, Valenz- ▶ Grammatiker, Grammatikerin, grammatikalisch/grammatisch, Grammatikalität ❷ *Lehrbuch der Grammatik¹:* Ich muss mir eine englische/französische Grammatik kaufen.

Unter dem Ausdruck **Grammatik** versteht man heute mindestens Folgendes: (a) Als Gramma-

---

tik wird die Gesamtheit der sprachlichen Regeln/der syntaktischen Konstruktionen als Teil desjenigen sprachlichen Wissens bezeichnet, welches zur Produktion korrekter Satzäußerungen befähigt. Zusammen mit dem Lexikon (vgl. das Stichwort), nämlich dem lexikalischen Wissen, macht die Grammatik das aus, was als eigenständige „Sprache" (vgl. das Stichwort) gelten kann. Unter dem Ausdruck *Grammatik* versteht man (b) den Theoriebereich, der sich auf mehrere Ebenen des Sprachsystems bezieht: Neben der zentralen syntaktischen Ebene (syntaktische Konstruktionen bzw. Satzmuster) ist dies die morphematische Ebene (mit den formbildenden Morphemen), die lexikalische Ebene (Wortarten usw.), aber auch die lautliche Ebene (phonologisch-phonetische Regeln). Als *Grammatik* wird des Weiteren auch (c) eine einzelne Theorie bezeichnet (traditionelle, generative usw. Grammatik), sowie (d) das Produkt einer grammatischen Beschreibung, das man käuflich erwerben kann.

G

gram·ma·ti·ka·lisch *adj /nicht steig./* SPRACHWISS. *grammatisch*
gram·ma·tisch *adj /nicht steig./* SPRACHWISS. ❶ *die Grammatik betreffend:* Wir mussten eine grammatische Analyse mehrerer Sätze vornehmen. ❷ *den Regeln der Grammatik entsprechend:* Der Satz ist grammatisch richtig/falsch.
Gram·mel *die* <-, -n> ÖSTERR. *Griebe*
Gram·mo·fon, *a.* **Gram·mo·phon** ® *das* <-s, -e> GESCH. *mechanisches Gerät zum Abspielen von Schallplatten*
Gra·na·da <-s> *Stadt und Provinz in Südspanien*
Gra·nat *der* <-(e)s, -e> *ein Halbedelstein* ◆-brosche, -kette, -schmuck
Gra·nat·ap·fel *der* <-s, Granatäpfel> *eine Frucht*
Gra·na·te *die* <-, -n> *mit einer Sprengladung gefülltes Geschoss (das mit einem Geschütz abgeschossen wird)* ◆ Hand-
Gra·nat·en·ha·gel *der* <-s, -> *ständiger Einschlag von oder Beschuss mit Granaten:* im Granatenhagel umkommen
gra·na·ten·voll *adj /nicht steig./ (umg.) stark betrunken*
Gra·nat·split·ter *der* <-s, -> *Splitter einer Granate*
Gran Ca·na·ria <-s> *eine Kanarische Insel*
Gran·dez·za *die* <-> */kein Plur./ (bei Männern) elegantes, würdevolles Auftreten:* Er verbeugte sich mit Grandezza.
Grand·ho·tel *das* ['grã...] <-s, -s> *großes Luxushotel*
gran·di·os *adj großartig:* ein grandioser Auftritt
Grand Prix *der* [grã'pri:] <- -, -s -> SPORT *französische Bezeichnung für „Großer Preis"*
Grand Slam *das* ['grænd 'slæm] <- -(s), - -s> SPORT *der Gewinn der internationalen Tennismeisterschaften in den USA, in Großbritannien, Frankreich und Australien innerhalb eines Jahres*
Gra·nit, Gra·nit *der* <-s, -e> *ein sehr hartes Ge-*

stein; ■ **bei jemandem auf Granit beißen** *bei jmdm. nichts erreichen können, auf absolute Ablehnung stoßen* Mit dieser Forderung beißt er bei mir auf Granit. ◆ -block, -felsen, -gestein, -platte

gra·ni·ten *adj /nicht steig./ (oft übertr.) aus oder hart wie Granit:* auf granitenen Widerstand stoßen

Gran·ne *die* <-, -n> BOT. *Borste an den Spelzen von Gräsern und Getreide*

gran·teln <grantelst, grantelte, hat gegrantelt> *ohne OBJ* ■ *jmd.* **grantelt** *(umg.)* SÜDDT. *grantig sein*

gran·tig *adj (umg.)* SÜDDT., ÖSTERR. *schlecht gelaunt, mürrisch*

Gra·nu·lat *das* <-(e)s, -e> *eine Substanz in Form von Körnchen*

gra·nu·lie·ren <granulierst, granulierte, hat granuliert> *mit OBJ* ■ *jmd.* **granuliert etwas** *Akk. zu feinem Granulat verarbeiten oder mahlen*

Grape·fruit *die* ['greːpfruːt] <-, -s> *(≈ Pampelmuse) eine große, gelbe Zitrusfrucht*

Grape·fruit·saft *der* ['greːpfruːt...] <-(e)s, Grapefruitsäfte> *Saft der Grapefruit*

Graph[1] *der* <-en, -en> MATH. *grafische Darstellung von Relationen, Funktionen in Form von Punktmengen, bei denen gewisse Punktpaare durch Kurven verbunden sind*

Graph[2] *der* <-s, -e> *(≈ Buchstabe)* SPRACHWISS. *kleinste realisierte Einheit des Schriftsystems*

Gra·phem, *a.* **Gra·fem** *das* <-s, -e> SPRACHWISS. *kleinstes, bedeutungsunterscheidendes Element in einem Schriftsystem; siehe auch* **Phonem**

Gra·phie, *a.* **Gra·fie** *die* <-, -n> SPRACHWISS. *Schreibweise*

Gra·phik *die siehe* **Grafik**

Gra·phi·ker *der*, **Gra·phi·ke·rin** *siehe* **Grafiker**

gra·phisch *adj /nicht steig./ siehe* **grafisch**

Gra·phit, *a.* **Gra·fit** *der* <-s, -e> CHEM. *Kohlenstoff*

Gra·pho·lo·gie *die* <-> /kein Plur./ *Handschriftendeutung*

gra·pho·lo·gisch *adj /nur attr./ /nicht steig./ die Handschriftendeutung betreffend:* ein graphologisches Gutachten erstellen

Grap·pa *der* <-s/-, -s> *italienischer Tresterbranntwein*

grap·schen, *a.* **grab·schen** <grapschst, grapschte, hat gegrapscht> *ohne OBJ* ■ *jmd.* **grapscht** *nach jmdm./etwas (umg.) nach jmdm., etwas fassen, greifen:* Er grapschte nach meiner Tasche.; Er grapschte nach mir.

Grap·scher, *a.* **Grab·scher** *der*, **Grap·sche·rin** <-s, -> *(umg. abwert.) jmd., der grapscht*

Gras *das* <-es, Gräser> ❶ BOT. *in vielen Arten vorkommende Pflanze mit hohen Halmen und langen schmalen Blättern:* Kannst du diese Gräser bestimmen? ◆ -boden, -büschel, -halm ❷ */kein Plur./ alle Gräser und sonstigen dicht wachsenden grünen Pflanzen, die auf einem Rasen/einer Weide wachsen:* Du solltest Gras mähen.; Hier werden die Kühe noch mit saftigem Gras gefüttert. ❸ *(verhüll.) Haschisch, Marihuana;* ■ **ins Gras beißen** *(umg.) sterben;* ■ **über etwas Gras wachsen lassen** *(umg.) warten, bis eine unangenehme Sache vergessen wird* ◆ Zusammenschreibung →R 4.2 grasbewachsen

Gras·de·cke *die* <-, -n> *Rasen*

gra·sen <grast, graste, hat gegrast> *ohne OBJ* ■ **ein Tier grast** *ein Tier frisst Gras:* Die Kühe grasen auf der Weide.

Gras·fleck *der* <-(e)s, -en> ❶ *mit Gras bewachsenes Stück Boden* ❷ *durch zerriebenes Gras (auf Kleidung) verursachter Fleck*

Gras·fres·ser *der* <-s, -> ZOOL. *Gras fressendes Tier:* Kühe gehören zur Klasse der Grasfresser.

gras·grün *adj /nicht steig./ von sattem kräftigem Grün*

Gras·hüp·fer *der* <-s, -> ZOOL. *(umg.) Heuschrecke*

gra·sig *adj wie Gras:* grasig schmeckend

Gras·nar·be *die* <-, -n> *oberste, grasbewachsene Schicht des Erdbodens*

gras·sie·ren <grassierst, grassierte, hat grassiert> *ohne OBJ* ■ **etwas grassiert irgendwo** *sich schnell verbreiten:* Momentan grassiert eine gefährliche Virusgrippe in Deutschland.

gräss·lich *adj* ❶ *grauenvoll, abscheulich:* Das grässliche Verbrechen konnte aufgeklärt werden. ❷ *(umg.) sehr unangenehm:* Wir hatten grässliches Wetter. ❸ *sehr groß, sehr intensiv:* Ich hatte grässliche Kopfschmerzen. ❹ *(umg.) überaus:* Es war grässlich kalt.

Gras·tep·pich *der* <-s, -e> *(dichtbewachsene) Grasdecke*

Grat *der* <-(e)s, -e> *oberste Kante eines Bergrückens*

Grä·te *die* <-, -n> *schmaler, dünner Teil des Fischskeletts*

grä·ten·frei *adj /nicht steig./ ohne Gräten:* Dieser Fisch ist nahezu grätenfrei.

grä·ten·los *adj /nicht steig./ ohne Gräten*

Gra·ti·fi·ka·ti·on *die* <-, -en> *finanzielle Sonderzuwendung, die ein Arbeitnehmer beispielsweise an Weihnachten erhält*

Gra·tin *das/der* [gra'tɛ̃] <-s, -s> *überbackenes Gericht* ◆ Kartoffel-

gra·ti·nie·ren <gratinierst, gratinierte, hat gratiniert> *mit OBJ* ■ *jmd.* **gratiniert etwas** *überbacken*

gra·tis *adv kostenlos, umsonst*

Gra·tis·an·zei·ger *der* <-s, -> SCHWEIZ. *regelmäßig erscheinendes Inseratenblatt*

Gra·tis·bei·la·ge *die* <-, -n> *kostenlose Beilage*

Gra·tis·ex·em·plar *das* <-s, -e> *kostenloses Exemplar:* ein Gratisexemplar von etwas bekommen

Gra·tis·mus·ter *das* <-s, -> *Gratisprobe*

Gra·tis·pro·be *die* <-, -n> *kostenlose Warenprobe*

Grät·sche *die* <-, -n> SPORT ❶ *Sprung mit seitwärts gespreizten Beinen* ❷ *Stellung mit seitwärts gespreizten Beinen:* Der Turner ging in die Grätsche.

grät·schen <grätschst, grätschte, hat gegrätscht> *ohne OBJ* ■ *jmd.* **grätscht (über etwas** *Akk.) (im Sprung) die Beine seitwärts spreizen*

Gra·tu·lant *der*, **Gra·tu·lan·tin** <-en, -en> *jmd., der jmdm. gratuliert*

Gra·tu·la·ti·on *die* <-, -en> ❶ *das Gratulieren:* Zahlreiche Freunde und Bekannten erschienen zur

Gratulation. ❷ *Glückwunsch:* Meine Gratulation zur bestandenen Führerscheinprüfung!

Gra·tu·la·ti·ons·schrei·ben *das* <-s, -> *(≈ Glückwunschschreiben) Schreiben, um jmdm. zu gratulieren*

gra·tu·lie·ren <gratulierst, gratulierte, hat gratuliert> *ohne OBJ* ∎ **jmd. gratuliert jmdm. (zu etwas** *Dat.***)** *jmdn. aus einem bestimmten Anlass beglückwünschen:* Ich gratuliere dir zum Geburtstag/zur bestandenen Prüfung.

Grat·wan·de·rung *die* <-; -en> *(übertr.) riskantes Vorgehen:* Das Vorstellungsgespräch kam einer Gratwanderung gleich.

grau <grauer, am grau(e)sten> *adj* ❶ *Farbton zwischen schwarz und weiß:* Ich bekomme langsam graue Haare.; Der Himmel hing voller grauer Wolken. ❷ *(≈ trist) trostlos, langweilig:* Er wollte dem grauen Alltag entfliehen. ❸ *zeitlich sehr weit entfernt und unbestimmt:* Das passierte doch in grauer Vorzeit. ◆ Getrennt- oder Zusammenschreibung →R 4.16 grau gestreift/graugestreift; grau meliert/graumeliert

Grau·bart *der* <-(e)s, Graubärte> *(umg.) Mann mit einem grauen Bart*

grau·braun *adj /nicht steig./ Farbton zwischen grau und braun*

Grau·brot *das* <-(e)s, -e> LANDSCH. *Mischbrot aus Roggen- und Weizenmehl*

Grau·bün·den <-s> *Kanton in der Schweiz*

Gräu·el *der* <-s, -> */meist Plur./ (geh.) grauenhafte, entsetzliche, abstoßende Gewalttat:* Die Gräuel des Krieges sind unbeschreiblich.; ∎ **jemandem ein Gräuel sein** *von jmdm. als höchst widerwärtig angesehen werden*

Gräu·el·tat *die* <-, -en> *grauenhafte, entsetzliche, abstoßende Gewalttat:* Im Krieg kommt es immer wieder zu Gräueltaten.

Grau·en *das* <-s, -> ❶ */kein Plur./ Entsetzen:* Sie wurde von einem eisigen/leisen Grauen erfasst. ❷ *ein Entsetzen hervorrufendes Ereignis:* Die Flüchtlinge schilderten das Grauen/die Grauen des Bürgerkriegs. ◆ Getrennt- oder Zusammenschreibung →R 4.9 grauenerregend; ◆ Getrenntschreibung →R 4.16 großes Grauen erregend; ◆ Zusammenschreibung →R 4.16 überaus grauenerregend; grauenerregender; am grauenerregendsten

grau·en¹ <graut, graute, hat gegraut> *mit ES* ∎ **jmdm./jmdn. graut es (vor jmdm./etwas)** *sich fürchten:* Mir/Mich graut es vor der Prüfung.

grau·en² <graut, graute, hat gegraut> *ohne OBJ* ∎ **etwas graut** *(geh.) dämmern:* Der Tag graut schon.

grau·en·er·re·gend *adj so, dass es jmdm. graut:* ein grauenerregendes Ereignis

grau·en·haft *adj* ❶ *Angst und Schrecken hervorrufend:* Das grauenhafte Unglück ereignete sich vergangene Nacht. ❷ *(umg.) sehr groß, sehr intensiv:* Ich hatte grauenhafte Kopfschmerzen. ❸ *(umg.) sehr schlecht:* Das Essen/Das Konzert war grauenhaft. ❹ *(umg.) sehr:* Die Musik war grauenhaft laut.

grau·en·voll *adj grauenhaft*

Grau·gans *die* <-, Graugänse> *eine Gänseart von*

kleinem bis mittelgroßem Körperbau und grauem Gefieder

Grau·pe *die* <-, -n> */meist Plur./ Gersten- oder Weizenkorn ohne Hülse* ◆ -nsuppe

Grau·pel *die* <-, -n> */meist Plur./ kleines, weiches Hagelkorn* ◆ -schauer

grau·peln <graupelt, graupelte, hat gegraupelt> *mit ES* ∎ **es graupelt** *Graupel fällt vom Himmel:* Es hat gegraupelt.

Graus *der* <-es> */kein Plur./* ∎ **O Graus!** *(umg. scherzh.) verwendet als Ausdruck des Erschreckens*

grau·sam *adj* ❶ *rücksichtslos, gefühllos:* Er war ein grausamer Herrscher.; Man verhängte eine grausame Strafe.; Die Geiselnehmer waren sehr grausam zu/gegenüber ihrem Opfer. ❷ *sehr unangenehm, qualvoll:* Wir litten unter der grausamen Hitze/Kälte.; Es war eine grausame Enttäuschung, dass … ❸ *sehr, überaus:* Es ist grausam kalt.

Grau·sam·keit *die* <-, -en> ❶ */kein Plur./ grausame Art* ❷ *grausame Handlung*

Grau·schim·mel *der* <-s, -> ZOOL. *graues Pferd*

grau·sen <graust, grauste, hat gegraust> I. *mit SICH* ∎ **jmd. graust sich (vor etwas** *Dat.***)** *ekeln und fürchten:* Sie graust sich vor Spinnen. II. *mit ES* ∎ **jmdm. graust es (vor jmdm./etwas)** *Ekel, Furcht empfinden:* Es graust mir/mich allein bei dem Gedanken, dass …

Grau·sen *das* <-s> */kein Plur./ Furcht und Ekel:* Ihn packte das kalte Grausen.

grau·sig *adj Grauen erregend, schrecklich:* Spaziergänger machten im Wald eine grausige Entdeckung.

graus·lich *adj* SÜDDT., ÖSTERR. *(umg.) grässlich, hässlich*

Grau·tier *das* <-(e)s, -e> *(scherzh.) Esel*

Grau·zo·ne *die* <-, -n> *Übergangsbereich mit unklarer Zuordnung:* Juristisch gesehen spielt sich das in einer Grauzone ab.

Gra·veur *der,* **Gra·veu·rin** [graˈvøːɐ] <-s, -e> *Handwerker, der graviert*

gra·vie·ren <gravierst, gravierte, graviert> *mit OBJ* ∎ **jmd. graviert etwas** *Akk. Schrift oder Verzierungen in hartes Material verschiedenster Art schneiden, ritzen oder stechen*

gra·vie·rend I. *Part. Präs. von* **gravieren** II. *adj schwer wiegend:* Das ist doch ein gravierender Unterschied.

Gra·vie·rung *die* <-, -en> ❶ *das Gravieren* ❷ *eingravierte Schrift, Verzierung; siehe auch* **Gravur**

Gra·vi·ta·ti·on *die* <-> */kein Plur./ Anziehungskraft (der Erde), Schwerkraft*

Gra·vi·ta·ti·ons·kraft *die* <-, Gravitationskräfte> PHYS., ASTRON. *Gravitation*

gra·vi·tä·tisch *adj feierlich, würdevoll, gemessen:* Sie schritt gravitätisch die Treppe herunter.

Gra·vur *die* <-, -en> *eingravierte Schrift, Verzierung:* etwas mit einer Gravur versehen

Graz <-> GEOGR. *Hauptstadt der Steiermark*

Gra·zie *die* <-, -n> ❶ */kein Plur./ Anmut* ❷ *(scherzh.) eine schöne junge Frau*

gra·zil *adj schlank und zierlich, zartgliedrig:* Sie hat eine grazile Figur. ▸ Grazilität

gra·zi·ös *adj anmutig, leicht:* Sie tanzt sehr graziös.

Grä·zist *der,* **Grä·zis·tin** <-en, -en> *Wissenschaftler der altgriechischen Sprache und Kultur*
Green·card, *a.* **Green Card** *die* ['gri:nka:d] <-, -s> *(zeitlich befristete) Aufenthalts- und Arbeitsgenehmigung für Nicht-EU-Bürger*
Green·peace *die* ['gri:npi:s] <-> */kein Plur./ internationale Umweltorganisation*
Greif·arm *der* <-(e)s, -e> *Teil eines technischen Geräts, mit dem Gegenstände erfasst und aufgenommen werden können*
greif·bar *adj* ❶ *sich in nächster Nähe befindend:* Ich habe die Unterlagen momentan nicht greifbar. ❷ *konkret:* Die Pläne haben bereits greifbare Formen angenommen. ❸ *in zeitlicher Nähe:* Das Abitur ist in greifbare Nähe gerückt.
grei·fen <greifst, griff, hat gegriffen> **I.** *mit OBJ* ■ *jmd. greift etwas Akk. nehmen:* Er griff sich eine Tüte Chips und setzte sich vor den Fernseher. **II.** *ohne OBJ* ■ *jmd./etwas greift (nach/zu etwas Dat.)* ❶ *die Hand ausstrecken (um etwas zu fassen):* Das Kind griff nach der Hand der Mutter. ❷ *(geh.) in bestimmter Absicht nehmen:* Sie greift nach Feierabend gern zu einem guten Buch. ❸ TECHN. *festen Kontakt haben; fest aufliegen:* Auf der vereisten Fahrbahn griffen die Räder nicht mehr. ❹ *wirksam sein, werden:* Die Fördermaßnahmen greifen allmählich.; ■ **zum Greifen nah(e)** *sehr nah;* ■ **um sich greifen** *sich ausbreiten* Das Feuer hatte um sich gegriffen.
Greif·vo·gel *der* <-s, Greifvögel> ZOOL. *ein Raubvogel mit kräftigen Krallen:* Der Adler ist ein Greifvogel.
Greif·zan·ge *die* <-, -n> *Zange, mit der man etwas fassen, greifen kann*
grei·nen <greinst, greinte, hat gegreint> *ohne OBJ* ■ *jmd. greint (oft abwert.) weinen, jammern:* ein Kind greint; Hör auf zu greinen, ich kaufe dir den Pulli ja!
Greis *der,* **Grei·sin** <-es, -e> *alter, gebrechlicher Mensch*
greis *adj /nur attr./ sehr alt:* Ihr Großvater ist ein greiser Mann.
grei·sen·haft *adj wie ein Greis:* ein greisenhaftes Aussehen besitzen ▶ Greisenhaftigkeit
Grei·sin *die* <-, -nen> *siehe* **Greis**
Greiß·ler *der,* **Greiß·le·rin** <-s, -> ÖSTERR. *Krämer(in)*
grell *adj* ❶ *so hell, dass es blendet oder stört:* Grelle Blitze machten die Nacht zum Tage. ❷ *schrill:* Sie hat eine grelle Stimme. ❸ *(unangenehm) intensiv:* Der Künstler hat dieses Bild bewusst in grellen Farben gemalt. ◆ Getrenntschreibung →R 4.9 grell beleuchtet
Gre·mi·um *das* <-s, Gremien> *Expertengruppe, die eine bestimmte Aufgabe erfüllen soll; Ausschuss, Kommission*
Gre·na·da <-s> GEOGR. *Insel in der Karibik* ▶ Grenader, Grenadin, grenadisch
Gre·na·dier *der,* **Gre·na·die·rin** <-s, -e> MILIT. *Infanterist*
Grenz- *als Erstglied zusammengesetzter Substantive; drückt aus,* ❶ *dass sich das mit dem Zweitglied Bezeichnete auf einen räumlich abgetrennten Bereich zwischen Staatsgebieten oder Ländern bezieht* ◆-bahnhof, -baum, -beamte, -beamtin, -bewohner, -burg, -durchbruch, -durchgangslager, -formalität(en), -gänger(in), -gebiet, -gebirge, -gewässer, -gipfel, -konflikt, -kontrolle, -land, -linie, -ort, -pendler(in), -polizei, -polizist(in), -regime, -regiment, -region, -schutz, -sicherung(sanlagen), -soldat(in), -stadt, -streit, -truppen, -übergang, -verkehr, -verlauf, -verletzung, -vertrag, -wall ❷ *dass sich das mit dem Zweitglied Bezeichnete auf einen räumlich abgetrennten Bereich zwischen Nachbargrundstücken bezieht* ◆-abstand, -bebauung, -bepflanzung, -baum, -bereich, -ermittlung, -feststellung, -garage, -hecke, -kataster, -konflikt, -linie, -niederschrift, -pfahl, -rain, -recht, -stein, -streitigkeiten, -termin, -verlauf, -verletzung ❸ *dass das mit dem Zweitglied meist fachsprachlich Bezeichnete einen Normalwert in einem Wertebereich unter- oder überschreitet bzw. in einem Randgebiet liegt* ◆-bereich, -debilität, -differenz, -dosis, -empfindlichkeit, -erfahrung, -frequenz, -formel, -funktion, -gewinn, -härte, -kosten, -lehre, -matrix, -menge, -methode, -nachfrage, -neigung, -noten, -nutzen, -orbitale, -produktivität, -puls, -punkt, -rang, -rate, -rendite, -risiko, -setzung, -situation, -steuersatz, -strukturen, -umsatz, -viskosität, -vorteil, -wissenschaft, -zyklus
Grenz·ab·fer·ti·gung *die* <-, -en> *durch die Zollbeamten erledigte Formalitäten beim Grenzübergang*
Grenz·be·reich *der* <-(e)s, -e> */kein Plur./* ❶ *Bereich in der Umgebung einer Grenze¹* ❷ *Bereich, in dem keine Steigerungen mehr möglich sind* ❸ *Bereich, in dem sich zwei benachbarte Wissenschaften überschneiden*
Grenz·be·zirk *der* <-(e)s, -e> ❶ *Zollbezirk an einer Grenze¹* ❷ *Grenzgebiet*
Gren·ze *die* <-, -n> ❶ *Staatsgrenze:* 1989 kam es zur Öffnung der deutsch-deutschen Grenze. ❷ *Trennungslinie, die zwei unterschiedliche geographische oder politische Gebiete voneinander trennt:* Das Gebirge/Der Fluss bildet eine natürliche Grenze. ❸ *Trennungslinie zwischen Gebieten, die im Besitz verschiedener Eigentümer sind:* Wir haben an der Grenze zum Nachbargrundstück eine Hecke gepflanzt. ❹ *das äußerste Maß:* Die Grenzen meiner Geduld sind erreicht.; ■ **sich (noch) in Grenzen halten** *noch in erträglichem Ausmaß sein;* ■ **seine Grenzen kennen** *wissen, was man leisten kann*
gren·zen <grenzt, grenzte, hat gegrenzt> *ohne OBJ* ■ *etwas grenzt an etwas Akk. eine gemeinsame Grenze¹, ², ³ haben:* An das Nachbargrundstück grenzt ein Fabrikgelände.
gren·zen·los *adj /nicht steig./* ❶ *unendlich:* Sie blickte hinaus auf das grenzenlose Meer. ❷ *uneingeschränkt:* Ihre Liebe war grenzenlos. ❸ *sehr groß, intensiv:* Er war von grenzenlosem Hass/Ehrgeiz besessen.
Grenz·fall *der* <-(e)s, Grenzfälle> *nicht eindeutig zu klärender Problemfall*
Grenz·pos·ten *der* <-s, -> *eine Grenze¹ überwachender Wachtposten*
grenz·über·schrei·tend *adj /nicht steig./ über*

Grenzen[1] *hinausgehend:* Der grenzüberschreitende Handel/Verkehr wird zunehmen.
Grenz·über·schrei·tung *die* <-, -en> Grenzübertritt
Grenz·über·tritt *der* <-(e)s, -e> ❶ *Übertreten einer Grenze*[1] ❷ Grenzübergang
Grenz·ver·let·zung *die* <-, -en> *illegales Überschreiten einer Grenze*[1] *durch militärische Truppen*
Grenz·wert *der* <-(e)s, -e> *äußerster, extremer, nicht zu überschreitender Wert* ▸ grenzwertig
Gret·chen·fra·ge *die* <-> */kein Plur./ (umg.) entscheidende Frage; Gewissensfrage (nach der Frage des Gretchen aus Goethes Faust):* jemandem die Gretchenfrage stellen
Grie·be *die* <-, -n> *ausgelassener Speck(würfel)* ◆-nschmalz, -nwurst
Grie·ben·schmalz *das* <-es> */kein Plur./ Schmalz mit Grieben* ◆-brot
Grie·chen·land <-s> GEOGR. *südeuropäischer Staat* ▸ Grieche, Griechin
grie·chisch *adj /nur attr./ /nicht steig./ Griechenland, die Griechen oder ihre Sprache betreffend:* das griechische Volk; Der Redner sprach griechisch (in griechischer Sprache), nicht englisch.; Er lernt gerade Griechisch.; Sie spricht gut Griechisch.; Das heißt auf Griechisch …; *siehe auch* **deutsch**
Grieß *der* <-es> */kein Plur./ geschälte und geschrotete Getreidekörner* ◆-brei, -klößchen, -pudding
Griff *der* <-(e)s, -e> ❶ *das Greifen:* Beim Griff in die Manteltasche merkte er, dass er den Schlüssel verloren hatte. ❷ *Teil eines Gegenstandes, woran man ihn festhalten, tragen kann:* Das Messer hat einen hölzernen Griff.; Diese Koffer haben stabile Griffe.; ▪ **etwas/alles im Griff haben** *etwas oder alles beherrschen, unter Kontrolle haben;* ▪ **etwas in den Griff bekommen/kriegen** *(umg.) etwas meistern;* ▪ **der Griff zur Droge/ Flasche/Zigarette** *(verhüll.) regelmäßiger, suchtbedingter Drogen-, Alkohol-, Zigarettenkonsum*
griff *Prät. von* **greifen**
griff·be·reit *adj /nicht steig./ zum Gebrauch bereitliegend:* Ich habe die Unterlagen momentan nicht griffbereit.
Grif·fel *der* <-s, -> ❶ *(umg.) Schreibgerät für Schiefertafeln* ❷ BOT. *stielartiger Fortsatz des Fruchtknotens* ❸ */meist Plur./ (umg.) Finger:* Nimm gefälligst deine Griffel da weg!
Grif·fel·kas·ten *der* <-s, Griffelkästen> *(veralt.) Behälter für Griffel*[1]
grif·fig[1] *adj* ❶ *einfach und prägnant:* Wir suchen noch nach einem griffigen Werbespruch für das neue Produkt. ❷ *so beschaffen, dass etwas darauf nicht rutscht:* Der Schnee auf den Pisten war sehr griffig. ▸ Griffigkeit
grif·fig[2] *adj* ÖSTERR. *grobkörnig:* griffiges Mehl
Grill *der* <-s, -s> ❶ *ein Gerät mit einem Rost, das entweder mit Holzkohle oder elektrisch erhitzt wird, um darauf Fleisch und Würstchen zu braten:* Wir haben uns einen neuen Grill für den Garten gekauft. ◆-brikett, -fest, -gerät, -kohle, -party, -pfanne, -platz, -spieß, -würstchen, Elektro-, Garten- ❷ KFZ *kurz für „Kühlergrill"*

Gril·le *die* <-, -n> ❶ *ein den Heuschrecken ähnliches Insekt:* Die Grillen zirpen. ❷ */meist Sing./ (veralt.) sonderbarer Gedanke:* Er hat nichts als Grillen im Kopf.
gril·len <grillst, grillte, hat gegrillt> *mit OBJ/ ohne OBJ* ▪ *jmd.* **grillt (etwas)** *Speisen auf einem Grill zubereiten:* Wir wollen heute Abend Würstchen und Steaks im Garten grillen.
Grill·gut *das* <-(e)s> */kein Plur./ zum Grillen verwendete Esswaren*
gril·lie·ren <grillierst, grillierte, hat grilliert> *mit OBJ* ▪ *jmd.* **grilliert etwas** *Akk.* SCHWEIZ. *grillen*
Grill·rost *der* <-(e)s, -e> *(≈ Grill*[1]*) Rost zum Grillen*
Grill·spieß *der* <-es, -e> *Spieß für Grillgut*
Grill·zeit *die* <-, -en> *(Sommer-)Zeit, in der gegrillt wird:* Jetzt fängt wieder die Grillzeit an.
Gri·mas·se *die* <-, -n> *ein zu einem bestimmten Ausdruck verzerrtes Gesicht:* Hör doch auf, ständig Grimassen zu schneiden!
gri·mas·sie·ren <grimassierst, grimassierte, hat grimassiert> *ohne OBJ* ▪ *jmd.* **grimassiert** *Grimassen schneiden*
Grimm *der* <-(e)s> */kein Plur./ (geh. o veralt.) heftiger Zorn, Wut:* Sie war voller Grimm.
Grimm·darm *der* <-s, Grimmdärme> *Teil des Darms*
Grim·men *das* <-s> */kein Plur./ (umg.) Magengrimmen*
grim·mig *adj* ❶ *zornig, wütend:* Weshalb macht sie ein derart grimmiges Gesicht? ❷ *sehr groß:* Sie flüchteten vor der grimmigen Kälte ins Haus.
Grind[1] *der* <-(e)s, -e> *Schorf*
Grind[2] *der* <-(e)s, -e> SCHWEIZ. *Kopf*
grin·sen <grinst, grinste, hat gegrinst> *ohne OBJ* ▪ *jmd.* **grinst (irgendwie)** *in einer bestimmten Weise lächeln:* Sie grinste frech/höhnisch/schadenfroh/spöttisch.
grip·pal *adj /nur attr./ /nicht steig./* MED. *die Grippe betreffend, von einer Grippe ausgelöst:* Sie konnte wegen eines grippalen Infektes nicht zur Schule gehen.
Grip·pe *die* <-, -n> ❶ MED. *(vor allem im Frühjahr und im Herbst) auftretende ansteckende Viruserkrankung mit hohem Fieber* ◆-impfstoff, -schutzimpfung ❷ *(umg.) (stärkere) Erkältungskrankheit*
grip·pe·krank *adj /nicht steig./ an Grippe erkrankt*
Grip·pe·mit·tel *das* <-s, -> *Arzneimittel gegen Grippe*
Grip·pe·wel·le *die* <-, -n> *epidemisch auftretende Grippe*[1]*:* Nun hat die Grippewelle auch unsere Region erfasst.
Grips *der* <-es> */kein Plur./ (umg.) Verstand:* Streng doch mal deinen Grips an!
Gris·li·bär, *a.* **Grizz·ly·bär** *der* <-en, -en> ZOOL. *großer nordamerikanischer Braunbär*
grob <gröber, am gröbsten> *adj* ❶ *rau, nicht glatt:* Dafür benötigen wir einen groben Stoff ❷ *nicht fein:* Für diesen Teig benötigen wir grob gemahlenes/grobgemahlenes Mehl. ❸ *derb wirkend:* Er hat grobe Hände/Gesichtszüge. ❹ *nicht ganz genau, ungefähr:* Ich kann Ihnen das in groben Umrissen/Zügen erklären. ❺ *schlimm:* Es war

G

ein grober Fehler/Irrtum, dass ... **⑥** *(abwert.) un-höflich, barsch:* Er ist ein grober Mensch.; Sie hat meine höfliche Bitte grob zurückgewiesen. **⑦** *nicht sanft, nicht behutsam:* Sei doch nicht so grob!; ■ **aus dem Gröbsten heraus sein** *(umg.) das Schlimmste überstanden haben* ◆ Getrennt- oder Zusammenschreibung →R 4.15 grob gemah-len/grobgemahlen; grob gestrickt/grobgestrickt; ◆ Großschreibung →R 3.4 aus dem Gröbsten he-raus sein; ◆ Groß- oder Kleinschreibung →R 3.9 jemanden aufs Gröbste/aufs gröbste beleidigen

Grob·ein·stel·lung *die* <-, -en> *grobe⁴ Einstel-lung eines technischen Geräts*

grob·ge·mah·len *adj /nicht steig./* grobgemahle-nes Mehl

G

Grob·heit *die* <-, -en> **①** */kein Plur./ unhöfliche Wesensart* **②** */meist Plur./ unhöfliche Worte:* Er warf ihr Grobheiten an den Kopf.

Gro·bi·an *der* <-s, -e> *(umg. abwert.) Mann, der grob⁶ und rücksichtslos ist*

grob·schläch·tig *adj (abwert.) von großer und kräftiger, aber plumper Gestalt*

Grog *der* <-s, -s> *heißes Getränk aus Rum, Zucker und Wasser*

grog·gy ['grɔgi] *adj /nur präd./ /nicht steig./ (umg.) erschöpft, müde:* Er war nach dem anstren-genden Arbeitstag völlig groggy.

grö·len <grölst, grölte, hat gegrölt> *mit OBJ/ ohne OBJ* ■ *jmd.* **grölt (etwas)** *(umg. abwert.) laut und nicht schön singen, schreien:* Der Be-trunkene grölte auf dem Nachhauseweg.

Grö·le·rei *die* <-, -en> *(abwert.) dauerndes Grö-len:* die Grölereien der Neonazis

Groll *der* <-(e)s> */kein Plur./ (verborgener, star-ker) Ärger, Hass:* Weshalb hegst du einen Groll ge-gen ihn?

grol·len <grollst, grollte, hat gegrollt> *ohne OBJ* **①** ■ *jmd.* **grollt (mit jmdm.) (wegen jmdm./ etwas)** *verärgert sein* **②** ■ *etwas* **grollt** *ein dump-fes Geräusch machen, verursachen:* Der Donner grollt in der Ferne.

Grön·land <-s> GEOGR. *große Insel im Atlantik*

Groove *der* ['gruːv] <-s> MUS. *mitreißende Art des Musizierens* ▶ groovig, grooven

Gros *das* [groː/groːs] <-, -> *(geh.) Mehrheit:* Das Gros der Abiturienten und Abiturientinnen stu-diert.

Gro·schen·blatt *das* <-(e)s, Groschenblätter> *(abwert.) billige, reißerische Zeitung auf geistig niedrigem Niveau*

Gro·schen·ro·man *der* <-s, -e> LIT. *(abwert.) billi-ger (Heft-)Roman auf geistig niedrigem Niveau*

groß <größer, am größten> *adj* **①** (↔ *klein) in Bezug auf die Länge, Breite, Höhe, den Umfang, das Volumen, den Durchschnitt, den Vergleichs-wert übertreffend:* Sie haben ein großes Haus/ein großes Auto. **②** *eine bestimmte Länge, Höhe auf-weisend:* Die Frau war fast zwei Meter groß.; Die Schuhe sind mir zwei Nummern zu groß. **③** *älter:* Er hat eine größere Schwester. **④** *von relativ langer Dauer:* Es gab keine größeren Verzögerungen. **⑤** *von beträchtlicher Anzahl, Menge:* Der Laden hat eine große Auswahl an Schuhen. **⑥** *heftig:* Ich hatte große Angst.; Das war ein großer Irrtum.

⑦ *gewichtig, bedeutungsvoll:* Der große Augen-blick ist nun gekommen. **⑧** *bedeutend, berühmt:* Sie war eine große Künstlerin. **⑨** *großartig, glanz-voll:* Es war eine große Premierenfeier. **⑩** *(umg.) mit viel Aufwand:* Wir wollen morgen ganz groß ausgehen.; ■ **im Großen und Ganzen** *im Allge-meinen;* ■ **Groß und Klein** *jeder, alle* ◆ Groß-schreibung →R 3.4, R 3.7, R 3.17 im Großen und Ganzen; Groß und Klein; es wäre das Größte, wenn ...; der Große Teich; ◆ Getrennt- oder Zu-sammenschreibung →R 4.15 groß gemustert/ großgemustert; groß kariert/großkariert; groß ge-wachsen/großgewachsen

Groß- *als Erstglied zusammengesetzter Substan-tive; drückt aus,* **①** *dass das mit dem Zweitglied Bezeichnete der Ausdehnung nach über einen Durchschnittswert hinausgeht bzw. mengenmä-ßig erheblich ist* ◆ -aktion, -aktionär(in), -alarm, -angriff, -auftrag, -betrieb, -bildschirm, -demonstra-tion, -ereignis, -fahndung, -feuer, -flughafen, -ge-meinde, -grundbesitz, -grundbesitzer(in), -handel, -investition, -kauffrau, -kaufmann, -konzern, -kraft-werk, -küche, -kunde, -kundgebung, -leinwand, -markt, -maß, -offensive, -packung, -produktion, -projekt, -raum, -razzia, -rechner, -schanze, -tat, -verdiener(in) **②** *dass das mit dem Zweitglied Be-zeichnete den gesellschaftlichen Status nach rangmäßig über anderen Gruppen/Positionen steht* ◆ -bourgeoisie, -fürst(in), -herzog(in), -mogul, -wesir **③** *dass das mit dem Zweitglied Bezeichnete der Größenordnung/Ausprägung nach im Kon-trast zu anderen Einheiten/Qualitäten gleicher Art steht* ◆ -format, -klima, -koalition, -oktav, -quart, -schifffahrtsweg, -segel **④** *dass das mit dem Zweitglied Bezeichnete sich auf ein Verwandt-schaftsverhältnis der zweiten Generation bezieht* ◆ -eltern, -mama, -neffe, -nichte, -onkel, -papa, -tante

Groß·ab·neh·mer *der* <-s, -> WIRTSCH. *jmd., der Waren in großen Mengen (für den Zwischenhan-del) einkauft*

groß·an·ge·legt *adj /nicht steig./ groß¹⁰:* Die Po-lizei startete eine großangelegte Suchaktion nach den vermissten Kindern.

groß·ar·tig *adj wunderbar, hervorragend:* eine großartige Leistung vollbringen

Groß·auf·nah·me *die* <-, -n> FOTOGR. *eine Auf-nahme, bei der das Objekt, das fotografiert wer-den soll, sehr nah herangeholt wird und daher auf dem Foto sehr groß aussieht:* von einem Objekt eine Großaufnahme machen

Groß·bild·lein·wand *die* <-, Großbildleinwände> *große Leinwand, auf die etwas projiziert wird*

Groß·bri·tan·ni·en <-s> *England, Schottland und Wales umfassende staatliche Einheit*

Groß·buch·sta·be *der* <-ns, -n> (↔ *Kleinbuch-stabe) großgeschriebener Buchstabe*

Groß·bür·ger *der,* **Groß·bür·ge·rin** <-s, -> (↔ *Kleinbürger) (vermögender) Bürger der oberen Gesellschaftsschicht* ▶ großbürgerlich, Großbür-gertum

Grö·ße *die* <-, -n> **①** *Breite, Länge, Höhe, Tiefe, Umfang, Volumen von etwas:* Die Größe des Grundstücks beträgt 2.000 Quadratmeter.; Wir können Ihnen Abzüge der Fotos in unterschiedlichen Größen anbieten. ❷ /meist Sing./ Körpergröße: Der Täter war von mittlerer Größe. ❸ Maß für die Größe von Kleidungsstücken, Schuhen ❹ /meist Sing./ zahlen- oder mengenmäßiger Umfang: Welche Größe haben die Schulklassen zurzeit im Durchschnitt? ❺ /meist Sing./ besondere Bedeutsamkeit: Man wird sich wohl erst später der Größe dieses Augenblicks bewusst werden. ❻ bedeutende Persönlichkeit: Er ist eine Größe auf dem Gebiet der Kunst/der Musik/der Wissenschaft.

Groß·el·tern <-> Plur. die Eltern der Eltern

Grö·ßen·ord·nung die <-, -en> Umfang, Ausmaß von etwas: Die Renovierungskosten in der Größenordnung von mehreren Millionen Mark trägt der Staat.

gro·ßen·teils adv überwiegend: Es waren großenteils Leute in meinem Alter auf der Party.

Grö·ßen·ver·hält·nis das <-ses, -se> ❶ vergleichender Maßstab zwischen (zwei) verschiedenen Dingen: im Größenverhältnis von eins zu zwanzig zueinander stehen ❷ Proportion: Bei diesem Bild muss man von den eigentlichen Größenverhältnissen abstrahieren.

grö·ßen·ver·stell·bar adj /nicht steig./ so, dass man die Größe von etwas individuell anpassen oder verstellen kann: Dieser Sicherheitsgurt ist größenverstellbar.

Grö·ßen·wahn der <-(e)s> /kein Plur./ (abwert.) krankhafte, maßlose Selbstüberschätzung ▸ größenwahnsinnig

Groß·fa·mi·lie die <-, -n> aus sehr vielen Personen bestehende Familie

gro·ß·flä·chig adj eine große Fläche betreffend: Er hat sich großflächige Verbrennungen zugezogen.

Groß·han·del der <-s> /kein Plur./ WIRTSCH. (↔ Einzelhandel) Handel mit Waren in großem Ausmaß ▸ Großhändler, Großhändlerin

groß·her·zig adj selbstlos: eine großherzige Tat vollbringen

Groß·hirn das <-(e)s , -e> ANAT. vorderer Teil des Gehirns: Das Großhirn besteht aus zwei Hälften mit unterschiedlichen Funktionen.

Gros·sist der, **Gros·sis·tin** <-en, -en> WIRTSCH. Großhändler

Groß·ka·pi·tal das <-s> /kein Plur./ WIRTSCH. Gesamtheit der Großbetriebe

Groß·ka·pi·ta·lis·mus der <-/-ses> /kein Plur./ WIRTSCH. Herrschaft des Großkapitals ▸ Großkapitalist, Großkapitalistin

Groß·kind das <-(e)s, -er> SCHWEIZ. Enkelkind

groß·kot·zig adj (umg. abwert.) prahlerisch, protzig: Er hat ziemlich großkotzig dahergeredet. ▸ Großkotzigkeit

Groß·macht die <-, Großmächte> ein Staat, der über eine große wirtschaftliche Bedeutung und militärische Stärke verfügt und die internationale Politik erheblich beeinflusst ◆ -stellung

Groß·maul das <-(e)s, Großmäuler> (umg. abwert.) Angeber ▸ großmäulig

groß·mehr·heit·lich adj /nicht steig./ SCHWEIZ. mit großer Mehrheit

Groß·meis·ter der, **Groß·meis·te·rin** <-s, ->

jmd., der auf seinem Gebiet Großes leistet oder geleistet hat: die Großmeister der abendländischen Kunst

Groß·mut die <-> /kein Plur./ Toleranz und Großzügigkeit ▸ großmütig

Groß·mut·ter die <-, Großmütter> (≈ Oma) Mutter des Vaters oder der Mutter

Groß·on·kel der <-s, -> Bruder der Großmutter oder des Großvaters

groß·po·rig adj mit großen Poren: eine großporige Haut besitzen

Groß·rat der <-(e)s, ...-räte> SCHWEIZ. Mitglied eines Kantonsparlaments

Groß·raum·bü·ro das <-s, -s> aus mehreren, in einem Raum zusammengefassten Büros bestehendes Büro

groß·räu·mig adj /nicht steig./ sich weit erstreckend: Die Polizei riegelte die Unfallstelle großräumig ab.

Groß·raum·wa·gen der <-s, -> ❶ aus mehreren zusammenhängenden Segmenten bestehender Straßenbahnwagen ❷ (↔ Abteil) Zugwaggon mit Sitzreihen ❸ großer Güterwagen

Groß·rei·ne·ma·chen, **Groß·rein·ma·chen** das <-s> /kein Plur./ (umg.) gründliche Säuberung (im Haus); siehe auch **Frühjahrsputz**

groß·schnau·zig adj (abwert.) angeberisch: eine großschnauzige Art besitzen

groß·schrei·ben <schreibst groß, schrieb groß, hat großgeschrieben> mit OBJ ▪ jmd. schreibt etwas Akk. groß ❶ mit einem großen Anfangsbuchstaben schreiben: Im Deutschen werden Substantive großgeschrieben. ❷ sehr wichtig sein: In der Gastronomie wird Höflichkeit großgeschrieben.

groß·spu·rig adj (abwert.) eingebildet, arrogant, überheblich ▸ Großspurigkeit

Groß·stadt die <-, Großstädte> (↔ Kleinstadt) Stadt mit großer Einwohnerzahl, großer Stadtfläche, dichtem Verkehrsnetz und regem kulturellem und wirtschaftlichem Leben ◆ -luft, -verkehr ▸ Großstädter, Großstädterin, großstädtisch

Groß·stadt·luft die <-> /kein Plur./ (umg.) großstädtische Atmosphäre: Er hat schon als Kind Großstadtluft geschnuppert.

Groß·teil der <-s> /kein Plur./ der größte Teil von etwas: Ich verbringe den Großteil meiner Freizeit mit Lesen.; Zum Großteil hast du dir die Konsequenzen selbst zuzuschreiben.

größ·ten·teils adv hauptsächlich: Es waren größtenteils Leute in meinem Alter auf der Party.

größt·mög·lich adj /nur attr./ /nicht steig./ höchstmöglich: sich (die) größtmögliche Mühe geben

groß·tun <tust groß, tat groß, hat großgetan> ohne OBJ ▪ jmd. tut (sich) groß (mit etwas Dat.) (geh.) sich brüsten, angeben: Immer muss sie sich mit ihrer vornehmen Abstammung großtun! ▸ Großtuer, Großtuerei, großtuerisch

Groß·va·ter der <-s, Großväter> (≈ Opa) Vater des Vaters oder der Mutter

Groß·ver·brau·cher der, **Groß·ver·brau·che·rin** <-s, -> jmd. oder ein Betrieb, der Waren in großem Umfang verbraucht

G

Groß·vieh *das* <-(e)s> /kein Plur./ (↔ Kleinvieh) *große Nutztiere wie Pferde und Rinder*

Groß·wet·ter·la·ge *die* <-, -n> *die Wetterlage in einem größeren Gebiet*

Groß·wild *das* <-(e)s> /kein Plur./ *(tropisches) Raubwild* ◆-jagd, -jäger(in)

groß·zie·hen <ziehst groß, zog groß, hat großgezogen> *mit OBJ* ■ *jmd. zieht jmdn./ein Tier groß (umg.) aufziehen:* Sie hat mehrere Kinder großgezogen.

groß·zü·gig *adj* ❶ *tolerant: etwas großzügig übergehen; großzügig über etwas hinwegsehen* ❷ (↔ geizig) *spendabel, freigebig* ❸ *weiträumig:* Wir sind auf der Suche nach einer etwas großzügigeren Wohnung.

Groß·zü·gig·keit *die* <-> /kein Plur./ ❶ *Toleranz* ❷ *Freigebigkeit* ❸ *Weiträumigkeit*

gro·tesk *adj merkwürdig, absonderlich, lächerlich wirkend:* Die Situation/Seine Aufmachung war grotesk.

Gro·tes·ke *die* <-, -n> KUNST, LIT. *Darstellung einer verzerrten Wirklichkeit*

gro·tes·ker·wei·se *adv so, dass etwas grotesk anmutet*

Grot·te *die* <-, -n> *Felsenhöhle*

grot·ten- *als Erstglied zusammengesetzter Adjektive, mit Betonung auf beiden Teilen; drückt aus, dass das mit dem Zweitglied Bezeichnete in sehr hohem Ausmaß gegeben ist* ◆-doof, -falsch, -schlecht

Grou·pie *das* ['gru:pi] <-s, -s> *(umg.) weiblicher Fan, der sexuellen Kontakt zu seinem Idol sucht*

grub *Prät. von* **graben**

Grüb·chen *das* <-s, -> *kleine Vertiefung im Kinn oder in der Wange:* Beim Lächeln hat sie ein Grübchen.

Gru·be *die* <-, -n> ❶ *Vertiefung im Erdboden:* In der Grube sammelt sich Wasser. ◆Abfall-, Müll-, Jauche- ❷ BERGB. *ein Bergwerk unter der Erde, in dem mineralische Rohstoffe und Bodenschätze abgebaut werden* ◆-nbeleuchtung, -nexplosion, -nlampe, -nunglück, Erz-, Kies-, Kohlen-, Sand-, Zinn-

Grü·be·lei *die* <-, -en> *dauerndes Grübeln*

grü·beln <grübelst, grübelte, hat gegrübelt> *ohne OBJ* ■ *jmd. grübelt (über jmdn./etwas) intensiv nachdenken:* Sie grübelt schon tagelang über einem Problem.

Gru·ben·ar·bei·ter, **Gru·ben·ar·bei·te·rin** *der* <-s, -> (≈ Bergarbeiter) *jmd., der unter Tage in einem Bergwerk arbeitet*

Gru·ben·bahn *die* <-, -en> *kleine, auf Schienen fahrende Bahn, die in ein Bergwerk führt*

Gru·ben·gas *das* <-es, -e> *Methangas*

Grüb·ler *der*, **Grüb·le·rin** <-s, -> *jmd., der viel grübelt*

grüe·zi ['gryətsi] *interj* SCHWEIZ. *eine Grußformel*

Gruft *die* <-, Grüfte> *Grabgewölbe, Krypta* ◆Familien-

Gruf·ti *der* <-s, -s> *(jugendspr.) Bezeichnung für einen älteren, etablierten Menschen*

grum·meln <grummelst, grummelte, hat gegrummelt> *ohne OBJ* ■ *jmd. grummelt (we-*

gen/über etwas Akk.) murren: Was grummelst du schon wieder?

grün *adj* /nicht steig./ ❶ *von der Farbe frischen Grases:* das grüne Gras; grüne Blätter ❷ *noch nicht reif:* Die Äpfel sind noch grün. ❸ *(oft abwert.) jung und ohne Erfahrung:* Der Junge ist doch noch grün. ❹ POL. *(von Ideen, Politik) so, dass der Umweltschutz in den Vordergrund gestellt wird;* ■ *jemanden grün und blau schlagen (umg.) jmdn. sehr verprügeln;* ■ *sich grün und blau ärgern (umg.) sich sehr ärgern;* ■ *jemandem nicht grün sein (umg.) jmdn. nicht leiden können*

Grün *das* <-s, -s> ❶ *grüne Farbe, grünes Aussehen:* Die Ampel zeigt Grün/steht auf Grün. ❷ /kein Plur./ *grüne Pflanzen(teile):* Ich freue mich schon darauf, wenn sich im Frühjahr das erste Grün zeigt.; ■ **(das ist) dasselbe in Grün** *(umg.) (das ist) das Gleiche, nichts anderes*

Grün·al·ge *die* <-, -n> /meist Plur./ BOT. *eine Wasserpflanze*

Grün·an·la·ge *die* <-, -n> *öffentliche Parkanlage*

grün·blau *adj* /nicht steig./ *Farbton zwischen grün und blau*

Grund¹ *der* <-(e)s, Gründe> *(Anlass, Motiv, Ursache) etwas, das eine Handlung auslöst:* nicht auf den Grund seines merkwürdigen Verhaltens kommen; Aus welchem Grund bist du hier?; Das ist ein triftiger/schwer wiegender/einleuchtender/stichhaltiger/zwingender Grund.; Ich muss leider aus beruflichen/privaten Gründen absagen. ◆Beweg-, Haupt-

Grund² *der* <-(e)s, Gründe> ❶ *Erdboden:* Das Haus steht auf festem/felsigem Grund. ❷ *der Boden eines Gewässers:* Das Schiff ist auf Grund gelaufen. ◆Meeres- ❸ ■ *sich in Grund und Boden schämen (umg.) sich sehr schämen;* ■ *von Grund auf/aus völlig, ganz und gar;* ■ *einer Sache auf den Grund gehen versuchen, etwas zu klären* ◆Getrennt- oder Zusammenschreibung →R 4.20 auf Grund/aufgrund; etwas zu Grunde/zugrunde legen; zu Grunde/zugrunde liegen; etwas zu Grunde/zugrunde richten; zu Grunde/zugrunde gehen

Grund- *als Erstglied zusammengesetzter Substantive; drückt aus,* ❶ *dass das mit dem Zweitglied Bezeichnete die Basis von etwas bildet* ◆-anstrich, -bedeutung, -einstellung, -farbe, -form, -gedanke, -haltung, -idee, -konsens, -linie, -mauer, -muster, -pfeiler, -schnelligkeit, -stellung, -stimmung, -stoff, -stufe, -tendenz, -übel, -überzeugung, -wissenschaft, -zustand ❷ *dass das mit dem Zweitglied Bezeichnete eine Mindestform von etwas ist, die durch anderes gegebenenfalls aufgestockt werden kann* ◆-ausbildung, -ausstattung, -bedarf, -daten, -deutsch, -bedürfnis, -gebühr, -gehalt, -kurs, -lohn, -mandat, -rente, -sicherung, -versorgung ❸ *dass das mit dem Zweitglied Bezeichnete von besonderer Wichtigkeit in entsprechendem Bereich ist* ◆-bestandteil, -fehler, -frage, -kenntnis, -regel, -ursache, -voraussetzung, -wert, -wissen, -wissenschaft ❹ *dass das mit dem Zweitglied Bezeichnete mit Eigentumsverhältnissen zutun hat* ◆-dienstbarkeit, -erwerb, -herr(in), -kapital, -schuld, -steuer,

-vermögen, **-zins** ❺ *dass das mit dem Zweitglied Bezeichnete auf die verfassungsmäßige Ordnung bezogen ist* ◆ **-gesetz**, **-recht**, **-ordnung** ❻ *dass das mit dem Zweitglied Bezeichnete auf Bodenbeschaffenheiten bezogen ist* ◆ **-düngung**, **-eis**, **-moräne**, **-wasser**

grund- *(≈ äußerst, sehr) als Erstglied zusammengesetzter Adjektive, mit Betonung auf beiden Teilen; drückt aus, dass die mit dem Zweitglied bezeichnete Eigenschaft auf jemand oder etwas in hohem Maße zutrifft* ◆ **-anständig**, **-ehrlich**, **-falsch**, **-gescheit**, **-gütig**, **-hässlich**, **-schlecht**, **-solid/-solide**, **-verkehrt**

Grund·an·schau·ung *die* <-, -en> *grundsätzliche Anschauung:* Wir stimmen in unseren politischen Grundanschauungen überein.

Grund·be·deu·tung *die* <-, -en> ❶ */kein Plur./ grundsätzliche Bedeutung:* der Grundbedeutung einer Sache nachgehen ❷ SPRACHWISS. *ursprüngliche bzw. wesentliche/zentrale Bedeutung:* Die Grundbedeutung dieses Worts hat sich im Laufe der Jahrhunderte geändert.

Grund·be·din·gung *die* <-, -en> *grundlegende, unerlässliche Bedingung:* Eine Grundbedingung für unsere Beziehung ist, dass ...

Grund·be·griff *der* <-(e)s, -e> ❶ */meist Plur./ das elementare Wissen auf einem (Fach-)Gebiet:* In den kommenden Wochen werde ich Sie mit den Grundbegriffen der Chemie vertraut machen. ❷ *sehr wichtiges Wort in einem Wissenschaftsbereich:* Er hat noch nicht einmal die Grundbegriffe auf seinem Fachgebiet parat.

Grund·be·sitz *der* <-es> */kein Plur./ Grundeigentum*

Grund·buch *das* <-(e)s, Grundbücher> AMTSSPR., RECHTSW. *amtliches Verzeichnis eines Bezirks über alle Grundstücke und deren Eigentümer:* sich ins Grundbuch eintragen lassen ◆ **-amt**, **-eintrag**

Grund·ei·gen·tum *das* <-s> */kein Plur./ (≈ Grundbesitz)*

grün·den <gründest, gründete, hat gegründet> **I.** *mit OBJ* ■ *jmd. gründet etwas ins Leben rufen, neu schaffen:* Die Stadt wurde vor 800 Jahren gegründet. **II.** *ohne OBJ* ■ *etwas gründet auf etwas* Dat. *sich auf etwas stützen, auf etwas beruhen:* Meine Hoffnungen gründen auf der Annahme, dass ...

Grün·der *der*, **Grün·de·rin** <-s, -> *jmd., der etwas neu schafft:* Der Großvater des jetzigen Inhabers war der Gründer des Unternehmens. ◆ **Firmen-**, **Unternehmens-**

Grün·der·jah·re <-> *Plur.* GESCH. *Zeit des wirtschaftlichen Aufschwungs in Deutschland im letzten Drittel des 19. Jahrhunderts*

Grund·fes·ten <-> ■ *an den Grundfesten von etwas rütteln (geh.) etwas Grundsätzliches in Frage stellen oder ändern wollen;* ■ *etwas (bis) in die Grundfesten erschüttern (geh.) die elementarsten inneren Einstellungen ins Wanken bringen* Die Intrige hatte seinen Glauben an die Menschheit bis in die Grundfesten erschüttert.

Grund·flä·che *die* <-, -n> *Fläche eines Raumes; Fläche, auf der ein Körper steht*

Grund·ge·bühr *die* <-, -en> *die für eine Leistung (beispielsweise einen Telefonanschluss) grundsätzlich zu bezahlende Gebühr:* die Grundgebühr entrichten

Grund·ge·halt *das* <-(e)s, Grundgehälter> *das Gehalt, das jmd. jeden Monat bekommt, ohne dass Zuschläge, Prämien etc. mitgerechnet werden*

Grund·ge·setz *das* <-es> */kein Plur./* POL. *die bundesdeutsche Verfassung* ◆ **-änderung**, **-buch**

Das **Grundgesetz (GG)** ist die geltende Verfassung der Bundesrepublik Deutschland, nämlich deren rechtliche und politische Grundordnung, die über allen anderen Rechtsnormen steht. Das Grundgesetz ist am 23. Mai 1949 in Kraft getreten. Zuvor ist es vom Parlamentarischen Rat auf der Basis von Grundsätzen eines föderalen und demokratischen Rechtsstaats ausgearbeitet worden. Dazu waren Lehren aus der deutschen Geschichte zu ziehen, und zwar im Hinblick nicht nur auf das Scheitern der Weimaer Republik (1918/19 bis 1933), sondern besonders auch vor dem Hintergrund des sich anschließenden Unrechtssystems des Hitlerfaschismus (Nationalsozialismus). Die Mitglieder des Parlamentarischen Rates werden häufig als die „Väter und Mütter des Grundgesetzes" bezeichnet.

Die Bundesrepublik hat als Republik einen Bundespräsidenten, der an der Spitze des Staates steht. Sie ist eine Demokratie, bei der alle Staatsgewalt vom Volke ausgeht: Das Volk wählt seine Vertreter (Repräsentanten) in freien, gleichen und geheimen Wahlen, was man *repräsentative Demokratie* nennt. Außerdem ist die Bundesrepublik ein Sozialstaat, in dem die einzelnen Bürgerinnen und Bürger nicht nur Rechte, sondern auch Pflichten haben. Als föderativer Staat besteht die Bundesrepublik aus Bundesländern mit eigenen Verfassungen und Zuständigkeiten, wie z. B. im Bildungsbereich. Schließlich wird die Bundesrepublik als Rechtsstaat bestimmt, da die Gewalt des Staates in die drei Gewalten Gesetzgebung (Legislative), vollziehende Gewalt (Exekutive) und Rechtsprechung (Judikative) aufgeteilt ist, die sich gegenseitig kontrollieren.

Dazu gibt es im Grundgesetz genauere Ausführungen; die einzelnen Bestimmungen werden in „Artikeln" zusammengefasst. Nach einer „Eingangsformel" und der „Präambel" werden zunächst die „Grundrechte" aufgeführt. Der erste Artikel lautet: „Die Würde des Menschen ist unantastbar. Sie zu achten und zu schützen ist Verpflichtung aller staatlichen Gewalt." Anschließend werden die Grundrechte genauer erläutert, wie z. B. das Recht auf freie Entfaltung der Persönlichkeit, die Gleichheit vor dem Gesetz, die Freiheit des Glaubens. Die weiteren Teile beinhalten Ausführungen zur Rolle der Gesetzgebung und Rechtsprechung, zur Rolle der Parteien, zu

G

staatsbürgerlichen Rechten und Pflichten, zum Verhältnis des Bundes und der Länder, zu den staatlichen Organen Bundestag, Bundesrat, Bundesregierung, zur Rolle des Bundespräsidenten u.a.m.

Grund·hal·tung *die* <-, -en> *grundsätzliche Einstellung:* eine merkwürdige Grundhaltung besitzen

Grund·herr *der*, **Grund·her·rin** <-en, -en> *(veralt.) Grundbesitzer*

grun·die·ren <grundierst, grundierte, hat grundiert> *mit OBJ* ■ *jmd. grundiert etwas (mit etwas Dat.) zum ersten Mal streichen:* Wir haben gestern unseren Zaun grundiert.

Grun·dier·far·be *die* <-, -n> *zum Grundieren verwendete Farbe*

Grun·die·rung *die* <-, -en> ❶ */kein Plur./ das Grundieren* ❷ *erste Farbschicht:* Warte mit dem Übermalen, bis die Grundierung getrocknet ist.

Grund·kennt·nis *die* <-, -se> */meist Plur./ grundlegendes Wissen:* Grundkenntnisse auf einem Gebiet besitzen

Grund·kon·sens *der* <-es> POL. *grundlegende Übereinkunft:* einen Grundkonsens erreicht haben

Grund·kurs *der* <-es, -e> *(↔ Aufbaukurs) der Unterricht, der die wichtigsten Kenntnisse in einem Fach vermittelt*

Grund·la·ge *die* <-, -n> *(Basis) etwas, das die unerlässliche Voraussetzung für etwas ist:* Lebenslanges Lernen ist eine Grundlage für den Erfolg.; Gesunde Ernährung ist die Grundlage für den sportlichen Erfolg.; Diese Vorwürfe entbehren jeglicher Grundlagen.

Grund·la·gen·for·schung *die* <-> */kein Plur./ nicht zweckgerichtete, sich mit den allgemeinen Grundlagen einer Wissenschaft beschäftigende Forschung*

grund·le·gend *adj /nicht steig./* ❶ *(≈ fundamental) sehr wesentlich und für den Charakter von etwas entscheidend:* Es ist doch ein grundlegender Unterschied, ob … ❷ *völlig:* Wir wollen diese Dinge in Zukunft grundlegend ändern.

Grund·le·gung *die* <-, -en> ❶ *Bildung einer Grundlage* ❷ *Herstellung eines Fundaments:* Die Arbeiter haben mit der Grundlegung des Baus angefangen.

gründ·lich *adj* ❶ *(↔ oberflächlich) genau und sorgfältig:* Sie hat sich auf die Prüfung gründlich vorbereitet. ❷ *(umg.) sehr:* Da hast du dich gründlich geirrt!

Gründ·lich·keit *die* <-> */kein Plur./ (↔ Oberflächlichkeit) Sorgfalt, Gewissenhaftigkeit*

Grund·lohn *der* <-s, Grundlöhne> *Lohn abzüglich der Zuschläge; siehe auch* **Grundgehalt**

grund·los *adj /nicht steig./ keine Ursache habend, unbegründet:* jemanden grundlos verdächtigen

Grund·nah·rungs·mit·tel *das* <-s, -> *ein Nahrungsmittel, das für die Lebenserhaltung notwendig ist:* Reis, Kartoffeln und Brot sind Grundnahrungsmittel.

Grün·don·ners·tag *der* <-(e)s, -e> *der Donnerstag vor Ostern*

Grund·preis *der* <-es, -e> *(↔ Aufschlag, Zuzahlung) Preis ohne (eventuelle) Aufschläge:* nur den Grundpreis bezahlen müssen

Grund·prin·zip *das* <-s, -ien/(-e)> *grundlegendes Prinzip:* sich von moralischen Grundprinzipien leiten lassen

Grund·re·chen·art *die* <-, -en> MATH. *eine der vier Rechenarten Addition, Subtraktion, Multiplikation und Division*

Grund·rech·nungs·art *die* <-, -en> *(≈ Grundrechenart)*

Grund·recht *das* <-(e)s, -e> */meist Plur./ RECHTSW. unantastbares Recht des Einzelnen gegenüber dem Staat*

Grund·riss *der* <-es, -e> ❶ *Plan, der den waagerechten Schnitt eines Gebäudes wiedergibt* ❷ *(in ein bestimmtes Thema oder Fachgebiet einführende) kurze Überblicksdarstellung*

Grund·satz *der* <-es, Grundsätze> ❶ *feste (Verhaltens-)Regel; grundlegende Orientierung:* Er ist stets seinen Grundsätzen treu geblieben. ❷ *allgemein verbindliche Regel; Norm; Grundprinzip:* Er hat die rechtsstaatlichen Grundsätze verletzt. ◆ -debatte, -erklärung, -frage, -programm

Grund·satz·ent·schei·dung *die* <-, -en> *Entscheidung, durch die etwas über den Einzelfall hinausgehend festgelegt wird*

grund·sätz·lich *adj* ❶ *einen Grundsatz² betreffend (und daher wichtig):* Wir müssen noch einige grundsätzliche Fragen diskutieren. ❷ *einem Grundsatz¹ folgend, aus Prinzip, ohne Ausnahme:* Ich lehne den Einsatz von Gewalt grundsätzlich ab. ❸ *eigentlich, im Prinzip:* Ich bin grundsätzlich mit dieser Lösung einverstanden, obgleich ich noch einige Verbesserungsvorschläge hätte.

Grund·satz·re·de *die* <-, -n> *Rede, in der Grundsätzliches angesprochen wird:* eine Grundsatzrede halten

Grund·schu·le *die* <-, -n> *die ersten vier Klassen umfassende Schule* ▸ Grundschüler, Grundschülerin

Grund·schul·leh·rer *der*, **Grund·schul·leh·re·rin** <-s, -> *Lehrer, der in einer Grundschule unterrichtet*

Grund·stein *der* <-(e)s, -e> *erster Stein, der beim Beginn eines Baues oft im Rahmen einer feierlichen Zeremonie gelegt bzw. gesetzt wird;* ■ *der Grundstein zu etwas sein der entscheidende Anfang von etwas sein;* ■ *den Grundstein zu etwas legen die Grundlage für die Entwicklung von etwas schaffen*

Grund·stein·le·gung *die* <-, -en> *der Vorgang, dass ein Grundstein gesetzt wird*

Grund·stück *das* <-(e)s, -e> *ein Stück Land, das jmd. besitzt:* Wir haben uns in einem Neubaugebiet ein Grundstück gekauft. ◆ -sbesitzer(in), -smakler(in), -spreis

Grund·stu·di·um *das* <-s> */kein Plur./ (↔ Hauptstudium) erster Teil eines Hochschulstudiums*

Grund·um·satz *der* <-es, Grundumsätze> MED. *der Kalorienverbrauch, den ein Mensch im Ruhe-*

zustand innerhalb eines Tages hat:* Der Grundumsatz lässt sich durch regelmäßigen Sport erhöhen.

Grün·dung *die* <-, -en> *Neuschaffung; der Vorgang, dass etwas gegründet wird:* Sie entschlossen sich zur Gründung einer Firma/einer Partei/eines Vereins. ♦ -skapital, -smitglied, -sversammlung

Grün·dungs·ka·pi·tal *das* <-s> /kein Plur./ WIRTSCH. *(≈ Anfangskapital) für die Gründung eines Unternehmens nötiges Kapital*

Grund·ver·sor·gung *die* <-> /kein Plur./ *Versorgung mit dem Notwendigsten:* Zuerst einmal muss ihre Grundversorgung mit Lebensmitteln sichergestellt werden.

Grund·was·ser *das* <-s> /kein Plur./ *sich im Erdboden sammelndes Wasser* ♦ -spiegel, -stand

Grund·wehr·dienst *der* <-(e)s> *der im Rahmen der allgemeinen Wehrpflicht von einem Wehrpflichtigen abzuleistende Wehrdienst:* den/seinen Grundwehrdienst ableisten

Grund·wert *der* <-(e)s, -e> /meist Plur./ *grundlegender, unerlässlicher Wert:* die Grundwerte unserer Gesellschaft

Grund·wis·sen *das* <-s> /kein Plur./ *Wissen über die Grundlagen von etwas:* sich das Grundwissen eines Fachgebiets aneignen

Grund·wis·sen·schaft *die* <-, -en> *die Grundlage für andere Wissenschaften bildende Wissenschaft*

Grund·wort·schatz *der* <-es> /kein Plur./ SPRACHWISS. *(↔ Aufbauwortschatz, Fachwortschatz) nach bestimmten Kriterien ausgewählte häufige, wichtige Wörter, die man beispielsweise lernen muss, um sich in einer Fremdsprache verständlich machen zu können;* siehe auch **Deutsch als Fremdsprache**, **Goethe-Institut**.

Als **Grundwortschatz (GWS)** bezeichnet man zunächst einen Wortschatz, der nach dem einen oder anderen Kriterium begrenzt ist. Dafür finden sich zahlreiche andere Benennungen, so *Lern-, Minimal-, Ziel-, Kern-, Modell-, Basis-* und *Mindestwortschatz,* aber auch *Grunddeutsch* oder *Elementarlexik.* Außerdem bezieht man sich mit dem Ausdruck auf muttersprachliche wie auf fremdsprachliche GWS-Bücher gleichermaßen. Im muttersprachlichen Unterricht der Primarstufe (1. bis 4. Klasse) geht es darum, im Rahmen der Rechtschreib-Didaktik aus dem unbegrenzten Inventar lexikalischer Einheiten diejenigen Einheiten auszuwählen, die zunächst rechtschreiblich „gesichert" werden sollen, um daran einen **Aufbauwortschatz** anschließen zu können. Seit den späten 70er Jahren des letzten Jahrhunderts gaben dazu einzelne Bundesländer amtliche Wortlisten heraus, die unterschiedlich umfangreich waren (zwischen 600 bis 890 Einheiten). Daneben hielt man einen klassenbezogenen GWS für empfehlenswert. Für das Zertifikat Deutsch als Fremdsprache wurden ebenfalls seit den 70er Jahren vom Volkshochschul-Verband und vom Goethe-Institut GWS-Listen herausgegeben. Für die Auswahl orientierte man sich an themenbezogenen und adressa-

tenbezogenen Kriterien, um die sprachliche Bewältigung von Situationen des alltäglichen Lebens zu ermöglichen.

Die Funktionswörter (vgl. das Stichwort), nämlich Präpositionen, Konjunktionen usw., gehören in jeder Zusammenstellung einer GWS-Liste oder eines entsprechenden Wörterbuchs zum zentralen Bestand; bei den themenbezogenen Einheiten der Nennlexik (Substantive, Verben, Adjektive) sind die Unterschiede teils erheblich größer.

Unter den GWS-Büchern reicht die Palette von bloßen Wortlisten bis zu Wörterbüchern mit mehr oder weniger reichhaltiger Kommentierung. Letztere können eine alphabetische Anordnung der Stichwörter aufweisen, oder eine nach Sachgruppen (Themengebieten). Besonders in der frühen Phase war eine starke Orientierung an Häufigkeiten und damit an der Frequenz-Lexikographie gegeben, die mit dem „Häufigkeitswörterbuch der deutschen Sprache" (1898) von F. W. Kaeding einsetzte. Als nicht minder problematisch sind auch später entwickelte Auswahlkriterien (Geläufigkeit, stilistische Neutralität, Basis für mögliche Ableitungen, Situations- und Textbezogenheit etc.) erkannt worden; bestenfalls können Darstellungen zum GWS nur einigermaßen plausibel sein.

G

Grund·zahl *die* <-, -en> *(↔ Ordnungszahl) Kardinalzahl*

Grü·ne[1] *das* <-n> /kein Plur./ ▪ **im Grünen/ins Grüne** *in der freien Natur oder in die freie Natur*

Grü·ne[2] *der/die* <-n, -n> *Angehöriger oder Anhänger einer Partei, die besonders für den Umweltschutz eintritt*

grü·nen <grünt, grünte, hat gegrünt> *mit ES* ▪ **es grünt (irgendwo)** *die Bäume bekommen Blätter oder beginnen zu blühen:* Ich mag das Frühjahr, wenn es überall wieder grünt und blüht.

Grün·fink *der* <-(e)s, -en> ZOOL. *ein Singvogel*

Grün·flä·che *die* <-, -n> ❶ *Grünanlage* ❷ /meist Plur./ *alle Parks, Gärten, Wiesen, die zu einer Stadt gehören* ♦ -namt

Grün·fut·ter *das* <-s> /kein Plur./ ❶ LANDW. *frisches Gras als Viehfutter* ❷ (umg. abwert.) *Gemüse, Salat:* Gibt es heute etwa schon wieder Grünfutter?

Grunge *der* [grandʒ] <-> /kein Plur./ ❶ *ein Stil der Rockmusik, der durch treibende Rhythmen, die dominante Stellung der Gitarre und exaltierten Gesang gekennzeichnet ist* ❷ *Rockmusik im Stil des Grunge[1]* ❸ *eine Moderichtung, die das Fehlen jeglicher Eleganz und Wertigkeit der Kleidung zum Stilmittel macht* ❹ *Kleidung im Stil des Grunge[3]*

grün·gelb *adj* /nicht steig./ *von zwischen Grün und Gelb gelegenem Farbton*

Grün·kern *der* <-s> /kein Plur./ *unreifes Dinkelkorn* ♦ -suppe

Grün·kohl *der* <-s> /kein Plur./ *ein Gemüse*

Grün·land *das* <-(e)s> */kein Plur./* LANDW. *Weide-fläche*

grün·lich *adj /nicht steig./ von zart grüner Farbe*

Grün·li·lie *die* <-, -n> BOT. *eine Pflanze*

Grün·schna·bel *der* <-s, Grünschnäbel> *(oft ab-wert.) junger, unerfahrener (häufig vorlauter) Mensch, Neuling*

Grün·span *der* <-(e)s> */kein Plur./ sich auf Kup-fer und Messing bildender blaugrüner Überzug*

Grün·specht *der* <-s, -e> ZOOL. *eine Vogelart; siehe auch* **Specht**

Grün·stich *der* <-(e)s> */kein Plur./ Stich ins Grüne: Die Fotos haben einen leichten Grünstich.* ▸ grünstichig

grun·zen <grunzt, grunzte, hat gegrunzt> *ohne OBJ* ■ *jmd./ein Tier grunzt die dunklen, kehli-gen Laute von sich geben, die typisch für ein Schwein sind: Das Schwein grunzt.*

G

Grün·zeug *das* ÖSTERR. *Suppengrün*

Grup·pe *die* <-, -n> ❶ *mehrere sich gleichzei-tig an einem Ort befindliche, zusammengehö-rende Menschen, Tiere oder Dinge mit ge-meinsamen Merkmalen: Jeweils fünf Schüler bilden eine Gruppe.; Siehst du da vorn die Gruppe von Bäumen?* ◆-nbildung, -ninteresse, -nsprache, Alters-, Baum-, Berufs-, Blut-, Felsen-, Gehalts-, Insel-, Lohn-, Menschen- ❷ *Menschen, die sich zu bestimmten Zwecken regelmäßig treffen: Unsere Gruppe setzt sich für den Um-weltschutz ein.* ◆-nsex, -ntherapie, Bastel-, Frauen-, Sport-, Theater-, Therapie-, Trachten-, Volkstanz-, Wander- ❸ WIRTSCH. *mehrere Firmen, die eine Einheit bilden* ❹ *kurz für „Rock-gruppe"*

Grup·pen·auf·nah·me *die* <-, -n> (≈ *Gruppen-foto) eine Fotografie, die eine Gruppe¹ von Perso-nen zeigt: eine Gruppenaufnahme machen*

Grup·pen·bild *das* <-(e)s, -er> (≈ *Gruppenauf-nahme)*

Grup·pen·dy·na·mik *die* <-> */nicht steig./* PSYCH. *das jeweilige soziale Verhalten oder Verhältnis von Mitgliedern einer Gruppe¹ zueinander* ▸ gruppendynamisch

Grup·pen·fo·to *das* <-s, -s> (≈ *Gruppenauf-nahme) sich zum Gruppenfoto aufstellen*

grup·pen·spe·zi·fisch *adj /nicht steig./ eine Gruppe betreffend: das gruppenspezifische Verhal-ten von Schülern*

grup·pen·wei·se *adv in Gruppen: sich gruppen-weise aufstellen*

grup·pie·ren <gruppierst, gruppierte, hat grup-piert> I. *mit OBJ* ■ *jmd. gruppiert etwas (ir-gendwie/irgendwo) als Gruppe anordnen: Der Regisseur gruppiert die Statisten auf der Bühne.; Wir haben die Möbel im Wohnzimmer neu grup-piert.* II. *mit SICH* ■ *jmd. gruppiert sich (ir-gendwie/irgendwo) sich als Gruppe¹ in einer bestimmten Ordnung formieren: Vor dem zweiten Akt müssen sich die Statisten auf der Bühne neu gruppieren.*

Grup·pie·rung *die* <-, -en> ❶ *das Gruppieren; die Anordnung* ❷ *Gruppe von Personen mit einer bestimmten ideologischen Einstellung: eine Grup-pierung innerhalb einer Partei*

Gru·sel *der* <-s> */kein Plur./ (≈ das Gruseln) Gru-sel empfinden*

gru·se·lig, grus·lig *adj schaurig, unheimlich, Angst hervorrufend: Der Film/Die Geschichte war ziemlich gruselig.*

Gru·sel·mär·chen *das* <-s, -> *gruseliges Märchen*

gru·seln <gruselst, gruselte, hat gegruselt> I. *mit SICH* ■ *jmd. gruselt sich (vor jmdm./et-was) sich vor etwas Unheimlichem fürchten: Ich gruselte mich ein wenig vor der unheimlichen al-ten Dame.* II. *mit ES* ■ *jmdn./jmdm. gruselt es (vor etwas Dat.) jmd. empfindet Furcht: Es gru-selte ihr/sie vor der Dunkelheit.*

grus·lig *siehe* **gruselig**

Gruß *der* <-es, Grüße> ❶ *bestimmte Äußerungen und Gebärden, die man üblicherweise austauscht, wenn man jmdm. begegnet oder wenn man sich von jmdm. verabschiedet.* ◆-formel, -verhalten, Abschieds-, Willkommens- ❷ *eine kleine Bot-schaft, die man jmdm. überbringen lässt: Bestelle Uli einen herzlichen Gruß von mir!; Ich soll euch auch Grüße von Andreas ausrichten.* ◆Blumen-, Geburtstags-, Neujahrs-, Weihnachts-

grü·ßen <grüßt, grüßte, hat gegrüßt> I. *mit OBJ/ohne OBJ* ■ *jmd. grüßt (jmdn.) mit einem Gruß einen guten Tag wünschen oder will-kommen heißen oder verabschieden: Seit dem Streit grüßt er seinen Nachbarn nicht mehr.; Sie grüßt stets freundlich/höflich.; Kannst du nicht grüßen?* II. *mit OBJ* ■ *jmd. grüßt jmdn. (von jmdm.) jmdm. einen Gruß² übermitteln: Grüße bitte deine Freundin von mir.;* ■**Grüß dich!** *(umg.) verwendet als Grußformel*

gruß·los *adj /nicht steig./ ohne zu grüßen: Er ging grußlos an mir vorüber.*

Gruß·wort *das* <-(e)s, -e> *eine kurze Ansprache, mit der jmd. beispielsweise die Teilnehmer einer Tagung begrüßt: Nach einem kurzen Grußwort ging er zur Besprechung der Themen über.*

Grüt·ze *die* <-, -n> ❶ *eine Süßspeise aus Beeren* ❷ *Getreidebrei*

Grütz·wurst *die* <-, Grützwürste> LANDSCH. *Wurst mit einer Füllung aus Grütze²*

Gu·a·ra·na *der/das* <-s, -s> *koffeinhaltiges Pro-dukt eines südamerikanischen Baumes*

Gu·a·te·ma·la *das* <-s> *Staat in Mittelamerika* ▸ Gua-temaltekin, Guatemaltekisch

Gu·a·ya·na <-> *Gebiet in Südamerika*

gu·cken <guckst, guckte, hat geguckt> *ohne OBJ (umg.)* ❶ ■ *jmd. guckt irgendwohin den Blick in eine bestimmte Richtung wenden: Eine Frau guckt aus dem Fenster.* ❷ ■ *jmd. guckt irgend-wie einen bestimmten Gesichtsausdruck haben: Er guckt fröhlich/grimmig/unfreundlich/verär-gert.*

Guck·fens·ter *das* <-s, -> *kleines Fenster (in der Haustür); siehe auch* **Guckloch**

Guck·in·die·luft *der* <-> */nicht steig./ (umg.) jmd., der beim Gehen unachtsam ist: Hans Guck-indieluft*

Guck·loch *das* <-(e)s, Gucklöcher> (≈ *Türspion) ein kleines Sichtfenster (in einer Tür), durch das man unbemerkt jmdn. sehen kann, der vor der Tür steht*

Gue·ril·la *der* [ge'rɪlja] <-s, -s> /*meist Plur.*/ ① *(bewaffneter) Untergrundkämpfer, Partisan, Freischärler* ◆-kämpfer(in) ② *Einheit, die einen Guerillakrieg führt*

Gue·ril·la·krieg *der* [ge'rɪlja…] <-(e)s, -e> *(aus dem Hinterhalt geführter) Kleinkrieg, den Einheiten der einheimischen Bevölkerung gegen eine Besatzungsmacht oder im Rahmen eines Bürgerkrieges führen*

Gue·ril·le·ro *der*, **Gue·ril·le·ra** [gerɪl'jeːro, gerɪl'jeːra] <-s, -s> *Guerillakämpfer*

Gu·gel·hopf *der* <-(e)s, -e> SCHWEIZ. *Gugelhupf*

Gu·gel·hupf *der* <-(e)s, -e> SÜDDT., ÖSTERR. *Napfkuchen*

Güg·ge·li *das* <-(s), -(s)> SCHWEIZ. *Brathähnchen*

Guil·lo·ti·ne *die* [gɪljo'tiːnə/gijo'tiːnə] <-, -n> GESCH. *(vor allem während der Französischen Revolution eingesetztes) Fallbeil zur Enthauptung von Menschen*

Gui·nea¹, *a.* **Gui·nee** *die* ['giniː] <-, -s> GESCH. *englische Goldmünze*

Gui·nea² [gi'neːa] <-s> GEOGR. *Staat in Westafrika* ▶ Guineer, Guineerin, guineisch

Gui·nea-Bis·sau [gi'neːa…] <-s> GEOGR. *Staat in Westafrika* ▶ Guinea-Bissauer, Guinea-Bissauerin, guinea-bissauisch

Gu·lag *der* <-(s), -s> GESCH. *(Arbeits-) Lager für Strafgefangene der früheren UdSSR*

Gu·lasch, Gu·lasch *das/der* <-(e)s, -s/-e> *ein scharf gewürztes Gericht aus (gröberen) Fleischstücken, Paprika und Tomaten*

Gu·lasch·ka·no·ne *die* <-, -n> *(umg. scherzh.) fahrbare Feldküche*

Gul·den *der* <-s, -> GESCH. *eine Goldmünze*

gül·den *adj* /*nicht steig.*/ *(geh.) golden:* güldenes Haar

Gül·le *die* <-> LANDW. LANDSCH. *eine als Dünger verwendete Mischung aus Jauche und Tierkot:* Gülle als Düngemittel verwenden

Gul·ly *der/das* <-s, -s> *in die Straßendecke eingelassener, vergitterter Schacht, durch den das Regenwasser in die Kanalisation abfließt*

gül·tig *adj* /*nicht steig.*/ *so, dass es zu einem bestimmten Zeitpunkt rechtlich, gesetzlich anerkannt und wirksam ist:* Ist dein Personalausweis noch gültig oder schon abgelaufen?; Besitzen Sie eine gültige Fahrkarte? ▶ Gültigkeit

Gül·tig·keit *die* <-> /*kein Plur.*/ *das Gültigsein:* Gültigkeit besitzen ◆-sbereich

Gum·mi *der/das* <-s, -(s)> ① *elastisches Kautschukprodukt* ◆-ball, -band, -boot, -dichtung, -handschuh, -mantel, -puppe, -reifen, -schürze, -stiefel, -tuch ② *kurz für „Radiergummi"* ③ *(umg.)* Kondom

Gum·mi·ad·ler *der* <-s, -> *(scherzh.) Brathähnchen*

gum·mi·ar·tig *adj* /*nicht steig.*/ *wie Gummi:* eine gummiartige Masse

Gum·mi·bär·chen *das* <-s, -> *eine Süßigkeit*

Gum·mi·baum *der* <-(e)s, Gummibäume> BOT. *eine Zimmerpflanze*

gum·mie·ren <gummierst, gummierte, hat gummiert> *mit OBJ* ■ *jmd.* **gummiert etwas**

eine klebende Gummischicht auftragen: gummierte Briefumschläge ▶ Gummierung

Gum·mi·hös·chen *das* <-s, -> *Windel aus Gummi¹*

Gum·mi·knüp·pel *der* <-s, -> *(von Polizisten verwendeter) Schlagstock aus Gummi¹:* Die Polizei ging mit Gummiknüppeln auf die Demonstranten los.

Gum·mi·ring *der* <-(e)s, -e> *dünner Ring aus Gummi¹, den man beispielsweise verwendet, um gerollte Zeitschriften zusammenzuhalten*

Gum·mi·soh·le *die* <-, -n> *(↔ Ledersohle) Schuhsohle aus Gummi¹*

Gum·mi·tier *das* <-(e)s, -e> *(aufblasbares) Wasserspielzeug aus Gummi¹ für kleine Kinder*

Gum·mi·zel·le *die* <-, -n> *mit Gummi¹ ausgekleidete Zelle für an Tobsucht leidende Patienten*

Gunst *die* <-> /*kein Plur.*/ *(geh.)* ① *wohlwollende, freundliche Haltung gegenüber einer Person:* Er erlangte/verlor ihre Gunst. ◆Wähler- ② *bestimmte Auszeichnung als Zeichen der Gunst¹:* Er gewährte mir eine Gunst.; ■ **zu jemandes Gunsten** *zu jmds. Vorteil, Nutzen* ◆Getrennt- oder Zusammenschreibung →R 4.20 zu Gunsten/zugunsten

Gunst·be·zei·gung *die* <-, -en> *(geh.) sichtbares Zeichen von jmds. Gunst¹:* Mit Gunstbezeigungen dir gegenüber geht sie ja nicht gerade sparsam um!

Gunst·ge·werb·ler *der*, **Gunst·ge·werb·le·rin** <-s, -> *(umg. scherzh.) Prostituierte(r)*

güns·tig *adj* ① *von Vorteil, gut geeignet, förderlich:* Wir sollten die günstige Gelegenheit nicht verstreichen lassen.; Die Wetterverhältnisse waren günstig für die Besteigung des Gipfels.; ein besonders günstiges Angebot ② *(umg.: ≈ preiswert)* Äpfel sind derzeit besonders günstig.

-güns·tig *als Zweitglied zusammengesetzter Adjektive; drückt aus, dass das mit dem Erstglied Bezeichnete besonders vorteilhafte Eigenschaften hat* ◆kosten-, preis-, verkehrs-, zins-

güns·ti·gen·falls, güns·tigs·ten·falls *adv bestenfalls:* Sie können günstigenfalls in zwei Monaten in die neue Wohnung einziehen.

Günst·ling *der* <-s, -e> *(oft abwert.) jmd., der von einer einflussreichen Person bevorzugt und gefördert wird* ◆-swirtschaft

Gur·gel *die* <-, -n> *(umg.: ≈ Kehle)* jemandem (vor Wut) an die Gurgel gehen

gur·geln <gurgelst, gurgelte, hat gegurgelt> *ohne OBJ* ■ *jmd.* **gurgelt (mit etwas** Dat.**)** *den Rachen spülen, indem man den Kopf nach hinten neigt und dabei eine Flüssigkeit, die man im Mund hat, durch Ausatmen der Luft bewegt, wobei ein gluckerndes Geräusch entsteht:* Er gurgelt jeden Tag mit Mundwasser.

Gur·ke *die* <-, -n> *eine Frucht (, die man roh als Salat isst)* ◆-nbeet, -nglas, -nranke, -nsalat, Essig-, Salz-, Senf-

gur·ken <gurkst, gurkte, hat/ist gegurkt> *ohne OBJ* ■ *jmd.* **gurkt irgendwohin** *(umg.) fahren, gehen*

Gur·ken·ge·würz *das* <-es, -e> *zum Einlegen oder Einmachen von Gurken verwendetes Gewürz*

Gur·ken·kraut *das* <-(e)s> /kein Plur./ (≈ Borretsch) Dill

gur·ren <gurrst, gurrte, hat gegurrt> *ohne OBJ* ■ *jmd./ein Tier gurrt* weich rollende, kehligdumpfe Töne von sich geben ❶ Die Tauben gurren. ❷ *(als Frau) gurrende Laute zum Zweck der Schmeichelei von sich geben:* „Du willst doch noch nicht gehen, oder?" gurrte sie.

Gurt *der* <-(e)s, -e> ❶ *ein starkes, breites Band zum Tragen oder Halten von etwas:* Der Deckel der Kiste war mit Ledergurten gesichert. ◆ Halte-, Leder-, Patronen-, Schulter-, Trage- ❷ *kurz für „Sicherheitsgurt"* ◆ -muffel, -pflicht

Gür·tel *der* <-s, -> *ein Lederriemen, der in Schlaufen am Hosenbund getragen wird und der das Rutschen der Hose verhindert:* Während ich einen Gürtel trage, bevorzugt er Hosenträger.; ■ **den Gürtel enger schnallen müssen** *(umg.) sich einschränken, sparen müssen* ◆ -schnalle, Kleider-, Leder-, Mantel-

Gür·tel·flech·te *die* <-, -n> MED. (≈ Gürtelrose)

Gür·tel·li·nie ■ *unterhalb der Gürtellinie* unanständig, obszön Der Witz lag bereits unterhalb der Gürtellinie.; ■ *ein Schlag unter die Gürtellinie* *(umg.) eine unfaire, sehr verletzende Bemerkung oder Handlung* Seine Bemerkung war ein Schlag unter die Gürtellinie.

Gür·tel·ro·se *die* <-> /kein Plur./ MED. *eine schmerzhafte Infektionskrankheit*

Gür·tel·ta·sche *die* <-, -n> *kleine, am Gürtel befestigte Tasche:* Die Papiere bewahrst du am besten in der Gürteltasche auf.

gür·ten <gürtest, gürtete, hat gegürtet> *mit OBJ* ■ *jmd. gürtet sich (mit etwas Dat.)* (veralt.) sich einen Gurt oder Gürtel umschnallen

Gurt·muf·fel *der* <-s, -> *(umg.) jmd., der beim Autofahren ungern den Sicherheitsgurt anlegt*

Gurt·pflicht *die* <-> /kein Plur./ (≈ Anschnallpflicht) *gesetzliche Vorschrift, den Sicherheitsgurt beim Fahren anzulegen*

Gu·ru *der* <-s, -s> ❶ *religiöser Lehrer des Hinduismus und Buddhismus* ❷ *(umg.) jmd., der in einem bestimmten Bereich große Kenntnisse hat und dessen Meinung als maßgeblich anerkannt ist*

Guss *der* <-es, Güsse> ❶ *das Gießen eines Gegenstandes (aus Metall):* Das ist eine Glocke aus gutem Guss. ◆ -beton, -form, -stahl ❷ *(umg.) kurzer Regenschauer* ◆ Regen- ❸ *dünner Zucker- oder Schokoladenüberzug an Gebäck;* ■ **(wie) aus einem Guss** *einheitlich, vollkommen in Bezug auf die Gestaltung* ◆ Schokoladen-, Torten-, Zucker-

Guss·ei·sen *das* <-s> /kein Plur./ *Eisen, das nicht durch Schmieden, sondern nur durch Gießen geformt werden kann* ▶ gusseisern

Gus·to *der* <-s, -s> /meist Sing./ SÜDDT., ÖSTERR. *Lust:* Das kannst du ganz nach deinem Gusto machen.

Gut *das* <-(e)s, Güter> ❶ *(materieller) Besitz:* Der Täter hatte sich an fremdem Gut vergriffen. ❷ *(geistiger, ideeller) Wert, Besitz:* Freiheit/Gesundheit ist ein kostbares Gut. ❸ /meist Plur./ *Ware:* Die Spedition hat sich auf den Transport sperriger Güter spezialisiert. ❹ *ein großer land-*

wirtschaftlicher Besitz: Der Sohn bewirtschaftet inzwischen das väterliche Gut.

gut <besser, am besten> *adj* ❶ *von zufrieden stellender (etwas über dem Durchschnitt liegender) Qualität, ohne nachteilige Eigenschaften, Mängel:* Das war ein guter Film/Witz.; Er hat gute Ohren/Augen/ein gutes Gedächtnis. ❷ *seine Aufgaben gewissenhaft erfüllend:* Sie ist eine gute Schülerin/Studentin/Ärztin. ❸ *wirksam, nützlich:* Das raue Nordseeklima ist gut für die Bronchien. ❹ *günstig, passend, geeignet:* Uns bot sich eine gute Gelegenheit. ❺ *sich erfreulich auswirkend, angenehm:* Das ist eine gute Nachricht!; Wir hatten während des gesamten Urlaubs gutes Wetter. ❻ *relativ reichlich:* Die Bauern freuten sich über eine gute Ernte. ❼ *tadellos:* Der Arzt/Anwalt hat einen guten Ruf. ❽ *sittlich einwandfrei, wertvoll:* Sie ist ein guter Mensch.; Sie kämpfen für eine gute Sache. ❾ *freundlich gesinnt:* Er war stets ein guter Freund. ❿ *mindestens, wenn nicht noch mehr als:* Die Kiste wiegt gut zwanzig Kilo. ⓫ *besonderen Anlässen vorbehalten:* Sonntags zog er stets den guten Anzug an. ⓬ *leicht, mühelos geschehend:* Der Roman liest sich nicht so schwer wie der letzte, sondern ausgesprochen gut.; Du hast gut reden!; ■ **es gut sein lassen** *(umg.) etwas mit etwas erledigt sein lassen;* ■ **es gut getroffen haben** *Glück mit etwas haben;* ■ **gut daran tun** *in Bezug auf etwas richtig handeln;* ■ **gut und gerne** *(umg.) bestimmt; wenn nicht mehr* Auf der Feier waren gut und gerne 80 Gäste.; ■ **so gut wie** *(umg.) einer Aufgabe fast völlig entsprechend, so dass Fehlendes kaum von Belang ist;* ■ **im Guten wie im Bösen** *mit Güte und mit Strenge* ◆ Getrennt- und Zusammenschreibung →R 4.15 gut aussehend/gutaussehend; gut besucht/gutbesucht; gut bezahlt/gutbezahlt; gut dotiert/gutdotiert; gut gelaunt/gutgelaunt; gut gemeint/gutgemeint; gut informiert/gutinformiert; gut situiert/gutsituiert; gut sitzend/gutsitzend; gut unterrichtet/gutunterrichtet; ◆ Zusammenschreibung →R 4.5, 4.6 gutheißen; gutschreiben; ◆ Großschreibung →R 3.4, R 3.7 jemandem etwas im Guten sagen; im Guten wie im Bösen; Gut und Böse unterscheiden können; Gutes und Böses; sein Gutes haben; des Guten zu viel tun; zum Guten lenken/wenden; etwas/nichts/viel/wenig Gutes; alles Gute; jenseits von Gut und Böse sein

-gut *als Zweitglied zusammengesetzter Substantive; drückt aus, dass die mit dem Erstglied erfasste Menge von etwas für entsprechende Aktivitäten infrage kommt* ◆ Back-, Einmach-, Gefrier-, Koch-, Pflanz-, Saat-, Wasch-

Gut·ach·ten *das* <-s, -> *Urteil, Aussage, Bericht eines Sachverständigen, Experten:* Wir sollten ein ärztliches/juristisches/psychiatrisches Gutachten anfordern. ◆ Erst-, Gefälligkeits-, Gegen-

Gut·ach·ter *der*, **Gut·ach·te·rin** <-s, -> *jmd., der (beruflich) Gutachten erstellt:* einen Gutachter zu Rate ziehen ◆ Erst-, Zweit-

gut·ach·ter·lich *adj* /nur attr./ /nicht steig./ *eine gutachterliche Stellungnahme*

gut·ar·tig *adj* /nicht steig./ ❶ (↔ bösartig) *nicht aggressiv:* Keine Angst, der Hund ist gutartig.

❷ MED. *keine Metastasen bildend:* Die gutartige Geschwulst muss glücklicherweise nicht operiert werden. ◆ Gutartigkeit

gut·be·tucht *adj /nicht steig./ (≈ gutsituiert) so, dass jmd. viel Geld besitzt:* sich einen gutbetuchten Junggesellen angeln

gut·bür·ger·lich *adj /nur attr./ /nicht steig./ so, dass es in der Qualität, Lebensart dem Bürgertum entspricht:* Unser Landgasthof bietet gutbürgerliche Küche.

Gut·dün·ken *das <-s> /kein Plur./ Belieben, Ermessen:* Du kannst mit deinen Ersparnissen nach deinem/eigenem Gutdünken verfahren.

Gü·te *die <-> /kein Plur./* ❶ *freundliche, nachsichtige Einstellung:* Seine Güte kannte kaum Grenzen.; Hättest du die Güte, mir die Einkaufstaschen abzunehmen? ◆ Herzens- ❷ *(gute) Qualität:* Die Güte dieser Ware wird von vielen Kunden geschätzt.; ■ **(ach) du meine/liebe Güte!** *(umg.)* verwendet als Ausruf des Erschreckens, Erstaunens ◆ -klasse, -kontrolle, -siegel, Bild-

Gü·te·klas·se *die <-, -n> Klasse, in die eine Ware je nach ihrer Qualität eingeordnet wird:* Eier der Güteklasse eins

Gu·te·nacht·kuss *der <-es, Gutenachtküsse> Kuss vor dem Schlafengehen (in der Familie):* Bekomme ich heute Abend keinen Gutenachtkuss?

Gü·ter- *als Erstglied zusammengesetzter Substantive; drückt aus,* ❶ WIRTSCH. *dass das mit dem Zweitglied Bezeichnete auf den Warenaustausch bezogen ist* ◆ -abfertigung, -austausch, -bahnhof, -beförderung, -sbeschaffung, -erzeugung, -fernverkehr, -folgeschaden, -halle, -kraftverkehr, -lagerung, -liste, -nachfrage, -nahverkehr, -preis, -produktion, -subvention, -tarif, -transport, -verkehr, -waggon, -wirtschaft ❷ RECHTSW. *dass das mit dem Zweitglied Bezeichnete auf eheliche Besitzverhältnisse bezogen ist* ◆ -abwägung, -gemeinschaft, -rechtsreform, -register

Gü·ter·aus·tausch *der <-(e)s> /kein Plur./* WIRTSCH. *Austausch von Gütern (mit dem Ausland)*

Gü·ter·ge·mein·schaft *die <-> RECHTSW. (↔ Gütertrennung) gemeinsames Vermögen von Ehepartnern:* in Gütergemeinschaft leben

gut er·hal·ten *adj /nicht steig./ immer noch in gutem Zustand:* ein gut erhaltenes Jugendstilsofa

Gü·ter·recht *das <-(e)s> /kein Plur./* RECHTSW. *eine gesetzliche Regelung, die das Vermögen von Ehepartnern betrifft* ▶ güterrechtlich

Gü·ter·tren·nung *die <-> /kein Plur./* RECHTSW. *vertraglich vereinbarte Trennung des Eigentums zweier Ehepartner*

Gü·ter·um·schlag *der <-(e)s> /kein Plur./ Umladen von Gütern*

Gü·ter·wa·gen *der <-s, -> Eisenbahnwagen für die Beförderung von Gütern*

Gü·ter·zug *der <-(e)s, Güterzüge> (↔ Personenzug) Eisenbahnzug für den Transport von Gütern[3]*

gut·ge·baut *adj /nicht steig./ (Mann) von ansprechender Körperform:* Siehst du den gutgebauten Typen da hinten?

gut·ge·klei·det *adj /nicht steig./ Zum Vorstellungsgespräch musst du auf alle Fälle gutgekleidet erscheinen.*

gut·gläu·big *adj so, dass ein ehrlicher Mensch auch bei anderen (stets) Ehrlichkeit und gute Absichten voraussetzt:* Mit dieser Masche hat der Betrüger schon viele allzu gutgläubige Menschen um ihr Geld gebracht. ▶ Gutgläubigkeit

Gut·ha·ben *das <-s, -> auf einem Bankkonto deponiertes Geld:* über ein ansehnliches Guthaben verfügen ◆ Bank-, Rest-, Spar-, -Zins-

gut·hei·ßen *<heißt gut, hieß gut, hat gutgeheißen> mit OBJ* ■ *jmd. heißt etwas gut billigen, für richtig halten:* Ich kann euren Plan/diese Entwicklung nicht gutheißen.

gut·her·zig *adj anderen gegenüber wohlwollend eingestellt:* Sie ist eine gutherzige alte Seele. ▶ Gutherzigkeit

gü·tig *adj nachsichtig, wohlwollend, freundlich:* ein gütiges Wesen besitzen

güt·lich *adj /nicht steig./ in freundlichem Einvernehmen, ohne Streit:* Im Tarifkonflikt kam es doch noch zu einer gütlichen Einigung.; ■ **sich an etwas gütlich tun** *mit Genuss essen, trinken*

gut·mü·tig *adj sehr geduldig und friedlich:* Sei nicht immer so gutmütig allen gegenüber! ▶ Gutmütigkeit

gut·nach·bar·lich *adj /nicht steig./ so, dass man sich gut mit dem oder den Nachbar(n) versteht:* auf gutnachbarlichem Fuß(e) miteinander stehen

Guts·be·sit·zer *der,* **Guts·be·sit·ze·rin** *<-s, -> Besitzer eines Gutes[4]*

Gut·schein *der <-(e)s, -e> Dokument, das dem Inhaber ein Anrecht auf etwas gibt:* Gegen Vorlage dieses Gutscheins erhalten Sie verbilligte Eintrittskarten. ◆ Essens-, Geschenk-, Getränke-, Waren-

gut·schrei·ben *<schreibst gut, schrieb gut, hat gutgeschrieben> mit OBJ* ■ *jmd. schreibt (jmdm.) etwas gut als Guthaben eintragen, anrechnen:* Der Betrag wird Ihrem Konto gutgeschrieben.

Gut·schrift *die <-, -en> BANKW. (↔ Lastschrift) auf einem Konto positiv verbuchter Betrag*

Guts·hof *der <-(e)s, Gutshöfe> großer Bauernhof*

gut·si·tu·iert *adj /nicht steig./ (≈ gutbetucht)*

Gut·tu·ral *der <-s, -e> im hinteren Mund- und Rachenraum gebildeter konsonantischer Laut*

gut·tu·ral *adj die Kehle betreffend bzw. mit kehliger Stimme sprechen:* eine gutturale Aussprache haben

gut·wil·lig *adj bereitwillig:* Sie ist eine gutwillige Schülerin. ▶ Gutwilligkeit

Gu·ya·na *<-s> GEOGR. Staat in Südamerika* ▶ Guyaner, Guyanerin, guyanisch

Gym·na·si·al·bil·dung *die <-> /kein Plur./ SCHULE gymnasiale Bildung*

Gym·na·si·al·un·ter·richt *der <-(e)s> /meist Sing./ SCHULE Unterricht im Gymnasium*

Gym·na·si·um *das <-s, Gymnasien> SCHULE* ❶ *bis zum Abitur führende Schule* ▶ Gymnasiast, Gymnasiastin ❷ *Gebäude, in dem sich ein Gymnasium[1] befindet*

Gym·nas·tik *die <-> /kein Plur./ SPORT als Sportart oder zu medizinischen Zwecken durchgeführte körperliche Übungen:* Sie macht morgens stets zehn Minuten Gymnastik.; Er macht Gymnastik zur Stärkung der Rückenmuskulatur. ◆ -anzug,

G

-band, -halle, -kurs, -lehrer(in), -stunde, Ball-, Heil-, Kranken-, Morgen- ▶gymnastisch

Gy·nä·ko·lo·gie *die* <-> /kein Plur./ MED. *(≈ Frauenheilkunde ↔ Andrologie)* ❶ *Teilgebiet der Medizin, das sich mit den spezifischen Erkrankungen des weiblichen Körpers beschäftigt* ▶Gynäkologe,

Gynäkologin, gynäkologisch ❷ *die gynäkologische Abteilung einer Klinik/eines Klinikums*

Gy·ros *das* <-> /kein Plur./ *Gericht aus am Drehspieß gebratenem, kräftig gewürztem und in kleine Stücke geschnittenem Fleisch* ◆-spieß, -teller

Hh

H, h *das* <-, -> *der achte Buchstabe des Alphabets:* ein großes H; ein kleines h

ha *interj verwendet, um auszudrücken, dass man eine (negative) Situation bereits vorausgesehen hat:* Ha, was sagst du nun?; Ha, ich habe es doch gewusst!

Haar *das* <-(e)s, -e> ❶ *eines der vielen feinen Gebilde, die aus der Haut des Menschen und aus der Haut von Tieren wachsen:* blonde/braune/dunkelblonde/graue/schwarze Haare; das erste graue Haar; Haare an den Beinen/auf der Brust haben ◆-ausfall, -wurzel ❷ /kein Plur./ *(geh.) alle Haare[1]:* sich das Haar kämmen; dichtes/feines/kräftiges/ krauses/lockiges Haar haben ◆-bürste, -farbe, -gel, -klammer, -mode, -nadel, -netz, -spange, -spray, -trockner, -waschmittel ❸ *das Fell einiger Tiere:* ein Hund/eine Katze mit kurzem Haar ❹ ▪**Haare auf den Zähnen haben** *(umg. abwert.) streitsüchtig und rechthaberisch sein;* ▪**etwas an/bei den Haaren herbeiziehen** *(umg. abwert.) etwas anführen, was kaum mit der Sache zu tun hat* Diese Begründung ist aber wirklich an den Haaren herbeigezogen!; ▪**um ein Haar** *(umg.) beinahe;* ▪**jemandem kein Haar krümmen** *(umg.) jmdm. nichts zu Leide tun;* ▪**kein gutes Haar an jemandem/etwas lassen** *jmdn. oder etwas schlecht machen;* ▪**jemandem stehen die Haare zu Berge** *(umg.) jmd. ist entsetzt;* ▪**sich in die Haare geraten** *(umg.) sich streiten;* ▪**sich über etwas keine grauen Haare wachsen lassen** *(umg.) sich über etwas keine Sorgen machen;* ▪**ein Haar in der Suppe finden** *(umg.) an einer Sache etwas auszusetzen haben*

haa·ren *ohne OBJ/mit SICH* ▪ *ein Tier/etwas haart Haare verlieren:* Die Katze haart (sich) im Frühjahr.; Die alte Pelzmütze haart.

Haa·res·brei·te ▪ **um Haaresbreite** *(≈ beinahe) so, dass zu der genannten Sache nicht mehr viel gefehlt hätte* Um Haaresbreite wäre ich überfahren worden.; ▪**nicht um Haaresbreite weichen** *kein Stück nachgeben*

Haar·fär·be·mit·tel *das* <-s, -> *(≈ Tönung) eine Substanz, die verwendet wird, um dem Haar[2] eine andere Farbe zu geben*

haar·fein *adj* /nicht steig./ *so fein und dünn wie ein Haar:* ein haarfeiner Riss in der Mauer

Haar·fes·ti·ger *der* <-s, -> *ein Kosmetikum, das feinen Haaren[1] mehr Fülle verleihen soll*

haar·ge·nau *adj* /nicht steig./ *(umg.) sehr genau:* Das stimmt haargenau!

haa·rig *adj* ❶ *(≈ behaart) so, dass Haare darauf wachsen:* haarige Beine ❷ *(umg.) heikel; schwierig:* eine haarige Angelegenheit; eine haarige Kletterpartie

-haa·rig *als Zweitglied zusammengesetzter Adjektive; bezieht sich auf die mit dem Erstglied genannte Eigenschaft des Haares* ◆dunkel-, glatt-, grau-, kraus-, kurz-, lang-, rot-, schwarz-, weiß-

haar·klein *adv (umg.) sehr genau, in allen Details:* Er schilderte uns den Unfall haarklein.

Haar·kranz *der* <-es, Haarkränze> *ein schmaler Streifen Haare, der hinten an einem ansonsten kahlen Kopf geblieben ist*

Haar·lack *der* <-s> /kein Plur./ *siehe* **Haarfestiger**

Haar·na·del·ku·rve *die* <-, -n> *eine sehr enge Kurve*

Haar·pracht *die* <-> /kein Plur./ *(als schön empfundene) kräftige lange Haare*

haar·scharf *adj* /nicht steig./ *(umg.)* ❶ *sehr knapp:* Der Ball flog haarscharf am Tor vorbei. ❷ *sehr genau:* etwas haarscharf schlussfolgern

Haar·schmuck *der* <-(e)s> /kein Plur./ *Kämme, Spangen u.Ä., die sich Frauen ins Haar stecken*

Haar·schnei·der *der* <-s, -> ❶ *ein (elektrisches) Gerät zum Schneiden der Haare* ❷ *(veralt. umg.) Friseur:* zum Haarschneider gehen

Haar·schnitt *der* <-(e)s, -e> *die Art, wie die Haare[1] geschnitten und frisiert sind:* einen frechen/modischen Haarschnitt haben

Haar·sieb *das* <-(e)s, -e> *ein kleines Sieb, das man in den Abfluss einer Bade- oder Duschwanne legt, um zu verhindern, dass Haare hineingeraten*

Haar·spal·te·rei *die* <-, -en> *(umg. abwert.) Streit um unwichtige Kleinigkeiten* ▶Haarspalter, haarspalterisch

Haar·spü·lung *die* <-, -en> *ein Pflegemittel, das man nach dem Waschen ins Haar gibt und wieder ausspült*

haar·sträu·bend *adj (umg. abwert.) so, dass es Entsetzen erregt:* eine haarsträubende Geschichte; Die Prüfungsergebnisse waren haarsträubend!

Haar·teil *das* <-(e)s, -e> *ein ins Haar gesteckter Ersatz für eigene Haare:* ein Haarteil aus echten/künstlichen Haaren tragen

Haar·was·ser *das* <-s, -> *eine kosmetische Flüssigkeit zur Pflege von Haaren und Kopfhaut*

Haar·wild *das* <-(e)s> /kein Plur./ *(fachspr.) alles*

Wild, das ein Fell hat: Rehe, Hirsche und Hasen gehören zum Haarwild.

Haar·wuchs *der* <-es> /kein Plur./ *die Art, wie die Haare wachsen:* einen dichten/spärlichen Haarwuchs haben

Hab ■ **Hab und Gut** *(geh.) der gesamte Besitz eines Menschen* Im Krieg hatte er all sein Hab und Gut verloren.

Ha·be *die* <-> /kein Plur./ *(geh.:* ≈ *Besitz)* seine einzige/letzte Habe verlieren

Ha·ben *das* <-s> /kein Plur./ ❶ WIRTSCH. *die Gesamtheit der Einnahmen bzw. des Besitzes* ❷ BANKW. *(↔ Soll) die Seite des Kontos, auf der das vorhandene Geld und die Zugänge gebucht werden:* Soll und Haben

ha·ben¹ <hast, hatte, hat gehabt> *ohne OBJ* ■ **jmd. hat/hatte plus Inf.** *als Hilfsverb verwendet zur Bildung der zusammengesetzten Zeiten:* Ich habe/hatte das Buch schon gelesen.; Nächsten Monat werde ich das Buch dann wohl schon gelesen haben.

ha·ben² <hast, hatte, hat gehabt> **I.** *mit OBJ* ❶ ■ **jmd. hat etwas/ein Tier** (≈ *besitzen) verwendet, um auszudrücken, dass jmd. im Besitz von etwas ist:* Wir haben ein Haus/einen Hund/viele Bücher. ❷ ■ **jmd./etwas hat etwas plus Inf.** (≈ *müssen) Die Kinder haben zu gehorchen.* ❸ ■ **jmd. hat etwas/jmdn.** *(als relativ inhaltsleereres Verb) verwendet, um auszudrücken, dass zwischen jmdm. und jmdm. oder etwas eine bestimmte Relation besteht:* Er hat einen großen Freundeskreis/zwei Kinder.; Sie hat keine Erfahrung/Mut. ❹ ■ **jmd. hat etwas** *verwendet, um auszudrücken, dass jmd. in einer Situation über etwas verfügt:* Er hat keinerlei Hilfe.; Hast du noch Geld, das du mir leihen kannst?; Kann ich mal dein Handy haben? ❺ ■ **jmd. hat etwas** *verwendet, um auszudrücken, dass jmd. etwas als Ware anbietet:* Haben Sie frisches Obst?; Dieses Modell ist nicht mehr zu haben. ❻ ■ **jmd. hat etwas** (≈ *innehaben) verwendet, um auszudrücken, dass jmd. jmdm. etwas verliehen oder als Aufgabe gegeben hat:* Er hat einen Doktortitel.; Wer hat die Leitung des Projekts?; Wir haben eine große Verantwortung. ❼ ■ **jmd. hat etwas von etwas** *Dat. in bestimmter Weise von etwas profitieren oder in den Genuss von etwas kommen:* Was habe ich davon?; Wir haben wenig voneinander gehabt. ❽ ■ **jmd. hat etwas** *an etwas leiden:* Sie hat Lungenentzündung/hohes Fieber.; Er hat es mit dem Herzen. ❾ ■ **jmd. hat etwas** *mit einer Zeitangabe verwendet, um auszudrücken, dass es eine bestimmte Uhrzeit ist:* Wir haben ein Uhr. ❿ ■ **jmd. hat etwas plus Inf.** *zur Umschreibung eines Zustandes:* Ihr habt die Verpflichtung zu schweigen.; Ich habe den Wunsch, Urlaub zu machen.; Er hat kalte Hände/viel Arbeit.; eine Arbeit fertig haben; Ich habe es satt zu warten.; Du hast es gut!; Wie hätten Sie's denn gern? ⓫ ■ **jmd. hat plus Inf.** *berechtigt sein:* Wer hat hier zu bestimmen?; Du hast mir nichts zu sagen! ⓬ ■ **jmd./etwas hat etwas …** *jmd. oder etwas besitzt in einem gewissen Maße die genannte Sache.:* Seine Ausstrahlung hat etwas Weltmännisches.; Ihr Stil hat etwas Poe-

tisches. **II.** *mit SICH* ■ **jmd. hat sich so** *(umg. abwert.) sich übertrieben aufregen; sich zieren:* Hab dich doch nicht so, wegen dieser Nichtigkeit!; Habt euch nicht so, nehmt die Einladung einfach an!; ■ **Ich hab's!** *(umg.) ich habe (heraus)gefunden, wonach ich gesucht habe;* ■ **noch zu haben sein** *(umg.) unverheiratet sein;* ■ **für etwas zu haben sein** *(umg.) sich für etwas begeistern lassen;* ■ **etwas nicht haben können** *(umg.) etwas nicht aushalten können;* ■ **etwas gegen jemanden haben** *jmdn. nicht leiden können;* ■ **jemanden/etwas unter sich haben** *jmdn. oder etwas führen oder anleiten;* ■ **Es hat sich (damit)!** *(umg.) es ist erledigt* Jeder bekommt ein Stück Schokolade und damit hat es sich!; ■ **Haste was, biste was.** *(umg.) wer reich ist, gilt auch als wichtig*

Ha·be·nichts *der* <-(es), -e> *(veralt. abwert.) jmd., der nichts bzw. nur wenig besitzt*

Ha·be·rer *der* <-s, -> ÖSTERR. *Kumpel*

hab·gie·rig *adj sehr gierig nach materiellem Besitz* ▸ Habgier

hab·haft ■ **jemandes/einer Sache habhaft werden** *(geh.) jmdn. oder etwas zu fassen bekommen* Die Polizei konnte der Täter schnell habhaft werden.; Ich hätte ihn gern einmal gesprochen, aber ich konnte seiner nicht habhaft werden.

Ha·bicht *der* <-s, -e> ZOOL. *eine Greifvogelart*

Ha·bichts·na·se *die* <-, -n> *eine stark gekrümmte Nase*

Ha·bi·li·tand *der*, **Ha·bi·li·tan·din** <-en, -en> *jmd., der an einer Habilitation arbeitet*

Ha·bi·li·ta·ti·on *die* <-, -en> *der Erwerb der Lehrberechtigung an Hochschulen (als Professor) durch Anfertigung einer wissenschaftlichen Arbeit* ◆ -sschrift, -verfahren

ha·bi·li·tiert *adj /nicht steig./ so, dass man die Lehrberechtigung an einer Hochschule (als Professor) besitzt:* ein habilitierter Doktor; Sie ist habilitiert.

Ha·bit, Ha·bit *das/der* <-s, -e> *Amtskleidung; Ordenstracht:* im Habit einer Nonne/eines Priesters erscheinen

Ha·bi·tus *der* <-> /kein Plur./ *(geh.) das Erscheinungsbild einer Person:* An ihrem Habitus erkennt man sie als Schauspielerin.; Er ist schon über dreißig, aber in seinem Habitus noch ein junger Bursche.

Hab·se·lig·keit *die* <-, -en> /meist Plur./ *(abwert.) die wenigen Dinge, die jmd. besitzt:* Die Flüchtlinge trugen ihre wenigen Habseligkeiten auf dem Rücken.

Hab·sucht *die* <-> /kein Plur./ *(abwert.) der übertriebene Drang, ständig seinen Reichtum zu mehren* ▸ habsüchtig

Häch·se, *a.* **Ha·xe** *die* <-, -n> KOCH. *der untere Teil des Beines beim Rind oder Schwein* ◆ Schweins-

Hack *das* <-s> /kein Plur./ *kurz für „Hackfleisch"* ◆ Rinder-, Schweine-

Hack·bra·ten *der* <-s, -> KOCH. *Hackfleisch, das in die Form eines Bratens gebracht und gegart wurde*

Ha·cke¹ *die* <-, -n> NORDDT. ❶ (≈ *Ferse)* Mir tun die Hacken weh.; sich die Hacken wund laufen

H

H

❷ *der Absatz des Schuhs:* schief gelaufene Hacken; Schuhe mit hohen Hacken; ▪**jemandem nicht von den Hacken gehen** *(umg.) jmdn. verfolgen*

Ha·cke² *die* <-, -n> ❶ LANDW. *ein einfaches Gerät zur Auflockerung des Bodens* ❷ SÜDDT., ÖSTERR. *Beil:* Holz mit der Hacke zerkleinern

ha·cken I. *mit OBJ* ❶ ▪*jmd. hackt etwas zerkleinern:* Hast du schon Holz gehackt?; Ich muss noch Petersilie hacken.; einen alten Schrank in Stücke hacken ❷ ▪*jmd. hackt etwas in etwas Akk. mit einem spitzen Gegenstand erzeugen:* ein Loch ins Eis hacken; eine Öffnung in die Bretterwand hacken; mit dem Schnabel ein Loch in das Ei hacken **II.** *mit OBJ/ohne OBJ* ▪*jmd. hackt etwas* LANDW. *mit einer Hacke (be)arbeiten:* Sie muss noch ein Beet/Rüben hacken.; Er hat stundenlang im Garten gehackt. **III.** *ohne OBJ* ▪**ein Tier hackt (nach jmdm.)** ❶ *(≈ picken) mit dem Schnabel zubeißen:* Vorsicht, der Hahn hackt!; Der Vogel hackt immer nach mir. ❷ ▪*jmd. hackt auf etwas Akk. (umg.) Tasten (hart) anschlagen:* auf dem Klavier/der Tastatur hacken ❸ ▪*jmd. hackt (sich in etwas Akk.)* EDV *ohne Erlaubnis in ein fremdes Computersystem eindringen*

Ha·cke·pe·ter *der* <-s> */kein Plur./ (umg.) Hackfleisch*

Ha·cker *der*, **Ha·cke·rin** [ˈhakɐ, ˈhækɐ] <-s, -> EDV *jmd., der sich unberechtigten Zugriff auf fremde Computer verschafft* ◆ -szene

Hack·fleisch *das* <-(e)s> */kein Plur./* KOCH. *klein gehacktes Fleisch von Rind und/oder Schwein:* Hackfleisch zu Frikadellen verarbeiten; gemischtes Hackfleisch (≈ aus Rindfleisch und Schweinefleisch); ▪**Hackfleisch aus jemandem machen** *(umg. scherzh.) jmdm. gehörig die Meinung sagen*

Hack·klotz *der* <-es, Hackklötze> *ein Holzblock, auf dem man Holz oder Fleisch klein hackt*

Hack·mes·ser *das* <-s, -> *ein Messer zum Hacken*

Hack·ord·nung *die* <-, -en> ❶ *(fachspr.) die Rangordnung in einer Gruppe von Vögeln:* die Hackordnung auf einem Hühnerhof ❷ *(übertr.) die Rangordnung in einer Gruppe von Menschen:* gegen die Hackordnung in der Klasse aufbegehren

Häck·sel *der/das* <-s> */kein Plur./ klein geschnittenes Stroh*

häck·seln *mit OBJ/ohne OBJ* ▪*jmd. häckselt (etwas) zu kleinen Stücken schneiden*

Häcks·ler *der* <-s, -> *(≈ Häckselmaschine)*

Ha·der *der* <-s> */kein Plur./ (veralt. geh.) Streit:* mit jemandem in Hader liegen/Hader suchen

ha·dern <haderst, haderte, hat gehadert> *ohne OBJ (veralt. geh.)* ❶ ▪*jmd. hadert mit jmdm./etwas streiten:* mit jemandem wegen einer Sache hadern ❷ ▪*jmd. hadert mit etwas unzufrieden sein:* mit seinem Schicksal hadern

Ha·des *der* <-> */kein Plur./ (griechischer Gott der) Unterwelt*

Ha·d·ri·ans·wall *der* <-s> */kein Plur./ von den Römern im Norden Englands errichteter Schutzwall gegen die Germanen*

Ha·fen¹ *der* <-s, Häfen> SEEW. *befestigter und ge-*

schützter Anlegeplatz (zum Be- und Entladen) von Schiffen: einen Hafen anlaufen; in einen Hafen einlaufen; im Hafen liegen; ▪**im Hafen der Ehe landen/in den Hafen der Ehe eintreten** *(umg. übertr.) heiraten* ◆ -arbeiter(in), -ausfahrt, -einfahrt, -gelände, -gebühr, -meisterei, -meister(in), -polizei, -stadt, -viertel, Boots-, Fischerei-, Handels-, Jacht-/Yacht-, Kriegs-

Ha·fen² *der* <-s, -> ÖSTERR. *Topf, Gefäß*

Ha·fen·an·la·gen <-> *Plur. die Gesamtheit der zu einem Hafen gehörenden (technischen) Anlagen*

Ha·fen·be·cken *das* <-s, -> *das Wasserbecken eines Hafens*

Ha·fen·be·hör·de *die* <-, -n> */meist Plur./ die Behörde, die einen Hafen verwaltet*

Ha·fen·rund·fahrt *die* <-, -en> *eine für Touristen veranstaltete Rundfahrt durch einen (größeren) Hafen*

Ha·fer *der* <-s> */kein Plur./ eine Getreidesorte:* Der Hafer ist reif/wird geerntet.; ▪**jemanden sticht der Hafer** *(umg.) jmd. ist sehr übermütig*

Ha·fer·flo·cken <-> *Plur.* KOCH. *zu Flocken verarbeitete Haferkörner*

Ha·ferl, **Hä·ferl** *das* <-s, -(n)> ÖSTERR. *(umg.) Tasse:* ein Häferl Kaffee

Haff *das* <-(e)s, -s/-e> SEEW. *vom offenen Meer durch einen Landstreifen abgetrennte Küstenbucht*

Haf·ner *der*, **Haf·ne·rin** <-s, -> ÖSTERR. *Ofensetzer(in)*

Haft *die* <-> */kein Plur./ (≈ Haftstrafe) eine Gefängnisstrafe:* jemanden in Haft nehmen; seine Haft verbüßen; zu fünf Jahren Haft verurteilt werden ◆ -anstalt, -dauer, -entlassene, -entlassung, -richter(in), -unfähigkeit, -unterbrechung, -urlaub, -verschonung, Dunkel-, Einzel-, Kerker-, Untersuchungs-

-haft *als Zweitglied zusammengesetzter Adjektive; drückt aus, dass etwas oder jemand von gleicher oder ähnlicher Art ist wie das mit dem Erstglied Bezeichnete* ◆ abtraum-/alptraum-, automaten-, bild-, elfen-, feen-, helden-, laster-, märchen-, ritter-, rüpel-, schalk-, schwatz-, stümper-, traum-

haft·bar *adj /nicht steig./* RECHTSW. *für die Folgen (von etwas) verantwortlich:* jemanden für entstandene Schäden haftbar machen; für einen entstandenen Schaden haftbar sein

Haft·be·fehl *der* <-(e)s, -e> RECHTSW. *eine richterliche Anordnung zur Verhaftung einer Person:* Die Polizei sucht die Täter mit Haftbefehl.

haf·ten¹ *ohne OBJ* ❶ ▪*etwas haftet auf etwas Dat./an etwas Dat. (≈ festkleben) eine relativ feste Verbindung mit einer Oberfläche eingehen:* Die Farbe haftet schlecht auf der Oberfläche.; Der Teig haftet am Löffel. ❷ ▪*etwas haftet auf etwas Dat. nicht abrutschen:* Die neuen Reifen haften auch auf nasser Fahrbahn.; gut haftende Sohlen; ▪**an jemandem haftenbleiben** *(übertr.) immer zu jmdm. gehören* Dieser Makel wird immer an ihr haftenbleiben. ◆ Zusammenschreibung →R 4.6 Dieses Image ist immer an ihm haftengeblieben.

haf·ten² *ohne OBJ* ▪*jmd. haftet für jmdn./etwas für (die Folgen von) etwas verantwortlich* *sein:* Eltern haften für ihre Kinder!; Für entstandene Schäden haften Sie selbst.; Sie haften mir dafür, dass alles rechtzeitig fertig wird.

haf·ten·blei·ben, *a.* **haf·ten blei·ben** <bleibt haften, blieb haften, ist haftengeblieben> *ohne OBJ* ▪ *etwas bleibt haften im Gedächtnis bleiben* ◆ Zusammenschreibung →R 4.5, 4.6 Je öfter du es liest, desto eher bleibt es haften.

Häft·ling *der* <-s, -e> *jmd., der eine Haftstrafe absitzt* ◆ -skleidung, -srevolte

Haft·no·tiz *die* <-, -en> /*meist Plur.*/ *ein Klebezettel für Notizen*

Haft·pflicht *die* <-> /*kein Plur.*/ RECHTSW. *die gesetzlich vorgeschriebene Pflicht zur Wiedergutmachung eines Schadens, der anderen zugefügt wurde*

Haft·pflicht·ver·si·che·rung *die* <-, -en> *eine Versicherung für Kosten, die aus der Haftpflicht entstehen können*

Haft·pul·ver *das* <-s, -> *ein Pulver zur besseren Haftung von Zahnprothesen*

Haft·scha·le *die* <-, -n> /*meist Plur.*/ (≈ *Kontaktlinse*)

Haft·stra·fe *die* <-, -n> RECHTSW. *eine Gefängnisstrafe:* eine Haftstrafe zur Bewährung aussetzen

Haf·tung¹ *die* <-, -en> /*Plur. selten* / RECHTSW. *die Verantwortung für Personen und deren Handlungen:* keine Haftung für jemanden/etwas übernehmen; Die Haftung für die Kinder tragen die Eltern.; ▪ **Gesellschaft mit beschränkter Haftung (kurz: „GmbH")** WIRTSCH., RECHTSW. *ein Unternehmen, bei dem die Eigentümer nur begrenzt für Verluste haften*

Haf·tung² *die* <-, -en> /*Plur. selten* / PHYS., TECHN. *Fähigkeit eines Körpers, an einem anderen festzuhalten:* die Haftung mit dem Boden verlieren; die Haftung eines Reifens auf der Straße ◆ Boden-, Straßen-

Hag *der* <-(e)s, -e/Häge> SCHWEIZ. *Hecke; Zaun*

Ha·ge·but·te *die* <-, -n> *die beerenartige, rote Frucht der Heckenrose* ◆ -ntee

Ha·gel *der* <-s> /*kein Plur.*/ ❶ *zu Eis gefrorener Niederschlag, der in Form relativ großer Kugeln fällt, die schwere Schäden an Dächern und Autos anrichten können:* Die Ernte war vom Hagel zerstört worden. ◆ -schaden ❷ *(übertr.) eine große Menge von etwas:* ein Hagel von Geschossen/Steinen/Vorwürfen

Ha·gel·korn *das* <-(e)s, Hagelkörner> ❶ *einzelnes, kleines Eiskorn des Hagels¹:* Hagelkörner trommelten an die Scheiben. ❷ MED. *eine Schwellung in der Größe eines Hagelkorns unter der Haut des Augenlides*

ha·geln <hagelt, hagelte, hat gehagelt> *mit ES* ❶ ▪ *es hagelt* METEOR. *Hagel fällt* ❷ *(übertr.)* ▪ *es hagelt etwas kommt in großer Zahl über jmdn.* Es hagelte Vorwürfe.

Ha·gel·schau·er *der* <-s, -> *ein Schauer von Hagel¹*

ha·ger *adj* (↔ korpulent) *mager und groß gewachsen:* Er war von hagerer Gestalt.; ein hageres Gesicht haben

Ha·ger·keit *die* <-> /*kein Plur.*/ (↔ Korpulenz) *das Hagersein*

---

ha·ha *interj* *verwendet, um ein Lachen anzudeuten:* Haha, dass ich nicht lache!

Hä·her *der* <-s, -> *ein bunter, im Wald lebender, europäischer Rabenvogel*

Hahn *der* <-(e)s, Hähne> ❶ ZOOL. *ein männliches Huhn:* ein Hühnerhof mit zwanzig Hennen und einem Hahn ❷ TECHN. *eine Vorrichtung zum Öffnen und Schließen von Rohrleitungen:* den Hahn öffnen/schließen/zudrehen; Im Bad tropft der Hahn.; Das Bier aus dem Hahn zapfen ❸ *der Abzug an einer Schusswaffe:* den Hahn einer Waffe spannen; ▪ **der Hahn im Korb(e) sein** *(umg.) der einzige Mann unter vielen Frauen sein;* ▪ **danach kräht kein Hahn (mehr)** *(umg. abwert.) das interessiert niemanden (mehr)*

Hah·nen·fuß *der* <-es> /*kein Plur.*/ BOT. *eine Wiesenblumenart*

Hah·nen·schrei ▪ **beim ersten Hahnenschrei** *(geh.) ganz früh am Morgen*

Hahn·en·tritt·mus·ter *das* <-s, -> *ein (meist schwarzweißes) Stoffmuster*

Hahn·rei *der* <-(e)s, -e> *(geh.) ein betrogener Ehemann*

Hai *der* <-(e)s, -e> *ein gefährlicher Meeresraubfisch*

Hai·fisch *der* <-es, -> (≈ *Hai*)

Hain *der* <-(e)s, -e> *(geh.) ein kleiner Wald*

Hair·sty·list *der,* **Hair·sty·lis·tin** ['heːɐ̯staɪlɪst] <-en, -en> *ein Friseur, der besonders modische, kunstvolle Frisuren gestaltet*

Ha·i·ti *das* *Inselstaat in Mittelamerika* ▶ Haitianer, Haitianerin, haitianisch/haitisch

Hä·kel·de·cke *die* <-, -n> *eine gehäkelte Decke*

hä·keln <häkelst, häkelte, hat gehäkelt> *mit OBJ/ohne OBJ* ▪ *jmd. häkelt (etwas)* *mit Hilfe einer Häkelnadel aus Garn herstellen:* Topflappen/Spitzendeckchen häkeln; In ihrer Freizeit häkelt sie gern.

Hä·kel·na·del *die* <-, -n> *Nadel zum Häkeln*

ha·ken I. *mit OBJ* ▪ *jmd. hakt etwas an etwas Dat.* /*in etwas Akk. etwas in etwas einhängen:* eine Strickleiter an einen Baum haken; die Daumen in den Gürtel haken **II.** *ohne OBJ* ▪ *etwas hakt (umg.) festhängen:* Mein Fahrrad ist kaputt, das Tretlager hakt irgendwo.

Ha·ken *der* <-s, -> ❶ *ein gekrümmtes Stück Metall, Holz oder Plastik, mit dem man etwas befestigen kann:* das Bild/den Mantel an einen Haken hängen ◆ Angel-, Bilder-, Kleider- ❷ *etwas, das die gekrümmte Form eines Hakens¹ hat:* hinter jede richtige Antwort einen Haken machen; Der Hase schlägt Haken, um seine Verfolger abzuschütteln. ❸ *(umg.) verdeckter Nachteil:* Die Sache hat doch sicher einen Haken! ❹ SPORT *nach oben geführter Boxhieb:* einen linken Haken beim Gegner landen

Ha·ken·kreuz *das* <-es, -e> GESCH. *das Emblem der Nationalsozialisten in Form eines Kreuzes, an dessen Endpunkten kurze Linien rechte Winkel zu den Balken des Kreuzes bilden, und das heute zu zeigen verboten ist*

Ha·ken·na·se *die* <-, -n> *eine hakenförmige Nase*

halb *adj* ❶ *zur Hälfte:* Das Glas ist halb leer/halbleer.; auf halben Weg kehrtmachen; ein halbes Brot kaufen; um halb acht; nach einer halben Stunde;

H

H

Es ist schon halb (neun).; Wir nehmen zwei Halbe.
② *teilweise; nicht ganz:* halb nackt/halbnackt; halb reif; sein Essen halb aufgegessen haben; sich halb rechts/links halten **③** *(umg.) nicht so stark:* nur mit halber Kraft arbeiten **④** *(umg.) fast ganz:* halb erfroren sein; halb tot/halbtot vor Angst sein; sich halb totlachen; Die halbe Stadt weiß das schon.; Damit hatten wir schon halb gewonnen.; ■ **jemandem auf halbem Wege entgegenkommen** *(umg.) mit jmdm. einen Kompromiss eingehen;* ■ **noch ein halbes Kind sein** *(umg.) noch nicht völlig erwachsen sein;* ■ **sich wie ein halber Mensch fühlen** *(umg.) sich sehr unwohl fühlen* ◆ Kleinschreibung →R 3.3, 3.16 um halb neun; Die halbe Stadt weiß das halb zwöl.; ◆ Großschreibung →R 3.4, R 3.7 nichts Halbes und nichts Ganzes; einen Halben trinken; ◆ Getrenntschreibung →R 4.5, 4.9 halb wach sein; halb sitzend; halb totlachen; halb totschlagen; ◆ Getrennt- oder Zusammenschreibung →R 4.5, 4.9, 4.15 halb angezogen/halbangezogen; halb blind/halbblind; halb fertig/halbfertig; halb fest/halbfest; halb gar/halbgar; halb links/halblinks; halb rechts/halbrechts; halb reif/halbreif; halb tot/halbtot; ◆ Zusammenschreibung →R 4.5, 4.6 halbgebildet; halbleinen; halbmatt; halbtrocken; halbwild; *siehe auch* **halbamtlich, halbautomatisch, halbdunkel, halbfertig, halbfett, halblang, halblaut, halbrund, halbtrocken**

Halb- *als Erstglied zusammengesetzter Substantive; drückt aus,* **①** *dass das mit dem Zweitglied Bezeichnete nur teilweise etwas zuzurechnen ist/in eine Kategorie fällt bzw. eine Zwischenkategorie bildet* ◆ -affe, -bildung, -blut, -edelstein, -glatze, -kanton, -leder, -linke, -metall, -rechte, -schlaf, -schwester, -seide, -starke, -stürmer, -waise, -weltergewicht, -wissen, -wüste **②** *dass das mit dem Zweitglied Bezeichnete die Hälfte von etwas ausmacht* ◆ -messer, -satz, -schatten, -ton **③** *dass das mit dem Zweitglied Bezeichnete für eine Fertigung nur die Vorstufe bildet* ◆ -erzeugnis, -fabrikat, -zeug

halb- *als Erstglied zusammengesetzter Adjektive; drückt aus,* **①** *dass das mit dem Zweitglied Bezeichnete nur teilweise gegeben bzw. einer Kategorie zuzuordnen ist* ◆ -automatisch, -batzig, -bekleidet, -bitter, -erfroren, -erwachsen, -fest, -gebildet, -laut, -leinen, -leer, -links, -matt, -militärisch, -nackt, -offen, -rechts, -reif, -staatlich, -tot, -verdaut, -verfallen, -verhungert, -verwelkt, -wach, -wild, -zerstört, **②** *dass die mit dem Zweitglied gemachte Angabe zu Zeit und Umfang nur eine Hälfte umfasst* ◆ -meterdick, -mondförmig, -part, -ständig, -stündlich, -tägig, -täglich, -voll

Halb·af·fix *das* <-es, -e> SPRACHWISS. *(≈ Affixoid)* *Einheit, die ihre Bedeutung als freie lexikalische Einheit aufgegeben hat und als Wortbildungsmittel reihenbildend geworden ist; siehe auch* **Wortbildung**

Ein **Halbaffix** ist ein Wortbildungsmittel, das sich von seiner Bedeutung als freies Lexem entfernt hat und als Kompositionsglied zusammengesetzter Substantive und Adjektive reihenbildend geworden ist. Wer z. B. liest oder hört, eine Firma habe mit dem Ausland ein „Bombengeschäft gemacht", könnte annehmen, es ginge um Waffenverkäufe. Diese Deutung kann zutreffend sein; sie muss es aber nicht: Denn gemeint sein dürfte normalerweise, dass die Firma ein großartiges Geschäft gemacht hat. In letzterem Falle bleibt nur der Bedeutungsbestandteil „groß" erhalten, der einer „Waffe" entfällt völlig. Dies überhaupt zu bemerken, macht eine Hauptschwierigkeit vor allem für Nicht-Muttersprachler(innen) aus, auch wenn in vielen anderen Fällen in der Lesart als Halbaffix beide Bestandteile der Zusammensetzung betont werden (vgl. auch *bitterböse, Heidenlärm*). Verwirrend ist zudem, dass derartige Zusammensetzungen in einem Wörterbuch mit alphabetischer Ordnung in einer Reihe mit Einheiten stehen, die diese Eigenschaft nicht aufweisen, hier z. B. *Bombenexplosion* und *Bombenkrater*.

Oft handelt es sich bei Zusammensetzungen mit einem Halbaffix um die auch als *Augmentation* bezeichnete Verstärkungsbildung (Augmentativbildung). Dabei wird das Basisglied einer Zusammensetzung im Sinne eines überdurchschnittlichen Ausmaßes oder einer Intensivierung verstärkt; vgl. auch *Affenhitze* („sehr starke Hitze") oder *spottbillig* („äußerst billig"). Nicht so häufig ist die auch als *Diminution* bezeichnete Bildungsform (Diminutivbildung). Diesem Verfahren der Wortbildung dienen im Deutschen vor allem die Einheiten *-chen* (wie in *Häuschen*) und *-lein* (wie in *Bächlein*). Unter den Halbaffixen nehmen diese Rolle z. B. Einheiten wie *Zwerg-* (in *Zwergstaat*) oder *Mini-* (in *Minirock*) ein. In vielen Fällen, und anders z. B. als für *Bombengeschäft* oder *bombensicher*, die nur bei Doppelbetonung Halbaffixe sind, bleibt anderen Halbaffixen die Bedeutung des zugehörigen Ausgangslexems ausführlicher erhalten, sodass die Gesamtbedeutung einer Zusammensetzung gut erschließbar ist (vgl. *-lawine* in *Blechlawine*).

Gewisse Missverständnisse entstehen bei der Wortwahl *Halbaffix* bzw. *Affixoid* dadurch, dass man als *Affixe* gewöhnlich nicht Wortbildungsmittel bezeichnet, sondern Mittel der Wortformenbildung (Flexion), wie z. B. in *gehst* zum Verb *gehen* das 2. Person Singular „-st". Diese Einheiten kommen nicht als freie Morpheme (= Lexeme) vor und haben keine lexikalische, sondern nur eine grammatische Bedeutung. Den Halbaffixen kommt sämtlich aber eine lexikalische Bedeutung zu (z. B. die der Intensivierung). Manchmal wird weiter nach Halbpräfixen und Halbsuffixen differenziert. In vorliegendem Wörterbuch werden Halbaffixe im engeren Sinne und andere Wortbildungsbestandteile, die als Erstglied oder als Zweitglied von Zusammensetzungen auftreten können, in gesonderten Wörterbuchartikeln einheitlich behandelt. Dies erscheint gerade unter dem Aspekt „Deutsch als Fremdsprache" als äußerst wichtig, da die Vielfalt der Wortbildungsmöglichkeiten eine der Hauptschwierigkeiten des Zugangs zur deutschen Sprache ausmacht.

halb·amt·lich *adj* /nicht steig./ *nicht ganz offiziell:* eine halbamtliche Nachricht ◆Getrenntschreibung →R 4.5 Er kam zu mir halb amtlich, halb persönlich.

halb·au·to·ma·tisch *adj* /nicht steig./ *so, dass ein Gerät eine Tätigkeit unterstützt, aber nicht selbstständig ausführt:* Die Maschine läuft halbautomatisch.

halb·blind, *a.* **halb blind** *adj* /nicht steig./ *fast blind* ◆Zusammen- oder Getrenntschreibung →R 4.5 ein halbblinder/halb blinder alter Mann; durch das Wasser in den Augen halbblind/halb blind sein

Halb·bru·der *der* <-s, Halbbrüder> *ein Bruder, der nur den Vater oder die Mutter mit jmdm. gemeinsam hat*

Halb·dun·kel *das* <-s> /kein Plur./ *der Zustand der Dämmerung, in dem es fast schon dunkel ist:* Im Halbdunkel des Abends konnte man kaum noch etwas erkennen.

halb·dun·kel *adj* /nicht steig./ *nicht ganz dunkel:* ein halbdunkles Zimmer ◆Getrenntschreibung →R 4.5 halb dunkel, halb hell (teils ... teils)

halb·durch·sich·tig *adj* /nicht steig./ *so, dass man fast erkennen kann, was darunter oder dahinter ist:* halbdurchsichtige Gardinen/Kleidung/Strümpfe

Hal·be *die* <-, -> (↔ *Maß*) *ein halber Liter Bier:* eine Halbe bestellen

hal·ber *präp* +*Gen.* (veralt. geh.) ❶ *um einer Sache willen:* Der Ordnung halber wurde er eingesperrt.; etwas der Vollständigkeit halber erwähnen ❷ *aufgrund von, wegen:* Der Aufregung halber erlitt er einen Herzinfarkt.; Er ist seiner dienstlichen Verpflichtungen halber verreist.

-hal·ber *als Zweitglied zusammengesetzter Adjektive; drückt aus, dass das mit dem Erstglied Bezeichnete Grund/Voraussetzung/Anlass für etwas ist* ◆anstands-, ehren-, gesundheits-, interesse-, krankheits-, ordnungs-, sicherheits-, spaßes-, umstände-, vorsichts-

Halb·er·zeug·nis *das* <-ses, -se> WIRTSCH. *ein Produkt, das halb fertiggestellt ist*

Halb·fa·bri·kat *das* <-(e)s, -e> WIRTSCH. (≈ *Halberzeugnis*)

halb·fer·tig, **halb fer·tig** *adj* /nicht steig./ ◆Zusammen- oder Getrenntschreibung →R 4.5 die Arbeit halbfertig/halb fertig liegen lassen; ein halbfertiges/halb fertiges Haus

halb·fett *adj* /nicht steig./ ❶ *mit verringertem Fettanteil:* halbfetter Käse/Quark ❷DRUCKW. *als Schrift mit etwas dicker gedruckten Buchstaben als in der Grundschrift:* ein halbfette Schrift ◆Zusammenschreibung →R 4.5 die Überschrift halbfett drucken; ◆Getrenntschreibung →R 4.5 halb fett, halb mager (teils ... teils)

Halb·fi·na·le *das* <-s, -/Halbfinals> SPORT (↔ *Finale, Viertelfinale*) *der Abschnitt eines Turniers in dem aus vier Teilnehmern oder Mannschaften die Finalteilnehmer ermittelt werden*

halb·ge·bil·det *adj* (abwert.) *so, dass man keine echte Bildung besitzt (, obwohl man sich gebildet gibt):* halbgebildete Banausen

Halb·ge·fro·re·ne *das* <-n> KOCH. *eine Eisspeise:* Wir bestellten für jeden Halbgefrorenes.

Halb·gott *der* <-(e)s, Halbgötter> ❶ *eine Sagengestalt, die halb Gott, halb Mensch ist* ❷ (übertr.) *eine Person, die sehr bewundert wird;* ■**die Halbgötter in Weiß** (umg. iron.) *die Ärzte*

Halb·heit *die* <-, -en> (abwert.) *eine Sache oder Aufgabe, die nur unvollkommen erledigt ist:* keine Halbheiten lieben

hal·bie·ren *mit OBJ* ■ *jmd. halbiert etwas* ❶ *in zwei Hälften teilen:* einen Apfel mit dem Messer halbieren ❷ (↔ *verdoppeln*) *auf die Hälfte verringern:* den Arbeitsaufwand mit Hilfe des Computers halbieren

Halb·in·sel *die* <-, -n> *eine Landzunge, die auf drei Seiten von Wasser umgeben ist:* die Iberische Halbinsel

Halb·jahr *das* <-(e)s, -e> (↔ *Jahr, Vierteljahr*) *die Hälfte eines Jahres:* im ersten Halbjahr des Jahres 2004

Halb·jah·res·be·richt *der* <-(e)s, -e> (↔ *Jahresbericht*) *Bericht über die Entwicklungen und Ergebnisse, die es irgendwo im Zeitraum eines bestimmten Halbjahres gegeben hat*

Halb·jah·res·zeug·nis *das* <-ses, -se> SCHULE *das Zeugnis, das nach der ersten Hälfte des Schuljahres erteilt wird*

halb·jäh·rig *adj* /nicht steig./ ❶ *ein halbes Jahr alt:* eine halbjährige Tochter haben ❷ *ein halbes Jahr dauernd:* einen halbjährigen Kurs besuchen

halb·jähr·lich *adj* /nicht steig./ *jeweils nach einem halben Jahr stattfindend:* Die Versammlungen finden halbjährlich statt.; halbjährlich Bericht erstatten

Halb·kan·ton *der* <-s, -e> SCHWEIZ. *ein Kanton, der aus einer Kantonsteilung hervorgegangen ist und über alle Rechte eines Kantons verfügt; dieser schickt aber in den Ständerat nur einen statt zwei Vertreter und hat bei eidgenössischen Abstimmungen nur eine Standesstimme*

Halb·kreis *der* <-es, -e> *die Hälfte eines Kreises:* sich im Halbkreis aufstellen ► halbkreisförmig

Halb·ku·gel *die* <-, -n> *die Hälfte einer Kugel* ► halbkugelförmig

halb·lang *adj* /nicht steig./ *(von längeren Haaren) nicht ganz bis auf die Schultern reichend:* halblange Haare haben; die Haare halblang tragen; ■**Nun mach aber/mal halblang!** (umg.) *übertreibe nicht so* ◆Zusammenschreibung →R 4.5 Halblange Röcke sind wieder Mode.; ◆Getrenntschreibung →R 4.5 halb lang, halb kurz (teils ... teils)

halb·laut *adj* /nicht steig./ *in gedämpfter Lautstärke:* etwas nur halblaut sagen ◆Zusammenschreibung →R 4.5 aus dem Zimmer klang halblaute Musik; ◆Getrenntschreibung →R 4.5 halb laut, halb leise (teils ... teils)

H

halb·leer, *a.* **halb leer** *adj /nicht steig./ so, dass nicht alle Sitzplätze besetzt sind:* eine halbleere Konzerthalle

halb·lei·nen *adj /nicht steig./ so, dass es zur Hälfte aus Leinen hergestellt ist:* eine halbleinene Bluse

Halb·lei·ter *der* <-s, -> PHYS. *ein Stoff, dessen elektrische Leitfähigkeit sich bei Temperaturschwankungen stark verändert*

halb·mast *adv (als Flagge) in halber Höhe aufgezogen:* Bei Staatstrauer werden die Fahnen halbmast gehisst/gesetzt.

Halb·mond *der* <-(e)s, -e> ❶ ASTRON. *(↔ Vollmond) der Mond in der Phase, in der er nur zur Hälfte sichtbar ist:* Heute haben wir Halbmond. ❷ REL. *das Wahrzeichen des Islam:* der islamische Halbmond

Halb·pen·si·on *die* <-> */kein Plur./ (↔ Vollpension) eine Unterkunft mit Frühstück und warmem Abendbrot oder Mittagessen:* Wir haben eine Woche Halbpension gebucht.

halb·roh *adj /nicht steig./ so, dass es noch zur Hälfte roh ist:* noch halbrohes Fleisch

halb·rund *adj /nicht steig./ so, dass eine Hälfte rund ist und die Form eines Halbkreises oder einer Halbkugel hat:* ein halbrundes Zimmer ◆ Zusammenschreibung →R 4.5 eine halbrunde Kuppel; ◆ Getrenntschreibung →R 4.5 halb rund, halb eckig (teils … teils)

Halb·schuh *der* <-s, -e> *(↔ Stiefel) ein geschlossener Schuh, der den Knöchel nicht bedeckt*

Halb·schwer·ge·wicht *das* <-s, -e> SPORT ❶ */kein Plur./ (↔ Schwergewicht) eine Gewichtsklasse bei bestimmten Sportarten:* Er boxt im Halbschwergewicht. ❷ *ein Sportler(in) der Gewichtsklasse des Halbschwergewichts* [1]

Halb·schwes·ter *die* <-, -n> *eine Schwester, die nur den Vater oder die Mutter gemeinsam hat*

halb·sei·den *adj /nicht steig./ (abwert.) nicht seriös:* eine halbseidene Person ◆ Getrenntschreibung →R 4.5 ein halb seidenes, halb wollenes Tuch

Halb·spra·chig·keit *die* <-> */kein Plur./ (≈ Semilingualismus) Sachverhalt der sprachlichen Unvollkommenheit gleichermaßen in Herkunftssprache und Zielsprache; siehe auch* **Bilingualismus**, **Zweitspracherwerb**

Unter dem Ausdruck **Halbsprachigkeit**, vorkommend meist als **doppelte Halbsprachigkeit**, versteht man den Umstand, dass insbesondere Migrantenkinder weder ihre Muttersprache (Herkunftssprache), noch das Deutsche (die Zweitsprache) hinreichend beherrschen. In beiden Sprachen wird lediglich eine Teilkompetenz erreicht, die nicht altersgemäß ist; die Hochsprache (Standardsprache, Schriftsprache) beider Sprachen bleibt entsprechenden Kindern fremd; die festzustellenden sprachlichen Defizite erstrecken sich auf Wortschatz und Grammatik gleichermaßen. In Deutschland werden Fehlentwicklungen dieser Art, die schwerwiegende Folgen haben kön-

nen, besonders an türkischen Kindern festgemacht und in ihrem Ausmaß teils für dramatisch gehalten. Einen zentralen Grund für die doppelte Halbsprachigkeit erkennt man in der Vernachlässigung der Muttersprache; auch macht man dafür verantwortlich, dass Migrantenkinder die Zweitsprache (hier: Deutsch) nur außerhalb des familiären Kontextes erleben. Hinzu kommt oft die Ablehnung der Muttersprache durch die Umgebung. Ein kritischer Zeitpunkt für das Einsetzen der Halbsprachigkeit ist der Übergang in die Schule, in der ausschließlich Deutsch unterrichtet wird. Verschiedene Untersuchungen belegen, dass nicht etwa die Vernachlässigung der Muttersprache, sondern gerade umgekehrt eine gut entwickelte Muttersprache für die Aneignung einer Zweitsprache (vgl. das Stichwort *Zweitspracherwerb*) eine sehr wichtige Voraussetzung ist. Deshalb setzt man sich seit Jahren von verschiedenen Seiten dafür ein, die Mehrsprachigkeit in der Schule zu fördern. Diskutiert werden damit verbundene Probleme vor allem im Zusammenhang mit der Zweisprachigkeit (vgl. das Stichwort), bezeichnet als *subtraktive Zweisprachigkeit*; oder diese Erscheinungsform wird dem Bilingualismus (vgl. das Stichwort) zugeordnet und als *subtraktiver Bilingualismus* bezeichnet. Der manchmal als Synonym verwendete Ausdruck *Semilingualismus* fällt, obwohl eine Eindeutschung davon, nur teilweise mit *Halbsprachigkeit* zusammen, da mit ihm eher auch Bezüge zu Sprachstörungen und zur kognitionspsychologischen Seite der Problemlage hergestellt werden.

halb·stark *adj /nicht steig./ (umg. abwert.) gewollt auffällig und rüpelhaft:* eine Gruppe halbstarker Jugendlicher

Halb·stie·fel *der* <-s, -> *ein bis knapp über die Knöchel reichender Stiefel*

halb·tags *adj /nicht steig./ (↔ ganztags) so, dass es den halben Tag über andauert:* Er arbeitet wegen der Kinder nur halbtags.; Ihre Tochter geht halbtags in den Kindergarten

Halb·tags·ar·beit *die* <-> */kein Plur./ (↔ Vollzeitarbeit) Berufstätigkeit für halbe Arbeitstage:* eine Halbtagsarbeit annehmen; die Halbtagsarbeit fördern

halb·tro·cken *adj /nicht steig./ von der Geschmacksnote des Weines zwischen trocken und lieblich:* ein halbtrockener Wein ◆ Zusammenschreibung →R 4.5 Er liebt den Sekt halbtrocken.

halb·wegs *adv (umg.: ≈ einigermaßen)* Sie waren halbwegs zufrieden mit uns.; Könnt ihr wenigstens halbwegs freundlich sein?

Halb·welt *die* <-> */kein Plur./ (umg. abwert.) elegant auftretende Gesellschaft, die aber von zweifelhaftem Ruf ist* ◆ -milieu

Halb·welt·da·me *die* <-, -n> *eine Frau, die sich in der Halbwelt bewegt*

Halb·werts·zeit *die* <-, -en> PHYS. *die Zeitspanne,*

in der die Hälfte der Atome eines radioaktiven Stoffes zerfällt: eine kurze/lange Halbwertszeit haben

Halb·wüch·si·ge *der/die* <-n, -n> *ein Jugendlicher, der noch nicht erwachsen ist:* Halbwüchsige haben zu dieser Veranstaltung keinen Zutritt.

Halb·zeit *die* <-> */kein Plur./* ❶ SPORT *(Fußball) eine der beiden Hälften der gesamten Spielzeit:* In der ersten Halbzeit fiel ein Tor. ❷ SPORT *die Unterbrechung nach der ersten Spielhälfte:* der Spielstand zur Halbzeit

Halb·zeit·pfiff *der* <-s> */kein Plur./* SPORT *(Fußball:* ↔ *Schlusspfiff)* der Pfiff des Schiedsrichters, der das Ende der ersten Halbzeit markiert

Hal·de *die* <-, -n> *zu einem Berg aufgeschüttetes Material:* eine Halde aus Abraum/Geröll/Kohle/ Müll; eine alte Halde begrünen; ▪ **auf Halde produzieren** *große Mengen unverkäuflicher Waren herstellen*

Hälf·te *die* <-, -n> ❶ *der halbe Teil von etwas:* Jeder bekommt die Hälfte des Geldes.; Er bebaut nur die Hälfte seines Landes, die andere lässt er brachliegen.; eine Arbeit erst zur Hälfte fertig haben ❷ *(≈ Mitte) auf der Hälfte des Weges umkehren;* ▪ **jemandes bessere Hälfte** *(umg. scherzh.)* jmds. Ehepartner(in)

Half·ter¹ *der/das* <-s, -> *ein Kopfgeschirr für Pferde*

Half·ter² *das/die* <-s/-, -/-n> *eine Pistolentasche* ◆ Pistolen-

Hall *der* <-s, -e> */Plur. selten/ (geh.) Schall, der reflektiert wird:* der Hall seiner Schritte im langen Gang; der ferne Hall des Donners

Hal·le *die* <-, -n> ❶ *(≈ Fabrikhalle, Lagerhalle) ein großes Gebäude mit einem meist nicht weiter unterteilten Innenraum, in dem gearbeitet oder etwas gelagert wird* ◆ -nmeister, Fabrik-, Lager-, Produktions- ❷ *kurz für „Turnhalle“:* Die Wettkämpfe finden bei schlechtem Wetter in der Halle statt. ◆ -nsprecher, Sport-, Turn- ❸ *kurz für „Veranstaltungshalle“:* für eine Großveranstaltung eine Halle mieten ◆ -nmiete, Mehrzweck-

hal·le·lu·ja *interj* REL. *Ausruf zur Lobpreisung Gottes in christlichen Gottesdiensten:* Halleluja und Amen!

hal·len *ohne OBJ* ❶ ▪ **etwas hallt** *einen Hall erzeugen:* Seine Schritte hallen im leeren Gang.; Eine Stimme hallt durch die Nacht. ❷ ▪ **etwas hallt von etwas** *Dat. mit einem lauten Klang erfüllt sein:* Der Saal hallt vom Gelächter der Zuschauer.

Hal·len·bad *das* <-(e)s, Hallenbäder> *ein Schwimmbad, das sich in einer Halle befindet*

Hal·len·sai·son *die* <-> */kein Plur./* SPORT *der Teil des Jahres, in dem man bestimmte Sportarten (witterungsbedingt) in der Halle² ausübt*

Hal·li·masch *der* <-(e)s, -e> BOT. *ein Pilzart*

hal·lo *interj* ❶ *verwendet, um Aufmerksamkeit auf sich zu lenken:* Hallo, ist da jemand?; Hallo, hört mal alle zu! ❷ *Ausruf, um am Telefon den Gesprächspartner anzusprechen:* Hallo!; Hallo, wer spricht da? ❸ *(umg. jugendspr.) Ausruf zur Begrüßung:* Hallo Leute! ❹ *Ausdruck freudiger Überra-*

schung: Hallo, da seid ihr ja! ◆ Großschreibung →R 3.4 Es gab ein großes Hallo zum Wiedersehen.

Hal·lu·zi·na·ti·on *die* <-, -en> *(≈ Sinnestäuschung) der Vorgang, dass man glaubt, etwas zu sehen, das in Wirklichkeit nicht da ist:* Ist das eine Halluzination oder sehe ich dort hinten das Meer?; Halluzinationen haben ▸ halluzinieren

Halm *der* <-(e)s, -e> *der dünne Stängel von bestimmten Pflanzen:* Die Halme des Getreides wiegen sich im Wind. ◆ Gras-

Ha·lo·gen *das* <-s, -e> CHEM. *eine Gruppe von chemischen Elementen, die ohne Beteiligung von Sauerstoff mit Metallen Salze bilden und die unter anderem als Zugabe in Lampen dienen* ◆ -scheinwerfer, -strahler

Hals *der* <-es, Hälse> ❶ ANAT. *der Teil des Körpers von Menschen und Tieren, der Kopf und Rumpf verbindet:* eine Kette um den Hals tragen; Die Giraffe hat einen langen Hals.; sich den Hals verdrehen/verrenken ❷ *der Rachen und die Kehle:* einen rauen/entzündeten Hals haben; Der Arzt schaute ihm in den Hals.; Der Bissen blieb mir im Hals stecken. ◆ -entzündung, -schmerzen, -wirbel ❸ *etwas, das an den Hals¹ erinnert, weil es schmal und relativ weit oben ist:* der Hals einer Flasche; der Hals der Gitarre; ▪ **einen langen Hals machen** *(umg.) sich in die Höhe recken (um besser sehen zu können);* ▪ **aus vollem Halse** *(umg.) sehr laut* aus vollem Halse lachen/schreien; ▪ **sich den Hals brechen** *(umg.) schwer verunglücken* Du hättest dir dabei den Hals brechen können!; ▪ **sich etwas auf den Hals laden** *(umg.) eine unangenehme Arbeit übernehmen;* ▪ **sich den Hals (nach etwas/jemandem) verdrehen** *(umg.) auffällig etwas oder jmdm. nachblicken;* ▪ **jemandem auf dem Hals haben** *(umg. abwert.) jmdn. nicht mehr loswerden;* ▪ **jemandem zum Hals(e) heraushängen** *(umg.) für jmdn. unerträglich sein* Er/sein Gerede hängt mir langsam zum Hals(e) heraus.; ▪ **etwas in den falschen Hals bekommen** *(umg.) etwas missverstehen und deshalb übel nehmen;* ▪ **sich jemanden/etwas vom Hals schaffen** *(umg.) jmdn. oder etwas loswerden;* ▪ **den Hals nicht vollkriegen können** *(umg. abwert.) nicht genug bekommen können;* ▪ **Hals über Kopf** *(umg.) schnell und ohne nachzudenken;* ▪ **Hals- und Beinbruch!** *(umg.) Ausspruch, mit dem man jmdm. alles Gute wünscht*

Hals·ab·schnei·der *der,* **Hals·ab·schnei·de·rin** <-s, -> *(umg. abwert.) jmd., der bei Geschäften skrupellos auf den eigenen Vorteil bedacht ist:* Er ist ein richtiger Halsabschneider, mit ihm würde ich keine Geschäfte machen.

hals·ab·schnei·de·risch *adj /nicht steig./ (abwert.:* ≈ *betrügerisch)*

Hals·band *das* <-(e)s, Halsbänder> *ein Band, das man einem Hund um den Hals legt, um die Leine daran zu befestigen*

hals·bre·che·risch *adj /nicht steig./ so gewagt, dass es lebensgefährlich ist:* in halsbrecherischem Tempo um die Kurve fahren; halsbrecherische Klettertouren machen

H

H

Hals·ket·te die <-, -n> *eine Kette², die man um den Hals trägt*

Hals·krau·se die <-, -n> ❶ GESCH. *ein gefältelter Kragen:* die weiße Halskrause eines spanischen Edelmannes ❷ ZOOL. *der ausgeprägte Federschmuck am Hals mancher Vögel*

Hals-Na·sen-Oh·ren-Arzt der, **Hals-Na·sen-Oh·ren-Ärz·tin** <-es, Hals-Nasen-Ohren-Ärzte> *Spezialist(in) für Krankheiten des Rachens, der Nase und der Ohren, abgekürzt „HNO-Arzt"*

Hals·schlag·ader die <-, -n> *die Hauptschlagader am Hals*

hals·star·rig adj *(abwert.) eigensinnig und unnachgiebig:* Sie beharrte halsstarrig auf ihrer Meinung, obwohl ich ihr das Gegenteil beweisen konnte. ▸ Halsstarrigkeit

Hals·tuch das <-(e)s, Halstücher> *ein dekoratives Tuch, das vor allem Frauen als Schmuck um den Hals tragen*

Hals·wir·bel der <-s, -> ANAT. *ein Wirbel im oberen Teil der Wirbelsäule*

Halt der <-(e)s, -e> ❶ *etwas, das das Abrutschen verhindert:* keinen Halt finden; an einem Ast Halt suchen; sich Halt suchend umblicken ❷ *seelische Unterstützung:* Sie war ihm ein Halt in schweren Zeiten.; ein Angebot für Halt suchende Jugendliche ❸ *Anhalten; Aufenthalt:* einen kurzen Halt einlegen; Nächster Halt ist der Rathausplatz. ◆ Zusammen- und Getrenntschreibung →R 4.6 an einer Raststätte Halt machen/haltmachen; In Freiburg haben wir kurz Halt gemacht/haltgemacht; ◆ Großschreibung →R 3.4 Plötzlich hatte jemand laut/ein lautes Halt gerufen.; *siehe auch* **halt**

halt I. interj *verwendet, um jmdn. dazu aufzufordern, nicht weiterzugehen bzw. eine Tätigkeit sofort zu beenden:* Halt! Bleiben Sie stehen!; Halt! Hier spricht die Polizei!; halt/Halt rufen II. part SÜDDT., SCHWEIZ., ÖSTERR. *eben:* Das ist halt so!; Ich kann es halt nicht besser! ◆ Klein- oder Großschreibung →R 4.5 Wer hat da eben halt/Halt gerufen?; *siehe auch* **Halt**

halt·bar adj /nicht steig./ ❶ *so, dass es lange Zeit zu gebrauchen ist:* haltbare Lebensmittel; eine Tasche aus haltbarem Material ❷ *so, dass es (gegen Widerstand) aufrechtzuerhalten ist:* Deine Behauptung ist so nicht haltbar.; Unser Platz an der Tabellenspitze ist nicht haltbar.; Unsere Stellungen waren gegen den feindlichen Ansturm nicht haltbar.

Halt·bar·keit die <-> /kein Plur./ *die Eigenschaft, lange gebrauchsfähig zu sein:* Der Stoff ist aufgrund seiner guten Haltbarkeit für Arbeitskleidung geeignet.; die Haltbarkeit der Milch durch Erhitzen erhöhen

Halt·bar·keits·da·tum das <-s, Haltbarkeitsdaten> *ein aufgedrucktes Datum, bis zu dem garantiert ist, dass man ein Lebensmittel oder Medikament verwenden kann:* Medikamente nach Ablauf des Haltbarkeitsdatums nicht mehr verwenden!

Halt·bar·ma·chung die <-> /kein Plur./ *der Vorgang, dass man ein Lebensmittel haltbar macht*

Hal·te- *als Erstglied zusammengesetzter Substantive; drückt aus,* ❶ *dass das mit dem Zweitglied Bezeichnete dazu dient, etwas miteinander zu verbinden, auf etwas zugreifen zu können, oder von jemand zur Stützung benutzt zu werden* ◆ -anker, -arbeit, -arm, -band, -bogen, -bügel, -feder, -glied, -gurt, -haken, -klammer, -klaue, -laschen, -leine, -magnet, -muskel, -muskulatur, -nase, -pinzette, -riemen, -tau, -tuch ❷ *dass das mit dem Zweitglied dazu dient, Eigenschaften einer Halterung bzw. des Anhaltens oder Festhaltens zu bezeichnen* ◆ -dauer, -druck, -energie, -kraft, -mechanismus, -modus, -moment, -motorik, -potential, -problem, -quote, -reflex, -temperatur, -tremor, ❸ *dass das mit dem Zweitglied Bezeichnete im Verkehrswesen im Zusammenhang mit einem Stop/Stopp steht* ◆ -bucht, -linie, -platz, -punkt, -tafel, -weg, -wunsch, -wunschtaste, -zone

Hal·te·griff der <-(e)s, -e> *siehe* **Halteschlaufe**

hal·ten <hältst, hielt, hat gehalten> I. mit OBJ ❶ ■ *jmd. hält etwas mit der Hand gefasst haben; nicht loslassen:* eine Schaufel in der Hand halten; Kannst du mal das Lenkrad halten? ❷ ■ *jmd. hält etwas irgendwo irgendwohin nehmen und dortlassen:* die Hand vor den Mund halten; ein Schild in die Höhe halten; den Kopf gesenkt halten ❸ ■ *jmd./etwas hält jmdn. vor dem Fallen bewahren:* Halt mich!; Ein Seil hält den Kletterer.; Die Hose wird von einem Gürtel gehalten.; Ihre Haare werden von einer Spange gehalten. ❹ ■ *jmd./etwas hält jmdn .(irgendwo) zurückhalten:* Wenn du gehen willst, kann ich dich nicht halten.; Was hält uns noch in dieser Stadt? ❺ ■ *jmd. hält etwas behalten; innehaben:* Er hielt den Rekord im Brustschwimmen.; Der Konzern hält die Aktienmehrheit. ❻ ■ *jmd. hält jmdn./etwas für jmdn./etwas erachten für:* Ich halte ihn nicht für einen Betrüger.; Er hält ihn/sich für einen großen Schauspieler.; Ich halte sie für klug. ❼ ■ *jmd. hält etwas durchführen; abhalten:* Audienz/Ausschau/Mittagsschlaf/Wache halten ❽ ■ *jmd. hält es mit jmdm./etwas sein Verhältnis zu jmdm. oder etwas irgendwie gestalten:* Wie willst du es mit deinen Eltern halten?; Das Zimmer war in einem dunklen Rot gehalten.; Wie hältst du es mit dem Alkohol? ❾ ■ *jmd. hält etwas einhalten:* ein Versprechen halten ❿ ■ *jmd. hält etwas nicht verändern:* das Tempo/den Ton halten ⓫ ■ *jmd. hält ein Tier ein Tier im eigenen Haushalt leben lassen:* (sich) einen Hamster/einen Hund/eine Katze/ einen Kanarienvogel/einen Wellensittich halten II. mit OBJ/ohne OBJ ❶ ■ *jmd. hält (einen Ball)* SPORT *als Tormann einen Ball nicht ins Tor lassen:* einen Ball/einen Schuss ins Tor halten; Der Torwart hat gehalten/hält gut. ❷ ■ *jmd./etwas hält etwas (etwas) nicht entweichen lassen:* Das Fass hält das Wasser.; Er kann den Urin/das Wasser nicht mehr halten.; Mal sehen, ob die Dichtung/das Fass jetzt hält.; Der Reifen/das Ventil hat nicht gehalten. III. ohne OBJ ■ *etwas hält* ❶ *Bestand haben; nicht kaputtgehen:* Mal sehen, ob der Knoten/das Papier/die Tüte hält.; Die Frisur hält.; Das schöne Wetter hat nicht gehalten. ❷ *(≈ stoppen) anhalten:* Der Bus hält an der Haltestelle.; Plötzlich hielt der Zug auf freier Strecke. IV. mit SICH ❶ ■ *etwas* *hält sich* nicht verderben: Die Nahrungsmittel/ die Blumen halten sich noch einige Zeit. ❷ ■ *jmd. hält sich* sich behaupten: Sie wird sich als Vorsitzende nicht halten können.; Er hält sich gut! ❸ ■ *jmd. hält sich an etwas* Dat. irgendwo festen Halt haben: Kannst du dich noch auf der Leiter halten?; Er konnte sich nicht mehr halten und fiel in die Tiefe. ❹ ■ *jmd. hält sich irgendwo* sich aufhalten: sich abseits/im Hintergrund halten ❺ ■ *jmd. hält sich irgendwie* eine bestimmte Haltung einnehmen: sich gerade halten; ■ **sich an jemanden halten** (umg.) sich an jmdn. wenden Sie können sich an den Abteilungsleiter halten.; ■ **sich an etwas halten** etwas befolgen Halten Sie sich an die Anweisungen!; ■ **an sich halten** müssen sich beherrschen müssen; ■ **auf etwas halten** Wert auf etwas legen; ■ **auf sich halten** auf sein Aussehen bzw. seinen Ruf achten; ■ **gehalten sein, etwas zu tun** etwas tun müssen Wir sind gehalten, alle zu informieren.

Hal·te·schild *das* <-(e)s, -er> ein Schild, das auf eine Haltestelle hinweist

Halte·schlau·fe *die* <-, -n> eine Art Schlinge, an der man sich (in Fahrzeugen) festhalten kann

Hal·te·stel·le *die* <-, -n> ein mit einem Hinweisschild, Sitzbänken usw. ausgestatteter Punkt, an dem ein öffentliches Verkehrsmittel regelmäßig hält: An der Haltestelle standen bereits um die fünfzig Leute.; Bitte beachten Sie, dass die Linie 10 die Haltestelle „Forsthaus" nicht mehr bedient.

Hal·te·ver·bot *das* <-(e)s, -e> ❶ ein Bereich der Straße, auf dem nicht gehalten werden darf: Sie stehen im Halteverbot! ❷ das Verbot, mit einem Fahrzeug zu halten: In diesem Bereich besteht absolutes Halteverbot.

-hal·tig als Zweitglied zusammengesetzter Adjektive; drückt aus, dass die mit dem Erstglied bezeichnete Substanz vorhanden ist ◆ alkohol-, eisen-, gold-, kupfer-, metall-, nikotin-, salz-, sauerstoff-, säure-, schlamm-, silber-, wasser-, zucker-

halt·los *adj* ❶ moralisch schwach: Der Alkohol hat ihn zu einem haltlosen Menschen gemacht. ❷ (↔ begründet, gerechtfertigt) unbegründet: völlig haltlose Vorwürfe gegen jemanden richten

Halt·lo·sig·keit *die* <-> /kein Plur./ ❶ moralische Schwäche: Seine Haltlosigkeit wurde für alle zum Problem. ❷ Unbegründetheit: Die Haltlosigkeit ihrer Behauptungen war ihr nicht bewusst.

Hal·tung *die* <-, -en> ❶ kurz für „Körperhaltung": eine aufrechte/gebeugte/gute/schlechte Haltung haben ❷ jmds. inneres Gleichgewicht: Sie versuchte verzweifelt, angesichts der schrecklichen Nachricht, Haltung zu bewahren. ❸ eine bestimmte Einstellung gegenüber einer Person oder Sache: eine ablehnende/zögerliche Haltung einnehmen; eine fortschrittliche Haltung haben ❹ /kein Plur./ das Halten (von Tieren): Die Haltung von Schlangen erfordert viel Erfahrung.

Ha·lun·ke *der* <-n, -n> ❶ (abwert.: ≈ Gauner) Der Halunke hat uns doch betrogen! ❷ (umg. scherzh.: ≈ Schlingel) Na, ihr kleinen Halunken!

Hä·ma·to·lo·gie *die* <-> /kein Plur./ MED. das Teilgebiet der Medizin, das sich mit dem Blut und seinen Erkrankungen befasst

Hä·ma·tom *das* <-s, -e> MED. (≈ Bluterguss)

Ham·burg <-s> Stadt im Norden Deutschlands

Ham·bur·ger[1] *der*, **Ham·bur·ge·rin** <-s, -> Einwohner Hamburgs

Ham·bur·ger[2] *der* ['hɛmbøːɐ̯gɐ] <-s, -> KOCH. ein Brötchen, das mit einer Frikadelle und Salat belegt ist; siehe auch **Cheeseburger**

Hä·me *die* <-> /kein Plur./ (geh. abwert.) Gehässigkeit: Etwas mit viel Häme in der Stimme sagen.; Du kannst dir deine Häme sparen!

hä·misch *adj* (abwert.) eine hämische Bemerkung machen; ein hämisches Lachen

Ham·mel *der* <-s, -> ❶ ZOOL. kastriertes männliches Schaf ◆-herde ❷ KOCH. (umg.) Fleisch vom Hammel[1]: Hammelsuppe mit Hammel ◆-braten, -fleisch, -kotelett ❸ (umg. abwert.) sturer Dummkopf: So ein alter Hammel!

Ham·mer *der* <-s, Hämmer> ❶ ein Werkzeug zum Schlagen und Klopfen, das aus einem hölzernen Stiel und einem schweren Stück Metall an einem Ende besteht: mit dem Hammer Nägel in die Wand schlagen ❷ (umg.) etwas unglaublich Schlechtes oder Gutes: Du hast dir ja gestern einen Hammer geleistet!; Das ist ja wohl ein Hammer, was du da behauptest!; Das Konzert gestern war wirklich der Hammer! ❸ SPORT ein Wurfgerät, das man möglichst weit zu werfen versucht; ■ **einen Hammer haben** (umg.) nicht ganz normal sein Du hast wohl 'nen Hammer?; ■ **unter den Hammer kommen** (umg.) versteigert werden

häm·mern <hämmerst, hämmerte, hat gehämmert> I. mit OBJ ❶ ■ *jmd. hämmert etwas* mit dem Hammer bearbeiten: Kupfer/ein Muster in eine Schale hämmern; gehämmertes Metall ❷ ■ *jmd. hämmert jmdm. etwas irgendwohin* (übertr.) einprägen: jemandem etwas ins Gedächtnis hämmern II. ohne OBJ ❶ ■ *jmd. hämmert (an etwas* Akk.) mit etwas klopfen oder schlagen: mit dem Stock an die Wand hämmern; mit den Fäusten an die Tür hämmern; mit den Fingern auf die Tasten hämmern; Der Specht hämmert den ganzen Tag. ❷ ■ *etwas hämmert* ein heftig klopfendes Geräusch verursachen: sein Herz hämmerte; ein hämmernder Rhythmus/Takt

Ham·mer·wer·fen *das* <-s> /kein Plur./ SPORT eine Sportart, bei der man versucht, einen Hammer[3] möglichst weit zu werfen

Hä·mo·glo·bin *das* <-s> /kein Plur./ MED. roter Blutfarbstoff

Hä·mor·rho·i·de, a. **Hä·mor·ri·de** *die* <-, -n> /meist Plur./ MED. zum Bluten neigender Venenknoten des Mastdarmes

Ham·pel·mann *der* <-(e)s, Hampelmänner> ❶ eine Spielzeugpuppe, die mit Armen und Beinen wackelt, wenn man an einer Schnur zieht: An der Wand hing ein bunter Hampelmann. ❷ (umg. abwert.) eine willensschwache, nicht ernst zu nehmende Person, die immer nur tut, was andere ihr sagen: sich von jemandem zum Hampelmann machen lassen

ham·peln <hampelst, hampelte, hat/ist gehampelt> ohne OBJ ■ *jmd. hampelt* (umg.: ≈ zappeln) sehr unruhig und dauernd in Bewegung

H

H

sein: Hör endlich auf zu hampeln!; Der Clown ist über die Bühne gehampelt.

Hams·ter *der* <-s, -> ZOOL. *ein Nagetier, das oft als Haustier gehalten wird* ◆ Gold-

hams·tern <hamsterst, hamsterte, hat gehamstert> *mit OBJ/ohne OBJ* ■ *jmd. hamstert etwas (umg. abwert.) mehr kaufen oder nehmen, als man braucht, weil man einen Vorrat anlegen will:* Die Bevölkerung hatte Mehl und Brot gehamstert.; Als bekannt wurde, dass die Preise steigen würden, wurde gehamstert. ▶ Hamsterkäufe

Hand *die* <-, Hände> ❶ *einer der beiden Körperteile des Menschen, die sich am Ende der Arme befinden, mit denen man greift und Dinge hält:* etwas in der Hand halten; jemandem die Hand geben; eiskalte/feuchte/warme Hände haben; die Hände mit einer Handcreme pflegen ❷ *(geh. übertr.) eine Person, die etwas tut:* helfende Hände waren zur Stelle; Wir brauchen jede Hand zur Vorbereitung des Festes.; Er ist die rechte Hand seiner Chefin. ❸ */in bestimmten Wendungen/ Besitzer:* die öffentliche Hand; ein Unternehmen in privater Hand; etwas aus zweiter Hand kaufen ❹ *Seite:* zur linken Hand sitzen; Rechter Hand sehen Sie das Opernhaus. ❺ *Mengen- oder Größenmaß:* eine Handvoll/Hand voll Reis; eine Handbreit/Hand breit offen stehen ❻ ■ **(bei etwas) mit Hand anlegen** *(umg.) helfen;* ■ **auf der Hand liegen** *(umg.) offensichtlich sein;* ■ **etwas unter der Hand kaufen** *(umg.) etwas auf nicht rechtmäßigem Weg kaufen;* ■ **mit leeren Händen dastehen** *(umg.) ohne etwas zu besitzen (oder mitgebracht zu haben) dastehen;* ■ **jemandem freie Hand lassen** *(umg.) jmdn. nach seinem Belieben entscheiden lassen;* ■ **bei etwas die Hand im Spiel haben** *(umg.) an etwas beteiligt sein;* ■ **etwas in die Hand nehmen** *(umg.) sich um etwas kümmern;* ■ **alle Hände voll zu tun haben** *(umg.) sehr beschäftigt sein;* ■ **Eine Hand wäscht die andere.** *(umg.) wer mir hilft, dem helfe ich auch;* ■ **seine Hände in Unschuld waschen** *(umg.) für etwas nicht die Verantwortung übernehmen wollen;* ■ **die Hände über dem Kopf zusammenschlagen** *(umg.) über etwas entsetzt sein;* ■ **von der Hand in den Mund leben** *(umg.) alles Geld für den täglichen Bedarf ausgeben müssen;* ■ **in festen Händen sein** *(umg.) einen festen Lebenspartner haben;* ■ **etwas aus erster Hand wissen** *(umg.) etwas direkt vom Urheber erfahren;* ■ **etwas von langer Hand vorbereiten** *(umg.) etwas sehr gründlich vorbereiten;* ■ **Hand und Fuß haben** *(umg.) gründlich vorbereitet oder durchdacht sein;* ■ **sich mit Händen und Füßen gegen etwas wehren** *(umg.) sich mit aller Entschlossenheit gegen etwas wehren;* ■ **von Hand** *(geh.) mit der Hand* Die Arbeit wird hier noch von Hand gemacht.; ■ **zu Händen von ...** *(bei Briefen) an ... persönlich* Das habe ich unter der Hand gekauft.; zu Händen von Herrn Müller

Hand·än·de·rung *die* <-, -en> RECHTSW. SCHWEIZ. *der Übergang von Eigentum (besonders von Grundbesitz oder Wertpapieren) von einer Person auf eine andere*

Hand·ar·beit *die* <-, -en> ❶ */kein Plur./ Arbeit, die mit der Hand und nicht mit Maschinen ausgeführt wird:* in Handarbeit hergestellt werden; Das ist alles reine Handarbeit.; Das erfordert viel Handarbeit.; Eine Manufaktur ist eine Fabrik, in der Produkte weitgehend in Handarbeit hergestellt werden. ❷ *ein mit der Hand gearbeitetes Stück:* Das Möbelstück ist eine wertvolle alte Handarbeit. ❸ *Sammelbegriff für verschiedene Formen der Herstellung von Kleidung und Textilien in Handarbeit[1] wie z. B. Stricken, Häkeln usw.:* Großmutter saß über einer Handarbeit.

Hand·ball *der* <-(e)s, Handbälle> ❶ */kein Plur./ eine Ballsportart für zwei Mannschaften, bei der die Spieler den Ball mit den Händen werfen und versuchen, ihn ins gegnerische Tor zu spielen* ▶ Handballspieler, Handballspielerin ❷ *der Ball, mit dem man Handball[1] spielt*

Hand·be·we·gung *die* <-, -en> *eine mit der Hand ausgeführte Bewegung oder Geste:* etwas mit einer Handbewegung abtun

Hand·bi·b·lio·thek *die* <-, -en> */Plur. selten/ eine größere Zahl frei zugänglicher Bücher, die im Lesesaal einer Bibliothek genutzt werden können:* Dieses Buch müssen Sie nicht bestellen, es steht in der Handbibliothek.

Hand·brem·se *die* <-, -n> KFZ *die Bremse in einem Fahrzeug, die nicht mit den Füßen, sondern mit der Hand betätigt wird:* die Handbremse anziehen/lösen

Hand·buch *das* <-(e)s, Handbücher> *ein kompaktes Nachschlagewerk zu einem bestimmten Fachgebiet:* ein Handbuch der Botanik ◆ -artikel

Händ·chen *das* <-s, -> *eine kleine Hand:* die kleinen Händchen des Kindes; ■ **mit jemandem Händchen halten** *(umg.) sich zärtlich an den Händen fassen, weil man verliebt ist;* ■ **ein Händchen für etwas haben** *(umg.) bei etwas sehr geschickt sein* Sie hat ein Händchen für Blumen. ◆ Getrenntschreibung →R 4.16 Händchen haltend auf einer Parkbank sitzen

Hän·de·druck *der* <-(e)s, Händedrücke> *das Drücken der Hand einer Person als Geste der Begrüßung oder des Abschieds:* einen festen/kräftigen Händedruck haben; jemanden mit Händedruck begrüßen

Han·del *der* <-s> */kein Plur./* ❶ *das Kaufen und Verkaufen von Waren:* der Handel mit Lebensmitteln/Rohstoffen; Handel treibend; den Handel beleben ◆ -sabkommen, -sbeziehungen, -sbilanz, -sflotte, -sgesetz, -skammer, -skette, -sministerium, -smonopol, -spartner(in), -sschiff, -sunternehmen, -svolumen, -sware ❷ *eine geschäftliche Abmachung in Bezug auf den Handel[1]:* einen Handel abschließen; Das ist ein guter/schlechter Handel. ❸ *die Gesamtheit der Unternehmen, die Waren kaufen und verkaufen:* Der Handel in der Kleinstadt hat sich gut entwickelt.; Der Handel befürwortet eine Erweiterung der Ladenöffnungszeiten. ◆ -sgesetz, -sunternehmen, Einzel-, Groß-, Zwischen- ◆ Getrenntschreibung →R 4.9 die Handel treibenden Bewohner der Küstenstädte

Hän·del *der* <-s, -> *(veralt. geh.) Streit:* ständig Händel mit den Nachbarn suchen

Hand·elf·me·ter *der* <-s, -> SPORT *(Fußball) wegen Handspiels gegebener Elfmeter*

Han·deln *das* <-s> /*kein Plur.*/ ❶ *(≈ Feilschen) als Käufer gegenüber dem Verkäufer einen immer niedrigeren Preis bieten und als Verkäufer versuchen, den Preis zu erhöhen, bis Käufer und Verkäufer sich auf einen für beide akzeptablen Preis geeinigt haben:* durch Handeln einen besseren Preis herausschlagen ❷ *das Tätigwerden:* Jetzt ist unser Handeln gefragt! ❸ *jmds. Verhalten:* Ich kann euer Handeln nicht gutheißen.

han·deln <handelst, handelte, hat gehandelt> **I.** *mit OBJ* ▪ *jmd.* **handelt etwas** /*meist im Passiv*/ *kaufen und verkaufen:* Aktien werden an der Börse gehandelt.; Schweinefleisch wird gegenwärtig zu günstigen Preisen gehandelt. **II.** *ohne OBJ* ❶ ▪ *jmd.* **handelt mit etwas** *Dat. kaufen und verkaufen:* mit Aktien/Gebrauchtwagen handeln ❷ ▪ *jmd.* **handelt mit jmdm.** *verhandeln:* mit jemandem um etwas handeln; Ich habe mit dem Verkäufer gehandelt, um einen günstigeren Preis zu erzielen. ❸ ▪ *jmd.* **handelt (irgendwie)** *etwas tun:* Wir müssen endlich handeln!; in Notwehr handeln; Ich finde, ihr habt richtig/verantwortungsvoll gehandelt. ❹ ▪ **etwas handelt von etwas** *Dat. etwas zum Gegenstand haben:* Das Buch handelt vom Dreißigjährigen Krieg. **III.** *mit SICH/mit ES* ❶ ▪ **es handelt sich um etwas** *Akk. um etwas gehen:* Worum handelt es sich denn?; Es handelt sich darum, dass wir möglichst gut vorbereitet sein müssen. ❷ ▪ **bei jmdm. handelt es sich um jmdn.** *jmd. ist jmd.:* Bei ihm handelt es sich um einen bekannten Fachmann.; Bei der Anruferin handelte es sich um meine Schwester.

Han·dels·aka·de·mie *die* <-, -n> ÖSTERR. *eine höhere Handelsschule*

han·dels·ei·nig *adj* /*nicht steig.*/ *einig über ein gemeinsames Geschäft:* Nach längeren Verhandlungen wurden die Geschäftspartner sich endlich handelseinig.; So, jetzt sind wir wohl handelseinig!

Han·dels·em·bar·go *das* <-s, -s> RECHTSW. *ein staatliches Verbot, mit einem anderen Staat Handel zu treiben*

Han·dels·ge·richt *das* <-s, -e> RECHTSW. *ein Gericht, das für die Verhandlung handelsrechtlicher Streitigkeiten zuständig ist*

Han·dels·ge·sell·schaft *die* <-, -en> WIRTSCH., RECHTSW. *ein Unternehmen, das auf das Betreiben von Handelsgeschäften gerichtet ist*

Han·dels·haus *das* <-es, Handelshäuser> *(veralt.) ein größeres Handelsunternehmen:* ein altes, traditionsreiches Handelshaus

Han·dels·kam·mer *die* <-, -n> AMTSSPR. *die öffentliche Vertretung der Handelsunternehmen einer Region*

Han·dels·ket·te *die* <-, -n> *ein großes Handelsunternehmen, das mehrere Märkte an verschiedenen Orten betreibt*

Han·dels·mar·ke *die* <-, -n> RECHTSW. *der rechtlich geschützte Name einer Ware*

Han·dels·na·me *der* <-ns, -n> *der Name, unter dem etwas, besonders ein Medikament, verkauft wird*

Han·dels·platz *der* <-es, -plätze> *ein Ort, an dem Handel getrieben wird*

Han·dels·po·li·tik *die* <-> /*kein Plur.*/ *der Teilbereich der Politik, der sich mit dem Handel beschäftigt* ♦ handelspolitisch

Han·dels·recht *das* <-s, -e> RECHTSW. *die Gesamtheit der Rechtsvorschriften im Zusammenhang mit dem Handel* ▸ handelsrechtlich

Han·dels·re·gis·ter *das* <-s, -> RECHTSW. *ein vom Amtsgericht geführtes Verzeichnis aller Gewerbebetriebe:* eine Firma ins Handelsregister eintragen lassen

Han·dels·rei·sen·de *der/die* <-n, -n> *(veralt.: ≈ Vertreter(in))*

Han·dels·schie·ne *die* <-, -n> *(≈ Vertriebsweg)*

Han·dels·schu·le *die* <-, -n> *eine Fachschule, die in kaufmännischen Berufen ausbildet*

Han·dels·sper·re *die* <-, -n> *(≈ Embargo)*

Han·dels·spra·che *die* <-, -n> *die Sprache, in der der Handel zwischen zwei Ländern abgewickelt wird*

Han·dels·stadt *die* <-, ...-städte> *eine für den Handel wichtige Stadt*

han·dels·üb·lich *adj* /*nicht steig.*/ *so, wie es im Handel üblich ist:* Eier in handelsüblicher Verpackung

Han·dels·ver·tre·ter *der*, **Han·dels·ver·tre·te·rin** <-s, -> *jmd., der beruflich für ein oder mehrere Unternehmen Geschäfte vermittelt*

hän·de·rin·gend *adv sehr dringend:* händeringend ausgebildete Fachleute suchen

Hand·fe·ger *der* <-s, -> *eine Art kleiner Besen, mit dem man kleinere Verschmutzungen beseitigt*

Hand·fer·tig·keit *die* <-, -en> *(≈ Geschicklichkeit)*

hand·fest *adj* /*nicht steig.*/ ❶ *kräftig; robust:* Einen handfesten Kerl wie dich können wir beim Umzug gut gebrauchen. ❷ *deftig und nahrhaft:* ein handfestes Essen; Ich muss erst einmal etwas Handfestes zu mir nehmen. ❸ *ernst zu nehmen:* eine handfeste Drohung; ein handfester Streit

Hand·feu·er·waf·fe *die* <-, -n> *eine Waffe, die von einer Person getragen und mit der Hand betätigt werden kann*

Hand·flä·che *die* <-, -n> *(↔ Handrücken) die Innenseite der Hand*

Hand·funk·ge·rät *das* <-(e)s, -e> *ein kleines tragbares Funkgerät*

hand·ge·ar·bei·tet *adj* /*nicht steig.*/ *so, dass es in Handarbeit* [1] *hergestellt ist:* ein handgearbeitetes Kostüm

hand·ge·fer·tigt *adj* /*nicht steig.*/ *(≈ handgearbeitet)*

hand·ge·knüpft *adj* /*nicht steig.*/ *so, dass ein Teppich in Handarbeit* [1] *hergestellt ist*

Hand·ge·lenk *das* <-(e)s, -e> *das Gelenk, das Hand und Unterarm verbindet*

Hand·ge·men·ge *das* <-s, -> /*Plur. selten*/ *eine Streitigkeit, bei der es zu einer Schlägerei kommt:* In der Kneipe kam es zu einem Handgemenge zwischen mehreren angetrunkenen Gästen.

Hand·ge·päck *das* <-s> /*kein Plur.*/ *ein kleineres Gepäckstück, das man während der Reise bei sich* trägt und nicht von einem Transportdienst befördern lässt

hand·ge·schrie·ben *adj /nicht steig./ von Hand geschrieben:* ein handgeschriebener Brief

hand·ge·strickt *adj /nicht steig./ mit der Hand (und nicht von einer Maschine) gestrickt:* ein handgestrickter Pullover

Hand·gra·na·te *die* <-, -n> *eine Granate, die mit der Hand ins Ziel geschleudert wird*

hand·greif·lich *adj /nicht steig./* ❶ *gewalttätig:* (gegen jemanden) handgreiflich werden; eine handgreifliche Auseinandersetzung ❷ *deutlich sichtbar oder einsehbar:* ein handgreiflicher Beweis; jemandem etwas handgreiflich vor Augen führen

Hand·griff *der* <-(e)s, -e> ❶ */meist Plur./ etwas, das man ohne viel Mühe machen kann:* Das sind doch nur ein paar Handgriffe!; Das ist mit wenigen Handgriffen zusammengebaut. ❷ *ein Griff an Gegenständen zum Halten, Öffnen oder Tragen:* eine Heckenschere mit zwei Handgriffen

Hand·ha·be *die* <-, -n> *eine (rechtliche) Möglichkeit, etwas zu tun:* Wir haben keine Handhabe, hier einzuschreiten, da die Frage nie vertraglich geregelt wurde.

hand·ha·ben *mit OBJ* ■ *jmd.* **handhabt etwas (irgendwie)** ❶ *(richtig) benutzen:* Weißt du, wie man dieses Gerät handhabt?; Der Staubsauger lässt sich schlecht handhaben. ❷ *in bestimmter Weise anwenden:* Diese Regelung wird bei uns anders gehandhabt als bei euch.; Man war sich nicht sicher, wie man den Fall handhaben sollte.

Hand·ha·bung *die* <-> */kein Plur./* ❶ *die Bedienung von etwas:* jemandem die Handhabung eines Gerätes erklären ❷ *Anwendung:* die unterschiedliche Handhabung einer Regelung

Hand·held *der* ['hɛnthɛld] <-s, -s> EDV *ein sehr kleiner Computer, den man in der Hand halten kann und der z. B. als Notizbuch dient*

-hän·dig *als Zweitglied zusammengesetzter Adjektive; drückt aus, dass etwas unter Einsatz der mit dem Erstglied bezeichneten Anzahl bzw. Seitigkeit von Händen ausgeführt wird* ◆ beid-, ein-, links-, rechts-, vier-, zwei-

Han·di·kap, *a.* **Han·di·cap** *das* ['hɛndikɛp] <-s, -s> ❶ SPORT *eine Punktvorgabe für die leistungsschwächeren Teilnehmer als Ausgleich gegenüber den Stärkeren:* ein Handikap festsetzen ❷ *ein Nachteil oder eine Behinderung:* Das Fehlen gut ausgebildeter Fachleute ist ein Handikap für die Wirtschaft.; Seine Beinverletzung ist natürlich ein Handikap für ihn.

hän·disch *adj /nicht steig./ (umg.)* ÖSTERR., SCHWEIZ. *mit der Hand; manuell:* eine Arbeit händisch tun

Hand·kar·re *die* <-, -n> *eine kleine Karre, die man mit der Hand schiebt oder zieht*

hand·ko·lo·riert *adj /nicht steig./ so, dass etwas in Handarbeit farbig ausgemalt ist:* ein handkolorierter Stich

Hand·kur·bel *die* <-, -n> *eine mit der Hand zu bedienende Kurbel*

Hand·kuss *der* <-es, Handküsse> *der Vorgang, dass ein Mann als Begrüßung die Hand einer Frau*

in Form einer bestimmten eleganten Geste küsst bzw. einen Kuss andeutet: eine Dame mit Handkuss begrüßen; ■ **etwas mit Handkuss tun** *(umg.) etwas mit Freuden oder sehr gern tun*

Hand·lan·ger *der,* **Hand·lan·ge·rin** <-s, -> ❶ *jmd., der als ungelernter Arbeiter Hilfsarbeiten verrichtet:* Er hat einen Job als Handlanger beim Bau gefunden. ❷ *(abwert.) eine Person, die bereitwillig verwerfliche Dinge unterstützt:* sich zum Handlanger der Mafia machen; die Handlanger eines verbrecherischen Regimes

Händ·ler *der,* **Händ·le·rin** <-s, -> *jmd., der beruflich ein Handelsgeschäft betreibt:* etwas beim Händler an der Ecke kaufen; Beschädigte Waren werden vom Händler zurückgenommen.

hand·lich *adj so kompakt oder so gestaltet, dass es gut zu benutzen ist:* eine handliche, leichte Kamera; Das neue Format dieser Zeitschrift ist nicht gerade sehr handlich!

Hand·ling *das* ['hændlɪŋ] <-s> *(≈ Handhabung)* Bei dem neuen Auto lässt das Handling zu wünschen übrig.

Hand·lung *die* <-, -en> ❶ *eine bestimmte Tat/ein Tun bzw. eine Aktivität:* eine unbedachte Handlung; Du bist für deine Handlungen selbst verantwortlich. ❷ FILM, LIT., THEAT. *das in einem Werk dargestellte Geschehen:* ein Film/Buch/Theaterstück mit einer spannenden Handlung; Die Handlung des Romans ist fesselnd/spannend/nimmt einen überraschenden Verlauf.

Hand·lungs·be·voll·mäch·tig·te *der/die* <-n, -n> WIRTSCH., RECHTSW. *eine Person, die für ein Unternehmen rechtsverbindliche Verträge abschließen darf*

hand·lungs·fä·hig *adj /nicht steig./ in der Lage, eigenverantwortlich zu handeln:* Die Regierung war nicht mehr handlungsfähig; Er war geistig verwirrt und nur noch eingeschränkt handlungsfähig. ◆ Handlungsfähigkeit

Hand·lungs·frei·heit *die* <-> */kein Plur./ die Erlaubnis, eigenverantwortlich zu handeln:* jemandes Handlungsfreiheit durch bestimmte Vorgaben einschränken

Hand·lungs·wei·se *die* <-, -n> *die Art und Weise des Handelns:* Ich kann eure Handlungsweise nicht gutheißen/nachvollziehen/verstehen.

Hand·mehr *das* <-s> */kein Plur./* SCHWEIZ. *eine Mehrheit, die durch einfaches Handheben angezeigt wird:* etwas durch freies/offenes Handmehr beschließen

Hand·müh·le *die* <-, -n> *mit der Hand zu bedienende Mühle*

Hand·or·gel *die* <-, -n> SCHWEIZ. ❶ *Drehorgel* ❷ *Ziehharmonika*

Hand·out, *a.* **Hand·out** *das* ['hɛnd|aʊt] <-s, -s> *Informationsmaterial, das an die Teilnehmer einer Versammlung oder eines Seminars verteilt wird:* Das Wichtigste habe ich für Sie in einem Handout zusammengefasst.; das Handout erst nach dem Vortrag verteilen

Hand·pup·pe *die* <-, -n> *eine Puppe, in die man eine Hand stecken kann*

Hand·rü·cken *der* <-s, -> *(↔ Handteller) die Außenfläche der Hand:* Jeder Besucher des Jazzkonzerts bekam am Einlass einen Stempel auf den Handrücken.

Hạnd·satz *der* <-es> */kein Plur./* DRUCKW. *von Hand durchgeführter Satz beim Drucken*

Hạnd·scan·ner *der* <-s, -> EDV *ein Beleglesegerät, das mit der Hand über den Beleg geführt wird:* Die Kassen des Supermarktes sind mit Handscannern ausgestattet.

Hạnd·schel·le *die* <-, -n> */meist Plur./ ein Fessel für die Handgelenke, die Polizisten benutzen, wenn sie jmdn. festnehmen:* Der Angeklagte wurde in Handschellen vorgeführt.

Hạnd·schlag *der* <-(e)s, Handschläge> */Plur. selten/ (≈ Händedruck)* jemanden mit Handschlag begrüßen; ein Geschäft mit Handschlag besiegeln; ▪ **keinen Handschlag tun** *(umg. abwert.)* sehr faul sein

Hạnd·schrift *die* <-, -en> ❶ *persönlicher Schriftzug:* eine leserliche/unleserliche Handschrift haben ❷ *das wiedererkennbares (persönliches) Gepräge von jmdm. oder etwas:* Das Bild/die Inszenierung trägt die Handschrift des Künstlers.; Das Verbrechen trägt die Handschrift der Mafia. ❸ *ein handgeschriebener alter Text:* alte Handschriften aus dem 13. Jahrhundert entdecken

hạnd·schrift·lich *adj /nicht steig./ von Hand geschrieben:* eine handschriftliche Notiz; einen Lebenslauf handschriftlich anfertigen

Hạnd·schuh *der* <-s, -e> *eine Art Hülle aus Stoff oder Leder, die die Hand schützt oder wärmt* ◆ Faust-, Finger-, Leder-, Schutz-

Hạnd·schuh·fach *das* <-(e)s, Handschuhfächer> *ein kleines Aufbewahrungsfach im Armaturenbrett eines Autos:* Die Papiere sind im Handschuhfach.

Hạnd·spie·gel *der* <-s, -> *(↔ Wandspiegel) ein kleiner Spiegel, den man in der Hand halten kann*

Hạnd·stand *der* <-s, Handstände> SPORT *eine Gymnastikübung, bei der man auf den Händen steht:* einen Handstand machen

Hạnd·ta·sche *die* <-, -n> *eine (kleinere) Tasche, in der Frauen Utensilien wie Geldbörse, Lippenstift usw. mit sich tragen* ◆ -nraub

Hạnd·tel·ler *der* <-s, -> *(↔ Handrücken) die Innenfläche der Hand*

Hạnd·tuch *das* <-(e)s, Handtücher> *ein größeres Tuch aus saugfähigem Stoff, mit dem man sich abtrocknet:* sich mit einem Handtuch abtrocknen; frische Handtücher ins Badezimmer legen; ▪ **das Handtuch werfen** *(umg.)* aufgeben

Hạnd·tuch·hal·ter *der* <-s, -> *eine waagerecht angebrachte Stange, über die man Handtücher legen kann*

Hạnd·um·dre·hen ▪ **im Handumdrehen** *mühelos und schnell* Im Handumdrehen war alles fertig.

Hạnd·werk *das* <-(e)s, -e> ❶ *eine als Beruf ausgeübte Arbeit, die vorwiegend mit der Hand und ohne große industrielle Anlagen ausgeübt wird:* das Handwerk des Schneiders/Schusters/Tischlers ◆ -sberuf, -smeister(in) ❷ *die Gesamtheit der Handwerksbetriebe* ❸ ▪ **jemandem das Handwerk legen** *(umg.)* einen Übeltäter am Weitermachen hindern; ▪ **sein Handwerk verstehen** *(umg.)* auf seinem Gebiet sehr gut sein; ▪ **Hand-**

werk hat goldenen Boden *(Sprichwort)* an Handwerk besteht immer Bedarf und damit immer auch eine Gewinnmöglichkeit

Hạnd·wer·ker *der;* **Hạnd·wer·ke·rin** <-s, -> *eine Person, die einen Handwerksberuf ausübt*

Hạnd·werks·zeug *das* <-s> */kein Plur./* ❶ *(≈ Werkzeug)* eine Tasche mit dem wichtigsten Handwerkszeug ❷ *(umg. übertr.) das notwendige Wissen für etwas:* Auf der Universität hat sie das wichtigste Handwerkszeug für das Lernen und Forschen bekommen.

Hạnd·wör·ter·buch *das* <-(e)s, -bücher> *ein handliches (einbändiges) Wörterbuch*

Han·dy *das* ['hændɪ] <-s, -s> TELEKOMM. *(≈ Mobiletelefon) ein schnurloses Funktelefon:* das Handy aufladen; neue Klingeltöne für das Handy aus dem Internet herunterladen; jemanden auf dem Handy anrufen ◆ -fach, -mast, -nummer, -tasche, -vertrag

Hạnd·zei·chen *das* <-s, -> *ein Zeichen, das man mit der Hand gibt:* jemanden mit einem Handzeichen auf sich aufmerksam machen; mit Handzeichen abstimmen

Hạnd·zet·tel *der* <-s, -> *ein kleiner Zettel, auf dem ein kurzer Text steht, der auf etwas hinweist:* in der Fußgängerzone Handzettel verteilen; mit Handzetteln über eine Veranstaltung informieren

ha·ne·bü·chen *adj /nicht steig./ (veralt. geh. abwert.) so schlecht oder unverschämt, dass man es kaum glauben kann:* eine hanebüchene Lügengeschichte; Die Prüfungsergebnisse waren ja hanebüchen!

Hạnf *der* <-(e)s> */kein Plur./* ❶ *eine Pflanze, aus der Fasern und Marihuana hergestellt werden können:* Hanf anbauen/verarbeiten ◆ -pflanze ❷ *aus der Hanfpflanze hergestellte Fasern oder Stoffe:* ein Seil aus Hanf ◆ -seil

Hạnf·seil *das* <-(e)s, -e> *Seil aus Hanf²*

Hang *der* <-(e)s, Hänge> ❶ *(≈ Abhang) eine Stelle, an der der Erdboden leicht abfällt:* das Haus an einen Hang bauen; ein grüner/sanfter/steiler Hang ❷ *eine Neigung oder Vorliebe für etwas:* einen Hang zur Übertreibung haben; Sie hatte schon immer einen Hang zur Schauspielerei.

Hạn·gar *der* <-s, -s> LUFTF. *eine Halle, in der Flugzeuge abgestellt werden*

Hän·ge·bauch *der* <-(e)s, Hängebäuche> *herabhängender (dicker) Bauch* ◆ -schwein

Hän·ge·brü·cke *die* <-, -n> *eine Brücke, die durch Ketten oder Seile befestigt ist*

Hän·ge·brüs·te *die* <-> *Plur. herabhängende weibliche Brüste*

Hän·ge·lam·pe *die* <-, -n> *eine Lampe, die von der Decke herabhängt*

Hän·ge·mat·te *die* <-, -n> *ein größeres Stück Stoff oder ein Netz, das man an zwei Seiten aufhängt, um sich hineinzulegen:* eine Hängematte zwischen zwei Bäumen aufhängen; in der Hängematte schlafen

hän·gen¹ <hängst, hängte, hat gehängt> **I.** *mit OBJ* ❶ ▪ **jmd. hängt etwas an etwas** *Akk. (≈ aufhängen) etwas an in (meist) einem Punkt oder an einer Stelle an etwas so befestigen, dass es nach unten weist:* Wir haben das Bild an die Wand gehängt.; Ich habe die Wäsche auf die Leine ge-

H

hängt. **②** ■ *jmd. hängt etwas an etwas* Akk. *irgendwo befestigen:* die Uhr an die Kette hängen; Er hat den Anhänger an das Auto gehängt. **❸** ■ *jmd. hängt etwas aus etwas* Dat. *irgendwo hinaushalten:* Sie hat ihren Kopf zu weit aus dem Fenster gehängt. **④** ■ *jmd. hängt jmdn.* durch *Aufhängen hinrichten:* Der zum Tode Verurteilte soll gehängt werden. **II.** *mit SICH* **①** ■ *jmd. hängt sich an jmdn.* jmdm. *folgen:* Sie hängte sich an die Gruppe. **②** ■ *jmd. hängt sich an etwas* Akk. *sich irgendwo festhalten:* Er hängte sich (mit den Händen) an einen Ast.; ■ **sich ans Telefon hängen** *(umg.) (für längere Zeit) telefonieren* ◆ Konjugation im Imperfekt und Perfekt beachten Die Mutter hängte die Wäsche auf die Leine.; Die Mutter hat die Wäsche auf die Leine gehängt.; *siehe aber auch* **hängen²**

hän·gen² <hängst, hing, hat/ist gegangen> *mit OBJ* **①** ■ *jmd./etwas hängt an etwas* Dat. *irgendwo aufgehängt sein:* Das Bild hing an der Wand.; Die Decke hat/ist auf der Leine gehangen.; Der Verbrecher hat/ist am Galgen gehangen.; die Kleidung im Schrank hängend aufbewahren **②** ■ *etwas hängt an etwas* Dat. *irgendwo befestigt sein:* Der Hund hing an der Leine.; An der Lok haben/sind nur drei Wagen gehangen. **❸** ■ *etwas hängt an etwas* Dat. *irgendwie hinunterhängen:* Ihre Arme hingen leblos am Körper.; Die vollen Zweige des Apfelbaumes hingen am/zu Boden. **④** ■ *etwas hängt in etwas* Dat. *festkleben/nicht weggehen:* Der Gestank/der Rauch hängt in den Kleidern.; Zäher Nebel hängt im Tal. **❺** ■ *jmd. hängt an jmdm./etwas* Dat. *eine starke emotionale Bindung zu jmdm. oder etwas haben und sich nicht trennen wollen:* Sie hat/ist schon immer sehr an ihrer Mutter gehangen.; Er hängt an seiner Heimatstadt. **❻** ■ *etwas hängt (umg.) blockieren:* Der Mechanismus hängt, irgendwo ist etwas kaputt.; Ihr seid ja immer noch nicht fertig. Woran hängt es denn noch? **❼** ■ *jmd. hängt irgendwo (umg. abwert.) irgendwo herumlungern:* stundenlang vor dem Fernseher hängen; Sie haben/sind wieder den ganzen Abend in der Kneipe gehangen. **❽** ■ *etwas hängt voll mit etwas* Dat. *mit etwas behängt sein:* Die Leine hängt voller Wäsche.; Im Herbst hat der Baum voller Äpfel gehangen.; ■ **an jemandes Lippen hängen** *(geh.)* jmdm. *gespannt lauschen;* ■ **an der Strippe/am Telefon hängen** *(umg.) (längere Zeit) telefonieren* Sie hat/ist immer stundenlang an der Strippe gehangen. ◆ Konjugation im Imperfekt und Perfekt beachten Die Wäsche hing auf der Leine.; Die Wäsche hat/ist auf der Leine gehangen.; *siehe aber auch* **hängen¹**

hän·gen·blei·ben, *a.* **hän·gen blei·ben** <bleibst hängen, blieb hängen, ist hängengeblieben> *ohne OBJ* **①** ■ *jmd. bleibt hängen* SCHULE *(umg. abwert.) eine Klasse wiederholen müssen:* Ich bin damals in der achten Klasse hängengeblieben. **②** ■ *etwas bleibt hängen* etwas *bleibt im Gedächtnis* ◆ Zusammenschreibung →R 4.5, 4.6 Bei mir ist vom Unterricht fast nichts hängengeblieben.

hän·gen·las·sen, *a.* **hän·gen las·sen** <lässt hängen, ließ hängen, hat hängen(ge)lassen> **I.** *mit OBJ* ■ *jmd. lässt jmdn. hängen im Stich lassen:* Du kannst mich in so einer Situation doch nicht hängenlassen! **II.** *mit SICH* ■ *jmd. lässt sich hängen sich vernachlässigen, sich undiszipliniert verhalten* ◆ Zusammenschreibung →R 4.5, 4.6

hän·gig *adj* / nicht steig. / SCHWEIZ. *noch nicht entschieden, unerledigt*

Han·sa *die siehe* **Hanse**

Hans·dampf ■ *ein Hansdampf in allen Gassen (umg. abwert.) eine Person, die sich überall ein bisschen, aber nirgendwo richtig auskennt*

Han·se, *a.* **Han·sa** *die* <-> / kein Plur. / GESCH. *(im Mittelalter) ein Bund norddeutscher Handelsstädte* ◆ -stadt

hän·seln <hänselst, hänselte, hat gehänselt> *mit OBJ* ■ *jmd. hänselt jmdn. (wegen etwas* Gen.*) verspotten:* Er wurde wegen seines Sprachfehlers immer wieder von seinen Mitschülern gehänselt.

Hans·wurst *der* <-(e)s, -e> **①** *(veralt.: ≈ Clown)* **②** *(umg. abwert.) ein dummer, nicht ernst zu nehmender Mensch:* Vor dem habt ihr Angst? Der ist doch nur ein Hanswurst!; *sich vor den anderen zum Hanswurst machen*

Han·tel *die* <-, -n> SPORT *zwei Gewichte aus Eisen, die mit einer Stange verbunden sind:* die Armmuskeln mit der Hantel trainieren; Der Gewichtheber hob die Hantel nur bis in Brusthöhe.

han·tie·ren *ohne OBJ* **①** ■ *jmd. hantiert (umg.) irgendetwas tun:* Er hantiert schon seit Stunden im Keller. **②** ■ *jmd. hantiert mit etwas.* an *etwas* Dat. *mit etwas umgehen und sich in einer Weise an etwas zu schaffen machen:* mit einem Schraubenschlüssel (am Fahrrad) hantieren

han·tig *adj* SÜDDT., ÖSTERR. **①** *bitter:* hantiges Bier **②** *unfreundlich:* eine hantige Bedienung

ha·pern <hapert, haperte, hat gehapert> *mit ES* **①** ■ *bei jmdm. hapert es mit etwas* Dat. *in Bezug auf etwas besitzt jmd. nicht ausreichende Kenntnisse:* Mit der Grammatik hapert es bei ihr. **②** ■ *bei jmdm. hapert es an etwas* Dat. *nicht zur Verfügung stehen:* Bei ihm hapert es immer am Geld.

Hap·pen *der* <-s, -> *(umg.: ≈ Bissen) eine kleine Menge von einer Speise:* schnell noch einen Happen essen; Nimm dir doch noch einen Happen!

Hap·pe·ning *das* ['hɛpənɪŋ] <-s, -s> *eine Veranstaltung von Aktionskünstlern mit Einbeziehung des Publikums*

hap·pig *adj (umg.) so teuer, anspruchsvoll o. Ä., dass es nicht mehr zumutbar ist:* Die Preise sind ja ganz schön happig hier!

hap·py ['hɛpi] *adj / nicht steig. / (umg. jugendspr.) glücklich:* Ich bin total happy, weil ich ab morgen Urlaub habe.

Happy End, *a.* **Hap·py·end** *das* ['hɛpi'ɛnt] <-s, -s> *der glückliche Ausgang einer schwierigen Situation:* Der Film/der Roman hat kein Happy End.; Trotz aller Probleme gab es für die beiden doch noch ein Happy End.

Happy Hour *die* ['hɛpi'...] <-> / kein Plur. / *eine bestimmte Zeit des Tages, in der in einem Lokal Getränke verbilligt sind*

Ha·ra·ki·ri *das* <-(s), -s> *japanische Form des ritu-*

ellen Selbstmords durch Aufschlitzen des Bauches

Ha·rass *der* <-es, -e> SCHWEIZ. *eine Lattenkiste zum Verpacken von Obst, Gemüse oder Getränkeflaschen*

Hard·co·ver *das* [ˈhaːdkʌvə] <-s, -s> *(↔ Broschur) mit einem festen Einband versehenes Buch:* Haben Sie diesen Roman auch als Hardcover?

Hard·disc *siehe* **Harddisk**

Hard·disk, *a.* **Hard Disk** *die* [ˈhaːddɪsk] <-, -s> EDV *die Festplatte eines Computers*

Hard·li·ner *der* [ˈhaːdˈlaɪnə] <-s, -> POL. *Vertreter eines harten politischen Kurses*

Hard·ware *die* [ˈhaːdwɛːə] <-, -s> EDV *(↔ Software) die Geräte, die zu einer Datenverarbeitungsanlage gehören*

Ha·rem *der* <-s, -s> ① GESCH. *im Orient: der Teil eines Hauses, der nur von Frauen bewohnt wird:* in einem Harem leben ◆ -sdame ② GESCH. *im Orient: alle Frauen, die in einem Harem¹ leben:* der Harem des Sultans ③ *(umg. scherzh.) alle Frauen, mit denen ein Mann Beziehungen pflegt:* Herr Müller kam mit seinem ganzen Harem zum Fest.

Hä·re·sie *die* <-, -n> REL. *(geh.:≈ Ketzerei) von der offiziellen kirchlichen Lehre abweichende Glaubensauffassung*

Har·fe *die* <-, -n> *ein großes Saiteninstrument, dessen Saiten in eine Art Bogen eingespannt sind und das man im Sitzen spielt* ◆ -nmusik, -nspieler(in)

Har·ke *die* <-, -n> NORDDT. *Rechen*

har·ken *mit OBJ/ohne OBJ* ■ *jmd. harkt etwas* NORDDT. *rechen:* die Wiese/den Weg/das Laub harken; Nachdem du den Rasen gemäht hast, kannst du gleich noch harken.

Har·le·kin *der* <-s, -e> THEAT. *ein Spaßmacher in einem bunten Kostüm*

här·men *mit SICH* ■ *jmd. härmt sich um jmdn./etwas (geh.) sich sorgen:* sich um den Kranken härmen

harm·los *adj* ① *so, dass es nicht schadet oder gefährlich ist:* Diese Medizin ist harmlos.; ein völlig harmloser Hund ② *ohne Hintergedanken:* ein harmloser Witz; Ich habe nur ganz harmlos gefragt.; Der Vorschlag war ganz harmlos gemeint.

Harm·lo·sig·keit *die* <-, -en> ① *die Eigenschaft, dass etwas harmlos¹ ist, wenig Gefahren birgt:* nicht an die Harmlosigkeit einer Krankheit glauben ② *(≈ Gutmütigkeit) etwas in aller Harmlosigkeit vorschlagen*

Har·mo·nie *die* <-, -n> ① */kein Plur./ (geh.) ein ausgewogenes Verhältnis zwischen Personen oder Dingen:* die Harmonie der Eheleute beeinträchtigen; die Harmonie der Farben ② MUS. *der melodische Zusammenklang mehrerer Einzeltöne* ◆ -lehre

har·mo·nie·ren *ohne OBJ* ■ *jmd./etwas harmoniert mit jmdm./etwas gut zusammenpassen:* Die Farben/die beiden Freunde/die Instrumente harmonieren miteinander.

Har·mo·ni·ka *die* <-, -s/Harmoniken> *ein Musikinstrument, bei dem Metallzungen durch einen Luftstrom zum Klingen gebracht werden*

har·mo·nisch *adj* ① *(↔ disharmonisch) wohlklingend:* ein harmonischer Klang ② *gut zusammenpassend und ausgewogen:* eine harmonische Farbgestaltung; ein harmonisches Paar

Har·mo·ni·um *das* <-s, Harmonien> *ein Musikinstrument, das einem Klavier ähnelt, bei dem die Töne durch Metallzungen erzeugt werden, auf die mit einem Blasebalg Luft geblasen wird*

Harn *der* <-(e)s> */kein Plur./ (≈ Urin) die gelbliche Flüssigkeit, die als Stoffwechselprodukt vom Körper ausgeschieden wird* ◆ -drang, -röhre

Harn·bla·se *die* <-, -n> ANAT. *das Organ, in dem sich der Harn im Körper sammelt*

Har·nisch *der* <-(e)s, -e> GESCH. *der Brustpanzer eines Ritters:* den Harnisch anlegen; ■ **wegen etwas in Harnisch geraten** *(geh.) wegen etwas in Wut geraten*

Harn·lei·ter *der* <-s, -> ANAT. *die schlauchförmige Verbindung zwischen Niere und Harnblase*

Har·pu·ne *die* <-, -n> *eine Art großer Pfeil für den Walfang, der an einer Leine befestigt ist*

har·pu·nie·ren *mit OBJ/ohne OBJ* ■ *jmd. harpuniert ein Tier (einen Wal) mit der Harpune schießen:* einen Wal harpunieren; Als der Wal nahe genug war, begannen die Jäger zu harpunieren.

har·ren *ohne OBJ* ■ *jmd. harrt etwas Gen. (geh.) warten:* Er harrte der Dinge, die da kommen sollten.

Harsch *der* <-(e)s> */kein Plur./ gefrorener, eisverkrusteter Schnee*

harsch *adj (geh.:≈ schroff) sehr unfreundlich:* eine harsche Antwort/Reaktion; Das sind harsche Worte!

hart <härter, am härtesten> **I.** *adj* ① *(↔ weich) so fest, dass es sich nicht oder nur wenig verformt, wenn eine Kraft darauf wirkt:* Hartes Holz lässt sich schlecht schnitzen.; ein harter Bleistift; eine harte Matratze; Ich habe den Ball aufgepumpt, er ist ganz hart.; Die Erbsen/die Kartoffeln sind noch hart (≈ noch nicht gar).; ein hart gekochtes/hartgekochtes Ei (≈ ein gekochtes Ei, dessen Eiweiß und Eigelb fest sind) ② *so stark, dass es kaum zu erschüttern ist:* eine harte Währung; ein harter Bursche ③ *schwer (zu ertragen):* harte Arbeit/Zeiten; hart arbeiten müssen; Es ist hart für ihn, dass er seine Familie verloren hat. ④ *wenig mitfühlend:* ein hartes Herz haben; jemanden mit harten Worten tadeln; Die schrecklichen Erlebnisse haben ihn hart werden lassen.; Sie fasst die Kinder zu hart an.; Die Polizei ging hart gegen die Demonstranten vor. ⑤ *so intensiv oder stark, dass es als schlecht empfunden wird:* ein harter Winter; harte Drogen; hartes Licht; ein harter Kontrast ⑥ *heftig; ungebremst:* eine harte Landung; hart zuschlagen; ein harter Konsonant **II.** *adv ganz nahe:* hart an der Grenze; hart an der Pleite vorbei; ■ **harte Drinks** *(umg.) (viel) Alkohol enthaltende Drinks;* ■ **hartes Wasser** *(umg.) stark kalkhaltiges Wasser;* ■ **hart gesotten/hartgesotten** *(umg.) kaum zum Einlenken zu bewegen oder kaum zu beeindrucken* ein hartgesottener Bursche/Gauner; ■ **jetzt geht es hart auf hart** *(umg.) jetzt kann auf nichts mehr Rücksicht genommen werden* ◆ Getrenntschreibung →R 4.16 Willst du das Ei hart

H

gekocht/hartgekocht?; Der Boden ist hart gefroren/hartgefroren.; *siehe aber* **hartgesotten**

Här·te *die* <-, -n> ❶ *(↔ Weichheit) die Festigkeit eines Materials gegenüber äußerer Krafteinwirkung:* die Härte eines Diamanten/des Gesteins/des Metalls; die Härte des gefrorenen Bodens; Bleistiftminen in verschiedenen Härten ❷ *(fachspr.) der Kalkgehalt:* die Härte des Wassers ❸ *etwas schwer Erträgliches:* Der Verlust ihrer Eltern ist eine große Härte für sie.; in seinem Leben viele Härten ertragen müssen ◆ -fall ❹ */kein Plur./ die Eigenschaft einer Sache, schwer erträglich zu sein:* die Härte ihres Schicksals ❺ */kein Plur./ unerbittliche Strenge:* mit äußerster Härte vorgehen; Jetzt müssen wir Härte zeigen.; von der ganzen Härte des Gesetzes getroffen werden ❻ */kein Plur./ (≈ Dauerhaftigkeit) die Härte einer Währung* ❼ */kein Plur./ eine Heftigkeit bzw. Intensität, die als unangenehm empfunden wird:* die Härte des Aufpralls/Schlages; die Härte der Farben/eines Gegensatzes/des Lichts

Här·te·fall *der* <-(e)s, Härtefälle> ❶ *eine Notlage, die als Begründung für das Machen einer Ausnahme gesehen wird:* In Härtefällen finden wir eine Sonderregelung. ❷ *(umg.) jmd., der in großer Not ist und für den (von einer Regelung oder einem Gesetz) eine Ausnahme gemacht wird.:* Er ist ein Härtefall.

här·ten I. *mit OBJ* ■ *jmd. härtet etwas bewirken, dass etwas hart wird:* den Stahl härten **II.** *ohne OBJ* ■ *etwas härtet* Der Beton/der Kleber härtet über Nacht. **III.** *mit SICH* ■ *jmd. härtet sich (selten)* Er härtete sich durch Sport.

Här·te·test *der* <-, -s> *ein Test unter sehr schweren Bedingungen, der zeigen soll, ob ein Gerät oder eine Person belastbar ist:* Der Einsatz unter extremen Bedingungen ist ein Härtetest für das Gerät.; Das war der Härtetest für unsere Freundschaft.

Hart·fa·ser·plat·te *die* <-, -n> *eine Platte aus gepressten Holzfasern*

Hart·geld *das* <-(e)s> */kein Plur./ (↔ Papiergeld) Münzen:* Der Automat nimmt nur Hartgeld.

hart·ge·sot·ten *adj ohne Skrupel:* Er ist ein hartgesottener Verhandlungspartner.

hart·her·zig *adj (↔ weichherzig) mitleidlos;* Seinen alten Eltern gegenüber war er sehr hartherzig.; eine hartherzige Entscheidung ▶ Hartherzigkeit

hart·nä·ckig *adj* ❶ *(≈ beharrlich) so, dass jmd. oder etwas lange Zeit jedem Änderungsversuch widersteht:* ein hartnäckiger Verfolger/Widerstand; hartnäckig an einer einmal gefassten Meinung festhalten; sich hartnäckig weigern, etwas zu tun ❷ *lang andauernd (und daher lästig):* ein hartnäckiger Schnupfen

Hart·nä·ckig·keit *die* <-> */kein Plur./ (≈ Beharrlichkeit) ein Ziel mit großer Hartnäckigkeit verfolgen*

Harz¹ *das* <-es, -e> *eine klebrige Absonderung von Bäumen:* Harz von Nadelbäumen gewinnen ◆ Baum-

Harz² *der* <-es> */kein Plur./ ein deutsches Mittelgebirge*

har·zig *adj /nicht steig./* ❶ *voller Harz:* ein harzi-

ger Baumstamm ❷ *wie Harz riechend:* ein harziger Duft ❸ SCHWEIZ. *schwierig, mühsam, zähflüssig, schleppend*

Ha·sard [ha'zart] ■ **Hasard spielen** *leichtfertig alles aufs Spiel setzen*

Hasch *das* <-s> */kein Plur./ (umg.) kurz für „Haschisch"*

Ha·schee *das* <-s, -s> KOCH. *ein Hackfleischgericht*

ha·schen¹ I. *mit OBJ* ■ *jmd. hascht etwas (veralt.) zu fassen versuchen:* einen Schmetterling haschen **II.** *ohne OBJ* ■ *jmd. hascht nach etwas Dat. zu fassen versuchen:* Die Katze hascht nach der Maus/nach ihrem Schwanz. **III.** *mit SICH* ■ *jmd. hascht sich (veralt.) sich zu fangen versuchen:* Die Kinder haschen sich im Garten.

ha·schen² *ohne OBJ* ■ *jmd. hascht (umg.: ≈ kiffen) Haschisch rauchen*

Hä·scher *der* <-s, -> *(geh. abwert.) eine Person, die beauftragt ist, jmdn. zu ergreifen:* Die Häscher waren ihm auf den Fersen.; Er ist den Häschern mit knapper Not entkommen.

Ha·scherl *das* <-s, -n> SÜDDT., ÖSTERR. *eine bedauernswerte Person:* nur ein armes Hascherl sein

Ha·schisch *das/der* <-(s)> */kein Plur./ ein Rauschgift, das (als Zigarette) geraucht wird:* Haschisch rauchen ◆ -abhängigkeit, -besitz, -dealer, -fund, -gewinnung, -hund, -herstellung, -konsum, -pflanze, -produktion, -rausch, -tote, -zigarette

Ha·se *der* <-n, -n> ❶ *ein wild lebendes Nagetier mit braunem Fell und langen Ohren:* Ein Hase hoppelt über das Feld. ❷ *ein männlicher Hase¹:* ein Hase und eine Häsin ❸ KOCH. *Fleisch vom Hasen¹* ◆ -nbraten ❹ ■ **ein alter Hase sein** *(umg.) langjährige, große Erfahrung in etwas haben;* ■ **falscher Hase** KOCH. *(umg.) Hackbraten;* ■ **sehen, wie der Hase läuft** *(umg.) sich ansehen, wie eine Sache sich entwickelt;* ■ **da liegt der Hase im Pfeffer** *(umg.) dort ist die eigentliche oder entscheidende Ursache*

Ha·sel *der* <-s, -> ZOOL. *eine Fischart*

Ha·sel·nuss *die* <-, Haselnüsse> *eine kleine, braune Nuss, die fast rund ist*

Ha·sel·nuss·strauch *der* <-(e)s, Haselnusssträucher> *ein Strauch mit Kätzchenblüten, an dem Haselnüsse wachsen*

Ha·sen·fuß *der* <-es, Hasenfüße> *(umg. abwert.) Feigling:* Sei doch nicht solch ein Hasenfuß!

Ha·sen·herz *das* *(≈ Hasenfuß)*

Ha·sen·pfef·fer *der* <-s> */kein Plur./* KOCH. *in einer pikanten Soße geschmortes klein gehacktes Hasenfleisch*

Ha·sen·schar·te *die* <-, -n> MED. *eine angeborene, vererbbare Spaltung der Oberlippe*

Hä·sin *die* <-, -nen> *ein weiblicher Hase*

Has·pel *die* <-, -n> ❶ TECHN. *ein zylinderförmiger Körper zum Auf- und Abwickeln von Garnen* ❷ TECHN. *eine Seilwinde zum Heben und Senken von Lasten*

Hass *der* <-es> */kein Plur./* ❶ *eine sehr starke und tiefe Abneigung gegen Menschen oder bestimmte Zustände:* von tiefem Hass erfüllt sein; Der Hass auf beiden Seiten behindert den Friedensprozess.; mit seinen Reden den Hass schüren

H

❷ *(umg.: ≈ Wut)* einen richtigen Hass auf jemanden kriegen

has·sen *mit OBJ/ohne OBJ* ■ *jmd. hasst jmdn./ etwas* ❶ *Hass[1] empfinden:* Sie sagt, sie hasse die Mörder ihres Sohnes. ❷ *(umg.) etwas nicht mögen:* Meine Tochter hasst Klassenarbeiten.; Ich hasse es, gestört zu werden.

has·sens·wert *adj so, dass man es hassen[1] muss:* hassenswerte Arroganz/Gefühlskälte/Grausamkeit

hass·er·füllt *adj voller Hass:* jemanden hasserfüllt ansehen

Hass·ge·füh·le *<-> Plur. das Gefühl, dass man jmdn. hasst*

häs·sig *adj* SCHWEIZ. *mürrisch, verdrießlich*

häss·lich *adj* ❶ *(↔ hübsch) von unschönem Äußeren:* ein hässliches Gesicht; ein hässliches Haus ❷ *(↔ angenehm) unangenehm:* hässliches Wetter ❸ *(≈ gemein)* eine hässliche Art haben; Seid doch nicht so hässlich zu ihr!

Häss·lich·keit *die <-, -en>* ❶ */kein Plur./ unschönes Äußeres:* ein Anblick von abstoßender Hässlichkeit ❷ */kein Plur./ (≈ Gemeinheit)* So viel Hässlichkeit mir gegenüber hätte ich dir nicht zugetraut! ❸ *(selten) eine Handlung voller Gemeinheit:* Ich habe genug von deinen Hässlichkeiten!

Hast *die <-> /kein Plur./ große Eile:* etwas mit/in großer Hast tun

has·ten *<hastest, hastete, ist gehastet> ohne OBJ* ■ *jmd. hastet irgendwohin schnell laufen:* schnell nach Hause hasten; von einem Termin zum nächsten hasten

has·tig *adj (↔ gemächlich) sehr eilig:* Nicht so hastig, wir haben viel Zeit!; hastige Bewegungen; hastig essen; das essen hastig herunterschlingen

hät·scheln *<hätschelst, hätschelte, hat gehätschelt> mit OBJ* ■ *jmd. hätschelt jmdn.* ❶ *streicheln; liebkosen:* Sie sitzt im Sessel und hätschelt ihr Kind. ❷ *(abwert.) verwöhnen:* Der jüngste Sohn wurde von der ganzen Familie gehätschelt.

hat·schen *<hatschst, hatschte, ist gehatscht> ohne OBJ* ■ *jmd. hatscht* ❶ SÜDDT., ÖSTERR. *hinken:* Die alte Frau hatscht an einem Stock über die Straße. ❷ SÜDDT., ÖSTERR. *lässig schlendern:* Musst du so hatschen? Heb doch die Füße!

Hat·trick *der* ['hɛtrɪk] *<-s, -s>* SPORT ❶ *ein dreimaliger unmittelbar aufeinander folgender Torerfolg durch denselben Spieler* ❷ *ein dreimaliger Erfolg in einem sportlichen Wettbewerb:* Wird dem Skispringer ein Hattrick gelingen?

Hatz *die <-, -en>* ❶ */kein Plur./* SÜDDT. *Eile* ❷ *Hetzjagd auf Wild*

Hau·be *die <-, -n>* ❶ GESCH. *eine Kopfbedeckung für Frauen:* Zum Trachtenkleid trug sie eine bestickte Haube. ❷ *ein Gegenstand, der dazu dient, etwas abzudecken oder nach oben hin abzuschließen:* eine Haube über den Käse setzen; Eine Haube bedeckt den Turm. ❸ *Schnee, der wie eine Haube[2] auf etwas liegt:* eine Haube aus Schnee ❹ *kurz für „Motorhaube"* ❺ ZOOL. *das Kopfgefieder bei bestimmten Vogelarten;* ■ **jemanden unter die Haube bringen** *(umg. o veralt.) jmdn. verheiraten;* ■ **unter die Haube kommen** *(umg. o veralt.) sich verheiraten*

Hau·ben·koch *der <-(e)s, Haubenköche>* ÖSTERR. *Spitzenkoch; Sternekoch*

Hau·ben·tau·cher *der <-s, -> ein Vogel*

Hau·bit·ze *die <-, -n>* MILIT. *eine Kanone mit kurzem Rohr;* ■ **voll wie eine Haubitze** *(umg.) stark betrunken*

Hauch *der <-(e)s, -e>* ❶ *ausgeatmete Luft:* der letzte Hauch des Sterbenden ❷ *ein leichter Luftzug:* ein kühler/warmer Hauch ❸ *ein leichter Anflug oder eine geringe Menge von etwas:* einen Hauch von Puder auf die Wangen auftragen; Ein Hauch von Frühling liegt in der Luft.; nicht den Hauch einer Ahnung haben

hauch·dünn *adj /nicht steig./ sehr dünn:* eine hauchdünne Schicht

hau·chen I. *mit OBJ* ■ *jmd. haucht etwas* ❶ *durch Hauchen erzeugen:* ein Loch in den Schnee/das Eis hauchen ❷ *leise flüstern:* Er hauchte leise ihren Namen. II. *ohne OBJ* ■ *jmd. haucht auf/in etwas Akk. Atemluft auf etwas strömen lassen:* auf das Brillenglas hauchen; in seine kalten Hände hauchen

hauch·fein *adj /nicht steig./ (≈ hauchdünn)*

hauch·zart *adj /nicht steig./ sehr dünn:* ein hauchzarter Nebelschleier/Stoff

Hau·de·gen *der <-s, -> ein älterer erfahrener Kämpfer:* Die Truppe bestand aus lauter alten Haudegen.

Haue *die <-, -n>* ❶ SÜDDT., ÖSTERR., SCHWEIZ. *Hacke* ❷ */nur im Sing./ (umg.: gegenüber Kindern) Prügel:* Na warte, es gibt gleich Haue!

hau·en *<haust, haute/hieb, hat gehauen>* I. *mit OBJ* ❶ ■ *jmd. haut jmdn. <haute> (umg.) schlagen:* Meine Schwester hat mich gehauen! ❷ ■ *jmd. haut etwas in etwas Akk. <hieb> in etwas schlagen:* eine Inschrift in einen Stein hauen; ein in Stein gehauenes Bildnis ❸ ■ *jmd. haut etwas <haute/hieb> abtrennen; zerstückeln:* Gras hauen; Fleisch/Knochen hauen; etwas in Stücke/kurz und klein hauen ❹ ■ *jmd. haut etwas irgendwohin <haute> (umg.) mit Schwung werfen:* die Tasche in die Ecke hauen II. *ohne OBJ* ■ *jmd. haut auf etwas Akk. <haute/hieb> irgendwohin schlagen:* mit der Faust auf den Tisch hauen; mit der Zeitung nach einer Fliege hauen III. *mit SICH* ❶ ■ *jmd. haut sich <haute> (umg.) sich prügeln:* Müsst ihr euch immer hauen? ❷ ■ *jmd. haut sich irgendwohin <haute> (umg.) sich mit Schwung irgendwohin fallen lassen:* sich in einen Sessel/ins Bett hauen; ■ **sein Geld auf den Kopf hauen** *(umg.) alles Geld (schnell) ausgeben*

Hau·er *der <-s, ->* ❶ ZOOL. *einer der vorstehenden Eckzähne des männlichen Wildschweins* ❷ BERGB. *(≈ Bergmann)*

Häuf·chen *das <-s, ->* ❶ *ein kleiner Haufen von etwas* ❷ *eine Gruppe von wenigen Personen:* der Fürst und ein Häufchen Getreuer; ■ **jemand steht da/sieht aus wie ein Häufchen Elend/Unglück** *(umg.) jmd. sieht sehr traurig aus;* ■ **jemand ist nur noch ein Häufchen Elend** *(umg.) jmd. ist sehr krank oder alt und deshalb sehr schwach*

Hau·fen *der <-s, ->* ❶ *eine ungeordnete Anhäu-*

fung oder eine formlose Masse von etwas: ein Haufen Sand/Steine; ein Haufen schmutziger Wäsche; Ein Haufen Spielzeug lag in der Mitte des Zimmers.; alles auf einen großen Haufen werfen ❷ *(umg.) eine große Menge von etwas:* So ein Haufen Geschenke!; Das muss doch einen Haufen Geld gekostet haben.; ein ganzer Haufen Leute; ■ **etwas über den Haufen werfen** *(umg.) seine Absichten ändern;* ■ **jemanden über den Haufen rennen** *(umg.) jmdn. umrennen;* ■ **jemanden über den Haufen schießen** *(umg.) jmdn. erschießen*

häu·fen I. *mit OBJ* ■ *jd. häuft etwas irgendwohin einzelne Dinge zu einem Haufen schichten* II. *mit SICH* ■ *etwas häuft sich sich in größerer Menge ansammeln*

hau·fen·wei·se *adv (umg.) in großen Mengen:* Ich habe haufenweise Post bekommen.; Wir haben noch haufenweise Arbeit.

häu·fig *adj (↔ selten) so, dass es in einem bestimmten Zeitraum relativ oft vorkommt:* ein häufiger Besucher; Diese Frage ist mir schon häufig gestellt worden.

Häu·fig·keit *die* <-, -en> / *Plur. selten* / ❶ *(↔ Seltenheit) das häufige Vorkommen:* die zunehmende Häufigkeit von Erkrankungen dieser Art ❷ *(≈ Frequenz) die Anzahl von etwas bezogen auf einen bestimmten Zeitraum:* In welcher Häufigkeit treten diese Anfälle auf?

Häuf·lein *das* <-s, -> *(umg.) kleine Gruppe von Menschen:* Er führt das kleine Häuflein an.; Ein kleines Häuflein wagte sich bis auf den Gipfel des Berges.

Häu·fung *die* <-, -en> *das häufige Vorkommen von etwas:* Uns beunruhigt die Häufung der Diebstähle in unserer Gegend.

Haupt *das* <-(e)s, Häupter> ❶ *(geh.: ≈ Kopf)* sein Haupt bedecken; sich nachdenklich über das Haupt streichen; Der Löwe hob sein stolzes Haupt.; ■ **erhobenen Hauptes** *stolz* ❷ *(umg.) Anführer:* das Haupt der Familie; Er ist das Haupt der Verschwörung; ■ **ein gekröntes Haupt** *(geh.) König(in)*

Haupt- *als Erstglied zusammengesetzter Substantive; drückt aus, dass es sich bei dem mit dem Zweitglied Bezeichneten um das Zentrale/Wichtigste handelt* ◆ -abnehmer, -abschluss -aktionär(in), -akzent, -angeklagte, -anliegen, -anteil, -antrag, -argument, -aufgabe, -bestandteil, -buch, -charakterzug, -einfahrt, -eingang, -erbe, -erwerb, -fahrwerk, -farben, -forderung, -friedhof, -gang, -gebäude, -gott, -handlung, -hirn, -job, -kampfbahn, -menü, -merkmal, -mieter, -monitor, -muskel, -nahrungsmittel, -niederlassung, -nutzfläche, -ort, -person, -platine, -punkt, -quartier, -redner, -runde, -schlüssel, -schuld, -segel, -seminar, -sitz, -sorge, -sponsor, -teil, -thema, -these, -titel, -tribüne, -untersuchung, -ursache, -valenz, -verband, -verkehrsstraße, -vollmacht, -zahnrad, -zentrale, -ziel, -zweck, -zollamt

Haupt·al·tar *der* <-(e)s, Hauptaltäre> REL. *im Chor der Kirche stehender Altar*

haupt·amt·lich *adj* / *nicht steig.* / *(↔ nebenamt-*

lich) so, dass ein Amt als Beruf ausgeübt wird: hauptamtlicher Bürgermeister

Haupt·an·schluss *der* <-es, Hauptanschlüsse> TELEKOMM. *(↔ Nebenanschluss) die Telefonleitung einer Telefonanlage, die direkt mit dem Netz verbunden ist:* Vom Hauptanschluss aus kann ich Sie weiterverbinden.

Haupt·au·gen·merk *das* <-(e)s, -e> *hauptsächliche Aufmerksamkeit:* das Hauptaugenmerk auf etwas legen

Haupt·bahn·hof *der* <-(e)s, Hauptbahnhöfe> *der wichtigste Bahnhof in einer (Groß)stadt*

Haupt·be·ruf *der* <-(e)s, -e> *(↔ Nebenberuf) hauptsächlich ausgeübter Beruf:* Er ist im Hauptberuf Facharbeiter und im Nebenberuf betreibt er eine kleine Landwirtschaft. ▸ hauptberuflich

Haupt·be·schäf·ti·gung *die* <-> *(↔ Nebenbeschäftigung) hauptsächlich ausgeübte Beschäftigung*

Haupt·dar·stel·ler *der,* **Haupt·dar·stel·le·rin** <-s, -> THEAT., FILM *(↔ Nebendarsteller) Person, die die wichtigste Rolle in einem Stück spielt*

Haupt·ein·nah·me·quel·le *das* <-, -n> *(↔ Nebeneinnahmequelle) die, womit jmd. hauptsächlich sein Geld verdient:* Der Tourismus ist auf den Inseln die Haupteinnahmequelle.

Häup·tel *das* <-s, -> SÜDDT., ÖSTERR. *der Kopf einer Gemüsepflanze*

Haupt·er·werbs·bau·er *der* <-s, -n> *(↔ Nebenerwerbsbauer) jmd., für den die Landwirtschaft der Hauptberuf ist*

Haupt·fach *das* <-(e)s, Hauptfächer> *(↔ Nebenfach)* ❶ *(an der Universität) das Fach, das im Vollstudium studiert wird:* Anglistik im Hauptfach studieren ❷ *ein wichtiges Unterrichtsfach in der Schule:* Mathematik, Deutsch und Englisch sind Hauptfächer.

Haupt·feld *das* <-s> / *kein Plur.* / SPORT *(↔ Ausreißergruppe) bei einem Rennen die Masse der Läufer oder Fahrer:* Der schnellste Läufer konnte sich bald vom Hauptfeld absetzen.

Haupt·feld·we·bel *der* <-s, -> MILIT. ❶ *ein Unteroffiziersdienstgrad* ❷ *jmd., der den Dienstgrad eines Hauptfeldwebels[1] hat*

Haupt·fi·gur *die* <-, -en> ❶ LIT., FILM, THEAT. *(↔ Nebenfigur) wichtige Person in einem Stück* ❷ *(übertr.) die wichtigste Person in einem Geschehen:* Er ist die Hauptfigur in diesem Skandal.

Haupt·film *der* <-s, -e> *(↔ Vorfilm) der angekündigte Spielfilm der Vorstellung:* Vor dem Hauptfilm läuft noch ein kurzer Vorfilm und die Werbung.

Haupt·ge·richt *das* <-(e)s, -e> *(↔ Nachspeise, Vorspeise) das wichtigste Gericht bei einem Menü mit mehreren Gängen:* Als Hauptgericht gibt es Rinderfilet.

Haupt·ge·schäft *das* <-(e)s, -e> *(↔ Filiale) das wichtigste Geschäftshaus eines Einzelhändlers mit mehreren Filialen*

Haupt·ge·schäfts·stra·ße *die* <-, -n> *die Straße mit den meisten und wichtigsten Geschäften in einer Stadt*

Haupt·ge·schäfts·zeit *die* <-, -en> *die Zeit, zu der die meisten Leute ihre Einkäufe erledigen:* Die

Stadt ist nachmittags zur Hauptgeschäftszeit sehr belebt.

Haupt·ge·winn *der* <-s, -e> *der größte Gewinn bei einer Lotterie oder einem Preisausschreiben:* Du hast den Hauptgewinn gezogen!; Der Hauptgewinn ist eine Reise in die Karibik.

Haupt·kom·mis·sar *der*, **Haupt·kom·mis·sa·rin** <-s, -e> *ein Dienstrang bei der Polizei*

Häupt·ling *der* <-s, -e> *das Stammesoberhaupt bei Naturvölkern:* der Häuptling eines Indianerstammes

Haupt·mahl·zeit *die* <-, -en> *(↔ Zwischenmahlzeit) die wichtigste oder reichlichste Mahlzeit des Tages*

Haupt·mann *der* <-(e)s, Hauptmänner> MILIT. ❶ *ein Offiziersdienstgrad beim Militär* ❷ *jmd., der den Dienstgrad eines Hauptmanns*[1] *innehat*

Haupt·nen·ner *der* <-s> */kein Plur./* MATH. *kleinstes gemeinsames Vielfaches der Nenner verschiedener Brüche*

Haupt·preis *der* <-es, -e> *(≈ Hauptgewinn)*

Haupt·pro·be *die* <-, -n> THEAT. *die wichtigste Probe vor der Premiere eines Stückes*

Haupt·quar·tier *das* <-s, -e> *der Sitz des Oberbefehlshabers einer Armee im Krieg*

Haupt·rol·le *die* <-, -n> ❶ *(↔ Nebenrolle) die wichtigste Rolle in einem Stück oder Film:* In den Hauptrollen sehen Sie … ❷ */kein Plur./ (übertr.) eine Sache oder Person von größter Wichtigkeit:* Das spielt für uns die Hauptrolle.; Sie will immer und überall die Hauptrolle spielen.

Haupt·sa·che *die* <-, -n> *(↔ Nebensache) das Wichtigste:* Die Lehre ist für sie im Moment die Hauptsache; (Die) Hauptsache (ist), du wirst wieder gesund.; ▪ **in der Hauptsache** *vor allem* In der Hauptsache wurden Geldprobleme besprochen.

haupt·säch·lich I. *adj /nicht steig./ wesentlich:* Unser hauptsächliches Anliegen ist …; Das hauptsächliche Problem in dieser Region ist der Wassermangel. II. *adv /nicht steig./ vor allem:* Es wurden hauptsächlich Reparaturen durchgeführt.

Haupt·sai·son *die* <-, -s> *(↔ Nachsaison, Nebensaison) die Zeit, in der die meisten Menschen verreisen:* In der Hauptsaison sind alle Zimmer restlos ausgebucht.

Haupt·satz *der* <-es, Hauptsätze> SPRACHWISS. *(↔ Nebensatz) ein selbstständiger Satz oder übergeordneter Satz in einem Satzgefüge*

Haupt·schul·ab·schluss *der* <-es, Hauptschulabschlüsse> *der Schulabschluss, der an einer Hauptschule erworben werden kann*

Haupt·schu·le *die* <-, -n> *an die Grundschule anschließende Schule, die mit der 9. Klasse abschließt*

Haupt·sen·de·zeit *die* <-, -en> *die Zeit, zu der die meisten Zuschauer fernsehen:* Die Serie läuft zur Hauptsendezeit.

Haupt·spei·cher *der* <-s, -> EDV *der Arbeitsspeicher eines Computers*

Haupt·spei·se *die* <-, -n> ÖSTERR. *(≈ Hauptgericht)*

Haupt·stadt *die* <-, Hauptstädte> *die Stadt, in der sich der Regierungssitz eines Landes befindet:* Wien ist die Hauptstadt von Österreich. ▸ Hauptstädter, Hauptstädterin, hauptstädtisch

Haupt·stu·di·um *das* <-s> */kein Plur./ der Abschnitt des Studiums zwischen Zwischenprüfung und Examen*

Haupt·ur·sa·che *die* <-, -n> *die wichtigste Ursache von etwas:* Die Hauptursache für diese Katastrophe ist noch nicht bekannt.

haupt·ver·ant·wort·lich *adj /nicht steig./ so, dass man die wesentliche Verantwortung für etwas trägt:* Er ist hauptverantwortlich für die Durchführung des Projekts.

Haupt·ver·die·ner *der*, **Haupt·ver·die·ne·rin** <-s, -> *die Person, die in einer Familie am meisten verdient:* Es ist in vielen Familien noch immer so, dass der Vater der Hauptverdiener ist.

Haupt·ver·fah·ren *das* <-s, -> RECHTSW. *(≈ Hauptverhandlung)*

Haupt·ver·hand·lung *die* <-, -en> RECHTSW. *die Verhandlung in einem Gerichtsprozess, in der das Urteil verkündet wird*

Haupt·ver·kehrs·zeit *die* <-, -en> *die Tageszeit mit dem stärksten Straßenverkehr:* In der Hauptverkehrszeit kommt es häufig zu Staus.

Haupt·wohn·sitz *der* <-es, -e> AMTSSPR. *(↔ Nebenwohnsitz) derjenige von mehreren Wohnorten, an dem man seinen Lebensmittelpunkt hat:* Er hat seinen Hauptwohnsitz in Leipzig, und eine Nebenwohnung an seiner Arbeitsstelle in Hamburg.

Haupt·wort *das* <-es, Hauptwörter> SPRACHWISS. *(≈ Substantiv)*

Haus *das* <-es, Häuser> ❶ *ein aus Beton, Steinen, Ziegeln usw. gebautes Gebäude mit meist rechteckigem Grundriss, das in verschiedene Räume und Stockwerke aufgeteilt ist und den Menschen als Wohnung oder Arbeitsraum dient:* ein Haus abreißen/bauen/bewohnen/kaufen/planen/renovieren; ein altes/baufälliges/neues/verfallenes Haus; Das Haus steht direkt an der Kreuzung/hat zwei Stockwerke/ wurde renoviert/verfügt über einen großen Garten. ◆ -besitzer(in), -bewohner(in), -eingang, -flur, -schuh, -tier, -tür, -verwalter(in), -wand, Einfamilien-, Geschäfts-, Hoch-, Miets-, Reihen-, Wohn- ❷ *verwendet, um ein Unternehmen, eine Institution oder Spielstätte zu bezeichnen:* Unser Haus bietet Ihnen einen umfangreichen Service.; Ein Schreiben aus dem Hause.; Bei der Uraufführung war das Haus bis auf den letzten Platz ausverkauft. ❸ *die Bewohner oder Besucher eines Hauses/einer Spielstätte:* Das ganze Haus war schon früh auf den Beinen.; Das ganze Haus spendete ihnen Applaus. ❹ *(geh.) Adelsfamilie:* das Haus Habsburg/ der Grimaldis; ▪ **altes Haus** *(umg. o veralt.)* Anrede für einen langjährigen, guten Freund; ▪ **außer Haus essen** *(umg.) in einem Restaurant oder bei Freunden essen;* ▪ **von Haus(e) aus** *(umg.) ursprünglich* Er ist von Haus(e) aus Chemiker/ein ruhiger Mensch.; ▪ **nach Hause/nachhause** *in die eigene Wohnung oder Heimat* nach Hause/ nachhause gehen; ▪ **zu Hause/zuhause** *in der eigenen Wohnung oder Heimat* Bist du heute Abend zu Hause?; ▪ **mit der Tür ins Haus fallen** *(umg.)*

H

ohne Umschweife zur Sache kommen; ■ in einer **Sache zu Hause/zuhause sein** (umg.) sich in einer Sache sehr gut auskennen; ■ **ins Haus stehen** (umg.) bevorstehen; ■ **Haus halten/haushalten** sparsam wirtschaften ◆ Groß- und Getrenntschreibung oder Klein- und Zusammenschreibung →4.14 Sie verstand es schon immer, gut Haus zu halten/hauszuhalten.; ◆ Zusammen- oder Getrenntschreibung →R 4.3 Wann fahren wir endlich nach Hause/nachhause?; Endlich sind wir wieder zu Hause/zuhause!; siehe auch **nachhause, zuhause**

Haus·an·ge·stell·te der/die <-n, -n> eine Person, die gegen Bezahlung im Haushalt hilft

Haus·an·zug der <-(e)s, Hausanzüge> ein bequemer Anzug, den man zu Hause trägt

Haus·apo·the·ke die <-, -n> Medizin und Verbandsmaterial, das man für Notfälle zu Hause aufbewahrt

Haus·ar·beit die <-, -en> ❶ die Arbeit im Haushalt: Auf mich wartet noch viel Hausarbeit.; Sie sind beide berufstätig und teilen sich die Hausarbeit. ❷ SCHULE (≈ Hausaufgaben) Habt ihr eure Hausarbeiten schon erledigt? ❸ eine schriftliche, zu Hause angefertigte Arbeit eines Studenten, die bewertet wird: eine Hausarbeit schreiben

Haus·ar·rest der <-(e)s, -e> RECHTSW. eine Strafe, bei der es der oder dem Bestraften verboten ist, das Haus zu verlassen: jemanden unter Hausarrest stellen

Haus·arzt der, **Haus·ärz·tin** <-es, Hausärzte> ein Arzt für Allgemeinmedizin, der erster Anlaufpunkt bei Erkrankungen ist und der auch Hausbesuche macht: Der Hausarzt macht einen Hausbesuch/schreibt eine Überweisung an einen Facharzt.

Haus·auf·ga·be die <-, -n> eine schriftliche oder mündliche Schulaufgabe, die zu Hause gemacht werden soll: seine Hausaufgaben erledigen/machen/vergessen haben; ■ **seine Hausaufgaben machen** (umg. übertr.) sich auf eine Sache gründlich vorbereiten

Haus·auf·ga·ben·hil·fe die <-> /kein Plur./ eine Institution, die gegen Bezahlung Schülern beim Erledigen der Hausaufgaben hilft

haus·ba·cken adj /nicht steig./ (umg. abwert.) langweilig und schlicht: Dieses Kostüm sieht ziemlich hausbacken aus.

Haus·bank die <-, -en> BANKW. die Bank, bei der man ein Konto hat und mit der man seine wichtigsten Geldgeschäfte abwickelt: sich bei/von seiner Hausbank beraten lassen

Haus·bar die <-, -s> ein Raum oder ein Schrank in einem privaten Wohnhaus, der als Bar eingerichtet ist: jemandem einen Drink aus der Hausbar anbieten

Haus·be·set·zer der, **Haus·be·set·ze·rin** <-s, -> eine Person, die ohne Mieter oder Eigentümer zu sein, in ein leer stehendes Haus¹ einzieht und es besetzt hält ▶ Hausbesetzung

Haus·be·sit·zer der, **Haus·be·sit·ze·rin** <-s, -> jmd., dem ein Haus¹ gehört

Haus·be·sor·ger der, **Haus·be·sor·ge·rin** <-s, -> ÖSTERR. Hausmeister(in)

Haus·be·such der <-(e)s, -e> der Besuch eines Hausarztes oder eines Vertreters in jmds. Privatwohnung zu dienstlichen Zwecken

Haus·be·woh·ner der, **Haus·be·woh·ne·rin** <-s, -> jmd., der in einem Haus¹ wohnt, weil er es gemietet hat oder weil es ihm gehört

Häus·chen das <-s, -> ❶ ein kleines Haus¹: ein Häuschen im Grünen haben; ■ **ganz aus dem Häuschen sein** (umg.) ganz aufgeregt sein ❷ SCHWEIZ. WC

Haus·dra·chen der <-s, -> (abwert. veralt.) zänkische Ehefrau

hau·sen ohne OBJ (umg. abwert.) ❶ ■ **jmd. haust irgendwo** unter schlechten Bedingungen wohnen: in Wellblechhütten hausen; zu viert in einem Zimmer hausen müssen ❷ ■ **jmd./etwas haust irgendwo irgendwie** große Schäden anrichten: Der Sturm hat in manchen Gegenden furchtbar gehaust.; Die Soldaten haben in der Stadt fürchterlich gehaust.

Hau·sen der <-s, -> ZOOL. eine Fischart

Häu·ser·block der <-(e)s, Häuserblöcke> mehrere Mehrfamilienhäuser, die aneinandergebaut sind: mit dem Hund einmal um den Häuserblock gehen

Häuser·mak·ler der <-s, -> (≈ Immobilienmakler)

Häu·ser·meer das <-(e)s> /kein Plur./ die vielen Häuser einer Großstadt: Es ist wirklich schwer, sich in diesem Häusermeer zurechtzufinden!

Haus·flur der <-(e)s, -e> Vorraum oder Treppenhaus: Bitte keine Fahrräder im Hausflur abstellen!

Haus·frau die <-, -en> ❶ eine (verheiratete) Frau, die für die eigene Familie den Haushalt führt: Die Arbeit einer Hausfrau wird viel zu häufig gering geschätzt. ❷ eine Frau, die nicht berufstätig ist: Sind Sie berufstätig? Nein, ich bin Hausfrau. ❸ ÖSTERR. Vermieterin eines möblierten Zimmers

Haus·freund der <-es, -e> ❶ /selten/ Freund der Familie ❷ (umg. scherzh. oder verhüll.) Geliebter der Ehefrau

Haus·frie·dens·bruch der <-(e)s> /kein Plur./ RECHTSW. unerlaubtes Betreten eines fremden Grundstücks oder Hauses

Haus·ge·brauch ■ **nur für den Hausgebrauch** (umg.) so, dass es für den eigenen Bedarf genügt: Er kann nicht sehr gut Englisch, aber für den Hausgebrauch reicht es.

Haus·ge·burt die <-, -en> Entbindung zu Hause: Als Hebamme betreut sie auch Frauen bei einer Hausgeburt.

Haus·ge·hil·fin die <-, -nen> ein Mädchen oder eine Frau, die jmdm. im Haushalt hilft

haus·ge·macht adj /nicht steig./ ❶ selbst hergestellt: hausgemachter Honig ❷ (übertr. abwert.) selbst verschuldet: Viele Probleme, die die Regierung beklagt, sind hausgemacht.

Haus·halt der <-(e)s, -e> ❶ die wirtschaftliche Einheit einer Person oder mehrerer zusammenlebender Personen: ein Haushalt mit vier Personen; jemandem den Haushalt führen; die Versorgung der privaten Haushalte mit Strom; Mein erwachsener Sohn gehört nicht mehr zum Haushalt. ◆ Einpersonen-, Mehrpersonen-, Single- ❷ /kein Plur./ die häusliche Arbeit, die in einem Haushalt¹ an-

fällt: den Haushalt machen ◆-sarbeit, -(s)gerät ❸ WIRTSCH., POL. *die Gesamtheit der öffentlichen Ausgaben und Einnahmen:* der Haushalt des Landes/der Stadt; etwas aus dem laufenden Haushalt bezahlen; den Haushalt beschließen/verabschieden ◆-(s)beratung

haus·hal·ten *ohne OBJ* ❶ ■ *jmd. haushaltet mit etwas Dat. sparsam wirtschaften:* mit seinen Kräften haushalten ❷ ■ *jmd. haushaltet (veralt.) den privaten Haushalt führen*

Haus·häl·ter *der,* **Haus·häl·te·rin** <-s, -> *eine Person, die gegen Bezahlung für andere den Haushalt führt:* Er beschäftigt für alle zu Hause anfallenden Arbeiten eine Haushälterin.

haus·häl·te·risch *adj /nicht steig./ (≈ sparsam)*

Haus·halts·ab·fäl·le <-> *Plur. (↔ Industrieabfälle) im Haushalt entstehende Abfälle*

Haus·halt(s)·aus·schuss *der* <-es, Haushalt(s)ausschüsse> POL. *eine Gruppe von Abgeordneten, die für den öffentlichen Haushalt zuständig ist*

Haus·halt(s)·be·ra·tung *die* <-, -en> POL. *Beratung des Haushaltsplanes*

Haus·halts·buch *das* <-(e)s, -bücher> *ein Notizbuch, in das jmd. seine Haushaltsausgaben hineinschreibt*

Haus·halt(s)·geld *das* <-(e)s, -er> *das Geld, das für den privaten Haushalt zur Verfügung steht:* Das Haushalt(s)geld muss für einen ganzen Monat reichen.

Haus·halt(s)·ge·rät *das* <-es, -e> *ein (elektrisches) Gerät für Arbeiten im privaten Haushalt:* Kühlschränke, Waschmaschinen und Staubsauger gibt es in der Abteilung für Haushalt(s)geräte.

Haus·halt(s)·jahr *das* <-(e)s, -e> POL., AMTSSPR. *Planungs- und Abrechnungszeitraum für die öffentlichen Einnahmen und Ausgaben:* Im kommenden Haushalt(s)jahr stehen weniger Mittel für den Straßenbau zur Verfügung.

Haus·halt(s)·mit·tel <-> *Plur.* AMTSSPR. *Gelder, die in einem öffentlichen Haushalt zur Verfügung stehen:* für einen Schulneubau Haushalt(s)mittel zur Verfügung stellen; Er wurde verdächtigt, private Anschaffungen aus Haushalt(s)mitteln bezahlt zu haben.

Haus·halt(s)·plan *der* <-(e)s, Haushalt(s)pläne> POL., AMTSSPR. *Planung der öffentlichen Einnahmen und Ausgaben für einen bestimmten Zeitraum:* Im Haushalt(s)plan für das kommende Jahr werden diese Ausgaben berücksichtigt.

Haus·halt(s)·wa·ren <-> *Plur. die Gesamtheit aller Geräte oder Dinge, die in einem privaten Haushalt verwendet werden können:* Bestecke, Pfannen und Töpfe gibt es in der Abteilung für Haushalt(s)waren.

Haus·herr *der,* **Haus·her·rin** <-en, -en> ❶ *(≈ Gastgeber(in))* Die Gäste wurden an der Tür vom Hausherrn begrüßt. ❷ *(veralt.: ≈ Familienoberhaupt)* Wenn der Hausherr etwas sagte, durfte es keinen Widerspuch geben. ❸ SÜDDT., ÖSTERR. *Eigentümer(in) eines Mietshauses:* vom Hausherren eine Kündigung erhalten

haus·hoch *adj /nicht steig./* ❶ *(≈ riesig)* eine haushohe Flutwelle; Die Flammen loderten haus-

hoch. ❷ *(umg.) unübertroffen:* der gegnerischen Mannschaft haushoch überlegen sein; Wir haben haushoch gewonnen, die anderen hatten keine Chance.

hau·sie·ren *ohne OBJ* ■ *jmd. hausiert mit etwas Dat.* ❶ *(veralt.) Waren an der Haustür verkaufen:* mit Bürsten hausieren; Betteln und Hausieren verboten! ❷ *(umg. abwert.) etwas aufdringlich weitererzählen:* mit einer Neuigkeit überall hausieren gehen

Hau·sie·rer *der,* **Hau·sie·re·rin** <-s, -> *(veralt.) eine Person, die Waren an der Haustür verkauft*

haus·in·tern *adj /nicht steig./ so, dass es nur innerhalb eines Unternehmens oder eines Hotels gilt:* hausinterne Angelegenheiten/Regelungen; Die Essenbons gelten nur hausintern.

Haus·ju·rist *der* <-en, -en> *(≈ Justitiar)*

Haus·kon·zert *das* <-(e)s, -e> *in einem Privathaus gegebenes Konzert*

Haus·leh·rer *der,* **Haus·leh·re·rin** <-s, -> *(≈ Privatlehrer) eine Person, die (einen) Schüler privat zu Hause unterrichtet:* Die Prinzen werden von einem Hauslehrer unterrichtet.

häus·lich *adj* ❶ *im oder am eigenen Haus:* häusliches Glück; häusliche Krankenpflege ❷ *so, dass man gern zu Hause ist:* Er ist ein häuslicher Typ und vereist nicht gern.

Haus·mann *der* <-(e)s, Hausmänner> *ein Mann, der nicht berufstätig ist und den Haushalt der eigenen Familie besorgt:* Er ist Hausmann und seine Frau verdient den Lebensunterhalt.

Haus·manns·kost *die* <-> */kein Plur./ einfaches kräftiges Essen:* Die Gaststätte bietet außer solider Hausmannskost auch die eine oder andere Delikatesse.

Haus·mar·ke *die* <-, -n> *eine bestimmte Marke von etwas, die in einem Lokal grundsätzlich geführt wird*

Haus·meis·ter *der,* **Haus·meis·te·rin** <-s, -> ❶ *eine Person, die Reparatur- und Reinigungsarbeiten in einem größeren Gebäude durchführen, überwachen oder veranlassen muss:* der Hausmeister einer Schule/eines großen Wohnhauses ❷ SCHWEIZ. *(veralt.) Hausbesitzer*

Haus·mit·tel *das* <-s, -> *ein selbst gefertigtes Mittel gegen eine Krankheit:* Bei Erkältungen helfen häufig schon erprobte und bewährte Hausmittel, es muss nicht immer Medizin aus der Apotheke sein.

Haus·müll *der* <-s> */kein Plur./ der Müll, der in privaten Haushalten entsteht:* eine Deponie für Hausmüll; *siehe* **Müll**

Haus·num·mer *die* <-, -n> *die Zahl, mit der die Häuser in einer Straße gekennzeichnet sind und die am Haus sichtbar angebracht ist.:* Welche Hausnummer habt ihr?

Haus·ord·nung *die* <-, -en> ❶ *die Vorschriften, die das Leben in einem Haus regeln:* die Hausordnung unseres Mietshauses/unserer Schule ❷ *der schriftliche Text, in dem die Hausordnung[1] dargestellt ist*

Haus·par·tei *die* <-, -en> ÖSTERR. *Hausbewohner*

Haus·rat *der* <-(e)s> */kein Plur./ die Gesamtheit der Gegenstände, die zu einem Haushalt[1] gehören:* alten Hausrat verkaufen

H

Haus·samm·lung *die* <-, -en> *der Vorgang, dass jmd. im Namen einer Sache von Haus zu Haus geht und Geld für einen (wohltätigen) Zweck sammelt*

Haus·schwein *das* <-s, -e> *(↔ Wildschwein) als Nutztier gehaltenes Schwein*

Haus·se *die* ['ho:sə/o:s] <-, -n> WIRTSCH. *(↔ Baisse) Ansteigen der Börsenkurse*

Haus·su·chung *die* <-, -en> RECHTSW. *die polizeiliche Durchsuchung einer Wohnung oder Firma zur Sicherung von Beweismaterial oder zum Auffinden gesuchter Personen: bei jemandem eine Haussuchung durchführen*

Haus·tier *das* <-(e)s, -e> ❶ *ein Nutztier, das zur wirtschaftlichen Nutzung (im Haus) gehalten wird:* Kühe, Schweine, Schafe und Hühner sind Haustiere. ❷ *ein Heimtier, das zur Freude (im Haus) gehalten wird:* sich einen Hund/eine Katze als Haustier halten

Haus·ty·rann *der* <-en, -en> *(umg.) ein herrischer Ehemann*

Haus·ver·bot *das* <-(e)s, -e> *das Verbot, ein Haus oder eine Firma zu betreten:* Nach diesem Vorfall erteilte ihm der Chef Hausverbot.; in einer Gaststätte Hausverbot haben

Haus·wart *der* <-s, -e> ÖSTERR. *Hausmeister*

Haus·wirt *der*, **Haus·wir·tin** <-(e)s, -e> *die Person, der das Haus gehört, in dem man eine Wohnung gemietet hat:* Den Schaden müssen wir unserem Hauswirt melden.

Haus·wirt·schaft *die* <-> */kein Plur./* SCHULE *ein Schulfach, in dem Haushaltsführung unterrichtet wird*

Haus·zeit·schrift *die* <-, -en> *(↔ Kundenmagazin) die firmeninterne Zeitschrift eines (großen) Unternehmens*

Haut *die* <-, Häute> ❶ */kein Plur./ das Organ, das die gesamte Körperoberfläche beim Menschen und bei Tieren bedeckt:* eine dunkle/helle/rosige Haut haben; die glitschige, schuppige Haut eines Fisches; die Haut eincremen/verbrennen; eine empfindliche Haut haben ◆-alterung, -arzt, -ärztin, -ausschlag, -creme/-krem/-kreme, -farbe, -fetzen, -pflege, -reizung ❷ *eine Tierhaut, die zur Weiterverarbeitung zu Leder bestimmt ist:* Aus den Häuten der Rehe machten die Indianer Mokassins.; die Häute von Kühen/Schlangen/Schweinen zu Leder verarbeiten ❸ *die Schale bestimmter Früchte und Gemüse:* die Haut eines Pfirsichs; Zwiebeln haben viele Häute. ❹ *eine dünne Schicht, die etwas bedeckt oder umgibt:* Wenn man Milch kocht, entsteht eine Haut.; die Haut einer Wurst abziehen; Der See hatte eine dünne Haut aus Eis.; Die äußere Haut eines Flugzeugs besteht aus Aluminium. ❺ *hautartige Gebilde:* Häute an den Vordergliedmaßen dienen den Fledermäusen zum Fliegen.; ■ **eine gute/ehrliche Haut** *(umg.) ein guter/ehrlicher Mensch;* ■ **eine dicke Haut haben** *(umg.) nicht übermäßig empfindlich sein;* ■ **mit Haut und Haaren** *(umg.) völlig;* ■ **nur Haut und Knochen sein** *(umg.) völlig abgemagert sein;* ■ **mit heiler Haut davonkommen** *(umg.) bei etwas Gefährlichem (glücklicherweise) keinen Schaden nehmen;* ■ **wegen etwas**

aus der Haut fahren *(umg.) sich über etwas aufregen;* ■ **auf der faulen Haut liegen** *(umg. abwert.) nichts tun;* ■ **nass bis auf die Haut sein** *(umg.) völlig durchnässt sein;* ■ **sich seiner Haut wehren** *(umg.) sich wehren;* ■ **jemandem unter die Haut gehen** *(umg.) bei jmdm. starke Empfindungen auslösen*

Haut·al·te·rung *die* <-> */kein Plur./ der Alterungsprozess der Haut[1]*

Häut·chen *das* <-s, -> ANAT., BOT. *ein hautartiges Gebilde oder eine Membran:* Das Trommelfell ist ein kleines Häutchen im Ohr.

häu·ten **I.** *mit OBJ* ■ **jmd. häutet ein Tier** *die Haut abziehen:* eine Kuh häuten **II.** *mit SICH* ■ **ein Tier häutet sich** *seine Haut abwerfen:* Die Schlange hat sich gehäutet.

haut·eng *adj /nicht steig./ (↔ weit) sehr eng am Körper anliegend:* ein hautenges Kleid

Haute·vo·lee *die* [(h)o:tvo'le:] <-> */kein Plur./ (geh. abwert.) vornehme Gesellschaft:* zur Hautevolee gehören

Haut·fet·zen *der* <-s, -> *ein kleines Stück der Haut[1]*

haut·scho·nend *adj /nicht steig./ so, dass Kosmetika die Haut nicht reizen*

Haut·talg *der* <-(e)s> */kein Plur./ das natürliche Fett der Haut*

Haut·über·tra·gung *die* <-, -en> MED. *(≈ Hauttransplantation) der Vorgang, dass (ein Stück) Haut[1] von einem Körper(teil) auf ein anderes verpflanzt wird*

Haut·un·rein·hei·ten <-> *Plur. entzündliche Pickel, die sich in der Haut[1] bilden*

haut·ver·träg·lich *adj /nicht steig./ so, dass es gesund für die Haut[1] ist und nicht zu Irritationen führt:* besonders hautverträgliche Duschgels/ Seifen/Spülmittel ◆ Hautverträglichkeit

Ha·va·rie *die* <-, -n> ❶ SEEW., LUFTF. *ein Unfall, bei dem ein Schiff oder Flugzeug involviert ist:* Vor der französischen Küste kam es zur Havarie eines Tankers. ❷ *ein Schaden an einer größeren technischen Anlage:* In diesem Chemiebetrieb kam es schon mehrfach zu Havarien. ❸ ÖSTERR. *Unfall(schaden) eines Autos:* Auf der vereisten Fahrbahn ereigneten sich mehrere Havarien.

Ha·waii *das* <-s> *Inselgruppe, die ein Bundesstaat der USA ist*

Ha·xe *die siehe* **Hachse**

Ha·zi·en·da *die* <-, -s> *eine große Farm in Südamerika*

H-Bom·be *die* ['ha:bɔmbə] <-, -n> MILIT. *Wasserstoffbombe*

H-Dur *das* <-s> */kein Plur./ eine Tonart*

he *interj verwendet, um jmdn. auf sich aufmerksam zu machen:* He du, was machst du da?; He da, kommen Sie mal her!; He, was soll denn das?

Head·hun·ter *der* ['hɛdhʌntɐ] <-s, -> WIRTSCH. *jmd., der im Auftrag anderer Unternehmen Führungskräfte abwirbt*

Hea·ring *das* ['hɪərɪŋ] <-s, -s> POL. *eine öffentliche Befragung und Anhörung von Zeugen und Sachverständigen*

Heb·am·me *die* <-, -n> *eine Frau, die beruflich bei Geburten hilft*

He·be·büh·ne *die* <-, -n> TECHN. *eine Plattform zum Heben von Lasten oder Fahrzeugen*

He·bel *der* <-s, -> ❶ PHYS., TECHN. *ein langer Stab, der drehbar gelagert ist und zur Kraftübertragung dient:* eine schwere Kiste mit Hilfe eines Hebels ankippen ❷ *ein Griff an einem Gerät zum Ein- und Ausschalten:* einen Hebel betätigen/umlegen; ▪ **alle Hebel in Bewegung setzen** *(umg.) alles versuchen, um sein Ziel zu erreichen;* ▪ **am längeren Hebel sitzen** *(umg.) eine bessere Position und daher auch mehr Macht und Einfluss als eine andere Person haben*

He·bel·arm *der* <-(e)s, -e> PHYS. *der Teil des Hebels ¹ zwischen dem Drehpunkt und der Stelle, an der die Kraft einwirkt:* der kurze und der lange Hebelarm

He·bel·ge·setz *das* <-es, -e> PHYS. *ein physikalisches Gesetz über das Verhältnis der Hebelarme zu Kraft und Last*

He·bel·wir·kung *die* <-, -en> *der Vorgang, dass etwas wie ein Hebel ¹ wirkt*

he·ben <hebst, hob, hat gehoben> **I.** *mit OBJ* ❶ ▪ *jmd. hebt jmdn./etwas (auf etwas Akk.) durch eine Kraft bewirken, dass jmd. oder etwas nach oben gelangt:* mühelos schwere Lasten heben können; ein Kind auf die Schulter heben; einen Container auf ein Schiff heben ❷ ▪ *jmd./ein Tier hebt etwas emporstrecken:* den Kopf/den rechten Arm heben; Der Hund hob ein Bein. ❸ ▪ *jmd. hebt etwas (geh.:* ↔ *versenken) bergen:* ein versunkenes Schiff heben; einen vergrabenen Schatz heben ❹ ▪ *etwas hebt etwas aufwerten oder verbessern:* das Lebensniveau heben; die Stimmung heben; Dein Lob hat sein Selbstbewusstsein gehoben. **II.** *mit SICH* ▪ *etwas hebt sich* ❶ (↔ *senken) sich nach oben bewegen:* Der Wasserspiegel hebt sich allmählich.; Das Gebirge hat sich im Laufe der Zeit aus dem Meeresgrund gehoben.; Der Theatervorhang hebt sich. ❷ (↔ *verschlechtern) sich verbessern:* Die Stimmung hob sich.; ▪ **einen heben** *(umg.) Alkohol trinken*

He·b·rä·er *der*, **He·b·rä·e·rin** <-s, -> GESCH. *die biblische Bezeichnung für die Angehörigen des israelitischen Volkes*

he·b·rä·isch *adj /nicht steig./ die Hebräer betreffend:* die hebräische Sprache; das Hebräische; hebräisch/Hebräisch sprechen

He·bung *die* <-, -en> ❶ SEEW. *die Bergung eines gesunkenen Schiffes:* die Hebung eines Schiffswracks ❷ *die Verbesserung:* zur Hebung des Wohlbefindens beitragen ❸ SPORT *eine gymnastische Übung, bei der jmd. hochgehoben wird* ❹ *das Emporwachsen von Gebirgen:* Das Gebirge ist durch Hebungen und Faltungen entstanden.

he·cheln <hechelst, hechelte, hat gehechelt> *ohne OBJ* ▪ *ein Tier hechelt mit offenem Maul atmen:* Der Hund hechelt.

Hecht *der* <-(e)s, -e> *ein Raubfisch;* ▪ **ein toller Hecht** *(umg.) eine Person, die man (für etwas) bewundert;* ▪ **ein dürrer Hecht** *(umg. abwert.) ein Mann oder Junge, der sehr dünn ist*

Hecht·sprung *der* <-(e)s, Hechtsprünge> *(umg.) ein Sprung mit vorgestreckten Armen kopfüber ins Wasser:* Er landete mit einem Hechtsprung im See.

Heck *das* <-s, -s> *der hintere Teil eines Schiffes, Autos oder Flugzeugs:* Das Heck des Autos wurde bei dem Unfall leicht beschädigt.; Unsere Plätze befinden sich im Heck des Schiffes/Flugzeugs.

Heck·ab·la·ge *die* <-, -n> KFZ *im Fahrzeugheck befindliche Ablage*

He·cke *die* <-, -n> *eine dicht gepflanzte Reihe von Büschen:* Zwischen beiden Grundstücken verläuft eine Hecke.

He·cken·ro·se *die* <-, -n> *eine strauchförmig wachsende Rosenart*

He·cken·sche·re *die* <-, -n> *eine große Schere zum Beschneiden von Hecken*

He·cken·schüt·ze *der* <-n, -n> *(abwert.) eine Person, die aus dem Hinterhalt auf andere schießt*

Heck·klap·pe *die* <-, -n> KFZ *größere Kofferraumklappe*

Heck·meck *der* <-s> */kein Plur./ (umg. abwert.) etwas, das man als unsinnigen Aufwand empfindet:* Ich verstehe gar nicht, warum er immer so einen Heckmeck veranstaltet!

Heck·mo·tor *der* <-s, -en> KFZ (↔ *Frontmotor) ein Motor, der sich im Heck des Fahrzeugs befindet*

Heck·schei·be *die* <-, -n> KFZ *eine Fensterscheibe am Fahrzeugheck*

he·da *interj Anruf, um jmdn. auf sich aufmerksam zu machen und zu warnen:* Heda, antworten Sie gefälligst!; Heda, was tun Sie da?

Heer *das* <-(e)s, -e> ❶ MILIT. (↔ *Marine, Luftwaffe) die Landstreitkräfte:* der Oberkommandierende des Heeres ❷ MILIT. *die Gesamtheit der Streitkräfte eines Landes:* das siegreiche/feindliche Heer ❸ *(umg.) eine große Menge von etwas:* das Heer der Arbeitslosen; ein Heer von Ameisen

Hee·res·be·stän·de ▪ **aus Heeresbeständen** *(von Waren) aus Beständen der Armee*

Heer·schar *die* <-, -en> */meist Plur./ (umg. abwert.) eine große Menge:* Ganze Heerscharen von Touristen wälzten sich durch die Stadt.; ▪ **die himmlischen Heerscharen** *die Engel*

He·fe *die* <-, -n> *ein aus Hefepilzen bestehendes Gär- und Treibmittel:* Hefe für die Herstellung von Bier/Wein; die Hefe für den Teig ansetzen ◆ -gebäck, -teig

Heft¹ *das* <-(e)s, -e> *der Griff einer Stichwaffe:* Er stieß seinem Gegner das Messer/Schwert bis ans Heft in die Brust.; ▪ **das Heft in der Hand behalten/nicht aus der Hand geben** *(geh.) Herr der Lage bleiben*

Heft² *das* <-(e)s, -e> ❶ (≈ *Schreibheft) etwas in sein Heft schreiben;* die Hefte austeilen/einsammeln ❷ *eine gedruckte Broschüre oder eine Ausgabe einer Zeitschrift:* Der Beitrag ist in Heft 2 der Zeitschrift erschienen.

hef·ten *mit OBJ* ❶ ▪ *jmd. heftet etwas an etwas Akk. befestigen:* ein Plakat an die Tür heften ❷ ▪ *jmd. heftet etwas mit Faden oder Klammern zusammenfügen:* ein Buch heften ❸ ▪ *jmd. heftet etwas vorläufig zusammennähen:* eine Naht/einen Saum heften; ▪ **die Augen/seinen Blick auf etwas heften** *(geh.) etwas unverwandt ansehen*

H

Er heftete seinen Blick auf den Boden.; ■ **sich an jemandes Fersen heften** *jmdn. verfolgen*

Hẹf·ter *der* <-s, -> ❶ *eine Mappe für Schriftstücke:* mein Hefter mit den Aufzeichnungen aus dem Englischunterricht ❷ *ein Bürogerät zum Heften*² *von Papier*

hẹf·tig *adj* ❶ *stark; gewaltig:* ein heftiger Sturm; heftige Zweifel an etwas haben; Deine Kritik ist etwas zu heftig ausgefallen.; Plötzlich gab es einen heftigen Ruck. ❷ *aufbrausend; unbeherrscht:* Er hat eine ziemlich heftige Art.; Sei doch nicht immer gleich so heftig!

Hẹf·tig·keit *die* <-> */kein Plur./* ❶ *Stärke; Intensität:* ein Unwetter von ungewöhnlicher Heftigkeit ❷ *Ungestüm; fehlende Beherrschung:* Deine Heftigkeit wird dir noch einmal schaden!

Hẹft·klam·mer *die* <-, -n> *eine Klammer zum Zusammenheften von Papier*

Hẹft·pflas·ter *das* <-s, -> *ein selbstklebender, kleinerer Wundverband*

He·ge·mo·nie *die* <-, -n> POL. *Vorherrschaft:* die wirtschaftliche Hegemonie eines Staates/einer Gesellschaftsschicht über andere ▸ hegemonial, hegemonisch

he·gen *mit OBJ* ❶ *pflegen und umsorgen:* den Wald und das Wild hegen; ein kleines Kind hegen und pflegen ❷ ■ *jmd. hegt etwas (geh.) haben:* Er hegte tiefe Gefühle für sie.; einen Verdacht hegen

Hehl ■ **keinen Hehl aus etwas machen** *etwas nicht verbergen* Er machte keinen Hehl aus seiner Abneigung gegen sie.

Heh·ler *der,* **Heh·le·rin** <-s, -> RECHTSW. *eine Person, die mit Diebesgut handelt*

Heh·le·rei *die* <-, -en> RECHTSW. *der Handel mit Diebesgut;* sich der Hehlerei schuldig machen

hehr *adj (geh.: ≈ edel, erhaben) so, dass es nicht von materiellen Anreizen, sondern von ideellen Werten geleitet ist:* die hehren Ziele unserer Organisation

Hei·de¹ *die* <-> */kein Plur./* ❶ *eine sandige, baumlose und unbebaute Landschaft:* die blühende/grüne Heide ❷ */kein Plur./* NORDDT., OSTMDT. *ein Kiefernwald auf sandigem Boden:* die Lüneburger Heide ❸ */kein Plur./* BOT. *(≈ Heidekraut)*

Hei·de² *der,* **Hei·din** <-n, -n> *(veraltet.)* REL. *Nichtchrist(in) bzw. ungetaufte oder religionslose Person; Person, die einer nicht monotheistischen Religion angehört* ▸ Heidentum

Hei·de·kraut *das* <-(e)s> */kein Plur./ ein blühender Zwergstrauch, der auf Sand- und Moorböden wächst*

Hei·del·bee·re *die* <-, -n> ❶ *in Wäldern und Heideland wachsender Zwergstrauch mit blauen Beeren* ❷ *die Frucht der Heidelbeere*¹*:* Kompott aus Heidelbeeren

Hei·den- *als Erstglied zusammengesetzter Substantive, mit Betonung auf beiden Teilen; drückt aus, dass das mit dem Zweitglied Bezeichnete sehr intensiv ist bzw. von großer Menge* ◆-angst, -arbeit, -geld, -lärm, -respekt, -spaß, -spektakel

Hei·den·tum *das* <-s> */kein Plur./ alle Menschen, die nicht an den christlichen Gott glauben*

heid·nisch *adj /nicht steig./ die Heiden betreffend:* heidnischer Glaube; heidnische Völker

Heid·schnu·cke *die* <-, -n> *eine Schafrasse, die besonders in der Lüneburger Heide vorkommt*

hei·kel <heikler, am heikelsten> *adj* ❶ *(≈ haarig) so schwierig, dass man es sehr vorsichtig behandeln muss:* Das ist eine heikle Angelegenheit/ein heikles Thema. ❷ *wählerisch:* Sie war mit dem Essen schon immer sehr heikel.

Heil *das* <-(e)s> */kein Plur./* ❶ *jds. persönliches Wohlergehen:* sein Heil in der Familie/im Alkohol suchen ◆-kraft ❷ REL. *die Erlösung von Sünden:* das ewige Heil seiner Seele suchen; ■ **sein Heil in der Flucht suchen** *(umg.) fliehen* ◆ Seelen-

heil *adj /nicht steig./* ❶ *unverletzt:* Er ist heil am Fuße der Skipiste angekommen.; Sie hat den Sturz heil überstanden. ❷ *(umg.) wieder gesund:* Ist das Bein wieder heil? ❸ *(umg.)* NORDDT. *ganz oder intakt:* Die Uhr ist auf den Boden gefallen und heil geblieben.

Hei·land *der* <-(e)s, -e> REL. ❶ */kein Plur./ Jesus Christus:* der gekreuzigte Heiland ❷ *Erlöser:* seinen Heiland gefunden haben

Heil·an·stalt *die* <-, -en> *(veralt.) Krankenhaus für Menschen mit langwierigen Krankheiten:* eine Heilanstalt für Lungenkranke/psychisch Kranke ◆ Trinker-

heil·bar *adj /nicht steig./ so, dass es geheilt werden kann:* eine heilbare Krankheit

Heil·be·hand·lung *die* <-, -en> *(≈ Therapie) eine Behandlung, die der Heilung einer Krankheit dient*

Heil·be·ruf *der* <-(e)s, -e> *ein Beruf im Bereich der Medizin und verwandter Gebiete wie Krankengymnastik, Rehabilitation usw.*

heil·brin·gend *adj (geh.: ≈ segensreich)*

Heil·butt *der* <-s> */kein Plur./* ZOOL. *ein im Meer lebender Plattfisch*

hei·len <heilst, heilte, hat/ist geheilt> I. *mit OBJ (haben)* ❶ ■ *jmd. heilt jmdn. gesund machen:* Der Arzt/die Medizin hat den Patienten (von der Krankheit) geheilt. ❷ ■ *jmd. heilt etwas eine Krankheit beseitigen:* Einige Krankheiten können noch nicht geheilt werden. II. *ohne OBJ (sein)* ■ *etwas heilt gesund werden:* Die Wunde ist geheilt.; ■ *jemanden von etwas heilen (umg. übertr.) jmdn. von einem Laster befreien:* Die schwere Krankheit hat ihn vom Rauchen geheilt.

heil·froh *adj /nicht steig./ (umg.) sehr froh:* Ich bin heilfroh, dass ich wieder zu Hause bin.

hei·lig *adj /nicht steig./* ❶ *so, dass es Gegenstand religiöser Verehrung ist:* die heiligen Stätten einer Religion; Dieser Berg ist für die Indianer heilig.; Der Ganges ist ein heiliger Fluss für die Hindus.; das Heilige Land/Grab ❷ *zum oder zur Heiligen erklärt:* jemanden heiligsprechen; die heilige Elisabeth; der heilige Sebastian ❸ *Heil spendend (in der christlichen Religion):* die heiligen Sakramente; die heilige Taufe ❹ *(geh.) von großem moralischem Wert und daher unantastbar oder nicht zu hinterfragen:* Die Freiheit ist ein heiliges Gut.; Dir ist nichts heilig!; der Heilige Krieg ❺ *(umg.) sehr groß:* mit heiligem Ernst; einen heiligen Zorn bekommen.; ■ **Heiliger Bimbam!** *(umg.) Ausruf*

des Erstaunens oder Erschreckens; ■ die Heilige
Nacht *Weihnachten;* ■ der Heilige Vater *der
Papst;* ■ heilighalten *feiern oder heiligen* den
Sonntag heilighalten; ■ jemandem etwas hoch
und heilig versprechen *(umg.) jmdm. etwas
ganz fest versprechen* ♦ Großschreibung →R 3.17
der Heilige Abend/Heiliger Abend; die Heilige Allianz; der Heilige Geist; das Heilige Grab; die Heilige
Jungfrau; die Heilige Schrift; die Heiligen Drei Könige; die Heilige Stadt (Jerusalem); das Heilige Römische Reich Deutscher Nation; der Heilige Krieg

Hei·lig·abend, *a.* **Hei·li·ger Abend** *der* <-s>
/kein Plur./ der 24. Dezember

Hei·li·ge *der/die* <-n, -n> ❶ *eine Person, die Gegenstand religiöser Verehrung ist:* der heilige
Franz von Assisi; als Heilige/Heiliger verehrt werden; Er ist für die Anhänger dieser Religion ein Heiliger. ❷ *(umg. iron.) eine Person mit einem tadel-
losen Lebenswandel:* Er ist auch nicht gerade ein
Heiliger!; Er ist schon ein komischer Heiliger!

hei·li·gen *mit OBJ* ❶ ■ *jmd. heiligt jmdn./etwas
(geh.) weihen oder heilighalten:* Du sollst den Feiertag heiligen.; Geheiligt werde dein Name!; gehei-
ligte Stätten; jemandes geheiligtes Recht nicht antasten ❷ ■ *etwas heiligt etwas rechtfertigen
oder gutheißen:* Der Zweck heiligt die Mittel.

Hei·li·gen·fi·gur *die* <-, -en> *eine Art (kleinere)
Statue, die einen Heiligen darstellt*

hei·li·g·hal·ten <hältst heilig, hielt heilig, hat hei-
liggehalten> *mit OBJ* ■ *jmd. hält jmdn./etwas
heilig etwas nach religiösen Regeln halten/tun*
♦ Zusammenschreibung →R 4.5, 4.6 Du sollst
den Sonntag heilighalten.; das Andenken heilighalten

hei·li·g·spre·chen <sprichst heilig, sprach heilig,
hat heiliggesprochen> *mit OBJ* ■ *jmd. spricht
jmdn. heilig offiziell zum Heiligen erklären* ♦ Zusammenschreibung →R 4.5 Der Papst hat ihn
nach langer Diskussion doch heiliggesprochen.

Hei·li·gen·le·gen·de *die* <-, -n> *eine Erzählung
von Leben und Wirken eines Heiligen*

Hei·li·gen·schein *der* <-(e)s, -e> REL. *der Strahlenkranz um den Kopf eines einer Heiligen in
bildlichen Darstellungen:* einen Heiligenschein haben

Hei·lig·keit ■ Seine Heiligkeit *Anrede für den
Papst*

Hei·lig·tum *das* <-(e)s, Heiligtümer> ❶ *ein heiliger Ort:* ein buddhistisches Heiligtum; antike Heiligtümer aufsuchen/besichtigen; ein Heiligtum
entweihen ❷ *ein heiliger Gegenstand:* Die Thora-
rollen sind Heiligtümer in der jüdischen Religion.;
Die Reliquien werden als Heiligtümer verehrt.
❸ *(umg. iron.) etwas, das jmdm. überaus wichtig
ist:* Die Familie ist ihr Heiligtum.; Sein Hobbyraum
ist sein Heiligtum.

Heil·kli·ma *das* <-s, -s> *ein Klima, das der Gesundheit dienlich ist*

Heil·kraft *die* <-, Heilkräfte> *heilende Wirkung:*
die Heilkraft einer Pflanze/einer Medizin/des
Schlafes

Heil·kraut *das* <-(e)s, Heilkräuter> *ein Kraut, das
als Bestandteil von Arzneimitteln die Heilung von
Krankheiten beschleunigt*

Heil·kun·de *die* <-> /kein Plur./ *die Wissenschaft
von der Heilung von Krankheiten*

heil·kun·dig *adj /nicht steig./ mit Kenntnissen im
Bereich der Heilkunde:* heilkundige Frauen des
Mittelalters

heil·los *adj /nicht steig./ (abwert.) ungeheuer:*
ein heilloses Durcheinander; sich heillos verirrt
haben

Heil·me·tho·de *die* <-, -n> *ein bestimmtes Verfahren, mit dem jmd. geheilt werden soll*

Heil·mit·tel *das* <-s, -> ❶ *(≈ Medikament) ein
Mittel zur Heilung von Krankheiten:* natürliche
Heilmittel; Gegen diese Krankheit gibt es jetzt ein
Heilmittel. ❷ *(übertr.) Hilfe gegen etwas:* Schlaf ist
das beste Heilmittel gegen Müdigkeit.; In dieser
Krise wusste keiner ein Heilmittel.

Heil·pflan·ze *die* <-, -n> *eine Pflanze, die heilende Stoffe enthält*

Heil·prak·ti·ker *der*, **Heil·prak·ti·ke·rin** <-s, ->
*jmd., der beruflich Kranke mit Heilmethoden be-
handelt, die sich von der herkömmlichen Medizin
unterscheiden*

Heil·quel·le *die* <-, -n> *eine Quelle, deren Wasser
die Heilung von Krankheiten fördert*

heil·sam *adj /nicht steig./ nützlich, indem es
jmdn. zum Umdenken bewegt:* Das war eine heilsame Erfahrung für ihn.

Heils·ar·mee *die* <-> /kein Plur./ *eine militärisch
organisierte religiöse Organisation mit wohltätigen Zielen*

Heil·schlaf *der* <-s> /kein Plur./ MED. *Tiefschlaf,
in den jmd. versetzt wird, damit eine Krankheit
geheilt wird*

Hei·lung *die* <-, -en> *die Gesundung:* die Heilung
eines Kranken/einer Wunde

Heim *das* <-(e)s, -e> ❶ */Plur. selten/ Wohnung/
Zuhause:* in ein neues Heim einziehen; ein gemütliches Heim; für ein eigenes Heim sparen ❷ *eine
Einrichtung zur Unterbringung (und Betreuung)
einer bestimmten Gruppe von Menschen:* ein
Heim für Blinde/Obdachlose/Kinder; zur Kur in
ein Heim fahren; seine Kindheit
in einem Heim verbringen ♦ Alten-, Behinderten-,
Blinden-, Kinder-

Heim·ar·beit *die* <-> /kein Plur./ *eine berufliche
Tätigkeit, die gegen Bezahlung zu Hause gemacht
wird:* seinen Lebensunterhalt mit Heimarbeit verdienen; Das wird in Heimarbeit hergestellt.

Hei·mat *die* <-> /kein Plur./ ❶ *(↔ Fremde) das
Land oder die Gegend, wo man geboren und aufgewachsen ist oder wo man sich zu Hause fühlt,
weil man schon lange dort wohnt:* nach einer langen Zeit in der Fremde in die Heimat zurückkehren; die Heimat verlassen müssen; eine neue Heimat finden ♦ -dorf, -stadt ❷ *das ursprüngliche
Herkunftsland von etwas:* Die Heimat der Kartoffel
ist Südamerika.; Das Känguruh hat seine Heimat in
Australien.; Die Heimat der Olympischen Spiele ist
das alte Griechenland.

hei·mat·be·rech·tigt *adj /nicht steig./* SCHWEIZ.
*so, dass man in einer Gemeinde das Bürgerrecht
besitzt*

Hei·mat·dich·ter *der*, **Hei·mat·dich·te·rin** <-s,
-> *ein Schriftsteller, der für eine bestimmte Re-*

H

gion wichtig ist und dessen Werk eng mit ihr verbunden ist

Hei·mat·land *das* <-(e)s, Heimatländer> *das Land, in dem man (geboren und) aufgewachsen ist*

hei·mat·lich *adj /nicht steig./ (wie in) der Heimat:* die heimatliche Landschaft; die heimatliche Mundart; Wenn er Landsleute im Ausland traf, bekam er immer heimatliche Gefühle.

hei·mat·los *adj /nicht steig./ ohne Zuhause:* Krieg und Vertreibung hatten sie heimatlos gemacht.
▶ Heimatlosigkeit

Hei·mat·ro·man *der* <-(e)s, -e> *ein Roman (der Trivialliteratur), in dem eine bestimmte Region eine wesentliche Rolle spielt*

Hei·mat·schein *der* <-s, -e> SCHWEIZ. *Bescheinigung, die jmdn. als Bürger seiner Heimatgemeinde ausweist*

Hei·mat·stadt *die* <-, Heimatstädte> *die Stadt, in der man (geboren und) aufgewachsen ist*

Hei·mat·ve·rein *der* <-(e)s, -e> *ein Verein, der das Brauchtum einer bestimmten Region pflegt*

Hei·mat·ver·trie·be·ne *der/die* <-n, -n> POL. *jmd., der aus seiner Heimat vertrieben worden ist:* Die Heimatvertriebenen haben sich zu Verbänden zusammengeschlossen, um ihr Brauchtum zu pflegen und ihre Interessen zu vertreten.; *siehe* **Landsmannschaft**

heim·be·glei·ten *mit OBJ* ■ *jmd.* **begleitet** *jmdn.* **heim** *so lange mit jmdm. gehen, bis dieser an seinem eigenen Haus oder seiner eigenen Wohnung angekommen ist*

Heim·be·woh·ner *der*, **Heim·be·woh·ne·rin** <-s, -> *jmd., der in einem Pflege- oder Altenheim lebt*

Heim·chen *das* <-s, -> ❶ ZOOL. *eine Grille* ❷ *(umg. abwert.) eine unscheinbare Frau mit wenig Interessen außer dem eigenen Heim:* ein Heimchen am Herd

Heim·er·zie·her *der*, **Heim·er·zie·he·rin** <-s, -> *jmd., der als Erzieher in einem Kinder- oder Jugendheim arbeitet*

heim·fah·ren <fährst heim, fuhr heim, ist heimgefahren> **I.** *mit OBJ* ■ *jmd.* **fährt** *jmdn.* **heim** *jmdn. mit dem Auto nach Hause bringen:* Ich habe das Auto mit, ich kann dich heimfahren. **II.** *ohne OBJ* ■ *jmd.* **fährt heim** *nach Hause fahren:* Es ist schon spät, wollen wir jetzt heimfahren?

Heim·fahrt *die* <-, -en> *die Fahrt nach Hause:* sich auf der Heimfahrt befinden; Ist das auf der Heimfahrt passiert?

Heim·ge·gan·ge·ne *der/die* <-n, -n> *(verhüll.) gestorbene/verstorbene Person*

heim·ge·hen <gehst heim, ging heim, ist heimgegangen> **I.** *ohne OBJ* ■ *jmd.* **geht heim** ❶ *nach Hause gehen:* Es ist schon spät, lasst uns heimgehen. ❷ *(geh. verhüll.) sterben:* Sie ist leider viel zu früh heimgegangen.; der/die Heimgegangene **II.** *mit ES* ■ **es geht heim** *(umg.) nun machen wir uns auf den Heimweg:* Jetzt geht's endlich heim!

heim·ge·schä·digt *adj /nicht steig./ so, dass jmd. Schäden davongetragen hat, weil er in einem Kinderheim aufgewachsen ist*

heim·ho·len *mit OBJ* ■ *jmd.* **holt** *jmdn.* **heim** *jmdn. in das eigene Zuhause holen*

hei·misch *adj /nicht steig./* ❶ *zum (betreffenden) Land gehörend:* die heimische Bevölkerung/Industrie; die Pflanzen/Tiere, die dort heimisch sind ❷ *vertraut:* sich in einer Gegend heimisch fühlen; in einer neuen Umgebung schnell heimisch werden

Heim·kehr *die* <-> */kein Plur./* die Heimkehr von einer Reise/aus dem Krieg; Bei ihrer Heimkehr fanden sie die Wohnung verwüstet vor.

heim·keh·ren <kehrst heim, kehrte heim, ist heimgekehrt> *ohne OBJ* ■ *jmd.* **kehrt heim** *nach Hause kommen:* aus dem Ausland/aus der Gefangenschaft/ aus dem Krieg/von einer Reise heimkehren; Ihr Mann ist aus dem Krieg heimgekehrt.

Heim·keh·rer *der*, **Heim·keh·re·rin** <-s, -> *eine Person, die (nach langer Abwesenheit) nach Hause zurückkehrt:* Die Heimkehrer wurden von ihren Angehörigen freudig begrüßt.

heim·kom·men <kommst heim, kam heim, ist heimgekommen> *ohne OBJ* ■ *jmd.* **kommt heim** *nach Hause kommen:* Wann wirst du heute von der Arbeit heimkommen?

Heim·lei·tung *die* <-, -en> *die Leitung eines Pflege- oder Altenheims* ▶ Heimleiter, Heimleiterin

heim·lich *adj /nicht steig./ so, dass man aus Angst vor dem Entdecktwerden ganz verstohlen handelt:* eine heimliche Liebe; jemandem heimlich etwas zuflüstern; Er hat viele heimliche Anhänger, die sich nie offen zu ihm bekennen würden.; ■ **heimlich, still und leise** *(umg.) ganz leise und unbemerkt*

Heim·lich·keit *die* <-, -en> ❶ */kein Plur./ die Verborgenheit eines Tuns:* Wir haben die Überraschung in aller Heimlichkeit vorbereitet. ❷ */nur Plur./ Geheimnis:* Was habt ihr denn wieder für Heimlichkeiten!; viele Heimlichkeiten vor dem Weihnachtsfest

Heim·lich·tu·e·rei *die* <-, -en> *(umg. abwert.) die Gewohnheit, alles geheim zu halten:* Das kommt nur von eurer verdammten Heimlichtuerei!

heim·lich·tun <tust heimlich, tat heimlich, hat heimlichgetan> *ohne OBJ* ■ *jmd.* **tut heimlich** *ein Geheimnis aus einer Sache machen* ◆ Zusammenschreibung →R 4.5, 4.6 Warum musst du mit allem so heimlichtun?

Heim·nie·der·la·ge *die* <-, -n> SPORT *eine Niederlage bei einem Heimspiel*

Heim·platz *der* <-es, Heimplätze> *ein Platz in einem Pflege- oder Altenheim*

Heim·rei·se *die* <-, -n> *die Reise nach Hause:* sich auf der Heimreise befinden

Heim·sieg *der* <-(e)s, -e> SPORT *der Sieg bei einem Heimspiel*

Heim·spiel *das* <-(e)s, -e> SPORT (↔ Auswärtsspiel) *ein Spiel, das auf dem heimischen Platz stattfindet:* ein Heimspiel verlieren

Heim·statt *die* <-> */kein Plur./ (geh.: ≈ Heimat)*

heim·su·chen *mit OBJ* ❶ ■ *jmd./etwas sucht jmdn./etwas heim* (≈ befallen, hereinbrechen) *als ein sehr schlimmes und negatives Ereignis* *über jmdn. oder etwas kommen:* Das Land ist von einem schweren Unwetter/einer Heuschreckenplage/vom Krieg heimgesucht worden.; von einer schweren Krankheit/Albträumen heimgesucht werden ❷ ■ *jmd. sucht jmdn./etwas heim (umg. scherzh.)* besuchen; Wann dürfen wir euch mal heimsuchen?; Am Wochenende wurde sie mal wieder von ihrer Verwandtschaft heimgesucht.

Heim·su·chung *die* <-, -en> *(geh.)* ein schwerer *Schicksalsschlag:* Die Hochwasserkatastrophe war eine erneute schwere Heimsuchung für das arme Land.

Heim·tier *das* <-(e)s, -e> *ein Haustier, das zur Freude (im Haus) gehalten wird:* Meerschweinchen, Katzen oder Hunde sind Heimtiere.

Heim·tü·cke *die* <-> */kein Plur./* (≈ *Hinterhältigkeit)* jemandes Heimtücke fürchten

heim·tü·ckisch *adj* ❶ *hinterlistig oder boshaft:* Ich mag seine heimtückische Art nicht.; ein heimtückischer Mord/Überfall ❷ *in unvorhergesehener Weise gefährlich:* eine heimtückische Krankheit

heim·wärts *adv nach Hause:* Jetzt geht es heimwärts!

Heim·weg *der* <-(e)s, -e> *der Weg zum eigenen Haus oder zur eigenen Wohnung:* sich auf den Heimweg machen

Heim·weh *das* <-s> */kein Plur./* (↔ *Fernweh) die Sehnsucht nach dem Zuhause oder der Heimat:* In der Ferne befiel sie ein fürchterliches Heimweh.; Hast du im Ferienlager Heimweh gehabt?

heim·weh·krank *adj /nicht steig./ so, dass man fast krank ist, weil man sehr starkes Heimweh hat*

Heim·we·sen *das* <-s, -> SCHWEIZ. *Anwesen, ländlicher Besitz*

heim·zah·len *mit OBJ* ■ *jmd. zahlt jmdm. etwas heim* etwas Böses mit Bösem vergelten: Na warte, irgendwann werde ich dir deine Bosheiten heimzahlen!

Hein·zel·männ·chen *das* <-s, -> *ein Zwerg aus dem Märchen, der den Menschen hilft:* Die Arbeit war so schnell erledigt, da haben wohl die Heinzelmännchen mitgeholfen!

Hei·rat *die* <-, -en> *der Vorgang, dass ein Mann und eine Frau die Ehe eingehen:* Er ist durch seine Heirat zu Geld gekommen.; Sie sprachen schon nach zwei Wochen von Heirat.; Er sagte, eine Heirat komme für ihn nicht in Frage, er bleibe lieber Junggeselle. ◆ -sannoce, -smarkt, -sschwindler(in)

hei·ra·ten *mit OBJ/ohne OBJ* ■ *jmd. heiratet (jmdn.) die Ehe mit jmdm. eingehen:* Er hat seine frühere Schulfreundin geheiratet.; Sie hat schon sehr jung geheiratet.; Sie haben gestern geheiratet.; Er hat nach München geheiratet.

Hei·rats·an·trag *der* <-(e)s, Heiratsanträge> *der Vorgang, dass jmd. jmdm. anbietet, ihn zu heiraten:* jemandem einen Heiratsantrag machen

Hei·rats·an·zei·ge *die* <-, -n> ❶ *die Bekanntgabe der eigenen Heirat:* Heiratsanzeigen an die Verwandtschaft verschicken ❷ *eine Anzeige, mit der man einen Ehepartner sucht:* eine Heiratsanzeige in die Zeitung setzen

hei·rats·fä·hig *adj /nicht steig./ so alt, dass man (nach geltendem Recht) heiraten kann:* im heiratsfähigen Alter sein

hei·rats·freu·dig *adj /nicht steig./ (umg.) so, dass man gern heiraten würde*

Hei·rats·ur·kun·de *die* <-, -n> *eine Urkunde (vom Standesamt), die die Eheschließung bescheinigt*

Hei·rats·ver·mitt·ler *der,* **Hei·rats·ver·mitt·le·rin** <-s, -> *eine Person, die beruflich gegen Bezahlung Ehen vermittelt*

Hei·rats·ver·spre·chen *das* <-s, -> *der Vorgang, dass jmd. jmdm. verspricht, ihn zu heiraten*

hei·schen *ohne OBJ* ■ *jmd. heischt nach etwas Akk. (veralt. oder geh.) sehnlichst zu bekommen versuchen:* mit etwas Anerkennung heischen; sich Beifall heischend umschauen

hei·ser *adj /nicht steig./ so, dass die Stimme durch eine Erkältung oder viel Reden kratzig klingt oder fast nicht zu hören ist:* eine heisere Stimme haben; Ich bin erkältet und heiser.; sich heiser sprechen/singen; Er redet heute ganz heiser.

Hei·ser·keit *die* <-> */kein Plur./ das Heisersein:* Der Tee hilft gegen Husten und Heiserkeit.

heiß *adj* ❶ (↔ *kalt) von sehr hoher Temperatur:* glühend/kochend heiß; heißer Kaffee; Mir ist/wird heiß.; ein heißer Sommertag ❷ *leidenschaftlich; heftig:* eine heiße Diskussion; ein heißer Kampf/Streit; heiße Liebe; ihr heiß geliebtes Kind; Der heiß ersehnte Tag war gekommen.; ein heiß umkämpfter Posten; Die Aussicht auf großen Gewinn hat die Interessenten heiß gemacht. ❸ *(umg.) sehr schwierig; heikel:* ein heißes Thema; Das wird heiß! ❹ *(umg.) mitreißend:* heiße Musik/Rhythmen; ein heißes Rennen ❺ *(umg. jugendspr.) sehr gut:* ein heißer Typ; Das Konzert gestern war (echt) heiß!; Sein Auto ist ein heißer Schlitten! ❻ *(umg.) mit guter Aussicht auf Erfolg:* ein heißer Tipp; zu den heißen Favoriten zählen ❼ *(umg.) paarungsbereit:* Die Hündin ist heiß. ❽ *(vulg.) sexuell erregt;* ■ **ein heißes Eisen anfassen** *(umg.) sich mit einem bekannten Problem auseinandersetzen;* ■ **einen heißen Draht zu etwas/jemandem haben** *(umg.) gute Kontakte zu jmdm. oder etwas haben* ◆ Getrenntschreibung →R 4.5, 4.6 eine heiß umstrittene Frage; der Motor ist heiß gelaufen

heiß·blü·tig *adj leicht erregbar:* sehr heißblütig sein

hei·ßen <heißt, hieß, hat geheißen> **I.** *ohne OBJ* ❶ ■ *jmd./etwas heißt irgendwie genannt werden:* Er heißt Paul mit Vornamen.; Die Stadt heißt Dresden. ❷ ■ *etwas heißt etwas* (≈ *bedeuten) eine bestimmte Bedeutung haben:* Was soll das heißen?; Für uns alle heißt das, dass wir noch mehr sparen müssen. ❸ ■ *etwas heißt etwas auf etwas Akk. eine bestimmte Entsprechung in einer anderen Sprache haben:* Was heißt „Leben" auf Französisch? ❹ ■ *etwas heißt etwas zur Folge haben:* Das heißt, dass wir das Auto verkaufen müssen.; Heißt das, dass ihr nicht mitkommt? **II.** *mit ES* ■ *es heißt, dass ...* ❶ *behauptet werden:* Es heißt, dass er ins Ausland gegangen ist. ❷ *notwendig sein:* Jetzt heißt es aufpassen/schnell handeln. **III.** *mit OBJ* ❶ ■ *jmd. heißt jmdn. etwas (veralt. geh.) nennen; als etwas bezeichnen:* jemanden einen Dummkopf heißen; Er

wurde von seinen Eltern Hans geheißen. ❷ ■ *jmd.*
heißt jmdn. plus Inf. *(geh.)* befehlen: jemanden
heißen, etwas zu tun; Wer hat dich geheißen, die
Briefe wegzuwerfen?; ■ **das heißt, ...** *unter der
Bedingung oder Einschränkung, dass* ... Ich treibe
gern Sport, das heißt, wenn ich Zeit dazu habe.;
■ **Was soll denn das heißen?** *(umg.)* Ausruf der
Empörung über eine Äußerung Du kommst natürlich wieder zu spät! Was soll denn das (schon wieder) heißen?

Heiß·hun·ger *der* <-s> */kein Plur./ (umg.)* großer
Hunger: Heißhunger (auf Süßigkeiten) haben

Heiß·luft·bal·lon *der* <-s, -e> *ein Ballon, bei dem
die Luft in seinem Inneren durch eine Gasflamme
erhitzt wird, weshalb der Ballon Auftrieb bekommt und nach oben steigt*

heiß·ma·chen, a. **heiß ma·chen** <machst heiß,
machte heiß, hat heißgemacht> *mit OBJ*
❶ ■ *jmd.* ***macht jmdn. heiß*** *(umg.)* jemanden
sexuell reizen: Wow! Die Frau macht mich heiß!
❷ ■ *jmd.* ***macht jmdm. die Hölle heiß*** *(umg.)*
jmdn. unter Druck setzen ◆ Zusammenschreibung →R 4.5, 4.6

Heiß·man·gel *die* <-, -n> *ein Gerät zum Glätten
von großen Wäschestücken*

Heiß·sporn *der* <-s, -e> *(veralt.) jmd., der sehr
temperamentvoll ist:* ein jugendlicher Heißsporn

hei·ter *adj* ❶ *(↔ trüb) sonnig und hell:* Das Wetter
wird heute heiter bis wolkig.; ein heiterer Früh-
lingstag *(↔ ernst) fröhlich oder von innerer
Ausgeglichenheit:* ein heiterer Mensch; Sie hat ein
heiteres Gemüt.; eine heitere Gesellschaft ❸ *lustig:* eine heitere Geschichte; Es wurde ein heiterer
Abend.; ■ **aus heiterem Himmel** *(umg.)* sehr
plötzlich; ■ **Das kann ja heiter werden!** *(umg.
iron.)* das wird sicher unangenehm

Hei·ter·keit *die* <-> */kein Plur./* ❶ *(↔ Ernst)
Frohsinn:* Die Heiterkeit seines Wesens übertrug
sich auf andere.; die Heiterkeit ihres kindlichen
Gemüts ❷ *der Vorgang, dass viele Personen lachen und lustig sind:* mit etwas allgemeine Heiterkeit auslösen; zur allgemeinen Heiterkeit beitragen

heiz·bar *adj /nicht steig./ so, dass man es beheizen kann:* ein (nicht) heizbarer Raum

Heiz·de·cke *die* <-, -n> *eine Decke, die elektrisch
beheizt werden kann*

hei·zen *mit OBJ/ohne OBJ* ■ *jmd.* ***heizt etwas***
mit einem Ofen oder einer Heizung bewirken,
dass die Raumtemperatur irgendwo warm ist: ein
Haus/ein Zimmer heizen; einen Kessel/einen
Ofen mit Kohle heizen; Heute müssen wir nicht
heizen.; mit Gas heizen

Hei·zer *der,* **Hei·ze·rin** <-s, -> *jmd., der beruflich
größere Heizungsanlagen bedient*

Heiz·kes·sel *der* <-s, -> *der Teil der Heizung, in
dem die Wärme erzeugt wird*

Heiz·kis·sen *das* <-s, -> *ein Kissen, das man elektrisch beheizen kann*

Heiz·kör·per *der* <-s, -> *Teil einer Raumheizung,
der die Wärme in den Raum abgibt*

Heiz·kos·ten <-> *Plur. die Kosten, die durch das
Heizen der Wohnung entstehen*

Heiz·kraft·werk *das* <-(e)s, -e> *ein Kraftwerk,
dessen Abwärme zum Heizen benutzt wird:* Das

Heizkraftwerk versorgt das Wohngebiet mit Fernwärme.

Heiz·ma·te·ri·al *das* <-s, Heizmaterialien> *etwas, das man verbrennt, um zu heizen:* Holz,
Kohle und Öl als Heizmaterial verwenden

Heiz·öl *das* <-s, -e> *Öl, das als Heizmaterial dient*

Heiz·pe·ri·o·de *die* <-> */kein Plur./ die Zeit des
Jahres, in der man Wohnungen heizen muss*

Hei·zung *die* <-, -en> ❶ *(≈ Heizungsanlage)* eine
neue Heizung einbauen lassen; die Wartung der
Heizung ❷ *(≈ Heizkörper)* die Heizung aufdrehen
❸ */kein Plur./ das Beheizen:* Ist die Heizung mit
Öl billiger als mit Gas?

Hei·zungs·an·la·ge *die* <-, -n> *eine Anlage zum
Beheizen von Gebäuden*

Hek·tar *der/das* <-s, -e> *eine Maßeinheit für Flächen:* fünf Hektar fruchtbares Ackerland/fruchtba-
ren Ackerlandes; Sein Hof ist zwanzig Hektar groß.

Hek·tik *die* <-> */kein Plur./ (abwert.)* übertriebene Betriebsamkeit: Sie verfällt leicht in Hektik.;
die Hektik der Großstadt; ■ **Mach nicht so eine
Hektik!** *(umg.)* reg dich nicht so auf!

hek·tisch *adj voller Unruhe und Hast:* die hekti-
sche Atmosphäre der Großstadt; hektisch aufsprin-
gen/mit den Armen fuchteln

Hek·to·li·ter *der* <-s, -> *100 Liter*

he·lau *interj verwendet als Ausruf im rheinischen
Karneval*

Held *der,* **Hel·din** <-en, -en> ❶ *eine Sagengestalt,
die sich durch großen Mut und kühne Taten auszeichnet:* die Helden der griechischen/germani-
schen Sagen ◆ -enmythos ❷ *eine Person, die sich
durch außergewöhnliche Taten auszeichnet:* Die
Heimkehrer wurden als Helden gefeiert.; die Helden des Krieges ❸ *die Hauptfigur eines Buches
oder eines Bühnenstückes:* den jugendlichen Helden spielen; der positive Held des Stückes ◆ Anti-
❹ ■ **Du bist (mir) ja ein Held!** *(umg. iron.)* das
ist nicht gerade mutig oder klug von dir

Hel·den·ge·dicht *das* <-(e)s, -e> *(hist.) ein episches Gedicht, das von jmds. Heldentaten handelt*

hel·den·haft *adj /nicht steig./ so, dass es von besonderem Mut zeugt:* ein heldenhafter Entschluss;
sich heldenhaft wehren

Hel·den·sa·ge *die* <-, -n> *siehe* **Heldengedicht**

Hel·den·tat *die* <-, -en> *eine Tat, die von besonderem Mut zeugt:* wahre Heldentaten vollbringen;
Das war aber nicht gerade eine Heldentat!

Hel·den·tod *der* ■ **den Heldentod sterben** *bei einer heldenhaften Tat sterben*

Hel·den·tum *das* <-s> */kein Plur./ ein Verhalten,
das von großem Mut zeugt:* falsches/stilles/wah-
res Heldentum

hel·fen <hilfst, half, hat geholfen> *ohne OBJ*
❶ ■ *jmd./etwas* ***hilft jmdm. (bei etwas** *Dat.)*
unterstützen: Ich helfe dir, die Taschen zu tragen.;
Er hilft ihr beim Lernen.; einer alten Frau über die
Straße helfen; jemandem in den Mantel/aus dem
Bus helfen ❷ ■ ***etwas hilft (jmdm.) (bei etwas***
Dat.) nützlich sein: Bei Schnupfen helfen Dampf-
bäder.; Das hilft ihr, den Schmerz zu überwinden.;
Da hilft nun alles nichts, ...; Da hilft kein Jammern
und Klagen ...; ■ **sich nicht (mehr) zu helfen**

wissen *nicht wissen, was man tun soll;* ■ **jemandem ist nicht mehr zu helfen** *(umg.) bei jmdm. sind alle guten Ratschläge umsonst*
Hel·fer *der;* **Hel·fe·rin** <-s, -> *jmd., der bei etwas hilft:* ein freiwilliger/guter/tüchtiger Helfer; ein Helfer in der Not
Hel·fers·hel·fer *der* <-s, -> *(abwert.) eine Person, die bei einem Verbrechen hilft:* Während der Täter die Bank ausraubte, wartete sein Helfershelfer im Auto auf ihn.
He·li *der* <-s, -> SCHWEIZ. *Helikopter, Hubschrauber*
He·li·ko·p·ter *der* <-s, -> *(≈ Hubschrauber)*
he·lio·zen·t·risch *adj /nicht steig./* PHYS. *so, dass (in einem naturwissenschaftlichen Weltbild) angenommen wird, die Erde kreise um die Sonne*
He·li·um *das* <-s> */kein Plur./* CHEM. *ein Edelgas*
hell *adj* ❶ *(↔ dunkel) mit viel Licht:* helles Licht; am hellen Tag; ein helles Zimmer; helle Farben/ Haare/Haut ❷ *(↔ tief) in einer hohen, klaren Tonlage:* die hellen Stimmen der Kinder; ein heller Klang/Ton ❸ *(umg.) klug:* ein heller Kopf/Bursche; Er ist nicht gerade sehr hell(e). ❹ *(umg.) völlig:* helle Begeisterung/Wut; Das ist heller Wahnsinn.; Du erzählst hellen Blödsinn.
hell·auf ■ **hellauf begeistert sein** *sehr begeistert sein*
hell·blau *adj /nicht steig./ von einem lichten Blau:* hellblaue Augen haben
hell·blond *adj /nicht steig./ von einem hellgelben Blond:* hellblonde Haare; Er ist hellblond.
Hel·le·bar·de *die* <-, -n> GESCH. *eine mittelalterliche Hieb- und Stoßwaffe*
Hel·ler *der* <-s, -> GESCH. *eine alte deutsche Münze;* ■ **einen Betrag auf Heller und Pfennig zurückzahlen** *einen Betrag vollständig zurückzahlen*
hell·hö·rig *adj /nicht steig./* ❶ *(≈ misstrauisch) so, dass man auf einen bestimmten Auslöser hin sehr vorsichtig wird:* Bei dieser Bemerkung bin ich hellhörig geworden. ❷ *mit schlechter Schalldämmung:* eine hellhörige Wohnung; Das Haus ist sehr hellhörig, man versteht jedes Wort, das in der Nachbarwohnung gesprochen wird.
Hel·lig·keit *die* <-, -en> ❶ */kein Plur./ das Hellsein, die Lichtfülle:* die Helligkeit des Raumes/des Tages ❷ */kein Plur./ die Leuchtkraft einer Lichtquelle:* die Helligkeit einer Lampe/Glühbirne/ Kerze ❸ ASTRON. *die Leuchtkraft eines Himmelskörpers:* die Helligkeit eines Sterns bestimmen
hell·licht ■ **am helllichten Tag** *(erstaunlicherweise) während des Tages* Am helllichten Tag hat man bei uns eingebrochen! ◆ *Schreibung mit „lll"* →R 2.7 Es ist helllichter Tag und du schläfst noch?
Hell·raum·pro·jek·tor *der* <-s, -en> SCHWEIZ. *Overheadprojektor, Tageslichtprojektor*
hell·se·hen *ohne OBJ / nur im Inf. / mit übersinnlichen Kräften Dinge oder Ereignisse (vorher)sehen:* Kannst du hellsehen? Woher hast du gewusst, dass ich kommen würde?
Hell·se·her *der;* **Hell·se·he·rin** <-s, -> *eine Person, die mit übersinnlichen Kräften Dinge oder Ereignisse vorhersehen kann:* Er ist zu einer Hellseherin gegangen, um sich Rat zu holen.

Hell·se·he·rei *die* <-> */kein Plur./ die Tätigkeit eines Hellsehers*
hell·sich·tig *adj /nicht steig./ klug und vorausschauend:* ein hellsichtiger Entschluss
hell·wach *adj /nicht steig./ völlig wach:* Nach diesem Schreck war er sofort hellwach.; Ich kann nicht schlafen, ich bin noch hellwach.
Helm *der* <-(e)s, -e> *eine feste Kopfbedeckung aus Metall oder Kunststoff, die den Kopf gegen die Folgen eines Sturzes, Unfalls oder Angriffs schützt:* der Helm eines Ritters/eines Soldaten; Motorradfahrer müssen einen Helm tragen.; das Visier eines Helms ◆-pflicht, Fahrrad-, Integral-, Schutz-, Stahl-, Sturz-
Hel·ve·tis·mus *der* <-, Helvetismen> *siehe* **Austriazismus, Anglizismus, Gallizismus, Schweiz**

H

Als **Helvetismus** bezeichnet man einen für das Schweizerdeutsche typischen, für das übrige deutsche Sprachgebiet unüblichen und als schweizerisch empfundenen Ausdruck. Beispiele: *Jupe* („Rock"), *Innachten* („Nacht werden"), *Morgenessen* („Frühstück"). Helvetismen werden in diesem Wörterbuch durch die Angabe „schweiz." gekennzeichnet. Der Ausdruck *Helvetismus* geht zurück auf den keltischen Volksstamm der Helvetier bzw. auf den lateinischen Namen *Helvetia* für die Schweiz.

Hemd *das* <-(e)s, -en> ❶ *(≈ Oberhemd)* ein kurzärmeliges/langärmeliges Hemd anziehen ◆ Baumwoll-, Holzfäller-, Kurzarm-, Langarm-, Ober-, Polo- ❷ *(≈ Unterhemd)* Es ist kein Wunder, dass du frierst, du hast ja kein Hemd drunter!; ■ **kein Hemd (mehr) auf dem Leib haben** *(umg.) sehr arm sein;* ■ **für jemanden das letzte Hemd geben** *(umg.) alles, was man hat, für jmdn. opfern*
hemd(s)·är·me·lig *adj* ❶ *mit hochgekrempelten Ärmeln:* hemdsärmelig herumlaufen ❷ *(umg. abwert.) betont lässig:* Mit seiner hemdsärmeligen Art hat er einige sehr verärgert.
He·mi·sphä·re *die* <-, -n> ❶ *(geh.) Erdhalbkugel:* die nördliche/südliche Hemisphäre ❷ MED. *die rechte bzw. linke Hälfte des Hirns;* ■ **die westliche/östliche Hemisphäre** *(geh.) der westliche oder östliche Kulturkreis*
hem·men *mit OBJ* ■ **jmd./etwas hemmt etwas** *(geh.)* ❶ *bremsen:* die schnelle Fahrt hemmen; Der Fluss wird in seinem Lauf von einem Wehr gehemmt. ❷ *behindern:* eine Entwicklung hemmen; das Wachstum hemmen; alles Hemmende beseitigen
Hemm·nis *das* <-ses, -se> *etwas, das behindert:* Die letzten Hemmnisse sind überwunden, nun können wir mit unserem Projekt beginnen.
Hemm·schuh *der* <-s, -e> ❶ TECHN. *ein Bremskeil für Eisenbahnwagen oder Autos* ❷ *(umg.) ein Hindernis:* Der größte Hemmschuh für unser Vorhaben ist das mangelnde Geld.
Hemm·schwel·le *die* <-, -n> PSYCH. *(moralische) Bedenken, etwas zu tun:* Die Verbrecher hatten offenbar jede Hemmschwelle durchbrochen.; Oft muss man eine Hemmschwelle überwinden, wenn

man mit fremden Menschen ins Gespräch kommen will.

Hẹm·mung *die* <-, -en> ❶ *eine Unsicherheit oder innere Verkrampftheit, die den Umgang mit anderen Menschen erschwert:* Er ist ein hervorragender Wissenschaftler, aber leider voller seelischer Hemmungen.; In Gegenwart von Fremden hat sie oft Hemmungen. ❷ *moralische Bedenken, etwas zu tun:* keinerlei Hemmungen kennen; Die Verbrecher handelten völlig ohne Hemmungen. ❸ *Behinderung:* eine Hemmung des Wachstums/der Bewegung

hẹm·mungs·los *adj* (≈ *ungezügelt*) hemmungsloser Genuss; Sie begann hemmungslos zu weinen.; hemmungslos zuschlagen

Hẹm·mungs·lo·sig·keit *die* <-> /*kein Plur.*/ hemmungsloses Benehmen

Hẹndl *das* <-s, -> ÖSTERR. *Brathähnchen*

Hẹngst *der* <-es, -e> (↔ *Stute*) *das männliche Tier bei Pferden, Eseln, Zebras und Kamelen*

Hẹn·kel *der* <-s, -> *ein Haltegriff an einem Behälter:* der Henkel an der Tasse/Tasche/Gießkanne; der Henkel am Eimer/Korb

hẹn·ken *mit OBJ* ■ *jmd. henkt jmdn.* /*meist im Passiv*/ *jmdn. durch Aufhängen hinrichten:* Die Verbrecher sind gehenkt worden.

Hẹn·ker *der*, **Hẹn·ke·rin** <-s, -> *die Person, die die Todesstrafe vollstreckt:* Der Verurteilte wurde dem Henker übergeben.; ■ **zum Henker mit jemandem/etwas** *(vulg.) Ausruf, um jmdn. oder etwas zu verwünschen;* ■ **Weiß der Henker, was …** *(vulg.) ich weiß es nicht (und es interessiert mich nicht), was …*

Hẹn·kers·mahl·zeit *die* <-, -en> ❶ GESCH. *die letzte Mahlzeit vor einer Hinrichtung* ❷ *(umg. scherzh.) die letzte Mahlzeit vor einem entscheidenden Ereignis:* Das ist unsere Henkersmahlzeit, heute Abend reisen wir ab.

Hẹn·na *die/das* <-(s)> /*kein Plur.*/ *der rötliche Farbstoff, der aus dem Hennastrauch gewonnen wird*

Hẹn·na·strauch *der* <-(e)s, Hennasträucher> BOT. *ein in Afrika und Asien heimischer Strauch, aus dem Henna gewonnen wird*

Hẹn·ne *die* <-, -n> (↔ *Hahn*) *ein weibliches Huhn*

He·pa·ti·tis *die* <-, Hepatitiden> MED. (≈ *Leberentzündung*)

her *adv* ❶ *verwendet, um eine Richtung anzugeben:* von Osten her; Von oben her fällt Licht in den Raum. ❷ *verwendet, um eine Zeitspanne anzugeben:* Wie lang ist das her?; Ich kenne ihn noch von früher her.; Das wird wohl zwei Jahre her sein, dass er geheiratet hat. ❸ *verwendet, um einen Aspekt anzugeben, unter dem etwas betrachtet wird:* Von der Lage her ist die Wohnung schön, aber …; Vom Technischen her ist das Gerät in Ordnung, vielleicht bedienst du es nicht richtig.; ■ **hinter jemandem/etwas her sein** *(umg.)* jmdn. verfolgen; ■ **Her zu mir!** *(vulg.) unhöfliche Aufforderung zum Herkommen;* ■ **Her damit!** *(vulg.) unhöfliche Aufforderung, etwas herzugeben* ◆ Getrenntschreibung →R 4.8 Das muss doch schon Jahre her sein, …

he·r·ạb *adv* (↔ *hinauf*) *verwendet, um auszudrücken, dass etwas von einer höheren Stelle zu einer tieferen bewegt wird:* Von oben herab/Vom Himmel herab war ein Geräusch zu hören.

he·r·ạb·bli·cken *ohne OBJ* ❶ ■ *jmd. blickt (auf etwas Akk.) herab* (↔ *hinaufblicken) von etwas hinunterschauen:* Er blickte vom Balkon herab.; Sie ist so groß, sie kann auf alle anderen herabblicken. ❷ ■ *jmd. blickt auf jmdn. herab andere geringschätzig beurteilen:* Seitdem sie befördert worden ist, blickt sie auf alle anderen herab.

he·r·ạb·fal·len <fällt herab, fiel herab, ist herabgefallen> *ohne OBJ* ■ *etwas fällt (von etwas Dat.) herab etwas fällt von einer höheren Stelle hinunter:* Viele Äpfel sind vom Baum herabgefallen.

he·r·ạb·hän·gen <hängst herab, hing herab, hat herabgehangen> *ohne OBJ* ■ *etwas hängt von etwas Dat. herab etwas hängt (von einer Stelle) hinunter:* Von der Decke hingen bunte Girlanden herab.; Die Arme hingen leblos an seinem Körper herab.

he·r·ạb·las·sen <lässt herab, ließ herab, hat herabgelassen> I. *mit OBJ* ■ *jmd. lässt etwas herab etwas an einem Seil sich nach unten bewegen lassen:* Er ließ den Eimer (an einem Seil) in den Brunnen herab. II. *mit SICH* ■ *jmd. lässt sich zu etwas Dat. herab (iron.) etwas tun, obwohl man es für unter seiner Würde hält:* Gelegentlich ließ sich der Chef herab, mit den Arbeitern ein paar Worte zu wechseln.

he·r·ạb·las·send *adj (abwert.) so, dass man seinen höheren Rang deutlich herausstreicht:* Sie hat eine herablassende Art gegenüber ihren Kollegen.; ein paar herablassende Worte an seine Untergebenen richten

He·r·ạb·las·sung *die* <-, -en> /*Plur. selten*/ *(abwert.) herablassendes Wesen:* andere mit großer Herablassung behandeln

he·r·ạb·se·hen <siehst herab, sah herab, hat herabgesehen> *ohne OBJ* ❶ ■ *jmd. sieht von etwas Dat. herab* (↔ *hinaufblicken) von etwas heruntersehen:* Wenn man von der Spitze des Turms herabsieht, hat man einen herrlichen Ausblick. ❷ ■ *jmd. sieht auf jmdn. herab geringschätzen:* Er denkt, er sei etwas Besseres und sieht auf alle anderen herab.

he·r·ạb·set·zen <setzt herab, setzte herab, hat herabgesetzt> *mit OBJ* ❶ ■ *jmd. setzt etwas herab* (↔ *anheben, erhöhen) senken:* Der Zugfahrer setzte das Tempo herab.; Das Geschäft setzt ab Montag die Preise herab.; Wir verkaufen Restposten zu herabgesetzten Preisen. ❷ ■ *jmd. setzt jmdn. herab etwas oder jmdn. schlechtmachen:* jemandes Leistungen/Verdienste herabsetzen

He·r·ạb·set·zung *die* <-, -en> /*Plur. selten*/ ❶ *Verringerung:* eine Herabsetzung der Geschwindigkeit/der Steuern ❷ *offen geäußerte Geringschätzung:* die öffentliche Herabsetzung des Kollegen in den Augen der anderen

He·r·ạl·dik *die* <-> /*kein Plur.*/ (≈ *Wappenkunde*) *die systematische Beschäftigung mit Wappen, ihren Details, ihrer Geschichte und Bedeutung usw.*
▸ Heraldiker, Heraldikerin, heraldisch

he·r·an *adv so, dass sich etwas nähert:* Sobald der Tag heran ist, …; Wenn der Zug nahe genug heran ist, … ◆ Getrenntschreibung →R 4.9 Als die Verfolger bis auf wenige Meter heran waren, …

he·r·an·bil·den I. *mit OBJ* ■ *jmd./etwas bildet jmdn. heran ausbilden:* Die Universität hat hervorragende Fachleute herangebildet. ▷ Heranbildung **II.** *mit SICH* ■ *etwas bildet sich heran sich entwickeln:* Es hat sich eine neue Jugend herangebildet, die von den Eltern oft nicht verstanden wird. ▷ Heranbildung

he·r·an·fah·ren <fährst heran, fuhr heran, ist herangefahren> *ohne OBJ* ■ *jmd. fährt an etwas Akk. heran sich etwas nähern:* mit dem Auto dicht an den Vordermann heranfahren

he·r·an·füh·ren <führst heran, führte heran, hat herangeführt> *mit OBJ* ■ *jmd. führt jmdn. an etwas Akk. heran* ❶ *nahe an eine Stelle bringen:* einen Blinden an einen Tisch heranführen; Die Straße führt bis direkt an den Strand heran.; einen klein gedruckten Text zum Lesen dicht an die Augen heranführen ❷ *vertraut machen:* die Schüler an die englische Sprache/an die Arbeit mit dem Mikroskop heranführen

he·r·an·ge·hen <gehst heran, ging heran, ist herangegangen> *ohne OBJ* ❶ ■ *jmd. geht an etwas Akk. heran sich nähern:* Wenn du dicht an das Bild herangehst, kannst du Einzelheiten erkennen. ❷ ■ *jmd. geht irgendwie an etwas Akk. heran etwas in einer bestimmten Weise in Angriff nehmen:* mutig/optimistisch/vorsichtig/ zuversichtlich an eine Aufgabe herangehen

He·r·an·ge·hens·wei·se *die* <-, -n> *(≈ Vorgehensweise) die Art, wie man sich einer Aufgabe oder einem Problem nähert*

he·r·an·kom·men <kommst heran, kam heran, ist herangekommen> *ohne OBJ* ❶ ■ *jmd./ein Tier kommt an jmdn./etwas heran in die Nähe von jmdm. oder etwas kommen:* Langsam kommt die Zeit heran, …; Die Tiere kamen langsam an den Zaun heran. ❷ ■ *jmd. kommt an jmdn./etwas heran in Bezug auf eine Leistung erreichen:* Du wirst nie an seine Leistungen herankommen. ❸ ■ *jmd. kommt an jmdn./etwas heran sich zu etwas Zugang verschaffen können:* Kommst du an das Buch im Regal heran?; Wenn das Zimmer verschlossen ist, kommen wir nicht an die Unterlagen heran.; Sie ist sehr verschlossen, man kann nur schwer an sie herankommen. ❹ ■ *jmd. kommt an etwas Akk. heran beschaffen können:* Wie können wir an das Geld herankommen?; Kannst du an ein Exemplar dieses Buches herankommen?; ■ *nichts an sich herankommen lassen (umg.) sich von nichts innerlich berühren lassen*

he·r·an·ma·chen *mit SICH (umg.)* ❶ ■ *jmd. macht sich an etwas heran in Angriff nehmen:* sich an eine schwierige Aufgabe heranmachen ❷ ■ *jmd. macht sich an jmdn. heran sich auf sehr direkte Art (in sexueller Absicht) annähern:* sich an ein Mädchen/einen Jungen heranmachen

he·r·an·na·hen <nahst heran, nahte heran, ist herangenaht> *ohne OBJ* ■ *etwas naht heran (geh.) sich nähern:* Er hatte den herannahenden Zug nicht bemerkt.; Die Tiere spüren, dass der Frühling herannaht.

he·r·an·rei·chen *ohne OBJ* ❶ ■ *jmd. reicht an etwas Akk. heran nach etwas greifen können:* Auch wenn ich mich strecke, kann ich nicht an das Buch im Regal heranreichen. ❷ ■ *jmd./etwas reicht an etwas Akk. heran erreichen:* An diese großartige Leistung konnte keiner heranreichen.

he·r·an·wach·sen <wächst heran, wuchs heran, ist herangewachsen> *ohne OBJ* ■ *jmd. wächst heran jmd. wächst und wird reifer:* Die Kinder sind zu Jugendlichen herangewachsen. ▷ Heranwachsende

he·r·an·wa·gen *mit SICH* ❶ ■ *jmd. wagt sich an jmdn./ein Tier/etwas heran sich zu nähern wagen:* Würdest du dich an einen Löwen heranwagen? ❷ ■ *jmd. wagt sich an etwas Akk. heran in Angriff nehmen:* sich an eine schwierige Aufgabe heranwagen

he·r·an·win·ken *mit OBJ* ■ *jmd. winkt jmdn. heran durch Winken das Signal geben, dass jmd. herkommen soll*

he·r·an·zie·hen <ziehst heran, zog heran, hat/ist herangezogen> **I.** *mit OBJ (haben)* ❶ ■ *jmd. zieht etwas an etwas Akk. heran näher zu sich ziehen:* einen Stuhl an den Tisch heranziehen ❷ ■ *jmd. zieht jmdn. heran um Rat bitten:* zur Beurteilung einer Sache einen Experten heranziehen ❸ ■ *jmd. zieht etwas heran in Betracht ziehen:* Beweismittel zu einem Prozess heranziehen; etwas zum Vergleich heranziehen ❹ ■ *jmd. zieht jmdn./ein Tier/etwas heran ausbilden oder großziehen:* Tiere/Pflanzen heranziehen; rechtzeitig einen Nachfolger heranziehen; selbstständig denkende junge Leute heranziehen **II.** *ohne OBJ (sein)* ■ *etwas zieht heran sich nähern:* Ein Unwetter ist herangezogen.

he·r·auf *adv* (↔ herunter) verwendet, um auszudrücken, dass eine Bewegung von unten nach oben verläuft: Auf den Berg herauf geht es sich schwerer als herunter.

he·r·auf·be·schwö·ren *mit OBJ* ■ *jmd./etwas beschwört etwas herauf* ❶ *wachrufen:* Die Bilder beschworen die Erlebnisse ihrer Kindheit in ihr herauf. ❷ *herbeiführen:* ein schreckliches Unglück/einen Streit heraufbeschwören

he·r·auf·däm·mern *ohne OBJ* ■ *etwas dämmert herauf (geh.) langsam erkennbar werden*

he·r·auf·kom·men <kommst herauf, kam herauf, ist heraufgekommen> *ohne OBJ* ❶ ■ *jmd. kommt herauf nach oben kommen:* Ich höre sie die Treppe heraufkommen. ❷ ■ *etwas kommt herauf allmählich erscheinen:* Der Mond kam über den Dächern herauf.

he·r·auf·zie·hen <ziehst herauf, zog herauf, hat/ist heraufgezogen> **I.** *mit OBJ (haben)* ■ *jmd. zieht etwas herauf nach oben ziehen:* Er hat den Eimer heraufgezogen. **II.** *ohne OBJ (sein)* ❶ ■ *etwas zieht herauf herannahen:* Ein Gewitter zieht herauf. ❷ ■ *jmd. zieht herauf sich weiter oben niederlassen:* Im Sommer ziehen die Hirten mit ihren Herden hinauf in die Berge.; Sie ist zu uns in den 12. Stock heraufgezogen.

he·r·aus *adv (umg.:* ↔ *hinein)* verwendet, um aus-

H

zudrücken, dass eine Bewegung im Inneren von etwas beginnt und nach außen gerichtet ist: Ist der Splitter nun aus deinem Finger heraus?; Endlich war die Neuigkeit heraus.; Es ist noch nicht heraus, wann wir uns treffen. ♦ Getrenntschreibung →R 4.8 Als wir aus der Stadt heraus waren, hielten wir an.

he·r·aus·be·kom·men <bekommst heraus, bekam heraus, hat herausbekommen> *mit OBJ* **❶** ■ *jmd. bekommt etwas heraus als Wechselgeld bekommen:* Ich habe noch zwei Euro herausbekommen. **❷** ■ *jmd. bekommt etwas heraus herausfinden oder lösen:* Hast du herausbekommen, wo der Bahnhof ist?; Ich habe das Rätsel/die Aufgabe nicht herausbekommen. **❸** ■ *jmd. bekommt etwas (aus etwas Dat.) heraus entfernen können:* Er hat den Nagel herausbekommen.

he·r·aus·bil·den *mit SICH* ■ *etwas bildet sich heraus sich entwickeln:* Zwischen den beiden hat sich eine Freundschaft herausgebildet.

he·r·aus·brin·gen <bringst heraus, brachte heraus, hat herausgebracht> *mit OBJ* **❶** ■ *jmd. bringt etwas heraus (↔ hereinbringen) nach draußen bringen:* Kannst du uns einen Schirm herausbringen? **❷** ■ *jmd. bringt etwas (über etwas Akk.) heraus herausfinden:* Ich habe über diese Sache nichts herausbringen können. **❸** ■ *jmd. bringt etwas (aus etwas Dat.) heraus (umg.) aus etwas entfernen können:* Ich habe die Hand durch den Zaun gesteckt und bringe sie nicht wieder heraus. **❹** ■ *jmd. bringt etwas heraus sprechen können:* keinen vernünftigen Satz herausbringen **❺** ■ *jmd. bringt etwas heraus auf den Markt bringen:* ein Buch herausbringen; ein neues Automodell herausbringen

he·r·aus·drän·gen *ohne OBJ* ■ *jmd. drängt aus etwas Dat. heraus mit großer Kraft aus etwas herauskommen*

he·r·aus·fah·ren <fährst heraus, fuhr heraus, hat/ist herausgefahren> **I.** *mit OBJ (haben)* ■ *jmd. fährt etwas heraus* **❶** *etwas nach draußen transportieren:* Hast du den Abfall zur Mülldeponie herausgefahren? **❷** SPORT *durch Fahren erzielen:* einen Rekord/eine gute Zeit herausfahren **II.** *ohne OBJ (sein)* **❶** ■ *jmd. fährt aus etwas Dat. heraus nach draußen fahren:* aus der Stadt/aus dem Tunnel/aus der Garage herausfahren **❷** ■ *jmd. fährt aus etwas Dat. heraus schnell herauskommen:* erschrocken aus dem Bett herausfahren **❸** ■ *jmdm. fährt etwas heraus (≈ herausrutschen) versehentlich entweichen:* Das Wort ist mir so herausgefahren.

he·r·aus·fal·len <fällst heraus, fiel heraus, ist herausgefallen> *ohne OBJ* ■ *etwas fällt aus etwas Dat. heraus* **❶** *aus einem Behälter fallen:* Das Geld ist aus der Tasche herausgefallen. **❷** *anders sein als gewöhnlich:* Dieser Film fällt aus dem Kreis der gewöhnlichen Abenteuerfilme heraus.

he·r·aus·fin·den <findest heraus, fand heraus, hat herausgefunden> **I.** *mit OBJ* **❶** ■ *jmd. findet jmdn./etwas heraus unter vielen entdecken:* Ich kenne ihn so gut, ich würde ihn unter Tausenden herausfinden. **❷** ■ *jmd. findet etwas heraus ermitteln:* herausfinden, wie etwas funk-

tioniert **II.** *ohne OBJ* ■ *jmd. findet aus etwas Dat. heraus den Weg nach draußen finden:* aus dem Wald (wieder) herausfinden; Danke, sie müssen mich nicht begleiten. Ich finde allein heraus.

he·r·aus·flie·ßen *ohne OBJ* ■ *etwas fließt aus etwas Dat. heraus aus etwas fließen*

He·r·aus·for·de·rer *der*, **He·r·aus·for·de·rin** <-s, -> SPORT *jmd., der einen Gegner zum (sportlichen) Kampf herausfordert*

he·r·aus·for·dern <forderst heraus, forderte heraus, hat herausgefordert> *mit OBJ* **❶** ■ *jmd. fordert jmdn. heraus* SPORT *jmdn. anbieten, sich mit ihm im (sportlichen) Kampf zu messen* **❷** ■ *jmd. fordert etwas heraus durch sein Verhalten heraufbeschwören:* jemandes Protest herausfordern; das Schicksal herausfordern

he·r·aus·for·dernd *adj /nicht steig./ frech:* jemanden mit herausfordernden Blicken ansehen

He·r·aus·for·de·rung *die* <-, -en> **❶** SPORT *ein Kampf, bei dem jemand einen Titelverteidiger herausfordert* **❷** *eine schwierige, aber interessante Aufgabe:* Die neue Arbeit im Ausland ist eine echte Herausforderung für ihn.

he·r·aus·ge·ben <gibst heraus, gab heraus, hat herausgegeben> **I.** *mit OBJ/ohne OBJ* **❶** ■ *jmd. gibt jmdn./etwas heraus zurückgeben:* Die Einbrecher wurden aufgefordert, die Geiseln herauszugeben.; Er hat mein Buch genommen und will es nicht wieder herausgeben! **❷** ■ *jmd. gibt etwas heraus herausreichen:* Kannst du mir mal den Schlüssel herausgeben? **❸** ■ *jmd. gibt etwas heraus veröffentlichen:* ein Buch/eine Zeitschrift herausgeben **II.** *mit OBJ/ohne OBJ* ■ *jmd. gibt jmdm. etwas heraus als Wechselgeld geben:* Ich habe nur 100 Euro, können Sie mir 30 Euro herausgeben?; Haben Sie kein Kleingeld? Ich kann nicht herausgeben.

He·r·aus·ge·ber *der*, **He·r·aus·ge·be·rin** <-s, -> *eine Person oder Institution, die etwas (z. B. ein Buch oder eine Zeitschrift) veröffentlicht*

he·r·aus·ge·hen <gehst heraus, ging heraus, ist herausgegangen> *ohne OBJ* **❶** ■ *jmd. geht heraus ins Freie gehen:* Bei dem schönen Wetter können wir ja ein bisschen herausgehen. **❷** ■ *etwas geht heraus (umg.) sich entfernen lassen:* Der Fleck ist herausgegangen.; Der Nagel geht nicht heraus.; ■ *aus sich herausgehen (umg.) lebhafter werden und mehr von sich selbst zu erkennen geben*

he·r·aus·grei·fen <greifst heraus, griff heraus, hat herausgegriffen> *mit OBJ* ■ *jmd. greift jmdn./etwas (aus etwas Dat.) heraus auswählen:* jemanden aus der Menge herausgreifen und auf die Bühne rufen; ein willkürlich herausgegriffenes Beispiel

he·r·aus·gucken *ohne OBJ (umg.)* **❶** ■ *jmd. guckt aus etwas Dat. heraus irgendwo heraussehen:* zum Fenster herausgucken **❷** ■ *etwas guckt unter etwas Dat. heraus unter etwas zu sehen sein:* Der Unterrock guckt unter dem Kleid heraus.; Aus seiner Tasche guckte ein Brief heraus.

he·r·aus·hal·ten <hältst heraus, hielt heraus, hat herausgehalten> **I.** *mit OBJ* **❶** ■ *jmd. hält etwas heraus nach draußen halten:* beim Abbiegen

H

die Hand heraushalten; die Hand aus dem Autofenster heraushalten ❷ ■ *jmd.* **hält jmdn. (aus etwas** *Dat.***) heraus** *jmdn. oder etwas von einer Sache/deren Einfluss oder Auswirkungen fernhalten:* Er hielt sie aus der ganzen Sache heraus. **II.** *mit SICH* ■ *jmd.* **hält sich aus etwas** *Dat.* **heraus** *sich nicht in etwas verwickeln lassen:* sich aus einem Streit heraushalten; Bei euren Geschäften haltet ihr mich bitte heraus!

he·r·aus·he·ben <hebst heraus, hob heraus, hat herausgehoben> **I.** *mit OBJ* ■ *jmd.* **hebt jmdn. aus etwas** *Dat.* **heraus** *jmdn. irgendwo herausnehmen:* ein Kind aus dem Bett herausheben **II.** *mit SICH* ■ **etwas hebt sich aus etwas** *Dat.* **heraus** *gut zu unterscheiden sein:* sich vor einem dunklen Hintergrund gut herausheben

he·r·aus·kit·zeln *mit OBJ* ■ *jmd.* **kitzelt jmdm. etwas heraus** *(umg.) durch geschicktes Fragen bewirken, dass jmd. etwas verrät*

he·r·aus·klet·tern *ohne OBJ* ■ *jmd.* **klettert aus etwas** *Dat.* **heraus** *aus etwas klettern*

he·r·aus·klin·geln *mit OBJ* ■ *jmd.* **klingelt jmdn. heraus** *(umg.) so lange klingeln (oder jmds. Telefon klingeln lassen), bis dieser sich an der Haustür zeigt (oder aus dem Bett o. Ä.) kommt*

he·r·aus·kom·men <kommst heraus, kam he­raus, ist herausgekommen> *ohne OBJ* ❶ ■ *jmd.* **kommt aus etwas** *Dat.* **heraus** *einen Raum verlassen (können):* Ich sah die Zuschauer aus dem Kino herauskommen. ❷ ■ *jmd.* **kommt aus etwas** *Dat.* **heraus** *sich aus etwas befreien:* in einer Schlinge hängen und nicht wieder herauskommen; aus einem Vertrag nicht wieder herauskommen ❸ ■ **etwas kommt heraus** *an die Öffentlichkeit kommen:* Wir wollten es geheim halten, jetzt ist es doch herausgekommen.; Das Buch wird im Herbst herauskommen.; Der neue Spielplan ist noch nicht herausgekommen. ❹ ■ **etwas kommt bei etwas** *Dat.* **heraus** *(umg.) als Ergebnis haben:* Mal sehen, was dabei herauskommt.; Was ist bei deiner Rechenaufgabe herausgekommen?; Es wird nichts Gutes dabei herauskommen.; Das kommt eigentlich auf dasselbe heraus. ❺ ■ **etwas kommt irgendwie heraus** *zur Geltung kommen:* Auf diesem Hintergrund kommen die Farben gut heraus.; mit einer Idee/einem Hit groß herauskommen; Ich habe das nicht böse gemeint, auch wenn es so herausgekommen ist.; Das eigentliche Problem ist bei seiner Rede nicht richtig herausgekommen.; ■ **mit irgendetwas herauskommen** *(umg.) irgendetwas nach langem Zögern gestehen* Endlich kam sie mit der Wahrheit heraus.

he·r·aus·le·sen <liest heraus, las heraus, hat herausgelesen> *mit OBJ* ❶ ■ *jmd.* **liest etwas aus etwas** *Dat.* **heraus** *aus etwas erkennen:* Wie ich aus diesem Zeitungsartikel herauslese, ...; Aus deinen Äußerungen lese ich heraus, dass es dir gut geht. ❷ ■ *jmd.* **liest etwas heraus** *aussortieren:* aus einem Berg Kartoffeln die schlechten herauslesen

he·r·aus·lö·sen *mit OBJ* ■ *jmd.* **löst etwas aus etwas** *Dat.* **heraus** *lösen und herausnehmen*

he·r·aus·neh·men <nimmst heraus, nahm he­raus, hat herausgenommen> **I.** *mit OBJ* ❶ ■ *jmd.* **nimmt etwas aus etwas** *Dat.* **heraus** *entnehmen:* sich einen Apfel aus dem Korb herausnehmen; ein Kind aus einer Schule herausnehmen; sich den Blinddarm herausnehmen lassen ❷ ■ *jmd.* **nimmt etwas heraus** *außer Betrieb setzen:* den dritten Gang herausnehmen; Wenn du die Bässe herausnimmst, klingt es nicht so dumpf. **II.** *mit SICH* ■ *jmd.* **nimmt sich etwas heraus** *sich erlauben:* Sie hat sich zu viele Freiheiten herausgenommen.; Was nehmen Sie sich eigentlich heraus?

he·r·aus·ra·gen *ohne OBJ* ❶ ■ **etwas ragt aus etwas** *Dat.* **heraus** *höher sein:* Der Turm ragt weithin sichtbar aus dem Wald heraus. ❷ ■ **jmd./etwas ragt über etwas** *Akk.* **heraus** *vorteilhaft zur Geltung kommen:* Dieses Buch/dieser Autor ragt weit über das Mittelmaß heraus.; eine herausragende Leistung

he·raus·ra·gend *adj* (≈ *hervorragend*) *weit besser als der Durchschnitt:* herausragende Leistungen

he·r·aus·re·den *mit SICH* ■ *jmd.* **redet sich aus etwas** *Dat.* **heraus** *als Entschuldigung gebrauchen:* Versuche gar nicht erst, dich herauszureden, ich weiß, dass du schuld bist.; Er kann sich nicht immer mit seiner Krankheit/auf seine Krankheit herausreden.

he·r·aus·rei·ßen <reißt heraus, riss heraus, hat herausgerissen> *mit OBJ* ❶ ■ *jmd.* **reißt etwas aus etwas** *Dat.* **heraus** *aus der Befestigung reißen:* einen Zahn/eine Pflanze herausreißen; eine (aus einem Buch) herausgerissene Seite ❷ ■ *jmd.* **reißt jmdn. aus etwas** *Dat.* **heraus** *bei etwas Gewohntem unterbrechen:* jemanden aus seiner gewohnten Umgebung/Beschäftigung herausreißen ❸ ■ *jmd.* **reißt etwas heraus** *(umg.) etwas Ungünstiges wieder wettmachen:* Der Schlussläufer konnte die schwachen Leistungen der anderen noch herausreißen.; Er wäre beinahe sitzen geblieben, aber die guten Leistungen in Mathematik haben ihn herausgerissen.

he·r·aus·rü·cken <rückst heraus, rückte heraus, hat/ist herausgerückt> **I.** *mit OBJ (haben)* ❶ ■ *jmd.* **rückt etwas heraus** *nach außen rücken:* einen Stuhl aus einer Reihe herausrücken ❷ *(umg.) herausgeben:* Er hat das Buch nicht wieder herausgerückt. **II.** *ohne OBJ (sein)* ❶ ■ *jmd.* **rückt heraus** *nach außen rücken:* Alle sitzen in einer Reihe, nur einer ist mit seinem Stuhl herausgerückt. ❷ ■ *jmd.* **rückt mit etwas** *Dat.* **heraus** *(umg.) etwas nach langem Zögern eingestehen:* Letztlich ist er mit der Wahrheit/Sprache herausgerückt.

he·r·aus·rut·schen <rutschst heraus, rutschte heraus, ist herausgerutscht> *ohne OBJ* ❶ ■ *etwas* **rutscht aus etwas** *Dat.* **heraus** *aus etwas rutschen:* Das Hemd ist aus der Hose herausgerutscht.; Der Schlüssel ist wahrscheinlich aus der Tasche herausgerutscht. ❷ ■ **etwas rutscht jmdm. heraus** *(umg.) versehentlich gesagt werden:* Es war nicht böse gemeint. Die Bemerkung ist mir nur so herausgerutscht.

he·r·aus·schla·gen <schlägst heraus, schlug he­raus, hat/ist herausgeschlagen> **I.** *mit OBJ (ha-*

H

ben) ■ *jmd.* **schlägt etwas aus etwas** *Dat.* **he·raus** ❶ *durch Schlagen heraustrennen:* Steine aus einem Felsen herausschlagen. ❷ *für sich gewinnen:* Er hat für sich einen Vorteil herausgeschlagen. II. *ohne OBJ (sein)* ■ *etwas schlägt aus etwas Dat.* **heraus** *hervorbrechen:* Die Flammen sind aus dem Fenster herausgeschlagen.

he·r·aus·schrau·ben *mit OBJ* ■ *jmd.* **schraubt etwas aus etwas** *Dat.* **heraus** *(↔ hineinschrauben) abschrauben und herausnehmen*

he·r·au·ßen *adv* SÜDDT., ÖSTERR. *draußen*

he·r·aus·sprin·gen <springst heraus, sprang heraus, ist herausgesprungen> *ohne OBJ* ❶ ■ *jmd.* **springt aus etwas** *Dat.* **heraus** *nach draußen springen:* Er ist aus dem Fenster herausgesprungen. ❷ ■ *etwas springt aus etwas Dat.* **heraus** *sich aus einer Befestigung lösen:* Bei der Matratze ist eine Feder herausgesprungen.; Das Uhrenglas ist herausgesprungen. ❸ ■ *etwas springt bei etwas Dat.* **heraus** *(umg.) als Ergebnis entstehen:* Mal sehen, was bei den Verhandlungen herausspringt.; Er macht nur etwas, wenn auch ordentlich Geld dabei herausspringt.

he·r·aus·sprit·zen *ohne OBJ* ■ *etwas spritzt aus etwas Dat.* **heraus** *aus etwas spritzen*

he·r·aus·stel·len I. *mit OBJ* ❶ ■ *jmd.* **stellt etwas heraus** *nach draußen stellen:* Im Frühling können die Gaststätten ihre Tische herausstellen. ❷ ■ *jmd.* **stellt etwas heraus** *hervorheben:* Sie stellte in ihrem Vortrag die wichtigsten Ergebnisse ihrer Arbeit heraus. II. *mit SICH* ■ *etwas stellt sich heraus* *sich zeigen:* Unsere Vermutungen stellten sich als richtig heraus.; Es stellte sich heraus, dass sie gelogen hatte.

he·r·aus·strei·chen <streichst heraus, strich heraus, hat herausgestrichen> *mit OBJ* ❶ ■ *jmd.* **streicht etwas aus etwas** *Dat.* **heraus** *durchstreichen:* Überflüssiges aus einem Text herausstreichen ❷ ■ *jmd.* **streicht etwas heraus** *loben:* die guten Leistungen eines Mitarbeiters herausstreichen; Musst du immer herausstreichen, dass du der Klügste bist?

he·r·aus·strö·men *ohne OBJ* ■ *jmd./etwas* **strömt aus etwas heraus** *aus etwas strömen*

he·r·aus·wach·sen <wächst heraus, wuchs heraus, ist herausgewachsen> *ohne OBJ* ❶ ■ *etwas wächst aus etwas Dat.* **heraus** *aus etwas wachsen:* ein verfallenes Haus, aus dessen Dach Bäume herauswachsen; sich die (gefärbten) Haare herauswachsen lassen ❷ ■ *jmd.* **wächst aus etwas** *Dat.* **heraus** *(umg.) für etwas zu groß werden:* aus einem Kleidungsstück herauswachsen

he·r·aus·wa·schen *mit OBJ* ■ *jmd.* **wäscht etwas aus etwas** *Dat.* **heraus** *durch Waschen entfernen*

he·r·aus·wer·fen <wirfst heraus, warf heraus, hat herausgeworfen> *mit OBJ* ❶ ■ *jmd.* **wirft etwas aus etwas** *Dat.* **heraus** *nach draußen werfen:* Gegenstände zum Fenster herauswerfen ❷ ■ *jmd.* **wirft jmdn. heraus** *(umg.) deutlich zum Verlassen des Raumes auffordern:* Wenn sie sich nicht benehmen können, müssen wir sie eben herauswerfen.

he·r·aus·zie·hen <ziehst heraus, zog heraus, hat herausgezogen> *mit OBJ* ■ *jmd.* **zieht etwas**

aus etwas Dat. **heraus** ❶ *aus etwas ziehen;* den Schlüssel aus dem Schloss herausziehen; einen Nagel aus dem Holz herausziehen ❷ *einen Textauszug machen:* die wichtigsten Punkte aus einem Protokoll/Text herausziehen

herb *adj* ❶ *(↔ süß, mild) von einem bitteren oder sauren Geschmack oder Geruch:* Der Wein ist ziemlich herb.; herbe Schokolade; ein herbes Parfüm ❷ *(≈ schmerzlich) schwer:* ein herber Verlust; eine herbe Enttäuschung ❸ *(≈ streng) eine herbe Schönheit; herbe Kritik an jemandem üben*

Her·ba·ri·um *das* <-s, Herbarien> BOT. *eine Sammlung getrockneter Pflanzen und Blätter*

her·bei·ei·len <eilst herbei, eilte herbei, ist herbeigeeilt> *ohne OBJ* ■ *jmd.* **eilt herbei** *schnell irgendwohin kommen:* Viele Neugierige waren schnell herbeigeeilt.; Die Helfer eilten herbei.

her·bei·füh·ren *mit OBJ* ■ *jmd.* **führt etwas herbei** *bewirken, dass etwas eintritt:* Durch seine Fahrweise hat er den Unfall versehentlich herbeigeführt.; Durch ihre Vermittlung konnte eine Einigung herbeigeführt werden.

her·bei·lau·fen *ohne OBJ* ■ *jmd.* **läuft herbei** *(aus verschiedenen Richtungen) auf etwas zulaufen*

her·bei·ru·fen <rufst herbei, rief herbei, hat herbeigerufen> *mit OBJ* ■ *jmd.* **ruft jmdn./etwas** *herbei zu sich rufen:* Wir sollten schnell Hilfe herbeirufen!; Der Zauberer rief seine dienstbaren Geister herbei.

her·bei·wün·schen <wünschst herbei, wünschtest herbei, hat herbeigewünscht> *mit OBJ* ■ *jmd.* **wünscht etwas herbei** *wünschen, dass etwas oder jmd. da wäre:* sich den Freund/Hilfe/den Sommer herbeiwünschen

Her·ber·ge *die* <-, -n> ❶ *kurz für „Jugendherberge":* in einer Herberge übernachten ❷ *(veralt. geh.) gastliche Aufnahme:* Weil sie nirgends Herberge finden konnten, mussten sie im Freien übernachten.

Her·bergs·va·ter *der;* **Her·bergs·mut·ter** <-s, Herbergsväter> *eine Person, die eine Herberge betreibt*

Her·bi·zid *das* <-(e)s, -e> CHEM., LANDW. *Unkrautvernichtungsmittel*

Herbst *der* <-(e)s, -e> *die Jahreszeit zwischen Sommer und Winter, in der die Tage kürzer werden und die Blätter sich bunt färben;* ■ *im Herbst des Lebens (geh. übertr.) in fortgeschrittenem Lebensalter* ♦ -anfang, -laub, -nebel, -sonne, -tag

herbst·lich *adj* */nicht steig./ so, wie es im Herbst ist oder für den Herbst typisch ist:* herbstliches Wetter; herbstliche Farben

Herbst·ne·bel *der* <-s> */kein Plur./ Nebel, wie er typischerweise im Herbst auftritt*

Herbst·zeit·lo·se *die* <-, -n> *eine spät blühende Blumenart*

Herd *der* <-(e)s, -e> ❶ *ein Küchengerät, auf dem Mahlzeiten gekocht werden:* ein elektrischer Herd; ein Herd, der mit Gas/Kohle/Öl geheizt wird; einen Topf auf den Herd stellen/vom Herd nehmen ❷ *(umg.) Ausgangspunkt:* den Herd einer Krankheit suchen; der Herd des Erdbebens/Feuers ❸ *(veralt. übertr.) das eigene Zuhause;* ■ *am hei-*

mischen **Herd** *(veralt. oder geh.) im eigenen Zu-hause;* ■ **Ein eigener Herd ist Goldes wert.**
(Sprichwort) es ist wichtig und erstrebenswert, ei-nen eigenen Haushalt zu führen und unabhängig zu sein
Her·de *die* <-, -n> ❶ *eine Gruppe von gleichen, in Gemeinschaft lebenden (Pflanzen fressenden) Säugetieren:* eine Herde Büffel/Elefanten/Rinder/Schafe; eine Herde Rinder auf die Weide treiben ❷ *(umg. abwert.) eine Gruppe (willenloser) Men-schen:* in der Herde mitlaufen
Her·den·mensch *der* <-en, -en> *(abwert.) ein Mensch, der sich immer dem Verhalten einer Gruppe anpasst*
Her·den·trieb *der* <-(e)s> */kein Plur./* ❶ ZOOL. *der Trieb von Herdentieren, sich bei der Herde aufzuhalten* ❷ *(umg. abwert.) die Neigung von Menschen, ihr Verhalten der Gruppe anzupassen*
He·r·der-In·s·ti·tut *das* <-(e)s> *Institutsname, der auf den deutschen Schriftsteller, Übersetzer, Theologen und Philosophen der Weimarer Klassik, Johann Gottfried von Herder (1744–1803), zu-rückgeht; siehe auch* **Deutsch als Femdsprache**

Unter diesem Namen gibt es in Deutschland zwei Einrichtungen mit unterschiedlicher Schwerpunktsetzung und Tradition: das **Her-der-Institut in Leipzig** und das **Herder-Institut in Marburg**. Das Herder-Institut für „Deutsch als Fremdsprache" an der Universität Leipzig hat eine lange Tradition in der ehemaligen DDR: Es wurde 1956 als selbständiges Institut für Ausländerstudien zur Vermittlung deut-scher Sprachkenntnisse an der damaligen Karl-Marx-Universität Leipzig gegründet und erhielt 1961 den Namen „Herder-Institut". Bis zur Wendezeit 1989/90 war es die wichtigste Institution der DDR für den Bereich „Deutsch als Fremdsprache". Im Rahmen der Struktur-veränderungen in den jetzt neuen Bundeslän-dern erhielt das Institut ein neues Profil: Das Herder-Institut wurde einer Fakultät unter anderem dem Studiengang „Deutsch als Fremdsprache" zugeordnet. Neben Lehrveran-staltungen zählen zu den Aktivitäten des Insti-tuts z. B. Sommerkurse für Germanisten/Ger-manistinnen, Deutschlehrerinnen und Deutschlehrer, sowie für Studierende.
Das im Jahre 1950 gegründete Herder-Institut in Marburg ist und war eine der zentralen Ein-richtungen der historischen Ostmitteleuropa-Forschung. Es ist seit 1992 Mitglied der „Leib-niz-Gemeinschaft". Thematisch beschäftigt es sich mit der Kultur Polens, Estlands, Lettlands, Litauens usw. Es betreibt Forschungs- und Entwicklungsprojekte, organisiert Tagungen, vergibt Stipendien, und es bietet eine der bes-ten Spezialbibliotheken zur Geschichte und Kultur Ostmitteleuropas. Neuerdings sind auch verschiedene Online-Angebote hinzuge-kommen.

he·r·ein *adv verwendet, um auszudrücken, dass*

sich jmd./etwas von draußen in einen Raum hi-neinbewegt: Ist die Post heute schon herein?; ■ **Herein!** *Aufforderung an jmdn., der an die Tür geklopft hat, den Raum zu betreten*
he·r·ein·be·kom·men <bekommst herein, be-kam herein, hat hereinbekommen> *mit OBJ* ■ *jmd. bekommt etwas herein (umg.)* ❶ *gelie-fert bekommen:* Wir haben heute neue Ware he-reinbekommen. ❷ *empfangen können:* fast alle Sender hereinbekommen
he·r·ein·bre·chen <brichst herein, brach herein, ist hereingebrochen> *ohne OBJ* ❶ ■ *etwas bricht herein* nach innen brechen: Die Bergleute wurden durch hereinbrechendes Gestein verletzt. ❷ ■ *etwas bricht (über jmdn.) herein* plötzlich beginnen: ein Unglück/Unwetter ist über uns he-reingebrochen; Die Nacht bricht herein.
he·r·ein·fal·len <fällst herein, fiel herein, ist he-reingefallen> *ohne OBJ* ❶ ■ *jmd. fällt in etwas Akk. herein in etwas stürzen:* Hier ist eine tiefe Grube. Passt auf, dass ihr nicht hereinfallt!; Durch einen Türspalt fiel Licht herein. ❷ ■ *jmd. fällt auf etwas Akk. herein (umg.) betrogen werden:* auf einen Betrüger/Betrug hereinfallen; Mit der neuen Wohnung sind sie aber ganz schön herein-gefallen.
he·r·ein·ho·len *mit OBJ* ■ *jmd. holt etwas he-rein* ❶ *von draußen nach drinnen holen:* Es reg-net. Ich muss die Wäsche hereinholen. ❷ *(umg.) wettmachen:* Wenn wir uns beeilen, können wir die verlorenen Minuten wieder hereinholen.
he·r·ein·kom·men <kommst herein, kam herein, ist hereingekommen> *ohne OBJ* ❶ ■ *jmd. kommt herein nach drinnen kommen:* Ihr könnt gern (zu uns) hereinkommen! ❷ ■ *etwas kommt herein geliefert werden:* Soeben sind frische Blu-men hereingekommen. ❸ ■ *etwas kommt he-rein (umg.) eingenommen werden:* Ich muss viel arbeiten, damit (genügend) Geld hereinkommt.
he·r·ein·las·sen <lässt herein, ließ herein, hat hereingelassen> *mit OBJ* ■ *jmd. lässt jmdn. he-rein (umg.: ↔ herauslassen) nach drinnen las-sen:* Er öffnete die Tür, um die Gäste hereinzulas-sen.
he·r·ein·le·gen *mit OBJ* ■ *jmd. legt etwas in et-was Akk. herein* ❶ *in etwas legen:* Hier ist mein Postfach, da kannst du Nachrichten für mich he-reinlegen. ❷ ■ *jmd. legt jmdn. herein (umg.) be-trügen:* Bei diesem Geschäft ist er ordentlich he-reingelegt worden.
he·r·ein·plat·zen <platzt herein, platzte herein, ist hereingeplatzt> *ohne OBJ* ■ *jmd. platzt in etwas Akk. herein (umg.) plötzlich irgendwo he-reinkommen:* Ihr könnt doch nicht einfach so in die Versammlung/das Zimmer hereinplatzen!
Her·fahrt *die* <-> */kein Plur./* (≈ Hinfahrt) *die Fahrt von einem Ausgangspunkt hierher*
her·fal·len <fällst her, fiel her, ist hergefallen> *ohne OBJ* ❶ ■ *jmd. fällt über jmdn. her scharf angreifen:* Die Angreifer fielen brutal über den wehrlosen Mann her.; Die Zeitungen sind über den Politiker hergefallen. ❷ ■ *jmd. fällt mit etwas Dat. über jmdn. her heftig bestürmen:* über je-manden mit Fragen herfallen ❸ ■ *jmd. fällt über*

H

etwas *Akk.* **her** *(umg.) gierig essen:* über das Essen herfallen

Her·gang *der <-(e)s, Hergänge> /Plur. ungebräuchlich / (≈ Ablauf)* Bitte schildern Sie den Hergang des Unfalls! ◆ Tat-

her·ge·ben <gibst her, gab her, hat hergegeben> *mit OBJ* ❶ ■ *jmd. gibt jmdm. etwas her aushändigen:* Gib mir bitte den Schlüssel (wieder) her! ❷ ■ *jmd. gibt etwas her (zeitweise) weggeben:* Das Buch gebe ich nicht her.; Er gibt sein Auto nicht gern (für andere) her. ❸ ■ *etwas gibt etwas her (umg.) ergiebig sein:* Das Thema gibt nicht viel her.

her·ge·hen <gehst her, ging her, ist hergegangen> I. *ohne OBJ* ■ *jmd. geht neben jmdm. her neben jmdm. laufen:* Sie gingen nebeneinander her und unterhielten sich. II. *mit ES* ■ *es geht irgendwo irgendwie her (umg.) irgendwie ablaufen:* Bei der Diskussion geht es heiß her.; Auf der Party ist es hoch hergegangen.

her·ge·lau·fen *adj /nicht steig./ (umg. abwert.) von zweifelhafter Herkunft:* Dem hergelaufenen Kerl willst du dein Vertrauen schenken?

her·hal·ten <hältst her, hielt her, hat hergehalten> I. *mit OBJ* ■ *jmd. hält etwas her in Richtung des Sprechers halten:* Wenn du deine Tasse herhältst, gebe ich dir noch etwas Tee. II. *ohne OBJ* ■ *jmd./etwas hält als etwas her (umg.) als etwas dienen:* Weil kein anderer da ist, musst du als Sündenbock herhalten.; Immer muss deine Krankheit als Vorwand herhalten, wenn du nicht helfen willst.

her·ho·len *mit OBJ* ■ *jmd. holt etwas her zum Sprecher holen:* Hol doch das Fotoalbum einmal her!; Wenn er nicht selbst kommen will, können wir ihn doch herholen.; ■ *etwas ist weit hergeholt etwas gehört nicht zum Thema und erscheint etwas abwegig* Seine Anschuldigungen sind ganz schön weit hergeholt!

her·hö·ren *ohne OBJ* ■ *jmd. hört her hören, was jmd. sagt:* Hört mal alle her, was ich zu sagen habe!

He·ring *der <-s, -e>* ❶ ZOOL. *eine Seefischart:* gepökelten Hering essen ❷ *Zeltpflock:* die Zeltleinen an den Heringen befestigen

he·r·in·nen *adv* SÜDDT., ÖSTERR. *drinnen*

her·kom·men <kommst her, kam her, ist hergekommen> *ohne OBJ* ❶ ■ *jmd. kommt her sich nähern:* Komm doch mal her zu mir! ❷ ■ *jmd. kommt irgendwoher abstammen:* Er kommt aus Basel. Und wo kommst du her? ❸ ■ *etwas kommt irgendwoher herstammen:* Wo kommt dieses Fleisch her?; Wo kommt denn plötzlich so viel Geld her?

her·kömm·lich *adj /nicht steig./ in seit langem bewährter Weise:* das Brot auf herkömmliche Art und Weise backen

Her·ku·les *der <-s> /kein Plur./* ❶ *ein griechischer Halbgott* ❷ *ein Mann von ungewöhnlicher Körperkraft* ◆-arbeit

Her·kunft *die <-, Herkünfte> /Plur. selten /* ❶ *Familie und Umgebung, in der man aufgewachsen ist:* Sie kann ihre einfache Herkunft nicht verleugnen.; Der Herkunft nach ist er Schweizer.

❷ *Ort, an dem etwas hergestellt worden oder entstanden ist:* die Herkunft eines Produkts/einer Ware; die Herkunft eines Wortes

Her·kunfts·land *das <-es, Herkunftsländer> das Land, aus dem jmd. oder etwas kommt:* Welches ist Ihr Herkunftsland?; das Herkunftsland einer Ware

her·lei·ten I. *mit OBJ* ■ *jmd. leitet etwas aus etwas Dat. her ableiten:* Ansprüche/Rechte aus einem Vertrag herleiten; eine mathematische Formel herleiten ► Herleitung II. *mit SICH* ■ *etwas leitet sich aus etwas Dat. her auf etwas zurückzuführen sein:* Dieses Wort leitet sich aus dem Lateinischen her. ► Herleitung

her·ma·chen I. *mit SICH* ■ *jmd. macht sich über etwas Akk. her (umg.)* ❶ *etwas in Angriff nehmen:* Er machte sich über das Essen/die Arbeit her. ❷ *jmdn. oder etwas heftig angreifen:* Die Kritiker machten sich über die Autorin/den Roman her. II. *mit OBJ* ■ *etwas macht etwas her (umg.) repräsentieren:* Er macht etwas/nicht viel her.

Her·me·lin¹ *das <-s, -e>* ZOOL. ❶ *eine Wieselart* ❷ *der Pelz der Wieselart*

Her·me·lin² *der <-s, -e> das zu Pelz verarbeitete Fell des Hermelins:* Der Mantel des Königs war mit Hermelin besetzt.

Her·me·neu·tik *die <-, -en> die Kunst der Auslegung und Deutung von Texten* ► Hermeneutiker, Hermeneutikerin, hermeneutisch *siehe auch* **Text**

her·me·tisch *adj /nicht steig./ (geh.) so fest verschlossen, dass es undurchlässig ist:* Die Druckkammer wird hermetisch abgeriegelt.; Die Polizei riegelte das gesamte Gelände hermetisch ab. ► Hermetik

her·müs·sen *ohne OBJ* ■ *etwas muss her (umg.) dringend benötigt werden*

her·nach *adv* SÜDDT., ÖSTERR. *danach/später*

her·neh·men <nimmst her, nahm her, hat hergenommen> *mit OBJ* ❶ ■ *jmd. nimmt etwas von irgendwo her irgendwo nehmen/beschaffen:* Wo soll ich denn das viele Geld hernehmen?; Ich weiß nicht, wo du deine Geduld hernimmst. ❷ ■ *jmd. nimmt jmdn. irgendwie her belasten:* Die Krankheit seiner Frau hat ihn sehr hergenommen.

her·nie·der *adv (geh.) herunter: auf die Erde hernieder*

he·r·oben *adv* SÜDDT., ÖSTERR. *(hier) oben*

He·roe *der,* **He·ro·in/He·ro·i·ne** [heˈroːə] <-n, -n> *(geh.) Held oder Heldin*

He·ro·in *das <-s> /kein Plur./ ein Rauschgift*

he·ro·in·ab·hän·gig *adj /nicht steig./ abhängig von Heroin*

he·ro·in·süch·tig *adj /nicht steig./ (≈ heroinabhängig)*

he·ro·isch *adj /nicht steig./ heldenhaft*

he·ro·i·sie·ren *mit OBJ* ■ *jmd. heroisiert jmdn./etwas zum Helden oder zur Heldentat erheben*

He·ro·is·mus *der <-> /kein Plur./ (geh.) Heldentum*

He·rold *der <-(e)s, -e>* GESCH. *Ausrufer oder Bote eines Herrschers:* Der König schickte seine Herolde ins Land und ließ die Neuigkeit verkünden.

Her·pes *der* <-> MED. *entzündliche Haut- und Schleimhautentzündung*

Herr *der* <-(e)n, -en> ❶ *(geh.: ↔ Dame) Mann:* Ein älterer Herr stand vor der Tür.; Ein Herr hat nach Ihnen gefragt.; 100-Meter-Lauf der Herren ◆-enbekleidung, -enhemd, -enmode, -enwitz ❷ *(↔ Herrin) Gebieter oder Besitzer:* ein gütiger/ strenger Herr; seinem Herrn gehorchen; Gott der Herr; Herr über große Ländereien sein ❸ *(↔ Dame) Anrede:* Mein Herr, ...; Sehr geehrte Damen und Herren, ...; ■**sein eigener Herr sein** *(umg.) von anderen (beruflich) unabhängig sein;* ■**einer Sache Herr werden** *(geh.) etwas (nach anfänglichen Schwierigkeiten) beherrschen*

Herr·chen *das* <-s, -> *(umg.: ↔ Frauchen) Besitzer eines Hundes*

Her·ren·fahr·rad *das* <-(e)s, Herrenfahrräder> *Fahrrad mit einer waagerechten Stange zwischen Lenker und Sattel, das hauptsächlich von Männern gefahren wird*

Her·ren·haus *das* <-es, Herrenhäuser> *herrschaftliches Wohnhaus, zu dem großer Grundbesitz gehört*

her·ren·los *adj /nicht steig./ niemandem gehörend:* ein herrenloser Hund; Ich habe ein herrenloses Fahrrad gefunden.

Her·ren·ma·ga·zin *das* <-s, -e> *Illustrierte, die sich besonders an Männer wendet*

Her·ren·pilz *der* <-es, -e> ÖSTERR. *Steinpilz*

Her·ren·sa·lon *der* <-s, -s> *(geh.) Friseurgeschäft für Männer*

Her·ren·to·i·let·te *die* <-, -n> *(↔ Damentoilette) die Toilette für Männer*

Herr·gott *der* <-s> */kein Plur./* ❶ *(umg.: ≈ Gott)* der liebe Herrgott ❷ *SÜDDT., ÖSTERR. ein Kruzifix;* ■**Herrgott noch mal!** *(umg.) Ausruf der Verärgerung* Herrgott noch mal, kannst du nicht besser aufpassen?

Her·rin *die* <-, -nen> *Besitzerin oder Gebieterin:* Herrin über große Ländereien sein

her·risch *adj (abwert.) gebieterisch:* Sie hat eine herrische Art.; jemanden herrisch anfahren

herr·lich *adj sehr schön; prächtig:* herrliches Wetter; ein herrlicher Urlaub; Dort ist es einfach herrlich! ▶ Herrlichkeit

Herr·schaft *die* <-, -en> ❶ *die Macht; die Staatsgewalt:* an die Herrschaft kommen; die Herrschaft in einem Land ausüben/haben; unter der Herrschaft eines Diktators stehen; Während der Herrschaft Augusts des Starken wurde der Dresdner Zwinger gebaut.; die Herrschaft des Geldes ◆-ansspruch, -sbereich, -sform, -sordnung, -sstruktur, -ssystem, Allein-, Feudal-, Fremd-, Gewalt-, Schreckens-, Welt- ❷ */nur im Plur./ (geh.) die anwesenden Damen und Herren:* Die Herrschaften begaben sich in den Saal.; Sehr geehrte Herrschaften, ... ❸ *(geh.) Gebieter(in):* Der Kutscher fuhr seine Herrschaft nach Hause.; Ihre Herrschaft war recht zufrieden mit ihr.

herr·schaft·lich *adj /nicht steig./* ❶ *einer Herrschaft gehörig:* die herrschaftlichen Besitztümer ❷ *vornehm:* ein herrschaftliches Haus

herr·schen <herrschst, herrscht, hat geherrscht> *ohne OBJ* ❶ ■ *jmd. herrscht (über*

jmdn.) regieren oder Macht ausüben: allein herrschen; Ein König/ein Diktator herrscht über das Volk.; die in diesem Land herrschende Fürstenfamilie; Heutzutage herrscht nur das Geld. ❷ ■ *irgendwo herrscht etwas spürbar oder vorhanden sein:* Im Land herrscht eine große Dürre/Hungersnot.; Hier herrscht ein freundlicher Umgangston.; die dort herrschende Kälte; gegen den damals herrschenden Geschmack verstoßen

herr·schend *adj /nicht steig./* ❶ *regierend;* *mit viel Einfluss:* die herrschende Schicht ❷ *so, dass etwas in besonderem Maße vorhanden ist:* die herrschende Ungerechtigkeit; die in dem Land herrschende Armut

Herr·scher *der,* **Herr·sche·rin** <-s, -> *Person, die Macht über etwas oder andere ausübt:* Er war ein gerechter/grausamer Herrscher über sein Volk.

Herr·scher·haus *das* <-es, Herrscherhäuser> *eine Familie, aus der mehrere Herrscher hervorgegangen sind:* die europäischen Herrscherhäuser; das Herrscherhaus der Wettiner

Herrsch·sucht *die* <-> */kein Plur./ (abwert.) der unbedingte Wille, andere zu beherrschen*

herrsch·süch·tig *adj (abwert.) bestrebt, andere zu beherrschen:* eine herrschsüchtige Art haben

her·rüh·ren <rührt her, rührte her, hat hergerührt> *ohne OBJ* ■ *etwas rührt von etwas her seine Ursache haben:* Der Lärm rührt von den Bauarbeiten her.; Ihre Beschwerden rühren von einem Heuschnupfen her.

her·sa·gen *mit OBJ* ■ *jmd. sagt etwas her auswendig aufsagen:* ein Gedicht/seinen gelernten Spruch hersagen

her·schie·ben <schiebst her, schob her, hat hergeschoben> *mit OBJ* ❶ ■ *jmd. schiebt jmdm. etwas her zum Sprecher hin schieben:* Schiebst du mir das Zuckerdose her? ❷ ■ *jmd. schiebt etwas vor sich her laufen und etwas schieben:* Sie schiebt einen Kinderwagen vor sich her. ❸ ■ *jmd. schiebt etwas vor sich her (übertr.) verschieben:* eine unangenehme Aufgabe lange vor sich herschieben

her·stel·len *mit OBJ* ■ *jmd. stellt etwas her* ❶ WIRTSCH. *(gewerbsmäßig) anfertigen:* Waren/ Produkte maschinell/von Hand herstellen; im Ausland hergestellte Waren ❷ *zu Stande bringen; erreichen:* eine Telefonverbindung herstellen; einen Kontakt/Ordnung herstellen; den ursprünglichen Zustand herstellen ❸ *irgendwohin stellen:* Hier können wir den Schrank herstellen.; Du kannst deine Sachen hier herstellen.; *siehe aber auch* **wiederherstellen**

Her·stel·ler *der,* **Her·stel·le·rin** <-s, -> ❶ *Person oder Firma, die eine Ware herstellt:* Bei Reklamationen wenden Sie sich bitte direkt an den Hersteller. ❷ *Verlagsmitarbeiter, der den Drucken und Binden von Büchern und deren Ausstattung in Planung und Abwicklung betreut*

Her·stel·lung *die* <-> */kein Plur./* ❶ *die (gewerbsmäßige) Anfertigung:* die Herstellung von Computern/Waschmaschinen ❷ *das Einrichten; das Verwirklichen:* die Herstellung diplomatischer Beziehungen; die Herstellung einer Telefonverbindung

H

H

Hertz das <-, -> PHYS. *die Maßeinheit der Wellenfrequenz*

he·rü·ben adv ÖSTERR. *hier auf dieser Seite*

he·rü·ber adv *von einer Seite bis zu einer anderen:* Wie weit ist es bis auf die andere Seite herüber?

he·rü·ber·kom·men <kommst herüber, kam herüber, bist herübergekommen> ohne OBJ ■ jmd. **kommt herüber** ❶ jmd. *kommt von einem anderen Ort hierher:* Komm doch mal bitte herüber! ❷ *den Nachbarn einen (kurzen) Besuch abstatten:* Soll ich mal schnell zu euch herüberkommen?

he·rü·ber·rei·chen I. mit OBJ ■ jmd. **reicht jmdm. etwas herüber** *(auf die andere Seite) geben:* jemandem das Brot/den Schlüssel herüberreichen II. ohne OBJ ■ **etwas reicht herüber** *sich erstrecken:* Das Feld reicht bis zum Wald herüber.; Das Seil wird wohl nicht bis auf die andere Seite herüberreichen.

he·rü·ber·win·ken <winkst herüber, winkte herüber, hat herübergewinkt> mit OBJ ■ jmd. **winkt jmdn. herüber** *durch Winken das Signal geben, dass jmd. in eine bestimmte Richtung kommen soll:* einen Freund zu sich herüberwinken; Der Polizist winkte das Fahrzeug auf die andere Seite herüber.

he·rum adv ❶ *zur Angabe einer Bewegungsrichtung:* links/rechts/im Kreis/verkehrt herum; Wie lang ist der Weg um den See herum? ❷ *in der Nähe oder Umgebung:* Alle um uns herum waren schon informiert.; sich um das Haus herum aufhalten ❸ *vergangen:* wenn eine Stunde/der Tag/die Frist herum ist; ■ **um ... herum** *(umg.) ungefähr* so um Mittag herum; Der Karpfen wiegt um (die) zwei Kilogramm herum. ◆ Getrenntschreibung →R 4.8 Sobald die Nacht herum ist, ...

he·rum·är·gern <ärgerst herum, ärgerte herum, hat herumgeärgert> mit SICH ■ jmd. **ärgert sich mit jmdm./etwas herum** *(umg.)* Mit euch/diesem Problem ärgere ich mich schon ziemlich lange herum.

he·rum·bas·teln ohne OBJ ■ jmd. **bastelt an etwas herum** *an etwas bestimmte Veränderungen machen*

he·rum·be·kom·men <bekommst herum, bekam herum, hat herumbekommen> mit OBJ *(umg.)* ❶ jmd. **bekommt jmdn. herum** *überreden:* Ich bekomme dich schon noch herum, mir dein Rad zu leihen. ❷ ■ jmd. **bekommt etwas herum** *hinter sich bringen:* Wie bekomme ich nur die Zeit bis zu unserem Wiedersehen herum?

he·rum·bum·meln <bummelst herum, bummelte herum, hat/ist herumgebummelt> ohne OBJ ■ jmd. **bummelt herum** ❶ */haben/* ohne Fleiß oder Eile arbeiten: Während des letzten Schuljahres hat er ziemlich herumgebummelt. ❷ */sein/* *langsam und ohne Ziel laufen:* Wir sind ein bisschen in der Stadt herumgebummelt.

he·rum·dre·hen I. mit OBJ ■ jmd. **dreht etwas herum** ❶ *im Kreis drehen:* das Lenkrad/den Schlüssel/die Schraube herumdrehen ❷ *wenden:* das Schnitzel in der Pfanne herumdrehen II. ohne OBJ ■ jmd. **dreht an etwas** Akk. **herum** *(umg.)*

ziellos an etwas drehen: am Radioknopf herumdrehen III. mit SICH ■ jmd. **dreht sich (nach jmdm./etwas) herum** *sich umwenden:* Er drehte sich (nach uns) herum.; ■ **jemandem das Wort im Munde herumdrehen** *(umg.) jmdn. bewusst falsch verstehen*

he·rum·druck·sen <druckst herum, druckste herum, hat herumgedruckst> ohne OBJ ■ jmd. **drucksst herum** *sich winden und nur zögerlich antworten (weil einem ein Thema peinlich und unangenehm ist):* Da ihr das Thema merklich peinlich war, druckste sie herum.

he·rum·fah·ren <fährst herum, fuhr herum, hat/ist herumgefahren> I. mit OBJ (haben) ■ jmd. **fährt jmdn./etwas irgendwo herum** *jmdn. oder etwas ohne bestimmtes Ziel fahren:* Sie haben die Möbel in der ganzen Stadt herumgefahren, weil sie unser Haus nicht gefunden haben. II. ohne OBJ (sein) ❶ ■ jmd. **fährt irgendwo herum** *ohne bestimmtes Ziel fahren:* Wir sind einfach nur so (in der Gegend) herumgefahren. ❷ ■ jmd. **fährt um etwas** Akk. **herum** *fahrend umrunden:* Wir sind um den See herumgefahren. ❸ ■ jmd. **fährt um etwas** Akk. **herum** *fahrend ausweichen:* um ein Hindernis/um die Stadt herumfahren

he·rum·fra·gen ohne OBJ ■ jmd. **fragt irgendwo herum** *(umg.) viele Leute fragen:* Ich werde herumfragen, wer uns helfen kann.

he·rum·füh·ren I. mit OBJ ❶ ■ jmd. **führt jmdn. irgendwo herum** *um etwas herumgeleiten:* die Touristen um das gesamte Gebäude herumführen ❷ ■ jmd. **führt jmdn. um etwas** Akk. **herum** *an etwas vorbeileiten:* einen Blinden um ein Hindernis herumführen ❸ ■ jmd. **führt jmdn. irgendwo herum** *an verschiedene Stellen führen, um etwas zu zeigen:* die Besucher im Haus/in der Stadt herumführen; Sollen wir euch ein bisschen herumführen? II. ohne OBJ ■ **etwas führt um etwas** Akk. **herum** ❶ *umrunden:* Der Weg führt um den See herum. ❷ *ausweichen:* um die Hindernisse herumführen; Die Straße führt um Berlin herum und nicht hinein.

he·rum·gam·meln ohne OBJ ■ jmd. **gammelt irgendwo herum** *(umg. abwert.) sich müßig irgendwo aufhalten*

he·rum·ge·hen <gehst herum, ging herum, ist herumgegangen> ohne OBJ ❶ ■ jmd. **geht um etwas** Akk. **herum** *etwas umrunden:* Wir sind (ganz) um den See herumgegangen. ❷ ■ jmd. **geht um etwas** Akk. **herum** *ausweichen:* Ich mag diese Gegend nicht. Es ist besser, wenn wir darum herumgehen. ❸ ■ jmd. **geht irgendwo herum** *ziellos umhergehen:* Wir sind einfach so/aufs Geratewohl im Park herumgegangen. ❹ ■ jmd. **geht herum** *von einem zum anderen gehen:* herumgehen und jedem etwas anbieten; die Neuigkeit ist schon herumgegangen; eine Liste herumgehen lassen ❺ ■ **etwas geht herum** *vergehen:* Der Tag/die Zeit ist schnell herumgegangen.; ■ **jemandem im Kopf herumgehen** *(umg.) jmdn. beschäftigen* Was du gesagt hast, ist mir noch lange im Kopf herumgegangen.

he·rum·han·tie·ren ohne OBJ ■ jmd. **hantiert**

an etwas Dat. **herum** (abwert.) sich planlos an etwas zu schaffen machen

he·r·um·hor·chen ohne OBJ ■ jmd. **horcht (irgendwo) herum** (umg.) viele Leute nach etwas fragen: Ich werde mal herumhorchen, wer noch mitmachen will.

he·r·um·kom·man·die·ren mit OBJ/ohne OBJ ■ jmd. **kommandiert jmdn. herum** (umg. abwert.) (andere) ständig kommandieren: Hör auf, uns ständig herumzukommandieren!; Immer muss sie herumkommandieren.

he·r·um·kom·men <kommst herum, kam herum, ist herumgekommen> ohne OBJ (umg.) ❶ ■ jmd. **kommt irgendwie herum** reisen: Er ist viel herumgekommen. ❷ ■ jmd. **kommt um etwas** Akk. **herum** etwas nicht tun oder ertragen müssen: Wir sind noch einmal um die Klassenarbeit herumgekommen.; Er ist um die Strafe herumgekommen. ❸ ■ jmd. **kommt um etwas** Akk. **herum** um etwas herumfahren oder herumgehen können: Wie kommen wir um den See herum? Ich sehe keinen Weg.

he·r·um·kra·men ohne OBJ ■ jmd. **kramt in etwas** Dat. **herum** (umg.) ziellos in etwas wühlen: in alten Fotos/in der Handtasche herumkramen

he·r·um·krie·gen mit OBJ ■ jmd. **kriegt jmdn. herum** (umg.: ≈ herumbekommen) ❶ überreden: Letztlich konnte er sie doch herumkriegen, mit ihm ins Kino zu gehen. ❷ ■ jmd. **kriegt etwas herum** hinter sich bringen: Ich werde die Zeit schon irgendwie herumkriegen.

he·r·um·kri·ti·sie·ren ohne OBJ ■ jmd. **kritisiert an jmdm./etwas herum** immer wieder mehr oder weniger grundlose Kritik an jmdm. äußern

he·r·um·kur·ven ohne OBJ ■ jmd. **kurvt irgendwo mit etwas** Dat. **herum** mit einem Fahrzeug irgendwo spazierenfahren

he·r·um·lau·fen <läufst herum, lief herum, ist herumgelaufen> ohne OBJ ❶ ■ jmd. **läuft um etwas** Akk. **herum** etwas umrunden: Wir sind (ganz) um den See herumgelaufen. ❷ ■ jmd. **läuft um etwas** Akk. **herum** ausweichen: Wir sind um die Menschenmenge herumgelaufen, weil wir es eilig hatten. ❸ ■ jmd. **läuft irgendwo herum** ohne ein Ziel laufen: Wir können doch noch ein bisschen im Park herumlaufen.

he·r·um·lie·gen <liegst herum, lag herum, hat herumgelegen> ohne OBJ ❶ ■ etwas **liegt irgendwo herum** (umg.) etwas liegt an einer Stelle, an die es nicht gehört und an der es stört: Überall liegen deine Sachen herum! ❷ ■ jmd. **liegt (irgendwo) herum** jmd. liegt (irgendwo) faul: Er liegt ständig auf dem Sofa herum und sieht fern.

he·r·um·lun·gern <lungerst herum, lungerte herum, hat/ist herumgelungert> ohne OBJ ■ jmd. **lungert herum** (umg. abwert.) faul sein oder nichts tun: Sie haben/sind den ganzen Tag nur herumgelungert.

he·r·um·mä·keln ohne OBJ ■ jmd. **mäkelt an etwas** Dat. **herum** (≈ herumkritisieren)

he·r·um·me·ckern <meckerst herum, meckerte herum, hat herumgemeckert> ohne OBJ ■ jmd. **meckert herum** (umg. abwert.) ständig seinen Unmut äußern: Du kannst immer nur rummeckern, tu doch selbst mal etwas!

he·r·um·pfu·schen ohne OBJ ■ jmd. **pfuscht an etwas** Dat. **herum** ohne Kompetenz sich an etwas zu schaffen machen und es schlechter machen

he·r·um·pla·gen mit SICH ■ jmd. **plagt sich mit jmdm./etwas herum** viel Mühe oder Ärger mit etwas oder jmdm. haben: Der Lehrer plagt sich mit den Schülern herum.; Sie plagt sich mit dem Computerprogramm herum.

he·r·um·rei·chen I. mit OBJ ■ jmd. **reicht etwas herum** allen nacheinander geben: einen Teller mit Kuchen herumreichen II. ohne OBJ ■ etwas **reicht um etwas** Akk. **herum** umfassen können: Der Gürtel reicht nicht um seinen Bauch herum.

he·r·um·rei·ten <reitest herum, ritt herum, ist herumgeritten> ohne OBJ ❶ ■ jmd. **reitet herum** ohne ein bestimmtes Ziel reiten: ein bisschen im Wald und auf dem Feld herumreiten ❷ ■ jmd. **reitet um etwas** Akk. **herum** reitend umrunden: um den See (ganz) herumreiten ❸ ■ jmd. **reitet um etwas** Akk. **herum** reitend ausweichen: um die Hindernisse herumreiten; ■ **auf etwas herumreiten** (umg.) etwas (Unerfreuliches) immer wieder erwähnen: Nun musst du nicht immer wieder auf diesem leidigen Thema herum!

he·r·um·schla·gen <schlägst herum, schlug herum, hat herumgeschlagen> I. mit OBJ ■ jmd. **schlägt etwas um etwas** Akk. **herum** um etwas wickeln: den Umschlag/das Papier um das Buch herumschlagen II. mit SICH ❶ ■ jmd. **schlägt sich mit jmdm. herum** sich prügeln: Müsst ihr euch denn immer mit den anderen Schülern herumschlagen? ❷ ■ jmd. **schlägt sich mit etwas herum** (umg.) sich auseinandersetzen: sich mit schwierigen Problemen/einer Grippe/unangenehmen Nachbarn herumschlagen müssen

he·r·um·schlep·pen mit OBJ ■ jmd. **schleppt etwas mit sich herum** (umg.) ❶ lange mit sich herumtragen: eine schwere Tasche mit sich herumschleppen ❷ (übertr.) von etwas lange Zeit (seelisch) belastet sein: eine Grippe/ein Problem mit sich herumschleppen

he·r·um·schnüf·feln <schnüffelst herum, schnüffelte herum, hat herumgeschnüffelt> ohne OBJ ■ jmd. **schnüffelt in etwas** Dat. **herum** (umg. abwert.) ausspionieren: Was schnüffelst du in meinen Sachen herum, das geht dich gar nichts an!

he·r·um·spie·len ohne OBJ ■ jmd. **spielt an etwas** Dat. **herum** (umg.) gedankenversunken spielen: Sie spielte an ihrer Tasche/an ihren Haaren herum.

he·r·um·spi·o·nie·ren ohne OBJ ■ jmd. **spioniert irgendwo herum** sich irgendwo aufhalten und heimlich Informationen sammeln

he·r·um·sprin·gen <springst herum, sprang herum, ist herumgesprungen> ohne OBJ ■ jmd. **springt irgendwo herum** ziellos hin und her springen: Die Lämmer sprangen (fröhlich) auf der Weide herum.

he·r·um·ste·hen <stehst herum, stand herum, hat herumgestanden> ohne OBJ ■ jmd./etwas

H

steht irgendwo herum (umg. abwert.) ohne Zweck irgendwo stehen: Müssen wir denn noch lange hier herumstehen und warten?; Meine Tasche muss irgendwo dort hinten herumstehen.

he·r·um·sto·ßen <stößt herum, stieß herum, hat herumgestoßen> *mit OBJ ■ jmd. stößt jmdn. herum (abwert.) lieblos behandeln oder vernachlässigen:* Sie ist als Kind nur herumgestoßen worden, keiner hat sich richtig um sie gekümmert.

he·r·um·strei·fen *ohne OBJ ■ jmd. streift irgendwo herum ziellos herumlaufen*

he·r·um·su·chen *ohne OBJ ■ jmd. sucht irgendwo herum (umg.) planlos suchen:* im Schrank/in der Tasche herumsuchen

he·r·um·te·le·fo·nie·ren *ohne OBJ ■ jmd. telefoniert herum (umg.) mehrere Telefonanrufe machen*

he·r·um·trei·ben <treibst herum, trieb herum, hat herumgetrieben> *mit SICH ■ jmd. treibt sich irgendwo herum (umg. abwert.) herumziehen, ohne etwas Nützliches zu tun:* Du treibst dich nur in der Gegend herum, tu doch mal was Nützliches! ► Herumtreiber, Herumtreiberin

he·r·um·wer·fen <wirfst herum, warf herum, hat herumgeworfen> *I. mit OBJ ■ jmd. wirft etwas herum* ❶ *etwas schnell herumdrehen:* einen Hebel/den Kopf/das Lenkrad herumwerfen ❷ *(umg.) etwas ungeordnet irgendwohin werfen:* seine Sachen im Zimmer herumwerfen *II. mit SICH ■ jmd. wirft sich herum sich hin und her drehen:* sich unruhig im Bett herumwerfen

he·r·um·zi·cken <zickst herum, zickte herum, hat herumgezickt> *ohne OBJ ■ jmd. zickt herum (umg. abwert.) sich zickig verhalten:* Ich verstehe überhaupt nicht, warum du so herumzickst.

he·r·um·zie·hen <ziehst herum, zog herum, hat/ ist herumgezogen> *I. ohne OBJ (sein) ■ jmd. zieht irgendwo herum von einem Ort zum anderen ziehen:* Die Nomaden sind in der Steppe herumgezogen. *II. ohne OBJ (haben) ■ jmd. zieht an etwas Dat. herum zerren:* an einem Band herumziehen, bis es abreißt; Was ziehst du ständig an meiner Jacke herum?; *■ in der Weltgeschichte herumziehen (umg.) übermäßig viel reisen*

he·r·un·ten *adv* SÜDTT., ÖSTERR. *unten*

he·r·un·ter *adv von oben nach unten:* Vom Berg herunter hat man einen herrlichen Ausblick. *■ herunter sein (umg.) abgearbeitet sein ◆* Getrenntschreibung →R 4.8 Nach dem anstrengenden Tag werde ich sicher völlig herunter sein.; Wenn die Rollos herunter sind, ist es im Zimmer dunkel.

he·r·un·ter·be·ten *mit OBJ ■ jmd. betet etwas herunter (abwert.) monoton aufsagen:* ein Gedicht herunterbeten

he·r·un·ter·fal·len <fällst herunter, fiel herunter, ist heruntergefallen> *ohne OBJ ■ jmd./etwas fällt von etwas Dat. herunter* Er ist vom Klettergerüst/die Treppe heruntergefallen.; Mir ist das Glas heruntergefallen.

he·r·un·ter·ge·hen <gehst herunter, ging herunter, ist heruntergegangen> *ohne OBJ* ❶ *■ jmd. geht herunter nach unten gehen:* Kannst du mal schnell in den Keller heruntergehen? ❷ *(umg.)*

■ etwas geht herunter (sich) verringern: Der Händler ist mit dem Preis heruntergegangen.; Die Preise sind heruntergegangen. ❸ *■ jmd. geht von etwas Dat. herunter (umg.) etwas räumen:* Gehe bitte vom Sofa/von meinen Füßen herunter! ❹ *■ jmd. geht herunter* LUFTF. *die Höhe verringern:* (mit dem Flugzeug) auf 500 Meter heruntergehen

he·r·un·ter·ge·wirt·schaf·tet *adj / nicht steig. / durch schlechte Behandlung in einem verkommenen Zustand*

he·r·un·ter·han·deln <handelst herunter, handelte herunter, hat heruntergehandelt> *mit OBJ ■ jmd. handelt etwas herunter (umg.) durch Handeln bewirken, dass jmd. den Preis von etwas niedriger macht:* Der Preis war mir zu hoch, ich habe ihn noch etwas heruntergehandelt.

he·r·un·ter·hau·en <haust herunter, haute herunter, hat heruntergehauen> *mit OBJ ■ jmd. haut jmdm. eine herunter (umg.) eine Ohrfeige geben:* Sie hat ihm einfach eine heruntergehauen.

he·r·un·ter·ho·len *mit OBJ ■ jmd. holt etwas herunter nach unten holen:* einen Koffer vom Dachboden herunterholen

he·r·un·ter·klap·pen *mit OBJ ■ jmd. klappt etwas nach unten nach unten klappen:* den Deckel/den Kragen herunterklappen

he·r·un·ter·kom·men <kommst herunter, kam herunter, ist heruntergekommen> *ohne OBJ* ❶ *■ jmd. kommt herunter nach unten kommen:* Kommt schnell vom Baum/von der Bank/in den Hof herunter! ❷ *■ jmd. kommt von etwas Dat. herunter in der Lage sein, irgendwo nach unten zu kommen:* Ich komme nicht mehr vom Baum herunter. ❸ *■ jmd. kommt herunter (umg. abwert.) in einen schlechten Zustand geraten:* Das Stadtviertel kommt immer mehr herunter.; Dein Freund/die Gegend hier sieht ziemlich heruntergekommen aus!

he·r·un·ter·lad·bar *adj / nicht steig. / so, dass man es aus dem Internet auf den eigenen PC herunterladen kann*

he·r·un·ter·la·den <lädst herunter, lud herunter, hat heruntergeladen> *mit OBJ ■ jmd. lädt etwas herunter* ❶ *abladen:* die Kisten vom Wagen herunterladen ❷ EDV *auf dem eigenen PC speichern:* sich ein Programm aus dem Internet (auf die Festplatte) herunterladen

he·r·un·ter·lau·fen <läufst herunter, lief herunter, ist heruntergelaufen> *I. ohne OBJ* ❶ *■ jmd. läuft herunter nach unten gehen:* Sie kamen die Treppe heruntergelaufen. ❷ *■ etwas läuft herunter nach unten fließen:* Das Wasser ist den Berg heruntergelaufen.; Die Tränen liefen an ihrem Gesicht herunter. *II. mit OBJ ■ jmd. läuft etwas herunter (umg.) durch Laufen abnutzen:* seine Schuhe herunterlaufen; heruntergelaufene Absätze

he·r·un·ter·ma·chen *mit OBJ ■ jmd. macht jmdn./etwas herunter (umg.)* ❶ *öffentlich schonungslos schlechtmachen:* Sie hat ihn vor allen Anwesenden heruntergemacht. ❷ *■ jmd. macht etwas herunter (umg.) entfernen:* ein Plakat (von der Wand) heruntermachen; den Deckel (vom Glas) heruntermachen

he·r·un·ter·put·zen <putzt herunter, putzte herunter, hat heruntergeputzt> *mit OBJ* ▪ *jmd.* **putzt jmdn. (wegen etwas) herunter** *(umg.)* *öffentlich schonungslos schlechtmachen:* Du kannst ihn wegen dieser Kleinigkeit doch nicht so herunterputzen!

he·r·un·ter·ren·nen <rennst herunter, rannte herunter, ist heruntergerannt> *ohne OBJ* ▪ *jmd.* **rennt etwas herunter** den Berg/die Treppe herunterrennen

he·r·un·ter·schlu·cken *mit OBJ* ▪ *jmd.* **schluckt etwas herunter** ❶ *schlucken:* einen Bissen/die Medizin herunterschlucken ❷ *(übertr.) nicht aussprechen:* eine kritische Bemerkung herunterschlucken

he·r·un·ter·set·zen <setzt herunter, setzte herunter, hat heruntergesetzt> *mit OBJ* ▪ *jmd.* **setzt etwas herunter** ❶ *nach unten setzen:* Hast Du die Töpfe heruntergesetzt? ❷ *senken:* Der Händler setzt die Preise herunter.; Die Preise sind heruntergesetzt worden.

he·r·un·ter·spie·len *mit OBJ* ▪ *jmd.* **spielt etwas herunter** *(umg.)* ❶ *etwas unbedeutend erscheinen lassen:* Er versuchte, seinen Fehler herunterzuspielen. ❷ *lustlos spielen:* ein Musikstück herunterspielen

he·r·un·ter·sprin·gen *ohne OBJ* ▪ *jmd.* **springt von etwas** *Dat.* **herunter** *von etwas nach unten springen*

he·r·un·ter·wirt·schaf·ten *mit OBJ* ▪ *jmd.* **wirtschaftet etwas herunter** *(umg.)* verkommen lassen: Er hat den Betrieb durch falsches Management völlig heruntergewirtschaftet.; eine völlig heruntergewirtschaftete Industrie

her·vor *adv von hinten nach vorn oder von innen nach außen:* Sie steht hinter der Tür? Hervor mit ihr!; Ihr habt Fotos mitgebracht? Hervor damit!

her·vor·bre·chen <bricht hervor, brach hervor, ist hervorgebrochen> *ohne OBJ* ▪ **etwas bricht hervor** *(geh.)* *sichtbar werden:* Die Sonne/Die ersten Schneeglöckchen sind hervorgebrochen.

her·vor·brin·gen <bringst hervor, brachte hervor, hat hervorgebracht> *mit OBJ* ❶ ▪ *jmd.* **bringt etwas hervor** *herausholen:* Wo hat er plötzlich das Messer hervorgebracht? ❷ ▪ *jmd./* **etwas bringt etwas hervor** *erzeugen:* Der Baum hat Blüten hervorgebracht.; Die Stadt hat viele berühmte Leute hervorgebracht.; Der Schriftsteller brachte sehr bedeutende Werke hervor. ▸ Hervorbringung

her·vor·ge·hen <gehst hervor, ging hervor, ist hervorgegangen> *ohne OBJ (geh.)* ❶ ▪ *jmd.* **geht aus etwas** *Dat.* **hervor** *entstammen:* Aus der Ehe sind drei Kinder hervorgegangen. ❷ ▪ *jmd.* **geht aus etwas** *Dat.* **als etwas hervor** *sich ergeben:* aus einem Streit als Sieger/Unterlegener hervorgehen ❸ ▪ **etwas geht aus etwas** *Dat.* **hervor** *zu erkennen sein:* Aus ihrem Brief geht hervor, dass sie im Urlaub ist.; Aus den Akten geht hervor, dass er betrogen hat.

her·vor·he·ben <hebst hervor, hob hervor, hat hervorgehoben> *mit OBJ* ❶ ▪ **etwas hebt etwas hervor** *auffällig werden lassen:* Der Lidstrich hebt ihre Augen hervor.; Das enge Kleid hebt ihre

schlanke Figur hervor. ❷ ▪ *jmd.* **hebt jmdn./etwas hervor** *herausstreichen:* Der Redner hob die Verdienste des Preisträgers hervor.; Ich möchte hervorheben, dass ich völlig unschuldig an allem bin. ▸ Hervorhebung

her·vor·ho·len *mit OBJ* ▪ *jmd.* **holt etwas hervor** den Koffer unter dem Schrank hervorholen; Plötzlich holte der Bankräuber eine Pistole hervor.

her·vor·lo·cken *mit OBJ* ▪ *jmd./etwas lockt* **jmdn./ein Tier hervor** die Katze unter dem Sofa hervorlocken; ▪ **jemanden nicht hinter dem Ofen hervorlocken können** *(umg.)* jmdn. mit nichts begeistern können

her·vor·ra·gen *ohne OBJ* ❶ ▪ **etwas ragt aus etwas** *Akk.* **hervor** *höher als die Umgebung sein:* Der Aussichtsturm ragt aus dem Wald hervor.; Seine lange Nase ragt weit aus seinem Gesicht hervor. ❷ ▪ *jmd.* **ragt hervor** *besser sein als andere:* Sie ragt unter ihren Klassenkameraden durch gute Leistungen hervor.

her·vor·ra·gend *adj sehr gut:* hervorragende Leistungen; ein hervorragender Politiker

her·vor·ru·fen <rufst hervor, rief hervor, hat hervorgerufen> *mit OBJ* ▪ **etwas ruft etwas hervor** *verursachen:* Hautreizungen hervorrufen; Das neue Gesetz rief Proteste hervor.

her·vor·ste·chen <stichst hervor, stach hervor, hat hervorgestochen> *ohne OBJ* ▪ *jmd./etwas* **sticht hervor** *auffallen:* Sie sticht durch ihre guten Leistungen hervor.; ein hervorstechendes Merkmal

her·vor·ste·hen <stehst hervor, stand hervor, hat hervorgestanden> *ohne OBJ* ▪ **etwas steht aus etwas** *Dat.* **hervor** Der Nagel steht aus dem Zaun hervor, man kann sich daran verletzen.; hervorstehende Backenknochen haben

her·vor·tre·ten <trittst hervor, trat hervor, ist hervorgetreten> *ohne OBJ* ❶ ▪ **etwas tritt aus etwas** *Dat.* **hervor** *aus der Umgebung herausragen:* Seine Augen treten aus den Höhlen hervor.; Aus der Ebene traten die ersten Hügel hervor. ❷ ▪ *jmd.* **tritt mit etwas** *Dat.* **hervor** *an die Öffentlichkeit treten:* Der Dirigent ist auch mit eigenen Kompositionen hervorgetreten. ❸ ▪ **etwas tritt hervor** *deutlich werden:* Der Unterschied zwischen beiden Brüdern trat immer deutlicher hervor. ❹ ▪ *jmd.* **tritt hinter etwas** *Dat.* **hervor** *(geh.) hinter etwas hervorkommen:* Er trat hinter der Tür hervor.; Die Sonne tritt hinter den Wolken hervor.

her·vor·tun <tust hervor, tat hervor, hat hervorgetan> *mit SICH* ❶ ▪ *jmd.* **tut sich als etwas hervor** *etwas Besonderes leisten:* Sie hat sich als großartige Sängerin hervorgetan. ❷ ▪ *jmd.* **tut sich mit etwas** *Dat.* **hervor** *(umg. abwert.) sich wichtig tun:* Ständig muss er sich mit seinen prominenten Freunden hervortun.

her·vor·wa·gen *mit SICH* ▪ *jmd.* **wagt sich hervor** den Mut haben vorzutreten: Das Kind war sehr schüchtern und wagte sich nicht hinter seiner Mutter hervor.

Herz *das* <-ens, -en> ❶ ANAT. *das Organ, das das Blut durch die Adern pumpt:* Das Herz schlägt.; am Herzen operiert werden; ein schwaches Herz haben ◆-anfall, -infarkt, -kammer, -klappe, -krankheit, ·kranzgefäß, ·leiden, ·muskel, ·operation, ·rhythmusstörung, ·schlag, ·spezialist(in), ·still-stand, ·tätigkeit, ·transplantation ❷ *(übertr.) das Wesen eines Menschen, das sich in seinem Verhalten ausdrückt:* ein gütiges/hartes/kaltes/weiches Herz haben ❸ */kein Plur./ das Innerste einer Sache:* im Herzen Europas/Afrikas ❹ *Kosewort:* Mein Herz! ❺ */kein Plur./ Farbe beim Kartenspiel:* Ich spiele Herz.; Herz ist Trumpf.; ■**jemandem sein Herz ausschütten** *(geh.) jmdm. seine Sorgen anvertrauen;* ■**jemandem blutet das Herz** *(geh.) jmd. empfindet großen Schmerz;* ■**jemandem das Herz brechen** *(umg.) jmdn. unglücklich machen;* ■**etwas auf dem Herzen haben** *(umg.) niedergeschlagen oder bedrückt sein;* ■**jemanden ins Herz schließen** *(umg.) jmdn. lieb gewinnen;* ■**etwas auf Herz und Nieren prüfen** *(umg.) etwas sehr genau prüfen;* ■**sich ein Herz fassen** *(umg.) etwas Schwieriges wagen;* ■**ein Herz und eine Seele sein** *(umg.) sich sehr gernhaben und nie streiten;* ■**jemandem aus dem Herzen sprechen** *(umg.) das aussprechen, was ein anderer denkt*

Her·ze·go·wi·na, Her·ze·go·wi·na *die* <-> *der südliche Teil von Bosnien und Herzegowina*

her·zen <herzt, herzte, hat geherzt> *mit OBJ* ■*jmd. herzt jmdn. (geh.) liebevoll umarmen:* Die Mutter herzte und küsste ihre Kinder.

her·zens·gut *adj /nicht steig./ außerordentlich gutmütig:* Sie war eine herzensgute Frau und traute auch anderen nichts Böses zu. ▸Herzensgüte

Her·zens·lust ■**nach Herzenslust** *(geh.) so viel man will* nach Herzenslust schlafen/essen/tanzen

herz·er·fri·schend *adj auf natürliche Art fröhlich und aufgeschlossen:* Sie hat eine so herzerfrischende Art, man muss sie einfach gernhaben.

herz·er·grei·fend *adj Mitleid erregend:* Das Kind weinte herzergreifend.; eine herzergreifende Geschichte

Herz·feh·ler *der* <-s, -> MED. *eine Fehlbildung des Herzens:* einen angeborenen Herzfehler haben

herz·haft *adj* ❶ *kräftig:* ein herzhafter Händedruck; ein herzhaftes Lachen ❷ *gehaltvoll:* ein herzhaftes Essen ❸ *von würzigem oder kräftigem Geschmack:* Möchten Sie den Käse herzhaft oder pikant?

her·zie·hen <ziehst her, zog her, hat/ist hergezogen> **I.** *mit OBJ (haben)* ❶ ■*jmd. zieht etwas zu sich her (umg.) näher zu sich ziehen:* Er zog den Stuhl näher zu sich her. ❷ ■*jmd. zieht etwas hinter sich her etwas ziehend bewegen:* den Schlitten hinter sich herziehen **II.** *ohne OBJ (sein)* ❶ ■*jmd. zieht her in der Nähe eine Wohnung nehmen:* Er ist aus einem anderen Stadtteil hergezogen. ❷ ■*jmd. zieht neben etwas* Dat. *her neben/hinter/vor etwas laufen:* Die Kinder zogen winkend neben dem Zirkuswagen her. ❸ ■*jmd. zieht über jmdn. her (umg. abwert.)* über jmdn. schlecht reden: Immer wenn sie das Zimmer verließ, zogen ihre Kolleginnen über sie her.

-her·zig *als Zweitglied zusammengesetzter Adjektive; drückt aus, dass jemand seinem Gemüt oder Charakter nach die mit dem Erstglied bezeichnete Eigenschaft hat* ◆gut-, hart-, kalt-, mild-, treu-, warm-, weich-

Herz·klop·fen *das* <-s> */kein Plur./ spürbares heftiges Klopfen des Herzens:* vor Aufregung Herzklopfen haben/bekommen

Herz·lei·den *das* <-s, -> Herzkrankheit

herz·lich *adj* ❶ *freundlich und mit innerer Anteilnahme:* herzliche Worte; jemanden herzlich empfangen; jemandem herzlich danken; herzlichen Anteil an jemandes Schicksal/Leid nehmen; Ich möchte euch herzlich bitten, ...; Herzliche Grüße, ... ❷ *(umg.) sehr:* herzlich lachen/weinen; Wir helfen dir herzlich gern.; Das interessiert mich herzlich wenig. ◆Groß- oder Kleinschreibung →R 3.9 jemanden auf das herzlichste/Herzlichste begrüßen

Herz·lich·keit *die* <-, -en> ❶ */kein Plur./ Freundlichkeit und innere Anteilnahme:* jemanden mit großer Herzlichkeit willkommen heißen ❷ *herzliche Tat:* jemanden mit lauter Herzlichkeiten überschütten

herz·los *adj ohne Mitgefühl:* ein herzloser Mensch; eine herzlose Tat; So herzlos kannst du doch nicht sein! ▸Herzlosigkeit

Her·zog *der,* **Her·zo·gin** <-s, Herzöge/Herzoge> *ein hoher Adelstitel:* die Herzöge von Braunschweig ◆Erz-

Her·zog·tum *das* <-s, Herzogtümer> GESCH. *das Gebiet, in dem ein Herzog herrscht:* das Herzogtum Sachsen-Meiningen

Herz·schlag *der* <-(e)s, Herzschläge> ❶ MED. *einzelner Schlag des Herzens:* seine Herzschläge zählen ❷ */kein Plur./* MED. *das rhythmische Schlagen des Herzens:* seinem eigenen Herzschlag lauschen ❸ */kein Plur./* MED. *tödlicher Stillstand des Herzens:* einen Herzschlag erleiden; an einem Herzschlag sterben; ■**einen Herzschlag lang** *(geh.) einen kleinen Augenblick lang;* ■**der Herzschlag einer Großstadt** *(geh. übertr.) das Leben einer Großstadt*

Herz·schritt·ma·cher *der* <-s, -> MED. *ein Gerät gegen schwere Störungen der Herztätigkeit, das in den Körper eingepflanzt wird*

Herz·tä·tig·keit *die* <-, -en> MED. *die Bewegung des Herzens, mit der das Blut in die Adern gepumpt wird*

her·zu *adv (veralt. geh.) zum Sprecher hin:* Nur alle herzu, hier gibt es Erstaunliches zu sehen!

her·zu·kom·men <kommst herzu, kam herzu, ist herzugekommen> *ohne OBJ* ■*jmd. kommt herzu (geh.) herkommen:* Von allen Seiten kamen Neugierige herzu.

Herz·ver·sa·gen *das* <-s> */kein Plur./* MED. *der Umstand, dass das Herz zu schlagen aufhört:* an Herzversagen sterben

herz·zer·rei·ßend *adj so, dass es großes Mitgefühl hervorruft:* herzzerreißend weinen; Das ist ja eine herzzerreißende Geschichte.

Hes·sen <-s> *deutsches Bundesland mit der Landeshauptstadt Wiesbaden*

he·te·ro·gen *adj /nicht steig./ (fachspr.: ↔ homogen) uneinheitlich; intern gegliedert:* eine heterogene Gruppe/Masse; die heterogene Sprachgemeinschaft ▸Heterogenität *siehe auch* **Varietät**

He·te·ro·se·xu·a·li·tät, **He·te·ro·se·xu·a·li·tät**

die <-> /kein Plur./ (↔ Homosexualität) Sexualität, die auf das andere Geschlecht gerichtet ist ▶ heterosexuell

Hetz·ar·ti·kel der <-s, -> (abwert.) Zeitungsartikel, in dem gegen jmdn. Hetze² betrieben wird

Het·ze die <-, -n> /Plur. selten/ ❶ (umg.) große Eile: Sie sind in großer Hetze abgereist. ❷ /kein Plur./ (abwert.) feindselige Stimmungsmache: rassistische/politische Hetze; Sie betreiben ständig Hetze gegen den neuen Klassenkameraden.

het·zen <hetzt, hetzte, hat/ist gehetzt> I. mit OBJ (haben) ▪ jmd. hetzt jmdn./ein Tier jagen: Die Jäger hetzten den Hirsch. II. ohne OBJ ❶ ▪ jmd. hetzt (haben) sich beeilen: Nun hetzt doch nicht so! ❷ ▪ jmd. hetzt irgendwohin (sein) schnell irgendwohin gehen: Wir sind zum Bahnhof gehetzt. ❸ ▪ jmd. hetzt gegen jmdn. (haben) eine feindselige Stimmung schüren: Sie hetzen ständig gegen ihre Nachbarn. III. mit SICH (haben) ▪ jmd. hetzt sich sich zur Eile treiben: Warum hast du dich so gehetzt?

Het·ze·rei die <-, -en> (umg. abwert.) ❶ /kein Plur./ fortwährende Hast: Die andauernde Hetzerei macht mich noch krank! ❷ /kein Plur./ fortwährendes Lästern: Lass deine Hetzerei gegen meine Freundin! ❸ feindselige Äußerung: den Hetzereien der anderen keine Beachtung schenken

Hetz·kam·pa·gne die <-, -n> (geh. abwert.) Aktion, bei der systematisch gegen jmdn. oder etwas gehetzt wird: eine Hetzkampagne gegen die politischen Gegner betreiben

Hetz·schrift die <-, -en> siehe **Hetzartikel**

Heu das <-(e)s> /kein Plur./ ❶ getrocknetes Gras: das Pferd mit Heu füttern; Heu wenden/machen ❷ (umg. übertr.) (viel) Geld: eine Menge Heu haben; Geld wie Heu haben; ▪ im Heu übernachten auf dem Heuboden übernachten

Heu·bo·den der <-s, Heuböden> LANDW. Dachboden einer Scheune, in dem das Heu aufbewahrt wird: auf dem/im Heuboden übernachten

Heu·che·lei die <-, -en> (abwert.) ❶ /kein Plur./ das Vortäuschen von Gefühlen: Dein Mitleid ist doch pure Heuchelei! ❷ Äußerungen, die Gefühle vortäuschen sollen: Er hat genug von ihren Heucheleien.

heu·cheln <heuchelst, heuchelte, hat geheuchelt> mit OBJ/ohne OBJ ▪ jmd. heuchelt (etwas) (Gefühle) vortäuschen: Er heuchelte Mitleid.; Du brauchst gar nicht so zu heucheln, ich durchschaue dich!

Heuch·ler der, **Heuch·le·rin** <-s, -> (abwert.) Person, die Gefühle nur vortäuscht: Glaube ihm nicht, er ist ein Heuchler!

heuch·le·risch adj (abwert.) so, dass Gefühle nur vorgetäuscht werden: heuchlerische Worte; ein heuchlerischer Mensch

Heu·er die <-> /kein Plur./ SEEW. ❶ Lohn, den ein Seemann erhält: die Heuer gezahlt bekommen ❷ bezahlte Anstellung auf einem Schiff: Heuer auf einem Schiff nehmen

heu·er adv ÖSTERR. in diesem Jahr: Heuer fahren wir nicht in den Urlaub.

heu·len ohne OBJ ❶ ▪ jmd. heult (umg.) weinen: Du musst doch deswegen nicht gleich heulen!; das

große Heulen kriegen ❷ ▪ ein Tier heult klagende Laute von sich geben: die Wölfe/Seehunde heulen ▶ Heuler ❸ ▪ etwas heult durchdringende Laute erzeugen: der Sturm/die Sirene heult; ▪ das heulende Elend kriegen (umg.) sich sehr schlecht fühlen

Heu·le·rei die <-> /kein Plur./ (abwert.) dauerndes Weinen: Ihre Heulerei geht mir allmählich auf die Nerven!

heu·rig adj /nicht steig./ SÜDDT., ÖSTERR. diesjährig

Heu·ri·ge der <-n, -n> SÜDDT., ÖSTERR. ❶ der diesjährige Wein: einen Heurigen trinken ❷ ein Lokal, das Heurigen ausschenkt: zum Heurigen gehen

Heu·schnup·fen der <-s> /kein Plur./ MED. eine allergische Reaktion der Nasenschleim- und Bindehaut, die von herumfliegenden Pollen ausgelöst wird

Heu·scho·ber der <-s, -> ÖSTERR. Heuhaufen

Heu·schre·cke die <-, -n> ZOOL. ein Pflanzen fressendes Insekt mit kräftigen Sprungbeinen: Die Heuschrecken zirpen in der Mittagshitze.; Die gesamte Ernte ist von Heuschrecken vernichtet worden.

heu·te adv ❶ an dem Tag, an dem der Sprecher spricht oder der Verfasser eines Textes schreibt: heute früh/Früh; heute Morgen; heute Mittag; heute Abend; von heute an; ab/bis heute; heute vor/in acht Tagen ❷ in der Gegenwart: die Jugend/die Frau von heute; ▪ von heute auf morgen in sehr kurzer Zeit Von heute auf morgen hatten sie alles verloren. ◆ Großschreibung →R 3.4 ganz im Heute; das Heute und das Morgen

heu·tig adj /nicht steig./ ❶ heute stattfindend/ von heute: der heutige Tag; das heutige Konzert; die heutige Zeitung ❷ gegenwärtig: die heutige Jugend; Mit der heutigen Technik geht das alles ganz einfach.; Die heutigen Probleme sind anders als die vergangenen.

heut·zu·ta·ge adv in der jetzigen Zeit: Heutzutage ist das alles kein Problem mehr.

He·xe die <-, -n> ❶ (alte) böse Zauberin im Märchen: Die Hexe lockte Hänsel und Gretel in ihr Haus. ❷ (umg. übertr. abwert.) eine böse (alte) Frau: Unsere Nachbarin ist eine alte Hexe. ❸ GESCH., REL. Frau, die mit dem Teufel im Bunde ist: Sie wurde als Hexe auf dem Scheiterhaufen verbrannt. ◆ -nbesen, -nglaube, -nhäuschen, -nprozess, -nverbrennung, -nwahn

he·xen <hext, hexte, hat gehext> ohne OBJ ▪ jmd. hext ❶ Dinge vollbringen, die mit den Naturgesetzen nicht erklärbar sind: Er verdächtigte doch wahrhaftig seine Nachbarin, ihm eine Krankheit an den Hals gehext zu haben. ❷ (umg. übertr.) sehr schnell scheinbar Unmögliches tun: Warte doch mal, ich kann doch nicht hexen!

He·xen·kes·sel der <-s, -> ❶ Kessel, in dem die Hexe ihren Zaubertrunk kocht ❷ (übertr.) (gefährliches) unübersichtliches Durcheinander: Das Stadion ist ein/gleicht einem Hexenkessel.

He·xen·meis·ter der <-s, -> männliche Entsprechung zu **Hexe**

He·xen·schuss der <-es> /kein Plur./ (umg.) plötzlich auftretender, stechender Rückenschmerz

He·xen·ver·fol·gung *die <-, -en> (hist.) die Verfolgung von Frauen, von denen man glaubte, sie seien Hexen*

He·xer *der <-s, -> (im Volksglauben) ein Mann, der Zauberkräfte besitzt*

He·xe·rei *die <-, -en>* ❶ *das Einsetzen von Zauberkräften:* Es gibt Menschen, die an Hexerei glauben. ❷ GESCH., REL. *die Verbindung mit dem Teufel:* wegen Hexerei auf dem Scheiterhaufen verbrannt werden ❸ *(umg. übertr.) das Vollbringen von scheinbar Unmöglichem:* Wie hast du denn das gemacht? Das ist doch pure Hexerei!

Hi·bis·kus *der <-ses, Hibisken>* BOT. *ein im Freien oder als Zimmerpflanze vorkommender Strauch*

Hick·hack *der/das <-s, -s> (umg. abwert.) ständiger sinnloser Streit:* Ich habe genug von diesem ewigen Hickhack um das Geld.

Hieb *der <-(e)s, -e>* ❶ *kräftiger Schlag:* das Holz mit einem einzigen Hieb spalten; Als Kind bekam er regelmäßig Hiebe von seinem Vater. ◆-waffe, Peitschen-, Schwert- ❷ *(übertr.) eine Äußerung, die jmdm. oder etwas schaden soll:* In ihrer Rede teilte sie nach allen Seiten Hiebe aus.; Das war ein deutlicher Hieb gegen seinen Konkurrenten.; ■ **einen Hieb haben** *(umg. abwert.)* Du hast doch einen Hieb, du bist wohl nicht ganz richtig im Kopf!; ■ **auf einen Hieb** *(umg.) auf einmal/nicht stückchenweise* Sie haben auf einen Hieb 2 Millionen Euro gewonnen.

hieb- und stich·fest *adj /nicht steig./ nicht zu widerlegen:* ein hieb- und stichfestes Alibi; Seine Beweisführung war hieb- und stichfest.

hie·nie·den *adv (veralt.) im Diesseits, auf der Welt*

hier *adv* ❶ *an diesem Ort:* hier in diesem Raum; Von hier bis dort sind es 200 Kilometer.; Wir fahren von hier aus ab.; Sind Sie von hier? ❷ *zu einem bestimmten Zeitpunkt:* Hier beginnt ein neuer Abschnitt in unserem Leben.; Hier setzte plötzlich Regen ein. ❸ *(umg.) auf etwas Erwähntes hinweisend:* Dieses Buch hier musst du mal lesen.; Hier haben wir einen ganz schwierigen Fall.; Das müssen wir hier einmal außer Acht lassen.; ■ **hier zu Lande** *in unserer Gegend; siehe aber auch* **hierzulande**

hie·r·an, hie·r·an *adv* ❶ *räumlich an etwas:* Kann ich meine Jacke hieran hängen? ❷ *(allgemein) an etwas:* Hieran wird deutlich, dass es sich um eine Kopie handelt.

Hi·e·r·ar·chie *die <-, -n> (geh.) Rangordnung:* Beim Militär herrscht eine strenge Hierarchie.; sich einer Hierarchie unterordnen

hie·r·auf, hie·r·auf *adv* ❶ *räumlich auf etwas:* Können wir uns hierauf setzen? ❷ *zeitlich danach:* Zuerst aßen wir Abendbrot, hierauf gingen wir zu Bett. ❸ *infolgedessen:* Er war vom Regen völlig durchnässt, hierauf bekam er eine Schnupfen.

hie·r·aus, hie·r·aus *adv* ❶ *räumlich aus etwas:* Kann ich hieraus trinken?; Du kannst hieraus vorlesen. ❷ *aus dieser Tatsache:* Hieraus können wir das Folgende lernen: …; Hieraus ergibt sich eine Frage: …

hier·be·hal·ten *<behältst hier, behielt hier, hat hierbehalten> mit OBJ* ■ *jmd. behält jmdn./etwas hier* am selben Ort festhalten/behalten

◆Zusammenschreibung →R 4.5 Wir müssen Sie leider hierbehalten.

hier·bei, hier·bei *adv* ❶ *während etwas geschieht:* Er arbeitete am Computer. Hierbei hörte er Radio. ❷ *in diesem Zusammenhang:* Es handelt sich hierbei um eine harmlose Erkrankung.; Ich möchte hierbei erwähnen, dass …

hier·blei·ben *<bleibst hier, blieb hier, ist hiergeblieben> ohne OBJ* ■ *bleibt hier an dem Ort, an dem man ist, bleiben* ◆Zusammenschreibung →R 4.5 Lass uns hierbleiben!

hier·durch *adv* ❶ *hier hindurch:* Hier ist ein Tor. Wollen wir hierdurch in den Garten gehen? ❷ *auf Grund dessen:* Es regnete wochenlang. Hierdurch waren die Flüsse stark angeschwollen. ❸ *hiermit:* Hierdurch wird bestätigt, dass …

hier·für *adv* ❶ *für einen Zweck:* Wir wollen das Zimmer renovieren. Hierfür brauchen wir Farbe und Tapete.; Ich weiß nicht, ob sie hierfür die Richtige ist. ❷ *als Gegenwert für etwas:* Was habt ihr hierfür bezahlt?; Was wollen sie hierfür haben? ❸ *(allgemein) für etwas:* Hierfür könnte ich mich begeistern.; Hierfür habe ich Verständnis.

hier·her, hier·her *adv (bis) an diese Stelle:* Das Seil reicht bis hierher!; Kommt bitte mal hierher!; Bis hierher und nicht weiter!; Ich weiß nicht, ob diese Frage hierher gehört!; Bitte ordne alle hierher gehörigen Bücher ein! ◆Getrenntschreibung →R 4.5, 4.6 In der letzten Unterrichtsstunde sind wir bis hierher gekommen.; Weißt du, ob der Stuhl hierher gehört?

hier·hin, hier·hin *adv* ❶ *in diese(r) Richtung:* Sollen wir hierhin gehen oder dorthin? ❷ *(bis) an diese Stelle:* Bis hierhin habe ich alles verstanden.; Soll ich die Tasche hierhin stellen oder dorthin?

hie·r·in, hie·r·in *adv* ❶ *räumlich in etwas:* Hierin befindet sich das Manuskript. ❷ *(allgemein) in etwas:* Hierin kommt ihr Talent zum Ausdruck.; Hierin muss ich dir Recht geben.

hier·las·sen *<lässt hier, ließ hier, hat hiergelassen> mit OBJ* ■ *jmd. lässt jmdn./etwas hier jemanden/etwas an dem Platz lassen, an dem er/es ist:* Kannst du mir das Buch hierlassen?

hier·mit, hier·mit *adv* ❶ *mit Hilfe von etwas:* Hiermit konnte er beweisen, dass er unschuldig ist.; Weißt du, was man hiermit macht? ❷ *(allgemein) mit etwas:* Hiermit bin ich aber nicht zufrieden.; Ich muss mich hiermit noch gründlich beschäftigen. ❸ *feierliche Formel, um eine öffentliche Erklärung einzuleiten:* Hiermit eröffne ich das neue Stadion/die Festwoche.; Hiermit erkläre ich euch zu Mann und Frau.

Hi·e·ro·gly·phe *die <-, -n>* ❶ *Zeichen der altägyptischen Bilderschrift* ❷ *(umg. scherzh.) unleserliche Schrift:* Wer soll denn diese Hieroglyphen lesen? ▶ hieroglyphisch

Hier·sein *das <-s> /kein Plur./ Anwesenheit:* Er braucht von meinem Hiersein nichts zu wissen. ◆Groß- und Zusammenschreibung →R 3.3 Was ist der Zweck deines Hierseins?

hie·r·ü·ber, hie·r·ü·ber *adv* ❶ *räumlich über etwas:* Wir befinden uns in der Gruft. Hierüber befindet sich die Grabkapelle. ❷ *eine Sache betreffend:*

Wir haben hierüber schon gesprochen/nachgedacht.

hie·r·un·ter, hie·r·un·ter *adv* ❶ *räumlich unter etwas:* Das ist das Erdgeschoss. Hierunter befindet sich der Keller. ❷ *(allgemein) unter etwas:* Hierunter versteht man Folgendes: ...; Er hat hierunter sehr gelitten.

hier·von, hier·von *adv* ❶ *von einer Sache (weg):* Hiervon zweigen mehrere Straßen ab.; Ich habe Geld gewonnen. Hiervon will ich aber nichts abgeben.; Möchtest du hiervon einmal kosten? ❷ *aus diesem Grund:* Er hatte zu viel getrunken. Hiervon wurde ihm schlecht. ❸ *(allgemein) von etwas:* Soll ich dir hiervon erzählen?; Hiervon kannst du dir keine Vorstellung machen.

hier·zu, hier·zu *adv* ❶ *zu diesem Zweck:* Hierzu braucht man Butter, Mehl und Zucker.; Hierzu kann ich dich nicht gebrauchen. ❷ *ergänzend zu etwas:* Hierzu sollte man Rotwein trinken.; Hierzu gehört noch eine Fernbedienung.; Haben Sie hierzu noch Ergänzungen? ❸ *(allgemein) zu einer Sache:* Ich möchte Sie hierzu beglückwünschen.

hier·zu·lan·de, *a.* **hier zu Lan·de** *adv in diesem Land, in dieser Gegend* ◆Zusammen- oder Getrenntschreibung →R 4.20 Hierzulande/hier zu Lande feiert man das Weihnachtsfest auf diese Art und Weise.

hie·sig *adj /nicht steig./* *einheimisch:* die hiesige Bevölkerung; die hiesigen Sitten und Gebräuche; Er ist sicherlich kein Hiesiger.

hie·ven *mit OBJ* ■ *jmd. hievt etwas* ❶SEEW. *heraufziehen:* Hievt den Anker! ❷ *(umg.) hochheben:* den schweren Koffer auf den Schrank hieven

Hi-Fi [ˈhɛifi] *kurz für „High Fidelity"*

Hi-Fi-An·la·ge *die* [ˈhɛifi...] <-, -n> *Anlage zur originalgetreuen Wiedergabe von Tonaufnahmen*

high [hɛi] <-, -> *adj (umg.)* ❶ *berauscht oder unter Drogeneinfluss:* high sein/werden ❷ *glücklich:* Nach dieser guten Nachricht war sie richtig high.

High Fi·de·li·ty *die* [ˈhaɪfɪˈdɛlətɪ] <-> */kein Plur./ originalgetreue Wiedergabe von Tonaufnahmen:* die Entwicklung der High Fidelity

High·light *das* [ˈhaɪlaɪt] <-s, -s> *Höhepunkt:* Das war das besondere Highlight der Veranstaltung.

High So·ci·e·ty *die* [ˈhaɪsəˈsaɪətɪ] <-> */kein Plur./ die vornehme Gesellschaft:* Sie gehört zur High Society.

High·tech *das* [ˈhaɪtɛk] <-(s)> */kein Plur./* TECHN. *Hochtechnologie/moderne Technik:* In dem neuen Werk gibt es nur noch Hightech.

Hi·ja·cker *der* [ˈhaɪdʒɛkɐ] <-s, -> *(≈ Flugzeugentführer)*

Hil·fe *die* <-, -n> ❶ *Unterstützung:* ärztliche/finanzielle/selbstlose Hilfe erhalten; um Hilfe bitten/rufen/flehen; jemandem seine Hilfe anbieten/verweigern; jemandem zur Hilfe eilen; bei einem Unfall erste Hilfe leisten ◆-schrei, -stellung ❷ *Person oder Organisation, die hilft:* Erst nach vielen Stunden war Hilfe zur Stelle.; Für die Erntezeit stellte er eine Hilfe ein.; als Hilfe in einem Haushalt arbeiten ◆Getrennt- oder Zusammenschreibung →R 4.16 sich Hilfe suchend/hilfesuchend umschauen; ◆Großschreibung →R 3.17 einen Lehr-

gang für Erste Hilfe absolvieren; *siehe auch* **mithilfe**

Hil·fe·leis·tung *die* <-, -en> *Maßnahme, um jmdm. zu helfen:* eine finanzielle Hilfeleistung; wegen unterlassener Hilfeleistung zu einer Strafe verurteilt werden

Hil·fe·ruf *der* <-(e)s, -e> *in einer Notsituation der Ruf um Hilfe:* Es waren laute/verzweifelte Hilferufe zu hören.

hilf·los *adj* ❶ *auf Hilfe angewiesen:* ein hilfloses kleines Kind; Gegenüber dieser Übermacht waren wir hilflos.; schwer verletzt und hilflos am Boden liegen ❷ *unbeholfen:* sich mit hilflosen Worten herausreden; Er wirkt in dieser fremden Umgebung ziemlich hilflos.

Hilf·lo·sig·keit *die* <-> */kein Plur./* ❶ *hilfloser Zustand:* die Hilflosigkeit eines kleinen Kindes ❷ *Unbeholfenheit:* Ihre Hilflosigkeit wirkte peinlich auf die Zuschauer.

hilf·reich *adj* ❶ *hilfsbereit:* ein hilfreicher Mensch; jemandem hilfreich zur Seite stehen ❷ *nützlich:* ein hilfreicher Hinweis; Vielen Dank, das war sehr hilfreich für mich!

Hilfs- *als Erstglied zusammengesetzter Substantive; drückt aus* ❶ *dass das mit dem Zweitglied Bezeichnete eine helfende/unterstützende Funktion hat* ◆-aktion, -angebot, -antrag, -boot, -einrichtung, -einsatz, -faden, -flüge, -fonds, -hund, -implantat, -konvoi, -lieferung, -linien, -maßnahme, -material, -muskulatur, -nadel, -pigmente, -programm, -projekt, -quelle, -rahmen, -relais, -schalter, -schule, -segel, -stoff, -substrat, -organisation, -transport, -variable, -zug ❷ *dass die mit dem Zweitglied bezeichnete Person beruflich nicht (voll) ausgebildet ist, oder es sich generell um eine derartige Tätigkeit handelt* ◆-arbeit, -arbeiter(in), -job, -kraft, -personal ❸ *dass die mit dem Zweitglied in ihrer Funktion bezeichnete Person (nur) zur Unterstützung bzw. Ergänzung des Personalangebots zum Einsatz kommt* ◆-geistliche, -lehrer(in), -mechaniker(in), -polizist(in), -reitlehrer(in), -richter(in), -sanitäter(in), -sheriff

hilfs·be·dürf·tig *adj so, dass jmd. Hilfe benötigt:* ein hilfsbedürftiges verletztes Tier; die hilfsbedürftigen Opfer der Katastrophe ▶ Hilfsbedürftigkeit

hilfs·be·reit *adj immer bereit zu helfen:* seinen Mitschülern gegenüber immer hilfsbereit sein; ein hilfsbereiter Mensch ▶ Hilfsbereitschaft

Hilfs·dienst *der* <-(e)s, -e> *eine Organisation, deren Aufgabe es ist, bei Katastrophen zu helfen:* Die verschiedenen Hilfsdienste treffen im Hochwassergebiet ein.

Hilfs·gut *das* <-(e)s, Hilfsgüter> *Materialien, die zur Hilfe in Katastrophengebieten dienen:* ein Transport mit Hilfsgütern für das Erdbebengebiet

Hilfs·kraft *die* <-, Hilfskräfte> *Person, die ungelernt geringe qualifizierte Tätigkeiten gegen Bezahlung ausführt:* Während der Sommersaison stellt die Ausflugsgaststätte zusätzliche Hilfskräfte ein.

Hilfs·mit·tel *das* <-s, -> ❶ *etwas, das eine Arbeit erleichtert:* Bei der Klassenarbeit dürfen außer einem Wörterbuch keine weiteren Hilfsmittel verwendet werden.; technische Hilfsmittel ❷ */nur*

H

Plur./ Hilfsgüter: Hilfsmittel in das Erdbebengebiet liefern

Hilfs·mo·tor *der* <-s, -en> *ein Motor an einem Fahrrad, der eingeschaltet werden kann, wenn der Fahrer Hilfe benötigt*

Hilfs·or·ga·ni·sa·ti·on *die* <-, -en> *eine Organisation, deren Aufgabe es ist, bei Katastrophen zu helfen:* für eine Hilfsorganisation spenden; bei einer Hilfsorganisation arbeiten

Hilfs·verb *das* <-s, -en> SPRACHWISS. *Verb zur Bildung der zusammengesetzten Formen des Verbs:* Hilfsverben sind „sein", „haben" und „werden".

Hilfs·werk *das* <-s, -e> *Organisation zur Unterstützung hilfebedürftiger Personen*

Hilfs·zeit·wort *das* <-(e)s, Hilfszeitwörter> SPRACHWISS. *Hilfsverb*

Him·bee·re *die* <-, -n> ❶ *ein Strauch mit roten essbaren Beeren:* die Himbeeren im Garten verschneiden ❷ *die Beeren des Himbeerstrauches:* Himbeeren einkochen/pflücken

Him·beer·geist *der* <-s> */kein Plur./ aus Himbeeren gebrannter klarer Schnaps*

Him·beer·saft *der* <-(e)s> */kein Plur./ aus Himbeeren gepresster Saft*

Him·beer·strauch *der* <-(e)s, -sträucher> *Himbeere* [1]

Him·mel *der* <-s, -> ❶ *(↔ Erde) der Luftraum über der Erde:* ein trüber/klarer/bewölkter Himmel; die Wolken am Himmel; in den Himmel hineinragen; Vögel kreisen am Himmel ❷ REL. *(↔ Hölle) Sitz der Gottheit/Paradies:* in den Himmel kommen; im Himmel sein ❸ *(übertr.) das Ziel aller Sehnsüchte:* den Himmel auf Erden haben; sich wie im Himmel fühlen ❹ *(übertr.) das Schicksal/Gott:* Der Himmel möge das verhüten!; Das weiß der Himmel (allein)!; Das war ein Zeichen des Himmels.; Um Himmels willen! ❺ *Baldachin:* ein Bett mit Himmel; ■ **im sieb(en)ten Himmel sein** *(umg.) sehr glücklich oder verliebt sein;* ■ **aus heiterem Himmel** *(umg.)* urplötzlich; ■ **Himmel und Erde in Bewegung setzen** *(umg.) alles Mögliche versuchen;* ■ **jemanden in den Himmel heben** *(geh.) jmdn. übermäßig bewundern;* ■ **zum Himmel schreien** *(umg.) empörend sein* ein Unrecht, das zum Himmel schreit; ■ **das Blaue vom Himmel herunterlügen** *(umg.) jmdn. schamlos belügen;* ■ **Ach, du lieber Himmel!** *(umg.) Ausruf des Erschreckens*

him·mel·angst ■ **jemandem ist/wird himmelangst** *(umg.) jmd. hat oder bekommt große Angst*

Him·mel·bett *das* <-(e)s, -en> *ein Bett mit einem Baldachin darüber*

him·mel·blau *adj /nicht steig./ von einem lichten Blau:* himmelblaue Augen haben

Him·mel·fahrt *die* <-> */kein Plur./* REL. *kirchlicher Feiertag am 40. Tag nach Ostern, an dem die Rückkehr Jesu in den Himmel gefeiert wird*

Him·mel·fahrts·kom·man·do *das* <-s, -s> *(umg.)* ❶ *ein lebensgefährliches Unternehmen:* Die Rettung der verunglückten Bergsteiger war ein Himmelfahrtskommando. ❷ *Mitglieder eines lebensgefährlichen Unternehmens:* Das Himmelfahrtskommando machte sich auf den Weg.

Him·mel·reich *das* <-s> */kein Plur./* REL. *Ort der ewigen Seligkeit:* ins Himmelreich kommen

him·mel·schrei·end *adj /nicht steig./ empörend:* eine himmelschreiende Ungerechtigkeit

Him·mels·kör·per *der* <-s, -> ASTRON. *Körper im Weltall:* Sonne, Mond, Planeten und andere Himmelskörper

Him·mels·rich·tung *die* <-, -en> *festgelegte Einteilung des Horizonts in astronomische Koordinaten:* die vier Himmelsrichtungen Süd, Nord, Ost und West; ■ **aus allen Himmelsrichtungen** *(umg.) von überall her*

him·mel·weit *adj /nicht steig./ (umg.) sehr groß:* ein himmelweiter Unterschied

himm·lisch *adj /nicht steig./* ❶ *(umg.) wunderbar:* eine himmlische Musik/Ruhe; ein himmlisches Gefühl ❷ REL. *zum Himmel gehörend:* der himmlische Vater; die himmlischen Heerscharen

hin I. *adv* ❶ *räumlich auf etwas zu:* Wie weit ist es bis zu dir hin?; zu jemandem hin sprechen; Wo sollen wir denn jetzt noch hin?; einmal Stuttgart hin und zurück ❷ *entlang:* Die Bahnlinie verläuft neben dem Fluss hin.; Der Weg verläuft durch die Wiesen hin. ❸ *zeitlich entfernt:* auf viele Jahre hin; Es ist noch lange/eine Weile hin, bis …; Bis zur Prüfung ist es nicht mehr lange hin. **II.** *adj (umg.)* ❶ *kaputt; erschöpft; verloren:* Der Wecker ist hin.; Ich bin total hin.; Ihr Ruf ist hin. ❷ *sehr begeistert:* Sie war von der Aufführung ganz hin (und weg).; ■ **hin und her** *(umg.) auf und ab oder vor und zurück;* ■ **hin und wieder** *(umg.) manchmal;* ■ **nach außen hin** *(umg.) äußerlich* nach außen hin so tun, als ob …; ■ **auf etwas hin** *aufgrund:* Ich habe das auf deine Empfehlung hin getan. ◆ Getrenntschreibung →R 4.8 Ihr werdet von dem Film total hin sein.

hin·ab *adv (geh.) nach unten:* den Fluss/die Straße hinab

hin·ab·ge·hen <gehst hinab, ging hinab, ist hinabgegangen> *ohne OBJ* ■ **jmd. geht (in) etwas** *Akk.* **hinab** in den Keller hinabgehen; die Straße/die Treppe hinabgehen

hin·an *adv (geh.) nach oben:* den Berg hinan

hin·an·ge·hen <gehst hinan, ging hinan, ist hinangegangen> *ohne OBJ* ■ **jmd. geht hinan** *(geh.)* den Berg hinangehen

hin·ar·bei·ten *ohne OBJ* ■ **jmd. arbeitet auf etwas** *Akk.* **hin** anstreben: auf ein Ziel hinarbeiten

hin·auf *adv nach oben:* die Treppe/auf den Turm hinauf

hin·auf·fah·ren <fährst hinauf, fuhr hinauf, hat/ist hinaufgefahren> **I.** *mit OBJ (haben)* ■ **jmd. fährt etwas hinauf** *mit einem Fahrzeug nach oben bringen:* Er hat den Gast/das Gepäck hinaufgefahren. **II.** *ohne OBJ (sein)* ■ **jmd. fährt hinauf** *nach oben fahren:* Der Gast ist mit dem Lift hinaufgefahren.

hin·auf·ge·hen <gehst hinauf, ging hinauf, ist hinaufgegangen> *ohne OBJ* ■ **jmd. geht hinauf** *jmd. geht nach oben:* die Treppe/in den 3. Stock hinaufgehen

hin·auf·stei·gen <steigst hinauf, stieg hinauf, ist hinaufgestiegen> *ohne OBJ* ■ **jmd. steigt auf**

etwas Akk. **hinauf** *die Stiege/auf die Leiter/auf den Aussichtsturm hinaufsteigen*
hi·n·auf·zie·hen *mit OBJ* ■ *jmd. zieht etwas auf etwas Akk.* **hinauf** *nach oben ziehen*
hi·n·aus *adv* ❶ *eine räumliche Grenze überschreitend:* aus dem Land/Zimmer hinaus sein; in den Garten hinaus; über das Tor/Ziel hinaus ❷ *eine zeitliche Grenze überschreitend:* über das Alter von 65 Jahren hinaus berufstätig sein; über die Frist von 10 Jahren hinaus ❸ *für die Dauer von:* auf Jahre hinaus planen/gut versorgt sein; ■ **hoch hinaus wollen** *(umg.) nach gesellschaftlichem Erfolg streben* ◆ Getrenntschreibung →R 4.8 Als die Gäste hinaus waren, gingen wir zu Bett.
hi·n·aus·be·för·dern <beförderst hinaus, beförderte hinaus, hat hinausbefördert> *mit OBJ* ❶ ■ *jmd. befördert etwas hinaus nach draußen bringen:* Wie können wir den sperrigen Schrank hinausbefördern? ❷ ■ *jmd. befördert jmdn. hinaus (umg.) (unfreundlich) herauswerfen:* jemanden aus der Wohnung hinausbefördern; Er hat ihn mit einem Fußtritt hinausbefördert.
hi·n·aus·be·glei·ten <begleitest hinaus, begleitete hinaus, hat hinausbegleitet> *mit OBJ* ■ *jmd. begleitet jmdn. hinaus mit jmdm., der hinausgeht, gehen:* die Gäste (aus dem Haus) hinausbegleiten
hi·n·aus·ekeln <ekelst hinaus, ekelte hinaus, hat hinausgeekelt> *mit OBJ* ■ *jmd. ekelt jmdn. hinaus (umg.) jmdn. so schlecht behandeln, dass er von selbst geht:* unwillkommene Gäste hinausekeln; einen unliebsamen Kollegen (aus dem Betrieb) hinausekeln
hi·n·aus·ge·hen <gehst hinaus, ging hinaus, ist hinausgegangen> *ohne OBJ* ❶ ■ *jmd. geht hinaus einen Raum verlassen:* Wollen wir nicht ein wenig hinausgehen.; Alle waren (aus dem Zimmer) hinausgegangen. ❷ ■ *etwas geht auf etwas Akk.* **hinaus** *in einer Richtung liegen:* ein Fenster/Zimmer, das zum Hof hinausgeht ❸ ■ *etwas geht über etwas Akk.* **hinaus** *überschreiten oder übertreffen:* über seine Befugnisse hinausgehen; Ihre Hilfsbereitschaft geht weit über das normale Maß hinaus.
hi·n·aus·lau·fen <läufst hinaus, lief hinaus, ist hinausgelaufen> *ohne OBJ* ❶ ■ *jmd. läuft hinaus nach draußen laufen:* Die Kinder sind aus dem Haus/in den Garten hinausgelaufen. ❷ ■ *etwas läuft auf etwas Akk.* **hinaus** *sich in eine bestimmte Richtung entwickeln:* Das läuft darauf hinaus, dass wir alles selbst bezahlen müssen.; Worauf läuft dieser Plan hinaus?
hi·n·aus·leh·nen <lehnst hinaus, lehnte hinaus, hast hinausgelehnt> *mit SICH* ■ *jmd. lehnt sich aus etwas Dat.* **hinaus** *jmd. beugt den Oberkörper aus etwas hinaus:* Sie lehnte sich aus dem Fenster hinaus.; Bitte nicht hinauslehnen!
hi·n·aus·schi·cken <schickst hinaus, schickte hinaus, hat hinausgeschickt> *mit OBJ* ■ *jmd. schickt jmdn. aus etwas Dat.* **hinaus** *jmdm. sagen, dass er einen Ort verlassen soll:* jemanden aus dem Zimmer hinausschicken
hi·n·aus·schie·ben <schiebst hinaus, schob hinaus, hat hinausgeschoben> *mit OBJ* ■ *jmd.*

schiebt etwas hinaus ❶ *nach draußen schieben:* ein Auto auf die Straße hinausschieben; jemanden zur Tür hinausschieben ❷ *auf einen späteren Zeitpunkt verschieben:* eine Arbeit/einen Termin hinausschieben
hi·n·aus·schie·ßen <schießt hinaus, schoss hinaus, ist hinausgeschossen> *ohne OBJ* ■ *jmd. schießt aus etwas Dat.* **hinaus** ❶ *nach draußen schießen:* Die Bankräuber schossen mit Pistolen aus dem Fenster der Bank hinaus. ❷ *(umg.) schnell hinauskommen:* Er kam plötzlich aus der Tür hinausgeschossen.; ■ **über das Ziel hinausschießen** *(umg.) übereifrig sein*
hi·n·aus·wer·fen <wirfst hinaus, warf hinaus, hat hinausgeworfen> *mit OBJ* ❶ ■ *jmd. wirft etwas hinaus nach draußen werfen:* Gegenstände aus dem Fenster hinauswerfen; Bitte nichts hinauswerfen! ❷ ■ *jmd. wirft etwas hinaus (umg.) etwas entfernen:* Diesen Punkt werden wir wohl aus dem Programm hinauswerfen müssen. ❸ ■ *jmd. wirft jmdn. hinaus (umg.) jmdn. unfreundlich hinausschicken oder entlassen:* einen unverschämten Gast hinauswerfen; Die Firma hat ihn nach vielen Jahren einfach hinausgeworfen!
hi·n·aus·wol·len <willst hinaus, wollte hinaus, hat hinausgewollt> *ohne OBJ* ❶ ■ *jmd. will hinaus nach draußen wollen:* Bei schönem Wetter wollen wir hinaus.; Machen Sie mir bitte Platz, oder wollen Sie auch hinaus? ❷ ■ *jmd. will auf etwas Akk.* **hinaus** *abzielen:* Worauf willst du hinaus?; Jetzt wird klar, worauf/auf was er hinauswill.; ■ **hoch hinauswollen** *(umg.) gesellschaftlichen oder beruflichen Erfolg anstreben*
Hi·n·aus·wurf *der* <-(e)s> /kein Plur./ *der Vorgang, dass jmd. jmdn. hinausgeworfen[3] hat*
hi·n·aus·zö·gern <zögerst hinaus, zögerte hinaus, hat hinausgezögert> **I.** *mit OBJ* ■ *jmd. zögert etwas hinaus auf einen späteren Zeitpunkt verschieben:* den Abschluss eines Vertrages hinauszögern **II.** *mit SICH* ■ *etwas zögert sich hinaus länger dauern als geplant:* Der Abschluss der Bauarbeiten zögert sich noch hinaus.
hin·be·ge·ben *ohne OBJ* ■ *jmd. begibt sich irgendwohin hingehen*
hin·bie·gen <biegst hin, bog hin, hat hingebogen> *mit OBJ* ■ *jmd. biegt etwas hin (umg.) geschickt beeinflussen:* Er hat die Sache so hingebogen, dass wir auch noch etwas davon haben.
Hin·blick ■ **im/in Hinblick auf etwas** *hinsichtlich* Im Hinblick auf die leeren Kassen muss gespart werden.; Im Hinblick auf eine schwache Gesundheit sollte er sich etwas vorsehen.
hin·brin·gen <bringst hin, brachte hin, hat hingebracht> *mit OBJ* ■ *jmd. bringt etwas hin* ❶ *irgendwohin bringen:* Wenn du nicht kommen kannst, werde ich dir die Unterlagen hinbringen.; Findet sie das Haus allein oder soll ich sie hinbringen? ❷ *(umg.) zustande bringen:* Ich weiß nicht wie, aber irgendwie werdet ihr das schon hinbringen.; Wie hast du das allein hingebracht? ❸ *(umg.) hinter sich bringen:* Irgendwie müssen wir die Zeit bis zur Zugabfahrt noch hinbringen.
hin·der·lich *adj störend:* bei einer/für eine Sache hinderlich sein

H

hin·dern <hinderst, hinderte, hat gehindert>
I. *mit OBJ* ■ *jmd. hindert jmdn. an etwas Dat.*
verhindern: jemanden an etwas hindern; Ihre Verletzung hindert sie an der Teilnahme.; Wie kann ich dich hindern, das zu tun? **II.** *mit OBJ/ohne OBJ* ■ *etwas hindert (jmdn.) bei etwas Dat.*
stören oder hemmen: jemanden bei etwas hindern; Ihre Verletzung hindert (sie) beim Laufen.; Mach das Radio aus, die Musik hindert (mich) beim Arbeiten.

Hin·der·nis *das* <-ses, -se> *etwas, das das Fortkommen verhindert oder behindert:* Umgestürzte Bäume, Felsbrocken, Wassergräben und andere Hindernisse versperrten unseren Weg.; jemandem für sein berufliches Fortkommen ständig Hindernisse in den Weg legen

Hin·der·nis·lauf *der* <-(e)s, Hindernisläufe>
SPORT *Wettlauf über Hindernisse*

hin·deu·ten *ohne OBJ* ❶ ■ *jmd. deutet auf etwas Akk. hin* *in eine Richtung zeigen:* mit dem Finger/dem Kopf auf die Tür hindeuten; Er deutete (mit der Hand) auf das Bild hin, während er sprach. ❷ ■ *etwas deutet auf etwas Akk. hin* *vermuten lassen:* Alles deutet darauf hin, dass wir verlieren werden.; Alle Vorzeichen deuten auf eine Grippe/ein Unwetter hin.

Hin·di *das* <-> /kein Plur./ *Amtssprache in Indien*

Hin·du *der* <-(s), -(s)> REL. *Anhänger des Hinduismus*

Hin·du·is·mus *der* <-> /kein Plur./ REL. *eine sehr vielgestaltige Religion in Indien, deren wichtigstes Merkmal ein System von Kasten ist*

hin·durch *adv* ❶ *durch eine räumliche Beschränkung:* Durch die Wand hindurch war Lärm zu hören.; Wir konnten es durch das Fenster hindurch beobachten.; Wir sind gleich ganz durch den Wald hindurch. ❷ *während:* das ganze Jahr hindurch ◆ Getrenntschreibung →R 4.8 Wann werden wir durch den Berg von Arbeit hindurch sein?

hin·durch·zwän·gen **I.** *mit OBJ* ■ *jmd. zwängt etwas durch etwas Akk. hindurch* *etwas durch eine enge Öffnung hindurchdrücken:* die Hand durch die Öffnung hindurchzwängen **II.** *mit SICH* ■ *jmd. zwängt sich durch etwas Akk. hindurch* *sich durch etwas, das eng ist, hindurchdrücken:* sich durch die engen Stuhlreihen/durch die schmale Tür hindurchzwängen

hi·n·ein *adv* ❶ *von draußen nach drinnen:* Dort hinein sind sie verschwunden.; Nun aber schnell hinein mit euch! ❷ *(bis) zu einem Zeitpunkt:* bis tief in die Nacht hinein; bis in den späten Vormittag hinein schlafen ❸ *(übertr.)* etwas bis in die letzte Einzelheit hinein erläutern; ins Ungewisse hinein planen

hi·n·ein·bei·ßen *mit OBJ* ■ *jmd. beißt in etwas Akk. hinein* *in etwas beißen*

hi·n·ein·fin·den <findest hinein, fand hinein, hat hineingefunden> **I.** *ohne OBJ* ■ *jmd. findet in etwas Akk. hinein* *den Weg nach drinnen finden:* Ich kann nicht in das Gebäude/den Saal hineinfinden. **II.** *mit SICH* ■ *jmd. findet sich in etwas Akk. hinein* ❶ *mit etwas vertraut werden:* Allmählich findet sie sich in ihre neue Rolle als

Mutter hinein. ❷ *sich mit etwas abfinden:* Er kann sich einfach nicht in sein Schicksal hineinfinden.

hi·n·ein·ge·hen <gehst hinein, ging hinein, ist hineingegangen> *ohne OBJ* ❶ ■ *jmd. geht in etwas Akk. hinein* *nach drinnen gehen:* Es ist kalt, lasst uns hineingehen! ❷ ■ *etwas geht in etwas Akk. hinein* *(umg.) hineinpassen:* Meine Füße gehen einfach nicht in die Schuhe hinein.

hi·n·ein·le·gen *mit OBJ* ■ *jmd. legt etwas in etwas Akk. hinein* ❶ *in etwas legen:* Dort steht der Kinderwagen, du kannst das Kind zum Schlafen hineinlegen. ❷ *mit etwas in Verbindung bringen:* sehr viel Gefühl in seinen Vortrag hineinlegen; Du darfst nicht in meine Worte hineinlegen, so ernst war es gar nicht gemeint.

hi·n·ein·le·sen *mit OBJ* ■ *jmd. liest etwas in etwas Akk. hinein* *hineininterpretieren*

hi·n·ein·pas·sen *ohne OBJ* ❶ ■ *etwas passt in etwas Akk. hinein* *in etwas passen:* So viele Sachen werden aber nicht in den Koffer hineinpassen.; Sie wird wohl nicht mehr in das Kleid hineinpassen. ❷ ■ *jmd. passt in etwas Akk. hinein* *zu etwas passen:* Ich hoffe, der neue Schüler wird gut in die Klasse hineinpassen.; Die neuen Möbel passen gut in das Zimmer hinein.

hi·n·ein·plat·zen *mit OBJ* ■ *jmd. platzt in etwas Akk. hinein* *plötzlich und ungebeten in ein Zimmer kommen, in dem eine oder mehrere Personen sind (und sich z. B. unterhalten)*

hi·n·ein·re·den I. *ohne OBJ* ■ *jmd. redet in etwas Akk. hinein* ❶ *irgendwohin reden:* ins Leere/ins Publikum hineinreden ❷ ■ *jmd. redet hinein* *unterbrechen:* Du sollst nicht immer hineinreden, wenn ich spreche. ❸ ■ *jmd. redet (jmdm.) in etwas Akk. hinein* *sich einmischen:* Ihre Eltern haben (ihr) immer in ihre Ehe/in ihr Leben hineingeredet. **II.** *mit SICH* ■ *jmd. redet sich in etwas Akk. hinein* *sich redend in einen bestimmten Zustand bringen:* sich in Begeisterung/Wut hineinreden

hi·n·ein·ste·cken *mit OBJ* ■ *jmd. steckt etwas in etwas Akk. hinein* *(umg.)* ❶ *in etwas stecken:* In diesen Schlitz muss man die Geldkarte hineinstecken.; den Kopf zur Tür hineinstecken ❷ *aufwenden:* Nachdem wir so viel Arbeit/Geld/Zeit in diese Sache hineingesteckt haben, können wir nicht einfach aufgeben.; ■ *seine Nase in alles hineinstecken* *(umg.) sehr neugierig sein*

hi·n·ein·stei·gern <steigerst hinein, steigerte hinein, hat hineingesteigert> *mit SICH* ■ *jmd. steigert sich in etwas Akk. hinein* *(umg.) sich von einer Sache immer mehr beherrschen lassen:* sich in seine Verzweiflung/eine Vorstellung/seine Wut hineinsteigern

hi·n·ein·ver·set·zen <versetzt hinein, versetzte hinein, hat hineinversetzt> *mit SICH* ■ *jmd. versetzt sich in jmdn./etwas hinein* *sich vorstellen, man sei in der Lage eines anderen; sich in jemandes Lage hineinversetzen; Wenn ich mich in ihn hineinversetze, …; sich vorkommen, als sei man in eine andere Zeit hineinversetzt*

hin·fah·ren <fährst hin, fuhr hin, hat/ist hingefahren> **I.** *mit OBJ (haben)* ■ *jmd. fährt etwas hin mit einem Fahrzeug transportieren:* Wenn du willst, kann ich dich hinfahren.; Du musst die Koffer nicht tragen, ich kann sie dir auch hinfahren. **II.** *ohne OBJ (sein)* ❶ ■ *jmd. fährt hin irgendwohin fahren:* Er ist auch zum Konzert hingefahren.; Ich fahre am Wochenende nach Berlin. Wollt ihr auch hinfahren? ❷ ■ *etwas fährt über etwas* Akk. *hin über etwas streichen:* Ein leichter Wind fuhr über die Wiese hin.; mit der Hand darüber hinfahren

Hin·fahrt *die* <-, -en> Ich möchte nur eine Karte für die Hinfahrt, die Rückfahrkarte kaufe ich später.

hin·fal·len <fällst hin, fiel hin, ist hingefallen> *ohne OBJ* ■ *jmd. fällt hin auf die Erde fallen:* Er ist gestolpert und hingefallen.

hin·fäl·lig *adj* ❶ *(geh.) schwach:* ein hinfälliger alter Mann; Durch die Krankheit ist sie sehr hinfällig geworden. ❷ */keine Steigerung/ nicht mehr gültig:* Durch die Terminänderungen ist unser alter Plan hinfällig.

Hin·fäl·lig·keit *die* <-> */kein Plur./* ❶ *Schwäche:* Seine Hinfälligkeit rührt von seiner schweren Krankheit her. ❷ *Ungültigkeit*

Hin·flug *der* <-(e)s, Hinflüge> *der Flug von hier zu einem Ziel:* Ich habe nur einen Hinflug gebucht.

hin·füh·ren I. *mit OBJ* ■ *jmd. führt jmdn. zu etwas* Dat. *hin* ❶ *irgendwohin geleiten:* jemanden zu seinem Platz hinführen; Sie kennen sich hier nicht aus, könnt ihr sie zum Treffpunkt hinführen? ❷ *zu etwas befähigen:* die Schüler zum selbstständigen Arbeiten/zu einer Erkenntnis hinführen **II.** *ohne OBJ* ■ *etwas führt zu etwas* Akk. *hin* ❶ *irgendwohin verlaufen:* Wo führt diese Straße hin? ❷ *ein Ziel haben:* Wo führt diese Ausbildung hin?

Hin·ga·be *die* <-> */kein Plur./* ❶ *rückhaltloser Einsatz:* seine Hingabe für die Arbeit ❷ *große Begeisterung:* etwas mit großer/viel Hingabe tun

hin·ge·ben <gibst hin, gab hin, hat hingegeben> **I.** *mit OBJ* ■ *jmd. gibt etwas hin (geh.) opfern:* Er hat alles, was er besitzt, den Armen/für die Armen hingegeben. **II.** *mit SICH* ❶ ■ *jmd. gibt sich einer Sache hin etwas mit großem Eifer tun:* Sie hat sich dieser neuen Aufgabe ganz hingegeben. ❷ ■ *jmd. gibt sich einer Sache hin sich ausliefern:* sich Schmerz/einer trügerischen Hoffnung hingeben ❸ ■ *jmd. gibt sich jmdm. hin (geh. verhüll.) sexuell mit jmdm. verkehren:* Sie hat sich ihm hingegeben.

hin·ge·bungs·voll *adj mit großem Eifer oder großer Anteilnahme:* jemandem hingebungsvoll lauschen; sich hingebungsvoll mit etwas beschäftigen

hin·ge·gen *konj jedoch:* Ich hingegen bin der Meinung, ...; Alle waren einverstanden. Er hingegen wollte nicht zustimmen.

hin·ge·hen <gehst hin, ging hin, ist hingegangen> *ohne OBJ* ❶ ■ *jmd. geht hin irgendwohin gehen:* Ich gehe zu der Feier. Wirst du auch hingehen? ❷ ■ *etwas geht hin gerade noch annehmbar sein:* Es kann gerade noch so hingehen, wenn du heute fehlst, aber morgen musst du kommen. ❸ ■ *etwas geht hin (geh.) vergehen:* Die Zeit/die Jugend/der Sommer war hingegangen. ❹ ■ *jmd. geht hin (geh. verhüll.) sterben:* Im vergangenen

Jahr ist seine Frau gestorben, wenig später ist auch er hingegangen.; der/die Hingegangene

hin·gu·cken *ohne OBJ* ■ *jmd. guckt hin (umg.) seinen Blick auf etwas richten:* Ich musste zwei Mal hingucken, ehe ich ihn erkannt habe.; Darf ich wieder hingucken?

hin·hal·ten <hältst hin, hielt hin, hat hingehalten> *mit OBJ* ❶ ■ *jmd. hält jmdm. etwas hin jmdm. etwas reichen:* Er hielt ihr den Brotkorb hin. ❷ ■ *jmd. hält jmdn. hin (umg.) auf unbestimmte Zeit vertrösten:* Jetzt habt ihr uns lange genug hingehalten!; Sie hielt ihn von Tag zu Tag hin.

hin·hau·en <haust hin, haute hin, hat hingehauen> *(umg.)* **I.** *mit OBJ* ❶ ■ *jmd. haut etwas hin achtlos irgendwo hinwerfen:* Nach der Schule hat er nur seine Sachen hingehauen und ist zu seiner Freundin gegangen. ❷ *ohne Sorgfalt machen:* Sie hat den Aufsatz/das Bild nur schnell hingehauen, das merkt man. **II.** *ohne OBJ* ❶ ■ *etwas haut hin in Ordnung sein/funktionieren:* Mach dir keine Sorgen, das haut schon hin. ❷ ■ *jmd. haut hin irgendwohin schlagen:* mit dem Hammer hinhauen; Wo er hinhaut, wächst kein Gras mehr. **III.** *mit SICH* ■ *jmd. haut sich hin (umg.) sich schlafen legen:* Ich bin so müde, ich hau(e) mich erst einmal hin.

hin·ken <hinkst, hinkte, hat/ist gehinkt> *ohne OBJ* ■ *jmd. hinkt* ❶ *ungleichmäßig laufen:* Seit seinem Unfall hinkt er.; Er hat schon immer gehinkt. ❷ *mit ungleichmäßigen Schritten irgendwohin gehen:* Sie ist mit ihrem Gipsbein zur Tür/über die Straße gehinkt.

hin·kni·en <kniest hin, kniete hin, hat/ist hingekniet> **I.** *mit OBJ* ■ *jmd. kniet vor jmdm./etwas hin auf die Knie gehen:* Er ist vor dem Altar hingekniet. **II.** *mit SICH* ■ *jmd. kniet sich hin* Wir haben uns hingekniet.

Hin·kunft ■ in Hinkunft ÖSTERR. *(geh.) in Zukunft*

hin·läng·lich *adj so, dass es ausreicht:* Das dürfte hinlänglich bekannt sein.

hin·le·gen I. *mit OBJ* ❶ ■ *jmd. legt etwas irgendwo hin an eine Stelle legen:* Wo soll ich das Buch hinlegen? ❷ ■ *jmd. legt etwas hin (umg.) etwas darbieten:* Das Ensemble hat eine erstklassige Vorstellung hingelegt. ❸ ■ *jmd. legt etwas hin (umg.) bezahlen müssen:* Wie viel musstest du dafür hinlegen?; Dafür habe ich 200 Euro hinlegen müssen! **II.** *mit SICH* ■ *jmd. legt sich hin sich niederlegen:* Er hat sich für eine Stunde hingelegt.; ■ sich der Länge nach hinlegen *(umg.) hinfallen*

hin·nehm·bar *adj /nicht steig./ so, dass man es dulden kann:* Sein Verhalten ist so nicht mehr hinnehmbar.; Die Situation ist gerade noch hinnehmbar.

hin·neh·men <nimmst hin, nahm hin, hat hingenommen> *mit OBJ* ■ *jmd. nimmt etwas hin* ❶ *(unbewegt) über sich ergehen lassen:* Er nahm ihre Beleidigungen/ihr Verhalten kommentarlos hin.; Das können wir nicht einfach so hinnehmen, das gibt ein Nachspiel! ❷ *irgenwohin mitnehmen:* Können wir den Hund dort mit hinnehmen?

H

hin·rei·chend *adj so, dass es ausreicht:* Wir haben noch hinreichend Getränke im Haus.; Alle sind hinreichend informiert worden.

Hin·rei·se *die <-, -n> die Reise von hier zu einem Ziel:* Wir befinden uns auf der Hinreise.; Auf der Hinreise haben wir in Hamburg übernachtet.

hin·rei·ßen <reißt hin, riss hin, hat hingerissen> *mit OBJ* ■ *jmd./etwas reißt jmdn. hin begeistern:* von jemandem/etwas ganz hingerissen sein; die Zuschauer zu Beifallsstürmen hinreißen; ein hinreißender Film; ein hinreißendes kleines Mädchen; ■ **sich zu etwas hinreißen lassen** *(umg.) sich zu etwas verleiten lassen* Lasst euch nicht zu unbedachten Handlungen hinreißen!

hin·rich·ten *mit OBJ* ■ *jmd. richtet jmdn. hin ein Todesurteil vollstrecken:* Der zum Tode Verurteilte wurde hingerichtet.

Hin·rich·tung *die <-, -en> Vollstreckung eines Todesurteils:* Die Hinrichtung wurde auf den folgenden Tag festgesetzt.

hin·schei·den *ohne OBJ* ■ *jmd. scheidet hin (verhüll.) sterben*

hin·schmei·ßen <schmeißt hin, schmiss hin, hat hingeschmissen> *mit OBJ* ■ *jmd. schmeißt etwas hin (umg.)* ❶ *hinwerfen:* seine Sachen (achtlos/wütend) hinschmeißen ❷ *(umg.) aufgeben:* seinen Job/seinen Posten hinschmeißen

hin·se·hen <siehst hin, sah hin, hat hingesehen> *ohne OBJ* ■ *jmd. sieht hin (↔ wegsehen) seinen Blick auf etwas richten:* Du musst schon hinsehen, wenn du etwas erkennen willst.; Er hat sehr genau hingesehen, damit ihm nichts entgeht.

hin·set·zen <setzt hin, setzte hin, hat hingesetzt> **I.** *mit OBJ* ❶ ■ *jmd. setzt jmdn. hin jmdn. aufrecht setzen:* Das Kind hat bis jetzt gelegen, nun hat es die Mutter hingesetzt. ❷ ■ *jmd. setzt jmdn./etwas hin irgendwohin stellen/platzieren:* Wo hast du meine Tasche hingesetzt?; Wo habt ihr den Ehrengast hingesetzt? **II.** *mit SICH* ■ *jmd. setzt sich hin* Wir haben uns inzwischen hingesetzt.; Wenn du das schaffen willst, musst du dich jetzt hinsetzen und anfangen!

Hin·sicht *die <-, -en> /Plur. selten / Blickwinkel:* in wirtschaftlicher/wissenschaftlicher Hinsicht; In gewisser/einer/dieser Hinsicht hast du Recht.; ■ **in Hinsicht auf ...** *betrifft* In Hinsicht auf den Stundenplan noch Fragen?

hin·sicht·lich *präp + Gen. (geh.) bezüglich:* Hinsichtlich Ihrer Einwände kann ich Sie beruhigen.; Hinsichtlich der Pünktlichkeit gibt es einige Beschwerden.

hin·stel·len I. *mit OBJ* ❶ ■ *jmd. stellt etwas hin etwas irgendwohin stellen:* Hier können wir das Bett hinstellen. ❷ ■ *jmd. stellt jmdn./etwas als jmdn./etwas hin (fälschlicherweise) etwas über jmdn. oder etwas behaupten:* Man hat ihn als Lügner hingestellt.; Sie haben es so hingestellt, als sei ich daran schuld. **II.** *mit SICH* ❶ ■ *jmd. stellt sich hin sich irgendwohin stellen:* Du kannst dich hier hinstellen und einfach warten. ❷ ■ *jmd. stellt sich als jmdn. hin sich den Anschein geben:* Er stellt sich immer als arglos/dumm/Trottel hin, dabei ist er ziemlich gerissen.

hint·an·stel·len *mit OBJ* ■ *jmd. stellt etwas*

hintan *(geh.) benachteiligen:* Wir dürfen uns nicht immer hintanstellen lassen.; Sie hat immer ihre eigenen Bedürfnisse hintangestellt.

hin·ten *adv (↔ vorne) auf der Rückseite:* Das Haus hat hinten noch einen Garten.; Lasst uns nach hinten gehen.; Immer müssen wir hinten stehen!; Von hinten kamen laute Zwischenrufe.; jemanden von hinten sehen; sich die Haare nach hinten kämmen; ■ **jemandem am liebsten von hinten sehen** *(umg.) auf jmds. Gesellschaft keinen Wert legen;* ■ **jemanden von hinten und vorne bedienen** *(umg.) jmdn. übertrieben umsorgen;* ■ **es jemandem hinten und vorne reinstecken** *(umg.) jmdn. übertrieben verwöhnen;* ■ **nicht mehr wissen, wo hinten und vorn ist** *(umg.) völlig orientierungslos sein;* ■ **hinten und vorne nicht langen** *(umg.) nicht ausreichend sein*

hin·ten·he·r·um *adv (umg.)* ❶ *hinten um etwas oder jmdn. herum:* das Haus hintenherum betreten; Sie ist hintenherum ziemlich dick. ❷ *(abwert.) hinter jmds. Rücken:* Ich habe das nur hintenherum erfahren.; Sie redet gerne hintenherum über die Kollegen.

hin·ten·hin *adv an das hintere Ende:* Stell dich bitte hintenhin.; Ich gehe lieber hintenhin, da ist es nicht so laut.

hin·ten·über·fal·len <fällst hintenüber, fiel hintenüber, ist hintenübergefallen> *ohne OBJ* ■ *jmd. fällt hintenüber nach hinten (herunter)fallen:* Auf dem Schwebebalken ist sie hintenübergefallen und hat sich verletzt. ♦ Zusammenschreibung →R 4.5 Pass auf, dass du nicht hintenüberfällst!

hin·ter I. *präp* ❶ *+ Dat. auf der abgewandten Seite von etwas oder jmdm.:* Er stand hinter ihr.; Das Auto ist hinter dem Haus geparkt. ❷ *+ Dat. zeitlich zurückliegend:* Das habe ich schon lange hinter mir.; Die Schulzeit lag schon lange hinter ihm. ❸ *+ Akk. auf die abgewandte Seite von etwas oder jmdm.:* Das Buch ist hinter den Tisch gerutscht.; Er ist hinter sie getreten. **II.** *adj hinten befindlich:* die hintere Reihe; am hinteren Ende **III.** *adv* SÜDDT., ÖSTERR. *nach hinten:* Wie weit ist es bis dort hinter?; ■ **hinter jemandes Rücken** *(umg.) heimlich;* ■ **sich hinter jemanden stellen** *(umg.) jmdn. unterstützen;* ■ **hinter Schloss und Riegel** *(umg.) eingesperrt;* ■ **etwas hinter sich bringen** *(umg.) etwas Unangenehmes (widerwillig) tun;* ■ **etwas hinter sich haben** *(umg.) etwas Unangenehmes überstanden haben;* ■ **etwas hinter sich lassen** *(umg.) an etwas nicht mehr denken*

Hin·ter·ach·se *die <-, -n>* KFZ *hintere Radachse*

Hin·ter·ba·cke *die <-, -n> (umg.) eine Gesäßhälfte*

Hin·ter·bänk·ler *der;* **Hin·ter·bänk·le·rin** <-s, -> *(umg. abwert.) unbedeutender Mensch*

Hin·ter·bein *das <-(e)s, -e> ein hinteres Bein (bei Tieren):* Der Hase hat kräftige Hinterbeine.; ■ **sich auf die Hinterbeine stellen** *(umg. übertr.) sich anstrengen* Wenn wir uns auf die Hinterbeine stellen, schaffen wir das schon. *sich wehren:* Er hat sich das nicht gefallen lassen, er hat sich auf die Hinterbeine gestellt.

Hin·ter·blie·be·ne *der/die <-, -n>* RECHTSW. *noch*

lebende Familienangehörige: den Hinterbliebenen sein Beileid aussprechen

hin·ter·brin·gen <hinterbringst, hinterbrachte, hat hinterbracht> *mit OBJ* ■ *jmd.* **hinterbringt** *jmdm. etwas (geh.) heimlich mitteilen:* Es ist ihr doch hinterbracht worden!; Er hatte ihm die Nachricht doch hinterbracht.

hin·ter·ei·n·an·der *adv* ❶ *zeitlich aufeinanderfolgend:* Sie feierten drei Tage hintereinander. ❷ *räumlich aufeinanderfolgend:* Die Autos fuhren hintereinander.

hin·ter·ei·n·an·der·fol·gen <folgt hintereinander, folgte hintereinander, ist hintereinandergefolgt> *ohne OBJ* ■ *jmd./etwas folgt hintereinander jemand folgt jemandem, nacheinander folgen (zeitlich oder räumlich):* in mehreren hintereinanderfolgenden Jahren

hin·ter·ei·n·an·der·ge·hen <geht hintereinander, ging hintereinander, ist hintereinandergegangen> *ohne OBJ* ■ *jmd.* **geht hintereinander** *jemand geht hinter jemandem (in der Reihe):* Es war so eng, wir mussten hintereinandergehen.

hin·ter·fra·gen <hinterfragst, hinterfragte, hat hinterfragt> *mit OBJ* ■ *jmd.* **hinterfragt etwas** *die genauen Zusammenhänge von etwas erfragen:* Vorurteile/Meinungen hinterfragen

Hin·ter·ge·dan·ke *der* <-ns, -n> *heimliche Absicht:* etwas ohne jeden Hintergedanken tun; Mein Hintergedanke dabei war, …

hin·ter·ge·hen <hintergehst, hinterging, hat hintergangen> *mit OBJ* ■ *jmd.* **hintergeht jmdn.** *(geh.) jmds. Vertrauen missbrauchen:* Seine beste Freundin hat ihn hintergangen.; Ich bin hintergangen worden.

Hin·ter·grund *der* <-(e)s, Hintergründe> ❶ *der weiter hinten liegende Teil dessen, was man sieht:* Im Hintergrund sieht man die Berge.; Sie stand im Hintergrund.; der Hintergrund eines Bildes; sich deutlich vom Hintergrund abheben ❷ *die zugrunde liegenden Bedingungen oder Umstände:* Die Handlung spielt sich vor dem Hintergrund des 2. Weltkrieges ab.; jemandes sozialer Hintergrund; die Hintergründe eines Mordes aufklären; ■ **im Hintergrund bleiben** *keine Aufmerksamkeit erregen;* ■ **sich im Hintergrund halten** *keine Aufmerksamkeit auf sich ziehen wollen;* ■ **in den Hintergrund treten** *an Bedeutung verlieren*

Hin·ter·grund·ge·räusch *das* <-es, -e> *Geräusch, das man im Hintergrund immer mithört*

Hin·ter·halt *der* <-(e)s, -e> *ein Ort, an dem man sich versteckt, um jmdn. zu überfallen:* in einem Hinterhalt liegen; jemanden aus dem Hinterhalt erschießen/überfallen

hin·ter·häl·tig *adj (abwert.) böse Absichten verbergend:* ein hinterhältiger Mensch; Sie hatten einen hinterhältigen Plan ausgeheckt. ▶ Hinterhältigkeit

Hin·ter·hand *die* <-> */kein Plur./* ❶ *(fachspr.) Hinterbein eines großen Tieres:* Das Pferd/die Kuh lahmt auf der rechten Hinterhand. ❷ *beim Kartenspiel die Position, bei der man als Letzter spielt:* in der Hinterhand sein; ■ **noch etwas in**

der Hinterhand haben *(umg.) noch etwas in Reserve haben*

hin·ter·her, **hin·ter·her** *adv* ❶ *danach:* Hinterher ist man immer klüger. ❷ *jmdm. oder etwas folgend:* Wo geht es lang? Immer dem Reiseführer hinterher!; Sie sind dem Verbrecher/Ausreißer hinterher.; ■ **hinterher sein** *(umg.) zurückgeblieben sein* Lass ihn nur, er ist immer ein bisschen hinterher! *(umg.) nicht den Anschluss verlieren wollen:* Bei den Hausaufgaben der Kinder muss man immer hinterher sein.; *(umg.) etwas haben wollen:* Er ist nur hinter ihrem Geld her. ◆ Getrenntschreibung →R 4.8 Sie ist schon immer ein wenig hinterher gewesen.; Bei der Ordnung bin ich nicht so hinterher, deshalb sieht es auch manchmal liederlich hier aus.

hin·ter·her·hin·ken <hinkst hinterher, hinkte hinterher, hat/ist hinterhergehinkt> *ohne OBJ* ❶ *jmd./ein Tier hinkt jmdm.* **hinterher** *(sein) jmdm. oder etwas hinkend folgen:* Der lahme Esel ist hinter dem Karren hergehinkt. ❷ ■ *etwas hinkt etwas* **hinterher** *(haben) (umg.) nicht mithalten können:* einer Entwicklung/mit seiner Arbeit hinterherhinken

hin·ter·her·lau·fen <läufst hinterher, lief hinterher, ist hinterhergelaufen> *ohne OBJ* ■ *jmd.* **läuft jmdm. hinterher** ❶ *jmdm. laufend folgen:* Alle sind dem Reiseleiter hinterhergelaufen. ❷ *(umg.) für sich zu gewinnen versuchen:* einem Mädchen hinterherlaufen; dem Erfolg/dem Geld hinterherlaufen

Hin·ter·hof *der* <-es, Hinterhöfe> *Hof hinter einem großen Mietshaus:* im dunklen Hinterhof spielen müssen

Hin·ter·kopf *der* <-(e)s, Hinterköpfe> *der hintere Teil des Kopfes;* ■ **etwas im Hinterkopf haben** *(umg.) an etwas denken*

Hin·ter·land *das* <-(e)s> */kein Plur./* ❶ *das Gebiet um eine große Stadt:* Eine große Stadt braucht wirtschaftliches/kulturelles Hinterland. ❷ MILIT. *das Land weit hinter der Frontlinie:* Truppen aus dem Hinterland an die Front verlegen

hin·ter·las·sen <hinterlässt, hinterließ, hat hinterlassen> *mit OBJ* ❶ ■ *jmd.* **hinterlässt etwas** *zurücklassen:* Spuren hinterlassen; Unordnung hinterlassen ❷ ■ *jmd.* **hinterlässt jmdm. etwas** *vererben:* Er hat seiner Frau ein Vermögen hinterlassen.

Hin·ter·las·sen·schaft *die* <-, -en> ❶ *(geh.) das, was jmd. zurücklässt:* Ich muss nun die Hinterlassenschaften meines Vorgängers aufarbeiten.; die Hinterlassenschaft eines Hundes auf dem Bürgersteig ❷ *Erbe:* Das gehört zu seiner Hinterlassenschaft.

Hin·ter·lauf *der* <-(e)s, Hinterläufe> ZOOL. *Hinterbeine beim Haarwild*

hin·ter·le·gen *mit OBJ* ■ *jmd.* **hinterlegt etwas** *zur Aufbewahrung geben:* den Schlüssel bei der Nachbarin hinterlegen; Wenn man ein Boot mietet, muss man Geld als Sicherheit hinterlegen.

Hin·ter·list *die* <-> ❶ *Verschlagenheit:* etwas mit Hinterlist tun; voller Hinterlist sein ❷ *eine hinterlistige Tat:* Das war eine böse Hinterlist von dir!

H

H

hin·ter·lis·tig *adj verschlagen:* ein hinterlistiger Mensch; eine hinterlistige Tat

Hin·ter·mann *der* <-(e)s, Hintermänner> ❶ *Person, die hinter jmdm. ist:* sich zu seinem Hintermann umdrehen ❷ */meist Plur./ (abwert.) die Auftraggeber oder Verantwortlichen für ein Verbrechen:* Man hatte zwar ein paar kleine Gauner geschnappt, aber an die wahren Hintermänner kam man nicht heran.

Hin·tern *der* <-s, -> *(umg.) Gesäß:* einen dicken Hintern haben; ▪ **sich auf den Hintern setzen** *(umg.) hinfallen* Beim Eislaufen habe ich mich auf den Hintern gesetzt. *(umg.) fleißig lernen:* Sie muss sich noch tüchtig auf den Hintern setzen, wenn sie die Prüfung schaffen will.; ▪ **ein paar auf den Hintern kriegen** *(umg.) Schläge bekommen;* ▪ **jemandem/jemanden in den Hintern treten** *(umg.) jmdn. zur Eile oder zum Mitmachen antreiben*

Hin·ter·rad *das* <-(e)s, Hinterräder> *an einem Fahrzeug die Räder, die hinten sind*

Hin·ter·rad·an·trieb *der* <-(e)s, -e> KFZ *die Form des Antriebs, bei der der Motor die Hinterachse eines Kraftfahrzeugs bewegt*

hin·ter·rücks *adv* ❶ *von hinten:* jemanden hinterrücks erschießen ❷ *heimtückisch:* jemanden hinterrücks verleumden

Hin·ter·sitz *der* <-es, -e> *der Rücksitz in einem Fahrzeug:* auf dem Hintersitz Platz nehmen

hin·ters·te *adj Superlativ von „hintere":* die hinterste Reihe

Hin·ter·tref·fen ▪ **im Hintertreffen sein/ins Hintertreffen geraten** *(umg.) Nachteile hinnehmen müssen*

hin·ter·trei·ben <hintertreibst, hintertrieb, hat hintertrieben> *mit OBJ* ▪ *jmd. hintertreibt etwas (geh. abwert.) mit unfairen Mitteln zu verhindern versuchen:* Er hat unseren Plan systematisch hintertrieben, um seine eigenen Ziele durchzusetzen.

Hin·ter·trep·pe *die* <-, -n> *die Treppe auf der Rückseite eines Gebäudes:* die Hintertreppe benutzen

Hin·ter·tür *die* <-, -en> *Tür auf der Rückseite eines Gebäudes:* ein Haus durch die Hintertür betreten; ▪ **sich eine Hintertür offenhalten** *(übertr.) sich einen Ausweg offenhalten* Sie haben sich nicht endgültig entschieden, sondern sich noch eine Hintertür offen gehalten.; ▪ **durch die Hintertür** *(übertr.) auf Umwegen* Ihr Plan ist abgelehnt worden, jetzt versuchen sie, ihn durch die Hintertür doch noch zu verwirklichen.

Hin·ter·tür·chen ▪ **sich ein Hintertürchen offenhalten** *(umg.) etwas so formulieren oder arrangieren, dass einem immer noch die Möglichkeit zu einer anderen Entscheidung bleibt*

Hin·ter·wäld·ler, **Hin·ter·wäld·le·rin** *der* <-s, -> *(umg. abwert.) rückständiger ungebildeter Mensch:* Was bist denn du für ein Hinterwäldler, dass du das nicht kennst! ▸ hinterwäldlerisch

hin·ter·zie·hen <hinterziehst, hinterzog, hat hinterzogen> *mit OBJ* ▪ *jmd. hinterzieht etwas* RECHTSW. *nicht zahlen:* Steuern hinterziehen

hi·n·ü·ber *adv* ❶ *auf die andere Seite:* Wie weit ist es bis zum anderen Ufer hinüber?; Wo soll ich die Sachen hinstellen? Dort hinüber? ❷ *(umg.) tot:* Er ist hinüber. ❸ *(umg.) nicht mehr zu gebrauchen sein:* Die Kaffeemaschine ist hinüber.; Kauf dir mal eine neue Hose, die alte ist doch völlig hinüber! ◆Getrenntschreibung →R 4.8 Der Computer wird wohl hinüber sein, oder wollen wir ihn noch einmal reparieren lassen?

hi·n·ü·ber·ge·hen <gehst hinüber, ging hinüber, ist hinübergegangen> *ohne OBJ* ▪ *jmd. geht hinüber* ❶ *auf die andere Seite gehen:* auf die andere Straßenseite hinübergehen; Dort gibt es etwas Interessantes zu sehen, wollen wir hinübergehen? ❷ *(geh. verhüll.) sterben:* Sie ist hinübergegangen.

Hin·über·set·zung *die* <-> */kein Plur./ (↔ Herübersetzung) das Übersetzen aus der Muttersprache in die Fremdsprache*

hi·n·un·ter *adv* ❶ *nach unten:* Geht es hier oder dort hinunter? ❷ *(umg.) hinuntergeschluckt:* Ist die Tablette nun hinunter?

hi·n·un·ter·bli·cken *ohne OBJ* ❶ ▪ *jmd. blickt hinunter nach unten blicken:* in einen Brunnen hinunterblicken; an sich hinunterblicken ❷ ▪ *jmd. blickt auf jmdn. hinunter jmdm. mit Herablassung begegnen:* Seit seiner Beförderung blickt er nur noch auf seine ehemaligen Kollegen hinunter.

hi·n·un·ter·fah·ren <fährst hinunter, fuhr hinunter, hat/ist hinuntergefahren> I. *mit OBJ (haben)* ▪ *jmd. fährt jmdn./etwas hinunter fahrend nach unten befördern:* Er hat den Gast/das Gepäck hinuntergefahren. II. *ohne OBJ (sein)* ▪ *jmd. fährt hinunter nach unten fahren:* Er ist vom Berg ins Tal hinuntergefahren.

hi·n·un·ter·ge·hen <gehst hinunter, ging hinunter, ist hinuntergegangen> *ohne OBJ* ❶ ▪ *jmd. geht hinunter nach unten gehen:* Er ist in den Keller hinuntergegangen. ❷ ▪ *etwas geht hinunter abwärtsverlaufen oder führen:* Der Weg ins Dorf geht dort hinunter.; Hier geht es in den Keller hinunter.

hi·n·un·ter·kip·pen <kippst hinunter, kippte hinunter, hat/ist hinuntergekippt> I. *mit OBJ (haben)* ▪ *jmd. kippt etwas hinunter* ❶ *nach unten schütten:* einen Eimer Wasser (in die Grube) hinunterkippen ❷ *(umg.) gierig trinken:* hastig ein Bier nach dem anderen hinunterkippen; Den Wein muss man genießen, man darf ihn nicht einfach so hinunterkippen. II. *ohne OBJ (sein)* ▪ *etwas kippt hinunter nach unten fallen:* Die Vase ist vom Fensterbrett hinuntergekippt.

hi·n·un·ter·schlu·cken *mit OBJ* ▪ *jmd. schluckt etwas hinunter* ❶ *verschlucken:* einen Bissen/die Medizin/den Tee hinunterschlucken ❷ *(übertr.) scheinbar unbewegt sein/etwas hinnehmen:* seinen Ärger hinunterschlucken; Er hat die harte Kritik hinuntergeschluckt und sich an die Arbeit gemacht.

hi·n·un·ter·spü·len *mit OBJ* ❶ ▪ *jmd./etwas spült etwas hinunter nach unten spülen:* Das Unwetter hat viel Schlamm (ins Tal) hinuntergespült. ❷ ▪ *jmd. spült etwas hinunter (umg.) mithilfe von Flüssigkeit verschlucken:* eine Tablette mit viel Tee hinunterspülen; ▪ **seinen Ärger**

(mit Schnaps) hinunterspülen *(übertr.) viel Alkohol trinken, weil man Ärger hat*

hin·un·ter·sto·ßen *mit OBJ* ■ *jmd. stößt jmdn. hinunter so stoßen, dass jmd. irgendwo hinunterfällt*

hi·n·un·ter·wer·fen <wirfst hinunter, warf hinunter, hat hinuntergeworfen> *mit OBJ* ■ *jmd. wirft etwas hinunter* nach unten werfen: Bitte keine Gegenstände vom Aussichtsturm hinunterwerfen!

Hin·weg *der* <-es, -e> *der Weg zu einem Ziel hin:* Der Hinweg kam mir länger vor als der Rückweg.

hin·weg *adv* ❶ *(veralt. geh.) fort:* Hinweg mit dir! ❷ *zeitlich oder räumlich über etwas hin:* über mehrere Jahre hinweg; Kontakte über die Grenze hinweg; über den Zaun hinweg

hin·weg·fe·gen <fegst hinweg, fegte hinweg, hat/ist hinweggefegt> I. *mit OBJ (haben)* ■ *etwas fegt etwas hinweg* schnell entfernen: Die Revolution hat die alte Regierung hinweggefegt. II. *ohne OBJ (sein)* ■ *etwas fegt über etwas Akk. hinweg (geh.) sich schnell über etwas hinbewegen:* Der Sturm ist über die Insel hinweggefegt.

hin·weg·ge·hen <gehst hinweg, ging hinweg, ist hinweggegangen> *ohne OBJ* ■ *jmd. geht über etwas Akk. hinweg* etwas nicht weiter kommentieren

hin·weg·kom·men <kommst hinweg, kam hinweg, ist hinweggekommen> *ohne OBJ* ■ *jmd. kommt über etwas Akk. hinweg* überwinden: über einen Verlust hinwegkommen; Ich komme gar nicht darüber hinweg, wie er sich aufgeführt hat.

hin·weg·se·hen <siehst hinweg, sah hinweg, hat hinweggesehen> *ohne OBJ* ❶ ■ *jmd. sieht über etwas Akk. hinweg* über etwas oder jmdn. blicken: Wenn ich mich auf die Zehenspitzen stelle, kann ich über meinen Vordermann hinwegsehen. ❷ ■ *jmd. sieht über etwas Akk. hinweg so tun, als ob man etwas oder jmdn. nicht bemerkt:* Man kann über diese Tatsache nicht hinwegsehen.; Sie wollte ihn nicht grüßen, also hat sie einfach über ihn hinweggesehen.

hin·weg·set·zen <setzt hinweg, setzte hinweg, hat/ist hinweggesetzt> I. *ohne OBJ (haben o sein)* ■ *jmd. setzt über etwas Akk. hinweg* über etwas springen: Der Hund hat/ist über den Zaun hinweggesetzt. II. *mit SICH (haben)* ■ *jmd. setzt sich über etwas Akk. hinweg* etwas nicht beachten: sich über ein Verbot/eine Warnung hinwegsetzen

Hin·weis *der* <-es, -e> ❶ *Angabe oder Information:* jemandem einen Hinweis geben; sachdienliche Hinweise, die zur Ergreifung des Täters führen; Hinweise zur verwendeten Literatur finden Sie am Ende des Buches. ❷ *Erklärung:* jemandem Hinweise für seine Arbeit geben; Hinweise für die Pflege eines Elektrogerätes ❸ *Anzeichen:* ein Hinweis auf seine schwierige finanzielle Lage; ein Hinweis auf eine schwere Erkrankung

hin·wei·sen <weist hin, wies hin, hat hingewiesen> I. *mit OBJ/ohne OBJ* ■ *jmd. weist jmdn. auf etwas Akk. hin* aufmerksam machen: jemanden auf einen Fehler hinweisen; Ich möchte (Sie)

darauf hinweisen, dass Sie im Halteverbot stehen. II. *ohne OBJ* ■ *etwas weist auf etwas Akk. hin* ❶ vermuten lassen; Alle Anzeichen weisen auf einen zeitigen Winter/eine schwere Erkrankung hin. ❷ *aufmerksam machen:* Das Schild weist auf freie Wohnungen/die Autobahnauffahrt hin.

hin·wer·fen <wirfst hin, warf hin, hat hingeworfen> I. *mit OBJ* ■ *jmd. wirft etwas hin* ❶ *achtlos irgendwohin werfen:* Sie hat ihre Tasche einfach hier hingeworfen. ❷ *achtlos dahersagen/schreiben/zeichnen:* (jemandem) schnell einen Gruß hinwerfen; ein paar hingeworfene Sätze; etwas mit ein paar hingeworfenen Strichen andeuten ❸ *(umg.) plötzlich aufgeben:* die Arbeit hinwerfen II. *mit SICH* ■ *jmd. wirft sich hin* sich zu Boden werfen: Als Schüsse fielen, warfen sie sich schnell hin.

Hinz ■ **Hinz und Kunz** *(umg. abwert.) alle möglichen Leute* Auf dem Fest trafen sich Hinz und Kunz.

hin·zie·hen <ziehst hin, zog hin, hat/ist hingezogen> I. *mit OBJ (haben)* ■ *jmd. zieht etwas hin* ziehend irgendwohin bewegen: Sie zog ihre Freundin/den Teller zu sich hin. II. *ohne OBJ (sein)* ❶ ■ *jmd. zieht irgendwo hin Wohnung nehmen:* Er ist erst kürzlich zu mir hingezogen. ❷ ■ *etwas zieht über etwas Akk. hin (geh.) sich über etwas hinbewegen:* Wolken zogen über den Himmel hin.; Vogelschwärme sind über uns hingezogen. III. *mit SICH (haben)* ■ *etwas zieht sich hin (lange) andauern:* Die Feierlichkeiten zogen sich über mehrere Wochen hin.; Die Arbeitsberatung hat sich hingezogen.; ■ *sich zu jemandem hingezogen fühlen jmdn. gern mögen*

hin·zu·fü·gen *mit OBJ* ■ *jmd. fügt etwas hinzu* ❶ *dazugeben:* dem Teig noch etwas Mehl hinzufügen ❷ *ergänzend sagen:* Ich möchte (meinen Äußerungen) noch etwas hinzufügen.; Wollen sie noch etwas hinzufügen?

hin·zu·ge·sel·len *mit SICH* ■ *jmd. gesellt sich zu jmdm. hinzu* zu einer Gruppe von Personen kommen und sich ihr anschließen

hin·zu·kom·men <kommst hinzu, kam hinzu, ist hinzugekommen> *ohne OBJ* ❶ *jmd. kommt hinzu* zusätzlich irgendwohin kommen: Ich kam gerade hinzu, als sich der Unfall ereignete.; Er ist erst später zur Mannschaft hinzugekommen. ❷ ■ *etwas kommt hinzu* zusätzlich dazukommen: Zu seiner schweren Krankheit kam noch eine Lungenentzündung hinzu.; Sie hat Schwierigkeiten in der Schule. Hinzu kommt, dass sie lange krank war.; Hier muss noch etwas Salz hinzukommen.

hin·zu·zäh·len *mit OBJ* ■ *jmd. zählt etwas hinzu* dazurechnen: zu dem ersparten Geld das neu eingenommene Geld hinzuzählen

hin·zu·zie·hen <ziehst hinzu, zog hinzu, hat hinzugezogen> *mit OBJ* ■ *jmd. zieht jmdn. zu etwas Akk. hinzu* zu Rate ziehen: zu einer Entscheidung einen Fachmann/die Fachliteratur hinzuziehen; Wollen wir ihn bei unserer Beratung hinzuziehen?

Hi·obs·bot·schaft *die* <-, -en> *Schreckensnachricht*

H

hip *adj (umg.)* im Trend; aktuell

Hip-Hop, a. **Hip·hop** *der* <-s> */kein Plur./* eine Richtung der Popmusik

Hip·pie *der* <-s, -s> Anhänger einer Jugendbewegung der 60er und 70er Jahre des 20. Jahrhunderts, die sich gegen die bürgerlichen Normen auflehnte

Hirn *das* <-(e)s, -e> ❶ ANAT. Gehirn: das menschliche Hirn ◆-blutung, -haut, -masse, -schale, -tumor, -zelle, Groß-, Klein- ❷ KOCH. das Hirn geschlachteter Tiere: Heute gibt es Hirn. ◆ Kalbs-, Schweine- ❸ *(umg.)* Denkvermögen: sein Hirn anstrengen; sich das Hirn zermartern

Hirn·ge·spinst *das* <-(e)s, -e> *(abwert.)* etwas Eingebildetes: Das sind doch nur Hirngespinste!

Hirn·haut *die* <-, Hirnhäute> */kein Plur./* MED. die Bindegewebsschicht, die das Gehirn umschließt

Hirn·haut·ent·zün·dung *die* <-, -en> MED. Entzündung der Hirnhaut

hirn·ris·sig *adj (umg. abwert.)* unsinnig: Es ist doch völlig hirnrissig, das zu versuchen!; Wer hatte denn diese hirnrissige Idee?

Hirn·schlag *der* <-(e)s, Hirnschläge> MED. Durchblutungsstörung im Gehirn

Hirn·tod *der* <-(e)s, -e> MED. nicht mehr behebbare Hirnschädigung mit Todesfolge

hirn·ver·brannt *adj /nicht steig./ (umg. abwert.)* sehr dumm: Das ist doch eine völlig hirnverbrannte Idee!

Hirsch *der* <-(e)s, -e> ❶ großer im Wald lebender Wiederkäuer mit braunem Fell und einem Geweih ❷ *(↔ Hirschkuh)* männlicher Hirsch

Hirsch·fän·ger *der* <-s, -> TECHN. langes, schmales, zweischneidiges Jagdmesser

Hirsch·ge·weih *das* <-(e)s, -e> die Hörner auf dem Kopf des männlichen Hirsches

Hirsch·kalb *das* <-(e)s, Hirschkälber> das Junge des Hirsches

Hirsch·kuh *die* <-, Hirschkühe> ein weiblicher Hirsch

Hir·se *die* <-, -n> eine Getreideart

Hir·te *der*, **Hir·tin** <-n, -n> Person, die beruflich eine Herde von Tieren bewacht

Hir·ten·brief *der* <-(e)s, -e> REL. von der Kanzel verlesener Brief des Bischofs an die Gläubigen

His *das* <-, -> MUS. ein um einen halben Ton erhöhtes H

His·pa·nis·tik *die* <-> */kein Plur./* die Wissenschaft von der Kultur, Sprache und Literatur Spaniens und der spanischsprachigen Länder ▶ Hispanist, Hispanistin

his·sen *mit OBJ* ■ *jmd.* **hisst etwas** an einem Mast nach oben ziehen: eine Fahne/die Segel hissen

His·to·ri·ker *der*, **His·to·ri·ke·rin** <-s, -> Person, die sich wissenschaftlich mit Geschichte befasst

his·to·risch *adj /nicht steig./* ❶ die Vergangenheit betreffend: historisch belegte Ereignisse; historische Fakten/Überlieferungen ❷ die Geschichte betreffend: ein historischer Atlas; die historische Forschung/Wissenschaft ❸ sehr bedeutsam: ein historischer Augenblick; ein Ereignis von historischer Bedeutung

His·to·ris·mus *der* <-, Historismen> GESCH. Betrachtungsweise, die alles vorwiegend aus seinen historischen Zusammenhängen zu erklären versucht ▶ historistisch

Hit *der* <-s, -s> ❶ *(umg.)* ein sehr beliebter und bekannter Schlager: sein neuester Hit; Der Schlager wurde zu einem Hit. ❷ *(umg.)* eine Sache oder Ware, die sehr beliebt ist: Grüne Haare/weite Hosen sind jetzt der neueste Hit.

Hit·ler·gruß *der* <-es> */kein Plur./* ❶ GESCH. offizieller Gruß im nationalsozialistischen Deutschland (Hitlerfaschismus) ❷ RECHTSW. Straftatbestand nach dem Strafgesetzbuch

Hit·ler·jun·ge *der* <-n, -n> GESCH. Mitglied einer Jugendorganisation während der Zeit des Hitlerfaschismus (Nationalsozialismus)

Hit·pa·ra·de *die* <-, -n> ❶ Liste der beliebtesten Schlager: die Hitparaden anführen/stürmen ❷ eine Sendung im Fernsehen oder Radio mit den beliebtesten Schlagern

Hit·ze *die* <-> */kein Plur./* ❶ *(↔ Kälte)* hohe Temperatur: Hier (im Zimmer) ist aber eine Hitze!; bei glühender Hitze am Hochofen arbeiten; den Kuchen bei mittlerer Hitze backen ◆-einwirkung ❷ sehr warme Witterung: Draußen herrscht eine drückende/sengende Hitze.; Bei dieser Hitze können wir nur noch schwimmen gehen! ◆-periode, Mittags-, Sommer-, Tropen- ❸ *(umg.)* erregter Zustand: Sie gerieten in Hitze und schrien sich an.; ■ **in der Hitze des Gefechts** *(umg.)* in der Aufregung Das habe ich in der Hitze des Gefechts vergessen. ◆ Getrenntschreibung →R 4.9 ein Hitze abweisendes Material

hit·ze·be·stän·dig *adj /nicht steig./* unempfindlich gegenüber großer Hitze: ein hitzebeständiges Material ◆ Zusammenschreibung →R 4.2 aus hitzebeständigem Glas bestehen

hit·ze·emp·find·lich *adj /nicht steig./* nicht widerstandsfähig gegen Hitze: Das Material ist sehr hitzeempfindlich. ◆ Zusammenschreibung →R 4.2 Hitzeempfindliche Materialien verformen sich in der Sonne.

hit·ze·frei *adj /nicht steig./* schulfrei wegen sehr heißer Witterung: Wir haben/bekommen heute hitzefrei/Hitzefrei. ◆ nur Großschreibung →R 3.3 Hitzefrei erteilen; kein Hitzefrei bekommen/haben

Hit·ze·wel·le *die* <-, -n> *(↔ Kältewelle)* anhaltend heiße Witterung: Das Wetter wird von einer erneuten Hitzewelle bestimmt.

hit·zig *adj* ❶ aufbrausend: ein hitziger Mensch; ein hitziges Gemüt haben ❷ heftig: ein hitziges Wortgefecht; ein hitziger Kampf

Hitz·kopf *der* <-(e)s, Hitzköpfe> *(umg. abwert.)* Person, die sich schnell erregt und unüberlegt handelt: Ein Hitzkopf ist kein guter Verhandlungsführer.

Hitz·schlag *der* <-(e)s> */kein Plur./* MED. plötzliches Kreislaufversagen bei großer Hitze

HIV *das* [haːʔiːˈfaʊ] <-(s), -(s)> */Plur. selten/* MED. Abkürzung von „Human Immunodeficiency Virus" (Erreger der Immunschwächekrankheit Aids)

HIV-ne·ga·tiv [haːʔiːˈfaʊ...] *adj /nicht steig./* MED. nicht mit dem HIV-Virus infiziert: Er ist HIV-negativ.

HIV-po·si·tiv [ha:ʔiːˈfau...] *adj /nicht steig./* MED.
mit dem HIV-Virus infiziert: Er ist HIV-positiv.
HI-Vi·rus *das/der* [ha:ʔiː...] <-, HI-Viren> MED.
Erreger der Immunschwächekrankheit Aids
hm *part Ausdruck von Zweifel oder Nachdenken*
im Gespräch: Hm, was sagst du dazu?; Hm, ich
weiß nicht, was ich davon halten soll.
H-Milch *die* <-> */kein Plur./ Abkürzung von*
„Haltbare Milch"
HNO-Arzt *der,* **HNO-Ärz·tin** <-es, HNO-Ärzte>
MED. *Abkürzung von „Hals-Nasen-Ohren-Arzt"*
Hob·by *das* <-s, -s> *liebste Freizeitbeschäftigung:*
Sein Hobby ist das Angeln. ◆-fotograf, -gärtner,
-koch, -maler, -musiker
Hob·by·gärt·ner *der,* **Hob·by·gärt·ne·rin** <-s, ->
Person, die aus Liebhaberei Gartenarbeiten aus-
führt
Hob·by·kel·ler *der* <-s, -> *ausgebauter Keller, in*
dem jmd. seinem Hobby nachgeht
Ho·bel *der* <-s, -> TECHN. *Werkzeug zum Glätten*
von Holz
Ho·bel·bank *die* <-, Hobelbänke> TECHN. *Werk-*
bank, auf der man große Holzstücke zum Hobeln
einspannt
ho·beln <hobelst, hobelte, hat gehobelt> **I.** *mit*
OBJ/ohne OBJ ■ *jmd.* **hobelt (etwas)** *mit dem*
Hobel glätten: Er hobelt Bretter/einen Sarg.; Ich
habe mehrere Stunden (an den Holzdielen) geho-
belt.; gehobelte Bretter **II.** *mit OBJ* ■ *jmd.* **hobelt**
etwas *klein schneiden:* Gurken/Käse hobeln;
■ **Wo gehobelt wird, da fallen Späne.** *(umg.*
übertr.) Wenn man etwas Notwendiges tut, kön-
nen auch einmal Unbeteiligte zu Schaden kom-
men.
Hoch *das* <-s, -s> ❶ *Ausruf, um jmdn. oder etwas*
zu feiern: Ein dreifaches Hoch auf das Geburtstagskind! ❷ METEOR. *Hochdruckgebiet:* Ein ausgedehn-
tes/kräftiges Hoch bestimmt unser Wetter.
hoch <höher, am höchsten> **I.** *adj (↔ niedrig)*
❶ *in senkrechter Richtung ausgedehnt bzw. ent-*
fernt: Das Haus ist (50 Meter) hoch.; Wie hoch
fliegt das Flugzeug?; Die Alm liegt 3000 Meter
hoch.; hoher Wellengang ❷ *groß, umfangreich, in-*
tensiv: ein hoher Betrag; ein hohes Alter erreichen;
hohe Temperaturen ❸ *bedeutend; von wichtigem*
gesellschaftlichem Rang: eine hohe/hoch stehende Persönlichkeit; ein hoher Gast; eine höhere
Schule besuchen; sich an höherer Stelle beschweren; auf höheren Befehl handeln ❹ *(moralisch)*
wertvoll: hohe/hoch gesteckte Ziele verfolgen;
hohe Ideale haben; das hohe Gut der Freiheit; nach
Höherem streben ❺ *(geh.) zeitlich fortgeschritten:*
die hohe Zeit des Barock; Es war hoher Mittag/
Sommer.; Es ist/wird hohe/höchste Zeit, dass wir
aufbrechen. ❻ *auf einer Skala am oberen Ende po-*
sitioniert: hohe Frequenzen/Töne **II.** *adv* ❶ *nach*
oben; aufwärts: Da vorne geht es hoch.; Die
Hände hoch!; einen Stuhl hochschrauben; Die
Schranke muss hoch sein, ehe wir fahren können.
❷ *außerordentlich/sehr;* ■ **hoch zu Ross sein**
(umg.) eingebildet sein; ■ **jemandem etwas**
hoch anrechnen *(umg.) jmds. Leistung oder Ta-*
ten anerkennen (umg.) ■ **die Nase hoch tragen** *(umg.)*
eingebildet sein, arrogant sein; ■ **hoch hinaus-**

wollen *(umg.) ehrgeizig sein;* ■ **jemandem zu**
hoch sein *(umg.) für jmdn. unverständlich sein*
Das ist mir einfach zu hoch! Geht es nicht etwas
verständlicher? ◆ **Zusammen- oder Getrennt-**
schreibung →R 4.5, 4.16 hoch begabt/hochbe-
gabt sein; jemanden hoch achten/hochach-
ten; ◆ **Zusammen- oder Getrenntschreibung**
→R 4.5, 4.16 hochkonzentrierte/hoch konzentrierte Säure; hochmotivierte/hoch motivierte
Schüler; hochbezahlte/hoch bezahlte Experten;
hochqualifizierte/hoch qualifizierte Arbeitskräfte;
ein hochbegabter/hoch begabter Student; ◆ **Zu-**
sammenschreibung →R 4.6 hochstehende Persönlichkeiten; hochgestellte Persönlichkeiten; hö-
hergestellt; hochaktuell; hochanständig; hochgeschlossen; hochgiftig; ◆ **Großschreibung** →R 3.17
der Hohe Priester; die Hohen Tauern; das Hohe
Lied Salomo; die Hohe Schule (des Reitens); Der
Präsident bat das Hohe Haus, sich von den Plätzen
zu erheben.
Hoch- *als Erstglied zusammengesetzter Substan-*
tive; drückt aus, ❶ *dass das mit dem Zweitglied*
Bezeichnete auf einen räumlich höher gelegenen
Punkt im Raum/Gelände bezogen ist oder der
Höhe nach ein großes Ausmaß besitzt ◆-altar,
-bahn, -bau, -burg, -ebene, -format, -frisur, -garage,
-gebirge, -moor, -nebel, -parterre, -plateau, -relief,
-rippe, -schrank, -seil, -sitz, -stamm, -tal, -tour, -tou-
ristik, -wald ❷ *dass das mit dem Zweitglied Be-*
zeichnete der Stellung/Position oder der Menge
nach über anderem steht bzw. über es hinausragt
◆-adel, -betrieb, -frequenz, -saison, -technologie
❸ *dass das mit dem Zweitglied Bezeichnete einen*
Höhepunkt oder die Mitte einer Phase bezeichnet
◆-barock, -gotik, -renaissance, -mittelalter, -som-
mer ❹ *dass das mit dem Zweitglied Bezeichnete*
im Hinblick auf die Ausprägung von Entwicklun-
gen über vergleichbaren Erscheinungen steht
◆-blüte, -burg, -zeit, -ziel, ❺ *dass das mit dem*
Zweitglied Bezeichnete quantitativ besonders aus-
geprägt ist bzw. sehr viel von etwas aufweist ◆-fre-
quenz, -geschwindigkeit, -saison ❻ *dass das mit*
dem Zweitglied Bezeichnete im Hinblick auf Ge-
fühlsregungen und die Leistungsfähigkeit beson-
ders ausgeprägt ist ◆-form, -genuss, -leistung,
-stimmung ❼ *dass das mit dem Zweitglied Be-*
zeichnete auf übergeordnete/übergreifende Ebe-
nen und Einrichtungen bezogen ist ◆-lautung,
-stufe, -ton
hoch- *als Erstglied zusammengesetzter Adjektive;*
drückt aus ❶ *(≈ äußerst, sehr) dass das mit dem*
Zweitglied bezeichnete Eigenschaft äußerst ausge-
prägt ist; mit Betonung (meist) auf beiden Teilen
◆-beglückt, -berühmt, -bezahlt, -brisant, -dekoriert,
-dosiert, -dramatisch, -gebildet, -empfindlich, -ent-
wickelt, -erfreut, -explosiv, -gebildet, -geehrt, -gif-
tig, -gelobt, -heilig, -herrschaftlich, -industrialisiert,
-intelligent, -integriert, -interessiert, -komplex, -mo-
dern, -modisch, -offiziell, -politisch, -qualifiziert,
-radioaktiv, -rein, -rot, -spezialisiert, -verdient, -ver-
ehrt, -verschuldet, -willkommen, -zivilisiert, -zu-
frieden, ❷ *dass das mit dem Zweitglied bezeich-*
nete Eigenschaft auf eine Erhebung/Höhe bezo-
gen ist oder auf einen Höhepunkt ◆-alpin, -aufge-

H

schossen, -beinig, -gespannt, -gestimmt, -sommer-
lich, -stämmig ❸ SPRACHWISS. *dass die mit dem
Zweitglied bezeichnete Eigenschaft auf eine übergreifende Stufe bezogen ist* ◆-alemannisch
Hoch·ach·tung *die* <-> */kein Plur./ große Achtung:* Hochachtung vor jemandem/jemandes Leistung haben
hoch·ach·tungs·voll *adv Grußformel in Briefen:*
Hochachtungsvoll, Ihre …
hoch·ak·tu·ell *adj /nicht steig./ sehr aktuell* ◆Zu-
sammenschreibung →R 4.5, 4.6 eine hochaktuelle Nachricht
Hoch·amt *das* <-(e)s, Hochämter> REL. *die Messe
in der katholischen Kirche*
hoch·an·stän·dig *adj /nicht steig./ sehr fair:* Das
finde ich hochanständig von ihm. ◆Zusammen-
schreibung →R 4.5, 4.6 ein hochanständiger Charakter
hoch·ar·bei·ten *mit SICH* ▪ *jmd. arbeitet sich
hoch durch eigene Arbeit gesellschaftlich aufsteigen:* Er hatte sich im Betrieb vom Hilfsarbeiter
zum Meister hochgearbeitet.
Hoch·bau *der* <-(e)s> */kein Plur./ (↔ Tiefbau)
Bereich des Bauwesens, der sich mit Bauten über
der Erde befasst:* als Ingenieur im Hochbau arbeiten
hoch·be·gabt, *a.* **hoch be·gabt** *adj /nicht steig./
sehr begabt:* ein hochbegabter Schüler ◆Zusam-
men- oder Getrenntschreibung →R 4.5, 4.6 die
Förderung hochbegabter/hoch begabter Kinder/
von Hochbegabten; *siehe* **hoch**
Hoch·be·gab·ten·för·de·rung *die* <-> */kein
Plur./ die systematische Förderung von besonders
begabten Kindern*
hoch·be·tagt *adj /nicht steig./ sehr alt:* eine hoch-
betagte Frau
Hoch·be·trieb *der* <-s> */kein Plur./ sehr viel Betrieb:* Am verkaufsoffenen Sonntag herrschte
Hochbetrieb in der Stadt.
Hoch·burg *die* <-, -en> *Ort, an dem eine politi-
sche Richtung oder ein kulturelles Phänomen be-
sonders stark vertreten oder ausgeprägt ist:* eine
Hochburg der Sozialdemokratie; Köln ist eine
Hochburg des Karnevals.
Hoch·deutsch *das* <-s> */kein Plur./ dialektfreies
Deutsch:* Wie heißt das auf Hochdeutsch?
hoch·deutsch *adj /nicht steig./ deutsch ohne Dia-
lekt:* hochdeutsch sprechen; *siehe* **deutsch**
Hoch·druck *der* <-s> */kein Plur./* ❶ PHYS. *hoher
Druck in Flüssigkeiten und Gasen:* in einem Behäl-
ter Hochdruck erzeugen; ein Schönwettergebiet
mit Hochdruck ❷ MED. *Bluthochdruck:* unter
Hochdruck leiden ❸ *(umg.) Zustand großer Hast:*
Als Leiter des großen Projektes steht er ständig un-
ter Hochdruck.; unter Hochdruck an der Fertigstel-
lung der Straße arbeiten ❹ DRUCKW. *ein Druckver-
fahren*
Hoch·druck·ge·biet *das* <-(e)s, -e> METEOR. *ein
Gebiet mit hohem Luftdruck*
Hoch·ebe·ne *die* <-, -n> GEOGR. *eine in größer
Höhe über dem Meeresspiegel gelegene ebene
Landfläche*
hoch·er·freut, *a.* **hoch er·freut** *adj /nicht steig./
sehr erfreut:* Wir sind hocherfreut über deinen Be-

such. ◆Zusammenschreibung →R 4.5, 4.6 Er
wurde hocherfreut willkommen geheißen.
hoch·fah·rend *adj /nicht steig./ überheblich:* eine
hochfahrende Art haben
Hoch·fi·nanz *die* <-> */kein Plur./ die Gesamtheit
der einflussreichen Bankinstitute und ihre Füh-
rungspersonen*
hoch·flie·gend *adj /nicht steig./ sehr ehrgeizig:*
hochfliegende Pläne haben; Kein Traum war so
hochfliegend, dass wir ihn nicht verwirklicht hätten.
Hoch·form *die* <-> */kein Plur./ Zustand größter
Leistungsfähigkeit:* Der Sportler ist heute in Hoch-
form.
Hoch·for·mat *das* <-(e)s, -e> *(↔ Querformat) ein
Papierformat, bei dem die Höhe einer Seite größer
ist als deren Breite:* ein Bild im Hochformat; eine
Seite/einen Text im Hochformat ausdrucken
Hoch·fre·quenz·han·del *der* <-s> */kein Plur./
extrem schneller, computergestützter Handel mit
Wertpapieren:* Beim Hochfrequenzhandel ent-
scheiden Computer selbstständig über Kauf und
Verkauf an der Börse.
Hoch·ge·fühl *das* <-s, -e> *ein starkes Gefühl der
Freude oder des Stolzes:* im Hochgefühl des Erfolges
hoch·ge·hen <gehst hoch, ging hoch, ist hochge-
gangen> *ohne OBJ* ❶ ▪ *jmd. geht hoch hinaufgehen:* von der Straße in die Wohnung hochgehen;
Wollt ihr mit mir auf den Turm hochgehen? ❷ ▪
etwas geht hoch sich nach oben heben: Das
Signal/Der Vorhang wird gleich hochgehen.; Der
Ballon ging ganz langsam hoch. ❸ ▪ *jmd. geht
hoch (umg.) zornig werden:* Sie geht bei jeder
Kleinigkeit gleich hoch. ❹ ▪ *etwas geht hoch
(umg.) explodieren:* Die Bombe ist hochgegangen.
❺ ▪ *etwas geht hoch (umg.) entdeckt werden:*
Im letzten Moment ist unser Plan doch noch hochgegangen.; eine Verbrecherbande hochgehen lassen
hoch·ge·schlos·sen *adj /nicht steig./ als Kleidungsstück so, dass es den Hals bedeckt:* eine
hochgeschlossene Bluse ◆Zusammenschreibung
→R 4.5, 4.6 ein Kleid hochgeschlossen tragen
Hoch·ge·schwin·dig·keits·zug *der* <-(e)s,
Hochgeschwindigkeitszüge> *ein Zug, der mit einer hohen Geschwindigkeit fährt*
hoch·ge·steckt ▪ **hochgesteckte Erwartungen**
sehr große Erwartungen
hoch·ge·stellt *adj /nicht steig./* MATH. *als Expo-
nent¹ geschrieben:* eine hochgestellte Ziffer ◆Zu-
sammenschreibung →R 4.5, 4.6 etwas hochgestellt schreiben; *siehe aber auch* **hoch**
Hoch·glanz *der* <-es> */kein Plur./ starker Glanz:*
die Schuhe auf Hochglanz polieren ◆-bilder, -maga-
zin
hoch·gra·dig *adj /nicht steig./ sehr stark:* Er ist
hochgradig nervös/kurzsichtig.
hoch·hal·ten <hältst hoch, hielt hoch, hat hoch-
gehalten> *mit OBJ* ▪ *jmd. hält etwas hoch*
❶ *nach oben halten:* Bitte zur Stimmabgabe die
Hand/den Ausweis hochhalten! ❷ *achten:* Wir haben diese Tradition immer hochgehalten.; die alten
Sitten und Gebräuche hochhalten

Hoch·haus *das* <-es, Hochhäuser> *Haus, das sehr viel höher ist als ein normales Wohnhaus:* die Hochhäuser in Frankfurt/Manhattan

hoch·he·ben <hebst hoch, hob hoch, hat hochgehoben> *mit OBJ* ▪ *jmd.* **hebt jmdn./etwas hoch** *nach oben heben:* die Hand hochheben; ein Kind (auf die Schultern) hochheben

hoch·ju·beln *mit OBJ* ▪ *jmd.* **jubelt jmdn. hoch** *(umg.) jmdn. in übertriebener Weise loben*

hoch·kant *adv mit der längeren Seite in senkrechter Position:* Den Schrank bekommen wir hochkant nicht durch die Tür, wir müssen ihn kippen.

hoch·kom·men <kommst hoch, kam hoch, ist hochgekommen> *ohne OBJ (umg.)* ❶ ▪ *jmd.* **kommt hoch** *nach oben kommen:* Könnt ihr schnell zum Essen (in die Wohnung) hochkommen? ❷ ▪ *jmd.* **kommt hoch** *aufstehen können:* starke Rückenbeschwerden haben und kaum noch (aus dem Sessel) hochkommen ❸ ▪ *jmd./etwas* **kommt hoch** *auftauchen:* Der Taucher kam wieder (aus dem Wasser) hoch.; Erinnerungen kamen in mir hoch. ❹ ▪ *jmd.* **kommt hoch** *beruflich erfolgreich sein:* keinen Konkurrenten neben sich hochkommen lassen; Er ist unter dem letzten Chef hochgekommen. ❺ ▪ *etwas* **kommt hoch** *Brechreiz verursachen:* Das Essen ist mir wieder hochgekommen.; Bei diesem Anblick kann es einem ja hochkommen!

Hoch·kon·junk·tur *die* <-, -en> WIRTSCH. *eine Zeit mit hohem Wirtschaftswachstum*

hoch·kon·zen·t·riert *adj /nicht steig./ sehr konzentriert:* hochkonzentrierte Schüler ♦ Zusammenschreibung →R 4.5, 4.6 Sie arbeiteten hochkonzentriert.; *siehe aber auch* **hoch**

Hoch·land *das* <-(e)s> */kein Plur./ eine in größerer Höhe über dem Meeresspiegel gelegene Landfläche:* das Hochland von Tibet

Hoch·leis·tungs·chip *der* <-s, -s> EDV *sehr schnell arbeitendes elektronisches Schaltelement*

Hoch·lohn·land *das* <-es, Hochlohnländer> WIRTSCH. *Land mit einem sehr hohen durchschnittlichen Lohnniveau*

Hoch·mut *der* <-s> */kein Plur./ (abwert.) Überheblichkeit und Herablassung gegenüber anderen:* voller Hochmut sein; ▪ **Hochmut kommt vor dem Fall.** *(umg.) wer sich selbst überschätzt, wird irgendwann dafür bestraft* ▸ **hochmütig**

hoch·nä·sig *adj (umg. abwert.) so, dass man sich selbst überschätzt und auf andere herabsieht* ▸ Hochnäsigkeit

Hoch·ofen *der* <-s, Hochöfen> TECHN. *technischer Ofen zur Gewinnung von Roheisen*

hoch·ran·gig *adj /nicht steig./ von hohem Rang:* hochrangige Mitarbeiter der Firma/Funktionäre der Sportverbände/Parteimitglieder

hoch·rap·peln *ohne OBJ* ▪ *jmd.* **rappelt sich hoch** *(umg.) nach einer Krankheit wieder zu Kräften kommen*

hoch·rech·nen <rechnest hoch, rechnete hoch, hat hochgerechnet> *mit OBJ* ▪ *jmd.* **rechnet etwas hoch** *aus (noch) unvollständigen Daten ein wahrscheinliches Ergebnis berechnen:* Wenn man die bisherigen Daten hochrechnet, kommt man auf folgendes Ergebnis …

Hoch·rech·nung *die* <-, -en> *die Berechnung eines wahrscheinlichen Endergebnisses aus (noch) unvollständigen Daten:* Nach bisherigen Hochrechnungen ist mit einem Wahlsieg der Opposition zu rechnen.

hoch·rüs·ten **I.** *mit OBJ* ▪ *jmd.* **rüstet etwas hoch** *mit immer besserer Technik ausstatten:* die Armee/das Militär hochrüsten; einen Computer hochrüsten **II.** *ohne OBJ* ▪ *jmd.* **rüstet hoch** *das Militär immer besser ausstatten:* Das Land hat jahrelang hochgerüstet.

Hoch·rüs·tung *die* <-> */kein Plur./ die immer bessere technische Ausstattung:* eine Politik der militärischen Hochrüstung

hoch·schal·ten *ohne OBJ* ▪ *jmd.* **schaltet hoch** KFZ *(↔ herunterschalten) in einen höheren Gang schalten*

Hoch·schul·ab·sol·vent *der,* **Hoch·schul·ab·sol·ven·tin** <-en, -en> *Person, die (gerade) ein Hochschulstudium abgeschlossen hat*

Hoch·schu·le *die* <-, -n> *(≈ Universität) wissenschaftliche Lehr- und Forschungseinrichtung, wo man studieren und einen akademischen Grad erwerben kann*

Hoch·schul·leh·rer *der,* **Hoch·schul·leh·re·rin** <-s, -> *(≈ Dozent) Person, die beruflich an einer Hochschule lehrt*

Hoch·schul·po·li·tik *die* <-> */kein Plur./ Politik im Bezug auf Universitäten und Hochschulen*

Hoch·schul·rei·fe *die* <-> */kein Plur./ ein Schulabschluss, der zum Studium an einer Universität/Hochschule berechtigt:* die Hochschulreife erwerben

hoch·schwan·ger *adj /nicht steig./ in einem fortgeschrittenen Stadium der Schwangerschaft:* eine hochschwangere Frau

Hoch·see *die* <-> */kein Plur./ weit von den Küsten entfernte Teile des Meeres* ♦ -fischerei, -jacht/-yacht

Hoch·seil·ar·tist *der,* **Hoch·seil·ar·tis·tin** <-en, -en> *jmd., der im Zirkus Kunststücke auf einem Seil vollführt, das in größerer Höhe gespannt ist*

Hoch·si·cher·heits·trakt *der* <-es, -e> RECHTSW. *besonders stark gesicherte Abteilung in einem Gefängnis*

Hoch·som·mer *der* <-s, -> *die Mitte des Sommers:* mitten im Hochsommer Urlaub machen

Hoch·span·nung *die* <-, -en> ❶ ELEKTROTECHN. *elektrische Spannung mit mehr als 1000 Volt* ♦ -sleitung, -smast ❷ */kein Plur./ (umg.) gespannte Erwartung:* Im Saal herrschte Hochspannung, als das Urteil verkündet wurde.

Hoch·spra·che *die* <-, -n> SPRACHWISS. *Standardsprache ohne regionale oder soziale Färbung*

Hoch·sprung *der* <-(e)s, Hochsprünge> *eine Sportdisziplin, bei der man möglichst hoch über eine Latte springen muss* ▸ Hochspringer, Hochspringerin

höchst *adv sehr; äußerst:* Das ist alles höchst sonderbar.

Höchst- *als Erstglied zusammengesetzter Substantive; drückt aus, dass das mit dem Zweitglied Bezeichnete die äußerste, nicht mehr zu überbietende Stufe in entsprechendem Geltungsbereich*

H

darstellt ◆-ausmaß, -betrag, -geschwindigkeit, -grenze, -last, -leistung, -marke, -menge, -preis, -satz, -stand, -strafe, -technologie, wert, -zahl

höchst- *als Erstglied zusammengesetzter Adjektive; drückt intensivierend aus* ❶ *dass das mit dem Zweitglied Bezeichnete in nicht zu überbietender Weise gegeben ist bzw. auf etwas zutrifft* ◆-dotiert, -entwickelt ❷ *(geh.) dass das mit dem Zweitglied Bezeichnete die individuelle Aktivität/das individuelle Eingreifen in einer wichtigen Angelegenheit unterstreicht; mit Betonung auf beiden Teilen* ◆-eigen, -richterlich

Hoch·stap·ler *der,* **Hoch·stap·le·rin** <-s, -> *Person, die betrügerisch eine hohe gesellschaftliche Stellung vortäuscht, um daraus Vorteile zu ziehen:* Der Chefarzt wurde als Hochstapler ohne jede medizinische Ausbildung entlarvt.

höchs·te *adj Superl. von „hoch"*

höchs·tens *adv* ❶ *(↔ mindestens) nicht mehr als:* Ich gebe höchstens zehn Euro dafür. ❷ *(≈ bestenfalls)* Hier kann höchstens noch ein Wunder helfen.

Höchst·fall ■ *im Höchstfall (umg.) nicht mehr als* Hier passen im Höchstfall 20 Personen hinein.

Höchst·form <-> */kein Plur./ in bester Verfassung:* Sie hat sich heute in Höchstform gezeigt.

Höchst·ge·bot *das* <-es, -e> *(↔ Mindestgebot) das höchste Angebot bei einer Versteigerung*

Höchst·maß *das* <-es, -e> *(↔ Mindestmaß) der höchste Grad:* mit einem Höchstmaß an Genauigkeit/Sorgfalt

höchst·mög·lich *adj /nicht steig./ (≈ maximal ↔ geringstmöglich)*

höchst·per·sön·lich *adv (umg. iron.) in eigener Person:* Der Minister ist sogar höchstpersönlich gekommen, um ihm zu gratulieren!

Höchst·tem·pe·ra·tur *die* <-, -en> ❶ *(↔ Tiefsttemperatur) die höchste (gemessene) Temperatur* die Höchsttemperaturen des heutigen Tages ❷ *die höchste (zulässige) Temperatur:* Dieses Kleidungsstück ist bis zu einer Höchsttemperatur von 30 Grad zu waschen!

höchst·wahr·schein·lich *adv mit ziemlicher Sicherheit:* Er hat unsere Verabredung höchstwahrscheinlich vergessen.

höchst·zu·läs·sig *adj /nicht steig./ höchstens zulässig:* die höchstzulässige Personenzahl für einen Aufzug

Hoch·tech·no·lo·gie *die* <-, -n> *modernste Technologie*

Hoch·tem·pe·ra·tur·re·ak·tor *der* <-s, -en> PHYS. *Kernreaktor mit hoher Kühlmitteltemperatur*

Hoch·tour *die* <-, -en> *Bergtour im Hochgebirge;* ■ *auf Hochtouren laufen (umg.) unter voller Leistung laufen*

hoch·tou·rig *adj mit hoher Drehzahl:* ein Auto hochtourig fahren

hoch·tra·bend *adj /nicht steig./ (abwert.) schwülstig und dabei ohne Inhalt:* hochtrabend daherreden

hoch·ver·dient *adj /nicht steig./ in hohem Maße verdient*

Hoch·ver·rat *der* <-(e)s> */kein Plur./* RECHTSW. *Verbrechen gegen die verfassungsmäßige Ord-* nung *eines Staates:* wegen Hochverrats verurteilt werden

Hoch·was·ser *das* <-s, -> ❶ *Überschwemmung:* Hier hat es in der letzten Zeit mehrere Hochwasser gegeben. ❷ *Höchststand der Flut im Wechsel der Gezeiten:* Um 14 Uhr ist Hochwasser. ◆-stand

hoch·wer·tig *adj /nicht steig./ von guter Qualität:* hochwertige Nahrungsmittel/Stoffe ▶ Hochwertigkeit

hoch·wirk·sam *adj /nicht steig./ sehr wirksam:* hochwirksame Medikamente

hoch·wuch·ten *mit OBJ* ■ *jmd. wuchtet etwas hoch mit großer Anstrengung in die Höhe heben*

Hoch·zahl *die* <-, -en> MATH. *Exponent*

Hoch·zeit[1] *die* <-, -en> *Eheschließung;* ■ *auf allen Hochzeiten tanzen (umg.) sich an vielen Dingen gleichzeitig beteiligen (und dadurch nichts gründlich machen)* ◆-sgast, -sfeier, -sgeschenk, -skuchen, -spaar, -sreise

Hoch·zeit[2] *die* <-, -en> *Blüteperiode:* in der Hochzeit des Barocks

Hoch·zeits·nacht *die* <-, Hochzeitsnächte> *die erste Nacht nach der Eheschließung, die das Ehepaar miteinander verbringt*

Hoch·zeits·tag *der* <-(e)s, -e> ❶ *Tag der Hochzeit:* An unserem Hochzeitstag war herrliches Wetter. ❷ *Jahrestag der Hochzeit:* den 10. Hochzeitstag haben/feiern

hoch·zie·hen <ziehst hoch, zog hoch, hat hochgezogen> I. *mit OBJ* ■ *jmd. zieht etwas hoch* ❶ *nach oben ziehen:* einen Eimer am Seil aus dem Brunnen hochziehen; die Hosen hochziehen ❷ *heben:* die Augenbrauen/Schultern hochziehen II. *mit SICH* ■ *jmd. zieht sich an etwas Akk. hoch (umg.) sich aufregen:* Sie zieht sich an jeder Kleinigkeit hoch.; ■ *die Nase hochziehen (umg.) geräuschvoll Luft oder Schleim durch die Nase einatmen*

Ho·cke *die* <-, -n> ❶ *kauernde Körperhaltung:* in der Hocke sitzen ❷ SPORT *gehockter Sprung:* eine Hocke über das Pferd machen

ho·cken <hockst, hockte, hat/ist gehockt> I. *ohne OBJ* ■ *jmd. hockt* ❶ */haben/sein/ in kauernder Körperhaltung sitzen:* Er hat/ist in der Ecke/auf dem Boden gehockt.; Die Henne hockt auf den Eiern. ❷ */haben/sein/ (umg.)* SÜDDT., ÖSTERR. *sich dauernd aufhalten:* Ich habe/bin den ganzen Tag hinter dem Schreibtisch gehockt.; Müsst ihr denn immer bei Mutter hocken? ❸ */sein/* SPORT *mit angehockten Beinen springen:* Er ist über das Pferd gehockt. II. *mit SICH (haben)* ■ *jmd. hockt sich irgendwohin sich in gekauerter Körperhaltung irgendwohin setzen:* Sie hat sich auf die Bank/in die Ecke gehockt.

Ho·cker *der* <-s, -> *ein Stuhl ohne Lehne:* sich auf einen Hocker setzen; ■ *jemanden nicht vom Hocker reißen (umg.) jmdn. nicht besonders begeistern* ◆ Bar-

Hö·cker *der* <-s, -> ❶ *Fettbuckel auf dem Rücken von Kamelen/Dromedaren* ❷ *ein Buckel am (menschlichen) Körper:* Er hat einen Höcker auf dem Rücken/der Nase.

Ho·ckey *das* ['hɔke:/'hɔki] <-s> */kein Plur./* SPORT *englisches Ballspiel* ◆-platz, -schläger, -spiel

Ho·den *der* <-s, -> ANAT. *Drüse, in welcher der männliche Samen gebildet wird* ◆ -sack
Hof *der* <-(e)s, Höfe> ❶ *Innenhof eines Gebäudes:* Die Kinder spielen im/auf dem Hof. ❷ *Bauernhof:* einen großen Hof bewirtschaften ❸ */kein Plur./ Königs- oder Fürstenhof:* am Hofe Augusts des Starken ❹ *Hofstaat:* Der gesamte Hof zog mit dem König in die Sommerresidenz. ❺ *heller Nebel um Mond oder Sonne:* Der Mond hat einen Hof.; ■ **jemandem den Hof machen** *(geh.) jmdn. umwerben*
Hof·da·me *die* <-, -n> *(hist.) adelige Dame an einem Königshof*
hof·fä·hig *adj /nicht steig./ gesellschaftsfähig:* In diesem Aufzug bist du aber nicht hoffähig!
Hof·fart *die* <-> */kein Plur./ (veralt. geh. abwert.) Hochmut:* Sie war voller Hoffart und verspottete alle, die um ihre Hand anhielten.
hof·fen I. *mit OBJ* ■ *jmd.* **hofft etwas** *jmd. wünscht, dass etwas eintritt:* Hoffen wir das Beste für dich!; Wir hoffen, dass alles gut geht. **II.** *ohne OBJ* ■ *jmd.* **hofft auf etwas** *jmd. wünscht sich etwas:* Für morgen hoffen wir auf besseres Wetter.; Ich hoffe auf Besserung.
hof·fent·lich *adv so, wie ich hoffe; so, wie es wünschenswert wäre:* Hoffentlich ist ihm nichts passiert!; Du willst doch hoffentlich nicht schon wieder ein neues Auto kaufen!
Hoff·nung *die* <-, -en> ❶ *positive Erwartung:* Ich habe die Hoffnung, dass unser Plan doch noch gelingt.; jemandem falsche Hoffnungen machen; die Hoffnung nicht verlieren ❷ *Person oder Sache, in die große Erwartungen gesetzt werden:* die große Hoffnung seiner Eltern sein; Das war unsere einzige/letzte Hoffnung.; ■ **guter Hoffnung sein** *(umg. verhüll.) schwanger sein*
hoff·nungs·froh *adj /nicht steig./ (geh.) voller Hoffnung:* hoffnungsfroh in die Zukunft blicken
hoff·nungs·los I. *adj ohne jede Aussicht auf Besserung:* ein hoffnungsloser Fall; Unsere Lage war völlig hoffnungslos. **II.** *adv sehr/völlig:* Das Gerät war hoffnungslos veraltet.; Er ist hoffnungslos dumm.
Hoff·nungs·lo·sig·keit *die* <-> */kein Plur./* ❶ *Aussichtslosigkeit:* die Hoffnungslosigkeit seiner Lage erkennen ❷ *Verzweiflung:* ein Gesichtsausdruck voller Hoffnungslosigkeit
Hoff·nungs·schim·mer *der* <-s, -> *(geh.) eine kleine Möglichkeit der Besserung:* Gibt es denn gar keinen Hoffnungsschimmer?
Hoff·nungs·trä·ger *der,* **Hoff·nungs·trä·ge·rin** <-s, -> *Person, in die man für die Zukunft große Erwartungen setzt:* Er ist der neue Hoffnungsträger seines Landes/seiner Partei.
hoff·nungs·voll *adj* ❶ *zuversichtlich:* hoffnungsvoll in die Zukunft blicken ❷ *viel versprechend:* Das war ein hoffnungsvoller Anfang.; eine hoffnungsvolle junge Wissenschaftlerin
Hof·hund *der* <-(e)s, -e> *Hund zur Bewachung des Hauses*
hö·fisch *adj /nicht steig./* ❶ *zu einem Fürstenhof gehörend:* die höfischen Sitten; die höfische Gesellschaft ❷ LIT. *von der Kultur des hohen Mittelalters geprägt:* höfische Dichtung
höf·lich *adj den Regeln des Anstands entspre-* chend: ein höflicher Mensch; höfliches Verhalten; jemanden höflich grüßen/um etwas bitten
Höf·lich·keit *die* <-, -en> ❶ */kein Plur./ das Höflichsein:* jemanden mit besonderer Höflichkeit begrüßen ❷ */meist Plur./ Kompliment:* Zu Beginn wurden nur Höflichkeiten ausgetauscht.
Höf·lich·keits·flos·kel *die* <-, -n> *(abwert.) etwas, das man nur aus Höflichkeit sagt*
Höf·ling *der* <-s, -e> GESCH. *Person, die bei Hofe lebt*
Hof·staat *der* <-es> */kein Plur./ Gesamtheit der Personen, die an einem Königs- oder Fürstenhof leben:* Der König versammelte seinen gesamten Hofstaat um sich.
Hof·tor *das* <-(e)s, -e>
Hö·he *die* <-, -n> ❶ *die senkrechte Ausdehnung oder Entfernung:* die Höhe eines Berges/Turmes/ Zimmers; In einer Höhe von 5000 m errichteten sie ein Basislager.; auf/in einer Höhe von 1000 m fliegen ❷ *eine Stelle, die weiter oben ist:* etwas in die Höhe heben; in die Höhe schweben/steigen; Kunststücke in luftiger Höhe darbieten; den Urlaub in der Höhe verbringen ❸ *auf einer (gedachten) Linie oder auf einem Niveau:* Wir sitzen auf gleicher Höhe/auf verschiedenen Höhen im Parkett.; Das Schiff befand sich auf der Höhe von Helgoland, als das Unglück passierte.; auf der Höhe der Zeit/technischen Entwicklung sein ❹ *die messbare Größe oder Menge:* die Höhe der Geschwindigkeit/ Strahlung; die Höhe der Besucherzahl/Löhne/Verluste ❺ *der (nicht messbare) Grad:* die Höhe seines Ansehens/Bewusstseins; Das Gespräch bewegte sich auf einer (geistigen) Höhe, der ich nicht folgen konnte. ❻ *Erhebung im Gelände:* die Höhen der Eifel/des Thüringer Waldes; In der Ferne sieht man die Höhen des Vorgebirges. ❼ *Schwingungszahl bei Tönen:* die Höhe eines Tones/einer Stimme; Sie trifft auch in der Höhe/in großen Höhen die Töne gut. ❽ MATH. die Höhe eines Dreiecks/Rechtecks; ■ **Das ist doch wohl die Höhe!** *(umg.) Ausruf der Empörung;* ■ **auf der Höhe sein** *(umg.) seinen Anforderungen geistig oder körperlich/gesundheitlich gewachsen sein;* ■ **in die Höhe fahren** *(umg.) aufspringen*
Ho·heit *die* <-, -en> ❶ */kein Plur./ das Recht (eines Landes), über etwas zu gebieten:* die Hoheit über ein Land/Seegebiet haben; unter jemandes Hoheit stehen ❷ */kein Plur./ Würde oder Erhabenheit:* die Hoheit unserer Sache/unserer Ziele; Seine Person strahlte viel Hoheit aus.; etwas mit herablassender Hoheit abtun ❸ *Mitglied einer Herrscherfamilie:* Die Hoheiten verbrachten das Fest auf einem ihrer Landsitze. ❹ *Anrede für eine fürstliche Persönlichkeit:* Ihre Königliche Hoheit lässt bitten!
Ho·heits·ge·biet *das* <-(e)s, -e> POL., RECHTSW. *das Gebiet, das unter der Hoheit eines Staates steht:* deutsches Hoheitsgebiet verlassen; Das Flugzeug befindet sich über französischem Hoheitsgebiet.
Ho·heits·ge·wäs·ser *das* <-s, -> *das Gewässer, das unter der Hoheit eines Staates steht:* in russische Hoheitsgewässer einlaufen; die Hoheitsgewässer eines Landes verlassen

H

ho·heits·voll *adj voller Würde:* hoheitsvoll lächeln/vom Balkon winken

Hö·hen·krank·heit *die <-> /kein Plur./ bestimmte Beschwerden, die man in sehr großer Höhe bekommen kann*

Hö·hen·mes·ser *der <-s, -> Gerät zum Messen der Höhe:* Im Flugzeug war der Höhenmesser ausgefallen.

Hö·hen·son·ne *die <-, -n>* ❶ ELEKTROTECHN. *Gerät zur Bestrahlung mit UV-Strahlen:* Höhensonne verschrieben bekommen; unter der Höhensonne liegen ❷ METEOR. *Sonneneinstrahlung in großen Höhenlagen*

Hö·hen·un·ter·schied *der <-(e)s, -e> der Unterschied in der Höhe zwischen zwei Orten*

Hö·hen·zug *der <-es, Höhenzüge>* GEOGR. *mehrere aneinandergereihte Berge oder Gebirge:* der Höhenzug der Karpaten

Hö·he·punkt *der <-(e)s, -e>* ❶ *höchster Punkt einer Entwicklung:* auf dem Höhepunkt einer Entwicklung/Laufbahn; Ihr Auftritt war der Höhepunkt des Abends.; den Höhepunkt erreichen/überschritten haben ❷ *Orgasmus:* (nicht) zum Höhepunkt kommen ❸ MED. *Krise:* Der Höhepunkt der Krankheit ist überschritten, jetzt wird es besser.; Die Krankheit hat ihren Höhepunkt überschritten.

hö·her *adj Komparativ von „hoch"*

hö·her·wer·tig *adj /nicht steig./*

hohl *adj* ❶ *innen leer:* ein hohles Fass; einen hohlen Zahn haben; Der Baum ist innen ganz hohl. ❷ *einwärts gebogen:* Der Spiegel ist hohl und nicht bauchig.; hohle Wangen haben; Wasser in der hohlen Hand auffangen ❸ *wie aus einem leeren Raum kommend:* ein hohles Donnern/Husten; eine hohle Stimme; hohl klingen ❹ *(umg. abwert.) nichtssagend/dumm:* Das sind nichts als hohle Worte/Phrasen!; Der Kerl ist doch völlig hohl!

Höh·le *die <-, -n>* ❶ *unausgefüllter Raum:* unterirdische Höhlen im Felsen; früher lebten die Menschen in Höhlen; Die Kinder haben sich eine Höhle in den Schnee gegraben. ❷ *Behausung eines Tieres:* die Höhle eines Bären ❸ *(umg. abwert.) schlechte Wohnung:* Diese Wohnung ist eine fürchterliche Höhle. ❹ ANAT. *Augenhöhle:* Seine Augen lagen in tiefen Höhlen.

Höh·len·for·scher *der;* **Höh·len·for·sche·rin** *<-s, -> Person, die beruflich Höhlen in Felsen erforscht*

Höh·len·zeich·nung *die <-, -en> von frühgeschichtlichen Menschen stammende Zeichnung an der Wand einer Höhle*

Hohl·kopf *der <-es, Hohlköpfe> (umg. abwert.) dumme Person:* Einem solchen Schwätzer und Hohlkopf würde ich nicht länger zuhören.

Hohl·kör·per *der <-s, -> ein Körper, der innen leer ist*

Hohl·kreuz *das <-(e)s, -e> (umg.) starke Vorwärtskrümmung der Lendenwirbelsäule:* ein Hohlkreuz haben/machen

Hohl·maß *das <-es, -e>* PHYS. *eine Maßeinheit/ein Maß für den Rauminhalt:* Liter und Kubikmeter sind Hohlmaße.

Hohl·raum *der <-(e)s, Hohlräume> ein leerer oder gefüllter Raum im Inneren von etwas:* Im Inneren des Gesteins befindet sich ein mit Wasser gefüllter Hohlraum.

Hohl·raum·ver·sie·ge·lung *die <-, -en>* KFZ *ein Verfahren, mit dem Teile eines Autos gegen Rost geschützt werden*

Hohl·weg *der <-es, -e> ein zwischen steilen Wänden eingekerbter Weg*

Hohn *der <-(e)s> /kein Plur./ offen gezeigte Verachtung:* für etwas nur Hohn und Spott ernten; Aus seinen Worten sprach der blanke Hohn.; Du kannst auch nur Hohn lachen, hilf uns lieber!; Es hilft uns nicht weiter, wenn du nur Hohn lachst!; *siehe aber auch* **hohnlachen**

höh·nen *mit OBJ/ohne OBJ* ▪ *jmd. höhnt (jmdn.) (geh.) verspotten:* seine Widersacher höhnen; „Das habe ich dir doch gleich gesagt", höhnte sie.; Du kannst auch nur höhnen, mach es doch selbst besser!

Hohn·ge·läch·ter *das <-s, -> höhnisches, überhebliches Lachen:* in Hohngelächter ausbrechen

höh·nisch *adj voller Hohn:* Du brauchst gar nicht so höhnisch zu grinsen!; ein höhnisches Lachen; eine höhnische Rede

Hohn·la·chen *das <-s> /kein Plur./ Hohngelächter*

hohn·la·chen *ohne OBJ* ▪ *etwas lacht einer Sache Hohn (geh.) zuwiderlaufen:* allen bisherigen Vorsätzen hohnlachen ◆ *Zusammen- und Kleinschreibung* →R 4.5 Es hilft uns nicht weiter, wenn du nur hohnlachst!; *siehe aber auch* **Hohn**

Ho·kus·po·kus *der <->* I. */kein Plur./* ❶ *(umg.) Täuschung:* Der Zauberkünstler führte allerlei Hokuspokus vor. ❷ *(umg. abwert.) lächerliches Getue:* Was soll dieser ganze Hokuspokus, komm endlich zur Sache! II. *interj Zauberformel:* Hokuspokus Fidibus!

hold *adj* LIT. ❶ *lieblich/anmutig:* ein holdes Lächeln; ein holder Knabe ❷ *freundlich gesonnen:* Er ist ihr hold.; Das Glück ist uns heute hold.

Hol·ding *die* ['hoːldɪŋ] *<-, -s>* WIRTSCH. *Gesellschaft, die andere Gesellschaften durch Aktienbesitz steuert*

ho·len I. *mit OBJ* ❶ ▪ *jmd. holt jmdn./etwas irgendwo nehmen und herbringen:* das Auto aus der Werkstatt holen; die Kinder aus der Schule holen; jemanden ins Zimmer holen ❷ ▪ *jmd. holt etwas aus etwas* Dat. *irgendwo herausnehmen:* Geld aus der Tasche holen; ein Buch aus dem Schrank holen; die Gurken aus dem Fass holen ❸ ▪ *jmd. holt etwas etwas erringen, gewinnen:* die Goldmedaille/einen Titel holen ❹ ▪ *jmd. holt etwas (umg.) einkaufen:* Brot/Milch holen gehen ❺ ▪ *jmd. holt jmdn. zu sich rufen:* Wir sollten einen Arzt/die Polizei holen. II. *mit SICH* ▪ *jmd. holt sich etwas (umg.) sich zuziehen:* sich eine Erkältung/eine Grippe holen; Wer weiß, was ich mir bei der Kälte gestern geholt habe!; ▪ **Atem/ Luft holen** *einatmen;* ▪ **sich den Tod holen** *(umg.) sich stark erkälten*

Hol·land *<-s>* ❶ *eine Provinz in den Niederlanden* ❷ *(umg.) die Niederlande* ► Holländer, Holländerin, holländisch

Höl·le *die <-, -n> /meist Sing./* ❶ */kein Plur./*

REL. *Ort der Verdammnis:* für seine Sünden in die Hölle kommen; zur Hölle fahren ❷ *(übertr.) Zustand oder Ort schrecklicher Qualen:* die Hölle des Krieges; Es war die Hölle für sie.; Sie machte ihm das Leben zur Hölle.; ■ **sich zur Hölle scheren können** *(umg.) von jmdm. oder irgendwo nicht mehr geduldet sein* Scher dich zur Hölle, ich will dich hier nicht mehr sehen!; ■ **die Hölle auf Erden haben** *(umg.) sehr leiden müssen;* ■ **jemandem die Hölle heißmachen** *(umg.) jmdn. stark bedrängen oder unter Druck setzen*

Höl·len- *als Erstglied zusammengesetzter Substantive, mit Betonung auf beiden Teilen; drückt aus, dass das mit dem Zweitglied Bezeichnete von besonderer Intensität ist* ◆-galopp, -krach, -lärm, -spektakel, -tempo

Höl·len·angst *die* <-, Höllenängste> *(umg.) schreckliche Angst:* Höllenangst/Höllenängste ausstehen

Hol·ler *der* <-s> */kein Plur./ Holunder*

höl·lisch I. *adj /nicht steig./* ❶ *aus oder von der Hölle:* das höllische Feuer ❷ *(umg.) sehr groß/ stark:* höllische Schmerzen/Qualen; höllischer Lärm **II.** *adv /nicht steig./ sehr:* höllisch aufpassen müssen; Das tut höllisch weh!; höllisch schnell fahren

Hol·ly·wood·schau·kel *die* ['hɔlɪwʊdʃaʊkl̩] <-, -n> *bequeme, wie eine Schaukel aufgehängte Sitzbank, die man im Garten oder auf der Terrasse aufstellt*

Holm *der* <-(e)s, -e> ❶ SPORT *Stange am Barren* ❷ SPORT *Teil eines Ruderriemens*

Ho·lo·caust *der* ['ho:lokaʊst] <-(s), -s> ❶ */kein Plur./* GESCH. *systematische Tötung der Juden im Nationalsozialismus* ❷ *Tötung einer großen Anzahl von Menschen:* ein atomarer Holocaust

Ho·lo·gramm *das* <-(e)s, -e> PHYS. *dreidimensionale Aufnahme eines Gegenstandes*

Ho·lo·gra·phie, *a.* **Ho·lo·gra·fie** *die* <-, ...-phien/-fien> PHYS. *Technik zur Herstellung, Speicherung und Wiedergabe dreidimensionaler Bilder*

Ho·lo·zän *das* <-s> */kein Plur./* GESCH., GEOGR. *urgeschichtliche Epoche der Entstehungsgeschichte der Welt*

hol·pern <holperst, holperte, hat/ist geholpert> *ohne OBJ (umg.)* ❶ ■ **etwas holpert** *(haben) ungleichmäßige Bewegungen machen:* Der Wagen hat geholpert, als er über die Gleise fuhr.; Das hat aber geholpert, war da ein Schlagloch? ❷ ■ **etwas holpert über etwas** *Akk. (sein) sich ungleichmäßig irgendwohin bewegen:* Der Wagen ist über die Gleise geholpert.

holp·rig *adj* ❶ *voller Unebenheiten:* eine holprige Straße/Strecke; ein holpriges Feld ❷ *von vielen Pausen unterbrochen:* holprig sprechen/lesen; ein holpriger Vortrag; Es ging noch etwas holprig, du musst noch ein bisschen üben.

Hol·schuld *die* <-, -en> RECHTSW. *(↔ Bringschuld) Schuld, die am Wohnort des Schuldners zu begleichen ist*

Hols·ter *das* <-s, -> *Pistolentasche*

Ho·lun·der *der* <-s, -> ❶ *ein wild wachsender Strauch mit schwarzen Beeren* ❷ */kein Plur./ Beeren des Holunderstrauches* ◆-tee

Holz *das* <-es, Hölzer> ❶ */kein Plur./ Material, das aus Baumstämmen gewonnen wird:* abgelagertes/feuchtes/frisch geschnittenes/trockenes Holz; mit Holz heizen; Holz für ein Lagerfeuer sammeln; ein Haus/Möbel/Türen aus Holz ◆-handel, -haus, -leim, -löffel, -schuh, -schutzmittel, -spielzeug, -wirtschaft, -wurm ❷ *Holzsorte:* edle/ tropische Hölzer; Intarsien aus verschiedenen Hölzern ❸ *eine Latte aus Holz:* die Hölzer zu einer Kiste zusammenbauen; ein Holz in die Erde rammen ❹ *(umg.) Streichholz:* Hast du Hölzer mit?; ■ **Holz machen** *(umg.) Holz (für ein Feuer) klein hacken;* ■ **aus demselben Holz geschnitzt sein** *(umg.) sich charakterlich stark ähneln*

höl·zern *adj /nicht steig./* ❶ *aus Holz:* eine hölzerne Puppe; ein hölzerner Tisch ❷ *(abwert.) ungeschickt; steif:* eine hölzerne Art haben; eine hölzerne Verbeugung/Begrüßung

Holz·fäl·ler *der,* **Holz·fäl·le·rin** <-s, -> *Person, die beruflich im Wald Bäume fällt*

Holz·fäl·ler·hemd *das* <-s, -en> *mit großen, bunten Karos gemustertes Hemd*

holz·frei *adj /nicht steig./ aus reinem Zellstoff:* holzfreies Papier

holz·ge·tä·felt *adj /nicht steig./ (eine Wand) mit Tafeln aus Holz verkleidet*

Holz·ha·cker *der,* **Holz·ha·cke·rin** <-s, -> ÖSTERR. *Holzfäller(in)*

Holz·ham·mer *der* <-s, -> *hölzerner Hammer:* einen Pflock mit dem Holzhammer einschlagen; ■ **mit dem Holzhammer** *(umg. abwert.) auf plumpe Art und Weise* ein Problem mit dem Holzhammer lösen wollen

Holz·ham·mer·me·tho·de *die* <-, -n> *(umg. abwert.) eine plumpe Art und Weise, mit der jmd. etwas erreichen will:* Die Holzhammermethode hilft selten weiter.

hol·zig *adj /nicht steig./ mit festen verholzten Fasern:* holziger Kohlrabi/Spargel; ein holziger Pflanzenstiel

Holz·klotz *der* <-es, Holzklötze> *ein Stück Holz:* Von dem gefällten Baum sind noch ein paar dicke Holzklötze übrig geblieben.; Das Kind spielt mit kleinen Holzklötzen.

Holz·koh·le *die* <-> */kein Plur./ Kohle, die durch Verkohlen von Holz im Meiler entsteht:* Holzkohle für das Grillen verwenden; mit Holzkohle zeichnen ◆-ngrill

Holz·schnitt *der* <-(e)s, -e> DRUCKW. ❶ *aus einem Holzstock herausgeschnittene Grafik* ❷ *in dieser Technik gedrucktes Bild:* Der Künstler stellt auch mehrere seiner Holzschnitte aus.

Holz·schnit·ze·rei *die* <-, -en> ❶ */kein Plur./ das Schnitzen in Holz:* die Kunst der Holzschnitzerei beherrschen; von Holzschnitzerei leben ❷ *eine Arbeit, die aus Holz geschnitzt ist:* eine schöne Holzschnitzerei aus Afrika

Holz·stoß *der* <-es, Holzstöße> *zu einem Haufen aufgeschichtetes, klein gehacktes Holz*

Holz·weg ■ **auf dem Holzweg sein** *(umg.) sich irren*

Holz·wol·le *die* <-> */kein Plur./ dünne, wollartig*

gekräuselte Holzspäne: eine wertvolle Vase zum Transportieren in Holzwolle verpacken

Home·ban·king, *a.* **Home-Ban·king** *das* ['hoʊmbɛŋkɪn] <-s> */kein Plur./* WIRTSCH. *Durchführung von Bankgeschäften mit dem eigenen Computer von zu Hause aus*

Home·land *das* ['hoʊmlænd] <-s, -s> GESCH., POL. *den farbigen Südafrikanern von der Regierung zugewiesene Siedlungsgebiete*

Home·page *die* ['hoʊmpeɪdʒ] <-, -s> EDV *Seite im Internet, die man aufruft, wenn man die Adresse eines Anbieters anwählt*

Home·shop·ping, *a.* **Home-Shop·ping** *das* ['hoʊmʃɔpɪn] <-s> */kein Plur./ das (online erfolgende) Bestellen von Waren, die im Internet angeboten werden*

Home·trai·ner, *a.* **Home-Trai·ner** *der* ['hoʊmtreɪnə] <-s, -> SPORT *häusliches Übungsgerät für die körperliche Fitness, das einem Fahrrad ähnlich ist*

Ho·mo[1] *der* <-, Homines> BIOL. *Vertreter der Gattung der eigentlichen Menschen*

Ho·mo[2] *der* <-(s), -s> *(umg. abwert.) Homosexueller*

ho·mo·ero·tisch *adj /nicht steig./ (≈ homosexuell)*

ho·mo·fon *adj siehe* **homophon**

ho·mo·gen *adj /nicht steig./ (geh.: ↔ heterogen) gleichmäßig aufgebaut:* eine homogene Gruppe; eine homogene Masse

ho·mo·ge·ni·sie·ren <homogenisierst, homogenisierte, hat homogenisiert> *mit OBJ* ■ *jmd. homogenisiert etwas* ❶ CHEM. *unterschiedliche Flüssigkeiten durch einen chemischen Prozess miteinander vermischen:* Fett und Wasser homogenisieren; homogenisierte Milch ❷ *(geh.) vereinheitlichen*

Ho·mo·ge·ni·tät *die* <-> */kein Plur./ (geh.) Einheitlichkeit*

Ho·mo·gra·phie, *a.* **Ho·mo·gra·fie** *die* <-> */kein Plur./ siehe auch* **Homophonie**

> Wörter, die gleich geschrieben werden, aber unterschiedliche Betonung und Bedeutung aufweisen, bezeichnet man als **Homographe**. Beispiel: *übersetzen* (von einer Sprache in eine andere) und *übersetzen* (wie in „einen Kahn übersetzen"). Sie werden in diesem Wörterbuch jeweils als eigene Stichwörter hintereinander angeführt.

Ho·mo·ny·men·in·dex *der* <-, Homonymenindizes> *die in Wörterbüchern hochgestellte Ziffer bei homonymen Einheiten; vgl.* **Homonymie**

Ho·mo·ny·mie *die* <-> *neben der grundlegenden Polysemie derjenige Typ lexikalischer Mehrdeutigkeit, bei dem nachgewiesen werden muss, dass die Bedeutungen der beteiligten lexikalischen Einheiten völlig unterschiedlich sind:* „Kiefer" (Schädelknochen) und „Kiefer" (Nadelbaum) stehen im Verhältnis der lexikalischen Homonymie/sind Homonyme/sind homonyme Einheiten. ▶ Homonym, homonym *siehe auch* **Mehrdeutigkeit**

Ho·möo·pa·thie *die* <-> MED. *alternatives Heilverfahren, bei dem einem Kranken in starker Verdünnung die Stoffe verabreicht werden, die die Krankheit verursachen können*

ho·möo·pa·thisch *adj /nicht steig./ mit den Methoden der Homöopathie:* homöopathische Heilmethoden; ■ in homöopathischen Dosen *(geh.) in geringsten Mengen*

ho·mo·phon, *a.* **ho·mo·fon** *adj /nicht steig./* MUS., SPRACHWISS. *gleich tönend; gleich lautend*

Ho·mo·pho·nie, *a.* **Ho·mo·fo·nie** *die* <-> */kein Plur./ siehe auch* **Homographie**

> Wörter, die unterschiedlich geschrieben, aber gleich ausgesprochen werden, bezeichnet man als **Homophone**. Beispiele: *lehren/leeren, Meer/mehr, weise/Waise.* Oft liegt diesen Fällen ursprüngliche Homographie (gleiche Schreibweise) zugrunde, die durch offizielle Schreibregelungen beseitigt wurde, um den Unterschied zu verdeutlichen.

Ho·mo·se·xu·a·li·tät, **Ho·mo·se·xu·a·li·tät** *die* <-> */kein Plur./ auf das eigene Geschlecht ausgerichtete Sexualität* ▶ homosexuell, Homosexuelle

Ho·mo·se·xu·el·len·ehe *die* <-, -n> *(rechtlich) anerkannte Eheschließung zwischen gleichgeschlechtlichen Partnern*

Ho·mun·ku·lus *der* <-, -se/Homunkuli> *(geh. abwert.) künstlich erzeugter Mensch*

Hon·du·ras <-> *Staat in Mittelamerika* ▶ Honduraner, Honduranerin, honduranisch

Ho·nig *der* <-s> */kein Plur./ eine von Bienen aus Blütennektar und eigenen Körpersäften hergestellte dickflüssige, süße, gelbe Masse:* die Bienen sammeln Honig; Honig aufs Brot streichen; ■ jemandem Honig ums Maul schmieren *(umg. abwert.) jmdn. durch Schmeicheleien für sich einnehmen* ◆ -bonbon, -brot, -glas, -wein, Blüten-, Imker-, Kunst-, Wald-

Ho·nig·bie·ne *die* <-, -n> *die Biene, die Honig sammelt*

ho·nig·far·ben *adj /nicht steig./ von der braungoldenen Farbe von Honig*

Ho·nig·ku·chen·pferd *der* <-> ■ grinsen wie ein Honigkuchenpferd *(umg. abwert.) (ein wenig dümmlich) übers ganze Gesicht grinsen*

Ho·nig·me·lo·ne *die* <-, -n> *eine süße, gelbe Melonenart*

ho·nig·süß *adj /nicht steig./* ❶ *sehr süß:* Der Pfirsich ist/schmeckt honigsüß. ❷ *(übertr. abwert.) mit falscher Freundlichkeit:* honigsüß lächeln/reden

Ho·nig·wa·be *die* <-, -n> *mit Honig gefüllte Wabe*

Ho·no·rar *das* <-s, -e> *Entgelt für eine zuvor erbrachte Leistung:* gegen Honorar arbeiten ◆ -abrechnung, -festsetzung, -forderung, Arzt-, Autoren-

Ho·no·ra·ti·o·ren <-> *Plur. besonderes Ansehen genießende Bürger mit hohem sozialem Status:* Der Geschäftsmann gehört zu den Honoratioren der Stadt.

ho·no·rie·ren *mit OBJ* ■ *jmd. honoriert etwas* ❶ *Honorar für etwas zahlen:* sich eine Arbeitsleis-

tung angemessen honorieren lassen ❷ *etwas aner-*
kennen: Seine Ehrlichkeit ist überhaupt nicht honoriert worden. ❸ BANKW. *einen Wechsel oder*
Scheck einlösen

Hool *der* [hu:l] <-s, -s> *(umg.: ≈ Hooligan)*

Hoo·li·gan *der* ['hu:lɪɡn] <-s, -s> *gewalttätige*
Person, besonders unter Fußballfans: Nach dem
Länderspiel lieferten sich Hooligans Straßen-
schlachten mit der Polizei.

Hop·fen *der* <-s, -> BOT. *Pflanze, die besonders*
zur Bierbrauerei benutzt wird: Hopfen anbauen/
ernten; ■ **bei jemandem/etwas ist Hopfen und**
Malz verloren *(umg.)* jmd. oder etwas ist verloren bzw. lohnt keine Mühe mehr

hop·peln <hoppelst, hoppelte, ist gehoppelt>
ohne OBJ ■ **ein Tier hoppelt** *(umg.) in unregel-*
mäßigen Sprüngen hüpfen: Der Hase hoppelt über
das Feld.

hopp·hopp *(umg.)* I. *interj Ausruf, mit dem man*
jmdn. zur Eile drängt: Jetzt aber hopphopp! II. *adv*
(umg. abwert.) sehr schnell: Bei ihm musste alles
immer hopphopp gehen.

hopp·la *interj (umg.) Ausdruck der Überraschung:*
Hoppla!; Hoppla, wer kommt denn da?

hopp·neh·men <nimmst hopp, nahm hopp, hat
hoppgenommen> *mit OBJ* ■ **jmd. nimmt jmdn.**
hopp *(umg.) festnehmen:* Er wusste, dass sie ihn
irgendwann hoppnehmen würden.

Hops *der* <-es, -e> *(umg.) kleiner Sprung:* Keine
Angst, es ist doch nur ein kleiner Hops!

hops *(umg.)* I. *interj Aufforderung zum Sprung:*
Hops! II. *adv* ❶ *schnell:* Nun aber hops ins Bett!;
Hops war alles weg! ❷ *kaputt; verloren:* Die Daten
werden wohl hops sein!

hop·sen <hopst, hopste, ist gehopst> *ohne OBJ*
■ **jmd. hopst über etwas** Akk. *(umg.) springen:*
über einen kleinen Bach/Zaun hopsen

hops·ge·hen <gehst hops, ging hops, ist hopsge-
gangen> *ohne OBJ* ❶ **etwas geht hops** *(umg.)*
verloren gehen; kaputtgehen: Das wertvolle Geschirr ist (uns) leider hopsgegangen. ❷ **jmd.**
geht hops *(vulg.) sterben:* Durch harte Drogen
sind schon einige Leute hopsgegangen.

Hör·ap·pa·rat *der* <-(e)s, -e> *Gerät zur Verbesse-*
rung der Hörfähigkeit: Den Schwerhörigen kann
nun mit einem neuartigen Hörapparat besser geholfen werden.

hör·bar *adj /nicht steig./* kaum/deutlich hörbare
Geräusche

Hör·bril·le *die* <-, -n> TECHN. *Brille mit eingebau-*
tem Hörapparat

Hör·buch *das* <-(e)s, -bücher> *die Aufzeichnung*
(auf Kassette oder CD) des Vorgangs, dass jmd. ei-
nen Roman vorliest

hor·chen *ohne OBJ* ■ **jmd. horcht** ❶ *aufmerksam*
(hin)hören: horchen, ob es verdächtige Geräusche
gibt/ob die Uhr tickt; Horch, da singt eine Nachtigall! ❷ *(abwert.) heimlich lauschen:* an der Tür
horchen

Hor·cher *der*; **Hor·che·rin** <-s, -> *(abwert.) Per-*
son, die andere heimlich belauscht

Horch·pos·ten *der* <-s, -> ❶ MILIT. *vorgezogener*
Posten, den der Gegner belauscht ❷ *(umg.*
scherzh.) Stelle, von der aus man etwas beobach-

ten oder belauschen kann: einen Horchposten beziehen, um rechtzeitig zu wissen, wann die Gäste
kommen

Hor·de *die* <-, -n> ❶ *(umg. abwert.) wilde, unge-*
ordnete Gruppe von Personen: Eine Horde randa-
lierender Fans zog durch die Straßen.; Eine ganze
Horde Kinder stürmte auf den Platz. ❷ *(fachspr.)*
Familiengruppe ohne feste soziale Ordnung bei
Naturvölkern

hö·ren I. *mit OBJ/ohne OBJ* ■ **jmd. hört etwas**
❶ *mit dem Gehör wahrnehmen:* Geräusche/Mu-
sik/Schüsse hören; Er hört gut/schwer.; Hörst du
die Amsel singen?; Man konnte ihn lachen hören.
❷ *erfahren:* Hast du schon das Neueste gehört?;
Ich habe schon davon gehört.; Ich habe lange
nichts mehr von ihm gehört.; Wir haben von ihr einiges zu hören bekommen! II. *mit OBJ* ❶ ■ **jmd.**
hört etwas *anhören:* Ich höre gerade meine Lieb-
lingsplatte.; Hörst du gerne klassische Musik?
❷ ■ **jmd. hört jmdn.** RECHTSW. *eine Aussage auf-*
nehmen: In der Verhandlung wurden mehrere
Zeugen gehört.; Sie verlangte, zu dem Fall gehört
zu werden. ❸ ■ **jmd. hört etwas.** *(veralt.) (Vorle-*
sungen) besuchen: Sie hört Geschichte bei Professor Müller. III. *ohne OBJ* ❶ ■ **jmd. hört gehor-**
chen: Kannst du nicht hören?; Wenn ihr auf
mich/auf meinen Rat gehört hättet, wäre das nicht
passiert! ❷ ■ **ein Tier hört auf …** *(als Tier) ange-*
sprochen werden: Der Hund hört auf den Namen
„Waldi".; ■ **Na, hör mal!** *(umg.) Ausruf des Pro-*
tests Na, hör mal, musste das wirklich sein?; ■ **je-**
mandem vergeht Hören und Sehen *(umg.)*
jmd. weiß gar nicht, wie ihm geschieht

Hö·ren·sa·gen ■ **vom Hörensagen** *(umg.) nur*
vom Weitererzählen, nicht aus eigener Erfahrung
Ich kenne das/sie nur vom Hörensagen.

Hö·rer¹ *der*; **Hö·re·rin** <-s, -> ❶ *Zuhörer:* Sehr geehrte Hörerinnen und Hörer!; sich an alle Hörer
wenden; ein sehr aufmerksamer Hörer ❷ *(geh.)*
Student(in): Diese Vorlesung ist offen für Hörer aller Fakultäten.

Hö·rer² *der* <-s, -> TELEKOMM. *Hör- und Sprechein-*
richtung am Telefon: den Hörer abnehmen/aufle-
gen

Hö·rer·schaft *die* <-, -en> */Plur. selten/ Gesamt-*
heit der Zuhörer(innen): sich an die Hörerschaft
des Senders wenden; eine begeisterte Hörerschaft
haben

Hör·feh·ler *der* <-s, -> *etwas falsch Gehörtes/ein*
Missverständnis: Das muss ein Hörfehler gewesen
sein, ich dachte, Sie heißen Müller und nicht Mil-
ler.

Hör·funk *der* <-s> */kein Plur./ Rundfunk:* Hör-
funk und Fernsehen ◆-programm

Hör·ge·rät *das* <-s, -e> *kleines Gerät zur Verbes-*
serung der Hörfähigkeit

hö·rig *adj /nicht steig./* ❶ *jmdm. oder einer Sache*
willenlos unterworfen: Er ist ihr (sexuell) hörig,
darum ist es kaum zu erwarten, dass er sich von ihr
trennt.; Die Zeitung ist den Machthabern hörig.
❷ GESCH. *leibeigen:* hörige Bauern

Hö·rig·keit *die* <-> */kein Plur./* ❶ *Abhängigkeit:*
sexuelle Hörigkeit ❷ GESCH. *Leibeigenschaft*

Ho·ri·zont *der* <-(e)s, -e> ❶ *Linie, an der sich*

H

Himmel und Erde scheinbar berühren: Die Sonne versinkt am Horizont/geht über dem Horizont auf. ❷ *Erfahrungen und geistige Fähigkeiten:* Das geht über meinen Horizont.; einen sehr begrenzten Horizont haben; ■ **neue Horizonte erschließen** *(geh.) neue Möglichkeiten eröffnen*

ho·ri·zon·tal *adj /nicht steig./ (↔ vertikal) waagerecht:* horizontal verlaufen; eine horizontale Achse/Linie

Ho·ri·zon·ta·le *die* <-, -n> MATH. *(↔ Vertikale) waagerechte Linie:* in der Horizontalen verlaufen; zwei Horizontale(n); ■ **sich in die Horizontale begeben** *(umg. scherzh.) sich hinlegen*

Hor·mon *das* <-s, -e> MED. *körpereigener Wirkstoff, der bestimmte Körperfunktionen steuert* ◆-behandlung, -mangel, -präparat, -spritze, Sexual-, Wachstums- ▶ hormonal, hormonell

Hor·mon·fleisch *das* <-s> *(umg.) Fleisch von hormonbehandelten Tieren*

Hor·mon·haus·halt *der* <-(e)s, -e> MED. *das Zusammenwirken der Hormone im Körper*

Horn *das* <-(e)s, Hörner/Horne> ❶ */Plur. Hörner/ harter spitzer Auswuchs am Kopf von bestimmten Tieren:* die Hörner einer Kuh/eines Schafbocks/einer Ziege; gebogene/gewaltige/spitze Hörner haben ❷ */Plur. Hörner/ (umg.) Beule:* Ich habe mich gestoßen, jetzt werde ich ein Horn am Kopf bekommen. ❸ */Plur. Horne/ Hornsubstanz:* Hufe bestehen aus Horn.; ein Brillengestell aus Horn anfertigen ❹ */Plur. Hörner/* MUS. *Blasinstrument:* das Horn blasen; ins Horn stoßen ❺ */Plur. Hörner/* KFZ *Hupe:* das Horn betätigen ❻ *(fachspr.: ≈ Hornlautsprecher) Das Horn verfügt über einen extremen Wirkungsgrad und kann deshalb hervorragend auch mit kleineren Röhrenverstärkern kombiniert werden.* ❼ ■ **jemandem Hörner aufsetzen** *(umg.) Ehebruch begehen;* ■ **in das gleiche Horn stoßen wie jemand** *(umg. abwert.) jmds. Meinung vertreten;* ■ **den Stier bei den Hörnern fassen** *(umg.) ein Problem direkt angehen;* ■ **sich die Hörner abstoßen** *(umg.) (sexuelle) Erfahrungen sammeln*

Horn·bril·le *die* <-, -n> *eine Brille mit einem Gestell aus Horn³*

Hörn·chen *das* <-s, -> ❶ *kleines Horn* ❷ *Gebäck, dessen gekrümmte Form entfernt an ein Horn¹ erinnert*

Hör·nerv *der* <-s, -en> MED. *Nerv, der die Hörreize ins Gehirn weiterleitet*

Horn·haut *die* <-> */kein Plur./* ❶ *aus abgestorbenen Zellen bestehende Hautschicht* ❷ *gewölbte, durchsichtige Vorderfläche des Auges*

Hor·nis·se *die* <-, -n> ZOOL. *eine große Wespe*

Horn·laut·spre·cher *der* <-s, -> *(fachspr.) ein Lautsprecher, der einen (großen) Trichter in der Form eines Horns⁴ zur Erzeugung der Töne benutzt*

Horn·och·se *der* <-n, -n> *(vulg. abwert.) ein Schimpfwort für einen dummen Menschen*

Horn·vieh *das* <-s> */kein Plur./ alle Hörner tragenden Tiere*

Ho·ro·s·kop *das* <-s, -e> *Zukunftsvoraussage, die sich aus der Stellung der Planeten orientiert:* sich

ein Horoskop erstellen lassen; Was sagt dein Horoskop für heute?

hor·rend *adj /nicht steig./ (umg. abwert.)* ❶ *übermäßig hoch:* horrende Preise verlangen; Die Mieten sind horrend gestiegen. ❷ *unglaublich:* horrenden Unsinn erzählen; eine horrende Dummheit

Hor·ror *der* <-s> */kein Plur./ Abscheu; Entsetzen:* (einen) Horror vor jemandem/etwas haben; Der Horror stand ihm ins Gesicht geschrieben.; ■ **Das ist der Horror!** *(umg.) das ist furchtbar*

Hor·ror·film *der* <-s, -e> *ein Film, der darauf abzielt, Angst und Entsetzen auszulösen*

Hor·ror·vi·si·on *die* <-, -en> *(abwert.) entsetzliche Vorstellung:* der drohende Weltuntergang, der Angriff außerirdischer Mächte auf die Erde und andere Horrorvisionen; Die Vorstellung, aus einem Flugzeug mit dem Fallschirm abzuspringen, ist für mich eine Horrorvision.

Hör·saal *der* <-(e)s, Hörsäle> *ein großer Saal für Vorlesungen in einer Universität*

Hors·d'oeu·v·re *das* [ɔr'dø:vrə] <-(s), -s> *kleine appetitanregende Vorspeise*

Hör·spiel *das* <-(e)s, -e> *dramatisches Stück für das Radio:* ein Hörspiel anhören/senden ◆-autor(in)

Horst *der* <-(e)s, -e> ❶ *Nest von Greifvögeln:* der Horst eines Adlers ◆Adler- ❷ MILIT. *Fliegerstation* ◆ Flieger-

Hör·sturz *der* <-es, Hörstürze> MED. *plötzlicher Hörverlust*

Hort *der* <-(e)s, -e> ❶ *(geh.) ein Ort, wo etwas ist:* Die Universität ist ein Hort der Wissenschaft.; Das Landhaus war ein Hort der Ruhe für sie. ❷ *Kindergarten:* Vormittags sind die Kinder im Hort. ◆-kind, -leiter(in), Kinder- ❸ LIT. *Schatz:* der Hort der Nibelungen

hor·ten *mit OBJ* ■ *jmd. hortet etwas in großen Mengen sammeln:* Sie hat Vorräte für schlechte Zeiten gehortet.; Ich glaube, er hortet das Geld; jedenfalls gibt er nie etwas aus.

Hor·ten·sie *die* <-, -n> BOT. *eine Blütenpflanze mit weißen, blauen oder rosafarbigen kugeligen Blüten*

Hör·ver·mö·gen *das* <-s> */kein Plur./ die Fähigkeit zu hören:* Im Alter lässt häufig das Hörvermögen nach.

Hör·wei·te *die* <-, -n> *die Entfernung, in der man etwas noch hören kann:* bis auf Hörweite herankommen; außer Hörweite sein

ho·san·na *interj siehe* **hosianna**

Hös·chen *das* <-s, -> ❶ *eine kleine Hose (für Kinder):* einem kleinen Kind ein Höschen anziehen ❷ *eine Unterhose für Frauen:* Sie war nur mit einem Höschen bekleidet.

Ho·se *die* <-, -n> *ein Kleidungsstück, das den Unterleib und die Beine bedeckt:* eine kurze/lange/neue Hose; eine Hose/die Hosen anziehen; Die Hose rutscht/sitzt nicht richtig/spannt/ist zu weit.; ■ **die Hosen anhaben** *(umg.) innerhalb einer Gemeinschaft bestimmen, was getan wird;* ■ **das Herz rutscht jemandem in die Hose** *(umg.) jmd. bekommt Angst;* ■ **die Hosen vollhaben** *(vulg.) Angst haben;* ■ **sich in die Hosen machen** *(vulg.) Angst haben;* ■ **in die Hose ge-**

hen *(umg.) nicht gelingen;* ■ **tote Hose sein** *(umg. abwert.) langweilig sein* ◆ Damen-, Herren-, Jeans-, Latz-, Leder-, Stoff-, Strampel-

Ho·sen·an·zug *der* <-s, Hosenanzüge> *Kombination aus Hose und Jacke für Frauen*

Ho·sen·auf·schlag *der* <-s, Hosenaufschläge> *nach außen umgeschlagener unterer Rand der Hosenbeine*

Ho·sen·bein *das* <-(e)s, -e> *das Bein bedeckender Teil einer Hose*

Ho·sen·bo·den *der* <-s, Hosenböden> *der Teil der Hose, der das Gesäß bedeckt:* Der Hosenboden ist durchgewetzt.; ■ **sich auf den Hosenboden setzen** *(umg.) sich ernsthaft anstrengen;* ■ **jemandem den Hosenboden strammziehen** *(umg.) jmdm. Schläge auf das Gesäß geben*

Ho·sen·bü·gel *der* <-s, -> *ein Kleiderbügel für Hosen*

Ho·sen·bund *der* <-(e)s, Hosenbünde> *oberer Rand der Hose*

Ho·sen·latz *der* <-es, Hosenlätze> ❶ *Brustlatz an einer Trachtenhose* ❷ *(aufknöpfbarer) Hosenschlitz*

Ho·sen·sack *der* <-s, Hosensäcke> SCHWEIZ. *Hosentasche*

Ho·sen·schei·ßer *der* <-s, -> ❶ *(umg. scherzh.) kleines Kind* ❷ *(vulg. abwert.) Feigling*

Ho·sen·schlitz *der* <-es, -e> *Öffnung im vorderen Teil einer Hose*

Ho·sen·ta·sche *die* <-, -n> *an einer Hose seitlich eingenähte Tasche:* etwas in die Hosentasche(n) stecken; die Hände in den Hosentaschen haben

Ho·sen·trä·ger *der* <-s, -> *zwei Bänder, die oben an einer Hose befestigt werden und so über die Schultern des Trägers getragen werden, dass sie das Herunterrutschen der Hose verhindern*

ho·si·an·na, a. **ho·san·na** *interj Gebetsruf, Freudenruf:* Hosianna, gelobet sei der Herr!

Hos·pi·tal *das* <-s, -e/Hospitäler> SCHWEIZ. *Krankenhaus*

Hos·pi·tant *der,* **Hos·pi·tan·tin** <-en, -en> *Person, die als Gast an einer Unterrichtsstunde teilnimmt*

hos·pi·tie·ren *ohne OBJ* ■ **jmd. hospitiert** *als Gast teilnehmen:* in einer Schule/Unterrichtsstunde hospitieren

Hos·piz *das* <-es, -e> ❶ *(klostereigene) Unterbringung für Gäste:* im Hospiz übernachten ❷ *Einrichtung, in der Todkranke bis zu ihrem Tod körperlich und psychisch betreut werden*

Hos·tess, **Hos·tess** *die* <-, -en> ❶ *Gästebetreuerin bei Messen, in Hotels oder bei Reiseveranstaltungen:* Für die Messe werden noch Hostessen eingestellt. ❷ *(verhüll.) Prostituierte*

Hos·tie *die* <-, -n> REL. *Oblate, die beim Abendmahl gereicht wird*

Hot·dog, a. **Hot Dog** *das/der* ['hɔt 'dɔk] <-s, -s> *ein heißes Würstchen in einem Brötchen*

Ho·tel *das* <-s, -s> *ein Haus, in dem Gäste gegen Bezahlung übernachten können (und ein Frühstück erhalten):* in einem erstklassigen/noblen/schäbigen Hotel übernachten; Das Hotel ist ausgebucht.; Ich habe Ihnen ein Doppelzimmer im Hotel „Hasen" gebucht. ◆-angestellte, -bar, -besitzer(in),

-direktor(in), -gast, -halle, -page, -portier, -rechnung, -verzeichnis, Berg-, Luxus-

Ho·tel·bett *das* <-s, -en> ❶ *Bett im Hotel:* Das Hotelbett war ziemlich unbequem. ❷ *Übernachtungsmöglichkeit im Hotel:* In der Hochsaison sind die Hotelbetten in der Stadt restlos ausgebucht.

Ho·tel·boy *der* <-s, -s> *Hotelangestellter für die Bedienung der Gäste:* Der Hotelboy rief ein Taxi/ brachte die Koffer aufs Zimmer.

Ho·tel gar·ni *das* <- -, Hotels garnis> *Hotel, das nur Übernachtung und Frühstück, aber keine Vollverpflegung anbietet*

Ho·te·li·er *der* [hotə'lie:] <-s, -s> *Betreiber oder Eigentümer eines Hotels*

Ho·tel·ket·te *die* <-, -n> *Unternehmen, das an vielen verschiedenen Orten Hotels betreibt*

Hot·line *die* ['hɔtlaɪn] <-, -s> *Telefonnummer, unter der man (rund um die Uhr) Hilfe und Auskunft erhalten kann:* Wenn Sie Fragen haben, rufen Sie bitte unsere Hotline an!

Hot·pants, a. **Hot Pants** ['hɔt 'pɛnts] *Plur. sehr kurze, eng sitzende Damenhosen*

hott *interj Kommando für das Pferd, nach rechts zu gehen*

hü *interj Kommando für das Pferd, nach links zu gehen;* ■ **einmal hü und einmal hott sagen** *(umg.) nicht recht wissen, was man will*

Hub *der* <-(e)s, Hübe> TECHN., KFZ *Wegstrecke, die ein Kolben im Zylinder eines Motors zurücklegt*

hü·ben ■ **hüben und drüben** *auf dieser und auf der anderen Seite*

Hub·raum *der* <-(e)s, Hubräume> KFZ *Teil des Zylinders, in dem sich der Kolben einer Maschine bewegt:* Die Leistung eines Motors wird an der Größe seines Hubraums gemessen.

hübsch I. *adj* ❶ *(↔ hässlich) so, dass das äußere Erscheinungsbild eines Menschen oder einer Sache angenehm und attraktiv auf den Betrachter wirkt:* ein hübsches Bild/Foto/Mädchen/Städtchen ❷ *(ziemlich) angenehm klingend:* eine hübsche Melodie ❸ *(≈ nett) (ziemlich) gut oder angenehm:* Es war doch schon ganz hübsch, was er da geboten hat. ❹ *(umg.) beträchtlich:* eine hübsche Summe ❺ *(umg. iron. abwert.) unangenehm:* Da sind wir ja in eine hübsche Geschichte hineingeraten! **II.** *adv (umg.) so, wie es sich gehört:* Nun mal hübsch der Reihe nach!; Immer hübsch langsam!; Nun streng dich mal hübsch an!

Hub·schrau·ber *der* <-s, -> *ein Flugzeug mit einem sehr großen, auf seiner Oberseite befindlichen Propeller, das die Fähigkeit hat, (nahezu) senkrecht aufzusteigen*

Hu·cke *die* <-, -n> OSTMDT. *(umg.) Rücken;* ■ **die Hucke vollkriegen** *(umg.) Prügel bekommen;* ■ **jemandem die Hucke vollügen** *(umg.) jmdn. dreist belügen*

hu·cke·pack *adv (umg.) auf dem Rücken:* etwas/ jemanden huckepack tragen

Hu·cke·pack·ver·kehr *der* <-s> /kein Plur./ TECHN. *Beförderung von Straßenfahrzeugen im Güterverkehr der Bahn*

hu·deln <hudelst, hudelte, hat gehudelt> *ohne OBJ* ■ **jmd. hudelt** SÜDDT. *(umg.) schnell und oberflächlich arbeiten:* Hier haben die Bauleute gehudelt, da muss noch einmal nachgearbeitet werden.

Huf der <-(e)s, -e> verhorntes Fußende: einem Pferd die Hufe beschlagen; Pferde haben Hufe, Rinder haben Klauen.

Huf·ei·sen das <-s, -> Eisen, mit dem die Hufe (von Pferden) beschlagen werden: Das Pferd hat ein Hufeisen verloren. ▶ hufeisenförmig

Hü·ferl das <-s, -> ÖSTERR. Hüfte

Huf·schmied der, **Huf·schmie·din** <-s, -e> Person, die beruflich Hufe (von Pferden) beschlägt

Hüf·te die <-, -n> ❶ Körperpartie zwischen Oberschenkel und Taille beim Menschen: breite/schmale Hüften haben; die Arme in die Hüften stemmen; sich beim Gehen in den Hüften wiegen ❷ KOCH. Fleischstück aus der Beckengegend (eines Rindes)

Hüft·hal·ter der <-s, -> ein von Frauen getragener Gürtel, an dem die Strümpfe befestigt werden

Huf·tier das <-(e)s, -e> Säugetiere, deren Fußenden zu Hufen verhornt sind: Pferde und Esel sind Huftiere.

Hü·gel der <-s, -> kleine Erhebung in der Landschaft: Die Stadt wurde auf einem Hügel erbaut. ◆ -kette, -kuppe, -land, -landschaft, Ameisen-, Erd-, Sand-

hü·ge·lig adj so, dass es viele Hügel gibt: eine hügelige Landschaft

Huhn das <-(e)s, Hühner> ein großer Vogel, der seiner Eier wegen in großer Zahl auf Bauernhöfen gehalten wird: Hühner im Garten halten; Hühner legen Eier.; ■ **mit den Hühnern aufstehen** (umg.) sehr früh aufstehen; ■ **Da lachen ja die Hühner!** (umg.) das ist so dumm, dass man es nicht glauben kann

Hühn·chen das <-s, -> KOCH. Huhn: Heute gibt es Hühnchen mit Reis.; ■ **mit jemandem ein Hühnchen zu rupfen haben** (umg.) mit jmdm. noch eine Streitigkeit zu klären haben

Hüh·ner- als Erstglied zusammengesetzter Substantive; drückt aus, dass das mit dem Zweitglied Bezeichnete sich auf Aspekte der Haltung des Huhns und auf die von dem Huhn stammenden Produkte bezieht ◆ -batterien, -bein, -bouillon, -brühe, -brust, -consommé, -curry, -dieb, -draht, -dreck, -ei, -eintopf, -eiweiß, -embryo, -farm, -feder, -filet, -frikassee, -futter, -gatter, -gehege, -gericht, -geschnetzeltes, -gitter, -gulasch, -haltung, -haus, -herz, -hof, -impfung, -innereien, -jagd, -keule, -kiste, -klappe, -klein, -kot, -krankheiten, -küken, -leber, -markt, -mast, -mist, -nest, -ragout, -rasse, -ringe, -salat, -schenkel, -sitz, -stall, -steige, -stiege, -suppe, -topf, -tränke, -voliere, -zaun, -zucht

Hüh·ner·au·ge das <-s, -n> MED. eine schmerzhafte Verdickung der Haut an den Zehen

Hüh·ner·haus das <-es, Hühnerhäuser> eine Art kleiner Stall für Hühner

Hüh·ner·hund der <-(e)s, -e> ein Jagdhund, der bei der Jagd den Jäger lautlos auf Wild aufmerksam macht

Hüh·ner·lei·ter die <-, -n> ❶ kleine Leiter, über die die Hühner in den Stall gelangen ❷ (umg. scherzh.) kleine, schmale Treppe: Auf den Dachboden führte eine schmale Hühnerleiter.

Hüh·ner·pest die <-> /kein Plur./ eine Krankheit bei Hühnern, die durch einen Virus hervorgerufen wird und meist tödlich endet

Hüh·ner·stan·ge die <-, -n> Stange, auf der die Hühner im Stall sitzen können

Hüh·ner·vo·gel der <-s, Hühnervögel> ein Vogel, der auf dem Boden lebt und kurze Flügel, einen kräftigen Schnabel und kräftige Füße hat und nicht sehr gut fliegen kann: Pfauen, Fasane und Rebhühner zählen zu den Hühnervögeln.

Hüh·ner·volk das <-(e)s, Hühnervölker> eine Gruppe von Hühnern, die auf einem Hühnerhof leben

hu·hu interj verwendet, wenn der Sprecher jmdn. auf sich aufmerksam machen möchte, der von ihm entfernt oder abgewandt ist: Huhu, hier bin ich!

hu·hu interj ❶ verwendet, um jmdn. aus Spaß oder im Spiel zu erschrecken: Huhu, ich bin ein Gespenst! ❷ verwendet, um auszudrücken, dass man plötzlich friert: Huhu, ist das kalt hier!

hui interj Ausdruck der Überraschung: Hui, was für ein Wind!; ■ **Außen hui, innen pfui!** etwas wirkt nach außen ordentlich und sauber, ist im Inneren aber unordentlich und dreckig Die neue Kollegin ist immer so ordentlich angezogen, aber in ihrer Wohnung herrschen Chaos und Unordnung. Außen hui, innen pfui!

Hu·la-Hoop, a. **Hu·la-Hopp** der/das [ˈhuːlaˈhʊp] <-s> /kein Plur./ ein Spielzeug in der Art eines größeren Reifens, den man um das Becken legt und durch Kreisen des Beckens in Bewegung versetzt

Huld die <-> /kein Plur./ (geh. o veralt.) Gunst/Wohlwollen: ein Zeichen seiner Huld; jemandem seine Huld erweisen ▶ huldvoll

hul·di·gen ohne OBJ ■ **jmd. huldigt jmdm./etwas** ❶ GESCH. sich unterwerfen: einem König huldigen ❷ (geh.) jmdn. ehren: einem großen Künstler huldigen; heidnischen Göttern huldigen ❸ (geh. iron.) übertrieben eifrig vertreten: einer Ansicht/einer Auffassung huldigen

Hul·di·gung die <-, -en> (geh.) Zeichen der Ergebenheit: jemandem seine Huldigung darbringen; Huldigungen entgegennehmen

huld·reich adj ❶ (veralt.) gnädig, voller Huld ❷ (iron.) auf herablassende Weise freundlich

Hül·le die <-, -n> ❶ etwas, das eine Sache (schützend) umgibt: eine schützende Hülle aus Leder/Plastik/Stoff; von einer wärmenden Hülle umgeben sein; den Stift wieder in die Hülle stecken ◆ Klarsicht-, Plastik-, Schirm-, Schutz- ❷ ■ **in Hülle und Fülle** (umg.) im Überfluss Bei der Hochzeitsfeier gab es Essen in Hülle und Fülle.; ■ **die sterbliche Hülle** (geh. verhüll.) der Körper eines Toten; ■ **die/alle Hüllen fallen lassen** (umg.) sich ausziehen

hül·len <hüllst, hüllte, hat gehüllt> mit OBJ ❶ ■ **jmd. hüllt jmdn./etwas/sich in etwas (Akk.)** (geh.) einwickeln, bedecken: etwas/jemanden/sich in eine Decke hüllen; seine Schultern in ein Tuch hüllen; das Geschenk in Papier hüllen ❷ ■ **etwas hüllt etwas (in etwas (Akk.)** (übertr.) umgeben: Die Stadt war in Dunkel gehüllt.; Die Berge sind in Nebel gehüllt.; Die Sonne hüllt alles in helles Licht.; ■ **sich (über etwas) in Schweigen hüllen** *(umg.) über etwas keine Auskunft geben*

hül·len·los *adj /nicht steig./* ❶ *(geh. scherzh.) nackt:* Die Tänzerin trat hüllenlos vor das Publikum. ❷ *(geh.) unverfälscht:* Seine ganze Bosheit trat hüllenlos zu Tage.

Hül·se *die* <-, -n> ❶ *schützende feste Hülle, in die man etwas hineinstecken kann:* den Stift in eine Hülse stecken ❷ BOT. *bei bestimmten Pflanzen die längliche und schmale Frucht, in der sich die Samen befinden, die nebeneinander aufgereiht sind:* die Erbsen aus den Hülsen entfernen ❸ TECHN. *Geschosskapsel:* Am Tatort wurden mehrere Hülsen gefunden. ◆ Patronen-

Hül·sen·frucht *die* <-, Hülsenfrüchte> BOT. *Pflanzen, deren Samen in Hülsen wachsen:* Bohne, Erbse und Lupine sind Hülsenfrüchte.

hu·man *adj* ❶ *(geh.: ↔ inhuman) so, dass die Menschenwürde geachtet wird:* die humane Politik; ein humaner Strafvollzug ❷ *(umg.) ohne Härte und gut zu ertragen:* Der neue Chef ist doch ganz human.; Die Prüfungsfragen waren human.; eine humane Arbeitszeit haben ❸ BIOL., MED. *den Menschen betreffend:* der humane Typ des Krankheitserregers der Rinderseuche BSE

Hu·man·bio·lo·gie *die* <-> */kein Plur./ Teilgebiet der Biologie, das sich mit der Evolution des Menschen sowie dem Aufbau und den Funktionen des menschlichen Körpers beschäftigt* ▶ Humanbiologe, Humanbiologin, humanbiologisch

Hu·man·ge·ne·ti·ker *der*; **Hu·man·ge·ne·ti·ke·rin** <-s, -> BIOL. *Wissenschaftler, der die menschlichen Gene erforscht* ▶ Humangenetik, humangenetisch

Hu·ma·nis·mus *der* <-> */kein Plur./* ❶ *(geh.) eine Haltung, die von der Achtung der Würde des Menschen geprägt ist:* die Ideale des Humanismus verteidigen/vertreten; Jugendliche im Geiste des Humanismus erziehen ❷ GESCH. *(im vierzehnten bis sechzehnten Jahrhundert sich vollziehende) literarische und philosophische Neuentdeckung des antiken Menschenideals:* die Vertreter/das Zeitalter des europäischen Humanismus

hu·ma·nis·tisch *adj* ❶ *(geh.) von der Achtung der Würde des Menschen geprägt:* eine humanistische Politik ❷ GESCH. *zum (Zeitalter des) Humanismus gehörend:* humanistisches Gedankengut; die humanistischen Philosophen ❸ SCHULE *(in Deutschland) die klassischen Sprachen Latein und Altgriechisch betreffend:* ein humanistisches Gymnasium; eine humanistische Schulbildung

hu·ma·ni·tär *adj /nicht steig./ so, dass die Verminderung menschlicher Not Zweck des Handelns ist:* In Krisengebieten helfen humanitäre Organisationen bei der Linderung/Überwindung der Not.; humanitäre Hilfe leisten; humanitäre Einsätze von Streitkräften

Hu·ma·ni·tät *die* <-> */kein Plur./ eine Geisteshaltung, in deren Mittelpunkt die Achtung der Würde des Menschen steht:* Es ist eine Frage der Humanität, ihr schnell zu helfen.

Hu·man·me·di·zin *die* <-> */kein Plur./ (↔ Tiermedizin) der Bereich der Medizin, der sich mit*

dem Menschen und seinen Krankheiten beschäftigt ▶ Humanmediziner

Hu·man·ver·such *der* <-(e)s, -e> MED. *(↔ Tierversuch) das Testen einer Heilmethode o. Ä., die noch nicht gesichert ist, am Menschen*

Hu·man·wis·sen·schaft *die* <-, -en> *eine Wissenschaft innerhalb der Geisteswissenschaften, die sich mit dem Menschen beschäftigt:* Anthropologie, Ethnologie, Soziologie und Psychologie sind Humanwissenschaften.

Hum·bug *der* <-s> */kein Plur./ (umg. abwert.) Unsinn:* Glaubst du etwa an den Humbug, der in dieser Zeitung steht?; Er erzählt ja wieder einen Humbug heute!

Hum·mel *die* <-, -n> *eine Art Biene mit dickem, bunt behaartem Körper;* ■ **eine wilde Hummel** *(umg.) ein sehr lebhaftes Mädchen;* ■ **Hummeln im Hintern haben** *(umg. scherzh.) sehr unruhig sein und nicht still sitzen* Er rutscht dauernd auf seinem Stuhl hin und her, gerade so, als hätte er Hummeln im Hintern.; *sehr unternehmungslustig sein* Sie hat wirklich Hummeln im Hintern – am Wochenende will sie schon wieder verreisen!

Hum·mer *der* <-s, -> *ein sehr großer, im Meer lebender Krebs mit großen Scheren:* Hummer zählt zu den Delikatessen. ◆ -cocktail, -fang, -fleisch, -gabel, -salat, -suppe

Hu·mor *der* <-s, -e> */meist Sing./* ❶ *heiteres Wesen:* Er hat wirklich Humor. ❷ *die Fähigkeit, Unangenehmes und alltägliche Schwierigkeiten gelassen und heiter zu betrachten:* alles mit Humor ertragen; den Humor nicht verlieren; ■ **Humor ist, wenn man trotzdem lacht.** *auch wenn etwas mal nicht klappt oder misslingt, sollte man es nicht zu ernst nehmen, sondern lieber darüber lachen* ❸ *die Fähigkeit, Witze zu machen und zu verstehen:* viel/keinen (Sinn für) Humor haben; der typisch englische/rheinische Humor; ■ **schwarzer Humor** *ein Humor, der sich über Makaberes lustig macht;* ■ **einen trockenen Humor haben** *die Fähigkeit haben, in bestimmten Situationen durch eine kurze und treffende, oft ironische Bemerkung andere zu erheitern*

hu·mo·rig *adj so, dass etwas voll Humor ist:* eine humorige Rede halten

Hu·mo·rist *der*; **Hu·mo·ris·tin** <-en, -en> *ein Künstler, dessen Bücher, Zeichnungen, Vorträge o. Ä. witzig und komisch sind*

hu·mo·ris·tisch *adj /nicht steig./ voller Späße und Witze:* humoristische Geschichten schreiben; eine humoristische Darbietung

hu·mor·los *adj (abwert.) ohne jeden Sinn für das Witzige:* Er ist ein humorloser, pedantischer, langweiliger Mensch. ▶ Humorlosigkeit

hu·mor·voll *adj mit viel Sinn für das Witzige:* Er ist ein humorvoller Mensch, der nicht nur über andere, sondern auch über sich selbst lachen kann.

hu·mos *adj /nicht steig./ (fachspr.)* ❶ *aus Humus bestehend:* humose Stoffe ❷ *reich an Humus:* humose Böden

hum·peln <humpelst, humpelte, hat/ist gehumpelt> **I.** *ohne OBJ (haben)* ■ **jmd. humpelt** *ungleichmäßig laufen, weil man mit einem Fuß nicht richtig auftreten kann:* Nach seinem Unfall hat er

H

wochenlang gehumpelt. **II.** *ohne OBJ (sein)* ■ *jmd.* **humpelt irgendwohin** *humpelnd irgendwohin gehen:* Er ist vom Bett zum Tisch gehumpelt.

Hum·pen *der* <-s, -> NORDDT. *ein mit Deckel versehenes großes Trinkgefäß:* Bier aus (einem) Humpen trinken; einen Humpen Bier trinken

Hu·mus *der* <-> /*kein Plur.*/ *besonders fruchtbarer Bestandteil des Erdbodens, der durch die Zersetzung organischer Stoffe entstanden ist:* Der Boden ist arm/reich an Humus.

hu·mus·reich *adj mit sehr viel Humus:* humusreicher Boden

Hund *der* <-(e)s, -e> ❶ *ein als Haustier gehaltenes Tier, das vom Wolf abstammt:* ein bissiger/gefährlicher/großer/harmloser/ kläffender/kleiner/gelehriger/treuer/streunender Hund; (sich) einen Hund halten; den Hund ausführen/anleinen/dressieren; der Hund bellt/kläfft/jault ◆ -eart, -ebiss, -edressur, -efloh, -efriedhof, -efutter, -ehalsband, -ehütte, -eklo, -ekorb, -ekörbchen, -ekot, -eleine, -epfote, -erasse, -ezwinger, Blinden-, Jagd-, Polizei-, Schlitten-, Wach- ❷ *(umg. abwert.) Mensch, meist mit einer genannten Eigenschaft:* Er war schon immer ein armer Hund.; So ein falscher Hund, hat er uns doch wieder betrogen!; Das interessiert doch keinen Hund!; ■ **vor die Hunde gehen** *(vulg.) elend sterben;* ■ **wie Hund und Katze sein** *(umg.) sich immer streiten;* ■ **ein dicker Hund** *(umg.) eine Unverschämtheit;* ■ **bekannt sein wie ein bunter Hund** *(umg.) überall bekannt sein;* ■ **mit etwas keinen Hund hinterm Ofen hervorlocken können** *(umg.) mit etwas niemanden begeistern können;* ■ **auf den Hund kommen** *(umg.) in schlechten Verhältnissen leben müssen;* ■ **schlafende Hunde wecken** *(umg.) auf etwas aufmerksam machen, was besser unbeachtet bleiben sollte;* ■ **Da wird ja der Hund in der Pfanne verrückt!** *(umg.) Das kann ich einfach nicht glauben!;* ■ **jemand/etwas geht vor die Hunde** *jmd. oder etwas geht zugrunde oder wird zerstört;* ■ **Hunde die bellen, beißen nicht.** *(umg.) jmd., der viel und laut droht oder schimpft, macht seine Drohungen in den meisten Fällen nicht wahr;* ■ **Da liegt der Hund begraben!** *das ist die Ursache des Problems*

hun·de- *als Erstglied zusammengesetzter Adjektive, mit Betonung auf beiden Teilen; drückt aus, dass die mit dem Zweitglied bezeichnete Eigenschaft in höchstem Maße gegeben ist* ◆ -elend, -kalt, -müde

Hun·de·blick *der* <-(e)s, -e> *besonders treuer oder unschuldiger Blick:* Mit seinem Hundeblick hat er sie von seiner Unschuld überzeugt.

Hun·de·dres·sur *die* <-, -en> ❶ /*meist Sing.*/ *das Dressieren eines Hundes* ❷ *ein Kunststück, das ein Hund durch Dressieren gelernt hat:* Die Hundedressur hat mir im Zirkus am besten gefallen.

Hun·de·hals·band *das* <-(e)s, Hundehalsbänder> *ein Band aus Leder oder Metall, das einem Hund um den Hals gelegt wird, damit man daran die Hundeleine und die Hundemarke befestigen kann*

Hun·de·ku·chen *der* <-s, -> *Hundefutter in Form eines harten Gebäcks*

Hun·de·mar·ke *die* <-, -n> ❶ *eine Art Anhänger aus Blech, den der Hund am Halsband trägt und der als Nachweis dafür dient, dass die Hundesteuer für diesen Hund gezahlt wurde* ❷ *(umg. scherzh.) Erkennungsmarke eines Soldaten oder Polizisten*

Hun·de·ren·nen *das* <-s, -> *ein Rennen, bei dem es um die Schnelligkeit von Windhunden geht und bei dem auf den Sieger gewettet wird*

hun·dert *num* Es sind genau hundert Stück!; Das habe ich dir doch schon hundert Mal gesagt! ◆ Kleinschreibung →R 4.5 ein paar hundert Leute; einige/viele hunderte Menschen; zu hunderten angelaufen kommen; Es waren hunderte von Soldaten, die den Tod fanden.; etwas viele hundert Mal(e) wiederholen; *siehe aber auch* **Hundert²**

Hun·dert¹ *die* <-> /*kein Plur.*/ ❶ *die Zahl 100* ❷ *jmd. oder etwas mit der Nummer 100:* Die 100 kam als letztes ins Ziel.

Hun·dert² *das* <-s, -e> ❶ *Einheit von hundert Stück, Lebewesen oder Dingen:* ein ganzes Hundert Briefumschläge; mehrere Hundert Soldaten ❷ *unbestimmte große Menge:* Hunderte von Menschen liefen herbei. ◆ Großschreibung →R 4.5 einige/viele Hunderte Menschen; zu Hunderten angelaufen kommen; Es waren Hunderte von Soldaten, die den Tod fanden.; etwas viele Hundert Mal(e) wiederholen; *siehe aber auch* **hundert**

Hun·der·ter *der* <-s, -> ❶ *(umg.) ein Geldschein im Wert von 100 Euro o. Ä.:* Ich kann nicht wechseln, ich habe nur einen Hunderter. ❷ MATH. *die dritte Stelle vor dem Komma:* Die Zahl 631(,00) enthält sechs Hunderter, drei Zehner und einen Einer.

hun·der·ter·lei *adj* /*nicht steig.*/ *(umg.) vielfach verschieden:* auf hunderterlei Art und Weise; hunderterlei verschiedene Muster im Angebot haben

hun·dert·ers·te(r,s) *erster in einer Hierarchie oder Reihenfolge an der Stelle 101*

Hun·der·ter·stel·le *die* <-, -n> MATH. *in einer Zahl, die mehr als zwei Stellen vor dem Komma hat, die dritte Stelle vor dem Komma*

hun·dert·fach *adj* /*nicht steig.*/ ❶ *hundert Mal vervielfältigt:* in hundertfacher Ausfertigung ❷ *mit dem Faktor hundert:* eine hundertfache Vergrößerung ❸ *(umg.) oft:* eine schon hundertfach erprobte Methode ◆ Großschreibung →R 3.7 das Hundertfache einer Zahl

Hun·dert·jahr·fei·er, *a.* **Hun·dert-Jahr-Fei·er** *die* <-, -n> *eine Feier anlässlich des hundertjährigen Bestehens von etwas:* die Hundertjahrfeier des Vereins/der Stadt

hun·dert·jäh·rig *adj* /*nicht steig.*/ ❶ *hundert Jahre alt:* ein hundertjähriger Mann/Baum ❷ *hundert Jahre andauernd:* das hundertjährige Bestehen des Vereins feiern ◆ Großschreibung →R 3.20 der Hundertjährige Kalender

hun·dert·mal *adv* ❶ *(umg.) sehr viel:* Da kannst du hundertmal im Recht sein. ❷ *(umg.) sehr oft:* Ich habe es ihm schon hundertmal gesagt, aber er be-

greift es einfach nicht. ➌ *(umg.) noch so sehr:*
Meine Mutter kann mir noch hundertmal verbieten, ins Kino zu gehen, ich werde trotzdem gehen!
◆Zusammenschreibung →R 4.5 Das haben wir
nun schon hundertmal geübt!; *siehe aber auch*
hundert

Hun·dert·mark·schein *der* <-(e)s, -e> GESCH. *ein
Geldschein im Wert von 100 DM*

Hun·dert·me·ter·lauf, *a.* **Hun·dert-Me·ter-
Lauf** *der* <-s, Hundertmeterläufe> *Lauf über die
Strecke von hundert Metern* ◆Schreibung mit
Ziffern →R 4.21 100-Meter-Lauf; 100-m-Lauf

hun·dert·pro *adv /nicht steig./ (umg.) ganz sicher; ohne Einschränkung (Kurzform von „hundertprozentig"):* Ich werde kommen, hundertpro!;
Auf sie kann man sich hundertpro verlassen.

hun·dert·pro·zen·tig *adj /nicht steig./* ➊ *zu oder
von hundert Prozent:* eine hundertprozentige Teilnahme; hundertprozentig reiner Alkohol; hundertprozentig reine Baumwolle ➋ *(umg.) völlig; ohne
Einschränkung:* Man kann sich hundertprozentig
auf ihn verlassen.; Wir stehen hundertprozentig
hinter ihr. ➌ *so, dass jmd. absolut von etwas überzeugt ist:* ein hundertprozentiges Parteimitglied/
ein hundertprozentiger Anhänger dieser Theorie
➍ *so, wie man sich jmdn. oder etwas vorstellt; typisch:* ein hundertprozentiger Bayer ◆Schreibung
mit Ziffern →R 4.21 100-prozentig; 100%ig

hun·derts·te *adj /nicht steig./ in einer Hierarchie
oder Reihenfolge an der Stelle hundert:* der hundertste Teil einer Zahl; der hundertste Geburtstag;
Das habe ich dir nun schon zum hundertsten Mal
gesagt!; ▪**vom Hundertsten ins Tausendste
kommen** *(umg.) von einem Thema abschweifen
und sich in Einzelheiten verlieren* ◆Großschrei-
bung →R 3.16 der/die Hundertste im Ziel sein

hun·derts·tel *adj /nicht steig./ der hundertste
Teil von etwas:* eine hundertstel Sekunde ◆Groß-
schreibung →R 3.7 ein Hundertstel des Gesamtbetrages; *siehe auch* **Hundertstelsekunde**

Hun·derts·tel·se·kun·de *die* <-, -n> *der hundertste Teil einer Sekunde:* nur wenige Hundert-
stelsekunden später ins Ziel kommen

hun·dert·tau·send *adj /nicht steig./* Ich habe
dich hunderttausend Mal gebeten, das nicht zu
tun.

Hun·dert·tau·send *die* <-> */kein Plur./ die Zahl
100.000*

Hun·dert·tau·sends·tel *das* <-, -> *der hundert-
tausendste Teil von etwas*

Hun·de·steu·er *die* <-, -n> *die Steuer, die man bezahlen muss, wenn man einen Hund besitzt*

Hun·de·zwin·ger *der* <-s, -> *eine Art größerer Käfig im Freien für Hunde*

Hün·din *die* <-, -nen> *weiblicher Hund*

hün·disch *adj (abwert.)* ➊ *unterwürfig:* ein hündi-
scher Gehorsam ➋ *gemein und hinterhältig:* ein
hündisches Benehmen haben

hunds- *als Erstglied zusammengesetzter Adjektive, mit Betonung auf beiden Teilen; drückt aus,
dass die mit dem Zweitglied bezeichnete negative
Eigenschaft in äußerster Weise gegeben ist* ◆-ge-
mein, -jämmerlich, -miserabel

hunds·er·bärm·lich *adj* ➊ *sehr elend:* Er fühlte

sich hundserbärmlich. ➋ *von äußerst schlechter
Qualität:* Die Unterkunft war hundserbärmlich.
➌ *sehr stark oder groß:* eine hundserbärmliche
Kälte ➍ *so, dass jmd. aufgrund seines Verhaltens
moralisch verachtenswert ist:* ein hundserbärmli-
cher Typ

Hunds·fott *der* <-(e)s, -e/Hundsfötter> *(abwert.) Schurke, gemeiner Mensch:* Er hat mich
schon wieder betrogen, dieser Hundsfott!

Hunds·ro·se *die* <-, -n> *ein Strauch, der zu den
Rosengewächsen gehört, wild in Hecken wächst
und dessen Blüten rosa bis weiß sind*

Hunds·stern *der* <-(e)s, -e> *der hellste Stern im
Sternbild des Großen Hundes (Sirius)*

Hunds·ta·ge <-> *Plur. der heißeste Zeitraum im
Hochsommer in Europa vom 24.Juli bis 23.August*

Hunds·veil·chen *das* <-s, -> *ein wild wachsendes
Veilchen, dessen Blüten keinen Duft abgeben*

Hü·ne *der* <-n, -n> *ein großer, kräftiger Mensch:*
Er war ein Hüne von Gestalt.

hü·nen·haft *adj /nicht steig./ sehr groß:* eine hü-
nenhafte Gestalt

Hun·ger *der* <-s> */kein Plur./* ➊ *das Gefühl, das
durch das Bedürfnis zu essen hervorgerufen wird:*
großen Hunger haben; seinen Hunger stillen; Hunger bekommen; Ich habe überhaupt keinen Hunger!; ▪**Guten Hunger!** *(umg.) Guten Appetit!;*
▪**Hunger ist der beste Koch.** *wenn man Hunger hat, schmeckt einem alles gut;* ▪**Der Hunger
treibt's rein.** *wenn man Hunger hat, isst man
auch etwas, das man sonst nicht mag oder nicht
essen würde* ➋ *(umg.: ≈ Appetit) die plötzliche
Lust, ein bestimmtes Nahrungsmittel zu essen:*
Plötzlich bekam sie Hunger auf Pizza. ➌ *ein Mangel an Nahrungsmitteln; Not:* Es herrschte großer
Hunger im Land. ◆-snot, -tod ➍ *(geh.) die Sehnsucht nach etwas:* der Hunger nach Freiheit/
Liebe

Hun·ger·künst·ler *der,* **Hun·ger·künst·le·rin**
<-s, -> *jmd., der ungewöhnlich lange hungern
kann, z.B. weil er abnehmen möchte oder sich
aus Geldmangel nur wenig Essen leisten kann:*
Ich muss jetzt unbedingt etwas essen, schließlich
bin ich kein Hungerkünstler!

Hun·ger·kur *die* <-, -en> *(umg.) Abmagerungskur*

Hun·ger·lohn *der* <-(e)s, Hungerlöhne> *(umg.
abwert.) sehr niedriger Lohn:* für einen Hunger-
lohn arbeiten

hun·gern <hungerst, hungerte, hat gehungert>
I. *ohne OBJ* ➊ ▪**jmd. hungert** *Hunger leiden
müssen:* In vielen Ländern der Welt müssen die
Kinder hungern. ➋ ▪**jmd. hungert** *(umg.) fasten:*
Er hungert eine Woche lang, um abzunehmen.; Sie
hungerte sich schlank. ➌ ▪**jmd. hungert nach
etwas** *(geh.) nach etwas verlangen:* Das Kind
hungert nach Anerkennung/Liebe. **II.** *mit ES*
➊ ▪**jmdn. hungert (es)** *(geh.) Hunger haben:*
Ihn/mich/sie hungert.; Es hungert ihn/mich/sie.
➋ ▪**jmdn. hungert (es) nach etwas** *(geh.) verlangen:* Ihn/uns hungert (es) nach Anerkennung/
Liebe.

Hun·gers·not *die* <-, Hungersnöte> *der Zustand,
dass die Bevölkerung einer Region keine bzw. nur
sehr wenig Nahrung hat:* Im Land herrscht eine

H

große Hungersnot.; Die Region wurde immer wieder von Hungersnöten heimgesucht.

Hun·ger·streik *der* <-s, -s> *die Weigerung, über einen langen Zeitraum Nahrung zu sich zu nehmen, um bestimmte (politische) Ziele durchzusetzen:* Die Häftlinge traten in den Hungerstreik, um eine Verbesserung der Haftbedingungen zu erzwingen.

Hun·ger·tuch ▪ **am Hungertuch nagen** *(umg.) wenig oder nichts zu essen haben, weil man kein Geld hat*

hung·rig *adj* ❶ *so, dass man das Bedürfnis hat, etwas zu essen:* Die Kinder kamen hungrig nach Hause. ❷ *(geh.) begierig auf etwas sein:* hungrig nach Anerkennung/Freiheit sein

Hun·ni *der* <-s, -s> *(umg.) (früher:) Geldschein im Wert von 100 DM*

Hu·pe *die* <-, -n> *Vorrichtung in einem Kraftfahrzeug, mit der man ein lautes Signal erschallen lassen kann, um andere Verkehrsteilnehmer zu warnen:* auf die Hupe drücken ◆ Auto-, Licht-

hu·pen *ohne OBJ* ▪ *jmd.* **hupt (irgendwie)** *die Hupe ein Signal abgeben lassen:* Der Fahrer hupte ungeduldig.

Hüpf·burg *die* <-, -en> *eine Art großes Luftkissen, das im aufgeblasenen Zustand die Form einer Burg hat und auf dem Kinder zum Vergnügen hüpfen können:* Vor dem Betreten der Hüpfburg müssen die Kinder die Schuhe ausziehen.

hüp·fen <hüpfst, hüpfte, ist gehüpft> *ohne OBJ* ▪ *jmd.* **hüpft** *sich durch kleine Sprünge fortbewegen:* Der Frosch ist über den Weg gehüpft.; Die Kinder hüpften auf der Wiese.

Hür·de *die* <-, -n> ❶ *etwas, das das Erreichen eines Vorhabens oder Ziels behindert und erschwert:* Bis sie ihr Vorhaben verwirklicht haben, müssen sie noch eine Menge Hürden überwinden.; Mit dieser Genehmigung haben wir die letzte Hürde genommen. ❷ SPORT *eines der Hindernisse, die bei bestimmten Laufwettbewerben übersprungen werden müssen:* Der Läufer ist an einer Hürde gestürzt.

Hür·den·lauf *der* <-s, Hürdenläufe> SPORT *ein Laufwettbewerb, bei dem die Läufer Hürden überspringen müssen* ▶ Hürdenläufer, Hürdenläuferin

Hu·re *die* <-, -n> *(abwert.) Prostituierte*

Hu·ren·bock *der* <-(e)s, Hurenböcke> *(vulg. abwert.) ein Mann, der mit vielen Frauen sexuellen Kontakt sucht*

Hu·ren·kind *das* <-s, -er> DRUCKW. *die letzte Zeile eines Absatzes, die als Einzelzeile am Beginn einer neuen Seite oder einer neuen Spalte steht:* Das Vorkommen von Hurenkindern in einem Text sollte drucktechnisch vermieden werden.

Hu·re·rei *die* <-> */kein Plur./ (abwert.) Geschlechtsverkehr mit häufig wechselnden Partnern*

hur·ra *interj Ausruf des Jubels und der Zustimmung:* Alle haben damals hurra/Hurra geschrien.; Hurra, wir haben Ferien!

Hur·ra *das* <-s> */kein Plur./ jemanden mit einem lauten Hurra begrüßen*

Hur·ra·pa·tri·o·tis·mus *der* <-> */kein Plur./ (ab-*

wert.) *übertriebener und kritikloser Patriotismus* ▶ Hurrapatriot, Hurrapatriotin

Hur·ri·kan *der* ['hʌrikən] <-s, -s> *ein tropischer Wirbelsturm in Mittelamerika:* Das Land wurde von einem Hurrikan heimgesucht.

hur·tig *adj* */nicht steig./ (veralt.) (sehr) schnell:* hurtig davoneilen; Nun mach aber mal hurtig! ▶ Hurtigkeit

Hu·sar *der* <-en, -en> GESCH. *Angehöriger der leichten Reiter in ungarischer Nationaltracht:* ein berittener Husar

Hu·sa·ren·stück, **Hu·sa·ren·stück·chen** *das* <-(e)s, -e/-s, -> *eine mutige und riskante Tat mit erfolgreichem Ausgang:* ein Husarenstück vollbringen

husch *interj (umg.)* ❶ *Ausruf, um jmdn. zur Eile zu drängen:* Husch, nach Hause mit dir!; Husch, husch, ins Bett! ❷ *Ausruf, um ein kleines Tier zu verscheuchen:* Husch, geh weg!; ▪ **eine Aufgabe/Tätigkeit/Arbeit o. Ä. husch, husch erledigen/machen** *eine Aufgabe/Tätigkeit/Arbeit o. Ä. schnell und ohne große Sorgfalt erledigen/machen* Er arbeitet nicht sehr gründlich, sondern macht alles immer nur husch, husch.

hu·schen <huschst, huschte, ist gehuscht> *ohne OBJ* ❶ ▪ *jmd.* **huscht irgendwohin** *leise und schnell irgendwohin gehen:* durch die Tür huschen; Die Maus huschte ins/durch das Gras. ❷ ▪ **etwas huscht über etwas** *(Akk.) (geh.) etwas zeigt sich für kurze Zeit und bewegt sich dabei schnell von einer Stelle zu einer anderen:* Ein Lächeln huschte über ihr Gesicht.; Ein Lichtstrahl huschte über den Boden.

Hus·ky *der* ['haski] <-s, -s> *Schlittenhund der Eskimos*

hus·sen *mit OBJ/ohne OBJ* ▪ *jmd.* **husst (jmdn.)** ÖSTERR. *(jmdn.) (mit Worten) reizen, aufwiegeln:* Musst du (die anderen) immer hussen?

hüs·teln <hüstelst, hüstelte, hat gehüstelt> *ohne OBJ* ▪ *jmd.* **hüstelt (irgendwie)** *leicht husten:* verlegen hüsteln; Er hüstelte, um die anderen auf sich aufmerksam zu machen.

Hüs·teln *das* <-s> */kein Plur./ leichtes Husten*

Hus·ten *der* <-s> */kein Plur./ MED.* ❶ *eine Erkrankung der Atemwege, die meist durch eine Erkältung hervorgerufen wird und bei der man häufig und stark husten muss:* Er hat Husten.; Du wirst sicher einen Husten bekommen!; einen trockenen Husten haben ◆ -bonbon, -mittel, -reiz, -saft, -tee, -tropfen, Raucher-, Reiz- ❷ *das Husten:* Das Husten tut ihm weh.

hus·ten I. *mit OBJ* ▪ *jmd.* **hustet etwas** *durch Husten ausspeien:* Blut/Schleim husten **II.** *ohne OBJ* ❶ ▪ *jmd.* **hustet** *jmd. stößt durch den Mund kurz und heftig Luft aus der Lunge nach außen, weil er einen Reiz verspürt:* kräftig/laut/ständig/ stark husten müssen ❷ ▪ *jmd.* **hustet** *an Husten leiden:* Das Kind hustet schon seit einigen Tagen.; ▪ **jemandem was/etwas husten** *(umg.) jmdn. keinerlei Rücksicht nehmen und nicht das tun, was er verlangt* Mein Chef hat mich gefragt, ob ich auch am Samstag arbeiten könnte, aber dem werde ich was husten!

Hus·ten·an·fall *der* <-s, Hustenanfälle> *der Vor-*

gang, dass man plötzlich sehr stark husten muss: einen heftigen Hustenanfall bekommen

Hus·ten·reiz *der* <-es, -e> *der Drang zu husten:* einen heftigen Hustenreiz haben

Hut¹ ■ **vor jemandem/etwas auf der Hut sein** *(geh.) sich vor jmdm. oder etwas in Acht nehmen*

Hut² *der* <-(e)s, Hüte> *eine Kopfbedeckung aus einem (im Gegensatz zu einer Mütze) relativ festen Material und einer Krempe:* den Hut absetzen/aufsetzen/tragen/ziehen; ■ **mit jemandem/etwas nichts am Hut haben** *(umg.) jmdn. oder etwas nicht besonders mögen;* ■ **Das kannst du dir an den Hut stecken!** *(umg.) darauf lege ich keinen Wert;* ■ **jemandem geht der Hut hoch** *(umg.) ärgert sich;* ■ **etwas unter einen Hut bringen** *(umg.) verschiedene Termine, Meinungen oder Personen miteinander abstimmen;* ■ **ein alter Hut sein** *(umg. abwert.) altbekannt und langweilig sein;* ■ **Hut ab (vor etwas/jemandem)!** *(umg.) Ausruf der Bewunderung für etwas oder jmdn.;* ■ **jemand nimmt den/seinen Hut; jemand muss den/seinen Hut nehmen** *(umg.) jmd. tritt von einem Amt zurück oder muss von einem Amt zurücktreten;* ■ **jemand zieht vor jemandem/etwas den Hut** *(umg.) jmd. hat vor jmdm. oder etwas Respekt und bewundert eine Leistung oder Sache* ◆-band, -geschäft, -koffer, -macher(in), -mode, -schachtel, Cowboy-, Damen-, Filz-, Jäger-, Leder-, Stoff-, Stroh-, Sonnen-, Trachten-, Zylinder-

Hut·ab·la·ge *die* <-, -n> *an einer Garderobe, in einem Zugabteil, in einem Auto o. Ä. der Teil, auf den man den Hut legen kann*

Hut·band *das* <-(e)s, Hutbänder> *ein Band an einem Hut, das sich zwischen dem Kopfteil und der Krempe befindet und das als Schmuck dient*

hü·ten I. *mit OBJ* ❶ ■ *jmd. hütet etwas (Akk.) bewachen:* Der Schäfer hütet die Schafe. ❷ ■ *jmd. hütet jmdn./etwas (umg.) beaufsichtigen:* Die Oma hütet die Kinder/das Haus. **II.** *mit SICH* ❶ ■ *jmd. hütet sich vor jmdm./etwas sich vor jmdm. oder etwas in Acht nehmen:* Hüte dich vor Betrügern!; Er muss sich seiner Gesundheit wegen vor Aufregung hüten. ❷ ■ *jmd. hütet sich (davor), etwas zu tun etwas nicht tun:* Ich werde mich (davor) hüten, ihm das zu verraten!; ■ **das Bett hüten** *(umg.) krank sein* Der Arzt hat mir geraten, eine Woche lang das Bett zu hüten.; ■ **seine Zunge hüten** *(umg.) aufpassen, was man sagt*

Hü·ter *der,* **Hü·te·rin** <-s, -> *(geh.) Person, die über etwas wacht:* die Hüter der Demokratie; die Hüterin des Schatzes

Hut·form *die* <-, -en> ❶ *die Form, die ein Hut hat* ❷ *ein rundes Modell, mit dessen Hilfe Hüte geformt werden*

Hut·krem·pe *die* <-, -n> *der Rand eines Hutes:* das Gesicht unter einer breiten Hutkrempe verbergen

Hut·mut·ter *die* <-, -n> TECHN. *an einer Schraube das aufschraubbare Gegenstück, dessen obere Abdeckung der Form nach an einen Hut erinnert*

Hut·sche *die* <-, -n> ❶ SÜDDT., ÖSTERR. *Schaukel* ❷ SÜDDT., ÖSTERR. *kleiner Schemel*

Hut·schnur ■ **Das geht mir über die Hutschnur!** *(umg.) das ertrage ich nicht länger*

Hüt·te *die* <-, -n> ❶ *ein kleines, oft aus Holz gebautes Häuschen, in dem man nicht dauerhaft wohnt, sondern das z. B. Wanderern Schutz bietet:* eine strohgedeckte Hütte; eine Hütte in den Bergen/an einem See/im Wald ◆ Blech-, Holz-, Jagd-, Lehm- ❷ *Schutzhütte in den Bergen:* Die Nacht verbrachten wir in einer Hütte. ◆-nwirt(in), Berg-, Schutz-, Ski-/Schi- ❸ *Hundehütte:* Der Hund verkroch sich in seine Hütte. ❹ TECHN. *Industrieanlage zur Gewinnung von Rohstoffen aus Erzen* ◆-narbeiter, -nindustrie, -ningenieur, -nwerk, Eisen-, Erz-, Glas-, Kupfer-, Schwefel-, Stahl-

Hüt·ten·abend *der* <-s, -e> *ein gemütliches Beisammensein am Abend in einer Berghütte*

Hüt·ten·kä·se *der* <-s> /kein Plur./ KOCH. *ein grobkörniger Frischkäse in der Art von festem Quark*

Hüt·ten·kun·de *die* <-> /kein Plur./ *Wissenschaft, die sich mit der Metallgewinnung durch die Verhüttung von Erzen beschäftigt*

Hüt·ten·we·sen *das* <-s> /kein Plur./ *Zweig der Industrie, der sich mit der Metallgewinnung befasst*

hut·ze·lig *adj* ❶ *(umg.) so, dass jmd. alt und klein ist und sehr viele Falten im Gesicht hat:* ein hutzeliges altes Männlein ❷ *so, dass Obst Falten bekommen hat, weil es zusammenschrumpft oder trocknet:* hutzelige Äpfel/Birnen

Hut·zel·männ·chen *das* <-s, -> ❶ (≈ Heinzelmännchen) *im Märchen eine kleine, männliche Gestalt, die den Menschen hilft, indem sie in der Nacht deren Arbeiten erledigt* ❷ *alter Mann, der klein ist und viele Falten im Gesicht hat*

Hut·zel·weib·lein *das* <-s, -> *alte Frau, die klein ist und viele Falten im Gesicht hat*

Hy·ä·ne *die* <-, -n> ZOOL. *afrikanisches Raubtier, dessen Gestalt an einen Hund erinnert und das sich hauptsächlich von Aas ernährt* ❷ *(umg. abwert.) gieriger, skrupelloser Mensch:* Bei Aussicht auf Gewinn wird er zur Hyäne.

Hy·a·zin·the *die* <-, -n> *eine stark duftende Pflanze, die aus einer Zwiebel wächst und deren Blüte aus einer Traube von vielen kleinen Blüten besteht*

hy·b·rid *adj* /nicht steig./ *(fachspr.) durch Kreuzung verschiedener Dinge entstanden:* hybride Pflanzensorten; eine hybride Zusammensetzung

Hy·b·rid·au·to *das* <-s, -s> *Auto, das durch zwei oder mehrere verschiedene Arten von Motoren angetrieben werden kann, z. B. durch einen Verbrennungsmotor oder einen Elektromotor*

Hy·b·rid·fahr·zeug *das* <-s, -e> *Fahrzeug, das durch zwei oder mehrere verschiedene Arten von Motoren angetrieben werden kann, z. B. durch einen Verbrennungsmotor oder einen Elektromotor*

Hy·b·rid·züch·tung *die* <-, -en> BIOL. *besondere Form der Züchtung von Tieren oder Pflanzen, bei der verschiedene Tierarten oder Pflanzenarten gekreuzt werden, um so z. B. einen größeren Ertrag bei der Ernte zu erzielen*

H

Hy·b·ris *die* <-> */kein Plur./ (geh.) Überheblichkeit; Hochmut*

Hy·d·rant *der* <-en, -en> *Zapfstelle auf der Straße, an der die Feuerwehr Wasser entnehmen kann, um Brände zu löschen*

Hy·d·rat *das* <-(e)s, -e> CHEM. *Verbindung eines chemischen Stoffs mit Wasser*

Hy·d·rau·lik *die* <-> */kein Plur./* ❶ *Lehre von den Strömungen der Flüssigkeiten:* die Gesetze der Hydraulik ❷ TECHN. *Gesamtheit der flüssigkeitsgesteuerten Antriebs- und Bremsvorrichtungen bei Fahrzeugen:* ein Schaden in der Hydraulik

hy·d·rau·lisch *adj /nicht steig./ so, dass etwas mit Flüssigkeitsdruck arbeitet:* eine hydraulische Bremse/Hebebühne

hy·d·rie·ren *mit OBJ* ■ *jmd. hydriert etwas* CHEM. *Wasserstoff an chemische Verbindungen anlagern* ▶ Hydrierung

Hy·d·ro·bio·lo·gie *die* <-> */kein Plur./* BIOL. *ein Teilgebiet der Biologie, das sich mit Tieren und Pflanzen beschäftigt, die im Wasser leben*

Hy·d·ro·dy·na·mik *die* <-> */kein Plur./* PHYS., TECHN. *ein Teilgebiet der Strömungslehre, das sich mit den Bewegungen von Flüssigkeiten und den dabei wirksamen Kräften beschäftigt* ▶ hydrodynamisch

hy·d·ro·elek·t·risch *adj /nicht steig./* ❶ PHYS., TECHN. *so, dass man Elektrizität durch Wasserkraft erzeugt* ❷ MED. *so, dass eine medizinische Behandlung mithilfe von Wasser und elektrischen Strömen erfolgt*

Hy·d·ro·gra·phie, *a.* **Hy·d·ro·gra·fie** *die* <-> */kein Plur./ Wissenschaft (Teilgebiet der Hydrologie), die sich mit dem Wasserkreislauf zwischen dem Niederschlag auf dem Festland und dem Rückfluss ins Meer befasst* ▶ hydrographisch/hydrografisch

Hy·d·ro·kul·tur *die* <-, -en> BOT. ❶ *meist eine Zimmerpflanze, deren Wurzeln sich nicht in Blumenerde, sondern in einer Art Granulat befinden und die ihre Nährstoffe aus einer besonderen Flüssigkeit erhält* ❷ */kein Plur./ das Züchten von Pflanzen in einer Hydrokultur* [1]

Hy·d·ro·lo·gie *die* <-> */kein Plur./ (≈ Gewässerkunde) die Wissenschaft vom Wasser und seinen Erscheinungsformen* ▶ hydrologisch

Hy·d·ro·ly·se *die* <-, -n> CHEM. *Spaltung chemischer Verbindungen durch Wasser* ▶ hydrolytisch

Hy·d·ro·me·ter *das* <-s, -> *Gerät, mit dem man die Geschwindigkeit von fließendem Wasser messen kann* ▶ Hydrometrie, hydrometrisch

hy·d·ro·phil *adj /nicht steig./* ❶ BIOL. *so, dass bestimmte Tiere und Pflanzen am oder im Wasser leben* ❷ CHEM., TECHN. *so, dass etwas Wasser oder Feuchtigkeit anzieht*

hy·d·ro·phob *adj /nicht steig./* ❶ BIOL. *so, dass bestimmte Tiere und Pflanzen nicht am oder im Wasser leben* ❷ CHEM., TECHN. *so, dass etwas Wasser oder Feuchtigkeit abstößt oder nicht in Wasser löslich ist*

Hy·d·ro·sphä·re *die* <-> */kein Plur./ die Wasserhülle, die die Erde in der Atmosphäre umgibt*

Hy·d·ro·sta·tik *die* <-> */kein Plur./* PHYS. *Lehre vom Gleichgewicht der Kräfte, die in und auf ruhende Flüssigkeiten wirken* ▶ hydrostatisch

Hy·d·ro·the·ra·pie, **Hy·d·ro·the·ra·pie** *die* <-, -n> MED. *Heilbehandlung durch die gezielte Anwendung von Wasser: Die Anwendung von Bädern, Dämpfen oder Güssen sind Formen der Hydrotherapie.* ▶ hydrotherapeutisch

Hy·d·ro·xid, *a.* **Hy·d·ro·xyd** *das* <-(e)s, -e> CHEM. *bestimmte chemische Verbindungen mit Wasserstoff und Sauerstoff*

Hy·gi·e·ne *die* <-> */kein Plur./* ❶ *die Wissenschaft von der Erhaltung und Pflege der Gesundheit:* eine Vorlesung über Hygiene hören ❷ *Maßnahmen zur Erhaltung der Sauberkeit:* die persönliche Hygiene; Die Hygiene in dieser Küche ist mangelhaft. ◆-maßnahme, -vorschrift, Körper-

Hy·gi·e·ne·pa·pier *das* <-s> */kein Plur./ Sammelbezeichnung für Papierprodukte, wie Toilettenpapier, Kosmetiktücher usw., die zur Körperpflege und -reinigung dienen*

hy·gi·e·nisch *adj* ❶ */keine Steigerung/ die Hygiene betreffend:* hygienische Maßnahmen/Kontrollen/Vorschriften ❷ *sauber:* Lebensmittel in hygienischer Verpackung; Hier ist es nicht besonders hygienisch.

Hy·g·ro·s·kop *das* <-(e)s, -e> *(fachspr.) Gerät, das die Luftfeuchtigkeit an einem bestimmten Ort misst* ▶ hygroskopisch

Hy·men *das/der* <-s, -> ANAT. *(≈ Jungfernhäutchen)*

Hym·ne *die* <-, -n> ❶ MUS. *Festgesang, mit dem jmd. oder etwas geehrt und gelobt wird:* eine Hymne intonieren/singen ❷ *kurz für „Nationalhymne“:* die Hymne eines Landes ❸ LIT. *feierliches Gedicht, mit dem jmd. oder etwas geehrt und gelobt wird:* eine Hymne schreiben

hym·nisch *adj in der Art einer Hymne*

Hym·nus *der* <-, Hymnen> *(geh.: ≈ Hymne)*

Hype *der* [heip] <-s, -s> *eine Form der Werbung, die sehr ungewöhnlich, aggressiv oder spektakulär ist und die eine besondere Begeisterung für das Produkt beim Verbraucher hervorruft:* aus einer Sache einen Hype machen

hy·per·ak·tiv *adj /nicht steig./ mit einem sehr großen Bewegungsdrang:* hyperaktive Kinder ▶ Hyperaktivität

Hy·per·bel *die* <-, -n> ❶ MATH. *eine ebene Kurve, die zwei ins Unendliche verlaufende getrennte Äste hat* ❷ SPRACHWISS., LIT. *sprachliche Übertreibung*

Hy·per·bel·funk·ti·on *die* <-, -en> MATH. *eine mathematische Größe, die aus bestimmten Exponentialfunktionen entwickelt wird*

Hy·per·funk·ti·on *die* <-, -en> MED. *Überfunktion eines Organs:* eine Hyperfunktion der Schilddrüse

hy·per·kor·rekt *adj /nicht steig./ in übertriebener Weise korrekt:* Der Lehrer ist bei der Bewertung der Arbeiten immer hyperkorrekt.

Hy·per·link *der* [heipə...] <-s, -s> EDV *eine Stelle in einem Text oder ein Symbol auf dem Bildschirm, die besonders markiert sind (z. B. durch Farbe oder Unterstreichung), und die beim Ankli-*

H

cken mit der Maus weitere Informationen zu einem bestimmten Stichwort oder Thema liefern
hy·per·mo·dern *adj /nicht steig./ in übertriebener Weise modern:* Durch ihre hypermoderne Kleidung zog sie alle Blicke auf sich.
hy·pe·ro·nym *adj /nicht steig./ (↔ hyponym)* SPRACHWISS. *einer anderen Einheit übergeordnet:* In Wortfeldern gibt es hyperonyme Einheiten, die hierarchisch über anderen zugeordneten Einheiten stehen und diese damit inhaltlich umfassen ▸ Hyperonym, Hyperonymie *siehe auch* **Wortfeld**
hy·per·sen·si·bel *adj /nicht steig./ außerordentlich sensibel und sehr empfindlich:* Man muss wirklich aufpassen, was man zu ihr sagt, denn sie ist hypersensibel und bricht immer gleich in Tränen aus.
Hy·per·to·nie *die* <-, -n> MED. *(↔ Hypotonie)* ❶ *Bluthochdruck* ▸ Hypertoniker, Hypertonikerin ❷ *erhöhte Spannung von Muskeln* ❸ *erhöhter Innendruck im Augapfel*
Hy·per·to·ni·ker *der;* **Hy·per·to·ni·ker·rin** <-s, -> MED. *an Bluthochdruck leidende Person*
Hyp·no·se *die* <-, -n> MED. *schlafähnlicher Bewusstseinszustand, in den jmd. von einem Hypnotiseur durch Suggestion versetzt wird:* In der Hypnose tat er Dinge, die er sonst nicht hätte vollbringen können.; jemanden in Hypnose versetzen; aus der Hypnose erwachen/aufwachen
Hyp·no·the·ra·pie, **Hyp·no·the·ra·pie** *die* <-, -n> *eine Form der Psychotherapie, die mithilfe von Hypnose arbeitet*
hyp·no·tisch *adj /nicht steig./* ❶ *so, dass es die Hypnose betrifft oder auf Hypnose beruht* ❷ *so, dass dadurch eine Hypnose herbeigeführt wird:* ein hypnotischer Blick ❸ *so, dass etwas ähnlich wie eine Hypnose wirkt und willenlos macht:* eine hypnotische Wirkung haben
Hyp·no·ti·seur *der;* **Hyp·no·ti·seu·rin** [hʊpnoti'zøːɐ] <-s, -e> *Person, die in der Lage ist, andere in Hypnose zu versetzen*
hyp·no·ti·sie·ren <hypnotisierst, hypnotisierte, hat hypnotisiert> *mit OBJ* ❶ ▪ *jmd.* **hypnotisiert jmdn.** *jmdn. in Hypnose versetzen:* Der Psychiater hypnotisiert eine Patientin.; Er starrte wie hypnotisiert. ❷ ▪ *jmd./etwas hypnotisiert jmdn.* *jmdn. in seinen Bann schlagen:* Die Zuschauer waren völlig hypnotisiert von den Darbietungen der Akrobaten.
hy·po·al·ler·gen *adj /nicht steig./ so, dass etwas sehr verträglich ist und keine Allergie auslöst:* hypoallergene Nahrung/Seife
Hy·po·chon·der *der* <-s, -> *(geh.) jmd., der fest davon überzeugt ist, krank zu sein und deshalb sehr oft zum Arzt geht, obwohl er in Wirklichkeit gesund ist* ▸ hypochondrisch
Hy·po·chon·d·rie *die* <-, ...-drien> */meist Sing./* MED. *die (zwanghafte) Einbildung, krank zu sein, obwohl man in Wirklichkeit gesund ist*

Hy·po·gly·kä·mie *die* <-> /kein Plur./ MED. *zu niedriger Zuckergehalt im Blut* ▸ hypoglykämisch
hy·po·nym *adj /nicht steig./ (↔ hyperonym)* SPRACHWISS. *einer anderen Einheit hierarchisch untergeordnet:* In Wortfeldern gibt es hyponyme Einheiten, die hierarchisch anderen untergeordnet sind, also einen kleineren Bedeutungsumfang haben als diese ▸ Hyponymie *siehe auch* **Wortfeld**
Hy·po·te·nu·se *die* <-, -n> MATH. *(↔ Kathete) in einem rechtwinkligen Dreieck die Seite, die dem rechten Winkel gegenüber liegt*
Hy·po·tha·la·mus *der* <-, Hypothalami> MED. *der Teil des Zwischenhirns, der unter dem Thalamus liegt*
Hy·po·thek *die* <-, -en> ❶ WIRTSCH. *ein Kredit, den man bekommt, weil man dem Geldgeber eine Immobilie (ein Haus, eine Wohnung o. Ä.) als Pfand bieten kann:* Auf dem Haus liegt eine Hypothek.; eine Hypothek auf ein Haus aufnehmen; eine Hypothek tilgen ◆-enbrief, -enpfandbrief, -enzins ❷ *(umg.: ≈ Bürde) Belastung, Schwierigkeit:* Die unheilbare Krankheit ist eine schwere Hypothek für sie.
hy·po·the·ka·risch *adj /nicht steig./ so, dass es eine Hypothek betrifft oder durch eine Hypothek gesichert ist*
hy·po·the·ken·frei *adj /nicht steig./ so, dass eine Hypothek getilgt ist:* Das Haus ist hypothekenfrei.
Hy·po·ther·mie *die* <-, -n> MED. *zu geringe Körpertemperatur; Unterkühlung*
Hy·po·the·se *die* <-, -n> *(geh.: ≈ Vermutung, Behauptung) eine Annahme, die (noch) nicht bewiesen ist:* eine Hypothese aufstellen/widerlegen
hy·po·the·tisch *adj /nicht steig./ (geh.) auf einer Annahme beruhend:* Das sind vorläufig nur rein hypothetische Überlegungen.
Hy·po·to·nie *die* <-, ...-nien> MED. *(↔ Hypertonie)* ❶ *zu niedriger Blutdruck* ▸ Hypotoniker, Hypotonikerin ❷ *herabgesetzte Spannung von Muskeln* ❸ *zu geringer Innendruck im Augapfel*
Hys·te·rie *die* <-, ...-rien> ❶ MED. *psychisches Verhalten, das von der Norm abweicht und viele verschiedene Ausprägungen haben kann:* an Hysterie leiden ❷ *ein Zustand von übertriebener Nervosität und leichter Erregbarkeit, der dazu führt, dass man nicht mehr klar denken und vernünftig handeln kann:* zur Hysterie neigen; Unter den Fans breitete sich Hysterie aus. ◆Massen-
Hys·te·ri·ker *der;* **Hys·te·ri·ke·rin** <-s, -> MED. *Person, die an Hysterie[1] leidet*
hys·te·risch *adj /nicht steig./* ❶ MED. *so, dass es die Hysterie[1] betrifft oder auf ihr beruht:* eine hysterische Frau ❷ *so, dass jmd. sich übertrieben leicht aufregt* hysterisch reagieren; Nun werd' doch nicht gleich hysterisch!
Hz PHYS. *Abkürzung von „Hertz"*

H

I i

I, i *der neunte Buchstabe des Alphabets:* ein großes I; ein kleines i

i! *interj (umg.) verwendet, um auszudrücken, dass man sich vor etwas ekelt:* I, das stinkt ja ekelhaft!

ia·hen *ohne OBJ* ■ *ein Esel iaht die für einen Esel typischen Laute von sich geben*

ia·t·ro·gen *adj /nicht steig./* MED. *durch einen Arzt verursacht:* eine iatrogene Verletzung

ibe·ro·ame·ri·ka·nisch, ibe·ro·ame·ri·ka·nisch *adj /nicht steig./ (≈ lateinamerikanisch)*

Ibi·za *<-s> eine Insel im Mittelmeer*

IC *der* [i'tse:] *<-s, -s> (in Deutschland) Kurzform von „Intercity"; ein schneller Zug, der zwischen (größeren) Städten verkehrt* ◆ -zuschlag

ICE *der* [itse'e:] *<-s, -s> (in Deutschland) Kurzform von „Intercity-Express" ein Hochgeschwindigkeitszug, der zwischen Großstädten verkehrt* ◆ -zuschlag

Ich *das* <-(s), -(s)> *das eigene Ich gegenüber der Außenwelt:* das eigene Ich erkennen ▶ ichbezogen, ichhaft ◆ -bewusstsein, -gefühl, -mensch, -sucht

ich *pron Personalpronomen der 1. Pers. Sing.:* Ich gehe, du bleibst.; Mach' die Tür auf, ich bin's!

Ich·er·zäh·lung, *a.* **Ich-Er·zäh·lung** *die* <-, -en> LIT. *eine Erzählung, bei der das erzählende Subjekt in der Ich-Form spricht*

Ich·form, *a.* **Ich-Form** *die* <-> /kein Plur./ LIT. *die Erzählform, bei der Ereignisse so dargestellt werden, als hätte der Erzähler sie selbst erlebt*

IC-Zu·schlag *der* [i'tse:-] *<-(e)s, -Zuschläge> das Geld, das man zusätzlich zur Fahrkarte bezahlen muss, wenn man mit einem Intercity fahren will*

Ide·al *das* <-s, -e> ❶ */kein Plur./ eine Gestalt, die als vollkommen betrachtet wird:* Diese Statue verkörpert das klassische Ideal. ◆ -figur, Schönheits- ❷ *ein Ziel, das jmd. als den höchsten Wert betrachtet:* ein hohes Ideal verfolgen; einem Ideal treu bleiben; Er hat für seine Ideale gekämpft/ seine Ideale verraten.; Es war ihr gelungen, ihre Ideale zu verwirklichen.; Es scheint, manche Ideale sind im Laufe der Jahre auf der Strecke geblieben.; das Ideal der Chancengleichheit/Demokratie/Freiheit/Gerechtigkeit ◆ -besetzung, -lösung, -zustand

ide·al *adj /nicht steig./* ❶ *(≈ optimal) so, dass es die beste Möglichkeit darstellt oder sehr günstig ist:* Die Bergsteiger wählten die ideale Route zum Gipfel.; Die beiden Geräte stellen eine ideale Kombination dar/ergänzen sich auf/in idealer Weise.; Wir hatten im Urlaub die ganze Zeit ideales Wetter. ❷ *so, dass etwas dem Ideal[1] entspricht:* ideale Proportionen; eine ideale Landschaft; das Bild der idealen Stadt in der Architekturtheorie ❸ *(↔ real) so, dass etwas nur in der Vorstellung existiert:* Das sind alles ideale Erwartungen, aber die Wirklichkeit sieht anders aus.; In einer idealen Welt könnte man …, aber leider …

Ide·al·fall *der* <-(e)s, Idealfälle> *ein Fall, in dem*

die besten Bedingungen erfüllt sind: Wie könnte im Idealfall die Lösung des Problems aussehen?

Ide·al·ge·wicht *das* <-(e)s> /kein Plur./ *das aus medizinischer Sicht günstigste Körpergewicht*

ide·a·li·sie·ren *mit OBJ* ■ *jmd.* **idealisiert** *jmdn./etwas jmdn. oder etwas als besser betrachten als er oder es tatsächlich ist:* Du idealisierst die ganze Sache ein wenig. ▶ Idealisierung

Ide·a·lis·mus *der* <-> /kein Plur./ ❶ *(↔ Materialismus) eine Weltanschauung, die großen Wert auf Ideale[2] (und deren Verwirklichung) legt und diese höher schätzt als materielle Werte:* Harte Arbeit und wenig Bezahlung: Zu einer solchen Tätigkeit gehört viel Idealismus. ❷ PHILOS. *(↔ Empirismus) die Überzeugung, man könne das Sein und die Erkenntnis aus Ideen und Idealen ableiten und begründen*

Ide·a·list *der,* **Ide·a·lis·tin** *<-en, -en>* ❶ *jmd., der selbstlos nach der Verwirklichung von Idealen strebt:* Früher war er ein Idealist, heute geht es ihm nur noch um Geld. ❷ PHILOS. *Vertreter des Idealismus[2]*

ide·a·lis·tisch *adj /nicht steig./* ❶ *(↔ materialistisch) so, dass man nach der Verwirklichung von Idealen strebt:* Ich habe ihn als einen sehr idealistischen Menschen in Erinnerung.; 1960 waren wir jung und idealistisch, aber die Zeiten haben sich geändert. ❷ PHILOS. *den Idealismus[2] betreffend, zu ihm gehörend*

Ide·a·li·tät *die* <-> /kein Plur./ PHILOS. *(↔ Realität) das Sein als Idee oder Vorstellung*

Idee *die* <-, -n> /selten im Sing./ ❶ PHILOS. *ein kognitiver Gehalt bzw. geistiger Inhalt; ein Urbild:* die Idee des Guten/Wahren/Schönen; die Ideen in der Philosophie Platons ❷ *leitender Gedanke:* Ideen entwickeln/haben/vertreten/ verwerfen/verwirklichen; Die Ideen der neuen Schulleiters fanden weitestgehend Zuspruch.; Er schilderte mir ausführlich seine politischen Ideen. ◆ -ngeschichte, -nreichtum, Grund-, Leit- ❸ *ein Einfall zur Lösung eines Problems:* Ich habe eine Idee, wie wir das Problem lösen könnten. ◆ Fest-, Geschenk-, Produkt-, Reform-, Verkaufs- ❹ *(umg.) ein klein wenig:* eine Idee Zucker beigeben ❺ ■ **auf Ideen kommen** *(umg.) seltsame Einfälle haben;* ■ **eine fixe Idee haben** *(umg.) eine Vorstellung haben, die jmdn. nicht mehr loslässt* Er hat die fixe Idee verfolgt zu werden.; ■ **eine Idee zu kurz/zu lang/zu laut** *(umg.) ein wenig zu kurz/zu lang/zu laut* Der Rock ist eine Idee zu kurz/zu lang.; Die Musik ist eine Idee zu laut.

ide·ell *adj (↔ materiell) nur im (persönlichen) Wertesystem eines Menschen:* Dieses Kästchen ist materiell nicht wertvoll, hat aber einen großen ideellen Wert – es ist ein Erbstück.

ide·en·arm *adj (↔ ideenreich) mit wenig Ideen[2, 3]*

ide·en·los *adj /nicht steig./ (≈ einfallslos ↔ ideenreich) ohne Ideen[2, 3]*

ide·en·reich *adj (≈ einfallsreich ↔ ideenarm, ide-enlos) mit viel Ideen [1, 2]*

Iden·ti·fi·ka·ti·on *die* <-, -en> ❶ *der Vorgang, dass jmd. die Identität einer Person feststellt oder wiedererkennt:* Die Identifikation der Unfallopfer ist noch nicht abgeschlossen. ◆ -snummer ❷ PSYCH. *der Vorgang, dass jmd. mit einer anderen Person oder einer Gruppe in Meinungen und Lebensgefühl übereinstimmt und sich deshalb den anderen gleich setzt:* die Identifikation der Fans mit ihrem Star ◆ -sfigur

iden·ti·fi·zie·ren I. *mit OBJ* ❶ ■ *jmd. identifiziert jmdn. die Identität einer Person feststellen:* Das Opfer wurde als die Person identifiziert, die seit Mai letzten Jahres als vermisst gemeldet war. ❷ ■ *jmd. identifiziert jmdn./etwas mit jmdm./etwas jmdn. oder etwas mit jmdm. oder etwas gleichsetzen:* Noch heute wird der Schauspieler mit jener Rolle identifiziert, die ihn einst berühmt machte. II. *mit SICH* ❶ ■ *jmd. identifiziert sich sich ausweisen:* Können Sie sich identifizieren? ❷ ■ *jmd. identifiziert sich mit jmdm. in einem anderen Menschen und dessen Handeln sich selbst wiedererkennen und daher für diesen Menschen Sympathie haben:* Mit dieser Figur des Films kann ich mich durchaus identifizieren. ❸ ■ *jmd. identifiziert sich mit etwas Dat. glauben, dass das, was man tut, gut und wichtig ist und es daher engagiert und gern tun:* Sie identifiziert sich mit ihrer Arbeit.; Der Star identifiziert sich mit seiner Mannschaft, hier fühlt er sich unterstützt und verstanden.

Iden·ti·fi·zie·rung *die* <-, -en> *das Identifizieren [1]:* Der Polizei gelang die Identifizierung des Bankräubers.

iden·tisch *adj /nicht steig./* ❶ *so, dass jmd. oder etwas derselbe oder dasselbe ist:* Er ist mit dem gesuchten Täter identisch.; In dem Fall waren Täter und Opfer identisch – sie sind dieselbe Person. ❷ *(≈ übereinstimmend) so, dass es in allen Merkmalen völlig übereinstimmt:* von einem Dokument zwei identische Kopien anfertigen; Die beiden Unterschriften stammen von der selben Person, sie sind absolut identisch.; Man darf das Bauteil nur gegen ein völlig identisches Teil (der selben Baureihe) auswechseln. ❸ *(umg.: ≈ bedeutungsgleich, synonym) so, dass etwas dasselbe bedeutet wie etwas anderes:* Das Wort „Lindenbaum" ist identisch mit dem Wort „Linde".

Iden·ti·tät *die* <-, -en> ❶ *der Zustand, dass jmd. oder etwas mit sich selbst eins ist:* Jedes Lebewesen ist einzig und hat seine eigene Identität.; Die Identität des Verhafteten mit dem Täter ist erwiesen – es ist eindeutig dieselbe Person.; Durch seinen Pass konnte er seine Identität nachweisen. ◆ -sbeweis, -snachweis, -spapiere ❷ *völlige Gleichheit; Übereinstimmung in allen Merkmalen:* Die Identität der beiden Urkunden wird hiermit bestätigt.; Der Inhalt dieses Markenprodukts ist identisch mit dem Inhalt dieses unbekannten Produkts. ❸ PSYCH. *die erlebte innere Einheit einer Person, durch die sie sich zurecht in der Gesellschaft bestimmt:* Seit sie Abteilungsleiterin ist, scheint sie eine ganz neue Identität zu haben.; Der sportliche

Erfolg hat aus dem unbekannten Jungen einen reichen und berühmten Mann gemacht; er hat ihm eine neue Identität gegeben. ◆ -sproblem, -ssuche, -sverlust, Fremd-, Rollen-, Selbst-

Iden·ti·täts·kri·se *die* <-, -n> PSYCH. *der Sachverhalt, dass man mit der eigenen Identität [3], seiner eigenen Persönlichkeit und Rolle im Leben, zeitweise Probleme hat*

iden·ti·täts·stif·tend *adj /nicht steig./* SOZIOL. *so, dass es jmdm. eine bestimmte Identität [3] gibt*

Ideo·lo·ge *der,* **Ideo·lo·gin** <-n, -n> *ein Vertreter einer bestimmten Ideologie* ◆ Chef-, Partei-

Ideo·lo·gie *die* <-, ...-gien> POL. ❶ *die bestimmten Grundeinstellungen und Werte, die in einer gesellschaftlichen Schicht oder Gruppe wichtig sind und die zusammen eine Art Weltanschauung bilden:* ein typischer Vertreter der bürgerlichen Ideologie ❷ *ein System von Meinungen und Haltungen, die eine Art politische Theorie bilden, wie ein Staat aufgebaut, regiert usw. sein sollte:* die imperialistische/marxistische/kommunistische Ideologie; Im Seminar geht es um die Ideologie des Faschismus. ◆ -kritik

ideo·lo·gie·frei *adj /nicht steig./* *so, dass es politisch neutral ist und nicht an einer bestimmten Ideologie [2] ausgerichtet*

Ideo·lo·gie·kri·tik *die* <-, -en> *die kritische Erforschung von Ideologien und ihren Ursachen*

ideo·lo·gisch *adj /nicht steig./* *auf die Ideologie bezogen, der Ideologie entsprechend* ▶ ideologisieren

Idi·om *das* <-s, -e> ❶ SPRACHWISS. *eine feste Redewendung, deren Bedeutung sich nicht aus der Bedeutung ihrer Einzelteile erschließen lässt:* „Jemanden auf die Palme bringen" ist ein Idiom; es hat aber nichts mit einer „Palme" zu tun, sondern bedeutet „jemanden wütend machen". ❷ *die eigentümliche Sprechweise einer regionalen oder sozialen Gruppe:* Wer das Idiom dieser Menschen nicht kennt, kann leicht einen falschen Eindruck gewinnen.; *siehe auch* **Phraseologie**, **Sprichwort**

Im Teilgebiet der Phraseologie (vgl. das Stichwort) ist der Ausdruck **Idiom** neben *Phrasem, Phraseologismus, Redewendung* usw. eine der Bezeichnungen für Einheiten, die im Wesentlichen folgende Eigenschaften aufweisen: Es handelt sich um mindestens zwei Einheiten bestehende Wortkomplexe, die als Ganzes gelernt werden müssen. Die Bedeutung solcher Einheiten ergibt sich nicht aus der Summe bzw. der Verrechnung der Bedeutung der einzelnen Bestandteile. So lässt sich z. B. nicht durch Zusammenfügung der üblichen Bedeutungen von *Kragen* und *platzen* verstehen, was es heißt, wenn „jemandem der Kragen platzt". Wie in vielen anderen Fällen lassen sich hier auch nicht die beteiligten Ausdrücke durch andere ersetzen, so dass man nicht sagen kann: „jemandem explodiert der Kragen".

Idio·ma·tik *die* <-, -en> SPRACHWISS. ❶ *die Gesamt-*

heit der idiomatischen[1] Wendungen einer Sprache ❷ SPRACHWISS. *der Zweig der Sprachwissenschaft, der die Idiomatik[1] erforscht* ❸ SPRACHWISS. *ein Wörterbuch, das die Idiomatik[1] verzeichnet*

idio·ma·tisch *adj /nicht steig./* ❶ *von der Art eines Idioms[1]:* ein Wörterbuch der idiomatischen Wendungen ❷ *sprachlich authentisch; von der Art des Idioms[2]:* Er spricht ein vorzügliches, idiomatisches Griechisch.

Idio·syn·kra·sie *die <-, ...-sien> (geh.) heftiger Widerwille gegen etwas* ▶ idiosynkratisch

Idi·ot *der <-en, -en> (umg. abwert.) Schimpfwort:* Bin ich denn nur noch von Idioten umgeben?; Welcher Idiot hat denn die Daten gelöscht? ◆ Voll-

idi·o·ten·si·cher *adj /nicht steig./ (umg. scherzh.) als Gerät so gestaltet, dass es für den Anwender unmöglich ist, es falsch zu bedienen:* Die neue Waschmaschine ist idiotensicher – man weiß von allein, welchen Knopf man drücken muss.

Idi·o·tie *die <-, ...-tien> (umg. abwert.) ein sehr dummes oder unsinniges Handeln:* Es wäre Idiotie, sich eine solche Chance entgehen zu lassen.; Die schiere Idiotie dieses Plans schien allen bewusst zu sein, nur nicht seinem Erfinder.

idi·o·tisch *adj (umg. abwert.) unsinnig und deshalb ärgerlich:* eine idiotische Arbeit/Vorgehensweise; eine idiotische Fernsehshow; Das ist doch ein völlig idiotischer Plan.

Idol *das <-s, -e>* ❶ *jmd., der von vielen Menschen sehr bewundert und verehrt wird und mit dem die Menschen sich identifizieren:* Hendrix, Jagger, Richards – diese Musiker wurden zu Idolen einer ganzen Generation. ◆ Jugend-, Pop-, Sport- ❷ REL. *eine heidnische Götterfigur:* ein Idol als Grabbeigabe

Idyll *das <-s, -e> der friedliche Zustand eines (meist ländlichen)einfachen Lebens:* Der Autor zeichnet das Landleben als Idyll, doch nicht immer war es so schön und harmonisch.

Idyl·le *die <-, -n>* ❶ LIT. *die Schilderung eines Idylls in der Hirten- und Schäferdichtung* ❷ (≈ Idyll) In der Idylle dieses Dörfchens haben wir uns gut erholt.

idyl·lisch *adj so, dass es ruhig, friedlich und ungestört ist und man es daher gern ansieht oder gern dort ist:* ein idyllisches Plätzchen; Idyllische kleine Orte säumen die ruhigen Straßen – in dieser malerischen Gegend scheint die Zeit stehengeblieben zu sein.

Igel *der <-s, ->* ein kleines Tier, das in Wäldern, Wiesen und Gärten lebt und das ein dichtes Fell von Stacheln hat, die es aufstellt, wenn es sich angegriffen fühlt ▶ einigeln

igitt *interj verwendet, um auszudrücken, dass man sich vor etwas ekelt:* Igitt, und das schmeckt dir auch noch?

Ig·lu *der/das <-s, -s> aus Eisblöcken gebaute Hütte der Eskimos*

Ig·no·rant *der, Ig·no·ran·tin <-en, -en> (geh. abwert.: ≈ Banause) eine dumme, unwissende Person:* Dieser Ignorant hat doch keine Ahnung! ▶ Ignorantentum

Ig·no·ranz *die <-> /kein Plur./ (geh. abwert.) Dummheit; Unwissenheit:* Seiner Ignoranz sind scheinbar keine Grenzen gesetzt.; Diese Entscheidung zeugt nicht nur von Arroganz, sondern auch von grenzenloser Ignoranz.

ig·no·rie·ren *mit OBJ* ❶ ▪ *jmd. ignoriert jmdn. eine Person bewusst übersehen bzw. nicht wahrnehmen:* Bei dem Fest hat sie mich total ignoriert und so getan, als kenne sie mich gar nicht. ❷ ▪ *jmd. ignoriert etwas nicht beachten, als nicht wichtig ansehen:* Wer dieses Thema bearbeitet, sollte das Buch … nicht ignorieren.

ihm *pron Personalpronomen im Dat. der 3. Pers. Sing. mask.:* Wie geht es ihm?; Er folgte ihm bis nach Hause.; Du kannst ihm nicht trauen.

ihn *pron Personalpronomen im Akk. der 3. Pers. Sing. mask.:* Hast du ihn gesehen?; Wollen wir ihn reinlegen?; Ich kann ihn nicht ausstehen.

Ih·nen *pron Personalpronomen im Dat. der 3. Pers. Sing. und Plur. in der Höflichkeitsform und Anrede* ◆ Großschreibung → R 3.23 Darf ich mich Ihnen vorstellen, Frau Schulze?

ih·nen *pron Personalpronomen im Dat. der 3. Pers. Plur.:* Er folgte ihnen an den Strand.

Ihr *pron* ❶ *(geh.) alte Höflichkeitsform oder Anredeform:* Ihr mögt verzeihen, Majestät, dass … ❷ *Possessivpronomen der 2. Pers. Sing. und Plur. in der Höflichkeitsform:* Ihre Aussage steht offensichtlich gegen meine.; Meine Herren, Ihr Zug wartet.; Ist das nicht Ihr Buch?; Das ist nicht mein Stift, sondern Ihrer.; Viele Grüße an die Ihren. ◆ Großschreibung → R 3.23 Ist das Ihre Tasche?

ihr I. *pron* ❶ *Possessivpronomen der 3. Pers. Sing. fem.:* Die Frau stieg aus der Straßenbahn und ließ ihre Handtasche liegen. ❷ *Possessivpronomen der 3. Pers. Plur.:* Die Kinder spielten mit ihrer Eisenbahn. II. *pron Personalpronomen im Nom. der 2. Pers. Plur. in vertraulicher Anrede:* Wollt ihr mit an den Strand?; Habt ihr meinen Bruder gesehen? ◆ Klein- oder Großschreibung → R 4.5 Sie hatte das ihre/Ihre getan.

Ih·rer·seits *adv /Sing. und Plur./ verwendet, um in der höflichen Anrede auszudrücken, dass etwas im gleichen Maße auch für den Angesprochenen gilt.:* Wir sind sehr zufrieden, ich hoffe, dass Sie Ihrerseits ebenfalls zufrieden sind. ◆ Großschreibung → R 3.23 Ist Ihrerseits alles in Ordnung?

ih·rer·seits *adv* ❶ */Sing./ von ihrer Seite her:* Seine Schwester war ihrerseits immer eine gute Freundin. ❷ */Plur./ von ihrer Seite her:* Die Mitglieder waren ihrerseits überzeugte Gegner der Bewegung.

Ih·res·glei·chen *pron (geh.) unveränderlich in der Anrede verwendet, um sich auf mehrere Personen zu beziehen, die in bestimmter Weise mit dem Angesprochenen vergleichbar sind:* Guter Mann, mit Ihresgleichen möchte ich nichts zu schaffen haben. ◆ Großschreibung → R 3.23 Sie und Ihresgleichen können jetzt gehen.

ih·res·glei·chen */unveränderliches Pron./* ❶ */Sing./ jmd. wie sie:* Sie unterhält sich nur mit ihresgleichen. ❷ */Plur./ jmd., der ihnen gleicht, jmd. wie sie:* Gegenüber Leuten wie ihresgleichen sollte man vorsichtig sein.

Ih·ret·hal·ben *adv veraltet für „Ihretwegen"*
ih·ret·hal·ben *adv veraltet für „ihretwegen"*

Ih·ret·we·gen *adv /Sing. und Plur. in der Anrede /* ❶ *Ihnen zuliebe:* Wir haben Ihretwegen eigens gewartet. ❷ *wegen Ihnen* ◆Großschreibung →R 3.23 Wir mussten Ihretwegen warten.

ih·ret·we·gen *adv* ❶ *ihr oder ihnen zuliebe:* Ich bin ihretwegen dorthin gefahren. ❷ *wegen ihr oder ihnen:* Er hatte ihretwegen den Zug verpasst.

Ih·ret·wil·len *adv* ■ **um Ihretwillen** *mit Rücksicht auf Sie*

ih·ret·wil·len *adv* ■ **um ihretwillen** *mit Rücksicht auf sie*

Ih·ri·ge *pron (veralt.) nur als Substantiv mit bestimmtem Artikel verwendet:* Sie hatte das Ihrige getan.

Ike·ba·na *das* <-> */kein Plur./ die traditionelle japanische Kunst des Blumensteckens*

Iko·ne *die* <-, -n> REL. *(in der orthodoxen Kirche) ein Heiligenbild, das streng einer bestimmten Tradition der Darstellung entspricht* ▶ Ikonostase ◆-nmalerei, -nsammlung

Iko·no·gra·phie, *a.* **Iko·no·gra·fie** *die* <-, ...-phien/-fien> KUNST, REL. *der Zweig der Kunstwissenschaft, der sich mit der Deutung von Bildinhalten, Figuren und Symbolen in Bildern der antiken und christlichen Kunst beschäftigt* ▶ Ikonograph, ikonographisch

Iko·no·klas·mus *der* <-, Ikonoklasmen> REL., KUNST *der Vorgang, dass die kultische Verehrung von Bildern gewaltsam bekämpft wird* ▶ Ikonoklast, ikonoklastisch

Iko·no·la·trie *die* <-, ...-trien> REL., KUNST *die kultische Verehrung von Bildern*

il·le·gal, il·le·gal *adj /nicht steig./ (≈ ungesetzlich ↔ legal) so, dass es gegen das Gesetz verstößt:* Eine solche Handlungsweise ist illegal.; Das Opfer gehörte über zehn Jahre einer illegalen Organisation an.; Ihm werden illegale Handlungen wie der Handel mit Waffen und Drogen vorgeworfen.

Il·le·ga·li·tät, Il·le·ga·li·tät *die* <-, -en> (↔ Legalität) ❶ */kein Plur./ (≈ Gesetzeswidrigkeit) die Eigenschaft, dass etwas gegen das Gesetz verstößt:* Die Illegalität solcher Handlungen ist offenkundig. ❷ */kein Plur./ ein illegaler Zustan; eine illegale Tätigkeit:* Sie lebten in der Illegalität.; Er war in die Illegalität abgerutscht. ❸ */selten/ illegale Handlung:* Als Richter war er natürlich gegen alle Illegalitäten.

il·le·gi·tim, il·le·gi·tim *adj /nicht steig./ (geh.)* ❶ *(≈ unrechtmäßig ↔ legitim) so, dass es im Widerspruch zum geltenden Recht steht:* Der Minister fasste die Kritik als illegitime Einmischung in seinen Amtsbereich auf. ▶ Illegitimität ❷ *(veralt.: ≈ unehelich) so, dass jmd. von einer nicht verheirateten Frau geboren wird:* Sie war als illegitimes Kind geboren worden.

il·lo·y·al, il·lo·y·al *adj (geh.: ↔ loyal)* ❶ *so, dass man jmdn. nicht respektiert und ihm gegenüber nicht ehrlich ist:* Ich habe gemerkt, dass er eine illoyale Gesinnung hat, und habe kein Vertrauen mehr zu ihm. ▶ Illoyalität ❷ *so, dass man sich nicht an Verträge hält und nicht zuverlässig ist:* Sein illoyales Verhalten gegenüber dem Chef hatte Konsequenzen – er wurde entlassen. ▶ Illoyalität

Il·lu·mi·na·ti·on *die* <-, -en> *(geh.) eine (festli-* che) *abendliche Beleuchtung von Gartenanlagen oder von besonders schönen Gebäuden*

il·lu·mi·nie·ren *mit OBJ* ❶ ■ *etwas illuminiert etwas (geh.) festlich erleuchten:* Hunderte von Lampions illuminieren den Park.; das festlich illuminierte Schloss ❷ ■ *jmd. illuminiert etwas* KUNST *(Buchstaben) dekorativ ausmalen:* von Mönchen illuminierte alte Handschriften

Il·lu·si·on *die* <-, -en> ❶ *(↔ Realität) eine Selbsttäuschung (aus dem Wunsch, dass etwas besser sein möge, als es wirklich ist):* Mach dir keine Illusionen – das wird sich nicht mehr ändern!; Er hat ihr alle Illusionen geraubt/zerstört.; Nach dieser Erfahrung war er wieder um eine Illusion ärmer geworden. ▶ illusionär, illusionslos ❷ PSYCH. *(≈ Sinnestäuschung) die falsche Deutung von sinnlichen Wahrnehmungen* ❸ KUNST *eine absichtliche Täuschung des Betrachters mit dem Ziel, bestimmte Effekte zu erzielen:* die Illusion der Raumtiefe erzeugen ◆-sbühne, -seffekt, -stheater ▶ illusionistisch

il·lu·so·risch *adj /nicht steig./* ❶ *(≈ trügerisch ↔ realistisch) nur auf der Basis von Hoffnungen bestend:* eine illusorische Hoffnung; Es ist doch völlig illusorisch, daran zu glauben, die Arbeit noch termingerecht abliefern zu können. ❷ *(≈ hoffnungslos) vergeblich, zwecklos:* ein illusorischer Plan

il·lus·ter <illustrer, am illustersten> *adj (geh.: ≈ erlaucht) so, dass es aus ganz besonders wichtigen und vornehmen Personen besteht:* eine illustre Gesellschaft; in illustren Kreisen verkehren

Il·lus·t·ra·ti·on *die* <-, -en> *(≈ Abbildung) eine Zeichnung in einem Buch, die den Text besser verständlich macht oder das Buch schöner macht:* Illustrationen eines namhaften Grafikers ◆-Buch-

Il·lus·t·ra·tor *der* <-, Il·lus·t·ra·to·rin <-, -toren> jmd., der beruflich Illustrationen zeichnet*

il·lus·t·rie·ren *mit OBJ* ■ *jmd. illustriert etwas* ❶ *(≈ bebildern) mit Illustrationen ausstatten:* Die Künstlerin hat ein Märchenbuch illustriert. ❷ *(≈ verdeutlichen, veranschaulichen) ein Beispiel geben, an dem man etwas konkret erkennen kann:* Er illustrierte seine These anhand eines Beispiels.

Il·lus·t·rier·te *die* <-n, -n> *(≈ Magazin) eine Zeitschrift, die viele farbige Bilder enthält* ◆Fernseh-

Il·tis *der* <-ses, -se> *ein kleines Raubtier*

im *präp +Dat.* ❶ */„in“ + „dem“/ verwendet, um auszudrücken, dass jmd. oder etwas sich innerhalb von etwas befindet:* Wir warten im Garten.; Er ist im Wohnzimmer und liest die Zeitung. ❷ */nicht auflösbar/ in Verbindung mit Monatsnamen und Zeitangaben verwendet, um auszudrücken, dass etwas in den genannten Zeitraum fällt:* Er wollte im Oktober kommen.; Das Paket soll im Lauf des Dienstag eintreffen ❸ */„im“ (nicht auflösbar) + substantivierter Inf./ verwendet, um auszudrücken, dass sich etwas auf die genannte Sache bezieht oder sich im Zusammenhang mit ihr ereignet:* Er hat im Lesen noch einige Schwierigkeiten.; Er aß sein Brot im Laufen.; ■ **im Grunde genommen** *(umg.) eigentlich;* ■ **im Wesentlichen** *überwiegend;* ■ **im Großen und Ganzen** *in der Hauptsache*

IM *der* [iˈɛm] <-s, -s> GESCH. *Abkürzung von „Informeller Mitarbeiter"(des Ministeriums für Staatssicherheit der ehemaligen DDR)*

Image *das* [ˈɪmɪtʃ] <-(s), -s> (≈ *Ansehen) das Bild oder der Eindruck, den die Öffentlichkeit von einer Person oder Sache hat:* ein fragwürdiges/glänzendes/gutes/ schlechtes Image; Er versucht sein Image aufzupolieren/zu verbessern. ◆ -berater, -kampagne, -problem, -werbung

Image·pfle·ge *die* [ˈɪmɪtʃ...] <-> */kein Plur./ (umg.) alle Maßnahmen, mit denen jmd. sein Image erhalten und verbessern will:* Der Minister muss mehr für seine Imagepflege tun.

Image·ver·lust *der* [ˈɪmɪtʃ...] <-(e)> */kein Plur./ der Verlust eines (positiven) Image:* Nach Aufdeckung der Affäre droht dem Staatssekretär nun ein herber Imageverlust – die negativen Schlagzeilen in der Presse häufen sich bereits.

ima·gi·när *adj /nicht steig./* ❶ *(geh.: ↔ real) so, dass es nicht in der Wirklichkeit, sondern nur in der Vorstellung existiert:* imaginäre Welten ❷ MATH. *nicht darstellbar:* Die Wurzel aus −1 ist eine imaginäre Zahl.

Ima·gi·na·ti·on *die* <-, en> (≈ *Vorstellungskraft) die Fähigkeit, sich etwas (Sachen, Ereignisse, Bilder) vorstellen zu können:* Um dies nachvollziehen zu können, braucht man freilich Imagination.; Aktive Imagination, bei der Fantasien und Tagträume produziert werden, fördert die kreativen Kräfte des Menschen. ◆ -sfähigkeit, -skraft, -stechnik, -stherapie, -sübung

ima·gi·na·tiv *adj /nicht steig./ durch Imagination:* Er hat starke imaginative Fähigkeiten.

Imam *der* <-s, -s/-e> REL. *Vorbeter in einer Moschee*

Im·biss *der* <-es, -e> ❶ *eine kleine (Zwischen-)Mahlzeit:* in den Seminarpausen belegte Brötchen und Obst als Imbiss reichen ❷ (≈ *Imbissstube)*

Im·biss·stu·be *die* <-, -n> *ein einfaches Lokal, in dem kleine Mahlzeiten angeboten werden*

Imi·tat *das* <-(e)s, -e> (≈ *Kopie) etwas, das einer Sache oder einem Material nachgebildet ist:* Die Uhr ist ein billiges Imitat einer Nobelmarke.; Ist das echt? – Nein, das ist ein Imitat. ◆ Leder-, Pelz-

Imi·ta·ti·on *die* <-, -en> ❶ */kein Plur./ das Nachahmen:* die Imitation von Tierstimmen ▸ Imitator, Imitatorin, imitatorisch ▸ Stimmen- ❷ (≈ *Imitat) eine minderwertige Nachahmung einer wertvollen Sache:* Die Halskette ist nur eine Imitation, das Original ist unbezahlbar.

imi·tie·ren *mit OBJ* ■ *jmd. imitiert etwas nachahmen:* Er kann die Stimmen von Prominenten gut imitieren.; Er hat den Bundeskanzler täuschend echt imitiert. ▸ Imitator, Imitatorin

Im·ker *der,* **Im·ke·rin** <-s, -> *jmd., der (beruflich) Bienen züchtet und Honig herstellt*

Im·ke·rei *die* <-, -en> ❶ */kein Plur./ das Züchten von Bienen (und die Gewinnung von Honig)* ❷ *Betrieb der Bienenhaltung und Honigbereitung*

im·ma·nent *adj /nicht steig./* ❶ *(geh.) so, dass es immer schon in etwas enthalten ist und man es daher nicht umgehen kann:* Gewisse Probleme sind auch diesem Lösungsansatz immanent.

❷ PHILOS. *(↔ transzendent) so, dass es innerhalb der Grenzen möglicher Erfahrung liegt* ▸ Immanenz

Im·ma·tri·ku·la·ti·on *die* <-, -en> (≈ *Einschreibung) die offizielle Anmeldung eines Studenten bei einer Universität* ◆ -sbescheinigung

im·ma·tri·ku·lie·ren I. *mit OBJ* ■ *jmd. immatrikuliert jmdn. jmdn. als Studenten aufnehmen:* Die Hochschule hat in diesem Semester wieder mehr Studenten immatrikuliert. II. *mit SICH* ■ *jmd. immatrikuliert sich sich als Student an einer Hochschule einschreiben:* Er immatrikulierte sich an der Universität (für einen Magisterstudiengang in den Fächern ...).

im·mens *adj /nicht steig./* (≈ *enorm) sehr groß:* immenses Glück haben; immense Vorteile genießen

im·mer I. *adv* ❶ (≈ *stets ↔ nie) so, dass es gleichbleibend ist oder sich oft wiederholt:* Sie war immer eine gute Kollegin.; Sie hat sich schon immer für Kunst interessiert.; Musst du immer so schmatzen?; Sie war nie anders, sie war immer so. ❷ *jedes Mal:* Immer wenn ich sie sah, lächelte sie mich an. ❸ */„immer" + Komparativ/ (≈ zunehmend) verwendet, um auszudrücken, dass sich etwas ständig steigert:* Das Wetter wird immer besser.; Er arbeitet immer mehr.; Sie kann Deutsch immer besser verstehen. II. *part* ■ *immer noch zusammen mit „noch" verwendet, um zu betonen, dass sich an der Gültigkeit der gemachten Aussage nichts geändert hat (besonders dann, wenn man dies glauben könnte oder dies behauptet wird):* Das Auto ist immer noch neu (≈ es ist noch keineswegs alt).; Er ist immer noch hungrig (≈ er ist noch nicht satt).; Das ist immer noch keine vernünftige Lösung (≈ auch nicht, wenn manche es glauben).; ■ *auf immer und ewig (geh.) für alle Zukunft;* ■ *was auch immer geschieht ... gleichgültig, was geschieht ...* ◆ Getrennt- oder Zusammenschreibung →R 4.16 Ich wünsche mir einen immer währenden/immerwährenden Frühling.

im·mer·dar *adv (geh.) für immer*

im·mer·grün *das* <-(s)> */kein Plur./ eine im Frühjahr blühende Pflanze mit blauen Blüten, deren Blätter auch im Winter grün bleiben*

im·mer·grün *adj /nicht steig./ so, dass eine Pflanze das ganze Jahr über grüne Blätter hat*

im·mer·hin *adv* ❶ (≈ *wenigstens, zumindest) verwendet, um auszudrücken, dass das Genannte das Geringste ist, was man erwarten kann:* Das Ergebnis ist zwar nicht sehr gut, aber er hat immerhin die Prüfung bestanden. ❷ (≈ *schließlich) Du solltest sie anrufen, sie ist immerhin deine Freundin.

Im·mer·si·on *die* <-> (*fachspr.) das Eintauchen; die Einbettung* ❷ SCHULE *Konzept des Zweitspracherwerbs, bei dem eine Fremdsprache durch den Gebrauch (wie beim Erwerb der Muttersprache) und nicht durch Instruktion erlernt wird; siehe auch* **Spracherwerb, Zweitspracherwerb**

Die **Immersion**, manchmal auch „Sprachbad" genannt, ist ein Sprachlehr- und Sprachlern-

Konzept, bei dem der Erwerb von Kenntnissen einer Fremdsprache in der Art des Erwerbs einer Muttersprache erfolgen soll, nämlich beiläufig, ohne Instruktion, und mit der gleichen Mühelosigkeit. Folglich spielt hier die Vermittlung von Grammatikkenntnissen keine oder eine ganz untergeordnete Rolle. Die Zielsprache ist im Unterschied zu anderen Konzepten Unterrichtssprache. Abgebaut werden sollen damit die aus Situationen der Fremdsprachenproduktion bekannten Hemmungen (Furcht vor Fehlern). Der Ausdruck *Immersion* kam im Zusammenhang mit kanadischen Sprachlehrprogrammen auf: Dort hat man Angehörige der englischsprachigen Mehrheit in der Muttersprache der französischen Minderheit unterrichtet. Angestrebt wurden ein hohes Niveau der Beherrschung der Zielsprache und ein Verständnis für die zielsprachliche Kultur. Auch in anderen mehrsprachigen Kulturen orientiert man sich schon lange als Ersatz für den traditionellen Fremdsprachenunterricht an dem Immersionsunterricht.

Das Konzept wird auch im deutschsprachigen Raum teilweise bereits an Kindergärten und Grundschulen zum Erwerb von Fremdsprachenkenntnissen (insbesondere solcher des Englischen) eingesetzt. Dabei ist durchaus nicht ausgeschlossen, dass grundlegende Aspekte im Unterricht auch in deutscher Sprache erläutert werden. So erfolgt z. B. im Rahmen des Projekts der Hamburger „Immersionsschulen" der Unterricht zu 70 Prozent in englischer Sprache, und es werden Erläuterungen auch in deutscher Sprache gemacht.

In der Erwachsenenbildung geht das Produkt der *Total Immersion®* (mit gesetzlich geschütztem Warenzeichen) auf M. D. Berlitz zurück, dessen Sprachschulen weltweit damit werben, dass Manager und Politiker im Team, individuell, schnell und intensiv eine Fremdsprache ohne Vermittlung von Grammatikkenntnissen erlernen können.

sprachen entstehen. Als jugendsprachliche Äußerungsformen werden sie der Varietät (vgl. das Stichwort) der Jugendsprache (vgl. das Stichwort) zugeordnet, oder als *Kiezdeutsch* bzw. *multiethnische Jugendsprache* bezeichnet. Unter sprachsoziologischen Gesichtspunkten werden entsprechende Ausdrucksmittel auch als *Ethnolekt* bezeichnet, nämlich als Varietät bzw. Sprachstil einer ethnischen Minderheit.

In Deutschland sind mit *Immigrantendeutsch* Ausprägungen eines Sprachgemischs vor allem türkischstämmiger Migranten gemeint, wobei in kreativer Weise das Deutsche mit dem Türkischen vermischt wird; daneben gibt es ähnliche Äußerungsformen auch durch den Sprachkontakt mit Angehörigen des früheren Jugloslawien; dazu finden sich auch die Bezeichnungen *Jugo-Deutsch* und *Balkan-Slang*.

Für den türkisch-deutschen Sprachmix gibt es lange die Ausdrücke *Türkenslang* und *Türkendeutsch*. Dafür wurde außerdem im Anschluss an den gleichnamigen Buchtitel von Feridun Zaimoğlu (1995) der Ausdruck *Kanak Sprak* besonders bekannt; daneben ist der Türkenslang durch verschiedene Comedians karikiert und über die Medien verbreitet worden. Derartige stilisierte sprachkünstlerische Ausformungen entsprechen nur wenig der sprachlichen Realität einer Sprachmischung z. B. in den Migrantenvierteln Berlins oder Hamburgs.

Der Einfluss von Migrantensprachen auf Jugendliche der ethnischen Mehrheit wird als *Sprachkreuzung* bzw. *language crossing* bezeichnet. Es handelt sich dabei um türkische Grußwörter, Ausrufe, Anreden, Beschimpfungen usw., z. B. *weissdu, vaschtehs du?, normal, alder! Hey lan, krass, wo du wolle?, Ey, Mann, was Problem?, Tam tschuki* (aus *tamtam* und *cok iyi*), oder *lebeisch* in *Schweinefresserland, Isch mache disch Messer, Aalder.* Für die Einschätzung derartiger sprachlicher Äußerungen gilt zumindest überwiegend das Gleiche wie für (sonstige) jugendsprachliche Äußerungsformen (vgl. das Stichwort *Jugendsprache*): Sie werden (in diesem Falle) von ethnisch gemischten Jugendcliquen und von anderen Jugendlichen sprachspielerisch eingesetzt und meist auch von den Beteiligten nicht ernst genommen. Ein gravierender Einfluss auf „die" deutsche Sprache dürfte sich daraus nicht ableiten lassen.

ịm·mer·zu *adv (geh.: ≈ dauernd) ständig, sich wiederholend:* Er ist immerzu unaufmerksam und stört den Unterricht.

Im·mi·g·rạnt *der,* **Im·mi·g·rạn·tin** <-en, -en> *(≈ Einwanderer ↔ Emigrant) jmd., der in einem Land, aus dem er nicht stammt, dauerhaft leben will*

Im·mi·g·rạn·ten·deutsch *das* <-> */kein Plur./ (≈ Migrantendeutsch) sprachliche Mischform unter dem Einfluss einer Migrantensprache; siehe auch* **Jugendsprache,** **Varietät**

Der Ausdruck **Immigrantendeutsch** ist noch wenig eingespielt; er findet sich auch als *Migrantendeutsch* zur Bezeichnung reduzierter sprachlicher Äußerungsformen in ethnischen Milieus, die unter dem Einfluss von Migranten-

Im·mi·g·ra·ti·on *die* <-> */kein Plur./ (≈ Einwanderung ↔ Emigration) der Vorgang, dass jmd. in einem Land, aus dem er nicht stammt, dauerhaft leben will*

im·mi·g·rie·ren *ohne OBJ* ■ *jmd.* **immigriert** *(≈ einwandern ↔ emigrieren) in ein Land kommen, um dort dauerhaft zu leben*

Im·mis·si·on *die* <-, -en> *(fachspr.) das negative Einwirken von Luftverschmutzung, Lärm oder*

Strahlung auf Menschen, Tiere und Pflanzen ◆-snorm, -sschaden, -sschutz, -swert

Im·mo·bi·lie *die* <-, -n> /selten im Sing./ unbeweglicher Besitz (wie ein Gebäude oder ein Grundstück) ◆-nbesitz, -nfonds, -nhandel, -nkauf, -nmarkt

Im·mo·bi·li·en·mak·ler *der,* **Im·mo·bi·li·en·mak·le·rin** <-s, -> jmd., dessen Beruf es ist, im Auftrag von Haus- oder Wohnungsbesitzern Käufer oder Mieter für Häuser oder Wohnungen zu finden

im·mun adj /nicht steig./ ❶ MED. so, dass man gegen eine Krankheit bzw. einen Erreger widerstandsfähig ist und die Krankheit daher nicht bekommt oder sie leichter überwindet ❷ (umg. übertr.) so, dass man gegen etwas unempfindlich ist und darauf nicht stark reagiert: Sie ist gegen Stress scheinbar immun. ❸ RECHTSW. vor Strafverfolgung geschützt: Als Abgeordneter ist er immun.

Im·mun·ab·wehr *die* <-> /kein Plur./ MED. die körpereigene Abwehr gegen Krankheitserreger: Die Immunabwehr des Patienten kann durch Vitamine gestärkt werden.

im·mu·ni·sie·ren I. mit OBJ ▪ jmd./etwas immunisiert jmdn. MED. den Körper durch Impfen immun[1] machen: Der Allergiker sollte durch eine gezielte Therapie immunisiert werden. ▸Immunisierung II. mit SICH ▪ jmd. immunisiert sich gegen etwas Akk. sich unempfindlich machen, so dass etwas jmdn. nicht mehr stört: Er hat sich gegen jede Kritik immunisiert.

Im·mu·ni·tät *die* <-, -en> /Plur. selten/ ❶ MED. Unempfindlichkeit gegen Krankheitserreger ❷ POL., RECHTSW. der gesetzlich garantierte Schutz vor Strafverfolgung, der für Abgeordnete und Diplomaten generell gilt, aber in besonderen Fällen aufgehoben werden kann

Im·mu·no·lo·ge *der,* **Im·mu·no·lo·gin** <-n, -n> MED. ein Wissenschaftler auf dem Gebiet der Impfstoffforschung ▸Immunologie, immunologisch

Im·mun·schwä·che *die* <-> /kein Plur./ MED. der Zustand, dass jmds. Immunsystem durch Krankheit dauerhaft geschwächt ist ◆-krankheit; siehe **Aids**

Im·mun·sys·tem *das* <-s, -e> MED. das System der Abwehrkräfte eines Organismus, mit denen er in ihn eingedrungene Krankheitserreger bekämpft

Im·pe·ra·tiv *der* <-s, -e> ❶ SPRACHWISS. (≈ Befehlsform) die Form des Verbs, durch die eine Aufforderung ausgedrückt wird: In dem Satz „Gib mir das Buch!" steht das Verb „geben" im Imperativ. ◆-name, -satz ❷ PHILOS. eine moralische Forderung: der kategorische Imperativ bei Kant

Im·per·fekt *das* <-s, -e> SPRACHWISS. (≈ Präteritum) eine Zeitform des Verbs in der Vergangenheit: In dem Satz „Das Kleid stand ihr gut." steht das Verb „stehen" im Imperfekt.

Im·pe·ri·a·lis·mus *der* <-> /kein Plur./ ❶ POL. das Streben von Großmächten nach einer (militärischen, politischen und wirtschaftlichen) Vormachtstellung, das mit rücksichtsloser, expansiver Politik durchgesetzt wird ❷ POL., GESCH. die Expansionsbewegung der europäischen Großmächte am

Anfang des 20. Jahrhunderts (in deren Verlauf zahlreiche Kolonien gegründet wurden)

im·pe·ri·a·lis·tisch adj /nicht steig./ vom Machtstreben des Imperialismus geprägt

Im·pe·ri·um *das* <-s, Imperien> ❶ (≈ Weltreich) ein sehr großes Herrschaftsgebiet eines Staates: Das römische Imperium umfasste einen großen Teil der damals bekannten Welt. ❷ ein sehr großer Macht- bzw. Einflussbereich (eines Unternehmens): Im Laufe vieler Jahre hat der Medienkonzern ein Imperium aufgebaut. ◆Finanz-, Industrie-, Öl-, Zigaretten-

im·per·ti·nent adj (geh. abwert.: ≈ dreist, frech) auf herausfordernde Art unverschämt: Das lasse ich mir von dieser impertinenten Person nicht bieten!

Im·per·ti·nenz *die* <-> /kein Plur./ (geh.) dreiste Unverschämtheit, Frechheit: Er besaß die Impertinenz, mir diese offensichtliche Lügengeschichte auch noch zu erzählen.

Im·pe·tus *der* <-> /kein Plur./ (geh.) ❶ (≈ Antrieb) die Energie und der Wille, die man braucht, um mit einer Aufgabe zu beginnen oder ein Problem zu lösen: Mir fehlt jeglicher Impetus, diese Arbeit anzugehen. ❷ (≈ Elan) Schwung und Energie eines Menschen: Ich bewunderte ihren jugendlichen Impetus.

imp·fen mit OBJ ▪ jmd. impft jmdn. dem Körper eines Menschen oder eines Tieres einen Impfstoff (meist durch eine Injektion) zuführen: Die Ärztin impft die Kinder gegen Masern.; Ich habe mich gegen Grippe impfen lassen.

Impf·pass *der* <-es, Impfpässe> MED. ein Dokument, in das erfolgte Impfungen (und das Datum ihrer Verabreichung) eingetragen werden

Impf·schutz *der* <-es> /kein Plur./ der Zeitraum, innerhalb dessen eine Impfung wirksamen Schutz gegen eine Erkrankung gibt

Impf·stoff *der* <-(e)s, -e> ein Medikament, mit dem man Menschen gegen eine Krankheit impfen kann

Imp·fung *die* <-, -en> das Impfen ◆Schutz-

Impf·zwang *der* <-(e)s> /kein Plur./ die Vorschrift, sich gegen etwas impfen lassen zu müssen: Dem Impfzwang ist es zu verdanken, dass bestimmte Krankheiten nahezu ausgerottet werden konnten.

Im·plan·ta·ti·on *der* <-, -en> MED. (↔ Transplantation) das Einpflanzen von Gewebe, das nicht dem eigenen Körper entstammt: Die Implantation des Hautstücks ist gelungen.; In die Zahnlücke wird ein künstlicher Zahn durch Implantation eingesetzt. ◆-sblutung, -sdiagnostik, -sstörung

im·plan·tie·ren mit OBJ ▪ jmd. implantiert jmdm. etwas MED. eine Implantation vornehmen ▸Implantat

Im·pli·ka·ti·on *die* <-, -en> ❶ (geh.) die Tatsache, dass in einem Sachverhalt ein anderer (logisch) enthalten ist oder sein soll: Die Äußerung hat einige gewichtige Implikationen.; Der Forscher hatte auf die folgenschweren Implikationen dieser These bereits 1962 hingewiesen. ❷ PHILOS., SPRACHWISS. die Bezeichnung für die logische Beziehung „wenn …, dann …"

im·pli·zie·ren *mit OBJ* ∎ *etwas impliziert etwas* *(geh.) gleichzeitig aussagen, zur Folge haben:* Ihre Aussagen implizieren, dass ...

im·pli·zit, im·pli·zit *adj /nicht steig./ (geh.: ↔ explizit) so, dass etwas indirekt mit ausgesagt ist oder logisch in einer Aussage enthalten ist:* Er hat damit auch eine implizite Drohung ausgesprochen.

im·plo·die·ren *ohne OBJ* ∎ *etwas implodiert (fachspr.: ↔ explodieren) durch äußeren Überdruck zerstört werden:* Die Bildröhre des Fernsehers ist implodiert. ▸ Implosion

im·po·nie·ren *ohne OBJ* ∎ *jmd./etwas imponiert jmdm. (≈ beeindrucken) großen Eindruck machen und Bewunderung hervorrufen:* Er wollte der neuen Kollegin imponieren.; Das war eine imponierende Leistung.; Seine Bildung imponiert mir.

Im·po·nier·ge·ha·be *das* <-s> */kein Plur./* ❶ BIOL. *ein bestimmtes Verhalten von Tieren, mit dem ein Tier anderen Artgenossen Stärke und Überlegenheit zeigen will:* Der Filmausschnitt zeigt das Imponiergehabe des männlichen Gorillas: Er trommelt sich auf die Brust und sträubt sein Fell. ❷ *(übertr. abwert.) ein Verhalten, mit dem jmd. anderen Menschen imponieren will:* Die weiblichen Partygäste machten sich bereits über sein Imponiergehabe lustig.

Im·port *der* <-(e)s, -e> WIRTSCH. *(≈ Einfuhr ↔ Export) der Vorgang, dass Waren aus dem Ausland in ein Land eingeführt werden* ◆-artikel, -beschränkung, -firma, -geschäft, -handel, -stopp, -ware, -zoll

Im·por·teur *der,* **Im·por·teu·rin** *[...'tø:r]* <-s, -e> WIRTSCH. *(↔ Exporteur) eine Firma, die Waren aus dem Ausland importiert*

im·por·tie·ren *mit OBJ* ∎ *jmd. importiert etwas* WIRTSCH. *(↔ exportieren) (Waren) aus dem Ausland in ein Land einführen*

im·port·las·tig *adj /nicht steig./* WIRTSCH. *(↔ exportlastig) so, dass die Wirtschaft eines Landes sehr stark auf Importe ausgerichtet ist*

im·po·sant *adj durch seine Größe sehr beeindruckend:* Der Mann war eine imposante Erscheinung, sehr groß und bärenstark.; Ich hatte noch nie ein derart imposantes Bauwerk gesehen.

im·po·tent *adj (↔ potent) (als Mann) zum Geschlechtsakt bzw. zur Zeugung unfähig*

Im·po·tenz *die* <-> */kein Plur./* MED. *die körperliche Unfähigkeit des Mannes zum Geschlechtsakt bzw. zur Zeugung*

im·präg·nie·ren *mit OBJ* ∎ *jmd./etwas imprägniert etwas auf Textilien oder Leder eine Substanz aufbringen, die bewirkt, dass Wasser von der Oberfläche abgestoßen wird:* Dieses Spray imprägniert alle Arten von Leder. ▸ Imprägnierung

Im·pre·sa·rio *der* <-s, -s/Impresari/Impresarien> *jmd., der für Künstler die Geschäfte führt*

Im·pres·si·on *die* <-, -en> */meist Plur./ der sinnliche Eindruck, der durch Wahrnehmungen und Gefühle entsteht:* Der Maler hat Impressionen dieser Reise in einem Tagebuch festgehalten.; Impressionen seiner Italienreise hat der Autor in seinem Diavortrag dem Publikum auf sehr unterhaltsame Weise dargeboten.

Im·pres·si·o·nis·mus *der* <-> */kein Plur./* KUNST *(↔ Expressionismus) eine Stilrichtung in der*

Kunst um 1900, bei der in der künstlerischen Darstellung eine Wiedergabe versucht wird, die den Sinneseindruck möglichst genau erfasst ▸ Impressionist, Impressionistin, impressionistisch

Im·pres·sum *das* <-s, Impressen> *ein Text in Büchern, Zeitungen und Zeitschriften, der unter anderem Informationen über den Verleger, den Erscheinungsort und den Verlag enthält*

Im·promp·tu *das* [ɛ̃prõ'ty:] <-s, -s> MUS. *Fantasiestück, Improvisation (für Klavier)*

Im·pro·vi·sa·ti·on *die* <-, -en> ❶ */kein Plur./ das Improvisieren* ◆-sgabe ❷ *etwas, das improvisiert wird:* das Zusammenspiel der Jazzmusiker in freier Improvisation ◆-skunst, -skünstler(in), -stheater

im·pro·vi·sie·ren *mit OBJ/ohne OBJ* ∎ *jmd. improvisiert (etwas)* ❶ *etwas notdürftig und unvorbereitet tun:* Sie improvisierten ein Mittagessen.; Er hatte sich nicht vorbereitet und musste bei der Prüfung improvisieren. ❷ *etwas absichtlich frei und spontan tun:* Er improvisierte eine kurze Rede.; Der Jazzmusiker improvisiert (über ein Thema).

Im·puls *der* <-es, -e> ❶ *Anregung, Anstoß:* Die Designerin hat der Modewelt mit ihren Entwürfen stets entscheidende/wichtige Impulse gegeben. ❷ PHYS. *physikalische Größe* ◆-erhaltung, Drehimpuls

im·pul·siv *adj (↔ beherrscht) so, dass jmd. dazu neigt, spontan und schnell zu handeln und nicht vorher lange zu überlegen:* Sie ist sehr impulsiv, sie überlegt nicht lange. ▸ Impulsivität

im·stand, *a.* **im·stan·de** siehe **imstande**

im·stan·de, *a.* **im Stan·de** *adv fähig oder dazu in der Lage, etwas zu tun* ◆ Getrennt- oder Zusammenschreibung →R 4.20 Er war nicht mehr imstande/im Stande, seine Beine zu bewegen.

in I. *präp* ❶ +*Dat. verwendet, um den Ort anzugeben, wo sich etwas befindet:* Ich meine das Regal in der Küche. ❷ +*Dat. verwendet, um den Zeitpunkt oder Zeitraum anzugeben, zu/in dem etwas geschieht:* In diesem Jahr komme ich nicht mehr.; In einer Woche bin ich in Berlin. ❸ +*Dat. verwendet, um die Umstände anzugeben, unter denen die genannte Sache zu sehen ist:* In Wirklichkeit ist sie sehr schlau.; Das spielt sich alles nur in seiner Vorstellung ab. ❹ +*Akk. zur Angabe eines Zeitraumes, über den sich etwas erstreckt:* Die Geschichte geht bis in die zwanziger Jahre/Zwanzigerjahre zurück.; Ihre Erinnerungen reichen bis ins letzte Jahr. ❺ +*Dat. verwendet, um auszudrücken, dass etwas Teil des Inhalts eines geschriebenen Texts ist:* In seinem Roman ... taucht schon früh die Figur des ... auf.; In seiner Rektions- und Bindungstheorie entwickelt Noam Chomsky die These, dass ...; In keinem von Benns Gedichten wird dies so deutlich wie in ... ❻ +*Akk. verwendet, um das Ziel anzugeben, zu dem man etwas bringt oder worauf sich etwas zubewegt:* Er hängte die Jacke in den Schrank.; Sie schaute in das Wohnzimmer.; Er ging in die Küche. ❼ +*Dat./ Akk. verwendet, um eine grammatische Beziehung zur Nominalphrase herzustellen:* Sie war fürchterlich in ihn verliebt.; Er ist gut in Mathematik. II. ∎ **in (sein)** *(↔ out (sein) umg.) gerade modern (sein)* Ist Techno eigentlich noch in?

in·ad·äquat, in·ad·äquat *adj /nicht steig./ (geh.:* ≈ *unangemessen* ↔ *adäquat) so, dass es nicht im richtigen Verhältnis zu etwas steht:* Die Bezahlung ist völlig inadäquat. ◆ Inadäquatheit

in·ak·tiv <geh.> *adj (geh.) nicht aktiv* ▶ inaktivieren, Inaktivität

in·ak·zep·ta·bel, in·ak·zep·ta·bel *adj /nicht steig./ (geh.:* ↔ *akzeptabel) so, dass man es nicht akzeptieren kann:* ein inakzeptabler Vorschlag

In·an·spruch·nah·me *die* <-, -n> **❶** *der Zustand, dass jmd. oder etwas sehr stark beansprucht oder stark belastet wird:* Wegen der starken beruflichen Inanspruchnahme bleibt ihr kaum noch Freizeit.; Man sieht dem Gerät die starke Inanspruchnahme an. **❷** AMTSSPR. *der Vorgang, dass jmd. von einem Recht Gebrauch macht oder eine Möglichkeit ergreift:* die Inanspruchnahme eines Kredits

In·be·griff *der* <-(e)s, -e> *jmd. oder etwas, der oder das die vollkommene Verkörperung einer Sache ist, weil er oder es alle Eigenschaften hat, die man mit der Sache in Verbindung bringt:* Er ist der Inbegriff eines Künstlers.; Mit seinem kahlen Kopf und der kleinen runden Brille sah der Professor aus wie der Inbegriff eines Wissenschaftlers.

in·be·grif·fen *adj /nicht steig./ (*≈ *inklusive) so, dass im Preis von etwas bestimmte Kosten schon enthalten sind:* Die Miete beträgt 1.200 Euro, alle Nebenkosten inbegriffen.

In·be·trieb·nah·me *die* <-, -n> *der Vorgang, dass man ein neues Gerät oder eine neue Maschine das erste Mal benutzt:* Vor Inbetriebnahme des neuen Geräts sollten Sie die Gebrauchsanweisung lesen.

In·brunst *die* <-> */kein Plur./ (veralt.) Leidenschaft; innere Anteilnahme; Ergriffenheit:* Er hat das Gedicht mit wahrer Inbrunst vorgetragen.

in·brüns·tig *adj (veralt.) voller Inbrunst:* Sie hat ihn inbrünstig geliebt.

In·de·fi·nit·pro·no·men, In·de·fi·nit·pro·no·men *das* <-s, -/Indefinitpronomina> SPRACHWISS. *ein Pronomen, das man verwendet, um auszudrücken, dass die vom Pronomen bezeichnete(n) Person(en) oder Dinge nicht bekannt oder nicht weiter wichtig ist/sind:* „Man" und „jemand" sind Indefinitpronomina.

in·de·kli·na·bel, in·de·kli·na·bel *adj /nicht steig./* SPRACHWISS. *so, dass ein Wort in seiner Form niemals verändert wird:* „Nicht" ist ein indeklinables Wort.

in·dem *konj* **❶** *verwendet, um im Nebensatz das Mittel oder die Begleitumstände anzugeben, die für die im Hauptsatz genannte Sache nötig sind:* Indem du mehr lernst, bekommst du bessere Noten. **❷** *(geh.:* ≈ *während) verwendet, um auszudrücken, dass die im Nebensatz und die im Hauptsatz genannten Vorgänge gleichzeitig stattfinden:* Indem ich noch überlegte, antwortete schon ein anderer.

In·der *der;* **In·de·rin** <-s, -> *jmd., der die indische Staatsbürgerschaft hat*

in·des(·sen) *adv (geh.)* **❶** *(*≈ *währenddessen)* Setzt euch schon mal, ich mache indessen Kaffee. **❷** *(*≈ *hingegen)* Ich habe ihr angeboten, sie nach Hause zu fahren, sie indessen wollte den Bus nehmen.

In·dex *der* <-(es), -e/Indizes/Indices> **❶** *(*≈ *Register) ein alphabetisches (Namens- oder Stichwort-)Verzeichnis (am Ende eines Sachbuches):* Bei allen Ausdrücken/Wörtern im Index steht eine Zahl, die das jeweilige Kapitel angibt. ◆ Autoren-, Stichwort- **❷** */Plur.* <Indexe>/ *eine Liste von Büchern oder Filmen, deren Verbreitung verboten ist:* Der Roman stand auf dem Index/wurde auf den Index gesetzt. **❸** */Plur.* <Indices>/ MATH. *die hoch- oder tiefgestellte Zahl zur Unterscheidung von Werten und Größen mit gleicher Bezeichnung*

In·di·an *der* <-s, -e> ÖSTERR. *Truthahn*

In·di·a·ner *der;* **In·di·a·ne·rin** <-s, -> *Ureinwohner Amerikas:* die nordamerikanischen Indianer; die im Amazonasbecken lebenden Indianer ◆-buch, -geschichte, -häuptling, -krieger, -reservat, -reservation, -schmuck, -sprache, -stamm, -zelt ▶ indianisch

In·di·en <-s> *südasiatischer Staat* ▶ Inder, Inderin

in·dif·fe·rent, in·dif·fe·rent *adj /nicht steig./* **❶** *(geh.:* ≈ *unentschieden) so, dass jmd. nicht bereit ist, sich zwischen zwei Positionen zu entscheiden:* Er hat in dieser Frage eine indifferente Haltung eingenommen. ▶ Indifferenz **❷** *so, dass jmd. sich gleichgültig und ohne innere Teilnahme verhält:* Sie wirkte während der gesamten Aussprache völlig indifferent.

in·di·g·niert *adj (geh.) peinlich berührt; angewidert:* Er blickte indigniert in eine andere Richtung. ▶ Indignation

In·di·go *das* <-s, -s> *ein blauer Farbstoff* ◆-blau

In·di·ka·tiv *der* <-s, -e> SPRACHWISS. *(*≈ *Wirklichkeitsform* ↔ *Konjunktiv) die Form des Verbs, die anzeigt, dass etwas real ist* ▶ indikativisch

---

Der **Indikativ** ist neben dem Konjunktiv (vgl. das Stichwort) und dem Imperativ der normale Modus bzw. die normale Aussageweise des Verbs. Mit dem Indikativ werden Vorgänge als tatsächlich bzw. real gegeben dargestellt: „Der Wolf hat das Rotkäppchen gefressen", „Die Quadratwurzel aus neun ist drei". Zum Indikativ gehören die Zeitformen des Präsens, Imperfekts, Perfekts, Plusquamperfekts und Futurs. Sie alle verweisen auf Aussagen, die innerhalb einer als real vorgestellten Wirklichkeit stattfinden, stattgefunden haben, oder stattfinden werden, was durchaus nicht einen Wahrheitsanspruch beinhalten muss. Zusammen mit lexikalischen oder intonatorischen Elementen kann mit dem Indikativ unter anderem auch eine Vermutung („Möglicherweise kommt sie heute") oder eine Forderung („Du kommst morgen früh!") zum Ausdruck gebracht werden.

In·dio *der* <-s, -s> *Angehöriger eines südamerikanischen Indianervolkes*

in·di·rekt *adj /nicht steig./ (*≈ *implizit* ↔ *direkt) nicht ausdrücklich:* Er hat mir indirekt gedroht.;

Sie hat es mir indirekt zum Vorwurf gemacht. ▷ Indirektheit

in·disch *adj /nicht steig./ zu Indien gehörend, daher stammend* ◆ Großschreibung →R 3.19 der Indische Ozean

in·dis·kret, in·dis·kret *adj (≈ taktlos) so, dass man sich zu direkt um sehr persönliche, intime Dinge anderer Personen kümmert und damit ihre Gefühle verletzt:* Er hat sich für seine indiskrete Frage entschuldigt.; Sie verhält sich oft aufdringlich und indiskret.

In·dis·kre·ti·on, In·dis·kre·ti·on *die* <-, -en> *(↔ Diskretion) Mangel an Verschwiegenheit:* Durch eine Insdiskretion wurden diese Ereignisse schon bekannt, bevor sie öffentlich mitgeteilt werden konnten.

in·dis·ku·ta·bel, in·dis·ku·ta·bel <indiskutabler, am indiskutabelsten> *adj (geh. abwert.) so überaus schlecht, dass man gar nicht mehr darüber diskutieren muss:* Die Prüfungsergebnisse sind völlig indiskutabel.

in·dis·po·niert, in·dis·po·niert *adj /nicht steig./ (geh.) so, dass jmd. durch eine (leichte) Erkrankung in keiner gutem Verfassung ist (besonders stimmlich) und deshalb einen Auftritt absagen muss:* Das Konzert muss leider ausfallen, da der Sänger indisponiert ist. ▷ Indisposition

In·di·vi·du·a·lis·mus *der* <-> /kein Plur./ (geh.: ↔ Kollektivismus) eine Weltanschauung, die dem Individuum und seiner Entfaltung (gegenüber den Interessen der Gemeinschaft) den Vorrang gibt

In·di·vi·du·a·list *der,* **In·di·vi·du·a·lis·tin** <-en, -en> *(geh.) jmd., der ganz nach seinen eigenen Vorstellungen lebt und wenig von gesellschaftlichen Konventionen und Regeln hält* ▷ individualistisch

In·di·vi·du·a·li·tät *die* <-> /kein Plur./ (geh.) die Gesamtheit aller Merkmale, welche den einzelnen Menschen von allen anderen Menschen unterscheiden:* Er konnte erstmals seine Individualität voll entfalten.

In·di·vi·du·al·ver·kehr *der* <-s> /kein Plur./ AMTSSPR. (↔ öffentlicher Verkehr) der Autoverkehr mit privaten Kraftfahrzeugen

In·di·vi·du·a·ti·on *die* <-> /kein Plur./ PSYCH. die Entwicklung und Reifung der individuellen Persönlichkeit im Verlauf des Lebens

in·di·vi·du·ell *adj /nicht steig./* ❶ *auf das einzelne Individuum und seine speziellen Bedürfnisse zugeschnitten:* Wir werden eine individuelle Lösung des Problems suchen.; Der Unterricht wird ganz individuell auf das Wissen der Kursteilnehmer abgestimmt. ❷ *(≈ eigenständig) durch seine Eigenart geprägt und dadurch charakteristisch:* Der Garten besitzt eine sehr individuelle Note.

In·di·vi·du·um *das* <-s, Individuen> ❶ *(geh.) der einzelne Mensch (im Gegensatz zur Masse):* Individuum und Gesellschaft ❷ BIOL. *ein Tier als Einzelexemplar seiner Art* ❸ *(umg.) ein Mensch, den man als unangenehm empfindet oder der sich sehr auffällig benimmt:* ein verdächtiges Individuum; Vor der Haustür schlich ein Individuum herum und verschwand dann plötzlich im Gebüsch.

In·diz *das* <-es, Indizien> ❶ /meist Plur./ RECHTSW.

ein Gegenstand, der etwas beweist und der in einer Gerichtsverhandlung den Angeklagten belasten oder entlasten kann ◆ -ienkette, -ienprozess ❷ (geh.) Hinweis, Anzeichen:* Einige Indizien weisen auf einen baldigen Wechsel in der Führungsspitze des Konzerns hin.

In·di·zes <-> Plur. siehe **Index**

In·di·zi·en·be·weis *der* <-es, -e> RECHTSW. *ein Beweis, der sich nur auf Indizien stützt, aus denen der Hergang der Straftat erschlossen wird*

in·di·zie·ren *mit OBJ* ❶ ■ *etwas indiziert etwas (fachspr.) etwas zeigt etwas an* ❷ ■ *etwas ist indiziert es erscheint sinnvoll, etwas Bestimmtes zu tun:* In diesem Fall ist das Mittel ... indiziert.

In·do·chi·na <-s> *(aus der Kolonialzeit stammende) Bezeichnung für die Staaten Vietnam, Laos und Kambodscha*

in·do·eu·ro·pä·isch *adj /nicht steig./* SPRACHWISS. *(≈ indogermanisch)*

In·do·ger·ma·ne *der* <-n, -n> Angehöriger eines Volkes, dessen Sprache das Indogermanische war

In·do·ger·ma·ni·sche *das* <-n> /kein Plur./ SPRACHWISS. die erschlossene Grundsprache der Indogermanen ▷ indogermanisch

In·do·ger·ma·nis·tik *die* <-> /kein Plur./ SPRACHWISS. die Lehre von der Sprache und Kultur der Indogermanen

in·dok·tri·nie·ren *mit OBJ* ■ *jmd. indoktriniert jmdn. (abwert.) einzelne Personen oder Gruppen von Menschen in eine bestimmte ideologische Richtung drängen:* Man hatte vergeblich versucht, die Arbeiter politisch zu indoktrinieren. ▷ Indoktrination, Indoktrinierung

In·do·ne·si·en <-s> *ein Staat in Asien, der aus einer Gruppe von Inseln (Sumatra, Borneo, Java, Molikken) besteht* ▷ Indonesier, Indonesierin, indonesisch

In·duk·ti·on *die* <-, -en> ❶ PHILOS. *(↔ Deduktion) das Erschließen einer allgemein gültigen Regel aus einem Einzelfall* ◆ -sbeweis, -sregel ❷ TECHN. *die Erzeugung einer elektrischen Spannung durch Veränderung der Feldlinien in einem Magnetfeld* ◆ -sspannung, -sstrom, Selbst-

in·duk·tiv, in·duk·tiv *adj /nicht steig./* PHILOS. *(↔ deduktiv) durch Induktion erschließend:* Bei der induktiven Methode wird von begründeten Einzelaussagen auf eine allgemeine Aussage geschlossen.

in·dus·tri·a·li·sie·ren *mit OBJ* ■ *jmd. industrialisiert etwas auf industrielle Produktion umstellen, eine industrielle Produktion aufbauen:* Diese Region wurde bereits sehr früh industrialisiert. ▷ Industrialisierung

In·dus·trie *die* <-, ...-trien> ❶ /Plur. selten / die Wirtschaftsbetriebe, die mit Maschinen (in großer Menge) Güter herstellen:* Mit der deutschen/japanischen Industrie geht es aufwärts/abwärts.; Der Verband vertritt in erster Linie die Interessen der Industrie.; Zehntausende Arbeitsplätze wurden in der Industrie abgebaut. ❷ alle Betriebe einer bestimmten Branche in einem bestimmten Gebiet:* Man war besorgt über die Lage der Eisen verarbeitenden Industrie. ◆ -anlage, -betrieb, -erzeugnis, -gebiet, -gewerkschaft, -kauffrau, -kaufmann, -konzern, -lärm, -produkt, -standort, -unternehmen, Auto-, Baustoff-, Chemie-, Konsumgüter-, Lebensmittel-, Metall-, Möbel-, Papier-, Pharma-, Rüstungs-, Schwer-, Spielwaren-, Stahl-, Textil-

In·dus·t·rie·ab·was·ser *das* <-s, Industrieabwässer> /meist Plur./ *Abwasser, das bei der Produktion von Gütern in der Industrie entsteht:* In Flüsse eingeleitete Industrieabwässer gefährden die Wasserqualität.

In·dus·t·rie·ge·sell·schaft *die* <-, -en> (↔ *Agrargesellschaft, Dienstleistungsgesellschaft*) *eine Form der Gesellschaft, in der die Industrie im Vergleich zu Landwirtschaft und Handel sehr stark ist, und zu deren typischen typischen Merkmalen große Produktionszentren, stark differenzierte Berufe und eine enge Verbindung von Wissenschaft und Produktion gehört.*

In·dus·t·rie·ge·werk·schaft *die* <-, -en> *ein Gewerkschaft, die die Interessen der Arbeitnehmer eines Industriezweigs vertritt*

In·dus·t·rie·land *das* <-(e)s, Industrieländer> *ein Land, dessen Wirtschaftskraft hauptsächlich auf der industriellen Produktion beruht*

In·dus·t·rie·land·schaft *das* <-, -en> *ein Gebiet, das durch Produktionsanlagen der Schwerindustrie geprägt ist*

in·dus·t·ri·ell *adj* /nicht steig./ *die Industrie betreffend*

In·dus·t·ri·el·le *der/die* <-n, -n> *jmd., dem ein Industriebetrieb gehört:* Die Heirat mit einem Industriellen brachte ihr ein Millionenvermögen. ◆ Groß-, Stahl-

In·dus·t·rie·na·ti·on *die* <-, -en> (≈ *Industriestaat*)

In·dus·t·rie·staat *der* <-(e)s, -en> (≈ *Industrieland*) *ein Staat, in dem die Wirtschaft wesentlich durch Industrie geprägt ist*

In·dus·t·rie- und Han·dels·kam·mer *die* <-, -n> *eine Körperschaft des öffentlichen Rechts, die als Organisation aller Unternehmen für alle Unternehmen aus Industrie, Handel und Dienstleistungen arbeitet und sich als Interessenvertretung der Dienstleister der Unternehmen versteht*

In·dus·t·rie·zeit·al·ter *das* <-s> /kein Plur./ GESCH. *die um 1900 beginnende Periode, die durch die zunehmende Industrialisierung und deren Auswirkungen auf Wirtschaft und Gesellschaft gekennzeichnet ist*

In·dus·t·rie·zen·t·rum *das* <-s, Industriezentren> *ein Gebiet mit besonders viel Industrie*

In·dus·t·rie·zweig *der* <-(e)s, -e> *ein bestimmter Teilbereich der Industrie*

in·du·zie·ren *mit OBJ* ■ *jmd. induziert etwas* ❶ PHILOS. /↔ *deduzieren*/ *vom Einzelfall auf Allgemeines schließen* ❷ TECHN. *durch Induktion² erzeugen*

in·ei·n·an·der *adv* *verwendet, um auszudrücken, dass die genannten Dinge zu einer Art Einheit werden und die Grenze zwischen ihnen nicht mehr besteht oder nicht mehr wichtig ist* ◆ Getrenntschreibung →R 4.5 Die Musikstücke gingen ineinander über.

in·ei·n·an·der·flie·ßen <fließt ineinander, floss ineinander, ist ineinandergeflossen> *ohne OBJ* ■ *etwas fließt in etwas* Akk. An dieser Stelle fließen die beiden Flüsse ineinander.; Die ganzen Farben sind ineinandergeflossen.

in·ei·n·an·der·fü·gen <fügt ineinander, fügte ineinander, hat ineinandergefügt> **I.** *mit OBJ* ■ *jmd. fügt etwas* Akk. *ineinander* zusammenstecken, anpassen: die Bauteile ineinanderfügen **II.** *mit SICH* ■ *etwas fügt sich ineinander* sich ergeben, passen: Es ist unglaublich, wie sich die Dinge oft ohne unser Zutun ineinanderfügen.

in·ei·n·an·der·grei·fen <greift ineinander, griff ineinander, hat ineinandergegriffen> *ohne OBJ* ■ *etwas greift ineinander* sich verhaken, sich verbinden: Die Zahnräder greifen ineinander.

in·ei·n·an·der·pas·sen <passt ineinander, passte ineinander, hat ineinandergepasst> *ohne OBJ* ■ *etwas passt ineinander* Wir können etwas Platz sparen, da die beiden großen Schüsseln perfekt ineinanderpassen.

in·ei·n·an·der·schie·ben <schiebt ineinander, schob ineinander, hat ineinandergeschoben> *mit OBJ* ■ *jmd. schiebt etwas* Akk. *ineinander* Die Container lassen sich ineinanderschieben.

in·fam *adj* /nicht steig./ (abwert.: ≈ *unverschämt*) so, dass jmd. etwas auf bösartige Weise sagt: Das ist eine infame Lüge/Unterstellung. ▶ Infamie

In·fan·te·rie, In·fan·te·rie *die* <-, ...-rien> MILIT. ❶ *die Kampftruppe für den Nahkampf* ◆ -division, -einheit, -geschütz, -gruppe, -kaserne, -kompanie, -regiment ❷ /kein Plur./ *Soldaten der Infanterie*[1] ▶ Infanterist, Infanteristin, infanteristisch

in·fan·til *adj* ❶ (abwert.: ≈ *kindisch*) so, dass jmd. nicht die Reife und den Ernst zeigt, die man von einem Erwachsenen erwartet: Du hast dich völlig infantil benommen! ▶ Infantilität ❷ (fachspr.: ≈ *kindlich*)

In·farkt *der* <-(e)s, -e> MED. *der Vorgang, dass ein Organ nicht mehr ausreichend mit Blut versorgt wird (zum Beispiel, weil Arterien verstopft sind) und deshalb Teile des Gewebes plötzlich absterben* ◆ -patient, -risiko, Herz-, Lungen-, Nieren-

In·fek·ti·on *die* <-, -en> ❶ MED. (≈ *Ansteckung*) *der Vorgang, dass Krankheitskeime auf jmdn. übertragen werden* ◆ -sgefahr, -sherd, -skrankheit, -srisiko ❷ (umg.) *der Vorgang, dass Krankheitskeime in eine Wunde hineingelangen und dort zu einer Entzündung führen*

in·fek·ti·ös *adj* MED. (≈ *ansteckend*) so, dass Krankheitskeime von einer erkrankten Person auf andere Menschen übergehen

In·fer·no *das* <-s> /kein Plur./ ❶ *ein Ort, an dem sich ein schreckliches Geschehen abspielt:* Das Feuer verwandelte die Stadt in ein Inferno. ❷ *ein katastrophales Ereignis:* Sie war dem Inferno des Vulkanausbruchs entkommen. ◆ Flammen-

In·fil·t·ra·ti·on *die* <-, -en> ❶ (fachspr.: ≈ *Einsickern*) *das Eindringen (von Flüssigkeit)* ❷ MED. *das Eindringen von körperfremden oder schädlichen Substanzen in normales Körpergewebe* ❸ POL. *die ständige ideologische Beeinflussung von Personen oder Organisationen*

in·fil·t·rie·ren *mit OBJ* ❶ ■ *etwas infiltriert etwas* (fachspr.) *in etwas eindringen* ❷ MED. *als fremde oder schädliche Substanz in den Körper* *eindringen* ❸ ■ *jmd. infiltriert etwas* POL. *ideologisch beeinflussen*

In·fi·ni·tiv, In·fi·ni·tiv *der* <-s, -e> SPRACHWISS. *die Grundform des Verbs, die ein Geschehen oder Sein benennt und nicht nach Person, Numerus, Tempus oder Modus bestimmt und die in Wörterbüchern die Nennform bildet* ◆-gruppe, -konstruktion, -satz

in·fi·zie·ren I. *mit OBJ/mit SICH* ■ *jmd. infiziert jmdn. (mit etwas* Dat.*)* MED. *(≈ anstecken) eine Krankheit, die man selbst hat, auf eine andere Person übertragen:* Er hat seine Partnerin mit Aids infiziert. **II.** *mit SICH* ■ *jmd. infiziert sich mit etwas* Dat. MED. *(≈ sich anstecken) eine Infektionskrankheit bekommen:* Die Eheleute hatten sich während eines Urlaubs in Kenia mit Malaria infiziert.

in fla·g·ran·ti ■ *jemand ertappt jemanden in flagranti jmd. trifft jmdn. gerade in dem Augenblick an, wo dieser gerade etwas Schlimmes oder Verbotenes tut* Sie ertappte ihn in flagranti, wie er gerade heimlich in ihrem Tagebuch las.

In·fla·ti·on *die* <-, -en> */Plur. selten /* WIRTSCH. *(↔ Deflation) der Vorgang, dass die Preise immer weiter steigen und der Wert des Geldes immer geringer wird:* galoppierende/schleichende Inflation ▶ inflationistisch ◆-sgefahr, -srate

in·fla·ti·o·när *adj* ❶ WIRTSCH. *mit den Merkmalen der Inflation:* inflationäre Tendenzen ❷ *(übertr.) so, dass ein sprachlicher Ausdruck übertrieben oft gebraucht wird und immer weniger klar in seiner Bedeutung ist:* die inflationäre Verwendung des Ausdrucks „Postmoderne"

In·fla·ti·ons·ra·te *die* <-, -n> *das in Prozenten ausgedrückte Ausmaß der Inflation:* Die Inflationsrate ist im Verhältnis zum vergangenen Jahr leicht gestiegen.

in·fle·xi·bel *adj /nicht steig./ (↔ flexibel) nicht anpassungsfähig:* Inflexible Strukturen in der Verwaltung erschweren Reformen. ▶ Inflexibilität

In·flu·enz *die* <-, -en> PHYS. *das Aufladen eines elektrisch ungeladenen Körpers durch Annäherung eines elektrisch geladenen Körpers*

In·flu·en·za *die* <-> */kein Plur./* MED. *die echte Grippe (im Gegensatz zur leichten Grippe), die häufig von hohem Fieber begleitet wird*

In·fo *die* <-, -s> *(umg.) kurz für „Information"* ◆-heft, -line, -material, -mobil, -post, -reise, -stand, -veranstaltung

in·fol·ge I. *präp + Gen. als Folge von etwas:* Infolge der hohen Arbeitslosigkeit wuchs die Unzufriedenheit in der Bevölkerung. **II.** *adv* Infolge von Bauarbeiten auf der Strecke können die Züge Verspätung haben.

in·fol·ge·des·sen *adv verwendet , um auszudrücken, dass das Gesagte eine Folge aus dem vorhergehenden Satz ist:* Wir sind erst umgezogen; infolgedessen kennen wir uns hier noch nicht so gut aus.

In·for·mand *der*, **In·for·man·din** <-en, -en> *jmd., der (im Rahmen einer Ausbildung) informiert wird; siehe auch* **Informant**

In·for·mant *der*, **In·for·man·tin** <-en, -en> *jmd., der (geheime oder wichtige) Informationen lie-*

fert: Er hat jahrelang als Informant des Geheimdienstes wichtige Informationen beschafft.; *siehe aber auch* **Informand**

In·for·ma·tik *die* <-> */kein Plur./* EDV *die Wissenschaft, die sich mit Computern und ihrer Anwendung (im Rahmen der elektronischen Datenverarbeitung) beschäftigt* ▶ Informatiker, Informatikerin

In·for·ma·ti·on *die* <-, -en> ❶ *ein bestimmtes Wissen über einen Gegenstand, eine Person oder einen Sachverhalt:* Informationen können Sie telefonisch anfordern unter ...; Wir haben bislang nur spärliche Informationen über den Stand der Verhandlungen.; Das Internet macht Informationen weltweit verfügbar.; Ich habe eine wertvolle Information für Sie.; Agenten beschaffen Informationen über geheime Vorgänge und Pläne. ◆-sbeschaffung, -sbroschüre, -sdefizit, -sflut, -sgewinnung, -slücke, -smaterial, -smenge, -spolitik, -squelle, -svielfalt, -szeitalter, -szentrum ❷ */kein Plur./ das Informieren:* Lesen Sie zu Ihrer Information bitte die beigefügte Broschüre!; die rechtzeitige Information der Reisenden durch eine Durchsage am Bahnsteig ❸ */kein Plur./ (≈ Auskunft) eine Art Schalter, an dem man Fragen stellen kann:* Ich werde mich schnell an der Information erkundigen.

In·for·ma·ti·ons·blatt *das* <-(e)s, Informationsblätter> *in einer Broschüre zusammengestellte Informationen*

In·for·ma·ti·ons·fluss *der* <-es> */kein Plur./ das gezielte Weiterleiten von (relevanten) Informationen in einem Unternehmen oder in der Gesellschaft:* der Informationsfluss zwischen den Abteilungen eines Unternehmens

In·for·ma·ti·ons·ge·sell·schaft *die* <-, -en> *die moderne Gesellschaft, in der die Verbreitung von Informationen z. B. durch die Medien und das Internet eine große Rolle spielt*

In·for·ma·ti·ons·stand *der* <-(e)s> */kein Plur./ die Informationen, die jmd. zu einem bestimmten aktuellen Zeitpunkt hat*

In·for·ma·ti·ons·sys·tem *das* <-s, -e> *ein elektronisches (Computer-)system, das dazu dient, einem bestimmten Personenkreis relevante Daten über einen Bereich zukommen zu lassen*

In·for·ma·ti·ons·tech·no·lo·gie *die* <-, -n> *alle Technologien, die der Informationsverarbeitung dienen, insbesondere die Computertechnik*

In·for·ma·ti·ons·the·o·rie *die* <-, -n> MATH. *Theorie der statistischen Gesetzmäßigkeiten in der Verarbeitung von Informationen*

In·for·ma·ti·ons·ver·an·stal·tung *die* <-, -en> *eine Veranstaltung, mit der ein bestimmter Personenkreis über etwas informiert werden soll:* eine Informationsveranstaltung für Studienanfänger

In·for·ma·ti·ons·ver·ar·bei·tung *die* <-, -en> *die Auswertung von Informationen, die aufgenommen und im Gehirn oder einem elektronischen System gespeichert werden:* Denken ist eine Form von Informationsverarbeitung.

In·for·ma·ti·ons·vor·sprung *der* <-(e)s, Informationsvorsprünge> */Plur. selten / der Zustand, dass jmd. besondere Informationen besitzt, die andere (noch) nicht haben*

in·for·ma·tiv *adj (geh.) so, dass es viel Information über etwas anbietet:* ein sehr informativer Reiseführer/Vortrag

in·for·mell, **in·for·mell** *adj /nicht steig./* ❶ *(↔ formell) ohne Formalitäten:* ein informeller Empfang ❷ *ohne institutionelle Form:* eine informelle soziale/politische Initiative

in·for·mell *adj zum Zweck der Information:* Das war ein informelles Gespräch

in·for·mie·ren **I.** *mit OBJ* ■ *jmd. informiert jmdn. (über etwas Akk.) Information*[1] *geben:* Der Studienberater informiert die neuen Studenten über die Studienordnung.; Alle Mitarbeiter wurden durch ein Rundschreiben informiert. **II.** *mit SICH* ■ *jmd. informiert sich (bei jmdm./etwas) (über etwas Akk.) sich über etwas Information*[1] *beschaffen:* Ich habe mich vor der Reise eingehend informiert.

In·fo·tain·ment *das* [ɪnfoˈteɪnmənt] *<-s> /kein Plur./ Kurzwort aus „Information" und „Entertainment", die Vermittlung von Nachrichten und Bildungsinhalten durch aufgelockerte, unterhaltsame Präsentation im Fernsehen, auf CD-ROMs o. Ä.*

in·fra·ge, **in Fra·ge** *adv* ■ *etwas kommt infrage/in Frage etwas ist möglich* Nach dem Kauf der Eigentumswohnung und des neuen Autos kommt eine Urlaubsreise jetzt nicht in Frage.; Ein neuerlicher Umzug kommt für mich überhaupt nicht infrage/in Frage.; ■ **jemand stellt etwas in Frage** *jmd. fragt, ob etwas überhaupt so sein muss* ✦ Zusammen- oder Getrenntschreibung →R 4.20 Diese These müssen wir noch mal infrage/in Frage stellen.

in·f·ra·rot *adj /nicht steig./* PHYS. *in einem Frequenzbereich unterhalb des sichtbaren roten Lichts*

In·f·ra·rot·lam·pe *die <-, -n> eine Lampe, die infrarotes Licht abstrahlt*

In·f·ra·schall *der <-(e)s> /kein Plur./* PHYS. *Schall mit einer Frequenz unter 16 Hertz*

In·f·ra·struk·tur *die <-, -en> alle Elemente, die für das Funktionieren von Wirtschaft und Gesellschaft unverzichtbar sind, zum Beispiel das Verkehrsnetz*

In·fu·si·on *die <-, -en>* MED. *die Versorgung eines Patienten mit flüssigen Stoffen, die direkt in eine Ader geleitet werden:* Nach der Operation erhielt der Patient Infusionen. ✦-sflasche, -skanüle, -sschlauch

In·ge·ni·eur *der*, **In·ge·ni·eu·rin** [ɪnʒeˈniøːɐ̯] *<-s, -e> jmd., der an einer Hochschule ein Studium der Technik absolviert hat* ✦-akademie, Bau-, Diplom-, Elektro-, Heizungs-, Maschinenbau-, Textil-

In·ge·ni·eur·bü·ro *das* [ɪnʒeˈniøːɐ̯...] *<-s, -s> ein Unternehmen, in dem Ingenieure für Kunden technische Lösungen entwickeln*

In·gre·di·ens, *a.* **In·gre·di·enz** *das <-, Ingredienzien> /meist Plur./ (geh.: ≈ Zutat) ein Stoff, der Bestandteil von etwas (besonders einer Arznei) ist:* Welche Ingredienzien enthält diese Salbe?

Ing·wer *der <-s> /kein Plur./ ein scharfes Gewürz, das aus der Knolle der Ingwerpflanze gewonnen wird, das in der europäischen Küche z. B.* in Lebkuchen und in der asiatischen Küche allgemein benutzt wird

In·ha·ber *der*, **In·ha·be·rin** *<-s, ->* ❶ *(≈ Eigentümer) jmd., der etwas besitzt:* Inhaber einer Firma/eines Lokals/eines Unternehmens ❷ *jmd., der Träger eines Titels ist:* Sie ist Inhaberin des Weltrekords. ❸ RECHTSW. *jmd., der bestimmte Rechte hat:* Inhaber eines Amtes/einer Erlaubnis

in·haf·tie·ren *mit OBJ* ■ *jmd. inhaftiert jmdn. (≈ verhaften) mit Polizeigewalt in Haft nehmen:* Die Polizei inhaftierte den Täter. ▷Inhaftierte, Inhaftierung

In·ha·la·ti·on *die <-, -en>* MED. *das Inhalieren von heilsamen Substanzen* ✦-sapparat, -sgerät

in·ha·lie·ren *mit OBJ/ohne OBJ* ■ *jmd. inhaliert (etwas)* ❶ *den Dampf von heißem Wasser, in dem bestimmte heilende Substanzen gelöst sind, einatmen, um eine Krankheit der Atemwege zu heilen:* Bei Schnupfen inhaliert er. ❷ *(↔ paffen) beim Rauchen tiefe Lungenzüge machen*

In·halt *der <-(e)s, -e> /Plur. selten/* ❶ *etwas, das in einem Gefäß oder Behälter enthalten ist:* Lösen Sie den Inhalt des Beutels in 300ml Wasser auf!; In der Lagerhalle liegen noch einhundert Fässer von unbekanntem Inhalt. ✦Raum- ❷ *die Mitteilung oder Bedeutung, die in einem Medium (Buch, Film, Musik) oder in einem Gespräch ausgedrückt wird:* Kannst du den Inhalt des Buches/der Nachricht zusammenfassen?; Der Inhalt des Films ist schnell erzählt. ❸ *(≈ Sinn, Gehalt) etwas, das etwas geistig ausfüllt:* Er wollte seinem Leben wieder einen Inhalt geben. ✦Lebens- ❹ MATH. *Ausdehnung einer Fläche bzw. eines räumlichen Körpers:* Berechnen Sie den Inhalt des Rechtecks! ✦Flächen-

in·halt·lich *adj /nicht steig./ auf den Inhalt*[2] *bezogen:* Der Aufsatz ist inhaltlich gut, hat aber zahlreiche formale Schwächen.

In·halts·an·ga·be *die <-, -n> eine kurze Zusammenfassung eines Inhalts*[2]*:* ein Literaturlexikon mit kurzen Inhaltsangaben zu über tausend Werken der Moderne

in·halts·gleich *adj /nicht steig./ im Inhalt übereinstimmend*

in·halts·leer *adj (↔ inhaltsvoll) ohne Inhalt*[2]*:* inhaltsleeres Geschwätz ▷Inhaltsleere

in·halts·los *adj (↔ inhaltsreich) ohne (nennenswerten) Inhalt*[2]*:* Die Ansprache war ziemlich inhaltslos. ▷Inhaltslosigkeit

in·halts·reich *adj (↔ inhaltslos) reich an Inhalt*[2] ▷Inhaltsreichtum

In·halts·stoff *der <-(e)s, -e> (≈ Ingrediens) ein Stoff, der Bestandteil von etwas (besonders einer Arznei) ist:* Die Inhaltsstoffe der Salbe sind auf der Tube angegeben.

In·halts·über·sicht *die <-, -en> (≈ Inhaltsangabe)*

In·halts·ver·zeich·nis *das <-ses, -se> eine Liste der Kapitel(überschriften) eines Buches oder einer (wissenschaftlichen) Arbeit*

in·hä·rent *adj /nicht steig./* ■ *einer Sache Dat. inhärent (geh.: ≈ immanent) so, dass es immer schon zu einer Sache dazugehört und Teil von ihr ist:* Derartige Probleme sind dieser Methode inhärent.

In·hä·renz *die* <-, -en> /*meist Sing.*/ PHILOS.
*(↔ Subsistenz) der Zustand, dass Eigenschaften
nicht selbstständig existieren, sondern immer auf
einen Träger (eine Substanz) angewiesen sind*
in·ho·mo·gen *adj (↔ homogen) nicht gleichmäßig, sondern an verschiedenen Stellen mit verschiedenen Eigenschaften versehen:* eine inhomogene Lerngruppe; eine inhomogene Masse ▸ Inho-
mogenität
in·hu·man *adj (geh.: ≈ unmenschlich ↔ human)
ohne Respekt vor der Würde des Menschen:* inhumane Arbeitsbedingungen; inhumane Behandlung
von Kriegsgefangenen ▸ Inhumanität
In·i·ti·a·le *die* <-, -n> *der graphisch gestaltete Anfangsbuchstabe eines Namens:* mit Initialen bestickte Handtücher/Hemden/Taschentücher
In·i·ti·a·ti·on *die* <-, -en> REL. *der rituelle Übergang von einer Lebensstufe zur nächsten, der mit
Symbolen von Tod und Wiedergeburt vollzogen
wird:* Die christliche Taufe ist eine Art von Initia-
tion.
In·i·ti·a·ti·ons·ri·tus *der* <-, Initiationsriten> REL.
*die rituelle Einführung eines Jugendlichen in die
Welt der Erwachsenen (meist bei Naturvölkern),
bei der meist eine schwierige Prüfung oder Probe
bestanden werden muss:* Die Konfirmation hat
eine gewisse Ähnlichkeit mit einem Initiationsri-
tus.
in·i·ti·a·tiv *adj /nicht steig./ so, dass jmd. Initiative ergreift:* Er ist initiativ geworden und hat seine
Vorschläge für eine Verbesserung der Arbeitsbedingungen eingereicht.
In·i·ti·a·tiv·be·wer·bung *die* <-, -en> *der Vorgang, dass jmd. nicht wartet, bis er von einem
Stellenangebot einer Firma erfährt, sondern selbst
der Firma seine Mitarbeit anbietet*
In·i·ti·a·ti·ve *die* <-, -n> ❶ *der Vorgang, dass jmd.
als erster aktiv wird und bewirkt, dass etwas geschieht oder begonnen wird:* Sie hatte schließlich
die Initiative ergriffen und ihn angerufen.; Er hat
aus eigener Initiative gehandelt.; Auf wessen Initiative hin wurde das Projekt begonnen? ◆ Eigen-, Pri-
vat-, Regierungs- ❷ /*kein Plur.*/ *Entschlusskraft:*
Es mangelt ihm an Initiative. ❸ *kurz für „Bürgerinitiative“*
In·i·ti·a·tor *der*, **In·i·ti·a·to·rin** <-s, ...-to·ren>
(geh.) jmd., der etwas initiiert
in·i·ti·ie·ren *mit OBJ* ■ *jmd. initiiert etwas (geh.)
den Anstoß zu etwas geben:* Man initiierte eine
PR-Aktion, die das Projekt bekannt machen sollte.
In·jek·ti·on *die* <-, -en> MED. *das Einspritzen von
Flüssigkeit in eine Ader oder in das Körpergewebe:* eine intravenöse/subkutane Injektion ◆ -slö-
sung, -snadel
In·jek·ti·ons·sprit·ze *die* <-, -n> *Spritze für die
Injektion*
in·ji·zie·ren *mit OBJ* ■ *jmd. injiziert jmdm. etwas einspritzen:* Der Arzt injiziert das Medikament.
In·ju·rie *die* <-, -n> RECHTSW. *eine Beleidigung
durch Worte oder Schläge* ◆ Verbal-
In·kar·na·ti·on *die* <-, -en> ❶ REL. *der Vorgang,
dass ein göttliches Wesen Mensch wird* ▸ inkar-
nieren ❷ *(geh.: ≈ Verkörperung) der Vorgang, dass*
etwas Abstraktes die Form eines konkreten Wesens annimmt: die Inkarnation des Bösen ▸ Reinkarnation
In·kas·so *das* <-s, -s/Inkassi> WIRTSCH. *das Einziehen fälliger Beträge* ◆ -büro, -vollmacht
In·kas·so·bü·ro *das* <-s, -s> *ein Unternehmen,
das mit der Vollmacht versehen ist, fällige Geldforderungen eines Unternehmens einzuziehe*
in·klu·si·ve *präp + Gen. (↔ exklusive) so, dass die
genannte Sache darin enthalten ist:* Das ist der
Preis der Waschmaschine, Lieferung inklusive.
in·ko·gni·to *adv (geh.) so, dass ein Prominenter
mit fremdem Namen auftritt, um unerkannt zu
bleiben und nicht belästigt zu werden:* An seinem
Urlaubsort bleibt der Schauspieler am liebsten in-
kognito.
In·ko·hä·renz *die* <-, -en> *(↔ Kohärenz) Mangel
an innerem Zusammenhang* ▸ inkohärent
in·kom·men·su·ra·bel *adj /nicht steig./ (↔ kommensurabel) nicht vergleichbar, nicht messbar*
▸ Inkommensurabilität
in·kom·pa·ti·bel, **in·kom·pa·ti·bel** *adj /nicht
steig./* ❶ *(fachspr.: ↔ kompatibel) so, dass es
nicht zusammenpasst und kombiniert werden
kann:* Die beiden Computersysteme sind inkompatibel.; Die beiden Blutgruppen sind inkompatibel.
▸ Inkompatibilität ❷ RECHTSW. *unvereinbar*
in·kom·pe·tent *adj (↔ kompetent) so, dass man
auf seinem Arbeitsgebiet nicht das erforderliche
Wissen und Können hat:* Der Verkäufer war völlig
inkompetent, auf keine Frage wusste er eine Antwort. ▸ Inkompetenz
in·kon·se·quent *adj /nicht steig./ (↔ konsequent) so, dass sich jmd. widersprüchlich verhält
oder ausdrückt:* bei der Erziehung der Kinder nicht
inkonsequent sein; Für dieselbe Sache einmal loben und einmal bestrafen – das ist doch inkonsequent! ▸ Inkonsequenz
in·kon·sis·tent *adj /nicht steig./* ❶ *so, dass etwas
nicht lange Bestand hat* ❷ *so, dass etwas logisch
widersprüchlich ist:* ein inkonsistenter Beweis
▸ Inkonsistenz
in·kor·rekt *adj /nicht steig./ (↔ korrekt)* ❶ *so,
dass etwas ungenau oder fehlerhaft ist* ▸ Inkor-
rektheit ❷ *so, dass etwas einer Vorschrift nicht genau entspricht:* inkorrektes Verhalten ▸ Inkorrekt-
heit
In·kraft·tre·ten *das* <-s> /*kein Plur.*/ *der Vorgang, dass etwas ab einem bestimmten Zeitpunkt
gültig oder verbindlich wird:* Mit In-Kraft-Treten
der neuen Regelungen wird sich einiges ändern.;
das In-Kraft-Treten eines Gesetzes/einer Bestim-
mung/einer Richtlinie
In·ku·ba·ti·ons·zeit *die* <-, -en> MED. *die Zeit, die
zwischen der Ansteckung und dem Ausbruch ei-
ner Krankheit vergeht*
In·ku·na·bel *die* <-, -n> DRUCKW. *ein Druck aus der
Frühzeit des Buchdrucks (vor 1500 n.Chr.)*
In·land *das* <-(e)s> /*kein Plur.*/ ❶ *(↔ Ausland)
das aus der Sicht des Sprechers eigene Land, in
dem er Staatsbürger ist* ❷ *das Landesinnere:* An
der Küste weht ein frischer Wind, im Inland kann
es bis zu dreißig Grad heiß werden. ◆ -sgeschäft,
-snachfrage, -sporto, -sreise, -sverkehr

In·land(s)·flug *der* <-(e)s, Inlandflüge> *eine Flugreise zwischen zwei Orten im gleichen Staatsgebiet*

in·län·disch *adj /nicht steig./* (↔ *ausländisch*) *aus dem Inland stammend:* Der Kiosk hat eine große Auswahl an in- und ausländischen Zeitungen.

In·lands·ge·spräch *das* <-(e)s, -e> *Telefongespräch im Inland*

In·lands·markt *der* <-(e)s, Inlandsmärkte> WIRTSCH. *der Absatzmarkt im Inland*

In·lay *das* ['ɪnleɪ] <-s, -s> MED. *eine Zahnfüllung (aus einer Metalllegierung oder Porzellan)*

In·lett *das* <-s, -s> *eine Stoffhülle für Federbetten*

in·li·ne(r)n ['ɪnlaɪn(r)n] *ohne OBJ /nur im Inf./ auf Inlineskates fahren:* Inlinen wird zum Volkssport.

In·li·ner *der* ['ɪnlaɪnɐ] <-s, -s> *eine moderne Form von Rollschuh mit (vier) hintereinander angeordneten Rollen*

In·line·skate *das* ['ɪnlaɪnskeɪt] <-s, -s> */selten im Sing./* (≈ *Inliner*)

in me·di·as res *(geh.)* ■ **jemand geht in medias res** *jmd. kommt bei einem Gespräch gleich zur Sache*

in me·mo·ri·am *(geh.) zum Andenken an eine verstorbene Person:* In memoriam von ... wurde an seinem 50. Todestag seine Komposition ... aufgeführt.

in·mit·ten I. *präp + Gen. verwendet, um auszudrücken, dass etwas völlig von der genannten Sache umschlossen ist:* Das Schloss liegt inmitten ausgedehnter Parkanlagen.; Inmitten seiner Studenten fühlt sich der Nobelpreisträger auch heute noch am wohlsten. **II.** *adv* Sie stand im Zimmer, inmitten von Umzugskartons.

in na·tu·ra *in natürlicher Gestalt (im Gegensatz zu einer Abbildung):* Auf den Fotos wirkt er sehr jugendlich, in natura sieht er wesentlich älter aus.

in·ne·ha·ben <hast inne, hatte inne, hat innegehabt> *mit OBJ* ■ **jmd. hat etwas inne** *eine Position oder ein Amt besitzen* ♦ *Zusammenschreibung* →R 4.14 Sie hat dort ein wichtiges Amt innegehabt.

in·ne·hal·ten <hältst inne, hielt inne, hat innegehalten> *ohne OBJ* ■ **jmd. hält inne** *das, was man gerade tut, kurz unterbrechen* ♦ *Zusammenschreibung* →R 4.14 Er hielt kurz inne, bevor er weiterlas.

in·nen *adv* (↔ *außen*) ❶ *innerhalb eines Raumes:* Innen ist es warm, draußen ist es eiskalt. ❷ *im Inneren eines Objekts:* Die Melone war innen faul.

In·nen·ar·bei·ten *die* <-> *Plur.* (↔ *Außenarbeiten) Arbeiten an einem Gebäude, die innen ausgeführt werden*

In·nen·ar·chi·tekt *der*, **In·nen·ar·chi·tek·tin** <-en, -en> *jmd., der berufsmäßig die Innenräume von Gebäuden plant und gestaltet und z. B. Teppiche, Tapeten, Beleuchtung usw. aufeinander abstimmt*

In·nen·auf·nah·me *die* <-, -n> FILM, FOTOGR. (↔ *Außenaufnahme) eine Aufnahme, die in einem geschlossenen Raum gemacht wird*

In·nen·aus·stat·tung *die* <-, -en> *die Ausstat-*

tung eines Innenraums (zum Beispiel eines Fahrzeugs): ein Wagen mit luxuriöser Innenausstattung

In·nen·bahn *die* <-, -en> SPORT (↔ *Außenbahn) die innerste Bahn der nebeneinanderliegenden Bahnen einer Laufstrecke in einem Sportstadion:* Die Favoritin startet auf der Innenbahn.

In·nen·dienst *der* <-(e)s> */kein Plur./* (↔ *Außendienst)* ❶ *die Arbeit, die man auf dem Gelände bzw. in den Bürogebäuden einer Firma leistet (im Gegensatz zur Arbeit eines Vertreters, der Kunden besucht)* ♦ -leitung, -mitarbeiter ❷ *die Mitarbeiter des Innendiensts [1]*

In·nen·hof *der* <-(e)s, Innenhöfe> *ein von allen Seiten umschlossener Hof im Inneren eines Gebäudes*

In·nen·le·ben *das* <-s> */kein Plur./ (umg.) jmds. Gefühle und Gedanken:* Er hat ihr sein ganzes Innenleben ausgebreitet.

In·nen·mi·nis·ter *der*, **In·nen·mi·nis·te·rin** <-s, -> (↔ *Außenminister) der Minister, der für die inneren Angelegenheiten eines Staates zuständig ist* ▶ Innenministerium

In·nen·po·li·tik *die* <-> */kein Plur./* (↔ *Außenpolitik) die Politik, die sich mit den inneren Angelegenheiten eines Staates befasst* ▶ innenpolitisch

In·nen·raum *der* <-(e)s, Innenräume> *der Raum, der innerhalb von etwas liegt (zum Beispiel innerhalb eines Fahrzeugs)*

In·nen·sei·te *die* <-, -n> (↔ *Außenseite) die innere Seite von etwas*

In·nen·spie·gel *der* <-s, -> KFZ (↔ *Außenspiegel) der Rückspiegel, der innen im Fahrzeug angebracht ist*

In·nen·stadt *die* <-, Innenstädte> (≈ *City, Stadtzentrum) in der Mitte eines Stadtgebietes der Bereich, in dem die Hauptgeschäftsstraßen liegen*

In·nen·tem·pe·ra·tur *die* <-, -en> (↔ *Außentemperatur) die im Inneren von etwas herrschende Temperatur*

In·nen·welt *die* <-, -en> (↔ *Außenwelt) die Gesamtheit der Vorstellungen, Gedanken und Gefühle, die das Erleben eines Menschen ausmachen*

in·ner·be·trieb·lich *adj /nicht steig./ so, dass es sich nur zwischen den Mitarbeitern einer Firma abspielt oder nur für diese wichtig ist:* Wir versuchen, Probleme in der Firma innerbetrieblich zu lösen.

in·ner·deutsch *adj /nicht steig./ so, dass es die inneren Angelegenheiten Deutschlands betrifft oder sich innerhalb Deutschlands befindet*

in·ner·dienst·lich *adj /nicht steig./* (↔ *außerdienstlich) so, dass es nur den dienstlichen Bereich betrifft:* Innerdienstliche Angelegenheiten sollten möglichst diskret behandelt werden.

In·ne·re *das* <Inner(e)n> */kein Plur./* ❶ *derjenige Teil von etwas, der von außen nicht sichtbar ist und einen umschlossenen Raum bildet:* Das Innere des Baumes war hohl.; Auch das Innere des Gerätes überzeugt durch eine makellos saubere Verarbeitung. ❷ *alle Gedanken, Gefühle und seelischen Regungen des Menschen:* Diese Vorstellungen beschäftigten ihr Inneres.; Er war in seinem tiefsten Inneren fest davon überzeugt, dass ...

in·ne·re adj /nicht steig./ **❶** so, dass es im Inneren¹ von etwas ist: Der innere Teil des Gebäudes war durch die Explosion völlig zerstört worden. **❷** so, dass es den geistig-seelischen Bereich betrifft: Er strahlte eine ungeheure innere Ruhe aus. **❸** so, dass es eine Sache in ihren tiefsten Grundlagen betrifft: Sie versteht viel vom inneren Aufbau des Computers. **❹** so, dass es das Inland bzw. die eigenen Angelegenheiten betrifft: Die Politiker diskutierten über die inneren Probleme des Landes.; Auf dem Parteitag wurde zur inneren Geschlossenheit aufgerufen.

In·ne·rei·en die <-> Plur. die verwertbaren inneren Organe und Gedärme von Schlachtvieh und Geflügel

in·ner·halb **I.** präp + Gen. **❶** (↔ außerhalb) so, dass es im Inneren eines Bereichs liegt: Innerhalb der Stadt sind Grundstücke extrem teuer. **❷** in einem bestimmten Zeitraum: Er wollte innerhalb der nächsten Stunde zurückrufen. **II.** adv **❶** (↔ außerhalb) im Inneren von etwas: Die Fahrkarte gilt innerhalb von ganz Deutschland. **❷** im Verlauf von: Ich sage Ihnen innerhalb von zwei Wochen Bescheid.

in·ner·lich adj /nicht steig./ **❶** im geistig-seelischen Bereich: Er ließ sich zwar nichts anmerken, aber innerlich war er sehr nervös. **❷** MED. (↔ äußerlich) so, dass man ein Medikament durch den Mund einnimmt: ein Medikament zur innerlichen Anwendung

In·ner·lich·keit die <-> /kein Plur./ (≈ Verinnerlichung) eine Haltung, in der man stark aus dem Inneren² lebt und sich weniger nach außen orientiert

in·ner·orts adv ÖSTERR., SCHWEIZ. innerhalb des Ortes

in·ner·städ·tisch adj /nicht steig./ auf die Innenstadt bezogen: In der Sitzung ging es um innerstädtische Probleme und deren Lösung.

In·ners·te das <-n> /kein Plur./ der tiefste innere Bereich im Erleben des Menschen; das Wesen: Der Vorwurf hat ihn im Innersten gekränkt/getroffen.

in·ners·te adj /nicht steig./ Niemand wusste von den innersten Regungen seiner Seele.

in·nert präp + Gen./Dat. ÖSTERR., SCHWEIZ. binnen: Sie wollte innert eines Tages/einem Tag wieder hier sein.

in·ne·wer·den mit OBJ/mit SICH ▪ jmd. wird etwas Gen. inne (geh.) (sich) einer Sache bewusst werden, eine Sache allmählich wahrnehmen: Er ist sich der Gefahr nicht innegeworden, in der er gelebt hat.

in·ne·woh·nen ohne OBJ ▪ etwas wohnt etwas Dat. inne (geh.) als Besonderheit in etwas enthalten sein: Dem Gebäude wohnt ein besonderer Geist inne.; Jeder neuen Aufgabe wohnt ein eigener Reiz inne.

in·nig adj (geh.) **❶** so, dass man ein sehr intensives Gefühl damit verbindet: ein inniger Brief; Er liebt sie heiß und innig. **❷** so, dass man eng verbunden ist: Sie verband eine innige Freundschaft.

In·nig·keit die <-> /kein Plur./ tiefe Empfindung, liebevolle Zuneigung, Herzlichkeit

In·no·va·ti·on die <-, -en> TECHN., WIRTSCH. (geh.) der Vorgang, dass durch Anwendung neuer Verfahren und die Einführung neuer Techniken ein Bereich erneuert und auf den neuesten Stand gebracht wird

In·no·va·ti·ons·freund·lich adj /nicht steig./ Innovationen gegenüber aufgeschlossen

In·no·va·ti·ons·tem·po das <-s> die Geschwindigkeit, mit der sich in einem Bereich Innovationen vollziehen

in·no·va·tiv adj /nicht steig./ (fachspr.) so, dass es eine Innovation schafft: innovative Maßnahmen; innovative Fähigkeiten eines Mitarbeiters; Auf der Messe wurde ein innovatives Verfahren zur ... vorgestellt.

in·no·va·to·risch adj /nicht steig./ (fachspr.) so, dass man Innovationen anstrebt

In·nung die <-, -en> WIRTSCH. ein Verband der Handwerker, die in einem bestimmten Gebiet das gleiche Handwerk ausüben ♦ -sbetrieb, -skrankenkasse, -smeister(in), -srecht

in·of·fi·zi·ell adj /nicht steig./ **❶** (↔ offiziell) nicht amtlich bestätigt, nicht dienstlich, nicht von offizieller Stelle ausgehend: eine inoffizielle Mitteilung **❷** nicht förmlich oder feierlich: Wir haben hier gerade eine kleine inoffizielle Feier.

in·ope·ra·bel, in·ope·ra·bel adj /nicht steig./ MED. so, dass ein Tumor in einem Bereich des Körpers ist, wo er nicht durch eine Operation entfernt werden kann: ein inoperabler Hirntumor ▶ Inoperabilität

in per·so·na (geh.) persönlich, selbst: Der Direktor in persona nahm an der Abschiedsfeier teil.

in pet·to ▪ jemand hat etwas in petto jmd. hat etwas bereit, von dem andere noch nicht wissen Ich habe noch eine besondere Idee in petto, wie wir das Fest gestalten können.

in punc·to /mit Substantiv (ohne Artikel)/ in Hinsicht auf, in Bezug auf: In puncto Ordnung und Sauberkeit nimmt der Vermieter es sehr genau.

In·put der <-s, -s> /kein Plur./ **❶** WIRTSCH. die von außen bezogenen, in einem Betrieb eingesetzten Rohstoffe, Produkte oder Produktionsmittel **❷** EDV die Eingabe von Daten in einen Computer **❸** (umg.) die Gedanken, Inhalte oder Arbeitsergebnisse, die eine Person oder eine Gruppe von Personen jmdm. anderen weitergibt, damit sie Grundlage von dessen Arbeit sein können **❹** /kein Plur./ SPRACHWISS., PSYCH. diejenigen sprachlichen Daten, mit denen ein Kind beim Spracherwerb konfrontiert wird, und aus denen es sprachliche Regeln erschließen muss: „Armut" des Inputs, oder aber dessen Reichhaltigkeit; siehe auch **Spracherwerb**

In·qui·si·ti·on die <-> /kein Plur./ GESCH. **❶** eine Art Gericht, das vom 12. bis zum 18. Jahrhundert von der katholischen Kirche eingesetzt wurde, um über Fälle von Ketzerei zu urteilen und das sich teilweise sehr grausamer Methoden bediente ♦ -sgericht, -sprozess **❷** eine Untersuchung der Inquisition¹: grausame Inquisitionen durchführen

In·qui·si·tor der <-s, ...-toren> GESCH. ein Richter der Inquisition¹

in·qui·si·to·risch adj /nicht steig./ (übertr.) so,

dass jmd. sehr streng jmdn. befragt oder einer Sache nachforscht: inquisitorische Fragen stellen

ins präp (≈ „in" + „das") verwendet, um auszudrücken, dass etwas irgendwo hinführt: Führe die Gäste erstmal ins Nebenzimmer; Wir gehen ins Schwimmbad; Die Anfänge dieser Entwicklung reichen bis ins letzte Jahrhundert zurück.

In·sas·se der, **In·sas·sin** <-n, -n> ➊ jmd., der in einem Heim lebt oder in einem Gefängnis sitzt ◆ Gefängnis-, Heim-, Lager- ➋ jmd., der sich in einem Fahrzeug befindet: Bei dem Unfall kamen alle Insassen ums Leben.

ins·be·son·de·re, **ins·be·sond·re** adv (≈ besonders) vor allem, im besonderen

In·schrift die <-, -en> Sätze, die an der Fassade eines Gebäudes oder auf einem Grabstein in den Stein hineingearbeitet sind: die Inschrift eines Denkmals; Der Grabstein ist bereits so verwittert, dass man die Inschrift kaum noch lesen kann.; eine Forschungsarbeit über römische Inschriften ◆ -enforschung, Denkmals-, Grab-, Haus-

In·schrif·ten·kun·de die <-> /kein Plur./ die wissenschaftliche Erforschung von Inschriften

In·sekt das <-(e)s, -en> ein Tier, das meist sehr klein ist, dessen Körper aus mehreren Segmenten besteht, und das oft fliegen kann: Ameisen, Fliegen und Käfer sind Insekten. ◆ -enallergie, -enbekämpfung, -enbestäubung, -enentferner, -enflug, -enflügel, -enforscher, -engift, -engitter, -enkunde, -enlarve, -enphobie, -enpanzer, -enplage, -enrollo, -enschutz, -enzucht

In·sek·ten·fres·ser der <-s, -> ein Tier, das sich vor allem von Insekten ernährt

In·sek·ten·staat der <-(e)s, -en> das Zusammenleben von Insekten in einem selbstgefertigten Bau, das wie eine Gesellschaft mit Arbeitsteilung geregelt ist: Ameisen und Bienen leben in einem Insektenstaat.

In·sek·ten·stich der <-(e)s, -e> ➊ der Vorgang, dass ein Insekt mit seinem Stachel in die Haut eines Menschen sticht ➋ die rote und geschwollene Stelle, die ein Insektenstich[1] auf der Haut entstehen lässt

In·sek·ti·zid das <-(e)s, -e> ein Mittel, das Insekten abtötet

In·sel die <-, -n> ➊ ein Stück Land, das auf allen Seiten von Meer umschlossen ist: eine einsame Insel; die Inseln vor der Westküste Schottlands; Eine Fähre verkehrt zwischen der Insel und dem Festland. ◆ -bewohner, -gruppe, -leben, -volk, Felsen-, Halb-, Kanal-, Karibik- ➋ (übertr.) ein Ort, wo ganz andere (meist bessere) Bedingungen herrschen als in der ihn umgebenden Welt: Dieses Plätzchen ist eine Insel der Ruhe.; Die Abteilung schien noch eine wahre Insel der Seligen zu sein, von Stress redete hier niemand.

In·sel·staat der <-(e)s, -en> ein Staat, der aus einer oder mehreren Inseln besteht

In·sel·welt die <-> /kein Plur./ die Gesamtheit von zusammengehörigen Inseln oder Inselgruppen: die Inselwelt des Pazifik

In·se·mi·na·ti·on die <-, -en> BIOL. (≈ Befruchtung) ➊ das natürliche Eindringen der Samenzelle in die Eizelle ➋ das künstlich herbeigeführte

Zusammentreffen von Samenzelle und Eizelle ◆ -sbehandlung, -skatheter, -therapie

In·se·rat das <-(e)s, -e> (≈ Annonce) eine Anzeige, die man in einer Zeitung drucken lässt, weil man zum Beispiel etwas verkaufen oder kaufen, vermieten oder mieten will ◆ -engestaltung, -engröße, Zeitungs-

In·se·ra·ten·teil der <-(e)s, -e> der Teil einer Zeitung, der nur Inserate enthält

In·se·rent der, **In·se·ren·tin** <-en, -en> jmd., der ein Inserat aufgibt

in·se·rie·ren mit OBJ/ohne OBJ ■ jmd. inseriert (etwas) in etwas Dat. ein Inserat aufgeben: Er inserierte die Stelle in der Zeitung.; Er inserierte in der Zeitung.

ins·ge·heim, **ins·ge·heim** adv (≈ heimlich) im geheimen: Insgeheim machten sich alle über ihn lustig.

ins·ge·samt, **ins·ge·samt** adv in der Summe, alles zusammen genommen: Wir waren insgesamt mehr als fünfzig Teilnehmer.

In·si·der der ['ɪnsaɪdə] <-s, -> jmd., der etwas, besonders eine Institution, aus eigener Erfahrung von innen her kennt und deshalb mehr darüber weiß als Außenstehende ◆ -bericht, -kenntnisse, -meinung, -tipp, -wissen

In·si·gni·en <-> Plur. bestimmte Gegenstände als Kennzeichen und Symbole der Macht: Krone und Zepter sind Insignien der Macht. ◆ Krönungs-

In·si·nu·a·ti·on die <-, -en> (geh.) der Vorgang, dass man jmdm. böse Handlungen unterstellt und auch bei anderen Personen diesen Verdacht erweckt, ohne es ganz offen zu sagen ▸ insinuieren

in·sis·tie·ren ohne OBJ ■ jmd. insistiert auf etwas Dat. (geh.) auf etwas bestehen: Sie insistierte auf ihrem Recht/ihren Ansprüchen.; Wir insistieren darauf, dass Sie ...

in·skri·bie·ren mit SICH ■ jmd. inskribiert sich ÖSTERR. sich immatrikulieren, sich einschreiben

In·skrip·ti·on die <-, -en> ÖSTERR. Immatrikulation

in·so·fern, **in·so·fern** I. adv (≈ insoweit) (verwendet, um den Geltungsbereich einer Aussage einzuschränken) in dem Maße: Ich stimme ihm nur insofern zu, als er damit ... sagt. II. konj (≈ wenn, falls) Insofern ihr uns braucht, helfen wir natürlich mit.

in·sol·vent, **in·sol·vent** adj /nicht steig./ WIRTSCH. (↔ solvent) zahlungsunfähig

In·sol·venz, **In·sol·venz** die <-, -en> WIRTSCH. (↔ Solvenz) Zahlungsunfähigkeit ◆ -verfahren, -verwalter(in)

in·so·weit, **in·so·weit**, **in·so·weit** konj ➊ (≈ insofern) was dies betrifft: Insoweit muss ich ihm Recht geben. ➋ (≈ falls) Insoweit dies stimmt, werde ich meine Konsequenzen ziehen.

In·s·pek·ti·on die <-, -en> ➊ die (amtliche) Überprüfung, Kontrolle von etwas: Bei der Inspektion der technischen Anlage wurden keine Mängel festgestellt. ➋ KFZ (≈ Wartung) Ich muss mit dem Wagen zur Inspektion. ➌ eine Behörde oder Dienststelle (, die etwas prüft) ◆ -sbesuch, -sreise

In·s·pek·tor der, **In·s·pek·to·rin** <-s, ...-toren> ➊ (in Deutschland) ein Beamter im öffentlichen Dienst ➋ jmd., der etwas (amtlich) inspiziert

In·s·pi·ra·ti·on *die* <-, -en> *(geh.) ein kreativer Einfall; eine Idee, die eine geistige Tätigkeit fördert:* künstlerische/musikalische/poetische Inspiration; Wenn er keine Inspiration hat, kann er nicht malen.

in·s·pi·rie·ren *mit OBJ* ■ *etwas inspiriert jmdn. (zu etwas* Dat.*) schöpferische Impulse geben, anregen:* Die Musik inspiriert den Maler zu neuen Bildern. ► Inspiriertheit

In·s·pi·zi·ent *der* <-en, -en> THEAT. *jmd., der beruflich den technischen Ablauf von Theateraufführungen oder Sendungen organisiert und betreut*

in·s·pi·zie·ren *mit OBJ* ■ *jmd. inspiziert etwas genau prüfen und untersuchen; besichtigen und dabei Kontrollen machen:* Man hat das Gebäude genau inspiziert.; Der General inspiziert die Truppen.

in·sta·bil, **in·sta·bil** *adj (↔ stabil)* ❶ PHYS., TECHN. *so, dass etwas nicht im Gleichgewicht bleibt* ❷ *(≈ labil) so, dass etwas veränderlich oder unbeständig ist:* Die politische Lage in diesem Land ist sehr instabil.; Immer wieder Regen, Sonne, Schauer, Gewitter – die Wetterlage bleibt instabil. ► Instabilität

In·stal·la·teur *der*, **In·stal·la·teu·rin** [ɪnstala-ˈtøːɐ̯] <-s, -e> *jmd., der beruflich Rohre und Leitungen in Häusern und Wohnungen verlegt* ◆ Gas-, Elektro-, Wasser-

In·stal·la·ti·on *die* <-, -en> ❶ *das Installieren* ❷ *das, was irgendwo installiert ist:* Irgendetwas mit der Installation ist nicht in Ordnung. ◆-sbetrieb

in·s·tal·lie·ren *mit OBJ* ■ *jmd. installiert etwas (eine technische Anlage) einbauen und anschließen:* Die Handwerker installieren gerade die Heizung.

in·stand, **in Stand** *adv* ■ *etwas instand/in Stand setzen etwas, das defekt oder baufällig war, reparieren;* ■ *instand/in Stand halten durch ständige Maßnahmen dafür sorgen, dass etwas in gutem Zustand ist und gebrauchsfähig bleibt* ◆ Zusammen- oder Getrenntschreibung →R 4.20 Wir ließen das baufällige Haus wieder instand/in Stand setzen.; Wer hält bei euch den Garten instand/in Stand?

In·stand·hal·tung *die* <-, -en> AMTSSPR. *die ständige Pflege und Wartung von (technischen) Anlagen:* Wer ist für die Instandhaltung dieser Anlagen verantwortlich? ◆-skosten, -ssoftware

in·stän·dig *adj (≈ eindringlich) intensiv und nachdrücklich:* Er hat sie inständig darum gebeten. ► Inständigkeit

In·stand·set·zung *die* <-, -en> *Reparatur, Wiederherstellung:* Instandsetzung einer Wohnung ◆-sarbeiten, -skosten

In·stanz *die* <-, -en> ❶ RECHTSW. *bestimmte Stufe eines Gerichtsverfahrens:* Das Urteil wurde in zweiter Instanz bestätigt. ◆-enweg ❷ *(zuständige) Behörde:* Alle polizeilichen Instanzen wurden informiert.

In·s·tinkt *der* <-(e)s, -e> ❶ BIOL. *eine Verhaltensweise, die einem Lebewesen bereits angeboren ist und die es daher nicht erlernen muss:* der natürliche Instinkt; Jedes Tier folgt seinem Instinkt. ◆-handlung, -verhalten ❷ *(übertr.) das deutliche Gefühl, dass etwas der Fall ist:* ein untrüglicher/höherer/feiner Instinkt; Mein Instinkt sagt mir, dass er doch Recht hatte.

in·s·tink·tiv *adj /nicht steig./* ❶ *auf den Instinkt* [1,] [2] *bezogen oder durch diesen geleitet:* ein Buch über das instinktive Verhalten der Tiere ❷ *so, dass man aus dem Gefühl handelt, ohne zu überlegen:* Sie tat in dieser Situation instinktiv das Richtige.

In·s·ti·tut *das* <-(e)s, -e> ❶ *eine Einrichtung der Wissenschaft, an der Forschung betrieben wird, Publikationen erstellt und Tagungen veranstaltet werden:* Das Institut für Deutsche Sprache (IdS) hat seinen Sitz in Mannheim.; Die Firma hat ein Institut mit der Marktforschung beauftragt. ◆-sbibliothek, -sleitung, -sverwaltung, Forschungs-, Hochschul- ❷ *Gebäude eines Instituts* [1] ❸ RECHTSW. *gesetzlich festgelegte Einrichtung:* Die Ehe ist ein Institut. ◆ Rechts-

In·s·ti·tu·ti·on *die* <-, -en> *eine öffentliche, staatliche oder kirchliche Einrichtung, die für eine bestimmte Aufgabe zuständig ist;* ■ **der lange Marsch durch die Institutionen** *(ein Schlagwort der Studentenbewegung Ende der sechziger Jahre des 20. Jahrhunderts) statt Revolution das Reformieren der Gesellschaft dadurch, dass viele einzelne Personen versuchen, Reformideen in ihrer beruflichen Position in Institutionen umzusetzen*

in·s·ti·tu·ti·o·na·li·sie·ren *mit OBJ* ■ *jmd. institutionalisiert etwas etwas in eine gesellschaftlich anerkannte Form bringen oder zur Institution machen* ► Institutionalisierung

in·s·ti·tu·ti·o·nell *adj /nicht steig./ (geh.) eine Institution betreffend, zu ihr gehörend oder durch sie gesichert*

in·s·tru·ie·ren *mit OBJ* ■ *jmd. instruiert jmdn.* ❶ *Anweisungen geben:* Der Trainer instruiert die Mannschaft. ❷ *Kenntnisse weitergeben:* Der Kapitän instruierte die Besatzung über die weiteren Schritte.

In·s·truk·ti·on *die* <-, -en> ❶ *Anweisung:* genau den Instruktionen des Ausbilders folgen ❷ *Unterweisung* ► Instrukteur

In·s·t·ru·ment *das* <-(e)s, -e> ❶ MUS. *kurz für „Musikinstrument"* ◆ Blas-, Saiten-, Tasten- ❷ TECHN., MED. *ein (komplexes) Werkzeug oder Gerät für einen bestimmten Zweck:* chirurgische Instrumente desinfizieren ◆ Mess-, Navigations-, Operations- ❸ *(übertr.) jmd. oder etwas, den oder das man als Mittel für etwas benutzt*

in·s·t·ru·men·tal *adj /nicht steig./* MUS. *(↔ vokal) mit Musikinstrumenten* ► Instrumentalbegleitung, instrumentalisch, Instrumentalist(in), Instrumentalsatz

in·s·t·ru·men·ta·li·sie·ren *mit OBJ* ■ *jmd. instrumentalisiert etwas (geh.) etwas so gebrauchen, dass es für einen ganz bestimmten Zweck dienlich istt*

In·s·t·ru·men·tal·mu·sik *die* <-> */kein Plur./ (↔ Vokalmusik) auf Instrumenten gespielte Musik ohne Gesang*

In·s·t·ru·men·tal·stück *das* <-(e)s, -e> *siehe* **Instrumentalmusik**

In·s·t·ru·men·ta·ri·um *das* <-s, Instrumentarien> ❶ *die Gesamtheit benutzter Werkzeuge*

❷ *die Gesamtheit der verwendeten Musikinstrumente* ❸ *die Gesamtheit der Mittel oder Möglichkeiten, ein Ziel zu erreichen*

In·s·t·ru·men·ta·ti·on *die* <-, -en> MUS. *die Besetzung eines Musikstücks mit verschiedenen Musikinstrumenten* ▸ instrumentieren

in·s·t·ru·men·tell *adj /nicht steig./ auf den Gebrauch von Instrumenten oder Mitteln ausgerichtet:* instrumentelle Vernunft

In·s·t·ru·men·ten·bau·er *der,* **In·s·t·ru·men·ten·bau·e·rin** <-s, -> *jmd., der beruflich Instrumente* [1] *anfertigt*

In·s·t·ru·men·ten·kas·ten *der* <-s, Instrumentenkästen> *ein Kasten, in dem ein Musikinstrument transportiert wird*

in·suf·fi·zi·ent *adj /nicht steig./ (fachspr.) unzulänglich, mangelhaft, für einen Zweck ungeeignet* ▸ Insuffizienz

In·su·la·ner *der,* **In·su·la·ne·rin** <-s, -> *(veralt. oder scherzh.)* Bewohner einer Insel

in·su·lar *adj /nicht steig./ zu einer Insel gehörend*

In·su·lin *das* <-s> */kein Plur./* MED. *ein Hormon, das den Blutzuckerspiegel regelt* ◆-mangel, -schock

in·sze·nie·ren *mit OBJ* ■ *jmd. inszeniert etwas* ❶ THEAT., FILM *als Verantwortlicher die Aufführung eines Bühnenstücks technisch und künstlerisch vorbereiten* ❷ *(abwert. übertr.) mit Absicht eine Reaktion (bei seinen Mitmenschen) hervorrufen:* Sie musste natürlich einen Skandal inszenieren.

In·sze·nie·rung *die* <-, -en> ❶ THEAT., FILM *das Inszenieren* [1] ❷ *ein in einer bestimmten Weise in Szene gesetztes Theaterstück:* eine neue Inszenierung des „Hamlet" ❸ *(abwert. übertr.) das Inszenieren* [2]

in·takt *adj /nicht steig./* ❶ *(voll) funktionsfähig, unbeschädigt:* Der alte Herd ist immer noch intakt. ❷ *so, dass etwas ohne (große) Probleme ist:* Sie lebt in einer intakten Beziehung.; Kinder brauchen ein intaktes Familienleben. ▸ Intaktheit

In·tar·sia, In·tar·sie *die* <-, Intarsien> */selten im Sing./ (≈ Einlegearbeit) Teile aus Holz, Edelsteinen oder anderen wertvollen Materialien, die in einer Holzfläche eingelegt sind*

in·te·ger <integrer, am integersten> *adj (≈ rechtschaffen) so, dass jmd. immer korrekt handelt und man zu ihm Vertrauen haben kann:* Du kannst ihm alles erzählen, er ist absolut integer.

In·te·g·ral *das* <-s, -e> MATH. *ein mathematisches Konstrukt zur Berechnung komplexer Flächen* ◆-gleichung

In·te·g·ral·helm *der* <-(e)s, -e> *ein Schutzhelm (für Motorradfahrer) mit integriertem Visier*

In·te·g·ral·rech·nung *die* <-, -en> MATH. *die Berechnung von Flächen, die von beliebigen Kurven begrenzt werden*

In·te·g·ra·ti·on *die* <-, -en> ❶ *(≈ Eingliederung) der Vorgang, dass jmd. bewusst durch bestimmte Maßnahmen dafür sorgt, dass jmd. ein Teil einer Gruppe wird:* Eine wichtige Aufgabe des Trainers ist die Integration der neuen Spieler (in die Mannschaft).; die Integration Behinderter in die Gesellschaft ❷ *Herstellung oder Vervollständigung einer Einheit:* die politische Integration Europas ❸ *Zu-*

stand, in den etwas integriert worden ist ❹ PSYCH. *Prozess, in der eine Person immer mehr zu einer inneren Einheit wird*

in·te·g·ra·tiv *adj /nicht steig./ so, dass eine Integration herbeigeführt oder gefördert wird:* eine integrative Maßnahme; integrative Psychotherapie

in·te·g·rie·ren *mit OBJ* ■ *jmd. integriert jmdn. in etwas* Akk. ❶ *Integration* [1] *betreiben:* Der Trainer integriert die neuen Spieler in die Mannschaft.; Du musst dich stärker in die neue Klasse integrieren! ▸ Reintegration ❷ ■ *jmd. integriert etwas in etwas* Akk. *ein übergeordnetes Ganzes bilden und etwas zusammenfassen oder vereinheitlichen:* Die Forschungen sollen auf europäischer Ebene integriert werden. ▸ Integrierung

In·te·g·ri·tät *die* <-> */kein Plur./* ❶ *Rechtschaffenheit; Unbescholtenheit* ❷ RECHTSW. *Unverletzlichkeit (von staatlichen Einrichtungen)*

In·tel·lekt *der* <-(e)s, -e> *(≈ Verstand) geistiges Vermögen, nur durch Denken zu Erkenntnis zu kommen:* ein scharfer/geschulter Intellekt ▸ Intellektualität

In·tel·lek·tu·a·lis·mus *der* <-, Intellektualismen> *die Haltung, in der jmd. nur auf seinen Intellekt setzt und Intuition und Gefühl nicht ernstnimmt* ▸ Intellektualist, intellektualistisch

in·tel·lek·tu·ell *adj* ❶ *verstandesmäßig, geistig:* Hier sind deine intellektuellen Fähigkeiten gefragt. ❷ *betont verstandesmäßig; nur auf den Intellekt ausgerichtet:* Er ist ein intellektueller Mensch ohne jegliche handwerklichen Fähigkeiten. ❸ *die Intellektuellen betreffend:* Man sieht sie häufig in intellektuellen Kreisen.

In·tel·lek·tu·el·le *der/die* <-n, -n> *akademisch oder künstlerisch gebildete Person, die (beruflich) geistig tätig ist:* Schriftsteller, Professoren und viele andere Intellektuelle nahmen an der Tagung teil.

in·tel·li·gent *adj (≈ klug) mit hoher Intelligenz ausgestattet:* Das Kind ist sehr intelligent.; Dies war keine besonders intelligente Frage.

In·tel·li·genz *die* <-, -en> ❶ *die Fähigkeit, insbesondere durch abstraktes logisches Denken Probleme zu lösen und zweckmäßig zu handeln:* praktische/theoretische Intelligenz; eine niedrige/hohe/überdurchschnittliche Intelligenz; ■ **Künstliche Intelligenz** *ein Forschungsgebiet, in dem versucht wird, Mechanismen zu entwerfen, mit denen Maschinen oder Computer intelligentes Verhalten entwickeln können* ◆-grad, -leistung, -prüfung, -test ❷ *Kollektivbezeichnung für Intellektuelle:* Er zählt sicherlich zur Intelligenz seines Landes. ◆-schicht

In·tel·li·genz·bes·tie *die* <-, -n> ❶ *(umg.) sehr intelligenter Mensch* ❷ *(umg. abwert.) jmd., der sehr intelligent ist und dies anderen in unangenehmer Weise ständig zeigt*

In·tel·li·genz·quo·ti·ent *der* <-en, -en> *eine Maßzahl für intellektuelle Leistungsfähigkeit, die besagt, wie intelligent ein Mensch (nach einer bestimmten Testmethode) ist, abgekürzt „IQ"*

in·tel·li·gi·bel *adj /nicht steig./* PHILOS. *nur durch den Intellekt und nicht durch sinnliche Wahrnehmungen zu erkennen*

In·ten·dant *der,* **In·ten·dan·tin** <-en, -en> THEAT.,

TV *künstlerischer Leiter eines Theaters oder einer Sendeanstalt*

In·ten·danz *die* <-, -en> THEAT., TV *künstlerische Leitung eines Theaters oder einer Sendeanstalt*

in·ten·die·ren *ohne OBJ* ■ *jmd. intendiert etwas (geh.: ≈ anstreben) auf etwas hinzielen, beabsichtigen:* Der Politiker gab in einem Interview zu, einen Parteiwechsel zu intendieren.

In·ten·si·on *die* <-, -en> *(↔ Extension) durch die Angabe von Merkmalen/Eigenschaften/Prädikaten bestimmbarer Inhalt bzw. die bestimmbare Bedeutung eines Ausdrucks/Prädikats, welche die Voraussetzung der Bezugnahme auf etwas in der Welt bildet* ▸ intensional

In·ten·si·tät *die* <-, -en> *(≈ Stärke) die Kraft, mit der etwas wirkt:* Die Intensität ihrer Bemühungen ließ zu wünschen übrig.; Die Intensität der Erdstöße nahm zu. ◆-sverteilung

in·ten·siv *adj* ❶ *(↔ extensiv) gründlich und konzentriert:* Sie hat sehr intensiv für diese Prüfung gearbeitet. ❷ *stark, heftig:* Der Maler verwendet überwiegend intensive Farben. ❸ *eingehend, durchdringend:* Man hatte intensive Verhandlungen geführt. ❹ LANDW. *so, dass man viel Geld und Arbeit für etwas einsetzt:* Auf diesem Bauernhof betreibt man intensive Viehhaltung. ◆Intensivanbau, Intensivhaltung, Intensivkultur

-in·ten·siv *als Zweitglied zusammengesetzter Adjektive* ❶ *drückt aus, dass viel von dem mit dem Erstglied Bezeichneten nötig ist* ◆arbeits-, leistungs-, personal-, zeit- ❷ *(↔ -neutral) drückt aus, dass viel von dem mit dem Erstglied Bezeichneten entsteht* ◆geruchs-, geschmacks-, kosten-, lärm-

in·ten·si·vie·ren *mit OBJ* ■ *jmd. intensiviert etwas verstärken, steigern:* Er musste seine Bemühungen zwangsläufig intensivieren.; Der Athlet will vor dem Wettkampf sein Training intensivieren. ▸ Intensivierung

In·ten·siv·kurs *der* <-es, -e> *ein Kurs von kurzer Dauer, in dem aber viel Wissen vermittelt wird*

In·ten·siv·me·di·zin *die* <-> /kein Plur./ *der Bereich der Medizin, in dem Schwerkranke unter Einsatz modernster Technik behandelt werden*

In·ten·siv·pfle·ge *die* <-> /kein Plur./ ❶ MED. *die Krankenpflege auf der Intensivstation* ❷ *(Werbejargon) ein besonders wirksames Kosmetikum:* die Intensivpflege für die reife Haut

In·ten·siv·sta·ti·on *die* <-, -en> MED. *die Station im Krankenhaus, in der schwer kranke und lebensgefährlich verletzte Patienten behandelt werden*

In·ten·ti·on *die* <-, -en> *(geh.: ≈ Absicht) Ausrichtung auf ein Ziel:* Welche Intention (= Absicht) verfolgt der Regisseur mit dieser Inszenierung?

in·ten·ti·o·nal *adj* /nicht steig./ *zielgerichtet, durch eine Intention (= Absicht) geleitet*

In·ten·ti·o·na·li·tät *die* <-, -en> PSYCH. *Ausrichtung aller seelisch-geistigen Kräfte auf ein Ziel* ◆-sstörung

In·ter·ak·ti·on *die* <-, -en> PSYCH., SOZIOL. *(≈ Wechselbeziehung) Handeln von Personen, die aufeinander bezogen sind:* Interaktion in einer sozialen Gruppe ◆-smodell, -smuster, -sspiel

in·ter·ak·tiv *adj* /nicht steig./ EDV *als Software so,* *dass der Benutzer selbstständig in einen Ablauf eingreifen und diesen mitbestimmen kann:* ein interaktives Computerspiel; interaktive Sprachlernsoftware ▸ Interaktivität

In·ter·ci·ty® *der* <-s, -s> *(in Deutschland) ein schneller Eisenbahnzug, der zwischen Großstädten verkehrt, abgekürzt „IC" und für dessen Benutzung man zusätzlich zur Fahrkarte einen besonderen Aufpreis bezahlen muss*

In·ter·ci·ty·ex·press·zug *der* <-es, -e> *(in Deutschland) Hochgeschwindigkeitszug, der zwischen Großstädten verkehrt, abgekürzt „ICE" und für dessen Benutzung man zusätzlich zur Fahrkarte einen besonderen Aufpreis bezahlen muss*

In·ter·de·pen·denz *die* <-, -en> *(fachspr.) wechselseitige Abhängigkeit von Wirkungen* ▸ interdependent

in·ter·dis·zi·p·li·när *adj* /nicht steig./ *so, dass es zwei oder mehrere wissenschaftliche Fachbereiche betrifft:* interdisziplinäre Forschung; ein Problem nur interdisziplinär lösen können ▸ Interdisziplinarität

in·te·r·es·sant *adj* ❶ *(↔ uninteressant) so, dass ein bestimmter Inhalt Interesse weckt:* ein sehr interessanter Film/Roman/Vortrag ◆hoch- ❷ *so, dass es einen geschäftlichen Vorteil verspricht:* Er hat mir einen interessanten Handel vorgeschlagen.; interessante Perspektiven

in·te·r·es·san·ter·wei·se *adv* *so, dass etwas unerwartet aufschlussreich ist:* Interessanterweise lebt gerade sie jetzt in Italien.

In·te·r·es·se *das* <-s, -n> ❶ /kein Plur./ *(↔ Desinteresse) die Aufmerksamkeit und geistige Anteilnahme, die jmd. für eine Sache hat:* lebhaftes/geringes Interesse; privates/öffentliches Interesse; Ich habe den Artikel mit großem Interesse gelesen.; Das ist für mich nicht von Interesse.; Nach der anfänglichen Euphorie ließ das Interesse an dem neuen Computerspiel recht schnell nach. ◆-ngebiet ❷ /meist Plur./ Neigung, Vorliebe: Sie haben kaum gemeinsame Interessen. ❸ *die Neigung, etwas zu kaufen:* Haben Sie Interesse an diesem Schrank? ◆Kauf- ❹ /meist Plur./ Bestrebung, Einflussbereich: Er vertrat stets die Interessen seiner Partei.; ■ **etwas liegt in jemands Interesse** *etwas ist für jmdn. von Nutzen oder von Vorteil* Ein solches Vorgehen liegt doch in unser aller Interesse. ◆-nausgleich, -ngegensatz, -ngruppe, -npolitik, -nvertretung, Firmen-, Geschäfts-, Partei-, Verbands-

in·te·r·es·se·hal·ber *adv* *aus Interesse:* Ich werde interessehalber zu dieser Lesung gehen.

in·te·r·es·se·los *adj* *(≈ gleichgültig) ohne Interesse* [1] ▸ Interesselosigkeit

In·te·r·es·sen·ge·mein·schaft *die* <-, -en> ❶ *eine Gruppe von Menschen, die sich aufgrund gleicher Interessen zusammengefunden haben* ❷ WIRTSCH. *ein Zusammenschluss mehrerer selbstständiger Unternehmer*

In·te·r·es·sen·kon·flikt *der* <-(e)s, -e> *Konflikt zwischen einander entgegengesetzten Interessen:* In dieser Frage gab es einen Interessenkonflikt zwischen den beiden Verhandlungspartnern.

In·te·r·es·sent *der,* **In·te·r·es·sen·tin** <-en, -en>

❶ *jmd., der etwas kaufen möchte:* Wir haben mehrere Interessenten für das Auto. **❷** *jmd., der an etwas teilnehmen möchte:* Für den Ausflug gibt es bisher kaum Interessenten.

in·te·r·es·sie·ren I. *mit OBJ* **❶** ■ *etwas interessiert jmdn.* etwas weckt jmds. Aufmerksamkeit: Sport interessiert ihn sehr.; Nichts interessiert mich weniger als sein dauerndes Gerede über Autos. **❷** ■ *jmd. interessiert jmdn. für etwas* Akk. jmds. Interesse auf etwas lenken: Die Chefin konnte alle Mitarbeiter für das Projekt interessieren. II. *mit SICH* ■ *jmd. interessiert sich für etwas* Akk. **❶** *Interesse*[1] *haben:* Er interessiert sich sehr für Musik.; Sie hat sich nie sonderlich/immer schon leidenschaftlich für Sport interessiert. **❷** *die Absicht haben etwas zu kaufen:* Ich interessiere mich für dieses Angebot. **❸** ■ *jmd. interessiert sich für jmdn.* jmdn. kennenlernen wollen: Er interessiert sich für die Freundin seiner Schwester.

in·te·r·es·siert adj /nicht steig./ (↔ desinteressiert) so, dass jmd. Interesse an jmdm. oder etwas hat: Er ist politisch/kulturell sehr interessiert.; Ich bin an diesem Schrank sehr interessiert.

In·ter·face *das* [ˈɪntəfeɪs] <-, -s> EDV (≈ Schnittstelle) ein Bauteil, mit dem Daten von einem Gerät in ein anderes geleitet werden können ◆ -design

In·ter·fe·renz *die* <-, -en> **❶** PHYS. eine Überlagerungserscheinung, die auftritt, wenn zwei oder mehr Wellenzüge dasselbe Raumgebiet durchlaufen **❷** SPRACHWISS. die Einwirkung eines sprachlichen Systems auf ein anderes (zum Beispiel beim Erlernen einer Fremdsprache) **❸** BIOL., PSYCH., MED. der Vorgang, dass ein Prozess auf einen ähnlichen Prozess Einfluss hat ▶ interferieren

in·ter·ga·lak·tisch adj /nicht steig./ ASTRON. zwischen den Galaxien bestehend

In·te·ri·eur *das* [ɛ̃teˈrɪ̯øːɐ̯] <-s, -s/-e> **❶** (geh.) Inneneinrichtung **❷** KUNST Gemälde, das ein Interieur[1] darstellt

In·te·rim *das* <-s, -s> **❶** (geh.) Zwischenzeit **❷** (≈ Übergangsregelung) vorläufige Regelung, die solange gültig ist, bis eine endgültige Lösung gefunden ist: Diese Maßnahme ist nur als Interim gedacht. ▶ interimistisch ◆ -sabkommen, -slösung, sregierung

In·ter·jek·ti·on *die* <-, -en> SPRACHWISS. traditionelle Wortart und zugehörige sprachliche Einheit, mit der Gemütsregungen zum Ausdruck gebracht werden, z. B. Überraschung, Ekel, Zustimmung usw.: „Oh" ist eine Interjektion.; siehe auch **Wortart**

in·ter·kon·ti·nen·tal adj /nicht steig./ zwischen den Kontinenten

In·ter·kon·ti·nen·tal·ra·ke·te *die* <-, -n> MILIT. Langstreckenrakete, die (vom Abschussort aus gesehen) Ziele auf einem anderen Kontinent erreichen kann: Verhandlungen über den Abbau von Interkontinentalraketen

in·ter·kul·tu·rell adj /nicht steig./ so, dass es die Beziehung zwischen den Kulturen betrifft: interkultureller Dialog ▶ Interkulturalität

Mit **Interkulturalität** wird die Gegebenheit von Begegnungen bzw. Kontakten zwischen ver-

schiedenen „Kulturen" erfasst, wie es sie im Rahmen des Fremd- und Zweitsprachenunterrichts immer gibt. Dazu wurden seit den 70er Jahren und verstärkt in den 90er Jahren des letzten Jahrhunderts verschiedene Konzepte insbesondere des **interkulturellen Lernens** und der Ausbildung einer **interkulturellen Kompetenz** entwickelt, welche die zuvor als kommunikativ bezeichneten Konzepte weitgehend abgelöst haben. Kulturelle Lernprozesse können grundsätzlich durchaus als ungeplante und spontane Lernerfahrungen in Gang gesetzt werden. Im engeren Sinne sind derartige Konzepte allerdings auf Prozesse am Rahmen von Deutsch als Fremdsprache (vgl. das Stichwort) sowie des Fremdsprachenunterrichts generell, einschließlich entsprechender Austauschprogramme, gerichtet: Dazu gehört ein Lehr- und Lernkontext mit Lehrwerken und Unterrichtstechniken, sowie die Bestimmung eines Lehr- und Lernziels, das als „interkulturelle Kompetenz" erfasst wird. Einzelheiten dazu werden in entsprechenden Curricula (vgl. das Stichwort) geregelt.

Im Zweit- und Fremdsprachenunterricht gelangen die Lernenden in Kontakt mit einer für sie neuen Sprache, wodurch eine Beziehung zwischen den beteiligten Kulturen hergestellt wird, nämlich zwischen der „Herkunftskultur" und der „Zielkultur". Beispiele dafür sind neben Begrüßungsformeln und Manieren viele einstellungsbedingte Verhaltensweisen. Wesentlich ist, dass alle Konzepte vorsehen, über rein sprachliche Aspekte hinauszugehen: Hier spielt insbesondere die **interkulturelle Landeskunde** eine wichtige Rolle, welche die traditionelle Vermittlung landeskundlicher Daten und Fakten ablöst. Darüber hinaus gibt es das Konzept des „interkulturellen Trainings", mit dem Beteiligte im Bereich der Wirtschaft auf interkulturelle Kontakte vorbereitet werden, und das zunehmend auch für den Zweit- und Fremdsprachenunterricht an Gewicht gewinnt.

Die Zielgröße der Befähigung zur interkulturellen Kompetenz beinhaltet neben sprachlichen Aspekten vor allem auch affektive und emotionale Aspekte, so als *Empathie* bezeichnete Einfühlungsvermögen in Eigenarten des Gegenübers mit anderem kulturellen Hintergrund. Verbunden sind mit all diesen Konzepten verschiedene Erwartungen, so der Abbau möglicher Vorurteile, ohne dass dies eine unkritische Übernahme problematischer gesellschaftlicher Auffassungen beinhalten muss. Eine Ausrichtung an Interkulturalität haben zahlreiche, unterschiedlich gefasste, Abteilungen und Studiengänge an Universitäten erhalten, so „interkulturelle Kommunikation", „Medien und interkulturelle Kommunikation", sowie „interkulturelle Germanistik".

In·ter·li·ne·ar·über·set·zung *die* <-, -en> Über-

setzung, die zwischen die Zeilen eines (historischen) fremdsprachigen Textes geschrieben ist

in·ter·me·di·är *adj* /nicht steig./ *in der Mitte liegend, einen mittleren Zustand bildend*

In·ter·mez·zo *das* <-s, -s/ Intermezzi> ❶ MUS. *Zwischenspiel in der Oper* ❷ MUS. *kurzes Instrumentalstück* ❸ *etwas, das nur eine kleine (unbedeutende)Begebenheit ist und keine großen Folgen für die Zukunft hat:* Er betrachtet die ganze Angelegenheit nur als Intermezzo.

in·tern *adj* /nicht steig./ (geh.: ↔ extern) ❶ *so, dass es nur die Angelegenheit einer Gruppe ist und außerhalb der Gruppe keine Bedeutung hat:* eine reine interne Angelegenheit der Abteilung; Wir wollen das Problem intern lösen. ◆ abteilungs-, bereichs-, fakultäts-, schul- ❷ *so, dass jmd. in einem Internat lebt:* die internen/externen Schüler einer Schule

in·ter·na·li·sie·ren *mit OBJ* ▪ **jmd. internalisiert etwas** ❶ SOZIOL. *Werte und Normen anderer als gültig übernehmen* ❷ PSYCH. (↔ externalisieren) *etwas Erlebtes ins Innere der Person verlagern:* Konflikte internalisieren ▶ Internalisierung

In·ter·nat *das* <-(e)s, -e> *eine Schule, zu der Wohnräume für die Schüler gehören und in der die Schüler ständig leben* ◆ -sschule

in·ter·na·ti·o·nal, in·ter·na·ti·o·nal *adj* /nicht steig./ ❶ *so, dass es die Beziehungen zwischen mehreren Staaten betrifft:* internationale Abkommen/Beziehungen/Konzerne/Verträge ❷ *so, dass es über die nationalen Grenzen hinausgeht:* internationale Küche; Am Wochenende findet in Zürich ein internationales Leichtathletikmeeting statt.

In·ter·na·ti·o·na·li·sie·rung *die* <-> /kein Plur./ *der Vorgang, dass bestimmte Angelegenheiten immer öfter nicht mit Blick auf das eigene Land zu beurteilen sind, sondern mehrere Länder betreffen:* die Internationalisierung der Geschäftsbeziehungen

In·ter·na·ti·o·na·lis·mus *der* <-, Internationalis­men> ❶ POL. *das Streben danach, dass sich Staaten enger zusammenschließen* ▶ Internationalist, Internationalistin, internationalistisch ❷ SPRACHWISS. *Wort, das in ähnlicher Form in verschiedenen Sprachen vorkommt; siehe auch* **Entlehnung**

Als **Internationalismen** bezeichnet man Wörter mit zumindest weitgehender Übereinstimmung in Schreibung und Bedeutung aus verschiedenen Sprachen, insbesondere bezogen auf den europäischen Raum; hierfür findet sich auch der Ausdruck *Europäismus*. Beim Erlernen z. B. der deutschen Sprache wird dadurch oft das Verständnis erleichtert. Doch hängt dies von der Ausgangssprache ab: So finden Deutschlerner mit z. B. dänischer oder norwegischer Muttersprache bei den deutschen Monatsnamen Vertrautes vor, nicht aber Lerner z. B. mit polnischer, tschechischer und ukrainischer Muttersprache; vgl. dt. *Februar*, poln. *luty*, tsch. *únor*, ukrain. *ljutyj*. In den meisten Fällen ist die Verbreitung von Internatio

nalismen durch wechselseitige Entlehnungen bedingt (vgl. das Stichwort). Einen Großteil macht das gemeinsame Erbe der griechisch-römischen Antike aus bzw. dessen spätere Vermittlung insbesondere in den westeuropäischen Sprachen. Teils wird im Hinblick darauf von *Eurolatein* gesprochen. Neben früherem Einfluss des Französischen ist seit der zweiten Hälfte des 20. Jahrhunderts das Englische bzw. das Anglo-Amerikanische die dominante Gebersprache – teils auch, weil das lateinische Erbe hier nachwirkt. Internationalismen deutscher Herkunft sind z. B. *Kindergarten, Lied* und *Leitmotiv*. Bei entsprechenden lexikalischen Übereinstimmungen werden geringe Abweichungen auf lautlicher Ebene oder in der Schreibung hingenommen; auf der Ebene der Aussprache sind die Unterschiede erheblicher. Da sprachliche Ausdrücke normalerweise mehrdeutig sind (vgl. das Stichwort), gelten die Entsprechungen oft nur für einzelne Bedeutungen, nicht aber für den ganzen Bedeutungsumfang; eine Äquivalenz ist dann nur teilweise gegeben. So bedeutet *Gag* nur „witziger Einfall", während sich in der Gebersprache Englisch mindestens sechs Bedeutungen zuordnen lassen. Hier ist auch eine Quelle möglicher Fehleinschätzungen bei Vorhandensein so genannter *falscher Freunde* (vgl. das Stichwort): dt. *Kriminalist* z. B. bedeutet „Straftataufklärer", poln. *kryminalista* aber „Straftäter".

In der Standardsprache und vor allem in deren Varietät der Fachsprache kommen Internationalismen am häufigsten vor, in der Umgangssprache und in Dialekten am wenigsten. Nicht nur Grundausdrücke, sondern auch Affixe wie *-anti, -inter, -tele* finden sich in allen Bereichen von Technik und Wissenschaft; wesentliche Bezugsbereiche für Internationalismen sind: Maßeinheiten, Pflanzen- und Tierbezeichnungen, Ausdrücke aus Mythologie, Literatur, Sport und Musik, sowie der gesamte Bereich der Computertechnologie. Der Umfang der an Entsprechungen beteiligten Sprachen ist unterschiedlich; für dt. *Fabel* z. B. sind es fünf weitere Sprachen: engl. und franz. *fable*, ital. *favola*, span. sowie russ. *fabula*.

In·ter·net *das* <-s> EDV *ein die ganze Welt umspannendes Netzwerk von Computern, die miteinander kommunizieren können:* stundenlang im Internet surfen; Ich habe mir diese Daten aus dem Internet heruntergeladen.; Wie verändert das Internet die Wirtschaft?; im Internet nach Informationen suchen; Besuchen Sie uns im Internet auf unserer Homepage www.pons.eu! ◆ -adresse, -anbieter, -auktion, -banking, -dienst, -fernsehen, -nutzer(in), -portal, -protokoll, -seite, -shopping, -surfen, -telefonie, -zugang

In·ter·net·an·schluss *der* <-es, Internetan­schlüsse> EDV *über Telefonleitung und Modem*

hergestellte Verbindung eines Computers zum Internet

In·ter·net·auf·tritt *der* <-(e)s, -e> *die Art und Weise, wie eine Institution, besonders eine Firma, sich im Internet auf ihrer Homepage präsentiert; siehe* **Homepage**

In·ter·net·ca·fé *das* <-s, -s> *mit PCs ausgestattetes Lokal in der Art eines Cafés, in dem die Gäste gegen Bezahlung im Internet surfen können*

In·ter·net-Chat *der* [-tʃæt] <-s, -s> EDV *eine im Internet gebotene Funktion, die es verschiedenen Teilnehmern ermöglicht, online miteinander einen Dialog führen*

in·ter·nie·ren *mit OBJ* ■ *jmd. interniert jmdn.* ❶ MILIT. *Angehörige eines feindlichen Staates in Lagern einsperren* ▸ Internierung ❷ MED. *jmdn., der eine ansteckende gefährliche Krankheit hat, in eine geschlossene Krankenstation bringen*

In·ter·nier·te *der/die* <-n, -n> *Häftling eines feindlichen Staates*

In·ter·nist *der;* **In·ter·nis·tin** <-en, -en> MED. *Arzt für innere Krankheiten*

in·ter·per·so·nal *adj /nicht steig./ zwischen mehreren Personen bestehend*

In·ter·pol *internationale Organisation der Kriminalpolizei*

In·ter·po·la·ti·on *die* <-, -en> ❶ MATH. *das Interpolieren[1]* ❷ LIT. *spätere Einfügung in einen abgeschlossenen Text*

in·ter·po·lie·ren *mit OBJ* ■ *jmd. interpoliert etwas* ❶ MATH. (↔ extrapolieren) *Werte zwischen bekannten Werten in einer Funktion errechnen* ❷ LIT. *in einen Text später etwas einfügen*

In·ter·pret *der;* **In·ter·pre·tin** <-en, -en> *jmd., der etwas interpretiert[2, 3]*

In·ter·pre·ta·ment *das* <-s, -e> *eine kommentierende Bemerkung zu einem Text*

In·ter·pre·ta·ti·on *die* <-, -en> *das Interpretieren[1, 2, 3]* ◆-shilfe, -shypothese, -skonstrukt

in·ter·pre·tie·ren *mit OBJ* ❶ ■ *jmd. interpretiert etwas (als etwas Akk.)* (≈ deuten, auslegen) *aus einer Sache eine bestimmte Bedeutung herauslesen:* Ihre Schüchternheit wird manchmal als Arroganz interpretiert. ❷ ■ *jmd. interpretiert etwas* (≈ erläutern, deuten) *einen Text inhaltlich deuten, so dass sein Sinn erkennbar wird:* Wir mussten ein Gedicht interpretieren. ❸ ■ *jmd. interpretiert etwas* MUS. (≈ ausführen) *ein Stück in einer bestimmten Weise vortragen:* Sie hatte das Lied sehr gefühlvoll interpretiert.

In·ter·punk·ti·on *die* <-, -en> SPRACHWISS. (≈ Zeichensetzung) *die Zeichen (und die Regeln ihrer Verwendung), die man benutzt, um geschriebene Sätze zu gliedern* ◆-sregularitäten

In·ter·punk·ti·ons·zei·chen *das* <-s, -> *eines der in der Interpunktion verwendeten Zeichen wie Komma, Punkt, Strichpunkt usw.*

In·ter·re·gio® *der* <-s, -s> *(in Deutschland) ein Schnellzug*

In·ter·re·g·num *das* <-s, Interregnen/Interregna> POL., GESCH. *eine vorläufige Regierung, die eingesetzt wird, bis eine endgültige Regierung gebildet werden kann*

in·ter·re·li·gi·ös *adj /nicht steig./ so, dass es die*

Beziehung zwischen den Religionen betrifft: *interreligiöser Dialog; interreligiöse Begegnungen*

In·ter·ro·ga·tiv·pro·no·men *das* <-s, ...-pronomina> (≈ Fragepronomen) *ein Pronomen wie z. B. „wer", „welcher" oder „wessen", mit dem nach einem Satzglied gefragt werden kann*

In·ter·vall *das* <-(e)s, -e> ❶ (geh.: ≈ Zeitspanne) *der zeitliche Zwischenraum, der zwischen zwei Vorgängen liegt:* Die Intervalle zwischen den Koliken wurden immer kürzer. ❷ MUS. *der Abstand zwischen zwei Tönen*

in·ter·ve·nie·ren *ohne OBJ* ■ *jmd. interveniert* ❶ (geh.) *in einen Konflikt eingreifen mit der Absicht, ihn zu beenden:* Der Moderator musste intervenieren, da die Gesprächspartner aneinandergeraten waren. ❷ POL. *bei jmdm. offiziell protestieren:* Man intervenierte bei der UNO gegen die wiederholten Menschenrechtsverletzungen in diesem Land. ❸ POL. *in ein Land, in dem Krieg oder Bürgerkrieg herrscht, Truppen schicken, um die Kampfhandlungen zu beenden:* militärisch intervenieren; Die Großmacht hat sich in die inneren Konflikte des Landes eingemischt und militärisch interveniert.

In·ter·ven·ti·on *die* <-, -en> *das Intervenieren[1, 2, 3]* ◆-skrieg, -srecht, -sverbot

In·ter·view *das* [ɪntɐˈvjuː, ˈɪntɐvjuː] <-s, -s> ❶ *ein öffentliches Gespräch, bei dem eine bekannte Persönlichkeit zu privaten und öffentlichen Themen befragt wird:* Der Politiker hat ein Interview abgelehnt/gegeben. ◆-partner, Experten- ❷ SOZIOL. *das gezielte Befragen von Personen aus einer bestimmten Bevölkerungsgruppe (zu statistischen Untersuchungen innerhalb der Meinungsforschung)*

in·ter·vie·w·en [ɪntɐˈvjuːən/ˈɪntɐvjuːən] *mit OBJ* ■ *jmd. interviewt jmdn.* *ein Interview durchführen*

In·thro·ni·sa·ti·on *die* <-, -en> (geh.) ❶ *Thronbesteigung* ❷ *Einsetzung eines Bischofs oder des Papstes ins Amt* ▸ inthronisieren

in·tim *adj* ❶ (≈ vertraut) *so, dass man engen und häufigen Kontakt zu jmdm. hat und ihn sehr gut kennt:* Er ist ein intimer Freund der Familie.; Ihr Verhältnis scheint sehr intim zu sein.; Wir treffen uns nach der Prüfung zu einer kleinen Feier im intimen Kreis. ❷ (verhüll.) *so, dass man mit jmdm. sexuellen Kontakt hat:* Er ist mit ihr intim (geworden). ❸ (geh.) *tief im Inneren eines Menschen verborgen:* Dies waren seine intimsten Sehnsüchte. ❹ *so, dass man etwas sehr genau kennt und großes (Fach)wissen darüber hat:* Er ist ein intimer Kenner der Musikszene. ❺ *gemütlich:* ein kleines, intimes Lokal; sich in der intimen Atmosphäre gut unterhalten können

In·tim·be·reich *der* <-(e)s, -e> *der Bereich der Geschlechtsorgane*

In·tim·feind *der* <-(e)s, -e> *eine Person, die man zwar gut kennt, zu der man aber in einem feindseligen Verhältnis steht* ◆-schaft

In·ti·mi·tät *die* <-, -en> ❶ /kein Plur./ (≈ Vertrautheit) *vertrautes, enges Verhältnis:* Zwischen ihnen besteht eine große Intimität. ❷ *Vertraulichkeit:* Sie besprachen einige Intimitäten. ❸ */nur Plur./ sexuelle Handlungen:* Es kam zu Intimitäten.

In·tim·le·ben *das* <-s> */kein Plur./ Sexualleben*

In·tim·part·ner *der,* **In·tim·part·ne·rin** <-s, -> *Person, mit der man Geschlechtsverkehr hat*

In·tim·pfle·ge *die* <-> */kein Plur./ Körperpflege im Intimbereich*

In·tim·sphä·re *die* <-n, -n> *(geh.) der ganz private Lebensbereich eines Menschen:* Sie sieht darin eine Verletzung ihrer Intimsphäre.

In·ti·mus *der* <-, Intimi> *(scherzh.) enger, vertrauter Freund*

in·to·le·rant, in·to·le·rant *adj (↔ tolerant)* ❶ *so, dass man keine andere Meinung außer der eigenen gelten lässt:* In dieser Frage nimmt er eine sehr intolerante Haltung ein. ❷ MED. *so, dass bestimmte Stoffe nicht verträgt*

In·to·le·ranz, In·to·le·ranz *die* <-> */kein Plur./* ❶ *(≈ Unduldsamkeit ↔ Toleranz) die Haltung, dass man die anderen Meinungen und Lebensweisen anderer Menschen nicht gelten lässt* ❷ MED. *der Vorgang, dass man bestimmte Stoffe nicht verträgt*

In·to·na·ti·on *die* <-, -en> ❶ SPRACHWISS. *die kontinuierliche Veränderung der Tonhöhe beim Sprechen, mit der auch bestimmte Aspekte der Bedeutung einer Äußerung ausgedrückt werden* ◆-sstruktur ❷ MUS., REL. *(≈ Anstimmen) das Beginnen des (liturgischen) Singens* ❸ MUS. *die Genauigkeit in der Tonhöhe beim Instrumentalspiel und Gesang:* eine brillante/falsche/unsaubere Intonation ▶ intonieren

In·to·xi·ka·ti·on *die* <-, -en> MED. *Vergiftung* ◆-ssymptom

in·t·ra·mus·ku·lär *adj /nicht steig./* MED. *in den Muskel hinein*

In·t·ra·net *das* <-s, -s> EDV *ein firmeninternes Computernetz*

in·tran·si·tiv *adj /nicht steig./* SPRACHWISS. *(↔ transitiv) so, dass ein Verb kein Akkusativobjekt benötigt:* Das Verb „wachsen" ist ein intransitives Verb. ▶ Intransitivität

in·t·ra·per·so·nal *adj /nicht steig./* PSYCH. *innerhalb einer Person*

in·t·ra·ve·nös *adj /nicht steig./* MED. *in eine Ader hinein:* Das Serum wird intravenös gespritzt.

in·t·ri·gant *adj (geh.: ≈ hinterhältig) hinterhältig etwas inszenierend bzw. gegen jemand zu dessen Nachteil in die Wege leitend:* Nimm dich vor dieser intriganten Person in Acht! ▶ Intrigant, Intrigantin

In·t·ri·ge *die* <-, -n> *(geh.) ein geheimer Plan, den man sich ausdenkt und den man durchführt, um anderen Menschen zu schaden (besonders dadurch, dass man absichtlich Missverständnisse erzeugt und dafür sorgt, dass andere miteinander in Streit geraten):* Er ist einer Intrige zum Opfer gefallen.; ■ **jemand spinnt Intrigen** *jmd. versucht, jmdm. durch Intrigen zu schaden* ◆-nspiel

in·t·ri·gie·ren *ohne OBJ* ■ *jmd. intrigiert gegen jmdn. (geh.) andere Personen so beeinflussen, dass man damit indirekt Schaden zufügen kann:* Er hat gegen den König intrigiert.

in·trin·sisch *adj /nicht steig./ (fachspr.: ↔ extrin-* sisch) *von innen her kommend:* intrinsische Motivation

In·t·ro·jek·ti·on *die* <-, -en> PSYCH. *(↔ Projektion) der Vorgang, dass jmd. fremde Meinungen oder Vorstellungen unbewusst in das eigene Ich aufnimmt* ▶ introjizieren

In·t·ro·spek·ti·on *die* <-, -en> *(fachspr.: ≈ Selbstbeobachtung) die Einsicht in das eigene Innere; die Erkenntnis der eigenen Vorstellungen* ▶ introspektiv

in·t·ro·ver·tiert *adj /nicht steig./* PSYCH. *(↔ extrovertiert) nach innen gekehrt; vor allem auf sich selbst und weniger auf andere Menschen orientiert:* Er ist ein sehr introvertierter Mensch. ▶ Introvertiertheit, Introversion

In·tu·i·ti·on *die* <-, -en> ❶ PHILOS. *(↔ Diskursivität) unmittelbares, nicht auf reflektierendes Denken gegründetes Erkennen:* Ich kann mich auf meine Intuition verlassen. ❷ *Eingebung, Ahnung:* Sie folgte einer plötzlichen Intuition. ▶ intuitiv

In·tu·i·ti·o·nis·mus *der* <-> */kein Plur./* PHILOS. *Lehre, nach der Intuition die wichtigste Quelle der Erkenntnis ist*

in·tus *adj /nicht steig./* ■ **jemand hat etwas intus** *(umg. scherzh.) jmd. hat ein bestimmtes Quantum alkoholischer Getränke getrunken* Er hat schon drei Bier intus.

In·uit <-> *Plur. /Sing. Inuk / Eigenbezeichnung der Eskimos*

in·va·lid, in·va·li·de *adj /nicht steig./ dauerhaft behindert oder erwerbsunfähig aufgrund eines Unfalls, einer Verwundung oder einer Krankheit:* Nach dem schweren Sportunfall war sie invalide.

In·va·li·de *der,* **In·va·li·din** <-n, -n> *jmd., der invalide ist* ◆ Kriegs- ▶ Invalidität

In·va·si·on *die* <-, -en> ❶ MILIT. *der gewaltsame Einmarsch einer Armee in ein fremdes Land* ◆-splan, -struppen ❷ *(fachspr.) das Überschreiten von Grenzen und Eindringen (von Objekten, Lebewesen usw.) in andere Bereiche* ◆-sbiologie, -svogel

In·vek·ti·ve *die* <-, -n> *(geh.) beleidigende Äußerung*

In·ven·tar *das* <-s, -e> ❶ *alle Gegenstände, die zu einem Betrieb, einem Haus oder einem Raum gehören* ❷ *Verzeichnis aller zu einem Betrieb, Haus oder Raum gehörenden Gegenstände;* ■ **lebendes Inventar** *Vieh;* ■ **totes Inventar** *Möbel;* ■ **zum lebenden Inventar gehören** *(umg. scherzh.) einer Firma schon sehr lange angehören* ◆-liste

in·ven·ta·ri·sie·ren *mit OBJ* ■ *jmd. inventarisiert etwas ein Inventar² erstellen:* Er inventarisiert gerade seine Schallplattensammlung.; Der Betrieb wurde inventarisiert. ▶ Inventarisierung

In·ven·tur *die* <-, -en> WIRTSCH. *(≈ Bestandsaufnahme) der Vorgang, dass in einem Betrieb überprüft wird, welche Waren am Lager sind:* Wir machen morgen Inventur. ◆-prüfung

In·ver·si·on *die* <-, -en> SPRACHWISS. *Umkehrung der normalen Wortstellung im Satz (so, dass das Prädikat am Satzanfang steht)*

in·ves·tie·ren I. *mit OBJ/ohne OBJ* ■ *jmd. investiert (etwas) (in etwas Akk.) Geld (langfristig) in*

etwas anlegen: Das Unternehmen hat viel Geld in die Forschung investiert.; Die Firma hat versäumt zu investieren. **II.** *mit OBJ* ■ **jmd. investiert etwas in etwas** *Akk. (umg. übertr.) auf jmdn. oder etwas Energie verwenden:* Sie haben viel Zeit in die Erziehung ihrer Kinder investiert.; Ich habe meine ganze Kraft in diese Arbeit investiert.

In·ves·ti·ti·on *die* <-, -en> ❶ WIRTSCH. *das Anlegen von Kapital in Sachgütern* ◆ -sprogramm, -svorhaben, -szuschuss ❷ (≈ *Anschaffung*) *Geldausgabe:* Das neue Auto war eine gute Investition.

In·ves·ti·ti·ons·an·reiz *der* <-es, -e> WIRTSCH. *ein Umstand, der Unternehmer dazu motiviert, Investitionen[1] zu machen*

In·ves·ti·ti·ons·boom *der* <-s, -s> WIRTSCH. *eine Phase, in der besonders viele Investitionen[1] gemacht werden*

in·ves·ti·ti·ons·freu·dig *adj so, dass viele Leute Investitionen[1] machen:* ein nicht sehr investitionsfreudiges Konjunkturklima

In·vest·ment *das* <-s, -s> /meist Plur./ BANKW. *eine Form der Kapitalanlage* ◆ -bank, -berater(in), -gesellschaft, -geschäft, -papier, -trust

In·vest·ment·fonds *der* <-, -> BANKW. *Sondervermögen einer Kapitalgesellschaft (in Form von Grundstücken und Wertpapieren)*

In·ves·tor *der* <-s, ...-toren> WIRTSCH. *jmd., der investiert[1]*

In·vi·t·ro-Fer·ti·li·sa·ti·on *die* <-, -en> MED. *eine künstliche Befruchtung, die im Reagenzglas vollzogen wird*

in·vol·vie·ren *ohne OBJ* ■ **jmd. involviert jmdn. in etwas** *Akk. (geh.) jmdn. in etwas hineinziehen, so dass er beteiligt ist:* War auch der Minister in die Affäre involviert?

in·wen·dig *adj /nicht steig./ im Inneren:* eine inwendige Tasche im Mantel; ■ **in- und auswendig kennen** *vollständig kennen*

in·wie·fern **I.** *adv in welcher Hinsicht:* Inwiefern hat sich unsere Situation verschlechtert? **II.** *konj verwendet, um auszudrücken, in welcher Hinsicht das Gesagte gilt:* Wir sollten prüfen, inwiefern er eine Mitschuld trägt.

in·wie·weit **I.** *adv bis zu welchem Grad:* Inwieweit hat sich der Zustand des Patienten stabilisiert? **II.** *konj verwendet, um auszudrücken, bis zu welchem Grade das Gesagte gilt:* Ich überlasse es Ihnen, inwieweit Sie auf diese Vorschläge eingehen wollen.

In·zest *der* <-(e)s, -e> /Plur. selten/ (geh.: ≈ *Blutschande) der Vorgang, dass es zwischen einem Mann und einer Frau, die nahe miteinander verwandt sind, zum Geschlechtsverkehr kommt* ◆ -tabu ► inzestuös

In·zucht *die* <-> /kein Plur./ *Fortpflanzung unter Menschen und Tieren von nahem Verwandtschaftsgrad:* Es gibt Degeneration durch Inzucht in abgelegenen Dörfern.

in·zwi·schen *adv* ❶ (≈ *in der Zwischenzeit) verwendet, um sich auf die Zeit zu beziehen, die zwischen einem Ereignis der Vergangenheit und dem Sprechzeitpunkt vergangen ist:* Du hast die Firma vor drei Jahren verlassen, inzwischen hat sich dort viel geändert ❷ (≈ *währenddessen) verwendet,*

um auszudrücken, dass eine Handlung gleichzeitig mit einer anderen abläuft: Spüle das Geschirr, ich trage inzwischen mal den Müll runter!

Ion *das* <-s, -en> PHYS., CHEM. *ein elektrisch geladenes Elementarteilchen*

Io·ta *das siehe* **Jota**

i-Punkt *der* <-(e)s, -e> *der kleine Punkt, der den oberen Teil des Buchstabens i bildet*

Irak <-s> *arabischer Staat am Persischen Golf* ► Iraker/Iraki, Irakerin/Iraki, irakisch

Iran <-s> *Staat in Vorderasien zwischen Kaspischem Meer und Persischem Golf* ► Iraner, Iranerin, iranisch

ir·den *adj /nicht steig./ aus Ton gefertigt:* eine irdene Schüssel

ir·disch *adj /nicht steig./ so, dass es zum menschlichen Leben auf der Welt gehört (im Gegensatz zu einem Leben im Jenseits);* ■ **den Weg alles Irdischen gehen** *(geh. verhüll.) sterben*

Ire *der,* **Irin** <-n, -n> *jmd., der die irische Staatsbürgerschaft hat*

ir·gend *adv* ❶ *verwendet, um auszudrücken, dass man die genannte Person oder Sache nicht kennt oder nicht für wichtig hält:* Da hat irgend so ein Bekannter von dir angerufen. ❷ (≈ *irgendwie) Sie hat ihm geholfen, so lange sie irgend konnte.*

ir·gend·ein /Indefinitpronomen/ *verwendet, um auszudrücken, dass die genannte Person oder Sache nicht genau bestimmt ist oder bestimmt werden kann:* Melden Sie sich, wenn Sie irgendeine Frage haben.

ir·gend·et·was /Indefinitpronomen/ *verwendet, um auszudrücken, dass die genannte Sache nicht genau bestimmt ist oder bestimmt werden kann:* Mit ihm stimmt doch irgendetwas nicht.

ir·gend·je·mand /Indefinitpronomen/ *verwendet, um auszudrücken, dass man die genannte Person nicht kennt:* Das Rezept hat mir irgendjemand einmal gegeben.

ir·gend·wann *adv verwendet, um auszudrücken, dass man den genauen Zeitpunkt nicht kennt:* Er wollte sie irgendwann besuchen.

ir·gend·was /Indefinitpronomen/ *umg.* ≈ *irgendetwas:* Bei der Sache ist doch irgendwas faul.

ir·gend·wie *adv* ❶ *auf irgendeine Art:* Ich werde die Prüfung schon irgendwie bestehen. ❷ *in irgendeiner Hinsicht:* Er kommt mir irgendwie bekannt vor.

ir·gend·wo *adv* Ist hier irgendwo eine Toilette?

ir·gend·wo·her *adv* ❶ *von irgendeinem Ort:* Irgendwoher kommen Stimmen. ❷ *durch irgendwelche Umstände:* Das Lied kenne ich irgendwoher.

ir·gend·wo·hin *adv* Sie will irgendwohin in den Süden.

Iris *die* <-s> /kein Plur./ ❶ (≈ *Regenbogenhaut) der Teil des Auges, in dem die Pupille liegt* ❷ (≈ *Schwertlilie) eine Blume mit langen, spitzen Blättern*

irisch *adj /nicht steig./ zu Irland gehörend; von dort stammend*

Ir·land <-s> *Staat auf der westlich von Großbritannien gelegenen irischen Insel*

Iro·nie *die* <-> /kein Plur./ ❶ *der Vorgang, dass*

jmd. auf indirekte Weise seinen Spott zum Ausdruck bringt, indem er das Gegenteil dessen sagt, was er meint: Ich konnte die Ironie aus seinen Worten heraushören.; Diesen Pfusch eine „wirklich erstklassige Arbeit" zu nennen ist ja wohl allenfalls Ironie! ◆ -signal ▶ Ironiker, Ironikerin, ironisch, ironisieren ❷ *eine paradoxe Situation:* Ironie der Geschichte/des Schicksals

irr, **ịr·re** *adj* ❶ */selten/ geisteskrank, verrückt:* Er wurde für irr(e) gehalten. ❷ *verstört, wie von Sinnen:* Hast du ihren irren Blick gesehen?; Er redet irre. ❸ *(umg.) toll:* London ist eine irre Stadt. ❹ *(umg.) sehr groß, intensiv:* Es war ein irrer Lärm. ❺ *(umg.) sehr:* Wir haben uns irre gefreut.; Hier ist irre viel los.; ■ **jemand wird an jemandem irre** *(geh.) jmd. verliert das Vertrauen zu jmdm.*

ịr·ra·ti·o·nal, **ịr·ra·ti·o·nạl** *adj /nicht steig./* ❶ *(geh.: ↔ rational) so, dass es der Vernunft widerspricht:* Er hat völlig irrationale Gründe angeführt.; Sie hat sehr irrational gehandelt. ▶ Irrationalität ❷ MATH. ■ **eine irrationale Zahl** *eine Zahl, die sich nicht durch Brüche ganzer Zahlen ausdrücken lässt*

Ịr·ra·ti·o·na·lis·mus *der* <-, Irrationalismen> ❶ PHILOS. *die Lehre, nach der die Welt oder das Sein nicht durch den Verstand erkannt werden kann* ❷ *irrationales Verhalten, irrationale Vorstellungen:* Irrationalismus in der Politik

Ịr·re¹ *der/die* <-n, -n> *(umg. o veralt.) Verrückter;* ■ **wie ein Irrer** *sehr schnell* Er ist gefahren wie ein Irrer.; Wir haben wie die Irren gearbeitet.

Ịr·re² *die* <-> */kein Plur./* ■ **jemanden in die Irre führen** *jmd. absichtlich in eine falsche Richtung führen* Mit solchen Reden versuchte man, das Volk in die Irre zu führen.; ■ **in die Irre gehen** *sich verirren*

ịr·re·al *adj /nicht steig./ (geh.) unwirklich; nicht realistisch:* Seine Forderungen sind völlig irreal, niemand kann das bezahlen. ▶ Irrealität

ịr·re·füh·ren *mit OBJ* ■ **jmd. führt jmdn. irre** */oft im Part. Präs./ absichtlich täuschen, eine falsche Vorstellung hervorrufen:* Der Gegner sollte irregeführt werden.; Eine solche Behauptung ist absolut irreführend. ▶ Irreführung

ịr·re·gu·lär, **ịr·re·gu·lạr** *adj /nicht steig./ (geh.: ↔ regulär) so, dass es nicht den Regeln oder Gesetzen entspricht:* Das Rennen musste wegen irregulärer Bedingungen abgebrochen werden. ▶ Irregularität

ịr·re·le·vant, **ịr·re·le·vạnt** *adj /nicht steig./ (geh.: ↔ relevant) unwichtig, unerheblich:* Dieser Aspekt ist irrelevant für unser Thema. ▶ Irrelevanz

ịr·re·ma·chen *mit OBJ* ■ **jmd./etwas macht jmdn. irre** *verwirren, durcheinanderbringen:* Lass dich von den Prüfern bloß nicht irremachen.

ịr·ren <irrst, irrte, hat/ist geirrt> **I.** *ohne OBJ (sein)* ■ **jmd. irrt irgendwo** *(geh.) ziellos umherstreifen, den Weg nicht kennen:* Sie ist stundenlang durch die Straßen geirrt. **II.** *mit SICH (haben)* ❶ ■ **jmd. irrt sich** *etwas fälschlich für wahr halten* ❷ ■ **jmd. irrt sich (in jmdm.)** *(≈ sich täuschen) jmdn. falsch einschätzen:* Du hast dich in ihr geirrt. ❸ ■ **jmd. irrt sich (in etwas** Dat.*) sich verrechnen:* Er hatte sich in der Summe geirrt.

❹ ■ **jmd. irrt sich in etwas** Dat. *verwechseln:* Ich habe mich in der Türe geirrt.; ■ **Irren ist menschlich** *(Sprichwort) Jeder Mensch kann sich einmal irren.*

Ịr·ren·an·stalt *die* <-, -en> *(umg. abwert. veralt.) Psychiatrie*

Ịr·ren·arzt *der*, **Ịr·ren·ärz·tin** <-es, Irrenärzte> *(umg. abwert. veralt.) Psychiater*

Ịr·ren·haus *das* <-es, Irrenhäuser> *(umg. abwert.) Psychiatrie*

ịr·re·pa·ra·bel, **ịr·re·pa·rạ·bel** *adj /nicht steig./ (geh.) so, dass es nicht mehr repariert oder geheilt werden kann:* Nach ihrem Unfall behielt sie irreparable Schäden an der Wirbelsäule.

ịr·re·ver·si·bel, **ịr·re·ver·sị·bel** *adj /nicht steig./ (fachspr.) nicht umkehrbar:* Es handelt sich hierbei um irreversible biologische/chemische Prozesse, d.h. man kann sie nicht mehr rückgängig machen. ▶ Irreversibilität

ịr·re·wer·den <wirst irre, wurde irre, ist irrege­worden> *ohne OBJ* ■ **jmd. wird irre** *unsicher werden, so dass man sich verwirrt fühlt:* Die ganze Diskussion lässt mich allmählich noch irrewerden.

Ịrr·fahrt *die* <-, -en> *(geh.) Reise, bei der man öfter in eine verkehrte Richtung fährt:* Homer berichtet von den Irrfahrten des Odysseus.

Ịrr·gar·ten *der* <-s, Irrgärten> *(≈ Labyrinth) ein Garten, der so angelegt ist, dass man sich in seinen Gängen verirren soll*

Ịrr·glau·be *der* <-ns> */kein Plur./ falsche Auffassung bzw. Annahme*

Ịrr·glau·ben *der* <-s> *(≈ Irrglaube)*

ịr·rig *adj /nicht steig./ in einem Irrglauben:* Ich tat dies in der irrigen Annahme, dass …

Ịr·ri·ta·ti·on *die* <-, -en> ❶ *(geh.: ≈ Verstörung) der Zustand, dass jmd. verwirrt und erregt ist und/oder sich ärgert:* Die Irritation des Publikums war deutlich spürbar. ❷ MED. *Reizung:* Ihre Haut wies Irritationen auf.

ir·ri·tie·ren *mit OBJ* ❶ ■ **jmd./etwas irritiert jmdn.** *(≈ verwirren) bewirken, dass jmd. verwirrt und unsicher wird:* Sie ließ sich auch von solchen Fragen der Prüfer nicht irritieren. ❷ ■ **etwas irritiert jmdn.** *(≈ stören)* Die ständigen Anrufe irritieren ihn bei der Arbeit. ❸ ■ **etwas irritiert jmdn.** *(≈ verwirren)* Das ständige Gehupe irritiert mich.

Ịrr·läu·fer *der* <-s, -> *fehlgeleiteter Brief*

Ịrr·sinn *der* <-(e)s> */kein Plur./* ❶ *(veralt.) Geistesschwäche* ❷ *Unvernunft:* Es wäre glatter Irrsinn, dies zu tun!

ịrr·sin·nig *adj* ❶ *(veralt.) verrückt, geistesschwach* ❷ *(umg.) sehr stark:* Er hat irrsinnige Schmerzen. ❸ *sehr:* Es war irrsinnig komisch.

Ịrr·sinns- *(≈ Wahnsinns-) als Erstglied zusammengesetzter Substantive, mit Betonung auf beiden Teilen; drückt aus, dass das mit dem Zweitglied Bezeichnete ein normales Maß übersteigt* ◆ -hitze, -kälte, -preis

Ịrr·tum *der* <-(e)s, Irrtümer> *der Sachverhalt, dass sich jmd. geirrt* **II. 1** *hat:* Ich glaube, dass dies ein großer Irrtum war.; Da befindest du dich aber im Irrtum!; Ihm ist ein Irrtum unterlaufen; ein folgenschwerer Irrtum ◆ -anfechtung, -slehre, -srisiko, -swahrscheinlichkeit

irr·tüm·lich *adj /nicht steig./ durch einen Irrtum:* Ich bin irrtümlich von der Annahme ausgegangen, das ...; Er hatte irrtümlich die falsche Telefonnummer notiert.

irr·wit·zig *adj (≈ irre⁴)* Der Wagen raste mit irrwitzigem Tempo um die Kurve.

Is·chi·as¹ *das* ['ɪʃi̯as] <-> */kein Plur./* MED. *eine Nervenerkrankung*

Is·chi·as² *der* ['ɪʃi̯as] <-> */kein Plur./* ANAT. *(≈ Ischiasnerv) ein Nerv, der über Gesäß, Ober- und Unterschenkel bis zum Fuß hinabläuft*

ISDN [iːʔɛsʔdeːʔɛn] TELEKOMM. *Abkürzung von „Integrated Services Digital Network", ein besonders schneller und komfortabler Telefonanschluss*

Ise·grim *der* <-s> */kein Plur./* LIT. *Name des Wolfes in der Fabel*

Is·lam, Is·lam *der* <-s> */kein Plur./* REL. *die Weltreligion, die durch den Propheten Mohammed begründet worden ist und deren Heilige Schrift der Koran ist* ◆-wissenschaft ▶islamisch

Is·la·mi·sie·rung *die* <-> */kein Plur./ Verbreitung des Islams*

Is·la·mis·mus *der* <-> */kein Plur./ die extreme Richtung im Islam, die bereit ist, auch mit Gewalt den Islam durchzusetzen*

Is·la·mist *der,* **Is·la·mis·tin** <-en, -en> *jmd., der sich kompromisslos für die Verbreitung des Islams einsetzt* ▶islamistisch

Is·land <-s> *Staat im europäischen Nordmeer* ▶Isländer, Isländerin, isländisch

Iso·la·ti·on *die* <-, -en> ❶ BIOL., PHYS., TECHN. *ein Material, das eine Abdichtung gegen Gas, Wärme, Kälte oder Elektrizität bildet:* Wir müssen die defekte Isolation der Rohre erneuern. ❷ BIOL., CHEM. *der Vorgang, dass jmd. eine Substanz isoliert* ❸ *(≈ Vereinzelung) der Vorgang, dass (vor allem in Großstädten) sich der einzelne Mensch immer mehr als allein und von den anderen Menschen getrennt erlebt:* Er klagte über die großstädtische Isolation. ❹ *der Zustand, dass jmd. abseitssteht und keine Kontakte zu anderen unterhält:* Das Land gerät immer stärker in eine wirtschaftliche Isolation.

Iso·la·ti·o·nis·mus *der* <-, Isolationismen> POL. *die Tendenz eines Staates, sich vom Ausland abzuschließen und sich aus internationalen Verpflichtungen zurückziehen*

Iso·la·ti·ons·haft *die* <-> */kein Plur./ besonders strenge Einzelhaft*

Iso·la·tor *der* <-s, ...-toren> PHYS., CHEM. *eine Substanz bzw. ein Gegenstand, der isoliert I.1*

Iso·lier·band *das* <-(e)s, Isolierbänder> *ein Klebeband, das der Isolation¹ dient*

iso·lie·ren I. *mit OBJ* ❶ ◼ *jmd. isoliert etwas Leitungen, Rohre, oder Wände mit einem dämmenden Material versehen:* Rohre isolieren ❷ ◼ *jmd. isoliert jmdn./ein Tier* jmdn. *oder ein Tier von anderen streng getrennt an einem Ort belassen:* Man isolierte das kranke Tier, um Ansteckung zu verhindern. ❸ BIOL., CHEM. *einen Stoff aus einer Verbindung herauslösen und ihn dadurch in reiner Form erhalten:* Es gelang, die Substanz zu isolieren. **II.** *ohne OBJ* ◼ *etwas isoliert (gegen etwas* Akk.*) als Isolator wirken:* Keramik isoliert (gegen Strom). **III.** *mit SICH* ◼ *jmd. isoliert sich (≈ sich abkapseln) keinerlei Verbindung zu seiner Umwelt halten und dadurch immer einsamer werden:* Er hatte sich im Alter völlig isoliert.

Iso·lier·kan·ne *die* <-, -n> *(≈ Thermoskanne) verchromte Kanne, in der Flüssigkeiten lange heiß bleiben*

Iso·lier·ma·te·ri·al *das* <-s, Isoliermaterialien> *Material zum Isolieren I.1*

Iso·ther·me *die* <-, -n> METEOR. *die Verbindungslinie zwischen Orten mit gleicher Temperatur auf der Wetterkarte*

Iso·top *das* <-s, -e> */selten im Sing./* CHEM. *(radioaktive) Variante eines Stoffes* ◆-endiagnostik, -entherapie, -entrennung

Is·ra·el <-s> *Staat in Vorderasien; Volk der Juden im A. T.*

Is·ra·e·li *der* <-(s), -(s)> *jmd., der die israelische Staatsbürgerschaft hat*

is·ra·e·lisch *adj /nicht steig./ zu Israel gehörend, daher stammend*

Is·ra·e·lit *der,* **Is·ra·e·li·tin** <-en, -en> REL. *Angehöriger der mosaischen Religionsgemeinschaft* ▶israelitisch

Ist·be·stand, *a.* **Ist-Be·stand** *der* <-(e)s, Istbestände> *tatsächlicher Vorrat an Waren, an Geld (in der Kasse)*

IT *Abkürzung von „Information Technology"* ◆-branche, -lösung, -manager

Ita·li·en <-s> *Staat in Südeuropa* ▶Italiener, Italienerin

ita·li·e·nisch *adj /nicht steig./ zu Italien gehörend, daher stammend:* italienischer Salat; die italienische Schweiz; Der Redner antwortete italienisch (in italienischer Sprache), nicht englisch.; die Italienische Republik; Sie spricht gut Italienisch (die italienische Sprache).; Seine Briefe sind immer auf Italienisch.; Sie lernt seit Jahren Italienisch.; *siehe auch* **deutsch**

Jj

J, j *das* <-, -> *der 10. Buchstabe des Alphabets:* ein großes J; ein kleines j

ja *part* ❶ *Antwortpartikel als Antwort auf eine Frage, um auszudrücken, dass man das Gefragte positiv bestätigt:* Bist du einverstanden? Ja (≈ ich bin einverstanden)!; Willst du noch etwas Tee? Ja, bitte (≈ ich möchte noch Tee).; Er hat zu allen Vorschlägen ja/Ja gesagt.; Besuchst du mich morgen? – Ja. ❷ *Antwortpartikel als Antwort auf eine Aussage, um auszudrücken, dass man Zweifel hat und sich der Richtigkeit der Aussage vergewissern möchte:* Ihr dürft nun doch mitkommen. Ja, wirklich?; Er hat die Prüfung gestern bestanden. Ja? Das hätte ich nicht erwartet.; Ihr werdet mir doch helfen, ja? ❸ *in einer Aussage (unbetont) verwendet, um auszudrücken, das das Gesagte bekannt ist oder der Sprecher glaubt, es sei bekannt:* Wie Ihnen allen ja bekannt sein dürfte, …; Ihr habt es ja selbst gesehen, …; Sie ist ja ganz talentiert, aber doch ziemlich faul. ❹ *(≈ vielleicht, aber) in Ausrufesätzen (unbetont); drückt aus, dass der Sprecher/die Sprecherin das Ausmaß eines Sachverhaltes nicht erwartet hat:* Dies Essen ist ja scharf! ❺ *(≈ bloß) in einer Aufforderung (betont) verwendet, um auszudrücken, dass die Aufforderung sehr ernst gemeint ist:* Seid ja vorsichtig!; Glaub das ja nicht!; ■ **zu allem Ja und Amen/ja und amen sagen** *mit allem einverstanden sein* ◆Groß- oder Kleinschreibung →R 4.5 zu etwas ja/Ja sagen; ◆Großschreibung →R 3.4 Die Abgeordneten haben (mit) Ja gestimmt.; Unser Ja zu dem Plan habt ihr.

Ja·bot *das* [ʒaˈboː] <-s, -s> *am Kragen befestigte Spitzen- oder Seidenrüsche*

Jacht, *a.* **Yacht** *die* <-, -en> SEEW. *ein leichtes, schnelles, meist luxuriös ausgestattetes Schiff zu Sport- und Erholungszwecken:* Die Jacht gehört einem Millionär. ◆-hafen, Segel-

Ja·cke *die* <-, -n> *ein Kleidungsstück für Männer und Frauen, das über Hemd oder Pullover getragen wird:* eine dicke/leichte/modische/sportliche/warme Jacke; eine Jacke anziehen/ausziehen/auf den Bügel hängen/über die Schulter tragen; ■ **Jacke wie Hose** *(umg.) vollkommen egal* Ob wir jetzt hier warten oder dort, das ist doch Jacke wie Hose! ◆-ärmel, -tasche, Kostüm-, Regen-, Sport-, Wind-, Winter-

Ja·ckett *das* [ʒaˈkɛt] <-s, -s/-e> *eine formelle Jacke für Männer, die meist mit einer passenden Hose kombiniert wird:* Das Jackett kann mit verschiedenen Anzughosen kombiniert werden.

Jack·pot *der* [ˈdʒɛkpɔt] <-s, -s> *ein Geldbetrag, den man z. B. bei einer Lotterie gewinnen kann und der sehr groß ist, weil es längere Zeit keinen Gewinner gegeben hat:* Es sind 2 Millionen Euro im Jackpot.; ■ **den Jackpot knacken** *(umg.) das Geld aus dem Jackpot gewinnen*

Jac·quard *der* [ʒaˈkaːr] <-s, -> *ein Stoff mit großem Muster, der auf speziellen Webmaschinen hergestellt wird* ◆-pullover

Ja·de *der/die* <-(s)> */kein Plur./ ein grüner Halbedelstein:* Ein Armreif aus Jade soll Heilkräfte besitzen.

Jagd *die* <-, -en> ❶ */kein Plur./ das Verfolgen von jmdm. oder einem Tier:* die Jagd auf Hasen/Füchse/Elefanten; die Jagd nach einem Verbrecher; auf Wild/einen Dieb Jagd machen ◆-beute, -bezirk, -gewehr, -hütte, -pächter(in), -tasche ❷ *Veranstaltung, bei der Wild gejagt wird:* Heute findet in diesem Gebiet eine Jagd statt. ◆Hasen-, Hetz-, Treib- ❸ *(≈ Jagdrevier) Gebiet, in dem gejagt wird:* Er hat in der Nähe eine Jagd gepachtet. ❹ *(übertr.) heftiges Streben nach etwas:* die Jagd nach dem Geld/Glück/nach materiellem Reichtum

Jagd·auf·se·her *der,* **Jagd·auf·se·he·rin** <-s, -> *jmd., der beruflich für Schutz und Hege des Wildes in einem Revier zuständig ist:* Der Jagdaufseher kümmert sich um ein mutterloses Rehkitz.

Jagd·be·hör·de *die* <-, -n> *Amt, das für Schutz und Hege des Wildes zuständig ist:* Die Jagdbehörde entscheidet darüber, wer einen Jagdschein bekommt.

Jagd·flug·zeug *das* <-(e)s, -e> MILIT. *ein schnelles Flugzeug für den Luftkampf:* Die … ist als eines der modernsten Jagdflugzeuge der Welt mit hochmodernen Raketensystemen ausgerüstet.

Jagd·haus *das* <-(e)s, Jagdhäuser> *(≈ Jagdhütte) ein Haus im Wald, das als Unterkunft bei Jagden dient:* Kurz vor Einbruch der Dunkelheit erreichten die Jäger das Jagdhaus.

Jagd·hund *der* <-(e)s, -e> *für die Jagd dressierter Hund:* Die Ausbildung eines Jagdhundes erfordert viel Zeit und Geduld.

Jagd·re·vier *das* <-(e)s, -e> *ein Gebiet, in dem gejagt werden darf:* Das Jagdrevier hat einen neuen Pächter.

Jagd·schein *der* <-(e)s, -e> *ein Ausweis, der zur Jagd auf Wild berechtigt;* ■ **jemand hat einen Jagdschein** *(umg. abwert.) jmd. ist unzurechnungsfähig* Den kann man doch nicht ernst nehmen, der hat doch einen Jagdschein!

ja·gen <jagst, jagte, hat/ist gejagt> I. *mit OBJ* ❶ ■ *jmd. jagt jmdn./Tier (haben) jmdn. oder ein Tier verfolgen, um ihn/es zu fangen oder zu töten:* Elefanten/Großwild/Hasen jagen; Krimis handeln meist davon, dass die Polizei einen Mörder jagt. ❷ ■ *jmd. jagt jmdn. irgendwohin (haben) (umg.) an eine Stelle treiben:* die Hühner in den Stall jagen; Der Hund jagt die Katze durch den Garten. ❸ ■ *jmd. jagt jmdn. (haben) (umg. übertr.) zur Eile drängen:* Jag(e) mich doch nicht so, schneller schaffe ich die Arbeit nicht! ❹ ■ *etwas jagt etwas sehr schnell aufeinanderfolgen:* Die Ereignisse/Termine jagen einander. ❺ ■ *jmd. jagt (jmdm.) etwas in etwas Akk. (haben) (umg.) mit Gewalt in etwas hineintreiben:* jemandem eine Kugel in den Kopf jagen; jemandem eine Spritze in den Arm jagen II. *ohne OBJ* ❶ ■ *jmd. jagt (haben) auf die Jagd gehen:* Heute wird in diesem Revier gejagt.; nach dem Glück/

günstigen Angeboten jagen ❷ ■ *jmd. jagt nach etwas* Dat. *(haben) mit aller Kraft etwas zu erreichen versuchen:* Die Abenteurer jagten nach dem Glück. ❸ ■ *etwas jagt (sein) (≈ rasen) sich sehr schnell bewegen:* Sein Puls jagt. ❹ ■ *etwas jagt über etwas* Akk. *(sein) (≈ rasen) sich mit hoher Geschwindigkeit bewegen:* mit hoher Geschwindigkeit über die Straßen jagen; Ein Sturm jagte über das Land.

Jä·ger *der*, **Jä·ge·rin** <-s, -> *jmd., der beruflich oder gelegentlich auf die Jagd nach Tieren geht:* Der Jäger verfolgt die Spuren eines Hirsches.

Jä·ge·rei *die* <-> /kein Plur./ *alles, was mit der Jagd, ihren Gesetzen und Bräuchen zusammenhängt:* Die Jägerei wird auch heute noch hauptsächlich von Männern betrieben.

Jä·ger·la·tein *das* <-s> /kein Plur./ *(umg.) das Erzählen von phantastischen oder stark übertriebenen Jagderlebnissen:* Er hat uns Jägerlatein erzählt.; Im Laufe seiner Erzählung wurde der erlegte Hirsch immer größer, man kennt ja dieses Jägerlatein.

Jä·ger·schnit·zel *das* <-s, -> KOCH. *ein unpaniertes Schweineschnitzel mit Pilzsoße:* Zum Jägerschnitzel wurden Bratkartoffeln und ein Salat serviert.

Ja·ger·tee *der* <-s, -s> SÜDDT., ÖSTERR. *Tee mit Schnaps*

Jä·ger·zaun *der* <-(e)s, Jägerzäune> *ein stabiler Holzzaun*

Ja·gu·ar *der* <-s, -e> *eine Raubkatzenart:* Der Jaguar ist in Südamerika heimisch.

jäh *adj* ❶ *steil abfallend:* ein jäher Abgrund; Es ging jäh in die Tiefe. ❷ *(≈ plötzlich, schlagartig) so, dass etwas ganz schnell und ohne Vorankündigung geschieht:* ein jähes Ende; Sie verstummte jäh.

Jahr *das* <-(e)s, -e> ❶ *der Zeitraum zwischen dem 1. Januar und dem 31. Dezember:* im Jahre 1962 geboren sein; Im kommenden Jahr machen wir in Frankreich Urlaub.; Dieses Jahr beendet er die Schule.; Dieses Jahr wird zum Jahr des Kindes erklärt. ❷ *ein Zeitraum von 365 Tagen:* heute vor zehn Jahren; Er ist 60 Jahre alt.; Innerhalb eines Jahres hat sich hier viel verändert.; Der Bau des Rathauses hat fünf Jahre gedauert.; Das Stipendium ist auf ein Jahr befristet. ❸ *gelebte Lebenszeit:* in die Jahre kommen (≈ alt werden); eine Frau/ein Mann in den besten Jahren; Mit den Jahren kommt auch die Erfahrung.; Die Jahre haben Spuren in seinem Gesicht hinterlassen.; viele Jahre lang ▶ (sich) jähren, verjähren ◆ Geburts-, Geschäfts-, Kirchen-, Lebens-, Probe-, Schul-; *siehe auch* **jahrelang**

-jahr *als Zweitglied zusammengesetzter Substantive; drückt aus* ❶ *dass das mit dem Erstglied Bezeichnete in einem Jahr¹ geschehen ist:* Mein Geburtsjahr ist 1962.; Das Sterbejahr des Autors war 1879. ◆ Bau-, Erscheinungs-, Geburts-, Sterbe-, Todes- ❷ *dass das mit dem Erstglied Bezeichnete in bestimmten Jahren² beherrschend war:* In den Kriegsjahren war die Existenz der Firma immer wieder bedroht.; In den schweren Aufbaujahren mussten alle anpacken. ◆ Aufbaujahre, Kriegsjahre, Notjahre ❸ *dass die mit dem Erstglied bezeichneten, bestimmten Jahre² einen Lebensabschnitt ei-*

ner *Person darstellen:* Er dachte immer gern an seine Tübinger Studentenjahre zurück.; Für den Künstler waren die Italienjahre in erster Linie Lehr- und Wanderjahre. ◆ Dienstjahre, Ehejahre, Gesellenjahre, Jugendjahre, Kinderjahre, Lehrjahre, Studentenjahre, Wanderjahre ❹ *dass ein Jahr¹ der mit dem Erstglied genannten historischen Persönlichkeit oder einem damit bezeichneten Ereignis gewidmet ist:* das Lutherjahr; das Jahr des Kindes ◆ Darwin-, Einstein-, Europa-, Goethe-, Haydn-, Luther-, Schiller- ❺ *dass in einem bestimmten Jahr¹ die mit dem Erstglied bezeichneten Umstände herrschten, die die genannte Sache in einer bestimmten Weise ausfallen lassen:* Nach Meinung von Winzern hat der Jahrhundertsommer bewirkt, dass 2003 ein hervorragendes Weinjahr ist. ◆ Bienen-, Obst-, Wein- ❻ *dass ein Jahr² als Einheit der Zeitrechnung für das mit dem Erstglied Bezeichnete verwendet wird:* Das Unternehmen fasst seinen Jahresabschluss in einem Geschäftsjahr zusammen. ◆ Finanz-, Haushalts-, Kalender-, Kirchen-, Schul-, Studien-

jahr·aus ■ **jahraus, jahrein** *verwendet, um auszudrücken, dass sich ein Geschehen (über viele Jahre hinweg) mit großer Konstanz und Regelmäßigkeit vollzieht:* Jahraus, jahrein hat sie für ihre Familie gesorgt.

Jahr·buch *das* <-(e)s, Jahrbücher> *jährlich erscheinendes Buch mit zusammenfassenden Berichten zu einem bestimmten Thema:* das statistische Jahrbuch; Im Jahrbuch der Universität findet sich z. B. ein Bericht über herausragende Doktorarbeiten.

jahr·ein *siehe* **jahraus**

jahr·re·lang *adj* /nicht steig./ *so, dass etwas mehrere Jahre andauert:* jahrelang auf eine eigene Wohnung sparen; Durch seine jahrelange Arbeit in diesem Beruf hat er sehr viel Erfahrung gewonnen.; *siehe aber auch* **Jahr**

jäh·ren *mit SICH* ■ *etwas jährt sich (geh.) Jahrestag haben:* Der Tag ihrer Hochzeit jährt sich heute zum zehnten Mal.

Jah·res·abon·ne·ment *das* [ja:ɡəsˈabɔnəˈmãː] <-s, -s> *der regelmäßige Bezug einer Sache für die Dauer eines Jahres:* Es ist preiswerter, ein Jahresabonnement für eine Zeitung zu haben als sie täglich zu kaufen.

Jah·res·ab·schluss *der* <-es, Jahresabschlüsse> WIRTSCH. *Gewinn- und Verlustrechnung am Ende eines Geschäftsjahres:* Die Firma hat ihren Jahresabschluss vorgelegt. ◆ -bericht, -prämie

Jah·res·an·fang *der* <-(e)s> /kein Plur./ *der Beginn eines Jahres:* Sie hat gleich am Jahresanfang Geburtstag.

Jah·res·aus·gleich *der* <-s, -e> (≈ Lohnsteuerjahresausgleich) *die Erstattung von zu viel oder die Nachforderung von zu wenig gezahlter Lohnsteuer durch das Finanzamt*

Jah·res·bud·get *das* [ja:ɡəsˈbʏˈdʒeː] <-s, -s> WIRTSCH. *Haushaltsplan; Voranschlag von Einnahmen und Ausgaben für ein Jahr:* Das Jahresbudget darf nicht überschritten werden.

Jah·res·durch·schnitt *der* <-(e)s, -e> *der durchschnittliche Wert, den etwas innerhalb eines Jah-*

res hat: Der Verdienst beträgt im Jahresdurchschnitt 60.000 Euro.; Im Jahresdurchschnitt fällt hier ... Niederschlag.

Jah·res·ein·kom·men *das* <-s, -> *die Summe des Einkommens in einem Jahr:* über ein Jahreseinkommen von 24000 Euro verfügen

Jah·res·etat *der* [...e'ta:] <-s, -s> WIRTSCH. *das für ein Jahr vorgesehene Haushaltsvolumen*

Jah·res·frist *die /kein Plur. und ohne Artikel; nur in Verbindung mit den Präpositionen „vor", „nach", „binnen"/ von heute an bis spätestens zum Ablauf eines Jahres:* das geliehene Geld binnen Jahresfrist zurückzahlen

Jah·res·pla·ner *der* <-s, -> *eine Art Kalender, in den man Termine und Vorhaben für das ganze Jahr eintragen kann:* die Termine im Jahresplaner kontrollieren

Jah·res·ring *der* <-(e)s, -e> /meist Plur./ BOT. *einer der auf dem Querschnitt eines Baumstammes sichtbaren Ringe, aus deren Anzahl das Alter des Baumes ersichtlich ist:* An den Jahresringen konnte man ablesen, wie alt die Kastanie war.

Jah·res·tag *der* <-(e)s, -e> *ein Tag, an dem ein oder mehrere Jahre zuvor ein wichtiges Ereignis stattgefunden hat:* der zehnte Jahrestag des Mauerfalls; einen Jahrestag begehen/feiern

Jah·res·ta·gung *die* <-, -en> *eine Konferenz, die einmal im Jahr stattfindet:* Die Jahrestagung der Pharmareferenten findet dieses Jahr in Trier statt.

Jah·res·über·schuss *der* <-es, Jahresüber­schüsse> WIRTSCH. *in einem Jahr erwirtschafteter Ertrag, der höher ist, als das, was für dieses Jahr geplant war:* Aufgrund des erwirtschafteten Jahresüberschusses erhielten die Mitarbeiter eine Sonderprämie.

Jah·res·um·satz *der* <-es, -Jahresumsätze> WIRTSCH. *der Umsatz, den eine Firma während eines Jahres macht:* Wegen der schlechten Konjunktur waren die Jahresumsätze vieler Firmen rückläufig.

Jah·res·ur·laub *der* <-s> /kein Plur./ *der Urlaub, der einem Arbeitnehmer in einem Kalenderjahr zur Verfügung steht:* Sie hat 30 Tage Jahresurlaub.; Ihren Jahresurlaub sollten Sie innerhalb des laufenden Kalenderjahres nehmen!

Jah·res·wech·sel *der* <-s> /kein Plur./ (≈ *Jahreswende) der Wechsel vom 31. Dezember zum 1. Januar:* Den Jahreswechsel verbrachten sie in einem Hotel in den Bergen.; gute Wünsche zum Jahreswechsel senden

Jah·res·wen·de *die* <-, -n> (≈ *Jahreswechsel) die Wende von einem Jahr zum nächsten:* Die Jahreswende 2001/02 feierten wir gemeinsam mit Freunden.

Jah·res·zahl *die* <-, -en> *die Zahl, die ein bestimmtes Jahr innerhalb einer Zeitrechnung bezeichnet:* Über dem Portal des Gebäudes steht eine Jahreszahl, die auf seine Fertigstellung hinweist.; Wann war das? Ich kann mir Jahreszahlen schlecht merken!

Als ausgeschriebene Zahlwörter werden **Jahreszahlen** kleingeschrieben: „Wir schreiben

das Jahr neunzehnhundertachtundachtzig". Während Jahreszahlen von 1100 bis 1999 in Hunderten zusammengefasst werden (sprich: „neunzehnhundertneunundneunzig" und nicht: „eintausendneunhundertneunundneunzig"), fasst man die Jahreszahlen ab 2000 in Tausenden zusammen: „zweitausend(und)drei". Man beachte die Schreibweise: Bei einer Datumsangabe steht nach der Jahreszahl kein Punkt: „30.08.2011". Verkürzungen in der Jahreszahl werden ohne Apostroph geschrieben: „Ende 97".

Jah·res·zeit *die* <-, -en> *jeder der vier Abschnitte des Jahres, die sich vor allem durch das Wetter unterscheiden:* die Jahreszeiten Frühling, Sommer, Herbst und Winter; Der Winter ist die kalte Jahreszeit.; Sie zieht den Sommer allen anderen Jahreszeiten vor.; ■ **die fünfte Jahreszeit** *(umg. scherzh.) der Karneval*

jah·res·zeit·lich <nicht. steig.> *adj von der Jahreszeit abhängig:* jahreszeitliche Temperaturschwankungen

Jah·res·zy·k·lus *der* <-, Jahreszyklen> *der periodische Ablauf von etwas im Rhythmus eines Jahres:* Die Landwirtschaft ist vom Jahreszyklus abhängig.

Jahr·gang *der* <-(e)s, Jahrgänge> ❶ *die Menschen, die im gleichen Jahr geboren wurden:* Er ist Jahrgang 1940.; Die höheren/oberen Jahrgänge in der Schule nehmen an dem Schülerwettbewerb teil. ❷ *Erntejahr des Weines:* ein guter Jahrgang; ein 70er Jahrgang ❸ *Erscheinungsjahr einer Zeitschrift:* der (gesamte) Jahrgang 1998 einer Zeitschrift; Heft 5, Jahrgang 1990 der Zeitschrift ...

Jahr·hun·dert *das* <-s, -e> *ein Zeitraum von hundert Jahren, der von einem bestimmten Zeitpunkt an gezählt wird:* Das 20. Jahrhundert ist der Zeitraum von 1900 bis 1999.; Er ist noch im vorigen Jahrhundert geboren.; zu Beginn des 19. Jahrhunderts; das dritte Jahrhundert vor Christus (≈ v.Chr.)

jahr·hun·der·te·lang *adj /nicht steig./ mehrere Jahrhunderte andauernd:* eine jahrhundertelange Tradition

Jahr·hun·dert·flut *die* <-, -en> *der größte Hochwasserstand eines Jahrhunderts:* Durch die Jahrhundertflut verloren viele Menschen das Dach über dem Kopf.

Jahr·hun·dert·wech·sel *der* <-s, -> (≈ *Jahrhundertwende) der Wechsel von einem Jahrhundert zum nächsten)*

Jahr·hun·dert·wein *der* <-(e)s, -e> *ein besonders guter Wein (einer bestimmten Sorte), der andere Weine weit übertrifft*

Jahr·hun·dert·wen·de *die* <-, -n> *die Wende zum nächsten Jahrhundert:* Der Künstler ist um die Jahrhundertwende herum geboren.

-jäh·rig *als Zweitglied zusammengesetzter Adjektive; drückt aus* ❶ *dass jmd. oder etwas die mit dem Erstglied genannte Zahl von Jahren alt ist:* ein vierjähriges Studium; ein zehnjähriges Kind ◆ ein-, zwei-, drei- usw. ❷ *dass etwas die mit dem Erstglied angegebene Dauer hat:* ein einjähriger For schungsaufenthalt in den USA; ein mehrjähriges Projekt; ein vierjähriges Studium ◆ ein-, mehr-, viel-, zwei- ③ *dass sich etwas auf den mit dem Erstglied angegebenen Jahreszeitraum bezieht:* der vorjährige Wein; Für die nächstjährige Auflage des Rennens plant der Veranstalter die Streckenführung zu ändern. ◆ dies-, letzt-, -nächst-, vor- ④ *dass jmd. ein erforderliches Alter (nicht) erreicht hat:* Mit 18 ist man volljährig.; Ein vierzehnjähriges Kind ist minderjährig (≈ nicht volljährig).

jähr·lich adj */nicht steig./ so, dass es jedes Jahr erfolgt:* Die Konferenz findet jährlich statt.; die jährlich ausgetragenen Meisterschaften; ein jährliches Einkommen von …

Jahr·markt der <-(e)s, Jahrmärkte> SÜDDT. *(≈ Kirmes; norddt.≈ Rummel) eine Art Volksfest, bei dem Händler in den Straßen oder auf einem Platz Verkaufsstände aufstellen und die Besucher sich z. B. mit Karussells und Schießbuden amüsieren können:* auf den Jahrmarkt gehen

Jahr·tau·send das <-s, -e> *ein Zeitraum von tausend Jahren, der von einem bestimmten Zeitpunkt an gezählt wird:* im ersten Jahrtausend nach Christus

Jahr·tau·send·wech·sel der <-s, -> *(≈ Jahrtausendwende) der Wechsel von einem Jahrtausend zum nächsten:* Der Jahrtausendwechsel war ein großes Ereignis und wurde weltweit gefeiert.

Jahr·zehnt das <-(e)s, -e> *ein Zeitraum von zehn Jahren, der von einem bestimmten Zeitpunkt an gezählt wird*

jahr·zehn·te·lang adj */nicht steig./ mehrere Jahrzehnte andauernd:* Jahrzehntelang lebte dieses Bergvolk ohne nennenswerte Kontakte zur Außenwelt.

Jäh·zorn der <-s> */kein Plur./ die Eigenschaft, dass jmd. leicht und ohne großen Anlass sehr wütend werden kann:* Er neigt zum Jähzorn.; in einem Anfall von Jähzorn

jäh·zor·nig adj *so, dass man zum Jähzorn neigt:* einen jähzornigen Charakter haben; Sie ist schon immer sehr jähzornig gewesen.

Jak, a. **Yak** der <-s, -s> ZOOL. *ein asiatisches Hochgebirgsrind*

Ja·lou·set·te die [ʒalu'zɛtə] <-, -n> *Jalousie aus Leichtmetall oder Kunststoff*

Ja·lou·sie die [ʒalu'ziː] <-, …-sien> *(≈ Rollladen) ein Sichtschutz aus beweglichen Lamellen aus Kunststoff oder Metall, der außen am Fenster angebracht ist und herauf – bzw. hinuntergerollt werden kann:* die Jalousien herunterlassen/hochziehen

Ja·mai·ka [ja'majka] <-s> *Insel und Staat im Karibischen Meer* ▸ Jamaikaner, Jamaikanerin, jamaikanisch

Jam·be, a. **Jam·bus** die/der <-, Jamben> LIT. *ein Versmaß, bei dem eine betonte und eine unbetonte Silbe abwechseln:* ein im Jambus verfasstes Gedicht ▸ jambisch

jam·men ['dʒɛmən] <jammst, jammte, hat gejammt> ohne OBJ ■ *jmd. jammt (mit jmdm.)* MUS. *als Jazz- oder Rockmusiker mit anderen Musikern in freier Improvisation spielen:* gemeinsam mit anderen Musikern jammen ▸ Jamsession

Jam·mer der <-s> */kein Plur./* ① *lautes (Weinen und) Klagen:* in lauten Jammer ausbrechen ② *(≈ Kummer) Trauer, die jmd. empfindet:* Sie ist in ihrem Jammer allein. ③ *(≈ Elend) ein Zustand, der Mitleid erregt:* Es ist ein Jammer.; ein Bild des Jammers bieten

Jam·mer·lap·pen der <-s, -> *(umg. abwert.) ein Schimpfwort für jmdn., der ständig nur jammert, aber nichts zur Verbesserung seiner Situation tut*

jäm·mer·lich adj ① *so voller Schmerz und Kummer, dass es Mitleid erregt:* Das Kind weinte jämmerlich. ② *(≈ armselig) so arm und heruntergekommen, dass es erschreckt:* in jämmerlichen Verhältnissen leben; jämmerliche Gestalten ③ *(umg. abwert.: ≈ erbärmlich) schlecht:* jämmerliche Resultate erzielen ④ *(umg.: ≈ furchtbar) sehr:* jämmerlich frieren; jämmerlich schreien; jemanden jämmerlich verprügeln

jam·mern <jammerst, jammerte, hat gejammert> I. *mit OBJ/ohne OBJ* ■ *jmd. jammert (über etwas Akk.)* *(≈ lamentieren) über etwas klagen:* Sie jammerte, es gehe ihr schlecht.; Hör auf zu jammern!; Warum/Was jammerst du?; über das verlorene Geld jammern II. *mit OBJ* ■ *etwas jammert jmdn.* *(geh.) Mitleid erregen:* Er/Sein Elend jammert mich.

jam·mer·scha·de adj */nicht steig./ (umg.) sehr schade:* Es ist jammerschade um die schönen Bäume!; Es ist jammerschade, dass du das nicht gesehen hast!

Jam·ses·sion die ['dʒɛm'sɛʃən] <-, -s> MUS. *improvisiertes Zusammenspiel von Musikern in Jazz und Rockmusik*

Jams·wur·zel die <-, -n> BOT. *der Kartoffel ähnliche Frucht einer tropischen Pflanze*

Jang·tse·ki·ang der ['jaŋtsəkiaŋ] <-s> *Fluss in China*

Jan·ker der <-s, -> SÜDDT., ÖSTERR. *eine Trachtenjacke mit farbigem Besatz und Knöpfen aus Horn oder Metall*

Jän·ner der <-s, -> ÖSTERR. *Januar*

Ja·nu·ar der <-(s), -e> *der erste Monat des Jahres*

Ja·pan <-s> *Inselstaat in Ostasien* ▸ Japaner, Japanerin, japanisch

ja·pa·nisch adj */nicht steig./ Japan, die Japaner betreffend:* japanische Wohnkultur; die japanische Sprache; Sie antwortete japanisch (in japanischer Sprache), nicht englisch.; Wie heißt das auf Japanisch?; *siehe auch* **deutsch**

Ja·pa·no·lo·gie die <-> */kein Plur./ Wissenschaft von der japanischen Sprache und Kultur* ▸ Japanologe, Japanologin

Ja·pan·pa·pier das <-s, -e> *feines, biegsames, handgeschöpftes Papier aus Bastfasern japanischer Pflanzen*

Jar·gon der [ʒar'gõ] <-s, -s> ① SPRACHWISS. *Ausdrucksweise einer bestimmten (Berufs-)gruppe:* der Jargon der Jugend; der Jargon der Bergleute/Mediziner ◆ Fußball-, Insider-, Künstler-, Polizei-, Schüler-, Studenten-, Theater-, Zeitungs- ▸ jargonhaft, Jargonhaftigkeit ② *(abwert.: ≈ Slang) ungepflegte Sprechweise:* im schlimmsten Jargon sprechen

Jas·min der <-s, -e> BOT. *ein Strauch mit stark duf-*

tenden weißen Blüten, deren Essenz z. B. für Parfums verwendet wird

Jas·pis *der* <-/-es, -se> *ein Halbedelstein*

jä·ten *mit OBJ/ohne OBJ* ■ *jmd. jätet (etwas)* *Unkraut entfernen:* Er jätet Unkraut.; Er jätet ein Beet.; Sie jätet im Garten.

Jau·che *die* <-, -n> *ein flüssiges Gemisch aus Urin und Kot von Tieren, das zum Düngen der Felder benutzt wird:* Die Felder mit Jauche düngen. ◆ -fass, -tonne

Jau·che·gru·be *die* <-, -n> *Grube, in der sich die ablaufende Jauche¹ sammelt:* die Jauchegrube abpumpen lassen

jauch·zen <jauchzt, jauchzte, hat gejauchzt> *ohne OBJ* ■ *jmd. jauchzt (≈ jubeln) vor Freude laut schreien:* Das Baby jauchzt.; Die Kinder bespritzten sich jauchzend mit kaltem Wasser.; *siehe* **juchzen**

jau·len *ohne OBJ* ■ *jmd./ein Tier jault (≈ heulen, winseln) einen langgezogenen (klagenden) Ton von sich geben:* Die Hunde/Wölfe jaulen.

Jau·se *die* <-, -n> ÖSTERR. *(≈ Brotzeit, Vesper) eine (deftige) Zwischenmahlzeit, zu der z. B. Brot, Wurst und Speck gereicht wird:* Zur Jause gab es Brezeln und Bier.

jau·sen, jaus·nen *mit OBJ/ohne OBJ* ■ *jmd. jaust* ÖSTERR. *eine Jause zu sich nehmen:* Speck und Brot jaus(n)en

JAVA [ʤaːva] EDV *eine Programmiersprache* ◆ -programm

Ja·va *das* <-s> *die kleinste der großen Sundainseln*

ja·wohl *part* ❶ *(≈ ja) verwendet, um energisch auszudrücken, dass man jmdm. zustimmt:* Jawohl, das ist richtig. ❷ MILIT. *verwendet als Erwiderung auf einen Befehl:* Jawohl, Herr Leutnant!

Ja·wort *das* <-(e)s> ■ *jemandem das Jawort geben (geh.) jmdn. heiraten*

Jazz *der* [ʤɛs, ʤats] <-> /kein Plur./ MUS. *eine moderne Musikrichtung, deren Ursprünge in der Musik der farbigen Bevölkerung Nordamerikas liegen:* Jazz ist ein Musikstil, bei dem man sehr gut improvisieren kann.; Ich höre am liebsten Jazz, Blues und Rock. ◆ -fan, -festival, -keller, -musiker(in), -platte, -rock, -sänger(in), -trompeter(in)

Jazz·band *die* ['ʤɛsˈbɛnt] <-, -s> *eine Gruppe von Musikern, die Jazz spielt*

Jaz·zer *der,* **Jaz·ze·rin** ['ʤɛsɐ, 'ʤatsɐ] <-s, -> *(≈ Jazzmusiker) bekannte Jazzer wie Miles Davis;* Jazzer aus zehn Nationen treten beim Jazzfestival auf.

jaz·zig ['ʤɛsɪç, 'ʤatsɪç] *adj /nicht steig./ in der Art des Jazz:* Seine Musik hat jazzige Einflüsse.

je **I.** *interj in Verbindung mit „ach" oder „oh" verwendet, um einen Ausruf (in Bezug auf etwas Negatives) zu verstärken:* Ach je, der Arme!; Oh je, das habe ich ganz vergessen! **II.** *präp + Akk. (≈ pro)* Das Boot kostet 5 Euro Miete je angefangene Stunde.; der Verbrauch je Kopf der Bevölkerung **III.** *adv* ❶ *(≈ jeweils) verwendet, um auszudrücken, dass die genannte Zahl von Personen oder Dingen eine Art Einheit bildet:* die Reisegesellschaft in Gruppen zu je zehn Personen einteilen; nach je zehn Wörtern eine Pause machen ❷ *(≈ je-*

mals) zu irgendeinem Zeitpunkt: Habt ihr so etwas je gesehen?; Es ist schlimmer denn je. **IV.** *konj* ■ *je ..., desto ... verwendet, um auszudrücken, dass etwas im gleichen Maß größer, besser, schlechter usw. wird wie etwas anderes:* Je eher wir anfangen, desto besser ist es.

Jeans *die* [ʤiːnz] <-, -> ❶ /kein Plur./ *ein kräftiger Stoff aus Baumwolle, der meist blau oder schwarz gefärbt ist und aus dem man besonders Hosen macht* ◆ -anzug, -hose, -jacke, -rock ❷ *Hose aus Jeans¹:* sich (eine) neue Jeans kaufen; Seine Jeans ist/sind ihm zu eng geworden.

je·de(r, s) **I.** *pron (↔ keiner) verwendet, um zu betonen, dass eine Aussage für alle einzelnen Mitglieder einer Gruppe gilt:* Das weiß doch jeder.; Das kann jede von euch.; Ein jeder/eine jede kann daran teilnehmen.; Ein jedes war einzeln gekennzeichnet. **II.** *adj so, dass es aus einer Gesamtheit ohne Ausnahme alle betrifft:* Ich habe sie jeden Tag besucht.; Jeder Zeuge ist verpflichtet, die Wahrheit zu sagen.

je·den·falls *adv* ❶ *(≈ sicher) auf jeden Fall:* Ich weiß nicht warum, aber jedenfalls fällt das Konzert heute aus. ❷ *(≈ wenigstens) zumindest:* Es ist alles gut gegangen, jedenfalls am Anfang.

je·der·mann *pron (≈ jeder ↔ niemand)* Das weiß doch inzwischen jedermann.; Das ist nicht jedermanns Sache (≈ nicht alle finden die genannte Sache gut)

je·der·zeit *adv (≈ immer ↔ nie) zu jedem beliebigen Zeitpunkt:* Mit dem Handy ist sie jederzeit erreichbar.; Du kannst mich jederzeit um Hilfe bitten.

je·doch **I.** *adv (≈ aber) verwendet, um auszudrücken, dass etwas nicht der Fall ist, obwohl man es annehmen oder wünschen könnte:* Eine Antwort auf diese Frage hatte er jedoch nicht. **II.** *konj (≈ aber) verwendet, um im Nebensatz etwas auszudrücken, das im Widerspruch oder Gegensatz zur Aussage des Hauptsatzes steht:* Er hatte viel zu tun, konnte jedoch nicht alles selbst erledigen.

Jeep® *der* [ʤiːp] <-s, -s> *(≈ Geländewagen) ein Auto, mit dem man besonders gut im Gelände und abseits von Straßen fahren kann*

je·her *adv* ■ *seit/von jeher (geh.) schon immer* Das haben wir von jeher so gemacht.

jein *adv (umg. scherzh.) verwendet, um auszudrücken, dass zwei Aspekte einer Sache gleichzeitig zutreffen und man eine entsprechende Frage daher sowohl mit ja als auch mit nein beantworten könnte:* Klappt das nun mit deinem Urlaub? – Jein. Ich bekomme schon Urlaub, aber nicht vor September, daher musste ich ihn umbuchen.

je·mals *adv zu irgendeinem beliebigen Zeitpunkt:* Hast du so etwas schon jemals gesehen?; Wird er das jemals begreifen?

je·mand *pron verwendet, um sich auf eine nicht näher bezeichnete oder unbekannte Person zu beziehen:* Es hat jemand angerufen, ich weiß aber nicht wer.; Kann mir jemand helfen?; Dürft ich mal jemands Telefon benutzen?; jemand anders/jemanden um Hilfe bitten; von jemand anders/jemand anderem/jemandem sprechen; Jemand Fremdes hat nach dir gefragt.; ■ **ein gewisser Je-**

J

mand *ein Unbekannter; siehe auch* **irgendjemand**

Je·men *der* <-s> *ein Staat im Süden der Arabischen Halbinsel* ▶ Jemenit, Jemenitin, jemenitisch

je·ne(r, s) I. *pron (↔ diese(r,s)) verwendet, um sich auf etwas zu beziehen, das aus Sicht des Sprechers (räumlich oder im übertragenen Sinne) relativ weit entfernt ist:* Dieses Problem kann ich lösen, jenes aber nicht. II. *adj* Siehst du jenes Haus dort drüben; In jenen Tagen hatte nicht jeder Haushalt einen Fernseher, heute gibt es in manchen Familien drei Fernsehgeräte.; ■ **dieses und jenes** *(umg.) verschiedene (nicht weiter beschriebene) Dinge* Wir haben über dieses und jenes geredet. ◆ Kleinschreibung →R 3.15 Wir haben dies und jenes eingekauft.

jen·sei·tig, jen·sei·tig *adj /nicht steig./ (geh.: ↔ diesseitig)* ❶ *auf der anderen Seite von etwas:* Das jenseitige Ufer des Flusses war im Nebel nicht zu erkennen. ❷ *auf das Jenseits bezogen:* Was können wir vom jenseitigen Leben schon wissen?

Jen·seits, Jen·seits *das* <-> *(geh.: ↔ Diesseits) das Leben nach dem Tod:* an ein Leben im Jenseits glauben; ■ **jemanden ins Jenseits befördern** *(umg. verhüll.) jmdn. töten*

jen·seits, jen·seits *präp + Gen.* ❶ *auf der anderen Seite von etwas:* jenseits der Berge; Jenseits des Grauens des Krieges glaubte er bereits eine bessere Zukunft zu erkennen. ❷ *fernab von:* jenseits des Lärms der Großstadt; ■ **jenseits von Gut und Böse** *(umg. abwert.) nicht mehr ganz ernst zu nehmen*

Jen·seits·glau·be, Jen·seits·glau·be *der* <-ns> */kein Plur./* REL. *der Glaube an ein Jenseits als Bestandteil einer Religion*

Je·re·wan <-s> *Hauptstadt von Armenien*

Je·ru·sa·lem <-s> *Stadt, die zwischen Israel und Jordanien geteilt ist; die heilige Stadt der Christen, Juden und Muslime*

Je·su·it *der* <-en, -en> REL. *Angehöriger der katholischen Ordensgemeinschaft des Jesuitenordens* ◆ -enorden ▶ Jesuitentum

Je·sus <Jesu> *Jesus Christus: Urheber und zentrale Gestalt des Christentums:* im Namen Jesu Christi

Jet *der* [dʒɛt] <-s, -s> *Düsenflugzeug:* Der Jet landete pünktlich auf dem Frankfurter Flughafen.

Jet·lag, a. Jet-Lag *der* ['dʒɛtlæg] <-s, -s> *bestimmte Beschwerden wie z. B. Müdigkeit, die man hat, wenn man mit dem Flugzeug eine so lange Strecke fliegt, dass man in unterschiedliche Zeitzonen kommt und eine Zeitverschiebung erlebt:* Es dauert bestimmt eine Woche, bis ich meinen Jetlag überwunden habe.

Je·ton *der* [ʒə'tõː] <-s, -s> *Spielmarke:* Bevor man mit dem Roulettspiel beginnen kann, muss man das Geld in Jetons umtauschen.

Jet·set, a. Jet-Set *der* ['dʒɛtsɛt] <-s> */kein Plur./ die reichen und bekannten Menschen, die rund um die Welt reisen, um sich an bestimmten Orten zu amüsieren:* Manche Zeitschriften verbreiten Klatsch und Tratsch über den Jetset.

Jet·ski *der* ['dʒɛt'ʃiː] <-s, -er> SPORT *eine Art Wasserski*

Jet·stream *der* ['dʒɛtstriːm] <-s, -s> METEOR. *starker Luftstrom in der Tropo- oder Stratosphäre*

jet·ten ['dʒɛtn̩] <jettest, jettete, ist gejettet> *ohne OBJ* ■ **jmd. jettet irgendwohin** *(umg.) mit dem Flugzeug schnell für kurze Zeit irgendwohin reisen:* mal schnell für ein Wochenende nach New York jetten

jet·zig *adj /nicht steig./ (≈ derzeitig, gegenwärtig, momentan) so, dass es im Moment der Äußerung in dieser Funktion gegeben ist:* Unsere jetzige Wohnung ist recht teuer, die frühere war günstiger.; Ihr jetziger Partner ist Rechtsanwalt, der vorige war Maler.

jetzt I. *adv verwendet, um auszudrücken, dass etwas im Moment des Sprechens der Fall ist oder sich ereignet:* Bist du jetzt fertig/zufrieden?; Jetzt können wir anfangen.; Früher war das anders als jetzt. II. *part (umg.: ≈ nun, eigentlich) verwendet, um eine Aussage oder Frage zu verstärken und eine gewisse Irritation auszudrücken:* Wer hat jetzt meinen Schlüssel?; Jetzt habe ich das schon wieder vergessen!; Was willst du denn jetzt schon wieder?

Jetzt *das* <-> */kein Plur./ (geh.) die Gegenwart:* Wir leben im Hier und Jetzt und nicht in irgendeiner Vergangenheit oder Zukunft.

Jetzt·zeit *die* <-> */kein Plur./ (≈ Gegenwart) die gegenwärtige Zeit*

je·wei·lig *adj /nicht steig./ gerade vorhanden; zutreffend:* Das kommt auf die jeweiligen Bedingungen an.

je·weils *adv so, dass es gerade vorhanden oder gerade zutreffend ist:* sich der jeweils herrschenden Meinung anschließen

jid·disch *adj /nicht steig./ die Sprache der osteuropäischen Juden betreffend:* die jiddische Sprache; das Jiddische

Jid·dis·tik *die* <-> */kein Plur./ Wissenschaft von der jiddischen Sprache und Kultur*

JIT-Fer·ti·gung *die* ['dʒit-] <-> */kein Plur./ kurz für „Just-in-time-Fertigung"; siehe* **Just-in-time-Produktion**

Job *der* [dʒɔp] <-s, -s> ❶ *(≈ Gelegenheitsarbeit) eine (meist befristete) Arbeit, die man macht, um (in erster Linie) Geld zu verdienen:* einen Job für die Ferien suchen; Sie sieht ihre Arbeit nicht nur als Job, sondern es macht ihr wirklich Spaß. ▶ jobben ◆ Ferien-, Gelegenheits- ❷ *(umg.) eine dauerhafte Arbeitsstelle:* seinen Job verlieren; einen neuen Job finden; Tausende bangen jetzt um ihre Jobs. ❸ *(umg.) Beruf:* einen anstrengenden Job haben; seinen Job gut machen ◆ Halbtags-

job·ben ['dʒɔbn̩] *ohne OBJ* ■ **jmd. jobbt** *(umg.) Gelegenheitsarbeiten machen:* in den Ferien in einer Pizzeria jobben; sich sein Studium durch Jobben finanzieren

Job·bör·se *die* ['dʒɔpbœrzə] <-, -n> WIRTSCH. *eine Einrichtung zur Vermittlung von Jobs[1]:* Der Student informiert sich an der Jobbörse über freie Arbeitsstellen.

Job·hop·ping *das* ['dʒɔphɔpɪŋ] <-s> */kein Plur./ (umg.) häufiger Wechsel der Arbeitsstelle* ▶ Jobhopper

Job·sha·ring *das* ['dʒɔp'ʃɛərɪŋ] <-s> *die Auftei-*

J

lung eines Arbeitsplatzes unter mehreren Arbeit-
nehmern: Durch Jobsharing gelang es ihr, mehr
Zeit für ihre Kinder zu haben, ohne ihren Beruf
aufgeben zu müssen.

Job·ver·lust *der* ['dʒɔb...] <-s> /kein Plur./ *das*
Verlieren des Arbeitsplatzes: Seit dem Jobverlust
leidet er an Depressionen.; Sollten die Pläne des
Konzerns wahr werden, droht praktisch der halben
Stadt der Jobverlust.

Joch *das* <-(e)s, -e> ❶ *Zuggeschirr für Rinder:* die
Ochsen ins Joch spannen ❷ *Gebirgspass* ❸ *(geh.*
abwert.: ≈ Last, Plage) etwas, das jmdn. stark be-
lastet: das Joch der Sklaverei abschütteln; sich seinem Joch beugen

Joch·bein *das* <-(e)s, -e> ANAT. *der Teil des Schä-*
dels, der den Oberkiefer mit dem Schläfenbein
verbindet

Jo·ckei, *a.* **Jo·ckey** *der* ['dʒɔke/'dʒɔki/'dʒɔkɛi/
'jɔkɛi] <-s, -s> SPORT (≈ *Rennreiter) jmd., der be-*
ruflich als Reiter an Pferderennen teilnimmt

Jod *das* <-(e)s> CHEM. *ein chemisches Element*

jo·deln <jodelst, jodelte, hat gejodelt> *ohne OBJ*
■ *jmd. jodelt* MUS. *in einer (für den Alpenraum ty-*
pischen) Gesangstechnik singen, bei der die hohe
und tiefe Töne sehr schnell wechseln

Jod·ler[1] *der* <-s> /kein Plur./ SÜDDT., ÖSTERR.,
SCHWEIZ. *Jodelruf:* einen lauten Jodler loslassen

Jod·ler[2] *der*, **Jod·le·rin** <-s, -> *Person, die jodeln*
kann bzw. gerade jodelt

Jod·man·gel *der* <-s> /kein Plur./ MED. *Mangel*
an Jod, der zu Erkrankungen führen kann: eine
durch Jodmangel hervorgerufene Schilddrüsener-
krankung

Jod·salz *das* <-es, -e> *jodhaltiges Speisesalz:* Jod-
salz dient der Vorbeugung von Schilddrüsenerkran-
kungen.

Jod·tink·tur *die* <-, -en> MED. *eine jodhaltige Lö-*
sung zur Reinigung von Wunden: Jodtinktur gehört in jede Hausapotheke.

Jo·ga, *a.* **Yo·ga** *der/das* ['jo:ga] <-(s)> /kein
Plur./ *aus Indien stammende Lehre, zu der kör-*
perliche und geistige Übungen gehören: Joga betreiben; ein Anhänger des Joga sein ◆ -lehrer,
-schule, -übung

jog·gen ['dʒɔgn̩] <joggst, joggte, hat/ist ge-
joggt> *ohne OBJ* ❶ ■ *jmd. joggt (haben o sein)*
(regelmäßig) eine bestimmte Strecke in gemäßig-
tem Tempo (als sportliche Übung) laufen: Um fit
zu bleiben, sind/haben sie regelmäßig gejoggt.; Sie
joggt morgens eine halbe Stunde im Park.
❷ ■ *jmd. joggt irgendwohin (sein) (umg.) im*
Dauerlauf irgendwohin laufen: Er ist zum Tennis-
platz gejoggt.

Jog·ger *der*, **Jog·ge·rin** ['dʒɔgɐ] <-s, -> SPORT
jmd., der (regelmäßig) joggt[1]: Abends begegnet
man im Park vielen Joggern.; Sie ist seit Jahren begeisterte Joggerin.

Jog·ging *das* ['dʒɔgɪŋ] <-s> /kein Plur./ SPORT *das*
in gemäßigtem Tempo erfolgende (regelmäßige)
Laufen einer bestimmten Strecke (als sportliche
Übung): Beim Jogging verbrennt man viele Kalorien.

Jog·ging·an·zug *der* ['dʒɔgɪŋ...] <-(e)s, Jogging-
anzüge> *bequemer Sportanzug mit langer Hose*

Jo·ghurt, *a.* **Jo·gurt** *der/das/die* ['jo:gʊrt] <-s,
-s> *durch den Zusatz von Bakterien erzeugtes*
Milchprodukt: Joghurt mit Früchten; Haben Sie
auch fettarme Joghurts/fettarmen Joghurt? ◆ -be-
cher, Diät-, Frucht-, Mager-

Jo·gi, *a.* **Yo·gi** *der*, **Jo·gin** ['jo:gi] <-s, -s> *jmd.,*
der ein Meister des Joga ist: Ein Jogi zeichnet sich
durch besondere Körperbeherrschung aus.

Jo·gurt *siehe* **Joghurt**

Jo·han·nis·bee·re *die* <-, -n> ❶ *Johannisbeer-*
strauch: eine schwarze Johannisbeere im Garten
pflanzen ❷ *die Frucht der Johannisbeere[1]:* Johannisbeeren zu Kompott/Marmelade verarbeiten

Jo·han·nis·beer·strauch *der* <-(e)s, Johannis-
beersträucher> BOT. *ein Strauch mit schwarzen*
oder roten, säuerlichen Beeren

Jo·han·nis·brot *das* <-(e)s> /kein Plur./ *längli-*
che, leicht gebogene, dunkle Frucht des Johannis-
brotbaumes, von der das süße Mark und die
Kerne gegessen werden können: Der Legende
nach soll sich Johannes der Täufer in der Wüste
vom süßen Mark des Johannisbrotes ernährt haben. ◆ -baum

Jo·han·nis·kraut *das* <-(e)s> /kein Plur./ BOT. *als*
Heilkraut verwendete Pflanze mit gelben Blüten:
Johanniskraut hat eine beruhigende Wirkung.

Jo·han·nis·tag *der* <-(e)s, -e> *der (Johannes dem*
Täufer geweihte) Tag nach der Sommersonnen-
wende (am 24. Juni)

Jo·han·ni·ter *der* <-s, -> ❶ GESCH. *Angehöriger*
des Johanniterordens ❷ /nur Plur./ *(umg.) kurz*
für die Hilfsorganisation „Johanniter-Unfall-Hilfe":
Er arbeitet bei den Johannitern.

joh·len I. *mit OBJ* ■ *jmd. johlt etwas (abwert.)*
Worte laut und unartikuliert herausschreien: Be-
trunkene sangen/johlten unflätige Parolen gejohlt.
II. *ohne OBJ* ■ *jmd. johlt (abwert.) laut schreien:*
Nach dem Fußballspiel zogen Betrunkene johlend
durch die Stadt.

Joint *der* [dʒɔɪnt] <-s, -s> *Zigarette, deren Tabak*
mit Haschisch vermischt ist: einen Joint rauchen;
sich einen Joint drehen

Joint Ven·ture *das* ['dʒɔɪnt'vɛntʃə] <-(s), -s>
WIRTSCH. *der Vorgang, dass sich Firmen für ein*
gemeinsames Projekt zusammenschließen: ein
deutsch-französisches Jointventure

Jo-Jo, *a.* **Yo-Yo** *das* [jo'jo:, 'jo:jo] <-s, -s> *ein Ge-*
schicklichkeitsspiel, bei dem man durch schnelle
Bewegungen zwei miteinander verbundene Schei-
ben an einer zwischen ihnen befestigten Schnur
auf und ab laufen lässt

Jo·jo·ba·öl *das* <-s> /kein Plur./ *das Öl aus den*
Kapselfrüchten eines in Mexiko und im südlichen
Nordamerika vorkommenden Buchsbaumgewäch-
ses: eine Gesichtscreme mit Jojobaöl

Jo-Jo-Ef·fekt *der* [jo'jo:, 'jo:jo] <-(e)s, -e> *der*
Vorgang, dass man oft nach einer Diät mehr zu-
nimmt als man durch die Diät abgenommen hat:
Durch den Jo-Jo-Effekt nahm sie nach jeder Diät
mehrere Kilo zu.

Jo·ker *der* ['jo:ke/'dʒo:kɐ] <-s, -> ❶ *eine Spiel-*
karte, die anstelle jeder anderen gespielt werden
kann ❷ *(übertr.) Person oder Sache, die sich ir-*
gendwann als hilfreich erweisen kann: Mit dem

J

Jol·le *die* <-, -n> SEEW. *kleines Boot (mit einem Segel)*

Jon·g·leur *der,* **Jon·g·leu·rin** [ʒɔŋˈløːɐ̯] <-s, -e> *jmd., der jongliert I.1:* Der Jongleur wirft brennende Fackeln in die Luft und fängt sie wieder auf.

jon·g·lie·ren [ʒɔŋˈliːrən] **I.** *ohne OBJ* ■ *jmd. jongliert (mit etwas Dat.)* ❶ *in schnellem Wechsel Gegenstände in die Luft werfen und wieder auffangen:* mit Bällen/Fackeln/Keulen jonglieren ❷ *(umg.) mit etwas besonders geschickt umgehen:* mit Zahlen jonglieren **II.** *mit OBJ* ■ *jmd. jongliert etwas* (≈ *balancieren) geschickt im Gleichgewicht halten:* Die Kellnerin jonglierte zwei volle Tabletts.

Jop·pe *die* <-, -n> *eine dicke, bequeme Jacke aus Wollstoff*

Jor·da·ni·en <-s> *Staat in Vorderasien* ▸ Jordanier, Jordanierin, jordanisch

Jo·ta, *a.* **lo·ta** *das* <-(s), -s> ❶ *ein griechischer Buchstabe:* Das Jota ist der neunte Buchstabe des griechischen Alphabets. ❷ *(geh.) das Allergeringste:* um kein Jota von seiner Meinung abweichen

Joule *das* [dʒuːl/dʒaʊl/ʒuːl] <-(s), -> PHYS. *Maßeinheit für die Energie:* Man kann die Energie von Nahrungsmitteln in Joule und in Kilokalorien angeben.

Jour fixe *der* [ʒuːˈfɪks] <- -, -s -s> *(geh.) ein fester Zeitpunkt, zu dem bestimmte Personen sich regelmäßig treffen*

Jour·nal *das* [ʒʊrˈnaːl] <-s, -e> ❶ (≈ *Illustrierte) eine (Fach-)Zeitschrift mit Bildern:* ein Journal für Innenarchitektur/Kunst ◆ Kultur-, Mode- ❷ (≈ *Magazin) Rundfunk- oder Fernsehsendung mit Berichten zu unterschiedlichen Themen:* ein politisches Journal ❸ WIRTSCH. *Tagebuch in der Buchhaltung*

Jour·nal·dienst *der* [ʒʊrˈnaːldiːnst] <-es, -e> ÖSTERR. *Bereitschaftsdienst:* Journaldienst zu haben heißt, ständig abrufbar sein zu müssen.

Jour·na·lis·mus *der* [ʒʊrnaˈlɪsmʊs] <-> */kein Plur./* ❶ *das Zeitungs- und Pressewesen:* Bevor er Erfolg mit seinen Romanen hatte, war er im Journalismus tätig. ▸ journalistisch ❷ *Tätigkeit des Journalisten:* Das ist billiger/glänzender Journalismus. ◆ Sensations-

Jour·na·list *der,* **Jour·na·lis·tin** [ʒʊrnaˈlɪst] <-en, -en> (≈ *Reporter) jmd., der berufsmäßig für eine Zeitung oder eine Sendeanstalt Berichte verfasst:* als Journalist beim Fernsehen/beim Rundfunk/ bei einer Zeitung arbeiten ◆ Fernseh-, Rundfunk-, Sport-, Wirtschafts-

Jour·na·lis·tik *die* [ʒʊrnaˈlɪstɪk] <-> */kein Plur./ die Wissenschaft, die sich mit der Berichterstattung in Presse, Rundfunk und Fernsehen befasst*

jo·vi·al [joˈvi̯aːl] *adj /meist von männlichen Personen/ (geh.:* ≈ *gönnerhaft; leutselig) so, dass jmd. auf herablassende Art gutmütig auftritt:* Der Chef klopfte seinem Mitarbeiter jovial auf die Schulter. ▸ Jovialität

Joy·stick *der* [ˈdʒɔɪstɪk] <-s, -s> EDV *ein Steuergerät für Computerspiele*

Ju·bel *der* <-s> */kein Plur./ lautes Freudengeschrei:* Die Kinder brachen in Jubel aus.; Der Jubel des Publikums kannte keine Grenzen.; ■ **Jubel, Trubel, Heiterkeit** *(umg.) ausgelassenes, fröhliches Treiben* Überall herrschte Jubel, Trubel, Heiterkeit. ◆ -ruf, -schrei

Ju·bel·jahr *das* <-(e)s, -e> ❶ *heiliges Jahr der katholischen Kirche, das alle 25 Jahre gefeiert wird* ❷ *heiliges Jahr des Judentums, das alle 50 Jahre gefeiert wird;* ■ **alle Jubeljahre (einmal)** *(umg.) sehr selten*

ju·beln <jubelst, jubelte, hat gejubelt> *ohne OBJ* ■ *jmd. jubelt (über etwas Akk.) laut seine Freude äußern:* Jubelnd begrüßten die Kinder den Zauberer.; Das Publikum jubelte.; Sie jubelte über die bestandene Prüfung.; Jubelt nur nicht zu früh!

Ju·bi·lar *der,* **Ju·bi·la·rin** <-s, -e> *Person, die ein Jubiläum feiert:* dem Jubilar Blumen und Glückwünsche senden

Ju·bi·lä·um *das* <-s, Jubiläen> *feierlich begangener Jahrestag:* Die Stadt begeht in diesem Jahr ihr tausendjähriges Jubiläum. ◆ -sausgabe, -sausstellung, -sfeier, -stag, Betriebs-, Dienst-, Ehe-, Geschäfts-, Gründungs-

juch·zen <juchzt, juchzte, hat gejuchzt> *ohne OBJ* ■ *jmd. juchzt (umg.) siehe* **jauchzen**

ju·cken **I.** *mit OBJ/ohne OBJ* ■ *etwas juckt jmdn./jmdn. einen Juckreiz verursachen:* Der Hautausschlag juckt (mich).; Mein Rücken juckt (mich/mir).; Mich/Mir juckt die Nase. **II.** *mit OBJ /nur mit „nicht"/* ■ *etwas juckt jmdn. nicht (umg.) etwas interessiert jmdn. nicht:* Die Fünf in Mathe juckt mich doch nicht!; Es juckt ihn wenig, ob er die Prüfung besteht. **III.** *mit SICH* ■ *jmd. juckt sich (umg.:* ≈ *reiben) sich kratzen:* sich hinter den Ohren jucken **IV.** *mit ES* ■ *es juckt jmdn., etwas zu tun (umg.:* ≈ *reizen) jmd. würde gern etwas tun:* Es juckt mich, das einmal auszuprobieren.

Juck·reiz *der* <-es, -e> *die Empfindung, die dazu führt, dass sich an einer Stelle kratzen möchte:* einen Juckreiz verspüren/verursachen

juck·reiz·lin·dernd *adj /nicht steig./ mit einer Wirkung, die das Jucken aufhören lässt:* Der Arzt verschreibt eine juckreizlindernde Salbe.

Ju·das·kuss *der* <-es, Judasküsse> *(geh.) eine heuchlerische, hinterhältige Freundlichkeit:* Ihre Judasküsse dienten der Verschleierung ihrer wahren Absichten.

Ju·de *der,* **Jü·din** <-n, -n> ❶ *jmd., der dem jüdischen Volk angehört:* Er ist Jude, weil er von einer jüdischen Mutter geboren ist. ❷ *Person jüdischen Glaubens:* Sie ist eine gläubige Jüdin.

Ju·den·tum *das* <-s> */kein Plur./* ❶ *die Gesamtheit der Juden:* das Judentum in der ganzen Welt ❷ *die Religion und Kultur der Juden:* sich zum Judentum bekennen

Ju·den·ver·fol·gung *die* <-, -en> */meist Sing./* GESCH., POL. *die Verfolgung der Juden während ihrer gesamten Geschichte, besonders jedoch in Deutschland während der Zeit des Nationalsozialismus:* Dieses Mahnmal dient dem Gedenken an die Opfer der Judenverfolgung.

jü·disch *adj /nicht steig./ zu den Juden gehörend:* der jüdische Glaube; das jüdische Volk

Ju·do *das* ['ju:do] <-(s)> */kein Plur./* SPORT *eine aus Japan stammende Kampfsportart, bei der man vor allem mit geschickten Bewegungen die Körperkraft des Gegners nutzt, um sie gegen diesen selbst zu richten* ▸ Judoka

Ju·gend *die* <-> */kein Plur./* ❶ *(↔ Alter) der Lebensabschnitt, in dem man kein Kind mehr, aber auch noch kein reifer Erwachsener ist:* In meiner Jugend hatte man weniger Freiheiten.; Er hat in seiner Jugend viel Schlimmes durchgemacht.; Die meisten Menschen erinnern sich gern an ihre Jugend. ◆-alter, -jahre, -liebe, -sünde, -traum ❷ *jugendliches Alter:* Auf Grund seiner Jugend ist er noch sehr unerfahren.; Man muss diesen Leichtsinn wohl seiner Jugend zuschreiben. ❸ *die Gesamtheit der jungen Menschen:* die heutige Jugend; eine Studie über Meinungen und Wünsche der Jugend ◆-alkoholismus, -arbeitslosigkeit, -buch, -film, -gruppe, -kriminalität, -literatur, -mannschaft, -organisation, -recht, -sendung, -strafanstalt, -zeitschrift, Arbeiter-, Dorf-, Gewerkschafts-, Land-, Schul-, Stadt-

Ju·gend·amt *das* <-(e)s, Jugendämter> *eine Behörde, die für die Jugendhilfe zuständig ist:* Vermutet man die Vernachlässigung eines Kindes, sollte man dies dem Jugendamt melden.

Ju·gend·ar·beit *die* <-> */kein Plur./ Gesamtheit der mit Jugendlichen durchgeführten Aktivitäten zur Bildung und Freizeitgestaltung:* die kirchliche/städtische Jugendarbeit

Ju·gend·ar·beits·lo·sig·keit *die* <-> */kein Plur./ der Zustand, dass Jugendliche nach der Ausbildung keine Arbeit finden:* Es werden Maßnahmen gegen die hohe Jugendarbeitslosigkeit ergriffen.

Ju·gend·er·in·ne·rung *die* <-, -en> */meist Plur./ Erinnerungen an die Jugendzeit:* Beim Klassentreffen kann man gemeinsam in Jugenderinnerungen schwelgen.

ju·gend·frei *adj /nicht steig./ für Jugendliche geeignet und zugelassen:* ein jugendfreier Film; Seine Witze sind nicht immer ganz jugendfrei (≈ sind manchmal obszön).

Ju·gend·freund *der,* **Ju·gend·freun·din** <-(e)s, -e> *Freund(in) aus der Jugendzeit:* Nach mehr als zwanzig Jahren sahen sich die beiden Jugendfreunde wieder.

ju·gend·ge·fähr·dend *adj /nicht steig./ so, dass etwas für Kinder und Jugendliche einen sehr schlechten Einfluss hat, weil es z. B. obszön oder pornografisch ist:* Bücher und Zeitschriften mit jugendgefährdenden Inhalten

Ju·gend·her·ber·ge *die* <-, -n> *preiswerte, einfache Übernachtungsmöglichkeit (besonders) für Jugendliche:* Unsere Zeit in der Jugendherberge war der Höhepunkt dieses Schuljahres.

Ju·gend·hil·fe *die* <-> */kein Plur./* AMTSSPR. *öffentliche Fürsorge für (sozial gefährdete) Jugendliche:* Einrichtungen der Jugendhilfe; misshandelte/vernachlässigte Kinder in die Obhut der Jugendhilfe geben

ju·gend·lich *adj /nicht steig./* ❶ *im Lebensabschnitt der Jugen¹:* ein vorwiegend jugendliches Publikum ❷ *typisch für die Jugend:* mit jugendlichem Leichtsinn/Schwung; Sie ist schon sechzig, kleidet sich aber jugendlich.; Sie wirkt für ihr Alter noch sehr jugendlich.

Ju·gend·li·che *der/die* <-n, -n> *(≈ Teenager) junger Mensch im Alter zwischen ungefähr 14 und 18 Jahren:* Jugendliche haben hier nur in Begleitung Erwachsener Zutritt.

Ju·gend·lich·keit *die* <-> */kein Plur./* ❶ *jugendliches¹ Alter:* Wegen seiner Jugendlichkeit wurde der Täter zu einer milderen Strafe verurteilt. ❷ *jugendliche² Art:* sich seine Jugendlichkeit bis ins Alter bewahren wollen

Ju·gend·schutz *der* <-es> */kein Plur./* RECHTSW. *Maßnahmen und Gesetze zum Schutz von Kindern und Jugendlichen*

Ju·gend·spra·che *die* <-> */kein Plur./ sprachliche Äußerungsformen von Jugendlichen:* Bestimmte Wörter der Jugendsprache wirken auf Erwachsene manchmal irritierend. ▸ jugendsprachlich *siehe auch* **Varietät**

J

Als **Jugendsprache** werden jugendsprachliche Äußerungsformen zusammengefasst und als generationsspezifische Varietät (vgl. das Stichwort) eingeordnet. Wie andere Varietäten ist die „Jugendsprache" auf die deutsche Hochsprache bzw. Standardsprache (vgl. das Stichwort) bezogen bzw. an diese rückgebunden; der Ausdruck ist samt Bestandteil „Sprache" nur das Ergebnis einer verkürzten Redeweise. Im Wesentlichen handelt es sich um verschiedene Worteinheiten und Redensarten, von denen nur wenige in den allgemeinen Sprachgebrauch übergegangen sind, wie z. B. *cool, anmachen, Zoff, abfahren* (auf etwas); eine klare Abgrenzung von der Umgangssprache (vgl. das Stichwort) ist auch von daher nicht gegeben. Was man als *Jugendsprache* bezeichnet, ist keineswegs dem Bestand nach einheitlich (homogen) und z. B. als „Gesamtjugendsprache" erfassbar, wovon frühe Untersuchungen ausgegangen waren. Jugendsprache ist vielmehr Moden unterworfen, die sich rasch wandeln, und weist auch räumliche Unterschiede auf. Aufgrund der Bezogenheit auf Milieus und Szenen (Musikszene etc.) wird auch der Ausdruck *Szenesprache* verwendet. Sprachliche Äußerungsformen unter Jugendlichen sind neben zentralen anderen Äußerungsformen (insbesondere solche der Kleidung) lediglich Reflex einer Übergangsphase ins Erwachsenenalter: Bestimmend dafür ist die Ablehnung der Erwachsenenwelt, mit Suche nach einer eigenen Position bzw. Orientierung. Die sprachlichen Ausdrucksmittel, die aus jeweiliger gruppeninterner Kommunikation heraus entwickelt werden, dienen zugleich auch der Identifikation mit jeweiliger Gruppe. „Jugendsprache" ist kreativ, spontan, amüsant, locker, und wesentlich provokativ; gewechselt wird bei Bedarf in die Hochsprache. Wesentlich sind Sprachspielereien auf allen

Ebenen, kurze und griffige Äußerungen, Übernahme und Abwandlung von Anglizismen, sowie das Herauslösen sprachlicher Elemente aus verschiedenen medialen Bereichen, was als **Stil-Bastelei** bzw. *Bricolage* bezeichnet wird. Jugendsprachliche Äußerungsformen werden von der Erwachsenenwelt seit jeher mit Skepsis begleitet, verbunden auch mit bildungspolitischen Bedenken und Befürchtungen, „die" Sprache könne verfallen.

Nach frühen Sammlungen im 18. Jahrhundert gab es erste Untersuchungen zu dem Bereich Ende des 19. Jahrhunderts zur Studenten- und Schülersprache, später zu anderen Entwicklungen („Halbstarkensprache", „Teenagerdeutsch", „APO-Sprache" usw.). Untersuchungsmethoden waren in den 80er Jahren des letzten Jahrhunderts zunächst meist Befragungen mittels Fragebögen, später auch die teilnehmende Beobachtung in bestimmten Verhaltenskontexten.

J

Ju·gend·stil *der* <-s> /kein Plur./ *ein Stil in der europäischen Kunst an der Wende vom 19. zum 20. Jahrhundert, für den besonders elegante Ornamente typisch sind:* Das Bild/das Haus/das Möbelstück stammt aus der Zeit des Jugendstils. ◆ -architektur, -bauwerk, -fenster, -vase

Ju·gend·stra·fe *die* <-> /kein Plur./ RECHTSW. *eine Gefängnisstrafe, die nach speziellen, für Jugendliche geltenden Gesetzen verhängt wird:* Der Täter erhielt eine Jugendstrafe von zwei Jahren.

Ju·gend·wahn *der* <-s> /kein Plur./ *(umg. abwert.) der Zustand, dass Menschen nur jugendliches Aussehen als positiv betrachten (und entsprechend Angst vor ihrem Altern haben):* Viele Schönheitsoperationen sind die Folge eines immer stärkeren Jugendwahns.

Ju·gend·wei·he *die* <-, -n> *eine (speziell in Ostdeutschland verbreitete) Veranstaltung, bei der vierzehnjährige Jugendliche, die nicht kirchlich gebunden sind, den Eintritt ins Erwachsenenalter feiern:* Zur Jugendweihe waren alle Verwandten eingeladen.

Ju·gend·zeit *die* <-> /kein Plur./ *(≈ Jugend¹) der Lebensabschnitt zwischen Kindheit und Erwachsensein:* die Jugendzeit genießen; Seine Kindheit und Jugendzeit hat er in Frankreich verbracht.

Ju·go·s·la·we *der*, **Ju·go·s·la·win** <-n, -n> GESCH. *der jugoslawischen Ethnie bzw. dem früheren Jugoslawien zugehörige Person*

Ju·go·s·la·wi·en <-s> GESCH. *früherer Staat in Südosteuropa*

ju·go·s·la·wisch *adj* /nicht steig./ GESCH. *das frühere Jugoslawien oder die Jugoslawen betreffend*

Juke·box *die* ['dʒuːkbɔks] <-, -es> *Musikautomat, der gegen Einwurf von Geld Schallplatten abspielt:* In der Ecke der Kneipe dudelt eine Jukebox.

Ju·li *der* <-(s), -s> *der siebte Monat des Jahres*

Jum·bo *der* ['jʊmbo/'dʒambo] <-s, -s> LUFTF. *(umg.) kurz für „Jumbojet":* Der Jumbo fliegt, ohne unterwegs auftanken zu müssen, von Frankfurt nach Shanghai.

Jum·bo·jet *der* ['jʊmbodʒɛt/'dʒambodʒɛt] <-(s), -s> *großes düsengetriebenes Passagierflugzeug*

Jum·per *der* ['dʒampɐ] <-s, -> SÜDDT., ÖSTERR. *pulloverähnliches Kleidungsstück*

jung <jünger, am jüngsten> *adj* ❶ (↔ *alt*) *so, dass man noch nicht viele Jahre gelebt hat:* junge Leute; ein junger Autor; Sie ist noch sehr jung.; Er ist jünger als sein Bruder.; meine jüngste Tochter; ein junges Paar ❷ (≈ *jugendlich*) *dem äußeren Erscheinungsbild oder Verhalten nach jung:* Sie hat noch ein junges Gesicht.; jung aussehen; im Herzen jung bleiben ❸ (≈ *frisch, neu*) *noch nicht lange bestehend:* junger Wein; ein junges Unternehmen; eine junge Mutter; eine Zeitung jüngeren Datums; Sein jüngstes Buch ist eben erst erschienen.; ■**Jung und Alt** *Menschen aus jeder Altersstufe* Auf dem Fest waren Jung und Alt versammelt. ◆ -bauer, -unternehmer ◆ Getrenntschreibung →R 4.6 Sie waren bereits sehr jung verheiratet (in jungen Jahren).; *siehe auch* **jüngst**, **jung·verheiratet**

Jun·ge¹ *der* <-n, -n/Jungs> ❶ (≈ *süddt. Bub) Kind oder Jugendlicher männlichen Geschlechts:* In der Klasse sind 15 Jungen und 10 Mädchen. ◆ -ngesicht, -nklasse, -nschule, -nstreich ❷ */in Verbindung mit einem Attribut/ (umg.) männliche Person:* Er ist ein netter Junge.; Einem so cleveren Jungen macht man so schnell nichts vor. ❸ <*pl:* Jungs> *(umg.) vertrauliche Anrede für männliche Personen:* Junge, schlag mal her!; Na Jungs, wie geht's? ❹ *eine Spielkarte beim Skat:* ■**Junge, Junge!** *(umg.) Ausdruck der Anerkennung oder Bewunderung* Junge, Junge, eine dreihundertseitige Doktorarbeit? Das ist echt eine Leistung!

Jun·ge² *das* <-n, -n> *Jungtier:* Die Bärin wirft die Jungen in der Höhle.; eine Wölfin mit ihren Jungen; Ein Junges ist gestorben. ◆ Bären-, Enten-, Hunde-, Katzen-, Löwen-

jun·gen·haft *adj* /nicht steig./ *so, dass jmd. die Art und das Benehmen eines Jungen hat:* Dieses Mädchen benimmt sich jungenhaft.

Jün·ger *der* <-s, -> ❶ REL. *einer der zwölf Männer, die Jesus folgten:* Das Bild zeigt Jesus mit seinen Jüngern beim Abendmahl. ❷ *(geh.) ein überzeugter Anhänger von etwas:* ein Jünger der Wissenschaft; ein Jünger des berühmten Meisters

Jung·fern·fahrt *die* <-, -en> SEEW. *die erste Fahrt eines Schiffes:* Die Jungfernfahrt war die erste und letzte Fahrt dieses Unglücksschiffes.

Jung·fern·häut·chen *das* <-s, -> ANAT. (≈ *Hymen) die dünne Haut, die die Scheide einer Frau, die noch keinen Geschlechtsverkehr hatte, teilweise verschließt*

Jung·frau *die* <-, -en> ❶ *(veralt.) eine Frau, die noch keinen Geschlechtsverkehr hatte:* Bist du noch Jungfrau?; Mit sechzehn war sie keine Jungfrau mehr. ❷ /kein Plur./ *Name eines Tierkreiszeichens* ❸ *jmd., der im Zeichen der Jungfrau² geboren ist:* Er ist Mitte September geboren und daher Jungfrau.

jung·fräu·lich *adj* /nicht steig./ ❶ *(veralt.) so, dass ein Mädchen oder eine Frau noch keinen Geschlechtsverkehr hatte:* jungfräulich in die Ehe gehen ❷ *(geh. übertr.: ≈ frisch, rein) unberührt:* die jungfräuliche Natur; den jungfräulichen Schnee betreten ▸ Jungfräulichkeit

Jung·ge·sel·le *der*; **Jung·ge·sel·lin** <-n, -n> *(≈ Single) unverheirateter Mann:* ein eingefleischter/überzeugter Junggeselle ◆-nbude, -ndasein, -nleben, -nwirtschaft, -nwohnung

Jüng·ling *der* <-s, -e> *(dichter.) junger Mann:* ein schöner Jüngling ◆-salter

jüngst *adv (veralt.: ≈ kürzlich, neulich) vor kurzem:* Als wir jüngst in Regensburg waren …

jung·ver·hei·ra·tet *adj /nicht steig./ erst seit kurzem verheiratet:* das Paar ist jungverheiratet; ein jungverheiratetes Paar ◆ Großschreibung →R 3.7 Die Jungverheirateten fuhren in die Flitterwochen.; *siehe aber auch* **jung**

Jung·wuchs *der* <-es> */kein Plur./ eine neue Anpflanzung von Bäumen:* ein ausgedehnter Jungwuchs; den Jungwuchs lichten

Ju·ni *der* <-(s), -s> *der sechste Monat des Jahres*

Juni·kä·fer *der* <-s, -> ZOOL. *ein dem Maikäfer ähnlicher kleiner Käfer mit hellbraunen Flügeldecken, der besonders im Juni und Juli schwärmt*

Ju·ni·or *der*; **Ju·ni·o·rin** <-s, …-oren> ❶ (↔ Senior) *der Sohn eines Firmeninhabers:* Nach dem Tod des Vaters übernahm der Junior die Geschäfte. ◆-chef ❷ *(scherzh.) der (jüngste) Sohn einer Familie:* Das ist unser Junior. ❸ SPORT *Sportler(in) in der Altersklasse zwischen 18 und 20 Jahren:* die Meisterschaft der Junioren

ju·ni·or *adj /nicht steig./ /unveränderlich, hinter Personennamen/ (↔ senior) der Jüngere:* Max Müller junior

Jun·ker *der* <-s, -> ❶ GESCH. *junger Adliger* ❷ GESCH. *adliger Grundbesitzer in Preußen*

Jun·kie *der* ['dʒʌŋkɪ] <-s, -s> *(umg.) Drogenabhängiger:* Um sich das Geld für Drogen zu beschaffen, brach ein Junkie in mehrere Wohnungen ein.

Junk·tim *das* ['jʊŋktɪm] <-s, -s> POL. *Verbindung mehrerer Gesetze oder Verträge, die einzeln nicht wirksam werden können:* zwischen der Forderung nach mehr Demokratie und der Gewährung von Krediten für ein Land ein Junktim herstellen

Jun·ta *die* ['xʊnta, 'jʊnta] <-, Junten> ❶ POL. *(vor allem in Ländern Südamerikas) Regierungsausschuss:* Eine Junta übernahm die Regierungsgeschäfte. ❷ *(abwert.) Militärjunta*

Jupe *der/das* [ʒy:p] <-s, -s> SCHWEIZ. *Damenrock*

Ju·ra¹ *der* <-> */kein Plur./* GEOGR. *Name verschiedener Gebirge, die in der erdgeschichtlichen Periode des Jura² entstanden sind:* der Fränkische/ Schweizer Jura

Ju·ra² *das* <-s> */kein Plur./ erdgeschichtliche Formation des Mesozoikums:* Diese Gesteinsschicht entstand im Jura. ◆-formation

Ju·ra³ <-> *Plur. (≈ (umg.) Juristerei) Rechtswissenschaft:* Sie hat Jura studiert. ◆-student(in), -studium

Ju·ra⁴ <-(s)> *ein Kanton der Schweiz*

ju·ri·disch *adj /nicht steig./* ÖSTERR. *juristisch*

Ju·ris·pru·denz *die* <-> */kein Plur./ (veralt.) Rechtswissenschaft*

Ju·rist *der*; **Ju·ris·tin** <-en, -en> *jmd., der Rechtswissenschaft studiert hat bzw. auf dem Gebiet der Rechtswissenschaft oder der Rechtspflege arbei-*

tet: Von seiner Ausbildung her ist er Jurist.; einen Juristen zu Rate ziehen; Wahrscheinlich finden nur Juristen diese Verträge verständlich.

Ju·ris·ten·deutsch *das* <-es> */kein Plur./ (abwert.) schwer verständliche Ausdrucksweise der Juristen, die durch komplizierte, pedantisch genaue und oft weitschweifige Formulierungen gekennzeichnet ist:* das Juristendeutsch des Strafverteidigers nicht verstehen

ju·ris·tisch *adj /nicht steig./ zur Rechtswissenschaft gehörig; das Recht betreffend:* juristischen Beistand benötigen; die juristische Fakultät; eine juristische Ausbildung; juristischen Rat einholen

Ju·ror *der*; **Ju·ro·rin** <-en, …-roren> *(≈ Preisrichter) Mitglied einer Jury:* Die Juroren bewerteten die Leistungen der Kunstturnerin sehr unterschiedlich.

Jur·te *die* <-, -n> *Zelt mittelasiatischer Nomaden*

Ju·ry *die* [ʒy'ri:/'ʒy:ri] <-, -s> *eine Gruppe von Personen, die aus einer Anzahl von Personen oder Dingen die (unter einem Aspekt) Besten auswählen sollen:* Der Regisseur erhielt den Sonderpreis der Jury. ▸ juryfrei

Jus¹ *das* <-> */meist ohne Artikel, kein Plur./* ÖSTERR. *Recht; Rechtswissenschaft*

Jus² *der/die/das* [ʒy:] <-, -> KOCH. *konzentrierter, eingedickter Fleisch- oder Bratensaft*

just *adv (veralt. geh.) gerade:* Just in diesem Moment kommt er zur Tür herein.; Muss es denn just dieses Buch sein?

jus·tier·bar *adj /nicht steig./* TECHN. *so, dass etwas genau eingestellt oder ausgerichtet werden kann:* eine justierbare Waage

jus·tie·ren *mit OBJ* ■ *jmd. justiert etwas* TECHN. *genau einstellen oder ausrichten:* ein Geschütz justieren ▸ Justierschraube

just-in-time [dʒʌst'in'taɪm] *adj /nicht steig./* WIRTSCH. *(als Bestandteil des Produktionsvorgangs) zeitlich abgestimmt; gerade (noch) rechtzeitig*

Just-in-time-Pro·duk·ti·on *die* [dʒʌst'in'taɪm…] <-> */kein Plur./ ein Organisationsprinzip der Produktion und der Materialwirtschaft, bei dem Zuliefer- und Produktionstermine genau aufeinander abgestimmt werden:* Durch die Just-in-time-Produktion ist eine bedarfsgerechte Herstellung der Waren möglich.

Jus·ti·ti·ar *siehe* **Justiziar**

Jus·tiz *die* <-> */kein Plur./* RECHTSW. ❶ *Rechtsprechung und Durchsetzung des Rechts durch Gerichte:* eine unbestechliche/willkürliche Justiz; die Justiz in einem Land/eines Landes ◆-anstalt, -irrtum, -mord, -reform, -unrecht ❷ *die für das Rechtswesen zuständigen Behörden:* jemanden der Justiz überantworten; die Vertreter der Justiz ◆-beamte, -beamtin, -minister(in), -ministerium, -senat, -senator(in), -wache, -wachbeamte, -wachbeamtin, Militär-, Zivil-

Jus·tiz·ap·pa·rat *der* <-(e)s> */kein Plur./* RECHTSW., POL. *(umg.) Gesamtheit der für das Rechtswesen zuständigen Ämter und Behörden und der dort tätigen Personen:* Die Mühlen des Justizapparates mahlen langsam.

Jus·tiz·be·hör·de *die* <-, -n> RECHTSW. *Behörde, die für die Anwendung und Durchsetzung des*

J

Rechts sorgt: Die Justizbehörde bemüht sich um einen baldigen Verhandlungstermin.

Jus·ti·zi·ar, *a.* **Jus·ti·ti·ar** *der*, **Jus·ti·zi·a·rin** <-s, -e> RECHTSW. *(≈ Rechtsbeistand) ein bei einem Unternehmen angestellter Jurist, der das Unternehmen in rechtlichen Fragen berät:* Sie arbeitet als Justiziarin bei einem Unternehmen.

Jus·tiz·irr·tum *der* <-s, Justizirrtümer> RECHTSW. *falsche Entscheidung eines Gerichts:* Er wurde auf Grund eines Justizirrtums zu zehn Jahren Haft verurteilt.

Jus·tiz·pa·last *der* <-(e)s, Justizpaläste> *großes, repräsentatives Gebäude, in dem sich Einrichtungen der Justiz befinden*

Jus·tiz·voll·zugs·an·stalt *die* <-, -en> AMTSSPR. *(abgekürzt „JVA") Gefängnis:* Die neue Justizvollzugsanstalt gilt als absolut ausbruchssicher.

Ju·te *die* <-> /kein Plur./ ❶ BOT. *eine in tropischen Gebieten wachsende Pflanze, deren Stängel Bast enthält* ❷ *eine aus den Stängeln der Jute gewonnene Bastfaser, die zur Herstellung von Garn, Säcken u.a. verwendet wird:* Einkaufsbeutel aus Jute gelten als umweltverträglicher als solche aus Plastik. ◆ -faser, -garn, -sack, -spinnerei, -tasche

Ju·wel *das/der* <-s, -en> ❶ *(≈ Geschmeide) ein kostbares Schmuckstück aus Edelsteinen:* die Juwelen der Königin ◆ -endiebstahl, -enraub, Kronjuwelen ❷ */Genus: das, Plur.: <-e>/ (übertr.) eine Person oder Sache, die von großem Wert ist:* Unsere Mutter ist ein Juwel, was sollten wir ohne sie anfangen?; Die Altstadt ist ein Juwel mittelalterlicher Baukunst.

Ju·we·lier *der*, **Ju·we·lie·rin** <-s, -e> *jmd., der beruflich Schmuck herstellt und damit handelt:* Der Ring ist kaputt, ich muss ihn zum Juwelier bringen. ◆ -geschäft, -laden

Jux *der* <-es, -e> /Plur. selten/ *(umg.) Scherz; Spaß:* sich einen Jux aus etwas machen; etwas nur aus Jux machen ▸ juxen

Jux·ta·po·si·tum *die* <-s, Juxtaposita> SPRACHWISS. *allgemein die Aneinanderreihung von Satzelementen, oder in der Wortbildung die Komposition unflektierter Wortstämme als syntaktische Fügung:* Die Zusammenrückung von „ein viertel Liter" zu „ein Viertelliter" bezeichnet man als Juxtapositum. ▸ Juxtaposition

jwd [jɔtve:'de:] *adv (umg. scherzh.) kurz für „janz weit draußen"; abgelegen:* Du wohnst doch jwd. Wann kommst du schon einmal in die Stadt!

Kk

K, k *das* <-, -> *der elfte Buchstabe des Alphabets:* ein großes K; ein kleines k

Ka·a·ba *die* ['ka:aba] <-> /kein Plur./ REL. *islamisches Heiligtum in Mekka*

Ka·ba·le *die* <-, -n> *(veralt.) Intrige:* das Drama „Kabale und Liebe" von Friedrich Schiller

Ka·ba·rett, Ca·ba·ret *das* [kaba'rɛt, 'kabarɛt, kaba're:, 'kabare] <-s, -s/-e> ❶ /kein Plur./ *eine Form der Kleinkunst, bei der in Szenen und Chansons soziale und politische Zustände kritisiert werden* ❷ *(≈ Kleinkunstbühne) eine Art Theater, in dem Kabarett¹ gespielt wird* ❸ *eine Schauspielergruppe, die Kabarett¹ macht*

Ka·ba·ret·tist *der*, **Ka·ba·ret·tis·tin** <-en, -en> *ein Bühnenkünstler, der Kabarett¹ macht*

kab·beln <kabbelst, kabbelte, hat gekabbelt> *mit SICH* ▪ *jmd. kabbelt sich mit jmdm.* NORDDT. *(umg.) sich auf harmlose Art streiten* ▸ Kabbelei

Ka·bel *das* <-s, -> ❶ *mehrere Drähte, die zu einer Leitung zusammengefasst und nach außen durch eine Kunststoffhülle isoliert sind und die elektrischen Strom oder Signale leiten:* Die Arbeiter verlegen elektrische Kabel. ◆ -brand, -klemme, -querschnitt, -rolle, -trommel, Fernseh-, Lautsprecher-, Netz-, Signal-, Strom- ❷ *ein sehr dickes Drahtseil:* Das Kabel der Seilbahn wird regelmäßig überprüft.

Ka·bel·an·schluss *der* <-es, Kabelanschlüsse> *Anschluss für das Kabelfernsehen*

Ka·bel·fern·se·hen *das* <-s> /kein Plur./ *Fernsehen, bei dem das Fernsehsignal nicht über eine Antenne, sondern über Kabel empfangen wird*

Ka·bel·jau *der* <-s, -e/-s> *(≈ Dorsch) ein Seefisch*

Ka·bel·ka·nal *der* <-(e)s, Kabelkanäle> *ein für Kabelübertragungen festgelegter Frequenzbereich:* Den Sender XY empfange ich über den Kabelkanal ABC.

Ka·bel·le·ger *der* <-s, -> *(≈ Kabelschiff)*

ka·beln <kabelst, kabelte, hat gekabelt> *ohne OBJ* ▪ *jmd. kabelt (irgendwohin) (veralt.) nach Übersee telegrafieren*

Ka·bel·netz *das* <-es, -e> *ein System von Kabeln, das einem bestimmten Zweck dient:* Der neue Sender wird in das Kabelnetz eingespeist.

Ka·bel·schiff *das* <-(e)s, -e> *ein Schiff, von dem aus Kabel am Meeresgrund verlegt werden*

Ka·bi·ne *die* <-, -n> ❶ *ein sehr kleiner, abgeteilter Raum, der einem bestimmten Zweck dient:* Zum Anprobieren dürfen Sie nicht mehr als drei Kleidungsstücke in die Kabine mitnehmen!; Als Hochbaukräne noch nicht ferngesteuert werden konnten, saß der Kranführer hoch oben in seiner Kabine. ❷ *Wohn- und Schlafraum für Passagiere auf drehenden Schiffen* ❸ *Raum für die Passagiere in einem Flugzeug*

Ka·bi·nen·rol·ler *der* <-s, -> GESCH. *ein einfaches, kleines Fahrzeug in der Art eines Motorrollers mit drei oder vier Rädern, bei dem der Fahrer durch eine Kabine geschützt wird*

Ka·bi·nett *das* <-s, -e> ❶ POL. *die Gesamtheit aller Minister eines Staates:* Das Kabinett tritt zusam-

men. ◆ -sbeschluss, -skrise, -smitglied, -ssitzung
❷ *kleiner Nebenraum für Sammlungen spezieller
Kunstobjekte:* Die Arbeiten des Künstlers hängen
im Kupferstichkabinett. ◆ Wachsfiguren-
Ka·bi·nẹtt·stück *das* <-(e)s, -e> **❶** *sehr geschicktes, erfolgreiches Handeln:* Die Einladung des Bürgermeisters zu unserer Versammlung war ein richtiges Kabinettstück. **❷** *besonders schöner, wertvoller Gegenstand*
Ka·bi·nẹtts·um·bil·dung *die* <-, -en> *Entlassung
einiger und Berufung anderer Kabinettsmitglieder*
Ka·bi·nẹtt·wein *der* <-(e)s, -e> *(veralt.) einer der
besten Weine eines Jahrgangs*
Ka·bis *der* <-> */kein Plur./* SÜDDT., SCHWEIZ. *Kohl*
Ka·b·ri·o·lẹtt, Ca·b·ri·o·let *das* [kabrio'lɛt, ka-
brio'le:] <-s, -s> KFZ (↔ *Limousine) Auto mit zu-
rückklappbarem Verdeck*
Ka·bụff *das* <-s, -s> LANDSCH. *oder abwert.) kleiner
(fensterloser) Abstellraum*
Ka·bu·ki *das* <-s> */kein Plur./ japanisches Volks-
theater mit Themen aus dem Samurai- und Groß-
stadtleben*
Kạ·chel *die* <-, -n> (≈ *Fliese) eine von vielen kleinen, relativ dünnen Platten (aus gebranntem Ton),
die man zum Verkleiden von Wänden (beispielsweise in Bädern oder Küchen) benutzt*
kạ·cheln <kachelst, kachelte, hat gekachelt> *mit
OBJ* ■ *jmd.* **kachelt etwas** *mit Kacheln verkleiden:* Die Handwerker kacheln das Bad/die Küche.; bis zur Decke gekachelte Wände
Kạ·chel·ofen *der* <-s, Kachelöfen> *ein (größerer)
gemauerter und auf der Außenseite mit Kacheln
verkleideter Kohleofen, der die Wärme sehr lange
speichern kann*
Ka·ch·e·xie *die* <-, -n> MED. *Kräfteverfall mit Blutarmut und Appetitlosigkeit*
kạck·braun *adj (umg. abwert.) von brauner Farbe
gesagt, die subjektiv als sehr hässlich empfunden
wird*
Kạ·cke *die* <-> */kein Plur./ (vulg.)* **❶** *Kot*
❷ (≈ *Mist) etwas, das man sehr negativ findet:* So
eine Kacke!
kạ·cken <kackst, kackte, hat gekackt> *ohne OBJ*
■ *jmd./ein Tier* **kackt** *(vulg.) seine Notdurft verrichten:* Lassen Sie Ihren Hund nicht immer in unserem Garten kacken!
Ka·da·ver *der* <-s, -> *toter, verwesender Tierkör-
per*
Ka·da·ver·ge·hor·sam *der* <-s> */kein Plur./ (abwert.) die Haltung, dass jmd. gegenüber Vorgesetzten völlig unkritisch und auf übertriebene
Weise gehorsam ist*
Ka·dẹnz *die* <-, -en> **❶** MUS. *(zu einem Abschluss
führende) Akkordfolge* **❷** MUS. *solistische Improvisation am Ende eines Satzes* **❸** SPRACHWISS. *me-
trisch bestimmbares Ende eines Verses:* Man kann
zwischen männlichen und weiblichen Kadenzen
unterscheiden.
Kạ·der *der* <-s, -> **❶** *die Kerngruppe einer Organisation (eines Heeres, einer Partei, einer Wissenschaft), die besonders gut ausgebildet ist und eine
Art Elite bildet* ◆ Partei- **❷** SPORT *fester Stamm von
Spielern oder Athleten:* Sie gehört zum Kader der
Olympiamannschaft. ◆ Olympia-

Ka·der·schmie·de *die* <-, -n> *Zentrum für die
Ausbildung eines Kaders [1]*
Ka·dẹtt *der* <-en, -en> MILIT., GESCH. *Schüler an ei-
ner Offiziersschule*
Ka·di *der* <-(s), -s> **❶** *Richter in einem islami-
schen Land* **❷** *(umg.) Gericht:* Nicht selten endet
der Nachbarschaftsstreit vor dem Kadi.
Kạd·mi·um, Cạd·mi·um *das* <-s> */kein Plur./*
CHEM. *ein silberweißes Metall (ein chemischer
Grundstoff)*
Kä·fer *der* <-s, -> **❶** *in vielen Arten vorkommen-
des Insekt* ◆ Borken-, Kartoffel-, Marien- **❷** *(umg.)
Bezeichnung für ein populäres Automodell der
Firma „Volkswagen"*
Kạff *das* <-s, -s/Käffer> *(umg. abwert.) kleiner,
langweiliger Ort:* Ich lebe gerne in der Stadt und
könnte mir nicht vorstellen, in einem Kaff auf dem
Land zu wohnen.
Kạf·fee, Kaf·fee *der* <-s, -s> **❶** */kein Plur./ ge-
röstete (gemahlene) Kaffeebohnen:* ein Pfund Kaf-
fee kaufen; vakuumverpackter Kaffee **❷** */kein
Plur./ ein (koffeinhaltiges) anregendes Getränk
von leicht bitterem Geschmack und schwarzbrauner Farbe, das zubereitet wird, indem heißes Wasser über gemahlenen Kaffee [1] geschüttet wird:* Sie
hat einen heißen/schwarzen/starken/schwachen
Kaffee getrunken.; Er trinkt seinen Kaffee stets mit
Milch und Zucker.; im Café ein Kännchen Kaffee
bestellen (≈ *eine Portion Kaffee, die ungefähr zwei
Tassen entspricht)* ◆ -löffel, -maschine, -pad, -pause,
-sahne, -service, -tafel, -tasse, -zeit **❸** *bestimmte
Sorte von Kaffee [1]* ◆ Espresso-, Schon- **❹** ■ **etwas
ist kalter Kaffee** *(umg. abwert.) etwas ist nicht
relevant, weil es veraltet ist*
Kạf·fee·an·bau *der* <-s> */kein Plur./ das wirtschaftlich organisierte Anpflanzen der Kaffee-
pflanze*
Kạf·fee·boh·ne *die* <-, -n> *die Frucht des Kaffee-
strauchs, die man, geröstet und gemahlen, zur
Herstellung von Kaffee [1] verwendet*
Kạf·fee·Er·satz, a. **Kạf·fee·er·satz** *der* <-(e)s>
*/kein Plur./ etwas, das ähnliche Eigenschaften
wie Kaffee [1], hat (z. B. gerösteter Roggen, Gerste,
Weizen, Eicheln) und statt Kaffee [2] in dessen Zubereitungsart getrunken werden kann*
Kạf·fee·Ex·trakt, a. **Kạf·fee·ex·trakt** *der* <-s,
-e> (≈ *Instantkaffee) ein Konzentrat in Pulver-
form, das alle löslichen Stoffe des Kaffees [1] enthält*
Kạf·fee·fahrt *die* <-, -en> *(umg.) von Firmen or-
ganisierte Ausflugsfahrt, deren eigentlicher Zweck
es ist, den Teilnehmern Waren zu verkaufen*
Kạf·fee·fil·ter *der* <-s, -> *bei der Zubereitung von
Kaffee [2] benutzter Papierfilter*
Kạf·fee·haus *das* <-es, Kaffeehäuser> ÖSTERR.
Café

Eine berühmte Institution Wiens sind die **Kaf-
feehäuser**. Zum Kaffee wird hier immer das
obligatorische Glas Wasser serviert. Um die
gewünschte Art von Kaffee zu erhalten, sollte
man einige damit zusammenhängende Ausdrücke kennen: Eine *Melange* ist ein Milchkaffee mit viel Milch. Was man sonst als *Espresso*

bezeichnet, heißt hier *Mokka.* Wird er im Glas mit Sahne serviert, nennt man ihn *Einspänner.* Ein schwarzer Kaffee mit Milch ist ein *Brauner.*

Kaf·fee·klatsch *der* <-(e)s, -e> *(umg.) geselliges, nachmittägliches Zusammensein mit Plauderei bei Kaffee und Kuchen*

Kaf·fee·kränz·chen *das* <-s, -> *(veralt.)* ❶ *(regelmäßiges) Treffen mehrerer (älterer) Damen, bei dem Kaffee² getrunken und geplaudert wird* ❷ *Gruppe (von Frauen), die sich zum Kaffeekränzchen¹ trifft*

Kaf·fee·müh·le *die* <-, -n> *Mühle zum Mahlen von Kaffeebohnen*

Kaf·fee·plan·ta·ge *die* <-, -n> *landwirtschaftlicher Großbetrieb zum Anbau und Vertrieb von Kaffee¹*

Kaf·fee·rös·te·rei *die* <-, -en> *meist industrielle Großanlage für das Rösten von Kaffeebohnen*

Kaf·fee·satz *der* <-es> */kein Plur./ gemahlener Kaffee, der nach dem Aufbrühen als Bodensatz zurückbleibt*

Kaf·fee·ta·fel *die* <-, -n> *ein zum Kaffeetrinken bei einem festlichen Anlass gedeckter Tisch*

Kaf·fee·tan·te *die* <-, -n> *(umg. scherzh.) jmd., der gern und viel Kaffee trinkt*

Kaf·fee·tisch *der* <-(e)s, -e> *ein gedeckter Tisch, an dem u.a. Kaffee getrunken wird (Frühstückstisch, Nachmittagskaffee mit Kuchen ...)*

Kaf·fee·wär·mer *der* <-s, -> *eine (häufig aus Stoff bestehende) Haube, die über die Kaffeekanne gestülpt wird, um sie warm zu halten*

Kaf·fer *der* <-s, -> ❶ *Angehöriger des Bantustammes der Kaffer in der Republik Südafrika* ❷ *(umg.) (als Schimpfwort) ungebildeter Mann*

Kä·fig *der* <-s, -e> ❶ *eine Konstruktion, bei der Gitter aus Metallstreben einen mehr oder minder großen Raum abgrenzen, in dem man ein größeres Tier hält: Die Löwen gehen im Käfig auf und ab.* ❷ *ein kleiner Käfig¹ zur Haltung von Haustieren: Der Goldhamster/der Wellensittich sitzt im Käfig.;* ■ *ein goldener Käfig der Zustand, dass jmd. trotz großen Reichtums nicht frei und daher unglücklich ist*

Kä·fig·hal·tung *die* <-> */kein Plur./ das Halten von Tieren in Käfigen*

kaf·ka·esk *adj /nicht steig./ so absurd und in seinen Zusammenhängen undurchschaubar, dass es an bestimmte Situationen aus dem literarischen Werk Franz Kafkas erinnert: etwas hat kafkaeske Züge*

Kaf·tan *der* <-s, -e> *ein langes, vorne offenes Obergewand*

kahl *adj* ❶ *ohne Haare:* Wenn ihm weiterhin so viele Haare ausfallen, hat er bald einen kahlen Kopf. ❷ *ohne Laub:* Ich freue mich schon darauf, wenn die kahlen Bäume und Sträucher im Frühjahr wieder austreiben. ❸ *so leer und schmucklos, dass es trist wirkt:* Sie wollte Bilder an die kahlen Wände ihrer neuen Wohnung hängen. ◆ Getrennt- oder Zusammenschreibung → R 4.2 Die Raupen werden den Baum kahl fressen/kahlfres-

sen.; Er ließ sich den Kopf kahl scheren/kahlscheren.

Kahl·fraß *der* <-es> */kein Plur./ der Zustand, dass durch Tiere alles kahl gefressen ist (z. B. Schädlinge haben die Blätter eines Baumes gefressen)*

kahl·fres·sen <frisst kahl, fraß kahl, hat kahlgefressen> *mit OBJ* ■ *ein Tier frisst etwas kahl Blätter, Stengel und andere weiche Pflanzenteile fressen, so dass die Pflanzen ganz verschwinden oder auf ihre festeren (holzigen) Teile reduziert werden:* Die Heuschrecken haben die Getreidefelder kahlgefressen/kahl gefressen.; Die Schnecken haben die jungen Pflanzen kahlgefressen/kahl gefressen.

Kahl·heit *die* <-> */kein Plur./ das Kahlsein*

Kahl·kopf *der* <-(e)s, Kahlköpfe> ❶ *(≈ Glatze)* ❷ *(umg.) Mensch mit Glatze*

kahl·köp·fig *adj /nicht steig./ glatzköpfig*

kahl·sche·ren <scherst kahl, schor kahl, hat kahlgeschoren> *mit OBJ* ■ *jmd. schert jmdn./etwas kahl einem Menschen oder einem Tier alle Haare bzw. das ganze Fell abschneiden/scheren:* Kahlgeschoren sehen die Schafe merkwürdig aus.; Er hat seinen Kopf komplett kahlgeschoren.

Kahl·schlag *der* <-(e)s, Kahlschläge> ❶ *das Abholzen aller Bäume an einem bestimmten Ort* ❷ *ein Gebiet in einem Wald, in dem alle Bäume gefällt wurden* ❸ *(übertr.) das Vernichten von Werten:* Mit der Schließung all dieser Schauspielhäuser droht der Stadt ein kultureller Kahlschlag.

Kahn *der* <-(e)s, Kähne> ❶ *ein kleines Boot (zum Rudern)* ❷ *Schiff zum Lastentransport auf Flüssen*

Kahn·fahrt *die* <-, -en> *Fahrt mit einem Kahn¹*

Kahn·par·tie *die* <-, -n> *Ausflug auf einem Kahn¹*

Kai, Quai *der* <-s, -e/-s> *Uferbefestigung in einem Hafen, an der Schiffe anlegen können*

Kai·man *der* <-s, -e> *ein Alligator*

Kai·mau·er *die* <-, -n> *Mauer, an der die Schiffe in einem Hafen anlegen*

Kai·ser *der,* **Kai·se·rin** <-s, -> ❶ */kein Plur./ in bestimmten Monarchien der Titel für den höchsten (weltlichen) Herrscher: die römischen Kaiser der Antike; jemanden zum Kaiser krönen* ❷ *jmd., der den Titel eines Kaisers¹ trägt*

Kai·ser·ad·ler *der* <-s, -> *ein großer, schwarzbrauner Adler, der vor allem in Steppen und offenen Landschaften Spaniens, Marokkos, Osteuropas und Russlands lebt*

Kai·ser·fleisch *das* <-> */kein Plur./ SÜDDT., ÖSTERR. geräuchertes Bauchfleisch*

Kai·ser·kro·ne *die* <-, -n> ❶ *Krone eines Kaisers* ❷ BOT. *ein Liliengewächs*

Kai·ser·krö·nung *die* <-, -en> *Verleihung der Würde eines Kaisers in einer festlichen Zeremonie, in der dem Regenten die Kaiserkrone¹ aufgesetzt wird*

kai·ser·lich *adj /nicht steig./ zum Kaiser gehörend, von ihm stammend, ihm gemäß*

Kai·ser·man·tel *der* <-s, Kaisermäntel> ❶ *der zu feierlichen Anlässen getragene, weite Mantel eines Kaisers* ❷ *orangegelber Edelfalter mit schwarzen Flecken, der in Laubwäldern und an Waldrändern Europas und Nordwestafrikas vorkommt*

Kai·ser·reich *das* <-(e)s, -e> *das Reich, in dem ein Kaiser regiert*

Kai·ser·schmar·ren *der* <-s, -> SÜDDT., ÖSTERR. *eine süße Mehlspeise*

Kai·ser·schnitt *der* <-(e)s, -e> MED. *ein medizinischer Eingriff, bei dem ein Schnitt durch die Bauchdecke einer Frau gemacht wird, um das ungeborene Kind aus der Gebärmutter zu holen*

Kai·ser·tum *das* <-s, ...-tümer> /kein Plur./ *Staatsform mit einem Kaiser an der Spitze*

Kai·ser·wet·ter *das* <-s> /kein Plur./ *sehr schönes Wetter (nach dem meist strahlenden Sonnenschein am 18. August, dem Geburtstag eines deutschen Kaisers)*

Ka·jak *der/das* <-s, -s> ❶ *leichtes, schmales, bis auf den Sitz des Fahrers geschlossenes Boot der Eskimos* ❷ SPORT *leichtes, schmales, geschlossenes Sportpaddelboot*

Ka·jal *das* <-/-s> /kein Plur./ *eine Art schwarze Farbe, die Frauen als Kosmetikum zum Umranden der Augen verwenden* ◆ -stift

Ka·jü·te *die* <-, -n> *zum Schlafen und Wohnen dienender Raum auf einem Schiff*

Ka·ka·du *der* <-s, -s> *ein Papageienvogel*

Ka·kao *der* <-s, -s> ❶ *das zur Herstellung von Schokolade dienende Pulver, das aus den großen Samenkörnern des Kakaobaumes gewonnen wird* ❷ *ein Getränk aus Kakao¹, heißem Wasser und Zucker;* ■ **jemanden/etwas durch den Kakao ziehen** (umg.) *sich über jmdn. oder etwas lustig machen*

Ka·kao·baum *der* [ka'kau] <-s, Kakaobäume> *ein aus Amerika nach Spanien und Afrika verbreiteter Strauch bzw. Baum, von dem die Kakaobohnen in gurkenähnlichen Früchten geerntet werden*

Ka·kao·boh·ne *die* [ka'kau] <-, -n> *eine Frucht, die man, geröstet und gemahlen, zur Herstellung von Kakao¹ verwendet*

Ka·kao·but·ter *die* [ka'kau] <-> /kein Plur./ *das Pflanzenfett, das durch Auspressen der Samenkerne des Kakaobaumes bei erhöhter Temperatur gewonnen wird*

Ka·ker·la·k *der* <-s/-en, -en> (≈ *Küchenschabe*) *ein großes schwarzes Insekt, das vor allem in Mauerspalten lebt*

Ka·ker·la·ke *die* <-, -n> (≈ *Kakerlak*)

Ka·ki¹, Kha·ki *der* <-/-s> /kein Plur./ *der gelbbraune Stoff, aus dem vor allem leichte und strapazierfähige Tropenkleidung hergestellt wird*

Ka·ki², Kha·ki *das* <-/-s> /kein Plur./ *Erdbraun*

Ka·ko·fo·nie, a. **Ka·ko·pho·nie** *die* <-, -n> *Missklang, hässlicher Klang*

Kak·tee *die* <-, -n> (≈ *Kaktus*)

Kak·tus *der* <-/-ses, Kakteen/-se> *eine Pflanze, die wie eine Säule oder Kugel aussieht, viele Dornen hat, sehr wenig Wasser benötigt und daher auch in der Wüste gedeihen kann*

Ka·la·mi·tät *die* <-, -en> /meist Plur./ (veralt.) *arge Verlegenheit, unglückliche Lage, schwierige Situation:* in Kalamitäten geraten

Ka·lan·der *der* <-s, -> *eine Maschine mit verschiedenen Walzen, mit der Papier, Folie, Stoff o. Ä. geglättet wird*

Ka·lasch·ni·kow *die* <-, -s> *eine Maschinenpistole*

Ka·lau·er *der* <-s, -> *ein einfacher, nicht sehr geistreicher, oft auf einem Wortspiel basierender Witz*

ka·lau·ern <kalauerst, kalauerte, hat gekalauert> ohne OBJ ■ *jmd.* **kalauert** *jmd. macht einen Kalauer*

Kalb *das* <-(e)s, Kälber> ❶ (↔ *Kuh*) *ein junges Rind* ◆ -sleder ❷ (↔ *Kuh*) *das Jungtier eines größeren Säugetieres* ◆ Elefanten- ❸ *kurz für „Kalbfleisch"* ◆ -sbraten, -sfilet, -sfrikassee, -sleberwurst ❹ ■ **um das Goldene Kalb tanzen** (geh.) *die Macht des Geldes über alles schätzen* ◆ Großschreibung →R 3.18 das Goldene Kalb

kal·ben <kalbt, kalbte, hat gekalbt> ohne OBJ ■ **ein Tier kalbt** *ein Kalb bekommen*

Kal·be·rei, Käl·be·rei *die* <-, -en> (abwert.) *Albernheit, kindisches Benehmen:* Lass' die Kalberei, während wir hier im Theater sind.

kal·bern <kalberst, kalberte, hat gekalbert> ohne OBJ ■ *jmd.* **kalbert** *albern sein, dumme Späße machen*

Kalb·fleisch *das* <-(e)s> /kein Plur./ *Fleisch von Kälbern*

Kalbs·bries *das* <-es, -e> *die Brustdrüse (Thymusdrüse) des Kalbes als Speise (die leicht verdaulich ist und darum häufig als Krankenkost verwendet wird)*

Kalbs·brust *die* <-> /kein Plur./ *Brustfleisch vom Kalb (häufig gefüllt und gebraten als Speise)*

Kalbs·ha·xe *die* <-, -n> *Fuß eines Kalbes (als Speise zum Braten)*

Kalbs·me·dail·lon *das* <-, -s> *kleines, oval oder rund geschnittenes Stück Kalbfleisch*

Kalbs·schnit·zel *das* <-s, -> *eine größere (panierte) gebratene Scheibe Kalbfleisch*

Kal·dau·ne *die* <-, -n> /meist Plur./ NORDDT. ❶ *Kuttel (Gericht aus dem feingeschnittenen Fettdarm, meist vom Rind)* ❷ *essbare Teile des Magen-Darm-Traktes von Rind, Kalb und Lamm* ◆ -nsuppe

Ka·le·bas·se *die* <-, -n> *aus einem Flaschenkürbis hergestelltes Gefäß*

Ka·lei·do·s·kop *das* <-(e)s, -e> ❶ *ein Spielzeug, in dem sich bunte Glassteine befinden, die man durch Drehen bewegen kann, so dass durch sich verändernde Spiegelungen stets neue Muster erscheinen* ❷ (geh.) *ein bunter Wechsel verschiedener Bilder, Eindrücke o. Ä.:* Wir verließen den Zirkus mit einem Kaleidoskop von Eindrücken.

ka·len·da·risch adj /nicht steig./ *nach dem Kalender:* In diesem Jahr waren die Seen bereits lange vor dem kalendarischen Beginn des Winters am 21. Dezember zugefroren.

Ka·len·da·ri·um *das* <-s, Kalendarien> *Verzeichnis kirchlicher Fest- und Gedenktage*

Ka·len·der *der* <-s, -> *eine Darstellung der einzelnen Tage, Wochen und Monate eines Jahres auf einem Blatt, einem großen Papierbogen oder in einem Buch:* Ich werde mir den Termin sofort in meinen Kalender eintragen.; ■ **sich etwas/einen Tag im Kalender rot anstreichen** *sich etwas besonders merken* Dass du dieses Jahr an unseren Hochzeitstag gedacht hast, werde ich mir im Kalender rot anstreichen. ◆ Taschen-, Termin-, Wand-

Ka·len·der·blatt *das* <-(e)s, -blätter> *ein Blatt eines aufhängbaren Kalenders*

Ka·len·der·ge·schich·te *die* <-, -n> ❶ *ursprünglich: kleine volkstümliche Geschichte zur Unterhaltung auf der Rückseite eines Kalenderblattes* ❷ *Literaturgattung seit dem 19. Jh.: unterhaltende, oft lehrhafte Geschichte (Schwank, Legende, Anekdote, Satire); berühmt geworden sind: Hebels „Schatzkästlein eines rheinischen Hausfreundes" und Brechts „Kalendergeschichten"*

Ka·len·der·jahr *das* <-(e)s, -e> *der Zeitraum zwischen dem 1. Januar und dem 31. Dezember eines Jahres*

Ka·len·der·mo·nat *der* <-s, -e> *der Zeitraum eines Monats*

Ka·len·der·spruch *der* <-s, Kalendersprüche> *ein Spruch, Zitat oder Sprichwort auf einem Kalenderblatt*

Ka·len·der·wo·che *die* <-, -n> *der Zeitraum von Montag bis Sonntag*

Ka·le·sche *die* <-, -n> *eine leichte Kutsche mit Faltverdeck*

Kal·fak·ter, Kal·fak·te·rin *siehe* **Kalfaktor**

Kal·fak·tor *der,* **Kal·fak·to·rin** <-s, ...-toren> *(veralt. abwert.) jmd., der alle möglichen (nicht spezialisierten) Arbeiten tut*

kal·fa·tern <kalfaterst, kalfaterte, hat kalfatert> *mit OBJ* ■ *jmd.* **kalfatert etwas** *Fugen in der Außenwand und auf Deck eines Schiffes abdichten* ▶ Kalfaterung

Ka·li *das* <-s> /kein Plur./ ❶ CHEM. *kurz für „Kalium"* ❷ *(beispielsweise als Düngemittel verwendetes) natürliches Kalisalz* ◆-bergbau, -industrie

Ka·li·ber *das* <-s, -> ❶ *innerer Durchmesser von Rohren, vor allem des Laufes von Feuerwaffen* ❷ *äußerer Durchmesser eines Geschosses* ❸ *(umg. oft abwert.) Wesensart: Du solltest auch ihm nicht alles glauben, die beiden sind Brüder und vom selben Kaliber.*

ka·li·b·rie·ren <kalibrierst, kalibrierte, hat kalibriert> *mit OBJ* ■ *jmd.* **kalibriert etwas** ❶ *das Kaliber¹ messen* ❷ TECHN. *Werkstücke auf ein Präzisionsmaß bringen* ❸ TECHN. *Messinstrumente eichen*

Ka·li·dün·ger *der* <-s, -> *Düngemittel, das Kalisalze enthält*

Ka·lif *der* <-en, -en> GESCH. ❶ /kein Plur./ *Titel mohammedanischer Herrscher als Nachfolger Mohammeds* ❷ *Träger des Titels eines Kalifen¹*

Ka·li·fat *das* <-(e)s, -e> ❶ *Amt, Würde des Kalifen¹* ❷ *Herrschaftsbereich des Kalifen²*

Ka·li·for·ni·en <-s> *Bundesstaat im Westen der USA mit der Hauptstadt Sacramento* ▶ Kalifornier, Kalifornierin, kalifornisch

Ka·li·ko *der* <-s, -> *feines, aus Leinen und Baumwolle hergestelltes Gewebe für Bucheinbände*

Ka·li·lau·ge *die* <-, -n> *Lösung von Kalisalzen in Wasser; farblose, stark ätzende Flüssigkeit*

Ka·li·salz *das* <-es, -e> *Düngemittel, das als Rohstoff vorkommt und u.a. Kalium enthält*

Ka·li·um *das* <-s> /kein Plur./ CHEM. *ein Alkalimetall (ein chemischer Grundstoff)* ▶ kaliumhaltig

Ka·li·um·chlo·rid *das* <-s> /kein Plur./ *eine chemische Verbindung, die vor allem zur Herstellung von Düngern verwendet wird*

Ka·li·um·kar·bo·nat *das* <-s, -e> *Salz aus Kalium und Kohlensäure*

Ka·li·um·per·man·ga·nat *das* <-s> /kein Plur./ *eine chemische Verbindung, die beispielsweise als Desinfektions- und Bleichmittel verwendet wird*

Ka·li·werk *das* <-(e)s, -e> *Fabrik, in der Düngemittel aus Kalisalzen hergestellt werden*

Kalk *der* <-(e)s, -e> /meist Sing./ *aus Kalkstein gewonnenes weißes Pulver (das z. B. beim Bauen verwendet wird)* ◆-boden, -felsen, -stein

Kalk·ab·la·ge·rung *die* <-, -en> ❶ *der Vorgang, dass sich Kalk im Boden ablagert, so dass Kalkschichten entstehen* ❷ *Anlagerung von Kalk in Leitungen, durch die kalkhaltiges Wasser fließt: Die Kalkablagerungen in der Wasserleitung verhindern einen raschen Durchfluss.*

kal·ken <kalkst, kalkte, hat gekalkt> *mit OBJ* ■ *jmd.* **kalkt etwas** ❶ *Wände mit einer Mischung aus Kalk und Wasser streichen* ❷ *den Boden mit Kalk düngen*

Kalk·gru·be *die* <-, -n> *Grube zum Löschen und Aufbewahren von Kalk*

kalk·hal·tig *adj* *so, dass ein relativ großer Anteil von Kalk darin enthalten ist: Das Wasser/der Boden ist hier sehr kalkhaltig.*

kal·kig *adj* ❶ *in Farbe und Beschaffenheit wie Kalk: Der Stein sieht ganz kalkig aus.* ❷ *(≈ kalkweiß) Die Farbe seines Gesichts ist ganz kalkig.* ❸ *kalkhaltig: Das Wasser ist hier ganz kalkig.*

Kalk·man·gel *der* <-s> /kein Plur./ ❶ *der Zustand, dass es dem Körper an Kalk (Kalzium) fehlt* ❷ *der Zustand, dass es dem Boden an Kalk (Kalzium) fehlt*

Kalk·ofen *der* <-s, ...-öfen> *Ofen zum Brennen von Kalk*

Kalk·sand·stein *der* <-s> /kein Plur./ *eine Gesteinsart, die aus Kalk und Quarzsand hergestellt wird*

Kalk·spat *der* <-(e)s, -e> *farbloses oder weißes Mineral zur Herstellung von Prismen (Glas zur Zerlegung von Lichtstrahlen)*

Kal·kül *das/der* <-s, -e> (geh.) ❶ *(im Voraus angestellte) Überlegung, Berechnung: Man hat technisches oder menschliches Versagen ins Kalkül gezogen und entsprechende Vorkehrungen getroffen.* ❷ MATH. *formales Rechenverfahren: Der Infinitesimalkalkül wurde von Newton und von Leibniz erfunden.*

Kal·ku·la·ti·on *die* <-, -en> ❶ WIRTSCH. *Vorausberechnung von Kosten bzw. Preisen: Wir arbeiten noch an der Kalkulation der Kosten für den Neubau der Fabrikhalle.* ❷ *(≈ Schätzung) Nach meiner Kalkulation müssten wir unser Ziel in einer Stunde erreichen.*

kal·ku·lier·bar *adj* /nicht steig./ *in seinen Ausmaßen berechenbar: Der Extremsportler sprach von einem kalkulierbaren Risiko.; Nicht alle Folgeerscheinungen moderner Technologien sind kalkulierbar.*

kal·ku·lie·ren <kalkulierst, kalkulierte, hat kalkuliert> **I.** *mit OBJ* ▪ *jmd.* **kalkuliert etwas** WIRTSCH. *Kosten bzw. Preise im Voraus berechnen:* Er hat die Kosten für den Neubau der Fabrikhalle kalkuliert. **II.** *ohne OBJ* ▪ *jmd.* **kalkuliert** *(ab)schätzen:* Ich kalkuliere, dass …; Sie kalkulierte blitzschnell/falsch/richtig.

Kal·kut·ta <-s> *größte Stadt Indiens*

kalk·weiß *adj /nicht steig./ weiß wie Kalk*

Kal·li·gra·phie, *a.* **Kal·li·gra·fie** *die* <-> */kein Plur./ die Kunst des Schönschreibens*

kal·mie·ren <kalmierst, kalmierte, hat kalmiert> *mit OBJ* ▪ *jmd.* **kalmiert jmdn.** *(geh.) beruhigen*

Ka·lo·rie *die* <-, -n> */meist Plur./* ❶ *früher verwendete Maßeinheit für den Energiewert von Lebensmitteln* ❷ *nicht mehr zulässige physikalische Energieeinheit besonders für Wärmeenergie (Abkürzung: cal)*

ka·lo·ri·en·arm *adj /nicht steig./ so, dass Nahrung nur wenige Kalorien hat*

ka·lo·ri·en·be·wusst *adj so, dass jmd. verantwortungsvoll mit dem Kaloriengehalt von Nahrungsmitteln umgeht*

Ka·lo·ri·en·bom·be *die* <-, -n> *(umg.) ein sehr kalorienhaltiges Gericht*

Ka·lo·ri·en·ge·halt *der* <-(e)s> */kein Plur./ die Menge Kalorien, die auf eine bestimmte Menge Nahrung bezogen wird:* Der Kaloriengehalt dieses Müsliriegels beträgt 231 Kalorien.

Ka·lo·ri·en·men·ge *die* <-, -n> *die Menge an Kalorien, die ein Nahrungsmittel enthält und die mit einer Zahl angegeben wird*

ka·lo·ri·en·reich *adj so, dass Nahrung relativ viele Kalorien hat*

Ka·lo·ri·en·ver·brauch *der* <-s> */kein Plur./ die Menge an Kalorien, die jmd. körperlich verbraucht (z. B. für eine bestimmte Arbeit):* Der Kalorienverbrauch beim Joggen war sehr hoch.

kalt <kälter, am kältesten> *adj* ❶ *(↔ warm) von relativ niedriger Temperatur:* Das Wasser ist mir zu kalt zum Baden.; Am Wochenende wird es wieder kälter.; Die Winter sind nicht mehr so kalt wie früher.; Für ein kontinentales Klima sind heiße Sommer und kalte Winter typisch. ❷ *innerlich unberührt, unbeeindruckt:* Ihr Blick war kalt und berechnend. ❸ *(↔ warmherzig) ohne Mitgefühl:* Kalt lächelnd drehte er sich um und ging. ❹ *auf unangenehme Weise intensiv:* Bei diesem Gedanken erfasste mich kaltes Entsetzen.; ▪ **der Kalte Krieg** *Bezeichnung der durch den Rüstungswettlauf zwischen den USA und der UdSSR gekennzeichneten Epoche nach dem Zweiten Weltkrieg* ◆Großschreibung →R 3.17 der Kalte Krieg; ◆Getrenntschreibung →R 4.5, 4.6 (Wetter) kalt bleiben; kalt lächelnd; kaltschweißen; kaltwalzen ◆Zusammenschreibung →R 4.6 ein Opfer kaltmachen; einen Konkurrenten kaltstellen; ◆Zusammen- oder Getrenntschreibung →R 4.15, 4.16 kaltgeschlagenes/kalt geschlagenes Öl; kaltgepresst/kalt gepresst; kaltschweißen; kaltwalzen; (Getränke) kalt stellen/kaltstellen

Kalt·blü·ter *der* <-s, -> ZOOL. *(↔ Warmblüter) wechselwarmes Tier, dessen Körpertemperatur sich der jeweiligen Umgebung anpasst*

kalt·blei·ben, *a.* **kalt blei·ben** <bleibst kalt, blieb kalt, ist kaltgeblieben> *ohne OBJ* ▪ *jmd.* **bleibt kalt** *unberührt bleiben:* Während die Spieler den Sieg feierten, war der Trainer völlig kaltgeblieben.

kalt·blü·tig *adj* ❶ *so, dass man angesichts einer Gefahr oder unter Belastung die Ruhe bewahrt und vernünftig handelt:* Er blickte der Gefahr kaltblütig ins Auge. ❷ *(abwert.) ohne Skrupel:* Der Täter hatte sein Opfer kaltblütig ermordet. ▶Kaltblütigkeit

Käl·te *die* <-> */kein Plur./* ❶ *(↔ Wärme) der Zustand, dass die Temperatur von etwas relativ niedrig ist:* Bei dieser Kälte muss man die Wohnung gut heizen.; eine beißende/durchdringende/scharfe Kälte; die Kälte des arktischen Winters ❷ *(↔ Wärme, Warmherzigkeit) das Fehlen innerer Anteilnahme:* Sie strahlte Arroganz und Kälte aus.

käl·te·be·stän·dig *adj so, dass ein Material durch Kälte keinen Schaden nimmt*

käl·te·emp·find·lich *adj empfindlich gegen Kälte:* Diese tropischen Pflanzen sind sehr kälteempfindlich.

Käl·te·ge·fühl *das* <-s> */kein Plur./ das Empfinden von Kälte; das Frieren*

Käl·te·grad *der* <-s, -e> *Maßzahl für die Temperaturgrade unter 0° Celsius (Gefrierpunkt):* Heute Nacht hatten wir einige Kältegrade.; Auf welchen Kältegrad hast du die Gefriertruhe eingestellt?

Käl·te·ma·schi·ne *die* <-, -n> *eine der Maschinen, die einem bestimmten Körper Wärmeenergie entziehen und ihn dadurch kälter werden lassen:* Kühlschränke und Gefriertruhen sind Beispiele für Kältemaschinen.

Käl·te·pe·ri·o·de *die* <-, -n> *(↔ Hitzewelle) ein bestimmter Zeitraum, in dem ohne Unterbrechung tiefe Temperaturen gemessen werden*

Käl·te·schau·er *der* <-, -> *ein intensives Kältegefühl, das den Körper erzittern lässt:* Kälteschauer und Hitzewallungen plagten die Kranken abwechselnd.

Käl·te·star·re *die* <-> */kein Plur./ durch Absinken der Temperatur verursachte Körperstarre bei Tieren, vor allem während des Winterschlafs, aber auch während die Kälteschübe*

Käl·te·sturz *der* <-es, Kältestürze> *plötzliches, starkes Absinken der Außentemperatur*

Käl·te·tod *der* <-(e)s, -e> MED. *Tod durch Erfrieren*

Käl·te·wel·le *die* <-, -n> *(↔ Hitzewelle) lang anhaltende Periode sehr kalten Wetters*

Kalt·front *die* <-, -en> METEOR. *(↔ Warmfront) Trennfläche zweier verschieden dichter und verschieden warmer Luftmassen*

kalt·ge·presst, *a.* **kalt ge·presst** *adj /nicht steig./ so, dass die Pressung ohne vorherige Erwärmung oder Erhitzung der Früchte geschehen ist:* kaltgepresstes Olivenöl

kalt·ge·schla·gen, *a.* **kalt ge·schla·gen** *adj /nicht steig./ ohne Wärmeeinwirkung durch Schlagen gewonnen:* kaltgeschlagenes Öl

Kalt·haus *das* <-es, Kalthäuser> *ein Gewächshaus zum Überwintern von südländischen Pflan-*

K

zen, in dem eine Temperatur von 5-10° Celsius gehalten wird

kalt·her·zig adj (↔ warmherzig) gefühllos ▸ Kaltherzigkeit

kalt·lä·chelnd, a. **kalt lä·chelnd** adj /nicht steig./ so, dass jmd. kaltherzig lächelt und dabei Kälte oder Grausamkeit ausstrahlt

kalt·las·sen <lässt kalt, ließ kalt, hat kaltgelassen> mit OBJ ■ etwas lässt jmdn. kalt innerlich nicht berühren ◆ Zusammenschreibung →R 4.6 Der Streit hatte sie völlig kaltgelassen.

Kalt·leim der <-s, -e> (↔ Warmleim) Leim, der flüssig ist, ohne vorher erhitzt worden zu sein

Kalt·luft die <-> /kein Plur./ METEOR. (↔ Warmluft) kalte Luftmassen: Die eingedrungene Kaltluft sorgt für teilweise strengen Frost.

kalt·ma·chen <machst kalt, machte kalt, hat kaltgemacht> mit OBJ ■ jmd. macht jmdn. kalt (vulg.) töten, ermorden; siehe aber auch **kalt**

Kalt·mam·sell die <-, -en/-s> (veralt.) Angestellte in Gaststätten, die für die Zubereitung der kalten Speisen zuständig ist

Kalt·na·del·ra·die·rung die <-, -en> Druckverfahren auf Kupferplatten, in die die Zeichnung nicht eingeätzt, sondern mit einer Nadel (kalt) eingeritzt wird

Kalt·scha·le die <-, -n> eine kalt servierte (süße) Suppe

kalt·schnäu·zig adj (umg.) gefühl- oder respektlos, gleichgültig, rücksichtslos ▸ Kaltschnäuzigkeit

kalt·schwei·ßen mit OBJ /nur im Infinitiv und Partizip II gebräuchlich/ ■ etwas ist/wird kaltgeschweißt TECHN. (≈ pressschweißen) nach der Erhitzung von zwei Werkstücken diese unter hohem Druck zusammenpressen

Kalt·start der <-(e)s, -s> ❶ EDV (↔ Warmstart) das Hochfahren des Betriebssystems eines Computers, nachdem zuvor der Computer ausgeschaltet war ❷ KFZ Start mit dem Auto ohne vorheriges Warmlaufenlassen des Motors

kalt·stel·len <stellst kalt, stellte kalt, hat kaltgestellt> mit OBJ ■ jmd. stellt jmdn. kalt (umg.) dafür sorgen, dass jmd. seinen Einfluss verliert: Er hat seine politischen Gegner kaltgestellt.; siehe aber auch **kalt**

kalt·wal·zen mit OBJ /nur im Infinitiv und im Partizip II gebräuchlich/ TECHN. metallische Werkstoffe bei Raumtemperatur formen

Kalt·wel·le die <-, -n> eine Dauerwelle, wobei die Wellung der Haare durch Chemikalien zustande kommt

Kal·va·ri·en·berg der <-(e)s, -e> eine hügelartige Erhöhung mit plastischer Nachbildung der Kreuzigungsszene, zu der Kreuzwegstationen hinaufführen

Kal·vi·nis·mus, a. **Cal·vi·nis·mus** der <-> /kein Plur./ evangelisch-reformierte Glaubensrichtung der christlichen Kirche, benannt nach dem Genfer Reformator Calvin

Kal·zi·um, a. **Cal·zi·um** das <-s> /kein Plur./ CHEM. ein nur in Verbindungen vorkommendes Leichtmetall (ein chemisches Grundstoff)

Ka·ma·ril·la die <-, Kamarillen> einflussreiche,

intrigierende Gruppe, die unkontrolliert auf die regierende Macht wirkt

Ka·ma·su·t·ra das <-(s)> altindische Liebeslehre

Kam·bi·um das <-s, Kambien> Gewebe in Stängeln und Wurzeln, das für das Dickenwachstum einiger Baumarten verantwortlich ist

Kam·bo·d·scha <-s> Staat in Südostasien mit der Hauptstadt Phnom Penh ▸ Kabodschaner, Kambodschanerin, kambodschanisch

Kam·b·ri·um das <-s> /kein Plur./ älteste Gesteinsformation des Erdaltertums

Ka·mee die [ka'me:ə] <-, -n> ein (Edel-)Stein, aus dem eine Figur o. Ä. ausgeschnitzt ist

Ka·mel das <-(e)s, -e> ein großes, in Wüsten oder Steppen lebendes Tier mit einem oder zwei Höckern

Ka·mel·haar das <-(e)s> /kein Plur./ Gewebe aus den Haaren des Kamels, das beispielsweise zu Decken oder Mänteln verarbeitet wird ◆ -decke , -mantel

Ka·me·lie die <-, -n> ein Strauch mit rosenähnlichen Blüten

Ka·mel·trei·ber der <-s, -> jmd., der Kamele hält und mit ihnen Transportreisen unternimmt

Ka·me·ra die <-, -s> ❶ ein Gerät zum Filmen: vor laufender Kamera ◆ -einstellung, -perspektive, -winkel, Digital-, Film-, Kleinbild-, Video- ❷ (≈ Fotoapparat) ■ vor der Kamera stehen (als Schauspieler) bei Film- oder Fernsehaufnahmen mitwirken

Ka·me·ra·as·sis·tent der, **Ka·me·ra·as·sis·ten·tin** <-en, -en> FILM jmd., der in einem professionellen Kamerateam die Kameraführung übernimmt

Ka·me·rad der <-en, -en> (≈ Gefährte) eine Person, die einen bestimmten Lebensabschnitt gemeinsam mit jmdm. erlebt: In der Schule war er mein bester Kamerad. ◆ Schul-

Ka·me·ra·de·rie die <-> /kein Plur./ (abwert.) übertriebene Kameradschaft, Cliquenwirtschaft

Ka·me·rad·schaft die <-> /kein Plur./ ❶ freundschaftliches Verhältnis zwischen Kameraden ❷ Gruppe von Kameraden

ka·me·rad·schaft·lich adj in der Art guter Freunde ▸ Kameradschaftlichkeit

Ka·me·rad·schafts·geist der <-(e)s> /kein Plur./ die Einstellung, dass man Wert auf gute Kameradschaft legt

Ka·me·ra·frau die <-, -en> siehe **Kameramann**

Ka·me·ra·füh·rung die <-> /kein Plur./ FILM die Art, wie beim Film die verschiedenen Kameraperspektiven aufeinanderfolgen (und damit einen bestimmten Eindruck vom dargestellten Geschehen vermitteln)

Ka·me·ra·mann der, **Ka·me·ra·frau** <-(e)s, Kameramänner/Kameraleute> jmd., der beruflich bei der Produktion von Film- und Fernsehaufnahmen die Aufgabe des Aufnahmetechnikers hat

ka·me·ra·scheu adj so, dass sich jmd. nicht gern fotografieren lässt: Von dem berühmten zeitgenössischen Maler existieren nur wenige Fotos, da er sehr kamerascheu war.

Ka·me·ra·team das <-s, -s> die Gruppe von Leuten, die die Kameraarbeit beim Filmen übernimmt

Ka·me·run <-s> *Staat im Westen Zentralafrikas* ▶ Kameruner, Kamerunerin, kamerunisch

Ka·mi·ka·ze *der* <-> /kein Plur./ GESCH. *(im Zweiten Weltkrieg) Pilot eines japanischen Jagdflugzeugs, der sich unter Selbstaufopferung mit seinem Bombenflugzeug auf feindliche Ziele stürzte*

Ka·mil·le *die* <-, -n> *eine Heilpflanze mit weißen Blüten*

Ka·mil·len·tee *der* <-s> /kein Plur./ *Tee aus den Blüten der Kamille*

Ka·min *der/das* <-s, -e> ❶ LANDSCH. *(≈ Schornstein)* ❷ *offene Feuerstelle mit Rauchabzug in einem Wohnraum:* Im Winter saßen sie abends gern vor dem Kamin.

Ka·min·fe·ger *der*, **Ka·min·fe·ge·rin** <-s, -> LANDSCH. *(≈ Kaminkehrer)*

Ka·min·keh·rer *der*, **Ka·min·keh·re·rin** <-s, -> *jmd., der beruflich Kamine und Abgaswege von Häusern reinigt und überprüft*

Kamm *der* <-(e)s, Kämme> ❶ *ein länglicher, mit einzelnen Zinken versehener Gegenstand, den man mit der Hand durchs Haar führt, um sich zu frisieren* ❷ *der rote Hautstreifen auf dem Kopf eines Hahnes* ❸ *der höchste Teil eines Gebirges, der von weit oben betrachtet als eine Art Linie erscheint;* ■**alle(s) über einen Kamm scheren** *(abwert.) alle(s) gleich behandeln, ohne dabei auf wichtige Unterschiede zu achten*

Kämm·chen *das* <-s, -> *kleiner Kamm*

käm·men <kämmst, kämmte, hat gekämmt> **I.** *mit OBJ* ■ **jmd. kämmt (jmdm.) etwas** *mit einem Kamm¹ die Haare frisieren:* Er kämmt ihr das lange Haar. **II.** *mit SICH* ■ **jmd. kämmt sich (etwas)** *sich die Haare frisieren:* Jeden Morgen kämmte er sich den Bart.; Seit wann kämmst du dich nicht mehr?

Kam·mer *die* <-, -n> ❶ *ein kleines Zimmer (zum Schlafen)* ❷ *ein kleines Zimmer zum Aufbewahren von Dingen, beispielsweise von Vorräten* ◆ Besen-, Vorrats- ❸ POL. *gesetzgebende Körperschaft der Volksvertretung* ❹ *eine Organisation, die für die Interessen einer bestimmten Berufsgruppe (beispielsweise der Ärzte oder Anwälte) arbeitet:* Die Ärztekammer in der BRD ist eine Selbstverwaltung der Ärzte.

Kam·mer·chor *der* <-(e)s, Kammerchöre> *ein kleiner Chor, der Kammermusik singt*

Kam·mer·die·ner *der* <-s, -> GESCH. *persönlicher Diener (eines Fürsten)*

Käm·me·rei *die* <-, -en> ❶ *Finanzverwaltung einer Stadtgemeinde* ❷ *Abteilung einer Spinnerei, in der das Garn gekämmt wird*

Kam·mer·frau *die* <-, -en> *(≈ Zofe) Dienerin einer Fürstin*

Kam·mer·ge·richt *das* <-s, -e> ❶ GESCH. *oberster Gerichtshof des Königs* ❷ *Bezeichnung für das Oberlandesgericht in Berlin*

Kam·mer·herr *der* <-n, -en> GESCH. *Hofbeamter an den großen europäischen Höfen, der dem Schatzmeister unterstellt war*

Kam·mer·jä·ger *der*, **Kam·mer·jä·ge·rin** <-s, -> *jmd., der beruflich Ungeziefer in Gebäuden vernichtet*

Käm·mer·lein *kleine Kammer;* ■**im stillen Kämmerlein** *(umg. scherzh.) in Ruhe, für sich allein*

Kam·mer·mu·sik *die* <-> /kein Plur./ *klassische Musik für eine kleine Gruppe von Instrumentalisten oder Sängern*

Kam·mer·spiel *das* <-(e)s, -e> ❶ THEAT. *Theaterstück mit wenigen Schauspielern, das in kleinem Rahmen aufgeführt wird* ❷ /meist Plur./ THEAT. *kleines, intimes Theater*

Kam·mer·zo·fe *die* <-, -n> *siehe* **Kammerdiener**

Kamm·garn *das* <-s, -e> *feines Garn aus Wolle oder Chemiefasern, das sehr glatt ist*

Kamm·ma·cher, *a.* **Kamm-Ma·cher** *der* <-s, -> *jmd., der Kämme herstellt*

Kamm·mu·schel, *a.* **Kamm-Mu·schel** *die* <-, -n> *in allen Meeren vorkommende Muschelart, deren Schale fächerförmig gerippt ist*

Kam·pa·gne, *a.* **Cam·pa·gne** *die* [kam'panjə] <-, -n> *eine größere (Medien-)Aktion, mit der jmd. in der Öffentlichkeit eine Stimmung für oder gegen etwas erzeugen will:* Zur Werbung für das neue Produkt wird eine große Kampagne gestartet.; Der Politiker sieht sich als Opfer einer Kampagne der Presse. ◆ Hetz-, Werbe-

Kam·pa·ni·le, *a.* **Cam·pa·ni·le** *der* <-, -> *(frei stehender) Glockenturm (vor allem in der italienischen Kirchenbaukunst seit dem 9. Jh.)*

Käm·pe *der* <-n, -n> *(veralt.) Kämpfer; Verteidiger einer gerechten Sache*

Kampf *der* <-(e)s, Kämpfe> ❶ *eine (große) militärische Auseinandersetzung, bei der Waffen eingesetzt werden:* Auch in der vergangenen Nacht lieferten sich die feindlichen Truppen erbitterte Kämpfe.; Bei den Kämpfen stießen Panzertruppen bis in die Randgebiete von ... vor/wurde eine Stellung nördlich von ... erobert/gab es auf beiden Seiten beträchtliche Verluste. ◆ -anzug, -flugzeug, -gas, -gebiet, -handlung, -kraft, -panzer, -pause, -truppen, Boden-, Häuser-, Luft-, Nah- ❷ *eine Auseinandersetzung, bei der man mit körperlicher Kraft und Waffen versucht, den Gegner zu besiegen:* Im Kampf hatte Ritter Kunibert keinen Gegner zu fürchten.; ein Kampf Mann gegen Mann; ein Kampf auf Leben und Tod ◆ -sportart, Zwei- ❸ *das intensive Bemühen für oder gegen etwas:* Sie setzt sich im Kampf gegen die Umweltverschmutzung/die Drogensucht ein.; im Kampf gegen Gleichgültigkeit und gesellschaftliche Kälte nicht nachlassen ❹ SPORT *Wettkampf, Spiel:* Die beiden Hochspringer lieferten sich einen spannenden Kampf um den Titel.; Der Kampf endete unentschieden/mit einem Punktsieg von ...; der Kampf um den Etappensieg/um das Gelbe Trikot

Kampf·an·sa·ge *die* <-, -n> *(übertr.) eine Handlung, mit der man unmissverständlich zeigt, dass man zum Kampf² bereit ist*

kampf·be·reit *adj* /nicht steig./ *zum Kämpfen bereit* ▶ Kampfbereitschaft

Kampf·ein·heit *die* <-, -en> MILIT. *eine Gruppe, die für bestimmte Aufgaben in militärischen Auseinandersetzungen ausgebildet ist*

kämp·fen <kämpfst, kämpfte, hat gekämpft> *ohne OBJ* ❶ ■ **jmd. kämpft (gegen jmdn./für jmdn.)(um etwas** *Akk.) eine militärische Ausei-*

K

nandersetzung, einen *Kampf* [1] *austragen:* Die Truppen kämpfen seit Wochen.; Auf dem Marsch durch die Berge mussten die Soldaten auch noch gegen die Partisanen kämpfen.; Um die Hafenstadt wird seit Tagen erbittert gekämpft. ❷ ■ *jmd. kämpft (mit jmdm./gegen jmdn.)* *in einer Auseinandersetzung mit körperlicher Kraft und Waffen versuchen, den Gegner zu besiegen:* Die Kontrahenten kämpften erbittert/bis zur völligen Erschöpfung.; Die Gegner kämpfen mit allen Mittel, denn vom Ausgang dieses Kampfes hängt ihre Zukunft ab. ❸ ■ *jmd. kämpft für/gegen etwas Akk.* *intensiv für oder gegen etwas eintreten:* Sie kämpft gegen die Umweltverschmutzung/die Drogensucht.; Auf dem Umweltgipfel kämpften die Vertreter der verschiedenen Staaten um die Formulierungen für einen neuen Vertrag.; Nelson Mandela kämpfte lange für die Gleichberechtigung der schwarzen Bevölkerung in Südafrika.; Er kämpfte lange mit sich, ob er das Mandat übernehmen sollte oder nicht. ❹ ■ *jmd. kämpft (um etwas Akk.)* SPORT *sich unter vollem körperlichen Einsatz mit einem Gegener messen:* Die beiden Läufer kämpften erbittert um den Sieg. ❺ ■ *jmd. kämpft* SPORT *(Jargon) an die Grenze seiner Leistungsfähigkeit oder der Erschöpfung geraten und dies z. B. durch einen weniger flüssigen Bewegungsablauf zu erkennen geben:* Das hat man so noch nicht gesehen: Armstrong muss kämpfen, den Blick starr vor sich ins Leere gerichtet. Ja, es ist eindeutig, dass er kämpft.

Kạmp·fer *der* <-s> */kein Plur./* CHEM. *eine harzartige Masse, die zu pharmazeutischen und medizinischen Zwecken verwendet wird* ◆ -baum

Kämp·fer *der*; **Kämp·fe·rin** <-s, -> ❶ SPORT *jmd., der im Rahmen einer Kampfsportart einen* *Kampf* [4] *ausübt:* Dem Ringrichter entgeht keine Bewegung der Kämpfer. ❷ MILIT. *als Zweitglied verwendet, um auszudrücken, dass jmd. als Soldat an dem im Erstglied genannten Krieg teilgenommen hat:* Afghanistankämpfer; Vietnamkämpfer ❸ ■ **ein (alter) Kämpfer** *(umg. scherzh.) jmd., der viel Erfahrung in Bezug auf eine Sache hat* Diesen alten Kämpfern macht so schnell keiner Angst, die haben in zwanzig Berufsjahren viele Herausforderungen erlebt. ❹ *jmd., der sich mit großem Engagement und auch unter Gefahr für die eigene Person für etwas einsetzt:* Freiheitskämpfer; Widerstandskämpfer

kämp·fe·risch *adj* ❶ *so, dass es (die Bereitschaft zum) Kampf* [1] *ausdrückt:* Das war eine kämpferische Rede von …, die eines zeigt: … wird Taten folgen lassen!; … bleibt bei seiner kämpferischen Haltung.; In einem kämpferischen Artikel hat sich der Chefredakteur von XYZ für mehr Demokratie auf dem Gebiet des … ausgesprochen. ❷ *so, dass man voller Einsatzfreude ein Ziel zu erreichen versucht:* Der Titelverteidiger gibt sich kämpferisch – ob der Herausforderer so stark sei, das wolle man abwarten.

Kämp·fer·na·tur *die* <-, -en> *jmd., dessen Charakter es ist, sich für etwas voll einzusetzen und nicht aufzugeben:* Sie ist eine Kämpfernatur, die niemals aufgibt.

kampf·er·probt *adj /nicht steig./ so, dass jmd. oder etwas sich im* *Kampf* [1] *bewährt hat*

kampf·fä·hig *adj /nicht steig./ für einen Kampf tauglich* ▶ Kampffähigkeit

Kampf·flie·ger *der*; **Kampf·flie·ge·rin** <-s, -> *Pilot eines Kampfflugzeugs*

Kampf·geist *der* <-(e)s> */kein Plur./ sehr große Entschlossenheit und Einsatzbereitschaft:* Trotz der Niederlage im ersten Spiel des Turniers war der Kampfgeist der Mannschaft ungebrochen.

Kampf·ge·richt *das* <-(e)s, -e> SPORT *(≈ Jury) Expertengruppe, die Sportwettkämpfe überwacht und sportliche Leistungen bewertet*

Kampf·ge·sche·hen *das* <-> */kein Plur./ die Gesamtheit der Ereignisse, die bei einer bestimmten militärischen Auseinandersetzung vorkommen*

Kampf·hahn *der* <-(e)s, Kampfhähne> ❶ *für den Kampf mit anderen Hähnen abgerichteter Hahn* ❷ *(umg.) jmd., der leicht Streit beginnt:* Wer bringt diese Kampfhähne wieder auseinander?!

Kampf·hund *der* <-(e)s, -e> *ein Hund bestimmter Rassen, der für Kämpfe mit anderen Hunden gezüchtet und abgerichtet wurde und sehr gefährlich ist:* Erst letzen Monat hatte im Berliner Stadtteil … ein Kampfhund ein Kind angefallen und lebensgefährlich verletzt.

Kampf·kraft *die* <-> */kein Plur./ alle Möglichkeiten, die zum erfolgreichen Kämpfen befähigen:* Die Kampfkraft der Truppe war ungebrochen.

Kampf·lied *das* <-(e)s, -er> *Lied, das den Mut zum Kampf stärken soll*

Kampf·lust *die* <-> */kein Plur./ freudige Bereitschaft, einen Kampf zu beginnen* ▶ kampflustig

Kampf·mon·tur *die* <-, -en> MILIT. *(umg.) Kampfanzug*

Kampf·pa·ro·le *die* <-, -n> *ein Leitsatz oder Wahlspruch, unter den ein Kampf gestellt wird*

Kampf·preis *der* <-es, -e> WIRTSCH. *(≈ Dumpingpreis) ein bewusst zu niedriger Preis, zu dem ein Anbieter ein Produkt anbietet, um sich gegenüber den anderen Anbietern durchzusetzen:* Mit Kampfpreisen versucht der Konzern seine Konkurrenten vom Markt zu drängen.

Kampf·rich·ter *der*; **Kampf·rich·te·rin** <-s, -> SPORT *jmd., der einen sportlichen Wettkampf leitet, überwacht und die Leistungen der Sportler bewertet*

Kampf·schrift *die* <-, -en> *(≈ Streitschrift ↔ Pamphlet) eine Schrift, mit der etwas oder jmdm. der Kampf angesagt wird*

Kampf·sport *der* <-(e)s> */kein Plur./ eine Form des körperlichen Zweikampfs als Sport:* Boxen und Karate sind zwei beliebte Arten des Kampfsportes.; ein fernöstlicher Kampfsport ◆ -art

Kampf·stät·te *die* <-, -n> *der Ort (Stadion, Turnierplatz …), an dem ein sportlicher Wettkampf ausgetragen wird*

Kampf·stier *der* <-(e)s, -e> *ein Stier, mit dem ein öffentlicher (meist ritualisierter) Kampf ausgetragen wird (wie in dem spanischen Stierkampf)*

Kampf·stoff *der* <-(e)s, -e> */meist Plur./ MILIT. eine chemische, biologische oder radioaktive Substanz, die als Vernichtungswaffe eingesetzt wird*

kampf·un·fä·hig *adj /nicht steig./ so, dass man nicht mehr kämpfen kann* ▸ Kampfunfähigkeit

Kampf·ver·band *der* <-(e)s, Kampfverbände> *organisatorische oder zeitlich begrenzte Zusammenfassung von Truppeneinheiten für bestimmte militärische Kämpfe*

kam·pie·ren <kampierst, kampierte, hat kampiert> *ohne OBJ* ■ *jmd.* **kampiert (irgendwo)** *an einem Ort eine gewisse Zeit, auch über Nacht, im Freien (in einem Zelt) verbringen:* Wir kampierten an einem See.; Die Truppen kampieren in einem Feldlager.

Ka·muf·fel *das* <-s, -> *(umg. o veralt.)* Dummkopf *(wahrscheinlich gebildet aus „Kamel" und „Muffel")*

Ka·na·da <-s> *Bundesstaat in Nordamerika mit der Haupstadt Ottawa* ▸ Kanadier, Kanadierin, kanadisch

Ka·na·di·er *der* <-s, -> SPORT *ein offenes Sportboot, das mit einem Paddel vorwärtsbewegt wird*

Ka·nail·le, *a.* **Ca·nail·le** *die* [ka'naljə] <-, -n> *(abwert.) niederträchtiger Mensch*

Ka·nal *der* <-s, Kanäle> ❶ *eine künstlich angelegte Wasserstraße als Verbindungsweg zwischen zwei natürlichen Gewässern:* der Rhein-Main-Donau-Kanal ❷ *ein unterirdisch verlaufendes (großes) Rohr zur Ableitung von Abwässern* ❸ *ein bestimmter Frequenzbereich, auf dem man einen Radio- oder Fernsehsender empfangen kann;* ■ **den Kanal vollhaben** *(umg.) etwas gründlich satthaben*

Ka·nal·bau *der* <-s, -ten> *der Bau von Kanälen²*

Ka·nal·de·ckel *der* <-s, -> *Deckel über einem Kanal²*

Ka·nal·in·seln *Plur. die im Ärmelkanal gelegenen Inseln*

Ka·na·li·sa·ti·on *die* <-, -en> ❶ *System von Kanälen²* ❷ */kein Plur./ das Ausbauen eines Flusses zu einem schiffbaren Wasserweg*

Ka·na·li·sa·ti·ons·netz *das* <-es, -e> *das netzartige System von Kanälen²*

ka·na·li·sie·ren <kanalisierst, kanalisierte, hat kanalisiert> *mit OBJ* ■ *jmd.* **kanalisiert etwas** ❶ *mit einem System von Kanälen² versehen* ❷ *einen Fluss schiffbar machen* ❸ *(geh.) Energie oder Gefühle kontrolliert in eine bestimmte Richtung lenken:* Du musst lernen, deine Aggressionen zu kanalisieren. ▸ Kanalisierung

Ka·nal·schacht *der* <-(e)s, Kanalschächte> *Schacht, durch den man zu einem Kanal² hinunter steigen kann*

Ka·nal·schwim·mer *der* <-s, -> *jmd., der den Ärmelkanal schwimmend durchquert (hat)*

Ka·nal·tun·nel *der* <-s> */kein Plur./ unter dem Ärmelkanal verlaufender Eisenbahntunnel, der Nordfrankreich und Südengland verbindet*

Ka·nal·über·que·rung *die* <-, -en> *die Überquerung des Ärmelkanals*

Ka·na·pee *das* <-s, -s> ❶ *(veralt.:* ≈ *Sofa)* ❷ */meist Plur./ mit Delikatessen belegte kleine Weißbrotscheibe*

Ka·na·ren *Plur. siehe* **Kanarische Inseln**

Ka·na·ri *der* <-s, -> SÜDDT. *Kanarienvogel*

Ka·na·ri·en·vo·gel *der* <-s, Kanarienvögel> *ein meist gelber Singvogel, der als Haustier im Käfig gehalten wird*

Ka·na·ri·er *der*, **Ka·na·ri·e·rin** <-s, -> *Bewohner der Kanarischen Inseln*

Ka·na·ri·sche In·seln *Plur. zu Spanien gehörende Inselgruppe im Atlantik*

Kan·da·re *die* <-, -n> *Gebissstange als Teil des Zaumzeuges für Pferde;* ■ **jemanden an die Kandare nehmen** *(umg.) jmdn. unter Kontrolle bringen und seine Freiheit einschränken*

Kan·de·la·ber *der* <-s, -> *mehrarmiger Kerzenleuchter*

Kan·di·dat *der*, **Kan·di·da·tin** <-en, -en> ❶ *jmd., der sich um ein öffentliches Amt bewirbt:* Sie wurde als Kandidatin für die Landtagswahl aufgestellt. ◆ Betriebsrats-, Kanzler- ❷ *ein Student, der sich einer (Abschluss-)Prüfung unterzieht* ❸ ■ **jemand ist ein (sicherer) Kandidat für etwas** *es ist ziemlich wahrscheinlich, dass die genannte Sache in der Zukunft jmdm. zustößt*

Kan·di·da·ten·lis·te *die* <-, -n> *Liste der Kandidaten¹*

Kan·di·da·tur *die* <-, -en> *das Kandidieren:* Seine Kandidatur wurde erst heute bekanntgegeben.; Sie hat ihre Kandidatur zurückgezogen. ◆ Kanzler-

kan·di·die·ren <kandidierst, kandidierte, hat kandidiert> *ohne OBJ* ■ *jmd.* **kandidiert (für etwas** Akk.**)** POL. *sich als Kandidat¹ um ein öffentliches (politisches) Amt aufstellen lassen:* Er kandidiert für das Amt des Präsidenten.

kan·die·ren <kandierst, kandierte, hat kandiert> *mit OBJ* ■ *jmd.* **kandiert etwas** KOCH. *(Früchte) mit einem Zuckergemisch überziehen und dadurch haltbar machen*

kan·diert *adj /nicht steig./ mit einem Zuckergemisch überzogen:* kandierte Früchte

Kan·dis·zu·cker *der* <-> */kein Plur./ brauner oder weißer Zucker in der Form großer, harter Kristalle, der vor allem zum Süßen von Tee benutzt wird*

Kan·di·ten *Plur.* ÖSTERR. ❶ *kandierte Früchte* ❷ *Süßigkeiten*

Kän·gu·ru *das* <-s, -s> *ein in Australien lebendes Beuteltier, für das der kräftige lange Schwanz und die kräftigen Hinterbeine, auf denen es sich hüpfend fortbewegt, charakteristisch ist*

Ka·nin *das* <-s, -e> *das Kaninchenfell*

Ka·nin·chen *das* <-s, -> *einem Hasen ähnliches Nagetier* ◆ -bau, -stall, Zwerg-

Ka·nis·ter *der* <-s, -> *größerer Blech- oder Plastikbehälter zum Transport von Wasser, Benzin oder Öl*

kann *siehe* **können**

Känn·chen *das* <-s, -> ❶ *kleine Kanne* ❷ *in einem Lokal servierte Portion Kaffee, Tee oder heiße Schokolade, die etwa zwei Tassen ergibt*

Kan·ne *die* <-, -n> *ein bauchiges Gefäß mit Schnabel und Henkel* ◆ Kaffee-, Milch-, Öl-, Tee-

Kan·ne·lie·rung *die* <-, -en> *die Technik, die Oberfläche von Säulen und Pfeilern mit senkrecht laufenden Rillen (Kanneluren) zu versehen*

kan·nen·wei·se *adv in großen Mengen (von Flüs-*

sigkeit): Am Abend dieses heißen Tages tranken sie kannenweise kalten Tee.

Kan·ni·ba·le *der*; **Kan·ni·ba·lin** <-n, -n> *ein Mensch, der Menschenfleisch isst*

kan·ni·ba·lisch *adj /nicht steig./ die Kannibalen, den Kannibalismus betreffend:* kannibalische Neigungen/Praktiken

Kan·ni·ba·lis·mus *der* <-> */kein Plur./* ❶ ZOOL. *der Vorgang, dass Tiere Artgenossen fressen* ❷ *der Vorgang, dass ein Mensch Menschenfleisch isst*

Ka·non *der* <-s, -s> ❶ MUS. *ein Lied, bei dem nacheinander mit mehreren Stimmen die gleiche Melodie gesungen wird* ❷ *(geh.) eine Sammlung von Regeln, Gesetzen oder Texten, die für einen bestimmten Bereich relevant sind:* Für die Prüfung gibt es einen Kanon der einschlägigen Literatur.; Sie hätte sich besser an den Kanon der Verhaltensregeln halten sollen. ❸ */kein Plur./* REL. *die von kirchlicher Seite für verbindlich erklärten biblischen Schriften*

Ka·no·na·de *die* <-, -n> ❶ MILIT. *schweres Geschützfeuer* ❷ *(übertr. umg.) eine große Menge von etwas:* Er ließ eine wahre Kanonade von Beschimpfungen auf sie los.

Ka·no·ne *die* <-, -n> ❶ *(≈ Geschütz) eine schwere Waffe mit einem langen Rohr, mit der man über eine große Entfernung eine Kugel auf ein Ziel schießen kann* ◆-nkugel, -nrohr, -nschuss, Bord- ❷ *(umg.) Pistole, Revolver:* Da zieht der Kerl plötzlich eine Kanone und hält sie mir vor die Nase! ❸ *(umg.) Ass, Könner (auf sportlichem Gebiet):* Er ist eine richtige Kanone.; ■ **unter aller Kanone** *(umg. abwert.: ≈ unter aller Sau) qualitativ sehr schlecht* Deine Leistungen sind einfach unter aller Kanone, sie sind mehr als miserabel!

Ka·no·nen·boot *das* <-(e)s, -e> *mit Kanonen¹ ausgerüstetes Schnellboot* ◆-politik

Ka·no·nen·fut·ter *das* <-s> */kein Plur./ (umg. abwert.) Soldaten, die für eine wenig Erfolg versprechende militärische Aktion sinnlos geopfert werden*

Ka·no·nier *der*; **Ka·no·nie·rin** <-s, -e> MILIT. *Soldat, der eine Kanone¹ bedient*

Ka·no·ni·ker *der* <-s, -> *Mitglied einer Gemeinschaft (geistliches Kapitel), die nach dem kirchlichen Kanon leben*

Ka·no·ni·kus *der* <-, Kanoniker> siehe **Kanoniker**

Ka·nos·sa·gang, **Ca·nos·sa·gang** *der* <-(e)s> */kein Plur./ (geh.) ein (durch eine bestimmte Situation erzwungener) Akt, bei dem sich jmd. in demütigender Weise selbst erniedrigt*

Kan·ta·te¹ *die* <-, -n> MUS. *kleines Gesangsstück für Solostimmen, Chor und kleines Orchester:* eine CD mit Kantaten von Bach

Kan·ta·te² *kirchlicher Name des 4. Sonntags nach Ostern*

Kan·te *die* <-, -n> *die Linie, die zwei in einem bestimmten Winkel aufeinandertreffende Flächen bilden:* Ich habe mich an der Kante des Tisches gestoßen.; Vorsicht, an den scharfen Kanten kann man sich verletzen!; Abgerundete Kanten zeigen, dass man sich bei der Gehäuseverarbeitung der Geräte

inzwischen viel dazu gelernt hat.; ■ **etwas auf die hohe Kante legen** *(umg.) Geld sparen;* ■ **etwas auf der hohen Kante haben** *(umg.) Geld gespart haben*

Kan·ten *der* <-s, -> NORDDT. *Anschnitt oder letztes Stück eines Brotlaibes*

kan·ten <kantest, kantete, hat gekantet> *mit OBJ* ■ **jmd. kantet etwas** *auf die Kante stellen:* Das Paket trug die Aufschrift: „Bitte nicht kanten!"

Kant·holz *das* <-es, Kanthölzer> *Holzstück mit viereckigem Querschnitt*

kan·tig *adj /nicht steig./ mit Kanten:* Der Weg zum Gipfel führte über kantige Felsen. ◆scharf-

Kan·ti·le·ne *die* <-, -n> MUS. *getragene, liedartige Melodie*

Kan·ti·ne *die* <-, -n> *eine Art Restaurant in Betrieben und Kasernen, in dem die Mitarbeiter ein preiswertes Mittagessen erhalten:* gemeinsam mit den Kollegen in der Kantine essen; Zwischen Weihnachten und Neujahr bleibt unsere Kantine geschlossen.; Die Kantine bietet täglich zwei Mahlzeiten und ein Ausweichessen an. ◆-nbetreiber, -nessen, -nmahlzeit, -npersonal, Betriebs-, Firmen-

Kan·ton *der* <-(e)s, -e> ❶ *Bundesland der Schweiz* ◆-sregierung, Halb- ❷ *Verwaltungsbezirk in Frankreich und Belgien*

Kan·to·nist *der*; **Kan·to·nis·tin** <-en, -en> *(veralt.) ausgehobener Rekrut;* ■ **ein unsicherer Kantonist** *(geh.) ein wenig verlässlicher Mensch*

Kan·tor *der* <-s, ...-toren> ❶ MUS. *Organist und Leiter des Chores in Kirchengemeinden* ❷ GESCH., MUS. *Vorsänger und Leiter des Chores im Gregorianischen Choral*

Ka·nu, **Ka·nu** *das* <-s, -s> ❶ *leichtes, schmales, offenes Boot der Indianer, dessen Enden nach oben gebogen sind* ❷ SPORT *einem Kanu¹ ähnliches (Sport-)Boot*

Ka·nü·le *die* <-, -n> ❶ MED. *Hohlnadel einer (Injektions-)Spritze* ❷ MED. *ein kleines Röhrchen zum Einführen oder Ablassen von Luft oder Flüssigkeiten*

Ka·nu·sport *der* <-(e)s> */kein Plur./ das Fahren mit dem Kanu² als Sport*

Ka·nu·te *der*; **Ka·nu·tin** <-n, -n> SPORT *jmd., der mit einem Kanu² Wettkämpfe bestreitet*

Kan·zel *die* <-, -n> ❶ *in einer Kirche erhöht angebrachte kleine Plattform mit Brüstung, von der aus der Geistliche predigt* ❷ *(≈ Cockpit)*

kan·ze·ro·gen *adj /nicht steig./* MED. *Krebs erregend*

Kanz·lei *die* <-, -en> ❶ GESCH. *eine Behörde, die Urkunden ausfertigte und den Schriftverkehr abwickelte* ◆-beamter, -deutsch ❷ *Büro eines Rechtsanwaltes* ◆-gehilfe, Anwalts-

Kanz·ler *der*; **Kanz·le·rin** <-s, -> ❶ *kurz für „Bundeskanzler"* ❷ *kurz für „Reichskanzler"* ❸ *leitender Verwaltungsbeamter an einer Universität*

Kanz·ler·amt *das* <-(e)s> */kein Plur./* ❶ *die dem Bundeskanzler unterstellte Dienstbehörde* ◆-sminister ❷ *Stellung, Posten des Kanzlers¹*

Kanz·ler·kan·di·dat *der*; **Kanz·ler·kan·di·da·tin** <-en, -en> *Kandidat für das Kanzleramt²* ► Kanzlerkandidatur

Kan·zo·ne *die* <-, -n> ❶ *provenzalische und fran-*

zösische Gedichtform ❷ liedhafte Instrumental-komposition ❸ Chorgesang ohne Instrumentalbe-gleitung ❹ heiteres, schlichtes Lied

Kap *das* <-s, -s> GEOGR. *weit ins Meer ragender Teil einer Felsenküste*

Kap. *Abkürzung von „Kapitel"*

Ka·paun *der* <-s, -e> ZOOL. *kastrierter, gemästeter Hahn*

Ka·pa·zi·tät *die* <-, -en> ❶ WIRTSCH. *Leistungsver-mögen eines Unternehmens:* Wie hoch ist die Ka-pazität des neuen Kraftwerkes? ◆ -sbabau, -sauslas-tung, -sengpass, -sgrenze, Über- ◆ *räumliches Fas-sungsvermögen; Aufnahmefähigkeit:* Der Öltank hat eine Kapazität von 2000 Litern.; Wenn die Zahl der Studienanfänger weiter ansteigt, ist die Kapazi-tät der Universität bald erschöpft. ❸ PHYS. *die Fä-higkeit, elektrische Ladung aufzunehmen und zu speichern* ❹ *Experte:* Sie ist eine Kapazität auf dem Gebiet der Literaturwissenschaft.; Die Entde-ckung verhalf dem aus Thannhausen stammenden Physiker zum Rang einer international anerkann-ten Kapazität.

Ka·pee ▪ jemand ist schwer von Kapee *(veralt.) jmd. begreift sehr schlecht*

Ka·pel·le¹ *die* <-, -n> ❶ *ein abgetrennter, bei-spielsweise für Taufen bestimmter Gebetsraum in einer Kirche* ◆ Tauf- ❷ *eine kleine, einfache Kir-che, die vorwiegend Andachten und nicht regel-mäßigen Gottesdiensten dient*

Ka·pel·le² *die* <-, -n> MUS. *Orchester, das Unter-haltungs- und Tanzmusik spielt* ◆ Blas-, Trachten-

Ka·pell·meis·ter *der* <-s, -> ❶ *Leiter einer Ka-pelle²* ❷ *(≈ Orchesterdirigent)*

Ka·per¹ *die* <-, -n> /meist Plur./ BOT. *(in Essig ein-gelegte) grüne Blütenknospe des Kapernstrauches*

Ka·per² *der* <-, -n> ❶ *ein Schiff, das feindliche Schiffe erbeutet* ❷ *Seeräuber*

ka·pern <kaperst, kaperte, hat gekapert> *mit OBJ* ▪ jmd. kapert etwas ❶ SEEW. *ein feindliches Schiff erbeuten* ❷ *ein Fahrzeug oder Flugzeug und dessen Insassen in seine Gewalt bringen:* Die Luftpiraten kaperten ein Passagierflugzeug mit über 100 Geiseln an Bord.

Ka·pern·so·ße *die* <-, -n> *eine Soße, die mit Ka-pern gewürzt ist*

Ka·pern·strauch *der* <-s, Kapernsträucher> *im Mittelmeergebiet heimischer Strauch, an dem Ka-pern wachsen*

ka·pie·ren <kapierst, kapierte, hat kapiert> *mit OBJ* ▪ jmd. kapiert etwas *(umg.: ≈ verstehen)* Ist das wirklich so schwer zu kapieren?

ka·pil·lar *adj* /nicht steig./ *die Kapillaren betref-fend*

Ka·pil·la·re *die* <-, -n> MED. *sehr feine Ader bzw. Blutgefäß*

Ka·pi·tal *das* <-s, -e/Kapitalien> ❶ *der gesamte Besitz einer Firma:* Der Konzern hat sein Kapital erhöht. ❷ *Vermögen (das irgendwo investiert wird und seinem Besitzer Gewinn bringen kann):* Das Kapital ist gewinnbringend/sicher angelegt.; Er hat sein Kapital in Immobilien/Wertpapieren angelegt. ❸ ▪ etwas ist jemands Kapital *eine bestimmte Eigenschaft ist von großem Wert für jmdn.* Seine Geduld ist sein ganzes Kapital.; ▪ **Kapital aus et-**

was schlagen *aus etwas einen Vorteil oder Ge-winn ziehen*

ka·pi·tal *adj* /nicht steig./ ❶ *(umg.) sehr groß:* Die Anschaffung des teuren Geräts war ein kapitaler Fehler, jetzt wird es gar nicht gebraucht! ❷ *(in der Sprache der Jäger) außerordentlich groß:* Der Jä-ger hat einen kapitalen Bock geschossen.

Ka·pi·täl *das* siehe **Kapitell**

Ka·pi·tal·ab·wan·de·rung *die* <-, -en> *(≈ Kapital-flucht)*

Ka·pi·tal·an·la·ge *die* <-, -n> *eine (teure) Sache, die man kauft, um sein Vermögen anzulegen:* Schmuck/Wohnungen als Kapitalanlage kaufen

Ka·pi·tal·an·teil *der* <-(e)s, -e> *der Anteil, mit dem ein Teilhaber an einer Handelsgesellschaft beteiligt ist*

Ka·pi·tal·auf·sto·ckung *die* <-, -en> *Erhöhung des Kapitalstocks*

Ka·pi·tal·aus·fuhr *die* <-, -en> *der Vorgang, dass jmd. Kapital ins Ausland schafft*

Ka·pi·tal·be·tei·li·gung *die* <-, -en> *der Vorgang, dass jmd. sich am Kapital eines Unternehmens be-teiligt, indem er z. B. Aktien des Unternehmens kauft*

Ka·pi·tal·bil·dung *die* <-> /kein Plur./ *Vergröße-rung des Kapitals, beispielsweise durch Investie-ren und Sparen*

Ka·pi·täl·chen *das* <-s, -> *Großbuchstabe in der Höhe der kleinen Buchstaben:* in einem Wörter-buch die Sachgebietsangaben in Kapitälchen dru-cken

Ka·pi·tal·eig·ner *der*, **Ka·pi·tal·eig·ne·rin** <-s, -> *Eigentümer von Kapital eines Unternehmens*

Ka·pi·tal·er·hö·hung *die* <-, -en> *Erhöhung des Kapitals (einer Aktiengesellschaft)*

Ka·pi·tal·er·trag *der* <-(e)s, Kapitalerträge> *Ge-winn aus angelegtem Kapital* ◆ -ssteuer

Ka·pi·tal·flucht *die* <-> /kein Plur./ *das Übertra-gen von Kapital ins Ausland bei ungünstigen (An-lage-)Bedingungen im Inland oder um das Kapital zu sichern*

Ka·pi·tal·ge·ber *der*, **Ka·pi·tal·ge·be·rin** <-s, -> *(≈ Investor) jmd., der einem Unternehmen Geld zur Verfügung stellt*

Ka·pi·tal·ge·sell·schaft *die* <-, -en> *eine Han-delsgesellschaft, deren Gesellschafter das Kapital geben, aber an der Leitung des Unternehmens kaum beteiligt sind*

ka·pi·tal·in·ten·siv *adj* mit einem hohen Zinsan-teil an den Kosten eines Unternehmens beteiligt

Ka·pi·tal·in·ves·ti·ti·on *die* <-, -en> *das Investie-ren von Kapital*

Ka·pi·ta·li·sa·ti·on *die* <-, -en> *das Kapitalisieren*

ka·pi·ta·li·sie·ren <kapitalisierst, kapitalisierte, hat kapitalisiert> *mit OBJ* ▪ jmd. kapitalisiert etwas *Sachwerte in Kapital umwandeln* ▸ Kapita-lisierung

Ka·pi·ta·lis·mus *der* <-> /kein Plur./ *(↔ Sozialis-mus) die Wirtschaftsform, in der die Produktions-mittel Privateigentum sind und in der die Wirt-schaft vor allem durch die Mechanismen des Marktes (und nicht durch eine staatliche zentrale Lenkung) gesteuert wird* ◆ Früh-, Spät-

Ka·pi·ta·list *der*, **Ka·pi·ta·lis·tin** <-en, -en>

❶ *(oft abwert.) reicher Privatunternehmer (der übertrieben gewinnorientiert wirtschaftet)* **❷** *Anhänger, Verfechter des Kapitalismus*

ka·pi·ta·lis·tisch *adj (↔ sozialistisch) auf dem Kapitalismus beruhend, ihn betreffend*

Ka·pi·tal·markt *der <-(e)s, Kapitalmärkte>* organisierter Markt für Börsengeschäfte sowie für die Vermittlung von Angebot und Nachfrage durch die Kreditinstitute

Ka·pi·tal·ver·bre·chen *das <-, ->* schweres Verbrechen, zum Beispiel Mord

Ka·pi·tal·ver·flech·tung *die <-, -en>* wechselseitige Kapitalbeteiligung von Unternehmen

Ka·pi·tal·ver·mö·gen *das <-s, ->* Vermögen an Bargeld und Wertpapieren

Ka·pi·tal·zins *der <-es, -en>* Zins aus angelegtem Kapital

Ka·pi·tän *der,* **Ka·pi·tä·nin** *<-s, -e>* **❶** SEEW., LUFTF. *Kommandant eines Schiffes oder eines größeren Passagierflugzeuges* **❷** SPORT *Repräsentant und Führer einer Mannschaft* ◆-srolle, Mannschafts-

Ka·pi·täns·pa·tent *das <-(e)s, -e>* amtliches Zeugnis, das jmdn. zur Führung großer Schiffe berechtigt

Ka·pi·tel *das <-s, ->* **❶** ein längerer Abschnitt eines geschriebenen oder gedruckten Textes, der über eine eigene Zählung und meist über eine eigene Überschrift verfügt: Der Roman verfügt über einundachtzig Kapitel.; Das erste Kapitel der Dissertation bietet einen breiten Überblick über den derzeitigen Forschungsstand. ◆-einteilung, -gliederung, -überschrift **❷** ■ ein Kapitel für sich *(umg.)* eine unerfreuliche, problematische Angelegenheit **❸** ein Abschnitt der Ordensregel, der der Klostergemeinschaft vorgetragen wird

Ka·pi·tell *das <-s, -e>, a.* **Ka·pi·täl** *das <-s, -e>* KUNST oberer Abschluss einer Säule oder eines Pfeilers

Ka·pi·tel·saal *der <-s, Kapitelsäle>* der Saal in einem Kloster, wo die Ordensregel (Kapitel²) vorgelesen wird

Ka·pi·tu·la·ti·on *die <-, -en>* **❶** das Kapitulieren¹ **❷** Vertrag über eine Kapitulation¹ **❸** resigniertes Aufgeben

ka·pi·tu·lie·ren *<kapitulierst, kapitulierte, hat kapituliert> ohne OBJ* **❶** ■ jmd. kapituliert (vor jmdm./etwas) *sich (als Truppe oder als Staat dem Feind) ergeben:* Angesichts der aussichtslosen Lage musste die Armee kapitulieren. **❷** ■ jmd. kapituliert (vor jmdm./etwas) *resigniert aufgeben:* Er kapitulierte vor so vielen unerwarteten Schwierigkeiten. **❸** ■ jmd. kapituliert *eine Kapitulation abschließen*

Ka·p·lan *der <-s, Kapläne>* REL. *ein Geistlicher, der einem Pfarrer untergeordnet ist*

Ka·po *der <-s, -s>* **❶** MILIT. *Unteroffizier* **❷** *(umg.) Häftling in einer Strafanstalt, der andere Häftlinge beaufsichtigt* **❸** SÜDDT. *(umg.) Vorarbeiter*

Ka·po·das·ter *der <-s, ->* quer auf das Griffbrett einer Gitarre zu spannender Sattel, dessen Verschiebung auf den Saiten die Stimmung verändert

Ka·pok *der <-s> /kein Plur./* Fruchtwolle des Kapokbaumes, die als Füllmaterial für Polster verwendet wird

Ka·pott·hut *der <-s, Kapotthüte>* Damenhut (aus

der Biedermeierzeit), der mit Bändern unter dem Kinn gebunden wird

Kap·pe *die <-, -n>* **❶** eine Mütze mit einem (die Augen schützenden) Schild ◆ Baseball-, Schild- **❷** abnehmbarer Verschluss, beispielsweise von Flaschen, der durch ein Schraubgewinde oder einen Klappmechanismus mit der Flasche verbunden ist; ■ etwas auf seine (eigene) Kappe nehmen *(umg.) die Verantwortung für etwas übernehmen*

kap·pen *<kappst, kappte, hat gekappt> mit OBJ* ■ jmd. kappt etwas **❶** *(ab)schneiden:* Wir sollten die hohe Hecke kappen. **❷** *durchschneiden:* die Leinen/die Taue kappen

Kap·pes *der <->* **❶** *(kein Plur.)* WESTMDT. *Weißkohl* **❷** *Unsinn:* Red' keinen Kappes!

Käp·pi *das <-s, -s>* kleine, längliche (Uniform-)Mütze

Ka·p·ric·cio *das [ka'prɪtʃo] siehe* **Capriccio**

Ka·p·ri·o·le *die <-, -n>* **❶** *(akrobatischer, lustig aussehender) Luftsprung* **❷** *übermütiger, verrückter Streich:* Sie steckt voller Kapriolen. **❸** SPORT *Figur beim Dressurreiten*

ka·p·ri·zie·ren *<kaprizierst, kaprizierte, hat kapriziert> mit SICH* ■ jmd. kapriziert sich auf etwas *Akk. etwas zum besonderen Gegenstand seiner Beschäftigung machen:* Als Pianist kaprizierte er sich auf die französische Moderne.

ka·p·ri·zi·ös *adj in launiger Weise eigensinnig*

Kap·sel *die <-, -n>* **❶** *ein kleiner runder Behälter* **❷** *ein Arzneimittel, dessen Bestandteile von einer festen Gelatinehülle umschlossen sind* **❸** BOT. *die Hülle, die den Samen bestimmter Pflanzen enthält* **❹** *kurz für „Raumkapsel"*

Kap·sel·riss *der <-es, -e>* MED. *Riss in der Gelenkkapsel des Hüftgelenks*

Kap·stadt *<-s>* zweitgrößte Stadt der Republik Südafrika, Sitz des Parlaments der Republik

Käp·ten *der <-s, -s>* NORDDT. *Kapitän*

Ka·put *der <-s, -s>* SCHWEIZ. *Soldatenmantel*

ka·putt *adj /nicht steig./ (umg.)* **❶** *zerbrochen, defekt, nicht mehr funktionsfähig:* Das Auto/der CD-Player/die Vase ist kaputt. **❷** *zerrüttet, nicht mehr intakt:* Ihre Ehe ist kaputt. **❸** *so, dass jmd. am Rande der bürgerlichen Gesellschaft steht:* Er ist ein ziemlich kaputter Typ. **❹** *(≈ fertig) erschöpft:* Nach diesem langen Arbeitstag bin ich total kaputt. ◆ Getrenntschreibung → R 4.8 kaputt sein; ◆ Zusammen- oder Getrenntschreibung → R 4.15 kaputtmachen/kaputt machen; kaputtschlagen/kaputt schlagen; kaputttreten/kaputt treten; ◆ Zusammenschreibung → R 4.5, 4.6 kaputtgehen; kaputtlachen

ka·putt·ge·hen *<gehst kaputt, ging kaputt, ist kaputtgegangen> ohne OBJ* ■ etwas geht kaputt *(umg.)* **❶** *entzweigehen, zerstört werden:* Während des Umzugs sind einige Gläser kaputtgegangen. **❷** *so sehr Schaden nehmen, dass es nicht mehr intakt ist:* Ihre Ehe ging kaputt. **❸** *ruiniert werden:* Der Betrieb ging kaputt.

ka·putt·la·chen *<lachst kaputt, lachte kaputt, hat kaputtgelacht> mit SICH* ■ jmd. lacht sich kaputt *(umg.) sehr lachen:* Er hat sich über den

Witz fast kaputtgelacht.; Du wirst dich kaputtlachen, wenn ich dir das erzähle!

ka·pụtt·ma·chen, *a.* **ka·pụtt ma·chen I.** *mit OBJ (umg.)* ❶ ▪ *jmd./etwas macht etwas/jmdn. kaputt zerbrechen, zerstören:* Wer hat die Vase kaputtgemacht?; Dieser Mensch macht mich mit seinem ewigen Zynismus kaputt. ❷ ▪ *etwas macht jmdn. kaputt bis zur völligen Erschöpfung anstrengen:* Der Umzug macht mich noch kaputt! ❸ ▪ *etwas macht etwas kaputt ruinieren:* Die wirtschaftliche Entwicklung macht viele kleine Betriebe kaputt. **II.** *mit SICH* ▪ *jmd. macht sich kaputt (umg.)* sich und seine Gesundheit ruinieren: Er hat sich mit Drogen kaputtgemacht.; Wenn sie weiter so viel arbeitet, macht sie sich kaputt.

Ka·pụ·ze *die* <-, -n> *an einem Mantel oder einer Jacke angenähte Haube, die man über den Kopf ziehen kann* ◆-njacke

Ka·pu·zi·ner *der* <-s, -> ❶ REL. *Angehöriger eines christlichen Ordens* ◆-mönch, -orden ❷ ÖSTERR. *Kaffee mit etwas Milch*

Ka·pu·zi·ner·äff·fe *der* <-n, -n> *eine Affenart in den Urwäldern Mittel- und Südamerikas*

Ka·pu·zi·ner·kres·se *die* <-> /kein Plur./ *eine (Kletter-)Pflanze mit gelben und orangefarbenen Blüten*

Kap Vẹr·de *das Republik im Atlantik vor der Westküste Afrikas, die die Kapverdischen Inseln umfasst; Hauptstadt Praia* ▸ Kapverdier, Kapverdierin, kapverdisch

Kar *das* <-(e)s, -e> *Mulde zwischen Steilwänden im Hochgebirge*

Ka·ra·bi·ner *der* <-s, -> ❶ *ein Gewehr mit kurzem Lauf* ❷ ÖSTERR. *kurz für „Karabinerhaken"*

Ka·ra·bi·ner·ha·ken *der* <-s, -> *(geschlossener) Haken mit Schnappverschluss*

Ka·rạ·cho *das* <-s> /kein Plur./ *(umg.) hohes Tempo, Schwung;* ▪ *mit Karacho mit großem Tempo, rasant* Er fuhr mit Karacho an mir vorbei.

Ka·rạf·fe *die* <-, -n> *eine bauchige Flasche aus Glas mit einem Stöpsel:* Likör in eine Karaffe füllen; Wein in eine Karaffe dekantieren ◆Wasser-, Wein-

Ka·ram·bo·la·ge *die* [karamboˈlaːʒə] <-, -n> *(umg.) Zusammenstoß (von Autos):* Im dichten Nebel kam es zu einer Karambolage. ◆Massen-

ka·ram·bo·lie·ren <karambolierst, karambo­lierte, hat karamboliert> *ohne OBJ* ▪ *jmd. karamboliert (mit jmdm./etwas)* eine Karambolage haben, zusammenstoßen

Ka·ra·mẹll *der/das* <-s> /kein Plur./ *eine Masse aus geschmolzenem Zucker* ◆-bonbon, ·pudding

Ka·ra·mẹl·le *die* <-, -n> /meist Plur./ *Karamellbonbon*

Ka·ra·mẹll·zu·cker *der* <-s> /kein Plur./ *gerösteter Zucker*

Ka·ra·o·ke *das* <-/-s> /kein Plur./ *eine Veranstaltung, bei der Hobbysänger den Text eines Schlagers zu Instrumentalmusik singen, die von Tonträgern abgespielt wird*

Ka·ra·see *die Randmeer des Nordpolarmeeres*

Ka·rat *das* <-(e)s, -/-e> ❶ *Einheit zur Gewichtsbestimmung von Edelsteinen* ❷ *Einheit zur An*gabe des Goldgehaltes einer Legierung: Reines Gold hat 24 Karat. ◆-zahl

Ka·ra·te *das* <-(s)> /kein Plur./ *fernöstliche Kampfsportart und Selbstverteidigungssystem* ◆-kämpfer

-ka·rä·tig *als Zweitglied zusammengesetzter Adjektive* ❶ *auf die Karatzahl bezogen* ◆24-kärätig ❷ *drückt ein besonders hohes Niveau/einen hohen Standard des mit dem Erstglied Bezeichneten aus* ◆hoch-

Ka·rau·sche *die* <-, -n> *ein bis zu 50 cm langer Süßwasserfisch*

Ka·ra·vẹl·le *die* <-, -n> *(hist.) ein Segelschiff mit zwei bis drei Masten und großem Heckaufbau, das besonders von Spaniern und Portugiesen bei deren großen Entdeckungsfahrten eingesetzt wurde*

Ka·ra·wa·ne *die* <-, -n> ❶ *(in unbewohnten Gebieten Asiens oder Afrikas) Zug von Kaufleuten oder Forschern, bei dem die Kamele als Lasttiere verwendet werden* ❷ *(übertr.) Autos oder Personen, die sich hintereinander bewegen*

Ka·ra·wa·nen·stra·ße *die* <-, -n> *eine der traditionellen Routen, auf denen die Karawanen[1] ziehen*

Ka·ra·wan·se·rei *die* <-, -en> *eine Rast- und Übernachtungsstation für Karawanen*

Kar·bid, Car·bid *das* <-(e)s, -e> CHEM. *Verbindung aus Kohlenstoff und einem Metall oder Bor oder Silicium*

Kar·bid·lam·pe *die* <-, -n> *Lampe, die mit einem Gas brennt, das aus Kalziumkarbid und Wasser entsteht*

Kar·bol *das* <-s> /kein Plur./ *(umg.: für „Karbolsäure") einfacher Alkohol, der früher zur Desinfektion verwendet wurde*

Kar·bol·säu·re *die* <-> /kein Plur./ *Karbol*

Kar·bon *das* <-s> /kein Plur./ (≈ Steinkohlezeit) *ein Zeitalter der Erdgeschichte*

Kar·bo·nat, Car·bo·nat *das* <-(e)s, -e> *Salz der Kohlensäure*

Kar·bon·säu·re *die* <-> /kein Plur./ *organische Säure*

Kar·bun·kel *das* <-s, -> *Ansammlung dicht beieinanderliegender Furunkel*

Kar·da·mom *der/das* <-s, -e(n)> *als Lebkuchengewürz (und in der indischen Küche als Gewürz) verwendete Frucht*

Kar·dan·an·trieb *der* <-s, -e> *meist Hinterradantrieb, der durch eine Kardanwelle geschieht*

Kar·dan·wel·le *die* <-, -n> TECHN. *eine Antriebswelle, die zwischen Wellenteilen, die miteinander keine Gerade bilden, Gelenke enthält*

Kar·dät·sche *die* <-, -n> *grobe Pferdebürste zum Reinigen des Pferdes* ◆kardätschen

Kar·de *die* <-, -n> *distelartige Blume an Ufern, Dämmen und Wegrändern*

Kar·di·nal *der* <-s, Kardinäle> REL. *höchster katholischer Geistlicher nach dem Papst*

Kar·di·nal- *als Erstglied zusammengesetzter Substantive; drückt aus, dass das mit dem Zweitglied Bezeichnete ein zentraler/der wichtigste Aspekt ist* ◆-frage, -problem, -punkt, -tugend

Kar·di·nal·bi·schof *der* <-s, Kardinalbischöfe> *Bischof im Rang eines Kardinals*

K

Kar·di·nal·feh·ler der <-s, -> schwerwiegender, grundsätzlicher Fehler: Einen Mafioso zum Polizeipräsidenten zu machen, wäre ein Kardinalfehler.; siehe auch **Kardinal-**

Kar·di·nal·zahl die <-, -en> (↔ Ordinalzahl) natürliche Zahl, Grundzahl (wie 1, 2, 3, …)

Kar·dio·gramm das <-s, -e> MED. (≈ Elektrokardiogramm) grafische Darstellung der Herzbewegungen

Kar·dio·lo·ge der, **Kar·dio·lo·gin** <-n, -n> MED. Facharzt für die Erkrankungen des Herzens

Ka·renz die <-, -en> ❶ (≈ Karenzzeit) ❷ MED. Verzicht, Enthaltsamkeit

Ka·renz·zeit die <-, -en> Wartezeit, bis bestimmte Ansprüche (meist an Versicherungen) geltend gemacht werden können

Ka·ret·te die <-, -n> eine Meeresschildkröte

Kar·fi·ol der <-s> /kein Plur./ ÖSTERR. Blumenkohl

Kar·frei·tag der <-(e)s, -e> REL. der Freitag vor Ostern, an dem der Kreuzigung Christi gedacht wird

Kar·fun·kel der <-s, -> ❶ ein roter Edelstein ❷ (umg.) Karbunkel

karg <karger/kärger, am kargsten/am kärgsten> adj ❶ (≈ spärlich ↔ reichhaltig) so, dass nur wenig von etwas vorhanden ist und es eine sehr einfache Qualität hat: mit einem kargen Mahl vorliebnehmen ❷ (≈ schmucklos) so, dass es nicht wohnlich und ein wenig ärmlich wirkt: Der Raum war karg eingerichtet. ❸ (↔ fruchtbar) wenig fruchtbar: Was wächst schon auf diesem kargen Boden? ▶ Kargheit

kar·gen <kargst, kargte, hat gekargt> ohne OBJ ■ *jmd. kargt mit etwas* Dat. (geh.) mit etwas geizen, sparen: Er kargte seinen Mitarbeitern gegenüber sehr mit Lob.

kärg·lich adj gering, armselig: Der Lohn für diese Arbeit war kärglich.; Sie führte ein kärgliches Leben.

Kar·go, a. **Car·go** der <-s, -s> Ladung von Schiffen oder Flugzeugen ◆ -versicherung

Ka·ri·bik die <-> Sammelbezeichnung für die Inseln und Küstenbereiche zwischen Mittelamerika und Südamerika, die das Karibische Meer säumen

ka·ri·bisch adj /nicht steig./ zur Karibik gehörig

ka·riert adj /nicht steig./ ❶ mit Karos gemustert: eine karierte Bluse ❷ (↔ liniert) durch senkrechte und waagerechte Linien in viele gleichmäßige Vierecke aufgegliedert: ein karierter Schreibblock ◆ klein-

Ka·ri·es die <-> /kein Plur./ MED. eine Zahnerkrankung, bei der die äußere harte Zahnsubstanz durch Bakterien zerstört wird ▶ kariesfördernd, kariös

Ka·ri·ka·tur die <-, -en> ❶ eine Zeichnung, die durch satirische Übertreibung bestimmter charakteristischer Merkmale oder Eigenschaften einer Person oder Sache lächerlich macht: Als Politiker ist man oft Gegenstand von Karikaturen. ◆ -enstreit ❷ /kein Plur./ das Karikieren ❸ (abwert.) Spottbild: Der alternde Schauspieler ist nur noch eine Karikatur seiner selbst.

Ka·ri·ka·tu·rist der, **Ka·ri·ka·tu·ris·tin** <-en, -en> jmd., der beruflich Karikaturen[1] zeichnet

ka·ri·ka·tu·ris·tisch adj /nicht steig./ in der Art einer Karikatur

ka·ri·kie·ren <karikierst, karikierte, hat karikiert> mit OBJ ■ *jmd. karikiert etwas* jmdn. oder etwas als Karikatur[1] darstellen

Ka·ri·tas die <-> /kein Plur./ ❶ christlich motivierte Liebe zu den Armen ❷ die im Rahmen der katholischen Kirche organisierte sozial-karitative Tätigkeit

ka·ri·ta·tiv adj /nicht steig./ wohltätig: Der Erlös der Tombola kommt karitativen Zwecken zugute.; eine karitative Organisation

Kar·ma das <-s> /kein Plur./ das dem Menschen zugeordnete Schicksal, das nach buddhistischer, dschainistischer und hinduistischer Lehre durch die guten und bösen Taten des jetzigen und der vorherigen Leben bestimmt ist

Kar·me·lit der, **Kar·me·li·tin/Kar·me·li·te·rin** <-en, -en> Mönch oder Nonne im katholischen Bettelorden der Karmeliten

Kar·me·sin, **Kar·min** das <-s> /kein Plur./ ein Farbstoff, der in einem brillanten, mittelhellen Rot färbt; Karmesin wird beim Färben von Lebensmitteln und Zellkernen benutzt

kar·me·sin·rot adj /nicht steig./ karminrot

kar·min·rot adj /nicht steig./ leuchtend rot

Kar·ne·ol der <-s, -e> rot gefärbter Mineralstein

Kar·ne·val der <-s, -e/-s> /meist Sing./ (≈ süddt. Fasching, Fas(t)nacht) die Zeit des Narrentreibens kurz vor dem Beginn der christlichen Fastenzeit vor Ostern, in der sich die Menschen verkleiden und (im Rahmen bestimmter Veranstaltungen) ausgelassen feiern ▶ Karnevalist, Karnevalistin, karnevalistisch

Kar·ne·vals·ge·sell·schaft die <-, -en> einer der Vereine, die die öffentlichen Aktivitäten des Karnevals organisieren

Kar·ne·vals·kos·tüm das <-s, -e> im Karneval getragenes Kostüm

Kar·ne·vals·or·den der <-s, -> eine Auszeichnung, die durch eine Karnevalsgesellschaft verliehen wird

Kar·ne·vals·sit·zung die <-, -en> offizielle Zusammenkunft einer Karnevalsgesellschaft

Kar·ne·vals·um·zug der <-(e)s, Karnevalsumzüge> eine Veranstaltung im Karneval, bei der speziell dekorierte Wagen und kostümierte Akteure durch die Straßen ziehen

Kar·ni·ckel das <-s, -> LANDSCH. (≈ Kaninchen)

Kar·nie·se die <-, -n> ÖSTERR. Gardinenstange

kar·ni·vor adj /nicht steig./ fleischfressend: karnivore Tiere und Pflanzen

Kärn·ten <-s> südliches Bundesland von Österreich mit der Hauptstadt Klagenfurt

Kärn·te·ner, **Kärn·te·ne·rin** siehe **Kärntner**

Kärnt·ner der, **Kärnt·ne·rin** <-s, -> Einwohner Kärntens

kärnt·ne·risch adj /nicht steig./ zu Kärnten gehörend, von dort stammend

Ka·ro das <-s, -s> ❶ Viereck, Raute (als Teil eines Stoff- oder Papiermusters) ❷ /kein Plur., ohne Artikel verwendet/ eine Farbe im Kartenspiel ❸ /Plur. „Karo“/ Spielkarte mit der Farbe Karo[2]

K

Ka·ro·ass, a. **Ka·ro-Ass** das <-es, -e> Spielkarte mit der Farbe Karo² und dem Wert des „Ass"

Ka·ros·se die <-, -n> prachtvoll ausgestattete Kutsche

Ka·ros·se·rie die <-, -n> KFZ Fahrzeugrahmen

Ka·ros·se·rie·bau der <-s> /kein Plur./ ❶ der Teil des Fahrzeugbaus, der sich mit der Herstellung von Karosserien beschäftigt: Der Karosseriebau der japanischen Autoindustrie hat im letzten Jahr ein paar wichtige Neuerungen eingeführt. ❷ das wissenschaftlich-technische Know-How, Karosserien zu entwerfen und zu produzieren: Im Karosseriebau denkt man heute anders als vor 20 Jahren.

Ka·ro·tin, **Ca·ro·tin** das <-s> /kein Plur./ (beispielsweise in Karotten enthaltene) gelbe oder rote Substanz, die eine Vorstufe von Vitamin A darstellt

Ka·rot·te die <-, -n> (≈ Möhre)

Kar·pa·ten ein Gebirge in Mitteleuropa

Karp·fen der <-s, -> ein großer Süßwasserfisch ◆ -angel, -filet, -gerät, -zucht ▶ verkarsten

Karp·fen·teich der <-(e)s, -e> der Zucht von Karpfen dienender Teich

Kar·ree das <-s, -s> ❶ Viereck, Quadrat: Die Häuserblocks stehen im Karree. ❷ ÖSTERR. Rippenstück vom Schwein ❸ Schliffform von Diamanten

Kar·re die/der <-, -n> ❶ kleiner Wagen zum Schieben ❷ (umg. abwert.) altes Auto; ■ jemandem an die Karre/den Karren fahren (umg.) massiv gegen jmdn. vorgehen; ■ die Karre/den Karren gründlich in den Dreck fahren (umg.) eine Sache gründlich verderben; ■ die Karre/den Karren (für jemanden) aus dem Dreck ziehen (umg.) eine verfahrene Angelegenheit (für die ein anderer verantwortlich ist) bereinigen

Kar·ren der <-s, -> (≈ Karre)

kar·ren <karrst, karrte, hat gekarrt> mit OBJ ❶ ■ jmd. karrt etwas irgendwohin in einer Karre¹ (irgendwohin) transportieren: Ich karrte den ganzen Tag Humus in die Beete. ❷ ■ jmd. karrt jmdn. irgendwohin (abwert.) in großer Zahl Personen (irgendwohin) transportieren: Autobusse karren monatlich Tausende von Touristen in die Stadt.

Kar·ret·te die <-, -n> SCHWEIZ. Schubkarren

Kar·ri·e·re die <-, -n> erfolgreicher beruflicher Aufstieg: Sie hat eine steile Karriere hinter sich.; Er begann seine Karriere bei der XY Bank.; Die Wahl zum Konzernvorstand stellt das vorläufige Ende einer beispiellosen/einmaligen/ glänzenden/großartigen Karriere dar.; ■ Karriere machen schnell beruflichen Erfolg haben und Anerkennung finden

kar·ri·e·re·be·wusst adj so, dass jmd. der Karriere große Bedeutung beimisst

Kar·ri·e·re·frau die <-, -en> ❶ eine Frau, die Karriere macht oder gemacht hat ❷ (oft abwert.) eine Frau, die ihr Privatleben rücksichtslos dem beruflichen Aufstieg unterordnet

Kar·ri·e·re·knick der <-(e)s, -e> (umg.) der Umstand, dass eine bislang erfolgreich verlaufende Karriere einen Rückschlag oder Einbruch erfährt

Kar·ri·e·re·ma·cher der, **Kar·ri·e·re·ma·che·rin** <-s, -> (abwert.) jmd., der rücksichtslos um seinen beruflichen Aufstieg kämpft oder gekämpft hat

Kar·ri·e·rist der, **Kar·ri·e·ris·tin** <-en, -en> (≈ Karrieremacher)

Kar·sams·tag der <-(e)s, -e> der Samstag vor Ostern

Karst der <-(e)s, -e> Gebirgslandschaft aus Kalkgestein mit wenig Vegetation ◆ -boden, -landschaft

kars·tig adj so, dass eine Landschaft wie ein Karst ist: Nur sehr wenige Pflanzen können auf dem karstigen Boden wachsen.

Kar·tät·sche die <-, -n> MILIT. ein Artilleriegeschoss

Kar·tau·se die <-, -n> Kloster der Kartäuser

Kar·täu·ser der, **Kar·täu·se·rin** <-s, -> REL. Angehöriger eines kontemplativen katholischen Ordens ◆ -mönch, -orden

Kar·täu·ser·li·kör der <-s, -e> Kräuterlikör in der Art des Chartreuse

Kärt·chen das <-s, -> kleine Karte

Kar·te die <-, -n> ❶ ein rechteckiges Blatt aus einem festen Papier oder Karton, das einem bestimmten Zweck dient: Er schreibt die neuen englischen Vokabeln, ihre Verwendungsweise und die deutsche Übersetzung auf Karten im Format DIN A 5. ❷ kurz für „Landkarte" oder „Seekarte": eine Karte im Maßstab 1:10000; Kannst du Karten lesen? ❸ kurz für „Fahrkarte": Vergessen Sie nicht, die Karten am Automaten zu entwerten! ❹ kurz für „Eintrittskarte": Die Karten für das Konzert sind bereits ausverkauft. ❺ kurz für „Postkarte" oder „Ansichtskarte": Wir haben unseren Freunden aus dem Urlaub Karten geschickt. ❻ kurz für „Speisekarte": Unsere reichhaltige Karte bietet auch regionale Spezialitäten. ❼ kurz für „Kreditkarte": Zahlen Sie bar oder mit Karte? ❽ kurz für „Visitenkarte": Darf ich Ihnen meine Karte überreichen? ❾ kurz für „Spielkarte": die Karten mischen ❿ kurz für „Chipkarte" ⓫ ■ die rote Karte SPORT (Fußball) der Platzverweis, mit dem der Schiedsrichter ein sehr schweres Foulspiel bestraft; ■ die Gelbe Karte SPORT (Fußball) die ernste Verwarnung, mit der der Schiedsrichter ein Foulspiel ahndet; ■ jemandem die Karten legen jmdm. mithilfe von Spielkarten die Zukunft vorhersagen; ■ alle Karten in der Hand haben über alle Mittel und Möglichkeiten verfügen; ■ sich nicht in die Karten sehen/schauen lassen niemanden in seine Absichten oder Pläne einweihen; ■ alles auf eine Karte setzen alles riskieren; ■ auf die falsche Karte setzen eine Sache unterstützen, die keinen Erfolg hat

Kar·tei die <-, -en> eine geordnete Sammlung von Karteikarten (beispielsweise zu einem bestimmten Thema oder Sachgebiet) ◆ -kasten

Kar·tei·kar·te die <-, -n> eine von vielen Karten¹ gleicher Größe, auf der man Daten nach einem bestimmten System zu einem bestimmten Thema erfasst: Ich habe die Adressen aller Freunde und Bekannten/all meine CDs und Bücher auf Karteikarten erfasst.

Kar·tei·lei·che die <-, -n> (scherzh.) ❶ ein Eintrag in einer Kartei, dem keine Person, keine Sache oder kein Vorgang entspricht ❷ registriertes,

K

aber nicht mehr aktives Mitglied einer Organisation

Kar·tell *das* <-s, -e> WIRTSCH. *ein Zusammenschluss von Unternehmen des gleichen Wirtschaftszweiges, die auf diesem Wege zum Beispiel durch Preisabsprachen die Konkurrenten auszuschalten versuchen*

Kar·tell·amt *das* <-(e)s, Kartellämter> *die Behörde, die überwacht, dass die kartellrechtlichen Bestimmungen eingehalten werden*

Kar·tell·recht *das* <-(e)s> */kein Plur./ rechtliche Bestimmungen zur Bildung von wirtschaftlichen Kartellen* ▶ kartellrechtlich

kar·ten <kartest, kartete, hat gekartet> *ohne OBJ* ■ **jmd. kartet** *(umg.) jmd. spielt Karten*

Kar·ten·brief *der* <-s, -e> *Brief, der aus einer Briefkarte besteht*

Kar·ten·gruß *der* <-es, Kartengrüße> *Postkarte mit einem kurzen Text, der wesentlich einen Gruß übermitteln soll*

Kar·ten·haus *das* <-es, Kartenhäuser> *einzelne Spielkarten, die man so aufeinandergesetzt hat, dass sie ein kleines Haus bilden;* ■ **einstürzen/in sich zusammenfallen wie ein Kartenhaus** *(umg.) sich (nach der ersten kritischen Prüfung oder Bewährungsprobe) als unrealistisch erweisen*

Kar·ten·in·ha·ber *der,* **Kar·ten·in·ha·be·rin** <-s, -> *Person, auf deren Name eine Karte[7, 10] ausgestellt ist*

Kar·ten·le·gen *das* <-s> */kein Plur./ die Kunst oder das Tun eines Kartenlegers oder einer Kartenlegerin*

Kar·ten·le·ger *der,* **Kar·ten·le·ge·rin** <-s, -> *ein Wahrsager, der durch das Legen von Spielkarten Vorhersagen über die Zukunft macht*

Kar·ten·le·se·ge·rät *das* <-(e)s, -e> EDV *Prüfgerät für Karten[7, 10] mit elektromagnetischem Streifen*

Kar·ten·spiel *das* <-(e)s, -e> *ein Spiel, das mit Spielkarten gespielt wird*

Kar·ten·spie·ler *der,* **Kar·ten·spie·le·rin** <-s, -> *jmd., der mit Spielkarten spielt*

Kar·ten·te·le·fon *das* <-s, -e> *ein öffentlicher Fernsprecher, an dem die Telefongebühren von einer elektronischen Chipkarte abgebucht werden, die der Benutzer vorher an einer Verkaufsstelle erworben hat und die er in den Fernsprecher einführt*

Kar·ten·vor·ver·kauf *der* <-(e)s> */kein Plur./ (↔ Abendkasse) der Verkauf von Eintrittskarten für eine Veranstaltung, der bereits einige Zeit vor der Veranstaltung an bestimmten Verkaufsstellen erfolgt*

Kar·ten·vor·ver·kaufs·stel·le *die* <-, -n> *ein Kiosk oder Stand, an dem man Konzertkarten im Vorverkauf erwerben kann*

Kar·tha·ger *der,* **Kar·tha·ge·rin** <-s, -> *Bewohner Karthagos*

kar·tha·gisch *adj zu der Kultur Karthagos gehörig*

Kar·tha·go <-s> *Ruinenstadt in Nord-Tunesien; die Stadt wurde im 3. Punischen Krieg (149–146 v. Chr.) von den Römern zerstört*

kar·tie·ren <kartierst, kartierte, hat kartiert> *mit OBJ* ■ **jmd. kartiert etwas** ❶ *ein Gebiet auf einer*

Karte[2] darstellen ❷ *etwas auf einer Karteikarte eintragen*

Kar·tof·fel *die* <-, -n> ❶ *unter der Erde wachsende essbare Knolle, die man als Speise kocht oder brät: Wir haben vergangenen Winter zwei Zentner Kartoffeln verbraucht.; Schälst du bitte die Kartoffeln?* ◆-brei, -gericht, -mehl, -püree, -salat, -schale, -schäler, -schälmaschine ❷ *Pflanze, an der die Kartoffeln[1] wachsen: In dieser Gegend baut man vorwiegend Kartoffeln an.* ◆-ernte

Kar·tof·fel·auf·lauf *der* <-s, Kartoffelaufläufe> KOCH. *im Ofen mit Käse überbackene Kartoffelspeise*

Kar·tof·fel·chip *der* <-s, -s> */meist Plur./ eine sehr dünne, pikant gewürzte und frittierte Kartoffelscheibe*

Kar·tof·fel·feu·er *das* <-s, -> *Feuer, bei dem das Kartoffelkraut auf dem abgeernteten Feld verbrannt wird*

Kar·tof·fel·gra·tin *das* <-s, -s> KOCH. *mit Käse überbackene, meist in Scheiben geschnittene Kartoffeln*

Kar·tof·fel·kä·fer *der* <-s, -> *ein Käfer, der sich als Schädling von den Blättern der Kartoffelpflanze ernährt*

Kar·tof·fel·kloß *der* <-es, Kartoffelklöße> KOCH. *Kugel aus der Masse von geriebenen rohen Kartoffeln, die gekocht wird*

Kar·tof·fel·knö·del *der* <-s, -> KOCH. SÜDDT., ÖSTERR. *Kartoffelkloß*

Kar·tof·fel·kraut *das* <-s> */kein Plur./ die grünen Blätter der Kartoffelpflanze*

Kar·tof·fel·na·se *die* <-, -n> *(umg. abwert.) kleine, dicke Nase*

Kar·tof·fel·puf·fer *der* <-s, -> KOCH. *ein (flacher und runder) Fladen aus einem Teig von geriebenen rohen Kartoffeln, der in heißem Fett von beiden Seiten gebraten wird*

Kar·tof·fel·stamp·fer *der* <-s, -> *ein Stampfgerät, mit dem gekochte Kartoffeln zu Brei zerstampft werden können*

Kar·tof·fel·stock *der* <-s> */kein Plur./ SCHWEIZ. Kartoffelbrei*

Kar·to·gra·fie, *a.* **Kar·to·gra·phie** *die* <-> */kein Plur./ Lehre von der Geschichte und Herstellung von Landkarten* ▶ Kartograf/Kartograph, Kartografin/Kartographin

kar·to·gra·fie·ren, *a.* **kar·to·gra·phie·ren** *mit OBJ* ■ **jmd. kartographiert etwas** GEOGR. *geographische Karten und verwandte Darstellungen (Globus) herstellen und vervielfältigen*

Kar·ton *der* [kar'tɔŋ, kar'tõː, kar'toːn] <-s, -s/-e> ❶ *(≈ Pappe) dickes, steifes Papier: Das Gerät wird in einer Verpackung aus stabilem Karton geliefert.; Mit Ölfarben malt man nicht nur auf Leinwand, sondern auch auf Karton.* ❷ *Schachtel aus Karton[1]: Ich suche den Karton mit den alten Fotos.; Ich habe drei Kartons/Karton Konserven gekauft.*

Kar·to·na·ge *die* [...ʒə] <-, -n> *Papp- oder Kartonverpackung* ◆-nfabrik

kar·to·niert *adj /nicht steig./ (von Büchern) mit einem Pappeinband versehen*

Kar·to·thek *die* <-, -en> *Kartei*

Kar·tu·sche *die* <-, -n> ❶ MILIT. *Metallhülse für*

die Pulverladung ❷ EDV *Behälter, der die Tinte oder den Toner von Druckern enthält* ❸ KUNST *schildartiges Ornament mit reich verziertem Rand*

Ka·rus·sell *das* <-s, -s/-e> *eine auf Rummelplätzen eingesetzte Konstruktion, die sich durch einen Motor in eine Drehbewegung versetzen lässt und auf der sich Personen auf ihren Sitzplätzen mitdrehen:* Als Kind wollte ich auf dem Jahrmarkt/Volksfest/Rummel mit jedem Karussell fahren.

Kar·wen·del·ge·bir·ge *das* <-s> *Gebirgsgruppe der Kalkalpen in Tirol und Bayern*

Kar·wo·che *die* <-, -n> *die Woche vor Ostern*

Kar·zer *der* <-s, -> ❶ GESCH. *Raum an Universitäten, in dem Studenten eine Strafe absitzen mussten* ❷ *Strafe für Studenten, die im Karzer¹ zu verbringen war*

kar·zi·no·gen *adj /nicht steig./* MED. *Krebs erregend*

Kar·zi·nom *das* <-s, -e> MED. *(Krebs-)Geschwulst*

Ka·sach, Ka·sak *der* <-(s), -s> *handgeknüpfter Teppich aus dem Kaukasus*

Ka·sa·chi·sche *das* <-n> */kein Plur./ die kasachische Sprache*

Ka·sach·s·tan <-s> *Republik in Zentralasien* ▶ Kasache, Kasachin, kasachisch

Ka·sa·t·schok *der* <-s, -s> *ein russischer Volkstanz*

Ka·schem·me *die* <-, -n> *(abwert.: ≈ Spelunke) Lokal mit zwielichtigem Ruf*

ka·schen <kaschst, kaschte, hat gekascht> *mit OBJ* ■ *jmd. kascht jmdn./etwas (umg.)* ❶ *gefangen nehmen* ❷ *sich widerrechtlich aneignen*

Kä·scher *der siehe* **Kescher**

ka·schie·ren <kaschierst, kaschierte, hat kaschiert> *mit OBJ* ■ *jmd. kaschiert etwas* ❶ *etwas geschickt so darstellen, dass eine positive Wirkung erzielt wird und Mängel nicht erkennbar werden:* Es gelang ihr, ihre Unsicherheit während der Prüfung zu kaschieren.; Sie versuchte, ihren Po durch lange Pullover zu kaschieren. ❷ *plastische Teile einer Bühnendekoration herstellen*

Kasch·mir¹ <-s> *Landschaft in Vorderindien*

Kasch·mir² *das* <-s> *ein feines, glattes Gewebe* ◆-schal

Kasch·mir·zie·ge *die* <-, -n> *schulterhohe, weiße, braune oder schwarze Hausziege mit sehr weichem, feinem Haar, das zur Herstellung sehr feiner Gewebe (Kaschmir) benutzt wird*

Kä·se *der* <-s, -> ❶ *ein Nahrungsmittel, das aus der Milch von Kühen, Schafen oder Ziegen hergestellt wird:* ein Laib Käse; ein mit Schinken und Käse belegtes Brot; ein mit Käse überbackener Auflauf ◆-aufschnitt, -kuchen, -sahnetorte, -torte, Frisch-, Hart-, Schafs-, Schimmel-, Weich-, Ziegen- ❷ *(umg. abwert.: ≈ Quatsch) Unsinn:* Was er gesagt hat, ist doch Käse!

Kä·se·blatt *das* <-(e)s, Käseblätter> *(umg. abwert.) kleine, unbedeutende Zeitung*

Kä·se·bröt·chen *das* <-s, -> *ein mit Käse¹ belegtes Brötchen*

Kä·se·ecke *die* <-, -n> ❶ *ein Eckstück eines größeren Käsestücks* ❷ *ein schon fertig verpacktes Stück Käse¹*

Kä·se·fon·due *das* [...föˈdyː] <-s, -s> *ein Gericht, das man am Esstisch bereitet, indem man kleinere Brotbrocken in eine aufgeschmolzene Käsemasse taucht*

Kä·se·fuß *der* <-es, Käsefüße> */meist Plur./ (umg. abwert.) aufgrund starker Schweißabsonderung übel riechender Fuß*

Kä·se·glo·cke *die* <-, -n> *eine Glashaube, die man über Käse¹ stülpt, um ihn frisch zu halten*

Kä·se·mes·ser *das* <-s, -> *ein besonders geformtes Messer, in dessen Schneide mehrere Löcher eingearbeitet sind und das sich zum Schneiden von Käse¹ besonders eignet*

kä·sen <käst, käste, hat gekäst> *ohne OBJ* ❶ ■ *jmd. käst jmd. stellt Käse her* ❷ ■ *etwas käst etwas wird zu Käse:* Die Milch käst.

Kä·se·plat·te *die* <-, -n> *Stücke verschiedener Käsesorten, die (oft als Abschluss eines Essens) zusammen auf einem Holzbrett oder flachen Teller serviert werden*

Kä·se·rei *die* <-, -en> *ein Betrieb, in dem Käse¹ hergestellt wird*

Ka·ser·ne *die* <-, -n> MILIT. *mehrere zusammengehörige und nach außen hin abgegrenzte Gebäude, in denen dauerhaft Soldaten untergebracht sind*

Ka·ser·nen·hof *der* <-(e)s, Kasernenhöfe> *Innenhof einer Kaserne*

Ka·ser·nen·hof·ton *der* <-(e)s> */kein Plur./ (abwert.) rauer, herrischer Ton*

ka·ser·nie·ren <kasernierst, kasernierte, hat kaserniert> *mit OBJ* ■ *jmd. kaserniert jmdn. eine Gruppe von Menschen in Kasernen unterbringen* ▶ Kasernierung

Kä·se·schmie·re *die* <-> */kein Plur./ die Talgschicht auf dem Körper eines Neugeborenen, die als Schutz der Haut wirkt*

Kä·se·stan·ge *die* <-, -n> *Gebäck in Form kleiner Stangen aus Mehl, Käse¹, Ei und Fett*

Kä·se·tel·ler *der* <-s, -> *(≈ Käseplatte) Teller mit verschiedenen Käsesorten*

kä·sig *adj* ❶ *käseartig* ❷ *(umg.) blass:* ein käsiges Gesicht

Ka·si·no *das* <-s, -s> ❶ *kurz für „Spielkasino"* ❷ *Gebäude mit Räumen für gesellschaftliche Zusammenkünfte* ❸ MILIT. *Speiseraum für Offiziere*

Kas·ka·de *die* <-, -n> *künstlich angelegter Wasserfall in Form von Stufen*

kas·ka·den·för·mig *adj /nicht steig./ in der Form einer Kaskade*

Kas·ko·ver·si·che·rung *die* <-, -en> KFZ *eine Versicherung gegen Schäden, die der Fahrer oder Halter am eigenen Fahrzeug verursacht*

Kas·per *der* <-s, -> ❶ *lustige (männliche) Hauptfigur des Puppenspiels* ❷ *(umg. scherzh.) alberner Mensch*

Kas·perl *der* <-s, -/-n> SÜDDT., ÖSTERR. *Kasper*

Kas·per·le *der/das* <-s, -> SÜDDT. *Kasper* ◆-puppe

Kas·per·le·the·a·ter *das* <-s, -> */kein Plur./ ein Puppentheater (meist für Kinder), das auf volkstümliche Weise den Kasper¹ als Hauptfigur zeigt, der mit derbem Witz und Humor auftritt, den Schwachen hilft und die Bösen besiegt (aus der Tradition des Wiener Volkstheaters)*

Kas·per·li *das* <-s, -> SCHWEIZ. *Kasper*

K

Kas·per·the·a·ter das <-s, -> eine Puppenbühne, die mit Handpuppen Stücke aufführt, in deren Mittelpunkt der Kasper[1] steht

kas·pisch adj /nicht steig./ zur Region des kaspischen Meeres gehörig

Kas·pi·sche Meer das <Kaspischen Meeres> /kein Plur./ im Südwesten Russlands gelegenes Meer ohne natürliche Verbindung zum Weltmeer

Kas·sa die <-, Kassen> ÖSTERR. Kasse

Kas·sa·ge·schäft das <-(e)s, -e> WIRTSCH. Wertpapiergeschäft an der Börse, bei dem die Erfüllung (Lieferung und Zahlung) sehr bald (2. Tag) zu erfolgen hat

Kas·sa·kurs der <-es, -e> WIRTSCH. Börsenkurs für die Umsätze im Kassageschäft

Kas·sa·markt der <-(e)s, Kassamärkte> WIRTSCH. Börsenmarkt für Kassageschäfte

Kas·sa·ti·on die <-, -en> ❶ Ungültigmachen einer Urkunde ❷ RECHTSW. Aufhebung eines Urteils durch ein höheres Gericht ❸ MILIT. (veralt.) unehrenhafte Entlassung aus dem Militärdienst

Kas·se die <-, -n> ❶ (verschließbarer) Geldkasten: In der Kasse waren drei Hunderteuroscheine und ein paar Münzen.; Die Einbrecher haben die Kasse aufgebrochen. ❷ (≈ Registrierkasse) in einem Laden das Gerät, in das die Preise der verkauften Waren eingegeben werden und das einen Beleg für den Kunden ausdruckt: Die Verkäuferin tippt die Warenpreise in die Kasse. ► Kassierer(in) ◆ -nbon ❸ eine Stelle, an der man beispielsweise Waren oder Eintrittskarten bezahlt: Ich stelle mich an der Kasse an.; Vor der Kasse hatte sich eine lange Schlange gebildet. ❹ ein Schalter (in einer Bank oder einer Behörde) an dem Geld eingezahlt oder ausbezahlt wird ❺ kurz für „Krankenkasse“: Die meisten Kassen übernehmen die Kosten der Behandlung.; ■ (gut/schlecht/knapp) bei Kasse sein (umg.) (reichlich oder wenig) Geld haben; ■ jemanden zur Kasse bitten (umg.) eine Zahlungsforderung an jmdn. richten

Kas·se·ler das <-s, -> ❶ kurz für „Kasseler Rippenspeer“ ❷ jmd. aus der Stadt Kassel in Nordhessen

Kas·se·ler Rip·pen·speer das <-> /kein Plur./ gepökeltes und geräuchertes Schweinebruststück mit Rippen

Kas·sen·arzt der, **Kas·sen·ärz·tin** <-es, Kassenärzte> ein Arzt, der das Recht und die Pflicht hat, Patienten zu behandeln, die bei einer gesetzlichen Krankenkasse versichert sind

kas·sen·ärzt·lich adj /nicht steig./ den Kassenarzt betreffend: die kassenärztliche Vereinigung

Kas·sen·be·leg der <-(e)s, -e> (≈ Kassenbon) von einer Registrierkasse ausgegebener Rechnungsbeleg

Kas·sen·be·richt der <-s, -e> WIRTSCH. schriftliche Aufzeichnungen über Einnahmen und Ausgaben

Kas·sen·bon der <-s, -s> (≈ Kassenbeleg)

Kas·sen·bril·le die <-, -n> (umg. oft abwert.) einfache, billige Brille, die von der Krankenkasse bezahlt wird

Kas·sen·buch das <-s, Kassenbücher> (größeres) Heft, in das Bareinnahmen und -ausgaben eingetragen werden

Kas·sen·er·folg der <-(e)s, -e> ein erfolgreiches Film- oder Bühnenwerk, das viel Geld einspielt

Kas·sen·leis·tung die <-, -en> MED. eine Versicherungsleistung der Krankenkasse: Die Übernahme der Kosten eines Aufenthaltes im Krankenhaus ist eine ganz normale Kassenleistung.; Mit Einschränkungen bei vielen Kassenleistungen ist auch zukünftig zu rechnen.

Kas·sen·ma·g·net der <-en, -en> (umg.) Person oder Sache, die ein großes zahlendes Publikum anzieht

Kas·sen·pa·ti·ent der, **Kas·sen·pa·ti·en·tin** <-en, -en> (↔ Privatpatient) ein Patient, der bei einer gesetzlichen Krankenkasse versichert ist

Kas·sen·raum der <-s, Kassenräume> Raum, in dem (in einer Bank) die Kassenschalter sind

Kas·sen·schal·ter der <-s, -> die Stelle im Besucherraum einer Bank, wo Kunden bedient werden, die Geld einzahlen oder abheben wollen

Kas·sen·schla·ger der <-s, -> (umg.: ↔ Ladenhüter) ein Artikel, der sich überaus gut verkauft

Kas·sen·sturz der <-es> /kein Plur./ (umg.) der Vorgang, dass man vorhandenes Geld zählt, um genau zu wissen, wie viel Geld man hat: Bevor wir uns zum Kauf neuer Möbel entschließen, sollten wir erst einmal Kassensturz machen.

Kas·sen·wart der <-(e)s, -e> jmd., der die Finanzen eines Vereins verwaltet

Kas·sen·zet·tel der <-s, -> (≈ Kassenbeleg)

Kas·set·te die <-, -n> ❶ (verschließbares) Kästchen, in dem man beispielsweise Uhren und Schmuck aufbewahrt ◆ Geld-, Schmuck- ❷ ein Datenträger in der Form eines rechteckigen Kunststoffgehäuses, in dessen Innerem zwei bewegliche Spulen mit einem Magnetband fest eingebaut sind: Beim Kauf dieses Videorekorders/Kassettenrekorders erhalten Sie gratis fünf neue Kassetten. ◆ Musik-, Video-

Kas·set·ten·deck das <-s, -s> Gerät zum Aufnehmen und Abspielen von Audiokassetten

Kas·set·ten·re·kor·der, a. **Kas·set·ten·re·cor·der** der <-s, -> Kassettendeck mit eigenem Verstärker und einfachem Lautsprecher

Kas·sier der <-s, -e> SÜDDT., ÖSTERR., SCHWEIZ. Kassierer

kas·sie·ren <kassierst, kassierte, hat kassiert> I. mit OBJ ■ jmd. kassiert etwas ❶ (umg.) sich aneignen, einstecken: Er hat meinen Bleistift kassiert. ❷ (umg.) wegnehmen, beschlagnahmen: Die Polizei hat seinen Führerschein kassiert. ❸ bekommen, einnehmen: Der Makler hat eine ansehnliche Provision kassiert. ❹ hinnehmen müssen: Die Mannschaft kassierte am Wochende eine herbe Niederlage. ❺ einsammeln: Die Lehrerin kassiert das Geld für die Klassenfahrt. II. ohne OBJ ■ jmd. kassiert Geld für eine Ware oder eine Leistung einfordern: Das Lokal schließt in wenigen Minuten, kann ich bitte kassieren?

Kas·sie·rer der, **Kas·sie·re·rin** <-s, -> ❶ Angestellter, der Zahlungen annimmt und Geld auszahlt: Sie ist Kassiererin in einer Bank. ❷ (≈ Kassenwart)

Kas·si·o·peia die <-> /kein Plur./ ein Sternbild

Kas·ta·g·net·te die [kastanˈjɛtə] <-, -n> /meist

Plur./ MUS. *ein kleines Rhythmusinstrument der traditionellen spanischen Musik, das aus zwei Holzschälchen besteht, die man mit den Fingern so bewegt, dass sie gegeneinanderschlagen*

Kas·ta·nie *die* <-, -n> ❶ *ein Laubbaum* ◆-nbaum ❷ *Frucht der Kastanie[1];* ■ **(für jemanden) die Kastanien aus dem Feuer holen** *(umg.) (für einen anderen) eine unangenehme und gefährliche Aufgabe erledigen*

kas·ta·ni·en·braun *adj /nicht steig./ mittel- bis dunkelbraun und rötlich schimmernd:* kastanienbraunes Haar

Käst·chen *das* <-s, -> ❶ *kleiner Kasten:* Sie bewahrt ihren Schmuck in einem Kästchen auf. ◆ Schmuck- ❷ *eines der kleinen, auf (kariertem) Rechenpapier gedruckten Quadrate:* Zahlen in Kästchen schreiben

Kas·te *die* <-, -n> *in der hinduistischen Gesellschaft eine von den anderen Schichten abgeschlossene Gesellschaftsschicht mit strengen gesellschaftlichen, religiösen und wirtschaftlichen Normen*

kas·tei·en <kasteist, kasteite, hat kasteit> *mit* SICH ■ **jmd. kasteit sich** ❶ REL. *sich selbst zu Bußzwecken Schmerzen zufügen* ❷ *sich Entbehrungen auferlegen* ◆ Kasteiung

Kas·tell *das* <-s, -e> *Burg, Festung*

Kas·tel·lan *der* <-s, -e> ❶ *Pförtner, Hausmeister (an Universitäten, in Burgen und Schlössern)* ❷ *Aufseher, Verwalter in Burgen und Schlössern*

Kas·ten *der* <-s, Kästen/(-)> ❶ *eine aus Holz oder Metall gefertigte Kiste (mit Deckel), in der man etwas aufbewahrt oder transportiert:* Nach getaner Arbeit legte er die Werkzeuge wieder in den Kasten. ◆ Farb-, Geigen-, Kartei-, Werkzeug- ❷ *ein Kasten[1] für Getränke, der über einzelne Fächer zur Aufnahme von Flaschen verfügt:* ein Kasten Bier/Mineralwasser ❸ SPORT *ein Turngerät in der Form eines hölzernen Kastens[1], auf dessen Oberseite sich ein weiches Lederpolster befindet:* über den Kasten springen ❹ SÜDDT., ÖSTERR., SCHWEIZ. *Schrank* ◆ Kleider-

Kas·ten·wa·gen *der* <-s, -> *ein Auto mit kastenförmigem Aufbau*

Kas·ti·li·en <-s> *Provinz in Spanien*

Kas·t·rat *der* <-en, -en> ❶ *(veralt.) kastrierter Mann* ❷ MUS. *(früher) Sänger mit einer ungewöhnlich hohen Stimme*

Kas·t·ra·ten·stim·me *die* <-, -n> *hohe Stimme eines Kastraten[2]*

Kas·t·ra·ti·on *die* <-, -en> ❶ MED. *Entfernung der Hoden beim Mann* ❷ *(fachspr.) Entfernen der Fortpflanzungsorgane bei männlichen Tieren*

Kas·t·ra·ti·ons·kom·plex *der* <-es> */kein Plur./ die aus der Psychoanalyse entwickelte Vorstellung, dass es zur Entwicklung der weiblichen Psyche in einem frühkindlichen Entwicklungsstadium gehört, dass sie ihren Körper im Verhältnis zum Mann als kastriert erlebt*

kas·t·rie·ren <kastrierst, kastrierte, hat kastriert> *mit* OBJ ■ **jmd. kastriert jmdn.** *eine Kastration durchführen:* Er hat seinen Kater kastrieren lassen.

Ka·su·is·tik *die* <-> */kein Plur./* ❶ *Fallrecht in ju-*

ristischen, ethischen und religiösen Systemen, das nicht den Einzelfall unter allgemeine Regeln bringt, sondern ihn im Verhältnis zu anderen Einzelfällen betrachtet ❷ *(übertr. abwert.) Wortklauberei, Haarspalterei* ▶ kasuistisch

Ka·sus *der* <-, -Kasus> SPRACHWISS. *(≈ Fall)* Im Deutschen gibt es vier Kasus, nämlich den Nominativ, den Genitiv, den Dativ und den Akkusativ.

Ka·sus·en·dung *die* <-, -en> *die Endung (Buchstabe oder Silbe), die einem Substantiv im Nominativ angehängt wird, um den entsprechenden Kasus zu kennzeichnen:* Substantive im Genitiv werden im Deutschen häufig durch die Kasusendung „s" gekennzeichnet.

Kat *der* <-s, -s> KFZ *(umg.) kurz für „Katalysator"[2]*

Ka·ta·kom·be *die* <-, -n> */meist Plur./ GESCH. unterirdische Grabanlage*

Ka·ta·la·ne *der,* **Ka·ta·la·nin** <-n, -n> *jmd., der zur katalanischen Kultur im Nordosten Spaniens gehört*

Ka·ta·la·nisch *das* <-en> */kein Plur./ zu den romanischen Sprachen gehörende Sprache, die in mehreren Dialekten in Katalonien, Teilen Aragoniens und der Provinz Valencia gesprochen wird*

Ka·ta·lep·sie *die* <-, -n> MED. *(≈ Starrsucht) Spannungszustand der Muskeln, die sich aktiv nicht mehr bewegen lassen* ▶ kataleptisch

Ka·ta·log *der* <-(e)s, -e> *ein Verzeichnis in Form eines (dickeren) Buches, in dem Waren, Bücher oder Gegenstände aufgeführt sind:* Die Bibliothekarin sucht im Katalog nach einem Buch.; Ich habe mir den Katalog des Versandhauses bestellt.; Der Katalog zur Ausstellung kostet 30 Euro.

ka·ta·lo·gi·sie·ren <katalogisierst, katalogisierte, hat katalogisiert> *mit* OBJ ■ **jmd. katalogisiert etwas** *in einen Katalog aufnehmen:* Die neuen Briefmarken sind bereits alle katalogisiert.

Ka·ta·log·preis *der* <-es, -e> *Warenpreis, wie er im Katalog verzeichnet ist*

Ka·ta·lo·ni·en <-s> *historische Provinz und autonome Region im Nordosten Spaniens*

Ka·ta·ly·sa·tor *der* <-s, ...-toren> ❶ CHEM. *ein Stoff, der eine chemische Reaktion herbeiführt oder beeinflusst, dabei aber selbst unverändert bleibt* ❷ KFZ *eine Vorrichtung am Auto zur Reinigung der Abgase*

Ka·ta·ly·sa·tor·wa·gen *der* <-s, -> *Auto, das mit einem Katalysator[2] ausgerüstet ist*

ka·ta·ly·sie·ren <katalysiert, katalysierte, hat katalysiert> *mit* OBJ ■ **etwas katalysiert etwas** *eine chemische Reaktion durch einen Katalysator auslösen bzw. ihre Ablaufzeit verkürzen*

Ka·ta·ma·ran *der* <-s, -e> *schnelles, aus zwei parallel angeordneten und verbundenen Schiffskörpern bestehendes Segelboot*

Ka·ta·ple·xie *die* <-, -n> MED. *durch Schreck ausgelöste Starre*

Ka·ta·pult *der/das* <-(e)s, -e> GESCH. *eine (große) (Stein-)Schleuder*

ka·ta·pul·tie·ren <katapultierst, katapultierte, hat katapultiert> *mit* OBJ ❶ ■ **jmd./etwas katapultiert jmdn./etwas irgendwohin** *(heraus-)schleudern:* Der Pilot wurde beim Absturz des Flugzeugs aus der Pilotenkanzel katapultiert.

❷ ■ *etwas katapultiert jmdn. irgendwohin* *(übertr.) bewirken, dass jmd. sehr schnell ein Ziel erreicht:* Das neue Album katapultierte die Band praktisch über Nacht in Superstarregionen.

Ka·ta·pult·start *der* <-(e)s, -s> *Start von Flugzeugen mit Hilfe einer Schleudervorrichtung (besonders auf Flugzeugträgern), um sie möglichst rasch zu beschleunigen*

Ka·tar, Ka·tar *der* <-s> *Emirat am Persischen Golf*

Ka·ta·rakt¹ *der* <-(e)s, -e> *Wasserfall; Stromschnelle*

Ka·ta·rakt² *die* <-, -e> MED. *grauer Star*

Ka·tarrh, *a.* **Ka·tarr** *der* <-s, -e> MED. *Schleimhautentzündung der Atemorgane*

Ka·tas·ter *der/das* <-s, -> AMTSSPR. *amtliches Grundstücksregister* ◆-amt

Ka·tas·ter·aus·zug *der* <-s, Katasterauszüge> *schriftliche Mitteilung über einen bestimmten Teil der Daten eines Katasters*

ka·ta·s·t·ro·phal *adj verhängnisvoll, entsetzlich:* Das war ein katastrophaler Fehler/Irrtum.; In den Hochwassergebieten herrschen katastrophale Zustände.

Ka·ta·s·t·ro·phe *die* <-, -n> *Unglück von sehr großem Ausmaß* ◆-nalarm, -ngebiet, -nopfer

Ka·ta·s·t·ro·phen·dienst *der* <-(e)s, -e> *Hilfsorganisation, die im Katastrophenfall hilft*

Ka·ta·s·t·ro·phen·schutz *der* <-es> /kein Plur./ ❶ *Organisationen, die helfen, nachdem sich eine Katastrophe ereignet hat* ❷ *vorbeugende Maßnahmen zur Verhinderung von Katastrophen*

Ka·ta·s·t·ro·phen·the·o·rie *die* <-, -n> ❶ *eine von G. Baron de Cuvier vertretene (und wenig später wieder aufgegebene) Theorie, nach der die Lebewesen periodisch durch universale Katastrophen vernichtet wurden und durch Neuschöpfung wieder entstanden sind* ❷ MATH. *Gebiet der Mathematik, in dem Methoden zur Beschreibung sprunghaft auftretender Phänomene systematisch und rechnerisch entwickelt werden*

Kat·au·to *das* <-s, -s> (umg.) *Auto mit einem Katalysator*

Ka·te *die* <-, -n> NORDDT. *kleines, ärmliches (Holz-)Haus, Hütte*

Ka·te·che·se *die* <-, -n> *Unterrichtseinheit zur Vermittlung des christlichen Glaubens*

Ka·te·chet *der,* **Ka·te·che·tin** <-en, -en> *jmd., der an der Katechese teilnimmt*

Ka·te·chis·mus *der* <-, Katechismen> REL. *Lehrbuch für den christlichen Glaubensunterricht*

Ka·te·chist, Ka·te·chis·tin <-en, -en> *einheimischer Helfer in den Missionsgebieten der katholischen Kirche*

Ka·te·go·rie *die* <-, -n> *(Ein-)Ordnung:* Diese Art von Musik lässt sich keiner Kategorie zuordnen.

Ka·te·go·ri·en·wis·sen *das* <-s> PSYCH., SPRACHWISS. *(Ein-)Ordnung:* grundlegendes Bedeutungswissen über die Zugehörigkeit eines Ausdrucks zu einer hierarchisch übergeordneten Einheit, über das man neben sonstigen Bedeutungseigenschaften eines Ausdrucks mindestens verfügen muss.; In „Die Miezekatze ist ein Haustier" macht das Wissen davon, dass es „ein Haustier" ist, das Kategorienwissen aus.; *siehe auch* **Stereotyp**

ka·te·go·risch *adj* /nicht steig./ (geh.) *entschieden, mit Nachdruck:* Die Arbeitgeber lehnten die Forderungen der Gewerkschaften kategorisch ab.

ka·te·go·ri·sie·ren *mit OBJ* ■ *jmd. kategorisiert etwas* (geh.) *einordnen*

Ka·ten·brot *das* <-(e)s, -e> *dunkles, grobes, kräftig schmeckendes Brot, das nach einem besonderen Verfahren hergestellt wird*

Ka·ten·wurst *die* <-, Katenwürste> (≈ Katenrauchwurst) *grobe, nach einem bestimmten Verfahren geräucherte Dauerwurst*

Ka·ter¹ *der* <-s, -> ZOOL. *männliche Katze*

Ka·ter² *der* <-s, -> (umg.) *Unwohlsein nach zu reichlichem Alkoholkonsum (am Tag vorher):* Am Neujahrstag hatte er einen Kater. ◆-frühstück ▶ verkatert

Ka·ter·stim·mung *die* <-> /kein Plur./ (umg.) *die ernüchterte Stimmung, die auf eine Zeit der Euphorie folgt*

Ka·tha·rer *der,* **Ka·tha·re·rin** <-s, -> (≈ Albigenser) *Angehöriger einer mittelalterlichen Sekte in West- und Südeuropa (bis zum Balkan)*

Ka·thar·sis, Ka·thar·sis *die* <-> /kein Plur./ ❶ LIT. *Läuterung der Seele als Wirkung des (antiken) Trauerspiels* ❷ PSYCH. *Befreiung von seelischen Konflikten durch emotionale Durcharbeitung*

Ka·the·der *das* <-s, -> (veralt.) *(Lehrer-, Redner-)Pult, Podium*

Ka·the·d·ra·le *die* <-, -n> (↔ Dom) *Bezeichnung für eine bischöfliche Hauptkirche (in England, Frankreich und Spanien)*

Ka·the·te *die* <-, -n> MATH. *eine der beiden Seiten eines rechtwinkligen Dreiecks, die den rechten Winkel einschließen*

Ka·the·ter *der* <-s, -> MED. *Röhrchen zum Einführen in Körperorgane zur Entleerung, Füllung oder Spülung:* Der Arzt führte einen Katheter in die Blase ein. ◆Blasen-

Ka·tho·de, Ka·to·de *die* <-, -n> PHYS. (↔ Anode) *negativer Pol einer Elektrode*

Ka·tho·den·strah·len *die* <-> Plur. PHYS. *Bezeichnung für gebündelte Strahlen freier Elektronen, die von der Kathode zur Anode gehen*

Ka·tho·lik *der,* **Ka·tho·li·kin** <-en, -en> *Angehöriger der katholischen Kirche*

Ka·tho·li·ken·tag *der* <-s, -e> *Kirchentag der deutschen Katholiken, der alle zwei Jahre stattfindet und auf dem aktuelle religiöse, politische und soziale Fragen erörtert werden*

ka·tho·lisch *adj* /nicht steig./ (↔ evangelisch) *zu der christlichen Kirche gehörend, die den Papst als Oberhaupt hat:* ein katholischer Priester; Der Papst ist das Oberhaupt der katholischen Kirche.

Kat·ion *das* <-s, -en> PHYS. *positiv geladenes Ion*

Ka·to·de *die siehe* **Kathode**

Kat·tun *der* <-s> *ein festes Baumwollgewebe*

Katz ■ **Katz und Maus (mit jemandem) spielen** (umg.) *jmdn. durch wiederholte Versprechungen Hoffnungen auf etwas machen und diese schließlich enttäuschen;* ■ **für die Katz sein** (umg.) *umsonst, vergebens sein*

katz·bu·ckeln <katzbuckelst, katzbuckelte, hat gekatzbuckelt> *ohne OBJ* ■ *jmd. katzbuckelt* *(abwert.) sich unterwürfig zeigen:* Er katzbuckelt vor seinem Chef.

Kätz·chen *das <-s, ->* *junge Katze*

Kat·ze *die <-, -n>* ➊ *das (als Haustier beliebte) kleine Raubtier:* Die Katze fängt Mäuse/schnurrt/ streckt sich in der Sonne auf den warmen Steinen aus. ◆Angora-, Haus-, Perser-, Wild- ➋ *(↔ Kater) Bezeichnung für eine weibliche Katze¹* ➌ZOOL. *in verschiedenen Arten vorkommende Raubtiere:* Löwen, Tiger und Leoparden sind Katzen.; ■**die Katze aus dem Sack lassen** *(umg.) eine geheim gehaltene Tatsache bekanntgeben;* ■**die Katze im Sack kaufen** *(umg.) etwas kaufen, ohne sich vorher von der Qualität überzeugt zu haben;* ■**wie die Katze um den heißen Brei herumschleichen** *(umg.) über etwas Unangenehmes nur in Andeutungen sprechen, ohne den eigentlichen Kern der Sache zu berühren*

Kat·zel·ma·cher *der <-s, ->* ÖSTERR. *abwertende Bezeichnung für Italiener*

kat·zen·ar·tig *adj /nicht steig./ mit der (für Katzen typischen) Geschmeidigkeit der Bewegungen*

Kat·zen·au·ge *das <-s, -n>* ➊ *Auge einer Katze¹* ➋ *(umg.) Rückstrahler am Fahrrad*

Kat·zen·bu·ckel *der <-s, ->* *(übertr.) gekrümmter Rücken (wie bei einer zornigen Katze)*

kat·zen·freund·lich *adj scheinheilig-freundlich*

Kat·zen·gold *das <-(e)s> /kein Plur./* ➊ *Rauschgold* ➋ *fälschlich für Gold gehaltene Minerale wie mineralisch glänzender Glimmer oder Pyrit*

Kat·zen·hai *der <-s, -e>* *kleiner, schlanker Haifisch*

Kat·zen·jam·mer *der <-s> /kein Plur./ (umg.) Niedergeschlagenheit, traurige Stimmung:* Auf die anfängliche Euphorie folgte schon bald der Katzenjammer.

Kat·zen·mu·sik *die <-> /kein Plur./ (umg. abwert.) disharmonische, schlecht klingende Musik*

Kat·zen·sprung ■**etwas ist (nur) einen Katzensprung (entfernt)** *(umg.) etwas ist nicht weit entfernt* Von der Wohnung bis ins Büro ist es nur ein Katzensprung.

Kat·zen·streu *die <-> /kein Plur./ ein saugfähiges Granulat, das man in eine Kiste füllt, damit Katzen, die im Haus gehalten werden, darin ihre Notdurft verrichten können*

Kat·zen·wä·sche *die <-> /kein Plur./ (umg. scherzh.) nur kurze, nicht besonders gründliche Körperpflege*

Katz-und-Maus-Spiel *das <-s, -e> (umg.) ein Verhalten, das durch starke Zweideutigkeit bestimmt ist, indem jemand auf einen anderen zugeht, ihm etwas anbietet oder verspricht und sich dann wieder zurückzieht und so weiter*

Kau·ap·pa·rat *der <-s, -e>* ANAT. *alle Organe bei Menschen und Tieren, die das Kauen möglich machen (wie z. B. Kieferknochen, Muskeln)*

Kau·be·we·gung *die <-, -en> Bewegung beim Kauen*

Kau·der·welsch *das <-(s)> /kein Plur./ (abwert.)* ➊ *(umg.) unverständliches Sprachgemisch:* Er sprach ein Kauderwelsch aus Deutsch und Italienisch. ➋ *unverständliche Sprechweise:* Ihr fürchterliches Kauderwelsch war nicht zu verstehen.

➌ *aufgrund vieler Fremd- oder Fachwörter schwer verständliche Ausdrucksweise:* Kann mir jemand das medizinische Kauderwelsch übersetzen?

kau·en *<kaust, kaute, hat gekaut>* I. *mit OBJ* ■ *jmd. kaut etwas durch Auf- und Abbewegen des Kiefers Nahrung mit den Zähnen zerkleinern:* die Nahrung gründlich kauen II. *ohne OBJ* ■ *jmd. kaut (an etwas* Dat.) *aufgrund von Nervosität an etwas herumbeißen oder nagen:* Sie kaute während der Prüfung auf/an ihrem Bleistift/an ihren Fingernägeln.; ■**an etwas zu kauen haben** *(umg.) Mühe mit etwas haben* An diesem Problem hatte er fünf Jahre zu kauen.

kau·ern *<kauerst, kauerte, hat gekauert>* I. *ohne OBJ* ■ *jmd. kauert irgendwo sich irgendwo in hockender Stellung befinden:* Er kauerte in der Ecke. II. *mit SICH* ■ *jmd. kauert sich irgendwohin sich in eine kauernde Stellung begeben:* Sie kauerte sich hinter einen Busch, um sich zu verstecken.

Kauf *der <-(e)s, Käufe> das Kaufen, der Erwerb:* Der Kauf von Schuhen ist nicht einfach.; Der Kauf und Verkauf von Aktien will gut überlegt sein.; Hoffentlich hat er seinen Kauf noch nicht bereut!; ■**etwas in Kauf nehmen** *Unannehmlichkeiten im Hinblick auf andere Vorteile akzeptieren* ◆-absicht, -beratung, -entscheidung, -verhalten, -wert, Aktien-, Auto-, Impuls-, Wohnungskauf

kau·fen *<kaufst, kaufte, hat gekauft>* I. *mit OBJ* ■ *jmd. kauft etwas* ➊ *eine Ware erwerben, indem man Geld dafür bezahlt:* Wir haben das Auto aus zweiter Hand gekauft; Er kauft sich jeden Monat eine CD.; Sie hat ihrem Mann als Geschenk einen Bildband über Italien gekauft.; Liebe kann man nicht kaufen. ➋ *(umg.) bestechen:* Wie sich später herausstellte, hatte man den Zeugen gekauft. II. *ohne OBJ* ■ *jmd. kauft einkaufen:* Das war das letzte Mal, dass ich hier gekauft habe!; Ich kaufe nur in Fachgeschäften.; ■**sich jemanden kaufen** *(umg.) jmdm. gehörig die Meinung sagen*

Käu·fer *der,* **Käu·fe·rin** *die <-s, ->* *(↔ Verkäufer) jmd., der etwas kauft oder gekauft hat:* Haben Sie für das Haus schon einen Käufer gefunden?; Der Käufer wünscht sich kompetente Beratung und eine große Auswahl.

Käu·fer·kreis *der <-es, -e> der Bereich von Personen, die als Käufer in Frage kommen*

Kauf·frau *die <-, -en> siehe* **Kaufmann**

Kauf·haus *das <-es, Kaufhäuser> ein großes Geschäft, in dessen verschiedenen Abteilungen verschiedene Arten von Waren angeboten werden* ◆-detektiv(in)

Kauf·kraft *die <-> /kein Plur./* WIRTSCH. *der Wert des Geldes einer Währung in Bezug auf die Menge der Waren, die man dafür kaufen kann*

kauf·kräf·tig *adj (≈ zahlungskräftig) so, dass man über viel Geld verfügt und daher viele Waren kaufen kann:* Ein Stamm kaufkräftiger Kunden sichert den Bestand des Geschäftes.

Kauf·la·den *der <-s, Kaufläden> (Miniatur-)Nachbildung eines Lebensmittelladens als Kinderspielzeug*

käuf·lich *adj /nicht steig./* ➊ *so, dass man es kaufen kann:* Das Bild ist keine Dekoration, es ist käuf-

K

lich (zu erwerben). **2** *(übertr.) bestechlich:* Der Zeuge ist nicht käuflich.

Kauf·lust *die* <-> /kein Plur./ *Neigung oder Bereitschaft, etwas zu kaufen*

Kauf·mann *der*, **Kauf·frau** <-(e)s, Kaufleute/ Kaufmänner> *jmd., der eine kaufmännische Lehre abgeschlossen hat und der beruflich mit Dingen handelt, sie kauft und verkauft*

kauf·män·nisch *adj /nicht steig./* **1** *den Beruf eines Kaufmanns betreffend* **2** *in der Art eines (erfolgreichen) Kaufmanns:* Sie zeigte kaufmännisches Geschick.

Kauf·rausch *der* <-es> /kein Plur./ *(oft scherzh.) übersteigerte Kauflust*

Kauf·ver·trag *der* <-(e)s, Kaufverträge> *ein Vertrag, der einen Kauf rechtlich regelt, indem er den verkauften Gegenstand, den Preis und die Bedingungen des Kaufs genau beschreibt*

Kauf·zwang *der* <-(e)s, Kaufzwänge> *die Verpflichtung, etwas zu kaufen:* Sie können das Produkt ohne Kaufzwang zwei Wochen zur Ansicht bestellen.

Kau·gum·mi *der/das* <-s, -s> *eine mit Fruchtaromen aromatisierte weiche Masse zum Kauen*

kau·ka·sisch *adj /nicht steig./ zur Region des Kaukasus gehörig*

Kau·ka·sus *der* <-> *System von Gebirgszügen im Süden Russlands (die als die Grenze zwischen Europa und Asien angesehen werden)*

Kaul·quap·pe *die* <-, -n> *im Wasser lebende Larve des Frosches*

kaum *adv* **1** *fast nicht:* Ich habe vor der Prüfung kaum geschlafen. **2** *nur mit Mühe:* Der alte Mann schaffte es kaum noch bis ins dritte Stockwerk. **3** *wahrscheinlich nicht:* Er wird kaum noch kommen. **4** *gerade (erst):* Wir hatten kaum die Halle betreten, da begann das Konzert. **5** ■ **kaum dass ...** *kurz nachdem* Kaum dass er aufgelegt hatte, klingelte erneut das Telefon.

kau·sal *adj /nicht steig./* **1** *(geh.:≈ ursächlich) auf dem Zusammenhang zwischen Ursache und Wirkung beruhend:* Der Rückgang der Schutzimpfungen steht in einem kausalen Zusammenhang zur Zunahme dieser Infektionskrankheiten. **2** SPRACHWISS. *so, dass es eine Begründung nennt:* „Weil" ist eine kausale Konjunktion.

Kau·sal·ge·setz *das* <-es, -e> *das Gesetz, dass (in der Natur) alles durch Ursache und Wirkung zusammenhängt*

Kau·sal·ket·te *die* <-, -n> *eine Reihe von Ursachen und Wirkungen, so dass die Wirkung wieder zu einer neuen Ursache wird usw.*

Kau·sal·satz *der* <-es, Kausalsätze> SPRACHWISS. *ein Nebensatz, der einen Grund für das im Hauptsatz ausgedrückte Geschehen angibt*

Kau·sal·zu·sam·men·hang *der* <-s, Kausalzusammenhänge> **1** *ein Zusammenhang, der durch das Kausalgesetz bestimmt ist* **2** SPRACHWISS. *der Zusammenhang von Haupt- und Nebensatz, in dem der Nebensatz den Grund angibt:* „Weil es heute regnet ..." ist ein Satz, der einen Kausalzusammenhang bezeichnet

kau·sa·tiv *adj /nicht steig./ eine Veranlassung angebend*

Kaus·tik *die* <-> /kein Plur./ **1** *Brennfläche einer Sammellinse oder eines Hohlspiegels* **2** MED. *Gewebezerstörung der Haut durch Hitze*

Kau·ta·bak *der* <-s> /kein Plur./ *Tabak, der gekaut wird*

Kau·ti·on *die* <-, -en> *als Bürgschaft hinterlegter Geldbetrag:* Der Inhaftierte wurde gegen eine Kaution von 10000 Euro freigelassen.; Der Vermieter verlangt zwei Monatsmieten Kaution.

Kau·t·schuk *der* <-s, -e> *Rohstoff, der zur Herstellung von Gummi verwendet wird*

Kau·t·schuk·baum *der* <-s, Kautschukbäume> *(≈ Gummibaum) ein Baum, aus dessen Rinde, wenn man sie einritzt, eine milchige Flüssigkeit fließt, aus der man Kautschuk herstellen kann*

Kau·t·schuk·milch *die* <-> *die bei der Kautschukgewinnung entstehende Milch, die aus den Stämmen der angeschnittenen Bäume läuft*

Kau·werk·zeu·ge *die* <-> *Plur. zum Kauen dienende Organe bei Mensch und Tier*

Kauz *der* <-es, Käuze> **1** *in verschiedenen Arten vorkommender, zu den Eulen gehörender Vogel* **2** *(umg. abwert.) seltsamer, sonderbarer Mann:* Er ist schon ein komischer Kauz.

Käuz·chen *das* <-s, -> *kleiner Kauz [1]*

Ka·va·lier *der* <-s, -e> *ein Mann, der sich Damen gegenüber besonders höflich, taktvoll und hilfsbereit verhält;* ■ **ein Kavalier alter Schule** *(umg.) ein Mann, der sich Frauen gegenüber auf traditionelle Weise wie ein Kavalier verhält*

Ka·va·liers·de·likt *das* <-s, -e> *eine eigentlich strafbare Handlung, die jedoch von der Gesellschaft als harmlos angesehen wird*

Ka·va·liers·start, Ka·va·lier·start *der* <-(e)s, -s> *schnelles, geräuschvolles Anfahren mit dem Auto, um jmdm. zu imponieren*

Ka·val·le·rie, Ka·val·le·rie *die* <-, -n> MILIT., GESCH. *(≈ Reiterei) die Truppe von Soldaten, die auf Pferden kämpfen* ▶ Kavallerist, Kavalleristin

Ka·ver·ne *die* <-, -n> **1** MED. *durch Gewebeeinschmelzung im Körper entstandener Hohlraum im Körpergewebe (z. B. in der Lunge)* **2** *künstlich angelegter, unterirdischer Hohlraum (z. B. zur Lagerung von radioaktiven Abfällen)* ◆ -nkraftwerk

ka·ver·nös *adj* **1** MED. *mit einer Kaverne [1] behaftet* **2** *in der Art einer Kaverne [2]*

Ka·vi·ar *der* <-s> /kein Plur./ KOCH. *als Delikatesse geschätzter mit Salz konservierter Rogen des Störs*

kcal *Abkürzung von „Kilokalorien"*

Ke·bab, Ke·bap *der* <-(s)> /kein Plur./ KOCH. *Gericht aus am Drehspieß gebratenem und in kleine Stücke geschnittenem Fleisch*

keck *adj* **1** *so, dass jmd. frech, aber dabei nicht unsympathisch oder unhöflich ist:* Sie ist bei der Versammlung ziemlich keck aufgetreten.; Das war eine kecke Antwort. **2** *auffallend und lustig wirkend:* Er hat ein keckes Bärtchen. ▶ Keckheit

Kee·per *der*, **Kee·pe·rin** ['ki:pɐ] <-s, -> SPORT *Torhüter*

Keep·smi·ling *das* ['ki:p'smejliŋ] <-s> /kein Plur./ *optimistische Lebenseinstellung*

Kees *der* <-es, -e> SÜDDT., ÖSTERR. *Gletscher*

Ke·fir *der* <-s> /kein Plur./ *aus Milch durch Gä-*

rung gewonnenes Getränk mit säuerlichem Geschmack

Ke·gel *der* <-s, -> ❶ MATH. *ein geometrischer Körper mit einer gekrümmten Oberfläche, die durch den kreisförmigen Grundriss und die diesem gegenüberliegende Spitze begrenzt wird* ❷ *Gebilde in der Form eines Kegels[1]: der Kegel des erloschenen Vulkans* ❸ *eine der neun ungefähr die Form eines Kegels[1] besitzenden Figuren, die man beim Kegeln treffen muss;* ■ **mit Kind und Kegel** *mit allen Personen, die zu einer Familie gehören* ◆ Getrenntschreibung →R 4.8 Kegel schieben/ (österr.) scheiben; Ich habe Kegel geschoben.

Ke·gel·abend *der* <-s, -e> *der Vorgang, dass man sich abends zum Kegeln in einem Lokal mit Kegelbahn trifft*

Ke·gel·bahn *die* <-, -en> *Anlage zum Kegeln*

Ke·gel·club *der* <-s, -s> *siehe* **Kegelklub**

ke·gel·för·mig *adj* /nicht steig./ *wie ein Kegel[1] geformt*

Ke·gel·klub, *a.* **Ke·gel·club** *der* <-s, -s> *Klub, dessen Mitglieder sich regelmäßig zum Kegeln treffen*

Ke·gel·man·tel *der* <-s, Kegelmäntel> MATH. *die Außenfläche eines Kegels ohne die Grundfläche*

ke·geln <kegelst, kegelte, hat gekegelt> *ohne OBJ* ■ **jmd. kegelt** *als Spieler versuchen, eine Kugel so über eine Bahn rollen zu lassen, dass sie an deren Ende möglichst viele der aufgestellten Kegel[3] umwirft*

Ke·gel·pro·jek·ti·on *die* <-, -en> *eine Technik der Kartenprojektion, wobei alle Punkte der Erde auf eine Projektionsfläche abgebildet werden*

Ke·gel·schnitt *der* <-(e)s, -e> MATH. *eine Kurve, die beim Schnitt eines Kegels[1] mit einer Ebene entsteht*

Keh·le *die* <-, -n> ❶ ANAT. *Gurgel:* Der Hund wäre mir beinahe an die Kehle gesprungen. ❷ *Rachen:* Sie hat eine heisere Kehle.; ■ **jemandem die Kehle zuschnüren/zusammenschnüren** *jmdn. Angst und Kummer machen;* ■ **aus voller Kehle** *laut;* ■ **sich die Kehle aus dem Hals schreien** *(umg.) anhaltend laut schreien*

Kehl·kopf *der* <-(e)s, Kehlköpfe> ANAT. *am oberen Ende der Luftröhre sitzendes Organ, das vor allem der Erzeugung von Lauten dient*

Kehl·kopf·mi·k·ro·fon *das* <-s, -e> *Mikrofon, das man vor dem Kehlkopf auf der Brust trägt*

Kehl·kopf·schnitt *der* <-s, -e> MED. *chirurgische Öffnung des Kehlkopfes*

Kehl·laut *der* <-(e)s, -e> *am hinteren Gaumen mit Hilfe der Zunge gebildeter Laut (g und k vor a, o, u und der Ach-Laut im Deutschen)*

Kehr·aus *der* <-> /kein Plur./ ❶ *letzter Tanz einer Tanzveranstaltung* ❷ SÜDDT. *das letzte Fest am Faschingsdienstag*

Keh·re *die* <-, -n> *spitze Kurve:* Die Straße führt in zahlreichen Kehren hinauf auf den Berg. ◆ Spitz-

keh·ren¹ <kehrst, kehrte, hat/ist gekehrt> I. *mit OBJ (haben)* ■ **jmd./etwas kehrt etwas irgendwohin** (≈ *wenden*) *in eine bestimmte Richtung drehen:* Er kehrte die Manteltaschen nach außen.; Der Wagen kehrte und kam zurück. II. *mit SICH (haben)* ■ **etwas kehrt sich gegen jmdn.** *sich

gegen jmdn. oder etwas richten:* Die veränderte Situation bewirkte, dass sich die früher von der Firmenleitung getroffenen Maßnahmen nun gegen die Firma selbst kehrten.; ■ **in sich gekehrt** *nach innen gewandt und von der Außenwelt kaum etwas wahrnehmend*

keh·ren² <kehrst, kehrte, hat gekehrt> *mit OBJ/ ohne OBJ* ■ **jmd./etwas kehrt (etwas)** (≈ *fegen*) *mit einem Besen Schmutz von etwas entfernen:* Ich kehre gerade die Treppe.; Er kehrt das Laub von der Straße.; Die Kehrmaschine kehrt die Rinnsteine.; Sie muss noch kehren.

Keh·richt *der* <-s> /kein Plur./ ❶ (geh.) *zusammengefegter Schmutz, Unrat* ❷ SCHWEIZ. *Müll* ◆ -sack ❸ ■ **etwas geht jemanden einen feuchten Kehricht an** (umg.) *etwas geht jmdn. überhaupt nichts an;* ■ **jemand interessiert/kümmert sich einen feuchten Kehricht für/um etwas** (umg.) *jmd. interessiert oder kümmert sich überhaupt nicht für/um etwas*

Kehr·ma·schi·ne *die* <-, -n> *ein spezielles Fahrzeug zum Kehren²(von Straßen)*

Kehr·reim *der* <-(e)s, -e> *regelmäßig am Strophenende von Gedichten und Liedern wiederkehrende Wörter oder Sätze*

Kehr·schau·fel *die* <-, -n> *Schaufel zur Aufnahme des Kehrichts[1]*

Kehr·sei·te *die* <-, -n> ❶ *der Nachteil, den eine an sich gute Sache mit sich bringt:* Von morgens bis nachts im Büro zu sitzen und kaum mehr Zeit für seine Freunde zu haben, das war die Kehrseite seines beruflichen Erfolges. ❷ *(scherzh.) Rücken;* ■ **die Kehrseite der Medaille** (umg.) *der Nachteil einer Sache*

kehrt·ma·chen <machst kehrt, machte kehrt, hat kehrtgemacht> *ohne OBJ* ■ **jmd. macht kehrt** *umkehren, zurückgehen*

Kehrt·wen·de *die* <-, -n> *Kehrtwendung*

Kehrt·wen·dung *die* <-, -en> ❶ *eine halbe Drehung um sich selbst:* Er machte die Kehrtwendung und lief zurück zur Wohnung. ❷ *eine plötzliche, vollständige Meinungsänderung, nach der man das Gegenteil seiner früheren Meinung vertritt:* Kannst du dir ihre Kehrtwendung in dieser Angelegenheit erklären?

Kehr·wert *der* <-(e)s, -e> MATH. *der Wert, den man erhält, wenn man Zähler und Nenner eines Bruches vertauscht*

kei·fen <keifst, keifte, hat gekeift> *ohne OBJ* ■ **jmd. keift** (abwert.) *mit schriller Stimme grob schimpfen* ► Keiferei

Keil *der* <-(e)s, -e> *ein (zum Spalten von Holz oder als Bremsklotz verwendetes) Stück Holz oder Metall, das am vorderen Ende spitz ist und sich nach hinten verbreitert* ► keilförmig

Kei·le <-> Plur. LANDSCH. (umg.) *Prügel*

kei·len <keilst, keilte, hat gekeilt> I. *mit OBJ* ❶ ■ **jmd. keilt etwas in etwas** Akk. TECHN. *Keile (in einen Spalt) treiben* ❷ ■ **jmd. keilt jmdn.** *versuchen, jmdn. als Mitglied (z. B. für eine studentische Verbindung) zu gewinnen* II. *mit SICH* ■ **jmd. keilt sich mit jmdm.** (umg.) *sich prügeln*

Kei·ler *der* <-s, -> *ein männliches Wildschwein*

Kei·le·rei *die* <-, -en> *(umg.) heftige Schlägerei, Prügelei*

Keil·rie·men *der* <-s, -> TECHN. *bei Motoren zur Kraftübertragung verwendetes festes Band:* Der Keilriemen zwischen Motor und Lichtmaschine muss erneuert werden.

Keil·schrift *die* <-, -en> GESCH. *Schrift (der Babylonier und Assyrer) mit keilförmigen Zeichen*

Keim *der* <-(e)s, -e> ❶ BOT. *(erster) Trieb, Spross* ❷ *die befruchtete Eizelle und der Embryo während der ersten Entwicklungsstufe* ❸ *Ursprung, erstes Anzeichen von etwas:* Sie verspürte einen Keim der Hoffnung/der Liebe. ▸ aufkeimen ❹ */meist Plur./* BIOL., MED. *Krankheitserreger;* ■ **etwas im Keim ersticken** *(umg.) etwas bereits im Anfangsstadium unterdrücken*

Keim·blatt *das* <-(e)s, Keimblätter> *Blatt des pflanzlichen Keimlings*

Keim·drü·se *die* <-, -n> *Organ, in dem sich die Keimzellen bilden*

kei·men <keimt, keimte, hat gekeimt> *ohne OBJ* ■ **etwas keimt** ❶ BOT. *Keime [1] ausbilden:* Die Tomatensamen keimen. ❷ *(geh.) entstehen:* In ihm keimte ein schlimmer Verdacht.

keim·fä·hig *adj /nicht steig./ imstande sein, zu keimen*

keim·frei *adj /nicht steig./ (≈ steril) ohne Keime [4]*

Keim·ling *der* <-s, -e> ❶ BIOL., MED. *Embryo* ❷ BOT. *junge, gerade erst aus dem Keim [1] entstandene Pflanze*

keim·tö·tend *adj /nicht steig./ (≈ desinfizierend) so, dass es Keime [4] abtötet*

Kei·mung *die* <-, -en> *das Keimen [1]*

Keim·zel·le *die* <-, -n> ❶ BIOL. *der geschlechtlichen Fortpflanzung dienende Zelle* ❷ *Ausgangspunkt, von dem aus sich ein größeres Ganzes entwickelt:* Der Redner sprach von der Familie als Keimzelle des Staates.

kein */Indefinitpronomen/* ❶ *verwendet, um die völlige Abwesenheit von etwas auszudrücken:* Kein Mensch war zu sehen, kein Laut war zu hören.; Er fand kein sauberes Hemd im Schrank. ❷ *vor einem Substantiv verwendet, um auszudrücken, dass nichts von der im Substantiv ausgedrückten Sache vorhanden ist:* Ich habe momentan kein Geld für ein neues Fahrrad.; Sie kann kein Italienisch.; Er hat keine Schmerzen. ❸ *verwendet vor einem Adjektiv, um das Gegenteil auszudrücken:* Das ist keine schlechte Wahl (≈ eine ziemlich gute Wahl)! ❹ *(umg.: ≈ nicht einmal) (vor Zahlangaben) verwendet, um auszudrücken, dass der genannte Betrag erstaunlich niedrig ist:* Das Auto hat keine 2.000 Euro gekostet.; Beim Konzert waren keine zweihundert Besucher. ❺ */wie ein Substantiv verwendet/ niemand, nichts:* Ich kenne keinen, der dir helfen könnte.; Keines der Kinder will mitfahren.; Keiner will es gewesen sein.; Er rief um Hilfe, aber keiner kam.; „Hast du dir ein Kleid ausgesucht?" „Nein, ich werde mir kein(e)s kaufen." ❻ */in Endstellung/ verwendet, um auszudrücken, dass etwas überhaupt nicht zutrifft:* Lust habe ich zwar keine, aber ich komme trotzdem mit. ❼ ■ **keine Ursache!** *als Antwort auf ein Dankeschön* Keine Ursa-

che! ❽ ■ **auf keinen Fall** *ganz sicher nicht* ❾ ■ **kein anderer** *nur dieser* Kein anderer als er! ◆ Kleinschreibung →R 3.15 keiner, keine, kein(e)s von beiden; keine/keiner, der ...; ◆ Zusammenschreibung →R 4.5 keinmal; ■ Getrenntschreibung bei besonderer Betonung kein (einziges) Mal

kei·ner·lei *pron überhaupt kein oder nicht im geringsten:* Dafür habe ich keinerlei Verständnis.

kei·nes·falls *adv auf keinen Fall:* Diesem Vorschlag werde ich keinesfalls zustimmen.

kei·nes·wegs *adv ganz und gar nicht:* Das habe ich keineswegs gesagt.

kein·mal *adv nicht ein einziges Mal:* Der neue Spieler hat noch keinmal gespielt.; *siehe auch* **kein**

Keks *der/das* <-/es, -e> *trockenes Kleingebäck;* ■ **jemandem auf den Keks gehen** *(umg.) jmdn. nerven* ◆ -dose, Butter-, Schokoladen-

Kelch *der* <-(e)s, -e> *kostbares Trinkgefäß mit schlankem Stiel und rundem Fuß;* ■ **der Kelch ist an jemandem vorübergegangen** *(geh.) eine drohende, unangenehme Sache konnte abgewendet werden*

Kelch·blatt *das* <-s, Kelchblätter> BOT. *Blatt des Blütenkelchs*

Kelch·glas *das* <-es, Kelchgläser> *Trinkglas in Form eines Kelches*

Ke·lim *der* <-s, -s> *gewebter, orientalischer Wandteppich, dessen Vorder- und Rückseite gleich sind*

Kel·le *die* <-, -n> ❶ *größerer Schöpflöffel, Schöpfgerät* ❷ *eine flache runde Scheibe an einem längeren Stiel, mit der man Zeichen gibt:* Der Polizist hob die Kelle, um den Wagen zu stoppen. ❸ *zum Auftragen des Mörtels verwendetes Maurerwerkzeug in der Form einer keilförmigen Metallfläche mit einem Stiel*

Kel·ler *der* <-s, -> ❶ *die ganz oder teilweise unter der Erde liegende Räume eines Gebäudes:* Das Haus hat einen feuchten Keller.; im Keller Vorräte lagern ▸ unterkellern ❷ *Raum eines Kellers [1]:* Im Keller lagern wir Wein und Vorräte.; ■ **in den Keller fallen** *(umg.) sehr tief sinken:* Die Aktien/Die Preise fielen in den Keller.

Kel·ler·as·sel *die* <-, -n> *an feuchten, dunklen Stellen in Gebäuden oder Gärten lebende Assel*

Kel·ler·bar *die* <-, -s> *in den Keller (eines Privathauses) eingebaute Bar*

Kel·le·rei *die* <-, -en> *ein Betrieb, in dem in großen Mengen Wein und Sekt gelagert werden*

Kel·ler·fal·te *die* <-, -n> *tiefe Falte in einem Kleidungsstück;* ■ *Mantel mit tiefer Kellerfalte*

Kel·ler·ge·schoss *das* <-es, -e> *Keller [1]*

Kel·ler·kind *das* <-(e)s, -er> ❶ *jmd., der in einer Kellerwohnung aufgewachsen ist* ❷ *(umg. übertr.) sozial benachteiligtes Kind*

Kel·ler·lo·kal *das* <-s, -e> *Lokal, das in Kellerräumen eingerichtet ist*

Kel·ler·the·a·ter *das* <-s, -> *Theater, das in Kellerräumen untergebracht ist*

Kel·ler·trep·pe *die* <-, -n> *Treppe, die in den Keller führt*

Kel·ler·tür *die* <-, -en> ❶ *Tür im Kellergeschoss* ❷ *Tür, die zum Keller führt*

Kel·ler·woh·nung *die* <-, -en> *Wohnung im Kellergeschoss*

Kell·ner *der*, **Kell·ne·rin** <-s, -> *(≈ Ober) jmd., der beruflich in einem Lokal die Gäste bedient*

kell·nern <kellnerst, kellnerte, hat gekellnert> *ohne OBJ* ■ *jmd. kellnert (aushilfsweise) als Kellner arbeiten*

Kel·te *der* <-n, -n> *Angehöriger eines indogermanischen Volkes*

Kel·ter *die* <-, -n> *Gerät zum Pressen von Trauben*

Kel·te·rei *die* <-, -en> *Betrieb, in dem gekeltert wird*

kel·tern <kelterst, kelterte, hat gekeltert> *mit OBJ* ■ *jmd. keltert etwas in der Kelter auspressen*

Kel·vin *das* <-s, -> PHYS. *Einheit der Temperatur nach der am absoluten Nullpunkt beginnenden Kelvinskala*

Ke·me·na·te *die* <-, -n> ❶ GESCH. *Wohnraum für Frauen in einer mittelalterlichen Burg* ❷ *(umg. scherzh.) kleiner Raum, in den man sich zurückziehen kann*

Ken·do *das* <-s> */kein Plur./ (wörtlich: „Weg des Schwertes") ein japanischer Kampfsport, bei dem man mit Bambusstäben ficht*

Ke·nia <-s> *ein Staat in Ostafrika* ▶ Kenianer, Kenianerin, kenianisch

Kenn- *als Erstglied zusammengesetzter Substantive; drückt aus, dass das mit dem Zweitglied Bezeichnete dazu dient, etwas zu identifizieren und von etwas anderem zu unterscheiden* ◆ -daten, -farbe, -feld, -größe, -linie, -marke, -nummer, -reflex, -zahl, -ziffer

Kenn·buch·sta·be *der* <-n, -n> *Buchstabe als Kennzeichen, Teil eines Kennzeichens*

Ken·nel *der* <-s, -s> *Hundezwinger*

ken·nen <kennst, kannte, hat gekannt> *mit OBJ* ❶ ■ *jmd. kennt etwas (durch eigene Anschauung und Erfahrungen) Informationen über etwas haben: Er kennt diese Gegend sehr gut, weil er dort aufgewachsen ist.; Ich kenne die Firma noch gut, weil ich vor zwanzig Jahren dort eine Lehre gemacht habe.* ❷ ■ *jmd. kennt jmdn./etwas (als etwas) aufgrund bestimmter Eigenschaften einen Eindruck von jmdm./etwas haben: Man kannte ihn bisher nur als Sänger, nicht als Schauspieler.; Wie ich sie kenne, hat sie die Arbeit längst schon erledigt.; Ich kenne mich doch so weit, dass ich von mir sagen kann: Diese Belastung halte ich aus.* ❸ ■ *jmd. kennt etwas (≈ wissen) nennen können: Ich kenne weder ihren Namen noch ihr Alter.* ❹ ■ *jmd. kennt jmdn. mit jmdm. bekannt sein: Wir kennen uns nun schon seit fast zehn Jahren.* ❺ ■ *jmd. kennt etwas etwas erfahren haben und daher wissen, was und wie etwas ist: Sie kannte dieses Gefühl sehr gut.* ❻ ■ *jmd. kennt kein ... sich in seinem Handeln nicht (von etwas) beeinflussen lassen: Er kannte kein Mitleid/keine Rücksicht/keine Skrupel.* ❼ ■ *irgendwo kennt man kein ... etwas ist charakteristisch für etwas: In diesem Dorf kennt man keinen Diebstahl.; ■ sich nicht mehr kennen (vor Wut) außer sich sein vor Wut;* ■ *da kenne ich nichts (umg.) et-*

was mit großer Entschiedenheit oder sogar Rücksichtslosigkeit durchsetzen Ich schwimme auch im Winter in offenen Seen, da kenne ich nichts!; ■ *das kenne ich schon (umg.) davon will ich nichts mehr wissen* ◆ Getrenntschreibung →R 4.5, 4.6 *Auf der Party wirst du meine Freunde kennen lernen.; Schön, Sie endlich einmal kennen zu lernen.*

ken·nen·ler·nen, *a.* **ken·nen ler·nen** <lernst kennen, lernte kennen, hat kennengelernt> *mit OBJ* ■ *jmd. lernt jmdn./etwas kennen Erfahrungen machen mit jemandem/etwas* ◆ Zusammenschreibung →R 4.6 *Du wirst mich schon noch kennenlernen!; Damals habe ich die ganze Grausamkeit des Lebens kennengelernt.*

Ken·ner *der*, **Ken·ne·rin** <-s, -> *(≈ Experte) jmd., der viele und tiefgehende Kenntnisse über etwas hat: Er ist ein Kenner der französischen Literatur/des Radsports.; Professor Wagner gilt als einer der besten Kenner der römischen Antike.; Kenner genießen diesen Fisch lauwarm und lediglich mit einem Spritzer Zitronensaft gewürzt.*

Ken·ner·blick ■ *mit Kennerblick prüfend, kritisch und mit Sachverstand Er musterte das Auto mit Kennerblick.*

Ken·ner·schaft *die* <-> */kein Plur./ die Eigenschaft, etwas genau zu kennen*

Kenn·kar·te *die* <-, -n> *(veralt.: ≈ Personalausweis)*

kennt·lich *adj /nicht steig./ (an gewissen Merkmalen) erkennbar oder deutlich unterscheidbar;* ■ *jemanden/etwas kenntlich machen ein Zeichen anbringen, um jmdn. oder etwas wahrnehmbar, unterscheidbar zu machen, zu kennzeichnen Die zu fällenden Bäume wurden durch aufgesprühte rote Farbpunkte kenntlich gemacht.*

Kennt·nis *die* <-, -se> ❶ */kein Plur./ konkretes Wissen über etwas: Die Behörden handelten ohne Kenntnis der Sachlage.; Ich wollte Sie davon in Kenntnis setzen, dass ...; Er hat das nicht zur Kenntnis genommen.* ❷ */meist Plur./ Fach-, Sachwissen: Er verfügt über gründliche/umfassende Kenntnisse.; Sie wollte ihre Kenntnisse auffrischen/ erweitern/vertiefen.*

Kennt·nis·nah·me *die* <-> */kein Plur./* AMTSSPR. *der Vorgang, dass jmd. etwas zur Kenntnis nimmt: Er hat seinem Kollegen das Schreiben zur Kenntnisnahme vorgelegt.*

kennt·nis·reich *adj (≈ sachkundig)*

Kennt·nis·stand *der* <-s> */kein Plur./ der Umfang der erreichten Kenntnisse: Der Kenntnisstand eines Abiturienten befähigt ihn zu einem Studium.*

Ken·nung *die* <-, -en> *Merkmal: Die Kennung eines Leuchtfeuers ist die typische Folge von Dauer oder Farbe von Lichtsignalen.; Die Kennung von Pferden ist das Altersmal ihrer Zähne.*

Kenn·wort *das* <-(e)s, Kennwörter> ❶ *(≈ Losung, Parole) nur einem bestimmten Personenkreis bekanntes Wort, das als Erkennungszeichen verwendet wird und dessen Nennung beispielsweise jmdm. irgendwo Einlass verschafft* ❷ *als Erkennungszeichen für etwas benutztes Wort: Senden Sie bitte die Lösung unseres Preisrätsels unter*

K

dem Kennwort „Sommerspaß" an die unten stehende Adresse.

Kẹnn·zei·chen *das* <-s, -> **❶** *Nummernschild eines Kraftfahrzeugs:* Der Wagen mit dem amtlichen Kennzeichen … wurde vergangene Nacht gestohlen. **❷** *(charakteristisches) Merkmal, an dem man jmdn. oder etwas erkennen kann:* Dies ist ein Kennzeichen aller Modelle dieser Baureihe.

kẹnn·zeich·nen <kennzeichnest, kennzeichnete, hat gekennzeichnet> *mit OBJ* **❶** ■ *jmd. kennzeichnet etwas mit einem Kennzeichen² versehen:* Man kennzeichnete den Wanderweg mit Schildern.; Die Giftmüllfässer wurden mit einem Totenkopf gekennzeichnet. **❷** ■ *jmd. kennzeichnet etwas als etwas darstellen, charakterisieren:* Sie kennzeichnete ihn als ausdauernd/fleißig/mutig. **❸** ■ *etwas kennzeichnet jmdn./etwas (als etwas) ein charakteristisches Merkmal sein, dass jmdn. oder etwas in seiner Eigenart zeigt:* Sein Verhalten kennzeichnete ihn als gut erzogenen/verantwortungsbewussten Menschen.; Eine hervorragende Ganggenauigkeit und lange Lebensdauer kennzeichnete schon immer die Uhren dieses Herstellers.

Kẹnn·zeich·nung *die* <-, -en> *das Kennzeichnen [1, 2]*

Ke·no·taph, *a.* **Ze·no·taph** *der* <-s, -e> *ein beschrifteter Stein, eine beschriftete Tafel o. Ä. als Denkmal für einen Verstorbenen, der jedoch an einer anderen Stelle begraben ist*

Ken·taur *der* siehe **Zentaur**

kẹn·tern <kenterst, kenterte, ist gekentert> *ohne OBJ* ■ *jmd./etwas kentert (als Schiff oder Boot) aus der normalen Lage geraten und auf der Seite oder mit dem Kiel nach oben zu liegen kommen:* Auf der Wildwasserfahrt ist er mit seinem Boot gekentert.

kẹp·peln <keppelst, keppelte, hat gekeppelt> *ohne OBJ* ■ *jmd. keppelt* ÖSTERR. *(umg.) keifen, schimpfen*

Ke·ra·mik *die* <-, -en> **❶** */kein Plur./ gebrannter Ton:* Die Vase ist nicht aus Porzellan, sondern aus Keramik. **❷** *Gegenstand aus Keramik [1]:* Noch bis zum Monatsende zeigt die Ausstellung altägyptische Keramiken und andere Kunstgegenstände.

Ke·ra·tin *das* <-s, -e> *Eiweißkörper in Haaren, Nägeln, Schuppen, Hufen, d.h. in allen Formen von Hornhaut*

Kẹr·be *die* <-, -n> *eine kleine, v-förmige Vertiefung in etwas:* Er machte/schnitt/schnitzte eine Kerbe in den Stock.; ■ *in dieselbe/die gleiche Kerbe hauen/schlagen (umg.) dasselbe an jmdm. kritisieren wie ein anderer auch*

Kẹr·bel *der* <-s> */kein Plur./ ein Küchenkraut*

kẹr·ben <kerbst, kerbte, hat gekerbt> *mit OBJ* ■ *jmd. kerbt etwas (in etwas Akk.) eine Kerbe, Kerben anbringen:* Der Schüler kerbte zwei kleine Rinnen in seinen Tisch, um seinem Ärger darüber Luft zu machen, dass erst zwei Schulstunden vorüber sind.

Kẹrb·holz *(ursprünglich ein Holz, in das z.B. der Umfang der Schulden eingekerbt wurde);* ■ *etwas auf dem Kerbholz haben (umg.) etwas Unerlaubtes oder eine Straftat begangen haben*

Kerb·tier *das* <-(e)s, -e> ZOOL. *Insekt*

Kẹr·ker *der* <-s, -> GESCH. **❶** *sehr stark befestigtes (unterirdisch gelegenes) Gefängnis (in einer Burg oder Festung)* **❷** ÖSTERR. *(veralt.) schwere Freiheitsstrafe:* Er bekam 10 Jahre Kerker für diesen Raubüberfall.

Kẹr·ker·stra·fe *die* <-, -n> ÖSTERR. *Kerker [2]*

Kẹrl *der* <-(e)s, -e/-s> *(umg.)* **❶** */mit einem qualifizierenden Adjektiv/ eine männliche Person (der genannten Art):* so ein anständiger/blöder/feiner/fieser/gemeiner Kerl **❷** *(abwert.) Schimpfwort für eine männliche Person:* Der Kerl ist einfach abgehauen! **❸** *ein liebenswerter Mensch:* Sie ist ein netter Kerl.

Kẹrl·chen *das* <-s, -> *kleines, liebes Kind*

Kẹrn *der* <-(e)s, -e> **❶** *der feste innere Teil, (hartschalige) Samen von bestimmten Früchten* ◆ *Kirsch-* **❷** *der innere, weichere Teil eines Kerns [1]* **❸** PHYS. *kurz für „Atomkern"* **❹** *das Wesentliche, die Hauptsache:* Was ist eigentlich der Kern des Problems? ◆ *-frage, -problem* **❺** *wichtigster, aktivster Teil einer Gruppe:* Er gehört zum Kern der Aktivisten.; ■ *der harte Kern der engste Zirkel einer bestimmten Gruppe, dessen Mitglieder die stärkste Überzeugung, das größte Engagement o. Ä. für die Sache teilen*

Kẹrn- *als Erstglied zusammengesetzter Substantive; drückt aus* **❶** PHYS. *dass das mit dem Zweitglied Bezeichnete dem Bereich der Atomenergie/Kernphysik angehört* ◆ *-brennstoff, -chemie, -kraftwerk, -ladungszahl, -reaktion, -reaktor, -spaltung, -technik, -umwandlung, -verschmelzung* **❷** *dass das mit dem Zweitglied Bezeichnete einem zentralen Bereich angehört* ◆ *-bestand, -frage, -satz, -stück, -truppe* **❸** *dass sich das mit dem Zweitglied Bezeichnete auf den mittleren Teil von Kernobst bezieht* ◆ *-gehäuse*

Kẹrn·ar·beits·zeit *die* <-, -en> WIRTSCH. *(≈ Kernzeit) bei gleitender Arbeitszeit diejenige Zeit, während der die Arbeitnehmer am Arbeitsplatz anwesend sein müssen*

Kẹrn·ener·gie *die* <-> */kein Plur./ (≈ Atomenergie)* ◆ *-befürworter, -gegner*

Kẹr·ner *der* <-s> */kein Plur./* **❶** *eine Rebsorte* **❷** *ein Wein, der aus Kerner [1] gewonnen wird*

Kẹrn·ex·plo·si·on *die* <-, -en> **❶** *Explosion eines atomaren Sprengkörpers* **❷** TECHN. *der Vorgang, dass durch den Aufprall eines sehr energiereichen Teilchens eine Zerlegung des Atomkerns stattfindet*

Kẹrn·for·schung *die* <-> */kein Plur./ Erforschung des Atomkerns und seiner Eigenschaften* ◆ *-szentrum*

Kẹrn·frucht *die* <-, Kernfrüchte> *eine Frucht, deren Fruchtfleisch einen Kern umschließt:* Äpfel und Birnen sind Kernfrüchte.

Kẹrn·fu·si·on *die* <-, -en> PHYS. *die Verschmelzung von Atomkernen, bei der eine sehr große Menge von Energie frei wird*

kẹrn·ge·sund *adj /nicht steig./ völlig gesund*

kẹr·nig *adj* **❶** *(≈ markig) derb, urwüchsig:* Er kommentierte das Geschehen mit kernigen Sprüchen. **❷** *(≈ drahtig) stark, sportlich, voller Spannkraft:* Er ist ein kerniger Typ. **❸** *voller Kerne*

Kẹrn·kraft *die* <-> /kein Plur./ (≈ Atomenergie)
♦ -befürworter, -gegner
Kẹrn·kraft·werk *das* <-(e)s, -e> (≈ Atomkraftwerk)
Kẹrn·obst *das* <-es> /kein Plur./ *Obst mit Kernen [1], die eine weiche Schale haben (z. B. Apfel, Birne, Quitte)*
Kẹrn·phy·sik *die* <-> /kein Plur./ PHYS. (≈ Atomphysik) *Teilgebiet der Physik, das den Aufbau und die Eigenschaften des Atomkerns untersucht* ▸ Kernphysiker, Kernphysikerin
Kẹrn·schat·ten *der* <-s, -> ASTRON. *der Bereich völligen Schattens, in dem die Lichtquelle vollständig verdeckt ist*
Kẹrn·schmel·ze *die* <-> /kein Plur./ *Durchschmelzen des Reaktorkerns eines Kernkraftwerks beim Ausfall der Kühlsysteme*
Kẹrn·sei·fe *die* <-> /kein Plur./ *einfache unparfümierte Seife zum Reinigen von Wäsche*
Kẹrn·spin·to·mo·graf, *a.* **Kẹrn·spin·to·mo·graph** *der* <-s, -en> MED. *mit Hochfrequenzstrahlen (statt mit Röntgenstrahlen) arbeitendes medizinisches Untersuchungsgerät, das die Darstellung der Weichteilstrukturen des Körpers erlaubt*
Kẹrn·spin·to·mo·gra·fie, *a.* **Kẹrn·spin·to·mo·gra·phie** *die* <-> /kein Plur./ MED. *medizinisches Untersuchungsverfahren, das mit einem Kernspintomographen arbeitet*
Kẹrn·strah·lung *die* <-, -en> PHYS. *die von radioaktiven Stoffen ausgehende Alpha-, Beta- und Gammastrahlung sowie die bei der Kernspaltung auftretende Neutronenstrahlung*
Kẹrn·waf·fe *die* <-, -n> (≈ Atomwaffe)
kẹrn·waf·fen·frei *adj* /nicht steig./ (≈ atomwaffenfrei) *so, dass ein Gebiet ohne Atomwaffen ist*
Kẹrn·waf·fen·ver·zicht *der* <-s> /kein Plur./ *freiwilliger Verzicht verschiedener Staaten auf den Besitz von Kernwaffen durch Unterzeichnung des so genannten Atomwaffensperrvertrags von 1970 (Vertrag über die Nichtverbreitung von Kernwaffen)*
Ke·ro·plas·tik *die siehe* **Zeroplastik**
Ke·ro·sin *das* <-s> /kein Plur./ *Treibstoff (für Flugzeuge)*
Ke·rub, **Che·rub** *der* <-s, Kerubim/Kerubinen> REL. *biblischer Engel, der das Paradies bewacht*
Kẹr·ze *die* <-, -n> *meist in eine zylindrische Form gegossenes Wachs mit einem Docht in der Mitte: Als es dunkel wurde, zündete sie eine Kerze an.; eine mit Kerzen festlich geschmückte Kaffeetafel; Hast du die Kerze ausgeblasen?; am Adventskranz eine weitere Kerze anzünden* ♦ -nlicht, -nschein, -nständer, -nstummel
kẹr·zen·ge·ra·de *adj* /nicht steig./ *mit einer völlig geraden Körperhaltung: Sie saß während der ganzen Zeit kerzengerade auf ihrem Stuhl.*
Kẹr·zen·gie·ßer *der* <-s, -> *jmd., der beruflich Kerzen (besonders für Kirchen) gießt*
Kẹr·zen·stum·mel *der* <-s, -> *kleines Endstück einer weit heruntergebrannten Kerze*
Kẹ·scher, *a.* **Kä·scher** *der* <-s, -> *ein Fangnetz, das um einen Ring mit Griff gespannt ist und mit dem man z. B. Fische fängt*
kẹss <kesser, am kessesten> *adj* (umg.)

❶ (≈ keck) *ein wenig frech und respektlos, aber nicht unsympathisch, nicht unhöflich: Das war eine kesse Antwort!* ❷ (≈ flott) *auf angenehme Weise anders und auffällig: Sie trug ein kesses Kleid.; eine kesse Frisur*
Kẹs·sel *der* <-s, -> ❶ *großer Topf (zum Kochen)* ❷ *ein großer, geschlossener Metallbehälter für Gase oder Flüssigkeiten* ❸ GEOGR. *ein von allen Seiten umschlossenes Gebirgstal*
Kẹs·sel·fleisch *das* <-> /kein Plur./ *in Wasser unter Zusatz von Gewürzen gekochtes Fleisch von frisch geschlachteten Schweinen*
Kẹs·sel·fli·cker *der*, **Kẹs·sel·fli·cke·rin** <-s, -> (veralt.) *Handwerker, der Löcher in Kesseln verlötet;* ▪ **sich hauen/zanken wie die Kesselflicker** (umg. übertr.) *sehr grob miteinander umgehen Sie streiten sich wie die Kesselflicker.*
Kẹs·sel·haus *das* <-es, Kesselhäuser> *Gebäudeteil, in dem ein Dampfkessel (z. B. einer großen Heizungsanlage) aufgestellt ist*
Kẹs·sel·jagd *die* <-, -en> (≈ Kesseltreiben) *eine Treibjagd, bei der das Wild von den Jägern in einem großen Kreis eingeschlossen und in der Mitte zusammengetrieben wird*
Kẹs·sel·pau·ke *die* <-, -n> *Pauke*
Kẹs·sel·schmied *der*, **Kẹs·sel·schmie·din** <-s, -e> *jmd., der das Handwerk der Herstellung von Kesseln beherrscht*
Kẹs·sel·schmie·de *die* <-, -n> *Betrieb eines Kesselschmieds*
Kẹs·sel·stein *der* <-(e)s> /kein Plur./ *Kalkablagerung in Gefäßen, in denen Wasser gekocht wird*
Kẹs·sel·trei·ben *das* <-s> /kein Plur./ ❶ (≈ Treibjagd) ❷ (übertr.) *systematische Verleumdungs- oder Hetzkampagne: Man veranstaltete ein Kesseltreiben gegen den Professor.*
Kẹs·sel·wa·gen *der* <-s, -> *Güterwagen der Eisenbahn zur Beförderung von Gasen, Flüssigkeiten und pulverförmigen Stoffen in einem großen Kessel*
Kẹt·sch·up, *a.* **Kẹt·ch·up** *der/das* ['kɛtʃap] <-(s), -s> *eine dickflüssige, würzige Tomatensoße*
Kẹtt·car® *das* ['kɛtka:ɐ̯] <-s, -s> *ein Kinderfahrzeug mit Pedalantrieb*
Kẹt·te *die* <-, -n> ❶ *eine Reihe von aus Metall gefertigten Gliedern, die beweglich zusammenhängen: Der Hund wurde an der Kette gehalten.* ♦ Fahrrad- ❷ (Hals- oder Arm-)Schmuck in der Art einer Kette [1] aus vergoldeten oder versilberten Gliedern oder aus Perlen oder Edelsteinen, die an einer Schnur aufgereiht sind* ❸ *Menschen, die sich in einer Reihe aufstellen (und sich an den Händen halten): Die Demonstranten/Polizisten bildeten eine Kette.* ❹ *Serie (gleichartiger Ereignisse oder Handlungen): Eine Kette unglücklicher Zufälle führte schließlich zu dem Unglück.* ❺ *mehrere Unternehmen an verschiedenen Orten, die zusammengehören: Die Drogeriemärkte/Hotels/Kinos gehören zu einer Kette.* ♦ Drogerie-, Hotel- ❻ *bei bestimmten sehr schweren Fahrzeugen (wie Panzern oder Planierraupen) eines von zwei Antriebselementen in der Art von sehr breiten Ketten [1], die sich über ein vorderes und ein hinteres Rad drehen* ♦ -nfahrzeug, Panzer-

Ket·tel·ma·schi·ne *die* <-, -n> *Nähmaschine zum Ketteln*

ket·teln <kettelst, kettelte, hat gekettelt> *mit OBJ* ■ *jmd.* **kettelt** *etwas elastische, kettenähnliche Nähte von Strickwaren nähen*

ket·ten <kettest, kettete, hat gekettet> *mit OBJ* ❶ ■ *jmd.* **kettet** *jmdn./ein Tier/etwas an etwas* *mit einer Kette¹ an etwas anbinden:* Man kettete den Hund an einen Pflock. ❷ ■ *jmd.* **kettet** *jmdn.* **an sich** *das Pflichtgefühl oder die Abhängigkeit eines Menschen dazu benutzen, ihn fest an sich zu binden*

Ket·ten·an·trieb *der* <-s, -e> *Antrieb mit Ketten⁶*

Ket·ten·brief *der* <-(e)s, -e> *ein Brief, der vom Empfänger mehrmals abgeschrieben und an andere Personen weitergeschickt wird, damit diese Empfänger ihrerseits so verfahren usw. (zuweilen mit Zahlungen einer geringen Summe verbunden, von der dann angeblich alle profitieren sollen)*

Ket·ten·fahr·zeug *das* <-(e)s, -e> *schweres, mit Ketten⁶ versehenes Fahrzeug*

Ket·ten·ge·ras·sel *das* <-s> */kein Plur./* *Geräusch von rasselnden Ketten*

Ket·ten·glied *das* <-(e)s, -er> *einzelnes Glied einer Kette¹*

Ket·ten·rad *das* <-(e)s, Kettenräder> *Zahnrad, über dessen Zähne eine Kette⁶ läuft*

Ket·ten·rau·cher *der,* **Ket·ten·rau·che·rin** <-s, -> *jmd., der gewohnheitsmäßig eine Zigarette nach der anderen raucht*

Ket·ten·re·ak·ti·on *die* <-, -en> ❶ PHYS., CHEM. *ein Vorgang, der einmal ausgelöst wird und seinerseits weitere Reaktionen derselben Art bewirkt* ❷ *(übertr.) eine Folge von Ereignissen, die durch ein bestimmtes Geschehen ausgelöst wurde:* Durch den Auffahrunfall auf der Autobahn ergab sich eine Kettenreaktion von weiteren Auffahrunfällen.

Ket·ten·reim *der* <-s, -e> *(≈ Terzine) Endreim mit der Reimstellung aba/bcb/cdc ...*

Ket·ten·sä·ge *die* <-, -n> *eine tragbare Säge mit einer umlaufenden Kette, auf der Sägezähne montiert sind*

Ket·ten·schluss *der* <-es, Kettenschlüsse> PHILOS. *verkürzte Form einer Reihe von Schlüssen (z. B.: „eine Gärtnerei ist ein Gewerbebetrieb, also steuerpflichtig, also dem Verdacht der Steuerhinterziehung ausgesetzt, also ...")*

Kett·fa·den *der* <-s, Kettfäden> *in Geweben der Faden in Längsrichtung (Kettrichtung) im Gegensatz zum Schussfaden (Querrichtung)*

Kett·garn *das* <-s, -e> *Garn für Kettfäden (meist härter gedreht als das Garn für die Schussfäden)*

Ket·zer *der,* **Ket·ze·rin** <-s, -> ❶ REL. *jmd., der von der offiziellen Kirchenmeinung abweicht* ❷ *jmd., der in einer bestimmten Angelegenheit eine andere als die allgemein gültige Meinung vertritt*

Ket·ze·rei *die* <-, -en> ❶ REL. *Abweichen von der offiziellen Kirchenmeinung* ❷ *Abweichen von der allgemein gültigen Meinung*

ket·ze·risch *adj* ❶ REL. *von der offiziellen Kirchenmeinung abweichend* ❷ *von der allgemein gültigen Meinung abweichend:* ketzerische Ansichten

keu·chen <keuchst, keuchte, hat/ist gekeucht> *ohne OBJ* ■ *jmd.* **keucht** ❶ */haben/ schwer atmen:* Er keuchte vor Anstrengung/unter der Last. ❷ */sein/ sich schwer atmend fortbewegen:* Sie keuchte die Treppen hinauf.

Keuch·hus·ten *der* <-s> */kein Plur./* *eine ansteckende Kinderkrankheit mit schweren Hustenanfällen*

Keu·le *die* <-, -n> ❶ *eine einfache Schlagwaffe in der Art eines (sich vorne verdickenden) Knüppels* ❷ SPORT *Sportgerät in Form einer (kleineren) Keule¹* ❸ KOCH. *Schenkelstück von Geflügel oder Wild* ◆ Gänse-, Reh-

keu·len·för·mig *adj* */nicht steig./ in der Form einer Keule¹*

Keu·len·schwin·gen *das* <-s> */kein Plur./* SPORT *eine gymnastische Übung, bei der man in jeder Hand eine Keule² hält und diese über dem Kopf schwingt*

keusch *adj (aufgrund bestimmter moralischer Grundsätze) sexuell enthaltsam* ▶ Keuschheit

Keu·sche *die* <-, -n> ÖSTERR. ❶ *kleines, ärmliche Holzhaus, Hütte* ❷ *baufälliges Haus*

Keusch·heit *die* <-> */kein Plur./* *das Keuschsein*

Key·board *das* ['kiːbɔːd] <-s, -s> ❶ EDV *Tastatur* ❷ MUS. *elektronisch verstärktes Tasteninstrument*

Key·note *die* ['kiːnəʊt] <-, -s> *(von einem prominenten Sprecher gehaltener) Einführungsvortrag zu einer Tagung*

kfm *adj Abkürzung von „kaufmännisch"*

Kfm *Abkürzung von „Kaufmann"*

Kfor, *a.* **KFOR** *die* ['kaːfɔr] *Abkürzung für die UN-Friedenstruppe im Kosovo*

Kfz- *Abkürzung von „Kraftfahrzeug-":* Kfz-Zulassung

Kha·ki¹, Ka·ki *siehe* **Kaki**

Kha·ki², Ka·ki *siehe* **Kaki**

Khan, *a.* **Chan** *der* <-s, -e> GESCH. ❶ */kein Plur./ Titel eines mongolischen oder türkischen Herrschers* ❷ *Herrscher, der den Titel eines Khan¹ trägt:* Zwei berühmte Khane waren Dschingis Khan und Aga Khan. ❸ *hoher staatlicher Würdenträger in Persien*

Khmer *der* <-, -> *Angehöriger eines Volkstammes in Kambodscha*

KI *Abkürzung von „Künstliche Intelligenz"; siehe* **Intelligenz**

Kib·buz *der* <-, ...-Kibbuzim/-e> *ländliche Siedlung mit kollektiver Wirtschafts- und Lebensform in Israel*

Ki·cher·erb·se *die* <-, -n> *eine Pflanze, deren Samen man wie Erbsen als Gemüse isst*

ki·chern <kicherst, kicherte, hat gekichert> *ohne OBJ* ■ *jmd.* **kichert** *leise und mit hoher Stimme lachen:* Sie kicherte vor sich hin.

Kick *der* <-(e)s, -s> ❶ SPORT *Tritt, Stoß* ❷ *(umg.) Nervenkitzel:* Manch einer, der den Kick suchte, fand den Tod.

Kick·board *das* ['kikbɔːɐt] <-s, -s> *zusammenklappbarer, mit zwei Rädern hinten und einem Rad vorne ausgestatteter Tretroller*

ki·cken <kickst, kickte, hat gekickt> **I.** *mit OBJ* ■ *jmd.* **kickt den Ball irgendwohin** *(umg.)*

schießen: Der Spieler kickte den Ball ins Aus.
II. ohne OBJ ■ **jmd. kickt** (umg.) Fußball spielen
Ki·cker der; **Ki·cke·rin** <-s, -> SPORT (umg.) Fußballspieler
Kid das <-s, -s> /meist Plur./ (Jargon) Kind, Jugendlicher: Mode für Kids
kid·nap·pen ['kɪtnɛpn] <kidnappst, kidnappte, hat gekidnappt> mit OBJ ■ **jmd. kidnappt jmdn.** entführen: Die Terroristen hatten einen Politiker gekidnappt und verlangten Lösegeld/forderten die Freilassung von inhaftierten Gesinnungsgenossen.
kie·big adj NORDDT. ❶ frech, vorlaut ❷ verärgert, gereizt: Sie wurde kiebig.
Kie·bitz der <-es, -e> ❶ ein Vogel ❷ (umg.) (neugieriger, sich einmischender) Zuschauer beim Kartenspiel oder beim Training von Sportlern
kie·bit·zen <kiebitzt, kiebitzte, hat gekiebitzt> ohne OBJ ■ **jmd. kiebitzt** jmd. schaut beim Karten- oder Schachspiel anderer zu
Kiefer¹ der <-s, -> ANAT. der Schädelknochen, in dem die Zähne sitzen ◆-gelenk, -knochen, Ober-, Unter-
Kiefer² die <-, -n> BOT. ein Nadelbaum
Kie·fer·or·tho·pä·die die <-> /kein Plur./ Gebiet der Zahnmedizin, das sich mit Anomalien des Kiefers¹ befasst
Kie·ker ■ jemanden/etwas auf dem Kieker haben (umg.) jmdn. beobachten, es auf jmdn. abgesehen haben, jmdn. verdächtigen, jmdn. nicht leiden können Dieser Kollege kommt dauernd zu spät, viele haben ihn schon auf dem Kieker.
kiek·sen <kiekst, kiekste, hat gekiekst> ohne OBJ ■ **jmds. Stimme kiekst** jmds. Stimme kippt unkontrolliert in die Kopfstimme
Kiel¹ der <-(e)s, -e> der mittlere, harte Teil einer Vogelfeder ◆Feder-
Kiel² der <-(e)s, -e> SEEW. unterster, mittlerer Längsteil bei Schiffen
Kiel³ <-s> Hauptstadt von Schleswig-Holstein
Kiel·li·nie die <-, -n> Formation eines Schiffsverbandes, bei der die Schiffe alle in Kursrichtung hintereinanderfahren
Kiel·was·ser das <-s> /kein Plur./ die Fahrspur, die sich hinter einem Schiff auf dem Wasser bildet
Kie·me die <-, -n> /meist Plur./ Atmungsorgan der Fische
Kien·ap·fel der <-s, Kienäpfel> Kiefernzapfen
Kien·holz das <-es, Kienhölzer> harziges Kiefernholz
Kies der <-es> /kein Plur./ ❶ Anhäufung von vielen kleinen (abgerundeten) Steinen, beispielsweise an Flüssen, im Erdboden ▶ gekiest ❷ (umg.) (viel) Geld
Kie·sel der <-s, -> kleiner, vom fließenden Wasser rund geschliffener Stein
Kie·sel·al·ge die <-, -n> mikroskopisch kleine, einzellige Alge des Süß- und Meerwassers
Kie·sel·er·de die <-> /kein Plur./ quarzreiches Mineral (das für die Herstellung von Glas geeignet ist)
Kie·sel·stein der <-s, -e> (≈ Kiesel)
Kies·gru·be die <-, -n> Grube, aus der Kies¹ geholt wird

Ki·ew ['kiːɛf] <-s> Hauptstadt der Ukraine
Kiez der <-es, -e> ❶ NORDDT. Ortsteil ❷ (abwert.) Vergnügungs- und Prostituiertenviertel; ■ **auf dem Kiez** im Rotlichtmilieu
kif·fen <kiffst, kiffte, hat gekifft> ohne OBJ ■ **jmd. kifft** (umg.) Haschisch oder Marihuana rauchen
Kif·fer der; **Kif·fe·rin** <-s, -> (abwert.) jmd., der kifft
Ki·ke·ri·ki das <-(s), -s> lautmalerisch für das Geräusch, das ein Hahn macht; der Ruf des Hahnes: Wir wurden durch das morgendliche Kikeriki geweckt.
Ki·ku·ju der <-s, -> Angehöriger des Bantuvolkes in Zentral-Kenia, das den Mau-Mau-Aufstand (1952–1956) gegen die weißen Farmer anführte
kil·le·kil·le ■ **killekille machen** (umg. scherzh.) kitzeln
kil·len <killst, killte, hat killt> mit OBJ ■ **jmd. killt jmdn.** (umg. abwert.) kaltblütig töten
Kil·ler der; **Kil·le·rin** <-s, -> (umg. abwert.) skrupelloser (bezahlter) Mörder ◆Serien-
-kil·ler als Zweitglied zusammengesetzter Substantive; drückt (besonders drastisch) aus, dass das mit dem Erstglied Bezeichnete durch etwas zerstört/beseitigt wird ◆Job-, Ozon-, Schmutz-, Tinten-
Kil·ler·sa·tel·lit der <-en, -en> (umg.) Satellit, der andere Flugkörper zerstören können soll, die ins All geschickt worden sind
Ki·lo das <-s, -/-s> kurz für „Kilogramm": Ich habe zwei Kilo Rindfleisch gekauft.; Er will mit Sport gegen die überflüssigen Kilos (≈ das Übergewicht) angehen.
Ki·lo·bit das <-s, -s> Einheit von 1024 Bit
Ki·lo·byte [kilo'baɪt, 'kiːlobaɪt] <-s, -s> EDV Maßeinheit: 1024 Byte
Ki·lo·gramm, Ki·lo·gramm das <-s, -(s)> Maßeinheit: 1000 Gramm
Ki·lo·hertz, Ki·lo·hertz das <-, -> PHYS. Maßeinheit: 1000 Hertz
Ki·lo·joule das [kilo'dʒuːl, 'kiːlodʒuːl, kilo'dʒaʊl] PHYS. Maßeinheit: 1000 Joule
Ki·lo·me·ter, Ki·lo·me·ter der <-s, -> Maßeinheit: 1000 Meter: Der Stau war 10 Kilometer lang.; auf einer Strecke von zehn Kilometern; Bis zur nächsten Ortschaft sind es noch vier Kilometer.; pro Kilometer eine halbe Sekunde auf den Führenden aufholen ◆-leistung, Renn-, Trainings-
Ki·lo·me·ter·fres·ser der <-s, -> (umg.) jmd., der häufig sehr lange Strecken mit dem Auto fährt
Ki·lo·me·ter·geld das <-(e)s> /kein Plur./ die (sich nach gefahrenen Kilometern bemessende) Unkostenerstattung, die jmd. erhält, der sein eigenes Kraftfahrzeug für einen dienstlichen Zweck einsetzt
ki·lo·me·ter·lang adj /nicht steig./ mehrere Kilometer lang: An der Unfallstelle bildete sich ein kilometerlanger Stau.; siehe aber auch **Kilometer**
Ki·lo·me·ter·stand der <-(e)s, Kilometerstände> KFZ Zählerstand eines Kilometerzählers
Ki·lo·me·ter·stein der <-(e)s, -e> am Straßenrand aufgestellter Stein, auf dem eine Entfernung in Kilometern angegeben ist

K

Ki·lo·me·ter·zäh·ler *der* <-s, -> *in einem Fahrzeug befindliches Messgerät, das die zurückgelegten Kilometer anzeigt*

Ki·lo·volt *das* <-s> /kein Plur./ Maßeinheit: 1000 Volt

Ki·lo·watt·stun·de, Ki·lo·watt·stun·de *die* <-, -n> ELEKTROTECHN., PHYS. *Maßeinheit der elektrischen Energie (die beispielsweise ein Elektrogerät verbraucht)*

Kilt *der* <-s, -e> *zur schottischen Männertracht gehörender karierter Faltenrock*

Kim·me *die* <-, -n> *als Zielhilfe dienende Kerbe im Visier von Handfeuerwaffen: Er zielt über Kimme und Korn.*

Kim·mung *die* <-, -en> ❶ *Übergangsstelle des Schiffsbodens in die Schiffswandung* ❷ *natürlicher Sehkreis (z. B. beim Blick über den Meereshorizont)*

Ki·mo·no, Ki·mo·no *der* <-s, -s> *traditionelles japanisches Kleidungsstück*

Kind *das* <-(e)s, -er> ❶ *ein noch nicht geborener oder gerade erst oder erst vor kurzem geborener Mensch: In diesem Saal liegen die neugeborenen Kinder.; Sie erwartet im Herbst ihr zweites Kind.* ❷ *ein junger, noch nicht erwachsener Mensch: Der Eintritt ist frei für Kinder bis zu zehn Jahren.; Die Kinder sind groß geworden.* ◆ -erarzt, -erärztin, -erbeihilfe, -erbett, -erchor, -erfahrkarte, -erfahrrad, -erfest, -ergottesdienst, -erheim, -erkriminalität, -ernahrung, -erpflegerin, -erprogramm, -erpsychologie, -ersendung, -erspielzeug, -erwagen, -erzimmer ❸ *jmds. unmittelbarer Nachkomme: Wir waren zu Hause drei Kinder.; Unsere Kinder sind längst schon ausgezogen, um in anderen Städten zu studieren.* ❹ /nur Plur./ (umg.) *Anrede an mehrere Personen: Kommt Kinder, wir müssen aufbrechen!;* ■ **das Kind mit dem Bade ausschütten** (umg.) *übereilt handeln und dabei Gutes und Schlechtes gleichermaßen verwerfen;* ■ **sich bei jemandem lieb Kind machen** (umg. abwert.) *sich bei jmdm. einschmeicheln;* ■ **mit Kind und Kegel** (umg.) *mit allen Familienmitgliedern;* ■ **das Kind beim Namen nennen** (umg.) *eine unangenehme Sache direkt ansprechen;* ■ **kein Kind von Traurigkeit sein** (umg.) *ein lebenslustiger Mensch sein;* ■ **jemand wird das Kind schon schaukeln** (umg.) *jmd. wird mit einer Sache schon zurecht kommen Keine Sorge, wir werden das Kind schon schaukeln!*

Kind·bett *das* <-(e)s> /kein Plur./ (veralt.) *Wochenbett: Der Säugling starb im Kindbett.*

Kind·bett·fie·ber *das* <-s> /kein Plur./ *fieberhafte Erkrankung von Wöchnerinnen, die durch Infektion von Wunden verursacht ist, die bei der Geburt entstanden sind*

Kin·der·ar·beit *die* <-> /kein Plur./ *zu Erwerbszwecken dienende Arbeit von Kindern: In vielen Ländern ist Kinderarbeit verboten.*

Kin·der·aus·weis *der* <-es, -e> *ein Ausweis für Kinder; Bei Auslandsreisen in bestimmte Länder ist bei Grenzübertritt für Kinder unter 16 Jahren die Vorlage eines Kinderausweises erforderlich. In der Regel werden Kinderausweise bis zur Vollendung des zehnten Lebensjahres ohne Lichtbild* und für Kinder ab dem zehnten bis zur Vollendung des sechzehnten Lebensjahres mit Lichtbild ausgestellt.

Kin·der·be·steck *das* <-s, -e> *kleineres Besteck, das der Handgröße von Kindern entspricht*

Kin·der·be·treu·ung *die* <-, -en> *die Beaufsichtigung eines oder mehrerer Kinder für einen gewissen Zeitraum durch eine andere Person als die Eltern: Die Kinderbetreuung in den Kindergärten wird von ausgebildeten Kindergärtnerinnen geleistet.*

Kin·der·buch *das* <-(e)s, Kinderbücher> *ein speziell für Kinder geschriebenes Buch* ◆ -autor(in)

Kin·der·dorf *das* <-(e)s, Kinderdörfer> *eine Siedlung, in der elternlose Kinder in familienähnlichen Hausgemeinschaften leben können*

Kin·de·rei *die* <-, -en> (abwert.) *kindisches Benehmen, alberner Spaß*

Kin·der·er·mä·ßi·gung *die* <-, -en> *Preisnachlass für Kinder z. B. an der Konzertkasse, im öffentlichen Verkehr usw.*

kin·der·feind·lich *adj* ❶ *so, dass jmd. Kindern und ihren Bedürfnissen gegenüber ablehnend eingestellt ist: In der Diskussion ging es um die Frage, ob wir in einer kinderfeindlichen Gesellschaft leben.* ▶ Kinderfeindlichkeit ❷ *so, dass etwas schädlich für Kinder und ihre Entwicklung ist*

Kin·der·frau *die* <-, -en> *Angestellte für die Pflege und Versorgung der Kinder in einer Familie*

Kin·der·frei·be·trag *der* <-(e)s, Kinderfreibeträge> *ein steuerlicher Freibetrag, der einem zur Einkommensteuer veranlagten Bürger pro Kind zusteht*

kin·der·freund·lich *adj* *mit der Haltung, die die Bedürfnisse von Erwachsenen und Kindern als gut vereinbar versteht: Wir haben sehr kinderfreundliche Nachbarn.*

Kin·der·funk *der* <-(e)s> /kein Plur./ *Rundfunksendungen speziell für Kinder*

Kin·der·gar·ten *der* <-s, Kindergärten> *Institution zur Betreuung für Kinder im Vorschulalter, wo diese spielen können und gefördert werden* ▶ Kindergärtner, Kindergärtnerin

Kin·der·gar·ten·platz *der* <-es, Kindergartenplätze> *für ein Kind vorgesehene Möglichkeit, in einen Kindergarten aufgenommen zu werden: Wir bemühen uns um einen Kindergartenplatz für unsere Tochter.*

Kin·der·geld *das* <-(e)s> /kein Plur./ *durch den Staat gewährte finanzielle Unterstützung für Familien mit Kindern*

Kin·der·hilfs·werk *das* <-(e)s, -e> *eine öffentliche Einrichtung, die sich um Kinder in besonderen Notlagen kümmert: UNICEF ist das Kinderhilfswerk der Vereinten Nationen.*

Kin·der·hort *der* <-(e)s, -e> *ein Heim, in dem schulpflichtige Kinder ganztägig betreut werden*

Kin·der·jah·re *die* <-> Plur. Kinderzeit

Kin·der·krank·heit *die* <-, -en> ❶ MED. *eine der (Infektions-)Krankheiten, die besonders bei Kindern vorkommen: typische Kinderkrankheiten wie Masern und Keuchhusten* ❷ (übertr.: ≈ Anfangsschwierigkeit) /meist Plur./ *ein Problem, das am Beginn der Entwicklung eines Projektes oder ei-*

nes technischen Gerätes auftritt: Bis zur Serien-reife müssen die Kinderkrankheiten des Prototyps behoben werden.

Kin·der·krip·pe *die* <-, -n> *eine Institution, in der Säuglinge und Kleinkinder betreut werden, deren Eltern berufstätig sind*

Kin·der·läh·mung *die* <-> */kein Plur./ eine schwere Infektionskrankheit der Rückenmarksub-stanz (auch des Gehirns), die vor allem Kinder befällt und zu irreversiblen Lähmungen führen kann*

kin·der·leicht *adj /nicht steig./ (umg.) sehr leicht:* Die kinderleichte Bedienung des Geräts haben auch absolute Laien sofort verstanden.

kin·der·lieb *adj /nicht steig./ so, dass jmd. Kinder sehr gern hat* ▸ Kinderliebe

kin·der·los *adj /nicht steig./ so, dass jmd. keine eigenen Kinder hat:* ein kinderloses Ehepaar; Die Ehe blieb kinderlos. ▸ Kinderlosigkeit

Kin·der·mäd·chen *das* <-s, -> *eine (jüngere) Frau, die als Angestellte einer Familie die Kinder betreut*

Kin·der·narr *der*, **Kin·der·när·rin** <-en, -en> *(umg.) jmd., der Kinder überaus gern hat*

Kin·der·por·no·gra·fie, *a.* **Kin·der·por·no·gra·phie** *die* <-> */kein Plur./ verbotene pornografi-sche Darstellung sexueller Akte mit Kindern*

Kin·der·pro·s·ti·tu·ti·on *die* <-> */kein Plur./* RECHTSW. *der Vorgang, dass Kinder sich als Prostitu-ierte anbieten*

Kin·der·pu·der *das* <-s> */kein Plur./ spezielles Puder für Kleinkinder und Säuglinge, das keimtö-tend wirkt*

kin·der·reich *adj /nicht steig./ so, dass jmd. viele Kinder hat:* Er stammt aus einer kinderreichen Fa-milie.

Kin·der·schän·der *der*, **Kin·der·schän·de·rin** <-s, -> *jmd., der Kinder sexuell missbraucht*

Kin·der·schreck *der* <-s> */kein Plur./ eine un-heimliche Gestalt, vor der sich Kinder fürchten*

Kin·der·schuh *der* <-s, -e> *ein Schuh für Kinder;* ■ **noch in den Kinderschuhen stecken** *(umg.) in seiner (technischen) Entwicklung noch nicht ausgereift sein*

Kin·der·schutz *der* <-(e)s> */kein Plur./ alle rechtlichen Bestimmungen zum Schutz von Kin-dern* ◆-bund

Kin·der·schutz·kap·pe *die* <-, -n> *eine spezielle Kappe, die sich nicht einfach durch Drehen, son-dern nur durch Drehen und gleichzeitiges Drü-cken lösen lässt, und mit der man Flaschen aus-stattet, deren Inhalt für Kinder gefährlich sein kann, wenn sie ihn z. B. trinken würden (z. B. bei Reinigungsmitteln)*

Kin·der·schwes·ter *die* <-, -n> *eine Kranken-schwester, die sich auf die Pflege von Säuglingen und Kleinkindern spezialisiert hat*

Kin·der·se·gen *der* <-s> */kein Plur./ Vorhanden-sein von Kindern, das als besonderer Segen emp-funden wird:* Es war ihnen leider kein Kindersegen beschert.; Die Eltern der vier Kinder waren immer glücklich über diesen Kindersegen.

kin·der·si·cher *adj /nicht steig./ so, dass Kinder sich und auch ihrer Umgebung keinen Schaden*

zufügen können: Das Arzneimittel hat einen kin-dersicheren Verschluss.

Kin·der·sitz *der* <-es, -e> *spezieller Sitz für den sicheren Transport kleinerer Kinder in Kraftfahr-zeugen oder auf Fahrrädern*

Kin·der·sol·dat *der* <-en, -en> *ein Kind in der Rolle eines Soldaten:* Kinder werden in einigen Ländern von Rebellen verschleppt und als Kinder-soldaten missbraucht.

Kin·der·spiel *das* <-(e)s, -e> *Spiel von Kindern;* ■ **(für jemanden) ein Kinderspiel sein** *(umg.) (für jmdn.) sehr einfach sein, kein Problem dar-stellen*

Kin·der·spiel·platz *der* <-es, Kinderspielplätze> *mit verschiedenen Spielgeräten ausgestatteter, ab-gegrenzter Platz, auf dem Kinder spielen können*

Kin·der·spra·che *die* <-> */kein Plur./ der kindli-chen Entwicklung angemessener bzw. für kleinere Kinder typischer Sprachgebrauch*

Kin·der·star *der* <-s, -s> *ein Kind, das durch eine Fernseh- oder Filmrolle o. Ä. bekannt und be-rühmt geworden und sehr beliebt beim Publi-kum ist*

Kin·der·sta·ti·on *die* <-, -en> MED. *eine Station im Krankenhaus, auf der ausschließlich Kinder als Pa-tienten liegen*

Kin·der·sterb·lich·keit *die* <-> */kein Plur./ Anzahl der Sterbefälle von Kindern (in einem be-stimmten Gebiet während eines bestimmten Zeit-raums)*

Kin·der·stu·be *die* <-, -n> ❶ *(veralt.) Kinderzim-mer* ❷ */kein Plur./ (übertr.) die elterliche Erzie-hung, die sich an jmds. Umgangsformen und gu-tem Benehmen erkennen lässt:* Er hat offenbar keine gute Kinderstube.

Kin·der·tag *der* <-(e)s, -e> *ein den Kindern be-sonders gewidmeter Tag:* Morgen ist auf dem Volksfest Kindertag.

Kin·der·ta·ges·stät·te *die* <-, -n> *Kindergarten oder Kinderhort, in dem die Kinder den ganzen Tag betreut werden*

Kin·der·tel·ler *der* <-s, -> (↔ Seniorenteller) *klei-nere, für Kinder angebotene Portion im Restau-rant*

Kin·der·zahl *die* <-> */kein Plur./ die Zahl der Kin-der in einer Familie*

Kin·der·zeit *die* <-> */kein Plur./ die Zeit der Kind-heit*

Kin·des·al·ter *das* <-s> */kein Plur./ der Lebens-abschnitt, in dem man Kind ist:* Sie hat eine fast er-wachsene Tochter und einen Sohn im Kindesalter.

Kin·des·bei·ne ■ **von Kindesbeinen an** *(umg.) von frühester Jugend an*

Kin·des·miss·brauch *der* <-s, ...-missbräuche> */Plur. selten/* RECHTSW. *der Vorgang, dass ein Er-wachsener ein Kind sexuell missbraucht*

Kin·des·miss·hand·lung *die* <-, -en> RECHTSW. *das Quälen eines Kindes (durch die Eltern oder andere Personen)*

Kin·des·mord, *a.* **Kinds·mord** *der* <-s, -e> *Mord an einem Kind* ▸ Kindesmörder, Kindesmörderin

Kin·des·mut·ter *die* <-, Kindesmütter> *Mutter des Kindes*

Kin·des·tö·tung *die* <-, -en> *Tötung eines Kindes*

Kin·des·va·ter *der* <-s, Kindesväter> *Vater des Kindes*

Kind·frau *die* <-, -en> *ein sehr junges Mädchen, das körperlich bereits sehr weit entwickelt ist*

kind·ge·recht *adj den Bedürfnissen von Kindern entsprechend*

Kind·heit *die* <-, -en> *der Lebensabschnitt, in dem man Kind ist:* Sie hatte eine freudlose/schöne/traurige/ unbeschwerte Kindheit. ◆ -serlebnis

kin·disch *adj (oft abwert.) (im Benehmen) für einen Erwachsenen unpassend, albern, unreif:* Sei doch nicht so kindisch!; dieses kindische Benehmen/Getue/Herumalbern/Verhalten

kind·lich *adj in Art, Ausdruck oder Wesen einem Kind gemäß:* Sie hat ein kindliches Gemüt/Gesicht.; Er hat eine kindliche Handschrift.

Kinds·be·we·gung *die* <-, -en> *etwa von der sechzehnten Schwangerschaftswoche ab wahrnehmbare Bewegung des Kindes in der Gebärmutter*

Kind·schafts·recht *das* <-> /kein Plur./ RECHTSW. *der Bereich der Rechtsprechung für die Streitigkeiten, die das elterliche Sorgerecht betreffen*

Kinds·kopf *der* <-(e)s, Kindsköpfe> *jmd., der sich albern und kindisch benimmt:* Er war immer schon ein Kindskopf.

Kinds·la·ge *die* <-, -n> *die Lage des Fötus in der Gebärmutter*

Kinds·tau·fe, Kind·tau·fe *die* <-, -n> *(↔ Erwachsenentaufe) Taufe eines Kindes*

Ki·ne·ma·tik *die* <-> /kein Plur./ PHYS. *Lehre von der geometrischen Beschreibung von Bewegungsverhältnissen*

Ki·ne·ma·to·gra·fie, *a.* **Ki·ne·ma·to·gra·phie** *die* <-> /kein Plur./ TECHN., FILM *in der Filmtechnik ein Sammelbegriff für die physiologischen, optischen und gerätetechnischen Grundlagen der Aufnahme und Wiedergabe von (Ton-)Filmen*

Ki·ne·tik *die* <-> /kein Plur./ *Teilgebiet der Physik (Mechanik); Lehre des Zusammenhangs zwischen den Kräften und den daraus folgenden Bewegungen eines Körpers*

King ■ sich für den King halten *(umg.) meinen, etwas Besonderes zu sein*

King·size *die/das* ['kɪŋsaɪz] <-> /kein Plur./ *(von bestimmten Waren) in einem größeren Format als sonst bei diesem Warentyp üblich* ◆ -format

Kin·ker·litz·chen, Kin·ker·litz·chen <-> Plur. *(abwert.)* ❶ *albernes Verhalten, das jmdn. verärgert:* Lass endlich die Kinkerlitzchen und komm! ❷ *unbedeutende Kleinigkeiten:* Wir sollten uns nicht länger mit solchen Kinkerlitzchen aufhalten, sondern endlich zur Sache kommen.

Kinn *das* <-(e)s, -e> *der unter dem Mund befindliche, leicht vorgewölbte Teil des Gesichts:* ein energisches/fliehendes Kinn

Kinn·bart *der* <-(e)s, Kinnbärte> *das Kinn bedeckender Bart*

Kinn·ha·ken *der* <-s, -> *gezielt gegen das Kinn geführter Faustschlag*

Kinn·la·de *die* <-, -n> *(umg.) Unterkiefer*

Kinn·rie·men *der* <-s, -> *Riemen unter dem Kinn zur Befestigung eines Helms*

Ki·no *das* <-s, -s> ❶ *ein Raum oder Gebäude, in*

dem einem zahlenden Publikum Filme gezeigt werden: Wollen wir ins Kino gehen?; Was läuft gerade im Kino? ◆ -besucher, -center, -kasse, -saal ❷ *eine Vorstellung im Kino:* Das Kino beginnt um acht Uhr.

Ki·no·gän·ger *der,* **Ki·no·gän·ge·rin** <-s, -> *jmd., der (oft) ins Kino geht*

Ki·no·hit *der* <-s, -s> *(umg.) besonders erfolgreicher Kinofilm*

Ki·no·pro·gramm *das* <-s, -e> *das Programm der Filme, die innerhalb einer bestimmten Zeit in den Kinos gezeigt werden*

Ki·no·re·k·la·me *die* <-, -n> *Reklame, die im Kino vor Beginn des Filmprogramms gezeigt wird*

Ki·no·vor·füh·rung *die* <-, -en> *Vorführung eines Films im Kino*

Ki·no·vor·stel·lung *die* <-, -en> *(≈ Kinovorführung)*

Kin·topp *der/das* <-s, -s> ❶ *(scherzh.) Kino (Abkürzung von „Kinematograph")* ❷ */kein Plur./ Film als Medium (vor allem der Stummfilmzeit)*

Ki·osk *der* <-(e)s, -e> *kleiner, oft in einem frei stehenden Häuschen untergebrachter Laden für Zeitschriften, Tabakwaren und Getränke*

Kip·ferl *das* <-s, -n> SÜDDT., ÖSTERR. *Hörnchen, Plätzchen (Gebäck)*

Kip·pe¹ *die* <-, -n> *(umg.: ≈ Zigarettenstummel) Rest einer gerauchten Zigarette*

Kip·pe² *die* <-, -n> *(≈ Müllkippe) Schuttabladeplatz;* ■ auf der Kippe stehen *(umg.) sich in einer kritischen Lage, Situation befinden* Der Schüler steht noch auf der Kippe, so dass seine Versetzung von der letzten Prüfung abhängt.; ■ auf der Kippe stehen *noch unsicher, nicht entschieden sein* Der Ausgang des Spiels stand bis zur letzten Minute auf der Kippe.; ■ ein Fenster auf Kippe stellen *(umg.) ein Fenster kippen* Stell' doch das Fenster bitte auf Kippe statt es ganz zu öffnen.

kip·peln <kippelst, kippelte, hat gekippelt> *ohne OBJ wackeln, unsicher stehen:* Er kippelte mit dem Stuhl, so dass er nach hinten zu stürzen drohte.; Der Schrank kippelt so lange, bis wir an einer Seite etwas untergelegt haben.

kip·pen <kippst, kippte, hat/ist gekippt> **I.** *mit OBJ (haben)* ❶ ■ jmd./etwas kippt etwas *in eine Schräglage bringen:* Würdest du bitte das Fenster kippen? ❷ ■ jmd./etwas kippt etwas irgendwohin *etwas irgendwohin schütten:* Er kippte den Kaffee in die Vorratsdose.; Der Laster kippte den Kies auf die Straße. **II.** *ohne OBJ (sein)* ■ jmd./etwas kippt ❶ *(≈ umfallen) auf die Seite fallen:* Die Vase kippte und fiel vom Schrank.; Das Auto drohte in der Kurve zu kippen.; Als er diese Unglücksnachricht bekam, drohte er vom Stuhl zu kippen. ❷ *eine negative Wende vollziehen:* Das Spiel ist in der zweiten Halbzeit gekippt.; ■ einen kippen *(umg.) Alkohol trinken;* ■ sich noch einen hinter die Binde kippen *Alkohol, besonders Schnaps trinken*

Kip·per *der* <-s, -> *Straßen- oder Schienenfahrzeug zur Beförderung von schüttbarem Material, das von der Ladefläche gekippt I.2 wird* ◆ Mulden-

Kipp·lo·re *die* <-, -n> *kleiner, unten spitz zulau-*

fender Wagen auf Schienen, der gekippt werden kann

Kịpp·schal·ter *der* <-s, -> *(Licht-)Schalter, dessen Grifffläche oder Hebel zum Ein- und Ausschalten gekippt wird*

kịpp·si·cher *adj /nicht steig./ so konstruiert, dass es nicht kippen kann*

Kịpp·wa·gen *der* <-s, -> *(≈ Kipper)*

Kịr·be *die* <-, -n> LANDSCH. *Kirchweih*

Kịr·che *die* <-, -n> ❶ *ein (großes) Gotteshaus:* Das ist eine barocke/gotische/romanische Kirche.; der Altar/die Heiligenfiguren/die Orgel/die Sitzbänke in einer Kirche; Die Menschen gehen sonntags zur Kirche. ◆-nbesuch, -nchor, -nfenster, -nfest, -nglocke, -nkuppel, -ntür ❷ *(≈ Konfession) christliche Glaubensgemeinschaft:* Sie gehört der evangelischen/katholischen Kirche an. ◆-naustritt, -nfest, -nverfolgung ❸ *die Kirche² als Institution:* Die Kirche hat in dieser Frage einen eindeutigen Standpunkt bezogen.; Als Mann der Kirche musste er diese Haltung ablehnen. ❹ */kein Plur./ Gottesdienst:* Er geht jeden Sonntag zur Kirche.; ◼ **die Kirche im Dorf lassen** *(umg.) eine Sache in einem vernünftigen Rahmen betrachten;* ◼ **die Kirche ums Dorf tragen** *(umg.) unnötig umständlich vorgehen*

Kịr·chen·äl·tes·te *der/die* <-n, -n> *Vertreter der Gemeinde im Kirchenvorstand*

Kịr·chen·amt *das* <-(e)s, Kirchenämter> *jede nach kirchenrechtlicher Norm geregelte Institution der Kirche³*

Kịr·chen·asyl *das* <-s> */kein Plur./ ein von der Kirche³ gewährtes Asyl, das den Asylsuchenden vor staatlichem Zugriff zunächst schützt*

Kịr·chen·bann *der* <-s> */kein Plur./ Besserungsstrafe in der katholischen Kirche, die Exkommunikation für den Gebannten bedeutet*

Kịr·chen·buch *das* <-(e)s, Kirchenbücher> *das von der Pfarrgemeinde geführte Buch, in dem Geburten, Sterbefälle, Taufen und Eheschließungen eingetragen werden*

Kịr·chen·die·ner *der,* **Kịr·chen·die·ne·rin** <-s, -> *jmd., der beruflich einfache Arbeiten in der Kirche¹ verrichtet und Gottesdienste vorbereitet*

kịr·chen·feind·lich *adj gegen die Ideologie und Politik der Kirche gerichtet*

Kịr·chen·fürst *der* <-en, -en> *(geh.) hoher geistlicher Würdenträger, beispielsweise ein Bischof, Erzbischof oder Kardinal*

Kịr·chen·ge·mein·de *die* <-, -n> *(≈ Pfarrei) in der christlichen Kirche die kleinste Einheit kirchlicher Gliederung, meist auf regionaler Ebene; alle Personen, die zu einer Pfarrei gehören*

Kịr·chen·ge·rät *das* <-s, -e> *ein zu liturgischen Handlungen benutzter Gegenstand*

Kịr·chen·ge·schich·te *die* <-> */kein Plur./* ❶ *Geschichte der christlichen Kirche* ❷ *die Wissenschaft, die sich mit Kirchengeschichte¹ befasst* ❸ *Hand- oder Lehrbuch der Kirchengeschichte¹*

Kịr·chen·ho·heit *die* <-> */kein Plur./ die Gesamtheit der Rechte, die der Staat in seinem Territorium über die Kirche hat*

Kịr·chen·jahr *das* <-(e)s, -e> *am 1. Advent beginnendes Jahr, wie es unter religiösen Aspekten ge-*

gliedert ist *(mit allen Sonn- und Feiertagen und kirchlichen Festen)*

Kịr·chen·kon·zert *das* <-s, -e> ❶ *Konzert in der Kirche mit Kirchenmusik* ❷ *Konzert mit geistlicher oder weltlicher Musik, das im Rahmen der Kirche stattfindet*

Kịr·chen·maus ◼ **arm wie eine Kirchenmaus sein** *(umg. scherzh.) sehr arm sein*

Kịr·chen·pfle·ger *der* <-s, -> *Verwalter des örtlichen Kirchenvermögens*

Kịr·chen·rat *der* <-s, Kirchenräte> *in einigen evangelischen Landeskirchen üblicher Amtstitel für hauptamtliche Pfarrer im Dienst der Landeskirche*

Kịr·chen·recht *das* <-(e)s> */kein Plur./ alle Rechtsvorschriften, die das kirchliche Gemeinschaftsleben regeln*

Kịr·chen·spal·tung *die* <-, -en> *(≈ Schisma) Spaltung der kirchlichen Einheit in mehrere Teilkirchen*

Kịr·chen·staat *der* <-(e)s> */kein Plur./* GESCH. *Vatikan*

Kịr·chen·steu·er *die* <-, -n> *von den Kirchen³ auf das Einkommen ihrer Mitglieder erhobene Steuer, die (in Deutschland) der Staat einzieht*

Kịr·chen·tag *der* <-(e)s, -e> *Großveranstaltung der evangelischen Kirche, bei der viele Mitglieder einer Kirche² zusammenkommen*

Kịr·chen·ton *der* <-s> *mittelalterliche Tonskalen, die weder erhöhte noch erniedrigte Stufen verwenden (Beipiele: Dorisch, Lydisch, Äolisch, Ionisch …)*

Kịr·chen·ton·art *die* <-, -en> *(≈ Kirchenton)*

Kịr·chen·uhr *die* <-, -en> *meist in einem Kirchturm eingebaute Uhr*

Kịr·chen·va·ter *der* <-s, Kirchenväter> *einer der Verfasser wichtiger kirchlicher Schriften in der Anfangszeit der christlichen Kirche*

Kịr·chen·volk *das* <-s> */kein Plur./* REL. *Gesamtheit der Kirchenmitglieder*

Kịr·chen·vor·stand *der* <-s, Kirchenvorstände> *Verwaltungsorgan einer Kirchengemeinde, das gemäß der Kirchenverfassung mit Leitungs- und Verwaltungsaufgaben beauftragt ist*

Kịrch·gän·ger *der,* **Kịrch·gän·ge·rin** <-s, -> *jmd., der (regelmäßig) Gottesdienste besucht*

Kịrch·hof *der* <-s, Kirchhöfe> *Begräbnisstätte rings um die Kirche*

kịrch·lich *adj /nicht steig./* ❶ *die Kirche betreffend, zu ihr gehörend, von ihr ausgehend:* ein kirchlicher Feiertag ❷ *den Geboten, Riten der Kirche² entsprechend:* Sie wollen sich kirchlich trauen lassen.; Er wünschte sich ein kirchliches Begräbnis.

Kịrch·spiel *das* <-s, -e> *Pfarrbezirk*

Kịrch·spren·gel *der* <-s, -> *Kirchspiel*

Kịrch·tag *der* <-s, -e> ÖSTERR. *Kirmes*

Kịrch·turm *der* <-(e)s, Kirchtürme> *der zu einer Kirche gehörige Turm* ◆-uhr

Kịrch·weih *die* <-, -en> *ein Fest auf dem Land mit Jahrmarkt, das man jedes Jahr zur Erinnerung an die Einweihung der Kirche feiert* ◆-fest

Kịr·gi·si·en, **Kir·gị·sis·tan** *das* <-s> */kein Plur./*

K

Republik in Zentralasien ▶ Kirgise, Kirgisin, kirgisisch, Kirgisische

Kir·gi·sis·tan <-s> *Kirgisien*

Ki·ri·ba·ti <-s> *Republik im südwestlichen Pazifik, zu der eine Reihe von Inseln gehören wie z. B. die Gilbertinseln, Ocean Island, die Phönixinseln* ▶ Kiribatier, Kiribatierin, kiribatisch

Kir·mes *die* <-, -sen> WESTMDT. *Kirchweih*

kir·re *adj /nicht steig./ (umg.)* ❶ *gefügig, zahm:* Sie hat ihn kirre gemacht. ❷ *von etwas genervt:* Diese Situation macht mich noch ganz kirre.

Kirsch·baum *der* <-(e)s, Kirschbäume> ❶ *ein Obstbaum, der Kirschen als Früchte trägt* ❷ */ohne Artikel, kein Plur. / Bezeichnung für das Holz des Kirschbaums¹:* Den Lautsprecher gibt es auch in der Ausführung Kirschbaum.

Kir·sche *die* <-, -n> ❶ *die Frucht des Kirschbaums¹, die klein und rund ist, an einem langen Stiel wächst, eine rote Farbe hat und süß oder säuerlich schmeckt* ◆ Sauer-, Süß- ❷ *Kirschbaum¹* ❸ *(≈ Kirschbaum²) das Holz des Kirschbaums:* Unser neuer Tisch ist aus Kirsche.; ■ **mit jemandem ist nicht gut Kirschen essen** *(umg.)* mit jmdm. ist es schwierig auszukommen

Kirsch·kern *der* <-s, -e> *Kern der Kirsche*

Kirsch·ku·chen *der* <-s, -> *mit Kirschen belegter Kuchen*

Kirsch·li·kör *der* <-s, -e> *aus Kirschen hergestellter Likör*

Kirsch·lor·beer *der* <-s> */kein Plur. / (≈ Lorbeerkirsche) ein Rosengewächs aus Südosteuropa und Kleinasien, das als immergrüner Strauch oder Baum vorkommt, dessen Blätter lederartig glänzen und dessen Früchte schwarzrot sind (Lorbeerkirsche)*

Kirsch·stein *der* <-s, -e> *(≈ Kirschkern)*

Kirsch·was·ser *das* <-s> */kein Plur. / aus Kirschen gebrannter klarer Schnaps*

Kis·met *das* <-s> */kein Plur. /* REL. *(im Islam) das unabwendbare Schicksal*

Kis·sen *das* <-s, -> *eine mit Federn oder Schaumgummi gefüllte Hülle, die man beim Schlafen als Polster unter den Kopf legt*

Kis·sen·be·zug *der* <-(e)s, Kissenbezüge> *Stoffbezug für ein Kissen*

Kis·te *die* <-, -n> ❶ *aus Holzlatten gefertigter rechteckiger Behälter* ◆ Bier-, Latten- ❷ *(umg. abwert.) altes, nicht besonders zuverlässiges Auto*

Ki·su·a·he·li, Ki·swa·hi·li *das*, **Su·a·he·li** *das* <-> */kein Plur. / Bantusprache, die ursprünglich nur an der Ostküste Afrikas gesprochen wurde*

Ki·ta *die* <-, -s> *Abkürzung von „Kindertagesstätte"*

Kitsch *der* <-(e)s> */kein Plur. / (abwert.) ein Werk der bildenden Kunst, das (aus einem bestimmten Kunstverständnis heraus) als geschmacklos und minderwertig betrachtet wird:* Die Statue/Der Film ist der reinste Kitsch. ▶ verkitschen ◆ Edel-

kit·schig *adj (abwert.) auf künstlerisch minderwertige, als geschmacklos empfundene Art gestaltet:* Das Bild ist ziemlich kitschig.

Kitt *der* <-(e)s, -e> *zum Kleben und Abdichten verwendete Masse, die an der Luft hart wird* ▶ kitten ◆ Fenster-

Kitt·chen *das* <-s, -> *(umg.: ≈ Gefängnis)*

Kit·tel *der* <-s, -> *Arbeitsmantel* ◆ Arzt-, Labor-

Kit·tel·kleid *das* <-(e)s, -er> *einfaches, vorne geknöpftes Kleid*

kit·ten <kittest, kittete, hat gekittet> *mit OBJ* ■ **jmd. kittet etwas** *mit Kitt kleben:* ein Fenster kitten; ■ **eine Ehe/Freundschaft kitten** *(umg.) versuchen, ein gestörtes Verhältnis der Partner in einer Ehe oder Freundschaft zu verbessern und wieder herzustellen*

Kitz *das* <-es, -e> *junges Reh, junge Ziege*

Kit·zel *der* <-s, -> ❶ */meist Sing. / die Reizempfindung auf der Haut, die durch leichtes Berühren oder Zwicken ausgelöst wird und die oft dazu führt, dass man lachen muss* ❷ *(≈ Kick) das mit einem angenehmen Gefühl verbundene Verlangen, etwas Verbotenes oder Gefährliches zu tun* ◆ Nerven-

kit·ze·lig *adj siehe* **kitzlig**

kit·zeln <kitzelst, kitzelte, hat gekitzelt> I. *mit OBJ* ❶ ■ **jmd. kitzelt jmdn.** *durch wiederholtes Berühren bestimmter Körperstellen eine Empfindung herbeiführen, die zum Lachen reizt:* Sie kitzelte ihre kleine Schwester. ❷ *(umg.)* ■ **etwas kitzelt jmdn.** *jmdm. Lust verschaffen, etwas (Gefährliches oder Verbotenes) zu tun:* Es kitzelt mich, das auch einmal zu probieren. II. *ohne OBJ* ■ **jmd./etwas kitzelt** *durch (unabsichtliches) leichtes Berühren eine juckende Empfindung verursachen:* Hör auf, das kitzelt mich.; Das Härchen kitzelte in der Nase.

Kitz·ler *der* <-s, -> ANAT. *Klitoris*

kitz·lig, kit·ze·lig <kitz(e)liger, am kitz(e)ligsten> *adj* ❶ *empfindlich gegen Kitzeln II.1:* Ich bin kitzlig an den Füßen. ❷ *(≈ heikel)* Das war eine kitzlige Situation.

Ki·wi¹ *die* <-, -s> *eine kleinere, ovale, vitaminreiche Frucht mit grünlichem Fruchtfleisch und behaarter bräunlicher Schale*

Ki·wi² *der* <-s, -s> *ein flugunfähiger nachtaktiver Laufvogel mit graubraunem Gefieder, kräftigen Beinen und langem Schnabel*

kJ *das* <-> *Abkürzung für die Maßeinheit „Kilojoule"*

k.k., k.u.k. *Abkürzung von „kaiserlich-königlich" bzw. „kaiserlich und königlich":* die k.u.k.-Monarchie Österreich-Ungarn bis zum Ende des 1. Weltkriegs

KKW *das* <-s, -s> *Abkürzung von „Kernkraftwerk"*

Kla·bau·ter·mann *der* <-(e)s, Klabautermänner> */meist Sing. /* NORDDT. *ein Schiffsgeist, Kobold*

kla·cken <klackt, klackte, hat geklackt> *ohne OBJ* ■ **etwas klackt** *(umg.) einen kurzen, harten Ton abgeben:* Die Tür klackt ins Schloss.; Die Absätze seiner Schuhe klackten auf dem Asphalt.

Klacks *der* <-es, -e> ❶ *(umg.) eine kleine Menge von einer breiigen Substanz:* Noch einen Klacks Soße, bitte! ❷ *(umg.) leichte Aufgabe:* Das ist doch nun wirklich ein Klacks!

Klad·de *die* <-, -n> LANDSCH. *Notizheft*

Klad·de·ra·datsch *der* <-(e)s, -e> *(umg.)* ❶ *klatschender, klirrender Fall* ❷ *(scherzh.) verwendet als Bezeichnung für eine Gesamtheit von nicht*

K

weiter beschriebenen Gegenständen: Dem Kellner glitt plötzlich das volle Tablett aus der Hand und der ganze Kladderadatsch (≈ alle Teller, Gläser usw.) landete auf dem Boden.

klaf·fen <klafft, klaffte, hat geklafft> *ohne OBJ* ■ *etwas klafft (irgendwo)* als Öffnung weit offen stehen: Risse klafften in der Wand.; eine klaffende Wunde

kläf·fen <kläfft, kläffte, hat gekläfft> *ohne OBJ* ■ *ein Tier kläfft (abwert.) mit hellen Tönen bellen* ▶ Kläffer

Klaf·ter *der/das* <-s, -> *(veralt.)* ❶ *ein Längenmaß* ❷ *ein Raummaß für Holz* ❸ SEEW. *Leine*

klaf·tern <klafterst, klafterte, hat geklaftert> *mit OBJ* ■ *jmd. klaftert etwas Holz in Klaftern² aufschichten*

Kla·ge *die* <-, -n> ❶ RECHTSW. *bei Gericht vorgebrachte Beschwerde gegen jmdn. unter Erhebung des Anspruchs auf ein gerichtliches Verfahren:* Sie hatten eine Klage gegen ihren Vermieter eingereicht. ❷ *Beschwerde, Unmutsäußerung:* Es gibt immer mehr Klagen über die steigende Lärmbelästigung. ❸ */nur Plur./ die Worte, Gesten und Verhaltensformen, die Schmerz und Trauer von Menschen zum Ausdruck bringen:* Die Trauernden brachen in laute Klagen aus.

Kla·ge·ab·wei·sung *die* <-, -en> RECHTSW. *eine gerichtliche Entscheidung, durch die die vom Kläger erhobene Klage ganz oder teilweise zurückgewiesen wird*

Kla·ge·er·he·bung *die* <-, -en> RECHTSW. *der Vorgang in einem Gerichtsprozess, durch den das Urteilsverfahren in Gang gesetzt wird*

Kla·ge·laut *der* <-(e)s, -e> *ein Laut, der eine Klage³ zum Ausdruck bringt*

Kla·ge·lied *das* <-(e)s, -er> *Lied, das eine Klage³ zum Ausdruck bringt*

kla·gen <klagst, klagte, hat geklagt> I. *mit OBJ* ■ *jmd. klagt jmdm. etwas* erzählen, dass man Sorgen hat: Er klagte ihr sein Leid/seine Not. II. *ohne OBJ* ❶ ■ *jmd. klagt (über jmdn./etwas)* Unzufriedenheit äußern, sich beschweren: Es nützt nichts, dauernd nur zu klagen, du musst etwas dagegen unternehmen! ❷ ■ *jmd. klagt (über jmdn./etwas)* sagen, dass man unter etwas leidet: Sie klagt über starke Kopfschmerzen. ❸ ■ *jmd. klagt (über etwas Akk.) (geh.)* wehklagen: Er klagte über den Tod seiner Frau. ❹ ■ *jmd. klagt (auf etwas Akk.)* RECHTSW. *bei Gericht eine Klage¹ vorbringen:* Er klagte (auf Schadenersatz).

Kla·ge·punkt *der* <-(e)s, -e> *Gegenstand der Klage¹*

Klä·ger *der*, **Klä·ge·rin** <-s, -> RECHTSW. *jmd., der bei Gericht klagt⁴*

Kla·ge·ruf *der* <-s, -e> *Ausruf der Klage³*

Kla·ge·schrift *die* <-, -en> RECHTSW. *förmliches, bei Gericht einzureichendes Dokument, das klagende und beklagte Parteien, das Gericht und die genaue Begründung der Klage nennt*

kläg·lich *adj* ❶ *(≈ jämmerlich) Mitleid erregend, jammervoll:* Das Kind weinte kläglich. ❷ *(≈ bescheiden ↔ großzügig) enttäuschend klein:* Er erhielt eine klägliche Gehaltserhöhung. ❸ *(≈ miserabel ↔ glänzend) sehr schlecht:* Die Mannschaft

bot eine klägliche Leistung.; Die sanitären Anlagen waren in einem kläglichen Zustand. ❹ *(≈ schändlich) in beschämender Weise:* Er hat kläglich versagt.

klag·los *adj ohne zu klagen¹, ², ³:* Er fügte sich klaglos dem Mehrheitsbeschluss.

Kla·mauk *der* <-s> */kein Plur./ (umg. oft abwert.) (niveaulose) Komik:* Für meine Begriffe gab es in dem Film etwas zu viel Klamauk.

Klamm *die* <-, -en> *enge, tiefe Felsenschlucht (mit einem Wildbach)*

klamm *adj* ❶ *feucht und daher kühl:* Die Wäsche ist klamm. ❷ *vor Kälte starr geworden:* Ich habe klamme Finger. ❸ *(umg.) knapp an Geld*

Klam·mer *die* <-, -n> ❶ *ein Gegenstand, der zum Befestigen oder Zusammenhalten von etwas dient:* Die einzelnen Wäschestücke werden mit Klammern an der Leine befestigt.; Ich habe die einzelnen Blätter mit Klammern aneinandergeheftet.; Die Wunde wurde mit zwei Klammern verschlossen. ◆ Büro-, Wäsche-, Wund- ❷ *paarweise angeordnete Schriftzeichen, die am Beginn und am Ende eines eingeschobenen Wortes oder Satzes stehen:* Es gibt eckige/geschweifte/runde/spitze Klammern.; In mathematischen Ausdrücken werden Klammern verwendet. ❸ SPORT *(beim Ringen) ein bestimmter Griff*

Klam·mer·af·fe *der* <-n, -n> ❶ *ein ca. dreißig bis sechzig Zentimer langer Affe mit langem Greifschwanz, der in den Wäldern Mittel- und Südamerikas lebt* ❷ EDV *Bezeichnung für das Zeichen „@", das in E-Mail-Adressen verwendet wird*

Klam·mer·aus·druck *der* <-s, Klammerausdrücke> *das, was in Klammern² steht*

Klam·mer·griff *der* <-s, -e> *der Griff, mit dem jmd. etwas umklammert*

klam·mern <klammerst, klammerte, hat geklammert> I. *mit OBJ* ❶ ■ *jmd. klammert etwas (an etwas Akk./ mit etwas Dat. zusammen) mit einer Klammer¹ befestigen:* Sie klammerte die Wäsche an die Leine.; Er klammerte die Papiere mit einer Heftklammer zusammen. ❷ MED. ■ *jmd. klammert etwas mit einer Klammer¹ verschließen:* Der Arzt klammerte die Wunde. II. *mit SICH* ■ *jmd. klammert sich an jmdn./etwas* ❶ *sich so fest wie möglich an jmdm. oder etwas festhalten:* Er klammerte sich an den Ast, um nicht herunterzufallen. ❷ ■ *jmd. klammert sich an etwas (übertr.) sich in seinem Denken und Hoffen an eine Person oder etwas Bestimmtes binden:* Er klammerte sich an diese Hoffnung/Idee.; Sie klammerte sich an ihn als ihre letzte Hoffnung.

klamm·heim·lich *adj /nicht steig./ (umg.) ganz heimlich:* Er verschwand klammheimlich.; sein klammheimliches Verschwinden

Kla·mot·te *die* <-, -n> ❶ */nur Plur./ (umg.) Kleidung:* In diesen Klamotten kannst du doch nicht aus dem Haus gehen! ❷ */meist Plur./ alter wertloser Gegenstand* ❸ *Film oder Theaterstück auf niederem Niveau mit derben, groben Späßen*

Klamp·fe *die* <-, -n> *(veralt. oder abwert.) Gitarre* ▶ klampfen

kla·mü·sern <klamüserst, klamüserte, hat klamüsert> *ohne OBJ* ■ *jmd. klamüsert (umg.)*

NORDDT. *nachdenken, sich besinnen:* Stör' mich nicht, ich klamüsere.; ■ **etwas auseinanderklamüsern** *etwas sortieren (in Gedanken oder auch Gegenstände)*

Klan *der* <-s, -e> *siehe* **Clan**

Klang *der* <-(e)s, Klänge> ❶ *ein akustischer Eindruck, der aus dem Zusammenklingen mehrerer Töne entsteht:* Ich vernahm einen lieblichen/metallischen Klang.; Woher kommen diese himmlischen/sphärischen/wundervollen Klänge? ❷ *der bestimmte Charakter einer Stimme oder eines Instruments:* Sie mag den warmen Klang seiner Stimme. ❸ */nur Plur./ eine Folge von Tönen, die eine Melodie ergeben:* Sie tanzten nach den Klängen eines Walzers. ◆ Walzer-

Klang·bild *das* <-(e)s, -er> *der Gesamteindruck, den der Klang von etwas vermittelt:* Nach dem Austauschen des Verstärkers gegen das Modell XYZ stellte sich ein ausgewogenes/eher basslastiges/harmonisches/samtiges Klangbild ein.

Klang·far·be *die* <-, -n> MUS. *die charakteristische Art eines Klanges[1]* ◆-nregler

Klang·fül·le *die* <-> */kein Plur./ Intensität oder große Dichte von mehreren Klängen*

klang·lich *adj /nicht steig./ auf den Klang[1] bezogen:* Diese Lautsprecher bieten dem Zuhörer ein klangliches Erlebnis der Extraklasse.

klang·voll *adj* ❶ *einen vollen Klang[1] habend, wohl tönend* ❷ *(aufgrund des guten Rufes) berühmt, bekannt:* Er hatte als Dirigent einen klangvollen Namen.

Klapf *der* <-(e)s, Kläpfe> ÖSTERR. *Felsbrocken*

klapp·bar *adj /nicht steig./ so, dass man es klappen kann*

Klapp·bett *das* <-(e)s, -en> *ein Bett, das man hochklappen kann*

Klapp·brü·cke *die* <-, -n> *eine Eisenbahn- oder Straßenbrücke, bei der ein Fahrbahnabschnitt zwischen zwei Pfeilern hochklappbar ist (z. B. wichtig für das Passieren von großen Schiffen unter diesen Brücken hindurch)*

Klapp·de·ckel *der* <-s, -> *ein Deckel an einem Gefäß, den man hochklappen kann*

Klap·pe *die* <-, -n> ❶ *eine bewegliche Vorrichtung, mit der sich eine Öffnung schließen lässt:* Der Postbote öffnete die Klappe am Briefkasten und schob zwei Ansichtskarten durch den Schlitz. ❷ *(umg. abwert.) Mund;* ■ **eine große/freche Klappe haben** *(umg. abwert.) frech und arrogant reden;* ■ **die/seine Klappe halten** *(umg.) zu reden aufhören* ❸ *(umg.) Bett*

klap·pen **I.** *mit OBJ* ■ *jmd. klappt etwas (irgendwohin) etwas, das mit etwas anderem an einer Seite verbunden ist, in eine andere Richtung bewegen.;* Den Autositz kann man nach hinten klappen.; Er klappte den Mantelkragen nach oben. **II.** *ohne OBJ* ■ *etwas klappt (umg.) gut verlaufen, gelingen, einen günstigen Ausgang haben:* Alles klappte wie am Schnürchen. **III.** *mit ES* ■ *es klappt (mit etwas Dat.) (umg.) in Ordnung gehen, passen:* Klappt es mit dem Termin am Donnerstag?

Klap·pen·text *der* <-(e)s, -e> *(bei Büchern) ein*

Werbetext, der auf den eingefalteten Teil des Schutzumschlags gedruckt ist

Klap·per *die* <-, -n> *(≈ Gegenschlagstäbe, Gegenschlagplatten) ein kleines Instrument, dessen bewegliche Teile man gegeneinanderschlagen kann, um damit rhythmische Schlagklänge zu erzeugen*

klap·per·dürr *adj /nicht steig./ (umg.) sehr schlank, hager*

klap·pe·rig *adj siehe* **klapprig**

Klap·per·kas·ten *der* <-s, Klapperkästen> *(abwert.)* ❶ *(umg.) altes Klavier* ❷ *(umg.) altes, klapperndes Fahrzeug*

Klap·per·kis·te *die* <-, -n> *(umg. abwert.) altes Auto:* Willst du mit dieser Klapperkiste wirklich in den Urlaub fahren?

klap·pern <klapperst, klapperte, hat geklap­pert> *ohne OBJ* ❶ ■ *etwas klappert mehrfach ein kurzes, hartes Geräusch von sich geben, weil zwei Gegenstände aufeinanderschlagen:* An dem Fahrrad klappert das Schutzblech. ❷ ■ *jmd./etwas klappert (mit etwas Dat.) ein Klappern[1] erzeugen:* Er klapperte vor Kälte mit den Zähnen.

Klap·per·schlan·ge *die* <-, -n> *eine Giftschlange, deren hornbesetztes Schwanzende ein klapperndes Geräusch erzeugt*

Klap·per·storch *der* <-(e)s, Klapperstörche> ❶ *ein Storch* ❷ *(umg.) der Storch, von dem man Kindern erzählt, dass er die Babys bringe*

Klapp·fahr·rad *das* <-(e)s, Klappfahrräder> *Klapprad*

Klapp·fens·ter *das* <-s, -> *ein Fenster, das hochgeklappt werden kann*

Klapp·mes·ser *das* <-s, -> *ein Messer, dessen Klinge ein- und ausgeklappt werden kann*

Klapp·rad *das* <-(e)s, Klappräder> *zusammenklappbares Fahrrad*

klapp·rig, klap·pe·rig *adj durch Alter oder längeren Gebrauch abgenutzt und daher nicht mehr stabil:* Wem gehört das klapprige Auto/Fahrrad?

Klapp·sitz *der* <-es, -e> *ein Sitz, den man nach oben oder nach unten klappen kann*

Klapp·stuhl *der* <-(e)s, Klappstühle> *ein zusammenklappbarer Stuhl*

Klapp·tisch *der* <-(e)s, -e> *ein zusammenklappbarer Tisch*

Klapp·ver·deck *das* <-(e)s, -e> *zurückklappbares Verdeck eines Autos*

Klapp·zy·lin·der *der* <-s, -> *(≈ Chapeau claque) ein Zylinderhut, der (zum leichteren Transport) zusammengefaltet werden kann und durch eine eingebaute Feder leicht wieder auseinandergeklappt werden kann*

Klaps *der* <-es, -e> *(umg.) leichter, harmloser Schlag mit der Hand:* Sie gab dem kleinen Jungen einen Klaps auf den Popo.

Klaps·müh·le *die* <-, -n> *(umg. abwert.) Nervenheilanstalt, Psychiatrie*

klar *adj* ❶ *(↔ trübe) durchsichtig, nicht trübe:* Das klare Quellwasser kann man bedenkenlos trinken.; der klare Himmel; ein klarer Schnaps ❷ *ohne Wolken und Nebel:* Bei klarer Nacht kann es stellenweise zu Bodenfrost kommen. ❸ *deutlich:* Die Mannschaft hat das Turnier klar gewonnen.; Sie waren als Mannschaft klar besser. ❹ *(≈ artikuliert)*

K

gut vernehmbar: Auf der Bühne musst du klar und deutlich sprechen. ❺ *überlegt:* Sie konnte damals keinen klaren Gedanken mehr fassen. ❻ *(≈ eindeutig) eindeutig, verständlich:* Ich verlange eine klare Antwort.; Könntest du dich etwas klarer ausdrücken?; ■ **sich über etwas klar/im Klaren sein** *genau wissen, welche Folgen sich ergeben* ◆ Getrenntschreibung →R 4.5, 4.6 klar denkend; (Wetter)klar werden; ◆ Zusammenschreibung →R 4.6 klargehen; klarkommen; klarlegen; klarmachen; klarstellen; ◆ Großschreibung →R 3.4, 3.7 sich über etwas im Klaren sein

Klär·an·la·ge *die* <-, -n> *eine Anlage, in der die Abwässer einer Stadt gereinigt und aufbereitet werden*

Klär·be·cken *das* <-s, -> *zur Aufbereitung von Abwässern dienendes Becken in einer Kläranlage*

Klar·blick *der* <-s> */kein Plur./ die Fähigkeit, große Zusammenhänge in Ruhe und Klarheit zu durchschauen:* Diese Entscheidung zeugt von Klarblick.

klar·bli·ckend *adj mit Klarblick*

Kla·re *der* <-n, -n> *farbloser Schnaps, meist Korn*[2]*:* ein Bier und einen Klaren bestellen

klä·ren <klärst, klärte, hat geklärt> I. *mit OBJ* ■ **jmd./etwas klärt etwas** ❶ *etwas Ungeklärtes untersuchen und feststellen, wie es sich damit wirklich verhält:* Könnten Sie diese Fragen/Probleme bis nächste Woche klären? ❷ *reinigen:* In dieser Anlage wird das Abwasser geklärt. II. *mit SICH* ■ **etwas klärt sich** *aufgeklärt, gelöst werden:* Die ganze Sache hat sich mittlerweile geklärt.

klar·ge·hen <geht klar, ging klar, ist klargegangen> *ohne OBJ* ■ **etwas geht klar** *(umg.) reibungslos verlaufen:* Machen Sie sich keine Sorgen, das geht schon klar.

Klar·heit *die* <-, -en> */Plur. selten/* ❶ *der Zustand, dass etwas nicht trüb ist:* Abgefüllt in ein Glas, konnte sich jeder von der absoluten Klarheit des Quellwassers überzeugen.; Bedingt durch die Klarheit der Nacht konnte man viele Sterne sehen. ❷ *deutliche Vernehmbarkeit:* Der Schauspieler trug seinen Text mit großer Klarheit vor. ❸ *gute Auffassungsgabe:* Man bewunderte die Klarheit ihres Verstandes. ❹ *Eindeutigkeit, Verständlichkeit:* Die Klarheit seiner Worte ließ keine Zweifel zu.; Sie sollten bei Ihrem Referat vor allem auf die Klarheit Ihrer Ausführungen achten. ❺ *Gewissheit:* Ich muss mir darüber endlich Klarheit verschaffen.

Kla·ri·net·te *die* <-, -n> *ein Holzblasinstrument*

klar·kom·men <kommst klar, kam klar, ist klargekommen> *ohne OBJ* ■ **jmd. kommt (mit etwas Dat.) klar** *(umg.: ≈ zurechtkommen) etwas ohne Schwierigkeiten bewältigen:* Wirst du allein mit der Arbeit klarkommen?; Keine Angst, ich komme schon klar.

Klar·lack *der* <-s, -e> *transparenter Lack, der meist auf eine bereits vorhandene farbige Lackschicht aufgetragen wird*

klar·le·gen <legst klar, legte klar, hat klargelegt> *mit OBJ* ■ **jmd. legt jmdm. etwas** *Akk.* **klar** *(umg.) genau erklären:* Bevor er seine Arbeit begann, legte er uns seine Pläne klar.

klar·ma·chen <machst klar, machte klar, hat

klargemacht> *mit OBJ* ■ **jmd. macht (jmdm.) etwas** *Akk.* **klar** ❶ *(≈ veranschaulichen) anschaulich erklären, vor Augen führen:* Der Chemielehrer machte den Schülern mit einem Experiment klar, was passiert, wenn … ❷ SEEW. *einsatzbereit machen:* Die Matrosen machten das Schiff klar zum Ablegen.

Klär·schlamm *der* <-(e)s> */kein Plur./ bei der Reinigung von Abwässern anfallende Masse*

klar·se·hen <siehst klar, sah klar, hat klargesehen> *ohne OBJ* ■ **jmd. sieht klar** *(umg.) Bescheid wissen* ◆ Zusammenschreibung →R 4.6 Endlich sehe ich klar!

Klar·sicht·fo·lie *die* <-, -n> *transparente Plastikfolie*

Klar·sicht·hül·le *die* <-, -n> *Dokumentenhülle aus Klarsichtfolie*

Klar·spü·ler *der* <-s, -> *Klarspülmittel*

Klar·spül·mit·tel *das* <-s, -> *Spülmittel, das das Abtrocknen von gespültem Geschirr überflüssig macht, weil es verhindert, dass Kalkspuren oder Wasserflecken zurückbleiben*

klar·stel·len <stellst klar, stellte klar, hat klargestellt> *mit OBJ* ■ **jmd. stellt etwas klar** *etwas nachdrücklich sagen, um Missverständnissen vorzubeugen:* Der Lehrer stellte klar, dass …

Klar·text *der* <-(e)s, -e> *unverschlüsselter Text:* Er verlas den Klartext des Funkspruches.; ■ **Klartext reden/sprechen** *(umg.) deutliche Worte finden, um sein Anliegen zum Ausdruck zu bringen*

Klä·rungs·be·darf *der* <-s> */kein Plur./ (geh.) der Sachverhalt, dass jmd. darauf drängt, dass etwas geklärt wird:* Nach dem Seminar kamen mehrere Teilnehmer zu dem Dozenten und sagten, es bestünde in mehreren Punkten noch Klärungsbedarf.; ■ **Klärungsbedarf haben** *das Bedürfnis haben, etwas zu klären*

klar·wer·den, *a.* **klar wer·den** <wird klar, wurde klar, ist klargeworden> *mit OBJ* ■ **etwas wird jmdm. klar** *Klarheit über etwas gewinnen:* Jetzt wird mir einiges klar…

Klär·werk *das* <-s, -e> *(≈ Kläranlage)*

Klas·se *die* <-, -n> ❶ *(≈ Schulklasse) mehrere Schüler, die dauerhaft als Gruppe gemeinsam Unterricht erhalten:* Beim Probealarm verließ die Klasse geordnet das Klassenzimmer.; In der Klasse sind dreißig Schüler. ❷ *ein einjähriger Zeitraum innerhalb einer mehrjährigen Schulausbildung:* Sein Sohn kommt nächstes Jahr schon in die dritte Klasse.; Im humanistischen Zweig des Gymnasiums erhalten die Schüler bereits nach der zweiten Klasse Unterricht in Altgriechisch. ❸ *(≈ Klassenzimmer) Die* Lehrerin betrat die Klasse. ❹ *Gesellschaftsschicht:* Sie setzt sich für die Klasse der Ärmsten ein; Er schimpfte auf die herrschende Klasse. ◆ -nkampf, -nunterschied ❺ SPORT *aufgrund von bestimmten Merkmalen zusammengefasste Gruppe:* Sie startet in der Klasse der Junioren. ◆ Amateur-, Halbliter-, Jugend-, Junioren-, Männer- ❻ MATH. *Menge beliebiger Objekte, definierbar durch bestimmte Eigenschaften* ❼ BIOL. *eine Stufe in der Systematik:* die Klasse der Säugetiere ❽ *Qualitätskategorie:*

Fahrkarten für die erste Klasse sind natürlich teurer.; In dieser Klasse sollten solide Bedienelemente der Geräte eigentlich selbstverständlich sein.; Die Ledersitze und das Wurzelholzamaturenbrett vermitteln den Eindruck von Klasse.; ■ **(ganz) große Klasse sein** *(umg.) sehr gut, sehr sympathisch sein;* ■ **eine Klasse für sich sein** *(umg.) so gut sein, dass man keine Konkurrenten hat*

klas·se *adj /nicht steig./ (umg.) großartig, hervorragend:* Das war ein klasse Film.; Sie hat klasse gespielt.; Das Konzert war klasse.

Klas·se- *als Erstglied zusammengesetzter Substantive; drückt aus, dass die mit dem Zweitglied bezeichnete Person oder Sache als vorzüglich eingeschätzt wird* ◆ -auto, -fahrer, -fest, -frau, -leistung, -weib

Klas·se·ment *das* [klasə'mã:] <-s, -s> ❶ *Einteilung* ❷ SPORT *eine Rangliste, in der die Teilnehmer an einem Wettkampf je nach ihren individuellen Leistungen bestimmte Plätze belegen:* Er ist nach der heutigen Etappe im Klassement um einige Plätze zurückgefallen. ◆ Gesamt-

Klas·sen·ar·beit *die* <-, -en> *eine schriftliche Prüfungsaufgabe, der sich alle Schüler einer Schulklasse zu unterziehen haben*

Klas·sen·bes·te *der/die* <-n, -n> *der Schüler, der die besten Noten einer Klasse[1] hat*

Klas·sen·be·wusst·sein *das* <-s> */kein Plur./ das ausgeprägte Bewusstsein, dass man zu einer bestimmten Gesellschaftsschicht zählt (und sich dementsprechend verhält)*

Klas·sen·buch *das* <-(e)s, Klassenbücher> *vom Klassenlehrer angelegtes Buch mit den Daten einer Klasse[1]*

Klas·sen·er·halt *der* <-(e)s> */kein Plur./* SPORT *(↔ Abstieg) das Verbleiben in einer Liga*

Klas·sen·fahrt *die* <-, -en> *Ausflugsfahrt oder Studienreise einer Schulklasse*

Klas·sen·feind *der* <-(e)s, -e> */meist Sing./ (in der marxistischen Weltsicht) die herrschende Gesellschaftsschicht, von der die Arbeiter unterdrückt werden*

Klas·sen·ge·sell·schaft *die* <-> */kein Plur./ die Sichtweise des Marxismus, dass jede Gesellschaft, solange sie noch nicht eine klassenlose Gesellschaft ist, durch den unversöhnlichen Interessengegensatz verschiedener Klassen geprägt ist*

Klas·sen·hass *der* <-es> */kein Plur./ die Sichtweise des Marxismus, dass (in den nichtkommunistischen Gesellschaften) die verschiedenen Klassen einander hassen müssen, weil ihre Interessen nicht miteinander vereinbart werden können*

Klas·sen·jus·tiz *die* <-> */kein Plur./ (abwert.) der Vorwurf, dass Rechtsprechung im Interesse einer Gesellschaftsschicht betrieben wird*

Klas·sen·ka·me·rad *der*, **Klas·sen·ka·me·ra·din** <-en, -en> *Mitschüler(in)*

Klas·sen·kampf *der* <-(e)s, ...-kämpfe> *(in der marxistischen Weltsicht) der Kampf der gesellschaftlichen Klassen um die Macht in der Gesellschaft*

Klas·sen·leh·rer *der*, **Klas·sen·leh·re·rin** <-s, ->

Lehrer, der für die pädagogische Leitung einer Klasse[1] verantwortlich ist

Klas·sen·lo·gik *die* <-> */kein Plur./ eine Form der formalen Logik, die Ausdrücke auf nichtleere Bereiche von Gegenständen (Klassen) bezieht und die Eigenschaften der Elemente jeweiliger Klassen bestimmt (z. B. die Aristotelische Logik)*

Klas·sen·spie·gel *der* <-s, -> ❶ *eine Übersicht über die Zensuren, die die Schüler einer Klasse[1] in einer Klassenarbeit erreicht haben.:* Aus dem Klassenspiegel geht hervor, dass bei dieser Klassenarbeit kein Schüler eine Eins bekommen hat, aber drei Schüler eine Fünf haben. ❷ *Darstellung der Sitzordnung der Schüler in einer Klasse*

Klas·sen·spre·cher *der*, **Klas·sen·spre·che·rin** <-s, -> *Schüler, der von den Mitschülern seiner Klasse[1] gewählt wird, um deren Interessen zu vertreten*

Klas·sen·stär·ke *die* <-, -n> *die Anzahl der Schüler in einer Klasse[1]*

Klas·sen·tref·fen *das* <-s, -> *ein Zusammentreffen von Personen, die früher die gleiche Klasse[1] besucht haben:* Das erste Klassentreffen fand zehn Jahre nach dem Abitur statt.

Klas·sen·unter·schied *der* <-s, -e> *Unterschied zwischen verschiedenen Gesellschaftsklassen*

Klas·sen·zim·mer *das* <-s, -> *Unterrichtsraum einer Klasse[1]*

Klas·se·weib *das* <-s, -er> *(umg.) Frau mit der Ausstrahlung von Stärke und Erotik; siehe auch* **Klasse-**

Klas·si·fi·ka·ti·on *die* <-, -en> ❶ */kein Plur./ das Klassifizieren* ❷ *systematische Einteilung oder Einordnung von Ausdrücken/Termini, Gegenständen, Erfahrungen o. Ä. in Klassen (Gruppen) oder Unterklassen (Untergruppen):* Die Fixsterne kann man nach ihrem Lichtspektrum in Spektralklassen einteilen. ◆ Dezimal-

klas·si·fi·zie·ren <klassifizierst, klassifizierte, hat klassifiziert> *mit OBJ* ■ *jmd. klassifiziert* ***jmdn./etwas*** *Personen, Dinge nach bestimmten Merkmalen oder aufgestellten Kategorien einteilen*

Klas·sik *die* <-> */kein Plur./* ❶ *Kultur und Kunst der griechischen und römischen Antike* ❷ *eine Epoche, in der die bildende Kunst, die Literatur oder Musik eines Volkes ihren Höhepunkt erreicht* ❸ *klassische[2] Musik:* Neben Rockmusik hört er auch gerne Klassik.

Klas·si·ker *der*, **Klas·si·ke·rin** <-s, -> ❶ *ein Künstler der Klassik[1, 2]* ❷ *jmd., dessen künstlerisches oder wissenschaftliches Werk lange als Vorbild wirkt:* ein Klassiker der Psychoanalyse ❸ *ein Buch, das viele Menschen über eine lange Zeit hinweg lesen*

klas·sisch *adj* ❶ *die Klassik[1] betreffend* ❷ *die Klassik[2] betreffend, zu ihr gehörig, für sie typisch* ❸ *zur Musik gehörend, die von bedeutenden Komponisten früherer Zeit geschaffen wurde:* klassische Musik ❹ *(≈ zeitlos)* Sie trug ein klassisch geschnittenes Kostüm.; ein Anzug von klassischer Eleganz ❺ *(umg.) (auf eine unerfreuliche Weise) typisch:* Das ist doch mal wieder klassisch: Wochenende und Regen!

Klas·si·zis·mus *der* <-s> */kein Plur./ eine Kunstrichtung, die sich die klaren, strengen Formen der klassischen Antike zum Vorbild nahm* ▸ klassizistisch

Klatsch *der* <-(e)s, (-e)> ❶ *das Geräusch, das beim Fallen von etwas in eine Flüssigkeit oder beim Fallen eines nassen oder breiigen Gegenstandes auf etwas Hartes entsteht* ❷ */kein Plur./ (umg. abwert.: ≈ Gerede) das (Negative), das Leute über andere in deren Abwesenheit erzählen:* Du solltest auf den Klatsch nichts geben.

Klatsch·ba·se *die* <-, -n> *(umg. abwert.) eine Frau, die gern über andere Menschen redet und Klatsch*[2] *verbreitet*

Klat·sche *die* <-, -n> ❶ *(abwert.: ≈ Klatschbase)* ❷ *(≈ Fliegenklatsche) ein Gerät aus einem Drahtfächer und einem Stiel, mit dem Fliegen getötet werden*

klat·schen[1] <klatschst, klatschte, hat geklatscht> I. *mit OBJ* ■ *jmd. klatscht etwas irgendwohin eine Masse so irgendwohin werfen, dass sie dort kleben bleibt:* Der Maurer klatschte den Mörtel an die Wand. II. *ohne OBJ* ■ *jmd. klatscht (mit den Händen/mit der Hand) die Handflächen mehrmals gegeneinanderschlagen; applaudieren:* Die Zuschauer klatschten begeistert Beifall.; Das Publikum klatschte nach jedem dritten Satz des Redners.; Er klatschte, um sich Gehör zu verschaffen.; Der Spielführer klatschte in die Hände, um seine Mitspieler anzufeuern.; Er klatschte sich/mir vor Begeisterung auf die Schenkel.

klat·schen[2] <klatschst, klatschte, hat geklatscht> *ohne OBJ* ■ *jmd. klatscht (über jmdn./etwas) (umg.: ≈ tratschen) etwas (Negatives) über andere in deren Abwesenheit erzählen:* Sie klatscht gern.

Klatsch·maul *das* <-(e)s, Klatschmäuler> *(umg. abwert.) jmd., der viel über andere klatscht*[2]

Klatsch·mohn *der* <-s> */kein Plur./ Mohn mit leuchtend roten Blüten*

klatsch·nass *adj /nicht steig./ (umg.) völlig durchnässt*

Klatsch·pres·se *die* <-> */kein Plur./ (umg. abwert.) Pressemitteilungen, die Klatsch*[2] *verbreiten*

Klatsch·spal·te *die* <-, -n> *(umg. abwert.) Rubrik in einer Zeitung, in der viel Klatsch*[2] *über Prominente steht*

Klatsch·sucht *die* <-> */kein Plur./ Sucht, mit anderen zu klatschen*[2]

Klatsch·weib *das* <-es, -er> *(abwert.: ≈ Klatschbase)*

klau·ben <klaubst, klaubte, hat geklaubt> *mit OBJ* ■ *jmd. klaubt etwas (von etwas Dat.)* SÜDDT., ÖSTERR. *(umg.) Stück für Stück aufheben:* Ich klaube noch schnell die Äpfel vom Boden.; Wir haben Kartoffeln geklaubt.

Klaue *die* <-, -n> ❶ */meist Plur./ (der Fuß mit den scharfen) Krallen (eines Raubvogels, einer Raubkatze):* Der Bussard/Der Tiger packte seine Beute mit den Klauen. ❷ */meist Plur./ Huf (von Kühen, Ziegen, Schafen)* ❸ *(umg. abwert.) schlechte, unleserliche Schrift:* Deine Klaue kann man ja kaum lesen!

klau·en <klaust, klaute, hat geklaut> I. *mit OBJ* ■ *jmd. klaut etwas (umg.) etwas Kleineres stehlen:* Sie hat eine CD geklaut. II. *ohne OBJ* ■ *jmd. klaut (umg.) (gewohnheitsmäßig) stehlen:* Er hatte wiederholt geklaut.

Klau·se *die* <-, -n> ❶ *eine Hütte, in der jmd. ganz allein lebt* ❷ *Schlucht*

Klau·sel *die* <-, -n> RECHTSW. *(bei Verträgen) Vorbehalt, beschränkende oder erweiternde Nebenbestimmung*

Klaus·ner *der*, **Klaus·ne·rin** <-s, -> *Einsiedler, der in einer Klause*[1] *lebt*

Klaus·t·ro·pho·bie *die* <-, -n> PSYCH. *krankhafte Angst vor dem Aufenthalt in geschlossenen Räumen*

Klau·sur *die* <-, -en> ❶ *schriftliche Prüfung (an der Universität):* eine Klausur schreiben; in einer Klausur eine bestimmte Punktzahl errreichen; eine Klausur bestehen ❷ */kein Plur./ (gemäß einer klösterlichen Ordensregel oder Vorschrift) das Abgesondertsein, die Abgeschlossenheit, Abgeschiedenheit, Einsamkeit:* Er ging in Klausur. ❸ *der Bereich eines Klosters, den Fremde nicht betreten dürfen;* ■ in Klausur gehen *sich in die Einsamkeit zurückziehen;* ■ in Klausur tagen *eine Klausurtagung abhalten*

Klau·sur·ta·gung *die* <-, -en> *Tagung unter Ausschluss der Öffentlichkeit*

Kla·vi·a·tur *die* <-, -en> ❶ *alle Tasten eines Tasteninstruments* ❷ *(übertr.) die Vielfalt der Möglichkeiten in Bezug auf eine Sache:* Er beherrscht die Klaviatur der diplomatischen Tricks.

Kla·vi·chord *das* <-(e)s, -e> *ein Tasteninstrument (Vorläufer des Klaviers)*

Kla·vier *das* <-s, -e> *ein (großes) Tasteninstrument, bei dem der Ton durch Anschlagen der Saite durch einen Hammer erzeugt wird:* das Klavier stimmen ◆ -konzert, -lehrer(in), -spiel, -spieler(in), -stück, -stunde, -unterricht

Kla·vier·aus·zug *der* <-s, Klavierauszüge> MUS. *die Notierung einer Komposition für mehrere Stimmen oder Instrumente in der Weise, dass sie auf dem Klavier gespielt werden kann*

Kla·vier·mu·sik *die* <-> */kein Plur./* ❶ *Musik, die auf einem Klavier gespielt wird* ❷ *Gesamtheit der Kompositionen für Klavier:* Die Klaviermusik des 19. Jahrhunderts ist oft noch für Hammerklavier geschrieben.

Kla·vier·spiel *das* <-(e)s> */kein Plur./* ❶ *das Klavierspielen* ❷ *eine bestimmte (persönliche) Art, Klavier zu spielen:* Sein Klavierspiel begeisterte das Publikum. ▸ Klavierspieler, Klavierspielerin

Kla·vier·stim·mer *der*, **Kla·vier·stim·me·rin** <-s, -> *jmd., der beruflich Klaviere stimmt*

Kle·be·band *das* <-(e)s, Klebebänder> *(zu einer Rolle aufgewickelter) mit Klebstoff beschichteter Papier- oder Kunststoffstreifen:* Das Paket war verschnürt und zusätzlich mit Klebeband umwickelt.

Kle·be·bin·dung *die* <-, -en> *Verfahren des Bucheinbandes, bei dem nicht Bögen geheftet, sondern einzelne Blätter an der Kante zum Buchblock zusammengeklebt werden*

Kle·be·fo·lie *die* <-, -n> *mit Haftkleber beschichtete Kunststofffolie*

K

kle·ben <klebst, klebte, hat geklebt> I. *mit OBJ* ❶ ■ *jmd.* **klebt etwas** *etwas Zerbrochenes oder Zerrissenes mit Klebstoff wieder zusammenfügen:* Kann man die zerbrochene Vase/den Riss im Schlauchboot noch kleben? ❷ ■ *jmd.* **klebt etwas irgendwohin** *mit Klebstoff an einer Stelle befestigen:* Ich muss noch die Urlaubsbilder ins Album kleben. II. *ohne OBJ* ❶ ■ *jmd./etwas* **klebt (an etwas** *Dat.***)** *fest an etwas hängen, auf etwas haften:* An der Schuhsohle klebt ein Kaugummi. ❷ ■ *etwas* **klebt (an etwas** *Dat.***)** *(durch Klebstoff) die Eigenschaft haben, irgendwo fest haften zu bleiben:* Das Pflaster klebt nicht mehr. ❸ ■ *etwas* **klebt** *klebrig sein:* Die Finger des Kindes/Die Bonbons kleben. ❹ ■ *jmd.* **klebt an etwas** *Dat.* *(umg. übertr.) mit Macht an etwas festhalten:* Manche kleben immer noch an diesen alten Vorstellungen.; Er klebt an seinem Posten.; ■ **jemandem eine kleben** *(umg.) jmdm. eine Ohrfeige geben*

kle·ben·blei·ben <bleibst kleben, blieb kleben, ist klebengeblieben> *ohne OBJ* ■ *jmd.* **bleibt kleben** *(umg.) eine Schulklasse wiederholen müssen* ◆ Zusammenschreibung → R 4.6

Kle·ber *der* <-s, -> *(umg.:* ≈ *Klebstoff)*

Kle·be·stift *der* <-s, -e> *eine Hülse, die mit festem Klebstoff gefüllt ist*

Kle·be·strei·fen *der* <-s, -> *(≈ Klebeband) mit Klebstoff beschichteter Papier-, Kunststoff- oder Stoffstreifen*

kleb·rig *adj* *so, dass eine Art Klebstoff, etwas Zähflüssiges, Feuchtes und Schmutziges an der Oberfläche haftet:* Nachdem er ein Honigbrötchen gegessen hatte, hatte er klebrige Finger.

Kleb·stift *der* <-(e)s, -e>* (≈ Klebestift)*

Kleb·stoff *der* <-(e)s, -e> *eine flüssige oder breiige synthetische Substanz, die man auf Oberflächen aufbringt, um zwei Gegenstände dauerhaft und fest miteinander zu verbinden*

Kleb·stoff·tu·be *die* <-, -n> *eine Tube, die Klebstoff enthält*

Kleb·strei·fen *der* <-s, -> *(≈ Klebestreifen)*

Kle·cker·frit·ze *der* <-> */kein Plur./ (umg. scherzh.) von kleinen Jungen gesagt, die viel kleckern*

Kle·cker·kram *der* <-s> */kein Plur./ (umg. abwert.) Kleinigkeiten, die wenig oder gar keinen Wert haben*

kle·ckern <kleckerst, kleckerte, hat/ist gekleckert> *(umg.)* I. *mit OBJ (haben)* ■ *jmd.* **kleckert etwas auf etwas** *Akk. unabsichtlich verschütten; auf etwas tropfen lassen und Flecken machen:* Er hat sich Senf auf das Hemd gekleckert. II. *ohne OBJ* ■ *jmd.* **kleckert** ❶ *(haben) mit heruntertropfender oder herunterlaufender Flüssigkeit (unabsichtlich) Flecken machen:* Die Kinder haben beim Essen gekleckert.; Kleckere nicht so! ❷ *(sein) heruntertropfen oder herunterlaufen und Flecken machen:* Die Farbe ist auf den Fußboden gekleckert.; ■ **nicht kleckern, sondern klotzen** *(umg.) etwas konzentriert in einem großen Zusammenhang tun, statt es auf kleine Portionen oder Arbeitsschritte zu verteilen*

kle·cker·wei·se *adv (umg. abwert.) in zögernder,* oft unterbrochener *Folge:* Er kommt mit seiner Diplomarbeit nur kleckerweise voran.

Klecks *der* <-es, -e> ❶ *(meist von Farbe oder Tinte stammender) Fleck* ❷ *(umg.) kleine Menge (einer dicken Flüssigkeit, weichen Masse):* Könnte ich noch einen Klecks Senf haben?

kleck·sen <kleckst, kleckste, hat gekleckst> *ohne OBJ* ❶ ■ *jmd./etwas* **kleckst** *Kleckse* ¹ *machen:* Er kleckste beim Streichen der Wände Farbe auf den Fußboden. ❷ ■ *etwas* **kleckst** *klecksen* ¹*, weil etwas nicht mehr richtig funktioniert:* Der Füller kleckst.

Kleck·ser *der* <-s, -> *jmd., der kleckst*

Kleck·se·rei *die* <-, -en> *(abwert.)* ❶ *Arbeit, die durch Kleckse verdorben ist* ❷ *anhaltendes Klecksen*

Klee *der* <-s> */kein Plur./ eine (Futter-)Pflanze mit meist drei Blättern;* ■ **jemanden/etwas über den grünen Klee loben** *(umg.) jmdn. oder etwas übermäßig loben*

Klee·blatt *das* <-(e)s, Kleeblätter> ❶ *Blatt der Kleepflanze:* Ich habe ein vierblättriges Kleeblatt (≈ als Symbol des Glücks) gefunden! ❷ *(umg.) eng zusammengehörige Gruppe von drei Personen* ❸ *Kreuzung von Autobahnen (und ihren Zubringerstraßen) in Form eines vierblättrigen Kleeblattes*

Klei·ber *der* <-s, -> *(≈ Spechtmeise) ein Singvogel, der in Eurasien, Australien und Nordamerika vorkommt*

Kleid *das* <-(e)s, -er> ❶ *ein einteiliges, vom Hals bis ungefähr über das Knie reichendes Kleidungsstück für Frauen und Mädchen:* Sie hat sich ein elegantes/extravagantes/ dezentes/sommerliches/sportliches Kleid gekauft. ❷ */nur Plur./ (≈ Kleidung)* Er legte seine Kleider ab und ging ins Bad.; ■ **Kleider machen Leute.** *(Sprichwort) verwendet, um auszudrücken, dass man hinter einem guten äußeren Erscheinungsbild eher eine erfolgreiche, wichtige o. Ä. Person vermutet*

klei·den <kleidest, kleidete, hat gekleidet> *mit OBJ* ❶ ■ *jmd.* **kleidet jmdn./sich irgendwie** *sich oder jmdn. in bestimmter Weise anziehen:* Er kleidet sich nach der neuesten Mode.; Sie kleidet ihre Tochter stets hübsch und zweckmäßig. ❷ ■ *etwas* **kleidet jmdn. irgendwie** *jmdm. gut stehen, kleidsam sein:* Der Hut kleidet dich sehr gut. ❸ ■ *jmd.* **kleidet etwas in etwas** *Akk. in eine bestimmte Ausdrucksform bringen:* Er konnte seine Gefühle/Gedanken nicht in Worte kleiden.

Klei·der·ab·la·ge *die* <-, -n> *Garderobe*

Klei·der·bad *das* <-s, Kleiderbäder> *chemische Reinigung von Kleidern*

Klei·der·bü·gel *der* <-s, -> *ein Holz-, Metall- oder Plastikbügel, auf den man Kleidung zum Aufbewahren oder Lüften hängen kann*

Klei·der·bürs·te *die* <-, -n> *eine Bürste, mit der man Staub oder Haare von Kleidung entfernt*

Klei·der·ha·ken *der* <-s, -> *an der Wand angebrachter Haken zum Aufhängen von Kleidungsstücken*

Klei·der·kam·mer *die* <-, -n> MILIT. *Aufbewahrungsraum oder -ort für (vorrätige) Kleidungsstü-*

cke: Der Rekrut ließ sich eine neue Uniform aus der Kleiderkammer geben.

Klei·der·kas·ten *der* <-s, Kleiderkästen> SÜDDT., ÖSTERR., SCHWEIZ. *Kleiderschrank*

Klei·der·ord·nung *die* <-, -en> ❶ *(früher von der Obrigkeit bestimmte) Regelung der Kleidung, die sich sowohl auf das Material, die Materialmenge, den Schnitt, das Zubehör, die Anzahl bestimmter Kleidungsstücke als auch auf Trägergruppen bezog* ❷ *bei einer Veranstaltung oder an bestimmten Orten erwünschte Kleidung:* Gibt es für den Ball eine Kleiderordnung?; Das Casino hat eine strenge Kleiderordnung.

Klei·der·rock *der* <-s, Kleiderröcke> *ärmelloses, ausgeschnittenes Kleid, unter dem eine Bluse getragen wird*

Klei·der·samm·lung *die* <-, -en> *(≈ Altkleidersammlung) Sammlung von Kleidung, die öffentlich organisiert ist und meist wohltätigen Zwecken dient*

Klei·der·schrank *der* <-(e)s, Kleiderschränke> ❶ *Schrank zum Aufbewahren von Kleidung* ❷ *(umg. übertr.) sehr großer und kräftiger Mann*

Klei·der·stän·der *der* <-s, -> *frei beweglicher Ständer, an dem Kleidungsstücke aufgehängt werden können*

kleid·sam *adj so, dass ein Kleidungsstück jmdm. gut steht*

Klei·dung *die* <-> */kein Plur./ die Gesamtheit aller Kleidungsstücke (die jmd. trägt):* Er trägt vor allem elegante/sportliche/zweckmäßige Kleidung.; Viele Designer entwerfen außer Kleidung auch Brillengestelle und Schmuck.

Klei·dungs·stück *das* <-(e)s, -e> *einzelner Teil der Kleidung (wie Mantel, Hose, Rock ...):* Das ist ein ausgefallenes/modisches/ praktisches/sportliches Kleidungsstück.

Kleie *die* <-> */kein Plur./ beim Getreidemahlen entstehendes Abfallprodukt aus Schalen und Hülsen*

klein <kleiner, am kleinsten> *adj* ❶ *(↔ groß) so, dass es in Bezug auf die Länge, Breite, Höhe, den Umfang, das Volumen oder den Durchmesser unter dem Vergleichswert (ähnlich gearteter Gegenstände) liegt:* Sie haben nur ein kleines Haus.; Das Schlafzimmer vieler moderner Wohnungen ist oft ausgesprochen klein.; Mir reicht eine kleine Portion.; Bitte das Tagesgericht und ein kleines Bier! ❷ *wenig in Bezug auf Preis oder Zahl:* Der FC Frischauf ist nur ein kleiner Verein.; Ich möchte Ihnen ein kleines Geschenk machen.; Wir sind heute eine kleine Runde.; Wir können das am besten im kleinen Kreis (= mit sehr wenigen Personen) besprechen. ❸ *nicht sehr groß oder hoch:* Sie freute sich auch über den kleinen Gewinn.; Er erhält eine kleine Rente.; Eine kleine Gehaltserhöhung wäre schön. ❹ *(↔ ausgiebig) nicht lang; relativ kurz:* Wir machen jetzt eine kleine Pause.; Nur eine kleine Unterbrechung, dann geht es weiter! ❺ *von geringerer Bedeutung, nicht ganz so erheblich:* Mir ist ein kleines Missgeschick passiert.; Der Versuch kann schon beim kleinsten Fehler misslingen. ❻ *von niedriger beruflicher oder gesellschaftlicher Stellung; einfach, beschränkt, eng:* Er ist nur ein kleiner Angestellter/Handwerker.; ein kleiner Geist; Er kommt aus kleinen Verhältnissen. ❼ *(umg.: ↔ groß) jünger:* Ist das dein kleiner Bruder? ❽ *(umg.) noch nicht erwachsen:* Als ich noch klein war, träumte ich immer davon, dass ...; Dafür bist du noch zu klein. ❾ *mit wenig Aufwand:* Wir geben am Wochenende ein kleines Fest.; ■ **klein, aber oho** *(umg.) klein, aber beachtlich energisch, selbstbewusst, leistungsfähig o. Ä.;* ■ **klein, aber fein** *(umg.) nicht sehr groß, aber gut;* ■ **der kleine Mann** *(umg.) ein gewöhnlicher Durchschnittsbürger, der nicht sehr vermögend ist und der keine ausgeprägte eigene Meinung und nur wenig Einfluss hat* Bei vielen politischen Entscheidung hat der kleine Mann nichts zu sagen.; ■ **von klein auf** *(umg.) von Kindheit an;* ■ **klein anfangen** *(umg.) von der untersten Stufe (ohne Vermögen) beginnen* ◆ Großschreibung → R 3.4, 3.7, 3.17f. etwas, nichts, viel, wenig Kleines; Groß und Klein; Kleine und Große; die Kleinen und die Großen; Der Kleine/Die Kleine (ist erst zwei Jahre alt); Die Gemeinde ist ein Staat im Kleinen.; Obwohl er kaum etwas getrunken hat, hat er einen Kleinen sitzen.; Du solltest in diesem Falle vom Kleinen auf das Große schließen.; Es ist mir ein Kleines, das zu tun.; Er hat den Plan bis ins Kleinste ausgefeilt.; das Kleine Walsertal. ◆ Getrennt- oder Zusammenschreibung → R 4.15, 4.16 klein gemustert/kleingemustert; klein karierte/kleinkarierte Stoffe; klein gedruckt/kleingedruckt; (Kräuter) klein hacken/kleinhacken; (Zwiebeln) klein schneiden/kleinschneiden; ◆ Getrenntschreibung → R 4.9 klein sein; klein werden; ◆ Getrennt- oder Zusammenschreibung → R 4.16 das klein Gedruckte/Kleingedruckte; ◆ Zusammenschreibung → R 4.6 im Wort kleinschreiben; Man sollte Gastfreundschaft nicht kleinschreiben.; Sie lässt sich nicht kleinkriegen.; ein klein gewachsener/kleingewachsener Mensch; Er denkt ziemlich kleinkariert.

Klein·ak·ti·o·när *der,* **Klein·ak·ti·o·nä·rin** <-s, -e> WIRTSCH. *Aktionär mit geringer Beteiligung am Grundkapital einer Aktiengesellschaft*

Klein·an·zei·ge *die* <-, -n> *Zeitungsanzeige mit sehr wenig Text*

Klein·ar·beit *die* <-> */kein Plur./ mühevolle (Detail-)Arbeit*

Klein·asi·en <-s> *Halbinsel zwischen Schwarzem Meer und Mittelmeer*

Klein·bau·er *der,* **Klein·bäu·e·rin** <-n/-s, -n> *(↔ Großbauer) Landwirt mit geringem Besitz (an bewirtschafteter Fläche)*

Klein·be·trieb *der* <-(e)s, -e> *(↔ Großbetrieb) Betrieb mit einer relativ geringen Zahl von Mitarbeitern*

Klein·buch·sta·be *der* <-n, -n> *(↔ Großbuchstabe) ein Buchstabe aus dem Inventar der kleinen Buchstaben eines Alphabets:* Das Wort „klein" ist mit lauter Kleinbuchstaben geschrieben.

Klein·büh·ne *die* <-, -n> *kleines Theater*

Klein·bür·ger *der,* **Klein·bür·ge·rin** <-s, -> ❶ *Bürger des unteren Mittelstandes* ❷ *(abwert.: ≈ Spießer)*

klein·bür·ger·lich *adj /nicht steig./* ❶ *das Klein-*

bürgertum betreffend, zu ihm gehörend, von ihm ausgehend ❷ *(abwert.: ≈ spießig)* kleinbürgerliche Maßstäbe/Moralvorstellungen

Klein·bür·ger·lich·keit *die <-> /kein Plur./ (abwert.)* Spießbürgerlichkeit

Klein·bür·ger·tum *das <-s> /kein Plur./ der untere Mittelstand*

Klein·de·likt *das <-s, -e>* RECHTSW. *eine Bagatellsache, die nach dem Strafprozessrecht eingestellt wird, nach dem Zivilprozessrecht mit einem Schiedsurteil (ohne Vorladung des Verurteilten) entschieden wird:* Wenn jemand in einem Laden eine Tafel Schokolade stiehlt, wird dies als ein Kleindelikt angesehen.

Klei·ne *der/die <-n, -n> ein kleiner Junge oder ein kleines Mädchen:* Der/Die Kleine kann schon laufen.

Klei·ner ❶ *kleines Kind:* (als Anrede:) Hallo, Kleiner (bei einem kleinen Jungen, dessen Namen man nicht weiß) ❷ *Kosewort (einer Mutter für ihren kleinen Sohn):* Mein Kleiner schläft schon. ❸ *(veralt.) kokette Anrede eines Mädchens gegenüber einem jungen Mann:* Na, Kleiner?

Klein·gar·ten *der <-s, Kleingärten> Schrebergarten*

Klein·gärt·ner *der,* **Klein·gärt·ne·rin** *<-s, -> jmd., der einen Kleingarten besitzt oder gepachtet hat*

Klein·ge·druck·te, *a.* **klein Ge·druck·te** *das <-n> /kein Plur./ (leicht zu übersehende) klein gedruckte Bestimmungen und Bedingungen (als Zusätze) von Verträgen:* Sie sollten vor einer Unterschrift immer erst das Kleingedruckte lesen!

Klein·geld *das <-(e)s> /kein Plur./ (↔ Geldscheine) Münzen (mit geringem Wert, im Gegensatz zum Papiergeld)*

klein·ge·mus·tert *adj /nicht steig./ (↔ großgemustert) mit kleinen Mustern versehen*

Klein·ge·wer·be·trei·ben·de *der/die <-n, -n>* WIRTSCH. *Gewerbetreibender*

klein·gläu·big *adj (abwert.) in religiösen Fragen ängstlich und zweifelnd*

Klein·gläu·big·keit *die <-> /kein Plur./ Haltung von jmdm., der kleingläubig ist*

Klein·han·del *der <-s> /kein Plur./ (≈ Einzelhandel ↔ Großhandel) die Branche der Händler, die kleine Mengen kaufen und verkaufen*

Klein·hirn *das <-s, -e>* MED. *der Hirnabschnitt, in dem die Bewegungen koordiniert werden*

Klein·holz *das <-es> /kein Plur./ in kleine Stücke gehacktes Holz;* ■ **Kleinholz aus jemandem machen/jemanden zu Kleinholz machen** *(umg.) jmdn. zusammenschlagen*

Klei·nig·keit *die <-, -en>* ❶ *geringfügige, nicht wichtige Angelegenheit:* Ich muss im Büro bis heute Abend noch einige Kleinigkeiten erledigen.; Sie regt sich wegen jeder Kleinigkeit auf. ❷ *etwas, das nicht sehr teuer ist:* Ich habe dir eine Kleinigkeit mitgebracht. ❸ *eine Aufgabe, die wenig Mühe erfordert:* Das ist doch eine Kleinigkeit für dich!

Klei·nig·keits·krä·mer *der,* **Klei·nig·keits·krä·me·rin** *<-s, -> (abwert.) jmd., der sich vornehmlich mit Kleinigkeiten aufhält und sie übertrieben wichtig nimmt*

Klein·ka·li·ber·ge·wehr *das <-(e)s, -e> Gewehr mit einem kleinen Kaliber (0,22 Zoll = 5,6 mm)*

klein·ka·riert *adj /nicht steig./ (umg. abwert.) engstirnig, spießig, nicht weltoffen:* Ich hätte nicht gedacht, dass er ein derart kleinkarierter Mensch ist. ▶ Kleinkariertheit

Klein·kind *das <-(e)s, -er> kleines Kind (vom 3. bis 6. Lebensjahr)*

Klein·kram *der <-s> /kein Plur./ (umg. oft abwert.)* ❶ *kleine, wertlose Dinge* ❷ *Kleinigkeiten, Nichtigkeiten:* Ich habe noch ein wenig Kleinkram am Schreibtisch zu erledigen.

Klein·krieg *der <-(e)s> /kein Plur./* ❶ *(≈ Guerillakrieg)* ❷ *dauernder Streit um Kleinigkeiten:* Ihre Ehe war ein ständiger Kleinkrieg.

klein·krie·gen *<kriegst klein, kriegte klein, hat kleingekriegt> mit OBJ* ❶ ■ *jmd. kriegt jmdn. klein (umg.) entmutigen, fertigmachen, unterkriegen:* Davon lasse ich mich noch lange nicht kleinkriegen. ❷ ■ *jmd. kriegt etwas klein (umg.) es fertigbringen, etwas kaputt zu machen:* Jetzt ist schon wieder ein Teller kaputt, du kriegst aber auch alles klein!

Klein·kri·mi·na·li·tät *die <-> /kein Plur./ kriminelle Handlungen, die keine schweren Verbrechen sind*

Klein·kri·mi·nel·le *der/die <-n, -n> jmd., der Straftaten verübt, die zur Kleinkriminalität gerechnet werden*

Klein·kunst *die <-> /kein Plur./ kabarettistische Darbietungen (beispielsweise Sketche und Rezitationen)*

klein·laut *adj /nicht steig./ (plötzlich) bescheiden, verschämt und daher leise sprechend, verlegen werdend:* Er hat kleinlaut zugegeben, dass er den Schlüssel verloren hat.

klein·lich *adj (abwert.: ↔ großzügig) pedantisch, engstirnig, nicht tolerant, nicht großzügig:* Er ist ein kleinlicher Mensch, der einem jeden Fehler noch jahrelang vorhält.

Klein·lich·keit *die <-, -en> (abwert.)* ❶ */kein Plur./ kleinliche Wesensart* ❷ *kleinliche Handlung*

klein·mü·tig *adj /nicht steig./ (geh.) ohne Selbstvertrauen und Entschlusskraft* ▶ Kleinmütigkeit

Klein·od *das <-(e)s, -e/-ien> ein sehr schönes und sehr wertvolles Schmuckstück*

klein·re·den *mit OBJ* ■ *jmd. redet etwas klein durch Reden etwas klein und unbedeutend machen:* Du kannst mir meine Erfolge nicht kleinreden.

klein·schrei·ben *<schreibst klein, schrieb klein, hat kleingeschrieben> mit OBJ* ■ *jmd. schreibt etwas klein* ❶ *mit kleinem Anfangsbuchstaben schreiben:* Wird dieses Wort groß- oder kleingeschrieben? ❷ *nicht wichtig nehmen:* Man sollte Gastfreundschaft nicht kleinschreiben.

Klein·spa·rer *der,* **Klein·spa·re·rin** *<-s, -> jmd., der nur kleine Spareinlagen auf sein Sparkonto einzahlt*

Klein·staat *der <-s, -en> Staat mit relativ wenig Einwohnern und kleiner Staatsfläche:* In der Fernsehsendung wurden Kleinstaaten wie Monaco oder Andorra vorgestellt.

Klein·stadt *die* <-, Kleinstädte> *(↔ Großstadt)*
Stadt mit relativ wenigen Einwohnern
Klein·städ·ter *der*, **Klein·städ·te·rin** <-s, ->
(↔ Großstädter) Einwohner einer Kleinstadt
klein·städ·tisch *adj /nicht steig./ (oft abwert.: ↔*
großstädtisch) in der Art einer Kleinstadt, zu einer
Kleinstadt gehörend
klein·stel·len <stellst klein, stellte klein, hat
kleingestellt> *mit OBJ* ■ *jmd. stellt etwas klein*
die Zufuhr von etwas drosseln: Als die Suppe über-
kochte, stellte er die Gasflamme klein.
Kleinst·le·be·we·sen *das* <-s, -> *mikroskopisch*
kleiner Organismus
Klein·trans·port *der* <-s, -e> *Transport mit gerin-*
gem Umfang
Klein·trans·por·ter *der* <-s, -> *(↔ Lastwagen)*
Auto, das für Kleintransporte konzipiert ist
Klein·ver·brau·cher *der*, **Klein·ver·brau·che·rin**
<-s, -> *(↔ Großverbraucher) jmd., der nur ge-*
ringe Mengen von etwas verbraucht: In Bezug auf
den Gasverbrauch gelten private Haushalte als
Kleinverbraucher.
Klein·ver·die·ner *der*, **Klein·ver·die·ne·rin** <-s,
-> *(↔ Großverdiener) jmd., der im Verhältnis*
zum durchschnittlichen Einkommen regelmäßig
relativ wenig verdient
Klein·vieh *das* <-(e)s> */kein Plur./ kleinere Tiere*
auf einem Bauernhof, beispielsweise Hühner oder
Hasen; ■ **Kleinvieh macht auch Mist** *(umg.)*
auch kleine Dinge haben auf längere Sicht eine
Wirkung Auch wenn man nur kleine Geldsummen
spart: Kleinvieh macht auch Mist!
Klein·wa·gen *der* <-s, -> *relativ kleines Auto-*
mobil
Klein·wild *das* <-s> */kein Plur./ (≈ Niederwild)*
Wild, das zur niederen Jagd gehört (Rehwild,
Hase ...)
Kleis·ter *der* <-s, -> *(Tapeten-)Klebstoff:* Wenn du
die Tapeten schneidest, rühre ich inzwischen den
Kleister an. ◆ Tapeten-
kleis·tern <kleisterst, kleisterte, hat gekleistert>
mit OBJ ■ *jmd. kleistert etwas (irgendwohin)*
(umg.) mit Kleister (an eine Stelle) kleben
Kle·ma·tis *die* <-, -> BOT. *eine rankende Pflanze*
mit sternförmigen Blüten
Kle·men·ti·ne, **Cle·men·ti·ne** *die* <-, -n> BOT.
eine süße Mandarinenart
Klem·me *die* <-, -n> ➊ *(≈ Klammer) kleiner Ge-*
genstand (mit zwei beweglichen Armen) zum
Zusammendrücken oder Befestigen ➋ *(umg.)*
schwierige Situation: Wir sitzen ganz schön in der
Klemme!
klem·men <klemmst, klemmte, hat geklemmt>
I. *mit OBJ* ■ *jmd. klemmt (sich) etwas irgend-*
wohin ➊ *etwas zwischen, unter, an etwas drü-*
cken, so dass es festsitzt oder festgehalten wird:
Er klemmte sich die Zeitung unter den Arm und
ging.; Er klemmte den Türstopper unter die Tür, so
dass sie nicht mehr zufallen konnte. ➋ ■ *jmd.*
klemmt sich etwas (≈ quetschen) mit einem Kör-
perteil zwischen zwei aufeinanderschlagende Ge-
genstände geraten und sich quetschen: Ich habe
mir den Finger in der Tür geklemmt. **II.** *ohne OBJ*
■ *etwas klemmt* sich nicht öffnen oder schließen

lassen: Die Tür klemmt.; ■ **sich hinter etwas**
klemmen *(umg.) ein Ziel energisch zu erreichen*
versuchen
Klemp·ner *der*, **Klemp·ne·rin** <-s, -> *(≈ süddt.*
Flaschner) Installateur
Klemp·ne·rei *die* <-, -en> ➊ */kein Plur./ das*
Klempnerhandwerk ➋ *Werkstatt eines Klemp-*
ners
Klep·per *der* <-s, -> *(abwert.) altes, mageres*
Pferd
Klep·to·ma·ne *der*, **Klep·to·ma·nin** <-n, -n>
PSYCH. *jmd., der an Kleptomanie leidet*
Klep·to·ma·nie *die* <-> */kein Plur./* PSYCH. *zwang-*
hafter Trieb zu stehlen
klep·to·ma·nisch *adj /nicht steig./ von der Art*
der Kleptomanie
kle·ri·kal *adj /nicht steig./ zum Stand des Klerus*
gehörend, ihn betreffend
Kle·ri·ker *der* <-s, -> REL. *Angehöriger des Klerus*
Kle·rus *der* <-> */kein Plur./* REL. *Gesamtheit aller*
(katholischen) Geistlichen
Klet·te *die* <-, -n> ➊ *eine Pflanze, deren Blüten-*
kopf kleine Widerhaken besitzt ➋ *einzelner Blü-*
tenkopf einer Klette; ■ **wie eine Klette an je-**
mandem hängen *(umg.) penetrant die Nähe*
einer Person suchen, die dies bereits als lästig
empfindet
Klet·te·rei *die* <-, -en> *langes, mühseliges Klet-*
tern
Klet·ter·ge·rüst *das* <-(e)s, -e> *eine Konstruk-*
tion, auf der Kinder klettern können
Klet·ter·ma·xe *der* <-n, -n> *(umg.)* ➊ *von einem*
Jungen gesagt, der leidenschaftliche klettert
➋ *Fassadenkletterer*
klet·tern <kletterst, kletterte, ist geklettert>
ohne OBJ ■ *jmd./etwas klettert auf etwas*
Akk./über etwas Akk. ➊ *mithilfe der Arme und*
Beine auf etwas hinauf- oder von etwas herunter-
steigen: Die Jungen sind auf den Baum/über die
Mauer geklettert. ➋ ■ *etwas klettert (umg.) stei-*
gen: Die Benzinpreise klettern weiter. ➌ ■ *jmd.*
klettert SPORT *auf Berge steigen:* Sie sind in die
Berge zum Klettern gefahren.
Klet·ter·pflan·ze *die* <-, -n> *eine Pflanze, die an*
Wänden, Zäunen, Spalieren oder Bäumen nach
oben wächst
Klet·ter·ro·se *die* <-, -n> *eine Rose, die sich auf-*
grund ihrer langen Triebe gut eignet, an Wänden,
Spalieren oder Pergolen zu wachsen
Klet·ter·seil *das* <-(e)s, -e> *langes Seil als Hilfs-*
mittel zum Klettern[3] in den Bergen
Klet·ter·stan·ge *die* <-, -n> SPORT *befestigte verti-*
kale Eisenstange, an der man die sportliche Übung
klettert[1]
Klet·ter·tour *die* <-, -en> *Wanderung oder Aus-*
flug in die Berge
Klet·ter·wand *die* <-, Kletterwände> ➊ *Spros-*
senwand für Kletter- und Hängeübungen ➋ *ausge-*
suchte Steilwand an einem Berg, wo das Klettern[3]
geübt wird
Klett·ver·schluss *der* <-(e)s, Kletverschlüsse>
zwei an Kleidung, Schuhen oder Taschen ange-
brachte, mit winzigen Widerhaken beziehungs-
weise winzigen Schlingen versehene Bänder, die

K

sich beim Zusammendrücken ineinander verhaken und so eine feste Verbindung ergeben

Klet·zen·brot das <-es, -e> ÖSTERR. Brot, in dem Stücke von getrockneten Birnen eingebacken sind

Kle·ve Kreisstadt am Niederrhein

Klick der <-s, -s> EDV das Drücken der Maus (Eingabegerät beim Computer): mit einem Klick auf das Icon das Programm starten ◆Doppel-

kli·cken <klickst, klickte, hat geklickt> ohne OBJ ❶ ▪ etwas klickt einen kurzen, metallischen Ton von sich geben: Die Kameras klickten. ❷ ▪ jmd. klickt auf etwas Akk. EDV einen Klick ausführen: Klicken Sie auf „speichern" im Menü „Datei"!

Kli·cker der <-s, -> Murmel, kleine Spielkugel

Klick·stre·cke die <-, -n> eine Reihe von thematisch zusammengehörigen Webseiten, die vom Benutzer in einer bestimmten Reihenfolge angeklickt werden (sollen)

Kli·ent der, **Kli·en·tin** <-en, -en> jmd., der die Dienste eines Rechtsanwaltes, Steuerberaters oder Therapeuten in Anspruch nimmt

Kliff das <-(e)s, -e> steil abfallende Felswand an einer Küste

Kli·ma das <-s, Klimata> ❶ METEOR. der für ein bestimmtes Gebiet innerhalb eines Jahres typische Wetterverlauf: In dieser Region herrscht ein raues/ein mildes Klima.; Viele Tiere und Pflanzen haben sich hervorragend an das arktische/subtropische/tropische Klima angepasst. ◆-änderung, -forscher(in), -karte, -katastrophe, -schutz, -veränderung, -wechsel ❷ /kein Plur./ (übertr.) die Atmosphäre oder Stimmung, die an einem Ort herrscht: Das politische Klima hat sich verändert.; In der Firma herrscht ein gutes/herzliches/frostiges/ schlechtes Klima. ◆Arbeits-, Betriebs-

Kli·ma·an·la·ge die <-, -n> Anlage zur Regelung der Belüftung, Luftfeuchtigkeit und Temperatur von Räumen

Kli·ma·kam·mer die <-, -n> luftdicht abgeschlossener Raum, in dem verschiedene Klimakomponenten wie Temperatur, Luftdruck, Luftfeuchtigkeit usw. zu Simulationszwecken verändert werden können

Kli·mak·te·ri·um das <-s> /kein Plur./ MED. (≈ Wechseljahre) ▸ klimakterisch

Kli·ma·kun·de die <-> /kein Plur./ (≈ Klimatologie) Wissenschaft vom Klima als Teilgebiet der Meteorologie

Kli·ma·tech·nik die <-> /kein Plur./ Teilgebiet der Technik, das sich mit Klimaanlagen beschäftigt

kli·ma·tisch adj /nicht steig./ auf das Klima¹ bezogen, durch das Klima¹ bestimmt

kli·ma·ti·sie·ren <klimatisiert, klimatisierte, hat klimatisiert> mit OBJ ▪ jmd. klimatisiert etwas in einem Raum durch eine Klimaanlage zuträgliche Luftbedingungen schaffen: Das Auto ist selbstverständlich klimatisiert. ▸ Klimatisierung

Kli·max die <-, -e> /meist Sing./ (geh.) Höhepunkt

Klimm·zug der <-(e)s, Klimmzüge> SPORT eine Turnübung, bei der man sich an einer Querstange mit den Händen festhält, ohne dass die Füße den Boden berühren, und man versucht, sich mit den

Armen hochzuziehen und dabei den Kopf über die Höhe der Stange zu heben

Klim·pe·rei die <-, -en> (abwert.: ≈ Geklimper) anhaltendes, schlechtes, gedankenloses Spiel auf einem Instrument

klim·pern <klimperst, klimperte, hat geklimpert> ohne OBJ ▪ jmd./etwas klimpert ❶ durch Aneinanderstoßen von kleinen metallischen Gegenständen helle Töne erzeugen: Er klimperte mit den Münzen/Schlüsseln in der Hosentasche. ❷ (umg.) einzelne, zusammenhanglose Töne spielen: Das Kind klimpert auf dem Klavier.

Klin·ge die <-, -n> der geschliffene, scharfe Teil eines Messers, Schwertes, Degens o. Ä.: eine scharfe/schartige/stumpfe Klinge; ▪ jemanden über die Klinge springen lassen (umg.) jmdn. wirtschaftlich oder beruflich zugrunde richten oder ihn töten

Klin·gel die <-, -n> kleine (Tür-, Fahrrad-)Glocke ◆Fahrrad-, Tür-

Klin·gel·draht der <-s, Klingeldrähte> Draht, der nur für die Leitung von Schwachstrom geeignet ist

klin·ge·ling verwendet, um das Tönen einer Klingel nachzuahmen

klin·geln <klingelst, klingelte, hat geklingelt> I. ohne OBJ ❶ ▪ jmd. klingelt (≈ läuten) die (Tür-)Klingel betätigen: Ich habe mehrmals geklingelt, aber mir wurde nicht geöffnet. ❷ ▪ etwas klingelt helle, metallische Töne von sich geben: Das Handy/Das Telefon/Der Wecker hat geklingelt. II. mit ES ▪ es klingelt (≈ es läutet) die Türklingel geht: Kannst du mal an der Tür nachsehen, ich glaube, es hat geklingelt.; ▪ es klingelt bei jemandem (umg.) jmd. begreift etwas endlich

klin·gen <klingst, klang, hat geklungen> ohne OBJ ❶ ▪ etwas klingt kurz anhaltende, helle Töne von sich geben: Die Glocken klingen. ❷ ▪ etwas klingt irgendwie sich irgendwie anhören: Sein Gitarrenspiel klingt warm und beruhigend. ❸ ▪ etwas klingt irgendwie als Äußerung einen bestimmten Eindruck erwecken, sich in bestimmter Weise anhören: Das klingt ja so, als ob du keine Lust mehr hättest.; Die Geschichte klingt völlig unglaubwürdig.

klin·gend I. Part. Präs. von **klingen** II. adj /nicht steig./ so, dass etwas klingt; ▪ klingender Reim zweisilbiger Reim; ▪ mit klingender Münze bezahlen (umg.) bar bezahlen; ▪ mit klingendem Spiel MILIT. mit Musik Die Garnison zog mit klingendem Spiel in die Stadt.

Kli·nik die <-, -en> (auf die Behandlung bestimmter Krankheiten spezialisiertes) Krankenhaus

Kli·nik·all·tag der <-s> /kein Plur./ die Struktur der täglichen Abläufe in einer Klinik

Kli·ni·ker der <-s, -> in der Klinik tätiger Arzt

Kli·ni·kum das <-s, Kliniken> ❶ Großkrankenhaus ❷ /kein Plur./ MED. Teil der Ausbildung von Medizinstudenten in einem Krankenhaus

kli·nisch adj /nicht steig./ MED. ❶ in einer Klinik: Sie macht gerade ein klinisches Semester. ❷ von einem Arzt feststellbar oder festgestellt: Der Patient ist klinisch tot.

Klin·ke die <-, -n> der bewegliche Griff, mit dem

man eine Tür öffnet oder schließt; ■ **Leute geben sich die Klinke in die Hand** *(umg.) es herrscht ein reges Kommen und Gehen* Zur Grippezeit gaben sich die Patienten beim Arzt die Klinke in die Hand.; ■ **Klinken putzen** *(umg. abwert.) von Tür zu Tür gehen, um etwas zu verkaufen oder um zu betteln*

Klin·ken·put·zer *der*; **Klin·ken·put·ze·rin** <-s, -> *(umg. abwert.) Hausierer, Vertreter*

Klin·ker *der* <-s, -> *kleiner, sehr hart gebrannter Ziegelstein* ◆-stein

Klin·ker·bau *der* <-s, ...-bauten> *Gebäude aus Klinker*

Klinsch *der* <-s> /kein Plur./ *unausgebackener Teig*

klipp ■ **klipp und klar** *(umg.) deutlich, offen*

Klipp, Clip *der* <-s, -s> ❶ *(Metall-)Klemme:* Der Klipp meines Füllfederhalters ist abgebrochen. ❷ *ein modisches Schmuckstück, das am Ohr festgeklemmt wird* ◆Ohr- ❸ *ein sehr kurzer Ausschnitt aus einem Film oder einer Sendung* ◆Film-, Nachrichten-, Video- ❹ *kurz für „Videoclip"*

Klip·pe *die* <-, -n> ❶ *einer von vielen großen, schroffen Felsen an (bestimmten Abschnitten) der Meeresküste* ❷ *(umg.) Hindernis, Schwierigkeit:* Sie musste manche Klippe überwinden, um ans Ziel zu gelangen.

Klip·per *der* <-s, -> *schnelles Segelschiff*

Klips *der* <-es, -e> *Klipp²*

klir·ren <klirrt, klirrte, hat geklirrt> *ohne OBJ* ■ *etwas klirrt das helle, vibrierende Geräusch von sich geben, das man z. B. hört, wenn Gläser gegeneinanderstoßen:* Als der Zug vorbeifuhr, klirrten die Gläser in der Vitrine.

klir·rend I. *Part. Präs. von* **klirren II.** *adj (≈ eisig)* Bei der klirrenden Kälte muss man sich sehr warm anziehen, wenn man aus dem Haus geht.

Klirr·fak·tor *der* <-s> /kein Plur./ ELEKTROTECHN. *Maßeinheit für die Verzerrung bei der Übertragung akustischer Signale*

Kli·schee *das* <-s, -s> *(geh. abwert.)* ❶ *festgefahrene Vorstellung, Vorurteil:* Er denkt nur noch in Klischees.; gegen Klischees und Vorurteile ankämpfen müssen ❷ *(≈ Phrase) abgegriffene Redewendung:* Sie redet in Klischees.

kli·schee·haft *adj /nicht steig./ (umg. abwert.) in der Art eines Klischees*

kli·schie·ren <klischierst, klischierte, hat klischiert> *mit OBJ* ■ *jmd. klischiert etwas jmd. überträgt etwas auf eine Druckplatte, um es dort einzuätzen*

Klis·tier *das* <-s, -e> MED. *Einlauf*

Kli·to·ris *die* <-, -/Klitorides> ANAT. *am oberen Ende der kleinen Schamlippen gelegenes, von Schwellkörpergewebe gebildetes, sehr reizempfindliches weibliches Geschlechtsorgan*

Klit·sche *die* <-, -n> *(umg. abwert.) kleiner, ärmlicher Betrieb oder Bauernhof*

klit·schig *adj /nicht steig./ (von Backwaren, die nicht aufgegangen sind) feucht, klebrig*

klitsch·nass *adj /nicht steig./ (umg.) völlig durchnässt*

klit·tern <klitterst, klitterte, hat geklittert> *mit OBJ* ■ *jmd. klittert etwas (geh. abwert.)* ❶ *(ein Werk) zusammenstückeln* ❷ *etwas aus dem Zusammenhang reißen und verfälschend wiedergeben* ► Geschichtsklitterung

klit·ze·klein *adj /nicht steig./ (umg.) sehr klein, winzig*

Kli·vie *die ursprünglich im Süden Afrikas beheimatete Pflanze, gehört zu den Knollen- und Zwiebelpflanzen siehe* **Clivia**

Klo *das* <-s, -s> *(umg.) kurz für „Klosett"* ◆-brille, -deckel, -frau

Klo·a·ke *die* <-, -n> *(unterirdischer) Abwasserkanal*

klo·big *adj groß, schwer, unförmig:* Der klobige Schrank/Tisch passt nicht ins Wohnzimmer.

Klon *der* <-s, -e> BIOL. *ein Tier, eine Pflanze als Ergebnis des Klonens*

klo·nen <klonst, klonte, hat geklont> *mit OBJ* ■ *jmd. klont etwas* BIOL. *im Labor mithilfe der Gentechnik durch ungeschlechtliche Vermehrung ein weiteres, genetisch identisches Exemplar eines Tieres oder einer Pflanze erzeugen*

klö·nen *ohne OBJ* ■ *jmd. klönt* NORDDT. *plaudern, sich unterhalten*

Klon·tech·no·lo·gie *die* <-, -n> BIOL. *die technischen Ausrüstung und Verfahren für das Klonen*

klop·fen I. *mit OBJ* ❶ ■ *jmd. klopft etwas (≈ ausklopfen) längere Zeit auf etwas schlagen, um so den Schmutz oder Staub zu entfernen:* Ich muss noch den Teppich klopfen. ❷ ■ *jmd. klopft etwas mehrmals auf etwas schlagen, es weich zu machen:* Er klopft die Steaks. ❸ ■ *jmd. klopft etwas in etwas* Akk. *(≈ schlagen) etwas mit Schlägen in etwas treiben:* Sie klopft einen Nagel in die Wand. **II.** *ohne OBJ* ❶ ■ *jmd. klopft mehrmals leicht gegen eine Tür schlagen als Zeichen, dass man einen Raum betreten will:* Sie klopfte, aber niemand öffnete. ❷ ■ *das Herz klopft in unruhiger Bewegung sein:* Sein Herz klopfte vor Aufregung. ❸ ■ *etwas/ein Tier Herz klopft Geräusche machen, die dumpf, pochend klingen:* Der Motor klopft.; Der Specht klopft. **III.** *mit ES* ■ *es klopft jmd. klopft von außen an eine Tür:* Kannst du mal an der Türe nachsehen, ich glaube, es hat geklopft.; ■ *jemand klopft jemandem auf die Schulter* jmdm. *mehrmals leicht auf die Schulter klopfen, um etwas auszudrücken* Der Trainer klopfte seinen Spielern anerkennend auf die Schulter.

klopf·fest *adj /nicht steig./* TECHN. *(von Kraftstoffen) so, dass eine gleichmäßige Verbrennung des Kraftstoff-Luft-Gemisches und somit ein ruhiges Laufen des Motors gewährleistet wird* ◆Klopffestigkeit

Klopf·sau·ger *der* <-s, -> *ein Staubsauger, der zugleich die Funktion eines Teppichklopfers hat*

Klopf·zei·chen *das* <-s, -> *Signal, das jmd. durch Klopfen* II.1 *gibt*

Klöp·pel *der* <-s, -> ❶ *der Stab im Inneren einer Glocke* ❷ *der Stab bei bestimmten Musikinstrumenten* ❸ *Holzspule zum Klöppeln*

Klöp·pel·ar·beit *die* <-, -en> *Herstellug von Spitzen, Bändern, Litzen durch Klöppeln*

klöp·peln <klöppelst, klöppelte, hat geklöppelt> ohne OBJ ■ jmd. **klöppelt** ursprünglich eine Handarbeitstechnik zur Herstellung von Spitzen, bei der mehrere Arbeitsfäden durch Kreuzen und Drehen miteinander verschlungen werden; heute maschinell nachgeahmt

klop·pen <kloppst, kloppte, hat gekloppt> mit SICH ■ jmd. **kloppt sich mit jmdm.** NORDDT. sich prügeln: Die Jungen haben sich wieder gekloppt.

Klops der <-es, -e> NORDDT. Fleischbällchen: Königsberger Klopse

Klo·sett das <-s, -e/-s> (veralt.) Toilette, WC ◆-becken, -bürste, -papier, -schüssel

Kloß der <-es, Klöße> NORDDT. (≈ Knödel) Speise in Form einer gekochten Teigkugel aus Mehl und einer Kartoffelmasse; ■ **einen Kloß im Hals haben** (umg.) vor Aufregung kaum sprechen können

Klos·ter das <-s, Klöster> ❶ eine größere, abgegrenzte Anlage eines Ordens, die Wohn- und Arbeitsgebäude sowie eine Kirche umfasst ❷ alle in einem Kloster¹ lebenden Menschen: Das ganze Kloster versammelte sich. ◆ Frauen-, Männer-

Klos·ter·kir·che die <-, -n> zu einem Kloster gehörende Kirche

Klos·ter·schu·le die <-, -n> einem Kloster unterstehende Schule, an der Mönche oder Nonnen lehren

Klotz der <-es, Klötze> ❶ ein größeres, massives, unbearbeitetes Stück Holz ❷ (umg. abwert.) (ein großes) hässliches Haus ❸ (umg. abwert.) grober, unhöflicher Kerl, Rüpel; ■ **jemandem ein Klotz am Bein sein** (umg.) jmdm. hinderlich, lästig sein

klot·zen <klotzt, klotzte, hat geklotzt> ohne OBJ ■ jmd. **klotzt** (umg.) ❶ hart arbeiten: Wenn wir bis abends damit fertig werden wollen, müssen wir jetzt kräftig klotzen! ❷ etwas mit sehr viel (finanziellem) Aufwand gestalten

Klub, Club der <-s, -s> ❶ (≈ Verein) ein Zusammenschluss von Menschen mit gemeinsamen Interessen ❷ der Raum, in dem sich die Mitglieder eines Klubs¹ regelmäßig treffen

klub·ei·gen adj /nicht steig./ einem Klub gehörend

Klub·gar·ni·tur, Club·gar·ni·tur die <-, -en> (veralt.) Polstergarnitur

Klub·ja·cke, Club·ja·cke die <-, -n> (veralt.) sportliches Jackett

Klub·ka·me·rad, Club·ka·me·rad der, **Klub·ka·me·ra·din** <-en, -en> Freund oder Bekannter, mit dem zusammen jmd. in einem Klub ist

Klub·ob·frau, Club·ob·frau die <-, -en/Klubobleute> ÖSTERR. siehe **Klubobmann**

Klub·ob·mann, Club·ob·mann der <-(e)s, Klubobmänner/Klubobleute> POL. ÖSTERR. Fraktionsvorsitzende

Klub·ses·sel, Club·ses·sel der <-s, -> bequemer Polstersessel

Kluft¹ die <-, -en> (umg.) (eine besondere Art von) Kleidung: In der Kluft lasse ich dich nicht auf die Straße.; Für besondere Anlässe habe ich eine spezielle Kluft.

Kluft² die <-, Klüfte> ❶ (veralt.) tiefe Felsspalte

❷ scharfer Gegensatz: Nach einigen Jahren trennte eine unüberbrückbare Kluft die beiden Ehepartner.

klug <klüger, am klügsten> adj ❶ intelligent, gescheit: ein kluger Kopf/Mensch ❷ vernünftig, umsichtig: Das war zweifellos eine kluge Entscheidung.; Sie hat sich in dieser Situation äußerst klug verhalten.; ■ **aus etwas nicht klug werden** (umg.) etwas nicht verstehen; ■ **aus jemandem nicht (recht) klug werden** (umg.) jmdn. nicht durchschauen

klu·ger·wei·se adv aus Gründen der Klugheit: Sie hat klugerweise nichts dazu gesagt.

Klug·heit die <-> /kein Plur./ ❶ Intelligenz, Begabung ❷ vernünftiges, umsichtiges Verhalten

klug·re·den <klugredest, klugredete, hat kluggeredet> ohne OBJ (abwert.) es immer besser wissen wollen (als andere): Weil er dauernd klugredet, will ihn niemand mehr anhören. ▸ Klugredner

Klug·schei·ßer der, **Klug·schei·ße·rin** <-s, -> (vulg.: ≈ Besserwisser)

Klum·pen der <-s, -> eine formlose Masse einer (weichen) Substanz: Ein Klumpen Erde haftete an der Schuhsohle.

klum·pen <klumpt, klumpte, hat geklumpt> ohne OBJ ■ **etwas klumpt** Klumpen bilden: Mehl klumpt leicht.

Klump·fuß der <-es, Klumpfüße> MED. eine angeborene Missbildung des Fußes, bei der der Vorderfuß nach innen eingeknickt ist

Klün·gel der <-s, -> (abwert.) ❶ (≈ Filz) eine Gruppe von Personen, die sich gegenseitig fördern (und andere unterdrücken) ❷ alte, unbrauchbare Sachen: In meiner Kommode hat sich viel Klüngel angesammelt.

Klün·ge·lei die <-, -en> (abwert.) Handlungsweise bzw. Handlungszusammenhang, bestimmt durch einen Klüngel¹

klün·geln <klüngelst, klüngelte, hat geklüngelt> ohne OBJ ■ jmd. **klüngelt** jmd. handelt so, dass eine Klüngelei entsteht

Klun·ker der/die <-s/-, -/-n> (umg. oft abwert.) große Schmucksteine, die jmd. trägt

Klus die <-, -en> SCHWEIZ. Schlucht

Klü·ver der <-s, -> dreieckiges Segel am Bug eines Segelschiffes

km Abkürzung von „Kilometer"

km² Abkürzung von „Quadratkilometer" (eine Fläche, von 1000 m Länge und 1000 m Breite)

km³ Abkürzung von „Kubikkilometer" (ein Raumvolumen von 1000 m Breite, 1000 m Höhe, 1000 m Tiefe)

km/h Abkürzung von „Kilometer pro Stunde" als Geschwindigkeitsangabe

km/st Abkürzung von „Kilometer pro Stunde" als Geschwindigkeitsangabe

kn Abkürzung von „Knoten" (als Maßeinheit für die Geschwindigkeit von Schiffen, nämlich eine Seemeile pro Stunde = 1,852 km/h)

knab·bern <knabberst, knabberte, hat geknabbert> I. mit OBJ ■ jmd. **knabbert etwas** etwas Hartes, Knuspriges in kleinen Stücken essen: Sie knabbert Salzstangen. II. ohne OBJ ■ jmd. **knabbert (an etwas** Dat.) kleine Stückchen von etwas

K

abbeißen: Er knabbert gern beim Fernsehen.; Das Kind knabbert an einem Keks.; Der Hase knabbert an einer Möhre.

Kna·be *der* <-n, -n> ❶ *(geh. o veralt.) Junge* ❷ *(umg. scherzh.) Anrede für einen Mann:* Hallo, alter Knabe, wie geht's?

Knä·cke·brot *das* <-(e)s, -e> *in knusprigen Scheiben gebackenes Brot mit geringem Wassergehalt*

kna·cken <knackst, knackte, hat geknackt> **I.** *mit OBJ* ■ *jmd.* **knackt etwas** ❶ *(umg.) (eine hartschalige Frucht) öffnen:* Er knackt Nüsse. ❷ *(gewaltsam) aufbrechen:* Er wurde erwischt, als er ein Auto knacken wollte. **II.** *ohne OBJ* ❶ ■ *etwas knackt einen kurzen, harten, hellen Ton erzeugen:* Das Eis/Die Treppe knackte unter seinen Tritten. ❷ ■ *jmd.* **knackt** *(umg.) schlafen*

Kna·cker *der* <-s, -> ❶ *(umg. abwert.) (älterer) Mann:* Was wollte der alte Knacker? ❷ LANDSCH. *Knackwurst*

kna·ck·frisch *adj /nicht steig./ ganz frisch (so dass es knackt, wenn man z. B. in Äpfel, Salatblätter oder Möhren beißt)*

Kna·cki *der* <-s, -s> *(umg. abwert.) (ehemaliger) Häftling*

kna·ckig *adj* ❶ *frisch, fest und knusprig:* knackiger Salat ❷ *wohlgeformt, straff und (sexuell) attraktiv:* ein knackiger Hintern

Knack·punkt *der* <-(e)s, -e> *(umg.) entscheidender Punkt, von dem etwas abhängt:* Der Knackpunkt bei dieser Sache ist, dass …

Knacks *der* <-es, -e> ❶ *ein Ton, der beispielsweise entsteht, wenn man trockenes Holz zerbricht* ❷ *Riss, Sprung:* Das Waschbecken hat einen Knacks. ❸ *physischer oder psychischer Defekt:* Sie hat damals einen Knacks abbekommen.

Knack·wurst *die* <-, Knackwürste> *eine Brühwurst*

Knall *der* <-(e)s, -e> *ein plötzliches und sehr lautes, beispielsweise von einem Schuss ausgelöstes Geräusch:* Man hörte einen Knall, dann Stille.; Ein Knall wie von einem Gewehrschuss zerriss die morgendliche Stille.; ■ **einen Knall haben** *(umg. abwert.) verrückt sein;* ■ **Knall auf Fall** *(umg.) plötzlich und unerwartet*

knall- *als Erstglied zusammengesetzter Adjektive, mit Betonung auf beiden Teilen; drückt aus* ❶ *dass die mit dem Zweitglied bezeichnete Farbe besonders intensiv/grell ist* ◆-blau, -bunt, -gelb, -grün, -orange, -rosa, -rot ❷ *dass das mit dem Zweitglied Bezeichnete in besonderem Ausmaß gegeben ist* ◆-eng, -hart, -voll

Knall·ef·fekt *der* <-(e)s, -e> *(umg.) überraschender, verblüffender Höhepunkt*

knal·len <knallst, knallte, hat/ist geknallt> **I.** *mit OBJ (haben)* ■ *jmd.* **knallt etwas (irgendwohin)** *(umg.) mit Wucht irgendwohin werfen:* Er knallte wütend die Türe ins Schloss.; Sie knallte die Zeitung auf den Tisch. **II.** *ohne OBJ* ❶ ■ *etwas Akk. knallt (haben) einen Knall hörbar werden lassen:* Ein Schuss/Der Sektkorken knallte. ❷ ■ *jmd.* **knallt mit etwas** *Dat. (haben) einen Knall erzeugen:* Er knallte mit der Peitsche. ❸ ■ *etwas knallt auf etwas* Akk. *(haben) (umg.) sehr heiß scheinen:* Die Sonne knallte den ganzen Nachmittag auf

die Terrasse. ❹ ■ *jmd.* **knallt mit etwas** *Dat.* **gegen etwas** *Akk. (sein) (umg.) plötzlich gegen etwas stoßen, prallen, fallen:* Sie knallte mit dem Kopf gegen die Glasscheibe.; Der Ball knallte gegen den Pfosten.; ■ **jemandem eine knallen** *(umg.) jmdm. eine Ohrfeige geben*

Knall·frosch *der* <-es, Knallfrösche> *ein kleiner Feuerwerkskörper*

knall·hart *adj /nicht steig./ (umg.)* ❶ *(≈ brutal)* Der Schauspieler wurde durch die Rolle eines knallharten Gangsters berühmt. ❷ *rücksichtslos den ganzen persönlichen Einsatz fordernd:* Bis zum Abschluss des Geschäfts wurde knallhart verhandelt. ❸ *schonungslos, unmissverständlich:* Ich habe ihm knallhart die Meinung gesagt.; *siehe auch* **knall-**

knall·voll *adj /nicht steig./ (umg.) vollständig betrunken; siehe auch* **knall-**

knapp *adj* ❶ *(↔ reichlich) sehr gering, nicht reichlich:* Der knappe Lohn reichte gerade aus, um das Nötigste zu kaufen.; Die Portionen waren in diesem Lokal eher knapp bemessen ❷ *(≈ hauchdünn) gerade noch ausreichend:* Der Politiker wurde mit knapper Mehrheit wieder gewählt.; Die Läuferin gewann das Rennen mit einem knappen Vorsprung. ❸ *etwas weniger als:* Sie ist knapp drei Jahre alt.; Zu der Veranstaltung kamen nur knapp 200 Besucher. ❹ *so, dass ein Kleidungsstück sehr eng anliegt und nicht richtig passt:* Der Rock sitzt sehr knapp. ❺ *auf das Wesentliche beschränkt, nicht ausführlich:* Nach dem Spätfilm folgen die Kurznachrichten mit einer knappen Zusammenfassung der wichtigsten Ereignisse des Tages.

Knap·pe *der* <-n, -n> ❶ GESCH. *ein junger Mann, der einem Ritter diente* ❷ BERGB. *Bergmann nach Abschluss der Lehre*

Knapp·heit *die* <-> */kein Plur./* ❶ *Mangel* ❷ *Kürze, Prägnanz:* Sie bemühte sich um Knappheit im Ausdruck.

Knar·re *die* <-, -n> ❶ *(umg.: ≈ Gewehr)* ❷ *ein kleines Gerät, mit dem man ein knarrendes Geräusch erzeugen kann*

knar·ren <knarrst, knarrte, hat geknarrt> *ohne OBJ* ■ *etwas knarrt ein ächzendes, raues Geräusch von sich geben:* Das Bett/Die Holztreppe/Die Türe knarrt.

Knast *der* <-(e)s, -e/Knäste> *(umg.)* ❶ */kein Plur./ Haftstrafe:* Sie bekam zwei Jahre Knast. ❷ *Gefängnis:* Er saß drei Jahre im Knast.

Knast·bru·der *der* <-s, Knastbrüder> *(umg. abwert.) jmd., der (häufig) im Gefängnis sitzt*

Knatsch *der* <-(e)s> */kein Plur./* LANDSCH. *Ärger, Streit*

knat·schen <knatschst, knatschte, hat geknatscht> *ohne OBJ* ■ *jmd.* **knatscht** *weinerlich sein, quengeln (besonders von Kindern)* ▸ knatschig

knat·tern <knattert, knatterte, hat geknattert> *ohne OBJ* ■ *etwas knattert kurze, schnell aufeinanderfolgende knallende Laute von sich geben:* Das alte Motorrad knatterte.

Knäu·el *der/das* <-s, -> ❶ *zu einer Kugel zusammengewickelter Woll- oder Garnfaden:* Wie viel(e) Knäuel Wolle benötigt man, um diesen Pullover zu

K

stricken? ❷ *zusammengeballte Masse von Menschen oder Tieren:* ein Menschenknäuel vor der Abendkasse des Konzerthauses; ein Hundeknäuel um den Wärter im Tierheim

Knauf *der* <-(e)s, Knäufe> *runder Handgriff eines Spazierstockes oder einer Tür*

Knau·se·rei *die* <-, -en> *(abwert.) dauerndes Knausern*

knau·se·rig, **knaus·rig** <knaus(e)riger, am knaus(e)rigsten> *adj (umg. abwert.) übertrieben sparsam, geizig*

knau·sern <knauserst, knauserte, hat geknausert> *ohne OBJ* ▪ *jmd. knausert (umg. abwert.) übertrieben sparsam sein:* Er knausert mit seinem Geld.; Sie knauserte nicht mit Lob und Anerkennung.

knaus·rig *adj siehe* **knauserig**

knaut·schen <knautschst, knautschte, hat geknautscht> **I.** *mit OBJ* ▪ *jmd. knautscht etwas (umg.) zusammendrücken (so, dass etwas Falten bildet):* Musst du die Zeitung/die Jacke immer so knautschen? **II.** *ohne OBJ* ▪ *etwas knautscht (≈ knittern) Falten bilden:* Der Stoff knautscht leicht.

Knautsch·lack·le·der *das* <-s> */kein Plur./ Nappaleder, das mit Lack überzogen ist und viele durch Walken erzeugte Knautschfalten hat*

Knautsch·zo·ne *die* <-, -n> KFZ *vorderer und hinterer Teil der Autokarosserie, der im Falle eines Unfalls zusammengepresst werden kann, so dass die Wucht des Aufpralls (zum Schutz der Insassen) vermindert wird*

Kne·bel *der* <-s, -> *ein Stück Stoff, das man jmdm. in den Mund steckt, damit er nicht schreien oder sprechen kann*

Kne·bel·bart *der* <-s, Knebelbärte> *gedrehter Spitzbart*

kne·beln <knebelst, knebelte, hat geknebelt> *mit OBJ* ▪ *jmd. knebelt jmdn. einen Knebel in den Mund stecken:* Man fesselte und knebelte die Gefangenen.

Knecht *der* <-(e)s, -e> ❶ *(veralt.) jmd., der auf einem Bauernhof als Arbeiter angestellt ist* ❷ *(oft abwert.) jmd., der völlig abhängig ist und (bedingungslos) gehorchen muss*

knech·ten <knechtest, knechtete, hat geknechtet> *mit OBJ* ▪ *jmd. knechtet jmdn. (geh. abwert.) unterdrücken, versklaven:* Die Kolonialmacht knechtete das Volk der Eingeborenen.

knech·tisch *adv unterwürfig wie ein Knecht*

Knecht·schaft *die* <-, -en> *(geh. abwert.) Leben in Unfreiheit, Unterdrückung:* Der Diktator führte das Volk in die Knechtschaft.

knei·fen <kneifst, kniff, hat gekniffen> **I.** *mit OBJ* ▪ *jmd./etwas kneift jmdn. zwicken, die Haut schmerzhaft zusammenpressen:* Sie kniff ihn in den Arm.; Das Gummiband kneift mich. **II.** *ohne OBJ* ❶ *jmd. kneift (umg. abwert.) sich drücken, feige zurückweichen:* Als es ernst wurde, wollte er kneifen. ❷ ▪ *etwas kneift (von zu engen Kleidungsstücken) sich schmerzhaft in die Haut eindrücken:* Die Hose kneift am Bauch.

Knei·pe *die* <-, -n> *(umg.) ein kleineres Lokal, in dem vor allem Getränke (und kleine Gerichte) ser-*

viert werden: Nach dem Kino sind wir noch in eine Kneipe auf ein Bier gegangen. ◆-nbesuch, -ngast, -nluft, Eck-, Stamm-

Knei·pen·bum·mel *der* <-s, -> *das Einkehren in mehrere Kneipen (an einem Abend)*

kneip·pen <kneippst, kneippte, hat gekneippt> *ohne OBJ* ▪ *jmd. kneippt eine Kneippkur machen*

Kneipp·kur *die* <-, -en> *die von Sebastian Kneipp begründete Kurmethode, die auf der gezielten äußerlichen Anwendung von (kaltem) Wasser basiert*

Knes·set(h) *die* <-> */kein Plur./ das israelische Parlament*

Kne·te *die* <-> */kein Plur./ (umg.)* ❶ *Geld* ❷ *Knetmasse*

kne·ten <knetest, knetete, hat geknetet> *mit OBJ* ▪ *jmd. knetet etwas* ❶ *aus einer weichen Masse formen:* Sie knetet Figuren aus Lehm. ❷ *mit den Händen drückend bearbeiten:* Der Masseur knetet die verkrampften Muskeln.; Wenn der Kuchen schließlich gelingen soll, musst du vorher den Teig kräftig kneten.

Knet·gum·mi *der/das* <-/-s> */kein Plur./ (≈ Knetmasse)*

Knet·ma·schi·ne *die* <-, -n> *Maschine, mit der man etwas kneten[1] kann*

Knet·mas·se *die* <-, -n> *eine weiche synthetische Masse, aus der man Figuren modellieren kann*

Knick *der* <-(e)s, -e> ❶ *Biegung:* Nach 500 Metern macht die Straße einen scharfen Knick nach rechts. ❷ *scharfer Falz:* Die Briefmarke hat einen Knick.; ▪ *einen Knick in der Optik haben (umg. scherzh.) nicht richtig sehen*

Kni·cke·bein *das* <-s> */kein Plur./ Getränk aus Likör und Eigelb (so benannt nach seinem Erfinder)*

Knick·ei *das* <-s, -er> *angeschlagenes Ei*

kni·cken <knickst, knickte, hat/ist geknickt> **I.** *mit OBJ (haben)* ▪ *jmd. knickt etwas* ❶ *etwas Sprödes biegen, bis es bricht und die noch zusammenhängenden Teile einen scharfen Winkel bilden:* Das Reh flüchtete durchs Unterholz und knickte dabei zahlreiche Äste und Zweige. ❷ *(≈ falten) Die Originaldokumente sollte man nicht knicken.* **II.** *ohne OBJ (sein)* ▪ *etwas knickt abbrechen und eine scharfe Kante bilden, ohne jedoch in zwei Teile zu zerfallen:* Bei dem Orkan knickten die Bäume wie Streichhölzer.

Kni·cker[1] *der* <-s, -> *kleines Jagdmesser*

Kni·cker[2] *der* <-s, -> *(abwert.) Geizhals*

Kni·cker·bo·cker(s) <-s> *Plur. eine Art Kniebundhose*

kni·cke·rig, **knick·rig** *adj (umg. abwert.) geizig*

Knicks *der* <-es, -e> *eine (früher) von Frauen und Mädchen gemachte Geste der Ehrerbietung, wobei ein Bein zurückgesetzt und das Knie des anderen leicht gebeugt wurde*

knick·sen <knickst, knickste, hat geknickst> *ohne OBJ* ▪ *jmd. knickst einen Knicks machen*

Knie *das* <-s, -> ❶ ANAT. *das Gelenk zwischen Ober- und Unterschenkel* ◆-gelenk, -scheibe ❷ *die Stelle, an der ein Rohr oder ein Fluss eine starke Biegung macht;* ▪ *weiche Knie haben (umg.) sich (aus Angst) körperlich schwach fühlen;* ▪ *et-*

was übers Knie brechen *(umg.) überstürzt ent-*
scheiden oder handeln; ■ **jemanden auf/in die**
Knie zwingen *(geh.) jmds. Widerstand brechen*
Knie·bank *die <-, Kniebänke> eine Bank, auf der*
man knien kann: In der katholischen Kirche gibt es
vor jeder Sitzbank noch eine Kniebank.
Knie·beu·ge *die <-, -n>* SPORT *eine gymnastische*
Übung, bei der man mit geradem Oberkörper in
die Hocke geht und wieder aufsteht
Knie·bund·ho·se *die <-, -n> eine Hose, deren*
Beine bis zum Knie reichen und dort mit einem
Bund abschließen
Knie·fall *der <-(e)s, Kniefälle> das Berühren des*
Bodens mit den Knien als Geste der Unterwerfung
oder Verehrung
knie·fäl·lig *adv /nicht steig./* ❶ *mit einem Kniefall*
❷ *unterwürfig:* kniefällig jemanden um etwas bitten
knie·frei *adj /nicht steig./ so, dass das Knie zu se-*
hen ist: Sie trug einen kniefreien Rock.
knie·hoch *adj /nicht steig./ so, dass etwas von*
den Füßen bis an die Knie reicht: Wir stapften
durch kniehohen Schnee.
Knie·keh·le *die <-, -n>* ANAT. *die Mulde auf der*
Rückseite des Knies[1]
kni·en [kniːn/kniːən] *<kniest, kniete, hat/ist ge-*
kniet> I. *ohne OBJ (haben o sein)* ■ *jmd. kniet*
die Haltung einnehmen, bei der beide Knie den
Boden berühren: Er kniete vor dem Altar. II. *mit*
SICH (haben) ❶ ■ *jmd. kniet sich irgendwohin*
die Knie beugen, bis man auf einer Stelle kniet: Er
kniete sich neben sie. ❷ ■ *jmd. kniet sich in et-*
was Akk. (umg.) etwas intensiv und mit viel Ener-
gie tun: Sie kniete sich in die Arbeit.
Knies *der <-> /kein Plur./ (umg.)* ❶ *alte Schmutz-*
schicht ❷ *(nicht offen ausgetragener) Streit:* Seit
wann hat sie Knies mit ihm?
Knie·scho·ner *der <-s, ->* (≈ Knieschützer)
Knie·schüt·zer *der <-s, -> bei manchen Sportar-*
ten getragene Polster zum Schutz der Knie
Knie·seh·nen·re·flex *der <-es, -e> Reflex des*
Knies, der sich zeigt, wenn man auf die Kniesehne
unterhalb der Kniescheibe schlägt, so dass sich
das Bein ruckartig streckt
Knie·strumpf *der <-(e)s, Kniestrümpfe> bis zum*
Knie reichender Strumpf
knie·tief *adj /nicht steig./ so, dass man bis zum*
Knie einsinkt: Die Kinder spielten im knietiefen
Wasser.
Kniff *der <-(e)s, -e>* ❶ *das Kneifen, Zwicken*
❷ *Trick, Kunstgriff:* Ich zeige dir ein paar Kniffe,
die dir deine Arbeit erleichtern werden. ❸ (≈ Trick)
kleines Täuschungsmanöver: Der Betrüger hat es
schon mit allen Kniffen versucht. ❹ *Falte, Knick*
kniff·lig,   knif·fe·lig   <kniff(e)liger/am
kniff(e)ligsten> *adj* (≈ verzwickt) *sehr schwierig*
oder kompliziert: Das ist wirklich eine knifflige
Frage.; Wir befanden uns damals in einer kniffligen
Situation.
Knilch *der <-s, -e> (umg. abwert.) (auch als*
Schimpfwort verwendete) Bezeichnung für einen
als unangenehm empfundenen Mann: Was wollte
der Knilch?
knip·sen[1] <knipst, knipste, hat geknipst> *mit*

OBJ ■ *jmd. knipst (jmdn./etwas) (umg.) foto-*
grafieren: Er knipste alles, was er sah.; Er stand an
die Säule gelehnt und knipste.
knip·sen[2] <knipst, knipste, hat geknipst> *mit*
OBJ ■ *jmd. knipst etwas die Fahrkarte mit einer*
Lochzange entwerten: Der Kontrolleur knipste die
Fahrkarte.
Knirps *der <-es, -e> (umg.) kleiner, drolliger*
Junge
Knirps® *der <-es, -e> ein zusammenschiebbarer*
Regenschirm
knir·schen   <knirschst, knirschte, hat ge-
knirscht> *ohne OBJ* ❶ ■ *etwas knirscht ein har-*
tes, reibendes Geräusch von sich geben: Der
Schnee knirschte unter meinen Sohlen. ❷ ■ *jmd.*
knirscht mit etwas Dat. ein hartes, reibendes
Geräusch erzeugen: Sie knirschte mit den Zähnen.
knis·tern <knisterst, knisterte, hat geknistert>
ohne OBJ ❶ ■ *etwas knistert das helle, leise ra-*
schelnde Geräusch von sich geben, das man z. B.
hört, wenn Falten in Papier gemacht werden: Das
Holz knisterte im Ofen. ❷ ■ *jmd. knistert mit et-*
was ein helles, leise raschelndes Geräusch erzeu-
gen: Ich mag es nicht, wenn die Theaterbesucher
mit Bonbonpapieren knistern.
knis·ternd I. *Part. Präs. von* **knistern** II. *adj er-*
regt, prickelnd: Vor dem entscheidenden Spiel
herrschte eine knisternde Spannung.
Knit·ter·fal·te *die <-, -n> Falte, die durch Knitter-*
n[1] entstanden ist
knit·ter·frei *adj /nicht steig./ so, dass Stoff nicht*
knittert
knit·te·rig *adj siehe* **knittrig**
knit·tern <knitterst, knitterte, hat geknittert>
I. *mit OBJ* ■ *jmd. knittert etwas Falten in Stoff*
oder Papier machen II. *ohne OBJ* ■ *etwas knit-*
tert Falten bekommen: Der Stoff knittert leicht.
knitt·rig, knit·te·rig *adj mit vielen Falten*
kno·beln <knobelst, knobelte, hat geknobelt>
ohne OBJ ❶ *würfeln* ❷ ■ *jmd. knobelt mithilfe*
von Würfeln, Streichhölzern, bestimmten Hand-
zeichen o. Ä. eine Entscheidung treffen, wer von
zwei Personen etwas tun muss oder darf
❸ ■ *jmd. knobelt über etwas Dat. (umg.) grü-*
beln, rätseln: Wie lange knobelt er schon über einer Lösung des Problems?
Knob·lauch *der <-(e)s> /kein Plur./ eine Gewürz-*
pflanze •-knolle, -presse, -zehe
Knob·lauch·but·ter *die <-> /kein Plur./* KOCH. *mit*
Knoblauch (und Kräutern) gewürzte Butter
Knob·lauch·salz *das <-es, -e> Salz, das mit ge-*
trocknetem, zerriebenem Knoblauch angerei-
chert ist
Knö·chel *der <-s, ->* ❶ *der vorspringende Kno-*
chen links und rechts am Fußgelenk ❷ *das mitt-*
lere Fingergelenk
knö·chel·lang *adj /nicht steig./ so, dass etwas bis*
zum (Fuß-)Knöchel reicht: Sie trug ein knöchellan-
ges Kleid.
knö·chel·tief *adj /nicht steig./ so, dass man bis zu*
den Knöcheln einsinkt: Wir steckten knöcheltief
im Morast.
Kno·chen *der <-s, ->* ❶ *einer der vielen einzelnen*
Bestandteile des Skeletts von Menschen und Wir-

K

beltieren: Der Arzt musste den gebrochenen Knochen schienen.; Der Hund nagt an einem Knochen. ❷ /nur Plur./ (≈ Glieder) Pass auf, dass du dir nicht die Knochen brichst!; Mir tun sämtliche Knochen weh.; ■ bis auf die Knochen (umg.) vollständig, durch und durch Er war nass bis auf die Knochen.; Sie hatte sich bis auf die Knochen blamiert.

Kno·chen·ar·beit die <-> /kein Plur./ (umg.) harte körperliche Arbeit: Das Beet umzugraben war richtige Knochenarbeit!

Kno·chen·bau der <-s> /kein Plur./ Struktur des Skeletts: Das Kind hat einen kräftigen/zarten/zierlichen Knochenbau.

kno·chen·bre·che·risch adv /nicht steig./ so gefährlich, dass es möglich ist, dass sich jmd. bei einer Tätigkeit die Knochen bricht: Der Aufstieg auf den Gipfel dieses Berges war knochenbrecherisch.

Kno·chen·bruch der <-(e)s, Knochenbrüche> (≈ Fraktur) Bruch eines Knochens: Das Unfallopfer musste mit mehreren Knochenbrüchen ins Krankenhaus eingeliefert werden.

Kno·chen·fraß der <-es> /kein Plur./ Eiterung oder Entzündung eines Knochens

K **Kno·chen·ge·rüst** das <-(e)s, -e> ❶ (≈ Skelett) ❷ (umg. abwert.) sehr hagerer Mensch

Knochen·haut die <-> /kein Plur./ ANAT. dünne, die Knochen umgebende Haut ◆ -entzündung

Kno·chen·mark das <-(e)s> /kein Plur./ ANAT. die Substanz im Innern eines Knochens

Kno·chen·müh·le die <-, -n> Mühle, in der (Tier-)Knochen zu (Futter-) Mehl gemahlen werden

Kno·chen·schwund der <-es> /kein Plur./ MED. verminderte Neubildung oder Abbau der Knochensubstanz

Kno·chen·split·ter der <-s, -> Splitter eines Knochens

knochen·tro·cken adj /nicht steig./ (umg.) ❶ sehr trocken: Der Kuchen ist knochentrocken. ❷ langweilig, fantasielos: Der Redner sprach über ein knochentrockenes Thema.

Kno·chen·tu·ber·ku·lo·se die <-> /kein Plur./ MED. Tuberkuloseerkrankung des Knochens, bei der das blutbildende Knochenmark betroffen ist

kno·chern adj /nicht steig./ aus Knochen

kno·chig adj so, dass die Knochen deutlich sichtbar sind: Sie hat ein knochiges Gesicht.

Knock-out, a. **Knock·out** der [nɔkˈʔaʊt] <-s, -s> SPORT Niederschlag beim Boxen (abgekürzt: K.o.)

knock-out, a. **knock·out** [nɔkˈʔaʊt] adj kampfunfähig, außer Gefecht (abgekürzt: k.o.)

Knö·del der <-s, -> SÜDDT., ÖSTERR. Speise in Form einer gekochten Kugel aus Kartoffelteig

Knöll·chen das <-s, -> (umg.) Strafzettel

Knol·le die <-, -n> meist unterirdischer, fleischig verdickter Spross oder Wurzelabschnitt, in dem eine Pflanze Nährstoffe speichert: Die Kartoffel ist eine Knolle.; Unsere Dahlien haben kräftige Knollen.

Knol·len·blät·ter·pilz der <-(e)s, -e> ein giftiger Pilz

Knol·len·ge·wächs das <-es, -e> mehrjährige Pflanze, die in unterirdischen Sprossknollen überwintert

Knopf der <-(e)s, Knöpfe> ❶ einer der kleinen, meist runden Teile, die an der Vorderseite von Kleidungsstücken angenäht sind und dazu dienen, diese zu verschließen: Er löste die Krawatte und öffnete den obersten Knopf seines Hemdes. ◆ -loch ❷ ein rundes oder viereckiges Bedienelement an technischen Geräten: Drücken Sie den Knopf 1, um die CD-Schublade zu öffnen. ◆ Bedien-

knöp·fen <knöpfst, knöpfte, hat geknöpft> mit OBJ /meist im Passiv oder im substantivierten Inf. verwendet/ ■ jmd. knöpft etwas etwas mit Knöpfen¹ öffnen oder schließen: Die Bluse wird vorn/hinten/seitlich geknöpft. ◆ Großschreibung →R 3.5 Das Kleid ist zum Knöpfen.

Knopf·leis·te die <-, -n> verstärkter Stoffstreifen (an einem Kleidungsstück), auf dem Knöpfe aufgenäht sind: ein Mantel mit verdeckter Knopfleiste

Knor·pel der <-s, -> das feste, elastische Gewebe, das Knochen und Gelenke verbindet

knorp·lig, knor·pe·lig adj /nicht steig./ aus Knorpel bestehend

Knor·ren der <-s, -> Teil eines Baumstammes oder Astes, der viele Verdickungen hat

knor·rig adj ❶ verwachsen, astreich: Die knorrige Eiche muss mehrere hundert Jahre alt sein. ❷ (von Menschen) alt, zäh, kräftig: eine knorrige Alte

Knos·pe die <-, -n> die nicht voll entwickelte Sproßspitze höherer Pflanzen, aus der sich Blüten oder Blätter entfalten: Die Knospen sprießen/gehen auf/entfalten sich.

knos·pen <knospt, knospte, hat geknospt> ohne OBJ ■ etwas knospt Knospen treiben: Die Rosen knospen schon.

Kno·ten der <-s, -> ❶ fest (miteinander) verschlungene Bänder, Fäden, Schnüre, Taue: Ich bekomme den Knoten nicht mehr auf. ❷ langes, geschlungenes, am (Hinter-)Kopf festgestecktes Haar: Sie trägt heute einen Knoten. ◆ Haar- ❸ MED. dicker (krankhafter) Gewebeteil: Gicht verursacht Knoten.; Sie hat einen Knoten in der Brust. ❹ SEEW. Maßeinheit für die Geschwindigkeit bei Schiffen: Ein Knoten entspricht ungefähr 1,8 Stundenkilometern.; ■ bei jemandem ist der Knoten geplatzt/gerissen (umg.) jmd. hat endlich etwas verstanden

Kno·ten·punkt der <-(e)s, -e> Punkt, wo sich verschiedene Verkehrswege kreuzen ◆ Eisenbahn-

Knö·te·rich der <-s> /kein Plur./ eine in vielen Arten vorkommende Pflanze, die besonders auf feuchten Wiesen und in Auwäldern vorkommt

kno·tig adj ❶ viele Knoten aufweisend: Das Garn ist knotig. ❷ von der Form eines Knotens: Ihr wurde eine knotige Geschwulst entfernt.

Know-how, a. **Know·how** das [ˈnoʊhaʊ] <-(s)> /kein Plur./ das Wissen, wie man etwas praktisch umsetzt: Was nützen die modernsten Maschinen und Computer, wenn den Mitarbeitern das technische Know-how fehlt?

Know-how-Trans·fer, a. **Know·how·trans·fer** der [ˈnoʊhaʊ...] <-s, -s> Übertragung von Know-how

Knub·bel *der* <-s, -> LANDSCH. *knotenähnliche Verdickung auf oder unter der Haut*

knub·beln <knubbelst, knubbelte, hat geknubbelt> *ohne OBJ* ■ *jmd.* **knubbelt an etwas** *Dat. an etwas herumfingern:* Er knubbelt schon lange an dem Knoten, aber er bekommt ihn nicht auf.

Knuff *der* <-(e)s, Knüffe> *(umg.) leichter Stoß mit der Faust oder dem Ellenbogen*

Knülch *der* <-s, -e> *(umg.)* NORDDT. *Knilch*

knül·le *adj (umg.) betrunken, erschöpft:* Nach dieser durchzechten Nacht war er völlig knülle.

knül·len <knüllst, knüllte, hat geknüllt> **I.** *mit OBJ* ■ *jmd.* **knüllt etwas** *in der Hand zusammendrücken:* Knülle das Papier nicht so! **II.** *ohne OBJ* ■ *etwas knüllt (≈ knittern) leicht Falten bilden:* Der Stoff knüllt leicht.

Knül·ler *der* <-s, -> *(umg.) etwas Besonderes, Aufsehen erregendes; Sensation:* Das Buch/Die Meldung vom Rücktritt des Präsidenten war der Knüller des Tages.

knüp·fen <knüpfst, knüpfte, hat geknüpft> *mit OBJ* ❶ ■ *jmd.* **knüpft etwas (an etwas** *Akk.)* *durch einen Knoten an etwas befestigen:* Er knüpft die beiden Enden der Hängematte an zwei Bäume. ❷ ■ *jmd.* **knüpft etwas** *viele kleine Fäden auf einer Art Netz (zu einem kunstvollen Muster) verschlingen:* Sie knüpft Teppiche ▶ handgeknüpft ❸ ■ *jmd.* **knüpft etwas an etwas** *Akk. (übertr.) verbinden:* Sie hat an das Treffen keine Bedingungen/Erwartungen geknüpft. ❹ ■ *jmd.* **knüpft etwas** *(Kontakt) herstellen:* Er hat wichtige Kontakte geknüpft.

Knüp·pel *der* <-s, -> *kurzer, dicker Stock;* ■ **jemandem (einen) Knüppel zwischen die Beine werfen** *(umg.) jmdm. Schwierigkeiten bereiten*

knüp·pel·dick *adj /nicht steig./ (umg.) so, dass viele unangenehme Dinge gleichzeitig passieren:* Dann kam es knüppeldick.

knur·ren <knurrst, knurrte, hat geknurrt> *ohne OBJ* ❶ ■ *ein Tier/etwas knurrt ein tiefes, kehliges, bedrohliches Geräusch von sich geben:* Der Hund zerrte an der Leine und knurrte. ❷ ■ *jmd.* **knurrt** *(übertr.) seine Unzufriedenheit oder Verärgerung über etwas mit undeutlicher Stimme zum Ausdruck bringen:* Er knurrte, weil er Überstunden machen musste.; ■ **jemandem knurrt der Magen (vor Hunger)** *der Magen produziert gurgelnde Laute als Anzeichen großen Hungers*

Knurr·hahn *der* <-s, Knurrhähne> *bis neunzig Zentimeter langer, räuberisch lebender Knochenfisch*

knur·rig *adj mürrisch, verdrießlich, unfreundlich*

knus·prig, **knus·pe·rig** <knusp(e)riger, am knusp(e)rigsten> *adj* ❶ *(von Nahrungsmitteln) mit einer relativ festen Oberfläche, die beim Hineinbeißen ein knackendes Geräusch hörbar werden lässt:* Wir aßen knusprige Brötchen zum Frühstück.; die knusprige Haut des Brathähnchens ❷ *(umg.) (von jungen Frauen) attraktiv*

Knu·te *die* <-, -n> *(≈ Peitsche)*

knut·schen <knutschst, knutschte, hat geknutscht> **I.** *mit OBJ* ■ *jmd.* **knutscht jmdn.** *(umg.) heftig, innig küssen:* Ich könnte dich gerade knutschen. **II.** *ohne OBJ* ■ *jmd.* **knutscht**

(mit jmdm.) *(umg.) sich innig küssen, schmusen:* Er hat den ganzen Abend mit ihr geknutscht?; Wir knutschten ein bisschen.

Knutsch·fleck *der* <-s, -en> *(umg.) durch Saugen (beim innigen Küssen) herrührende Rötung der Haut*

k.o. *adj* ❶ SPORT *(Abkürzung von „knockout") nach einem Niederschlag kampfunfähig und besiegt:* Der Boxer ging/ist k.o.; Er wurde k.o. geschlagen. ❷ *(umg.) völlig erschöpft:* Nach der langen Wanderung war ich ziemlich k.o.

Ko·a·la *der* <-s, -s> *ein in Australien beheimatetes Beuteltier* ◆ -bär

ko·a·lie·ren <koalierst, koalierte, hat koaliert> *ohne OBJ* ■ *jmd.* **koaliert (mit jmdm.)** POL. *eine Koalition bilden*

ko·a·li·sie·ren <koalisierst, koalisierte, hat koalisiert> *ohne OBJ* ■ *jmd.* **koalisiert (mit jmdm.)** *koalieren*

Ko·a·li·ti·on *die* <-, -en> POL. *Bündnis von Parteien zur Regierungsbildung* ◆ -spartner, -sregierung

Ko·a·li·ti·ons·frei·heit *die* <-> /kein Plur./ *das Grundrecht, zur Wahrung und Förderung der Arbeits- und Wirtschaftsbedingungen Vereinigungen zu bilden*

Ko·balt, *a.* **Co·balt** *das* <-s> /kein Plur./ CHEM. *ein glänzendes, magnetisches Metall (ein chemischer Grundstoff)*

Ko·balt·bom·be *die* <-, -n> *Wasserstoffbombe mit Kobaltmantel, durch dessen Verdampfung bei der Explosion langdauernde Verseuchung des Explosionsgebietes eintritt*

Ko·bel *der* <-s, -> SÜDDT., ÖSTERR. ❶ *Verschlag, (Haustier-)Stall* ❷ *Nest des Eichhörnchens* ❸ *kleines Bruthäuschen für bestimmte Vögel*

Ko·ben *der* <-s, -> *Verschlag, (Schweine-)Stall*

Ko·bold *der* <-(e)s, -e> *(im Volksglauben) zwergenhafter (Haus-)Geist, der den Menschen lustige oder auch böse Streiche spielt*

Ko·b·ra *die* <-, -s> *eine Giftschlange*

Koch *der;* **Kö·chin** <-(e)s, Köche> ❶ *jmd., der beruflich (in einem Restaurant oder Gasthof) Essen zubereitet* ◆ Meister-, Spitzen- ❷ *Person, die in der angegebenen Weise kocht:* Sie ist eine begabte/exzellente/hervorragende Köchin.; ■ **viele Köche verderben den Brei** *(Sprichwort) es ist nicht gut für eine Sache, wenn sich zu viele Menschen an deren Planung beteiligen*

Koch·beu·tel *der* <-s, -> *ein Beutel aus hitzebeständiger Folie, in dem Lebensmittel im Wasserbad gegart werden können:* Reis im Kochbeutel ◆ -reis

Koch·buch *das* <-(e)s, Kochbücher> *ein Buch mit Kochrezepten*

koch·echt *adj /nicht steig./ so, dass man Textilien bei einer Temperatur von 95 Grad waschen kann, ohne dass sie einlaufen oder verfärben*

kö·cheln <köchelst, köchelte, hat geköchelt> *ohne OBJ* ■ *etwas köchelt* KOCH. *auf kleiner Flamme leicht kochen*

Kö·chel·ver·zeich·nis *das* <-ses> /kein Plur./ *das 1862 von L. Ritter von Köchel herausgegebene* chronologisch-thematische Verzeichnis sämtlicher Tonwerke von W. A. Mozart

ko·chen <kochst, kochte, hat gekocht> **I.** *mit OBJ* ➊ ■ *jmd.* **kocht Kaffee/Tee** *Kaffee oder Tee zubereiten:* Sie kocht gerade eine Kanne Kaffee/Tee. ➋ ■ *jmd.* **kocht etwas** *eine Speise in sprudelndem heißem Wasser garen:* Soll ich Kartoffeln/Nudeln/Eier kochen? ➌ ■ *jmd.* **kocht etwas** *Wäsche bei einer Temperatur von 95 Grad waschen:* Baumwollunterwäsche kochen **II.** *ohne OBJ* ➊ ■ *jmd.* **kocht** *warme Speisen zubereiten:* Bist du gerade beim Kochen?; Am Wochenende koche ich gern für meine Gäste.; Meine Frau kocht hervorragend.; Kochen Sie auch so gerne italienisch? ➋ *(umg. übertr.) sehr wütend sein:* Als er das erfuhr, kochte er vor Wut. ➌ ■ **etwas kocht** *(von Wasser) eine Temperatur von mehr als 100 Grad Celsius erreichen:* Das Wasser kocht.

Ko·cher *der* <-s, -> *kleines transportables Gerät, auf dem man warme Speisen kochen kann* ◆ Gas-, Solar-, Spiritus-

Kö·cher *der* <-s, -> *Behälter für Pfeile*

koch·fer·tig *adj /nicht steig./ so, dass man es nur noch kochen muss*

Kö·chin *die* <-, -nen> *siehe* **Koch**

Koch·kä·se *der* <-s, -> *Käse aus erhitztem Sauermilchquark (Quark, Salz und Gewürze)*

Koch·kis·te *die* <-, -n> *mit wärmeisolierenden Stoffen ausgekleideter Behälter, in dem angekochte Speisen in Kochtöpfen fertiggegart werden*

Koch·kunst *die* <-, Kochkünste> ➊ */kein Plur./ die Kunst der Speisezubereitung* ➋ *(scherzh.) jmds. Fertigkeit im Kochen:* Für die Zubereitung dieses Menüs musste ich meine ganzen Kochkünste aufbieten.

Koch·löf·fel *der* <-s, -> *langstieliger Holzlöffel zum Umrühren*

Koch·mul·de *die* <-, -n> *Fläche mit mehreren Kochplatten, die in die Arbeitsplatte eingelassen ist*

Koch·müt·ze *die* <-, -n> *hohe, weiße Mütze als Teil der Berufskleidung der Köchinnen und Köche*

Koch·ni·sche *die* <-, -n> *von einem (Wohn-)Raum abgetrennte, in einer Nische installierte, nur mit dem Notwendigsten ausgestattete Kleinküche*

Koch·plat·te *die* <-, -n> *einzelne Herdplatte*

Koch·re·zept *das* <-(e)s, -e> *(≈ Rezept) Anleitung zum Kochen (einer bestimmten Speise):* Ein gutes Kochrezept enthält Angaben über die Anzahl oder Menge der benötigten Zutaten für ein Gericht sowie Anweisungen über Art und Reihenfolge ihrer Verwendung und Zubereitung.

Koch·salz *das* <-es> */kein Plur./ essbares Salz, Natriumchlorid*

Koch·salz·lö·sung *die* <-, -en> *Lösung aus Wasser und Kochsalz*

Koch·topf *der* <-(e)s, Kochtöpfe> *Topf, der sich zur Zubereitung warmer Speisen auf dem Ofen oder Herd eignet*

Koch·wä·sche *die* <-> */kein Plur./ Wäsche, die gekocht I.3 wird*

Ko·da, *a.* **Co·da** *die* <-, -s> *MUS. Schlussteil eines Satzes*

Kode, *a.* **Code** *der* [ko:t] <-s, -s> *ein System zur*

Verschlüsselung (geheimer) sprachlicher Botschaften, bei dem die Zeichen eines Zeichensystems bestimmten Zeichen eines anderen Zeichensystems regelhaft zugeordnet werden: Der geheime Kode konnte geknackt werden.

Kö·der *der* <-s, -> *ein Lockmittel, das man in Fallen platziert, um damit Tiere anzulocken und zu fangen*

kö·dern <köderst, köderte, hat geködert> *mit OBJ* ➊ ■ *jmd.* **ködert ein Tier** *(ein Tier) mit einem Köder anlocken* ➋ ■ *jmd.* **ködert jmdn. mit etwas** *Dat. (umg.) jmdn. mit verlockenden Angeboten dazu bringen, etwas Bestimmtes zu tun*

Ko·dex, *a.* **Co·dex** *der* <-es/-, -e/Kodizes> ➊ */Plur. „Kodizes"/* GESCH. *zwischen zwei Holzdeckeln in einer Art Buch zusammengefügte Handschriften* ➋ */Plur. „Kodizes"/* GESCH. *Gesetzessammlung* ➌ */Plur. „Kodexe"/ ungeschriebene Verhaltensregeln, an denen sich eine Gesellschaftsgruppe orientiert* ◆ Ehren-, Verhaltens-

ko·die·ren, *a.* **co·die·ren** *mit OBJ* ■ *jmd./etwas* **kodiert etwas** *eine Botschaft mithilfe eines Kodes verschlüsseln:* Die Verschlüsselungsmaschine kodiert die Nachricht/den Text.

Ko·die·rung, *a.* **Co·die·rung** *die* <-, -en> *das Kodieren*

ko·di·fi·zie·ren *mit OBJ* ■ *jmd.* **kodifiziert etwas** RECHTSW. *(Gesetze, Rechtsnormen) in einem Gesetzbuch zusammenfassen*

Ko·di·fi·zie·rung *die* <-, -en> ➊ *das Kodifizieren* ➋ SPRACHWISS. *Prozess und Ergebnis der Formulierung einer einheitlichen, übergreifenden Sprachnorm durch normierende Festlegungen oder durch bloßes Registrieren des üblichen Sprachgebrauchs; siehe auch* **Standardsprache**

Ko·ef·fi·zi·ent *der* <-en, -en> MATH. *konstanter Faktor vor einer veränderlichen Größe:* „2" ist ein Koeffizient in dem Ausdruck „2x".

Ko·exis·tenz, **Ko·exis·tenz** *die* <-> */kein Plur./ das gleichzeitige Vorhandensein, das Nebeneinander-, Miteinanderbestehen:* Lange Zeit war die Koexistenz von Weißen und Schwarzen in Südafrika rechtlich nicht gesichert.

Kof·fe·in, *a.* **Cof·fe·in** *das* <-s> */kein Plur./ eine beispielsweise in Kaffee vorkommende anregende Substanz*

kof·fe·in·frei *adj /nicht steig./ so, dass kein Koffein (z. B. im Kaffee) enthalten ist*

kof·fe·in·hal·tig *adj /nicht steig./ so, dass Koffein (z. B. in einer Limonade) enthalten ist*

Kof·fer *der* <-s, -> *ein größeres, stabiles, meist rechteckiges Gepäckstück:* Hast du den Koffer schon gepackt/ausgepackt?; ■ **aus dem Koffer leben** *(umg.) aus beruflichen Gründen ständig unterwegs sein* ◆ -anhänger, Hartschalen-, Rollen-

Kof·fer·ku·li *der* <-s, -s> *kleiner, auf Bahnhöfen und Flughäfen bereit stehender Wagen zum Gepäcktransport*

Kof·fer·ra·dio *das* <-s, -s> *kleines transportables Radio*

Kof·fer·raum *der* <-(e)s> */kein Plur./* KFZ *zur Aufnahme von Gepäck dienender Teil des Innenraums eines Personenkraftwagens*

Ko·g·nak *der* ['konjak] <-s, -s> *(umg.) Weinbrand*

Ko·g·nak·schwen·ker *der* ['konjak...] <-s, -> *bauchiges, dünnwandiges Glas mit kurzem Stiel, aus dem man Kognak trinkt*

ko·g·ni·tiv, ko·g·ni·tiv *adj /nicht steig./* PSYCH. *das Wahrnehmen, Erkennen betreffend*

ko·hä·re̱nt *adj (geh.: ↔ inkohärent) zusammenhängend*

Ko·hä·re̱nz *die* <-> ❶ *(geh.: ↔ Inkohärenz) Zusammenhang* ❷ *(≈ Textkohärenz) darin bestehendes zentrales Kriterium der Texthaftigkeit eines Textes, dass sich ein Sinn erschließen lässt (und nicht nur eine korrekte Verknüpfung der Ausdrucksmittel, nämlich Kohäsion, gegeben ist); siehe auch* **Text**

Ko·hä·si·on *die* <-> */kein Plur./* ❶ *(fachspr.) (innerer) Zusammenhalt eines Stoffes durch die Molekularkräfte* ❷ *(≈ Textkohäsion)* SPRACHWISS. *darin bestehendes zentrales Kriterium der Texthaftigkeit eines Textes, dass die verwendeten Ausdrucksmittel auf der syntaktischen Oberfläche miteinander verknüpft sind:* Mittel der Kohäsion sind z. B. Konjunktionen, Pronomina und Tempusformen.; *siehe auch* **Text**

Kohl *der* <-(e)s, (-e)> ❶ *eine in vielen Arten vorkommende Gemüsepflanze* ◆-kopf, Grün-, Rot-, Weiß- ❷ ▪**das macht den Kohl auch nicht mehr fett** *(umg.) darauf kommt es nicht mehr an*

Kohl·dampf *der* <-s> */kein Plur./ (umg.) starker Hunger*

Koh·le *die* <-, -n> ❶ */kein Plur./ der durch Bergbau gewonnene Brennstoff, der wie glänzender schwarzer Stein aussieht:* In dieser Region wird vorwiegend Kohle abgebaut/gefördert. ◆-nbergbau, -nbergwerk, -ngrube, -nhalde, -nlieferung, -nstaub, -ofen, Braun-, Heiz-, Stein- ❷ */meist Plur./ als Brenn-, Heizmaterial eine Kohle[1]:* Wir lagern die Kohlen im Keller. ◆-nheizung, -(n)herd, -nkasten, -nkeller, -ofen ❸ *(umg.) Geld:* Hast du genügend Kohle für ein Motorrad?; ▪**(wie) auf glühenden Kohlen sitzen** *(umg.) ungeduldig auf jmdn. oder etwas warten*

Koh·le·hy·d·rat *das siehe* **Kohlenhydrat**

Koh·le·kraft·werk *das* <-(e)s, -e> *(↔ Atomkraftwerk, Wasserkraftwerk) Kraftwerk, in dem Kohle zur Energiegewinnung verbrannt wird*

Koh·len·bun·ker *der* <-s, -> *Vorratsraum oder großer Behälter zur Lagerung von (Heiz-)Kohle*

Koh·len·di·oxid, *a.* **Koh·len·di·oxyd** *das* <-s> */kein Plur./* CHEM. *ein beispielsweise bei der Verbrennung kohlenstoffhaltiger Substanzen entstehendes Gas*

Koh·len·di·oxid·aus·stoß, *a.* **Koh·len·di·oxyd·aus·stoß** *der* <-es> */kein Plur./ die Menge von Kohlendioxyd, die von einer Betriebseinheit (eines Motors, einer Industrieanlage, einer Volkswirtschaft) an die Atmosphäre abgegeben wird:* Um eine weitere Erwärmung der Erdatmosphäre zu verhindern, muss der Kohlendioxidausstoß in den kommenden Jahren drastisch verringert werden.

Koh·len·flöz *das* <-es, -e> BERGB. *kohlehaltige Gesteinsschicht*

Koh·len·grus *der* <-> */kein Plur./ grobkörniger Kohlenstaub*

Koh·len·händ·ler *der,* **Koh·len·händ·le·rin** <-s, -> *jmd., der mit Kohle in größeren Mengen handelt* ▸ Kohlenhandlung

Koh·len·hy·d·rat, *a.* **Koh·le·hy·d·rat** *das* <-(e)s, -e> CHEM. *aus Kohlenstoff, Sauerstoff und Wasserstoff bestehende organische Verbindung, wichtig als Stützsubstanz und Reservestoff im tierischen und menschlichen Organismus:* Kartoffeln und Nudeln sind reich an Kohlehydraten.

Koh·len·mei·ler *der* <-s, -> *aufgehäuftes Holz, das mit Erde abgedeckt wird, damit darunter das schwelende Holz zu Holzkohle verschwelt werden kann; die Person, die einen Kohlenmeiler beaufsichtigt, heißt „Köhler"*

Koh·len·mo·n·o·xid *das* <-(e)s, -e> CHEM. *ein sehr giftiges, geruchloses Gas (das unter anderem ein Bestandteil von Autoabgasen ist), das bei der unvollständigen Verbrennung von kohlenstoffhaltigen Materialien entsteht*

Koh·len·re·vier *das* <-s, -e> *ein Gebiet, in dem Kohle abgebaut wird:* Das Ruhrgebiet war lange Zeit eines der größten Kohlenreviere Europas.

Koh·len·säu·re *die* <-, -n> *eine schwache Säure, die eine Lösung von Kohlendioxid in Wasser darstellt und beispielsweise Limonade oder Sekt zum Sprudeln bringt*

Koh·len·stoff *der* <-(e)s> */kein Plur./ in vielen Verbindungen enthaltenes nichtmetallisches, chemisches Element, das in reiner Form beispielsweise als Diamant vorkommt; das chemische Symbol ist „C"*

Koh·len·wa·gen *der* <-s, -> ❶ *Waggon zum Transport von Kohle* ❷ *(≈ Tender) Anhänger einer Dampflokomotive, in dem Kohle mitgeführt wird*

Koh·len·was·ser·stoff *der* <-(e)s, -e> *organische Verbindung, die ausschließlich aus Kohlenstoff und Wasserstoff besteht*

Koh·le·pa·pier *das* <-s> */kein Plur./ (≈ Durchschlagpapier) auf einer Seite mit Farbe beschichtetes Papier zum Herstellen von Kopien*

Koh·le·pfen·nig *der* <-s, -e> *in Prozent des Strompreises festgelegte Abgabe, die von den Stromverbrauchern zu entrichten ist, um den Einsatz der (Stein-)Kohle bei der Energiegewinnung zu subventionieren*

Köh·ler *der* <-s, -> *(früher) jmd., der beruflich Holzkohle herstellt*

Koh·le·stift *der* <-(e)s, -e> *Zeichenstift aus Holzkohle*

Koh·le·ta·b·let·te *die* <-, -n> *Kohlepräparat in Tablettenform, das gegen Durchfall genommen wird*

Koh·le·zeich·nung *die* <-, -en> *mit einem Kohlestift gefertigte Zeichnung*

Kohl·kopf *der* <-(e)s, Kohlköpfe> *die bei Gemüsekohl vorkommende Anordnung der Blätter, die die Knospenlage beibehalten und sich zu einem Kopf zusammenschließen*

Kohl·mei·se *die* <-, -n> *ein Singvogel mit blauschwarzem Kopf, mit olivgrüner Oberseite, gelblicher Unterseite und langem Schwanz*

Kohl·ra·be *die* <-, -n> LANDSCH. *siehe* **Kohlrabi**

Kohl·ra·be *der* <-n, -n> *siehe* **Kolkrabe**

K

kohl·ra·ben·schwarz, **kohl·ra·ben·schwarz** adj (umg.) ❶ von tiefem Schwarz ❷ völlig finster

Kohl·ra·bi der <-/-s, -/-s> eine Kohlart, deren Knolle man roh oder als Gemüse isst

Kohl·rou·la·de die <-, -n> KOCH. eingerollte Kohlblätter mit einer Hackfleischfüllung

Kohl·rü·be die <-, -n> ❶ eine Rübenart ❷ ÖSTERR. Kohlrabi

kohl·schwarz adj /nicht steig./ schwarz wie Kohle

Kohl·spros·se die <-, -n> ❶ einzelnes Röschen des Rosenkohls ❷ /kein Sing./ ÖSTERR. Rosenkohl

Kohl·weiß·ling der <-s, -e> ein weißer Schmetterling, dessen Raupen sich von Kohl ernähren

Ko·hor·te die <-, -n> ❶ MILIT. eine Truppeneinheit des altrömischen Heeres ❷ SOZIOL. /meist Plur./ Gruppen von Jahrgängen bzw. Jahrgänge zwecks Abgrenzung von Bevölkerungsgruppen nach verschiedenen Kriterien: Merkmale einer Jahrgangskohorte im Vergleich ◆ -analyse, -modell, -studie, -technik

Ko·in·zi·denz die <-, -en> ❶ (geh.) Zusammentreffen zweier Ereignisse: Dass es in dem Augenblick zu regnen anfing, als ich einen Schirm kaufte, war eine seltsame Koinzidenz. ❷ BIOL. gleichzeitiges Auftreten zweier verschiedenartiger Organismen

Ko·i·tus, a. **Co·i·tus** der <-, -/-se> (≈ Geschlechtsakt)

Ko·je die <-, -n> ❶ SEEW. schmales Bett in der Kajüte eines Schiffes ❷ (umg. scherzh.) Bett: Liegst du immer noch in der Koje?

Ko·jo·te der <-n, -n> ein wild lebender Präriehund

Ko·ka die <-, -> Abkürzung von „Kokastrauch": eine ursprünglich aus Bolivien stammende Pflanze, in deren Blätter Kokain ist

Ko·ka·in das <-s> /kein Plur./ ein Rauschgift, das in Form eines weißen Pulvers meist geschnupft, das heißt in die Nase eingesaugt, wird: Sie hat Kokain geschnupft. ◆ -abhängigkeit, -rausch

ko·kett adj (von Frauen) in spielerischer Art darauf bedacht, anderen (Männern) zu gefallen und deren Aufmerksamkeit zu erregen: Sie lächelte kokett.

Ko·ket·te·rie die <-, -n> kokette Art

ko·ket·tie·ren <kokettierst, kokettierte, hat kokettiert> ohne OBJ ❶ **jmd. kokettiert mit etwas** Dat. auf eine Eigenschaft von sich selbst hinweisen, um sich so interessant zu machen: Er kokettiert gern mit seinem Alter. ❷ **jmd. kokettiert mit etwas** Dat. mit etwas liebäugeln, mit einem Gedanken spielen: Sie kokettierte mit dem Plan, nach Amerika auszuwandern. ❸ **jmd. kokettiert mit jmdm.** (≈ flirten) sich kokett verhalten: Sie kokettierte mit ihm.

Kok·ke die <-, -n> BIOL. kugelförmiges Bakterium

Kok·kus der <-, Kokken> (≈ Kokke)

Ko·ko·lo·res der <-> /kein Plur./ (umg. abwert.) ❶ Unsinn, Unfug: Das ist doch Kokolores! ❷ unnützes Geschwätz, Getue

Ko·kon der [...'kõ] <-s, -s> ZOOL. Gespinsthülle, mit der sich viele Insektenlarven beim Verpuppen

umgeben: Die dünnen Fäden des Seidengewebes stammen vom Kokon des Seidenspinners.

Ko·kos·fa·ser die <-, -n> Faser der Kokosnuss, die beispielsweise zur Herstellung von Seilen oder Matten verwendet wird

Ko·kos·fett das <-(e)s, -e> das Pflanzenfett, das aus dem Fleisch der Kokosnuss gewonnen wird

Ko·kos·mat·te die <-, -n> Matte aus Kokosfasern

Ko·kos·milch die <-> /kein Plur./ milchartige Flüssigkeit im Inneren der Kokosnuss

Ko·kos·nuss die <-, Kokosnüsse> die große, braune, hartschalige Frucht der Kokospalme

Ko·kos·öl das <-s> /kein Plur./ das Öl, das durch Pressen des getrockneten Fleisches der Kokosnuss gewonnen wird

Ko·kos·pal·me die <-, -n> eine Palmenart

Ko·kos·ras·pel die <-, -n> geraspelte Späne vom Fleisch der Kokosnuss

Ko·kot·te die <-, -n> (früher) Halbweltdame, vornehme Prostituierte

Koks[1] der <-> /kein Plur./ ❶ ein aus Stein- oder Braunkohle hergestellter Brennstoff ◆ -ofen ❷ (umg. scherzh.) verfügbares Bargeld

Koks[2] der/das <-> /kein Plur./ (umg.) Kokain: Koks schnupfen; auf Koks sein

kok·sen <kokst, kokste, hat gekokst> ohne OBJ ■ **jmd. kokst** (umg.) Kokain nehmen

Ko·la·nuss die <-, Kolanüsse> koffeinhaltige Frucht des Kolabaumes, die in Afrika zur Herstellung von Nahrungs- und Genussmitteln dient, in Europa und Amerika zur Herstellung von Erfrischungsgetränken

Kol·ben der <-s, -> ❶ TECHN. im Zylinder von Kolbenmaschinen sich hin- und herbewegender, zylindrischer Maschinenteil: Wenn sich der Kolben im Zylinder einer Kraftmaschine hin- und herbewegt, wird auf diese Weise Druck in Bewegungsenergie umgesetzt. ◆ -dichtung, -hub, -motor, Zylinder- ❷ das hintere, als Schulterstütze dienende Ende des Schafts bei einem Gewehr ◆ Gewehr- ❸ CHEM. ein im Labor verwendetes bauchiges Glasgefäß mit einem längeren Hals ◆ Glas- ❹ BIOL. Form des Blüten- oder Fruchtstandes, beispielsweise bei Mais ◆ Mais-

Kol·ben·fres·ser der <-s, -> KFZ (umg.) ein Motorschaden, der bei längerem Fahren entsteht, wenn ein ungenügend geschmierter Kolben so lange an der Innenseite des Zylinders reibt, bis er festsitzt

Kol·ben·hir·se die <-> /kein Plur./ in Asien beheimatetes Süßgras, das bis zu einem Meter hoch wird, einjährig ist und hirsekorngroße Früchte hat

Kol·chos·bau·er, **Kol·chos·bäu·e·rin** <-s, -n> Bauer, der auf einer Kolchose arbeitet

Kol·cho·se die <-, -n> GESCH. eine große landwirtschaftliche Produktionsgenossenschaft in der ehemaligen Sowjetunion

Ko·li·bak·te·rie die <-, -n> /meist Plur./ Bakterie, die ein wichtiger Bestandteil des Darmes ist, aber auch als Krankheitserreger auftreten kann

Ko·li·bri der <-s, -s> ein in vielen Gattungen vorkommender, sehr kleiner Vogel, der in Amerika lebt und sich von Nektar ernährt

Ko·lik, **Ko·lik** die <-, -en> MED. krampfartiger Anfall von Schmerzen ◆ Gallen-, Nieren-

Kolk·ra·be, *a.* **Kohl·ra·be** *der* <-n, -n> *ein Vogel
mit schwarz glänzendem Gefieder*
kol·la·bie·ren <kollabierst, kollabierte, hat/ist
kollabiert> *ohne OBJ* ■ *jmd.* **kollabiert** MED.
*(aufgrund eines Schwächeanfalls) zusammenbre-
chen*
Kol·la·bo·ra·teur *der*, **Kol·la·bo·ra·teu·rin**
[...'tøːɐ] <-s, -e> POL. *jmd., der kollaboriert*
Kol·la·bo·ra·ti·on *die* <-, -en> */meist Sing./ das
Kollaborieren*
kol·la·bo·rie·ren *ohne OBJ* ■ *jmd.* **kollaboriert
(mit jmdm.)** *mit dem (militärischen) Feind zusammenarbeiten*
Kol·la·ge *die* [kɔˈlaːʒə] <-, -n> ❶ KUNST *ein Bild,
das aus Teilen anderer Bilder zusammengesetzt
ist* ❷ LIT. *ein Text, in dem verschiedene Stilformen
und Textsorten kombiniert sind* ◆-nstil, Radio-
Kol·la·gen *das* <-s, -e> *Eiweißstoff im Bindege-
webe, in Knochen und Knorpel, der heraus gekocht werden und zu Leim verarbeitet werden
kann* ◆-spritze
Kol·laps *der* <-es, -e> ❶ MED. *Schwächeanfall aufgrund ungenügender Durchblutung des Gehirns
und anderer lebenswichtiger Organe; Kreislaufzusammenbruch* ❷ *(wirtschaftlicher) Zusammenbruch*
Kol·leg *das* <-s, -s/Kollegien> ❶ *Institut zur Erlangung der Hochschulreife auf dem zweiten Bildungsweg* ❷ *kirchliche Studienanstalt für katholische Theologen* ◆ Priester- ❸ *(veralt.) Vorlesung
an einer Universität*
Kol·le·ge *der*, **Kol·le·gin** <-n, -n> *jmd., der mit
anderen die gleiche Arbeit macht oder im gleichen Betrieb arbeitet* ◆ Arbeits-, Berufs-
Kol·le·gen·kreis *der* <-es, -e> *Gesamtheit der
Kollegen und Kolleginnen*
Kol·leg·heft *das* <-es, -e> *Heft für die Aufzeichnungen oder Mitschriften eines Kollegs[3]*
kol·le·gi·al *adj in der Art guter Kollegen kooperativ
und hilfsbereit: Sie hat sich mir gegenüber sehr
kollegial verhalten.* ▶ Kollegialität
Kol·le·gi·um *das* <-s, Kollegien> ❶ *Gruppe von
Personen mit dem gleichen Beruf* ❷ *alle Lehrer einer Schule* ◆ Lehrer-
Kol·leg·stu·fe *die* <-, -n> SCHULE *eine Form der
gymnasialen Oberstufe (der letzten Klassen des
Gymnasiums), bei der die Schüler (Kollegiaten)
nicht mehr in einer Schulklasse organisiert sind,
sondern in nach eigener Neigung gewählten Kursen ein Kurssystem durchlaufen*
Kol·lek·te *die* <-, -n> REL. ❶ *Geldsammlung während des Gottesdienstes* ❷ *das bei einer Kollekte[1]
eingesammelte Geld*
Kol·lek·ti·on *die* <-, -en> ❶ *Sammlung bestimmter Gegenstände: Ein paar wertvolle Stücke fehlen
mir noch in meiner Kollektion.* ❷ *von einem Modeschöpfer für eine bestimmte Saison entworfene
Kleidungsstücke: Die neue Kollektion wird am
Wochenende in Paris vorgeführt.* ◆ Sommer-, Win-
ter-
Kol·lek·tiv *das* <-s, -e/-s> ❶ *eine Gruppe von
Menschen, die in einer Gemeinschaft leben und
arbeiten* ❷ (≈ *Team) eine Gruppe von Menschen,
die ihre Arbeit gemeinsam machen*

kol·lek·tiv *adj /nicht steig./* ❶ *gemeinschaftlich:
Jetzt hilft uns nur noch kollektives Handeln.*
❷ *(↔ individuell) alle Mitglieder einer Gruppe betreffend: Er kümmerte sich nur wenig um die kol-
lektiven Interessen.*
Kol·lek·tiv·be·griff *der* <-(e)s, -e> (≈ *Kollektivum)*
Kol·lek·tiv·ei·gen·tum *das* <-s> */kein Plur./ eine
insbesondere in sozialistischen Systemen geläufige Form mit Eigentum umzugehen, die allen
Mitgliedern einer Arbeits- und Produktionsge-
meinschaft im Prinzip die gleichen Verfügungs-
rechte und -pflichten zugesteht, ohne dass es individuelle Rechte über die Produktionsmittel gibt,
die der Gemeinschaft gehören*
Kol·lek·ti·vis·mus *der* <-> */kein Plur./* (↔ *Indivi-
dualismus) die ökonomisch-politische Lehre, dass
die Gesellschaft den Vorrang vor dem Individuum
hat*
kol·lek·ti·vis·tisch *adj /nicht steig./ in der Art des
Kollektivismus*
Kol·lek·tiv·schuld *die* <-> */kein Plur./ die moralische Schuld aller Menschen einer Gemeinschaft:
Es ist oft diskutiert worden, ob die Deutschen nach
dem 2. Weltkrieg eine Kollektivschuld auf sich zu
nehmen hätten.*
Kol·lek·ti·vum *das* <-s, Kollektiva> SPRACHWISS.
*ein Substantiv, das mehrere gleichartige Personen
oder Dinge zusammenfasst: „Publikum", „Herde"
und „Gebirge" sind Kollektiva.*
Kol·lek·tiv·ver·trag *der* <-s, Kollektivverträge>
ÖSTERR. *Tarifvertrag*
Kol·lek·tiv·wirt·schaft *die* <-> */kein Plur./ eine
Wirtschaftsform, die nach dem Prinzip des Kollektivismus organisiert ist*
Kol·lek·tor *der* <-s, -toren> ❶ ELEKTROTECHN. *der
Teil einer Gleichstrommaschine, der für die
gleichbleibende Stromrichtung sorgt* ❷ *Sammellinse in einem Mikroskop* ❸ ELEKTROTECHN. *der
Anode entsprechende Teil eines Transistors*
❹ *kurz für „Sonnenkollektor", mit dem Sonnenenergie für Erwärmung und Stromerzeugung absorbiert wird*
Kol·ler *der* <-s, -> *(umg.) Zornausbruch, Wutanfall: einen Koller kriegen*
kol·li·die·ren <kollidierst, kollidierte, hat/ist kol-
lidiert> *ohne OBJ* ❶ ■ *jmd./etwas* **kollidiert
mit etwas** *Dat. (sein) zusammenstoßen: Zwei Autos sind gestern Nacht in dichtem Nebel kollidiert.;
Sein Wagen geriet auf die Gegenfahrbahn und kollidierte mit einem Lastwagen.* ❷ ■ *etwas kollidiert mit etwas* Dat.; ■ *etwas kollidiert mit etwas* Dat. *(haben) (übertr.) (zeitlich) zusammenfallen: Solange die Dozenten ihre Stundenpläne nicht
aufeinander einstellten, haben ihre Vorlesungen
miteinander kollidiert.* ❸ ■ *etwas kollidiert mit
etwas* Dat. *nicht miteinander vereinbar sein: Unsere Ansichten/Auffassungen/Meinungen/ Überzeugungen kollidierten.*
Kol·li·er, *a.* **Col·li·er** *das* [kɔˈlieː] <-s, -s> *wertvolles, um den Hals getragenes Schmuckstück, das
sich aus mehreren mit Perlen oder Edelsteinen besetzten Einzelketten zusammensetzt*
Kol·li·si·on *die* <-, -en> *das Kollidieren*

Kol·li·si·ons·kurs *der* <-es> /kein Plur./ ❶ *ein Verhalten, mit dem jmd. Streit oder einen Konflikt mit einer anderen Person provoziert:* Statt Kompromissbereitschaft zu zeigen, hatte er einen Kollisionskurs eingeschlagen. ❷ *die Bewegung von zwei Fahrzeugen, Schiffen oder Flugzeugen aufeinander zu, so dass sie zusammenstoßen müssen:* Die beiden Flugzeuge waren so lange auf Kollisionskurs, bis sie im letzten Augenblick durch ein Ausweichmanöver den Zusammenstoß verhinderten.

Kol·lo·ka·ti·on *die* <-, -en> SPRACHWISS. *in Texten auf syntagmatischer Ebene häufig gemeinsam miteinander vorkommende, in ihrer Kombination voraussagbare lexikalische Einheiten, zum Beispiel „bellen" und „Hund"; siehe auch* **Phraseologie**

Kol·lo·qui·um *das* <-s, Kolloquien> ❶ *eine Veranstaltungsart an Hochschulen:* Der Professor hält im Sommersemester ein Kolloquium ab. ❷ *Treffen von Wissenschaftlern oder Politikern, um ein bestimmtes Thema zu diskutieren* ❸ *eine Prüfungsform an Hochschulen*

Köl·nisch·was·ser, *a.* **köl·nisch Was·ser** *das* <-> /kein Plur./ (≈ Eau de Cologne) *ein erfrischendes, leichtes Duftwasser*

Ko·lon *das* <-s, -s/Kola> ❶ (≈ *Doppelpunkt)* Das Trennungszeichen „:" wird als Kolon bezeichnet. ❷ MED. *Darm* ❸ *aus der antiken Rhetorik stammende Bezeichnung für eine rhythmische Spracheinheit, die auf einer Atempause beruht*

ko·lo·ni·al *adj* /nicht steig./ *die Kolonien betreffend oder kennzeichnend*

Ko·lo·ni·al·ge·biet *das* <-s, -e> *ein von einer fremden Macht abhängiges Gebiet oder Land*

Ko·lo·ni·al·herr·schaft *die* <-> /kein Plur./ *Herrschaft eines fremden Staates in einer Kolonie[1]*

ko·lo·ni·a·li·sie·ren <kolonialisiert, kolonialisierte, hat kolonialisiert> *mit OBJ* ■ *jmd. kolonialisiert etwas aus einem Gebiet eine Kolonie machen:* Portugal kolonialisierte schon im 15. Jh. Gebiete in Afrika.

Ko·lo·ni·a·li·sie·rung *die* <-, -en> *das Kolonisieren*

Ko·lo·ni·a·lis·mus *der* <-> /kein Plur./ *die Politik eines Staates, die darauf abzielt, durch den Erwerb von Kolonien[1] neue Rohstoffquellen zu erschließen, Absatzmärkte und Siedlungsmöglichkeiten zu schaffen sowie die eigene Machtstellung abzusichern und auszubauen*

ko·lo·ni·a·lis·tisch *adj* /nicht steig./ *an der Ideologie des Kolonialismus orientiert*

Ko·lo·ni·al·krieg *der* <-s, -e> *ein Krieg, der durch eine Kolonialpolitik ausgelöst worden ist*

Ko·lo·ni·al·po·li·tik *die* <-> /kein Plur./ *Bezeichnung für die wirtschaftlich-politische Expansionspolitik der europäischen Industriestaaten nach Übersee vor dem 1. Weltkrieg, der USA nach Süd- und Mittelamerika, der Sowjetunion nach Asien und Afrika*

Ko·lo·ni·al·stil *der* <-s, -e> *Baustil in Kolonialländern, der mit geringem zeitlichen Abstand der Stilentwicklung im Mutterland folgte*

Ko·lo·ni·al·wa·ren <-> Plur. (veralt.) *Lebens- und Genussmittel (die man früher aus einer Kolonie[1] einführte)*

Ko·lo·ni·al·wa·ren·ge·schäft *das* <-s, -e> (veralt.) *Geschäft, in dem Kolonialwaren verkauft werden*

Ko·lo·ni·al·zeit *die* <-> /kein Plur./ *die Phase der Abhängigkeit eines Gebietes oder Landes von einer Kolonialmacht*

Ko·lo·nie *die* <-, -n> ❶ *im entfernteren Ausland gelegenes Gebiet oder Land, das von einem technisch-ökonomisch höher entwickelten Staat beherrscht (und ausgebeutet) wird:* Diese Länder waren einst britische/deutsche/ französische/spanische Kolonien. ❷ *eine Gruppe von Menschen gleicher Nationalität, die im Ausland an einem Ort lebt:* die deutsche Kolonie in Paris ❸ *eine Siedlung:* In Zukunftsromanen werden Kolonien auf dem Mars beschrieben. ❹ *eng zusammenlebende Tiere:* Diese Vögel brüten in Kolonien. ◆ Vogel-

Ko·lo·ni·sa·ti·on *die* <-> /kein Plur./ ❶ *Gründung und Entwicklung von Kolonien[1]* ❷ *das Kolonisieren[2]*

ko·lo·ni·sie·ren <kolonisierst, kolonisierte, hat kolonisiert> *mit OBJ* ■ *jmd. kolonisiert etwas* ❶ *ein Land zu einer Kolonie machen* ❷ *ein Gebiet bewohnbar machen und wirtschaftlich erschließen*

Ko·lo·ni·sie·rung *die* <-, -en> *das Kolonisieren*

Ko·lo·nist *der*; **Ko·lo·nis·tin** <-en, -en> ❶ *europäischer Siedler in einer Kolonie[1]* ❷ *jmd., der in einer Kolonie[3] lebt*

Ko·lon·na·de *die* <-, -n> BAUW. *Säulengang mit einer flachen, geraden Decke*

Ko·lon·ne *die* <-, -n> *eine Reihe von hintereinanderfahrenden Fahrzeugen*

Ko·lon·nen·sprin·ger *der*; **Ko·lon·nen·sprin·ge·rin** <-s, -> (umg.) *Autofahrer, der in einer Kolonne fährt und ständig andere Autos (auf riskante Weise) überholt*

Ko·lo·pho·ni·um *das* <-s> /kein Plur./ *nach der altgriechischen Stadt Kolofon benanntes Harzprodukt, das in der Lackindustrie und für die Bespannung von Bögen für Streichinstrumente (Geige, Cello …) verwendet wird, um den Bogenstrich zu verbessern*

Ko·lo·ra·tur *die* <-, -en> MUS. *Bezeichnung für eine längere schnelle Passage einer Arie (mit Läufen, Akkordbrechungen, Trillern und Sprüngen)*

ko·lo·rie·ren *mit OBJ* ■ *jmd. koloriert etwas farbig machen:* Der Künstler koloriert eine Federzeichnung/ Grafik/Radierung/Zeichnung.

Ko·lo·rit *das* <-(e)s, -e> ❶ *die eigentümliche Atmosphäre oder besondere Stimmung, die für einen Ort kennzeichnend ist:* Er hat in seinem Roman das Kolorit dieser Stadt sehr gut beschrieben. ◆ Lokal- ❷ MUS. *(durch Instrumentation und Harmonik bedingte) Klangfarbe* ❸ KUNST *Farbgebung*

Ko·loss *der* <-es, -e> ❶ *ein Gegenstand von riesigem Ausmaß* ❷ (umg. scherzh.: ≈ Riese) *großer, schwergewichtiger Mensch*

ko·los·sal *adj* ❶ *riesig, gewaltig, beeindruckend:* eine kolossale Brücke/Konstruktion; Ein Braunkohlenbagger ist eine kolossale Maschine. ❷ *sehr groß:* Er hat eine kolossale Dummheit begangen;

K

ein kolossaler Fehler ❸ *(umg.: ≈ sehr)* Sie war kolossal enttäuscht.; Der Vortrag hat mich kolossal beeindruckt.

Ko·los·se·um *das* <-s> */kein Plur./ ein für ca. 50 000 Besucher angelegtes Amphitheater in Rom, das aus dem ersten Jahrhundert nach Chr. stammt (benannt nach der daneben ursprünglich aufgestellten Kolossalstatue des Kaisers Nero)*

Ko·los·t·rum *das* <-s> */kein Plur./ Sekret der weiblichen Brustdrüsen (vor und nach der Geburt)*

Kol·por·ta·ge *die* [kɔlpɔrˈtaːʒə] <-, -n> ❶ *(abwert.) schlecht geschriebener Bericht, der auf (billige) Effekte abzielt* ❷ */kein Plur./ Verbreitung von Gerüchten*

Kol·por·ta·ge·ro·man *der* <-s, -e> *(abwert.) literarisch wertloser Roman (meist in Fortsetzungen)*

Kol·por·teur *der,* **Kol·por·teu·rin** [...ˈtøːɐ̯] <-s, -e> *jmd., der Gerüchte verbreitet*

Ko·lum·bi·en <-s> *Staat in Südamerika* ▶ Kolumbier/Kolumbianer, Kolumbierin/Kolumbianerin, kolumbianisch

Ko·lum·ne *die* <-, -n> ❶ *allgemein: eine senkrechte Reihe von Zahlen (in einer Tabelle)* ❷ DRUCKW. *(Druckspalte) Bezeichnung für einen in einer bestimmten Breite gesetzten Schriftsatz* ❸ *regelmäßig erscheinender Meinungsbeitrag eines Journalisten in einer Zeitung oder Zeitschrift*

Ko·lum·nist *der,* **Ko·lum·nis·tin** <-en, -en> *(bekannter) Verfasser von Kolumnen³*

Ko·ma *das* <-s, -s/-ta> MED. *lang anhaltender Zustand der Bewusstlosigkeit:* Nach dem schweren Unfall lag er wochenlang im Koma.

Kom·bi- *als Erstglied zusammengesetzter Substantive; drückt aus, dass das mit dem Zweitglied Bezeichnete* ❶ *vielseitig bzw. für verschiedene Zwecke verwendbar ist* ◆-bad, -dämpfer, -filter, -gerät, -heizung, -kinderwagen, -möbel, -modell, -pille, -schrank, -verkehr, -zange ❷ *an etwas anderes gekoppelt bzw. mit diesem verbunden ist* ◆-leistung, -lohn, -lösung, -pflege, -reise, -service, -ticket, -urlaub, -versicherung, -wette

Kom·bi·na·ti·on *die* <-, -en> ❶ *eine Verknüpfung von Fakten, Wissen und Beobachtungen (die zu einer bestimmten Schlussfolgerung führt):* Dank scharfsinniger Kombinationen des Kommissars konnte der Fall schnell gelöst werden. ❷ *Verbindung oder Zusammenstellung verschiedener Dinge zu einer Einheit:* Bei diesem Bild gefiel mir vor allem die Kombination der Farben. ❸ *farblich aufeinander abgestimmte und zusammen zu tragende Kleidungsstücke:* Er trug eine Kombination aus Sakko und Hose. ❹ *eine feste Zahlenfolge, die man zum Öffnen eines Schlosses eingeben muss:* Ich habe die Kombination des Safes vergessen. ❺ SPORT *eine Folge von Spielzügen:* Dem Tor ging eine wunderschöne Kombination voraus.

Kom·bi·na·ti·ons·ga·be *die* <-, -n> *Fähigkeit zur Kombination¹*

Kom·bi·na·ti·ons·the·ra·pie *die* <-, -n> MED. *medikamentöse Behandlung einer Erkrankung mit mindestens zwei verschiedenen Medikamenten*

Kom·bi·na·to·rik *die* <-> */kein Plur./ Bezeichnung für den Zweig der Mathematik, in dem untersucht wird, auf welche und auf wie viel ver-*schiedene Arten gewisse Mengen von Dingen angeordnet und zusammengefasst werden können

kom·bi·nie·ren <kombinierst, kombinierte, hat kombiniert> **I.** *mit OBJ* ■ *jmd.* **kombiniert etwas** ❶ *Schlussfolgerungen ziehen:* Sie kombinierte sofort, dass ... ❷ *verschiedene Dinge in passender, zweckmäßiger Weise verbinden:* Er kombiniert stets verschiedene Sakkos und Hosen. **II.** *ohne OBJ* ■ *jmd.* **kombiniert** *Zusammenhänge gedanklich finden:* Der Kommissar hatte also doch richtig kombiniert.

Kom·bi·wa·gen *der* <-s, -> *eine Kombination aus Personen- und Lieferwagen*

Kom·bü·se *die* <-, -n> SEEW. *Schiffsküche*

Ko·met *der* <-en, -en> ASTRON. *ein Himmelskörper, der aus Kern, Nebelhülle und Schweif besteht*

ko·me·ten·haft *adj* */nicht steig./ sehr schnell:* Der Musiker hat einen kometenhaften Aufstieg hinter sich.

Ko·me·ten·schweif *der* <-(e)s, -e> *der Lichtkegel, den ein Komet hinter sich herzieht*

Kom·fort *der* [kɔmˈfoːɐ̯] <-s> */kein Plur./ Annehmlichkeit, Luxus, Bequemlichkeit:* Das Auto bietet Ihnen jeglichen Komfort

kom·for·ta·bel <komfortabler, am komfortabelsten> *adj mit viel Komfort, bequem*

Ko·mik *die* <-> */kein Plur./ das, was einer Situation, einem Witz o. Ä. eine lustige Wirkung verleiht;* ■ **unfreiwillige Komik** *die komische Wirkung, die von einer Person oder ihrem Handeln ausgeht, ohne dass sie es merkt oder beabsichtigt*

Ko·mi·ker *der,* **Ko·mi·ke·rin** <-s, -> *ein Künstler, der in Sketchen und mit Witzen sein Publikum zum Lachen bringt*

ko·misch *adj* ❶ *(↔ ernst, traurig) so witzig, dass man darüber lachen muss:* Besonders komisch ist die Szene, in der ... ❷ *(umg.) seltsam, merkwürdig:* Er ist ein komischer Kauz/Typ.; Ich habe das komische Gefühl, dass ...

ko·mi·scher·wei·se *adv aus unverständlichen Gründen:* Sie will komischerweise nicht ins Kino mitgehen.

Ko·mi·tee *das* <-s, -s> *ein Ausschuss, der mit einer bestimmten Aufgabe betraut ist:* Sie ist Vorsitzende des Komitees „Neue Verkehrskonzepte für die Innenstadt".

Kom·ma *das* <-s, -s/-ta> *ein Interpunktionszeichen, das wie ein tiefgestellter, senkrechter kleiner Strich aussieht; das Komma verdeutlicht die grammatische Gliederung des Satzes, indem es Haupt- und Nebensatz trennt, Einschübe verdeutlicht und Aufzählungen gliedert*

Kom·ma·feh·ler *der* <-s, -> *Fehler beim Setzen von Kommata*

Kom·man·dant *der,* **Kom·man·dan·tin** <-en, -en> MILIT. *Befehlshaber*

Kom·man·da·tur *die* <-, -en> MILIT. *Sitz des Kommandanten*

Kom·man·deur *der,* **Kom·man·deu·rin** [...ˈdøːɐ̯] <-s, -e> MILIT. *Befehlshaber einer großen Truppe*

kom·man·die·ren <kommandierst, kommandierte, hat kommandiert> **I.** *mit OBJ* ❶ ■ *jmd.* **kommandiert jmdn./etwas** *jmd. hat das Kom-*

mando über jmdn. *oder etwas:* Wer kommandiert die Flotte? ❷ ■ *jmd.* **kommandiert jmdn./etwas irgendwohin** *den Befehl geben, einen bestimmten Ort aufzusuchen:* Er wurde zum Chef/ zum Arbeiten in eine andere Stadt kommandiert. **II.** *ohne OBJ* ■ *jmd.* **kommandiert** ❶ *als Verantwortlicher eine Truppe oder Einheit leiten:* Er kommandiert streng. ❷ *befehlen:* „Stillgestanden!", kommandierte er.

Kom·man·dit·ge·sell·schaft *die* <-, -en> WIRTSCH. *eine Form der Handelsgesellschaft*

Kom·man·do *das* <-s, -s> ❶ *Befehl:* Alles hört auf mein Kommando!; Wie auf Kommando fingen alle Hunde an zu bellen. ❷ */kein Plur./ Befehlsgewalt:* Die Revolutionäre rissen das Kommando an sich. ❸ MILIT. *Abteilung:* Wer gehört diesem Kommando an?

Kom·man·do·brü·cke *die* <-, -n> *der höher liegende Raum eines Schiffes, in dem sich die Steuer- und Navigationseinrichtungen befinden*

Kom·man·do·zen·t·ra·le *die* <-, -n> *zentrale Befehlsstelle beim Militär oder bei der Polizei*

kom·men <kommst, kam, ist gekommen> **I.** *ohne OBJ* ❶ ■ *jmd./etwas kommt eintreffen:* Der nächste Bus kommt in zehn Minuten.; Sie kommt in der Regel pünktlich. ❷ ■ *jmd./etwas* **kommt irgendwohin** *sich auf ein Ziel hin bewegen und dorthin gelangen:* Wir kamen erst spät nach Hause.; Wie kommt man von hier zum Bahnhof? ❸ ■ *jmd./etwas* **kommt irgendwoher** *irgendwoher eintreffen:* Sie kommt gerade aus New York. ❹ ■ *jmd.* **kommt durch etwas** *Akk. durch etwas fahren oder gehen:* Wir kamen durch ein wundervolles Tal. ❺ ■ *jmd.* **kommt zu etwas** *Dat. an etwas teilnehmen:* Kommst du zu der Besprechung/auf die Party? ❻ ■ *jmd.* **kommt zu jmdm.** *besuchen:* Nächste Woche wird ein Vertreter zu Ihnen kommen. ❼ ■ *etwas kommt gebracht werden:* Ist Post gekommen? ❽ ■ *jmd.* **lässt jmdn./etwas kommen** *veranlassen, dass jmd. kommt[1] oder etwas gebracht wird:* Ich ließ einen Arzt/eine Pizza kommen. ❾ ■ *etwas* **kommt jmdm. irgendwie** *sich als Geschehen irgendwie darstellen:* Dein Besuch kommt mir momentan nicht gelegen. ❿ ■ *etwas* **kommt in Erscheinung treten:* Die ersten Blüten kommen schon. ⓫ ■ *jmd.* **kommt in etwas** *Akk./zu etwas Dat. irgendwo aufgenommen oder eingestellt werden:* Wann kommst du in die Schule/in die Lehre?; Er kommt zur Bundeswehr. ⓬ ■ *etwas* **kommt in etwas** *Akk. ordnungsgemäß aufgeräumt werden:* Die CD kommt ins Regal. ⓭ ■ *jmd./etwas* **kommt in etwas** *Akk. in einen Zustand oder in eine Lage geraten:* Wir kamen in eine brenzlige Situation. ⓮ ■ *jmd.* **kommt in etwas** *Akk. in eine Stimmung geraten:* Daraufhin kam sie erst recht in Rage/Wut. ⓯ ■ *etwas* **kommt über jmdn.** *von einem (negativen) Gefühl ergriffen werden:* Ein Gefühl der Enttäuschung/Hilflosigkeit kam über sie. ⓰ ■ *jmd.* **kommt zu etwas** *Akk. Zeit, Gelegenheit für etwas finden:* Eigentlich wollte ich meine Werkstatt aufräumen, aber momentan komme ich zu nichts. ⓱ ■ *etwas* **kommt irgendwie** *sich ereignen:* Das

Hochwasser kam unaufhaltsam. ⓲ ■ *jmd.* **kommt zu etwas** *Akk. (wieder)erlangen:* Sie kam zu Geld/zu Ruhm.; Sie kamen an die Macht. ⓳ ■ *jmd.* **kommt um etwas** *Akk. verlieren, einbüßen:* Er kam damals um sein gesamtes Vermögen. ⓴ ■ *jmd.* **kommt hinter etwas** *Akk. etwas erfahren:* Sie kam hinter sein Geheimnis. ㉑ ■ *etwas* **kommt irgendwann** *an der Reihe sein, folgen:* Wenn Sie den Rundgang im Museum machen, kommen erst die Gemälde und dann die Skulpturen. ㉒ ■ *jmd.* **kommt irgendwoher** *stammen:* Sie kommt aus Berlin. ㉓ ■ *etwas* **kommt von etwas** *Dat. seinen Ursprung, Grund in etwas haben:* Woher kommt das viele Geld?; Dass ich so müde bin, kommt daher, dass ... ㉔ ■ *jmd.* **kommt zu etwas** *Dat. zu etwas gelangen:* Ich bin zu dem Entschluss/zu der Erkenntnis gekommen, dass ...; Wir kamen ihr zu Hilfe.; Dieses Thema kam nicht zur Sprache. ㉕ *eine Verteilung bezeichnend* ■ *jmd./etwas* **kommt auf jmdn./etwas** *Auf 30 Schüler kommt ein Lehrer.* ㉖ ■ *jmd.* **kommt auf etwas** *Akk. einen Einfall haben:* Wie bist du denn darauf gekommen?; Wie sind sie gerade auf Ihren Vater gekommen? ㉗ *(umg.)* ■ *jmd.* **kommt zum Orgasmus** *kommen* ㉘ ■ *etwas* **kommt irgendwie/auf etwas** *Akk. kosten:* Die Renovierung kommt mich teuer.; Der Unfall kam ziemlich teuer.; Zwei Fahrradschläuche wechseln – Das kommt auf zwanzig Euro! ㉙ ■ *eine Idee/ein Einfall ... kommt jmdm.* *jmd. hat eine Idee, einen Einfall ...:* Da kommt mir die Idee, wir könnten doch ... ㉚ ■ *jmd.* **kommt jmdm. irgendwie** *(umg.) jmd. legt jmdm. gegenüber ein bestimmtes (negatives) Verhalten an den Tag:* Erst hat er durch seinen Fehler die Sache vermurkst, dann ist er mir auch noch blöd/dumm/frech/pampig/unverschämt gekommen. **II.** *mit ES* ■ *es kommt zu etwas Akk. eintreten, geschehen:* Nach dem Spiel kam es zu Ausschreitungen.; Wie konnte es dazu kommen?; ■ **auf jemanden nichts kommen lassen** *(umg.) nicht dulden, dass Schlechtes über jmdn. gesagt wird;* ■ **im Kommen sein** *(umg.) (wieder) modern werden;* ■ **wieder zu sich kommen** *(umg.) (nach einer Ohnmacht) wieder das Bewusstsein erlangen;* ■ **komm schon!** *beeile dich, mach' schnell!;* ■ **So weit kommt's noch!** *(umg.) so weit darf es auf keinen Fall kommen;* ■ **Das kommt davon!** *da sieht man das negative Ergebnis oder die negative Folge;* ■ **Wer zuerst kommt, mahlt zuerst!** *(Sprichwort) wer zuerst (an)kommt, kommt zuerst an die Reihe und sich das Beste auswählen*

kom·men·su·ra·bel *adv /nicht steig./ (geh.: ↔ inkommensurabel) vergleichbar; mit gleichem Maß messbar:* Wachstumsraten in der Wirtschaft und in der Natur sind nur eingeschränkt kommensurabel.

Kom·men·tar *der* <-s, -e> ❶ *zusätzliche, einem Text nachgestellte oder gesondert veröffentlichte wissenschaftliche Erläuterungen und kritische Anmerkungen zu einem Gesetzeswerk oder einem literarischen Werk* ❷ *kritische Stellungnahme zu einem aktuellen Thema (in Rundfunk, Fernsehen,*

K

Presse) ③ *mündliche Beschreibung eines (Sport-)Ereignisses* ④ *(oft abwert.) persönliche Anmerkung oder Stellungnahme:* Sie muss zu allem ihren Kommentar abgeben. ⑤ SPRACHWISS. *In Wörterbüchern die verschiedenen Angaben, die an ein Stichwort/Lemma adressiert sind:* einen Kommentar zur Bedeutung, zur Stilschicht, zur Grammatik, zum Genus usw. beim Schreiben von Wörterbuchartikeln verfassen; *siehe auch* **pragmatische Angaben**

kom·men·tar·los *adj /nicht steig./ ohne Stellungnahme*

Kom·men·ta·tor *der*, **Kom·men·ta·to·rin** <-s, ...-to̲ren> *jmd., der etwas kommentiert*

kom·men·tie·ren <kommentiert, kommentierte, hat kommentiert> **I.** *mit OBJ* ▪ **jmd. kommentiert etwas** ① *eine persönliche Meinung zu etwas äußern:* Sie muss alles kommentieren. ② *einen Kommentar zu etwas schreiben oder sprechen:* Herr Maier kommentierte den Roman/ das aktuelle Tagesgeschehen/das Fußballspiel. **II.** *ohne OBJ* ▪ **jmd. kommentiert** *einen Kommentar schreiben oder sprechen:* Wer kommentierte?

Kom·merz *der* <-es> */kein Plur./* ① *Wirtschaft, Handel, Geschäftsverkehr* ② *(abwert.) Profit(-streben)*

kom·mer·zi·a·li·sie·ren <kommerzialisiert, kommerzialisierte, hat kommerzialisiert> *mit OBJ* ▪ **jmd. kommerzialisiert etwas** ① *so gestalten, dass es geschäftlichen Interessen untergeordnet wird und wirtschaftlichen Gewinn bringt:* Mit dem Eintritt in das Werbeunternehmen hat er seinen Umgang mit Kunst kommerzialisiert. ② *öffentliche Schulden in privatwirtschaftliche umwandeln*

kom·mer·zi·ell *adj* ① *(≈ geschäftlich) den Handel betreffend:* Er will seine Erfindung kommerziell nutzen. ② *(abwert.) (nur) auf Gewinn, Profit bedacht:* Sie denkt nur noch kommerziell.

Kom·mi·li·to·ne *der*, **Kom·mi·li·to·nin** <-n, -n> *(≈ Studienkollege)*

Kom·miss *der* <-es> */kein Plur./ (umg.) Militärdienst*

Kom·mis·sär *der*, **Kom·mis·sä·rin** <-s, -e> ÖSTERR. *Kommissar*

Kom·mis·sar, *a.* **Kom·mis·sär** *der*, **Kom·mis·sa·rin** <-s, -e> ① */kein Plur./ Dienstgrad bei der Polizei* ◆ Kriminal- ② *jmd., der diesen Dienstgrad trägt* ③ *Bevollmächtigter (des Staates)* ◆ EU-

Kom·mis·sa·ri·at *das* <-(e)s, -e> ① *Büro eines Kommissars[1]* ② SÜDDT., ÖSTERR. *Polizeirevier*

kom·mis·sa·risch *adj vorläufig, in Vertretung:* Er ist kommissarischer Leiter der Dienststelle.

Kom·mis·si·on *die* <-, -en> ① *ein Ausschuss, der eine bestimmte Aufgabe hat:* Eine Kommission soll die Ursache des Flugzeugabsturzes untersuchen. ② *(veralt.) Bestellung von Ware;* ▪ **etwas in Kommission nehmen** WIRTSCH. *etwas annehmen, damit es für den Besitzer verkauft werden kann* Um meinen alten Plattenspieler zu verkaufen, gab ich ihn in einem Fachgeschäft in Kommission.

Kom·mis·si·o·när *der*, **Kom·mis·si·o·nä·rin** <-s,

-e> WIRTSCH. *Kaufmann, der Waren in eigenem Namen auf fremde Rechnung kauft und verkauft*

Kom·mis·si·ons·buch·han·del *der* <-s> */kein Plur./ Gewerbezweig, der im Auftrag und auf Rechnung der Verleger den Geschäftsverkehr zwischen Verlag und Sortimentsbuchhandel vermittelt*

Kom·mis·si·ons·wa·re *die* <-, -n> *Ware, die in Kommission gegeben bzw. genommen wird*

kom·mod *adj* SÜDDT., ÖSTERR. *bequem*

Kom·mo·de *die* <-, -n> *ein Möbelstück mit mehreren Schubladen*

Kom·mo·do·re *der* <-s, -n> ① *Bezeichnung für einen Kapitän zur See in Admiralsstellung* ② *Ehrentitel für verdiente Kapitäne der Handelsmarine* ③ *Dienststellungsbezeichnung eines Führers eines Luftwaffengeschwaders*

kom·mu·nal *adj /nicht steig./* POL. *die Kommune[1], die Gemeinde betreffend*

Kom·mu·nal·be·am·te *der*, **Kom·mu·nal·be·am·tin** <-n, -n> *Beamter in einer Kommunalbehörde*

Kom·mu·nal·be·hör·de *die* <-, -n> *Dienststelle einer Kommune[1]*

kom·mu·na·li·sie·ren <kommunalisiert, kommunalisierte, hat kommunalisiert> *mit OBJ* ▪ **jmd. kommunalisiert etwas** *jmd. unterstellt etwas der Gemeindeverwaltung:* Die Verlegung von Fernmeldekabeln wurde letztes Jahr kommunalisiert.

Kom·mu·nal·po·li·tik *die* <-> */kein Plur./ die Belange einer Kommune[1] betreffende Politik*

Kom·mu·nal·wahl *die* <-, -en> *Wahl, die über die Besetzung kommunaler Ämter entscheidet*

Kom·mu·nar·de *der* <-n, -n> ① *Anhänger der Pariser Kommune* ② *Mitglied einer kommunistisch-sozialistisch orientierten Wohngemeinschaft (Kommune)*

Kom·mu·ne *die* <-, -n> ① POL. *Gemeinde, Ortschaft als unterste Verwaltungseinheit* ② *eine Wohngemeinschaft, deren Mitglieder bürgerliche Vorstellungen, insbesondere in Bezug auf Eigentum und Moral, ablehnen*

Kom·mu·ni·kant *der*, **Kom·mu·ni·kan·tin** <-en, -en> REL. *(in der katholischen Kirche) jmd., der zum ersten Mal zur Kommunion geht* ◆ Erst-

Kom·mu·ni·ka·ti·on *die* <-> */kein Plur./* ① *die Verständigung zwischen Menschen mithilfe von Sprache oder Zeichen:* die verschiedenen Möglichkeiten der zwischenmenschlichen Kommunikation; Die Möglichkeiten der Kommunikation über das Internet werden zunehmend genutzt. ② TECHN. *der Austausch von Informationen zwischen Geräten:* Die Kommunikation zwischen den Geräten erfolgt über Busleitungen.

Kom·mu·ni·ka·ti·ons·mit·tel *das* <-s, -> *ein (technisches) Hilfsmittel, das der Kommunikation dient*

Kom·mu·ni·ka·ti·ons·sys·tem *das* <-s, -e> ① *ein gegebenes, natürliches System von Zeichen, das der Verständigung dient:* Auch die Wale haben ein Kommunikationssystem aus Lauten, die mit Unterwassermikrophonen aufgenommen worden sind.; Die Sprache ist das wichtigste Kommunikationssystem des Menschen. ② *ein System von Geräten,* *mit dessen Hilfe man sich verständigen kann (zum Beispiel das Telefon, das Internet)*

Kom·mu·ni·ka·ti·ons·wis·sen·schaft *die* <-> */kein Plur./ die Wissenschaft von den Bedingungen, der Struktur und dem Verlauf von Informationsaustausch auf der Basis von Sprache (und anderen Zeichensystemen)*

Kom·mu·ni·ka·ti·ons·zen·t·rum *das* <-s, Kommunikationszentren> *zentral gelegenes Gebäude für Begegnungen von einzelnen Menschen und Gruppen*

kom·mu·ni·ka·tiv *adj /nicht steig./* ❶ *die Kommunikation betreffend* ❷ *so, dass ein Mensch gern mit anderen Menschen spricht:* Sie ist heute nicht besonders kommunikativ.

Kom·mu·ni·kee *das* <-s, -s> *siehe* **Kommuniqué**

Kom·mu·ni·on *die* <-, -en> REL. ❶ *das Empfangen der nach der Wandlung geheiligten Hostie im katholischen Gottesdienst* ❷ *Erstkommunion*

Kom·mu·ni·on·kleid *das* <-(e)s, -er> *besonders festliches (meist weißes)Kleid, das nur zur Kommunion[2] getragen wird*

Kom·mu·ni·on·un·ter·richt *der* <-s> */kein Plur./* REL. *(in der katholischen Kirche) der Unterricht, der Kindern vor der Erstkommunion erteilt wird*

Kom·mu·ni·qué, *a.* **Kom·mu·ni·kee** *das* [kɔmyni'ke:] <-s, -s> ❶ *amtliche Mitteilung, Bekanntmachung* ❷ *eine amtliche Denkschrift*

Kom·mu·nis·mus *der* <-> */kein Plur./* POL. ❶ *die Vorstellung von einer zukünftigen, dem Sozialismus folgenden Gesellschaft, in der das Privateigentum abgeschafft, die Produktionsmittel in Gemeineigentum überführt, der Konsum auf der Grundlage gemeinschaftlicher Lebensführung und allgemeiner Gütergemeinschaft geregelt und die materiellen und kulturellen Bedürfnisse aller Menschen gleichmäßig befriedigt werden* ❷ *(↔ Kapitalismus) die politische Lehre (Ideologie), die auf die Schaffung von im Kommunismus[1] beschriebenen Gesellschaftsordnungen hinzielt*

Kom·mu·nist, **Kom·mu·nis·tin** <-en, -en> *Anhänger des Kommunismus*

kom·mu·nis·tisch *adj /nicht steig./* auf dem Kommunismus beruhend, ihn vertretend, zu ihm gehörig

kom·mu·ni·zie·ren <kommunizierst, kommunizierte, hat kommuniziert> *ohne OBJ* ❶ ■ *jmd. kommuniziert (mit jmdm.) (geh.) Gedanken, Gefühle, Informationen austauschen; sich verständigen:* Menschen verschiedenster Muttersprachen kommunizieren heute auf Englisch. ❷ ■ *etwas kommuniziert (mit etwas Dat.)* TECHN. *(von elektronischen Geräten) miteinander verbunden sein und einander Daten übermitteln:* Zur Bedienung der Anlage genügt eine einzige Fernbedienung, da alle Komponenten über eine Systemleitung kommunizieren. ❸ ■ *jmd. kommuniziert* REL. *zur Kommunion gehen*

Kom·mu·ta·ti·on *die* <-, -en> *(fachspr.)* ❶ *das Kommutieren* ❷ *die Möglichkeit der Vertauschung*

kom·mu·tie·ren <kommutierst, kommutierte, hat kommutiert> *mit OBJ* ■ *jmd. kommutiert etwas etwas umstellen:* In dem mathematischen

Ausdruck für die Multiplikation „a x b" kann man a und b kommutieren, ohne dass das Resultat davon berührt wird.

Ko·mö·di·ant *der*; **Ko·mö·di·an·tin** <-en, -en> ❶ THEAT. *Schauspieler, der in einer Komödie mitspielt* ❷ *ein lustiger Mensch* ❸ *(umg.) Heuchler*

ko·mö·di·an·tisch *adj /nicht steig./ in der Art eines Komödianten[1]*

Ko·mö·die *die* <-, -n> */kein Plur./* (↔ Tragödie) *eine dramatische Gattung, in der (auf heiterlustige Art) menschliche Schwächen beleuchtet und Probleme einer guten Lösung zugeführt werden* ❷ (≈ Lustspiel) *ein Bühnenstück oder ein Film mit heiter-komischem Inhalt* ❸ *kleines Theater;* ■ **Komödie spielen** *(umg.) etwas vortäuschen, jmdm. etwas vormachen*

Ko·mo·ren *die* <-> Plur. *Staat und Inselgruppe im Indischen Ozean vor der Ostküste Afrikas mit der Hauptstadt Moroni* ▶ Komorer, Komorin, komorisch

Kom·pa·g·non *der* [kɔmpan'jõ:, 'kɔmpanjõ] <-s, -s> WIRTSCH. *Teilhaber einer Firma, eines Geschäfts*

kom·pakt *adj* ❶ *fest gefügt:* Das alte Haus verfügt über ein äußerst kompaktes Mauerwerk. ❷ *so, dass etwas, besonders ein Gerät, alle Leistungsmerkmale seiner Klasse erfüllt, aber in der physischen Ausdehnung kleiner ist als vergleichbare Objekte:* Das neue Modell ist noch kompakter als sein Vorgänger, bietet aber mehr Funktionen.

Kom·pakt·an·la·ge *die* <-, -n> *kompakte[2] Stereoanlage mit allen Bestandteilen (Receiver, CD-Spieler, Lautsprecher)*

Kom·pakt·ka·me·ra *die* <-, -s> *kompakte[2] Kamera*

Kom·pakt·ski *der* <-s, -er> *relativ kurzer Ski, der sich gut für Anfänger eignet*

Kom·pa·nie *die* <-, -n> ❶ MILIT. *eine Truppeneinheit (von 100–250 Soldaten)* ❷ *(veralt.) Handelsgesellschaft*

Kom·pa·nie·chef *der*; **Kom·pa·nie·che·fin** <-s, -s> MILIT. *ein Hauptmann oder Major, der eine Kompanie[1] leitet*

Kom·pa·nie·füh·rer *der*; **Kom·pa·nie·füh·re·rin** <-s, -> (≈ Kompaniechef)

Kom·pa·ra·ti·on *die* <-, -en> SPRACHWISS. *Steigerung des Adjektivs*

Kom·pa·ra·tiv *der* <-s, -e> SPRACHWISS. *erste Steigerungsform des Adjektivs:* „älter" ist der Komparativ von „alt".

Kom·par·se *der*; **Kom·par·sin** <-n, -n> FILM, THEAT. (≈ Statist) *jmd., der (in Massenszenen) in einer Nebenrolle auftritt*

Kom·pass *der* <-es, -e> *ein Gerät zur Bestimmung der Himmelsrichtung*

Kom·pass·na·del *die* <-, -n> *die sich nach Norden ausrichtende Nadel eines Kompasses*

kom·pa·ti·bel *adj /nicht steig./* ❶ *so, dass etwas mit etwas anderem verträglich oder vereinbar ist:* Diese Medikamente sind nicht kompatibel.; Eine solche Einstellung ist mit dem Leben eines Berufssportlers nicht kompatibel. ❷ EDV *so, dass die Hard- und Software technisch harmonieren und*

miteinander betrieben werden können:* Dieser Drucker ist kompatibel mit allen gängigen PCs.
Kom·pa·ti·bi·li·tät *die* <-> */kein Plur./ die Eigenschaft, dass etwas kompatibel ist*
Kom·pen·di·um *das* <-s, Kompendien> *(geh.) ein kurz gefasstes Lehrbuch*
Kom·pen·sa·ti·on *die* <-, -en> ➊ */kein Plur./ das Kompensieren[1]* ➋ WIRTSCH. *Ausgleich von etwas durch finanzielle Entschädigung*
Kom·pen·sa·ti·ons·ge·schäft *das* <-s, -e> ➊ BANKW. *der Ausgleich von Kauf- und Verkaufsaufträgen von Wertpapieren* ➋ GESCH. *(im Osthandel) ein Vertrag über den Bezug von Produkten als Ausgleich für Lieferungen aus dem Westen*
Kom·pen·sa·tor *der* <-s, ...-toren> ➊ ELEKTROTECHN. *Messeinrichtung zur Bestimmung einer unbekannten Stromspannung durch eine bekannte* ➋ *ein gebogenes Rohrstück, das in eine Leitung eingebaut wird, um den durch Temperaturschwankungen wirksamen Längenunterschied der Leitung auszugleichen*
kom·pen·sie·ren <kompensierst, kompensierte, hat kompensiert> *mit OBJ* ➊ ■ *jmd.* **kompensiert etwas mit etwas** *Dat. (geh.) ausgleichen:* Der junge Mann kompensiert seine Unsicherheit mit einem betont forschen Auftreten.; Er kompensierte seine Angst, indem er fortwährend mit anderen sprach. ➋ ■ *jmd.* **kompensiert etwas** WIRTSCH. *gegeneinander aufrechnen*
kom·pe·tent *adj* ➊ (↔ *inkompetent) so, dass jmd. über viel Sachverstand verfügt:* eine kompetente Mitarbeiterin ➋ *zuständig, befugt:* Er war nicht kompetent, derartige Weisungen zu geben und solche Entscheidungen zu treffen.
Kom·pe·tenz *die* <-, -en> ➊ *Sachverstand, Fähigkeiten:* Schon am ersten Arbeitstag konnte der neue Mitarbeiter seine Kompetenz unter Beweis stellen. ◆ Sach-, Sprach- ➋ *Zuständigkeitsbereich:* Sie hat ihre Kompetenzen eindeutig überschritten. ◆ -bereich, -streitigkeit, -überschreitung
Kom·pi·la·ti·on *die* <-, -en> ➊ *Zusammenstellung von Textausschnitten aus anderen Schriften* ➋ *(abwert.) Bezeichnung für Schriften, in denen ältere Quellen nur oberflächlich aneinandergereiht sind*
kom·pi·lie·ren <kompilierst, kompilierte, hat kompiliert> *mit OBJ* ■ *jmd.* **kompiliert etwas** *(geh.) etwas Neues aus Vorhandenem zusammenstellen (ohne selbst inhaltlich dazu beizutragen)*
Kom·ple·ment *das* <-(e)s, -e> *(geh.) Ergänzung zu einem Ganzen:* Das Komplement des Männlichen ist das Weibliche und umgekehrt.
kom·ple·men·tär *adj /nicht steig./ ergänzend*
Kom·ple·men·tär·win·kel, *a.* **Kom·ple·ment·win·kel** *der* <-s, -> MATH. *Winkel, der einen gegebenen Winkel zu 90° ergänzt*
Kom·plet *die* <-, -e> *Schlussgebet des Stundengebets der katholischen Kirche*
kom·plett *adj /nicht steig./* ➊ (≈ *vollständig) Mir fehlen noch zwei Briefmarken, dann ist meine Sammlung komplett.; Ich habe mir eine komplette Schlafzimmereinrichtung gekauft.* ➋ *(umg.: ≈ vollzählig) Sind wir komplett?* ➌ *(umg.) völlig: Bist du jetzt komplett verrückt geworden?*

kom·plet·tie·ren <komplettierst, komplettierte, hat komplettiert> *mit OBJ* ■ *jmd.* **komplettiert etwas** *(geh.) vervollständigen, ergänzen:* Er hat seine Münzsammlung komplettiert.
Kom·plett·lö·sung *die* <-, -en> *ein Waren- oder Dienstleistungsangebot, das aus der Hand eines Anbieters erhältlich ist und nahezu alle Bedürfnisse des Kunden im Zusammenhang mit einer bestimmten Sache befriedigt:* Natürlich können Sie auch einen Verstärker, Lautsprecher und CD-Spieler kaufen, wir bieten aber auch Kompaktanlagen als Komplettlösung.
Kom·plex *der* <-es, -e> ➊ *mehrere eng zusammenhängende Dinge:* Wir werden diesen Komplex von Fragen und Problemen in der nächsten Stunde besprechen. ◆ Fragen-, Problem-, Themen- ➋ *eine zusammenhängende Gruppe von Gebäuden:* Der Komplex dort hinten gehört zur juristischen Fakultät. ◆ Gebäude- ➌ PSYCH. *ins Unterbewusstsein verdrängte Vorstellungen oder nicht verarbeitete Erlebnisse, die zu dauernder Beunruhigung führen:* Ein Mensch hat/bekommt Komplexe wegen ...
kom·plex *adj (geh.) kompliziert, vielschichtig, nicht einfach:* Das ist eine sehr komplexe Thematik.
Kom·ple·xi·tät *die* <-> */kein Plur./ (geh.) Vielschichtigkeit*
Kom·pli·ce *der siehe* **Komplize**
Kom·pli·ka·ti·on *die* <-, -en> */meist Plur./ (zusätzliches) Problem, Schwierigkeit:* Bei der Operation kam es zu keinerlei Komplikationen.
Kom·pli·ment *das* <-(e)s, -e> *eine lobende, schmeichelnde Äußerung, mit der man einen Menschen erfreuen will:* Er machte ihr ein Kompliment über ihre neue Frisur.
kom·pli·men·tie·ren <komplimentierst, komplimentierte, hat komplimentiert> *mit OBJ* ■ *jmd.* **komplimentiert jmdn. irgendwohin** *jmd. geleitet jmdn. mit höflichen Bemerkungen und Gesten irgendwohin:* Sie komplimentierte ihn freundlich zur Haustür. ◆ heraus-
Kom·pli·ze, *a.* **Kom·pli·ce** *der,* **Kom·pli·zin** <-n, -n> *(abwert.) Mittäter bei einer Straftat:* Er ist nicht geständig, aber seine Komplizin will jetzt auspacken.
kom·pli·zie·ren <komplizierst, komplizierte, hat kompliziert> *mit OBJ* ■ *jmd./etwas* **kompliziert etwas** *(geh.: ≈ erschweren) schwieriger machen:* Kompliziere die Dinge doch nicht noch mehr!; Das kompliziert die Sache außerordentlich.
kom·pli·ziert *I. Part. Perf. von* **komplizieren** *II. adj* ➊ (↔ *einfach) schwierig:* Das scheint ein kompliziertes Problem zu sein.; eine komplizierte Rechenaufgabe lösen; mit komplizierten Berechnungen das Verhalten eines Systems vorhersagen ➋ MED. *schwer zu behandeln:* Er hat sich einen komplizierten Beinbruch zugezogen.
Kom·plott *das/der* <-(e)s, -e> *(umg.: ≈ Verschwörung) Das Komplott konnte in letzter Sekunde aufgedeckt werden.*
Kom·po·nen·te *die* <-, -n> ➊ *einzelner, eine bestimmte Funktion oder Wirkung besitzender Teil eines größeren Ganzen:* Derartige, häufig wieder-

K

kehrende Anspielungen sind eine wichtige Komponente dieses Romans. ② (≈ *Gerät*) An den Computer lassen sich problemlos weitere Komponenten wie Drucker und Scanner anschließen.

kom·po·nie·ren <komponierst, komponierte, hat komponiert> **I.** *mit OBJ* ▪ *jmd.* **komponiert etwas** ① *ein Musikstück schaffen:* Wann komponierte Beethoven seine fünfte Sinfonie? ② *(geh.) kunstvoll zusammenstellen, gestalten:* Sie hat ein wundervolles Menü komponiert. **II.** *ohne OBJ* ▪ *jmd.* **komponiert** *jmd. beschäftigt sich mit dem Komponieren:* Er komponierte bis ins hohe Alter.

Kom·po·nist *der*, **Kom·po·nis·tin** <-en, -en> *jmd., der musikalische Werke komponiert (hat)*

Kom·po·si·ti·on *die* <-, -en> ① */kein Plur./ das Komponieren I:* Wie lange war Mozart mit der Komposition dieser Messe beschäftigt? ② *ein Musikstück, das von einem Komponisten geschaffen wurde:* Die fünfte Sinfonie gehört zu den bekanntesten Kompositionen von Beethoven. ③ *(geh.) die Art der Zusammenstellung, die (kunstvolle) Gestaltung:* Noch heute fasziniert die einzigartige Komposition dieses Barockgartens die zahlreichen Besucher.

kom·po·si·to·risch *adj /nicht steig./ auf die Komposition [1], [3] bezogen*

Kom·po·si·tum *das* <-s, Komposita> SPRACHWISS. *zusammengesetztes Wort:* Das Wort „Tischdecke" ist ein Kompositum, das aus den Wörtern „Tisch" und „Decke" zusammengesetzt ist.

Kom·post, Kom·post *der* <-(e)s, -e> */meist Sing./ aus verrotteten Gartenabfällen entstandene, sehr nährstoffreiche Erde*

Kom·post·hau·fen *der* <-s, -> *zu einem Haufen aufgeschichtete Gartenabfälle*

kom·pos·tier·bar *adj /nicht steig./ so, dass es kompostiert werden kann*

kom·pos·tie·ren <kompostierst, kompostierte, hat kompostiert> *mit OBJ* ▪ *jmd.* **kompostiert etwas** *zu Kompost werden lassen:* Wir kompostieren alle Küchenabfälle.

Kom·pos·tie·rung *die* <-> */kein Plur./ das Kompostieren*

Kom·pott *das* <-(e)s, -e> *Speise aus gekochtem und gezuckertem Obst*

Kom·pres·se *die* <-, -n> MED. *(≈ Wickel) feuchter Umschlag*

Kom·pres·sor *der* <-s, ...-soren> TECHN. *Apparat zum Verdichten von Gasen*

kom·pri·mie·ren <komprimierst, komprimierte, hat komprimiert> *mit OBJ* ① ▪ *jmd./etwas* **komprimiert etwas** PHYS., TECHN. *(Gase) verdichten* ② ▪ *jmd.* **komprimiert etwas** *zusammenfassen und dabei auf das Wesentliche beschränken:* Ich sollte das erste Kapitel meiner Diplomarbeit stärker komprimieren.; Die Zeit reicht nur für eine komprimierte Darstellung des Sachverhalts.

Kom·pri·mie·rung *die* <-, -en> *das Komprimieren*

Kom·pro·miss *der* <-es, -e> *eine von allen beteiligten Personen akzeptierte Lösung, zu der man durch gegenseitige Zugeständnisse gelangt:* Die Verhandlungspartner haben sich schließlich auf ei-

nen Kompromiss geeinigt.; ein fauler/guter/schlechter Kompromiss ◆ -lösung, -vorschlag

kom·pro·miss·be·reit *adj /nicht steig./ bereit, Kompromisse zu machen:* Beide Verhandlungsseiten zeigten sich kompromissbereit.

kom·pro·miss·los *adj so, dass man nicht zu Kompromissen bereit ist:* Ich kann ihre kompromisslose Haltung in dieser Angelegenheit durchaus verstehen.

kom·pro·mit·tie·ren <kompromittierst, kompromittiete, hat kompromittiert> *mit OBJ* ▪ *jmd.* **kompromittiert jmdn./sich** *jmds. oder seinem eigenen Ansehen schaden; jmdn./sich bloßstellen:* In betrunkenem Zustand kompromittierte er sich und seine Frau.

Kom·tess, *a.* **Kom·tes·se** *die* <-, -e(n)> *unverheiratete Gräfin*

Kom·tur *der* <-s, -e> ① *Verwalter, Leiter einer Komturei* ② *Inhaber des mittleren Ordensgrades in einem geistlichen Ritterorden*

Kom·tu·rei *die* <-, -en> *ein geistlicher Ritterorden*

Kon·den·sat *das* <-(e)s, -e> PHYS. *beim Kondensieren II entstandene Flüssigkeit*

Kon·den·sa·ti·on *die* <-, -en> PHYS. *das Kondensieren*

Kon·den·sa·ti·ons·punkt *der* <-s, -e> PHYS. *die Temperatur, bei der ein Stoff vom gasförmigen Zustand in den flüssigen Zustand übergeht*

kon·den·sie·ren <kondensierst, kondensierte, hat/ist kondensiert> **I.** *mit OBJ (haben)* ▪ *jmd.* **kondensiert etwas** *Stoffe durch Verdampfen eindicken:* Man stellt Kondensmilch her, indem man Milch kondensiert und sterilisiert. **II.** *ohne OBJ (haben o sein)* ▪ *etwas kondensiert* PHYS. *(von gasförmigen Stoffen) unter dem Einfluss von Temperatur und Druck in den flüssigen Zustand übergehen*

Kon·den·sie·rung *die* <-, -en> *das Kondensieren*

Kon·dens·milch *die* <-> */kein Plur./ eingedickte, sterilisierte, in Dosen abgefüllte Milch, die man z. B. in den Kaffee gibt*

Kon·dens·strei·fen *der* <-s, -> *der sichtbare weiße Streifen, der hinter hoch fliegenden Düsenflugzeugen entsteht, wenn die Luftfeuchtigkeit in den Flugzeugabgasen kondensiert II*

Kon·dens·was·ser *das* <-s> */kein Plur./ Wasser, das auf einer Fläche kondensiert II*

Kon·di·ti·on *die* <-, -en> ① */kein Plur./ SPORT (≈ Form) (körperliche) Verfassung:* Seitdem ich regelmäßig Rad fahre, hat sich meine Kondition merklich verbessert.; Sie hat eine ausgezeichnete Kondition. ◆ -straining ② */meist Plur./ WIRTSCH., BANKW. Lieferungs- oder Zahlungsbedingung:* Zu welchen Konditionen hast du den Kredit erhalten?

kon·di·ti·o·nal *adj /nicht steig./ SPRACHWISS. eine Bedingung kennzeichnend:* „Wenn" und „falls" sind konditionale Konjunktionen.

kon·di·ti·o·nell *adj /nicht steig./ die Kondition [1] betreffend:* In dieser Phase des Rennens machen sich bei einigen Fahrern konditionelle Schwächen bemerkbar.

kon·di·ti·o·nie·ren <konditionierst, konditionierte, hat konditioniert> *mit OBJ* ① ▪ *jmd.*

konditioniert etwas einen Werkstoff auf die Bedingungen seiner Bearbeitung hin präparieren ❷ ■ **jmd. konditioniert ein Tier** ZOOL. bei einem Tier eine Reiz-Reaktions-Kopplung einüben, so dass auf einen bestimmten Reiz immer eine bestimmte Reaktion erfolgt ❸ ■ **jmd. konditioniert jmdn.** bei einem Menschen ein bestimmtes Verhalten gewaltsam einüben: In dem Straflager wurden die Gefangenen durch Gehirnwäsche psychomental konditioniert.

Kon·di·tor der, **Kon·di·to·rin** <-s, ...-toren> jmd., der beruflich Torten, Kuchen, Pralinen u.Ä. herstellt (und verkauft) ◆-meister

Kon·di·to·rei die <-, -en> Betrieb eines Konditors

Kon·do·lenz·schrei·ben das <-s, -> ein Schreiben (in Form eines Briefes, einer Karte), in dem man jmdm. kondoliert

kon·do·lie·ren <konodolierst, kondolierte, hat kondoliert> ohne OBJ ■ **jmd. kondoliert jmdm.** (Trauernden) sein Beileid ausdrücken

Kon·dom das <-s, -e> (≈ Präservativ)

Kon·dor der <-s, -e> ein großer, in Südamerika lebender Geier

Kon·duk·teur der, **Kon·duk·teu·rin** [...'tø:ɐ̯] <-s, -e> SCHWEIZ. Schaffner

Kon·fekt das <-(e)s, -e> Pralinen

Kon·fek·ti·on die <-, -en> /kein Plur./ ❶ /kein Plur./ serienmäßige Herstellung von Kleidung in einer Fabrik ◆-sanzug, -sgröße ❷ serienmäßig in einer Fabrik hergestellte Kleidung ◆-sartikel, -sgeschäft, -sindustrie, -skleidung

Kon·fek·ti·o·när der <-s, -e> ❶ Hersteller von Konfektionskleidung oder Angestellter in einem solchen Unternehmen ❷ jmd., der Kleidermodelle entwirft

kon·fek·ti·o·nie·ren <konfektionierst, konfektionierte, hat konfektioniert> mit OBJ ■ **jmd. konfektioniert etwas** jmd. stellt Konfektionsware her

Kon·fe·renz die <-, -en> ❶ (≈ Tagung) Zusammenkunft von Experten eines bestimmten Gebiets: Die europäischen Wirtschaftsminister trafen sich zu einer Konferenz.; Sie hat an einer Konferenz über neue Medien teilgenommen. ❷ Besprechung, Sitzung: Der Chef ist momentan in einer Konferenz.

Kon·fe·renz·be·schluss der <-es, Konferenzbeschlüsse> Beschluss, der auf einer Konferenz gefasst worden ist

Kon·fe·renz·raum der <-(e)s, Konferenzräume> Raum für Konferenzen

Kon·fe·renz·schal·tung die <-, -en> TV (bei Fernsehübertragungen) eine Zusammenschaltung verschiedener Teilnehmer, die sich an verschiedenen Orten befinden (und alle miteinander sprechen können)

Kon·fe·renz·teil·neh·mer der, **Kon·fe·renz·teil·neh·me·rin** <-s, -> jmd., der an einer Konferenz teilnimmt

Kon·fe·renz·tisch der <-es, -e> gemeinsamer (oft runder) Tisch, an dem die Teilnehmer einer Konferenz sitzen

Kon·fe·renz·zim·mer das <-s, -> Zimmer, das für das Abhalten von Konferenzen bestimmt ist

kon·fe·rie·ren <konferierst, konferierte, hat konferiert> ohne OBJ ■ **jmd. konferiert (mit jmdm.)** im Rahmen einer Konferenz besprechen, beratschlagen: Es wurde lange darüber konferiert, ob man eine neue Strategie einschlagen sollte oder nicht.

Kon·fes·si·on die <-, -en> ❶ REL. Gesamtheit der Sätze, die einen Glauben bezeugen, Bekenntnisbuch ❷ Glaubensgemeinschaft mit einer bestimmten Konfession[1]

kon·fes·si·o·nell adj /nicht steig./ die Konfession[2] betreffend

kon·fes·si·ons·los adj /nicht steig./ so, dass man keiner Konfession[2] angehört

Kon·fet·ti das <-(s)> /kein Plur./ bunte Papierschnitzel, die vor allem im Karneval durch die Luft geworfen werden

Kon·fi·dent der, **Kon·fi·den·tin** <-en, -en> ❶ (veralt.) Vertrauter, Freund ❷ ÖSTERR. Spitzel

Kon·fi·gu·ra·ti·on die <-, -en> ❶ (geh.) eine bestimmte Art der Gestaltung ❷ EDV die Zusammenstellung der Geräte, die das komplette Computersystem bilden (sowie die entsprechende Anpassung und Abstimmung der Software) ❸ CHEM., PHYS. die räumliche Anordnung von Atomen oder Atomgruppen um ein Zentralatom ❹ ASTRON. Anordnung, Stellung von Gestirnen

Kon·fir·mand der, **Kon·fir·man·din** <-en, -en> REL. ❶ jmd., der sich auf die Konfirmation vorbereitet ❷ jmd., der gerade konfirmiert worden ist

Kon·fir·ma·ti·on die <-, -en> REL. gottesdienstähnliche Feier in der evangelischen Kirche, durch die jugendliche evangelische Christen in die Gemeinschaft der Erwachsenen aufgenommen werden

kon·fir·mie·ren <komfirmierst, konfirmierte, hat konfirmiert> mit OBJ ■ **jmd. konfirmiert jmdn.** einen jugendlichen evangelischen Christen im Rahmen einer gottesdienstähnlichen Feier in die Gemeinschaft der Erwachsenen aufnehmen: Gestern hat der Pastor unserer Gemeinde meinen Sohn konfirmiert.

Kon·fi·se·rie, a. **Con·fi·se·rie** die <-, -n> ❶ (≈ Konditorei) Geschäft für Pralinen, Teegebäck aus eigener Herstellung ❷ Pralinen und Teegebäck aus eigener Herstellung

Kon·fis·ka·ti·on die <-, -en> RECHTSW. Beschlagnahmung, entschädigungslose Enteignung

kon·fis·zie·ren <konfiszierst, konfiszierte, hat konfisziert> mit OBJ ■ **jmd. konfisziert etwas** RECHTSW. aufgrund einer gerichtlichen, staatlichen Anordnung beschlagnahmen

Kon·fi·tü·re die <-, -n> (geh.) Marmelade (mit ganzen Fruchtstücken)

Kon·flikt der <-(e)s, -e> (geh.) ❶ schwierige Situation infolge des Aufeinanderprallens unterschiedlicher Interessen, Forderungen oder Meinungen: Es kam zum offenen Konflikt zwischen Trainer und Spielern. ❷ bewaffnete Auseinandersetzung: Man versuchte bis zuletzt, einen militärischen Konflikt zu verhindern. ❸ (≈ Zwiespalt) Widerstreit von Interessen, von bestimmten Aspekten: Würde man den Konflikt zwischen wirtschaftlichen Interessen und moralischen Bedenken lösen können?; ▪ **mit etwas in Konflikt geraten/ kommen** *gegen etwas verstoßen*

kon·flikt·frei *adv /nicht steig./ ohne Konflikt(e)*

kon·flikt·ge·la·den *adv /nicht steig./ unter der Spannung von (offenen oder verdeckten) Konflikten stehend*

Kon·flikt·par·tei *die* <-, -en> *eine an einem Konflikt beteiligte Personengruppe*

kon·flikt·scheu *adj /nicht steig./ sehr darauf bedacht, Konflikte zu vermeiden:* Sie ist ein konfliktscheuer Mensch.

Kon·flikt·si·tu·a·ti·on *die* <-, -en> *Situation, die durch einen Konflikt entsteht:* Die Spannung zwischen ihm und seinem Freund brachte beide immer wieder in Konfliktsituationen.

Kon·fö·de·ra·ti·on *die* <-, -en> POL. *Zusammenschluss von Einzelstaaten*

Kon·fö·de·rier·te *der/die* <-n, -n> */meist Plur./ Verbündeter (meist ein durch eine Konföderation verbündeteter Staat)*

kon·form *adj /nicht steig./ übereinstimmend:* Sie vertraten konforme Ansichten.

kon·form·ge·hen, *a.* **kon·form ge·hen** <gehst konform, ging konform, ist konformgegangen> *mit OBJ* ▪ *jmd. geht konform mit jmdm. völlig übereinstimmen:* In diesem einen Punkt gehen die Vertreter aller Parteien ausnahmsweise konform.

Kon·for·mis·mus *der* <-> */kein Plur./ (geh.) konformistische Haltung oder Einstellung*

kon·for·mis·tisch *adj /nicht steig./ (geh.) so, dass jmd. seine Einstellung der herrschenden Meinung anpasst*

Kon·for·mi·tät *die* <-> */kein Plur./ Gleichheit, Übereinstimmung, Angepasstheit*

Kon·fron·ta·ti·on *die* <-, -en> ❶ *Gegenüberstellung von Personen, Dingen, Sachverhalten, die nicht übereinstimmen:* Einen Großteil seiner Spannung bezieht das Buch aus der Konfrontation von Vergangenem und Gegenwärtigem. ❷ *Auseinandersetzung:* Nach dem Spiel kam es erneut zu einer Konfrontation zwischen Hooligans und der Polizei.

Kon·fron·ta·ti·ons·kurs *der* <-es> */kein Plur./ ein Verhalten, mit dem jmd. eine Konfrontation², einen Konflikt provoziert*

kon·fron·tie·ren <konfrontierst, konfrontierte, hat konfrontiert> *mit OBJ* ❶ ▪ *jmd./etwas konfrontiert jmdn. mit etwas jmdn. in eine Situation bringen, in der er sich mit etwas (Negativem) auseinandersetzen muss:* Sie konfrontierte ihren Mann mit dem Entschluss, ihn verlassen zu wollen.; Diese Erfahrung konfrontierte ihn sehr intensiv mit sich selbst. ❷ ▪ *jmd. konfrontiert jmdn. mit jmdm. eine Person einer anderen gegenüberstellen:* Der Angeklagte wurde mit den Zeugen konfrontiert.

kon·fus *adj* ❶ *verworren, nicht klar:* Hast du seine konfusen Andeutungen verstanden? ❷ *durcheinander, verwirrt:* Nach dem Besuch von vier Vorträgen hintereinander war ich völlig konfus.

Kon·fu·si·on *die* <-, -en> *Durcheinander, Verwirrung:* Als das Licht im Saal ausfiel, herrschte große Konfusion unter den Anwesenden.

Kon·fu·zi·a·nis·mus *der* <-> */kein Plur./ die auf*

Konfuzius zurückgehende, China bis zum Ende des Kaisertums 1912 bestimmende philosophische Geisteshaltung, die eine praktisch-moralische Philosophie ist

kon·ge·ni·al *adj /nicht steig./ (geh.) von ebenbürtigem Rang:* Der großartige Roman des Franzosen liegt jetzt in einer neuen, kongenialen Übersetzung vor.

Kon·ge·ni·a·li·tät *die* <-> */kein Plur./ (geistige) Gleichrangigkeit*

Kon·glo·me·rat *das* <-(e)s, -e> *(geh.) Gemisch verschiedenster Bestandteile:* Seine Musik ist ein Konglomerat aus Elementen des Jazz, der Klassik und der Rockmusik.

Kongo *der* <-s> *Volksrepublik in Zentralafrika mit der Hauptstadt Brazzaville* ▸ Kongolese, Kongolesin, kongolesisch

Kon·gre·ga·ti·on *die* <-, -en> REL. ❶ *Verband mehrerer Klöster desselben Ordens* ❷ *Ordensgemeinschaft (deren Mitglieder nur ein einfaches Gelübde abgelegt haben)*

Kon·gress *der* <-es, -e> ❶ (≈ *Tagung)* Auf dem internationalen medizinischen Kongress sprachen auch in diesem Jahr wieder zahlreiche angesehene/namhafte/ renommierte Wissenschaftler. ◆ -halle, -teilnehmer(in) ❷ */kein Plur./ POL. das Parlament in den USA*

kon·gru·ent *adj* ❶ MATH. *(von geometrischen Figuren) deckungsgleich* ❷ *(geh. übertr.) in allen Punkten übereinstimmend*

Kon·gru·enz *die* <-, -en> ❶ *die Eigenschaft, deckungsgleich zu sein bzw. Entsprechungen aufzuweisen* ❷ SPRACHWISS. *syntaktische Übereinstimmung zusammengehöriger Komplexe in den grammatischen Kategorien durch morphologische Kennzeichnung:* „des kleinen Mannes", „dem kleinen Mann(e)" usw.; *siehe auch* **Genus,** **Grammatik**

Ko·ni·fe·re *die* <-, -n> BOT. *ein zu den Nadelhölzern gehörender Baum oder Strauch*

Kö·nig *der* <-(e)s, -e> */kein Plur./ Titel des in bestimmten Monarchien zweithöchsten weltlichen Herrschers (nach dem Kaiser)* ❷ *jmd., der den Titel eines Königs¹ trägt* ❸ *eine Person oder Sache, die besonders wichtig oder besonders gut ist:* Bei uns ist der Kunde König.; Dies ist der König der Weine. ❹ *die wichtigste Figur im Schachspiel*

Kö·ni·gin *die* <-, -nen> ❶ *die weibliche Form zu „König"¹, ², ³* ❷ *Ehefrau eines Königs²* ❸ *das weibliche, Eier legende Tier bestimmter Insektenvölker* ◆ Ameisen-, Bienen-

Kö·ni·gin·pas·te·te *die* <-, -n> KOCH. *eine Pastete, die mit Hühnerfleisch gefüllt ist*

kö·nig·lich *adj* ❶ *zu einem König¹ gehören:* Im Sommer lebt die königliche Familie auf ihrem Landsitz. ❷ (≈ *fürstlich) sehr großzügig:* Er wurde königlich bewirtet/belohnt. ❸ *(umg.) außerordentlich:* Er hat sich königlich amüsiert.

Kö·nig·reich *das* <-(e)s, -e> *ein Land, über das ein König¹, herrscht, an dessen Spitze ein König¹ steht*

kö·nigs·blau *adj /nicht steig./ (≈ kobaltblau) von einem tiefen, strahlenden Blau*

Kö·nigs·farn *der* <-s, -e> *Freilandfarn mit bis zu zwei Meter hohen Wedeln*

Kö·nigs·haus *das* <-es, Königshäuser> *Geschlecht, Herrscherhaus, dem eine Reihe von Königen entstammt:* die europäischen Königshäuser

Kö·nigs·hof *der* <-s, Königshöfe> ❶ *Gebäudekomplex der Residenz eines Königs:* Der Königshof der ehemaligen Württembergischen Könige ist nach dem 2. Weltkrieg in Stuttgart wieder aufgebaut worden. ❷ *alle Mitglieder eines Königshauses:* Der englische Königshof hat immer wieder Skandale zu verkraften.

Kö·nigs·ker·ze *die* <-, -n> *eine häufig auf Schuttplätzen und an Wegrändern wachsende Blume, die zweijährig ist, große, leuchtende gelbe Blüten hat und bis zu zwei Meter groß werden kann*

Kö·nigs·kind *das* <-(e)s, -er> *Königssohn oder Königstochter*

Kö·nigs·ko·b·ra *die* <-, -s> *drei bis fünf Meter lange Kobra in den Dschungeln Süd- und Südostasiens, deren Biss für den Menschen in 15 Minuten zum Tode führen kann; sie ist dunkelbraun bis olivfarben mit heller Ringelung und ist die größte vorkommende Giftschlange*

Kö·nigs·ku·chen *der* <-s, -> *Napfkuchen, Marmorkuchen*

Kö·nigs·pal·me *die* <-, -n> *eine Palmenart auf Kuba, die bis zu 25 Meter hoch wird*

Kö·nigs·treue *der/die* <-n, -n> *jmd., der monarchisch gesinnt ist und am Königtum festhält:* Königstreue und Republikaner sind häufig in der Geschichte als Gegner aufgetreten.

Kö·nigs·was·ser *das* <-s> */kein Plur./* CHEM. *Gemisch aus drei Teilen Salzsäure und einem Teil Salpetersäure, mit dem man Edelmetalle auflösen kann*

Kö·nig·tum *das* <-(e)s, Königtümer> ❶ */kein Plur./ die Staatsform, in der ein König regiert* ❷ *(veralt.:≈ Königreich)*

ko·nisch *adj /nicht steig./ kegelförmig*

Kon·ju·ga·ti·on *die* <-, -en> SPRACHWISS. *(≈ Beugung, Flexion) die Beugung von Verben*

kon·ju·gie·ren <konjugierst, konjugierte, hat konjugiert> *mit OBJ* ▪ **jmd. konjugiert etwas** SPRACHWISS. *(≈ beugen, flektieren) die verschiedenen grammatischen Formen eines Verbs bilden:* Die Konjugation des Verbs „gehen" im Präsens beginnt mit den Formen: „Ich gehe, du gehst, er/sie/es geht".

Kon·junk·ti·on *die* <-, -en> SPRACHWISS. *ein Wort, das zwei gleichartige Sätze oder einen Haupt- und Gliedsatz miteinander verbindet:* „Und", „oder", „weil" sind Konjunktionen.

Kon·junk·tiv *der* <-s, -e> SPRACHWISS. *ein Modus des Verbs, die Möglichkeitsform (die man beispielsweise in der indirekten Rede verwendet):* Der Nebensatz „Wenn du gegendet hättest, Desdemona…" ist ein Satz im Konjunktiv.; Der Dubitativ (Ausdruck des Zweifels), der Irrealis (Ausdruck der Unmöglichkeit), der Kohortativ (Ausdruck einer Aufforderung oder Mahnung) und Potentialis (Ausdruck der Möglichkeit) sind Beispiele für den Konjunktiv.; *siehe auch* **Indikativ**

Der **Konjunktiv** ist neben dem Indikativ und dem Imperativ ein Modus des Verbs. Mit seinem Gebrauch sind viele Schwierigkeiten verbunden, da er zahlreiche Funktionen hat und teils erhebliche Unterschiede zwischen Darstellungen in Grammatiken und seinem tatsächlichen Gebrauch in der heutigen deutschen Sprache bestehen. Unterschieden wird zwischen dem Konjunktiv I und dem Konjunktiv II. Formen des Konjunktiv I werden vom Wortstamm durch Anhängen einer Endung gebildet. Die zentrale Verwendung des Konjunktiv I ist die Redewiedergabe einer Originaläußerung (indirekte Rede); vgl. „Ich komme morgen" und „Er sagte, er komme morgen". Daneben findet er sich z. B. oft in meist formelhaften Äußerungen zum Ausdruck eines Wunsches oder einer Aufforderung, und zwar in Hauptsätzen und in Nebensätzen: „Man nehme zwei Eier und etwas Butter", „Er bat sie, sie möge ihm einmal zuhören".
Der Konjunktiv II wird vom Präteritum abgeleitet, so *wäre* zu *war* (von *sein*). Mit ihm wird in Hauptsätzen und in verschiedenen Nebensätzen vor allem etwas bloß Vorgestelltes oder Mögliches bezeichnet (deshalb auch: *Irrealis*): „Das käme gut an", „Sie wäre gekommen/hätte gekauft, wenn…". Oft treten typischerweise Adverbien wie *fast, wahrscheinlich* etc. hinzu. Auch dient der Konjunktiv II als Ersatz für Formen des Konjunktiv I, wenn diese sich nicht von den entsprechenden Indikativformen unterscheiden: „Er erklärte, sie hätten es gern getan", statt „sie haben"; teils wird dann im heutigen Sprachgebrauch der Konjunktiv überhaupt durch Indikativ verdrängt.
Im heutigen Deutsch wird der Konjunktiv in vielen Fällen im mündlichen wie im schriftlichen Sprachgebrauch durch die Form mit *würde* verdrängt: Dies gilt ganz besonders für Formen des Konjunktiv II mit Umlaut, die als völlig veraltet gelten können: *hülfe, spräche, verdürbe, anschlösse, beföhle/befähle, wohnte, säße* usw.; vgl. „Ich würde dir helfen" statt „Ich hülfe dir". Einige Formen mit Umlaut sind aber durchaus gebräuchlich: *fände, käme* und *bekäme*; vgl. „Er fände den Gebrauch des Konjunktivs in einigen Fällen eigentümlich" und „Er würde …finden".

kon·junk·ti·visch *adv /nicht steig./ in der Art des Konjunktivs*

Kon·junk·tur *die* <-, -en> WIRTSCH. *gesamtwirtschaftliche Situation und Entwicklung eines Staates* ◆-abschwächung, -abschwung, -erholung, -lage, -rückgang, -schwankung, -stillstand

Kon·junk·tur·ba·ro·me·ter *das* <-s> */kein Plur./ (umg.) etwas, woran sich der Stand der Konjunktur ablesen lässt:* Die Anzahl der Erwerbssuchenden gilt als wichtiges Konjunkturbarometer.

kon·junk·tur·be·dingt *adv /nicht steig./ von den Bedingungen der Konjunktur abhängig*

K

Kon·junk·tur·be·richt *der* <-(e)s, -e> *öffentliche Darstellung der Konjunkturlage: Der jährliche Jahreswirtschaftsbericht, der von der Bundesregierung dem Bundestag und Bundesrat vorgelegt werden muss, ist ein Beispiel für einen Konjunkturbericht.*

Kon·junk·tur·ein·bruch *der* <-(e)s, Konjunktureinbrüche> *dramatische Verschlechterung der Konjunktur*

kon·junk·tu·rell *adj /nicht steig./* WIRTSCH. *die Konjunktur betreffend*

Kon·junk·tur·in·dex *der* <-, Konjunkturindizes> *statistische Zahlen, die die relativen Veränderungen (mit Bezug auf Mittelwerte) von Preis-, Mengen- und Umsatzentwicklungen darstellen*

Kon·junk·tur·mo·tor *der* <-s, -en> *etwas, das die Konjunktur belebt: Es ist die Frage, inwieweit Steuersenkungen ein Konjunkturmotor sein können.*

Kon·junk·tur·po·li·tik *die* <-> */kein Plur./* WIRTSCH. *politische Maßnahmen zur Verminderung von Konjunkturschwankungen* ▸ konjunkturpolitisch

Kon·junk·tur·sprit·ze *die* <-, -n> WIRTSCH. *finanzielle Maßnahmen des Staates zur Verbesserung der Konjunkturlage*

Kon·junk·tur·über·hit·zung *die* <-> */kein Plur./ zu schnelles Wirtschaftswachstum, so dass die Gefahr der Wirtschaftsinstabilität eintritt*

Kon·junk·tur·um·schwung *der* <-s, Konjunkturumschwünge> *die Situation der Konjunktur, in der sie von einem Zyklus (Auf-, Abschwung/Tief, Hoch) in den anderen eintritt*

Kon·junk·tur·zy·k·lus *der* <-, Konjunkturzyklen> WIRTSCH. *periodischer Wechsel von Konjunkturaufschwung oder Hoch und Konjunkturrückgang oder Tief*

kon·kav *adj /nicht steig./ (↔ konvex) nach innen gewölbt: Die Linse ist konkav.*

Kon·kav·spie·gel *der* <-s, -> *Spiegel, dessen Spiegelfläche konkav gewölbt ist*

Kon·kla·ve *das* <-s, -n> REL. ❶ *abgeschlossener Versammlungsraum, in dem die Kardinäle einen neuen Papst wählen* ❷ *Zusammenkunft der Kardinäle zur Wahl eines neuen Papstes*

Kon·klu·si·on *die* <-, -en> ❶ PHILOS. *in einem logischen Schluss die aus den Prämissen erschlossene Aussage* ❷ *die aus der lateinischen Rhetorik stammende Bezeichnung für die abschließende Formulierung eines Gedankens*

kon·kor·dant *adj /nicht steig./ (geh.) übereinstimmend*

Kon·kor·danz *die* <-, -en> *eine alphabetische Zusammenstellung der in einem Buch vorkommenden Wörter (mit Angabe der Belegstellen)*

Kon·kor·dat *das* <-(e)s, -e> ❶ POL. *Vertrag zwischen einem Staat und dem Vatikan* ❷ SCHWEIZ. *Vertrag zwischen Kantonen*

kon·kret *adj* ❶ *deutlich formuliert, präzise: Habt ihr schon konkrete Urlaubspläne?; Sie hat den Sachverhalt an einem konkreten Beispiel veranschaulicht.* ❷ *(↔ abstrakt) so, dass es anschaulich, sinnlich erfahrbar ist: Konkrete Beispiele sind besser als abstrakte Erklärungen.; In der Ausstel-*

lung werden neben Werken der abstrakten auch Gemälde der konkreten Malerei gezeigt.

kon·kre·ti·sie·ren <konkretisierst, konkretisierte, hat konkretisiert> *mit OBJ* ▪ *jmd. konkretisiert etwas veranschaulicht, im Detail ausführen: Könnten Sie Ihren Standpunkt/ Ihre Vorstellungen konkretisieren?*

Kon·kre·tum *das* <-s, Konkreta> SPRACHWISS. *ein Substantiv, das etwas Gegenständliches bezeichnet (wie z. B. ein Name)*

Kon·ku·bi·ne *die* <-, -n> *(abwert.) Geliebte*

Kon·kur·rent *der*, **Kon·kur·ren·tin** <-en, -en> *Mitbewerber, Rivale: Mit seinen Qualifikationen und Fähigkeiten hat der Bewerber alle Konkurrenten hinter sich gelassen und die Stelle erhalten.*

Kon·kur·renz *die* <-, -en> ❶ */kein Plur./ das Konkurrieren: Der Verkauf von Waren im Internet macht dem traditionellen Warenhandel zunehmend Konkurrenz.* ❷ */kein Plur./ Gesamtheit der Konkurrenten im wirtschaftlichen Bereich: Er hat bei der Konkurrenz gekauft.* ◆-produkt ❸ *sportlicher Wettbewerb: Sie hat alle Konkurrenzen in diesem Jahr gewonnen.* ❹ */kein Plur./ Gesamtheit aller sportlichen Konkurrenten: Der Weitspringer konnte sich gegen eine starke Konkurrenz durchsetzen.;* ▪ **außer Konkurrenz** *(bei der Teilnahme an einem Wettkampf) außerhalb der offiziellen Wertung*

Kon·kur·renz·druck *der* <-(e)s> */kein Plur./ Leistungsdruck infolge starken Wettbewerbs*

kon·kur·renz·fä·hig *adj so, dass jmd. oder etwas im (wirtschaftlichen) Wettbewerb mithalten kann*

Kon·kur·renz·fä·hig·keit *die* <-> */kein Plur./ die Möglichkeit, konkurrenzfähig zu sein*

Kon·kur·renz·kampf *der* <-(e)s, Konkurrenzkämpfe> */meist Sing./ alle Anstrengungen und Maßnahmen, die nötig sind, um im (wirtschaftlichen) Wettbewerb zu bestehen*

Kon·kur·renz·los *adj /nicht steig./ so gut, dass jmd. oder etwas keine ernsthafte Konkurrenz²,⁴ hat: Das Unternehmen/Der Sportler ist im Augenblick konkurrenzlos.*

Kon·kur·renz·mar·ke *die* <-, -n> *konkurrierender Hersteller von Markenartikeln*

Kon·kur·renz·pro·dukt *das* <-(e)s, -e> *eines von zwei oder mehreren ähnlichen Produkten verschiedener Firmen, zwischen denen eine bestimmte Zielgruppe von Käufern auswählen kann*

kon·kur·rie·ren <konkurrierst, konkurrierte, hat konkurriert> *ohne OBJ* ▪ *jmd. konkurriert mit jmdm. (um etwas* Akk.) *mit anderen in Wettbewerb treten: Mit den großen Konzernen kann der kleine Betrieb nicht konkurrieren.; Mehrere Anwärter konkurrieren um den Vorstandsposten.*

Kon·kurs *der* <-es, -e> ❶ WIRTSCH. *(≈ Insolvenz) Zahlungsunfähigkeit: Die Firma steht kurz vor dem Konkurs/ muss Konkurs anmelden/geht in Konkurs.* ❷ RECHTSW. *ein Gerichtsverfahren, bei dem das Vermögen eines zahlungsunfähigen Unternehmens anteilmäßig unter die Gläubiger aufgeteilt wird: Der Konkurs wurde abgewickelt/ eröffnet.*

Kon·kurs·er·öff·nung *die* <-, -en> *der offizielle Beginn eines Konkursverfahrens*

K

Kon·kurs·mas·se *die* <-, -n> *gesamtes Vermögen einer zahlungsunfähigen Firma*

Kon·kurs·ver·fah·ren *das* <-s, -> *Konkurs²*

Kon·kurs·ver·wal·ter *der*, **Kon·kurs·ver·wal·te·rin** <-s, -> *Bevollmächtigter des Gerichts für die Durchführung des Konkursverfahrens*

Kön·nen *das* <-s> /kein Plur./ *(besondere) Fähigkeit, Fertigkeit:* Bei dieser Arbeit musste sie ihr gesamtes handwerkliches Können unter Beweis stellen.; Diese Leistung zeugt von Talent und Können.

kön·nen¹ <kannst, konnte, hat gekonnt> **I.** *mit OBJ* ■ *jmd. kann etwas (umg.) fähig sein, etwas zu tun; etwas beherrschen:* Können Sie Russisch?; Er kann hervorragend turnen.; Keiner kann alles.; Sie kann, will nicht aber. **II.** *ohne OBJ* ❶ ■ *jmd. kann (irgendwohin) (umg.) dürfen:* Kann ich ins Freibad? ❷ ■ *jmd. kann nicht mehr (umg.) nicht weiterhin die Kraft oder Energie zu etwas haben:* Der Spieler wurde ausgewechselt, weil er nicht mehr konnte.; ■*für etwas nichts können/ nichts dafür können (umg.) nicht schuld an etwas sein;* ■*Du kannst mich mal! (umg.) Ausdruck starker persönlicher Ablehnung;* ■*Wie konntest du nur! (umg.) Ausdruck des Vorwurfs* Wie konntest du nur so etwas sagen/tun?; ■*mit jemandem gut können (umg.) sich mit jmdm. gut verstehen;* ■*Können wir? (umg.) (in Situationen des Aufbruchs mit der Bedeutung) „Seid Ihr fertig, können wir los?"*

kön·nen² <kannst, konnte, hat können> /Hilfsverb/ ■ *jmd./etwas kann etwas plus Inf.* ❶ *willens sein, etwas zu tun:* Kannst du mir bitte den Pfeffer herüberreichen? ❷ *die Möglichkeit haben, etwas zu tun:* Eine Ursache kann verschiedene Wirkungen haben.; Der Vulkan kann jederzeit wieder ausbrechen. ❸ *die Erlaubnis haben, etwas zu tun, dürfen:* Wer mit der Prüfung fertig ist, kann gehen. ❹ *müssen:* Der Computer ist abgestürzt. – Jetzt kann ich die ganze Seite noch einmal schreiben. ❺ *einen Grund, eine Berechtigung, etwas zu tun:* Wir können uns freuen, dass ...; Sie kann einem wirklich leidtun. ❻ *verwendet, um auszudrücken, dass man etwas vermutet oder eine Möglichkeit in Betracht zieht:* Sie kann den Termin auch vergessen haben.; Es kann durchaus sein, dass ...; Unser Besuch kann jeden Moment kommen. ❼ *eine logisch notwendige Folge ausdrückend:* Wenn er jetzt noch nicht da ist, kann er nur aufgehalten worden sein. ❽ *sich etwas verbitten:* Du kannst mir doch keine Befehle geben! ❾ *eine allgemeine Regel ausdrückend:* Vorsicht kann nie schaden.

Kön·ner *der*, **Kön·ne·rin** <-s, -> *jmd., der auf einem bestimmten Gebiet sehr gute Fähigkeiten hat:* Diese Bergtour/das Programmieren in XYZ/ der Selbstbau von Lautsprechern ist nur etwas für Könner.

Kon·no·ta·ti·on *die* <-, -en> SPRACHWISS. *(↔ Denotation) (assoziative) Nebenbedeutung, Begleitvorstellung*

Kon·quis·ta·dor *der* <-en, -en> *jmd., der an der Eroberung Südamerikas im 16. Jahrhundert teilgenommen hat*

Kon·rek·tor *der*, **Kon·rek·to·rin** <-s, -en> SCHULE *Stellvertreter des Rektors*

Kon·se·kra·ti·on *die* <-, -en> ❶ GESCH. *in der römischen Republik jede Übergabe einer Sache oder eines Ortes an eine Gottheit unter Mitwirkung des Staates* ❷ REL. *in der katholischen Kirche die Weihung einer Person oder Sache sowie die Bezeichnung für die Wandlung von Brot und Wein beim Abendmahl*

kon·se·ku·tiv *adj* SPRACHWISS. *auf die Folgen bezogen, die Folge bezeichnend:* Nebensätze haben häufig einen konsekutiven Sinn, indem sie sagen, was die Folge dessen ist, was im Hauptsatz ausgedrückt ist.

Kon·se·ku·tiv·dol·met·schen *das* <-s> /kein Plur./ *(↔ Simultandolmetschen) Art des Dolmetschens, bei der die Übersetzung nach der Äußerung in der Ausgangssprache erfolgt*

Kon·se·ku·tiv·satz *der* <-es, Konsekutivsätze> SPRACHWISS. *Nebensatz, der die Folge oder Konsequenz des im Hauptsatz genannten Sachverhaltes angibt*

Kon·sens *der* <-es, -e> /meist Sing./ *übereinstimmende Auffassung:* Es besteht ein Konsens unter allen Beteiligten darüber, dass ... ◆-gespräch, -partei

kon·se·quent *adj* ❶ *logisch zwingend, folgerichtig:* Ich habe mich konsequent an die Vorschriften gehalten.; Es war nur konsequent, dass sie gegangen ist. ❷ *unbeirrbar, beharrlich:* Sie hat konsequent ihre Ziele verfolgt.

kon·se·quen·ter·wei·se *adv so, dass jmd. konsequent verfährt:* Der Arzt diagnostizierte chronisches Asthma; konsequenterweise verlegte der Patient seinen Wohnsitz an die See.

Kon·se·quenz *die* <-, -en> ❶ /kein Plur./ *Folgerichtigkeit:* Über die Konsequenz einer derartigen Beiweisführung ließe sich streiten. ❷ /kein Plur./ *Unbeirrbarkeit, Beharrlichkeit:* Sie verfolgte ihr Ziel mit äußerster Konsequenz. ❸ /nur Plur./ *Folgen, Auswirkungen:* Welche Konsequenzen die zunehmende Umweltverschmutzung im Einzelnen hat, wird sich erst in den kommenden Jahren und Jahrzehnten zeigen.; ■*(aus etwas) die Konsequenzen ziehen nach einem Vorfall Folgerungen für sein zukünftiges Handeln ziehen* Der Minister zog die Konsequenzen aus dieser Affäre und trat zurück.

Kon·ser·va·tis·mus *der* <-> /kein Plur./ *Bezeichnung für die aus dem Bedürfnis nach Kontinuität, Identität und Sicherheit entstehende Grundhaltung gegenüber dem sozialen Wandel und der Zukunft*

kon·ser·va·tiv, kon·ser·va·tiv *adj* ❶ *(↔ progressiv) an traditionellen Werten und überlieferten gesellschaftlichen Strukturen festhaltend:* Der Politiker ist konservativ eingestellt.; Sie vertritt konservative Ansichten. ❷ *nicht modern:* Zu derartigen Anlässen trug er bevorzugt konservative Anzüge/ Kleidung. ❸ MED. *ohne Operation:* Das kranke Organ wurde konservativ behandelt.

Kon·ser·va·tor *der*, **Kon·ser·va·to·rin** <-s, ...to·ren> *jmd., der sich beruflich um die Pflege und Erhaltung von Kunstwerken kümmert*

Kon·ser·va·to·ri·um *das* <-s, Konservatorien> *Lehrinstitut für Musik, das einer Musikhochschule ähnlich ist*

Kon·ser·ve *die* <-, -n> ❶ *Dose oder Glas mit haltbar gemachter Nahrung* ◆-nbüchse, -ndose, -nfabrik, -nglas, -nvergiftung ❷ *dauerhaft haltbar gemachte Nahrung in einer Konserve[1]* ❸ *(umg.) Tonträger für Musik:* Musik aus der Konserve (statt live)

kon·ser·vie·ren <konservierst, konservierte, hat konserviert> *mit OBJ* ■ *jmd. konserviert etwas* ❶ *(Lebensmittel) durch geeignete Verfahren haltbar machen* ❷ *durch spezielle Behandlung erhalten:* Die Fresken hat ein Fachmann konserviert.

Kon·ser·vie·rung *die* <-> /kein Plur./ *das Konservieren/Haltbarmachen* ◆-smittel, -sstoff, -sverfahren

kon·sis·tent *adj* ❶ *fest:* Man sollte darauf achten, konsistentes Material zu verwenden. ❷ *beständig, stabil:* Es wurde versucht, konsistent bleibende Rahmenbedingungen für die Versuchsreihe zu schaffen. ❸ PHILOS. *in sich stimmig:* Seine Ausführungen waren so weit konsistent.

Kon·sis·tenz *die* <-, -en> ❶ *Zusammensetzung, Art, Beschaffenheit:* Die Soße war von dicker/flüssiger Konsistenz. ❷ *Stabilität hinsichtlich der Verformbarkeit oder Veränderbarkeit eines Gegenstandes* ❸ *innere Stimmigkeit*

Kon·so·le *die* <-, -n> ❶ BAUW. *stützender, tragender Mauervorsprung (für Bögen, Statuen)* ❷ *tischähnliches Möbelstück mit zwei Beinen, das an der Wand befestigt ist* ❸ *ein Gerät, mit dessen Hilfe man elektronische Spiele auf einem Fernseher spielen kann* ◆Spiel-

Kon·so·li·da·ti·on *die* <-, -en> ❶ GEOGR. *Versteifung von Erdkrustenteilen* ❷ WIRTSCH. *Konsolidierung* ❸ RECHTSW. *Vereinigung bestimmter eingeschränkter Rechte an Grundstücken*

kon·so·li·die·ren <konsolidierst, konsolidierte, hat konsolidiert> I. *mit OBJ* ■ *jmd. konsolidiert etwas* WIRTSCH. *(geh.) Finanzen festigen, in ihrem Bestand sichern:* Der Firmenchef hatte in den vergangenen Jahren die Finanzlage seines Unternehmens konsolidiert. II. *mit SICH* ■ *jmd./etwas konsolidiert sich stabil werden:* Nach dem Ende des Bürgerkrieges in diesem Land konsolidieren sich allmählich die Verhältnisse.

Kon·so·li·die·rung *die* <-, -en> *das Konsolidieren*

Kon·so·li·die·rungs·kurs *der* <-es, -e> *das Bemühen, etwas durch geeignete Maßnahmen zu konsolidieren I*

Kon·so·nant *der* <-en, -en> SPRACHWISS. (↔ Vokal) *ein Laut, bei dessen Artikulation der Luftstrom teilweise oder vollständig behindert wird; Mitlaut*

kon·so·nan·tisch *adj* /nicht steig./ SPRACHWISS. *in der Art eines Konsonanten:* konsonantisch klingend; konsonantisch auslautend

Kon·sor·te *der,* **Kon·sor·tin** <-n, -n> ❶ *Mitglied eines Konsortiums* ❷ *(abwert.) Mitschuldiger, Mittäter*

Kon·sor·ti·um *das* <-s, Konsortien> WIRTSCH. *vorübergehender Zusammenschluss von Unternehmen zur gemeinsamen Abwicklung von Geschäften*

Kon·s·pi·ra·ti·on *die* <-, -en> *(geh.) Verschwörung*

kon·s·pi·ra·tiv *adj* /nicht steig./ ❶ *eine Konspiration planend, vorbereitend* ❷ *einer Konspiration dienend:* Die Polizei untersuchte mehrere konspirative Wohnungen.

kon·s·tant *adj* ❶ *beständig, gleich bleibend:* Das Wasser in dieser Bucht hat im Sommer eine konstante Temperatur von 24 Grad. ❷ *ständig:* Wir hatten konstant schönes Wetter. ❸ *beharrlich:* Sie weigerte sich konstant, dieses Projekt zu unterstützen.

Kon·s·tan·te *die* <-, -n> MATH., PHYS. *gleich bleibende Größe*

Kon·s·tanz[1] *die* <-> /kein Plur./ *(geh.) Beständigkeit, Unveränderlichkeit*

Kon·s·tanz[2] *Universitäts- und Kreisstadt an der deutsch-schweizerischen Grenze am Bodensee*

kon·s·ta·tie·ren <konstatierst, konstatierte, hat konstatiert> *mit OBJ* ■ *jmd. konstatiert etwas (geh.)* ❶ *feststellen, bemerken:* Sie konstatierte einige Ungereimtheiten. ❷ *nachdrücklich sagen:* Am Ende der Besprechung konstatierte der Chef nochmals, dass …

Kon·s·tel·la·ti·on *die* <-, -en> ❶ ASTRON. *Stellung der Planeten und des Mondes zur Sonne und zueinander* ❷ *Gesamtsituation, die sich aus dem Zusammentreffen bestimmter Umstände ergibt*

kon·s·ter·niert *adj (geh.) unangenehm überrascht, bestürzt, verblüfft:* Nachdem er das Telefonat beendet hatte, verließ er konsterniert den Raum.

Kon·s·ti·tu·en·te *die* <-, -n> SPRACHWISS. *sprachliche Einheit in einem Satz, die durch eine linguistische Analyse (Konstituentenanalyse) ermittelt wird*

kon·s·ti·tu·ie·ren <konstituierst, konstituierte, hat konstituiert> I. *mit OBJ* ■ *jmd. konstituiert etwas gründen:* Sie konstituierten einen Verein/ein Komitee/einen neuen Lehrstuhl. II. *mit SICH* ■ *jmd./etwas konstituiert sich entstehen, sich bilden, sich zusammenschließen:* Die Interessengemeinschaft konstituierte sich bereits vor Monaten.

Kon·s·ti·tu·ti·on *die* <-, -en> ❶ /kein Plur./ *körperliche Verfassung:* Seine körperliche Konstitution war nach dem Training hervorragend. ❷ *Gesamterscheinungsbild eines Menschen:* Er hatte die Konstitution eines Athleten. ❸ POL. *Verfassung eines Staates:* Die Konstitution des amerikanischen Staates hat vielfach auf Europa zurückgewirkt. ❹ *Bezeichnung für einen Erlass in der katholischen Kirche:* die apostolische Konstitution

kon·s·ti·tu·ti·o·nell *adj die Konstitution betreffend*

kon·s·ti·tu·tiv *adj grundlegend, bestimmend:* Mathematik ist für den Bereich der Naturwissenschaften konstitutiv.

kon·s·tru·ie·ren <konstruierst, konstruierte, hat konstruiert> *mit OBJ* ■ *jmd. konstruiert etwas* ❶ *einen Plan entwerfen und etwas nach diesem Plan bauen:* Er konstruiert Autos/Brücken/Schiffe. ❷ MATH. *eine geometrische Figur zeichnen* ❸ *(abwert.) auf rein theoretische, künstlich und unglaubwürdig klingende Weise erfinden, herstel-*

len: Sie hat aus den wenigen Forschungsergebnissen eine gewagte Theorie konstruiert.; Die Handlung des Buches/das Alibi klingt allzu konstruiert. ❹SPRACHWISS. *Wörter, Fügungen, Sätze nach den Regeln der Grammatik bilden*

Kon·s·t·rụkt *das* <-(e)s, -e> *(wissenschaftliche) Arbeitshypothese, gedanklich konstruiertes Gebilde als Erklärungshilfe*

Kon·s·t·rук·teur *der,* **Kon·s·t·ruk·teu·rin** [kɔnstrʊkˈtøːɐ̯] <-s, -e> *Fachmann, der beruflich Objekte konstruiert [1]*

Kon·s·t·ruk·ti·on *die* <-, -en> ❶ *das Konstruieren [1]:* Die Konstruktion dieses Autos hat Unsummen von Geld gekostet. ❷MATH. *das Konstruieren [2]:* Die Schülerin ist mit der Konstruktion eines Dreiecks beschäftigt. ❸SPRACHWISS. *das Konstruieren [4]:* Wir üben heute die Konstruktion von Passivsätzen. ❹ *durch Konstruieren [1] entstandenes Objekt:* Bei dieser Brücke handelt es sich um eine alte Konstruktion. ❺SPRACHWISS. *durch Konstruieren [4] entstandene sprachliche Einheit:* Diese Konstruktion ist grammatisch nicht korrekt. ❻ *(geh.) gedanklicher Aufbau:* Sie verbrachte Jahre mit der Konstruktion ihrer Theorie.

Kon·s·t·ruk·ti·ons·feh·ler *der* <-s, -> *Fehler in einer Konstruktion [4]*

kon·s·t·ruk·tiv, kọn·s·t·ruk·tiv *adj* ❶ *so, dass eine positive Entwicklung gefördert, eine Verbesserung erreicht wird:* Ich erwarte bis nächste Woche konstruktive Vorschläge von Ihnen.; Ich habe nichts gegen konstruktive Kritik, nur die ewige Nörgelei geht mir auf die Nerven. ❷ *die Konstruktion [1, 2] betreffend, darauf beruhend:* konstruktive Prinzipien

Kon·s·t·ruk·ti·vis·mus *der* <-> */kein Plur./* ❶ *Richtung der Plastik und Malerei der ersten Hälfte des zwanzigsten Jahrhunderts, deren Vertreter einem mathematisch-technischen Gestaltungsprinzip anhingen* ❷ *Richtung innerhalb der russischen Literatur, deren Vertreter sich um die Bedingungen der proletarischen Kunst bemühten* ❸PHILOS. *eine Richtung innerhalb der Wissenschaftstheorie und Philosophie, deren Vertreter sich auf ein Begründungsverfahren beziehen, das die Herstellbarkeit/Konstruierbarkeit (statt bloßer Definierbarkeit) von Grundelementen in Mathematik und Physik betont*

Kon·s·t·ruk·ti·vi·tät *die* <-> */kein Plur./* PHILOS. *wissenschaftstheoretischer Terminus für eine Reihe von Kriterien, die eine (konstruktive) Theorie nach den Vorstellungen des Konstruktivismus [3] erfüllen sollte (mit Bezug auf ihren Anwendungsbereich, ihre Methoden, ihren Aufbau)*

Kọn·sul *der,* **Kọn·su·lin** <-s, -n> ❶ *jmd., der offiziell die (wirtschaftlichen) Interessen eines Staates im Ausland vertritt* ❷GESCH. *einer der beiden obersten Beamten der römischen Republik*

Kon·su·lat *das* <-(e)s, -e> ❶ *Behörde, Amtsgebäude eines Konsuls [1]* ❷ *Amtszeit eines Konsuls [2]*

Kon·sul·ta·ti·on *die* <-, -en> ❶ *Beratung durch einen Fachmann:* Für seine Konsultationen berechnete mir der Anwalt/der Arzt 200 Euro. ❷POL. *gemeinsame Beratung (zwischen Regierungen, Ver-*

tragspartnern): Die Außenminister der Europäischen Union trafen sich zu Konsultationen in Paris.

kon·sul·tie·ren <konsultierst, konsultierte, hat konsultiert> *mit OBJ* ■ *jmd.* **konsultiert** *jmdn./etwas (geh.)* ❶ *zurate ziehen, um Rat fragen:* Du solltest besser einen Arzt/einen Experten konsultieren. ❷ *(übertr.) sich mithilfe eines Wörterbuchs, Lexikons o. Ä. vergewissern:* Wenn du nicht weißt, wie man dieses Wort schreibt/ausspricht/trennt, solltest du ein Wörterbuch konsultieren.

Kon·sum, Kọn·sum *der* <-s> */kein Plur./ Verbrauch:* Wir haben unseren Konsum von Fleisch und Wurst eingeschränkt.; Der Konsum von Alkohol/von Zigaretten schadet der Gesundheit.

Kon·sum·ar·ti·kel *der* <-s, -> *für den (alltäglichen) Konsum bestimmter Artikel*

Kon·su·ma·ti·on *die* <-, -en> ÖSTERR., SCHWEIZ. ❶ *das, was man in einer Gastwirtschaft verzehrt* hat ❷ *Zeche*

Kon·sum·den·ken *das* <-s> */kein Plur./ (oft abwert.) die Einstellung eines Menschen, der die Lebensqualität in erster Linie daran bemisst, wie viele Dinge man sich kaufen kann*

Kon·su·ment *der,* **Kon·su·men·tin** <-en, -en> WIRTSCH. *Verbraucher*

Kon·sum·ge·nos·sen·schaft *die* <-, -en> *Genossenschaft, die den gemeinsamen Großeinkauf von Lebensmitteln und sonstigen Gütern anstrebt, um sie an ihre Mitglieder in kleinen Mengen günstig abzugeben*

Kon·sum·ge·sell·schaft *die* <-, -en> *(oft abwert.) menschliche Gesellschaft, deren Lebensstil maßgeblich auf die Sicherung und Steigerung des Konsums ausgerichtet ist*

Kon·sum·gü·ter <-> *Plur. Waren, die man im alltäglichen Leben benötigt*

kon·su·mie·ren <konsumierst, konsumierte, hat konsumiert> *mit OBJ* ■ *jmd.* **konsumiert** *etwas (Lebens-, Genussmittel) verbrauchen*

Kon·su·mie·rung *die* <-> */kein Plur./ das Konsumieren*

Kon·sum·ori·en·tiert·heit *die* <-> */kein Plur./ einseitige Orientierung an den Vorstellungen des Konsumdenkens* ▸ konsumorientiert

Kon·sum·tem·pel *der* <-s, -> *(umg. abwert.) großes Einkaufszentrum*

Kon·sum·ter·ror *der* <-s> */ (abwert.) durch die Werbung erzeugter Druck, der den Verbraucher dazu bringen soll, ständig mehr Dinge als eigentlich nötig zu kaufen*

Kon·sum·ver·hal·ten *das* <-s> */kein Plur./ die Art und Weise, wie Konsumgüter zu ge- und verbraucht chen*

Kon·sum·ver·zicht *der* <-s> */kein Plur./ Verzicht auf den Kauf kurzlebiger Konsumgüter (und die Konzentration auf nachhaltige Güter)*

Kon·tạkt *der* <-(e)s, -e> ❶ *durch Gespräche und Treffen aufrecht erhaltene Verbindung, Beziehung (zu Freunden oder Bekannten):* Auch Jahre nach dem Abitur hält er im Kontakt zu seinen ehemaligen Mitschülern aufrecht.; Ich habe jeglichen Kontakt zu ihr verloren.; Die Polizei versuchte mit den Entführern Kontakt aufzunehmen. ❷ *(geh.) Berüh-*

K

rung: Sorgen Sie durch entsprechende Schutzkleidung dafür, dass die Haut nicht mit dem Pflanzenschutzmittel in Kontakt kommt! ③ ELEKTROTECHN. *das Sichberühren Strom führender Teile, meist zur Herstellung einer Strom leitenden Verbindung:* Der Bügel der Lok hat keinen Kontakt mit der Oberleitung. ④ ELEKTROTECHN. *Vorrichtung zum Schließen eines Stromkreises:* Er musste die Kontakte reinigen/erneuern/auswechseln. ◆ Getrennt- oder Zusammenschreibung →R 4.16 Kontakt suchend/kontaktsuchend

Kon·takt·ab·zug *der* <-s, Kontaktabzüge> FOTOGR. *Vervielfältigung eines Bildes in der Größe des Negativs*

Kon·takt·an·zei·ge *die* <-, -n> *eine Zeitungsanzeige, mit der jmd. eine persönliche Bekanntschaft (oder eine sexuelle Beziehung) sucht*

kon·takt·arm *adj /nicht steig./ (↔ kontaktfreudig) so, dass es einem Menschen schwer fällt, Verbindungen zu anderen Menschen aufzubauen*

Kon·takt·auf·nah·me *die* <-, -n> *der Vorgang, dass jmd. mit jmdm. in Kontakt¹ tritt*

Kon·takt·be·am·te *der*, **Kon·takt·be·am·tin** <-n, -n> *Revierpolizist*

Kon·takt·be·lich·tung *die* <-, -en> *ein Verfahren beim Kopieren, wobei die Belichtung durch die einseitig beschriftete Vorlage hindurch auf die lichtempfindliche Schicht des Kopierpapiers erfolgt*

Kon·takt·bild·schirm *der* <-(e)s, -e> EDV *(≈ Touchscreen) ein Bildschirm, über dessen Oberfläche sich durch Berühren Programme bedienen lassen*

Kon·takt·bör·se *die* <-, -n> *Treffen von Kapitalgebern und Ideenhabern*

Kon·takt·der·ma·ti·tis *die* <-> /kein Plur./ MED. *(≈ Kontaktekzem)*

Kon·takt·ek·zem *das* <-s, -e> MED. *gerötete, angeschwollene Hautstellen (meist verbunden mit Juckreiz und Bläschenbildung), die sich durch direkten Kontakt mit einem hautreizenden oder hautschädigenden Stoff bilden*

Kon·takt·frau *die* <-, -en> *siehe* **Kontaktmann**

kon·takt·freu·dig *adj (↔ kontaktarm) so, dass man gern andere Menschen kennen lernt, gesellig*

Kon·takt·gift *das* <-(e)s, -e> *ein chemischer Stoff, der bei Berührung (eines Schädlings) tödlich wirkt:* DDT war eine Zeit lang ein im Handel erwerbbares Kontaktgift.

Kon·takt·hof *der* <-s, Kontakthöfe> *Innenhof eines Eroscenters, wo sich der Kontakt zwischen Prostituierten und Freiern anbahnen kann*

kon·tak·tie·ren <kontaktierst, kontaktierte, hat kontaktiert> *mit OBJ* ■ *jmd. kontaktiert jmdn. mit jmdm. Kontakt aufnehmen*

Kon·takt·kle·ber *der* <-s, -> *ein Klebstoff, der dann besonders wirksam ist, wenn die bestrichenen Flächen erst dann zusammengebracht werden, wenn das enthaltene Lösungsmittel verdunstet ist*

Kon·takt·lin·se *die* <-, -n> /meist Plur./ *Sehhilfe in Form von einem Paar Kunststofflinsen, die direkt auf den Augen getragen werden*

kon·takt·los *adv /nicht steig./ ohne (sozialen) Kontakt* ▶ Kontaktlosigkeit

Kon·takt·mann *der*, **Kon·takt·frau** <-(e)s, Kontaktmänner/Kontaktleute> *Verbindungsmann oder -frau einer Werbeabteilung, der/die Öffentlichkeitsarbeit leistet*

Kon·takt·me·ta·mor·pho·se *die* <-, -n> *physikalisch-chemische Änderungen im Nebengestein von aufsteigender Magma (flüssiges Gestein eines Vulkans) durch die hohen Temperaturen und die aggressiven Dämpfe*

kon·takt·scheu *adj (↔ kontaktfreudig) menschliche Kontakte scheuend*

Kon·takt·sper·re *die* <-, -n> RECHTSW. *Unterbrechung jeglicher Verbindung von bestimmten Gefangenen untereinander und zur Außenwelt, einschließlich des schriftlichen und mündlichen Verkehrs mit dem Verteidiger*

Kon·takt·stu·di·um *das* <-s> /kein Plur./ *weiterbildendes Studium für Erwachsene, das den Kontakt zur wissenschaftlichen Forschung herstellen oder aufrechterhalten soll*

Kon·ta·mi·na·ti·on *die* <-, -en> *(fachspr.) Verunreinigung, (radioaktive) Verseuchung*

Kon·tem·p·la·ti·on *die* <-, -en> /meist Sing./ *(geh.) konzentriertes Nachdenken, geistige Versenkung*

kon·tem·p·la·tiv *adj /nicht steig./ beschaulich, besinnlich, in sich gekehrt*

Kon·ten *die* <-> Plur. von **Konto**

Kon·ter *der* <-s, -> SPORT *nach einer erfolgreichen Abwehr schnell eingeleiteter Gegenangriff:* Der Konter führte zu einem Tor.

Kon·ter·fei *das* <-s, -s> *(veralt. oder scherzh.) Bild, Fotografie von jmdm.*

kon·tern <konterst, konterte, hat gekontert> *ohne OBJ* ■ *jmd. kontert (jmdm.) (mit etwas Dat.)* ① *schlagfertig entgegnen, zurückweisen:* „Ich bin zwar für die Organisation des Gartenfestes, aber nicht für das Wetter verantwortlich ", konterte sie.; Derart in die Enge getrieben, konterte er mit der Bemerkung, dass … ② SPORT *aus der Defensive einen schnellen Gegenangriff einleiten*

Kon·ter·re·vo·lu·ti·on *die* <-, -en> *(≈ Gegenrevolution)* ▶ Konterrevolutionär

Kon·ter·schlag *der* <-s, Konterschläge> *Gegenschlag (auf eine Attacke)*

Kon·text *der* <-(e)s, -e> ① *(umg.) der sprachliche oder außersprachliche Zusammenhang, in dem eine Äußerung vorkommt:* Aus dem Kontext gerissen, erhält dieses Zitat eine völlig andere Bedeutung. ② *(geh.) Zusammenhang:* Man sollte diese Ereignisse im geschichtlichen Kontext betrachten. ③ *(↔ Kotext)* SPRACHWISS. *der ausschließlich situative Zusammenhang einer sprachlichen Äußerung; siehe auch* **Text**

Kon·ti·nent, **Kon·ti·nent** *der* <-(e)s, -e> ① *(≈ Erdteil)* Wie heißen die sechs Kontinente? ② /kein Plur./ *Europa (im Gegensatz zu Großbritannien):* Der Engländer erzählte mir, dass er dieses Jahr auf dem Kontinent Urlaub machen wolle.

kon·ti·nen·tal *adj /nicht steig./ den Kontinent betreffend, zu ihm gehörig, auf ihm vorkommend*

K

Kon·ti·nen·tal·kli·ma *das* <-s> */kein Plur./* GEOGR. *das für das Innere von großen Landmassen typische Klima mit warmen Sommern, kalten Wintern und maßvollen Niederschlagsmengen*
Kon·ti·nen·tal·ver·schie·bung *die* <-> */kein Plur./ die langsame Verschiebung der Kontinente auf dem Erdball*
Kon·tin·gent *das* <-(e)s, -e> ❶ *die Menge, Zahl oder Leistung, die anteilmäßig zugeteilt oder erbracht werden muss:* Für die Fans der Gastmannschaft steht ein Kontingent von 5000 Karten zur Verfügung. ❷ MILIT. *Truppenkontingent*
Kon·ti·nua *die* <-> Plur. von **Kontinuum**
kon·ti·nu·ier·lich *adj (geh.) ununterbrochen, stetig:* Im Verlauf des Turniers hatte sich die Mannschaft kontinuierlich gesteigert.
Kon·ti·nu·i·tät *die* <-> */kein Plur./ (geh.) Stetigkeit, gleichmäßiger Fortgang*
Kon·ti·nu·um *das* <-s, Kontinua/Kontinuen> *lückenlos Zusammenhängendes:* In diesem Buch geht es um das Kontinuum der Zeit.
Kon·to *das* <-s, Konten> ❶ BANKW. *für einen Kunden bei einer Bank geführte Aufstellung über das Guthaben oder die Schulden sowie die Zahlungen und Einnahmen dieses Kunden:* Jedes Konto hat eine Soll- und eine Habenseite.; Ich habe die Nummer meines Kontos vergessen.; Er hat viel/wenig Geld auf seinem Konto.; Sie muss noch Geld von ihrem Konto abheben. ◆-abrechnung, -abschluss, -auszug, -bewegung, -inhaber(in), -nummer, -stand, Giro-, Spar- ❷ ■ **auf jemandes Konto** *(umg.) auf (jmds.) Rechnung* Die nächste Runde geht auf mein Konto.; ■ **auf jemandes Konto, auf das Konto einer Sache gehen/kommen** *(umg.) für etwas verantwortlich sein* Der Gegentreffer geht eindeutig auf das Konto des Torwarts.
Kon·to·buch *das* <-s, Kontobücher> WIRTSCH. *Buch, in dem die Konten der Kunden und Lieferanten aufgeführt sind*
Kon·to·füh·rung *die* <-> */kein Plur./* BANKW. *das Führen eines Kontos durch ein Bankinstitut* ◆-sgebühr
Kon·to·kor·rent *das* <-s, -e> WIRTSCH. ❶ *der Bereich der Buchführung, der die Konten der Abnehmer und Lieferanten umfasst* ❷ *eine kaufmännische Abrechnungsweise zwischen Personen, die miteinander in Geschäftsbeziehung stehen und bei der die gegenseitigen Ansprüche und Leistungen einander gegenüber gestellt werden*
Kon·tor *das* <-s, -e> *Niederlassung eines Handelsunternehmens, einer Reederei im Ausland*
Kon·to·rist *der*, **Kon·to·ris·tin** <-en, -en> *kaufmännischer Angestellter für einfache Verwaltungsarbeiten*
Kon·to·über·zie·hung, **Kon·to·über·zie·hung** *die* <-, -en> BANKW. *der Vorgang, dass jmd. mehr von seinem Konto abhebt als er einzahlt und somit Schulden macht*
Kon·t·ra *das* <-s, -s> *Ansage bei bestimmten Kartenspielen;* ■ **jemandem Kontra geben** *(umg.) jmdm. heftig widersprechen*
kon·t·ra, *a.* **con·t·ra** *präp +Akk.* RECHTSW. *gegen:* Hiermit ist die Verhandlung Meier kontra Müller eröffnet.

Kon·t·ra·bass *der* <-es, Kontrabässe> *(≈ Bassgeige) ein größeres, tief gestimmtes Saiteninstrument*
Kon·t·ra·hent *der*, **Kon·t·ra·hen·tin** <-en, -en> ❶ *(geh.) Gegner, Gegenspieler:* Der Sportler konnte sich gegen seine Kontrahenten klar durchsetzen.; Bei der öffentlichen Diskussion um das Für und Wider von Atomkraft gerieten die Kontrahenten heftig aneinander. ❷ RECHTSW. *Vertragspartner*
Kon·t·ra·in·di·ka·ti·on *die* <-, -en> MED. *Gegenanzeige, bei welcher das Medikament nicht verabreicht werden darf*
kon·t·ra·in·di·ziert *adv /nicht steig./* MED. *so, dass bei einem Medikament Kontraindikation besteht*
Kon·t·rakt *der* <-(e)s, -e> ❶ *(≈ Vertrag) (schriftliche) Vereinbarung, in der eine bestimmte Sache rechtsgültig zwischen zwei Parteien geregelt wird:* Das Theater hat mit dem Schauspieler einen Kontrakt abgeschlossen. ❷ *ein Dokument, in dem ein Kontrakt[1] ausgearbeitet ist:* Sie hat den Kontrakt unterschrieben.
Kon·t·rak·ti·on *die* <-, -en> MED. *das Sichzusammenziehen eines Muskels*
kon·t·ra·pro·duk·tiv *adj bestimmten Interessen entgegenwirkend und damit bestimmte Ergebnisse verhindernd:* Sein Vorgehen ist in diesem Fall äußerst kontraproduktiv.
Kon·t·ra·punkt *der* <-(e)s, -e> ❶ MUS. *die Kunst, in einer Komposition mehrere Stimmen selbstständig zu führen, so dass die Stimmen einander intervallmäßig Note um Note genau zugeordnet sind:* Bach war ein Meister des Kontrapunkts. ❷ *(geh.) ein Gegenpol zu etwas anderem*
kon·t·ra·punk·tisch *adj /nicht steig./* MUS. *in der Art des Kontrapunkts[1]*
kon·t·rär *adj (geh.) gegenteilig, gegensätzlich:* Wir war in diesem Punkt völlig konträrer Ansicht.
Kon·t·rast *der* <-(e)s, -e> ❶ *auffälliger Unterschied, starker Gegensatz:* Der Kontrast zwischen dem, was er sagte und was er tat, hätte nicht größer sein können. ❷ FOTOGR., FILM *Helligkeitsunterschied:* an einem Bildschirm den Kontrast einstellen
kon·t·ras·tie·ren <kontrastierst, kontrastierte, hat kontrastiert> *mit OBJ* ■ **jmd. kontrastiert etwas mit etwas** *Akk. (geh.) einen Kontrast[1] schaffen:* Der Autor kontrastiert die schöne Welt der Werbung mit der Realität.
kon·t·ras·tiv *adj* SPRACHWISS. *vergleichend, gegenüberstellend:* Er beschäftigt sich mit kontrastiver Grammatik.
Kon·t·rast·mit·tel *das* <-s, -> MED. *ein vor einer Röntgenuntersuchung dem Patienten verabreichter Stoff, der bewirkt, dass das zu untersuchende Gewebe auf dem Röntgenbild besser sichtbar ist*
Kon·t·rast·pro·gramm *das* <-s, -e> *eine öffentliche Veranstaltung oder Fenseh- oder Rundfunksendung, die bewusst eine Alternative zu einer anderen Veranstaltung oder Sendung sein will*
Kon·t·rast·reg·ler *der* <-s, -> *Regelungsfunktion an einem Computer- oder Fernsehbildschirm, die erlaubt, den Helligkeitskontrast zwischen den Zeichen und ihrem Hintergrund zu variieren*

K

kon·t·rạst·reich *adj reich an Kontrasten:* Dem Zirkusbesucher wird ein kontrastreiches Programm geboten.

kon·t·ra·zep·tiv *adv (fachspr.) empfängnisverhütend*

Kon·t·ra·zep·ti·vum *das* <-s, Kontrazeptiva> *(fachspr.) Empfängnisverhütungsmittel*

Kon·tri·bu·ti·on *die* <-, -en> *nach dem Völkerrecht die von der Bevölkerung eines Gebietes erhobene Steuer zur Finanzierung des Besatzungsheeres*

Kon·t·rọll·ab·schnitt *der* <-(e)s, -e> *von einer Eintrittskarte abtrennbarer Abschnitt*

Kon·t·rọll·aus·schuss *der* <-es, Kontrollausschüsse> *Ausschuss, der sich mit Fragen der Kontrolle von etwas befasst*

Kon·t·rọl·le *die* <-, -n> ❶ *Aufsicht, dauerhafte Überprüfung:* Computer sind unerlässlich für die technische Kontrolle des Kraftwerks. ❷ *Überprüfung, der jmd. oder etwas unterzogen wird:* Die Polizei kündigte an, regelmäßige/strenge/gründliche Kontrollen durchzuführen. ❸ *Herrschaft über etwas:* In einer Kurve verlor der Fahrer die Kontrolle über das Fahrzeug/geriet das Fahrzeug außer Kontrolle.

Kon·t·rol·leur *der*; **Kon·t·rol·leu·rin** [kɔntrɔ'løːɐ̯] <-s, -e> *jmd., der (beruflich) etwas kontrolliert:* Die Kontrolleurin ließ sich die Fahrkarten/Eintrittskarten zeigen.

Kon·t·rọll·gang *der* <-(e)s, Kontrollgänge> *Rundgang, auf dem jmd. etwas kontrolliert [1]*

Kon·t·rọll·grup·pe *die* <-, -n> *diejenige Gruppe, die bei sozialpsychologischen Experimenten an einem leicht variierten Experiment teilnimmt, um den Unterschied zum eigentlichen Verlauf des Experiments an der Experimentiergruppe zu verdeutlichen*

kon·t·rol·lier·bar *adj /nicht steig./* ❶ *beherrschbar:* Es gibt ein Risiko, aber es ist kontrollierbar. ❷ *nachprüfbar:* Es ist heute kaum mehr kontrollierbar, ob ...

kon·t·rol·lie·ren <kontrollierst, kontrollierte, hat kontrolliert> *mit OBJ* ■ *jmd./etwas kontrolliert jmdn./etwas* ❶ (≈ *überprüfen*) *durch bestimmte Methoden genau prüfen, dass etwas einen bestimmten Zustand hat:* Mitarbeiter kontrollieren die gleich bleibende Qualität unserer Produkte.; An der Grenze wurde unser Gepäck kontrolliert.; Die gleich bleibende Warenqualität wird durch ein computergesteuertes Prüfsystem kontrolliert. ❷ (≈ *beherrschen, lenken*) *Kontrolle[3] über etwas ausüben:* Der Konzern kontrolliert inzwischen den gesamten Markt.; Auf der spiegelglatten Fahrbahn konnte der Fahrer seinen Wagen nicht mehr kontrollieren und schleuderte in den Graben.

kon·t·rol·liert <kontrollierter, am kontrolliertesten> I. *Part. Perf. von* **kontrollieren** II. *adv unter Kontrolle:* In der Öffentlichkeit verhält er sich kontrollierter als in der privaten Sphäre.

Kon·t·rọll·kom·mis·si·on *die* <-, -en> *zur Kontrolle[1] von etwas eingesetzte Kommission*

Kon·t·rọll·lam·pe *die* <-, -n> *an einem technischen Gerät angebrachtes Lämpchen, dessen Brennen anzeigt, dass das Gerät eingeschaltet ist*

Kon·t·rọll·leuch·te *die* <-, -n> *Lampe auf dem Armaturenbrett einer Maschine (Auto, Flugzeug, Lokomotive …) oder eines Steuerungspultes, die sich bei einer Funktionsstörung automatisch einschaltet*

Kon·t·rọll·maß·nah·me *die* <-, -n> *eine gezielt eingesetzte Kontrolle:* Nach dem Zugunglück wurde eine Kontrollmaßnahme an allen Rädern dieses Zugtyps eingeleitet.

Kon·t·rọll·num·mer *die* <-, -n> *eine Nummer, die etwas als Zeichen dafür bekommt, dass es unter einem bestimmten Aspekt kontrolliert worden ist*

Kon·t·rọll·or·gan *das* <-s, -e> *Behörde, die mit Kontrollaufgaben beschäftigt ist*

Kon·t·rọll·rat *der* <-s> */kein Plur./ Bezeichnung für das am 8. August 1945 gebildete oberste Regierungsorgan, das die vier Besatzungsmächte (England, Frankreich, Russland, USA) über Deutschland einsetzten, um ein einigermaßen einheitliches Vorgehen im besetzten Deutschland zu gewährleisten*

Kon·t·rọll·stem·pel *der* <-s, -> *Stempel, der zum Zeichen dafür, dass etwas unter einem bestimmten Aspekt kontrolliert worden ist, aufgedrückt wird:* Der Kontrollstempel auf den Waren beweist, dass sie durch die Warenkontrolle gegangen sind.

Kon·t·rọll·turm *der* <-(e)s, Kontrolltürme> (≈ *Tower*) *ein Gebäude auf einem Flughafen, von dem aus der Flugverkehr überwacht wird*

Kon·t·rọll·uhr *die* <-, -en> *Gerät, das die Arbeitszeiten, Parkzeiten o. Ä. anzeigt, d.h. die Anfangszeit, die Endzeit und die Zeitdauer des Arbeitens, Parkens usw.*

Kon·t·rọll·ver·merk *der* <-s, -e> *ein Zeichen oder eine kurze Notiz, die zum Zeichen dafür auf etwas geschrieben sind, so dass jmd. oder etwas unter einem bestimmten Aspekt kontrolliert worden sind:* Beim Grenzübertritt machte der Grenzpolizist einen Kontrollvermerk in meinen Pass.

Kon·t·rọll·zen·t·rum *das* <-s, Kontrollzentren> *der Ort (mit seinen technischen Einrichtungen), von dem aus Raumflüge überwacht und geleitet werden:* das Kontrollzentrum der NASA in Houston

kon·t·ro·vers *adj (geh.)* ❶ *entgegengesetzt:* In dieser Angelegenheit vertreten die beiden kontroverse Standpunkte. ❷ (≈ *umstritten*) *so, dass über etwas heftig diskutiert wird und keine Einigkeit darüber besteht:* In der Diskussion ging es um die kontroverse These, ob ...

Kon·t·ro·ver·se *die* <-, -n> *(geh.) Auseinandersetzung:* Der Vorschlag löste eine heftige Kontroverse aus.

Kon·tur *die* <-, -en> */meist Plur./ die Linie, die entsteht, wenn man den äußeren Rand von etwas nachzeichnet:* Auf dem unterbelichteten Bild kann man nur Konturen erkennen.

Kon·tu·ren·stift *der* <-s, -e> *Stift zum Nachzeichnen der Konturen der Lippen*

kon·tu·rie·ren <konturierst, konturierte, hat konturiert> *mit OBJ* ■ *jmd. konturiert etwas* Konturen zeichnen

Ko·nus *der* <-, -se> MATH. *kegelförmiger Körper*

Kon·vek·ti·on *die* <-, -en> PHYS. ❶ *Strömungsbe-*

wegung in Gasen oder Flüssigkeiten ➋ Bezeichnung für eine vertikale Luftbewegung

Kon·vek·ti·ons·hei·zung *die* <-, -en> *eine Heizung, deren Heizkörper (mit Lamellen) mit Konvektion² arbeiten, d.h. die einen Luftstrom dadurch in Gang setzen , dass die erwärmte Luft nach oben steigt und kalte Luft nachzieht*

Kon·vek·tor *der* <-s, ...-toren> *Heizkörper (als Teil einer Konvektionsheizung)*

Kon·vent *der* <-(e)s, -e> ➊ REL. *Versammlung der (stimmberechtigten) Mitglieder eines Klosters* ➋ *eine Zusammenkunft von Pfarrern* ➌ *ein Gremium an einer Hochschule*

Kon·ven·ti·on *die* <-, -en> ➊ *(völkerrechtliches) Abkommen:* eine Konvention zum Schutz der Menschenrechte; die Genfer Konvention ➋ */meist Plur./ als Norm traditionell anerkannte, gesellschaftliche Verhaltensregel:* Er hat sich über alle Konventionen hinweggesetzt.

Kon·ven·ti·o·nal·stra·fe *die* <-, -n> RECHTSW. *eine (bei Abschluss eines Vertrages festgelegte) Geldsumme, die ein Vertragspartner bezahlen muss, wenn er die im Vertrag beschriebene Leistung nicht zum vereinbarten Termin erbringt*

kon·ven·ti·o·nell *adj* ➊ *(geh.:* ↔ unkonventionell) *den Konventionen² entsprechend, herkömmlich:* Er vertritt konventionelle Ansichten. ➋ *(≈ förmlich)* Auf dem Fest ging es sehr konventionell zu. ➌ MILIT. *verwendet, um alle Waffen zu bezeichnen, die nicht den chemischen, biologischen und Kernwaffen gehören:* Der Krieg wurde mit konventionellen Waffen geführt.

kon·ver·gent *adj* ➊ *(geh.)* übereinstimmend: Wie sich herausstellte, verfolgten wir konvergente Ziele. ➋ MATH. *die Eigenschaft einer unendlichen Reihe, einem endlichen Grenzwert zuzustreben*

Kon·ver·genz *die* <-, -en> ➊ *(geh.)* Übereinstimmung (von Meinungen, Zielen) ➋ MATH. *konvergentes² Verhalten* ➌ PSYCH. *das Zusammenwirken von Umwelt und Anlage als Prinzip individueller Entwicklung* ➍ BIOL. *Bezeichnung für die Ausbildung ähnlicher Merkmale hinsichtlich ihrer Gestalt und Organisation bei genetisch verschiedenen Lebewesen:* Die spindelformigen Körperformen bei Fischen und im Wasser lebenden Säugetieren sind ein Beispiel für das Phänomen der Konvergenz in der Biologie.

Kon·ver·genz·kri·te·ri·um *das* <-s, ...-kriterien> MATH. *ein Nachweis der Konvergenz einer Folge oder Reihe nach dem Satz von Cauchy, dass eine Folge oder Reihe dann konvergent ist, wenn der Unterschied der Folgeglieder mit genügend großer Positionszahl beliebig klein wird*

kon·ver·gie·ren <konvergiert, konvergierte, hat konvergiert> *ohne OBJ* ■ *etwas konvergiert (fachspr.) etwas verhält sich so, dass es die Eigenschaften der Konvergenz erfüllt:* Die Entwicklungen von A und B konvergieren.

Kon·ver·sa·ti·on *die* <-, -en> */meist Sing./ (geh.:* ≈ Unterhaltung) *ein Gespräch von häufig oberflächlichem Charakter, das nur zur Unterhaltung geführt wird:* Ich habe nichts gegen eine geistreiche/gepflegte Konversation.

Kon·ver·sa·ti·ons·le·xi·kon *das* <-s, Konversationslexika> *(veralt.)* Enzyklopädie

Kon·ver·si·on *die* <-, -en> ➊ SPRACHWISS. *der Übertritt eines Wortes in eine andere Wortart, ohne dass damit eine formale Änderung des Wortes verbunden ist* ➋ Umstellung eines Rüstungskonzerns auf die Produktion ziviler Produkte ➌ REL. *Wechsel von einer Konfession zu einer anderen* ➍ PSYCH. *Umsetzung einer seelischen Erregung in ein körperliches Symptom* ➎ RECHTSW. *die Umdeutung eines aus Formgründen nichtigen Rechtsgeschäfts in ein rechtsgültiges, wenn das letztere bestimmten formalen Kriterien genügt*

Kon·ver·ter *der* <-s, -> *ein Industrieofen, der um die Horizontalachse drehbar ist:* Die Thomas-Birne in der Stahlerzeugung ist ein Beispiel für einen Konverter.

kon·ver·tie·ren <konvertierst, konvertierte, hat/ist konvertiert> **I.** *mit OBJ (haben)* ➊ ■ *jmd. konvertiert etwas in etwas Akk.* WIRTSCH. *eine Währung in eine andere umtauschen:* Er konvertiert Euro in US-Dollar. ➋ ■ *jmd. konvertiert etwas (in etwas Akk.)* EDV *eine Datei so verändern, dass sie mit einem anderen Programm geöffnet und bearbeitet werden kann:* Du musst die Daten konvertieren, sonst kann ich sie nicht in meiner Datenbank lesen. **II.** *ohne OBJ (haben o sein)* ■ *jmd. konvertiert (zu etwas Dat.)* REL. *von einem Glauben zum anderen übertreten:* Er konvertierte zum Christentum/Judentum/Islam.

Kon·ver·tit *der;* **Kon·ver·ti·tin** <-en, -en> REL. *jmd., der seinen Glauben wechselt*

kon·vex *adj /nicht steig./ (↔ konkav)* nach außen gewölbt: Die Linse ist konvex.

Kon·vex·lin·se *die* <-, -n> *(≈ Sammellinse) eine konvex gekrümmte Linse*

Kon·vex·spie·gel *der* <-s, -> *ein nach außen gewölbter Spiegel*

Kon·vikt *das* <-(e)s, -e> ➊ *Stift* ➋ ÖSTERR. *katholisches Internat*

Kon·voi, Kon·voi *der* <-s, -s> ➊ *zusammenhängende Fahrzeugkolonne:* Die große Hochzeitsgesellschaft fuhr im Konvoi von der Kirche ins Restaurant. ➋ MILIT. *Kraftfahrzeuge oder Schiffe, die in einem Verband zusammen mit Schutzfahrzeugen unterwegs sind* ◆ Militär-

Kon·vo·lut *das* <-(e)s, -e> *(geh.)* ➊ *Bündel von Schriftstücken oder Drucksachen* ➋ *Sammelband, Sammelmappe*

Kon·zen·t·rat *das* <-(e)s, -e> CHEM. *eine (flüssige) Substanz, in der ein Bestandteil in hoher Konzentration enthalten ist:* Dieser Orangensaft ist mit (Orangen-) Konzentrat hergestellt.

Kon·zen·t·ra·ti·on *die* <-, -en> ➊ */kein Plur./ Zustand großer (geistiger) Aufmerksamkeit:* Diese Aufgabe verlangt höchste Konzentration.; Sie kann stundenlang mit hoher Konzentration arbeiten. ➋ */kein Plur./ die Fähigkeit, sehr aufmerksam zu sein, sich zu konzentrieren II.1:* Meine Konzentration lässt allmählich nach. ➌ */kein Plur./ Bündelung der geistigen Aufmerksamkeit auf eine bestimmte Aufgabe hin:* Jetzt ist die Konzentration aller Kräfte/Gedanken auf dieses Ziel nötig. ➍ Vereinigung, Verdichtung: Die Fusion der Großbanken führte zu einer Konzentration der wirtschaftlichen Macht. **❺** CHEM. *der Anteil eines Stoffes in einem Gemisch:* Hierzu wird Schwefelsäure in hoher Konzentration verwendet.

Kon·zen·t·ra·ti·ons·fä·hig·keit *die* <-> /kein Plur./ *(≈ Konzentration[2]) die Fähigkeit, seine Aufmerksamkeit sehr intensiv auf eine Sache zu richten*

Kon·zen·t·ra·ti·ons·la·ger *das* <-s, -> GESCH. *(von den Nationalsozialisten errichtetes) Lager, in das Menschen aufgrund ihrer rassischen Zugehörigkeit beziehungsweise ihrer religiösen oder politischen Überzeugung gesperrt wurden, um dort unter menschenunwürdigen Bedingungen gefangen gehalten und ermordet zu werden*

Kon·zen·t·ra·ti·ons·schwä·che *die* <-, -n> MED., PSYCH. *Beeinträchtigung der Konzentrationsfähigkeit*

kon·zen·t·rie·ren <konzentrierst, konzentrierte, hat konzentriert> **I.** *mit OBJ* **❶ ▪** *jmd. konzentriert etwas auf etwas Akk. alle Aufmerksamkeit auf einen Gedanken oder ein Ziel lenken:* Wir müssen bei der Entwicklung des neuen Autos unsere Anstrengungen darauf konzentrieren, den Kraftstoffverbrauch auf ein Minimum zu senken. **❷ ▪** *jmd. konzentriert jmdn. irgendwo auf engem Raum sammeln, zusammenziehen:* Die Streitkräfte wurden an der Grenze konzentriert. **II.** *mit SICH* **❶ ▪** *jmd. konzentriert sich intensiv über etwas oder jmdn. nachdenken:* Sei bitte still, ich muss mich konzentrieren. **❷ ▪** *jmd. konzentriert sich auf etwas Akk. sich mit hoher Intensität und Aufmerksamkeit einer Sache widmen:* In den kommenden Wochen werde ich mich auf die Prüfungsvorbereitung konzentrieren.

kon·zen·t·riert I. *Part. Perf. von* **konzentrieren**
II. *adj* **❶** *(≈ aufmerksam) mit Konzentration[1]:* Er hörte konzentriert zu. **❷** *so, dass es in großer Menge oder Intensität vorhanden ist:* Der Versand bietet ein konzentriertes Angebot von CDs. **❸** CHEM. *so, dass es eine bestimmte Konzentration[5] aufweist*

kon·zen·t·risch *adj* MATH. *so, dass Kreise den gleichen Mittelpunkt haben:* Wenn man einen Stein ins Wasser wirft, bilden sich auf der Wasseroberfläche konzentrische Kreise.

Kon·zept *das* <-(e)s, -e> **❶** *(skizzenhafter) Entwurf (für eine größere Arbeit, einen längeren Text o. Ä.):* Das Konzept für seine Diplomarbeit hat er bereits fertiggestellt. **❷** *konkreter Plan für ein größeres und längerfristiges Vorhaben:* Der Abteilungsleiter hat ein völlig neues Konzept entworfen/präsentiert/realisiert/vorgestellt. ◆ Marketing-, Vertriebs-, Werbe- **❸ ▪ aus dem Konzept geraten/kommen** *bei einer Tätigkeit oder beim Reden vergessen, was man eigentlich tun oder sagen wollte;* **▪ jemanden aus dem Konzept bringen** *jmdn. ablenken;* **▪ jemandem nicht ins Konzept passen** *mit jmds. Plänen nicht übereinstimmen*

Kon·zept·hal·ter *der* <-s, -> *eine Vorrichtung, mit der man am Schreibtisch oder am Computer die Blätter, auf denen etwas notiert wurde, in ei-*

K

ner Schräglage so aufstellen kann, dass man Rücken und Nacken beim Lesen schonen kann

Kon·zep·ti·on *die* <-, -en> *Konzept[2]:* Er musste die Konzeption seiner Doktorarbeit mehrmals ändern.

kon·zep·ti·o·nell *adj /nicht steig./ (geh.) die Konzeption betreffend:* Das Projekt hat konzeptionelle Schwächen.

Kon·zept·pa·pier *das* <-(e)s, -e> **❶** /kein Plur./ *Schreibpapier für Konzepte[1]* **❷** *schriftlich ausgearbeitetes Konzept[2]*

Kon·zern *der* <-s, -e> WIRTSCH. *ein Zusammenschluss von gleichartigen, rechtlich selbstständigen Unternehmen mit gemeinsamer Leitung und Verwaltung* ◆ Industrie-, Rüstungs-

Kon·zern·füh·rung *die* <-, -en> *Leitung eines Konzerns*

Kon·zern·mut·ter *die* <-, Konzernmütter> *Muttergesellschaft eines Konzerns*

Kon·zern·toch·ter *die* <-, Konzerntöchter> *Tochtergesellschaft eines Konzerns*

Kon·zern·um·satz *der* <-es, Konzernumsätze> *der Umsatz eines Konzerns*

Kon·zern·zen·t·ra·le *die* <-, -n> *Bürokomplex, in dem sich die Leitung eines Konzerns befindet*

Kon·zert *das* <-(e)s, -e> **❶** *eine Veranstaltung, bei der Musik öffentlich aufgeführt wird:* Er besuchte am Wochenende ein Konzert der Rolling Stones/ der Wiener Philharmoniker. ◆ -besucher, -halle, Jazz-, Klavier-, Live-, Rock- **❷** *musikalische Gattung:* Der zeitgenössische Komponist hat mehrere Konzerte für Klavier und Orchester geschrieben.

kon·zer·tant *adj /nicht steig./* MUS. *wie ein Konzert:* Die konzertante Aufführung der Oper wurde im Fernsehen übertragen.

Kon·zert·gi·tar·re *die* <-, -en> MUS. *eine Form der akustischen Gitarre, die geeignet ist, Konzertliteratur für Gitarre solo oder mit einem Ensemble zusammen zu spielen*

kon·zer·tie·ren <konzertierst, konzertierte, hat konzertiert> *ohne OBJ* **▪** *jmd. konzertiert jmd. spielt ein Konzert:* Er konzertiert mit diesem Programm in vielen Ländern.

kon·zer·tiert *adj /nicht steig./ (geh.) aufeinander abgestimmt:* Es wurde beschlossen, mit einer konzertierten Aktion gegen die Arbeitslosigkeit vorzugehen.

Kon·zert·kar·te *die* <-, -n> *Eintrittskarte für ein Konzert*

Kon·zert·meis·ter *der;* **Kon·zert·meis·te·rin** <-s, -> MUS. *erster Geiger*

Kon·zert·pro·gramm *das* <-s, -e> **❶** *die Auflistung all der Kompositionen, die in einem Konzert oder in einer Reihe von Konzerten gespielt werden sollen:* Das Konzertprogramm für diese Saison steht fest. **❷** *die gedruckte Fassung des Konzertprogramms[1]*

Kon·zert·rei·se *die* <-, -n> *eine geplante Reise eines Solisten oder eines Orchesters (mit einem Solisten), so dass dieser Planung entsprechend an verschiedenen Orten dasselbe Programm aufgeführt wird*

Kon·zert·saal *der* <-(e)s, Konzertsäle> *zur Veranstaltung von Konzerten dienender Saal*

Kon·zert·sän·ger *der*, **Kon·zert·sän·ge·rin** <-s, -> *jmd., der die Voraussetzungen hat, als Solist in einem Konzert zu singen*

Kon·zes·si·on *die* <-, -en> ❶ */meist Plur./ (geh.)* *Zugeständnis:* Die Verhandlungen platzten, da die Beteiligten zu keinerlei Konzessionen bereit waren. ❷ AMTSSPR. *(≈ Lizenz) (befristete) behördliche Genehmigung:* Man hat dem Gastwirt die Konzession entzogen.

kon·zes·si·o·nie·ren <konzessionierst, konzessionierte, hat konzessioniert> *mit OBJ* ■ *jmd. konzessioniert etwas* AMTSSPR. *behördlich genehmigen*

Kon·zes·si·ons·in·ha·ber *der*, **Kon·zes·si·ons·in·ha·be·rin** <-s, -> *jmd., der eine Konzession² für etwas bekommen hat*

kon·zes·siv *adj /nicht steig./* SPRACHWISS. *einräumend:* Der Nebensatz „Obwohl ich heute morgen müde bin" ist ein konzessiver Nebensatz, der ein Zugeständnis ausdrückt. ▸ Konzessivsatz

Kon·zil *das* <-s, -e/-ien> REL. *Versammlung hoher katholischer Geistlicher:* Wann hat der Papst zuletzt ein Konzil einberufen?; ein päpstliches Konzil

kon·zi·li·ant *adj (geh.)* umgänglich, entgegenkommend

Kon·zi·li·anz *die* <-> */kein Plur./ (≈ Entgegenkommen, Umgänglichkeit) konziliante Art*

kon·zi·pie·ren <konzipierst, konzipierte, hat konzipiert> *mit OBJ* ❶ ■ *jmd. konzipiert etwas* ein Konzept für etwas entwerfen; etwas entwickeln: Hast du deine Diplomarbeit schon konzipiert? ❷ ■ *jmd. konzipiert etwas für etwas* Akk. *(≈ auslegen) bei der Planung eines Gebäudes, einer Anlage o. Ä. die Annnahme machen, dass eine bestimmte Zahl von Personen später die genannte Sache nutzen werden:* Der Vorlesungssaal ist für 500 Studenten konzipiert.

kon·zis *adj /nicht steig./ (geh.: ↔ weitschweifig) kurz gefasst, gedrängt:* Sein Vortrag war prägnant und konzis.

Ko·ope·ra·ti·on *die* <-, -en> *Zusammenarbeit:* Dieses Gerät entstand in Kooperation mit der Technischen Hochschule.; Von der Kooperation der beiden Fachbereiche erhofft man sich beträchtliche Synergien. ◆ -spartner(in), -svertrag

ko·ope·ra·ti·ons·be·reit *adv /nicht steig./ so, dass jmd.* Kooperationsbereitschaft zeigt ▸ Kooperationsbereitschaft

ko·ope·ra·tiv *adj (geh.) zusammenarbeitend, zusammenwirkend, in einer Kooperation engagiert:* sich am Arbeitsplatz sehr kooperativ verhalten

ko·ope·rie·ren <kooperierst, kooperierte, hat kooperiert> *ohne OBJ* ■ *jmd. kooperiert mit jmdm.* zusammenarbeiten (besonders auf wirtschaftlichem oder politischem Sektor)

Ko·or·di·na·te *die* <-, -n> MATH. *Zahlenangabe zur Festlegung eines Punktes in einem Koordinatensystem*

Ko·or·di·na·ten·ach·se *die* <-, -n> MATH. *eine Achse des Koordinatensystems:* Abszisse und Ordinate sind Koordinatenachsen.

Ko·or·di·na·ten·kreuz *das* <-es, -e> *das von zwei Koordinaten gebildete Achsenkreuz*

Ko·or·di·na·ten·sys·tem *das* <-s, -e> MATH. *zwei*

oder drei im rechten Winkel zueinanderstehende Linien/Achsen, mit deren Hilfe man die Lage eines Punktes bestimmt

Ko·or·di·na·ti·on *die* <-, -en> *(geh.) das Koordinieren*

ko·or·di·nie·ren <koordinierst, koordinierte, hat koordiniert> *mit OBJ* ■ *jmd. koordiniert etwas (geh.) mehrere Dinge, Personen, Sachverhalte oder Vorgänge im Hinblick auf ein Ziel zu einer bestimmten Ordnung fügen und aufeinander abstimmen:* Alle Arbeiten werden von der Projektleitung koordiniert.; Der Hotelmanager koordiniert den Einkauf frischer Produkte für die Küche.

Ko·or·di·nie·rung *die* <-, -en> *das Koordinieren*

Ko·pe·ke *die* <-, -n> *russische Münze mit dem Wert des hundersten Teils eines Rubels*

Kopf *der* <-(e)s, Köpfe> ❶ *der rundliche, durch den Hals mit dem Rumpf verbundener Teil des Körpers von Menschen und Tieren, in dem das Gehirn liegt und zu dem Augen und Ohren, Nase und Mund gehören:* ein großer/kleiner/runder Kopf; den Kopf zur Seite drehen; sich den Kopf an der Lampe stoßen ❷ *(übertr.) eine Person von einer bestimmten Intelligenz:* Sie ist ein kluger Kopf.; Das ist einer der hellsten Köpfe unseres Fachbereichs.; Man kann sagen, die besten Köpfe des Jahrhunderts waren an dieser Sache beteiligt. ❸ *leitende Persönlichkeit:* Er ist einer der führenden Köpfe des Unternehmens.; Die hierfür maßgeblichen Köpfe sitzen in der Entwicklungsabteilung ❹ *einzelner Mensch:* Pro Kopf kostet das Menü einundzwanzig Euro. ❺ *oberer, rundlicher Teil von etwas:* Die Blumen lassen die Köpfe hängen.; Ich brauche Schrauben mit flachen Köpfen. ❻ *der essbare, rundliche Teil von bestimmten Gemüsen und Salaten:* Ich hätte gerne einen Kopf Blumenkohl und einen Kopf Endiviensalat. ❼ ■ *jemandem brummt der Kopf (umg.) jmd. hat starke Kopfschmerzen;* ■ *nicht wissen, wo einem der Kopf steht (umg.) derart viel Arbeit haben, dass man nicht weiß, wo man beginnen soll;* ■ *nichts als jemanden/etwas im Kopf haben (umg.) nur an jmdn. oder etwas denken;* ■ *Kopf an Kopf* SPORT *dicht nebeneinander* Die Läufer gingen Kopf an Kopf durchs Ziel.; ■ *Kopf hoch! (umg.) verwendet als Aufforderung an jmdn., nicht zu verzweifeln;* ■ *jemandem den Kopf waschen (umg.) jmdn. scharf zurechtweisen;* ■ *den Kopf in den Sand stecken (umg.) eine drohende Gefahr nicht sehen wollen;* ■ *sich an den Kopf fassen (umg.) kein Verständnis für etwas haben;* ■ *jemandem über den Kopf wachsen (umg.) sich so entwickeln, dass jmd. eine Sache nicht mehr bewältigen kann;* ■ *über jemandes Kopf hinweg ohne jmdn. zu fragen;* ■ *Kopf und Kragen riskieren (umg.) sein Leben, seine Existenz aufs Spiel setzen;* ■ *nicht auf den Kopf gefallen sein (umg.) nicht dumm sein;* ■ *den Kopf hängen lassen (umg.) mutlos sein, resignieren, aufgeben;* ■ *mit dem Kopf gegen die Wand rennen (umg.) am Widerstand von jmdm. oder etwas scheitern;* ■ *jemandem etwas auf den Kopf zusagen Negatives, Persönliches ohne zu zögern, ganz direkt sagen* Er sagte ihr auf den Kopf

K

zu, dass sie eine Lügnerin sei.; ■**jemanden vor den Kopf stoßen** *(umg.) jmdn. in plumper Weise kränken;* ■**jemandem etwas an den Kopf werfen** *(umg.) jmdn. etwas Freches sagen;* ■**jemandem zu Kopf steigen** *(umg.) jmdn. überheblich, eingebildet machen;* ■**eine Rechenaufgabe im Kopf lösen** *etwas ohne Hilfsmittel ausrechnen;* ■**von Kopf bis Fuß** *von oben bis unten;* ■**einen klaren/kühlen Kopf behalten/bewahren** *nicht nervös werden;* ■**den Kopf verlieren** *(umg.) die Übersicht, Ruhe verlieren;* ■**jemandem den Kopf verdrehen** *(umg.) (durch sein Verhalten) erreichen, dass sich jmd. in einen verliebt;* ■**sich etwas durch den Kopf gehen lassen** *sich etwas in Ruhe überlegen;* ■**sich den Kopf zerbrechen** *(umg.) lange über die Lösung eines Problems nachdenken;* ■**sich etwas in den Kopf gesetzt haben** *etwas unbedingt wollen;* ■**... und wenn du dich auf den Kopf stellst** *(umg.) verwendet, um auszudrücken, dass man etwas unter keinen Umständen tun oder erlauben wird;* ■**sich etwas aus dem Kopf schlagen** *(umg.) einsehen, dass etwas unmöglich ist;* ■**jemand steht Kopf** *(umg.) jmd. ist verwirrt und aufgeregt Das ganze Kollegium stand Kopf, als es von den neuen Vorschriften hörte.;* ■**jemand macht sich einen Kopf** *(umg.)* jmd. macht sich Sorgen

Kopf·air·bag *der* <-s, -s> KFZ *ein Luftkissen, dass im Lenkrad eines Autos eingebaut ist, sich im Falle eines Auffahrunfalles selbst aufbläst und verhindert, dass der Kopf des Fahrers auf das Lenkrad schlägt*

Kopf·ar·beit *die* <-> /kein Plur./ *(umg.) geistige Arbeit*

Kopf·ar·bei·ter *der,* **Kopf·ar·bei·te·rin** <-s, -> *(umg.) jmd., der geistig arbeitet*

Kopf·ball *der* <-(e)s, Kopfbälle> SPORT *(Fußball) im Fußball ein mit dem Kopf gestoßener Ball* ◆-tor

Kopf·be·de·ckung *die* <-, -en> *ein Kleidungsstück, mit dem man den Kopf bedeckt:* Hüte und Mützen sind Kopfbedeckungen.

Kopf·be·we·gung *die* <-, -en> ❶*physiologische Bewegung des Kopfes* ❷*ein Zeichen, das man mit dem Kopf macht:* Er nickte, und das war die Kopfbewegung, mit der er signalisierte: Jetzt können wir anfangen.

Köpf·chen *das* <-s, -> ❶*kleiner Kopf* ❷*(umg.) Verstand:* Sie hat Köpfchen.

köp·fen <köpfst, köpfte, hat geköpft> I. mit OBJ ❶■*jmd. köpft jmdn. durch Enthauptung hinrichten* ❷■*jmd. köpft etwas* SPORT *(Fußball) mit dem Kopf stoßen:* Müller hat den Ball ins Tor geköpft. ❸■*jmd. köpft etwas (umg.) eine Flasche, die ein alkoholisches Getränk enthält, öffnen und den Inhalt trinken:* Zur Feier des Tages haben wir eine Flasche Sekt geköpft. II. *ohne OBJ* ■*jmd. köpft mit dem Kopf stoßen:* Meier köpft – und Tor!

Kopf·en·de *das* <-s, -n> (↔ Fußende) *der Teil eines Bettes, zu dem der Kopf einer Person weist, die im Bett liegt*

Kopf·frei·heit *die* <-> /kein Plur./ (↔ Beinfreiheit) *Bewegungsspielraum für Kopfbewegungen:*

In dem Führerhaus der neuen Serie von Lastwagen hat der Fahrer sehr viel mehr Kopffreiheit

Kopf·ge·burt *die* <-, -en> *(umg. abwert.) etwas Neues, das sich jmd. nur theoretisch ausgedacht hat, ohne es auf Erfahrung zu beziehen:* Die neuen bildungspolitischen Pläne sind Kopfgeburten von Bürokraten und haben mit der Wirklichkeit nichts zu tun.

Kopf·geld *das* <-(e)s> /kein Plur./ *eine Prämie, die jmd. bekommt, der der Polizei hilft, einen gesuchten Schwerverbrecher zu finden und festzunehmen*

Kopf·geld·jä·ger *der,* **Kopf·geld·jä·ge·rin** <-s, -> *jmd., der versucht, einen Verbrecher ausfindig zu machen, um Kopfgeld zu bekommen*

Kopf·haar *das* <-(e)s, -e> ❶*eines der auf dem Kopf wachsenden Haare* ❷/kein Plur./ (↔ Körperbehaarung) *Gesamtheit der auf dem Kopf wachsenden Haare*

Kopf·haut *die* <-> /kein Plur./ *die den oberen Teil des Kopfes bedeckende Haut*

Kopf·hö·he *die* ■*in Kopfhöhe in der Höhe des Kopfes* Bitte montieren Sie diesen Spiegel in Kopfhöhe

Kopf·hö·rer *der* <-s, -> *ein Gerät mit zwei kleinen Lautsprechern, die auf einem Bügel befestigt sind und die man auf die Ohren setzt:* Er hört Musik mit dem Kopfhörer. ◆-anschluss

-köp·fig *als Zweitglied zusammengesetzter Adjektive; drückt aus* ❶*dass eine Gruppe die mit dem Erstglied genannte Anzahl von Personen umfasst* ◆drei-, -zwei-, zehn-, viel- ❷*dass etwas die mit dem Erstglied genannte Zahl oder Art von Köpfen hat* ◆drei-, groß-, mehr-, viel- zwei-, zehn- ❸*dass die im Erstglied genannte Art des Haarwuchses gegeben ist* ◆glatz-, kahl-, kraus-, locken-

Kopf·kis·sen *das* <-s, -> *ein größeres Kissen, das beim Schlafen unter den Kopf gelegt wird* ◆-bezug

Kopf·la·ge *die* <-, -n> MED. (↔ Steißlage) *die normale Lage des Kindes im Mutterleib vor der Geburt (mit dem Kopf zum Ausgang der Gebärmutter)*

Kopf·län·ge *die* <-> /kein Plur./ *der Abstand von der Länge eines Kopfes;* ■**mit einer Kopflänge Vorsprung** *(umg.) mit einem ganz knappen Vorsprung* Der Hundertmeterlauf wurde von dem Sieger nur mit einer Kopflänge Vorsprung gewonnen.

kopf·las·tig *adj* ❶*(abwert.) zu stark vom Verstand oder Intellekt bestimmt:* Das Buch/Der Film war zu kopflastig. ❷*(von Schiffen, Flugzeugen) im vorderen Teil zu schwer (beladen)*

Kopf·laus *die* <-, Kopfläuse> *Parasit im menschlichen Kopfhaar²*

kopf·los *adj* ❶*nicht steig./ (umg.) (infolge großer Verwirrung) unfähig, klar zu denken oder sinnvoll zu handeln:* Als sie merkte, dass sie ihre Tasche verloren hatte, rannte sie kopflos zurück.; *ein kopfloser Entschluss*

Kopf·mas·sa·ge *die* <-, -n> *Massage der Kopfhaut*

Kopf·mensch *der* <-en, -en> *(umg. oft abwert.) jmd., der sich sehr einseitig nur auf seine intellektuellen Fähigkeiten stützt und Gefühlen zu wenig Bedeutung beimisst*

Kopf·ni·cken *das* <-s> /kein Plur./ (↔ Kopfschüt-

K

teln) das Nicken mit dem Kopf als Zeichen, dass jmd. einer Sache zustimmt oder jmdn. grüßt: Er antwortete stumm mit einem Kopfnicken.

Kopf·nuss die <-, Kopfnüsse> (umg. o veralt.) ❶ leichter Schlag mit den Fingerknöcheln auf den Kopf ❷ knifflige Denkaufgabe

Kopf·rech·nen das <-s> /kein Plur./ das Durchführen von Rechenoperationen ohne Hilfsmittel (wie zum Beispiel Taschenrechner)

Kopf·sa·lat der <-(e)s, -e> ein zarter, grüner Salat mit großen Blättern

kopf·scheu ■ jemanden kopfscheu machen (umg.) jmdn. verwirren, verunsichern, verängstigen

Kopf·schmerz der <-es, -en> /meist Plur./ Schmerzen im Kopf: Ich hatte so starke Kopfschmerzen, dass ich eine Tablette nehmen und mich ein Weilchen hinlegen musste.; dumpfe/rasende/stechende Kopfschmerzen; ■ etwas bereitet/macht jemandem Kopfschmerzen (umg.) etwas bereitet jmdm. Sorgen. ◆-tablette

Kopf·schmuck der <-(e)s> /kein Plur./ schmückende Bedeckung des Kopfes

Kopf·schüt·teln das <-s> /kein Plur./ (↔ Kopfnicken) das Schütteln des Kopfes als Zeichen, dass jmd. einer Sache nicht zustimmt oder dass er sich über etwas wundert oder ärgert: Der Vorschlag löste allgemeines Kopfschütteln aus.; Mit ihrem albernen Benehmen erntete sie nur ein missbilligendes Kopfschütteln.

Kopf·schutz der <-es> /kein Plur./ eine spezielle Bedeckung des Kopfes (wie zum Beispiel ein Helm), um ihn vor Verletzungen zu schützen

Kopf·sprung der <-(e)s, Kopfsprünge> (≈ Hechtsprung) ein Sprung mit (den Händen und) dem Kopf voran ins Wasser

Kopf·stand der <-(e)s, Kopfstände> SPORT eine Turnübung, bei der man auf dem Kopf steht und die Beine senkrecht nach oben gerichtet sind

kopf·ste·hen <stehst kopf, stand kopf, hat kopfgestanden> ohne OBJ (sein) ■ jmd. steht kopf (umg.) völlig überrascht, verblüfft, verwirrt sein: Als wir das hörten, standen wir Kopf.

Kopf·stein·pflas·ter das <-s> /kein Plur./ ein Straßenbelag aus grob behauenen Pflastersteinen, mit quadratischer oder rechteckiger Grundfläche

Kopf·steu·er die <-, -n> eine Steuer, die von jedem Bürger (pro Kopf) erhoben wird, ohne Rücksicht darauf, was sich der Einzelne finanziell leisten kann

Kopf·stim·me die <-, -n> MUS. die hohe Stimmlage, bei der hauptsächlich der Kopf als Resonanzraum eingesetzt wird

Kopf·stoß der <-es, Kopfstöße> SPORT ein gerichteter Stoß mit dem Kopf gegen einen Ball

Kopf·stück das <-(e)s, -e> KOCH. (↔ Schwanzstück) die vordere Hälfte eines Fisches

Kopf·stüt·ze die <-, -n> ein auf der Rückenlehne eines (Auto-)Sitzes angebrachtes Polsterelement, das den Kopf abstützt

Kopf·teil der/das <-s, -e> der Teil eines Sessels, an den man den Kopf anlehnen kann

Kopf·tuch das <-(e)s, Kopftücher> ein Tuch, das

(von Frauen) als Schutz oder Zierde um den Kopf gelegt und unter dem Kinn gebunden wird

kopf·über adv mit dem Kopf voran: Er sprang kopfüber ins Wasser.

Kopf·ver·let·zung die <-, -en> Verletzung am Kopf: Da der Radfahrer keinen Helm trug, erlitt er bei seinem Sturz schwere Kopfverletzungen.

Kopf·wä·sche die <-> /kein Plur./ ❶ das Shampoonieren der Haare: für die Kopfwäsche lauwarmes Wasser verwenden ❷ (umg.) der Vorgang, dass jmd. einem anderen gründlich die Meinung sagt und ihn zurechtweist

Kopf·weh das <-s> /kein Plur./ (umg.: ≈ Kopfschmerzen)

Kopf·zei·le die <-, -en> (≈ Betreffzeile) die oberste Zeile eines Briefes, die oberhalb des eigentlichen Texts steht und in kurzer Form das Thema des Schreibens nennt: Die Kopfzeile des Briefes sollte fett gedruckt sein.

Kopf·zer·bre·chen das <-s> /kein Plur./ intensives, besorgtes Nachdenken über ein schwieriges Problem: Die Sache bereitet mir Kopfzerbrechen.

Ko·pie die <-, -n> ❶ (≈ Fotokopie) die originalgetreue Reproduktion eines Schriftstückes, die ein Kopiergerät erzeugt: Ich habe von diesem Aufsatz eine Kopie gemacht. ◆ Farb- ❷ FOTOGR., FILM Abzug, Doppel: Von diesem Foto werde ich mehrere Kopien nachmachen lassen.; Der Film startet mit 500 Kopien in Deutschland. ❸ EDV eine von zwei oder mehreren identischen Dateien: Glücklicherweise habe ich eine Kopie dieser Daten auf Diskette. ◆ Sicherungs- ❹ (≈ Replikat) genaue Nachbildung: Auf dem Brunnen steht eine Kopie der Statue, während das Original im Museum steht. ❺ (oft abwert.: ≈ Imitation) minderwertige Nachahmung: Die Perlenkette ist nur eine billige Kopie.

ko·pie·ren <kopierst, kopiere hat kopiert> I. mit OBJ ❶ ■ jmd. kopiert etwas eine Kopie[1] herstellen: Ich habe meine Diplomarbeit dreimal kopiert. ❷ ■ jmd. kopiert etwas FOTOGR., FILM eine Kopie[2] herstellen ❸ ■ jmd. kopiert etwas EDV eine Kopie[3] herstellen: Ich habe für die Daten auf eine Diskette kopiert. ❹ ■ jmd. kopiert etwas eine Kopie[4] herstellen: Der Fälscher hat das Gemälde detailgenau kopiert. ❺ ■ jmd. kopiert jmdn. nachahmen, imitieren: Er versucht doch nur, sein großes Vorbild zu kopieren. II. ohne OBJ ■ jmd. kopiert jmd. ist mit dem Kopieren beschäftigt

Ko·pie·rer der <-s, -> kurz für „Kopiergerät"

ko·pier·fä·hig adj /nicht steig./ so, dass etwas nicht beschädigt wird, wenn es kopiert wird: Alte Bücher sind häufig nicht kopierfähig.

Ko·pier·ge·rät das <-(e)s, -e> Gerät zum Herstellen von Kopien[1]

Ko·pier·schutz der <-es> /kein Plur./ ein digitales Datenträgern vom Hersteller mitgegebenes Merkmal, durch welches verhindert wird, dass die auf dem Datenträger gespeicherte Information auf ein anderes (digitales) Medium kopiert werden kann

Ko·pier·sper·re die <-, -n> EDV meist auf Hardwarekomponenten beruhende Verhinderung der Ausführbarkeit der Kopierfunktion am PC

K

Ko·pi·lot *der,* **Ko·pi·lo·tin** <-en, -en> *zweiter Pilot eines Flugzeuges*

Ko·pist *der,* **Ko·pis·tin** <-en, -en> *Nachbildner, Nachahmer von Kunstwerken*

Kop·pel[1] *das/die* <-s/-, -n> MILIT. *zu einer Uniform gehörender (breiter) Ledergürtel*

Kop·pel[2] *die* <-, -n> *(eingezäunte) Weide:* Er führte die Pferde vom Stall auf die Koppel. ◆ Pferde-

kop·peln <koppelst, koppelte, hat gekoppelt> *mit OBJ* ❶ ▪ *jmd.* **koppelt etwas an etwas** *Akk./mit etwas Dat. miteinander verbinden:* Er koppelte den Waggon an die Lok.; Ich habe die Stereoanlage mit dem Computer gekoppelt. ❷ ▪ *jmd.* **koppelt etwas an etwas** *Akk. von etwas abhängig machen:* Sie koppelte ihre Zustimmung an eine Reihe von Bedingungen.

Kopp·lung, Kop·pe·lung *die* <-, -en> *das Koppeln, das Gekoppeltsein* ◆ -smanöver

Ko·pro·duk·ti·on *die* <-, -en> FILM, TV ❶ *gemeinsame Produktion (durch zwei Firmen oder Fernsehsender)* ❷ *ein Film, der in Koproduktion[1] entstanden ist:* Die deutsch-englische Koproduktion kommt nächste Woche in die Kinos.

Ko·pro·zes·sor, *a.* **Co·pro·zes·sor** *der* <-s, -en> EDV *Teil eines Rechnersystems, das einen peripheren Prozessor gegenüber dem zentralen Prozessor (CPU) darstellt, weil er unterstützende Funktionen, insbesondere bei mathematischen Aufgaben, erfüllt*

Kop·te *der,* **Kop·tin** <-n, -n> *ein arabisch sprechender, christlicher Nachkomme von altägyptischen Vorfahren*

kop·tisch *adv /nicht steig./ in der Art und Kultur der Kopten*

Ko·pu·la *die* <-, -s/Kopulae> ❶ PHILOS. *die logische Verbindung „und"* ❷ SPRACHWISS. *eines der Verben mit relativ vager Eigenbedeutung, deren Funktion darin besteht, die Beziehung zwischen Subjekt und Prädikativ herzustellen:* In dem Satz „Paris ist die Hauptstadt Frankreichs" fungiert „sein" als Kopula.

Ko·pu·la·ti·on *die* <-, -en> BIOL. *Begattung*

ko·pu·lie·ren <kopuliert, kopulierte, hat kopuliert> *ohne OBJ* ▪ *ein Tier kopuliert mit einem Tier* BIOL. *(von zwei Tieren) sich begatten*

Ko·ral·le *die* <-, -n> ❶ *eines von meist fest sitzenden, zu den Hohltieren gehörenden Meerestieren, die oft in einem Kalkgerüst in tropischen Meeren leben* ❷ *verästeltes, häufig hell rot gefärbtes Kalkgerüst der Koralle[1], das zu Schmuck verarbeitet wird:* eine Halskette aus Koralle

Ko·ral·len·fi·scher *der* <-s, -> *ein Fischer, der mit Schleppnetzen Edelkorallen in den Korallenriffen fängt*

Ko·ral·len·ket·te *die* <-, -n> *Halskette aus Korallen[2]*

Ko·ral·len·riff *das* <-s, -e> *größere zusammenhängende Kalkgerüste in tropischen Meeren von Korallen[1], die Kolonien bilden*

ko·ral·len·rot *adj /nicht steig./ hellrot wie Korallen*

Ko·ral·len·schlan·gen *die* <-> *Plur. Bezeichnung für drei Arten von Giftnattern, die fünfzig bis ein-*

hundertsechzig Zentimeter lang werden und meist sehr bunt sind mit leuchtend roten, gelben und schwarzen bis blauschwarzen Ringen

Ko·ran *der* <-s> /kein Plur./ REL. ❶ *das heilige Buch des Islams, das die Offenbarungen des Propheten Mohammed enthält* ◆ -lehrer, -schule, -unterricht ❷ *ein Exemplar des Koran[1]:* ein kostbar eingebundener Koran

Korb *der* <-(e)s, Körbe> ❶ *ein (geflochtener) Behälter:* Sie hat aus Weidenzweigen einen Korb geflochten; Hast du meinen Korb mit den Handarbeiten/mit dem Nähzeug gesehen?; Unsere Katze schläft in einem Korb.; Soll ich den Korb oder die Tasche zum Einkaufen mitnehmen? ◆ Binsen-, Einkaufs-, Henkel-, Papier-, Wäsche-, Weiden- ❷ *geflochtenes Material der Korbweide (das beispielsweise zur Herstellung von Möbeln verwendet wird):* Der Stuhl ist aus Korb. ◆ -möbel, -sessel, -stuhl ❸ *die Gondel eines Heißluftballons* ❹ SPORT *ein Metallring mit einem Netz, in den man beim Basketball treffen muss, um Punkte zu erzielen;* ▪ **jemandem einen Korb geben** *(umg.) jmds. Angebot ablehnen* Er forderte sie zum Tanz auf, sie gab ihm jedoch einen Korb.

Korb·ball *der* <-(e)s> /kein Plur./ (≈ Basketball)

Körb·chen *das* <-s, -> ❶ *kleiner Korb:* Die Katze liegt im Körbchen. ❷ *eine der beiden Schalen eines Büstenhalters* ◆ -größe

kör·be·wei·se *adv in großer Menge:* Der Star erhält jede Woche körbeweise Fanpost.

Korb·flech·ter *der,* **Korb·flech·te·rin** <-s, -> *jmd., der beruflich Körbe herstellt*

Korb·flech·te·rei *die* <-, -en> *Betrieb, der Körbe herstellt*

Korb·ge·flecht *das* <-s, -e> *Flechtwerk, bei dem biegsames Material ineinandergeschlungen ist*

Korb·ma·che·rei *die* <-, -en> (≈ Korbflechterei)

Korb·wa·ren *die* <-> Plur. *Waren, die aus Korbgeflecht bestehen*

Korb·wei·de *die* <-, -n> *Strauch oder Baum mit biegsamen Zweigen, die zum Korbflechten verwendet werden*

korb·wei·se *adv in Körben:* Man trug die Ware korbweise auf den Markt.

Korb·wurf *der* <-es, Korbwürfe> *Wurf des Balles in den Fangkorb, z. B. beim Basketballspiel*

Kord *der* <-s> /kein Plur./ siehe **Cord**

Kor·del *die* <-, -n> *(geh.) eine Schnur, die aus mehreren gedrehten Fäden hergestellt wird, die meist in eine Jacke, eine Kapuze, den Bund einer Sporthose o. Ä. eingearbeitet ist und mit der man das genannte Kleidungsstück durch Ziehen oder Lockern enger oder weiter machen kann*

Kor·dil·le·ren *die* [kɔrdɪlˈjeːrən] Plur. *ein Gebirgssystem, das sich im Westen des amerikanischen Doppelkontinents von Alaska bis Feuerland erstreckt, in Südamerika als Anden bezeichnet*

Kor·don *der* [kɔrˈdõ, kɔrˈdoːn] <-s, -s> *Absperrung eines Geländes durch die Polizei*

Kord·samt *der* <-s> /kein Plur./ Kord

Ko·rea <-s> *Halbinsel in Ostasien* ▸ Koreaner, Koreanerin, koreanisch

Ko·rea·krieg *der* <-s> /kein Plur./ POL. *Krieg zwi-*

schen den beiden Staaten Nord- und Südkorea
(1950-1953)

Ko·re·fe·rat das siehe **Korreferat**

Ko·re·fe·rent der siehe **Korreferent**

Kor·fu eine der ionischen Inseln

Ko·ri·an·der der <-s> /kein Plur./ eine Pflanze,
deren Samen als Gewürz verwendet werden

Ko·rinth griechische Stadt am Golf von Korinth
▶ Korinther, korinthisch

Ko·rin·the die <-, -n> eine kernlose dunkle Rosine

Ko·rin·then·ka·cker der, **Ko·rin·then·ka·cke·rin**
<-s, -> (umg. abwert.) pedantischer Mensch

Kork der <-(e)s, -e> hellbraunes, aus der Rinde
der Korkeiche gewonnenes Material, das besonders zum Verschließen von Flaschen benutzt
wird: Kork ist ein sehr leichtes Material, das auf
dem Wasser schwimmt.

Kork·ei·che die <-, -n> ein Baum mit einer dicken
Rinde aus Kork[1]

Kor·ken der <-s, -> aus Kork[1] hergestellter Flaschenverschluss: Der Korken sitzt fest.; Ich habe
den Korken kaum aus der Flasche bekommen.

Kor·ken·zie·her der <-s, -> ein Gerät, mit dem
man Korken aus Flaschen zieht

Kork·fuß·bo·den der <-s, Korkfußböden> ein
Bodenbelag aus Kork

Kor·mo·ran, **Kor·mo·ran** der <-s, -e> ein großer
Schwimmvogel mit dunklem, glänzendem Gefieder

Korn[1] das <-(e)s, Körner> ❶ fester Pflanzensa-
men: Das Päckchen Radieschensamen enthält
etwa 250 Körner.; Die Vögel picken Körner. ◆ Pfef-
fer-, Reis-, Senf- ❷ ein winziger Teil von einer festen Substanz: Der Sand rinnt Korn für Korn in der
Sanduhr von oben nach unten. ◆ Hagel-, Sand-,
Staub- ❸ /kein Plur./ Getreide: In dieser Gegend
wird vorwiegend Korn angebaut.; das Korn ern-
ten/mahlen ◆ Hafer-, Weizen- ❹ (↔ Kimme) als
Zielhilfe dienende kleine Spitze auf dem Lauf von
Handfeuerwaffen: Er zielte über Kimme und
Korn.; ▪jemanden/etwas aufs Korn nehmen
(umg.) sich über jmdn. oder etwas lustig machen
Der Kabarettist nimmt einen Politiker aufs Korn.

Korn[2] der <-(e)s> /kein Plur./ (umg.) aus Getreide gebrannter Schnaps

Korn·äh·re die <-, -n> die Ähre von Getreide

Korn·blu·me die <-, -n> eine blaue Feld- und Gartenblume

Kor·nel·kir·sche die <-, -n> eine als Baum oder
Strauch wachsende Pflanze mit roten essbaren
Früchten

kör·nen <körnst, körnte, hat gekörnt> mit OBJ
▪ jmd. körnt etwas körnig machen: gekörntes
Papier

Kör·ner·fres·ser der <-s, -> ein Vogel, der sich
von Körnern ernährt

Kör·ner·fut·ter das <-s> /kein Plur./ Tierfutter
aus Körnern

kör·nig adj /nicht steig./ ❶ aus kleinen Körnern
zusammengesetzt: körniger Sand ▶fein-, grob-
❷ in der Form kleiner Körner: Der gekochte Reis
bleibt körnig. ▶ Körnigkeit

Korn·kam·mer die <-, -n> die Landschaft, die
den größten Teil des in einem Lande verbrauchten
Getreides produziert: Die Ukraine galt früher als
Kornkammer der Sowjetunion.

Korn·si·lo das <-s, -s> Getreidesilo

Korn·spei·cher der <-s, -> Getreidespeicher

Ko·ro·na die <-, Koronen> /meist Sing./
❶ ASTRON. der Strahlenkranz um die Sonne, der bei
einer totalen Sonnenfinsternis zu sehen ist
❷ (umg.) eine Gruppe von Menschen, die gemeinsam etwas unternehmen

ko·ro·nar adj /nicht steig./ ANAT. zu den Herz-
kranzgefäßen gehörend

Ko·ro·nar·ge·fäß das <-es, -e> ANAT. Herzkranz-
gefäß

Ko·ro·nar·in·suf·fi·zi·enz die <-, -en> MED. unge-
nügende Leistung der Herzkranzgefäße

Ko·ro·nar·skle·ro·se die <-, -n> MED. Verkalkung
der Herzkranzgefäße

Ko·ro·nar·sport der <-s> /kein Plur./ der Rehabi-
litation von Koronarpatienten dienende sportliche
Übungen: Voraussetzung zur Teilnahme an einer
Herzsportgruppe ist eine Verordnung zum Koro-
narsport durch den Hausarzt mit Bestätigung der
Krankenkasse.

Kör·per der <-s, -> ❶ der Leib eines Menschen
oder Tieres: Das Lexikon enthält eine Abbildung
des männlichen und des weiblichen Körpers.; Körper, Seele und Geist bilden die Einheit des Menschen.; „Ein gesunder Geist in einem gesunden
Körper" war bereits ein Motto der Römer. ◆-ge-
ruch, -gewicht, -größe, -maße, -pflege, -puder, -teil,
-temperatur, Ober-, Tier-, Unter- ❷ die Gestalt eines Menschen oder Tieres: Er hat einen gut ge-
bauten/muskulösen/gebrechlichen Körper.; Kleidung, die den Körper bedeckt/betont/verhüllt; die
erotische Ausstrahlung ihres makellosen Körpers
◆-kult ❸ MATH. eine dreidimensionale Figur: die
Oberfläche/das Volumen eines Körpers berechnen
❹ PHYS., CHEM. ein Gegenstand aus einem bestimmten Stoff: Der feste/flüssige/gasförmige Körper muss noch genauer untersucht werden. ◆ Be-
leuchtungs-, Flug-, Fremd-, Heiz-, Himmels- ❺ ein
Gegenstand, den man sehen, hören und tasten
kann ◆ Flaschen-, Geigen-, Resonanz-, Vasen-

Kör·per·bau der <-s> /kein Plur./ die Art, wie ein
Körper[2] gebaut ist: Sie hat einen athletischen/
feingliedrigen/ kräftigen/makellosen/schlanken
Körperbau.

Kör·per·be·herr·schung die <-> /kein Plur./ die
Fähigkeit, den Körper präzis und geschmeidig so
zu bewegen, wie man will: Diese Artisten verfügen über eine unglaubliche Körperbeherrschung.

kör·per·be·hin·dert adj /nicht steig./ AMTSSPR.
durch einen körperlichen Schaden behindert
▶ Körperbehinderte

kör·per·be·tont adj /nicht steig./ die Figur, den
Körper[2] betonend

kör·per·ei·gen adj /nicht steig./ MED., BIOL.
(↔ körperfremd) vom Körper selbst produziert:
Diese Therapie unterstützt die Bildung körpereigener Abwehrstoffe.; Viele körpereigene Substanzen
können heute auch im Labor synthetisch hergestellt werden.

Kör·per·fül·le die <-> /kein Plur./ der Umfang

des Körpers[2]: Er hat wenig Körperfülle und wirkt sehr schlank.; Sie neigt zur Körperfülle und wirkt dicklich.; Eine gewisse Neigung zur Köperfülle kann man ihm mit seinen einhundertzwanzig Kilo nicht absprechen.

Kör·per·funk·ti·on *die* <-, -en> *eine der Funktionen, durch die ein Körper[1] am Leben erhalten wird:* Atmung, Herzschlag und Verdauung sind Körperfunktionen.

Kör·per·ge·fühl *das* <-s> */kein Plur./* MED., PSYCH. *das Gefühl, das jmd. in Bezug auf seinen Körper[1, 2] hat*

kör·per·ge·recht *adj /nicht steig./ (≈ ergonomisch) so, dass etwas zum Körperbau und zur Körperhaltung passt:* Wenn ich auf diesem Stuhl sitze, bekomme ich Rückenschmerzen – er ist einfach nicht körpergerecht gebaut.; Nur wenige Schuhe sind wirklich körpergerecht.

Kör·per·haar *das* <-(e)s, -e> ❶ */kein Plur./ (↔ Kopfhaar) Behaarung des Körpers[2]* ❷ *ein Haar, das auf dem Körper (und nicht dem Kopf) wächst*

kör·per·haft *adj /nicht steig./ als Gegenstand sinnlich fassbar, real*

Kör·per·hal·tung *die* <-, -en> *die Art, wie jmd. steht, geht und sitzt:* Eine schlechte Körperhaltung kann Wirbelsäulenschäden verursachen.

Kör·per·hy·gi·e·ne *die* <-> */kein Plur./ alles, was den Körper[2] sauber hält und seiner Gesundheit dient:* Waschen, Bürsten, Eincremen, Reinigen der Nase und der Ohren gehören zur Körperhygiene.

Kör·per·kraft *die* <-> */kein Plur./ Muskelkraft*

Kör·per·kreis·lauf *der* <-s> */kein Plur./* ANAT. *Blutkreislauf*

kör·per·lich *adj /nicht steig./ den Körper[1, 2] betreffend, auf ihn bezogen:* Die Sportlerin ist in guter körperlicher Verfassung.; Ich bin die körperliche Arbeit nicht mehr gewohnt.; Er erlag ihren körperlichen Reizen.; Es war eine rein körperliche (≈ sexuelle) Anziehung. ▶ Körperlichkeit

Kör·per·mas·se·In·dex *der* <-> */kein Plur./* MED. *das Verfahren, nach dem man die Körpergröße eines Menschen mit sich selbst multipliziert und das Produkt durch die Körperlänge dividiert, um zu errechnen, ob jemand Normalgewicht, Untergewicht oder Übergewicht hat*

Kör·per·öff·nung *die* <-, -en> *natürlicher Zugang zum Körperinneren:* Mund, Nase und Ohren gehören zu den Körperöffnungen.

Kör·per·schaft *die* <-, -en> RECHTSW. *einem bestimmten Zweck dienende Vereinigung von Personen, die den Status einer juristischen Person besitzt:* Vereine und Aktiengesellschaften sind Beispiele für privatrechtliche Körperschaften.

Kör·per·schaft·steu·er *die* <-, -n> *auf das Einkommen von Unternehmen erhobene Steuer*

Kör·per·schwä·che *die* <-> */kein Plur./ Mangel an Körperkraft*

Kör·per·si·g·nal *das* <-s, -e> *ein Anzeichen, das etwas über den gesundheitlichen Zustand des Körpers oder über das psychische Befinden zeigt*

Kör·per·spra·che *die* <-> */kein Plur./ das Ausdrücken von Gefühlen mit Hilfe der Mimik, Gestik, Bewegung und Haltung des Körpers*

Kör·per·ver·let·zung *die* <-> */kein Plur./* RECHTSW. *die Misshandlung oder Beschädigung der Gesundheit einer Person:* Der Angeklagte wird der fahrlässigen/schweren Körperverletzung beschuldigt.

Kor·po·ral *der* <-s, -e/Korporäle> ❶ *(veralt.) Unteroffizier* ❷ SCHWEIZ. *rangniedrigster Unteroffizier*

Kor·po·ra·ti·on *die* <-, -en> ❶ RECHTSW. *Körperschaft* ▶ korporativ ❷ *Studentenverbindung*

kor·po·riert *adj /nicht steig./ einer Korporation[2] angehörend*

Korps, *a.* **Corps** *das* [koːɐ̯] <-, -> ❶ MILIT. *großer Truppenverband* ❷ *Korporation[2];* ▪ **das diplomatische Korps** *alle Diplomaten, die in einem anderen Land ihre Regierung vertreten* ◆-geist, -student

kor·pu·lent *adj (≈ beleibt) füllig, dick*

Kor·pu·lenz *die* <-> */kein Plur./ korpulente Beschaffenheit:* Sie neigt zur Korpulenz.

Kor·pus, *a.* **Cor·pus** *das* <-, Korpora> ❶ *(fachspr.) eine Sammlung von (repräsentativen) Texten oder sprachlichen Äußerungen zum Zwecke wissenschaftlicher Untersuchungen:* ein Korpus von vier Millionen Wörtern; ein Korpus der Zeitungssprache ◆-linguistik, Text- ❷ MUS. */kein Plur./ der Resonanzkörper eines Musikinstruments:* das Korpus der Geige/der Gitarre

kor·pus·ba·siert *adj /nicht steig./* SPRACHWISS. *so, dass eine sprachwissenschaftliche Untersuchung sich auf Beobachtungen in einem Korpus[1] stützt:* korpusbasierte Lexikographie

Kor·pus·kel *das* <-s, -n> PHYS. *kleinstes atomares Teilchen* ▶ korpuskular

Kor·pus·lin·gu·is·tik *die* <-> */kein Plur./* SPRACHWISS. *Linguistik, die große Sprachdatensammlungen (= Korpora) als empirische Basis benutzt*

Kor·re·fe·rat, **Ko·re·fe·rat** *das* <-(e)s, -e> *(fachspr.)* ❶ *zweites, auf ein Hauptreferat bezogenes, (thematisch) untergeordnetes Referat, das als Ergänzung dient* ❷ *zweites Gutachten bei der Beurteilung einer wissenschaftlichen Arbeit*

Kor·re·fe·rent, **Ko·re·fe·rent** *der*; **Kor·re·fe·ren·tin** <-en, -en> ❶ *jmd., der ein Korreferat[1] hält* ❷ *zweiter Gutachter bei der Beurteilung einer wissenschaftlichen Arbeit*

kor·rekt *adj* ❶ *(≈ fehlerfrei ↔ falsch) richtig, frei von Fehlern:* Sie hat alle Fragen korrekt beantwortet.; Für eine korrekte Bearbeitung des Vorgangs benötigen wir alle relevanten Daten. ❷ *(≈ anständig ↔ unkorrekt) angemessen, tadellos:* Er hat mich völlig korrekt behandelt.

Kor·rekt·heit *die* <-> */kein Plur./* ❶ *die Tatsache, dass etwas korrekt[1] ist:* Er verbürgt sich für die Korrektheit der Dokumente. ❷ *korrektes[2] Verhalten:* Alle Kollegen schätzen ihre Korrektheit.

Kor·rek·tiv *das* <-s, -e> *(geh.) etwas, das dazu dient, einen Fehler oder Mangel oder eine Einseitigkeit bei einer Person oder zwischen Personen auszugleichen:* Ihre Geduld ist ein wichtiges Korrektiv zu seiner impulsiven Art.

Kor·rek·tor *der*; **Kor·rek·to·rin** <-s, ...-toren> ❶ *jmd., der beruflich Texte, die gedruckt werden*

sollen, auf Fehler hin überprüft ❷ *jmd., der Prüfungsarbeiten korrigiert und bewertet*
Kor·rek·tur *die* <-, -en> *(geh.)* ❶ *(≈ Verbesserung) der Vorgang, dass man in einem Text, einem Manuskript o. Ä. Fehler (meist mit rotem Stift) kennzeichnet und die richtigen Wörter an den Rand des Textes schreibt:* Ich habe noch einige Korrekturen am Rand deines Aufsatzes angebracht. ◆Autoren-, Text- ❷ *eine einzelne Stelle, die korrigiert [1] worden ist:* Auf der letzten Seite des Textes gab es noch drei Korrekturen. ❸ *Veränderung:* Der neue Minister hat Korrekturen in der Steuerpolitik angekündigt. ◆Getrenntschreibung →R 4.8 (ein Manuskript) Korrektur lesen
Kor·rek·tur·ab·zug *der* <-s, Korrekturabzüge> *(≈ Korrekturfahne)*
Kor·rek·tur·fah·ne *die* <-, -n> DRUCKW. *ein Probedruck eines Textes, der vom Autor für das Korrekturlesen benötigt wird*
Kor·rek·tur·flüs·sig·keit *die* <-, -en> *eine Art weiße Farbe, mit der man die fehlerhaften Stellen von Dokumenten übertüncht, wobei sich ein schnell trocknender Film ergibt, auf den man erneut schreiben kann*
Kor·rek·tur·le·sen *das* <-s> */kein Plur./ der Vorgang, dass jmd. einen Text auf Fehler überprüft und Korrekturzeichen einträgt, damit der Text verbessert werden kann*
Kor·rek·tur·zei·chen *das* <-s, -> *eines der speziellen Zeichen, die man beim Korrigieren von Fehlern an einem Text anbringt und die besagen, in welcher Weise der Text verändert werden muss*
Kor·re·lat *das* <-(e)s, -e> *(fachspr.)* ❶ *ein sprachlicher Ausdruck (oder ein Gegenstand), der etwas anderem als Ergänzung zugeordnet ist:* Die hochdramatische Filmmusik ist das genaue Korrelat zu der spannungsgeladenen Handlung des Films. ❷SPRACHWISS. *ein Wort, das im Satzbau einem anderen Wort zugeordnet ist:* Im Satz „Er ging dahin, woher er gekommen war" sind „dahin" und „woher" Korrelate.
Kor·re·la·ti·on *die* <-, -en> *(fachspr.: ≈ Wechselbeziehung) ein (kausaler) Zusammenhang, bei dem die genannten Elemente wechselseitig aufeinander wirken:* Es ist überall zu lesen, dass zwischen dem weltweit steigenden Kohlendioxidausstoß und der Erwärmung der Erdatmosphäre eine Korrelation besteht.; Diese Maßnahmen stehen in Korrelation.
Kor·re·la·ti·ons·rech·nung *die* <-, -en> MATH. *Wahrscheinlichkeitsrechnung*
kor·re·la·tiv *adj /nicht steig./ (fachspr.) wechselseitig auf einander bezogen*
kor·re·lie·ren <korreliert, korrelierte, hat korreliert> *ohne OBJ* ■ *etwas korreliert mit etwas Dat. (fachspr.) in wechselseitiger Beziehung stehen:* Die in der Muskulatur nachgewiesenen Laktatwerte korrelieren genau mit der vorangegangenen Belastungsintensität.
Kor·re·pe·ti·tor *der,* **Kor·re·pe·ti·to·rin** <-s, ...-toren> *jmd., der beruflich mit Sängern ihre Solopartien einstudiert, indem er sie am Klavier begleitet* ▶ korrepetieren, Korrepetition
Kor·re·s·pon·dent *der,* **Kor·re·s·pon·den·tin**

<-en, -en> *(≈ Berichterstatter) jmd., der für Presse, Rundfunk oder Fernsehen über wichtige Ereignisse berichtet:* Sie ist Korrespondentin einer großen Tageszeitung/eines Nachrichtensenders. ◆Auslands-, Sonder-
Kor·re·s·pon·denz *die* <-, -en> ❶ *(≈ Briefwechsel, Schriftverkehr) das Austauschen von Briefen zwischen zwei Partnern:* Vor der Besprechung muss ich unbedingt noch die Korrespondenz erledigen (≈ Briefe durchsehen, die ich bekommen habe und Antworten erstellen).; mit jemandem in Korrespondenz stehen; eine Korrespondenz beenden ❷ *geschriebene und erhaltene Briefe:* Die Korrespondenz wird in Ordnern abgeheftet. ◆-mappe, Geschäfts-, Privat-
Kor·re·s·pon·denz·bü·ro *das* <-s, -s> *eine Agentur, die Informationen für die Presse sammelt*
kor·re·s·pon·die·ren <korrespondierst, korrespondierte, hat korrespondiert> *ohne OBJ* ❶ ■ *jmd. korrespondiert mit jmdm. mit jmdm. im Briefwechsel stehen* ❷ ■ *etwas korrespondiert mit etwas (geh.) einer Sache entsprechen, mit etwas übereinstimmen:* Das Tatmuster dieses Raubüberfalls korrespondiert exakt mit zwei anderen Fällen der letzten Monate.
Kor·ri·dor *der* <-s, -e> ❶ *(≈ Hausflur)* ❷POL. *ein schmaler Landstrich, der durch ein fremdes Staatsgebiet hindurch ein Land mit dem Meer verbindet*
Kor·ri·gen·da *die* <-> Plur. DRUCKW. *Verzeichnis von Druckfehlern und ihren Korrekturen in einem Buch*
kor·ri·gie·ren <korrigierst, korrigierte, hat korrigiert> *mit OBJ/ohne OBJ* ■ *jmd. korrigiert (etwas)* ❶ *auf Fehler überprüfen und berichtigen:* Eigentlich wollte der Lehrer die Aufsätze bis heute korrigieren.; Sie hat bis spät in die Nacht korrigiert. ❷ *(positiv) verändern, so dass etwas genauer oder stimmiger wird:* Sie hat ihre Meinung inzwischen korrigiert.; Ich möchte meine vorherige Bemerkung noch korrigieren …
kor·ro·die·ren <korrodiert, korrodierte, ist korrodiert> *ohne OBJ* ■ *etwas korrodiert (fachspr.) der Vorgang, dass ein Material durch einen scharfen Stoff angegriffen und zersetzt wird*
Kor·ro·si·on *die* <-, -en> *(fachspr.) durch Oxidation verursachte Zerstörung von Metall:* Die rostigen Stellen am Auto sind durch Korrosion entstanden.
kor·ro·si·ons·be·stän·dig *adj so beschaffen, dass Korrosion ein Metall nicht zerstören kann*
Kor·ro·si·ons·schutz *der* <-es> */kein Plur./ Schutzmittel gegen Korrosion* ◆-farbe, -garantie
kor·ro·siv *adj /nicht steig./* ❶ *so, dass etwas Korrosion hervorruft* ❷ *durch Korrosion hervorgerufen:* ein korrosiver Schaden
kor·rum·pie·ren <korrumpierst, korrumpierte, hat korrumpiert> *mit OBJ* ❶ ■ *jmd. korrumpiert jmdn. (geh. abwert.) bestechen:* Zwielichtige Geschäftsleute versuchten, den Politiker zu korrumpieren. ❷ ■ *etwas korrumpiert etwas durch schlechten Einfluss verderben:* Die moderne Zivilisation hat die kulturellen Grundlagen dieses Volkes korrumpiert.

K

kor·rupt *adj (abwert.)* ❶ *(≈ bestechlich)* Der korrupte Beamte wurde vor Gericht gestellt. ❷ *so, dass etwas moralisch verdorben ist:* ein korruptes Gesellschaftssystem ▶ Korruptheit

Kor·rup·ti·on *die* <-, -en> *(abwert.)* Bestechung, Bestechlichkeit: In dieser Behörde wurden in der Vergangenheit bereits mehrere Fälle von Korruption aufgedeckt. ◆ -svorwurf

Kor·rup·ti·ons·sumpf *der* <-(e)s> */kein Plur./* POL. *(abwert. umg.)* der Zustand in einer Behörde oder Regierung, dass an vielen Stellen Korruption vorkommt

Kor·sa·ge *die* [kɔr'zaːʒə] <-, -n> ein elastisches, die Figur formendes Oberteil, das Frauen unter ihrer Kleidung tragen können

Kor·sar *der* <-en, -en> GESCH. Seeräuber

Kor·se *der*, **Kor·sin** <-n, -n> Einwohner Korsikas

Kor·se·lett *das* <-s, -s> kleines Korsett [1]

Kor·sett *das* <-(e)s, -e/-s> ❶ elestisches Mieder ❷ MED. bei Rückenverletzungen angelegter, fester Stützverband

Kor·si·ka <-s> eine Insel im Mittelmeer

Kor·sin *die* siehe **Korse**

kor·sisch *adj /nicht steig./* zu Korsika gehörend, von dort stammend

Kor·so *der* <-s, -s> Umzug, festliche (Demonstrations-)Fahrt: Nach dem Gewinn des Fußballfinales veranstalteten die Fans der siegreichen Mannschaft einen Korso in der Innenstadt.

kor·ti·kal *adj /nicht steig./* ANAT. zur Gehirnrinde gehörend

Kor·ti·son, *a.* **Cor·ti·son** *das* <-s> */kein Plur./* MED. ein entzündungshemmendes Medikament

Kor·vet·te *die* <-, -n> SEEW. ein kleineres Kriegsschiff

Kor·vet·ten·ka·pi·tän *der* <-s, -e> SEEW., MILIT. Offizier der Marine

Ko·ry·phäe *die* <-, -n> *(geh.)* ausgezeichneter Fachmann, Wissenschaftler: Er ist eine Koryphäe auf seinem Gebiet.

Ko·sak *der*, **Ko·sa·kin** <-en, -en> GESCH. ein Angehöriger des Militärs im zaristischen Russland ◆ -enchor, -enmütze

ko·scher *adj /nicht steig./* ❶ REL. den jüdischen Regeln für die Zubereitung von Speisen entsprechend: ein koscheres Restaurant ❷ *(umg.)* in Ordnung: Der Kerl ist doch nicht ganz koscher.; Er macht Geschäfte, die nicht ganz koscher sind.

Ko·se·na·me *der* <-n, -n> zärtlicher, liebevoller Name für eine Person, zu der man eine sehr enge, vertrauliche Beziehung hat

Ko·se·wort *das* <-(e)s, Kosewörter/Koseworte> ❶ */Plur. „Kosewörter"/* ein Wort, das Zärtlichkeit bezeugen soll ❷ */kein Sing., Plur. „Koseworte"/* zärtliche Worte (=Satzäußerungen), die man jmdm. gegenüber äußert

Ko·si·nus *der* <-, -/-se> MATH. das Verhältnis von Ankathete zu Hypotenuse im rechtwinkligen Dreieck

Kos·me·tik *die* <-, Kosmetika> ❶ */kein Plur./* Schönheitspflege der Haut und der Haare: Zur dekorativen Kosmetik gehören Lippenstift, Make-up und Lidschatten, zur pflegenden Kosmetik gehören Gesichtswasser, Nachtcreme und Haarkur. ◆ -abtei-

lung, -salon, -spiegel, -tasche, -tuch, Gesichts-, Haut-, Natur- ❷ *(übertr.)* eine oberflächliche Korrektur, die nur den Anschein einer Verbesserung hat: Das Unternehmen berichtet, es habe positive Veränderungen gegeben, aber ich glaube, das ist alles nur Kosmetik!

Kos·me·ti·ker *der*, **Kos·me·ti·ke·rin** <-s, -> Fachkraft, die auf dem Gebiet der Schönheitspflege tätig ist

Kos·me·tik·in·dus·t·rie *die* <-, -n> der Bereich der Industrie, der Kosmetika herstellt

Kos·me·tik·kof·fer *der* <-s, -> zum Transport von Kosmetika dienender Koffer

Kos·me·ti·kum *das* <-s, Kosmetika> */meist Plur./* Mittel zur Schönheitspflege

kos·me·tisch *adj /nicht steig./* ❶ die Kosmetik [1] betreffend: Die Narbe ließe sich mit einer kosmetischen Operation entfernen.; eine kosmetische Behandlung/Beratung ❷ *(übertr. abwert.)* oberflächlich, äußerlich, vordergründig: Statt eine wirkliche Reform anzustreben, wurden wieder nur kosmetische Maßnahmen ergriffen.

kos·misch *adj /nicht steig./* ❶ im Weltall herrschend, den Kosmos betreffend: Die kosmischen Größenordnungen sind mit dem normalen Verstand kaum zu fassen. ❷ aus dem Kosmos stammend: Eine Vielzahl kosmischer Strahlen erreicht die Erde. ❸ auf den Weltraum gerichtet: kosmisches Zeitalter; kosmische Forschung ❹ *(übertr.)* den Kosmos erfüllend, der Größe des Kosmos entsprechend: kosmische Dimensionen; kosmische Hoffnungen

Kos·mo·go·nie *die* <-, -n> mythische Erzählung über den Ursprung der Welt ▶ kosmogonisch

Kos·mo·lo·gie *die* <-, -n> Lehre von der Entstehung und der Entwicklung des Weltalls ausfgrund der astronomischen Wissenschaft

kos·mo·lo·gisch *adj /nicht steig./* zur Kosmologie gehörend

Kos·mo·naut *der*, **Kos·mo·nau·tin** <-en, -en> russischer Weltraumfahrer: An Bord des Raumschiffes sind zwei russische Kosmonauten und zwei amerikanische Astronauten.

Kos·mo·po·lit *der*, **Kos·mo·po·li·tin** <-en, -en> *(geh.: ≈ Weltbürger)* jmd., der sich als Bürger der ganzen Welt versteht und dem die Zugehörigkeit zu einer bestimmten Nation nicht so wichtig ist

kos·mo·po·li·tisch *adj /nicht steig./* *(≈ weltbürgerlich)* zum Kosmopoliten gehörend

Kos·mos *der* <-> */kein Plur./* ❶ *(≈ Weltall, Universum)* Weltraum ❷ *(↔ Chaos)* die geordnete Welt

Ko·so·va·re *der*, **Ko·so·va·rin** <-n, -n> Bewohner des Kosovo

ko·so·va·risch *adj /nicht steig./* auf den Kosovo bezogen, von dort stammend

Ko·so·vo *der* <-> Provinz in Serbien und Albanien

Ko·so·vo-Al·ba·ner *der*, **Ko·so·vo-Al·ba·ne·rin** <-s, -> Bewohner des Kosovo auf dem Gebiet Albaniens

Ko·so·vo-Flücht·ling *der* <-s, -e> jmd., der aus dem Kosovo geflüchtet ist

Ko·so·vo-Frie·dens·trup·pe *die* <-, -n> Friedenstruppe der UNO im Kosovo

Kost *die* <-> */kein Plur./* ❶ Essen, Nahrung: Du

solltest nur leichte Kost zu dir nehmen.; Er ist auf
rein vegetarische Kost umgestiegen. ◆ Natur-,
Roh-, Schon- ❷ *Verpflegung: Das Gehalt der Haus-
angestellten war zwar nicht hoch, dafür hatten sie
Kost und Logis frei.* ▶ Beköstigung, Verköstigung

kost·bar *adj* ❶ *(≈ edel) von großem Wert:* Überall
im Haus lagen kostbare Teppiche.; kostbarer
Schmuck; kostbare Kleider ❷ *wertvoll, sehr wichtig: Meine Zeit ist mir zu kostbar, um sie mit solchen überflüssigen Dingen zu vergeuden.*

Kost·bar·keit *die* <-, -en> ❶ *kostbarer, erlesener
Gegenstand: Das Museum besitzt eine Fülle ar-
chäologischer Kostbarkeiten.* ❷ */kein Plur./* Wert:
Der Schmuck ist von großer Kostbarkeit.

Kos·ten <-> *Plur.* ❶ *(≈ Ausgaben) der finanzielle
Aufwand, den man für etwas leistet (für einen
Kauf, ein Entgelt oder eine Arbeit): Wenn es um
sein Hobby geht, scheut er keine Kosten.*; Kosten
aufbringen/einsparen/erstatten/sparen ◆ Anschaf-
fungs-, Fahrt- Gerichts-, Lebenshaltungs-, Lohnne-
ben-, Reise- ❷ ■ **auf seine Kosten kommen** *in
seinen Erwartungen zufrieden gestellt werden;*
■ **auf jemandes Kosten/auf Kosten von jemandem** *von jmds. Geld Sie lebt auf Kosten ihrer
Eltern.*; ■ **auf jemandes Kosten/auf Kosten
von jemandem** *zum Nachteil von jmdm. oder
von etwas Ständiger Stress geht auf Kosten der Gesundheit.* ◆ Getrennt- oder Zusammenschreibung →R 4.16 Kosten sparend/kostensparend;
eine Kostensparende/kostensparende Lösung;
◆ Zusammenschreibung →R 4.16 eine kostenspa-
rendere Lösung; die kostensparendste Lösung; kos-
tendeckend

kos·ten¹ <kostest, kostete, hat gekostet> *mit
OBJ/ohne OBJ* ■ *jmd. kostet (etwas) (≈ probieren) etwas auf seinen Geschmack hin prüfen:
Würdest du bitte die Suppe kosten?; Ich habe
schon gekostet.*

kos·ten² <kostet, kostete, hat gekostet> *mit OBJ*
■ *etwas kostet (jmdn.) etwas* ❶ *einen bestimmten Preis haben: Die CD kostet 15 Euro.; Der Eintritt für Studierende kostet die Hälfte.; Der Hausbau hat uns ein Vermögen gekostet.* ❷ *etwas (von
jmdm.) erfordern: Die Fertigstellung meiner Diplomarbeit hat viel Zeit/Mühe/Anstrengung gekostet.*; *Warte einen Moment, das kostet mich nur
einen Anruf.* ❸ *die Ursache für einen Verlust sein:
Die Schließung dieser Fabrik kostete 500 Arbeiter
den Job.; Der Versuch, das Kind zu retten, kostete
ihn das Leben.*

Kos·ten·be·tei·li·gung *die* <-> */kein Plur./ der
Vorgang, dass mehrere Personen gemeinsam die
Kosten von etwas aufbringen*

Kos·ten·dämp·fung *die* <-> */kein Plur./ Einsparung von Kosten durch Absenken von Leistungen:*
eine Kostendämpfung im Gesundheitswesen

kos·ten·de·ckend, *a.* **Kos·ten de·ckend** *adj
/nicht steig./* WIRTSCH. *so berechnet, dass Kosten
durch Einnahmen ausgeglichen werden: Es wird
immer schwieriger, solche Produkte kostende-
ckend zu produzieren.* ▶ Kostendeckung

Kos·ten·er·stat·tung *die* <-, -en> *Rückerstattung
von Kosten*

Kos·ten·fak·tor *der* <-s, -en> WIRTSCH. *etwas, das*

*die tatsächlich entstehenden Kosten von etwas
beeinflusst: Die hohen Rohstoffpreise sind ein entscheidender Kostenfaktor.*

Kos·ten·fra·ge *die* <-> */kein Plur./ die Frage, ob
man sich für etwas Kosten leisten kann oder
ob sie sich für etwas lohnen: Ob wir diese Kreuzfahrt machen, ist natürlich auch eine Kostenfrage.*

kos·ten·güns·tig *adj* WIRTSCH. *so, dass etwas geringe Kosten verursacht: Derartige Produkte lassen
sich heutzutage sehr kostengünstig produzieren.*

kos·ten·in·ten·siv *adj* WIRTSCH. *so, dass etwas
hohe Kosten verursacht: Die Entwicklung neuer
Werkstoffe ist natürlich mit sehr kostenintensiven
Forschungen verbunden.*

kos·ten·los *adj /nicht steig./ (≈ gratis) so, dass
man nichts dafür bezahlen muss: Der Eintritt ist
kostenlos!*

Kos·ten-Nut·zen-Ana·ly·se *die* <-, -n> WIRTSCH.,
POL. *der Vergleich der anfallenden Kosten mit dem
tatsächlichen Nutzen einer öffentlichen Investition: Nach einer eingehenden Kosten-Nutzen-Ana-
lyse hat die Regierung beschlossen, Gelder für dieses Projekt bereitzustellen.*

kos·ten·pflich·tig *adj /nicht steig./* RECHTSW. *so,
dass man verpflichtet ist, bestimmte Kosten zu
zahlen: Das falsch geparkte Auto wurde kosten-
pflichtig abgeschleppt.; Ich erhielt eine kostenpflichtige (≈ gebührenpflichtige) Verwarnung.*

Kos·ten·punkt *der* <-(e)s, -e> *(umg.) Preis; Höhe
der Kosten für ein Kaufobjekt oder einen Auftrag:
Nachdem Sie das Auto begutachtet haben, wäre
jetzt nur noch über den Kostenpunkt zu sprechen.*

Kos·ten·vor·an·schlag *der* <-(e)s, Kostenvoran-
schläge> *Berechnung von Kosten (für eine Reparatur) im Voraus: Bevor ich das defekte Gerät zu
Reparatur bringe, lasse ich mir einen Kostenvoran-
schlag erstellen/machen.*

Kost·gän·ger *der*, **Kost·gän·ge·rin** <-s, -> *(veralt.) jmd., der bei jmdm. gegen Entgelt isst*

köst·lich *adj* ❶ *(≈ delikat) besonders wohlschmeckend: Könnte ich noch ein Gläschen von diesem
köstlichen Wein/einen Teller von dieser köstlichen
Nachspeise haben?* ▶ Köstlichkeit ❷ *(≈ amüsant)
sehr unterhaltsam, vergnüglich: Das war ein köstlicher Einfall/Witz.*

Kost·pro·be *die* <-, -n> ❶ *eine kleine Menge einer Speise oder eines Getränks, die jmd. zum Prüfen des Geschmacks isst oder trinkt: Nicht so viel
Fleisch, ich wollte doch nur eine Kostprobe.*
❷ *(übertr.) ein kleines Beispiel von etwas: Die Sängerin gab eine Kostprobe ihres Könnens.*

kost·spie·lig *adj sehr teuer: Sie hat ein kosten-
spieliges Hobby.* ▶ Kostspieligkeit

Kos·tüm *das* <-s, -e> ❶ *eine (aufeinander abgestimmte) Kombination aus Jacke und Rock: Im
Kostüm wirkt sie damenhafter als in Jeans.* ◆ Früh-
jahrs-, Reise- ❷ *(≈ Gewand) für eine bestimmte
Zeit, einen gesellschaftlichen Stand oder eine Region typische Kleidung: ein Kostüm, wie es damals
die Handwerker/Kaufleute/ Spielleute trugen*
❸ *eine (Ver-)Kleidung, die man beispielsweise im
Karneval trägt* ◆ Faschings-, Narren- ❹ THEAT. *Kleidung für eine bestimmte Rolle* ◆ Rokoko-, Theater-

Kos·tüm·bild·ner *der*, **Kos·tüm·bild·ne·rin** <-s,

K

-> *jmd., der beruflich im Theater für das Entwerfen, das Herstellen, die Auswahl und die Pflege der Kostüme zuständig ist*

Kos·tüm·fest *das* <-(e)s, -e> *ein Fest, bei dem die Gäste Kostüme*[3, 4] *tragen*

kos·tü·mie·ren <kostümierst, kostümierte, hat kostümiert> *mit OBJ* ■ *jmd.* **kostümiert** *jmdn./sich zur Verkleidung ein Kostüm*[3, 4] *anziehen:* Sie hat ihren kleinen Sohn für den Karnevalsumzug als Indianer kostümiert.; Ich werde mich (mit Augenklappe, Kopftuch und Säbel) als Pirat kostümieren.

Kos·tü·mie·rung *die* <-, -en> ❶ */kein Plur./ das Kostümieren* ❷ *die Kleidung, die man als Kostüm*[3] *angezogen hat:* Sie war in ihrer Kostümierung nicht zu erkennen.

Kos·tüm·ja·cke *die* <-, -en> *eine Jacke, die zu einem Kostüm*[1] *gehört*

Kos·tüm·pro·be *die* <-, -n> THEAT. *eine Probe, bei der jeder Darsteller sein Kostüm*[4] *trägt*

Kos·tüm·rock *der* <-s, Kostümröcke> *ein Rock, der zu einem Kostüm*[1] *gehört*

Kost·ver·äch·ter *der,* **Kost·ver·äch·te·rin** ■ *Jemand ist kein Kostverächter (umg.) jmd. gibt sich gern dem Genuss hin*

K.-o.-Sys·tem *das* [ka:'o:...] <-s> */kein Plur./* SPORT *ein System bei sportlichen Wettkämpfen, bei dem nur der jeweilige Rundensieger die nächste Runde erreicht:* In der Endrunde des Turniers gilt das K.-o.-System, das heißt, der Gewinner einer Partie kommt eine Runde weiter und der Verlierer scheidet aus.

Kot *der* <-(e)s> */kein Plur./* (≈ *Exkrement*) *die unverdaulichen Stoffe, die aus dem Darm ausgeschieden werden*

Ko·te·lett *das* [kɔt'lɛt, 'kɔtlɛt, kotə'lɛt] <-s, -s> *Rippenstück (mit Knochen) vom Schwein, Kalb, Hammel, Lamm*

Ko·te·let·ten <-> *Plur. schmaler, meist kürzerer von den Ohren in Richtung Kinn verlaufender Backenbart*

Kö·ter *der* <-s, -> (abwert.) *Hund:* Der Köter kläfft den ganzen Tag.

Ko·text *der* <-es, -e> (↔ *Kontext*) SPRACHWISS. *der ausschließlich sprachliche Zusammenhang eines Ausdrucks, z. B. das Miteinander im Satz:* In „Der Hund ist groß" und „Der Mann ist groß" haben „Hund" und „Mann" den gleichen Kotext.; *siehe auch* **Text**

Kot·flü·gel *der* <-s, -> *der Teil der Autokarosserie, der über den Rädern den Schmutz abfängt*

kotz- (umg.) *als Erstglied zusammengesetzter Adjektive, mit Betonung auf beiden Bestandteilen; drückt aus, dass das mit dem Zweitglied Bezeichnete in äußerst intensivem Ausmaß zutrifft* ◆-elend, -langweilig, -übel

Kotz·bro·cken *der* <-s, -> (vulg.) *Person, die man als überaus widerwärtig empfindet*

Kot·ze *die* <-> */kein Plur./* (vulg.) *Erbrochenes*

kot·zen <kotzt, kotzte, hat gekotzt> *ohne OBJ* ■ *jmd. kotzt* (vulg.: ≈ *erbrechen*) *(sich) übergeben;* ■ *das ist zum Kotzen! das ist unerträglich!*

Kotz·en *der* <-s, -> ÖSTERR. *grobe Wolldecke*

Kotz·tü·te *die* <-, -n> (umg.) *Tüte zum Auffangen von Erbrochenem*

Krab·be *die* <-, -n> ZOOL. *ein in vielen Arten vorkommender, meist im Meer lebender Krebs*

Krab·bel·al·ter *das* <-s> */kein Plur./ das Alter, in dem ein Kind auf dem Boden krabbelt*

Krab·bel·de·cke *die* <-, -n> *eine Stoffdecke, die man auf den Boden legt, damit das Baby darauf krabbeln kann*

Krab·bel·grup·pe *die* <-, -n> *eine Gruppe, in die Mütter ihr Kleinkind bringen können, wenn es noch nicht laufen kann, aber schon gemeinsam mit anderen Kleinkindern betreut werden soll*

Krab·bel·kind *das* <-(e)s, -er> *ein kleines Kind, das noch nicht laufen kann, sondern auf dem Boden krabbelt*

krab·beln <krabbelst, krabbelte, ist gekrabbelt> *ohne OBJ* ❶ ■ *ein Kind krabbelt* sich auf Händen und Füßen fortbewegen: Das Baby krabbelt auf allen vieren durchs Zimmer. ❷ ■ *ein Tier krabbelt* mit raschen Bewegungen kriechen: An der Decke krabbelt ein Käfer/eine Spinne.

Krab·ben·cock·tail *der* [...'kɔkteːl] <-s, -s> KOCH. *mit einer Soße und Gewürzen angemachte Krabben*

Krach *der* <-(e)s, Kräche> ❶ */kein Plur./ andauernder Lärm:* Seitdem die Straßenarbeiten im Gang sind, herrscht hier ein fürchterlicher/ohrenbetäubender/unerträglicher Krach. ❷ */kein Plur./ plötzlicher, sehr lauter Knall:* Mit einem Krach fiel die Tür ins Schloss. ❸ (umg.) *heftiger, lauter Streit:* Ich habe Krach mit ihr gehabt. ◆Ehe-, Familien- ❹ (umg.) *Bankrott, wirtschaftlicher Zusammenbruch* ◆Banken-, Börsen-

kra·chen <krachst, krachte, hat/ist gekracht> **I.** *ohne OBJ* ❶ ■ *etwas kracht* ❶ */haben/ ein knallartiges Geräusch auslösen:* Die Donner/Schüsse krachten nur so. ❷ */sein/ geräuschvoll zerbrechen, zerreißen:* Plötzlich krachte das Eis und ich brach ein. ❸ */sein/* (umg.) *geräuschvoll gegen oder auf etwas prallen:* Das Auto krachte gegen einen Baum. **II.** *mit ES (haben)* ■ *es kracht* ❶ (umg.) *es gibt einen Zusammenstoß von Fahrzeugen:* „Passieren hier öfter Unfälle?" „Ja, auf dieser Kreuzung kracht es andauernd." ❷ *es gibt heftigen Streit:* Seit es bei ihnen gekracht hat, sprechen sie nicht mehr miteinander. ❸ *es donnert:* Der Blitz schlug ein und es krachte.; ■ *Bald kracht's !* (umg.) *Das sehe ich mir nicht länger an, gleich handle ich!*

Kra·cher *der* <-s, -> (umg.: ≈ *Böller*) *Feuerwerkskörper*

kräch·zen <krächzt, krächzte, hat gekrächzt> *ohne OBJ* ❶ ■ *ein Tier krächzt* heiser schreien: Raben krächzen. ❷ ■ *jmd. krächzt* heiser sprechen: Ich kann heute nur krächzen, weil ich einen rauen Hals habe/heiser bin.

Krad *das* <-(e)s, Kräder> MILIT. *kurz für „Kraftrad"*

Krad·fah·rer *der,* **Krad·fah·re·rin** <-s, -> MILIT. *Fahrer eines Kraftrads*

Kraft *die* <-, Kräfte> ❶ *körperliche Stärke:* Seine körperliche Kraft ist unglaublich.; Er strotzt vor Kraft.; bei Kräften sein; wieder zu Kräften kommen ◆Körper-, Muskel- ❷ *seelische, geistige oder mo-*

ralische Energie: Ich bewundere die schöpferische Kraft der Künstlerin.; Sie hatte bereits viele Rückschläge hinnehmen müssen, aber dies ging über ihre Kraft.; die Kräfte anspannen/sammeln/verbrauchen/übersteigen ◆Geistes-, Tat-, Vorstellungs-, Willens- ❸ *die Eigenschaft, eine bestimmte Wirkung zu erzeugen:* Seit ich dieses Buch gelesen habe, bin ich von der heilenden Kraft der Kräuter überzeugt.; die Kräfte der Natur ◆Heil- ❹PHYS. *Ursache für Bewegungsänderungen frei beweglicher Körper oder Formveränderungen:* Kraft ist Masse mal Beschleunigung.; elektrische/magnetische Kraft ❺ *eine Person, die Arbeit für jmdn. leistet:* Der Betrieb sucht andauernd neue Kräfte. ◆Arbeits-, Büro-, Hilfs-, Reinigungs-, Schreib- ❻ */meist Plur./ eine einflussreiche Gruppe von Menschen:* Die fortschrittlichen/konservativen Kräfte vertreten die Ansicht, dass … ❼SEEW. *Motorleistung:* Das Schiff fuhr mit gedrosselter/voller Kraft.; ■ **die treibende Kraft sein** *derjenige sein, der etwas anregt;* ■ **außer Kraft setzen** *ungültig, unwirksam werden lassen;* ■ **in Kraft treten/sein/bleiben** *wirksam, gültig werden/sein/bleiben;* ■ **in Kraft setzen** *wirksam, gültig werden lassen* ◆Getrennt- oder Zusammenschreibung →R 4.16 Kraft raubend/kraftraubend; eine Kraft raubende/kraftraubende Arbeit; ◆Getrenntschreibung →R 4.16 eine viel Kraft raubende Arbeit; ◆Zusammenschreibung →R 4.16 eine äußerst kraftraubende Arbeit; eine noch kraftraubendere Arbeit
kraft *präp* +*Gen.* AMTSSPR. *aufgrund der Autorität:* Er hat kraft seines Amtes entschieden, dass …; Kraft Gesetzes muss diese Bestimmung eingehalten werden.
Kraft·akt *der* <-(e)s, -e> *eine Leistung, die große körperliche Kraft* [1] *erfordert*
Kraft·arm *der* <-s, -e> PHYS. *(↔ Lastarm) der Teil eines Hebels, auf den eine Kraft wirkt*
Kraft·auf·wand *der* <-(e)s> /kein Plur./ *große körperliche Anstrengung*
Kraft·aus·druck *der* <-(e)s, Kraftausdrücke> *(umg.) derber, vulgärer Ausdruck:* Er schimpfte heftig und gebrauchte einige Kraftausdrücke.
Kräf·te·pa·ral·le·lo·gramm *das* <-s, -e> PHYS. *ein Parallelogramm, in dem die Summe von zwei Kräften grafisch dargestellt wird*
Kräf·te·spiel *das* <-s> /kein Plur./ *Wirkung und Gegenwirkung (von Kräften)*
Kräf·te·ver·fall *der* <-s> /kein Plur./ *Nachlassen der körperlichen (und geistigen) Fähigkeiten*
Kraft·fah·rer *der,* **Kraft·fah·re·rin** <-s, -> AMTSSPR. *jmd., der ein Kraftfahrzeug fährt*
Kraft·fahr·zeug *das* <-(e)s, -e> AMTSSPR. *ein Fahrzeug, das durch einen Motor angetrieben wird und nicht auf Schienen fährt (Abk. „Kfz"):* Diese Straße ist für Kraftfahrzeuge aller Art gesperrt.; die Erlaubnis zum Führen (≈ Fahren) eines Kraftfahrzeugs ◆-dichte, -diebstahl, -industrie, -kennzeichen, -steuer, -versicherung, -zulassungsstelle
Kraft·fahr·zeug·brief *der* <-(e)s, -e> *ein Dokument, das als Nachweis des rechtmäßigen Kraftfahrzeugbesitzes dient*
Kraft·fahr·zeug·pa·pie·re <-> *Plur.* Kraftfahrzeugbrief und Kraftfahrzeugschein

Kraft·fahr·zeug·schein *der* <-(e)s, -e> *(stets mitzuführendes) Dokument als Nachweis der ordnungsgemäßen Kraftfahrzeugzulassung*
Kraft·feld *das* <-(e)s, -er> PHYS. *die Gesamtheit aller Kräfte, die von einem Körper aus wirken:* elektromagnetisches Kraftfeld
Kraft·fut·ter *das* <-s> /kein Plur./ *besonders nährstoffreiche Tiernahrung*
kräf·tig *adj* ❶ *gesund und stark, von körperlicher Kraft zeugend:* Sie hat einen kräftigen Jungen zur Welt gebracht.; Er besitzt eine kräftige Konstitution.; kräftige (≈ muskulöse) Oberarme ❷ *stark:* Sie hat einen kräftigen Händedruck. ❸ *intensiv (wirkend):* Ein kräftiges Hoch bestimmt in den kommenden Tagen unser Wetter.; Bei diesem Gemälde habe ich vorwiegend kräftige Farben verwendet. ❹ *derb, grob:* Er hat kräftig geflucht. ❺ *(≈ nahrhaft) reich an Nährstoffen:* eine kräftige Suppe; kräftiges Brot
-kräf·tig *als Zweitglied zusammengesetzter Adjektive; drückt aus, dass das mit dem Erstglied Bezeichnete in hohem Maße zu etwas fähig oder in großer Menge/mit großer Wirkung vorhanden ist* ◆aussage-, beweis-, finanz-, heil-, kauf-, kapital-, zahlungs-
kräf·ti·gen <kräftigst, kräftigte, hat gekräftigt> **I.** *mit OBJ* ■ *jmd. kräftigt etwas starkmachen:* Nach Entfernung des Gipses kräftige sie die geschwächte Muskulatur ihres Beines durch gezielte Übungen. **II.** *mit SICH* ■ *etwas/jmd. kräftigt sich stark werden:* Die Muskulatur hat sich gekräftigt.; Nach der Krankheit hat er sich jetzt wieder gekräftigt.
kräf·ti·gend *adj* /nicht steig./ *so, dass etwas Kraft gibt:* Diese Gymnastik wirkt kräftigend auf die Bauchmuskulatur.
Kraft·la·ckel *der* <-s, -> SÜDDT., ÖSTERR. *(umg.) Kraftprotz*
Kraft·li·nie *die* <-, -n> PHYS. *Linien, die Verlauf und Stärke eines Kraftfeldes sichtbar machen:* Die Eisenfeilspäne machen magnetische Kraftlinien sichtbar.
kraft·los *adj* /nicht steig./ ❶ *(≈ matt, schwach) so, dass jmd. oder ein Tier nur geringe Kraft hat:* Nach der langen Krankheit war sie noch kraftlos.; Er sprach mit kraftloser Stimme ❷ *so, dass etwas nicht wirksam oder gültig ist:* kraftlose Argumente ❸ *arm an Nährstoffen:* eine kraftlose Suppe; kraftloses Weißbrot
Kraft·ma·schi·ne *die* <-, -n> *eine Maschine, die mechanische Energie erzeugt*
Kraft·mei·er *der* <-s, -> *(umg. abwert.: ≈ Kraftprotz)*
Kraft·mei·e·rei *die* <-> /kein Plur./ *(umg. abwert.) das Angeben, Protzen mit seiner körperlichen Kraft*
Kraft·mensch *der* <-en, -en> *Person mit großer körperlicher Kraft*
Kraft·mes·ser *der* <-s, -> PHYS. *(≈ Dynamometer) ein Gerät, das man zur Messung von Kräften benutzt*
Kraft·pa·ket *das* <-s, -e> *(umg.: ≈ Kraftmensch) sehr kräftiger, muskulöser Mensch*
Kraft·pro·be *die* <-, -n> *Handlungen zwischen ri-*

K

valisierenden Personen oder Staaten, die zeigen sollen, wer von beiden der Stärkere ist: Zwischen den Eltern und ihrem sechzehnjährigen Sohn gibt es immer wieder richtige Kraftproben.; es auf eine Kraftprobe ankommen lassen; eine Kraftprobe bestehen; eine militärische Kraftprobe

Kraft·protz *der* <-es, -e> *(umg. oft abwert.) jmd., der große körperliche Kraft besitzt und damit angibt*

Kraft·rad *das* <-(e)s, Krafträder> AMTSSPR. *Sammelbezeichnung für alle zweirädrigen, von einem Motor angetriebenen Fahrzeuge*

Kraft·re·ser·ve *die* <-, -n> *die letzten Kräfte, die jmd. noch für etwas hat:* Nach der Verlängerung waren die Kraftreserven der meisten Spieler aufgebraucht.

Kraft·sport *der* <-(e)s> /kein Plur./ *(≈ Schwerathletik) Sportarten wie Gewichtheben, Ringen, Boxen, bei denen große Muskelkraft wichtig ist*

Kraft·stoff *der* <-(e)s> /kein Plur./ KFZ *ein Treibstoff, durch dessen Verbrennung im Motor Energie erzeugt wird (z. B. Benzin)*

Kraft·strom *der* <-s, Kraftströme> PHYS. *(≈ Drehstrom) Dreiphasenstrom*

kraft·strot·zend *adj so, dass jmds. körperliche Kraft deutlich sichtbar ist*

Kraft·trai·ning *das* <-s, -s> SPORT *(↔ Ausdauertraining) die Art von Training, die der Kräftigung der Muskulatur dient*

Kraft·über·tra·gung *die* <-, -en> KFZ *die Vorrichtung in Kraftfahrzeugen, die ermöglicht, dass die durch den Motor erzeugte Drehwirkung auf die Räder übertragen wird*

Kraft·ver·kehr *der* <-s> /kein Plur./ *Verkehr von Kraftwagen*

Kraft·ver·schwen·dung *die* <-, -en> *unnötiger Verbrauch von Kraft*

kraft·voll *adj* ➊ *so, dass jmd. viel Kraft hat:* eine kraftvolle Persönlichkeit ➋ *so, dass etwas viel Kraft ausdrückt:* Ein kraftvoll geschossener Freistoß führte zum 2:0.; eine kraftvolle Ohrfeige

Kraft·wa·gen *der* <-s, -> AMTSSPR. *Auto*

Kraft·werk *das* <-(e)s, -e> *industrielle Anlage zur Stromerzeugung* ♦ Atom-, Kern-, Kohle-, Wasser-

Kraft·werks·be·trei·ber *der*, **Kraft·werks·be·trei·be·rin** <-s, -> *Betreiberfirma eines Kraftwerks*

Kraft·wort *das* <-s, Kraftwörter> *(≈ Kraftausdruck)*

Kra·gen *der* <-s, -/Krägen> *der Teil der Kleidung, der den Hals oder umschließt:* der Kragen eines Hemdes/einer Bluse/eines Mantels; Der Kragen des Mantels ist mit Kunstpelz besetzt.; ▪**etwas kostet jemandem/jemanden den Kragen** *(umg.) etwas bringt jmdn. um seine Arbeitsstelle;* ▪**jemandem platzt der Kragen** *(umg.) jmds. Geduld ist am Ende* ♦ Mantel-, Pelz-

Kra·gen·knopf *der* <-(e)s, Kragenknöpfe> *Knopf zum Schließen des Kragens:* Er löste die Krawatte und öffnete den Kragenknopf.

Kra·gen·wei·te *die* <-, -n> *der Umfang eines Kragens:* Wenn ich dir ein Hemd kaufen soll, musst du mir deine Kragenweite sagen.; ▪**(nicht) jeman-**

des **Kragenweite sein** *(umg.) (nicht) nach jmds. Geschmack sein*

Krag·stein *der* <-s, -e> BAUW. *vorspringender Mauerstein, der als Träger dient*

Krä·he *die* <-, -n> *ein großer schwarzer, mit den Raben verwandter Vogel*

krä·hen *ohne OBJ* ➊ ▪**ein Hahn kräht** *ein Hahn gibt heisere Schreie von sich:* Auf dem Bauernhof kräht jeden Morgen der Hahn. ➋ ▪**ein Kind kräht** *mit hoher, heller Stimme schreien:* Das Baby krähte vergnügt.

Krä·hen·fü·ße <-> *Plur. (umg.)* ➊ *sternförmig angeordnete Fältchen um die äußeren Augenwinkel* ➋ *unleserliche Handschrift*

Krä·hen·nest *das* <-(e)s, -er> SEEW. *wie ein Nest geformter Ausguck am vorderen Mast eines Schiffs*

Kra·kau <-s> *Stadt in Südpolen*

Kra·ke *der* <-n, -n> *ein achtarmiger Tintenfisch*

kra·kee·len <krakeelst, krakeelte, hat krakeelt> *ohne OBJ* ▪**jmd. krakeelt** *(umg. abwert.) laut schreien, lautstark schimpfen, streiten:* Der Betrunkene begann zu krakeelen. ▸ Krakeeler

Kra·kel *der* <-s, -> *nicht schöne und unleserliche Handschrift:* Ich kann ihre Krakeln nicht entziffern.

Kra·ke·lei *die* <-, -en> *(umg. abwert.)* ➊ /kein Plur./ *das Krakeln* ➋ *etwas mit krakeliger Schrift Geschriebenes*

kra·ke·lig, krak·lig *adj (umg. abwert.) zittrig geschrieben, so dass man es kaum entziffern kann*

kra·keln <krakelst, krakelte, hat gekrakelt> *mit OBJ/ohne OBJ* ▪**jmd. krakelt (etwas)** *(umg. abwert.) mit ungeübter oder unleserlicher Handschrift schreiben, so dass das Geschriebene kaum zu entziffern ist:* Nach ihrer Handverletzung konnte sie nur krakeln.; Das Schulkind krakelte seine ersten Buchstaben auf das Papier.

krak·lig *siehe* **krakelig**

Kral *der* <-s, -e> *kreisförmig angelegtes Dorf afrikanischer Stämme*

Kral·le *die* <-, -n> *spitz zulaufendes, gebogenes Horngebilde am letzten Zehenglied bestimmter Vögel, Reptilien und Säugetiere:* Die scharfen Krallen des Adlers sind eine tödliche Waffe.; Der Löwe zeigt seine Krallen.; ▪**jemandem die Krallen zeigen** *(umg.) unmissverständlich zeigen, dass man sich wehren will;* ▪**etwas in die Krallen bekommen/kriegen** *(umg.) etwas in seine Gewalt bekommen;* ▪**etwas nicht aus den Krallen lassen** *etwas nicht hergeben*

kral·len <krallst, krallte, hat gekrallt> **I.** *mit OBJ* ➊ ▪**jmd. krallt etwas in etwas** Akk. *die Finger krümmen und etwas umschließen, um sich daran festzuhalten:* Sie krallte ihre Finger/ihre Zehen in den Sand. ➋ ▪**jmd. krallt etwas** *(umg.) etwas schnell greifen:* Er krallte sich die Handtasche und rannte davon. **II.** *mit SICH* ➊ ▪**ein Tier krallt sich an etwas** Akk. *sich mit Hilfe der Krallen an etwas festhalten:* Als sie vom Baum herunterzufallen drohte, krallte sich die Katze an einen Ast. ➋ ▪**jmd. krallt sich an etwas** Akk. *sich mit gekrümmten Fingern an etwas festhalten:* Sie krallte sich an das Geländer.

K

kral·len·ar·tig *adj /nicht steig./ wie Krallen geformt*

Kram *der* <-s> /kein Plur./ (abwert.) ❶ (≈ *Krempel*) *alte, wertlose Gegenstände, unnützes Zeug, Plunder:* Kram aufheben/wegräumen; Wir sollten den alten Kram im Keller endlich wegwerfen. ❷ *eine lästige Aufgabe oder Arbeit, die man ungern erledigt:* Ich komme nach, wenn ich den ganzen Kram hier erledigt habe.; ▪ **jemandem nicht in den Kram passen** *jmdm. ungelegen kommen, lästig sein* ◆ Papier-, Routine-, Verwaltungs-

kra·men <kramst, kramte, hat gekramt> I. *mit OBJ* ▪ *jmd.* **kramt etwas aus etwas** *Dat. etwas wühlend in etwas suchen, und es schließlich hervorholen:* Er kramte die alten Fotos aus der Schublade. II. *ohne OBJ* ▪ *jmd.* **kramt irgendwo/ nach etwas** *Dat.* (≈ *stöbern*) *nach etwas suchend in etwas herumwühlen:* Sie kramte in ihrer Tasche nach ihrem Personalausweis.

Krä·mer *der*, **Krä·me·rin** <-s, -> (veralt.) *Besitzer eines kleinen Lebensmittelladens*

Krä·mer·see·le *die* <-, -n> (abwert.) *ein sehr kleinlich denkender, beschränkter Mensch*

Kram·la·den *der* <-s, Kramläden> (umg. abwert.) *ein kleines Lebensmittelgeschäft, in dem auch andere einfache Waren verkauft werden*

Kram·pe *die* <-, -n> *kleiner, spitzer Eisenhaken:* Der Draht des Elektrozauns wurde mit Krampen an den Pflöcken befestigt.

Kram·pen *der* <-s, -> SÜDDT., ÖSTERR. *Spitzhacke*

Krampf *der* <-(e)s, Krämpfe> ❶ MED. *unwillkürliche, schmerzhafte, anhaltende oder zuckende Zusammenziehung der Muskeln:* Der völlig verausgabte Sportler hatte einen Krampf in der Wade und musste behandelt werden. ◆ Bauch-, Magen-, Muskel-, Waden- ❷ /kein Plur./ (umg. abwert.) *übertriebener, angestrengter und unpassender Versuch, eine (persönliche) Wirkung zu erzielen:* Der Film war ein ziemlicher Krampf.; Sein ganzes Gerede von Versöhnung ist doch nur Krampf!

Krampf·ader *die* <-, -n> *eine krankhaft erweiterte Vene, die am Unterschenkel (meist bei Frauen) sichtbar wird*

Krampf·an·fall *der* <-s, Krampfanfälle> (≈ *Spasmus*) *plötzliches Zusammenziehen eines Muskels oder einer Muskelgruppe, das sehr schmerzhaft sein kann*

krampf·ar·tig *adj /nicht steig./ wie ein Krampf:* ein krampfartiger Schmerz im Bauch

kramp·fen <krampfst, krampfte, hat gekrampft> I. *mit OBJ* ▪ *jmd.* **krampft die Finger/Hände in/um etwas** *Akk. etwas (mit den Händen, Fingern) fest umklammern (um sich daran festzuhalten):* Sie krampfte die Finger um die Gitterstäbe. II. *mit SICH* ▪ **etwas krampft sich in/um etwas** *Akk.* ❶ *die Finger, Hände fest um etwas schließen (um sich daran festzuhalten):* Seine Hände krampften sich um das Seil. ❷ *die Finger in etwas bohren und sich daran festhalten:* Seine Hände krampften sich vor Schmerz in die Kissen.

krampf·haft *adj* ❶ *wie bei einem Krampf[1]:* Sie klagt über krampfhafte Zuckungen. ❷ *(umg.) über-*

aus angestrengt, verbissen: Er dachte krampfhaft nach, fand aber keine Lösung.

krampf·lö·send *adj /nicht steig./ so, dass ein Krampf[1] sich lösen kann:* ein krampflösendes Medikament

Kram·pus *der* <-/-ses, -se> SÜDDT., ÖSTERR. (≈ *Knecht Ruprecht*) *der Begleiter des Nikolaus*

Kran *der* <-(e)s, -e/Kräne> *ein fahrbares Gerät, mit dem man auf Baustellen Lasten anhebt und transportiert* ◆ -führer(in)

Kra·nich *der* <-s, -e> *ein langbeiniger Vogel, der vor allem in Sumpfgebieten lebt*

krank <kränker, am kränksten> *adj* ❶ (↔ *gesund*) *in dem Zustand, dass ein Lebewesen in seinen natürlichen Lebensprozessen gestört ist und sich schwach fühlt oder unter Schmerzen leidet:* Sie ist geistig/körperlich/psychisch/ schwer/unheilbar krank.; Wenn du krank bist, solltest du zum Arzt gehen.; Der ewige Lärm macht mich ganz krank.; Der kranke Baum musste gefällt werden.; Er stand auf und fühlte sich bereits krank. ◆ geistes-, grippe-, herz-, magen- ❷ *in dem Zustand, dass ein Teil eines Organismus, ein Organ in seiner normalen Funktion gestört ist:* ein kranker Magen; eine kranke Leber; ein kranker Fuß ❸ *in dem Zustand, dass jmd. sich einstal und geschwächt fühlt:* sich krank ärgern; Er ist vor Eifersucht ganz krank. ❹ *(übertr.) so, dass etwas durch bestimmte Missstände in schlechtem Zustand ist:* eine kranke Kultur; Die Wirtschaft ist krank.; Wie krank ist unsere Gesellschaft? ◆ Getrenntschreibung →R 4.9 krank sein; ◆ Zusammenschreibung →R 4.6 krankfeiern; kranklachen; krankmelden; krankschreiben

Kran·ke *der/die* <-n, -n> *jmd., der krank[1] ist*

krän·keln <kränkelst, kränkelte, hat gekränkelt> *ohne OBJ* ▪ *jmd.* **kränkelt** *ständig oder immer wieder ein wenig krank sein*

kran·ken *ohne OBJ* ▪ **etwas krankt an etwas** *Dat. aufgrund eines bestimmten Mangels nicht (richtig) funktionieren:* Unser Rentensystem krankt doch daran, dass …; Dieser Betrieb krankt an dem schlechten Führungsstil des Chefs.

krän·ken <kränkst, kränkte, hat gekränkt> *mit OBJ* ▪ *jmd./etwas* **kränkt jmdn.** *jmds. Gefühle verletzen:* Mit dieser Äußerung hat er sie zutiefst gekränkt.; Ihr Benehmen hat mich schwer gekränkt.; gekränkter Stolz; gekränkte Eitelkeit

Kran·ken·ak·te *die* <-, -n> *die Akte, in der der Arzt seine Krankenberichte über einen Patienten gesammelt hat*

Kran·ken·be·richt *der* <-s, -e> *ärztlicher Bericht über den Verlauf einer Krankheit, ihre Vorgeschichte, die Untersuchungsergebnisse und die Behandlung eines Patienten*

Kran·ken·bett *das* <-(e)s, -en> *das Bett, in dem ein Kranker liegt*

Kran·ken·blatt *das* <-(e)s, Krankenblätter> (≈ *Krankenbericht*)

Kran·ken·geld *das* <-(e)s> /kein Plur./ *das Geld, das von den Krankenversicherungen an Mitglieder gezahlt wird, sobald diese nach einer bestimmten Zeit des Krankseins vom Arbeitgeber keinen Lohn mehr erhalten*

K

Kran·ken·ge·schich·te *die* <-, -n> *die Vorge-schichte einer Krankheit, die der Patient dem Arzt erzählt*

Kran·ken·gym·nast *der;* **Kran·ken·gym·nas·tin** <-en, -nen> *jmd., der beruflich mit Kranken gym-nastische Übungen durchführt, die den Körper oder bestimmte Körperglieder beweglicher oder kräftiger machen sollen*

Kran·ken·haus *das* <-es, Krankenhäuser> *(≈ Hospital, Klinik) das Gebäude, in das Verletzte nach einem Unfall gebracht werden und in dem Operationen durchgeführt werden, nach denen die Patienten noch einige Zeit dort auf einer Sta-tion liegen* ◆-aufenthalt, -behandlung, -einwei-sung, Kreis-, Unfall-

kran·ken·haus·reif *adj /nicht steig./ in einem Zu-stand, in dem man ins Krankenhaus gebracht wer-den muss:* Die Täter hatten ihr Opfer kranken-hausreif geschlagen.

Kran·ken·kas·se *die* <-, -n> *Krankenversiche-rung*

Kran·ken·kost *die* <-> */kein Plur./ leichte, für Kranke geeignete Kost*

Kran·ken·la·ger *das* <-s, -> *Krankenbett*

Kran·ken·pfle·ge *die* <-> */kein Plur./ die pfle-gende Betreuung kranker Menschen*

Kran·ken·pfle·ger *der;* **Kran·ken·pfle·ge·rin** <-s, -> *jmd., der beruflich in der Krankenpflege tätig ist*

Kran·ken·schein *der* <-s, -e> *(früher) ein Schein, den das Mitglied einer Krankenkasse im Falle ei-nes Arztbesuches vorlegt, damit der Arzt die Be-handlungskosten mit der Krankenkasse abrech-nen kann*

Kran·ken·schwes·ter *die* <-, -n> *eine Frau, die beruflich in der Krankenpflege tätig ist*

Kran·ken·stand *der* <-(e)s */kein Plur./ die Zahl der Personen, die während eines bestimmten Zeitraums bei einem Arbeitgeber krankgemeldet sind:* Um diese Jahreszeit ist der Krankenstand er-fahrungsgemäß hoch.

Kran·ken·trans·port *der* <-s, -e> *Beförderung von Kranken, die nicht gehen können, in einem Krankenwagen*

Kran·ken·ver·si·che·rung *die* <-, -en> ❶ *die Ver-sicherung, an die man Mitgliedsbeiträge zahlt und die im Krankheitsfall die Behandlungskosten über-nimmt:* Es gibt gesetzliche und private Kranken-kassen. ❷ *ein bestimmtes Versicherungsunterneh-men, bei dem man eine Krankenversicherung¹ abschließen kann:* in die Krankenversicherung ein-treten; eine Krankenversicherung abschließen; Ich habe vor kurzem die Krankenversicherung ge-wechselt.

Kran·ken·ver·si·che·rungs·kar·te *die* <-, -n> *eine elektronische Chipkarte, die das Mitglied ei-ner Krankenkasse im Falle eines Arztbesuches vor-legt, damit der Arzt die Behandlungskosten mit der Krankenkasse abrechnen kann*

Kran·ken·wa·gen *der* <-s, -> *ein speziell ausge-rüstetes Kraftfahrzeug für den Transport von Kran-ken und Verletzten*

Kran·ken·zim·mer *das* <-s, -> ❶ *ein Zimmer in einem Krankenhaus, in dem Kranke untergebracht*

sind ❷ *ein Zimmer, in dem das Bett eines Kranken steht:* Als die Kinder die Masern hatten, wurde un-ser Schlafzimmer zum Krankenzimmer.

krank·fei·ern <feierst krank, feierte krank, hat krankgefeiert> *ohne OBJ* ▪ *jmd. feiert krank (umg. scherzh.) sich am Arbeitsplatz krankmel-den, obwohl man gar nicht krank ist*

krank·haft *adj /nicht steig./* ❶ *(≈ pathologisch) durch eine Krankheit ausgelöst:* Der Arzt diagnos-tizierte eine krankhafte Veränderung des Gewebes. ❷ *(≈ unnormal, abartig) so, dass jmd. sich nicht normal verhält:* krankhafte Eifersucht; Ihr Putz-zwang ist krankhaft.; Er ist krankhaft ehrgeizig.

Krank·heit *die* <-, -en> ❶ *ein Zustand, in dem ein Mensch, ein Tier oder eine Pflanze nicht gesund ist, da die normalen körperlichen oder seelischen Vorgänge gestört sind und man sich unwohl fühlt:* eine akute/chronische Krankheit; eine bösartige/ harmlose Krankheit; einer Krankheit vorbeugen; an einer Krankheit leiden; eine Krankheit bekämp-fen/bekommen/überwinden; Die Krankheit wird von Bakterien/Parasiten/Viren ausgelöst/hervor-gerufen.; Sie will zunächst ihre Krankheit auskurie-ren. ◆-serreger, -skeim, -ssymptom, -sverlauf, Er-kältungs-, Frauen-, Haut-, Kinder- ❷ */kein Plur./ die Zeit, in der jmd. krank¹ ist:* Während seiner Krankheit konnte er kaum etwas essen.

Krank·heits·bild *das* <-(e)s, -er> *alle für eine Krankheit typischen Krankheitssymptome:* Dieses Krankheitsbild ist typisch für Masern.

Krank·heits·er·schei·nung *die* <-, -en> *Krank-heitssymptom*

Krank·heits·fall *der* <-(e)s, Krankheitsfälle> *das Vorkommen des Krankseins in einem Be-trieb, einer Schule o. Ä.:* Im Krankheitsfall ver-tritt mich der Kollege X.; Lohnfortzahlung im Krankheitsfall

krank·heits·hal·ber *adv /nicht steig./ wegen Krankheit:* Der Vortrag wurde krankheitshalber ab-gesagt.

Krank·heits·herd *der* <-(e)s, -e> *das Gebiet oder Organ im Körper, von dem eine Krankheit ausgeht*

Krank·heits·kos·ten *die* <-> *Plur. die Kosten, die durch längeres Kranksein verursacht werden*

Krank·heits·tag *der* <-es, -e> *ein Arbeitstag, an dem ein Arbeitnehmer krankgeschrieben ist*

krank·la·chen <lachst krank, lachte krank, hat krank gelacht> *mit SICH* ▪ *jmd. lacht sich krank (umg.) sehr heftig lachen:* Wir haben uns bei der Komödie halb krankgelacht.

kränk·lich *adj ständig oder immer wieder ein we-nig krank:* Sie ist ein kränkliches Kind.

krank·mel·den <meldest krank, meldete krank, hat krankgemeldet> *mit SICH* ▪ *jmd. meldet sich krank den Arbeitgeber oder die Schule darü-ber informieren, dass man wegen einer Krankheit zu Hause bleiben muss*

Krank·mel·dung *die* <-, -en> *eine Mitteilung an den Arbeitgeber oder an die Schule, dass jmd. auf-grund einer Krankheit zu Hause bleiben muss*

krank·schrei·ben <schreibst krank, schrieb krank, hat krankgeschrieben> *mit OBJ* ▪ *ein Arzt schreibt jmdn. krank einem Patienten eine schriftliche Bestätigung geben, dass er für eine be-*

K

stimmte Zeit arbeitsunfähig ist: Sie ist schon seit drei Monaten krankgeschrieben.

Krank·schrei·bung *die* <-, -en> *die schriftliche Bestätigung, mit der der Arzt jmdn. krankschreibt*

Krän·kung *die* <-, -en> *das Verletzen von jmds. Gefühlen, das Kränken:* jemandem eine Kränkung verzeihen/zufügen; Dieses Verhalten hat er als Kränkung empfunden.

Kranz *der* <-es, Kränze> ❶ *zu einem kreisförmigen Gebinde geflochtene Blumen oder Zweige:* Auf dem Grab wurden zahlreiche Kränze niedergelegt.; Wir basteln für Advent einen Kranz. ◆ Advents-, Blumen-, Lorbeer-, Trauer- ❷ *kranzförmiger Kuchen:* Frankfurter Kranz

Kränz·chen *das* <-s, -> *eine kleine Gruppe von Frauen, die sich regelmäßig zu Kaffeetrinken und Unterhaltung treffen* ◆ Kaffee-

kranz·för·mig *adj /nicht steig./ in der Form eines Kranzes*

Kranz·nie·der·le·gung *die* <-, -en> *der Vorgang, dass man zu bestimmten Anlässen an einem Grab oder Ehrenmal feierlich einen Kranz[1] niederlegt und an den oder die Toten erinnert*

Kranz·spen·de *die* <-, -n> *Geld, das jmd. zur Beerdigung schickt, um sich an den Kosten für die Trauerkränze zu beteiligen*

Krap·fen *der* <-s, -> SÜDDT., ÖSTERR. *ein in Schmalz gebackenes und mit Marmelade gefülltes Gebäck*

krass <krasser, am krassesten> *adj* ❶ *verwendet, um auszudrücken, dass jmd. oder etwas die genannte Sache in besonders reiner oder intensiver Form vertritt:* Wir haben es hier mit einem krassen Fall von Betrug zu tun.; Er ist ein krasser Angeber/Außenseiter. ❷ (≈ *schroff*) *so, dass zwischen zwei Dingen eine heftige Opposition besteht:* Ihre Ansichten/Standpunkte stehen in krassem Gegensatz. ❸ *(jugendspr.) verwendet, um auszudrücken, dass jmd. oder etwas als sehr positiv eingeschätzt wird:* Dein Handy – echt krass, was kostet denn so ein Teil?

Kra·ter *der* <-s, -> *ein trichterförmiges Loch in der Erde, das durch einen Vulkanausbruch oder eine Explosion entstanden ist* ◆ -landschaft, -see, Bomben-, Mond-, Vulkan-

kra·ter·för·mig *adj /nicht steig./ wie ein Krater geformt*

Kratz·bürs·te *die* <-, -n> *(umg. scherzh.) eine (junge) Frau, die widerspenstig und unfreundlich ist*

kratz·bürs·tig <kratzbürstiger, am kratzbürstigsten> *adj widerspenstig und unfreundlich* ▸ Kratzbürstigkeit

Krät·ze *die* <-> /kein Plur./ *(veralt.) eine Hautkrankheit, die starken Juckreiz verursacht*

krat·zen <kratzt, kratzte, hat gekratzt> I. *mit OBJ* ❶ ■ *jmd./ein Tier kratzt etwas aufgrund eines Juckreizes mit den Fingernägeln an einer Körperstelle reiben:* Könntest du mich zwischen den Schultern kratzen? ❷ ■ *jmd./ein Tier kratzt sich/etwas eine Hautverletzung mit einem spitzen, scharfen Gegenstand zufügen:* Sie hat sich an einem spitzen Ende des Maschendrahtzauns gekratzt.; Die Katze hat meinen Freund gekratzt. ❸ ■ *jmd. kratzt etwas von etwas Dat. etwas mit*

einem Gegenstand von einer Oberfläche schaben: Er kratzt das Eis von der Windschutzscheibe. II. *mit OBJ/ohne OBJ* ❶ ■ *etwas kratzt (jmdn.) irgendwo unangenehme Hautreizungen hervorrufen:* Der neue Wollpullover kratzt ihn.; Das Hemd kratzt am Hals. ❷ ■ *ein Tier kratzt an etwas Dat. mit den Krallen an etwas schaben:* Die Katze hat schon wieder am Sessel gekratzt.; Der Hund kratzt an der Tür.; ■ *etwas kratzt jemanden nicht (umg.) etwas stört jmdn. überhaupt nicht oder interessiert ihn nicht* Ich habe ihm davon erzählt, aber es kratzte ihn überhaupt nicht.

Krat·zer *der* <-s, -> ❶ *Schramme, Kratzspur:* Der Kratzer am Arm wird schnell heilen.; Wer hat den Kratzer in die Wagentür gemacht? ❷ *Gerät zum Kratzen I.3* ◆ Eis-, Scheiben-

kratz·fest *adj /nicht steig./ so, dass ein Material keinen Kratzer[1] bekommt* ▸ Kratzfestigkeit

Kratz·fuß *der* <-es, Kratzfüße> *(veralt. scherzh.) tiefe Verbeugung bei Hofe, bei der man einen Fuß scharrend über den Boden zieht*

krät·zig *adj /nicht steig./ von Krätze befallen*

krat·zig <kratziger, am kratzigsten> *adj* ❶ *von so rauer Qualität, dass etwas sich unangenehm auf der Haut anfühlt:* ein kratziger Pullover ❷ *heiser:* eine kratzige Stimme

Kratz·spur *die* <-, -en> *eine Spur davon, dass etwas gekratzt worden ist:* Kratzspuren am Auto/auf der Haut

Kratz·wunde *die* <-, -n> *Wunde, die durch Kratzen I.2 verursacht worden ist*

krau·chen <krauchst, krauchte, ist gekraucht> *ohne OBJ* ■ *jmd. kraucht irgendwo sich kriechend bewegen*

Kraul *das* <-s> /kein Plur., meist ohne Artikel verwendet / SPORT *ein Schwimmstil*

krau·len[1] <kraulst, kraulte, hat/ist gekrault> I. *mit OBJ (haben o sein)* ■ *jmd. krault etwas im Kraulstil zurücklegen:* Sie hat/ist diese Strecke in neuer Weltrekordzeit gekrault.; Er hat Bestzeit gekrault. II. *ohne OBJ* ❶ ■ *jmd. krault (haben o sein) im Kraulstil schwimmen:* Er sprang ins Wasser und begann zu kraulen. ❷ ■ *jmd. krault irgendwohin (sein) irgendwohin kraulen II.1:* Ich bin ans andere Ufer gekrault.

krau·len[2] <kraulst, kraulte, hat gekrault> *mit OBJ* ■ *jmd. krault jmdn./ein Tier liebevoll mit den Fingerspitzen streicheln:* Sie kraulte die Katze.

Kraul·schwim·men *das* <-s> /kein Plur./ SPORT *das Kraulen[1]*

Kraul·stil *der* <-s, -e> SPORT *Schwimmstil des Kraulens[1]*

kraus *adj* (↔ *glatt*) ❶ *wellig, faltig:* Der Stoff ist kraus geworden, ich muss ihn wieder bügeln. ❷ *stark gelockt:* Das Kind hat krauses Haar.

Krau·se *die* <-, -n> ❶ *(veralt.) Dauerwelle* ❷ *in Falten gelegter, großer Kragen*

Kräu·sel·band *das* <-(e)s, Kräuselbänder> *ein Band, das man an einen Stoff näht und durch das man eine Schnur zieht, um den Stoff dadurch zu kräuseln:* Kräuselband an die Gardinen nähen

kräu·seln <kräuselst, kräuselte, hat gekräuselt> I. *mit OBJ* ■ *jmd./etwas kräuselt etwas bewir-*

K

ken, dass kleine Locken, Wellen, Falten entstehen: Der Wind kräuselte die Wasseroberfläche.; Ich muss noch die Ärmel kräuseln. **II.** *mit SICH* ■ *etwas kräuselt sich kleine Locken, Wellen, Falten bilden:* Ihre Haare kräuseln sich.

Kraus·haar *das* <-es> /kein Plur./ krauses Haar

Kraus·kopf *der* <-(e)s, Krausköpfe> ❶ Kopf mit krausem Haar ❷ Mensch mit einem Krauskopf[1]

kraus·zie·hen <ziehst kraus, zog kraus, hat krausgezogen> *mit OBJ* ■ *jmd. zieht etwas Akk. kraus in Falten legen:* (meist) die Stirn krausziehen

Kraut *das* <-(e)s, Kräuter> ❶ /meist Plur./ eine Heil- oder Würzpflanze: Ich habe dir einen Tee aus Kräutern zubereitet. ❷ /kein Plur./ Stängel und Blätter, die man von bestimmten Nutzpflanzen entfernt, weil man sie nicht isst: Kannst du das Kraut von den Möhren/Radieschen abmachen? ❸ SÜDDT., ÖSTERR. (Weiß-)Kohl: Zu Mittag gab es Schweinebraten mit Knödel und Kraut. ❹ ■ **dagegen ist kein Kraut gewachsen** (umg.) gegen etwas kann nichts unternommen werden; ■ **wie Kraut und Rüben** (umg.) unordentlich, durcheinander; ■ **etwas schießt ins Kraut** (umg.) etwas wächst sehr üppig

 Kräu·ter·buch *das* <-s, Kräuterbücher> ein Buch über Kräuter[1] und ihre Verwendung

Kräu·ter·es·sig *der* <-s, -e> Essig, in die würzige Kräuter[1] eingelegt sind

Kräu·ter·ex·trakt *der* <-s, -e> Extrakt aus Kräutern

Kräu·ter·schnaps *der* <-es, Kräuterschnäpse> Schnaps, der mit bitteren Kräutern[1] angesetzt ist

Kräu·ter·tee *der* <-s, -s> Tee aus den Blättern bestimmter Kräuter[1]

krau·tig *adj* zum Kraut[2] gehörend

Kraut·kopf *der* <-(e)s, Krautköpfe> SÜDDT., ÖSTERR. Kohlkopf

Kraut·wi·ckel *der* <-s, -> Speise mit Hackfleisch, das mit Kohlblättern umwickelt ist

Kra·wall *der* <-s, -e> ❶ Tumult, gewalttätiger Aufruhr: Bei der Demonstration kam es nur zu wenigen Krawallen.; Nach Fußballspielen kommt es leider immer wieder zu Krawallen. ◆ Straßen- ❷ /kein Plur./ Krach, Lärm: Die Kinder machten einen höllischen Krawall.; ■ **jemand schlägt bei jemandem Krawall** (umg.) jmd. beschwert sich bei jmdm. über etwas

Kra·wat·te *die* <-, -n> (≈ Schlips) ein langes und relativ schmales schmückendes Kleidungsstück als Teil der (formellen) Herrenbekleidung, das mit einem besonderen Knoten um den Kragen gebunden wird und etwa bis zum Hosenbund herabreicht: die Krawatte ablegen/binden/lockern/zurechtrücken/zuziehen

Kra·wat·ten·muf·fel *der* <-s, -> (umg.) jmd., der ungern Krawatten trägt

Kra·wat·ten·na·del *die* <-, -n> eine Schmucknadel, die das Verrutschen der Krawatte verhindert

Kra·wat·ten·schal *der* <-s, -s> ein schmaler Schal

Kra·wat·ten·zwang *der* <-s> /kein Plur./ die gesellschaftliche Vorschrift, bei bestimmten Anlässen eine Krawatte zu tragen

kra·xeln <kraxelst, kraxelte, ist gekraxelt> *ohne OBJ* ❶ ■ *jmd. kraxelt* SÜDDT., ÖSTERR. (umg.) bergsteigen ❷ ■ *jmd. kraxelt auf etwas Akk. klettern:* Das Kind ist auf einen Baum gekraxelt.

Kre·a·ti·on *die* <-, -en> (geh.: ≈ Modell) (Mode-)Schöpfung: Morgen werden die neuesten Kreationen des Modemachers auf dem Laufsteg vorgeführt.

kre·a·tiv *adj* (≈ schöpferisch) voller neuer Ideen und fähig, diese umzusetzen: Sie ist künstlerisch sehr kreativ.; kreative Entwürfe/Fantasie/Gestaltung

Kre·a·ti·vi·tät *die* <-> /kein Plur./ die Fähigkeit, kreativ zu sein ◆ -straining

Kre·a·ti·vi·täts·for·schung *die* <-, -en> PSYCH. ein Forschungsgebiet, das sich mit den Merkmalen und Bedingungen der Kreativität beschäftigt

Kre·a·tiv·ur·laub *der* <-s, -e> ein Urlaub, zu dem ein Programm mit kreativen Angeboten (wie Malen, Tanzen, Modellieren) gehört

Kre·a·tur *die* <-, -en> ❶ (geh.) Lebewesen, Geschöpf (Gottes) ❷ ein Mensch, den man bedauert oder verachtet: eine arme/erbärmliche/jämmerliche Kreatur

kre·a·tür·lich *adj* /nicht steig./ zur Kreatur[1] gehörend: kreatürlicher Schmerz

Krebs *der* <-es, -e> ❶ ein Tier, das (in vielen Arten) im Wasser lebt und vier Beinpaare hat, von denen das erste wie eine Zange oder Schere geformt ist ◆ -schale, -suppe, -tier, Fluss-, Muschel- ❷ /kein Plur./ Name eines Tierkreiszeichens: Er ist Mitte Juli geboren im Zeichen des Krebses. ❸ jmd., der im Zeichen des Krebses[2] geboren ist: Sie ist Waage, er ist Krebs. ❹ MED. (≈ Karzinom) eine Krankheit, die durch bösartige Blutveränderungen oder Geschwulstbildungen aufgrund von krankhafter, unkontrollierter Zellwucherung hervorgerufen wird ◆ -behandlung, -diagnose, -erkrankung, -geschwulst, -klinik, -leiden, -operation, -patient(in), -spezialist(in), Blut-, Brust-, Darm-, Haut-, Lungen-, Magen- ◆ Getrennt- oder Zusammenschreibung →R 4.16 Krebs erregend/krebserregend; Krebs erregende/krebserregende Stoffe; ◆ Zusammenschreibung →R 4.16 eine äußerst krebserregende Chemikalie

krebs·ar·tig *adj* /nicht steig./ wie eine Krebsgeschwulst

kreb·sen <krebst, krebste, hat gekrebst> *ohne OBJ* ■ *jmd. krebst (irgendwie)* (umg.) sich (ohne großen Erfolg) abmühen: Die Firma krebst am Rande des Ruins.

krebs·er·re·gend, *a.* **Krebs er·re·gend** *adj* /nicht steig./ (≈ karzinogen) so, dass ein chemischer Stoff im Organismus Krebs[4] auslösen kann

krebs·er·zeu·gend, *a.* **Krebs er·zeu·gend** *adj* /nicht steig./ (≈ krebserregend)

Krebs·for·schung *die* <-> /kein Plur./ MED. ein Forschungsgebiet, das sich mit der Entstehung und Therapie von Krebs[4] beschäftigt ◆ -szentrum

Krebs·früh·er·ken·nung *die* <-> /kein Plur./ MED. das Diagnostizieren von Krebs in einem frühen Stadium der Krankheit

Krebs·gang *der* <-s> /kein Plur./ eine rückläufige Bewegung oder Entwicklung

K

Krebs·ge·schwür *das* <-(e)s, -e> ❶ *(≈ Karzinom) bei Krebs[4] auftretendes Geschwür* ❷ *(übertr.) ein großes Übel, eine gefährliche Entwicklung in Politik und Gesellschaft:* Der Verlust der Beziehungsfähigkeit ist ein Krebsgeschwür unserer Zeit.

krebs·krank *adj /nicht steig./ an Krebs[4] erkrankt:* Er pflegt seine krebskranke Frau. ▸ Krebskranke

Krebs·lei·den *das* <-s, -> *Krebserkrankung*

Krebs·nach·sor·ge *die* <-> */kein Plur./ die regelmäßige ärztliche Kontrolle nach einer abgeschlossenen Krebsbehandlung, um eine Wiederkehr der Krebskrankheit frühzeitig zu erkennen*

krebs·rot *adj /nicht steig./ rot wie ein gekochter Krebs[1], sehr rot:* Er schwitzte und war krebsrot im Gesicht vor Anstrengung.

Krebs·scha·den *der* <-s, Krebsschäden> *großes Übel, Ursache für negative Entwicklungen in Politik und Gesellschaft:* ein Krebsschaden der modernen Gesellschaft

Krebs·ver·dacht *der* <-s> */kein Plur./ der Verdacht, dass eine Krebserkrankung vorliegt:* Der Patient wurde wegen Krebsverdachts zu einer speziellen Untersuchung geschickt. ▸ krebsverdächtig

Krebs·vor·beu·gung *die* <-> */kein Plur./ vorsorgliche Maßnahmen, um eine Krebserkrankung zu verhindern*

Krebs·vor·sor·ge *die* <-> */kein Plur./ regelmäßige Vorsorgeuntersuchungen zur Früherkennung von Krebs*

Krebs·zel·le *die* <-, -n> *eine krankhaft und unkontrolliert sich vermehrende Körperzelle*

kre·den·zen <kredenzt, kredenzte, hat kredenzt> *mit OBJ* ■ *jmd. kredenzt etwas (geh.) servieren:* Darf ich Ihnen ein Gläschen Likör kredenzen?

Kre·dit, Kre·dit *der* <-(e)s, -e> ❶ WIRTSCH. *der Betrag, den jmd. von jmdm. oder einer Bank (gegen entsprechende Zinszahlungen) geliehen bekommt:* Für den Kauf des Hauses mussten wir einen Kredit aufnehmen.; den Kredit und die Zinsen zurückzahlen ◆ -abteilung, -antrag, -aufnahme, -auftrag, -bank, -büro, -geber(in), -geschäft, -gewährung, -laufzeit, -nehmer(in), -zinsen ❷ */kein Plur./ Kauf ohne sofortige Zahlung:* Er hat das Auto bestimmt auf Kredit gekauft. ◆ -kauf ❸ */kein Plur./ Vertrauen in die Ehrlichkeit und Fähigkeit einer Person:* Sie hat ihren Kredit bei mir verspielt.

Kre·dit·brief *der* <-s, -e> *Anweisung einer Bank an ein anderes Kreditinstitut, einem bestimmten Kunden Kredit[1] zu gewähren*

kre·dit·fä·hig *adj /nicht steig./ die Eigenschaft, kreditwürdig zu sein* ▸ Kreditfähigkeit

Kre·dit·hai *der* <-s, -e> *(umg. abwert.) privater Geldgeber mit unseriösen Geschäftsmethoden*

kre·di·tie·ren <kreditierst, kreditierte, hat kreditiert> *mit OBJ* ■ *jmd. kreditiert jmdm. etwas* WIRTSCH. ❶ *eine Geldsumme als Darlehen geben:* Die Bank hat ihm den Betrag kreditiert. ❷ *eine Geldsumme gutschreiben:* Man hat mir den Betrag kreditiert.

Kre·dit·in·s·ti·tut *das* <-(e)s, -e> *(≈ Bank)*

Kre·dit·kar·te *die* <-, -n> *eine der Scheckkarte ähnliche Karte für kreditwürdige Personen, mit der sie bargeldlos bezahlen können*

Kre·dit·markt *der* <-s, Kreditmärkte> *Markt für Geldforderungen:* Der Kreditmarkt besteht aus Geldmarkt und Kapitalmarkt.

kre·dit·wür·dig *adj /nicht steig./ (≈ kreditfähig) wirtschaftlich so gut gestellt, dass man (von Banken) Kredite[1] erhält* ▸ Kreditwürdigkeit

Kre·do, *a.* **Cre·do** *das* <-s> */kein Plur./* ❶ REL. *das christliche Glaubensbekenntnis:* das apostolische Kredo ❷ *(geh.) etwas, an das jmd. absolut und unbeirrbar glaubt*

kre·gel *adv /nicht steig./* LANDSCH. *körperlich und geistig sehr munter:* Sie ist über siebzig und immer noch sehr kregel.

Krei·de *die* <-, -n> ❶ */kein Plur./ ein weißer Kalkstein* ❷ *ein geformtes Stück aus Kreide[1] zum Schreiben oder Zeichnen:* Die Lehrerin schreibt mit Kreide an die Tafel.; ■ **bei jemandem tief in der Kreide stehen** *(umg.) Schulden bei jmdm. haben*

krei·de·bleich *adj /nicht steig./ von sehr bleicher Gesichtsfarbe:* Sie wurde vor Schreck kreidebleich.

Krei·de·fel·sen *der* <-s, -> *Felsen aus Kreide[1]:* die Kreidefelsen auf Rügen

Krei·de·zeich·nung *die* <-, -en> *mit Kreide[2] gefertigte Zeichnung*

Krei·de·zeit *die* <-> */kein Plur./* GEOL. *ein Erdzeitalter*

kre·ie·ren *mit OBJ* ■ *jmd. kreiert etwas (geh.: ≈ entwerfen, hervorbringen) etwas Neues schaffen, etwas Eigenes hervorbringen:* Der Modemacher hat gewagte Röcke kreiert.; Sie hat einen sehr persönlichen Musikstil kreiert.

Kreis *der* <-es, -e> ❶ *eine geometrische Figur, bei der alle Punkte den gleichen Abstand zum Mittelpunkt haben:* Berechnet bitte den Durchmesser/Radius/Umfang dieses Kreises! ❷ *eine Figur, Bewegung oder Gruppierung in der Form eines Kreises[1]:* Die Kinder bildeten einen Kreis.; Der Bussard zog seine Kreise am Himmel. ❸ *eine Gruppe von Menschen, die regelmäßig zusammenkommen:* Wir treffen uns regelmäßig im Kreis der Familie.; Er hat einen Kreis Gleichgesinnter um sich versammelt.; der berühmte Kreis der Prager Linguisten ◆ Arbeits-, Benutzer-, Bibel-, Experten-, Gesprächs-, Kollegen-, Literaten- ❹ */nur Plur./ bestimmter Teil der Bevölkerung; soziale Gruppe:* Er verkehrt neuerdings nur noch in gehobenen Kreisen.; Aus gut unterrichteten Kreisen war zu hören, dass … ❺ *kurz für „Landkreis":* Zu welchem Kreis gehört dieser Ort?; die Stadt Krumbach, Kreis Günzburg; ■ **Kreise ziehen** *starke Auswirkungen haben;* ■ **sich im Kreis bewegen/drehen** *immer wieder dasselbe denken, sagen, tun, und deshalb zu keinem Ergebnis gelangen*

Kreis·arzt *der,* **Kreis·ärz·tin** *die* <-(e)s, Kreisärzte> *ein Arzt, der für einen bestimmten Verwaltungsbezirk zuständig ist*

Kreis·be·we·gung *die* <-, -en> *kreisförmige Bewegung, Bewegung im Kreis*

krei·schen <kreischst, kreischte, hat gekreischt> *ohne OBJ* ■ *jmd./etwas kreischt* ❶ *mit hoher, schriller Stimme schreien:* Sie kreischte vor Schreck. ❷ *ein hohes, schrilles Geräusch von sich*

K

geben: Als der Zug bremsen musste, kreischten die Räder.

Kreis·dia·gramm das <-s, -e> (≈ Tortendiagramm ↔ Säulendiagramm) grafische Darstellung von Größenverhältnissen in einem Kreis, der in Sektoren unterteilt wird

Kreis·durch·mes·ser der <-s, -> MATH. die Strecke, die durch den Kreismittelpunkt führt und zwei Punkte auf der Kreislinie verbindet

Krei·sel der <-s, -> ein Kinderspielzeug

krei·sen <kreist, kreiste, hat/ist gekreist> ohne OBJ ❶ ■ jmd./etwas kreist irgendwo (haben o sein) sich auf einer kreisförmigen Bahn bewegen: Der Satellit kreist um die Erde.; Das Flugzeug hat/ ist über der Stadt gekreist. ❷ ■ jmd. kreist mit etwas Dat. (haben) mit einem Körperteil kreisförmige Bewegungen machen: Bei der nächsten Übung müsst ihr mit den Armen/dem Becken/ dem Kopf kreisen. ❸ ■ etwas kreist um etwas Akk. (haben o sein) sich um ein bestimmtes Thema bewegen: Seine Gedanken kreisten nur um eine Frage: Wie sollte er diese Prüfung jemals bestehen?

Kreis·flä·che die <-, -n> MATH. die Fläche, die von der Kreislinie umschlossen wird: Können Sie die Kreisfläche berechnen?

kreis·för·mig adj /nicht steig./ wie ein Kreis geformt

Kreis·ke·gel der <-s, -> MATH. ein Kegel mit kreisförmiger Grundfläche

Kreis·kran·ken·haus das <-es, Kreiskrankenhäuser> Krankenhaus in einem bestimmten Verwaltungsbezirk

Kreis·lauf der <-(e)s, Kreisläufe> ❶ MED. /kein Plur./ Blutkreislauf: Ihr Kreislauf hatte versagt.; Er hat einen schwachen/stabilen Kreislauf.; den Kreislauf anregen/belasten/trainieren ◆-medikament, -mittel, -training ❷ (≈ Zyklus) ein in sich geschlossener Prozess, der dorthin zurückkehrt, wo er begonnen hat und sich immer wiederholt: Heute haben wir den Kreislauf des Wassers besprochen.; Er dachte über den ewigen Kreislauf der Natur nach. ◆ Natur-, Wasser-

Kreis·lauf·kol·laps der <-, -e> (≈ Kreislaufzusammenbruch)

Kreis·lauf·stö·rung die <-, -en> /meist Plur./ MED. eine Anzahl von Symptomen, wie Herzschwäche, Schwindelgefühl, Ohnmachten, die anzeigen, dass der Blutkreislauf unregelmäßig verläuft: Sie nimmt Kreislaufmittel gegen ihre Kreislaufstörungen ein.

Kreis·lauf·ver·sa·gen das <-s> MED. eine akute schwere Störung des Kreislaufs, durch die die Organe mit zu wenig Sauerstoff versorgt werden: Er starb an Kreislaufversagen.

Kreis·lauf·zu·sam·men·bruch der <-s, Kreislaufzusammenbrüche> akutes Kreislaufversagen

Kreis·li·nie die <-, -n> die Linie, den der Kreis bildet

Kreis·sä·ge die <-, -n> elektrisch betriebene Säge mit kreisförmigem Sägeblatt ◆-nblatt

krei·ßen <kreißt, kreißte, hat gekreißt> ohne OBJ ■ eine Frau kreißt (veralt.) in den Geburtswehen liegen

Kreiß·saal der <-(e)s, Kreißsäle> Entbindungssaal einer Klinik

Kreis·stadt die <-, Kreisstädte> Stadt, die (verwaltungstechnischer) Mittelpunkt eines Landkreises ist

Kreis·tag der <-(e)s, -e> die von einem Landkreis gewählten Abgeordneten: Er ist in den Kreistag gewählt worden. ◆-sabgeordneter, -sverwaltung

Kreis·um·fang der <-(e)s> /kein Plur./ MATH. die Länge der Kreislinie: den Kreisumfang berechnen

Kreis·ver·kehr der <-s> /kein Plur./ kreisförmige Verkehrsführung auf großen Plätzen anstelle von Kreuzungen

Kreis·ver·wal·tung die <-, -en> Verwaltung eines Landkreises

Kreis·wehr·er·satz·amt das <-(e)s, Kreiswehrersatzämter> Dienststelle in einem Landkreis, die für die Heranziehung von Wehrpflichtigen zum Wehrdienst zuständig ist

Kre·ma·to·ri·um das <-s, Krematorien> Anlage und Gebäude, in dem Verstorbene verbrannt werden ▶ kremieren

Kre·me, Krem die <-, -s> siehe **Creme**

kre·mig adj siehe **cremig**

Kreml, Kreml der <-(s)> ❶ die Regierung der GUS ❷ Sitz der Regierung der GUS in Moskau

Krem·pe die <-, -n> unterer Hutrand: die Krempe hochschlagen ◆ Hut-

Krem·pel der <-s> /kein Plur./ (umg. abwert.: ≈ Kram) wertloses Zeug, Plunder: Ich habe den Keller ausgeräumt und den ganzen Krempel weggeworfen.

krem·peln <krempelst, krempelte, hat gekrempelt> mit OBJ ■ jmd. krempelt etwas umschlagen: Er krempelte die Ärmel nach oben und begann Holz zu hacken. ▶ umkrempeln

Kren der <-(e)s> /kein Plur./ SÜDDT., ÖSTERR. Meerrettich

Kre·o·le[1] der, **Kre·o·lin** <-n, -n> ❶ Nachkomme romanischer Einwanderer in Mittelamerika ❷ Nachkomme schwarzer Sklaven in Brasilien

Kre·o·le[2] die <-, -n> Ohrring

kre·o·lisch adj /nicht steig./ zu den Kreolen gehörend

kre·pie·ren <krepierst, krepierte, ist krepiert> ohne OBJ ■ jmd./ein Tier krepiert (umg. abwert.: ≈ verenden) sterben: Das angefahrene Reh krepierte.; Von mir aus kann dieser Typ krepieren!

Krepp·pa·pier das <-(e)s> /kein Plur./ elastisches Bastelpapier mit vielen kleinen Falten

Krepp·soh·le die <-, -n> Schuhsohle aus porigem Kautschuk

Kres·se die <-, -n> kleinblättrige Salat- und Gewürzpflanze

Kre·ta <-s> eine Insel im Mittelmeer

Kre·ter der, **Kre·te·rin** <-s, -> Bewohner von Kreta

Kre·thi ■ **Krethi und Plethi** (umg. abwert.) gewöhnliche Leute, jedermann

kre·tisch adj /nicht steig./ zu Kreta gehörend, daher stammend

kreucht siehe **kriecht**

Kreuz das <-es, -e> ❶ ein grafisches Zeichen, das aus zwei sich rechtwinklig (oder schräg) kreuzenden Linien besteht: Wenn Sie nicht verheiratet sind, machen Sie in dieses Kästchen des Formulars bitte ein Kreuz. ▶ankreuzen ❷REL. *das Symbol des christlichen Glaubens in der Form von rechtwinklig sich kreuzenden Linien:* das Kreuz schlagen ▶bekreuzigen ◆Altar-, Grab- ❸ *ein Gegenstand in Form eines Kreuzes[1] als Symbol, Orden oder Auszeichnung:* Er erhielt das Eiserne Kreuz. ◆Bundesverdienst- ❹ *ein Holzgerüst in Form eines Kreuzes[1] , an das man im Altertum Menschen nagelte oder band, die zum Tode verurteilt waren:* Jesus Christus starb am Kreuz. ❺*(übertr.) eine schwere Last, die jmdn. bedrückt:* Er hat sein Kreuz mit dieser Frau!; Es ist schon ein Kreuz mit der Grammatik! ❻ANAT. *(umg.) der untere Teil des Rückens:* Nachdem ich den Garten umgegraben hatte, tat mir das Kreuz weh. ◆-schmerzen, Hohl- ❼MUS. *ein Zeichen, das eine Note um einen halben Ton erhöht* ❽ *eine Spielfarbe im Kartenspiel* ❾■ jemanden aufs Kreuz legen *(umg.) jmdn. hereinlegen, betrügen;* ■ zu Kreuze kriechen *(umg.) demütig nachgeben:* ■ mit jemandem über Kreuz liegen *mit jmdm. in Streit leben;* ■ drei Kreuze hinter jemandem/etwas machen *froh sein, wenn man jmdm. oder etwas nichts mehr zu tun hat*

kreuz ■ **kreuz und quer** *ohne Plan oder System* Auf der Suche nach einem Parkplatz fuhr er kreuz und quer durch die Innenstadt.

Kreuz·ab·nah·me *die* <-, -n> ❶GESCH., REL. *der Vorgang, dass ein am Kreuz[4] Hingerichteter vom Kreuz nach seinem Tod abgenommen wurde* ❷REL., KUNST *die Darstellung der Kreuzabnahme[1] Christi in der bildenden Kunst:* Das Altarbild zeigt eine Kreuzabnahme.

Kreuz·band *das* <-(e)s, Kreuzbänder> ANAT. *Band, das zur Stabilisierung des Kniegelenks beiträgt*

kreuz·brav *adj /nicht steig./ ganz besonders brav*

kreu·zen <kreuzt, kreuzte, hat/ist gekreuzt> **I.** *mit OBJ* ❶■ *jmd. kreuzt etwas überqueren:* Kreuzen Sie die Hauptstraße und biegen Sie dann in die nächste Seitenstraße rechts ab! ❷■ *etwas kreuzt etwas mit etwas eine Kreuzung[1] bilden:* Der Weg kreuzt eine Bahnlinie. ❸■ *jmd. kreuzt die Arme/Beine (≈ verschränken) Arme oder Beine übereinanderlegen:* Sie kreuzte die Arme/die Beine. ❹BIOL. *durch gezieltes Paaren zweier Vertreter verschiedener Tier- oder Pflanzenarten Nachkommen einer neuen Art züchten* **II.** *ohne OBJ (haben o sein)* ■ *etwas kreuzt hin- und herfahren:* Ein Segelschiff kreuzte vor der Küste. **III.** *mit SICH (haben)* ■ *etwas kreuzt sich* ❶ *sich überschneiden:* Dort, wo die Straßen sich kreuzen, steht ein Wegweiser. ❷*treffen:* Als sie den Raum verließ, kreuzten sich ihre Blicke. ❸*gleichzeitig aus entgegengesetzten Richtungen zusammentreffen:* Die Züge kreuzten sich auf der halben Strecke.; Ihre Briefe haben sich gekreuzt.

Kreu·zer *der* <-s, -> ❶MILIT. *ein Kriegsschiff* ❷SEEW. *ein Segelschiff, mit dem man längere Fahrten unternehmen kann* ❸GESCH. *eine Münze*

Kreuz·fah·rer *der* <-s, -> GESCH. *Teilnehmer an einem Kreuzzug*

Kreuz·fahrt *die* <-, -en> ❶GESCH. *Kreuzzug* ❷*Urlaubsreise auf einem luxuriösen Schiff, das verschiedene Häfen anläuft*

Kreuz·feu·er *das* <-s, -> /meist Sing./ MILIT. *(veralt.) gleichzeitiger Beschuss von mehreren Seiten;* ■ **im Kreuzfeuer (der Kritik) stehen** *(übertr.) von mehreren Seiten zugleich heftig kritisiert werden*

kreuz·fi·del *adj /nicht steig./ (umg.) sehr vergnügt und lustig*

Kreuz·gang *der* <-(e)s, Kreuzgänge> *ein überdachter Wandelgang mit Säulenreihen um einen viereckigen Klosterhof*

Kreuz·ge·gend *die* <-> /kein Plur./ (≈ Kreuz[6]) *der untere Rücken*

Kreuz·ha·cke *die* <-, -n> *eine große Hacke mit zwei Armen, an denen eine Spitze und eine Schneide befestigt sind*

kreu·zi·gen <kreuzigst, kreuzigte, hat gekreuzigt> *mit OBJ* ■ *jmd. kreuzigt jmdn. ans Kreuz[4] schlagen:* Jesus Christus wurde gekreuzigt.

Kreu·zi·gung *die* <-, -en> ❶GESCH. *das Kreuzigen* ❷REL., KUNST *Darstellung der Kreuzigung Christi*

Kreuz·kno·ten *der* <-s, -> SEEW. *ein Knoten, durch den zwei dicke Taue miteinander verknotet werden können*

Kreuz·küm·mel *der* <-s> /kein Plur./ *ein orientalisches Gewürz*

kreuz·lahm *adj /nicht steig./ (umg.) (infolge schwerer körperlicher Arbeit) von Schmerzen im Kreuz[6] geplagt:* Nach dem Umgraben im Garten war er kreuzlahm.

Kreuz·ot·ter *die* <-, -n> *eine giftige, grau gefärbte Schlange mit dunklem, kreuzförmigem Muster auf dem Rücken*

Kreuz·reim *der* <-s, -e> LIT. *eine Form des Reims, bei der die Verse in der Folge a b a b angeordnet sind*

Kreuz·rip·pen·ge·wöl·be *das* <-s, -> BAUW. *ein Gewölbe, das aus zwei Tonnengewölben gebaut ist, die sich im rechten Winkel überschneiden*

Kreuz·rit·ter *der* <-s, -> GESCH. *(≈ Kreuzfahrer) ein Ritter, der an einem Kreuzzug teilnahm*

Kreuz·schlitz·schrau·ben·zie·her *der* <-s, -> *ein Schraubenzieher, mit dem man Schrauben mit kreuzförmigem Schlitz drehen kann*

Kreuz·schlüs·sel *der* <-s, -> *größerer Schraubenschlüssel in Form eines Kreuzes[1]:* Er wollte den Autoreifen wechseln, konnte aber den Kreuzschlüssel nicht finden.

Kreuz·schmer·zen *Plur.* *(umg.) Schmerzen im Kreuz[6]*

Kreuz·schna·bel *der* <-s> /kein Plur./ *eine Vogelart in der Gattung der Finken*

Kreuz·spin·ne *die* <-, -n> *eine Spinne, die auf dem Rücken ein Muster in Form eines weißen Kreuzes[1] hat*

Kreuz·sta·ti·on *die* <-, -en> REL. *Station des Kreuzwegs*

Kreu·zung *die* <-, -en> ❶*Schnittpunkt zweier oder mehrerer Straßen:* Der Verkehr auf dieser Kreuzung wird durch eine Ampelanlage geregelt.; An dieser Kreuzung gilt rechts vor links.; über eine Kreuzung fahren ◆Straßen-, Verkehrs- ❷BIOL. *das*

K

Kreuzen I.4 ❸ *durch Kreuzen I.4 entstandener Vertreter eines Tieres oder einer Pflanze:* Unser Hund ist eine Kreuzung aus Wolfs- und Schäferhund.

kreuz·un·glück·lich *adj /nicht steig./ besonders unglücklich*

Kreuz·ver·band *der* <-(e)s> /kein Plur./ BAUW. *eine bestimmte Art, Mauersteine stabil zusammenzufügen*

Kreuz·ver·hör *das* <-s, -e> RECHTSW. *eine Form der gerichtlichen Befragung, bei der nur der Staatsanwalt und der Verteidiger, aber nicht der Richter den Angeklagten oder Zeugen verhören:* Im Kreuzverhör gab der Angeklagte zu, die Unwahrheit gesagt zu haben; ■**jemanden ins Kreuzverhör nehmen** *(umg.) jmdn. mit Fragen heftig bedrängen*

Kreuz·weg *der* <-(e)s, -e> ❶ *eine Stelle, an der sich zwei Wege überschneiden* ❷ REL. *eine Darstellung des Leidensweges Jesu nach Golgotha in 14 Stationen;* ■**an einem Kreuzweg angekommen sein/stehen** *(geh.) in seinem Leben an einem Punkt sein, an dem man eine wichtige Entscheidung für die Zukunft treffen muss*

kreuz·wei·se *adv in Form eines Kreuzes;* ■**Du kannst/Er/Sie kann/Ihr könnt/Sie können mich (mal) kreuzweise!** *(vulg.) verwendet, um verärgert das Ansinnen eines anderen zurückzuweisen*

Kreuz·wort·rät·sel *das* <-s, -> *ein Buchstabenrätsel, bei dem bestimmte Wörter gesucht werden, die man in waagerechte und senkrechte Reihen schreibt, wobei sich die Reihen so kreuzen, dass sich Überschneidungen von Buchstaben ergeben:* Sie löst/macht gerade ein Kreuzworträtsel.

Kreuz·zei·chen *das* <-s, -> REL. *(in der katholischen Kirche) ein Zeichen mit der (rechten) Hand, mit dem man die Form eines Kreuzes andeutet, indem man zuerst die Stirn, dann die Brust und dann die linke und die rechte Schulter berührt:* Als sie die Kirche betrat, machte sie das Kreuzzeichen.

Kreuz·zug *der* <-(e)s, Kreuzzüge> ❶ GESCH. *im Mittelalter einer der Kriegszüge von christlichen Rittern gegen islamische Völker, deren vorrangiges Ziel es war, die heiligen Stätten in Palästina zu erobern* ❷ *(übertr.) eine mit Eifer geführte Kampagne:* Sie führen einen Kreuzzug gegen das Rauchen/gegen den Alkoholmissbrauch.

Kre·vet·te, *a.* **Cre·vet·te** *die* <-, -n> *eine Garnelenart* ◆ -ncocktail

krib·be·lig, kribb·lig *adj (umg.) unruhig, nervös:* Die Warterei auf seinen Anruf macht mich ganz kribbelig.

krib·beln <kribbelst, kribbelte, hat gekribbelt> I. *ohne OBJ* ■ *etwas kribbelt (umg.) jucken:* Mein Rücken kribbelt. II. *mit ES* ■ *es kribbelt irgendwo (umg.)* ❶ *(irgendwo) jucken:* Es kribbelt mich in der Nase. ❷ *(von Insekten) in großer Zahl hin- und herlaufen:* Hier kribbelt und krabbelt es.; ■ *es kribbelt jemanden in den Fingern (umg.) jmd. möchte sehr gern etwas tun*

kribb·lig *adj siehe* **kribbelig**

kri·ckeln <krickelst, krickelte, hat gekrickelt> *mit OBJ (umg.) kritzeln*

Kri·cket *das* <-s> /kein Plur./ *ein englisches Ballspiel, bei dem man den Ball mit einem Schläger ins Tor schlägt*

krie·chen <kriechst, kroch, ist gekrochen> *ohne OBJ* ❶ ■ *jmd. kriecht irgendwo sich auf Händen und Füßen vorwärtsbewegen:* Auf der Suche nach der verlorenen Schraube kroch er über den Fußboden.; auf allen vieren kriechen ❷ ■ *ein Tier kriecht irgendwo mit dem Körper auf oder knapp über dem Boden vorwärtsgleiten:* Die Raupe/Die Schlange/Die Schnecke kroch davon. ❸ ■ *jmd./ein Tier kriecht in etwas Akk. sich in etwas hinein bewegen:* Er kroch frierend ins Zelt.; Der Hund kriecht in die Ecke. ❹ ■ *etwas kriecht irgendwo sich langsam fortbewegen:* Die Autokolonne kriecht an der Baustelle vorbei. ❺ ■ *jmd. kriecht vor jmdm. (abwert.) gegenüber Vorgesetzten ein sehr unterwürfiges Verhalten zeigen, weil man sich davon Vorteile verspricht:* Er kriecht vor seinem Chef.

Krie·cher *der,* **Krie·che·rin** <-s, -> *(abwert.) jmd., der kriecht [5]* ▸ Kriecherei, kriecherisch

Kriech·spur *die* <-, -en> ❶ *die Spur, die jmd. oder ein Tier beim Kriechen auf dem Boden hinterlässt:* Am Morgen glänzten die Kriechspuren der Schnecken auf den Wegen. ❷ *für sehr langsam fahrende Schwerlastfahrzeuge bestimmte Fahrspur einer Autobahn*

Kriech·strom *der* <-s, Kriechströme> ELEKTROTECHN. *Strom, der an einer schadhaften Leitung oder bei mangelnder Isolation auftreten kann*

Kriech·tem·po *das* <-s> /kein Plur./ *(abwert.) sehr geringes Tempo mit dem sich ein Fahrzeug oder eine Fahrzeugkolonne fortbewegt*

Krieg *der* <-(e)s, -e> (↔ Frieden) *eine mit militärischer Gewalt geführte Auseinandersetzung zwischen zwei oder mehreren Staaten:* ein blutiger/grausamer Krieg; Wann ist dieser Krieg ausgebrochen?; einen Krieg beenden/erklären/führen/verhindern; ein gerechter/heiliger/schmutziger Krieg; ein atomarer/konventioneller Krieg; das Land mit Krieg überziehen; aus dem Krieg heimkehren; im Krieg fallen; ■ *der kalte Krieg* GESCH. *Krieg, der nicht mit militärischen Mitteln geführt wird, aber mit ideologischen, politischen und wirtschaftlichen Mitteln; insbesondere verwendet, um sich auf das Wettrüsten zwischen den USA und der ehemaligen Sowjetunion nach dem zweiten Weltkrieg zu beziehen* ◆ -sausbruch, -sbeginn, -sbeute, -sende, -serklärung, -sfall, -sflotte, -sflüchtling, -sgebiet, -sgefahr, -sgefangene, -sgräuel, -shafen, -shandlung, -smarine, -smaterial, -sschauplatz, -sschiff, -sschuld, -steilnehmr(in), -sverbrecher(in), -sveteran, -svorbereitungen, Angriffs-, Bürger-, Glaubens-, Völker-, Welt-, Wirtschafts- ◆ Getrenntschreibung →R 4.9 Krieg führend

krie·gen *mit OBJ* ❶ ■ *jmd. kriegt etwas (umg.) bekommen:* Ich kriege noch 20 Euro von dir.; Hast du kein Geschenk gekriegt?; Du hast Post gekriegt.; Gleich kriegst du eine Ohrfeige!; Ich kriege langsam Hunger.; Wir kriegen morgen Besuch.; Hast du den Studienplatz gekriegt?; Die Pflanze kriegt Blüten. ❷ ■ *jmd. kriegt jmdn. (umg.)* ein*fangen:* Die Polizei hat den Dieb doch noch ge*kriegt.;* Die Kinder spielen Kriegen.

Krie·ger *der*, **Krie·ge·rin** <-s, -> ❶ *ein bewaffneter Kämpfer eines Volkes:* Bei dieser Schlacht starben viele Krieger der Indianer. ❷ *(veralt.) Soldat*

Krie·ger·denk·mal *das* <-s, Kriegerdenkmäler> *zu Ehren der im Krieg gefallenen Soldaten errichtetes Denkmal*

krie·ge·risch *adj* ❶ *angriffslustig, zum Kampf bereit:* Im Urwald lebt ein äußerst kriegerischer Indianerstamm. ❷ *militärisch:* An der Grenze kam es zu kriegerischen Auseinandersetzungen.

Krie·ger·wit·we *die* <-, -n> *(veralt.) Witwe eines im Krieg gefallenen Soldaten*

Krieg·füh·rung *die* <-> /kein Plur./ ❶ *die bestimmte Art und Weise, wie man einen Krieg führt; Strategie und Taktik* ❷ *durch gezielte psychologische Maßnahmen gesteuerte Beeinflussung der Denkweise anderer Menschen (in Kriegszeiten):* Neben militärischen Aktionen spielte auch die psychologische Kriegführung eine entscheidende Rolle.

Kriegs·aka·de·mie *die* <-, -n> *(veralt.) Akademie für Offiziere*

Kriegs·aus·zeich·nung *die* <-, -en> *ein Orden, den ein Soldat wegen besonderer Leistungen im Krieg bekommt*

kriegs·be·dingt *adj* /nicht steig./ *durch die Verhältnisse im Krieg bedingt:* Kriegsbedingt musste sie die Schule verlassen und konnte erst nach Kriegsende das Abitur nachholen.

Kriegs·beil *das* <-s> /kein Plur./ *Streitaxt der Indianer;* ■ *das Kriegsbeil ausgraben/begraben (scherzh.) einen Streit anfangen oder beenden*

Kriegs·be·richt·er·stat·ter *der*, **Kriegs·be·richt·er·stat·te·rin** <-, -> (≈ *Kriegskorrespondent) ein Reporter, der aus einem Kriegsgebiet berichtet*

kriegs·be·schä·digt *adj* /nicht steig./ *so, dass jmd. durch eine Verletzung im Krieg einen dauerhaften körperlichen Schaden erlitten hat*

Kriegs·blin·de *der/die* <-n, -n> *jmd., der durch eine Kriegsverletzung blind geworden ist*

Kriegs·dienst·ver·wei·ge·rer *der* <-s, -> *Wehrdienstpflichtiger, der den Dienst in der Armee verweigert* ▶ Kriegsdienstverweigerung

Kriegs·ein·wir·kung *die* <-, -en> AMTSSPR. *der Vorgang, dass im Krieg viele Gebäude und Anlagen zerstört werden:* An diesem Gebäude sieht man die Spuren der Kriegseinwirkungen.

Kriegs·ent·schä·di·gung *die* <-, -en> /meist Plur./ (≈ *Reparationen) eine Entschädigung, die ein besiegter Staat an den Sieger als Ausgleich für dessen Verluste und Schäden zahlen muss*

Kriegs·flag·ge *die* <-, -n> *Flagge auf militärischen Gebäuden und Kriegsschiffen*

Kriegs·fuß ■ *jemand steht mit jemandem auf Kriegsfuß (scherzh.) jmd. liegt mit jmdm. in Streit;* ■ *jemand steht mit etwas auf Kriegsfuß (scherzh.) jmd. kommt mit etwas nicht zurecht* Er steht mit der deutschen Sprache auf Kriegsfuß.

Kriegs·ge·fan·gen·schaft *die* <-> /kein Plur./ *der Zustand, dass jmd. als Kriegsgefangener lebt:* Er lebte mehrere Jahre in Kriegsgefangenschaft.; Er

kam erst 1948 aus der sowjetischen Kriegsgefangenschaft zurück.

Kriegs·ge·richt *das* <-(e)s, -e> MILIT., GESCH. *militärisches Strafgericht im zweiten Weltkrieg*

Kriegs·ge·schrei *das* <-(e)s> /kein Plur./ ❶ *lautes Schreien, mit dem die Krieger[1] in die Schlacht laufen* ❷ *öffentliche Reden oder Publikationen, in denen der Krieg herbeigeredet wird*

Kriegs·ge·winn *der* <-(e)s, -e> *Profit, den ein Unternehmen aus einem Krieg zieht*

Kriegs·ge·winn·ler *der*, **Kriegs·ge·winn·le·rin** <-s, -> *(abwert.) jmd., der Kriegsgewinne gemacht hat*

Kriegs·grä·ber *die* <-> *Plur. Gräber von Soldaten, die im Krieg gefallen sind*

Kriegs·grä·ber·für·sor·ge *die* <-> /kein Plur./ ❶ *eine Organisation, die das Auffinden und Betreuen von Kriegsgräbern anleitet und fördert* ❷ *Tätigkeit der Kriegsgräberfürsorge[1]*

Kriegs·het·ze *die* <-> /kein Plur./ *(abwert.) hasserfüllte öffentliche Reden und Publikationen, die die Bevölkerung zum Krieg aufstacheln wollen*

Kriegs·het·zer *der* <-s, -> *(abwert.) jmd., der Kriegshetze betreibt*

Kriegs·hin·ter·blie·be·ne *der/die* <-n, -n> *ein Angehöriger von Menschen, die durch den Krieg ums Leben gekommen sind*

Kriegs·in·dus·t·rie *die* <-, -n> *Industrie, die Kriegsmaterial herstellt*

Kriegs·ka·me·rad *der*, **Kriegs·ka·me·ra·din** <-en, -en> *jmd., mit dem ein Soldat während eines Krieges in einer Einheit gekämpft hat*

Kriegs·kunst *die* <-, Kriegskünste> MILIT. *(veralt.) Kunst der Kriegführung*

Kriegs·list *die* <-, -en> *eine im Krieg angewandte List:* Der Gegner wurde durch eine Kriegslist getäuscht.

Kriegs·ma·schi·ne·rie *die* <-> /kein Plur./ *Gesamtheit der militärischen Mittel eines Staates*

kriegs·mü·de *adj* /nicht steig./ ❶ *so, dass man wünscht, dass der Krieg bald zu Ende geht* ❷ *so, dass man keine Lust hat, (einen weiteren) Krieg zu führen*

Kriegs·op·fer *das* <-s, -> *jmd., der im Krieg ums Leben kommt*

Kriegs·op·fer·ren·te *die* <-, -n> *eine Rente für jmdn., der Angehörige im Krieg verloren hat und der dadurch finanziellen Schaden erlitten hat*

Kriegs·par·tei *die* <-, -en> *eine von zwei oder mehreren an einem Krieg beteiligten Parteien*

Kriegs·pfad ■ *auf dem Kriegspfad sein (umg.) einen Angriff auf jmdn. oder etwas planen*

Kriegs·rat *der* <-(e)s> /kein Plur./ *(scherzh.)* ■ *Kriegsrat (ab-)halten ein gemeinsames Vorgehen besprechen*

Kriegs·recht *das* <-(e)s> /kein Plur./ *alle Rechtsnormen, die während eines Krieges innerhalb eines am Krieg beteiligten Landes und zwischen den beteiligten Staaten gelten*

Kriegs·re·por·ter *der*, **Kriegs·re·por·te·rin** <-s, -> *Kriegsberichterstatter*

Kriegs·schul·den *die* <-> *Plur. Schulden, die durch das Kriegführen entstanden sind*

Kriegs·spiel·zeug *das* <-s> /kein Plur./ *Kinder*

spielzeug, das Soldaten, Waffen, Panzer, Kampfflugzeuge o. Ä. nachbildet und mit dem Kinder Krieg spielen können

kriegs·trau·ma·ti·siert adj /nicht steig./ so, dass jmd. durch die Erlebnisse im Krieg ein Trauma erlitten hat

Kriegs·trau·ung die <-, -en> Trauung, zwischen einer Frau und einem Soldaten während des Krieges

Kriegs·trei·ber der, **Kriegs·trei·be·rin** <-s, -> (abwert.) jmd., der politisch darauf hinwirkt, dass ein Krieg entsteht

kriegs·un·taug·lich adj /nicht steig./ so, dass jmd. körperlich nicht für den Militärdienst geeignet ist

Kriegs·ver·bre·cher·tri·bu·nal das <-s, -e> Sondergerichtshof für Prozesse gegen Kriegsverbrecher

Kriegs·ver·let·zung die <-, -en> Verletzung, die ein Soldat im Krieg erlitten hat

kriegs·ver·sehrt adj /nicht steig./ (≈ kriegsbeschädigt) ▶ Kriegsversehrte

Kriegs·wai·se die <-, -n> Kind eines Soldaten, der im Krieg gefallen ist

Kriegs·wir·ren die <-> Plur. die ungeordneten gesellschaftlichen und politischen Verhältnisse während eines Krieges

Kriegs·wirt·schaft die <-> Plur. die Volkswirtschaft eines im Kriege befindlichen Landes , die auf die Bedingungen des Krieges ausgerichtet ist

Kriegs·zu·stand der <-(e)s> /kein Plur./ der Zustand, dass sich ein Land (mit einem oder mehreren Ländern) im Krieg befindet: Das Land befindet sich seit mehreren Jahren im Kriegszustand.

Krill[1] der <-(e)s, -e> eine kleine Garnele

Krill[2] das <-(e)s> /kein Plur./ Plankton, das hauptsächlich aus Krill[1] besteht

Krim die <-> /kein Plur./ Halbinsel am Schwarzen Meer

Kri·mi, Kri·mi der <-s, -s> (umg.) kurz für „Kriminalroman" oder „Kriminalfilm"

Kri·mi·nal·be·am·te der, **Kri·mi·nal·be·am·tin** <-n, -en> Beamter der Kriminalpolizei

Kri·mi·nal·fall der <-s, Kriminalfälle> eine kriminelle Handlung, die von der Kriminalpolizei aufgeklärt werden soll

Kri·mi·nal·film der <-(e)s, -e> ein Film, in dem es um ein Verbrechen und dessen Aufklärung geht

kri·mi·na·li·sie·ren <kriminalisierst, kriminalisierte, hat kriminalisiert> mit OBJ ❶ **jmd. kriminalisiert jmdn.** jmdn. in die Kriminalität treiben: Der schlechte Einfluss der Jugendbande hat ihn kriminalisiert. ❷ **jmd. kriminalisiert etwas** ein Verhalten als kriminell hinstellen

Kri·mi·na·li·sie·rung die <-> /kein Plur./ das Kriminalisieren

Kri·mi·na·list der, **Kri·mi·na·lis·tin** <-en, -en> Kriminalbeamter, Kriminalsachverständiger

Kri·mi·na·lis·tik die <-> /kein Plur./ die Wissenschaft von der Verhütung und Aufklärung von Verbrechen

kri·mi·na·lis·tisch adj /nicht steig./ ❶ zur Kriminalistik gehörend ❷ mit gutem Spürsinn: kriminalistische Fähigkeiten

Kri·mi·na·li·tät die <-> /kein Plur./ ❶ verbrecherische Handlungen, Straffälligkeit: Er neigt zur Kriminalität. ❷ alle vorkommenden Straftaten: Die Kriminalität in der Stadt ist im vergangenen halben Jahr zurückgegangen. ◆ -srate, Computer-, Wirtschafts-

Kri·mi·nal·kom·mis·sar der, **Kri·mi·nal·kom·mis·sa·rin** <-s, -e> Kommissar bei der Kriminalpolizei

Kri·mi·nal·po·li·zei die <-> /kein Plur./ die Abteilung der Polizei, die sich mit schweren Straftaten befasst (Abk. „Kripo")

kri·mi·nal·po·li·zei·lich adj /nicht steig./ zur Kriminalpolizei gehörend

Kri·mi·nal·ro·man der <-s, -e> ein Roman, in dem es um ein Verbrechen und dessen Aufklärung geht

kri·mi·nell adj ❶ zu Straftaten neigend, verbrecherisch: Der Angeklagte wird beschuldigt, einer kriminellen Organisation anzugehören.; Sein Vater war ebenfalls kriminell. ❷ (≈ strafbar) so, dass es gegen gültiges Gesetz verstößt und bestraft wird: Eine solche Tat ist kriminell. ❸ (umg.) unverantwortlich, rücksichtslos: Wie er bei diesem Gegenverkehr ein Auto nach dem anderen zu überholen versucht, das ist schon kriminell!

Kri·mi·nel·le der/die <-n, -n> jmd., der eine Straftat, ein Verbrechen begangen hat

Kri·mi·no·lo·ge der, **Kri·mi·no·lo·gin** <-n, -n> Wissenschaftler auf dem Gebiet der Kriminologie

Kri·mi·no·lo·gie die <-> /kein Plur./ die Wissenschaft, die sich mit den Ursachen und Erscheinungsformen, mit der Verhütung und Aufklärung von Verbrechen beschäftigt ▶ kriminologisch

Krim·sekt der <-s> /kein Plur./ Sekt, der aus Wein von der Halbinsel Krim hergestellt wird

Krims·krams der <-(es)> /kein Plur./ (umg.) Kram, wertloses Zeug: In der obersten Schublade hat sich im Laufe der Zeit eine Menge Krimskrams angesammelt.

Krin·gel der <-s, -> ❶ ein kleiner Kreis, den jmd. irgendwohin gezeichnet hat: Während er telefonierte, malte er Kringel in sein Notizbuch. ❷ ringförmiges Gebäck

krin·geln <kringelst, kringelte, hat gekringelt> mit SICH ❶ **etwas kringelt sich** kleine Bögen formen: Meine Haare kringeln sich, wenn sie nass sind.; ■ **sich (vor Lachen) kringeln** (umg.) sehr lachen müssen

Kri·po die <-, -s> /meist Sing./ kurz für „Kriminalpolizei"

Krip·pe die <-, -n> ❶ ein Trog für das Futter von Wildtieren: Im Winter füllt der Förster die Krippen für Rehe und Hirsche mit Heu. ❷ ein kleines Modell mit Figuren zur Darstellung der Heiligen Familie im Stall zu Bethlehem mit dem Jesuskind in einer Krippe[1]: An Weihnachten stellen wir die Krippe unter dem Weihnachtsbaum auf. ◆ Weihnachts- ❸ kurz für „Kinderkrippe": Sie bringt das Kind morgens in die/zur Krippe.

Krip·pen·fi·gur die <-, -en> Figur, die zu einer Krippe[2] gehört

Krip·pen·spiel das <-s, -e> kleines szenisches

Spiel, in dem die Weihnachtsgeschichte von Laien dargestellt wird

Kri·se *die* <-, -n> Höhepunkt oder Wendepunkt einer gefährlichen Lage, entscheidender Abschnitt einer schwierigen Situation: *Das Land befindet sich momentan in einer politischen/wirtschaftlichen Krise.; Sie hat eine schwere seelische Krise durchgemacht/überwunden.* ◆ -ngebiet, -nmanagement, -nsituation, -nzeit, Lebens-

kri·seln <kriselt, kriselte, hat gekriselt> *mit ES* ■ *es kriselt (umg.) etwas steuert auf eine Krise zu: In der Firmenleitung kriselt es schon lange.*

kri·sen·an·fäl·lig *adj (↔ krisenfest) so, dass etwas leicht in eine Krise geraten kann: Dieser Wirtschaftszweig ist sehr krisenanfällig.* ▷ Krisenanfälligkeit

kri·sen·fest *adj /nicht steig./ (↔ krisenanfällig) so, dass etwas widerstandsfähig gegen Krisen ist: Das Traditionsunternehmen ist krisenfest, das hat sich in schweren Zeiten immer wieder bewiesen.* ▷ Krisenfestigkeit

kri·sen·ge·schüt·telt *adj /nicht steig./ durch dauernde Krisen geschwächt: Das krisengeschüttelte Unternehmen musste erneut Arbeitskräfte entlassen.*

kri·sen·haft *adj /nicht steig./ so, dass etwas Anzeichen einer Krise hat* ◆ *Kein Ende der krisenhaften Lage ist in Sicht.*

Kri·sen·herd *der* <-(e)s, -e> *(≈ Krisengebiet)*

Krisen·in·ter·ven·ti·on *die* <-, -en> PSYCH. *die methodische Unterstützung von Menschen in Lebenskrisen* ◆ -sstelle

Kri·sen·sit·zung *die* <-, -en> *eine Konferenz, bei der über Maßnahmen in einer akuten Krise verhandelt wird: Als sich die Hochwasserlage weiter verschärfte, wurde eilig eine Krisensitzung einberufen.*

Kri·sen·stab *der* <-(e)s, Krisenstäbe> *in einer Notsituation gebildetes Gremium, das sich aus Fachleuten und Sachverständigen zusammensetzt: Zur Rettung des angeschlagenen Unternehmens wurde ein Krisenstab einberufen.*

Kris·tall¹ *der* <-(e)s, -e> CHEM. *ein einheitlich zusammengesetzter Körper, der gleichmäßige ebene Flächen hat* ◆ -struktur

Kris·tall² *das* <-(e)s> */kein Plur./ geschliffenes Glas, aus dem vor allem hochwertige Trinkgläser hergestellt werden* ◆ -glas, -kugel, -leuchter, -schale, -spiegel, -vase, -waren

kris·tall·ar·tig *adj /nicht steig./ wie Kristall²*

Kris·tall·bil·dung *die* <-, -en> *die Entstehung und das Wachstum von Kristallen¹*

kris·tal·len *adj /nicht steig./ aus oder wie Kristall²: Das Material hat einen kristallenen Glanz.*

kris·tall·för·mig *adj /nicht steig./ in der typischen Form von Kristallen¹*

kris·tal·lin, kris·tal·li·nisch *adj aus Kristallen¹ bestehend: kristalliner Schiefer*

Kri·stal·li·sa·ti·on *die* <-, -en> *Prozess der Kristallbildung*

Kri·stal·li·sa·ti·ons·punkt *der* <-(e)s, -e> ❶ CHEM. *der Punkt, an dem ein Stoff Kristalle¹ bildet* ❷ *(übertr.) die zentrale und wichtige Grund-*

lage für eine politische oder gesellschaftliche Entwicklung

kri·stall·klar *adj /nicht steig./ klar und durchsichtig wie ein Kristall²: kristallklares Wasser*

Kris·tall·nacht *die* <-> */kein Plur./ (verhüll.) Bezeichnung für das Pogrom gegen die jüdische Bevölkerung im nationalsozialistischen Deutschland in der Nacht vom 9. zum 10. November 1938, als die meisten Synagogen in Brand gesetzt und viele jüdische Geschäfte zerstört wurden*

Kris·tal·lo·gra·fie, *a.* **Kris·tal·lo·gra·phie** *die* <-> */kein Plur./ Wissenschaft vom Aufbau und der Bildung von Kristallen*

Kris·tall·wa·ren <-> *Plur. zum Verkauf angebotene Schalen, Gläser o. Ä. aus Kristall²*

Kris·tall·zu·cker *der* <-s> */kein Plur./ (fachspr.) Zucker, der aus gereinigten, glänzenden Körnern besteht*

Kri·te·ri·um *das* <-s, Kriterien> *(geh.) ein kennzeichnendes Merkmal, nach dem man etwas beurteilt oder sich für etwas entscheidet: Nach welchen Kriterien stellt der Personalchef neue Mitarbeiter ein?; ein brauchbares/objektives/subjektives Kriterium; ein Kriterium aufstellen/entwickeln/finden; Die Arbeitsgruppe soll Kriterien für die Qualitätsprüfung aufstellen.; etwas zum Kriterium für eine Auswahl/Entscheidung machen*

Kri·tik, Kri·tik *die* <-, -en> ❶ *(≈ Besprechung, Rezension) ein Text in einer Zeitung oder einer Fachzeitschrift, in dem der Autor über ein Buch, einen Film, ein Konzert o. Ä. eine Beurteilung abgibt: Er schreibt Kritiken für die Zeitung.; eine vernichtende/wohlwollende Kritik* ◆ Buch-, Film-, Konzert-, Literatur-, Theater- ❷ */kein Plur./ die Gesamtheit aller Kritiker: Die Kritik hat das Buch/den Film verrissen.* ❸ */kein Plur./ das prüfende Einschätzen und Beurteilen von etwas: eine harte/gerechte/offene/sachliche Kritik; Kritik äußern/üben* ◆ Gesellschafts-, Selbst-, Text-, Zeit- ❹ *(≈ Tadel) eine negative Beurteilung: Er übte heftig Kritik an diesem Vorschlag.; Sie kann keine Kritik vertragen.;* ■ *unter aller Kritik (umg.) sehr schlecht*

Kri·ti·kas·ter *der* <-s, -> *(veralt. abwert.) jmd., der gern kritische² Bemerkungen macht*

Kri·ti·ker, Kri·ti·ker *der*, **Kri·ti·ke·rin** <-s, -> ❶ *jmd., der etwas kritisiert¹: Sie ist eine strenge Kritikerin dieser Politik.* ❷ *jmd., der etwas kritisiert²: Die Kritiker sind einhellig der Meinung, dass der Film schlecht ist.* ◆ Kunst-, Literatur-, Musik-

kri·tik·fä·hig, kri·tik·fä·hig *adj so, dass jmd. fähig ist, Kritik³ zu üben* ▷ Kritikfähigkeit

kri·tik·los, kri·tik·los *adj /nicht steig./ (abwert.: ↔ kritisch) so, dass jmd. etwas ohne eigenes Beurteilen hinnimmt und keine Kritik äußert: Er hat lange Zeit alle Anweisungen völlig kritiklos hingenommen.* ▷ Kritiklosigkeit

kri·tisch, kri·tisch *adj* ❶ *(↔ kritiklos) so, dass man genau prüft und streng beurteilt: Er hat sich mit dieser Thematik kritisch auseinandergesetzt.; ein kritischer Beitrag/Bericht; eine kritische Ausgabe der Werke von …; ein aufmerksamer, kritischer Leser* ❷ *(≈ ablehnend) so, dass man etwas negativ beurteilt und tadelt: Sie äußerten sich kri-*

K

tisch zu diesen Plänen. ❸ (≈ *entscheidend*) *eine Wende ankündigend:* Das Kind ist gerade in einem kritischen Alter.; Die Verhandlungen haben eine kritische Phase erreicht. ❹ *gefährlich:* Mittlerweile haben die Bergsteiger die kritischen Stellen bereits hinter sich und erreichen in wenigen Minuten den Gipfel.; die kritische Phase einer Krankheit; ein kritischer Augenblick der politischen Verhandlungen

kri·ti·sie·ren <kritisierst, kritisierte, hat kritisiert> *mit OBJ* ■ **jmd. kritisiert etwas** ❶ *(≈ tadeln) als Kritiker[1] beanstanden:* Die Pläne des Ministers wurden scharf kritisiert. ❷ *(≈ rezensieren) als Kritiker[2] fachlich beurteilen* ❸ ■ **jmd. kritisiert jmdn.** *an jmdm. Kritik[3] üben:* Mehrere Personen haben ihn wegen seines Verhaltens heftig kritisiert.

Kri·ti·zis·mus *der* <-, Kritizismen> PHILOS. *die Methode, beim Beurteilen eines philosophischen Systems, von den Möglichkeiten, Grenzen und Gesetzmäßigkeiten der menschlichen Erkenntnis auszugehen*

Krit·te·lei *die* <-, -en> *kleinliche Kritik[4]*

krit·teln <krittelst, krittelte, hat gekrittelt> *ohne OBJ* ■ **jmd. krittelt** *(abwert.) in kleinlicher Weise kritisieren[3]:* Ständig krittelt er.; Sie kann es nicht lassen – immer muss sie kritteln!

Krit·ze·lei *die* <-, -en> ❶ */kein Plur./ das Kritzeln* ❷ *etwas Gekritzeltes*

krit·zeln <kritzelst, kritzelte, hat gekritzelt> *mit OBJ/ohne OBJ* ■ **jmd. kritzelt (etwas)** ❶ *gedankenlos Stiche, Kreise, einfache Figuren o. Ä. malen:* Beim Telefonieren kritzelte er Strichmännchen auf den Schreibblock.; Das Kind hat in mein Buch gekritzelt. ❷ *in kleiner, schlecht lesbarer Handschrift schreiben:* Bevor er ging, kritzelte er noch schnell seine Telefonnummer auf einen Zettel.

Kro·atz·bee·re *die* <-, -n> LANDSCH. *Brombeere*

Kro·cket *das* <-s> */kein Plur./ ein englisches Spiel, bei dem man auf dem Rasen mit einem Schläger Kugeln durch kleine Tore treibt*

Kro·kant *das* <-s> */kein Plur./* KOCH. *eine harte Masse, die man aus Zucker, Mandeln oder Nüssen herstellt*

Kro·ket·te *die* <-, -n> */meist Plur./* KOCH. *in Fett gebackenes Röllchen aus Kartoffelbrei*

Kro·ko·dil *das* <-s, -e> *ein großes Reptil mit schuppigem Panzer und scharfen Zähnen, das in der Nähe von Gewässern lebt*

Kro·ko·dils·trä·ne *die* <-, -n> */meist Plur./ (umg.) heuchlerisches Weinen, mit dem jmd. vortäuschen will, dass er traurig ist:* Du brauchst gar keine Krokodilstränen zu vergießen, ich nehme dir dein Mitgefühl ohnehin nicht ab.

Kro·ko·le·der *das* <-s> */kein Plur./ Leder von der Haut eines Krokodils*

Kro·ko·ta·sche *die* <-, -n> *Tasche aus Krokoleder*

Kro·kus *der* <-, -se> *eine Frühlingsblume mit trichterförmigen Blüten, die oft in Vorgärten zu sehen ist und die verschiedene Farben haben kann (z. B. lila, gelb, weiß)*

Kro·ne *die* <-, -n> ❶ *der auf dem Kopf getragene, reich verzierte goldene Reif als Zeichen der Macht eines Königs oder einer Königin:* eine Krone aufs

Haupt setzen ◆ Herrscher-, Kaiser-, Königs- ❷ *die Familie, die durch einen König oder Kaiser repräsentiert wird:* Durch diesen Vorfall geriet die englische Krone in die Schlagzeilen. ❸ */kein Plur./ Vollendung, Höhepunkt:* Der Mensch gilt als die Krone der Schöpfung.; Krone des Glücks/des Lebens ❹ *kurz für „Baumkrone"* ❺ *kurz für „Zahnkrone"* ❻ *Währungseinheit in Dänemark, Island, Norwegen, Schweden, der Slowakei und Tschechien;* ■ **einen in der Krone haben** *(umg.) leicht betrunken sein;* ■ **Was ist dir denn in die Krone gefahren?** *(umg.) Was fällt dir denn plötzlich ein?;* ■ **jemand setzt einer Sache die Krone auf** *jmd. benimmt sich sehr unverschämt*

krö·nen *mit OBJ* ❶ ■ **jmd. krönt jmdn.** *jmdm. in einer feierlichen Zeremonie eine Krone[1] aufsetzen und ihn so zum Herrscher machen:* Der Papst hatte das Recht, den Kaiser zu krönen. ❷ ■ **jmd. krönt etwas mit etwas** *Dat. (übertr.) eine erfolgreiche Karriere mit einer herausragenden Leistung noch glanzvoller machen:* Sie krönte ihre sportliche Laufbahn mit dem Gewinn der Weltmeisterschaft. ❸ ■ **etwas krönt etwas** *wirkungsvoll nach oben abschließen:* Eine beeindruckende Kuppel krönt den Turm. ❹ *(übertr.) den abschließenden Höhepunkt bilden:* Diese Statue krönt das Werk des Bildhauers.; ■ **etwas ist von Erfolg gekrönt** *etwas ist erfolgreich*

Kro·nen·kor·ken, Kron·kor·ken *der* <-s, -> *ein Flaschenverschluss aus Metall mit welligem Rand, der zum Beispiel für Bierflaschen benutzt wird*

Kron·er·be *der* <-n, -n> *Thronerbe*

Kron·er·bin *die* <-, -nen> *Thronerbin*

Kron·ju·we·len <-> *Plur. die wertvollen, einem Herrscherhaus gehörenden Schmuckstücke*

Kron·ko·lo·nie *die* <-, -n> GESCH. *eine Kolonie, die zur britischen Krone[2] gehört*

Kron·kor·ken *der siehe* **Kronenkorken**

Kron·leuch·ter *der* <-s, -> *ein großer Leuchter, der von der Decke hängt und an dem mehrere Lampen angebracht sind:* In den Sälen des Schlosses hängen prunkvolle Kronleuchter.

Kron·prinz, Kron·prin·zes·sin <-en, -en> *Thronfolger*

Kron·prin·zes·sin *die* <-, -nen> ❶ *Thronfolgerin* ❷ *Gemahlin des Kronprinzen*

Kron·schatz *der* <-es, Kronschätze> *Besitztum einer königlichen Familie*

Krö·nung *die* <-, -en> ❶ *das Krönen[1]* ◆ -sfeier, -ssaal, -szeremonie, Kaiser-, Königs- ❷ *(übertr.) (abschließender) Höhepunkt:* Zur Krönung des Festes gab es ein riesiges Feuerwerk.; Der Gewinn der Weltmeisterschaft bildet/ist die Krönung ihrer sportlichen Laufbahn.

Kron·zeu·ge, Kron·zeu·gin *der,* <-n, -n> RECHTSW. *Mittäter eines Angeklagten, der gegen diesen als Zeuge in einem Prozess aussagt und dem dafür Straffreiheit zugesichert wird*

Kropf *der* <-(e)s, Kröpfe> ❶ *eine auffällige Halsverdickung infolge einer krankhaft vergrößerten Schilddrüse* ❷ ZOOL. *ein Beutel in der Speiseröhre von Vögeln, in dem sie Nahrung sammeln können;* ■ **überflüssig/unnötig sein wie ein Kropf** *(umg.) ganz und gar überflüssig sein*

kröp·fen <kröpft, kröpfte, hat gekröpft> *ohne ÖBJ* ■ *ein Vogel kröpft* ZOOL. *(von Greifvögeln) fressen*

Kröp·fung *die* <-, -en> *das Kröpfen*

kross *adj* NORDDT. *knusprig*

Krö·sus *der* <-/ses, -se> *(oft scherzh.) jmd., der sehr reich ist:* Das kann ich mir nicht leisten, ich bin doch kein Krösus.

Krö·te *die* <-, -n> ❶ ZOOL. *ein Tier mit warziger Haut, das dem Frosch ähnlich ist und in der Nähe von Gewässern lebt* ◆ Gift- ❷ */nur Plur./ (umg.) Geld:* Kannst du mir ein paar Kröten leihen?; eine Menge Kröten ausgeben/verdienen; ■ **jemand muss die Kröte schlucken** *(umg.) jmd. muss etwas Unangenehmes hinnehmen*

Krö·ten·wan·de·rung *die* <-, -en> *Wanderung der Kröten im Frühjahr zu ihren Laichgebieten*

Krs. *Abkürzung von „Kreis" (≈ Landkreis)*

Krü·cke *die* <-, -n> ❶ *eine Gehhilfe mit Armstützen:* Sie hat sich den Knöchel gebrochen und muss jetzt an Krücken gehen. ❷ *der gebogene Griff an einem Gehstock oder Schirm* ► Krückstock ❸ *(umg. abwert.) unfähiger Mensch, Versager:* Ich verstehe nicht, weshalb der Trainer ausgerechnet diese Krücke in die Mannschaft aufgenommen hat.

kru·d, kru·de *adj grob, plump, ohne Feingefühl:* krudes Benehmen; krude Sitten; eine krude Ausdrucksweise ► Krudität

Krug *der* <-(e)s, Krüge> ❶ *ein bauchiges Gefäß in der Art einer Kanne mit einem oder zwei Henkeln:* Sie sammelt Krüge aus Glas/Porzellan/Steingut.; einen Krug mit Milch/Wasser/Wein füllen ◆ Milch-, Wasser- ❷ *die Flüssigkeitsmenge, die ein Krug[1] fasst:* Kannst du noch einen Krug Wasser zum Wein bestellen? ❸ *Gasthaus:* Er hat jeden Abend im Krug gesessen und ein Viertel Wein getrunken. ◆ Dorf-

Kru·me *die* <-, -n> ❶ *ein kleines, abgebröckeltes Stückchen (von einem Brot, Brötchen, Kuchen)* ❷ LANDW. *oberste Schicht des Ackers:* die Krume mit dem Pflug aufbrechen

Krü·mel *der* <-s, -> *(≈ Brösel) kleine Krume[1]*

krü·me·lig, krüm·lig *adj (≈ bröselig) leicht zu Krümeln zerfallend oder leicht Krümel bildend*

krü·meln <krümelst, krümelte, hat gekrümelt> *ohne ÖBJ* ❶ *etwas krümelt in Krümel zerfallen:* Das Brot krümelt. ❷ ■ *jmd. krümelt (beim Essen) viele Krümel machen:* Nun krümele doch nicht so!

krüm·lig *adj siehe* **krümelig**

krumm <krummer/krümmer, am krummsten/am krümmsten> *adj* ❶ *nicht gerade, sondern gebogen:* Er hat eine krumme Nase/krumme Beine.; Ihr Rücken ist mit den Jahren ganz krumm geworden. ► Krummmesser, Krummsäbel, Krummschwert ❷ *(umg.: ≈ unredlich) nicht ganz legal, betrügerisch:* Als es auf normalem Wege nicht klappte, versuchte er es auf die krumme Tour.; krumme Geschäfte machen; krumme Wege gehen

krumm·bei·nig *adj /nicht steig./ mit krummen[1] Beinen:* Hast du den krummbeinigen Hund gesehen?

krumm·le·gen, a. krumm le·gen <legst krumm, legte krumm, hat krummgelegt> *mit SICH*

■ *jmd. legt sich krumm (umg.) sich finanziell sehr einschränken, um das gesparte Geld für einen bestimmten Zweck zu verwenden* ◆ Zusammenschreibung →R 4.6

krüm·men <krümmst, krümmte, hat gekrümmt> **I.** *mit OBJ* ❶ ■ *jmd. krümmt etwas (≈ beugen) etwas aktiv beugen:* Bei dieser gymnastischen Übung muss man den Rücken krümmen.; die Finger krümmen ❷ ■ *etwas krümmt jmdn. jmdn. allmählich krumm[1] werden lassen:* Die harte Feldarbeit hat seinen Rücken im Lauf der Jahre gekrümmt. **II.** *mit SICH* ❶ ■ *jmd. krümmt sich den Rücken rund machen und den Bauch einziehen:* Er krümmte sich vor Schmerzen. ❷ ■ *etwas krümmt sich in (vielen) Biegungen verlaufen:* Der Fluss krümmt sich, nachdem er das Tal verlassen hat.; ■ **jemandem kein Haar krümmen** *(umg.) jmdm. nichts zuleide tun*

Krumm·er *der* <-s, -> NORDDT. *Feldhase*

Krumm·horn *das* <-s, Krummhörner> MUS. *ein Holzblasinstrument*

krumm·la·chen <lachst krumm, lachte krumm, hat krummgelacht> *mit SICH* ■ *jmd. lacht sich krumm (umg.) sehr stark lachen*

Krüm·mung *die* <-, -en> *eine bogenförmige Abweichung von einer geraden Linie:* Auf dem Röntgenbild konnte man die natürliche Krümmung der Wirbelsäule sehr gut erkennen.; an der Krümmung des Weges

krumm·neh·men <nimmst krumm, nahm krumm, hat krummgenommen> *mit OBJ* ■ *jmd. nimmt jmdm. etwas Akk. krumm (umg.) jmdm. etwas übel nehmen:* Seine Beleidigungen habe ich ihm krummgenommen.

krum·pe·lig, krum·pe·lig *adj /nicht steig./* LANDSCH. *zerknittert:* Die Tischdecke ist krumpelig – ich muss sie bügeln.

krumpf·echt *adj /nicht steig./ so, dass ein Textil nicht beim Waschen einläuft*

krumpf·frei *adj /nicht steig./ (≈ krumpfecht)*

krump·lig *adj siehe* **krumpelig**

Krupp *der* <-s, -s> MED. *ein heiserer Husten* ◆ Pseudo-

Krup·pe *die* <-, -n> *das Kreuz[6] eines Pferdes*

Krüp·pel *der* <-s, -> ❶ *ein dauerhaft behinderter Mensch, der in seinen Bewegungsmöglichkeiten sehr stark eingeschränkt ist:* durch einen Unfall zum Krüppel werden ► verkrüppeln ❷ *(meist abwert.) ein Mensch, der unnatürlich gewachsen ist oder eine Missbildung hat*

krüp·pel·haft *adj /nicht steig./ wie ein Krüppel[2]:* ein krüppelhafter Wuchs

krüp·pe·lig, krüpp·lig <krüpp(e)liger, am krüpp(e)ligsten> *adj schief gewachsen:* Auf dem Hügel steht eine alte, krüppelige Eiche.

Krus·te *die* <-, -n> ❶ *die durch Braten oder Trocknen hart gewordene äußere Schicht einer Speise:* Der Braten hat eine herzhafte Kruste bekommen.; Das Brot hat eine dicke Kruste. ❷ *harter Überzug einer Schicht:* Über der Wunde bildet sich eine Kruste; Das Eis bildet eine Kruste auf der Scheibe.

Krus·ten·bil·dung *die* <-, -en> *die Entstehung einer Kruste*

K

Krus·ten·tier *das* <-(e)s, -e> ZOOL. *Gliederfüßler mit Kiemenatmung:* Krebse sind Krustentiere.

Krux, Crux *die siehe* **Crux**

Kru·zi·fix, Kru·zi·fix *das* <-es, -e> **❶** REL. *eine gemalte oder plastische Darstellung des gekreuzigten Christus:* In der Zimmerecke hängt ein Kruzifix.; Sie trägt ein goldenes Kruzifix an einer Kette um den Hals. **❷** SÜDDT. *verwendet als Ausruf des Ärgers oder Staunens:* Kruzifix noch einmal!

Kryo·tech·nik *die* <-> TECHN. *technische Verfahren, die das Behandeln von Material bei tiefen Temperaturen beinhalten*

Kryp·ta *die* <-, Krypten> BAUW. *meist unter dem Chor einer Kirche gelegener Raum, in dem Reliquien aufbewahrt werden oder Verstorbene beigesetzt worden sind*

kryp·tisch *adj /nicht steig./ (geh.) geheimnisvoll und unklar (und daher schwer zu verstehen):* Was wollte er uns mit seinen kryptischen Andeutungen wohl sagen?

Kryp·ton, Kryp·ton *das* <-s> */kein Plur./* CHEM. *ein farb- und geruchloses Edelgas*

KSK *Abkürzung von „Kreissparkasse"*

Kt. *Abkürzung von „Kilotonne"*

Kto. *Abkürzung von „Konto"*

Ku·ba <-s> *ein Inselstaat im Karibischen Meer* ► Kubaner, Kubanerin, kubanisch

Kü·bel *der* <-s, -> **❶** *ein meist größeres, rundes Gefäß mit einem oder zwei Henkeln:* einen Kübel Wasser ausschütten ◆ Abfall-, Wasser- **❷** *ein sehr großer Topf für Pflanzen, den man im Winter ins Haus stellt:* Ich muss die Palmen in größere Kübel pflanzen.; ■ **es gießt wie aus Kübeln** *(umg.) es regnet heftig* ◆ -pflanze

Ku·bik */ohne Artikel verwendet/ (umg.) kurz für „Kubikzentimeter" (cm³),* verwendet, um die Hubraumgröße eines Fahrzeugs anzugeben

Ku·bik·me·ter *der* <-s, -> *ein Raummaß von je einem Meter Länge, Breite und Höhe (m³)*

Ku·bik·wur·zel *die* <-> */kein Plur./* MATH. *dritte Wurzel aus einer Zahl*

Ku·bik·zahl *die* <-, -en> MATH. *Zahl, die als dritte Potenz einer Zahl darstellbar ist*

Ku·bik·zen·ti·me·ter *der* <-s, -> *ein Raummaß von je einem Zentimeter Länge, Breite und Höhe (cm³)*

ku·bisch *adj /nicht steig./* MATH. **❶** *würfelförmig:* kubische Formen in der Architektur **❷** *in die dritte Potenz erhoben:* eine kubische Gleichung

Ku·bis·mus *der* <-> */kein Plur./* KUNST *eine Richtung der (modernen) Malerei und Plastik, deren Vertreter in ihren Kunstwerken natürliche Dinge zu geometrischen Körpern stilisierten* ► Kubist, kubistisch

Ku·bus *der* <-, Kuben> **❶** MATH. *Würfel* **❷** *würfelförmiges Gebäude*

Kü·che *die* <-, -n> **❶** *der speziell eingerichtete Raum in einer Wohnung oder einem Haus, in dem man kocht, backt, Speisen zubereitet und anrichtet:* in der Küche stehen und das Essen vorbereiten; Die Küche ist so klein, dass kein Esstisch hineinpasst. ◆ -nabfall, -nherd, -nmaschine, -npapier, -nplatte, -nreiniger, -nschürze, -ntuch, -nwaage **❷** *alle Möbel, die die Einrichtung einer Küche die-*

nen: Wir wollen uns eine neue Küche kaufen. ◆ -nmöbel, -nschrank, -ntisch, Einbau- **❸** *(≈ Gastronomie) die Art der Speisen und ihrer Zubereitung:* Er bevorzugt die chinesische/ italienische/französische Küche.; Das Hotelrestaurant ist für seine feine Küche weit über die Grenzen der Region bekannt.; Dieses Hotel hat eine vorzügliche Küche. **❹** *das Personal, das in der Küche eines Restaurants oder Gasthauses arbeitet:* Ich werde Ihr Lob an die Küche weitergeben.; Warme Küche bis 23.00 Uhr ◆ -nchef

Ku·chen *der* <-s, -> *ein (größeres) Gebäck aus Mehl, Eiern, Fett, Zucker und weiteren Zutaten:* Ich mag Kuchen mit Streusel.; Wollen wir einen Kuchen backen?; zu Kaffee und Kuchen einladen; den Kuchen anschneiden ◆ -blech, -form, -platte, -teig, -teller, Biskuit-, Hefe-, Obst-, Rühr-

Ku·chen·bä·cker *der,* **Ku·chen·bä·cke·rin** <-s, -> *(≈ Konditor, Feinbäcker) ein Bäcker, der vor allem Kuchen und Torten backt*

Kü·chen·dienst *der* <-(e)s, -e> *Verpflichtung, bestimmte Arbeiten in der Küche zu übernehmen:* Die Schüler im Schullandheim haben jeden Tag in kleinen Gruppen Küchendienst.

Ku·chen·glo·cke *die* <-, -n> *ein gewölbter Deckel, mit dem man Kuchen abdeckt*

Kü·chen·hil·fe *die* <-, -n> *jmd., der in einer Großküche Hilfsarbeiten macht*

Kü·chen·jun·ge *der* <-n, -n> *Lehrjunge in einer Küche, Gehilfe des Kochs*

Kü·chen·kraut *das* <-(e)s, Küchenkräuter> */meist Plur./ eine Gewürzpflanze, deren Blätter man (in getrockneter Form) beim Kochen als Gewürz verwendet:* Natürlich bauen wir im Garten auch verschiedene Küchenkräuter an.

Kü·chen·la·tein *das* <-s> */kein Plur./* GESCH. *(abwert. scherzh.) unrichtig gesprochenes Latein*

Kü·chen·meis·ter *der,* **Kü·chen·meis·te·rin** <-s, -> *(veralt.: ≈ Küchenchef)* ■ **Hier ist Schmalhans Küchenmeister** *(veralt. geh.) Hier wird (aus Armut) sehr sparsam gekocht und gegessen.*

Kü·chen·räd·chen *das* <-s, -> *ein kleines, gezacktes Rädchen an einem Stiel, mit dem man Kuchenteig schneidet*

Kü·chen·scha·be *die* <-, -n> *in der Küche auftretendes schwarzbraunes Insekt*

Kü·chen·schel·le *die* <-, -n> *(≈ Pulsatilla) eine glockenförmige kleine Blume, die im Frühjahr blüht*

Kü·chen·zei·le *die* <-, -n> *Küchenmöbel und -geräte, die nebeneinander an einer Wand aufgestellt sind*

Kü·chen·zet·tel *der* <-s, -> *ein Speiseplan, auf dem steht, was täglich gekocht werden soll*

ku·cken *ohne OBJ* ■ **jmd. kuckt (irgendwie)** NORDDT. *gucken:* Er kuckt aus dem Fenster.; Sie kuckt neugierig.

Kü·cken *das* ÖSTERR. *siehe* **Küken**

Ku·ckuck *der* <-s, -e> **❶** *ein Vogel, der seine Eier zum Ausbrüten in die Nester anderer Vögel legt* ◆ -sruf **❷** *(scherzh.) Pfandsiegel des Gerichtsvollziehers;* ■ **weiß der Kuckuck!** *(umg.) das weiß niemand;* ■ **zum Kuckuck (nochmal) !** *Ausruf des Ärgers*

Ku·ckucks·uhr *die* <-, -en> *eine Wanduhr, bei der zur halben und vollen Stunde die Figur eines Kuckucks herauskommt und der Kuckucksruf zu hören ist:* Sie hat sich im Schwarzwald eine Kuckucksuhr gekauft.

Kud·del·mud·del *der/das* <-s> */kein Plur./ (umg.) Durcheinander:* Wer soll sich bei diesem Kuddelmuddel denn noch auskennen?

Ku·fe *die* <-, -n> *Gleitschiene an Schlittschuhen oder an einem Schlitten*

Ku·gel *die* <-, -n> ❶ *ein geometrischer Körper, bei dem alle Punkte seiner Oberfläche den gleichen Abstand zu seinem Mittelpunkt haben:* Die Erde ist eine Kugel.; Die Kinder formen den Schnee zu Kugeln. ◆ Erd-, Glas-, Holz-, Papier- ❷ *das Geschoss, das aus einer Feuerwaffe abgefeuert wird:* eine Kugel vom Kaliber …; ■ **eine ruhige Kugel schieben** *(umg.) sich bei der Arbeit nicht anstrengen (müssen);* ■ **sich die Kugel geben** *(umg.) sich erschießen* ◆ Blei-, Gewehr-, Kanonen-, Pistolen-

Ku·gel·ab·schnitt *der* <-s, -e> *(≈ Kugelsegment)*

Ku·gel·aus·schnitt *der* <-s, -e> *(≈ Kugelsektor)*

Ku·gel·blitz *der* <-es, -e> *ein Blitz, der als leuchtende Kugel erscheint*

ku·gel·för·mig *adj /nicht steig./ in der Form einer Kugel*

Ku·gel·ge·lenk *das* <-(e)s, -e> *ein Gelenk, das Bewegungen in alle Richtungen ermöglicht:* Die Schulter ist ein Kugelgelenk.

Ku·gel·kopf·ma·schi·ne *die* <-, -n> *eine Schreibmaschine mit einem kugelförmigen, drehbaren Teil, das die Typen trägt*

ku·ge·lig *adj siehe* **kuglig**

Ku·gel·la·ger *das* <-s, -> TECHN. *ein Bauteil zur Führung umlaufender Teile, in dem kleine Kugeln die Reibung vermindern*

ku·geln <kugelst, kugelte, hat/ist gekugelt> **I.** *mit OBJ (haben)* ■ *jmd. kugelt etwas rollen lassen:* Sie kugelte einen Ball über den Boden. **II.** *ohne OBJ (sein)* ■ *etwas kugelt wie eine Kugel rollen:* Das Fass kugelte über den Boden. **III.** *mit SICH (haben)* ■ *jmd. kugelt sich (irgendwo) sich wie eine Kugel fortbewegen:* Die Kinder kugelten sich im Schnee.

ku·gel·rund *adj /nicht steig./ (umg.)* ❶ *rund wie eine Kugel:* Er hat einen kugelrunden Kürbis geerntet. ❷ *(scherzh.) ziemlich dick:* Das Baby ist kugelrund.

Ku·gel·schrei·ber *der* <-s, -> *ein Schreibgerät, bei dem eine Mine eine Art Tinte gleichmäßig austreten lässt*

Ku·gel·schrei·ber·mi·ne *die* <-, -n> *die Mine im Kugelschreiber*

Ku·gel·seg·ment *das* <-(e)s, -e> MATH. *Segment, das zu beiden Seiten einer Ebene liegt, die eine Kugel durchschneidet*

Ku·gel·sek·tor *der* <-s, -en> MATH. *Kreiskegel, dessen Spitze im Mittelpunkt der Kugel liegt*

ku·gel·si·cher *adj /nicht steig./ so, dass es vor Kugeln² schützt:* Die Polizisten tragen kugelsichere Westen.; Der Politiker fährt in einer kugelsicheren Limousine.

Ku·gel·sto·ßen *das* <-s> */kein Plur./* SPORT *eine Disziplin, bei der man eine schwere Eisenkugel möglichst weit stoßen muss*

kug·lig, ku·ge·lig *adj /nicht steig./ wie eine Kugel geformt:* eine kugelige Vase; ein kugelig geschnittener Strauch

Kuh *die* <-, Kühe> ❶ *ein weibliches Rind:* Kühe auf die Weide treiben; Kühe melken ◆ -euter, -mist, Milch- ❷ *das weibliche Tier bestimmter großer Säugetiere:* Die Elefantenherde wird von einer mächtigen Kuh angeführt. ◆ Elefanten- ❸ *(umg. abwert.) Schimpfwort für eine Frau, über die man sich geärgert hat:* Das war vielleicht eine blöde Kuh!; ■ **eine heilige Kuh** *(umg.) etwas Unantastbares, das nicht kritisiert oder verändert werden darf*

Kuh·au·gen *die* <-> */kein Sing./ große, runde Augen, die den Augen einer Kuh ähnlich sind*

Kuh·dorf *das* <-(e)s, Kuhdörfer> *(umg. abwert.) kleines, rückständiges Dorf*

Kuh·han·del *der* <-s> */kein Plur./ (umg. abwert.) primitives (Tausch-)Geschäft, gegenseitiges Aushandeln von Vorteilen*

Kuh·haut *die* <-, Kuhhäute> *Fell, Haut der Kuh;* ■ **Das geht auf keine Kuhhaut!** *(umg.) Das ist unerhört!* Was ich dort erlebt habe, geht auf keine Kuhhaut.

kühl *adj* ❶ *(in gemäßigter Weise) kalt:* Am Tag wurde es bereits wieder sehr warm, aber die Nächte waren immer noch kühl.; Das Bier/ Der Wein könnte etwas kühler sein. ❷ *(≈ distanziert) sehr zurückhaltend, unpersönlich:* Der Empfang war kühl und keineswegs so herzlich, wie ich mir das vorgestellt hatte. ❸ *(≈ nüchtern) vom Verstand geleitet, ohne Emotionen:* Sie hat die Lage kühl und sachlich analysiert.

Kühl·ag·gre·gat *das* <-s, -e> ELEKTROTECHN. *elektrisches Aggregat zur Erzeugung von Kälte*

Kühl·an·la·ge *die* <-, -n> *größere Anlage, um Lebensmittel kühl¹ zu lagern*

Kühl·box *die* <-, -en> *ein isolierter Plastikbehälter mit Deckel zum Transport von Speisen und Getränken, die kühl¹ bleiben sollen*

Kuh·le *die* <-, -n> *(≈ Mulde) eine flache Vertiefung:* Die alte Matratze hat in der Mitte eine Kuhle.

Küh·le *die* <-> */kein Plur./* ❶ *(↔ Wärme) das Kühlsein:* Nach dem heißen Sommertag genoss er die Kühle des Abends. ❷ *(↔ Herzlichkeit, Wärme) kühle² Art, unpersönliches Benehmen:* Mich überraschte die Kühle des Empfanges. ❸ *Nüchternheit, Sachlichkeit:* Ihre Entwürfe zeugen von großer Strenge und Kühle.

küh·len <kühlst, kühlte, hat gekühlt> *mit OBJ* ❶ *jmd. kühlt etwas (↔ wärmen) gezielt dafür sorgen, dass etwas kühl¹ wird:* Wir haben die Getränke gekühlt. ❷ *etwas kühlt etwas (↔ wärmen) kühl¹ machen:* Das Duschgel kühlt in angenehmer Weise die Haut.; Der Eisbeutel kühlt mir die Stirn.

küh·lend *adj /nicht steig./ (↔ wärmend) so, dass etwas kühlt:* eine kühlende Creme/Kompresse

Küh·ler *der* <-s, -> ❶ KFZ *die Vorrichtung, die eine zu starke Erhitzung des Motors verhindert* ❷ *zum*

K

Kühlen von Flaschen benutzter Behälter, in den man Eiswürfel füllt ◆ Sekt-, Wein-

Küh·ler·grill *der* <-s, -s> KFZ *eine Art Gitter an der Vorderseite eines Autos*

Küh·ler·hau·be *die* <-, -n> KFZ *Schutzhaube über dem Kühler*

Kühl·flüs·sig·keit *die* <-, -en> (≈ Kühlmittel)

Kühl·gut *das* <-s> /kein Plur./ *die Lebensmittel, die in einer Kühltruhe gekühlt werden*

Kühl·haus *das* <-es, Kühlhäuser> *Lagerhaus mit gekühlten Räumen zur Lagerung von Lebensmitteln*

Kühl·mit·tel *das* <-s, -> *ein Gas oder eine Flüssigkeit, das oder die Wärme abtransportiert, so dass etwas kühl gehalten werden kann* ◆ -kreislauf, -pumpe, -temperatur

Kühl·mö·bel *das* <-s, -> *Kühlgeräte wie Kühlschrank, Kühltheke, Gefrierschrank zum Kühlen von Lebensmitteln*

Kühl·raum *der* <-(e)s, Kühlräume> *gekühlter Lagerraum zur Aufbewahrung von Lebensmitteln*

Kühl·schlan·ge *die* <-, -n> *gewundenes Rohr in einer Gefrieranlage*

Kühl·schrank *der* <-(e)s, Kühlschränke> (≈ Eisschrank) *das Haushaltsgerät, in dem Lebensmittel kühl gehalten werden:* Stell bitte die Milch und die Margarine in den Kühlschrank.

Kühl·ta·sche *die* <-, -n> *gegen Wärme isolierte Tasche zum Transport von Speisen und Getränken, die kühl [1] bleiben sollen*

Kühl·the·ke *die* <-, -n> *die Theke in einem Supermarkt, in der gekühlte Lebensmittel wie Milchprodukte, Fleisch, Fisch und anderes liegen*

Kühl·tru·he *die* <-, -n> *ein Behälter in der Art einer Truhe, in den eine Kühlmaschine eingebaut ist, durch die Lebensmittel in eingefrorenem Zustand erhalten werden:* Wir haben eine Menge Gemüse aus dem eigenen Garten in der Kühltruhe eingefroren.

Kühl·turm *der* <-(e)s, Kühltürme> TECHN. *eine Art Turm bei Kraftwerken, an dessen Innenwänden verdampftes Kühlwasser kondensiert*

Kühl·lung *die* <-> /kein Plur./ ❶ /kein Plur./ *das Kühlen* ❷ *eine technische Anlage zum Kühlen* ❸ *kühlender Luftstrom:* Der Westwind bringt Kühlung. ▶ Abkühlung

Kühl·wa·gen *der* <-s, -> *mit einer Anlage zum Kühlen ausgestatteter Eisenbahnwaggon oder Lastwagen für den Transport von Lebensmitteln*

Kühl·was·ser *das* <-s> /kein Plur./ *zur Kühlung (von Motoren, Kraftwerksanlagen) verwendetes Wasser*

Kuh·milch *die* <-> /kein Plur./ *Milch von der Kuh*

kühn *adj* ❶ (≈ mutig ↔ feige) *so, dass man trotz einer Gefahr mutig und furchtlos ist:* Nur dem kühnen Einsatz der Feuerwehrleute ist es zu verdanken, dass der Brand sich nicht auf die Nachbarhäuser ausbreitete.; eine kühne Tat; ein kühner Taucher ❷ (≈ eigenwillig) *in seiner Art neu und über das Übliche hinausgehend:* Der Wissenschaftler hatte eine kühne These aufgestellt.; ein kühner Plan; ein kühnes Design; eine kühne Konstruktion ❸ (≈ dreist, gewagt) *so, dass man ziemlich viel Mut braucht, um etwas zu behaupten:*

Was wollen Sie mir mit dieser kühnen Behauptung unterstellen?

Kühn·heit *die* <-> /kein Plur./ *kühne Art einer Person oder einer Handlung*

Kuh·po·cken *die* <-> Plur. *die Pockenkrankheit des Rindes, die durch Viren ausgelöst wird, die man erfolgreich für die Pockenschutzimpfung des Menschen verwendet*

Kuh·stall *der* <-(e)s, Kuhställe> *ein Stall für Rinder*

kuh·warm *adj* /nicht steig./ *so warm wie frisch gemolkene Milch von der Kuh*

Kü·ken, *a.* **Kü·cken** *das* <-s, -> ❶ *ein junges Huhn* ❷ *ein junger Vogel* ◆ Enten-, Gänse-

Ku-Klux-Klan *der* <-s> /kein Plur./ *ein Geheimbund in Nordamerika, der mit terroristischen Mitteln gegen die Gleichberechtigung von Schwarzen und Minderheiten kämpft*

Ku·ku·ruz, Ku·ku·ruz *der* <-(es)> /kein Plur./ ÖSTERR. *Mais*

ku·lant *adj* *so, dass jmd. in geschäftlichen Dingen entgegenkommend und großzügig ist:* Der Händler verhielt sich äußerst kulant, als er mir für die Zeit, in der mein Computer repariert wurde, kostenlos ein Ersatzgerät zur Verfügung stellte.

Ku·lanz *die* <-> /kein Plur./ *kulantes Verhalten eines Geschäftsmannes*

Ku·li[1] *der* <-s, -s> GESCH. ❶ *Tagelöhner in asiatischen Ländern* ❷ *(umg.) jmd., der ständig mit unangenehmen oder körperlichen Arbeiten beauftragt und auf diese Weise ausgenutzt wird:* Du bist doch nur sein Kuli.

Ku·li[2] *der* <-s, -s> *(umg.) kurz für „Kugelschreiber"* ◆ Tinten-

ku·li·na·risch *adj* /nicht steig./ *die feine Kochkunst betreffend:* Das Menü war ein kulinarischer Genuss.; kulinarische Interessen haben; eine kulinarische Reise; Kulinarischer Höhepunkt des Menüs war die süßsauer zubereitete Ente.

Ku·lis·se *die* <-, -n> ❶ THEAT. *eine Bühnendekoration, die einen bestimmten Schauplatz darstellt und den Bühnenraum nach hinten abschließt:* Kulissen aufbauen/entwerfen/schieben/umbauen; Der Schauspieler verschwindet hinter der Kulisse. ❷ *(übertr.) Hintergrund oder Rahmen von etwas:* Das ausverkaufte Stadion bildet eine beeindruckende Kulisse für das Finalspiel.; ■ **jemand schaut hinter die Kulissen** *jmd. sieht etwas, das vor der Öffentlichkeit meist verborgen ist*

Ku·lis·sen·schie·ber *der* <-s, -> ❶ THEAT. *Bühnenarbeiter* ❷ *(übertr. abwert.) jmd., der Hilfsdienste leistet*

Ku·lis·sen·wech·sel *der* <-s, -> THEAT. *das Umbauen und Auswechseln von Kulissen*

Kul·ler·au·gen <-> Plur. *große, runde Augen;* ■ **Kulleraugen machen** *(umg.) verblüfft oder unschuldig schauen*

kul·lern <kullerst, kullerte, ist gekullert> *ohne OBJ* ■ **jmd./etwas kullert (irgendwohin)** *(umg.) sich rollend bewegen:* Die Kartoffeln kullerten über den Küchenboden.; Eine Träne kullerte über ihre Wange.; Das Kind kullert über den Boden.

Kul·mi·na·ti·on *die* <-, -en> ❶ *Gipfel oder Höhe-*

punkt einer Entwicklung oder eines Ereignisses **②** ASTRON. *höchster oder tiefster Stand eines Gestirns*

Kul·mi·na·ti·ons·punkt *der* <-(e)s, -e> *Höhepunkt einer Entwicklung*

kul·mi·nie·ren <kulminiert, kulminierte, hat kul­miniert> *ohne OBJ* ▪ *etwas kulminiert in etwas Dat. (geh.) seinen Höhepunkt erreichen, gipfeln:* Die Rede kulminierte in einem leidenschaftlichen Aufruf zur Solidarität.

Kult *der* <-(e)s, -e> **❶** REL. *die Verehrung einer Gottheit, die sich in festen Formen vollziehen:* Zum Kult gehören eine anbetende Haltung, kultische und rituelle Handlungen und oft auch besondere Orte und Zeiten des Kults.; Im christlichen Kult gibt es private und gemeinschaftliche Formen des Gebets.; Sie beschäftigt sich mit heidnischen Kulten. ◆-bild, -gerät, -handlung-, -stätte, Ahnen-, Heiligen- **❷** *(übertrieben) verehrungsvolle, unkritische Haltung gegenüber einer Person oder Sache:* Sie treibt einen Kult mit diesem Schauspieler.; Der Kult des Schlankseins nimmt bei vielen Frauen gesundheitsschädigende Formen an. ◆ Personen-, Star-

Kult·buch *das* <-(e)s, Kultbücher> *ein Buch, das bei einer bestimmten Gruppe von Lesern gerade in Mode ist*

Kult·fi·gur *die* <-, -en> *(≈ Idol) jmd., der in einer bestimmten gesellschaftlichen Gruppe unkritisch verehrt und bewundert wird, weil er ein bestimmtes, gerade modernes Lebensgefühl verkörpert*

Kult·film *der* <-s, -e> *ein Film, der in einer bestimmten gesellschaftlichen Gruppe gerade in Mode ist und das herrschende Lebensgefühl ausdrückt, so dass sie sich damit identifizieren kann:* Die „Rocky Horror Picture Show" war für viele ein Kultfilm.

kul·tig *adj (umg.) so, dass eine bestimmte Kleidung oder Verhaltensweise gerade von einer bestimmten gesellschaftlichen Gruppe als modern angesehen wird und dazu dient, sich mit dieser Gruppe zu identifizieren*

kul·tisch *adj /nicht steig./* REL. *einen Kult¹ betreffend, zu ihm gehörend:* kultische Formen der Religion

Kul·ti·va·tor *der* <-s, ...-toren> LANDW. *(≈ Grubber) ein Gerät, das man zur Lockerung des Bodens benutzt*

kul·ti·vie·ren <kultivierst, kultivierte, hat kulti­viert> *mit OBJ* ▪ *jmd. kultiviert etwas* **❶** *(≈ bebauen) urbar machen:* Die ersten Siedler kultivierten das Land. **❷** *Pflanzen züchten und anbauen:* Der Gärtner kultiviert alte Gemüsesorten. **❸** *sorgfältig pflegen und verfeinern:* Er hat seinen Humor auf die ihm eigene Art kultiviert.; Sie hat ihre Stimme durch Stimmbildung kultiviert.

kul·ti·viert *adj* **❶** *gepflegt, gebildet:* Er verfügt über eine sehr kultivierte Ausdrucksweise.; ein kultiviertes Gespräch; ein kultivierter Geschmack **❷** *vornehm:* In diesem Lokal kann man sehr kultiviert speisen.; ein kultiviertes Ambiente

Kult·stät·te *die* <-, -n> *ein Ort, an dem kultische Handlungen ausgeübt werden*

Kult·sta·tus *der* <-> */kein Plur./ der Status, den*

jmd. oder etwas hat, der oder das gerade in übertriebener und unkritischer Weise von einer gesellschaftlichen Gruppe verehrt und als Vorbild gesehen wird: Diese Band/Dieses Buch hat Kultstatus.

Kul·tur *die* <-, -en> **❶** *die Gesamtheit der geistigen, künstlerischen und wissenschaftlichen Leistungen, die ein Volk und/oder eine Epoche charakterisieren:* Er hat ein Buch über die Zukunft der menschlichen Kultur geschrieben.; Zivilisation ist der Stand, den eine Gesellschaft im Bereich der Technik, der rechtlichen und politischen Ordnung erreicht, aber Kultur umfasst darüber hinaus alle geistigen Orientierungen, die dem Menschen möglich sind.; Sie hat sich viel mit der abendländischen Kultur/mit der Kultur der Mayas beschäftigt.; frühe/versunkene Kulturen ◆ Hoch-, Industrie- **❷** */kein Plur./ kultivierte Art, Bildung:* Dieser Mensch hat doch keine Kultur!; Höflichkeit ist eine Frage der Kultur. ◆ Gesprächs-, Tisch-, Wohn- **❸** */kein Plur./ das Kultivieren²:* In diesem rauen Klima ist eine Kultur von Zitrusgewächsen nicht möglich. **❹** *alle auf einem bestimmten Gebiet gezüchteten, angebauten Jungpflanzen:* Nach drei bis vier Wochen können die Kulturen vom Gewächshaus ins Freiland gepflanzt werden. **❺** BIOL., MED. *auf speziellen Nährböden gezüchtete Bakterien:* Die Wissenschaftlerin hat bakteriologische Kulturen angelegt.

Kul·tur·amt *das* <-(e)s, Kulturämter> *Kulturbehörde einer Stadtverwaltung, die sich um öffentliche kulturelle Einrichtungen und Veranstaltungen kümmert*

Kul·tur·ar·beit *die* <-> */kein Plur./ Arbeit zur Förderung und Belebung kultureller Aktivitäten in öffentlichen Räumen (zum Beispiel einem Stadtteil):* Kulturarbeit und Sozialarbeit sollten stärker kooperieren.

Kul·tur·aus·tausch *der* <-es> */kein Plur./ vertraglich geregelter, kultureller Austausch zwischen zwei Staaten:* Kulturaustausch fördert die Verständigung zwischen den Völkern und bringt für beide Seiten wertvolle kulturelle Anregungen. ◆-programm

Kul·tur·ba·nau·se *der,* **Kul·tur·ba·nau·sin** <-n, -n> *(umg. abwert. oft scherzh.) jmd., der kein Verständnis für Kultur besitzt*

Kul·tur·be·hör·de *die* <-, -n> *Behörde, die kulturelle Einrichtungen verwaltet*

Kul·tur·bei·la·ge *die* <-, -n> *die Beilage einer Zeitung mit Artikeln über kulturelle Veranstaltungen und Ereignisse*

Kul·tur·be·trieb *der* <-(e)s> */kein Plur./ (umg. abwert.) das kulturelle Leben, soweit es durch geschäftliche Interessen der Kulturindustrie geprägt ist*

Kul·tur·beu·tel *der* <-s, -> *kleine Tasche zur Aufbewahrung von Toilettenartikeln während einer Reise*

Kul·tur·bo·den *der* <-s, Kulturböden> **❶** LANDW. *Boden, der gut bearbeitet ist* **❷** *die geistige Grundlage, auf sich auf kulturelles Handeln entwickeln kann*

Kul·tur·bund *der* <-es> */kein Plur./* GESCH. *eine*

K

kulturpolitische Organisation in der ehemaligen DDR

Kul·tur·denk·mal das <-s, Kulturdenkmäler> ein Bauwerk, das man als Zeugnis einer Kultur[1] versteht und erhalten möchte

Kul·tur·de·zer·nent der, **Kul·tur·de·zer·nen·tin** <-en, -en> Leiter einer Kulturbehörde

Kul·tur·ein·rich·tung die <-, -en> eine öffentliche Einrichtung, die kulturellen Zwecken dient

kul·tu·rell adj /nicht steig./ die Kultur[1] betreffend, zu ihr gehörig, auf ihr beruhend

Kul·tur·epo·che die <-, -n> Epoche einer bestimmten Kultur[1]

Kul·tur·er·be das <-s> /kein Plur./ überliefertes Kulturgut eines Volkes ◆ Welt-

Kul·tur·etat der <-s, -s> die finanziellen Mittel, die ein öffentlicher Haushalt für kulturelle Zwecke ausgibt

kul·tur·feind·lich adj so, dass jmd. kulturelle Entwicklungen nicht fördert oder ablehnt

Kul·tur·film der <-s, -e> (veralt.) (Dokumentar-)Film über ein allgemein bildendes Thema

Kul·tur·flä·che die <-, -n> die Fläche an Ackerboden, die landwirtschaftlich genutzt werden kann

Kul·tur·för·de·rung die <-, -en> Förderung kultureller Aktivitäten mit öffentlichen Mitteln

Kul·tur·ge·schich·te die <-> /kein Plur./ ❶ Entwicklung der Kultur[1] ❷ /kein Plur./ die Wissenschaft von der Kulturgeschichte[1] ❸ (Lehr-)Buch über die Kulturgeschichte[1]

Kul·tur·gut das <-(e)s, Kulturgüter> etwas, das als kultureller Wert gilt und bewahrt werden soll

Kul·tur·haus das <-es, Kulturhäuser> ein Gebäude, in dem regelmäßig (verschiedene) kulturelle Veranstaltungen stattfinden

Kul·tur·in·dus·t·rie die <-> /kein Plur./ ein Bereich der Industrie, der kulturelle Leistungen als Waren vermarktet: Konzertagenturen und Hersteller von Tonträgern sind Teil der Kulturindustrie.

Kul·tur·in·s·ti·tut das <-s, -e> ein öffentliches Institut, das kulturellen Austausch und Kulturförderung betreiben soll: Das Goethe-Institut ist ein Kulturinstitut.

Kul·tur·kampf der <-(e)s> /kein Plur./ GESCH. der Kampf zwischen Staat und Kirche um den Einfluss in kulturpolitischen Fragen (in Preußen unter Bismarck)

Kul·tur·kreis der <-es, -e> Gebiet mit den gleichen, charakteristischen kulturellen Formen

Kul·tur·kri·tik die <-> /kein Plur./ kulturphilosophisch begründete Kritik an den Folgen der zeitgenössischen Kulturentwicklung

kul·tur·kri·tisch adj /nicht steig./ auf Kulturkritik bezogen, zu ihr gehörig

Kul·tur·land·schaft die <-, -en> (↔ Naturlandschaft) vom Menschen umgestaltete Landschaft

Kul·tur·lo·sig·keit die <-> /kein Plur./ Mangel an kultureller Bildung

Kul·tur·ma·ga·zin das <-s, -e> ❶ eine Zeitschrift, die über kulturelle Themen berichtet ❷ eine Radio- oder Fernsehsendung, die über kulturelle Themen berichtet

Kul·tur·mi·nis·ter der, **Kul·tur·mi·nis·te·rin** <-s, -> Minister für kulturelle Angelegenheiten

Kul·tur·mi·nis·te·ri·um das <-, Kulturministerien> Ministerium für kulturelle Angelegenheiten

Kul·tur·na·ti·on die <-, -en> eine Nation, die ihre Identität auf ihre kulturelle Einheit gründet

Kul·tur·pes·si·mis·mus der <-> /kein Plur./ die Meinung, dass der zivilisatorische Fortschritt die Kultur dauerhaft zerstört

Kul·tur·pflan·ze die <-, -n> speziell gezüchtete Nutz- oder Zierpflanze

Kul·tur·po·li·tik die <-> /kein Plur./ Gesamtheit der Maßnahmen zur Förderung und Erhaltung der Kultur

Kul·tur·pro·gramm das <-s, -e> Programm künstlerischer und kultureller Darbietungen: Die Stadt verfügt über ein reichhaltiges Kulturprogramm.

Kul·tur·re·fe·rat das <-s, -e> Abteilung für kulturelle Angelegenheiten in einer Behörde oder einer Institution: das Kulturreferat der Universität

Kul·tur·re·fe·rent der, **Kul·tur·re·fe·ren·tin** <-en, -en> Mitarbeiter in einem Kulturreferat

Kul·tur·re·vo·lu·ti·on die <-> /kein Plur./ GESCH. Grundidee der kommunistischen Kulturpolitik, nach der ein sozialistischer „neuer Mensch" geschaffen werden sollte: Als die Kulturrevolution in China durchgesetzt wurde, wurden sehr viele Vertreter traditioneller kultureller Werte getötet.

Kul·tur·schaf·fen·de der/die <-n, -n> jmd., der als Künstler oder Intellektueller auf kulturellem Gebiet tätig ist

Kul·tur·se·na·tor der, **Kul·tur·se·na·to·rin** <-s, -en> ministerieller Leiter der Sektion „Kultur" in einem Senat in Berlin, Bremen oder Hamburg

Kul·tur·som·mer der <-s, -> (besonderes) kulturelles Veranstaltungsprogramm (einer Stadt) während der Sommermonate

Kul·tur·so·zio·lo·gie die <-> /kein Plur./ Teilgebiet der Soziologie, das gesellschaftliche Bedingungen von Kultur betrachtet

Kul·tur·spra·che die <-, -n> Sprache eines Kulturvolkes

Kul·tur·step·pe die <-, -n> eine Landschaft, die durch menschliche Eingriffe als natürlicher Lebensraum für Tiere zerstört wurde

Kul·tur·stif·tung die <-, -en> Stiftung für die Erfüllung einer bestimmten öffentlichen kulturellen Aufgabe

Kul·tur·strick der <-s, -e> (scherzh.) Krawatte

Kul·tur·stu·fe die <-, -n> Stufe der erreichten kulturellen Entwicklung

Kul·tur·sze·ne die <-, -n> bestimmter gesellschaftlicher Bereich, in dem kulturelle Aktivitäten stattfinden

Kul·tur·ta·sche die <-, -n> (≈ Kulturbeutel)

Kul·tur·trä·ger der, **Kul·tur·trä·ge·rin** <-s, -> eine Person oder Institution, die den erreichten Stand ihrer gegenwärtigen Kultur verlässlich repräsentiert

Kul·tur·ver·ein der <-s, -e> Verein, der bestimmte kulturelle Aufgaben hat

Kul·tur·ver·fall der <-s> /kein Plur./ der Vorgang, dass viele kulturelle Werte immer weniger gelten oder geschätzt werden

K

Kul·tur·ver·wal·tung *die* <-, -en> *Verwaltung von kulturellen Einrichtungen durch eine Behörde*

Kul·tur·volk *das* <-(e)s, Kulturvölker> *Volk auf einer hohen Kulturstufe*

Kul·tur·wis·sen·schaft *die* <-, -en> *(veralt.: ≈ Volkskunde) Wissenschaft von den Kulturen der Völker:* empirische Kulturwissenschaft

Kul·tur·zen·t·rum *das* <-s, Kulturzentren> ❶ *Mittelpunkt des kulturellen Lebens:* Diese Stadt entwickelt sich mehr und mehr zum Kulturzentrum der gesamten Region. ❷ *ein Gebäude(komplex), in dem kulturelle Veranstaltungen stattfinden*

Kul·tus·mi·nis·ter *der,* **Kul·tus·mi·nis·te·rin** <-s, -> *der Minister für die Angelegenheiten der Kultur und des Bildungswesens (in einem Bundesland)*

Kul·tus·mi·nis·te·ri·um *das* <-s, Kultusministerien> *Behörde, die ein Kultusminister leitet*

Kul·tus·mi·nis·ter·kon·fe·renz *die* <-> */kein Plur./ eine Art Gremium zur Behandlung kultur- und bildungspolitischer Fragen von überregionaler Bedeutung, dem die Kultusminister der Bundesländer angehören*

Ku·ma·rin, *a.* **Cu·ma·rin** *das* <-s> *ein Duftstoff, der zum Aromatisieren von Tabak verwendet wird*

Ku·ma·ron *das* <-s> *ein aromatisches Öl, das aus Steinkohlenteer gewonnen wird*

Küm·mel *der* <-s, -> ❶ *eine Pflanze, die auf Acker und Wiese wächst* ❷ *Samen des Kümmels¹, die man als Gewürz verwendet*

Küm·mel·brannt·wein *der* <-s, -e> *mit Kümmel gewürzter Schnaps*

Küm·mel·kä·se *der* <-s> */kein Plur./ mit Kümmel gewürzter Käse*

Kum·mer *der* <-s> */kein Plur./* ❶ *seelischer Schmerz, Sorge, sehr traurige Stimmung:* Der schlechte Gesundheitszustand seiner Frau bereitet ihm viel Kummer.; Den Kummer mit Alkohol hinunterzuspülen, ist keine Lösung.; schweren Kummer tragen; mit seinem Kummer fertigwerden ❷ *Problem, Schwierigkeit:* Er ist Kummer mit seinem Sohn gewöhnt.; jemandem Kummer machen/zufügen

Kum·mer·bund *der* <-s, Kummerbunde> *eine breite, gefaltete Schärpe aus Seide, die zum Frack getragen wird*

Kum·mer·kas·ten *der* <-s, Kummerkästen> *(umg. scherzh.) ein in manchen öffentlichen Einrichtungen aufgehängter Briefkasten, in den man Zettel einwerfen kann, auf denen man notiert hat, was dort verbessert werden sollte*

küm·mer·lich *adj* ❶ *(≈ schwächlich) im Wachstum zurückgeblieben:* Auf dem Fensterbrett standen einige kümmerliche Topfpflanzen. ❷ *(≈ ärmlich) armselig:* Sie lebten damals in kümmerlichen Verhältnissen. ❸ *(abwert.: ≈ dürftig, kläglich) weit hinter den Erwartungen zurückbleibend:* Mit dem kümmerlichen Notendurchschnitt dürfte es schwer werden, einen Ausbildungsplatz zu finden.; Sein Englisch ist kümmerlich.

küm·mern <kümmerst, kümmerte, hat gekümmert> I. *mit OBJ* ▪ **etwas kümmert jmdn.** *(≈ angehen) betreffen, interessieren:* Was kümmern mich ihre Probleme? II. *mit SICH* ❶ ▪ **jmd. kümmert sich um jmdn.** *(≈ betreuen) für eine Person, Sache sorgen:* Sie kümmert sich um ihre kleine Schwester.; Wer kümmert sich um das Haus, während ihr im Urlaub seid? ❷ ▪ **jmd. kümmert sich um etwas** *(≈ sich interessieren) sich befassen:* Um das Gerede anderer Leute kümmere ich mich nicht.

Küm·mer·nis *die* <-, -se> *(geh.) Sorge, Kummer:* Sie spricht mit ihrer Freundin über ihre Kümmernisse.

Kum·mer·speck *der* <-(e)s> */kein Plur./ (umg.) rundliche Körperformen, die jmd. bekommt, der aus Kummer zu viel isst*

kum·mer·voll *adj* *so, dass etwas großen Kummer ausdrückt:* Sie machte ein kummervolles Gesicht.

Kum·pan *der,* **Kum·pa·nin** <-s, -e> *(umg.)* ❶ *Kamerad:* Er macht mit seinen Kumpanen einen Radausflug. ❷ *(abwert.) Mittäter, Komplize:* Der Hauptangeklagte und seine Kumpane betraten den Gerichtssaal. ◆ Sauf-, Zech-

Kum·pa·nei *die* <-> */kein Plur./ (umg. oft abwert.) Freundschaft unter Kumpanen*

Kum·pel *der* <-s, -/-s> ❶ BERGB. *Bergmann* ❷ *(umg.) Freund:* Ich habe zufällig einen alten Kumpel von mir in der Stadt getroffen.

kum·pel·haft *adj kameradschaftlich:* ein kumpelhafter Ton; kumpelhafte Umgangsformen

Kum·quat *die* <-, -s> *sehr kleine Orange*

ku·mu·la·tiv *adj /nicht steig./ so, dass sich etwas anhäuft*

ku·mu·lie·ren *mit OBJ* ▪ **jmd. kumuliert etwas** *(an)häufen:* Bei dieser Wahl kann man mehrere Stimmen auf einen Kandidaten kumulieren.

Ku·mu·lus *der* <-, Kumuli> METEOR. *einzelne, haufen- oder ballenförmige Wolke* ◆ -wolke

Ku·mys, *a.* **Ku·myss,** **Ku·mys** <-> */kein Plur./ ein alkoholhaltiges Getränk aus gegorener Stutenmilch*

künd·bar *adj /nicht steig./ so, dass jmd. oder etwas (irgendwann) gekündigt werden kann:* Das Zeitschriftenabonnement ist nach Ablauf eines Jahres jederzeit kündbar.; Ein Beamter ist nicht kündbar.

Kun·de¹ *der,* **Kun·din** <-n, -n> *jmd., der (regelmäßig) in einem Geschäft oder bei einem Versand einkauft oder bestimmte Dienstleistungen in Anspruch nimmt:* ein alter/anspruchsvoller/guter/schwieriger/zahlungskräftiger Kunde; neue Kunden gewinnen/werben; Die umfassende Beratung und das Vorführen der Geräte ist bei uns ein selbstverständlicher Dienst am Kunden.; ▪ **Hier ist der Kunde König!** *(umg.) hier versucht man den Wünschen des Kunden bestmöglich entgegenzukommen, ihn freundlich und kompetent zu bedienen* ◆ Dauer-, Neu-, Stamm-

Kun·de² *die* <-> */kein Plur./ (veralt.) Nachricht:* Zu später Stunde erreichte ihn die Kunde von der Krönung des Kaisers.

Kun·de³ *die* <-> */kein Plur./ (veralt.) als Zweitglied in Zusammensetzungen verwendet; ≈ Wissensgebiet* ◆ Erd-, Heimat-, Natur-

Kun·den·be·ra·tung *die* <-, -en> *das Gespräch, bei dem der Verkäufer den Kunden berät:* Die aus-

K

gezeichnete/faire/intensive/ kompetente/lustlose Kundenberatung fiel unseren Testkäufern gleich auf.

Kun·den·be·such *der* <-s, -e> *ein Hausbesuch, den ein Vertreter einer Firma bei einem Kunden macht, um ihn zu beraten*

Kun·den·dienst *der* <-(e)s> */kein Plur./* ❶ (≈ Service) *alle Leistungen und Dienste, die ein Betrieb oder ein Fachgeschäft seinen Kunden bietet:* Ich bin vom Kundendienst dieser Firma schwer enttäuscht. ❷ *Stelle in einer Firma zur Betreuung von Maschinen oder technischen Geräten:* Sie wollte das Auto eigentlich schon vergangene Woche zum Kundendienst bringen.; Der hauseigene Kundendienst reagierte freundlich und kompetent/hatte den Fehler schnell gefunden/organisierte in nur einem Tag das benötigte Ersatzteil.

Kun·den·ge·spräch *das* <-(e)s, -e> (≈ Kundenberatung)

Kun·den·kar·te *die* <-, -n> *eine Art Ausweis, den ein Stammkunde bei einer Firma bekommt und mit dem er Waren günstiger einkaufen kann*

Kun·den·kar·tei *die* <-, -en> *Kartei mit den Daten der (Stamm-)Kunden eines Geschäftes*

Kun·den·kre·dit *der* <-s, -e> *ein Kredit, der einem Kunden von einer Firma oder einem Versand beim Kauf einer Ware gegeben wird*

Kun·den·kreis *der* <-es, -e> *alle Kunden eines Geschäftes oder einer Firma*

Kun·den·num·mer *die* <-, -n> *die Nummer, unter der ein Kunde bei einer Firma registriert ist:* Vergessen Sie nicht, auf dem Bestellschein Ihre Kundennummer einzutragen.

Kun·den·stamm *der* <-(e)s> */kein Plur./ alle (Stamm-)Kunden eines Geschäftes:* Ein fester Kundenstamm ist für ein Geschäft von großem Vorteil.

Kun·den·stock *der* <-(e)s> */kein Plur./* ÖSTERR. *Kundenstamm*

Kun·den·wer·bung *die* <-> */kein Plur./* (≈ Akquisition) *der Vorgang, dass ein Geschäft oder eine Firma mit Sonderpreisen, Werbeaktionen, Preisausschreiben und anderen Mitteln neue Kunden gewinnen und alte Kunden neu interessieren will*

kund·ge·ben <gibst kund, gab kund, hat kundgegeben> *mit OBJ* ▪ **jmd. gibt etwas kund** *(geh.) bekanntgeben:* seine Meinung kundgeben

Kund·ge·bung *die* <-, -en> *eine öffentliche, politische Versammlung auf einer Straße oder einem Platz, bei der kurze Reden gehalten werden:* Vor der Demonstration gibt es eine Kundgebung auf dem Marktplatz, bei der Vertreter von Bürgerinitiativen sprechen werden.

kun·dig *adj /nicht steig./ auf einem Gebiet durch praktische Erfahrung sachverständig:* Er ist ein kundiger Bergführer.; ▪ **einer Sache kundig sein** *(geh.) sich bei etwas gut auskennen; etwas gut können* ◆ fach-, heil-, orts-, sach-

kün·di·gen **I.** *mit OBJ* ▪ **jmd. kündigt etwas** *eine vertragliche Vereinbarung zu einem bestimmten Termin beenden:* Hast du das Zeitschriftenabonnement schon gekündigt?; Bevor wir umziehen, müssen wir die alte Wohnung rechtzeitig kündigen.; einen Kredit kündigen; eine Mitgliedschaft kündigen **II.** *ohne OBJ* ▪ **jmd. kündigt (jmdm.)** ❶ *jmds.*

K

Arbeitsvertrag lösen, jmdn. entlassen: Da er Geld unterschlagen hatte, kündigte ihm der Chef fristlos. ❷ *sein Arbeitsverhältnis beenden:* Sie ging zu ihrem Chef und kündigte. ❸ *jmds. Mietverhältnis für beendet erklären:* Mein Vermieter hat mir vor zwei Wochen gekündigt.; ▪ **jemandem die Freundschaft kündigen** *(umg.)* die Freundschaft zu jmdm. abbrechen

Kün·di·gung *die* <-, -en> ❶ *das Auflösen eines Vertrages, eines Mietverhältnisses oder eines Arbeitsverhältnisses:* Sie besteht auf eine fristlose/fristgerechte/ ordnungsgemäße Kündigung. ❷ *Schreiben mit einer Kündigung¹:* Ich werde ihm noch heute die Kündigung zuschicken. ❸ *Kündigungsfrist:* Uns wurde eine monatliche/vierteljährliche Kündigung zugesichert.

Kün·di·gungs·frist *die* <-, -en> *die Frist, die verstreichen muss, bis eine Kündigung¹ wirksam wird:* Wir haben eine dreimonatige Kündigungsfrist.; Die Kündigungsfrist einer Mietwohnung verlängert sich normalerweise mit der Dauer des Mietverhältnisses.

Kün·di·gungs·schutz *der* <-es> */kein Plur./* gesetzlich geregelter Schutz für Arbeitnehmer vor einer sozial nicht vertretbaren Kündigung durch den Arbeitgeber

Kün·di·gungs·ter·min *der* <-s, -e> *der vertraglich festgelegte Termin, bis zu dem eine Kündigung ausgesprochen werden kann*

Kund·ma·chung *die* <-, -en> ÖSTERR. *(amtliche) Bekanntmachung*

Kund·schaft¹ *die* <-, -en> ❶ */kein Plur./* (≈ Kundenkreis) *alle Kunden eines Geschäftes:* Eine Befragung unserer Kundschaft hat ergeben, dass sie mit Angebot und Serviceleistungen unseres Unternehmens sehr zufrieden sind. ❷ LANDSCH. *Käufer, Kunde¹:* Ich muss aufhören zu telefonieren, im Laden ist Kundschaft.

Kund·schaft² *die* <-> */kein Plur./* (veralt.) *Erkundung:* Sie sind auf Kundschaft gegangen.

kund·schaf·ten <kundschaftest, kundschaftete, hat gekundschaftet> *ohne OBJ* ▪ **jmd. kundschaftet** *auf Erkundung gehen* ◆ aus-

Kund·schaf·ter *der*; **Kund·schaf·te·rin** <-s, -> *jmd., der etwas erkundet:* einen Kundschafter aussenden

künf·tig **I.** *adj /nicht steig./* (≈ kommend) *in der Zukunft eintretend:* Über die künftige Entwicklung lässt sich nur spekulieren.; künftige Zeiten; seine künftige Ehefrau **II.** *adv /nicht steig./ in Zukunft:* Das wollen wir künftig besser planen.

kun·geln <kungelst, kungelte, hat gekungelt> *ohne OBJ* ▪ **jmd. kungelt (mit jmdm.) um etwas** *Akk. (umg. abwert.) heimlich besprechen und entscheiden:* Die Parteien kungeln nach der Wahl um die Verteilung der Ämter.

Kung-Fu *das* <-> */kein Plur./ eine von chinesischen Mönchen entwickelte Form der Kampfkunst, die hohe Konzentration und große Körperbeherrschung erfordert*

Kunst *die* <-, Künste> ❶ *das schöpferische Gestalten und Schaffen von Werken (wie Malerei, Musik, Literatur), für das jmd. Begabung und ein bestimmtes Können braucht:* Er setzt sich dafür ein, die Kunst stärker zu fördern.; Ich interessiere mich für bildende/darstellende Kunst.; Sie drückt in der Kunst ihre Ideen und Gefühle aus.; ein Leben für die Kunst ◆ -akademie, -auffassung, -betrachtung, -denkmal, -diebstahl, -experte, -expertin, -fälschung, -gegenstand, -hochschule, -kenner(in), -maler(in), -mäzen(in), -museum, -objekt, -richtung, -sammler(in), -sammlung, -student(in), -theorie, -verständnis ❷ /kein Plur./ Werk(e) eines bestimmten Künstlers, einer Epoche (als Anschauungs- und Studienobjekte): Ich habe mir ein Buch über die antike/europäische Kunst gekauft.; Sie studiert Kunst.; die antike/moderne Kunst; die abendländische/asiatische/ griechische/orientalische/römische Kunst; die Kunst der Antike/ Gotik/Moderne/Renaissance; die Kunst eines Paul Klee/des Michelangelo ◆ -besitz ❸ die besondere Fähigkeit und Geschicklichkeit, die man für etwas benötigt: Sie beherrscht die Kunst, etwas Bedeutendes mit wenigen Worten zu sagen.; die Kunst des Gesprächs/der Höflichkeit/der Liebe/des Schenkens/des Schweigens ◆ Rede-, Überredungs-, Verführungs- ❹ ■ die schwarze Kunst Magie; ■ das ist keine Kunst (umg.) das ist leicht; ■ mit seiner Kunst am Ende sein (umg.) nicht mehr weiterwissen; ■ Kunst sein (umg.) nicht natürlich oder echt, sondern künstlich sein; ■ eine brotlose Kunst (umg.) ein Gewerbe, mit dem man keinen großen Gewinn erzielen kann

Kunst·auk·ti·on die <-, -en> öffentliche Versteigerung von Kunstobjekten

Kunst·aus·stel·lung die <-, -en> eine Ausstellung in einem Museum oder einer Galerie, in der Werke eines Künstlers, einer Künstlergruppe oder einer Kunstepoche gezeigt werden: Am Wochenende wird eine Kunstausstellung mit bedeutenden Werken zeitgenössischer Maler eröffnet.

Kunst·band der <-(e)s, Kunstbände> ein Bildband mit Texten und Reproduktionen von Kunstwerken

Kunst·be·trach·tung die <-, -en> die Betrachtung und Bewertung von Kunstwerken

Kunst·darm der <-(e)s, Kunstdärme> (↔ Naturdarm) künstlich hergestellte Hülle von Wurst

Kunst·druck der <-(e)s, -e> hochwertiger (Farb-)Druck, der ein Kunstwerk abbildet ◆ -papier

Kunst·dün·ger der <-s, -> chemisch hergestelltes, anorganisches Düngemittel

Kunst·eis das <-es> /kein Plur./ künstlich (mit einer Kältemaschine) hergestellte Eisfläche ◆ -bahn

Kunst·er·zie·hung die <-> /kein Plur./ ein Schulfach, in dem Schüler Werke der bildenden Kunst verstehen lernen und selbst künstlerische Techniken verwenden lernen sollen

Kunst·fa·ser die <-, -n> chemisch hergestellte Faser

Kunst·feh·ler der <-s, -> ein Fehler, den ein Arzt während einer Operation oder einer anderen ärztlichen Handlung macht und damit dem Patienten Schaden zufügt

kunst·fer·tig adj /nicht steig./ (handwerklich) geschickt

Kunst·fer·tig·keit die <-, -en> Geschicklichkeit:

Ich bewunderte die Kunstfertigkeit, mit der sie die schwierigen Muster im Teppich knüpft.

Kunst·flie·ger der, **Kunst·flie·ge·rin** <-s, -> ein Pilot, der Kunstflüge macht

Kunst·flug der <-es, Kunstflüge> ein Flug, bei dem der Pilot geschickte Aktionen (Figuren, Drehungen) mit dem Flugzeug vor Zuschauern vorführt

Kunst·form die <-, -en> eine Form, in der sich künstlerische Gestaltung zeigen kann: Die Kunstform der Oper erlaubt dramatische und lyrische Gestaltung.

Kunst·füh·rer der <-s, -> ein Handbuch, in dem man auf Reisen etwas über Kunstgegenstände an bestimmten Orten nachlesen kann

kunst·ge·recht adj /nicht steig./ fachmännisch: Sie hat die Gräten des Fisches kunstgerecht entfernt.

Kunst·ge·schich·te die <-, -n> ❶ /kein Plur./ die geschichtliche Entwicklung der bildenden Kunst und ihre Einteilung in Epochen ❷ die Wissenschaft von der Kunstgeschichte[1] ❸ (Lehr-)Buch über die Kunstgeschichte[1]: in der Bibliothek eine Kunstgeschichte suchen

Kunst·ge·schicht·lich adj /nicht steig./ zur Kunstgeschichte gehörend

Kunst·ge·wer·be das <-s> /kein Plur./ Zweig der bildenden Kunst, in dem künstlerisch gestaltete Gebrauchsgegenstände und Schmucksachen entworfen und hergestellt werden ► Kunstgewerbler, kunstgewerblich

Kunst·griff der <-(e)s, -e> (≈ Trick) ein Handgriff, den nicht jeder beherrscht: Um das alte Auto anzulassen, bedarf es eines Kunstgriffes.

Kunst·haar das <-s> /kein Plur./ (↔ Naturhaar) künstliches Haar, das man zum Beispiel bei einer Perücke verwendet

Kunst·hal·le die <-, -n> ein öffentliches Museum, in dem Werke der bildenden Kunst ausgestellt werden.

Kunst·han·del der <-s> /kein Plur./ Verkauf und Ankauf von Kunstobjekten ► Kundhändler, Kunsthändlerin, Kunsthandlung

Kunst·hand·werk das <-(e)s> /kein Plur./ Handwerk zur künstlerischen Gestaltung von Gebrauchsgegenständen und Schmuckstücken ► Kunsthandwerker, Kunsthandwerkerin

Kunst·harz der <-es, -e> chemisch hergestelltes Harz

Kunst·haus das <-es, Kunsthäuser> (≈ Kunsthalle)

Kunst·herz das <-ens, -en> MED. Teil einer Herz-Lungen-Maschine, der (bei Operationen) vorübergehend die Funktionen des Herzens übernimmt

Kunst·his·to·ri·ker der, **Kunst·his·to·ri·ke·rin** <-s, -> Wissenschaftler auf dem Gebiet der Kunstgeschichte[2] ► kunsthistorisch

Kunst·ho·nig der <-s, -e> (↔ Bienenhonig) Honig, der aus Zucker und Aromen künstlich hergestellt worden ist

Kunst·ka·len·der der <-s, -> ein Wandkalender mit Reproduktionen von Werken der bildenden Kunst

Kunst·kri·tik die <-, -en> die kritische Beurtei-

K

lung von zeitgenössischen Werken der bildenden Kunst ▸ Kunstkritiker, Kunstkritikerin

Kunst·le·der das <-s, -> chemisch hergestelltes Material, das im Aussehen und in den Eigenschaften dem natürlichen Leder ähnelt

Kunst·le·der·ses·sel der <-s, -> Sessel aus Kunstleder

Künst·ler der, **Künst·le·rin** <-s, -> ❶ jmd., der beruflich im Bereich der Kunst¹ tätig ist, Kunstwerke schafft oder darstellend interpretiert: Sie ist freischaffende Künstlerin.; Als Künstler gelangte er erst nach seinem Tod zu Ruhm und Wertschätzung. ✦-beruf, -dasein-, -natur, -persönlichkeit, -viertel ❷ (übertr.) Könner: Er ist ein Künstler seines Faches.

Künst·ler·hand ■von Künstlerhand (geschaffen) von einem Künstler geschaffen

Künst·ler·haus das <-es, Künstlerhäuser> ein Haus, in dem Künstler Werkräume haben und Kunstwerke ausstellen und wo Veranstaltungen zu Themen der Kunst stattfinden

künst·le·risch <nicht steig.> adj die Kunst betreffend, einem Künstler gemäß: künstlerische Begabung/Reife; künstlerische Aussage/Freiheit/Leistung

Künst·ler·ka·len·der der <-s, -> Kalender mit Bildern oder Porträts bekannter Künstler

Künst·ler·knei·pe die <-, -n> (umg.) Lokal, das gern von Künstlern besucht wird

Künst·ler·kreis der <-es, -e> eine kleine Gruppe von Künstlern; ■ jemand verkehrt in Künstlerkreisen jmd. ist selbst kein Künstler, trifft aber gern mit Künstlern zusammen

Künst·ler·na·me der <-ns, -n> (≈ Pseudonym) Name, den ein Künstler annimmt

Künst·ler·pech das <-(e)s> /kein Plur./ (umg. scherzh.) ein kleines Missgeschick, das jmdm. bei einer praktischen Tätigkeit widerfährt

Künst·ler·tum das <-s> /kein Plur./ das Sein als Künstler

künst·lich adj ❶ (↔ natürlich) nicht natürlich, sondern mit chemischen und technischen Mitteln hergestellt oder nachgemacht: ein künstliches Gebiss; künstliche Aromastoffe; künstliche Beleuchtung; künstliche Blumen ❷ nicht auf natürlichem Wege, sondern mithilfe von Geräten oder Apparaten: Sie ließ sich künstlich befruchten.; Er wurde bei der Operation künstlich beatmet.; Bei anhaltender Trockenheit muss die Plantage künstlich bewässert werden. ❸ (≈ gekünstelt) nicht wirklich vorhanden, sondern vorgetäuscht: Ihr Lachen klang künstlich.; künstliche Freundlichkeit

Künst·lich·keit die <-, -en> das Künstlichsein

Künst·lieb·ha·ber der, **Kunst·lieb·ha·be·rin** <-s, -> jmd., der selbst kein Künstler ist, aber sich sehr für Kunst interessiert und viele Kunstausstellungen besucht: Sie ist eine große Kunstliebhaberin und besucht Ausstellungen auf der ganzen Welt.

Kunst·lied das <-(e)s, -er> (↔ Volkslied) von einem Komponisten komponiertes Lied

kunst·los adj ❶ (↔ kunstvoll) künstlerisch nicht ausgeformt: eine kunstlose Melodie ❷ ohne Schmuck, schlicht: sie kleidet sich kunstlos ▸ Kunstlosigkeit

Kunst·markt der <-(e)s, Kunstmärkte> ❶ ein Markt, auf dem Erzeugnisse der bildenden Kunst und des Kunsthandwerks verkauft werden ❷ /kein Plur./ die Gesamtheit von Angebot und Nachfrage nach Kunstgegenständen

Kunst·ne·bel der <-s, -> künstlich erzeugter Nebel (zum Beispiel auf einer Theaterbühne)

Kunst·pau·se die <-, -n> eine Pause, die ein Sprecher macht, um damit einen besonderen Effekt zu erzielen: Er machte eine Kunstpause, schaute in das Publikum und fuhr dann fort ...

Kunst·post·kar·te die <-, -n> eine Reproduktion eines Werkes bildender Kunst auf einer Postkarte

Kunst·ra·sen der <-s> /kein Plur./ ein künstlicher Rasen aus Kunststoff

kunst·reich adj (≈ kunstvoll)

Kunst·rei·ter der, **Kunst·rei·te·rin** <-s, -> ein Reiter, der besondere akrobatische Kunststücke auf dem Pferd vorführt: Sie ist Kunstreiterin beim Zirkus.

Kunst·samm·lung die <-, -en> eine Sammlung von Werken der bildenden Kunst: Er hat im Laufe seines Lebens eine wertvolle Kunstsammlung aufgebaut.

Kunst·schatz der <-es, Kunstschätze> sehr wertvoller Kunstgegenstand: eine große, sehr wertvolle Sammlung von Kunstschätzen

Kunst·schmied der <-(e)s, -e> ein Handwerker, der feine, kunstvolle Schmiedearbeiten macht

Kunst·schwim·men das <-s> /kein Plur./ eine Form des Schwimmens, bei der eine Gruppe von Schwimmern Figuren nach Musik vorführt

Kunst·schwim·mer der, **Kunst·schwim·me·rin** <-s, -> jmd., der Kunstschwimmen betreibt

Kunst·sei·de die <-> /kein Plur./ der Naturseide ähnelndes, auf Zellulosebasis hergestelltes Gewebe

kunst·sei·den adj /nicht steig./ aus Kunstseide

Kunst·sinn der <-(e)s> /kein Plur./ die Fähigkeit, Kunst zu verstehen ▸ kunstsinnig

Kunst·sprin·gen das <-s> /kein Plur./ eine Form des Schwimmsports, bei der besonders kunstvolle Sprünge vom Sprungbrett vorgeführt werden

Kunst·sprin·ger der, **Kunst·sprin·ge·rin** <-s, -> jmd., der Kunstspringen betreibt

Kunst·stein der <-(e)s, -e> (≈ Naturstein) Stein, der aus vermahlenen Natursteinen und einem Bindemittel gemacht ist und einem Naturstein sehr ähnlich sein kann

Kunst·stoff der <-(e)s, -> (≈ Plastik ↔ Naturstoff) synthetisch hergestellte hochmolekulare Verbindung, die als Werkstoff relativ leicht, kostengünstig und vielseitig zu verarbeiten ist: Viele Gebrauchsgegenstände sind aus Kunststoff: Plastiktüten, Plastikgeschirr, Kleidung und Schuhe aus Polyester.

kunst·stoff·be·schich·tet adj /nicht steig./ mit einer Schicht aus Kunststoff überzogen: Die Tischplatte ist kunststoffbeschichtet.

Kunst·stoff·in·dus·trie die <-, -n> der Zweig der Industrie, die Kunststoff herstellt

Kunst·stoff·müll der <-s> /kein Plur./ die Gesamtheit aller Abfälle aus Kunststoff: Der Kunststoffmüll privater Haushalte wird in gelben Säcken gesammelt und wieder verwertet.

Kunst·stück *das* <-(e)s, -e> *Vorführung einer körperlichen Leistung, zu der besonderes Geschick und Können gehört:* Wir waren im Zirkus und bewunderten die Kunststücke der Artisten und dressierten Tiere.; akrobatische Kunststücke; ■ **Das ist kein Kunststück!** *Das ist doch ganz einfach!*

Kunst·sze·ne *die* <-> */kein Plur./ der Lebensbereich, in dem sich Künstler und Kunstliebhaber bewegen und kommunizieren:* Die Malerin ist in der Kunstszene durchaus bekannt.

Kunst·tur·nen *das* <-s> */kein Plur./* SPORT *Boden- und Geräteturnen im Rahmen von Wettkämpfen* ▶ Kunstturner, Kunstturnerin

Kunst·ver·ein *der* <-s, -e> *Verein, der künstlerische Produktion und Kunstverständnis fördern will*

Kunst·ver·stand *der* <-(e)s> */ durch Kenntnisse und Kunstsinn erworbene Fähigkeit, Kunst zu verstehen:* Er ist ein Kenner und hat großen Kunstverstand.

kunst·voll *adj* ❶ *künstlerisch gestaltet:* Hast du die kunstvollen Schnitzereien gesehen? ❷ *geschickt hergestellt:* Sie machte einen kunstvollen Knoten in die Schnur.

Kunst·werk *das* <-(e)s, -e> ❶ *Erzeugnis künstlerischer Arbeit:* Dieser Film/Dieses Gemälde ist als Kunstwerk unübertroffen/ist ein Kunstwerk von hohem Rang/ von bleibendem Wert. ❷ *(umg.) ein sehr kompliziertes, geschickt hergestelltes Gebilde:* Die Torte ist ja ein wahres Kunstwerk!

Kunst·wert *der* <-(e)s, -e> ❶ *künstlerischer Wert eines Gegenstandes:* Das ist eine Figur von großem Kunstwert! ❷ *wertvoller Kunstgegenstand:* Er hat bei der Auktion viele Kunstwerte anzubieten.

kun·ter·bunt *adj (umg.)* ❶ *gemischt, nicht einheitlich:* Wir haben ein kunterbuntes Programm für das Fest zusammengestellt. ❷ *wirr; ungeordnet:* Anfangs herrscht in der neuen Wohnung ein kunterbuntes Durcheinander.

Kunz *siehe* **Hinz**

Ku·pee *das siehe* **Coupé**

Kup·fer *das* <-s> */kein Plur./* ❶ *ein rötliches Metall, das sehr gut elektrischen Strom leitet:* Der Draht/Das Vordach ist aus Kupfer. ◆-bergwerk, -blech, -draht, -erz, -kessel, -münze ❷ *kurz für "Kupfergeld"* ❸ *kurz für "Kupferstich"*

Kup·fer·druck *der* <-s, -e> ❶ *Kupferstich[1]* ❷ *Kupferstich[2]*

kup·fer·far·ben *adj /nicht steig./ wie Kupfer gefärbt*

Kup·fer·geld *das* <-(e)s> */kein Plur./ Kupfermünzen:* Ein-, Zwei- und Fünf-Cent-Stücke sind Kupfergeld.

Kup·fer·ge·schirr *das* <-s> */kein Plur./ Geschirr aus Kupfer*

kup·fer·hal·tig *adj /nicht steig./ so, dass etwas Kupfer enthält*

Kup·fer·kies *der* <-es, -e> *ein Kupfererz, das sich goldgelb verfärben kann*

kup·fer·rot *adj /nicht steig./ rotbraun wie Kupfer:* Sie hat kupferrote Haare.

Kup·fer·schmied *der* <-s, -e> *Handwerker, der Gegenstände aus Kupfer und anderen nicht eisenhaltigen Metallen herstellt*

Kup·fer·ste·cher *der;* **Kup·fer·ste·che·rin** <-s, -> -> *Künstler, der Kupferstiche anfertigt*

Kup·fer·stich *der* <-(e)s, -e> ❶ */kein Plur./* KUNST *ein Verfahren der grafischen Kunst, bei dem in eine Kupferplatte eine Zeichnung eingeritzt, die Platte dann eingefärbt und durch Abdruck auf Papier ein Bild hergestellt wird* ❷ *ein Bild, das durch das Verfahren des Kupferstichs hergestellt worden ist*

Kup·fer·sul·fat *das* <-s, -e> CHEM. *Verbindung aus Kupfer und Schwefelsäure*

Kup·fer·tief·druck *der* <-s, -e> *Tiefdruck von einer Kupferplatte*

Kup·fer·vi·t·ri·ol *das* <-s, -e> CHEM. *Kupfersulfat, das in blauen Mineralien vorkommt*

ku·pie·ren <kupierst, kupierte, hat kupiert> *mit OBJ* ■ *jmd. kupiert etwas (≈ stutzen) ein Tier an einem Körperteil beschneiden:* Man hatte dem Rassehund die Ohren und den Schwanz kupiert.; Diesem Vogel sind die Flügel kupiert worden.

Ku·pon *der siehe* **Coupon**

Kup·pe *die* <-, -n> ❶ *runder (Berg-)Gipfel* ❷ *Fingerspitze* ◆-Finger-

Kup·pel *die* <-, -n> *ein wie eine Halbkugel gewölbtes Dach über einem Raum mit runder, rechtoder vieleckiger Grundfläche:* Von weitem schon konnten wir die Kuppel des Petersdomes erkennen. ◆-dach, -gewölbe

kup·pel·ar·tig *adj /nicht steig./ wie eine Kuppel gewölbt*

Kup·pel·bau *der* <-(e)s, Kuppelbauten> *Gebäude mit einer Kuppel*

Kup·pe·lei *die* <-> */kein Plur./* RECHTSW. *(veralt.) das strafbare Verhalten, bei dem jmd. außerehelichen sexuellen Verkehr anderer Leute fördert oder sogar daraus Gewinn zieht* ▶ verkuppeln

Kup·pel·grab *das* <-(e)s, Kuppelgräber> *antike monumentale Grabanlage für Fürsten*

kup·peln <kuppelst, kuppelte, hat gekuppelt> **I.** *mit OBJ* ■ *jmd. kuppelt etwas an etwas Akk. zwei Fahrzeuge verbinden:* Arbeiter kuppelten mehrere Schlafwagen an den Zug. **II.** *ohne OBJ* ■ *jmd. kuppelt* KFZ *die Kupplung betätigen*

Kupp·ler; **Kupp·le·rin** <-s, -> RECHTSW. *(veralt.) jmd., der Kuppelei betreibt* ▶ kupplerisch

Kupp·lung *die* <-, -en> ❶ *lösbare Vorrichtung zur Verbindung von Fahrzeugen* ❷ TECHN. *bewegliche Vorrichtung zwischen Maschinen- und Geräteteilen zur Übertragung von Kräften* ❸ KFZ *die Vorrichtung, mit der man bei Kraftfahrzeugen die Verbindung zwischen Motor und Getriebe herstellen oder trennen kann* ❹ KFZ *Pedal zum Betätigen der Kupplung[3]*

Kupp·lungs·he·bel *der* <-s, -> KFZ *der Hebel, mit dem die Kupplung[3] betrieben wird*

Kupp·lungs·pe·dal *das* <-s, -e> KFZ *Kupplung[4]*

Kur *die* <-, -en> ❶ *von Ärzten betreute (Heil-)Behandlung über einen längeren Zeitraum:* Die Kur mit Diät und Bewegungsübungen war sehr wirksam. ◆-Diät-, -Fasten- ❷ *Aufenthalt in einem Kurort zu Heilzwecken:* Sie war auf/zur Kur in Bad Sä-

K

ckingen.; Nach dem Herzinfarkt bekam er eine sechswöchige **Kur** zur Rehabilitation verschrieben.; eine **Kur** beantragen/einreichen/verschreiben

Kür *die* <-, -en> SPORT *(in bestimmten Sportdisziplinen:* ↔ *Pflicht) vom Sportler selbst zusammengestellte Übung:* Der Turner hat eine sensationelle Kür gezeigt.; Die Eiskunstläuferin ist eine erstklassige Kür gelaufen.; Der Eisläufer ist bei der Kür gestürzt. ◆ Damen-, Herren-

Kur·an·la·ge *die* <-, -n> *Kurpark, Kurhaus und andere zentrale Einrichtungen in einem Kurort*

Ku·ra·re *das* <-(s)> */kein Plur./ ein Pfeilgift der südamerikanischen Indianer*

Kur·arzt *der* <-es, Kurärzte> *ein Arzt, der in einem Kurort Patienten betreut, die in Kur² sind*

Ku·ra·tel *die* <-, -en> */kein Plur./* RECHTSW. *(veralt.) Vormundschaft;* ■ **jemanden unter Kuratel stellen** *jmdn. bevormunden*

Ku·ra·tor *der,* **Ku·ra·to·rin** <-s, ...-toren> ❶ *Verwalter einer Stiftung* ❷ *Beamte(r) in der Universitätsverwaltung, der das Vermögen verwaltet*

Ku·ra·to·ri·um *das* <-s, Kuratorien> *Aufsichtsbehörde in einer öffentlichen Körperschaft oder einer Stiftung*

Kur·bad *das* <-(e)s, Kurbäder> *ein Badeort, in dem man eine Kur² machen kann*

Kur·bel *die* <-, -n> ❶ *ein Hebel zum Drehen, mit dem man die Position von etwas verändern kann:* Die Fenster vieler Autos werden nicht mehr mit einer Kurbel, sondern elektrisch geöffnet und geschlossen.; *die Kurbel einer alten Kaffeemühle drehen* ❷ *eines der beiden Bauteile eines Fahrrads, welche das Tretlager mit den Pedalen verbinden*

Kur·bel·ge·häu·se *das* <-s, -> TECHN. *Gehäuse der Kurbelwelle bei einem Verbrennungsmotor*

Kur·bel·ge·trie·be *das* <-s, -> *Getriebe, das durch eine Kurbel eine Hin-und-Her-Bewegung in eine Kreisbewegung übersetzt*

Kur·bel·la·ger *das* <-s, -> TECHN. *das Lager, in dem sich die Kurbelwelle dreht*

kur·beln <kurbelst, kurbelte, hat gekurbelt> I. *mit OBJ* ■ **jmd. kurbelt etwas (irgendwohin)** *etwas mit einer Kurbel bewegen:* Wenn es euch auf dem Rücksitz zieht, kurbele ich das Fenster wieder hoch. II. *ohne OBJ* ■ **jmd. kurbelt** *eine Kurbel drehen:* Sie kurbelte, bis ihr der Arm weh tat.; Er musste sehr kurbeln, bis er in die Parklücke kam.

Kur·bel·wel·le *die* <-, -n> TECHN. *eine Welle, die in einem Motor die Auf- und Ab-Bewegung in Drehbewegungen übersetzt*

Kür·bis *der* <-ses, -se> ❶ *eine Pflanze mit großen Blättern und sehr großen, meist gelben oder orangefarbenen kugelförmigen Früchten* ❷ *Frucht eines Kürbisses¹*

Kür·bis·fla·sche *die* <-, -n> *Flasche aus einem ausgehöhlten, getrockneten Kürbis*

Kür·bis·kern *der* <-s, -e> *Same des Kürbisses*

Kur·di·s·tan <-> *das Bergland in Vorderasien, in dem die Kurden leben* ▶ Kurde, Kurdin, kurdisch, Kurdische

ku·ren <kurst, kurte, hat gekurt> *ohne OBJ*

■ **jmd. kurt (irgendwo)** *(umg.) (irgendwo) eine Kur machen*

Kü·ret·ta·ge *die* [...'ta:ʒə] <-, -n> MED. *eine Ausschabung der Gebärmutter, die nach einer Fehlgeburt gemacht werden muss*

Kur·fürst *der,* **Kur·fürs·tin** <-en, -en> GESCH. *einer der sieben Fürsten, die im Mittelalter berechtigt waren, den deutschen König zu wählen*

Kur·fürs·ten·tum *das* <-s, Kurfürstentümer> GESCH. *Gebiet, über das ein Kurfürst herrschte*

kur·fürst·lich *adj /nicht steig./* GESCH. *den Kurfürsten betreffend*

Kur·gast *der* <-(e)s, Kurgäste> *jmd., der in einem Kurort eine Kur² macht*

Kur·haus *das* <-es, Kurhäuser> *das Gebäude in einem Kurort, in dem Kurgäste untergebracht (und behandelt) werden*

Kur·heim *das* <-(e)s, -e> *Heim für Kurgäste*

Kur·ho·tel *das* <-s, -s> *Hotel für Kurgäste*

Ku·rie *die* <-> */kein Plur./* REL., GESCH. *der Hof des Papstes, der alle päpstlichen Behörden umfasst*

Ku·rier *der* <-s, -e> *(≈ Eilbote) ein Bote, der eilige Botschaften und Sendungen zustellt:* Die Nachricht wurde durch einen Kurier überbracht. ◆ -gepäck, -post, Eil-, Fahrrad-

Ku·rier·dienst *der* <-(e)s, -e> *eine Firma, deren Angestellte mit Fahrrädern oder Autos Waren- und Briefsendungen befördern*

ku·rie·ren <kurierst, kurierte, hat kuriert> *mit OBJ* ❶ ■ **jmd. kuriert jmdn. (von etwas Dat.)** *jmdn. heilen:* Der Arzt hat ihn von seiner Krankheit kuriert. ❷ ■ **jmd. kuriert etwas** *eine Krankheit oder Verletzung erfolgreich behandeln:* Sie hat ihre Schwellung mit einem Eisbeutel kuriert. ■ **jemand ist (von etwas) kuriert** *(umg.) jmd. hat von etwas, an das er lange geglaubt hat, genug* ▶ auskurieren

ku·ri·os *adj (geh.) seltsam, merkwürdig, sonderbar:* Hat er dir von dem kuriosen Vorfall erzählt?; Das ist ja eine kuriose Geschichte!

ku·ri·o·ser·wei·se *adv merkwürdigerweise*

Ku·ri·o·si·tät *die* <-, -en> ❶ *merkwürdige Begebenheit:* Er erzählt gern von Kuriositäten, die er in der Zeitung gefunden hat. ❷ *kurioser Gegenstand:* In seiner Sammlung befinden sich auch einige Kuriositäten. ◆ -ensammler

Ku·ri·o·sum *das* <-s, Kuriosa> *(geh.) kuriose Sache:* Es gilt als Kuriosum, dass ...

Kur·ka·pel·le *die* <-, -n> *Musikkapelle, die in einem Kurort regelmäßig Konzerte für Kurgäste spielt*

Kur·kar·te *die* <-, -n> *eine Karte, die man bei Beginn einer Kur² erwirbt und die zum Eintritt zu bestimmten Veranstaltungen und Einrichtungen berechtigt*

Kur·kli·nik *die* <-, -en> *eine Klinik, in der verschiedene Heilverfahren angewendet werden, die zu einer Kur² gehören*

Kur·ku·ma, *a.* **Cur·cu·ma** *das* <-, Kurkumen> *(≈ Gelbwurz)* ❶ *Gewürzpflanze* ❷ *das aus der Wurzel von Kurkuma¹ gewonnene Gewürz, das auch für Curry benutzt wird*

Kur·laub *der* <-s, -e> *(zusammengesetzt aus*

„Kur" und „Urlaub") ein Ferienaufenthalt, der mit einer Kur[2] verbunden ist

Kur·ort der <-(e)s, -e> ein Ort, der über eine Heilquelle oder über günstiges Klima verfügt und deshalb für bestimmte Kuren geeignet ist: Ein Kurort hat immer die Bezeichnung „Bad" vor seinem Namen.

Kur·pa·ckung die <-, -en> ❶ eine größere Packung eines Medikaments, das man zur Kur[1] übere längere Zeit einnehmen soll ❷ eine Emulsion zur Pflege der Haare

Kur·pfalz die <-> Landschaft in Rheinhessen

Kur·pfu·scher der, **Kur·pfu·sche·rin** <-s, -> ❶ RECHTSW. jmd., der ohne medizinische Ausbildung Kranke behandelt ❷ (umg. abwert.) schlechter Arzt

Kur·pfu·sche·rei die <-, -en> (umg. abwert.) Behandlung Kranker ohne medizinische Ausbildung: Kurpfuschereien und Quacksalbereien werden oft angeprangert

Kur·pro·me·na·de die <-, -n> Promenade in einem Kurort

Kurs der <-es, -e> ❶ SEEW., LUFTF. (≈ Route) die Richtung, in die sich ein Schiff oder Flugzeug bewegt: Das Schiff hält den Kurs/ist vom Kurs abgekommen.; einen geraden/neuen Kurs einschlagen; Kurs beibehalten/ändern ❷ SPORT Rennstrecke: Für den Slalomlauf wurde ein schwieriger Kurs gesteckt. ❸ WIRTSCH. Börsenpreis von Aktien oder Devisen: Der Kurs dieser Aktie zog an/steht hoch.; Die Kurse fallen/steigen. ◆ Aktien-, Devisen-, Dollar-, Wechsel- ❹ Lehrgang in einer Gruppe: Sie hat mehrere Kurse für Fremdsprachen besucht. ◆ Abend-, Sprach-, Tanz-, Wochenend- ❺ alle Teilnehmer eines Kurses[4]: Der gesamte Kurs hat die Prüfung bestanden.; ■ etwas steht hoch im Kurs etwas wird sehr geschätzt, ist beliebt

Kur·saal der <-s, Kursäle> Saal für kulturelle Veranstaltungen in einem Kurort

Kurs·ab·wei·chung die <-, -en> durch äußere Faktoren bedingte Änderung des Kurses[1]

Kurs·än·de·rung die <-, -en> vorsätzliche Änderung des Kurses[1]: Wegen des Unwetters entschloss sich der Kapitän des Schiffes zu einer Kursänderung.

Kurs·an·glei·chung die <-, -en> WIRTSCH. Angleichung der Wechselkurse

Kurs·be·richt der <-s, -e> Bericht über den Stand der Kurse[3]

Kurs·buch das <-(e)s, Kursbücher> Fahrplanverzeichnis der Eisenbahn

Kurs·schat·ten der <-s, -> (umg. scherzh.) Person des anderen Geschlechts, mit der ein Mann oder eine Frau während einer Kur öfter ausgeht

Kürsch·ner der, **Kürsch·ne·rin** <-s, -> jmd., der beruflich Leder und Pelze verarbeitet

Kürsch·ne·rei die <-, -en> ❶ /kein Plur./ Handwerk des Kürschners ❷ einem Kürschners

Kurs·ein·bruch der <-(e)s, Kurseinbrüche> WIRTSCH. plötzliches starkes Sinken der Kurse[3] von Wertpapieren

Kurs·fi·xie·rung die <-, -en> Festsetzen des Kurses[3]

Kurs·ge·winn der <-(e)s, -e> (↔ Kursverlust) Un-

terschied zwischen einem niedrigen Ankaufswert und einem höheren Verkaufswert von Aktien und Devisen

kur·sie·ren <kursiert, kursierte, hat kursiert> ohne OBJ ■ etwas kursiert (≈ zirkulieren) in Umlauf sein: Man geht davon aus, das noch mehr falsche Euroscheine in der Stadt kursieren.; Es kursiert das Gerücht, dass …

kur·siv adj /nicht steig./ DRUCKW. so, dass gedruckte Buchstaben schräg nach rechts geneigt sind: Ich habe die betreffenden Wörter kursiv gesetzt.

Kur·siv·aus·zeich·nung die <-, -en> DRUCKW. Markierung von Wörtern oder Textteilen durch Kursivschrift

Der **Kursivauszeichnung**, der Markierung von Wörtern oder kleineren Textpassagen in Kursivschrift, kommt im Rahmen des Verfassens schriftlicher Texte eine ganz wesentliche Funktion zu. Will man in einem Text die eine oder andere Einheit hervorheben, so wird dies aus Unkenntnis oft wirr gehandhabt, indem vor allem auch Anführungszeichen dann gesetzt werden, wenn eigentlich kursiv ausgezeichnet werden müsste. Falsch verwendet wird die Kursivauszeichnung auch zur bloßen Betonung eines Ausdrucks, oder wenn man aus sonstigen Gründen etwas nur hervorheben will. Die Kursivauszeichnung ist ausschließlich für den Fall vorgesehen, dass ein Ausdruck (Wort, Wortkomplex, Satz) Objekt der Betrachtung/ Beschreibung ist, wie oft z. B. in sprach- und literaturwissenschaftlichen Arbeiten auch beim Anführen sprachlicher Beispiele. Wenn man schreibt: „Die Katze schläft im Körbchen", schreibt man über die Katze, und nicht etwa über das Wort *Katze* (auch hier deshalb kursiv gesetzt), wie im Falle von „*Katze* hat fünf Buchstaben". In solchen Fällen nämlich nimmt man auf den Ausdruck *Katze* Bezug; es geht nicht darum, etwas über das Tier Katze bzw. über Katzen auszusagen. Deshalb spricht man auch von einer *metasprachlichen* (wieder zugleich ein Beispiel dafür) Verwendung eines Ausdrucks. Ein weiteres Beispiel ist: „Der Terminus *Katalepsie* ist ein Ausdruck in der Medizin". Hier muss der erwähnte Terminus kursiv ausgezeichnet werden, nicht aber in „Die Katalepsie ist ein Spannungszustand der Muskeln". Anführungszeichen sind anderen Fällen vorbehalten, unter anderem auch der Anführung von Titeln. Heute ist es einfach, sprachliche Einheiten im Text am Computer kursiv herauszuheben. Früher konnte man dies an der Schreibmaschine nur durch Unterstreichung leisten; bei später aufkommenden Typenradschreibmaschinen war das durch ein Typenrad mit kursiven Buchstaben möglich, das man dann jeweils extra einwechseln musste.

Kur·siv·schrift die <-, -en> DRUCKW. Druckschrift, die nach rechts geneigt ist

K

Kurs·kor·rek·tur *die* <-, -en> ❶ *Korrektur des Kurses[1]:* Der Kapitän des Schiffes musste eine Kurskorrektur vornehmen. ❷ *(übertr.) Berichtigung des bisherigen eingeschlagenen Kurses:* Die Opposition forderte von der Regierung eine Kurskorrektur in der Gesundheitspolitik.

Kurs·mak·ler *der* <-s, -> WIRTSCH. *ein vereidigter Makler, der an der Börse bei der amtlichen Feststellung der Börsenkurse beteiligt ist*

Kurs·no·tie·rung *die* <-, -en> WIRTSCH. *der aktuelle Stand der Kurse[3]*

kur·so·risch *adj /nicht steig./ (≈ oberflächlich ↔ gründlich) rasch und ohne auf Details zu achten:* Ich habe den Aufsatz nur kursorisch gelesen.; Bereits die kursorische Lektüre zeigt …

Kurs·ri·si·ko *das* <-s, Kursrisiken> WIRTSCH. *das Risiko für den Anleger, bei einer ungünstigen Entwicklung des Kurses[3] von Wertpapieren oder Währungen einen finanziellen Verlust zu erleiden:* Bei dieser Aktie hält sich das Kursrisiko in Grenzen.

Kurs·rutsch *der* <-(e)s, -e> *plötzliches starkes Sinken des Kurses[3] von Aktien, Devisen*

Kurs·schwan·kung *die* <-, -en> *Schwankung des Kurses[3] von Aktien, Devisen*

Kurs·sturz *der* <-es, Kursstürze> *plötzliches starkes Sinken des Kurses von Aktien, Devisen*

Kurs·sys·tem *das* <-s, -e> SCHULE *eine Form des Unterrichts bei älteren Schülern, in der es keine Klasse mehr gibt, sondern Kurse[4]*

Kurs·teil·neh·mer *der,* **Kurs·teil·neh·me·rin** <-s, -> *Teilnehmer an einem Kurs[4]:* Alle Kursteilnehmer haben die Prüfung bestanden.

Kur·sus *der* <-, Kurse> *(≈ Lehrgang)*

Kurs·ver·fall *der* <-(e)s> */kein Plur./ starkes Sinken des Kurses[3] von Aktien, Devisen*

Kurs·ver·lust *der* <-(e)s, -e> *(↔ Kursgewinn) Unterschied zwischen einem höheren Ankaufswert und einem niedrigeren Verkaufswert von Aktien, Devisen*

Kurs·wa·gen *der* <-s, -> *durchlaufender Reisewagen der Eisenbahn, der nach Bedarf zusätzlich an einen Zug angehängt werden kann*

Kurs·wech·sel *der* <-s, -> *(≈ Kursänderung)*

Kurs·wert *der* <-(e)s, -e> *der Wert eines Wertpapiers, der sich aus dem Börsenkurs errechnen lässt*

Kurs·zet·tel *der* <-s, -> *regelmäßig veröffentlichte Liste der Börsenkurse*

Kur·ta·ge *die siehe* **Courtage**

Kur·ta·xe *die* <-, -n> *von einem Gast (pro Übernachtung) in einem Kurort zu zahlende Gebühr, die für den besonderen Pflege- und Erhaltungsaufwand der Kuranlagen und öffentlichen Plätze verwendet wird*

Kur·ti·sa·ne *die* <-, -n> GESCH. *(veralt.) vornehme Geliebte eines Adligen*

Kur·ve *die* <-, -n> ❶ *bogenförmig gekrümmte Linie:* Der Skiläufer fuhr in großen Kurven ins Tal hinab. ❷ *(≈ Biegung) eine Stelle, an der eine Straße oder ein Weg nicht gerade verläuft:* Die Straße hat enge/scharfe/viele Kurven.; Biegen Sie bei der nächsten Kurve rechts ab.; vor der Kurve abbremsen ◆ Links-, Rechts- ❸ MATH. *eine gekrümmte Li-*

nie, die durch eine Gleichung dargestellt werden kann: eine Kurve berechnen/zeichnen ❹ *eine Linie als grafische Abbildung eines Entwicklungsverlaufs:* Die Kurve zeigt den Kursverlauf dieser Aktie im vergangenen halben Jahr. ❺ *(umg.) /nur Plur./ die weiblichen Rundungen* ❻ ■ **die Kurve kratzen** *(umg.) sich schnell und möglichst unauffällig entfernen;* ■ **die Kurve kriegen** *(umg.) etwas doch noch schaffen oder erreichen*

kur·ven <kurvst, kurvte, ist gekurvt> *ohne OBJ* ■ *jmd.* **kurvt (irgendwo)** ❶ *(umg.) ziellos umherfahren:* Wir kurvten durch halb Italien. ▶ Kurverei ❷ *in Kurven fahren oder fliegen:* Ein Radfahrer kurvte um die Ecke.

Kur·ven·dis·kus·si·on *die* <-, -en> MATH. *eine Berechnung eines Funktionsgraphen mit Hilfe der Differentialrechnung*

kur·ven·för·mig *adj /nicht steig./ wie eine Kurve[1] geformt*

kur·ven·reich *adj mit vielen Kurven[2]:* Auf den Berg führte eine kurvenreiche Passstraße.

Kur·ver·wal·tung *die* <-, -en> *Dienststelle zur Verwaltung der Einrichtungen in einem Kurort*

kurz <kürzer, am kürzesten> *adj* ❶ *(↔ lang) nicht lang in Bezug auf die räumliche Ausdehnung:* Ich benötige ein kurzes Stück Schnur.; Sie hat jetzt ganz kurze Haare.; Wie komme ich auf dem kürzesten Weg zum Bahnhof? ❷ *nicht lang in Bezug auf die zeitliche Ausdehnung:* Wir machen dieses Jahr nicht eine lange, sondern mehrere kurze Urlaubsreisen. ❸ *(räumlich) nicht weit (vor, hinter, unter, über etwas):* Kurz vor München ging uns das Benzin aus. ❹ *zeitlich nicht weit vor oder nach etwas:* Es war bereits kurz vor/nach Mitternacht. ❺ *(↔ ausführlich) knapp:* Können Sie mir eine kurze Zusammenfassung der letzten Unterrichtsstunde geben? ❻ *rasch:* Wir haben kurz entschlossen einen Ausflug gemacht. ❼ ■ **kürzer treten** *sich einschränken;* ■ **alles kurz und klein schlagen** *(umg.) alles zerschlagen;* ■ **zu kurz kommen** *benachteiligt werden;* ■ **den Kürzeren ziehen** *(umg.) bei einem Streit, einer Auseinandersetzung der Unterlegene sein;* ■ **binnen kurzem** *innerhalb kurzer Zeit;* ■ **seit kurzem** *seit nicht langer Zeit;* ■ **über kurz oder lang** *ziemlich bald;* ■ **vor kurzem** *vor nicht langer Zeit;* ■ **kurz und bündig** *präzis;* ■ **kurz und gut** *(scherzh.) zusammenfassend kann man sagen;* ■ **kurz und schmerzlos** *(umg.) rasch und ohne zu zögern* ◆ Getrenntschreibung →R 4.5 kurz angebunden; ◆ Getrennt- oder Zusammenschreibung →R 4.16, 4.15 kurz gebratene/kurzgebratene Steaks; kurz geschnittene/kurzgeschnittene Haare; ◆ Zusammenschreibung →R 4.5, 4.6 kurzarbeiten; kurzschließen; ◆ Großschreibung →R 3.4, R 3.7 etwas Kurzes auf der Gitarre spielen; den Kürzeren ziehen

Kurz·ar·beit *die* <-> */kein Plur./ kürzere Arbeitszeit und entsprechend weniger Lohn, die vom Arbeitgeber festgesetzt werden kann, wenn die wirtschaftliche Lage des Unternehmens sehr schlecht ist:* Wenn die Fabrik nicht bald neue Aufträge bekommt, muss sie Kurzarbeit anmelden.

kurz·ar·bei·ten <arbeitest kurz, arbeitete kurz,

K

hat kurzgearbeitet> *ohne OBJ* ■ *jmd. arbeitet kurz* Kurzarbeit machen
Kurz·ar·bei·ter *der;* **Kurz·ar·bei·te·rin** <-s, -> *jmd., der Kurzarbeit macht*
Kurz·ar·bei·ter·geld *das* <-es> /kein Plur./ *das Geld, das Kurzarbeiter vom Arbeitsamt bekommen, um die Differenz zu ihrem Lohn bei normaler Arbeitszeit zum Teil auszugleichen*
kurz·är·me·lig, kurz·ärm·lig *adj /nicht steig./ (↔ langärmelig) mit kurzen Ärmeln*
kurz·at·mig *adj (der Gegenbegriff zu „kurzatmig" ist nicht „langatmig"; „langatmig" bedeutet „weitschweifig") so, dass man auch bei geringer Belastung Atemnot hat und kurz und hastig atmet:* Durch das jahrelange Kettenrauchen ist er kurzatmig geworden.
Kurz·at·mig·keit *die* <-> /kein Plur./ *der Zustand, dass man kurzatmig ist*
Kurz·auf·tritt *der* <-s, -e> *ein kurzer Auftritt*
kurz·bei·nig <(nicht steig.)> *adj (≈ langbeinig) so, dass jmd. kurze Beine hat*
Kurz·be·richt *der* <-(e)s, -e> *ein sehr knapp verfasster Bericht* ◆-erstattung
Kurz·bio·gra·fie, *a.* **Kurz·bio·gra·phie** *die* <-, -n> *eine sehr knapp verfasste Biografie, die nur wenige Lebensdaten enthält*
Kür·ze *die* <-> /kein Plur./ ❶ *(↔ Länge) geringe räumliche Ausdehnung in einer Richtung, geringe Länge:* Trotz der Kürze des Weges wurden wir bei diesem Wolkenbruch nass bis auf die Knochen.; Alle waren von der Kürze ihres Haares überrascht. ❷ *geringe Dauer:* Ich ärgerte mich über die Kürze des Konzertes.; ■ **in Kürze** *bald;* ■ **In der Kürze liegt die Würze.** *Am besten ist ein knapper, präziser Stil.*
Kür·zel *das* <-s, -> *(in der Stenografie verwendetes) Zeichen, das eine Silbe oder ein Wort ersetzt*
kür·zen <kürzt, kürzte, hat gekürzt> *mit OBJ/ ohne OBJ* ■ *jmd. kürzt etwas* ❶ *(↔ verlängern) kürzer machen:* Sie kürzte ihren Rock. ❷ *(↔ aufstocken) herabsetzen, verringern:* Man hatte ihr das Gehalt gekürzt. ❸ *(↔ ausbauen) in eine kürzere Form bringen:* Ich sollte das Einleitungskapitel kürzen.; Bei der Überarbeitung habe ich stark gekürzt. ❹ MATH. *(↔ erweitern) Zähler und Nenner eines Bruches durch die gleiche Zahl dividieren:* Du kannst diesen Bruch kürzen.; Wenn du kürzt, lässt sich einfacher weiterrechnen.
kur·zer·hand *adv rasch und ohne zu überlegen:* Als er es mir angeboten hatte, bin ich kurzerhand mit ihm in den Urlaub gefahren.
kür·zer·tre·ten <trittst kürzer, trat kürzer, ist kürzergetreten> *ohne OBJ* ■ *jmd. tritt kürzer* ❶ *sich einschränken:* Dieses Jahr wollen wir bei den Ausgaben für den Urlaub kürzertreten. ❷ *weniger aktiv sein, sich weniger anstrengen:* Wir sind nicht mehr die Jüngsten und müssen leider bei unseren Aktivitäten kürzertreten.
kurz·fas·sen <fasst kurz, fasste kurz, hat kurzgefasst> *mit SICH* ■ *jmd. fasst sich kurz möglichst wenig Zeit mit Reden beanspruchen:* Fass dich aber bitte kurz!
Kurz·fas·sung *die* <-, -en> *kurze Zusammenfas-*

sung: Im Anschluss an den Vortrag wurde eine Kurzfassung des Referats an die Zuhörer verteilt.
Kurz·film *der* <-(e)s, -e> *ein Spielfilm, der meist nur wenige Minuten lang ist:* Welcher Kurzfilm hat den Wettbewerb gewonnen? ◆-festival
Kurz·form *die* <-, -en> SPRACHWISS. *verkürzte Form eines Wortes:* Das Wort „Uni" ist die Kurzform für „Universität".
kurz·fris·tig *adj /nicht steig./* ❶ *ohne Vorankündigung, überraschend:* Dieser Film wurde kurzfristig ins Programm aufgenommen. ❷ *(↔ langfristig) nur kurze Zeit dauernd oder gültig:* Ich musste einen kurzfristigen Kredit aufnehmen. ❸ *möglichst rasch:* Ein dringendes Problem muss kurzfristig gelöst werden.
kurz·ge·bra·ten, *a.* **kurz ge·bra·ten** *adj /nicht steig./ so, dass Fleisch nicht gar gebraten, sondern nur von außen angebraten ist*
Kurz·ge·schich·te *die* <-, -n> LIT. *kurze Form der Erzählung, bei der eine Begebenheit und die Personen der Handlung knapp geschildert werden und häufig eine Pointe am Schluss steht*
kurz·ge·schnit·ten, *a.* **kurz ge·schnit·ten** *adj /nicht steig./ so, dass die Haarlänge stark gekürzt ist*
kurz·ge·scho·ren, *a.* **kurz ge·scho·ren** *adj /nicht steig./ so, dass das Fell eines Tieres kurz geschnitten ist*
Kurz·haar·fri·sur *die* <-, -en> *eine Frisur, bei der die Haare kurz geschnitten sind*
kurz·haa·rig *adj (↔ langhaarig) mit kurzen Haaren*
Kurz·haar·schnitt *der* <-s, -e> *ein Haarschnitt, bei dem die Haare kurz sind*
kurz·hal·ten <hältst kurz, hielt kurz, hat kurzgehalten> *mit OBJ* ■ *jmd. hält jmdn. kurz jmdm. aus erzieherischen Gründen relativ wenig Geld oder Essen geben* ◆Zusammenschreibung →R 4.6 Ich werde ihn in nächster Zeit kurzhalten müssen.
kurz·le·big *adj /nicht steig./* ❶ *nicht lange lebend:* Bei dieser Art handelt es sich um sehr kurzlebige Insekten. ❷ *(↔ langlebig) nicht lange aktuell oder gültig:* Du kannst nicht jedem kurzlebigen Trend hinterherlaufen! ❸ *nur kurze Zeit funktionstüchtig:* Die Verschleißteile des Geräts sind kurzlebig.
Kurz·le·big·keit *die* <-> /kein Plur./ *der Zustand, dass etwas kurzlebig ist*
kürz·lich *adv vor kurzem:* Ich habe erst kürzlich mit ihm telefoniert.
kurz·ma·chen, *a.* **kurz ma·chen** <machst kurz, machte kurz, hat kurzgemacht> *mit OBJ* ❶ ■ *jmd. macht etwas Akk. kurz etwas kürzen* ❷ ■ *jmd. macht es kurz nicht viel Aufhebens von etwas machen* ◆Zusammen- oder Getrenntschreibung →R 4.15, 4.16 Kannst du mir den Rock kurzmachen/kurz machen?; ◆Zusammenschreibung →R 4.6 Ich habe nicht viel Zeit, lass es uns kurzmachen!
Kurz·nach·rich·ten *die* <-> Plur. *knapp abgefasste Nachrichtensendung, in der nur wenige Meldungen gegeben werden:* Hast du die Kurznachrichten im Radio gehört?

K

Kurz·park·sys·tem *das* <-s, -e> *Verkehrsregelung, nach der man nur kurz auf einem öffentlichen Parkplatz parken darf*

Kurz·park·zo·ne *die* <-, -n> *Parkplätze, auf denen man für kurze Zeit parken darf*

Kurz·re·fe·rat *das* <-s, -e> *ein knapp abgefasstes, thesenartiges Referat*

Kurz·rei·se *die* <-, -n> *eine Reise, die nur wenige Tage dauert*

kurz·schlie·ßen <schließt kurz, schloss kurz, hat kurzgeschlossen> **I.** *mit OBJ* ▪ *jmd. schließt etwas kurz* ELEKTROTECHN. *zwei Spannung führende elektrische Leitungen verbinden:* Er hatte den Stromkreis/das Auto kurzgeschlossen. **II.** *mit SICH* ▪ *jmd. schließt sich (mit jmdm.) kurz sich zum schnellen Informationsaustausch treffen:* Wegen der Besprechung nächste Woche sollten wir uns nochmal kurzschließen.

Kurz·schluss *der* <-es, Kurzschlüsse> ❶ *das (unabsichtliche) Kurzschließen I:* Als er die Lampe an die Decke montierte, gab es einen Kurzschluss. ❷ *falsche logische Schlussfolgerung* ❸ *falsche Entscheidung, die durch eine extreme psychische Situation zustandekommt:* Seine Entscheidung, das Studium kurz vor den Abschlussprüfungen abzubrechen, lässt sich nur aus einem Kurzschluss heraus erklären. ◆ -handlung, -reaktion

Kurz·schrift *die* <-> */kein Plur./ Stenografie*

Kurz·schul·jahr *das* <-es, -e> *Schuljahr, das aus organisatorischen Gründen kürzer ist als ein normales Schuljahr*

kurz·sich·tig *adj* ❶ *(↔ weitsichtig) an Kurzsichtigkeit leidend* ❷ *(↔ weitblickend) nicht vorausdenkend, nur das Nächstliegende beachtend:* Eine solche Firmenpolitik ist äußerst kurzsichtig.

Kurz·sich·ti·ge *der/die* <-n, -n> *jmd., der kurzsichtig [1] ist*

Kurz·sich·tig·keit *die* <-> */kein Plur./ (≈ Myopie) Sehfehler, bei dem Betroffene nur jene Dinge deutlich erkennen können, die in ihrer Nähe sind:* Kurzsichtigkeit wird durch eine Brille oder Kontaktlinsen ausgeglichen.

kurz·stie·lig *adj /nicht steig./ (↔ langstielig) mit kurzem Stiel*

Kurz·stre·cke *die* <-, -n> ❶ *eine kurze Strecke* ◆ -nflug, -nlauf, -nläufer(in), -nrakete ❷ *ein Tarif für eine kurze Strecke in einem öffentlichen Verkehrsmittel*

Kurz·stun·de *die* <-, -n> SCHULE *Schulstunde, die kürzer ist als eine normale Schulstunde*

kurz·um *adv um es kurz zusammenzufassen:* Die Einbrecher haben den Fernseher, die Stereoanlage, einige Küchenmaschinen, kurzum alle Elektrogeräte gestohlen.

Kür·zung *die* <-, -en> *das Kürzen [2, 3]:* Die Kürzungen der Zuschüsse aus den öffentlichen Haushalten in sozialen Projekten werden sich verheerend auswirken.; Durch einige Kürzungen ist der Text jetzt viel verständlicher geworden. ◆ Gehalts-, Leistungs-, Text-

Kurz·wahl·spei·cher *der* <-s, -> TELEKOMM. *der Speicher in einer Telefonanlage, in dem häufig benutzte Telefonnummern gespeichert werden und*

durch einen kurzen Code abgerufen werden können

Kurz·wa·ren <-> *Plur. Nähgarne und verschiedene Gegenstände, die man zum Nähen braucht:* Gummiband, Reißverschluss und Nähnadeln gehören zu den Kurzwaren. ◆ -händler(in), -handlung

Kurz·weil *die* <-> */kein Plur./ (veralt.: ↔ Langeweile) Zeitvertreib, unterhaltsame Beschäftigung:* allerhand Kurzweil treiben; zur Kurzweil Rätsel raten

kurz·wei·lig *adj unterhaltsam:* Wir haben gestern einen kurzweiligen Abend bei unseren Freunden verbracht.

Kurz·wel·le *die* <-, -n> ❶ PHYS. *elektromagnetische Wellen mit kurzer Wellenlänge* ◆ -ntherapie ❷ *Bereich im Radio, der Sender empfängt, die auf Kurzwellen [1] senden*

kurz·wel·lig *adj /nicht steig./* PHYS. *von kurzer Wellenlänge*

Kurz·zeit·ge·dächt·nis *das* <-ses> */kein Plur./ (↔ Langzeitgedächtnis) der Teil des Gedächtnisses, in dem Informationen nur kurzzeitig gespeichert werden*

kurz·zei·tig *adj /nicht steig./ für kurze Zeit:* Die Telefonverbindung war kurzzeitig sehr schlecht.

Kurz·zeit·pfle·ge *die* <-> */kein Plur./* ❶ *die Pflege von Patienten, die sich nach der Entlassung aus dem Krankenhaus (noch) nicht selbst versorgen können* ❷ *die Einrichtung, in der Kurzzeitpflege [1] stattfindet*

Kurz·zeit·we·cker *der* <-s, -> *ein Küchenwecker, den man auf kurze Zeitspannen (bis zu einer Stunde) einstellt*

kusch *interj* ÖSTERR. *Sei ruhig!*

kusche·lig, kusch·lig *adj* ❶ *so beschaffen, dass man es gern fühlt:* Das ist eine kuschelige Decke. ❷ *so, dass man sich sehr wohl fühlt:* Sie hat eine kuschelige Wohnung.

ku·scheln <kuschelst, kuschelte, hat gekuschelt> **I.** *ohne OBJ* ▪ *jmd. kuschelt (mit jmdm.) sich zärtlich aneinanderschmiegen:* Das Pärchen kuschelte im warmen Bett. **II.** *mit SICH* ▪ *jmd./ein Tier kuschelt sich an jmdn./ein Tier sich Geborgenheit und Wärme suchend anschmiegen:* Die jungen Kätzchen kuscheln sich an ihre Mutter.

Ku·schel·tier *das* <-(e)s, -e> *Stofftier:* Ohne sein Kuscheltier konnte das Kind nicht einschlafen.

ku·schel·weich *adj /nicht steig./ so weich, dass man sich gern daran kuschelt*

ku·schen <kuschst, kuschte, hat gekuscht> *ohne OBJ* ▪ *jmd. kuscht (vor jmdm.)* ❶ *sich (unterwürfig) fügen, gehorchen:* Er kuschte vor seinem Chef. ❷ *(von Hunden) sich niederlegen:* Er sagte nur ein Wort und der Hund kuschte.

kusch·lig *adj siehe* **kuschelig**

Ku·si·ne, a. Cou·si·ne *die* <-, -n> *Tochter des Onkels oder der Tante, Base; siehe* **Cousine**

Kus·kus, a. Couscous *der/das* <-> */kein Plur./* KOCH. *ein nordafrikanisches Gericht aus gedünstetem Weizen-, Mais- oder Hirsegrieß*

Kuss *der* <-es, Küsse> *das Aufdrücken der gespitzten Lippen auf den Körper eines anderen Menschen, besonders auf dessen Lippen, als Zei-*

chen der Liebe, zur Begrüßung und zum Abschied: Sie gab ihm zum Abschied einen langen/leidenschaftlichen/zärtlichen Kuss. ◆ Hand-, Zungen-

kuss·echt adj /nicht steig./ ein Lippenstift, der beim Küssen nicht verschmiert: Dies ist natürlich ein kussechter Lippenstift.

küs·sen <küsst, küsste, hat geküsst> mit OBJ ■ jmd. küsst jmdn./etwas jmdm. oder etwas einen Kuss geben: Sie küsste ihn vor meinen Augen.; Er küsste ihre Hand.; Sie küssten sich/einander.; Der Sportler küsste den Siegerpokal.; Sie küsste andächtig das Heiligenbild.

Küs·te die <-, -n> der Teil des Festlandes, der unmittelbar ans Meer angrenzt: eine steile/flache Küste ◆-nbewohner, -ndampfer, -nfischerei, -ngebiet, -ngewässer, -nregion, -nstadt, Felsen-, Meeres-, Sand-

Küs·ten·schiff das <-(e)s, -e> Schiff, das im Küstengebiet fährt ◆-fahrt

Küs·ten·schutz der <-es> /kein Plur./ ❶ Maßnahmen zum Schutz der Küste vor Sturm und Wasserschäden (beispielsweise der Deichbau) ❷ Küstenwache

Küs·ten·strei·fen der <-s, -> schmaler, sich an der Küste entlangziehender Landstreifen

Küs·ten·strich der <-s, -e> Küstenstreifen

Küs·ten·wa·che die <-> /kein Plur./ Polizeieinheit zur Überwachung der Küstengewässer

Küs·ter der, **Küs·te·rin** <-s, -> REL. Kirchendiener

Kus·tos der <-, Kustoden> wissenschaftlicher Sachbearbeiter (in einem Museum)

Kutsch·bock der <-(e)s, Kutschböcke> Sitz des Kutschers

Kut·sche die <-, -n> ❶ Wagen, der von Pferden gezogen wird und der Personenbeförderung dient ❷ (umg. abwert.) altes Auto

Kut·schen·schlag der <-s, Kutschenschläge> die schräge Tür einer Kutsche

Kut·scher der, **Kut·sche·rin** <-s, -> jmd., der eine Kutsche[1] lenkt

kut·schie·ren <kutschierst, kutschierte, hat/ist kutschiert> I. mit OBJ (haben) ■ jmd. kutschiert jmdn. irgendwohin (umg.) jmdn. fahren: Er hat seinen Vater aufs Land kutschiert. II. ohne OBJ (sein) ■ jmd. kutschiert (irgendwo) (umg.) ziellos mit dem Auto umherfahren: Nachmittags sind wir ein wenig durch die Gegend kutschiert.

Kut·te die <-, -n> ❶ weites, bodenlanges Gewand eines Mönchs ❷ (umg. scherzh.) eine weite, knielange Jacke

Kut·teln die <-> Plur. essbare Eingeweide vom Rind

Kut·ter der <-s, -> ❶ einmastiges, seetüchtiges Segelboot ❷ (bei der Fischerei in Küstennähe benutztes) Fischerboot ◆ Fisch-, Krabben-

Ku·vert, Cou·vert das [ku'veːɐ̯, ku'vɛːɐ̯] <-(e)s, -e/-s> LANDSCH. Briefumschlag

Ku·ver·tü·re die <-, -n> KOCH. flüssige Schokolade zum Verzieren von Kuchen und Torten

Ku·wait, Ku·wait, a. **Ku·weit** <-s> Staat am Persischen Golf

Ku·wai·ter, Ku·wai·ter der, a. **Ku·wei·ter** der, **Ku·wai·te·rin** <-s, -> Einwohner Kuwaits

ku·wai·tisch, ku·wai·tisch, a. **ku·wei·tisch** adj /nicht steig./ zu Kuwait gehörend, aus Kuwait stammend

Ku·weit, Ku·weit [auch...'veːt] <-s> siehe **Ku·wait**

Ku·wei·ter, Ku·wei·te·rin <-s, -> siehe **Kuwaiter**

kV Abkürzung von „Kilovolt"

KW Abkürzung von „Kilowatt"

kWh Abkürzung von „Kilowattstunde"

Ky·ber·ne·tik die <-> /kein Plur./ die Wissenschaft, die sich mit der Selbststeuerung von Systemen (in Biologie, Soziologie und Technik) befasst und die versucht, Regel- und Steuerungsmechanismen von Lebewesen nachzuahmen ◆ Bio-▸ Kybernetiker, Kybernetikerin, kybernetisch

Ky·k·la·den die <-> Plur. Inselgruppe im Ägäischen Meer

Ky·ni·ker der <-s, -> PHILOS. Angehöriger einer antiken Philosophenschule, die den Wert der Bedürfnislosigkeit betont

Ky·rie das <-s> REL. Kurzform von „Kyrieeleison"

Ky·rie·e·lei·son das <-s, -s> REL. am Beginn der Messe gesungener Bittruf „Herr, erbarme dich"

ky·ril·lisch adj /nicht steig./ zur kyrillischen Schrift gehörend, die im 9. Jahrhundert aus verschiedenen slawischen Sprachen zu einer einheitlichen Schrift gebildet worden ist

KZ das [kaːˈtsɛt] <-s, -s> GESCH. kurz für „Konzentrationslager"

KZ-Ge·denk·stät·te die [kaːˈtsɛt...] <-, -n> auf dem Gelände eines ehemaligen Konzentrationslagers errichtete Gedenkstätte

KZ-Häft·ling der [kaːˈtsɛt...] <-s, -e> Häftling in einem KZ

K

L|

L, l *das* <-, -> *der zwölfte Buchstabe des Alphabets:* ein großes L; ein kleines l; ■ **Größe L** *(bei Konfektionsgrößen) Abkürzung von „large" (groß)*

La·bel *das* ['le:bəl] <-s, -s> ❶ *eine Art Etikett, das auf einer Ware angebracht ist* ❷ *eine Firma, die CDs und Schallplatten produziert und vertreibt:* Die aktuelle CD der Band ist bei einem unabhängigen Label erschienen.

la·ben I. *mit OBJ* ■ *jmd. labt jmdn. (mit etwas Dat.) (geh.) jmd. gibt jmdm. etwas, das erfrischt oder stärkt:* Der Gastgeber labte die Gäste mit edlen Weinen und erlesenen Speisen. **II.** *mit SICH* ■ *jmd. labt sich (an etwas Dat.)* ❶ *(geh.) etwas mit viel Genuss essen oder trinken und sich dadurch erfrischen oder stärken:* sich an frischem Quellwasser laben; sich an den Spezialitäten laben ❷ *(geh.) etwas mit Freude wahrnehmen und sich dadurch sehr gut fühlen:* Sie labte sich am Anblick der herrlichen Landschaft.

la·bern <laberst, laberte, hat gelabert> *mit OBJ/ ohne OBJ* ■ *jmd. labert (etwas) (umg. abwert.) viel reden, ohne dabei etwas Wesentliches mitzuteilen:* Lass ihn doch labern, wir kümmern uns nicht darum!; Die Betrunkenen laberten nur noch dummes Zeug.

la·bil *adj* ❶ *(↔ stabil) so, dass etwas nicht fest oder dauerhaft ist, sondern sich leicht verändern kann:* Die politische Lage im Land ist sehr labil, es kann jederzeit zu einer Krise kommen. ❷ MED. *so, dass jmd. schnell krank werden kann:* Er hat eine labile Gesundheit. ❸ PSYCH. *so, dass jmd. oder etwas nicht zuverlässig ist oder sich leicht beeinflussen lässt:* Leider ist er eine labile Person.; Er hat einen labilen Charakter.

Lab·ma·gen *der* <-s, Labmägen> ZOOL., BIOL. *Teil des Magens von Tieren, die wiederkäuen*

La·bor *das* <-s, -s/-e> *ein Raum, in dem wissenschaftliche oder medizinische Experimente, Untersuchungen oder Tests stattfinden:* Die Blutprobe wird zur Untersuchung ins Labor geschickt.; Die Experimente im Labor haben die wissenschaftliche Hypothese untermauert. ◆-chemikalie, -techniker, -tier, -tisch, -versuch, Chemie-, Dental-

La·bo·rant *der,* **La·bo·ran·tin** <-en, -en> *jmd., der beruflich in einem Labor arbeitet*

La·bo·ra·to·ri·um *das* <-s, Laboratorien> *(geh.) Labor*

La·bor·be·fund *der* <-(e)s, -e> MED. *das Ergebnis einer Untersuchung im Labor:* Der Laborbefund bestätigt den Verdacht auf Zuckerkrankheit.

la·bo·rie·ren *ohne OBJ* ■ *jmd. laboriert an etwas Dat. (umg.)* ❶ *an einer Krankheit leiden und versuchen, sie zu überwinden:* Er laboriert schon seit Jahren an einem nervösen Magen. ❷ *sich lange Zeit mit etwas beschäftigen und versuchen, es zu beenden:* Sie laborieren schon längere Zeit an ihrer Abschlussarbeit.

La·bra·dor¹ <-s> GEOGR. *eine nordamerikanische Halbinsel* ▶ Labradorianer, Labradorianerin, labradorianisch

La·bra·dor² *der* <-s, -e> ZOOL. *eine Hundeart*

La·bra·dor³ *der* <-s, -e> *(≈ Labradorit) ein Mineral, das oft zu Schmuck verarbeitet wird*

Lab·sal *das* <-(e)s, -e> *(geh.) etwas, das jmdm. Stärkung, Erfrischung oder Trost bietet:* Diese Speise war ein Labsal für die Seele.; Was für ein Labsal war doch der Anblick des Meeres!

Labs·kaus *das* <-> */kein Plur./ ein Gericht aus Fisch, Fleisch, Kartoffeln und Gurken oder Roter Bete*

La·by·rinth *das* <-(e)s, -e> ❶ *eine komplizierte Anordnung von Wegen oder Gängen, die jmdn. in die Irre führen können:* Die Bibliothek war wie ein Labyrinth gebaut.; Viele Gärten des Barocks wurden als Labyrinth geplant. ❷ *(übertr.) etwas, das sehr unübersichtlich ist:* Das neue Rathaus ist das reinste Labyrinth.; das Labyrinth von Gassen in der Altstadt ❸ ANAT. *innerer Teil des Ohrs*

La·che¹ *die* <-, -n> *Flüssigkeit, die eine Art Pfütze bildet:* Unter dem Wagen hatte sich eine Lache von Öl gebildet. ◆ Blut-, Öl-, Wasser-

La·che² *die* <-, -n> */Plur. selten/ (abwert. umg.) die typische Art, wie eine Person lacht:* eine dreckige Lache haben; Ich mag seine unangenehme Lache nicht.

lä·cheln <lächelst, lächelte, hat gelächelt> *ohne OBJ* ■ *jmd. lächelt (irgendwie) die Mundwinkel nach oben ziehen, um zu zeigen, dass einem jmd. oder etwas sympathisch ist, oder dass man sich freut:* Sie lächelte freundlich, als er ins Zimmer trat.; Beim Anblick der alten Fotos musste er immer lächeln.

Lä·cheln *das* <-s> */kein Plur./ der Vorgang, dass eine Person lächelt:* Mit seinem freundlichen Lächeln gewann er schnell Sympathien.; ein süffisantes Lächeln; ein verkrampftes Lächeln; ■ **jemand hat für etwas nur ein müdes Lächeln übrig** *jmd. interessiert sich für eine Sache nicht, da er sie für zu einfach oder zu schlecht hält* Für ihre Vorschläge hatten sie nur ein müdes Lächeln übrig.

la·chen *ohne OBJ* ❶ ■ *jmd. lacht (irgendwie) (über etwas Akk.) (↔ weinen) den Mund weit öffnen und Laute ausstoßen, um zu zeigen, dass etwas oder jmd. sehr lustig ist, oder dass man sich sehr freut:* Als er diese Geschichte hörte, musste er laut lachen.; Über diesen Witz konnten sie nicht mehr lachen.; schallend lachen; verlegen lachen ❷ ■ *jmd. lacht über jmdn. (≈ verspotten) über bestimmte Eigenschaften einer Person Bemerkungen machen, die beleidigen:* Sie lachten immer über die Fehler der anderen.; In der Schulen lachten sie immer über seine Leistungen beim Sport.; ■ **aus vollem Halse lachen** *sehr laut und frei lachen;* ■ **Das wäre ja gelacht, wenn ...** *(umg.) es ist offensichtlich, dass jmd. etwas machen kann, das schwierig ist* Das wäre doch gelacht, wenn du diese Prüfung nicht schaffst!; ■ **Dass ich nicht lache!** *(umg.) drückt aus, dass jmd. überzeugt ist, dass etwas, das jmd. erzählt hat, falsch ist;* ■ **jemand hat (irgendwo) nichts zu lachen** *jmd.*

wird (irgendwo) streng behandelt oder sehr gefordert An seinem neuen Arbeitsplatz hatte er nichts zu lachen.; ■ **Du hast gut lachen!** (umg.) meine Situation ist viel schwieriger als deine; ■ **Da gibts nichts zu lachen!** diese Angelegenheit ist sehr ernst; ■ **Wer zuletzt lacht, lacht am besten** nur, wer am Schluss einer Angelegenheit Erfolg hat, kann sich freuen

La·chen das <-s> /kein Plur./ der Vorgang, dass eine Person lacht: Im Zimmer war fröhliches Lachen zu hören.; das Lachen nicht unterdrücken können; ■ **sich vor Lachen ausschütten** ■ **vor Lachen nicht mehr können** ■ **sich biegen vor Lachen** (umg.) sehr stark lachen; ■ **Dir wird das Lachen noch vergehen!** du wirst auch noch solche Probleme bekommen; ■ **das ist ja zum Lachen** das ist lächerlich

La·cher der <-s, -> ❶ eine Person, die lacht: Der ernste Tonfall des Redners ließ die Lacher verstummen. ❷ ein kurzes Lachen: Dieser Witz bringt garantiert einen Lacher.; ■ **die Lacher auf seiner Seite haben** (umg.) bei einer Diskussion oder einer Auseinandersetzung Sympathien für sich gewinnen, weil man etwas Lustiges gesagt hat

Lach·er·folg der <-(e)s, -e> ■ **einen Lacherfolg haben** die Menschen in einem Publikum zum Lachen bringen

lä·cher·lich adj (abwert.) ❶ so, dass jmd. oder etwas komisch ist: Das ist eine lächerliche Bemerkung.; Ihr solltet ihn nicht lächerlich machen, er meint es sehr ernst! ❷ so, dass etwas stört oder unsinnig ist: Deine ständigen Erklärungen sind doch einfach lächerlich! ❸ so, dass etwas sehr klein oder unbedeutend ist: Für lächerliche fünf Euro haben wir uns nun so angestrengt!; Der Grund für ihren Streit war einfach lächerlich.; ■ **etwas ins Lächerliche ziehen** etwas schlechtmachen, indem man Witze darüber erzählt; ■ **jemanden lächerlich machen** jmdn. in der Öffentlichkeit abwerten, weil man etwas Intimes über ihn erzählt; ■ **sich lächerlich machen** sich abwerten, weil man etwas tut oder sagt, dass lächerlich[1] ist

Lä·cher·lich·keit die <-, -en> ❶ /kein Plur./ ein Zustand, der lächerlich[1, 2] ist: Mit seinen Bemerkungen setzt er sich der Lächerlichkeit aus. ❷ /meist Plur./ (abwert.) etwas, das lächerlich[3] ist: Mit solchen Lächerlichkeiten beschäftige ich mich nicht.

Lach·fal·ten <-> Plur. kleine Falten um die Augen, von denen man sagt, dass sie vom vielen Lachen herstammen

Lach·gas das <-es> /kein Plur./ ein Gas, das betäubende Wirkung hat und früher als Narkosemittel eingesetzt wurde

lach·haft adj (abwert.) so, dass man über eine Sache nur lachen kann: Deine Erklärungsversuche sind doch lachhaft!

Lachs der <-es, -e> ❶ ein Speisefisch mit rötlichem Fleisch, der im Meer lebt ❷ das Fleisch von Lachs[1] ◆-brötchen, -ersatz

lachs·far·ben adj /nicht steig./ (≈ rosa) so, dass es die Farbe von Lachs[2] hat: lachsfarbene Unterwäsche

Lachs·schin·ken der <-s, -> zarter, leicht geräucherter Schweineschinken

Lachs·zucht die <-, -en> ❶ ein Ort, an dem Lachse[1] gezüchtet werden ❷ /kein Plur./ das Züchten von Lachsen

Lack der <-(e)s, -e> eine Flüssigkeit, mit der man vor allem Dinge aus Holz oder Metall streicht und die dann eine Schutzschicht bildet: den Zaun mit farblosem Lack streichen; ■ **Der Lack ist ab!** (umg. abwert.) etwas ist nicht mehr neu; ■ **Der Lack ist ab!** jmd. sieht nicht mehr jung aus ◆-farbe, Auto-, Klar-, Matt-

Lack·af·fe der <-n, -n> (abwert.) ein Mann, der sich übertrieben elegant oder modisch kleidet und sehr arrogant ist

La·ckel der <-s, -> (abwert.) SÜDD., ÖSTERR. (≈ Tölpel, Trottel) jmd., der alles falsch macht

la·ckie·ren I. mit OBJ ■ **jmd. lackiert etwas** etwas mit Lack bestreichen: die Tür frisch lackieren; Wir haben den Stuhl neu lackiert. II. ohne OBJ ■ **jmd. lackiert** Nach dem Vorstreichen können wir lackieren.

Lack·le·der das <-s, -> ein Leder, das sehr stark glänzt: Sie trägt einen Gürtel aus Lackleder.

Lack·mus der/das/der <-> /kein Plur./ CHEM. ein Farbstoff, der verwendet wird, um Säuren oder Basen nachzuweisen

Lack·mus·pa·pier das <-(e)s, -e> mit Lackmus getränkte(r) Papierstreifen

Lack·schuh der <-(e)s, -e> ein Schuh aus Lackleder

La·de die <-, -n> ❶ SÜDD. kurz für „Schublade" ❷ SÜDD. oder veralt.) eine Truhe oder Kiste aus Holz, die einen Deckel hat, und in der man etwas aufbewahren kann: die Wäsche in einer Lade aufbewahren

La·de·ge·rät das <-(e)s, -e> ein Gerät, das an einer Steckdose angeschlossen wird, und mit dem man z. B. den Akku eines Handys aufladen kann

La·de·hem·mung die <-, -en> bei Schusswaffen die Situation, dass die Munition falsch eingelegt wurde und deshalb nicht abgefeuert werden kann; ■ **jemand hat eine Ladehemmung** (umg.) jmd. versteht in einem Moment etwas nicht sofort

La·de·kai der <-s, -s> in einem Hafen die Kai, an dem Schiffe Lasten aufnehmen

Lad·e·ka·pa·zi·tät die <-, -en> die Menge der Lasten, die ein Fahrzeug aufnehmen kann

La·de·kon·t·rol·leuch·te die <-, -n> im Ladegerät ein Licht, das anzeigt, ob der Vorgang des Ladens noch verläuft oder schon abgeschlossen ist

La·de·kran der <-(e)s, -e> ein Kran, der zum Beladen von Fahrzeugen, vor allem von Schiffen, eingesetzt wird

La·de·lis·te die <-, -n> eine Liste, auf der die von einem Fahrzeug oder Schiff aufgenommene Ladung verzeichnet ist

La·den der <-s, Läden> ❶ (≈ Geschäft) ein Raum oder ein ganzes Haus, wo Waren angeboten werden, die man kaufen kann: Der Laden an der Straßenecke hat die ganze Woche geöffnet.; In diesem Laden wird man freundlich bedient.; ein teurer Laden ◆-besitzer(in), -dieb(in), -diebstahl, -fläche, -geschäft, -miete, -öffnungszeit, -preis,

-schild, -schlussgesetz, -schlusszeit, Buch-, Gemü-
se-, Lebensmittel-, Schreibwaren-, Tabak-, Tee-
② (≈ *Fensterladen, Rollladen*) *eine Art Schutz vor
einem Fenster oder einer Tür, der sich aufklappen oder herunterrollen lässt;* ■ **Tante-Emma-
Laden** *(scherzh.) ein kleiner Laden*[1]*, der meistens in einem Wohngebiet oder in einem Dorf
steht, und in dem man fast alles kaufen kann;*
■ **den Laden schmeißen** *(umg.) durch gute Organisation dafür sorgen, dass ein Geschäft oder
ein Unternehmen problemlos läuft* Nach dem
Tod ihres Mannes schmeißt sie den Laden ganz
allein.; ■ **der Laden läuft** *(umg.) ein Unternehmen oder Geschäft funktioniert problemlos;*
■ **den Laden hinschmeißen** *(umg.) eine Tätigkeit beenden, weil man frustriert oder verärgert
ist und keine Lust mehr hat;* ■ **So wie ich den
Laden hier kenne …** *(umg.) verwendet, um
auszudrücken, dass man bestimmte (oft negative)
Verhältnisse an einem Ort sehr gut kennt* So wie
ich den Laden hier kenne, dauert es mindestens
noch eine Stunde, bis ich endlich an der Reihe
bin.
la·den¹ <lädst, lud, hat geladen> *mit OBJ* ■ **jmd.
lädt jmdn. zu etwas** *Dat.* **①** *(geh.) jmdn. als Gast
einladen:* Der Bundespräsident lädt die Botschafter
zum Neujahrsempfang.; Zum Konzert erschienen
nur geladene Gäste. **②** RECHTSW. *(≈ vorladen)
jmdm. befehlen, dass er vor Gericht erscheint:*
Der Staatsanwalt lädt ihn als Zeugen zur Verhandlung.
la·den² <lädst, lud, hat geladen> *mit OBJ* ■ **jmd.
lädt etwas (mit etwas** *Dat.***)** **①** *Munition in eine
Waffe tun:* die Pistole mit scharfer Munition laden
② *einen Akku an die Stromversorgung anschließen, damit er wieder voll wird:* Nach vier Stunden
ist der Akku leer und man muss ihn wieder laden.
la·den³ <lädst, lud, hat geladen> *mit OBJ* **①** ■ **etwas lädt etwas** *etwas wird mit etwas gefüllt und
transportiert es:* Der Tanker lädt Rohöl und bringt
es in die USA.; Das Flugzeug kann nur eine begrenzte Menge Gepäck laden. **②** ■ **jmd. lädt etwas (mit etwas** *Dat.***)** *(≈ beladen) Sachen in ein
Fahrzeug bringen, um sie zu transportieren:* Sie
haben den Lastwagen mit Steinen geladen.
③ ■ **jmd. lädt etwas irgendwohin** *(≈ einladen)
etwas in ein Fahrzeug bringen, um es zu transportieren:* Für den Umzug hat er die Kisten in sein
kleines Auto geladen. **④** ■ **jmd./etwas lädt etwas** EDV *(↔ speichern) eine Daten- oder Pro-
grammdatei in den Arbeitsspeicher des Computers übertragen, um sie auszuführen:* Entpacken
Sie die Datei und laden Sie das Programm von ihrer
Festplatte.
La·den·hü·ter *der* <-s, -> *(abwert.) eine Ware, die
sich schlecht verkaufen lässt und deshalb lange im
Geschäft liegen bleibt:* In diesem milden Winter
sind Wollmützen richtige Ladenhüter.
La·den·ket·te *die* <-, -n> *ein Unternehmen, das
viele Geschäfte mit dem gleichen Namen hat*
La·den·tisch *der* <-(e)s, -e> *ein Tisch in einem
Geschäft, hinter dem der Verkäufer oder die Ver-
käuferin steht;* ■ **etwas unterm Ladentisch ver-
kaufen** *(umg.) knappe oder verbotene Waren*

heimlich verkaufen; ■ **etwas geht über den La-
dentisch** *etwas wird verkauft*
La·den·toch·ter *die* <-, Ladentöchter> SCHWEIZ.
Verkäuferin
La·de·ram·pe *die* <-, -n> *eine Art Plattform, von
der aus ein Fahrzeug mit Lasten be- oder entladen
wird:* Sie müssen den Lastwagen rückwärts an die
Laderampe heranfahren.
La·de·raum *der* <-(e)s, Laderäume> *der Platz in
einem Fahrzeug oder einem Schiff, der für die Ladung zur Verfügung steht:* der Laderaum eines
Schiffes/eines Lastwagens
La·de·schein *der* <-(e)s, -e> *ein Dokument, auf
dem die Art und Menge der Ladung in einem
Fahrzeug steht*
La·de·stel·le *die* <-, -n> *der Ort, an dem eine Ladung aufgenommen wird*
lä·die·ren *mit OBJ* ■ **jmd./etwas lädiert jmdn./
etwas** *(geh.)* **①** *beschädigen:* Der Tisch ist ziemlich lädiert, er hat lauter Kratzer. **②** *leicht verletzen:* nach einem Sturz lädierte Arme haben
La·dung¹ *die* <-, -en> *amtliche Aufforderung, vor
Gericht oder bei einer Behörde zu erscheinen:* Er
bekam eine amtliche Ladung zugestellt.
La·dung² *die* <-, -en> **①** *die Sachen, die von einem Fahrzeug transportiert werden:* Der Lastwagen hat auf der Straße Ladung verloren. **②** *(umg.)
eine größere Menge:* Sie brachte eine ganze Ladung Kataloge mit.; Aus dem Fenster kippte jemand eine Ladung Wasser.
La·dung³ *die* <-, -en> **①** PHYS. *die Menge der Elektrizität, die sich auf einem Körper befindet:* positi-
ve/negative Ladung **②** MILIT. *die Munition, die sich
in einer Waffe befindet* **③** *eine bestimmte Menge
Sprengstoff*
La·dy *die* ['leɪdi] <-, -s> *aus dem Englischen kommende Bezeichnung für eine vornehme Dame, vor
allem vor englischen Namen:* Lady Mary Jane;
sich wie eine Lady benehmen; ■ **First Lady** *Bezeichnung für die Frau eines Staatspräsidenten*
la·dy·like ['leɪdilaɪk] *adj /nicht steig./ /nicht
attr./ so, dass sich eine Frau wie eine vornehme
Dame verhält:* Sie benimmt sich wirklich ladylike.
lag *Prät. von* **liegen**
La·ge *die* <-, -n> **①** *(≈ Situation) die äußeren Umstände, in denen sich jmd. befindet:* sich in einer
schwierigen Lage befinden; sich in die Lage des
Kollegen versetzen; jemandem aus einer schwierigen Lage helfen ◆ Finanz-, Not- **②** *(≈ Position) die
Anordnung von jmdm. oder etwas in Bezug auf
den ihn/es umgebenden Raum:* in waagerechter/
senkrechter Lage; seine Lage im Bett verändern;
die Lage des Embryos im Mutterleib ◆ Schief-,
Schräg- **③** *ein Ort in Bezug auf die geografische
Umgebung:* ein Haus in ruhiger/sonniger/ver-
kehrsgünstiger Lage **④** *Schicht:* eine Dämmung,
die aus mehreren Lagen Filz besteht **⑤** *(umg.) Getränke, die man in einem Lokal für die Anwesenden bestellt:* eine Lage Bier ausgeben; ■ **die Lage
peilen** *(umg.) vorsichtig erkunden, wie die Situation ist;* ■ **in der Lage sein, etwas zu tun** *fähig
sein, etwas zu tun;* ■ **Ich bin in der glücklichen
Lage, …** ich freue mich, … Ich bin in der glücklichen Lagen, Ihnen die Verlobung meiner Tochter

mitteilen zu dürfen.; ■ **Herr der Lage sein** *eine Situation unter Kontrolle haben* In dem Chaos war er nicht mehr Herr der Lage.

La·ge·be·richt *der* <-(e)s, -e> *ein Bericht, der eine bestimmte Situation beschreibt:* ein militärischer Lagebericht; ein wirtschaftlicher Lagebericht

La·gen *Plur.* SPORT *eine Disziplin bei Schwimmwettkämpfen, bei der die Schwimmer eine bestimmte Strecke in wechselnden Schwimmstilen zurücklegen*

La·ge·plan *der* <-(e)s, Lagepläne> *ein Plan, der beschreibt, wie eine bestimmte Situation oder ein Ort beschaffen ist*

La·ger *das* <-s, -> ❶ *ein Platz mit Zelten oder Hütten, auf dem vorübergehend Menschen untergebracht werden:* Die Truppen schlugen ihr Lager am Fluss auf.; Für die Flüchtlinge wurde ein Lager errichtet.; Die Gefangenen wurden in ein Lager gebracht. ◆ Arbeits-, Ferien-, Flüchtlings-, Gefangenen- ❷ *(veralt.) Schlafgelegenheit:* Sie bereiteten sich ein Lager aus Stroh.; ■ **ans Lager gefesselt sein** *(geh.) krank sein und nicht aufstehen können* ❸ *Personen oder Staaten, die eine gemeinsame politische oder ideologische Meinung haben:* Bei dem Thema „präventive Kriegsführung" spaltete sich die Partei in zwei Lager.; die Parteien des konservativen Lagers; ins Lager des Gegners überwechseln ❹ *ein Raum oder eine Halle, in dem oder in der man Waren abstellt, die im Augenblick nicht gebraucht werden:* Die Firma hatte keine Ersatzteile mehr am Lager.; sich ein Lager anlegen; ■ **etwas auf Lager haben** *(umg.) etwas sofort erzählen oder sagen können* Er hatte ständig neue Witze auf Lager. ◆ -arbeiter, -bestand, -haus, -kosten, -raum, -zeit, Getränke-, Waffen-, Waren- ❺ GEOGR. *der Ort, an dem sich eine Schicht Metalle oder Kohle im Felsen befinden:* Nach langer Suche fanden sie ein ergiebiges Lager Erze.; in einem Kohlerevier ein neues Lager erschließen ❻ TECHN. *ein Maschinenteil, das andere Teile, die sich drehen oder schwingen, trägt oder führt:* Das Lager für die Radachse muss regelmäßig geschmiert werden.

La·ger·bier *das* <-s, -e> *ein untergäriges Bier*

la·ger·fä·hig *adj so, dass etwas längere Zeit aufbewahrt werden kann:* ein lagerfähiger Wein

La·ger·feu·er *das* <-s, -> *ein Feuer, das im Freien gemacht wird und an dem man Essen bereiten kann oder an dem man sich wärmt:* Nach der Wanderung machten sie am Abend ein Lagerfeuer.

La·ger·ge·bühr *die* <-, -en> *das Geld, das man für die Aufbewahrung von Sachen oder Waren in einem Lager⁴ zahlen muss:* Ab dem zehnten Tag ist eine Lagergebühr zu zahlen.

La·ger·hal·tung *die* <-> /kein Plur./ *die Aufbewahrung und Verwaltung von Waren*

La·ge·rist *der;* **La·ge·ris·tin** *die* <-en, -en> *Person, die beruflich in einem Lager⁴ arbeitet*

La·ger·lei·ter *der;* **La·ger·lei·te·rin** *die* <-s, -> *Person, die ein Lager¹ leitet, in dem Menschen zeitweilig untergebracht sind:* der Lagerleiter eines Ferienlagers

la·gern <lagerst, lagerte, hat gelagert> I. *mit OBJ* ❶ ■ **jmd. lagert etwas** *etwas so aufbewah-*

ren, *dass man es später gebrauchen kann:* Früher lagerte man noch das Gemüse im Keller.; etwas kühl und trocken lagern ❷ ■ **jmd. lagert jmdn./ etwas irgendwie** *jmdn. oder etwas in eine bestimmte Position legen:* den Patienten bequem lagern II. *ohne OBJ* ■ **jmd./etwas lagert irgendwo** ❶ *für einige Zeit an einer Stelle im Freien bleiben, um sich auszuruhen:* Die Truppen lagerten am Fluss. ❷ *irgendwo aufbewahrt sein, um später gebraucht zu werden:* Die Butter lagert im Kühlhaus.; Der Wein muss noch einige Zeit lagern. ❸ GEOGR. *im Boden vorkommen:* In diesem Gebiet lagern Eisenerze. III. *mit SICH* ■ **jmd. lagert sich irgendwo** *(geh.) sich für einige Zeit im Freien niederlassen, um eine Pause zu machen:* Die müden Wanderer lagerten im Schatten.; ■ **etwas ist irgendwie gelagert** *(geh.) etwas ist irgendwie beschaffen* Unser Fall ist ähnlich gelagert wie deiner.

La·ger·platz *der* <-es, Lagerplätze> *ein Platz, an dem ein Lager¹ errichtet wird:* Im Wald gab es einen großen Lagerplatz.

La·ger·statt *die* <-, Lagerstätten> *(geh.) das Lager², das Bett*

La·ger·stät·te *die* <-, -n> BERGB. *(≈ Fundort) der Ort, an dem Metalle oder Kohle im Gestein gefunden werden*

La·ge·rung *die* <-, -en> *der Zustand, dass etwas (irgendwo) gelagert wird:* Die Lagerung der Vorräte im Haus bereitet ihm einige Probleme.

La·ger·ver·wal·ter *der;* **La·ger·ver·wal·te·rin** *die* <-s, -> *eine Person, die beruflich ein Lager⁴ verwaltet*

La·gu·ne *die* <-, -n> *eine Art See, der vom offenen Meer nur durch einen schmalen Landstreifen oder durch Riffe abgetrennt ist*

lahm *adj* ❶ /nicht steig./ *so, dass man einen Körperteil nicht mehr bewegen kann:* Durch einen Unfall bekam er ein lahmes Bein. ❷ *(umg.) so, dass ein Körperteil ganz müde und ohne Kraft ist:* Vom vielen Tragen bekomme ich noch einen lahmen Arm! ❸ *(umg. abwert.: ≈ langweilig) so, dass etwas nicht überzeugend oder langweilig ist:* Das ist aber eine lahme Entschuldigung.; Was für ein lahmes Fußballspiel!; ■ **eine lahme Ente** *(umg. abwert.) eine Person, die langsam und für nichts zu begeistern ist*

Lahm·arsch *der* <-es, Lahmärsche> *(vulg.) jmd., der langsam und für nichts zu begeistern ist*

lahm·ar·schig *adj (vulg.) so, dass eine Person langsam und langweilig ist*

lah·men *ohne OBJ* ■ **ein Tier lahmt** *ein Tier ist auf einem Bein lahm¹:* Das Pferd lahmte auf dem rechten Hinterbein.

läh·men *mit OBJ* ■ **etwas lähmt jmdn.** ❶ *bewirken, dass jmd. den Körper oder einen Körperteil nicht mehr bewegen kann:* Das Gift lähmt die Muskulatur.; Seit dem Schlaganfall ist er linksseitig gelähmt.; Er war wie gelähmt vor Angst. ❷ *bewirken, dass jmd. oder etwas ohne Antrieb ist oder nicht mehr funktioniert:* Die politische Krise lähmt die wirtschaftliche Entwicklung.

lahm·le·gen <legst lahm, legte lahm, hat lahmgelegt> *mit OBJ* ■ **jmd./etwas legt etwas** *Akk.*

lahm *jmd. oder etwas bewirkt, dass etwas aufhört zu funktionieren:* Durch seinen groben Fehler hatte er die ganze Produktion lahm gelegt.; Der Computervirus legte zahlreiche Netze lahm.

Läh·mung *die* <-, -en> ❶ *der Zustand, in dem man sich oder einen Körperteil nicht mehr bewegen kann:* Die Lähmung griff allmählich auf die anderen Körperteile über. ❷ *der Zustand, in dem ein System zum Stillstand gekommen ist:* Die Krise führte zur Lähmung der Wirtschaft.

Laib *der* <-(e)s, -e> *Brot oder Käse, die eine runde Form haben und noch nicht angeschnitten sind:* eine Scheibe vom Laib Brot schneiden

Lai·bach <-s> *der deutsche Name für Ljubljana, die Hauptstadt Sloweniens*

Laib·chen *das* <-s, -> ÖSTERR. *eine Art Brötchen*

Lai·bung, *a.* **Lei·bung** *die* <-, -en> BAUW. *die innere Fläche bei Mauerwölbungen und Gewölben*

Laich *der* <-(e)s, -e> ZOOL. *Eier, die im Wasser von Fröschen oder Fischen zur Befruchtung abgelegt worden sind* ◆-platz, -wanderung, -zeit, Fisch-, Frosch-

lai·chen *ohne OBJ* ▪ *ein Fisch/Frosch laicht* ZOOL. *ein Fisch oder Frosch legt Eier ins Wasser*

Laie *der* <-n, -n> ❶ *eine Person, die auf einem bestimmten Gebiet unerfahren ist und keine Kenntnisse hat:* Er war in Fragen der EDV-Technik ein absoluter Laie. ❷ REL. *jmd., der nicht ein geweihter Geistlicher ist:* Es wird gefordert, den Laien in der Kirche mehr Mitspracherechte einzuräumen. ◆-nprediger

Lai·en·dar·stel·ler *der*, **Lai·en·dar·stel·le·rin** <-s, -> *jmd., der in einem Theaterstück oder Film mitspielt, aber kein ausgebildeter Schauspieler ist*

lai·en·haft *adj (abwert.) so, dass etwas nicht professionell ist:* laienhaft ausgeführte Reparaturen

Lai·en·spiel *das* <-(e)s, -e> *ein Theaterstück, das mit Laiendarstellern aufgeführt wird*

La·i·zis·mus *der* <-> /kein Plur./ POL. *eine Weltanschauung, die eine strikte Trennung von Staat und Kirche fordert*

la·i·zis·tisch *adj* POL. *in der Art des Laizismus*

La·kai *der*, **La·kai·in** <-en, -en> ❶ GESCH. *ein Diener, der eine Uniform trägt* ❷ *(abwert.) Person, die von jmdm. ausgenutzt wird, unangenehme Aufgaben zu erledigen:* Unangenehme Dinge erledigt er nicht selbst, dafür hat er seine Lakaien.

La·ke *die* <-, -n> *eine Flüssigkeit, die sehr salzig ist und in der man Lebensmittel konservieren kann:* Gurken mehrere Tage in eine Lake einlegen; in der Lake gereifter Schafskäse ◆ Salz-

La·ken *das* <-s, -> Betttuch: das Laken glatt ziehen ◆ Bett-, Spann-

la·ko·nisch *adj (geh.) so, dass eine Äußerung betont knapp ist:* Sie gab nur eine lakonische Antwort.

La·k·rit·ze *die* <-, -n> ❶ *eine aus dem Saft des Süßholzes gewonnene schwarze Masse, die süß ist und die man essen kann* ❷ *ein Stück Lakritze [1]*

Lak·to·ve·ge·ta·ris·mus *der* <-> /kein Plur./ *eine Art der Ernährung, bei der man neben rein pflanzlichen Produkten auch Milchprodukte isst* ▸ Laktovegetarier, Laktovegetarierin

la·la ▪ **so lala** *(umg.) verwendet, um auszudrü-

cken, dass etwas oder der eigene Zustand nicht gut, aber auch nicht schlecht ist* Der Film war so lala.; Wie geht's? – So lala.

lal·len I. *mit OBJ* ▪ *jmd. lallt etwas unverständliche Laute von sich geben:* Der Betrunkene konnte nur noch Unverständliches lallen. **II.** *ohne OBJ* ▪ *jmd. lallt* Der Betrunkene/das Baby lallt.

La·ma[1] *das* <-s, -s> ZOOL. *eine Art Kamel ohne Höcker, das in Südamerika lebt und das zur eigenen Verteidigung spuckt*

La·ma[2] *der* <-(s), -s> REL. *ein buddhistischer Priester oder Mönch in Tibet und der Mongolei* ◆ Dalai-Lama, Taschi-Lama

La·ma·is·mus *der* <-> /kein Plur./ REL. *eine Form des Buddhismus vor allem in Tibet, die von lokalen Glaubensvorstellungen beeinflusst ist*

Lam·ba·da *der/die* <-(s), -s> *ein populärer Tanz aus Brasilien*

Lamb·da-Son·de *die* <-, -n> KFZ *eine Vorrichtung im Abgaskatalysator, die den Gehalt des Sauerstoffs im Abgasstrom misst*

Lamb·da·zis·mus *der* <-> /kein Plur./ *die fehlerhafte Aussprache des Buchstaben „R" als „L"*

Lam·b·rus·co *der* <-> /kein Plur./ *ein italienischer Rotwein, der süß ist und leicht schäumt*

La·mel·le *die* <-, -n> ❶ BOT. *eines der kleinen Blätter an der Unterseite eines Pilzhutes* ❷ *eine schmale, dünne Platte, die mit anderen gleichartigen Platten verbunden ist:* eine Lamelle der Jalousie ❸ TECHN. *einzelne Rippe eines Heizkörpers*

la·men·tie·ren *ohne OBJ* ▪ *jmd. lamentiert (über etwas* Akk.) *(umg. abwert.: ≈ jammern) klagen:* Lamentiere nicht, tu etwas!; Er lamentiert schon wieder über seine Arbeit.

La·men·to *das* <-s, -s/Lamenti> ❶ /Plur. nur -s/ *(umg. abwert.) lautes Gejammer:* Mach nicht so ein Lamento! ❷ MUS. *Musikstück von schmerzlich-leidenschaftlichem Charakter*

La·met·ta *das* <-s> /kein Plur./ ❶ *viele Streifen aus Metall, die sehr dünn und lang sind und als Schmuck für den Weihnachtsbaum benutzt werden* ❷ *(umg. abwert. iron.) Orden, die jmd. trägt:* Die Generäle hatten die Brust voller Lametta.

La·mi·nat *das* <-(s)s, -e> *ein Kunststoffbelag, der aussieht wie Holz, und der auf Fußböden verlegt wird*

la·mi·nie·ren *mit OBJ* ▪ *jmd. laminiert etwas* TECHN. *etwas mit einer Schicht überziehen, um es zu schützen:* ein Bucheinband aus laminiertem Karton

Lamm *das* <-(e)s, Lämmer> ❶ ZOOL. *das Junge von einem Schaf oder einer Ziege* ❷ *(umg. übertr.) jmd., der viel Geduld hat und nie etwas Böses tut:* Sie ist ein richtiges Lamm! ❸ *das Fell eines Lamms [1]:* eine Jacke aus Lamm ◆-felljacke ❹ *das Fleisch des Lamms [1]* ◆-braten, -fleisch, -keule, -kotelett ❺ ▪ *das Lamm Gottes* REL. *(≈ Agnus Dei) verwendet als Bezeichnung für Jesus Christus*

lam·men *ohne OBJ* ▪ *ein Schaf lammt* ein Lamm gebären

Lamm·fell *das* <-(e)s, -e> *das Fell des Lamms [1]*

Lam·pe *die* <-, -n> ❶ *ein Gerät, das elektrisches Licht erzeugt* ◆ Decken-, Halogen-, Lese-, Schreibtisch-, Steh-, Taschen-, Tisch- ❷ *innerhalb einer*

Lampe[1] *das Teil, das Licht erzeugt:* Neonröhren und Glühbirnen sind Lampen. ◆ Glüh-, Halogen-, Neon-

Lam·pen·fie·ber *das* <-s> */kein Plur./ die starke Nervosität, die jmd. spürt, bevor er öffentlich auftritt:* Kurz vor seinem Auftritt hatte der Sänger Lampenfieber.

Lam·pen·schirm *der* <-(e)s, -e> *ein Gegenstand aus Stoff oder Metall o. Ä., der auf eine Lampe*[2] *gesetzt wird, um zu vermeiden, dass man vom Licht geblendet wird*

Lam·pi·on *der* [lamˈpjɔŋ/lamˈpjõːn] <-s, -s> *eine Laterne aus Papier*

LAN *das* <-s, -s> EDV *Abkürzung von „Local Area Network":Bezeichnung für das System von vernetzten Computern in einem begrenzten Raum*

lan·cie·ren [lãˈsiːrən] <lancierst, lancierte, hat lanciert> *mit OBJ* ■ *jmd./etwas lanciert etwas (geh.) etwas gezielt in der Öffentlichkeit verbreiten:* Die Zeitung hatte den Skandal bewusst lanciert.

Land[1] *das* <-(e)s, Länder> ❶ *ein Gebiet, das vorwiegend benutzt wird, um Pflanzen anzubauen:* fruchtbares Land; das Land bearbeiten; auf dem Land arbeiten ▸ Acker-, Gras-, Weide- ❷ *(≈ Festland ↔ Wasser) auf der Erde der Teil, der nicht mit Wasser bedeckt ist:* Nach der Überfahrt waren sie froh, wieder Land zu betreten.; sich an Land retten können; Land in Sicht! ❸ *das Gebiet, das sich außerhalb der Städte befindet:* auf dem Land wohnen; Urlaub auf dem Land machen; auf das flache Land hinausfahren; ■ *etwas an Land ziehen (umg.) etwas bekommen, wegen dem man lange verhandelt hat* Erst nach drei Wochen konnte sie den Auftrag an Land ziehen.; ■ *kein Land mehr sehen (umg.) nicht mehr wissen, wie es weitergeht;* ■ *(wieder) Land sehen (umg.) einen Ausweg sehen, neuen Mut finden;* ■ *die Jahre ziehen/gehen ins Land (geh.) die Jahre vergehen;* ■ *Land unter melden melden, dass ein Gebiet am Meer vom Wasser überschwemmt worden ist*

Land[2] *das* <-(e)s, Länder> ❶ *(≈ Staat) ein Gebiet, das eine eigene Regierung hat und politisch unabhängig ist:* die europäischen Länder; benachbarte Länder; die Länder südlich des Äquators ❷ *(≈ Bundesland) in Deutschland und Österreich das Gebiet innerhalb des Staates, das eine eigene Regierung und Verfassung hat:* das Land Thüringen; Österreich besteht aus neun Ländern.; ■ *das Land der aufgehenden Sonne Japan;* ■ *das Land der unbegrenzten Möglichkeiten die USA;* ■ *das Heilige Land der Teil Palästinas, der in der Bibel beschrieben ist;* ■ *wieder im Lande sein (umg.) wieder zu Hause sein;* ■ *andere Länder, andere Sitten verwendet, um eine Situation im Ausland zu kommentieren, die aus der eigenen Sicht ungewöhnlich ist;* ■ *aus aller Herren Länder aus der ganzen Welt* Die Teilnehmer am Sprachkurs kamen aus aller Herren Länder. ◆ Getrennt- oder Zusammenschreibung →R 4.3 Hier zu Lande/hierzulande gibt es genug zu essen.; Dort zu Lande/dortzulande gibt es große Probleme.

Land·adel *der* <-s> */kein Plur./* GESCH. *auf dem Land lebende Adlige, die Grundbesitz haben*

Land·ar·bei·ter *der,* **Land·ar·bei·te·rin** *die* <-s, -> *jmd., der in der Landwirtschaft arbeitet und selbst kein Land besitzt:* auf einer Farm als Landarbeiter beschäftigt sein

Lan·dau·er *der* <-s, -> *eine Kutsche mit vier Sitzen*

land·auf ■ **landauf, landab** *(geh.) überall*

Land·be·sitz *der* <-es> */kein Plur./ das Land*[1]*, das jmdm. gehört*

Land·be·sit·zer *der,* **Land·be·sit·ze·rin** *die* <-s, -> *jmd., dem Land*[1] *gehört*

Land·be·völ·ke·rung *die* <-> */kein Plur./ die Menschen, die außerhalb der großen Städte leben und dort auch arbeiten*

Land·brü·cke *die* <-, -n> *eine schmale natürliche Verbindung zwischen zwei großen Landmassen*

Lan·de·an·flug *der* <-(e)s, Landeanflüge> *der Vorgang, dass ein Flugzeug sich dem Boden nähert, um zu landen:* Der Airbus befindet sich im Landeanflug.

Lan·de·bahn *die* <-, -en> *auf einem Flugplatz eine Piste oder Bahn, auf der Flugzeuge landen*

Lan·de·be·feu·e·rung *die* <-, -en> *auf einem Flugplatz die Lichter, die die Landebahn ausleuchten, damit Flugzeuge sicher landen können*

Lan·de·be·reich *der* <-(e)s, -e> *das Gebiet, in dem Flugzeuge landen können*

Lan·de·brems·schirm *der* <-(e)s, -e> *eine Art Schirm, der sich am hinteren Teil eines Flugzeuges oder eines Shuttles automatisch beim Landen öffnet und als Bremse dient*

Lan·de·brü·cke *die* <-, -n> *die Stelle im Hafen, an der ein Schiff anlegt und an der die Passagiere ein- und aussteigen*

Lan·de·deck *das* <-s, -s> *der Platz auf einem Flugzeugträger oder einem großen Schiff, auf dem Flugzeuge oder Hubschrauber landen und starten können*

Lan·de·er·laub·nis *die* <-, -se> *(↔ Landeverbot) Erlaubnis, die einem Piloten eines Flugzeuges erteilt wird, wenn er landen will*

Land·ei *das* <-s, Landeier> *(umg. abwert.) jmd., der auf dem Land*[3] *wohnt und nur selten in die Stadt fährt:* Schon an ihrer unmodernen Kleidung erkennt man, dass sie ein richtiges Landei ist.

land·ein·wärts *adv von der Küste aus in Richtung des Landesinneren:* Der Sturm wandert weiter landeinwärts.

Lan·de·ma·nö·ver *das* <-s, -> *die Handlung, die vom Piloten eines Flugzeuges oder eines Shuttles vor der Landung ausgeführt wird*

lan·den <landest, landete, hat/ist gelandet> **I.** *ohne OBJ (sein)* ■ *jmd./etwas landet* ❶ *nach einem Flug wieder auf festem Untergrund aufsetzen:* Das Flugzeug ist gelandet.; Der Storch landete auf dem Dach des Hauses. ❷ *vom Wasser ans Land kommen:* Nach langer Fahrt landete das Schiff wieder an der Küste Englands.; Die alliierten Truppen landeten an der französischen Atlantikküste. ❸ *(umg.) irgendwohin geraten:* Wo sind wir denn hier gelandet?; Das alte Radio landete auf dem Müll gelandet.; Er ist im Gefängnis gelandet. **II.** *mit OBJ (haben)* ■ *jmd./etwas landet etwas* ❶ *aus der Luft auf den Boden bringen:* Der Pilot landete das

L

Flugzeug sicher auf einem Feld.; Der Computer landete die Sonde auf dem Mars. ❷ *(umg.) etwas zustande bringen, Erfolg haben:* einen Treffer landen; einen Coup landen; ■ **bei jemandem (nicht) landen (können)** *(umg.) bei jmdm. (keinen) Anklang finden* Er konnte nicht bei ihr landen.

Land·en·ge *die* <-, -n> *ein schmaler Streifen Festland, der zwei Meere trennt und zwei Landmassen verbindet*

Lan·de·platz *der* <-es, Landeplätze> *eine kleine Fläche, auf der kleine Flugzeuge oder Hubschrauber landen können:* ein Landeplatz für Segelflugzeuge; Neben der Klinik liegt der Landeplatz für Rettungshubschrauber.

Län·de·rei *die* <-, -en> */meist Plur./ sehr großer Grundbesitz:* ausgedehnte Ländereien besitzen

Län·der·kampf *der* <-(e)s, Länderkämpfe> SPORT *ein sportlicher Wettkampf von Athleten verschiedener Länder*

Län·der·kun·de *die* <-> */kein Plur./* GEOGR. *ein Gebiet der Geografie, das die Staaten, Länder², Erdteile und Kulturräume darstellt und erforscht*

Län·der·spiel *das* <-(e)s, -e> SPORT *ein Spiel, bei dem zwei Nationalmannschaften gegeneinander spielen* ♦ Eishockey-, Fußball-, Handball-

Län·der·ver·gleich *der* <-s, -e> *das Verfahren, Länder² miteinander zu vergleichen:* Nach der jüngsten Untersuchung zeigen sich im Ländervergleich große Unterschiede bezüglich der Ausgaben für Bildung.

Landes·ar·beits·ge·richt *das* <-(e)s, -e> RECHTSW. *für ein Bundesland das zuständige Gericht, in dem Angelegenheiten des Arbeitsrechts verhandelt werden*

Lan·de·schlei·fe *die* <-, -n> *eine Flugbahn in Form einer Kurve, die ein Flugzeug vor der Landung beschreibt:* Vor der Landung auf dem Flughafen ging das Flugzeug in eine Landeschleife über.

Lan·des·ebe·ne ■ **auf Landesebene** *im Zuständigkeitsbereich eines Bundeslandes* In Deutschland wird die Bildungspolitik auf Landesebene entschieden.

Lan·des·far·ben <-> *Plur. die Farben auf der Flagge eines Landes:* Der Saal war festlich in den Landesfarben geschmückt.

Lan·des·gren·ze *die* <-, -n> *Grenzen eines Landes²*

Lan·des·grup·pe *die* <-, -n> POL. *die Gruppe der Abgeordneten im Parlament, die aus einem Bundesland kommen und derselben Partei angehören:* die bayrische Landesgruppe der SPD in Berlin ♦ :nchef(in)

Lan·des·haupt·mann *der*; **Lan·des·haupt·frau** <-(e)s, Landeshauptmänner> POL. ÖSTERR. *Regierungschef eines österreichischen Bundeslandes*

Lan·des·haupt·stadt *die* <-, Landeshauptstädte> *Hauptstadt eines Landes oder Bundeslandes:* Wiesbaden ist die Landeshauptstadt von Hessen.

Lan·des·haus·halt *der* <-(e)s, -e> POL., WIRTSCH. *die Einnahmen und Ausgaben eines Bundeslandes:* Der Landtag verabschiedet heute den Landeshaushalt.

Lan·des·in·ne·re *das* <-n> */kein Plur./ das Gebiet, das sich hinter den natürlichen oder politischen Grenzen eines Landes erstreckt:* Die Truppen dringen weiter ins Landesinnere vor.

Lan·des·kri·mi·nal·amt *das* <-(e)s, Landeskriminalämter> *Polizeibehörde, die für ein Bundesland zuständig ist*

Lan·des·kun·de *die* <-> */kein Plur./ die (wissenschaftliche) Beschäftigung mit Geschichte, Kultur, Geografie und Politik eines Landes* ▶ landeskundlich

Lan·des·li·ga *die* <-, Landesligen> SPORT *in bestimmten Sportarten die Spielklasse zwischen Kreisliga und Bundesliga:* in die Landesliga aufsteigen

Lan·des·par·la·ment *das* <-s, -e> *das Parlament eines Bundeslandes*

Lan·des·par·tei·tag *der* <-s, -e> POL. *eine offizielle Versammlung der Vertreter der Mitglieder einer Partei auf Landesebene*

Lan·des·po·li·tik *die* <-> */kein Plur./ die Politik eines Bundeslandes*

Lan·des·rat *der*; **Lan·des·rä·tin** <-(e)s, Landesräte> POL. ÖSTERR. *Minister eines Bundeslandes*

Lan·des·rech·nungs·hof *der* <-(e)s, -Landesrechnungshöfe> POL. *eine unabhängige Behörde, die die wirtschaftliche Haushaltsführung der gesamten Verwaltung eines Bundeslandes überwacht*

Lan·des·re·gie·rung *die* <-, -en> *die Regierung eines Bundeslandes*

Lan·des·sport·bund *der* <-(e)s, Landessportbünde> *eine Organisation auf Landesebene, die sportliche Aktivitäten organisiert und Sportkurse anbietet*

Lan·des·spra·che *die* <-, -n> *die Sprache, die vom überwiegenden Teil der Bevölkerung eines Landes gesprochen wird*

Lan·de·steg *der* <-s, -e> *Steg im Wasser, an dem kleinere Wasserfahrzeuge anlegen können*

Lan·de·stel·le *die* <-, -n> *ein Ort, an dem ein Fluggerät gelandet ist:* Die Landestelle der Sonde befand sich im Funkschatten des Planeten.

Lan·des·tracht *die* <-, -en> *traditionelle Kleidung, die für ein Land typisch ist:* Die Folkloregruppe trat in Landestracht auf.

lan·des·üb·lich *adj /nicht steig./ so, dass etwas in einem Land normal ist*

Lan·des·va·ter *der*; **Lan·des·mut·ter** <-s, Landesväter> ❶ GESCH. *Fürst(in) eines Landes* ❷ *(umg.) Regierungschef(in) oder Frau des Regierungschefs eines Landes oder Bundeslandes:* In die Rolle des Landesvaters muss sich der neue Ministerpräsident erst noch eingewöhnen.; Während ihr Mann die Regierungsgeschäfte lenkt, kümmert sich die Landesmutter meist um soziale Projekte.

Lan·des·ver·band *der* <-(e)s, Landesverbände> *Teil einer Partei oder einer Organisation in einem Bundesland:* der hessische Landesverband der Partei; der bayrische Landesverband des Deutschen Roten Kreuzes

Lan·des·ver·fas·sung *die* <-> */kein Plur./ die Verfassung eines Bundeslandes*

Lan·des·ver·rat *der* <-s> */kein Plur./* RECHTSW.

eine Straftat, die sich gegen die äußere Sicherheit oder die Machtstellung eines Staates richtet: Das Verraten von Staatsgeheimnissen ist Landesverrat und wird mit hohen Freiheitsstrafen geahndet.

Lan·des·ver·tei·di·gung *die* <-> /kein Plur./ MI-LIT. *militärische Abwehr eines äußeren Angriffs auf ein Land:* Die Bundeswehr dient ausschließlich der Landesverteidigung.

Lan·des·vor·sit·zen·de *der/die* <-n, -n> *jmd., der einen Landesverband leitet*

Lan·des·vor·stand *der* <-(e)s, Landesvorstände> *eine Gruppe von Personen, die einen Landesverband leiten*

Lan·des·wäh·rung *die* <-, -en> *die in einem Land gültige Währung:* Der Dollar ist die Landeswährung in den USA.

lan·des·weit *adj /nicht steig./ auf dem gesamten Gebiet eines Landes:* Die Polizei leitete eine landesweite Fahndung nach dem Täter ein.

Lan·des·zen·t·ral·bank *die* <-, -en> *eine Bank, die für die Geldgeschäfte eines Bundeslandes zuständig ist*

Lan·des·zen·t·ra·le *die* <-, -n> *Hauptsitz einer Organisation oder einer Institution in einem Bundesland:* die Landeszentrale des Westdeutschen Rundfunks in Köln

Lan·de·ver·bot *das* <-(e)s, -e> *die Anordnung an den Piloten eines Flugzeugs oder Hubschraubers, nicht zu landen:* Nach dem Bombenalarm auf dem Flughafen herrschte ein Landeverbot für alle Flugzeuge.

Land·fahr·zeug *das* <-(e)s, -e> (↔ Wasserfahrzeug) *ein Fahrzeug für das Land*

Land·flucht *die* <-> /kein Plur./ *der Vorgang, dass viele Menschen vom Land in die Stadt gehen, um dort Arbeit zu suchen* ▶ Landflüchtige

Land·frie·dens·bruch *der* <-(e)s> /kein Plur./ RECHTSW. *eine Straftat, die die öffentliche Sicherheit gefährdet und bei der es zu Gewalttätigkeiten aus einer Menschenmenge heraus kommt:* Nach den Ausschreitungen während der Demonstration wurden zahlreiche Personen wegen Landfriedensbruch verhaftet.

Land·gang *der* <-(e)s, Landgänge> SEEW. *eine Art kurzer Urlaub für Seeleute, während dessen sie in einem Hafen vom Schiff ans Land dürfen:* Sie hatten nur zwei Tage Landgang, dann lief das Schiff wieder aus.

Land·ge·mein·de *die* <-, -n> *ein kleiner Ort auf dem Lande*

Land·ge·richt *das* <-(e)s, -e> ❶ *Gericht, das dem Amtsgericht übergeordnet ist und das für Zivil- und Strafsachen zuständig ist* ❷ *das Gebäude, in dem sich das Landgericht¹ befindet*

land·ge·stützt *adj /nicht steig./* MILIT. *so, dass Raketen vom Land abgefeuert werden können:* landgestützte Interkontinentalraketen

Land·gut *das* <-(e)s, Landgüter> *ein großes Haus auf dem Land, zu dem Stallungen, Wirtschaftsgebäude und ein großes Grundstück gehören*

Land·haus *das* <-es, Landhäuser> *eine Art Villa, die so gebaut ist, dass sie gut in ihre ländliche Umgebung passt*

Land·jä·ger *der* <-s, -> *eine schmale, harte, kurze*

Wurst, die getrocknet ist und einen sehr würzigen Geschmack hat

Land·ju·gend *die* <-> /kein Plur./ ❶ *Organisation der Jugend, die auf dem Land wohnt und deren Eltern vorwiegend in der Landwirtschaft beschäftigt sind:* die evangelische Landjugend ❷ *die Menschen, die außerhalb der Städte auf dem Land leben und die ungefähr zwischen 15 und 30 Jahre alt sind*

Land·kar·te *die* <-, -n> *eine Karte, auf der ein Land² oder ein großes Gebiet verkleinert dargestellt ist:* Auf dieser Landkarte sind sogar alle kleinen Wege aufgeführt.

Land·kreis *der* <-es, -e> *eine öffentlich-rechtliche Verwaltungseinheit, in der mehrere einzelne Gemeinden zusammengefasst sind und die die Aufgaben übernimmt, die für die Gemeinden eines Kreises zu groß sind, wie z. B. der Bau von Kreiskrankenhäusern*

land·läu·fig *adj /nur attr./ (≈ üblich) so, wie es allgemein als normal angesehen wird:* Sie bilden keine Familie im landläufigen Sinne, sondern eine freie Lebensgemeinschaft.; nach landläufiger Meinung

Land·le·ben *das* <-s> /kein Plur./ (↔ Stadtleben) *das Leben auf dem Land:* in den Ferien das Landleben genießen

Länd·ler *der* <-s, -> ÖSTERR. *österreichischer Volkstanz*

länd·lich *adj* ❶ *städtisch) zum Land gehörend:* ländliche Gemeinden ❷ *(≈ bäuerlich) so, wie es auf dem Dorf oder auf dem Land üblich ist:* ländliche Sitten und Gebräuche; Die Küche bietet typisch ländliche Gerichte.

Land·mann *der* <-(e)s, Landmänner> *(veralt.)* Bauer

Land·ma·schi·ne *die* <-, -n> *eine Maschine, die für die Landwirtschaft gebraucht wird:* Traktoren und Mähdrescher gehören zu den Landmaschinen.

Land·mi·ne *die* <-, -n> MILIT. *ein Sprengkörper, der im Erdboden versteckt wird und der explodiert, wenn ihn jmd. berührt:* Landminen fordern noch lange nach einem Krieg das Leben vieler Unschuldiger.

Land·pla·ge *die* <-, -n> *(abwert.) Personen, Tiere oder Dinge, die in sehr großer Zahl oder Menge auftreten und sehr stören oder großen Schaden anrichten:* Die Wühlmäuse sind in diesem Jahr eine wahre Landplage!

Land·rat *der*, **Land·rä·tin** <-(e)s, Landräte> *(≈ Oberkreisdirektor)* ❶ *Beamter, der einen Landkreis leitet* ❷ SCHWEIZ. *Mitglied des Parlaments eines Kantons* ❸ SCHWEIZ. *Parlament eines Kantons*

Land·rats·amt *das* <-(e)s, Landratsämter> AMTSSPR. ❶ *Behörde, die einen Landkreis verwaltet* ❷ *das Gebäude, in dem sich das Landratsamt¹ befindet*

Land·rat·te *die* <-, -n> NORDDT. *(scherzh. oder abwert.) Person, die noch nie zur See gefahren ist*

Land·re·gen *der* <-s> /kein Plur./ (↔ Platzregen) *lange anhaltender, gleichmäßiger Regen*

Land·ro·ver® *der* ['lændrovə] <-s, -> *ein Geländewagen*

Land·schaft *die* <-, -en> ❶ *ein Teil eines Landes, das bestimmte Eigenschaften und Merkmale hat:* Die Landschaft bestand nur aus Hügeln und Feldern.; *eine* gebirgige/hügelige Landschaft; Die Landschaft ist vom Kohlebergbau geprägt. ❷ KUNST *ein gemaltes Bild einer Landschaft[1]:* Eine romantische Landschaft hing über dem alten Sofa.

land·schaft·lich *adj* /nicht steig./ /nur attr./ ❶ *die Landschaft[1] betreffend:* die landschaftliche Schönheit der Alpen ❷ SPRACHWISS. *(≈ regional) so, wie in einer bestimmten Region gesprochen wird:* „Semmel" und „Schrippe" sind landschaftliche Bezeichnungen für „Brötchen".

Land·schafts·gärt·ner *der,* **Land·schafts·gärt·nerin** <-s, -> *jmd., der sich beruflich mit der Gestaltung von öffentlichen Gärten und Grünanlagen befasst*

Land·schafts·pfle·ge *die* <-> /kein Plur./ AMTSSPR. *alle öffentlichen Maßnahmen, die dazu dienen, eine Landschaft[1] mit ihren speziellen Eigenheiten zu erhalten und zu pflegen*

Land·schafts·schutz·ge·biet *das* <-(e)s, -e> AMTSSPR. *Gebiet, dessen Landschaft[1] unter besonderem Schutz steht*

Land·schul·heim *das* <-(e)s, -e> *ein Heim, in dem sich Schulklassen für eine bestimmte Zeit zum Lernen und zur Erholung aufhalten*

Lands·knecht *der* <-s, -e> GESCH. *eine Art Soldat, der für den Herrscher kämpft, von dem er bezahlt wird, und der zu den Fußtruppen gehört*

Lands·mann *der,* **Lands·män·nin** <-(e)s, Landsleute> *Person, die aus dem selben Land kommt wie eine andere:* Er war froh, im Ausland einen Landsmann gefunden zu haben.; „Liebe Landsleute!", begann er seine Ansprache.

Lands·mann·schaft *die* <-, -en> *in der Bundesrepublik Deutschland: Zusammenschluss von Menschen, die im oder direkt nach dem 2. Weltkrieg ehemalige deutsche Gebiete im Osten verlassen mussten:* die schlesische Landsmannschaft

Land·stra·ße *die* <-, -n> *eine Straße, die kleine Ortschaften verbindet:* Nach dem Ende der Autobahn müssen Sie auf der Landstraße weiterfahren.

Land·strei·cher *der,* **Land·strei·che·rin** <-s, -> *(abwert.) Person, die keinen festen Wohnsitz hat und ohne festes Ziel von einem Ort zu einem anderen Ort wandert*

Land·streit·kräf·te <-> *Plur.* MILIT. *Teil des Militärs, der auf dem Land operiert*

Land·strich *der* <-(e)s, -e> *Gebiet, Teil eines Landes[1, 2]:* Der Orkan hat im Süden ganze Landstriche verwüstet.

Land·tag *der* <-(e)s, -e> *das Parlament eines Bundeslandes*

Land·tags·ab·ge·ord·ne·te *der/die* <-n, -n> *gewähltes Mitglied des Landtages*

Land·tags·frak·ti·on *die* <-, -en> POL. *Gruppe der Abgeordneten einer Partei im Landtag*

Land·tags·wahl *die* <-, -en> POL. *die Wahl zum Parlament eines Bundeslandes*

Lan·dung *die* <-, -n> ❶ *der Vorgang, dass jmd. oder etwas nach einem Flug landet:* eine weiche/ harte Landung; die Landung des Flugzeugs/Fallschirmspringers; zur Landung ansetzen ◆Bruch-,

Not- ❷ *die Ankunft auf dem Festland vom Wasser aus:* eine glückliche Landung nach stürmischer Fahrt; die Landung der alliierten Truppen an der französischen Küste

Lan·dungs·boot *das* <-(e)s, -e> MILIT. *ein Boot, das im flachen Wasser direkt die feindliche Küste anlaufen kann, um dort Truppen an Land abzusetzen*

Lan·dungs·brü·cke *die* <-, -n> *eine Art bewegliche Brücke zwischen einem Schiff und der Anlegestelle, über die man das Schiff betreten oder verlassen kann*

Land·ver·mes·sung *die* <-, -en> *der Vorgang, dass ein Gelände oder ein Gebiet vermessen wird*

Land·weg *der* <-(e)s, -e> *(↔ Seeweg) der Weg, der über das Land zu einem Ziel führt:* Bei Ebbe ist die Festung auf dem Landweg zu erreichen.

Land·wirt *der,* **Land·wir·tin** <-(e)s, -en> *(≈ Bauer) jmd., der auf einem Bauernhof lebt und arbeitet*

Land·wirt·schaft *die* <-, -en> ❶ /kein Plur./ *der Anbau von Pflanzen auf dem Land und die Zucht von Tieren und der Verkauf dieser Produkte* ❷ *ein Bauernhof:* Sie betreiben eine kleine Landwirtschaft, hauptsächlich vermieten sie aber an Feriengäste.

land·wirt·schaft·lich *adj* /nicht steig./ *die Landwirtschaft[1] betreffend:* landwirtschaftliche Erzeugnisse; die Wiesen landwirtschaftlich nutzen

Land·wirt·schafts·mi·nis·ter *der,* **Land·wirt·schafts·mi·nis·te·rin** <-s, -> *Minister, der für die Landwirtschaft[1] zuständig ist* ► Landwirtschaftsministerium

Land·zun·ge *die* <-, -n> *ein langes, schmales Stück Land, das von Wasser umgeben ist und eine Halbinsel bildet*

lang[1] <länger, am längsten> *adj* ❶ */der Maßangabe nachgestellt/ (↔ breit; in Verbindung mit einer Zahlenangabe) so, dass etwas in einem bestimmten Maße in einer Richtung von einem Punkt zum anderen ausgedehnt ist:* Die eine Seite ist nur 3 Meter lang; Der Swimmingpool ist 20 Meter lang und 10 Meter breit. ❷ *(↔ kurz) so, dass etwas überdurchschnittlich weit in eine Richtung von einem Punkt zum anderen ausgedehnt ist:* Die Straße ist aber wirklich lang.; Die Hosenbeine sind zu lang, ich muss sie kürzer machen.; Der Rhein ist länger als die Weser.; Lange Haare für Männer sind wieder modern. ❸ *(↔ kurz) so, dass etwas einen ziemlich großen Zeitraum umfasst:* Endlich machen wir einen langen Urlaub.; Bei dieser langen Rede kam schnell Langeweile auf.; Wie lang sind die Sommerferien in diesem Jahr? ❹ *(↔ kurz) so, dass etwas viele Einzelheiten und viele Seiten umfasst:* ein langer Brief; ein langes Manuskript ❺ *so, dass die Ausdehnung von etwas exakt mit einer Maßangabe steht:* Der Film ist 120 Minuten lang.; Sie hat zwei Stunden lang gewartet.; Die Schlange ist 2 Meter lang. ❻ *(umg.: ↔ kurz) sehr groß gewachsen:* ein langer Kerl; Er ist aber lang!; ■ **lang und breit** *sehr ausführlich und mit vielen Details* Er hat mir lang und breit von seinem Autokauf erzählt.; ■ **seit langem** *seit einer langen Zeit;* ■ **über kurz oder lang** *bald* Über kurz oder lang wird das Restaurant geschlossen.;

■ **auf lange Sicht** *künftig, auf Dauer;* ■ **es nicht mehr lange machen** *(umg.) bald sterben* ◆ Kleinschreibung →R 3.13 seit/vor langem; ◆ Großschreibung →R 3.7 des Langen/Längeren; ◆ Getrenntschreibung →R 4.15, 4.16 die Arme lang/noch länger strecken; ein Gummiband lang/noch etwas länger ziehen; ein länger gehegter Traum

lang² *adv /nachgestellt/* ■ ... **lang fahren/gehen/laufen** *(umg.) entlang:* Wenn wir diese Straße lang gehen, kommen wir zum Bahnhof.; immer an der Wand lang

lang·är·me·lig/lang·ärm·lig *adj /nicht steig./ so, dass ein Kleidungsstück lange Ärmel hat:* ein langärm(e)liger Pullover

lang·at·mig *adj (abwert.) so ausführlich, dass es langweilig wird:* Das Buch ist etwas langatmig.

lang·bei·nig *adj /nicht steig./ so, dass jmd. oder ein Tier lange Beine hat:* eine langbeinige junge Frau; ein langbeiniges Rennpferd

lan·ge *adv* ❶ *(umg.) so, dass etwas einen relativ langen Zeitraum dauert:* Die Beratung dauert sehr lange.; Wir haben lange und gut zu Abend gegessen. ❷ *seit einem relativ langen Zeitraum:* Sie hat lange auf die Beförderung gewartet.; Das weiß ich schon lange.; Unsere letzte Begegnung ist sehr lange her.; ■ **noch lange nicht** *bei weitem nicht* Das ist noch lange nicht alles!

Län·ge *die <-, -n>* ❶ *(↔ Breite) die Ausdehnung, die etwas in einer Richtung im Raum von einem Punkt zum anderen hat (und die größer als die kürzere Seite, die „Breite" ist):* Die Länge beträgt 5 Meter und die Breite 4 Meter. ❷ *das Ausmaß der Länge¹:* die Länge des Zuges; die Länge einer Strecke messen; in vier verschiedenen Längen lieferbar sein; Die Straße ist auf einer Länge von 10 km gesperrt. ❸ */kein Plur./ körperliche Größe eines Menschen:* Die Basketballer fallen durch ihre Länge auf.; ■ **der Länge nach** *mit dem ganzen Körper* Er rutschte aus und fiel der Länge nach hin. ❹ */kein Plur./ zeitliche Ausdehnung:* ein Film von drei Stunden Länge; eine Opernaufführung von beträchtlicher Länge ❺ */meist Plur./ (umg.) langweilige Stelle in einem Buch, Film oder Schauspiel:* Der Film war gut, aber er hatte auch Längen. ❻ GEOGR. *Abstand eines Ortes auf der Erde vom Nullmeridian:* Die Stadt liegt auf 20 Grad westlicher Länge. ❼ SPORT *ein Vorsprung, der der Länge² des Sportlers, des Pferdes oder des Sportgerätes entspricht:* Die Schwimmerin gewann mit einer halben Länge Vorsprung.; Der Jockey gewann mit zwei Längen Vorsprung.; Das Boot der Mannschaft gewann mit einer knappen Länge Vorsprung.; ■ **etwas zieht sich in die Länge** *etwas dauert länger als erwartet* Die Diskussion zog sich in die Länge.; ■ **etwas in die Länge ziehen** *etwas langsamer machen, so dass es lange dauert* Sie zogen das Schachspiel ganz schön in die Länge. ◆ Boots-, Rad-

lan·gen¹ I. *ohne OBJ (umg.)* ❶ ■ **etwas langt (irgendwie)** *in genügender Menge vorhanden sein:* Wenn das Essen nicht langt, müssen wir eben noch etwas bestellen.; Die Vorräte werden bis zum Wochenende knapp langen. ❷ ■ **etwas langt bis ir-** *gendwohin sich bis zu einem Punkt erstrecken:* Die Gardinen langen bis auf den Boden. **II.** *mit ES* ■ **es langt jmdm.** *(umg.) verwendet, um auszudrücken, dass jmd. keine Geduld mehr mit etwas hat:* Mir langt es, dauernd kommst du zu spät!

lan·gen² *ohne OBJ* ■ **jmd. langt irgendwohin** *(umg.) die Hand in etwas stecken, um etwas zu greifen:* in die Manteltasche/Tüte langen; ■ **jemandem eine langen** *(umg.) jmdm. eine Ohrfeige geben*

Län·gen·grad *der <-(e)s, -e>* GEOGR. *Abstand eines Ortes auf der Erde vom Nullmeridian:* auf dem 20. östlichen Längengrad liegen

Län·gen·maß *das <-s, -e> Maßeinheit für die Angabe einer Länge im Raum:* Zentimeter, Meter und Kilometer sind Längenmaße.

län·ger·fris·tig *adj /nicht steig./ so, dass etwas für einen längeren Zeitraum gilt:* einen längerfristigen Vertrag abschließen; Aus den Verhandlungen ergeben sich längerfristige Perspektiven der Zusammenarbeit.

Lan·ge·wei·le, Lan·ge·wei·le *die, a.* **Lang·wei·le** *die <-> /kein Plur./ (↔ Kurzweil) das Gefühl, das eintritt, wenn man nichts zu tun hat und nicht weiß, wie man seine Zeit verbringen soll:* Am Sonntag hatte sie immer Langeweile, weil sie passierte.; der Langeweile entgegenwirken; etwas aus purer Langeweile tun

lang·fä·dig *adj* SCHWEIZ. *so ausführlich, dass es langweilig wird:* eine etwas langfädige Diskussion

Lang·fin·ger *der <-s, -> (umg. scherzh.) Dieb*

lang·fris·tig *adj /nicht steig./* ❶ *so, dass etwas länger dauert oder gültig ist:* langfristige Ziele berücksichtigen; langfristig planen ❷ ■ **langfristig gesehen** *eine Entwicklung über einen längeren Zeitraum betrachtend* Langfristig gesehen ist Immobilien eine sichere Wertanlage.

lang·ge·hen *<gehst lang, ging lang, ist langgegangen> ohne OBJ* ❶ ■ **jmd. geht irgendwo lang** *(umg.) an einer Strecke entlanggehen:* die Straße langgehen; ■ **jemand weiß, wo es langgeht** *(umg.) jmd. weiß, was man in einer bestimmten Situation machen muss* Der ist gar nicht so dumm, der weiß, wo's lang geht!; ■ **jemandem zeigen, wo's langgeht** *(umg.) jmdm. sehr deutlich sagen, was man denkt*

lang·jäh·rig *adj /nicht steig./* ❶ *so, dass etwas seit vielen Jahren andauert oder vorhanden ist:* ein langjähriger Konflikt ❷ *so, dass jmd. seit vielen Jahren eine bestimmte Rolle hat:* ein langjähriger Freund/Mitarbeiter

Lang·lauf *der <-(e)s> /kein Plur./ eine Wintersportart, bei der man in relativ ebenem Gelände auf schmalen Skiern lange Strecken zurücklegt:* ◆ -ski-/-schi ▶ Langläufer, Langläuferin

Lang·lauf·loi·pe *die <-, -n> eine Art Spur im Schnee, in der man mit Skiern Langlauf betreiben kann*

lang·le·big *adj /nicht steig./ (↔ kurzlebig) so, dass etwas lange Zeit gut funktioniert oder haltbar ist:* ein langlebiger Akku; langlebige und hochwertige Waren; ein langlebiger Brauch, der auch heute noch gepflegt wird ▶ Langlebigkeit

läng·lich *adj ziemlich lang und nicht breit:* Die

Gurke hat eine längliche Form.; ein länglicher Strand

Lạng·mut *die* <-> /kein Plur./ *(geh.) sehr große Geduld:* Im Umgang mit Kindern zeigt er eine erstaunliche Langmut. ▸langmütig

längs¹ *präp* +Gen. *seitlich (an etwas) entlang:* Längs der Küste erstrecken sich schattige Buchenwälder.; Der Zaun verläuft längs des Weges.

längs² *adv (↔ quer) so, dass es der längeren Seite nach verläuft:* Der Stoff ist längs gestreift/längsgestreift.; das Auto längs einparken ◆ Getrennt- oder Zusammenschreibung →R 4.16 ein längs gestreifter/längsgestreifter Anzug

Längs·ạch·se *die* <-, -n> *eine gedachte Achse, die parallel zur Länge¹ eines Körpers verläuft:* Die Raumstation rotiert um die Längsachse.

lạng·sam *adj* ❶ *(↔ schnell) so, dass etwas eine geringe Geschwindigkeit hat:* ein langsam fahrendes Auto; ein langsamer Vorgang; langsame Bewegungen ❷ *(↔ flink, schnell) so, dass jmd. etwas nicht schnell macht:* Leider arbeitet er ziemlich langsam. ❸ *(≈ schwerfällig) so, dass jmd. nicht schnell denkt oder lernt:* ein langsamer Schüler; langsam begreifen ❹ *allmählich:* ein langsames Ansteigen der Aktienkurse; Langsam reicht mir sein Verhalten!; ■**langsam, aber sicher** *(umg.) nicht schnell, aber so, dass auf jeden Fall Fortschritte gemacht werden* Langsam, aber sicher kommt es zu Reformen.

Lạng·sam·keit *die* <-> /kein Plur./ *der Zustand, bei dem jmd. oder etwas langsam ist*

Lạng·schlä·fer *der,* **Lạng·schlä·fe·rin** <-s, -> *(umg.: ↔ Frühaufsteher) jmd., der oft und gerne morgens lange schläft*

Lạng·spiel·plat·te *die* <-, -n> *(↔ Single) Schallplatte, die mehrere Musikstücke auf jeder Seite hat*

Längs·schnitt *der* <-(e)s, -e> *die Darstellung der Schnittfläche eines Körpers, der der Länge nach durchgeschnitten ist:* Die Darstellung zeigt einen Längsschnitt durch den Körper einer Kuh.

längst *adv schon seit langem:* Das weiß ich doch schon längst!; Das hat er schon längst erledigt!; ■**längst nicht** *gebraucht, um eine Verneinung zu verstärken* Meine alte Wohnung war längst nicht so teuer wie meine neue.

längs·tens *adv (umg.)* ❶ *(≈ höchstens ↔ mindestens) nicht länger als:* Der Kühlschrank hält längstens zwei Jahre! ❷ *(↔ frühestens) spätestens:* Du wirst längstens in zwei Wochen Bescheid bekommen.

Lạng·stre·cken·flug *der* <-(e)s, Langstreckenflüge> *ein Flug zu einem Ziel, das sehr weit entfernt ist*

Lạng·stre·cken·lauf *der* <-(e)s, Langstreckenläufe> SPORT *ein Wettlauf über eine sehr lange Strecke*

Lạng·stre·cken·ra·ke·te *die* <-, -n> MILIT. *eine Rakete, die eine große Reichweite hat*

Lan·gus·te *die* <-, -n> *ein großer rötlich-violetter Krebs, der keine Scheren hat und vor allem im Mittelmeer lebt.:* Langusten sind eine teure Delikatesse.

Lạng·wei·le *die* <-> siehe **Langeweile**

lạng·wei·len <langweilst, langweilte, hat gelangweilt> **I.** *mit OBJ* ■**jmd./etwas langweilt jmdn.** *jmd. oder etwas verursacht bei jmdm. Langeweile:* Der Film langweilt mich.; Der Redner langweilte das Publikum mit ausführlichen Erklärungen. **II.** *mit SICH* ■**jmd. langweilt sich** *jmd. hat Langeweile:* Wir haben uns im Kino fürchterlich gelangweilt.

Lạng·wei·ler *der* <-s, -> *(umg. abwert.)* ❶ *jmd., der bei anderen Langeweile hervorruft* ❷ *jmd., der in all seinen Handlungen sehr langsam ist*

lạng·wei·lig *adj so, dass jmd. oder etwas überhaupt nicht interessant ist und Langeweile verursacht:* ein langweiliger Abend; Er ist ein langweiliger Mensch, dem nichts Lustiges einfällt.

Lạng·wel·le *die* <-, -n> ❶ PHYS., ELEKTROTECHN. *elektromagnetische Welle mit einer Länge zwischen 1000 und 10.000 Metern* ❷ /kein Plur./ TELEKOMM. *Bereich im Rundfunk, der Sender mit Langwellen¹ empfängt:* einen Sender auf Langwelle empfangen

lạng·wie·rig *adj so schwierig und kompliziert, dass es lange Zeit dauert:* langwierige Verhandlungen; eine langwierige Krankheit ▸ Langwierigkeit

Lạng·zeit·ar·beits·lo·sig·keit *die* <-> /kein Plur./ *der Zustand, in dem jmd. seit über einem halben Jahr keine Arbeit hat:* Immer mehr Menschen sind von Langzeitarbeitslosigkeit betroffen. ▸ Langzeitarbeitslose

Lạng·zeit·ge·dächt·nis *das* <-ses> /kein Plur./ *(↔ Kurzzeitgedächtnis) die Fähigkeit des Gehirns, Ereignisse und Informationen lange Zeit zu speichern*

Lạng·zeit·stu·die *die* <-, -n> *eine über einen längeren Zeitraum angelegte wissenschaftliche Untersuchung:* eine Langzeitstudie über die Situation der Jugendlichen

Lạng·zeit·wir·kung *die* <-, -en> *die Wirkung über einen längeren Zeitraum:* Es konnte noch nicht untersucht werden, welche Langzeitwirkung das Medikament hat.

Lạn·ze *die* <-, -n> *eine Waffe, die aus einer langen Stange mit einer Metallspitze besteht:* Der Ritter durchbohrte seinen Gegner mit der Lanze.; ■**für jemanden eine Lanze brechen** *(geh.) für jmdn. in der Öffentlichkeit eintreten*

La-Ola-Wel·le *die* <-, -n> *eine Handlung, mit der das Publikum in Sportstadien seine Begeisterung zeigt*

Lạos <-> *Staat in Hinterindien* ▸Laote, Laotin, laotisch

la·pi·dar *adj so, dass eine Äußerung überraschend knapp, aber sehr präzise und treffend ist:* eine lapidare Bemerkung fallenlassen

La·pis·la·zu·li *der* <-, -> *ein Halbedelstein, der eine tiefblaue Farbe hat*

Lap·pa·lie [la'pa:liə] <-, -n> *(abwert.) eine völlig unwichtige Kleinigkeit:* Wegen einer solchen Lappalie wagst du es, mich zu stören?; Er geht bei jeder Lappalie gleich zum Arzt.

Lạp·pe *der,* **Lạp·pin** <-n, -n> *Einwohner Lapplands*

Lạp·pen *der* <-s, -> ❶ *ein Stück Stoff oder Leder, mit dem man etwas putzt oder aufwischt:* den

L

Tisch mit einem Lappen abwischen; ■ **etwas geht etwas/jemandem durch die Lappen** *(umg.)* *jmd. oder ein Tier schafft es nicht, etwas/jmdn. zu erreichen oder zu fangen:* Das Geschäft ist uns durch die Lappen gegangen.; Die Maus ist der Katze wieder durch die Lappen gegangen.; Dem Zoll ist schon wieder ein Schmuggler durch die Lappen gegangen. ♦ Putz-, Scheuer-, Spül-, Wasch- ❷ *(umg.)* Führerschein

läp·pern ■ es läppert sich (zusammen) *(umg.)* *etwas wächst in kleinen Schritten zu einer beträchtlichen Menge an:* Es sind nur kleine Spenden eingegangen, aber es läppert sich.

lap·pig *adj (umg. abwert.)* schlaff

Lap·pisch *adj /nicht steig./ Lappland betreffend*

läp·pisch *adj (umg. abwert.)* ❶ *sehr gering:* ein läppischer Betrag ❷ *so einfach und dumm, dass es ärgerlich ist:* Ihm war ein läppischer Fehler unterlaufen.

Lapp·land <-s> *Gebiet im Norden von Schweden, Norwegen und Finnland*

Lap·sus *der* <-, -> *(geh.)* ein kleiner, unbedeutender Fehler: Mir ist ein kleiner Lapsus unterlaufen.

Lap·top *der* ['lɛptɔp] <-s, -s> EDV *tragbarer Computer, der größer als ein Notebook ist*

Lär·che *die* <-, -n> BOT. ❶ *ein Nadelbaum, der seine Nadeln im Herbst verliert* ❷ *das Holz der Lärche[1]*

Lar·go *das* <-s, -s/Larghi> MUS. *langsam und gedehnt gespieltes Musikstück*

La·ri·fa·ri *das* <-s> /kein Plur./ *(umg. abwert.)* Unsinn: Das ist doch alles Larifari!

Lärm *der* <-(e)s> /kein Plur./ *(≈ Krach)* Geräusche, die laut sind und stören: ein ohrenbetäubender Lärm; Dauernder Lärm schadet der Gesundheit.; Macht nicht so einen Lärm!; ■ **viel Lärm um nichts** *(geh.)* viel Aufregung wegen etwas, das gar nicht wichtig ist ♦ -bekämpfung, -minderung, -pegel, -quelle, -schutz, Flug-, Straßen-, Verkehrs-

Lärm·be·läs·ti·gung *die* <-, -en> *Lärm, der sehr stark stört:* die Lärmbelästigung durch den Straßenverkehr; sie wegen ständiger Lärmbelästigung durch die Nachbarn beschweren

lärm·emp·find·lich *adj so, dass jmd. durch Geräusche schnell gestört wird:* Lärmempfindliche Personen sollten nicht an verkehrsreichen Straßen wohnen. ▶ Lärmempfindlichkeit

lär·men *ohne OBJ* ■ *jmd./etwas lärmt Lärm machen:* Man hört die Kinder auf dem Hof lärmen.

lär·mend *adj so, dass jmd. oder etwas laut ist:* die lärmenden Kinder; Der Karnevalsumzug zog fröhlich lärmend durch die Straßen.

Lärm·ku·lis·se *die* <-, -n> *ein Geräuschhintergrund mit viel Lärm*

lar·mo·yant [laʀmoaˈjant] *adj (geh.)* weinerlich ▶ Larmoyanz

Lärm·schutz·an·for·de·run·gen *Plur.* *Maßnahmen, die gesetzlich vorgeschrieben und erfüllt werden müssen, um vor Lärm zu schützen:* Wegen der hohen Lärmschutzanforderungen konnte die neue Startbahn des Flughafens nicht gebaut werden.

Lärm·schutz·wand *die* <-, Lärmschutzwände> *eine Art Wand, die an den Seiten einer Schnell-*

straße errichtet wird, um vor Autolärm zu schützen: Lärmschutzwände an der Autobahn errichten

Lar·ve *die* <-, -n> ❶ BIOL. *eine Art Wurm, aus dem später ein Schmetterling, eine Fliege o. Ä. wird:* die Larven der Schmetterlinge ❷ *(geh.)* eine Maske, die vor dem Gesicht getragen wird: sein Gesicht hinter einer Larve verbergen ❸ *(abwert.)* hübsches, aber nichtssagendes Gesicht: Unter den vielen nichtssagenden, glatten Larven war sie das erste interessante Gesicht.

las *Prät. von* lesen

lasch *adj* ❶ *(umg.)* ohne Kraft, ohne Energie: ein lascher Händedruck; eine lasche Person ❷ *(umg.)* nicht ausreichend gewürzt: Die Suppe ist lasch.

La·sche *die* <-, -n> *ein schmales Stück aus Papier, Leder oder Stoff, das als Verschluss oder Schmuck dient:* die Lasche des Schuhs unter den Schnürsenkeln; die Lasche an der Handtasche; Der Gürtel hat eine Lasche und ein Schloss.

La·ser *der* ['le:zɐ] <-s, -> PHYS. *ein Gerät, mit dem man Lichtstrahlen erzeugen kann, die stark gebündelt und sehr stark sind und die sogar Material zerschneiden können:* Operationen können heute auch mit Laser durchgeführt werden. ♦ -strahl, -technik, -waffe

La·ser·dru·cker *der* ['le:zɐ...] <-s, -> *ein Drucker, der an einen Computer angeschlossen ist und der mit Lasertechnik sehr schnell arbeitet und sehr gute Druckergebnisse liefert*

La·ser·licht·show *die* ['le:zɐ...ʃoʊ] <-, -s> *eine Show, die meist von Musik begleitet wird, und bei der Laser ungefährige farbige Strahlen erzeugen*

Lä·si·on *die* <-, -en> MED. *eine Verletzung eines Organs oder Körpergliedes*

las·sen[1] <lässt, ließ, hat gelassen> I. *mit OBJ* ❶ ■ *jmd./etwas lässt jmdn./etwas plus Inf. jmdm./sich/einem Tier erlauben, etwas zu tun:* Wir lassen sie noch etwas schlafen.; Die Kuh lässt das Kälbchen trinken. ❷ ■ *jmd. lässt jmdn. irgendwohin plus Inf. jmdm. erlauben, irgendwohin zu gehen:* Ich lasse dich nicht ins Zimmer gehen.; Der Türsteher lässt sie nicht rein. ❸ ■ *jmd. lässt etwas (irgendwohin) plus Inf. bewirken, dass etwas irgendwohing gelangt:* einen Ball fallen lassen; das Wasser aus der Wanne ablaufen lassen; einen Drachen steigen lassen ❹ ■ *jmd. lässt etwas irgendwo etwas nicht von einer Stelle bewegen:* Darf ich die Tasche in deinem Zimmer lassen?; Ich habe meinen Schirm im Büro gelassen.; ■ **etwas hinter sich lassen** etwas ruhenlassen oder nicht mehr weiter machen, weil man seine Persönlichkeit entwickelt hat: Er hat die Zeit der Partys hinter sich gelassen und widmet sich nur noch der Familie. ❺ ■ *jmd. lässt jmdm. etwas jmd. erlaubt jmdm., etwas zu behalten:* Ich lasse dir die Bücher bis morgen.; Lass mir noch etwas Kuchen! ❻ ■ *etwas (sein) lassen (umg.) etwas nicht tun:* Lass das gefälligst, es stört mich!; Lass dein ewiges Gejammer, es nützt nichts!; ■ **Lass/ Lasst uns ...** Aufforderung, gemeinsam etwas zu tun Lass uns ins Kino gehen.; ■ **einen (fahren) lassen** *(vulg. verhüll.)* Luft aus dem Darm entweichen lassen II. *mit SICH* ■ *etwas lässt sich plus*

Inf. etwas ermöglicht jmdm., etwas auf die genannte Weise zu tun: Die Aufgabe lässt sich leicht rechnen.; Das Fenster lässt sich nicht schließen.; In Frankreich lässt es sich herrlich Urlaub machen.; ■ **Das muss man ihr/ihm lassen.** *(umg.)* das muss man bei ihr oder ihm (widerwillig) anerkennen

las·sen² <lässt, ließ, hat gelassen> *mit OBJ* ❶ ■ *jmd. lässt jmdn./etwas plus Inf.* jmd. gibt jmdm. einen Auftrag oder zwingt ein Tier, etwas zu tun: Sie lässt ihn immer den Abwasch machen.; Der Offizier lässt die Soldaten einen Gewaltmarsch machen.; Er lässt das Pferd noch schneller laufen. ❷ ■ *jmd. lässt etwas plus Inf.* jmd. veranlasst, dass etwas gemacht wird: Ich habe das Auto reparieren lassen.; Der Computer funktioniert nicht, aber ich habe schon einen Techniker holen lassen. ❸ ■ *jmd. lässt jmdn./sich/etwas plus Inf.;* ■ *jmd. lässt jmdm./sich/etwas plus Inf.* jmd. veranlasst, dass jmd. etwas (meist gegen Bezahlung) tut: Ich lasse seinen Vater nur von einem Spezialisten untersuchen.; Ich lasse meinen Wagen jedes Jahr einmal genau von der Werkstatt prüfen.; Ich lasse mir nur alle zwei Monate die Haare schneiden.; Er lässt sich einen Anzug vom Schneider nähen.

läs·sig *adj* ❶ so, dass etwas ungezwungen und nicht förmlich ist: eine lässige Art haben; lässige Kleidung bevorzugen ❷ *(umg.)* ohne Schwierigkeiten: Die Prüfung schaffe ich doch lässig!; Über den Zaun kommt man doch lässig drüber!

Las·so *das/der* <-s, -s> ein Seil, das am Ende eine Schlinge hat und mit dem man Rinder oder Pferde fangen kann: das Lasso werfen

Last *die* <-, -en> ❶ etwas Schweres, das von jmdm. oder einem Tier oder einer Maschine getragen wird: große Lasten mit Kamelen transportieren; Er brach unter der Last des Zementsackes zusammen. ❷ eine Verpflichtung, die Mühe bereitet: die Last der täglichen Arbeit; Kinder sind Last und Freude zugleich. ❸ *(geh.)* Geld, das man jmdm. oder dem Staat schuldet: mit der Steuererhöhung den Bürgern neue Lasten aufbürden; ■ **zu Lasten von ...** *auf Kosten von* die Kosten der Anlieferung gehen zu Lasten der Firma; ■ **jemandem zur Last fallen** *(abwert.)* jmdm. Mühe bereiten und deshalb lästig werden Er fällt ihr allmählich mit seiner Trinkerei zur Last.; ■ **jemandem etwas zur Last legen** *(geh.)* jmdn. beschuldigen, etwas getan zu haben Ihm wurde ein Verbrechen zur Last gelegt.; ■ **mit jemandem/etwas seine Last haben** mit jmdm. oder etwas Mühe haben Mit der Pflege ihres alten Vaters hat sie ihre Last. ◆ Getrennt- oder Zusammenschreibung →R 4.20 Der Betrag geht zu Lasten/zulasten meines Kontos.

Last·au·to *das* <-s, -s> *(selten: ≈ Lastwagen)*

las·ten *ohne OBJ* ■ *etwas lastet auf jmdm./etwas Dat.* ❶ *etwas liegt als Last¹ auf jmdm. oder etwas:* Der Balken ist unentbehrlich, auf ihm lastet das gesamte Gewicht. ❷ ■ *etwas lastet auf jmdm.* etwas bedrückt jmdn. und macht ihm Sorgen: Die Erinnerungen an den Unfall lasten auf ihr. ❸ ■ *etwas lastet auf etwas Dat.* etwas ist noch nicht bezahlt: Auf dem Grundstück lasten Schul-

den. ❹ ■ *etwas lastet auf etwas Dat.* etwas bereitet Probleme und Schwierigkeiten: Eine unerträgliche Hitze lastete auf der Stadt.; Die Arbeitslosigkeit lastet auf der wirtschaftlichen Entwicklung.

Las·ten·auf·zug *der* <-(e)s, Lastenaufzüge> ein Aufzug, der nur Lasten¹ transportiert: die Möbel mit einem Lastenaufzug in die vierte Etage transportieren

Las·ter¹ *der* <-s, -> *(umg.: ≈ Lastwagen)*

Las·ter² *das* <-s, -> *(↔ Tugend)* eine Angewohnheit, die als schlecht und unangenehm empfunden wird: einem Laster frönen; ein Laster haben; Das Rauchen ist ein teures Laster.

Läs·te·rer *der,* **Läs·te·rin** <-s, -> *(≈ Lästermaul)* jmd., der immer böse Bemerkungen über andere macht

las·ter·haft *adj (↔ tugendhaft)* so, dass jmd. ein oder mehrere Laster² hat: ein lasterhafter Mensch

Las·ter·haf·tig·keit *die* <-> */kein Plur./* lasterhaftes Verhalten

Läs·ter·maul *das* <-(e)s, Lästermäuler> *(umg.)* jmd., der ständig und gerne über jmdn. oder etwas lästert: Sie ist ein richtiges Lästermaul.

läs·tern <lästerst, lästerte, hat gelästert> **I.** *ohne OBJ* ■ *jmd. lästert über jmdn./ etwas Akk. (abwert.)* abfällige, böse Bemerkungen über etwas oder jmdn. machen: Er lästerte gern über ihr seltsames Hobby.; Hinter seinem Rücken lästerte sie oft über ihren Chef. **II.** *mit OBJ* ■ *jmd. lästert Gott/den Glauben (geh.)* jmd. äußert sich abfällig oder sehr schlecht über Gott oder den Glauben

Läs·te·rung *die* <-, -en> eine abfällige oder böse Äußerung über die Kirche oder Gott

läs·tig *adj* so aufdringlich, dass es stört und ärgert: Er wird mir langsam lästig mit seiner ständigen Besserwisserei.; lästige Frager abwimmeln; Die Fliegen sind aber wirklich lästig!

-las·tig als Zweitglied zusammengesetzter Adjektive; drückt aus, dass eine (extreme) Neigung zu dem mit dem Erstglied Bezeichneten gegeben ist ◆kopf-, links-, theorie-, rechts-

Last·kahn *der* <-(e)s, Lastkähne> ein Boot, das auf Flüssen und Kanälen Lasten¹ transportiert: ein Lastkahn voller Kies

Last·kraft·wa·gen *der* <-s, -> KFZ *(geh.)* Lastwagen

Last-Mi·nu·te-Flug *der* [lɑːstˈmɪnɪt-] <-s, -Flüge> ein Flugticket, das man sehr kurzfristig buchen kann, weil nicht alle Tickets für einen Flug verkauft worden sind, und das etwas günstiger als ein normales Ticket ist

Last·schrift *die* <-, -en> *(↔ Gutschrift)* Abbuchung eines Geldbetrages von einem Konto: einen Betrag per Lastschrift einziehen

Last·tier *das* <-(e)s, -e> ein Tier, das Lasten¹ trägt: Esel und Kamele sind Lasttiere.

Last·trä·ger *der,* **Last·trä·ge·rin** <-s, -> ein Mensch, der beruflich Lasten¹ trägt: Lastträger begleiten die Forscher bei der Expedition.

Last·wa·gen *der* <-s, -> KFZ eine großes Auto, das Lasten¹ transportiert

Last·zug *der* <-(e)s, Lastzüge> Lastwagen mit Anhänger(n)

La·sur *die* <-, -en> TECHN. durchsichtige Farbschicht, die man zum Schutz auf Materialien aufträgt: zum Schutz eine dünne Lasur auftragen

las·ziv *adj (geh.) so, dass jmd. oder etwas übertrieben sinnlich ist und sexuelle Begierde erregen kann:* laszive Blicke werfen; sich lasziv auf dem Sofa rekeln

La·tein *das* <-s> */kein Plur./* ❶ *die Sprache, die im antiken Rom gesprochen wurde* ❷ *das Fach in der Schule, in dem die Sprache Latein unterrichtet wird:* in der Schule Latein lernen; ■ **mit seinem Latein am Ende sein** *(umg.) in einer komplizierten Situation nicht mehr weiter wissen*

La·tein·ame·ri·ka <-s> *die Länder Amerikas, die südlich der USA liegen und in denen Spanisch oder Portugiesisch gesprochen wird* ▶ Lateinamerikaner, Lateinamerikanerin, lateinamerikanisch

la·tei·nisch *adj /nicht steig./* ❶ *die Sprache Latein betreffend* ❷ *in Bezug auf die Schrift des Lateins, die auch die Grundlage des Alphabets des Deutschen, Englischen, Spanischen usw. ist:* lateinische Buchstaben

la·tent *adj (geh.: ↔ akut) so, dass etwas im Hintergrund vorhanden, aber noch nicht sichtbar ist:* eine latente Gefahr; Sie leidet an einer latenten Krankheit, die noch nicht zu akuten Beschwerden geführt hat.

La·tenz *die* <-> */kein Plur./* *Verstecktheit, Verborgenheit*

la·te·ral *adj so, dass etwas seitlich oder seitwärts gelegen ist;* ■ **laterales Denken** *ein Denken, das ein Problem von allen Seiten zu erfassen sucht und dabei auch Schritte miteinbezieht, die im rein logischen Sinne nicht berücksichtigt werden müssen* ▶ Lateralität

La·te·ran *der* <-s> *ehemaliger Palast des Papstes in Rom*

La·ter·ne *die* <-, -n> ❶ *Lampe, die einen transparenten Schirm und eine Kerze oder einen Docht hat:* Einer der Sternsinger trägt eine Laterne.; Die Laternen der Kinder leuchteten im Dunkeln. ❷ *eine Lampe, die in der Dunkelheit die Straße beleuchtet* ◆-npfahl

La·tex *das* <-> */kein Plur./* *Material aus der Milch des Kautschukbaumes, das sehr elastisch ist:* eine Matratze aus reinem Latex

La·ti·num *das* <-s> */kein Plur./* *Kentnisse in Latein, die durch mehrere Jahre Schulunterricht oder durch eine Prüfung nachgewiesen werden:* An manchen Universitäten ist das Latinum Voraussetzung für die Doktorarbeit.

La·tri·ne *die* <-, -n> *einfache Toilettenanlage ohne Spülung:* Die Latrinen im Lager mussten täglich geleert werden.

Lat·schen *der* <-s, -> */meist Plur./ (umg. abwert.) ein Paar alte ausgetretene Schuhe:* In diesen Latschen willst du in die Oper gehen? ❶ ■ **aus den Latschen kippen** *(umg.) ohnmächtig werden* Nach dem 1000-m-Lauf ist sie aus den Latschen gekippt. ❷ ■ **aus den Latschen kippen** *(umg.) die Fassung verlieren, sehr überrascht sein* Nun kipp doch nicht gleich aus den Latschen, ich will dir ja alles erklären!

lat·schen <latschst, latschte, ist gelatscht> *ohne OBJ* ■ *jmd.* **latscht** *(umg. abwert.) jmd. läuft*

ohne Lust und Energie: Müde latschte er nach der Arbeit nach Hause.

Lät·schen·kie·fer *die* <-, -n> *eine kleinwüchsige Kiefernart*

Lat·te *die* <-, -n> ❶ *langes, schmales Stück Holz mit vier Kanten* ◆-nzaun, Dach-, Holz- ❷ SPORT *(↔ Pfosten) obere Begrenzung eines Tores:* Der Schuss ging an die Latte. ❸ SPORT *eine Stange, die auf zwei Stäben liegt und über die man beim Hochsprung oder Stabhochsprung springen muss:* die Latte reißen; ■ **eine lange Latte** *(umg.) ein großer dünner Mensch;* ■ **eine (lange) Latte von …** *(umg.) viele Dinge* eine lange Latte von Vorstrafen haben; ■ **nicht alle auf der Latte haben** *(vulg. abwert.) verrückt sein*

Lat·ten·rost *der* <-(e)s, -e> *Holzlatten, die auf einem Rahmen befestigt sind und auf die eine Matratze gelegt wird*

Lat·ten·ver·schlag *der* <-s, Lattenverschläge> *eine einfache Hütte aus Holzlatten*

Latz *der* <-es, Lätze> ❶ *ein Stück Stoff, das Kindern um den Hals gebunden wird und die Brust bedeckt, um beim Essen die Kleidung vor Flecken zu schützen* ❷ *ein Stück Stoff an Hosen oder Schürzen, das die Brust bedeckt, um die Kleidung zu schützen:* eine Schürze mit Latz; ■ **jemandem eins vor den Latz knallen** *(vulg.) jmdm. einen Schlag versetzen;* ■ **jemandem eins vor den Latz knallen** *(umg.) jmdm. heftig die Meinung sagen*

Lätz·chen *das* <-s, -> *Latz[1]:* Das Kind hat sein Lätzchen vollgekleckert.

Latz·ho·se *die* <-, -n> *eine Arbeitshose, die einen Latz[2] und zwei feste Hosenträger hat*

lau *adj so, dass etwas weder kalt noch warm ist:* das Kind in lauem Wasser baden; ein lauer Frühlingswind

Laub *das* <-(e)s> */kein Plur./ Blätter von Bäumen oder Sträuchern:* Das Laub färbt sich im Herbst bunt.; das Laub vom Weg kehren ◆ Getrennt- oder Zusammenschreibung →R 4.16 Laub tragende/laubtragende Bäume

Laub·baum *der* <-(e)s, Laubbäume> *(↔ Nadelbaum) Baum, der Blätter trägt*

Lau·be *die* <-, -n> *kleines Haus aus Holz in einem Garten, das meist an einer Seite offen ist*

Laub·frosch *der* <-(e)s, Laubfrösche> *ein kleiner grüner Frosch, der im Gebüsch oder im Wald zwischen Laub lebt und zum Laichen ans Wasser geht*

Laub·hüt·ten·fest *das* <-(e)s> */kein Plur./ ein jüdisches Fest im Herbst*

Laub·sä·ge *die* <-, -n> *eine Säge mit einem sehr feinen dünnen Blatt, mit der Figuren aus einer dünnen Holzplatte geschnitten werden*

Laub·wald *der* <-(e)s, Laubwälder> *(↔ Nadelwald) ein Wald mit Laubbäumen*

Lauch *der* <-(e)s, -e> *(≈ Porree) eine Gemüsepflanze, die aus einer Zwiebel wächst und einen weißen Stamm mit grünen Blättern hat*

Lauch·zwie·bel *die* <-, -n> *eine Zwiebel, die sehr dünn ist und wie Lauch aussieht*

Lau·er ■ **auf der Lauer liegen** *versteckt sein und etwas heimlich beobachten;* ■ **sich auf die Lauer**

L

legen *(umg.) sich verstecken und gespannt auf etwas oder jmdn. warten* Als die Schauspielerin aus dem Hotel kam, hatten sich die Fotografen schon auf die Lauer gelegt.
lau·ern <lauerst, lauerte, hat gelauert> *ohne OBJ* ■ **jmd./etwas lauert auf jmdn./etwas** ❶ *sich verstecken und warten, dass etwas oder jmd. erscheint, das/den man fangen oder überfallen will:* Die Katze lauert auf ihre Beute.; Die Räuber lauerten im Park auf ihr Opfer. ❷ *gespannt warten, dass etwas passiert, das einen Vorteil bringen kann:* Auf diese Chance hatte sie schon lange gelauert.
Lauf *der* <-(e)s, Läufe> ❶ */kein Plur./ der Vorgang des sehr schnellen Gehens:* in vollem Lauf über einen Stein stolpern ❷ SPORT *ein Wettkampf, bei dem die Sportler eine bestimmte Strecke laufen müssen:* Er gewann den ersten Lauf. ◆ Dauer-, Eisschnell-, Hürden-, Langstrecken-, Marathon- ❸ */kein Plur./ die Bahn, in der sich etwas bewegt:* der Lauf der Elbe von der Quelle bis zu ihrer Mündung; der Lauf der Erde um die Sonne ❹ */kein Plur./ die Entwicklung von etwas:* der Lauf der Dinge; Ich bin gespannt, welchen Lauf die Angelegenheit noch nimmt.; im Lauf(e) der Zeit ❺ *bei Schusswaffen das Rohr, aus dem die Kugel kommt:* den Lauf des Gewehrs reinigen ❻ ZOOL. *Bein von Hasen, Hunden und Rehen:* der verletzte Lauf des Hasen; ■ **etwas freien Lauf lassen** *etwas nicht aufhalten und verhindern* seinen Tränen freien Lauf lassen; ■ **etwas nimmt seinen/ihren Lauf** *etwas geschieht, ohne dass es verhindert oder aufgehalten wird* Die Geschichte nimmt ihren Lauf.
Lauf·bahn *die* <-, -en> ❶ SPORT *die Bahn, auf der die Sportler laufen:* Die Teilnehmer des 1000-m-Laufes befinden sich auf der Laufbahn. ❷ *(≈ Karriere) die Entwicklung, die jmd. im Leben oder im Beruf macht:* eine künstlerische oder wissenschaftliche Laufbahn einschlagen ❸ *Bahn, auf der sich ein Körper bewegt:* die Laufbahn eines Kometen kreuzen
Lauf·bur·sche *der* <-n, -n> ❶ *(veralt.) jmd., der etwas oder eine Nachricht zu Fuß von einem Ort zum anderen bringt:* Er arbeitete als Laufbursche in einem Hotel. ❷ *(übertr. abwert.) jmd., der von anderen für niedere Dienste ausgenutzt wird:* Ich bin doch nicht dein Laufbursche! Hol dir doch deine Schuhe selbst!
lau·fen <läufst, lief, hat/ist gelaufen> **I.** *ohne OBJ (sein)* ❶ ■ **jmd. läuft (irgendwie) (irgendwohin)** *sich zu Fuß von einem Punkt zu einem anderen bewegen:* langsam laufen; bergan laufen; gegen einen Laternenpfahl laufen; Wollen wir laufen oder den Bus nehmen? ❷ ■ **jmd. läuft (irgendwie)** *(≈ rennen) die Füße ganz schnell bewegen, um schnell vorwärts zu gelangen:* Lauf, sonst erreichst du den Zug nicht mehr! ❸ ■ **etwas läuft (irgendwie)** *etwas funktioniert auf eine bestimmte Art und Weise:* Das Gerät läuft störungsfrei.; ein Computerprogramm zum Laufen bringen ❹ ■ **etwas läuft irgendwohin** *etwas bewegt sich irgendwohin:* Das Wasser läuft aus der Wanne.; Aus dem Motor läuft Öl. ❺ ■ **etwas läuft irgendwo** *etwas bewegt sich irgendwo:* Das Förderband läuft auf Rollen. ❻ ■ **etwas läuft irgendwann (irgendwo)** *etwas steht in einem Programm und wird gezeigt:* Welcher Film läuft gerade im Kino? ❼ ■ **etwas läuft irgendwie** *etwas entwickelt sich oder geschieht auf eine bestimmte Art:* Na, wie läuft's?; Die Verhandlungen laufen gut.; Das Unternehmen läuft glänzend.; Wie läuft's denn so mit deiner neuen Freundin? ❽ ■ **etwas läuft plus Zeitangabe** *etwas ist für die genannte Zeit gültig:* Der Mietvertrag läuft ein Jahr. ❾ ■ **etwas läuft** *etwas ist noch nicht zu Ende:* Die Bewerbungsfrist läuft noch.; Gegen sie läuft eine Anzeige wegen Ladendiebstahl. ❿ ■ **etwas läuft irgendwie** *(umg.) etwas wird gut verkauft:* Das neue Modell läuft glänzend. ⓫ ■ **etwas läuft auf jmdn./jmds. Namen** *jmd. steht in einer Kartei o. Ä. als Besitzer von etwas:* Das Auto läuft auf meinen Vater. ⓬ ■ **der Käse läuft** *der Käse wird ganz weich und fließt* ⓭ ■ **etwas läuft auf Grund** *ein Wasserfahrzeug bleibt an einer flachen Stelle im Wasser liegen* ⓮ ■ **jmdm. läuft die Nase** *die Nase von jmdm. tropft* **II.** *mit OBJ* ❶ ■ **jmd. läuft Rollschuh/Ski/Schlittschuh** *(sein) sich auf Rollschuh/Ski/Schlittschuh bewegen* ❷ ■ **jmd. läuft etwas** *Akk. (sein o haben)* SPORT *in einem Wettkampf etwas machen, indem man läuft:* Er ist/hat einen neuen Rekord gelaufen.; Sie läuft die Strecke in 2 Minuten. **III.** *mit SICH* ❶ ■ **jmd. läuft sich irgendwie** *so lange laufen, bis man einen bestimmten Zustand erreicht hat:* sich warm laufen; sich müde laufen ❷ ■ **jmd. läuft sich etwas** *Akk. irgendwie so lange laufen, bis etwas einen bestimmten Zustand hat:* Ich habe mir die Füße wund gelaufen.; Hast du dir etwa Löcher in die Socken gelaufen?; ■ **etwas läuft wie geschmiert** *(umg.) etwas entwickelt sich sehr gut* Das neue Geschäft läuft wie geschmiert.; ■ **Da läuft bei mir nichts!** *(umg.) Dazu bin ich nicht bereit;* ■ **etwas ist gelaufen** *(umg.) etwas ist vorbei und kann nicht geändert werden* ◆ Getrenntschreibung →R 4.8 Sie geht Schlittschuh laufen.; ◆ Großschreibung →R 3.7 Sie liebt das Schlittschuhlaufen.; Er ist zum Skilaufen gefahren.
lau·fend *adj /nicht steig./* ❶ */nur attr./ so, dass etwas immer wiederkehrt:* die laufenden Kosten für Miete, Strom und Wasser ❷ *noch nicht abgeschlossen:* die laufenden Verhandlungen; im Mai des laufenden Jahres ❸ *so, dass etwas von einem langen Stück abgeschnitten ist:* der laufende Meter Stoff; ■ **auf dem Laufenden sein** *(umg.) gut über etwas Aktuelles informiert sein* jemanden auf dem Laufenden halten ◆ Großschreibung →R 3.7 Sie hält sich durch die Fernsehnachrichten auf dem Laufenden.
lau·fen·las·sen, *a.* **lau·fen las·sen** <lässt laufen, ließ laufen, hat laufen(ge)lassen> *mit OBJ* ■ **jmd. lässt jmdn. laufen** *(umg.) jmdn. wieder frei lassen, nachdem man ihn schon gefasst hatte* ◆ Zusammenschreibung →R 4.6 Die Polizei hat den Verdächtigen wieder laufenlassen.
Läu·fer[1] *der*, **Läu·fe·rin** <-s, -> ❶ SPORT *jmd., der an Wettrennen teilnimmt:* Die Läufer der Spitzengruppe sind schon auf der Zielgeraden. ❷ *die Figur*

beim Schach, die über die gesamte Diagonale des Spielbretts ziehen kann und die direkt neben König und Dame steht

Läu·fer[2] *der* <-s, -> *ein Teppich, der lang und schmal ist*

Lauf·feu·er ■ *sich wie ein Lauffeuer verbreiten sich sehr schnell verbreiten* Die Neuigkeit verbreitete sich im Dorf wie ein Lauffeuer.

Lauf·git·ter *das* <-s, -> *eine kleine viereckige Fläche, die von vier Holzgittern begrenzt wird und auf der Kleinkinder spielen können*

läu·fig *adj /nicht steig./ so, dass eine Hündin bereit ist, sich mit einem männlichen Hund zu paaren:* eine läufige Hündin

Lauf·kund·schaft *die* <-> /kein Plur./ (↔ Stammkundschaft) *Kunden, die nicht regelmäßig in einem Geschäft einkaufen:* Am Bahnhofskiosk gibt es fast nur Laufkundschaft.

Lauf·ma·sche *die* <-, -n> *ein Loch in einem Strumpf oder einer Strumpfhose, das entsteht, wenn sich eine Masche gelöst hat und weiterläuft:* eine Laufmasche im Strumpf haben

Lauf·pass ■ *jemandem den Laufpass geben (umg.) sich von jmdm. trennen*

Lauf·schrift *die* <-, -en> *ein Schriftzug auf einer Werbetafel, dessen Buchstaben nacheinander aufleuchten, so dass der Eindruck entsteht, dass die Buchstaben laufen*

Lauf·schritt *der* <-(e)s> /kein Plur./ *schnelle Art zu gehen:* Die Fußballer kommen im Laufschritt auf das Spielfeld.; Im Laufschritt, marsch!

Lauf·stall *der* <-(e)s, Laufställe> (≈ Laufgitter)

Lauf·steg *der* <-s, -e> *eine Art erhöhter Steg, auf dem die Models bei Modenschauen hin und her gehen:* die aktuelle Herbstmode auf dem Laufsteg zeigen

Lauf·vo·gel *der* <-s, Laufvögel> *ein großer Vogel, der nicht fliegen, sondern nur laufen kann:* Der Strauß ist ein großer Laufvogel.

Lauf·werk *das* <-(e)s, -e> ❶ TECHN. *der Mechanismus, der eine Maschine antreibt:* das Laufwerk der Uhr ❷ EDV *das Gerät in oder am Computer, das einen Datenträger beschreiben oder lesen kann:* internes/externes Laufwerk; Der Computer hat zwei Laufwerke für CD-ROMs. ◆ CD-ROM-, Disketten-, DVD-, Festplatten-

Lauf·zeit *die* <-, -en> *die Dauer, während der ein Vertrag gültig ist:* die Laufzeit eines Vertrages/eines Kredits

Lauf·zet·tel *der* <-s, -> ❶ *Zettel, der eine Ware bei ihrer Herstellung begleitet, und auf dem jeder Arbeitsschritt eingetragen wird* ❷ *Zettel, auf dem jede Person aus einer bestimmten Gruppe durch ihre Unterschrift bestätigt, eine Information erhalten zu haben*

Lau·ge *die* <-, -n> *Wasser, in dem Seife oder ein Waschmittel aufgelöst ist*

Lau·ne *die* <-, -n> ❶ *ein Einfall, den jmd. spontan aus einer Stimmung heraus hat:* Aus einer Laune heraus kündigte sie plötzlich die Arbeit.; Das war nur so eine Laune von mir. ❷ *Stimmung, in der sich jmd. befindet:* gute/schlechte Laune haben ❸ /nur Plur./ *Stimmungen, die jmd. hat und die schnell wechseln:* unter den Launen der Freundin

leiden müssen; ■ *jemanden bei Laune halten (umg.) dafür sorgen, dass jmd. in guter Stimmung bleibt*

lau·nen·haft *adj /nicht steig./* (↔ ausgeglichen) *so, dass jmds. Stimmung sehr häufig wechselt:* Man kann kaum vorhersagen, was er am nächsten Tag tun wird; er ist sehr launenhaft.

Lau·nen·haf·tig·keit *die* <-> /kein Plur./ (↔ Ausgeglichenheit) *der Zustand, in dem jmd. ständig wechselnde Stimmungen hat:* Ihre Launenhaftigkeit macht sie zu einer schwierigen Kollegin.

lau·nig *adj /nicht steig./* (≈ witzig) *so, dass man gut gelaunt ist und anderen gute Laune macht:* Er versucht, die ernste Stimmung mit einigen launigen Bemerkungen aufzuheitern.

lau·nisch *adj so, dass jmd. jederzeit die Stimmung wechselt:* Er ist sehr launisch, eben noch war er furchtbar wütend und jetzt ist er die Liebenswürdigkeit in Person.

Laus *die* <-, Läuse> *Insekt, das Blut von Menschen oder Tieren oder den Saft von Pflanzen saugt:* den Kopf eines Kindes auf Läuse absuchen; ■ *jemandem ist eine Laus über die Leber gelaufen. (umg.) jmd. ist ohne ersichtlichen Grund schlechter Laune* ◆ Blatt-, Kopf-

Laus·bub *der* <-en, -en> *(umg.)* SÜDDT. (≈ Lausejunge) *ein kleiner Junge, der sehr frech ist:* Er ist ein richtiger Lausbub, aber man kann ihm einfach nicht böse sein.

Laus·bu·be *der* <-n, -n> (≈ Lausbub)

Lausch·an·griff *der* <-(e)s, -e> *heimliches Abhören einer Wohnung von Verdächtigen durch Polizei oder Geheimdienst*

lau·schen <lauschst, lauschte, hat gelauscht> *ohne OBJ* ❶ *jmd. lauscht etwas Dat. sehr aufmerksam und konzentriert sein, um etwas zu hören:* Das Publikum lauschte gespannt der Musik.; dem Rauschen der Wellen lauschen ❷ *jmd. lauscht irgendwo einer Unterhaltung zuhören, ohne dass sie die Sprechenden merken:* an der Tür/Wand lauschen

Lau·scher *der*, **Lau·sche·rin** <-s, -> ❶ *jmd., der lauscht*[2]: Seid mal still, ich glaube, wir haben einen Lauscher! ❷ ZOOL. *(in der Sprache der Jäger) das Ohr des Hasen:* Der Hase stellte seine Lauscher auf.; ■ *seine Lauscher aufstellen (umg.) lauschen*[1]

lau·schig *adj* ❶ *so, dass etwas still und versteckt ist:* ein lauschiges Plätzchen im Garten ❷ *angenehm still:* eine lauschige Nacht

Lau·se·jun·ge *der* <-n, -n> *(umg.)* NORDDT. (≈ Lausbub) *kleiner frecher Junge:* Diese Lausejungen haben wieder nur Unsinn im Kopf.

Läu·se·mit·tel *das* <-s, -> *Mittel gegen Läuse, die jmdn. oder etwas befallen haben*

lau·sen <laust, lauste, hat gelaust> *mit OBJ* ■ *jmd./ein Tier laust jmdn./sich/ein Tier Läuse suchen und entfernen:* Die Affen lausen sich (gegenseitig).; ■ *Mich laust der Affe! (umg.) das wundert mich aber sehr!*

lau·sig *adj (umg. abwert.)* ❶ *sehr schlecht oder sehr unangenehm:* Er hat eine lausige Arbeit abgeliefert.; Es war lausig kalt. ❷ *(umg. abwert.) so,* *dass etwas fast keine Bedeutung hat:* Reg dich nicht wegen der paar lausigen Euros auf!

Laut *der* <-(e)s, -e> ❶ *ein Geräusch, das man mit dem Mund erzeugt und das man nur kurz hören kann:* ein schriller Laut; Sie gaben klagende Laute von sich. ❷ SPRACHWISS. *kleinste akustische Einheit der Sprache:* einen Laut nicht richtig aussprechen; ■ **Laut geben** *(in der Sprache der Jäger) bellen* Der Hund gab Laut.

laut[1] *adj (↔ leise)* ❶ *so, dass etwas gut und weit hörbar ist:* eine laute Stimme; laute Musik hören; das Radio laut aufdrehen ❷ *so, dass etwas voller Lärm ist:* eine laute Straße/Gegend; ■ **laut und deutlich** *so, dass etwas deutlich zu hören ist;* ■ **laut denken** *denken und dabei die Gedanken aussprechen;* ■ **laut werden** *bekannt werden* Es sind Klagen laut geworden.; ■ **laut werden** *plötzlich mit lauter und wütender Stimme sprechen* Die Lehrerin muss erst laut werden, damit die Schüler ruhig werden.

laut[2] *präp* ❶ *+Gen. /mit nachfolgendem unflektiertem Substantiv im Singular/ so, dass etwas gemäß dem Inhalt oder nach dem Wortlaut von etwas ist:* Laut Gutachten ist dies eine sehr ergiebige Quelle. ❷ *+Dat. /mit nachfolgendem flektiertem Substantiv im Singular oder Plural / entsprechend dem Wortlaut:* Laut dem Gesetz müssen Hunde gemeldet werden.; Laut den geltenden Gesetzen muss die Steuer bezahlt werden.

Lau·te *die* <-, -n> *ein Instrument mit gerundetem Klangkörper und mehreren Saiten, die mit den Fingern gezupft werden:* Die Laute ist der Vorläufer der Gitarre.

lau·ten *ohne OBJ* ❶ ■ *etwas lautet irgendwie einen bestimmten Inhalt, bestimmte Worte, Zahlen o. Ä. haben:* Der Text lautet folgendermaßen: ...; Das ist nicht richtig, die Überschrift lautete anders. ❷ ■ *etwas lautet auf etwas Akk. (geh.) etwas hat den Inhalt von etwas:* Die Anklage lautet auf Mord.

läu·ten I. *mit OBJ* ■ *jmd. läutet etwas bewirken, dass eine Glocke klingt:* Er läutet die Glocken. **II.** *ohne OBJ* ❶ ■ *etwas läutet Glocken erzeugen einen Ton:* Die Glocken läuten jeden Abend. ❷ ■ *etwas läutet* SÜDDT., ÖSTERR. *etwas klingelt* ❸ ■ *jmd. läutet irgendwo* SÜDDT., ÖSTERR. *an der Haustür klingeln:* Du musst halt öfters bei ihm läuten. **III.** *mit ES* ■ *es läutet* SÜDDT., ÖSTERR. *an der Haustür wird geklingelt:* Geh mal an die Tür, ich glaube, es hat geläutet.; ■ *etwas läuten hören (umg.) ein Gerücht hören* Ich habe da etwas läuten hören, aber ich bin mir nicht sicher.

lau·ter[1] *adj /nur attr./ (geh.)* ❶ *rein, unverfälscht, echt:* Ich schwöre, das ist die lautere Wahrheit.; Die Haare der Marie waren aus lauterem Gold. ❷ *aufrichtig:* Er ist ein lauterer Charakter.

lau·ter[2] *adv /nicht steig./ (≈ nur, nichts als) nichts anderes als das Genannte:* Das ist alles lauter Unsinn.; Sie hat lauter schöne Sachen mitgebracht.

läu·tern <läuterst, läuterte, hat geläutert> *mit OBJ* ■ *etwas läutert jmdn. (geh.) etwas befreit jmdn. von Charakterschwächen oder schlechten Eigenschaften:* Dieses einschneidende Erlebnis hat ihn geläutert.

laut·hals *adv sehr laut:* Er fing lauthals an zu schreien.

Laut·leh·re *die* <-, -n> SPRACHWISS. *die Wissenschaft von den Lauten*[2]

laut·lich *adj /nicht steig./ die Laute*[2] *betreffend:* In einer Sprache gibt es lautliche Veränderungen im Laufe der Geschichte.

laut·los *adj so, dass etwas kein Geräusch macht:* sich mit lautlosen Schritten heranschleichen

Laut·ma·le·rei *die* <-, -en> *Wiedergabe von Geräuschen oder Klängen mit ähnlich klingenden sprachlichen Lauten:* „Miau macht die Katze, töfftöff das Motorrad", sind Beispiele von Lautmalerei.

Laut·schrift *die* <-, -en> SPRACHWISS.

Angaben zur Aussprache befinden sich in diesem Wörterbuch in eckigen Klammern. Gemacht wird diese Angabe nur dann, wenn eine korrekte Aussprache nicht vorausgesetzt werden kann. Dazu wird die **internationale Lautschrift (IPA)** (= „International Phonetic Alphabet") verwendet. Dies ist ein Zeichensystem, das zur phonetischen Transkription (also der umschreibenden Darstellung) der gesprochenen Sprache entwickelt worden ist.

Laut·spre·cher *der* <-s, -> *ein Gerät, das akustische Signale (in der Form von elektrischen Impulsen) in Töne umwandelt:* Der Abstand der beiden Lautsprecher zum Hörer sollte identisch sein.; die Ansage über Lautsprecher ◆-anschluss, -kabel, Breitband-, Horn-

laut·stark *adj /nicht steig./ sehr laut und heftig:* Es regte sich lautstarker Protest.

Laut·stär·ke *die* <-, -n> *die Stärke des Schalls, mit dem ein akustisches Ereignis das Ohr des Hörers erreicht:* Die hohe Lautstärke der Motoren war unerträglich. ◆ Zimmer-

Laut·stär·ke·reg·ler *der* <-s, -> *Regler an einem Gerät mit einem Lautsprecher zum Einstellen der Lautstärke*

lau·warm *adj /nicht steig./ so, dass etwas warm, aber nicht heiß ist:* die Hefe in lauwarmer Milch auflösen

La·va *die* <-, Laven> *flüssiges Gestein, das bei einem Vulkanausbruch austritt:* erstarrte Lava ◆-strom

La·va·bo *das* [la'va:bo] <-(s), -s> SCHWEIZ. *Waschbecken*

La·ven·del *der* <-s, -> BOT. *eine violett blühende, duftende Pflanze, aus der man Grundstoffe für Parfüm gewinnt* ◆-öl, -wasser

la·vie·ren *ohne OBJ* ❶ ■ *jmd. laviert (veralt.) mit einem Segelschiff gegen den Wind kreuzen* ❷ ■ *jmd. laviert irgendwie (geh. abwert.) sich so verhalten, dass man Schwierigkeiten oder Konfrontationen aus dem Weg geht:* Er versteht es, geschickt zwischen den zerstrittenen Parteien zu lavieren, ohne sich Feinde zu machen.

La·wi·ne *die* <-, -n> ❶ *eine große Masse von Schnee, die einen Berg herunterstürzt:* eine Lawine auslösen; Mehrere Skifahrer wurden von der Lawine begraben.; Eine Lawine geht ab. ◆ Geröll-,

Schlamm-, Stein- ❷ *(übertr.) eine große Menge von etwas:* Der Artikel löste eine wahre Lawine von Leserbriefen aus.

-la·wi·ne *als Zweitglied zusammengesetzter Substantive; drückt aus, dass das mit dem Erstglied Bezeichnete als bedrohlich (und gegebenenfalls weiter anschwellend) empfunden wird* ◆ Antrags-, Blech-, Kosten-

La·wi·nen·ge·fahr *die <-> /kein Plur./ die Gefahr, dass eine Lawine[1] von einem Berg herunterstürzen kann:* Es besteht erhöhte Lawinengefahr.

La·wi·nen·hund *der <-(e)s, -e> ein Hund, der trainiert ist, Menschen zu finden, die von Lawinen[1] begraben wurden:* Bernhardiner werden häufig als Lawinenhunde eingesetzt.

la·wi·nen·si·cher *adj /nicht steig./ nicht durch Lawinen gefährdet:* Die Region gilt als lawinensicher.

La·wi·nen·ver·bau·ung *die <-, -en> Sicherung gegen niedergehende Lawinen[1] durch Wälle und Zäune*

lax *adj (abwert.: ↔ streng) lasch; wenig prinzipienfest:* Sie hat eine sehr laxe Auffassung von der Erziehung.

Lay·out, *a.* **Lay·out** *das* [leˈʔaʊt/ˈleːʔaʊt] *<-s, -s>* DRUCKW. *die Art und Weise, wie Text und Bilder in einer Zeitung, einer Zeitschrift oder einem Buch angeordnet sind:* das Lay-out einer Zeitung ◆ Schreibung mit oder ohne Bindestrich →R 3.22 Wie findest du das neue Lay-out/Layout der Zeitung?

lay·ou·ten [leːˈʔaʊtn̩] *mit OBJ/ohne OBJ* ■ *jmd. layoutet etwas das Lay-out machen:* die Titelseite layouten; Erst müssen wir layouten, dann können wir entscheiden, wie es wirkt.

Lay·ou·ter *der,* **Lay·ou·te·rin** [leːˈʔaʊtɐ] *<-s, -> Person, die sich beruflich mit dem Lay-out von Zeitungen, Zeitschriften, Büchern o. Ä. befasst:* Sie arbeitet als Layouterin bei einer Zeitung.

La·za·rett *das <-(e)s, -e> eine Art Krankenhaus, in dem verwundete Soldaten an der Front versorgt werden:* Die Verwundeten wurden im Lazarett versorgt. ◆ -flugzeug, -schiff, -zelt, Feld-

La·za·rus *(umg. iron.)* ■ **ein armer Lazarus** *Person, die körperlich schwer leidet*

LCD *das* [əltseˈdeː] *<-s, -s> Abkürzung von „Liquid Crystal Display"; Flüssigkristallanzeige*

LCD-An·zei·ge *die* [əltseˈdeː...] *<-, -n> Anzeige mit Flüssigkristallen, die in Uhren oder kleinen Geräten arbeitet*

LCD-Bild·schirm *der* [əltseˈdeː...] *<-s, -e> ein Bildschirm, der sehr flach ist und mit Flüssigkristallen arbeitet:* Notebooks, Laptops und moderne Fernseher sind mit LCD-Bildschirmen ausgestattet.

Lea·der *der* [ˈliːdɐ] *<-s, ->* ❶ *jmd., der eine Musikgruppe leitet* ❷ ÖSTERR., SCHWEIZ. *Sportler oder Mannschaft, der oder die eine Tabelle führt*

Lead·gi·tar·re *die* [ˈliːd-] *<-, -n> Gitarre, auf der in einer Rockband die Melodie gespielt wird*

Lean Pro·duc·tion *die* [liːˈnprɒdʌkʃn] *<-> /kein Plur./ (engl. für schlanke Produktion) eine Form der Arbeitsorganisation, in der es flache Hierarchien, Gruppenarbeit sowie einen hohen Grad der Automatisierung gibt, und die Zeit und Kosten senken soll:* In der Autoindustrie hat sich das Konzept der Lean Production durchgesetzt.

lea·sen [ˈliːzn̩] *<least, leaste, hat geleast> mit OBJ* ■ *jmd. least etwas etwas (meistens ein Auto) über eine bestimmte Zeit mieten, wobei die bezahlte Miete zum Schluss von dem Preis abgezogen wird, den man für den Kauf des Autos noch bezahlen muss, wenn man das Auto kaufen will:* ein geleastes Auto

Lea·sing *das* [ˈliːzɪŋ] *<-s, -s> das Leasen*

Le·be·mann *der,* **Le·be·da·me** *<-(e)s, Lebemänner> (veralt. umg. abwert.: ≈ Playboy) eleganter Herr, der ein ausschweifendes Leben voller Luxus führt:* ein reicher Lebemann

Le·ben *das <-s, ->* ❶ *der Zustand, dass jmd. oder etwas lebt und nicht tot ist:* sein Leben retten; um sein Leben fürchten ❷ *die Zeit, die jmd. lebt:* jemandem ein langes Leben wünschen; seinem Leben einen Sinn geben; sein Leben lang auf der Suche nach etwas sein; zum ersten Mal in seinem Leben ❸ *das Leben[1] als biologisches Phänomen an sich:* Gibt es intelligentes Leben außerhalb der Erde?; die Entstehung des Lebens auf der Erde ❹ *die Art und Weise, wie man sein Dasein gestaltet:* ein sorgenfreies Leben genießen; ein aufregendes Leben führen ❺ *alles, was jmd. täglich beeinflusst oder was jmd. täglich erlebt:* das Leben meistern; dem Leben einen Sinn geben; dem Leben nur Gutes abgewinnen; mit dem Leben nicht zurechtkommen ❻ *(≈ Betriebsamkeit) alles, was in einem Raum oder in der Öffentlichkeit geschieht:* Auf der Straße herrschte reges Leben.; Endlich kommt mal Leben ins Haus! ❼ *etwas, das, für jmdn. das Wichtigste ist:* Sein Leben war die Musik. ❽ ■ *...leben als Zweitglied verwendet, um auszudrücken, dass es die für die im Erstglied genannte Personengruppe typische Lebensform ist:* die Freuden des Studentenlebens; worauf es im Berufsleben ankommt; seine Beschreibung des Angestelltenlebens; ■ **das politische/gesellschaftliche/öffentliche/wirtschaftliche Leben** *alles, was im Bereich der Politik/Gesellschaft/Öffentlichkeit/Wirtschaft geschieht:* sich aus dem politischen Leben zurückziehen; ■ **das ewige Leben** REL. *das Leben nach dem Tod;* ■ **das werdende Leben** *das Kind, das im Bauch der Mutter heranwächst;* ■ **ein Kampf auf Leben und Tod** *ein Kampf, der erst mit dem Tod eines der Kämpfenden endet;* ■ **einem Kind das Leben schenken** *(geh.) ein Kind gebären;* ■ **jemanden ums Leben bringen** *(geh.) jmdn. töten;* ■ **ums Leben kommen** *(umg.) verunglücken;* ■ **seinem Leben ein Ende setzen** / **sich das Leben nehmen** *sich selbst töten;* ■ **jemandem nach dem Leben trachten** *das Ziel haben, jmdn. zu töten;* ■ **seines Lebens nicht mehr sicher sein** *Gefahr laufen, getötet zu werden;* ■ **(noch einmal) mit dem Leben davonkommen** *eine gefährliche Situation knapp überleben;* ■ **sein Leben aufs Spiel setzen/mit seinem Leben spielen** *sich in eine gefährliche Situation begeben* Er liebt Extremsportarten, auch wenn er dabei oft sein Leben aufs Spiel setzt.; ■ **seines Lebens nicht mehr froh werden** *so große Probleme haben, dass man*

L

immer unglücklich ist Nach dem schrecklichen Unfall wird sie ihres Lebens nicht mehr froh.; ■ **etwas ins Leben rufen** *etwas gründen* eine Stiftung ins Leben rufen; ■ **wie das blühende Leben (aussehen)** *(umg.) gut und sehr gesund (aussehen);* ■ **für sein Leben gern** *sehr gerne* Er trinkt für sein Leben gern Kaffee.; ■ **sich (mit etwas) durchs Leben schlagen** *(umg.) nur soviel Geld (mit etwas) verdienen, dass man davon gerade leben kann* Ich schlage mich mit kleinen Jobs durchs Leben.; ■ **Nie im Leben!** *(umg.) verwendet, um mit Nachdruck etwas völlig abzulehnen* Ich und Drogen? Nie im Leben!; ■ **jemandem das Leben zur Hölle machen** *(umg.) jmdm. große und schlimme Probleme machen;* ■ **in jemanden kommt Leben** *(umg.) jmd. wird plötzlich aktiv* Sie stand gelangweilt in der Kneipe, doch als sie ihn sah, kam auf einmal Leben in sie.; ■ **Leben in die Bude bringen** *(umg.) irgendwo gute Stimmung erzeugen* Bei der Hochzeitsfeier brachte nur die Band etwas Leben in die Bude.; ■ **etwas ist aus dem Leben gegriffen** *etwas ist sehr realistisch* Der Film ist wie aus dem Leben gegriffen.; ■ **Wie das Leben so spielt!** *verwendet, um eine Bemerkung zu etwas zu machen, was typisch für das Leben[4] ist und was nicht mehr zu ändern ist* Wie das Leben so spielt! Erst hat er gewonnen und dann wieder alles verloren. ◆Getrennt- oder Zusammenschreibung →R 4.16 Leben spendend/lebenspendend; Leben zerstörend/lebenzerstörend; **le·ben I.** *ohne OBJ* ❶ ■ *jmd. lebt* *eine funktionierenden Organismus haben und auf der Welt sein:* Seine Eltern leben nicht mehr.; Als der Arzt eintraf, lebte sie noch. ❷ ■ *jmd. lebt irgendwann jmd. ist auf der Welt:* Goethe lebte von 1749 bis 1832. ❸ ■ *jmd./etwas lebt irgendwo jmd. oder etwas verbringt an einem Ort oder bei jmdm. die meiste Zeit:* Fische leben im Wasser.; In Grönland leben die Eskimos.; Er lebt noch bei seinen Eltern.; Sie lebt seit 10 Jahren in Leipzig. ❹ ■ *jmd. lebt irgendwie jmd. verbringt sein Leben in einer bestimmten Weise:* zufrieden leben; in Armut leben ❺ ■ *jmd. lebt von etwas jmd. ernährt sich von etwas:* Während des Studiums lebte er hauptsächlich von Reis und Nudeln. ❻ ■ *jmd. lebt von etwas jmd. bekommt von jmdm. oder etwas Geld, um sich davon Essen, Kleidung o. Ä. zu kaufen:* Er lebt vom Geld seiner Frau.; Von der Dichtkunst konnte er nicht leben. ❼ ■ *etwas lebt von etwas Dat. etwas hängt von etwas ab:* Der Film lebt nur von den Spezialeffekten. ❽ ■ *jmd. lebt für jmdn./etwas jmd. oder etwas ist für jmdn. das wichtigste im Leben:* Sie lebt nur noch für ihre Tochter.; Er lebt nur für die Musik. **II.** *mit OBJ* ■ *jmd. lebt etwas jmd. gestaltet sein Leben:* Sie lebten ein erfülltes Leben.; ■ **Es lebe …!** ■ **Hoch lebe …!** *verwendet, um auszudrücken, dass man sich wünscht, dass eine Sache oder eine Person lange oder für immer so bleibt* Es lebe die Freiheit!; Es lebe der König!; ■ **Leben Sie wohl!** *(veralt.) Auf Wiedersehen!;* ■ **leben wie Gott in Frankreich** *verwendet, um auszudrücken, dass man sehr gut lebt, weil man sehr gutes Essen und sehr gute Getränke hat*

le·bend *adj /nicht steig./* SPRACHWISS. *heute noch gesprochen:* Russisch und Englisch sind lebende Sprachen; Latein gehört nicht zu den lebenden Sprachen.

le·bend·ge·bä·rend, a. **le·bend ge·bä·rend** *adj /nicht steig./* ZOOL. *so, dass ein Tier lebende Junge zur Welt bringt* ◆Getrenntschreibung →R 4.5 lebend gebärende Tiere; ◆Getrennt- oder Zusammenschreibung →R 4.5 Diese Fische gehören zu den lebend Gebärenden/Lebendgebärenden.

Le·bend·ge·wicht *das <-(e)s> /kein Plur./* LANDW. *Gewicht eines Schlachttieres vor der Schlachtung*

le·ben·dig *adj* ❶ (↔ tot) *so, dass etwas lebt* I.1: Eine Fliege ist auch ein lebendiges Wesen!; bei lebendigem Leib(e) verbrennen ❷ *so, dass etwas mit Inhalt erfüllt ist und praktiziert wird:* eine lebendige Demokratie; eine lebendige Tradition ❸ *lebhaft, munter:* eine lebendige Stadt; einen sehr lebendigen Unterricht machen; sehr lebendige Kinder haben; ■ **etwas wird wieder lebendig** *etwas, das schon vergessen war, kommt wieder zum Vorschein*

Le·ben·dig·keit *die <-> /kein Plur./ Zustand, in dem jmd. oder etwas lebendig[3] ist*

Le·bens·abend *der <-(e)s, -e> (geh.) der letzte Lebensabschnitt, das Alter:* Nach der Pensionierung möchte er nun seinen Lebensabend genießen.

Le·bens·ab·schnitt *der <-(e)s, -e> ein bestimmter Zeitabschnitt im Leben:* Nach der Schulzeit beginnt ein neuer Lebensabschnitt.

Le·bens·ab·schnitts·part·ner *der,* **Le·bens·ab·schnitts·part·ne·rin** *<-s, -> (umg. iron.) Person, mit der man für eine bestimmte Zeit eine Beziehung hat*

Le·bens·ader *die <-, -n> wichtiger Transportweg in einem Land[2], auf dem wichtige Güter befördert werden:* Schienenwege, Straßen und Flüsse sind Lebensadern der Wirtschaft.; die wichtigsten Lebensadern eines Landes zerstören

Le·bens·al·ter *das <-s, ->* ❶ */kein Plur./ die gelebten Jahre:* ein hohes Lebensalter erreichen ❷ *ein Abschnitt in der Entwicklung eines Menschen:* Auf dem Bild sind die verschiedenen Lebensalter eines Menschen dargestellt: Kindheit, Jugend, Erwachsensein, Alter.

Le·bens·ar·beits·zeit *die <-> /kein Plur./ die gesamte Zeit im Leben, während der ein Mensch in einem Beruf arbeitet*

Le·bens·art *die <-, -en>* ❶ *die Art, wie man lebt:* Das ist eben die heutige Lebensart! ❷ *die Eigenschaft, sich gut zu benehmen:* Er hat einfach keine Lebensart.

Le·bens·auf·ga·be *die <-, -n> eine Aufgabe, der jmd. sein Leben widmet:* Ihre Lebensaufgabe war es, kranken Kindern in Afrika zu helfen.

Le·bens·be·din·gun·gen *<-> Plur.* ❶ *die wirtschaftlichen und gesellschaftlichen Bedingungen, unter denen Menschen leben:* Die Menschen in den Armenvierteln am Rande der Stadt haben sehr schlechte Lebensbedingungen. ❷ BIOL. *Umweltbedingungen, unter denen Pflanzen und Tiere leben:* Die Tiefsee ist ein Lebensraum mit extremen Lebensbedingungen für Tiere und Pflanzen.

le·bens·be·dro·hend *adj /nicht steig./ so, dass es jmdn. töten kann:* eine lebensbedrohende Krankheit

Le·bens·be·reich *der* <-(e)s, -e> *einer der verschiedenen Bereiche, in die sich die Aktivitäten des Lebens aufteilen lassen:* Man sollte die beiden Lebensbereiche Arbeit und Privatleben streng voneinander trennen.

Le·bens·dau·er *die* <-> */kein Plur./* ❶ *die Zeit, die ein Mensch oder ein Tier lebt:* die durchschnittliche Lebensdauer einer Schildkröte ❷ *die Zeit, die ein Gerät einwandfrei funktioniert:* Gute Behandlung erhöht die Lebensdauer des Gerätes.

Le·bens·en·de *das* <-s> */kein Plur./ der Tod:* Bis an ihr Lebensende konnte sie das nicht vergessen.

Le·bens·ent·wurf *der* <-(e)s, Lebensentwürfe> *eine Art Plan, den sich jmd. für sein Leben macht, um seine Wünsche und Ziele zu erreichen*

Le·bens·er·fah·rung *die* <-> */kein Plur./ die Erfahrung, die jmd. im Laufe seines Lebens sammelt:* Sie hat aufgrund ihrer Jugend noch wenig Lebenserfahrung.

le·bens·er·hal·tend *adj /nur attr./ /nicht steig./* MED. *so, dass etwas verhindert, dass jmd. stirbt:* Der Sanitäter führte bis zum Eintreffen des Arztes lebenserhaltende Maßnahmen durch.

Le·bens·er·war·tung *die* <-, -en> */meist Sing./ die Zeit, die ein Mensch oder ein Tier zu leben hat:* Das Rauchen verkürzt die durchschnittliche Lebenserwartung des Menschen.

le·bens·fä·hig *adj /nicht steig./* MED. *so, dass jmd. leben kann, weil sein Körper gesund und normal entwickelt ist:* Das Neugeborene war nicht lebensfähig.

le·bens·feind·lich *adj so, dass es eine Bedrohung für Lebewesen ist:* das lebensfeindliche Klima der Arktis

Le·bens·fra·ge *die* <-, -n> *eine Sache, die sehr wichtig ist:* Die Lösung dieses Problems wurde für ihn zur Lebensfrage.

Le·bens·freu·de *die* <-> */kein Plur./ die Einstellung, dass man das Leben positiv findet und Spaß daran hat:* Trotz ihres hohen Alters war sie voller Lebensfreude

le·bens·froh *adj /nicht steig./ so, dass man voller Lebensfreude ist:* lebensfrohe junge Leute

Le·bens·ge·fahr *die* <-> */kein Plur./ eine Situation oder Gefahr, die jmds. Leben bedroht und sogar tödlich sein kann:* Nach dem Unfall schwebte er in Lebensgefahr.; Vorsicht Hochspannung, Lebensgefahr!

le·bens·ge·fähr·lich *adj /nicht steig./ so, dass etwas das Leben bedroht:* eine lebensgefährliche Expedition; lebensgefährlich erkrankt sein

Le·bens·ge·fähr·te *der,* **Le·bens·ge·fähr·tin** <-n, -n> *ein Partner, mit dem man sein Leben teilt, mit dem man aber nicht verheiratet ist:* Lange nach dem Tod seiner Frau hat er eine neue Lebensgefährtin gefunden.

Le·bens·geis·ter ▪ **jemands Lebensgeister erwachen** *(umg.) jmd. spürt nach einer Phase der Müdigkeit neue Kraft* Nach einem Schluck Kaffee erwachten seine Lebensgeister.; ▪ **etwas weckt die Lebensgeister** *(umg.) etwas verhilft zu neuer*

Energie Ein Tässchen Espresso weckt die Lebensgeister!

Le·bens·ge·mein·schaft *die* <-, -en> *der Zustand, dass zwei Menschen in einer Beziehung leben und ihr Leben bis zum Tod eines Partners teilen wollen:* eheliche Lebensgemeinschaft; nichteheliche Lebensgemeinschaft

Le·bens·ge·schich·te *die* <-, -n> *die Erlebnisse und Ereignisse im Leben eines Menschen:* Bei ihrem ersten Treffen erzählte er ihr seine ganze Lebensgeschichte.

le·bens·groß *adj so, dass etwas in natürlicher Größe dargestellt ist:* ein lebensgroßes Bild eines Adlers; eine lebensgroße Statue des Dichters

Le·bens·hal·tungs·in·dex *der* <-es, -e/-indizes/-indices> *eine Statistik über die Lebenshaltungskosten in einem Land, einem Bundesland oder einer Stadt*

Le·bens·hal·tungs·kos·ten *Plur.* WIRTSCH. *das Geld, das man für alles, was man zum Leben braucht, (in einem bestimmten Zeitraum) bezahlen muss:* Die Lebenshaltungskosten sind gestiegen.

Le·bens·hil·fe *die* <-, -n> *Hilfe, die von einem Verein, einer Institution o. Ä. angeboten wird, um Personen in schwierigen Lebenssituationen zu helfen:* Der Verein gibt Drogensüchtigen und ihren Angehörigen Lebenshilfe.

Le·bens·in·halt *der der* <-(e)s, -e> *eine wichtige Aufgabe, die jmd. als den Sinn seines Lebens ansieht:* Die Musik war ihr Lebensinhalt.

Le·bens·jahr *das* <-(e)s, -e> *ein Jahr im Leben von jmdm.:* In den ersten Lebensjahren brauchen Kinder besonders viel Zuneigung.

Le·bens·künst·ler *der,* **Le·bens·künst·le·rin** <-s, -> *jmd., der mit allen Situationen im Leben fertigwird*

Le·bens·la·ge *die* <-, -n> *Situation im Leben eines Menschen:* Sie weiß in jeder Lebenslage einen Ausweg.

le·bens·lang *adj /nicht steig./ so, dass es ein Leben lang andauert:* eine lebenslange Freundschaft; ihre lebenslange Begeisterung für die Kunst

le·bens·läng·lich *adj /nicht steig./* RECHTSW. *so, dass eine Strafe für den Rest des Lebens gilt:* eine lebenslängliche Gefängnisstrafe; zu „lebenslänglich" verurteilt werden; Der Mörder bekam lebenslänglich.

Le·bens·lauf *der* <-(e)s, Lebensläufe> ❶ *ein Text, in dem jmd. alle wichtigen Daten, wie Geburtsjahr, Geburtsort, Ausbildung, berufliche Erfahrungen o. Ä., zu seiner Person auflistet, und der für Bewerbungen gebraucht wird:* Für die Bewerbungsunterlagen musste er einen tabellarischen Lebenslauf schreiben. ❷ *alles, was man während seines Lebens bisher erlebt hat:* einen bewegten Lebenslauf haben

Le·bens·leis·tung *die* <-, -en> *gesamte während eines Lebens erbrachte Leistung*

Le·bens·lust *die* <-> */kein Plur./ Freude am Leben:* Er war in seinem Alter noch voller Lebenslust.

le·bens·lus·tig *adj (≈ lebensfroh) so, dass man Freude am Leben hat:* ein lebenslustiger alter Herr

Le·bens·mit·tel *das* <-s, -> /meist. Plur./ (≈ Nahrungsmittel) *grundlegende Produkte, die man täglich braucht, um sich zu ernähren:* Brot, Gemüse und Fleisch gehören zu den wichtigsten Lebensmitteln.

Le·bens·mit·tel·che·mi·ker *der*, **Le·bens·mit·tel·che·mi·ke·rin** <-s, -> *jmd., der beruflich Lebensmittel analysiert und prüft, welche Stoffe darin enthalten sind*

Le·bens·mit·tel·ge·schäft *das* <-(e)s, -e> *Geschäft, in dem man Lebensmittel kaufen kann*

Le·bens·mit·tel·in·dus·t·rie *die* <-> /kein Plur./ *der Zweig der Industrie, der Lebensmittel produziert*

Le·bens·mit·tel·tech·ni·ker *der*, **Le·bens·mit·tel·tech·ni·ke·rin** <-s, -> *jmd., der beruflich in der Lebensmittelindustrie arbeitet*

Le·bens·mit·tel·ver·gif·tung *die* <-, -en> MED. *eine Vergiftung, die man bekommt, weil man verdorbene Lebensmittel gegessen hat*

Le·bens·mit·tel·ver·sor·gung *die* <-> /kein Plur./ *die Versorgung von Menschen mit ausreichender Nahrung:* Die Lebensmittelversorgung in den Flüchtlingsgebieten war nicht gesichert.

Le·bens·mit·tel·vor·rat *der* <-(e)s, ...-vorräte> *die Menge an Lebensmitteln, von der man eine Zeit lang leben kann, ohne neue zu kaufen:* einen Lebensmittelvorrat anlegen

Le·bens·mot·to *das* <-s> /kein Plur./ *ein bestimmter Gedanke, nach dem jmd. sein Leben führt und ausrichtet:* Sein Lebensmotto war „Nur keine Eile!"

le·bens·mü·de *adj* /nicht steig./ *so, dass jmd. nicht weiterleben will, weil er keine Freude am Leben mehr hat:* Er war alt, krank und lebensmüde.; ■**Ich bin doch nicht lebensmüde!** *(umg. scherzh.) verwendet, um auszudrücken, dass man etwas Gefährliches auf keinen Fall tun wird* Auf diesem schmalen Steg über die Schlucht gehen? Ich bin doch nicht lebensmüde!

Le·bens·mut *der* <-(e)s> /kein Plur./ *das Gefühl, dass man in seinem Leben noch eine positive Zeit vor sich hat und sein Leben gut gestalten kann:* seinen Lebensmut wiederfinden; den Lebensmut verlieren; Sie schöpfte wieder neuen Lebensmut.

le·bens·nah *adj* /nicht steig./ *so, dass etwas der Realität sehr ähnlich ist:* Die Erzählungen waren alle sehr lebensnah.

Le·bens·nerv ■**etwas in seinem Lebensnerv treffen** *etwas, das für die Existenz von jmdm. oder etwas absolut notwendig ist, gefährden oder beschädigen* einen Menschen/ein Land in seinem Lebensnerv treffen

le·bens·not·wen·dig *adj* /nicht steig./ *so, dass etwas sehr wichtig für das Leben ist:* Die Medikamente waren für ihn lebensnotwendig.

Le·bens·per·s·pek·ti·ve *die* <-, -n> *etwas, das jmdm. eine Möglichkeit gibt, sich beruflich oder persönlich zu entwickeln:* Die Schulbildung eröffnet den Kindern in den Entwicklungsländern neue Lebensperspektiven.

Le·bens·quali·tät *die* <-> /kein Plur./ *die Qualität der Bedingungen des täglichen Lebens:* Die technische Entwicklung kann die Lebensqualität der Menschen verbessern.

Le·bens·raum *der* <-(e)s, Lebensräume> ❶ SOZIOL. *Umfeld, in dem ein Mensch oder eine Gemeinschaft frei leben und arbeiten kann:* den Lebensraum der Urwaldbewohner bedrohen ❷ BIOL. *die Umwelt mit ihren Bedingungen:* Die Tiere haben sich an ihren Lebensraum angepasst. ❸ GESCH. *ein Begriff, der besonders von den deutschen Nationalsozialisten gebraucht wurde, um den Krieg zu rechtfertigen, mit dem der Staat sich vergrößern wollte:* Lebensraum im Osten

Le·bens·ret·ter *der*, **Le·bens·ret·te·rin** <-s, -> *jmd., der einem anderen Menschen das Leben gerettet hat und dabei häufig sein eigenes Leben riskiert hat*

Le·bens·si·tu·a·ti·on *die* <-, -en> *eine bestimmte Situation im Leben eines Menschen:* eine schwierige Lebenssituation meistern

Le·bens·stan·dard *der* <-s, -s> *die Menge aller Produkte, über die eine Bevölkerung, eine Gruppe oder eine Person für das tägliche Leben verfügt:* Der Lebensstandard der Bevölkerung ist in den reichen Industrieländern höher als in den Entwicklungsländern.

Le·bens·stel·lung *die* <-, -en> *feste Arbeitsstelle, die man bis zum Ende des Berufslebens hat:* Ein Beamter hat eine Lebensstellung.

Le·bens·stil *der* <-(e)s, -e> *die Art, wie ein Mensch sein Leben gestaltet:* Er pflegte einen gehobenen Lebensstil.

Le·bens·um·stand *der* <-(e)s, Lebensumstände> /meist Plur./ *eine der Bedingungen, unter denen jmd. lebt bzw. leben muss:* Nach dem Krieg waren die Lebensumstände schwierig.

Le·bens·un·ter·halt *der* <-(e)s> /kein Plur./ *das Geld, das notwendig ist, um Dinge wie Nahrung, Kleidung und Wohnung zu bezahlen:* Nach dem Studium musst du dir deinen Lebensunterhalt selbst verdienen.

Le·bens·ver·si·che·rung *die* <-, -en> *eine Versicherung, bei der jmd. selbst einen Geldbetrag bekommt, wenn die Versicherungszeit zu Ende ist, oder bei der eine Person einen Geldbetrag bekommt, wenn der Versicherte stirbt:* eine Lebensversicherung abschließen

Le·bens·wan·del *der* <-s> /kein Plur./ *die Art, wie jmd. lebt, und die von der Gesellschaft in einer bestimmten Weise beurteilt wird:* einen anständigen/bürgerlichen/tadellosen Lebenswandel haben

Le·bens·weg *der* <-(e)s, -e> *(übertr.) Verlauf des Lebens:* jemandem gute Wünsche/Ratschläge mit auf den Lebensweg geben; Ihr Lebensweg war von vielen Höhen und Tiefen geprägt.

Le·bens·wei·se *die* <-, -n> *eine bestimmte Art, wie jmd. sein Leben führt:* eine gesunde/ungesunde Lebensweise

Le·bens·werk *das* <-(e)s, -e> /meist Sing./ *etwas, dem jmd. die meiste Zeit seiner Arbeit und seines Denkens gewidmet hat:* Der Literaturkritiker wurde für sein Lebenswerk ausgezeichnet.; Das Lebenswerk dieses Autors umfasst vierzehn Romane und zwei Bände mit Kurzgeschichten.

L

le·bens·wert *adj so, dass man das Leben schön findet und man gerne lebt:* Das Leben ist lebenswert.; Das Leben erschien ihm ohne sie nicht mehr lebenswert.

le·bens·wich·tig *adj /nicht steig./ so, dass es für das Weiterleben unbedingt nötig ist:* das Versagen lebenswichtiger Organe; lebenswichtige Medikamente in das Katastrophengebiet liefern

Le·bens·wil·le *der <-ns> /kein Plur./ der Wille, trotz schwieriger Umstände weiterzuleben:* Sie hatte trotz ihrer schweren Krankheit einen starken Lebenswillen.; Nach dem Tod seiner Frau war sein Lebenswille gebrochen.

Le·bens·zei·chen *das <-s, ->* ❶ MED. *ein Anzeichen, dass jmd. noch lebt:* den Verunglückten auf Lebenszeichen untersuchen ❷ *(übertr.) eine Nachricht, dass jmd. noch lebt, von dem man lange Zeit nichts gehört hat:* Gib mal ein Lebenszeichen, wenn du wieder da bist!

Le·bens·zeit *die <-, -en>* ❶ TECHN. *Zeit, bis ein Gegenstand/Gerät unbrauchbar geworden ist:* Lebenszeiten von Anlagen/Motoren ❷ */kein Plur./ Lebensdauer¹:* die Lebenszeit eines Menschen verlängern; ■ **auf Lebenszeit** *(geh.) für den Rest des Lebens* eine Rente auf Lebenszeit

Le·ber *die <-, -n>* ❶ *ein Körperorgan , das den Organismus vor giftigen Substanzen schützt:* Übermäßiger Alkoholgenuss schädigt die Leber. ◆ Gänse-, Geflügel-, Rinder-, Schweine- ❷ *die Leber¹ von einem Tier, die man auch essen kann* ❸ ■ **frisch/frei von der Leber weg reden** *(umg.) offen und ohne Hemmungen reden;* ■ **sich etwas von der Leber reden** *(umg.) jmdm. von einem Problem berichten, um sich selbst zu erleichtern*

Le·ber·fleck *der <-(e)s, -e> (≈ Muttermal) ein kleiner bräunlicher Fleck auf der Haut, den man meist seit der Geburt hat und der nicht gefährlich ist*

Le·ber·kä·se *der <-s> /kein Plur./* KOCH. *eine Art Fleischkuchen, von dem Scheiben geschnitten und gebraten werden*

le·ber·krank *adj /nicht steig./ so, dass die Leber¹ erkrankt ist*

Le·ber·krank·heit *die <-, -en> eine Krankheit, die die Leber¹ befallen hat*

Le·ber·lei·den *das <-s, ->* MED. *eine Krankheit, die die Leber¹ befallen hat und die sehr lange dauert:* ein chronisches Leberleiden haben

Le·ber·pas·te·te *die <-, -n>* KOCH. *eine Pastete aus Geflügelleber* ◆ Enten-, Gänse-

Le·ber·tran *der <-(e)s> /kein Plur./ Öl, das aus Fischleber gewonnen wird und viele Vitamine hat, und das von Menschen eingenommen werden kann, um den Körper zu kräftigen*

Le·ber·wert *der <-(e)s, -e> /meist Plur./* MED. *ein Wert, der angibt, ob die Leber¹ gesund oder krank ist*

Le·ber·wurst *die <-, Leberwürste> eine Wurstsorte, in der Leber von Tieren verarbeitet ist:* feine/grobe Leberwurst; ■ **die beleidigte Leberwurst spielen** *(umg.) wegen einer unwichtigen Sache gekränkt sein*

Le·ber·zir·rho·se *die <- , -n>* MED. *(≈ Schrumpfleber) eine chronische Erkrankung der Leber*

Le·be·we·sen *das <-s, -> ein lebender Organismus mit einer oder auch zahlreichen Zellen:* Pflanzen, Tiere und Menschen sind Lebewesen.

Le·be·wohl *das <-(e)s, -s/-e> (geh.) der Abschied:* jemandem ein letztes Lebewohl zurufen; ■ **jemandem Lebewohl sagen** *sich von jmdm. verabschieden* ◆ Getrenntschreibung →R 4.5 „Lebe wohl!", rief er.

leb·haft *adj* ❶ *lebendig, voll Temperament:* ein sehr lebhaftes Kind ❷ *stark und sehr groß:* lebhafter Beifall; Die Thesen des Forschers erweckten lebhaftes Interesse in der Fachwelt. ❸ *deutlich, klar:* lebhafte Erinnerungen; Das kann ich mir lebhaft vorstellen. ❹ *interessant, auffallend:* eine lebhafte Diskussion; lebhafte Farben

Leb·haf·tig·keit *die <-> /kein Plur./ der Zustand, in dem jmd. oder etwas lebhaft* ¹, ⁴ *ist*

Leb·ku·chen *der <-s, -> ein Gebäck aus dunklem Teig, das würzig schmeckt und das vor allem zur Weihnachtszeit gegessen wird*

leb·los *adj /nicht steig./* ❶ *tot:* Nach dem schrecklichen Unfall lagen überall leblose Körper auf dem Boden. ❷ *so, als ob es tot wäre:* Der Arm hing wie leblos herab.; ein lebloser Blick

Leb·lo·sig·keit *die <-> /kein Plur./ der Zustand, in dem jmd. oder etwas leblos ist*

Leb·tag ■ **sein Lebtag** *(umg. o veralt.) sein ganzes Leben lang* Daran werde ich mein Lebtag denken.; ■ **sein Lebtag nicht** *nie* Das hätte ich mein Lebtag nicht geglaubt.

Leb·zei·ten ■ **bei/zu Lebzeiten** *zu der Zeit, in der jmd. lebt* zu Lebzeiten Schillers; Er hat seiner Tochter das Haus noch zu seinen Lebzeiten vererbt.

Lech *der <-> /kein Plur./ ein Fluss in Süddeutschland*

lech·zen *<lechzt, lechzte, hat gelechzt> ohne OBJ* ■ **jmd. lechzt nach etwas** *Dat. (geh.) etwas dringend haben wollen:* nach Wasser lechzen; nach Macht lechzen

Le·ci·thin *das siehe* **Lezithin**

Leck *das <-(e)s, -s> undichte Stelle in einem Schiff oder einem Behälter, in die oder aus der Flüssigkeit dringen kann:* Der Tank hat ein Leck.; Das Schiff bekam ein Leck und sank sofort.

leck *adj /nicht steig./ so, dass etwas ein Loch oder einen Riss hat und dadurch undicht ist:* Das Schiff ist leck. ◆ Getrenntschreibung →R 4.9 Das Fass wird wahrscheinlich leck sein.

le·cken¹ **I.** *mit OBJ* ❶ ■ **jmd./ein Tier leckt etwas** *mit der Zunge über etwas streichen und es in den Mund bringen:* Das Kind leckt ein Eis.; Die Katze leckt die Milch. ❷ ■ **ein Tier leckt sich/etwas** *mit der Zunge über etwas streichen, um es sauber zu machen:* Die Katze leckt sich.; Die Hündin leckt ihre Jungen. ❸ ■ **jmd. leckt (sich) etwas von etwas** *mit der Zunge etwas von etwas entfernen:* Nach dem Essen leckte er (sich) das Fett von den Fingern. **II.** *ohne OBJ* ■ **ein Tier leckt an etwas** *Dat. mit der Zunge über eine Stelle streichen:* Der Hund leckte an seiner Hand.; ■ **seine Wunden lecken** *(umg. übertr.) sich lange gekränkt fühlen;* ■ **sich die Finger nach etwas lecken** *(umg. übertr.) etwas gerne haben*

L

wollen; ■ **Leck mich am Arsch!** *(vulg.) Lass mich in Ruhe, das interessiert mich nicht.;* ■ **jemand/etwas sieht aus wie geleckt** *(umg.) jmd. oder etwas sieht extrem sauber und ordentlich aus*

le̲·cken² *ohne OBJ* ■ *etwas leckt etwas hat ein Leck:* Das Boot leckt.

le̲·cker *adj so, dass etwas sehr gut schmeckt:* Das Essen war lecker!; Das sieht aber lecker aus!

Le̲·cker·bis·sen *der* <-s, -> ❶ *etwas, das sehr gut schmeckt:* Sie pickt sich beim Essen nur die Leckerbissen heraus. ❷ *etwas Besonderes, das jmd. sehr genießen kann:* Die Oper ist ein Leckerbissen für jeden Freund der Musik.

Le̲·cke·rei *die* <-, -en> */meist Plur./ etwas, das besonders lecker ist:* Zu Weihnachten gibt es süße Leckereien.

Le̲·cker·maul *das* <-s, Leckermäuler> *(umg.) jmd., der gerne gute und vor allem süße Sachen isst:* Sie lässt nichts Süßes liegen, sie ist ein richtiges Leckermaul!

le̲ck·schla·gen, *a.* **le̲ck schla·gen** <schlägt leck, schlug leck, ist leckgeschlagen> *ohne OBJ* ■ *etwas schlägt leck* SEEW. *etwas bekommt durch einen äußeren Einfluss ein Leck:* Das Schiff ist leckgeschlagen.; Der Kahn wird wohl leckschlagen.; Das Boot schlug leck.

Le̲·der *das* <-s, -> ❶ *Haut von einem Tier, die bearbeitet wurde, um sie haltbar zu machen und aus der verschiedene Gebrauchsgüter hergestellt werden:* Aus Leder werden vor allem Schuhe, Taschen und Gürtel hergestellt. ◆ -handschuh, -hose, -imitat, -industrie, -jacke, -riemen, -schuhe, -stiefel, -tasche, -ware, -warenhandlung, Krokodil-, Rinds-, Schlangen- ❷ *(umg.) Fußball:* Das Leder rollt wieder.; das runde Leder; ■ **jemandem ans Leder wollen** *(umg.) jmdn. angreifen wollen;* ■ **zäh wie Leder sein** *(umg.) große Ausdauer besitzen;* ■ **gegen jemanden/etwas vom Leder ziehen** *über jmdn. oder etwas heftig schimpfen* Er zog gegen seine Kritiker ordentlich vom Leder.

Le̲·der·ein·band *der* <-(e)s, Ledereinbände> *ein fester Umschlag aus Leder¹:* ein Buch mit Ledereinband

Le̲·der·kom·bi *die* <-, -s> SPORT *Jacke und Hose aus Leder¹, die beim Motorradfahren getragen werden*

le̲·dern *adj* ❶ */nicht steig./ aus Leder¹ hergestellt:* lederne Schuhe ❷ *so fest, dass es Leder¹ gleicht:* lederne Haut ❸ *(umg. übertr.) sehr zäh:* Das Fleisch ist ledern.

le̲·dig *adj /nicht steig./* ❶ *nicht verheiratet:* Er ist ledig.; eine ledige Mutter ❷ ■ *einer Sache ledig (geh.) frei von etwas; nicht mehr von etwas belastet:* Nun war er aller Verpflichtungen ledig.

Le̲·di·ge *der/die* <-n, -n> *Person, die nicht verheiratet ist*

le̲·dig·lich *adv* (≈ *nur*) *nichts mehr als/niemand anders als:* Ich verlange lediglich mein Recht.; Lediglich ihre Schwester kam, niemand sonst.

Lee *die* [le:] <-> */kein Plur./ /meist ohne Artikel/* SEEW. (↔ *Luv*) *die Seite, von der der Wind nicht kommt*

leer *adj* ❶ (↔ *voll*) *so dass etwas nichts enthält;* ohne Inhalt: ein leerer Koffer/Magen/Raum; Er trinkt sein Glas schnell leer. ❷ (↔ *bewohnt*) *ohne Menschen darin:* Die Stadt ist am Wochenende leerer als sonst.; Das Haus stand schon lange leer. ❸ *so, dass nichts darauf geschrieben steht:* ein leeres Blatt ❹ */nur attr./ (abwert.) ohne Sinn, wertlos:* leeres Gerede; leere Sprüche ❺ *so, dass man einer Sache nicht glauben kann:* leere Versprechungen machen; leere Drohungen ❻ *so, dass etwas kein Gefühl und keinen Ausdruck zeigt:* mit leeren Augen vor sich hinstarren; ■ **ins Leere gehen** *keinen Erfolg haben oder keine Reaktion spüren* Ihre Ermahnungen gingen ins Leere, es beachtete sie niemand.; ■ **leer ausgehen** *keinen Anteil von etwas bekommen* bei einer Erbschaft leer ausgehen ◆ Getrenntschreibung → R 4.6 den Motor leer laufen lassen; ◆ Getrenntschreibung → R 4.15 Die Straßen waren wie leer gefegt/leergefegt.; Hier gibt es viele leer stehende/leerstehende Wohnun-

-leer (↔ *-voll*) *als Zweitglied zusammengesetzter Adjektive; drückt aus, dass das mit dem Erstglied Bezeichnete als besonders gehaltlos angesehen wird* ◆ audrucks-, inhalts-

Lee̲·re <-> */kein Plur./ etwas leer² ist:* die Leere des Weltalls ❷ *der Zustand, in dem keine Gefühle vorhanden sind:* Nach diesem Ereignis spürte er nur noch eine große Leere in sich.; ■ **irgendwo herrscht gähnende Leere** *an einem Ort ist absolut niemand* Im Kino herrschte nur gähnende Leere.; ■ **ins Leere greifen** *irgendwohin greifen, wo nichts ist;* ■ **ins Leere starren** *irgendwohin sehen, ohne bestimmte Dinge oder Menschen anzusehen, weil man traurig oder frustriert ist;* ■ **ins Leere stürzen** *in einen Abgrund fallen;* ■ **ein Schlag ins Leere** *etwas ohne Erfolg* Diese Prüfung war leider ein Schlag ins Leere.

lee̲·ren I. *mit OBJ* ❶ ■ *jmd. leert etwas etwas leer¹ machen:* einen Eimer leeren; den Briefkasten leeren ❷ ■ *jmd. leert etwas (geh.) ein Gefäß oder einen Behälter mit Essen oder Getränken leer¹ machen, indem man davon isst oder trinkt:* Auf einen Zug leert er den Becher Wein.; den Teller leeren **II.** *mit SICH* ■ *etwas leert sich aus einem Gebäude oder von einem Platz gehen die dort anwesenden Menschen allmählich weg:* das Stadion leerte sich.; Erst gegen Nachmittag leerte sich der Markt allmählich.

leer·ge·fegt, *a.* **leer ge·fegt** *adj (umg.)* ❶ *ohne Menschen:* Die Straßen waren völlig leergefegt. ❷ *ohne Produkte, weil sie alle verkauft worden sind:* Nach dem Schlussverkauf gab es nur noch leergefegte Regale.

Leer·gut *das* <-(e)s> */kein Plur./ leere¹ Behältnisse für Flüssigkeiten wie Flaschen, Kanister o. Ä., die mehrmals verwendet werden können:* Das Leergut wird in der Verkaufsstelle zurückgenommen.

Leer·lauf *der* <-(e)s, Leerläufe> ❶ */kein Plur./* KFZ, TECHN. *der Zustand, in dem ein Motor läuft, ohne dass ein Gang eingelegt ist:* Vor der Ampel schaltete er in den Leerlauf. ◆ -einstellschraube, -drehzahl, -verbrauch ❷ *(übertr.) Zeit, in der es* *keine sinnvolle Beschäftigung gibt:* In den Frei-stunden hatten wir viel Leerlauf.

leer·lau·fen <läuft leer, lief leer, ist leergelaufen> *ohne OBJ* ■ *etwas läuft leer auslaufen* ◆Zusam-menschreibung →R 4.6 *Der Tanker ist leergelau-fen.*

Leer·stand *der* <-(e)s> */kein Plur./* AMTSSPR. *Woh-nungen oder Häuser, die leer² sind:* Es gibt zurzeit viel Leerstand auf dem Wohnungsmarkt.

Leer·stel·le *die* <-, -n> *Stelle im Text, die nicht beschrieben ist und einen Zwischenraum zwi-schen Wörtern und Zeichen bildet* ◆-nangebot

Leer·tas·te *die* <-, -n> *die längliche Taste bei ei-ner Schreibmaschine oder auf der Tastatur eines Computers, mit der eine Leerstelle eingefügt wird:* Die Leertaste befindet sich auf der Tastatur in der unteren Reihe.

Lee·rung *die* <-, -en> *der Vorgang, dass etwas leer¹ gemacht wird:* die Leerung des Briefkastens um 17 Uhr; die regelmäßige Leerung der Mülltonnen

Leetspeak *der* ['liːtspiːk] <-s> */kein Plur./* EDV *das Ersetzen der tatsächlichen Buchstaben eines Wor-tes durch Zahlen, die mit den Buchstaben eine ge-wisse Ähnlichkeit aufweisen, mit dem Ziel, dass z.B. bestimmte Wörter nicht von Programmen er-kannt werden*

Lef·ze *die* <-, -n> */meist Plur./* ZOOL. *herabhän-gende Lippe bei Hunden und Raubtieren*

le·gal *adj /nicht steig./* (↔ illegal) *so, dass etwas im Rahmen der Gesetze erlaubt ist:* etwas auf lega-lem Weg erreichen

le·ga·li·sie·ren *mit OBJ* ■ *jmd./etwas legalisiert etwas* ❶ *(geh.) etwas gesetzlich erlauben:* In vie-len Ländern wird diskutiert, ob man den Konsum von Haschisch legalisieren soll. ❷ RECHTSW. *beglau-bigen:* Der Notar legalisiert eine Urkunde.

Le·ga·li·sie·rung *die* <-, -en> *der Vorgang, dass etwas legal gemacht wird*

Le·ga·li·tät *die* <-> */kein Plur./* *eine Handlung, die an das geltende Recht gebunden ist:* etwas au-ßerhalb der Legalität tun; ■ *etwas am Rande der Legalität tun etwas tun, was im Rahmen der gel-tenden Gesetze gerade noch erlaubt ist*

Le·ga·li·täts·prin·zip *das* <-s> */kein Plur./* *Ver-pflichtung des Staatsanwaltes, Verstöße gegen das Gesetz auch ohne Anzeige zu verfolgen*

Le·g·as·the·nie *die* <-, ...-nien> PSYCH., MED. *eine grundlegende Störung des Schriftspracherwerbs*

Unter **Legasthenie** versteht man eine andau-ernde und erhebliche Störung des Erwerbs der Schriftsprache. Der „Bundesverband Legas-thenie" und andere Stellen gehen davon aus, dass etwa vier Prozent der Schüler davon betroffen sind. Als mögliche Ursachen werden insbesondere genetische Dispositionen und Probleme der auditiven bzw. visuellen Wahr-nehmung angenommen. Von der „Weltge-sundheitsorganisation" (WHO) wie von zahl-reichen Expertinnen und Experten wird die Legasthenie als spezifische, von anderen Erscheinungsformen (z.B. Minderbegabung

und Sprachstörungen) unbedingt zu isolie-rende, Entwicklungsstörung betrachtet, die im Einzelfall einer genauen Untersuchung bedarf. Davon hebt man die so bezeichnete *Lese- und Rechtschreibstörung* und die *isolierte Recht-schreibstörung* (beim Schreiben hervortre-tende Schwierigkeiten) ab. Diese Bezeichnun-gen, wie auch *Lese-Rechtschreib-Schwierig-keit*, werden in zahlreichen Arbeiten manchmal von dem Ausdruck *Legasthenie* abgehoben, oft aber auch als synonyme Ausdrücke ver-wendet.

Le·g·as·the·ni·ker *der,* **Le·g·as·the·ni·ke·rin** <-s, -> PSYCH., MED. *jmd., der unter Legasthenie leidet*

Le·gat¹ *der* <-en, -en> *eine Art Botschafter des Papstes*

Le·gat² *das* <-(e)s, -e> RECHTSW. *Erbe, Vermächt-nis*

le·ga·to *adv /nur präd./* */nicht steig./* MUS. *(↔ staccato) so, dass Töne in einem Musikstück gebunden sind:* Spielen sie den Satz legato, Sie se-hen doch, dass es einen Bogen über den Noten gibt!

Le·ge·bat·te·rie *die* <-, -n> LANDW. *ein sehr gro-ßes Gebäude, in dem viele Hennen in kleinen Kä-figen gehalten werden und Eier legen:* Eier aus der Legebatterie

le·gen <legst, legte, hat gelegt> **I.** *mit OBJ* ❶ ■ *jmd. legt etwas irgendwohin etwas mit ei-ner Bewegung der Hand irgendwohin bringen, so dass es sich dort befindet:* Sie legt das Buch auf den Tisch. ❷ ■ *jmd. legt jmdm. etwas irgend-wohin jmdn. mit etwas berühren oder bekleiden:* Er legt ihm väterlich die Hand auf die Schulter.; Sie legt ihm einen Schal um den Hals. ❸ ■ *jmd. legt jmdn. (irgendwie) irgendwohin jmdn. in eine bestimmte Lage bringen:* Die Sanitäter legten den Verletzten vorsichtig auf die Seite. ❹ ■ *jmd. legt etwas verlegen:* Der Techniker muss noch das Te-lefonkabel legen, dann ist die Anlage fertig. ❺ ■ *ein Tier legt ein Ei* ZOOL. *aus einem Tier kommt ein Ei:* Der Vogel legt ein Ei. **II.** *mit SICH* ❶ ■ *jmd./etwas legt sich irgendwohin sich in eine bestimmte Lage begeben:* Ich lege mich in ein paar Minuten aufs Sofa, dann geht es wieder bes-ser.; Das Schiff hat sich auf die Seite gelegt. ❷ ■ *et-was legt sich etwas klingt ab:* Der Wind legte sich.; Sein Zorn hatte sich gelegt. ❸ ■ *etwas legt sich irgendwohin etwas lastet auf jmdm. oder etwas:* Der Qualm legt sich uns auf die Lunge.; Sor-gen legen sich auf ihre Seele.

le·gen·där *adj* ❶ *aus einer Legende bekannt:* die legendäre Gestalt des Herkules ❷ *so erstaunlich wie in einer Legende:* In Japan hat jemand ein le-gendäres Alter von 120 Jahren erreicht! ❸ *so be-rühmt, dass es fast wie eine Legende klingt:* das le-gendäre Rockfestival von Woodstock

Le·gen·de *die* <-, -n> ❶ *Lebensgeschichte von Heiligen* ❷ *(abwert.) eine Geschichte, die (seit langem) erzählt wird und an der nur wenig stimmt:* Dass er ein Musterschüler war, ist nur eine

L

Legende, die er selbst verbreitet hat. ❸ *eine Person, die Außerordentliches erreicht oder geleistet hat und dafür sehr bekannt ist:* Er ist eine lebende Legende. ❹ *Erklärung der Zeichen und Symbole, die auf einer Landkarte, einem Plan o. Ä. verwendet werden:* die Legende einer Landkarte

le·gen·den·haft *adj so, dass es eine Legende* [1, 2] *betrifft*

le·ger [le'ʒɛːɐ̯] *adj* ❶ *(≈ locker, ungezwungen ↔ verkrampft) so, wie man sich in Gesellschaft von Freunden und in der Familie gibt:* sich leger geben ❷ *(≈ lässig) so, dass etwas nicht formell, aber für einen bestimmten Anlass passend ist:* legere Kleidung tragen

Leg·gins, Leg·gings ['lɛgɪns/'lɛgɪŋs] *Plur. Hose aus weichem, dehnbarem Material, die eng am Bein anliegt*

le·gie·ren *mit OBJ* ❶ ■ *jmd. legiert etwas* TECHN. *Metalle miteinander verschmelzen* ❷ ■ *jmd. legiert etwas* KOCH. *eine Suppe oder Soße mit etwas eindicken:* eine legierte Blumenkohlsuppe

Le·gie·rung *die* <-, -en> TECHN. *ein Metall, das durch das Verschmelzen von zwei oder mehreren Metallen entstanden ist:* Bronze ist eine Legierung aus Kupfer und Zinn.

Le·gi·on *die* <-, -en> ❶ GESCH., MILIT. *Einheit des Heeres im alten Rom* ❷ MILIT. *spezielle Einheit der Armee in Frankreich und Spanien* ◆ Fremden- ❸ *eine sehr große Menge von Personen:* Eine Legion von Gläubigen pilgert jedes Jahr nach Mekka.

Le·gi·o·när *der* <-s, -e> ❶ GESCH., MILIT. *Soldat einer römischen Legion* ❷ MILIT. *Soldat der französischen oder spanischen Legion* ◆ Fremden-

le·gis·la·tiv *adj* /nicht steig./ POL., RECHTSW. *Gesetze beschließend:* die legislative Versammlung

Le·gis·la·ti·ve, Le·gis·la·ti·ve *die* <-, -n> POL. *die Institution, die in einem Staat die Gesetze beschließt:* Das Parlament ist die Legislative im Land.

Le·gis·la·tur·pe·ri·o·de *die* <-, -n> *die Dauer, für die Abgeordnete in ein Parlament gewählt werden:* Nach vier Jahren ist die Legislaturperiode zu Ende, doch in einigen Bundesländern dauert sie 5 Jahre.

le·gi·tim *adj* (↔ illegitim) ❶ RECHTSW. *so, dass etwas rechtmäßig ist:* Die legitime Regierung des Landes wurde gestürzt. ❷ *(geh.) so, dass etwas berechtigt ist:* legitime Forderungen; Ich finde es legitim, dass er eine Entschuldigung verlangt.

Le·gi·ti·ma·ti·on *die* <-, -en> ❶ *(geh.) Rechtfertigung:* Mit welcher Legitimation verlangt er eine Entschuldigung von uns? ❷ RECHTSW. *Nachweis, dass jmd. etwas tun darf:* Bitte weisen Sie beim Eintritt Ihre Legitimation vor! ❸ RECHTSW. *Erklärung, dass etwas echt ist:* die Legitimation eines Dokuments

le·gi·ti·mie·ren I. *mit OBJ* ❶ ■ *jmd./etwas legitimiert etwas etwas rechtmäßig machen:* Erst nachträglich wurde das Vorgehen legitimiert. ❷ ■ *jmd./etwas legitimiert etwas (geh.) berechtigen:* Was legitimiert dich, uns Vorwürfe zu machen, du bist selbst nicht unschuldig! II. *mit SICH* ■ *jmd. legitimiert sich sich ausweisen:* Bitte legitimieren Sie sich am Einlass!

Le·gi·ti·mi·tät *die* <-, -en> /meist Sing./ RECHTSW.

Zustand, in der eine Staatsgewalt mit vollem Recht handelt

Le·gu·an, Le·gu·an *der* <-s, -e> *eine Eidechse, die in den Tropen lebt und auf ihrem Körper eine Art Kamm aus Haut hat*

Le·hen *das* <-s, -> GESCH. *ein Stück Land, das von einem Herrscher an einen Untergebenen gegeben wurde, der es bebauen durfte, aber verpflichtet war, dem Herrscher einen Teil des Ertrags geben und ihm auch z. B. als Soldat zu dienen*

Lehm *der* <-(e)s, -e> *gelbliche Erde, die sehr schwer ist, kein Wasser durchlässt und oft zur Herstellung von Ziegeln benutzt wird:* Die Räder bleiben im Lehm stecken. ◆ -boden, -grube, -hütte

leh·mig *adj* ❶ *Lehm enthaltend:* lehmiger Boden ❷ *voller Lehm:* lehmige Schuhe haben

Leh·ne [1] *die* <-, -n> *eine Stütze an einem Stuhl, einem Sessel oder einem Sofa, auf die man ihre Arme legen oder an die man den Rücken stützen kann:* Ein Hocker hat keine Lehne. ◆ Stuhl-

Leh·ne [2] *die* <-, -n> ÖSTERR. *Abhang*

leh·nen I. *mit OBJ* ■ *jmd. lehnt sich/etwas an/gegen etwas* Akk. *jmd. stellt sich oder etwas schräg an oder gegen etwas Festes, das einen Halt gibt:* Sie lehnt das Fahrrad gegen die Hauswand.; Ich lehne mich mit dem Rücken an den Türrahmen. II. *ohne OBJ* ■ *jmd./etwas lehnt irgendwo jmd. oder etwas steht schräg irgendwo, um nicht umzufallen:* Die Leiter lehnt an der Wand.; Er lehnte erschöpft am Türpfosten. III. *mit SICH* ■ *jmd. lehnt sich irgendwohin jmd. stützt sich an oder auf etwas und beugt sich mit seinem Oberköper darüber:* Der Lehrer lehnte sich über den Tisch.; Die Nachbarn lehnten sich aus dem Fenster, um die Ereignisse auf der Straße besser sehen zu können*

Lehn·ses·sel *der* <-s, -> *ein Sessel, der eine hohe Lehne* [1] *für den Rücken hat*

Lehns·herr *der* <-en, -en> GESCH. *ein Herrscher, der ein Lehen vergibt*

Lehns·mann *der* <-(e)s, Lehnsmänner/Lehnsleute> GESCH. *jmd., dem ein Lehen gegeben wurde*

Lehn·stuhl *der* <-(e)s, Lehnstühle> *ein Stuhl mit einer hohen Lehne* [1] *für den Rücken*

Lehn·wort *das* <-(e)s, Lehnwörter> SPRACHWISS. *Wort, das aus einer Fremdsprache kommt, aber sich in Aussprache, Orthografie und Flexion der Zielsprache angeglichen hat:* Das Wort „Fenster" ist ein Lehnwort aus dem Lateinischen; dort heißt es „fenestra".; *siehe auch* **Entlehnung**

Lehr·amt *das* <-(e)s, Lehrämter> /meist Sing./ AMTSSPR. *Arbeit als Lehrer(in) an einer staatlichen Schule:* Sie studiert Mathematik für das Lehramt am Gymnasium.

Lehr·amts·stu·di·um *das* <-s, Lehramtsstudien> AMTSSPR. *das Studium für ein Lehramt*

Lehr·an·stalt *die* <-, -en> AMTSSPR. *Einrichtung, in der Unterricht gegeben wird:* Schulen, Hochschulen und andere Lehranstalten

Lehr·auf·trag *der* <-(e)s, Lehraufträge> *Auftrag, an einer Hochschule Lehrveranstaltungen zu halten:* Leider hatte er nur für ein Semester einen Lehrauftrag.

L

Lehr·be·auf·trag·te *der/die* <-n, -n> *jmd., der an einer Hochschule einen Lehrauftrag hat*

Lehr·be·ruf *der* <-(e)s, -e> ❶ *Beruf eines Lehrers:* im Lehrberuf tätig sein ❷ *(≈ Ausbildungsberuf) Beruf, für den man eine Ausbildung machen muss:* Tischler ist ein Lehrberuf im Handwerk.

Lehr·brief *der* <-(e)s, -e> *Zeugnis, das jmd. bekommt, der eine Lehre abgeschlossen hat*

Lehr·buch *das* <-(e)s, Lehrbücher> *(↔ Arbeitsbuch) Buch, das Wissen zu einem bestimmten Fach vermittelt und mit dem Schüler oder Studenten im Unterricht lernen oder arbeiten:* ein Lehrbuch der Medizin; ein Lehrbuch für Deutsch als Fremdsprache

Leh·re *die* <-, -n> ❶ *die Ausbildung, die man macht, um einen Beruf zu lernen:* Die Lehre als Tischler dauert drei Jahre.; bei jemandem in die Lehre gehen ❷ *Erfahrung, die man gemacht hat und aus der man etwas gelernt hat:* eine bittere Lehre; ■ *jemandem ist etwas eine Lehre jmd. hat aus einer (bitteren) Erfahrung etwas gelernt* Lass dir das eine Lehre sein! ❸ *die Grundlagen einer Philosophie oder einer Religion:* die Lehren des Platon; die Lehren des Augustinus; die Lehren des Buddhismus ❹ *die Theorien und das Wissen einer wissenschaftlichen Disziplin:* Die Lehre von der Relativität der Zeit haben nur wenige verstanden. ❺ */kein Plur./ Unterricht an einer Hochschule:* Professoren können sich von der Lehre befreien lassen.

leh·ren *I. mit OBJ* ❶ ■ *jmd. lehrt (jmdn.)etwas jmd. gibt jmdm. Informationen zu etwas und übt mit ihm, damit er Wissen und Fähigkeiten bekommt:* Er lehrt die Schüler Rechtschreibung und Grammatik.; Wer hat dich das Schwimmen gelehrt? ❷ ■ *jmd. lehrt (jmdn.) plus Inf. jmd. vermittelt jmdm. Fähigkeiten und Kenntnisse, um etwas zu tun:* Er lehrt ihn schwimmen.; Die Musiklehrerin lehrte ihn Klavier spielen ❸ ■ *etwas lehrt jmdn. etwas (geh.) etwas gibt jmdm. eine Lehre²:* Was lehrt uns dieses Buch?; Das Beispiel lehrt uns, dass Gewalt keine Probleme löst. *II. mit OBJ/ohne OBJ* ■ *jmd. lehrt (etwas) (irgendwann)(irgendwo) jmd. vermittelt Schülern oder Studenten Wissen und Kenntnisse:* Er lehrt Geschichte in der 12. Klasse am Gymnasium.; Sie lehrte mehrere Jahre an der Universität Hamburg.

Leh·rer *der*, **Leh·re·rin** <-s, -> ❶ *jmd., der an einer Schule unterrichtet:* als Lehrer an einer Hauptschule unterrichten ◆-ausbildung, -kollegium, -konferenz, -zimmer ❷ *jmd., der einen anderen Menschen fördert:* Sigmund Freud war sein Lehrer.

Lehr·fach *das* <-(e)s, Lehrfächer> *das Fach, das jmd. an einer Schule unterrichtet:* Ihre Lehrfächer sind Sport und Französisch.

Lehr·film *der* <-(e)s, -e> *speziell für den Unterricht hergestellter Film, der spezielle Informationen zu einem Thema vermittelt*

Lehr·gang *der* <-(e)s, Lehrgänge> *ein Ausbildungskurs, in dem man in relativ kurzer Zeit bestimmte Fähigkeiten und Kenntnisse erlernt:* einen Lehrgang in erster Hilfe besuchen; Lehrgänge zum Maschinenschreiben anbieten

Lehr·geld *das* <-(e)s, -er> GESCH. *Geld, das früher für die Ausbildung der Kinder an den Meister gezahlt wurde;* ■ **Lehrgeld zahlen müssen** *(umg.) schlechte Erfahrungen machen, weil man unerfahren ist und deshalb Fehler begangen hat*

Lehr·jahr *das* <-(e)s, -e> *Zeitraum, in dem jmd. eine Lehre¹ macht:* Sie ist im dritten Lehrjahr.; ■ **Lehrjahre sind keine Herrenjahre!** *(umg.) verwendet, um auszudrücken, dass man als Berufsanfänger keine Anordnungen geben kann und keine großen Ansprüche stellen soll*

Lehr·kör·per *der* <-s, -> AMTSSPR. *die Gesamtheit der Lehrer(innen) einer Schule oder Hochschule:* die Mitglieder des Lehrkörpers

Lehr·kraft *die* <-, Lehrkräfte> AMTSSPR. *Person, die an einer Schule oder Hochschule unterrichtet*

Lehr·ling *der* <-s, -e> *(veralt.) Auszubildender*

Lehr·ma·te·ri·al *das* <-s, -ien> */kein Plur./ Material, das für den Unterricht benutzt wird*

Lehr·mit·tel *das* <-s, -> */meist Plur./ im Unterricht verwendete Hilfsmittel*

Lehr·plan *der* <-(e)s, Lehrpläne> *eine Art Plan für jeweils ein Unterrichtsfach, in dem die einzelnen Bereiche und Themen aufgeführt werden, die die Schüler innerhalb einer bestimmten Zeit lernen sollen:* Auf dem Lehrplan für den Unterricht in Mathematik steht heute Bruchrechnen.; *siehe auch* **Curriculum**

lehr·reich *adj so, dass man daraus lernen kann:* ein lehrreicher Film; Das war für uns ein lehrreiches Beispiel.

Lehr·satz *der* <-es, Lehrsätze> *(≈ Doktrin) Behauptung, die als Regel zu einem wissenschaftlichen, politischen oder religiösen System gehört und nicht im Einzelnen bewiesen werden kann:* Im Neoliberalismus gilt der Lehrsatz, dass der Markt sich selbst reguliert.

Lehr·stel·le *die* <-, -n> *(≈ Ausbildungsplatz) in einem Betrieb eine Stelle für einen Lehrling, auf der er arbeitet und gleichzeitig einen Beruf lernt:* eine Lehrstelle als Tischler suchen; sich um eine Lehrstelle bewerben ◆-nmangel

Lehr·stück *das* <-(e)s, -e> THEAT., LIT. *ein Theaterstück oder ein Buch, das eine Lehre² geben soll:* Brechts Dramen sind häufig Lehrstücke.

Lehr·stuhl *der* <-(e)s, Lehrstühle> AMTSSPR. *planmäßige Stelle eines Professors an einer Universität oder Fachhochschule:* Sie wurde auf den Lehrstuhl für Physik berufen.; Am Lehrstuhl sind drei wissenschaftliche Mitarbeiter tätig/laufen mehrere Forschungsprojekte. ◆-inhaber, -mitarbeiter

Lehr·werk *das* <-(e)s, -e> *Lehrbuch*

Lehr·werk·statt, **Lehr·werk·stät·te** *die* <-, Lehrwerkstätten> *spezielle Werkstatt für Auszubildende in einem Betrieb*

Lehr·zeit *die* <-, -en> *die Zeit, die eine Ausbildung zu einem Beruf dauert:* Sie haben sich in der Lehrzeit kennen gelernt.; Die Lehrzeit dauert in der Regel drei Jahre.

Leib *der* <-(e)s, -er> *(geh. oder veralt.) Körper eines Menschen oder eines Tiers:* Er zitterte am ganzen Leib.; ■ **der Leib des Herrn/Christi** REL. *die Hostie;* ■ **mit Leib und Seele** *(umg.) mit großer Begeisterung* mit Leib und Seele Lehrer sein;

L

jemandem auf den Leib rücken *(umg.) jmdn. immer wieder bedrängen;* **einem Problem/einer Sache zu Leibe rücken** *ein Problem zu lösen versuchen;* **sich jemanden vom Leib halten** *(umg.) mit jmdm. nichts zu tun haben wollen* Diesen Typ muss ich mir vom Leib halten, der nervt nur!; **etwas am eigenen Leib erfahren** *eine Erfahrung selbst machen*

Leib·arzt *der* <-es, Leibärzte> *(veralt.) Hausarzt einer hoch gestellten Persönlichkeit:* der Leibarzt Ludwig des Vierzehnten

Leib·chen *das* <-s, -> ÖSTERR., SCHWEIZ. *Unterhemd/T-Shirt*

leib·ei·gen *adj /nicht steig./* GESCH. *(≈ unfrei) von einem Herrn persönlich und wirtschaftlich völlig abhängig*

Leib·ei·ge·ne *der/die* <-n, -n> GESCH. *jmd., der leibeigen ist:* die leibeigenen Bauern

Leib·ei·gen·schaft *die* <-> */kein Plur./ der Zustand, in dem man leibeigen ist*

Lei·bes·er·zie·hung *die* <-> */kein Plur./ (veralt.) Sport (als Schulfach)*

Lei·bes·kräf·te **aus/nach Leibeskräften** *mit aller Kraft, die jmd. hat* aus Leibeskräften schreien; nach Leibeskräften arbeiten

Leib·gar·de *die* <-, -n> *(meist besonders uniformiertes) Regiment zum persönlichen Schutz eines Adligen oder zu besonderen Diensten am Königshof*

Leib·ge·richt *das* <-(e)s, -e> *(geh.) Essen, das jmd. am liebsten mag:* Pizza ist sein Leibgericht.

leib·haf·tig, leib·haf·tig *adj /nicht steig./* ❶ *so, dass jmd. oder etwas direkt vor einem ist:* Als sich der Nebel lichtete, sahen wir den Berggipfel leibhaftig vor uns.; Sie konnte es kaum glauben, dass sie ihrem Idol leibhaftig begegnet war. ❷ *so, dass man sich jmdn. oder etwas genau wie etwas vorstellen kann:* Er sah aus wie der leibhaftige Tod.; Sie ist für ihn das leibhaftige schlechte Gewissen.

Leib·haf·ti·ge *der* <-n> */kein Plur./ (verhüll.) Teufel*

leib·lich *adj so, dass jmd. der biologische Vater oder die biologische Mutter von jmdm. ist:* Sie wurde schon als Baby adoptiert, so dass sie ihre leiblichen Eltern nicht kennt.; **für das leibliche Wohl sorgen** *(geh.) für Essen und Trinken sorgen* Für das leibliche Wohl ist gesorgt.

leibt **Wie er/sie leibt und lebt!** *(umg.) genau so, wie man jmdn. kennt* Das war Professor Schulze wie er leibt und lebt – redselig, humorvoll und ein großer Zigarrenraucher!

Lei·bung *die siehe* **Laibung**

Leib·wäch·ter *der,* **Leib·wäch·te·rin** <-s, -> *jmd., der beruflich eine wichtige oder berühmte oder gefährdete Person vor Angriffen schützt:* Die Leibwächter schirmten den Präsidenten von der Menge ab. ▶ Leibwache

Leib·wä·sche *die* <-> */kein Plur./ (veralt.) Unterwäsche*

Lei·che *die* <-, -n> *der Körper eines toten Menschen:* Die Polizei fand seine Leiche in einem Waldstück.; **wie eine wandelnde Leiche aussehen** *(umg.) sehr blass aussehen;* **über Leichen gehen** *(umg. abwert.) völlig rücksichtslos*

sein Um seine Ziele zu erreichen, geht er über Leichen!; **Nur über meine Leiche!** *das werde ich mit allen Mitteln verhindern;* **eine Leiche im Keller haben** *(umg.) etwas Schlimmes zu verbergen haben*

Lei·chen·be·stat·tung *die* <-, -en> *(geh.) Beerdigung*

lei·chen·blass *adj /nicht steig./ sehr blass:* Er wurde leichenblass vor Schreck. ▶ Leichenblässe

Lei·chen·gift *das* <-(e)s, -e> *giftiger Stoff, der bei der Verwesung von Leichen entsteht*

Lei·chen·hal·le *die* <-, -n> *Halle, in der die Särge mit den Toten bis zur Beerdigung aufbewahrt werden*

Lei·chen·schän·dung *die* <-, -en> ❶ *eine Handlung, bei der man die Ehre eines Toten verletzt, indem man der Leiche Schaden zufügt* ❷ *sexueller Verkehr mit einer Leiche*

Lei·chen·schau·haus *das* <-es, Leichenschauhäuser> *Gebäude, in dem Tote aufgebahrt werden, von denen man nicht weiß, wer sie sind:* Die Angehörigen wurden ins Leichenschauhaus bestellt, um den Toten zu identifizieren.

Lei·chen·schmaus *der* <-es> */kein Plur./ gemeinsames Essen, bei dem sich nach einer Beerdigung die Angehörigen und Freunde des Toten treffen*

Lei·chen·star·re *die* <-> */kein Plur./ Erstarrung der Muskeln, die einige Stunden nach dem Tod eintritt:* Die Leichenstarre war bereits eingetreten, als man den Toten fand.

Lei·chen·tuch *das* <-(e)s, Leichentücher> GESCH. *ein weißes Tuch, in das man früher im Christentum oder noch heute im Islam einen Toten einwickelt und beerdigt*

Lei·chen·ver·bren·nung *die* <-, -en> *der Vorgang, bei dem eine Leiche verbrannt wird, um die Asche in einer Urne zu bestatten*

Lei·chen·wa·gen *der* <-s, -> *Fahrzeug, in dem die Leiche in einem Sarg zum Friedhof oder ins Leichenschauhaus transportiert wird*

Lei·chen·zug *der* <-(e)s, Leichenzüge> *(geh.) Gruppe von Personen, die hinter dem Sarg eines Toten bis zu dessen Grab gehen und dem Toten so die letzten Ehre erweisen*

Leich·nam *der* <-(e)s, -e> *(geh.: ≈ Leiche) Körper eines Toten:* Der Leichnam des Präsidenten wurde in der Kirche aufgebahrt.

leicht[1] **I.** *adj* ❶ *(↔ schwer) so, dass etwas wenig Gewicht hat:* ein leichter Koffer; der leichte Rahmen des Rennrads ❷ *so, dass ein Stoff dünn ist:* Er hatte einen leichten Sommeranzug an.; Im Sommer ist man meist leicht bekleidet. ❸ *(↔ stark, kräftig, heftig) so, dass etwas nicht sehr intensiv ist:* ein leichter Regen; ein leichter Schaden; eine leichte Verletzung; Sie hatte nur eine leichte Erkältung und kann deshalb schon wieder arbeiten. ❹ *(↔ belastend ≈ bekömmlich) so, dass etwas den Körper nicht oder nur wenig belastet:* leichte Kost; nur leichte Zigaretten rauchen ❺ *(↔ schwierig ≈ einfach) so, dass etwas keine Mühe macht und nicht kompliziert ist:* Die Aufgabe ist wirklich leicht.; ein leichter Text ❻ *so, dass man zu etwas nicht viel Kraft braucht:* Sie darf nach dem Unfall* nur leichte Arbeit verrichten.; ■ **etwas auf die leichte Schulter nehmen** *(umg.) etwas nicht ernst nehmen;* ■ **Du hast leicht reden!** *(umg.) du hast nicht meine Probleme* **II.** *adv* ❶ *ohne Grund:* Sei ein bisschen vorsichtig mit ihm, er wird leicht wütend. ❷ *ohne Widerstand:* Es ist wirklich langweilig mit ihm, bei jeder Diskussion gibt er leicht nach. ❸ *verwendet, um auszudrücken, dass etwas passiert oder passieren kann:* Wenn du weiter so schnell fährst, kann leicht ein Unfall passieren! ◆ Großschreibung →R 3.7 Das ist für sie ein Leichtes.; Fleisch ist leicht verderblich, aber Fisch ist noch leichter verderblich.

leicht² *adj* ■ *jmd./etwas ist leicht zu plus Inf. mit Dat.* oder etwas kann man etwas ohne viel Mühe machen: Die Aufgabe ist wirklich leicht zu lösen.; Er ist leicht zu beeinflussen.

Leicht·ath·let *der,* **Leicht·ath·le·tin** <-en, -en> *jmd., der Leichtathletik (beruflich oder in der Freizeit) betreibt*

Leicht·ath·le·tik *die* <-> */kein Plur./ Sammelbegriff für die Sportarten Laufen, Springen, Werfen und Stoßen:* Kugelstoßen ist eine Disziplin der Leichtathletik.

leicht·fer·tig *adj (abwert.: ≈ leichtsinnig) so, dass man nicht an die Folgen von etwas denkt:* eine leichtfertige Entscheidung; Er setzte seine Gesundheit leichtfertig aufs Spiel. ▶ Leichtfertigkeit

Leicht·fuß *der* <-es> */kein Plur./ (scherzh. umg.) jmd., der im Leben nichts besonders ernst nimmt:* Er war ein richtiger Leichtfuß, immer hatte er nur Frauen und Autos im Kopf.

leicht·gläu·big *adj (abwert.) so, dass jmd. sehr schnell bereit ist, etwas zu glauben:* Der Betrüger fand viele leichtgläubige Opfer. ▶ Leichtgläubigkeit

leicht·her·zig *adj unbeschwert, sorglos:* ein leichtherziges Gemüt

leicht·hin *adv ohne viel zu überlegen:* Das war doch nur leichthin gesagt.

Leich·tig·keit *die* <-> */kein Plur./* ❶ *das geringe Gewicht:* die Leichtigkeit des Stoffes ❷ *Mühelosigkeit:* Das schaffe ich mit Leichtigkeit!; Als wohlhabende Frau konnte sie die Leichtigkeit des Lebens genießen.

leicht·le·big *adj (abwert.) so, dass man nichts im Leben wirklich ernst nimmt:* Er ist leichtlebig und es kümmert ihn nicht, was der nächste Tag bringt. ▶ Leichtlebigkeit

Leicht·me·tall *das* <-s, -e> *ein Metall, das ein geringes spezifisches Gewicht hat:* Aluminium ist ein Leichtmetall.

leicht·neh·men <nimmst leicht, nahm leicht, hat leichtgenommen> *mit OBJ* ■ *jmd. nimmt etwas Akk. leicht von einer Sache innerlich nicht berührt werden* ◆ Getrenntschreibung →R 4.6 Sie hat das gar nicht leichtgenommen.

Leicht·sinn *der* <-(e)s> */kein Plur./ (abwert.: ≈ Fahrlässigkeit ↔ Vorsicht) eine Haltung, bei der jmd. nicht überlegt, welche Folgen sein Handeln haben kann:* Bei diesem Wetter allein in den Bergen zu klettern, das ist der pure Leichtsinn!; Sein Leichtsinn beim Autofahren bringt ihn noch einmal ins Grab!

leicht·sin·nig *adj (≈ unvorsichtig, leichtfertig ↔*

vorsichtig) so, dass jmd. sich keine Gedanken darüber macht, was er tut: ein leichtsinniges Überholmanöver; Es ist leichtsinnig von ihr, nachts allein durch die Straßen zu laufen.

Leid *das* <-(e)s> */kein Plur./ (≈ Kummer ↔ Freude) große seelische Schmerzen:* viel Leid erfahren; Sie konnte das Leid der Kinder nicht mit ansehen.; Die Trennung hat ihm viel Leid zugefügt.; ■ **jemandem sein Leid klagen** *(scherzh.) jmdm. ausführlich schildern, wie schlecht es einem (angeblich) geht;* ■ **keiner Fliege etwas zu Leide tun können** *(umg.) ein sehr friedvoller und gutmütiger Mensch sein;* ■ **Geteiltes Leid ist halbes Leid** *wenn man mit jmd. über seinen Kummer sprechen kann, fühlt man sich besser, weil das eigene Leid nicht mehr als so groß empfunden wird* ◆ Getrennt- oder Zusammenschreibung →R 4.20 jemandem etwas zu Leide/zuleide tun

leid **I.** *adv* ■ **jemandes/einer Sache leid sein/ werden** ■ **jemanden/eine Sache leid haben** *jmd./etwas/eine Sache nicht mehr mögen oder nicht mehr haben wollen* Ich bin dein Geschwätz leid.; Er ist seinen Freund leid geworden.; Ich werde es allmählich leid, dich dauernd bitten zu müssen.; Ich habe dieses dauernde Gejammer jetzt wirklich leid! **II.** *adj* SCHWEIZ. *unangenehm, schlecht:* eine leide Angelegenheit; eine leide Sache

Lei·de·form *die* <-, -en> */Plur. selten/* SPRACHWISS. *(veralt.) Passiv*

Lei·den¹ *das* <-s, -> ❶ */meist Plur./ seelische und körperliche Schmerzen:* die Leiden der Betroffenen lindern; Freuden und Leiden des Alltags ❷ *(geh.) lange und schlimme Krankheit:* die Ursachen seines Leidens herausfinden; ein inneres/unheilbares Leiden haben; nach langem, schwerem Leiden sterben; ■ **von seinen Leiden erlöst werden** *(geh. verhüll.) nach langer Krankheit sterben;* ■ **ein langes Leiden** *(umg. scherzh.) ein großer dünner Mensch*

Lei·den² *Stadt in den Niederlanden*

lei·den <leidest, litt, hat gelitten> **I.** *mit OBJ* ❶ ■ *jmd. leidet etwas jmd. erträgt körperliche oder seelische Schmerzen oder eine schlimme Situation:* Nach dem Unfall litt er heftige Schmerzen.; Sie litten großen Kummer.; Wir mussten keine Not leiden. ❷ ■ *jmd./etwas leidet etwas (geh.) jmd. oder etwas verlangt oder mag etwas:* Das Problem leidet keinen Aufschub.; Sie leidet keinen Widerspruch.; Sie leidet keine Katzen im Haus. ❸ ■ *jmd. kann jmdn./etwas leiden (umg.) jmd. mag jmdn. oder etwas:* Er kann sie einfach nicht leiden.; Ich kann Operetten nicht leiden. **II.** *ohne OBJ* ❶ ■ *jmd. leidet jmd. ist körperlichen oder seelischen Qualen ausgesetzt:* leidend aussehen; ein leidender Gesichtsausdruck; Man sieht es ihr an, wie sie leidet. ❷ ■ *jmd. leidet unter etwas Dat. jmd. hat wegen etwas großen Kummer:* Das Kind leidet unter der Scheidung der Eltern.; Sie leiden unter der Willkür des Lehrers. ❸ ■ *jmd./etwas leidet durch etwas Akk./unter etwas Dat. jmd. oder etwas nimmt Schaden durch den Einfluss von etwas:* Der Teppich hat durch die vielen Besucher gelitten.; Meine Haut hat durch die Sonne gelitten.; Viele Angestellte leiden unter Stress am Arbeitsplatz.; Ein großer Teil des Waldes hat unter dem sauren Regen schwer gelitten. ❹ ■ *jmd. leidet an etwas Dat. jmd. hat eine Krankheit.:* Viele Menschen leiden an Diabetes.; Woran leidet sie? Sie hat Asthma.

Lei·den·schaft *die* <-, -en> ❶ *Zustand, in dem jmd. starke Gefühle empfindet:* Sie setzten sich voller Leidenschaft für diese Ideen ein.; Er versuchte, seine Leidenschaften zu zügeln. ❷ */kein Plur./ eine starke Liebe zu jmdm.:* Er gestand ihr seine Leidenschaft.; Nachdem er sie nur kurz gesehen hatte, verfiel er ihr voller Leidenschaft. ❸ */kein Plur./ Liebe zu Dingen, die man gerne mag:* Seine einzige Leidenschaft war der Radsport.

lei·den·schaft·lich *adj* ❶ (≈ *heftig) so, dass jmd. oder etwas voller Leidenschaft [1] ist:* leidenschaftlicher Hass; Sie verteidigte ihre These leidenschaftlich. ❷ (≈ *hingebungsvoll) so, dass jmd. oder etwas voller Leidenschaft [2] für jmdn. ist:* Sie umarmte ihn leidenschaftlich.; eine leidenschaftliche Liebe ❸ (≈ *begeistert) so, dass jmd. oder etwas voller Leidenschaft [3] für etwas ist:* ein leidenschaftlicher Angler/Bergsteiger/Fußballer; ■ **leidenschaftlich gern** *sehr gern* Sie isst leidenschaftlich gern Schokolade.

lei·den·schafts·los *adj ohne Leidenschaft [1, 2, 3]:* Das Buch beschreibt die Geschichte ganz leidenschaftslos.; eine leidenschaftslose Ehe; Leidenschaftslos sah er sich die Übertragung des Fußballspiels im Fernsehen an.

Lei·den·schafts·lo·sig·keit *die* <-> */kein Plur./ Zustand ohne Leidenschaft [1, 2, 3]*

Lei·dens·fä·hig·keit *die* <-> */kein Plur./ das Vermögen, seelische Schmerzen zu ertragen* ► leidensfähig

Lei·dens·ge·fähr·te *der,* **Lei·dens·ge·fähr·tin** <-n, -n> *siehe* **Leidensgenosse**

Lei·dens·ge·nos·se *der,* **Lei·dens·ge·nos·sin** <-n, -n> *jmd., der die gleichen Probleme oder den gleichen Kummer hat wie man selbst*

Lei·dens·ge·schich·te *die* <-, -n> ❶ *die Geschichte von der Zeit, in der jmd. oder ein Volk schwer gelitten hat:* die Leidensgeschichte der afrikanischen Sklaven in Amerika ❷ REL. (≈ *Passion) der Teil des Bibel, der von den Leiden und vom Tod Jesus Christus berichtet* ❸ *(iron.) Krankeiten und schlimme Situationen, die jmd. gehabt hat:* Nun hat er mir schon zum dritten Mal seine Leidensgeschichte erzählt!

Lei·dens·mie·ne *die* <-, -n> *Gesichtsausdruck, mit dem jmd. (absichtlich) zeigt, dass er leidet:* eine Leidensmiene aufsetzen

Lei·dens·weg *der* <-(e)s, -e> *eine schwierige Phase im Leben eines Menschen, die voll von Leid ist:* Viele Krebskranke haben einen langen Leidensweg hinter sich.

lei·der *adv* ❶ (≈ *bedauerlich ↔ glücklicherweise, zum Glück) verwendet, um auszudrücken, dass jmd. etwas bedauert:* Da kann ich leider nicht helfen.; Ich habe leider auch kein Geld bei mir. ❷ *verwendet als Antwort, mit der man zeigt, dass man etwas bedauert:* Hast du die Prüfung bestanden? –

Leider nicht.; Hast du morgen Zeit? – Leider nein.; Bist du auch so erkältet? – Ja, leider.

lei·dig *adj /nur attr./ /nicht steig./ so, dass etwas zwar harmlos, aber unangenehm und lästig ist:* ein leidiges Problem

leid·lich *adj /nicht steig./* (≈ *durchschnittlich) so, dass jmd. oder etwas nicht gut, aber auch nicht sehr schlecht ist:* Er ist leidlich begabt.; Ihr Zeugnis war leidlich.

leid·tra·gend *adj /nicht steig./ so, dass jmd. oder etwas unangenehme Folgen von etwas ertragen muss:* die leidtragende Bevölkerung; den leidtragenden Opfern helfen

Leid·tra·gen·de *der/die* <-n, -n> *jmd., der die unangenehmen Folgen von etwas tragen muss:* Bei Sparmaßnahmen sind oft die kleinen Leute die Leidtragenden.; Wenn sich Eltern scheiden lassen, sind die Kinder die Leidtragenden.

leid·tun <tust leid, tat leid, hat leidgetan> *mit OBJ* ■ *jmd./etwas tut jmdm. leid jmd. bedauert jmdn. oder etwas* ◆ Zusammenschreibung →R 4.6 Die alten Leute ohne Angehörige können einem richtig leidtun.; Es tut mir leid.

Leid·we·sen ■ **zu jemandes Leidwesen** *zu jmds. Bedauern* Zu meinem Leidwesen bekomme ich keinen Urlaub zu Weihnachten.

Lei·er *die* <-, -n> MUS. *ein Saiteninstrument aus dem antiken Griechenland, das ungefähr die Form eines U hat;* ■ **es ist immer die alte/die gleiche/dieselbe Leier** *(umg. abwert.) es ist immer dasselbe* Das ist doch immer die alte Leier, kannst du nicht mal etwas Neues vorschlagen?

Lei·er·kas·ten *der* <-s, Leierkästen> MUS. *(umg.:* ≈ *Drehorgel) tragbares oder fahrbares Musikinstrument, das einer kleinen Orgel ähnlich ist und mit einer Kurbel bedient wird* ◆ -mann

lei·ern <leierst, leierte, hat geleiert> *(umg.)* **I.** *mit OBJ/ohne OBJ* ■ *jmd. leiert (etwas) jmd. sagt oder singt etwas ohne Betonung:* Sie leiert ihren Text zu sehr, sie muss besser betonen.; Leiere doch nicht so, das klingt ja furchtbar langweilig! **II.** *ohne OBJ* ■ *etwas leiert eine Cassette oder eine Schallplatte gibt nur noch undeutliche Töne von sich, wenn man sie abspielt*

Leih·ar·bei·ter *der,* **Leih·ar·bei·te·rin** <-s, -> *Arbeiter, der von einem Betrieb oder einer Vermittlungsstelle vorübergehend an einen anderen Arbeitgeber ausgeliehen wird*

Leih·bi·b·lio·thek *die* <-, -en> *siehe* **Leihbücherei**

Leih·bü·che·rei *die* <-, -en> *eine staatliche oder private Institution, die gegen eine Gebühr Bücher verleiht*

lei·hen <leihst, lieh, hat geliehen> *mit OBJ* ❶ ■ *jmd. leiht jmdm. etwas jmdm. etwas für eine bestimmte Zeit geben, damit er es benutzen kann:* Ich leihe dir gern mein Auto, wenn ich es nicht brauche.; Kannst du mir kurz einen Stift leihen? ❷ ■ *jmd. leiht sich etwas (von jmdm.) jmdn. bitten, dass er einem etwas für eine bestimmte Zeit gibt, damit man es selbst benutzen kann:* Darf ich mir dein Buch leihen?; ■ **jemandem sein Ohr leihen** *(geh.) jmdm. zuhören* ◆ Großschreibung →R 3.4 das Geliehene

Leih·frist *die* <-, -en> *Zeitraum, nach dessen Ablauf man etwas, das man geliehen hat, zurückgeben muss:* Die Leihfrist für die Bücher läuft morgen ab.

Leih·ga·be *die* <-, -n> *etwas, das jmdm. oder einer Institution für einen bestimmten Zeitraum von jmdm. oder einer Institution zur Verfügung gestellt wird und in einer Ausstellung oder einem Museum gezeigt wird:* Die Bilder sind eine Leihgabe der Gemäldegalerie Dresden.

Leih·ge·bühr *die* <-, -en> *Geld, das man zahlen muss, wenn man etwas ausleiht:* Die Skier kosten für Hotelgäste keine Leihgebühr.

Leih·haus *das* <-es, Leihhäuser> *(≈ Pfandhaus) eine Art Geschäft, bei dem man Geld leihen kann, wenn man etwas hinterlegt, das wertvoll ist und das das Geschäft behält, wenn man das geliehene Geld nicht zurückzahlt:* Sie hat ihren Brillantring ins Leihhaus gebracht, weil sie Geld brauchte.

Leih·mut·ter *die* <-, Leihmütter> *eine Frau, die sich künstlich befruchten lässt, um das Kind einer anderen Frau auszutragen:* Der Leihmutter wird die befruchtete Eizelle einer anderen Frau eingepflanzt.

Leih·schein *der* <-(e)s, -e> *Quittung für etwas Entliehenes*

Leih·wa·gen *der* <-s, -> *(≈ Mietwagen) ein Auto, das man gegen eine Gebühr für eine bestimmte Zeit leihen kann*

leih·wei·se *adv verwendet, um auszudrücken, dass etwas jmdm. nur geliehen ist:* Er hat mir sein Buch nur leihweise überlassen.

Leim *der* <-(e)s, -e> *ein Klebstoff, der flüssig ist und mit dem man Holz, Tapeten oder Papier klebt:* Leim auf beide Seiten auftragen; ■ **jemandem auf den Leim gehen** *(umg.) auf die Tricks von jmdm. hereinfallen;* ■ **aus dem Leim gehen** *(abwert.) auseinanderfallen* Der Stuhl geht aus dem Leim.

lei·men *mit OBJ* ❶ ■ *jmd. leimt etwas jmd. klebt etwas zusammen:* Das Holzauto kann man wieder leimen. ❷ ■ *jmd. leimt jmdn. (umg.) jmd. legt jmdn. mit Tricks herein:* Der hat mich ganz schön geleimt!

Leim·far·be *die* <-, -n> *eine Farbe, die einen Anteil Leim hat*

Lein *der* <-(e)s, -e> BOT. *(≈ Flachs) eine Nutzpflanze, aus deren Samen Öl gewonnen wird und deren Blattfasern zu Leinen verarbeitet werden*

-lein *als Endung/Suffix von Substantiven in manchen Textsorten (Märchen, Kinderliedern etc.); drückt eine Verkleinerung/Verniedlichung des mit dem Erstglied Bezeichneten aus* ◆ Bäch-, Bäum-, Brüder-, Häus-, Kätz-, Kind-, Lämm-, Vög-, Zwerg-

Lei·ne *die* <-, -n> ❶ *ein dünnes Seil:* die Wäsche auf die Leine hängen ❷ *ein relativ kurzes Seil oder ein Lederband:* den Hund an die Leine nehmen; ■ **jemanden an der kurzen Leine halten** *(umg.) jmdm. wenig Freiheiten lassen;* ■ **Zieh Leine!** *(vulg.) Hau ab!*

Lei·nen *das* <-s, -> ❶ *ein Stoff, der aus den Blattfasern des Leins gewonnen wird und sehr fest ist* ❷ *(≈ Leinwand ¹; in der Beschreibung von Gemälden) Öl auf Leinen*

lei·nen *adj /nicht steig./ aus Leinen:* ein leinenes Tuch

Lei·nen·de·cke *die* <-, -n> *ein großes Tuch aus Leinen, das man auf einen Tisch legt*

Lein·öl *das* <-s> */kein Plur./ Öl, das aus den Samen des Leins gewonnen wird und das man auch zum Kochen benutzen kann*

Lein·sa·men *der* <-s, -> *der Samen des Leins*

Lein·tuch *das* <-(e)s, Leintücher> *ein großes Tuch aus Leinen, das man als Betttuch benutzt*

Lein·wand *die* <-, Leinwände> ❶ *ein sehr fester Stoff aus Leinen, auf den man ein Bild malen kann:* ein Ölgemälde auf Leinwand ❷ FILM *eine große weiße Fläche, auf die Filme oder Dias projiziert werden:* Die Bilder flimmern über die Leinwand. ❸ FILM *Kinofilm:* Stars der Leinwand

Leip·zig *Stadt in Sachsen*

lei·se *adj* ❶ *(↔ laut) so, dass man etwas kaum hört:* ein leises Geräusch; eine leise Stimme ❷ *(≈ gering) so, dass etwas kaum vorhanden ist:* eine leise Hoffnung haben; ■ **jemand hat (von etwas) nicht die leiseste Ahnung** *jmd. weiß gar nichts (von etwas)*

Lei·se·tre·ter *der,* **Lei·se·tre·te·rin** <-s, -> *(umg. abwert.) jmd., der keinen Mut hat, seine Meinung zu vertreten*

Leis·te *die* <-, -n> ❶ *schmaler Streifen aus Holz, Kunststoff oder Metall, mit dem man Ränder bedeckt oder verziert:* Die Kanten der Möbel sind mit Leisten verziert. ❷ ANAT. *Teil auf beiden Seiten des Bauches, der vom Oberkörper zu den Oberschenkeln führt*

Leis·ten *der* <-s, -> TECHN. *eine Art Modell aus Holz, das der Schuhmacher für die Herstellung von Schuhen benutzt;* ■ **alles über einen Leisten schlagen** *(umg.) keine Unterschiede berücksichtigen*

leis·ten I. *mit OBJ* ❶ ■ *jmd. leistet etwas (≈ vollbringen) jmd. tut oder schafft etwas, das viel Arbeit erfordert:* Er hat in seinem Leben viel geleistet.; Du hast gute Arbeit geleistet. ❷ ■ *etwas leistet etwas etwas hat eine bestimmte Stärke:* Was leistet der Motor?; Der Elektromotor leistet 2500 Watt.; ■ **einen wichtigen Beitrag leisten** *einen wichtigen Beitrag zu etwas hinzufügen;* ■ **jemandem gute Dienste leisten** *jmdm. gut dienen;* ■ **Widerstand/Gehorsam leisten** *widerstehen/gehorchen;* ■ **seinen Wehrdienst leisten** *für eine bestimmte Zeit in der Bundeswehr den Militärdienst machen* **II.** *mit SICH* ❶ ■ *jmd. leistet sich etwas Akk. jmd. erlaubt sich etwas, das nicht gut ist oder andere stört:* sich einen Fehler leisten; Kannst du dir dieses Benehmen in der Schule leisten? ❷ ■ *jmd. leistet sich etwas Akk. jmd. kauft sich etwas, um sich eine Freude zu machen:* sich ein neues Kleid leisten; sich ein paar Tage Urlaub leisten ❸ ■ *jmd. leistet sich etwas Akk. jmd. hat genug Geld für etwas:* Ich weiß nicht, ob wir uns die Wohnung leisten können.

Leis·ten·bruch *der* <-(e)s, Leistenbrüche> MED. *eine Krankheit, bei der die Eingeweide durch die Bauchdecke in der Leistengegend hervortreten*

L

Lei·sten·ge·gend *die* <-> /kein Plur./ ANAT. *Teil der Bauchwand, wo die Leisten[2] sind*

Leis·tung *die* <-, -en> ❶ *Ergebnis einer Arbeit: eine hervorragende/mäßige Leistung; jemandes Leistungen anerkennen; nach Leistung bezahlt werden* ❷ *der Prozess, bei dem jmd. etwas mit viel Arbeit erreicht: eine wissenschaftliche/intellektuelle Leistung vollbringen;* ▪ **eine reife Leistung** *(umg.) benutzt als Anerkennung für eine hervorragende Leistung[1, 2] Sie hat die Prüfung mit Auszeichnung bestanden – eine reife Leistung!* ❸ */nur Plur./ Geld, das eine Institution jmdm. zahlt: Leistungen vom Sozialamt erhalten; die Leistungen der Krankenkasse in Anspruch nehmen; Leistungen der Versicherung* ❹ *die Leistung[1, 2] eines Organismus oder einer Maschine o. Ä.: die Leistung des Gehirns; die Leistung des menschlichen Auges; die Leistung eines Motors verbessern; ein Kraftwerk mit 1000 Megawatt Leistung*

Leis·tungs·ab·fall *der* <-(e)s, Leistungsabfälle> *Prozess, bei dem sich die Leistung[1, 2] (plötzlich) verringert*

Leis·tungs·an·for·de·run·gen *Plur. Anforderungen an jmdn., eine bestimmte Leistung[1, 2] zu erbringen: Den Leistungsanforderungen an seinem neuen Arbeitsplatz war er nicht mehr gewachsen.*

Leis·tungs·an·stieg *der* <-s> /kein Plur./ *der Prozess, bei dem eine Leistung[1, 2] (plötzlich) ansteigt*

Leis·tungs·be·reit·schaft *die* <-> /kein Plur./ *der Wille, Leistung[1, 2] zu erbringen*

Leis·tungs·be·wer·tung *die* <-, -en> *Vorgang, dass eine Leistung[1, 2] von jmdm. beurteilt wird*

Leis·tungs·be·zug *der* <-(e)s, Leistungsbezüge> AMTSSPR. *Geld, das jmd. vom Arbeitsamt oder vom Sozialamt bekommt*

Leis·tungs·bi·lanz *die* <-, -en> WIRTSCH. *Prozess, bei dem der Import von Waren und Dienstleistungen mit dem Export verglichen wird*

Leis·tungs·druck *der* <-(e)s> /kein Plur./ *eine große Anforderung, viel Leistung[1, 2] zu erbringen: Die Schüler sind einem hohen Leistungsdruck ausgesetzt.*

Leis·tungs·fach *das* <-(e)s, Leistungsfächer> *siehe* **Leistungskurs**

leis·tungs·fä·hig *adj so, dass jmd. oder etwas Leistung[1, 2] erbringen kann: leistungsfähige Maschinen; eine leistungsfähige Wirtschaft; Auch im Alter ist sie leistungsfähig geblieben.*

Leis·tungs·fä·hig·keit *die* <-> /kein Plur./ *Zustand, in dem jmd. oder etwas in der Lage ist, Leistung[1, 2] zu erbringen*

leis·tungs·ge·recht *adj so, dass etwas der Leistung[1, 2] entspricht und angemessen ist: leistungsgerechte Bezahlung*

Leis·tungs·ge·sell·schaft *die* <-, -en> SOZIOL. *eine Gesellschaft, in der die soziale Stellung eines Einzelnen entscheidend von der Leistung[1, 2] bestimmt wird*

Leis·tungs·gren·ze *die* <-, -n> *Endpunkt, Grenze der Leistungsfähigkeit: an seine Leistungsgrenze stoßen; Mit 30 Jahren war der Sportler an seiner Leistungsgrenze angelangt.*

Leis·tungs·kon·t·rol·le *die* <-, -n> SCHULE *Kontrolle der Leistungen[1]*

Leis·tungs·kurs *der* <-es, -e> SCHULE *Schulfach in der Oberstufe eines Gymnasiums, in dem die meiste Zeit unterrichtet wird und im dem am intensivsten im Abitur geprüft wird: den Leistungskurs in Mathematik besuchen*

Leis·tungs·kür·zung *die* <-, -en> AMTSSPR. *Vorgang, dass Leistungen[3] staatlicher Institutionen verringert werden*

Leis·tungs·miss·brauch *der* <-s, Leistungsmissbräuche> AMTSSPR. *Vorgang, dass jmd. Leistungen[3] des Arbeitsamts oder des Sozialamts bezieht, obwohl er keinen Anspruch darauf hat*

leis·tungs·ori·en·tiert *adj so, dass für jmdn. oder etwas Leistung[1, 2] besonders wichtig ist: eine leistungsorientierte Gesellschaft; ein leistungsorientierter Schüler*

leis·tungs·schwach *adj so, dass jmd. oder etwas wenig Leistung erbringt: ein leistungsschwacher Schüler/Motor* ▶ Leistungsschwäche

Leis·tungs·sport *der* <-(e)s> /kein Plur./ (↔ Breitensport) *sportliches Training, bei dem es darauf ankommt, sehr hohe Leistungen[1] in sportlichen Wettkämpfen zu erreichen* ▶ Leistungssportler, Leistungssportlerin

leis·tungs·stark *adj so, dass jmd. oder etwas viel Leistung erbringt* ▶ Leistungsstärke

Leis·tungs·stei·ge·rung *die* <-, -en> *Verbesserung der bisherigen Leistungen und Erhöhung der Leistungsfähigkeit*

Leis·tungs·zu·la·ge *die* <-, -n> *Lohnzulage für besondere Leistungen*

Leit·an·trag *der* <-(e)s, Leitanträge> POL. *Antrag, der von einem Gremium eingebracht wird und dessen Inhalt für alle weiteren Anträge als Leitlinie gilt*

Leit·ar·ti·kel *der* <-s, -> *Beitrag in einer Zeitung, meist auf der ersten Seite, in dem zu einem wichtigen aktuellen Thema die Meinung der Redaktion wiedergegeben wird*

Leit·bild *das* <-(e)s, -er> (≈ Vorbild) *jmd., an dessen Verhalten man sich orientiert*

lei·ten I. *mit OBJ* ❶ ▪ **jmd. leitet jmdn. irgendwohin** *jmd. geht mit jmdm. irgendwohin, um ihm den Weg zu zeigen: Höflich leitete sie ihn zur Tür.* ❷ ▪ **jmd./etwas leitet etwas irgendwohin** *jmd. oder etwas bewirkt, dass etwas irgendwohin geführt wird: Die Stadt leitet die Abwässer in den Fluss.; Die Polizei leitet den Verkehr am Stadtzentrum vorbei.* ❸ ▪ **jmd. leitet etwas** *jmd. hat die Verantwortung für eine Gruppe von Personen oder für eine Organisation und gibt die Ziele für die Tätigkeiten vor: eine Versammlung/eine Firma/ein Projekt leiten; in leitender Position arbeiten; leitende Angestellte* ❹ ▪ **jmd. lässt sich von etwas** *Dat.* **leiten** *jmd. lässt sich bei einer Entscheidung von etwas beeinflussen: Ich lasse mich bei diesem Entschluss nur von meinem Gefühl leiten.* **II.** *mit OBJ/ohne OBJ* ▪ **etwas leitet (etwas)** ELEKTROTECHN., PHYS. (↔ isolieren) *etwas gibt Wärme oder elektrische Impulse weiter: Das Material leitet Strom.; Metalle sind besonders gut leitende Materialien.; Kupfer leitet sehr gut.*

Lei·ter[1] *die* <-, -n> *Gerät, das zwei Stangen (Holme) hat, die mit kleineren Stangen (Sprossen) verbunden sind, und auf das man hinaufsteigen kann:* Er legte die Leiter an den Baum und stieg hinauf, um die Äpfel zu pflücken. ◆Feuerwehr-, Tritt-

Lei·ter[2] *der* <-s, -> ELEKTROTECHN., PHYS. *Material, das Wärme oder elektrische Impulse weitergibt:* Kupfer ist ein guter Leiter.

Lei·ter[3] *der*, **Lei·te·rin** <-s, -> *jmd., der für etwas die Verantwortung hat und Ziele für die Tätigkeiten vorgibt:* der Leiter des Projekts; die Leiterin der Forschungsgruppe ◆Abteilungs-, Gruppen-, Heim-, Kurs-, Reise-, Schul-, Team-

Leit·fa·den *der* <-s, Leitfäden> *kurzes Handbuch, das als Einführung in ein bestimmtes Wissensgebiet dient:* ein Leitfaden der Grammatik

leit·fä·hig *adj* ELEKTROTECHN., PHYS. *so, dass elektrischer Strom hindurchfließen kann*

Leit·ge·dan·ke *der* <-ns, -n> *eine Idee, die für etwas grundlegend ist:* der Leitgedanke eines Buches/einer Veranstaltung

Leit·ham·mel *der* <-s, -> ❶*das männliche Tier, das eine Schafherde anführt* ❷*(umg. abwert.) jmd., dem andere Menschen folgen, ohne nachzudenken*

Leit·kul·tur *die* <-> /kein Plur./ POL. *System gesellschaftlicher und kultureller Eigenschaften, an denen sich ein Land oder eine Nation orientieren soll*

Leit·li·nie *die* <-, -n> ❶*ein Prinzip oder ein Gedanke, an dem sich etwas orientiert:* die Leitlinien seiner Politik; Die Leitlinie der Argumentation war schwer nachzuvollziehen. ❷*Streifen in der Mitte oder am Rand einer Straße, der die Fahrbahn abgrenzt:* Man darf nicht über die durchgezogene Leitlinie in der Mitte der Straße fahren.

Leit·mo·tiv *das* <-s, -e> ❶MUS. *häufig wiederkehrende charakteristische Melodie:* das Leitmotiv des Wolfs in „Peter und der Wolf" ❷LIT. *eine Handlung oder eine Idee, die in einem literarischen Werk immer wieder vorkommt:* Das Leitmotiv im Ritterroman ist die abenteuerliche Suche des Helden.

Leit·plan·ke *die* <-, -n> *ein langer Streifen aus Metall auf Pfosten an der Seite einer Straße, der dazu dient, Autos aufzuhalten, die von der Straße abkommen:* Das Fahrzeug wurde gegen die Leitplanke geschleudert.

Leit·satz *der* <-es, Leitsätze> *(≈ Regel) wichtigster Grundsatz:* sein Leben an einem Leitsatz orientieren

Leit·spruch *der* <-s, Leitsprüche> *(≈ Motto) ein kurzer Spruch, nach dem sich jmd. im Leben richtet:* Sein Leitspruch war „Allzeit bereit!".

Leit·stel·le *die* <-, -n> *Ort, von dem aus eine Aktion koordiniert und geführt wird:* die Leitstelle der Polizei/der Rettungsflugwacht

Lei·tung *die* <-, -en> ❶/kein Plur./ *Aufgabe oder Funktion, eine Gruppe von Personen oder etwas zu leiten I. 3:* die Leitung der Versammlung übernehmen; die Leitung der Firma abgeben ◆Diskussions-, Gesamt-, Versammlungs- ❷*Gruppe von Personen, die etwas leiten I.3:* zur Leitung eines Unternehmens gehören; die Leitung für die Fehler zur Verantwortung ziehen ◆Firmen-, Konzern-, Unternehmens- ❸TECHN. *Rohr oder System von Rohren, durch das eine Flüssigkeit oder Gas irgendwohin gelangen:* eine Leitung für Abwasser; Die Leitung ist defekt. ◆-srohr, Benzin-, Gas-, Öl-, Wasser- ❹TECHN. *Kabel oder Drähte, die Strom führen* ◆Hochspannungs-, Strom- ❺TECHN. *Kabel, das Telefone oder Kommunikationssysteme verbindet:* Die Leitung ist besetzt.; **eine ziemlich lange Leitung haben** *(umg. abwert.) etwas sehr langsam begreifen;* ■ **auf der Leitung stehen** *(umg.) in einer Situation etwas nicht sofort verstehen* ◆Telefon-

Lei·tungs·netz *das* <-es, -e> TECHN. *Gesamtheit der Leitungen*[3, 4, 5]*, die einen Ort oder eine Stadt mit Strom, Wasser, Gas oder Telefonverbindungen versorgen*

Lei·tungs·was·ser *das* <-s> /kein Plur./ *Wasser aus der Wasserleitung*

Leit·werk *das* <-(e)s, -e> LUFTF. *Teil an den Flügeln eines Flugzeuges, das zur Steuerung dient* ◆Höhen-, Seiten-

Leit·wolf *der* <-(e)s, Leitwölfe> ❶*das männliche Tier, das ein Wolfsrudel führt* ❷*(übertr.) jmd., der in einer Gruppe von Menschen die Führung übernimmt*

Leit·zins *der* <-es, -en> WIRTSCH. *Zinssatz, der von der Zentralbank eines Währungsgebietes festgesetzt wird und Grundlage für die Zinssätze in diesem Währungsgebiet ist:* Die Europäische Zentralbank hat den Leitzins angehoben.

Lek·ti·on *die* <-, -en> ❶*(geh.) eine Erfahrung, eine Strafe oder ein Tadel, durch die man lernen soll, etwas in Zukunft besser zu machen:* jemandem eine Lektion erteilen; Das soll dir eine Lektion sein. ❷*Teil eines Lehrbuchs mit einem zusammenhängenden Inhalt:* Wir sind in Englisch bei der 6. Lektion.

Lek·tor *der*, **Lek·to·rin** <-s, ...-toren> ❶*jmd., der an einer Hochschule vor allem eine Fremdsprache unterrichtet:* An dieser Universität in Frankreich gibt es zwei Lektoren für Deutsch. ❷*jmd., der in einem Verlag Manuskripte prüft und bearbeitet, bevor sie gedruckt werden*

Lek·tü·re *die* <-, -n> ❶/kein Plur./ *das Lesen:* Die Schüler beschäftigen sich mit der Lektüre des „Faust".; Er verzichtet nicht auf die tägliche Lektüre der Zeitung. ❷*etwas, das man liest:* Ich habe mir eine passende Lektüre für den Urlaub ausgesucht. ◆Lieblings-, Urlaubs-

Lem·ma *das* <-s, Lemmata> SPRACHWISS. *(≈ Stichwort) die in einem Wörterbuch einen Wörterbuchartikel eröffnende Einheit, die einer Ordnung unterliegt (alphabetisch oder nach Sachgruppen), und an die je nach Datenangebot des Wörterbuchs verschiedene Angaben adressiert sind; siehe auch **Lexikographie**, **Stichwort**, **Wörterbuch***

Lem·ming *der* <-s, -e> ZOOL. *eine Wühlmausart*

Le·mur *der* <-s/-en, -en> ❶/meist Plur./ *im alten Rom der Geist eines Verstorbenen* ❷ZOOL. *eine Halbaffenart*

Len·de *die* <-, -n> ❶ANAT. *Körperteil zwischen*

L

den Hüften und der Wirbelsäule bei Menschen und Säugetieren: Sie klagte über Schmerzen im Bereich der Lenden. ◆-ngegend ❷ KOCH. *das Fleisch vom Rind oder Schwein vom hintersten Teil des Rückens neben der Wirbelsäule* ◆-nbraten ❸ /nur Plur./ LIT. (übertr.) Geschlechtsorgane beim Mann: der Sprössling seiner Lenden

Len·den·schurz *der* <-es, -e> *eine Bekleidung in der Art eines Tuchs, das nur die Geschlechtsteile und das Gesäß bedeckt*

Len·den·wir·bel *der* <-s, -> ANAT. *ein Teil der Lendenwirbelsäule:* Der Mensch hat 5 Lendenwirbel.

Len·den·wir·bel·säu·le *die* <-, -n> ANAT. *Teil der Wirbelsäule zwischen Brustwirbelsäule und Kreuzbein*

Le·nin (eigentlich: Wladimir Iljitsch Uljanow, geb. 22.04.1870, gest. 21.01.1924) russischer Politiker und Anführer der Oktoberrevolution

Le·ni·nis·mus *der* <-> /kein Plur./ POL. *Sammelbegriff für die Lehren und Gedanken Lenins* ▶ leninistisch

lenk·bar *adj* /nicht steig./ ❶ *so, dass etwas in eine bestimmte Richtung geführt werden kann:* lenkbare Flugkörper; Das Fahrzeug ist nicht mehr lenkbar. ❷ *so, dass jmd. von jmdm. beeinflusst werden kann:* Er hat noch keine festen Ziele für sein Leben, er ist noch lenkbar.

len·ken *mit OBJ/ohne OBJ* ❶ ▪ *jmd. lenkt (etwas)* jmd. *bestimmt die Richtung von etwas:* Er lenkte das Fahrzeug nach rechts in eine Seitenstraße.; Sie lenkte ihre Schritte in eine andere Richtung.; Auf der Autobahn lenkt man fast immer geradeaus. ❷ ▪ *jmd. lenkt etwas* jmd. *bestimmt die Entscheidungen in einer Organisation, einem Unternehmen, einer Firma o. Ä.:* die Wirtschaft/die Regierung/ein Unternehmen lenken; die Verhandlungen lenken ❸ ▪ *jmd. lässt sich von jmdm./ etwas lenken* jmd. *lässt sich von jmdm. oder etwas in seinem Handeln beeinflussen:* sich von seinen Freunden lenken lassen; sich von seinen Vorsätzen lenken lassen ❹ ▪ *jmd./etwas lenkt etwas auf jmdn./etwas* jmd. *oder etwas bewirkt, dass sich die Aufmerksamkeit von jmdm. auf eine andere Sache oder Person richtet oder konzentriert:* Die Aufmerksamkeit der Zuschauer wurde auf die Musik gelenkt.; Sie lenkten den Verdacht auf einen Unschuldigen.; Er versuchte, das Gespräch auf ein anderes Thema zu lenken.

Len·ker¹ *der* <-s, -> (≈ Lenkstange) *eine Stange an einem Fahrrad oder Motorrad, mit der man lenkt¹*

Len·ker² *der*, **Len·ke·rin** <-s, -> ❶ ÖSTERR., SCHWEIZ. *Person, die ein Fahrzeug lenkt¹:* Der Bus hatte Totalschaden, die Lenkerin erlitt einen Schock. ❷ (geh.) *Person, die etwas leitet I.* 3: die Lenker der Wirtschaft/des Staates

Lenk·flug·kör·per *der* <-s, -> MILIT. *eine Rakete mit Sprengkopf, die genau in ein Ziel gesteuert werden kann*

Lenk·rad *das* <-(e)s, Lenkräder> *eine Art Rad, mit dem ein Auto, Bus, Lastwagen o. Ä. gelenkt¹ wird:* jemandem ins Lenkrad greifen

Lenk·stan·ge *die* <-, -n> (≈ Lenker) *Stange, mit der man ein Fahrrad oder Motorrad lenkt¹*

Len·kung *die* <-, -en> /meist Sing./ ❶ *der Vor-*

gang, dass Entscheidungen in einem Bereich getroffen werden: die staatliche Lenkung der Wirtschaft ❷ KFZ *System der Teile, die man braucht, um ein Fahrzeug zu lenken*

Lenk·waf·fe *die* <-, -n> MILIT. Lenkflugkörper

Lenz *der* <-es, -e> ❶ LIT. (veralt.) Frühling ❷ (scherzh.) Lebensjahr: Er zählte zwanzig Lenze.; ▪ **sich einen faulen/schönen Lenz machen** (umg. abwert.) nichts oder nur sehr wenig arbeiten

Le·o·pard *der* <-en, -en> *eine große Raubkatze aus Afrika oder Asien mit einem gelblichen Fell, das schwarze Flecken hat*

Le·po·rel·lo *das* <-s, -s> *ein Papierstreifen mit Schrift oder Bildern, der durchgehend so gefaltet ist, dass immer ein gleich großes Teil auf einem anderen liegt*

Le·po·rel·lo·fal·zung *die* <-, -en> *die Art, dass etwas wie ein Leporello gefaltet ist:* Die Landkarte wird mit einer Leporellofalzung verkauft.

Le·pra *die* <-> /kein Plur./ (≈ Aussatz) *eine Krankheit, die vor allem in den Tropen vorkommt und bei der die Haut zerstört wird und Finger und Zehen abfallen können* ◆-kranke, -station

Ler·che *die* <-, -n> ZOOL. *ein kleiner brauner Vogel, der trillernd singt*

lern·be·gie·rig *adj* /nicht steig./ *so, dass jmd. viel lernen I. 2 möchte*

lern·be·hin·dert *adj* /nicht steig./ *so, dass jmd. spezielle Unterstützung beim Lernen benötigt:* eine Schule, in der lernbehinderte Kinder besonders gefördert werden ▶ Lernbehinderung

ler·nen I. *mit OBJ/ohne OBJ* ❶ ▪ *jmd. lernt etwas* jmd. *erkennt durch Erfahrung, wie er sein Verhalten ändern muss:* Pünktlichkeit und Zuverlässigkeit lernen; Ich hoffe, du hast aus dem Vorfall gelernt! ❷ ▪ *jmd. lernt (etwas)* sich *Wissen und Fähigkeiten aneignen:* Vokabeln lernen; Auto fahren lernen; für die Prüfung lernen; etwas auswendig lernen; Störe ihn nicht, er lernt gerade! ❸ ▪ *jmd. lernt (einen Beruf)* eine *Ausbildung in einem Beruf machen:* Er lernt Maurer.; Sie beherrscht noch nicht alles, sie lernt noch.; ▪ **gelernt ist gelernt** *was man einmal gelernt und gut geübt hat, kann man immer gut* Warum kannst du nur so gut kochen? – Gelernt ist gelernt. **II.** *ohne OBJ* ▪ *jmd. lernt irgendwie* Schüler(in) sein (und dabei bestimmte Fähigkeiten zeigen): Peter lernt fleißig/schlecht.; Sie geht noch nicht arbeiten, sie lernt noch.

Ler·ner *der*, **Ler·ne·rin** <-s, -> (fachspr.) *Person, die eine Sprache lernt:* Wörterbücher für Lerner unterscheiden sich von Wörterbüchern für Muttersprachler ◆-wörterbuch

Lern·er·fah·rung *die* <-, -en> *die Erfahrung, auf welche Art und Weise man etwas gelernt hat:* Lernerfahrung in einer Fremdsprache

lern·fä·hig *adj* ❶ *so, dass jmd. in der Lage ist, etwas zu lernen:* Kleine Kinder sind besonders lernfähig. ❷ *so, dass jmd. in der Lage ist, aus seinen Fehlern zu lernen und diese in der Zukunft zu vermeiden* ▶ Lernfähigkeit

Lern·soft·ware *die* <-> /kein Plur./ EDV *ein Com-*

puterprogramm, das das Lernen, meistens einer Fremdsprache, unterstützt

Lẹrn·stoff *der* <-es, -e> SCHULE *der Teil eines Wissensgebietes, der gelernt werden muss:* Einige Schüler konnten den Lernstoff in Mathematik nicht bewältigen.

Lẹrn·ziel *das* <-(e)s, -e> SCHULE *Kenntnisse und Fähigkeiten, die innerhalb eines bestimmten Zeitraums oder innerhalb einer Lerneinheit von den Schülern gelernt werden sollen:* Ein Lernziel des Fremdsprachenunterrichts ist die Kommunikation im Alltag.

Lẹs·art *die* <-, -en> *die Art und Weise, wie etwas ausgelegt oder gedeutet wird:* eine neue Lesart eines alten Textes

lẹs·bar *adj / nicht steig. /* ❶ *(↔ unleserlich) so, dass etwas gut zu erkennen ist und man es daher lesen kann:* eine lesbare Handschrift; Der Brief ist kaum lesbar. ❷ *so, dass etwas in einer Art geschrieben ist, die man gut versteht:* einen schwierigen Sachverhalt in lesbarer Sprache darstellen

Lẹs·bar·keit *die* <-> */kein Plur./ Eigenschaft, lesbar² zu sein:* Trotz des schwierigen Themas zeichnet sich das Buch durch seine Lesbarkeit aus.

Lẹs·be *die* <-, -n> *(umg. abwert.)* Lesbierin

Lẹs·bi·e·rin *die* <-, -nen> *homosexuelle Frau*

lẹs·bisch *adj / nicht steig. / so, dass man als Frau homosexuelle Neigungen hat:* eine lesbische Partnerschaft

Le·se·bril·le *die* <-, -n> *eine Brille, die man zum Lesen benutzt:* Ohne meine Lesebrille kann ich die Zeitung nicht lesen.

Le·se·buch *das* <-(e)s, Lesebücher> *Buch, das für Schüler eine Sammlung von teilweise gekürzten literarischen Texten wie Gedichte, Geschichten, Erzählungen o. Ä. enthält*

Le·se·ge·rät *das* <-(e)s, -e> *Vergrößerungsgerät zum Lesen von Mikrofilmen und Mikrofiches*

lese·ge·schützt *adj / nicht steig. /* EDV *(↔ schreibgeschützt) so, dass ein Programm oder eine Datei nur dann gelesen werden kann, wenn man ein Passwort eingibt*

Le·se·lam·pe *die* <-, -n> *kleinere Lampe, die ein Licht spendet, das angenehm zum Lesen ist*

le·sen¹ <liest, las, hat gelesen> **I.** *mit OBJ/ohne OBJ* ❶ ▪ *jmd. liest etwas etwas Geschriebenes ansehen und erkennen, was der Inhalt davon ist:* ein Buch lesen; etwas gründlich lesen; Noten lesen können; Ich kann diese Handschrift nicht lesen.; Störe mich bitte nicht, ich lese gerade. ❷ ▪ *jmd. liest etwas einen Text laut vortragen:* Lies bitte den Text auf Seite 11!; Zuerst liest Luise, danach ist Andreas dran.; Der Schriftsteller liest heute im Theater aus seinen Werken. ❸ ▪ *jmd. liest (etwas) irgendwo etwas ansehen und daraus etwas erkennen:* die Freude in jemandes Augen lesen; Ich kann in ihrem Gesicht lesen.; Der Jäger liest die Spuren der Tiere im Sand. ❹ ▪ *jmd. liest (etwas) aus etwas sich etwas ansehen und daraus Schlüsse darüber ziehen, was in der Zukunft geschehen wird:* aus dem Kaffeesatz lesen; jemandem die Zukunft aus der Hand lesen; Sie liest aus den Karten. **II.** *mit OBJ* ▪ *etwas liest etwas* EDV *gespeicherte Infor-*

mationen erkennen: Der Automat kann die Magnetkarte nicht lesen.; Der Computer liest die Dateien auf der Diskette. **III.** *ohne OBJ* ❶ ▪ *jmd. liest irgendwo (veralt.) an einer Universität lehren:* Sie liest an der Universität Heidelberg. ❷ ▪ *jmd. liest irgendwie sich mit Lesen I. 1 beschäftigen:* Er liest gern. **IV.** *mit SICH* ▪ *etwas liest sich irgendwie etwas ist in der genannten Weise geschrieben:* Das Buch liest sich leicht und flüssig.; ▪ *die Messe lesen als Priester die Messe durchführen* Der Priester liest die Messe.

le·sen² <liest, las, hat gelesen> *mit OBJ* ❶ ▪ *jmd. liest etwas Früchte oder Gemüse o. Ä. von etwas abnehmen und einsammeln:* Im Herbst wird in einigen Gebieten Wein gelesen.; Früher lasen Schüler in den Herbstferien Kartoffeln vom Acker.; die Krümel vom Boden lesen ❷ ▪ *jmd. liest etwas die sehr vielen einzelnen Bestandteile, aus denen sich eine Menge von etwas zusammensetzt, einzeln prüfen und die Guten von den Schlechten trennen:* Am Abend war sie damit beschäftigt, die Linsen zu lesen.

le·sens·wert *adj so, dass sich etwas zu lesen I. 1 lohnt, weil es spannend ist oder neue Informationen bringt:* Dieses Buch ist wirklich lesenswert.

Le·se·pro·be *die* <-, -n> ❶ *ein Auszug aus einem Buch, an dem man erkennen kann, wie das gesamte Buch ist* ❷ *eine Theaterprobe, bei der die Schauspieler den Text noch nicht auswendig sprechen, sondern ablesen*

Le·ser *der*, **Le·se·rin** <-s, -> *jmd., der etwas gerade oder regelmäßig liest:* Der Leser dieses Buches wird vom Autor direkt angesprochen.; Das Buch hat viele begeisterte Leser gefunden.; die Leser einer Zeitung

Le·se·rat·te *die* <-, -n> *(umg. scherzh.) jmd., der leidenschaftlich gerne liest I. 1*

Le·ser·brief *der* <-(e)s, -e> *der Brief eines Lesers oder einer Leserin an eine Zeitungsredaktion bzw. einen Buchautor*

Le·se·Recht·schreib-Schwä·che *die* <-, -n> *siehe auch* **Legasthenie**

Le·ser·kreis *der* <-es, -e> *(≈ Leserschaft) alle Leser(innen) einer Zeitung oder eines Buches:* Das Buch hat einen großen Leserkreis gefunden.

le·ser·lich *adj (↔ unleserlich) so klar, dass man es gut lesen kann:* eine leserliche Handschrift; Kannst du nicht etwas leserlicher schreiben? ▸ Leserlichkeit

Le·ser·schaft *die* <-, -en> */Plur. selten / (≈ Leserkreis) alle Leser(innen) einer Zeitung oder eines Buches*

Le·se·saal *der* <-(e)s, Lesesäle> *großer Raum einer Bibliothek, in dem man in den Büchern lesen kann:* Im Lesesaal darf nicht gesprochen werden, um die anderen nicht zu stören.

Le·se·spei·cher *der* <-s, -> EDV *(≈ ROM) Speicher eines Computers, aus dem man Daten nur lesen, aber nicht bearbeiten kann*

Le·se·stoff *der* <-(e)s, -e> SCHULE *Lektüre², die von Schülern oder Studenten gelesen werden muss:* Das Buch gehört zum Lesestoff in der Schule.

L

Le·se·stück *das* <-(e)s, -e> SCHULE *ein Text in einem Lesebuch, der nicht zu lang ist*

Le·se·zei·chen *das* <-s, -> *ein (manchmal schön gestaltetes)Stück Papier oder Pappe oder auch ein Stofffaden, das/den man in ein Buch legt, um die Stelle wiederzufinden, bis zu der man gelesen hat:* sich ein Lesezeichen ins Buch legen

Le·sung *die* <-, -en> ❶ *Veranstaltung, bei der die Literatur meistens vom Autor selbst öffentlich vorgetragen wird:* Im Literaturhaus findet eine Lesung junger Autoren statt. ◆ Dichter- ❷ POL. *eine Sitzung im Parlament, in der über einen Gesetzesentwurf diskutiert wird:* Das Gesetz geht heute in die erste Lesung.; ein Gesetz in zweiter Lesung verabschieden

Le·thar·gie *die* <-> /kein Plur./ ❶ *Zustand, in dem jmd. für nichts mehr Interesse hat:* Ohne besonderen Anlass verfiel er in Lethargie. ❷ MED. *Schlafsucht*

le·thar·gisch *adj die Lethargie betreffend:* Lethargisch verrichtete er seine Arbeit.

Let·te *der,* **Let·tin** <-n, -n> *jmd., der die lettische Staatsbürgerschaft hat*

Let·ter *die* <-, -n> DRUCKW. *Druckbuchstabe:* Auf dem Schild stand in großen Lettern geschrieben: …

let·tisch *adj /nicht steig./ Lettland betreffend:* die lettische Sprache sprechen; *siehe auch* **deutsch**

Lett·land <-s> *ein Land an der Ostsee mit Grenzen zu Russland, Litauen, Estland und Weißrussland*

Lett·ner *der* <-s, -> *hohe, kunstvoll gestaltete Wand in mittelalterlichen Kirchen, die den Chor vom Langhaus trennt*

Letzt ■ **zu guter Letzt** *verwendet, um auszudrücken, dass etwas zum Schluss doch noch ein gutes Ende findet* Zu guter Letzt habe ich die Schlüssel dann doch gefunden.

letz·te *adj /nur attr./ /nicht steig./* ❶ *so, dass etwas zum Schluss einer Reihenfolge kommt:* der letzte Tag des Jahres; das letzte Haus in der Straße; Der Kapitän ging als Letzter von Bord. ❷ *so, dass etwas direkt vor dem jetzigen Zeitpunkt liegt:* unser letzter Urlaub; Das letzte Mal hatten wir dieses Thema besprochen.; Letzte Woche warst du noch einverstanden! ❸ *so, dass etwas zum Schluss als Rest vorhanden ist:* mit letzter Kraft; Das ist dein letzter Versuch.; etwas zum letzten Mal versuchen ❹ *so, dass etwas sehr aktuell ist:* die letzten Neuigkeiten verkünden; die letzte Mode aus Paris; ■ **der/die/das Letzte** *(umg. abwert.) jmd. oder etwas, den/das man völlig ablehnt* Das ist doch das Letzte!; Sie ist die Letzte, der ich vertrauen würde.; ■ **letzten Endes** *schließlich* Das ist doch letzten Endes völlig egal.; ■ **bis ins Letzte** *sehr genau und gründlich* etwas bis ins Letzte planen; ■ **sein Letztes geben** *mit aller Kraft, die man hat, etwas tun;* ■ **in letzter Zeit** *in dem Zeitraum, der direkt vor dem jetzigen Zeitpunkt liegt;* ■ **der Letzte Wille** *das Testament;* ■ **die Letzte Ölung** (≈ Krankensalbung) *Sakrament in der katholischen Kirche, das Menschen kurz vor ihrem Tod empfangen* ◆ Großschreibung →R 3.7, 3.18 Es ist das Letzte, was ich tun würde.; als Letzte eintreffen; bis zum Letzten konzentriert sein; Es war sein Letzter Wille, dass seine Frau das Haus erbt.

letzt·end·lich *adv letzten Endes, schließlich:* Letztendlich mussten sie doch einsehen, dass er im Recht war.

letz·tens *adv kürzlich:* Letztens sind wir im Konzert gewesen.

letz·te·re *adj /nicht steig./ von zwei Personen oder Sachen diejenige, die zuletzt genannt wurde:* Im letzteren Falle trifft das nicht zu.; Heute wurden Peter und Susi geprüft, Letztere hat mit „sehr gut" bestanden. ◆ Großschreibung →R 3.7 Das Letztere kann ich nicht glauben.; Bitte schicken Sie mir Letzteres.

letzt·jäh·rig *adj /nicht steig./ (↔ diesjährig) im vergangenen oder letzten Jahr:* das letztjährige Osterfest

letzt·lich *adv schließlich:* Letztlich haben wir uns doch dagegen entschieden.

letzt·ma·lig *adj /nicht steig./ zum letzten[1] Mal:* Das Stück wurde heute letztmalig aufgeführt.

letzt·mals *adv zum letzten Mal:* Der Künstler ist letztmals in Köln aufgetreten.

Leu[1] *der* <-s, Lei> WIRTSCH. *rumänische Währungseinheit*

Leu[2] *der* <-en, -en> *(dichter.) Löwe*

Leucht·bo·je *die* <-, -n> SEEW. *ein Körper, der auf dem Wasser schwimmt und am Boden verankert ist und ein Licht hat, das Schiffen zur Orientierung dient*

Leucht·di·o·de *die* <-, -n> TECHN. *elektronisches Bauelement, das je nach Einstellung grünes, rotes oder gelbes Licht aussendet:* Leuchtdioden gibt es beispielsweise in Uhren, Taschenrechnern, Fernseh- oder Radiogeräten.

Leuch·te *die* <-, -n> *Lampe:* Dieses Geschäft führt Leuchten für Wohn- und Büroräume.; ■ **keine große Leuchte sein** *(umg. abwert.) nicht besonders intelligent sein*

leuch·ten *ohne OBJ* ❶ ■ **etwas leuchtet** *etwas verbreitet Licht:* Das Licht der Kerzen leuchtet in der Dunkelheit.; Der Mond leuchtet am Himmel.; Das Meer war leuchtend blau. ❷ ■ *jmd./etwas leuchtet (mit etwas Dat.) irgendwohin den Lichtstrahl in eine bestimmte Richtung lenken:* Leuchte mal mit der Taschenlampe unter den Schrank!; Leuchte mir nicht dauernd ins Gesicht!; ■ **seine/ihre Augen leuchten** *jmds. Freude zeigt sich in seinen Augen* Ihre Augen leuchteten, als sie die Stadt zum ersten Mal sah.; leuchtende Augen haben; ■ **ein leuchtendes Vorbild** *ein großes Vorbild* ◆ Getrenntschreibung →R 4.5, 4.6 ein leuchtend blauer Himmel

Leuch·ter *der* <-s, -> ❶ *eine Art Halter, in den man Kerzen steckt:* ein mehrarmiger Leuchter; die Kerzen in den Leuchter stecken ◆ Kerzen- ❷ *eine Lampe mit mehreren Glühbirnen* ◆ Decken-, Kron-

Leucht·far·be *die* <-, -n> *eine Farbe, die mit einem Stoff versehen ist, der leuchtet[1]*

Leucht·feu·er *das* <-s, -> SEEW., LUFTF. *sich in regelmäßigen Abständen wiederholendes Lichtsignal zur Orientierung für Schiffe oder Flugzeuge*

Leucht·kä·fer *der* <-s, -> (≈ Glühwürmchen) *ein*

kleines Insekt, das Organe unter dem Leib hat, die leuchten[1]

Leucht·kraft die <-> /kein Plur./ Fähigkeit, hell und stark zu leuchten oder voller Farbenpracht zu sein: die Leuchtkraft der Blätter im Herbst

Leucht·pis·to·le die <-, -n> Pistole, mit der man Leuchtraketen als Signal abfeuern kann

Leucht·ra·ke·te die <-, -n> eine Art Geschoss, das als Signal dient und das in der Luft explodiert und dabei in einer bestimmten Farbe lange und hell leuchtet

Leucht·re·kla·me die <-, -n> eine Reklame, die Buchstaben und Bilder mit Hilfe von Neonröhren und Glühlampen darstellt

Leucht·röh·re die <-, -n> eine Leuchtstofflampe in Form einer Röhre, die mit Edelgas gefüllt ist

Leucht·schrift die <-, -en> ❶ Schrift auf einer Leuchtreklame ❷ Schrift, die mit einer Leuchtfarbe geschrieben ist

Leucht·si·g·nal das <-s, -e> optisches Signal, das je nach Funktion in bestimmten Farben leuchtet, um als Warnung, Orientierung, Hilferuf o. Ä. zu dienen

Leucht·spur·mu·ni·ti·on die <-> /kein Plur./ MILIT. Munition, die während des Fluges eine leuchtende Spur hinterlässt

Leucht·stoff·lam·pe die <-, -n> eine Lampe, die mit einem Edelgas gefüllt ist, ein helles Licht spendet und häufig die Form einer Röhre hat: Die bekanntesten Leuchtstofflampen sind die Neonlampen.

Leucht·turm der <-(e)s, Leuchttürme> ein Turm an der Küste, der zur Orientierung für die Schiffe Leuchtsignale aussendet

Leucht·turm·wär·ter der, **Leucht·turm·wär·te·rin** <-s, -> jmd., der auf einem Leuchtturm lebt und die Geräte für die Signale wartet

leug·nen I. mit OBJ/ohne OBJ ▪ jmd. **leugnet (etwas)** (≈ abstreiten ↔ gestehen) sagen, dass man das, wessen man beschuldigt wird, nicht getan hat: Er leugnet die Tat.; Sie leugnet hartnäckig, illegale Spenden angenommen zu haben. II. mit OBJ ▪ jmd. **leugnet etwas** (↔ anerkennen) jmd. sagt, dass etwas nicht wahr ist: Willst du etwa leugnen, dass es kalt geworden ist?; Keiner hat ihre Klugheit geleugnet.; Man warf ihm vor, die Existenz Gottes geleugnet zu haben.

Leu·k·ä·mie die <-, -n> MED. (≈ Blutkrebs) eine bösartige Krankheit, bei der sich die weißen Blutkörperchen zu stark vermehren

Leu·ko·zyt der <-en, -en> /meist Plur./ MED. weißes Blutkörperchen

Leu·mund der <-(e)s> /kein Plur./ (veralt.) der Ruf, den jmd. bei seinen Mitmenschen hat: Er hat einen sehr guten Leumund.

Leu·te <-> Plur. ❶ eine Gruppe von Menschen: fremde Leute; Sie waren einfache Leute. ❷ die Menschen in der Nachbarschaft oder in der Umgebung: Es interessierte ihn nicht, was die Leute redeten. ❸ (umg.) die Personen, die in einem Team für jmdn. oder ein Unternehmen arbeiten: Die Firma schickte ihre Leute, um den Schaden zu beheben.; Auf meine Leute kann ich mich verlassen. ❹ (umg.) Familienangehörige: Am Wochenende habe ich mal wieder meine Leute besucht.; ▪ **etwas unter die Leute bringen** (umg.) etwas öffentlich machen; ▪ **unter die Leute gehen/kommen** (umg.) ausgehen, andere Menschen kennen lernen; ▪ **vor allen Leuten** in der Öffentlichkeit; ▪ **Von jetzt an sind wir geschiedene Leute!** ab jetzt will ich nichts mehr mit dir zu tun haben

Leut·nant der, **Leut·nan·tin** <-s, -s> MILIT. ❶ der niedrigste Offiziersrang ❷ jmd., der den Dienstgrad eines Leutnants[1] hat

leut·se·lig adj ❶ (abwert.) (auf eine herablassende Art) freundlich: Bei Betriebsfeiern gibt sich der Chef gern leutselig. ❷ (≈ umgänglich) so, dass jmd. gern mit anderen Menschen zusammen ist und anderen Menschen, auch Fremden, viel erzählt: Sie ist eine leutselige alte Dame, die mit allen Nachbarn gut auskommt.

Leut·se·lig·keit die <-> /kein Plur./ Zustand, in dem jmd. leutselig[1, 2] ist: Er hat seine Leutseligkeit schnell wieder abgelegt, als über die Arbeit geredet wurde.

Le·vel der [ˈlɛvl] <-s, -s> ein bestimmter Grad, den etwas erreichen kann und anhand dessen z. B. Fähigkeiten beurteilt werden können: Er ist über das erste Level bei diesem Computerspiel nicht hinausgekommen.; Seine Deutschkenntnisse haben jetzt ein erstaunliches Level.

Le·vis® die [leviz] <-, -> eine Jeans der Firma Levi Strauss ®

Le·vi·ten die [leˈviːtn̩] ▪ **jemandem die Leviten lesen** (umg.) jmdn. streng tadeln

Lev·ko·je, Lev·koie die [lɛfˈkoːjə/lɛfˈkɔjə] <-, -n> BOT. eine Zierpflanze mit weiß bis violett gefärbten Blüten, die die Form einer Traube haben

Le·xem das <-s, -e> SPRACHWISS. die kleinste Einheit des Wortschatzes

Le·xi·ka Plur. von **Lexikon**

le·xi·ka·lisch adj /nicht steig./ SPRACHWISS. zum Wortschatz gehörend: Wörter sind lexikalische Einheiten.

Le·xi·ko·gra·phie, a. **Le·xi·ko·gra·fie** die <-> /kein Plur./ SPRACHWISS. die Wissenschaft von der Darstellung des Wortschatzes in einem Wörterbuch: über viele Jahre Erfahrung in der Lexikographie verfügen ▶ Lexikograph, Lexikographin, lexikographisch siehe auch **Wörterbuch**

Die **Lexikographie** ist diejenige Praxis, die darauf gerichtet ist, dass Wörterbücher als Nachschlagewerke entstehen (vgl. auch das Stichwort Wörterbuch). Sie umfasst alle damit zusammenhängenden Aktivitäten der Planung eines Wörterbuchs und das Formulierens von Wörterbuchartikeln. Die Lexikographie ist empirisch gegeben als Menge abgeschlossener oder im Gang befindlicher lexikographischer Prozesse. Diese bilden den zentralen Gegenstandsbereich einer allgemeinen Theorie der Lexikographie, genannt **Wörterbuchforschung** oder **Metalexikographie**. In diesem Theoriebereich werden Antworten auf Fragen der Art gegeben: Welche Wörterbücher lassen sich unterscheiden? Wie haben sich Wörterbücher geschichtlich entwickelt? Wie sind Wörterbücher aufgebaut? Die seit den 80er Jahren entwickelte neuere Wörterbuchforschung ermöglicht es heute, sämtliche Prozesse der Lexikographie und sämtliche Textteile jedes Wörterbuchs genau zu bezeichnen und sogar formal zu beschreiben.

In dem Teilgebiet der Sprachlexikographie entstehen Sprachwörterbücher. Aus ihnen erfährt man etwas über sprachliche Eigenschaften derjenigen Stichwörter/Lemmata (vgl. das Stichwort), die in jeweiligem Wörterbuch bearbeitet sind: zur Bedeutung, zur Aussprache, zur Grammatik usw. Produkte der Sachlexikographie hingegen sind Sachwörterbücher: In ihnen werden Angaben zu den jeweiligen Sachen in einem Fach gemacht, so dass man aus entsprechenden Daten Antworten zu nichtsprachlichen Gegenständen erschließen kann. Es gibt auch Nachschlagewerke, die Sprach- und Sachwörterbücher gleichermaßen sind; dazu zählen insbesondere kleine und große Enzyklopädien.

Für die Planung und Ausgestaltung von Wörterbüchern sind im Bereich der wissenschaftlichen Lexikographie praxisspezifische Qualifikationen erforderlich. Dabei spielen Kenntnisse aus ganz unterschiedlichen wissenschaftlichen Sparten eine Rolle. Deshalb kann die Lexikographie z. B. nicht als „angewandte Lexikologie" bezeichnet werden. Mittlerweile gibt es nicht nur im Ausland, sondern auch in Deutschland Studiengänge zur Lexikographie.

L

Le·xi·ko·lo·gie die <-, -n> SPRACHWISS. *Lehre vom Wort und vom Wortbestand einer Sprache* ▸ Lexikologe, Lexikologin, lexikologisch *siehe auch* **Lexikon**

Le·xi·kon das <-s, Lexika> *siehe auch* **Lexikographie**, **Wörterbuch**

Der Ausdruck **Lexikon** ist mehrdeutig (vgl. dazu das Stichwort *Mehrdeutigkeit*). In der zentralen Bedeutung versteht man in der Sprachwissenschaft/Linguistik unter einem Lexikon (a) den Forschungsgegenstand der Lexikologie, also der Lehre vom Wort und vom Wortbestand einer Sprache. Das Lexikon bildet zusammen mit der Grammatik (vgl. das Stichwort) das sprachliche Gesamtsystem, nämlich die Regeln (vgl. das Stichwort) einer Sprache. Außerdem wird der Ausdruck (b) unter dem Aspekt der individuellen kognitiven Verfügbarkeit entsprechender Regeln auch im Sinne von „mentales Lexikon" verwendet bzw. steht für „semantisches Gedächtnis" als Teil desjenigen Sprachwissens, von dem kompetente Sprecher/Sprecherinnen bei Bedarf Gebrauch machen können. Die Erforschung des internalisierten (im Spracherwerb verinnerlichten) stillschweigenden Wissens ist nicht nur Gegenstand der Sprachwissenschaft, sondern steht im Zentrum des Interesses verschiedener kognitiver Wissenschaften, vor allem der Psycholinguistik bzw. der Sprachpsychologie. Schließlich wird der Ausdruck (c) im Alltagsleben wie im Buchhandel im Sinne von „Wörterbuch" verwendet („Gib mir doch mal das Lexikon"). Da lexikographische Nachschlagewerke gleicher Art völlig beliebig einmal als *Lexikon* und einmal als *Wörterbuch* bezeichnet werden, gibt es in der Wörterbuchforschung (vgl. unter *Lexikographie*) keinen Anlass, hier einen Unterschied auch in der Terminologie zu machen; deshalb werden solche Produkte einheitlich als *Wörterbücher* bezeichnet.

Le·zi·thin, a. **Le·ci·thin** das <-s, -e> BIOL., CHEM. *phosphorhaltiger, fettähnlicher Nährstoff, der in allen Zellen des Körpers vorkommt*

lfd. *Abkürzung von* **laufend**

Li·ai·son die [liɛˈzõː] <-, -s> (*geh. o veralt.*) *eine meist kurze Liebschaft, Liebesverhältnis:* eine Liaison mit jemandem haben

Li·a·ne die <-, -n> BOT. *eine Pflanze in den Tropen, die sich um die Bäume wickelt*

Li·ba·non der <-/-s> /kein Plur./ *Land im östlichen Mittelmeer, mit Grenzen zu Israel und Syrien:* der Libanon; Die Hauptstadt des Libanon ist Beirut. ▸ Libanese, Libanesin, libanesisch

Li·bel·le die <-, -n> ❶ ZOOL. *ein Insekt, das einen langen Körper und vier Flügel hat und häufig am Wasser lebt* ❷ TECHN. *der Teil an der Wasserwaage, mit dem die Horizontale und Vertikale genau eingestellt wird*

li·be·ral adj ❶ *so, dass jmd. oder etwas die persönlichen Freiheiten eines Menschen nicht einschränkt:* ein liberaler Vorgesetzter; Sie hat sehr liberale Auffassungen von der Ehe.; Die Chefin hat einen liberalen Führungsstil. ❷ /nicht steig./ POL. *den Liberalismus betreffend:* die liberale Partei; liberale Politik; die Partei der Liberalen

li·be·ra·li·sie·ren mit OBJ ■ *jmd./etwas liberalisiert etwas von Einschränkungen befreien:* die Wirtschaft liberalisieren; Mit dem neuen Gesetz wurde das Familienrecht entscheidend liberalisiert.

Li·be·ra·li·sie·rung die <-, -en> *das Herstellen liberaler[1] Bedingungen*

Li·be·ra·lis·mus der <-> /kein Plur./ ❶ POL. *eine politische Idee, nach der sich der Mensch in einer Gesellschaft möglichst frei entfalten soll und der staatlichen Eingriffe in die Wirtschaft möglichst gering sein sollen* ❷ *eine liberale[1] Einstellung*

Li·be·ra·li·tät die <-> /kein Plur./ *eine liberale[1] Gesinnung*

Li·be·ro der <-s, -s> SPORT *der Abwehrspieler beim Fußball, der keinen direkten Gegenspieler hat und deshalb auch verschiedene andere Aufgaben im Spiel übernehmen kann*

Li·bi·do die [ˈliːbido/liˈbiːdo] <-> /kein Plur./ PSYCH. (≈ Geschlechtstrieb)

Li·bret·to das <-s, Libretti> MUS. *der Text einer Oper oder Operette*

Li·by·en <-s> *Staat in Nordafrika mit Grenzen zu*

Tunesien, Algerien, Ägypten, dem Tschad, Sudan und Niger ▶ Libyer, Libyerin, libysch

Licht *das* <-(e)s, -er> ❶ */kein Plur./ (↔ Dunkelheit) das Phänomen, das die Umgebung oder etwas hell macht und bewirkt, dass man Dinge sehen kann: das Licht der Sonne; diffuses/helles/kaltes Licht; künstliches Licht; nicht genug Licht haben; die Brechung des Lichtes* ❷ *das elektrisch erzeugte Licht*[1]*: Das Licht anmachen/ausschalten.; Im der Wohnung brennt noch Licht.* ❸ */meist Plur./ Lampen, die leuchten: die Lichter der Großstadt* ❹ *(umg.: ≈ Lampe)* ■ **kein großes Licht sein** *(umg. abwert.) nicht sehr intelligent sein;* ■ **grünes Licht für etwas geben** *die Erlaubnis für etwas geben;* ■ **ans Licht kommen** *offenbar werden Irgendwann kommt jeder Betrug ans Licht!;* ■ **Licht in etwas bringen** *etwas aufklären;* ■ **etwas/sich ins rechte Licht rücken** *etwas oder sich vorteilhaft darstellen;* ■ **in ein schiefes Licht geraten** *(abwert.) sich verdächtig machen;* ■ **jemanden hinters Licht führen** *jmdn. täuschen;* ■ **jemandem geht ein Licht auf** *(umg.) jmd. versteht plötzlich die Zusammenhänge einer Sache;* ■ **das ewige Licht** REL. *die Lampe, die in einer katholischen Kirche immer brennt und die die Gegenwart von Jesus Christus symbolisiert;* ■ **sein Licht unter den Scheffel stellen** *(geh.) so bescheiden sein, dass man seine positiven Eigenschaften nicht besonders betont, sondern sie sogar vor anderen versteckt;* ■ **das Licht der Welt erblicken** *(geh.) geboren werden*

licht *adj* ❶ *so, dass es zwischen etwas einen relativ großen Zwischenraum gibt: lichte Haare; Der Wald wurde allmählich lichter.* ❷ TECHN. *von einer Innenseite zur anderen gemessen: Die Brücke hat eine lichte Höhe von 4,50 m.* ❸ *(geh.) hell: am lichten Tag; ein lichtes Blau; Um sie herum wurde es lichter und sie erkannte die Umgebung wieder.;* ■ **lichte Momente haben** *(übertr.) gelegentlich geistig klar sein*

Licht·an·la·ge *die* <-, -n> *ein System von Lampen und Lichtern an einem Fahrzeug oder in einem Gebäude: die Lichtanlage des Autos*

Licht·bild *das* <-(e)s, -er> ❶ AMTSSPR. *(≈ Passbild) Der Antrag ist zusammen mit einem Lichtbild einzureichen.* ❷ *ein Diapositiv: sich Lichtbilder von der Reise ansehen*

Licht·bil·der·vor·trag *der* <-(e)s, Lichtbildervorträge> *ein Vortrag, bei dem Dias gezeigt werden*

Licht·blick *der* <-(e)s, -e> *etwas, das jmdm. in einer schlechten Zeit Freude macht: Der Urlaub ist für mich der einzige Lichtblick im Jahr.*

Licht·bre·chung *die* <-, -en> PHYS. *der Vorgang, dass die Strahlen des Lichtes auf etwas treffen, das zwei Medien trennt, wie z. B. die Fläche zwischen Luft und Wasser*

licht·durch·flu·tet *adj so, dass ein Raum sehr hell ist, weil Licht durch viele Fenster einfällt: ein lichtdurchflutetes Haus*

licht·durch·läs·sig *adj so, dass etwas Licht*[1] *hindurchlässt: Die Vorhänge sind lichtdurchlässig.* ▶ Lichtdurchlässigkeit

licht·echt *adj /nicht steig./ so, dass es bei Licht-*

einwirkung nicht ausbleicht: lichtechte Farben ▶ Lichtechtheit

Licht·ein·fall *der* <-s> */kein Plur./ der Vorgang, dass natürliches Licht*[1] *durch ein Fenster oder eine Öffnung auf etwas trifft: Das Atelier war hervorragend, denn der Lichteinfall schuf keine Schatten.*

Licht·ein·wir·kung *die* <-, -en> *der Einfluss, den der Lichteinfall auf etwas hat: Alte Dokumente müssen vor zu starker Lichteinwirkung geschützt werden.*

licht·emp·find·lich *adj* ❶ MED. *so, dass etwas von Licht*[1] *schnell geschädigt wird: lichtempfindliche Haut/Augen* ❷ FOTOGR. *so, dass etwas auf Licht*[1] *chemisch reagiert: Der Film ist sehr lichtempfindlich.*

Licht·emp·find·lich·keit *die* <-> */kein Plur./ der Zustand, dass etwas lichtempfindlich*[1, 2] *ist*

lich·ten I. *mit OBJ* ❶ ■ **jmd. lichtet etwas** *aus einer Menge etwas entfernen, so dass es relativ große Räume dazwischen gibt: den Baumbestand in einem Waldstück lichten* ❷ ■ **jmd./ein Schiff lichtet den Anker** SEEW. *den Anker aus dem Wasser und an Bord des Schiffes ziehen: Am nächsten Tag lichtete sie die Anker und fuhren weiter.* II. *mit SICH* ❶ ■ **etwas lichtet sich** *etwas wird immer weniger: Der Wald lichtet sich.; Seine Haare haben sich gelichtet; Die Reihen der Zuschauer lichteten sich.* ❷ ■ **etwas lichtet sich** *heller werden: Das Dunkel lichtet sich.; Der Nebel lichtet sich* ❸ ■ **etwas lichtet sich** *(übertr.) etwas wird klarer: Sein Verstand/die Unklarheit lichtet sich.*

Lich·ter·fest *das* <-(e)s> */kein Plur./ (≈ Chanukka) ein jüdisches Fest im Dezember, bei dem täglich nacheinander die Kerzen in achtarmigen Chanukkaleuchter angezündet werden*

lich·ter·loh *adv mit hohen Flammen: Das Haus brannte lichterloh!*

Licht·ge·schwin·dig·keit *die* <-> */kein Plur./ PHYS. die Geschwindigkeit, mit der sich das Licht ausbreitet*

Licht·hof *der* <-(e)s, Lichthöfe> ❶ BAUW. *ein von Gebäudeteilen umschlossener Hof: Die Fenster blicken auf einen kleinen Lichthof.* ❷ ASTRON. *dunstiger Schein um den Mond oder die Sonne: Der Nachthimmel war dunstig und der Mond hatte einen Lichthof.* ❸ FOTOGR. *eine Stelle auf einem Foto, die überbelichtet ist*

Licht·hu·pe *die* <-, -n> KFZ *meist ein Hebel unter dem Lenkrad, mit man die Scheinwerfer kurz aufleuchten lassen kann, um damit ein Warnsignal zu geben: die Lichthupe betätigen*

Licht·jahr *das* <-(e)s, -e> PHYS., ASTRON. *die Strecke, die das Licht in einem Jahr zurücklegt und die als Maßeinheit für Entfernungen im Weltraum benutzt wird*

Licht·lei·ter *der* <-s, -> TECHN., PHYS. *eine Leitung, die aus einem Bündel von Lichtleitfasern besteht, die ein Bild am Anfang der Leitung in Bildpunkte zerlegen und in sehr kurzer Zeit zu dem anderen Ende übertragen, wo das Bild wieder zusammengesetzt wird*

Licht·leit·fa·ser *die* <-, -n> TECHN., PHYS. *eine flexi-*

L

ble Glasfaser, die mit vielen anderen Lichtleitfasern zu einem Bündel zusammengeklebt wird, um einen Lichtleiter zu bilden

Licht·ma·schi·ne *die* <-, -n> KFZ *die Maschine, die den Strom für die elektrischen Anlagen eines Kraftfahrzeugs liefert*

Licht·mast *der* <-(e)s, -en> *ein Mast an der Straße, der Stromleitungen führt oder auch die Straßenbeleuchtung trägt*

Licht·mess *das* <-> /kein Plur./ *ein katholischer Festtag am 2. Februar*

Licht·mes·ser *der* <-s, -> PHYS. *ein Gerät zum Messen der Lichtstärke*

Licht·or·gel *die* <-, -n> *eine Lichtanlage mit bunten Lichtern, die im Rhythmus einer Musik aufleuchten:* eine Lichtorgel in der Diskothek

Licht·pau·se *die* <-, -n> *mit lichtempfindlichem[2] Papier hergestellte Kopie*

Licht·quel·le *die* <-, -n> *etwas, das Licht[1] ausstrahlt:* eine künstliche Lichtquelle

Licht·re·kla·me *die* <-, -n> (≈ Leuchtreklame)

Licht·satz *der* <-es> /kein Plur./ DRUCKW. *ein besonderes Verfahren des Setzens von Text mit Hilfe von Fotopapier oder Filmstreifen*

Licht·schacht *der* <-(e)s, Lichtschächte> BAUW. *ein Schacht mit Glasdach im Inneren eines Gebäudes*

Licht·schal·ter *der* <-s, -> *ein Schalter zum An- und Ausschalten von elektrischem Licht*

Licht·schein *der* <-(e)s> /kein Plur./ *der Schein, den Licht[1] verbreitet:* Das Zimmer wurde nur vom Lichtschein einer Kerze erhellt.

licht·scheu *adj* ❶ *so, dass ein Mensch oder ein Tier Angst vor dem Tageslicht hat:* Nachtaktive Tiere sind meist sehr lichtscheu. ❷ /nur attr./ (umg. abwert.) *so, dass sich jmd. versteckt, weil er sonst verhaftet werden würde:* In dem verfallenen Stadtviertel trieb sich viel lichtscheues Gesindel herum.

Licht·schutz·fak·tor *der* <-s, -en> *ein Zahlenwert, der angibt, wie stark eine Sonnencreme die Haut vor UV-Strahlung schützt*

Licht·si·g·nal *der* <-s, -e> *ein Zeichen, das in einer bestimmten Farbe leuchtet und einen Befehl oder eine Orientierung darstellt:* Ein rotes Lichtsignal bedeutet meistens „Halt".; den Verkehr mit Hilfe von Lichtsignalen regeln

Licht·spiel·haus *das* <-es, Lichtspielhäuser> (veralt.: ≈ Kino) *das aktuelle Programm der Lichtspielhäuser der Stadt*

Licht·stär·ke *die* <-, -n> PHYS. *ein Maß, das sich aus der Berechnung von Lichtstrom und Raumwinkel ergibt*

Licht·strahl *der* <-(e)s, -en> *ein Strahl, der von einer Lichtquelle ausgeht*

Licht·strom *der* <-(e)s> /kein Plur./ PHYS. *die bewertete Leistung, die von einer Lichtquelle ausgeht:* Lichtstrom wird in Lumen gemessen.

licht·un·durch·läs·sig *adj* /nicht steig./ (↔ lichtdurchlässig) *so, dass etwas kein Licht[1] durchlässt:* Die Verdunkelung war nahezu lichtundurchlässig, man konnte nichts im Raum erkennen.
▶ Lichtundurchlässigkeit

Licht·tung *die* <-, -en> *eine Fläche im Wald, auf*

der keine Bäume stehen: Ein Reh trat auf die Lichtung.

Licht·ver·hält·nis·se <-> Plur. *die Umstände, die durch die Menge von Licht[1] bestimmt sind:* Die Lichtverhältnisse sind ideal zum Fotografieren.

Licht·wel·le *die* <-, -n> PHYS. *von einer Lichtquelle ausgestrahlte elektromagnetische Welle*

Licht·zei·chen·an·la·ge *die* <-, -n> AMTSSPR. (≈ Ampel) An der Kreuzung vor der Grundschule wurde eine neue Lichtzeichenanlage in Betrieb genommen.

Lid *das* <-(e)s, -er> *die bewegliche Haut, mit der man das Auge schließen kann:* das obere/untere Lid; ▪**jemandem werden die Lider schwer** (geh.) jmd. wird müde

Li·do *der* <-s, -s/Lidi> Strand: *der Lido von Venedig*

Lid·schat·ten *der* <-s, -> *eine kosmetische Farbe, mit der die Augenlider geschminkt werden:* Lidschatten auf das obere Lid auftragen

Lid·schat·ten·stift *der* <-(e)s, -e> *eine Art Farbstift, mit dem der Lidschatten aufgetragen wird*

Lid·strich *der* <-s, -e> *ein Farbstrich am Rand des Lids:* die Augen mit einem Lidstrich betonen

lieb *adj* ❶ *so, dass man jmdn. sehr schätzt und liebt:* mein lieber Mann; meine lieben Eltern ❷ *verwendet, um jmdn. anzureden, den man gut kennt:* Liebe Freunde, …; Bist du einverstanden, mein Liebes? ❸ *freundlich, nett:* Sei ganz lieb gegrüßt von …; Seid bitte lieb zu dem Kätzchen!; Sei bitte so lieb und hilf mir!; Das war aber lieb von dir! ❹ (≈ brav) *verwendet, um auzudrücken, dass ein Kind folgsam ist:* Ihr habt aber liebe Kinder!; Sei bitte lieb, wenn du bei Oma bist! ❺ *angenehm, willkommen:* Ihr seid uns immer liebe Gäste!; Das ist mir ganz lieb so; Es ist mir lieber, wenn du ihn anrufst.; Es wäre mir lieber, wenn du mitkommst. ❻ *so, dass etwas Freundlichkeit zeigt:* liebe Worte; eine liebe Geste; liebe Grüße; ▪**es wäre jemandem lieb, wenn …** jmd. wünscht sich, dass etwas der Fall wäre Es wäre mir lieb, wenn du schon etwas früher kommen könntest.; ▪**seine liebe Not mit etwas haben** (umg.) mit etwas nur schlecht zurechtkommen; ▪**mein Lieber/meine Liebe** (umg.) verwendet, um jmdn. vertraulich anzusprechen und dabei auch einen leichten Vorwurf zum Ausdruck zu bringen Das war aber ganz schön gewagt, mein Lieber! ◆ Großschreibung →R 3.7 So ist es mir das Liebste.

lieb·äu·geln <liebäugelst, liebäugelte, hat geliebäugelt> ohne OBJ ▪**jmd. liebäugelt mit etwas** Dat. *sich an etwas beschäftigen und oft daran denken, weil man es gerne haben oder machen möchte:* Sie liebäugelt schon lange mit einem neuen Motorrad.; Er hatte schon lange mit einem Urlaub in Kanada geliebäugelt.

Lieb·chen *das* <-s, -> ❶ (veralt.) *geliebte Frau:* mein Liebchen! ❷ (abwert.) *Geliebte:* Er trifft sich heimlich mit seinem Liebchen.

Lie·be *die* <-> ❶ /kein Plur./ *starkes Gefühl der Zuneigung zu jmdm., den man schätzt oder der zur eigenen Familie gehört:* die Liebe der Eltern zu ihren Kindern; Er hat in seinem Elternhaus nur wenig Liebe erfahren. ❷ *die intensiven Gefühle zu* *jmdm., die auch eine sexuelle Anziehung beinhalten:* eine innige Liebe; die Liebe eines Mannes zu einer Frau; Liebe für jemanden empfinden; jemandem seine Liebe gestehen ❸ *jmd., für den man Liebe² empfindet:* Er war ihre erste große Liebe.; Sie hatte ihre alte Liebe wieder getroffen. ❹ *starkes Interesse für etwas, das man sehr mag/schätzt oder gerne tut:* seine Liebe zum Fußball entdecken; Die Musik ist seine heimliche große Liebe.; ■ **Liebe auf den ersten Blick** *verwendet, um auszudrücken, dass jmd. jmdn. zum ersten Mal sieht und Liebe² empfindet;* ■ **Liebe geht durch den Magen** *(umg.) wenn jmd. gut kochen kann, dann wird die Liebe² größer;* ■ **mit Liebe** *mit viel Sorgfalt* Sie hat das Fest mit viel Liebe vorbereitet.; ■ **bei aller Liebe** *(umg.) trotz des Verständnisses für etwas* Bei aller Liebe, mein neues Auto kann ich dir nicht leihen!; ■ **Liebe machen** *(umg. verhüll.) Geschlechtsverkehr haben*

Lie·be·lei *die* <-, -en> *(abwert. veralt.: ≈ Flirt) kurze Liebesbeziehung, die nicht besonders ernst gemeint ist*

lie·ben *mit OBJ/ohne OBJ* ❶ ■ **jmd. liebt jmdn.** *(≈ mögen, gernhaben ↔ hassen) jmd. empfindet Liebe¹ für jmdn.:* Die Mutter liebt ihre Kinder. ❷ ■ **jmd. liebt jmdn.** *(≈ liebhaben ↔ hassen) jmd. empfindet Liebe² für jmdn.:* Eine Frau liebt ihren Mann.; Er hat sie schon immer geliebt. ❸ ■ **jmd. liebt etwas** *(≈ achten, schätzen) jmd. schätzt etwas sehr und hat dazu eine sehr intensive Beziehung:* die Natur/den Frieden/die Freiheit lieben ❹ ■ **jmd. liebt etwas** *(≈ mögen) jmd. mag etwas sehr gern:* Sie liebt schöne Kleider.; Er liebt selbstbewusste Frauen.; Ich liebe den Sommer mehr als den Winter.; Die Pflanze liebt es warm.; Sie liebt es nicht, bei der Arbeit gestört zu werden. ❺ ■ **jmd. liebt jmdn.** *Geschlechtsverkehr miteinander haben:* An diesem Abend hat er sie zum ersten Mal geliebt. ❻ ■ **jmd. liebt Liebe² empfinden:** So ist es, wenn man liebt.; Wenn man liebt, ist die Welt viel schöner. ◆Getrenntschreibung →R 4.6 Sie haben einander lieben gelernt.

lie·bens·wert *adj so, dass jmd. freundlich und nett ist und man ihn lieb gewinnen kann:* Ein liebenswerter Mensch findet rasch Freunde.

lie·bens·wür·dig *adj freundlich, höflich:* eine liebenswürdige Art haben; Würden Sie bitte so liebenswürdig sein, mir zu helfen?

Lie·bens·wür·dig·keit *die* <-, -en> ❶ */kein Plur./ die Art und Weise, liebenswürdig zu sein:* Ich habe das aus reiner Liebenswürdigkeit getan. ❷ *(iron.) boshafte Handlung:* Sie hat ihm einige Liebenswürdigkeiten zuteilwerden lassen.

lie·ber I. *adj* ❶ *Komp. von* **lieb** ❷ *Komp. von* **gern** **II.** *adv* ❶ *verwendet, um auszudrücken, dass man besser etwas anderes machen sollte:* Lass das lieber, sonst gibt es Ärger!; An deiner Stelle hätte ich lieber nichts gesagt.; Du wärst lieber nach Hause gegangen. ❷ ■ **jmd./etwas ist/wäre jmdm. lieber** *verwendet, um auszudrücken, dass jmd. eine Person oder etwas einer anderen Person oder einer anderen Sache vorzieht:* Der Hausarzt ist zwar sehr gut, aber ein Internist wäre mir lieber.; Tee ist nicht schlecht, aber ein Kaffee wäre mir lieber.

Lie·bes·akt *der* <-(e)s, -e> *(geh.: ≈ Geschlechtsakt)*

lie·bes·be·dürf·tig *adj so, dass jmd. viel Liebe¹, ² braucht*

Lie·bes·be·zie·hung *die* <-, -en> *das Verhältnis zweier Menschen, die sich lieben²*

Lie·bes·brief *der* <-(e)s, -e> *ein Brief, in dem man jmdm. schreibt, dass man ihn liebt*

Lie·bes·er·klä·rung *die* <-, -en> *die Worte, mit denen man jmdm. sagt, dass man ihn oder sie liebt²:* jemandem eine Liebeserklärung machen

Lie·bes·ge·dicht *das* <-(e)s, -e> *ein Gedicht, das die Liebe² zum Inhalt hat*

Lie·bes·kum·mer *der* <-s> */kein Plur./ Trauer und Kummer, die man empfindet, wenn man jmdn. liebt², der die Liebe nicht erwidert:* Sie hat Liebeskummer.

Lie·bes·lied *das* <-(e)s, -er> *ein Lied, dessen Text von der Liebe² handelt*

Lie·bes·müh, **Lie·bes·mü·he** ■ **vergebliche/ verlorene Liebesmüh(e)** *(umg.) die Anstrengung wird keinen Erfolg haben* Das ist doch verlorene Liebesmüh!

Lie·bes·paar *das* <-(e)s, -e> *zwei Menschen, die sich lieben²*

lie·be·voll *adj* ❶ *voller Liebe¹, ²:* ein liebevoller Blick; einen Freund liebevoll in den Arm nehmen ❷ *so, dass jmd. jmdm. bei etwas hilft und sich um ihn kümmert:* eine liebevolle Pflege ❸ *so, dass etwas mit großer Sorgfalt und vielen Details ist:* ein liebevoll gedeckter Tisch

lieb·ge·win·nen, *a.* **lieb ge·win·nen** <gewinnst lieb, gewann lieb, hat liebgewonnen> *mit OBJ* ■ **jmd. gewinnt jmdn./etwas lieb** *zu jmdm. allmählich Zuneigung entwickeln:* In all den Jahren haben wir uns lieb gewonnen/liebgewonnen.

lieb·ha·ben, *a.* **lieb ha·ben** <hast lieb, hatte lieb, hat liebgehabt> *mit OBJ* ■ **jmd. hat jmdn./etwas lieb** *jmdn. lieben:* Sie schworen einander, sich immer liebzuhaben.

Lieb·ha·ber, **Lieb·ha·be·rin** <-s, -> ❶ *jmd., der sich für etwas begeistert:* Er ist ein Liebhaber klassischer Musik.; Sie ist eine Liebhaberin guten Essens. ❷ *(↔ Geliebte) ein Mann, der eine Liebesbeziehung mit einer Frau hat, die verheiratet ist:* Sie ist verheiratet, hat aber seit Jahren schon einen Liebhaber. ❸ *Sexualpartner(in):* Er ist ein zärtlicher Liebhaber.

Lieb·ha·be·rei *die* <-, -en> *etwas, das man sehr gern in seiner Freizeit tut:* Das Sammeln von Münzen war schon immer seine Liebhaberei von ihm.

Lieb·ha·ber·stück *das* <-(e)s, -e> *etwas, das deshalb großen Wert besitzt, weil es selten und deshalb bei Sammlern begehrt ist:* Er hat das alte Auto als Liebhaberstück gekauft.

lieb·ko·sen <liebkost, liebkoste, hat liebkost/geliebkost> *mit OBJ* ■ **jmd. liebkost jmdn.** *(geh. o veralt.) zärtlich streicheln und küssen*

lieb·lich *adj* ❶ *(≈ anmutig) so, dass jmd. oder etwas schön anzusehen ist:* ein lieblicher Anblick; ein liebliches Gesicht; eine liebliche Landschaft ❷ *(≈ sanft) angenehme Gefühle hervorrufend:* liebliche Musik; ein lieblicher Duft ❸ *(↔ herb) leicht süß:* lieblicher Wein; lieblich schmecken

L

Lieb·ling *der* <-s, -e> ❶ *jmd., der von jmdm. oder etwas bevorzugt wird:* Der Lehrer hat schon immer seine Lieblinge.; Sie war der Liebling des Publikums. ◆ Frauen-, Publikums- ❷ *eine Person, die man sehr liebt[1], [2]:* Er ist ihr Liebling.; ■ **(mein) Liebling!** *vertraute Anrede für jmdn., den man gern hat* Kommst du bald nach Hause, Liebling?

Lieb·lings- *als Erstglied zusammengesetzter Substantive; drückt aus, dass jemand oder etwas aus der Menge des mit dem Zweitglied Bezeichneten allem anderen vorgezogen wird* ◆ -beschäftigung, -dichter, -essen, -fach, -farbe, -kind, -lied, -platz, -programm, -puppe, -schriftsteller, -schüler, -speise, -spielzeug, -sport, -thema, -wort

lieb·los *adj* ❶ *so, dass man zu jmdm. sehr unfreundlich ist:* einen Kunden lieblos bedienen; jemanden lieblos beiseitestoßen ❷ (↔ *liebevoll*) *ohne Liebe:* eine lieblose Umarmung; lieblos mit den Kindern umgehen ❸ (≈ *schlampig*) *so, dass man sich keine Mühe gegeben hat:* Die Arbeit war lieblos gemacht.

Lieb·lo·sig·keit *die* <-> /kein Plur./ *Verhalten, das lieblos[1], [2], [3] ist*

Lieb·schaft *die* <-, -en> *(veralt. abwert.: ≈ Affäre) eine Beziehung, die rein sexuell ist:* Er war berüchtigt wegen seiner vielen Liebschaften.

Liebs·te *der/die* <-n, -n> *(veralt.) jmd., mit dem man eine Liebesbeziehung hat:* Er trifft sich heimlich mit seiner Liebsten.

Liech·ten·stein [ˈlɪç...] <-s> *(Fürstentum Liechtenstein) ein kleiner Staat zwischen Österreich und der Schweiz* ▶ Liechtensteiner, Liechtensteinerin, liechtensteinisch

Lied *das* <-(e)s, -er> ❶ MUS. *eine Melodie, die man zusammen mit einem Text singt:* ein fröhliches/volkstümliches Lied anstimmen ◆ Kinder-, Volks-, Wander-, Weihnachts- ❷ *(übertr.) das Singen:* Die Amsel singt ihr Lied. ❸ LIT. *ein langes Gedicht, das von Helden erzählt:* das Lied der Nibelungen; ■ **das alte Lied** *(umg. abwert.) immer dasselbe* Es ist doch das alte Lied mit dir, du kommst nie pünktlich!; ■ **von etwas ein Lied singen können** *(umg.) etwas Unangenehmes aus eigener Erfahrung kennen* Ach Gott, davon kann ich auch ein Lied singen!; ■ **das Ende vom Lied** *(umg. abwert.) das (traurige) Ergebnis* Das ist nun das Ende vom Lied, er liegt krank im Bett.

Lie·der·buch *das* <-(e)s, Liederbücher> *Buch mit einer Sammlung von Liedern[1]*

lie·der·lich *adj* ❶ (≈ *schlampig*) *so, dass jmd. oder etwas sehr unordentlich ist:* ein liederliches Zimmer; Müssen deine Sachen immer so liederlich aussehen?; Er ist so furchtbar liederlich, er hat seine Sachen nie beisammen! ❷ (≈ *nachlässig, schlampig*) *so, dass etwas ohne Sorgfalt gemacht ist:* eine liederliche Arbeit, die noch einmal überarbeitet werden muss ❸ *(veralt. abwert.: ≈ unanständig) so, dass jmd. unmoralisch ist:* einen liederlichen Lebenswandel haben

Lie·der·lich·keit *die* <-> /kein Plur./ ❶ *Zustand der Unordnung* ❷ *unanständiger Lebenswandel*

Lie·der·ma·cher *der*, **Lie·der·ma·che·rin** <-s, -> *jmd., der Lieder mit eigenen Texten schreibt und*

singt, in denen es oft um aktuelle politische und soziale Zustände geht

Lie·fe·rant *der*, **Lie·fe·ran·tin** <-en, -en> ❶ *jmd., der eine Ware bringt:* Die Lieferanten benutzen den Hintereingang. ❷ *Lieferfirma:* Die Firma ist Lieferant/Lieferantin von Ersatzteilen.

lie·fer·bar *adj* /nicht steig./ *so, dass eine Ware im Falle einer Bestellung sofort an den Käufer geliefert werden kann:* Dieses Modell ist zurzeit nicht lieferbar, aber Sie können es vorbestellen.

Lie·fer·fir·ma *die* <-, Lieferfirmen> *Firma, die eine Ware herstellt und zur Verfügung stellt:* Bei Reklamationen wenden Sie sich bitte an die Lieferfirma!

lie·fern <lieferst, lieferte, hat geliefert> **I.** *mit OBJ/ohne OBJ* ■ *jmd./etwas liefert (jmdm.) (etwas) jmd. oder etwas bringt eine gekaufte und bestellte Ware zum Kunden:* Die Firma liefert die Waren pünktlich.; Der Schrank wird am Freitag geliefert.; Wir liefern kostenfrei im Umkreis von 50 km. **II.** *mit OBJ* ❶ ■ *etwas liefert etwas ein Tier oder etwas stellt Nahrung oder Rohstoffe zur Verfügung:* Die Kühe liefern Milch und Fleisch.; Das Kraftwerk liefert genug Energie für zwei Städte. ❷ ■ *jmd./etwas liefert etwas etwas zur Verfügung stellen:* Dieser Skandal lieferte den Stoff für einen Film. **III.** *mit SICH* ■ *jmd./etwas liefert sich etwas (mit jmdm.) verwendet, um zusammen mit einem Substantiv ein Verb zu umschreiben;* ■ **sich eine Schlacht mit dem Gegner liefern** *mit einem Gegner Krieg führen;* ■ **sich ein heftiges Wortgefecht mit jemandem liefern** *mit jmdm. heftig diskutieren;* ■ **sich ein hervorragendes Spiel/einen fairen Kampf liefern** *mit jmdm. sehr gut spielen oder fair kämpfen*

Lie·fer·schein *der* <-(e)s, -e> WIRTSCH. *Schein, auf dem die ordnungsgemäße Lieferung[1] einer Ware bestätigt wird*

Lie·fer·stopp *der* <-s> /kein Plur./ WIRTSCH. *der Vorgang, dass die Lieferung von Waren oder Rohstoffen für eine gewisse Zeit unterbrochen wird:* Wegen des Streiks gab es eine langfristigen Lieferstopp der Ersatzteile.

Lie·fer·ter·min *der* <-s, -e> *der Zeitpunkt, zu dem etwas geliefert wird*

Lie·fe·rung *die* <-, -en> ❶ *das Liefern[1]:* Wir garantieren Ihnen eine termingemäße Lieferung frei Haus. ❷ *etwas, das geliefert[1] wird:* Teile der Lieferung wurden als mangelhaft beanstandet.

Lie·fer·wa·gen *der* <-s, -> *ein kleiner Lastkraftwagen, mit dem etwas geliefert[1] werden kann*

Lie·fer·zeit *die* <-, -en> *die Zeit, die es dauert, bis etwas geliefert[1] werden kann:* Dieses Modell ist nicht am Lager, die Lieferfrist beträgt zwei Wochen.

Lie·ge *die* <-, -n> *ein einfaches, flaches Möbelstück, auf dem man sich ausruhen oder liegen oder auch schlafen kann:* Er lag im Garten auf der Liege.; Im Gästezimmer stand eine einfache Liege zum Übernachten.

lie·gen <liegst, lag, hat ÖSTERR., SCHWEIZ. ist gelegen> *ohne OBJ* ❶ ■ *jmd./etwas liegt irgendwo/irgendwie* (↔ *stehen, sitzen*) *sich in waagerechter Lage an einer Stelle oder in einer be-*

stimmten Art befinden: Sie muss noch einige Wochen im Bett liegen, bevor der Arzt ihr das Aufstehen gestattet.; bequem auf dem Bauch liegen; Er lag auf dem Bürgersteig, nachdem er ausgerutscht war.; Der Wein sollte liegend gelagert werden. ❷ ■ *etwas liegt irgendwo* etwas befindet sich an einem bestimmten Ort oder in einer geografischen Lage: Köln liegt am Rhein.; Hamburg liegt westlich von Rostock. ❸ ■ *etwas liegt irgendwo* etwas liegt oberhalb von etwas oder über etwas: Nebel liegt über der Wiese.; Im Winter liegt hier überall Schnee. ❹ ■ *jmd./etwas liegt irgendwo* jmd. oder etwas befindet sich an einer bestimmten Stelle in einer Reihenfolge: Nach der fünften Runde liegt er immer noch auf dem dritten Platz.; Welche Mannschaft liegt an erster Stelle? ❺ ■ *etwas liegt nach plus Ortsangabe/Richtungsangabe* etwas ist in einer bestimmten Richtung: Der Balkon liegt nach Süden.; Das Schlafzimmer liegt nach der Straße. ❻ ■ *etwas liegt jmdm.* etwas entspricht der Neigung oder der Begabung von jmdm.: Ich komme mit ihr nicht zurecht, ihre Art liegt mir einfach nicht.; Mathematik liegt ihm nicht besonders, aber er kann hervorragend singen. ❼ ■ *etwas liegt an jmdm./etwas* jmd. oder etwas verursacht etwas: An wem hat/ist es gelegen, dass es schief gegangen ist?; Es lag am Wetter, dass der Zug sich verspätet hatte. ❽ ■ *etwas liegt bei jmdm.* etwas wird von jmdm. übernommen oder verursacht: Die Entscheidung liegt bei dir!; ■ **Das liegt bei dir/Ihnen!** das hängt von dir oder Ihnen ab; ■ **An mir/uns soll es nicht liegen!** *(umg.)* ich werde oder wir werden (bei der Durchführung von etwas) keine Probleme machen; ■ **jemand hat sich wund gelegen** jmd. hat am Körper eine Wunde, weil er so lange auf dieser Köperstelle gelegen hat; ■ **etwas liegt in Trümmern** etwas ist zum großen Teil zerstört Nach dem Krieg lagen fast alle großen Städte in Trümmern.; ■ **im Koma liegen** sich im Koma befinden; ■ **auf der Lauer liegen** auf etwas lauern; ■ **jemandem liegt viel/wenig an etwas** für jmdn. ist etwas sehr oder kaum wichtig Mir liegt viel daran, dass wir uns wieder vertragen.; ■ **jemanden/etwas links liegenlassen** *(umg.)* jmdm. oder einer Sache keine Beachtung schenken; ■ **etwas liegt jemandem fern** etwas kommt für jmdn. nicht in Betracht Es liegt mir fern, ihn zu verurteilen. ◆ Getrenntschreibung →R 4.5, 4.6 Ich habe mein Notizbuch zu Hause liegen lassen.; ◆ Zusammenschreibung →R 4.5, 4.6 Sie hat ihn einfach links liegen(ge)lassen.

lie·gen·blei·ben, a. **lie·gen blei·ben** <bleibt liegen, blieb liegen, ist liegengeblieben> ohne OBJ ■ *etwas bleibt liegen* übrig bleiben, zu tun bleiben: Es ist viel Arbeit liegengeblieben.

Lie·gen·schaft die <-, -en> RECHTSW. (≈ Grundstück)

Lie·ge·platz der <-es, Liegeplätze> SEEW. ein Platz, an dem ein Schiff ankern und liegen kann

Lie·ge·sitz der <-s, -e> ein Sitz, den man verstellen kann, um darin liegen zu können

Lie·ge·stuhl der <-(e)s, Liegestühle> eine Art Stuhl aus Holz mit Stoffbespannung zum Sitzen oder Liegen im Freien, den man auch zusammenklappen kann: sich in den Liegestuhl im Garten legen; Am Strand gab es viele Liegestühle.

Lie·ge·stütz der <-es, -e> eine sportliche Übung, bei der man auf dem Boden liegt und den Körper mit den Armen nach oben drückt und wieder auf den Boden senkt: Für die Note 1 muss man 32 Liegestütze machen.

Lie·ge·wa·gen der <-s, -> ein Wagen eines Zuges, dessen Sitzplätze ausgeklappt werden können, damit die Fahrgäste darauf schlafen können

lieh Prät. von **leihen**

ließ Prät. von **lassen**

Life·style der ['laɪfstaɪl] <-s> (≈ Lebensstil)

Lift der <-(e)s, -e/-s> ❶ (≈ Fahrstuhl) ein Aufzug in einem Gebäude ❷ kurz für „Skilift"

Lift·boy der ['lɪftbɔy] <-s, -s> jmd., der einen Fahrstuhl bedient: als Liftboy in einem Hotel arbeiten

lif·ten ['lɪftn̩] mit OBJ ■ *jmd. liftet jmdn./etwas* die Haut, meistens des Gesichts, durch eine kosmetische Operation straff und glatt machen: Man sieht keine Falte in ihrem Gesicht, bestimmt hat sie sich liften lassen.

Lif·ting das <-s, -s> (≈ Gesichtsstraffung)

Li·ga die <-, Ligen> ❶ SPORT eine Art Gruppe, die von einer Anzahl von Mannschaften gebildet wird, die während einer Saison gegeneinander spielen, um zu ermitteln, welche Mannschaft die beste ist: Die Fußballmannschaft kämpft um den Aufstieg in die nächsthöhere Liga. ❷ POL. ein Zusammenschluss von Ländern, Personen, Gruppen o. Ä., um gemeinsame politische Ziele zu erreichen: Liga der Arabischen Staaten; die Liga für Menschenrechte

Li·ga·tur die <-, -en> ❶ DRUCKW. die Verbindung von zwei Buchstaben zu einer Drucktype ❷ MED. die Unterbindung einer Ader mit einer Naht bei einer Operation ❸ MUS. die Verbindung zweier Noten gleicher Tonhöhe zu einem Ton

Light·pro·dukt das ['laɪt...] <-(e)s, -e> in der Werbung verwendeter Ausdruck für Lebensmittel, die wenig Fett und Zucker haben und sich daher für eine gesunde Ernährung besonders eignen sollen: Sie isst nur Lightprodukte, weil sie denkt, dass das schlank macht.; Werbung für Lightprodukte machen

Light·show, a. **Light-Show** die ['laɪtʃoʊ] <-, -s> optische Effekte, die mit farbigen Scheinwerfern und Laserstrahlen erzeugt werden und häufig ein Rockkonzert begleiten

li·ie·ren [li'ʔiːrən] mit SICH ■ *jmd./etwas liiert sich mit jmdm.* WIRTSCH. jmd. oder etwas verbindet sich mit jmdm. oder etwas aus wirtschaftlichen Gründen: Die Firma hat sich mit ihren Konkurrenten liiert.

li·iert [li'ʔiːrt] adj /nicht steig./ (geh.) ■ **mit jemandem liiert sein** mit jmdm. eine Liebesbeziehung haben Sie sind schon seit Jahren miteinander liiert.

Li·kör der <-s, -e> (↔ Schnaps) ein süßes Getränk mit einem bestimmten Fruchtaroma und einem relativ niedrigen Alkoholgehalt ◆ Eier-, Kirsch-, Mandel-

L

li·la *adj /unveränderlich/ /nicht steig./ hellviolett:* der Kragen ihrer lila Jacke

li·la·far·ben *adj /nicht steig./ mit der Farbe lila:* ein lilafarbener Pullover; der Kragen ihrer lilafarbenen Jacke

Li·lie *die* <-, -n> *eine Pflanze mit stark duftenden Blüten, die die Form eines Trichters haben*

Li·li·pu·ta·ner *der,* **Li·li·pu·ta·ne·rin** <-s, -> *(umg.) diskriminierend oder im Scherz für kleinwüchsige Personen; Bezeichnung nach den Bewohnern von Liliput, dem Land der Däumlinge in J. Swifts Buch „Gullivers Reisen"*

Li·me·rick *der* ['lɪmərɪk] <-s, -s> *ein Reim- und Versschema, das nach der irischen Stadt Limerick benannt ist und meist einen witzig-humorvollen Inhalt hat*

Li·mes *der* <-, -/Limites> ➊ */kein Plur./* GESCH. *von den Römern erbauter Wall als Grenze ihres Reiches, der vom Rhein bis zur Donau führte* ➋ MATH. *Grenzwert*

Li·met·ta, Li·met·te *die* <-, Limetten> *eine Zitronenart, die klein, rund und grün ist und sehr sauer schmeckt*

Li·mit *das* <-s, -s> *die obere oder untere Grenze von etwas:* Der Motor hat ein Limit von 3000 Umdrehungen.; Das unterste Limit bei diesem Spiel sind 5 Euro.; ein Limit setzen

Li·mo·na·de *die* <-, -n> *ein Getränk ohne Alkohol aus Saft, Zucker und Wasser, das Kohlensäure enthält*

Li·mou·si·ne [limu'zi:nə] <-, -n> ➊ *ein Auto mit festem Dach* ➋ *ein Auto, das sehr groß und luxuriös ausgestattet ist*

lind *adj (geh.) angenehm mild:* ein linder Sommerabend

Lin·de *die* <-, -n> ➊ *ein Laubbaum mit herzförmigen hellgrünen Blättern* ➋ *das Holz der Linde[1]:* Wollen sie den Tisch aus Birke oder aus Linde?

lin·dern <linderst, linderte, hat gelindert> *mit OBJ* ■ **jmd./etwas lindert etwas** *eine schwere oder schlimme Situation etwas abschwächen:* die Schmerzen eines Kranken lindern; die Not der Flüchtlinge lindern

Lin·de·rung *die* <-, -en> *der Vorgang, dass etwas Schlimmes ein wenig abgeschwächt wird:* ein Medikament zur Linderung der Schmerzen

Lind·wurm *der* <-(e)s, Lindwürmer> LIT., KUNST *Drache:* Das Bild zeigt Siegfried im Kampf mit dem Lindwurm.

Li·ne·al *das* <-s, -e> *ein gerades Stück Holz oder Plastik, mit dem man gerade Striche ziehen und relativ kurze Entfernungen messen kann*

Li·ne·ar·be·schleu·ni·ger *der* <-s, -> TECHN., PHYS. *eine Vorrichtung zur Beschleunigung elektrisch geladener Teilchen (Elektronen, Photonen, Ionen)*

Lin·gu·is·tik *die* [lɪŋˈɡuɪstɪk] <-> */kein Plur./ (≈ Sprachwissenschaft) die Grundwissenschaft, in der theoriebezogene Antworten auf sämtliche Fragen gegeben werden, die mit Sprache(n) zusammenhängen* ◆ Computer-, Ethno-, Gender-, Historio-, Inter-, Kontakt-, Korpus-/Corpus-, Medien-, Neuro-, Öko-, Patho-, Polito-, Psycho-, Schrift-, Sozio-, Text-, Varietäten-

Li·nie *die* <-, -n> ➊ *ein längerer Strich, der*

meist gerade ist: *eine gepunktete/gestrichelte/wellenförmige Linie; mit Bleistift und Lineal eine Linie auf das Papier zeichnen* ➋ *eine Strecke, auf der ein Verkehrsmittel regelmäßig fährt:* Die Linie 11 fährt zum Bahnhof.; Diese Fluggesellschaft fliegt nicht auf dieser Linie. ◆-nflugzeug, Bahn-, Bus-, Straßenbahn- ➌ *etwas, das in einer Reihe angeordnet ist:* sich/etwas in einer Linie aufstellen; Die Soldaten standen in einer Linie. ➍ *ein bestimmtes Prinzip, nach dem man sich richtet:* für die Verhandlungen eine gemeinsame Linie finden; Bei ihrem Vortrag war keine Linie zu erkennen. ➎ *eine Folge von Vorfahren:* In der väterlichen/mütterlichen Linie trat diese Krankheit mehrfach auf. ➏ *eine der großen Falten auf der Innenfläche der Hand:* Die Wahrsagerin las in den Linien seiner Hand und sagte ihm eine gute Zukunft voraus. ➐ MILIT. *die Soldaten, die in einer Reihe dem Feind gegenüber stehen:* die feindlichen Linien durchbrechen ➑ SPORT *Linie[1], die ein Spielfeld oder einen Teil des Spielfelds begrenzt;* ■ **in erster Linie** *vor allem* Er hat in erster Linie an sich gedacht.; ■ **auf der ganzen Linie** *(umg.) ganz und gar, völlig* Er hat auf der ganzen Linie versagt!; ■ **auf die schlanke Linie achten** *(umg. scherzh.) darauf achten, dass man nicht dick(er) wird* ◆ Mittel-, Seiten-

Li·ni·en·bus *der* <-ses, -se> *im Linienverkehr eingesetzter Autobus*

Li·ni·en·flug *der* <-(e)s, Linienflüge> *(↔ Charterflug) regelmäßiger Flug auf einer bestimmten Strecke:* einen Linienflug von Frankfurt nach New York buchen

Li·ni·en·füh·rung *die* <-, -en> ➊ *(≈ Streckenführung) die Richtung einer Linie[2], auf der ein Zug verkehrt* ➋ *Ausrichtung der Handschrift*

Li·ni·en·ma·schi·ne *die* <-, -n> *(≈ Linienflugzeug) Flugzeug, das regelmäßig auf einer bestimmten Strecke verkehrt*

Li·ni·en·rich·ter *der,* **Li·ni·en·rich·te·rin** <-s, -> SPORT *eine Person, die an den Linien[8], die ein Spielfeld begrenzen, den Ablauf des Spiels beobachtet und so den Schiedsrichter bei Entscheidungen unterstützen kann*

li·ni·en·treu *adj /nicht steig./ (abwert.) so, dass man sich strikt an die Vorgaben einer Partei oder einer politischen Organisation hält:* linientreue Parteimitglieder

Li·ni·en·ver·kehr *der* <-s> */kein Plur./ der regelmäßige Betrieb eines öffentlichen Verkehrsmittels auf einer Linie[2]:* Die neuen Busse werden im Linienverkehr eingesetzt.

li·nie·ren, a. **li·ni·ie·ren** *mit OBJ* ■ **jmd. liniert etwas** *mit Linien versehen*

li·niert *adj /nicht steig./ mit Linien[1]:* liniertes Papier

link *adj (umg. abwert.) verdächtig, betrügerisch:* Das ist doch eine ganz linke Sache!; ■ **ein linker Hund** *eine höchst unzuverlässige und hinterhältige Person;* ■ **ein linkes Ding drehen** *ein Verbrechen begehen*

Link *der* <-s, -s> EDV *(kurz für „Hyperlink") in Internetdokumenten ein unterstrichener Begriff,*

L

den man anklicken kann, um zu einem anderen Dokument im Internet zu gelangen ▸ verlinken

Lin·ke *die* <-n, -n> ❶ *(↔ Rechte)* linke Hand: Mit der Linken kann ich nicht schreiben. ❷ POL. *politische Richtung, die sich an sozialistischen oder kommunistischen Ideen orientiert:* Vertreter der Linken erhoben scharfen Protest.; ■ **zu jemands Linken** *auf der linken Seite* Er nahm am Tisch zu ihrer Linken Platz.

lin·ke(r) *adj* ❶ *(↔ rechte(r)) auf der Seite, wo das Herz ist:* mein linker Arm; die linke Straßenseite ❷ POL. *politisch an sozialistischen oder kommunistischen Ideen orientiert:* linke Parteien; der linke Flügel im Parlament

lin·ken *mit OBJ* ■ *jmd.* **linkt** *jmdn.* *(umg. abwert.) jmdn. betrügen oder täuschen:* Bei dem Geschäft hat der Typ mich schwer gelinkt!

lin·kisch *adj (abwert.: ≈ unbeholfen ↔ geschickt) so, dass jmd. wenig Geschick hat oder etwas nicht sehr elegant ist:* Sie versuchte, ihn mit einer linkischen Geste zu trösten.; linkische Bewegungen

links *adv* ❶ *auf, zur oder nach der linken[1] Seite:* sich links von jemandem/etwas befinden; links an jemandem vorbeifahren; nach links abbiegen; links blinken; links außen spielen ❷ POL. *so, dass jmd. oder etwas politisch an sozialistischen oder kommunistischen Ideen orientiert ist:* Er ist schon seit jeher links.; links stehende Politiker; ■ **jemanden links liegenlassen** *(abwert.) jmdn. nicht beachten;* ■ **mit links** *(umg.) mühelos* Das mach ich doch mit links! ◆ Getrenntschreibung →R 4.5, 4.6 politisch links stehende Abgeordnete; *siehe aber auch* **linksgerichtet**

Links·au·ßen *der* <-, -> SPORT *der Fußballspieler auf der äußersten linken Seite des Spielfeldes*

links·bün·dig *adj /nicht steig./ (↔ rechtsbündig) so, dass die ersten Zeichen der jeweiligen Zeilen eines Textes auf der linken Seite immer genau übereinanderstehen* ▸ Linksbündigkeit

links·ex·t·rem *adj /nicht steig./ POL. (abwert.) die Politik der äußersten Linken vertretend*

Links·ex·t·re·mis·mus *der* <-> /kein Plur./ POL. *(↔ Rechtsextremismus) eine Idelogie, die linksextremistisch ist*

links·ge·rich·tet *adj /nicht steig./ POL. politisch an sozialistischen oder kommunistischen Ideen orientiert:* eine linksgerichtete Politik betreiben

Links·hän·der *der,* **Links·hän·de·rin** <-s, -> *(↔ Rechtshänder) jmd., der mit der linken[1] Hand geschickter ist als mit der rechten*

links·hän·dig *adj /nicht steig./ mit der linken Hand:* linkshändig Tennis spielen

links·he·r·um *adv /nicht steig./ (↔ rechtsherum) in die linke[1] Richtung:* sich linksherum drehen

Links·kur·ve *die* <-, -n> *(↔ Rechtskurve) nach links[1] gerichtete Kurve*

links·li·be·ral *adj /nicht steig./ POL. so, dass jmd. oder etwas politisch zwischen einer linken[2,] und einer liberalen[2] Einstellung steht*

links·ra·di·kal *adj /nicht steig./ POL. (abwert.: ↔ rechtsradikal) kompromisslos (und auch gewaltbereit) die Politik der äußersten Linken vertretend*

Links·steu·e·rung *die* <-, -en> KFZ *(↔ Rechtssteuerung) der Zustand, dass sich das Lenkrad in* einem Fahrzeug vor dem linken[1] Vordersitz befindet

Links·ver·kehr *der* <-s> /kein Plur./ *(↔ Rechtsverkehr) Straßenverkehr, bei dem das Fahren auf der linken Straßenseite Vorschrift ist:* In Großbritannien herrscht Linksverkehr.

Li·n·o·le·um *das* <-s> /kein Plur./ *ein elastischer Belagstoff für Fußböden*

Li·n·ol·schnitt *der* <-(e)s, -e> DRUCKW., KUNST ❶ */kein Plur./ Drucktechnik, bei der ein in ein Stück Linoleum geschnittenes Bild als Druckvorlage dient* ❷ *mit der Technik des Linolschnitts[1] hergestelltes Bild:* Die Ausstellung zeigt auch Linolschnitte des Künstlers.

Lin·se[1] *die* <-, -n> ❶ BOT. *eine Pflanze mit Samen, die essbar, klein und gewölbt sind und eine rötliche Farbe haben* ❷ *eines der Samenkörner der Linse[1]:* Eintopf mit Linsen ◆ -neintopf, -nsuppe

Lin·se[2] *die* <-, -n> ❶ *eine Scheibe aus Kunststoff oder Glas, die gebogen ist und Lichtstrahlen in eine bestimmte Richtung bricht und die in optischen Geräten wie Kameras, Mikroskopen o. Ä. verwendet wird* ❷ *(umg.) das Objektiv einer Kamera:* Er hatte ein interessantes Objekt vor der Linse. ❸ ANAT. *der Teil des Auges mit der Funktion einer (optischen) Linse*

lin·sen <linst, linste, hat gelinst> *ohne OBJ* ■ *jmd.* **linst irgendwohin** *(umg.) heimlich gucken, ohne dass es jmd. bemerkt:* Sie linste vorsichtig um die Ecke.; durchs Schlüsselloch linsen

lin·sen·för·mig *adj /nicht steig./ mit der Form einer Linse[1, 2]*

Lin·sen·sup·pe *die* <-, -n> *Suppe aus Linsen[1, 2]*

Linz *Landeshauptstadt von Oberösterreich*

Li·piz·za·ner *der* <-s, -> ZOOL. *eine Pferdeart*

Lip·pe *die* <-, -n> ❶ *der obere und untere Rand des Mundes:* die Lippen spitzen; sich die Lippen schminken ◆ Ober-, Unter- ❷ ■ **an jemandes Lippen hängen** *jmdm. gespannt und konzentriert zuhören;* ■ **etwas nicht über die Lippen bringen** *es nicht fertigbringen, etwas zu sagen, weil es sehr unangenehm ist* Sie brachte die schreckliche Nachricht einfach nicht über die Lippen.; ■ **eine dicke Lippe riskieren** *(umg. abwert.) prahlerisch reden*

Lip·pen·bal·sam *der* <-s, -e> /Plur. selten/ *pflegende Salbe für die Lippen in Form eines Lippenstifts*

Lip·pen·be·kennt·nis *das* <-ses, -se> *(abwert.) Worte, denen keine Taten entsprechen:* Das sind doch alles nur Lippenbekenntnisse, denen keine Taten folgen.

Lip·pen·po·ma·de *die* <-, -n> *Salbe, die die Lippen pflegt*

Lip·pen·stift *der* <-(e)s, -e> ❶ *eine Art Stift, den Frauen zum Schminken der Lippen benutzen* ❷ */kein Plur./ die Farbe, die ein Lippenstift[1] hat:* Sie hat zu viel Lippenstift aufgetragen.

li·quid *adj* WIRTSCH. ❶ *so, dass jmd. oder etwas über genug Geld verfügt, um Rechnungen sofort bezahlen zu können:* Die Firma ist nicht liquide. ❷ *so, dass Finanzmittel sofort zur Verfügung stehen:* noch liquide Mittel haben

li·qui·die·ren *mit OBJ* ❶ ■ *jmd./etwas* **liquidiert**

etwas WIRTSCH. *(≈ auflösen)* bewirken, dass eine Firma, ein Unternehmen, ein Konto o. Ä. nicht mehr existiert: Nach dem Konkurs wurde die Firma liquidiert. ❷ ■ *jmd. liquidiert etwas für etwas Akk.* WIRTSCH. einen Geldbetrag einfordern, der für Leistungen von jmdm. gezahlt werden muss: Für unsere ärztlichen Leistungen liquidieren wir folgenden Betrag: ... ❸ ■ *jmd./etwas liquidiert jmdn. (geh. verhüll.) jmdn.* aus bestimmten Gründen töten (lassen): Die Regierung ließ einen missliebigen Oppositionsführer liquidieren.

Li·qui·di·tät *die* <-> */kein Plur./* WIRTSCH. Zahlungsfähigkeit

lis·peln <lispelst, lispelte, hat gelispelt> **I.** *ohne OBJ* ■ *jmd.* lispelt beim Sprechen eines „s" mit der Zungenspitze an die Vorderzähne stoßen, so dass anstatt eines „s" ein Laut entsteht, der ungefähr wie ein englisches „th" klingt: Sie kann nicht beim Radio arbeiten, weil sie so stark lispelt. **II.** *mit OBJ* ■ *jmd. lispelt jmdm. etwas irgendwohin etwas jmdm.* leise und unverständlich sagen: Sie lispelte ihm ihre Worte ins Ohr.

List *die* <-, -en> ❶ */kein Plur./* Verhalten, bei dem man jmdn. täuscht, um ein Ziel zu erreichen: Die Betrüger gingen mit List vor. ❷ Handlung, durch die man jmdn. täuscht, um etwas zu erreichen: eine List anwenden; ■ **mit List und Tücke** verwendet, um zu beschreiben, dass jmd. seine Ziele nur durch unfaire Mittel erreicht Sie ging mit List und Tücke vor, um die Stelle zu bekommen.

Lis·te *die* <-, -n> ❶ eine schriftliche Zusammenstellung von Personen oder Dingen, die untereinandergeschrieben sind und etwas gemeinsam haben: eine Liste der Gäste; eine Liste von Lebensmitteln; etwas von einer Liste streichen ◆ Adress-, Einkaufs-, Literatur-, Preis-, Teilnehmer-, Warte- ❷ ein Blatt Papier mit einer Liste[1]: Sie hat die Liste im Geschäft vergessen. ❸ eine Liste[1] mit Kandidaten für eine Wahl: jemanden auf eine Liste setzen; ■ **schwarze Liste** *(umg.)* Zusammenstellung von Personen, die von einer Behörde oder einer Organisation als verdächtig oder nicht vertrauenswürdig angesehen werden auf der schwarzen Liste stehen ◆ Wahl-

Lis·ten·nach·rü·cker *der,* **Lis·ten·nach·rü·cke·rin** <-s, -> POL. *jmd.,* der auf einer Wahlliste einen Platz nach oben rückt, weil der Vorgänger nicht mehr zur Verfügung steht

Lis·ten·platz *der* <-es, Listenplätze> POL. Platz eines Kandidaten auf der Wahlliste einer Partei

Lis·ten·preis *der* <-es, -e> WIRTSCH. Preis, der in einer Preisliste steht, und zu dem keine weiteren Kosten hinzukommen: eine Ware zum Listenpreis verkaufen

Lis·ten·wahl *die* <-, -en> POL. Wahl von den Kandidaten, die auf einer Wahlliste einer Partei stehen

lis·tig *adj* raffiniert, clever, findig

Lis·tig·keit *die* <-> */kein Plur./* Eigenschaft, listig zu sein

Lis·ting *das* <-s> */kein Plur./* Vorgang, dass eine Liste[1] erstellt wird

Li·ta·nei *die* <-, -en> ❶ REL. in der katholischen Kirche ein Bittgebet, bei dem der Priester und die

Gemeinde abwechselnd sprechen ❷ *(abwert.)* eine langweilige Aufzählung von etwas: Bist du endlich fertig mit deiner Litanei von Klagen? ❸ *(umg. abwert.)* langes und eintöniges Gerede: Er musste sich schon wieder die Litanei über ihre Kündigung anhören.

Li·tau·en <-s> Staat an der Ostsee mit Grenzen zu Lettland, Weißrussland, Polen und Russland ▶ Litauer, Litauerin, litauisch

Li·ter *der* <-s, -> eine Einheit, mit der das Volumen von Flüssigkeiten und Gasen oder die Größe eines Raumes angegeben wird: ein halber Liter Bier; ein viertel Liter Wein; ein Liter Benzin; ein Kühlschrank mit 140 Litern Fassungsvermögen

li·te·ra·risch *adj* die Literatur betreffend: ein literarischer Abend; literarisch interessiert sein

Li·te·rat *der,* **Li·te·ra·tin** <-en, -en> *(geh.: ≈ Schriftsteller)* Person, die schriftstellerisch tätig ist

Li·te·ra·tur *die* <-, -en> ❶ Gesamtheit der veröffentlichten literarischen Werke: die englische/französische Literatur; die zeitgenössische Literatur ◆ -lexikon, -zeitschrift, Kinder-, Trivial-, Unterhaltungs- ❷ die wissenschaftlichen Schriften zu einem bestimmten Thema oder einem Fachgebiet: sich Literatur zu einer Examensarbeit beschaffen; die aktuelle Literatur zu einem Thema in der Bibliothek recherchieren ◆ -verzeichnis, Fach-, Sekundär-

Li·te·ra·tur·agent *der,* **Li·te·ra·tur·agen·tin** <-en, -en> LIT. *jmd.,* der beruflich den Kontakt zwischen einem Schriftsteller und einem Verlag herstellt und die dabei anfallenden Formalitäten regelt

Li·te·ra·tur·an·ga·be *die* <-, -n> die Angabe der in einer wissenschaftlichen Arbeit verwendeten Fachliteratur

Li·te·ra·tur·ge·schich·te *die* <-, -n> ❶ die Geschichte der Literatur[1] eines Landes ❷ die Wissenschaft von der Geschichte der Literatur[1] eines Landes: Er studiert Literaturgeschichte. ❸ ein Buch, in dem die Literaturgeschichte[1] eines Landes dargestellt wird

Li·te·ra·tur·kri·tik *die* <-> */kein Plur./* die professionelle Beurteilung von Literatur[1] ▶ Literaturkritiker, Literaturkritikerin

Li·te·ra·tur·wis·sen·schaft *die* <-, -en> die Wissenschaft, die sich mit der Literatur[1] und ihrer Geschichte befasst ▶ Literaturwissenschaftler, Literaturwissenschaftlerin, literaturwissenschaftlich

Li·ter·fla·sche *die* <-, -n> eine Flasche, die einen Liter einer Flüssigkeit fasst: eine Literflasche Wein/Cola

liter·wei·se *adv* ❶ in Mengen von einem Liter: Wir verkaufen unseren Wein nur literweise. ❷ in großen Mengen: literweise Kaffee trinken

Lit·faß·säu·le *die* <-, -n> eine dicke, nach dem Drucker E. Litfaß benannte Säule, auf die Plakate geklebt werden und die an der Straße oder auf einem Platz steht

Li·thi·um *das* <-s> */kein Plur./* CHEM. ein Metall

Li·tho·graf *der,* a. **Li·tho·graph** *der,* **Li·tho·gra·fin** <-en, -en> DRUCKW. ❶ ein Drucker, der in der Lithographie[1] ausgebildet ist ❷ *jmd.,* der Lithographien[2] herstellt

Li·tho·gra·fie, *a.* **Li·tho·gra·phie** *die* <-, ...-fien/ ...-phien> ❶ /kein Plur./ DRUCKW. (≈ Steindruck) *eine spezielle Drucktechnik, wobei die Druckvorlage auf eine Kalksteinplatte aufgetragen wird:* mit der Technik der Lithographie arbeiten ❷ DRUCKW. *ein Kunstwerk, das mit der Technik der Lithographie[1] hergestellt ist:* Die Galerie stellt farbige Lithographien des Künstlers aus.

li·tho·gra·fisch, *a.* **li·tho·gra·phisch** *adj* /nicht steig./ die Lithographie[1, 2] betreffend

Li·th·ur·gik *die* <-> /kein Plur./ BERGB. *Lehre von der Verarbeitung und Verwendung von Gestein und Mineralien*

Lit·schi *die* <-, -s> *eine süßlich schmeckende Tropenfrucht mit weißem Fruchtfleisch und fester Schale von rötlicher Farbe*

Li·tur·gie *die* <-, ...-gien> REL. *die offizielle Form des christlichen Gottesdienstes*

Li·tur·gik *die* <-> /kein Plur./ REL. *die Lehre von der Form und Geschichte des christlichen Gottesdienstes*

Lit·ze *die* <-, -n> ❶ *ein Besatz an Uniformen, der aus Fäden gedreht oder geflochten ist und zur Einfassung oder als Rangabzeichen dienen kann* ❷ ELEKTROTECHN. *ein aus Einzeldrähten geflochtener Draht, der elektrischen Strom leitet*

live [leif] *adj* /nicht steig., nur präd./ ❶ *so, dass etwas genau dann im Fernsehen oder Radio übertragen wird, wenn es stattfindet:* Wir übertragen das Spiel live aus dem Stadion.; Unsere Reporter sind live bei den Ereignissen dabei. ❷ *so, dass jmd. ohne Hilfe von Tonaufzeichnungen singt oder Musik macht:* live singen

Live·band *die* [leifbænd] <-, -s> MUS. *eine Musikgruppe, die ohne Hilfe von Tonaufzeichnungen Musik macht:* eine Party mit Livebands

Live·be·richt *der* [leif...] <-(e)s, -e> *ein Bericht, der im Fernsehen oder Radio direkt vom Ort des Geschehens gesendet wird:* Wir senden einen Livebericht.

Live·mu·sik *die* [leif...] <-> /kein Plur./ *Musik, die von einer Person oder einer Gruppe ohne Hilfe von Tonaufzeichnungen gemacht wird:* In diesem Lokal gibt es jeden Abend Livemusik.

Live·sen·dung *die* [leif...] <-, -en> *eine Übertragung von einem Ereignis im Fernsehen, die zur gleichen Zeit stattfindet wie das Ereignis selbst:* Wir übertragen das Spiel als Livesendung.

Live·show, *a.* **Live-Show** *die* [leif...] <-, -s> *eine Show, bei der die Beteiligten live[1] mitwirken:* Die Liveshow wird direkt aus Hamburg übertragen.

Li·v·ree *die* <-, Livreen> *Kleidung für Diener, die wie eine Uniform aussieht*

Li·zenz *die* <-, -en> ❶ RECHTSW. *die offizielle Erlaubnis, etwas herzustellen, etwas zu nutzen, etwas herauszugeben o. Ä.:* die Lizenz für den Druck und Vertrieb eines Buches haben; ein Gerät in Lizenz herstellen ❷ SPORT *die offizielle Erlaubnis, um einen bestimmten Beruf im Sport auszuüben:* seine Lizenz als Trainer verlieren; eine Lizenz als Berufsboxer haben ◆ Trainer-

Li·zenz·ge·bühr *die* <-, -en> RECHTSW. *eine Gebühr, die bezahlt werden muss, um die Erlaubnis zu bekommen, etwas offiziell zu nutzen*

Li·zen·zie·rung *die* <-, -en> RECHTSW. *die Erteilung einer Lizenz[1]*

Li·zenz·spie·ler *der*, **Li·zenz·spie·le·rin** <-s, -> SPORT *jmd., der beruflich für einen Verein spielt und dafür Gehalt bekommt*

Li·zenz·ver·trag *der* <-(e)s, Lizenzverträge> RECHTSW. *ein Vertrag, der eine Lizenz[1] für etwas zum Inhalt hat:* Um das Programm zu nutzen, muss man den Lizenzvertrag anerkennen.

Lkw, *a.* **LKW** *der* <-(s), -(s)> kurz für „Lastkraftwagen"

LKW *der* <-(s), -(s)> kurz für „Lastkraftwagen"

Lkw-Fah·rer *der*, **Lkw-Fah·re·rin** <-s, -> jmd., der beruflich einen Lastwagen fährt; siehe auch **Lkw, LKW**

LMAA [εlemʔaʔaː] *interj* (verhüll. für) „Leck mich am Arsch"; Götzzitat: **lecken**[1]

Lob *das* <-(e)s, -e> /Plur. selten/ (↔ Tadel) *die Worte, die man jmdm. sagt, um ihm Anerkennung für seine Leistung oder seine Tat zu vermitteln:* für seine Arbeit ein Lob ernten; nur selten ein Lob hören; Lob verdienen; ■ **voll des Lobes sein** *jmdm. sehr viel Lob spenden* Die Lehrerin war aufgrund seiner guten Leistungen voll des Lobes.

Lob·by *die* <-, -s> ❶ POL. *die Halle im Parlamentsgebäude, in der Politiker und Interessenvertreter sich treffen können* ❷ POL. *eine Gruppe von Personen, die gleiche Interessen haben und versuchen, Politiker zu beeinflussen und für ihre Interessen zu gewinnen:* eine starke Lobby haben ❸ (geh.: ≈ Hotelhalle)

Lob·by·ist *der*, **Lob·by·is·tin** <-en, -en> POL. *jmd. aus einer Lobby*[2]

lo·ben *mit OBJ* ■ *jmd. lobt jmdn./etwas (für etwas Akk.)* (↔ tadeln) *jmdm. sagen, dass er etwas sehr gut gemacht hat oder dass etwas sehr gut ist:* Er wurde für seine Arbeit gelobt; Ihr Fleiß wurde von allen gelobt.; lobende Worte für einen Mitarbeiter finden; jemanden/etwas lobend erwähnen; ■ **Das lob' ich mir!** (umg.) *das gefällt mir sehr* Sie ist immer pünktlich – das lob' ich mir!

lo·bens·wert *adj* *so, dass es Lob verdient:* Ihr selbstloser Einsatz ist sehr lobenswert.

Lo·bes·hym·ne *die* <-, -n> (≈ Loblied) *belobigende Äußerung;* ■ **eine Lobeshymne auf jemanden/etwas anstimmen/singen** *jmd. oder etwas in der Öffentlichkeit sehr stark lobend hervorheben*

Lob·hu·de·lei *die* <-, -en> *übertriebenes Lob, mit dem man bei jmdm. einen guten Eindruck machen will*

löb·lich *adj* (meist iron.) *so, dass etwas gelobt werden muss:* Das ist ja sehr löblich, dass du dich endlich entschuldigst.; Das ist ja ein löblicher Vorsatz, aber er kommt zu spät.

Lob·lied *das* <-(e)s, -er> (≈ Lobeshymne)

Lob·re·de *die* <-, -n> *eine Rede, bei der jmd. oder etwas gelobt wird:* eine Lobrede auf einen Freund/die gute Zusammenarbeit halten

Lo·ca·tion *die* [loˈkeɪʃən] <-, -s> TV, FILM *der Ort, an dem eine Außenaufnahme für einen Film, eine Sendung, einen Werbespot o. Ä. gemacht wird*

Loch *das* <-(e)s, Löcher> ❶ *eine Stelle, an der nichts mehr ist, aber vorher etwas war:* ein Loch in der Straße; die Löcher im Strumpf stopfen; ein Loch bohren/graben; ein Loch im Zahn haben ❷ *(umg. abwert.) eine schlechte Wohnung:* in einem finsteren, kalten Loch hausen ❸ *(vulg. abwert.) Gefängnis:* einen Verbrecher ins Loch stecken; ■ **jemandem Löcher in den Bauch fragen** *(umg.) jmdn. immer wieder mit Fragen belästigen;* ■ **auf/aus dem letzten Loch pfeifen** *(umg.) erschöpft sein, finanziell am Ende sein;* ■ **saufen wie ein Loch** *(vulg. abwert.) (regelmäßig) sehr viel Alkohol trinken;* ■ **Löcher in die Luft gucken/starren** *(umg.) geradeaus sehen, ohne etwas anzublicken*

lo·chen *mit OBJ* ■ *jmd. locht etwas ein Loch oder Löcher mit einem Gerät in etwas machen:* ein Blatt Papier lochen; Geschäftsbriefe lochen und abheften; eine Fahrkarte lochen

Lo·cher *der <-s, -> ein Gerät, mit dem man zwei Löcher in ein Blatt Papier machen kann, um es in einen Ordner zu heften*

Loch·kar·te *die <-, -n>* EDV *(früher) eine Karte aus Pappe, auf der Informationen in einem Muster von Löchern gespeichert sind und die von einer Maschine gelesen wird*

Loch·strei·fen *der <-s, ->* TECHN., EDV *ein Papierstreifen, auf dem Informationen in einem Muster von Löchern gespeichert sind, und der von einer Maschine gelesen wird*

Lo·chung *die <-, -en>* ❶ */kein Plur./ das Lochen* ❷ *eine gelochte Stelle*

Loch·zan·ge *die <-, -n> (veralt.) eine Zange, mit der Fahr- oder Eintrittskarten gelocht werden*

Lo·cke *die <-, -n> ein Haarbüschel, das eine geschwungene Form hat:* den Kopf voller Locken haben

lo·cken¹ *mit OBJ/ohne OBJ* ■ *jmd./etwas lockt jmdn./ein Tier (irgendwohin) versuchen, jmdn. oder ein Tier mit etwas Angenehmen an einen bestimmten Ort zu bringen:* Um neue Mitarbeiter zu gewinnen, versuchte die Firmenleitung, den Spezialisten mit einem hohen Gehalt zu locken.; Sie lockte die Katze mit einem Schälchen Milch.; Das Frühlingswetter lockte uns ins Freie.; Die Ausstellung lockt mit vielen interessanten Angeboten.

lo·cken² *mit SICH* ■ *etwas lockt sich sich in Locken legen:* Bei Feuchtigkeit locken sich ihre Haare immer.

Lo·cken·kopf *der <-(e)s, Lockenköpfe>* ❶ *Haarwuchs in Form von Locken:* Er hat einen blonden Lockenkopf. ❷ *ein Mensch mit lockigem Haar:* Er ist ein blonder Lockenkopf.

Lo·cken·stab *der <-(e)s, Lockenstäbe> ein elektrisches Gerät, mit dem Locken ins Haar gelegt werden können*

Lo·cken·wick·ler *der <-s, -> Rollen, die in die Haare gedreht werden, um Locken zu erzeugen*

lo·cker *adj* ❶ *(≈ lose ↔ fest) nicht gut befestigt oder mit etwas verbunden:* Die Schraube ist locker.; Sein Schneidezahn ist nach dem Unfall locker. ❷ *(↔ straff) so, dass etwas nicht unter einer bestimmten Spannung steht:* Der Verband ist locker geworden.; das Seil locker lassen ❸ *(↔ verkrampft) nicht fest und gespannt:* die Muskeln

durch bestimmte Übungen locker machen ❹ *(↔ dicht) so, dass etwas viele Zwischenräume in sich hat:* ein lockerer Teig; ein locker gestrickter Pullover; den Boden locker machen ❺ *(≈ lässig ↔ gezwungen) so, dass es unkompliziert ist:* Es herrschte eine lockere Atmosphäre bei dem Fest.; Die Mitarbeiter haben einen lockeren Umgangston untereinander. ❻ *(↔ streng) so, dass es dabei viele Freiheiten gibt:* lockere Regeln; eine Sache locker sehen; ■ **eine lockere Hand haben** *(umg.) zum Schlagen neigen* Ich glaube, sein Vater hat eine ziemlich lockere Hand.; ■ **einen lockeren Lebenswandel haben** *(umg. abwert.) einen unmoralischen Lebenswandel haben* ◆Getrenntschreibung →R 4.15 Der Boden mit einer Hacke locker/lockerer machen; die Zügel locker/lockerer lassen; *siehe aber auch* **lockerlassen**, **lockermachen**

lo·cker·las·sen *<lässt locker, ließ locker, hat lockergelassen> ohne OBJ* ■ *jmd. lässt nicht locker (umg.) so lange etwas versuchen, bis man es geschafft hat:* Wir werden nicht lockerlassen, bis wir es geschafft haben. ◆Zusammenschreibung →R 4.6 Wir dürfen nicht lockerlassen, nur so werden wir Erfolg haben!

lo·cker·ma·chen *<machst locker, machte locker, hat lockergemacht> mit OBJ* ■ *jmd. macht Geld/einen Geldbetrag (für etwas Akk.) locker (umg.) Geld (für etwas) hergeben:* Mal sehen, ob ich noch ein paar Euro lockermachen kann. ◆Zusammenschreibung →R 4.6 Meine Eltern haben Geld für meinen Urlaub lockergemacht.

lo·ckern *<lockerst, lockerte, hat gelockert>* I. *mit OBJ* ❶ ■ *jmd. lockert etwas (↔ verdichten) etwas locker⁴ machen:* den Boden lockern ❷ ■ *jmd. lockert etwas (≈ entspannen) die Spannung aus etwas lösen:* ein Seil/einen Verband lockern ❸ *(↔ anspannen) Spannung aus einem Körperteil lösen:* die Muskeln/Glieder mit Entspannungsübungen lockern ❹ ■ *jmd./etwas lockert etwas (↔ verschärfen) etwas weniger streng machen:* die Bestimmungen/Strafen lockern II. *mit SICH* ■ *etwas lockert sich etwas wird locker¹, ²:* Der Verband hat sich gelockert.

lo·ckig *adj so, dass etwas viele Locken hat:* lockiges Haar haben

Lock·mit·tel *das <-s, -> ein Mittel, um ein Tier oder jmdn. anzulocken:* besondere Duftstoffe als Lockmittel für Insekten benutzen

Lock·ruf *der <-(e)s, -e>* ❶ *ein Ruf, von dem Tiere oder Menschen angelockt werden:* Die Entenküken folgen dem Lockruf ihrer Mutter. ❷ *(übertr.)* Lockruf des Goldes

Lo·ckung *die <-, -en> (≈ Anreiz) etwas, das jmdn. lockt:* die Lockungen des Großstadtlebens

Lock·vo·gel *der <-s, Lockvögel> (übertr. abwert.) jmd., der andere zu einem bestimmten Handeln bewegen soll:* Man setzte einen Polizisten in Zivil als Lockvogel für die Verbrecherbande ein.

Lo·den *der <-s, -> ein Stoff aus Wolle, der sehr dicht ist und für warme Mäntel oder Jacken gebraucht wird* ◆-mantel

lo·dern *<loderst, lodere, hat/ist gelodert> ohne OBJ* ■ *etwas lodert etwas brennt mit hohen*

L

Flammen: Das Feuer hat gelodert.; Die Flammen sind bis in den Himmel gelodert.

Löf·fel *der* <-s, -> ❶ *ein Gegenstand, der aus einem Stiel und einer am vorderen Ende befindlichen Mulde besteht und mit dem man z. B. Suppe essen kann:* den Löffel zum Mund führen ◆ Kaffee-, Plastik-, Suppen-, Tee- ❷ *die Menge von etwas, die auf einen Löffel¹ passt:* ein gehäufter Löffel Mehl ❸ ZOOL. *die Ohren des Hasen:* die Löffel spitzen; ■ **jemand hat die Weisheit mit Löffeln gefressen** *(umg. abwert.) jmd. kommt sich besonders schlau vor;* ■ **jemand bekommt ein paar hinter die Löffel** *(umg.) jmd. bekommt Schläge oder Ohrfeigen;* ■ **Schreib dir das hinter die Löffel!** *(umg.) Merk dir das!;* ■ **den Löffel abgeben** *(vulg. verhüll.) sterben*

Löf·fel·bag·ger *der* <-s, -> *ein Bagger mit einer Schaufel, die wie ein Löffel¹ aussieht*

löf·feln <löffelst, löffelte, hat gelöffelt> *mit OBJ* ■ *jmd. löffelt etwas etwas mit einem Löffel¹ essen:* seine Suppe löffeln

löf·fel·wei·se *adv in Mengen, die mit einem Löffel¹ gemessen werden:* die Medizin löffelweise verabreichen

Lo·ga·ri̱th·mus *der* <-, Logarithmen> MATH. *eine Verhältniszahl, mit der man eine andere Zahl potenzieren muss, um eine vorgegebene Zahl zu erhalten* ▶ logarithmisch

Log·buch *das* <-(e)s, Logbücher> SEEW. *eine Art Tagebuch auf einem Schiff, in dem alle Ereignisse, die auf dem Schiff passieren, eingetragen werden:* ein Logbuch führen

Lo·ge *die* ['lo:ʒə] <-, -n> ❶ THEAT. *ein Sitzplatz im Theater oder im Kino, der teurer als die anderen Plätze ist:* einen Platz in der Loge reservieren haben ❷ *ein kleines Haus oder ein Raum, in dem der Pförtner eines Gebäudes sitzt* ❸ *eine Art Geheimbund*

Log·gia *die* ['lɔdʒa/'lɔdʒi̯a] <-, Loggien> BAUW. *ein seitlich offener, überdachter Raum an einem Gebäude*

lo·gie·ren [loˈʒiːrən] <logierst, logierte, hat logiert> I. *ohne OBJ* ■ *jmd. logiert irgendwo (geh. o veralt.) vorübergehend irgendwo wohnen:* im Hotel/bei einem Freund logieren II. *mit OBJ* ■ *jmd. logiert jmdn.* SCHWEIZ. *jmd. lässt jmdn. für kurze Zeit bei sich wohnen*

Lo·gik *die* <-, -en> ❶ */kein Plur./ eine Denkweise, bei der die einzelnen Schritte richtig aufeinanderfolgen:* Seinen Ausführungen fehlt jede Logik. ❷ *die auf Mathematik und Philosophie beruhende Wissenschaft von den Gesetzen und Prinzipien des Denkens:* Vorlesungen über Logik besuchen; deontische, epistemische, intuitionistische, mehrwertige, zweiwertige Logik ◆ Aussagen-, Modal-, Normen-, Prädikaten-, Stufen- ▶ Logiker, Logikerin

Lo·gis *das* [loˈʒiː] <-, -> *(geh.) Unterkunft:* Kost und Logis sind frei.

lo·gisch *adj /nicht steig./* ❶ *den Gesetzen der Logik¹·² entsprechend:* logisches Denken ❷ *(umg.: ≈ selbstverständlich, nur präd.) so, dass man keinen weiteren Grund angeben muss:* Na logisch!; Das ist doch logisch, dass ich dir helfe!

Lo·gis·tik *die* <-> */kein Plur./* ❶ MILIT. *die Planung, Organisation und Bereitstellung aller für eine Truppe notwendigen Mittel* ❷ WIRTSCH. *die Organisation und Abstimmung der Arbeitsschritte in der Produktion, auf Baustellen oder bei großen Veranstaltungen:* Eine gute Logistik ist außerordentlich wichtig für den reibungslosen Ablauf auf einer Baustelle.

lo·gis·tisch *adj /nicht steig./ die Logistik¹·² betreffend:* Die Durchführung der großen Sportveranstaltung war eine logistische Meisterleistung der Organisatoren.

Lo·go *das/der* <-s, -s> *ein speziell gestaltetes Zeichen, das eine Firma auf ihren Produkten, Werbemitteln usw. als Symbol für sich selbst benutzt:* Briefpapier mit dem Logo der Firma benutzen

lo·go *adj /nicht steig., nur präd./ (umg. jugendspr.) selbstverständlich, klar:* Ist doch logo, dass ich mitkomme!

Lo·go·pä·de *der;* **Lo·go·pä·din** <-n, -n> MED. *jmd., der sich beruflich mit dem Erkennen und Behandeln von Sprach- und Sprechstörungen beschäftigt*

Lo·go·pä·die *die* <-> */kein Plur./* MED. *die Lehre von den Sprach- und Sprechstörungen und deren Behandlung*

Lo·he¹ *die* <-, -n> BOT. *Rinde, die zum Gerben von Leder gebraucht wird*

Lo·he² *die* <-, -n> *(geh. o veralt.) Glut, Flamme:* das Schwert in der Lohe schmieden

Lohn *der* <-(e)s, Löhne> ❶ *(↔ Gehalt, Honorar) das Geld, das Arbeiter für ihre Arbeit bekommen:* den Arbeitern den Lohn auszahlen; die Löhne auf dem Bau erhöhen/kürzen ◆ Brutto-, Hunger-, Mindest-, Monats-, Netto-, Stunden-, Wochen- ❷ *(auch iron.) etwas, das man als Ergebnis für eine Tat erhält:* für seine Hilfe keinen Lohn erwarten; Das ist nun der Lohn für meine Hilfsbereitschaft!

Lohn·ab·bau *der* <-s> */kein Plur./ der Vorgang, dass die Löhne¹ gesenkt werden*

lohn·ab·hän·gig *adj /nicht steig./* WIRTSCH. *(↔ selbstständig) so, dass jmd., der arbeitet, vom gezahlten Lohn¹ abhängt*

Lohn·ab·kom·men *das* <-s, -> WIRTSCH., POL. *eine Art Vertrag, der zwischen Arbeitgebern und Arbeitnehmern geschlossen wird und in dem die Höhe des Lohns¹ festgelegt ist*

Lohn·aus·fall *der* <-(e)s, Lohnausfälle> *eine Situation, in der ein Arbeiter keinen Lohn¹ bekommt:* krankheitsbedingter Lohnausfall

Lohn·aus·gleich *der* <-s> *der Vorgang, bei dem ein Betrag zum eine verringerten Lohn¹, hinzugezahlt wird, um die volle Höhe des ursprünglichen Lohnes¹ zu garantieren:* Arbeitszeitverkürzung bei vollem Lohnausgleich

Lohn·bü·ro *das* <-s, -s> *die Abteilung in einem Unternehmen, welche die Lohnzahlung abwickelt*

Lohn·dum·ping *das* ['lo:ndampɪŋ] <-s> */kein Plur./ das Zahlen von Löhnen¹, die unter den Mindestlöhnen liegen, um dann billiger als die Konkurrenz produzieren zu können:* Das Lohndumping in der Baubranche greift immer mehr um sich.

L

Lohn·emp·fän·ger *der*, **Lohn·emp·fän·ge·rin** <-s, -> *eine Person, die Lohn¹ bekommt*
loh·nen I. *mit OBJ* ■ *jmd.* *lohnt jmdm. etwas (geh.) jmd. oder etwas belohnt jmdn. für etwas:* Er lohnte ihm seine Treue.; Das ist eine lohnende Aufgabe. II. *mit SICH* ■ *etwas lohnt sich etwas bringt einen Vorteil oder Gewinn:* Unsere Mühe hat sich nicht gelohnt.; Es lohnt sich nicht, den Computer noch einmal reparieren zu lassen.
Lohn·er·hö·hung *die* <-, -en> *der Vorgang, dass ein neuer Lohn¹, der höher als der alte ist, gezahlt wird:* Die letzte Lohnerhöhung liegt schon zwei Jahre zurück.
Lohn·er·satz·leis·tung *die* <-, -en> AMTSSPR. *Zahlungen, die man anstelle des Lohns¹ erhält:* Krankengeld und Arbeitslosengeld sind Lohnersatzleistungen.
Lohn·for·de·rung *die* <-, -en> WIRTSCH., POL. *die Forderung nach mehr Lohn¹, die von Gewerkschaften in Tarifverhandlungen an die Arbeitgeberseite gestellt wird:* Die Lohnforderung der Gewerkschaften liegt bei 5 Prozent.
Lohn·fort·zah·lung *die* <-, -en> AMTSSPR. *der Vorgang, dass Lohn¹ für eine bestimmte Zeit gezahlt wird, ohne dass Arbeit geleistet wird:* Lohnfortzahlung im Krankheitsfall
Lohn·kos·ten <-> *Plur.* WIRTSCH. *die Gesamtkosten, die der Arbeitgeber für die Zahlungen von Lohn¹ aufwenden muss*
Lohn·ne·ben·kos·ten <-> *Plur.* WIRTSCH. *Kosten, die zu dem eigentlichen Lohn¹ für eine Arbeit hinzukommen und vom Arbeitgeber gezahlt werden:* Lohnnebenkosten sind im Wesentlichen die Anteile für Kranken-, Renten- und Arbeitslosenversicherung.
Lohn·ni·veau *das* <-s, -s> WIRTSCH. *die durchschnittliche Höhe des Lohns¹ in einem bestimmten Gebiet oder Bereich:* Länder mit einem niedrigen Lohnniveau
Lohn·po·li·tik *die* <-> /kein Plur./ POL. *alle politischen Entscheidungen, die die Höhe der Löhne¹ beeinflussen*
Lohn-Preis-Spi·ra·le *die* <-, -n> WIRTSCH. *die gegenseitige Wirkung von Erhöhungen der Löhne¹ und Preissteigerungen*
Lohn·run·de *die* <-, -n> WIRTSCH. *die jährlichen Verhandlungen zwischen Gewerkschaften und Arbeitgebern über die Löhne¹*
Lohn·steu·er *die* <-> /kein Plur./ WIRTSCH. *eine Steuer, die ein Arbeiter, Angestellter oder Beamter für das Geld, das er verdient, an den Staat zahlen muss*
Lohn·steu·er·jah·res·aus·gleich *der* <-(e)s, -e> WIRTSCH. *ein System, bei dem die jährlich im Voraus gezahlten Steuern mit den tatsächlich zu zahlenden Steuer verrechnet werden und bei dem es zu Rückzahlungen kommen kann:* den Lohnsteuerjahresausgleich machen
Lohn·steu·er·kar·te *die* <-, -n> *eine Karte für einen Arbeitnehmer, die von einer Gemeinde ausgegeben und bei dem Arbeiter abgegeben wird, damit dieser darauf den Lohn und die vorausgezahlten Steuern und Abgaben einträgt:* Die Lohn-

steuerkarte benötigt man für den Lohnsteuerjahresausgleich.
Lohn·stopp *der* <-s, -s> *der Vorgang, dass die Löhne¹ der Arbeitnehmer nicht erhöht werden*
Lohn·tag *der* <-(e)s, -e> *der Tag, an dem der Lohn¹ ausgezahlt wird*
Lohn·ta·rif *der* <-(e)s, -e> WIRTSCH. *die Höhe des Lohns¹, die je nach Alter, Qualifizierung, Dauer des Beschäftigungsverhältnisses bemessen wird*
Lohn·tü·te *die* <-, -n> *(umg. o veralt.) ein Papierumschlag, in dem früher der Lohn¹ bar ausgezahlt wurde*
Löh·nung *die* <-> /kein Plur./ MILIT. *Sold*
Lohn·ver·ein·ba·rung *die* <-, -en> WIRTSCH. *eine Vereinbarung, die zwischen Arbeitgebern und Arbeitnehmern getroffen wird und die Höhe des Lohns¹ festlegt*
Lohn·zu·schlag *der* <-(e)s, Lohnzuschläge> WIRTSCH. *das Geld, das einem Arbeitnehmer zusätzlich zum Lohn¹ für Überstunden oder spezielle Arbeitsbedingungen gezahlt wird*
Loi·pe *die* ['lɔypə] <-, -n> SPORT *eine Art Bahn, die man im Schnee angelegt hat und in der man beim Skilanglauf fährt*
Lok *die* <-, -s> *(umg.) kurz für „Lokomotive"*
Lo·kal *das* <-(e)s, -e> (≈ Gaststätte) *ein Raum oder Räume, in denen man für Geld essen und trinken kann:* in einem Lokal einkehren; Das Lokal ist bekannt für seine Fischspezialitäten. ◆ -verbot, Ausflugs-, Speise-, Tanz-, Wein-
lo·kal *adj /nicht steig./ örtlich begrenzt:* Es kann lokal zu orkanartigen Böen kommen.
Lo·kal·au·gen·schein *der* <-(e)s> /kein Plur./ ÖSTERR. *Lokaltermin*
Lo·kal·blatt *das* <-(e)s, Lokalblätter> *die lokale Zeitung eines Ortes*
lo·ka·li·sie·ren *mit OBJ (geh.)* ❶ ■ *jmd./etwas lokalisiert jmdn./etwas herausfinden, wo jmd. oder etwas ist:* Ich konnte das Geräusch nicht lokalisieren. ❷ ■ *jmd./etwas lokalisiert jmdn./etwas* MED. *die Ausbreitung einer Krankheit örtlich begrenzen:* eine Epidemie lokalisieren ❸ ■ *jmd./etwas lokalisiert jmdn./etwas* EDV *eine Software den spezifischen Bedingungen eines Landes anpassen*
Lo·kal·nach·rich·ten <-> *Plur. Nachrichten über die Ereignisse in einer Stadt*
Lo·kal·pa·t·ri·o·tis·mus *der* <-> /kein Plur./ (abwert.) *übertriebene Heimatliebe*
Lo·kal·sei·te *die* <-, -n> *Seite in einer Zeitung mit Lokalnachrichten*
Lo·kal·sen·der *der* <-s, -> *ein Radio- oder Fernsehsender, der nur in einer bestimmten Region oder Stadt sendet und Informationen über diese Region oder Stadt liefert*
Lo·kal·ter·min *der* <-(e)s, -e> RECHTSW. *ein gerichtlicher Termin, an dem der Richter und der Angeklagte den Ort des Verbrechens aufsuchen:* Der Tathergang wurde bei einem Lokaltermin nachgestellt.
Lo·ko·mo·ti·ve *die* <-, -n> *eine Zugmaschine, die auf Bahngleisen einen Eisenbahnzug zieht*
Lo·ko·mo·tiv·füh·rer *der*, **Lo·ko·mo·tiv·füh·re·rin** <-s, -> *jmd., der beruflich Lokomotiven fährt*

Lo·ko·mo·tiv·schup·pen *der* <-s, -> *eine große Halle, in der Lokomotiven gewartet und untergestellt werden*

Lo·kus *der* <-ses, -se> *(veralt. umg.) Toilette*

Lol·li *der* <-s, -s> *(umg.) Lutscher[1]*

Lom·bar·dei *die* <-> */kein Plur./ eine Landschaft in Norditalien* ▸ lombardisch

Long·drink *der* ['lɔŋdrɪŋk] <-s, -s> *ein Getränk, das aus einer Mischung aus Alkohol und Saft oder Limonade o. Ä. besteht*

Look *der* [lʊk] <-s, -s> *ein bestimmtes modisches Aussehen:* ein Kleid im romantischen Look; der 50er-Jahre-Look

Loo·ping *der* ['lu:pɪŋ] <-s, -s> LUFTF. *ein Kreis in vertikaler Lage, den ein Flugzeug fliegt oder den eine Achterbahn fährt*

Lor·beer *der* <-s, -en> ❶ BOT. *ein Baum im Mittelmeerraum, mit sehr aromatischen grünen Blättern* ❷ KOCH. *die Blätter des Lorbeers[1] als Gewürz;* ■ **mit etwas keine Lorbeeren ernten können** *(umg. iron.) mit etwas keinen besonders guten Erfolg haben;* ■ **sich auf seinen Lorbeeren ausruhen** *(umg.) sich mit seinem bisherigen Erfolg oder seiner bisherigen Leistung zufriedengeben und sich nicht mehr anstrengen*

Lor·chel *die* <-, -n> BOT. *eine Pilzart*

Lord *der* [lɔrt] <-s, -s> ❶ *ein englischer Adelstitel* ❷ *jmd., der den Titel eines Lord[1] führt*

Lo·re *die* <-, -n> BERGB. *ein kleiner Wagen, der auf Schienen fährt und meist im Bergbau eingesetzt wird, um Kohle oder Gestein zu transportieren*

Lor·gnon *das* [lɔrn'jõ:] <-s, -s> *eine Art Brille mit nur einem Glas an einem Stiel, das vor das Auge gehalten wird*

Los *das* <-es, -e> ❶ *(geh.: ≈ Schicksal)* Sie trägt ihr schweres Los mit Geduld. ❷ *ein Zettel o. Ä., den man benutzt, um eine Entscheidung nach dem Zufallsprinzip zu treffen:* das Los entscheiden lassen ❸ *ein Stück Papier mit einer Nummer, das man kauft, um bei einer Lotterie etwas zu gewinnen:* Lose für die Lotterie kaufen; Mein Los hat gewonnen!; ■ **das große Los** *der größte Gewinn bei einer Lotterie;* ■ **mit jemandem/etwas das große Los gezogen haben** *(umg.) jmdn. oder etwas gut gewählt haben* Mit ihrem neuen Freund hat sie wirklich das große Los gezogen! ◆ Kleinschreibung →R 3.20 das große Los gezogen haben

los I. *adj /nur präd./ /nicht steig./* ❶ *nicht mehr befestigt:* Die Schraube/der Knopf ist los. ❷ *frei gelassen:* Die Löwen sind los! **II.** *adv /nur präd./ /nicht steig./* ❶ *(umg.) Aufforderung, sich oder sich mit etwas zu beeilen:* Los, schnell weg hier.; Los, mach schon!; ■ **Auf die Plätze, fertig, los!** *Aufforderung zum Start bei einem sportlichen Wettkampf;* ■ **etwas/jemanden los sein** *(umg.) etwas oder jmdn. glücklicherweise nicht mehr haben* Den Sorge bin ich los!; Die Nervensäge sind wir endlich los!; Den Schnupfen bin ich los.; ■ **etwas ist irgendwo los** *(umg.) irgendwo geschieht etwas* Hier ist ja wirklich was los!; Auf der Party war nichts los.; ■ **Was ist denn mit dir los?** *(umg.)* Bist du krank oder hast du Probleme?; ■ **mit jemandem ist nichts los** *(umg.) jmd. ist*

langweilig Mit ihm ist nichts mehr los, seit er geheiratet hat. ◆ Getrenntschreibung →R 4.8 Ich wollte den Schnupfen endlich los sein.; Um die Tageszeit wird wohl hier noch nichts los sein!

-los *als Zweitglied zusammengesetzter Adjektive; drückt aus, dass es an dem mangelt, was mit dem Erstglied bezeichnet wird* ◆ arbeits-, chancen-, gewissen-, glück-, kraft-, respekt-, sinn-, verantwortungs-, ziel-, zweck-

lös·bar *adj /nicht steig./ so, dass man für etwas eine Lösung[1] finden kann:* ein Problem für lösbar halten

los·bin·den <bindest los, band los, hat losgebunden> *mit OBJ* ■ *jmd. bindet jmdn./etwas los* (↔ anbinden) *etwas, das angebunden ist, lösen, indem man z. B. den Knoten aufmacht:* den Gefesselten losbinden; das Boot losbinden; den Hund vom Zaun losbinden

los·bre·chen <brichst los, brach los, hat/ist losgebrochen> **I.** *mit OBJ (haben)* ■ *jmd. bricht etwas los (haben) jmd. bricht etwas, das befestigt war, ab:* Er hat einen Eiszapfen von der Dachrinne losgebrochen. **II.** *ohne OBJ (sein)* ■ *etwas bricht los etwas beginnt plötzlich sehr intensiv:* Der Sturm ist ganz plötzlich losgebrochen.; Auf einmal brach lauter Jubel los.

Lösch·blatt *das* <-(e)s, Löschblätter> *ein Blatt aus saugfähigem Papier, mit dem man frische Tinte trocknen kann*

lö·schen[1] <löschst, löschte, hat gelöscht> *mit OBJ* ❶ ■ *jmd./etwas löscht etwas* (≈ anzünden) *bewirken, dass ein Feuer nicht mehr brennt:* einen Brand/ein Feuer/die Flammen löschen ❷ ■ *jmd. löscht etwas (geh.: ≈ ausschalten) mit einem Schalter bewirken, dass ein elektrisches Licht nicht mehr brennt:* das Licht löschen ❸ ■ *jmd. löscht den Durst mit etwas Dat. (≈ stillen) etwas trinken:* den Durst mit Bier löschen ❹ ■ *jmd. löscht etwas (≈ tilgen; beseitigen) bewirken, dass etwas oder der Inhalt von etwas nicht mehr vorhanden ist:* Daten/eine Datei/die Festplatte löschen; ein Tonband/eine Tonbandaufzeichnung löschen; einen Eintrag/eine Schuld löschen; den Namen aus dem Gedächtnis löschen

lö·schen[2] <löschst, löschte, hat gelöscht> *mit OBJ* ■ *ein Schiff löscht etwas* SEEW. (≈ entladen) *die Waren oder die Fracht, die ein Schiff transportiert, an Land bringen:* Das Schiff löscht seine Fracht.

Lösch·fahr·zeug *das* <-(e)s, -e> *ein Feuerwehrauto mit Löschgeräten*

Lösch·ge·rät *das* <-(e)s, -e> *ein Gerät, mit dem man ein Feuer löschen[1] kann*

Lösch·pa·pier *das* <-(e)s> */kein Plur./ saugfähiges Papier, mit dem man frische Tinte trocknen kann*

Lösch·tas·te *die* <-, -n> *eine Taste an einem elektrischen Gerät, die man drückt, um eine gespeicherte Information zu entfernen:* die Löschtaste am Kassettenrekorder/auf der Computertastatur betätigen

Lö·schung *die* <-, -en> */Plur. selten/* ❶ (≈ Tilgung) *Vorgang, dass etwas gelöscht[4] wird:* die Lö-

L

schung eines Kontos/einer Eintragung ❷SEEW. *das Entladen:* die Löschung der Ladung

lo·se *adj* ❶ *(↔ fest) nicht mehr an etwas befestigt:* Der Knopf ist lose.; Die Fenster hingen lose in den Angeln. ❷ *(≈ einzeln) nicht an etwas anderem befestigt:* lose Blätter einheften ❸ *unverpackt:* die Schrauben lose verkaufen ❹ */nur attr./ (≈ frech) so, dass etwas leicht provozierend ist:* ein loses Mundwerk haben; Er ist für seine losen Sprüche bekannt.

Lö·se·geld *das* <-(e)s, -er> *das Geld, das man bezahlt, damit jmd., der gefangen oder entführt ist, freigelassen wird:* Die Entführer forderten Lösegeld.

los·ei·sen <eist los, eiste los, hat losgeeist> *mit OBJ* ■ *jmd. eist sich/jmdn. (von etwas Akk.) los bewirken, dass man oder jmd. sich von einer Tätigkeit befreit, um an einen anderen Ort zu gehen:* Kannst du dich mal endlich vom Computer loseisen und mit mir ins Kino gehen?

lo·sen <lost, loste, hat gelost> *ohne OBJ* ■ *jmd. lost (um etwas Akk.) etwas durch das Los² bestimmen:* um etwas losen; Wir losen, wer die Konzertkarten bekommt.

lö·sen¹ <löst, löste, hat gelöst> **I.** *mit OBJ* ❶ ■ *jmd. löst etwas etwas von einer Stelle oder einer Sache, an der es befestigt ist, entfernen:* die Tapete von der Wand lösen; die Schnur von einem Paket lösen ❷ ■ *jmd. löst etwas etwas lockern, das fest ist:* den Gürtel/die Schnürsenkel/die Krawatte lösen ❸ ■ *jmd. löst etwas für nichtig erklären, aufheben:* eine Verlobung/einen Vertrag lösen ❹ ■ *etwas löst etwas* MED. *etwas beseitigt etwas zum Teil oder völlig:* Das Medikament löst den Schleim.; Die Salbe löst die Verspannung im Rücken. ❺ ■ *jmd. löst etwas ein Ticket, eine Eintrittskarte, eine Fahrkarte o. Ä. kaufen:* Sie löst am Schalter eine Fahrkarte. **II.** *mit SICH* ❶ ■ *etwas löst sich etwas trennt sich von etwas, an dem es fest ist:* Die Schnur hat sich gelöst.; Putz hatte sich von der Wand gelöst. ❷ ■ *ein Schuss löst sich ein Schuss geht los, ohne dass jmd. die Waffe bedient hat:* Ein Schuss löste sich. ❸ ■ *etwas löst sich etwas, das gespannt oder verkrampft ist, wird locker:* Die Anspannung löst sich.; Ihr Gesichtsausdruck löst sich allmählich; Er wirkt jetzt viel gelöster. ❹ ■ *jmd. löst sich von jmdm. jmd. geht allmählich auf Distanz zu jmdm.:* Erst ziemlich spät hatte er sich von seinen Eltern gelöst.; Von ihrer alten Liebe konnte sie sich nur schwer lösen.

lö·sen² <löst, löste, hat gelöst> **I.** *mit OBJ* ■ *jmd. löst etwas jmd. findet für ein Problem, ein Rätsel oder eine Aufgabe o. Ä. die Lösung¹:* Erst nach langer Zeit konnte er das Problem des letzten Satzes von Fermat lösen.; Wer löst das Rätsel? **II.** *mit SICH* ■ *etwas löst sich etwas, das nicht erklärbar scheint, findet eine Lösung¹:* Das Rätsel um die verschwundenen Millionen hatte sich vor allein gelöst.

lö·sen³ <löst, löste, hat gelöst> **I.** *mit OBJ* ❶ ■ *etwas löst etwas* CHEM., PHYS. *etwas bildet mit etwas eine neue Mischung und wird auf diese Weise entfernt:* Terpentin löst Öle und Lacke. ❷ ■ *jmd. löst etwas in etwas Dat. jmd. gibt etwas in eine*

Flüssigkeit, damit sich eine einheitliche Mischung bildet: Er löste zwei Teile Zucker und ein Teil Salz im Wasser. **II.** *mit SICH* ■ *etwas löst sich in etwas* Dat. CHEM., PHYS. *etwas verliert seine ursprüngliche Eigenheit und bildet mit etwas eine neue Mischung:* das Salz hat sich im Wasser gelöst

Lo·ser *der* ['luːsɐ] <-s, -> *(jugendspr.: ≈ Verlierer, Versager) jmd., der immer nur Pech hat und der im Leben trotz aller Anstrengung keinen Erfolg hat:* Er spielt im Film den ewigen Loser, dem nie etwas gelingt.

los·fah·ren <fährst los, fuhr los, ist losgefahren> *ohne OBJ* ❶ ■ *jmd. fährt los jmd. nimmt ein Fahrzeug und bewegt sich von einem Ort weg:* Wir wollen gleich nach dem Frühstück losfahren. ❷ ■ *etwas fährt los ein Fahrzeug bewegt sich von einem Ort weg:* Wann fährt denn dieser Zug endlich los?

los·ge·hen <gehst los, ging los, ist losgegangen> *ohne OBJ* ❶ ■ *jmd. geht los (umg.: ≈ aufbrechen) jmd. geht von einem Ort zu Fuß weg bewegen:* Die anderen sind schon losgegangen, wir warten noch.; Lasst uns endlich losgehen! ❷ ■ *etwas geht los (umg.: ≈ beginnen) etwas fängt an:* Die Vorstellung geht gleich los. ❸ ■ *etwas geht los ein Schuss oder eine Sprengladung wird abgefeuert oder explodiert:* Die Pistole ging plötzlich von selbst los.; Um Mitternacht ging die Knallerei los.; ■ **Gleich geht's los!** *(umg.) etwas beginnt in kurzer Zeit;* ■ **Jetzt geht's schon wieder los!** *(umg.) etwas Unangenehmes passiert schon wieder;* ■ **Auf „Los!" geht's los!** *wenn jmd. „Los!" sagt, fängt ein Wettbewerb oder ein Wettkampf an;* ■ **auf jemanden losgehen** *(umg.) jmdn. angreifen* Er ging mit den Fäusten auf seinen Gegner los.

los·ha·ben <hast los, hatte los, hat losgehabt> *mit OBJ* ■ *jmd. hat (in etwas Dat.) etwas/viel/wenig/nichts los (umg.) jmd. hat gute/sehr gute/wenige/keine Kenntnisse auf einem Fachgebiet:* Sie hat in ihrem Fach etwas los.

los·heu·len <heult los, heulte los, hat losgeheult> *ohne OBJ (umg.) jmd. fängt plötzlich an zu weinen:* Ohne Grund heulte er plötzlich los.

los·kau·fen <kaufst los, kaufte los, hat losgekauft> *mit OBJ* ■ *jmd. kauft jmdn. los jmd. bezahlt Geld, um jmdn., der gefangen oder entführt ist, zu befreien:* eine Geisel loskaufen

los·kom·men <kommst los, kam los, ist losgekommen> *ohne OBJ* ❶ ■ *jmd. kommt von jmdm./etwas los (umg.) jmd. kann sich von jmdm. oder etwas trennen:* Er kommt von ihr nicht mehr los.; Ich habe so viel Arbeit, dass ich noch nicht loskomme. ❷ ■ *jmd./etwas kommt (von etwas) los sich (von etwas) befreien können:* Er hielt sie fest, sie konnte aber doch loskommen.; Sie kam nicht von ihren Erinnerungen los.; Der Vogel kam nicht von der Schlinge los.

los·la·chen <lacht los, lachte los, hat losgelacht> *ohne OBJ* ■ *jmd. lacht los jmd. fängt plötzlich an zu lachen:* Inmitten der Trauergemeinde musste sie plötzlich loslachen.

los·las·sen <lässt los, ließ los, hat losgelassen> *mit OBJ* ❶ ■ *jmd. lässt jmdn./etwas los jmdn. oder etwas nicht mehr festhalten:* Lass mich los!;

die Hunde loslassen ❷ ■ **etwas lässt jmdn. nicht los** *jmd. kann etwas nicht vergessen:* Die Bilder, die er im Krieg sah, ließen ihn nicht mehr los.; Das mathematische Problem ließ ihn einfach nicht los. ❸ ■ **jmd. lässt etwas los** *(umg. abwert.) jmd. sagt oder schreibt etwas Negatives:* Er ließ dauernd Beschwerden los. ❹ ■ **jmd. lässt ein Tier auf jmdn. los** *jmd. befiehlt einem Tier, jmdn. anzugreifen:* Er ließ die Hunde auf ihn los.; ■ **jemanden auf die Menschheit loslassen** *(umg. abwert.) jmdn., den man für unfähig hält, eine Arbeit tun lassen* Diesen unerfahrenen Arzt kann man doch nicht auf die Menschheit loslassen!

los·le·gen <legt los, legte los, hat losgelegt> *ohne OBJ* ❶ ■ **jmd. legt (mit etwas Dat.) los** *(umg.) jmd. sagt etwas sehr deutlich und wütend:* Der Kunde legte sofort mit seiner Beschwerde los. ❷ ■ **jmd. legt (mit etwas Dat.) los** *jmd. fängt etwas mit voller Energie an:* Sie legte sofort mit ihrem Vortrag los.; Nachdem er das Spiel auf dem Computer installiert hatte, legte er los.

lös·lich *adj / nicht steig. /* ❶ */nur präd. / so, dass etwas mit einer Flüssigkeit eine einheitliche Mischung bildet:* Öl ist nicht in Wasser löslich. ❷ */nur attr. / so, dass etwas fein gemahlen ist und sich mit einer Flüssigkeit verbindet:* löslicher Kaffee

los·lö·sen <löst los, löste los, hat losgelöst> I. *mit OBJ* ■ **jmd. löst etwas von etwas Dat. los** *jmd. entfernt etwas von etwas, auf oder an dem es befestigt ist:* Vorsichtig löste er den Verband von der Wunde los. II. *mit SICH* ■ **etwas löst sich (von etwas Dat.) los** *etwas entfernt sich von etwas, an dem es befestigt ist:* Die alte Tapete löst sich langsam los.

los·ma·chen <macht los, machte los, hat losgemacht> I. *mit OBJ* ■ **jmd. macht etwas los** *(umg.) jmd. trennt etwas von etwas:* einen Hund/ ein Boot losmachen II. *ohne OBJ* ■ **ein Schiff macht los** SEEW. *ablegen:* Das Schiff machte los und stach in See. III. *mit SICH* ■ **jmd./ein Tier macht sich (von etwas Dat.) los** *(umg.) jmd. oder ein Tier befreit sich von etwas:* Sie hat sich von ihren Verpflichtungen losgemacht.; Das Pferd hat sich losgemacht.; ■ **Mach/Macht los!** *(umg.) Beeil/Beeilt dich/euch!* Nun mach doch endlich los, wir haben keine Zeit mehr!

los·plat·zen <platzt los, platzte los, hat losgeplatzt> *ohne OBJ (umg.)* ❶ ■ **jmd. platzt los** *jmd. fängt plötzlich laut an zu lachen:* Ich konnte mich nicht mehr halten und musste einfach losplatzen! ❷ ■ **jmd. platzt (mit etwas Dat.) los** *jmd. sagt plötzlich etwas, weil er es nicht mehr zurückhalten kann:* Nachdem er sich nun schon zwei Stunden diese Dummheiten angehört hatte, platzte er einfach los.; Sie platzte mit dieser Geschichte los, obwohl es keiner hören wollte.

los·rei·ßen <reißt los, riss los, hat losgerissen> I. *mit OBJ* ■ **jmd./etwas reißt jmdn./etwas los** *jmd. oder etwas entfernt jmdn. oder etwas mit viel Kraft von etwas:* Der Sturm hat das Dach losgerissen. II. *mit SICH* ❶ ■ **jmd. reißt sich (von jmdm./etwas) los** *jmd. befreit sich plötzlich mit viel Kraft von jmdm. oder etwas:* Das Kind riss sich

von der Hand der Mutter los. ❷ ■ **jmd. kann sich von etwas Dat. nicht losreißen** *jmd. ist von etwas so fasziniert, dass er nichts Anderes machen kann:* Ich kann mich einfach nicht von diesem Computerspiel losreißen!

los·ren·nen <rennt los, rannte los, ist losgerannt> *ohne OBJ* ■ **jmd. rennt los** *jmd. fängt plötzlich an, sehr schnell zu laufen:* Sie rannte los, um den Bus noch zu erreichen.

Löss, Löß *der* <-es, -e> GEOGR. *eine Ablagerung am Boden, die sehr viel Kalk enthält*

los·sa·gen *mit SICH* ■ **jmd. sagt sich von jmdm./etwas los** *jmd. sagt, dass er mit jmdm. oder etwas nichts mehr zu tun haben will:* sich von seinen Eltern lossagen; sich vom Glauben lossagen

los·schie·ßen <schießt los, schoss los, hat losgeschossen> *ohne OBJ* ❶ ■ **jmd./etwas schießt los** *jmd. oder etwas fängt plötzlich an zu schießen* ❷ ■ **jmd. schießt los** *(umg.) jmd. fängt an, etwas zu erzählen:* Komm, schieß los mit deiner Geschichte!

los·schla·gen <schlägt los, schlug los, hat losgeschlagen> I. *mit OBJ* ■ **jmd. schlägt etwas los** *jmd. entfernt etwas von etwas mit einem kräftigen Schlag:* Er schlägt mit dem Hammer die Holzverkleidung von der Wand los. II. *ohne OBJ* ❶ ■ **jmd. schlägt auf jmdn. los** *jmd. fängt an, jmdn. plötzlich mit den Fäusten zu attackieren:* Auf dem Schulhof fingen zwei Jungen an, aufeinander loszuschlagen. ❷ ■ **etwas schlägt los** MILIT. *mit einem militärischen Angriff beginnen*

los·stür·zen <stürzt los, stürzte los, ist losgestürzt> *ohne OBJ* ❶ ■ **jmd. stürzt los** *jmd. rennt plötzlich schnell von einer Stelle weg:* Als die Türen geöffnet wurden, stürzten alle los. ❷ ■ **jmd./ etwas stürzt auf jmdn. los** *jmd. oder etwas greift jmdn. an:* Er stürzte auf seinen Gegner los.; Der Hund stürzte auf den Fußgänger los.

los·tre·ten <tritt los, trat los, hat losgetreten> *mit OBJ* ■ **jmd. tritt etwas los** *jmd. löst etwas mit einem Tritt aus:* Die Wanderer traten eine Lawine los.

Lo·sung *die* <-, -en> ❶ MILIT. *(≈ Parole) ein vereinbartes Kennwort* ❷ *ein kurzer Satz, mit dem man sagt, was man machen will:* Die Partei gab für den Wahlkampf die Losung „Keine höheren Steuern!" aus.

Lö·sung *die* <-, -en> ❶ *das, was benötigt wird, um eine Aufgabe bzw. ein Problem zu bewältigen oder den Sinn eines Rätsels zu entschlüsseln:* für ein Problem eine gute Lösung finden ❷ *der Vorgang, dass eine Aufgabe, ein Problem, ein Rätsel o. Ä. entschlüsselt wird:* die Lösung einer Aufgabe/eines Rätsels ❸ *der Vorgang, dass eine Vereinbarung ungültig gemacht wird:* die Lösung eines Mietvertrages/einer Verlobung ❹ CHEM., PHYS. *eine Flüssigkeit, die mit einem anderen Stoff eine einheitliche Mischung bildet:* eine wässrige Lösung; eine dreiprozentige Lösung herstellen

Lö·sungs·an·satz *der* <-es, Lösungsansätze> *der Beginn einer Kette von Gedanken, Analysen oder Handlungen, die zur Lösung[2] eines Problems oder einer Aufgabe führen soll*

Lö·sungs·mit·tel *das* <-s, -> CHEM. *ein Mittel, das Stoffe löst*[3]

lö·sungs·mit·tel·frei *adj* /*nicht steig.*/ *so, dass eine Substanz kein Lösungsmittel enthält:* lösungsmittelfreie Farbe

Los·ver·fah·ren *das* <-s, -> *der Vorgang, dass etwas durch ein Los*[2] *entschieden wird:* Wir werden im Losverfahren entscheiden müssen, wer den Wettbewerb gewonnen hat, denn alle Einsendungen sind sehr gut.

los·wer·den <wirst los, wurde los, ist losgeworden> *mit OBJ* ❶ ■ *jmd. wird jmdn./etwas los jmd. trennt sich von jmdm. oder etwas, der/das unangenehm ist:* Er wurde den Vertreter einfach nicht los!; Er ist seine Beschwerden endlich losgeworden. ❷ ■ *jmd. wird etwas los (umg.) jmd. kann etwas verkaufen:* Ich glaube nicht, dass du das alte Auto noch loswirst. ❸ ■ *jmd. wird etwas los (umg.) jmd. verliert etwas oder jmdm. wird etwas gestohlen:* Ich weiß auch nicht, wie ich meine Brieftasche losgeworden bin!; In diesem Gewühl wurde sie schnell ihre Handtasche los.

los·zie·hen <ziehst los, zog los, ist losgezogen> *ohne OBJ* ❶ ■ *jmd. zieht los (umg.) jmd. geht zu Fuß von einem Ort weg:* Nachdem er eine Zeit lang dort gearbeitet hatte, zog er wieder los. ❷ ■ *jmd. zieht los (umg.) jmd. verlässt seine Wohnung, um sich zu amüsieren:* Jeden Abend sind sie zusammen losgezogen, zur Disco, ins Kino oder in eine gemütliche Kneipe.

L

Lot *das* <-(e)s, -e> ❶ BAUW. *ein Gewicht, das an einer Schnur hängt und das man an etwas hängt, um festzustellen, ob es senkrecht ist:* die Mauer nach dem Lot ausrichten ❷ SEEW. *ein Gewicht an einer Schnur, das man ins Wasser hält bis es den Grund berührt, um dann an der Länge der Schnur die Tiefe zu bestimmen:* die Wassertiefe mit einem Lot messen ❸ MATH. *eine Gerade, die senkrecht auf einer anderen Geraden oder auf einer Ebene steht:* das Lot vom Punkt X auf eine Gerade fällen; ■ *etwas kommt wieder ins Lot etwas kommt wieder in Ordnung;* ■ *etwas wieder ins (rechte) Lot bringen etwas wieder in Ordnung bringen*

lö·ten *mit OBJ/ohne OBJ* ■ *jmd. lötet (etwas)* TECHN. *zwei Metallteile mit einem anderen flüssigen Metall verbinden:* einen zerbrochenen Draht wieder löten

lot·ge·recht *adj* /*nicht steig.*/ BAUW. *senkrecht*

Loth·rin·gen <-s> *eine Region in Nordostfrankreich* ▶ Lothringer, Lothringerin, lothringisch

Lo·ti·on *die* [loˈtsi̯oːn] <-, -en> *ein kosmetisches Mittel, das flüssig ist und mit dem man die Haut pflegt* ◆ Hand-, Körper-

Lo·ti·on *die* [ˈloʊʃən] <-, -s> *ein flüssiges Hautpflegemittel*

Löt·kol·ben *der* <-s, -> TECHN. *ein elektrisches Werkzeug, mit dem man Metalle bei einer Temperatur von 450 Grad Celsius lötet*

Löt·lam·pe *die* <-, -n> TECHN. *eine Art Brenner, mit dem ein Metall weich gemacht wird, um damit zwei andere Metalle mit einer Temperatur, die auch über 450 Grad Celsius liegen kann, zu löten*

Lo·tos, *a.* **Lo·tus** *der* <-, -> BOT. *eine Wasserrose mit weißen oder rosa oder hellblauen Blüten*

Lo·tos·blume *die* <-, -n> BOT. *die Blüte des Lotos*

Lot·rech·te *die* <-n, -n> MATH. *im rechten Winkel zu einer anderen Geraden oder zu einer Ebene stehende Gerade*

Lot·se *der,* **Lot·sin** <-n, -n> ❶ *jmd., der Schiffe durch schwierige oder gefährliche Gewässer leitet* ❷ *kurz für „Fluglotse"*

lot·sen <lotst, lotste, hat gelotst> *mit OBJ* ❶ ■ *jmd. lotst etwas jmd. führt ein Schiff oder vom Boden aus ein Flugzeug auf sicherem Weg zu einem bestimmten Ziel:* Sie lotste das Schiff sicher in den Hafen.; ein Flugzeug auf die Landebahn lotsen ❷ ■ *jmd. lotst jmdn. irgendwohin jmd. zeigt jmdm. den Weg oder führt jmdn. zu seinem Ziel:* einen Fremden durch die Stadt ans Ziel lotsen; Kinder über die Straße lotsen ❸ ■ *jmd. lotst jmdn. irgendwohin (umg.) jmdn. überreden, irgendwohin zu gehen:* Sie lotst ihn ins Theater.

Lot·te·rie *die* <-, ...-rien> *ein System des Glücksspiels, bei dem man durch Lose*[3] *gewinnen kann* ◆ -erlös, -los

lot·te·rig, *a.* **lott·rig** *adj* (*umg. abwert.*) *unordentlich*

Lot·ter·le·ben *das* <-s> /*kein Plur.*/ (*abwert.*) *ein faules, unordentliches Leben ohne Pflichten:* ein Lotterleben führen

Lot·to *das* <-s, -s> *eine besondere Form der Lotterie, bei der man Zahlen auf einem Schein ankreuzt und hofft, dass diese Zahlen bei der Auslosung gezogen werden:* Er hatte sechs Richtige im Lotto. ◆ -schein, -zahlen

lott·rig *adj siehe* lotterig

Lo·tus *der siehe* Lotos

Löt·zinn *das* <-(e)s> /*kein Plur.*/ TECHN. *ein weiches Metall, das man zum Löten benutzt*

Lounge *die* [laʊndʒ] <-, -s> *die Empfangs- und Aufenthaltshalle in einem (großen) Hotel*

Love·sto·ry *die* [ˈlʌvstɔːri] <-, -s> (≈ Liebesgeschichte)

Lö·we *der,* **Lö·win** <-n, -n> ❶ ZOOL. *eine Raubkatze, die vorwiegend in Afrika lebt, sehr groß ist und ein gelbliches Fell hat und bei der die Männchen eine Mähne haben* ❷ /*kein Plur.*/ *Name des Sternzeichens vom 23. Juli bis zum 22. August* ❸ *jmd., der im Zeichen des Löwen geboren ist:* Ihr neuer Freund ist (ein) Löwe.; ■ *sich in die Höhle des Löwen wagen* (*übertr.*) *unerschrocken eine gefürchtete Person aufsuchen;* ■ *kämpfen wie ein Löwe mutig und mit viel Kraft kämpfen*

Lö·wen·an·teil *der* <-(e)s> /*kein Plur.*/ *der größte und der beste Teil von etwas:* Er sicherte sich schnell den Löwenanteil der neuen Aktien.

Lö·wen·maul *das* <-(e)s> /*kein Plur.*/ BOT. *eine bunt blühende Gartenpflanze*

Lö·wen·zahn *der* <-s> /*kein Plur.*/ BOT. *eine gelb blühende Wiesenpflanze, deren Samen an einer Art kleinem Schirm hängen und vom Wind verweht werden*

lo·y·al *adj* ❶ POL. *so, dass die Ordnung eines Staates oder einer Institution anerkannt wird:* Die Minister waren loyal gegenüber der Regierung.; Der

Präsident wird von loyalen Militärs unterstützt.
❷ *(geh.) so, dass jmd. ehrlich und aufrichtig ist:* Er
war ein Vorgesetzter, der immer loyal gegenüber
seinen Mitarbeitern war.; loyale Mitarbeiter, die die
Interessen der Firma vertreten

Lo·ya·li·tät *die <-, -en> /Plur. selten / (≈ Ergeben-*
heit) die Eigenschaft, dass jmd. loyal [1, 2] ist: Der
General zeigte keine Loyalität gegenüber der Regierung.

Luchs *der <-es, -e> eine Raubkatze, die in Mittel-*
und Südeuropa lebt und ein geflecktes Fell hat;
■**aufpassen wie ein Luchs** *(umg.) sehr aufmerk-*
sam alles genau beobachten

Lü·cke *die <-, -n>* ❶ *eine Stelle, an der etwas*
fehlt, was eigentlich da sein sollte: durch eine Lücke im Zaun schlüpfen; Nach der Schlägerei hatte
er eine große Lücke im Gebiss.; Sein Tod hat eine
Lücke gerissen.; eine Lücke schließen ◆ Zahn-
❷ *(übertr.) ein Mangel an etwas, das eigentlich*
nützlich wäre: In Physik und Mathematik hatte er
große Lücken.; Der Angeklagte konnte eine Lücke
im Gesetz ausnutzen und wurde freigesprochen.

Lü·cken·bü·ßer *der,* **Lü·cken·bü·ße·rin** *<-, ->*
(abwert.) eine Person oder Sache, die als unzurei-
chender Ersatz für etwas Fehlendes dient: Sie
muss ständig die Lückenbüßerin für den erkrankten Kollegen spielen.

Lü·cken·fül·ler *der <-s, -> (≈ Lückenbüßer)*

lü·cken·haft *adj /nicht steig./* ❶ *mit einer oder*
mehreren Lücken [1]: ein lückenhafter Zaun; eine
lückenhafte Aufzählung ❷ *mit vielen Lücken [2]:* lückenhafte Kenntnisse in einem Fach haben

lü·cken·los *adj /nicht steig./* ❶ *ohne Lücken [1]:* ein
lückenloses Gebiss; eine lückenlose Liste ❷ *voll-*
kommen: lückenlose Kenntnisse auf einem Gebiet
haben

Lu·der *das <-s, -> (umg. abwert.) eine Frau, die als*
hinterhältig und unverschämt bezeichnet wird:
Sie ist ein gemeines Luder; vor der muss man sich
in Acht nehmen.; ■**ein armes Luder** *(umg.) ein*
bedauernswerter Mensch; ■**ein kleines/richti-**
ges Luder *(umg.) eine meist junge Frau, die auf*
bewundernswerte Art gerissen ist

Luft *die <-, Lüfte>* ❶ */kein Plur./ das Gasge-*
misch, das die Erde umgibt, und das Menschen
und Tiere brauchen, um zu atmen: Die Luft besteht aus Sauerstoff, Stickstoff und Edelgasen.; Die
vielen Autos verpesten einfach die Luft!; In der
Stadt bekomme ich fast keine Luft mehr.; die Luft
aus einem Reifen lassen ❷ */kein Plur./ (↔ ge-*
schlossener Raum) das Freie: ein bisschen an die
(frische) Luft gehen; Regelmäßige Bewegung an
der Luft tut gut. ❸ *(↔ der feste Erdboden) der*
Raum direkt über dem Erdboden: einen Ball in die
Luft werfen; die Erdbebengebiete aus der Luft mit
Lebensmitteln versorgen; sich in die Luft erheben
❹ */kein Plur./ (übertr.) räumlicher oder zeitlicher*
Zwischenraum: etwas Luft zwischen den Brettern
lassen; keine Luft mehr zwischen zwei Terminen
haben; ■**Luft holen** *einatmen;* ■**nach Luft**
schnappen *versuchen, zu atmen, weil es wenig*
Luft gibt; ■**die Luft anhalten** *einatmen und*
dann die Luft [1] nicht wieder aus Mund oder Nase
lassen; ■**an die frische Luft gehen** *ins Freie ge-*

hen; ■**die Luft ist rein!** *(umg.) es ist niemand*
da, der einen beobachten könnte; ■**es herrscht**
dicke Luft *(umg.) es gibt Streit;* ■**jemanden wie**
Luft behandeln *(umg.) so tun, als ob jmd. nicht*
vorhanden wäre Die Kollegen behandeln den
Neuen wie Luft.; ■**jemand ist Luft für jeman-**
den *(umg.) jmd. ignoriert jmdn. völlig* Sie spricht
kein Wort mit ihm, er ist einfach Luft für sie!; ■**je-**
manden an die Luft setzen *(umg.) jmdn. hi-*
nauswerfen; ■**etwas aus der Luft greifen**
(umg.) etwas frei erfinden Diese Geschichte hast
du doch einfach aus der Luft gegriffen!; ■**jeman-**
den in der Luft zerreißen *(umg.) jmdn. vernich-*
tend kritisieren; ■**jemand hängt in der Luft**
(umg.) jmd. weiß nicht, wie es weitergeht Jetzt
bin ich arbeitslos und hänge in der Luft.; ■**etwas**
hängt noch in der Luft *(umg.) etwas ist noch*
nicht entschieden Die Entscheidung, wer den Job
kriegt, hängt noch in der Luft.; ■**in der Luft lie-**
gen *(umg.) bevorstehen; spürbar sein* Der Streit
hatte schon lange in der Luft gelegen.; ■**jemand/**
etwas löst sich in Luft auf *(umg.) jmd. oder et-*
was verschwindet einfach Warum hast du dich am
Ende der Party einfach in Luft aufgelöst?; ■**je-**
mandem bleibt die Luft weg *jmd. kann nicht*
mehr atmen; ■**jemandem bleibt die Luft weg**
(umg.) jmd. ist erschrocken oder sehr verwundert
Bei den Preisen blieb mir die Luft weg!; ■**etwas**
fliegt in die Luft *(umg.) etwas explodiert;* ■**et-**
was in die Luft jagen *(umg.) etwas sprengen* Die
Soldaten jagten mehrere Häuser in die Luft.; ■**je-**
mand geht in die Luft *(umg.) jmd. wird schnell*
wütend; ■**Wer wird denn gleich in die Luft**
gehen. *(umg.) verwendet, um jmdm. zu sagen,*
dass er sich nicht aufregen soll; ■**aus etwas ist**
die Luft raus *(umg.) etwas ist nicht mehr so inte-*
ressant am Anfang Aus dem Endspiel ist die
Luft raus.; ■**sich Luft machen** *(umg.) laut sagen,*
was einen stört und ärgert; ■**halt die Luft an!**
(umg.) Sei still!; ■**halt die Luft an!** *Übertreib*
nicht!

Luft·ab·wehr *die <-, -en>* MILIT. *die Verteidigung*
gegen einen Angriff aus der Luft

Luft·an·griff *der <-s, -e>* MILIT. *ein Angriff aus der*
Luft mit Flugzeugen, die Bomben werfen oder Ra-
keten abfeuern: Er ist beim Luftangriff auf Dresden
ums Leben gekommen.

Luft·auf·sicht *die <->* /kein Plur./ *Beobachtung*
und Kontrolle des Luftraums

Luft·bal·lon *der [...baˈlɔŋ/...baˈloːn] <-s, -s/-e>*
eine Hülle aus Gummi, die mit Luft [1] gefüllt ist
und als Spielzeug dient

Luft·be·las·tung *die <-, -en> (≈ Luftverschmut-*
zung, meist Sing.) die Belastung der Luft [1] mit
Schadstoffen: ein Industriegebiet mit hoher Luft-
belastung

Luft·bild *das <-(e)s, -er> (≈ Luftaufnahme) ein*
Foto eines Teils der Oberfläche der Erde, das aus
der Luft aufgenommen ist

Luft·bla·se *die <-, -n> Luft [1], die in einer Flüssig-*
keit eingeschlossen ist

Luft·brü·cke *die <-, -n> der Transport von Le-*
bensmitteln, Medikamenten und anderen wichti-
gen Gütern mit Flugzeugen in ein Gebiet, das auf

L

dem Landweg nicht erreicht werden kann, weil es Krieg gibt oder die Wege blockiert sind

luft·dicht adj /nicht steig./ so, dass keine Luft[1] hindurch kann: etwas luftdicht abschließen; Die Verpackung ist luftdicht.

Luft·druck der <-(e)s> /kein Plur./ ❶ PHYS., METEOR. der Druck, den die Luft[1] durch ihr Gewicht auf die Erde ausübt: Der Luftdruck fällt/steigt/ wird mit dem Barometer gemessen. ❷ der Druck der Luft[1] in einer geschlossenen Hülle: Der Luftdruck im Reifen ist zu niedrig, wir müssen Luft nachpumpen.

luft·durch·läs·sig adj so, dass Luft[1] hindurch kann: ein luftdurchlässiger Verband ▶ Luftdurchlässigkeit

lüf·ten I. mit OBJ/ohne OBJ ■ jmd. lüftet (etwas) ❶ frische Luft[1] in etwas lassen: Die Luft im Zimmer ist verbraucht, wir müssen lüften. ❷ etwas der frischen Luft[1] aussetzen, um es wieder frisch zu machen: einen getragenen Anzug lüften; die Betten lüften **II.** mit OBJ ■ jmd. lüftet etwas (geh.) jmd. sagt oder zeigt etwas, das bis dahin verborgen war: Das Geheimnis ist gelüftet.; Er hat das Versteck gelüftet. ❷ leicht hochheben: den Hut lüften ■ den Schleier lüften etwas Verborgenes öffentlich machen Der Journalist lüftete ein seinem Bericht den Schleier, der über dem Skandal lag.

Lüf·ter der <-s, -> ❶ (≈ Ventilator) ein Gerät, mit dem ein Raum gelüftet werden kann: Es ist sehr heiß hier – stellst du bitte den Lüfter an? ❷ (≈ Gebläse) ein Gerät, das etwas kühlt, indem es Luft ansaugt: Der Lüfter am Computer ist ziemlich laut.

Luft·fahrt die <-> /kein Plur./ alles, was mit dem Fliegen und mit Luftfahrzeugen zusammenhängt: die Geschichte der Luftfahrt; die Anfänge der modernen Luftfahrt ◆-behörde, -gesellschaft, -industrie ▶ luftfahrtbegeistert

Luft·fahr·zeug das <-(e)s, -e> ein Gerät, mit dem man fliegen kann: Hubschrauber und Flugzeuge sind die bekanntesten Luftfahrzeuge.

Luft·feuch·tig·keit die <-> /kein Plur./ METEOR. der in der Luft[1] vorhandener Anteil von Wasserdampf: Die Luftfeuchtigkeit in den Tropen macht vielen Menschen zu schaffen.; hohe/geringe Luftfeuchtigkeit

Luft·fil·ter der <-s, -> ein Filter, der Schadstoffe, die sich in der Luft befinden, aufhält

Luft·flot·te die <-, -n> die Gesamtheit der Flugzeuge und Hubschrauber eines Staates, eines Unternehmens o. Ä.

Luft·fracht die <-, -en> eine Fracht, die mit Flugzeugen transportiert wird: eine Sendung mit Luftfracht schicken

Luft·fracht·ver·kehr der <-s> /kein Plur./ das System des Transports von Frachten mit Flugzeugen

luft·ge·trock·net adj /nur attr./ /nicht steig./ an der Luft[1] trocken geworden: ein luftgetrockneter Schinken; luftgetrocknetes Obst

Luft·ge·wehr das <-(e)s, -e> ein Gewehr, das die Kugel mit Hilfe von zusammmengepresster Luft verschießt

Luft·hül·le die <-> /kein Plur./ (≈ Atmosphäre) die Hülle aus Gasgemisch, die die Erde umgibt

luf·tig adj ❶ so, dass genug Luft[1] herein kommt: ein luftiger, heller Raum mit großen Fenstern ❷ so, dass es leicht und für Luft[1] durchlässig ist: luftige Kleidung; ein luftiger Stoff; ■ in luftiger Höhe sehr weit oben Der Vogel schwebte in luftiger Höhe.

Luft·ti·kus der <-(ses), -se> (umg. abwert.) ein Mensch, der nur an sein Vergnügen denkt und auf den man sich nicht verlassen kann: Er ist ein richtiger Luftikus, die Arbeit ist ihm absolut egal!

Luft·kis·sen·boot das <-(e)s, -e> (≈ Hovercraft) ein Wasserfahrzeug, das sich auf einer zusammengepressten Schicht von Luft[1] vorwärtsbewegt

Luft·klap·pe die <-, -n> (≈ Ventil)

Luft-Kraft·stoff-Ver·hält·nis das <-ses> /kein Plur./ KFZ das gemessene Menge der Mischung von Luft[1] und Benzin: Der Ottomotor funktioniert durch die Verbrennung eines homogenen Luft-Kraftstoff-Verhältnisses.

luft·krank adj /nicht steig./ so, dass einem übel wird, wenn man fliegt

Luft·krieg der <-(e)s, -e> ein Krieg, der aus und in der Luft vor allem mit Flugzeugen geführt wird

Luft·kur·ort der <-(e)s, -e> ein Ort, der über besonders gesunde Luft verfügt und an dem man sich für einen bestimmten Zeitraum aufhält, um sich zu erholen

Luft·lan·de·trup·pen Plur. MILIT. Spezialtruppen, die aus der Luft in einem Kampfgebiet abgesetzt werden

luft·leer adj /nicht steig./ so, dass es keine Luft[1] enthält: im luftleeren Raum

Luft·li·nie die <-, -n> eine gedachte gerade Linie, die die kürzeste Entfernung zwischen zwei Orten auf der Erdoberfläche angibt: Die Entfernung beträgt nur 20 km Luftlinie, aber auf der Straße sind es fast 30 km.

Luft·mas·se die <-, -n> /meist Plur./ METEOR. eine große Menge Luft über einem Gebiet: Warme Luftmassen strömen vom Meer ins Landesinnere.

Luft·ma·trat·ze die <-, -n> eine Art Matratze aus Gummi, in die man, wenn man darauf liegen möchte, Luft hineinpumpt: Die Gäste müssen auf Luftmatratzen schlafen.

Luft·mi·ne die <-, -n> MILIT. eine Mine, die in der Luft explodiert

Luft·pi·rat der, **Luft·pi·ra·tin** <-en, -en> jmd., der ein Passagierflugzeug entführt, indem er den Piloten zwingt, zu einem anderen Ziel zu fliegen

Luft·post die <-> /kein Plur./ ❶ das Verfahren, bei dem Briefe oder Pakete mit dem Flugzeug transportiert werden ❷ Post, die mit dem Flugzeug transportiert wird

Luft·pum·pe die <-, -n> ein Gerät, mit dem man Luft in etwas pumpen kann: den Reifen am Fahrrad mit der Luftpumpe aufpumpen

Luft·qua·li·tät die <-> /kein Plur./ die Beschaffenheit der Luft[1]: Über dem Industriegebiet war die Luftqualität sehr schlecht.

Luft·raum der <-(e)s, Lufträume> ❶ der Raum über der Erdoberfläche: den Luftraum über dem Flughafen überwachen ❷ POL. das Hoheitsgebiet eines Staates in der Luft²; ∎den **Luftraum ver-letzen** ohne Erlaubnis in den Luftraum² fliegen

Luft·raum·über·wa·chung die <-, -en> die Kontrolle und Beobachtung des Luftraums²

Luft·rein·hal·tung die <-> /kein Plur./ alle Maßnahmen, die Luft¹ sauber zu halten: Die Abgasfilter dienen der Luftreinhaltung.

Luft·ret·tungs·dienst der <-es, -e> Ärzte oder Sanitäter, die mit einem Flugzeug oder Hubschrauber schnell zu einem Unfall oder zu einem Patienten fliegen

Luft·röh·re die <-, -n> ANAT. eine Art Röhre, durch die die Luft beim Einatmen durch Mund oder Nase in die Lungen gelangt

Luft·röh·ren·schnitt der <-(e)s, -e> MED. eine Operation, bei der die Luftröhre im Bereich des Halses von außen geöffnet wird, damit der Patient durch diese Öffnung Luft¹ bekommen kann

Luft·schacht der <-(e)s, Luftschächte> BAUW. ein Schacht, durch den Luft¹ in ein Gebäude strömen kann

Luft·schad·stof·fe <-> Plur. Substanzen, die die Luft¹ verschmutzen: Bäume tragen zur Verringerung der Luftschadstoffe bei.

Luft·schad·stoff·mes·sung die <-, -en> der Vorgang, dass die Menge der Schadstoffe in der Luft¹ gemessen wird: Die Luftschadstoffmessung hat einen erhöhten Anteil von Schwefeldioxid ergeben.

Luft·schicht die <-, -en> METEOR. die Masse der Luft¹, , die über oder unter einer anderen Masse Luft¹ liegt: Eine warme Luftschicht überlagert die kalte am Erdboden.

Luft·schiff das <-(e)s, -e> (≈ Zeppelin) ein Luftfahrzeug, das aus einem langen, gasgefüllten Körper besteht, unter dem eine Kabine für Personen, die Gondel, hängt

Luft·schlan·ge die <-, -n> eine Art kleine, bunte Girlande aus Papier, die zur Dekoration bei Feiern, Partys o. Ä. dient

Luft·schleu·se die <-, -n> ein kleiner Raum, der zwischen zwei Räumen mit unterschiedlichem Luftdruck liegt und absolut dicht abgeschlossen ist: Die Astronauten können durch die Luftschleuse des Shuttles nach außen gelangen.

Luft·schloss das <-es, Luftschlösser> /meist Plur./ (abwert.) Wünsche, Ideen oder Pläne, die nicht in die Wirklichkeit umgesetzt werden können: Das sind doch alles nur Luftschlösser, für diese Reise fehlt uns das Geld.; ∎ **Luftschlösser bauen** unrealistische Wünsche oder Ideen haben

Luft·schutz·bun·ker der <-s, -> MILIT. ein Bunker, der Menschen Schutz vor Luftangriffen bietet

Luft·schutz·kel·ler der <-s, -> ein Keller, der besonders stabil und sicher ist und bei Luftangriffen Schutz bietet

Luft·schutz·raum der <-(e)s, Luftschutzräume> ein Raum, der besonders gesichert und stabil ist und Schutz vor Luftangriffen bietet

Luft·sperr·ge·biet das <-(e)s, -e> ein Bereich im Luftraum², der für den Flugverkehr gesperrt ist: Es wird überlegt, den Luftraum über Atomkraftwerken zum Luftsperrgebiet zu erklären.

Luft·sprung der <-s, -sprünge> bei Menschen und manchen Tieren Ausdruck freudiger Erre-gung; ∎ **einen Luftsprung/Luftsprünge machen** vor Freude einen mehr oder großen Sprung in die Höhe machen

Luft·stre·cke die <-, -n> der Luftweg zwischen zwei Orten

Luft·strö·mung die <-, -en> METEOR. Luft¹, die sich in eine bestimmte Richtung bewegt: Eine kalte Luftströmung aus dem Osten beeinflusst unser Wetter.

Luft·ta·xi das <-s, -s> ein kleines Flugzeug oder ein Hubschrauber, mit dem Personen über eine kurze Strecke befördert werden: Um zum Messegelände zu gelangen, kann man ein Lufttaxi nehmen.

Luft·tem·pe·ra·tur die <-, -en> METEOR. die Wärme der Luft: Am Strand wird täglich die Lufttemperatur und die Wassertemperatur gemessen.

Luft·trans·port der <-(e)s, -e> der Transport von Gütern mit Luftfahrzeugen

luft·tüch·tig adj /nicht steig./ so, dass etwas fliegen kann

Luft·tüch·tig·keit die <-> /kein Plur./ die Eigenschaft, lufttüchtig zu sein: Leider besaß sein selbstgebasteltes Flugzeug keine große Lufttüchtigkeit und stürzte nach einigen Metern ab.

luft·un·durch·läs·sig adj /nicht steig./ so, dass Luft¹ nicht hindurch kann: eine luftundurchlässige Verpackung ▸ Luftundurchlässigkeit

Lüf·tung die <-, -en> ❶ der Vorgang, wenn man in einem Rauf die Fenster öffnet, damit frische Luft¹ hineinkommt ❷ TECHN. eine technische Anlage, mit der frische Luft in Räume oder Gebäude geleitet wird: Die Lüftung ist ausgefallen. ♦-sklappe, -sschacht, -sschlitz

Luft·ver·än·de·rung die <-, -en> ein Aufenthalt in einer anderen Gegend, um sich zu erholen: Ich brauche dringend eine Luftveränderung!

Luft·ver·kehr der <-s> /kein Plur./ (≈ Flugverkehr) die Bewegung vor allem von Flugzeugen in der Luft²: Der Luftverkehr kam wegen des Nebels völlig zum Erliegen.

Luft·ver·schmut·zer der, **Luft·ver·schmut·ze·rin** <-s, -> jmd. oder etwas, der/das die Luft mit Schadstoffen belastet

Luft·ver·schmut·zung die <-, -en> ❶ /kein Plur./ die Menge der Schadstoffe in der Luft: eine Gegend mit starker Luftverschmutzung ❷ Vorgang, dass die Luft mit Schadstoffen belastet wird: die Luftverschmutzung durch veraltete Industrieanlagen

Luft·ver·tei·di·gung die <-> /kein Plur./ MILIT. die Verteidigung eines Landes gegen Angriffe aus der Luft

Luft·ver·un·rei·ni·gung die <-, -en> ❶ eine geringe Menge von Schadstoffen in der Luft ❷ der Vorgang, dass die Luft mit Schadstoffen gering belastet wird

Luft·waf·fe die <-, -n> MILIT. der Teil der Armee, der für den Luftkrieg bestimmt ist: in der Luftwaffe dienen

Luft·weg der <-(e)s, -e> ❶ /kein Plur./ der Weg, auf dem Personen oder Waren durch Luftfahrzeuge transportiert werden: etwas auf dem Luft-

L

weg befördern ❷ /Plur./ ANAT. *Atemwege:* eine Erkrankung der oberen Luftwege

Luft·wi·der·stand *der* <-(e)s, Luftwiderstände> PHYS. *der Druck, den die Luft¹ auf einen Körper, der sich bewegt, ausübt:* Die flache Form des Fahrzeugs verringert den Luftwiderstand.

Luft·wur·zel *die* <-, -n> BOT. *eine Pflanzenwurzel, die nicht in der Erde, sondern in der Luft wächst*

Luft·ziel *das* <-(e)s, -e> MILIT. *ein Objekt in der Luft¹, auf das mit einer Rakete o. Ä. gezielt wird*

Luft·zu·fuhr *die* <-> /kein Plur./ TECHN. *der Vorgang, dass Luft¹ hinzugefügt bzw. eingelassen wird:* Die Luftzufuhr in der Tiefgarage muss neu geregelt werden.

Luft·zug *der* <-(e)s, Luftzüge> /Plur. selten/ *die Bewegung der Luft¹, besonders in Räumen oder Gebäuden:* Es war ein kalter Luftzug zu spüren.

Lug ■ **Lug und Trug** *(geh. o veralt. abwert.)* Betrug

Lü·ge *die* <-, -n> *das bewusste Behaupten von Dingen, die nicht wahr sind:* Das ist eine glatte Lüge!; Willst du mich der Lüge bezichtigen?; ■ **jemanden/etwas Lügen strafen** *(geh.)* nachweisen, dass jmd. lügt oder etwas gelogen ist Er sagt, dass er zu Hause war, aber die Zeugenaussage straft ihn Lügen.; ■ **Lügen haben kurze Beine** *Lügen werden meist sehr schnell aufgedeckt.*

lü·gen <lügst, log, hast gelogen> *ohne OBJ* ■ **jmd. lügt** *jmd. sagt etwas, das nicht wahr ist:* Ich glaube ihm nicht, er lügt.; Ich müsste lügen, wenn ich sagen wollte, dass mir das Bild gefällt.; ■ **jemand lügt wie gedruckt** *(umg.)* immer lügen Glaub ihm kein Wort, er lügt wie gedruckt!; ■ **jemand lügt, dass sich die Balken biegen** *(umg.)* jmd. erzählt unglaubliche Lügen

Lü·gen·bold *der* <-(e)s, -e> *(umg. abwert.)* jmd., der sehr häufig und gern lügt: Er ist der größte Lügenbold, den ich kenne.

Lü·gen·de·tek·tor *der* <-s, -en> *ein Gerät, mit dem an den Körperreaktionen, wie zum Beispiel der Atemfrequenz, einer Person festgestellt werden soll, ob sie lügt:* Das test wurden die Kandidaten mit einem Lügendedektor überprüft.

Lüg·ner *der,* **Lüg·ne·rin** <-s, -> *jmd., der lügt:* ein unverschämter Lügner

lüg·ne·risch *adj* /nicht steig./ ❶ *(≈ verlogen) so, dass jmd. oft lügt:* eine lügnerische Person ❷ *so, dass es bewusst unwahr ist:* lügnerische Behauptungen

Lu·ke *die* <-, -n> ❶ *ein kleines Fenster auf dem Dachboden oder im Keller:* Durch eine Luke im Dach gelangten die Einbrecher ins Haus. ❷ SEEW. *eine Öffnung, durch die man auf Schiffen ein- und aussteigt:* die Luken dichtmachen

lu·k·ra·tiv *adj (geh.) so, dass etwas viel Geld und Gewinn bringt:* jemandem ein lukratives Angebot machen

lu·kul·lisch *adj (geh.) ein Essen, das sehr reichlich und sehr gut ist:* Das ist wirklich ein lukullisches Mahl.

Lu·latsch *der* <-es, -e> *(umg.) ein großer, schlanker Mensch:* Ihr Sohn ist ein richtig langer Lulatsch geworden.

Lum·ber·jack *der* [ˈlʌmbədʒæk] <-s, -s> *kurze Ja-*

cke mit Reißverschluss, die an der Taille und an den Ärmelenden einen elastischen Bund hat

Lüm·mel *der* <-s, -> *(umg. abwert.) Junge oder Mann, der sich unhöflich oder schlecht benimmt:* Kannst du dich nicht mal entschuldigen, du Lümmel!

lüm·meln <lümmelst, lümmelte, hat gelümmelt> *mit SICH* ■ **jmd. lümmelt sich irgendwo/irgendwohin** *(umg. abwert.) sich so irgendwo(hin) setzen oder legen, dass es betont lässig ist und andere Leute provoziert:* Sie hat sich auf den/dem Stuhl gelümmelt.

Lump *der* <-en, -en> *(umg. abwert.) jmd., der kein Gewissen hat und andere auch betrügt:* Wer seinen Freunden nicht in einer schlimmen Lage hilft, ist ein richtiger Lump!

Lum·pen *der* <-s, -> ❶ *ein altes, kaputtes Stück Stoff:* alte Lumpen zum Putzen verwenden ❷ *(abwert.) zerrissene, alte Kleidung:* Er wäscht sich kaum und läuft nur noch in Lumpen herum.

lum·pen ■ **sich nicht lumpen lassen** *(umg.) im Zusammenhang mit einer Feier o. Ä. nicht geizig sein und viel Geld ausgeben* Er hat sich an seinem Geburtstag nicht lumpen lassen!

Lum·pen·ge·sin·del *das* <-s> /kein Plur./ *(abwert. veralt.: ≈ Abschaum) verwendet, um auszudrücken, dass man eine bestimmte Gruppe von Menschen sehr verachtet*

Lum·pen·händ·ler *der,* **Lum·pen·händ·le·rin** <-s, -> *(veralt. umg.: ≈ Altwarenhändler) jmd., der mit Altwaren handelt*

lum·pig *adj (umg.)* ❶ *gemein wie ein Lump* ❷ */nur attr./ sehr wenig:* Wegen diesen lumpigen paar Cents machst du so einen Aufstand!

lu·nar *adj /nicht steig./ (fachspr.) den Mond betreffend*

Lunch *der* [lantʃ] <-(e)s/-, -(e)s/-e> *Mittagessen*

lun·chen [ˈlantʃn] <lunchst, lunchte, hat geluncht> *ohne OBJ* ■ **jmd. luncht** *(zu) Mittag essen*

Lü·ne·burg <-s> *Kreisstadt in Norddeutschland im Bundesland Niedersachsen*

Lü·ne·bur·ger Hei·de *die* <-> *Naturpark mit einer großen Heidelandschaft in Norddeutschland*

Lun·ge *die* <-, -n> ANAT. *das Organ beim Menschen und bei bestimmten Tieren in der Brust, das Luft einsaugt und wieder abgibt:* eine kräftige Lunge haben; Bei einer Untersuchung hört der Arzt die Lunge ab.; ■ **die grüne Lunge der Stadt** *(übertr.) Park- oder Grünanlagen in einer Stadt;* ■ **sich die Lunge aus dem Hals schreien** *(umg.) sehr laut schreien* Ich musste mir die Lunge aus dem Hals schreien, bis er mich endlich gehört hat.; ■ **auf Lunge rauchen** *(umg.) den Rauch der Zigarette tief in die Lungen einatmen* ◆ -nbläschen, -nentzündung, -nflügel, -krankheit, -nkrebs, -ntuberkulose

Lun·gen·bra·ten *der* <-s, -> ÖSTERR. *Filetbraten vom Rind*

Lun·gen·pest *die* <-> /kein Plur./ MED. *eine Form der Pest, bei der die Lunge zuerst befallen wird*

Lun·gen·zug *der* <-(e)s, Lungenzüge> *das Einatmen des Zigarettenrauchs bis in die Lunge:* einen Lungenzug machen

Lun·te *die* <-, -n> (≈ *Zündschnur) ein kleiner Faden, der brennbar ist und den man anzündet, um Sprengstoff explodieren zu lassen:* eine Lunte anzünden; die schwelende Lunte austreten; ■ **Lunte riechen** *(umg.:* ≈ *Verdacht schöpfen) eine Gefahr spüren* Die Diebe hatten Lunte gerochen und waren schon ausgerissen.

Lu·pe *die* <-, -n>. *(*≈ *Vergrößerungsglas) eine Linse² aus Glas oder Kunststoff, durch die man etwas größer sehen kann:* zum Lesen einer kleinen Schrift eine Lupe verwenden; ■ **jemanden/etwas unter die Lupe nehmen** *(umg.) jmdn. oder etwas genau prüfen* Sie nahmen den Bewerber genau unter die Lupe, bevor sie eine Entscheidung trafen.

lup·fen *mit OBJ* ■ **jmd. lupft etwas** SÜDDT., ÖSTERR., SCHWEIZ. *kurz anheben:* Als er sie sah, lupfte er den Hut.

lüp·fen *mit OBJ* ■ **jmd. lüpft etwas** *kurz anheben:* den Deckel lüpfen, um in den Suppentopf zu gucken

Lu·pi·ne *die* <-, -n> BOT. *eine Nutzpflanzenart mit traubenförmigen Blüten, die besonders als Grünfutter oder Gründüngung angebaut wird*

Lurch *der* <-(e)s, -e> ZOOL. *eine Klasse wechselwarmer Wirbeltiere (Amphibien), die im Wasser und an Land leben:* Der Feuersalamander ist ein Lurch.

Lu·rex® *das* <-> /kein Plur./ CHEM. *Gewebe oder Garn mit Metallfaseranteil*

Lu·si·ta·nis·tik *die* <-> /kein Plur./ *die Wissenschaft von der portugiesischen Sprache und Literatur*

Lust *die* <-, Lüste> ❶ /kein Plur./ *das Bedürfnis oder der Wunsch, etwas zu tun:* Ich habe große Lust, ins Kino zu gehen.; Ich habe keine Lust zum Schwimmen.; tun, wozu man gerade Lust hat ❷ /kein Plur./ *das Bedürfnis oder der Wunsch, etwas zu haben:* Lust auf etwas haben; Ich habe Lust auf einen großen Becher Eis. ❸ /kein Plur./ *Freude, die man bei etwas verspürt:* Lust an etwas haben; Es war eine Lust, dem Gesang zuzuhören.; Er hat schon nach einem halben Jahr die Lust am Studium verloren. ❹ *starker Wunsch nach Sex:* seine Lust befriedigen; seiner Lust nachgeben; seiner Lust frönen; keine Lust empfinden; ■ **nach Lust und Laune** *so, wie es jmdm. gefällt* Sie studierten nach Lust und Laune.

Lust·bar·keit *die* <-, -en> *(veralt. geh.) eine Veranstaltung, die vergnügen und unterhalten soll:* Zu den Lustbarkeiten im Schlosspark erschien der ganze Fürstenhof.

lust·be·tont *adj so, dass es mit sehr viel Freude verbunden ist:* ein lustbetontes Leben

Lüs·ter *der* <-s, -> ÖSTERR. *Lüster*

Lüs·ter *der* <-s, -> *ein großer Leuchter mit sehr vielen Lampen oder Kerzen, der von der Zimmerdecke herunterhängt und auffällig verziert ist*

Lüs·ter·klem·me *die* <-, -n> ELEKTROTECHN. *ein kleines Verbindungsstück aus Kunststoff und kleinen Schrauben, in das man die Enden von zwei elektrischen Leitungen steckt, um sie zu verbinden:* die Lampe mit einer Lüsterklemme anschließen

lüs·tern *adj (geh.)* ❶ *voller Begierde nach etwas:* lüstern nach Sensation/Erfolg sein ❷ *voller Begierde nach Sex:* jemanden lüstern ansehen; lüsterne Blicke/Gedanken; ein lüsterner Kerl

-lüs·tern *als Zweitglied zusammengesetzter Adjektive; drückt aus, dass es ein starkes Verlangen nach dem im Erstglied Genannten gibt* ◆ macht-, sensations-

Lüs·tern·heit *die* <-, -en> *(geh.) Begierde nach Sex*

lus·tig *adj* ❶ (≈ *komisch) so, dass man darüber lachen muss:* eine lustige Geschichte; lustige Einfälle haben ❷ *so, dass jmd. gute Laune verbreitet:* eine lustige Person ❸ *so, dass etwas jmdn., der es sieht oder hört, fröhlich stimmt:* lustige Augen; Mit seinem lustigen Lachen gewann er schnell Sympathien. ❹ (≈ *heiter) so, dass etwas fröhlich und ausgelassen ist:* ein lustiger Abend; eine lustige Gesellschaft ❺ /nur adverbial/ *(umg.) ohne Bedenken:* Sie aß lustig weiter fettes Essen, obwohl der Arzt es ihr verboten hatte.; ■ **sich über jemanden/etwas lustig machen** *über jmdn. oder etwas Späße machen und lachen;* ■ **Das ist ja lustig!** *(umg. iron.) das ist sehr unangenehm;* ■ **Das kann ja lustig werden!** *(umg. iron.) Das wird bestimmt Probleme geben!;* ■ **solange jemand lustig ist** *(umg.) solange jmd. etwas will* Das Buch kannst du behalten, solange du lustig bist.

-lus·tig *als Zweitglied zusammengesetzter Adjektive; drückt aus, dass das mit dem Erstglied Bezeichnete in besonderem Maße das Wesenszug einer Person ausmacht, oder dass sie das damit Bezeichnete ausgiebig und gern tut/(gerade) gern täte* ◆ abenteuer-, angriffs-, heirats-, kampf(es)-, kauf-, lebens-, reise-, schau-, streit-, unternehmungs-

Lüst·ling *der* <-s, -e> *(abwert.) ein Mann, der lüstern² ist*

lust·los *adj ohne Lust¹, ²:* lustlos in seinem Essen herumstochern; Sie ging lustlos ihrer Arbeit nach.

Lust·molch *der* <-es, -e> *(umg. scherzh.) jmd., der auffällig stark an sexuellen Dingen interessiert ist*

Lust·mord *der* <-es, -e> (≈ *Sexualmord) ein Mord, der der Befriedigung abartiger sexueller Bedürfnisse dient*

Lust·ob·jekt *das* <-(e)s, -e> *besonders eine Frau, die nur als Objekt für die Befriedigung sexueller Wünsche betrachtet wird*

Lust·schloss *das* <-es, Lustschlösser> GESCH. *ein kleines Schloss, auf dem sich ein Herrscher nur zeitweise zum Vergnügen aufhielt*

Lust·spiel *das* <-(e)s, -e> THEAT. (≈ *Komödie ↔ Trauerspiel) ein Theaterstück mit heiterem Inhalt*

lust·wan·deln <lustwandelst, lustwandelte, hat/ist gelustwandelt> *ohne OBJ* ■ **jmd. lustwandelt irgendwo** *(veralt. geh.) spazieren oder gehen:* Der König hat/ist mit seinem Gefolge im Park gelustwandelt.

Lu·ther *Nachname von Martin Luther, der von 1483 bis 1546 lebte und als Begründer der evangelischen Kirche gilt*

Lu·the·ra·ner *der,* **Lu·the·ra·ne·rin** <-s, -> REL.

Angehörige(r) der evangelisch-lutherischen Kirche

lu·the·risch *adj /nicht steig./* REL. *so, dass es sich ausdrücklich an der Lehre Luthers orientiert:* die lutherische Kirche ♦Kleinschreibung →R 3.19 die lutherische Bibelübersetzung

lut·schen <lutschst, lutschte, hat gelutscht> **I.** *mit OBJ* ■ **jmd. lutscht etwas** *etwas Essbares auf der Zunge zergehen lassen:* ein Bonbon lutschen **II.** *ohne OBJ* ■ **jmd. lutscht an etwas** Dat. *in den Mund nehmen und an etwas saugen:* Das Kind lutscht am Daumen.

Lut·scher *der* <-s, -> ❶ *(≈ Lolli) an einem Stiel befestigtes Bonbon, das man lutscht* ❷ *(umg.: ≈ Babyschnuller)*

Luv *die/das* <-, -s> */kein Plur./ /meist ohne Artikel/* SEEW. *(↔ Lee) die Seite, von der der Wind kommt*

Lux *das* <-, -> ELEKTROTECHN. *Maßeinheit der Beleuchtungsstärke:* Das Zeichen für Lux ist lx.

Lu·xem·burg <-s> *ein kleiner Staat zwischen Deutschland, Frankreich und Belgien:* Großherzogtum Luxemburg ▸ Luxemburger, Luxemburgerin, luxemburgisch

lu·xu·ri·ös *adj (↔ bescheiden) verschwenderisch:* ein luxuriöses Leben führen; eine luxuriös ausgestattete Wohnung

Lu·xus *der* <-> */kein Plur./ alle sehr teuren Dinge, die man nicht zum Leben braucht und die nur zum Vergnügen gekauft werden:* viel Luxus treiben; sich jeden Luxus gönnen; ein Leben voller Luxus; Eine Sauna im Haus hält sie für puren Luxus; er aber denkt, dies sei notwendig für die Gesundheit.

Lu·xus- *als Erstglied zusammengesetzter Substantive* ❶ *drückt aus, dass der mit dem Zweitglied bezeichnete Gegenstand von besonders pompöser Art bzw. besonders luxuriös ausgestattet ist* ♦-auto, -bett, -dampfer, -hotel, -immobilie, -jacht/-yacht, -kleid, -limousine, -liner, -villa, -wagen, -wohnung, -reise, -zug ❷ *drückt in verallgemeinernder/generalisierender Weise aus, dass die mit dem Zweitglied bezeichnete Person oder Sache einer pompösen Lebensart verpflichtet ist* ♦-artikel, -ausstattung, -einrichtung, -events, -gegenstand, -geschöpf, -gut/-güter, -klasse, -leben, -name, -objekt, -problem, -version

Lu·xus·steu·er *die* <-, -n> WIRTSCH. *auf Luxusartikel erhobene Steuer*

Lu·zern <-s> *ein Kanton und eine Stadt in der Schweiz*

Lu·zer·ne *die* <-, -n> BOT. *eine Kleeart*

Lu·zi·fer *der* <-s> */kein Plur./ Satan; der Teufel*

Lym·phe *die* <-, -n> ANAT. *eine Flüssigkeit im Gewebe, die eine Schutzfunktion hat*

Lymph·ge·fäß *das* <-s, -e> ANAT. *Leitungsbahn für die Lymphe*

Lymph·kno·ten *der* <-, -> ANAT. *Organ in den Lymphgefäßen, das die Lymphe entgiftet:* Die Lymphknoten sind geschwollen.

lyn·chen ['lynçn] <lynchst, lynchte, hat gelyncht> *mit OBJ* ❶ ■ **jmd. lyncht jmdn.** *jmdn. in Selbstjustiz ohne rechtskräftiges Urteil körperlich misshandeln oder töten:* Die aufgebrachte Menge hat den vermeintlichen Schuldigen gelyncht. ❷ ■ **jmd. lyncht jmdn.** *(umg. iron.) jmd. schimpft sehr stark mit jmdm.:* Wenn ich noch mal zu spät komme, wird der Chef mich lynchen!

Lynch·jus·tiz *die* <-> */kein Plur./ die körperliche Misshandlung oder Tötung eines vermeintlichen Verbrechers ohne rechtskräftiges Urteil:* an jemandem Lynchjustiz üben

Ly·ra *die* <-, Lyren> MUS. *(≈ Leier) ein Saiteninstrument*

Ly·rik *die* <-> */kein Plur./* LIT. *(↔ Epik, Dramatik) Dichtung in Versen, die einen Reim oder Rhythmus haben können:* romantische Lyrik; moderne Lyrik ♦Minne-, Liebes-

Ly·ri·ker, **Ly·ri·ke·rin** <-s, -> *jmd., der Gedichte schreibt*

ly·risch *adj /nicht steig./* ❶ *zur Lyrik gehörend:* das lyrische Werk eines Autors ❷ *gefühlvoll; stimmungsvoll:* ein lyrischer Stil; ein lyrischer Tenor; eine lyrische Stimmung

Ly·ze·um *das* <-s, Lyzeen> ❶ *(veralt.) höhere Schule für Mädchen* ❷ SCHWEIZ. *Oberstufe am Gymnasium;* ■ **von hinten Lyzeum, von vorne Museum** *(scherzh. veralt.) verwendet, um auszudrücken, dass eine reifere Dame in unangemessener Weise jugendlich gekleidet ist und entsprechend wirkt, ihr wahres Alter dann aber doch evident wird*

L

Mm

M, m *das* <-, -> *der 13. Buchstabe des Alphabets:* ein großes M; ein kleines m; ■ **Größe M** *(bei Konfektionsgrößen) Abkürzung von „medium" (mittel)*

Mä·an·der *der* <-s, -> ❶ KUNST *ein Ornament* ❷ GEOGR. *eine von vielen engen Schleifen eines Flusses*

Maar *das* <-(e)s, -e> *eine große, runde und relativ tiefe Stelle im Boden, die dort ist, weil vor langer Zeit an dieser Stelle ein Vulkan ausgebrochen ist.*

Maas *die* <-> *ein Fluss in Westeuropa*

Maat *der* <-(e)s, -e(n)> SEEW. ❶ *ein niedriger Dienstgrad bei der Marine* ❷ *jmd., der den Dienstgrad eines Maats¹ trägt*

Mach *die* <-(s), -> PHYS. *(≈ Machzahl) das Verhältnis der Geschwindigkeit (eines Flugkörpers) zur Schallgeschwindigkeit (Mach 1 entspricht der einfachen Schallgeschwindigkeit)*

Mach·art *die* <-, -en> *die Art und Weise, wie etwas gestaltet ist:* Der Mantel wirkt elegant, obwohl er von schlichter Machart ist.

mach·bar *adj / nicht steig./ so, dass es gemacht oder realisiert werden kann:* Halten Sie das Projekt für machbar?

Ma·che *die* <-> /kein Plur./ *(umg. abwert.) der Vorgang, dass jmd. sich in einer bestimmten Weise verhält, um andere zu beeindrucken oder um etwas vorzutäuschen:* Das ist doch alles nur Mache!; ■ **jemand hat etwas in der Mache** *(umg.) jmd. bearbeitet etwas*

-ma·che *als Zweitglied zusammengesetzter Substantive; drückt in abfälliger Weise aus, dass das mit dem Erstglied bezeichnete der emotionalen Beeinflussung dient* ◆ Meinungs-, Panik-, Sensations-, Stimmungs-

ma·chen <machst, machte, hat gemacht> **I.** *mit OBJ* ❶ ■ *jmd. macht etwas (an)fertigen, produzieren:* Wer hat diesen Tisch gemacht?; Kannst du ein Foto von uns machen? ❷ ■ *jmd./etwas macht etwas verursachen:* Müsst ihr so einen Lärm machen?; Er hat ihr eine Freude gemacht.; Dieser Computer macht nur Schwierigkeiten. ❸ ■ *jmd. macht etwas ausführen, erledigen:* Wann machst du die Hausaufgaben/die Prüfung? ❹ ■ *jmd. macht jmdn./etwas irgendwie in einen bestimmten Zustand bringen:* Weshalb hatte sie sich so hübsch gemacht?; Er hat die Arbeit fertig gemacht.; Das macht mich froh/neugierig/traurig. ❺ ■ *jmd./etwas macht jmdn./etwas irgendwie/zu jmdm./etwas;* ■ *jmd./etwas macht jmdn./etwas zu etwas werden lassen:* Die Sorgen hatten ihn ganz krank gemacht.; Er machte den Freund zu seinem Geschäftspartner. ❻ ■ *jmd. macht etwas Akk. sich ereignen lassen und davon profitieren:* Ich habe dabei ein gutes Geschäft gemacht.; hohe Gewinne machen ❼ ■ *jmd. macht etwas etwas tun:* Was habt ihr im Urlaub gemacht?; Was machst du am Wochenende? ❽ ■ *etwas macht etwas (umg.) betragen, ergeben:* Das macht 27 Euro.; Zwei mal zwei macht vier. ❾ ■ *etwas macht nichts (umg.) etwas hat keine negativen Konsequenzen und ist nicht weiter schlimm* **II.** *mit SICH* ❶ ■ *jmd. macht sich (an etwas Akk.) anfangen:* Ich mache mich dann ans Tapezieren. ❷ ■ *jmd. macht sich (umg.) sich (gut) entwickeln:* Er macht sich in der Schule. ❸ ■ *jmd./etwas macht sich (irgendwie) eine bestimmte Rolle in der genannten Weise ausfüllen:* Das Sofa macht sich gut in dieser Ecke.; Sie macht sich nicht schlecht als Versicherungsvertreterin. ❹ ■ *jmd. macht auf etwas Akk. (umg. abwert.) jmd. versucht in gekünstelter Weise eine bestimmte Rolle zu spielen:* Seit er bei dieser Firma ist, macht er ganz auf Manager. ❺ ■ *jmd. macht in etwas Akk. (umg. verhüll.) seine Notdurft verrichten:* Der Hund hat hinter den Busch gemacht. ❻ ■ *jmd. macht es (umg. verhüll.) Geschlechtsverkehr haben:* Sie sagte, sie hätten es noch am gleichen Abend gemacht.; ■ **jemand macht es nicht mehr lange** *(umg.) jmd. lebt nicht mehr lange;* ■ **bei einer Sache ist nichts (mehr) zu machen** *man kann nichts mehr tun, um etwas zu bewirken oder zu retten;* ■ **Mach dir nichts draus!** *(umg.) verwendet, um auszudrücken, dass sich jmd. über etwas nicht ärgern oder sorgen soll;* ■ **Was macht …?** *(umg.) verwendet, um zwanglos nach dem Befinden von jmdm. oder dem Stand der Dinge in einer Angelegenheit zu fragen* Was macht die Arbeit/dein Projekt/die Gesundheit?

Ma·chen·schaft *die* <-, -en> /meist Plur./ *(abwert.) ≈ Intrige) etwas, das jmd. heimlich und in böser Absicht tut:* Diese Partei hat ihre Ziele durch üble/dunkle Machenschaften erreicht.

Ma·cher *der* <-s, -> *(umg.) ein Mensch, der sehr energisch ist und seine Aufgaben sehr erfolgreich bewältigt:* Der Manager galt als Macher, dem keine Herausforderung zu groß war.; Er ist ein Macher, er kann sich durchsetzen.

-ma·cher *als Zweitglied zusammengesetzter Substantive; drückt aus* ❶ *(umg.) dass jmd. die im Erstglied genannte Sache produziert oder (künstlerisch) gestaltet* ◆ Filme-, Lieder-, Mode- ❷ *(umg.) dass man jmdn. nach dem bezeichnet, was im Erstglied genannt wird, weil die Person das oft tut und damit verbunden wird* ◆ Faxen-, Krach-, Krawall-, Possen-, Raudau-, Spaß-, Sprüche-, Witze- ❸ *(umg.) dass jmd. oder etwas die im Erstglied genannte Sache durch sein Verhalten bewirkt* ◆ Angst-, Meinungs-, Mies-, Panik-, Stimmungs- ❹ *dass jmd. die im Erstglied genannte Sache handwerklich herstellt* ◆ Hut-, Korb-, Schuh-, Uhr-, Werkzeug- ❺ *dass man jmdn. nach dem bezeichnet, was im Erstglied genannt wird, weil die Person in besonderem Maße danach strebt* ◆ Geschäfte-, Karriere- ❻ *dass etwas nach der im Erstglied genannten Wirkung bezeichnet wird, die es bei jmdm. hervorruft bzw. auf etw. hat* ◆ Dick-, Munter-, Weich-, Weiß-

Ma·che·te *die* [maˈxeːtə] <-, -n> *(≈ Buschmesser)*

ein langes, gebogenes Messer, das man vor allem im Urwald benutzt, um den Weg frei zu machen

Ma·cho *der* ['matʃo] <-s, -s> *(umg. abwert.: ≈ Chauvi) ein Mann, der sich übertrieben männlich verhält:* ein brutaler/notorischer/unverbesserlicher Macho; Dieser Macho hält sich für unwiderstehlich!

Macht *die* <-, Mächte> ❶ */kein Plur./ (≈ Vermögen, Fähigkeit, Autorität) die Möglichkeit oder Fähigkeit, dass jmd. etwas bewirken oder beeinflussen kann:* Ich habe alles getan, was in meiner Macht stand. ❷ */kein Plur./ (≈ Herrschaft) die Gewalt, die jmd. aufgrund seiner Position oder seines Amtes hat, so dass er über andere bestimmen kann:* Er hat schon seit langem versucht, an die Macht zu kommen. ▶ machtbesessen ❸ */kein Plur./ (≈ Kraft, Wirkung) Stärke:* Die Macht der der Gewohnheit/der Liebe war stärker.; Die Macht des Unwetters war enorm. ❹ *ein (bedeutender) Staat, eine einflussreiche Gruppe:* Die Krieg führenden Mächte waren zu Verhandlungen bereit.; Das Buch handelt vom Verhältnis der kirchlichen zur weltlichen Macht im Mittelalter. ◆ Atom-, Besatzungs-, Militär-, Streit- ❺ */selten im Sing./ etwas, das geheimnisvolle Kräfte hat:* Sie sprachen von den Mächten der Dunkelheit.; Hier müssen dunkle Mächte am Werk gewesen sein.

Macht·an·spruch *der* <-(e)s, Machtansprüche> POL. ❶ *der Vorgang, dass jmd. verlangt, Macht[2] auszuüben:* Der Politiker verstößt mit seinen Machtansprüchen gegen die Verfassung. ❷ *der Zustand, dass jmd. ein Recht darauf hat, Macht[2] auszuüben:* Der König hat die Machtansprüche über dieses Land geerbt.

Macht·an·tritt *der* <-(e)s> */kein Plur./* POL. *der Zeitpunkt, an dem jmd. an die Macht[2] kommt:* Bei seinem Machtantritt war der Kanzler 55 Jahre alt.

Macht·be·reich *der* <-(e)s, -e> *das Gebiet, in dem jmd. Macht hat:* An der Grenze endet der Machtbereich dieses Herrschers.

Macht·er·grei·fung *die* <-> */kein Plur./* POL. *der Vorgang, dass jmd. Macht[2] in negativer Absicht übernimmt:* Im Geschichtsunterricht ging es heute um die Machtergreifung Hitlers.

Macht·gier *die* <-> */kein Plur./ (abwert.: ≈ Machthunger) der sehr starke Wunsch, Macht[2] zu erlangen:* Seine Machtgier war so groß, dass er mit allen Mitteln versuchte, seine Konkurrenten zu übertreffen.

Macht·ha·ber *der*; **Macht·ha·be·rin** <-s, -> POL. *(oft abwert.) die Personen, die in einem Land diktatorisch herrschen:* Die Machthaber dieses Landes waren nicht zu Verhandlungen bereit.

Macht·hun·ger *der* <-s> */kein Plur./ (oft abwert.: ≈ Machtgier) die Gier nach Macht:* Der Machthunger des Diktators kennt scheinbar keine Grenzen.

mäch·tig *adj* ❶ *(≈ einflussreich ↔ machtlos) so, dass jmd. viel Macht[2] hat:* ein mächtiger Herrscher ❷ *(≈ groß, kräftig, riesig) so, dass etwas sehr groß und beeindruckend ist:* Wir haben mächtige Berge gesehen.; In Sibirien gibt es mächtige Ströme. ❸ *(umg.: ≈ unglaublich, ungeheuer) sehr:*

Es war mächtig kalt.; ■ *jmd. ist einer Sache Gen.* **mächtig** *(geh.) jmd. kann etwas gut:* Er ist der französichen Sprache mächtig.

Macht·in·s·tinkt *der* <-(e)s, -e> *die natürliche Begabung und das Gespür dafür, Macht[2] zu erlangen*

Macht·kampf *der* <-(e)s, Machtkämpfe> *der Vorgang, dass mehrere Personen um die Macht[2] kämpfen:* Um den frei gewordenen Posten entbrannte ein erbitterter Machtkampf.

macht·los *adj* */nicht steig./* ❶ *so dass man keine Macht[2] besitzt:* Das einfache Volk war machtlos. ❷ *(≈ ohnmächtig, hilflos, ratlos) so, dass man sich gegen etwas oder jmdn. nicht wehren kann:* Gegen seine Aufdringlichkeit/Frechheit bin ich machtlos.

Macht·lo·sig·keit *die* <-> */kein Plur./ der Zustand, dass jmd. machtlos ist*

Macht·miss·brauch *der* <-(e)s> */kein Plur./ der schädliche oder unrechtmäßige Gebrauch von Macht[2]:* Wenn jemand seine Machtposition benutzt, um Menschen zu quälen, dann ist das Machtmissbrauch.

Macht·po·si·ti·on *die* <-, -en> POL. *eine politische bzw. soziale Position, in der jmd. Macht[2] hat:* Trotz aller Widerstände konnte der Diktator seine Machtposition behalten.

Macht·pro·be *die* <-, -n> *(≈ Kraftprobe) etwas, womit man herausfinden will, wer mehr Macht[2] hat:* Die Eltern haben ihr das Rauchen verboten, aber sie raucht trotzdem und lässt es auf eine Machtprobe ankommen.

Macht·über·nah·me *die* <-, -n> *das Übernehmen der Macht[2] von dem Vorgänger im Amt*

Macht·ver·hält·nis·se *die* <-> *Plur. die Art, wie die Lebensbedingungen in einem Land politisch geregelt sind*

Macht·ver·tei·lung *die* <-, -en> *die Art und Weise, wie die politische Macht in einem Land aufgeteilt ist.*

Macht·wech·sel *der* <-s, -> *der Vorgang, dass die Macht[2] in einem Land an andere Personen als bisher übergeht:* Nach der Wahl kam es zu einem Machtwechsel in der Regierung.

Macht·wort *das* <-(e)s, -e> */Plur. selten/ eine endgültige Entscheidung, die jmd. aufgrund seiner Autorität fällt und der nicht widersprochen werden darf:* Nachdem die Kinder endlos gestritten hatten, sprach der Vater ein Machtwort.

Macht·zu·wachs *der* <-es> */kein Plur./ eine Zunahme an Macht:* Bei der letzten Bundestagswahl verzeichnete die Partei einen enormen Machtzuwachs.

Mach·werk *das* <-(e)s, -e> *(abwert.) ein künstlerisches oder literarisches Werk von schlechter Qualität:* Sein neues Buch ist ein übles Machwerk.; Sie wollen meinen Roman doch nicht etwa mit einem derartigen Machwerk vergleichen!

Ma·cke *die* <-, -n> ❶ *(umg.: ≈ Tick, Spleen) eine seltsame Eigenart, die typisch für eine bestimmte Person ist:* Die ist doch verrückt, die hat eine Macke! ❷ *(umg.: ≈ Defekt) Fehler:* Das Fahrrad hat eine Macke.

Ma·cker *der* <-s, -> *(umg.)* ❶ *(≈ Kerl) Bezeich-*

M

nung für einen Mann, der in einer Gruppe der Anführer ist ◆Ober- ❷ der Freund eines Mädchens:
Das scheint ihr neuer Macker zu sein.

MAD der [ema?deː] <-> Abkürzung von „Militärischer Abschirmdienst"

Ma·da·gas·kar <-s> Insel östlich von Afrika ▶ Ma-
dagasse, Madagassin, madagassisch, Madagas-
sisch(e)

Mäd·chen das <-s, -> ❶ (↔ Junge) ein weibliches Kind: Sie bekam letztes Jahr ihr drittes Kind,
ein Mädchen.; Mädchen und Jungen gehen gemeinsam in eine Schule. ◆-buch, -klasse, -pensio-
nat, -schule, -stimme ❷ eine junge Frau: Ist das
Mädchen da seine Freundin? ❸ (veralt.) eine
weibliche Hausangestellte: Das Mädchen hat
heute Ausgang.; ■ **Mädchen für alles** (umg.: ≈
Faktotum) eine Person, die alle möglichen Aufgaben erledigt ◆Dienst-, Haus-, Kinder-, Stuben-,
Zimmer-

mäd·chen·haft adj /nicht steig./ wie ein (junges)
Mädchen: Sie ist schon fünfzig, wirkt aber mädchenhaft.

Mäd·chen·han·del der <-s> /kein Plur./ das illegale Geschäft, bei dem Mädchen oder junge
Frauen unter falschen Versprechungen in andere
Länder gebracht und dort zur Prostitution gezwungen werden ▶ Mädchenhändler

Mäd·chen·heim das <-(e)s, -e> ein Haus, in dem
Mädchen wohnen und erzogen werden.: Dieses
Mädchenheim ist eine soziale Einrichtung der
Stadt.

Mäd·chen·na·me der <-ns, -n> ❶ (veralt.: ≈ Ge-
burtsname) der Name einer Frau vor der Heirat:
„Schulze" war Frau Meiers Mädchenname. ❷ ein
weiblicher Vorname: Dieses Jahr waren die beliebtesten Mädchennamen ...

Mäd·chen·pen·si·o·nat das <-(e)s, e> ein Internat für Mädchen

Mäd·chen·zim·mer das <-s, -> das Zimmer eines
Mädchens in einem Haus oder einer Wohnung

Ma·de die <-, -n> eine kleine, wurmähnliche Insektenlarve; ■ **wie die Made im Speck leben**
(umg. oft abwert.) im Überfluss leben

made in ... [meːt in] WIRTSCH. (Hinweis auf Waren)
hergestellt in

Ma·dei·ra [maˈdeːra] <-s> ❶ eine portugiesische
Insel ❷ ein Süßwein aus Madeira [1]

Mä·del das <-s, -s> SÜDDT. Mädchen

ma·dig·ma·chen <machst madig, machte madig,
hat madiggemacht> mit OBJ ■ jmd. macht
(jmdm.) etwas Akk. **madig** ❶ (umg.: ≈ schlechtmachen, diffamieren) jmdn. oder etwas herabsetzen: Er hat ihre Leistung vor anderen madiggemacht. ❷ (umg.: ≈ verleiden, miesmachen) jmdm.
die Freude an etwas verderben: Sie hat ihr das
neue Kleid madiggemacht.

Ma·don·na die <-, Madonnen> REL. ❶ die Gottesmutter, die Jungfrau Maria ❷ eine künstlerische
Darstellung der Madonna [1]

Ma·don·nen·bild das <-(e)s, -er> eine künstlerische Darstellung der Gottesmutter

ma·don·nen·haft adj wie eine Madonna: ein ma-
donnenhaftes Gesicht

Ma·d·ri·gal das <-s, -e> ❶ LIT. eine italieni-

sche Gedichtform ❷ MUS. ein mehrstimmiges
(Kunst)lied

Ma·es·to·so das <-s, -s/Maestosi> MUS. ein feierlich langsames Musikstück

Ma·es·t·ro der <-s, -/Maestri> ein berühmter
Dirigent oder Komponist: Das Publikum empfing
den Maestro mit großem Beifall.

Ma·fia, a. **Maf·fia** die <-, -s> /kein Plur./ ❶ eine
(ursprünglich aus Italien stammende) kriminelle
Organisation ❷ (umg. abwert.) eine Personengruppe oder Organisation, die großen negativen
Einfluss hat ◆Drogen-, Erdöl-, Kunst-

Ma·fia-Boss, a. **Maf·fia-Boss** der <-es, -e> ein
Anführer der Mafia [1] oder einer ähnlichen verbrecherischen Organisation

Ma·fia·me·tho·den, a. **Maf·fia·me·tho·den** <->
Plur. (abwert.) ein Handeln, das als kriminell emp-
funden wird: Das nennt er Geschäftsmethoden?
Das sind die reinsten Mafiamethoden!

Ma·fi·o·so der <-(s), Mafiosi> ein Mitglied der
Mafia [1], oder einer Mafia [2]

Mag. <-> Abkürzung von „Magister"

Ma·ga·zin das <-s, -e> ❶ (≈ Lager, Depot) Lagerraum, Lagerhaus ❷ (≈ Illustrierte, Journal) eine
Zeitschrift mit vielen Illustrationen ◆Mode-, Mu-
sik-, Nachrichten- ❸ eine Radio- oder Fernsehsendung mit Berichten über aktuelle Ereignisse und
Probleme: Sehen Sie im Anschluss an die Nachrichten unser politisches Magazin! ◆Gesundheits-,
Wirtschafts- ❹ der Teil einer Schusswaffe, der die
Patronen enthält: Er hat das Magazin leergeschos-
sen.

Ma·ga·zi·ner der, **Ma·ga·zi·ne·rin** <-s, ->
SCHWEIZ. Verwalter eines Warenlagers

Magd die <-, Mägde> ❶ LANDW. (veralt.: ↔
Knecht) ein Mädchen, das auf einem Bauernhof
oder in einem Haushalt arbeitet ◆Küchen-, Stall-
❷ (veralt.: ≈ Jungfrau) Maria, die reine Magd, die
Christus geboren hat

Ma·gen der <-s, Mägen/-> ANAT. beim Menschen und bei bestimmten Tieren das Verdauungsorgan, das die Nahrung aufnimmt, verdaut
und in den Darm weiterleitet: Alkohol/Kaffee/
scharfe Gewürze können den Magen reizen.;
Mein Magen knurrt, ich habe Hunger.; ■ etwas
liegt jemandem (schwer) im Magen (umg.) etwas bedrückt jmdn.; ■ jmdm. dreht sich der
Magen um (umg.) jmd. empfindet extremen
Ekel vor etwas; ■ Liebe geht durch den Magen
wer jmdn. liebt, kocht gut für ihn; ■ auf nüchternen Magen so, dass man vor einer Sache
nichts gegessen hat ◆-beschwerden, -blutung,
-durchbruch, -gegend, -geschwür, -inhalt, -katarr/
-katarrh, -krampf, -leiden, -saft, -säure, -schleim-
haut, -schmerzen, -wand

Ma·gen·bit·ter der <-s, -> ein (Kräuter-)Schnaps,
den man meist nach dem Essen trinkt, um den
Magen zu beruhigen und die Verdauung anzuregen

Ma·gen-Darm-Grip·pe die <-, -n> MED. eine Infektion des Magen-Darm-Trakts, die zu Beschwerden mit starkem Durchfall führt

Ma·gen-Darm-Ka·nal der <-s, Magen-Darm-
Kanäle> ANAT. der Teil des Verdauungsapparates

M

im menschlichen Körper, der aus Magen und Darm besteht

ma·gen·freund·lich adj (≈ bekömmlich) so, dass es gut verdaut werden kann.: Sie hatte einen empfindlichen Magen und konnte nur magenfreundliche Speisen essen.

Ma·gen·knur·ren das <-s> /kein Plur./ das knurrende Geräusch, das ein leerer Magen verursacht: Du hast ja Magenknurren; magst du etwas essen?

Ma·gen·son·de die <-, -n> MED. ein Gerät in der Form eines dünnen Schlauchs, den der Arzt in den Magen einführen kann, um zu sehen, ob es dort z.B. Geschwüre gibt

Ma·gen·spie·ge·lung die <-, -en> MED. eine Untersuchung der Magenschleimhaut, bei der man eine Magensonde in den Magen einführt

Ma·gen·ta das [ma'dʒɛnta] <-/-s> /kein Plur./ ein roter Farbstoff

Ma·gen·ver·stim·mung die <-, -en> eine leichte Verdauungsstörung

ma·ger adj ❶ (≈ dünn, schmächtig) sehr schlank: ein sehr magerer junger Mann ❷ (↔ fett) frei von Fett: mageres Bratenfleisch ❸ (umg.: ≈ dürftig, spärlich) nicht üppig: Wir hatten dieses Jahr eine eher magere Ernte.; Viele waren über die mageren Ergebnisse der Verhandlungen enttäuscht. ❹ (karg, unfruchtbar) nicht fruchtbar: eine magere Ernte; magerer Boden

Ma·ger·kä·se der <-s> /kein Plur./ Käse mit geringem Fettanteil

Ma·ger·milch die <-> /kein Plur./ Milch mit geringem Fettanteil

Ma·ger·quark der <-s> /kein Plur./ Quark mit geringem Fettanteil

Ma·ger·sucht die <-> /kein Plur./ MED. (≈ Anorexie) eine psychische Krankheit (meist junger Frauen), bei der man immer weniger Nahrung zu sich nimmt, was oft zu gefährlichem Untergewicht führt: Sie geht wegen ihrer Magersucht zu einer Psychotherapeutin. ▶ magersüchtig

Mag·gi® das <-(s)> ein flüssiges Speisegewürz

Ma·gie die <-> /kein Plur./ ❶ (≈ Zauberei) die Kunst und Lehre, wie man Menschen und Dinge durch übernatürliche Kräfte beeinflussen kann: Dieser Schamane ist ein Meister der Magie. ❷ (umg.: ≈ Faszination, Ausstrahlung) eine geheimnisvolle Kraft, die jmdn. anlockt: Sie verzauberte ihn durch die Magie ihrer Stimme. ❸ (Zauberkunst) eine Kunstform, die auf der Bühne vorgeführt wird und mit rätselhaften Tricks den Zuschauern Illusionen bietet ◆ Bühnen-

Ma·gi·er der; **Ma·gi·e·rin** ['ma:giɐ] <-s, -> (≈ Zauberer)

ma·gisch adj /nicht steig./ ❶ mit den Mitteln der Magie[1]: ein magisches Zeichen; magische Beschwörungen ❷ wie durch Zauber: Er fühlte sich von dieser Frau magisch angezogen.

Ma·gis·ter der <-s, -> ❶ /kein Plur./ ein akademischer Grad und Titel, in Deutschland abgekürzt „M.A." (magister artium), in Österreich abgekürzt „Mag.", der für ein erfolgreich abgeschlossenes Studium (im Bereich der Geisteswissenschaften) verliehen wird. ❷ jmd., der den Titel eines Magisters[1] trägt ❸ (veralt.) Lehrer

Ma·gis·t·ra die <-, Magistrae> weibliche Form von **Magister**

Ma·gis·t·rat der <-(e)s, -e> eine Stadtverwaltung ◆-sbeamte, -sbeamtin, -sbeschluss

Mag·ma das <-s, Magmen> die heiße Masse, die aus einem Vulkan kommt und die beim Erkalten zu Gestein wird ◆-strom

magna cum laude (Universität) die sprachliche Formel, die aussagt, dass eine Dissertation mit der Note „gut" bewertet worden ist

Ma·g·nat der <-en, -en> ❶ ein Grundbesitzer ❷ ein Großindustrieller

Ma·g·ne·si·um das <-s> /kein Plur./ CHEM. ein weißes Leichtmetall

Ma·g·net der <-(e)s/-en, -e/-en> ❶ ein Stück Metall, das Eisen anzieht: Die Eisenspäne haften an dem Magneten. ◆ Elektro- ❷ (übertr.: ≈ Attraktion) etwas, das Menschen anzieht: Das Festival ist eine Magnet für Jazzfans aus dem ganzen Land. ◆ Publikums-

Ma·g·net·auf·zeich·nung die <-, -en> das Speichern von Informationen auf einem Magnetband

Ma·g·net·bahn die <-, -en> eine Art Eisenbahnzug, der keine Räder hat, auf einer speziellen Schiene durch Magnetkraft gleitet und dabei sehr schnell fahren kann

Ma·g·net·band das <-(e)s, Magnetbänder> TECHN. ein sehr langes, schmales Kunststoffband, auf dem bestimmte kleine Teilchen durch Magnetkraft angeordnet werden können; dadurch werden Informationen gespeichert

Ma·g·net·band·ge·rät das <-(e)s, -e> TECHN. ein Gerät, mit dem jmd. Daten auf ein Magnetband aufnehmen, speichern und wiedergeben kann

Ma·g·net·ei·sen·stein der <-(e)s, -e> ein Stein, der von Natur aus magnetisch ist

Ma·g·net·feld das <-(e)s, -er> PHYS. ein in der Umgebung eines Magneten vorkommendes Kraftfeld

ma·g·ne·tisch adj /nicht steig./ ❶ so, dass es Metall anzieht ❷ (übertr.) so, dass es jmdn. sehr stark anzieht: Sie übt eine magnetische Anziehungskraft auf Männer aus.

Ma·g·ne·ti·sie·rung die <-> /kein Plur./ PHYS. der Vorgang, dass etwas magnetisch[1] wird

Ma·g·ne·tis·mus der <-> /kein Plur./ die Eigenschaft, dass etwas magnetisch[1] ist ◆ Erd-

Ma·g·ne·tit der <-s, -e> ein Gestein, das von Natur aus magnetische Eigenschaften hat

Ma·g·net·na·del die <-, -n> die Nadel in einem Kompass

Ma·g·ne·to·path der; **Ma·g·ne·to·pa·thin** <-, -en> jmd., der durch Handauflegen heilen kann ▶ Magnetopathie

Ma·g·net·plat·te die <-, -n> EDV ein Gerät, mit dem man elektronische Daten speichern kann

Ma·g·net·spu·le die <-, -n> die Spule eines Elektromagneten

Ma·g·net·strei·fen der <-s, -> ein kleiner Metallstreifen, auf dem bestimmte Informationen (beispielsweise auf Scheckkarten) gespeichert sind

Ma·g·ni·fi·kat das <-(s), -s> ❶ REL. der Lobgesang Marias in der Bibel ❷ MUS. ein Musikstück mit dem Text des Magnifikats[1]

Ma·g·ni·fi·zenz *die* <-, -en> ❶ *Titel insbesondere eines Universitätsrektors; als Anrede: Euer, Eure Magnifizenz* ❷ *jmd., der den Titel einer Magnifizenz¹ trägt*

Ma·g·no·lie *die* <-, -n> *ein Strauch oder Baum mit großen, weißen oder rosa Blüten*

Ma·ha·go·ni *das* <-s> /kein Plur./ *ein wertvolles, sehr hartes Holz von Bäumen, die in tropischen Ländern wachsen*

Ma·ha·ra·d·scha *der* [maha'radʒa] <-s, -s> ❶ /kein Plur./ *Titel eines indischen Großfürsten* ❷ *jmd., der den Titel eines Maharadschas¹ trägt*

Ma·ha·ra·ni *die* <-, -s> ❶ *Titel der Frau eines Maharadschas* ❷ *jmd., der den Titel einer Maharani¹ trägt*

Ma·hat·ma *der* <-s, -s> ❶ /kein Plur./ *ein indischer Ehrentitel* ❷ *jmd., der den Titel eines Mahatmas¹ trägt:* Mahatma Gandhi

Ma·ha·ya·na *das* [maha'ja:na] <-> /kein Plur./ *jüngere Form des Buddhismus: Das Mahayana ist später als das Hinayana entstanden.*

Mahd *die* <-, -en> ❶ /kein Plur./ LANDW. (≈ Heuernte) *das Mähen* ❷ /kein Plur./ LANDW. (≈ Heu) *das gemähte Gras* ❸ SCHWEIZ. *Bergwiese*

Mäh·dre·scher *der* <-s, -> (≈ Mähmaschine) *ein bei der Ernte gebrauchtes Fahrzeug, mit dem man Getreide mähen und dreschen kann*

mä·hen¹ *mit OBJ* ▪ *jmd. mäht etwas Gras oder Getreide abschneiden: Früher hat man Getreide mit der Sichel gemäht, heute mit dem Mähdrescher.; Hohes Gras mähe ich mit der Sense.*

mä·hen² *ohne OBJ* ▪ *ein Tier mäht die für ein Schaf typischen Laute von sich geben: Die Schafe mähen.*

Mä·her¹ *der*, **Mä·he·rin** <-s, -> *jmd., der mäht*

Mä·her² *der* <-s, -> *kurz für „Mähmaschine"*

Mahl *das* <-(e)s, -e/Mähler> *(geh.: ≈ Mahlzeit) ein (gutes und reichliches) Essen: Wenn Gäste kommen, bietet man ein reichliches Mahl an.; ein erlesenes Mahl* ◆Fest-, Freuden-, Gast-, Hochzeits-, Mittags-

mah·len¹ **I.** *mit OBJ* ▪ *jmd. mahlt etwas zu einzelnen Körnern zerreiben: In der Mühle wird Getreide gemahlen.; frisch gemahlener Kaffee* ▶ Mühle, Müller **II.** *ohne OBJ* ▪ *etwas mahlt Wir stecken fest, die Räder mahlen im Schlamm.; ▪ Wer zuerst kommt, mahlt zuerst (Sprichwort) der zuerst Kommende hat das Vorrecht*

Mahl·werk *das* <-(e)s, -e> TECHN. *eine Maschine, die etwas zerkleinert, das gemahlen wird (zum Beispiel Getreide)*

Mahl·zeit *die* <-, -en> ❶ *eine fertig zubereitete Speise: In der Kantine stehen drei warme Mahlzeiten zur Auswahl.* ❷ *der Vorgang, dass man zu bestimmten Zeiten am Tage isst: Fünf kleinere Mahlzeiten pro Tag sollen gesünder sein als drei große.; ▪ Na dann prost Mahlzeit! (umg.) verwendet, um auszudrücken, dass eine Situation ziemlich unerfreulich und schwierig ist Du hast deinen Pass und den Wohnungsschlüssel verloren; na dann prost Mahlzeit!; ▪ (gesegnete) Mahlzeit ! eine Formel, mit der man jmdm. einen guten Appetit wünscht* ◆Abend-, Haupt-, Mittags-, Zwischen-

In Deutschland werden normalerweise drei **Hauptmahlzeiten** eingenommen: das Frühstück, das Mittagessen, und das Abendessen. Das Frühstück besteht aus verschiedenen Brotsorten und/oder Brötchen mit Butter bzw. Margarine und Marmelade, Käse sowie Wurst. Bei einem größeren Frühstück werden zudem gekochte Eier, Joghurt, Quark, Obst und Müsli gereicht; je nach Bedarf kann auch anderes (z. B. Fisch) hinzukommen. Dazu trinkt man Kaffee oder Tee. Zu Mittag isst man in Deutschland traditionell zwischen zwölf und ein Uhr. Darüber, woraus das Mittagessen in der heutigen deutschen Gesellschaft besteht, lassen sich keine genauen Angaben machen. In der eher traditionellen Bevölkerung dürften Fleisch, Kartoffeln, Gemüse und Salat nach wie vor eine zentrale Rolle spielen. Falls es einen Nachtisch gibt, kann auch dieser heute von vielfältiger Art sein (z. B. ein Pudding, Eis oder Obst). Das Abendessen, auch *Abendbrot* genannt, wird gegen sechs Uhr serviert. Es besteht gewöhnlich aus verschiedenen Brotsorten, von denen es in Deutschland eine überwältigende Vielfalt gibt, mit Käse und Wurst. Manchmal wird auch warm gegessen; dies ist insbesondere dann der Fall, wenn man berufsbedingt mittags dazu keine Gelegenheit hat. Sonntags oder an Festtagen werden am Nachmittag Kaffee und Kuchen oder Plätzchen angeboten. Dazu lädt insbesondere die ältere Bevölkerung meist Freunde und Bekannte zum „Kaffee" ein. Vor dem Einnehmen von Mahlzeiten bzw. bei dem Gang dahin hört man in Kantinen von Betrieben vielfach die Begrüßungsformel „Mahlzeit", die von der jüngeren Bevölkerung meist nicht mehr gewählt und als gekünstelt empfunden wird.

M

Mahn·brief *der* <-(e)s, -e> (≈ Mahnbescheid, Mahnung) *ein Schreiben, in dem man jmdn. zum Bezahlen von Schulden auffordert: Wenn er nächste Woche nicht zahlt, schicke ich ihm einen Mahnbrief.*

Mäh·ne *die* <-, -n> ❶ *die dichten, langen Haare an Kopf und Hals von bestimmten Tieren: die stattliche Mähne des Löwen* ◆Löwen-, Pferde- ❷ *(umg. scherzh.: ≈ Schopf) sehr langes, meist ungekämmtes Haar eines Menschen: die blonde Mähne seiner Freundin*

mah·nen **I.** *mit OBJ/ohne OBJ* ❶ ▪ *jmd./etwas mahnt (jmdn.) (an etwas Akk.) eine Mahnung¹ aussprechen: Die Zeit mahnt uns an die Vergänglichkeit.; Ich mahne ihn an sein Versprechen.* ▶ abmahnen ❷ ▪ *jmd. mahnt jmdn. zu etwas Dat. (≈ appellieren) auffordern: Sie mahnt ihn zur Geduld.* ▶ abmahnen, ermahnen **II.** *mit OBJ* ▪ *jmd. mahnt jmdn. (wegen etwas Gen.) eine Mahnung² aussprechen: Die Firma mahnte den Schuldner wegen der noch unbezahlten Rechnungen.*

Mahn·ge·bühr *die* <-, -en> *eine Geldstrafe für jmdn., der Schulden nicht pünktlich gezahlt hat*
Mahn·mal *das* <-(e)s, -e/(Mahnmäler)> *(geh.) ein Denkmal, mit dem man an ein negatives historisches Ereignis erinnern will: ein Mahnmal für die Opfer der Diktatur*
Mah·nung *die* <-, -en> ❶ *(≈ Aufruf, Appell) der Vorgang, dass man jmdn. an etwas erinnert und zugleich auffordert, etwas zu tun:* Hat sie deine Mahnung beherzigt? ❷ *(≈ Mahnbrief) eine Aufforderung zur Bezahlung von Schulden:* Ich habe dem Schuldner bereits eine Mahnung geschickt.
Mahn·ver·fah·ren *das* <-s, -> RECHTSW. *der Vorgang, dass man einem Schuldner eine Mahnung[2] schickt und ihn durch ein Gericht zum Zahlen zwingen will*
Mahn·wa·che *die* <-, -n> *der Vorgang, dass Menschen sich an einem öffentlichen Platz treffen und sich dort schweigend aufhalten, um auf ein aktuelles politisches Problem aufmerksam zu machen*
Ma·ho·nie *die* <-, -n> *ein Zierstrauch mit gelben Blüten*
Mäh·re *die* <-, -n> *(veralt. abwert.) ein altes Pferd*
Mai *der* <-(e)s/-, -e> *der fünfte Monat des Jahres* ◆ Großschreibung →R 3.18 der Erste Mai
Mai·an·dacht *die* <-, -en> REL. *ein abendlicher Gottesdienst im Monat Mai, bei dem die Gottesmutter Maria verehrt wird*
Mai·baum *der* <-(e)s, Maibäume> *ein mit bunten Bändern geschmückter Baumstamm (einer Birke), der zum ersten Mai in Dörfern aufgestellt wird und um den man tanzt*
Maid *die* <-, -en> *(dichter. veralt.) Mädchen*
Mai·fei·er *die* <-, -n> *eine von den Gewerkschaften zum ersten Mai als dem Tag der Arbeit veranstaltete öffentliche Versammlung/Kundgebung o. Ä.:* Anlässlich der Maifeier hatten die Gewerkschaften zu Kundgebungen aufgerufen.
Mai·glöck·chen *das* <-s, -> *eine kleine Blume mit stark duftenden, weißen Blüten*
Mai·kä·fer *der* <-s, -> *ein großer Käfer mit braunen Flügeln, der sich von Laubblättern ernährt*
Mail *die/das* [meːl] <-, -s> *eine elektronische Botschaft, die vom Computer des Senders zu dem des Empfängers geschickt wird:* Ich habe ihr ein/eine Mail geschickt.; Nach dem Urlaub warteten 51 Mails auf mich.; ein(e) Mail abspeichern/beantworten/lesen/löschen/weiterleiten/mit einer Anlage versehen ◆ -adresse, -dienst(e), -konto, -order, -programm, -server, -tags, -verteiler, -ware; *siehe* **E-Mail**
Mai·land <-s> *Stadt in Norditalien*
Mail·box *die* ['meːlbɔks] <-, -en> EDV *eine Art elektronischer Briefkasten, in den in einen Computer eingehende Mails gelangen:* Ich hatte heute Morgen sieben E-Mails in meiner Mailbox.
mai·len ['meːlen] *mit OBJ/ohne OBJ* ■ *jmd. mailt (jmdm.)(etwas) als E-Mail senden:* Bitte mailen Sie mir den Text!; Heute Vormittag habe ich nur gemailt.
Mai·ling·lis·te *die* ['meːliŋ...] <-, -n> *ein Verteiler[3] mit E-Mail-Adressen*
Main *der* <-s> *Nebenfluss des Rheins*
Main·stream *der* ['meːnstriːm] <-s> */kein Plur./*

(≈ Massengeschmack) der Geschmack der meisten Menschen in einer Gesellschaft
Mai·rit·ter·ling *der* <-s, -e> *eine Pilzart*
Mais *der* <-es> */kein Plur./ eine Getreidepflanze, die hoch wächst und deren gelbe Körner an dicken Kolben wachsen*
Mais·brei *der* <-(e)s, -e> *eine dickflüssige Speise aus Mais*
Mai·sche *die* <-, -n> *ein Brei aus zerdrückten Früchten, aus dem man alkoholische Getränke macht*
mai·schen <maischst, maischte, hat gemaischt> *mit OBJ/ohne OBJ* ■ *jmd. maischt (etwas) (fachspr.) der Vorgang, in dem man Maische verarbeitet:* Trauben maischen
Mais·kol·ben *der* <-s, -> *die (essbare) Frucht des Maises*
Mai·so·nette, *a.* **Mai·son·nette** *die* [mɛzo'nɛt] <-, -s> *in einem Haus mit mehreren Stockwerken eine Wohnung, deren Räume über zwei Stockwerke verteilt sind*
Mai·so·nette·woh·nung, *a.* **Mai·son·nette·woh·nung** *die* [mɛzo'nɛt-] <-, -en> *(≈ Maisonette)*
Ma·jes·tät *die* <-, -en> ❶ */kein Plur./ (≈ Hoheit) ein Titel von Kaisern und Königen:* Seine Majestät, der Kaiser; Eure Majestät wünschen? ❷ *jmd., der Träger des Titels einer Majestät[1] ist:* Bei der Hochzeit waren die Majestäten verschiedener Königshäuser versammelt. ❸ */kein Plur./ (geh.: ≈ Erhabenheit, Würde) die Eigenschaft, dass etwas einen würdevollen Eindruck macht:* Der Gipfel lag in seiner ganzen Majestät vor uns.
ma·jes·tä·tisch *adj (≈ erhaben, feierlich, königlich) würdevoll:* Sie schreitet majestätisch die Treppe hinab.; der majestätische Flug des Adlers; der majestätische Anblick des Gebirges
Ma·jes·täts·be·lei·di·gung *die* <-, -en> ❶ RECHTSW. *(veralt.) die Beleidigung eines Staatsoberhaupts* ❷ *(scherzh.) die Beleidigung einer Person in höherer Position*
Ma·jo·li·ka *die* <-, Majoliken> *eine bestimmte Art von glasierter Tonware*
Ma·jo·nä·se, *a.* **Ma·yon·nai·se** *die* <-, -n> *eine kalte, dickflüssige Soße aus Eigelb und Öl* ◆ Delikatess-, Kräuter-, Salat-
Ma·jor *der*, **Ma·jo·rin** <-s, -e> MILIT. ❶ */kein Plur./ ein hoher militärischer Dienstgrad* ❷ *jmd., der Träger des Titels eines Majors[1] ist*
Ma·jo·ran, Ma·jo·ran *der* <-s, -e> *(≈ Oregano) eine Gewürzpflanze*
Ma·jor·do·mus *der* <-, -> GESCH. *oberster königlicher Hausverwalter oder Stellvertreter der fränkischen Könige*
Ma·jo·ri·tät *die* <-, -en> *(geh.: ↔ Minorität)* ❶ *(↔ Minorität) Mehrheit in der Bevölkerung:* In Italien sind die Katholiken in der Majorität. ❷ *eine Mehrheit bei Abstimmungen:* Im Parlament stimmte die Majorität für das neue Gesetz.
Ma·jus·kel *die* <-, -n> DRUCKW. *(↔ Minuskel) Großbuchstabe*
ma·ka·ber <makab(e)rer, am makabersten> *adj (geh.: ≈ schaurig, gespenstisch) so, dass etwas an den Tod erinnert und dadurch grausig wirkt:* Der

Film war sehr makaber.; ■ **einen makabren Scherz machen** mit dem Tod spaßen

Ma·ka·dam der/das <-s, -e> (fachspr.) ein Straßenbelag aus Schotter; benannt nach dem schottischen Ingenieur McAdam

Ma·kak, Ma·kak der <-s/-en, -en> eine Affenart

Ma·ke·do·ni·en <-s> Region im nördlichen Griechenland ▶ Makedonier, Makedonierin, makedonisch, Makedonisch(e)

ma·ke·do·nisch adj /nicht steig./ Makedonien betreffend: die makedonische Geschichte

Ma·ke·do·ni·sche das <-n> eine ausgestorbene indogermanische Sprache

Ma·kel der <-s, -> (geh.: ≈ Defizit, Nachteil) ein Fehler, der jmdn. oder etwas beeinträchtigt: Ihre schlechte Schulbildung empfindet sie als Makel.; Der Sessel weist keinerlei Makel auf.

Mä·ke·lei die <-, -en> (abwert.: ≈ Nörgelei) dauerndes Mäkeln

mä·ke·lig, a. **mäk·lig** adj (abwert.) so, dass jmd. alles kritisiert: Sie ist so mäkelig! An allem hat sie etwas auszusetzen.

ma·kel·los adj (≈ einwandfrei, untadelig) ohne einen Makel: Sie besaß einen makellosen Ruf.; Er fiel durch makelloses Benehmen auf. ▶ Makellosigkeit

mä·keln <mäkelst, mäkelte, hat gemäkelt> ohne OBJ ■ jmd. **mäkelt (an etwas** Dat.) (abwert.: ≈ nörgeln) sich dauernd über etwas beschweren oder äußern, dass einem etwas nicht gefällt: Musst du ständig über das Essen mäkeln?

Make-up das ['me:k 'ap] <-s, -s> ❶ (≈ Schminke) kosmetisches Mittel, z. B. Lippenstift und Kajal, die Frauen auf das Gesicht auftragen, um attraktiver auszusehen ◆ Abend-, Augen- ❷ eine getönte Creme

Ma·ki der <-s, -s> eine Halbaffenart

Mak·ka·ro·ni <-> Plur. eine Nudelart

Mak·ler der, **Mak·le·rin** <-s, -> jmd., der beruflich Wohnungen oder Häuser an Käufer oder Mieter vermittelt: Bei der Wohnungssuche werden wir einen Makler einschalten. ◆-büro, -firma, -gebühr, -provision, Börsen-, Immobilien-, Wohnungs-

mäk·lig adj siehe **mäkelig**

Ma·ko die/der/das <-, -s/-(s), -s> ❶ Baumwolle aus Ägypten ❷ Kleidung und Stoffe aus Mako¹

Ma·k·ra·mee das <-(s), -s> ❶ eine textile Technik, bei der Fäden zu verschiedenen Mustern verknüpft werden ❷ Arbeiten, die mit der Technik des Makramee¹ hergestellt wurden

Ma·k·re·le die <-, -n> ein Seefisch

Ma·k·ro der/das <-s, -s> EDV kurz für „Makrobefehl", einer zu einer Einheit zusammengefassten Befehlsfolge

Ma·k·ro- (↔ Mikro-) als Erstglied zusammengesetzter Substantive; drückt aus ❶ dass sich etwas auf ein sehr großes Gebiet/auf einen sehr großen Bereich bezieht ◆-analyse, -aufnahme, -befehl, -ebene, -evolution, -fauna, -funktion, -geografie/-geographie, -klima, -kultur, -mutation, -ökonomie, -seismik, -soziologie, -struktur, -theorie, -umwelt, -wirtschaft ❷ dass etwas sehr viel größer als normal ist oder sich auf Einheiten von überdurchschnittlicher Größe erstreckt ◆-film, -fotografie, -hämaturie, -kamera, -molekül, -objektiv, -organis-

mus, -parasiten, -phage, -somie, -spore, -viren, -zephalie, -zytose

ma·k·ro- (↔ mikro-) als Erstglied zusammengesetzter Adjektive; drückt aus ❶ dass sich etwas auf ein sehr großes Gebiet/auf einen sehr großen Bereich bezieht ◆-kosmisch, -ökonomisch, -physikalisch, -seismisch, -sozial, -strukturell ❷ dass etwas sehr viel größer als normal ist oder sich auf Einheiten von überdurchschnittlicher Größe erstreckt ◆-molekular, -vaskulär, -zephal

Ma·k·ro·bi·o·tik die <-> /kein Plur./ eine besondere Form der Ernährung, bei der man sehr viel Gemüse und Getreide isst und durch die man länger leben soll ▶ makrobiotisch

Ma·k·ro·kos·mos, Ma·k·ro·kos·mos der <-, Makrokosmen> (↔ Mikrokosmos) das Weltall

Ma·k·ro·ne die <-, -n> ein Mandelgebäck

Ma·k·ro·phy·sik die <-> PHYS. (↔ Mikrophysik) Physik, die sich mit großen Körpern beschäftigt

ma·k·ro·s·ko·pisch adj PHYS. (↔ mikroskopisch) mit freiem Auge sichtbar ▶ Makroskop

Ma·ku·la·tur die <-, -en> Papier, das schlecht bedruckt worden ist und deshalb unbrauchbar und wertlos ist; ■ **etwas macht etwas zu Makulatur** (umg.) etwas macht etwas unbrauchbar und wertlos Durch diese Entscheidung wurden die Pläne zu Makulatur. ▶ makulieren

mal I. adv ❶ (umg.: ≈ irgendwann) verwendet, um einen unbestimmten Zeitpunkt auszudrücken: Ich glaube, ich muss mal zum Zahnarzt.; Ruf mich mal an !; Kommt doch bei Gelegenheit einfach mal vorbei. ❷ (umg.: ≈ einmal) früher: Es war mal eine gute Läuferin. ❸ MATH. (↔ durch) verwendet, um auszudrücken, dass eine Multiplikation stattfindet: Drei mal drei ist neun. ❹ (umg.) **gerade mal** nur, erst Sie war gerade mal zwölf, als sie das Elternhaus verlassen musste II. part ❶ verwendet, um auszudrücken, dass etwas nicht zu ändern ist: Wir werden nun mal nicht jünger. ❷ verwendet, um einer Äußerung eine beiläufige Qualität zu geben: Ich gehe mal kurz aus dem Haus.; Sie ist nur mal schnell auf der Toilette. ◆ Zusammenschreibung →R 4.5 zweimal, zwei bis dreimal, keinmal, vielmal, wievielmal, diesmal, ein andermal, ein paarmal, auf einmal; ◆ Schreibung mit Bindestrich →R 4.21 2-mal; x-mal; siehe auch **Mal¹**

Mal¹ das <-(e)s, -e> ein bestimmter Zeitpunkt eines Tuns oder Geschehens: Wir werden ein anderes Mal kommen.; Ich habe den Film zum ersten/zweiten/dritten Mal gesehen.; Nächstes Mal bist du bitte pünktlich!; Er war schon mehrere Male/noch kein einziges Mal dort.; Ich habe dir dies schon ein Dutzend Mal/zum x-ten Mal gesagt!; ■ **ein für alle Mal(e)** (umg.) endgültig Jetzt ist ein für alle Mal Schluss damit!; ■ **mit einem Mal** plötzlich Mit einem Mal fing es an zu regnen.; ■ **ein ums andere Mal** immer wieder Ich hatte sie ein ums andere Mal davor gewarnt.; ■ **das eine oder andere Mal** gelegentlich Wir hatten sie das eine oder andere Mal besucht. ◆ Getrenntschreibung →R 4.5 einige Mal(e); etliche Mal(e); viele Mal(e); Millionen Mal(e); von Mal zu Mal; zum letzten Mal(e); beim soundsovielten Mal; dieses Mal

M

Mal² *das* <-(e)s, -e/Mäler> ❶ *(veralt.) ein Zeichen* ◆Denk-, Mahn- ❷ *ein Hautfleck:* Sie hat ein Mal am Arm. ◆Brand-, Feuer-, Mutter-, Wund- ❸SPORT *eine Markierung innerhalb eines Spielfelds*

Ma·la·chit, Ma·la·chit *der* <-s, -e> *ein grünes Mineral*

ma·la·de, *a.* **ma·lad** *adj* *so, dass man sich leicht krank und unwohl fühlt*

Ma·laie *der,* **Ma·lai·in** <-n, -n> *Angehöriger einer Volksgruppe in Südostasien* ▸ malaiisch

Ma·lai·se, *a.* **Ma·lä·se** *die* [maˈlɛːzə] <-, -n> *(geh.)* ❶ *ein leichtes körperliches Unbehagen* ❷ *eine unbefriedigende Situation*

Ma·la·ria *die* <-> */kein Plur./* MED. *(≈ Sumpffieber) eine tropische Infektionskrankheit mit periodischen Fieberanfällen* ◆-anfall, -arten, -ausbreitung, -behandlung, -bekämpfung, -diagnostik, -erreger, -erkrankung, -fliege, -gebiet, -infektion, -medikament, -mittel, -mücke, -netz, -opfer, -prophylaxe, -risiko, -schutz, -symptome, -therapie, -verbreitung, -verlauf, -vorbeugung, -zone

Ma·lä·se *die siehe* **Malaise**

Ma·la·wi <-s> *ein Staat in Afrika* ▸ Malawier, Malawierin, malawisch

Ma·lay·sia <-s> *ein Staat in Südostasien* ▸ Malaysier, Malaysierin, malaysisch

Mal·buch *das* <-(e)s, Malbücher> *ein Buch für Kinder, das einfache Zeichnungen enthält, welche von den Kindern mit Farben ausgemalt werden können*

Ma·le·di·ven <-> *Plur. eine Inselgruppe im Indischen Ozean* ▸ Malediver, Malediverin, maledivisch

ma·len I. *mit OBJ/ohne OBJ* ▪ *jmd. malt (etwas) (meist mit einem Pinsel) Farbe so auf einen Untergrund wie Papier, Holz, Leinwand o. Ä. aufbringen, dass eine (künstlerische) Darstellung entsteht:* Der Maler malt ein Bild.; Sie malt ihren Freund/eine Landschaft; Er malt in Acryl/Öl/auf Leinwand.; Störe mich nicht, ich male. ▸ Gemälde, Malerei **II.** *mit OBJ* ❶ ▪ *jmd. malt etwas* LANDSCH. *(≈ anstreichen, streichen) etwas mit Farbe bestreichen:* Er malt gerade die Türen.; Ich muss noch die Wände malen. ❷ ▪ *jmd. malt etwas auf etwas* Akk. *sorgfältig schreiben:* Sie malt die Parole auf das Plakat.

Ma·ler *der,* **Ma·le·rin** <-s, -> ❶ *ein Künstler, der Bilder malt I:* Der Maler fertigt eine Skizze/steht an der Staffelei/malt eine Landschaft/mischt die Farben auf der Palette/ verkauft ein Bild an eine Galerie.; der Maler Paul Klee; die Maler des Expressionismus/Impressionismus ◆Barock-, Fresken-, Hobby-, Kunst-, Landschafts-, Porträt-, Straßen- ❷ *ein Handwerker, der Wände anstreicht:* Der Maler deckt Möbel ab/rührt Farbe an/steht auf der Leiter. ◆-farbe, -geschäft, -meister

Ma·ler·ar·bei·ten <-> *Plur. das Anstreichen von Wänden:* In unserer Wohnung werden gerade Malerarbeiten durchgeführt.

Ma·ler·ate·li·er *das* ['maːratelje:] <-s, -s> *Arbeitsraum eines Malers I*

Ma·le·rei *die* <-, -en> ❶ *(≈ Malkunst) das Malen I von Bildern als Kunstform:* Ich beschäftige mich in der Freizeit mit abstrakter Malerei.; die russische Malerei des neunzehnten Jahrhunderts; große Werke der französischen Malerei; Dichtung und Malerei der Romantik ◆Aquarell-, Barock-, Ikonen-, Landschafts-, Miniatur-, Öl-, Porträt- ❷ *ein Darstellung, die auf eine bestimmte Oberfläche gemalt ist* ◆Höhlen-, Pflaster-, Straßen-, Wand-

ma·le·risch *adj* *(≈ idyllisch, pittoresk) so schön, dass es an eine künstlerische Darstellung erinnert:* die malerische Landschaft Oberitaliens; Das Städtchen liegt malerisch inmitten von Weinbergen.

Ma·ler·pin·sel *der* <-s, -> *ein Werkzeug zum Streichen von Wänden*

Ma·ler·werk·statt *die* <-, Malerwerkstätten> *der Arbeitsraum eines Malers I*

Mal·heur *das* [maˈløːɐ̯] <-s, -s/-e> *(≈ Missgeschick, Panne) eine kleine Ungeschicklichkeit, die keine sehr schlimmen Folgen hat:* Mir ist ein Malheur passiert: Der Kuchen ist mir angebrannt!

Ma·li <-s> *Staat in Afrika* ▸ Malier, Malierin, malisch

ma·li·zi·ös *adj (geh.) boshaft, hämisch:* Er gab ihr mit maliziösem Lächeln den Brief.

Mal·kas·ten *der* <-s, Malkästen> *ein Kasten, der in flachen Töpfchen feste Farben zum Malen enthält*

Mal·lor·ca [maˈjɔrka] <-s> *eine Mittelmeerinsel, die zu den Balearen gehört* ▸ Mallorquiner(in), mallorquinisch

mal·neh·men <nimmst mal, nahm mal, hat malgenommen> *ohne OBJ* ▪ *jmd. nimmt mal (≈ multiplizieren) Eine Zahl quadrieren bedeutet, sie mit sich selbst malzunehmen.;* Zwei mal zwei ist vier $(2 \times 2 = 4)$.

ma·lo·chen *ohne OBJ* ▪ *jmd. malocht (umg.: ≈ schuften) körperlich schwer arbeiten:* Wir mussten ziemlich malochen, um mit der Renovierung des Hauses im Herbst noch fertig zu werden.

Ma·lo·cher *der,* **Ma·lo·che·rin** <-s, -> *(umg.) jmd., der (beruflich oder dauerhaft) körperlich schwer arbeitet*

Mal·stift *der* <-(e)s, -e> *Farbstift zum Malen*

Mal·ta <-s> *Inselstaat im Mittelmeer*

Mal·te·ser *der,* **Mal·te·se·rin** <-s, -> ❶ *Einwohner Maltas* ❷ *Angehöriger des Malteserordens* ❸ *eine Hunderasse*

Mal·te·ser·hilfs·dienst *der* <-(e)s> */kein Plur./ eine Hilfsorganisation, die beispielsweise im Unfallschutz tätig ist*

Mal·te·ser·kreuz *das* <-es, -e> *das Zeichen des Malteserordens*

Mal·te·ser·or·den *der* <-s> */kein Plur./ der Johanniterorden, der lange seinen Sitz auf Malta hatte*

Mal·te·ser·rit·ter *der* <-s. -> *ein Angehöriger des Malteserordens*

mal·te·sisch *adj /nicht steig./ zu Malta gehörend, daher stammend*

Mal·te·sisch, Mal·te·si·sche *das* <-en> *die Sprache der Malteser I*

mal·trä·tie·ren *mit OBJ* ▪ *jmd. malträtiert jmdn. (≈ peinigen) quälen, misshandeln:* Er hat sie mit Schlägen/mit seinen ständigen Bosheiten malträtiert.

M

Ma·lus *der <-/-es, -/-se>* (↔ *Bonus*) *der Vorgang, dass jmd. höhere Beiträge an eine Versicherung zahlen muss, weil er sehr oft Schadensfälle an die Versicherung gemeldet hat*

Mal·ve *die <-, -n> eine Pflanze mit weißen oder roten Blüten* ◆-ntee, -nfarben, -nfarbig

Mal·vi·nen, *a.* **Mal·wi·nen** *Plur.* (≈ *Falklandinseln*)

Malz *das <-es>* /kein Plur./ *ein Getreideprodukt aus geröstetem Getreide, das man besonders für die Herstellung von Bier benötigt* ◆-bonbon

Malz·bier *das <-(e)s, -e> ein dunkles Bier, das leicht süß schmeckt und keinen Alkohol enthält*

Mal·zei·chen *das <-s, -> math. das mathematische Symbol für die Multiplikation*

mäl·zen *<mälzt, mälzte, hat gemälzt> ohne OBJ* ■ *jmd. mälzt* (veralt.: ≈ malzen)

mal·zen *<malzt, malzte, hat gemalzt> ohne OBJ* ■ *jmd. malzt Malz herstellen*

Mäl·ze·rei *die <-, -en> eine Fabrik, in der Malz hergestellt wird*

Malz·ex·trakt *der/das <-(e)s, -e> der Nährstoff, der aus Malz gewonnen wird*

Malz·kaf·fee *der <-s, -s> ein Getränk aus Malz, das oft als Ersatz für Kaffee verwendet wurde*

Malz·zu·cker *der <-s, -> chem.* (≈ *Maltose*) *Zucker, der im Malz enthalten ist*

Ma·ma *die <-, -s> (umg.: ≈ Mami) kindliche Anrede für die Mutter*

Ma·ma·söhn·chen *das <-s -> (umg. abwert.) ein junger Mann, der als (übertrieben) unselbstständig empfunden wird*

Mam·ba *die <-, -s> eine Giftschlange*

Mam·bo *der/die <-(s), -s> ein südamerikanisch-kubanischer Tanz*

Ma·me·luck *der <-en, -en> ein türkischer Sklave*

Mam·ma *die <-, Mammae> med.* (≈ *weibliche Brust*)

Mam·mo·gra·phie, *a.* **Mam·mo·gra·fie** *die <-, ...phien/...fien> med. Röntgenuntersuchung der weiblichen Brust*

Mam·mon *der <-s> /kein Plur./ (abwert.) Geld, Reichtum:* Es geht doch nur um den schnöden Mammon.

Mam·mut *das <-s, -e/-s> ein ausgestorbenes Tier, das wie ein sehr großer Elefant mit braunem zottigem Fell aussieht*

Mam·mut- *(umg.: ≈ Riesen-, Wahnsinns-* ↔ *Mini-) als Erstglied zusammengesetzter Substantive; drückt aus, dass das mit dem Zweitglied Bezeichnete außerordentlich an Größe/Umfang/Länge ist* ◆-aufgebot, -auftrag, -film, -konzern, -konzert, -programm, -projekt, -prozess, -sitzung, -unternehmen

Mam·mut·baum *der <-(e)s, Mammutbäume> ein Baum, der in Nordamerika vorkommt und sehr alt und sehr groß werden kann*

Mam·mut·ver·an·stal·tung *die <-, -en> (umg.) eine Großveranstaltung; siehe* **Mammut-**

mamp·fen *ohne OBJ* ■ *jmd. mampft (umg.) mit vollen Backen kauen oder essen*

Mam·sell *die <-, -en/-s> (scherzh.)* ❶ *eine Angestellte im Gaststättengewerbe* ❷ *(veralt.) eine Hausgehilfin* ❸ *(veralt.) eine unverheiratete Frau*

man¹ */Indefinitpronomen/ /nur als Subjekt ver-* wendet/ ❶ (≈ *jemand) verwendet, um eine oder mehrere Personen zu bezeichnen, die man nicht kennt oder nennen will:* Man hat mir den Betrag vom Konto abgebucht. ❷ *verwendet, um sich selbst zu bezeichnen und auszudrücken, dass das Gesagte auch für andere Geltung hat:* Man kann jetzt in der Dämmerung fast gar nichts mehr erkennen.; Ich fürchte, da kann man nicht viel machen. ❸ (≈ *jeder) verwendet, um die Gesellschaft oder eine bestimmte Gruppe zu bezeichnen, innerhalb deren etwas üblich ist:* Welche Farben trägt man in diesem Sommer?; So etwas tut man einfach nicht.

man² *part norddt. (umg.) verwendet, um eine Aufforderung familiär und zwanglos erscheinen zu lassen:* Red man nicht so viel!; Komm man hinein in die gute Stube!; Nun lass man gut sein!; Nun stell dich man nicht so an!

Ma·nage·ment *das* ['mɛnidʒmənt] *<-s, -s>* ❶ (≈ *Führung, Leitung) die Leitung eines (größeren) Unternehmens* ❷ (≈ *Direktion, Vorstand) die Führungskräfte, die zum Management¹ gehören* ◆Top-

ma·na·gen ['mɛnidʒn] *<managst, managte, hat gemanagt> mit OBJ* ❶ ■ *jmd. managt jmdn. einen Künstler oder Sportler in geschäftlichen Fragen betreuen* ❷ ■ *jmd. managt etwas (umg.: ≈ bewältigen, organisieren) erfolgreich durchführen:* Toll, wie er das gemanagt hat.

Ma·na·ger *der,* **Ma·na·ge·rin** ['mɛnidʒɐ] *<-s, ->* ❶ *eine Führungskraft in einem Unternehmen* ◆-akademie, -bezüge, -gehälter, -haftung, -seminare, -training, Marketing-, Vertriebs-, Top- ❷ (≈ *Agent) jmd., der einen Künstler oder Sportler finanziell und organisatorisch betreut*

Ma·na·ger·krank·heit *die* ['mɛnidʒɐ...] *<-> /kein Plur./ (umg.) Beschwerden in der Art von Erschöpfungszuständen und Kreislaufstörungen, die jmd. aufgrund von Dauerbelastungen bekommt*

man·che, man·cher, man·ches */Indefinitpronomen/ verwendet, um einzelne oder einige, nicht näher bestimmte Personen oder Dinge zu bezeichnen:* Ähnliches habe ich schon von so manchem Politiker gehört.; Manches Problem kann nur der Fachmann lösen.; Manche Fehler werden immer wieder gemacht.; Manch böses/Manches böse Wort hätte vermieden werden können.; Manch Schönes/Manches Schöne entgeht einem im Leben.; Manche Stimmberechtigte(n) enthielten sich bei der Wahl. ◆Kleinschreibung →R 3.15 In manchem hatte sie Recht.; Ich glaube, manche meinen, dass ...; So manches spricht dafür, dass ...

man·cher·lei *adj /nicht steig./ verwendet, um sich auf eine nicht näher bezeichnete Menge von Dingen zu beziehen:* Das hat mancherlei Ursachen.; Ich musste auf mancherlei verzichten.

man·cher·orts *adv (geh.) an manchen Orten; in manchen Gegenden:* Mancherorts findet man noch die alten Trachten.

manch·mal *adv* (≈ *gelegentlich, hin und wieder* ↔ *immer, ständig) verwendet, um auszudrücken, dass etwas zwar mehrmals vorkommt, aber dass es nicht regelmäßig der Fall ist:* Manchmal bekommt die Redaktion Leserbriefe zu diesem

M

Thema.; Auch der Lehrer hat schon manchmal etwas nicht gewusst.

Man·da·la *das* <-/-s, -s> REL. *ein indisches Symbol als Meditationshilfe, das als kreisförmiges oder viereckiges Bild gestaltet ist*

Man·dant *der*, **Man·dan·tin** <-en, -en> RECHTSW. *(≈ Klient) eine Person, die als Auftraggeber(in) die Dienste eines Rechtsanwaltes in Anspruch nimmt* ▷ Mandat

Man·da·ri·ne *die* <-, -n> *(≈ Clementine) eine Zitrusfrucht, die ungefähr die Farbe einer Orange hat, aber kleiner ist und süßer schmeckt*

Man·da·rin·en·te *die* <-, -n> *eine ostasiatische Entenart*

Man·dat *das* <-(e)s, -e> ❶ RECHTSW. *ein Auftrag oder eine Vollmacht, die man einem Rechtsanwalt erteilt:* Der Anwalt übernahm das Mandat. ❷ POL. *(≈ Sitz) das Amt eines Abgeordneten im Parlament:* Die Abgeordnete legte ihr Mandat nieder.; Wie viele Mandate hat diese Partei bei der letzten Wahl verloren? ◆ -sgewinn, -sverlust, -sverteilung

Man·da·tar *der*, **Man·da·ta·rin** <-s, -e> ❶ RECHTSW. *jmd., der im Auftrag handelt, weil er ein Mandat¹ bekommen hat* ❷ ÖSTERR. *Abgeordneter*

Man·dats·ge·biet *das* <-(e)s, -e> *ein Gebiet, das durch einen anderen Staat verwaltet wird*

Man·dats·trä·ger *der*, **Man·dats·trä·ge·rin** <-s, -> *jmd., der ein Mandat² hat*

Man·del *die* <-, -n> ❶ *die Frucht des Mandelbaumes:* Aus Mandeln und Honig wird Marzipan hergestellt. ◆ -blüte, -extrakt, -likör, -kern, -milch, -öl, -splitter, Bitter-, Röst-, Salz- ❷ ANAT. *(≈ Tonsille) mandelförmiges Organ am Gaumen und im Rachen* ◆ -entzündung, -operation

Man·del·baum *der* <-(e)s, Mandelbäume> *ein Baum, der vor allem in Südeuropa wächst und der süße oder bittere, nussartige Früchte trägt*

man·del·för·mig *adj* *(≈ oval) geformt wie eine Mandel¹*

Man·del·kleie *die* <-, -n> *ein Kosmetikum aus Abfallstoffen der Mandel¹*

Man·do·li·ne *die* <-, -n> *ein Saiteninstrument, das gezupft wird*

Man·d·schu·rei *die* <-> /kein Plur./ *das nordostchinesische Tiefland*

Ma·ne·ge [maˈneːʒə] *die* <-, -n> *(≈ Arena) die kreisförmige Fläche, auf der im Zirkus die Artisten ihre Vorführungen machen* ◆ Zirkus-

Man·gan *das* <-s> *ein chemisches Element, Zeichen „Mn"* ◆ -eisen, -erz, -säure

Man·gel¹ *die* <-, -n> *ein Gerät zum Glätten von großen Wäschestücken;* ▪ **jemanden in die Mangel nehmen** *(umg.) jmdm. sehr zusetzen* ▷ Heiß-, Wäsche-

Man·gel² *der* <-s, Mängel> ❶ /kein Plur./ *(≈ Defizit, Armut) das Fehlen von etwas, das man braucht:* Im Katastrophengebiet herrscht großer Mangel an Lebensmitteln und Medikamenten.; Der Verdächtige wurde aus Mangel an Beweisen freigesprochen. ◆ Ärzte-, Geld-, Lehrer-, Platz-, Sauerstoff-, Vitamin- ❷ /meist Plur./ *(≈ Fehler, Defekt) der Zustand, dass etwas unvollkommen ist:* Die Arbeit/Das Gerät weist viele Mängel auf.

Man·gel·er·schei·nung *die* <-, -en> MED. *ein Symptom dafür, dass dem Körper lebenswichtige Stoffe (wie Vitamine oder Mineralien) fehlen*

man·gel·haft *adj* *(≈ fehlerhaft, unzureichend) voller Mängel²*

Män·gel·haf·tung *die* <-> /kein Plur./ RECHTSW. *eine Garantie dafür, dass fehlerhafte Waren ersetzt oder repariert werden*

Man·gel·krank·heit *die* <-, -en> MED. *eine Krankheit, die durch einen Mangel an bestimmten Nährstoffen hervorgerufen wird*

man·geln¹ <mangelst, mangelte, hat gemangelt> *mit OBJ* ▪ **jmd. mangelt etwas** *mit einer Wäschemangel glatt machen:* Wir haben bereits die Wäsche gemangelt.

man·geln² <mangelte, hat gemangelt> *mit ES* ▪ **es mangelt jmdm. an etwas** Dat. *fehlen; in nicht ausreichendem Maß vorhanden sein:* mangelt ihm nicht an Intelligenz, aber an Fleiß.; Es mangelt ihr an nichts.

Män·gel·rü·ge *die* <-, -n> RECHTSW. *Klage über schlechte oder fehlerhafte Ware*

man·gels *präp + Gen.* AMTSSPR. *verwendet, um auszudrücken, dass das Fehlen des Genannten der Grund für etwas ist:* Der Angeklagte wurde mangels Beweisen freigesprochen.

Man·gel·wa·re *die* <-> /kein Plur./ ❶ *eine Ware, die nur schwer zu bekommen ist* ❷ *(übertr.) etwas, das nur in geringer Zahl vorhanden ist:* Männer waren auf der Party Mangelware.

Man·gel·wä·sche *die* <-> /kein Plur./ *Kleidung, die gemangelt¹ wurde oder gemangelt werden soll*

Man·go *die* <-, -s/…-gonen> *eine tropische Frucht* ◆ -baum, -saft

Man·gold *der* <-(e)s, -e> *ein Blattgemüse*

Man·g·ro·ve *die* <-, -n> *ein Baum, der im flacheren Wasser in tropischen Küstengebieten wächst* ◆ -(n)baum, -(n)küste

Ma·nie *die* <-, …-nien> ❶ *(geh.) der leidenschaftliche Drang, etwas tun zu müssen:* Sammeln ist bei ihr schon zur Manie geworden. ❷ MED., PSYCH. *eine psychische Erkrankung, bei der man stark erregt ist* ▷ manisch-depressiv

Ma·nier *die* <-, -en> ❶ /Plur. selten/ *die typische Art, in der man etwas tut:* Er malt in der Manier Chagalls.; Er hat die Diskussion in gewohnt routinierter Manier geleitet. ❷ /meist Plur./ *(≈ Benehmen, Betragen) Umgangsformen:* Das Kind hat gute/schlechte Manieren.; Seine Manieren lassen stark zu wünschen übrig. ◆ Tisch-

Ma·nie·riert·heit *die* <-> /kein Plur./ *ein Verhalten oder eine Art, die gekünstelt sind und daher unnatürlich wirken*

Ma·nie·ris·mus *der* <-, Manierismen> KUNST *eine Stilrichtung in der Kunst*

ma·nier·lich *adj* /veralt.: ≈ artig, gesittet) so, dass man gute Manieren² hat:* Die Kinder haben sich ganz manierlich benommen.

Ma·ni·fest *das* <-(e)s, -e> *(≈ Programm) ein Text, in dem das Programm einer Partei oder das Selbstverständnis einer Kunstrichtung grundlegend festgelegt werden*

ma·ni·fest *adj* /nicht steig./ *(geh.: ≈ deutlich) klar,* *offenbar:* Am Rückgang der Arbeitslosenzahlen wird der wirtschaftliche Aufschwung manifest.

Ma·ni·fes·tạnt *der,* **Ma·ni·fes·tạn·tin** <-en, -en> ÖSTERR. *Demonstrant*

ma·ni·fes·tie·ren *mit SICH* ■ *etwas manifestiert sich (geh.) sich klar zu erkennen geben; sich zeigen:* Vor allem hierin manifestieren sich die Unterschiede.

Ma·ni·kü̱·re *die* <-, -n> ❶ */kein Plur./ Hand- und Nagelpflege* ❷ *eine Frau, die beruflich Hand- und Nagelpflege betreibt*

ma·ni·kü̱·ren *mit OBJ* ■ *jmd. manikürt (jmdm.) etwas* Sie manikürt ihm die Fingernägel.

Ma·ni·ọk *der* <-s, -s> *eine tropische Nutzpflanze* ◆-mehl, -wurzel

Ma·ni·pu·la·ti·on *die* <-, -en> *das Manipulieren* ◆ Gen-, Wahl-

ma·ni·pu·lie·ren *mit OBJ* ❶ ■ *jmd. manipuliert jmdn./etwas* jmd. oder etwas beeinflussen, um eine bestimmte Wirkung zu erzielen: Man versuchte die öffentliche Meinung/die Käufer zu manipulieren. ❷ ■ *jmd. manipuliert etwas (geh.) mit undurchschaubarem, zweifelhaftem Vorgehen einen Vorteil erreichen wollen:* Die Wahl/Der Wettkampf war manipuliert worden. ❸ *etwas regel- oder gesetzeswidrig verändern:* Er hatte den Tacho manipuliert.

ma·nisch *adj* ❶ *(geh.) übersteigert, besessen:* Sie ist manisch eifersüchtig.; Er ist ein manischer Sammler ❷ MED., PSYCH. *für die Manie² typisch*

ma·nisch-de·pres·siv *adj* MED., PSYCH. *in raschem Wechsel von krankhaft heiteren und krankhaft niedergeschlagenen Gemütszuständen*

Ma·ni·tu *der* <-s> */kein Plur./ (im indianischen Glauben) Bezeichnung für die allem innewohnende Macht*

Mạn·ko *das* <-s, -s> ❶ *(≈ Nachteil) ein Mangel, den man bei etwas empfindet:* Das Manko bei dieser Reise war, dass … ❷ WIRTSCH. *ein Fehlbetrag*

Mạnn *der* <-(e)s, Männer/Mann> ❶ */Plur. Männer/ ein männlicher Erwachsener:* ein alter/älterer/junger/gut aussehender Mann ◆ Männerchor, Männerstimme, Mannesalter, Manneskraft ❷ */Plur. Männer/ (umg.: ≈ Ehemann)* Mein Mann ist noch in der Firma.; Ihr zweiter Mann ist zehn Jahre älter als sie. ❸ */Plur. Mann/ (mit einer vorgestellten Zahlenangabe) verwendet, um auszudrücken, dass irgendwo die genannte Zahl von Personen ist:* Wir waren insgesamt siebzehn Mann auf diesem Schiff.; Die Mannschaftsräume können 120 Mann aufnehmen.; ■ *seinen Mann stehen (umg.) seine Aufgaben und Pflichten gut erfüllen;* ■ *der Mann auf der Straße (umg.) der Durchschnittsbürger;* ■ *der kleine Mann der Durchschnittsbürger;* ■ *ein gemachter Mann sein (umg.) in wirtschaftlich abgesicherten Verhältnissen leben;* ■ *ein Mann von Welt (umg.) ein eleganter Herr mit weltmännischem Auftreten;* ■ *(ein Kampf) Mann gegen Mann der direkte körperliche Kampf zweier Gegner*

Mạn·na *das* <-(s)> */kein Plur./* REL. *legendäre, durch ein Wunder vom Himmel gefallene Nahrung der Israeliten (in der Wüste, nach ihrem Auszug aus Ägypten)*

mạnn·bar *adj (veralt. geh.) heiratsfähig, geschlechtsreif (bei Männern)*

Mạ̈nn·chen *das* <-s, -> ❶ ZOOL. *(↔ Weibchen) ein männliches Tier* ❷ *ein kleiner (als bedauernswert empfundener) Mann:* Er war ein gebeugtes, altes Männchen.

Man·ne·quin *das* ['manəkɛ̃, 'manəkɛ̃:] <-s, -s> *(veralt.: ≈ Model) eine Frau, die beruflich Mode vorführt:* Die neue Frühlingskollektion wurde von attraktiven Mannequins präsentiert.

Mạ̈n·ner·be·ruf *der* <-(e)s, -e> *(↔ Frauenberuf) ein Beruf, der vorwiegend von Männern ausgeübt wird*

mạ̈n·ner·do·mi·niert *adj so, dass Männer am meisten Einfluss haben:* Viele Berufe sind auch heute noch männerdominiert.

mạ̈n·ner·feind·lich *adj gegen Männer eingestellt*

Mạ̈n·ner·ge·sell·schaft *die* <-, -en> *als von Männern dominiert empfundene Gesellschaft*

Mạ̈n·ner·herr·schaft *die* <-> *(≈ Patriarchat) die Dominanz von Männern in der Gesellschaft*

Mạ̈n·ner·klei·der <-> *Plur. Kleidung, die von Männern getragen wird:* eine Frau in Männerkleidern

Mạ̈n·ner·mann·schaft *die* SPORT *eine Gruppe von männlichen Sportlern*

mạ̈n·ner·mor·dend *adj (umg. scherzh.) so, dass eine Frau sich übermäßig verführerisch gibt:* Sie tritt als männermordender Vamp auf.

Mạ̈n·ner·sa·che *die* <-> */kein Plur./ (umg.: ↔ Frauensache) etwas, wovon jmd. glaubt, es sei nur für Männer bestimmt:* Lass mich das mal machen; das ist doch Männersache.

Mạ̈n·ner·sta·ti·on *die* <-, -en> *eine Abteilung im Krankenhaus für männliche Patienten*

Mạ̈n·ner·treu *die* <-, -> *eine kleine Blume mit blauen Blüten*

Mạ̈n·ner·welt *die* <-> */kein Plur./ (scherzh.) die Gesamtheit aller Männer*

Mạn·nes·al·ter ■ *ein Mann ist im besten Mannesalter (umg.) verwendet, um auszudrücken, dass es einem Mann gut geht, weil er im Leben eine gute Position erreicht hat und sich auch guter Gesundheit erfreut*

mạn·nig·fach *adj (geh.: ≈ vielfältig) so, dass es viel von etwas gibt:* Das hat mannigfache Ursachen.

mạn·nig·fal·tig *adj /nicht steig./ (geh.: ≈ mannigfach, vielfältig)* Die Gründe hierfür sind mannigfaltig.

mạ̈nn·lich *adj* ❶ */nicht steig./ zum Geschlecht des Mannes gehörig:* der männliche Körper; das männliche Tier ❷ */keine Steigerung/ zum Mann gehörend:* ein Lexikon der männlichen Vornamen ❸ *(≈ maskulin) typisch für den Mann:* Er hat sehr männliche Gesichtszüge.; Das ist ein sehr männlicher Duft.; Dieser Duft riecht aber irgendwie männlicher. ❹ */nicht steig./* SPRACHWISS. *(≈ maskulin) so, dass ein Wort das maskuline Genus hat*

Mạ̈nn·lich·keit *die* <-> */kein Plur./ das Verhalten, das Aussehen oder die Eigenschaften, die als typisch für Männer betrachtet werden*

Mạ̈nn·lich·keits·kult *der* <-(e)s, -e> *übertriebene Betonung von Eigenschaften, die als männlich³ gelten*

M

Männ·lich·keits·wahn der <-(e)s> (≈ Männlichkeitskult)

Mann·loch das <-(e)s, Mannlöcher> eine Öffnung, durch die jmd. in große Behälter (beispielsweise Tanks) einsteigen kann

Man·no·mann interj (umg.) ein Ausruf, der Erstaunen und Überraschung ausdrückt: „Mannomann! Du hast Dir aber ein großes Auto gekauft!"

Manns·bild das <-(e)s, -er> SÜDDT., ÖSTERR. (umg.) ein Mann; mit Betonung seines Äußeren/seiner markanten Gestalt: ein gestandenes Mannsbild

Mann·schaft die <-, -en> ❶ (≈ Team) eine bestimmte Zahl von Sportlern, die zusammen eine feste Gruppe mit eigenem Namen und einheitlicher Bekleidung bilden: Der Trainer führt die Mannschaft zum Erfolg.; Unsere Mannschaft heißt „TSV Krumbach". ◆-sbus, -sführer, -skapitän, -ssport, Basketball-, Fußball-, Handball-, Spitzen- ❷ (≈ Crew) Schiffs- oder Flugzeugbesatzung: die Mannschaft an Deck antreten lassen ❸ (≈ Truppe) die Soldaten einer Einheit ❹ (umg.) eine Gruppe von Menschen, die eng zusammenarbeiten ◆Regierungs-, Rettungs-, Vertriebs-, Wach-

mann·schaft·lich adj SPORT auf das Spiel in einer Mannschaft[1] bezogen

Mann·schafts·auf·stel·lung die <-, -en> SPORT ein Plan darüber, welcher Spieler einer Mannschaft[1] bei einem bestimmten Spiel welche Funktion auf dem Spielfeld übernimmt: Der Trainer gab die Mannschaftsaufstellung erst kurz vor Spielbeginn bekannt.

Mann·schafts·spiel das <-(e)s, -e> SPORT ❶ ein Spiel, bei dem zwei Mannschaften[1] gegeneinander antreten ❷ das gute Zusammenspiel der Sportler innerhalb einer Mannschaft[1]

Mann·schafts·wa·gen der <-s, -> ein Transportwagen für Soldaten oder Polizisten

Mann·schafts·wer·tung die <-, -en> SPORT (↔ Einzelwertung) eine Wertung, bei der das Abschneiden einer ganzen Mannschaft[1] zählt

manns·hoch adj /nicht steig./ ungefähr von der Größe eines erwachsenen Mannes: Die Mauer war mannshoch.; Um den gesamten Garten führt ein mannshoher Zaun.

manns·toll adj /nicht steig./ (umg. abwert.: ≈ nymphoman) (als Frau) mit einem krankhaft starken Sexualtrieb

Ma·no·me·ter das <-s, -> PHYS. (≈ Druckmesser)

Ma·nö·ver das <-s, -> ❶ eine militärische Übung ganzer Kampfverbände: Im Herbst findet in der Gegend immer ein Manöver statt. ◆Flotten-, Heeres-, Herbst- ❷ eine geschickt ausgeführte Richtungsänderung (mit einem Fahrzeug): Mit einem geschickten Manöver wendete er das Segelboot an der Boje. ◆Lande-, Überhol-, Wende- ❸ (abwert.: ≈ Winkelzug) eine Art Trick, mit dem jmd. ein Ziel erreicht: Sein Ziel konnte er schließlich durch ein betrügerisches Manöver doch noch erreichen. ◆Ablenkungs-, Täuschungs-

ma·nö·v·rie·ren I. mit OBJ ❶ ■ jmd. manövriert etwas (irgendwo hin) (≈ fahren, steuern) ein Fahrzeug geschickt lenken: Sie manövrierte das Auto durch die engen Gassen. ❷ ■ jmd. manövriert jmdn. in etwas Akk. (ab

wert.) jmdn. in eine bestimmte Stellung bringen: Wer hat ihn in diese Stellung manövriert? II. ohne OBJ ■ jmd. manövriert (irgendwie) handeln: In dieser Situation hat er taktisch äußerst klug manövriert.

ma·nö·v·rier·fä·hig adj /nicht steig./ so, dass ein Flugzeug, Schiff oder Raumschiff noch manövriert[1] werden kann

ma·nö·v·rier·un·fä·hig adj /nicht steig./ so, dass ein Flugzeug, Schiff oder Raumschiff nicht mehr manövriert[1] werden kann, weil ein technischer Defekt vorliegt: Das Schiff trieb manövrierunfähig auf dem Meer.

Man·sar·de die <-, -n> das Dachgeschoss eines Hauses, das zur Wohnung ausgebaut worden ist ◆-nfenster, -nwohnung, -nzimmer

Mansch der <-(e)s> /kein Plur./ (umg. abwert.) eine breiige Masse: Der Griesbrei ist völlig verkocht; das ist ein richtiger Mansch!

man·schen <manscht, manschte, hat ge­manscht> ohne OBJ ■ jmd. manscht (umg. abwert.) mit Flüssigkeiten herumspielen: Das kleine Kind manscht in seinem Brei.

Man·schet·te die <-, -n> ❶ der Aufschlag am Ende des Ärmels eines Hemds oder einer Bluse ❷ eine Papierkrause, die als Verzierung um einen Blumentopf gelegt wird; ■ **Manschetten haben** (umg.) Angst haben

Man·schet·ten·knopf der <-(e)s, Manschetten­knöpfe> ein Knopf zum Schließen einer Manschette[1]

Man·tel der <-s, Mäntel> ❶ ein Kleidungsstück, das über Jacke oder Pullover getragen wird und weiter herabreicht als eine Jacke: ein warmer Mantel für den Winter; ein leichter Mantel für das Frühjahr ◆Damen-, Herren-, Leder-, Regen-, Sommer-, Strick- ❷ die Gummihülle, die bei einem Reifen den Schlauch[2] umschließt: Ich brauche noch einen neuen Mantel für das Hinterrad meines Fahrrads.

Man·tel·fut·ter das <-s, -> das Material auf der Innenseite eines Mantels[1]

Man·tel·ge·setz das <-es, -e> (≈ Rahmengesetz) ein Gesetz, das allgemeine Richtlinien für etwas festlegt

Man·tel·kleid das <-(e)s, -er> ein langes Kleid, das wie ein Mantel geschnitten ist

Man·tel·ta·rif der <-s, -e> WIRTSCH. ein Tarif, der in einem Manteltarifvertrag festgelegt wird

Man·tel·ta·rif·ver·trag der <-(e)s, Manteltarif­verträge> WIRTSCH. ein Tarifvertrag, der die allgemeinen Arbeitsbedingungen regelt, nicht aber die Höhe der Löhne und Gehälter

Man·tel·ta·sche die <-, -n> eine Tasche an einem Mantel[1]

Man·til·le die [man'tɪl(j)ə] <-, -n> ein Schleier aus Spitze, der zur traditionellen Tracht der spanischen Frau gehört

Ma·nu·al das ['mɛnjuəl] <-s, -s> EDV zu einer Software gehörendes Handbuch

Ma·nu·al das <-s, -e> ❶ MUS. die Tastenreihe bei Orgel und Cembalo ❷ (veralt.: ≈ Tagebuch)

ma·nu·ell adj /nicht steig./ ❶ (↔ maschinell) von Hand gefertigt: Die Schachfiguren sind manuell ge fertigt. ❷ *handwerklich:* Er besitzt kein manuelles Geschick.

Ma·nu·fak·tur *die* <-, -en> WIRTSCH. *ein (kleinerer) Betrieb, in dem die Produkte von Hand (und nicht maschinell) gefertigt werden* ◆-betrieb, -waren

Ma·nu·skript *das* <-(e)s, -e> ❶ *die (erste) Ausarbeitung eines Textes:* Ich gehe noch einmal das Manuskript meiner Rede durch.; Hast du das Manuskript schon an den Verlag geschickt?; Der Lektor bespricht das Manuskript mit dem Autor. ❷ *ein handgeschriebener Text*

Mao·ist *der,* **Mao·is·tin** <-en, -en> *Vertreter der Lehre Mao Tse-tungs* ▶ maoistisch

Ma·o·ri[1] *der/die* <-(s), -(s)> *ein Ureinwohner Neuseelands*

Ma·o·ri[2] *das* <-> *Sprache der Maori*

Mao Tse-tung <-s> *Gründer der Volksrepublik China und chinesischer Staatspräsident (1893–1976)*

Map·pe *die* <-, -n> ❶ (≈ *Ordner) ein flacher Behälter aus Pappe, Kunststoff oder Leder, in dem man Dokumente und besonders Zeichnungen aufbewahren und transportieren kann:* eine Mappe für Zeichnungen ◆Arbeits-, Bilder-, Kunst-, Sammel- ❷ (≈ *Aktentasche) eine schwarze Mappe aus Leder* ◆Akten-, Leder-, Schul-

Mär, *a.* **Mä·re** *die* <-, Mären> *(veralt.:* ≈ *Story) unglaubwürdige Erzählung, seltsamer Bericht* ▶ Märchen

Ma·ra·cu·ja *die* <-, -s> *die Frucht der Passionsblume*

Ma·ra·thon *der* <-s, -s> (≈ *Marathonlauf)*

Ma·ra·thon- *als Erstglied zusammengesetzter Substantive; drückt aus, dass das mit dem Zweitglied Bezeichnete von äußerst langer Dauer ist* ◆-rede, -sitzung, -veranstaltung-, -verhandlung

Ma·ra·thon·lauf *der* <-(e)s, Marathonläufe> SPORT *ein Lauf über 42,195 km*

Mär·chen *das* <-s, -> ❶ *eine überlieferte Erzählung mit einer einfachen Handlung, die besonders für Kinder verständlich ist und die oft eine bestimmte Moral ausdrückt:* die Märchen der Gebrüder Grimm; den Kindern vor dem Schlafen ein Märchen vorlesen ◆-buch, -erzähler(in), -forschung, -sammlung, -schloss, -stunde, -welt, Kunst-, Volks-, Weihnachts-, Zauber- ❷ *(abwert.:* ≈ *Lügenmärchen, Story) ein unglaubwürdige Geschichte:* Erzähle mir doch keine Märchen!; Dieses Märchen kannst du deiner Großmutter erzählen, ich glaube dir kein Wort!

Mär·chen·fee *die* <-, ...f_een> *eine weibliche Märchenfigur, die magische Kräfte hat*

Mär·chen·ge·stalt *die* <-, -en> *eine Figur, die in einem Märchen*[1] *vorkommt:* Dornröschen und Rotkäppchen sind bekannte Märchengestalten.

mär·chen·haft *adj* ❶ *wie in einem Märchen*[1]*:* Die Oper hat märchenhafte Züge. ❷ (≈ *wunderbar) sehr schön:* Wir hatten märchenhaftes Wetter ❸ *(umg.) außergewöhnlich:* Sie hat eine märchenhafte Karriere gemacht.

Mär·chen·prinz *der* <-en, -en> ❶ *eine Märchenfigur* ❷ *(umg. scherzh.) der ideale Mann (wie eine Frau ihn sich vorstellt)*

Mär·chen·stun·de *die* <-, -n> *eine Sendung für Kinder, in der Märchen*[1] *erzählt werden*

Mär·chen·welt *die* <-, -en> *die Fantasiewelt, in der Märchen*[1] *spielen*

Mar·der *der* <-s, -> *ein kleines Raubtier*

Ma·re *das* <-, -/Maria> */meist Plur./ eine der großen Ebenen auf dem Mond, die als dunkle Flächen erscheinen:* Mare Australe, Mare Frigoris, Mare Nubium

Ma·rel·le *die* siehe **Marille**

Mar·ga·ri·ne *die* <-> */kein Plur./ ein pflanzliches Speisefett, das man zum Kochen und Backen oder als Brotaufstrich benutzt:* Möchtest du Margarine oder Butter aufs Brot? ◆Back-, Diät-, Pflanzen-

Mar·ge *die* ['marʒə] <-, -n> ❶ (≈ *Spielraum) ein Unterschied, der zwischen zwei (gemessenen) Werten auftreten darf oder kann* ❷ WIRTSCH. (≈ *Handelsspanne)*

Mar·ge·ri·te *die* <-, -n> *eine Wiesenblume mit weißen Blütenblättern*

mar·gi·nal *adj (geh.:* ≈ *peripher) nebensächlich:* Diese Aspekte sind doch nur von marginaler Bedeutung.

Mar·gi·na·lie *die* <-, -n> ❶ *eine an den Rand geschriebene Notiz in einer Handschrift oder in einem Buch* ❷ *eine nebensächliche Angelegenheit*

mar·gi·na·li·sie·ren *mit OBJ* ■ *jmd./etwas marginalisiert jmdn./etwas* SOZIOL. *(geh.) an den Rand (der Gesellschaft) drängen:* In unserer Gesellschaft werden Obdachlose immer mehr marginalisiert.

Ma·ri·en·dich·tung *die* <-, -en> LIT., REL. *Gedichte und Lieder, in denen die Mutter Jesu verehrt wird*

Ma·ri·en·kä·fer *der* <-s, -> *ein kleiner Käfer, dessen rote Flügel schwarze Punkte tragen*

Ma·ri·en·kult *der* <-(e)s, -e> REL. *Verehrung der Mutter Jesu (besonders in der katholischen Kirche)*

Ma·ri·hu·a·na *das* <-(s)> */kein Plur./* (≈ *Haschisch) ein Rauschgift*

Ma·ril·le, *a.* **Ma·rel·le** *die* <-, -n> ÖSTERR. *eine kleine Aprikose*

Ma·rim·ba *die* <-, -s> *aus Afrika stammendes Musikinstrument, das dem Xylophon ähnelt*

Ma·ri·na·de *die* <-, -n> KOCH. *eine kalte Soße aus Essig, Salz und verschiedenen Gewürzen, in die man Fleisch oder Fisch einlegt oder mit der man Salat anmacht* ▶ mariniert

Ma·ri·ne *die* <-, -n> */Plur. selten/* ❶ *alle Seeschiffe eines Staates und alle dazugehörigen Einrichtungen* ◆Handels- ❷ *die Seestreitkräfte eines Staates* ◆-infanterie, -infanterist(in), -offizier(in), -soldat(in), -stützpunkt, Kriegs-

Ma·ri·ne·at·ta·ché *der* [...ataʃeː] <-s, -s> *ein Offizier der Marine*[2]*, der als Berater für eine Botschaft arbeitet*

Ma·ri·ne·flie·ger *der* <-s, -> *ein Kampfflugzeug der Marine*[2]

ma·ri·nie·ren *mit OBJ* ■ *jmd. mariniert etwas* KOCH. *Fleisch oder Fisch in Marinade einlegen:* marinierte Heringsfilets

Ma·ri·o·net·te *die* <-, -n> ❶ *eine Holzpuppe, an deren einzelnen Gliedern Fäden befestigt sind; durch Ziehen an den Fäden wird der Eindruck er-*

M

weckt, dass sich die Puppe selbstständig bewegt **②** *(umg. abwert.) ein willenloser Mensch, der sich für bestimmte Zwecke benutzen lässt*

Ma·ri·o·ne̩t·ten·re·gie·rung *die* <-, -en> *(abwert.) eine Regierung, die von einem anderen Staat eingesetzt und kontrolliert wird*

Ma·ri·o·ne̩t·ten·the·a·ter *das* <-s, -> *eine Art Theater, in dem mit Marionetten¹ gespielt wird*

ma·ri·tim *adj /nicht steig./* **①** *das Meer betreffend* **②** *vom Meer beeinflusst:* Man spürt dort bereits den Einfluss des maritimen Klimas.

Mark¹ *das* <-(e)s> */kein Plur./* **①** *kurz für „Knochenmark"* **②** *konzentrierter Frucht- oder Gemüsebrei;* ■ **etwas geht jemandem durch Mark und Bein** *(umg.) etwas trifft jmdn. sehr*

Mark² *die* <-, -> GESCH. *kurz für „Deutsche Mark";* ■ **die schnelle Mark machen** *(umg.) in sehr kurzer Zeit viel Geld verdienen* mit fragwürdigen Geschäften die schnelle Mark machen

Mark³ *die* <-, -en> GESCH. *Grenzland:* die Mark Brandenburg

mar·kant *adj ausgeprägt und auffallend:* eine markante Nase/Stimme; markante Gesichtszüge

Ma̩r·ke *die* <-, -n> **①** WIRTSCH. *eine Verbindung aus einem Namen und einem dazugehörigen Logo, die gemeinsam für ein bestimmtes Produkt stehen und die in der Werbung als Symbol für dessen Qualität herausgestellt werden* ◆ -nname, -produkt, Auto-, Whisky-, Traditions-, Zigaretten- **②** *ein Stück Papier/Blech/Kunststoff, mit dem etwas bestätigt wird oder das zu etwas berechtigt* ◆ -nsammler, Brief-, Essens-, Garderoben-, Hunde-, Lebensmittel-, Steuer- **③** *eine Markierung zur Kennzeichnung einer Stelle oder eines Werts:* Das Hochwasser erreichte nicht die Marke des Vorjahres. ◆ Best-, Richt-

Ma̩r·ken·ar·ti·kel *der* <-s, -> WIRTSCH. *ein qualitativ hochwertiges Produkt, das unter einer Marke¹ vertrieben wird:* Wir führen nur Markenartikel. ▷ Markenartikler

Ma̩r·ken·ein·füh·rung *die* <-, -en> WIRTSCH. *der Vorgang, dass eine neue Marke¹ auf den Markt gebracht wird*

Ma̩r·ken·fa·bri·kat *das* <-(e)s, -e> *(≈ Markenartikel)*

Ma̩r·ken·schutz *der* <-es> */kein Plur./* RECHTSW. *eine gesetzliche Regelung, die verhindert, dass jmd. Markenartikel kopiert*

Ma̩r·ken·wa·re *die* <-, -n> *qualitativ hochwertige Ware, die unter einem Markennamen vertrieben wird*

Ma̩r·ken·zei·chen *das* <-s, -> **①** WIRTSCH. *ein in bestimmter Weise gestaltetes, rechtlich geschütztes Zeichen, mit dem alle Produkte einer Marke¹ gekennzeichnet sind* **②** *(umg.) etwas, das für den Stil einer Person typisch ist und woran man ihre Arbeit sofort erkennen kann:* Die schwungvolle Linienführung ist das Markenzeichen dieses Designers.

Ma̩r·ker *der* <-s, -> *(≈ Textmarker) ein farbiger Stift zum Markieren II von Passagen in Texten*

Mä̩r·ker *die (umg. scherzh.) (vermeintlicher) Plural von Mark²:* Das tolle Auto wird ihn schon ein paar Märker gekostet haben.

ma̩rk·er·schüt·ternd *adj /nicht steig./ so, dass ein Geräusch sehr laut ist und daher Angst macht:* ein markerschütternder Schrei

Ma̩r·ke·ting *das* [ˈmarkətɪŋ] <-s> */kein Plur./* WIRTSCH. **①** *alle Aktivitäten eines Unternehmens – in Werbung, Marktanalyse und gezielter Produktentwicklung –, die das Ziel haben, den Absatz zu erhöhen:* durch intensives Marketing neue Marktanteile gewinnen ◆ -abteilung, -budget, -kampagne, -leiter(in), -management, -strategie, -studie, Direkt-, Online-, Sport- **②** *in einem bestimmten Unternehmen die Abteilung, die für Maßnahmen des Marketings¹ zuständig ist:* der neue Leiter des Marketings

Ma̩rk·graf *der*, **Ma̩rk·grä·fin** <-en, -en> GESCH. **①** *Verwalter einer Mark³* **②** */kein Plur./ ein Adelstitel* **③** *ein Träger des Titels Markgraf²*

ma̩rk·gräf·lich *adj auf einen Markgrafen³ bezogen*

ma̩rk·groß *adj /nicht steig./ ungefähr so groß wie ein Markstück*

mar·kie·ren I. *mit OBJ/ohne OBJ* ■ *jmd. markiert (jmdn.) (umg. abwert.) vortäuschen, simulieren:* Er markiert mal wieder den Helden/den Starken.; Sie ist nicht krank, sie markiert nur. **II.** *mit OBJ* ■ *jmd. markiert etwas kennzeichnen:* Die wichtigen Passagen des Artikels habe ich mit einem Stift markiert.; Man hat die Wanderwege neu markiert.

Mar·kie·rung *die* <-, -en> **①** */kein Plur./ das Markieren II:* Die Arbeiter sind mit der Markierung der Fahrbahn beschäftigt. **②** *etwas, womit etwas markiert II ist:* Die Markierung muss erneuert werden, da sie kaum mehr zu erkennen ist.; Als Markierung verwendete man gelbe Bojen. **③** SPRACHWISS. *Prozess und Ergebnis des Auszeichnens als Angabe zu Stichwörtern, womit diese z. B. einer Stilschicht, einer regionalen Variante, einem Fachgebiet usw. zugewiesen werden* ◆ -spraxis; *siehe auch* **pragmatische Angaben**

ma̩r·kig *adj betont kraftvoll:* Das sind markige Worte, aber was steckt dahinter?

mä̩r·kisch *adj /nicht steig./ zur Mark³ gehörig:* die märkische Landschaft

Mar·ki·se *die* <-, -n> *ein großes Stück Stoff, das über einer Terrasse oder einem Balkon angebracht ist und das als eine Art Dach Schutz vor der Sonne geben soll; siehe aber* **Marquise**

Ma̩rk·klöß·chen *das* <-s, -> KOCH. *eine kleine Kugel aus einem Teig, der Mark¹ enthält* ◆ -suppe

Ma̩rk·stein *der* <-(e)s, -e> *(geh.: ≈ Meilenstein) ein Ereignis, das für etwas besonders entscheidend ist:* Die Erfindung des Buchdrucks war ein Markstein auf dem Weg ins Informationszeitalter.

Ma̩rk·stück *das* <-(e)s, -e> GESCH. *ein Geldstück, eine Mark²:* Hattest Du, als es noch die D-Mark gab, immer ein Markstück für die Parkuhr?

Ma̩rkt *der* <-(e)s, Märkte> **①** *das regelmäßige Zusammentreffen von Händlern an einem bestimmten Platz, um Waren (des täglichen Lebens) zu verkaufen:* Samstags ist immer Markt.; Bring doch bitte vom Markt noch einen Salat mit! ◆ -frau, -stand, Fisch-, Gemüse-, Weihnachts-, Wochen- **②** *(≈ Marktplatz) ein (zentraler) Platz in einer*

Stadt, auf dem der Markt [1] stattfindet oder früher stattfand: Das Café ist direkt am Markt. ❸ WIRTSCH. *das Vorhandensein von Angebot und Nachfrage in Bezug auf eine bestimmte Ware:* Sind diese Artikel noch auf dem Markt?; Ich weiß nicht, ob es für dieses Produkt einen Markt gibt. ◆ -analyse, -bearbeitung, -forschung, -lage, -segment, -studie, Absatz-, Arbeits-, Binnen-, Export-, Inlands-, Kapital-, Welt- ❹ WIRTSCH. *Absatzgebiet:* Das Unternehmen will neue Märkte im Ausland erschließen.

Markt·ab·spra·che *die* <-, -en> WIRTSCH. *eine (illegale) Vereinbarung zwischen Firmen*

Markt·an·teil *der* <-(e)s, -e> WIRTSCH. *der (prozentuale) Anteil, den ein Unternehmen an der produzierten Gesamtmenge eines bestimmten Erzeugnisses auf dem Markt [3] besitzt*

Markt·be·dürf·nis·se *die* <-> Plur. WIRTSCH. *alles, was auf dem Markt [3] benötigt wird*

Markt·be·herr·schung *die* <-, -en> WIRTSCH. *die dominante Stellung eines Unternehmens auf dem Markt [3]*

Markt·be·ob·ach·tung *die* <-, -en> WIRTSCH. *die Beobachtung von Veränderungen und Entwicklungen auf dem Markt [3]*

Markt·be·richt *der* <-(e)s, -e> WIRTSCH. *ein Bericht über Entwicklungen auf dem Markt [3]*

Markt·bu·de *die* <-, -n> *ein Stand auf dem Markt [1]*

Markt·ein·füh·rung *die* <-, -en> WIRTSCH. *der Vorgang, dass ein Unternehmen den Kunden ein neues Produkt anbietet:* Die Markteinführung des neuen Produkts wird von einer großen Werbekampagne begleitet.

Markt·ent·wick·lung *die* <-, -en> WIRTSCH. *Veränderungen auf dem Markt [3]*

Markt·er·schlie·ßung *die* <-, -en> WIRTSCH. *genaue Analyse eines Marktes [3]*

markt·fä·hig *adj* /nicht steig./ *so ausgereift, dass ein Produkt auf den Markt [3] gebracht werden kann*

Markt·frau *die* <-, -en> *eine Händlerin auf einem Markt [1]*

markt·füh·rend *adj* /nicht steig./ WIRTSCH. *so dass man auf dem Markt [3] am meisten Erfolg hat*

Markt·füh·rer *der*, **-in** <-, -> WIRTSCH. *das Unternehmen mit dem größten Marktanteil*

markt·gän·gig *adj* WIRTSCH. *so, dass etwas gut verkauft werden kann*

markt·ge·recht *adj* WIRTSCH. *so, dass etwas an die Nachfrage angepasst ist*

Markt·hal·le *die* <-, n> *eine größere Verkaufshalle auf einem Markt [1]*

markt·kon·form *adj* WIRTSCH. *auf dem Markt [3] allgemein üblich*

Markt·la·ge *die* <-, -n> WIRTSCH. *das Verhältnis von Angebot und Nachfrage im Hinblick auf einen bestimmten Bereich oder bestimmte Produkte*

Markt·lü·cke *die* <-, -n> WIRTSCH. *ein Produktangebot, das es noch nicht gab, aber das wünschenswert war:* Wir sind mit unserem Artikel in eine Marktlücke gestoßen, womit auch der reißende Absatz erklärt werden kann.

Markt·ord·nung *die* <-, -en> WIRTSCH. ❶ *die Vorschriften zur Regelung von Angebot und Nach-*

frage ❷ *die Vorschriften für das Abhalten eines Marktes [1]*

Markt·platz *der* <-es, Marktplätze> *der Markt [2]*

Markt·preis *der* <-es, -e> WIRTSCH. *der Preis einer Ware nach dem augenblicklichen Verhältnis von Angebot und Nachfrage*

Markt·recht *das* <-(e)s, -e> GESCH. *das Recht, einen Markt [1] abzuhalten*

Markt·rei·fe *die* <-> /kein Plur./ WIRTSCH. *der Zustand, dass ein Produkt so gut entwickelt ist, dass man es verkaufen kann*

Markt·sät·ti·gung *die* <-> /kein Plur./ WIRTSCH. *der Zustand, dass auf einem Markt [3] keine Nachfrage mehr besteht, weil schon viele Produkte in diesen Markt gebracht wurden:* Ein Grund für die sinkenden Absätze wird in der Marktsättigung gesehen.

markt·schrei·e·risch *adj* /nicht steig./ (abwert.) *so, dass man laut und aufdringlich für ein Produkt (oder ein Anliegen) wirbt*

Markt·schwan·kung *die* <-, en> /selten im Sing./ WIRTSCH. *die periodische Veränderung von Angebot und Nachfrage*

Markt·seg·ment *das* <-(e)s, -e> WIRTSCH. *ein bestimmter Ausschnitt des Marktes [3]:* Im Zuge der Umstrukturierung wird sich der Konzern zukünftig aus einigen unrentablen Marktsegmenten zurückziehen.

Markt·stel·lung *die* <-> /kein Plur./ WIRTSCH. *die Position, die ein Unternehmen auf dem Markt [3] hat*

Markt·tag *der* <-(e)s, -e> *ein Wochentag, an dem ein Markt [1] stattfindet:* Jeden Mittwoch ist Markttag.

Markt·wert *der* <-(e)s, -e> WIRTSCH. *der momentane, durch das Verhältnis von Angebot und Nachfrage bestimmte Wert einer Ware*

Markt·wirt·schaft *die* <-> /kein Plur./ WIRTSCH. *(↔ Planwirtschaft) ein Wirtschaftssystem, in dem die Produktion und der Preis von Waren durch Angebot und Nachfrage geregelt werden:* die Grundzüge der freien/sozialen Marktwirtschaft ▶ marktwirtschaftlich

Mar·me·la·de *die* <-, -n> *ein als Brotaufstrich verwendeter süßer Brei aus gekochten Früchten:* ein Brot mit Marmelade bestreichen ◆ -nglas, Aprikosen-, Erdbeer-, Kirsch-, Orangen-

Mar·me·la·den·brot *das* <-(e)s, -e> *eine mit Marmelade bestrichene Scheibe Brot*

Mar·mor *der* <-s, -e> *ein sehr harter Kalkstein, der oft weiß, schwarz, gelblich oder grünlich ist und eine bestimmte Musterung hat:* Der Grabstein/Die Statue ist aus Marmor.; fleischfarbener/grauer/grüner/schwarzer/weißer Marmor

Mar·mor·block *der* <-(e)s, Marmorblöcke> *ein großes, nicht bearbeitetes Stück Marmor*

Mar·mor·fas·sa·de *die* <-, -n> *eine Häuserfront aus Marmor*

mar·mo·rie·ren *mit OBJ* ■ *jmd. marmoriert etwas mit einem Muster versehen, das an Marmor erinnert*

mar·mo·riert *adj* /nicht steig./ *mit einem Muster, das an Marmor erinnert:* Die Oberfläche der Kunststoffplatte ist marmoriert.

M

Mar·mo·rie·rung *die* <-, -en> *das Marmorieren*

Mar·mor·ku·chen *der* <-s, -> *ein Kuchen, bei dessen Herstellung heller und dunkler Teig so verrührt worden sind, dass sich ein Muster ergibt, wie es für Marmor typisch ist*

mar·morn *adj /nicht steig./ (geh.) aus Marmor:* ein marmorner Altar

Mar·mor·säu·le *die* <-, -n> *Säule aus Marmor*

Mar·mor·sta·tue *die* <-, -n> *eine Statue aus Marmor*

ma·ro·de *adj* ❶ *(abwert.: ≈ ruiniert, heruntergekommen) der Zustand, dass man durch sein Verhalten zugelassen hat, dass etwas unbrauchbar und schlecht geworden ist:* die marode Gesellschaft; eine marode Firma ❷ *(veralt.)* MILIT. *(vom Marsch) erschöpft, müde*

Ma·ro·deur *der* [maro'doːɐ̯] <-s, -e> *(veralt. abwert.) ein Soldat, der marodiert*

ma·ro·die·ren *ohne OBJ* ■ **jmd. marodiert** *im Krieg plündernd umherziehen:* Durch das verwüstete Land zogen marodierende Truppen.

Ma·rok·ko <-s> */kein Plur./ Staat in Nordafrika* ▶ Marokkaner, Marokkanerin, marokkanisch

Ma·ro·ne[1] *die* <-, -n/Maroni> *eine Esskastanie*

Ma·ro·ne[2] *die* <-, -n> *ein Speisepilz*

Ma·ro·ni *die* <-, -> SÜDDT. *Esskastanie*

Ma·rot·te *die* <-, -n> *(≈ Macke, Spleen, Tick) eine eigenartige Angewohnheit oder Laune*

Mar·quis *der,* **Mar·qui·se** [mar'kiː; mar'kiːs] <-, -> ❶ *Titel eines französischen Adligen* ❷ *Träger des Titels eines Marquis[1]*

Mar·qui·se *die* <-, -n> *weibliche Form zu "Marquis"*

Mars[1] *der* <-> */kein Plur./ zwischen Erde und Jupiter gelegener Planet unseres Sonnensystems* ◆-jahr, -krater, -männchen, -mobil, -mond, -rover, -sonde

Mars[2] <-> *der römische Kriegsgott*

Mars·be·woh·ner *der* <-s, -> *ein Lebewesen, das angeblich auf dem Mars[1] lebt*

marsch *interj verwendet, um auszudrücken, dass jmd. irgendwohin gehen soll:* Marsch ins Bett!

Marsch[1] *der* <-(e)s, Märsche> ❶ *das Marschieren:* Die Soldaten waren nach den tagelangen Märschen völlig entkräftet.; Ich habe jetzt einen Marsch von über zehn Kilometern hinter mir. ◆-befehl, -gepäck, -kolonne, -kompass, -ordnung-, -richtung-, -route, -tempo, Nacht-, Protest- ❷ MUS. *ein Musikstück, das zur Marschmusik gehört:* eine CD mit bekannten Märschen; ■ **jemandem den Marsch blasen** *(umg.) jmdm. energisch die Meinung sagen* Der Chef sollte ihm mal den Marsch blasen; ■ **sich in Marsch setzen** *sich in Bewegung setzen*

Marsch[2] *die* <-, -en> *(↔ Geest) durch Deiche geschütztes, fruchtbares Schwemmland an Küsten und Flüssen*

Mar·schall *der* <-s, Marschälle> ❶ */kein Plur./ ein hoher militärischer Dienstgrad* ❷ *ein Offizier des Dienstgrads eines Marschalls[1]*

marsch·be·reit *adj* ❶ *bereit für einen Marsch[1]* ❷ *(umg.) bereit zum Losgehen:* Wir machten gestern einen Ausflug und waren schon sehr früh marschbereit. ▶ Marschbereitschaft

Marsch·flug·kör·per *der* <-s, -> MILIT. *eine mit (nuklearen) Sprengköpfen bestückte Rakete, die sehr niedrig fliegen kann*

mar·schie·ren <marschierst, marschierte, ist marschiert> *ohne OBJ* ■ **jmd. marschiert** *(von größeren Gruppen) in gleichmäßigem Rhythmus (zügig) gehen:* Die Soldaten marschieren auf dem Kasernenhof.; Wir sind heute fünf Stunden marschiert.

Marsch·mu·sik *die* <-> */kein Plur./ Musikstücke, die komponiert wurden, um das Marschieren von Soldaten zu begleiten*

Marsch·ver·pfle·gung *die* <-, -en> */Plur. selten / * MILIT. *die Nahrung, die bei einem Marsch[1] eingenommen wird*

Mar·seil·lai·se *die* [marsɛ'jɛːzə] <-> */kein Plur./ die französische Nationalhymne*

Mar·shall·in·seln ['marʃal .../'maːʃal ...] <-> *Plur. eine Inselgruppe im Pazifik* ▶ Marshaller, Marshallerin, marshallisch

Mar·shall·plan *der* ['marʃal .../maːʃal ...] <-(e)s> */kein Plur./* GESCH. *ein nach dem Zweiten Weltkrieg von den USA für Deutschland bereitgestelltes Hilfsprogramm*

Mars·mensch *der* <-en, -en> *(umg.) (früher) auf dem Mars vermuteter Außerirdischer*

Mar·stall *der* <-(e)s, Marställe> *(veralt.)* ❶ *ein Gebäude, in dem die Pferde eines Fürsten untergebracht sind* ❷ *alle Pferde eines Fürsten*

Mar·ter *die* <-, -n> *(geh.: ≈ Qual, Pein) körperliche oder seelische starke Schmerzen:* Er hat ihm höllische Martern zugefügt. ◆-tod

Mar·terl *das* <-s, -> SÜDDT., ÖSTERR. *ein auf freiem Feld aufgestelltes Kreuz oder Heiligenbild*

mar·tern <marterst, marterte, hat gemartert> *mit OBJ* ■ **jmd. martert jmdn.** *(geh.: ≈ quälen) foltern*

Mar·ter·pfahl *der* <-(e)s, Marterpfähle> *ein Holzpfahl, an den Indianer gefangene Feinde banden, um sie zu martern:* Die Indianer banden die gefangenen Feinde an den Marterpfahl.

Mar·ter·werk·zeug *das* <-(e)s, -e> *(≈ Foltergerät)*

mar·ti·a·lisch *adj (geh.) grimmig, wild; als sehr kämpferisch empfunden:* Die Krieger auf den Abbildungen haben ein martialisches Aussehen.

Mar·ti·nique [marti'niːk] <-s> *eine Insel der Kleinen Antillen*

Mar·tins·gans *die* <-, Martinsgänse> *der Gänsebraten, der am Martinstag gegessen wird*

Mar·tins·horn *das* <-, ...-hörner> */kein Plur./ die Sirene, die von Feuerwehr-, Polizei- und Rettungsfahrzeugen benutzt wird und die mit einem durchdringenden Ton andere Verkehrsteilnehmer warnt, dass diese Fahrzeuge sehr schnell zu ihrem Einsatzort fahren:* Die Polizei raste mit eingeschaltenem Martinshorn zur Unfallstelle.

Mar·tins·tag *der* <-(e)s, -e> *der Festtag des heiligen Martin:* Am Martinstag basteln die Kinder Laternen.

Mär·ty·rer *der,* **Mär·ty·re·rin** <-s, -> *eine Person, die aus religiösen oder politischen Gründen wegen ihrer Überzeugungen getötet wird:* Dieser

Heilige starb als Märtyrer.; Er wurde zum Märtyrer gemacht.

Mär·ty·rer·tum *das* <-s> */kein Plur./ das Märtyrersein*

Mar·ty·ri·um *das* <-s, Martyrien> ❶ *das oft mit dem (Opfer-)Tod endende Leiden, das jmd. für seinen religiösen Glauben oder für seine politischen Überzeugungen erduldet* ❷ *(übertr.) etwas, das sehr anstrengend oder qualvoll ist:* Der Rückweg wurde für einige Expeditionsteilnehmer zu einem einzigen Martyrium.

Mar·xis·mus *der* <-> */kein Plur./ eine von Marx und Engels im 19. Jahrhundert begründete Gesellschaftslehre, deren Ziel es ist, durch revolutionäre Umgestaltung eine klassenlose Gesellschaft (anstelle einer Klassengesellschaft) zu schaffen* ▸ Marxist, Marxistin, marxistisch

März *der* <-es, -e> *der dritte Monat des Jahres:* Wir besuchen euch Anfang/Mitte/Ende März.; im März Geburtstag haben

Mar·zi·pan, Mar·zi·pan *das* <-s, -e> *eine Masse aus Zucker und Mandeln, die man für die Herstellung von Süßigkeiten verwendet*

Mar·zi·pan·kar·tof·fel, Mar·zi·pan·kar·tof·fel *die* <-, -n> *eine kleine Kugel aus Marzipan, deren braune Färbung an eine Kartoffel erinnert*

Mas·ca·ra *die* <-, -s> *Wimperntusche*

Mas·car·po·ne *der* <-s> */kein Plur./ ein italienischer Frischkäse*

Ma·sche *die* <-, -n> ❶ *eine Schlinge aus Garn oder Draht* ❷ */Plur. selten/ (umg. abwert.) pfiffige Methode; Trick:* Mit dieser Masche kannst du bei mir nicht landen!; Der Betrüger versuchte es mit einer neuen Masche.; ■ **jemandem durch die Maschen gehen** *(umg.) jmdm. entkommen* Der Dieb war der Polizei durch die Maschen gegangen.

Ma·schen·draht *der* <-(e)s> */kein Plur./ Drahtgeflecht für Zäune* ◆-zaun

Ma·schen·rei·he *die* <-, -n> *Abfolge von Maschen*[1]

Ma·schen·zahl *die* <-, -en> *Anzahl der Maschen*[1] *in einer Maschenreihe*

Ma·schi·ne *die* <-, -n> ❶ *eine mechanische Vorrichtung, die Kraft oder Energie überträgt und so bestimmte Arbeiten für den Menschen erleichtert:* Alle Maschinen sind im Betrieb.; Wir sollten die Maschinen anstellen/abstellen/warten.; der Antrieb/die Konstruktion/der Treibstoff/der Wirkungsgrad einer Maschine ◆-nfabrik, -nhaus, -nlärm, -nlaufzeit, -npark, -nschlosser(in), -Bau-, Druck-, Werkzeug- ❷ *Automotor:* Das Auto hat eine Maschine mit 170 PS. ❸ *(≈ Apparat, Gerät) kurz für „Nähmaschine", „Schreibmaschine", „Strickmaschine", „Waschmaschine"* ❹ *ein bestimmtes Flugzeug:* Die Maschine aus Los Angeles hatte eine Stunde Verspätung. ❺ *(umg.) Motorrad:* So eine schwere Maschine ist der Traum vieler Biker. ❻ EDV *(Jargon: ≈ Computer)* Die Maschine ist schon wieder abgestürzt. ◆Getrenntschreibung →R 4.8 Kannst du Maschine schreiben?

ma·schi·nell *adj /nicht steig./ (≈ automatisch, mechanisch ↔ manuell)* Die meisten Einzelteile werden maschinell gefertigt.; Die hohen Stückzah-

len zu derart niedrigen Preisen sind nur durch maschinelle Fertigung möglich.

Ma·schi·nen·bau *der* <-s> */kein Plur./* ❶ *der Bau von Maschinen*[1] ❷ *das (wissenschaftliche) Lehrfach von der Konstruktion und vom Bau einer Maschine*[1]*:* im vierten Semester Maschinenbau studieren ◆-ingenieur(in) ▸ Maschinenbauer, Maschinenbauerin

ma·schi·nen·ge·schrie·ben *adj /nicht steig./ mit einer Schreibmaschine geschrieben*

ma·schi·nen·ge·strickt *adj /nicht steig./ mit einer Strickmaschine hergestellt*

Ma·schi·nen·ge·wehr *das* <-s, -e> *eine automatische Schnellfeuerwaffe mit langem Lauf*

ma·schi·nen·les·bar *adj /nicht steig./* EDV *so, dass eine Zeichenfolge von einem (elektronischen) Lesegerät entschlüsselt werden kann:* Die neuen Ausweise sind maschinenlesbar.

Ma·schi·nen·meis·ter, der; Ma·schi·nen·meiste·rin <-s, -> ❶ *jmd., der für die Maschinen*[1] *in einem Betrieb oder einem Theater zuständig ist* ❷ DRUCKW. *(veralt.) jmd., der Maschinen*[1] *in einer Druckerei bedient*

Ma·schi·nen·park *der* <-(e)s, -s> *alle Maschinen*[1] *eines Unternehmens*

Ma·schi·nen·pis·to·le *die* <-, -n> *eine automatische Schnellfeuerwaffe mit kurzem Lauf*

Ma·schi·nen·raum *der* <-(e)s, Maschinenräume> *Raum für (Antriebs-)Maschinen (auf Schiffen)*

Ma·schi·nen·saal *der* <-(e)s, Maschinensäle> *(≈ Maschinenraum)*

Ma·schi·nen·satz *der* <-es, Maschinensätze> DRUCKW. *eine Druckvorlage*

Ma·schi·nen·scha·den *der* <-s, Maschinenschäden> *(bei einem Schiff) Motorschaden:* Das Schiff kann am Hafen nicht verlassen, weil es einen Maschinenschaden hat.

Ma·schi·nen·schrei·ben *das* <-s> *das Schreiben mit einer Schreibmaschine:* Die Sekretärin hat in ihrer Ausbildung Maschinenschreiben gelernt.

Ma·schi·nen·schrift *die* <-, -en> *mit einer Schreibmaschine geschriebene Schrift*

Ma·schi·nen·wär·ter, der; Ma·schi·nen·wär·te·rin <-s, -> *jmd., der für die Wartung von Maschinen*[1] *zuständig ist*

ma·schi·nen·wasch·bar *adj /nicht steig./ so, dass es mit einer Waschmaschine gewaschen werden kann:* Den Mantel musst du reinigen lassen, denn er ist nicht maschinenwaschbar.

Ma·schi·nen·zeit·al·ter *das* <-s, -> *das Zeitalter, in dem die Arbeit mit Maschinen*[1] *vorherrscht*

Ma·schi·ne·rie *die* <-, ...-rien> ❶ *(geh.) ein kompliziertes System aus mehreren Maschinen*[1] ❷ THEAT. *Einrichtungen der Bühnentechnik* ❸ *(geh. abwert.) ein System, in dem bestimmte Vorgänge automatisch ablaufen und man sie nicht kontrollieren oder in sie eingreifen kann:* Der Antrag steckt irgendwo in der Maschinerie der Verwaltung fest.

Ma·schi·nist, der; Ma·schi·nis·tin <-en, -en> *Berufsbezeichnung für Personen, die Maschinen*[1] *bedienen und überwachen*

ma·schin·schrei·ben *ohne OBJ* ■ *jmd. schreibt*

M

maschin ÖSTERR. *(umg.) (mit der) Schreibmaschine schreiben*

Ma·ser *die* <-, -n> *wellige Zeichnung/Musterung im Holz* ▶ Maserung

Ma·ser *der* ['meɪzə] <-s, -> PHYS. *ein Gerät, das Mikrowellen erzeugt und verstärkt*

ma·se·rig *adj so, dass etwas eine Maserung hat*

Ma·sern <-> *Plur.* MED. *eine Infektionskrankheit*

Ma·se·rung *die* <-, -en> *unregelmäßiges natürliches Muster in Holz und Leder*

Mas·kat <-s> *Hauptstadt des Omans*

Mas·ke *die* <-, -n> ❶ *ein Gegenstand, der ein Gesicht mit einem bestimmten Ausdruck darstellt und den man vor dem eigenen Gesicht trägt: die Masken beim Karneval in Venedig; die ausdrucksstarken Masken der alemannischen Fasnacht* ◆ Hexen-, Teufels- ❷ *ein Gegenstand, den man zum Schutz vor etwas vor dem Gesicht trägt: Die Feuerwehrleute trugen Masken zum Schutz vor dem Qualm.* ◆ Atem-, Gas-, Schutz- ❸ *ein Abdruck des Gesichts* ◆ Gips-, Toten- ❹ FILM, THEAT., TV *der Arbeitsplatz des Maskenbildners: Die Schauspielerin war schon in der Maske.* ❺ *ein Kosmetikum, das man auf das Gesicht aufträgt und dort eine bestimmte Zeit einwirken lässt, um einen erfrischenden Effekt zu erzielen: Sie verwendet seit Jahren eine Maske gegen die Fältchenbildung im Gesicht.* ◆ Feuchtigkeits-, Peeling-, Pflege- ❻ FOTOGR. *überblendeter Bildbereich in der digitalen Fotografie, der besonders bearbeitet werden kann: Sie hat eine Auswahl als Maske im Maskierungsmodus dargestellt.* ◆ -nsymbol, -noperation, Ebenen-, Schnitt-, Vektor- ❼ ■ **die Maske fallen lassen** *sich nicht mehr verstellen, sein wahres Gesicht zeigen*

Mas·ken·ball *der* <-(e)s, Maskenbälle> *ein Fest, auf dem die Besucher kostümiert sind und Masken[1] tragen*

Mas·ken·bild·ner *der*, **Mas·ken·bild·ne·rin** <-s, -> FILM, THEAT., TV *jmd., der beruflich Schauspieler schminkt*

Mas·ke·ra·de *die* <-, -n> ❶ *Verkleidung, Kostümierung mit Masken[1]* ❷ *(geh. abwert.) Heuchelei: Ihre Freundlichkeit war doch nur Maskerade.*

mas·kie·ren <maskierst, maskierte, hat maskiert> I. *mit OBJ* ■ **jmd. maskiert jmdn.** ❶ *jmdm. oder sich eine Maske[1] aufsetzen: Sie hatte sich und ihre Tochter für den Karnevalszug maskiert.* ❷ *im Rahmen der digitalen Bildbearbeitung eine Maske anlegen und damit eine Ebene verbergen* II. *mit SICH* ■ **jmd. maskiert sich** *das Gesicht mit einer Maske[1] unkenntlich machen: Die Bankräuber hatten sich maskiert.*

Mas·kie·rung *die* <-, -en> ❶ *das Tragen einer Maske[1, 5]* ❷ FOTOGR. *Methode, Bildinhalte zu verstecken* ◆ -smodus

Mas·kott·chen *das* <-s, -> *(≈ Amulett, Talisman) kleiner Gegenstand, der Glück bringen soll*

mas·ku·lin, **mas·ku·lin** *adj /nicht steig./* ❶ *das Männliche betonend: Die Herrenmode ist zur Zeit sehr maskulin* ❷ SPRACHWISS. *(↔ feminin) mit männlichem Geschlecht: Im Deutschen haben maskuline Substantive den bestimmten Artikel „der".*

Mas·ku·lin·form *die* <-, -en> SPRACHWISS. *(↔ Femininform) die maskuline[2] Form eines Wortes*

Mas·ku·li·num *das* <-s, Maskulina> SPRACHWISS. *ein Substantiv mit männlichem Geschlecht*

Ma·so·chis·mus *der* <-> /kein Plur./ PSYCH. *(↔ Sadismus) die Veranlagung, dass man durch das Erleiden von Misshandlungen (durch den Geschlechtspartner) sexuell erregt wird* ▶ Masochist, Masochistin, masochistisch

Maß[1] *das* <-es, -e> ❶ *eine Einheit zum Messen von Größen, Gewichten und Mengen: Die Maße für die Bestimmung des Gewichts sind Gramm, Kilogramm …* ◆ Flächen-, Längen-, Raum- ❷ *ein genormter Gegenstand: Sind die Maße auch geeicht?* ❸ */selten im Sing./ die durch Messen ermittelte Zahl oder Größe: Ich brauche noch die Maße des Zimmers.* ◆ Ideal-, Körper- ❹ *Grad, Ausmaß, Umfang: Ich war in höchstem Maße zufrieden.;* ■ **Das Maß ist voll!** *(umg.) Es reicht jetzt!;* ■ **mit zweierlei Maßen messen** *(bei der Beurteilung von jmdm. oder etwas) unterschiedliche Maßstäbe anlegen* ◆ Höchst-, Mindest-, Über- ◆ Getrenntschreibung →R 4.8 Maß nehmen; ◆ Getrennt- oder Zusammenschreibung →R 4.16 Maß halten/maßhalten; ◆ Zusammenschreibung →R 4.1 das Maßnehmen

Maß[2], *a.* **Mass** *die* <-, -(e)s> SÜDDT., ÖSTERR. *die Menge von einem Liter Bier* ◆ -krug

Mas·sa·ge *die* [ma'saːʒə] <-, -n> *der Vorgang, dass jmd. jmds. Muskeln durch Knet- und Streichbewegungen lockert und entspannt: Wenn du so verspannt bist, solltest du dir Massagen verschreiben lassen.* ◆ -behandlung, -gerät, -öl, -praxis, -salon, -stab, Fuß-, Ganzkörper-, Gesichts-, Kopf-, Rücken-

Mas·sa·ge·in·s·ti·tut *das* <-(e)s, -e> ❶ *die Praxis eines Masseurs* ❷ *(verhüll.) eine Art Bordell*

Mas·sai, **Mas·sai** *der/die* <-, -> *Angehörige(r) eines Volkstamms in Ostafrika*

Mas·sa·ker *das* <-s, -> *(≈ Blutbad) das Ermorden vieler, meist wehrloser Menschen: Die Soldaten hatten ein Massaker unter der Zivilbevölkerung angerichtet.*

mas·sa·k·rie·ren *mit OBJ* ■ **jmd. massakriert jmdn.** *(umg.) grausam töten: Die meisten Dorfbewohner wurden massakriert.*

Maß·ana·ly·se *die* <-, -n> CHEM. *ein Messverfahren*

Maß·an·ga·be *die* <-, -n> *de Angabe eines Maßes[1]*

Maß·an·zug *der* <-s, Maßanzüge> *ein Anzug, der nicht in Konfektion, sondern nach den Körpermaßen eines bestimmten Kunden hergestellt wurde*

Maß·ar·beit *die* <-> /kein Plur./ *ein Produkt, das nach vom Kunden vorgegebenen Maßen einzeln angefertigt ist: Der Anzug/Der Schrank ist Maßarbeit.*

Mas·se *die* <-, -n> ❶ *(≈ Materie, Substanz) ein Stoff, der ungeformt ist und ungefähr wie ein dickflüssiger Brei aussieht: Die Masse aus Lehm wird dann geformt und im Ofen gebacken.* ◆ Knet-, Lava-, Teig- ❷ *(oft abwert.: ≈ Menge) sehr viele Menschen in ihrer Gesamtheit: Er hat die breite Mas-*

se/die **Massen** auf seiner Seite. ◆ Menschen-, Volks- ❸ (≈ Unmenge) *sehr viel von etwas:* Es gab Massen von Fliegen. ❹ PHYS. *die Eigenschaft der Materie, Gewicht zu haben und durch die Gravitation andere Körper anzuziehen*

Maß·ein·heit *die* <-, -en> *ein bestimmtes, einmal festgelegtes Maß, das als Grundlage des Messens von etwas gilt:* Meter und Kilogramm sind Maßeinheiten.

Maß·ein·tei·lung *die* <-, -en> *eine Gliederung in Maßeinheiten:* Ein Messbecher hat eine Maßeinteilung.

Mas·sel¹ *der* <-s> SÜDDT., ÖSTERR. *(umg.) unerwartetes Glück:* Sie hatte einen unglaublichen Massel, denn bei dem Autounfall ist ihr nichts passiert.
▸ vermasseln

Mas·sel² *die* <-, -n> *ein Metallblock*

Mas·sen- *als Erstglied zusammengesetzter Substantive; drückt aus* ❶ *dass sich das mit dem Zweitglied Bezeichnete auf große Menschenmengen bezieht* ◆ -andrang, -arbeitslosigkeit, -demonstration, -flucht, -hinrichtung, -kundgebung, -mord, -mörder, -organisation, -quartier, -sport, -streik, -tourismus, -transport, -veranstaltung, -verhaftung, -verkehrsmittel, -versammlung ❷ *dass sich das mit dem Zweitglied Bezeichnete auf sehr große Stückzahlen/Mengen von Produkten/Waren bezieht* ◆ -artikel, -auflage, -fabrikation, -güter, -herstellung, -produktion, -ware

Mas·sen·ab·fer·ti·gung *die* <-> /kein Plur./ (abwert.) *schnelle Abfertigung von vielen Personen:* Auf dem Amt ist niemand auf meine Wünsche eingegangen; eine richtige Massenabfertigung war das.

Mas·sen·ab·satz *der* <-es, Massenabsätze> *der Verkauf von großen Mengen einer Ware*

Mas·sen·an·zie·hung *die* <-> /kein Plur./ PHYS. (≈ Gravitation) *die Eigenschaft von Massen, sich gegenseitig anzuziehen*

Mas·sen·auf·ge·bot *das* <-(e)s, -e> /Plur. selten/ *eine große Anzahl von Personen oder Dingen:* ein Massenaufgebot an Reportern

Mas·sen·be·we·gung *die* <-, -en> *eine (politische) Gruppe mit sehr vielen Mitgliedern*

Mas·sen·blatt *das* <-(e)s, Massenblätter> ❶ *eine Zeitung oder Zeitschrift mit hoher Auflage* ❷ *eine Zeitung oder Zeitschrift, die der breiten Masse der Bevölkerung gefällt*

Mas·sen·ent·las·sung *die* <-, -en> /selten im Sing./ *die Entlassung von sehr vielen Arbeitnehmern in kurzer Zeit*

Mas·sen·ge·sell·schaft *die* <-, -en> SOZIOL. *eine sehr unpersönliche Gesellschaft, in der der Einzelne keine Rolle spielt*

Mas·sen·grab *das* <-(e)s, Massengräber> *ein Grab, in dem sehr viele Tote beerdigt sind*

mas·sen·haft *adj /nicht steig./ (≈ reichlich, zahlreich) in sehr großer Zahl:* Durch das massenhafte Auftreten von Heuschrecken ist die gesamte Ernte bedroht.

Mas·sen·ka·ram·bo·la·ge *die* <-, -n> *ein Verkehrsunfall, bei dem sehr viele Fahrzeuge ineinander fahren:* Die Autobahn war wegen einer Massenkarambolage für mehrere Stunden gesperrt.

Mas·sen·me·di·en <-> Plur. *Fernsehen, Rundfunk und Zeitungen:* Fernsehen, Rundfunk und Zeitung werden als Massenmedien bezeichnet, weil sie auf eine breite Bevölkerungsschicht einwirken (können).

Mas·sen·psy·cho·lo·gie *die* <-> PSYCH. *das Gebiet der Psychologie, das sich mit dem Verhalten eines Menschen als Teil einer Masse² beschäftigt*

Mas·sen·psy·cho·se *die* <-, -n> *eine sehr starke seelische Erregung einer Menschenmasse*

Mas·sen·punkt *der* <-(e)s> /kein Plur./ PHYS. *ein hypothetischer Körper ohne Ausdehnung*

Mas·sen·ster·ben *das* <-s> /kein Plur./ *der Vorgang, dass – meist als Folge einer Umweltkatastrophe – sehr viele Tiere sterben:* Die Ölpest verursachte ein Massensterben unter den Seevögeln.

Mas·sen·tier·hal·tung *die* <-, -en> *die Haltung von Nutztieren in sehr großen Stückzahlen*

Mas·sen·ver·nich·tungs·waf·fen <-> Plur. *Waffen, deren Einsatz für sehr viele Menschen todbringend ist*

mas·sen·wei·se *adv (umg.) in sehr großer Zahl:* In diesem Sommer gibt es massenweise Mücken.

mas·sen·wirk·sam *adj so, dass etwas bei der Masse² gut ankommt*

Mas·sen·zahl *die* <-> /kein Plur./ PHYS. *die Anzahl der Protonen und Neutronen in einem Atomkern*

Mas·seur *der*, **Mas·seu·rin** [ma'sø:ɐ] <-s, -e> *Berufsbezeichnung für Personen, die Massagen durchführen*

Mas·seu·se [ma'sø:zə] <-, -n> *Prostituierte in einem Massagesalon*

Maß·ga·be *die* <-, -n> (geh.) *Ich handelte strikt nach Maßgabe dieser Vorschrift.*

maß·ge·ar·bei·tet *adj /nicht steig./ nach Maßangaben hergestellt*

maß·ge·bend *adj als Richtschnur/Norm/Maß für ein Handeln oder für ein Urteil dienend:* Dies war schließlich das maßgebende Argument.

maß·geb·lich *adj von entscheidender Bedeutung; in erheblichem Maße:* Sie hatte maßgeblichen Anteil an unserem Erfolg.

maß·ge·recht *adj /nicht steig./ genau nach den vorgegebenen Maßen gearbeitet*

maß·ge·schnei·dert *adj /nicht steig./ nach dem Körpermaß des Kunden geschneidert:* ein maßgeschneidertes Kleid

mas·sie·ren¹ *mit OBJ* ■ *jmd. massiert jmdn./etwas eine Massage durchführen*

mas·sie·ren² *mit OBJ* ■ *jmd. massiert jmdn./etwas* MILIT. *Truppen (an einem bestimmten Ort) zusammenziehen*

mas·sig *adj* ❶ *wuchtig:* Er war von massiger Gestalt. ❷ *(umg.: ≈ haufenweise) massenhaft:* Wir haben in diesem Jahr massig Kirschen.

mä·ßig *adj* ❶ (≈ maßvoll) *so, dass man den Gebrauch von etwas nicht übertreibt:* Sie raucht nur mäßig. ❷ *relativ gering:* Die Ernte ist dieses Jahr nur mäßig. ❸ (≈ mittelmäßig, durchschnittlich) *so, dass etwas nur durchschnittlich ist und daher nicht sonderlich begeistert:* Das Konzert war eher mäßig.

-mä·ßig *als Zweitglied zusammengesetzter Adjek-*

tive; drückt aus ❶ dass etwas genau dem mit dem Erstglied Bezeichneten entspricht ◆plan-, recht-, vorschrifts- ❷ dass ein Bezug (ausschließlich) auf das mit dem Erstglied Bezeichnete gegeben ist ◆bedeutungs-, größen-, kino-, mengen-, party-, schul- ❸ dass etw./jmd. von der Art des mit dem Zweitglied Bezeichneten ist ◆bären-, lehrbuch-

mä·ßi·gen I. mit OBJ ■ jmd. **mäßigt etwas** auf ein geringeres Maß bringen: Mäßige deine Kritik! II. mit SICH ■ jmd. **mäßigt sich (bei etwas** Dat.) (≈ jmd. beherrscht/zügelt sich) sich einschränken: Mäßige dich beim Essen!

Mä·ßi·gung die <-, (-en)> das Mäßigen

Mas·siv das <-s, -e> eine Bergkette, ein gesamtes Gebirge ◆Bergmassiv, Felsmassiv

mas·siv adj ❶ (≈ stabil) so, dass etwas sehr fest gebaut ist und daher stark beansprucht werden kann: ein massiver Tisch; ein massives Metallgehäuse ❷ vollständig aus einem bestimmten Material: Die Kette ist aus massivem Gold. ❸ (≈ drastisch, rücksichtslos) sehr heftig: Sie machte uns massive Vorwürfe.

Mas·siv·bau der <-(e)s, -ten> ❶ /kein Plur./ das Bauen mit massiven Stoffen, wie Beton oder Stahl ❷ ein Gebäude, das in der Bauweise des Massivbaus[1] gefertigt wurde.

Maß·krug der <-(e)s, Maßkrüge> SÜDDT., ÖSTERR. Bierkrug, der einen Liter Bier fasst

Maß·lieb·chen, Maß·lieb·chen das <-s, -> (≈ Gänseblümchen) eine kleine Wiesenblume

maß·los adj ❶ (≈ unmäßig, extrem) so, dass etwas stark übertrieben ist: Das ist doch eine maßlose Übertreibung.; Ich habe mich maßlos geärgert. ❷ (≈ hemmungslos, zügellos) so, dass jmd. ohne Hemmungen lebt: Er hat maßlose Ansprüche.

Maß·nah·me die <-, -n> eine Handlung, mit der ein bestimmtes Ziel erreicht werden soll: Welche Maßnahmen hat man gegen das drohende Hochwasser getroffen?; Die Lawinengefahr soll durch gezielte Maßnahmen verringert werden.

Maß·re·gel die <-, -n> Regel, Vorschrift: Man hat dienstliche Maßregeln ergriffen.

maß·re·geln mit OBJ ■ jmd. **maßregelt jmdn.** tadeln: Der Chef maßregelte seine Angestellten.

Maß·re·ge·lung, a. **Maß·reg·lung** die <-, -en> Kritik, Tadel

Maß·schnei·der der, **Maß·schnei·de·rin** <-s, -> jmd., der beruflich Maßanzüge schneidert

Maß·stab der <-(e)s, Maßstäbe> ❶ das Verhältnis zwischen der realen Länge einer Distanz und ihrer Darstellung auf einer Karte oder in einem Modell: Der Maßstab dieser Landkarte ist 1:100000.; ein Automodell im Maßstab 1:18 ❷ die Norm einer Beurteilung: Bei der Auswahl gelten strenge Maßstäbe.; Ihre Leistung sollte dir als Maßstab dienen.

maß·stab(s)·ge·treu adj /nicht steig./ so, dass ein Detail auf einem Bild oder in einem Modell hinsichtlich des gewählten Maßstabs[1] die richtige Größe hat: Alle Details sind auf dem Bild maßstabsgetreu wiedergegeben.

maß·voll adj im rechten Maß: Er urteilt stets maßvoll.

Mast[1] der <-(e)s, -en/(-e)> ❶ eine lange Stange,

an der man Fahnen, Antennen oder Stromleitungen befestigt ◆Fahnen-, Laternen-, Hochspannungs-, Leitungs-, Telegrafen- ❷ eine der senkrechten langen Stangen, an denen auf einem Segelschiff die Segel befestigt sind ◆Schiffs-

Mast[2] die <-> /kein Plur./ das Mästen von Schlachtvieh ◆-futter, -vieh, Gänse-, Hühner-, Schweine-

Mast·baum der <-(e)s, Mastbäume> ein Mast[1] auf einem Segelschiff

Mast·darm der <-(e)s, Mastdärme> /Plur. selten/ ANAT. letzter Abschnitt des Darmes

mäs·ten mit OBJ ❶ ■ jmd. **mästet ein Tier** Tiere sehr reichlich füttern, damit sie möglichst schnell an Gewicht zunehmen und man sie schlachten kann ❷ ■ jmd. **mästet jmdn.** (umg. scherzh.) reichlich mit Nahrung versorgen: Meine Mutter hat mich an den Feiertagen so richtig gemästet.

Mas·ter der <-s, -> mittlerer Grad des Studienabschlusses (nach Bachelor und vor möglicher Promotion) im Rahmen der Einführung harmonisierter Studienabschlüsse in Europa: Der Master hat den Studiengang des Magister in vielen Bereichen abgelöst ◆-abschluss, -arbeit; siehe auch **Bachelor**

Der **Master** ist wie der **Bachelor** (vgl. das Stichwort) ein Studiengang, der im Rahmen des Bologna-Prozesses eingeführt worden ist, um gemeinsame Studienabschlüsse im europäischen Raum zu erreichen. Das Masterstudium dauert meist vier Semester (zwei Jahre) und schließt gewöhnlich an den Bachelor-Abschluss an. Der Master kann aber auch auf einem traditionellen einstufigen Studiengang (Erstes Staatsexamen, Lehramtsstudium, Diplom oder Magister) aufbauen, oder an eine Zeit im Beruf anschließen. Der Masterstudiengang dient der wissenschaftlichen Vertiefung des vorausgehenden Studiums und der berufsbezogenen Spezialisierung. An den Master-Abschluss kann sich eine Promotion anschließen.

Mas·tix der <-es> /kein Plur./ Harz[1] aus dem Holz des Mastixstrauchs, mit dem man bestimmte Stoffe, z. B. Lacke herstellen kann

Mast·korb der <-(e)s, Mastkörbe> eine Plattform an der Spitze eines Mastes[1] auf einem Schiff, von der aus man bis an den Horizont sehen kann: Der Matrose stand auf dem Mastkorb und hielt Ausschau nach anderen Schiffen.

Mast·kur die <-, -en> eine Kur, die dazu führen soll, dass jmd. an Gewicht zunimmt

Mast·schwein das <-(e)s, -e> ein Schwein, das gemästet wird

Mäs·tung die <-, -en> /Plur. selten/ die Mast[2]

Mas·tur·ba·ti·on die <-, -en> (≈ Onanie) der Vorgang, dass man die eigenen Geschlechtsorgane berührt, um sich selbst sexuelle Lust zu verschaffen ▸ masturbieren

Ma·sur·ka, a. **Ma·zur·ka** die <-, -s/Masurken/ Mazurken> polnischer Nationaltanz

Ma·ta·dor der, **Ma·ta·do·rin** <-s/-en, -e/-en>

❶ (≈ Stierkämpfer) ❷ Hauptperson, Sieger ◆ Haupt-, Lokal-

Match das [mɛtʃ] <-(e)s, -(e)s/-e> SPORT ein Spiel als Wettkampf: Wie ist das Match ausgegangen? ◆ Fußball-, Tennis-, Tischtennis-

Match·ball der [mɛtʃ...] <-(e)s, Matchbälle> SPORT der über den Sieg entscheidende Ball in einem Tennisspiel

Match·sack der [mɛtʃ...] <-(e)s, Matchsäcke> ein größerer Beutel, den man sich über die Schulter hängt

Ma·te·ri·al das <-s, Materialien> ❶ (≈ Rohstoff, Werkstoff) der Stoff, aus dem etwas gemacht ist: Aus welchem Material ist die Bluse?; Aluminium ist ein leichtes Material. ◆ -einsparung, -fehler, -prüfung, -verbrauch ❷ Hilfsmittel, Gegenstände für bestimmte Arbeiten: Brauchst du noch Material fürs Büro? ◆ -anforderung, -aufwand, -bedarf, -einsparung, -kosten, -lager, -verbrauch, Arbeits-, Bau-, Büro-, Druck-, Verpackungs- ❸ schriftliche Unterlagen, Beweise: Ich muss das Material für mein Referat zusammentragen, sichten und auswerten. ◆ -sammlung, Beweis-, Bild-, Informations-, Zahlen- ❹ MILIT. Waffen und Ausrüstungsgegenstände: Es gab hohe Verluste an Mensch und Material. ◆ Kriegs-

-ma·te·ri·al (abwert.) als Zweitglied zusammengesetzter Substantive; drückt aus, dass das mit dem Erstglied Bezeichnete als Masse/anonyme Personengruppe erfasst wird, die für bestimmte Aufgaben zur Verfügung steht ◆ Menschen-, Patienten-, Schüler-, Spieler-

Ma·te·ri·al·aus·ga·be die <-, -n> ❶ /kein Plur./ Verteilung von Material² ❷ Stelle, an der Material² verteilt wird

Ma·te·ri·al·er·mü·dung die <-, -en> TECHN. der Vorgang, dass das Material¹, aus dem ein Bauteil von etwas gemacht ist, durch dauernde Belastung nicht mehr belastbar ist und z. B. bricht: Das Teil sollte nach einiger Zeit ausgetauscht werden, da es stark belastet wird und es so zu Materialermüdung kommen kann.

ma·te·ri·a·li·sie·ren mit OBJ ■ jmd. materialisiert etwas (geh.) Energie in Materie umwandeln

Ma·te·ri·a·lis·mus der <-> /kein Plur./ ❶ eine Lebenseinstellung, die Besitz und Gewinn in den Vordergrund stellt ❷ PHILOS. (↔ Idealismus) die Lehre, die alles Wirkliche als Erscheinungsform oder Auswirkung der Materie auffasst oder auf Kräfte zurückführt, die deren Bedingungen unterliegen

Ma·te·ri·a·list der; **Ma·te·ri·a·lis·tin** <-en, -nen> ❶ (oft abwert.) jmd., der Besitz und Gewinn in den Vordergrund stellt ❷ PHILOS. Anhänger des Materialismus² ❸ PHILOS. (↔ Idealist) den Materialismus² betreffend

ma·te·ri·a·lis·tisch adj ❶ (oft abwert.) vom Materialismus¹ bestimmt ❷ /nicht steig./ PHILOS. (↔ idealistisch) den Materialismus² betreffend

Ma·te·ri·al·pro·be die <-, -n> eine Probe, die man von einem bestimmten Stoff nimmt

Ma·te·ri·al·scha·den der <-s, Materialschäden> Materialfehler

Ma·te·ri·al·schlacht die <-, -en> ❶ MILIT.

Schlacht, in der sehr viel Kriegsmaterial eingesetzt wird ❷ (übertr.) Einsatz von sehr viel Material zur Erreichung eines Ziels: filmische Materialschlacht; die Materialschlacht der aufwändig konstruierten Rennfahrzeuge; Die Verarbeitung der großen Fülle an Literatur in dem Buch wurde mit einer Materialschlacht verglichen.

Ma·te·rie die <-, -n> ❶ /kein Plur./ (fachspr.: ≈ Substanz, Stoff) Stoff als Grundsubstanz aller Dinge: Man kann feste von gasförmiger und flüssiger Materie unterscheiden.; organische/tote Materie ❷ (geh.: ≈ Sachgebiet) Gegenstand, Thema: Sie musste für ihr Referat eine schwierige Materie bearbeiten.; Er beherrscht seine Materie gut.; Er ist ein Kenner der Materie.

ma·te·ri·ell adj /nicht steig./ ❶ (↔ ideell) auf Besitz oder Gewinn bezogen: Er sollte neben den materiellen auch die ideellen Werte schätzen. ❷ wirtschaftlich, finanziell: Sie ist materiell abgesichert.; Es wurde glücklicherweise niemand verletzt, doch der materielle Schaden war enorm.

Ma·the·ma·tik die <-> /kein Plur./ die Wissenschaft von den Zahlen und ihren in Formeln ausdrückbaren Beziehungen: angewandte/höhere Mathematik ◆ -lehrer, -studium, -unterricht, Versicherungs-, Wirtschafts-

Ma·the·ma·ti·ker der; **Ma·the·ma·ti·ke·rin** <-s, -> Person mit abgeschlossenem Mathematikstudium

ma·the·ma·tisch adj /nicht steig./ auf die Mathematik bezogen: mathematische Axiome/Berechnungen/ Beweise/Formeln/Lehrsätze

Ma·ti·nee die <-, ...-neen> künstlerische Veranstaltung, die am Vormittag stattfindet

Mat·jes·he·ring der <-(e)s, -e> ein gesalzener Hering

Ma·t·rat·ze die <-, -n> das Polster, auf dem man in einem Bett liegt: eine harte/weiche Matratze; Die Matratze ist durchgelegen. ◆ Federkern-, Latex-, Luft-, Rosshaar-, Schaumstoff-

Ma·t·rat·zen·la·ger das <-s, -> Schlafgelegenheit in Form von Matratzen, die auf dem Boden liegen

Ma·t·rat·zen·scho·ner der <-s, -> ein rechteckiges Stück Stoff, das über die Matratze gelegt wird

Mä·t·res·se die <-, -n> (veralt.) Geliebte eines Fürsten oder Königs ◆ Mätressenwirtschaft

ma·t·ri·ar·cha·lisch adj /nicht steig./ (↔ patriarchalisch) zum Matriarchat gehörig: eine matriarchalische Gesellschaft

Ma·t·ri·ar·chat das <-(e)s, -e> /Plur. selten/ (↔ Patriarchat) Gesellschaftsordnung, die der Frau die wichtigste Stellung in Staat und Familie einräumt

Ma·t·ri·kel die <-, -n> ❶ amtliches Personenverzeichnis (einer Universität) ❷ ÖSTERR. Personenstandsregister

Ma·t·ri·kel·num·mer die <-, -n> Registriernummer der Matrikel¹: Bei der Einschreibung an einer Universität bekommt jeder Student eine Matrikelnummer.

Ma·t·rix die <-, Matrices/Matrizen/Matrizes> ❶ (fachspr.) geordnetes Schema, das einem Bauoder Schaltplan zugrundeliegt: die Matrix des Chromosomensatzes/des Farbfernsehers ❷ MATH.

M

Anordnung von Zahlen in waagrechten und senkrechten Reihen

Ma·t·rix·dru·cker *der* <-s, -> EDV *Nadeldrucker*

Ma·t·ri·ze *die* <-, -n> ❶ *(gewachste) Folie zur Herstellung von Vervielfältigungen* ❷ DRUCKW. *eine Metall-, Wachs- oder Pappform zur Herstellung einer Druckplatte*

Ma·t·ro·ne *die* <-, -n> *ältere, ehrwürdige Frau*

ma·t·ro·nen·haft *adj /nicht steig./ (oft abwert.) (als Frau) korpulent und ältlich:* Ich kann mich noch gut an ihr matronenhaftes Aussehen erinnern.

Ma·t·ro·se *der* <-n, -n> *jmd., der auf einem Handelsschiff oder bei der Marine als Seemann arbeitet* ◆ Leicht-, Voll-

Ma·t·ros·en·kra·gen *der* <-s, -/Matrosenkrägen> *breiter Kragen, der typisch für die Kleidung eines Matrosen ist*

Ma·t·ro·sen·müt·ze *die* <-, -n> *runde Mütze, die zur Kleidung eines Matrosen gehört*

Matsch *der* <-(e)s> /kein Plur./ (umg.) ❶ *breiige Mischung aus Schmutz und Erde oder Schnee* ❷ *breiige Masse:* Die Erdbeeren sind nur noch Matsch. ◆ Schnee-

mat·schen <matschst, matschte, hat gematscht> *ohne OBJ* ■ *jmd. matscht (umg.) im oder mit Matsch spielen:* Die Kinder sind ganz schmutzig, weil sie in den Pfützen gematscht haben.

matsch·ig *adj (umg.) so, dass es nicht mehr fest, sondern wie ein Brei ist:* Der Schnee war völlig matschig.

Matsch·wet·ter *das* <-s> /kein Plur./ (abwert.) Bei diesem Matschwetter geht man gar nicht gern aus dem Haus.

matt *adj* ❶ (≈ *kraftlos, umg. erledigt, schlapp) schwach, müde, erschöpft:* Ich fühle mich vor Hunger und Durst ganz matt. ❷ (≈ *stumpf) ohne Glanz, nur schwach leuchtend:* Ich muss den Silberring polieren, denn er ist ganz matt.; Die Farben auf den Fotos sind im Laufe der Zeit etwas matt geworden. ▸ halbmatt, seidenmatt ❸ *nicht intensiv:* Er antwortete mit einem matten Lächeln.

Matt *das* <-, -s> *Kurzform für „Schachmatt"*

Mat·te *die* <-, -n> ❶ *eine große Unterlage aus weichem Material, die bei bestimmten sportlichen Übungen dazu dient, dass der Sportler ohne Verletzungsrisiko darauffallen kann:* die Matte beim Hochsprung/Stabhochsprung ◆ Judo-, Turn- ❷ (≈ *Fußmatte) eine rechteckige Unterlage mit einer rauen Oberfläche, auf der man sich die Schuhe reinigt, bevor man ein Haus betritt* ❸ *kleiner Teppich* ◆ Auto-, Bade-

Matt·glas *das* <-es> /kein Plur./ *trübes, undurchsichtiges Glas*

Matt·gold *das* <-(e)s> /kein Plur./ *Gold, das nur schwach leuchtet*

mat·tie·ren *mit OBJ* ■ *jmd. mattiert etwas eine Oberfläche so behandeln, dass sie matt ist und nicht glänzt*

Matt·lack *der* <-(e)s, -e> (↔ *Glanzlack) Lack, der nur relativ wenig glänzt*

Matt·schei·be *die* <-, -en> ❶ FOTOGR. *eine Glasscheibe in der Kamera, mit der man die Schärfe*

einstellt ❷ (umg.) *der Bildschirm des Fernsehers;* ■ **(eine) Mattscheibe haben** (umg.) *etwas trotz mehrmaligem Erklären nicht verstehen (können)*

Ma·tu·ra *die* <-> /kein Plur./ SCHWEIZ., ÖSTERR. *Reifeprüfung, Abitur*

Ma·tu·rand *der*, **Ma·tu·ran·din** <-en, -en> SCHWEIZ. *Abiturient*

Ma·tu·rant *der*, **Ma·tu·ran·tin** <-en, -en> ÖSTERR. *Abiturient*

Matz *der* <-es, e/Mätze> (umg. scherzh.) *ein kleiner Junge*

Mätz·chen ■ **keine Mätzchen machen** (umg.) *keine Dummheiten machen*

mau *adj* (umg.) *schlecht;* ■ **Die Lage ist mau!** *Die Lage ist schlecht!;* ■ **Mir ist mau!** *Mir ist flau/unwohl.*

Mau·er *die* <-, -n> ❶ (≈ *Wand) eine Wand aus Stein oder Beton als Umgrenzung oder als Teil eines Hauses* ◆ -stein, -vorsprung, Beton-, Garten-, Haus-, Stadt-, Stein-, Ziegel- ❷ GESCH. *die Betonmauer, die von 1961 bis 1989 den westlichen und östlichen Teil Berlins voneinander trennte* ◆ -gedenkstätte, -opfer ❸ SPORT *(Fußball) mehrere Spieler, die sich in einer bestimmten Spielsituation nebeneinander aufstellen, um den Schuss des Gegners auf das eigene Tor zu erschweren:* Der Torwart dirigiert die Mauer noch in die richtige Position.; ■ **die Mauer des Schweigens** (übertr.) *der Zustand, dass irgendwo die Menschen nicht bereit sind, über eine Sache zu reden, weil sie Angst haben oder sich schämen* Er versuchte vergeblich, die Mauer des Schweigens zu durchbrechen.

Mau·er·bau *der* <-s> /kein Plur./ GESCH. *Bezeichnung für den Bau der Berliner Mauer, die 1961 von der damaligen DDR als stark gesicherte Grenze zwischen Ost- und Westberlin errichtet wurde*

Mau·er·blüm·chen *das* <-, -> (umg. abwert.) *schüchterne, unscheinbare junge Frau, die von Männern nicht beachtet wird*

Mauer·bre·cher *der* <-s, -> *eine Vorrichtung, mit der im Mittelalter beim Belagern einer Burg Mauern durchbrochen wurden*

Mau·er·fall *der* <-s> /kein Plur./ GESCH. *Bezeichnung für das Wegfallen der Berliner Mauer, die von 1961 bis 1989 als stark bewachte Grenze Ost- und Westberlin trennte; der Fall der Mauer war ein wichtiger und symbolträchtiger Schritt auf dem Weg zur deutschen Wiedervereinigung*

mau·ern <mauerst, mauerte, hat gemauert> **I.** *mit OBJ/ohne OBJ* ■ *jmd. mauert etwas aus Steinen und Mörtel eine Mauer bauen:* Wir mauern gerade eine Wand.; Er mauert schon seit Tagen. **II.** *ohne OBJ* ■ *jmd. mauert* ❶ (umg.) *Fragen nicht beantworten, Informationen nicht weitergeben:* Je mehr er gefragt wurde, umso mehr mauerte er. ❷ SPORT *(Fußball) beim Fußball betont defensiv spielen vor allem dann, wenn bis zum Spielende nur noch wenig Zeit bleibt:* Nach dem Tor begann die Mannschaft zu mauern.

Mau·er·öff·nung *die* <-> /kein Plur./ GESCH. *siehe* **Mauerfall**

M

Mau·er·pfef·fer der <-s, -> eine Pflanze, die auf Mauern und Felsen wächst

Mau·er·schau die <-> LIT., THEAT. (≈ Teichoskopie) Technik im Theater, bei der die Schauspieler Dinge beschreiben, die sie angeblich sehen

Mau·er·seg·ler der <-s, -> ein Vogel aus der Familie der Schwalben

Mau·er·werk das <-(e)s> /kein Plur./ ❶ gemauertes Gefüge ❷ alle Mauern eines Gebäudes

Maul das <-(e)s, Mäuler> ❶ der Mund größerer Tiere: Der Hund hat einen Maulkorb vor dem Maul. ❷ (vulg.) Mund; ■ **sich das Maul über jemanden zerreißen** (umg.: ≈ Klappe, Schnauze) üble Reden über jmdn. führen; ■ **Halt's Maul!** (vulg.) verwendet, um jmdn. aufzufordern still zu sein

Maul·beer·baum der <-(e)s, Maulbeerbäume> Baum mit Früchten, die der Brombeer ähnlich sind und dessen Blätter von Seidenraupen gefressen werden

mau·len ohne OBJ ■ **jmd. mault** (umg. abwert.: ≈ murren, nörgeln) mürrisch sein und schimpfen: Ich weiß nicht, was er hat, er mault schon den ganzen Abend.

Maul·esel der <-s, -> Kreuzung aus einem männlichen Pferd und einem weiblichen Esel

maul·faul adj (umg.) nicht gesprächig: Warum bist du denn so maulfaul?

Maul·korb der <-(e)s, Maulkörbe> ein Gegenstand in der Art mehrerer Riemen, den man einem Hund vor das Maul bindet, damit er nicht beißen kann: Der bissige Hund sollte einen Maulkorb tragen.

Maul·ta·schen <-> Plur. KOCH. ein Gericht aus kleinen Teigtaschen, die mit Hackfleisch oder Gemüse gefüllt werden und die man in einer Brühe oder gebraten serviert

Maul·tier das <-(e)s, -e> Maulesel

Maul·trom·mel die <-, -n> ein Musikinstrument

Maul- und Klau·en·seu·che die <-> /kein Plur./ eine Rinderkrankheit

Maul·wurf der <-(e)s, Maulwürfe> ein kleines Tier mit schwarzem Fell, das unter der Erde lebt und mit seinen Vordergliedmaßen Gänge gräbt, an deren Enden kleine Hügel entstehen ◆ -schaufen, -shügel

maun·zen <maunzt, maunzte, hat gemaunzt> ohne OBJ ■ **eine Katze maunzt** (umg.) (von Katzen) klägliche Laute von sich geben

Mau·re der, **Mau·rin** die <-n, -n> (veralt.) Angehöriger eines nordafrikanischen Volkes

Mau·rer der, **Mau·re·rin** die <-s, -> Handwerker, der Häuser baut ◆ -arbeit, -geselle, -handwerk, -lehrling, -meister(in)

mau·re·risch adj /nicht steig./ freimaurerisch: Mozart schrieb eine „maurerische Trauermusik".

Mau·rer·kel·le die <-, -n> das Werkzeug des Maurers, das zum Aufnehmen und glätten des Mörtels dient

Mau·re·ta·ni·en <-s> /kein Plur./ ein Staat in Afrika ▶ Mauretanier, Mauretanierin, mauretanisch

mau·risch adj /nicht steig./ (veralt.) KUNST dem

Volk der Mauren zugehörig: die maurische Architektur in Cordoba

Mau·ri·ti·us <-> /kein Plur./ Insel im Indischen Ozean ▶ Mauritier, Mauritierin, mauritisch

Maus die <-, Mäuse> ❶ ein kleines Nagetier von grauer oder brauner Farbe ◆ Feld-, Hasel-, Spitz-, Wühl- ❷ EDV ein mit einem Computer verbundenes Gerät, das man auf einer Unterlage bewegt, um dadurch die Position des Cursors auf dem Bildschirm zu verändern oder Befehle auszulösen: Jetzt musst du mit der Maus auf dieses Symbol klicken. ◆ -cursor, -funktionen, -rad, -steuerung, -treiber, -unterlage, -zeiger ❸ ■ **Da beißt die Maus keinen Faden ab.** (umg.) Da ist nichts (mehr) zu ändern. ▶ mäuschenstill

mau·scheln <mauschelst, mauschelte, hat gemauschelt> ohne OBJ ■ **jmd. mauschelt** (umg. abwert.) heimlich Vorteile aushandeln, sich heimlich absprechen: Was sie wohl nach der Sitzung noch zu mauscheln hatten?

Mäu·se·bus·sard der <-s, -e> ein brauner Raubvogel, der Mäuse fängt

Mau·se·fal·le, **Mäu·se·fal·le** die <-, -n> Falle zum Fangen von Mäusen

Mau·se·loch, **Mäu·se·loch** das <-s, Mauselöcher/Mäuselöcher> Loch, das einer Maus als Behausung dient

mau·sen <maust, mauste, hat gemaust> **I.** mit OBJ ■ **jmd. maust (jmdm.) etwas** (umg.: ≈ klauen) (in harmloser Weise kleine Dinge) stehlen: Die Kinder haben einige Äpfel gemaust. **II.** ohne OBJ ■ **ein Tier maust** Mäuse fangen: Die alte Katze maust nicht mehr.

Mau·ser die <-> /kein Plur./ der bei vielen Vögeln jährlich stattfindende Wechsel der Federn: Der Wellensittich ist gerade in der Mauser.

mau·sern <mauserst, mauserte, hat gemausert> mit SICH ❶ ■ **ein Vogel mausert sich** die Mauser haben: Der Kanarienvogel mausert sich gerade. ❷ ■ **jmd. mausert sich** (umg.) sich (positiv) entwickeln: Er hat sich in der vergangenen Saison zu einem guten Spieler gemausert.; Das Mädchen hat sich zu einer jungen Dame gemausert.

mau·se·tot adj /nicht steig./ (umg.) ganz und gar tot

maus·grau adj /nicht steig./ von einem mittleren Grauton

mau·sig ■ **sich mausig machen** (umg. abwert.) sehr vorlaut sein

Maus·klick der <-s, -s> EDV das Klicken mit der Maus²: Das Programm lässt sich ganz leicht per Mausklick starten.

Mau·so·le·um das <-s, Mausoleen> ein großes Grabmal

Maus·pad das <-s, -s> EDV eine Unterlage, auf der die Maus eines Computers bewegt wird

Maus·tas·te die <-, -n> EDV eine der beiden Tasten an der Maus eines Computers: die linke/ rechte Maustaste

Maut die <-, -en> ÖSTERR. Straßennutzungsgebühr, Autobahngebühr ◆ -gebühr

Maut·stel·le die <-, -n> ÖSTERR. eine Stelle, an der die Maut einkassiert wird

Maut·stra·ße die <-, -n> ÖSTERR. eine Straße, die

M

man nur befahren darf, wenn man Maut bezahlt
hat

ma·xi *adj /nicht steig./ (umg.:* ↔ *mini) so dass ein Rock oder Kleid bis zu den Füßen reicht* ▶ Maxirock

Ma·xi-CD *die* <-, -s> *eine CD, mit nur einem oder wenigen Titeln*

ma·xi·mal **I.** *adj /nicht steig./ (geh.:* ↔ *minimal) größtmöglich: Das Flugzeug hat die maximale Flughöhe und Geschwindigkeit erreicht.* **II.** *adv /nicht steig./ im höchsten Fall: Ich kann maximal zwei Wochen bleiben.; In diesem Auto haben maximal vier Personen Platz.* ◆ Maximalhöhe, Maximalbetrag

Ma·xi·mal·for·de·rung *die* <-, -en> *höchste Forderung*

Ma·xi·mal·wert *der* <-(e)s, -e> *größtmöglicher Wert*

Ma·xi·me *die* <-, -n> *ein Leitsatz, den sich jmd. für sein persönliches Handeln gibt: Ich habe stets versucht, nach der Maxime zu leben: Leben und leben lassen.*

ma·xi·mie·ren *mit OBJ* ■ *jmd.* **maximiert etwas** *(geh.:* ↔ *minimieren) auf den größtmöglichen Betrag bringen: Der neue Vorstand ist bestrebt, die Firmenerträge zu maximieren.*

Ma·xi·mum *das* <-s, Maxima> ❶ *(≈ Optimum* ↔ *Minimum) Höchstmaß: Das Auto bietet ein Maximum an Sicherheit.* ❷ MATH. *oberer Extremwert* ❸ METEOR. *der höchste Temperaturwert (eines Tages, einer Woche, eines Monats)*

Ma·ya *der* <-s, -s> *Angehöriger eines indianischen Volkes in Mittelamerika*

May·day *das* ['meːdeː] <-s> */kein Plur./ ein internationaler Notruf im Funksprechverkehr*

Ma·yon·nai·se *die siehe* **Majonäse**

MAZ *die* [mats] <-> TV *Kurzform für „magnetische Bildaufzeichnung"*

Ma·ze·do·ni·en <-s> *Staat in Südosteuropa*

Ma·ze·do·ni·er *der;* **Ma·ze·do·ni·e·rin** <-s, -> *Einwohner Mazedoniens*

ma·ze·do·nisch *adj* ❶ *Mazedonien betreffend* ❷ *in der Sprache der Mazedonier*

Ma·ze·do·nisch, Ma·ze·do·ni·sche *das die mazedonische Sprache*

Mä·zen *der* <-s, -e> *(geh.:* ≈ *Gönner, Sponsor) eine reiche Person, die einen Künstler mit Geld unterstützt* ◆ Kunst-

Mä·ze·na·ten·tum *das* <-s> */kein Plur./ (geh.) Förderung von Kunst und Kultur durch einen Mäzen*

Ma·zur·ka *die siehe* **Masurka**

MB *Abkürzung von „Megabyte"*

mbH *Abkürzung von „mit beschränkter Haftung"*

MD *Abkürzung von „MiniDisc"*

MdB *Abkürzung von „Mitglied des Bundestages"*

MDR *Abkürzung von „Mitteldeutscher Rundfunk"*

m.E. *Abkürzung von „meines Erachtens"*

Me·cha·nik *die* <-, -en> ❶ */Plur. selten / PHYS. die Lehre von der Bewegung der Körper unter dem Einfluss von äußeren Kräften* ◆ Elektro-, Quanten-, Thermo- ❷ TECHN. *Konstruktion und Funktionieren von technischen Geräten* ◆ Auto-, Hydro-, Orgel- ❸ *(fachspr.) Mechanismus [1]*

Me·cha·ni·ker *der;* **Me·cha·ni·ke·rin** <-s, -> *(≈ Monteur) jmd., der beruflich Maschinen zusammenbaut, repariert und überprüft* ◆ Auto-, Elektro-, Fein-, Kfz-

me·cha·nisch *adj /nicht steig./* ❶ PHYS. *in Bezug auf die Mechanik [1]* ❷ *(fachspr.) durch äußere Einflüsse von Körpern bewirkt* ❸ *die Mechanik [2, 3] betreffend* ❹ *(≈ maschinell) durch technische Geräte: Wann wurde der mechanische Webstuhl erfunden?* ❺ *automatisch und ohne dabei zu denken: Manche Bewegungen macht man ganz mechanisch.; Er schrieb den Text völlig mechanisch ab.*

me·cha·ni·sie·ren *mit OBJ* ■ *jmd.* **mechanisiert etwas** *auf den Betrieb oder die Produktion mit Maschinen umstellen*

Mecha·ni·sie·rung *die* <-> */kein Plur./ die Umstellung des Betriebs oder der Produktion auf Maschinen*

Me·cha·nis·mus *der* <-, Mechanismen> ❶ *die verschiedenen zusammenwirkenden Teile einer technischen Konstruktion* ❷ */kein Plur./ die Funktionsweise eines Mechanismus [1]: Er kennt den Mechanismus dieser Maschine* ❸ *etwas, das selbstständig als System funktioniert: Wir behandeln heute einen biologischen Mechanismus, der …*

me·cha·nis·tisch *adj /nicht steig./ so, dass man für alles nur mechanische Ursachen annimmt: eine mechanistische Weltanschauung*

Me·cker·ecke *die* <-, -n> *(umg.) der Teil einer Zeitung oder Zeitschrift, in dem Beschwerden von Lesern stehen*

Me·cke·rei *die* <-, -en> *(umg. abwert.) das Meckern [2]*

Me·cke·rer *der;* **Me·cke·rin** <-s, -> *(umg. abwert.:* ≈ *Nörgler) jmd., der immer meckert [2]: Er ist ein richtiger Meckerer, an allem hat er etwas auszusetzen.*

me·ckern <meckerst, meckerte, hat gemeckert> *ohne OBJ* ❶ ■ **eine Ziege meckert** *den für Ziegen typischen Laut von sich geben: Ziegen meckern.* ❷ ■ *jmd.* **meckert** *(umg. abwert.:* ≈ *nörgeln) ständig Kritik üben: Mein Freund hat die ganze Heimfahrt gemeckert.*

Me·cker·zie·ge *die* <-, -n> *(umg. abwert.) eine Frau, die ständig meckert [2]*

Me·cki·fri·sur *die* <-, -en> *(umg. o veralt.) ein sehr kurzer Haarschnitt*

Me·cki·schnitt *der* <-(e)s, -e> *(umg. o veralt.:* ≈ *Meckifrisur)*

Meck·len·burg-Vor·pom·mern, Meck·len·burg-Vor·pom·mern <-s> *ein deutsches Bundesland*

Me·dail·le *die* [meˈdaljə] <-, -n> ❶ *eine Münze, die zur Erinnerung an ein bestimmtes Ereignis geprägt worden ist und die jemandem überreicht wird, um ihn damit auszuzeichnen* ◆ Ehren-, Gedenk-, Rettungs-, Tapferkeits-, Verdienst- ❷ *eine Gedenkmünze als Auszeichnung im Sport: Die Athletin hat bei den Olympischen Spielen zwei Medaillen gewonnen.; Für die deutschen Athleten gab es insgesamt sechs Goldmedaillen, drei Silber-*

M

und eine Bronzemedaille. ◆-ngewinner, -nregen, Bronze-, Gold-, Silber-

Me·dail·lon *das* [medalˈjöː] <-s, -s> ❶ *runder Schmuckanhänger, der ein kleines Bild enthält* ❷ KOCH. *eine kleine Filetscheibe* ◆ Kalbs-, Schweine-

me·di·al *adj* ❶ *auf die Medien bezogen* ❷ *so, dass es sich in der Mitte befindet* ❸ *auf die Kräfte eines Mediums³ bezogen:* Diese Wahrsagerin verfügt über mediale Fähigkeiten.

Me·di·a·ti·on *die* <-, -en> ■ *eine Mediation durchführen (fachspr.) der Vorgang, dass jmd. professionell zwischen Konfliktparteien vermittelt:* Mediation in der Schule ◆ Konflikt-, Scheidungs-

Me·di·a·tor *der,* **Me·di·a·to·rin** <-s, ...-toren> *Person, die Mediationen durchführt*

Me·di·ä·vis·tik *die* <-> /kein Plur./ *die Wissenschaft von Literatur und Kultur des Mittelalters* ▶ Mediävist, Mediävistin, mediävistisch

Me·di·en <-> *Plur.* (≈ *Massenmedien) Sammelbezeichnung für Kommunikationsmittel mit Breitenwirkung, so Film, Funk, Fernsehen und Presse als Einrichtungen der Informationsverbreitung*

Me·di·en·be·richt·er·stat·tung *die* <-> /kein Plur./ *die Art, wie in den Medien über aktuelle Ereignisse berichtet wird:* Die Medienberichterstattung ist selten objektiv.

Me·di·en·er·eig·nis *das* <-ses, -se> *ein Vorfall, über den sehr ausgiebig in den Medien berichtet wird*

Me·di·en·for·schung *die* <-> /kein Plur./ *wissenschaftliche Untersuchungen über Formen und Wirkungen der Medien*

me·di·en·ge·recht *adj* /nicht steig./ *so, dass es in den Medien gut dargestellt werden kann und dort eine starke Wirkung hat:* Das Ereignis wurde mediengerecht aufbereitet.

Me·di·en·kof·fer *der* <-s, -> *eine Tasche, in der ein Lehrer oder Dozent Materialien für den Unterricht mitbringt*

Me·di·en·kon·zern *der* <-s, -e> *Zusammenschluss mehrerer Medienunternehmen*

Me·di·en·land·schaft *die* <-> /kein Plur./ *Gesamtheit und Vielfalt der Massenmedien in einem Land*

Me·di·en·lieb·ling *der* <-s, -e> *(umg.) jmd., der wegen seiner Beliebtheit sehr oft in den Medien ist:* Dieser Schauspieler ist ein echter Medienliebling; im Radio kommt schon wieder ein Interview mit ihm.

Me·di·en·rum·mel *der* <-s> /kein Plur./ *(abwert.) auffallend häufige, übertriebene Berichterstattung über jmdn./etwas in den Medien:* Ich kann den ganzen Medienrummel wegen dieser/um diese Person nicht verstehen.

Me·di·en·spek·ta·kel *das* <-s, -> MEDIA *(umg.) Medienereignis*

Me·di·en·ver·bund *der* <-(e)s> /kein Plur./ *(fachspr.)* Die Sender schlossen sich zu einem Medienverbund zusammen.

Me·di·en·wech·sel *der* <-s, -> *der Vorgang, dass jmd. einen (Unterrichts-)Vortrag hält und zwi-*

schen verschiedenen Formen der Darstellung (Text, Bild, Fim) abwechselt

me·di·en·wirk·sam *adj auf starke Wirkung in den Massenmedien bedacht*

Me·di·ka·ment *das* <-(e)s, -e> (≈ umg. Medizin, Präparat) *Arzneimittel* ◆ -ensucht

Me·di·ka·men·ten·miss·brauch *der* <-(e)s> /kein Plur./ *der Vorgang, dass jmd. ständig Medikamente nimmt, weil er davon abhängig ist*

Me·di·ka·men·ten·ver·ord·nung *die* <-, -en> MED. *gesetzliche Regelung darüber, welche und wie viele Medikamente ein Arzt verschreiben darf*

me·di·ka·men·tös *adj* /nicht steig./ *mit Hilfe von Medikamenten:* Wir werden es mit einer medikamentösen Behandlung versuchen.

Me·di·ka·ti·on *die* <-, -en> MED. *die Verordnung und Anwendung eines Medikaments* ◆ Selbst-

me·di·o·ker *adj* /nicht steig./ *(geh. abwert.) mittelmäßig, nicht besonders gut:* eine mediokre Leistung/Darstellung ▶ Mediokrität

Me·dio·thek *die* <-, -en> *Leihstelle für Bücher, Filme, Tonbänder, CDs; siehe auch* **Medium**

Me·di·ta·ti·on *die* <-, -en> ❶ REL., PSYCH., PHILOS. *der Vorgang, dass jmd. durch Anwendung bestimmter Techniken (der Körperhaltung, Atmung, Konzentration, durch das Wiederholen bestimmter sprachlicher Formeln usw.) einen bestimmten Zustand des Bewusstseins herbeiführt, in dem er Wahrheiten erkennt und seine Konzentration völlig in einem Punkt gesammelt ist* ❷ *(geh.) intensives Nachdenken, sinnende Betrachtung* ◆ -sübungen, -stechniken, -smusik, -stexte

me·di·ta·tiv *adj* *(geh.) auf die Meditation¹ bezogen:* Er versetzt sich in einen meditativen Zustand.

me·di·ter·ran *adj* /nicht steig./ *zum Mittelmeer gehörend, dafür typisch:* Sie schwärmt von der mediterranen Flora.; Er liebt die mediterrane Küche.

me·di·tie·ren *ohne OBJ* ■ *jmd. meditiert Meditation betreiben:* Die Mönche meditieren täglich.

Me·di·um *das* <-s, Medien> ❶ *Kommunikationsmittel:* das Medium Sprache/Buch/Fernsehen; Das Handy ist ein ganz neues Medium. ▶ Medienfachmann, Mediothek ❷ BIOL., CHEM., PHYS. *eine Substanz, in der bestimmte Vorgänge ablaufen* ❸ *eine Person, die in der Lage ist, mit dem übersinnlichen Bereich Kontakt aufzunehmen:* Das Medium geriet in Trance und begann mit Verstorbenen zu sprechen.; *siehe auch* **Medien**

me·di·um [ˈmiːdjəm] *adj* /nicht steig./ KOCH. *(von einem Steak) nicht ganz durchgebraten:* Mögen Sie Ihr Steak medium oder durchgebraten?

Me·di·zin *die* <-, -en> ❶ *(umg.) ein Arzneimittel (in flüssiger Form):* Die Medizin schmeckt bitter. ❷ /kein Plur./ *die Wissenschaft vom gesunden und kranken menschlichen Organismus, von seinen Krankheiten, ihrer Heilung und Vorbeugung:* Sie will Medizin studieren.; die Fortschritte der modernen Medizin ◆ -professor(in), -student(in), -studium, Human-, Schul-, Sport-, Tier-, Veterinär-, Zahn-

Me·di·zin·ball *der* <-(e)s, Medizinbälle> SPORT *ein schwerer und großer Lederball (für die Gymnastik)*

M

Me·di·zi·ner *der*; **Me·di·zi·ne·rin** <-s, -> *jmd., der Medizin[2] studiert hat*

me·di·zi·nisch *adj /nicht steig./ auf die Medizin[2] bezogen:* medizinische Fachzeitschriften/Lehrbücher/Ratgeber; Diese Seife ist medizinisch getestet.; Aus medizinischer Sicht gibt es keine Bedenken.

Me·di·zi·nisch-Tech·ni·scher As·sis·tent *der*; **Me·di·zi·nisch-Tech·ni·sche As·sis·ten·tin** <-en, -en> *jmd., der beruflich in einem Labor medizinische Untersuchungen durchführt*

Me·di·zin·mann *der* <-(e)s, Medizinmänner> *ein Angehöriger eines Naturvolkes, der die Rolle von Zauberer, Priester und Arzt bekleidet*

Me·du·se, Me·du·sa *die* <-, -n> **❶** *ein Ungeheuer aus der griechischen Sage* **❷** ZOOL. *eine Qualle*

Me·du·sen·blick *der* <-(e)s, -e> *(geh.) der schreckliche, furchterregende Blick der Medusa[1]*

Meer *das* <-(e)s, -e> **❶** */kein Plur./ (≈ Ozean ↔ Land) die sehr große Wassermasse, die einen großen Teil der Erde bedeckt:* Schiffe befahren das Meer.; Die Sonne scheint im Meer zu versinken.; Die Touristen strömen zum Meer.; Alles Leben kommt aus dem Meer. ◆-esboden, -esgrund, -esströmung **❷** *ein bestimmter Teil des Meeres[1]:* das Rote Meer **❸** *eine sehr große Menge oder Anzahl von etwas:* Im Frühjahr blüht dort ein Meer von Tulpen. ◆Blumen-, Flammen-, Häuser-, Lichter- **❹** *(in Namen: ≈ Mare) eine der großen Ebenen auf dem Mond, die als dunkle Flächen erscheinen*

Meer·bar·be *die* <-, -n> *eine Fischart*

Meer·blick *der* <-(e)s, -e> *Aussicht auf das Meer:* Ein Hotelzimmer mit Meerblick.

Meer·bu·sen *der* <-s, -> *(veralt.) eine (größere) Meeresbucht*

Meer·en·ge *die* <-, -n> *eine Stelle, wo zwei Landmassen durch einen relativ schmalen Streifen Meer getrennt sind:* die Meerenge von Gibraltar.

Mee·res·al·ge *die* <-, -n> */selten im Sing./ im Meer lebende Alge*

Mee·res·arm *der* <-(e)s, -e> *eine schmale, weit ins Land reichende Meeresbucht*

Mee·res·bio·lo·gie *die* <-> */kein Plur./ das wissenschaftliche Studium des Lebens der Pflanzen und Tiere im Meer*

Mee·res·früch·te <-> *Plur.* KOCH. *kleine Meerestiere (als Speise), z. B. Muscheln*

Mee·res·ge·tier *das* <-(e)s> */kein Plur./ (kleine) Tiere, die im Meer leben*

Mee·res·hö·he *die* <-> */kein Plur./ (≈ Meeresspiegel) durchschnittlicher Wasserstand des Meeres*

Mee·res·kun·de *die* <-> */kein Plur./ die Wissenschaft vom Meer und den physikalischen sowie chemischen Eigenschaften des Meerwassers*

mee·res·kund·lich *adj /nicht steig./ zur Meereskunde gehörend*

Mee·res·rau·schen *das* <-s> */kein Plur./ das Rauschen[1] des Meeres*

Mee·res·spie·gel *der* <-s> */kein Plur./ der durchschnittliche Wasserstand des Meeres, auf dessen Grundlage Höhenmessungen auf dem* Festland vorgenommen werden: Die Stadt liegt 367 Meter über dem Meeresspiegel.

Mee·res·ver·schmut·zung *die* <-> */kein Plur./ Verschmutzung der Meere durch Rohöl und Chemikalien*

Meer·gott *der* <-(e)s, Meergötter> *eine Sagengestalt:* Poseidon, der Meergott der antiken Griechen

meer·grün *adj von einem grün-blauen Farbton*

Meer·jung·frau *die* <-, -en> *(≈ Nixe) eine Sagengestalt in der Art eines Wesens, dessen Oberleib der Oberkörper einer Frau und dessen Unterleib ein Fischschwanz ist*

Meer·kat·ze *die* <-, -n> *eine Affenart*

Meer·ret·tich *der* <-s, -e> **❶** *eine Pflanze, deren Wurzel man als Gewürz verwendet* **❷** *das sehr scharfe Gewürz aus Meerrettich[1]*

Meer·salz *das* <-es> */kein Plur./ Kochsalz, das aus dem Meerwasser gewonnen wird*

Meer·schaum *der* <-(e)s> */kein Plur./ ein Mineral, aus dem Pfeifen gemacht werden* ◆-pfeife

Meer·schwein·chen *das* <-s, -> *ein kleines Nagetier*

Meer·un·ge·heu·er *das* <-s, -> *ein großes Fabelwesen, das angeblich im Meer lebt*

Meer·was·ser *das* <-s> */kein Plur./ (↔ Süßwasser) das salzige Wasser des Meeres* ◆-entsalzungsanlage

Mee·ting *das* ['miːtɪŋ] <-s, -s> **❶** *(≈ Treffen) eine (offizielle) Zusammenkunft, Versammlung* **❷** SPORT *(≈ Sportfest) eine große Sportveranstaltung in der Leichtathletik*

Me·ga- *als Erstglied zusammengesetzter Substantive* **❶** *(umg.: ≈ Super-) drückt (teils) übertreibend aus, dass das mit dem Zweitglied Bezeichnete äußerst groß bzw. in besonderem Maße gegeben ist:* Das Festival ist eine Megaveranstaltung der Superlative.; Dieser Kerl ist ein Megatrottel; er ist ein Volldiot!; Ihre neue CD ist eine Megascheibe und jetzt schon unser Album des Jahres! ◆-event, -hit-, -star, -konzert, -video **❷** */vor Maßeinheiten/ drückt aus, dass die Maßeinheit das Millionenfache der genannten Einheit darstellt:* Ein Megawatt ist eine Million Watt. ◆-joule, -ohm, -pascal, -pixel, -tonne, -watt **❸** *drückt aus, dass das fachsprachlich mit dem Zweitglied Bezeichnete von besonderer Größe ist bzw. eine Vergrößerung darstellt; mit Betonung auf dem Zweitglied* ◆-lopolis, -therium, -ureter, -zephalie

me·ga- *als Erstglied zusammengesetzter Adjektive* **❶** *(umg.: ≈ super-) drückt (teils) übertreibend aus, dass das mit dem Zweitglied Bezeichnete äußerst groß bzw. in besonderem Maße gegeben ist; mit Betonung auf beiden Bestandteilen:* Der Typ ist megastark. ◆-stark **❷** *drückt aus, dass das fachsprachlich mit dem Zweitglied Bezeichnete von besonderer Größe ist bzw. eine Vergrößerung darstellt* ◆-lithisch

Me·ga·bit, Me·ga·bit *das* <(-s), (-s)> EDV *eine Million Bit*

Me·ga·byte, Me·ga·byte *das* <(-s), (-s)> EDV *eine Million Byte*

Me·ga·fon *das siehe* **Megaphon**

M

Me·ga·lith, Me·ga·lith *der* <-s/-en, -e(n)> *ein großer (roher) Steinblock*

Me·ga·lith·grab, Me·ga·lith·grab *das* <-(e)s, Megalithgräber> *eine steinzeitliche Grabanlage aus Megalithen*

me·ga·li·thisch, me·ga·li·thisch *adj aus Megalithen bestehend*

Me·ga·lith·kul·tur, Me·ga·lith·kul·tur *die* <-> /kein Plur./ *eine Kultur der Jungsteinzeit, für die Monumente aus Megalith typisch sind*

Me·ga·phon, a. **Me·ga·fon** *das* <-s, -e> *eine Art Rohr (mit elektrischer Verstärkung), durch das man sprechen kann und das die Laute so verstärkt, dass man sie über große Entfernungen hören kann:* Der Kapitän sprach durch ein Megafon.

Me·gä·re *die* <-, -n> *(geh. abwert.) eine böse, wütende Frau (nach einer der drei Erinnyen aus der griechischen Mythologie)*

Mehl *das* <-(e)s, -e> *Getreidekörner, die zu einem feinen Pulver gemahlen worden sind, das als Rohstoff zum Backen von Brot und Gebäck dient:* Für den Teig braucht man Mehl, Eier, Wasser und Salz.

meh·lig *adj* ❶ *so, dass Mehl darauf ist:* Ich kann jetzt nicht ans Telefon gehen; meine Hände sind vom Backen ganz mehlig. ❷ *so, dass das Fruchtfleisch von etwas relativ trocken ist:* Die Kartoffeln sind mehlig.

Mehl·schwit·ze *die* <-, -n> KOCH. *in Fett leicht gebräuntes Mehl*

Mehl·spei·se *die* <-, -n> KOCH. ❶ *ein Gericht aus Mehl, Butter und Eiern* ❷ ÖSTERR. *Süßspeise (auch ohne Mehl)*

Mehl·tau *der* <-s> /kein Plur./ *eine Pflanzenkrankheit, bei der auf den Blättern weißer Belag zu finden ist*

Mehl·wurm *der* <-(e)s, Mehlwürmer> *eine Käferlarve*

Mehr *das* <-(s)> /kein Plur./ *eine größere Menge von etwas:* Eine solche Arbeit erfordert ein erhebliches Mehr an Zeit.; Das Auto bietet ein deutliches Mehr an Luxus.

mehr I. *Komp. von* **viel II.** *pron (↔ weniger) verwendet, um auszudrücken, dass etwas in größerer Menge oder Anzahl als etwas anderes da ist oder der Fall ist:* Wir brauchen mehr Geld/mehr Freizeit.; Wir mussten mehr Schulden machen als geplant.; Auf ein paar Euro mehr oder weniger kommt es nicht an.; Man sollte nicht mehr versprechen, als man halten kann.; Wir haben mehr als genug Zeit.; Was könnte einen noch mehr ärgern?; Was willst du mehr? **III.** *adv* ❶ *(↔ weniger) verwendet, um auszudrücken, dass etwas von größerer Intensität ist als etwas anderes:* Er hat mehr trainiert als ich. ❷ *(umg.) besser:* Du solltest dich mehr schonen. ❸ *(↔ weniger) stärker:* Gegen Abend waren die Straßen wieder mehr befahren. ❹ *eher:* Nach der anstrengenden Bergtour war ich mehr tot als lebendig. ❺ ▪ *nicht mehr;* ▪ *nichts mehr verwendet, um auszudrücken, dass von einer gegebenen Ausgangsmenge nichts mehr da ist oder dass eine vorher gegebene Sachlage nicht mehr gültig ist:* Wir haben nichts mehr zu trinken (≈ wir hatten Getränke, die jetzt aufgebraucht sind).; Ein Studium ist nicht mehr eine Garantie für

einen guten Arbeitsplatz (≈ ein Studium war eine Garantie dafür, aber dies ist jetzt nicht so).; Ich wusste nicht mehr, wo ich war.; ▪ **mehr und mehr** *in zunehmendem Maße* Ich zweifle mehr und mehr an unserer Vorgehensweise.; ▪ **mehr oder minder/weniger** *im Großen und Ganzen* Das war jetzt mehr oder minder auch schon egal.; ▪ **nicht mehr und nicht weniger** *nichts anderes als das Betreffende* Es war eine Fehlplanung, nicht mehr und nicht weniger.

Mehr·ar·beit *die* <-> /kein Plur./ (≈ Überstunden) *zusätzliche Arbeit, die über die normale Arbeitszeit hinaus geleistet wird*

Mehr·auf·wand *der* <-(e)s> /kein Plur./ *ein zusätzlicher Aufwand*

Mehr·aus·ga·be *die* <-, -n> /selten im Sing./ *eine zusätzliche Ausgabe*

mehr·bän·dig *adj* /nicht steig./ (↔ einbändig) *aus mehreren Bänden bestehend:* ein mehrbändiges Lexikon

Mehr·be·darf *der* <-s> /kein Plur./ *ein zusätzlicher Bedarf*

Mehr·be·las·tung *die* <-, -en> *eine zusätzliche Belastung*

Mehr·be·reichs·öl *das* <-(e)s, -e> KFZ *ein bestimmtes Maschinenöl für Motoren*

Mehr·be·trag *der* <-(e)s, Mehrbeträge> *ein Betrag, der zusätzlich anfällt*

mehr·chö·rig *adj* /nicht steig./ MUS. *die Eigenschaft, dass ein Musikstück für mehrere Chöre geschrieben ist, die gleichzeitig singen*

mehr·deu·tig *adj* /↔ eindeutig ≈ vieldeutig) *so, dass man mehr als nur eine Bedeutung hat:* Seine Bemerkung war mehrdeutig.; Das Wort „Brücke" ist mehrdeutig, denn es bedeutet „Bauwerk", „Teppich" und „Zahnersatz".

Mehr·deu·tig·keit *die* <-, -en> SPRACHWISS. *zusammenfassende Bezeichnung für die Gegebenheit, dass in natürlichen Sprachen lexikalische und syntaktische Einheiten nicht nur eine einzige Bedeutung aufweisen*

M

Mehrdeutigkeit ist eine Grundeigenschaft natürlicher Sprachen. Sie erstreckt sich nicht nur auf lexikalische Einheiten, sondern auch auf syntaktische Strukturen. Der Satz „Wir freuen uns, dass die Leute aus Stuttgart kommen" ist mehrdeutig: Eine Lesart/Deutung ist die, dass mit „die Leute aus Stuttgart" z. B. die Meiers gemeint sind; in anderer Lesart kann sich die Freude darauf beziehen, dass „die Leute" gerade aus Stuttgart kommen, und nicht andersdwoher. Es ist die so bezeichnete **Ambiguität**; entsprechende Sätze bzw. Satzäußerungen nennt man ambig. Wie alle Formen der Mehrdeutigkeit ist auch diese auf die Ebene des Sprachsystems bezogen, also auf die Ebene sprachlicher Regeln (vgl. das Stichwort). Im sprachlichen Miteinander (Kotext) oder im situativen Zusammenhang (Kontext) löst sich die Mehrdeutigkeit normalerweise auf. Im Falle der Ambiguität ist es die so bezeichnete *Desambiguierung*. Im Bereich der Lexik ist die grundlegende und nahezu alle Einheiten betreffende Form der Mehrdeutigkeit die so bezeichnete **Polysemie**; von den Einheiten wird ausgesagt, dass sie *polysem* sind bzw. in der *Relation der lexikalischen Polysemie* stehen. Sie liegt vor, wenn eine Einheit bei gleicher Ausdrucksseite mindestens zwei Bedeutungen aufweist, die sich überschneiden und damit zentrale Merkmale gemeinsam haben. Dem Ausdruck *Brücke* z. B. lassen sich mindestens die Bedeutungen zuordnen: „Bauwerk", „Zahnprothese" und „schmaler Teppich". Wenn es in einer Äußerung z. B. um Zähne geht, löst sich die Mehrdeutigkeit im Sinne der letzten Bedeutung auf. Dies nennt man *Monosemierung* (im Kotext bzw. Kontext).

Die **Homonymie** hingegen ist als Form der Mehrdeutigkeit gegeben, wenn die Bedeutungen meist zweier Einheiten sehr unterschiedlich sind. Die entsprechenden Einheiten heißen *Homonyme*. Bezogen auf die Einheiten sagt man: Sie sind *homonym* bzw. stehen in entsprechender Relation zueinander. Meist lässt sich bei diesem Zusammenfall auf der Ausdrucksseite mit sprachgeschichtlich unterschiedlicher Herkunft argumentieren. Ein klarer Fall von Homonymie liegt vor im Falle von *Kiefer*: Im Sinne von „Schädelknochen" geht der Ausdruck zurück auf mittelhochdeutsch „kiver" („Nager/Esser"), im Sinne von „Baum" hingegen auf althochdeutsch „kienfora" („Zapfen/Kien tragend"). Andere Beispiele sind *Ton* und *Reif*.

In vielen Fällen lässt sich nicht einfach zwischen Polysemie und Homonymie unterscheiden. Dies liegt daran, dass sprachliche Einheiten nicht gleichsam „von Natur aus" bzw. naturgegeben entweder homonym oder polysem sind! Vielmehr ist jeweils der Nachweis zu erbringen, welche Beziehung vorliegt; und dies hängt von der zugrunde gelegten Theorie ab. Es lässt sich folglich sagen: Wenn nachgewiesen werden kann, dass die Bedeutungen einer lexikalischen Einheit gänzlich auseinanderfallen, liegt Homonymie vor, andernfalls eben Polysemie. Davon, dass Mehrdeutigkeiten nicht einfach irgendwie gegeben bzw. vorgegeben sind, kann man sich leicht mit Blick in beliebige Wörterbücher überzeugen: Mehrdeutigkeiten werden nämlich sehr unterschiedlich behandelt; auch schwankt die Anzahl der unterschiedenen Bedeutungen teils erheblich. Wie in anderen Wörterbüchern werden auch in vorliegendem Wörterbuch für homonyme Einheiten in klaren Fällen gewöhnlich zwei Wörterbuchartikel angesetzt, wobei das einzelne Stichwort mit einer hochgestellten Ziffer versehen ist (genannt: *Homonymenindex*).

mehr·di·men·si·o·nal *adj /nicht steig./ (↔ eindimensional)* Mit diesem Computerprogramm las-

sen sich mehrdimensionale Grafiken erstellen und bearbeiten.

Mehr·ein·nah·me *die <-, -n> eine zusätzliche Einnahme*

meh·ren I. *mit OBJ* ■ *jmd./etwas mehrt etwas (geh.: ↔ mindern) größer machen:* Der Handel mehrte den Reichtum der Stadt. ▶vermehren **II.** *mit SICH* ■ *etwas mehrt sich (geh.: ≈ häufen)* immer häufiger vorkommen: Die Behauptungen mehren sich, dass …

meh·re·re *pron* ❶ *(≈ einige) unbestimmt viele; eine Anzahl:* Es gibt noch mehrere Probleme. ❷ *(≈ verschiedene) allerlei Dinge:* Wir haben mehrere Reiseziele zur Auswahl.

meh·re·res *pron siehe* **mehrere**

Mehr·er·lös *der <-es, -e> ein zusätzlicher Erlös*

Mehr·er·trag *der <-(e)s, Mehrerträge> ein zusätzlicher Ertrag*

mehr·fach *adj /nicht steig./* ❶ *(≈ multipel, vielfach) an mehreren Stellen:* mehrfach behindert; Mehrfache Nennungen sind möglich. ❷ *(≈ öfter, häufig) wiederholt:* Wir haben uns schon mehrfach getroffen.

Mehr·fa·mi·li·en·haus *das <-es, Mehrfamilienhäuser> ein Haus mit Wohnungen für mehrere Familien*

Mehr·far·ben·druck *der <-(e)s, -e>* ❶ */kein Plur./* DRUCKW. *ein Verfahren, bei dem einzelne Farbtöne übereinandergedruckt werden* ❷ *ein Bild, das mit der Technik des Mehrfarbendrucks [1] gedruckt wurde*

mehr·far·big *adj /nicht steig./ (↔ einfarbig) mit mehreren Farben*

mehr·ge·schos·sig *adj /nicht steig./ (↔ eingeschossig) mit mehreren Stockwerken*

mehr·glei·sig *adj /nicht steig./* ❶ *(↔ eingleisig) mit mehreren Gleisen:* eine mehrgleisige Zugstrecke ❷ *so, dass jmd. mehrere Möglichkeiten nutzt oder betrachtet:* mehrgleisig denken; Er fährt mehrgleisig, da er sich alle Möglichkeiten offenhalten will

Mehr·heit *die <-, -en>* ❶ */kein Plur./ (≈ Majorität ↔ Minderheit) die größere Menge einer Gesamtheit (von Menschen):* Wir sind eindeutig in der Mehrheit.; Die Mehrheit der Abgeordneten lehnte den Antrag ab.; Sie konnte die Mehrheit der Stimmen auf sich vereinigen. ◆-beteiligung ❷ *der größere Teil von Wählerstimmen:* Die Partei gewann die Wahl mit überwältigender Mehrheit.; Welche Partei hat die Mehrheit errungen? ◆-sprinzip

Mehr·heits·be·schluss *der <-es, Mehrheitsbeschlüsse> Das Gesetz wurde durch Mehrheitsbeschluss verabschiedet.*

mehr·heits·fä·hig *adj /nicht steig./ so, dass es die Zustimmung einer Mehrheit erhalten kann:* Wir sollten das Konzept überarbeiten, es ist noch nicht mehrheitsfähig.

Mehr·heits·re·gie·rung *die <-, -en>* POL. *eine Regierung, die von der Mehrheit der Bevölkerung gewählt wurde*

Mehr·heits·ver·hält·nis·se <-> *Plur.* POL. *die prozentuale Verteilung der Stimmen bei einer Wahl:* Momentan werden die Stimmen ausgezählt; die

Mehrheitsverhältnisse müssen noch geklärt werden

Mehr·heits·wahl·recht *das* <-(e)s> /*kein Plur.*/ POL. *(↔ Verhältniswahlrecht) Wahlrecht, bei dem der Kandidat gewinnt, der die meisten Stimmen erhält*

mehr·jäh·rig *adj* /*nicht steig.*/ *mehrere Jahre dauernd oder gültig:* Er wurde zu einer mehrjährigen Haftstrafe verurteilt.; ein mehrjähriger Mietvertrag

Mehr·kos·ten <-> *Plur. zusätzliche Kosten*

mehr·ma·lig *adj* /*nicht steig.*/ *(≈ wiederholt) so, dass es öfter als einmal erfolgt:* Er öffnete auch nach mehrmaligem Klingeln nicht die Tür.

mehr·mals *adv* *(≈ häufigm oft) so, dass es öfter als einmal erfolgt:* Ich habe ihn schon mehrmals darauf angesprochen.

mehr·mo·to·rig *adj* /*nicht steig.*/ *so, dass ein Flugzeug mehr als nur einen Motor hat*

Mehr·par·tei·en·sys·tem *das* <-, -e> POL. *ein politisches System, das von mehreren Parteien getragen wird*

Mehr·pha·sen·strom *der* <-s> /*kein Plur.*/ PHYS. *Wechselstrom*

mehr·pha·sig *adj* /*nicht steig.*/ *mit mehreren Phasen*

Mehr·platz·rech·ner *der* <-s, -> EDV *ein Computer, der von mehreren Personen benutzt wird*

mehr·po·lig *adj* /*nicht steig.*/ *mit mehreren Polen*

Mehr·preis *der* <-es, -e> *(≈ Aufpreis) ein Preis, den man für etwas zusätzlich bezahlen muss:* Wie hoch wäre der Mehrpreis für dieses Modell mit Klimaanlage?

mehr·schich·tig *adj* /*nicht steig.*/ *so, dass etwas aus mehreren Schichten besteht* ▸ Mehrschichtigkeit

mehr·sei·tig *adj* /*nicht steig.*/ *so, dass es mehrere Seiten umfasst:* Das mehrseitige Inhaltsverzeichnis der Arbeit umfasst 143 Kapitel. ▸ Mehrseitigkeit

mehr·sil·big *adj* /*nicht steig.*/ *aus mehreren Silben bestehend:* ein mehrsilbiges Wort

mehr·spra·chig *adj* /*nicht steig.*/ ❶ *mehrere Sprachen sprechend:* Sie ist mehrsprachig aufgewachsen. ❷ *in mehreren Sprachen nebeneinander geschrieben:* Dies ist eine mehrsprachige Ausgabe der Bibel.

Mehr·spra·chig·keit *die* <-> *der Umstand, dass man sich über die Muttersprache hinaus mindestens eine weitere Sprache angeeignet hat; siehe auch* **Bilingualismus, Diglossie, Zweitspracherwerb**

Dass Menschen nicht nur eine einzige Sprache mehr oder weniger ausführlich beherrschen und dass sie in mehrsprachigen Gesellschaften leben, ist und war weltweit schon immer der Normalfall. Bezogen auf die individuelle Sprachkompetenz besteht **Mehrsprachigkeit** darin, von mindestens einer weiteren Sprache neben der Muttersprache Gebrauch machen zu können. Darauf beziehen sich in Deutschland zahlreiche Forderungen nach verstärkter Mehrsprachigkeit in der Schule. Auf individuelle Mehrsprachigkeit, wie teils auch auf

---

Sprachverhältnisse in sozialen Gemeinschaften, wird manchmal mit den Ausdrücken *Multilingualität* bzw. *Multilingualismus* Bezug genommen, oder mit *Polyglossie.* Zur Bezeichnung einer individuellen Mehrsprachigkeit durch den Erwerb zweier Sprachen ist der gängige Ausdruck derjenige der *Bilingualität* bzw. (für die Erscheinungsform) der des *Bilingualismus.* Im engen Sinne versteht man darunter eine annähernd gleiche Kompetenz in zwei Sprachen (vgl. das Stichwort). Im weiteren Sinne fallen darunter auch bloße Teilfertigkeiten und der nur gelegentliche Einsatz einer Zweitsprache. Weiter wird dazu nach *simultaner* oder aber *sukzessiver* Aneignung einer Zweitsprache unterschieden.

Bezogen auf die Koexistenz mehrerer Sprachen in ein und demselben Territorium spricht man gelegentlich von *territorialer* oder *kollektiver Mehrsprachigkeit.* Diese kann überall dort zustande kommen, wo sich Sprachgruppen aufgrund von Handelsbeziehungen, militärischer Expansion, Migration etc. durchdringen. Bei Betonung mehr des sozialen Aspektes von Mehrsprachigkeit handelt es sich um so bezeichnete *Diglossie* (vgl. das Stichwort). Eine Diglossie-Situation ist dort gegeben, wo mehrere Sprachen bzw. Varietäten einer Sprache mit unterschiedlicher Verteilung ihrer Funktionen existieren, wofür manchmal in der Rolle des Beispiels Rätoromanisch und Deutsch in Graubünden angeführt werden. Im Hinblick auf nationale und internationale Verwaltungen und Institutionen wie die „Europäische Union" (EU) schließlich, die ihre Dienste in verschiedenen Sprachen anbieten, wird außerdem von *institutioneller Mehrsprachigkeit* gesprochen.

M

---

mehr·spu·rig *adj* /*nicht steig.*/ *(↔ einspurig) mit mehr als nur einer Fahrspur:* Die Straße wird mehrspurig ausgebaut.

mehr·stel·lig *adj* /*nicht steig.*/ *(↔ einstellig) so, dass eine Zahl mehrere Stellen hat:* eine mehrstellige Zahl; ein mehrstelliger Betrag

mehr·stim·mig *adj* /*nicht steig.*/ *so, dass es mit mehreren Singstimmen gesungen wird:* mehrstimmiger Gesang

mehr·stö·ckig *adj* /*nicht steig.*/ *(≈ einstöckig) so, dass es mehrere Stockwerke hat:* ein mehrstöckiges Haus

mehr·stu·fig *adj* /*nicht steig.*/ *so, dass etwas mehrere Stufen hat*

mehr·stün·dig *adj* /*nicht steig.*/ *so, dass es mehrere Stunden dauert:* Das Flugzeug landete mit mehrstündiger Verspätung.

mehr·tä·gig *adj* /*nicht steig.*/ *so, dass es mehrere Tage dauert:* Ich plane einen mehrtägigen Aufenthalt.

Mehr·tei·ler *der* <-s, -> ❶ *(umg.) eine Sendung (im Fernsehen), die aus mehreren Teilen besteht* ❷ *ein Kleidungsstück, das aus mehreren Teilen besteht*

mehr·tei·lig *adj /nicht steig./* (↔ *einteilig*) *so, dass es aus mehreren Teilen besteht:* Darüber kommt eine mehrteilige Sendung im Fernsehen.

Mehr·weg·fla·sche *die* <-, -n> (≈ *Pfandflasche* ↔ *Einwegflasche*) *eine Flasche, die nach Verbrauch des Inhalts wieder zum Händler zurückgebracht werden soll*

Mehr·weg·ver·pa·ckung *die* <-, -en> (↔ *Einwegverpackung*) *Verpackungsmaterial, das mehr als nur einmal verwendet wird:* Die Müllmenge konnte durch die Verwendung von Mehrwegverpackungen erheblich reduziert werden.

Mehr·wert *der* <-s> */kein Plur./* WIRTSCH. *ein Zuwachs an Wert, den ein Unternehmen erreicht*

Mehr·wert·steu·er *die* <-> */kein Plur./* WIRTSCH. *eine in Deutschland auf alle Güter und Dienstleistungen erhobene Steuer:* Das Gerät kostet 170 Euro plus Mehrwertsteuer (MWSt).

mehr·wö·chig *adj /nicht steig./* *so, dass es mehrere Wochen dauert:* Nach einer mehrwöchigen Verletzungspause konnte der Sportler wieder trainieren.

Mehr·zahl *die* <-> */kein Plur./* ❶ (≈ *Mehrheit*) *überwiegende Zahl:* Die Mehrzahl der Besucher war vor der Ausstellung begeistert. ❷ SPRACHWISS. (≈ *Plural* ↔ *Einzahl*) „Bäume" ist die Mehrzahl von „Baum".

mehr·zei·lig *adj /nicht steig./* (↔ *einzeilig*) *so, dass es aus mehreren Zeilen besteht*

mehr·zel·lig *adj /nicht steig./* BIOL. (↔ *einzellig*) *so, dass etwas aus mehreren Zellen besteht* ▸Mehrzeller

Mehr·zweck- *als Erstglied zusammengesetzter Substantive; drückt aus, dass das mit dem Zweitglied Bezeichnete für verschiedene Zwecke genutzt werden kann:* Diese Couch ist ein Mehrzweckmöbel: Man kann darauf sitzen; und man kann sie auch als Bett benutzen. ◆-behälter, -boot, -box, -drucker, -fahrzeug, -fett, -gerät, -halle, -leiter, -möbel, -raum, -schrank, -tisch, -tür

mei·den <meidest, mied, hat gemieden> *mit OBJ* ■ *jmd. meidet jmdn./etwas einer Sache oder Person bewusst ausweichen:* Ich habe den Eindruck, dass sie meine Gesellschaft meidet.; Sie waren doch stets gute Freunde, seit wann meiden sie sich?; Er meidet starke Gewürze. ◆vermeiden

Mei·e·rei *die* <-, -en> LANDSCH. (≈ *Molkerei*)

Mei·le *die* <-, -n> *ein Längenmaß:* Die englische Meile entspricht einer Strecke von 1609,30 Metern. ■ **etwas riecht drei/sieben Meilen gegen den Wind** *(abwert. umg.) etwas riecht sehr aufdringlich* ◆Land-, See-

Mei·len·stein *der* <-(e)s, -e> ■ **etwas ist ein Meilenstein** *etwas markiert einen wichtigen Schritt in der Entwicklung von etwas* Die Entdeckung der Röntgenstrahlen war ein Meilenstein in der Medizingeschichte.

mei·len·weit *adv* ❶ *über viele Meilen hinweg:* Von hier oben könnt ihr meilenweit sehen. ❷ *(übertr.) sehr weit:* Er war meilenweit davon entfernt, das Rätsel zu lösen.

Mei·ler *der* <-s, -> *kurz für „Atommeiler"*

mein *pron* (↔ *dein; Possessivpronomen*) ❶ *verwendet, um auszudrücken, dass etwas der per-*

sönliche Besitz des Sprechers ist: Der Wagen ist mein Auto.; Es ist immerhin meine Wohnung (und nicht die Wohnung einer anderen Person). ❷ *verwendet, um auszudrücken, dass jmd. in einer bestimmten persönlichen Beziehung zu jmdm. steht:* meine Frau/Schwester/Tante (≈ die Frau, die als Ehefrau, Schwester, Tante zu mir gehört) ❸ *verwendet, um auszudrücken, dass etwas von jmdm. kommt, gesagt worden oder gemacht worden ist:* Hat dir mein Geschenk (≈ das Geschenk, das ich dir gegeben habe) gefallen?; Meine Frikadellen (≈ die Frikadellen, die ich zubereite) schmecken köstlich.; Hast du meinen Aufsatz (≈ den Aufsatz, den ich geschrieben habe) gelesen? ❹ *verwendet, um auszudrücken, dass zwischen etwas und jmdm. eine bestimmte Relation besteht:* mein Zug (≈ der Zug, mit dem ich fahre oder fahren werde); mein Hotel (≈ das Hotel, in dem ich wohne oder gewohnt habe); ■ **Meine (sehr verehrten) Damen und Herren, …** *Sie, die ich gerade anspreche* ❺ *verwendet, um auszudrücken, dass etwas in einer bestimmten Weise jmds. Bedarf an etwas ist:* Ich trinke meine zwei Flaschen Mineralwasser am Tag.; Früher habe ich täglich meine Schachtel Zigaretten geraucht. ◆Kleinschreibung →R 3.8 Ist das deine Schere oder meine?; Der gelbe Stift ist meiner.; Diese Tasche ist die meine.; Wessen Jacke ist das, ist das meine?; ◆Großschreibung →R 3.4 Es kam zu einem Streit über Mein und Dein.; ◆Groß- oder Kleinschreibung →R 3.15 Ich habe auch die Meinen/die meinen von mir gegrüßt.; Ich hatte das Meine/das meine getan.

Mein·eid *der* <-(e)s, -e> RECHTSW. *ein Eid, bei dem jmd. vorsätzlich etwas Unwahres schwört:* Er leistete/schwor einen Meineid. ▸meineidig

mei·nen <meinst, meinte, hat gemeint> *mit OBJ* ❶ ■ *jmd. meint etwas* (≈ *glauben, finden*) *eine Meinung vertreten:* Ich meine, dass das so richtig ist. ❷ ■ *jmd. meint etwas zu etwas Dat.* (≈ *sagen*) *in Worten äußern:* Was meinen Sie dazu?; „Laß uns gehen", meinte sie. ❸ ■ *jmd. meint etwas mit etwas Dat.* (als Bedeutung) *im Sinn haben:* Was meinst du mit diesem Wort?; Ich glaube, sie meinte es eher ironisch; Er hat es doch nicht böse gemeint. ❹ ■ *jmd. meint jmdn./etwas jmdn. oder etwas als Gegenstand einer Handlung haben:* Ich meine dich und niemand sonst mit dieser Kritik.; Welches Buch meinst du?

mei·ner·seits *adv was mich betrifft:* Ich habe meinerseits nichts gegen diesen Plan.

mei·nes·glei·chen *pron verwendet, um auszudrücken, dass die genannten Personen mit dem Sprecher Ähnlichkeit haben:* Ich war in der Abteilung unter meinesgleichen, die anderen hatten auch alle Betriebswirtschaft studiert.

mei·net·we·gen *adv* ❶ *mir zuliebe:* Seid ihr etwa meinetwegen gekommen?; Meinetwegen braucht ihr nicht zu warten. ❷ *(umg.: ≈ von mir aus)* Meinetwegen könnt ihr gehen.; „Kann ich mir die Hose kaufen?" „Meinetwegen."

mei·net·wil·len *adv* ■ **jemand tut etwas um meinetwillen** *jmd. tut etwas mir zuliebe, für mich*

mei·ni·ge *pron* ◆ Groß- oder Kleinschreibung →R 3.15 Ich habe die Meinigen/die meinigen von dir gegrüßt.; Ich hatte das Meinige/meinige getan.

Mei·nung *die* <-, -en> ❶ (≈ Einstellung, Haltung, Standpunkt) *die persönliche Ansicht, die jmd. über etwas hat:* Ihre Meinungen in dieser Angelegenheit gehen erheblich auseinander.; Welche Meinung vertrittst du?; Nach meiner Meinung hat niemand gefragt.; Meiner Meinung nach ist es so, dass …; Er hat eine hohe Meinung von ihr.; Wir sind doch völlig einer Meinung.; Wie schätzt man die öffentliche Meinung ein? ◆ Gegen-, Lehr-, Volks- ❷ ▪ **jemandem (gehörig) die Meinung sagen** *jmdn. wegen etwas scharf zurechtweisen;* ▪ **mit seiner Meinung nicht hinterm Berg halten** *(umg.) seine Meinung ehrlich und deutlich sagen*

Mei·nungs·äu·ße·rung *die* <-, -en> /kein Plur./ *das offene Aussprechen der Meinung, die man zu etwas hat:* Wir haben das Recht auf freie Meinungsäußerung.

Mei·nungs·aus·tausch *der* <-(e)s> *der Vorgang, dass mehrere Menschen sich treffen, um ihre Meinung zu etwas zu sagen und die Meinungen der anderen anzuhören:* Wir sollten uns mal zu einem Meinungsaustausch treffen.

mei·nungs·bil·dend *adj* /nicht steig./ *mit einer Wirkung, die das Entstehen einer bestimmten Meinung begünstigt*

Mei·nungs·bil·dung *die* <-, -en> /Plur. selten/ *der Vorgang, wie sich in einer Gruppe oder in der Gesellschaft Meinungen herausbilden:* Dieses Buch hatte einen großen Einfluss auf die Meinungsbildung in der Gesellschaft.

Mei·nungs·for·scher *der*, **Mei·nungs·for·sche·rin** <-s, -> *jmd., der Meinungsforschung betreibt*

Mei·nungs·for·schung *die* <-> /kein Plur./ *die (statistische)Untersuchung der öffentlichen Meinung bezüglich bestimmter Themen (mit den Methoden der Meinungsumfrage)* ◆ -sinstitut

Mei·nungs·frei·heit *die* <-> /kein Plur./ *das Recht auf freie Meinungsäußerung*

Mei·nungs·streit *der* <-(e)s, -s> *eine Diskussion zwischen Personen mit unterschiedlichen Meinungen*

Mei·nungs·um·fra·ge *die* <-, -n> *das Befragen von Menschen, um deren Meinungen zu einem bestimmten Thema in Erfahrung zu bringen:* Der Nachrichtensender gab eine Meinungsumfrage in Auftrag.

Mei·nungs·um·schwung *der* <-(e)s, Meinungsumschwünge> *der Vorgang, dass jmds. Meinung sich in das genau gegenteilige Meinung verkehrt:* Was diese Frage betrifft, so kam es in den vergangenen Wochen in der Bevölkerung zu einem deutlichen Meinungsumschwung.

Mei·nungs·ver·schie·den·heit *die* <-, -en> ❶ /meist Plur./ *die Verschiedenheit von Meinungen:* Zwischen den Tarifparteien gibt es noch zahlreiche Meinungsverschiedenheiten. ❷ (≈ Auseinandersetzung) *harmloser Streit:* Ich hatte gestern mit meiner Freundin eine kleine Meinungsverschiedenheit.

Mei·nungs·viel·falt *die* <-, -en> *das Vorhanden-*

sein von vielen unterschiedlichen Meinungen (in einer Gesellschaft)

Mei·se *die* <-, -n> *ein kleiner Singvogel;* ▪ **eine Meise haben** *(umg. abwert.) verrückt sein* ◆ Beutel-, Blau-, Hauben-, Kohl-, Schwarz-, Sumpf-

Mei·ßel *der* <-s, -> *ein Werkzeug, mit dem man Löcher in Stein schlagen kann* ◆ Grab-, Hohl-

mei·ßeln <meißelst, meißelte, hat gemeißelt> *mit OBJ/ohne OBJ* ▪ **jmd. meißelt etwas** *mit einem Meißel bearbeiten:* Er meißelt ein Loch in die Wand.; Die Künstlerin meißelt eine Büste.; Der Bildhauer meißelt an einer Statue.

Mei·ßen <-s> *Stadt an der Elbe*

Meiß·ner, *a.* **Mei·ße·ner** *adj aus Meißen:* Meißner Porzellan

meist I. *Superl. von* viel **II.** *adv so, dass es fast immer der Fall ist:* Ich fahre meist mit dem Zug.; Wer gern gut isst, mag meist auch guten Wein. **III.** *pron so, dass es der größte Teil von etwas ist:* Er verdient das meiste Geld.; Der Patient schläft die meiste Zeit des Tages.; Das meiste war nicht mehr zu gebrauchen.; Das ist die am meisten verkaufte CD dieses Monats. ◆ Kleinschreibung →R 3.9 Er hat am meisten gegessen.; Die meisten meinen, dass …; Das meiste kannten wir schon.

meist·bie·tend *adj* /nicht steig./ *so, dass es die Person erhält, die den höchsten Geldbetrag dafür bietet:* Das Gemälde wird meistbietend versteigert.

Meist·bie·ten·de *der/die* <-n, -n> *die Person, die bei einer Versteigerung den größten Geldbetrag für etwas bietet*

meis·tens *adv* (≈ meist I) *so, dass es in der größten Zahl von Fällen der Fall ist:* Ich fahre meistens mit dem Zug.

Meis·ter *der*, **Meis·te·rin** <-s, -> ❶ *jmd., der die Meisterprüfung in einem Handwerk abgelegt hat:* Der Meister weist seine Lehrling ein. ◆ -titel, -prüfung, Bäcker-, Friseur-, Handwerks-, Maurer-, Metzger-, Schneider-, Schreiner- ❷ *ein großer Künstler:* Das Gemälde stammt von einem unbekannten Meister. ❸ SPORT *eine Person oder eine Mannschaft, die eine Meisterschaft gewonnen hat:* Er ist vielfacher Meister im Delphinschwimmen.; Der FC Bayern München ist deutscher Meister. ◆ -schale, -titel, -trikot, Europa-, Junioren-, Landes-, Welt-

Meis·ter- *als Erstglied zusammengesetzter Substantive; drückt aus, dass jemand das mit dem Zweitglied Bezeichnete sehr gut beherrscht* ◆ -detektiv, -dieb, -koch, -schütze

Meis·ter·brief *der* <-(e)s, -e> (≈ Meisterdiplom) *das Zeugnis, das ein Meister[1] nach der bestandenen Prüfung erhält*

meis·ter·haft *adj* /nicht steig./ (≈ sehr gut, vollendet) *so gut, dass es weit über dem Durchschnitt liegt:* Sie spielt meisterhaft Violine.; Er ist ein meisterhafter Schachspieler.

Meis·ter·klas·se *die* <-, -n> ❶ KUNST, MUS. *die Gruppe der Schüler, die ein großer Künstler oder Musiker unterrichtet (an Kunst- und Musikhochschulen)* ❷ SPORT *höchste Leistungsklasse einer Disziplin*

Meis·ter·kurs *der* <-es, -e> MUS. *eine Veranstaltung, bei der ein berühmter Musiker die Teilneh-*

M

mer unterrichtet: Ich habe mich zu dem Meister-
kurs im Fach Gesang angemeldet

Meis·ter·leis·tung die <-, -en> herausragende
Leistung: Dies war in der Tat keine Meisterleistung.

meis·tern <meisterst, meisterte, hat gemeis-
tert> mit OBJ ■ jmd. meistert etwas erfolgreich
bewältigen: Sie hat die schwierige Aufgabe bravou-
rös/souverän gemeistert.

Meis·ter·sang der <-s> /kein Plur./ LIT. eine
Form der Dichtung im späten Mittelalter

Meis·ter·schaft die <-, -en> ❶SPORT ein Wettkampf, um den Meister³ zu ermitteln: Das Training dient zur Vorbereitung auf die Meisterschaften
im Juli. ■Box-, Europa-, Fußball-, Handball-, Junio-
ren-, Kreis-, Landes-, Leichtathletik-, Schwimm-,
Ski-, Welt- ❷/kein Plur./ großes Können: Sie hatte
es in ihrer Kunst zu wahrer Meisterschaft gebracht.

Meis·ter·schafts·spiel das <-(e)s, -e> SPORT Spiel
bei einer Meisterschaft¹

Meis·ter·sin·ger der <-s, -> LIT. Vertreter des
Meistersangs

Meis·ter·stück das <-(e)s, -e> ❶eine sehr gute
Leistung: Damals vollbrachte sie ihr Meisterstück.
❷ein Werkstück, das ein Meister¹ für die Meisterprüfung anfertigen muss

Meis·ter·werk das <-(e)s, -e> hervorragende Arbeit: Die Ausstellung versammelt zahlreiche Meis-
terwerke der modernen Malerei.

Meist·ge·bot das <-(e)s, -e> der höchste Geldbetrag, der bei einer Versteigerung erzielt wird

meist·ge·kauft adj /nicht steig./ am meisten gekauft: Der meistgekaufte Artikel an diesem Tag
war …

meist·ge·le·sen adj /nicht steig./ am meisten gelesen: Auf der Bestsellerliste stehen die meistgele-
senen Bücher.

meist·ge·nannt adj /nicht steig./ am häufigsten
genannt

Mek·ka das <-s, -s> ❶/kein Plur., ohne Artikel/
heilige Stadt des Islam ❷/Plur. selten/ Ort, den
viele Menschen für einen bestimmten Zweck anziehend finden: Die Region ist ein Mekka für Taucher.

Me·lan·cho·lie die [melaŋko'li:] <-, ...lien> /kein
Plur./ (≈ Schwermut) der Zustand, dass man traurig und leicht deprimiert ist sowie wenig Freude
am Leben hat ▶ Melancholiker, Melancholikerin,
melancholisch

Me·lan·ge die [me'lã:ʒə] <-, -n> ÖSTERR. ein
Milchkaffee, der zur Hälfte aus Kaffee und zur
Hälfte aus Milch besteht

Me·la·nin das <-s, -e> MED. dunkler Farbstoff in
der Haut

Me·la·nom das <-s, -e> MED. Hautkrebs

Me·lan·za·ni die <-, -> ÖSTERR. Aubergine

Me·las·se die <-, -n> (fachspr.) zähflüssige Masse,
die bei der Gewinnung von Zucker entsteht

Mel·de·amt das <-(e)s, Meldeämter> (≈ Einwoh-
nermeldeamt) Behörde, bei der die Bürger einer
Stadt registriert werden

Mel·de·frist die <-, -en> der Zeitraum, innerhalb
dessen sich jmd. irgendwo melden muss: Die
Meldefrist läuft morgen ab.

Mel·de·gän·ger der <-s, -> MILIT. jmd., der beim
Militär Nachrichten und Befehle weitergibt

mel·den I. mit OBJ ❶■ jmd. meldet etwas etwas
bekanntmachen oder ankündigen, indem man es
der Öffentlichkeit mitteilt: Der Rundfunk meldet
schwere Sturmböen an der Küste.; Die Nachrichten melden schwere Verwüstungen durch Hochwasser. ❷■ jmd. meldet etwas bei etwas Dat.
einer Institution etwas offiziell zur Kenntnis bringen: Ich habe den Diebstahl schon bei der Polizei
gemeldet. **II.** mit SICH ❶■ jmd. meldet sich
(für etwas Akk.) einer Institution mitteilen, dass
man für etwas zur Verfügung steht: Er hat sich freiwillig für den Hilfseinsatz gemeldet. ❷■ jmd.
meldet sich (bei jmdm.) von sich hören lassen:
Hat sie sich in letzter Zeit mal bei dir gemeldet?
❸■ jmd. meldet sich als Schüler im Unterricht
den Arm senkrecht in die Höhe strecken, um zu
zeigen, dass man eine Frage des Lehrers beantworten kann: Du musst dich im Unterricht fleißig
melden!; ■ bei jemandem nichts zu melden
haben (umg.) sich nicht gegen jmdn. durchsetzen
können ▶ Abmeldung, Anmeldung

Mel·de·pflicht die <-, -en> ❶die Pflicht eines
Bürgers, bestimmte Dinge einer Behörde offiziell
zu melden² ❷die Pflicht jedes Einwohners, seinen Wohnsitz beim Meldeamt zu melden²

mel·de·pflich·tig adj /nicht steig./ so, dass es einer Behörde gemeldet werden muss: Bestimmte
Krankheiten sind meldepflichtig.

Mel·de·schluss der <-es> /kein Plur./ Zeitpunkt,
zu dem jmd. spätestens etwas gemeldet haben
muss

Mel·de·stel·le die <-, -n> (≈ Meldeamt)

Mel·dung die <-, -en> ❶(≈ Nachricht, Bericht)
Information, die durch die Medien mitgeteilt
wird: Die letzten Meldungen des Tages kommen
kurz nach Mitternacht.; Nach einer Meldung der
Nachrichtenagentur XY glauben 75 Prozent aller
Deutschen … ◆Falsch-, Presse-, Rundfunk-, Schre-
ckens-, Such-, Verkehrs-, Vermissten-, Wetter-
❷(≈ Mitteilung) der Vorgang, dass etwas gemel-
det² wird: Bei der Feuerwehr ist noch keine Meldung eingegangen.; Er hat Meldung erstattet.
◆An-, Ab-, Feuer-, Fund-, Krank-, Lage-, Positions-,
Unfall-, Verlust-, Vollzugs-, Wort-

me·liert adj /nicht steig./ so dass etwas Fäden
(oder Haare) von verschiedenen Farben enthält:
Melierte Wolle ist aus verschiedenen Farben gemischt. ◆Getrennt- oder Zusammenschreibung
→R 4.16 Er hat grau meliertes/graumeliertes Haar.

Me·lis·se die <-, -n> eine Heilpflanze ◆-ngeist,
-ntee

mel·ken <melkst/milkst, melkte/molk, hat ge-
melkt/gemolken> mit OBJ ■ jmd. melkt ein
Tier die Milch von einem weiblichen Tier nehmen: die Kuh/die Ziegen melken ▶ Melker, Mel-
kerin, Molkerei ◆Melkmaschine

Me·lo·die die <-, ...-dien> Töne, die zusammen
eine bestimmte Tonfolge bilden: Erkennen Sie die
Melodie?; bekannte/bezaubernde/schöne/welt-
berühmte/unvergessliche Melodien

Me·lo·dik die <-, -en> MUS. die Lehre von der Melodie

me·lo·disch adj (≈ melodiös) harmonisch, schön klingend

Me·lo·dram, a. **Me·lo·dra·ma** das <-s, Melodramen> ❶ LIT., MUS. gesprochene, von Musik begleitete Dichtung ❷ THEAT. (oft abwert.) ein pathetisch inszeniertes Theaterstück ❸ FILM ein pathetisch inszenierter Film mit (übertrieben) gefühlvollen Effekten

me·lo·dra·ma·tisch adj (geh.) auf übertriebene Weise gefühlvoll

Me·lo·ne die <-, -n> ❶ eine relativ große und relativ schwere runde Frucht, die in warmen Ländern wächst, in deren Fruchtfleisch viel Wasser gespeichert ist und die süß schmeckt ◆ Honig-, Wasser-, Zucker- ❷ (früher) ein runder, schwarzer Männerhut

Mel·tau der <-(e)s> /kein Plur./ BIOL. eine klebrige Ausscheidung von Blattläusen auf Blättern; siehe aber auch **Mehltau**

Mem·b·ran, a. **Mem·b·ra·ne** die <-, -(e)n> ein (sehr) dünnes Blättchen oder Häutchen, dass durchlässig für Flüssigkeiten und Gase ist: teilweise durchlässige/undurchlässige Membran; Membranen als Trennschicht in der Technik; Jede biologische Zelle ist von einer teilweise durchlässigen Membran umgeben. ◆ -bau, -technik, Bio-, Dialyse-, Flug-, Schwingungs-, Zell-

Me·men·to das <-s, -s> (geh.) Erinnerung, Mahnruf

Mem·me die <-, -n> (umg. abwert.) Angsthase, Feigling

Me·moi·ren [me'mǫa:rən] <-> Plur. (≈ Autobiografie) ein Buch, in dem eine bekannte Persönlichkeit ihre Lebenserinnerungen aufgeschrieben hat: die Memoiren des Schauspielers

Me·mo·ran·dum das <-s, Memoranden/Memoranda> (geh.) Denkschrift

me·mo·rie·ren mit OBJ ■ jmd. memoriert etwas (veralt.) auswendig lernen: Der Schauspieler memoriert seinen Text.

Me·na·ge·rie [mena:ʒə'ri:] <-, ...-rien> (veralt.) Tierschau, Tiergehege

Me·ne·te·kel das <-s, -> ein unheilvolles (Vor-)Zeichen; ein Warnzeichen vor Gefahren

Men·ge die <-, -n> ❶ eine bestimmte Anzahl von etwas; ein bestimmtes Quantum: Eine kleine Menge Dünger genügt.; Du hast eine Menge zu viel Kaffeepulver im Filter. ❷ (umg.) eine große Anzahl von etwas; ein großes Quantum: eine Menge Bücher besitzen; eine Menge Papier mit Notizen füllen ❸ viele Menschen, die sich an einem Ort versammelt haben: Er hat sich unter die Menge gemischt.; Schnell war sie in der Menge verschwunden.; In wenigen Minuten hatte sich die Menge wieder zerstreut. ❹ MATH. ein mathematisches Konstrukt, das aus Elementen[3] besteht ◆ Null-, Ober-, Schnitt-, Teil-, Unter-, Vereinigungs-

Men·gen·an·ga·be die <-, -n> Angabe der Menge[1] von etwas: Für das Rezept brauche ich noch die genaue Mengenangabe der Zutaten.

Men·gen·leh·re die <-> /kein Plur./ MATH. das Gebiet der Mathematik, das sich mit den Eigenschaften von Mengen[4] befasst

men·gen·mä·ßig adj /nicht steig./ (≈ quantitativ) auf die Menge[1] von etwas bezogen

Men·gen·ra·batt der <-(e)s, -e> WIRTSCH. ein bestimmter Geldbetrag, den jmd. nicht bezahlen muss, wenn er einem Händler eine große Menge Waren abkauft

Me·nin·gi·tis die <-, Meningitiden> MED. (≈ Hirnhautentzündung)

Me·nis·kus der <-, Menisken> ANAT. eine Knorpelscheibe im Kniegelenk

Men·ni·ge die <-> /kein Plur./ eine Rostschutzfarbe ▶ mennigrot

Men·no·nit der, **Men·no·ni·tin** <-en, -en> Angehöriger einer evangelischen Glaubensrichtung

Me·no·pau·se die <-, -n> MED. der Vorgang, dass bei einer Frau in den Wechseljahren die Regelblutungen aufhören

Me·nor·ca <-s> eine Insel der Balearen

Men·sa die <-, -s/Mensen> ein Gebäude, in dem die Studenten einer Universität für wenig Geld ein Mittagessen erhalten und einnehmen können ◆ -essen

Mensch der <-en, -en> ❶ /kein Plur./ (↔ Tier) das Lebewesen, das aufrecht geht sowie denken und sprechen kann: der Mensch als Teil der Schöpfung ❷ Männer, Frauen und Kinder als Individuen: Menschen machen immer auch Fehler.; Wir sind alle nur Menschen. ❸ eine bestimmte Person: Sie ist ein kluger/liebenswerter/schwieriger Mensch.; Er hat endlich einen Menschen gefunden, dem er vertrauen kann.; ■ kein Mensch mehr sein (umg.) völlig erschöpft sein; ■ sich wie der erste Mensch benehmen (umg. abwert.) sehr ungeschickt sein; ■ ein neuer Mensch werden sich wandeln ◆ Durchschnitts-, Gemüts-, Steinzeit-, Ur-, Vernunft-, Willens-

men·scheln mit ES ■ es menschelt irgendwo irgendwo gibt es Konflikte, die auf menschliche Schwächen zurückzuführen sind

Men·schen·af·fe der <-n, -n> ein sehr hoch entwickelter Affe, der bis zu einem bestimmten Grade intelligentes Verhalten zeigt: Gorillas und Schimpansen sind Menschenaffen.

Men·schen·al·ter das <-s> /kein Plur./ (geh.: ≈ Menschenleben) der Zeitraum, den ein Mensch lebt: Ein Menschenalter genügt nicht für all das, was ich vorhabe.

Men·schen·bild das <-(e)s, -er> eine bestimmte Auffassung von Wesen und Bestimmung des Menschen: das Menschenbild der Antike/Aufklärung/Renaissance

Men·schen·feind der <-(e)s, -e> (≈ Misanthrop ↔ Menschenfreund) ein Mensch, der Menschen gegenüber misstrauisch ist und wenig von ihnen hält

Men·schen·feind·lich·keit die <-> /kein Plur./ (↔ Menschenfreundlichkeit)

Men·schen·fres·ser der <-s, -> (≈ Kannibale) ein Mensch, der Menschenfleisch isst

Men·schen·freund der <-(e)s, -e> (≈ Philanthrop ↔ Menschenfeind) jmd., der eine positive Auffassung von seinen Mitmenschen hat und ihnen gute Handlungen erweisen will

M

Men·schen·freund·lich·keit *die* <-> /kein Plur./ *eine positive Auffassung von den Mitmenschen*

Men·schen·füh·rung *die* <-> /kein Plur./ *die Art, wie eine Führungskraft die Mitarbeiter führt:* Die neue Chefin verfügt über eine gute Menschenführung.

Men·schen·ge·den·ken ■ seit **Menschenge-denken** *(geh.) seit eh und je*

Men·schen·ge·schlecht *das* <-(e)s> /kein Plur./ *(geh.: ≈ Menschheit)*

Men·schen·ge·stalt ■ ein Teufel in **Menschen-gestalt** *ein sehr böser Mensch*

Men·schen·hai *der* <-s, -e> *ein sehr großer Hai, der Menschen angreift*

Men·schen·han·del *der* <-s> /kein Plur./ *das Verkaufen von Menschen, insbesondere von Frauen (in die Prostitution)* ▸ Menschenhändler

Men·schen·kennt·nis *die* <-> /kein Plur./ *die auf Erfahrung basierende Fähigkeit, (fremde) Menschen richtig einzuschätzen:* Sie besitzt eine gute Menschenkenntnis.; Aus mangelnder Menschenkenntnis vertraute sie immer wieder den falschen Personen. ▸ Menschenkenner, Menschenkennerin

Men·schen·ket·te *die* <-, -n> *viele Menschen, die eine Kette bilden, indem sie sich an den Händen halten:* Die Demonstranten bildeten eine Menschenkette.

Men·schen·kind *das* <-(e)s, -er> *(dichter. selten)* Kind

Men·schen·le·ben *das* <-s, -> ❶ *die Lebenszeit eines Menschen:* Dafür reicht ein Menschenleben nicht aus. ❷ ■ **ein Unfall fordert … Menschen-leben** *bei einem Unfall sterben … Menschen*

men·schen·leer *adj so, dass irgendwo keine Menschen sind:* Die Straßen waren menschenleer während der Übertragung des Endspiels.

Men·schen·lie·be *die* <-> /kein Plur./ *die innere Einstellung eines Menschenfreunds:* Er soll doch nicht so tun, als hätte er aus reiner Menschenliebe gehandelt.

Men·schen·men·ge *die* <-, -n> *große Ansammlung von Menschen*

men·schen·mög·lich *adj /nicht steig./* ■ **alles/ das Menschenmögliche tun** *alles tun, was (einem Menschen) überhaupt möglich ist*

Men·schen·op·fer *das* <-s, -> *das Töten von Menschen als kultische Handlung:* Wurden zu jener Zeit noch Menschenopfer dargebracht?

Men·schen·recht *das* <-(e)s, -e> /selten im Sing./ *das grundsätzliche Recht des Individuums auf freie Entfaltung seiner Persönlichkeit, wie es in den Verfassungen vieler Staaten verankert ist* ◆-skommission, -sorganisation, -sverletzung

Men·schen·recht·ler *der*; **Men·schen·recht·le·rin** <-s, -> *eine Person, die für die (Einhaltung oder Durchsetzung der) Menschenrechte kämpft*

Men·schen·rechts·be·auf·trag·te *der/die* <-n, -n> *eine Person, die offiziell beauftragt ist, irgendwo über die (Einhaltung oder Durchsetzung der) Menschenrechte zu wachen*

Men·schen·rechts·kon·ven·ti·on *die* <-, -en> *eine Vereinbarung zwischen Staaten über den Schutz der Menschenrechte*

men·schen·scheu *adj so, dass man Scheu vor an-*deren Menschen empfindet und ihre Gesellschaft eher meidet:* Er wurde im Alter zunehmend menschenscheu.

Men·schen·schin·der *der* <-s, -> *(umg. abwert.) jmd., der andere schindet:* Sein Chef ist ein wahrer Menschenschinder, der ohne Rücksicht das Letzte aus seinen Leuten herausholt.

Men·schen·schlag *der* <-(e)s> /kein Plur./ *eine Gruppe von Menschen, für die eine bestimmte Mentalität typisch ist:* ein aufgeschlossener/eigenwilliger/sturer/verschlossener/unsympathischer Menschenschlag

Men·schen·see·le ■ keine **Menschenseele** *(umg.) niemand*

Men·schens·kind, **Men·schens·kin·der** *interj verwendet, um eine gewisse Verärgerung und Ungeduld auszudrücken:* Menschenskind, wo bleibst du denn?; Menschenskinder, könnt ihr nicht aufpassen!

Men·schen·sohn *der* <-(e)s> /kein Plur./ REL. *Bezeichnung für Jesus Christus*

men·schen·un·wür·dig *adj mit so schlechten und unzureichenden Lebensbedingungen, dass man es Menschen nicht zumuten kann:* Die Flüchtlinge lebten im Lager unter völlig menschenunwürdigen Verhältnissen.

Men·schen·ver·ach·tung *die* <-> /kein Plur./ *Hass und Grausamkeit gegen Menschen*

Men·schen·ver·stand ■ der gesunde **Men-schenverstand** *(umg.) das, was man als normaler Mensch weiß oder sich denken kann* Das hättest du aber wissen können! Das sagt einem doch der gesunde Menschenverstand!

Men·schen·wür·de *die* <-> /kein Plur./ *die Würde und Achtung, auf die jeder Mensch einen Anspruch hat:* Seine Menschenwürde wurde mit Füßen getreten.

men·schen·wür·dig *adj /nicht steig./ so, dass es der Würde des Menschen entspricht:* eine menschenwürdige Unterkunft; menschenwürdig Arbeitsbedingungen

Mensch·heit *die* <-> /kein Plur./ *alle Menschen aller Zeiten* ◆-sentwicklung, -sgeschichte, -sideal

Mensch·heits·traum *der* <-(e)s, Menschheits-träume> *etwas, wovon Menschen lange geträumt haben:* Fliegen zu können war lange Zeit ein Menschheitstraum.

mensch·lich *adj* ❶ *auf den Menschen bezogen:* Der Anatom sprach über das Wunderwerk des menschlichen Körpers.; die Sprache als menschliches Kommunikationsmittel ❷ *(≈ human ↔ unmenschlich) so, dass man anderen Menschen gegenüber wohlwollend und nachsichtig ist:* Er ist ein sehr menschlicher Vorgesetzter.

Mensch·lich·keit *die* <-> /kein Plur./ *(≈ Humanität) die Eigenschaft, dass jmd. menschlich² ist*

Mensch·wer·dung *die* <-> /kein Plur./ ❶ REL. *(≈ Fleischwerdung) dogmatische Lehre in der christlichen Religion, nach der Jesus von Nazareth die Inkarnation Gottes ist, als Mensch geboren wurde und gestorben ist* ❷ BIOL. *Entwicklung der Gattung Homo zum modernen Menschen im Verlauf der Evolution*

Men·s·t·ru·a·ti·on *die* <-, -en> MED. *(≈ Menorrhö,*

Regel, Menses) Monatsblutung, Regel ◆-sbe-
schwerden, -sschmerz, -sstörung, -zyklus
Men·sur *die* <-, -en> ❶ SPORT *der Abstand zwischen den Sportlern bei einem Fechtkampf* ❷ *ein
Fechtkampf, der zwischen Mitgliedern einer Studentenverbindung ausgetragen wird:* eine Mensur
austragen
men·tal *adj /nicht steig./ (geh.: ≈ geistig) auf den
menschlichen Geist und seine Funktionsweise bezogen:* Ihre mentalen Fähigkeiten sind überdurchschnittlich.; Der Sportler bereitet sich mental auf
das Rennen vor.
Men·ta·li·tät *die* <-, -en> *(≈ Denkweise, Wesensart) die bestimmte Art wie Menschen denken und
fühlen:* Ich kann mit der Mentalität dieser Leute
nichts anfangen.
Men·thol *das* <-s> */kein Plur./ eine aus der Pfefferminze gewonnene Substanz, die eine erfrischende Wirkung hat und oft in Bonbons und Er-
kältungsmedikamenten verwendet wird:* Bon-
bons/Taschentücher mit Menthol
Men·tor *der,* **Men·to·rin** <-s, ...-toren> *(≈ Fürsprecher, Förderer) jmd., der sich für jmdn. einsetzt, ihn betreut und berät:* Studenten sollten
gute Mentoren haben.
Me·nü *das* <-s, -s> ❶ *eine Mahlzeit aus mehreren
Speisen, die nacheinander gegessen werden:* Zu
einem Menü gehören Vorspeise, Hauptgericht und
Nachspeise. ❷ EDV *innerhalb eines Programms
eine Auswahl an Möglichkeiten, von denen sich
der Benutzer für eine entscheiden kann*
Me·nu *das* [me'ny:] SCHWEIZ. *Menü*
Me·nu·ett *das* <-s, -e/-s> ❶ *ein höfischer Tanz
im Dreivierteltakt* ❷ MUS. *(dritter) Satz einer Sinfonie, Sonate*
me·nü·ge·steu·ert *adj /nicht steig./ so, dass die
Steuerung von etwas über Menüs² erfolgt*
Mer·chan·di·sing *das* ['mɜːʧṇdeizɪŋ] <-s>
/kein Plur./ WIRTSCH. *alle Maßnahmen, die
den Verkauf eines Produkts fördern* ▶ Mer-
chandiser
mer·ci ['mɛrsi:] *interj* SCHWEIZ. *danke*
Mer·gel *der* <-s, -> *ein (Sediment-)Gestein:* die
Schichtdicken für die Mergel, im Unterschied zu
denen der Kalke
Me·ri·di·an *der* <-s, -e> ASTRON., GEOGR. *ein Län-
genkreis, der vom Südpol zum Nordpol verläuft
und senkrecht zum Äquator steht*
me·ri·di·o·nal *adj /nicht steig./* ASTRON., GEOGR.
❶ *auf den Meridian bezogen* ❷ *(veralt.) südlich*
Me·rin·ge *die* <-, -n> *ein Schaumgebäck*
Me·ri·no *der* <-s, -s> · *Schaf der Merino-Rasse*
◆-schaf, -wolle
Me·ri·ten <-> *Plur. (geh.: ≈ Verdienste)* ■ **jemand
hat sich Meriten (um etwas) erworben** *jmd. ist
wegen bestimmter Leistungen anerkannt*
mer·kan·til *adj /nicht steig./ (geh. o veralt.) kaufmännisch*
Mer·kan·ti·lis·mus *der* <-> */kein Plur./ das Wirtschaftssystem im Zeitalter des Absolutismus, in
dem vor allem der Außenhandel und die Industrie
gefördert wurden* ▶ merkantilistisch
merk·bar *adj /nicht steig./* ❶ *(≈ merklich) wahrnehmbar:* Das Wetter ist merkbar kühler gewor-

den. ❷ *leicht zu behalten:* eine gut merkbare Telefonnummer
Merk·blatt *das* <-(e)s, Merkblätter> *eine Infor-
mationsbroschüre:* Weitere Erläuterungen finden
Sie in beiliegendem Merkblatt.
mer·ken I. *mit OBJ* ■ *jmd.* **merkt etwas** *(≈ bemerken) auf etwas aufmerksam werden:* Merkst du
was?; Merkst du, wie er immer seine Leistung betont?; Sie hat nie etwas gemerkt. **II.** *mit SICH*
■ *jmd.* **merkt sich etwas** *Akk. im Gedächtnis behalten:* Ich kann mir Namen/Telefonnummern
einfach nicht merken.
merk·lich *adj /nicht steig./ deutlich wahrnehmbar:* Der Gesundheitszustand des Patienten hat
sich merklich verbessert.
Merk·mal *das* <-s, -e> *ein charakteristisches
Kennzeichen, das typisch für jmdn. oder etwas ist*
Merk·satz *der* <-(e)s, Merksätze> *ein Satz als
Eselsbrücke, mit dessen Hilfe man sich Gegen-
stände/Sachverhalte, die eine feste Abfolge aufweisen, besonders gut merken kann:* Mein Vater
erklärt mir jeden Sonntag unsere neun Planeten
(Merkur, Venus, Erde, Mars, Jupiter, Saturn, Ura-
nus, Neptun, Pluto, wobei allerdings der Pluto
mittlerweile nur noch als Halbplanet gilt)
Mer·kur *der* <-(s)> */kein Plur./* ❶ *der römische
Gott des Handels* ❷ *ein Planet unseres Sonnensystems*
merk·wür·dig *adj (≈ seltsam ↔ gewöhnlich, normal) auffällig und unverständlich:* Er zeigte ein
sehr merkwürdiges Verhalten.
merk·wür·di·ger·wei·se *adv so, dass man sich darüber wundern muss:* Merkwürdigerweise war sie
nicht zu Hause.
Merk·zet·tel *der* <-, -> *ein Stück Papier, auf das
jmd. Dinge schreibt, die er nicht vergessen soll*
Me·ro·win·ger *der* <-s, -> *Angehöriger einer fränkischen Königsfamilie*
Mer·ze·ri·sa·ti·on *die* <-, -en> *(fachspr.) Verede-
lungsverfahren von Baumwolle (nach dem Erfinder Mercer)*
mer·ze·ri·sie·ren *mit OBJ* ■ *jmd.* **merzerisiert
etwas** *(fachspr.) Baumwolle so behandeln, dass
sie glänzt*
me·schug·ge <meschuggener, am meschug-
gensten> *adj (umg. abwert.) leicht verrückt:* Der
ist meschugge, der spinnt !
Mes·mer *der,* **Mes·me·rin** SCHWEIZ. *siehe* **Mesner**
Mes·ner, Mess·ner *der,* **Mess·ne·rin** <-s, ->
*jmd., der als Kirchendiener in einer Kirche einfa-
che Arbeiten ausführt*
Me·so- *als Erstglied zusammengesetzter Substantive; drückt (meist in Fachsprachen) aus, dass das
mit dem Zweitglied Bezeichnete eine mittlere La-
ge/Position einnimmt bzw. inmitten von etwas
gelegen ist* ◆-amerika, -bereich, -blast, -cortex,
-derm, -ebene, -fauna, -gynie, -kosmos, -merie,
-phyll, -phyt-, -phyten, -rektum, -som, -soma,
-sphäre, -thel, -theliom, -var
me·so- *als Erstglied zusammengesetzter Adjektive;
drückt (meist in Fachsprachen) aus, dass das mit
dem Zweitglied Bezeichnete eine mittlere Lage/
Position einnimmt bzw. inmitten von etwas gelegen ist* ◆-blastisch, -dermal, -gen, -gyn, -kortikal,

M

-limbisch, -mer, -morph, -phil, -potamisch, -saprob, -sozial, -troph

Me·so·li·thi·kum *das* <-s> /kein Plur./ GEOGR. *ein Zeitabschnitt der Steinzeit*

Meso·po·ta·mi·en <-s> GESCH. *ein historisches Gebiet im heutigen Irak (zwischen Euphrat und Tigris)*

Me·so·zo·i·kum *das* <-s> /kein Plur./ GEOGR. *ein Zeitabschnitt der Erdgeschichte*

Mes·sage *die* ['mɛsɪtʃ] <-, -s> *(umg.)* ❶ *eine inhaltliche Aussage oder Botschaft, die ein Künstler mit einem Kunstwerk ausdrücken will:* Welche Message hat dieses Lied? ❷ *(≈ Anliegen)* Konnte er die Message rüberbringen?

mess·bar *adj* /nicht steig./ *so, dass etwas gemessen werden kann:* Das ist doch schon ein messbarer Unterschied.

Mess·be·cher *der* <-s, -> *ein Becher zum Abmessen einer bestimmten Menge von etwas:* Ein Messbecher Waschmittel genügt.

Mess·bild *das* <-(e)s. -er> GEOGR. *ein Bild, das von einem Flugzeug aus (zum Zeichnen von Landkarten) aufgenommen wird*

Mess·da·ten <-> Plur. *(Daten als das) Ergebnis einer Messung:* Ich habe bereits die neuen Messdaten in den Computer eingegeben.

Mess·die·ner *der*, **Mess·die·ne·rin** <-s, -> REL. *(≈ Ministrant)* jmd., der im Gottesdienst bestimmte Handreichungen macht

Mes·se¹ *die* <-, -n> ❶ REL. *katholischer Gottesdienst* ❷ MUS. *eine Komposition für eine Messe¹* ◆ Früh-, Spät-, Vorabend-

Mes·se² *die* <-, -n> *eine große Ausstellung, auf der neue Produkte vorgestellt werden und sich Personen aus einer Branche treffen:* zur Messe fahren; mit Geschäftspartnern auf der Messe verhandeln ◆-bau, -besucher(in), -gastronomie, -gelände, -halle, -hostess, -katalog, -platz, -zeit, Automobil-, Buch-, Computer-, Fach-, Handels-, Handwerks-, Tourismus-

Mes·se·aus·weis *der* <-es, -e> *Ausweis eines Ausstellers auf einer Messe:* Ohne Messeausweis können Sie das Messegelände nicht betreten.

Mes·se·ka·ta·log *der* <-(e)s, -e> *ein kleines Buch, das Informationen über das Programm einer Messe, über die ausstellenden Firmen, ihre Standnummern usw. enthält*

Mes·se·lei·tung *die* <-, -en> /kein Plur./ jmd., der für eine Messe und ihre Organisation verantwortlich ist

mes·sen <misst, maß, hat gemessen> I. *mit OBJ* ❶ ■ jmd. misst etwas *mit einem speziell dafür geschaffenen Gerät die Größe oder das Ausmaß von etwas bestimmen:* Der Arzt misst dem Patienten den Blutdruck.; Physiker haben die Geschwindigkeit dieser Teilchen gemessen. ❷ ■ etwas misst plus Zahlenangabe *eine bestimmte Ausdehnung haben:* Der Raum misst 36 Quadratmeter. ❸ jmdn. oder etwas mit jmdm. oder etwas vergleichen: Du solltest sie nicht immer an deiner ehemaligen Freundin messen. II. *mit SICH* ■ jmd. misst sich mit jmdm. *(geh.)* in einen Wettbewerb treten, sich vergleichen: Er hat sich im Schwimmen mit seinem Freund gemessen.

Mes·se·neu·heit *die* <-, -en> *ein Produkt, das auf einer Messe erstmals der Öffentlichkeit vorgestellt wird*

Mes·ser *das* <-s, -> ❶ *ein Gerät mit einer Klinge und einem Handgriff, das als Werkzeug oder als Waffe verwendet wird:* Es kam zum Streit und der Angeklagte zog ein Messer.; Sei vorsichtig mit dem scharfen Messer.; Das Messer ist stumpf, es schneidet nicht gut. ❷ *ein Messer¹ als Teil des Essbestecks:* mit Messer und Gabel essen; ■ unters Messer kommen *(umg.) operiert werden;* ■ jemandem das Messer an die Kehle setzen *(umg.) jmdn. unter Druck setzen;* ■ jemanden ans Messer liefern *(umg.) jmdn. verraten;* ■ etwas steht auf Messers Schneide *(umg.) etwas kann so oder so ausgehen*

Mes·ser·bänk·chen *das* <-s, -> *ein kleiner Ständer für das Besteck, den man neben den Teller legt*

Mes·ser·geb·nis *das* <-es, -se> *das Resultat einer Messung*

Mes·ser·griff *der* <-(e)s, -e> *(≈ Messerheft) der Teil des Messers, an dem man das Messer festhält*

Mes·ser·heft *das* <-(e)s, -e> *(≈ Messergriff)*

Mes·ser·held *der* <-en, -en> *(abwert.: ≈ Messerstecher) jmd., der schnell das Messer zieht*

Mes·ser·klin·ge *die* <-, -n> *der Teil des Messers, der schneidet*

Mes·ser·rü·cken *der* <-s, -> *die stumpfe Seite einer Messerklinge*

mes·ser·scharf *adj* /nicht steig./ ❶ *(umg.) sehr scharf:* Pass auf, die Kante dort ist messerscharf. ❷ *(übertr.) äußerst scharfsinnig:* Sie hat messerscharf kombiniert.

Mes·ser·spit·ze *die* <-, -n> *eine kleine Menge eines Stoffes:* eine Messerspitze Salz hinzugeben

Mes·ser·ste·cher *der* <-s, -> *(abwert.: ≈ Messerheld)*

Mes·ser·ste·che·rei *die* <-, -en> *(abwert.) eine tätliche Auseinandersetzung mit Messern*

Mes·ser·stich *der* <-(e)s, -e> *ein Stich mit einem Messer:* Das Opfer wurde durch mehrere Messerstiche verletzt.

Mes·ser·wer·fer *der*, **Mes·ser·wer·fe·rin** <-s, -> *ein Artist, der Messer auf eine Wand wirft, ohne dabei eine zweite Person zu verletzen, die vor der Wand steht*

Mes·se·stadt *die* <-, Messestädte> *eine Stadt, in der häufig Messen stattfinden*

Mes·se·stand *der* <-(e)s, Messestände> *ein Stand auf einer Messe, an dem eine Firma ihre Produkte präsentiert*

Mes·se·teil·neh·mer *der*, **Mes·se·teil·neh·me·rin** <-s, -> jmd., der seine Produkte auf einer Messe präsentiert

Mess·feh·ler *der* <-s, -> *ein Fehler beim Messen:* Die Abweichung ist nur durch einen Messfehler zu erklären.

Mess·füh·ler *der* <-s, -> TECHN. *der Teil eines Messgeräts, der die zu messenden Daten registriert, z. B. in einem Thermostaten*

Mess·ge·nau·ig·keit *die* <-, -en> *die Präzision, mit der jmd. oder ein Gerät misst:* Aufgrund der geringen Messgenauigkeit dieses Geräts treten häufig Messfehler auf.

Mẹss·ge·rät *das* <-(e)s, -e> *ein Gerät, das etwas misst:* Sind die Messgeräte geeicht?

Mẹss·ge·wand *das* <-(e)s, Messgewänder> *eine Art Umhang, den ein Priester während der Messe trägt*

Mes·si·as *der* <-> */kein Plur., nur mit Artikel /* REL. ❶ *Bezeichnung der Christen für Jesus Christus* ❷ *der im Alten Testament angekündigte Erlöser*

Mẹs·sing *das* <-s> */kein Plur./ ein Metall (Legierung aus Kupfer und Zink)* ◆-draht, -leuchter, -schild ▸ vermessingt

Mẹs·sing·hahn *der* <-(e)s, Messinghähne> *Wasserhahn aus Messing*

Mẹss·in·s·t·ru·ment *das* <-(e)s, -e> *(≈ Messgerät)* Die Messinstrumente müssen geeicht sein.

Mẹss·kelch *der* <-(e)s, -e> REL. *das Gefäß, aus dem bei katholischen Gottesdiensten der Priester den Messwein trinkt*

Mẹss·ner *der;* **Mẹss·ne·rin** SÜDDT., ÖSTERR. *siehe* **Mesner**

Mẹss·op·fer *das* <-s, -> REL. *die rituelle Handlung, die im katholischen Gottesdienst an den Tod Jesu erinnern soll*

Mẹss·tech·nik *die* <-, -en> *die Technologie der Messgeräte:* Die Messtechnik ist ständig verbessert worden.

Mẹss·tisch *der* <-(e)s, -e> GEOGR. *ein Tisch, den Zeichner von Landkarten benutzen*

Mẹss·tisch·blatt *das* <-(e)s, Messtischblätter> GEOGR. *eine Landkarte, die auf einem Messtisch gezeichnet wurde.*

Mẹs·sung *die* <-, -en> *der Vorgang, dass jmd. etwas misst:* Die Werte haben sich seit der letzten Messung kaum verändert.

Mẹss·ver·fah·ren *das* <-s, -> *die Art und Weise, in der etwas gemessen wird*

Mẹss·wein *der* <-(e)s, -e> REL. *der Wein, der in katholischen Gottesdiensten das Blut Jesu symbolisiert*

Mẹss·wert *der* <-(e)s, -e> *durch eine Messung ermittelter Wert:* Die Messwerte stimmen überein.

Mẹss·zy·lin·der *der* <-s, -> *ein Gefäß, mit dem man Flüssigkeiten misst*

Mes·ti·ze *der;* **Mes·ti·zin** <-n, -n> *ein Nachkomme eines weißen und eines indianischen Elternteils*

MESZ *die* *Abkürzung von „Mitteleuropäische Sommerzeit"*

Met *der* <-(e)s> */kein Plur./ ein alkoholisches Getränk aus vergorenem Honig*

Met *die* */kein Plur./ kurz für „Metropolitan Opera"*

Me·ta- *als Erstglied zusammengesetzter Substantive; drückt in Fachsprachen aus, dass das mit dem Zweitglied Bezeichnete auf einer übergeordneten/abstrakteren Ebene der Betrachtung liegt* ◆-basis, -daten, -diskurs, -diskussion, -entscheidung, -erzählung, -ethik, -funktion, -information, -intelligenz, -interaktion, -kognition, -kommunikation, -mathematik, -paradigma, -perspektive, -politik, -position, -psychologie, -reflexion, -repräsentation

me·ta- *als Erstglied zusammengesetzter Adjektive; drückt in Fachsprachen aus, dass das mit dem Zweitglied Bezeichnete auf einer übergeordneten/abstrakteren Ebene der Betrachtung liegt* ◆-emotional, -empirisch, -kognitiv, -kommunikativ

Me·ta·bo·lis·mus *der* <-> */kein Plur./ (fachspr.:≈ Stoffwechsel)*

Me·ta·le·xi·ko·gra·phie, *a.* **Me·ta·le·xi·ko·gra·fie** *die* <-> */kein Plur./* SPRACHWISS. *(≈ Wörterbuchforschung) der Theoriebereich zu der lexikographischen Praxis (= Lexikographie), in welchem theoriebezogene Antworten auf alle mit Wörterbüchern zusammenhängende Fragen gegeben werden* ▸ metalexikographisch/metalexikografisch *siehe auch* **Wörterbuch**

Me·tall *das* <-s, -e> *eine Substanz, wie z. B. Eisen oder Aluminium, die hart ist, eine glänzende Oberfläche hat, die man im heißen Zustand verformen kann und die ein wichtiges Material für den Bau von Geräten und Maschinen ist:* Der Schmied bearbeitet das glühende Stück Metall.; Das Automodell ist sehr schwer, es besteht aus massivem Metall. ◆-arbeiter(in), -bearbeitung, -block, -guss, -industrie, -legierung, -platte, -ski, -überzug, -verarbeitung, Edel-, Leicht-, Schwer- ◆Getrennt- oder Zusammenschreibung →R 4.16 ein Metall verarbeitender/metallverarbeitender Betrieb

me·tal·len *adj* */nicht steig./ aus Metall bestehend*

Me·tal·ler *der;* **Me·tal·le·rin** <-s, -> *(umg.) (gewerkschaftlich organisierter) Metallarbeiter*

me·tall·hal·tig *adj* */nicht steig./ so, dass Metall darin enthalten ist* ▸ Metallhaltigkeit

me·tal·lic *adj* */nicht steig./ /nur attr./ so, dass sich in einem Lack bestimmte Partikel befinden, die den Lack wie Metall glänzen lassen:* Dieses Auto gibt es in Blau metallic/Metallicblau oder in Grün metallic/Grünmetallic.

Me·tal·lic·la·ckie·rung *die* <-, -en> *ein Lack, der im Licht metallisch schimmert*

me·tal·lisch *adj* */nicht steig./ /* ❶ *aus Metall bestehend:* Das Werkstück hat/hält noch einen metallischen Überzug. ❷ *so, dass es einen harten Klang hat:* Die Stimme des Anrufbeantworters klingt metallisch. ❸ *an Metall erinnernd:* Die Oberfläche schimmert metallisch.

me·tal·li·sie·ren *mit* OBJ ■ *jmd.* **metallisiert etwas** TECHN. *etwas mit einer Metallschicht überziehen*

Me·tall·kun·de *die* <-> */kein Plur./ (≈ Metallurgie) die Wissenschaft, die von den Eigenschaften von Metallen beschäftigt*

Me·ta·mor·pho·se *die* <-, n> *(geh.) die Wandlung von etwas (in eine andere Gestalt oder in einen anderen Zustand):* Ein Beispiel im Tierreich ist die Entwicklung des Eis zur Kaulquappe und schließlich zum Frosch.

Me·ta·pher *die* <-, -n> SPRACHWISS. *eine Stilfigur, die auf bildhafter Sprachverwendung beruht; ein bildhafter Ausdruck*

me·ta·pho·risch *adj* ❶ *Metaphern enthaltend:* ein metaphorischer Stil ❷ *eine Metapher darstellend:* Das Wort ist hier metaphorisch gebraucht.

Me·ta·phy·sik *die* <-, ...-physiken> */Plur. selten /*

M

PHILOS. *eine Lehre, die sich mit den nicht erfahrbaren und nicht erkennbaren Dingen des Seins beschäftigt* ▸ metaphysisch

me·ta·phy·sisch *adj / nicht steig. / die Metaphysik betreffend, jenseits der Erfahrung liegend*

Me̱·ta·spra·che *die <-, -en> (↔ Objektsprache)* **PHILOS., SPRACHWISS.** *zu Zwecken der Erklärung / Beschreibung eingesetzte Sprache*

me̱·ta·sprach·lich *adj / nicht steig. / (↔ objektsprachlich) auf die Metasprache bezogen bzw. dieser angehörig*

Me̱·ta·s·ta·se *die <-, -n>* **MED.** *Tochtergeschwulst (eines Tumors)*

Me·te·o̱r *der <-s, -e>* **ASTRON.** *(≈ Sternschnuppe) ein kosmischer Körper, der in die Erdatmosphäre eindringt und dabei leuchtet*

me·te·o·risch *adj / nicht steig. /* ❶ *auf die Klima- und Wetterverhältnisse bezogen* ❷ *auf einen Meteor bezogen* ❸ *(geh. übertr.) plötzlich, unerwartet schnell:* eine meteorische Karriere

Me·te·o·ri̱t *der <-en, -en> ein (kleinerer) Gesteinsbrocken aus dem All, der beim Eintritt in die Erdatmosphäre ganz oder teilweise verglüht und so als Meteor sichtbar wird, wobei ein Rest auf der Erdoberfläche einschlagen kann*

Me·te·o·ro·lo·gie *die <-> / kein Plur. / (≈ Wetterkunde) die wissenschaftliche Beschäftigung mit dem Wetter und dem Klima, die es insbesondere ermöglicht, Wettervorhersagen zu machen* ▸ Metereologe, Metereologin, metereologisch

Me·te·o̱r·stein *der <-(e)s, -e> der Rest eines Meteoriten, der nicht ganz verglüht ist*

Me̱·ter *der/das <-, -> ein Längenmaß:* Ein Meter hat hundert Zentimeter (1 m = 100 cm); ein Grundstück von zwanzig Metern Länge und dreißig Metern Breite

me̱·ter·dick *adj / nicht steig. / so, dass etwas eine Dicke von mehreren Metern hat* ◆ Zusammenschreibung →R 4.5 Die Burg hatte meterdicke Mauern.; ◆ Getrenntschreibung →R 4.5 Die Mauern waren zwei Meter dick.

me̱·ter·hoch *adj / nicht steig. / so, dass etwas eine Höhe von mehreren Metern hat* ◆ Zusammenschreibung →R 4.5 Der Schnee lag meterhoch.; Das Räumfahrzeug kämpfte sich durch meterhohen Schnee.; ◆ Getrenntschreibung →R 4.5 Der Sprungturm ist fünf Meter hoch.

me̱·ter·lang *adj / nicht steig. / so, dass etwas eine Länge von mehreren Metern hat* ◆ Zusammenschreibung →R 4.5 Vor der Kasse war eine meterlange Schlange.; ◆ Getrenntschreibung →R 4.5 Das Beet ist einen Meter lang.

Me̱·ter·maß *das <-es, -e> (≈ Maßband) ein Band mit einer Maßeinteilung, mit dem man eine Länge messen kann.:* Wie soll ich die Rocklänge messen, wenn ich mein Metermaß nicht finden kann?

Me̱·ter·stab *der <-(e)s, Meterstäbe> (≈ Zollstock) eine Art langer Stab, den man zusammenklappen kann und der eine Einteilung in Meter und Zentimeter hat, um damit etwas zu messen*

Me·tha·do̱n *das <-s> / kein Plur. /* **MED.** *ein Drogenersatzstoff, der in der Therapie von Heroinabhängigen verwendet wird* ◆ -programm, -therapie

Me·than *das <-s> / kein Plur. / (≈ Sumpfgas) ein* natürliches, farb- und geruchloses, leicht brennbares Gas

Me·tha·no̱l *das <-s> / kein Plur. /* **CHEM.** *(≈ Methylalkohol)*

Me·tho̱·de *die <-, -n>* ❶ *(fachspr.) ein planmäßiges, systematisches Verfahren zur Erreichung eines Ziels:* Forscher haben eine völlig neue wissenschaftliche Methode entwickelt, um ....; Die Methode des ... wurde angeblich schon von den römischen Ärzten der Antike angewendet. ❷ *eine bestimmte Art des Handelns:* Seine Methoden gefallen mir nicht.; Mit dieser Methode wirst du kaum etwas erreichen.

Me·tho̱·dik *die <-, -en> alle Methoden, die zu einem bestimmten Fach gehören:* Ich suche ein einführendes Buch über die Methodik der Literaturwissenschaft.

me·tho̱·disch *adj / nicht steig. / (≈ planmäßig, systematisch) nach einer bestimmten Methode:* Ich bin bei meiner Arbeit streng methodisch vorgegangen.

Me·tho̱·dist *der,* **Me·tho̱·dis·tin** *<-en, -en>* **REL.** *Angehöriger einer bestimmten christlichen Glaubensgemeinschaft*

Me·tho·do·lo·gie *die <-, ...gien> die Lehre von den wissenschaftlichen Methoden* [1]

Me·thu·sa·lem *der <-(s), -s> ein sehr alter Mann*

Me·thyl·al·ko·hol *der <-s, -e> (≈ Methanol) ein giftiger, als Brenn- oder Treibstoff verwendeter Alkohol*

Me·tier *das [me'tie:] <-s, -s> Handwerk, Tätigkeit:* Sie beherrscht ihr Metier.

Me·to·ny·mie *die <-, ...mi̱en>* **SPRACHWISS.** *ein stilistisches Mittel, bei dem ein Ausdruck durch einen verwandten / benachbarten / ähnlichen Ausdruck ersetzt wird (Ursache für die Wirkung, Stoff für das daraus Erzeugte, Gefäß für den Inhalt, Name für das Werk eines Autors etc.):* „Brot" kann für „Nahrung" stehen

Me·t·rik *die <-, -en> / Plur. selten /* ❶ **LIT.** *die Lehre von den Versmaßen* ❷ **MUS.** *die Lehre vom Takt*

me·t·risch *adj* ❶ *die Metrik* [1,2] *betreffend* ❷ *auf alle Maßeinheiten bezogen, die nach Meter und Kilogramm messen:* Zum metrischen System gehören Meter, Hektar, Kilogramm.

Me·tro *die <-, -s> Bezeichnung für die Untergrundbahn in Paris:* In Paris sind wir oft mit der Metro gefahren.

Me·t·ro·no̱m *das <-s, -e>* **MUS.** *(≈ Taktmesser, Taktell) ein Gerät, das durch lautes Ticken dem Musiker den Takt angibt*

Me·t·ro·po·le *die <-, -n>* ❶ *Hauptstadt, Zentrum* ◆ Welt- ❷ *(≈ Hochburg, Zentrum) ein Ort, der als Zentrum für bestimmte Interessen gilt:* Paris ist immer noch die Metropole der Mode. ◆ Handels-, Kunst-, Mode-, Musik-

Me·t·ro·po·li̱t *der <-en, -en>* **REL.** *ein Bischof oder Erzbischof der orthodoxen Kirche*

Me·t·rum *das <-s, Metren>* ❶ **LIT.** *(≈ Versmaß)* ❷ **MUS.** *(≈ Taktmaß)*

Mett *das <-(e)s> / kein Plur. / (≈ Hackfleisch) gehacktes Schweinefleisch*

M

Met·te *die* <-, -n> REL. *nächtlicher Gottesdienst* ♦ Christ-

Met·teur *der,* **Met·teu·rin** [mɛ'tøː̯ɐ̯] <-s, -e> DRUCKW. *jmd., der in einer Druckerei für die Seitenumbrüche zuständig ist*

Mett·wurst *die* <-, -würste> *eine Wurst aus Mett*

Met·ze·lei *die* <-, -en> *(umg. abwert.: ≈ Blutbad, Massaker) grausames Morden an vielen Menschen*

Metz·ger *der,* **Metz·ge·rin** <-s, -> SÜDDT., WESTMDT., ÖSTERR., SCHWEIZ. *Fleischer*

Metz·ge·rei *die* <-, -en> SÜDDT., WESTMDT., ÖSTERR., SCHWEIZ. *Fleischerei*

Meu·chel·mord *der* <-(e)s, -e> *(abwert.) ein heimtückischer Mord*

Meu·chel·mör·der *der,* **Meu·chel·mör·de·rin** <-s, -> *jmd., der einen Meuchelmord begangen hat*

meu·cheln <meuchelst, meuchelte, hat gemeuchelt> *mit OBJ* ■ *jmd. meuchelt jmdn. (veralt. abwert.) heimtückisch morden*

meuch·le·risch *adj (veralt. abwert.) heimtückisch*

meuch·lings *adv (veralt. abwert.) auf heimtückische Art und Weise: jemanden meuchlings ermorden*

Meu·te *die* <-, -n> */Plur. selten/* ❶ *(umg. abwert.) eine wilde Gruppe von Personen: Eine Meute von Randalierern zog durch die Straßen.* ❷ *(≈ Hundemeute) eine Gruppe von Jagdhunden*

Meu·te·rei *die* <-, -en> *(≈ Aufstand, Rebellion) der Vorgang, dass als Mitglieder einer bestimmten Gruppe von Menschen – z. B. eine Schiffsbesatzung oder die Insassen eines Gefängnisses – plötzlich Befehle verweigern und mit Gewalt versuchen, die Macht an sich zu bringen*

Meu·te·rer *der,* **Meu·te·rin** <-s, -> *jmd., der Meuterei begeht*

meu·tern <meuterst, meuterte, hat gemeutert> *ohne OBJ* ❶ ■ *jmd. meutert (gegen jmdn.) eine Meuterei machen: Die Schiffsbesatzung meuterte (gegen ihren Kapitän).* ❷ ■ *jmd. meutert (gegen etwas) Akk.) (umg.) aufbegehren, protestieren: Die Besucher meuterten, als der Konzertbeginn erneut verschoben wurde.*

Me·xi·ko <-s> */kein Plur./ ein Land in Mittelamerika* ▶ Mexikaner, Mexikanierin, mexikanisch

Mez·za·nin *der/das* <-s, -e> ÖSTERR. *Zwischengeschoss zwischen dem Parterre und dem ersten Stock* ♦ -wohnung

mez·zo·for·te *adv* MUS. *mäßig laut (mf)*

mez·zo·pi·a·no *adv* MUS. *mäßig leise (mp)*

Mez·zo·so·p·ran, Mez·zo·so·p·ran *der* <-(e)s, -e> MUS. ❶ *mittlere Stimmlage zwischen Sopran und Alt* ❷ *Sängerin der mittleren Stimmlage*

MG *Abkürzung von „Maschinengewehr"*

mg *Abkürzung für „Milligramm"*

mhd. *Abkürzung für „mittelhochdeutsch"*

mi·au·en *ohne OBJ* ■ *eine Katze miaut die für eine Katze typischen Laute von sich geben: Die Katze miaut.*

mich *pron* ❶ *Akk. zu „ich": Schau mich nicht so an!* ❷ *refl. zu „ich": Ich habe mich verschluckt.*

mick·rig, *a.* **mi·cke·rig** *adj (umg. abwert.: ≈ klein, schwächlich, kümmerlich) so klein, schwach o.*

Ä., dass man es nicht ernst nimmt: Wir zahlten nur einen mickrigen Betrag.; Hast du die mickrigen Pflanzen gesehen?

Mi·cky·maus *die* <-> */kein Plur./ eine Comicfigur von Walt Disney*

Mid·life·cri·sis, *a.* **Mid·life-Cri·sis** *die* ['mid-laɪfˈkraɪsɪs] <-> */kein Plur./ (geh.) eine in der Lebensmitte (besonders von Männern) empfundene Sinnkrise*

Mie·der *das* <-s, -> ❶ *eine den Körper formende, elastische Unterwäsche für Frauen* ❷ *eng anliegendes Oberteil* ♦ Trachten-

Mie·der·wa·ren <-> *Plur. alles, was zum Mieder¹ gehört*

Mief *der* <-(e)s> */kein Plur./ (umg. abwert.)* ❶ *muffige Luft* ❷ *eine unangenehme, beschränkte Atmosphäre: der Mief der Kleinstadt*

mie·fen *ohne OBJ* ■ *jmd./etwas mieft (umg. abwert.) unangenehm riechen: Die Wäsche mieft.; Hier mieft es!*

Mie·ne *die* <-, -n> *Gesichtsausdruck: Sie setzte eine freundliche/heitere Miene auf.; Er verzog keine Miene.;* ■ gute Miene zum bösen Spiel machen *(umg.) die anderen (wohl oder übel) gewähren lassen* ♦ Freuden-, Sieger-, Trauer-; *siehe aber* Mine

Mie·nen·spiel *das* <-(e)s, -e> *(≈ Mimik) die Art, wie sich Gefühle im Gesicht zeigen: Am Mienenspiel der Frau konnte man ihre Erregung erkennen.*

mies *adj (umg. abwert.)* ❶ *schlecht, übel, abstoßend: Weshalb hat sie eine derart miese Laune?; Das war ein mieses Buch.; Er ist ein ganz mieser Typ.* ❷ *(≈ kränklich) körperlich unwohl: Ich fühle mich ziemlich mies.*

Mie·se·pe·ter *der* <-s, -> *(umg. abwert.) ständig unzufriedener Mensch*

mies·ma·chen <machst mies, machte mies, hat miesgemacht> *mit OBJ* ■ *jmd. macht jmdm. etwas Akk.* mies *verderben, herabsetzen, schlechtmachen: Ich lasse mir den Urlaub von dir nicht miesmachen.*

Mies·ma·cher *der,* **Mies·ma·che·rin** <-s, -> *(umg. abwert.) jmd., der oft etwas abqualifiziert und damit anderen die Freude verdirbt*

Mies·ma·che·rei *die* <-, -en> *(umg. abwert.) ständiges Nörgeln*

Mies·mu·schel *die* <-, -n> *eine essbare Muschel*

Miet- *als Erstglied zusammengesetzter Substantive; drückt aus, dass sich das mit dem Zweitglied Bezeichnete auf die Miete bzw. auf das Mietverhältnis bezieht* ♦ -dauer, -einnahme, -erhöhung, -preis, -recht, -schulden, -streitigkeiten, -vertrag, -wohnung, -wucher

Miet·aus·fall *der* <-(e)s, Mietausfälle> *die Tatsache, dass keine Miete bezahlt wird*

Miet·au·to *das* <-s, -s> *ein Auto, das man mieten kann: Das Mietauto steht am Flughafen für Sie bereit.*

Mie·te *die* <-, -n> *der Geldbetrag, den man dem Eigentümer einer Wohnung monatlich bezahlen muss, damit man in seiner Wohnung wohnen darf: Was kostet die Miete?; Wir wohnen zur Miete.; Zur Miete kommen noch die Nebenkos-*

M

ten.; Die Miete wird per Dauerauftrag überwiesen. ◆ Kalt-, Laden-, Monats-, Wohnungs-

mie·ten mit OBJ ■ *jmd. mietet etwas* ❶ *gegen Bezahlung von Geld irgendwo wohnen dürfen:* Wir wollen eine neue Wohnung mieten. ❷ *(≈ leasen, chartern) gegen Bezahlung von Geld etwas benutzen dürfen:* ein Auto mieten

Mie·ter *der,* **Mie·te·rin** <-s, -> *(↔ Vermieter) jmd., der etwas mietet* ◆ Dauer-, Haupt-, Nach-, Unter-

Mie·ter·schutz *der* <-es> /kein Plur./ *der gesetzlich geregelte Schutz der Mieter vor willkürlichen Maßnahmen des Vermieters* ◆-verein

miet·frei *adj* /nicht steig./ *so, dass man keine Miete bezahlen muss:* Er wohnt mietfrei.

Miet·kauf *der* <-(e)s, Mietkäufe> WIRTSCH. *Mietvertrag mit dem Recht, die gemietete Sache innerhalb einer Frist und vorher bestimmtem Preis käuflich zu erwerben, wobei die bisher gezahlten Mieten angerechnet werden*

Miet·rück·stand *der* <-(e)s, Mietrückstände> *der Zustand, dass ein Mieter mehrere Mieten nicht bezahlt hat:* Er ist in Mietrückstand geraten.

Miets·haus *das* <-es, Mietshäuser> *ein Haus mit mehreren Mietwohnungen*

Miets·ka·ser·ne *die* <-, -n> *(umg. abwert.) ein großes, nicht sehr schönes Mietshaus*

Miet·spie·gel *der* <-s, -> *ein Verzeichnis der Mietpreise, die in einer Stadt üblich sind*

Miet·ver·hält·nis *das* <-ses, -se> AMTSSPR. *das Verhältnis zwischen Mieter und Vermieter:* Wann wurde das Mietverhältnis gelöst?

Miet·wa·gen *der* <-s, -> *(≈ Mietauto)*

Miet·wert *der* <-(e)s, -e> *der Geldbetrag, der für eine Sache als Mietpreis angemessen ist*

Miet·zins *der* <-es, -en> SÜDDT., ÖSTERR., SCHWEIZ. *Miete*

Mie·ze *die* <-, -n> ❶ *(umg.) Katze* ❷ *(umg. scherzh.) Mädchen, junge Frau*

Mi·grä·ne *die* <-, -n> MED. *meist einseitiger, heftiger Kopfschmerz mit Übelkeit* ◆-anfall, -auslöser, -attacken, -behandlung, -forschung, -klinik, -mittel, -prophylaxe, -patient(in), -symptom, -therapie, -vorbeugung, -wetter

Mi·grant *der,* **Mi·gran·tin** <-en, -en> POL. *jmd., der sein Heimatland verlässt und in einem anderen Land lebt* ▶ Emigrant, Immigrant ◆ Arbeits-

Mi·gran·ten·deutsch *das* <-en> SPRACHWISS. *reduzierte sprachliche Äußerungsformen in ethnischen Milieus, zustandegekommen als Mischform unter dem Einfluss von Migrantensprachen; siehe auch* **Immigrantendeutsch**

Mi·gra·ti·on *die* <-, -en> ❶ BIOL. *die Wanderung bestimmter Tierarten, beipielsweise Zugvögel* ❷ SOZIOL. *(≈ Zuwanderung) die Aus- und Einwanderung von Menschen* ❸ GEOGR. *die Wanderung von bestimmten Gesteinen*

Mi·ka·do *das* <-s, -s> /kein Plur./ *ein Geschicklichkeitsspiel*

Mi·kro *das* <-s, -s> *(umg.) kurz für „Mikrofon"*

Mi·kro- *(↔ Makro-) als Erstglied zusammengesetzter Substantive* ❶ *drückt aus, dass das mit dem Zweitlied Bezeichnete sehr klein ist bzw. sich auf sehr kleine Einheiten bezieht* ◆-angiopathie,

-analyse, -bakterien, -biologie, -chemie, -chirurgie, -computer, -evolution, -galvanik, -infarkt, -infektion, -klima, -laryngoskopie, -legierung, -logistik, -ökonomie, -paläontologie, -politik, -prozessor, -zephalie/-cephalie ❷ *dient zur Bezeichnung von einem Millionstel der mit dem Zweitglied genannten Einheit* ◆-ampere, -gramm, -meter

mi·kro- *(↔ makro-) als Erstglied zusammengesetzter Adjektive; drückt aus, dass das mit dem Zweitlied Bezeichnete sehr klein ist bzw. sich auf sehr kleine Einheiten bezieht* ◆-aerophil, -angiopathisch, -dermal, -invasiv, -legiert, -ökonomisch, -zephal

Mi·kro·be *die* <-, -n> *(≈ Einzeller) ein pflanzliches oder tierisches Kleinstlebewesen:* Bakterien sind Mikroben.

Mi·kro·chip, Mi·kro·chip *der* <-s, -s> ELEKTROTECHN. *ein elektronisches Bauteil in der Art einer sehr kleinen und dünnen Kunststoffplatte, auf der sich elektronische Schaltkreise befinden*

Mi·kro·elek·tro·nik, Mi·kro·elek·tro·nik *die* <-> /kein Plur./ PHYS. *die Anwendung von Mikroprozessoren*

Mi·kro·fa·ser, Mi·kro·fa·ser *die* <-, -n> *eine Textilfaser aus Polyester*

Mi·kro·fiche, Mi·kro·fiche *das/der* [...fiʃ] <-s, -s> *Mikrofilm in Form einer Folie*

Mi·kro·film, Mi·kro·film *der* <-(e)s, -e> *eine stark verkleinerte fotografische Aufnahme von Texten:* Ein Mikrofilm ist auf eine Rolle gewickelt.; Die Bibliothek hat einige seltene Bücher auf Mikrofilm.

Mi·kro·fon, *a.* **Mi·kro·phon** *das* <-s, -e> *ein Gerät, durch das Töne auf Tonband, Kassette oder Lautsprecher übertragen werden:* Sie haben ohne Mikrofon gesungen. ◆-kabel, -ständer, Röhren-

Mi·kro·gramm, Mi·kro·gramm *das* <-s, -> *ein Millionstel Gramm*

Mi·kro·kli·ma, Mi·kro·kli·ma *das* <-s, -s/-ta> *das lokale Klima, das an einem Ort herrscht:* Meteorologen erforschen das Mikroklima auf dieser Insel.

Mi·kro·ko·pie, Mi·kro·ko·pie *die* <-, -n> *eine stark verkleinerte Kopie (auf einem Mikrofiche oder Mikrofilm), die man nur mit einem speziellen Gerät ansehen kann*

Mi·kro·kos·mos, Mi·kro·kos·mos *der* <-> /kein Plur./ ❶ BIOL. *die Welt der Klein(st)lebewesen* ❷ *(↔ Makrokosmos) die kleine Welt des Menschen (als Ausschnitt oder Abbild)*

Mi·kro·me·ter, Mi·kro·me·ter *das* <-s, -> *ein millionstel Meter (0,001 mm)*

Mi·kro·ne·si·en <-s> *eine Inselgruppe im Pazifik* ▶ Mikronesier, Mikronesierin, mikronesisch

Mi·kro·or·ga·nis·mus *der* <-, Mikroorganismen> /selten im Sing./ *ein Kleinstlebewesen, das nur unter dem Mikroskop sichtbar ist:* Viren und Bakterien zählen zu den Mikroorganismen.

Mi·kro·phon *das siehe* **Mikrofon**

Mi·kro·pil·le *die* <-, -n> *(umg.) eine Antibabypille mit sehr geringen Mengen von Hormonen*

Mi·kro·pro·zes·sor *der* <-s, -en> EDV, TECHN. *ein elektronischer Baustein, der Informationen verarbeitet*

M

Mi·k·ro·s·kop *das* <-(e)s, -e> *ein optisches Gerät, mit dem man sehr kleine Objekte genau betrachten kann:* Wir haben uns einen Schmetterlingsflügel unter dem Mikroskop angesehen.

Mi·k·ro·s·ko·pie *die* <-> */kein Plur./ die Betrachtung von Objekten mit einem Mikroskop*

mi·k·ro·s·ko·pie·ren *ohne OBJ* ■ *jmd.* **mikroskopiert** *mit einem Mikroskop arbeiten*

mi·k·ro·s·ko·pisch *adj /nicht steig./* ❶ *mithilfe des Mikroskops:* Die Fasern wurden mikroskopisch untersucht. ❷ *so klein, dass man etwas mit bloßem Auge nicht mehr erkennen kann:* Der Käfer ist mikroskopisch klein.

Mi·k·ro·wel·le *die* <-, -n> ❶ ELEKTROTECHN. *eine elektromagnetische Welle* ❷ *Kurzform für „Mikrowellenherd":* Ich stelle das Essen noch kurz in die Mikrowelle.

Mi·k·ro·wel·len·herd *der* <-(e)s, -e> *ein Gerät, das Speisen mit Hilfe von Mikrowellen in sehr kurzer Zeit erwärmen oder garen kann:* Ich wärme das Essen schnell im Mikrowellenherd.

Mi·lan *der* <-(e)s, -e> *ein Greifvogel*

Mil·be *die* <-, -n> *eine kleine Spinnenart, die als Parasit bei Menschen und Tieren lebt*

Milch *die* <-> */kein Plur./* ❶ *die weiße Flüssigkeit, die ein Baby an der Brust seiner Mutter trinkt* ◆ Mutter- ❷ *die Flüssigkeit, mit der ein Muttertier ein Junges säugt* ◆-kuh, Kuh-, Schafs-, Ziegen- ❸ *Milch[2] als Nahrungsmittel* ◆-brei, -flasche, -geschäft, -händler(in), -kaffee, -kanne, -laden, -produkt, -reis, -schokolade, -speise, -topf, -tüte, -wirtschaft

Milch·bar *die* <-, -s> *ein Lokal, in dem vor allem Milchmixgetränke angeboten werden*

Milch·bart *der* <-(e)s- Milchbärte> *(umg. abwert.) ein unerfahrener, schwächlicher junger Mann*

Milch·drü·se *die* <-, -n> ANAT. *die Milch[1, 2] produzierenden Drüsen in der Brust einer Frau oder eines weiblichen Säugetiers*

Milch·ei·weiß *das* <-es, -e> BIOL. *ein bestimmtes Eiweiß, das in Milch[3] enthalten ist*

Milch·ge·biss *das* <-es, -e> *das erste Gebiss, das Menschen im Kindesalter bekommen*

Milch·ge·sicht *das* <-(e)s, -er> ❶ *ein zartes, blasses Gesicht* ❷ *(abwert.) ein unerfahrener, schwächlicher junger Mann*

Milch·glas *das* <-es, Milchgläser> ❶ *ein Glas, aus dem man Milch trinkt* ❷ */kein Plur./ trübes, undurchsichtiges Fensterglas*

mil·chig *adj /nicht steig./ trübe:* eine milchige Flüssigkeit

Milch·kalb *das* <-(e)s, Milchkälber> *Kalb, das noch mit Milch[2] gesäugt wird*

Milch·ling *der* <-s, -e> ❶ *ein Speisepilz* ❷ ZOOL. *ein geschlechtsreifer männlicher Fisch*

Milch·mäd·chen·rech·nung *die* <-, -en> *(umg.) eine Planung, die auf falschen oder naiven Annahmen beruht:* Das klappt nie; das ist doch eine Milchmädchenrechnung!

Milch·pul·ver *das* <-s, -> *ein Pulver, das entstanden ist, indem man Milch das Wasser entzogen hat:* Unter den Hilfsgütern waren auch mehrere Tonnen Milchpulver.

Milch·pum·pe *die* <-, -n> *ein Gerät, mit dem Muttermilch abgepumpt wird*

Milch·säu·re *die* <-, -n> CHEM. *eine organische Säure, die durch bestimmte Bakterien entsteht* ◆-gärung

Milch·schorf *der* <-(e)s> */kein Plur./ Ausschlag im Gesicht von Säuglingen*

Milch·stra·ße *die* <-> */kein Plur./ unsere Galaxis, die als breites Band von Fixsternen am Nachthimmel zu sehen ist*

Milch·stra·ßen·sys·tem *das* <-(e)s, -e> ASTRON. *(≈ Galaxis)*

Milch·zahn *der* <-(e)s, Milchzähne> *ein Zahn des Milchgebisses:* Das Baby bekommt gerade seinen ersten Milchzahn.

Milch·zu·cker *der* <-s, -> CHEM. *eine bestimmte Art von Zucker, die in Milch[1, 2] enthalten ist*

mild, a. mil·de <milder, am mildesten> *adj* ❶ *(≈ nachsichtig, gütig ↔ streng) so, dass etwas/ jemand nicht streng ist und nicht eine sehr harte Strafe verhängt wird:* Der Richter verkündete ein mildes Urteil. ❷ *(≈ gemäßigt, lau, sanft) so, dass es nicht extrem ist:* Das Klima der Inseln ist eher mild.; das milde Licht des späten Nachmittags ❸ *(↔ scharf, würzig) so, dass es den Geschmackssinn nicht sehr reizt:* Zur Nachspeise gab es einen milden Käse.; ein ausgesprochen milder Rotwein ❹ *so, dass es gut verträglich und frei von Reizstoffen ist:* Die Hautcreme ist besonders mild.; Diese milde Kaffeesorte schont den Magen.; Das milde Duschgel verhindert ein Austrocknen der Haut.

Mil·de *die* <-> */kein Plur./ das Mildsein*

mil·dern <milderst, milderte, hat gemildert> **I.** *mit OBJ* ■ *jmd.* **mildert** *etwas (≈ abschwächen, lindern, verringern ↔ verschlimmern) bewirken, dass etwas leichter oder einfacher wird oder dass Schmerzen geringer werden:* Er milderte ihren Zorn.; Das Leid der Opfer konnte ein wenig gemildert werden.; Das Medikament mildert Ihre Schmerzen. **II.** *mit SICH* ■ *etwas mildert sich (≈ abnehmen) schwächer werden:* Ihre Wut hatte sich inzwischen etwas gemildert.; ■ *jemand bekommt mildernde Umstände* RECHTSW. *jmd. wird vor Gericht nicht so streng beurteilt, weil es Milderungsgründe gibt*

Mil·de·rung *die* <-, -en> *das Mildern*

Mil·de·rungs·grund *der* <-(e)s, Milderungsgründe> RECHTSW. *etwas, das dazu beiträgt, dass man eine Tat milder[1] beurteilt:* Es war für den Richter kein Milderungsgrund, dass ...

mild·tä·tig *adj (geh.) wohltätig, großzügig mit Spenden*

Mild·tä·tig·keit *die* <-, -en> *(geh.) Wohltätigkeit*

Mi·li·eu *das* [mi'ljø:] <-s, -s> ❶ *die Umwelt, in der ein Mensch lebt und die ihn in seiner Entwicklung, seinem Denken und Fühlen prägt* ❷ BIOL. *die Umgebung, in der eine Pflanze oder ein Tier lebt* ❸ *(verhüll.) die Welt der Prostituierten*

mi·li·eu·be·dingt [mi'ljø:...] *adj /nicht steig./ so, dass es auf das Umfeld zurückzuführen ist:* Sein Verhalten ist milieubedingt.

mi·li·eu·ge·schä·digt [mi'ljø:...] *adj so, dass ein Milieu[1] auf Menschen, besonders auf Kinder, ei-*

M

nen schlechten Einfluss ausgeübt hat: In diesem Viertel gibt es besonders viele millieugeschädigte Kinder.

Mi·li·eu·stu·die die [mi'lįø:...] <-. -n> Beschreibung eines bestimmten Umfelds und seines Einflusses auf die Menschen

mi·li·tant adj (≈ streitbar, offensiv) so, dass man kämpferisch für eine Überzeugung eintritt: ein militanter Nichtraucher; Diese Organisation hat auch zahlreiche militante Anhänger.; siehe aber **militärisch**

Mi·li·tär¹ das <-s> /kein Plur./ ❶ die Streitkräfte eines Landes: Er ist beim/geht zum Militär.; Generäle und andere hochrangige Vertreter des Militärs ◆-akademie, -arzt, -ärztin, -bündnis, -dienst, -experte, -flugzeug, -gefängnis, -geistliche, -intervention, -musik, -polizei, -seelsorge, -stützpunkt, -transport ❷ ein Teil des Militärs¹: Im Hochwassergebiet wird inzwischen auch das Militär eingesetzt.; Das Militär hat das Gebiet vollständig unter Kontrolle.

Mi·li·tär² der <-s, -s> ein hoher Offizier: Die Politiker und Militärs waren bei der Beratung anwesend.

Mi·li·tär·at·ta·ché der [...ataʃe:] <-s, -s> ein Offizier, der als Berater für eine Botschaft arbeitet

Mi·li·tär·dik·ta·tur die <-, -en> eine vom Militär gelenkte Diktatur: Nach dem Putsch errichtete der General eine Militärdiktatur.

Mi·li·ta·ria <-> Plur. Bücher und Gegenstände, die zum Militär gehören

mi·li·tä·risch adj /nicht steig./ ❶ das Militär betreffend, vom Militär ausgehend: Die militärischen Einrichtungen wurden inspiziert.; das militärische Eingreifen im Krisengebiet; Der Staatsmann wurde mit militärischen Ehren empfangen. ❷ (≈ soldatisch) sehr diszipliniert und durch strenge Regeln gelenkt: Zu jener Zeit herrschte noch militärische Disziplin an den Schulen.

Mi·li·ta·ri·sie·rung die <-> /kein Plur./ das Ausstatten (eines Landes) mit Militär und militärischen Einrichtungen

Mi·li·ta·ris·mus der <-> /kein Plur./ (abwert.) der Zustand, dass in Staat und Gesellschaft das Militär eine sehr große Bedeutung und Macht hat

Mi·li·ta·rist der, **Mi·li·ta·ris·tin** <-en, -en> jmd., der vom Militär begeistert ist ▶ militaristisch

Mi·li·tär·jun·ta die [...xʊnta] <-, Militärjunten> (≈ Militärregierung) eine von Offizieren gebildete Regierung (meist nach einem Putsch)

Mi·li·tär·marsch der <-es, Militärmärsche> ein Musikstück, das besonders bei Paraden des Militärs gespielt wird

Mi·li·tär·putsch der <-(e)s, -e> vom Militär durchgeführter Putsch

Mi·li·tär·re·gie·rung die <-, -en> (≈ Militärjunta) aus Angehörigen des Militärs gebildete Regierung

Mi·li·tär·we·sen das <-s> /kein Plur./ alles, was mit dem Militär zusammenhängt

Mi·li·ta·ry die ['mɪlɪtərɪ] <-, -s> SPORT eine Vielseitigkeitsprüfung im Reitsport

Mi·li·tär·zeit die <-, (-en)> die Dienstzeit beim Militär¹

Mi·liz die <-, -en> ❶ (für den Bedarfsfall) kurz aus-

gebildete Angehörige der Streitkräfte ❷ militärisch organisierte Polizei ❸ SCHWEIZ. Streitkräfte (der Schweiz)

Mi·liz·sol·dat der <-en, -en> ein Soldat der Miliz¹

Mill. Abkürzung von „Million(en)"

Mil·l·en·ni·um das <-s, Millennien> ein Jahrtausend

Mil·li·am·pere, Mil·li·am·pere das [...ampɛ:ɐ] <-(s), -> PHYS. ein Tausendstel Ampere

Mil·li·ar·där der, **Mil·li·ar·dä·rin** <-s, -e> jmd., der ein Vermögen von einer Milliarde (Euro) oder mehr besitzt

Mil·li·ar·de die <-, -n> Tausend Millionen sind eine Milliarde (1000.000000)

Mil·li·ar·den·ge·schäft das <-(e)s, -e> ein Geschäft, bei dem es um sehr hohe Geldsummen geht

Mil·li·ar·den·hö·he ■ in Milliardenhöhe in Höhe von einer Milliarde oder mehr ein Schaden in Milliardenhöhe

Mil·li·ar·den·kre·dit der <-(e)s, -e> ein Kredit über eine Milliarde (Euro) oder mehr

Mil·li·ards·tel das <-s, -> der milliardste Teil von etwas

Mil·li·bar das <-s, -> METEOR. (veralt.) eine Maßeinheit zum Messen des Luftdrucks (1 mb = 0,001 bar)

Mil·li·gramm das <-s, -> ein tausendstel Gramm (1 mg = 0,001 g)

Mil·li·li·ter der <-s, -> ein tausendstel Liter (1 ml = 0,001 l)

Mil·li·me·ter der <-s, -> ein tausendstel Meter (1 mm = 0,001 m)

Mil·li·me·ter·ar·beit die <-> /kein Plur./ (umg.) etwas, das sehr genau durchgeführt werden muss: Das Einparken des Autos war Millimeterarbeit.

Mil·li·me·ter·pa·pier das <-s> kariertes Papier, dessen einzelne Karos jeweils einen Millimeter Länge und einen Millimeter Breite aufweisen: Ich habe die Grafik auf Millimeterpapier entworfen.

Mil·li·on die <-, -en> 1.000000: Das Computerprogramm wurde bereits zwei Millionen Mal(e) verkauft.

Mil·li·o·när der, **Mil·li·o·nä·rin** <-s, -e> jmd., der ein Vermögen von einer Million (Euro) oder mehr besitzt ◆ -Lotto-

Mil·li·o·nen·auf·la·ge die <-, -n> so, dass von einem Buch eine Million Exemplare oder mehr verkauft worden sind: Das Buch hatte es seit seinem Erscheinen zu einer Millionenauflage gebracht.

mil·li·o·nen·fach adj /nicht steig./ so, dass etwas eine Million mal oder öfter geschehen ist: Die CD wurde millionenfach verkauft.

Mil·li·o·nen·ge·schäft das <-(e)s, -e> ein Geschäft, bei dem es um sehr große Geldbeträge geht

Mil·li·o·nen·ge·winn der <-(e)s, -e> ein Gewinn in Höhe von einer Million (Euro) oder mehr

Mil·li·o·nen·heer das <-(e)s, -e> eine sehr große Gruppe von Menschen, die alle eine bestimmte Gemeinsamkeit aufweisen: das Millionheer der Arbeitslosen

Mil·li·o·nen·hö·he ■ in Millionenhöhe in Höhe

von einer Million oder mehr Der Brand verursachte einen Schaden in Millionenhöhe.

Mil·li·o·nen·kre·dit *der* <-(e)s, -e> *eine Kredit in Millionenhöhe*

mil·li·o·nen·schwer *adj /nicht steig./ (umg.) so, dass man eine oder mehrere Millionen (Euro) besitzt:* Die Zeitungen berichteten von der Heirat des millionenschweren Industriellen.

Mil·li·o·nen·stadt *die* <-, -städte> *eine Stadt mit mindestens einer Million Einwohnern*

Mil·li·ons·tel *das* <-s, -> *der millionste Teil von etwas*

Milz *die* <-, -en> ANAT. *ein Organ*

Milz·brand *der* <-(e)s> */kein Plur./* MED. *(Anthrax) eine gefährliche Infektionskrankheit*

Mi·me *der*, **Mi·min** <-n, -n> *(veralt.) ein (bedeutender) Schauspieler*

mi·men *mit OBJ* ➊ *(abwert.)* ■ *jmd.* **mimt** *jmdn./etwas so tun, als ob:* Er mimte den Ahnungslosen. ➋ ■ *jmd.* **mimt etwas** *(umg. abwert.) vortäuschen:* Sie mimte Bewunderung/Freundlichkeit. ➌ *(selten) als Schauspieler verkörpern:* Er mimte den Faust in dieser Inszenierung.

Mi·me·sis *die* <-> */kein Plur./* LIT. *die Nachahmung der Natur in der Kunst*

Mi·mik *die* <-> */kein Plur./ (≈ Mienenspiel)* Die Schauspielerin hatte eine lebhafte Mimik und Gestik.

Mi·mi·k·ry *die* <-> */kein Plur./* ZOOL. *die Anpassung wehrloser Tiere an die Farbe oder Gestalt gefürchteter, wehrhafter Tiere*

mi·misch *adj /nicht steig./ auf die Mimik bezogen:* Der Schauspieler besitzt großes mimisches Talent.; Sie brachte ihre Freude auch mimisch zum Ausdruck.

Mi·mo·se *die* <-, -n> ➊ *eine Pflanze, die ihre Blätter einrollt, wenn man sie berührt* ➋ *(umg. abwert.) jmd., der übertrieben empfindlich reagiert:* Er ist eine Mimose, denn er fühlt sich beim geringsten Anlass gekränkt. ▶ mimosenhaft

Mi·na·rett *das* <-(e)s, -e> *der Turm einer Moschee*

min·der <nur Komp.> *adv (≈ weniger ↔ mehr)* ■ **nicht minder** *nicht weniger*

min·der·be·gabt *adj (fachspr.: ↔ hochbegabt) weniger begabt (als der Durchschnitt der Bevölkerung)*

min·der·be·mit·telt *adj* ➊ *über wenig finanzielle Mittel verfügend* ➋ *(übertr. abwert.) nicht besonders intelligent*

min·de·re *adj* ➊ *(↔ hoch) gering, schlecht:* Der Mantel ist von minderer Qualität. ➋ *(≈ zweitrangig) eher unwichtig:* Diese Fragen sind doch von minderer Bedeutung.

Min·der·ein·nah·me *die* <-, -n> *die Differenz, um die bestimmte Einnahmen geringer sind als jene aus einem Vergleichszeitraum:* Entgegen aller Prognosen verkündete der Firmensprecher Mindereinnahmen von beträchtlichem Umfang.

Min·der·heit *die* <-, -en> ➊ */kein Plur./ (≈ Minorität ↔ Mehrheit) der kleinere, zahlenmäßig unterlegene Teil einer Gruppe:* Wir waren in der Minderheit. ➋ *eine kleine Bevölkerungsgruppe in einem Staat, die sich in ihrer Abstammung, Kultur,*

Religion und Sprache (von der übrigen Bevölkerung) unterscheidet: eine deutsche Minderheit in Belgien ◆-enrecht, -enschutz, -envotum, -sbeteiligung, -svotum

Min·der·hei·ten·fra·ge *die* <-> */kein Plur./ alle Probleme und Konflikte, die sich aus der Benachteiligung und Verfolgung einer Minderheit[2] ergeben*

Min·der·heits·re·gie·rung *die* <-, -en> *eine Regierung, die im Parlament keine Mehrheit besitzt (und deshalb auch auf Stimmen der Opposition angewiesen ist)*

min·der·jäh·rig *adj /nicht steig./ (↔ volljährig) so, dass man noch nicht das Alter der Volljährigkeit erreicht hat*

Min·der·jäh·ri·ge *der/die* <-n, -n> *(↔ Volljährige) jmd., der minderjährig ist*

Min·der·jäh·rig·keit *die* <-> */kein Plur./ (↔ Volljährigkeit) der Zustand, dass jmd. minderjährig ist*

min·dern <mindert, minderte, hat gemindert> **I.** *mit OBJ* ■ *jmd./etwas mindert etwas (≈ verringern ↔ steigern) bewirken, dass etwas geringer wird:* Der Bau einer Autobahn minderte den Wert der angrenzenden Grundstücke. **II.** *mit SICH* ■ *etwas mindert sich (≈ abnehmen)* Die Anziehungskraft der Ausstellung minderte sich im Laufe der Zeit.

Min·de·rung *die* <-, -en> *das Mindern* ◆Verminderung

min·der·wer·tig *adj (↔ hochwertig) von schlechter Qualität*

Min·der·wer·tig·keit *die* <-> */kein Plur./ (↔ Hochwertigkeit) der Zustand, dass etwas minderwertig ist:* Die Minderwertigkeit der Waren ist nicht zu übersehen.

Min·der·wer·tig·keits·ge·fühl *das* <-(e)s, -e> */selten im Sing./* PSYCH. *der Zustand, dass jmd. glaubt, er sei weniger wert als andere Menschen*

Min·der·wer·tig·keits·kom·plex *der* <-es, -e> PSYCH. *ein (krankhaft) übersteigertes Minderwertigkeitsgefühl*

Min·der·zahl *die* ■ *jemand ist in der Minderzahl (↔ Mehrzahl) jmd. ist in der Minderheit* In dieser Klasse sind die Jungen in der Minderzahl.

Min·dest·ab·stand *der* <-(e)s, Mindestabstände> *(≈ Minimalabstand) der Abstand, der mindestens zwischen zwei Fahrzeugen eingehalten werden sollte:* Der Autofahrer hatte den Mindestabstand zu seinem Vordermann nicht eingehalten.

Min·dest·al·ter *das* <-s, -> *(↔ Höchstalter) das Alter, das man auf jeden Fall haben muss, um etwas Bestimmtes tun zu können:* Das Mindestalter für den Führerschein sind 18 Jahre.

Min·dest·an·for·de·rung *die* <-, -en> *die Qualifikationen, die man für eine bestimmte Tätigkeit mindestens haben muss:* Er erfüllte nicht einmal die Mindestanforderungen für diesen Posten.

Min·dest·be·trag *der* <-(e)s, -beträge> *(↔ Höchstbetrag) der niedrigste (mögliche) Betrag*

min·des·te *adj /nicht steig./* ➊ *gering:* Ich habe nicht die mindeste Ahnung von dieser Thematik. ➋ *das wenigste:* Das ist doch das Mindeste/mindeste, was ich von dir erwarten kann.; ■ **nicht im Mindesten/mindesten** *überhaupt nicht;* ■ **nicht das Mindeste/mindeste** *gar nichts;* ■ **zum Mindesten/mindesten** *zumindest, wenigstens* ◆ Groß- oder Kleinschreibung →R 3.15, 3.7 *Das ist doch das Mindeste/mindeste, was ich von dir erwarten kann.; Davon verstehe ich nicht das Mindeste/mindeste.; Das interessiert mich nicht im Mindesten/mindesten.; Ich hätte zum Mindesten/mindesten erwartet, dass du anrufst.; siehe auch* **zumindest**

Min·dest·ein·kom·men *das* <-s, -> *(↔ Höchsteinkommen) niedrigstes Einkommen, das ein Arbeitnehmer auf jeden Fall erhalten muss*

min·des·tens *adv* ❶ *(↔ höchstens) nicht weniger als:* Bei dem Konzert waren mindestens 3000 Besucher. ❷ *(≈ zumindest) wenigstens:* Du hättest mindestens Bescheid sagen können.

Min·dest·ge·bot *das* <-(e)s, -e> *(↔ Höchstgebot) niedrigstes Gebot bei einer Versteigerung*

Min·dest·ge·schwin·dig·keit *die* <-, -en> *(↔ Höchstgeschwindigkeit) niedrigste Geschwindigkeit, die im Strassenverkehr zulässig oder möglich ist:* Die gesetzlich vorgeschriebene Mindestgeschwindigkeit auf Autobahnen beträgt 60 km/h.

Min·dest·ge·wicht *das* <-(e)s> *(↔ Höchstgewicht) niedrigstes (mögliches) Gewicht*

Min·dest·halt·bar·keits·da·tum *das* <-s, ...-daten> *(≈ Haltbarkeitsdatum) auf der Verpackung von Lebensmitteln aufgedrucktes Datum, das angibt, bis zu welchem Zeitpunkt die Lebensmittel genießbar sind:* Wir mussten die Konserven wegwerfen, weil das Mindesthaltbarkeitsdatum längst überschritten/abgelaufen war.

Min·dest·lohn *der* <-(e)s, ...-löhne> *siehe* **Mindesteinkommen**

Min·dest·maß *das* <-es, -e> *(≈ Minimum ↔ Höchstmaß) das geringste mögliche Maß:* Sie mussten ihre Ausgaben auf ein Mindestmaß beschränken.

Min·dest·preis *der* <-es, -e> *der Preis, den eine Ware auf jeden Fall haben muss*

Min·dest·stra·fe *die* <-, -n> *(↔ Höchststrafe) niedrigste Strafe, die jmd. für ein Verbrechen bekommen kann*

Min·dest·wert *der* <-(e)s, -e> *(↔ Höchstwert) niedrigster (möglicher) Wert*

Mi·ne *die* <-, -n> ❶ *(≈ Bergwerk) ein Ort unter der Erde, an dem Erz abgebaut wird* ◆ -narbeiter, Diamanten-, Gold-, Kupfer-, Silber- ❷ MILIT. *ein Sprengkörper, der im Wasser treibt oder in der Erde vergraben wird und der dann explodiert, wenn er von jmdm. oder etwas berührt wird* ◆ Land-, See-, Tret- ❸ *kurz für „Bleistiftmine", „Kugelschreibermine"; siehe aber* **Miene**

Mi·nen·feld *das* <-(e)s, -er> *ein Gebiet, in dem Minen² verlegt wurden*

Mi·nen·le·ger *der* <-s, -> MILIT. *ein Schiff, mit dem Minen² verlegt werden*

Mi·nen·räum·boot *das* <-(e)s, -e> *ein kleines Minensuchboot*

Mi·nen·such·boot *das* <-(e)s, -e> *ein kleineres Schiff, das Minen² aufspürt*

M

Mi·nen·such·ge·rät *das* <-(e)s, -e> *ein Gerät, das Minen² aufspürt*

Mi·ne·ral *das* <-s, -e/-ien> *eine anorganische, meist kristallisierte Substanz, die in der Erdrinde vorkommt (zum Beispiel Gesteine):* Zu den Mineralien zählen Erze, Kohle, aber auch Edelsteine.

Mi·ne·ral·bad *das* <-(e)s, ...-bäder> *ein Kurort mit einer Mineralquelle*

Mi·ne·ral·brun·nen *der* <-s, -> *(≈ Mineralquelle)*

Mi·ne·ral·dün·ger *der* <-s, -> *Dünger, der aus Mineralien gewonnen wird*

mi·ne·ra·lisch *adj* /nicht steig./ *mineralische Substanzen*

Mi·ne·ra·lo·gie *die* <- , -gien> *die Wissenschaft von den Mineralien*

Mi·ne·ral·öl *das* <-(e)s, -e> *(≈ Erdöl)*

Mi·ne·ral·öl·in·dus·t·rie *die* <-> /kein Plur./ *Wirtschaftszweig, in dem Erdöl gewonnen und verarbeitet wird*

Mi·ne·ral·öl·steu·er *die* <-, -n> *auf Mineralöl erhobene Steuer*

Mi·ne·ral·quel·le *die* <-, -n> *eine Quelle, deren Wasser Mineralstoffe oder Kohlensäure enthält*

Mi·ne·ral·salz *das* <-es, -e> *(≈ Mineralstoff)*

Mi·ne·ral·stoff *der* <-(e)s, -e> *ein anorganisches Salz:* In unserer Nahrung kommen wichtige Mineralstoffe wie Kalzium, Magnesium und Phosphor vor.

Mi·ne·ral·was·ser *das* <-s, ...-wässer> *Wasser (zum Trinken), das Mineralstoffe (und oft) Kohlensäure enthält*

Mi·nes·t·ro·ne *die* <-, -n> *eine Gemüsesuppe*

Mi·ni *der* <-s, -s> (umg.: ≈ Minirock)

mi·ni *adj* (↔ maxi) *in der Mode: sehr kurz:* Der Rock ist mini. ◆ -berockt

Mi·ni- *als Erstglied zusammengesetzter Substantive; drückt aus, dass das mit dem Zweitglied Bezeichnete sehr klein oder kleiner als üblich ist (bei Kleidung auch: äußerst kurz)* ◆ -bikini, -bus, -computer, -disc, -eisenbahn, -format, -job, -kamera, -kleid, -pille, -preis, -rock, -slip, -spion, -van

Mi·ni·a·tur *die* <-, -en> ❶ *eine kleine (verzierende) Malerei in alten Handschriften oder Büchern* ❷ *ein kleines (Porträt-)Bild auf Porzellan, Elfenbein oder Holz*

Mi·ni·a·tur- *als Erstglied zusammengesetzter Substantive; drückt aus, dass das mit dem Zweitglied Bezeichnete ein sehr kleines Format aufweist* ◆ -ansicht, -ausgabe, -ausstellung, -auto, -bahn-, -bild, -buch, -figuren, -gemälde, -kamera, -modell, -motor, -museum, -roboter, -welt

Mi·ni·a·tur·aus·ga·be *die* <-, -n> *eine Miniaturausgabe der Bibel*

Mi·ni·bar *die* <-, -s> *in einem Hotelzimmer eine Art kleiner Schrank, in dem sich (alkoholische) Getränke befinden*

Mi·ni·golf *das* <-s> /kein Plur./ *eine Art Golfspiel, das auf einer relativ kleinen Spielanlage gespielt wird*

mi·ni·mal *adj* (↔ maximal) *gering, sehr klein, kleinstmöglich:* Die Temperaturunterschiede sind hier minimal.; Der Vorsprung des Läufers war minimal.; Wir sollten darauf achten, dass das Risiko minimal ist.

Mi·ni·mal Art *die* ['mɪnɪməl 'ɑːt] <-> /kein Plur./ *eine Kunstrichtung, die mit einfachsten gestalterischen Mitteln arbeitet*

Mi·ni·mal·for·de·rung *die* <-, -en> *(≈ Mindestforderung) die geringste Forderung, die in jedem Fall erfüllt werden muss:* Was sind die Minimalanforderungen der Gewerkschaften?

mi·ni·mal·in·va·siv *adj* MED. *so, dass bei einem operativen Eingriff nur minimale Schnitte in den Körper des Patienten nötig sind, weil der Chirurg mit speziellen hochmodernen Geräten arbeitet*

mi·ni·ma·li·sie·ren *mit OBJ* ■ *jmd.* **minimalisiert etwas** *etwas so klein wie möglich machen*

Mi·ni·mal·kon·sens *der* <-es> POL. *eine Übereinstimmung, die zwischen Personen (trotz unterschiedlicher Meinungen) wenigstens bestehen muss, damit ein Handeln möglich ist*

Mi·ni·mal Mu·sic *die* ['mɪnɪməl 'mjuzɪk] <-> /kein Plur./ *eine Stilrichtung (der klassischen Musik), bei der kleinste, nur wenig variierte Klangeinheiten oft wiederholt werden*

mi·ni·mie·ren *mit OBJ* ■ *jmd.* **minimiert etwas** *Akk. (geh.: ↔ maximieren) bewirken, dass etwas so klein wie möglich wird:* Es gelang dem Unternehmen, die Kosten zu minimieren.

Mi·ni·mum *das* <-s, Minima> *(≈ das Mindeste ↔ Maximum)* ❶ *der minimale Wert, den etwas erreichen kann:* Das Unfallrisiko konnte auf ein Minimum reduziert werden. ❷ MATH. *unterer Extremwert* ❸ METEOR. *niedrigster Temperaturwert (eines Tages, einer Woche, eines Monats)*

Mi·ni·pil·le *die* <-, -n> *(umg.) eine Antibabypille mit sehr geringen Mengen von Hormonen*

Mi·nis·ter *der,* **Mi·nis·te·rin** <-s, -> *ein Regierungsmitglied mit bestimmtem Geschäftsbereich, der Leiter eines Ministeriums ist* ◆-amt, -konferenz, -wechsel, Außen-, Bundes-, Finanz-, Innen-, Justiz-, Landes-, Premier-, Umwelt-, Verteidigungs-, Wirtschafts-

Mi·nis·te·ri·al·be·am·te *der,* **Mi·nis·te·ri·al·be·am·tin** <-n, -n> *Beamte(r) in einem Ministerium*

Mi·nis·te·ri·al·di·ri·gent *der,* **Mi·nis·te·ri·al·di·ri·gen·tin** <-en, -en> *jmd., der ein Referat² in einem Ministerium leitet*

Mi·nis·te·ri·al·rat *der,* **Mi·nis·te·ri·al·rä·tin** <-(e)s, ...-räte> *höhere(r) Beamte(r) in einem Ministerium*

mi·nis·te·ri·ell *adj /nicht steig./ von einem Minister ausgehend:* der ministerielle Beschluss

Mi·nis·te·ri·um *das* <-s, Ministerien> *die höchste staatliche Verwaltungsbehörde eines Landes, die für einen bestimmten Aufgabenbereich zuständig ist*

Mi·nis·ter·prä·si·dent *der,* **Mi·nis·ter·prä·si·den·tin** <-en, -en> ❶ *in Deutschland: Chef einer Landesregierung* ❷ *Leiter einer Staatsregierung*

Mi·nis·ter·rat *der* <-(e)s> /kein Plur./ *die Gesamtheit aller Regierungsmitglieder:* Der Ministerrat der EU tritt in Brüssel zusammen.

Mi·nis·t·rant *der,* **Mi·nis·t·ran·tin** <-en, -en> REL. *jmd., der im Gottesdienst dem Geistlichen mit bestimmten Handreichungen assistiert*

Min·na *die* <-, (-s)> *(umg. o veralt.) Bezeichnung für eine Hausangestellte oder ein Dienstmädchen;* ■ **die grüne Minna** *(umg.) Polizeiwagen;* ■ **jemanden zur Minna machen** *(umg.) jmdn. scharf zurechtweisen*

Min·ne *die* <-> /kein Plur./ *im Mittelalter: (verehrende, dienende) Liebe eines Ritters zu einer Frau*

Min·ne·dienst *der* <-(e)s, -e> *im Mittelalter: Verehrung einer Frau durch einen Ritter*

Min·ne·lied *das* <-(e)s, -er> LIT. *im Mittelalter: Lied oder Gedicht, das ein Minnesänger vorträgt*

Min·ne·sang *der* <-s> /kein Plur./ LIT. *höfische Liebeslyrik*

Min·ne·sän·ger *der* <-s, -> *im Mittelalter: jmd., der höfische Liebeslyrik vorträgt*

Mi·no·ri·tät *die* <-, -en> *(≈ Minderheit ↔ Majorität)* ❶ *Minderzahl in der Bevölkerung* ❷ *Minderheit bei einer Abstimmung* ◆-enrecht, -enschutz

Mi·nu·end *der* <-en, -en> MATH. *eine Zahl, von der etwas abgezogen wird*

Mi·nus *das* <-, -> *(↔ Plus) der Betrag, um den etwas geringer ist als zu einem anderen Zeitpunkt:* Er hatte ein Minus von 700 Euro auf dem Konto.

mi·nus I. *konj* MATH. *(↔ plus)* ■ **X minus Y** *verwendet, um auszudrücken, dass eine Zahl Y von einer anderen Zahl X abgezogen (subtrahiert) wird* Zehn minus vier ist sechs. II. *präp +Gen.* WIRTSCH. *abzüglich:* Das macht insgesamt 240 Euro minus der Vorauszahlung. III. *adv* ❶ METEOR. *drückt aus, dass der angegebene Zahlenwert unter Null ist:* Letzte Nacht waren es sieben Grad minus. ❷ SCHULE *drückt aus, dass eine Note geringfügig schlechter als die im Zahlenwert angegebene Beurteilung ist:* in Physik nur eine drei minus erhalten

Mi·nus·be·trag *der* <-(e)s, Minusbeträge> WIRTSCH. *(≈ Fehlbetrag, Manko) ein Betrag, der bei einer Abrechnung fehlt*

Mi·nus·grad *der* <-s, -e> METEOR. *eine Temperatur unter 0 Grad Celsius*

Mi·nus·kel *die* <-, -n> DRUCKW. *(↔ Majuskel) ein Kleinbuchstabe*

Mi·nus·punkt *der* <-(e)s, -e> *(≈ Strafpunkt) ein Punkt, der im Rahmen der Bewertung nach einer Punkteskala, von jmds. Resultat abgezogen wird:* Der Ausrutscher des Eiskunstläufers wird Minuspunkte bringen.

Mi·nus·wachs·tum *das* <-s> /kein Plur./ WIRTSCH. *der Vorgang, dass etwas, das eigentlich wachsen sollte, abnimmt*

Mi·nus·zei·chen *das* <-s, -> *ein kurzer waagerechter Strich als Symbol für den Vorgang, dass eine Zahl Y von einer anderen Zahl X abgezogen (subtrahiert) wird;* ■ **X − Y = Z** *(gesprochen) X minus Y ist gleich Z*

Mi·nu·te *die* <-, -n> ❶ *der sechzigste Teil einer Stunde:* Sechzig Sekunden ergeben eine Minute. ❷ *(umg.: ≈ Moment) eine kurze Zeitspanne:* Hast du eine Minute Zeit für mich?; ■ **es ist fünf Minuten vor zwölf** *es ist höchste Zeit, etwas zu tun, bevor es zu spät ist*

mi·nu·ten·lang *adj /nicht steig./ so, dass es mehrere Minuten andauert:* Es gab minutenlangen Applaus.

Mi·nu·ten·zei·ger *der* <-s, -> *der Zeiger einer (analogen) Uhr, der die Minuten anzeigt*

M

mi·nu·ti·ös, a. **mi·nu·zi·ös** adj (geh.) sehr präzise, bis ins kleinste Detail genau: Der Auftritt war minutiös geplant.

mi·nüt·lich adj /nicht steig./ jede Minute: in minütlichem Wechsel

mi·nu·zi·ös adj siehe **minutiös**

Min·ze die <-, -n> eine stark duftende (Heil-)Pflanze

mir pron Dat. zu „ich"; ■ **mir nichts, dir nichts** (umg.) einfach so Sie ließ mich mir nichts, dir nichts stehen und ging.

Mi·ra·bel·le die <-, -n> eine Pflaume mit sehr süßem Geschmack und gelber Farbe

Mi·ra·kel das <-s, -> (geh.) Wunder ▶ mirakelhaft

Mis·an·th·rop der <-en, -en> (geh.: ≈ Menschenfeind ↔ Philanthrop) ein Mensch, der Menschen gegenüber misstrauisch ist und wenig von ihnen hält

Misch·bat·te·rie die <-, -n> der Teil der Armatur von Waschbecken, der heißes und kaltes Wasser mischt

Misch·brot das <-(e)s, -e> Brot aus Roggen und Weizenmehl

Misch·ehe die <-, -n> eine Ehe zwischen Angehörigen verschiedener Religionszugehörigkeit oder Kulturkreise

mi·schen <mischst, mischte, hat gemischt> **I.** mit OBJ/ohne OBJ ■ **jmd. mischt (etwas)** (Spielkarten) durch bestimmte Bewegungen bewirken, dass die Karten eines Kartenspiels in einer rein zufälligen Reihenfolge in einem Stapel liegen und daher nicht vorhersehbar ist, welcher Spieler welche Karte erhalten wird: Ich mische die Karten.; Wer mischt? **II.** mit OBJ ■ **jmd. mischt etwas** zwei Substanzen zusammenschütten: Dafür musst du den Sand und Erde mischen.; Sie hat einen Cocktail aus Limonensaft und Wodka gemischt. **III.** mit SICH ❶ ■ **etwas mischt sich irgendwie** etwas kann in der angegebenen Weise zusammengetan werden: Der Dünger mischt sich gut mit Wasser. ▶ vermischen ❷ ■ **etwas mischt sich** etwas ist gleichzeitig mit etwas anderem vorhanden: Freude und Neid mischten sich. ❸ ■ **jmd. mischt sich in etwas** Akk. jmd. kümmert sich um etwas, das ihn nichts angeht: Er mischt sich ständig in unsere Angelegenheiten. ▶ einmischen ❹ ■ **jmd. mischt sich unter etwas** Akk. Sie mischte sich unter die Zuschauer.

Mi·scher¹ der <-s, -> eine Maschine, die etwas mischt II

Mi·scher² der, **Mi·sche·rin** <-s, -> jmd., der etwas mischt II

Misch·far·be die <-, -n> eine Farbe, die durch Mischen von Grundfarben entsteht

Misch·form die <-, -en> etwas, das aus verschiedenen Elementen entstanden ist

Misch·fut·ter das <-s> /kein Plur./ gemischtes Tierfutter aus verschiedenen Futtersorten

Misch·ge·mü·se das <-s, -> eine Mischung aus verschiedenen Gemüsesorten

Misch·ge·we·be das <-s, -> ein Gewebe, das aus verschiedenartigen Fasern besteht

Misch·kal·ku·la·ti·on die <-, -en> WIRTSCH. eine Kalkulation², bei der die Preise so festgesetzt werden, dass alle Kosten gedeckt werden

Misch·kost die <-> /kein Plur./ eine Ernährung, die aus tierischen und pflanzlichen Produkten besteht

Misch·kul·tur die <-, -en> LANDW. (↔ Monokultur) der Anbau verschiedener Nutzpflanzen auf einem Feld

Misch·ling der <-(e)s, -e> BIOL. Ergebnis einer Kreuzung von Zuchttieren, Rassen (insbesondere Hunde) und Arten

Misch·masch der <-(e)s, -e> /Plur. selten/ (umg. abwert.) Durcheinander

Misch·ma·schi·ne die <-, -n> BAUW. (≈ Mischer¹) eine Maschine, mit der Beton oder Mörtel hergestellt wird

Misch·po·che, **Misch·po·ke** die <-> /kein Plur./ (umg. abwert.) ❶ Verwandtschaft ❷ eine Gruppe von unangenehmen Leuten

Misch·pult das <-(e)s, -e> ein Gerät, mit dem z. B. Musikaufnahmen im Rundfunk von einem Tontechniker akustisch bearbeitet werden

Misch·spra·che die <-, -n> SPRACHWISS. eine Sprache, die Elemente mehrerer Sprachen oder Dialekte enthält

Misch·trom·mel die <-, -n> der Teil einer Mischmaschine, in der Beton gemischt wird.

Mi·schung die <-, -en> ❶ /kein Plur./ das Mischen: Wir sollten bei der Mischung dieser Substanzen vorsichtig sein. ❷ etwas, das durch Mischen entstanden ist: Hast du die Mischung schon in ein anderes Gefäß geschüttet?

Mi·schungs·ver·hält·nis das <-ses, -se> das Verhältnis der Mengen zweier oder mehrerer Substanzen, die gemischt werden

Misch·wald der <-(e)s, -wälder> ein Wald aus Laub- und Nadelbäumen

mi·se·ra·bel <miserabler, am miserabelsten> adj ❶ (≈ mies) sehr schlecht: Das Wetter war miserabel.; miserable Bedingungen ❷ (≈ elend) körperlich unwohl: Sie fühlte sich miserabel. ❸ (≈ übel) von sehr schlechter Qualität: ein miserables Buch ❹ (≈ gemein) moralisch schlecht, ohne Rücksicht: Er hat sich ihr gegenüber miserabel benommen.

Mi·se·re die <-, -n> Elend, Notlage

Mi·so·gy·nie die <-> /kein Plur./ (geh.) PSYCH. Frauenfeindlichkeit ▶ misogyn

Mis·pel die <-, -n> ❶ eine Strauchpflanze ❷ die Frucht der Mispel¹

Miss die <-, -es> Bezeichnung für eine Schönheitskönigin (einer bestimmten Region): Sie war Miss Germany/Miss Hamburg.

miss·ach·ten mit OBJ ■ **jmd. missachtet etwas** (↔ beachten) nicht beachten: Der Fahrer hat die Vorfahrt missachtet.; ■ **jmd. missachtet jmdn.** (≈ verachten) keinen Respekt vor jmdm. haben: Er hat mich total missachtet.

Miss·ach·tung die <-> /kein Plur./ ❶ der Zustand, dass etwas nicht beachtet wird: Missachtung der Menschenrechte ❷ der Zustand, dass jmd. nicht respektiert wird: Er hat von Kindheit an nur Missachtung erlebt.

Miss·be·ha·gen das <-s> /kein Plur./ (geh.: ≈

Missfallen) Unbehagen: Allein schon der Gedanke daran bereitet nur Missbehagen.

Miss·bil·dung *die* <-, -en> *der Zustand, dass bei einem Menschen oder einem Tier eine Abweichung vom normalen Bau eines Körperteils oder Organs vorliegt:* Das Kind hat diese Missbildung von Geburt an.

miss·bil·li·gen *mit OBJ* ■ *jmd. missbilligt etwas (≈ ablehnen) sehr entschieden gegen etwas sein:* Wir haben sein Benehmen missbilligt.

Miss·bil·li·gung *die* <-, -en> *das Missbilligen*

Miss·brauch *der* <-(e)s> */kein Plur./* ❶ *der Vorgang, dass man etwas nicht gemäß seinem eigentlichen Zweck benutzt* ◆ *Arzneimittel-* ❷ *kurz für „sexueller Missbrauch"*

miss·brau·chen *mit OBJ* ❶ ■ *jmd. missbraucht etwas absichtlich falsch gebrauchen, in schlechter Absicht gebrauchen:* Er hat seine Macht/sein Amt/ihr Vertrauen missbraucht. ❷ ■ *jmd. missbraucht jmdn. (geh.)* vergewaltigen

miss·bräuch·lich *adj so, dass etwas nicht gemäß seinem eigentlichen Zweck benutzt wird:* Die missbräuchliche Verwendung von Medikamenten schadet der Gesundheit.

miss·deu·ten *mit OBJ* ■ *jmd. missdeutet etwas falsch deuten, falsch auslegen:* Man hatte seine Pläne missdeutet.

Miss·deu·tung *die* <-, -en> *das Missdeuten*

mis·sen *(geh.:* ≈ *entbehren)* ■ **jemanden/etwas nicht missen können/mögen/wollen** *so gernhaben, dass man nicht bereit ist, darauf zu verzichten* Ich möchte meinen Garten nicht mehr missen.

Miss·er·folg *der* <-(e)s, -e> *(≈ Flop ↔ Erfolg) etwas, das nicht geglückt ist*

Miss·ern·te *die* <-, -n> *eine sehr schlechte Ernte*

Mis·se·tat *die* <-, -en> *(geh. o veralt.) böse Tat, Verbrechen*

Mis·se·tä·ter *der,* **Mis·se·tä·te·rin** <-s, -> *(geh. o veralt.)* Der jugendliche Missetäter wurde mehrmals von der Polizei verhört.

Miss·fal·len *das* <-s> */kein Plur./ Unzufriedenheit, Ablehnung:* Sie hat unser aller Missfallen erregt.

miss·fal·len <missfällst, missfiel, hat missfallen> *ohne OBJ* ■ *etwas missfällt jmdm. nicht gefallen, auf Ablehnung stoßen:* Dein Verhalten missfällt mir schon seit längerem.

Miss·fal·lens·äu·ße·rung *die* <-, -en> *eine Äußerung, mit der jmd. sein Missfallen zum Ausdruck bringt*

miss·fäl·lig *adj (veralt.) so, dass etwas Missfallen ausdrückt*

miss·ge·bil·det *adj /nicht steig./ so, dass eine Missbildung vorliegt*

Miss·ge·burt *die* <-, -en> MED. *ein Lebewesen, das mit schweren Fehlbildungen geboren wurde*

miss·ge·launt *adj (veralt.) schlecht gelaunt*

Miss·ge·schick *das* <-(e)s, -e> *(≈ Malheur) ein peinlicher Vorfall:* Warum musste gerade mir dieses Missgeschick passieren?

miss·ge·stal·tet *adj /nicht steig./ so, dass jmd. unnormal oder hässlich aussieht*

miss·ge·stimmt *adj (geh.) schlecht gelaunt*

miss·glü·cken <missglückt, missglückte, ist missglückt> *ohne OBJ* ■ *etwas missglückt jmdm. nicht gelingen:* Der Probedurchlauf missglückte völlig.

miss·gön·nen *mit OBJ* ■ *jmd. missgönnt jmdm. etwas (geh.:* ↔ *gönnen) jmdm. etwas nicht gönnen:* Er hat ihr den Erfolg missgönnt.

Miss·griff *der* <-(e)s, -e> *eine falsche Entscheidung:* Der Kauf dieses Möbels war ein Missgriff.

Miss·gunst *die* <-> */kein Plur./ (≈ Neid) die Haltung, in der man jmdm. etwas nicht gönnt*

miss·güns·tig *adj so, dass jmd. Missgunst zeigt:* Sie ist ein missgünstiger Mensch.

miss·han·deln <misshandelst, misshandelte, hat misshandelt> *mit OBJ* ■ *jmd. misshandelt jmdn./ein Tier jmdn. oder ein Tier quälen:* Man hatte das Tier grausam misshandelt.

Miss·hand·lung *die* <-, -en> *das Misshandeln*

Mis·si·on *die* <-, -en> ❶ *(geh.) Auftrag, wichtige Sendung:* Die Diplomaten sind in geheimer Mission unterwegs.; Er konnte seine politische Mission letztlich doch noch erfüllen. ◆ *-schef, Handels-, Friedens-, Militär-* ❷ */kein Plur./* REL. *die Verbreitung des (christlichen) Glaubens durch Predigt und soziale Dienste in der Welt* ◆ *-sdienst, -sgesellschaft, -sschule, -sschwester, -sstation*

Mis·si·o·nar, *der;* **Mis·si·o·na·rin** <-s, -e> *ein Geistlicher, der den christlichen Glauben verbreitet*

mis·si·o·na·risch *adj* ❶ *die Mission[2] betreffend:* die missionarischen Aktivitäten der Christen in Afrika ❷ *wie ein Missionar:* Mit missionarischem Eifer wollte er sie überzeugen.

mis·si·o·nie·ren *mit OBJ* ■ *jmd. missioniert jmdn. den (christlichen) Glauben verbreiten*

Mis·si·o·nie·rung *die* <-, -en> *das Missionieren*

Mis·si·ons·be·fehl *der* <-s, -e> REL. *der Auftrag, mit dem Jesus Christus seine Jünger in die Welt geschickt hat, um zu predigen*

Mis·si·ons·chef *der* <-s, -s> *jmd., der eine diplomatische Vertretung leitet*

Miss·klang *der* <-(e)s, ...-klänge> *ein Vorfall, der die Harmonie in einer Beziehung zwischen Menschen stört:* In ihrer Beziehung gab es schon längere Zeit Missklänge.

Miss·kre·dit ■ **jemand/etwas bringt jemanden/etwas in Misskredit** *jmd. oder etwas bringt jmdn. oder etwas einen schlechten Ruf ein* Er brachte mich in Misskredit.; Die Firma geriet in Misskredit.; Die vielen Dopingfälle haben den Radsport in Misskredit gebracht.

miss·lich *adj (geh.:* ≈ *unangenehm) so, dass etwas sehr ungünstig und nicht angenehm ist:* Durch das Unwetter sind wir in eine sehr missliche Lage geraten.

miss·lin·gen <misslingt, misslang, ist misslungen> *ohne OBJ* ■ *etwas misslingt (jmdm.) (≈ missraten) nicht gelingen:* Die Arbeit/Die Überraschung ist (mir) völlig misslungen.

Miss·ma·na·ge·ment *das* <-s> */kein Plur./* WIRTSCH. *(abwert.) schlechtes Management:* Das Missmanagement brachte die Firma an den Rand des Ruins.

M

Miss·mut der <-(e)s> /kein Plur./ (geh.) schlechte Laune

miss·mu·tig adj (geh.) schlecht gelaunt, verärgert, verdrießlich: Mach doch nicht so ein missmutiges Gesicht!

miss·ra·ten <missrät, missriet, ist missraten> ohne OBJ ■ etwas missrät (jmdm.) (≈ misslingen) nicht gelingen: Die Torte ist mir völlig missraten.; ■ ein missratenes Kind ein Kind, das schlecht erzogen ist

Miss·stand der <-(e)s, Missstände> /selten im Sing./ ein schlimmer Zustand: Die Missstände im Betrieb wurden abgestellt/aufgedeckt.

Miss·stim·mung die <-, -en> eine schlechte, gedrückte Stimmung

Miss·trau·en das <-s> das Gefühl, dass jmd. kein Vertrauen zu jmdm oder etwas hat: Anfänglich hegte ich tiefes Misstrauen gegen ihn.; Diesem Plan wurde großes Misstrauen entgegengebracht.

miss·trau·en <misstraust, misstraute, hat misstraut> ohne OBJ ■ jmd. misstraut jmdm./etwas (↔ vertrauen) der Vorgang, dass man jmdm. oder etwas nicht vertraut und etwas Schlechtes dahinter vermutet: Sie misstraute dem Fremden/seinen Worten.

Miss·trau·ens·an·trag der <-(e)s, ...-anträge> POL. Antrag, mit dem ein Misstrauensvotum herbeigeführt werden soll

Miss·trau·ens·vo·tum das <-s, ...-voten> POL. der Parlamentsbeschluss, einem gewählten Amtsträger das Vertrauen zu entziehen (und ihn zum Rücktritt zu bewegen)

miss·trau·isch adj so, dass man Misstrauen spürt: Spätestens zu diesem Zeitpunkt hättest du misstrauisch werden sollen.

Miss·ver·hält·nis das <-ses, -se> (≈ Disproportion) ein ungünstiges Verhältnis zwischen zwei Dingen: Die Einnahmen und die Ausgaben stehen in einem krassen Missverhältnis zueinander.

miss·ver·ständ·lich adj so, dass etwas falsch gedeutet werden kann: Sie hatte sich missverständlich ausgedrückt.

Miss·ver·ständ·nis das <-ses, -se> der Vorgang, dass jmd. die Äußerung eines anderen nicht so versteht wie dieser sie gemeint hat: Ich glaube, hier liegt ein Missverständnis vor.; Ich möchte dieses Missverständnis aufklären.

miss·ver·ste·hen <missverstehst, missverstand, hat missverstanden> mit OBJ ■ jmd. missversteht jmdn./etwas die Äußerung eines anderen nicht so verstehen wie dieser sie gemeint hat: Du hast meine Frage völlig missverstanden.

Miss·wahl die <-, -en> eine Veranstaltung, bei der eine Schönheitskönigin gewählt wird, die dann (den für eine bestimmte Region geltenden) Titel „Miss" tragen darf: Wer ist bei der Misswahl zur Schönheitskönigin gewählt worden?; ■ Miss Bayern/Hamburg... die Schönheitskönigin von Bayern/Hamburg...

Miss·wirt·schaft die <-> /kein Plur./ (abwert.) schlechtes Wirtschaften

Mist der <-(e)s> /kein Plur./ ❶ mit Stroh vermischter Tierkot, der als Dünger verwendet wird: Der Bauer bringt Mist auf die Felder. ❷ (umg. ab-

wert.) verwendet, um auszudrücken, dass man eine Sache sehr schlecht findet: Was hast du denn für den Mist bezahlt?; Er redet oft solchen Mist.; ■ Mist bauen (umg.) etwas falsch machen; ■ nicht auf jemandes Mist gewachsen sein (umg.) nicht von jmdm. stammen Diese Idee ist doch bestimmt nicht auf deinem Mist gewachsen!

Mist·beet das <-(e)s, -e> ein Beet, das mit Pferdemist bedeckt wird

Mis·tel die <-, -n> eine auf Bäumen wachsende Schmarotzerpflanze

mis·ten mit OBJ ■ jmd. mistet etwas (≈ ausmisten) den Mist aus etwas herausbringen: Der Bauer mistet den Stall.

Mist·fink der <-en, -en> (umg. abwert.) (Schimpfwort:) schmutziger, gemeiner Mensch

Mist·ga·bel die <-, -n> Gerät zum Aufladen und Abladen von Mist[1]

Mist·hau·fen der <-s, -> der Platz, an dem auf einem Bauernhof der Mist[1] gesammelt wird

mis·tig adj ❶ schmutzig ❷ (umg.) sehr schlecht: Wir hatten mistiges Wetter.

Mist·kä·fer der <-s, -> ein Käfer, der sich von Mist[1] ernährt

Mist·kerl der <-s, -e> (abwert.) (Schimpfwort:) gemeiner Mensch

Mist·kü·bel der <-s, -> ÖSTERR. Abfalleimer

Mis·t·ral der <-s, -e> in Südfrankreich auftretender kalter Nordwestwind

Mist·stück das <-(e)s, -e> (abwert.) (Schimpfwort:) gemeiner Mensch, Luder

Mist·vieh das <-(e)s> /kein Plur./ (abwert.) ❶ ein Tier, über das sich jmd. ärgert: Das Mistvieh von Hund hat mich gebissen! ❷ (Schimpfwort:) gemeiner Mensch

Mist·wet·ter das <-s, -> (umg. abwert.) sehr schlechtes Wetter

mit I. präp +Dat. ❶ verwendet, um auszudrücken, dass zwischen zwei Personen oder Dingen eine irgendwie geartete Relation besteht: Er tanzt mit seiner Freundin.; Sie telefoniert mit ihrem Freund.; Ich bin nicht mit ihr verwandt. ❷ verwendet, um auszudrücken, dass sich zwischen zwei Elementen etwas abwechselt: Ich habe mich mit ihm beim Fahren abgewechselt. ❸ verwendet, um auszudrücken, dass etwas irgendwie an etwas beteiligt ist: In dem Artikel ging es um Unfälle mit Motorradfahrern. ❹ verwendet, um auszudrücken, dass etwas irgendwie zu etwas gehört: Sie hat einen Garten mit einem kleinen Teich.; eine Wohnung mit Balkon ❺ verwendet, um auszudrücken, dass etwas irgendwo zugerechnet wird: Mit mir waren wir neun Leute. ❻ verwendet, um auszudrücken, dass etwas in einer bestimmten Weise geschieht: Das hat er mit Fleiß gemacht.; Das sagte sie mit größter Gelassenheit. ❼ verwendet, um auszudrücken, dass etwas mit einem bestimmten Werkzeug getan wird: Ich habe mit einem Füller unterschrieben.; Mit einem Schlagbohrer kann man tiefe Löcher bohren. ❽ verwendet, um auszudrücken, dass etwas in einem bestimmten Lebensalter geschieht: Mit 18 machte sie den Führerschein.; Mit 40 ist man doch kein alter Mann!

M

II. *adv* ❶ *unter anderem, ebenfalls:* Das gehört mit zu deinen Aufgaben. ❷ Das war mit das tollste Konzert, das ich je besucht habe. ❸ Ist sie auch mit dabei gewesen?

Mit·an·ge·klag·te *der/die* <-n, -n> RECHTSW. *jmd., der vor Gericht wegen der gleichen Sache angeklagt ist wie man selbst*

Mit·ar·beit *die* <-> */kein Plur./* ❶ *der Vorgang, dass jmd. an etwas mitarbeitet:* Eurer Mitarbeit haben wir es zu verdanken, dass ...; Die Polizei bittet um die Mitarbeit der Bevölkerung. ❷ *die Beteiligung des Schülers am Unterricht in der Schule:* Seine Mitarbeit im Unterricht hat sich verbessert.

mit·ar·bei·ten *ohne OBJ* ❶ ■ *jmd.* **arbeitet an etwas** *Dat.* **mit** *seine eigene Arbeitskraft (gemeinsam mit anderen) in eine Sache stecken:* Wer hat an diesem Projekt mitgearbeitet? ❷ ■ *jmd.* **arbeitet irgendwie mit** *als Schüler am Unterricht aktiv teilnehmen und Fragen des Lehrers beantworten:* Er arbeitet im Unterricht kaum mit.

Mit·ar·bei·ter *der,* **Mit·ar·bei·te·rin** <-s, -> *jmd., der zusammen mit anderen bei einem Unternehmen beschäftigt ist:* Die Firma hat mehr als 300 Mitarbeiter.; Leiten Sie dieses Mail bitte auch an Ihre Mitarbeiter weiter!

Mit·ar·bei·ter·stab *der* <-(e)s, Mitarbeiterstäbe> *alle Mitarbeiter eines Unternehmens*

mit·be·kom·men <bekommst mit, bekam mit, hat mitbekommen> *mit OBJ* ❶ ■ *jmd.* **bekommt etwas mit** *als Ausstattung erhalten:* Ich habe von zu Hause nichts mitbekommen.; Wir hatten ein paar belegte Brote mitbekommen. ❷ ■ *jmd.* **bekommt etwas mit** *(umg.) wahrnehmen:* Von der Musik habe ich kaum etwas mitbekommen.; Hast du überhaupt mitbekommen, was ich gerade gesagt habe? ❸ ■ *jmd.* **bekommt etwas von etwas** *Dat.* **mit** *(umg.:* ≈ *hören) (zufällig) erfahren:* Hast du von der Party morgen gar nichts mitbekommen?

mit·be·nut·zen, mit·be·nüt·zen *mit OBJ* ■ *jmd.* **benutzt/benützt etwas mit** *etwas gemeinsam mit anderen benutzen*

Mit·be·sitz *der* <-es> */kein Plur./* RECHTSW. *der Besitz an einer Sache, den jmd. mit anderen gemeinsam hat* ► Mitbesitzer

Mit·be·sit·zer *der* <-s, -> RECHTSW. *jmd., der zusammen mit einer anderen Person etwas besitzt*

mit·be·stim·men *ohne OBJ* ■ *jmd.* **bestimmt mit** *bei der Gestaltung von etwas oder beim Finden einer Entscheidung aktiv mitwirken und sich einbringen:* Die Angestellten wollten in diesen Angelegenheiten stärker mitbestimmen.

Mit·be·stim·mung *die* <-> */kein Plur./* *der Zustand, dass jmd. bei etwas mitbestimmt:* Die Arbeiter kämpften für mehr Mitbestimmung.

Mit·be·stim·mungs·ge·setz *das* <-es, -e> *die gesetzliche Grundlage der Mitbestimmung von Arbeitnehmern*

Mit·be·stim·mungs·recht *das* <-(e)s, -e> *das Recht auf Mitbestimmung*

Mit·be·wer·ber *der,* **Mit·be·wer·be·rin** <-s, -> *(*≈ *Konkurrent) jmd., der sich auch um etwas beworben hat*

Mit·be·woh·ner *der,* **Mit·be·woh·ne·rin** <-s, -> *jmd., der mit andern gemeinsam wohnt*

mit·brin·gen <bringst mit, brachte mit, hat mitgebracht> *mit OBJ* ■ *jmd.* **bringt (jmdm.) etwas mit** *irgendwo hingehen und dabei etwas mit sich führen:* Ich bringe zum Fest Getränke mit.; Bitte bringen Sie Ihr Wörterbuch zum Deutschkurs mit!

Mit·bring·sel *das* <-s, -> *(umg.) ein kleines Geschenk*

Mit·bür·ger *der,* **Mit·bür·ge·rin** <-s, -> *der andere Mensch in seiner Rolle als Bürger des Staates*

mit·den·ken <denkst mit, dachte mit, hat mitgedacht> *ohne OBJ* ■ *jmd.* **denkt mit** *gemeinsam mit anderen an der gedanklichen Lösung eines Problems arbeiten:* Die Lösung dieses Problems erfordert, dass alle mitdenken.

mit·dür·fen <darfst mit, durfte mit, hat mitgedurft> *ohne OBJ* ■ *jmd.* **darf mit** *(umg.) die Erlaubnis haben, mit jmdm. etwas zu tun:* Sie durfte nicht mit ins Schwimmbad.; Sie hat nicht mitgedurft.

Mit·ei·gen·tü·mer *der,* **Mit·ei·gen·tü·me·rin** <-s, -> RECHTSW. *vergleiche* **Mitbesitzer**

mit·ei·n·an·der *adv* *so, dass mehrere Personen etwas gemeinsam tun:* Wir haben miteinander gesungen.

mit·ent·schei·den <entscheidest mit, entschied mit, hat mitentschieden> *mit OBJ/ohne OBJ* ■ *jmd.* **entscheidet (etwas) mit** *ebenfalls an einer Entscheidung beteiligt sein*

Mit·er·be *der,* **Mit·er·bin** <-n, -n> *jmd., der auch Erbe von etwas ist*

mit·er·le·ben <erlebst mit, erlebte mit, hat miterlebt> *mit OBJ* ■ *jmd.* **erlebt etwas mit** ❶ *bei etwas dabei sein:* Schade, dass du die Reise nicht miterleben konntest. ❷ *Zeuge von etwas sein, das in der Vergangenheit passiert ist:* Er hat den Krieg noch miterlebt.

Mit·es·ser *der* <-s, -> ❶ *(*≈ *Pickel) eine Pore der Haut, die von Talg verstopft ist und sich entzündet hat* ❷ *(umg. scherzh.) jmd., der mit anderen beim Essen sitzt*

mit·fah·ren <fährst mit, fuhr mit, ist mitgefahren> *ohne OBJ* ■ *jmd.* **fährt mit** *ebenfalls irgendwohin fahren* ► Mitfahrer, Mitfahrerin

Mit·fah·rer·zen·t·ra·le *die* <-, -n> *ein Vermittlungsbüro, in dem organisiert wird, dass Personen in Privatfahrzeugen anderer Personen gegen Kostenbeteiligung (eine längere Strecke) mitfahren können*

Mit·fahr·ge·le·gen·heit *die* <-, -en> *die Gelegenheit, dass man im Auto eines anderen mitfahren darf*

mit·flie·gen <fliegst mit, flog mit, ist mitgeflogen> *ohne OBJ* ■ *jmd.* **fliegt mit** *auch irgendwohin fliegen*

mit·füh·len *mit OBJ* ■ *jmd.* **fühlt etwas mit** *das Leid oder den Schmerz eines anderen selbst spüren:* Ich kann deine Sorgen mitfühlen.; Sag ihr doch ein paar mitfühlende Worte.

mit·füh·ren *mit OBJ* ■ *jmd./etwas führt etwas mit* ❶ AMTSSPR. *bei sich haben:* Der Ausweis ist stets mitzuführen. ❷ *bei fließenden Gewässern:*

M

transportieren: *Der Fluss hat jede Menge Geröll mitgeführt.*

mịt·ge·ben <gibst mit, gab mit, hat mitgegeben> *mit OBJ* ■ *jmd.* **gibt (jmdm.)** *etwas mit jmdm., der irgendwohin geht, etwas geben, das er mitnehmen soll: *Die Mutter hat den Kindern belegte Brote mitgegeben.*

mịt·ge·fan·gen ■ **mitgefangen, mitgehangen** *jmd., der bei etwas mitmacht, muss auch die Verantwortung für die (negativen) Folgen tragen.*

Mịt·ge·fan·ge·ne *der/die* <-n, -n> *jmd., der gleichfalls gefangen ist*

Mịt·ge·fühl *das* <-(e)s> /kein Plur./ (≈ *Mitleid*) *das Gefühl, dass einem jmd. Leid tut: *Mit ihm habe ich kein Mitgefühl mehr.*

mịt·ge·han·gen siehe **mitgefangen**

mịt·ge·hen <gehst mit, ging mit, ist mitgegangen> *ohne OBJ* ■ *jmd.* **geht mit** ❶ *gemeinsam mit einem andren auch irgendwohin gehen: *Ich gehe noch mit zur Haltestelle.* ❷ *sich mitreißen lassen: *Die Konzertbesucher gingen begeistert mit.*; ■ **etwas mitgehen lassen** *(umg.) etwas stehlen*

mịt·ge·nom·men¹ siehe **mitnehmen**

mịt·ge·nom·men² *adj (umg.) abgenützt, stark beschädigt: *Deine Bücher sehen ganz schön mitgenommen aus – was hast Du denn damit gemacht?*

Mịt·gift *die* <-, -en> *der Besitz, den eine Braut in die Ehe mitbringt*

Mịt·gift·jä·ger *der* <-s, -> *(veralt. abwert.) Mann, der nur am Geld einer Frau interessiert ist*

Mịt·glied *das* <-(e)s, -er> *jmd., der einer Organisation/einer Gruppe/einer Familie angehört* ◆ -erversammlung, -sausweis, -sbeitrag, -skarte, Familien-, Gewerkschafts-, Partei-, Vereins-

Mịt·glied·schaft *die* <-, -en> *der Zustand, dass man Mitglied von etwas ist: *Er hat letzte Woche die Mitgliedschaft in einer Partei/einem Verein erworben.*

Mịt·glieds·land *das* <-(e)s, Mitgliedsländer> *ein Land, das Mitglied in einem Bündnis oder einer Organisation ist*

Mịt·glieds·staat *der* <-(e)s, -en> *ein Staat, der Mitglied in einem Bündnis oder einer Organisation ist*

mịt·grö·len *ohne OBJ* ■ *jmd.* **grölt mit** *(umg. abwert.) gemeinsam mit anderen grölen: *Er stimmte ein Lied an, und sie grölten alle mit*

mịt·ha·ben <hat mit, hatte mit, hat mitgehabt> *mit OBJ* ■ *jmd.* **hat etwas mit** *(umg.) dabei haben*

Mịt·haf·tung *die* <-> /kein Plur./ RECHTSW. *gemeinsame Haftung*

mịt·hal·ten <hältst mit, hielt mit, hat mitgehalten> *ohne OBJ* ■ *jmd.* **hält (mit etwas Dat.) (irgendwie) mit** *in der Lage sein, die Leistung, das Tempo o. Ä. von jmd. anderem auch zu haben: *Der Läufer konnte mit dem Tempo der anderen nicht länger mithalten.*

mịt·hel·fen <hilfst mit, half mit, hat mitgeholfen> *ohne OBJ* ■ *jmd.* **hilft (irgendwo) mit** *bei etwas auch helfen: *Ich habe ein wenig im Garten mitgeholfen.*

Mịt·hel·fer *der*; **Mịt·hel·fe·rin** <-s, -> ❶ *jmd., der mithilft* ❷ *(umg. abwert.) Mittäter*

mit·hil·fe, *a.* **mit Hịl·fe** **I.** *präp + Gen. verwendet, um auszudrücken, dass die genannte Sache dazu beigetragen hat oder das Werkzeug war, dass etwas gemacht wird: *Mithilfe/Mit Hilfe seiner Freunde war die Wohnung in einem Tag gestrichen.; Wir fällten den Baum mithilfe/mit Hilfe einer Kettensäge.* **II.** *adv Das neue Rettungsfahrzeug wurde mithilfe/mit Hilfe von Spendengeldern finanziert.* ◆ Zusammen- oder Getrenntschreibung →R 4.14 mithilfe/mit Hilfe eines Messers

Mịt·hil·fe *die* <-, -n> *der Vorgang, dass jmd. bei etwas mithilft: *Der Spielplatz entstand unter Mithilfe der Hausbewohner.*

mit·hịn *adv (geh.: ≈ also, folglich) folglich: *Der Rohbau des Hauses steht bald. Mithin ist damit zu rechnen, dass wir noch vor Weihnachten einziehen können.*

mịt·hö·ren *mit OBJ/ohne OBJ* ■ *jmd.* **hört (etwas) mit** ❶ *in der Lage sein, etwas ebenfalls zu hören: *Die Nachbarn haben so laut gestritten, dass wir jedes Wort mithören konnten.; Wir haben im Radio mitgehört.; Hast du mitgehört?* ❷ *in der Absicht, jmdn. zu überwachen; etwas abhören: *Die Polizei hatte das Telefongespräch mitgehört.; Die Polizei hört mit.*

Mịt·in·ha·ber *der*; **Mịt·in·ha·be·rin** <-s, -> *vergleiche* **Miteigentümer**

Mịt·käm·pfer *der*; **Mịt·käm·pfe·rin** <-s, -> (≈ Mitstreiter)

Mịt·klä·ger *der*; **Mịt·klä·ge·rin** <-s, -> RECHTSW. *jmd., der gemeinsam mit anderen eine Klage vor Gericht vorbringt*

mịt·kom·men <kommst mit, kam mit, ist mitgekommen> *ohne OBJ (umg.)* ❶ ■ *jmd.* **kommt irgendwohin mit** (≈ *mitgehen) gemeinsam mit jmdm. irgendwohin gehen: *Kommst du mit ins Museum?* ❷ ■ *jmd.* **kommt irgendwo mit** (≈ *mithalten) in der Lage sein, die Leistung/das Tempo o. Ä. von jmd. anderem auch zu haben: *Bei diesem Tempo komme ich nicht mehr mit.* ❸ ■ *jmd.* **kommt mit** (≈ *verstehen) in der Lage sein, geistig folgen zu können: *Er kommt in der Schule kaum noch mit.*

mịt·kön·nen <kannst mit, konnte mit, hat mitgekonnt> *ohne OBJ* ■ *jmd.* **kann mit** *(umg.) in der Lage sein, irgendwohin mitzugehen: *Ich kann heute nicht mit ins Kino.; Ich hatte nicht mitgekonnt.*

mịt·krie·gen <kriegst mit, kriegte mit, hat mitgekriegt> *mit OBJ* ■ *jmd.* **kriegt etwas mit** *(umg.: ≈ mitbekommen) erfassen, wahrnehmen*

Mịt·läu·fer *der*; **Mịt·läu·fe·rin** <-s, -> *(abwert.) eine Person, die ohne eigenes Engagement von etwas zu profitieren versucht*

Mịt·laut *der* <-s, -e> SPRACHWISS. *(↔ Vokal) Konsonant*

Mịt·leid *das* <-(e)s> /kein Plur./ *Anteilnahme am Leid anderer: *Sie empfand echtes/großes Mitleid (mit der Frau).; Ich hatte großes Mitleid mit ihm* ◆ Getrennt- oder Zusammenschreibung →R 4.16 Mitleid erregend/mitleiderregend; ◆ Getrenntschreibung →R 4.16 großes Mitleid erre-

gend; ◆Zusammenschreibung →R 4.16 noch
mitleiderregender; am mitleiderregendsten; sehr
mitleiderregend
Mit·lei·den·schaft ■ etwas zieht etwas/jeman-
den in Mitleidenschaft *etwas fügt etwas oder
jmdm. Schaden zu* Der neue Anzug wurde durch
den Regen stark in Mitleidenschaft gezogen.
mit·leid·er·re·gend, *a.* **Mit·leid er·re·gend** *adj
so, dass etwas bei anderen Mitleid verursacht*
mit·lei·dig *adj voller Mitgefühl*
mit·leid(s)·los *adj ohne Mitgefühl*
mit·le·sen <liest mit, las mit, hat mitgelesen>
mit OBJ/ohne OBJ ■ *jmd.* **liest (etwas) mit** *etwas, das jmd. liest, auch lesen:* Sie hat den Text
laut mitgelesen.; Mein Sitznachbar hat während
der gesamten Busfahrt mitgelesen.
mit·lie·fern <lieferst mit, lieferte mit, hat mitge-
liefert> *mit OBJ* ■ *jmd.* **liefert (jmdm.) etwas
mit** *zusammen mit etwas anderem liefern:* Sie
können den Wein gleich mitliefern.
mit·ma·chen <machst mit, machte mit, hat mit-
gemacht> I. *mit OBJ* ■ *jmd.* **macht etwas mit**
(umg.) ❶ *an etwas teilnehmen:* Er hat alle Spiele
mitgemacht. ❷ *für jmdn. erledigen:* Während du
nicht hier warst, haben wir deine Arbeit mitgemacht. ❸ *(≈ durchstehen)* Sie hat eine Menge
mitgemacht. II. *ohne OBJ* ■ *jmd./etwas* **macht
(bei etwas Dat.) mit** ❶ Hast du bei dem Preisausschreiben mitgemacht? ❷ Ich setze mich ein
wenig, denn meine Beine machen nicht mehr
mit.
Mit·mensch *der* <-en, -en> */selten im Sing./ ein
Mensch, mit dem man gemeinsam in der menschlichen Gemeinschaft lebt:* Er verhält sich seinen
Mitmenschen gegenüber sehr aufgeschlossen.
▶ mitmenschlich
mit·mi·schen <mischst mit, mischte mit, hat
mitgemischt> *ohne OBJ* ■ *jmd.* **mischt (irgendwo) (irgendwie) mit** *(umg.) mitmachen:*
Sie muss doch überall mitmischen.; Wir haben alle
kräftig mitgemischt.
mit·müs·sen <musst mit, musste mit, hat mitge-
musst> *ohne OBJ* ■ *jmd.* **muss mit** *(umg.) auch
irgendwohin gehen müssen:* Und du musst auch
mit zum Zahnarzt.; Hast du auch mitgemusst?
Mit·nah·me·markt *der* <-(e)s, ...-märkte> *(≈ Ab-
holmarkt) ein Geschäft mit besonders günstigen
Preisen, das allerdings die Waren nicht an die
Kunden liefert:* Wir haben die Regale recht günstig
in einem Mitnahmemarkt gekauft.
Mit·nah·me·preis *der* <-es, -e> *ein ermäßigter
Preis für eine Ware, die jmd. kauft und selbst
transportiert*
mit·neh·men <nimmst mit, nahm mit, hat mit-
genommen> *ohne OBJ* ❶ ■ *jmd./etwas* **nimmt
jmdn./etwas mit** *auf einem Weg mit sich nehmen:* Hast du das Geschenk mitgenommen?
❷ ■ *jmd./etwas nimmt jmdn./etwas/ein Tier
mit mitfahren lassen:* Wir haben den Hund in den
Urlaub mitgenommen. ❸ ■ *jmd./etwas* **nimmt
jmdn./etwas/ein Tier mit** *(umg.) im Vorbeigehen kaufen:* Die Schuhe waren so billig; da habe
ich sie gleich mitgenommen. ❹ *(umg.)* ■ *etwas
nimmt jmdn. mit etwas strengt jmdn. an:* Die

bestürzende Nachricht hatte sie sehr mitgenommen.
mit·nich·ten *adv (veralt.) keineswegs:* Mitnichten
kam er pünktlich!
mit·rau·chen *ohne OBJ/mit OBJ* ■ *jmd.* **raucht
(etwas) mit** ❶ *mit anderen rauchen:* Rauchst du
eine Zigarette mit?; Ich rauche jetzt nicht mit.
❷ *passiv rauchen:* Er meidet Lokale, in denen er
den Qualm anderer Leute mitrauchen muss.; Sie
verabscheut es, mitrauchen zu müssen.
mit·rech·nen *mit OBJ* ■ *jmd.* **rechnet jmdn./et-
was mit** *in einer Rechnung ebenfalls berücksichtigen:* Habt ihr die Mehrwertsteuer mitgerechnet?
mit·re·den *ohne OBJ* ■ *jmd.* **redet (bei etwas
Dat.) mit** */meist mit „nicht"/ an einem Gespräch
über etwas aktiv mitmachen:* Bei diesem Thema
kann ich nicht mitreden.
mit·rei·sen <reist mit, reiste mit, ist mitgereist>
ohne OBJ ■ *jmd.* **reist mit** *mit anderen verreisen*
Mit·rei·sen·de *der/die* <-n, -n> *jmd., der sich im
selben Zug, Flugzeug o. Ä. befindet*
mit·rei·ßen <reißt mit, riss mit, hat mitgeris-
sen> *mit OBJ* ❶ ■ *jmd./etwas reißt jmdn. mit
durch das eigene Handeln bewirken, dass jmd.
völlig begeistert ist:* Die Rolling Stones hatten erneut ihr Publikum mitgerissen. ❷ ■ *etwas reißt
etwas/jmdn. mit (≈ abreißen) durch starke
Kräfte bewirken, dass etwas irgendwo abgerissen
und dann mit einer Strömung mitgetragen wird:*
Das komplette Wehr wurde vom Hochwasser mitgerissen.
mit·sam·men *adv* SÜDDT. *miteinander, zusammen,
gemeinsam:* Wir sind mitsammen ins Kino gegangen.
mit·samt *präp +Dat. gemeinsam mit:* Sie zog mit-
samt ihrer Familie in eine andere Stadt.
mit·schi·cken *mit OBJ* ■ *jmd.* **schickt (jmdm.)
etwas mit;** *vergleiche* **mitliefern**
mit·schnei·den <schneidest mit, schnitt mit, hat
mitgeschnitten> *mit OBJ* ■ *jmd.* **schneidet etwas mit** *auf einem Tonband o. Ä. aufnehmen:*
Man hat das gesamte Konzert mitgeschnitten.
Mit·schnitt *der* <-(e)s, -e> *eine Aufzeichnung
von etwas:* Hast du einen Mitschnitt dieser Sendung?
mit·schrei·ben <schreibst mit, schrieb mit, hat
mitgeschrieben> *mit OBJ/ohne OBJ* ■ *jmd.*
schreibt (etwas) mit *die mündlichen Äußerungen anderer aufschreiben:* Ich habe den Vortrag
mitgeschrieben.; Hast du im Seminar mitgeschrieben?
Mit·schuld *die* <-> */kein Plur./ der Zustand, dass
jmd. neben anderen Personen auch Schuld an etwas hat:* Man kann ihm eine gewisse Mitschuld an
dem Unfall nicht absprechen.
mit·schul·dig *adj /nicht steig./ so, dass man
ebenfalls für etwas verantwortlich/an etwas
schuld ist*
Mit·schul·di·ge *der/die* <-n, -n> *(≈ Komplize)
jmd., der an etwas Mitschuld hat*
Mit·schü·ler *der,* **Mit·schü·le·rin** <-s, -> *(≈ Schul-
kamerad) jmd., der in dieselbe Schule bzw. Schulklasse geht*
mit·sin·gen <singst mit, sang mit, hat mitgesun-

M

gen> *ohne OBJ* ■ *jmd. singt (irgendwo) mit* Er
singt im Chor mit.

mịt·sol·len *ohne OBJ* ■ *jmd. soll (irgendwo hin)
mit (umg.)* mit anderen zusammen gehen sollen:
Ich sollte mit zur Polizei.; Ich hätte mitgesollt.

mịt·spie·len *ohne OBJ* ❶ gemeinsam mit anderen
auch irgendwo spielen: Unser Sohn spielt mit den
anderen Kindern mit. ❷ ■ *jmd. spielt jmdm.
übel mit* jmd. geht übel mit jmdm. um und schadet ihm: Man hatte ihm übel mitgespielt: Geld und
Ausweis waren gestohlen.

Mịt·spie·ler *der,* **Mịt·spie·le·rin** <-s, -> Person,
die an einem Spiel (z. B. Fußball) ebenfalls teilnimmt

Mịt·spra·che·recht *das* <-(e)s, -e> das Recht, bei
einer Entscheidung mitwirken zu dürfen: Man
hatte ihm bei der Entscheidung ein Mitspracherecht eingeräumt.

Mịt·strei·ter *der,* **Mịt·strei·te·rin** <-s, -> *(geh.)*
jmd., der gemeinsam mit anderen für etwas
kämpft: In ihr hatte er eine Mitstreiterin gefunden.

Mịt·tag *der* <-(e)s, -e> ❶ die Zeit genau oder ungefähr zur Tagesmitte um 12 Uhr: Wir werden gegen Mittag fertig.; Über Mittag ist hier niemand zu
erreichen.; Morgen Mittag habe ich ein Geschäft-
sessen. ❷ /kein Plur./ Mittagspause: Die Handwerker machen gerade Mittag.; ■ zu Mittag essen am Mittag etwas (Warmes) essen ◆ Zusammenschreibung →R 4.1 Montagmittag; Dienstag-
mittag; Mittwochmittag …; *siehe auch* Abend

M Mịt·tag·es·sen *das* <-s, -> (↔ Abendessen, Frühstück) die Hauptmahlzeit, die man ungefähr um
die Mittagszeit einnimmt: ein ausgiebiges/frühes/
leichtes/reichhaltiges Mittagessen; einen Freund
zum Mittagessen einladen; das Mittagessen in einem Restaurant einnehmen

mịt·tags *adv* um die Mittagszeit ◆ Zusammenschreibung →R 4.5 montagmittags; dienstagmit-
tags; mittwochmittags …; ◆ Getrenntschreibung
→R 4.5 montags mittags; dienstags mittags; mittwochs mittags …; *siehe auch* abends

Mịt·tags·glut *die* <-> /kein Plur./ (≈ Mittagshitze)

Mịt·tags·hit·ze *die* <-> /kein Plur./ die heißesten
Stunden (eines Sommertages)

Mịt·tags·kreis *der* <-es, -e> ASTRON., GEOGR. Meridian

Mịt·tags·pau·se *die* <-, -n> die Unterbrechung
der Arbeit um die Mittagszeit, die man macht, um
das Mittagessen einzunehmen und sich zu erholen

Mịt·tags·ru·he *die* <-> /kein Plur./ die nach dem
Mittagessen liegenden Stunden bis ungefähr fünfzehn Uhr, in denen besonders ältere Menschen
manchmal schlafen

Mịt·tags·schlaf *der* <-(e)s> /kein Plur./ ein (kurzer) Schlaf nach dem Mittagessen: Er hält gerade
seinen Mittagsschlaf.

Mịt·tags·tisch *der* <-(e)s, -e> ❶ der für das Mittagessen gedeckte Tisch ❷ (veralt.) das Mittagessen

Mịt·tags·zeit *die* <-, -en> die Zeit von ungefähr
zwölf bis vierzehn Uhr

mịt·tan·zen <tanzt mit, tanzte mit, hat mitge-

tanzt> *ohne OBJ* ■ *jmd. tanzt mit* zusammen
mit anderen tanzen: Steh doch nicht rum, tanz
doch auch mit!

Mịt·tä·ter *der,* **Mịt·tä·te·rin** <-s, -> (≈ Komplize)
jmd., der gemeinsam mit anderen eine Straftat begangen hat ▶-schaft

Mịt·te *die* <-, -n> /Plur. selten/ ❶ der Punkt, der
zu allen anderen Seiten von etwas den gleichen
Abstand hat: die Mitte eines Kreises; Der Tisch
steht in der Mitte des Raums. ❷ der Zeitpunkt, der
gleich weit von Beginn und Ende einer Sache gelegen ist: Ich treffe ihn Mitte nächster Woche.; Ich
denke, sie ist Mitte Dreißig. ❸ POL. Man wollte
eine Koalition der Mitte.; ■ in jemandes Mitte
(geh.) mitten unter den genannten Personen Es
muss einen Spitzel in unserer Mitte geben.; ■ Ab
durch die Mitte! (umg.) Nun aber weg!

mịt·tei·len I. mit OBJ ■ *jmd. teilt jmdm. (etwas)
mit* jmdm. mündlich oder schriftlich etwas sagen:
Ich teile Ihnen den Termin noch schriftlich mit.
II. mit SICH ■ *jmd. teilt sich (jmdm.) mit* (≈ anvertrauen) etwas, das einen bedrückt, jmdm. sagen und mit ihm besprechen: Er wollte sich in dieser Situation jemandem mitteilen.

mịt·tei·lens·wert *adj* /nicht steig./ so, dass etwas
wert ist, mitgeteilt zu werden: Dieser Vorfall ist
unwichtig und überhaupt nicht mitteilenswert.

mịt·teil·sam *adj* (≈ gesprächig, kommunikativ) so,
dass man gern anderen Menschen sagt, was einen bewegt oder was man denkt

Mịt·teil·sam·keit *die* <-> /kein Plur./ die Eigenschaft, dass jmd. mitteilsam ist

Mịt·tei·lung *die* <-, -en> (≈ Nachricht) etwas, das
mitgeteilt wird: Ich habe Ihnen eine Mitteilung zu
machen.

Mịt·tei·lungs·be·dürf·nis *das* <-, -e> der
Wunsch, jmdm. etwas (Persönliches) mitzuteilen:
Sie hatte ein großes Mitteilungsbedürfnis und
wollte sofort mit ihm sprechen.; individuelle Mit-
teilungsbedürfnisse

Mịt·tel *das* <-s, -> ❶ eine zweck- und zielgerich-
tete Maßnahme, mit der etwas erreicht werden
soll: In diesem Falle gibt es ein sicheres/wirksames
Mittel.; Sie wollte rechtliche Mittel einsetzen.; Wir
haben keine Mittel unversucht gelassen.; Ihr sind
doch alle Mittel recht.; Er kämpfte mit allen Mitteln für den Erhalt der Arbeitsplätze. ❷ (≈ Arzneimittel) Medikament: Der Arzt hat mir ein Mittel
gegen die Grippe verschrieben. ❸ (≈ Gegenmittel)
■ ein Mittel gegen etwas etwas, womit man etwas bekämpfen kann Ich suche ein Mittel gegen
Ameisen. ❹ /kein Sing./ Geld: Meine finanziellen
Mittel sind erschöpft. ❺ (≈ Mittelwert) der Durchschnittswert von etwas: Im Mittel lagen die Temperaturen dieses Jahr etwas höher als im letzten
Jahr.; ■ (nur) Mittel zum Zweck sein von jmdm.
benutzt oder ausgenutzt werden ▶ ermitteln, vermitteln, Mittler, Vermittler

Mịt·tel·al·ter *das* <-s> /kein Plur./ der Zeitraum
zwischen dem 5. und dem 15. Jahrhundert: Das
Buch hat je ein Kapitel über das frühe, das hohe
und das späte Mittelalter.

mịt·tel·al·ter·lich *adj* /nicht steig./ zum Mittelalter gehörig

Mit·tel·ame·ri·ka *das* <-s> /*kein Plur.*/ *der Teil Amerikas, der zwischen Nord- und Südamerika liegt* ▸ Mittelamerikaner, Mittelamerikanerin, mittelamerikanisch

mit·tel·bar *adj (geh.:* ↔ *direkt, unmittelbar) so, dass man die Folgen von etwas nicht direkt erlebt und nur indirekt betroffen ist:* Wir waren nur mittelbar von den Auswirkungen des Streiks betroffen.

Mit·tel·deut·sche *der/die* <-n, -n> *jmd., der im mittleren Teil Deutschlands lebt*

Mit·tel·ding *das* <-(e)s, -e> /*Plur. selten* / *(umg.:* ≈ *Mischung) etwas, das im gleichen Maße Eigenschaften von verschiedenen Dingen hat:* Der Film ist ein Mittelding zwischen Komödie und Tragödie.

Mit·tel·eu·ro·pa *das* <-s> /*kein Plur.*/ *mittlerer Teil Europas*

mit·tel·eu·ro·pä·isch *adj /nicht steig./ zu Mitteleuropa gehörend:* mitteleuropäische Zeit (MEZ)

Mit·tel·feld *das* <-(e)s> /*kein Plur.*/ SPORT ❶ *der mittlere Teil eines Spielfelds* ❷ *die Sportler, die bei einem Wettkampf weder an der Spitze noch am Ende liegen*

Mit·tel·fin·ger *der* <-s, -> *der mittlere Finger der Hand*

mit·tel·fris·tig *adj /nicht steig./ so, dass es nicht jetzt, aber auch nicht in der fernen Zukunft gelegen ist; in der nahen Zukunft:* Mittelfristig sollen die Schulden halbiert werden.; mittelfristiger Finanzplan

Mit·tel·gang *der* <-(e)s, Mittelgänge> *der Gang, der in der Mitte zwischen zwei Sitzreihen liegt:* der Mittelgang im Zug/Flugzeug

Mit·tel·ge·bir·ge *das* <-s, -> *(*↔ *Hochgebirge) ein Gebirge, dessen Berge nur eine Höhe von unter 2000 Metern erreichen*

Mit·tel·ge·wicht *das* <-(e)s, -e> SPORT *festgelegte Gewichtsklasse in den Kampfsportarten:* Im Profiboxen ist die Gewichtsobergrenze für das Mittelgewicht 72,574 kg.

Mit·tel·hoch·deutsch *das* <-en> /*kein Plur., nur mit bestimmtem Artikel* / *die deutsche Literatursprache vom 11. bis 14. Jahrhundert*

Mit·tel·klas·se *die* <-, -en> ❶ *(*≈ *Mittelschicht) die mittlere soziale Schicht der Bevölkerung* ❷ *die mittlere Preisklasse*

Mit·tel·klas·se·ho·tel *das* <-s, -s> *Hotel von mittlerer Qualität*

Mit·tel·klas·se·wa·gen *der* <-s, -> *Pkw mittlerer Größe*

Mit·tel·läu·fer *der;* **Mit·tel·läu·fe·rin** <-, -> SPORT *jmd., der bei bestimmten Sportarten in der Mitte des Spielfelds spielt*

Mit·tel·li·nie *die* <-, -n> ❶ SPORT ❷ *die weiße Markierung, die auf einer Straße die beiden Fahrspuren trennt*

mit·tel·los *adj (arm) so, dass man keine finanziellen Mittel³ hat*

Mit·tel·lo·sig·keit *die* <-> /*kein Plur.*/ *Armut*

mit·tel·mä·ßig *adj /nicht steig./ (abwert.:* ↔ *überdurchschnittlich) durchschnittlich:* Seine Leistungen sind eher mittelmäßig. ▸ Mittelmäßigkeit

Mit·tel·meer *das* <-(e)s> /*kein Plur.*/ *das Meer,*

das Europa und Asien von Afrika trennt ◆-klima, -land, -raum

Mit·tel·ohr *das* <-(e)s> /*kein Plur.*/ ANAT. *der mittlere Teil des Ohres* ◆-entzündung

mit·tel·präch·tig *adj /nicht steig./ (umg. scherzh.) einigermaßen gut, mäßig gut:* Ich fühle mich mittelprächtig.; mittelprächtige Schulnoten

Mit·tel·punkt *der* <-(e)s, -e> ❶ *das Zentrum eines Kreises oder einer Kugel* ❷ *(übertr.) etwas, das die größte Bedeutung für etwas hat:* Diese Stadt war damals der kulturelle Mittelpunkt des Landes.; ◼ **jemand/etwas steht irgendwo im Mittelpunkt** *jmd. zieht irgendwo alle Aufmerksamkeit auf sich* ◆-gleichung, -schule, Erd-

mit·tels *präp* +Gen. *(geh. o veralt.) unter Benutzung von etwas:* Die Holzkiste war nur mittels eines Brecheisens zu öffnen.

Mit·tel·schei·tel *der* <-s, -> *ein Scheitel¹ in der Mitte des Kopfes:* Sie trägt einen Mittelscheitel.

Mit·tel·schicht *die* <-, -en> /*Plur. selten* / *der Teil einer Bevölkerung, der ein mittleres Einkommen hat (zwischen Unterschicht und Oberschicht)*

Mit·tel·schu·le *die* <-, -n> ❶ ÖSTERR. *(veraltend, aber noch häufig) Gymnasium* ❷ *Realschule, die mit der „mittleren Reife" abschließt*

Mit·tel·s·mann *der* <-(e)s, ...-männer/...-leute> *(*≈ *Vermittler) jmd., der zwischen zwei Gruppen vermittelt*

Mit·tel·stand *der* <-(e)s> /*kein Plur.*/ ❶ *die Mittelschicht* ❷ WIRTSCH. *die kleinen und mittleren Unternehmen*

mit·tel·stän·disch *adj /nicht steig./ WIRTSCH. zum Mittelstand² gehörend:* Die mittelständischen Unternehmen sollten stärker unterstützt werden.

Mit·tel·stre·cke *die* <-, -n> SPORT *eine (Lauf-)Strecke von 400m, 800m, 1000m oder 1500m* ▸ Mittelstreckenlauf, Mittelstreckenläufer, Mittelstreckenläuferin

Mit·tel·stre·cken·ra·ke·te *die* <-, -n> MILIT. *eine Rakete mit mittlerer Reichweite*

Mit·tel·strei·fen *der* <-s, -> *der mittlere Grünstreifen auf einer Autobahn*

Mit·tel·stu·fe *die* <-, -n> SCHULE *die mittleren Klassen einer Schule*

Mit·tel·stür·mer *der;* **Mit·tel·stür·me·rin** <-s, -> SPORT *Spieler in der Mitte des Sturms³*

Mit·tel·weg *der* <-(e)s> /*kein Plur.*/ *(*≈ *Kompromiss) etwas, das ungefähr in der Mitte zwischen zwei Standpunkten, Meinungen o. Ä. liegt:* Die beiden Verhandlungspartner einigten sich schließlich darauf, einen Mittelweg zu gehen.

Mit·tel·wel·le *die* <-, -n> PHYS. *Wellen² mittlerer Wellenlänge (Mw):* Diesen Sender kann man nur auf Mittelwelle empfangen. ◆-nbereich, -nfrequenz, -nsender

Mit·tel·wert *der* <-(e)s, -e> *Durchschnitt*

Mit·tel·wort *das* <-(e)s, Mittelwörter> SPRACHWISS. *Partizip*

mit·ten *adv in der Mitte von etwas:* Ich stand mitten auf dem Platz.; Sie ist mitten in der Nacht aufgewacht.; Er hat sie mitten im Satz unterbrochen.

mit·ten·drin *adv (umg.)* ❶ *in der Mitte von etwas:* In der Kiste war viel wertloses Zeug, aber mittendrin fanden wir eine goldene Uhr. ❷ *während ei-*

M

ner Tätigkeit: Er sang ein Lied und blieb mittendrin stecken.

mit·ten·durch *adv (umg.) direkt durch etwas hindurch:* Es gab ein Gewitter und wir flogen mittendurch.

mit·ten·mạng *adv* NORDDT. *(umg.) mittendrin*

Mịt·ter·nacht *die <-> /kein Plur./ zwölf Uhr nachts*

mịt·ter·nachts *adv um Mitternacht*

Mịt·ter·nachts·mes·se *die <-, -n>* REL. *Gottesdienst an wichtigen kirchlichen Feiertagen, der sehr spät abends stattfindet*

Mịt·ter·nachts·son·ne *die <-> /kein Plur./ der Vorgang, dass die Sonne in Nordeuropa im Sommer auch nachts nicht untergeht*

Mịtt·ler *der,* **Mịtt·le·rin** *<-s, -> (geh.: ≈ Mittelsmann) helfender Vermittler* ◆-funktion, -rolle, -sprache

mịtt·le·re *adj* ❶ *das, was in der Mitte von etwas ist:* Er stand auf und öffnete das mittlere Fenster. ❷ *so, dass etwas einen Mittelwert hat:* eine Frau mittleren Alters; Er hat ein mittleres Einkommen.

mịtt·ler·wei·le *adv (≈ inzwischen) in der Zwischenzeit:* Mittlerweile war es Abend geworden.

mịt·tra·gen *<trägst mit, trug mit, hat mitgetragen> mit OBJ* ■ *jmd. trägt etwas mit an einer Sache beteiligt sein und die anderen beteiligten Personen dabei unterstützen:* Er trug die Entscheidung mit.

M **mịt·trin·ken** *<trinkst mit, trank mit, hat mitgetrunken> mit OBJ/ohne OBJ* ■ *jmd. trinkt (etwas) mit gemeinsam mit anderen ebenfalls etwas trinken:* Sie hat einen Kaffee mitgetrunken.

Mịtt·som·mer·nacht *die <-, Mittsommernächte>* ❶ */kein Plur./ die Nacht der Sommersonnenwende* ❷ *eine der kurzen Nächte vor oder nach der Mittsommernacht¹*

mịt·tun *<tust mit, tat mit, hat mitgetan> ohne OBJ* ■ *jmd. tut mit (≈ mitmachen) sich an etwas beteiligen*

Mịtt·woch *der <-(e)s, -e> der dritte Tag der Woche* ◆ Zusammenschreibung →R 4.1 Mittwochabend; Mittwochmittag; Mittwochmorgen; Mittwochnacht

mịtt·wochs *adv am Mittwoch:* mittwochs abends; *siehe auch* **dienstags**

mịt·un·ter *adv (geh.) manchmal, ab und zu*

mịt·ver·ant·wort·lich *adj /nicht steig./ gemeinsam mit anderen ebenfalls für etwas verantwortlich*

Mịt·ver·ant·wor·tung *die <-> /kein Plur./ die Verantwortung, die jmd. gemeinsam mit anderen für etwas hat*

mịt·ver·die·nen *ohne OBJ* ■ *jmd. verdient mit (umg.) (besonders als verheiratete Frau) durch Berufstätigkeit ebenfalls Geld verdienen*

Mịt·ver·fas·ser *der,* **Mịt·ver·fas·se·rin** *<-s, -> Autor, der am Verfassen eines Werks beteiligt ist*

Mịt·ver·gan·gen·heit *die <-> /kein Plur./* SPRACHWISS. *Imperfekt*

mịt·ver·si·chern *<versicherst mit, versicherte mit, hat mitversichert> mit OBJ* ■ *jmd. versichert jmdn. mit jmdn. in den Versicherungs-*

schutz miteinbeziehen: Er hat seine Familie mitversichert.

Mịt·ver·si·che·rung *die <-, -en> Versicherung, an der mehrere Personen beteiligt sind*

Mịt·welt *die <-> /kein Plur./ die Mitmenschen*

mịt·wir·ken *ohne OBJ* ■ *jmd. wirkt (an/bei etwas) mit* ❶ *mitarbeiten:* An der Aufklärung des Verbrechens haben viele mitgewirkt. ❷ *(≈ mitspielen) in einem Theaterstück oder Film als Schauspieler mitspielen:* Welche Schauspieler haben bei diesem Theaterstück mitgewirkt? ❸ *eine Rolle spielen:* Bei dieser Entscheidung haben zahlreiche Faktoren mitgewirkt.

Mịt·wir·kung *die <-> /kein Plur./ das Mitwirken¹:* Der Film entstand unter Mitwirkung von …

Mịt·wis·sen *das <-s> /kein Plur./ der Zusand, dass jmd. von etwas weiß:* Das geschah ohne mein Mitwissen.

Mịt·wis·ser *der,* **Mịt·wis·se·rin** *<-s, -> jmd., der von einer Straftat Kenntnis hat:* Der Dieb hatte ihn zum Mitwisser gemacht.

Mịt·wis·ser·schaft *die <-> /kein Plur./ der Zustand, dass jmd. Mitwisser ist*

mịt·wol·len *<willst mit, wollte mit, hat mitgewollt> ohne OBJ* ■ *jmd. will (irgendwo) mit (umg.) auch irgendwohin gehen wollen:* Ich wollte mit ins Kino.; Ich hätte mitgewollt.

mịt·zäh·len I. *mit OBJ* ■ *jmd. zählt jmdn./etwas mit während sich bestimmte Dinge ereignen, diese zählen:* Hast du auch schon die neu eingetroffenen Gäste mitgezählt? **II.** *ohne OBJ* ■ *jmd./ etwas zählt mit zu etwas dazugezählt werden:* Die Feiertage zählen aber nicht mit.

mịt·zie·hen *<ziehst mit, zog mit, hat/ist mitgezogen> ohne OBJ* ■ *jmd. zieht mit* ❶ */sein/ ebenfalls in langsamer Bewegung irgendwohin gehen:* Wir sind ein Stück mit der Blaskapelle mitgezogen. ❷ */haben/ (umg.: ≈ mitmachen) etwas ebenfalls tun; sich auch an etwas beteiligen:* Etliche haben schließlich mitgezogen und den Protestbrief unterschrieben. ❸ */haben/* SPORT *(umg.: ≈ mithalten)* Der Radrennfahrer erhöhte das Tempo, aber nur wenige konnten noch mitziehen.

Mịx·be·cher *der <-s, -> ein Metallbecher zum Mischen von Cocktails*

mị·xen *<mixt, mixte, hat gemixt> mit OBJ* ■ *jmd. mixt etwas Cocktails mischen:* Hast du diesen Cocktail gemixt?

Mị·xer¹ *der <-s, -> ein elektrisches Küchengerät, mit dem man Nahrungsmittel mischen und zerkleinern kann* ◆ Hand-, Küchen-

Mị·xer² *der,* **Mị·xe·rin** *<-s, -> jmd., der (an einer Bar) Cocktails mixt* ◆ Bar-

Mịx·ge·tränk *das <-(e)s, -e> ein Cocktail*

Mịx·tur *die <-, -en>* ❶ *Gemisch* ❷ *Gemisch aus Arzneimitteln*

Mne·mo·tech·nik, Mne·mo·nik *die <-, -en> (≈ Gedächtniskunst) eine Methode, die es leichter macht, sich bestimmte Dinge zu merken* ▸ mnemotechnisch

Mọb *der <-s> /kein Plur./ (abwert.: ≈ Pöbel) verwendet, um (eine Menge bestimmter) Menschen als sehr primitiv und schlecht zu bezeichnen*

mọb·ben *mit OBJ* ■ *jmd. mobbt jmdn. (≈ schika-*

*nieren) durch das eigene Verhalten einem Kolle-
gen so lange und intensiv zeigen, dass man ihn
nicht mag, dass dieser irgendwann krank wird
oder kündigt*
Mob·bing *das* <-s> /kein Plur./ *(≈ Schikane, Psychoterror) alle Handlungen, durch die ein Mitarbeiter von seinen Kollegen schikaniert und gequält wird, so dass er schließlich krank wird und
kündigt* ◆ -beratung, -fall, -hilfen, -klage, -methode,
-opfer, -prävention, -prozess, -ratgeber, -telefon,
-test, -vorwurf
Mö·bel <-> *Plur. Gegenstände, mit denen ein Zimmer ausgestattet ist, wie Tische, Betten, Schränke*
▶ möblieren ◆ -ausstellung, -fabrik, -firma, -ge-
schäft, -händler, -industrie, -lager, -schreiner, -spedi-
teur, -spedition, -stoff, -stück, -tischler, Biedermei-
er-, Büro-, Garten-, Gebraucht-, Küchen-, Polster-,
Sitz-, Stil-
Mö·bel·pa·cker *der* <-s, -> *jmd., der bei einer
Möbelspedition arbeitet und für den Transport der
Möbel zuständig ist*
Mö·bel·po·li·tur *die* <-, -en> *eine Flüssigkeit, mit
der man die Oberfläche von Möbeln einreibt, um
sie zu pflegen: Ich habe die Kommode mit Möbel-
politur eingerieben.*
Mö·bel·stoff *der* <-(e)s, -e> *Stoff, mit dem Polstermöbel bezogen werden*
Mö·bel·wa·gen *der* <-s, -> *ein Lastwagen, der bei
Umzügen zum Transport von Möbeln benutzt
wird*
mo·bil *adj* ◆ *etwas/jmd. ist mobil etwas ist fahr-
bar/jmd. hat ein Fahrzeug: Im Katastrophengebiet
wurde ein mobiler Operationssaal eingerichtet.*; MI-
LIT. *Die mobilen Verbände wurden in Alarmbereitschaft versetzt.*; ■ *jemand ist mobil jmd. ist lebendig, munter Gestern lag er krank im Bett,
heute ist er wieder mobil.* ◆ Zusammenschreibung →R 4.6 alle Einsatzkräfte mobilmachen
◆ Getrenntschreibung →R 4.6 Der Sportler
wollte nochmals alle Kräfte mobil machen.
Mo·bi·le *das* <-s, -s> *Konstruktion aus leicht beweglichen, an dünnen Fäden befestigten Gegenständen, die sich im Luftzug bewegen*
Mo·bil·funk *der* <-(e)s> /kein Plur./ *das Übertragen von Daten mit einem Mobilfunkgerät*
Mo·bi·li·ar *das* <-s, -e> *Möbel, Hausrat*
Mo·bi·li·sa·ti·on *die* <-, -en> *das Mobilisieren*
mo·bi·li·sie·ren <mobilisierst, mobilisierte, hat
mobilisiert> *mit OBJ* ■ *jmd. mobilisiert jmdn./
etwas* ❶ MILIT. *(≈ mobilmachen) verfügbar machen: Die Armee wurde mobilisiert.* ❷ *jmdn. dazu
bringen, aktiv zu werden: Der Partei gelang es,
ihre Wähler zu mobilisieren.* ❸ *aktivieren: In der
Endphase des Spiels mobilisierten die Spieler nochmals alle Kräfte.*; *Durch Gymnastik können Muskeln wieder mobilisiert werden.*
Mo·bi·li·sie·rung *die* <-, -en> /Plur. selten/
Mo·bi·li·tät *die* <-> /kein Plur./ ❶ *Der Zustand,
dass in einer Gesellschaft Menschen nicht mehr
eng an einen Ort gebunden sind: Wir haben heute
in vielen Ländern eine hohe Mobilität.* ❷ *die Bereitschaft und Fähigkeit, seinen Wohnort zu wechseln, wenn die Wahl des Arbeitsplatzes oder Interessen der Firma dies notwendig machen: Heut-*

zutage ist auf dem Arbeitsmarkt Mobilität gefragt.
◆ -sabgabe, -sarmut, -sbarriere, -sbeihilfe, -serzie-
hung, -sentwicklung, -sforschung, -sforderung, -sin-
dex, -skonzept, -skosten, -smanager, -snachweis,
-soffensive, -sprämie
Mo·bil·kom·mu·ni·ka·ti·on *die* <-> /kein Plur./
*Kommunikation mit Mobilfunkgeräten, beispiels-
weise Handys*
mo·bil·ma·chen *ohne OBJ* ■ *jmd. macht mobil
die Streitkräfte und das Land in den Kriegszustand
versetzen* ▶ Mobilmachung *siehe aber auch* **mobil**
Mo·bil·te·le·fon *das* <-(e)s, -e> *(≈ Handy)*
mö·b·lie·ren *mit OBJ* ■ *jmd. möbliert etwas mit
Möbeln ausstatten: Wir wollen heute unsere neue
Wohnung möblieren.; Sie vermietet ein möbliertes
Zimmer.*
Mö·b·lie·rung *die* <-, -en> *alle Möbel, die sich in
einem Raum oder Haus befinden*
Mo·çam·bique [mosamˈbiːk] *siehe* **Mosambik**
Moc·ca *der siehe* **Mokka**
Möch·te·gern- *(umg. abwert.) als Erstglied zusammengesetzter Substantive; drückt aus, dass
eine Person das mit dem Zweitglied Bezeichnete
gern sein/darstellen möchte und sich auch dafür
hält, ohne dazu allerdings die Voraussetzungen
mitzubringen: Dieser Möchtegernschauspieler hat
überhaupt kein Talent.* ◆ -casanova, -künstler,
-rennfahrer, -schriftsteller
mo·dal *adj* /nicht steig./ MUS. *(↔ diatonisch) auf
Modus³ bezogen: modale Musik, modales System*
Mo·da·li·tät *die* <-, -en> ❶ /selten im Sing./
*(geh.) die Art und Weise, die näheren Umstände:
Die Modalitäten der Zusammenkunft sind noch zu
klären.; Man besprach die Modalitäten der Prüfung.* ❷ /kein Plur./ SPRACHWISS. *semantisch-prag-
matische Kategorie, die der Einstellungsbekun-
dung zum Gesagten dient*
Mo·dal·par·ti·kel *die* <-, -n> SPRACHWISS. *(≈ Abtö-
nungspartikel) Wortart und entsprechende Einheit mit der Funktion, Einstellungen eines Sprechers zum Gesagten auszudrücken bzw. sich auf
andere Einstellungen zu beziehen: In dem Satz
„Ist der aber groß" ist „aber" Modalpartikel und
keine Konjunktion.; siehe auch* **Funktionswort,
Partikel**

M

Beim Erlernen der deutschen Sprache stellt der
korrekte Gebrauch der **Modalpartikeln** (auch:
Abtönungspartikeln) eine der Hauptschwierigkeiten dar. Es handelt sich um eine große
Anzahl von Einheiten, die sehr häufig vorkommen, die meist unentbehrlich sind, und die sich
auf der Ausdrucksseite nicht von Einheiten
unterscheiden, die traditionellen Wortarten
angehören: In dem Satz „Ist der aber groß!" ist
aber Modalpartikel, in „Er ist witzig, aber nicht
klug" hingegen Konjunktion. In „Ihr könnt
ruhig kommen" ist *ruhig* Modalpartikel, in „Die
Fahrt war ruhig" hingegen Adjektiv. In „Es wird
schon nicht regnen" ist *schon* Modalpartikel, in
„Die Rosen blühen schon im Juni" Gradpartikel
(vgl. das Stichwort), in „Er ist schon angekom-

men" aber ist *schon* Adverb.
Früher wurden die Modalpartikeln als bedeutungsleere „Füllsel" bzw. als „Füllwörter" aufgefasst. Seit 1969 und dann verstärkt in den 80er Jahren im Rahmen der aufkommenden Partikelforschung fast alle Fragen dazu erläutert und überwiegend geklärt worden. Dies hat unter anderem zur Ablösung vieler älterer Lehrwerke geführt. Die erheblichen Probleme der Beschreibung einzelner Bedeutungen von Modalpartikeln sind aber geblieben, wie auch für andere Einheiten aus dem Bereich der Partikeln (vgl. das Stichwort) bzw. der Funktionswörter (vgl. das Stichwort). Die Modalpartikeln beziehen sich auf den ganzen Satz. Kommentiert werden sie in Wörterbüchern überwiegend völlig unzulänglich, indem emotionale Befindlichkeiten wie „drückt Erstaunen aus" bzw. „Ungeduld" oder „Beschwichtigung" angeführt werden, oder dass sie der „Verstärkung" bzw. „Abschwächung" dienen. Dass mit derartigen Kommentaren gerade nicht die Bedeutung der einen oder anderen Modalpartikel getroffen wird, macht sofort der Vergleich einer Äußerung mit oder ohne Modalpartikel ersichtlich: „Ist der groß!" mit emphatischer Betonung „drückt" ebenso ein „Erstaunen" aus wie „Ist der aber groß!", wobei hier noch hinzukommt, dass *aber* durch die synonyme Einheit *vielleicht* ersetzt werden kann. Genauer werden die Modalpartikeln heute übergreifend als *Einstellungsausdrücke* bezeichnet, linguistisch beschrieben und lexikographisch kommentiert, mit denen Sprecher/Sprecherinnen Einstellungen zum Gesagten ausdrücken und zu anderen Einstellungen in Beziehung setzen. Für eine jeweils einzelne Modalpartikel sind sodann die Gebrauchsbedingungen zu beschreiben, vor allem auch im Hinblick auf das Vorkommen in Aussagesätzen, Aufforderungssätzen, Ergänzungs- und Entscheidungsfragen usw. Modalpartikeln werden heute in der Theorie meist als eigenständige Wortart aufgefasst. Bedeutungsangaben und Beispielangaben dazu finden sich in vorliegendem Wörterbuch, wie auch in den meisten anderen Wörterbüchern, unter der allgemeinen Wortartenangabe „Partikel", die alle Arten von Partikeln umfasst.

Mo·dal·verb *das* <-s, -en> SPRACHWISS. *semantisch bestimmte Teilmenge der Verben, die zusammen mit einem Infinitiv modale Bedeutungsaspekte ausdrücken:* „dürfen", „können", „mögen", „müssen", „sollen" und „wollen" sind Modalverben.
Mod·der *der* <-s> /kein Plur./ NORDDT. *Schlamm*
Mo·de *die* <-, -n> ❶ *Kleidung, die dem aktuellen Zeitgeschmack entspricht:* Sie geht mit der Mode.; In Paris wird gerade die neue Mode gezeigt. ◆-designer, -fimmel, -geschäft, -haus, -heft, -journal, -magazin, -schöpfer, -tip, -welt, -zeitschrift, Bade-, Damen-, Frühjahrs-, Haar-, Herren-, Hut-, Kinder-,

Schuh-, Sommer-, Sport-, Wäsche-, Winter- ❷ *all das, was zu einer bestimmten Zeit gerade üblich und beliebt ist:* Diese Musik/Diese Redensart ist gerade in Mode.; Dieser Tanz ist längst aus der Mode. ◆-beruf, -schmuck, -schriftsteller(in), -torheit, -trend ▸-bewusst
Mo·de·ar·ti·kel *der* <-s, -> *etwas, das der gängigen Mode entspricht, aber bald in Vergessenheit geraten wird:* Von diesem Modeartikel spricht in einem halben Jahr kein Mensch mehr.
Mo·de·aus·druck *der* <-(e)s, Modeausdrücke> *ein Wort, das zu einem bestimmten Zeitpunkt in Mode ist:* Viele Modeausdrücke kommen aus dem Englischen.
mo·de·be·wusst *adj* so, dass man die neueste Mode[1] kennt und die eigene Kleidung daran ausrichtet
Mo·de·bran·che *die* [...brã∫ə] <-> /kein Plur./ *Gesamtheit der Betriebe, die Kleidung herstellen*
Mo·de·dro·ge *die* <-, -n> *eine Droge, die zu einem bestimmten Zeitpunkt in bestimmten Kreisen in Mode ist*
Mo·de·far·be *die* <-, -n> *eine Farbe, die zu einem bestimmten Zeitpunkt in der Mode[1] aktuell ist:* Was ist diesen Herbst Modefarbe?
Mo·de·haus *das* <-es, Modehäuser> *Modegeschäft*
Mo·del[1] *der* <-s, -> *kleine Schablone, mit der man Gebäck formt, sowie auch Hohlform für Gusserzeugnisse*
Mo·del[2] *das* <-s, -s> (fachspr.) *Fotomodell:* Sie ist ein erfolgreiches Model geworden.; Sie arbeitet als Model.
Mo·dell *das* <-s, -e> ❶ (≈ *Nachbildung, Kopie*) *ein Gegenstand, der etwas verkleinert nachbildet:* In welchem Maßstab hat er das Modell des Schiffes angefertigt?; Modelle von Autos, Flugzeugen und Schiffen ◆-auto, -eisenbahn, -flugzeug, Flugzeug-, Schiffs-, Papp- ❷ (in der Wissenschaft) *ein zur wissenschaftlichen Erklärung dienendes Modell[1] eines Objekts:* das Modell eines Moleküls ◆Atom-, Denk-, Erklärungs- ❸ *jmd., der sich von einem Maler malen lässt:* Wer diente dem Maler als Modell für dieses Porträt? ❹ *jmd., der sich von einem Fotografen fotografieren lässt:* Sie arbeitet schon länger als Modell für einen Fotografen. ◆Akt-, Foto- ❺ (≈ *Typ*) *Entwicklungsstadium eines technischen Geräts:* das neueste Modell dieses Wagens; Die Modelle 3 und 4 haben Fernbedienung. ❻ *kurz für „Modellkleid":* Sie trug das neueste Modell des italienischen Modemachers. ❼ (geh.) *etwas, das als Vorbild dient:* Diese Gesetzgebung wurde zum Modell für viele weitere Staaten. ◆-athlet, -fall, -funktion, -projekt, -rechnung
Mo·dell·bau *der* <-s> /kein Plur./ *die Herstellung von Modellen[1]*
Mo·dell·bau·er *der* <-s, -> *jmd., der (beruflich) Modelle[1] herstellt und repariert*
Mo·dell·bau·kas·ten *der* <-s, Modellbaukästen> *Kasten mit (maßstabgetreu verkleinerten) Einzelteilen, die man zu einem Modell[1] zusammensetzen kann*
Mo·dell·cha·rak·ter *der* <-s> /kein Plur./ *vorbild-*

M

liche Art: Diese Sozialgesetzgebung besitzt Modell-
charakter.

Mo·del·leur *der,* **Mo·del·leu·rin** [modeˈløːɐ̯] <-s,
-e> *jmd., der beruflich Modelle entwirft*
Mo·dell·flug·platz *der* <-es, Modellflugplätze>
Gelände zum Betreiben von RC-Modellflugzeugen
mo·del·lie·ren *mit OBJ/ohne OBJ* ■ *jmd.* **modelliert (etwas)** *aus Ton Gegenstände formen:* Sie
hat eine Vase modelliert.; Er modelliert in Ton.; Ich
modelliere in meiner Freizeit.

Mo·dell·kleid *das* <-s, -er> *Modellkleid, das nach
der neuesten Mode als Einzelstück angefertigt
worden ist*
Mo·dell·ver·such *der* <-(e)s, -e> *Versuch, der als
Muster gelten soll:* In dieser Region wurde ein Mo-
dellversuch zur Bekämpfung der Arbeitslosigkeit
gestartet.

Mo·dell·ver·trag *der* <-(e)s, Modellverträge>
Vertrag, der als Muster für andere Verträge dient
Mo·dell·zeich·ner *der,* **Mo·dell·zeich·ne·rin**
<-s, -> *jmd. der Zeichnungen von Modellen [1, 3, 6]
anfertigt*
mo·deln *ohne OBJ* ■ *jmd.* **modelt** *als Model arbeiten:* In ihrer Freizeit modelt sie für ein Versandhaus.

Mo·dem *das* <-s, -s> EDV *Gerät, das digitale Daten
zwischen Computern über die Telefonleitung
übertragen und von dieser empfangen kann*
Mo·de·ma·cher *der,* **Mo·de·ma·che·rin** <-s, ->
jmd., der beruflich Mode[1] entwirft
Mo·de·narr *der,* **Mo·de·när·rin** <-en, -en> *jmd.,
der sich (allzu) sehr für Mode begeistert*
Mo·den·schau *die* <-, -en> *Veranstaltung, bei der
Mode[1] präsentiert wird*
Mo·de·pup·pe *die* <-, -n> (umg. abwert.) *übertriebenen modebewusste Frau*
Mo·der *der* <-s> */kein Plur./ Faulendes, Verwe-
sendes:* Hier riecht es nach Moder.
mo·de·rat *adj* (geh.) *gemäßigt:* In dieser Frage
nimmt er eine moderate Haltung ein.
Mo·de·ra·ti·on *die* <-, -en> *der Vorgang, dass
jmd. eine Rundfunk- oder Fernsehsendung durch-
führt/ eine Diskussion leitet /mit einer Gruppe im
Unterricht arbeitet* ◆-analyse, -sarten, -seffekt,
-shilfe, -skompetenz, -smethode, -stechnik, -stipps,
-spult
Mo·de·ra·tor *die,* **Mo·de·ra·to·rin** <-s, ...-toren>
jmd., der eine Moderation macht
Mo·der·ge·ruch *der* <-(e)s, Modergerüche> *ein
fauliger Geruch*
mo·de·rie·ren *mit OBJ/ohne OBJ* ■ *jmd.* **moderiert (etwas)** *eine Sendung in Fernsehen oder
Rundfunk oder eine öffentliche Diskussion leiten:*
Wer hat die Sendung moderiert?; Die Schauspielerin moderiert auch.

mo·de·rig, mod·rig <moderiger/modriger, am
moderigsten/modrigsten> *adj nach Moder riechend:* Im Keller riecht es so modrig.
mo·dern *adj* (≈ zeitgemäß ↔ veraltet) *so, dass es
der Zeit entspricht und den neuesten Stand der
Entwicklung oder der Betrachtungsweise repräsentiert:* Er ist ein moderner Mensch mit modernen Ideen.; Moderne Kleidung muss vor allem
praktisch sein.; die moderne Form der Ernährung;

Wir arbeiten hier mit modernster Technologie.; In-
teressierst du dich für moderne Kunst?
mo·dern <moderst, moderte, hat gemodert>
ohne OBJ ■ *etwas* **modert** *faulen, verwesen*
Mo·der·ne *die* <-> */kein Plur./* ① (geh.) *die heutige Zeit und ihr Zeitgeschmack bzw. ihre Gesinnung* ② *moderne, zeitgemäße Richtung in der
Kunst:* Sie ist eine typische Vertreterin der Moderne. ◆Post-, Prä-
mo·der·ni·sie·ren I. *mit OBJ/ohne OBJ* ■ *jmd.*
modernisiert (etwas) (≈ erneuern) *bewirken,
dass etwas in seiner Anlage und seiner Gestaltung
moderner wird:* Der neue Inhaber hat den gesamten Betrieb modernisiert.; Wir wollen nächstes Jahr
modernisieren. II. *mit OBJ* ■ *jmd.* **modernisiert
etwas** (≈ aktualisieren) *auf heutige Verhältnisse
übertragen:* Der Regisseur hat den antiken Stoff behutsam modernisiert.
Mo·der·ni·sie·rung *die* <-, -en> *das Modernisieren:* Sie planen Modernisierungen/eine Moderni-
sierung der Wohnung
Mo·der·nis·mus *der* <-> */kein Plur./* ① *eine positive Haltung gegenüber allen modernen Dingen*
② REL. *liberale Strömung in der katholischen Kirche, die zu Beginn des 20. Jahrhunderts entstand*
Mo·der·ni·tät *die* <-> */kein Plur./* (geh.) *moderne
Art und Weise*
Mo·dern Jazz *der* [ˈmɔdən ˈdʒɛs] <-> */kein Plur./*
Jazzstil nach 1945
Mo·de·schau *die* <-, -en> *siehe* **Modenschau**
Mo·de·schmuck *der* <-(e)s> */kein Plur./
Schmuck, der keinen großen materiellen Wert be-
sitzt, aber modisch ist*
Mo·de·schöp·fer *der,* **Mo·de·schöp·fe·rin** <-s,
-> *jmd., der Mode[1] entwirft (und seinen Namen
und seine Ideen häufig auch für Kosmetika und
bestimmte Luxusgüter zur Verfügung stellt)*
Mo·de·tanz *der* <-es, Modetänze> *ein Tanz, der
eine Zeit lang in Mode ist*
Mo·de·wa·re *die* <-, -n> *siehe* **Modeartikel**
Mo·de·welt *die* <-> */kein Plur./ alle Personen,
die beruflich mit der Herstellung und Vermarktung von Mode zu tun haben*
Mo·de·wort *das* <-(e)s, Modewörter> *Modeaus-
druck*
Mo·de·zar *der* <-s, -en> (umg. scherzh.) *ein
sehr bekannter Modeschöpfer*
Mo·di·fi·ka·ti·on *die* <-, -en> (geh.) *Veränderung,
Anpassung*
mo·di·fi·zie·ren *mit OBJ* ■ *jmd.* **modifiziert etwas** (geh. fachspr.: ≈ umformen, abwandeln) *ver-
ändern, anpassen:* Wir sollten das Programm/die
Versuchsanordnung/den Text noch etwas modifizieren. ▶ modifizierbar
Mo·di·fi·zie·rung *die* <-, -en> (geh. fachspr.: ≈
Modifikation) *Änderung, Anpassung*
mo·disch *adj* (modern, schick) *der Mode entsprechend:* Er kleidet sich stets sehr modisch.; eine
modische Frisur
Mo·dis·tin *die* <-, -nen> *eine Frau, die beruflich
Hüte macht*
mod·rig *adj siehe* **moderig**
Mo·dul[1] *das* <-s, -e> ① (fachspr.) *austauschbares
Bauteil eines (elektronischen) Geräts oder einer*

Maschine ❷ *(fachspr.) Teil einer Weiterbildung, die aus verschiedenen Kursen besteht, die man kombinieren kann*

Mo·dul[2] *der* <-s, -n> MATH. *eine algebraische Struktur, die eine Verallgemeinerung des Vektorraums ist*

mo·du·lar *adj /nicht steig./ aus Modulen aufgebaut*

Mo·du·la·ti·on *die* <-, -en> ❶ PHYS. *Veränderung einer Schwingung* ❷ MUS. *Wechsel einer Tonart in einem Musikstück*

Mo·du·la·tor *der* <-s, ...-toren> TECHN. *Gerät zum Modulieren*[3]

mo·du·lie·ren <modulierst, modulierte, hat moduliert> *mit OBJ* ■ *jmd. moduliert etwas* ❶ *den Klang der Stimme oder Sprache zu einem bestimmten Zweck abwandeln* ❷ MUS. *die Tonart ändern* ❸ TECHN. *die Frequenz von etwas beeinflussen*

Mo·dus, Mo·dus *der* <-, Modi> ❶ *(geh.: ≈ Verfahrensweise) die Art und Weise von etwas:* Der Modus für das Einstellungsverfahren wurde geändert. ❷ SPRACHWISS. *Indikativ, Konjunktiv und Imperativ sind die drei Modi im Deutschen.* ❸ MUS. *Kirchentonart;* ■ *einen Modus vivendi finden eine gute Form des (Zusammen)lebens finden*

Mo·fa *das* <-(s), -s> *kurz für „Motorfahrrad"; eine Art einfaches Motorrad mit einem Motor niedriger Leistung* ◆-fahrer(in)

Mo·ga·di·schu <-s> *Hauptstadt von Somalia*

Mo·ge·lei *die* <-, -en> *(≈ Schummelei) harmloser Betrug; Trick*

mo·geln <mogelst, mogelte, hat gemogelt> *ohne OBJ* ■ *jmd. mogelt (bei etwas) (umg.: ≈ schummeln) bei einer Sache eine Art harmlosen Betrug machen:* Ich habe beim Kartenspielen nicht gemogelt.

Mo·gel·pa·ckung *die* <-, -en> *eine kleine Ware, die durch die Verpackung groß aussieht*

mö·gen[1] <magst, mochte, hat gemocht> I. *mit OBJ* ■ *jmd. mag jmdn./etwas* ❶ *Zuneigung empfinden:* Er mag sie.; Ich habe ihn immer gemocht. ❷ *eine Vorliebe für etwas haben:* Sie mag Rockmusik. II. *ohne OBJ* ■ *jmd. mag etwas tun wollen:* Ich mag jetzt nach Hause gehen.

mö·gen[2] <mag, mochte, hat mögen> */Hilfsverb/* ❶ *verwendet, um auszudrücken, dass etwas sein könnte oder wahrscheinlich ist, aber dass man es nicht sicher weiß:* Er mag etwa 50 Jahre alt sein.; Sie mögen sich von früher kennen. ❷ *verwendet, um auszudrücken, dass etwas durchaus der Fall sein kann, aber dass etwas anderes trotzdem geschieht:* Mag es auch noch so kalt sein, ich werde trotzdem mit dem Rad fahren. ❸ */oft im Konjunktiv Prät./ eine (eigene oder fremde) Bestimmung, einen Wunsch oder Willen ausdrückend:* Sie möchte erst noch die Arbeit beenden.; Das möchte ich ja gern sehen!; Sie sagten, wir mögen/möchten nicht auf sie warten.; Darüber mag/möchte er selbst entscheiden.

mög·lich *adj /nicht steig./* ❶ *so, dass etwas sein oder gemacht werden kann:* Wäre es möglich, dass du früher kommst?; Morgen ist es mir leichter/eher/besser möglich. ❷ *(≈ denkbar) so,*

dass man etwas Bestimmtes absehen kann: Das wäre doch ein möglicher Fall.; Seid ihr auf mögliche Schwierigkeiten vorbereitet?; Es ist möglich, dass sie schon gegangen sind.; Hier sind mehrere Lösungen möglich. ◆Großschreibung →R 3.7 Wir haben das/alles Mögliche bedacht.; Der Arzt hatte sein Möglichstes getan.; Wir sollten im Rahmen des Möglichen bleiben.; Wir haben alles Mögliche gekauft.

mög·li·cher·wei·se *adv (≈ vielleicht) so, dass es sein kann, aber dennoch ungewiss ist:* Wir haben möglicherweise Glück.; Möglicherweise war ein technischer Defekt an dem Unfall schuld.

Mög·lich·keit *die* <-, -en> ❶ *(≈ Chance, Gelegenheit) etwas, das man tun oder erreichen kann* ◆Aufstiegs-, Erholungs-, Verdienst- ❷ *(≈ Eventualität) der Umstand, dass etwas geschehen kann:* Es besteht die Möglichkeit, dass wir bei dem schlechten Wetter nicht fahren können.

Mög·lich·keits·form *die* <-, -en> SPRACHWISS. *Konjunktiv*

mög·lichst *adv* ❶ *so sehr wie möglich:* Sie sollten versuchen, den Täter möglichst genau zu beschreiben.; Die Tüte sollte möglichst groß sein. ❷ *wenn möglich:* Ich brauche das Buch möglichst heute noch.

Mo·gul, Mo·gul *der* <-s, -n> *Herrscher eines indischen Herrscherhauses*

Mo·hair *der siehe* **Mohär**

Mo·ham·med <-s> */kein Plur./ Prophet im Islam*

Mo·ham·me·da·ner *der*, **Mo·ham·me·da·ne·rin** <-s, -> *(veralt.: ≈ Moslem) jmd., der mohammedanischen Glaubens ist*

mo·ham·me·da·nisch *adj /nicht steig./ (≈ moslemisch) dem mohammedanischen Glauben zugehörig*

Mo·här, a. Mo·hair *der* <-s, -e> ❶ *Wolle der Angoraziege* ❷ *Stoff aus Mohär*

Mo·hi·ka·ner *der* <-s, -> *Angehöriger eines ausgestorbenen Indianerstammes;* ■ *der letzte Mohikaner (umg. scherzh.) jmd., der als einziger von vielen übrig geblieben ist*

Mohn *der* <-(e)s> */kein Plur./* ❶ *eine Blume mit roten Blättern* ❷ *die Samen des Mohns*[1]

Mohn·blu·me *die* <-, -n> *der Mohn*[1]

Mohn·ku·chen *der* <-s, -> *Kuchen mit Mohn*[2]

Mohn·zopf *der* <-(e)s, Mohnzöpfe> *Gebäck aus Hefeteig, das mit Mohn bestreut wird*

Mohr *der* <-s, -en> *(veralt.: nur noch in historischem Kontext und bestimmten Wendungen) dunkelhäutiger Afrikaner*

Möh·re *die* <-, -n> *(≈ Karotte, gelbe Rübe) ein Wurzelgemüse, dessen längliche, orangefarbenen Früchte man als Gemüse oder Salat isst*

Mohr·rü·be *die* <-, -n> NORDDT. *Möhre*

mo·kant *adj (geh.) spöttisch, abfällig:* ein mokantes Lächeln

Mo·kas·sin, Mo·kas·sin *der* <-s, -s/-e> *weicher Lederschuh*

Mo·kick *das* <-(s), -s> *Kurzwort aus „Moped" und „Kickstarter"; ein Kleinkraftrad*

mo·kie·ren *mit SICH* ■ *jmd. mokiert sich (über jmdn./etwas) (geh.) sich über etwas abfällig oder* *spöttisch äußern:* Sie mokierte sich über seinen neuen Anzug.

Mọk·ka *der* <-s, -s> ❶ *eine besonders kräftig schmeckende Kaffeesorte* ❷ *aus Mokka¹ zubereiteter Kaffee:* Ich hätte gern ein Tässchen Mokka.

Mol *das* <-s, -e> CHEM. *Kurzform von „Molekulargewicht"*

Mọlch *der* <-(e)s, -e> *kleine Amphibie, die im Wasser lebt:* Im Gartenteich sind auch Molche.

Mọl·dau¹ *die* <-> *Nebenfluss der Elbe:* Prag liegt an der Moldau

Mọl·dau² *siehe* **Moldova**

Mọl·da·wi·en <-s> *siehe* **Moldova**

Mọl·da·wi·er *der,* **Mọl·da·wi·e·rin** <-s, -> *jmd., der die moldawische Staatsbürgerschaft hat* ▶ moldawisch

Mọl·do·va <-s> *Republik Moldova/Republik Moldau, ein Binnenstaat in Südosteuropa*

Mọ·le *die* <-, -n> *(≈ Kai) Damm in einem Hafen*

Mọ·le·kül *das* <-s, -e> *kleinste Einheit einer chemischen Verbindung, die aus verschiedenen Atomen besteht*

mo·le·ku·lar *adj /nicht steig./* CHEM. *die Moleküle betreffend*

Mo·le·ku·lar·bio·lo·gie *die* <-> */kein Plur./ Zweig der Biologie, der sich mit den Vorgängen auf molekularer Ebene befasst* ▶ Molekularbiologe, Molekularbiologin, molekularbiologisch

Mo·le·ku·lar·ge·wicht *das* <-(e)s, -e> CHEM. *die aus der Summe der Gewichte aller ein Molekül ausmachenden Atome errechnete Vergleichszahl*

Mọl·ke *die* <-> */kein Plur./ bei der Käse- oder Quarkproduktion entstehende Flüssigkeit*

Mọl·ke·rei *die* <-, -en> *Betrieb, in dem Milch verarbeitet wird:* In dieser Molkerei wird vorwiegend Käse produziert.

Mọl·ke·rei·pro·dukt *das* <-(e)s, -e> *Käse und Quark sind Molkereiprodukte.*

Mọll *das* <-> */kein Plur./* MUS. *(↔ Dur) Tonart, die vom zweiten zum dritten Ton einen Halbton hat* ◆-kadenz, -tonart, -tonleiter

mọl·lig *adj* ❶ *rundlich, vollschlank:* Sie ist etwas mollig geworden. ❷ *behaglich:* Hier ist es mollig warm.

Mọl·lus·ke *die* <-, -n> */selten im Sing./* BIOL. *wirbelloses Tier*

Mọ·lo·tow·cock·tail, *a.* **Mọ·lo·tow-Cock·tail** *der* <-s, -s> *mit Benzin gefüllte Flasche, die wie eine Handgranate geworfen wird und explodiert; benannt nach dem sowjetischen Außenminister W. M. Molotow*

Mọl·ton *der* <-s, -s> *ein Baumwollgewebe*

Mo·lụk·ken <-> *Plur. eine indonesische Inselgruppe*

Mo·mẹnt¹ *der* <-(e)s, -e> ❶ *kurze Zeitspanne:* Hast du einen Moment Zeit? ❷ *bestimmter Zeitpunkt:* Ich bin im Moment beschäftigt.; Wir haben scheinbar den richtigen Moment verpasst.

Mo·mẹnt² *das* <-(e)s, -e> *(≈ Faktor) Gesichtspunkt, Element:* Das entscheidende Moment dabei ist doch, dass …; Ihr Einwand brachte ein künstlerisches/philosophisches Moment in die Debatte. ◆Dreh-, Gefahren-, Überraschungs-, Verdachts-

mo·men·tan *adj /nicht steig./* ❶ *kurz, vorüberge-*

hend: eine momentane Situation/Krise ❷ *(≈ gegenwärtig) jetzt:* Er ist momentan verreist.

Mo·mẹnt·auf·nah·me *die* <-, -en> ❶ FOTOGR. *(≈ Schnappschuss) eine fotografische Aufnahme mit sehr kurzer Belichtungszeit:* Auf der Ausstellung des Fotografen konnten wir sehr gelungene Momentaufnahmen sehen. ❷ *(übertr.) Betrachtung und Schilderung einer Situation in einem bestimmten Moment¹:* eine Momentaufnahme der aktuellen wirtschaftlichen Situation

Mo·na·co <-s> *ein Fürstentum am Mittelmeer*

Mo·n·arch *der,* **Mo·n·ar·chin** <-en, -en> *(≈ Herrscher) gekrönter König oder Kaiser*

Mo·n·ar·chie *die* <-, …-chien> ❶ */kein Plur./ Staatsform, an deren Spitze ein Monarch steht* ❷ *Staat, in dem ein Monarch herrscht*

mo·n·ar·chisch *adj* ❶ *auf die Monarchie bezogen* ❷ *auf einen Monarchen bezogen*

Mo·n·ar·chist *der,* **Mo·n·ar·chis·tin** <-en, -en> *Anhänger der Monarchie*

Mo·nat *der* <-(e)s, -e> *einer der zwölf Teile des Jahres:* Sie waren mehrere/drei Monate lang fort.; in den Monaten März und April ◆-sanfang, -sbeginn, -sende, -sgehalt, -shälfte, -slohn, -smiete, -smitte, -sname, -sverdienst, -szeitschrift, Ernte-, Frühlings-, Herbst-, Kalender-, Sommer-, Winter-

mo·na·te·lang *adv* *so, dass es mehrere Monate dauert:* Sie mussten monatelang auf den Bescheid warten.

-mo·na·tig *einige Monate dauernd oder alt:* ein mehrmonatiger Urlaub, ein dreimonatiges Kind ◆ein-, zwei-, drei- …

mo·nat·lich *adj /nicht steig./ jeden Monat erfolgend:* Die Beiträge werden monatlich abgebucht.

Mo·nats·ab·schluss *der* <-es, Monatsabschlüsse> WIRTSCH. *Abrechnung eines Geschäfts am Ende eines Monats*

Mo·nats·bei·trag *der* <-(e)s, Monatsbeiträge> *Geldbetrag, der pro Monat für etwas gezahlt werden muss:* Ich habe den Monatsbeitrag für den Sportverein überwiesen.

Mo·nats·be·zü·ge <-> *Plur. siehe* **Monatslohn**

Mo·nats·bin·de *die* <-, -n> *eine Zellstoffbinde für die Monatsblutung*

Mo·nats·blu·tung *die* <-, -en> *Menstruation*

Mo·nats·durch·schnitt *der* <-(e)s, -e> *Durchschnitt von etwas, der auf den Zeitraum eines Monats berechnet wurde*

Mo·nats·frist ■ *in/innerhalb/binnen Monatsfrist im Zeitraum eines Monats*

Mo·nats·kar·te *die* <-, -n> *Fahrausweis, der einen Monat lang gültig ist:* Ich habe mir für den Bus eine Monatskarte gekauft.

Mo·nats·letz·te *der* <-n, -n> *der letzte Tag eines Monats*

Mo·nats·lohn *der* <-(e)s, Monatslöhne> *der Lohn, den ein Arbeitnehmer jeden Monat von seinem Arbeitgeber bekommt*

Mo·nats·ra·te *die* <-, -n> *pro Monat gezahlte Rate*

Mo·nats·um·satz *der* <-es, Monatsumsätze> *pro Monat erzielter Umsatz*

Mönch *der* <-(e)s, -e> REL. *Mitglied eines geistlichen Ordens für Männer* ◆-sgewand, -skloster,

M

-skutte, -swesen, Bettel-, Dominikaner-, Franziska-ner-, Wander- ▸ **Mönchstum**

mön·chisch *adj /nicht steig./* ❶ *auf einen Mönch bezogen* ❷ *wie ein Mönch:* mit mönchischer Strenge, ein mönchischer Lebensstil

Mönchs·or·den *der* <-s, -> REL. *ein Männerorden*

Mönchs·zel·le *die* <-, -n> REL. *Zimmer, in dem ein Mönch im Kloster wohnt*

Mond *der* <-(e)s, -e> ❶ *der die Erde umkreisende Himmelskörper:* Der Mond ist aufgegangen.; abnehmender/zunehmender Mond; Der Mond beeinflusst Ebbe und Flut. ◆-fähre, -flug, -gestein, -krater, -landefähre, -landung, -licht, -nacht, -oberfläche, -phase, -rakete, -sonde, -umlaufbahn, Halb-, Neu-, Voll- ❷ *Trabant ¹:* Wie heißen die Monde des Jupiter?; ■**jemanden auf den/zum Mond schießen können/mögen** *(umg.) auf jmdn. sehr wütend sein;* ■**auf/hinter dem Mond leben** *(umg. abwert.) hinter der Zeit leben; von neueren Entwicklungen nichts wissen*

Mon·da·min® *das* <-(e)s> */kein Plur./ Stärkemehl aus Mais*

mon·dän *adj (≈ exklusiv, nobel) auffallend elegant*

Mond·au·to *das* <-s, -s> *ein Fahrzeug, das Astronauten bei Mondlandungen benutzen*

Mond·bahn *die* <-, -en> ASTRON. ❶ *die Strecke, die der Mond ¹ beim Kreisen um die Erde durchläuft* ❷ *die Strecke, die ein Mond² beim Kreisen um einen Planeten durchläuft*

mond·be·schie·nen *adj /nicht steig./ (dichter.) vom Licht des Mondes beschienen*

Mond·fins·ter·nis *die* <-> */kein Plur./* ASTRON. *die Verfinsterung des (vollen) Mondes, weil dieser in den Schatten der Erde tritt*

mond·hell *adj /nicht steig./ hell vom Licht des Mondes:* Die Nacht war mondhell.

Mond·kalb *das* <-(e)s, Mondkälber> *(übertr. umg. abwert.) dummer Mensch*

Mond·land·schaft *die* <-, -en> *relativ öde, von Kratern zerfurchte Landschaft*

Mond·preis *der* <-es, -e> *(umg. abwert.) überhöhter Preis:* So ein Wucher! Mondpreise sind das hier!

Mond·schein *der* <-(e)s> */kein Plur./* ❶ *(≈ Mondlicht) die Helligkeit, die vom Mond ausgeht:* Bei Mondschein kann ich nicht lesen. ❷ *der Anblick des Mondes in der Nacht:* bei Mondschein spazieren gehen

Mond·si·chel *die* <-, -n> *der schmale Streifen, als den man den Mond sieht, wenn nicht Vollmond oder Neumond ist*

Mond·süch·ti·ge *die* <-n, -n> *jmd., der an Schlafwandeln leidet* ▸ mondsüchtig

Mo·ne·gas·se *der,* **Mo·ne·gas·sin** <-n, -n> *Einwohner von Monaco* ▸ monegassisch

Mo·nem *das* <-s, -e> SPRACHWISS. *kleinste sprachliche Einheit, die eine sprachliche Bedeutung besitzt, als gemeinsame Bezeichnung für Lexem und Morphem*

mo·ne·tär *adj das Geld betreffend:* Um die monetäre Situation (des Betriebs/des Landes) ist es schlecht bestellt.

Mo·ne·ta·ris·mus *der* <-, Monetarismen> WIRTSCH. *eine Volkswirtschaftslehre*

Mo·ne·ten <-> *Plur. (umg.) Bargeld*

Mon·go·le *der,* **Mon·go·lin** <-n, -n> *Angehöriger einer Völkergruppe in Zentralasien* ▸ mongolisch, Mongolisch

Mon·go·lei *die* <-> */kein Plur./ ein Gebiet in Zentralasien*

Mon·go·lis·mus *der* <-> */kein Plur./ (abwert. umg.: ≈ Downsyndrom) heute als abwertend angesehene Bezeichnung für eine Krankheit, die durch eine Chromosomenstörung verursacht wird; Downsyndrom*

mon·go·lo·id *adj /nicht steig./ (umg. abwert.) mit den Merkmalen des Downsyndroms*

mo·nie·ren *mit OBJ* ■**jmd. moniert etwas** *(geh.: ≈ bemängeln) beanstanden:* Hast du die Mängel nicht moniert?

Mo·nis·mus *der* <-> */kein Plur./ philosophische Lehre, die jede Erscheinung/alles Seiende auf ein einheitliches Grundprinzip zurückführt*

Mo·ni·tor *der* <-s, -en> *Bildschirm (zum Beispiel beim Fernseher, Computer)* ◆-überwachung, Computer-, Farb-, Flachbild-

Mo·no- *(↔ Poly-) als Erstglied zusammengesetzter Substantive; drückt aus, dass das mit dem Zweitglied Bezeichnete einzig und allein gilt/vorhanden ist bzw. aus bloß einem Element besteht* ◆-fonie, -struktur, -theist(in), -zelle

mo·no- *(↔ poly-) als Erstglied zusammengesetzter Adjektive; drückt aus, dass das mit dem Zweitglied Bezeichnete einzig und allein gilt/vorhanden ist bzw. aus bloß einem Element besteht* ◆-fon, -kausal

mo·no·chrom <nicht steig> *adj (↔ polychrom) einfarbig*

Mo·no·ga·mie *die* <-> */kein Plur./ (≈ Polygamie) Zusammenleben mit nur einem Geschlechtspartner*

Mo·no·gra·fie *die siehe* **Monographie**

Mo·no·gramm *das* <-s, -e> *Anfangsbuchstaben von Vor- und Familienname, die zusammen ein Zeichen bilden:* Er hat nur Handtücher mit seinem Monogramm.

Mo·no·gra·phie, *a.* **Mo·no·gra·fie** *die* <-, ...-phien/...-fien> *(wissenschaftliche) Abhandlung über einen einzelnen Gegenstand bzw. ein Thema:* Ich lese gerade eine Monographie über Max Frisch.

mo·no·ku·lar <nicht steig> *adj (fachspr.: ↔ binokular) mit nur einem und nicht mit beiden Augen*

Mo·no·kul·tur, **Mo·no·kul·tur** *die* <-, -en> LANDW. *(↔ Mischkultur) Anbau von immer nur einer Art von Pflanzen auf einem Feld*

Mo·no·lith, **Mo·no·lith** *der* <-s/-en, -e(n)> *aus einem Stein gemeißelte Säule* ▸ monolithisch

Mo·no·log *der* <-(e)s, -e> LIT., THEAT. *(≈ Selbstgespräch ↔ Dialog) von einem Schauspieler gesprochene Worte, welche nicht an eine andere Person auf der Bühne gerichtet sind:* Der Schauspieler hatte für das Vorsprechen den Monolog Hamlets gewählt. ▸ monologisch

mo·no·lo·gi·sie·ren <monologisierst, monologisierte, hat monologisiert> *ohne OBJ* ■**jmd. monologisiert** *(in einem Gespräch) längere Zeit al-*

leine sprechen: Ich komme gar nicht zu Wort, weil sie dauernd monologisert.

mo·no·man *adj* ❶PSYCH., MED. *an Monomanie erkrankt (mit fixen Ideen)* ❷*(umg.) nur noch an einer einzigen Sache interessiert:* Er ist durch seine lange Arbeit an dem Buch richtig monoman geworden.

Mo·no·ma·nie *die* <-, ...-nien> PSYCH., MED. *Erkrankung, bei der die Patienten wahnhaft auf eine einzige Vorstellung ausgerichtet sind*

Mo·no·ph·thong *der* <-s, -e> SPRACHWISS. *(↔ Diphthong) ein einfacher Vokal:* „U" ist ein Monophthong, „AU" ist ein Diphthong.

Mo·no·pol *das* <-s, -e> *das absolute Vorrecht/Alleinrecht in Bereichen der Wirtschaft und der staatlichen Machtbefugnisse, bezogen auf Waren und die Bereitstellung von Dienstleistungen:* Der Konzern hatte ein Monopol errichtet.; das staatliche Monopol zur Durchführung von Wetten, Lotterien und öffentlich zugänglichen Glücksspielen um Vermögenswerte ◆-inhaber, -kapitalismus, Bildungs-, Handels-, Informations-, Staats-, Steuer-, Wirtschafts-

mo·no·po·li·sie·ren <monopolisierst, monopolisierte, hat monopolisiert> *mit OBJ* ▪ *jmd.* **monopolisiert etwas** WIRTSCH. *zu einem Monopol zusammenschließen*

Mo·no·po·li·sie·rung *die* <-, -en> WIRTSCH. *Entwicklung eines Monopols*

Mo·no·pol·stel·lung *die* <-, -en> WIRTSCH. *Vormachtstellung*

Mo·no·po·ly® *das* <-> */kein Plur./ ein Gesellschaftsspiel*

Mo·no·se·mie·rung *die* <-> */kein Plur./* SPRACH-WISS. *die Realisierung einer einzigen Bedeutung von sprachlichen Einheiten im Kotext bzw. Kontext, welche auf der Ebene des Sprachsystems (der Regeln) mehrdeutig sind* ▸ monosem *siehe auch* **Mehrdeutigkeit**

Mo·no·the·is·mus *der* <-> */kein Plur./* REL. *(≈ Polytheismus) Glaube an einen einzigen Gott* ▸ Monotheist, monotheistisch

mo·no·ton *adj (≈ eintönig, stumpfsinnig, langweilig) gleichförmig, ohne Abwechslung und deshalb ermüdend:* Die Arbeit der letzten Wochen war ziemlich monoton.

Mo·no·to·nie *die* <-, ...-nien> */kein Plur./ Eintönigkeit*

Mo·no·type® *die* ['mɔnoteip] <-, -s> DRUCKW. *Setzmaschine für einzelne Buchstaben*

Mo·n·o·xid *das* <-s, -e> CHEM. *(↔ Dioxid) eine Art von chemischer Verbindung* ◆Kohlen-

Mons·ter *das* <-s, -> *(≈ Monstrum) ein Fantasiewesen in der Gestalt eines schrecklichen Ungeheuers* ◆-film, Film-, Riesen-

Mons·ter- <-s, -> *(≈ Mammut-, Riesen- ↔ Mini-) als Erstglied zusammengesetzter Substantive; drückt aus, dass das mit dem Zweitglied Bezeichnete riesigen/erschreckenden Ausmaßen ist* ◆-anlage, -bagger, -bau, -insekten, -konzert, -programm, -prozess, -truck, -welle

Mons·t·ranz *die* <-, -en> REL. *reich verziertes, kostbares Gefäß für eine geweihte Hostie im katholischen Ritus*

mons·t·rös *adj* ❶*in der Art eines Monsters:* In dem Zeichentrickfilm gab es allerlei monströse Wesen. ❷*sehr groß, aber nicht schön:* Ich kann diesem monströsen Bauwerk nichts abgewinnen.

Mons·t·rum *das* <-s, Monstren/Monstra> ❶*Monster* ❷*jmd., der schrecklich und grausam ist:* Der verurteilte Mörder ist ein wahres Monstrum. ❸*von gewaltigen Ausmaßen, aber nicht schön:* Dieses Monstrum von Schrank kommt mir nicht in die Wohnung!

Mon·sun *der* <-s, -e> GEOGR. *jahreszeitlich wechselnder Wind in Asien*

Mon·sun·re·gen *der* <-s> GEOGR. *durch den Monsun verursachter, sehr starker Regen*

Mon·tag *der* <-(e)s, -e> *der erste Tag der Woche* ◆Zusammenschreibung →R 4.1 Montagabend; Montagmittag; Montagmorgen; Montagnacht

Mon·ta·ge *die* [mɔn'ta:ʒə] <-, -n> ❶*(≈ Aufbau, Installation) Aufstellen und Zusammenbau von Maschinen und technischen Geräten;* ▪ **auf Montage sein** *beruflich als Monteur unterwegs sein* Ihr Mann ist auf Montage in Südamerika. ◆-abteilung, -anleitung, -bau, -halle, -kosten, -teil, Fahrzeug-, Heizungs- ❷*(fachspr.) die Technik, einen Film, ein Bild oder einen Text aus Einzelteilen unterschiedlicher Herkunft zusammenzufügen* ◆-technik, Bild-, Foto-

Mon·ta·ge·band *das* [mɔn'ta:ʒə...] <-(e)s, Montagebänder> *Fließband*

Mon·ta·ge·tech·nik *die* [mɔn'ta:ʒə...] <-, -en> KUNST., LIT. *ein künstlerisches Verfahren, bei dem Teile nebeneinandergesetzt werden*

mon·tä·gig *adj /nicht steig./ so, dass etwas an einem Montag stattfindet*

mon·täg·lich *adj /nicht steig./ so, dass etwas jeden Montag stattfindet*

Mon·tag·mit·tag *der* <-(e)s, -e> *Mittag eines (jeden) Montags*

mon·tags *adv an jedem Montag*

Mon·tag·vor·mit·tag *der* <-(e)s, -e> *Vormittag eines (jeden) Montags*

mon·tan *adj /nicht steig./ (fachspr.) den Bergbau oder das Hüttenwesen betreffend, dazu gehörend*

Mon·tan·in·dus·t·rie *die* <-> */kein Plur./ die Industrie des Bergbaus und des Hüttenwesens*

Mon·tan·uni·on *die* <-> *Europäische Gemeinschaft für Kohle und Stahl*

Mont·blanc *der* [mõ'blã] <-(s)> */kein Plur./ höchster Berg der Alpen*

Mon·teur *der;* **Mon·teu·rin** [mɔn'tø:ɐ̯] <-s, -e> *jmd., der beruflich Maschinen aufstellt, zusammenbaut* ▸ Montage

mon·tie·ren *mit OBJ* ❶▪ *jmd. montiert etwas aus Einzelteilen zusammenbauen:* Er montiert Computer im Fabrik.; Ich habe die neue Geschirrspülmaschine schon montiert. ❷▪ *jmd. montiert etwas (an etwas Akk.) befestigen:* Er montiert gerade den Hängeschrank an die Wand.

Mon·tur *die* <-, -en> ❶*(veralt.) Arbeitskleidung, Uniform* ❷*Kleidung, die man zu bestimmten praktischen Zwecken trägt:* Die Motorradfahrer kamen in voller Montur in das Lokal.

Mo·nu·ment *das* <-(e)s, -e> *großes oder großartiges Denkmal*

M

mo·nu·men·tal *adj (geh.: ≈ gewaltig, kolossal, mächtig) in der Art eines Monuments:* Der Künstler hatte eine monumentale Statue geschaffen. ◆ Monumentalstatue, Monumentalwerk

Mo·nu·men·tal·bau *der* <-s, -ten> *ein sehr großes, beeindruckendes Bauwerk*

Moor *das* <-(e)s, -e> *(≈ Sumpf) sumpfartiges Gelände mit sehr feuchtem, weichem Boden:* Man hatte das Moor trockengelegt.; Vorsicht, hier kann man im Moor versinken!

Moor·bad *das* <-(e)s, Moorbäder> MED. *das Baden in Moorschlamm zu Heilzwecken*

Moor·huhn *das* <-(e)s, Moorhühner> *skandinavische Hühnerart*

moo·rig *adj /nicht steig./ zum Moor gehörig:* eine moorige Gegend

Moos *das* <-es, -e> ❶ *eine Pflanzenart, die sich besonders an Steinen und Baumstämmen, aber auch auf Wiesen findet* ❷ *(umg.) (nur Sing.) Geld*

moos·ar·tig *adj /nicht steig./ so, dass es Moos² ähnelt*

moos·be·deckt *adj /nicht steig./ mit Moos² bedeckt:* Die Steine waren moosbedeckt.

moosbe·wach·sen *adj /nicht steig./ moosbedeckt*

moos·grün *adj /nicht steig./ grün wie Moos²*

Mo·ped *das* <-s, -s> *(≈ Motorrad) Kurzwort aus „Motorrad" und „Pedal"; ein Kleinkraftrad*

Mopp *der* <-s, -s> *ein Staubbesen*

mop·pen *mit OBJ* ■ *jmd. moppt etwas* mit dem Mopp putzen: *den Boden moppen*

Mops *der* <-es, Möpse> ❶ *eine Hunderasse* ❷ *(umg.) eine dicke kleinere Person:* Dein Sohn ist ein richtig frecher Mops. ❸ */kein Sing./ (umg.) Geld* ❹ */kein Sing./ (vulg.: ≈ Titten) die weiblichen Brüste*

mop·sen <mopst, mopste, hat gemopst> *mit OBJ* ■ *jmd. mopst jmdm. etwas (umg.: ≈ klauen) eine Kleinigkeit stehlen:* Wer hat mir meine Schokolade gemopst?

mops·fi·del *adj /nicht steig./ (umg.) sehr fröhlich, heiter*

Mo·ral *die* <-> */kein Plur./* ❶ *(≈ Ethik, veralt. Sittlichkeit) aus kultureller und religiöser Erfahrung gebildetes Regel-, Normen- und Wertesystem, das in einer Gesellschaft als Verhaltensmaßstab betrachtet wird* ◆ Arbeits-, Sexual- ❷ *das sittliche Empfinden eines Einzelnen, einer Gruppe:* Das ist doch eine doppelte Moral. ❸ *Disziplin:* Die Moral der Mannschaft ist ungebrochen. ▸ demoralisieren ◆ Zahlungs- ❹ *eine Lehre, die aus etwas gezogen werden kann:* Was ist also die Moral dieser Geschichte?

Mo·ral·be·griff *der* <-(e)s, -e> *Auffassung von Moral eines Individuums oder einer gesellschaftlichen Gruppe*

mo·ra·lisch *adj* ❶ *auf die Moral¹ bezogen:* Sie hatte moralische Bedenken.; Das führte schließlich zum moralischen Niedergang dieser Kultur. ❷ *(≈ anständig, rechtschaffen) auf die Moral² bezogen:* Sie führt einen moralischen Lebenswandel. ❸ *Die moralische Einstellung des Spielers ist gut.*

Mo·ral·phi·lo·so·phie *die* <-> *(≈ Ethik)*

Mo·ral·pre·digt *die* <-, -en> *(oft abwert.)* Meine Mutter hat mir schon wieder eine Moralpredigt gehalten

Mo·ral·the·o·lo·gie *die* <-> *theologische Ethik*

Mo·rä·ne *die* <-, -n> GEOGR. *Ablagerungen von Gesteinsschutt, die aus der Eiszeit stammen*

Mo·rast *der* <-(e)s, -e/Moräste> *sumpfiger, schlammiger Boden:* Das Motorrad blieb im Morast stecken.

mo·ras·tig *adj voller Morast*

mor·bid *adj (geh.)* ❶ *kränklich:* eine morbide Blässe im Gesicht ❷ *(≈ dekadent) im (moralischen) Verfall:* Zu diesem Zeitpunkt herrschten bereits morbide gesellschaftliche Verhältnisse.

Mor·bi·di·tät *die* <-> ❶ *(geh.) morbide Art und Weise* ❷ MED. */kein Plur./ Häufigkeit von Krankheiten in einer Bevölkerung*

Mor·chel *die* <-, -n> *ein Speisepilz*

Mord *der* <-(e)s, -e> *der Vorgang, dass jmd. aus bösem Vorsatz einen Menschen tötet:* Der Angeklagte hat den Mord begangen/ist des Mordes überführt.; Das war ein brutaler/feiger/kaltblütiger Mord.; ■ **Mord und Totschlag** *(umg.) lauter Streit* Bei den Nachbarn war wieder Mord und Totschlag. ◆ -anklage, -anschlag, -drohung, -gedanke, -nacht, -plan, -prozess, -verdacht, -versuch, -waffe, Doppel-, Gatten-, Kindes-, Massen-, Raub-, Selbst-, Sexual-, Völker-

mor·den I. *mit OBJ* ■ *jmd. mordet jmdn. (selten: ≈ ermorden, umbringen)* Er mordete jeden, der sich ihm in den Weg stellte. **II.** *ohne OBJ* ■ *jmd. mordet* Er hat aus Neid/Rache gemordet.

Mör·der *der,* **Mör·de·rin** *<-s, -> (≈ umg. Killer) jmd., der einen Mord begangen hat*

Mör·der·ban·de *die* <-, -n> *eine Gruppe von Leuten, die gemeinsam morden*

mör·de·risch *adj* ❶ *so, dass es auf Leben und Tod geführt ist:* Es war ein mörderischer Kampf. ❷ *(umg.: ≈ unerträglich) in hohem Maße unangenehm:* Wir hatten eine mörderische Hitze.

Mord·fall *der* <-(e)s, Mordfälle> *der Sachverhalt, dass ein Mord geschehen ist und die Polizei den Fall bearbeitet:* Die Polizei konnte den Mordfall aufklären.

Mord·kom·mis·si·on *die* <-, -en> *Einheit der Kriminalpolizei, die Mordfälle aufklärt*

Mords- *(umg.) als Erstglied zusammengesetzter Substantive, mit Betonung auf beiden Teilen* ❶ *drückt aus, dass das mit dem Zweitglied Bezeichnete sehr ausgeprägt/intensiv ist* ◆ -angst, -arbeit, -aussicht, -ding, -durst, -freude, -gaudi, -geschrei, -glück, -hunger, -kälte, -lärm, -rausch, -schreck(en), -spaß, -spektakel, -stimmung, -wut ❷ *drückt aus, dass das mit dem Zweitglied Bezeichnete großen Eindruck macht* ◆ -aussicht, -auto, -ding, -geschäft, -idee

mords- *(umg.) als Erstglied zusammengesetzter Adjektive, mit Betonung auf beiden Teilen; drückt aus, dass das mit dem Zweitglied Bezeichnete sehr ausgeprägt/intensiv ist* ◆ -durstig, -gefährlich, -langweilig, -wenig

Mord·sa·che *die* <-, -n> *siehe* **Mordfall**

Mords·kerl *der* <-s, -e> *(umg.)* ❶ *ein sehr tüchtiger, anständiger Mann:* Ich mag ihn gern – er ist einfach ein Mordskerl. ❷ *ein Mann von sehr kräftiger Gestalt:* Dieser Boxer ist ein Mordskerl.

Mords·krach *der* <-(e)s> /kein Plur./ *(umg.)* ❶ *großer Krach* ❷ *heftiger Streit*

mords·mä·ßig *adj /nicht steig./ (umg.)* ❶ *sehr groß, sehr stark:* Ich hatte einen mordsmäßigen Durst/Hunger. ❷ *sehr:* Es war mordsmäßig laut.

Mo·rel·le *die* <-, -n> *eine Kirschenart* ◆ Schatten-

Mo·res ■ **jemanden Mores lehren** *(umg.)* jmdm. sehr deutlich die Meinung sagen

mor·gen *adv* ❶ *(↔ gestern) am folgenden, nächsten Tag:* Wir wollten sie morgen Abend/Mittag/Nachmittag besuchen.; Sie ist gestern gekommen, bleibt heute und morgen, und fährt übermorgen weiter. ◆ **über-** ❷ ■ **Das ist … von morgen.** *(↔ heute) das ist … in der Zukunft* Das ist das Auto/die Technik von morgen.

Mor·gen[1] *der* <-s, -> *(≈ Frühe ↔ Abend) die Tageszeit am Beginn des Tages:* Es war ein heiterer/strahlender Morgen.; Ich habe sie heute Morgen gesehen.; Ich muss früh am Morgen aufstehen. ◆ -gebet, -gymnastik, -kaffee, -toilette, -zeitung

Mor·gen[2] *der* <-s, -> *ein Flächenmaß:* Ein Morgen Land hat etwa 3000 Quadratmeter.

Mor·gen·an·dacht *die* <-, -en> *kurzer Gottesdienst am Morgen*

Mor·gen·aus·ga·be *die* <-, -n> *(↔ Abendausgabe) die Ausgabe einer Zeitung, die am Morgen erscheint:* Ich kaufe mir nur noch die Morgenausgabe (der Zeitung).

Mor·gen·däm·me·rung *die* <-> *(↔ Abenddämmerung) Dämmerung bei Tagesbeginn*

mor·gend·lich *adj /nicht steig./ (↔ abendlich) jeden Morgen*[1]: das morgendliche Duschen; Wir fahren, sobald sich der morgendliche Berufsverkehr aufgelöst hat.

Mor·gen·es·sen *das* <-s, -> SCHWEIZ. *Frühstück*

Mor·gen·ga·be *die* <-, -n> *(veralt.) ein Geschenk, das ein Mann seiner Frau nach der Hochzeitsnacht macht*

Mor·gen·grau·en *das* <-s, -> *(≈ Morgendämmerung)* Im Morgengrauen beginnen die Vögel zu singen.

Mor·gen·land *das* <-(e)s> /kein Plur./ *(veralt.: ↔ Abendland) der Orient* ▶ morgenländisch

Mor·gen·luft *die* ■ **Morgenluft wittern** *(umg.)* eine gute Chance auf Erfolg sehen und deshalb aktiv werden

Mor·gen·man·tel *der* <-s, Morgenmäntel> *ein leichter, bequemer Hausmantel*

Mor·gen·muf·fel *der* <-s, -> *(umg.)* eine Person, die morgens regelmäßig nicht gut gelaunt ist

Mor·gen·post *die* <-> /kein Plur./ *Post, die am Morgen zugeteilt wird*

Mor·gen·rock *der* <-(e)s, Morgenröcke> *Morgenmantel*

Mor·gen·rot *das* <-(e)s> /kein Plur./ *(↔ Abendrot) die rote Färbung des Himmels bei Sonnenaufgang*

mor·gens *adv (↔ abends) am Morgen*

Mor·gen·stern *der* <-(e)s, -e> ❶ /kein Plur./ *(≈ Abendstern, Venus) der am Morgen sehr hell leuchtende Planet Venus* ❷ *eine mittelalterliche*

Schlagwaffe, die aus einem Handgriff und einer gezackten Metallkugel besteht

Mor·gen·tau *der* <-(e)s> /kein Plur./ *morgendlicher Niederschlag*

Mor·gen·zug *der* <-(e)s, Morgenzüge> *ein Eisenbahnzug, der morgens fährt:* Um rechtzeitig anzukommen, habe ich den Morgenzug genommen.

mor·gig *adj (↔ gestrig) am nächsten Tag:* Der morgige Ausflug wird sehr anstrengend.

Mo·ri·tat *die* <-, -en> *ein schauriges Bänkelsängerlied*

Mor·mo·ne *der,* **Mor·mo·nin** <-n, -n> *Mitglied einer amerikanischen Sekte*

Mor·phem *das* <-s, -e> SPRACHWISS. *die kleinste Einheit der Sprache mit lexikalischer oder grammatischer Bedeutung (im Unterschied zum Phonem, das nur bedeutungsunterscheidend ist)*

Mor·phi·nis·mus *der* <-> /kein Plur./ MED. *Abhängigkeit von Morphium*

Mor·phi·um *das* <-s> /kein Plur./ *ein Rauschgift aus Opium, mit dem in der Medizin Schmerzen behandelt werden*

mor·phi·um·süch·tig *adj /nicht steig./ abhängig von Morphium*

Mor·pho·lo·gie *die* <-> /kein Plur./ ❶ BIOL. *Wissenschaft vom Bau und von der Organisation der Lebewesen und ihrer Bestandteile* ❷ SPRACHWISS. *Wortbildungs- und Formenlehre* ▶ morphologisch

morsch *adj (von Holz) brüchig:* Vorsicht, die Holzbrücke ist schon etwas morsch!

Mor·se·al·pha·bet *das* <-(e)s> *Alphabet aus bestimmten Kombinationen von Strichen und Punkten oder langen und kurzen Stromimpulsen zur Nachrichtenübertragung*

Mor·se·ap·pa·rat *der* <-(e)s, -e> *Gerät, das Nachrichten übermitteln kann, deren Wörter aus bestimmten Kombinationen von Strichen und Punkten oder langen und kurzen Stromimpulsen dargestellt werden*

mor·sen <morste, morste, hat gemorst> *mit OBJ/ohne OBJ* ■ *jmd. morst (etwas) Nachrichten mit einem Morseapparat übertragen:* Das Schiff hat SOS/seine Position gemorst.; Der Funker morst.

Mör·ser *der* <-s, -> ❶ *ein Gefäß zum Zerstoßen harter Stoffe* ❷ MILIT. *(≈ Granatwerfer) ein schweres Geschütz*

Mor·se·zei·chen *das* <-, -> *ein Zeichen des Morsealphabets*

Mor·ta·del·la *die* <-> /kein Plur./ *eine Wurstsorte*

Mor·ta·li·tät *die* <-, -en> MED. *(↔ Natalität) Sterblichkeit* ◆ -sindex, -srate, -srisiko, -sstatistik, -ssalienz, -stabelle, -sziffer

Mör·tel *der* <-s> /kein Plur./ *Bindemittel (aus Sand, Zement und Wasser) beim Mauern*

Mör·tel·kel·le *die* <-, -n> *ein Maurerinstrument*

Mo·sa·ik *das* <-s, -en/-e> *aus kleinen Steinen zusammengesetztes Bild oder Ornament* ◆ -bild, -fußboden-, -glas-, -stein-, -wand-

Mo·sa·ik·fuß·bo·den *der* <-s, Mosaikfußböden> *Fußboden, der mit Mosaiken ausgelegt ist*

mo·sa·isch *adj /nicht steig./* REL. *auf Moses (biblische Gestalt) bezogen*

M

Mo·sam·bik <-s> *Staat in Ostafrika* ▶ Mosambikaner/Mosambiker, Mosambikanerin/Mosambikerin, mosambikanisch

Mo·schee *die* <-, ...-scheen> *ein islamisches Gotteshaus*

Mo·schus *der* <-> /*kein Plur.*/ *ein Duftstoff*

Mo·sel *die* <-> /*kein Plur.*/ *ein Nebenfluss des Rheins*

mo·sern <moserst, moserte, hat gemosert> *ohne OBJ* ■ *jmd.* *mosert* *(umg. abwert.) (ständig) herumnörgeln:* Was gibt es da zu mosern?

Mos·kau *russische Hauptstadt*

Mos·ki·to *der* <-s, -s> *eine Stechmücke*

Mos·ki·to·netz *das* <-es, -e> *eine Netz, das vor Moskitos Schutz bietet:* Wir haben unter einem Moskitonetz geschlafen.

Mos·lem *der,* **Mos·le·min** <-s, -s> REL. *Person, die dem Islam angehört; siehe* **Muslim**

mos·le·misch, *a.* **mus·li·misch** *adj* /*nicht steig.*/ REL. *zum Islam gehörig*

Most *der* <-(e)s, -e> ❶ *zur Gärung bestimmter Saft aus gekelterten Trauben, junger Wein* ❷ LANDSCH. *Fruchtsaft* ◆-presse, Apfel-, Birnen-, Süß- ❸ SÜDDT., ÖSTERR., SCHWEIZ. *Obstwein aus Äpfeln und Birnen* ◆-obst

Most·rich *der* <-s> /*kein Plur.*/ NORDDT. *Senf*

Mo·tel, Mo·tel *das* <-s, -s> *an Autobahnen und größeren Straßen gelegenes Hotel*

Mo·tet·te *die* <-, -n> MUS. *ein mehrstimmiges Musikstück für Chor*

Mo·tiv *das* <-s, -e> ❶ *(geh.:* ≈ *Grund) Beweggrund:* Was war das Motiv des Mörders?; Der Politiker nannte persönliche Motive für seinen Rücktritt. ◆-Tat- ❷ KUNST *(*≈ *Thema, Stoff) Gegenstand der Darstellung:* Welche Motive wurden in der Malerei jener Epoche bevorzugt? ❸ LIT. *einzelnes, in sich geschlossenes, bedeutungstragendes Element des Inhalts (das immer wieder aufgegriffen wird); typische Situation:* Die Schriftstellerin hat bei ihrem neuen Roman auf Motive aus der antiken Sagenwelt zurückgegriffen. ❹ MUS. *kleinste melodische oder rhythmische Einheit in einem Musikstück:* Die einzelnen Motive spielen in Richard Wagners Ring des Nibelungen eine sehr wichtige Rolle.

Mo·ti·va·ti·on *die* <-, -en> ❶ *Haltung, in der die Motive[1] einer Entscheidung oder Handlung zusammengefasst sind:* Die Motivation seines Handelns ist mir nicht klar. ❷ *Zustand, in dem man motiviert[2] ist, etwas zu tun:* Hast du genug Motivation für diese schwierige Aufgabe?

Mo·tiv·for·schung *die* <-, -en> ❶ WIRTSCH. *Teilbereich der Marktforschung, der die Motive[1] der Kunden untersucht* ❷ KUNST, LIT. *Erforschung von Motiven[3] in Kunst und Literatur*

mo·ti·vie·ren *mit OBJ/ohne OBJ* ❶ ■ *jmd.* *motiviert etwas* *(*≈ *rechtfertigen) jmd. begründet etwas:* Wie hast du deine Entscheidung motiviert? ❷ ■ *jmd.* *motiviert (jmdn.)* *(*↔ *demotivieren) zu etwas bewegen, anregen, ermutigen:* Der Trainer hat seine Spieler gut motiviert.; Er war nicht zu motivieren, mit dem Rauchen aufzuhören.

Mo·to·cross, *a.* **Mo·to-Cross** *das* <-, -e> *Geländerennen für Motorräder*

Mo·to·drom *das* <-s, -e> *Rennstrecke für Auto- oder Motorradrennen*

Mo·tor *der* ['mo:toɐ̯, mo'to:ɐ̯] <-s, ...-toren> *eine Maschine, die Treibstoff oder elektrischen Strom in Bewegung umsetzt:* Der neue Motor verbraucht deutlich weniger Treibstoff.; Die Mechaniker versuchen, den Motor des Rennwagens besser abzustimmen. ◆-block, -boot, -bau, -bremse, -engebrumm, -(en)geräusch, -haube, -leistung, -öl, -pumpe, -rad, -radfahrer(in), -raum, -rennen, -säge, -schaden, -schiff, -segler, -sport, -yacht, Auto-, Benzin-, Boots-, Diesel-, Elektro-, Flugzeug-, Viertakt-

Mo·to·rik *die* <-> /*kein Plur.*/ ❶ MED. *die Gesamtheit der vom Hirn gesteuerten menschlichen Bewegungsabläufe* ❷ MUS. *gleichmäßiger Rhythmus*

mo·to·risch *adj* /*nicht steig.*/ ❶ *auf Bewegung bezogen:* die motorischen Fähigkeiten der Hand; motorisch begabt ❷ *durch einen Motor betrieben*

mo·to·ri·siert *adj* /*nicht steig.*/ *so, dass jmd. über ein Auto verfügt:* Bist du motorisiert?

Mo·tor·rad *das* ['mo:to-, mo'to:-] <-(e)s, Motorräder> *ein Zweirad mit Motorantrieb:* ein schweres Motorrad (≈ ein leistungsstarkes und schnelles Motorrad); der Fahrer/der Motor/der Sozius/der Tank eines Motorrads ◆-fahrer(in)

Mo·tor·rol·ler *der* ['mo:to-, mo'to:-] <-s, -> *ein leichtes Zweirad mit Motorantrieb und relativ kleinen Rädern*

Mo·tor·wä·sche *die* ['mo:toɐ̯, mo'to:ɐ̯-] <-, -n> *Reinigung des Motors:* Um Verschleiß zu vermeiden, sollte in regelmäßigen Abständen eine Motorwäsche durchgeführt werden.

Mot·te *die* <-, -n> *ein sehr kleiner Schmetterling, dessen Raupen vor allem Kleiderstoffe fressen* ◆-ngift, Kleider-, Mehl-

Mot·ten·fraß *der* <-es, -e> /*Plur. selten*/ *das Zerfressen von Kleidungsstoffen durch Motten*

Mot·ten·ku·gel *die* <-, -n> *Mittel zur Bekämpfung von Motten*

Mot·ten·loch *das* <-(e)s, Mottenlöcher> *Loch in einem Kleidungsstoff, das durch Mottenfraß entstanden ist*

Mot·ten·pul·ver *das* <-s, -> *Mittel zur Bekämpfung von Motten*

mot·ten·zer·fres·sen *adj* /*nicht steig.*/ *von Motten zerfressen*

Mot·to *das* <-s, -s/Motti> *Wahl-, Sinnspruch:* Das Fest stand unter dem Motto ...

Mot·to-Par·ty *die* <-, -s> *ein Fest, das unter einem bestimmten Motto steht:* Heute Abend steigt die Mottoparty „Beach & Fun".

mot·zen <motzt, motzte, hat gemotzt> *ohne OBJ* ■ *jmd.* *motzt (über etwas* Akk.) *(umg. abwert.:* ≈ *meckern) schimpfen, nörgeln:* Sie motzt ständig über die Schule.

Moun·tain·bike *das* ['maʊntɪnbaɪk] <-s, -s> *ein robustes Fahrrad, mit dem man auch im Gelände fahren kann* ▶ Mountainbiker, Mountainbikerin

Mouse *die* [maus] <-> /*kein Plur.*/ EDV *englische Bezeichnung für Maus[2]*

Mö·we *die* <-, -n> *ein Wasservogel, der sehr gut fliegen kann:* Die Möwen begleiteten das Schiff und fingen Brotstückchen in der Luft ◆-nei, -nkolonie, -nschrei

Mo·zam·bique [mosam'bi:k] <-s> *siehe* **Mosambik**

Mo·zart·ku·gel *die* <-, -n> *eine Schokoladenkugel mit Marzipanfüllung*

Mo·zart·zopf *der* <-(e)s, Mozartzöpfe> *eine Zopffrisur*

Moz·za·rel·la *der* <-s, -s> *ein italienischer Weichkäse*

MP3-Play·er *der* [...'dreiple:re] <-s, -> ELEKTRO-TECHN. *ein CD-Player, der bestimmte Musikdateien lesen und abspielen kann*

Ms. *Abkürzung für „Manuskript"*

MS-DOS *Abkürzung von „Microsoft-DOS"*

MS-Kran·ke *der/die* <-n, -n> *jmd., der an Multipler Sklerose erkrankt ist*

mtl. *Abkürzung für „monatlich"*

Mu·cke *die* <-, -en> ▪ **jemand hat Mucken** *jmd. ist launenhaft*

Mü·cke *die* <-, -n> *ein Insekt, das sticht und Blut saugt;* ▪ **aus einer Mücke einen Elefanten machen** *(umg.) etwas, das harmlos und relativ unwichtig ist, als sehr großes Problem beschreiben* ◆-nplage, -nschwarm, -nstich, Malaria-, Stech-

Mu·cke·fuck *der* <-s> */kein Plur./ (umg. abwert.) dünner Kaffee*

mu·cken *ohne OBJ* ▪ *jmd. muckt (umg.) leise aufbegehren, murren:* Er hat es hingenommen, ohne zu mucken.

Mucks *der* <-es, -e> *(umg.) Laut:* Sie hat keinen Mucks gesagt.

muck·sen <muckst, muckste, hat gemuckst> *mit SICH* ▪ *jmd. muckst sich nicht (umg.) keinen Laut von sich geben:* Wir wagten es nicht, uns zu mucksen, als die Lesung begonnen hatte.

mucks·mäus·chen·still *adj /nicht steig./ (umg.) absolut ruhig*

mü·de *adj* ❶ *so, dass man das Bedürfnis nach Schlaf hat:* Sie war so müde, dass sie sofort einschlief. ❷ *(≈ schläfrig, umg. kaputt, schlapp ↔ munter, wach) erschöpft, ohne Kraft:* Er wollte seine müden Beine ein wenig ausruhen.; ▪ **nicht müde werden, etwas zu tun** *sich nicht davon abbringen lassen, etwas zu tun* ◆tod-

-mü·de *als Zweitglied zusammengesetzter Adjektive; drückt aus, dass man an dem mit dem Erstglied Bezeichneten keine Freude mehr hat oder dies nicht mehr will* ◆ehe-, lebens-, pillen-, prozess-, zivilisations-

Mü·dig·keit *die* <-> */kein Plur./ der Zustand, dass man schlafen möchte;* ▪ **(nur) keine Müdigkeit vorschützen!** *(umg.) keine Ausflüchte!*

Mud·sha·hed, *a.* **Mu·ja·hed** *der* [mudʒa...] <-, Mudschahedin> *ein islamischer Kämpfer, der gegen die Armee des eigenen Landes kämpft*

Mües·li *das* <-s, -> SCHWEIZ. *Müsli*

Mu·ez·zin *der* <-s, -s> *islamischer Gebetsausrufer*

Muff[1] *der* <-(e)s, -s> *Handwärmer (für Frauen)*

Muff[2] *der* <-(e)s> */kein Plur./ NORDDT. moderiger, fauliger Geruch*

Muf·fe *die* <-, -n> TECHN. *ein kurzes Rohrstück zum Verbinden zweier Rohre oder Maschinenteile;* ▪ **Muffe haben** *(umg.) Angst haben*

Muf·fel *der* <-s, -> ❶ *(umg. abwert.) ein mürrischer Mensch:* Der Taxifahrer war ein Muffel; er

hat kaum mit mir geredet. ▪ ❷ *ein Wildschaf*

-muf·fel *als Zweitglied zusammengesetzter Substantive; drückt aus, dass an dem, was mit dem Zweitglied bezeichnet wird, kein Interesse besteht oder dies gänzlich abgelehnt wird* ◆Auto-, Bade-, Ehe-, Fußball-, Heirats-, Krawatten-, Mode-, Morgen-, Tanz-

muf·feln <muffelst, muffelte, hat gemuffelt> *ohne OBJ* ▪ *jmd./etwas muffelt* ❶ *mürrisch sein* ❷ SÜDDT., ÖSTERR. *schlecht riechen*

Muf·fel·wild *das* <-(e)s> */kein Plur./ ein Wildschaf*

muf·fig *adj dumpf und abgestanden:* Hier riecht es muffig.

Muf·fin *der* ['mafin] <-, -s> *englisches Gebäck*

Mü·he *die* <-, -n> */Plur. selten/ (≈ Arbeit) die Anstrengung, die etwas bereitet:* Die Planungen haben viel Mühe gekostet.; Ich habe mir viel Mühe gegeben, das Fest vorzubereiten.; ▪ **nicht der Mühe wert sein** *sich nicht lohnen;* ▪ **etwas mit Mühe und Not erreichen** *etwas beinahe nicht erreichen* ▶ Bemühung

mü·he·los *adj (≈ bequem, unkompliziert) so, dass etwas nicht anstrengend ist:* Er trug die schwere Kiste mühelos in den Keller getragen.

mu·hen *ohne OBJ* ▪ **eine Kuh muht** *das für eine Kuh typische Geräusch von sich geben:* Die Kühe muhten.

mü·hen *mit SICH* ▪ *jmd. müht sich (geh.) sich anstrengen:* Die Mannschaft mühte sich redlich, verlor aber trotzdem das Spiel. ▶ sich abmühen

mü·he·voll *adj (≈ mühsam) mit viel Mühe verbunden:* Das war eine wirklich mühevolle Arbeit.

Müh·le *die* <-, -n> ❶ *Gerät im Haushalt, mit dem man mahlen kann:* Ich mahle den Kaffee selbst mit der Mühle. ◆Elektro-, Hand-, Kaffee-, Pfeffer- ❷ *Gebäude, in dem etwas in einer großen Maschine gemahlen wird:* Wir kaufen das Mehl direkt in der Mühle; Diese Mühle wird mit Wasser/Wind betrieben ◆Getreide-, Korn-, Säge-, Wasser-, Wind- ❸ */kein Plur./ ein Brettspiel:* Spielst du mit mir eine Partie Mühle?; ▪ **etwas ist Wasser auf jemandes Mühlen** *etwas bestärkt oder bestätigt jmdn.*

Müh·le·spiel *das* <-s> */kein Plur./ das Spiel Mühle*[3]

Mühl·rad *das* <-(e)s, ...-räder> *ein Rad, das eine Mühle*[2] *mit Wasser antreibt*

Mühl·stein *der* <-(e)s, -e> *ein großer Stein zum Mahlen von Getreide*

Müh·sal *die* <-, -e> *(geh.) große, lang andauernde Mühe; Anstrengung*

müh·sam *adj* Das Pflastern des Weges war eine sehr mühsame Arbeit.

müh·se·lig *adj (≈ beschwerlich, anstrengend)* Die Restaurierung des Gemäldes war ein mühseliges Unterfangen.

Mu·ja·hed *der* [mudʒa...] *siehe* **Mudshahed**

Mu·lat·te *der,* **Mu·lat·tin** <-n, -n> *(abwert. umg.) in den meisten Zusammenhängen als diskriminierend empfundene Bezeichnung für Nachkommen eines weißen und eines schwarzen Elternteils*

Mulch *der* <-(e)s, -e> LANDW. *organischer Stoff,*

M

wie Stroh, Baumrinde, mit dem man den Boden abdeckt

mul·chen mit OBJ ■ *jmd.* **mulcht** *etwas* LANDW. den Boden mit Mulch bedecken

Mul·de *die* <-, -n> ❶ (≈ *Grube) eine Vertiefung im Gelände* ❷ LANDSCH. *Trog*

Mu·li *der* <-s, -(s)> SÜDDT., ÖSTERR. *Maulesel*

Mull *der* <-(e)s, -e> *dünner (Verbands-)Stoff aus Baumwolle*

Müll *der* <-(e)s> */kein Plur./ Abfall* ◆-abladeplatz, -aufbereitung, -auto, -berg, -beutel, -container, -deponie, -eimer, -entsorgung, -grube, -haufen, -halde, -mann, -sack, -schlucker, -sortieranlage, -tonne, -verbrennung(sanlage), -vermeidung, -wagen, -werker(in), Atom-, Bio-, Gift-, Haus-, Industrie-, Sonder-

In Deutschland wird mit dem Thema **Müll** sehr differenziert umgegangen. Auf der Straße oder auf öffentlichen Plätzen wirft man Abfälle in die zahlreichen öffentlichen Mülleimer. Der in privaten Haushalten anfallende Müll heißt *Hausmüll*. Für das Abholen durch die Müllabfuhr muss man Gebühren zahlen; es gibt dazu individuelle kleine sowie große Abfallcontainer für mehrere Bewohner, in die nur der so bezeichnete *Restmüll* geworfen wird. Bestimmte Abfälle aus Kunststoff, z. B. alle Arten von Verpackungen, Dosen usw., sammelt man in dem, was als *gelber Sack* bezeichnet wird; diesen erhalten alle Haushalte, als Rolle gewickelt, von Zeit zu Zeit kostenlos. Altmaterialien wie Altmetalle oder bestimmte Kunststoffe bringt man zu einem so genannten *Wertstoffhof*, einer Art Annahmestelle für diese Art von Müll; dort kann man auch Elektroschrott und Gartenabfälle in gesonderte Behälter geben. Altglas bringt man zu einem der zahlreichen so bezeichneten *Flaschencontainer*, wo man es nach weißem, grünem und braunem Glas getrennt einwirft. Batterien sowie bestimmte Chemikalien usw. gehören zum so bezeichneten *Sondermüll*. Für Papier und Pappe gibt es spezielle Altpapier-Container. Alte Möbel werden als so genannter *Sperrmüll* abtransportiert, wozu man einen Termin bei den Stadtwerken vereinbaren muss. Für nicht mehr benutzte Kleidung gibt es die so bezeichneten *Altkleidersammlungen,* aber auch spezielle Container, in die man Kleidung und auch Schuhe einwerfen kann. In Bezug auf Müll wird häufig nicht von *wegwerfen,* sondern von *entsorgen* gesprochen. Wer Müll nicht ordnungsgemäß entsorgt und diesen als Privatperson z. B. einfach im Wald wegwirft oder als Firma z. B. in einen Fluss einleitet , wird als *Umweltsünder* bezeichnet und bestraft. An der Müllvermeidung (z. B. durch Verwendung von Mehrwegflaschen) können sich alle beteiligen; für die Müllverwertung gibt es spezielle Müllverwertungsanlagen.

Müll·ab·fuhr *die* <-> */kein Plur./* ❶ *die Beseiti-*

gung von Müll durch ein Unternehmen der Gemeinde ❷ *die Mitarbeiter der Müllabfuhr*[1]

Mul·lah *der* <-s, -s> REL. *ein islamischer Gelehrter*

Müll·berg *der* <-(e)s, -e> *eine große Ansammlung von Müll*

Müll·bin·de *die* <-, -n> *Verbandsmaterial aus Mull*

Mül·ler *der,* **Mül·le·rin** <-, -> *Handwerker/ Handwerkerin, der/die in einer Mühle*[2] *arbeitet*

Müll·kut·scher *der* <-s, -> *jmd., der Müll abtransportiert*

Müll·mann *der* <-(e)s, -männer/-leute> *Ich stelle noch die Tonne raus; morgen kommen die Müllmänner.*

Müll·tren·nung *die* <-> */kein Plur./ das Sortieren von Müll nach unterschiedlichen Materialien, z. B. Glas und Papier/Pappe*

Müll·tü·te *die* <-, -n> *Müllbeutel*

Müll·wer·ker *der,* **Müll·wer·ke·rin** <-, -> *Berufsbezeichnung für Personen, die bei der Müllentsorgung tätig sind*

Müll·win·del *die* <-, -n> *Windel aus Mull*

mul·mig *adj (umg.)* ❶ *gefährlich:* Das war schon eine mulmige Situation. ❷ *unwohl, unbehaglich (aus Angst):* Mir wird ganz mulmig zumute.

Mul·ti *der* <-s, -s> *(umg.) multinationaler Konzern* ◆ Medien-, Musik-, Öl-

Mul·ti- *als Erstglied zusammengesetzter Substantive; drückt aus, dass das mit dem Zweitglied Bezeichnete von großer Zahl ist, vieles umfasst, oder viele Komponenten betrifft* ◆-millionär(in), -talent, -tasking, -valenz, -visionswand

mul·ti- *als Erstglied zusammengesetzter Adjektive; drückt aus, dass das mit dem Zweitglied Bezeichnete von großer Zahl ist, vieles umfasst, oder viele Komponenten betrifft* ◆-funktional, -national, -valent, -zentrisch

mul·ti·fak·to·ri·ell *adj /nicht steig./ (geh.) so, dass etwas von mehreren Aspekten abhängig ist*

mul·ti·kul·ti *adj (umg.) multikulturell*

mul·ti·kul·tu·rell *adj so, dass es viele Kulturen umfasst:* In der Sendung wurden Probleme und Chancen einer multikulturellen Gesellschaft diskutiert.

mul·ti·la·te·ral *adj /nicht steig./ POL. (↔ bilateral) mehrere Staaten betreffend, mehrseitig:* Das multilaterale Abkommen wurde gestern unterzeichnet.

Mul·ti·lin·gu·a·lis·mus *der* <-> */kein Plur./ die Gegebenheit der Mehrsprachigkeit; siehe auch* **Mehrsprachigkeit**

Mul·ti·me·dia *das* <-(s)> */kein Plur., meist ohne Artikel/ das gleichzeitige Zusammenwirken, Anwenden verschiedener Medien (z. B. Ton, Grafik, Film) in einem Computer*

Mul·ti·me·dia-Agen·tur *die* <-, -en> EDV *ein Unternehmen, das sich mit der Anwendung verschiedener Medien beschäftigt*

Mul·ti·me·dia·com·pu·ter *der* <-s, -> *ein Computer, der verschiedene Medien verarbeiten kann*

mul·ti·me·di·al *adj /nicht steig./ aus vielen Medien bestehend:* Der Regisseur bediente sich bei seiner Inszenierung einer ganzen Reihe von multimedialen Effekten.; *siehe auch* **Medium**

Mul·ti·me·dia·show *die* [...ʃoʊ] <-, -s> *eine Vor-*

führung, bei der verschiedene Medien gleichzeitig eingesetzt werden

Mul·ti·me·dia·zeit·al·ter *das* <-s, -> *Zeitalter, das sehr vom Einfluss der Medien geprägt ist*

mul·ti·pel *adj /nicht steig./ (geh.)* *vielfältig, vielfach*

Mul·ti·p·le-Choice-Fra·ge *die* ['mʌltipl 'tʃɔɪs...] <-, -n> *eine Frage, bei der von vorgegebenen Antworten die richtigen anzukreuzen sind*

Mul·ti·p·le-Choice-Ver·fah·ren *das* ['mʌltipl 'tʃɔɪs...] <-s, -> *Prüfungsverfahren, bei dem von vorgegebenen Anworten die richtigen anzukreuzen sind*

Mul·ti·p·le Skle·ro·se *die* <-> */kein Plur./* MED. *eine Nervenkrankheit*

Mul·ti·pli·kand *der* <-en, -en> MATH. *(↔ Multiplikator) die Zahl, die mit einer anderen multipliziert werden soll*

Mul·ti·pli·ka·ti·on *die* <-, -en> MATH. *(↔ Division) das Malnehmen*

Mul·ti·pli·ka·tor *der* <-s, ...-toren> MATH. *(↔ Multiplikand) die Zahl, mit der multipliziert wird*

mul·ti·pli·zie·ren *mit OBJ* ■ *jmd.* **multipliziert** *etwas **mit** etwas Dat.* MATH. *(≈ malnehmen ↔ dividieren)*

Mul·ti·ta·lent *das* <-(e)s, -e> *(umg.) eine Person, die viele Talente hat*

Mul·ti·vi·ta·min·saft *der* <-(e)s, Multivitaminsäfte> *vitaminreicher Fruchtsaft aus verschiedenen Früchten*

Mu·mie *die* <-, -n> *ein einbalsamierter (und so vor dem Verfall geschützter) Leichnam*

mu·mi·fi·zie·ren *mit OBJ* ■ *jmd.* **mumifiziert** *jmdn.* Im alten Ägypten mumifizierte man die Toten.

Mumm *der* <-s> */kein Plur./ (umg.)* Mut: Er hat ganz schön Mumm in den Knochen.

Mum·mel·greis *der* <-es, -e> *(umg. abwert.)* alter Mann

Müm·mel·mann *der* <-(e)s, Mümmelmänner> *(umg.)* Hase

müm·meln <mümmelst, mümmelte, hat gemümmelt> *ohne OBJ* ■ *jmd./ein Hase* **mümmelt** *schnell kauend fressen:* Der Hase mümmelt eine Möhre.

Mum·men·schanz *der* <-es> */kein Plur./ (veralt.)* ein Maskenfest

Mumpf *der* <-(e)s> */kein Plur./* SCHWEIZ. *Mumps*

Mum·pitz *der* <-es> *(umg. abwert.)* Unsinn: Das ist doch Mumpitz, was du da sagst.

Mumps *der* <-> */kein Plur./ (≈ Ziegenpeter)* eine Infektionskrankheit

Mün·chen <-s> *Hauptstadt von Bayern* ▶ Münchener/Münchner, Münchenerin/Münchnerin

Mund *der* <-(e)s, Münder> ① *(≈ umg. abwert. Maul, Klappe) die Öffnung im Gesicht, mit der man isst und spricht;* ■ **sich den Mund verbrennen** *(umg.) unbedacht etwas äußern;* ■ **nicht auf den Mund gefallen sein** *(umg.) schlagfertig sein;* ■ **den Mund vollnehmen** *(umg. abwert.) angeben;* ■ **den Mund halten** *(umg.) schweigen;* ■ **in aller Munde sein** *sehr bekannt sein* ② *die Lippen:* Er küsste sie auf den Mund ◆ Getrennt-

schreibung →R 4.5 Er hatte nur ein paar Mund voll Suppe gegessen.

Mund·art *die* <-, -en> *Dialekt*

Mund·art·au·tor *der,* **Mund·art·au·to·rin** <-s, -en> *ein Schriftsteller, der in einem bestimmten Dialekt schreibt*

Mund·art·dich·tung *die* <-> ① *Literatur, die in einem bestimmten Dialekt geschrieben ist* ② */kein Plur./ die Gesamtheit dieser Literatur*

Mund·art·for·schung *die* <-> */kein Plur./ (≈ Dialektologie) Erforschung von Dialekten*

Mün·del *das* <-s, -> RECHTSW. *Person, die von einem Vormund betreut wird* ▶ Vormundschaft

mun·den *ohne OBJ* ■ *etwas mundet jmdm.* *(geh.) schmecken:* Hat das Essen allen gemundet?

mün·den *ohne OBJ* ■ *etwas mündet in etwas Akk.* *etwas fließt oder öffnet sich in etwas hinein:* Der Fluss mündet ins Meer.; Die Straße mündet in einen großen Platz. ▶ einmünden

mund·faul *adj /nicht steig./ (↔ gesprächig) redunwillig:* Sei doch nicht immer so mundfaul!

Mund·fäu·le *die* <-> *eine Entzündung der Mundschleimhaut*

mund·ge·bla·sen *adj /nicht steig./ von einem Glasbläser gemacht:* Diese Gläser sind mundgeblasen.

mund·ge·recht *adj /nicht steig./ Nahrung in einzelne kleine Mengen teilen, die man ohne Mühe kauen und schlucken kann:* Sie hatte ihrer kranken Tochter das Essen mundgerecht ans Bett gebracht.; das Fleisch in mundgerechte Stücke schneiden

Mund·ge·ruch *der* <-(e)s> */kein Plur./ der unangenehme Geruch, der in der Mundhöhle durch Fäulnisbakterien entsteht, wenn Mund und Zähne nicht genügend gereinigt werden*

Mund·har·mo·ni·ka *die* <-, -s/-harmoniken> *ein Musikinstrument*

mün·dig *adj* ① *(↔ minderjährig) volljährig* ▶ entmündigen ② *reif; zu eigenem Urteil fähig: der mündige Bürger; Als mündiger Mensch wird er das wohl allein entscheiden können.* ▶ entmündigen

Mün·dig·keit *die* <-> */kein Plur./* ① *Zustand, in dem man mündig¹ ist* ② *Haltung, in der man mündig² ist*

münd·lich *adj /nicht steig./ (↔ schriftlich) in der als Gespräch realisierten Form:* Morgen habe ich die mündliche Prüfung.

Mund·par·tie *die* <-, -en> *der Teil des Gesichts um den Mund*

Mund·pfle·ge *die* <-> */kein Plur./ alle Handlungen, die der Pflege der Zähne dienen*

Mund·pro·pa·gan·da *die* <-> */kein Plur./ mündliche Werbung*

Mund·raub *der* <-(e)s> RECHTSW. *(veralt.) Diebstahl von Nahrungsmitteln in kleiner Menge*

Mund·schleim·haut *die* <-, ...-häute> *die Schleimhaut, die die Mundhöhle auskleidet*

M-und-S-Rei·fen *der* [ɛmʊntˈɛs...] <-s, -> *kurz für „Matsch-und-Schnee-Reifen"*

Mund·stück *das* <-(e)s, -e> *der Teil eines Blasinstruments, der beim Spielen direkten Kontakt mit dem Mund hat:* Er reinigte das Mundstück seiner Trompete/Pfeife.

M

mund·tot *adj /nicht steig./* ■**jemanden mundtot machen** *jmdn. (mit allen Mitteln) am Reden hindern/nicht zu Wort kommen lassen* Er hatte seinen Widersacher mundtot gemacht.

Mün·dung *die* <-, -en> ❶ *Stelle, an der etwas mündet:* Der Fluss bildet an seiner Mündung ein Delta. ❷ *die vordere Öffnung einer Schusswaffe*

Mün·dungs·feu·er *das* <-s, -> *Flamme, die bei einem Schuss an der Mündung² einer Waffe entsteht*

Mün·dungs·ge·biet *das* <-(e)s, -e> *Stelle, an der ein Fluss mündet*

Mund·was·ser *das* <-s, ...-wässer> Er gurgelt morgens und abends mit Mundwasser.

Mund·werk ■**ein freches/loses Mundwerk haben** *(umg.) frech, vorlaut sein*

Mund-zu-Mund-Be·at·mung *die* <-, -en> *der Vorgang, dass man einen bewusstlosen Menschen, beatmet, indem man seine eigene Luft in seinen Mund bläst:* Dank einer sofortigen Mund-zu-Mund-Beatmung konnte der verunglückte Schwimmer gerettet werden.

Mun·go¹ *der* <-s, -s> *eine Schleichkatze*

Mun·go² *der* <-(s), -s> *ein Garn, ein Gewebe*

Mu·ni *der* <-(s), -(s)> SCHWEIZ. *Zuchtstier*

Mu·ni·ti·on *die* <-, -en> *Geschosse für Feuerwaffen; Sprengstoffe; Bomben* ◆-sdepot, -sfabrik, -slager, Übungs-

mun·keln <munkelst, munkelte, hat gemunkelt> *ohne OBJ* ■**jmd. munkelt, dass** *heimlich erzählen:* Man munkelt, dass ... ▶Munkelei

Müns·ter *das* <-s, -> (≈ *Dom, Kathedrale) große Klosterkirche:* Wir haben gestern den Turm des Ulmer Münsters bestiegen.

mun·ter *adj* ❶ *heiter, gut gelaunt:* Sie ist ein munteres Kind. ❷ *ungehemmt:* Er machte weiterhin munter Schulden. ❸ *(wieder) in guter gesundheitlicher Verfassung:* Ich bin wieder gesund und munter. ❹ *wach:* Werde endlich munter, denn wir müssen los!

Mun·ter·ma·cher *der* <-s, -> *(umg. scherzh.) Anregungs-, Aufputschmittel:* Kaffee ist ein Muntermacher.

Münz·amt *das* <-(e)s, Münzämter> *Fabrik, in der Münzen hergestellt werden*

Münz·an·stalt *die* <-, -en> *Münzamt*

Münz·au·to·mat *der* <-en, -en> *ein Automat, in den man Münzen einwirft:* Getränke gibt es im Münzautomaten.

Mün·ze *die* <-, -n> *Geldstück aus Metall;* ■**etwas für bare Münze nehmen** *etwas Unwahres glauben;* ■**jemandem etwas in/mit barer Münze heimzahlen** *jmdn. etwas auf die gleiche Art vergelten* ◆Gold-, Kupfer-, Silber-

Münz·ein·wurf *der* <-(e)s, Münzeinwürfe> *das Einwerfen von Münzen, beispeilsweise bei einem Getränkeautomaten*

Mün·zen·samm·lung *die* <-, -en> *Sammlung von (wertvollen) Münzen*

Münz·fäl·scher *der*, **Münz·fäl·sche·rin** <-s, -> *jmd., der Falschgeld herstellt*

Münz·fäl·schung *die* <-, -en> *die Herstellung von Falschgeld*

Münz·fern·spre·cher *der* <-s, -> *Telefonzelle, bei der mit Münzen gezahlt wird*

Münz·ho·heit *die* <-, -en> */Plur. selten / das Recht, Münzen herzustellen*

Münz·kun·de *die* <-> */kein Plur./ Wissenschaft, die sich mit (alten) Münzen beschäftigt*

Münz·prä·gung *die* <-> */kein Plur./ die Herstellung von Münzen*

Münz·recht *das* <-(e)s, -e> ❶ */kein Plur./ Münzhoheit* ❷ *rechtliche Bestimmungen eines Staates über die Herstellung von Münzen*

Münz·stät·te *die* <-, -n> *Fabrik, in der Münzen hergestellt werden*

Münz·wechs·ler *der* <-s, -> *ein Automat, der Münzen umtauscht*

mürb, mür·be *adj* ❶ (↔ *fest) weich, brüchig und leicht in seine Teile zerfallend: mürbes Gebäck; das Fleisch mürb klopfen* ❷ *durch Alter und Abnutzung weich geworden:* Das Leder ist mittlerweile etwas mürbe. ❸ (≈ *nachgiebig, erschöpft) so, dass jmd. keine Kraft zum Widerstand mehr hat:* Er hatte den Gegner mürbegemacht.

Mür·be·teig *der* <-(e)s, -e> *Teig, der mit kalter Butter gemacht ist*

Mu·re *die* <-, -n> SÜDDT., ÖSTERR. *Gesteins-, Schlammlawine*

Murks *der* <-es> */kein Plur./ (umg. abwert.) schlechte, fehlerhafte Arbeit:* Was soll das für ein Murks sein?; Da hat er aber tüchtig Murks gebaut.

murk·sen <murkst, murkste, hat gemurkst> *ohne OBJ* ■**jmd. murkst (bei etwas)** *(umg. abwert.: ≈ pfuschen) schlecht, fehlerhaft arbeiten:* Beim Aufstellen des Regals hat er ganz schön gemurkst. ▶herummurksen, vermurksen

Mur·mel *die* <-, -n> *eine kleine Glaskugel (zum Spielen)*

mur·meln <murmelst, murmelte, hat gemurmelt> *mit OBJ/ohne OBJ* ■**jmd. murmelt (etwas)** *jmd. spricht etwas leise und undeutlich:* Er murmelte eine Entschuldigung.; Er murmelte vor sich hin.

Mur·mel·tier *das* <-s, -e> *ein Nagetier, das im Gebirge lebt*

mur·ren *ohne OBJ* ■**jmd. murrt (über etwas)** *(umg.: ≈ meckern) leise schimpfen:* Sie murrt in einem fort über das schlechte Wetter.

mür·risch *adj* (≈ *missmutig) verdrießlich, schlecht gelaunt, unfreundlich:* Weshalb macht er so ein mürrisches Gesicht?

Mus *das/der* <-es, -e> *Brei:* Die Nudeln sind zu Mus verkocht. ◆Apfel-, Pflaumen-

Mu·schel *die* <-, -n> *im Wasser lebendes Schalentier:* Wir haben Muscheln gegessen. ◆-schale, -taucher(in), Fluss-, Meeres-, Mies-, Teich-

Mu·schel·bank *die* <-, ...-bänke> *größere Ansammlung von Muscheln im Meer*

mu·schel·för·mig *adj so, dass es die Form einer Muschel besitzt*

Mu·schel·scha·le *die* <-, -n> *äußere Hülle einer Muschel*

Mu·se *die* <-, -n> ❶ *jede der neun Göttinnen der Künste in der griechischen Mythologie* ❷ *(übertr.)*

Frau, die einen Künstler zu kreativen Leistungen anregt

mu·se·al *adj (abwert.) wie im Museum:* Diese Ausstellung wirkt museal und nicht modern.

Mu·sel·man, Mu·sel·man *der;* **Mu·sel·ma·nin** <-en, -en> *(veralt.) Mohammedaner*

Mu·sen·sohn *der* <-(e)s, Musensöhne> *(veralt.) Dichter*

Mu·sen·tem·pel *der* <-s, -> *(veralt.) Theater*

Mu·set·te *die* [my'zɛt] <-, -s/-n> *ein französischer Tanz*

Mu·se·um *das* <-s, Museen> *Ort, an dem wissenschaftliche, technische, geschichtliche Sammlungen oder Kunstwerke ausgestellt werden* ◆-saufseher(in), -sbesuch, -spädagogik, -skatalog, -sverband, -swärter, Freilicht-, Heimat-, Kunst-, Naturkunde-

Mu·se·ums·füh·rer¹ *der;* **Mu·se·ums·füh·re·rin** <-s, -> *jmd., der den Besuchern eines Museums die Ausstellungsstücke zeigt*

Mu·se·ums·füh·rer² *der* <-s, -> *Buch, in dem die Ausstellung des Museums beschrieben ist*

mu·se·ums·reif *adj (umg. iron.) wie aus dem Museum; veraltet:* Dein Fotoapparat ist doch schon museumsreif.

Mu·se·ums·stück *das* <-(e)s, -e> *ein Gegenstand, der in einem Museum ausgestellt wird*

Mu·se·ums·wär·ter *der;* **Mu·se·ums·wär·te·rin** <-s, -> *jmd., der ein Museum beaufsichtigt*

Mu·se·ums·wert *der* <-(e)s> */kein Plur./ der Zustand, dass etwas so wertvoll ist, dass man es im Museum ausstellen sollte:* Dieses Bild besitzt Museumswert

Mu·si·cal *das* ['mju:zikəl] <-s, -s> *eine moderne Form von Operette und Revue*

Mu·sic·box *die* ['mju:zikbɔks] <-, -en> *siehe* **Musikbox**

Mu·sik *die* <-, -en> ❶ */kein Plur./ (≈ Tonkunst) die Kunst, Töne zu Musik² zu gestalten:* Er studiert Musik. ◆-akademie, -erziehung, -geschichte, -hochschule, -kapelle, -kassette, -kenner(in), -konserve, -lehrer(in), -lexikon, -pädagoe, -pädagogin, -pädagogik, -produzent(in), -theorie, -therapie, -unterricht, -verein, -verlag, werkstatt, -wissenschaft ❷ */Plur. selten / ein komponiertes Werk aus Tönen:* Sie hört gern klassische Musik.; Aus dem Radio tönte leise Musik.; Macht ihr zu Hause Musik?; Wer hat die Musik zu diesem Film komponiert?;

■ **Musik in jemandes Ohr sein** *eine angenehme und willkommene Neuigkeit für jmdn. sein* ◆-drama, -festspiele, -film, -kritiker(in), -produzent(in), -stück, -verlag, -werk, Begleit-, Blas-, Bühnen-, Film-, Gitarren-, Instrumental-, Jazz-, Kirchen-, Klavier-, Orchester-, Pop-, Rock-, Schlager-, Volks-

Mu·si·ka·li·en <-> *Plur. Notenbücher* ◆-händler(in)

mu·si·ka·lisch *adj* ❶ *zur Musik gehörig:* eine musikalische Darbietung, musikalische Formen ❷ *begabt für Musik:* Sie ist ein sehr musikalischer Mensch.

Mu·si·ka·li·tät *die* <-> */kein Plur./ Begabung für Musik*

Mu·si·kant *der;* **Mu·si·kan·tin** <-en, -en> *(umg.)*

Musiker, der auf der Straße oder bei einem Fest zur Unterhaltung Musik macht ▸musikantisch

Mu·si·kan·ten·kno·chen *der* <-s, -> *(umg.) sehr schmerzempfindlicher Teil des Ellbogens*

Mu·sik·au·to·mat *der* <-s, -en> ❶ *ein mechanisches Instrument, das mehrere Musikstücke spielen kann* ❷ *Musikbox*

Mu·sik·box *die* <-, -en> *ein Automat (in Gaststätten), der nach dem Einwurf von Geldmünzen vorher ausgewählte Musikstücke spielt*

Mu·sik·di·rek·tor *der;* **Mu·sik·di·rek·to·rin** <-s, -en> *jmd., der ein Orchester oder einen Chor leitet* ◆General-, Kirchen-

Mu·si·ker *der;* **Mu·si·ke·rin** <-s, -> ❶ *(≈ Interpret) jmd., der Musik macht* ◆Hobby-, Jazz-, Rock- ❷ *(≈ Berufsmusiker) jmd., der beruflich Musik macht*

Mu·sik·korps *das* [...ko:ɐ̯] <-, -> *Musikkapelle beim Militär*

Mu·sik·schu·le *die* <-, -n> *Schule, an der jmd. verschiedene Musikinstrumente und Gesang lernt:* Schon kleine Kinder werden an der Musikschule unterrichtet.

Mu·sik·stun·de *die* <-, -n> ❶ *Unterrichtsstunde an einer Musikschule:* Er nimmt in seiner Freizeit Musikstunden. ❷ *Unterrichtsstunde im Schulfach Musik*

Mu·sik·the·a·ter *das* <-s, -> */kein Plur./ eine der Sparten des Theaters, bestehend in der Verbindung von theatralischer Darstellung mit Musik:* Oper ist eine Form von Musiktheater. ❷ *Bezeichnung für die entsprechende Veranstaltungsstätte:* das Musiktheater einer Stadt

Mu·sik·tru·he *die* <-, -n> *ein Möbelstück, in das ein Radio eingebaut ist*

Mu·si·kus *der* <-s, -se/Musizi> *(scherzh.) Musiker*

mu·sisch *adj* ❶ */keine Steigerung / (≈ künstlerisch) die (schönen) Künste betreffend:* Er hat eine musische Erziehung genossen.; Sie besucht ein musisches Gymnasium. ❷ *künstlerisch begabt:* Sie ist ein sehr musischer Mensch.

mu·si·zie·ren *ohne OBJ* ■ *jmd. musiziert Musik machen oder spielen:* Wir haben in der Familie oft zusammen musiziert.

Mus·kat *der* <-(e)s, -e> *ein Gewürz*

Mus·kat·blü·te *die* <-s, -> *Hülle der Muskatnuss*

Mus·ka·tel·ler *der* <-s, -> *eine Weinsorte*

Mus·kat·nuss *die* <-, -nüsse> *ein Gewürz*

Mus·kel *der* <-s, -n> ANAT. *elastisches Gewebe im Körper, das der Bewegung dient:* Er hat trainierte/schlaffe Muskeln. ◆-anstrengung, -schmerz, -schwäche, -training, Arm-, Bauch-, Bein-, Gesäß-, Gesichts-, Herz-, Rücken-, Waden-

Mus·kel·fleisch *das* <-(e)s> */kein Plur./ Fleisch, das nur aus Muskeln besteht*

Mus·kel·ka·ter *der* <-s> */kein Plur./ (umg.) durch Verhärtung der Muskeln auftretender Schmerz nach (ungewohnten) körperlichen Anstrengungen:* Nach dem gestrigen Training habe ich heute einen ziemlichen Muskelkater.

Mus·kel·pa·ket *das* <-(e)s -e> *(umg.) jmd., der sehr ausgeprägte Muskeln hat:* Durch den Kraftsport ist er ein richtiges Muskelpaket geworden.

M

Mus·kel·protz *der* <-(e)s, -e> *(umg. abwert.)* *jmd., der mit seinen Muskeln, seiner Stärke prahlt*

Mus·ke·te *die* <-, -n> *ein veraltetes Gewehr mit großem Kaliber*

mus·ku·lär *adj /nicht steig./ auf Muskeln bezogen*

Mus·ku·la·tur *die* <-, -en> *alle Muskeln des Körpers oder die eines bestimmten Körperteils* ◆ Herz-, Skelett-

mus·ku·lös *adj /nicht steig./ (≈ athletisch) mit kräftigen Muskeln versehen:* Er hat vom Rudern mukulöse Arme bekommen.

Müs·li *das* <-(s), -(s)> *Möchtest du ein Müsli zum Frühstück?; siehe auch* **Müesli**

Mus·lim *der*, **Mus·li·min** <-s, -e> REL.

mus·li·misch *siehe* **moslemisch**

Muss *das* <-> */kein Plur./ Notwendigkeit:* Die neue CD ist ein absolutes Muss für Fans und solche, die es werden wollen.

Muss·be·stimm·ung *die* <-, -en> *(↔ Kannbestimmung) eine Vorschrift, die unbedingt eingehalten werden muss*

Mu·ße *die* <-> */kein Plur./ (≈ Freizeit) freie Zeit, in der man in Ruhe seinen Interessen nachgehen kann:* Zum Lesen fehlt mir momentan die Muße.

Mus·se·lin *der* <-s, -e> *eine Stoffart*

müs·sen[1] <musst, musste, hat gemusst> *ohne OBJ* ■ *jmd.* **muss** Wir müssen zum Zug.; Ich muss mal (zur Toilette).; Der Brief muss noch heute zur Post.

müs·sen[2] <musst, musste, hat müssen> */Hilfsverb/* ❶ *eine (unterschiedlich begründbare) Notwendigkeit ausdrückend. so dass man gezwungen ist, etwas zu tun:* Ich muss noch Brot kaufen.; Wir mussten zwei Stunden warten.; Du musst mir unbedingt helfen.; Als sie das hörte, musste sie lachen.; Alle Menschen müssen sterben. ❷ *eine Vermutung oder Wahrscheinlichkeit ausdrückend:* Ja, so muss es gewesen sein.; Er muss jeden Augenblick kommen. ❸ */im Konjunktiv Prät. verwendet/ einen Wunsch ausdrückend:* So schön müsste das Wetter während des ganzen Urlaubs bleiben.

Mu·ße·stun·de *die* <-, -n> *Zeitspanne der Muße*

mü·ßig *adj* ❶ *faul, untätig, träge:* Sie sitzt müßig herum und tut nichts. ❷ *ruhig und entspannt:* Er genoss die müßigen Stunden am Wochenende. ❸ *(≈ unnütz, vergeblich) überflüssig:* Es wäre müßig, noch weiter darüber nachzudenken.

Mü·ßig·gang *der* <-(e)s> */kein Plur./ (geh. abwert.) das Untätig- bzw. Faulsein; Nichtstun*

Mü·ßig·gän·ger *der*, **Mü·ßig·gän·ge·rin** <-s, -> *(geh. abwert.) jmd., der sehr viel freie Zeit hat und nichts tut*

mü·ßig·ge·hen <gehst müßig, ging müßig, ist müßiggegangen> *ohne OBJ* ■ *jmd.* **geht müßig** *faul sein*

Mus·tang *der* <-s, -s> *Bezeichnung für ein Präriepferd in Nordamerika*

Mus·ter *das* <-s, -> ❶ *(≈ Modell, Plan) Vorlage:* Diese Jacke ist nach einem Muster gestrickt. ◆ Häkel-, Näh-, Schnitt-, Strick- ❷ *(≈ Ornament) regelmäßige, sich wiederholende Verzierung/Zeichnung:* Welches Muster hat die Tapete? ◆ Blumen-,

Karo-, Streifen- ❸ *Schema, feste Vorgehensweise:* Die Einbrüche folgten einem festen Muster. ◆ Handlungs-, Verhaltens- ❹ *Warenprobe:* Ich habe ein Muster dieser Wolle angefordert. ◆ Waren-

Mus·ter- *als Erstglied zusammengesetzter Substantive; drückt aus, dass das mit dem Zweitglied Bezeichnete sehr vorbildlich ist/eine Vorbildfunktion hat* ◆ -beispiel, -betrieb, -ehe, -exemplar, -gatte, -gattin, -land, -schüler(in)

mus·ter·gül·tig *adj /nicht steig./ vorbildlich:* In seinen Unterlagen herrscht eine mustergültige Ordnung.

Mus·ter·gül·tig·keit *die* <-> */kein Plur./ vorbildliche Art*

mus·ter·haft *adj mustergültig*

Mus·ter·kar·te *die* <-, -n> *eine Karte mit verschiedenen Mustern[1] (beispielsweise Farben, Stoffe), die zur Auswahl stehen*

Mus·ter·kla·ge *die* <-, -n> RECHTSW. *ein Gerichtsfall, der als Vorlage für das Lösen anderer Fälle dient*

Mus·ter·kna·be *der* <-n, -n> *(abwert.) jmd., der übertrieben vorbildlich lebt:* Ein Musterknabe tut stets, was Eltern, Lehrer oder Vorgesetzte (von ihm) wollen.

Mus·ter·kof·fer *der* <-s, -> *ein Koffer, der Warenproben enthält*

Mus·ter·mes·se *die* <-, -n> *eine Messe[4], auf der nur Warenproben ausgestellt werden:* Auf der Mustermesse konnten sich die Händler ein Bild vom Warenangebot der Aussteller machen.

mus·tern <musterst, musterte, hat gemustert> *mit OBJ* ■ *jmd.* **mustert jmdn./etwas (irgendwie)** ❶ *(≈ taxieren) sehr genau und kritisch betrachten:* Alle musterten den neuen Kollegen mit neugierigen Blicken. ❷ MILIT. *junge Männer auf Wehrdiensttauglichkeit prüfen* ▶ ausmustern

Mus·ter·sen·dung *die* <-, -en> *eine Sendung von Warenproben*

Mus·te·rung *die* <-, -en> MILIT. *Untersuchung, ob jmd. für den Wehrdienst geeignet ist*

Mus·te·rungs·be·scheid *der* <-(e)s, -e> *schriftliche Aufforderung zur Musterung*

Mus·ter·zeich·ner *der*, **Mus·ter·zeich·ne·rin** <-s, -> *jmd., der Muster[3] entwirft*

Mut *der* <-(e)s> ❶ *Stimmung/Gefühl der Zuversicht:* froher Mut; Er ging mit frischem Mut an die Arbeit. ◆ Lebens- ❷ *(≈ Courage ↔ Feigheit) die Haltung, dass man auf Gefahren zugeht und etwas tut, obwohl man Angst hat:* Dazu gehörte großer Mut; Wir haben uns gegenseitig Mut zugesprochen.; Wir sollten den Mut jetzt nicht sinken lassen.; In dieser Situation half nur noch der Mut der Verzweiflung. ▶ anmutig, zumuten ◆ Helden-, Opfer- ◆ Zusammen- oder Getrenntschreibung →R 4.20 Mir ist gar nicht zum Lachen zu Mute/zumute.

Mu·ta·ti·on *die* <-, -en> BIOL. *die bei Lebewesen einer Art von einer Generation zur nächsten auftretende plötzliche Veränderung (der Gene) bestimmter Merkmale*

mu·tie·ren <mutierst, mutierte, ist mutiert> *ohne OBJ* ❶ ■ *jmd./etwas mutiert* BIOL. *der Vor-*

gang der Mutation ❷ ■ **jmd./etwas mutiert zu jmdm./etwas** (umg.) sich (negativ) verändern: Seit er aufs Gymnasium geht ist er zum Streber mutiert.

mu·tig adj (≈ couragiert, tapfer) mit Mut²: Sie ist ein mutiger Mensch.; Das war ein mutiger Entschluss. ▸ wagemutig

mut·los adj (≈ ängstlich, zaghaft) ohne Mut²

Mut·lo·sig·keit die <-> /kein Plur./ der Zustand, dass man keinen Mut² hat

mut·ma·ßen <mutmaßt, mutmaßte, hat gemutmaßt> mit OBJ ■ **jmd. mutmaßt, dass** vermuten: Wir mutmaßten, dass ...

mut·maß·lich adj allem Anschein nach, vermutlich: Das ist der mutmaßliche Täter.

Mut·pro·be die <-, -n> Handlung, mit der man zeigen soll, dass man Mut besitzt: Er hatte die Mutprobe bestanden.

Mut·ter¹ die <-, -n> kleines Stück Metall (mit Loch), mit dem man eine Schraube befestigt: die Mutter fest anziehen ◆Schrauben-

Mut·ter² die <-, Mütter> ❶ eine Frau, die ein Kind oder mehrere Kinder geboren hat ◆-brust, -liebe, -milch, -pass, -pflichten, -stolz ▸bemuttern, Mütterlichkeit ❷ Frau, die in der Rolle einer Mutter Kinder aufzieht oder versorgt: Sie heiratet einen Witwer und will seinen Kindern eine neue Mutter sein. ◆ Heim, Pflege-, Stief-, Tages- ❸ ein weibliches Tier, das Junge hat ◆-schwein, Katzen-

Müt·ter·be·ra·tung die <-> das Informieren von Schwangeren und Müttern in einer Mütterberatungsstelle

Mut·ter·bin·dung die <-, -en> PSYCH. emotionale Bindung eines Kindes an seine Mutter

Müt·ter·chen das <-s, -> ein kleine, alte Frau

Mut·ter·er·de die <-> /kein Plur./ die oberste, humusreiche Bodenschicht

Müt·ter-Ge·ne·sungs·werk das <-(e)s> /kein Plur./ eine Einrichtung, die finanziell schwachen Müttern einen Erholungsurlaub ermöglicht

Mut·ter·got·tes die a. **Mut·ter Got·tes** die <-> /kein Plur./ REL. Maria, die Mutter Jesu

Mut·ter·haus das <-es, Mutterhäuser> ❶ Haus, in dem (kirchliche) Krankenschwestern ausgebildet werden ❷ REL. Kloster, in dem sich die Leitung eines kirchlichen Ordens befindet

Mut·ter·in·s·tinkt der <-(e), -e> angeborenes Gefühl einer Mutter, für ihr Kind verantwortlich zu sein

Mut·ter·kom·plex der <-es> /kein Plur./ ❶ zu starke emotionale Bindung eines (männlichen) Kindes an die Mutter ❷ übertriebenes Bedürfnis einer Frau, für andere zu sorgen

Mut·ter·korn das <-(e)s, -e> eine Art Pilz, der Getreide befällt

Mut·ter·ku·chen der <-s> /kein Plur./ ein Organ, das dem Stoffaustausch zwischen Mutter und Embryo während der Schwangerschaft dient

Mut·ter·leib der <-(e)> /kein Plur./ die Gebärmutter, in der das Kind bis zu seiner Geburt lebt; ■ **von Mutterleib an** von Kindheit an

müt·ter·lich adj ❶ /nicht steig./ von der Mutter kommend, mit der Mutter verwandt: Sie hatte das

mütterliche Geschäft übernommen. ❷ in der Art einer Mutter: Sie ist ein sehr mütterlicher Typ.

müt·ter·li·cher·seits adv aus der Verwandtschaft der Mutter: Das sind meine Großeltern mütterlicherseits.

Müt·ter·lich·keit die /kein Plur./ die Eigenschaft, dass jmd. wie eine Mutter fühlt und handelt.

Mut·ter·mal das <-s, -e> ein brauner Hautfleck

Mut·ter·milch die <-> /kein Plur./ Milch aus der Brust der Mutter, mit der sie das Baby ernährt

Mut·ter·mund der <-(e)s> /kein Plur./ MED. Öffnung der Gebärmutter zur Scheide hin

Mut·ter·pass der <-es, Mutterpässe> ein kleines Buch mit medizinischen Informationen, das eine schwangere Frau von ihrem Arzt bekommt

Mut·ter·recht das <-s> /kein Plur./ (≈ Matriarchat ↔ Patriarchat, Vaterrecht) Zustand einer Gesellschaft und Kultur, wo die Frauen in Familie und Staat bestimmen ▸mutterrechtlich

Mut·ter·rol·le die <-, -n> ❶ neue Lebensweise einer Frau, die ihr erstes Kind geboren hat: Jetzt beginnt für sie die Mutterrolle. ❷ die Art, in der eine Frau die Aufgaben einer Mutter bei eigenen oder fremden Kindern erfüllt: Die Tante hat einige Jahre lang die Mutterrolle übernommen.

Mut·ter·schaf das <-(e)s, -e> ein weibliches Schaf, das Junge hat

Mut·ter·schaft die <-> /kein Plur./ der Zustand, dass eine Frau Mutter ist oder wird

Mut·ter·schafts·geld das <-(e)s> /kein Plur./ Geld, das eine berufstätige Frau für eine bestimmte Zeit vor und nach der Geburt (wenn sie nicht arbeiten gehen kann) statt ihres Lohns oder Gehalts bekommt

Mut·ter·schafts·ur·laub der <-(e)s> /kein Plur./ der vom Gesetz vorgeschriebene Urlaub, den eine Frau ab sechs Wochen vor der Geburt bekommt: Die Sekretärin ist in Mutterschaftsurlaub gegangen.

Mut·ter·schiff das <-(e)s, -e> ein Schiff, das kleinere Schiffe begleitet und mit Vorräten versorgt

Mut·ter·schutz der <-es> /kein Plur./ RECHTSW. alle Gesetze, die dem Schutz berufstätiger Frauen (eine bestimmte Zeit) vor und nach der Geburt eines Kindes dienen

mut·ter·see·len·al·lein adv völlig allein

Mut·ter·söhn·chen das <-s, -> (umg. abwert.) junger Mann, der von seiner Mutter abhängig ist oder als sehr unselbständig angesehen wird

Mut·ter·spra·che die <-, -n> Sprache, die jmd. als Kind von seinen Eltern lernt: Deutsch ist meine Muttersprache.; siehe auch **Erstsprache, Spracherwerb**

Mut·ter·sprach·ler der, **Mut·ter·sprach·le·rin** die <-s, -> SPRACHWISS.

Mut·ter·stel·le die ■ **an/bei jemandem die Mutterstelle vertreten** für jmdn. wie eine Mutter sorgen

Mut·ter·tag der <-(e)s, -e> Tag zu Ehren der Mütter: Am zweiten Sonntag im Mai ist Muttertag.

Mut·ter·witz der <-es> /kein Plur./ Schläue, Pfiffigkeit

Mut·ti die <-, -s> (umg.) Mutter

mut·wil·lig adv (≈ absichtlich, vorsätzlich) mit Ab-

M

sicht, um zu provozieren: Sie hatten das Auto mutwillig beschädigt.

Müt·ze *die* <-, -n> *eine Kopfbedeckung aus Wolle oder Stoff* ◆Fell-, Pelz-, Schirm-, Strick-, Woll-, Zipfel-

MwSt. *Abkürzung von* **Mehrwertsteuer**

My·an·mar *das* ['mi̯a...] <-s> *Staat in Hinterindien* ▸ Myanmare, Myanmarin, myanmarisch

My·ko·se *die* <-, -n> MED. *Pilzkrankheit*

My·om *das* <-(e)s, -e> MED. *eine gutartige Geschwulst des Muskelgewebes*

My·on *das* <-s, Myonen> PHYS. *ein Elementarteilchen*

My·ri·a·de *die* <-, -n> */meist Plur./ (geh.) sehr große Anzahl:* Am Nachthimmel konnte man Myriaden von Sternen sehen.

Myr·re *die siehe* **Myrrhe**

Myr·rhe, *a.* **Myr·re** *die* <-, -n> */Plur. selten/ eine gut duftende Mischung aus Harz und verschiedenen Ölen* ◆-nöl, -ntinktur

Myr·te *die* <-, -n> *ein Strauch mit kleinen weißen Blüten* ◆-nzweig

Myr·ten·kranz *der* <-es, ...-kränze> *Brautkranz aus Myrtenzweigen*

Mys·te·ri·en·spiel *das* <-(e)s, -e> REL. *geistliches Drama der Antike und des christlichen Mittelalters*

mys·te·ri·ös *adj* (≈ *rätselhaft) geheimnisvoll, seltsam und unerklärlich:* Was war das für ein mysteriöser Brief?

Mys·te·ri·um *das* <-s, Mysterien> *(geh.)* ❶REL. *Geheimnis des Glaubens* ❷*etwas Unerklärliches, Rätselhaftes:* Warum er bei dem Unfall nicht verletzt wurde, das bleibt ein Mysterium.

Mys·ti·fi·ka·ti·on *die* <-, -en> ❶*(geh.) das Mystifizieren* ❷*(veralt.) Täuschung*

mys·ti·fi·zie·ren *mit OBJ* ■ *jmd.* **mystifiziert** *jmdn./etwas* ❶*(geh.) etwas geheimnisvoll erscheinen lassen:* die Schöpfung mystifizieren ❷*(veralt.) täuschen*

Mys·ti·fi·zie·rung *die* <-, -en> *Mystifikation*

Mys·tik *die* <-> */kein Plur./* REL. *eine Form von religiöser Praxis, in der die Verbindung zu Gott intensiv erlebt wird:* Mystik gibt es in vielen Religionen.

Mys·ti·ker *der,* **Mys·ti·ke·rin** <-s, -> REL. *jmd., der der Richtung der Mystik angehört*

mys·tisch *adj /nicht steig./* REL. ❶*zur Mystik gehörig* ❷*geheimnisvoll:* In der Kirche herrschte mystisches Dunkel.; Er hüllte sich in mystisches Schweigen.

Mys·ti·zis·mus *der* <-, Mystizismen> ❶REL. *eine Art von Wunderglaube in Religionen* ❷*die Eigenschaft, dass jmd. sich gerne mit geheimnisvollen Dingen beschäftigt*

My·then·bil·dung *die* <-, -en> *das Entstehen von Mythen* [1, 2]

my·thisch *adj /nicht steig./ zum Mythos* [1] *gehörig*

My·tho·lo·gie *die* <-, ...-gien> REL. ❶*Gesamtheit der Mythen* [1] *eines Volkes* ❷*/kein Plur./ Wissenschaft von den Mythen* [1]

my·tho·lo·gisch *adj /nicht steig./ zur Mythologie* [1] *gehörig*

My·thos, *a.* **My·thus** *der* <-, Mythen> ❶*überlieferte Legende/Sage/Erzählung aus alter Zeit, besonders zu Göttern, Helden, zur Entstehung der Welt etc.:* Mythen der Antike; Dieser Mythos erzählt, wie die Welt erschaffen wurde. ◆Götter-, Helden-, Schöpfungs- ❷*kollektive (und irrationale) Vorstellung, die etwas erklärt/verspricht, der man aber kaum Glauben schenkt:* Mythen alternativer Heilmethoden; politische Mythen, wie z.B. der Mythos vom Kampf der Kulturen ❸*jmd., der wie ein Held aus einem Mythos* [1] *wirkt.:* Gandhi war schon zu Lebzeiten ein Mythos.; der Mythos Marylin Monroe oder der Mythos Napoleon

My·zel *die* <-s, -ien> BOT. *die unter der Erde ausgebreiteten Wurzeln der Pilze*

Nn

N, n *das* <-, -(s)> *der vierzehnte Buchstabe des Alphabets:* ein großes N; ein kleines n

na *part (umg.)* ❶ *verwendet, um eine vertrauliche Frage einzuleiten:* Na, wie geht es dir?; Na, wie hat dir das Essen gefallen? ❷ *verwendet, um Erleichterung oder Zustimmung auszudrücken:* Na also!; Na endlich!; Na eben!; Na bitte! ❸ *verwendet, um eine Aufforderung einzuleiten und Ungeduld auszudrücken:* Na, wird's bald?; Na, jetzt aber los!; Na, das wurde aber auch Zeit! ❹ *verwendet, um jmdn. scherzhaft zu kritisieren:* Na, na, na, das tut man aber nicht! ❺ *verwendet, um Erstaunen auszudrücken:* Na sowas! ❻ *verwendet, um auszudrücken, dass man etwas akzeptiert, ohne es jedoch wirklich zu wollen:* Na gut.; Na schön.; Na ja. ❼ *verwendet, um auszudrücken, dass etwas eingetreten ist, auf das man gewartet oder das man erwartet hat:* Na also, habe ich es nicht gleich gesagt!; Na bitte! ❽ *verwendet, um unhöflich auszudrücken, dass einem eine Sache oder eine Äußerung eigentlich egal ist:* Na und? ❾ *verwendet, um jmdm. zu drohen:* Na warte, das werde ich dir heimzahlen!

Na·be *die* <-, -n> TECHN. *die Mitte eines Rades, durch die die Achse führt* ◆-ngangschaltung, Rad-

Na·bel *der* <-s, -> ANAT. *eine kleine Vertiefung in der Mitte der Oberfläche des Bauches;* ■ **der Nabel der Welt** *(umg.) das Zentrum der Aktivitäten, der wichtigste Platz* ◆Bauch-

Na·bel·bruch *der* <-s, Nabelbrüche> MED. *eine Art Bruch im Bereich des Nabels, durch den Teile der Baucheingeweide nach außen treten*

Na·bel·schnur *die* <-, Nabelschnüre> *eine Art dünner Schlauch, der den Embryo im Bauch der Mutter mit Nahrung versorgt und der nach der Geburt durchtrennt wird*

nach *präp* +Dat. ❶ *gibt an, dass etwas später als der genannte Zeitpunkt oder das genannte Geschehen passiert:* Nach dem Essen gingen wir spazieren.; Sie kamen nach einer Stunde zurück.; Nach dem Kino gehen wir noch etwas trinken. ❷ *gibt die Minuten an, die auf eine Stunde folgen:* Es ist schon zwanzig nach vier!; Der Zug geht um zehn nach drei.; *siehe auch* **vor** ❸ *gibt die Richtung zu einem Ziel hin an:* Sie fahren nach Spanien.; Sie ging nach Hause.; Ich ziehe nach München.; *siehe auch* **in** ❹ *gemäß, entsprechend:* Er ging genau nach den Anweisungen vor.; Nach dem Gesetz ist dies aber verboten.; Den Börsenkursen nach ist die Wirtschaft in einer Krise. ❺ *bezeichnet in einer Reihenfolge etwas oder jmdn., dem sofort etwas oder jmd. folgt:* Nach der Vorspeise kommt das Hauptgericht.; Nach dem Letzten in der Schlange komme aber ich dran!; Einer nach dem anderen verließ den Saal. ❻ */nachgestellt / hinter-her:* Gehen Sie den Gleisen nach und Sie kommen dann direkt zum Bahnhof.; Mir nach!; Wir müssen ihm nach! ❼ */nachgestellt / im Sinne von etwas:* dem ursprünglichen Absicht nach; dem Verhalten nach; dem Anschein nach; ■ **nach und nach** *drückt eine langsame zeitliche Entwicklung aus* Nach und nach wendeten sich die Dinge zum Guten.; ■ **nach wie vor** *drückt aus, dass keine Veränderung stattgefunden hat* Die Regeln gelten nach wie vor!; ■ **Nach Ihnen!** *verwendet, um höflich auszudrücken, dass man jmdm. den Vortritt gewährt*

nach·äf·fen <äffst nach, äffte nach, hat nachgeäfft> *mit OBJ* ■ **jmd. äfft jmdn./etwas nach** *(abwert.) jmdn. oder etwas in übertriebener Weise nachmachen:* Die Schüler äfften den Gang des Lehrers nach.; Er äfft häufig seinen Opa nach.

nach·ah·men <ahmst nach, ahmte nach, hat nachgeahmt> *mit OBJ* ❶ ■ **jmd. ahmt jmdn./etwas nach** *sich so benehmen, dass es einer Person oder einem bestimmten Verhalten sehr ähnlich ist:* Er ahmt immer seinen Vater nach.; Sie ahmt den Gang der Diva nach. ❷ ■ **jmd. ahmt etwas nach** (≈ *imitieren) einen Laut oder Worte so hervorbringen, dass es wie ein bestimmter Laut oder eine bestimmte Stimme klingt:* Sie konnte gut den Ruf der Nachtigall nachahmen.

nach·ah·mens·wert *adj so, dass etwas es wert ist, dass andere es nachahmen*

Nach·ah·mung *die* <-, -en> *das Nachahmen*

Nach·ah·mungs·trieb *der* <-(e)s, -e> BIOL., PSYCH. *der Drang, etwas oder jmdn. nachzuahmen*

Nach·bar *der;* **Nach·ba·rin** <-n/-s, -n> ❶ *jmd., der direkt neben oder ganz in der Nähe von jmdm. wohnt* ◆Haus-, Wohnungs-, Zimmer- ❷ *jmd., der neben jmdm. sitzt* ◆Bank-, Tisch- ❸ */nur Plur./ die angrenzenden Staaten:* unsere Nachbarn im Osten

Nach·bar- *als Erstglied zusammengesetzter Substantive; drückt aus, dass das mit dem Zweitglied Bezeichnete sich räumlich ganz in der Nähe/in einem angrenzenden Bereich befindet* ◆-dorf, -garten, -land, -ort, -sfamilie, -sfrau, -skind, -staat, -tisch, -zimmer

Nach·bar·haus *das* <-es, Nachbarhäuser> *das Wohnhaus, das direkt neben einem Wohnhaus steht*

nach·bar·lich *adj /nur attr./ /nicht steig./* ❶ *so, dass es dem Nachbarn[1] gehört:* Im nachbarlichen Garten findet morgen eine Party statt. ❷ *so, dass sich Nachbarn[1, 3] gut verstehen und untereinander helfen:* Die nachbarliche Hilfe war vorbildlich.

Nach·bar·recht *das* <-s> /kein Plur./ RECHTSW. *Vorschriften des Zivilrechts, die die Interessen von Nachbarn[1] regeln:* Nach dem Nachbarrecht muss der Abstand zwischen den Grundstücken festgelegt werden.

Nach·bar·schaft *die* <-, -en> ❶ */kein Plur./ die Menge der Nachbarn[1]:* Die ganze Nachbarschaft hat sich versammelt. ❷ *das Gebiet in der unmittelbaren Nähe von jmdm. oder etwas:* In meiner Nachbarschaft gab es keinen Bäcker. ❸ *die Beziehung zwischen Nachbarn[1]:* gute Nachbarschaft halten ◆-shilfe ▶ nachbarschaftlich

Nach·bar·wis·sen·schaft *die* <-, en> *ein wissen-*

schaftliches Fach, das in enger Beziehung zu einem anderen wissenschaftlichen Fach steht: In der Sozialgeschichte wird die Soziologie als Nachbarwissenschaft der Geschichtswissenschaft definiert.

Nach·bau *der* <-(e)s, -ten> ARCHIT. *eine Art Kopie eines Gebäudes*

Nach·be·ben *das* <-s, -> *ein Erdbeben, das einem anderen Erdbeben folgt, aber nicht mehr so stark ist:* Nach dem verheerenden Erdbeben hatten die Überlebenden Angst vor Nachbeben.

nach·be·han·deln <behandelst nach, behandelte nach, hat nachbehandelt> *mit OBJ* ■ *jmd. behandelt jmdn./etwas nach* jmdn. oder etwas nach etwas noch einmal behandeln: Nach der schweren Operation musste der Patient mehrmals nachbehandelt werden.; Wenn man den Lack etwas nachbehandelt, glänzt er wirklich schön.

Nach·be·hand·lung *die* <-, -en> ❶ MED. *die medizinische Betreuung eines Patienten nach einer Operation oder einer anderen medizinischen Behandlung* ❷ *nochmalige Bearbeitung eines Gegenstandes oder Materials, meistens um eine Korrektur auszuführen:* Der Zahnersatz wurde zur Nachbehandlung ins Labor geschickt.

nach·be·rei·ten <bereitest nach, bereitete nach, hat nachbereitet> *ohne OBJ* ■ *jmd. bereitet etwas nach* den Inhalt von etwas vertiefen oder ergänzen: Wir sollten besonders die ersten beiden Kapitel nachbereiten.; Diese Lektion müsst ihr zu Hause nachbereiten.

nach·bes·sern <besserst nach, besserte nach, hat nachgebessert> *mit OBJ* ■ *jmd. bessert etwas nach* etwas noch einmal bearbeiten, um vorhandene Fehler zu korrigieren und es somit besser zu machen: Der Tischler musste den Schrank nachbessern, weil die Türen klemmten.

Nach·bes·se·rung, Nach·bess·rung *die* <-, -en> *Vorgang, dass etwas noch einmal bearbeitet wird, um es besser zu machen*

nach·be·stel·len <bestellst nach, bestellte nach, hat nachbestellt> *mit OBJ* ■ *jmd. bestellt etwas nach* etwas zu einem späteren Zeitpunkt noch einmal bestellen: Bei diesem Geschirr können Sie natürlich Einzelteile auch nachbestellen.

Nach·be·stel·lung *die* <-, -en> *Vorgang, dass etwas nachbestellt wird*

nach·be·ten <betest nach, betete nach, hat nachgebetet> *mit OBJ* ❶ ■ *jmd. betet etwas nach* (umg. abwert.) jmd. übernimmt ohne Kritik eine Meinung oder eine Idee von jmd. anderem und wiederholt sie: Statt sich selbst Gedanken zu machen, hat er nur die Meinung seines Freundes nachgebetet. ❷ ■ *jmd. betet etwas nach* ein Gebet nachsprechen: Der Pfarrer spricht ein Gebet und die Gemeinde betet es nach.

nach·be·zah·len <bezahlst nach, bezahlte nach, hat nachbezahlt> *mit OBJ* ■ *jmd. bezahlt etwas nach* jmd. bezahlt zu einem späteren Zeitpunkt für etwas zusätzlich Geld: Leider müssen Sie für diesen Zug einen Zuschlag nachbezahlen.

nach·bil·den <bildest nach, bildete nach, hat nachgebildet> *mit OBJ* ■ *jmd. bildet etwas nach* jmd. gestaltet etwas so, dass es dem Origi-

nal sehr ähnlich ist: Für den Film wurden viele Bauten des alten Rom nachgebildet.

Nach·bil·dung *die* <-, -en> ❶ *das Nachbilden* ❷ *etwas, das nachgebildet wurde:* Dieses Ausstellungsstück ist nur eine Nachbildung, da das Original verschollen ist.

nach·bli·cken <blickst nach, blickte nach, hat nachgeblickt> *ohne OBJ* ■ *jmd. blickt jmdm./etwas nach* (≈ hinterherschauen) auf jmdn. oder etwas blicken, der/das sich entfernt: Stumm blickte er ihr nach, als sie langsam die Straße hinunter ging.

nach·boh·ren <bohrst nach, bohrte nach, hat nachgebohrt> *ohne OBJ* ■ *jmd. bohrt (irgendwie) nach* (umg.) immer wieder fragen, um eine Antwort zu bekommen: Sie musste immer wieder nachbohren, um alle Fragen zu klären.

nach·da·tie·ren <datierst nach, datierte nach, hat nachdatiert> *mit OBJ* ■ *jmd. datiert etwas nach* jmd. gibt für etwas ein früheres Datum als das tatsächliche Datum an: eine Rechnung nachdatieren; einen Brief nachdatieren

nach·dem *konj* ❶ *drückt aus, dass die Handlung des Nebensatzes zeitlich vor der Handlung des Hauptsatzes liegt:* Nachdem er sie besucht hatte, ging er nach Hause.; Nachdem er gefrühstückt hatte, begann er mit der Arbeit. ❷ *(umg. o veralt.:* ≈ *weil, da) drückt aus, dass der Sachverhalt des Nebensatzes die Ursache für den Sachverhalt des Hauptsatzes darstellt:* Nachdem das Konzert länger gedauert hat, haben wir den Zug verpasst.

nach·den·ken <denkst nach, dachte nach, hat nachgedacht> *ohne OBJ* ■ *jmd. denkt (über jmdn./etwas) nach* jmd. stellt sich etwas oder eine Situation vor, und macht sich dabei viele Gedanken: Über den Unfall hatte sie später viel nachgedacht.; Denk doch erst mal nach, bevor du dieser Aufgabe anfängst!

nach·denk·lich *adj* ❶ *so, dass jmd. oft sehr konzentriert nachdenkt:* Er ist ein nachdenklicher Mensch. ❷ *so, dass es offensichtlich ist, dass jmd. gerade nachdenkt:* Sie machte ein nachdenkliches Gesicht, als sie fragte.; ■ **nachdenklich werden** *von etwas betroffen sein und beginnen, darüber nachzudenken* Er wurde nachdenklich, als man ihm die Geschichte erzählte.

Nach·druck¹ *der* <-(e)s> /kein Plur./ ❶ *Mittel, mit denen jmd. etwas erreichen oder schaffen will:* In dieser Angelegenheit hatte er seine Nachforschungen mit Nachdruck betrieben.; Er arbeitete mit Nachdruck an diesem Projekt. ❷ *besondere Betonung, mit der jmd. auf etwas für ihn sehr Wichtiges hinweist:* Um den Kern ihrer Überlegungen zu betonen, wiederholte sie die letzten Sätze mit besonderem Nachdruck.; Hast du nicht gemerkt, welchen Nachdruck sie speziell auf diesen Teil ihrer Ausführungen legte?

Nach·druck² *der* <-(e)s, -e> ❶ *das Nachdrucken eines Buches o. Ä.:* Nachdruck nur mit Erlaubnis des Verlags! ❷ *die unveränderte Ausgabe eines Buches oder mehrerer Bände:* unveränderter Nachdruck der Ausgabe von 1970

nach·dru·cken <druckst nach, druckte nach, hat nachgedruckt> *mit OBJ* ■ *jmd./etwas druckt*

etwas nach *jmd. oder etwas erstellt einen Nachdruck²:* Der Verlag entschloss sich, dieses Werk unverändert nachzudrucken.; *Illegal hatten sie eine große Menge des Bestsellers nachgedruckt.*

nach·drück·lich *adj mit Nachdruck¹:* Die Experten warnten nachdrücklich vor den Gefahren eines solchen Versuchs.

nach·dun·keln *<dunkelt nach, dunkelte nach, ist/hat nachgedunkelt> ohne OBJ* ■ **etwas dunkelt nach** *etwas bekommt allmählich eine dunklere Farbe:* Das Leder der Tasche dunkelt mit der Zeit nach.

nach·ei·fern *<eiferst nach, eiferte nach, hat nachgeeifert> ohne OBJ* ■ **jmd. eifert jmdm. (in etwas Dat.) nach** *versuchen, alles genauso zu machen, wie eine Person, die als ein Vorbild angesehen wird:* Stets eiferte sie ihrer Schwester in Aussehen und Verhalten nach.

nach·ei·len *<eilst nach, eilte nach, ist nachgeeilt> ohne OBJ* ■ **jmd. eilt jmdm./etwas nach** *(geh.) versuchen jmdn. oder etwas, der/das schon weg ist, einzuholen:* Kaum hatte sie das Haus verlassen, als er ihr schon aufgeregt nacheilte.; Im raschen Galopp eilten sie der Kutsche nach.

nach·ei·n·an·der, *a.* **nach·ei·n·an·der** *adv verwendet, um auszudrücken, dass eine Person oder Sache nach der anderen in kurzer zeitlicher Abfolge oder räumlichen Abständen folgt:* Sie kamen nacheinander aus der Bank.; Wir sollten die einzelnen Arbeitsschritte besser nacheinander erledigen.; Die Läufer starteten kurz nacheinander.

nach·emp·fin·den *<empfindest nach, empfand nach, hat nachempfunden> mit OBJ* ■ **jmd. empfindet etwas nach** *die Gefühle und Gedanken von jmdm. so gut verstehen, als ob man sie selbst hätte:* Ich kann ihre Enttäuschung nachempfinden, ich war schon in der gleichen Lage.; ■ **etwas ist einer Person nachempfunden** *etwas ist so gestaltet, als ob es von jmdm. anders gemacht wäre* Dieses Gemälde ist eindeutig Vincent van Gogh nachempfunden.

Na·chen *der <-s, -> (geh.) kleines Boot, Kahn*

nach·er·zäh·len *<erzählst nach, erzählte nach, hat nacherzählt> mit OBJ* ■ **jmd. erzählt etwas nach** *den Inhalt einer Geschichte, einer Erzählung, eines Buches o. Ä. genau mit eigenen Worten wiedergeben:* Selbst nach einer Woche konnte er den Film noch gut nacherzählen.

Nach·er·zäh·lung *die <-, -en> Text, der den Inhalt einer Geschichte, Erzählung, eines Buches o. Ä. genau wiedergibt:* Zuerst haben wir die Geschichte gelesen, dann mussten wir eine Nacherzählung schreiben.

Nach·fahr, Nach·fah·re *der <-(e)n, -(e)n> (geh.:* ≈ *Nachkomme ↔ Vorfahr(e)) eines der Kinder/einer der Enkel oder Urenkel usw. von einer bestimmten Person:* keine Nachfahren haben; Auch alle Nachfahren des Unternehmers leiteten Betriebe.

nach·fah·ren *<fährst nach, fuhr nach, ist nachgefahren> ohne OBJ* ■ **jmd. fährt (jmdm./etwas) nach** *hinter jmdm. oder etwas in die gleiche Richtung fahren:* Fahren Sie dem Polizeiwagen nach!

nach·fas·sen *<fasst nach, fasste nach, hat nachgefasst> mit OBJ/ohne OBJ* ❶ ■ **jmd. fasst etwas nach** *(umg.) sich noch einmal eine Portion Essen holen:* Ich bin noch nicht satt, ich fasse noch eine Portion Gemüse nach. ❷ ■ **jmd. fasst nach** *noch einmal zugreifen, weil man etwas beim ersten Mal nicht richtig gefasst hat:* Er musste noch einmal nachfassen, sonst wäre der Schrank weggerutscht.

nach·fei·ern *<feierst nach, feierte nach, hat nachgefeiert> mit OBJ* ■ **jmd. feiert etwas nach** *etwas an einem späteren Zeitpunkt als an dem des eigentlichen Anlasses feiern:* Wir feiern seinen Geburtstag nach, wenn er aus dem Krankenhaus kommt.

Nach·fol·ge *die <-> /kein Plur./ der Vorgang, dass jmd. das Amt, die Funktion oder die Arbeit eines anderen übernimmt:* Nach dem Tod des Präsidenten trat er dessen Nachfolge an.; In der Firma musste die Nachfolge des Chefs geregelt werden.

Nach·fol·ge·mo·dell *das <-s, -e> ein Produkt, das neu ist und ein älteres ähnliches Modell in der Herstellung und im Handel ablöst:* Das Nachfolgemodell des erfolgreichen Kleinwagens verbraucht nur 3 Liter auf 100 km.

nach·fol·gen *<folgst nach, folgte nach, ist nachgefolgt> ohne OBJ* ❶ ■ **jmd. folgt jmdm. nach** *jmdm. folgen, um ihn einzuholen, oder um an den selben Ort zu kommen:* Er folgte seiner Freundin drei Tage später in den Urlaub nach. ❷ ■ **jmd. folgt jmdm. nach** *die Arbeit oder die Funktion von jmdm. übernehmen:* Er ist seinem Vater als Geschäftsführer nachgefolgt.

nach·fol·gend *adj /nicht steig./ so, dass etwas zeitlich oder räumlich folgt:* Die nachfolgenden Passagen sollten die Schüler besonders sorgfältig lesen. ◆ Großschreibung →R 3.7 Das Nachfolgende/Nachfolgendes ist besonders zu beachten.; Im Nachfolgenden wird dies noch genauer ausgeführt.

Nach·fol·ger *der,* **Nach·fol·ge·rin** *<-s, -> jmd., der das Amt oder die Funktion eines anderen übernimmt:* einen Nachfolger ernennen

Nach·fol·ge·staat *der <-(e)s, -en> /selten im Sing./ Staat, der auf dem Gebiet eines ehemaligen Staates entstanden ist:* Bosnien, Kroatien, Slowenien sind Nachfolgestaaten des ehemaligen Jugoslawiens.

nach·for·dern *<forderst nach, forderte nach, hat nachgefordert> mit OBJ* ■ **jmd. fordert etwas nach** *etwas zusätzlich verlangen, weil man davon beim ersten Mal nicht genug bekommen hat:* Für die Überstunden forderte die Arbeiter einen extra Lohn nach.

Nach·for·de·rung *die <-, -en> Vorgang, dass etwas (meist Geld) nachgefordert wird:* eine Nachforderung stellen

nach·for·schen *<forschst nach, forschte nach, hat nachgeforscht> ohne OBJ* ■ **jmd. forscht nach** *intensiv versuchen, weitere Informationen über jmdn./etwas zu bekommen:* Um die Ursachen des Flugzeugabsturzes zu klären, muss noch genauer nachgeforscht werden.

Nach·for·schung *die <-, -en> Vorgang, dass nachgeforscht wird:* Nachforschungen anstellen

Nach·fra·ge *die* <-, -n> ❶ /*kein Plur.*/ WIRTSCH.
(↔ *Angebot*) *Wunsch der Käufer oder Kunden, bestimmte Waren oder Dienstleitungen zu bekommen:* Die Nachfrage nach tragbaren Computern
steigt ständig. ❷ *eine Frage, die zusätzlich zu einer anderen gestellt wird, weil man auf die erste
Frage keine ausreichende Antwort bekommen
hat:* Im Interview mit dem Politiker stellte der Reporter viele Nachfragen.; ■**Danke der Nachfrage!** *verwendet als höfliche Antwort auf die
Frage danach, wie es jmdm. geht* Wie geht es dir/
Ihrer Frau? – Danke der Nachfrage! Mir/Ihr geht's
ganz gut.

nach·fra·gen I. *mit OBJ* ■ **jmd. fragt etwas
nach** WIRTSCH. *wünschen, bestimmte Waren oder
Dienstleistungen zu bekommen:* Kurze Hosen
werden diesen Sommer stark nachgefragt. II. *ohne
OBJ* ❶ ■ **jmd. fragt nach** *eine oder mehrere Fragen stellen, um eine Antwort auf etwas zu bekommen, das noch unklar ist:* Er fragte solange nach,
bis er eine Antwort bekam. ❷ ■ **jmd. fragt (bei
jmdm./etwas) (wegen etwas** *Gen./Dat.*) **nach**
*eine Person bei einer Institution fragen, die eine
Information zu einer bestimmten Sache geben
kann:* Er fragte beim Finanzamt wegen der Steuererklärung nach.

Nach·fra·ge·rück·gang *der* <-(e)s, ...-gänge>
WIRTSCH. *der Vorgang, dass die Nachfrage nach bestimmten Waren oder Dienstleistungen geringer
wird:* einen Nachfragerückgang verzeichnen

Nach·frist *die* <-, -en> RECHTSW. *Zeitraum, der eine
Frist verlängert:* einen Antrag auf Nachfrist stellen;
Für die Abgabe der Steuererklärung gewähren wir
Ihnen eine Nachfrist von einem Monat.

nach·füh·len <fühlst nach, fühlte nach, hat nach-
gefühlt> *mit OBJ* ■ **jmd. fühlt (jmdm.) etwas
nach** *sich in die Gefühle von jmdm. hineinversetzen, so dass man sich vorstellen kann und nachempfinden kann, was der andere fühlt:* Deinen Ärger kann ich nachfühlen.

nach·fül·len <füllst nach, füllte nach, hat nachge-
füllt> *mit OBJ/ohne OBJ* ❶ ■ **jmd. füllt etwas
nach** *etwas in einen Behälter füllen, der (fast) leer
geworden ist:* Die Keksdose ist leer, du solltest mal
wieder Plätzchen nachfüllen.; Benzin nachfüllen
❷ ■ **jmd. füllt (jmdm.) (etwas) nach** *ein Glas
von jmdm., das leer ist, mit einem Getränk füllen:*
Kein Saft mehr? Warte, ich fülle mal nach.

Nach·füll·pack *der* <-s, -s> *kurz für „Nachfüllpa-
ckung":* Für das Waschmittel gibt es einen preis-
werten Nachfüllpack.

Nach·füll·pa·ckung *die* <-, -en> *ein Behälter
oder eine Packung, meist mit Waschpulver oder
Putzmittel gefüllt, den/die man kaufen kann und
dessen/deren Inhalt man in die eigentliche, leere
Verpackung oder den Behälter füllt*

nach·ge·ben <gibst nach, gab nach, hat nachge-
geben> *ohne OBJ* ❶ ■ **jmd. gibt (jmdm./et-
was) nach** *etwas erlauben oder etwas tun, zu
dem man vorher nicht bereit war, weil eine andere Person dazu gedrängt oder darum gebeten
hat:* Er gab nach und sie einigten sich in den strittigen Punkten. ❷ ■ **etwas gibt nach** *etwas biegt
sich stark oder geht kaputt, weil die Belastung zu*

stark ist: Der Ast gab unter dem Gewicht der vielen Äpfel nach und brach ab. ❸ ■ **etwas gibt (irgendwie) nach** WIRTSCH. *eine Währung oder ein
oder mehrere Aktienkurse verlieren an Wert:* Der
Euro gab gegenüber dem Dollar etwas nach.; Die
Kurse an den internationalen Börsen geben stark
nach.

Nach·ge·bo·re·ne *der/die* <-n, -n> SOZIOL. (*geh.*)
*die Menschen, die nach einem bestimmten Ereig-
nis oder Zeitpunkt geboren sind:* die Nachgebore-
nen der 68er Generation

Nach·ge·bühr *die* <-, -en> *die Summe an Geld,
die ein Empfänger von einem Paket, einem Brief
o. Ä. der Post zahlen muss, wenn auf den Postsendungen zu wenig Briefmarken aufgeklebt sind:*
Weil der Brief nicht ausreichend frankiert war,
musste die Empfängerin eine Nachgebühr bezahlen.

Nach·ge·burt *die* <-, -en> /*Plur. selten*/ MED. *das
Gewebe (Mutterkuchen), das nach der Geburt aus
dem Bauch der Mutter ausgestoßen wird*

nach·ge·hen <gehst nach, ging nach, ist nachge-
gangen> *ohne OBJ* ❶ ■ **jmd. geht jmdm. nach**
(≈ *folgen*) *hinter jmdm. in die gleiche Richtung gehen:* Wir gingen ihm unauffällig bis zur Kreuzung
nach. ❷ ■ **jmd. geht etwas** *Dat.* **nach** *eine regelmäßige Tätigkeit oder Arbeit ausüben:* Sie geht einer geregelten Arbeit nach. ❸ ■ **jmd. geht etwas**
Dat. **nach** *etwas überprüfen, um etwas aufzuklären, das nicht klar ist:* Die Polizei ist allen Hinweisen nachgegangen, um den Mord aufzuklären.
❹ ■ **etwas geht jmdm. nach** *jmd. kann etwas
nicht vergessen und muss ständig daran denken:*
Seine Worte sind mir noch lange nachgegangen.
❺ ■ **eine Uhr geht nach** (↔ *vorgehen*) *eine Uhr
geht zu langsam und zeigt eine frühere Zeit an, als
richtig wäre:* Die Uhr geht schon wieder 10 Minuten nach.

Nach·ge·schmack *der* <-(e)s> /*kein Plur.*/
❶ *Geschmack, der nach dem Essen oder Trinken
im Mund zurückbleibt:* Nach einem scharfen Essen bleibt ein starker Nachgeschmack. ❷ *eine unangenehme Erinnerung an etwas:* Der Streit hinterließ bei ihm einen bitteren Nachgeschmack.

nach·ge·wie·se·ner·ma·ßen *adv* AMTSSPR. (*geh.*)
*verwendet, um auszudrücken, dass etwas nachge-
wiesen und deshalb offensichtlich ist:* Die Ausgaben übersteigen nachgewiesenermaßen die Einnahmen.; Der Angeklagte ist nachgewiesenermaßen schuldig.

nach·gie·big *adj* ❶ *so, dass etwas weich und elastisch ist:* Wir hätten doch eine weniger nachgiebi-
ges Material verwenden sollen. ❷ *so, dass jmd.
jmdm. gegenüber bereit ist, schnell nachzugeben*[1]: Sie war ihrem Freund gegenüber wohl zu
nachgiebig.

Nach·gie·big·keit *die* <-, -en> ❶ TECHN. *Eigenschaft der Elastizität eines Körpers oder einer
Montageeinheit:* Nachgiebigkeiten in mechanischen Strukturen ❷ /*kein Plur.*/ *das Verhalten, bei
dem jmd. schnell nachgibt*[1]

nach·gie·ßen <gießt nach, goss nach, hat nach-
gegossen> *mit OBJ/ohne OBJ* ■ **jmd. gießt
(jmdm.) (etwas) nach** *ein Glas oder eine Tasse*

von jmdm. noch einmal mit einem Getränk füllen: Soll ich dir noch Kaffee nachgießen?

nach·grü·beln <grübelst nach, grübelte nach, hat nachgegrübelt> *ohne OBJ* ■ *jmd. grübelt (über etwas Akk.) nach über ein Problem angestrengt und konzentriert nachdenken, um eine Lösung zu finden:* Er grübelt schon seit Stunden über die Lösung dieses Problems nach.

nach·gu·cken *mit OBJ/ohne OBJ* ■ *jmd. guckt (etwas) nach (umg.: ≈ nachsehen)*

nach·ha·ken *ohne OBJ* ■ *jmd. hakt bei jmdm./ etwas Dat. nach (umg.) jmdm. mehrmals Fragen zu etwas stellen, weil dieser nicht alles dazu gesagt hat:* Der Prüfer musste bei dieser Frage öfter nachhaken.

Nach·hall *der <-(e)s> /kein Plur./ das Geräusch, das man hören kann, nachdem ein bestimmtes Geräusch schon gehört wurde:* In der riesigen Halle gab das Geräusch einen starken Nachhall.

nach·hal·len <hallt nach, hallte nach, hat/ist nachgehallt> *ohne OBJ* ■ *etwas hallt nach etwas gibt einen Nachhall:* Die Explosion hallte bis in die Außenbezirke der Stadt nach.

nach·hal·tig *adj so, dass etwas lange und stark wirkt:* Diese Reise hinterließ einen nachhaltigen Eindruck.

Nach·hal·tig·keit *die <-> ❶ Schlagwort im Rahmen von Konzepten, die gegen den weiteren Raubbau an natürlichen Ressourcen (insbesondere fossiler Energieträger wie Öl) gerichtet sind und die umfassende Energie-Einsparmaßnahmen vorsehen sowie eine effektive Nutzung erneuerbarer Energieen anstreben, z. B. im Bereich des energiesparenden Bauens ❷ Schlagwort im Rahmen von Konzepten, mit denen (in Verbindung vor allem auch mit ökologischen Aspekten) die Überwindung gesellschaftlicher Ungerechtigkeiten und Ungleichheiten (z. B. Generationengerechtigkeit) sowie eine stärkere Teilhabe aller Beteiligten an gesellschaftlichen Prozessen angestrebt wird*

nach·hän·gen <hängst nach, hing nach, hat nachgehangen> *ohne OBJ* ❶ ■ *jmd. hängt jmdm./etwas nach sich ständig voller Sehnsucht an jmdn. oder etwas erinnern:* Er hängt seinen Erinnerungen an seine erste große Liebe nach. ❷ ■ *jmd. hängt in etwas Dat. nach (umg.) noch Probleme auf einem Wissensgebiet haben, das man eigentlich beherrschen sollte:* Leider hängt er in Mathe noch etwas nach, doch sonst ist er ein guter Schüler.; ■ *seinen Gedanken nachhängen ständig an etwas denken:* Sie hängt schon tagelang irgendwelchen trüben Gedanken nach.

nach·hau·se *adv* ÖSTERR., SCHWEIZ. *nach Hause*

Nach·hau·se·weg *der <-(e)s, -e> der Weg von einem Ort nach Hause:* Ich habe den Schlüssel wohl auf dem Nachhauseweg verloren.

nach·hel·fen <hilfst nach, half nach, hat nachgeholfen> *ohne OBJ* ❶ ■ *jmd. hilft (jmdm./etwas) nach mit seiner Hilfe bewirken, dass etwas besser oder schneller funktioniert:* Der Lehrer half den Schülern etwas nach, damit sie die Aufgabe lösen konnten. ❷ ■ *jmd. muss (bei jmdm.) nachhelfen (umg.) bestimmte Mittel gebrauchen, um*

jmdm. dazu zu bewegen, etwas zu tun: Er musste stark nachhelfen, bis sie sich mit ihm verabredete.; ■ **dem Glück ein bißchen nachhelfen** *(umg.) etwas nicht ganz Korrektes tun, damit etwas so passiert, dass etwas einen Vorteil davon hat* Du könntest deinem Glück ein bißchen nachhelfen, indem du dem Lehrer mal ein Geschenk machst.

nach·her, nach·her *adv (≈ danach, später ↔ vorher) verwendet, um auszudrücken, dass etwas nach einem bestimmten Zeitpunkt eintreten wird oder eintrat:* Nachher will es wieder keiner gewesen sein.; Zuerst trinken wir einen Kaffee und nachher noch einen Schnaps.; Du kannst auch nacher noch die Wohnung aufräumen; lass uns erstmal einkaufen!; ■ **Bis nachher!** *verwendet, um sich bei jmdm. zu verabschieden, den man in kurzer Zeit wiedersehen wird*

Nach·hil·fe *die <-> /kein Plur./ extra Unterricht außerhalb des Schulunterrichts, für den man oft Geld bezahlen muss und den ein Schüler von jmdm. bekommt, der sehr gut in dem jeweiligen Fach ist:* Der Student gibt Nachhilfe in Mathe., Die Schülerin bekommt Nachhilfe in Englisch. ◆ -lehrer, -schüler, -schülerin, -unterricht

Nach·hil·fe·stun·de *die <-, -n> die Stunde, in der ein Schüler Nachhilfe bekommt:* Heute Nachmittag habe ich keine Zeit, ich muss zur Nachhilfestunde.

Nach·hi·n·ein ■ **im Nachhinein** *(↔ im Voraus) nach einer bestimmten Zeit oder nach einer bestimmten Handlung* Die Verträge wurden im Nachhinein akzeptiert.; Im Nachhinein muss ich zugeben, dass ich mich geirrt habe.

Nach·hol·be·darf *der <-(e)s> /kein Plur./ Wunsch oder Verlangen nach etwas, auf das man lange Zeit verzichtet hatte und von dem man jetzt sehr viel haben möchte:* Nächtelang habe ich mich auf die Prüfung vorbereitet – jetzt habe ich erst mal einen Nachholbedarf an Schlaf.

nach·ho·len *mit OBJ* ❶ ■ *jmd. holt etwas nach etwas, das man bis jetzt versäumt hat oder das nicht stattgefunden hat, zu einem späteren Zeitpunkt tun:* Du hast mir versprochen, dass wir den Theaterbesuch nachholen!; Das Fußballspiel wird nächste Woche nachgeholt. ❷ ■ *jmd. holt jmdn. nach jmdn. später zu dem Ort holen, an dem man sich schon befindet:* Nachdem er endlich eine Arbeit und eine Wohnung in der Stadt gefunden hatte, konnte er seine Familie nachholen.

Nach·hut *die <-, -en>* MILIT. *(↔ Vorhut) Gruppe von Soldaten, die am Ende einer Kolonne marschiert, um sie nach hinten im Fall eines Angriffs zu sichern:* die Nachhut angreifen

nach·ja·gen *ohne OBJ* ■ *jmd. jagt jmdm./etwas nach jmdn. oder etwas verfolgen, um ihn/es auf jeden Fall zu fangen oder zu erreichen:* Die Polizei jagte den Bankräubern durch die ganze Stadt nach.; dem Glück nachjagen

nach·kau·fen *mit OBJ* ■ *jmd. kauft etwas nach etwas später oder als Ersatz kaufen:* Die einzelnen Teile des Bestecks kann man nachkaufen.

Nach·kauf·ga·ran·tie *die <-> /kein Plur./ Sicherheit, dass man einzelne Teile von etwas auch noch später kaufen kann*

Nach·kom·me *der* <-n, -n> (≈ *Nachfahre ↔ Vorfahr(e))* einer der Kinder/einer der Enkel oder Urenkel usw. von einer bestimmten Person: *Er starb ohne Nachkommen.*

nach·kom·men <kommst nach, kam nach, ist nachgekommen> ohne OBJ ❶ ∎ *jmd.* **kommt (irgendwann) nach** später als die anderen kommen: *Wir kommen in einer Stunde nach.* ❷ ∎ *jmd.* **kommt (jmdm.) (bei/mit etwas** Dat.**) (irgendwie) nach** das gleiche Tempo einhalten können wie jmd. anderes: *Sprich ein bißchen langsamer, sonst komme ich mit dem Text nicht nach.; Lauf nicht so schnell, ich komme kaum nach.* ❸ ∎ *jmd.* **kommt etwas** Dat. **nach** *(geh.)* genau das machen, was von einem gefordert wird: *Endlich kam er seiner Verpflichtung nach.; seinem Versprechen nachkommen*

Nach·kom·men·schaft *die* <-> /kein Plur./ alle Nachkommen: *große Nachkommenschaft*

Nach·kömm·ling *der* <-s, -e> ❶ Nachkomme ❷ ein Kind, das mit großem zeitlichem Abstand zu seinen Geschwistern geboren wird

Nach·kriegs·deutsch·land *das* <-s> /kein Plur./ GESCH. Deutschland in den ersten Jahren unmittelbar nach dem Zweiten Weltkrieg

Nach·kriegs·ge·ne·ra·ti·on *die* <-> /kein Plur./ die Gruppe von Menschen, die unmittelbar nach einem Krieg geboren und aufgewachsen sind

Nach·kriegs·ge·schich·te *die* <-> /kein Plur./ die Geschichtsschreibung, die sich mit der Zeit nach dem Zweiten Weltkrieg beschäftigt

Nach·kriegs·jahr *das* <-(e)s, -e> das Jahr oder die Jahre zwischen dem Ende des Zweiten Weltkrieges und der Gründung der zwei Deutschen Staaten (1945-1949)

Nach·kriegs·zeit *die* <-> /kein Plur./ die Zeit unmittelbar nach einem Krieg, in Deutschland die Zeit unmittelbar nach dem Zweiten Weltkrieg

Nach·lass¹ *der* <-es, Nachlässe> WIRTSCH. (≈ Ermäßigung, Rabatt, Skonto) Summe des Geldes, die von dem offiziellen Preis einer Ware oder einer Dienstleistung abgezogen wird: *Wenn Sie barzahlen, bekommen Sie einen Nachlass von 3 Prozent.; einen Nachlass gewähren*

Nach·lass² *der* <-es, Nachlässe> AMTSSPR. (≈ Erbe, Hinterlassenschaft) alles, was jmd. nach seinem Tode hinterlässt: *Der Nachlass bestand nur aus ein paar Büchern.; Briefe aus dem Nachlass des Schriftstellers; den Nachlass regeln* ◆ -abwicklung, -gericht, -gesetz, -haftung, -pfleger, -sache, -verwalter

nach·las·sen <lässt nach, ließ nach, hat nachgelassen> **I.** mit OBJ ∎ *jmd.* **lässt (jmdm.) etwas nach** den Preis einer Ware oder einer Dienstleistung um einen bestimmten Betrag reduzieren: *Wir mussten ein Drittel des Preises nachlassen.* **II.** ohne OBJ ❶ (↔ zunehmen) ∎ **etwas lässt nach** schwächer oder weniger intensiv werden: *Die Kälte ließ nach.; Der Regen müsste eigentlich bald nachlassen* ❷ ∎ **etwas lässt nach** (↔ etwas nimmt zu) an Leistung oder an Qualität verlieren: *Seine Sehkraft ließ immer mehr nach.; Leider ließ die Firma bei der Qualität ihrer Produkte immer mehr nach.* ❸ ∎ **etwas lässt nach** (↔ etwas zieht an) weniger wert werden oder sich verringern:

Die Preise lassen nach.; An der Börse lassen die Kurse stark nach.; Der Umsatz hat merklich nachgelassen.

nach·läs·sig *adj* (↔ sorgfältig ≈ schlampig, unordentlich) ohne Sorgfalt oder Interesse: *nachlässig gekleidet*

Nach·läs·sig·keit *die* <-, -en> (↔ Sorgfalt) der Zustand, dass jmd. oder etwas nachlässig ist

nach·lau·fen <läuft nach, lief nach, ist nachgelaufen> ohne OBJ ❶ ∎ *jmd.* **läuft jmdm. nach** hinter jmdm. laufen, um ihn einzuholen: *Wenn du ihm sofort nachläufst, bekommst du ihn noch zu fassen!* ❷ ∎ *jmd.* **läuft jmdm./etwas nach** sich sehr anstrengen, um etwas zu erreichen: *Ich musste dem Professor ständig nachlaufen, um einen Prüfungstermin von ihm zu bekommen; einer Genehmigung nachlaufen* ❸ ∎ *jmd.* **läuft jmdm. nach** sich ständig und in unterwürfiger Weise darum bemühen, jmdn. für sich zu gewinnen oder ihm zu gefallen: *Er läuft ihr jetzt schon ein halbes Jahr nach und nichts passiert!* ❹ ∎ *jmd.* **läuft etwas nach** sich bei jeder Gelegenheit darum bemühen, etwas zu bekommen: *dem Geld nachlaufen; dem Ruhm nachlaufen*

nach·le·gen <legst nach, legte nach, hat nachgelegt> mit OBJ/ohne OBJ ❶ ∎ *jmd.* **legt (etwas) nach** etwas weiteres, das brennt, in einen Ofen, einen Kamin oder in ein Feuer legen: *Kohle nachlegen; ein Scheit Holz nachlegen* ❷ ∎ *jmd.* **legt nach** *(umg.)* etwas weiteres sagen, nachdem man schon viel erzählt hat: *„Damit ist aber noch nicht alles gesagt!", legte er nach.*

Nach·le·se *die* <-, -n> ❶ LANDW. Ernte von Trauben, die bei der ersten Lese übrig geblieben sind ❷ *(geh.)* Zusammenstellung von einzelnen Teilen aus früheren kulturellen Veranstaltungen, die im Radio oder Fernsehen gesendet wurden: *Am Wochenende kommt im Radio eine Nachlese mit Höhepunkten aus den Konzerten des vergangenen Monats.*

nach·lie·fern <lieferst nach, lieferte nach, hat nachgeliefert> mit OBJ/ohne OBJ ∎ *jmd.* **liefert (etwas) nach** eine Ware oder einen Teil einer Ware, die bestellt wurde, später liefern: *Wir können binnen einer Woche nachliefern.; Wir liefern die Ware in zwei Tagen nach.*

Nach·lö·se·ge·bühr *die* <-, -en> eine bestimmte Menge Geld, die man bezahlen muss, wenn man eine Fahrkarte im Zug nachlöst

nach·lö·sen <löst nach, löste nach, hat nachgelöst> mit OBJ/ohne OBJ ∎ *jmd.* **löst (etwas) nach** eine Fahrkarte oder einen Zuschlag erst im Zug kaufen: *Wenn Sie weiterfahren wollen, müssen Sie eine Karte nachlösen.*

nach·ma·chen <machst nach, machte nach, hat nachgemacht> mit OBJ ❶ ∎ *jmd.* **macht (jmdm.) etwas nach** genau das, was ein anderer macht oder tut, ebenfalls tun: *Du brauchst die Turnübung nur nachzumachen.* ❷ (≈ nachahmen) ∎ *jmd.* **macht jmdn./etwas nach** sich absichtlich so verhalten oder absichtlich so handeln, dass die typischen Eigenschaften einer anderen Person oder von etwas gezeigt werden: *Sie kann ihre Lehrerin verblüffend gut nachmachen.; Er macht dau-*

N

ernd das Gebell eines Hundes nach. ❸ ▪ **jmd.**
macht etwas nach etwas so herstellen, dass es
genauso aussieht wie das Original: Kannst du
diese Unterschrift nachmachen?; Das sind keine
Bilder aus dem 19. Jahrhundert. Die sind nur nachgemacht. ❹ ▪ **jmd. macht etwas nach** (umg.) einen Teil einer Arbeit machen, den man noch nicht
erledigt hat, weil man es vergessen hat: Schon
gut, ich werde meine Hausaufgaben bis morgen
nachmachen.

nach·mes·sen <misst nach, maß nach, hat nach-
gemessen> mit OBJ ❶ ▪ **jmd. misst etwas**
nach etwas messen, um die richtigen Ausmaße
zu prüfen: Bevor wir das Bett kaufen, messen wir
erstmal nach, ob es in das Zimmer passt. ❷ ▪ **jmd.**
misst etwas nach etwas noch einmal messen,
um festzustellen, ob die frühere Messung richtig
war: Miss lieber nochmal nach! Ich glaube das
passt nicht!

Nach·mie·ter der, **Nach·mie·te·rin** <-s, ->
(↔ Vormieter) jmd., der eine Wohnung oder ein
Haus direkt nach einem anderen Mieter mietet:
Der Mieter muss sich um einen Nachmieter küm-
mern.

Nach·mit·tag der <-s, -e> die Zeit zwischen Mittag und Abend: Den ganzen Nachmittag ging er
spazieren.; am Nachmittag ◆ Großschreibung
→R 3.10 heute/gestern/morgen Nachmittag;
◆ Zusammenschreibung →R 4.1 Sie kommt Frei-
tagnachmittag.

nach·mit·tags adv während des Nachmittags
◆ Kleinschreibung →R 3.10 Wir treffen uns immer erst nachmittags.

Nach·mit·tags·vor·stel·lung die <-, -en> eine
Zirkusvorstellung, ein Kinofilm, ein Theaterstück
o. Ä., die während des Nachmittags gezeigt werden

Nach·nah·me die <-, -n> ❶ Bezahlen der Rechnung für eine Ware, indem man dem Briefträger
das Geld gibt, wenn er die Ware bringt: Das Päckchen wurde per Nachnahme geschickt. ❷ Sendung, die zum Zeitpunkt der Lieferung durch die
Post sofort bezahlt werden muss: als Nachnahme
schicken ◆ -sendung

Nach·nah·me·ge·bühr die <-, -en> Betrag, der
für eine Nachnahme² zu zahlen ist.

Nach·na·me der <-ns, -n> (↔ Vorname) Familienname: Müller, Meier und Schmidt sind häufige
Nachnamen.

nach·neh·men <nimmst nach, nahm nach, hat
nachgenommen> mit OBJ/ohne OBJ ▪ **jmd.**
nimmt (sich Dat.) (etwas) nach sich noch einmal etwas von einem Essen auf den Teller tun:
Nimm dir noch was von dem Fisch nach; der ist
einfach köstlich!

nach·plap·pern <plapperst nach, plapperte
nach, hat nachgeplappert> mit OBJ/ohne OBJ
▪ **jmd. plappert (jmdm.) (etwas) nach** (umg.
abwert.) ohne Kritik das wiederholen, was ein anderer sagt, ohne es verstanden zu haben: Der
plappert auch nur das nach, was der Professor gesagt hat!

Nach·por·to das <-s, -s/Nachporti> eine Gebühr
der Post, die man zahlen muss, wenn auf einem

Brief, einem Päckchen, einem Paket o. Ä. nicht genügend Briefmarken kleben: Er hatte vergessen,
eine Briefmarke auf den Brief zu kleben; deshalb
musste ich 1,06 Euro als Nachporto zahlen!

nach·prü·fen <prüfst nach, prüfte nach, hat
nachgeprüft> mit OBJ ▪ **jmd. prüft etwas**
etwas noch einmal kontrollieren, um sicher zu
sein, dass alles vorhanden oder richtig oder wahr
o. Ä. ist: Vor der Fahrt solltest du den Luftdruck in
den Reifen nachprüfen.; Bevor Sie die Texte abgeben, prüfen Sie sie nach, ob auch alles richtig ist!

Nach·prü·fung die <-, -en> ❶ das Nachprüfen
❷ Prüfung, die man nochmal macht, weil man sie
beim ersten Mal nicht bestanden hat: Er musste
eine Nachprüfung in zwei Fächern machen, da er
beim ersten Mal nicht genügend Punkte erreicht
hatte.

nach·rech·nen <rechnest nach, rechnete nach,
hat nachgerechnet> mit OBJ/ohne OBJ
❶ ▪ **jmd. rechnet (etwas) nach** rechnen, um etwas zu überprüfen oder um etwas zu erfahren: Ich
muss erst mal nachrechnen, ob ich mir das Auto
leisten kann.; Ich wollte nur nachrechnen, wie
viele Tage es noch sind. ❷ ▪ **jmd. rechnet (et-**
was) nach etwas noch einmal rechnen, um zu
überprüfen, ob alles richtig ist: Du solltest noch
mal nachrechnen; ich glaube in der Aufgabe ist ein
Fehler.

Nach·re·de die <-, -n> RECHTSW. etwas Negatives,
was jmd. über einen anderen sagt; ▪ etwas ist
üble Nachrede etwas, das jmd. über einen anderen sagt, ist schlecht und schadet ihm Wenn er
weiterhin hinter deinem Rücken solche Lügen
über dich verbreitet, solltest du ihn wegen übler
Nachrede anzeigen.

nach·re·den <redest nach, redete nach, hat
nachgeredet> mit OBJ ▪ **jmd. redet (jmdm.)**
(etwas) nach (abwert.) ohne Kritik und ohne es
zu verstehen, genau das, was ein anderer sagt,
ebenfalls sagen: Eigentlich hat er keine Ahnung, er
redet ihr alles nur nach.

nach·rei·chen <reichst nach, reichte nach, hat
nachgereicht> mit OBJ ▪ **jmd. reicht etwas**
nach etwas später als zu einem festgelegten Termin abgeben: Sie können die Dokumente nachrei-
chen.

Nach·richt die <-, -en> ❶ eine kurze Information
über etwas, das aktuell ist und jmdn. interessiert:
Hast du eine Nachricht von ihm bekommen?; Gestern habe ich die Nachricht über den erfolgreichen
Geschäftsabschluss bekommen; Die Nachricht
vom Tod des Präsidenten verbreitete sich schnell.;
eine Nachricht an/für jemanden ◆ Todes-, Un-
glücks- ❷ /nur Plur./ Sendung im Fernsehen oder
im Radio, die über die wichtigsten und aktuellen Ereignisse informiert: Nachrichten ansehen;
Nachrichten hören ◆ Abend-, Kurz-, Spät-

Nach·rich·ten·agen·tur die <-, -en> ein Unter-
nehmen, das Nachrichten¹ sammelt und und an
Zeitungen, Fernsehsender, Rundfunkanstalten o.
Ä. weiterleitet

Nach·rich·ten·an·ge·bot das <-(e)s, -e> Menge
an Nachrichten¹, die von einer Zeitung, einem
Fernsehsender, einem Radioprogramm o. Ä. ange-

N

boten werden: Das Nachrichtenangebot dieses Senders ist aber recht dürftig.

Nach·rich·ten·dienst *der* <-es, -e> ❶ *Nachrichtenagentur* ❷ MILIT., POL. *(geh.) ein staatlicher Geheimdienst* ◆ Bundes-

nach·rich·ten·dienst·lich *adj* MILIT., POL. *geheimdienstlich*

Nach·rich·ten·ka·nal *der* <-s, Nachrichtenkanäle> *ein Sender im Fernsehen oder im Radio, der überwiegend Nachrichten ausstrahlt*

Nach·rich·ten·ma·ga·zin *das* <-s, -e> *eine Zeitschrift, die meistens wöchentlich erscheint und wichtige aktuelle Nachrichten* [1] *aus Politik, Wirtschaft, Kultur o. Ä. behandelt*

Nach·rich·ten·sa·tel·lit *der* <-en, -en> *ein Satellit, der kommerziell oder militärisch genutzt wird und über den Nachrichten* [1] *gesendet werden*

Nach·rich·ten·sen·dung *die* <-, -en> *Sendung im Fernsehen oder Radio mit wichtigen aktuellen Nachrichten* [1]

Nach·rich·ten·sper·re *die* <-, -n> *Verbot, die Öffentlichkeit oder die Presse über bestimmte Ereignisse zu informieren: eine Nachrichtensperre verhängen/aufheben*

Nach·rich·ten·spre·cher *der*, **Nach·rich·ten·spre·che·rin** <-s, -> *jmd., der in einer Nachrichtensendung die Nachrichten* [1] *verliest*

Nach·rich·ten·tech·nik *die* <-> */kein Plur./ Gebiet der Technik, das sich damit beschäftigt, wie Informationen technisch übertragen werden können*

Nach·rich·ten·we·sen *das* <-s> */kein Plur./ alles, was mit der Übermittlung und Verbreitung von Nachrichten zusammenhängt*

nach·rü·cken <rückst nach, rückte nach, ist nachgerückt> *ohne OBJ* ■ *jmd. rückt (irgendwohin) nach ein Amt oder eine Funktion von jmdm., der eine höhere Position hat als man selbst, übernehmen: Sie rückte nach Ausscheiden des Ministers auf dessen Posten nach.*

Nach·ruf *der* <-(e)s, -e> *ein Text, mit dem jmd., der vor kurzem gestorben ist, gewürdigt wird: Nach seinem plötzlichen Tod erschien ein Nachruf in der Zeitung.*

nach·ru·fen <rufst nach, rief nach, hat nachgerufen> *mit OBJ/ohne OBJ* ■ *jmd. ruft (jmdm.) (etwas) nach etwas sehr laut zu jmdm. sagen, der gerade weggegangen ist: Er rief ihr noch nach, sie solle auch Brot kaufen, aber da war sie schon aus dem Haus gegangen.*

Nach·ruhm *der* <-(e)s> */kein Plur./ Ruhm, den ein Mensch oder sein Werk nach dem Tod genießt*

nach·rüs·ten <rüstest nach, rüstete nach, hat nachgerüstet> **I.** *mit OBJ* ■ *jmd. rüstet etwas (mit etwas Dat.) nach* TECHN. *ein Gerät, eine Maschine o. Ä. ändern, um es dadurch technisch zu verbessern: Er rüstet seinen Computer ständig nach.* **II.** *ohne OBJ* ■ *jmd. rüstet nach* MILIT. *(↔ abrüsten) neue Waffen beschaffen, um den gleichen Stand wie der Gegner zu erreichen*

Nach·rüs·tung *die* <-, -en> ❶ TECHN. *das Nachrüsten* [1] ❷ MILIT. *der Vorgang, dass neue Waffen beschafft werden, um einem Gegner gleichrangig zu sein*

nach·sa·gen <sagst nach, sagte nach, hat nachgesagt> *mit OBJ* ❶ *(≈ nachsprechen)* ■ *jmd. sagt (jmdm.) etwas nach das, was ein anderer gesagt hat, wiederholen: Er spricht es vor und du sagst es dann langsam nach.* ❷ ■ *jmd. sagt jmdm. etwas nach etwas von einer Person behaupten, das meistens nicht stimmt: Ihm wird nachgesagt, dass er unpünktlich sei.*

Nach·sai·son *die* <-, s/-en> *(↔ Vorsaison) Zeit nach der Hauptsaison: Die Flüge sind in der Nachsaison billiger.*

nach·sal·zen <salzt nach, salzte nach, hat nachgesalzen> *mit OBJ/ohne OBJ noch mehr Salz zu einem Essen tun: Ich habe zu wenig Salz an die Kartoffeln getan; du musst sie noch nachsalzen!*

Nach·satz *der* <-es, Nachsätze> *Nachtrag oder Ergänzung in einer (schriftlichen) Äußerung*

nach·schau·en <schaust nach, schaute nach, hat nachgeschaut> **I.** *mit OBJ* ❶ ■ *jmd. schaut etwas nach* SÜDDT., ÖSTERR., SCHWEIZ. *nachschlagen* [1]*: Ich weiß nicht, wann Luther gestorben ist. Da muss ich erstmal im Lexikon nachschauen.; im Fahrplan nachschauen* ❷ *(≈ nachsehen)* ■ *jmd. schaut etwas nach überprüfen, ob alles richtig funktioniert: Der Motor macht so komische Geräusche; können Sie mal nachschauen?* **II.** *ohne OBJ* ■ *jmd. schaut jmdm./etwas nach (≈ nachsehen) hinter jmd. oder etwas hersehen, der/das sich entfernt: Wehmütig schaute er den auslaufenden Schiffen nach.*

nach·schi·cken <schickst nach, schickte nach, hat nachgeschickt> *mit OBJ* ■ *jmd. schickt (jmdm.) etwas nach etwas an jmdn. schicken, der jetzt anderswo ist: Kannst du mir bitte alle Briefe an meine neue Adresse nachschicken?*

nach·schie·ßen <schießt nach, schoss nach, hat nachgeschossen> *mit OBJ* ■ *jmd. schießt jmdm. etwas nach (umg.) jmdm., der schon Geld bekommen hat, noch mehr Geld geben: Papa, schießt du mir noch ein paar Euro für diesen Monat nach?*

Nach·schlag *der* <-(e)s, ...-schläge> ❶ */Plur. selten/ eine zusätzliche Portion von einem Essen: In der Kantine verlangt er stets einen Nachschlag.* ❷ MUS. *Klang auf der unbetonten Zählzeit* ❸ *Zusatzbetrag: Es gab kräftige Nachschläge bei der Heizkostenabrechnung*

nach·schla·gen[1] <schlägt nach, schlug nach, hat nachgeschlagen> *mit OBJ/ohne OBJ* ■ *jmd. schlägt (etwas) nach in ein Buch, ein Notizbuch, ein Wörterbuch, einen Fahrplan o. Ä. sehen, um eine Information zu finden oder zu überprüfen: Du kannst die Ausdruck doch im Wörterbuch nachschlagen!; Wenn du ihre genaue Ankunft wissen willst, musst du im Fahrplan nachschlagen.*

nach·schla·gen[2] <schlägt nach, schlug nach, ist nachgeschlagen> *ohne OBJ* ■ *jmd. schlägt jmdm. nach jmdm., mit dem man verwandt ist, im Aussehen oder Charakter ähnlich sein: Er schlägt ganz seinem Vater nach.*

Nach·schla·ge·werk *das* <-(e)s, -e> *ein Buch, das Stichwörter enthält, die entweder alphabetisch oder nach Sachgruppen angeordnet sind, und in dem man etwas nachschlagen* [1] *kann: Das*

N

neue Wörterbuch ist ein hervorragendes Nach-schlagewerk.

na̱ch·schlei·chen <schleichst nach, schlich nach, ist nachgeschlichen> *ohne OBJ* ■ *jmd.* *schleicht jmdm.* *nach jmdm. heimlich folgen und dabei versuchen, dass man nicht bemerkt wird:* Warum schleichst du mir dauernd nach?

Na̱ch·schlüs·sel *der* <-s, -> *Kopie von einem Schlüssel:* einen Nachschlüssel machen/anfertigen lassen

na̱ch·schrei·ben <schreibst nach, schrieb nach, hat nachgeschrieben> *mit OBJ* SCHULE ■ *jmd.* *schreibt etwas nach eine Prüfung oder ein Examen zu einem Zeitpunkt schreiben, der nach dem ursprünglichen Termin liegt:* Weil sie krank war, durfte sie die Mathematikarbeit nachschreiben.

Na̱ch·schrift *die* <-, -en> ❶ *ein zusätzlicher Text in einem Brief:* Der Brief hatte eine Nachschrift. ❷ *schriftliche stichwortartige Wiedergabe eines Vortrages:* Der Student fertigte fleißig eine Nachschrift der Vorlesung an.

Na̱ch·schub *der* <-(e)s, ...-schübe> */Plur. selten/* ❶ MILIT. *alles, mit dem eine Truppe im Krieg versorgt wird:* Nachschub an neuer Kleidung; den Nachschub unterbrechen ◆-bataillon, -dienst, -kompanie, -soldat, -truppe, -weg, Essens-, Munitions- ❷ *(umg.) neues Material:* Wir haben Nachschub an Festplatten gekriegt. ◆-lager, -lieferung ❸ *(umg.) Essen und Getränke, die gebracht werden, wenn auf einer Party oder bei einer Feier schon alles verbraucht ist:* Das Bier ist alle, wir brauchen dringend Nachschub!

na̱ch·schwät·zen <schwätzt nach, schwätzte nach, hat nachgeschwätzt> *mit OBJ* ■ *jmd.* *schwätzt etwas nach* SÜDDT., ÖSTERR. *(abwert.) die Meinung anderer ohne Kritik und gedankenlos wiederholen*

Na̱ch·se·hen *das* <-s> */kein Plur./* ■ **jemand hat das Nachsehen** *jmd. bekommt oder erreicht nicht das, was er will* Wenn du nicht pünktlich bist, wirst du wieder das Nachsehen haben.

na̱ch·se·hen <siehst nach, sah nach, hat nachgesehen> **I.** *mit OBJ/ohne OBJ* ■ *jmd.* *sieht (etwas) nach nachschlagen* ¹ **II.** *mit OBJ* ❶ ■ *jmd.* *sieht etwas nach etwas ansehen, um zu überprüfen, ob alles richtig ist und funktioniert:* Kannst du noch die Hausaufgaben der Kinder nachsehen?; Wir sollten die Bremsen besser nachsehen lassen. ❷ ■ *jmd.* *sieht jmdm.* *etwas nach die Fehler oder Schwächen von jmdm. tolerieren:* Sie sieht ihm seine kleinen Schwächen nach. **III.** *ohne OBJ* ■ *jmd.* *sieht jmdm./etwas nach hinter jmdm. oder etwas hersehen, der/das sich von der betreffenden Person entfernt:* Sie sahen dem Ballon noch lange nach.

na̱ch·sen·den <sendest nach, sandte nach/sendete nach, hat nachgesandt/nachgesendet> *mit OBJ* ■ *jmd.* *sendet etwas nach (≈ nachschicken) etwas an jmdn. schicken, der mittlerweile an einem anderen Ort ist:* Er ist umgezogen; deshalb wird die Post an seine neue Adresse nachgesandt. ▸ Nachsendung

na̱ch·set·zen <setzt nach, setzte nach, hat nach-

gesetzt> *ohne OBJ* ■ *jmd.* *setzt jmdm./etwas nach (≈ nachjagen, verfolgen) jmdm. oder etwas sehr schnell folgen, um ihn/es zu fangen oder einzuholen:* Sofort setzte sie dem Handtaschendieb nach.

Na̱ch·sicht *die* <-> */kein Plur./ Verständnis oder Geduld, wenn jmd. oder etwas von jmdm. beurteilt wird:* Du solltest Nachsicht mit ihr haben, denn sie arbeitet doch noch nicht sehr lange in dieser Abteilung.

na̱ch·sich·tig *adj geduldig und verständnisvoll:* Sie war stets nachsichtig gegen ihre Kinder/gegenüber ihren Kindern/mit ihren Kindern.

Na̱ch·sil·be *die* <-, -n> SPRACHWISS. *(≈ Suffix ↔ Vorsilbe, Präfix) ein Element der Sprache, das an eine selbstständige lexikalische Einheit angehängt wird:* Die Nachsilbe „-heit" beim Wort „Faulheit" zeigt, dass es ein Femininum ist.

na̱ch·sin·gen <singst nach, sang nach, hat nachgesungen> *mit OBJ/ohne OBJ* ■ *jmd.* *singt (jmdm.) (etwas) nach genau das singen, was man gehört hat oder was ein anderer gesungen oder gespielt hat:* Sie sang immer die alte Melodie aus dem berühmten Film nach.; einen Schlager nachsingen

na̱ch·sin·nen <sinnst nach, sann nach, hat nachgesonnen> *ohne OBJ* ■ *jmd.* *sinnt über etwas* *Akk. nach (geh.) über etwas nachdenken:* Schon den ganzen Tag sinnt sie über das Problem nach.

na̱ch·sit·zen <sitzt nach, saß nach, hat/ist nachgesessen> *ohne OBJ* ■ *jmd.* *sitzt nach* SCHULE *zur Strafe länger als die anderen Schüler in der Schule bleiben:* Er muss eine Stunde nachsitzen, weil er dauernd den Unterricht stört.

Na̱ch·sor·ge *die* <-> */kein Plur./* MED. *Patientenbetreuung nach einer Krankheit, Operation oder auch Geburt* ◆-einrichtung, -hebamme, -kur, -pass, -programm, -untersuchung, -zentrum

Na̱ch·sor·ge·kli·nik *die* <-, -en> MED. *(≈ Rehabilitationsklinik) Krankenhaus, in dem Patienten eine Nachsorge erhalten*

Na̱ch·spei·se *die* <-, -n> KOCH. *(≈ Nachtisch, Dessert ↔ Vorspeise) Essen, das meist süß ist, und das nach dem Hauptgericht gegessen wird:* ein Eis als Nachspeise

Na̱ch·spiel *das* <-(e)s, -e> */Plur. selten/* ❶ MUS., THEAT. *kleineres Stück, das der Hauptaufführung als Nachtrag folgt* ❷ *Folgen einer Handlung, die meistens unangenehm sind:* Dieser Vorfall wird noch ein gerichtliches Nachspiel haben.

na̱ch·spie·len <spielst nach, spielte nach, hat nachgespielt> **I.** *mit OBJ* ❶ ■ *jmd.* *spielt etwas nach ein Musikstück, das man gehört hat, selbst auf einem Instrument spielen:* Kannst du das Lied nachspielen? ❷ ■ *jmd.* *spielt etwas nach ein Theaterstück o. Ä. aufführen, das schon anderswo so gespielt wurde:* Man spielte das Musical auf der ganzen Welt nach. **II.** *ohne OBJ* ■ *jmd.* *lässt nachspielen* SPORT *ein Mannschaftsspiel, wie Fußball oder Handball, länger als die offizielle Spielzeit dauern lassen:* Der Schiedsrichter lässt 10 Minuten nachspielen.

na̱ch·spi·o·nie·ren <spionierst nach, spionierte nach, hat nachspioniert> *ohne OBJ* ■ *jmd.* *spio-*

N

niert jmdm. **nach** heimlich das, was jmd. anderes tut, überprüfen: Der eifersüchtige Ehemann
spionierte seiner Frau schon ein halbes Jahr nach.
na̲ch·spre·chen <sprichst nach, sprach nach, hat
nachgesprochen> mit OBJ/ohne OBJ ■ jmd.
spricht (jmdm.) (etwas) nach genau das äußern, was man von einem anderen gehört hat:
Der Minister sprach den Eid nach.; Sprechen Sie
mir bitte nach!
na̲ch·spü·len <spülst nach, spülte nach, hat
nachgespült> I. mit OBJ/ohne OBJ ■ jmd. **spült
(etwas) nach** Geschirr noch einmal spülen
II. ohne OBJ ■ jmd. **spült (mit etwas Dat.) nach**
(umg.) etwas schnell trinken, nachdem man
schon etwas anderes getrunken oder gegessen
hat
na̲ch·spü·ren <spürst nach, spürte nach, hat
nachgespürt> ohne OBJ ■ jmd. **spürt jmdm./
etwas nach** versuchen durch Forschen oder Beobachten herauszufinden, was jmd. macht oder
wo jmd./etwas sich befindet: Der Geheimdienst
spürte den Terroristen schon seit langer Zeit nach.;
Sein ganzes Leben spürte er dem verlorenen
Schatz der Piraten nach.
nächst präp +Dat. (geh.) ❶ räumlich gleich daneben: Es ist das Gebäude nächst der Bank. ❷ neben,
unmittelbar folgend: Nächst diesem hat er noch
drei andere Projekte.
nächst·bes̲·te adj /nur attr., nur mit dem bestimmten Artikel/ /nicht steig./ das, was man als
erstes vorfindet: Wir hatten großen Hunger und
gingen deshalb in das nächstbeste Restaurant.
Nächs·te der/die <-n, -n> ❶ der in der Reihenfolge direkt Folgende: Der/Die Nächste, bitte!;
Wer kommt als Nächstes? ❷ (geh.) Mitmensch:
Du sollst deinen Nächsten lieben.
nächs·te I. Superl. von **nahe** II. adj /nur attr./
❶ so, dass etwas am wenigsten weit entfernt ist
oder räumlich zuerst kommt: An der nächsten
Ecke müssen Sie links abbiegen. ❷ so, dass etwas
zeitlich direkt folgt: Nächste Woche um diese Zeit
sind wir im Urlaub. ❸ so, dass jmd. jmdm. nahe
steht: Nur die nächsten Verwandten wurden eingeladen. ◆Zusammenschreibung →R 4.6 die
nächstgelegene Kreuzung; das nächsthöhere Stockwerk; der nächstmögliche Termin; die nächstliegende Lösung; das nächstfolgende Wort
na̲ch·ste·hen <stehst nach, stand nach, hat/ist
nachgestanden> ohne OBJ ■ jmd. **steht jmdm.
(an etwas Dat.)/(in etwas Akk.) nach** im Vergleich mit jmdm. auf einem Gebiet schlechter
oder schwächer sein: Er stand seinen Kollegen an
Pünktlichkeit in nichts nach.
na̲ch·ste·hend adj /nicht steig./ (≈ nachfolgend)
so, dass etwas direkt nach einer bestimmten Stelle
im Text folgt ◆ Großschreibung →R 3.7 das Nach-
stehende/Nachstehendes zur Kenntnis nehmen;
Im Nachstehenden finden Sie die Einzelheiten.
na̲ch·stei·gen <steigst nach, stieg nach, ist nach-
gestiegen> ohne OBJ ■ jmd. **steigt jmdm. nach**
(umg.: ≈ nachstellen) (als Mann) sich einer Frau
immer wieder nähern und versuchen mit ihr Kontakt aufzunehmen: Jetzt steigt er ihr schon seit
Monaten nach!

na̲ch·stel·len <stellst nach, stellte nach, hat
nachgestellt> I. mit OBJ ❶ jmd. **stellt etwas
nach** eine Situation oder Szene originalgetreu
wiedergeben: Wir stellen eine Szene aus Hamlet
nach. ❷ jmd. **stellt etwas nach** TECHN. ein Gerät, eine Maschine o. Ä. wieder neu einstellen:
Die Mechaniker stellten die Bremsen nach.
❸ jmd. **stellt eine Uhr nach** die Uhrzeiger
wieder auf die richtige Zeit drehen II. ohne OBJ
❶ jmd. **stellt einem Tier nach** (geh.) ein Tier
jagen: Die Jäger stellten dem Wild nach. ❷ jmd.
stellt jmdm. nach (abwert.) versuchen, mit einer
Frau in Kontakt zu kommen: Der Chef stellt seiner
Sekretärin nach.
Nächs·ten·lie·be die <-> /kein Plur./ die Liebe
und Rücksicht, die man seinen Mitmenschen entgegenbringt
nächs·tens adv ❶ bald: Ich hoffe, nächstens von
ihr zu hören. ❷ (geh.) am Ende: Nächstens willst
du noch auf Weltreise gehen.
nächst·ge·le·gen adj /nur attr./ so, dass etwas am
wenigsten weit weg ist: der nächstgelegene Parkplatz
nächst·hö·her adj /nur attr./ so, dass etwas in einer Hierarchie oder in einer Reihenfolge einen
Rang oder eine Stufe höher ist: der nächsthöhere
Offiziersrang; die nächsthöhere Gehaltsklasse
nächst·mög·lich adj /nur attr./ /nicht steig./ so,
dass etwas von einem bestimmten Zeitpunkt an
als Nächstes möglich ist: Sie können zum nächstmöglichen Termin kündigen.
na̲ch·su·chen <suchst nach, suchte nach, hat
nachgesucht> ohne OBJ ❶ jmd. **sucht (irgendwo) nach** intensiv suchen: Ich habe überall
nachgesucht, kann aber meine Brille nicht finden.
❷ jmd. **sucht (bei jmdm.) um etwas Akk.
nach** (geh.) offiziell und sehr förmlich um etwas
bitten: Er hat um seine Entlassung nachgesucht.
Na̲cht die <-, Nächte> ❶ (↔ Tag) der Zeitraum
zwischen Abend und Morgen, während dessen es
völlig dunkel ist: die Nacht vom Dienstag auf Mittwoch; bis spät in die Nacht; in der Nacht zum Donnerstag; Die Nacht bricht herein.; Es wird Nacht.
◆Samstag-, Sonntag-, Montag-, Dienstag-, Mitt-
woch-, Donnerstag-, Freitag- ❷ in der Nacht[1]: Wir
treffen uns heute Nacht.; ■ **die Heilige Nacht** die
nacht vom 24. auf den 25. Dezember; ■ **Gute
Nacht!** verwendet, um jmdn. zu verabschieden,
der zu Bett geht; ■ **zur Nacht** (geh.) nachts;
■ **bei Einbruch der Nacht** zu Beginn der
Nacht[1]; ■ **bei Nacht und Nebel** (umg.) ganz
heimlich: Sie brachen bei Nacht und Nebel auf.;
■ **über Nacht** innerhalb sehr kurzer Zeit: Das
Buch wurde über Nacht zum Bestseller.;
■ **schwarz wie die Nacht** völlig schwarz;
■ **hässlich/dumm/doof usw. wie die Nacht**
(umg.) sehr hässlich/dumm/doof usw.; ■ **sich
die Nacht um die Ohren schlagen** (umg.) die
ganze Nacht[1] wach bleiben; ■ **die Nacht zum
Tage machen** in der Nacht nicht schlafen, sondern arbeiten, feiern usw.; ■ **jemandem schlaflose Nächte bereiten** jmdm. große Probleme
oder Sorgen bereiten; ■ **(Na) dann(,) gute
Nacht!** (umg.) verwendet, um auszudrücken, dass

man für eine bestimmte Situation das Schlimmste befürchtet Wenn jetzt auch noch die Ölpreise steigen, dann gute Nacht!; *siehe auch* **Abend**

nacht·ak·tiv *adj* ZOOL. *so, dass Tiere während der Nacht [1] aktiv sind und tagsüber schlafen*

Nacht·ar·beit *die* <-> /*kein Plur.*/ *Arbeit in der Nacht [1]:* Nachtarbeit ist für das Krankenhauspersonal normal.

Nacht·blind·heit *die* <-> /*kein Plur.*/ *eingeschränkte Fähigkeit, bei Dunkelheit genau zu sehen*

Nacht·creme *die* <-, -s> *pflegende Creme, die vor dem Zubettgehen auf das Gesicht aufgetragen wird*

Nacht·dienst *der* <-(e)s, -e> *Dienst, den man besonders im Krankenhaus in der Nacht [1] hat:* Der Assistenzarzt hat heute Nachtdienst.

Nach·teil *der* <-(e)s, -e> (↔ *Vorteil*) *ungünstige und negative Auswirkungen, die etwas haben kann:* Dieses Auto hat den Nachteil, dass es sehr viel Benzin verbraucht.; ■ **(jemandem gegenüber) im Nachteil sein** *in einer schlechteren oder ungünstigeren Situation sein als ein anderer;* ■ **etwas gereicht jemandem zum Nachteil** *(geh.) etwas hat für jmdn. negative Folgen*

nach·tei·lig *adj* (≈ *negativ* ↔ *vorteilhaft*) *so, dass etwas mit Nachteilen verbunden ist:* nachteilige Folgen; Dein Verhalten wirkt sich nachteilig auf das Arbeitsklima aus!

näch·te·lang I. *adj so, dass es mehrere Nächte [1] dauert:* Nächtelange Diskussionen waren die Folge. **II.** *adv während mehrerer Nächte:* Er hatte sich nächtelang mit der Lösung des Problems beschäftigt.

nach·ten *mit ES* ■ **es nachtet** SÜDDT., SCHWEIZ. *Nacht werden:* Es nachtet schon.

näch·tens *adv (geh.) in der Nacht:* Nächtens schlafen die meisten Menschen.

Nacht·es·sen *das* <-s, -> SCHWEIZ. *Abendessen*

Nacht·eu·le *die* <-, -n> *(umg. scherzh.: ≈ Nachtschwärmer) jmd., der gewöhnlich spät ins Bett geht und in der Nacht [1] sehr aktiv ist*

Nacht·fal·ter *der* <-s, -> *ein nachtaktiver Schmetterling*

Nacht·flug·ver·bot *das* <-(e)s, -e> *Verbot, das das Starten und Landen von Flugzeugen auf Flughäfen während der Stunden meistens zwischen Mitternacht und dem frühen Morgen betrifft*

Nacht·frost *der* <-(e)s, Nachtfröste> *der Zustand, dass die Temperatur während der Nacht [1] unter Null Grad ist*

Nacht·hemd *das* <-(e)s, -en> *eine Art langes Hemd, das man zum Schlafen anzieht*

Nach·ti·gall *die* <-, -en> *ein kleiner Vogel, der häufig auch während der Nacht sehr schön singt*

näch·ti·gen *ohne OBJ* ■ **jmd. nächtigt (irgendwo)** ÖSTERR. *übernachten:* Er musste im Gartenhaus nächtigen.

Näch·ti·gung *die* <-, -en> ÖSTERR. *Übernachtung*

Näch·ti·gungs·plus *das* <-ses> ÖSTERR. *Ermäßigung oder Rabatt bei mehreren Übernachtungen in einem Hotel*

Nach·tisch *der* <-(e)s> /*kein Plur.*/ KOCH. (≈ *Dessert) Nachspeise:* Als Nachtisch gibt es Obst.

Nacht·klub *der* <-s, -s> (≈ *Night-Club) Lokal, das nachts sehr lange geöffnet hat und in dem häufig auch erotische Unterhaltung angeboten wird*

Nacht·la·ger *das* <-s, -> *Platz zum Schlafen, auf dem man die Nacht verbringt:* Ich mache dir das Nachtlager auf dem Sofa zurecht.

Nacht·le·ben *das* <-s> /*kein Plur.*/ *alle (in einer Stadt vorhandenen) Gelegenheiten, abends und in der Nacht auszugehen und sich zu amüsieren:* Sie genießt das Nachtleben in der Großstadt.

nächt·lich *adj* /*nur attr.*/ /*nicht steig.*/ *so, dass etwas zur Nacht [1], gehört oder in der Nacht [1] stattfindet:* Sie genossen die nächtliche Stille.; nächtliche Vergnügungen

Nacht·lo·kal *das* <-(e)s, -e> *Lokal, das noch auf hat, wenn die anderen Lokale schon geschlossen sind*

Nacht·mahl *das* <-(e)s, -e/Nachtmähler> /*Plur. selten*/ SÜDDT., ÖSTERR. *Abendessen*

Nacht·por·ti·er, Nacht·por·ti·e·rin <-s, -s> *Portier, der in der Nacht [1] an der Hotelrezeption arbeitet*

Nach·trag *der* <-(e)s, Nachträge> *Text, den man später zu einem schon geschriebenen Text hinzufügt:* Nachtrag zu einem bereits verfassten/schreiben

nach·tra·gen <trägt nach, trug nach, hat nachgetragen> *mit OBJ* ❶ ■ **jmd. trägt (jmdm.) etwas nach** *etwas zu jmdm., der schon weggegangen ist, tragen:* Immer muss ich dir deine Tasche nachtragen; kannst du nicht mal selber daran denken? ❷ ■ **jmd. trägt etwas nach** (≈ *hinzufügen) etwas später sagen oder schreiben, weil man vorher vergessen hat, es an der richtigen Stelle zu erwähnen:* Anmerkungen in einem Essay nachtragen ❸ ■ **jmd. trägt jmdm. etwas nach** *etwas Schlechtes oder Böses nicht vergessen, das einem von einem anderen zugefügt wurde:* Sie hat es ihrer Freundin noch lange nachgetragen, dass sie nicht zur Hochzeit eingeladen wurde.

nach·tra·gend *adj so, dass sich jmd. übertrieben lange über jmdn. oder etwas ärgert:* Er hat mich schon wieder auf dieses Missverständnis von damals angesprochen; er ist und bleibt ein nachtragender Mensch.

nach·träg·lich *adj* /*nicht steig.*/ (≈ *im Nachhinein) so, dass es nach dem eigentlichen Zeitpunkt stattfindet:* Ich wollte dir nachträglich zum Geburtstag gratulieren.

Nach·trags·haus·halt *der* <-(e)s, -e> AMTSSPR. *Haushaltsplan, der nach dem ersten Haushaltsplan aufgestellt wird, weil dieser nicht mehr stimmt*

nach·trau·ern <trauert nach, trauerte nach, hat nachgetrauert> *ohne OBJ* ■ **jmd. trauert jmdm./etwas nach** *traurig sein, weil jmd. oder etwas nicht mehr da ist:* Sie trauerte ihrem Garten noch lange nach.; Noch immer trauert er seiner ersten großen Liebe nach.

Nacht·ru·he *die* <-> /*kein Plur.*/ ❶ *Schlaf in der Nacht:* Der Autolärm stört mich in meiner Nachtruhe ❷ *Zeit zwischen 22 Uhr und 6 Uhr, in der man keinen Lärm machen sollte, um die anderen nicht beim Schlafen zu stören*

nachts *adv in oder während der Nacht:* Nachts

N

schlafen die meisten Menschen.; Bis 2 Uhr nachts lag ich wach.; ■ **Nachts sind alle Katzen grau!** *(umg.) im Dunkeln fällt etwas nicht weiter auf; siehe auch* **abends**
Nacht·schal·ter *der* <-s, -> *Stelle meistens an der Eingangstür einer Apotheke, einer Tankstelle o. Ä., an der in der Nacht [1] Kunden bedient werden:* Der Nachtschalter ist selbstverständlich geöffnet.
Nacht·schicht *die* <-, -en> *die Schichtarbeit in der Nacht [1]*
nacht·schla·fend *adj /nicht steig./* ■ **zu nachtschlafender Zeit** *(umg.) nachts, wenn alle Leute schlafen* Sie rief zu nachtschlafender Zeit an.
Nacht·schränk·chen *das* <-s, -> *(≈ Nachttisch)*
Nacht·schwär·mer *der* <-s, -> *(scherzh.) jmd., der gerne und lange nachts ausgeht und sich vergnügt*
Nacht·schwes·ter *die* <-, -n> *Krankenschwester, die Nachtdienst hat*
Nacht·sei·te *die* <-, -n> *(übertr.) dunkle, obskure Seite:* Der Film zeigt die Nachtseiten des Großstadtlebens.
Nacht·spei·cher·ofen *der* <-s, Nachtspeicheröfen> *Heizvorrichtung, die besonders den billigen Nachtstrom nutzt, diesen als Wärme speichert und die Wärme am Tag abgibt*
Nacht·strom *der* <-(e)s> */kein Plur./ Strom, der nachts geliefert wird und billiger als der Strom bei Tag ist*
Nacht·ta·rif *der* <-(e)s, -e> ❶ *(höherer) Lohn, den man für Arbeit während der Nacht bekommt* ❷ *besonderer Tarif, der während der Nacht für Dienstleistungen, Fahrkarten, Telefonverbindungen o. Ä. gilt*
Nacht·tisch *der* <-(e)s, -e> *ein kleiner Schrank oder Tisch, der direkt neben dem Bett steht und auf dem zum Beispiel der Wecker und eine Lampe stehen können* ◆-beleuchtung, -konsole, -lampe, -leuchte, -schrank, -schränkchen
Nacht·topf *der* <-(e)s, Nachttöpfe> *eine Art Topf, den man vor allem früher unter das Bett stellte und benutzte, wenn man seine Notdurft verrichten musste, aber nicht zur Toilette gehen wollte (oder es keine in Reichweite gab)*
Nacht·tre·sor *der* <-s, -e> *Tresor an einer Bank, in dem man nach Schalterschluss Geld deponieren kann*
Nacht-und-Ne·bel-Ak·ti·on *die* <-, -en> *(umg.) eine überraschende Aktion, die meist von der Polizei heimlich geplant und bei Nacht durchgeführt wird:* In einer Nacht-und-Nebel-Aktion gelang es den Polizeikräften, die Entführer zu überwältigen.
Nacht·vor·stel·lung *die* <-, -en> *ein Kinofilm, ein Theaterstück, ein Kabarett o. Ä., die nachts gezeigt werden*
Nacht·wa·che *die* <-, -n> ❶ *Dienst, bei dem jmd. nachts etwas bewacht* ❷ GESCH. *Dienst, bei dem ein Mann nachts in der Stadt umherging, um aufzupassen, dass nichts passierte* ❸ MED. *Dienst eines Arztes oder einer Krankenschwester während der Nacht im Krankenhaus*
Nacht·wäch·ter *der;* **Nacht·wäch·te·rin** <-s, -> ❶ *jmd., der nachts ein Gebäude bewacht* ❷ GESCH.

jmd., der früher eine Nachtwache [2] hielt und auch regelmäßig die Uhrzeit ausrief
nacht·wan·deln <nachtwandelst, nachtwandelte, hat/ist nachtgewandelt> *ohne OBJ* ■ *jmd. nachtwandelt schlafwandeln*
Nacht·zeit *die* <-, -en> *(↔ Tageszeit) Zeit während der Nacht [1]*
Nach·un·ter·su·chung *die* <-, -en> MED. *Untersuchung, die nach einer Operation zu einem späteren Zeitpunkt vorgenommen wird:* Sie sollte einen Monat nach dem Eingriff zur Nachuntersuchung kommen.
nach·voll·zieh·bar *adj (≈ verständlich) so, dass man es nachvollziehen/verstehen kann*
nach·voll·zie·hen <vollziehst nach, vollzog nach, hat nachvollzogen> *mit OBJ* ■ *jmd. vollzieht etwas nach jmd. kann sich denken oder vorstellen, wie etwas gewesen ist:* Ich konnte ihr Verhalten beim besten Willen nicht nachvollziehen.
nach·wach·sen <wächst nach, wuchs nach, ist nachgewachsen> *ohne OBJ* ■ *etwas wächst nach etwas wächst wieder da, wo vorher etwas abgeschnitten oder entfernt wurde:* Das Gras wächst schnell wieder nach.; Obwohl ich die Disteln immer wieder ausreiße, wachsen sie sehr schnell nach.
Nach·wahl *die* <-, -en> *Wahl, die nach der eigentlichen Wahl zu einem späteren Zeitpunkt durchgeführt wird*
Nach·we·hen *Plur.* ❶ MED. *der Vorgang, dass sich die Gebärmutter nach der Geburt nochmals zusammenzieht* ❷ *(umg. übertr.) die Auswirkungen oder Folgen von etwas Beschwerlichem:* Wir litten noch an den Nachwehen der langen Fahrt.
nach·wei·nen <weinst nach, weinte nach , hat nachgeweint> *ohne OBJ* ■ *jmd. weint jmdm. nach jmd. ist traurig, dass jmd. weggegangen ist oder etwas verloren ging:* Bei allem, was er dir angetan hat, wirst du ihm doch wohl nicht nachweinen.; ■ **jemandem/etwas keine Träne nachweinen** *nicht traurig, sondern eher erleichtert sein, dass jmd. weggegangen ist oder etwas verloren ging* Dieser Arbeitsstelle weine ich keine Träne nach!
Nach·weis *der* <-es, -e> ❶ *Argumentationsweg oder Handlung, die zeigen, dass etwas richtig oder wahr ist:* Er führte den wissenschaftlichen Nachweis für die Richtigkeit seiner Theorie. ❷ *Dokumente, die etwas nachweisen oder bescheinigen:* den Nachweis der Flugtauglichkeit erbringen ◆ Befähigungs-, Identitäts-, Literatur-, Quellen-
nach·weis·bar *adj /nicht steig./ so, dass etwas nachgewiesen werden kann*
nach·wei·sen <weist nach, wies nach, hat nachgewiesen> *mit OBJ* ❶ ■ *jmd. weist etwas nach mit Argumenten, wissenschaftlichen Beweisen oder Handlungen zeigen, dass etwas wahr oder richtig ist:* Die Existenz dieses Tieres ist bis heute nicht nachgewiesen.; Mängel am Motor konnten nicht nachgewiesen werden. ❷ ■ *jmd. weist etwas nach mit Dokumenten zeigen, dass man etwas hat oder zu etwas befähigt ist:* Er konnte keinen festen Wohnsitz nachweisen.; Bei der Prüfung musste er nachweisen, dass er den Text verstanden

N

hatte. ❸ ■ *jmd.* **weist** *jmdm.* **etwas nach** *jmd. beweist, dass jmd. etwas getan hat:* Es war leicht, ihm seinen Fehler nachzuweisen.

nach·weis·lich *adj /nicht steig./ so, dass es bewiesen ist:* Ihre Aussage ist nachweislich falsch.

N̲ach·welt *die <-> /kein Plur./ alle später lebenden Menschen:* etwas der Nachwelt hinterlassen/überlassen/überliefern

nach·wer·fen <wirfst nach, warf nach, hat nachgeworfen> *mit OBJ* ❶ ■ *jmd.* **wirft etwas nach** *jmd. wirft in etwas noch mehr Geldstücke hinein:* Wenn Sie noch weiter telefonieren wollen, müssen sie 50 Cent nachwerfen. ❷ ■ *jmd.* **wirft** *jmdm.* **etwas nach** *(umg.) jmdm. etwas sehr leicht machen, etwas zu erreichen oder jmdm. etwas sehr billig verkaufen:* Sie musste kaum lernen, die guten Noten wurden ihr geradezu nachgeworfen.; Handys werden einem ja schon fast nachgeworfen!

nach·wie·gen <wiegst nach, wog nach, hat nachgewogen> *mit OBJ/ohne OBJ* ■ *jmd.* **wiegt (etwas) nach** *etwas noch einmal wiegen, um festzustellen oder zu überprüfen, ob das Gewicht richtig ist:* Sind das wirklich 300 Gramm? Wiegen Sie bitte doch noch mal nach.

nach·win·ken <winkst nach, winkte nach, hat nachgewinkt/nachgewunken> *ohne OBJ* ■ *jmd.* **winkt** *jmdm./etwas nach* *jmd. winkt jmdm. oder etwas, der/das weggeht oder wegfährt, hinterher*

nach·wir·ken <wirkt nach, wirkte nach, hat nachgewirkt> *ohne OBJ* ■ *etwas* **wirkt nach** *etwas hat auch später noch eine Wirkung*

N̲ach·wir·kung *die <-, -en> weitere, spätere Wirkung, Auswirkung:* Die Filmdokumentation blieb nicht ohne Nachwirkungen auf das Publikum.

N̲ach·wort *das <-(e)s, -e> (≈ Epilog ↔ Vorwort, Prolog) ein Text am Ende eines Buches, der Informationen zum Autor, zum Buch o. Ä. enthält:* Du musst unbedingt auch das Nachwort des Buches lesen.

N̲ach·wuchs *der <-(e)s> /kein Plur./* ❶ *Kind oder Kinder in einer Familie* ❷ *in einem Arbeits- oder Fachgebiet die jüngere Generation, deren Angehörige im Beruf noch nicht etabliert sind oder eine Tätigkeit noch nicht voll ausüben:* der akademische Nachwuchs; der Nachwuchs des Fußballvereins ◆ -agentur, -autor(in), -börse, -förderung, -gewinnung, -hoffnung, -kraft, -künstler(in), -mangel, -organisation, -rekrutierung, -sänger(in), -schauspieler(in), -spieler(in), -talent, -werbung, -wissenschaftler(in), -zentrum, Film-, Fußball-

N̲ach·wuchs·ar·beit *die <-> /kein Plur./* SPORT *Förderung und Betreuung des Nachwuchses²*

nach·wür·zen <würzt nach, würzte nach, hat nachgewürzt> *mit OBJ/ohne OBJ* ■ *jmd.* **würzt (etwas) nach** *jmd. tut zu etwas noch mehr Gewürze hinzu:* den Salat nachwürzen

nach·zah·len <zahlst nach, zahlte nach, hat nachgezahlt> *mit OBJ/ohne OBJ* ■ *jmd.* **zahlt (etwas) nach** *eine Summe bezahlen, die man schon früher hätte bezahlen müssen:* Er sollte die Fernsehgebüren für drei Monate nachzahlen.; Sie musste im Zug schon wieder nachzahlen.

nach·zäh·len <zählst nach, zählte nach, hat

nachgezählt> *mit OBJ/ohne OBJ* ■ *jmd.* **zählt (etwas) nach** *etwas noch einmal zählen, um zu überprüfen, ob das Ergebnis der ersten Zählung richtig ist:* Man zählte die Stimmzettel nach der Wahl ein zweites Mal nach.; Der Betrag stimmt, Sie können ruhig nachzählen.

N̲ach·zah·lung *die <-, -en>* ❶ *das Nachzahlen* ❷ *Betrag, der nachzuzahlen ist:* Die Nachzahlung an das Finanzamt beträgt 2000 Euro.

nach·zeich·nen <zeichnest nach, zeichnete nach, hat nachgezeichnet> *mit OBJ/ohne OBJ* ❶ ■ *jmd.* **zeichnet (etwas) nach** *etwas, das der Vorlage sehr ähnlich ist, zeichnen* ❷ *jmd.* **zeichnet (etwas) nach** *(≈ nachziehen I. 2) mit einem Stift eine Linie verstärken und sie so stärker sichtbar machen:* Sie zeichnete den Schwung ihrer Augenbrauen mit Kajal nach. ❸ ■ *jmd.* **zeichnet (etwas) nach** *(≈ abpausen) die Linien einer Zeichnung mit Hilfe eines besonderen Papiers auf ein anderes Blatt übertragen* ❹ ■ *jmd.* **zeichnet etwas nach** *etwas in Stichwörtern wiedergeben:* Sie zeichnete in wenigen Worten den Ablauf der Veranstaltung nach.

nach·zie·hen <ziehst nach, zog nach, hat/ist nachgezogen> I. *mit OBJ (haben)* ❶ ■ *jmd.* **zieht ein Bein nach** *ein Bein langsamer als das andere bewegen und deshalb hinken:* Er hat ein Bein nachgezogen. ❷ ■ *jmd.* **zieht etwas nach** *(≈ nachzeichnen²) mit einem Stift eine Linie verstärken und sie so stärker sichtbar machen:* Sie zog die Augenbrauen nach. ❸ ■ *jmd.* **zieht etwas nach** *meistens mit einem Werkzeug eine Schraube noch einmal drehen, um sie fester zu machen:* Sie haben alle Schrauben nachgezogen. II. *ohne OBJ* ❶ ■ *jmd.* **zieht (jmdm.) nach** *jmdm., der weggegangen ist, folgen:* Die hartnäckigsten Fans sind ihrem Star von Auftrittsort zu Auftrittsort nachgezogen. ❷ ■ *jmd.* **zieht (mit etwas Dat.) nach** *bei einem Brettspiel dem Zug des Gegners folgen:* Nach einer halben Stunde hat er endlich mit dem Läufer nachgezogen.

N̲ach·zucht *die <-, -en>* ❶ */kein Plur./ das Züchten von besonders ausgewählten Tieren* ❷ *die Nachkommen dieser Tiere*

N̲ach·züg·ler *der,* **N̲ach·züg·le·rin** *<-s, ->* ❶ *jmd., der später als alle anderen an einem Ort kommt:* Bei dem Schulausflug mussten alle auf die ewigen Nachzügler warten. ❷ *(umg.) jmd., der wesentlich später als seine Geschwister geboren ist*

N̲a·cke·dei *der <-s, -s> (umg. scherzh.) nackter Mensch, besonders ein kleines Kind*

N̲a·cken *der <-s, -> der hintere Teil des Halses:* den Kopf in den Nacken werfen; ■ **jemandem im Nacken sitzen** *(umg.) jmdm. Sorgen oder Angst machen* Der Abgabetermin saß ihr im Nacken.; ■ **jemandem im Nacken sitzen** *jmdm. verfolgen und ihm schon ganz nahe sein* Die Polizei saß den Gangstern im Nacken.

N̲a·cken·stüt·ze *die <-, -n> eine Stütze auf einer Rückenlehne von einem Sitz, an die man den Nacken legen kann*

n̲ackt *adj /nicht steig./* ❶ *(↔ angezogen) ohne Kleidung:* mit nacktem Oberkörper ❷ *ohne schüt-*

zende Hülle/Schicht/Schmuck: In dieser Höhe gibt es nur noch nackte Felsen.; Die nackten Wände boten ein tristes Bild. ❸ */nur attr./ sehr schlimm oder sehr groß:* Die nackte Wut stand ihr im Gesicht geschrieben.; mit nackter Verzweiflung; das nackte Elend; ■ **nur das nackte Leben retten können** *nur das Leben, aber nicht den Besitz retten können;* ■ **die nackten Tatsachen** *nur die reinen Fakten*

Nackt·auf·nah·me *die <-, -n>* Nacktfoto

Nackt·ba·den *das <-s> /kein Plur./* Baden ohne Bekleidung

Nackt·ba·de·strand *der <-(e)s, Nacktbadestrände>* Strand, an dem man nackt [1] baden kann

Nackt·fo·to *das <-s, -s>* Foto von einer unbekleideten Person

Nackt·heit *die <-> /kein Plur./* Zustand, in dem jmd. oder etwas nackt [1, 2] ist

Nackt·schne·cke *die <-, -n> (↔ Gehäuseschnecke)* Schnecke ohne Schneckenhaus

Na·del *die <-, -n>* ❶ ein kleiner, dünner Gegenstand, der meist aus Metall ist und eine Spitze hat, und mit dem man näht ◆ -spitze, Häkel-, Näh-, Nähmaschinen-, Sicherheits-, Steck-, Stopf-, Strick- ❷ ein kleiner Gegenstand, der auf einer Nadel [1] befestigt ist und an dem etwas als Schmuck oder Zeichen befestigt ◆ Ansteck-, Haar-, Krawatten- ❸ der untere Teil einer Spritze, mit dem man in die Haut sticht ◆ Injektions- ❹ ein kleiner, schmaler Zeiger bei einem Gerät: Die Nadel des Kompasses zeigt nach Norden. ◆ Benzin-, Kompass-, Tacho- ❺ TECHN. ein feines Teil, das die Form einer Nadel [1] hat und in einem technischen Gerät eine bestimmte Funktion ausübt ◆ Zünd- ❻ die feine Spitze unter dem Tonarm eines Plattenspielers, mit der die Schallplatte abgetastet wird: Die Nadel kratzt aber ganz schön, ich glaube, ich muss sie mal wechseln. ◆ Diamant-, Saphir- ❼ */meist Plur./ (↔ Blatt)* die feinen grünen Teile, die an den Ästen von manchen Bäumen wachsen und die Form von Nadeln [1] haben: Fichten und Kiefern haben Nadeln und keine Blätter.; ■ **wie auf Nadeln sitzen** *(umg.)* nervös sein; ■ **etwas ist mit der heißen Nadel genäht** *(umg. abwert.)* verwendet als Kommentar, wenn sich eine Naht bei einem gekauften Kleidungsstück löst; ■ **an der Nadel hängen** *(umg.)* süchtig nach Heroin sein; ■ **von der Nadel nicht wegkommen** *sich nicht von der Sucht nach Heroin befreien können* ◆ Fichten-, Kiefern-, Tannen-

Na·del·baum *der <-(e)s, Nadelbäume>* BOT. *(↔ Laubbaum)* ein Baum, der Nadeln [7] und keine Blätter trägt

Na·del·dru·cker *der <-s, ->* EDV ein Drucker, der an einen Computer angeschlossen wird, und die Farbe mit Drahtstiften, die die Form von Nadeln [5] haben, aufträgt

Na·del·höl·zer *Plur. (↔ Laubhölzer)* die verschiedenen Arten von Nadelbäumen bzw. -sträuchern

Na·del·kis·sen *das <-s, ->* ein kleines Kissen, in das Nadeln [1] gesteckt werden

na·deln *<nadelst, nadelte, hat genadelt> ohne OBJ* ■ **ein Baum nadelt** die Nadeln [7] verlieren: Der Weihnachtsbaum nadelt.

Na·del·öhr *das <-s, -e>* das kleine längliche Loch am Ende einer Nähnadel, durch das der Faden gezogen wird

Na·del·stich *der <-(e)s, -e>* ❶ Stich, den man mit einer Nadel [1] ausführt ❷ kleines Loch, das vom Stich mit einer Nadel herrührt

Na·del·strei·fen *der <-s, -> /meist Plur./* feine, meist weiße Linien auf einem dunklen Stoff für Anzüge ◆ -anzug, -hemd, -hose, -hut, -jeans

Na·del·wald *der <-es, Nadelwälder>* BOT. *(↔ Laubwald)* Wald, in dem überwiegend Nadelbäume wachsen

Na·gel [1] *der <-s, Nägel>* ein schmaler Gegenstand, der meist aus Metall ist, eine Spitze und einen runden flachen Kopf hat und den man mit einem Hammer irgendwo einschlägt, um etwas zu befestigen, aufzuhängen oder zu verbinden: den Nagel einschlagen; den Nagel mit einer Zange herausziehen; ein krummer Nagel; ■ **den Nagel auf den Kopf treffen** *(umg.)* das Wesentliche von einer Sache erkennen und es genau beschreiben Sie haben mal wieder den Nagel auf den Kopf getroffen!; ■ **Nägel mit Köpfen machen** *(umg.)* eine Sache konsequent zum Abschluss bringen Bei diesem Projekt müssen wir endlich Nägel mit Köpfen machen, sonst wird das nichts!; ■ **etwas an den Nagel hängen** *(umg.)* mit etwas endgültig aufhören Sie hat ihren Job an den Nagel gehängt. ◆ Eisen-, Stahl-

Na·gel [2] *der <-s, Nägel>* der harte flache Teil am Ende der Finger und der Zehen: die Nägel schneiden; die Nägel lackieren; sich die Nägel einreißen; ■ **etwas brennt jemandem unter den Nägeln** *(umg.)* etwas muss dringend erledigt werden Die Steuererklärung brennt mir unter den Nägeln!; ■ **sich etwas unter den Nagel reißen** *(umg.)* sich etwas geschickt bei einer günstigen Gelegenheit aneignen Bei der Schließung des Ladens sollen sich die Angestellten einiges unter den Nagel gerissen haben. ◆ -bürste, -feile, -schere, Daumen-, Finger-, Fuß-, Zehen-

Na·gel·bett *das <-(e)s, -en/-e>* ANAT. die Fläche am Finger und am Zeh, auf der der Nagel [2] liegt: Am Daumen hatte sich das Nagelbett entzündet.

Na·gel·haut *die <-> /kein Plur./* ANAT. die Haut, die die Nägel [2] an der Stelle bedeckt, an der sie aus dem Zeh oder Finger wachsen

Nä·gel·kau·en *das <-s> /kein Plur./* die Handlung, dass jmd. den äußeren Rand seiner Fingernägel abkaut, weil er sehr nervös ist

Na·gel·lack *der <-(e)s, -e>* eine Art farbiger Lack, den eine Frau auf Finger- oder Fußnägel aufträgt ◆ -entferner

na·geln *<nagelst, nagelte, hat genagelt> mit OBJ* ❶ **jmd. nagelt etwas irgendwohin** etwas irgendwo mit Nägeln [1] befestigen: ein Brett vor die Tür nageln; ein Schild an die Wand nageln ❷ **jmd. nagelt etwas** etwas mit Nägeln [1] verbinden oder schließen: einen Knochenbruch nageln; eine Kiste nageln ❸ **jmd. nagelt etwas** in etwas Nägel [1] schlagen: genagelte Schuhe

na·gel·neu *adj /nicht steig./ (umg.)* sehr neu: ein nagelneues Auto

Na·gel·pfle·ge *die* <-> */kein Plur./ das Schneiden, Feilen, Saubermachen o. Ä. der Nägel²*

Na·gel·pro·be *die* <-, -en> *eine Situation, in der jmd. zeigen muss, was er kann: Die Prüfung würde für sie zur Nagelprobe werden.*

na·gen **I.** *ohne OBJ* ❶ ■ *jmd./ein Tier nagt an etwas Dat. mit den Zähnen kleine Stücke von etwas Hartem entfernen: Der Hund nagt am Knochen.* ❷ ■ *etwas nagt an jmdm. etwas quält jmdn. oder bereitet ihm große Sorgen: Das Klima nagte an seiner Gesundheit.; Die dauernden Sorgen nagten an ihr.; nagender Hunger* **II.** *mit OBJ* ❶ ■ *ein Tier nagt etwas (in etwas Akk.) ein Tier nagt I. 1 etwas und macht dadurch ein Loch: Die Mäuse haben lauter Löcher in den Schuppen genagt.* ❷ ■ *ein Tier nagt etwas (von etwas Dat.) ein Tier entfernt etwas, indem es nagt I. 1: Der Löwe nagt das Fleisch von dem Knochen.*

Na·ger *der* <-s, -> ZOOL. *ein Nagetier*

Na·ge·tier *das* <-(e)s, -e> ZOOL. *ein Tier, das Pflanzen frisst und sehr scharfe und lange Vorderzähne hat, mit denen es nagen I. 1 kann: Bekannte Nagetiere sind Mäuse und Biber.*

nah, **na·he** <näher, am nächsten> *adj* ❶ (↔ *fern*) *so, dass etwas räumlich nicht weit entfernt von jmdm. oder etwas ist: Er steht nah bei der Tür.* ❷ (↔ *fern*) *so, dass etwas zeitlich in der Zukunft nicht weit entfernt von jmdm./etwas ist: Seine Ankunft ist ganz nahe.* ❸ *so, dass jmd. eng mit jmdm. verbunden ist: Sie fühlte sich ihm nah.* ❹ (*umg.: ↔ weit*) *so, dass etwas der nächste Weg ist: Wenn du diesen Weg nimmst, hast du es näher.;* ■ *der Nahe Osten* POL. *der Vordere Orient;* ■ *jemandem zu nahe treten (geh.) etwas sagen oder tun, das die Gefühle von von jmdm. verletzt;* ■ *aus/von nah und fern von überall her Die Teilnehmer der Konferenz waren aus nah und fern angereist.;* ■ *jemand ist nahe d(a)ran, etwas zu tun (umg.) jmd. ist fast bereit, etwas zu tun Er was nahe dran, den Job hinzuschmeißen.;* ■ *jmd./etwas ist etwas Dat. nahe jmd. ist kurz davor, etwas Unangenehmes oder Gefährliches zu erleben: Sie ist den Tränen nahe.; dem Untergang nahe sein; vgl. auch zusätzlich* **nahe**

-nah *als Zweitglied zusammengesetzter Adjektive; drückt aus* ❶ (↔ *-fern*) *dass etwas an der mit dem Erstglied bezeichneten Sache ausgerichtet/orientiert ist* ◆ *bürger-, lebens-, praxis-, realitäts-, wirklichkeits-* ❷ *dass es übereinstimmende Ziele mit dem gibt, was mit dem Erstglied bezeichnet wird* ◆ *gewerkschafts-, partei-, regierungs-* ❸ *dass eine räumliche Nähe zu dem mit dem Erstglied Bezeichneten gegeben ist* ◆ *front-, grenz-, küsten-, planeten-*

Nah·auf·nah·me *die* <-, -n> FOTOGR. *Foto, das jmdn. oder etwas aus sehr geringer Entfernung zeigt*

na·he *präp +Dat. (geh.) nicht weit entfernt von etwas: Nahe dem alten Haus findest du den Schatz!* ◆ *Groß- oder Kleinschreibung →R 3.7, 3.13 von nahem/Nahem; von nah und fern*

Nä·he *die* <-> */kein Plur./* ❶ (↔ *Ferne*) *geringe räumliche Entfernung zu etwas: Der See liegt ganz in der Nähe.* ❷ (↔ *Ferne*) *Zeit, die in geringer Ent-*

fernung in der Zukunft liegt: Der Sieg lag in greifbarer Nähe. ❸ *enge menschliche Beziehung: Zwischen ihnen herrschte eine große Nähe.; Angst vor Nähe haben;* ■ *aus der Nähe betrachtet bei kritischer Betrachtung Aus der Nähe betrachtet, war das Problem nicht zu lösen.*

na·he·bei *adv nicht weit von hier: Der Bach fließt nahebei.*

na·he·brin·gen <bringst nahe, brachte nahe, hat nahegebracht> *mit OBJ* ■ *jmd. bringt jmdm. etwas Akk. nahe jmd. bewirkt, dass sich jmd. für etwas interessiert: Dieser Lehrer konnte den Schülern Geschichte wirklich nahebringen.*

na·he·ge·hen <geht nahe, ging nahe, ist nahegegangen> *mit OBJ* ■ *jmds. geht jmdm. nahe. nahe etwas berührt jmdn. so, dass er erschüttert oder traurig ist: Der Tod der Prinzessin ist vielen wirklich nahegegangen.*

na·he·kom·men <kommst nahe, kam nahe, ist nahegekommen> **I.** *mit OBJ* ■ *etwas kommt etwas Dat. nahe etwas ist fast genau so wie etwas anderes: Deine Äußerung kommt einer Beleidigung nahe!; der Lösung nahekommen* **II.** *mit SICH* ■ *jmd. kommt sich nahe zwei Personen beginnen, sich zu verstehen: Allmählich kamen sie sich über ihre Leidenschaft zu Büchern nahe.*

na·he·le·gen <legst nahe, legte nahe, hat nahegelegt> *mit OBJ* ❶ ■ *jmd. legt jmdm. etwas Akk. nahe jmd. fordert jmdn. höflich aber bestimmt auf, etwas Bestimmtes zu tun: Der Parteivorsitzende legte ihm den Austritt aus der Partei nahe.* ❷ ■ *etwas legt etwas Akk. nahe etwas lässt etwas als wahrscheinlich erscheinen: Ihr Verhalten legt den Verdacht nahe, dass sie nicht die ganze Wahrheit sagt.*

na·he·lie·gen *adj /nicht steig./ sehr gut verständlich, logisch: aus naheliegenden Gründen*

na·hen **I.** *ohne OBJ* ■ *etwas naht näher kommen: Die Entscheidung naht.* **II.** *mit SICH* ■ *jmd. naht sich jmdm. (geh. o veralt.) sich jmdm. nähern: Er nahte sich ihr demutsvoll.*

nä·hen *mit OBJ/ohne OBJ* ❶ ■ *jmd. näht (etwas) mit Stoff und Faden anfertigen: Sie näht ihre Kleider selbst.; Sie näht für die ganze Familie.* ❷ ■ *jmd. näht etwas etwas reparieren, indem man die Teile mit Nadel und Faden verbindet: Er nähte den Riss im Hemd.* ❸ ■ *jmd. näht etwas an/auf etwas Akk. etwas an oder auf etwas mit Nadel und Faden befestigen: Sie nähte einen Knopf an das Hemd.; einen Flicken auf die Hose nähen* ❹ ■ *jmd. näht etwas* MED. *eine Wunde mit einer Naht schließen: Die Kopfverletzung war so groß, dass man sie nähen musste.*

nä·her **I.** *Komparativ von* **nahe** **II.** *adj so, dass etwas mit mehr Einzelheiten und deshalb genauer ist: nähere Informationen geben; die näheren Umstände in Betracht ziehen* ◆ *Großschreibung →R 3.7 des Näheren*

nä·her·brin·gen <bringst näher, brachte näher, hat nähergebracht> *mit OBJ* ❶ ■ *jmd. bringt jmdm. etwas Akk. näher jmdn. mit etwas vertraut machen: Er brachte ihr die Arbeit am Computer näher.* ❷ ■ *etwas bringt jmdn. jmdm. näher etwas bewirkt, dass die Beziehung zwischen*

N

zwei Menschen besser wird: Der Tod ihrer Mutter brachte die Geschwister einander näher.

Nä·he·re *das* <-n> */kein Plur./ Genaueres, Konkreteres:* Näheres/Das Nähere erfahren Sie bei der Auskunft.

Nah·er·ho·lung *die* <-> */kein Plur./ Möglichkeit, sich nicht weit vom eigenen Wohnort in einem Park, einem Wald o. Ä. auszuruhen und zu erholen*

Nah·er·ho·lungs·ge·biet *das* <-(e)s, -e> *Ort, an dem man sich in der Nähe von dem Wohnort erholen und ausruhen kann:* Die Stadt bietet auch zahlreiche Naherholungsgebiete: Parks, Wälder, Seen.

Nä·he·rin *die* <-, -nen> *eine Frau, die beruflich Kleidung näht*

nä·her·kom·men <kommst näher, kam näher, ist nähergekommen> *mit OBJ* ■ *etwas kommt etwas Dat. näher etwas ist wahrscheinlicher oder glaubwürdiger als etwas anderes:* Das kommt den Tatsachen schon näher.

nä·her·lie·gen <liegst näher, lag näher, hat nähergelegen> *ohne OBJ (sein)* ■ *etwas liegt näher etwas ist besser oder sinnvoller oder wahrscheinlicher als etwas anderes:* Bei diesen Kosten liegt es näher, auf ein Auto zu verzichten.

nä·hern <näherst, näherte, hat genähert> *mit SICH* ❶ ■ *jmd./etwas nähert sich jmdm./etwas räumlich näher zu jmdm. oder etwas kommen:* Wir nähern uns jetzt dem alten Stadtkern.; Vorsichtig näherte sich der Hund und blieb dann aber doch stehen. ❷ ■ *etwas nähert sich zeitlich näher kommen:* Endlich nähert sich der Frühling. ❸ ■ *jmd./etwas nähert sich etwas Dat. etwas bald erreicht haben:* Langsam nähern wir uns dem Kern des Problems.; Die Geschichte nähert sich ihrem Ende. ❹ ■ *jmd. nähert sich jmdm. versuchen, mit jmdm. in Kontakt zu kommen, weil einem die Person gefällt:* Sie versuchte, sich ihm zu nähern. ❺ ■ *etwas nähert sich etwas Dat. einer Sache immer ähnlicher werden:* Die Wirtschaftspolitik näherte sich einer Katastrophe.

nä·her·ste·hen <stehst näher, stand näher, hat nähergestanden> *mit OBJ* ■ *jmd. steht jmdm. näher jmd. hat zu jmdm. oder etwas eine engere Beziehung:* Sie stand ihm bisher als seine eigene Frau.; Früher hatten sie sich viel nähergestanden

Nä·he·rungs·wert *der* <-(e)s, -e> MATH. *eine Größe oder eine Zahl, die durch Berechnung dem eigentlichen Wert nahe kommt*

na·he·ste·hen <stehst nahe, stand nahe, hat nahegestanden> *mit OBJ (sein)* ■ *jmd. steht jmdm. nahe einem Menschen sehr verbunden sein:* Der Enkel steht seinem Opa sehr nahe.; Dies sind nahestehende Verwandte

na·he·zu *part (≈ fast)* Es ist nahezu unmöglich, eine gesicherte Vorhersage zu machen.

Näh·garn *das* <-(e)s, -e> *eine Art feiner Faden, mit dem man Kleidung näht*

Nah·kampf *der* <-(e)s, ...-kämpfe> ❶ MILIT. *ein Kampf, bei dem sich die Gegner sehr dicht gegenüberstehen* ❷ SPORT *Kampf, in dem sich die Gegner sehr nahe kommen, zum Beispiel beim Boxen*

Näh·käst·chen *das* ■ *aus dem Nähkästchen plau-*

dern *(umg.) Geheimnisse erzählen* Im Kreis seiner Freunde plaudert der Firmenchef gerne aus dem Nähkästchen.

Näh·kas·ten *der* <-s, Nähkästen> *ein kleiner Kasten, in dem man Sachen aufbewahrt, die man zum Nähen braucht:* Alles, was du zum Nähen brauchst, findest du im Nähkasten.

Näh·korb *der* <-(e)s, Nähkörbe> *ein kleiner Korb, in dem man Sachen aufbewahrt, die man zum Nähen braucht:* Im Nähkorb findest du Nadel und Faden.

nahm *Prät. von* **nehmen**

Näh·ma·schi·ne *die* <-, -n> *eine Maschine, mit der man Kleidung o. Ä. nähen kann*

Näh·na·del *die* <-, -n> *eine Nadel [1], mit der man nähen kann*

Nah·ost */unveränderlich/* GEOGR. *der Nahe Osten, der Vordere Orient*

Nähr·bo·den *der* <-s, Nährböden> ❶ CHEM. *Substanz, auf der Pilz- und Bakterienkulturen gezüchtet werden* ❷ *(geh.) Grundlagen oder Voraussetzungen für eine meist negative Entwicklung:* Solche Zustände sind doch der ideale Nährboden für kriminelle Machenschaften.

Nähr·creme, *a.* **Nähr·krem** *die*, *a.* **Nähr·kre·me** *die* <-, -s> *eine Creme, die Nährstoffe für die Haut enthält*

näh·ren **I.** *mit OBJ* ❶ ■ *jmd./ein Tier nährt jmdn./ein Tier (veralt.) ernähren:* Sie hat ihre Kinder mit Muttermilch genährt. ❷ ■ *etwas nährt etwas (geh.) wachsen lassen:* Sein Verhalten nährte einen schrecklichen Verdacht. **II.** *ohne OBJ* ■ *etwas nährt nahrhaft sein:* Milch nährt. **III.** *mit SICH* ■ *jmd. nährt sich (von etwas Dat.) (geh. o veralt.) sich (von etwas) ernähren:* Die Pferde nähren sich von Hafer.

nahr·haft *adj* ❶ *gesund:* Das Essen ist sehr nahrhaft. ❷ *so, dass es viele Nährstoffe hat:* Das ist nahrhafter Boden.

Nähr·krem, *a.* **Nähr·kre·me** *vgl.* **Nährcreme**

Nähr·lö·sung *die* <-, -en> BIOL., CHEM., MED. *flüssige Mischung von Nährstoffen*

Nähr·salz *das* <-(e)s, -e> CHEM., BOT. *Mineralsalz, das notwendig für die pflanzliche Ernährung ist*

Nähr·stoff *der* <-(e)s, -e> */meist Plur./ Stoff, den Lebewesen benötigen, um leben und wachsen zu können:* reich an Nährstoffen

nähr·stoff·arm *adj* *mit wenig Nährstoffen*

nähr·stoff·reich *adj* *mit viel Nährstoffen*

Nah·rung *die* <-, -en> */Plur. meist nur in der Fachsprache verwendet/ alles, was Menschen oder Tiere essen und trinken, um zu leben:* Nahrung zu sich nehmen; ■ *etwas gibt einer Sache neue Nahrung etwas verstärkt eine Sache* Die Fotos geben den Gerüchten über die Trennung des Schauspielerpaares neue Nahrung. ◆ Baby-, Kinder-, Tier-

Nah·rungs·ket·te *die* <-, -n> BIOL. *eine Reihenfolge von Lebewesen, bei der die einzelnen Glieder der Nahrung für das nächst höhere Glied darstellen:* Die Nahrungskette im Meer beginnt bei winzigen Krebsen und endet bei meterlangen Raubfischen.

Nah·rungs·mit·tel *das* <-s, -> *das, was Men-*

schen essen oder trinken, um zu leben ◆-industrie, -vergiftung

Nah·rungs·su·che *die* <-> /kein Plur./ *der Vorgang, dass Tiere Nahrung für sich suchen:* Die Tiere verbringen mehrere Stunden täglich mit der Nahrungssuche.

Nähr·wert *der* <-(e)s, -e> /kein Plur./ *Wert, der den Anteil von Vitaminen, Kalorien, Mineralien o. Ä. in einem Nahrungsmittel angibt:* Du solltest stärker auf den Nährwert der Speisen achten!

Näh·sei·de *die* <-> /kein Plur./ *Seide, die als Faden zum Nähen gebraucht wird*

Naht *die* <-, Nähte> ❶ *die Linie, die beim Nähen entsteht:* Das Hemd ist zwar neu, aber die Nähte an den Ärmeln sind schon aufgegangen. ◆ Doppel-, Hosen-, Zier- ❷ TECHN. *die Linie, an der zwei Stücke aus Metall, Kunststoff o. Ä. verschweißt, gelötet, geklebt o. Ä. wurden* ◆ Schweiß- ❸ MED. *die Linie, die entsteht, wenn eine Wunde genäht wurde:* Nach der Operation blieb eine große Naht zurück.; ▪ **jemand platzt aus allen Nähten** *(umg. scherzh.) jmd. ist sehr dick;* ▪ **etwas platzt aus allen Nähten** *(umg.) etwas braucht so viel Platz, dass der vorhandene Raum nicht mehr genügt* Bei der Eröffnungsfeier platzte das neue Restaurant fast aus allen Nähten!

naht·los *adj /nicht steig./* ❶ *ohne Naht oder sichtbare Verbindungslinie:* eine nahtloses Kleid ❷ *ohne die weißen Stellen auf der Haut, die man bekommt, wenn man mit Kleidungstücken in der Sonne liegt:* nahtlose Bräune ❸ *so, dass etwas ohne Probleme oder nicht sichtbar geschieht:* Der praktische und der theoretische Teil des Lehrganges gingen nahtlos ineinander über.

Naht·stel·le *die* <-, -n> *Stelle, an der eine Naht* [1, 2] *vorhanden ist*

Nah·ver·kehr *der* <-s> /kein Plur./ *(↔ Fernverkehr) Verkehr von Zügen, Bussen, Autos auf kurzen Strecken;* ▪ **der öffentliche Nahverkehr** *der Vekehr von Bussen, Straßenbahnen, Zügen o. Ä. in der in der Nähe von Städten*

Nah·ver·kehrs·zug *der* <-(e)s, Nahverkehrs­züge> *Zug, der im Nahverkehr fährt*

Näh·zeug *das* <-s> /kein Plur./ *alles, was man zum Nähen* [1] *braucht*

na·iv *adj* ❶ *(≈ gutgläubig) so, dass jmd. voller Vertrauen ist und an nichts Böses denkt:* Er war wirklich naiv, als er dieses Schrottauto gekauft hat! ❷ *(≈ einfältig) so, dass jmd. etwas nicht richtig einschätzt und sich in bestimmten Situationen nicht entsprechend verhält:* Sie war ganz schön naiv zu glauben, mit Aktien könnte man schnell Geld verdienen. ❸ *so, dass etwas sehr einfach oder sehr oberflächlich ist:* Er hat doch eine völlig naive Meinung zu diesem Thema. ❹ *so, dass etwas sehr einfach dargestellt und häufig von Laien gemacht ist:* naive Kunst

Na·i·vi·tät *die* <-> /kein Plur./ *die Eigenschaft, naiv* [1, 2, 3] *zu sein*

Na·me *der* <-ns, -n> ❶ *Benennung für eine Person/ein Tier/eine Sache, unter der man sie genau wiedererkennt/identifizieren kann:* einen Namen geben; einen Namen tragen; sich einen Namen zulegen; Namen verschweigen; Guten Tag,

mein Name ist Meier! ◆-änderung, -sverzeichnis, -swechsel, Familien-, Firmen-, Fluss, -Frauen-, Hunde-, Jungen-, Künstler-, -Länder-, Mädchen-, Männer-, Orts-, Spitz-, Städte-, Stoff-, Tier-, Vor- ❷ *(≈ Ruf) die gute Meinung, die andere Menschen von einem haben:* sich einen Namen machen; einen guten/schlechten Namen haben ❸ *(≈ Gattungsname) Bezeichnung für eine Gruppe von Gegenständen, mit denen ihre einzelnen Erscheinungsformen zusammenfassend benannt und damit deren Einordnung ermöglicht wird:* Kupfer und Messing fasst man unter dem Namen „Metalle" zusammen.; ▪ **im Namen** *an Stelle von jmdm. oder etwas im Namen des Volkes; im Namen des Gesetzes; im Namen der Eltern;* ▪ **das Kind beim Namen nennen** *(umg.) ein Problem direkt benennen;* ▪ **jemanden nur dem Namen nach kennen** *jmdn. nicht persönlich kennen, aber schon von ihm gehört haben;* ▪ **seinen Namen für etwas hergeben** *etwas nicht selbst aktiv machen, aber offiziell dafür verantwortlich sein;* ▪ **mein Name ist Hase** *(umg.) drückt aus, dass man von einer Sache nichts weiß oder nichts wissen will* ◆ Gattungs-

na·men·los *adj /nicht steig./* ❶ *(≈ anonym) ohne Namen:* Auf der Party waren nur namenlose Gesichter.; die namenlosen Toten ❷ *(geh.) groß:* Sie hatte eine namenlose Freude.

na·mens[1] *adv mit dem Namen:* Ein Mann namens Buchmann hat angerufen. Kennst du den?

na·mens[2] *präp + Gen.* AMTSSPR. *im Auftrag von:* Namens des Bürgermeisters, …

Na·mens·ge·dächt·nis *das* <-ses> /kein Plur./ *die Fähigkeit, sich besonders gut Namen merken zu können:* Ich habe ihn seit drei Jahren nicht gesehen, aber er konnte sich noch immer an meinen Namen erinnern. Sein Namensgedächtnis ist wirklich ausgezeichnet!

Na·mens·schild *das* <-(e)s, -er> *ein kleines Schild, auf dem der Name der betreffenden Person steht*

Na·mens·tag *der* <-(e)s, -e> REL. *der Tag im Jahr, der einem bestimmten Heiligen in der katholischen oder orthodoxen Religion gewidmet ist*

Na·mens·ver·zeich·nis *das* <-ses, -se> *Verzeichnis, in dem Namen aufgelistet sind*

Na·mens·vet·ter *der* <-s, -> *eine Person, die den gleichen Namen wie eine andere trägt, ohne mit dieser verwandt zu sein:* Dein Kollege heißt zufällig auch Schulze-Lüdenscheidt. Ist er also ein Namensvetter?

Na·mens·zug *der* <-(e)s, Namenszüge> *(≈ Unterschrift)*

na·ment·lich[1] *adj /nicht steig./ so, dass dabei jmd. oder etwas mit dem Namen genannt wird:* Haben Sie die namentlichen Angaben aufgenommen?; eine namentliche Abstimmung

na·ment·lich[2] *adv (geh.: ≈ vor allem) besonders:* Er ist furchtbar launisch, namentlich wenn er schlecht geschlafen hat.

nam·haft *adj* ❶ *bekannt, berühmt:* Er war ein namhafter Komponist. ❷ *beträchtlich, nennenswert:* Sie überwies eine namhafte Summe.; ▪ **jemanden namhaft machen** *feststellen, wer die*

N

Person ist Leider konnte man den Spender nicht namhaft machen.

näm·lich¹ *adj /nicht steig./ (geh.) der-/die-/das-selbe:* Am nämlichen Tag wollten auch wir einen Ausflug machen.; Es waren die nämlichen Worte, mit denen er erst neulich das Unheil verkündet hatte.

näm·lich² *adv* ❶ *(≈ und zwar, genauer gesagt) ver-wendet, um etwas genauer zu erläutern, was man vorher gesagt hat:* Nächste Woche, nämlich am Dienstag, fahren wir in den Urlaub. ❷ */nachge-stellt/ (≈ denn) verwendet, um etwas zu begrün-den, was man vorher gesagt hat:* Er kommt später. Er hatte nämlich einen Unfall.

nann·te *Prät. von* **nennen**

Na·no- *als Erstglied zusammengesetzter Substan-tive; bezeichnet als Maßeinheit den milliardsten Teil einer Einheit* ◆ -bakterien, -effekt, -elektronik, -farad, -kosmetik, -kristall, -maschine, -materi-al(ien), -optik, -partikel, -produkt, -roboter, -se-kunde, -technik, -virus, -welt, -zeitalter, -zelle

Na·no·tech·no·lo·gie *die* <-> */kein Plur./ Tech-nologiezweig, der winzigste Materiestrukturen und ihre Verwendung bei der Konstruktion winzi-ger Maschinen zum Gegenstand hat*

na·nu *interj verwendet, um Überraschung oder Verwunderung auszudrücken:* Nanu, wer ruft denn schon so früh an?

Na·palm® *das* <-s> */kein Plur./* CHEM. *eine pulve-rige Mischung aus chemischen Stoffen (vor allem Naphtensäure und Palmitinsäure), die zum Bau von Brandbomben benutzt wid*

Na·palm·bom·be *die* <-, -n> MILIT. *eine Brand-bombe, die mit Napalm und meist Benzin ge-füllt ist*

Napf *der* <-(e)s, Näpfe> *eine kleine, flache Schüs-sel:* Füll doch noch mal der Katze etwas Milch in den Napf! ◆ Blech-, Ess-, Fress-, Futter-, Milch-, Spuck-, Trink-

Napf·ku·chen *der* <-s, -> KOCH. *ein Kuchen, der in einer runden Form gebacken wird*

Naph·tha *das/die* <-(s)> */kein Plur./* CHEM. *(ver-alt.) Roherdöl*

Nap·pa *das* <-(s), -s> */kein Plur./ sehr weiches Leder* ◆ -handschuhe, -leder

Nar·be *die* <-, -n> *die Stelle auf der Haut, an der man noch erkennen kann, dass dort einmal eine Wunde war* ◆ Brand-, Operations-, Pocken-

nar·big *adj mit vielen Narben übersät:* ein narbiges Gesicht

Nar·ko·se *die* <-, -n> MED. *(≈ Anästhesie) der Zu-stand, in dem man (ein Mensch/ein Tier) nichts empfindet und in den man bei einer Operation von einem Arzt versetzt wird, damit man keine Schmerzen spürt und die Operation nicht be-wusst erlebt:* aus der Narkose erwachen ◆ -appa-rat, -arzt, -mittel, -gewehr, -schwester, Teil-, Voll-

Nar·ko·ti·kum *das* <-s, Narkotika> MED. *Betäu-bungsmittel*

nar·ko·ti·sie·ren *mit OBJ* ■ *jmd.* **narkotisiert** *jmdn.* MED. *in eine Narkose versetzen*

Narr *der;* **När·rin** <-en, -en> ❶ *(≈ Dummkopf) jmd., der nicht richtig nachdenkt und in einer Si-tuation alles falsch macht:* Was für ein Narr war

ich doch, ihren Versprechungen zu glauben! ❷ GESCH. *jmd., der früher an Fürsten- oder Königs-höfen Späße gemacht hat, damit sich die Adeligen amüsieren konnten und sich nicht langweilen mussten* ◆ Hof- ❸ *jmd., der sich beim Karneval lustig verkleidet;* ■ **jemanden zum Narren hal-ten** *(geh.) jmdn. bewusst in die Irre führen oder einen Spaß mit ihm machen* Du willst mich wohl zum Narren halten?; ■ **einen Narren an jeman-dem/etwas gefressen haben** *(umg.) jmdn. oder etwas besonders gern mögen*

-narr *als Zweitglied zusammengesetzter Substan-tive; drückt aus, dass eine Person in äußerstem Maße dem zugetan ist und sich dauernd sowie gern damit beschäftigt, was mit dem Erstglied be-nannt wird* ◆ Blumen-, Bücher-, Computer-, Hun-de-, Kinder-, Pferde-

nar·ra·tiv, nar·ra·tiv *adj* LIT. *in erzählender Form* ▶ Narrativität

nar·ren *mit OBJ* ■ *jmd./etwas* **narrt** *jmdn.* *(geh.) täuschen:* Die Versuchung des Geldes narrte ihn sein ganzes Leben.

Nar·ren·frei·heit *die* <-> */kein Plur./ die Freiheit, Dinge tun oder sagen zu dürfen/können, die an-dere nicht tun oder sagen dürfen:* Die Kinder ge-nießen bei der Großmutter Narrenfreiheit.

Nar·ren·haus *das* <-es> */kein Plur./ (umg. ab-wert.: ≈ Irrenhaus)* ■ **etwas ist ein Narrenhaus** ■ **etwas ist das reinste Narrenhaus** *verwendet, um auszudrücken, dass man die irgendwo herr-schenden Zustände nicht für gut hält, weil z. B. keine Disziplin herrscht* Die Abteilung ist ja das reinste Narrenhaus, hier macht jeder, was er will!

Nar·ren·kap·pe *die* <-, -n> *eine Art Mütze mit mehreren Zipfeln, an denen Schellen befestigt sind und die im Mittelalter von einem Narr² getra-gen wurde*

nar·ren·si·cher *adj /nicht steig./ (umg. scherzh.: ≈ idiotensicher) so sicher, dass man nichts falsch machen kann:* Stell dich nicht so an; die Bedie-nung dieses Geräts ist doch narrensicher!

Narr·heit *die* <-, -en> ❶ */kein Plur./ Dummheit, dummer Streich* ❷ *Unsinn*

när·risch *adj* ❶ *unvernünftig:* eine närrische Idee ❷ *(umg.) sehr stark und intensiv:* eine närrische Freude empfinden ❸ */nur attr./ so, dass etwas für den Karneval typisch ist:* ein närrisches Treiben

Nar·wal *der* <-s, -e> ZOOL. *(≈ Einhornwal) ein Wal, der einen langen Stoßzahn vorne am Kopf hat*

Nar·ziss *der* <-/-es, -e> ❶ *jmd., der in sich selbst verliebt ist* ❷ */kein Plur./ ein junger Mann aus der griechischen Mythologie, der in sein eigenes Spiegelbild verliebt war*

Nar·zis·se *die* <-, -n> BOT. *(≈ Osterglocke) eine Blume, die im Frühjahr blüht und weiße oder gelbe Blüten und lange Blätter hat*

Nar·ziss·mus *der* <-> */kein Plur./* PSYCH. *(geh.) die fast schon krankhafte Liebe zu der eigenen Person*

nar·ziss·tisch *adj so, dass jmd. übertrieben in sich selber verliebt ist*

NASA *die* ['na:za:] <-> */kein Plur./ Abkürzung für die amerikanische Luft- und Raumfahrtbehörde:* „National Aeronautics and Space Administration"

N

na·sal *adj /nicht steig./* ❶ MED. *die Nase betreffend* ❷ *so, dass bei einem bestimmten Laut ein
Teil der Luft durch die Nase kommt*
Na·sal, Na·sal·laut *der* <-s, -e> SPRACHWISS. *Laut,
bei dem ein Teil der Luft durch die Nase kommt:*
Die Laute „m" und „n" z. B. sind Nasallaute.
na·schen <naschst, naschte, hat genascht> **I.** *mit
OBJ/ohne OBJ* ■ *jmd. nascht (etwas) ein wenig
von etwas essen, das man sehr gerne mag und das
meist süß ist:* Sie nascht schon wieder Schokolade.
II. *ohne OBJ* ■ *jmd. nascht von etwas* Dat. *ein
bisschen von einer Speise nehmen:* Er hat von der
Torte genascht.
Na·sche·rei *die* <-, -en> ❶ */kein Plur./ das Naschen* ❷ *(≈ Naschwerk) Süßigkeiten*
nasch·haft *adj so, dass jmd. sehr gerne Süßigkeiten isst:* Sie ist naschhaft wie eine Katze.
Nasch·kat·ze *die* <-, -n> *(umg.) jmd., der sehr
gerne und häufig Süßigkeiten isst*
Na·se *die* <-, -n> ❶ *das in der Mitte des Gesichts
befindliche Organ, mit dem man riecht und durch
das man atmet:* Die Nase blutet/juckt/läuft.; sich
die Nase putzen; nicht durch den Mund, sondern durch die Nase atmen ◆-nbluten, -nloch,
-nschleimhaut, -nspray, -ntropfen, Haken-, Knol-
len-, Stups- ❷ *(umg.) Fähigkeit, gut zu riechen:*
eine gute Nase haben; ■ **eine Nase für etwas haben** *(umg.) Fähigkeit, zu wissen, was man tun
muss, um etwas zu erreichen* Für Aktiengeschäfte
hat sie eine gute Nase.; ■ **pro Nase** *(umg.) pro
Person;* ■ **jemand/etwas beleidigt die/jeman-
des Nase** *(umg.) jmd. oder etwas riecht sehr unangenehm;* ■ **auf der Nase liegen** *(umg.) krank
sein;* ■ **jemanden vor die Nase gesetzt bekommen** *(umg.) einen Chef bekommen, obwohl man
selber Chef werden wollte;* ■ **jemandem etwas
unter die Nase reiben** *(umg.) jmdn. ärgern, indem man ihn immer wieder auf einen Fehler aufmerksam macht;* ■ **jemandem auf der Nase he-
rumtanzen** *(umg.) vor jmdm. keinen Respekt
haben und ihn ärgern* Die Schüler tanzen dem
Lehrer auf der Nase herum.; ■ **seine Nase in anderer Leute Angelegenheiten stecken** *(umg.)
wissen wollen, was andere Leute tun, obwohl es
einen nichts angeht;* ■ **jemanden an der Nase
herumführen** *(umg.) jmdn. bewusst in die Irre
führen;* ■ **immer der Nase nach** *(umg.) geradeaus;* ■ **jemandem die Tür vor der Nase zuschlagen** *(umg.) jmdm. gegenüber sehr unhöflich
sein;* ■ **jemandem etwas aus der Nase ziehen**
*(umg.) jmdm. alle Informationen einzeln entlo-
cken müssen;* ■ **über jemanden/etwas die
Nase rümpfen** *jmdn. oder etwas nicht gerne mögen und Verachtung empfinden;* ■ **seine Nase in
etwas stecken** *(umg.) sich in etwas einmischen;*
■ **die Nase von etwas voll haben** *(umg.) zu etwas keine Lust mehr haben;* ■ **sich eine goldene
Nase verdienen** *(umg.) bei einem Geschäft viel
Gewinn machen;* ■ **die Nase vorn haben** *(umg.)
gegenüber anderen mehr Erfolg haben;* ■ **auf die
Nase fallen** *(umg.) Pech haben;* ■ **seine/die
Nase zu tief ins Glas stecken** *(umg.) zu viel Alkohol trinken;* ■ **seine/die Nase ins Buch stecken** *(umg.) viel lesen und dabei lernen;* ■ **die**

Nase hoch tragen *(umg.) arrogant oder eingebildet sein;* ■ **jemandem etwas an der Nase ansehen** *(umg.) an dem Gesichtsausdruck von jmdm.
sehen, was los oder passiert ist;* ■ **Fass dich nicht
an die eigene Nase!** *(umg.) überprüfe erstmal
dein eigenes Verhalten, bevor du andere kritisierst;* ■ **Das werde ich ihr/ihm nicht auf die
Nase binden!** *(umg.) das werde ich ihr/ihm
nicht sagen;* ■ **jemandem eine lange Nase machen** *(umg.) sich über jmdn. lustig machen;*
■ **sich bei etwas eine blutige Nase holen**
*(umg.) in einer gefährlichen Situation ernsthafte
Schwierigkeiten bekommen*
na·se·lang ■ **alle naselang** *(umg.) sehr oft* Er geht
alle naselang ins Fußballstadion.
nä·seln <näselst, näselte, hat genäselt> *ohne
OBJ* ■ *jmd. näselt durch die Nase sprechen*
Na·sen·bein *das* <-(e)s, -e> ANAT. *der Knochen,
auf dem das Fleisch der Nase liegt:* das Nasenbein
brechen
Na·sen·flü·gel *der* <-s, -> ANAT. *die zwei weichen
Teile an den Seiten der Nase:* die Nasenflügel blähen sich
Na·sen·län·ge ■ **jemandem um eine Nasen-
länge voraus sein** *(umg.) ein bisschen besser
sein als ein anderer;* ■ **jemanden um eine Na-
senlänge schlagen** *(umg.) knapp vor jmdm. gewinnen*
Na·sen·rü·cken *der* <-s, -> ANAT. *der schmale
obere Teil der Nase*
Na·sen·schei·de·wand *die* <-, Nasenscheide-
wände> ANAT. *der dünne Knorpel in der Nase, der
das Innere der Nase in zwei Teile teilt*
Na·sen·spit·ze *die* <-, -n> *der weiche Teil am
Ende der Nase;* ■ **jemandem etwas an der Nasenspitze ansehen** *(umg.) am Gesicht von
jmdm. erkennen können, was los ist* Ich sehe ihm
an der Nasenspitze an, wenn er lügt.
Na·sen·stü·ber *der* <-s, -> ❶ *leichter Stoß auf die
Nase* ❷ *(umg.) ein leichter, sanfter Tadel:* Sie versetzte ihm einen Nasenstüber.
Na·se·weis *der* <-es, -e> *(abwert.) junger Besserwisser, vorlautes Kind*
na·se·weis *adj (abwert.) vorlaut, besserwisserisch*
Nas·horn *das* <-s, Nashörner> ZOOL. *(≈ Rhinozeros) ein großes, schweres Tier mit einer dicken
grauen Haut, das ein oder zwei Höcker vorne auf
der Nase hat*
nass *adj* ❶ *(↔ trocken) völlig mit einer Flüssigkeit
bedeckt oder durchdrungen:* Nach dem Regen waren meine Schuhe ganz nass. ◆klatsch-, tropf-
❷ */nur präd./ (≈ frisch) noch nicht ganz trocken:*
Die Farbe ist noch nass. ❸ *so, dass es schon fast
geschmolzen und deshalb schwer ist:* nasser
Schnee ❹ *so, dass es viel regnet:* ein nasser Sommer; ■ **sich nass machen** *Urin in das Bett oder
die Hosen rinnen lassen;* ■ **jemand tut etwas
wie ein nasser Sack** *jmd. tut etwas ohne Energie*
Er war völlig erschöpft und lag wie ein nasser Sack
auf dem Sofa.
Nass *das* <-es> */kein Plur./ (geh.) Wasser:* das
kostbare Nass; die kühle Nass
Nas·sau·er *der* <-s, -> *(umg. abwert.: ≈ Schmarotzer) jmd., der auf Kosten anderer lebt*

N

Näs·se *die* <-> /kein Plur./ *Zustand oder Eigenschaft, nass[1] zu sein:* Du willst doch nicht bei der Nässe mit dem Fahrrad fahren?

näs·sen <nässt, nässte, hat genässt> *ohne OBJ* ■ *etwas nässt etwas, (meist) eine Wunde, gibt Flüssigkeit, aber kein Blut von sich*

nass·kalt *adj /nicht steig./ so, dass es regnet und kalt ist:* Das Wetter war unangenehm nasskalt.

Nass·ra·sur *die* <-, -en> *(↔ Trockenrasur) die Handlung, dass man den Bart mit Wasser, Seife und Rasierklinge rasiert*

Nass·zel·le *die* <-, -n> BAUW. *ein sehr kleines Badezimmer ohne Fenster und mit einer Duschkabine*

Nas·tuch *das* <-(e)s, Nastücher> SÜDDT., SCHWEIZ. *Taschentuch*

Na·ti·on *die* <-, -en> ❶ *durch dieselbe Abstammung, Sprache und Kultur verbundene Gemeinschaft von Menschen, die in einem politischen System zusammenleben:* die französische Nation ❷ *Staat:* Auf der internationalen Konferenz waren Vertreter verschiedener Nationen anwesend. ◆ Industrie-, Seefahrer-

na·ti·o·nal *adj /nicht steig./* ❶ *eine Nation betreffend* ❷ *(↔ international) die Angelegenheiten innerhalb eines Staates betreffend:* den nationalen Notstand ausrufen ❸ *(≈ patriotisch, chauvinistisch) so, dass die Interessen der eigenen Nation in übertriebener Weise vertreten werden:* eine nationale Partei/Gesinnung

Na·ti·o·nal·bank *die* <-, -en> *Staatsbank*

Na·ti·o·nal·be·wusst·sein *das* <-s> /kein Plur./ *die Einstellung, bei seinem Handeln immer bewusst an die eigene Nation zu denken* ▶ nationalbewusst

Na·ti·o·nal·elf *die* <-> /kein Plur./ SPORT *Fußballmannschaft, die aus den besten Spielern nationaler Mannschaften besteht und bei internationalen Wettkämpfen antritt:* die deutsche Nationalelf

Na·ti·o·nal·fei·er·tag *der* <-es, -e> *ein Feiertag, an dem ein Ereignis erinnert wird, das für die Nation oder den Staat sehr wichtig war:* Der dritte Oktober ist der Nationalfeiertag in Deutschland.

Na·ti·o·nal·flag·ge *die* <-, -n> *die Fahne, die mit ihren Farben und ihrer Gestaltung, offizielles Symbol einer Nation oder eines Staates ist*

Na·ti·o·nal·ge·richt *das* <-(e)s, -e> KOCH. *eine Speise, die für ein Land typisch ist:* Viele Menschen glauben, dass das Nationalgericht der Italiener Pizza sei.

Na·ti·o·nal·hym·ne *die* <-, -n> *das offizielle Lied eines Landes, das zu feierlichen Anlässen und bei internationalen Ereignissen gespielt wird*

Na·ti·o·nal·is·mus *der* <-> /kein Plur./ *(oft abwert.)* ❶ *eine Art zu denken, bei der die eigene Nation als besser und wichtiger als andere Nationen gesehen wird* ❷ *das starke Gefühl, zu einer Nation zu gehören, das mit dem Wunsch verbunden ist, auch einen eigenen Staat zu gründen*

Na·ti·o·na·list *der;* **Na·ti·o·na·lis·tin** <-en, -en> *(oft abwert.) jmd., der dem Nationalismus[1, 2] folgt*

na·ti·o·na·lis·tisch *adj (oft abwert.) übertrieben patriotisch*

Na·ti·o·na·li·tät *die* <-, -en> ❶ *(≈ Staatsangehörigkeit) Zugehörigkeit zu einem bestimmten Staat* ❷ *eine Gruppe von Menschen, die eine gemeinsame Sprache und Kultur haben und mit anderen Gruppen innerhalb eines übergeordneten Staates zusammenleben:* Die ehemalige Sowjetunion war ein Staat mit vielen Nationalitäten.

Na·ti·o·na·li·tä·ten·staat *der* <-es, -en> *Staat, in dem mehrere verschiedene Volksgruppen oder Nationalitäten leben*

Na·ti·o·nal·mann·schaft *die* <-, -en> SPORT *eine Mannschaft eines Staates, die aus Spielern verschiedener nationaler Vereine besteht und die bei internationalen Wettkämpfen antritt:* der Arzt/der Bus/das Hotel/der Kapitän/der Masseur/das Mitglied/der Neuzugang/der Physiotherapeut/der Sprecher/der Trainer/das Trainingslager der Nationalmannschaft ◆ Fußball-

Na·ti·o·nal·rat *der* <-(e)s, Nationalräte> ÖSTERR., SCHWEIZ. ❶ *das direkt gewählte Parlament in der Schweiz und in Österreich* ❷ *ein Mitglied des Nationalrates[1]*

Na·ti·o·nal·so·zi·a·lis·mus *der* <-> /kein Plur./ ❶ *die radikale, extrem nationalistische und rassistische politische Bewegung, die nach dem Ersten Weltkrieg in Deutschland entstand und mit der Hitler an die Macht kam* ❷ GESCH. *die Zeit der auf der nationalsozialistischen Ideologie basierenden Diktatur Hitlers in Deutschland von 1933 bis 1945*

Na·ti·o·nal·so·zi·a·list *der;* **Na·ti·o·nal·so·zi·a·lis·tin** <-en, -en> *Anhänger des Nationalsozialismus*

na·ti·o·nal·so·zi·a·lis·tisch *adj den Nationalsozialismus betreffend*

Na·ti·o·nal·staat *der* <-(e)s, -en> *Staat, dessen Bürger eine gemeinsame Sprache und Kultur haben*

Na·ti·o·nal·trai·ner *der* <-s, -> SPORT *Trainer der Nationalmannschaft*

Na·ti·o·nal·ver·samm·lung *die* <-, -en> ❶ *das Parlament in einigen Staaten, wie zum Beispiel Frankreich* ❷ *gewählte Volksvertretung, die sich mit grundlegenden Fragen einer Nation, wie zum Beispiel mit der Verfassung, beschäftigt*

na·tiv *adj natürlich, unverändert:* natives Olivenöl

NA·TO, *a.* **Na·to** *die* <-> /kein Plur./ POL. *Abkürzung von „North Atlantic Treaty Organization“; ein Bündnis zwischen den USA, Kanada und mehreren europäischen Staaten:* Die Nato ist ein westliches Verteidigungsbündnis.

Na·tri·um *das* <-s> /kein Plur./ CHEM. *ein Metall, das sehr weich ist und fast nur in Verbindung mit anderen chemischen Stoffen auftritt:* „Na“ ist die Abkürzung für Natrium.

Na·tron *das* <-s> /kein Plur./ CHEM. *Natriumsalz der Kohlensäure in Form von weißem Pulver; wird vor allem im Backpulver verwendet*

Nat·ter *die* <-, -n> ❶ BIOL. *ungiftige Schlangenart, deren Kopf deutlich vom Hals abgesetzt ist* ❷ *(umg. abwert.) missgünstige Frau;* ■ *eine Natter am Busen nähren (geh.) jmdm. vertrauen und Gutes tun, der einen am Schluss im Stich lässt und schadet*

Na·tur *die* <-, -en> ❶ /kein Plur./ *alles, was es*

ohne Eingreifen des Menschen auf der Erde gibt: ein Wunder der Natur ❷ */kein Plur./ Landschaft, die fast nicht von Menschen verändert wurde:* freie/unberührte Natur ❸ *(≈ Wesen, Charakter) charakteristische Eigenschaft, die jmdn. von anderen unterscheidet:* Er streitet selten. Das liegt nicht in seiner Natur.; Sie war von Natur aus schüchtern. ❹ *Art, wie etwas beschaffen ist:* Fragen und Probleme allgemeiner Natur; ■ **Das liegt in der Natur der Sache.** *Das ist halt so, man kann auch nichts anderes erwarten.;* ■ **Das ist gegen die Natur.** *das verstößt gegen die Moral und ist nicht richtig*

Na·tur- *als Erstglied zusammengesetzter Substantive; drückt aus, dass das mit dem Zweitglied Bezeichnete so belassen ist, wie es in der Natur vorkommt, dass es nicht mit technischen Mittel verändert oder bearbeitet ist, oder dass es unverfälscht und von ursprünglicher Art ist bzw. auf natürlicher Basis beruht* ◆-dünger, -farben, -faser, -farbe, -haar, -holz, -kosmetik, -locken, -material, -perle, -produkt, -seide, -stein, -stoff, -volk, -zustand

na·tur- *als Erstglied zusammengesetzter Adjektive; drückt aus, dass das mit dem Zweitglied Bezeichnete so belassen ist, wie es in der Natur vorkommt, dass es nicht mit technischen Mittel verändert oder bearbeitet ist, oder dass es unverfälscht und von ursprünglicher Art ist bzw. auf natürlicher Basis beruht* ◆-blond, -rein, -trüb

Na·tu·ra·li·en *Plur.* LANDW. *Rohstoffe und landwirtschaftliche Produkte, die als Zahlungsmittel verwendet werden:* Wenn Sie kein Geld haben, dann können Sie auch in Naturalien bezahlen.

na·tu·ra·li·sie·ren *mit OBJ* ■ **jmd. naturalisiert jmdn.** *(geh.) jmdn. einbürgern*

Na·tu·ra·lis·mus *der* <-> */kein Plur./* LIT., KUNST *eine Richtung in Literatur und Kunst zu Ende des 19. Jahrhunderts, bei der auch das Hässliche und Schlechte möglichst genau und natürlich dargestellt wird:* Zola war der berühmteste Schriftsteller des französischen Naturalismus. ▶ Naturalist, naturalistisch

Na·tu·ral·lohn *der* <-(e)s, Naturallöhne> *Lohn für Arbeit, der aus Sachgütern oder Dienstleistungen besteht*

na·tur·be·las·sen *adj nicht von Menschen verändert:* ein naturbelassener Garten

Na·tur·bur·sche *der* <-n, -n> *(umg.) unkomplizierter und kräftiger junger Mann*

Na·tur·denk·mal *das* <-(e)s, Naturdenkmäler> *etwas in der Natur, das nicht verändert oder beschädigt werden darf:* Dieser uralte Baum ist ein geschütztes Naturdenkmal.

Na·tu·rell *das* <-s, -e> *(geh.: ≈ Temperament) Charakter und Wesen eines Menschen:* ein ernstes/fröhliches/heiteres Naturell

Na·tur·er·eig·nis *das* <-ses, -se> *ein außergewöhnliches Ereignis in der Natur¹:* Die Nordlichter sind ein wirkliches Naturereignis.

Na·tur·er·schei·nung *die* <-, -en> *Naturereignis*

na·tur·far·ben *adj so, dass die ursprüngliche Farbe von etwas (meist hell, beige oder bräunlich) nicht verändert worden ist:* Sie verarbeiten nur naturfarbene Wolle.

Na·tur·for·scher *der;* **Na·tur·for·sche·rin** <-s, -> *(veralt.) jmd., der beruflich die Erscheinungen und Zusammenhänge der Natur¹ erforscht:* Humboldt war ein berühmter Naturforscher.

Na·tur·freund *der;* **Na·tur·freun·din** <-es, -e> ❶ *jmd., der die Natur¹ liebt und gerne in der Natur ist* ❷ */nur Plur./ ein Verein in Deutschland, der aus der Arbeiterbewegung hervorgegangen ist und neben Aktivitäten in der Natur¹ auch politisch aktiv ist*

na·tur·ge·ge·ben *adj so, dass Menschen darauf keinen Einfluss haben:* eine naturgegebene Begabung/Schönheit

na·tur·ge·mäß¹ *adj /nicht steig./ so, dass es der Natur entspricht oder angepasst ist:* Sie strebten eine naturgemäße Ernährung an.

na·tur·ge·mäß² *adv so, wie es von jmdm. oder etwas aufgrund seiner Natur⁴, ⁵ zu erwarten ist:* Diese Prüfungen sind naturgemäß sehr schwierig.

Na·tur·ge·setz *das* <-es, -e> *eine theoretische Formulierung eines Zusammenhanges zwischen bestimmten Dingen, Erscheinungen, Vorgängen o. Ä. in der Natur¹, die aufgrund allgemeiner Herleitungen von Einzelfällen aufgestellt ist*

na·tur·ge·treu *adj wie in der Realität:* Das Buch ist mit naturgetreuen Bildern von Tieren illustriert.

Na·tur·ge·wal·ten *Plur. die starken Kräfte wie zum Beispiel Sturm, Wind o. Ä., die in der Natur¹ wirken:* In ihrem kleinen Boot kämpften sie gegen die Naturgewalten auf offener See an.

Na·tur·haus·halt *der* <-(e)s> *der gesamte Prozess des Austausches von Energien und Stoffen in der Natur¹:* Die zahlreichen Eingriffe in den Naturhaushalt werden auf lange Sicht Auswirkungen auf unser Klima haben.

Na·tur·heil·kun·de *die* <-> */kein Plur./ eine Art der Medizin, bei der Krankheiten nur mit natürlichen Mitteln und nicht mit chemisch hergestellten Medikamenten behandelt werden*

Na·tur·heil·me·tho·de *die* <-, -n> *eine Methode, Krankheiten mit natürlichen Mitteln zu behandeln*

Na·tur·heil·ver·fah·ren *das* <-s, -> *Naturheilmethode*

Na·tur·ka·ta·s·t·ro·phe *die* <-, -n> *eine Katastrophe, die durch sehr starke Naturgewalten entsteht:* Naturkatastrophen wie Stürme, Überschwemmungen, …

Na·tur·kost *die* <-> */kein Plur./ Lebensmittel, die nicht mit Hilfe von Chemie, Hormonen, Giften o. Ä. hergestellt werden und deshalb gesund sind* ◆-laden

Na·tur·kraft *die* <-, Naturkräfte> */meist Plur./ Naturgewalten*

Na·tur·kreis·lauf *der* <-(e)s, Naturkreisläufe> *geregelter Prozess von Austausch und Verbindungen der Energien und Stoffe in der Natur¹*

Na·tur·kun·de *die* <-> */kein Plur./ (veralt.) Fach in der Schule, das sich mit der Natur¹ beschäftigte* ◆-museum

Na·tur·lehr·pfad *der* <-(e)s, -e> *Wanderweg, auf dem Pflanzen und Tiere mit Hilfe von Schildern beschrieben werden*

na·tür·lich¹ *adj* ❶ */nicht steig./ (↔ künstlich) so,*

N

wie es normal in der Natur[1] vorkommt, ohne dass es der Mensch verändert: Der Fluss bildet eine natürliche Grenze. ❷ */nicht steig./ (≈ verständlich) so, dass es erwartet wird, weil es der normalen Erfahrung entspricht:* Es ist ganz natürlich, wenn du vor der Operation Angst hast.; Es ist nur natürlich, wenn sie vor der Prüfung nervös ist. ❸ */nicht steig./ (↔ übernatürlich) so, dass etwas den Naturgesetzen entspricht:* eine natürliche Erklärung für das Phänomen ❹ */nicht steig./ (≈ angeboren) so, dass etwas von Geburt an vorhanden ist:* eine natürliche Begabung; eine natürliche Scheu ❺ *(≈ naturgemäß[1]) so, dass es der Natur[2] entspricht, ihr nicht schadet und gesund ist:* Sie wollten sich nur noch natürlich ernähren. ❻ *(≈ ungezwungen ↔ gekünstelt) so, dass ein Mensch entspannt ist und so handelt, wie es seinem Wesen und Charakter entspricht:* Er machte einen ganz natürlichen Eindruck auf mich.; ■ **eine natürliche Zahl** MATH. *eine positive ganze Zahl;* ■ **eine natürliche Person** RECHTSW. *jmd. mit allen seinen juristischen Rechten*

na·tür·lich[2] *adv* ❶ *(≈ selbstverständlich) verwendet, um auszudrücken, dass der Sprecher etwas für eindeutig hält:* Natürlich bin ich fertig, sonst würde ich ja nicht gehen! ❷ *(≈ erwartungsgemäß) so, wie man es erwartet hat:* Er war natürlich der Letzte, der ins Ziel kam. ❸ *verwendet, um eine etwas, das klar und eindeutig ist, einzuschränken:* Natürlich ist es noch früh, aber wir haben noch einen langen Weg vor uns.

na·tür·li·cher·wei·se *adv natürlich*
Na·tür·lich·keit *die <-> /kein Plur./ Eigenschaft, natürlich zu sein*
na·tur·nah *adj so, dass es der Natur entspricht*
Na·tur·park *der <-s, -s> ein Gebiet, in dem Pflanzen und Tiere geschützt sind und das in seinem natürlichen Zustand belassen wird*
Na·tur·recht *das <-(e)s, -e> PHILOS. Recht, das unabhängig von Gesetzen im Wesen und in der Vernunft des Menschen verankert ist*
Na·tur·schät·ze *Plur. meist Gebiete oder Orte der Natur[1], die sehr schön und faszinierend sind:* Der Regenwald gehört zu den Naturschätzen der Welt.
Na·tur·schau·spiel *das <-(e)s, -e> ein Ereignis oder ein Vorgang in der Natur[1], das außergewöhnlich und deshalb beeindruckend ist:* Es ist ein Naturschauspiel, wie die Wassermassen von den Felsen stürzen.
Na·tur·schutz *der <-(e)s> /kein Plur./ alle Maßnahmen und Gesetze, mit denen bestimmte Pflanzen, Tiere und Gebiete geschützt und erhalten werden:* Igel stehen in Deutschland unter Naturschutz. ◆-beauftragte, -behörde, -bund ▶Naturschützer, Naturschützerin
Na·tur·schutz·be·we·gung *die <-, -en> eine Bewegung von Bürgern eines Landes, die sich dafür einsetzen, Pflanzen, Tiere oder bestimmte Gebiete unter Naturschutz zu stellen*
Na·tur·schutz·ge·biet *das <-(e)s, -e> Gebiet in einer Landschaft, das unter Naturschutz steht*
Na·tur·ta·lent *das <-(e)s, -e> jmd., der etwas sehr schnell lernt und kann, weil er dafür eine*

große Begabung hat: Sie brauchte gar nicht viel zu üben, sie war ein richtiges Naturtalent.
na·tur·ver·bun·den *adj so, dass jmd. ein sehr enges Verhältnis zur Natur[2] hat:* Seit seiner Jugend war er ein naturverbundener Mensch.
Na·tur·wis·sen·schaft *die <-, -en> (↔ Geisteswissenschaft) Wissenschaft, die sich mit den Erscheinungen und Vorgängen in der Natur[1] befasst:* Physik und Biologie gehören zu den Naturwissenschaften. ▶Naturwissenschaftler, Naturwissenschaftlerin, naturwissenschaftlich
Na·tur·wun·der *das <-s, -> etwas in der Natur[1], das besonders beeindruckend und faszinierend ist*
Na·tur·zer·stö·rung *die <-> /kein Plur./ sehr starke Schädigung der Natur*
Naue *die <-, -n> ❶ SÜDDT., SCHWEIZ. Nachen, Kahn ❷ SCHWEIZ. Lastkahn*
Nau·tik *die <-> /kein Plur./ SEEW. Schifffahrtskunde*
Na·vi·ga·ti·on *die <-, -en> ❶ /kein Plur./ LUFTF., SEEW. Berechnung und Bestimmung des Kurses und der Position von Schiffen, Flugzeugen o. Ä. ❷ ELEKTROTECHN. Element von Webseiten:* Menüs und Navigationen nachpflegen
Na·vi·ga·ti·ons·sa·tel·lit *der <-en, -en> ein Satellit, der Daten sendet, mit denen man seine Position auf der Erde bestimmen kann*
Na·vi·ga·ti·ons·sys·tem *das <-s, -e> eine Art elektronische Vorrichtung, die zur Navigation von Schiffen, Flugzeugen o. Ä. dient*
Na·vi·ga·tor *der <-s, ...-toren> jmd., der auf einem Schiff oder in einem Flugzeug für die Navigation verantwortlich ist*
na·vi·gie·ren *mit OBJ/ohne OBJ* ■ **jmd. navigiert (etwas) (nach etwas Dat.)** LUFTF., SEEW. *die Position bestimmen und und den Kurs ausrichten:* Der Kapitän navigierte das Schiff sicher.; Früher navigierte man nach den Sternen.
Na·zi *der <-s, -s> (abwert.) Nationalsozialist* ◆-herrschaft, -regime, -verbrechen, -zeit, Alt-, Neo-
Na·zis·mus *der <-> /kein Plur./ (abwert.) Nationalsozialismus*
na·zis·tisch *adj /nicht steig./ nationalsozialistisch*
ne[1], *a.* **nee** *part (umg.) nein:* Kommst du mit? – Ne!
ne[2] [nə] *part (umg.) nicht wahr:* Echt klasse Film, ne?
Ne·an·der·ta·ler *der <-s, -> GESCH. verwendet als Bezeichnung für einen europäischen Menschentyp in der Steinzeit (bezeichnet nach dem Fundort der Skelette im Neandertal bei Düsseldorf)*
Ne·bel *der <-s, -> ❶ Wolken aus Dunst, die sich über dem Erdboden oder der Wasseroberfläche bilden und in denen man nicht weit sehen kann:* Bei Nebel muss man die Geschwindigkeit reduzieren.; Das Schiff fuhr bei Nebel auf die Klippen.; Nebel senkt sich; in dichten Nebel gehüllt ◆-granate, -kerze, -leuchte, -licht, -lampe, -maschine, -schleier, -wand, -werfer, Abend-, Boden-, Früh-, Herbst-, Hoch- ❷ ASTRON. *eine Gruppe von Sternen, die nicht einzeln zu erkennen sind, sondern als eine einziger Fleck am Himmel leuchten:* Der Adromedanebel ist unser galaktischer Nachbar.
Ne·bel·bank *die <-, Nebelbänke> Ansammlung*

N

von dichtem Nebel mit einer großen Ausdehnung über einem Gebiet: *Der schreckliche Unfall passierte, als die Autos plötzlich in eine Nebelbank rasten.*

ne·bel·haft *adj undeutlich, verschwommen:* Sie hatte nur eine nebelhafte Vorstellung von der Aktion.

Ne·bel·horn *das* <-(e)s, Nebelhörner> SEEW. *eine Art Hupe auf einem Schiff, mit der bei Nebel andere Schiffe gewarnt werden*

ne·be·lig, neb·lig *adj mit Nebel, von Nebel umgeben*

Ne·bel·krä·he *die* <-, -n> ZOOL. *eine graue Krähe*

Ne·bel·schein·wer·fer *der* <-s, -> KFZ *Scheinwerfer, der bei Nebel eingeschaltet wird, weil er besonders stark leuchtet*

Ne·bel·schluss·leuch·te *die* <-, -n> KFZ *Leuchte hinten am Auto, die bei Nebel eingeschaltet wird, weil sie besonders leuchtet*

Ne·bel·schwa·den *Plur. Nebel, der keine zusammenhängende Masse bildet und plötzlich auftritt*

ne·ben *präp* ❶ +*Dat. an der Seite von jmdm. oder etwas:* Sie stand neben ihm.; Das Buch lag neben dem Radio. ❷ +*Akk. an die Seite von jmdm. oder etwas:* Er stellte sich neben sie.; Er legte das Buch neben das Radio. ❸ +*Dat. zusätzlich zu jmdm. oder etwas:* Neben ihrer Arbeit gibt sie noch Kurse.; Hier gibt es neben Computern auch noch Handys zu kaufen. ❹ +*Dat. verglichen mit jmdm. oder etwas:* Neben ihm bist du ein ausgezeichneter Sportler.

ne·ben·amt·lich *adj /nicht steig./ (↔ hauptamtlich) drückt aus, dass eine Tätigkeit oder eine Funktion zusätzlich zu einer Hauptbeschäftigung ausgeübt wird:* Nebenamtlich war sie in der Partei für die Mitgliederbetreuung zuständig.

ne·ben·an *adv im Nachbarzimmer, in der Nachbarwohnung, im Nachbarhaus:* Sie wohnt gleich nebenan.; Nebenan befindet sich ein Friseur.

Ne·ben·an·schluss *der* <-es, Nebenanschlüsse> TELEKOMM. *(↔ Hauptanschluss) ein Telefonanschluss, der zusätzlich zu einem Hauptanschluss existiert ist*

Ne·ben·aus·ga·be *die* <-, -n> /meist Plur./ *ein bestimmter Geldbetrag, der zusätzlich zu den eigentlichen Ausgaben gezahlt werden muss:* Die Nebenausgaben erhöhten den Kaufpreis des Hauses erheblich.

Ne·ben·aus·gang *der* <-(e)s, Nebenausgänge> *(↔ Hauptausgang) Ausgang, der zusätzlich zu dem Hauptausgang existiert:* Das Hotel hat noch einen Nebenausgang auf der Rückseite.

Ne·ben·be·deu·tung *die* <-, -en> *(≈ Konnotation ↔ Hauptbedeutung) eine Bedeutung, die zusätzlich zu der eigentlichen Bedeutung eines Wortes existiert, aber nicht sofort zu erkennen ist:* Das Wort besitzt noch viele Nebenbedeutungen.

ne·ben·bei *adv* ❶ *zusätzlich zu einer anderen Tätigkeit, die wichtiger ist:* Eigentlich ist er Professor, aber nebenbei schreibt er auch noch Kritiken für Zeitungen. ❷ *drückt aus, dass das Gesagte eine Einschränkung oder eine Ergänzung zu etwas ist:* Du siehst eigentlich ganz gut aus; aber nebenbei bemerkt: Du solltest dir aber mal die Haare schnei-

den lassen.; Nebenbei gesagt, hat mich ihr Verhalten nicht sonderlich überrascht.

Ne·ben·be·mer·kung *die* <-, -en> *eine Bemerkung, die zusätzlich zu dem schon Gesagten oder Geschriebenen gemacht wird*

Ne·ben·be·ruf *der* <-(e)s, -e> *(↔ Hauptberuf) ein Beruf, der zusätzlich zum eigentlichen Beruf ausgeübt wird* ▸ Nebenberufler, Nebenberuflerin

Ne·ben·be·schäf·ti·gung *die* <-, -en> *(↔ Hauptbeschäftigung) Tätigkeit oder Arbeit, die zusätzlich zu der eigentlichen Beschäftigung gemacht wird*

Ne·ben·buh·ler *der,* **Ne·ben·buh·le·rin** <-s, -> *(≈ Rivale) jmd., der neben einem anderen versucht, die Zuneigung oder Liebe einer Person zu gewinnen:* Unglücklicherweise hatte er einen Nebenbuhler, der ebenfalls um diese Frau warb.

Ne·b·en·dar·stel·ler *der,* **Ne·b·en·dar·stel·le·rin** <-s, -> FILM *(↔ Hauptdarsteller) jmd., der in einem Film eine nicht so wichtige Rolle spielt*

Ne·ben·ef·fekt *der* <-(e)s, -e> *eine Auswirkung, die etwas zusätzlich zur eigentlichen Auswirkung hat:* Ein Nebeneffekt der Klimaveränderung ist sicherlich die Zunahme der Stürme in Nordeuropa.

Ne·ben·ei·n·an·der, **Ne·ben·ei·n·an·der** *das* <-s> /kein Plur./ *Zustand, in dem etwas zusammen oder gleichzeitig mit etwas anderem da ist:* Die Ausstellung besticht durch das Nebeneinander von alter und moderner Kunst.; das friedliche Nebeneinander der Kulturen

ne·ben·ei·n·an·der *adv* ❶ *drückt aus, dass jmd. oder etwas räumlich neben jmdm./etwas ist:* Sie wohnten direkt nebeneinander.; Sie stellten sich nebeneinander auf. ❷ *drückt aus, dass jmd. oder etwas zusammen oder gleichzeitig mit jmdm./etwas ist:* Katholiken und Protestanten lebten friedlich nebeneinander.; Die Programme liefen nebeneinander ab.

ne·ben·ei·n·an·der·her *adv so, dass sich zwei oder mehrere Personen oder Sachen nebeneinander in die gleiche Richtung bewegen:* Sie gingen friedlich nebeneinanderher.; ▪ **nebeneinanderher leben** *zwei Menschen, die zusammen leben, entfremden sich*

ne·ben·ei·n·an·der·le·gen <legst nebeneinander, legte nebeneinander, hat nebeneinandergelegt> *mit OBJ* ▪ **jmd. legt jmdn./etwas nebeneinander** *eine Sache/Person neben eine andere legen* ◆ *Zusammenschreibung* →R 4.5 Sie wurden im Krankenhaus nebeneinandergelegt.

ne·ben·ei·n·an·der·set·zen <setzt nebeneinander, setzte nebeneinander, hat nebeneinandergesetzt> I. *mit OBJ* ▪ **jmd. setzt jmdn./etwas nebeneinander** *jemanden neben jemand anderen setzen:* Sie hat ihre Puppen auf das Fensterbrett nebeneinandergesetzt. II. *mit SICH* ▪ **jmd. setzt sich nebeneinander** ◆ *Zusammenschreibung* →R 4.5 Gleich am ersten Schultag setzten sie sich nebeneinander.

ne·ben·ei·n·an·der·ste·hen <steht nebeneinander, stand nebeneinander, hat nebeneinandergestanden> *ohne OBJ (sein)* ▪ **jmd./etwas steht nebeneinander** *neben einer anderen Person/Sa-*

N

che stehen ♦Zusammenschreibung →R 4.5 Die beiden Häuser standen nebeineinander.

ne·ben·ei·n·an·der·stel·len <stellst nebeneinander, stellte nebeneinander, hat nebeneinandergestellt> *mit OBJ* ▪ *jmd. stellt jmdn./etwas nebeneinander* eine Sache/Person neben eine andere stellen ♦Zusammenschreibung →R 4.5 Er hat alle Gläser schön nebeneinandergestellt.

Ne·ben·ein·gang *der* <-(e)s, Nebeneingänge> *(↔ Haupteingang)* der, zusätzlich zu dem eigentlichen Eingang existiert: Das Museum hat einen Haupteingang und zwei Nebeneingänge.

Ne·ben·ein·künf·te *Plur. (≈ Nebenverdienst)*

Ne·ben·ein·nah·men *Plur.* Geld, das man durch Miete, Zinsen, Verkäufe o. Ä. zusätzlich zu den eigentlichen Einkünften einnimmt: Nebeneinnahmen müssen bei der Steuererklärung gesondert aufgeführt werden.

Ne·ben·er·werb *der* <-s> */kein Plur./* eine Tätigkeit, für die man Geld bekommt und die man aus zusätzlich zu seinem eigentlichen Beruf ausübt: Viele Landwirte betreiben ihren Hof nur noch als Nebenerwerb.

Ne·ben·fach *das* <-(e)s, Nebenfächer> *(↔ Hauptfach)* ein Fach in der Schule oder an der Universität, in dem man weniger Unterrichtsstunden als im Hauptfach besucht

Ne·ben·fluss *der* <-es, Nebenflüsse> *ein Fluss, der in einen anderen größeren Fluss mündet:* Der Main ist ein Nebenfluss des Rheins.

Ne·ben·ge·bäu·de *das* <-s, -> *(↔ Hauptgebäude) ein Gebäude, das zu einem anderen, größeren Gebäude gehört:* Das Hotel bestand aus einem Hauptgebäude und einem kleinerem Nebengebäude, in dem die Angestellten wohnten.

Ne·ben·ge·dan·ke *der* <-ns, -n> *(↔ Hauptgedanke) eine Idee oder eine Absicht, die jmd. zusätzlich zu einer anderen Idee oder Absicht hat:* Hast du bei dieser Einladung irgendwelche Nebengedanken, oder willst du wirklich nur mit mir essen gehen?

Ne·ben·ge·räusch *das* <-es, -e> *ein Geräusch, das man bei einer Maschine oder einem Gerät, die laufen, hört und das stört:* Dein Kassettenrekorder macht aber laute Nebengeräusche!; ein störendes Nebengeräusch

Ne·ben·gleis *das* <-es, -e> *(↔ Hauptgleis) Gleis, das neben dem Hauptgleis verläuft und auf dem langsamere Züge fahren*

Ne·ben·hand·lung *die* <-, -en> *(↔ Haupthandlung) Handlung in einem Buch oder Film, die zusätzlich zu der zentralen Handlung verläuft:* Die vielen Nebenhandlungen des Buches verwirrten mich völlig.

ne·ben·her *adv nebenbei[1]:* Ich erledige das nebenher.; Er schrieb den Brief nebenher.

ne·ben·her·fah·ren <fährst nebenher, fuhr nebenher, ist nebenhergefahren> *ohne OBJ* ▪ *jmd./etwas fährt nebenher* jmd. oder etwas fährt neben jmdm./etwas in die gleiche Richtung: Der Hund lief auf dem Bürgersteig und der Mann fuhr mit dem Rad nebenher.

ne·ben·her·ge·hen <gehst nebenher, ging nebenher, ist nebenhergegangen> *ohne OBJ*

❶ ▪ *jmd. geht nebenher* jmd. geht neben jmdm. oder etwas in die gleiche Richtung ❷ ▪ *etwas geht nebenher* etwas wird zur gleichen Zeit mit etwas getan, das wichtiger ist: Er arbeitet in der Forschung; die Veröffentlichungen gehen so nebenher.

ne·ben·her·lau·fen <läufst nebenher, lief nebenher, ist nebenhergelaufen> *ohne OBJ* ❶ ▪ *jmd./ein Tier läuft nebenher* jmd. oder ein Tier läuft neben jmdm. oder einem Tier in die gleiche Richtung ❷ ▪ *etwas läuft nebenher* nebenhergehen[2]

Ne·ben·höh·le *die* <-, -n> */meist Plur./* ANAT. einer der beiden Hohlräume unter den Augen und neben der Nase ♦-nentzündung, -nvereiterung, Nasen-

Ne·ben·kla·ge *die* <-, -n> RECHTSW. *in einem öffentlichen Strafverfahren die Klage durch einen Nebenkläger, der sich der Klage des Staatsanwaltes anschließt*

Ne·ben·klä·ger *der,* **Ne·ben·klä·ge·rin** <-s, -> RECHTSW. *jmd., der in einem Prozess vor einem Gericht zusätzlich zu dem Staatsanwalt Klage erhebt, weil er selbst schwer von der Straftat betroffen ist*

Ne·ben·kos·ten *Plur.* die Kosten, die zusätzlich zu etwas entstehen: Die Nebenkosten für das Auto sind sehr hoch.; In den Nebenkosten zur Miete sind Strom und Wasser enthalten.

Ne·ben·li·nie *die* <-, -n> *die Nachkommen der jüngeren Familienmitglieder und nicht die Nachkommen der Ersten geborenen:* Er gehörte nur zu einer Nebenlinie der Königsfamilie.

Ne·ben·mann *der* <-(e)s, Nebenmänner/Nebenleute> *jmd., der neben einem sitzt oder steht:* Mein Nebenmann im Kino lachte andauernd.

Ne·ben·pro·dukt *das* <-(e)s, -e> *das, was bei der Herstellung von etwas zufällig oder ohne große Mühe zusätzlich entsteht:* Teflon® ist ein Nebenprodukt der Raumfahrttechnik.

Ne·ben·raum *der* <-(e)s, Nebenräume> *ein Raum, der sich neben einem anderen Raum befindet*

Ne·ben·rol·le *die* <-, -n> *(↔ Hauptrolle) eine kleine Rolle, die jmd. in einem Film oder Theaterstück spielt;* ▪ *jemand/etwas spielt nur eine Nebenrolle* jmd. oder etwas ist nicht so wichtig: Seine Karriere ist ihm sehr wichtig. Deshalb spielt die Familie nur eine Nebenrolle in seinem Leben.

Ne·ben·sa·che *die* <-, -n> *(↔ Hauptsache) etwas, das nicht so wichtig ist;* ▪ *die schönste Nebensache der Welt* (umg.) etwas, das man als schöne Beschäftigung empfindet

ne·ben·säch·lich *adj (↔ hauptsächlich) so, dass es nicht so wichtig ist*

Ne·ben·sai·son *die* <-, -s> *(↔ Hauptsaison) Zeit vor oder nach der Hauptsaison:* Reisen ist in der Nebensaison meist billiger.

Ne·ben·satz *der* <-es, Nebensätze> ❶ SPRACHWISS. *(↔ Hauptsatz) ein Satz, der von einem Hauptsatz abhängt und allein keinen Sinn macht:* In dem Satz „Ich gehe spazieren, obwohl es regnet." ist „obwohl es regnet" der Nebensatz. ❷ *beiläufige Bemerkung:* Er hatte das nur in einem Nebensatz erwähnt.

N

ne·ben·ste·hend *adj* so, dass sich etwas in einem Buch, Text, einer Broschüre o. Ä. neben etwas anderem befindet: *Die nebenstehende Abbildung veranschaulicht dies nochmals.* ♦ **Großschreibung** →R 3.4, R 3.7 der/die/das Nebenstehende; Nebenstehendes; im Nebenstehenden

Ne·ben·stel·le *die* <-, -n> ❶ TELEKOMM. *(≈ Nebenanschluss)* ❷ WIRTSCH. *(≈ Zweigstelle, Filiale)* ein kleines Geschäft o. Ä., das zu einem größeren Unternehmen gehört und sich an einem anderen Ort befindet: *Die Bank hat auch eine Nebenstelle in dem Dorf.*

Ne·ben·stra·ße *die* <-, -n> *(↔ Hauptstraße)* eine kleine Straße, die nicht so wichtig ist und auf der wenig Autos fahren

Ne·ben·stre·cke *die* <-, -n> EISENB. *(↔ Hauptstrecke)* eine Strecke, die nicht so wichtig ist

Ne·ben·tä·tig·keit *die* <-, -en> *(↔ Hauptbeschäftigung)* Nebenbeschäftigung

Ne·ben·ver·dienst *der* <-(e)s, -e> Geld, das man mit einem Nebenerwerb verdient

Ne·ben·wir·kung *die* <-, -en> eine Wirkung, die zusätzlich zu einer anderen Wirkung auftritt und meist unerwünscht ist: *Bei diesem Medikament sind keine Nebenwirkungen bekannt.*

Ne·ben·zim·mer *das* <-s, -> ein Zimmer, das neben einem anderen Zimmer liegt

neb·lig *adj siehe* **nebelig**

nebst *präp* +Dat. *(geh. o veralt.)* zusammen mit: *Der Direktor reist nebst Gattin an.; Er nennt ein Haus nebst einer Jacht sein Eigen.*

nebst·bei *adv* ÖSTERR. *nebenbei:* Nebstbei bemerkt, möchte ich darauf hinweisen, dass ...; Er hatte nebstbei noch andere Geschäfte laufen.

ne·bu·los, ne·bu·lös *adj (geh.)* so unklar und undeutlich, dass man die genaue Bedeutung nicht erkennen kann: *Ihre nebulösen Ideen überraschten mich immer wieder.*

Ne·ces·saire, a. Nes·ses·sär *das* [nesɛ'sɛːɐ̯] <-s, -s> ❶ eine kleine Tasche für Nähzeug ❷ *(≈ Kulturbeutel)* eine kleine Tasche für Sachen, die man für die tägliche Hygiene braucht, wie zum Beispiel Zahnbürste, Seife o. Ä., und die man besonders auf Reisen benutzt

ne·cken *mit OBJ* ❶ *jmd. neckt jmdn./ein Tier (≈ foppen)* jmdn. oder ein Tier auf freundschaftliche Weise ärgern, ohne ihn/es aber richtig wütend zu machen: *Man neckt sie mit ihrer neuen Frisur.; Sie necken sich eben gern.*

ne·ckisch *adj* ❶ schelmisch: *ein neckischer Blick* ❷ auffällig und ein wenig gewagt: *Sie trug ein neckisches Mützchen.*

Nef·fe *der* <-n, -n> *(↔ Nichte)* der Sohn des Bruders oder der Schwester

Ne·ga·ti·on *die* <-, -en> ❶ *(geh.: ≈ Ablehnung)* Vorgang, dass ein Prinzip, ein Grundsatz o. Ä. nicht anerkannt wird: *die Negation bestehender Moralprinzipien* ❷ SPRACHWISS. *Verneinung:* Mit dem Partikel „nicht" erfolgt die Negation eines Verbs. ♦ -sadverb, -spartikel, -spronomen

Ne·ga·ti·ons·par·ti·kel *die* <-, n> *(≈ Negationswort)* SPRACHWISS. Sammelbezeichnung für Ausdrücke, mit denen eine Negation ausgedrückt wird; siehe auch **Partikel**

Ne·ga·tiv *das* <-s, -e> FOTOGR. *(↔ Positiv)* ein Foto, das direkt nach der Entwicklung des Films entsteht und bei dem das dunkel ist, was in Wirklichkeit hell war und umgekehrt: *von einem Negativ Abzüge machen lassen*

ne·ga·tiv, ne·ga·tiv *adj* ❶ so, dass eine Antwort, ein Bescheid o. Ä. eine Ablehnung enthält und „nein" ausdrückt: *Auf seine Anfrage erhielt er eine negative Antwort.* ❷ *(↔ positiv)* so, dass etwas eine Ablehnung ausdrückt: *eine negative Einstellung zur Politik* ❸ *(≈ ungünstig ↔ positiv)* nicht so, wie es eigentlich sein sollte: *ein negatives Ergebnis; eine negative Entwicklung; Es wird allmählich zur Gewohnheit, ein negatives Bild der Gesellschaft zu vermitteln.* ❹ PHYS., CHEM. *(↔ positiv)* mit mehr Elektronen als Protonen: *eine negative elektrische Ladung* ❺ MED. *(↔ positiv)* so, dass bei einem Test, einer Untersuchung o. Ä. eine vermutete Krankheit nicht festgestellt wird: *HIV negativ; Die Krebsvorsorgeuntersuchung erbrachte einen negativen Befund.* ❻ MATH. *so, dass eine Zahl kleiner als Null ist und ein Minuszeichen hat:* -1 (gesprochen: minus eins) ist eine negative Zahl.

Ne·ger *der,* **Ne·ge·rin** <-s, -> *(umg. abwert. veralt.:* Da „Neger" als beleidigend gilt, wird heute eher „Schwarzafrikaner(in)", „Afroamerikaner(in)" oder (in manchen Zusammenhängen auch) „Farbiger" gesagt) Bezeichnung für jmdn., dessen Haut sehr dunkel oder fast schwarz ist und der selbst oder dessen Vorfahren aus Afrika stammen

ne·gie·ren *mit OBJ* ❶ *jmd. negiert etwas (geh.)* ablehnen: *Er negiert die Vorstellungen der Religion.* ❷ *jmd. negiert etwas (geh.)* verneinen: *Um einen Satz zu negieren, kann man eine Negationspartikel benutzen.; Sie negierte ihre Schuld.*

Ne·gie·rung *die* <-, -en> ❶ *(geh.)* Ablehnung ❷ *(geh.)* Verneinung

Ne·g·li·gee, a. Ne·g·li·gé *das* [negli'ʒeː] <-s, -s> eine Art langes, leichtes Hemd ohne Ärmel und Knöpfe, das Frauen zum Schlafen oder am Morgen tragen

neh·men <nimmst, nahm, hat genommen> *mit OBJ* ❶ *jmd. nimmt etwas* jmd. ergreift etwas mit der Hand, um es festzuhalten, um es aufzuheben, um es von irgendwo zu entfernen, um es zu sich heranzuholen: *Er nimmt den Stock fest in die Hand.; Sie nimmt den Hund auf den Schoß.; Nimm doch noch einen Teller aus dem Schrank!; Sie nahm noch ein Stück Zucker in ihren Kaffee.* ❷ *jmd. nimmt etwas* jmd. wählt unter verschiedenen Möglichkeiten eine bestimmte, um sie für eine bestimmte Absicht zu nutzen: *Nimmst du nun den Zug oder das Flugzeug?; Um schnell ins Stadtzentrum zu kommen, sollten sie die Umgehungsstraße nehmen.; Die Schuhe sind am schönsten, die nehme ich.; Nimmst du Zucker oder Milch in deinen Kaffee?* ❸ *jmd./etwas nimmt jmdn./etwas (≈ annehmen ↔ ablehnen)* jmd. oder etwas akzeptiert jmdn. oder etwas: *Nimm mich so, wie ich bin.; Die Wohnung nehme ich, auch wenn sie ein bisschen teuer ist.; Es wäre nicht schlecht, wenn diese Firma mich nehmen* würde. **④** ■ *jmd. nimmt etwas (für etwas Akk.)* *jmd. bekommt oder fordert etwas als Bezahlung/Gegenleistung o. Ä.:* Für ein Kilo Kartoffeln nehmen sie auf dem Markt nicht so viel wie im Geschäft.; Für dieses kleine Zimmer wollen sie 500 € nehmen?; Für die Hilfe nehme ich nichts. **⑤** ■ *jmd. nimmt etwas (≈ einnehmen) jmd. schluckt eine Medizin, Tabletten o. Ä.:* Sie müssen jeden Morgen eine Tablette nehmen. **⑥** ■ *jmd./etwas nimmt etwas jmd. oder etwas bewältigt etwas, das schwierig oder ein Hindernis ist:* Mein neues Auto nimmt die Steigung mit Leichtigkeit.; Ohne Schwierigkeiten nahm der Reiter die letzte Hürde. **⑦** ■ *jmd. nimmt etwas jmd. stellt sich etwas als Beispiel vor:* Nicht alle zahlen in die Rentenkasse. Nimm doch nur die Beamten: Die zahlen gar nichts. **⑧** ■ *jmd./etwas nimmt etwas* MILIT. *(≈ einnehmen) erobern:* Die feindlichen Truppen nahmen die Stadt im Sturm. **⑨** ■ *jmd. nimmt sich etwas jmd. greift etwas, um es zu haben:* Nimm dir doch noch ein Bonbon. **⑩** ■ *jmd. nimmt sich etwas jmd. macht von etwas, auf das er ein Recht hat, Gebrauch:* Nächste Woche nehme ich mir ein paar Tage frei. **⑪** ■ *jmd. nimmt sich jmdn. jmd. bezahlt jmdn., damit er eine Aufgabe erledigt:* Ich glaube, du solltest dir lieber einen Anwalt nehmen. **⑫** ■ *jmd. nimmt jmdm. jmdn./etwas (geh.: ≈ wegnehmen) jdm. bewirkt, dass das jmd. jmdn. oder etwas nicht mehr hat:* Sie hatten ihm alles genommen, nur nicht seinen Willen.; Er nahm seinem Freund die Frau. **⑬** ■ *jmd./etwas nimmt jmdm. etwas jmd. oder etwas verhindert, dass jmd. etwas hat:* Geh da weg, du nimmst mir die Sicht.; Die Kälte nimmt mir alle Lust, spazieren zu gehen. **⑭** ■ *jmd./etwas nimmt etwas von jmdm. jmd. oder etwas befreit jmdn. von etwas Unangenehmem:* Mit der neuen Arbeit ist mir die Sorge um die Zukunft genommen.; Sie hat ihm die Angst vor dem Wasser genommen. **⑮** ■ *jmd. nimmt etwas an sich jmd. bewahrt etwas auf:* Kannst du bitte diese Papiere an dich nehmen? **⑯** ■ *jmd. nimmt etwas auf sich jmd. erträgt freiwillig etwas Unangenehmes:* Sie nahm viele Unannehmlichkeiten auf sich, um diese Position zu erreichen.; Schuld auf sich nehmen **⑰** ■ *jmd. nimmt jmdn./etwas mit sich (≈ mitnehmen) jmd. hat jmdn. oder etwas dabei, wenn er irgendwohin geht oder fährt:* Er nahm seine Katze mit sich auf die Reise. **⑱** ■ *jmd. nimmt etwas zu sich jmd. isst oder trinkt etwas:* Morgens nehme ich fast nichts zu mir. **⑲** ■ *jmd. nimmt jmdn. zu sich jmd. lässt jmdn. bei sich wohnen* **⑳** ■ *jmd. nimmt jmdn./etwas für jmdn./etwas (≈ jmd. hält jmdn./etwas für jmdn./etwas) jmd. glaubt, dass jmd. oder etwas jmd. anderes oder eine andere Sache ist:* Sie nahmen ihn für eine ehrlichen Menschen; aber es stellte sich heraus, dass er ein Betrüger war. **㉑** ■ *jmd. nimmt jmdn./sich/etwas irgendwie jmd. versteht oder behandelt jmdn./sich/etwas in der beschriebenen Art und Weise:* Nimm dich nicht so ernst!; Leider habe ich die Prüfung zu leicht genommen und bin prompt durchgefallen. **㉒** ■ *jmd. nimmt etwas als etwas jmd. deutet etwas auf eine beschriebene Weise:* Du kannst es als gutes Zeichen nehmen, dass die Firma sofort auf deinen Brief geantwortet hat.; ■ *jemanden zur Frau/zum Mann nehmen jmdn. heiraten;* ■ *hart im Nehmen sein viel aushalten können;* ■ *sich das Leben nehmen sich selbst töten;* ■ *sich etwas nicht nehmen lassen darauf bestehen, etwas selbst zu machen* Sie ließ es sich nicht nehmen, zu Fuß zur Kirche zu gehen.; ■ *wie man's nimmt (umg.) drückt aus, dass man etwas auch anders beurteilen kann* Geht es dir gut? – Wie man's nimmt.; ■ *es mit etwas nicht so genau nehmen etwas nicht so genau machen, wie es sein sollte* Er nimmt es mit der Pünktlichkeit auch nicht so genau; immer kommt er zu spät!; ■ *Woher nehmen und nicht stehlen? (umg.) man hat nichts und weiß auch nicht, woher man etwas bekommt;* ■ *etwas in die Hand nehmen (umg.) etwas mit viel Energie und Tatkraft beginnen, was vorher vernachlässigt wurde* Der neue Chef nimmt jetzt erst mal die Produktionsentwicklung in die Hand.; ■ *Die nehmen es von den Lebendigen! (umg.) drückt aus, dass eine Sache viel zu teuer ist;* ■ *die Dinge nehmen, wie sie kommen (umg.) das Schicksal hinnehmen*

Neh·rung *die* <-, -en> *eine schmale Landzunge, die in das Meer ragt:* die Kurische Nehrung

Neid *der* <-(e)s> */kein Plur./ das schlechte Gefühl, das man hat, wenn andere etwas haben, das man selbst gerne hätte, aber nicht hat;* ■ *grün vor Neid werden (umg.) plötzlich sehr viel Neid verspüren;* ■ *vor Neid erblassen (umg.) plötzlich sehr viel Neid verspüren*

nei·den *mit OBJ* ■ *jmd. neidet jmdm. etwas (geh.: ↔ gönnen) gegenüber jmdm. Neid verspüren:* Er neidet seinem Nachbar das neue Auto.

Nei·der *der*, **Nei·de·rin** <-s, -> *jmd., der jmdm. etwas neidet*

nei·disch *adj so, dass man Neid empfindet:* Ich bin wirklich nicht neidisch auf dein neues Auto.; Er ist neidisch auf ihren Erfolg.

Nei·ge *(geh.)* ■ *etwas bis auf die/zur Neige leeren (geh.) etwas völlig austrinken* Sie leerten die Gläser bis zur Neige.; ■ *etwas geht zur Neige etwas ist fast aufgebraucht oder zu Ende* Das Essen geht zur Neige.; Das Geld geht zur Neige.; Der Tag geht zur Neige.

nei·gen I. *mit OBJ* ■ *jmd. neigt etwas (↔ aufrichten) jmd. bringt etwas aus einer senkrechten in eine schräge Position:* Er neigte die Flasche, um mir den Inhalt besser zeigen zu können. **II.** *ohne OBJ* **①** ■ *jmd. neigt zu etwas Dat. (geh.: ≈ tendieren) jmd. ist so, dass er einen Zustand leicht bekommen kann oder häufig etwas tut:* Er neigt zu Depressionen.; zu Übertreibungen neigen **②** ■ *jmd. neigt zu etwas jmd. zieht eine bestimmte Meinung einer anderen vor:* Ich neige zu der Auffassung, dass das alles Unsinn ist. **III.** *mit SICH* **①** ■ *etwas neigt sich (irgendwohin) etwas bewegt sich aus einer senkrechten oder waagerechten Lage in eine schräge Lage oder nach unten:* Das Auto neigt sich in den Kurven gefährlich zur Seite.; Die Äste neigen sich unter der Last des Schnees. **②** ■ *jmd. neigt sich aus etwas*

Dat./über etwas Akk. jmd. beugt den Oberkörper nach vorne: Er neigte sich aus dem Fenster.; ■etwas neigt sich dem Ende zu *(geh.) etwas geht zu Ende* Der Abend neigt sich langsam dem Ende zu.

Nei·gung *die* <-, -en> ➊ *(≈ Gefälle) der Grad, um den sich eine Fläche oder eine Linie senkt:* Die Straße besitzt eine leichte Neigung. ➋ *(≈ Vorliebe) besonderes Interesse für jmdn. oder etwas:* Sie hat eine künstlerische Neigung.; Er hat eine Neigung für antike Kunst ➌ */kein Plur./ (≈ Tendenz, Hang) drückt aus, dass jmd. zu einem bestimmten Zustand oder Verhalten neigt II.1:* Er hat eine leichte Neigung zum Bauchansatz.

Nei·gungs·win·kel *der* <-s, -> MATH. *der Winkel, der den Grad einer Neigung[1] angibt*

Nein *das* <-(s)> */kein Plur./ (↔ Ja) die Antwort „nein":* Sie antwortete mit einem entschiedenen Nein.; Er blieb bei seinem Nein in dieser Frage.; Sie wägte das Ja und das Nein ab.; Sie stimmten mit Nein.

nein *part* ➊ *(↔ ja) als Antwort verwendet, um eine Bitte, Aufforderung, einen Befehl o. Ä. abzulehnen oder um einer Aussage nicht zuzustimmen:* Kannst du mir bitte helfen? – Nein, ich habe keine Zeit.; Möchtest du ein Bier? – Nein danke!; Sie müssen tun, was ich sage! – Nein. ➋ *verwendet, um einen Ausruf des Erstaunens einzuleiten:* Oh/o nein, auch das noch!; Nein, wie niedlich! ➌ *verwendet, um eine Aussage zu korrigieren oder zu ergänzen:* Das Wetter war schlecht, nein, geradezu schrecklich an diesem Tag. ➍ *verwendet am Ende von verneinten Fragesätzen, um eine Zustimmung zu erwarten:* Du bist doch nicht mehr böse, nein? ◆ Klein- oder Großschreibung →R 4.5 Da sage ich nicht nein.

Nein·sa·ger *der,* **Nein·sa·ge·rin** <-s, -> *(abwert.) jmd., der zu jedem Vorschlag nein sagt:* Dieser Neinsager hat bisher noch jeden Vorschlag abgelehnt.

Nein·stim·me *die* <-, -n> *(↔ Jastimme) ablehnende Stimme bei einer Wahl*

Ne·k·ro·log *der* <-(e)s, -e> *Nachruf zur Würdigung eines Verstorbenen*

Nek·tar *der* <-s> */kein Plur./* ➊ BOT. *eine Flüssigkeit, die süß ist und von Blüten erzeugt wird* ➋ *ein Getränk aus Fruchtsaft und Wasser* ◆ Frucht-, Orangen-, Pfirsich-

Nek·ta·ri·ne *die* <-, -n> *eine Art Pfirsich, der eine glatte Haut hat und süß schmeckt*

Nel·ke *die* <-, -n> ➊ BOT. *ein Blume, die stark riecht und weiße, rosa oder rote Blüten hat* ◆ -nblüte, -nstrauß, -nrose ➋ *getrocknete, tiefbraune Blüte eines tropischen Baumes, die man auch als Gewürz benutzt* ◆ -nextrakt, -naroma, -nöl, Gewürz-

nen·nen <nennst, nannte, hat genannt> **I.** *mit OBJ* ➊ ■*jmd. nennt jmdn./etwas ... jmdn. oder etwas einen Namen geben:* Sie nannte ihre Katze Schurli.; Nennt mich Ismael! ➋ ■*jmd. nennt jmdn./etwas ... als etwas bezeichnen:* Sie nannte ihn (einen) Faulpelz.; Das nenne ich eine gelungene Party. ➌ ■*jmd. nennt jmdn. ... in bestimmter Weise ansprechen:* Alle nannten

ihn nur Opa. ➍ ■*jmd. nennt (jmdm.) etwas jmd. sagt (jmdm.) etwas:* Nennen Sie mir drei Primzahlen. **II.** *mit SICH* ➊ ■*jmd. nennt sich ... jmd. heißt ...:* Wie nennst du dich noch mal?; Als Künstler nennt er sich Ramon. ➋ ■*jmd./etwas nennt sich etwas (iron.) jmd. oder etwas hat einen Namen, den er/es nicht verdient:* Jeden Tag so früh aufstehen – und das nennt sich nun Urlaub.

nen·nens·wert *adj (≈ erwähnenswert) so wichtig, dass man darüber sprechen sollte:* Es gab keine nennenswerten Vorkommnisse letzte Nacht.

Nen·ner *der* <-s, -> MATH. *(↔ Zähler) bei einem Bruch die Zahl unter dem Bruchstrich;* ■etwas auf einen gemeinsamen Nenner bringen *(umg.)* einen Kompromiss finden; ■einen gemeinsamen Nenner finden *(umg.) einen Kompromiss finden*

Nenn·form *die* <-, -en> SPRACHWISS. *diejenige Form, in der eine Einheit angesetzt wird, die zur Bearbeitung ansteht:* Für Verben ist die Nennform der Infinitiv.

Nenn·wert *der* <-es, -e> WIRTSCH. *der auf Münzen, Banknoten oder Aktien angegebene Wert*

Neo- *als Erstglied zusammengesetzter Substantive; drückt in Fachsprachen aus, dass das mit dem Zweitglied Bezeichnete entweder eine neuartige Erscheinungsform bzw. eine neue Stufe einer früher auftretenden Variante ist, oder einen neuen Abschnitt/eine neue Phase in einem Bereich darstellt* ◆ -kolonialismus, -marxismus, -positivismus

neo- *als Erstglied zusammengesetzter Adjektive; drückt in Fachsprachen aus, dass das mit dem Zweitglied Bezeichnete entweder eine neuartige Erscheinungsform bzw. eine neue Stufe einer früher auftretenden Variante ist, oder einen neuen Abschnitt/eine neue Phase in einem Bereich darstellt* ◆ -klassizistisch, -konservativ, -liberal, -positivistisch

Neo·fa·schis·mus *der* <-> */kein Plur./ politische Bewegung nach dem Zweiten Weltkrieg mit den Ideen des Faschismus*

Neo·klas·si·zis·mus *der* <-> */kein Plur./* BAUW. *ein Baustil des 20. Jahrhunderts, der römische und griechische Bauelemente als Vorbild nimmt*

Neo·li·be·ra·lis·mus *der* <-> */kein Plur./* WIRTSCH. *eine Wirtschaftstheorie, die die Ideen des Liberalismus aufgreift und in moderne Verhältnisse einbindet*

Neo·lo·gis·mus *der* <-, Neologismen> SPRACHWISS. *sprachliche Neuprägung, insbesondere neues Wort; siehe auch* **Anglizismus, Wortbildung**

N

Als **Neologismus** bezeichnet man einen neu entstandenen sprachlichen Ausdruck zur Benennung neuer Sachverhalte oder Gegenstände. Ein Neologismus kann auf der Basis vorhandener sprachlicher Mittel und Konstruktionsweisen gebildet werden (*Datenautobahn, Entsorgung*), durch Erweiterung des Zuschreibungsbereichs einer Bedeutung (*Computer-Virus*), oder durch Entlehnung (vgl. das Stichwort) aus anderen Sprachen (*Software*). Als

Neologismus bezeichnet man auch Neubezeichnungen bereits existierender Gegenstände oder Sachverhalte. So galten bei ihrem Aufkommen verschiedene, heute geläufige, Ausdrücke als Neologismen, z. B. *Auszubildende(r)* statt *Lehrling*, oder *Raumpflegerin* statt *Putzfrau*. Aufgrund der produktiven Möglichkeiten im Deutschen, Komposita in beliebigem Umfang zu bilden, ist es oft eine Ermessensfrage, welche Einheit zu einem Zeitpunkt als Neologismus gelten kann. Abzugrenzen sind Neologismen von solchen Einheiten, die zu einem bestimmten Zeitpunkt mit großer Wahrscheinlichkeit nur kreativ und spontan gebildet worden sind, die aber nicht auf Dauer in den lexikalischen Bestand eingehen dürften. Kandidaten solcher Einheiten werden als *Ad-hoc-Bildungen* oder auch als *Okkasionalismen* bezeichnet, wie z. B. *Bezahlexemplar* oder *Insolvenzministerium*.

Ne·on *das* <-s> /kein Plur./ CHEM. *chemisches Element; Edelgas mit dem Zeichen „Ne", dessen bekannteste Anwendungen die in Leuchtröhren (Neonröhren) und in verschiedenen Materialien sind* ◆-hemd, -kunst, -lampe, -licht, -reklame, -röhre, -shirt, -stoff, -tüll ▸ -gelb

Neo·na·zi *der* <-s, -s> *jmd., der den Neonazismus vertritt*

Neo·na·zis·mus *der* <-> /kein Plur./ *nach 1945 aufkommende Bewegung, welche die Ideologie des Nationalsozialismus übernimmt* ▸ neonazistisch

Ne·on·far·be *die* <-, -n> /meist Plur./ *Farben, die stark leuchten, bunt und sehr auffällig sind* ▸ neonfarben

Neo·zo·i·kum *das* <-s> /kein Plur./ GESCH. *(veralt.: ≈ Känozoikum) erdgeschichtliche Neuzeit*

Ne·pal <-s> *Staat in Asien mit Grenzen zu China und Indien* ▸ Nepalese, Nepalesin, nepalesisch

Ne·phe·lin *das* <-s, -e> BERGB. *eine Mineralsorte*

Nepp *der* <-s> /kein Plur./ *(umg. abwert.) das Neppen:* Das war doch der reinste Nepp!

nep·pen *mit OBJ* ▪ *jmd. neppt jmdn. (umg. abwert.) für etwas, das wertlos ist, von jmdm. viel Geld verlangen*

Nerv *der* <-s, -en> ❶ ANAT. *eine Art Faser im Körper, über die Informationen zwischen Körperteilen und Gehirn und Rückenmark ausgetauscht werden:* einen Nerv betäuben ❷ /nur Plur./ *die seelische Verfassung:* Das halten meine Nerven nicht aus!; Man braucht gute Nerven, um Lehrer zu sein.; Meine Nerven sind zum Zerreißen gespannt; ▪ **jemandem auf die Nerven fallen/gehen** *(umg.) jmdn. belästigen;* ▪ **die Nerven verlieren** *(umg.) die Kontrolle über die eigenen Handlungen verlieren;* ▪ **die Nerven behalten** *(umg.) trotz einer schwierigen Situation die Kontrolle über die eigenen Handlungen haben;* ▪ **Nerven wie Drahtseile haben** *(umg.) eine übermäßige Selbstbeherrschung haben;* ▪ **den Nerv haben, etwas zu tun** *(umg.) mutig oder frech genug*

sein, etwas zu tun/machen; ▪ **Du hast vielleicht Nerven!** *(umg.) drückt aus, dass man die Handlung oder das Gesagte von jmdm. frech und sehr gewagt findet;* ▪ **Nerven zeigen** *(umg.) die Konzentration oder die Beherrschung langsam verlieren;* ▪ **jemandem gehen die Nerven durch** *(umg.) jmd. verliert die Selbstbeherrschung und tut etwas Unvernünftiges oder Unverschämtes*

ner·val *adj* /nicht steig./ MED. *das Nervensystem oder die Tätigkeit der Nerven betreffend*

ner·ven **I.** *mit OBJ/ohne OBJ* ▪ *jmd./etwas nervt (jmdn.) (umg.) jmd. oder etwas stört (jmdn.):* Die Musik nervt (mich) ganz schön! **II.** *mit OBJ* ▪ *jmd. nervt jmdn. Dat.) (umg.) jmd. fragt oder bittet jmdn. so oft, dass es stört:* Also, allmählich nervst du mich mit diesen blöden Fragen!

Ner·ven·arzt *der,* **Ner·ven·ärz·tin** <-es, Nervenärzte> MED. ❶ *ein Arzt, der auf Krankheiten der Nerven¹ spezialisiert ist; Facharzt für Psychiatrie und Neurologie* ❷ *(umg.) Psychiater*

ner·ven·auf·rei·bend *adj* *psychisch sehr anstrengend:* Wie lange wird er diesen nervenaufreibenden Job wohl noch durchstehen?

Ner·ven·bahn *die* <-, -en> ANAT. *ein Bündel von vielen Nerven¹, die man unter einem Mikroskop sehen kann*

Ner·ven·bün·del *das* <-s, -> *(umg.) jmd., der sehr nervös¹ ist:* Kurz vor dem Urlaub war sie ein einziges Nervenbündel.

Ner·ven·ent·zün·dung *die* <-, -en> MED. *eine Entzündung von Nerven¹*

Ner·ven·gift *das* <-(e)s, -e> CHEM. *Gift, das auf die Nerven¹ wirkt:* Nikotin ist das bekannteste Nervengift.

Ner·ven·heil·an·stalt *die* <-, -en> MED. *(veralt.: ≈ Psychiatrie)*

Ner·ven·kit·zel *der* <-s, -> *(umg.) ein Gefühl, das für manche angenehm ist und in bestimmten gefährlichen Situationen entsteht:* Er liebte den Nervenkitzel beim Fallschirmspringen.

Ner·ven·kli·nik *die* <-, -en> MED. *ein Krankenhaus für psychische Krankheiten*

Ner·ven·kos·tüm *das* <-s> /kein Plur./ *(umg. scherzh.) jmds. psychischer Zustand in Bezug darauf, wieviel Stress er ertragen kann:* Ihr dünnes Nervenkostüm machte ihr vor jeder Prüfung zu schaffen.

ner·ven·krank *adj* /nicht steig./ ❶ MED. *an den Nerven krank* ❷ *(umg.) psychisch krank* ▸ Nervenkrankheit

Ner·ven·krieg *der* <-(e)s, -e> /meist im Sing./ *eine Situation, in der zwei Gegner psychologische Mittel anwenden, um den jeweils anderen zu verunsichern oder zu schwächen:* Die Schachpartie entwickelte sich zum Nervenkrieg.

Ner·ven·lei·den *das* <-s, -> *(≈ Nervenkrankheit)*

Ner·ven·sa·che ▪ **Das ist reine Nervensache!** *(umg.) das ist eine Frage der geistigen und körperlichen Beherrschung* Das ist reine Nervensache, bei den aktuellen Börsennachrichten nicht in Panik zu verfallen.

Ner·ven·sä·ge *die* <-, -n> *(umg. abwert.) jmd.,*

der sehr lästig ist: Das Kind ist eine fürchterliche Nervensäge!

Ner·ven·schmer·zen <-> *Plur. Schmerzen der Nerven¹*

ner·ven·schwach *adj (↔ nervenstark) so, dass jmd. schwache Nerven² hat*

ner·ven·stark *adj (↔ nervenschwach) so, dass jmd. starke Nerven² hat* ▸ Nervenstärke

Ner·ven·sys·tem *das* <-s, -e> ANAT., BIOL. *die Gesamtheit der Nerven¹ im Körper*

Ner·ven·zel·le *die* <-, -n> ANAT., BIOL. *(≈ Neuron) eine Körperzelle, von der die Erregungen ausgehen, die über die Nerven¹ weitergeleitet werden*

Ner·ven·zen·t·rum *das* <-s, Nervenzentren> *(übertr.) ein Ort, der für etwas sehr wichtig ist und von dem aus Verbindungen zu anderen Orten ausgehen: In diesem Raum standen die Server, er war das Nervenzentrum des ganzen Unternehmens.*

Ner·ven·zu·sam·men·bruch *der* <-(e)s, Nervenzusammenbrüche> MED. *Vorgang, dass die Nerven¹ versagen, weil die seelische und körperliche Belastung zu groß war*

ner·vig *adj (umg. abwert.) sehr lästig und daher unangenehm: Er hatte eine furchtbar nervige Art.*

nerv·lich *adj /nicht steig./ (≈ psychisch) die Nerven¹ betreffend: Sie war nervlich völlig am Ende.; Die nervlichen Belastungen nehmen in der Stadt ständig zu.*

ner·vös *adj* ❶ *innerlich unruhig oder angespannt sein: Vor ihrem Auftritt war sie sehr nervös.* ❷ *das Nervensystem betreffend: Er hat ein nervöses Zucken am Auge.*

Ner·vo·si·tät *die* <-> */kein Plur./ das Nervösein¹*

nerv·tö·tend *adj (abwert.) so, dass jmd. oder etwas jmdn. sehr stört und belästigt: Bei diesem nervtötenden Lärm kann doch kein Mensch arbeiten.*

Nerz *der* <-es, -e> ❶ ZOOL. *ein kleines, schmales Tier mit einem buschigen Schwanz und braunen Fell, aus dem wertvolle Kleidungsstücke gemacht werden* ◆-farm ❷ */kein Plur./ das Fell des Nerzes¹* ❸ *ein Mantel, eine Jacke o. Ä. aus Nerz²: einen kostbaren Nerz tragen* ◆-jacke, -kragen, -mantel

Nes·sel *die* <-, -n> BOT. *Kurzform für „Brennnessel";* ■ *sich in die Nesseln setzen (umg.) sich durch eine Handlung oder Äußerung in eine peinliche Situation bringen;* ■ *wie auf Nesseln sitzen (umg.) sehr nervös¹ sein*

Nes·sel·fie·ber *das* <-s> */kein Plur./* MED. *Nesselsucht mit Fieber*

Nes·sel·sucht *die* <-> */kein Plur./* MED. *eine allergische Reaktion der Haut gegenüber bestimmten Stoffen, bei der man große rote Flecken hat, die stark jucken und auch Fieber bekommen kann*

Nes·ses·sär *das siehe* **Necessaire**

Nest *das* <-(e)s, -er> ❶ *ein aus Zweigen und Blättern befestigter Platz, an dem Vögel ihre Eier legen und ausbrüten: Der Storch baut sein Nest auf dem Kirchturm.* ◆Amsel-, Schwalben-, Storchen-, Vogel- ❷ *eine kleine Höhle, die Insekten, Mäuse oder andere kleine Tiere bauen oder graben, um dort zu leben* ◆Ameisen-, Eichhörnchen-, Ratten-, Schlangen-, Wespen- ❸ *(umg. abwert.: ≈ Kaff) ein*

kleiner Ort, an dem nichts passiert und es sehr langweilig ist* ◆Drecks-, Provinz- ❹ *(≈ Schlupfwinkel) der Ort, an dem sich Räuber, Piraten, Verbrecher verstecken* ◆Agenten-, Diebes-, Piraten-, Schmuggler- ❺ ■ **ein Nest von Schmugglern/Räubern ausheben** *das Nest⁴ entdecken und die Verbrecher verhaften;* ■ **das eigene Nest beschmutzen** *(abwert.) schlecht über die eigene Familie, das eigene Land o. Ä. reden;* ■ **sich ins gemachte/warme Nest setzen** *(umg.) ohne eigene Anstrengungen in eine Situation kommen, in der es einem sehr gut geht: Durch die Heirat mit der Tochter des Firmenchefs konnte er sich ins gemachte Nest setzen.*

Nest·be·schmut·zer *der* <-s, -> *(abwert.) jmd., der schlecht über seine eigene Familie, sein Land o. Ä. redet: Nachdem er die Missstände im eigenen Land beim Namen genannt hatte, wurde er als Nestbeschmutzer beschimpft.*

nes·teln <nestelst, nestelte, hat genestelt> *ohne OBJ* ■ **jmd. nestelt an etwas** *Dat. jmd. versucht mit den Fingern etwas zu öffnen oder zu lösen: Er begann an dem Reißverschluss zu nesteln, als er ihn nicht gleich aufbekam.*

Nest·flüch·ter *der* <-s, -> *(↔ Nesthocker)* ❶ *ein junges Tier, das schnell das Nest¹, ² verlässt* ❷ *(übertr.) jmd., der sehr früh aus dem Elternhaus ausgezogen ist*

Nest·häk·chen *das* <-s, -> *das jüngste Kind in einer Familie, das oft sehr verwöhnt wird*

Nest·ho·cker *der* <-s, -> *(↔ Nestflüchter)* ❶ *ein junges Tier, das lange im Nest¹, ² bleibt* ❷ *(übertr.) jmd., der sehr lange im Elternhaus lebt und sich von den Eltern versorgen lässt*

Nes·tor *der* <-s, ...toren> ❶ */kein Plur./ alter und weiser König aus der griechischen Sagenwelt* ❷ *(geh.) herausragender ältester Vertreter einer Wissenschaft oder eines künstlerischen Fachs: Er war der Nestor der Chemie.*

Nest·wär·me *die* <-> */kein Plur./ das angenehme Gefühl, das ein Kind in der Familie hat, wenn alle es lieben und umsorgen*

Ne·ti·quet·te *die* [...'kɛtə] <-> */kein Plur./* EDV *eine Art von Verhaltensregel, die die Benutzer des Internets beim Schreiben von Mails oder in Chaträumen o. Ä. beachten sollten und die man von verschiedenen Servern im Internet abrufen kann*

nett¹ *adj* ❶ *(≈ lieb) so, dass jmd. freundlich und angenehm im Verhalten ist: Nett von dir, mir die Informationen zu geben.; Er ist ein netter Junge.; Würden Sie bitte so nett sein und die Türen schließen?* ❷ *(≈ ansprechend, hübsch) so, dass etwas angenehm wirkt: Das ist wirklich eine nette Wohnung* ❸ *(iron.) verwendet, um auszudrücken, dass man jmdn. oder etwas gar nicht gut findet: Das ist ja ein netter Freund! Erst leihe ich ihm mein Geld, und dann haut er mit meiner Frau ab!*

nett² *adv (umg.)* ❶ ■ **ganz nett** *(≈ ziemlich) Ich musste mich ganz nett anstrengen, um diese Prüfung noch zu schaffen* ❷ ■ **ganz nett** *verwendet, um auszudrücken, dass man etwas nur akzeptabel, aber nicht sehr schön, hervorragend o. Ä. findet: Der Film war ganz nett; aber es lohnt sich nicht, ihn noch mal anzuschauen.*

N

net·ter·wei·se *adv* aus Freundlichkeit: Sie hat mir netterweise ihre Wohnung während der Ferien überlassen.

Net·tig·keit *die* <-, -en> /meist Plur./ (≈ Kompliment) höfliche und freundliche Worte: Nettigkeiten austauschen

net·to *adv* (↔ brutto) ❶ WIRTSCH. ohne Verpackung: Das Gewicht beträgt netto 430 Gramm. ❷ nachdem Steuern, Verpackung und andere Kosten abgezogen sind: Er hatte zweitausend Euro netto bekommen.; Das macht nach Abzug der Steuern netto nur noch tausend Euro.

Net·to·ein·kom·men *das* <-s, -> (↔ Bruttoeinkommen) das Einkommen, das man netto² bekommt

Net·to·ge·wicht *das* <-(e)s, -e> das Gewicht, das ohne Verpackung verbleibt

Net·to·lohn *der* <-(e)s, Nettolöhne> (↔ Bruttolohn) der Lohn, den man netto² bekommt

Netz¹ *das* <-es, -e> ❶ eine Art Gewebe, das aus Fäden, Seilen, Drähten o. Ä. besteht, die miteinander so verbunden sind, dass zwischen den einzelnen Knoten immer ein Zwischenraum bleibt: ein feines Netz; ein grobmaschiges Netz; ein Netz knüpfen; ein Netz ausbessern ❷ ein Netz¹, mit dem man Tiere, besonders Fische, fangen kann: ein Netz auswerfen/einholen; die Fische gehen ins Netz ◆ Fang-, Fischer-, Schmetterlings-, Vogel- ❸ SPORT ein Netz¹, das ein Spielfeld zum Beispiel beim Tennis in zwei Teile teilt oder Teil eines Tores ist: der Ball geht ins/übers Netz ◆ Tennis-, Tischtennis-, Volleyball- ❹ ein Netz¹, in dem man Dinge, zum Beispiel beim Einkaufen, transportiert oder aufbewahrt ◆ Einkaufs-, Gepäck- ❺ ein Netz¹, das jmdn. vor etwas schützt: Die Akrobaten im Zirkus arbeiten ohne Netz.; Gegen die Mücken hilft nur, ein feines Netz über das Bett zu hängen. ◆ Fliegen-, Moskito- ❻ ein Netz¹, das man über die Haare spannt, um sie zu schützen oder die Frisur zu bewahren: Die Arbeiterinnen mussten ein Netz tragen, damit ihre Haare nicht in die Maschine gelangten. ◆ Haar- ❼ ein Netz¹, das eine Spinne baut, um Insekten oder kleine Tiere darin zu fangen; ■ **jemandem ins Netz gehen** (umg.) von jmdm. gefangen werden Nach langer Suche ging der Einbrecher der Polizei ins Netz. ◆ Spinnen-

Netz² *das* <-es, -e> ❶ ein System von Verkehrswegen , die miteinander verbunden sind und über das Menschen oder Waren in verschiedene Richtungen und an verschiedene Orte gelangen können: ein gut ausgebautes Netz von Autobahnen ◆ Bahn-, Eisenbahn-, Flug-, Kanal-, Omnibus-, Schienen-, Straßen-, Transport-, Verkehrs- ❷ ein System von Leitungen und Vorrichtungen, über das Strom, Gas, Wasser, Nachrichten o. Ä. verteilt und transportiert werden kann ◆ Computer-, Fernseh-, Fernsprech-, Kabel-, Nachrichten-, Strom-, Tankstellen-, Telefon- ❸ EDV das Internet: etwas im Netz suchen ❹ EDV Netzwerk ❺ Personen oder Institutionen, die in einer Organisation verbunden sind, aber an verschiedenen Orten arbeiten; ■ **das soziale Netz** SOZIOL. ein System von Hilfen und Unterstützungen des Staates, das den Men-

schen einen bestimmten Lebensstandard garantieren soll; ■ **etwas geht ans Netz** ein Kraftwerk wird an die Stromproduktion angeschlossen ◆ Handels-, Spionage-, Tankstellen-, Verkaufs-

Netz·an·schluss *der* <-es, Netzanschlüsse> ❶ eine Art Vorrichtung für den Anschluss ans Stromnetz: einen Netzanschluss installieren ❷ die Möglichkeit, ein Gerät über eine Leitung mit Strom zu versorgen

netz·ar·tig *adj* /nicht steig./ in Form eines Netzes¹

Netz·au·ge *das* <-s, -n> ZOOL. Facettenauge

Netz·bür·ger *der*, **Netz·bür·ge·rin** <-s, -> EDV, SOZIOL. Bezeichnung für Personen, die das Internet als eine parallele Welt mit freiheitlichen Vorstellungen sehen und nutzen

net·zen <netzt, netzte, hat genetzt> mit OBJ ■ **jmd./etwas netzt jmdn./ etwas** (geh.) befeuchten, leicht nass machen: Tränen netzen ihre Wangen.

Netz·ge·rät *das* <-(e)s, -e> ELEKTROTECHN. Gerät, das den elektrischen Strom, der über das normale Stromnetz fließt, so verändert, dass man damit ein Gerät oder Maschine betreiben kann

Netz·haut *die* <-, Netzhäute> ANAT. Schicht des menschlichen Auges, die für das Licht empfindlich ist ◆ -entzündung

Netz·hemd *das* <-es, -en> eine Art Unterhemd aus einem Netz¹

Netz·kar·te *die* <-, -en> eine Fahrkarte für den Nahverkehr, mit der man so oft fahren kann, wie man will: Mit der Netzkarte kannst du im ganzen Stadtgebiet mit dem Bus fahren.

Netz·span·nung *die* <-, -en> ELEKTROTECHN. elektrische Spannung, die ein Stromnetz liefert

Netz·ste·cker *der* <-s, -> ELEKTROTECHN. Stecker am Ende einer Leitung, der in die Steckdose gesteckt wird

Netz·strumpf *der* <-(e)s, Netzstrümpfe> ein feiner Frauenstrumpf, dessen Gewebe wie ein Netz¹ gemacht ist

Netz·teil *das* <-(e)s, -e> EDV, ELEKTROTECHN. Gerät, das einen Computer oder Drucker o. Ä. mit der Steckdose verbindet und mit elektrischem Strom versorgt, indem es Wechselspannung von 220 Volt in Gleichstrom von 5 bis 12 Volt umwandelt

Netz·teil·neh·mer *der*, **Netz·teil·neh·me·rin** <-s, -> jmd., dessen Computer oder Telefon o. Ä. an einem Netzwerk angeschlossen ist

Netz·werk *das* <-(e)s, -e> ❶ EDV System von mehreren Computern, die miteinander verbunden sind; ein Netzwerk können die Teilnehmer Datenbanken, Drucker, Internetzugang usw. gemeinsam nutzen und über Mailverkehr gemeinsam kommunizieren ◆ -karte; siehe **LAN**, **WAN** ❷ eine (locker) organisierte Gruppe von Personen mit gleichen Interessen, die sich gegenseitig unterstützen, indem sie sich z. B. mit Informationen versorgen ◆ Frauen-

Netz·werk·ad·mi·nis·t·ra·tor *der*, **Netz·werk·ad·mi·nis·t·ra·to·rin** <-s, ...-toren> EDV (≈ Systemadministrator) jmd., der beruflich ein Netzwerk¹ einrichtet und verwaltet

Netz·werk·be·triebs·sys·tem *das* <-s, -e> EDV

Programm mit mehreren Unterprogrammen, das zur Steuerung eines Netzwerkes [1] notwendig ist

Nẹtz·werk·dru·cker der <-s, -> EDV ein Drucker in einem Netzwerk [1], den die Teilnehmer des Netzwerks gemeinsam nutzen können

Nẹtz·zu·gang der <-(e)s, Netzzugänge> EDV die Möglichkeit, sich mit dem Internet oder einem Netzwerk [1] zu verbinden

neu adj ❶ (↔ alt) so, dass etwas erst seit kurzer Zeit da ist oder vor kurzer Zeit gemacht wurde: Die Innenstadt wurde neu gestaltet/neugestaltet.; Hast du eine neue Frisur?; Für sie galt bereits die neue Prüfungsordnung. ❷ (↔ gebraucht) so, dass etwas noch nicht vorher benutzt oder von jmdm. besessen wurde: Wir haben ganz neue Ware! ❸ (≈ frisch) sauber: Du musst dir eine neue Hose anziehen. ❹ so, dass etwas noch nicht lange zurückliegt oder erst vor kurzer Zeit passiert ist: die neuesten Nachrichten; Weißt du schon das Neuste? Morgen macht die Firma zu! ❺ noch nicht bekannt: Die Forscher entdeckten einen neuen Käfer. ❻ so, dass jmd. oder etwas erst seit kurzer Zeit an einem Ort/in einer Position/in einer Funktion ist: neu in der Stadt; neu im Amt; Der Neue ist sein Geld wert, denn er arbeitet wie ein Pferd! ❼ noch einmal und jetzt anders: Sie müssen den Text neu schreiben! ❽ aus der aktuellen Ernte: neuer Wein; neue Kartoffeln; ■ jemandem ist etwas neu jmd. hat von etwas noch nicht gewusst Das ist mir neu, dass man auf dem Bahnhof nicht rauchen darf.; ■ seit neuestem sei sehr kurzer Zeit; ■ von neuem noch einmal ◆ Kleinschreibung →R 3.20 die neuen Medien; die neuen Bundesländer; die neue Linke; gutes neues Jahr!; die neuen Sprachen; ◆ Großschreibung →R 3.17 die Neue Welt; das Neue Testament; ◆ Getrennt- oder Zusammenschreibung →R 4.16 neu bearbeitet/neubearbeitet; neu eröffnet/neueröffnet; neu geschaffen/neugeschaffen; ◆ Zusammenschreibung →R 4.5 neugeboren; neuverheiratet, d.h. seit sehr kurzer Zeit verheiratet

Neu·an·kömm·ling der <-s, -e> jmd., der neu [6] ist

Neu·an·schaf·fung die <-, -en> etwas, das man neu [1] gekauft hat: Ihre letzte Neuanschaffung war ein eigenes Auto.

neu·ar·tig adj so, dass etwas erst seit kurzem erfunden oder bekannt wurde: eine neuartige Methode der Krebsbehandlung

Neu·auf·la·ge die <-, -n> ❶ der neue [1] Druck eines Buches, meist mit leicht verändertem oder verbessertem Inhalt ❷ etwas, das neu [1] und originell sein soll, aber in Wirklichkeit schon vorhanden ist: Das, was der Politiker von sich gibt, ist auch nur eine Neuauflage alter Ideen.

Neu·bau der <-s, Neubauten> ❶ das Bauen eines Hauses, um ein altes zu ersetzen: Der Neubau des Rathauses wird die Stadt viel Geld kosten. ❷ (↔ Altbau) ein Haus, das vor kurzer Zeit gebaut wurde

Neu·bau·ge·biet das <-(e)s, -e> Gebiet in einer Stadt, auf dem neue Häuser gebaut werden

Neu·bau·woh·nung die <-, -en> (↔ Altbauwohnung) eine Wohnung in einem Neubau [2]

Neu·be·ar·bei·tung die <-, -en> ❶ die Handlung, dass jmd. etwas noch einmal überarbeitet, um es zu verbessern: Die Neubearbeitung des Aufsatzes bereitete ihm viel Mühe. ❷ das Resultat einer Neubearbeitung [1]

Neu·be·ginn der <-(e)s> /kein Plur./ neuer [7] Anfang: Nach der Krise wollte das Paar nochmal einen Neubeginn wagen.

Neu·bil·dung die <-, -en> ❶ Vorgang, dass etwas Neues entsteht, das anders ist als das vorherige oder sich in neuer Form zusammensetzt: die Neubildung der Regierung; die Neubildung eines Wortes; die Neubildung der Zellen ❷ das Ergebnis einer Neubildung [1]

Neu·ein·stei·ger der, **Neu·ein·stei·ge·rin** <-s, -> jmd., der in einer Firma, einem Betrieb o. Ä. erst seit sehr kurzer Zeit arbeitet

Neu·ein·stel·lung die <-, -en> ❶ der Vorgang, dass ein Unternehmen neue Mitarbeiter einstellt: Die Firma kündigte Neueinstellungen an. ❷ neuer Angestellter: Ist das die Neueinstellung? Der arbeitet aber nicht besonders effizient.

Neu·emis·si·on die <-, -en> WIRTSCH. der Vorgang, dass ein Unternehmen zum ersten Mal seine Aktien an die Börse bringt

Neu·en·burg <-s> (≈ Neuchâtel) Kanton und Stadt in der Schweiz

Neu·eng·land <-s> die nördlichen Staaten an der Ostküste der USA

neu·er·dings adv ❶ seit kurzer Zeit: Neuerdings kann man sie im Fernsehen bewundern.; Ich höre, sie macht neuerdings auch Musik. ❷ SÜDDT., ÖSTERR., SCHWEIZ. noch einmal, wieder

Neu·e·rer der, **Neu·e·rin** <-s, -> jmd., der etwas verändern und somit modernisieren will

neu·er·lich adj /nicht steig./ erneut: Sie nahm einen neuerlichen Anlauf, die Prüfung zu machen.

Neu·er·öff·nung die <-, -en> der Vorgang, dass etwas, das für eine Zeit geschlossen war, für das Publikum wieder geöffnet wird: Die Neueröffnung des alten Restaurants stieß auf viel Beifall.

Neu·er·schei·nung die <-, -en> etwas (ein Buch, eine Publikation, eine CD o. Ä.), das erst seit kurzem zu kaufen ist oder sehr bald erscheint: Ich wollte mir noch die Neuerscheinungen im Buchkatalog ansehen.

Neu·e·rung die <-, -en> eine Änderung von etwas Altem, so dass etwas Neues an seine Stelle tritt: Nicht alle waren mit den Neuerungen im Betrieb einverstanden.

Neu·er·wer·bung die <-, -en> etwas, das vor kurzem erworben oder gekauft wurde: Immer mehr Bibliotheken haben kein Geld mehr für Neuerwerbungen.

Neu·fas·sung die <-, -en> ❶ die Handlung, dass jmd. ein Buch, ein Film, ein Theaterstück o. Ä. überarbeitet und somit verbessert ❷ Resultat einer Neufassung [1]

Neu·fund·land <-s> Provinz in Kanada, die aus den Inseln Neufundland und Labrador besteht

neu·ge·bo·ren adj /nicht steig./ vor kurzem auf die Welt gekommen: In dieser Station liegen die neugeborenen Kinder.; ■ **wie neugeboren** *frisch und voller Energie* Nach dem Bad fühlte sie sich wie neugeboren.

Neu·ge·stal·tung *die* <-, -en> ❶ *der Vorgang, dass etwas reformiert oder verändert wird, damit es besser funktioniert:* Die Neugestaltung der Endkontrolle der Produkte war die wichtigste Aufgabe des neuen Managers. ❷ *Vorgang, dass die ursprüngliche Form von etwas verändert wird, damit es besser, moderner usw. aussieht oder wirkt:* Die Neugestaltung des Rathauses stieß auf breite Ablehnung. ❸ *das Resultat einer Neugestaltung*[1, 2]

Neu·gier *die* <-> /kein Plur./ *der starke Wunsch, etwas Bestimmtes zu erfahren oder zu wissen oder kennen zu lernen:* Ich frage ja nur aus reiner Neugier.; die Neugier auf ein fremdes Land; ■ **jemand platzt vor Neugier** *jmd. will etwas unbedingt wissen* Erzähl mir nun endlich, was passiert ist! Ich platze ja schon vor Neugierde!

neu·gie·rig *adj voller Neugierde:* neugierig auf etwas sein; Ich bin neugierig, ob die Regierung das wohl schafft.; neugierig wie ein Kind sein

Neu·grie·chisch *das* <-s> /kein Plur./ (↔ Altgriechisch) *die Sprache des modernen Griechenlands*

Neu·gui·nea [...gi...] <-s> *Insel nördlich von Australien*

Neu·heit *die* <-, -en> *etwas, das neu ist:* eine Neuheit auf dem Gebiet der Unterhaltungselektronik; Dieses Programm ist eine echte Neuheit.

neu·hoch·deutsch *adj /nicht steig./ das Neuhochdeutsche betreffend*

Neu·hoch·deutsch, Neu·hoch·deut·sche *das* <-s> /kein Plur./ *Epoche der deutschen Sprachgeschichte:* Das Neuhochdeutsche wird ungefähr seit Mitte des 17. Jahrhunderts gesprochen.

Neu·ig·keit *die* <-, -en> *eine Nachricht oder Information, die aktuell ist und nicht sehr lange zurückliegt:* interessante Neuigkeiten wissen

Neu·in·sze·nie·rung *die* <-, -en> ❶ *die Handlung, dass jmd. ein schon bekanntes Theaterstück neu inszeniert* ❷ *das Resultat einer Neuinszenierung*[1]*:* Die Neuinszenierung des „Othello" stieß auf geteilte Kritiken.

Neu·jahr *das* <-s> /kein Plur./ *der erste Tag des neuen Jahres (der erste Januar);* ■ **Pros(i)t Neujahr!** *verwendet, um jmdm. zum Jahreswechsel um Mitternacht viel Glück und alles Gute zu wünschen; meist prostet man sich dabei mit einem Glas Sekt zu*

Neu·land *das* <-(e)s> /kein Plur./ ❶ *ein Stück Land, auf dem erst vor kurzem der Anbau von Pflanzen oder der Bau von Wohnungen möglich wurde:* Wir haben erst Neuland für die Anpflanzung gewinnen müssen. ❷ *ein Gebiet oder ein Fachbereich, über das/den man noch nichts weiß:* Die Wissenschaftler betraten mit ihren Forschungen völliges Neuland.

neu·lich *adv vor kurzem:* Neulich habe ich einen wirklich guten Film gesehen.

Neu·ling *der* < s, -e> *jmd., der an einem Ort oder in einer Gruppe neu ist und erst begonnen hat, sich mit etwas zu beschäftigen:* In der Fußball-

mannschaft spielten zwei Neulinge mit wenig Erfahrung.

neu·mo·disch *adj (abwert.: ↔ altmodisch) so, dass etwas modern ist, aber dem Sprecher nicht gefällt:* Dieses neumodische Spielzeug geht doch sofort kaputt!

Neu·mond *der* <-(e)s> /kein Plur./ (↔ Vollmond) *die Zeit, in der der Mond zwischen der Erde und der Sonne steht und die Seite, die der Erde zugewandt ist, nicht beleuchtet ist, so dass man den Mond nicht sehen kann*

Neun *die* <-, -en> ❶ *die Zahl 9* ❷ *jmd. oder etwas mit der Nummer 9*

neun *num 9:* Wir sind neun Leute.; ■ **Alle neune!** *verwendet, wenn beim Kegeln alle neun Kegel mit einem Wurf umgestoßen werden*

Neu·ne ■ **Ach du grüne Neune!** *(umg.) verwendet als Ausruf der Überraschung oder der Verwunderung* Ach du grüne Neune! Ich habe nicht nur meinen Geldbeutel, sondern auch meinen Ausweis vergessen!

Neu·ner *der* <-s, -> *(umg.) etwas mit der Ziffer 9 (zum Beispiel ein Bus):* Der Neuner fährt heute nicht.

neun·hun·dert *num die Zahl 900*

neun·mal·klug *adj (abwert.) so, dass jmd. glaubt, alles besser zu wissen:* Was ist das nur für ein neunmalkluges Kind!; ■ **neunmalkluges Gerede** *(abwert.) Äußerungen von jmdm., der alles besser zu wissen glaubt* Sein neunmalkluges Gerede ging mir auf die Nerven.

neunt[1] ■ **zu neunt** *mit insgesamt neun Personen* Wir sind zu neunt.

neunt[2] *adj /nur attr./ /nicht steig./ in einer Reihenfolge an der Stelle 9:* Heute ist der neunte Tag des neuen Monats.

neun·tau·send *num die Zahl 9000*

Neun·tel *das* <-s, -> *der neunte Teil von etwas*

neun·zehn *num die Zahl 19*

neun·zehn·te *adj /nur attr./ /nicht steig./ in einer Reihenfolge an der Stelle 19*

neun·zig *num die Zahl 90*

neun·zi·ger *adj /nur attr./ /nicht steig./ die zehn Jahre von 90 bis 99 betreffend (auf Jahrhunderte oder das Alter eines Menschen bezogen):* in den neunziger Jahren; die neunziger Jahre des letzten Jahrhunderts

Neu·or·ga·ni·sa·ti·on *die* <-, -en> ❶ (≈ Reorganisation) *der Vorgang, dass etwas neu organisiert wird, um es zu verbessern* ❷ *das Resultat einer Neuorganisation*[1]

Neu·ori·en·tie·rung *die* <-, -en> ❶ *der Vorgang, dass etwas eine neue Richtung oder Zielsetzung bekommt:* die Neuorientierung der Politik ❷ *das Resultat einer Neuorientierung*[1]

Neu·phi·lo·lo·ge *der,* **Neu·phi·lo·lo·gin** *die* <-n, -n> (↔ Altphilologe) *Wissenschaftler, der sich mit einer oder mehreren der modernen Sprachen und Literaturen Europas beschäftigt* ► Neuphilologie, neuphilologisch

neu·ral *adj /nicht steig./* MED. *einen Nerv bzw. die Nerven betreffend*

Neu·r·al·gie *die* <-, ...-gien> MED. *Schmerzen, die stark und plötzlich in den Nerven auftreten*

neu·r·al·gisch *adj* ❶ MED. *von einer Neuralgie ver- ursacht oder eine Neuralgie betreffend:* ein neu- ralgisches Leiden; der neuralgische Punkt ❷ *Punkt, bei dem es (meist in einem System) oft zu Störun- gen kommt:* Die Baustelle ist derzeit der neuralgi- sche Punkt auf der Autobahn. ❸ *ein Thema oder eine Eigenschaft von jmdm., bei dem er sehr emp- findlich reagiert:* Die grauen Haare sind sein neu- ralgischer Punkt. Sprich ihn nicht darauf an!

Neu·re·ge·lung *die* <-, -en> ❶ *Vorgang, dass et- was neu geregelt wird, um es zu verbessern oder zu modernisieren:* Das Justizministerium machte sich endlich an eine Neuregelung des Familien- rechts. ❷ *das Resultat einer Neuregelung* [1]

neu·reich *adj /nicht steig./ (abwert.) so, dass jmd. erst seit kurzer Zeit viel Geld hat und dies auch im- mer, meist auf geschmacklose Art, zeigen will*

Neu·rei·che *der/die* <-n, -n> *(abwert.) jmd., der neureich ist:* Vor dem Straßencafé parken die Sportwagen der Neureichen.

Neu·ro·bio·lo·gie *die* <-> */kein Plur./ For- schungsrichtung, die sich interdisziplinär mit der Funktion und Struktur des Nervensystems be- schäftigt* ▶ Neurobiologe, Neurobiologin, neuro- biologisch

Neu·ro·chi·r·ur·gie *die* <-> */kein Plur./* MED. *Teil der Chirurgie, bei der am Nervensystem operiert wird* ▶ Neurochirurg, Neurochirurgin, neurochi- rurgisch

Neu·ro·der·mi·tis *die* <-> */kein Plur./* MED. *eine chronische Hautkrankheit, die auf nervlichen Stö- rungen beruht und bei der es zu Ekzemen beson- ders im Bereich des Halses, der Armbeugen und der Kniekehlen kommt*

Neu·ro·lo·gie *die* <-> */kein Plur./* MED. *Gebiet der Medizin, das sich mit dem Nervensystem und den Krankheiten der Nerven beschäftigt, aber auch die entsprechende Abteilung einer Klinik* ▶ Neuro- loge, Neurologin, neurologisch

Neu·ro·se *die* <-, -n> MED., PSYCH. *psychische Stö- rung, die meistens durch ein schlimmes Erlebnis hervorgerufen ist, das der Betroffene noch nicht richtig verarbeitet hat*

Neu·ro·ti·ker *der,* **Neu·ro·ti·ke·rin** <-s, -> MED., PSYCH. *jmd., der eine Neurose hat und deshalb nicht so reagiert, wie es allgemein erwartet wird:* Was für ein Neurotiker! Er muss bis zu viermal kontrollieren, ob er die Wohnungstür auch wirk- lich abgeschlossen hat.

neu·ro·tisch *adj* MED., PSYCH. *so, dass es aufgrund einer Neurose nicht normal ist:* Er zeigt ein neuro- tisches Verhalten.

Neu·schnee *der* <-s> */kein Plur./ Schnee, der vor kurzer Zeit gefallen ist:* Es gibt einen halben Meter Neuschnee.

Neu·see·land <-s> *Staat mit einer Inselgruppe süd-östlich von Australien* ▶ Neuseeländer, Neu- seeländerin, neuseeländisch

neu·t·ral *adj* ❶ *(≈ unparteiisch, objektiv) so, dass jmd. oder etwas in einem Streit, Konflikt o. Ä. we- der für noch gegen einen der Gegner ist:* eine neu- traler Beobachter ❷ POL. *so, dass ein Staat oder ein Land keinen Krieg keiner der beiden Seiten hilft:* die neutrale Schweiz ❸ *so, dass etwas in einem*

Konflikt keinem der Gegner gehört: *eine neutrales Gewässer* ❹ *so, dass keine Emotionen aufkom- men können:* ein neutrales Thema ansprechen ❺ *(≈ unaufdringlich) so, dass etwas nicht beson- ders auffällt und deshalb mit vielen Sachen kombi- niert werden kann:* Du solltest eine neutrale Kra- watte zu diesem Hemd tragen. ❻ CHEM. *so, dass etwas weder sauer noch basisch ist* ❼ PHYS. *so, dass etwas weder positiv noch negativ geladen ist*

-neu·t·ral *als Zweitglied unbetonter Ad- jektive; drückt aus* ❶ *(↔ -spezifisch, -orientiert) dass etwas von dem unabhängig ist bzw. nicht da- ran orientiert ist, was mit dem Erstglied bezeich- net wird* ◆ geschlechts-, leistungs- ❷ *(↔ -intensiv) dass etwas ohne dem auskommt bzw. nichts oder nur wenig von dem hat, was mit dem Erstglied be- zeichnet wird* ◆ geruchs-, geschmacks-, kosten-

neu·t·ra·li·sie·ren *mit OBJ* ■ *jmd./etwas neu- tralisiert etwas (durch etwas Akk./mit etwas Dat.) (geh.) die Auswirkungen einer Sache un- wirksam machen:* Man versuchte, den Ölteppich mit Chemikalien zu neutralisieren.

Neu·t·ra·li·tät *die* <-> */kein Plur./* ❶ *der politi- sche Zustand eines Landes, das neutral*[2] *ist:* Neu- tralität eines Landes garan- tieren/verletzen ◆ -sabkommen, -sbruch, -serklä- rung, -spolitik, -sverletzung ❷ *ein objektives Ver- halten:* Neutralität gegenüber den verschiedenen Standpunkten bewahren

Neu·t·ron *das* <-s, ...-tronen> PHYS. *Elementarteil- chen des Atomkerns ohne elektrische Ladung*

Neu·t·ro·nen·bom·be *die* <-, -n> *eine Bombe, bei der Menschen durch radioaktive Strahlung ge- tötet werden, Dinge aber nicht oder nur wenig be- schädigt werden*

Neu·t·ro·nen·strah·lung *die* <-> */kein Plur./ eine Art radioaktive Strahlung*

Neu·t·rum *das* <-s, Neutra/Neutren> SPRACHWISS. ❶ */kein Plur./ eines der drei Genera im Deut- schen, das im Nominativ am bestimmten Artikel „das" zu erkennen ist* ❷ *ein Nomen im Neutrum*[1]

Neu·ver·schul·dung *die* <-, -en> *Vorgang, dass jmd. oder etwas noch einmal Schulden zu den schon bestehenden Schulden macht:* die Neuver- schuldung des Staates/Landes

Neu·wa·gen *der* <-s, -> *(≈ Gebrauchtwagen) ein Auto, das noch nicht gefahren worden ist*

Neu·wahl *die* <-, -en> *eine Wahl, die durchge- führt wird, weil die erste Wahl nicht gültig war oder weil die politische Situation eine neue Wahl erfordert:* Nach dem Rücktritt der Regierung kam es zu Neuwahlen.

Neu·wert *der* <-(e)s, -e> *Wert eines Gegenstan- des, der noch nicht gebraucht wurde:* der Neu- wert des Autos

neu·wer·tig *adj so, dass etwas schon gebraucht, aber noch fast wie neu ist:* neuwertige Kleidung

Neu·zeit *die* <-> */kein Plur./* GESCH. *die Zeit vom 16. Jahrhundert bis heute;* ■ **die frühe Neuzeit** GESCH. *die Zeit von 1492 (Entdeckung Amerikas) bis 1648 (Westfälischer Frieden)*

neu·zeit·lich *adj /nicht steig./ so, dass etwas zur Neuzeit gehört*

New Age *das* ['nju: 'eɪdʒ] <-> */kein Plur./ neu-*

N

zeitliche Bewegung, die sich für ein Zeitalter des Miteinanders verschiedener Forschungsrichtungen und alternativer Bewegungen einsetzt

New·co·mer *der* ['nju:kʌmə] <-s, -> *Neuling auf einem Gebiet, der aber schon Erfolge vorweisen kann:* ein Newcomer in der Musikbranche

New Look *der* ['nju: 'lʊk] <-(s)> */kein Plur./ neuer Stil, neues Aussehen*

News ['nju:z] *Plur. aktuelle Nachrichten oder Neuigkeiten:* Die letzten News erfahren Sie um Mitternacht.

Ne·xus *der* <-, Nexus> *(fachspr.) Zusammenhang, Verknüpfung*

nib·beln <nibbelst, nibbelte, hat genibbelt> *mit OBJ* ■ *jmd. nibbelt etwas* TECHN. *(von Blechen) schneiden, abtrennen* ▶ Nibbler

Ni·ca·ra·gua, Ni·ka·ra·gua *das* <-s> *Staat in Mittelamerika mit Grenzen zu Honduras und Costa Rica, dem Pazifik und dem Karibischen Meer* ▶ Nicaraguaner, Nicaraguanerin, nicaraguanisch

Ni·ca·ra·gu·a·ner, Ni·ka·ra·gu·a·ner *der,* **Ni·ca·ra·gu·a·ne·rin** <-s, -> *Einwohner Nicaraguas*

nicht *part* ❶ *verwendet, um eine Aussage zu verneinen:* Das ist nicht richtig.; Er ist nicht größer, sondern kleiner als sein Bruder.; Ich komme nicht mit! ❷ *verwendet als Verneinung an Stelle einer ganzen Aussage:* Wer kommt mit? – Ich nicht.; Ich hoffe, es gibt noch genügend Mineralwasser! Wenn nicht, dann musst du noch ein paar Flaschen kaufen. ❸ *verwendet, um bei Wörtern, die eine negative Bedeutung haben, diese Bedeutung abzuschwächen:* Das ist nicht schlecht, aber es fehlt noch etwas.; Sie war nicht unfreundlich. ❹ */mit unbestimmtem Artikel/ kein:* Nicht einer hatte den Mut zu protestieren.; Nicht einen Tag schien die Sonne! ❺ *verwendet, um eine genannte Eigenschaft zu verneinen;* ■ **Nicht, dass ...** *(iron.) kurz für „Es ist nicht so, dass ..."* Nicht, dass mich das sonderlich interessiert; aber ich würde schon gern wissen, wann du wieder abreist. ◆ *Getrennt- oder Zusammenschreibung →R 4.17 nicht amtlich/ nichtamtlich; nicht selbständig, selbstständig/ nichtselbständig, nichtselbstständig; nicht rostend/ nichtrostend; nicht veröffentlicht/nichtveröffentlicht; siehe* **nur**

Nicht·ach·tung *die* <-> */kein Plur./ der Sachverhalt, dass jmd. etwas nicht achtet oder respektiert:* die Nichtachtung der Bürgerrechte/demokratischer Grundrechte/der Menschenwürde

Nicht·an·er·ken·nung *die* <-> */kein Plur./* AMTSSPR. *der Sachverhalt, dass jmd. etwas nicht anerkennt:* die Nichtanerkennung eines Attests/steuerlicher Belege

Nicht·an·griffs·pakt, Nicht·an·griffs·pakt *der* <-(e)s, -e> POL. *eine Art Vertrag, den zwei Länder schließen und in dem vereinbart wird, dass sie keinen Krieg gegeneinander führen werden*

Nicht·be·ach·tung *die* <-> */kein Plur./* AMTSSPR. *(↔ Einhaltung) der Sachverhalt, dass jmd. etwas nicht beachtet:* bei Nichtbeachtung der Vorschrift; die Nichtbeachtung der Regeln

Nich·te *die* <, n> *(↔ Neffe) Tochter des Bruders oder der Schwester*

Nicht·ein·hal·tung *die* <-> */kein Plur./* AMTSSPR.

der Sachverhalt, dass jmd. etwas nicht einhält: Nichteinhaltung der Abgabefrist; Bei Nichteinhaltung dieser Vorschriften drohen disziplinarische Maßnahmen.

Nicht·ein·mi·schung *die* <-> */kein Plur./* POL. *Neutralität*[1]

Nicht·er·schei·nen *das* <-s> */kein Plur./* AMTSSPR. *der Sachverhalt, dass jmd. nicht persönlich bei einer Behörde, in einem Amt o. Ä. erscheint, obwohl er dazu aufgefordert wurde:* Bei Nichterscheinen erfolgt eine Bußgeldforderung.

Nicht·eu·ro·pä·er *der,* **Nicht·eu·ro·pä·e·rin** <-s, -> *jmd., der nicht aus Europa stammt*

nich·tig *adj* ❶ *(geh.) unbedeutend, unwichtig:* Irgendwelche nichtigen Gründe fallen ihm immer ein. ❷ RECHTSW. *ungültig:* Ihre Klage ist hiermit für nichtig erklärt.; ■ **null und nichtig sein** *(umg.) unwirksam sein, außer Kraft sein*

Nich·tig·keit *die* <-, -en> ❶ */kein Plur./* RECHTSW. *Ungültigkeit* ❷ */meist Plur./ (geh.) etwas, das unwichtig und unbedeutend ist:* die Nichtigkeiten dieser Welt

Nich·tig·keits·er·klä·rung *die* <-, -en> RECHTSW. *Erklärung, dass etwas ungültig ist*

Nicht·lei·ter *der* <-s, -> ELEKTROTECHN. *(≈ Isolator) Material, das einen elektrischen Widerstand hat, der größer als 1 Million Ohm ist, und deshalb keinen Strom leitet*

Nicht·rau·cher *der,* **Nicht·rau·che·rin** <-s, -> *(↔ Raucher)* ❶ *jmd., der nicht raucht* ❷ *(umg.) ein Eisenbahnabteil o. Ä., in dem nicht geraucht werden darf:* Ich möchte bitte im Nichtraucher sitzen.

Nichts *das* <-> */kein Plur./* ❶ PHILOS. *absolute Leere:* Das Nichts nichtet; Das Sein und das Nichts ❷ *jmd. oder etwas, der/das keinen Wert hat:* Schau dir ihn an, er ist ein wirkliches Nichts!; Sie stritten um ein Nichts.; ■ **vor dem Nichts stehen** *alles verloren haben* Nachdem ihr Haus abgebrannt war, standen sie vor dem Nichts.

nichts *pron verwendet, um auszudrücken, dass etwas, das (gegeben) sein könnte, absolut nicht (gegeben) ist:* Ich sehe und höre nichts!; Sie hat schon wieder nichts zu tun.; Du bist wohl mit nichts zufrieden.; Man weiß nichts Genaueres.; Er hat im Leben nichts geschenkt bekommen.; ■ **nichts als ...** *nur nichts als Ärger;* ■ **für nichts (und wieder nichts)** *(umg.: ≈ umsonst) verwendet, um auszudrücken, dass etwas absolut kein Ergebnis oder keine Verbesserung erzielt hat* Die ganze Arbeit war für nichts (und wieder nichts).; ■ **wie nichts** *(umg.) sehr schnell* Du glaubst es nicht, aber mit dem Fahrrad bin ich da wie nichts!; ■ **mir nichts, dir nichts** *(umg.) verwendet, um auszudrücken, dass jmd. etwas ohne große Bedenken und ohne Rücksicht auf andere tut* Er hat sich mir nichts, dir nichts gleich die Hälfte vom Kuchen genommen.; ■ **Nichts da!** *(umg.) verwendet, um unhöflich auszudrücken, dass etwas nicht getan werden darf oder soll;* ■ **Nichts wie los/weg/raus!** *(umg.) verwendet um auszudrücken, dass man etwas sehr schnell tun muss* ◆ *Getrennt- oder Zusammenschreibung →R 4.16 nichts sagend/ nichtssagend; nichts ahnend/nichtsahnend*

Nịcht·schwim·mer *der*, **Nịcht·schwim·me·rin** <-s, -> ❶ *jmd., der nicht schwimmen kann* ❷ *(umg.) der Teil eines Schwimmbeckens, in dem man stehen kann und deshalb nicht schwimmen können muss*

nichts·des·to·trọtz *adv (umg.) dennoch, trotzdem:* Es regnet zwar, aber nichtsdestotrotz möchte sie einen langen Spaziergang machen.

nichts·des·to·we·ni·ger *adv dennoch, trotzdem:* Ich glaube nichtsdestoweniger fest daran.

Nịchts·nutz *der* <-es, -e> *(veralt. abwert.:* ≈ *Taugenichts) jmd., der nicht arbeitet und nur unwichtige Dinge tut:* Er ist ein Nichtsnutz, der nur seinen Eltern auf der Tasche liegt!

nịchts·nut·zig *adj (abwert.) so, dass jmd. keine sinnvolle Arbeit leistet*

Nịchts·tu·er *der*, **Nịchts·tu·e·rin** <-s, -> *(abwert.:* ≈ *Faulenzer) jmd., der faul ist und nicht arbeitet*

Nịchts·tun *das* <-s> /kein Plur./ ❶ *Faulenzen* ❷ *Muße*

nịchts·wür·dig *adj (geh. abwert.) so, dass jmd. oder etwas gemein oder schlecht ist und keine Anerkennung verdient:* Was für eine nichtswürdige Person ist er doch: immer lügt und betrügt er.; nichtswürdige Gedanken

Nịcht·wäh·ler *der*, **Nịcht·wäh·le·rin** <-s, -> POL. *jmd., der aus Protest oder aus Desinteresse bei einer politischen Wahl nicht wählen geht:* Bei jeder Wahl gibt es einen Prozentsatz von Nichtwählern.

Nịcht·zah·lung *die* <-> /kein Plur./ RECHTSW. *der Sachverhalt, dass jmd. etwas nicht bezahlt , obwohl er dazu offiziell aufgefordert wurde:* Bei Nichtzahlung droht Pfändung.

Nịcht·zu·tref·fen·de, *a.* **nịcht Zu·tref·fen·de** *das* <-n> /kein Plur./ *etwas, das meistens auf Formularen steht und für jmdn. oder etwas nicht zutrifft:* Sie können Nichtzutreffendes/nicht Zutreffendes bitte streichen!

Nị·ckel *das* <-s> /kein Plur./ CHEM. *ein Schwermetall mit dem chemischen Zeichen „Ni", das weiß wie Silber glänzt und meist als Legierung für nichtrostendes Metall in vielen Gebrauchsgegenständen verwendet wird*

Nị·ckel·al·l·er·gie *die* <-> /kein Plur./ *allergische Reaktion der Haut gegen Nickel*

nị·cken *ohne OBJ* ❶ *jmd. nickt den Kopf kurz nach vorne bewegen, um zu zeigen, dass man etwas bejaht oder mit etwas einverstanden ist:* Er nickte kurz, als sie ihn fragte, ob er noch einen Kaffee wolle.; Beifällig nickten sie, als der Redner heftige Kritik an der Regierung übte. ❷ *jmd. nickt (umg.) jmd. hält zwischendurch einen kurzen und leichten Schlaf, meist im Sitzen*

Nị·cker·chen *das* <-s, -> *(umg.) ein kurzer, leichter Schlaf:* nach dem Mittagessen ein Nickerchen machen

Nị·cki *der* <-s, -s> *ein Pullover aus einem Material, das sich ähnlich wie Samt anfühlt*

Nịd·wal·den *das* <-s> *kurz für „Unterwalden nid dem Wald", Kanton in der Zentralschweiz*

nie *adv* ❶ *(↔ immer) zu keiner Zeit:* Nie hatte er Zeit.; Sie vergaß nie, das Licht auszumachen. ❷ *kein einziges Mal:* Er war noch nie aus dem Dorf herausgekommen.; Sie war noch nie in der

Schweiz. ❸ *auf keinen Fall:* Du wirst ihn nie dazu bringen, sich zu entschuldigen!; Du wirst wohl nie lernen, wie man das richtig schreibt.; ■ **nie wieder/mehr** *nicht noch einmal (in der Zukunft)* Ich glaube, so viel Pech werde ich nie wieder haben.; Ich werde nie mehr unpünktlich sein, das verspreche ich.; ■ **Nie wieder …!** *verwendet, um auszudrücken, dass etwas nicht mehr vorkommen darf* Nie wieder Urlaub mit dem Zelt!; ■ **Nie und nimmer!** *unter keinen Umständen, auf keinen Fall* Das glaube ich nie und nimmer!

nie·der¹ <niedriger, am niedrigsten> *adj* ❶ *so, dass es in einer Hierarchie auf der untersten Stufe ist:* Er war nur ein niederer Beamter.; Sie erforscht die niederen Tiere des Sees. ❷ *primitiv und moralisch minderwertig:* Er handelte aus niederen Motiven. ❸ SÜDDT., ÖSTERR., SCHWEIZ. *niedrig:* Bei den niederen Türen mussten sie aufpassen, um sich nicht den Kopf anzustoßen.

nie·der² *adv* ❶ *(≈ hinunter) verwendet in einer Aufforderung oder einem Befehl, um auszudrücken, dass jmd./etwas zu Boden gebracht werden muss:* Nieder mit dem Kerl!; Nieder mit den Waffen! ❷ *verwendet, um auszudrücken, dass jmd. oder etwas auf keinen Fall zu akzeptieren ist:* Nieder mit den Ausbeutern!; Nieder mit dem Krieg!

nie·der·beu·gen <beugst nieder, beugte nieder, hat niedergebeugt> *mit SICH* ■ *jmd. beugt sich nieder den Oberkörper oder den ganzen Körper in Richtung Boden beugen:* Alle beugten sich gleichzeitig nieder, als der König den Raum betrat.

nie·der·bren·nen <brennst nieder, brannte nieder, hat/ist niedergebrannt> **I.** *mit OBJ* ■ *jmd. brennt etwas nieder absichtlich Feuer an etwas legen, um es zu zerstören:* Sie haben die Scheune absichtlich niedergebrannt. **II.** *ohne OBJ* ❶ ■ *etwas brennt nieder durch Feuer zerstört werden:* Der Schuppen ist völlig niedergebrannt. ❷ ■ *etwas brennt nieder durch Brennen immer kleiner werden:* Die Kerze brennt allmählich nieder. ❸ ■ *die Sonne brennt (auf jmdn./etwas) nieder die Sonne scheint sehr stark und verursacht große Hitze*

nie·der·brül·len <brüllst nieder, brüllte nieder, hat niedergebrüllt> *mit OBJ* ■ *jmd./eine Gruppe von Menschen brüllt jmdn. nieder (umg.) so laut schreien, dass jmd. anderes nicht mehr weiter reden kann:* Die Demonstranten brüllten den Sprecher des Unternehmens einfach nieder.

nie·der·deutsch *adj /nicht steig./* SPRACHWISS. *(≈ plattdeutsch) das Niederdeutsch betreffend*

Nie·der·deutsch *das* <-en> /kein Plur./ SPRACHWISS. *die Dialekte, die vorwiegend im Norden von Deutschland gesprochen werden und die viel Ähnlichkeit mit dem Holländischen haben:* Das Niederdeutsche wird in vielen Orten Norddeutschlands noch als Umgangssprache gesprochen.

nie·der·drü·cken <drückst nieder, drückte nieder, hat niedergedrückt> *mit OBJ* ❶ ■ *jmd./etwas drückt etwas nieder etwas nach unten drücken:* Er drückte die Klinke nieder. ❷ *(umg.)* ■ *etwas drückt jmdn. nieder (≈ deprimieren)* Die schlechten Nachrichten drücken mich wirk-

N

lich nieder.; Er ist ziemlich niedergedrückt.; Was
für niederdrückende Aussichten!

nie·der·fal·len <fällst nieder, fiel nieder, ist nie­dergefallen> *ohne OBJ* ❶ ■ *jmd./etwas fällt nieder nach unten fallen:* Die Blätter fallen langsam nieder, es wird Herbst. ❷ ■ *jmd. fällt (vor jmdm./etwas) nieder jmd. wirft sich schnell auf die Knie, um Respekt zu zeigen:* Vor der Königin fiel er nieder.

Nie·der·fre·quenz *die* <-, -en> PHYS. *(↔ Hochfrequenz) Frequenzen zwischen 16 Hertz und 20 Kilohertz*

Nie·der·gang *der* <-s> /kein Plur./ *(geh.:* ↔ *Aufstieg) der Vorgang, dass etwas an Bedeutung verliert:* Schon bald nach dem Aufstieg begann der Niedergang dieser Kultur.

nie·der·ge·hen <gehst nieder, ging nieder, ist niedergegangen> *ohne OBJ* ■ *etwas geht nieder* ❶ *heftig auf die Erde fallen oder einen Berg hinunterrollen:* Ein Platzregen ging nieder.; Eine Lawine geht nieder. ❷ ■ *jmd. geht nieder bei einer kämpferischen Auseinandersetzung zu Boden fallen:* Der Boxer ist zum zweiten Mal niedergegangen. ❸ ■ *etwas geht nieder (fachspr.) landen:* Das Flugzeug ging auf einem Acker nieder. ❹ ■ *etwas geht nieder sich senken:* Der Vorhang ging nieder und das Publikum klatschte vor Begeisterung.

nie·der·ge·schla·gen *adj (≈ bedrückt, deprimiert* ↔ *fröhlich) sehr traurig und ohne Energie:* Als er die erneute Absage erhielt, war er völlig niedergeschlagen. ▶ Niedergeschlagenheit

nie·der·hal·ten <hältst nieder, hielt nieder, hat niedergehalten> *mit OBJ* ❶ ■ *jmd. hält etwas nieder etwas so festhalten, dass es unten bleibt:* Also, ich halte den Zaun nieder und du springst dann darüber. ❷ ■ *jmd. hält jmdn. nieder jmdn. daran hindern, sich frei zu entwickeln:* In diesem Land hielten die Militärs die Bevölkerung mit aller Gewalt nieder.

nie·der·kämp·fen <kämpfst nieder, kämpfte nie­der, hat niedergekämpft> *mit OBJ* ❶ ■ *jmd. kämpft etwas nieder versuchen, ein Gefühl durch seinen Willen zu unterdrücken:* Sie versuchte, ihre Müdigkeit niederzukämpfen. ❷ ■ *jmd. kämpft jmdn. nieder* SPORT *jmdn. durch seine Kraft besiegen:* Endlich hatte der Ringer seinen Gegner niedergekämpft. ❸ ■ *jmd./etwas kämpft jmdn./etwas nieder* MILIT. *gegen jmdn. militärisch kämpfen und ihn besiegen*

nie·der·kau·ern <kauerst nieder, kauerte nieder, hat niedergekauert> *mit SICH* ■ *jmd. kauert sich nieder sich ganz klein machen und sich so hinsetzen:* Er kauerte sich voller Angst hinter das Sofa.

nie·der·knal·len <knallst nieder, knallte nieder, hat niedergeknallt> *mit OBJ* ■ *jmd. knallt jmdn. nieder (umg.) niederschießen*

nie·der·kni·en <kniest nieder, kniete nieder, ist/hat niedergekniet> **I.** *ohne OBJ* ■ *jmd. kniet (vor jmdm./etwas) nieder auf die Knie fallen und in dieser Stellung bleiben:* Vor dem Altar knieten sie in ehrfürchtiger Andacht. **II.** *mit SICH* ■ *jmd. kniet sich nieder niederknien* I

nie·der·kom·men <kommst nieder, kam nieder, ist niedergekommen> *ohne OBJ* ■ *eine Frau kommt nieder (geh. o veralt.) gebären*

Nie·der·kunft *die* <-, Niederkünfte> *(veralt. oder geh.) Geburt*

Nie·der·la·ge *die* <-, -n> *(↔ Sieg) das Verlieren eines Wettkampfes, eines Streits, eines Konflikts:* Die Mannschaft erlitt eine bittere Niederlage.; militärische Niederlage; dem Gegener eine Niederlage bereiten

Nie·der·lan·de *Plur. Land in Westeuropa* ▶ Niederländer, Niederländerin, niederländisch

nie·der·las·sen <lässt nieder, ließ nieder, hat nie­dergelassen> *mit SICH* ❶ ■ *jmd. lässt sich irgendwo nieder (↔ aufstehen) sich auf etwas setzen:* Sie ließ sich auf dem Sessel nieder. ❷ ■ *jmd. lässt sich irgendwo nieder an einen Ort ziehen, um dort zu leben:* In einigen Jahren wollen wir uns dann auf dem Land niederlassen. ❸ ■ *jmd. lässt sich als etwas nieder eine Praxis, eine Kanzlei, ein Geschäft o. Ä. eröffnen:* Sie ließ sich schließlich als Anwältin nieder.

Nie·der·las·sung *die* <-, -en> ❶ *ein Teil eines Unternehmens, einer Firma o. Ä., der an einem anderen Ort ist als die Zentrale:* Die Firma hat Niederlassungen in ganz Europa. ❷ SCHWEIZ. *Aufenthaltserlaubnis*

Nie·der·las·sungs·frei·heit *die* <-> /kein Plur./ RECHTSW. *das Recht jedes Deutschen, an jedem beliebigen Ort in Deutschland zu wohnen*

nie·der·le·gen <legst nieder, legte nieder, hat niedergelegt> **I.** *mit OBJ* ❶ ■ *jmd. legt jmdn./etwas nieder (geh.) jmdn. oder etwas auf den Boden oder auf eine Unterlage legen:* Der Verletzte wurde aufs Gras niedergelegt.; Sie legte den Stift nieder. ❷ ■ *jmd. legt etwas nieder (↔ übernehmen) etwas nicht mehr tun oder aufgeben:* Sie legte den Vorsitz nieder. ❸ ■ *jmd. legt etwas schriftlich nieder (geh.) aufschreiben:* Er hatte seine Gedanken in Form von Essays niedergelegt. **II.** *mit SICH* ■ *jmd. legt sich nieder (geh.: ↔ aufstehen) sich schlafen legen:* Nach dem Mittagessen legt er sich gerne nieder.; ■ *die Arbeit niederlegen streiken;* ■ *die Waffen niederlegen aufhören zu kämpfen*

Nie·der·le·gung *die* <-, -en> ❶ *(geh.) das Niederlegen I. 1:* Die Politiker schritten zur feierlichen Niederlegung des Kranzes. ❷ *der Vorgang, dass jmd. ein Amt, eine Tätigkeit o. Ä. aufgibt:* Er entschloss sich zur Niederlegung aller Ämter.

nie·der·ma·chen <machst nieder, machte nie­der, hat niedergemacht> *mit OBJ* ❶ ■ *jmd. macht jmdn. nieder* MILIT. *(≈ niedermetzeln) jmd. brutal töten:* Die Gegner wurden auf seinen Befehl alle niedergemacht. ❷ ■ *jmd. macht jmdn. nieder (abwert.) jmdn. sehr scharf kritisieren:* Der Chef hatte ihn vor versammelter Mannschaft niedergemacht.

nie·der·met·zeln <metzelst nieder, metzelte nieder, hat niedergemetzelt> *mit OBJ* ■ *jmd. metzelt jmdn. nieder jmdn. auf sehr brutale Weise töten*

Nie·der·ös·ter·reich <-s> *Bundesland in Österreich*

nie·der·pras·seln <prasselt nieder, prasselte nieder, ist niedergeprasselt> *ohne OBJ* **❶** ■ *etwas prasselt nieder etwas fällt kräftig und schnell auf die Erde:* Plötzlich wurde es dunkel und der Regen prasselte nieder. **❷** ■ *etwas prasselt (auf jmdn.) nieder jdm.* bekommt etwas in großer Menge: Nach seinem Vortrag prasselte die Kritik nur so auf ihn nieder.

nie·der·rei·ßen <reißt nieder, riss nieder, hat niedergerissen> *mit OBJ* **❶** ■ *jmd. reißt etwas nieder etwas einstürzen lassen:* Die Arbeiter rissen das alte Haus nieder. **❷** ■ *etwas reißt jmdn. nieder jmd.* wird von etwas heftig zu Boden geworfen: Die heftigen Windstöße rissen ihn fast nieder.

Nie·der·sach·sen <-s> *Bundesland im Norden von Deutschland*

nie·der·schie·ßen <schießt nieder, schoss nieder, hat niedergeschossen> *mit OBJ* ■ *jmd. schießt jmdn. nieder auf jmdn., der sich nicht wehren kann, schießen, um ihn zu töten oder schwer zu verletzen:* Sie schossen die Demonstranten einfach nieder.

Nie·der·schlag *der* <-(e)s, Niederschläge> **❶** /meist Plur./ METEOR. *die Menge an Regen, Schnee, Hagel, die auf die Erde fällt:* Die starken Niederschläge im Juli haben fast überall zu Hochwasser geführt. **❷** CHEM. *fester Stoff, der sich aus einer Lösung absetzt und zu Boden sinkt;* ■ *etwas findet seinen Niederschlag in etwas etwas kann meist in einer anderen Form wiedergefunden werden* Die Reisen des Dichters fanden ihren Niederschlag in einigen Kurzgeschichten.

nie·der·schla·gen <schlägst nieder, schlug nieder, hat niedergeschlagen> **I.** *mit OBJ* **❶** ■ *jmd. schlägt jmdn. nieder jmdn. zu Boden schlagen* **❷** ■ *jmd./etwas schlägt etwas nieder etwas mit Gewalt beenden:* Die Miliz schlug die Revolte der Studenten schließlich nieder. **❸** ■ *jmd./etwas schlägt etwas nieder* RECHTSW. *eine Anklage, einen Prozess beenden:* Das Gericht schlug die Anklage nieder.; ■ *jemand schlägt die Augen nieder (geh.) zu Boden blicken, weil man sich schämt* Schüchtern schlug sie die Augen nieder, als er um ihre Hand anhielt. **II.** *mit SICH* **❶** ■ *etwas schlägt sich irgendwo nieder* CHEM. *etwas bildet einen Niederschlag* **❷** ■ *etwas schlägt sich irgendwo nieder eine dünne Schicht von etwas bildet sich auf etwas:* Als er den Raum betrat, schlug sich sofort Dunst auf seine Brillengläser. **❸** ■ *etwas schlägt sich in etwas Dat. nieder etwas kommt in etwas zum Ausdruck:* Die Erlebnisse von damals haben sich in den Filmen der Regisseurin niedergeschlagen.

Nie·der·schlags·men·ge *die* <-, -n> METEOR. *gemessene Menge an Niederschlag[1]*

nie·der·schmet·tern <schmetterst nieder, schmetterte nieder, hat niedergeschmettert> *mit OBJ* **❶** ■ *etwas schmettert jmdn. nieder jmdn. so stark erschüttern, dass er keinen Mut und keine Freude mehr hat:* Die Prüfungsergebnisse hatten ihn völlig niedergeschmettert. **❷** *jmdn. zu Boden schlagen:* Er schmetterte ihn mit einem Fausthieb nieder. **❸** MILIT. *etwas mit Ge-*

walt beenden: Der Aufstand wurde niedergeschmettert.

nie·der·schrei·ben <schreibst nieder, schrieb nieder, hat niedergeschrieben> *mit OBJ* ■ *jmd. schreibt etwas nieder aufschreiben:* seine Eindrücke niederschreiben

Nie·der·schrift *die* <-, -en> **❶** *das Niederschreiben:* die Niederschrift seiner Gedanken **❷** *Text, den man aufgeschrieben hat:* Sie fertigte eine Niederschrift vom Gespräch an.

nie·der·set·zen <setzt nieder, setzte nieder, hat niedergesetzt> **I.** *mit OBJ* ■ *jmd. setzt etwas nieder hinstellen:* Setz doch die schwere Tasche nieder. **II.** *mit SICH* ■ *jmd. setzt sich nieder sich hinsetzen:* Ich muss mich etwas niedersetzen und erholen.

Nie·der·span·nung *die* <-, -en> ELEKTROTECHN. *(↔ Hochspannung) sehr geringe elektrische Spannung (bis max. 1kV)*

nie·der·ste·chen <stichst nieder, stach nieder, hat niedergestochen> *mit OBJ* ■ *jmd. sticht jmdn. nieder jmd. sticht mit einer scharfen Waffe auf jmdn. ein, um ihn zu töten oder schwer zu verletzen:* Der Räuber stach ihn einfach nieder.

nie·der·stim·men <stimmen nieder, stimmten nieder, haben niedergestimmt> *mit OBJ* ■ *Personen stimmen jmdn./etwas nieder mehrere Personen lehnen jmdn. oder etwas mit ihrer Stimme in einer Abstimmung mit großer Mehrheit ab:* Der Antrag der Opposition wurde im Parlament niedergestimmt.

nie·der·sto·ßen <stößt nieder, stieß nieder, hat niedergestoßen> **I.** *mit OBJ* ■ *jmd. stößt jmdn. nieder jmdm. einen so starken Stoß versetzen, dass er zu Boden fällt:* Er stieß seinen Gegner nieder. **II.** *mit OBJ (sein)* ■ *ein Vogel stößt nieder ein Raubvogel fliegt senkrecht zu Boden, um dort ein Tier zu fangen:* Der Adler stieß nieder und schlug den Hasen.

nie·der·stre·cken **I.** *mit OBJ* ■ *jmd./etwas streckt jmdn./etwas nieder auf jmdn. oder etwas schlagen oder schießen, so dass er/es zu Boden fällt:* Der ausgebrochene Stier musste schließlich mit mehreren Schüssen niedergestreckt werden. **II.** *mit SICH* ■ *jmd. streckt sich nieder sich hinlegen:* Sie streckte sich auf dem Boden nieder.

Nie·der·tracht *die* <-> /kein Plur./ (geh.) **❶** (≈ Gemeinheit, Infamie) *die Art zu denken oder zu handeln, die gezielt und bewusst böse und hinterhältig ist:* Aus purer Niedertracht hat er mein Auto zerkratzt. **❷** *eine Handlung, die durch ein hinterhältiges und böses Denken verursacht wird:* Welche Niedertracht heckt er schon wieder aus?

nie·der·träch·tig *adj voller Niedertracht:* Fast alle Menschen meiden ihn wegen seiner niederträchtigen Art.

Nie·der·träch·tig·keit *die* <-> /kein Plur./ *der Niedertracht[2]:* Das ist eine Niederträchtigkeit ohne gleichen, mich so zu verleumden.

nie·der·tram·peln <trampelst nieder, trampelte nieder, hat niedergetrampelt> *mit OBJ* ■ *(jdm.)/ein Tier trampelt etwas nieder (jmd.) oder ein Tier tritt auf etwas, so dass es zerstört ist*

N

und sich nicht mehr aufrichtet: Die Wildschweine haben die ganze Ernte niedergetrampelt!

nie·der·tre·ten <trittst nieder, trat nieder, hat niedergetreten> mit OBJ ▪ jmd. **tritt etwas nieder** so auf etwas treten, dass es sich nicht mehr aufrichtet: die Blumen niedertreten

Nie·de·rung die <-, -en> ❶ ein flaches Stück Land, das tiefer als seine Umgebung liegt: In der Niederung dort am See wachsen viele seltene Blumen. ❷ /meist Plur./ (geh. abwert.) verwendet, um auszudrücken, dass man etwas für minderwertig hält oder sozial und moralisch bedenklich findet: die Niederungen der Politik; die Niederungen des Lebens

nie·der·wer·fen <wirfst nieder, warf nieder, hat niedergeworfen> mit OBJ ❶ ▪ jmd. **wirft jmdn./sich nieder** (eine Person) auf den Boden werfen: Der Ringer hatte seinen Gegner niedergeworfen.; Er warf sich reuevoll vor dem König nieder. ❷ ▪ jmd. **wirft jmdn./etwas nieder** MILIT., POL. besiegen oder etwas mit Gewalt beenden: Der Feind wurde niedergeworfen.; Die Revolte wurde niedergeworfen.

nied·lich adj so hübsch und angenehm, dass man es sofort mag: Ach wie ist er doch niedlich, der Kleine!; Du hast aber ein niedliches Kleid an.

Nied·na·gel der <-s, Niednägel> ANAT. ein kleines Stück Haut am Fingernagel, das sich gelöst hat

nied·rig adj ❶ (↔ hoch) von geringer Höhe ist: eine niedrige Mauer; ein niedriges Haus; Der Tisch ist aber ziemlich niedrig. ❷ (≈ tief) so, dass es nicht weit über dem Boden ist: Die Zweige hängen niedrig.; Die Schwalben fliegen niedrig. ❸ (umg.) gering, wenig: Die niedrigen Mieten sind ungewöhnlich für diese Gegend. ❹ (veralt. oder geh.) im gesellschaftlichen Rang unten stehend: Er war ein Mensch von niedriger Herkunft. ❺ (↔ edel) so, dass es moralisch keinen oder nur geringen Wert hat: niedrige Absichten; niedrige Motive ◆ Getrennt- oder Zusammenschreibung →R 4.16 niedrig gesinnt/niedriggesinnt; niedrig stehend/niedrigstehend; ◆ Großschreibung →R 3.7 Hoch und Niedrig (jedermann); Hohe und Niedrige

nie·mals adv (≈ nie ↔ immer) zu keinem Zeitpunkt: Niemals werde ich diesen schönen Tag vergessen!

Nie·mand der <-(e)s> /kein Plur./ (abwert.) jmd., dem mit Bezug auf eine Sache keine Bedeutung beigemessen wird: Er denkt, er sei ein berühmter Schriftsteller, aber in Wirklichkeit ist er doch ein Niemand.

nie·mand pron kein einziger Mensch: Ich sehe niemanden.; Das kann niemand anders als du.; Dies ist niemandes Angelegenheit außer meiner.

Nie·mands·land das <-(e)s> /kein Plur./ ❶ das Land zwischen zwei Staatsgrenzen, das zu keinem der beiden Staaten gehört ❷ (unbekanntes) Land, in dem niemand wohnt: Die Expedition wagte sich ins Niemandsland vor. ❸ ein Fachgebiet, auf dem noch nicht geforscht wurde oder mit dem sich noch niemand beschäftigt hat: Bis vor ein paar Jahrzehnten war die Geschichte der Frauen ein Niemandsland der Forschung.

Nie·re die <-, -n> ❶ ANAT. eines der beiden inneren Organe, die Urin produzieren ◆ -narzt, -närztin, -nbeckenentzündung, -nbeschwerden, -ndiät, -ndialyse, -ndysplasie, -nentzündung, -nfunktion(en), -ngurt, -ngürtel, -nhaken, -ninsuffizienz, -nkarzinom, -nkolik, -nleiden, -noperation, -npunktion, -nschützer, -nspender(in), -nstein, -ntransplantation, -ntumor, -nversagen, -nwärmer ❷ /meist Plur./ die Nieren[1] von bestimmten Tieren, die man essen kann: Nieren in Sherrysoße; ▪ **etwas geht jemandem an die Nieren** (umg.) etwas belastet jmdn. seelisch und/oder emotional Der Stress geht mir allmählich an die Nieren.; ▪ **etwas auf Herz und Nieren prüfen** (umg.) etwas sehr gründlich prüfen ◆ -ngulasch, -nragout, -nrollbraten, Kalbs-, Schweine-

nie·ren·för·mig adj /nicht steig./ in Form einer Niere

Nie·ren·scha·le die <-, -n> MED. nierenförmige, kleine Schale

Nie·ren·schüt·zer der <-s, -> eine Art breiter Gürtel, den Motorradfahrer unter der Jacke tragen, um die Nieren vor Kälte zu schützen

Nie·ren·tisch der <-(e)s, -e> niedriger Tisch mit einer nierenförmigen Platte, der in den fünfziger Jahren des 20.Jahrhunderts modern war

nie·seln <nieselt, nieselte, hat genieselt> mit ES ▪ **es nieselt** es regnet leicht, aber sehr lange: Wie ist das Wetter? – Schlecht, es nieselt.

Nie·sel·re·gen der <-s> /kein Plur./ Regen mit sehr feinen Tropfen, aber lange dauert

nie·sen ohne OBJ ▪ jmd. **niest** plötzlich und laut viel Luft aus der Nase ausstoßen, weil man Schnupfen hat oder etwas in der Nase juckt: Wenn jemand niest, sagt man nach heutigen Anstandsregeln nicht mehr aus Höflichkeit „Gesundheit!", sondern übergeht/übersieht das einfach.

Nies·reiz der <-es> /kein Plur./ das Gefühl in der Nase, kurz bevor man niesen muss

Nieß·brauch der <-(e)s> /kein Plur./ RECHTSW. (≈ Nießnutz) Recht auf die Nutzung fremder Dinge, ohne sie verändern zu dürfen: An dem Grundstück haben Sie nur Nießbrauch. ▶ Nießbraucher, Nießbraucherin

Nies·wurz die <-, -en> BOT. eine giftige Pflanze, die allergische Reaktionen wie Niesen hervorrufen kann

Niet der/das <-(e)s, -e> TECHN. Niete[2]

Nie·te[1] die <-, -n> ❶ Los, mit dem man nichts gewinnt ❷ (umg. abwert.: ≈ Versager) jmd., der nichts kann oder der zu einer bestimmten Sache nicht zu gebrauchen ist: Als Handwerker ist er eine echte Niete.

Nie·te[2] die <-, -n> eine Art kleiner Metallstift, mit dem man zwei Teile verbinden kann ▶ Nietung

nie·ten mit OBJ ▪ jmd. **jmd./etwas nietet etwas** jmd. oder eine Maschine verbindet zwei Teile mit Nieten[2]

niet- und na·gel·fest ▪ alles, was nicht **niet- und nagelfest ist** (umg.) alles, was man tragen kann, weil es nicht fest gemacht ist Die Einbrecher nahmen alles mit, was nicht niet- und nagelfest war.

ni·gel·na·gel·neu *adj (umg.) ganz neu:* Das ist mein nigelnagelneues Auto!

Ni·ge·ria <-s> *Staat in Westafrika* ▶ Nigerianer, Nigerianerin, nigerianisch

Night·club *der* ['naɪtklʌb] <-s, -s> *(≈ Nachtklub) eine Art Lokal, in der es Striptease gibt*

Ni·hi·lis·mus *der* <-> */kein Plur./* PHILOS. *die Überzeugung, dass alles Seiende im Prinzip sinnlos ist, weshalb alle Werte und Ziele abzulehnen sind* ▶ nihilistisch

Ni·ka·ra·gu·a·ner *der,* **Ni·ka·ra·gu·a·ne·rin** <-s, -> *siehe* **Nicaraguaner**

Ni·ko·laus *der* <-, Nikoläuse> ❶ REL. *Namenstag des heiligen Nikolaus am 6. Dezember* ◆ -abend, -tag ❷ *ein Mann mit roter Kleidung und einem langen weißen Bart, der den Kindern dem Brauch entsprechend am 6. Dezember kleine Geschenke bringt* ◆ Schokoladen- ❸ *als Kurzform Bezeichnung für den 6. Dezember (den Nikolaustag):* Was machen wir an Nikolaus?

Ni·ko·tin *das* <-s> */kein Plur./ ein Nervengift, das im Tabak vorkommt* ◆ -gehalt, -vergiftung

ni·ko·tin·arm *adj so, dass der Anteil von Nikotin in einer Zigarette nicht sehr hoch ist*

ni·ko·tin·frei *adj /nicht steig./ ohne Nikotin*

Nil *der* <-/-s> */kein Plur./ Fluss in Afrika, der durch Ägypten fließt und dort ins Mittelmeer mündet*

Nil·pferd *das* <-es, -e> ZOOL. *(≈ Flusspferd) ein sehr großes und dickes Tier mit grauer Haut, das in Afrika meist im Wasser lebt und ein großes Maul hat*

Nim·bus *der* <-, -se> ❶ *Heiligenschein* ❷ */kein Plur./ (geh.) das sehr hohe Ansehen, das jmd. hat:* Er ist vom Nimbus der Heiligkeit umgeben.; Er hat den Nimbus, ein weiser Mann zu sein.

nim·mer *adv* SÜDDT., ÖSTERR. *nie mehr:* Das kommt nimmer wieder.

Nim·mer·satt *der* <-(e)s, -e> ❶ *(umg.) jmd., der immer mehr haben will, weil er nie genug bekommen kann:* Er war ein gieriger Nimmersatt. ❷ ZOOL. *eine Storchenart*

Nim·mer·wie·der·se·hen <-s> */kein Plur./* ▪ *auf* **Nimmerwiedersehen** *(umg.) für immer* Sie verschwand auf Nimmerwiedersehen.

nimmt *3. Person Präsens von* **nehmen**

Nip·pel *der* <-s, -> ❶ TECHN. *kurzes Rohr, das ein Gewinde hat und mit dem zwei Rohre verbunden werden können* ❷ *(umg.) verwendet, um ein kleines Stück von etwas, das hervorsteht, und dessen genauen Namen man nicht kennt, zu bezeichnen:* Kannst du mal diesen Nippel durch die Lasche ziehen? ❸ *(vulg.) Brustwarze einer Frau*

nip·pen *ohne OBJ* ▪ *jmd. nippt an etwas* Dat. *jmd. trinkt sehr wenig von etwas:* Sie kann doch nicht betrunken sein, sie hat doch nur am Wein genippt.

Nipp·es *der* ['nɪpəs, nɪps, nɪp] <-> */kein Plur./ (umg.) kleine Gegenstände, meist aus Porzellan, die man im Zimmer als Zierde aufstellt*

Nipp·sa·chen *Plur.* Nippes

nir·gend·her, **nir·gends·her** *adv nirgendwoher*

nir·gend·hin, **nir·gends·hin** *adv nirgendwohin*

nir·gends *adv (≈ nirgendwo ↔ überall) an keinem*

Ort: Er konnte seine Schlüssel nirgends finden.; Hat man denn nirgends seine Ruhe?

nir·gend·wo *adv (≈ nirgends ↔ überall)* Sie ist nirgendwo zu finden.; Eine solche Gelegenheit finden Sie sonst nirgendwo.

nir·gend·wo·her *adv von keinem Ort, von keiner Stelle, von keiner Person, von keiner Ursache o. Ä.:* Wo kommst du denn jetzt erst her? – Nirgendwoher, ich war doch den ganzen Abend zu Hause!

nir·gend·wo·hin *adv an keine Ort, an keine Stelle:* Wohin soll ich den Stuhl stellen? – Nirgendwohin, der bleibt da!

Ni·ros·ta® *der* <-s> */kein Plur./ Abkürzung von „nicht rostender Stahl"*

Nir·wa·na *das* <-/-s> */kein Plur./ in der Vorstellungswelt des Buddhismus der ideale Zustand nach dem Tod:* ins Nirwana eingehen

Ni·sche *die* <-, -n> ❶ *ein kleiner freier Platz, der in einer Wand oder Mauer ist:* In der Nische stand viel Nippes. ◆ -naltar, -nbeleuchtung, -nbett, -ndusche ❷ *ein Gebiet, das nicht sehr groß ist und auf dem (seltene) Tiere und Pflanzen leben:* Selbst in der Stadt gibt es ökologische Nischen für Eichhörnchen.

Ni·schen- *als Erstglied zusammengesetzter Substantive; drückt aus, dass das mit dem Zweitglied Bezeichnete einen Randbereich/eine Randgruppe betrifft oder einen zuvor unbeachteten Bereich (vor allem der Wirtschaft) nun abdeckt* ◆ -anbieter, -artikel, -bildung, -dasein, -fahrzeug, -gesellschaft, -geschäft, -konzept, -kultur, -markt, -produkt, -spezialisierung, -sport, -strategie, -thema, -tourismus

Nis·se *die* <-, -n> */meist Plur./* ZOOL. *Eier von Läusen*

nis·ten *ohne OBJ* ▪ *ein Tier nistet (irgendwo)* ZOOL. *ein Tier nistet irgendwo in ein Nest:* In der Hecke nisten einige Vogelpaare.

Nist·kas·ten *der* <-s, Nistkästen> *ein Kasten, der in einem Baum aufgehängt wird, damit Vögel oder Fledermäuse darin ihr Nest bauen können*

Nist·platz *der* <-es, Nistplätze> *der Ort, an dem Vögel ihr Nest haben*

Ni·trat *das* <-(e)s, -e> CHEM. *Salz der Salpetersäure, das häufig in Dünger vorkommt und gut in Wasser gelöst werden kann*

Ni·trid *das* <-s, -e> CHEM. *Verbindung von Stickstoff und Metall*

Ni·trit *das* <-(e)s, -e> CHEM. *Salz der salpetrigen Säure*

Ni·tro·gly·ze·rin, **Ni·tro·gly·ce·rin** *das* <-(e)s, -e> CHEM. *ein Sprengstoff, der flüssig ist und schon bei Erschütterung explodieren kann*

Ni·tro·lack *der* <-(e)s, -e> *eine Art Lack mit einem Lösungsmittelgemisch, der sehr stark riecht*

Ni·tro·sa·min *das* <-s, -e> CHEM. *eine Stickstoffverbindung*

Ni·tro·ver·dün·nung *die* <-, -en> *ein Lösungsmittelgemisch, das in Nitrolacken vorkommt oder mit dem man ölhaltige Flecken und Farben entfernen kann*

Ni·veau *das* [ni'vo:] <-s, -s> ❶ *eine bestimmte Ebene oder Linie, die parallel zur Oberfläche der Erde verläuft:* Sie mussten das Niveau des Wasserspiegels im Stausee senken. ◆ -ausgleich, -gefälle

N

❷ *eine bestimmte Stufe, die sich auf einer vorgestellten Skala befindet und mit der man jmdn./etwas bewertet:* Sie hat wirklich Niveau.; Der Film hat ein hohes Niveau.; Das ist unter meinem Niveau. ◆-ausgleich, -gefälle, -konstante, -messung, -milieu, -regulierung, -unterschied, -verlust, Preis-

ni·veau·los [ni'vo:...] *adj (↔ niveauvoll) so, dass etwas eine schlechte Qualität hat:* Der Film war doch völlig niveaulos. ▶ Niveaulosigkeit

ni·veau·voll [ni'vo:...] *adj (↔ niveaulos) mit guter Qualität:* Er ist bekannt für seine niveauvollen Vorträge.

ni·vel·lie·ren *mit OBJ* ■ *jmd. nivelliert etwas (geh.) Unterschiede zwischen verschiedenen Niveaus aufheben:* Man war bemüht, die sozialen Unterschiede zu nivellieren.

Ni·vel·lie·rung *die <-, -en> das Nivellieren*

nix *pron (umg.) nichts*

Ni·xe *die <-, -n> LIT. (≈ Meerjungfrau) ein Wesen aus der Sage oder dem Märchen, das im Wasser lebt und den Oberkörper einer Frau und den Schwanz eines Fisches hat*

nö *pron (umg.) nein*

no·bel <nobler, am nobelsten> *adj* **❶** *(geh.) edelmütig, edel:* Er hat einen noblen Charakter **❷** *(umg.) großzügig:* Zehn Euro, was für ein nobles Trinkgeld! **❸** *(umg. oft iron.) elegant, kostspielig:* Nobel, nobel, wie ihr hier lebt!

No·bel- *(≈ Luxus-) als Erstglied zusammengesetzter Substantive; drückt aus, dass das mit dem Zweitglied Bezeichnete eine Luxusausstattung aufweist und somit ein sehr hohes Niveau* ◆-auto, -bezirk, -boutique, -club/-klub, -disco, -friseur, -herberge, -hotel, -jeans, -karosse, -marke, -restaurant, -uhr, -viertel, -villa

No·bel·preis *der <-es, -e> von dem schwedischen Chemiker und Industriellen A. Nobel gestifteter, jährlich für hervorragende kulturelle und wissenschaftliche Leistungen verliehener Geldpreis:* Wer hat 1999 den Nobelpreis für Literatur gewonnen?

No·bo·dy *der ['nɔʊbədɪ] <-/-s, -s> jmd., der (noch) nicht bekannt oder berühmt ist:* Dieser Sänger ist doch noch ein Nobody.

noch¹ *part verwendet, um auszudrücken* **❶** *dass etwas andauert, aber bald zu Ende ist:* Es schneit kaum noch.; Der Film läuft noch.; Hast du noch dein altes Auto, oder schon ein neues?; Ich habe noch nicht gefrühstückt! **❷** *dass vor einem bestimmten Zeitpunkt etwas geschieht:* Warte, ich muss noch die Blumen gießen.; Ich wollte erst noch fragen.; Kannst du das noch vor dem Wochenende erledigen? **❸** *dass etwas negative Konsequenzen für jmdn. haben wird:* Das wirst du noch bereuen.; Mit dem Rauchen bringst du dich noch ins Grab! **❹** *dass man etwas in naher Zukunft tun will:* Ich komme noch darauf zurück. **❺** *dass etwas in naher Zukunft wahrscheinlich passiert:* Sie wird noch kommen. **❻** *dass etwas vor kurzem zu einer bestimmten Zeit passiert war:* Sieh an, gestern war er noch krank, und heute tanzt er schon wieder in der Disko! **❼** *dass etwas sehr schnell passiert ist:* Noch ehe ich aussteigen konnte, schloss die Türe.; Der Fahrer starb noch

am Unfallort. **❽** *dass etwas von etwas übriggeblieben ist, aber wahrscheinlich bald zu Ende geht:* Ich habe noch sieben Euro.; Hast du noch ein bisschen Zeit? **❾** *dass jmd. oder etwas zu jmdm./etwas anderem hinzukommt:* Noch ein Pils, bitte!; Nimmst du noch ein Stück Kuchen?; Wer war noch da?; Wenn noch so ein Spinner kommt, kriege ich eine Krise! **❿** *dass etwas trotz bestimmter negativer Seiten gut erscheint, wenn man es mit etwas anderem vergleicht:* Da hast du noch Glück gehabt; andere mussten mit solch einer Grippe zwei Wochen im Bett bleiben!; In dieser Straße ist es noch ruhig; da müsstest du mal ins Zentrum gehen! **⓫** *dass etwas gut ist und dass es dadurch im Gegensatz zu etwas anderem steht:* Dies ist eben noch Qualität!; Das waren noch Zeiten! **⓬** *dass man sich ärgert und um zu zeigen, dass man etwas als das Mindeste erwartet hätte:* Du hättest noch ein paar Minuten warten können!; Das hättest du wohl noch für mich tun können! **⓭** */mit Komparativ/ dass eine Steigerung verstärkt wird:* Hier ist es ja noch schöner, als ich es gedacht habe! **⓮** */mit so/ dass etwas grundsätzlich so ist oder bleibt, auch wenn man es zu ändern versucht:* Da kannst du noch so viel trainieren; der Bauch bleibt.; Du kannst noch so geduldig sein; erst machst du die Hausaufgaben! **⓯** *dass man im Augenblick nicht weiß oder vergessen hat, wonach gefragt worden ist:* Wie war noch (gleich) Ihr Name?; Wie hieß noch (mal) die Hauptstadt von Malaysia?; ■ **noch (ein)mal** *ein weiteres Mal* Mach das noch mal!; ■ **noch nie** *bis jetzt nicht* Sie war noch nie in Frankreich.; ■ **noch und noch** *sehr viel und sehr oft* Sie hat Nippes noch und noch.; ■ **noch und nöcher** *(umg. scherzh.) noch und noch;* ■ **Auch das noch!** *als Ausruf verwendet, wenn etwas, das unangenehm ist, zu einer anderen unangenehmen Sache hinzukommt* Auch das noch! Erst ein Schnupfen, und jetzt eine Mandelentzündung!

noch² *konj siehe* **weder**

noch·ma·lig *adj /nicht steig./ so, dass etwas noch einmal geschieht:* nochmalige Fragen; nochmalige Wiederholungen

noch·mals *adv noch einmal:* Ich sage es dir nochmals, dass du den Hund nicht ärgern sollst.; Nochmals geht das nicht gut.

No·cken *der <-s, -> TECHN. ein Vorsprung, der fest auf einer sich drehenden Welle oder Scheibe ist, und der Kraft an ein anderes Teil einer Maschine weiterleitet*

No·cken·wel·le *die <-, -n> TECHN. eine Welle mit einem Nocken*

No·ckerl *das <-s, -n> /meist Plur./* **❶** *KOCH. SÜDDT. ÖSTERR. ein Klößchen aus Grieß oder Mehl:* Salzburger Nockerln **❷** *SÜDDT., ÖSTERR. junges Mädchen*

Noc·turne *die/das [nɔk'tʏrn] <-/-s, -s> MUS. ein Musikstück für Klavier, das einen verträumten Charakter hat*

No-Fu·ture-Ge·ne·ra·ti·on *die ['noʊ 'fjuːtʃə...] <-> /kein Plur./ GESCH., SOZIOL. Schlagwort für die junge Generation ohne Hoffnung auf eine Zukunft zu Beginn der achtziger Jahre des 20.Jahrhunderts*

Noi·sette *die* [nɔa'zɛt] <-, -s> KOCH. *Schokolade mit Haselnüssen*

No·ma·de *der,* **No·ma·din** <-n, -n> ❶ *jmd., der mit seinem Volk und seinen Viehherden von Weide zu Weide zieht, um dort Futter für die Tiere zu finden:* In manchen Teilen Afrikas gibt es noch zahlreiche Nomaden. ◆-nstamm, -nvolk, -nzelt, Wüsten- ❷ *(umg.) jmd., der viel umherzieht und reist* ◆-nleben

No·ma·den·le·ben *das* <-s> /kein Plur./ ❶ *die Lebensform von Nomaden* [1] ❷ *die Lebensform eines Menschen, der sehr viel reist und/oder häufig umzieht:* Er ist schon wieder in der Welt unterwegs; er führt ein richtiges Nomadenleben.

No·ma·den·tum *das* <-s> /kein Plur./ *die Art, wie Nomaden* [1] *leben*

No·men *das* <-s, -/Nomina> SPRACHWISS. ❶ *Substantiv* ❷ *Sammelbezeichnung für deklinierbare Wortarten (vor allem Substantive oder Adjektive)*

No·men·kla·tur *die* <-, -en> ❶ *die genau definierten Benennungen, mit denen in einer Wissenschaft (vor allem in den Naturwissenschaften) gearbeitet wird:* die Nomenklatur chemischer Substanzen mit eindeutigen Namen der Verbindungen und mit den zugeordneten Strukturformeln ❷ *die Liste und Systematisierung der Fachausdrücke einer Wissenschaft*

no·mi·nal *adj /nicht steig./* ❶ SPRACHWISS. *das Nomen* [1] *betreffend* ❷ WIRTSCH. *den Nennwert betreffend*

No·mi·nal·wert *der* <-es, -e> WIRTSCH. *Nennwert*

No·mi·na·tiv *der* <-s, -e> SPRACHWISS. *der Fall (Kasus), in dem (normalerweise) das Subjekt eines Satzes steht und der auch „der erste Fall" genannt wird*

no·mi·nell *adj /nicht steig./* ❶ *(geh.) nur dem Namen nach, aber nicht in Wirklichkeit:* Der Faschingsverein hat nominell 300 Mitglieder. ❷ WIRTSCH. *dem Nennwert nach, aber nicht dem realen Wert nach:* Ausgleich der nominellen Gehaltserhöhung um fünf Prozent durch die Inflation

no·mi·nie·ren *mit OBJ* ❶ ■ *jmd./etwas nominiert jmdn. jmdn. als Kandidaten für eine Wahl aufstellen:* Die Schauspielerin wurde für den Oscar nominiert.; Der Verein nominierte die Kandidaten für das Amt des neuen Präsidenten. ❷ ■ *jmd./etwas nominiert jmdn. (für etwas Akk.) jmdn. für einen sportlichen Wettkampf als Teilnehmer melden*

No·mi·nie·rung *die* <-, -en> *das Nominieren*

No-Name-Pro·dukt, *a.* **No·name·pro·dukt** *das* ['nɔʊneɪm...] <-(e)s, -e> *Ware, die neutral verpackt ist und kein Marken- oder Firmenzeichen aufweist und die meist billiger ist als ein Markenprodukt*

Non·cha·lance *die* [nõʃa'lãːs] <-> /kein Plur./ *(geh.) lässiges, ungezwungenes Verhalten, das angenehm wirkt*

non·cha·lant [nõʃa'lã:] *adj mit Nonchalance*

No·ne *die* <-, -n> ❶ REL. *Zeit des Stundengebets in der katholischen Kirche um 15 Uhr* ❷ MUS. *neunter Ton einer Tonleiter* ❸ MUS. *Intervall von neun Tönen*

Non·kon·for·mis·mus, **Non·kon·for·mis·mus** *der* <-> /kein Plur./ *(geh.) eine Einstellung oder Haltung, die von der vorherrschenden Meinung unabhängig oder frei ist* ▶ Nonkonformist, Nonkonformistin, nonkonformistisch

Non·ne *die* <-, -n> ❶ REL. *eine Frau, die ihr ganzes Leben Gott widmet, nicht heiratet und sehr oft in einem Kloster lebt* ◆-nbekleidung, -ngesang, -nkloster, -nleben, -nschleier, -nschule, -ntracht ❷ ZOOL. *ein Schmetterling, der meistens in der Dämmerung oder in der Nacht aktiv ist*

Non·plus·ul·t·ra *das* <-> /kein Plur./ *etwas, das nicht besser sein könnte:* Dieser Computer ist das Nonplusultra; einen besseren bekommt man zur Zeit nicht!

Non·sens *der* ['nɔnzɛns] <-/-es> /kein Plur./ *(umg.) Unfug, Unsinn* ◆-frage, -gedicht, -geschichte, -lieder, -literatur, -lyrik, -olympiade, -rede, -spruch, -text, -witz

non·stop [nɔn'ʃtɔp, nɔn'stɔp] *adv ohne Unterbrechung oder Pause:* Wir fliegen nonstop.

Non·stop·flug, *a.* **Non·stop-Flug** *der* <-(e)s, Nonstopflüge> *Flug ohne Zwischenlandung* ◆Schreibung mit Bindestrich →R 4.18, 4.21 Wir versuchen immer, Nonstopflüge/Nonstop-Flüge zu bekommen.

non·ver·bal, **non·ver·bal** *adj /nicht steig./ (↔ verbal) nicht mit verbalen sprachlichen Ausdrucksmitteln, sondern gestisch, mimisch etc.:* nonverbale Kommunikation

Nop·pe *die* <-, -n> /meist Plur./ ❶ *eine Art runder, glatter und biegsamer Zapfen, der zusammen mit vielen anderen auf etwas ist und verhindert, dass es rutscht:* Die Noppen auf der Unterseite des Teppichs verhindern, dass er rutscht. ❷ *eine Art Knoten in dicken Stoffen und Garnen:* Leihst du mir die Jacke mit den Noppen?

Nop·pen·soh·le *die* <-, -n> *ein Sohle unter Schuhen, die Noppen* [1] *hat und deshalb rutschfest ist*

Nord[1] */ohne Art.; nicht deklinierbar/* METEOR., SEEW. *Norden:* Wind aus Nord

Nord[2] *der* <-(e)s> /kein Plur./ SEEW. *Nordwind*

Nord·ame·ri·ka *das* <-s> ❶ *(↔ Südamerika) der Norden des Kontinents Amerika mit Mexiko, den USA, Kanada und Grönland* ❷ *(umg.) die USA*

nord·ame·ri·ka·nisch *adj /nicht steig./ Nordamerika*[2] *betreffend*

Nord·at·lan·tik *der* <-s> /kein Plur./ *der nördliche Teil des Atlantiks*

Nord·at·lan·tik·pakt *der* <-(e)s> /kein Plur./ POL. *(≈ NATO)*

nord·deutsch *adj (↔ süddt.)* ❶ *die nördlichen Teile Deutschlands betreffend* ❷ *in Bezug auf die Sprache dieses Gebiets*

Nord·deut·sche *der* <-n, -n> *(↔ Süddeutsche) jmd. aus Norddeutschland*

Nord·deutsch·land <-s> /kein Plur./ *(↔ Süddeutschland) der Norden*[2] *von Deutschland*

Nor·den *der* <-s> /kein Plur./ ❶ *(↔ Süden) die Himmelsrichtung, die auf der Landkarte oben ist:* Wind aus Norden; nach Norden fahren ❷ *(↔ Süden) der Teil von etwas, der im Norden*[1] *liegt:* der Norden des Landes ❸ ■ *der (hohe) Norden der Teil der Erde, der sehr weit im Norden*[1] *ist* im hohen Norden Lapplands

N

Nord·eu·ro·pa <-s> (↔ *Südeuropa) der nördliche Teil Europas*

nord·eu·ro·pä·isch *adj /nicht steig./ (↔ südeuropäisch)* ❶ *Nordeuropa betreffend* ❷ *in Bezug auf die Sprachen Nordeuropas*

Nord·fries·land <-s> */kein Plur./ der nördliche Teil Frieslands*

Nord·halb·ku·gel *die* <-> */kein Plur./ (↔ Südhalbkugel) die nördliche Hälfte des Globus*

Nord·ir·land <-s> *nördlicher Teil Irlands mit eigener Regierung*

nor·disch *adj /nicht steig./ die Länder Nordeuropas, besonders Skandinavien und Island, betreffend:* nordische Sprachen; nordische Sagen

Nord·ko·re·a <-s, -> *Staat in der nördlichen Hälfte der koreanischen Halbinsel:* In Nordkorea herrscht ein Diktator.

nörd·lich[1] *adj* ❶ */nur attr./ (↔ südlich) so, dass jmd. oder etwas sich nach Norden orientiert:* Sie fahren in nördlicher Richtung ❷ */nur attr./ (↔ südlich) so, dass etwas oder jmd. aus dem Norden kommt:* Der Wind weht aus nördlicher Richtung. ❸ *(↔ südlich) so, dass etwas oder jmd. im Norden ist:* der nördliche Teil der Stadt

nörd·lich[2] *präp +Gen. (↔ südlich; vor Eigennamen ohne Artikel wird das Substantiv mit „von" angeschlossen) drückt aus, dass etwas weiter im Norden liegt als etwas:* Nördlich des Flusses ist alles überschwemmt!; nördlich der Donau; Die Stadt liegt nördlich der Alpen.; nördlich von Kiel; nördlich von Polen; Der Ort liegt nördlich von München.

N

Nord·licht *das* <-(e)s, -er> ❶ */kein Plur./* METEOR. *eine Art von farbigem Licht am Himmel der polaren Gebiete der Nordhalbkugel, das man dort nachts sehen kann* ❷ *(umg. scherzh.) jmd. aus Norddeutschland*

Nord·meer *das* <-(e)s> */kein Plur./ Bezeichnung für den nördlichen Teil des Atlantiks* ◆ -flotte, -krabben, -kreuzfahrt, -perle, -reise, -straße

Nord·os·ten *der* <-s> */kein Plur./ (↔ Südwesten)* ❶ *die Richtung zwischen Norden und Osten* ❷ *der Teil eines Gebietes, der im Nordosten*[1] *ist:* Im Nordosten kommt es teilweise zu Gewittern.

nord·öst·lich[1] *adj (↔ südwestlich)* ❶ */nur attr./ so, dass etwas nach Nordosten*[1] *gerichtet ist oder aus Nordosten*[1] *kommt:* Der kalte Wind kommt aus nordöstlicher Richtung. ❷ *im Nordosten*[1]: *im nordöstlichen Teil des Landes*

nord·öst·lich[2] *präp +Gen. (↔ südwestlich; vor Eigennamen ohne Artikel wird das Substantiv mit „von" angeschlossen) drückt aus, dass etwas weiter im Nordosten liegt als etwas anderes:* Das Volk lebt nordöstlich des Gebirges.; Sie finden die Fabrik nordöstlich von Berlin.

Nord·pol *der* <-(e)s> */kein Plur./ (↔ Südpol) der nördlichste Punkt der Erde* ◆ -argebiet, -arkreis, -arlicht(er), -armeer, -arstern, -bewohner, -eis, -expedition, -flug, -forscher, -gebiet, -kappe, -reise, -wetter

Nord·rhein-West·fa·len <-s> *Bundesland in Westdeutschland mit Düsseldorf als Landeshauptstadt*

Nord·see *die* <-> */kein Plur./ das Meer zwischen Deutschland, Großbritannien, Dänemark und*

Norwegen ◆ -anrainer, -bad, -deich, -düne, -fisch, -hafen, -kanal, -küste, -lieder, -luft, -muschel, -strand, -wellen, -woge(n)

Nord-Süd-Di·a·log *der* <-s> */kein Plur./* POL., SOZIOL. *alle Kontakte zwischen den reichen Staaten auf der nördlichen und den ärmeren Staaten auf der südlichen Erdhalbkugel, die dazu dienen, das Nord-Süd-Gefälle abzubauen*

Nord-Süd-Ge·fäl·le *das* <-s> */kein Plur./* POL. *der wirtschaftliche Unterschied zwischen den reichen Staaten auf der nördlichen und den ärmeren Staaten auf der südlichen Erdhalbkugel*

Nord·wes·ten *der* <-s> */kein Plur./ (↔ Südosten)* ❶ *die Richtung zwischen Norden und Westen* ❷ *der Teil eines Gebietes, der im Nordwesten*[1] *ist:* Im Nordwesten des Landes kommt es teilweise zu starken Regenschauern.

nord·west·lich[1] *adj (↔ südöstlich)* ❶ */nur attr./ so, dass etwas nach Nordwesten*[1], *gerichtet ist oder aus Nordwesten*[1] *kommt:* Der Wind weht aus nordwestlicher Richtung. ❷ *im Nordwesten*[1]: *im nordwestlichen Teil des Landes*

nord·west·lich[2] *präp +Gen. (↔ südöstlich; vor Eigennamen ohne Artikel wird das Substantiv mit „von" angeschlossen) drückt aus, dass etwas weiter im Nordwesten liegt als etwas anderes:* Das Häuschen liegt nordwestlich des Sees.; Die Niederlande liegen nordwestlich von Deutschland.

Nord·wind *der* <-(e)s, -e> *(↔ Südwind) Wind, der aus dem Norden kommt*

Nör·ge·lei *die* <-, -en> *(≈ Meckerei) das Nörgeln*

Nör·gel·frit·ze *der* <-n, -n> *(umg. abwert.) jmd., der viel und oft nörgelt*

nör·geln <nörgelst, nörgelte, hat genörgelt> *ohne OBJ* ■ *jmd. nörgelt (abwert.: ≈ meckern) ständig und ohne Grund kritisieren:* Was ich auch tue, er muss immer nörgeln.

Nörg·ler *der*, **Nörg·le·rin** <-s, -> *(≈ Meckerer) jmd., der nörgelt*

Norm *die* <-, -en> ❶ */meist Plur./ eine allgemein anerkannte nicht aufgeschriebene Regel, nach der man sich verhalten soll:* Normen festsetzen/aufstellen; Über die Frage der ethischen Normen entbrannte eine hitzige Diskussion. ❷ *das, was allgemein als üblich oder anerkannt angesehen wird:* Ihre Größe weicht stark von der Norm ab. ❸ *eine Arbeitsleistung, die man in einer bestimmten Zeit schaffen muss:* die Norm erfüllen ◆ -erfüllung, Arbeits- ❹ *eine bestimmte Leistung, die ein Sportler schaffen muss, um an einem Wettkampf teilnehmen zu können:* weit hinter der Norm liegen ❺ *eine Vorschrift, wie etwas hergestellt oder getan werden muss:* technische Normen ◆ DIN-, Industrie-, Rechts- ❻ SPRACHWISS. *(≈ Sprachnorm ↔ Regel) Auswahl aus möglichen sprachlichen Regeln unter dem Aspekt eingespielter oder auch verordneter Konventionen der schriftlichen und mündlichen Gebräuchlichkeit:* Veränderung des sprachlichen Normen, z.B. durch die Verordnungen zur neuen Rechtschreibung; *siehe auch* **Norm**

Eine **Norm** ist eine mehr oder weniger strikte Vorschrift dazu, woran man sich in einem Geltungsbereich zu orientieren hat. Betroffen sein können von Normen nichtsprachliche und auch sprachliche, als Handlungen interpretierbare, Aktivitäten gleichermaßen. Werden Normen nicht eingehalten, muss man sich einen Normverstoß vorhalten lassen bzw. den Vorwurf, gegen geltende Normen verstoßen zu haben. Soziale Normen z. B. betreffen Vorschriften zur Regelung des Sozialverhaltens. In diesem Falle handelt es sich um gewöhnlich nicht schriftlich festgelegte gesellschaftliche Erwartungen, die in unterschiedlichem Maße verbindlich sind, z. B. nicht beim Essen zu schmatzen. Wo Normen formuliert sind, sind sie z. B. von der Art: „Man antwortet immer in ganzen Sätzen". Im Bereich des Rechts geht es um rechtliche Vorschriften bzw. Rechtsnormen. Diese sind schriftlich festgelegt. Mit Normen im Bereich von Fachsprachen verbindet man das „Deutsche Institut für Normung e.V." (DIN). Es handelt sich dabei um einen gemeinnützigen, privatwirtschaftlich organisierten Verein, dessen Mitglieder Unternehmen, Verbände, Behörden und andere Institutionen aus Industrie, Handwerk und Wissenschaft sind. Es ist dies seit 1917 die für europäische und internationale Normungsaktivitäten zuständige Normungsorganisation, in deren Unterabteilungen zahlreiche Normen auch für die Terminologie erstellt werden.

Für **sprachliche Normen** ist vor allem die Unterscheidung von **Normen** und **Regeln** grundlegend. Ansonsten gehen die Bezeichnungen oft durcheinander; so gibt es zwar so bezeichnete *Rechtsnormen*; aber die Regelungen im Straßenverkehr heißen *Verkehrsregeln*. Zu den prinzipiellen Unterschieden zwischen sprachlichen Regeln und Normen zählt: Eine Norm kann jemand allein durchsetzen, sowie ihre Befolgung überwachen; bei Regeln geht dies nicht (vgl. das Stichwort). Im Unterschied zu Regeln gibt es auch viele formulierte Normen, die nicht gelten, für die mithin nur ein Geltungsanspruch besteht. Überhaupt existieren sprachliche Normen nicht unabhängig von ihren sprachlichen Formulierungen. Um gelten zu können, müssen Normen z. B. „amtlich in Geltung gesetzt" werden. Und wer eine Norm in Geltung setzt, muss Autorität, Macht, oder beides haben, oder er muss qua Gesetz dazu legitimiert sein. Es bedarf folglich einer so bezeichneten *Normsetzungsinstanz*. Aber Regeln folgt man einfach sozusagen „blind". Da viele Normen nicht freiwillig übernommen und befolgt werden, müssen sie häufig ausdrücklich „durchgesetzt" werden. Geschieht dies gegen den Willen der Betroffenen, dann muss die „Einhaltung" der Normen überprüft werden, wozu man in vielen Fällen nicht ohne Zwang bzw. nicht ohne Sanktionen auskommt. Völlig lächerlich wäre es z. B., durchsetzen und überwachen zu wollen, ob Kinder die Bedeutungsregeln von Wörtern wie *Katze* oder *Demokratie* richtig lernen. (Vergleichbares

gibt es allerdings und gab es immer dort, wo totalitäre Regimes gesellschaftlich brisante und unliebsame sprachliche Ausdrücke im Sinne einer Sprachlenkung der Bedeutung nach festgelegt haben). Dies alles zeigt, dass mit Normen eine Auswahl aus vorhandenen Repertoires von Regeln getroffen wird. Die Auswahl erfolgt im Bereich sprachlicher Normen sehr oft unter Rückgriff auf Regelformulierungen (aus Grammatiken und Wörterbüchern); Normbeschreibungen verdanken sich somit der vorgängigen Existenz von Regeln. In diesem Sinne sind so bezeichnete *orthografische Regeln* als Normen zu begreifen. Der Ausdruck *Rechtschreibregelung(en)* verdeutlicht immerhin diesen Bezug zu den Normen; (vgl. Weiteres, insbesondere zum Verhältnis präskriptiver und deskriptiver Normen, unter dem Stichwort *Standardsprache*).

---

nor·mal *adj* ❶ *so, wie es allgemein üblich oder gewöhnlich ist oder als üblich und gewöhnlich gesehen wird:* Es ist doch nicht normal, wenn es im Sommer schneit!; Es ist ganz normal, wenn das Kind mal keinen Hunger hat. ❷ *geistig und körperlich gesund:* Du bist doch nicht ganz normal, immer wäschst du dir die Hände!; ■ **Bist du eigentlich noch normal?** *(umg.) verwendet, wenn man sich über das Verhalten von jmdm. ärgert oder wenn es einen sehr erstaunt*

Nor·mal *das* <-s> /*kein Plur.; meist ohne Artikel* / KFZ (↔ *Super) Normalbenzin*

Nor·mal·ar·beits·ver·hält·nis *das* <-es, -e> /*meist Plur.* / SOZIOL. *ein Arbeitsverhältnis, wie es den einzelnen Tarifverträgen entspricht*

Nor·mal·ben·zin *das* <-> /*kein Plur.* / KFZ (↔ *Superbenzin) spätestens seit 2010 nicht mehr erhältliches, gebenenfalls an Tankstellen nur noch derart ausgewiesenes einfaches Benzin*

Nor·mal·bür·ger *der*, **Nor·mal·bür·ge·rin** <-s, -> SOZIOL. *Bezeichnung für diejenigen Bewohner eines Landes, die zum Durchschnitt der Bevölkerung gehören*

nor·ma·ler·wei·se *adv so, wie es sonst üblich ist oder wie es üblich sein sollte:* Normalerweise habe ich heute frei, aber ich muss trotzdem arbeiten.

Nor·mal·fall *der* <-(e)s, Normalfälle> *die Situation, die gewöhnlich vorherrscht:* Im Normalfall haben wir hier in der Notaufnahme nur wenig zu tun, nur am Wochenende wird es mehr.

Nor·mal·ge·wicht *das* <-(e)s, -e> /*meist Sing.* / (↔ *Übergewicht, Untergewicht) das Gewicht, das eine Person einer bestimmten Körpergröße normalerweise haben sollte*

Nor·mal·grö·ße *die* <-, -n> *eine durchschnittliche Größe*

nor·ma·li·sie·ren I. *mit OBJ* ■ *jmd./etwas normalisiert etwas bewirkt, dass etwas normal wird:* Sein Anruf hat ihr Verhältnis zueinander wieder normalisiert. II. *mit SICH* ■ *etwas normalisiert sich etwas wird normal:* Das Wetter hat sich wieder normalisiert.

N

Nor·ma·li·tät *die* <-> */kein Plur./ der Zustand, der normal [1] ist:* die Normalität des Alltags

Nor·mal·maß *das* <-es, -e> ❶ *übliches oder gängiges Maß* ❷ *geeichtes Maß, das als Norm [5] gilt*

Nor·mal·null *das* <-s> */kein Plur./* AMTSSPR., SEEW. *die Höhe, die mit null festgelegt ist und sich am Meeresspiegel orientiert, und auf die sich alle anderen Höhenmessungen beziehen; abgekürzt als: N.N oder NN.:* 30 Meter über Normalnull

Nor·mal·sterb·li·che *der/die* <-n, -n> *ein durchschnittlicher Mensch:* Jeder Normalsterbliche weiß, dass...

Nor·mal·ver·brau·cher *der,* **Nor·mal·ver·brau·che·rin** <-s, -> ■Otto **Normalverbraucher** *(umg.) der durchschnittliche und gewöhnliche Bürger* Otto Normalverbraucher muss für so ein Auto lange schuften!

Nor·mal·ver·die·ner *der* <-s, -> *jmd., dessen Verdienst dem Durchschnitt entspricht:* Kein Normalverdiener kann sich drei Autos leisten.

Nor·mal·zeit *die* <-, -en> *(↔ Ortszeit) eine Zeit, die für ein größeres Gebiet oder eine Zone festgelegt ist*

Nor·mal·zu·stand *der* <-s> */kein Plur./ ein Zustand, der als normal angesehen wird*

nor·ma·tiv *adj (geh.: ↔ deskriptiv) als Richtlinie oder Norm geltend:* eine normative Grammatik

nor·men *mit OBJ (fachspr.)* ❶ ■ *jmd./etwas normt etwas eine Norm [5] definieren, die besagt, wie ein Produkt beschaffen sein soll:* Die Schrauben werden genormt. ❷ ■ *jmd./etwas normt etwas etwas so gestalten, dass es einer Norm [5] entspricht:* Die einzelnen Schritte der Versuchsreihe müssen jetzt noch genormt werden.

Nor·men·kon·t·rol·le *die* <-, -n> RECHTSW. *Prüfung durch ein Gericht, ob ein Gesetz der Verfassung entspricht* ◆Normenkontrollklage

nor·mie·ren *mit OBJ (geh.)* ❶ ■ *jmd./etwas normiert etwas normen [1]* ❷ ■ *jmd./etwas normiert etwas etwas nach einem einheitlichen Schema gestalten:* Er hat selbst seinen Tagesablauf normiert, damit nichts Ungewöhnliches geschehen kann. ▶ Normierung

Nor·mung *die* <-, -en> *(fachspr.) das Normen [1]* ◆Normungsinstitut

norm·wid·rig *adj* ❶ *so, dass etwas gegen eine Norm [1] verstößt:* normwidriges Verhalten ❷ *so, dass etwas einer Norm [5] nicht entspricht:* normwidriges Produkt

Nor·ne *die* <-, -n> GESCH. *nordische Schicksalsgöttin*

Nor·we·gen <-s> *ein Land in Skandinavien mit Grenzen zu Schweden und im Nordosten zu Finnland und Russland* ▶ Norweger, Norwegerin, norwegisch

Nor·we·ger·pul·l·o·ver *der* <-s, -> *ein Pullover mit einem bestimmten Muster, das typischerweise Rentiere, Eiskristalle oder Sterne enthält*

No-Spiel *das* <-(e)s, -e> *klassisches japanisches Theater*

Nos·t·al·gie *die* <-, ...-gien> */Plur. selten/ eine Stimmung, in der man sich nach vergangenen Zeiten und den Produkten und Lebensweisen aus diesen Zeiten sehnt* ▶ Nostalgiker(in)

Nos·t·al·gie·wel·le *die* <-, -n> *ein Trend, bei dem man die Produkte aus alten Zeiten bevorzugt:* Im Zuge der Nostalgiewelle wurden alte Bauernmöbel plötzlich sehr teuer.

nos·t·al·gisch *adj mit Nostalgie:* ein nostalgisches Gefühl

Not *die* <-, Nöte> ❶ *(↔ Reichtum) der Zustand, in dem jmd. nichts oder nur sehr wenig zum Leben hat:* Weil es schon lange nicht mehr geregnet hat, herrscht hier große Not.; in Not geraten ◆ Hungers- ❷ *eine schlimme Situation, in der jmd. dringend Hilfe braucht:* Die Not der Flüchtlinge in dem Krisengebiet verlangt schnelle internationale Hilfe. ◆-signal, -situation ❸ *(≈ Verzweiflung) der Zustand, in dem jmd. psychisch leidet oder sich verzweifelt ist:* Sie wusste sich in ihrer Not nicht mehr zu helfen.; Er hatte niemanden, dem er seine Not klagen konnte.; ■**Not leidend/notleidend** *so arm, dass kein Geld für Essen oder Kleidung vorhanden ist* die Not leidende/notleidende Bevölkerung; ■**ohne Not** *ohne Grund* Er hat ihr ohne Not weh getan.; ■**mit Müh und Not** *(umg.) gerade noch so* Sie haben den Zug mit Müh und Not erreicht.; ■**zur Not** *(umg.) wenn es nicht anders geht* Zur Not kann ich dich dann zum Bahnhof bringen.; ■**seine liebe Not mit jemandem/etwas haben** *(umg.) große Probleme mit jmdm. oder etwas haben;* ■**wenn/wo Not am Mann ist** *(umg.) wenn/wo Hilfe nötig ist;* ■**In der Not frisst der Teufel Fliegen.** *(umg.) verwendet, um auszudrücken, dass man sich in einer schlechten Lage mit etwas begnügen muss, das man normalerweise nicht nehmen würde;* ■**aus der Not eine Tugend machen** *aus einer schlechten Situation noch einen Vorteil gewinnen;* ■**Not macht erfinderisch** *(Sprichwort) eine ungewöhnliche Lösung für ein Problem finden;* siehe auch **vonnöten**

Not·an·ker *der* <-s, -> SEEW. *ein extra Anker, der kleiner und leichter ist als der hauptsächliche Anker und der im Fall des Verlustes des hauptsächlichen Ankers benutzt wird* ❷ *(übertr.) etwas, das jmdm. als letzte Möglichkeit noch helfen kann, nicht in große Schwierigkeiten zu kommen:* Wenn alles nicht klappt, habe ich ja noch das Sparbuch als Notanker.

No·tar *der,* **No·ta·rin** <-s, -e> RECHTSW. *ein Jurist, der die Echtheit von Dokumenten beglaubigt und Rechtsgeschäfte beurkundet:* einen Kaufvertrag vor dem Notar abschließen; Vor dem Notar sind erschienen: ...

No·ta·ri·at *das* <-(e)s, -e> RECHTSW. *Büro eines Notars*

no·ta·ri·ell *adj /nur attr./ /nicht steig./ vom Notar angefertigt:* Die Kopie des Zeugnisses musste ich notariell beglaubigen lassen.

Not·arzt *der,* **Not·ärz·tin** <-es, Notärzte> *ein Arzt, der bei Unfällen mit einem Notarztwagen kommt oder der dann Dienst hat, wenn andere Ärzte keinen Dienst haben, zum Beispiel am Wochenende oder an Feiertagen*

Not·arzt·wa·gen *der* <-s, -> *Wagen, mit dem ein Notarzt zum Unfall oder zu einem Patienten unterwegs ist*

N

No·ta·ti·on *die* <-, -en> **①** MUS. *Notenschrift* **②** *(fachspr.)* *spezielles Aufzeichnungssystem mit eigenen Zeichen und Symbolen:* die Notation sämtlicher möglicher Sprachlaute durch das Internationale Phonetische Alphabet (IPA); die Notation in der formalen Logik

Not·auf·nah·me *die* <-, -n> MED. *Station in einem Krankenhaus, in der Patienten sofort behandelt werden, die einen Unfall hatten oder plötzlich sehr krank geworden sind*

Not·aus·gang *der* <-(e)s, Notausgänge> *Ausgang, durch den man schnell aus einem Gebäude fliehen kann, wenn zum Beispiel ein Feuer ausbricht*

Not·behelf *der* <-s, -e> *etwas, das man nur dann benutzt, wenn nichts Besseres da ist:* Die Gartenliege diente ihr nur als Notbehelf, weil ihr neues Bett noch nicht geliefert wurde.

Not·be·leuch·tung *die* <-, -en> *ein schwaches Licht, das angeht oder das man benutzen kann, wenn der Strom ausfällt*

Not·brem·se *die* <-, -n> TECHN. *Bremse in öffentlichen Verkehrsmitteln (oder Aufzügen), die bei Gefahr von den Fahrgästen betätigt werden kann;* ■ **die Notbremse ziehen** *(umg.)* *eine Sache sofort beenden*

Not·dienst *der* <-es, -e> *Dienst, den ein Arzt oder ein Apotheker verrichtet, wenn keine anderen Ärzte oder Apotheker Dienst haben, wie zum Beispiel am Wochenende*

Not·durft *die* <-> */kein Plur./* ■ **seine Notdurft verrichten** *(geh.)* *die Blase und/oder den Darm entleeren* Er verließ den Raum und ging auf die Toilette, um seine Notdurft zu verrichten.

not·dürf·tig *adj* */nicht steig./* *so, dass es gerade noch ausreichend, aber nicht richtig befriedigend ist:* Er hat das Auto nur notdürftig repariert; morgen allerdings muss es in die Werkstatt.

No·te¹ *die* <-, -n> MUS. **①** *grafisches Zeichen, das einen Ton symbolisiert:* Er konnte nicht nach Noten spielen, war aber ein bedeutender Gitarrist. ◆-nlehre, -nlinien, Viertel-, Achtel- **②** */nur Plur./* *ein Blatt oder Heft, in dem die Noten¹ von Musikstücken stehen:* Er wollte sich neue Noten kaufen. ◆-nblatt, -nheft, -npapier

No·te² *die* <-, -n> **①** SCHULE *(≈ Zensur) eine Zahl, mit der die Leistung eines Schülers in einem Fach oder eine Arbeit oder ein Examen bewertet wird:* Er bekam als Note eine Eins, das bedeutet „sehr gut". ◆-ngebung, -nsystem, -nvergabe, Aufsatz-, Deutsch-, Mathe-, Physik-, Prüfungs-, Schul-, Sport- **②** *die Zahl, mit der bei einem Tanzturnier oder bei einem sportlichen Wettkampf wie Turnen die Leistungen der Sportler bewertet werden; siehe auch* **benoten**

No·te³ *die* <-, -n> POL. *offizielles Schriftstück, das besonders eine Regierung von einem Diplomaten erhält* ◆-nwechsel

No·te⁴ *die* <-, -n> *die besondere Eigenart oder Qualität, die etwas hat:* Sie gab ihrem Garten eine persönliche Note.; Die Zimmer des Hauses haben eine individuelle/ künstlerische/romantische Note.

Note·book *das* ['noʊtbʊk] <-s, -s> EDV *kleiner tragbarer Computer; siehe* **Laptop**

No·ten·bank *die* <-, -en> WIRTSCH. *Bank mit der Berechtigung zur Ausgabe von Banknoten*

No·ten·durch·schnitt *der* <-(e)s, -e> SCHULE *Durchschnitt aller Noten innerhalb einer Klasse oder eines einzelnen Zeugnisses*

No·ten·schlüs·sel *der* <-s, -> MUS. *ein Zeichen, das am Beginn einer Zeile auf einem Notenblatt steht und die Tonlage angibt, in denen die Noten stehen*

No·ten·stän·der *der* <-s, -> MUS. *ein Ständer, auf den man Notenblätter legt, um beim Musizieren die Noten lesen zu können*

Not·fall *der* <-(e)s, Notfälle> *eine unerwartete Situation, in der man schnell Hilfe braucht;* ■ **im Notfall** *dann, wenn es sein muss und es nicht anders geht* Im Notfall musst du halt wieder zurückkommen. ◆-ambulanz, -arzt, -ausweis, -einsatz, -hilfe, -medizin, -nummer, -plan, -praxis, -seelsorger, -sanitäter, -telefon, -versicherung, -vorsorge, -wagen, -zentrum

Not·fall·dienst *der* <-es, -e> *Notdienst, besonders von Ärzten*

not·falls *adv* *wenn es nicht anders möglich ist:* Notfalls müssen wir den Urlaub eben abbrechen.

not·ge·drun·gen *adv* *(≈ gezwungenermaßen) weil die Situation es notwendig macht:* Notgedrungen fing er noch mal von vorne an.

Not·gro·schen *der* <-s, -> *Geld, das jmd. für Zeiten gespart hat, in denen er wenig oder nichts haben wird:* Wenn ich das Geld nicht pünktlich erhalte, muss ich wohl auf meinen Notgroschen zurückgreifen.

no·tie·ren I. *mit OBJ* **①** ■ *jmd. notiert etwas aufschreiben, Notizen machen:* Ja, ich habe die Namen notiert. **②** ■ *etwas notiert etwas (mit etwas Dat.)* WIRTSCH. *den Kurs oder Preis von etwas an der Börse ermitteln und festsetzen:* Die Börse notiert die Aktie mit 70 Euro. **③** ■ *jmd. notiert jmdn. für etwas Dat. (geh.)* vormerken: Notieren Sie Herrn Meier bitte für den nächsten Flug. **II.** *ohne OBJ* ■ *etwas notiert irgendwie* WIRTSCH. *einen bestimmten Kurswert an der Börse haben:* Die Aktie notierte niedriger als gestern.

No·tie·rung *die* <-, -en> WIRTSCH. *das Notieren*

nö·tig *adj* **①** *(≈ notwendig) so, dass es getan werden muss oder gebraucht wird:* etwas ist für jemanden/etwas nötig; Der Arzt hält es für nötig, dass der Patient im Bett bleibt.; Im Winter ist es nötig, sich warm anzuziehen.; Wenn nötig, kann ich dir morgen beim Umzug helfen **②** */nur adverbial/ (umg.: ≈ dringend) so, dass etwas geschehen oder getan werden muss:* Ich muss nötig aufs Klo!; ■ **falls nötig** *für den Fall, dass es nötig ist;* ■ **etwas nicht nötig haben** *etwas nicht tun müssen und auch stolz darauf sein* Um Verzeihung bitten? Das habe ich nicht nötig!; ■ **jemand hat es nötig** *jmd. muss etwas tun oder kann etwas gebrauchen* Sie will endlich Sport machen. – Sie hat's auch nötig!; ■ **es nicht für nötig halten, etwas zu tun** *etwas nicht tun und dadurch unhöflich auf andere wirken* Wie unhöflich! Er hält es noch nicht mal für nötig, mich zu grüßen!; ■ **Das ist doch nicht**

nötig!/Das wäre doch nicht nötig gewesen! *verwendet, um sich höflich zu bedanken*

nö·ti·gen *mit OBJ* ❶ RECHTSW. ▪ *jmd.* **nötigt jmdn., etwas zu tun** *mit Gewalt oder Drohung jmdn. zwingen, etwas zu tun:* Man nötigte ihn, die Schriftstücke zu vernichten. ❷ ▪ *jmd.* **nötigt jmdn., etwas zu tun** *jmd. so sehr bitten, etwas zu tun, dass er es nicht ablehnen kann:* Er nötigte sie, noch ein Stündchen zu bleiben. ❸ ▪ *etwas* **nötigt jmdn., etwas zu tun** *eine Situation ist so, dass jmd. gezwungen ist, etwas zu tun:* Der starke Regen nötigte sie, Schutz unter einem Vordach zu suchen.

nö·ti·gen·falls *adv wenn es sein muss:* Nötigenfalls weiß sie sich zu wehren.

Nö·ti·gung *die* <-> /kein Plur./ RECHTSW. *das Nötigen[1]*

No·tiz *die* <-, -en> ❶ *Zeitungsnachricht* ❷ *stichwortartige Aufzeichnung, kurzer Vermerk:* Er machte sich während des ganzen Vortrags Notizen; ▪ **(keine) Notiz von etwas/jemandem nehmen** *etwas oder jmdn. (nicht) beachten* ◆ -buch, -kalender, -klammer, -mappe, -sammlung, -tafel, -würfel, -zettel, Akten-, Rand-, Tagebuch-, Zeitungs-

No·tiz·block *der* <-(e)s, Notizblöcke> *Schreibblock, auf dem man Notizen[2] machen kann*

Not·la·ge *die* <-, -n> *eine schlimme Situation:* sich in einer Notlage befinden; in eine wirtschaftliche/finanzielle Notlage geraten

not·lan·den <notlandest, notlandete, ist notgelandet> *ohne OBJ* ▪ *jmd./etwas notlandet* *mit einem Flugzeug oder Hubschrauber irgendwo landen, weil an Bord eine schlimme Situation oder ein Problem aufgetreten ist* ◆ Zusammenschreibung →R 4.6 Wir mussten notlanden/sind notgelandet.

Not·lan·dung *die* <-, -en> *Landung mit einem Flugzeug außerhalb eines Flugplatzes wegen einer schlimmen Situation oder einem Problem an Bord*

Not·lö·sung *die* <-, -en> *Lösung, die man meist in einer schlechten Situation wählt, weil keine andere Lösung vorhanden ist:* Solange er keine eigene Wohnung findet, wohnt er als Notlösung bei einem Freund.

Not·lü·ge *die* <-, -n> *eine Lüge, mit der man eine peinliche Situation abwenden möchte oder etwas Unangenehmes oder Nachteile vermeiden möchte:* Er griff zu einer Notlüge, um eine Fristverlängerung zu erhalten.; eine Notlüge erfinden/gebrauchen

no·to·risch *adj* ❶ *(geh. abwert.) für eine schlechte Eigenschaft bekannt:* Du bist ein notorischer Lügner. ❷ *(veralt.) offenkundig, bekannt:* Er war ein notorischer Kunstliebhaber.

Not·ruf *der* <-(e)s, -e> ❶ *ein Telefonanruf bei der Polizei, der Feuerwehr oder einem Arzt, um bei einem Notfall Hilfe zu bekommen* ❷ *die Telefonnummer, unter der man im Notfall die Polizei, die Feuerwehr oder den Arzt erreicht*

Not·ruf·num·mer *die* <-, -n> *eine Telefonnummer für einen Notruf[1]:* In Deutschland ist die Notrufnummer für die Polizei 110.

Not·ruf·säu·le *die* <-, -n> *eine gelbe Säule mit ei-*

nem Telefon an der Autobahn, von der aus man bei einem Unfall oder einer Panne die Polizei o. Ä. anrufen kann: Wir riefen von der Notrufsäule aus den Abschleppdienst.

Not·rut·sche *die* <-, -n> *eine Art Rutsche aus Plastik, die sich in einem Flugzeug an den Ausgängen in einem Behälter befindet und sich automatisch nach einer Notlandung entfaltet und selbst aufbläst:* Die Passagiere konnten das Flugzeug nur über die Notrutsche verlassen.

not·schlach·ten <notschlachtest, notschlachtete, hat notgeschlachtet> *mit OBJ* ▪ *jmd.* **notschlachtet ein Tier** *jmd. schlachtet ein Tier, weil es krank ist oder um zu verhindern, dass sich eine ansteckende Tierkrankheit ausbreitet*

Not·si·g·nal *das* <-(e)s, -e> *ein Signal, das in einem Notfall gegeben wird*

Not·si·tu·a·ti·on *die* <-, -en> *(≈ Notlage) eine schlimme oder schwierige Situation*

Not·sitz *der* <-(e)s, -e> *ein einfacher Sitz in einem Zug, einem Kino o. Ä., den man benutzt, wenn alle anderen Sitze schon besetzt sind:* Das Kino war bereits so voll, dass ich mit dem Notsitz vorlieb nehmen musste.

Not·stand *der* <-(e)s, Notstände> ❶ POL. *eine sehr schwierige Situation:* In der Schulpolitik besteht ein offensichtlicher Notstand. ❷ POL., RECHTSW. *eine Krise oder gefährliche Situation, in der besondere Gesetze an die Stelle von normalerweise geltendem Recht treten:* Nach dem Erdbeben wurde der Notstand ausgerufen; ▪ **einen Notstand beheben** *einen Fehler oder eine schwierige Situation beseitigen*

Not·stands·ge·biet *das* <-(e)s, -e> *ein Gebiet, in dem der Notstand[2] ausgerufen wurde*

Not·stands·ge·setz *das* <-(e)s, -e> *besonderes Gesetz, das nach Ausrufung des Notstandes[2] gilt*

Not·strom·ag·gre·gat *das* <-(e)s, -e> *Apparat, der bei einem Stromausfall Strom erzeugt*

Not·strom·ver·sor·gung *die* <-> /kein Plur./ *Vorrichtung, die bei einem Stromausfall für eine bestimmte Zeit Strom liefert:* Die Server sind alle an eine Notstromversorgung angeschlossen.

Not·tur·no *das* <-s, -s/Notturni> MUS. *Nocturne*

Not·un·ter·kunft *die* <-, Notunterkünfte> *eine einfache Unterkunft, in der man lebt, weil die eigene Wohnung zerstört oder unbewohnbar ist oder weil man fliehen musste:* Während des Hochwassers lebten wir in einer Notunterkunft.

Not·ver·band *der* <-(e)s, Notverbände> *Verband, der zuerst bei einem Unfall auf eine Verletzung gelegt wird und nur als Ersatz für einen richtigen Verband dient:* Wir legen erst einen Notverband an.

Not·was·se·rung *die* <-> /kein Plur./ LUFTF. *Notlandung eines Flugzeuges auf dem Wasser* ▸ notwassern

Not·wehr *die* <-> /kein Plur./ RECHTSW. *Gewalt, die ausgeübt wird, um einen Angriff abzuwehren und die nicht bestraft wird:* Er wurde zuerst angegriffen, handelte also in Notwehr.

not·wen·dig *adj* ❶ *(≈ nötig) so, dass es zweckmäßig und sinnvoll ist:* Ich halte eine Überprüfung für notwendig. ❷ *(≈ unausweichlich, unvermeidbar)* so, dass etwas nicht verhindert werden kann: eine notwendige Folge/Konsequenz

not·wen·di·ger·wei·se adv so, dass etwas unvermeidlich ist

Not·wen·dig·keit die <-, -en> das, was nötig ist: Der Arztbesuch ist eine Notwendigkeit; man kann ihn nicht vermeiden oder verschieben

Not·zucht die <-> /kein Plur./ RECHTSW. (veralt.: ≈ Vergewaltigung)

Nou·gat der/das siehe **Nugat**

No·va die <-> /kein Plur./ ❶ ASTRON. Stern, der auf Grund einer Explosion plötzlich heller strahlt ❷ Plural von **Novum**

No·vel·le¹ die <-, -n> LIT. eine Erzählung, die länger als eine Kurzgeschichte und kürzer als ein Roman ist und nur eine Haupthandlung hat ◆ -nanalyse, -naufbau, -ndichter, -nform, -nsammlung, -nstruktur, -ntheorie

No·vel·le² die <-, -n> POL., RECHTSW. Änderung eines Gesetzes: eine Novelle einbringen/verabschieden ◆ Gesetzes-

no·vel·lie·ren mit OBJ ■ **das Parlament novelliert ein Gesetz** (geh.) das Parlament ändert ein Gesetz ▶Novellierung

No·vem·ber der <-(s), -> der elfte Monat des Jahres

No·vi·ze der, **No·vi·zin** <-n, -n> ❶ REL. jmd., der bereits im Kloster lebt, aber noch kein Gelübde abgelegt hat und sich darauf vorbereitet, Mönch oder Nonne zu werden ❷ (übertr.) Neuling auf einem Gebiet

No·vum das <-s, Nova> etwas Neues, etwas noch nie Dagewesenes

NPD die <-> /kein Plur./ POL. eine Partei des äußersten rechten Spektrums in Deutschland, die als neofaschistisch gilt; Abkürzung für „Nationaldemokratische Partei Deutschlands"

NT das <-> /kein Plur./ (↔ AT) Abkürzung von „Neue Testament"

Nu ■im Nu geschwind, sehr schnell, in kürzester Zeit

Nu·an·ce die ['n̈ã:sə] <-, -n> ❶ eine feine Abstufung in Farbe, Helligkeit, Klang o. Ä.: Diese Stoffe gibt es in zahlreichen Nuancen. ◆ Farb- ❷ ein klein wenig: Das Blau ist mir eine Nuance zu dunkel.; Die Musik war eine Nuance zu laut. ❸ Einzelheit, Feinheit: Dieser Text besticht vor allem durch seine stilistischen Nuancen. ◆ Bedeutungs-

nu·an·ciert ['n̈ãsiɐ̯t] adj (geh.) mit vielen Abstufungen oder Feinheiten: Der Roman gab ein nuanciertes Bild des Lebens im Berlin der Kriegszeit.

Nu·buk das ['nu:bʊk, 'nʊbʊk] <-s> /kein Plur./ Kalbs- oder Rindsleder, das besonders bearbeitet wird und eine samtartige Oberfläche erhält ◆ -leder

nüch·tern adj ❶ (↔ betrunken) so, dass man keinen Alkohol zu sich genommen hat: Nach zwei Bier ist er schon nicht mehr ganz nüchtern. ❷ (≈ sachlich) so, dass sich jmd. nicht von Gefühlen leiten lässt: Während alle in Panik gerieten, behielt sie einen nüchternen Kopf. ❸ (≈ schmucklos, zweckmäßig) so, dass etwas ohne Schmuck ist und nur der Funktion dient: Die Räume waren äußerst nüchtern gestaltet. ❹ ohne etwas am Mor

gen gegessen und getrunken zu haben, vor allem weil eine medizinische Untersuchung dies erforderlich macht: Bitte kommen Sie nüchtern zur Blutentnahme.; ■ **auf nüchternen Magen** ohne etwas gegessen oder getrunken zu haben; ■ **die nüchternen Tatsachen** die reinen Tatsachen ▶Nüchternheit

nu·ckeln <nuckelst, nuckelte, hat genuckelt> ohne OBJ ■ **jmd. nuckelt an etwas** Dat. (umg.) an etwas saugen: Das Baby nuckelt an seinem Daumen/an seinem Fläschchen.

Nu·del die <-, -n> KOCH. eine Speise aus vielen (mehr oder weniger langen) Streifen aus Teig, die man in Wasser kocht und mit einer Soße, in Suppen oder als Beilage isst; ■ **komische Nudel** (umg.) merkwürdige (meist weibliche) Person

Nu·del·brett das <-(e)s, -er> Brett, auf dem man den Teig für Nudeln dünn und flach rollt

Nu·del·holz das <-es, Nudelhölzer> eine Walze aus Holz oder Plastik, die an den beiden Seiten Griffe hat und mit der man Teig flach und dünn ausrollen kann

Nu·del·sa·lat der <-(e)s, -e> KOCH. Salat, der aus gekochten Nudeln, Gemüse und Mayonnaise gemacht ist

Nu·del·sup·pe die <-, -n> KOCH. Suppe mit Nudeln als Einlage

Nu·dis·mus der <-> /kein Plur./ eine Bewegung, die dafür eintritt, dass man nackt badet und sich nackt am Strand oder in der Natur aufhält

Nu·dist der, **Nu·dis·tin** <-en, -en> Anhänger des Nudismus ▶nudistisch

Nu·gat, a. **Nou·gat** der/das <-s, -s> eine Art Masse aus Schokolade mit Nüssen oder Mandeln, die sehr weich und süß ist

Nug·get das ['nagɪt] <-(s), -s> kleiner Goldklumpen

nu·kle·ar adj /nicht steig./ /nur attr./ ❶ PHYS., TECHN. den Atomkern betreffend ❷ so, dass dabei Atomenergie verwendet wird: nukleare Energie ❸ MILIT. mit Atomwaffen: nukleare Streitkräfte ❹ Atomwaffen betreffend: nukleare Abrüstung

Nu·kle·ar·in·dus·tri·e die <-> /kein Plur./ Industriezweig, der Atomkraftwerke herstellt und für deren Vertrieb sorgt

Nu·kle·ar·me·di·zin die <-> /kein Plur./ MED. Teilgebiet der Medizin, das für Diagnostik und Behandlung von Krankheiten radioaktive Stoffe benutzt

Nu·kle·ar·test der <-s, -s> MILIT. Test einer Atombombe

Nu·kle·ar·waf·fe die <-, -n> /meist Plur./ MILIT. Atomwaffe

Nu·kle·in·säu·re die <-, -n> BIOL., CHEM. hauptsächlich im Zellkern vorkommende Verbindung mit Erbinformationen

Null die <-, -en> ❶ die Ziffer 0 ❷ (umg.) jmd., der nichts kann und ein Versager ist: Der Kerl ist doch eine Null!; ■ **noch einmal bei Null anfangen** noch einmal vom Anfang beginnen

null¹ num ❶ 0: Das sind gerade mal null Komma zwei (0,2) Prozent. ❷ SPORT verwendet, um auszudrücken, dass bei einem Fußballspiel o. Ä. eine Mannschaft keine Tore gemacht hat: Unsere

N

Mannschaft verlor eins zu null (1:0). ❸ *verwendet, um auszudrücken, dass jmd. in einem Test oder einer Arbeit keine Punkte oder keine Fehler gemacht hat:* Er hatte null Punkte.; Ihre Abschlussarbeit verfasste sie mit null Fehlern. ❹ *(geh.) zwölf Uhr Mitternacht:* Es ist null Uhr zwanzig. ❺ ■ ***ein Gerät steht auf null** verwendet, um auszudrücken, dass ein Gerät nicht eingeschaltet ist:* Kein Wunder, dass es so kalt ist: Die Heizung steht ja auch auf null! ❻ *die Temperatur auf der Celsius-Skala, bei der Wasser gefriert:* Heute ist es 4 Grad unter 0.; ■ **etwas für null und nichtig erklären** *etwas für ungültig erklären;* ■ **in null Komma nichts** *(umg.) sofort, mit verblüffender Geschwindigkeit;* ■ **etwas ist gleich null** *(umg.) etwas ist ohne Wert oder Bedeutung*

null² *adj* / *nur attr.*; *nicht deklinierbar* / /*nicht steig.*/ *(umg.) kein(e):* Von Physik hatte er wirklich null Ahnung!; null Interesse an etwas zeigen; null Bock auf etwas haben

null·acht·fünf·zehn, null·acht·fuff·zehn *adv (umg.) sehr einfach und durchschnittlich:* Der Film war aber nur so nullachtfuffzehn.

Null·di·ät *die* <-, -en> *eine Diät, bei der man nur Wasser trinkt und Vitamine zu sich nimmt*

Null·lei·ter *der* <-s, -> ELEKTROTECHN. *Draht in einer elektrischen Leitung, durch den kein Strom fließt und der geerdet wird*

Null·lö·sung *die* <-> /kein Plur./ POL., GESCH. *ein Vorschlag, keine weiteren Atomraketen in Ost und West aufzustellen*

Null·me·ri·di·an *der* <-s> /kein Plur./ *Meridian der Stadt Greenwich in England, auf den sich seit 1911 die weiteren geografischen Längengrade beziehen*

Null·punkt *der* <-(e)s, -e> ❶ *der Punkt auf einer Skala, an dem auf der einen Seite der positive und auf der anderen Seite der negative Bereich beginnt* ❷ *Temperatur auf der Celsius-Skala, bei der Wasser gefriert* ❸ *(umg.) Punkt, an dem alles sehr schwierig und ohne Hoffnung ist:* Die Stimmung war auf dem Nullpunkt angelangt.; ■ **der absolute Nullpunkt** PHYS. *die tiefste Temperatur, die es gibt* Der absolute Nullpunkt liegt im Augenblick bei minus 273 Grad Celsius.

Null·run·de *die* <-, -n> WIRTSCH. *Tarifverhandlung ohne Lohnerhöhung*

Null·ta·rif *der* <-(e)s> /kein Plur./ *ohne Geld für etwas zu bezahlen:* zum Nulltarif; Telefonieren zum Nulltarif; Wir fuhren den ganzen Tag zum Nulltarif mit dem Bus.

Null·wachs·tum *das* <-s> /kein Plur./ WIRTSCH. *keine Erhöhung der Produktion, des Bruttosozialprodukts o. Ä. in der Wirtschaft eines Landes*

Nul·pe *die* <-, -n> *(umg.)* NORDDT. *jmd., der blöd und langweilig ist*

Nu·me·ra·le *das* <-s, Numeralien/Numeralia> SPRACHWISS. *Zahlwort*

Nu·me·ri *Plural von* **Numerus**

nu·me·risch *adj* /nicht steig./ ❶ *der Anzahl nach:* Eine numerische Überlegenheit der Truppen des Gegners machte einen Angriff unmöglich. ❷ *nur aus Ziffern gebildet:* eine numerische Geheimschrift

Nu·me·rus *der* <-, Numeri> SPRACHWISS. *die grammatische Kategorie, die bei Nomen und Verben zeigt, ob ein oder mehrere Dinge oder Personen gemeint sind:* Die Numeri im Deutschen sind Singular und Plural.

Nu·me·rus clau·sus *der* <-> /kein Plur./ AMTSSPR. *eine Regelung, die bestimmt, dass nur eine begrenzte Zahl von Studenten sich zum Studium in einem Fach an einer Universität oder Fachhochschule einschreiben kann (Abkürzung NC):* Der Numerus clausus für Medizin ist gesenkt worden.

Nu·mis·ma·tik *die* <-> /kein Plur./ *wissenschaftliches Gebiet, das sich mit der Geschichte, Entstehung, Herstellung, Gestaltung usw. von Münzen beschäftigt* ▶ Numismatika, Numismatiker, numismatisch

Num·mer *die* <-, -n> ❶ *Zahl, die die Position von jmdm. oder etwas in einer Reihe oder Liste angibt:* Sie wohnt in der Humboldtstraße Nummer 4.; Das Los mit der Nummer 5 gewinnt. ◆ Bestell-, Garderoben-, Haus-, Katalog-, Konto-, Kontroll-, Los-, Personal-, Scheck-, Steuer-, Zimmer- ❷ *jmd. oder etwas mit der bezeichneten Nummer:* Nummer 1 ist der Torwart der Mannschaft.; Gehen Sie bitte ins Zimmer Nummer 234. ❸ *die Reihe von Ziffern, die man beim Telefonieren wählt:* Das Handy hat aber eine lange Nummer, die kann ich mir nicht merken.; Welche Nummer hast du? – 66578. ◆ Fax-, Geheim-, Handy-, Privat-, Ruf-, Telefon- ❹ *die Ziffern und Buchstaben, die auf dem kleinen Schild an einem Auto oder Motorrad stehen:* der Wagen mit der Nummer XY-ZT 607 ◆ Auto-, Fahrzeug-, Wagen- ❺ *die Zahl, die die Größe von Schuhen oder Kleidungsstücken angibt:* Haben Sie die Schuhe eine Nummer kleiner? ◆ Kleider-, Schuh- ❻ *(≈ Ausgabe) ein Heft von einer Zeitschrift oder die Ausgabe einer Zeitung:* In der letzten Nummer stand nichts Besonderes. ◆ Doppel-, Einzel-, Probe-, Sonder- ❼ *ein Stück im Programm von einem Zirkus, von einer Show, einem Varieté o. Ä.:* Du, ich glaube als nächste Nummer kommen jetzt die Löwen. ◆ Dressur-, Kabarett-, Solo-, Varieté-, Zirkus- ❽ *ein witziger Typ:* Der ist vielleicht eine Nummer! ❾ *(umg. vulg.) ein sexueller Akt:* eine Nummer schieben; ■ **auf Nummer sicher/Sicher gehen** *(umg.) sich absichern;* ■ **jemand ist die Nummer eins** *jmd. ist der Beste auf einem Gebiet, in einer Sportart o. Ä.;* ■ **Dort ist man nur eine Nummer.** *dort wird man nicht besonders beachtet* Auf dem Sozialamt bist du nur eine Nummer.; ■ **etwas ist eine Nummer/ein paar Nummern zu groß für jemanden** *(umg.) etwas ist zu schwierig für jmdn.* Ich glaube, Algebra ist ein paar Nummern zu groß für mich.; ■ **eine Nummer abziehen** *sich bewusst so verhalten, dass man auffällt* Er zieht mit seinem neuen Auto eine ganz schöne Nummer ab, um ihr zu imponieren.

num·me·rie·ren *mit OBJ* ■ *jmd. nummeriert etwas jmd. gibt einer Sache eine bestimmte Nummer und erstellt so eine bestimmte Reihenfolge:* Die Plätze im Theater sind alle nummeriert.

Num·mern·kon·to *das* <-s, Nummernkonten> BANKW. *Konto, das nicht unter dem Namen des In-*

habers geführt wird, sondern anonym unter einer Nummer: ein Nummernkonto in der Schweiz haben

Num·mern·schild *das* <-(e)s, -er> KFZ *ein Schild aus Metall an einem Auto oder Motorrad o. Ä., auf dem Zahlen und meist Buchstaben als offizielles Kennzeichen dieses Fahrzeugs stehen*

nun¹ *adv verwendet, um auszudrücken* ❶ *(≈ jetzt) dass das Gesagte sich im Augenblick des Sprechens abspielt:* Nun bist du dran!; Kommen wir nun zum nächsten Punkt der Tagesordnung. ❷ *(≈ heutzutage) dass das Gesagte sich in der Gegenwart des Sprechers abspielt und in einem Gegensatz zu den Verhältnissen der Vergangenheit steht:* Früher wohnte ich in München, nun lebe ich in Berlin. ❸ *(≈ mittlerweile) dass die jetzige Situation das Ergebnis einer zeitlichen Entwicklung ist:* Nun geht es mir schon wieder besser.; Am Anfang des Studiums verstand ich in der Mathematikvorlesung gar nichts, aber nun kann ich sogar anderen Studenten helfen.; ■ **Was nun?** *dass man nicht weiß, was man jetzt tun soll oder was als nächstes kommt*

nun² *part* ❶ *verwendet, um in Fragen seine Ungeduld darüber auszudrücken, dass man die genannte Information noch nicht erhalten hat:* Hast du nun endlich den Wagen aus der Werkstatt geholt?; Bist du nun morgen zu Hause oder nicht?; Glaubst du mir nun endlich? ❷ *verwendet, um einen Satz einzuleiten oder ein neues Thema anzusprechen:* Nun, das weiß ich nicht.; Nun gut, nachdem wir das jetzt geklärt haben, möchte ich eine Sache noch anmerken. ❸ *(umg.) verwendet, um auszudrücken, dass man an etwas eben nichts ändern kann:* Du musst nun mal zum Arzt; da führt kein Weg dran vorbei!; Das ist nun mal nicht zu ändern!

nun·mehr *adv (geh.)* ❶ *von diesem Zeitpunkt an, von jetzt an:* Lassen Sie uns nunmehr fortfahren. ❷ *von einem Zeitpunkt in der Vergangenheit bis jetzt:* Nunmehr sind es zwanzig Jahre, dass sie hier wohnt.

Nun·ti·us *der* <-, Nuntien> REL. *ständiger Vertreter des Papstes und Botschafter des Vatikans bei einer Regierung*

nur¹ *adv verwendet, um eine Einschränkung von etwas, das man vorher gesagt hat, auszudrücken:* Der Urlaub war eigentlich toll, nur hätte das Wetter etwas schöner sein können.; Der Film war gut, nur ein bisschen lang.; Mit einer Diät kann man sicherlich abnehmen, nur gehört dazu viel Disziplin.

nur² ■ **nicht nur ..., sondern auch** *verwendet, um auszudrücken, dass etwas zu etwas anderem hinzukommt* Das Essen war nicht nur gut, sondern auch sehr billig.; Wir haben gestern Abend nicht nur den Film gesehen, sondern sind auch noch in die Kneipe gegangen.; ■ **nur dass** *verwendet, um etwas einzuschränken, das man vorher gesagt hat* Der Lehrer ist eigentlich ganz gut, nur dass er ein bisschen streng ist.

nur³ *part verwendet, um auszudrücken, dass etwas lediglich auf jmd. oder auf etwas Genanntes zutrifft, und dass dies sehr wenig ist (und auch nicht mehr hinzukommt):* Ich habe nur zwei Sei-

ten geschrieben.; Es waren nur ein paar Freunde gekommen.; Nur sie war im Zimmer und sonst niemand.; Wie billig, das kostet nur einen Euro!; Sie hat ihn nur kurze Zeit gesehen, dann ist er wieder abgereist.; Das war nur ein Versehen. ❷ *verwendet, um eine Aussage zu betonen:* Ich besuche ihn, sooft ich nur kann.; Hole dir nur, was du brauchst.; ■ **nur so** *(umg.) sehr stark* nur so vor Angst zittern; Und plötzlich hörte man ein Gewitter, dass es nur so krachte!; ■ **nur so (umg.)** *(Betonung auf „so") ohne bestimmten Grund* Warum fragst du mich? – Einfach nur so.; ■ **nur noch** *(Betonung auf „noch") verwendet, um auszudrücken, dass etwas auf jmdn. oder etwas eine negative Wirkung hat* Als er immer weiter fragte, wurde sie nur noch gereizter.; So viel Kaffee ist nicht gut; du wirst nur noch nervöser.

nur⁴ *part verwendet* ❶ *(≈ bloß) um in einer Frage auszudrücken, dass man nicht mehr weiß, was jetzt getan werden muss:* Was sie nur wollen?; Wo habe ich nur meine Brille hingelegt?; Was ist da nur passiert? ❷ *(≈ bloß) um Bewunderung, Anerkennung, Kritik o. Ä. auszudrücken:* Was sie nur alles kann!; Was ist das nur für eine schöne Stadt!; Was hast du da nur wieder gemacht! Kannst du nicht aufpassen?; Warum hast du mir nicht schon früher Bescheid gesagt? ❸ *um jmdm. Mut zu machen, ihn zu beruhigen o. Ä.:* Nur Mut, das wird schon klappen.; Nur keine Panik, das wird schon schiefgehen! ❹ *um einen dringenden Wunsch zu verstärken:* Wenn es dir nur gefällt!; Wenn er nur pünktlich wäre!; Hätte ich das doch nur nicht gesagt! ❺ *(≈ bloß) um eine Aufforderung als Drohung auszusprechen:* Komm du mir nur nach Hause!; Sei nur nicht so sicher!; Glaub nur nicht, dass du damit durchkommst!

nu·scheln <nuschelt, nuschelte, hat genuschelt> *mit OBJ/ohne OBJ* ■ **jmd. nuschelt (etwas)** *(umg.) jmd. redet undeutlich, weil er seinen Mund und die Lippen beim Sprechen fast nicht bewegt:* Sie nuschelte lediglich ihren Namen.; Er hat so genuschelt, dass ich ihn kaum verstehen konnte.; ■ **jemand nuschelt etwas in seinen Bart** *jmd. nuschelt (auch wenn er keinen Bart hat)* Ich weiß auch nicht, was sie wollte, sie hat nur irgendetwas in ihren Bart genuschelt.

Nuss *die* <-, Nüsse> ❶ *eine Frucht, deren Kern essbar ist oder die eine harte Schale besitzt:* Nüsse knacken ◆ Erd-, Hasel-, Kokos-, Muskat-, Walnuss ❷ *der Kern dieser Frucht, den man oft essen kann;* ■ **dumme/blöde/taube Nuss** *(abwert.) ein dummer und blöder Mensch* Du blöde Nuss!; ■ **eine harte Nuss** *(umg.) eine schwierige Aufgabe oder ein schwieriges Problem* Mit diesem mathematischen Beweis haben Sie eine harte Nuss zu knacken.; Das ist aber eine harte Nuss für mich! ◆ -eis, -kuchen, -schokolade, -torte

Nuss *die* <-, Nüsse> ÖSTERR. *Mokkatasse*

Nuss·baum *der* <-(e)s, Nussbäume> ❶ BOT. *ein Baum, der Nüsse trägt* ❷ *Holz des Nussbaums¹*

nuss·braun *adj dunkelbraun*

Nuss·kna·cker *der* <-s, -> ❶ *eine Art Zange, mit der man die harte Schale von Nüssen aufbrechen kann* ❷ *eine bunt bemalte Figur aus Holz, die mit*

N

Hilfe einer Mechanik in ihrem Mund die Schale von Nüssen knackt

Nuss·öl *das* <-s, -e> *Öl, das aus den Kernen von Nüssen² gewonnen wird*

Nuss·scha·le *die* <-, -n> ❶ *die harte Schale einer Nuss¹* ❷ *(abwert.) kleines Boot*

Nüs·tern *Plur. die Nasenlöcher eines Pferds:* die Nüstern blähen

Nut *die* <-, -en> TECHN. *(≈ Nute ↔ Zapfen) Vertiefung in einem Material, welche die Form einer schmalen Rinne hat*

Nu·te *die* <-, -n> *(≈ Nut)*

Nu·t·ria *der/die* <-, -s> ❶ */Artikel „die"/* ZOOL. *südamerikanisches Nagetier mit wertvollem Pelz* ◆-farm, -zucht ❷ */Artikel „der"/ Pelz der Nutria¹, der zu Kleidungsstücken verarbeitet wird* ◆-mantel, -pelz

Nut·te *die* <-, -n> *(abwert.: ≈ Dirne) Prostituierte*

Nutz·an·wen·dung *die* <-, -en> *praktische Anwendung:* geringe Nutzanwendung

nutz·bar *adj so, dass man es für etwas benutzen kann:* nutzbare Rohstoffe; ■**etwas (für jemanden) nutzbar machen** *etwas so machen, dass es genutzt werden kann* die Sonnenenergie für die Stromgewinnung nutzbar machen

Nutz·bar·ma·chung *die* <-> */kein Plur./ der Vorgang, dass etwas so gemacht wird, dass es genutzt werden kann*

nutz·brin·gend *adj so, dass jmd. einen bestimmten Gewinn oder Vorteil von etwas bekommt:* Sie haben ihr Geld nutzbringend angelegt.

nüt·ze ■**jemand/etwas ist zu nichts nütze** *jmd. ist keine Hilfe bzw. mit etwas kann man nichts Sinnvolles anfangen* Du bist doch zu nichts nütze, alles machst du kaputt!; Dieses Werkzeug hier ist doch zu nichts nütze.

Nutz·ef·fekt *der* <-(e)s, -e> PHYS., TECHN. *Wirkungsgrad*

Nut·zen *der* <-s> */kein Plur./ der Vorteil oder Gewinn, den jmd. von etwas bekommt:* Ich kann nicht erkennen, welchen Nutzen das haben soll.; aus etwas Nutzen ziehen; von etwas großen Nutzen haben; wirtschaftlicher Nutzen; praktischer Nutzen; ■**etwas ist (jemandem/etwas) von Nutzen** *etwas ist für jmdn oder etwas von Vorteil* Ihre Aufzeichnungen waren ihm sehr von Nutzen.

nut·zen <nutzt, nutzte, hat genutzt> **I.** *mit OBJ* ■**jmd./etwas nutzt etwas (zu etwas** *Dat.) einen sinnvollen Gebrauch von etwas machen:* Wir nutzen moderne Medien wie das Internet.; Sie nutzt jede freie Stunde zur Weiterbildung.; Eine moderne Volkswirtschaft muss Rohstoffe sinnvoll und sparsam nutzen.; Nutze die Zeit! **II.** *ohne OBJ* ❶ ■**etwas nutzt (jmdm./etwas) viel/etwas** *etwas bringt jmdm. oder etwas einen Vorteil oder hilft ihm weiter:* Eine wirkliche Reform würde der Arbeitsmarktpolitik wirklich viel nutzen. ❷ ■**etwas nutzt (jmdm./etwas) nichts/wenig** *bringt jmdm. oder etwas keinen Vorteil:* Deine Reue nutzt dir jetzt auch nichts mehr.

nüt·zen SÜDDT., ÖSTERR. *siehe* **nutzen**

Nut·zer *der;* **Nut·ze·rin** *die* <-s, -> ❶ AMTSSPR. *juristische Person, die etwas benutzen darf* ◆-beteiligung, -einheit, -wechselgebühr ❷ *jmd., der etwas*

benutzt: Hier sind vor allem die Nutzer des Internets angesprochen. ◆-analyse, -name, -befragung, -daten, -forschung, -freundlichkeit, -gruppen, -handbuch, -kennung, -konto, -profil, -rechte, -typen

Nutz·fahr·zeug *das* <-(e)s, -e> KFZ *Fahrzeug, mit dem man Lasten transportieren oder mit dem man bestimmte Arbeiten machen kann*

Nutz·flä·che *die* <-, -n> ❶ *Boden, auf dem man landwirtschaftliche Erzeugnisse anbauen kann* ❷ *Teil eines Gebäudes oder einer Etage, den man zu etwas nutzen kann*

Nutz·holz *das* <-es, Nutzhölzer> *Holz, mit dem man etwas bauen kann*

Nutz·last *die* <-, -en> *Last, die ein Fahrzeug transportieren kann*

Nutz·leis·tung *die* <-, -en> *die effektive Kraft, eine Maschine, ein Motor, ein Gerät o. Ä. produziert*

nütz·lich *adj (≈ brauchbar, hilfreich) so, dass jmd. oder etwas davon einen Nutzen hat:* Bei diesem Wetter ist ein Regenschirm sehr nützlich.; ein nützlicher Hinweis; eine nützliche Tätigkeit; nützliche Pflanzen; ■**sich (bei jemandem/etwas) nützlich machen/jemandem (bei etwas) nützlich sein** *helfen* Du könntest dich bei den Festvorbereitungen ruhig auch etwas nützlich machen.; Er war ihr bei der Renovierung der Wohnung sehr nützlich.

Nütz·lich·keit *die* <-> */kein Plur./ die Eigenschaft, nützlich zu sein:* Über die Nützlichkeit eines solchen Geräts lässt sich streiten. ◆-sdenken, -sethik, -sprinzip

Nütz·lich·keits·den·ken *das* <-s> */kein Plur./ die Einstellung, nur solche Dinge als wichtig anzuerkennen, die einen praktischen Vorteil oder Gewinn bringen*

nutz·los *adj so, dass es keinen Nutzen hat:* Es ist völlig nutzlos, es noch einmal zu erklären, er versteht es ja doch nicht! ▶ Nutzlosigkeit

nutz·nie·ßen <nutznießt, nutznießte, hat genutznießt> *ohne OBJ* ■**jmd. nutznießt von etwas** *Dat. (geh.) von etwas Nutzen haben:* Er nutznießt von dem Vermögen seines Vaters. ▶ Nutznießung

Nutz·nie·ßer *der;* **Nutz·nie·ße·rin** *die* <-s, -> *jmd., der von etwas profitiert, ohne viel dafür getan zu haben*

Nutz·pflan·ze *die* <-, -n> *(↔ Zierpflanze) Pflanze, die angebaut wird, um später ihre Früchte zu ernten oder sie zu essen*

Nutz·tier *das* <-(e)s, -e> *Tier, das man hält, damit es für einen arbeitet oder damit es Fleisch, Milch, Eier o. Ä. liefert*

Nut·zung *die* <-> */kein Plur./ die Verwendung von etwas zu einem bestimmten Zweck:* Die Nutzung der Sonnenenergie soll noch stärker gefördert werden. ◆-sänderung, -sbedingungen, -sberechtigte, -sdauer, -sentgelt, -sentschädigung, -sfläche, -sgebühr, -sgrad, -shonorar, -sjahre, -skosten, -snachweis, -sordnung, -ssatz, -suntersagung, -svertrag, -swert, -szeit

Nut·zungs·recht *das* <-(e)s, -e> RECHTSW. *das Recht, Sachen (z. B. Eigentum) und Rechte (z. B. Urheberrechte) nutzen zu dürfen*

NVA GESCH. *Abkürzung von „Nationale Volksarmee", die Armee der ehemaligen DDR*

Ny·lon® *das* ['nɛjlɔn] <-(s)> /kein Plur./ CHEM. *Chemiefaser zur Herstellung von Kleidungsstücken oder Textilien* ◆ -strümpfe

Nym·phe *die* <-, -n> *eine junge Göttin (niederer Ordnung), die mit anderen (auch zusammen mit höheren Gottheiten) in der griechischen und in der römischen Mythologie als Naturgeist im Meer, in Teichen, auf Bergen, in Wäldern etc. herumschwebt oder tanzt*

nym·pho·man *adj* /nicht steig./ MED., PSYCH. *(geh.) (als Frau) mit einem krankhaft gesteigerten sexuellen Trieb* ▶ Nymphomanie, Nymphomanin, nymphomanisch

Oo

O, o *das* <-, -> *der 15. Buchstabe des Alphabets:* ein großes O; ein kleines o

o *interj* ❶ *verwendet, um einen Ausruf der Überraschung oder Bestürzung einzuleiten:* O Gott, o Gott!!; O weh!; O nein! ❷ *verwendet, um einen Ausdruck der Zustimmung oder Ablehnung einzuleiten:* O ja!; O doch!; O nein!; *siehe auch* **oh**

Oa·se *die* <-, -n> ❶ GEOGR. *ein Ort in der Wüste, an dem es Wasser und Pflanzen und teilweise sogar Bäume gibt* ❷ *(übertr.) ein Ort der Erholung und Entspannung:* Der Park ist eine Oase der Ruhe in der Großstadt.

ob I. *konj* ❶ *verwendet, um einen indirekten Fragesatz einzuleiten:* Er fragt sich, ob sie wohl noch kommt?; Ob das Wetter wohl besser wird? ❷ ■ **ob …oder** *verwendet, um zwei Nebensätze einzuleiten, deren Inhalt als unwichtig für das im Hauptsatz Gesagte dargestellt wird:* Er läuft jeden Morgen, ob es regnet oder schneit.; Ob alt oder jung: Alle achten sich gegen Grippe impfen lassen.
II. *präp + Gen. (geh. oder veralt.: ≈ wegen)* Sie war enttäuscht ob seines Ausbleibens.; *siehe auch* **als, und**

Ob·acht ■ **auf etwas Obacht geben** SÜDDT. *auf etwas* Gib Obacht auf die Stufen!

ÖBB <-> *Plur.* ÖSTERR. *Abkürzung von „Österreichische Bundesbahnen"*

Ob·dach *das* <-(s)> /kein Plur./ AMTSSPR. *(veralt.) Unterkunft:* jemandem Obdach gewähren

ob·dach·los *adj* /nicht steig./ *so, dass ein Mensch vorübergehend keine Wohnung mehr hat, weil er in Not geraten ist*

Ob·dach·lo·se *der/die* <-n, -n> *ein Mensch ohne Wohnung* ◆ -narzt, -nbetreuung, -nfürsorge, -nheim, -nhilfe, -nküche, -norganisation, -nprojekt, -nspeisung, -nseelsorge, -nunterkunft, -nverband, -nwohnheim, -nzeitung

Ob·dach·lo·sen·asyl *das* <-s, -e> *eine Unterkunft, die eine Stadt den Obdachlosen bereitstellt*

Ob·dach·lo·sig·keit *die* <-> /kein Plur./ *der Zustand, dass jmd. obdachlos ist:* Besonders Menschen ohne Einkommen sind von Obdachlosigkeit bedroht.

Ob·duk·ti·on *die* <-, -en> MED. *der Vorgang, dass ein Arzt eine Leiche öffnet, um zu sehen, warum die Person gestorben ist* ▶ obduzieren

O-Bei·ne <-> *Plur.* (↔ X-Beine) *Beine eines Menschen, die leicht nach außen gebogen sind und deren Form daher an den Buchstaben O erinnert*

o-bei·nig, *a.* **O-bei·nig** *adj* (↔ x-beinig) *mit O-Beinen*

Obe·lisk *der* <-, -en> *eine Säule mit vier Seitenflächen, die oben spitz zuläuft*

oben *adv* ❶ (↔ unten) *so, dass etwas in der Höhe über jmdm. oder etwas ist:* Das Restaurant liegt oben auf dem Berg.; Oben am Himmel sieht man nur wenige Wolken.; In diesem Haus sind oben die Wohnungen und unten die Büros. ❷ *auf der Oberseite:* Der Tisch hat oben einen Kratzer. ❸ *an einer früheren Textstelle:* Wie oben erwähnt, …; Siehe oben! ❹ *(umg.) hierarchisch höher:* Die Anweisung kommt von ganz oben!; ■ **etwas steht jemandem bis oben** *(umg.) jmd. hat etwas satt* Mir stehen die Prüfungen bis oben!; ■ **von oben bis unten** *vollständig*; ■ **von oben herab** *(umg.) arrogant, herablassend*; ■ **oben ohne** *(umg.) so, dass der Oberkörper einer Frau unbekleidet ist* ◆ *Getrennt- oder Zusammenschreibung* →R 4.5 oben stehend; das oben Stehende/Obenstehende; oben Stehendes/Obenstehendes; im oben Stehenden/Obenstehenden; ◆ R 4.1, R 4.12, R 3.4

oben·an *adv ganz oben:* Diese Wünsche stehen obenan auf der Liste.

oben·auf *adv* ❶ *über allem anderen, ganz oben darauf:* Ein guter Hamburger hat obenauf noch eine Scheibe Zwiebel. ❷ *(umg.) wieder gesund:* Nach der Krankheit ist er jetzt wieder obenauf. ❸ *(umg.) übertrieben selbstbewusst*

oben·drein *adv* (≈ außerdem, noch dazu) *so, dass etwas auch noch hinzukommt, während etwas anderes bereits der Fall ist:* Der Schüler war unvorbereitet und kam obendrein zu spät zum Unterricht.

Ober *der* <-s, -> (≈ Kellner) *ein Mann, der beruflich in einem Lokal die Gäste bedient:* Herr Ober, bitte zahlen!

ober *adj* /nur attr./ ❶ *so, dass sich etwas höher als etwas oder über etwas anderem befindet:* das obere Stockwerk; die oberen Räume ❷ /nur im Superl./ *so, dass sich etwas an der höchsten Stelle befindet:* Wohnungen im obersten Stockwerk kosten am meisten. ❸ /nur im Superl./ *so, dass sich jmd. auf dem ersten Platz in einer Hierarchie befindet:* Der oberste Arzt in einem Krankenhaus ist der Chefarzt. ❹ /nur im Superl./ *so, dass etwas*

O

sehr wichtig und unbedingt zu beachten ist: Das oberste Gebot für die Schüler hieß früher Ordnung.; ■ **die oberen Zehntausend** *(umg.) die sehr reichen Menschen in einer Gesellschaft*

Ober-¹ *als Erstglied zusammengesetzter Substantive; verwendet, um* ➊ *auszudrücken, dass die mit dem Zweitglied bezeichnete Person/Institution in einem System einen höheren Rang einnimmt* ◆-arzt, -ärztin, -förster, -gefreite, -inspektor(in), -kellner(in), -klasse, -landesgericht, -lehrer(in), -leutnant(in), -maat, -postdirektion, -priester, -rat, -regierungsrat, -regierungsrätin, -schulamt, -schwester, -staatsanwalt, -staatsanwältin, -stabsarzt, -studienrat, -studienrätin, -liga, -ligist ➋ *(↔ Unter-) die Hälfte desjenigen Körperteils zu bezeichnen, welcher über dem liegt, der mit dem Zweitglied genannt wird* ◆-arm, -kiefer, -körper, -lippe ➌ *etwas zu bezeichnen, das über oder auf dem mit dem Zweitglied Genannten liegt bzw. anzugeben, dass eine Lage/Position oberhalb einer anderen betroffen ist* ◆-deck, -geschoss, -hemd, -hitze, -kante, -kleidung, -leder, -schiene, -seite, -stimme ➎ *auszudrücken, dass die mit dem Zweitglied genannte amtliche Position über jeder anderen ihrer Art liegt* ◆-aufsicht, -befehlshaber(in), -bürgermeister(in), -herrschaft, -hoheit, -kommando, -priester(in)* ➏ *(↔ Unter-, Nieder-) auszudrücken, dass ein Landesteil oder eine Region, der/die mit dem Zweitglied bezeichnet wird, höher liegt als der/die andere* ◆-allgäu, -bayern, -franken, -lausitz, -pfalz, -österreich, -rhein, -schlesien, -staufen, -tauern* ➐ *auszudrücken, dass das mit dem Zweitglied Bezeichnete eine messbare Ausdehnung im oberen Bereich aufweist* ◆-fläche, -weite

Ober-² *als Erstglied zusammengesetzter Substantive; drückt aus, dass jemand/etwas die mit dem Zweitglied bezeichnete negative Eigenschaft in äußerst hohem Maße aufweist* ◆-angeber, -depp, -gauner, -spinner

ober-¹ *als Erstglied zusammengesetzter Adjektive; verwendet, um* ➊ *etwas zu bezeichnen, das über oder auf dem mit dem Zweitglied Genannten liegt bzw. anzugeben, dass eine Lage/Position oberhalb einer anderen betroffen ist* ◆-lastig, -schlächtig, -ständig ➋ *(↔ unter-, nieder-) auszudrücken, dass die mit dem Zweitglied bezeichnete Region in der Regel südlich einer anderen gelegen ist* ◆-bayerisch/-bayrisch, -fränkisch, -pfälzisch, -österreichisch, -rheinisch, -schlesisch, -staufisch

ober-² *als Erstglied zusammengesetzter Adjektive* ➊ *drückt aus, dass jemand/etwas die mit dem Zweitglied bezeichnete negative Eigenschaft in äußerst hohem Maße aufweist* ◆-fad, -blöd, -mies, -schlau ➋ *(jugendspr.) drückt aus, dass die mit dem Zweitglied bezeichnete positive Eigenschaft in nochmals gesteigerter Form vorhanden ist* ◆-cool, -affengeil

Ober·be·fehl *der* <-s> */kein Plur./* MILIT. *die höchste militärische Befehlsgewalt*

Ober·be·griff *der* <-(e)s, -e> *(≈ Hyperonym) hierarchisch übergeordneter/umfassender Ausdruck, der Mengen von Elementen umfasst:* Obst ist der Oberbegriff für Äpfel, Birnen, Bananen usw.

Ober·be·klei·dung *die* <-> */kein Plur./* *(↔ Unterwäsche) die Kleidung, die über der Unterwäsche getragen wird*

Ober·bett *das* <-(e)s, -en> *Bettdecke*

ober·deutsch *adj* */nicht steig./* SPRACHWISS. *die süddeutschen, österreichischen und schweizerischen Dialekte betreffend*

Obe·re *der/die/das* <-n, -n> */meist. Plur./ höher Stehende oder Vorgesetzte:* Die Oberen haben leicht reden.

ober·faul *adj* */nicht steig./* *(umg.) sehr schlecht, sehr bedenklich:* Die Sache ist oberfaul!

Ober·flä·che *die* <-, -n> ➊ *die Seite von etwas, die nach außen weist und die der Betrachter sieht:* die rauhe Oberfläche der Wand; die glatte Oberfläche des Tisches ◆-nbearbeitung, -nbeschichtung, -nrauheit, -nstruktur, -ntechnik ➋ *die Fläche, die eine Flüssigkeit nach oben hin bildet:* Auf der Oberfläche des Sees schwimmen viele Blätter. ◆-nspannung, -nwasser ➌ *Gesamtheit der Flächen, die einen Körper von außen begrenzen:* Die Oberfläche der Erde ist zu drei Vierteln von Wasser bedeckt.; die Oberfläche eines Würfels berechnen ◆-nform, -nformel

Ober·flä·chen·span·nung *die* <-, -en> PHYS. *die Kraft, die bewirkt, dass die Oberfläche² einer Flüssigkeit stabil bleibt*

ober·fläch·lich *adj* ➊ *so, dass etwas nur die Oberfläche¹ betrifft und nicht tief eindringt:* eine oberflächliche Verletzung ➋ *(≈ flüchtig) so, dass man etwas ziemlich schnell und daher nicht gründlich betrachtet oder prüft:* Sie hatten das Buch nur oberflächlich gelesen.; die Akten nur oberflächlich durchsehen ➌ *(abwert.) ohne tiefes Interesse für andere Menschen oder Dinge:* eine oberflächliche Person

Ober·fläch·lich·keit *die* <-, -en> ➊ */kein Plur./ der Zustand, dass etwas oberflächlich², ³ ist:* Die Rede des Politikers wurde wegen ihrer Oberflächlichkeit kritisiert. ➋ */nur Plur./ Bemerkung, die oberflächlich³ ist:* Auf dieser Party wurden nur Oberflächlichkeiten ausgetauscht.

ober·gä·rig *adj* *(↔ untergärig) so, dass während des Bierbrauens Hefe bei geringer Temperatur nach oben steigt:* Altbier ist ein obergäriges Bier.

Ober·ge·schoss *das* <-es, -e> *(↔ Untergeschoss, Erdgeschoss) ein Stockwerk, das höher als das Erdgeschoss liegt:* Wir wohnen im dritten Obergeschoss.

ober·halb *präp* ➊ *+Gen. (↔ unterhalb) so, dass etwas sich weiter oben befindet:* Die Burg liegt oberhalb des Dorfes. ➋ ■ **oberhalb von** *(umg.)* oberhalb von der Stadt

Ober·hand *die* <-> */kein Plur./* ■ **die Oberhand über jemanden gewinnen** *den Zustand erreichen, dass man jmdm. überlegen ist* Nach langen Diskussionen gewannen sie schließlich die Oberhand über ihre Gegner.

Ober·haupt *das* <-(e)s, Oberhäupter> *(geh.) jmd., der in der Hierarchie einer bestimmten Gruppe an erster Stelle steht:* Der Papst ist das Oberhaupt der katholischen Kirche. ◆-Staats-

Ober·haus *das* <-es, Oberhäuser> POL. ➊ *die erste von zwei Kammern eines Parlaments vor al-*

lem in den Staaten, die zum ehemaligen Britischen Königreich gehörten ❷ /kein Plur./ Bezeichnung für die erste Kammer des britischen Parlaments

Ober·haut die <-> /kein Plur./ MED. (≈ Epidermis) oberste Schicht der Haut ◆-gebilde, -schichten

Ober·hir·te der <-n, -n> REL. geistlicher Führer einer kirchlichen Glaubensgemeinschaft: Der Papst ist der Oberhirte der katholischen Kirche.

Obe·rin die <-, -nen> ❶ REL. Vorsteherin eines Klosters ❷ MED. Oberschwester in einem Krankenhaus

ober·ir·disch adj /nicht steig./ (↔ unterirdisch) so, dass es über dem Erdboden liegt: Der letzte Abschnitt der neuen U-Bahnstrecke verlief oberirdisch.

Ober·lan·des·ge·richt,   Ober·lan·des·ge·richt das <-(e)s, -e> das oberste Gericht in einem deutschen Bundesland

Ober·lauf der <-(e)s, Oberläufe> (↔ Unterlauf) der Teil eines Flusses, der sich nahe der Quelle befindet: Am Oberlauf des Flusses war das Wasser noch klar und rein.

Ober·lei·tung die <-, -en> TECHN. eine Stromleitung, die über einer Fahrbahn aufgehängt ist und aus der Züge und Straßenbahnen den Strom entnehmen, um zu fahren

Ober·licht das <-(e)s, -er/-e> ❶ ein Fenster in der Decke eines Raumes ❷ in einem großen Fenster das oberste Teil, das sich getrennt öffnen lässt

Ober·lip·pe die <-, -n> (↔ Unterlippe) die obere Lippe ◆-nbart, -nenthaarung, -nfalten, -nfältchen, -nhaare, -nhärchen, -nlift(ing), -npiercing, -nspalte

Ober·ma·cker der <-s, -> (umg.) Anführer; Ranghöchster

Ober·pri·ma, Ober·pri·ma die <-, Oberprimen> SCHULE nicht mehr sehr gebräuchliche Bezeichnung für die dreizehnte Klasse in einem Gymnasium

Obers das <-> /kein Plur./ ÖSTERR. Sahne: Ein Kaffee Obers ist ein Kaffee mit Sahne. ◆-creme/-krem/-kreme, Schlag-

Ober·schen·kel der <-s, -> der Teil des Beins, der vom Knie bis zur Hüfte reicht ◆-amputation, -bruch, -fraktur, -gips, -gymnastik, -halsbruch, -innenseite, -krampf, -muskel, -muskulatur, -prellung, -tatoo, -verletzung, -zerrung

Ober·schicht die <-, -en> (↔ Unterschicht) der Teil der Bevölkerung, der über die meisten wirtschaftlichen und finanziellen Mittel verfügt

ober·schlau adj /nicht steig./ (umg. abwert.) so, dass jmd. sich für sehr klug hält und alles zu wissen glaubt

Ober·schu·le die <-, -n> (veralt.: ≈ Gymnasium)

Ober·schwes·ter die <-, -n> MED. in einem Krankenhaus die Krankenschwester, die eine Abteilung leitet

Ober·sei·te die <-, -n> (↔ Unterseite) die Seite von etwas, die man sehen kann, weil sie oben liegt

Ober·se·kun·da die <-, Obersekunden> SCHULE kaum noch bekannte/gebräuchliche Bezeichnung für die siebte Klasse in einem Gymnasium

Oberst der <-en/-s, -en/-e> MILIT. Offiziersrang zwischen Oberstleutnant und Brigadegeneral

Ober·stu·fe die <-, -n> SCHULE in einem Gymnasium die letzten drei Klassen vor dem Abitur ◆-nabschluss, -nakademie, -nfete, -nkurs, -nlehrer, -nreife, -nreform, -nschüler, -nverordnung, -nzentrum

Ober·ter·tia die <-, Obertertien> SCHULE kaum noch gebräuchliche Bezeichnung für die fünfte Klasse in einem Gymnasium

Ober·trot·tel der <-s, -> (abwert.) ein Mensch, der alles falsch macht

Ober·was·ser das <-s> /kein Plur./ ■ **Oberwasser haben/bekommen** sich überlegen fühlen Nachdem sein Chef ihn einmal gelobt hatte, bekam er wieder Oberwasser.

Ober·wei·te die <-, -n> ❶ das Maß, das sich ergibt, wenn bei Frauen der Umfang von Rücken und Brust gemessen wird ❷ (umg.) Brüste: Sie hat eine große Oberweite.

ob·gleich konj (geh.: ≈ obwohl) leitet einen Nebensatz ein; was im Nebensatz gesagt wird, steht im Gegensatz oder als eine gewisse Einschränkung zu dem, was im Hauptsatz gesagt wird: Obgleich der Notendurchschnitt schlecht war, haben einzelne Schüler bei der Prüfung sehr gut abgeschnitten.

Ob·hut die <-> /kein Plur./ (geh.) Schutz, Pflege und Aufsicht, die man jmdm. gewährt: Die Waisenkinder standen unter der Obhut ihres Vormunds.

obig adj /nur attr./ /nicht steig./ so, dass etwas in einem Text weiter oben steht: Senden Sie die Rechnung an obige Adresse.

Ob·jekt das <-(e)s, -e> ❶ eine Sache oder ein Gegenstand, auf die bzw. den man sein Interesse richtet: das Objekt der Forschung; das Objekt der Begierde ◆Demonstrations-, Forschungs-, Streit-, Versuchs- ❷ WIRTSCH. (≈ Immobilie) ein Haus oder ein Grundstück, das zum Verkauf steht: Wir haben uns mehrere Objekte angesehen, aber keines hat uns gefallen. ◆Kauf-, Wert- ❸ KUNST ein Kunstgegenstand: Bei der Versteigerung wurden einige Objekte aus der Sammlung verkauft. ❹ SPRACHWISS. (↔ Subjekt) ein Satzglied, das nicht das Subjekt des Satzes ist und meist im Akkusativ steht: Das Verb „beißen" benötigt ein Objekt im Akkusativ. ◆-satz, Akkusativ-, Dativ-, Präpositional-

ob·jek·tiv, ob·jek·tiv adj (↔ subjektiv) so, dass etwas sachlich und neutral ist: Der Reporter berichtete objektiv von dem Vorfall. ▸ objektivieren

Ob·jek·tiv das <-s, -e> FOTOGR. ein optisches Gerät (als Bestandteil einer Kamera), das meist mehrere Linsen hat und durch das man sehen kann ◆-adapter, -blende, -bajonett, -deckel, -filter, -fehler, -gewinde, -güte, -köcher, -konverter, -linse, -pinsel, -schutz(deckel), -wechsel, -zubehör, Tele-, Umkehr-

Ob·jek·ti·vi·tät die <-> /kein Plur./ (↔ Subjektivität) eine Sichtweise, die objektiv ist

ob·jekt·ori·en·tiert adj /nicht steig./ EDV so, dass bei einer Programmiersprache oder einer Benutzeroberfläche die Elemente als Objekte bezeichnet werden: Fast alle neuen Betriebssysteme haben eine objektorientierte Benutzeroberfläche.

O

Ob·jekt·satz der <-es, Objektsätze> SPRACHWISS. ein Nebensatz, der von dem Verb des Hauptsatzes abhängt und die grammatische Funktion eines Objekts[4] einnimmt

Ob·la·te die <-, -n> ❶ KOCH. ein dünnes, rundes Gebäck aus Mehl und Wasser, das als Unterlage für anderes Gebäck, wie z. B. Lebkuchen, benutzt wird ❷ REL. eine aus Mehl und Wasser gebackene dünne Scheibe, die besonders in der katholischen Kirche als Abendmahlsbrot gereicht wird

ob·lie·gen <obliegt, oblag, hat oblegen> ohne OBJ ■ etwas obliegt jmdm. (geh.) für jmdn. ist etwas Pflicht oder Aufgabe: Die Erziehung der Kinder obliegt den Eltern.

Ob·lie·gen·heit die <-, -en> (geh.) Pflicht, Aufgabe: Das Kehren der Straße gehört zu den Obliegenheiten des Hausmeisters.

ob·li·gat adj (geh.) so, dass etwas unvermeidlich oder unverzichtbar ist

Ob·li·ga·ti·on die <-, -en> ❶ (veralt.) Verpflichtung ❷ WIRTSCH. Wertpapier mit festen Zinsen

ob·li·ga·to·risch adj ❶ so, dass etwas verpflichtend oder absolut notwendig ist: Mathematik ist ein obligatorisches Unterrichtsfach in der Schule. ❷ SPRACHWISS. (↔ fakultativ) so, dass Ergänzungen des Verbs in einem Satz nicht getilgt werden dürfen, da der Satz sonst ungrammatisch würde: Das Verb „kaufen" hat zwei obligatorische Ergänzungen.

Ob·mann der; **Ob·män·nin/Ob·frau** <-(e)s, Obmänner/Obleute> jmd., der eine Gruppe von Personen vertritt: Der Obmann der Gewerkschaft vertritt die Angestellten und Arbeiter gegenüber der Firmenleitung.

Oboe die <-, -n> MUS. ein Blasinstrument aus Holz mit einem feinen, dünnen Mundstück

Obo·lus der <-, -/-se> (geh.) ein kleiner Geldbetrag, den man als eine Art Spende gibt; bezeichnet nach einer kleinen altgriechischen Münze; ■ seinen Obolus entrichten einen kleinen Geldbetrag für eine Sache zahlen Der Vorsitzende des Vereins ermahnte die Mitglieder, endlich ihren Obolus für die Vereinskasse zu entrichten.

Ob·rig·keit die <-, -en> /meist Sing./ (veralt.) Personen oder Institutionen, die in der Kirche oder Politik die Macht haben: Fast die gesamte kirchliche Obrigkeit war versammelt.

Ob·rig·keits·denken das <-s> /kein Plur./ (abwert.) die Einstellung, dass man den Mächtigen ohne Kritik gehorchen muss

Ob·rig·keits·staat der <-(e)s, -en> ein autoritärer Staat, in dem es keine demokratischen Rechte gibt

ob·schon konj (geh.) siehe **obgleich, obwohl**

Ob·ser·va·ti·on die <-, -en> ❶ die Überwachung oder die Beobachtung von verdächtigen Personen oder Orten[1]: Die polizeiliche Observation der Verdächtigen führte zu zahlreichen Festnahmen. ❷ ASTRON., METEOR. wissenschaftliche Beobachtung der Sterne oder des Wetters

Ob·ser·va·to·ri·um das <-s, Observatorien> ASTRON., METEOR. ein Gebäude, von dem aus die Sterne oder das Wetter beobachtet werden

ob·ser·vie·ren mit OBJ ■ jmd. observiert

jmdn./etwas ❶ Personen oder Orte[1] polizeilich beobachten: Die Polizei observierte die Verdächtigen nun schon seit einem Monat. ❷ ■ jmd. observiert etwas ASTRON., METEOR. die Sterne, das Wetter wissenschaftlich beobachten

Ob·ses·si·on die <-, -en> PSYCH. eine zwanghafte Vorstellung oder Idee, die das Handeln eines Menschen bestimmen kann: Der Gedanke, dass man ihn absichtlich ignorierte, wurde allmählich zu einer Obsession. ▶ obsessiv

ob·sie·gen ohne OBJ ■ etwas obsiegt (geh.) etwas siegt: Das Gute obsiegt nicht immer.

ob·s·kur adj (geh.) ❶ (≈ zwielichtig) so, dass etwas oder jmd. verdächtig oder fragwürdig ist: Was ist das für ein obskures Lokal?; eine obskure Person ❷ (≈ unverständlich) so, dass etwas nicht logisch oder unklar ist: ein obskurer Gedankengang; Niemand verstand ihn genau, weil er immer so obskur redete. ▶ Obskurantismus, Obskurität

ob·so·let adj (geh.: ≈ veraltet) so, dass etwas nicht mehr gebraucht wird, weil es veraltet ist: Im Zeitalter der Personal Computer ist die Schreibmaschine obsolet geworden.

Ob·sor·ge die <-> /kein Plur./ ÖSTERR. Fürsorge, Aufsicht

Obst das <-(e)s> /kein Plur./ Oberbegriff für Früchte, die an Bäumen und Sträuchern wachsen und meist roh gegessen werden ◆ -bau, -baum, -blüte, -dessert, -ernte, -essig, -fliege, -garten, -handlung, -kiste, -korb, -kuchen, -messer, -plantage, -saft, -salat, -sorte, -teller, -torte, -wein, Beeren-, Dörr-, Frisch-, Kern-, Stein-, Trocken-

Obst·ler der <-s, -> SÜDDT. ein klarer Schnaps, der aus Obst gemacht ist

Obst·scha·le die <-, -n> ❶ eine flache Schüssel, in die man Obst legt: eine Obstschale aus Glas ❷ die äußere Schicht von Obst, die man vor dem Essen entfernt

ob·s·zön adj so, dass etwas anstößig oder unanständig ist: Das ist aber ein obszöner Witz!; Der Film wurde wegen seines obszönen Inhaltes zensiert.; Ich mag seine obszönen Reden nicht.

Ob·s·zö·ni·tät die <-, -en> ❶ /kein Plur./ die Eigenschaft, obszön zu sein ❷ /meist Plur./ etwas, dessen Inhalt obszön ist

ob·wohl konj (≈ obgleich, obschon) leitet einen Nebensatz ein; was im Nebensatz gesagt wird, steht im Gegensatz oder als eine gewisse Einschränkung zu dem, was im Hauptsatz gesagt wird: Obwohl es regnete, ging er spazieren.; Sie sang im Chor mit, obwohl sie erkältet war.; Obwohl sie sich ständig streiten, sind sie gute Freunde.

Ochs [ɔks] ■ jemand steht da wie der Ochs vorm Berg (umg.) jmd. weiß nicht mehr weiter Bei dieser Prüfung stand er da wie der Ochs vorm Berg!

Och·se der ['ɔksə] <-n, -n> ❶ ZOOL. ein kastrierter Stier ❷ (abwert.) ein dummer Mensch ◆ -nauge, -ngespann, -nkarren, -npflug, -nschwanz, -nschwanzsuppe, -ntour, -nzunge

och·sen ['ɔksən] <ochst, ochste, hat geochst> ohne OBJ ■ jmd. ochst (für etwas) (umg.) sich *besonders anstrengen:* Für diese Prüfung haben sie wirklich geochst.

Och·sen·schlepp *der* <-(e)s, -e> ÖSTERR. *Ochsenschwanz*

Och·sen·schwanz·sup·pe *die* <-, -n> *eine Suppe, die aus dem Schwanz des Ochsen gemacht ist*

Ochsen·tour *die* <-> */kein Plur./ (umg.) eine berufliche Karriere oder eine Arbeit, die viel Zeit und Aufwand erfordert*

Ocker *der/das* <-s, -> ❶ *Farbton, der zwischen gelb und braun liegt* ❷ *ein natürlicher Farbstoff aus Mineralien mit gelbbrauner Farbe*

ocker *adj /nur präd./ /nicht steig./ (≈ ockerfarben) gelbbraun* ◆-braun, -farben, -farbig, -gelb, -haltig

öd *adj* ❶ *(≈ kahl) so, dass in einer Landschaft oder Gegend fast keine Pflanzen sind:* Wir fuhren stundenlang durch diese öde Landschaft. ❷ *(≈ trostlos) ziemlich monoton und traurig und ohne Aussicht auf positive Entwicklungen:* Sein Leben erschien ihm öd und leer. ❸ *(≈ langweilig) ohne echte Inhalte oder Neuigkeiten und daher reizlos:* Das Schlimmste auf dieser Party waren die öden Gespräche.; *ein öder Tag; eine öde Stadt; siehe* **anöden, Einöde**

Ode *die* <-, -n> LIT. *feierliches Gedicht:* Schiller schrieb die „Ode an die Freude".

Ödem *das* <-s, -e> MED. *Stelle am Körper in der Unterhaut, die anschwillt und dick wird, weil sich dort Wasser ansammelt* ▸ ödematös

oder *konj* ❶ *verwendet, um auszudrücken, dass zwischen zwei Alternativen ein absoluter Gegensatz besteht und nur eine gewählt werden kann:* Es gibt nur Sieger oder Verlierer.; Du kannst es tun oder lassen!; Man kann die Wohnung mieten oder kaufen. ❷ *verwendet, um auszudrücken, dass es mehrere Möglichkeiten gibt:* An der Sprachschule kann man Russisch, Spanisch oder Italienisch lernen. ❸ *verwendet, um auszudrücken, dass etwas oder jmd. auch anders genannt werden kann:* Personal Computer oder kurz PC; Karl der V. oder Karl der I., wie er in Spanien genannt wurde. ❹ *verwendet, um auf eine unangenehme Konsequenz hinzuweisen:* Wir müssen jetzt gehen oder wir verpassen den Zug.; Du benimmst dich anständig oder du fliegst noch von der Schule.; *siehe* **entweder** ❺ *am Ende eines Satzes verwendet, um auszudrücken, dass der Sprecher eine Bestätigung oder Zustimmung erhofft:* Jetzt ist Schluss, oder?; Du glaubst mir doch, oder?

Oder *die* <-> */kein Plur./ Fluss an der deutsch-polnischen Grenze* ◆-aue, -bruch, -deich, -flut, -haff, -kahn, -mündung, -Neiße-Linie, -Spree-Kanal

Ödi·pus·kom·plex *der* <-es> PSYCH. *(≈ Mutterkomplex) die übertriebene emotionale Bindung eines Mannes an seine Mutter (Benennung nach S. Freud)*

Öd·land *das* <-(e)s> */kein Plur./ ein Land, das nicht landwirtschaftlich genutzt wird und nicht bebaut ist*

Odon·to·lo·gie *die* <-> */kein Plur./ Zahnheilkunde* ▸ Odontologe, Odontologin, odontologisch

Odys·see *die* <-, ...-seen> ❶ */kein Plur./ der Titel*

des Buches von Homer über die Irrfahrten des Odysseus ❷ *(geh.) eine Reise mit vielen Hindernissen und Schwierigkeiten:* Die Heimfahrt war die reinste Odyssee.

OEu·v·re *das* ['ø:vrə] <-, -s> *das gesamte Werk eines Künstlers*

Ofen *der* <-s, Öfen> ❶ *ein Gerät, in dem Feuer gemacht wird und mit dem man ein Zimmer heizen kann* ❷ *ein einzelnes oder in einem Herd integriertes Gerät zum Backen oder zum Zubereiten eines Bratens;* ■ **ein heißer Ofen** *(umg.) ein schnelles Auto oder Motorrad;* ■ **Jetzt ist der Ofen aus!** *(umg.) drückt aus, dass etwas zu Ende ist und man nichts mehr tun kann;* ■ **hinter dem Ofen hocken** ■ **sich hinter dem Ofen verkriechen** *drückt aus, dass jmd. immer nur im Haus bleibt und wenig Kontakt zu anderen Menschen hat* ◆-bank, -heizung, -rohr, -tür, Gas-, Kachel-, Kohle-, Öl-, Stahl-

ofen·frisch *adj /nicht steig./ so, dass etwas gerade frisch aus dem Backofen geholt wurde:* Die Bäckerei verkauft morgens ofenfrische Brötchen.

of·fen *adj* ❶ *(≈ geöffnet) so, dass man durch etwas gehen, sehen, greifen o. Ä. kann:* Die Tür ist offen!; das offene Fenster; das Hemd offen lassen ❷ *so, dass keine Hindernisse vorhanden sind:* Der Pass über die Alpen ist nur im Sommer offen.; offene Grenzen ❸ *(≈ geöffnet ↔ geschlossen) so, dass man in ein Geschäft oder in eine Bank gehen kann:* Am Samstag sind die Läden in der Innenstadt bis 16 Uhr offen. ❹ *so, dass dort viel Platz ist und man ohne Hindernisse sehen kann:* Wir blickten auf das offene Meer. ❺ *(≈ unbestimmt) so, dass etwas noch nicht beendet oder geklärt ist:* Es bleibt offen, ob sie an der Prüfung teilnimmt.; Ende offen!; Es blieben noch viele Fragen offen. ❻ *so, dass etwas noch nicht bezahlt ist:* Die Rechnung steht noch offen. ❼ *(≈ unbesetzt) so, dass etwas noch zu haben ist:* In der Firma gab es noch viele offene Stellen. ❽ *so, dass sich jmd. nicht verstellt:* Er hatte einen offenen Blick.; Sie sagte ihm offen ihre Meinung. ❾ *so, dass etwas klar und deutlich erkennbar ist:* Ihnen schlug offene Feindschaft entgegen. ❿ *(≈ aufgeschlossen) so, dass jmd. bereit für neue Sachen ist:* Sie war offen für alles Neue.; Er war offen für die Probleme seines Freundes. ⓫ *so, dass eine Wunde noch nicht verheilt ist:* ein offenes Bein ⓬ *so, dass bei einer Sache jeder mitmachen kann:* Der Kurs war offen für alle Interessenten. ⓭ *so, dass etwas nicht zusammengebunden ist:* Sie trug die Haare offen.; Deine Schnürsenkel sind offen!

of·fen·bar, of·fen·bar I. *adj (≈ offensichtlich) so, dass etwas klar zu sehen und zu verstehen ist:* Es handelt sich um eine offenbare Lüge. II. *adv vermutlich, dem Anschein nach:* In dem Programm liegt offenbar ein Fehler vor.; Offenbar hat er zu viel getrunken.

of·fen·ba·ren <offenbarst, offenbarte, hat offenbart> I. *mit OBJ* ■ *jmd. offenbart (jmdm.) etwas* jmd. sagt (jmdm.) etwas, das bis dahin geheim war: Endlich offenbarte er seine Gefühlnis.; Sie offenbarten ihm ihre Liebe. II. *mit SICH* ■ *jmd. offenbart sich jmdm. (als jmd./etwas)* ❶ sich *(jmdm.) (als jmd. oder etwas) zu erkennen geben:* Sie offenbarte sich ihrer Kollegin als gute Freundin.; Er offenbarte sich als guter Kenner der antiken Gedankenwelt. ❷ *(geh.) sich jmdm. anvertrauen:* Er offenbarte sich seinem Freund.

Of·fen·ba·rung *die* <-, -en> ❶ *(geh.) etwas, das eine Klarheit/Klärung verschafft:* die Offenbarung der Schuld ❷ *(geh.: ≈ Erleuchtung) etwas, das plötzlich viele Dinge erkennen und verstehen lässt:* Der Film war für mich eine Offenbarung! ❸ REL. *die Darlegung einer direkt von Gott erfahrenen Wahrheit:* Die Offenbarung des Johannes ist das letzte Buch des Neuen Testaments.

Of·fen·ba·rungs·eid *der* <-(e)s, -e> RECHTSW. *ein Eid, der von einem Schuldner geleistet wird, nachdem dieser seinen ganzen Besitz angegeben hat und seine Schulden nicht mehr bezahlen kann:* Nach dem Konkurs seiner Firma musste er den Offenbarungseid leisten.

of·fen·blei·ben <bleibt offen, blieb offen, ist offengeblieben> *ohne OBJ* ■ *etwas bleibt offen unerfüllt, unbeantwortet bleiben:* Es bleiben noch einige Wünsche offen.; Eine Frage bleibt noch offen…

of·fen·hal·ten <hältst offen, hielt offen, hat offengehalten> *mit SICH* ■ *jmd. hält sich etwas Akk. offen sich nicht festlegen:* sich die Möglichkeit offenhalten etwas zu tun

Of·fen·heit *die* <-> /kein Plur./ ❶ *(↔ Verschlossenheit) das Verhalten, sich nicht zu verstellen und ehrlich zu sein:* Seine Offenheit war überraschend. ❷ *der Sachverhalt, dass etwas klar und deutlich erkennbar ist:* Die Offenheit der Ablehnung erschwerte die Arbeit sehr. ❸ *(≈ Aufgeschlossenheit) das Verhalten, für neue Sachen bereit zu sein:* Sie zeigten große Offenheit für diese Probleme.; Es sind vor allem Jüngere, die Offenheit gegenüber den neuen Technologien zeigen.

of·fen·her·zig *adj* ❶ *so, dass jmd. ohne Scheu über sich redet:* Er redete offenherzig über seine Gefühle ❷ *(umg.) so, dass ein Kleid oder ein Kleidungsoberteil einer Frau tief ausgeschnitten ist*

of·fen·kun·dig, **of·fen·kun·dig** *adj* ❶ *siehe* **offenbar** ❷ *(≈ bekannt) so, dass man es jetzt weiß:* Es ist offenkundig, dass in der Behörde Fälle von Korruption gibt! ▶ Offenkundigkeit

of·fen·le·gen <legst offen, legte offen, hat offengelegt> *mit OBJ* ■ *jmd. legt etwas Akk. offen an die Öffentlichkeit bringen* ▶ Offenlegung ◆Zusammenschreibung →R 4.6 Er musste alle seine Bankgeschäfte offenlegen.

of·fen·sicht·lich, **of·fen·sicht·lich** *adj so, dass etwas klar zu erkennen und sehr deutlich ist:* Offensichtlich hat es bei der Abrechnung zahlreiche Fehler gegeben.; Es ist offensichtlich, dass die Zahl der Arbeitslosen steigt.

of·fen·siv *adj (↔ defensiv)* ❶ MILIT. *so, dass man angreift* ▶ Offensivkrieg, Offensivtaktik ❷ *so, dass ein Ziel aktiv und provokant verfolgt wird und man angreift:* Die Partei ging in einen offensiven Wahlkampf. ▶ Offensivkrieg, Offensivspieler, Offensivtaktik, Offensivverteidiger, Offensivwaffen

Of·fen·si·ve *die* <-, -n> *(↔ Defensive)* ❶ MILIT. *Angriff:* Die Offensive sollte in der Nacht begin-

nen. ◆Gegen-, Groß- ❷ *eine Handlung, die schnell und effektiv zum Ziel führen soll:* Die Regierung plante eine Offensive gegen den Tabakkonsum. ◆Friedens-, Wirtschafts- ❸ /kein Plur./ SPORT *Angriff:* Nach langem Zögern ging die Mannschaft zur Offensive über.

of·fen·ste·hen <steht offen, stand offen, hat offengestanden> **I.** *mit OBJ* ■ *etwas steht jmdm. offen verfügbar sein* **II.** *ohne OBJ (sein)* ■ *etwas steht offen frei sein:* Der Posten des Managers steht seit längerem offen. ◆Zusammenschreibung →R 4.6 Die ganze Welt steht uns offen.

öf·fent·lich *adj /nicht steig./* ❶ *(↔ geheim) so, dass etwas für alle zugänglich ist und jeder daran teilnehmen kann:* die öffentlichen Wahlen; eine öffentliche Diskussion ❷ *(↔ privat) so, dass es jeder benutzen kann:* ein öffentliches Telefon; ein öffentlicher Park ❸ *so, dass es für alle gilt oder von allen ausgeht:* Die Gesundheitspolitik liegt im öffentlichen Interesse.; Die öffentliche Sicherheit ist eine zentrale Frage der Politik. ❹ *(≈ bekannt) so, dass jeder davon weiß:* Die Ergebnisse der Prüfung wurden spät öffentlich gemacht. ❺ */nur attr./ so, dass Leistungen oder Einrichtungen der Regierung für alle da sind:* die öffentlichen Gelder; die öffentlichen Schulen ▶ öffentlich-rechtlich

Öf·fent·lich·keit *die* <-> /kein Plur./ ❶ *alle Menschen eines Landes, einer Stadt o. Ä.:* Die Öffentlichkeit wurde über den Skandal durch die Nachrichten informiert.; Der Kanzler wandte sich im Fernsehen an die Öffentlichkeit. ❷ *ein Zustand, der öffentlich[1, 2, 3, 4] ist* ❸ *dort, wo einen alle hören oder sehen können:* in der Öffentlichkeit; in aller Öffentlichkeit ◆-beauftragte, -beteiligung, -sfunktion, -sgebot, -sgesetz, -sprinzip, -srecht, -sscheu, -ssphäre, -swerbung, -swirkung, Welt- ▶ öffentlichkeitswirksam

Öf·fent·lich·keits·ar·beit *die* <-> /kein Plur./ *(≈ Public Relations) eine Art Werbung, die ein Unternehmens oder eine Organisation in der Öffentlichkeit[1] betreibt, um das eigene Ansehen zu verbessern:* Die Firma betreibt eine vorbildliche Öffentlichkeitsarbeit.

of·fe·rie·ren *mit OBJ* ■ *jmd. offeriert jmdm. etwas* ❶ WIRTSCH. *jmdm. ein schriftliches Angebot für eine Sache oder eine Dienstleistung machen:* Die Bank offerierte ihren Kunden einen günstigen Kredit. ❷ *(geh. o veralt.) jmdm. etwas anbieten:* Er offerierte der Königin seine Dienste.

Of·fer·te *die* <-, -n> WIRTSCH. *Angebot* ▶ offerieren

Of·fice *das* ['ɔfɪs] <-, -s> *das englische Wort für Büro*

of·fi·zi·ell *adj* ❶ *so, dass etwas von einer Regierung oder einem Amt angeordnet oder bekanntgeben wird:* Von offizieller Seite wurde die Nachricht bestätigt.; Die Verträge wurden offiziell anerkannt. ❷ *so, dass etwas sehr feierlich oder förmlich ist:* Zu einem offiziellen Anlass gehört ein Anzug mit Krawatte. ❸ *(umg.) das, was öffentlich[4] gesagt wird, aber nicht unbedingt stimmt:* Offiziell haben sie gearbeitet, aber in Wirklichkeit waren sie schwimmen.

Of·fi·zier *der*, **Of·fi·zie·rin** <-s, -e> MILIT. *in der* *militärischen Hierarchie ein hoher Rang direkt über dem des Leutnants* ◆*-sanwärter, -skasino, -skorps, -slaufbahn, -srang, -suniform, Marine-, Reserve-, Stabs-*

ọff·line [ˈɔflaɪn] *adj /nicht steig./* EDV *(↔ online) so, dass ein Computer gerade nicht mit anderen Computern oder einem Kommunikationssystem verbunden ist:* die Website offline zur Verfügung stellen

Ọff·line·be·trieb *der <-(e)s> /kein Plur./* EDV *(↔ Onlinebetrieb) der Zustand, dass ein Computer offline ist*

ọff·nen I. *mit OBJ* ❶ ▪ *jmd. öffnet etwas (mit etwas Dat.) (≈ aufmachen ↔ schließen) bewirken, dass etwas offen ist oder sich entfaltet:* Er öffnet den Brief mit dem Messer.; Sie öffnen ihren Schirm. ❷ *ein Hindernis beseitigen, damit etwas wieder benutzt werden kann:* Der Zoll hat die Grenze wieder geöffnet. ❸ *(geh.)* ▪ *jmd. öffnet jmdm. etwas einem anderen Menschen zeigen, was bisher verborgen war:* Er hat ihr sein Herz geöffnet.; Sie hat ihm die Augen für alles Schöne geöffnet. **II.** *ohne OBJ* ▪ *etwas öffnet (irgendwann) (↔ schließen) ein Geschäft o. Ä. macht für Kunden auf:* Die Bank öffnet um acht Uhr.; Die Geschäfte haben von zehn bis sechzehn Uhr geöffnet. **III.** *mit SICH* ❶ ▪ *etwas öffnet sich etwas geht auf:* Er sprach: „Sesam öffne dich!"; Die Tür öffnete sich wie von Zauberhand. ❷ ▪ *jmd. öffnet sich etwas Dat. jmd. beginnt, sich für eine neue Sache zu interessieren:* Auch ältere Menschen öffnen sich dem Internet. ❸ ▪ *jmd. öffnet sich jmdm. (geh.: ≈ anvertrauen) jmdm. zeigen, was man fühlt, weil man ihm vertraut:* Der Patient öffnete sich dem Therapeuten.

Ọff·ner *der <-s, -> (≈ Flaschenöffner) ein Gegenstand, mit dem man den Verschluss von einer Flasche entfernen kann:* Die Flasche ist noch zu, kannst du mir mal den Öffner geben? ◆*Dosen-, Flaschen-*

Ọff·nung *die <-, -en> ❶ (≈ Loch) eine Stelle, wo etwas offen[1] ist:* Die Maus kroch durch die Öffnung in der Tür. ◆*-swinkel, Fenster-, Körper-, Mauer-, Mund-, Tür-* ❷ */kein Plur./ Vorgang, bei dem etwas (offiziell)[1] geöffnet wird:* die Öffnung der Grenzen; Der Vatikan erlaubte die Öffnung seines Archivs. ◆*-sklausel, -spolitik, -szeit*

Off·shore·wind·park, Off-Shore-Wind·park *der* [ˈɔfʃɔːɐ̯...] *<-s, -s> in mehr oder weniger großer Entfernung zur Küste ins Meer gebauter Windpark*

o-för·mig, O-för·mig *adj mit der Form eines O*

ọft *<öfter> adv* ❶ *(↔ selten) so, dass es innerhalb eines bestimmten Zeitabschnitts relativ viele Vorkommnisse von etwas gibt:* Dieses Jahr war er oft krank.; Sie geht oft ins Schwimmbad, eigentlich täglich. ❷ *(≈ häufig) überwiegend, in vielen Fällen:* Ich kann oft nicht einschlafen ❸ *so, dass etwas regelmäßig in kurzen Abständen wiederholt:* An Wochentagen verkehren die Busse sehr oft. ❹ *verwendet, um danach zu fragen, wie viele Male etwas geschieht oder geschehen ist:* Wie oft hast du das Buch schon gelesen?

ọf·ter I. *Komp von* **oft**[2] **II.** *adv mehrmals:* Man

muss die Verben öfter üben.; Je öfter man übt, desto besser beherrscht man die Formen.; ▪ *des Öfteren oft Dieser Fehler kommt bestimmt des Öfteren vor.*

ọf·ters *adv mehrere Male*

ọft·ma·lig *adj /nur attr./ so, dass etwas oft[1] passiert*

ọft·mals *adv (geh.) oft[1, 2]*

oh *interj verwendet für einen Ausdruck des Erstaunens, der Freude, des Schreckens:* Oh, das ist ja toll!; Oh, wie schön.; Oh, mein Gott!; *siehe auch* **o**

Ohm[1] *das <-s, -> ELEKTROTECHN. Maßeinheit für den elektrischen Widerstand*

Ohm[2] *der <-(e)s, -e> SCHWEIZ. (≈ Oheim) Onkel*

oh·ne I. präp +Akk. ❶ *verwendet, um auszudrücken, dass etwas oder eine Person nicht vorhanden oder dabei ist:* Sie sind ohne ihre Freunde ins Kino gegangen.; Ohne einen Cent verließ er das Haus. ❷ ▪ *ohne weiteres/ohne Weiteres drückt aus, dass etwas ohne Probleme oder Hindernisse geschieht Obwohl das ein offizieller Empfang ist, nehme ich ohne weiteres/ohne Weiteres daran teil.*; ▪ *ohne mich betont, dass der Sprecher bei einer Sache nicht mitmachen will Ihr wollt bei diesem Wetter spazieren gehen? Ohne mich!*; ▪ *gar nicht so ohne verwendet, um auszudrücken, dass etwas oder eine Person besonders schwierig, schön, gefährlich usw. ist Die Prüfung ist gar nicht so ohne!; Diese Stadt ist gar nicht so ohne!* **II.** *konj* ▪ *ohne dass/ohne zu plus Inf. verwendet, um einen Nebensatz einzuleiten, der etwas benennt, was nicht geschieht oder getan wird:* Er verließ den Raum, ohne dass es jemand bemerkte.; Sie standen auf, ohne etwas gegessen zu haben.

oh·ne·dies *part siehe* **ohnehin**

oh·ne·glei·chen *adj /nicht steig./ / nur attr., steht immer nach dem Substantiv/ (≈ beispiellos) so, dass es zu etwas oder zu einer Person nichts Ähnliches gibt:* Das ist eine Frechheit ohnegleichen!; Er war ein Rüpel ohnegleichen.

oh·ne·hin *part drückt aus, dass etwas auf jeden Fall und unabhängig von allem eintritt:* Wir müssen uns nicht mehr beeilen; wir kommen ohnehin zu spät!

oh·ne·wei·ters *adv ÖSTERR. ohne weiteres/ohne Weiteres siehe* **ohne**[2]

Ohn·macht *die <-, -en> ❶ der Zustand, in dem jmd. für kurze Zeit kein Bewusstsein hat ❷ /kein Plur./ ein Zustand, in dem man sich ohne Macht und Hilfe fühlt;* ▪ *von einer Ohnmacht in die andere fallen (umg.) erstaunt oder sehr erschrocken sein* ◆*-sanfall, -serfahrung, -sgefühl*

ohn·mäch·tig *adj /nicht steig./ ❶ so, dass man ohne Bewusstsein ist:* Sie wurde vor Schreck ohnmächtig. ❷ *so, dass man sich in einer Situation hilflos und machtlos fühlt:* Sie mussten ohnmächtig zusehen, wie das Schiff unterging.

oho *interj verwendet, um Verwunderung oder Verärgerung auszudrücken:* Oho, das ging aber flott!; Oho, so einfach geht das aber nicht!

Ohr *das <-(e)s, -en> eines der beiden Organe, mit denen Menschen und Tiere hören:* sich die Ohren putzen; Der Hase stellt die Ohren auf.; ▪ *sich*

O

aufs Ohr hauen/legen *(umg.) schlafen gehen;* ■ **ganz Ohr sein** *(umg.) aufmerksam zuhören;* ■ **die Ohren spitzen** *(umg.) aufmerksam zuhören;* ■ **auf den Ohren sitzen** *(umg.) nicht zuhören, was jmd. sagt;* ■ **jemandem mit etwas in den Ohren liegen** *(umg.) jmdn. immer wieder um etwas bitten;* ■ **jemandem sein Ohr leihen** *jmdm. gut zuhören;* ■ **jemandem kommt etwas zu Ohren** *jmd. erfährt etwas, das er nicht wissen sollte;* ■ **jemandem etwas um die Ohren hauen** *(umg.) jmdn. wegen einer Sache stark kritisieren;* ■ **jemanden übers Ohr. hauen** *(umg.) jmdn. betrügen;* ■ **ein paar/eins/eine hinter die Ohren bekommen** *(umg.) eine Ohrfeige bekommen;* ■ **die Ohren hängen lassen** *(umg.) ohne Mut oder Hoffnung sein;* ■ **Halt die Ohren steif!** *(umg.) verwendet, um jmdm. Mut zu wünschen;* ■ **bei jemandem auf offene Ohren stoßen** *jmdm. nichts erklären müssen;* ■ **bis über beide Ohren in Arbeit/Schulden etc. stecken** *(umg.) viel Arbeit oder Schulden etc. haben;* ■ **viel um die Ohren haben** *(umg.) sehr beschäftigt sein;* ■ **bis über beide Ohren verliebt sein** *sehr verliebt sein;* ■ **etwas geht jemandem zum einen Ohr hinein und zum anderen hinaus** *eine Sache wird schnell vergessen, weil sie keinen Eindruck macht;* ■ **auf dem Ohr ist jemand taub** *(umg.) das ist ein Thema, von dem jmd. absolut nichts wissen will* ◆ -clip/-klipp, -enarzt, -endruck, -enentzündung, -enheilkunde, -enjucken, -enleiden, -enpfeifen, -enpfropfen, -enrauschen, -enschmalz, -schmaus, -enschmerzen, -ensessel, -enstöpsel, -entropfen, -enwärmer, -enzeuge, -enzwicker, -klipp, -ring, -schmuck, Esels-, Hänge-, Schlapp-

O **Öhr** *das* <-(e)s, -e> *das kleine Loch am oberen Ende einer Näh- oder Stopfnadel; siehe* **Nadelöhr**

oh·ren·be·täu·bend *adj (umg.) so, dass etwas sehr laut ist:* Dieser ohrenbetäubende Lärm macht mich noch wahnsinnig!

Oh·ren·sau·sen *das* <-s> */kein Plur./* MED. *ein Geräusch im Ohr, das keine konkrete Ursache hat und stört*

Oh·ren·schüt·zer *der* <-s, -> *zwei Klappen, die man auf den Ohren trägt, um diese vor Kälte oder Lärm zu schützen*

Ohr·fei·ge *die* <-, -n> *ein Schlag mit der flachen Hand auf jmds. Wange;* ■ **eine schallende Ohrfeige** *ein lauter, starker Schlag mit der flachen Hand auf jmds. Wange*

ohr·fei·gen *mit OBJ* ■ **jmd. ohrfeigt jmdn.** *jmdn. mit der flachen Hand auf die Wange schlagen*

Ohr·läpp·chen *das* <-s, -> *der untere Teil der Ohrmuschel*

Ohr·mu·schel *die* <-, -n> *der äußere, sichtbare Teil des Ohrs*

Oh·ro·pax® *das* <-> */kein Plur./* kleine Kugeln aus Wachs, die ins Ohr gesteckt werden und das Ohr vor Lärm schützen

Ohr·ste·cker *der* <-s, -> *ein Schmuckstück, das meist aus Edelmetall gearbeitet ist und die Form einer kurzen Nadel hat, die man durch ein Loch im Ohrläppchen steckt und auf deren Spitze ein wertvoller Stein oder eine Perle sein kann*

Ohr·wurm *der* <-(e)s, Ohrwürmer> ❶ ZOOL. *ein kleines Insekt* ❷ *(umg.) eine Melodie, die man sich leicht merken kann und an die man immer wieder denken muss*

okay [o'keː] **I.** *adj* ❶ */nicht steig., nur präd./ (umg.) so, dass etwas gut und in Ordnung ist:* Dein Anzug ist okay.; Er war zwei Tage krank, aber heute ist er wieder okay.; Ist alles okay? ❷ *so, dass etwas ausreicht, aber nicht begeisternd ist:* Wie hat dir der Film gefallen? – Er war okay. **II.** *part* ❶ *drückt als Antwort eine Zustimmung aus:* Kommst du mit? – Okay! ❷ *am Ende eines Satzes verwendet, um auszudrücken, dass der Sprecher Zustimmung erwartet:* Wir gehen alle zusammen, okay? ❸ *(≈ also) am Anfang eines Satzes verwendet, um eine Aufforderung oder eine Feststellung einzuleiten:* Okay, fangen wir noch mal von vorne an.; Okay, das war's!

Okay *das* [o'keː] <-(s), -s> *(umg.) Zustimmung, Einwilligung:* Gib mir dein Okay!; Das Okay vom Chef haben wir!

Ok·ka·si·o·na·lis·mus *der* <-, Okkasionalismen> SPRACHWISS. *eine Gelegenheitsbildung, die nicht auf Dauer dem lexikalischen Bestand angehören dürfte* ▸ okkasionalistisch *siehe auch* **Neologismus**

ok·kult *adj so, dass etwas übersinnlich und verborgen ist:* Die Alchemie ist eine okkulte Wissenschaft.

Ok·kul·tis·mus *der* <-> */kein Plur./ Beschäftigung mit okkulten Dingen* ▸ okkultistisch

Ok·ku·pa·ti·on *die* <-, -en> MILIT., POL. *die Besetzung eines Landes durch eine fremde Armee* ◆ -sgebiet, -sheer, -spolitik, -struppen, -szeit

ok·ku·pie·ren *mit OBJ* ■ **jmd. okkupiert etwas** ❶ MILIT. *ein fremdes Land besetzen:* Im Laufe des Zweiten Weltkrieges okkupierte die Deutsche Wehrmacht weite Gebiete der Sowjetunion. ❷ *(geh.) einen Raum oder eine Sache gegen den Willen einer Person besetzen:* Der Herr hat einfach meinen Stuhl okkupiert!

Öko *der* <-s, -s> *(umg.)* ❶ *eine Person, die sich strikt auf natürliche und gesunde Weise ernährt und großen Wert auf Umweltschutz legt* ❷ *(abwert.) jmd., der sich betont alternativ kleidet:* Der Typ sah aus wie ein Öko.

Öko- *als Erstglied zusammengesetzter Substantive; drückt aus, dass die mit dem Zweitglied bezeichnete Person oder Sache/Richtung umweltfreundliche Ziele verfolgt* ◆ -audit, -auto, -bank, -bauer, -bett, -bilanz, -energie, -ethik, -garten, -haus, -laden, -ofen, -produkt, -strom, -tourismus, -unterwäsche

Öko·be·we·gung *die* <-, -en> *Menschen, die für ein Leben im Einklang mit der Natur und für verstärkten Umweltschutz eintreten*

o.k./O.K. *siehe* okay

Öko·lo·gie *die* <-> */kein Plur./* BIOL. ❶ *das System der ungestörten, wechselseitigen Beziehungen der Lebewesen zueinander und zu ihrer Umwelt* ❷ *die Wissenschaft, die sich mit Ökologie*[1] *beschäftigt* ▸ Ökologe, Ökologin

öko·lo·gisch *adj* ❶ *die Ökologie*[1] *betreffend* ❷ *so, dass die Ökologie*[1] *nicht geschädigt wird:* Der

Bauer wirtschaftet nach ökologischen Grundsätzen.; Ökologische Lebensmittel kommen nach den Skandalen der letzten Zeit immer mehr in Mode.

Öko·no·mie *die <-, ...-mien>* ❶ *(≈ Wirtschaft) das wirtschaftliche System eines Landes* ◆ *Handels-, Industrie-, National-, Sozial-* ❷ *der wirtschaftliche Verbrauch von Waren und Geld* ❸ */kein Plur./ (veralt.) Wirtschaftswissenschaft* ▸ Ökonom, Ökonomin

öko·no·misch *adj* ❶ *so, dass es sich auf die Ökonomie[1] bezieht:* ökonomische Probleme ❷ *so, dass dabei Mittel und Kräfte sparsam und wirkungsvoll eingesetzt werden:* die ökonomischen Bewegungen des Läufers

Öko·par·tei *die <-, -en> eine Partei, in deren Parteiprogramm der Umweltschutz eine zentrale Bedeutung hat:* Die Grünen waren in ihren Anfängen vorwiegend eine Ökopartei.

Öko·sie·gel *das <-s, -> ein offizielles Zeichen, das die ökologische[2] Unbedenklichkeit eines Produktes bestätigt:* Der „Blaue Engel" ist das bekannteste Ökosiegel.

Öko·steu·er *die <-, -n> eine Steuer, die auf nicht erneuerbare Energieträger, wie z. B. Benzin, erhoben wird und mit der die Umweltpolitik gefördert werden soll*

Öko·sys·tem *das <-(e)s, -e> ein natürlicher Lebensraum mit Lebewesen:* Das Ökosystem des Mittelmeers ist schwer geschädigt.

Ok·ta·eder *der <-s, -> MATH. ein geometrischer Körper, dessen Oberfläche[3] aus acht Flächen besteht*

Ok·tan *das <-s> * ❶ *CHEM. gesättigter, leicht brennbarer Kohlenwasserstoff mit acht Kohlenstoffatomen, der in Erdöl und Benzin enthalten ist* ❷ */in Verbindung mit Zahlangaben nicht flektiert / KFZ Angabe für die Klopffaktor von Benzin:* Benzin mit 96 Oktan ◆ -zahl

Ok·ta·ve *die <-, -n>* ❶ *MUS. der Abstand zwischen acht Tönen einer Tonleiter* ❷ *MUS. der achte Ton einer Tonleiter*

Ok·to·ber *der <-(s), -> der zehnte Monat des Jahres* ◆ -krieg, -markt

Ok·to·ber·fest *das <-es, -e>* ❶ */kein Plur./ ein großes Volksfest in München, das jedes Jahr im September stattfindet* ❷ *Unter dieser Bezeichnung (abgeleitet von dem berühmten Oktoberfest in München) veranstaltetes Volksfest in vielen anderen Städten Deutschlands (und sogar darüber hinaus)*

Ok·to·ber·re·vo·lu·ti·on *die <-> /kein Plur./ GESCH. Revolution im Oktober 1917, mit der die Zarenherrschaft in Russland beendet wurde*

ok·t·ro·y·ie·ren [ɔktrɔa'jiːrən] *siehe* **aufoktroyieren**

Oku·lar *das <-s, -e> TECHN. in einem optischen Gerät die Linse, welche ganz nah am Auge ist* ◆ -abdeckung, -kamera, -projektion

oku·lie·ren *mit OBJ* ■ *jmd. okuliert etwas BOT. eine Pflanze veredeln, indem man sie einschneidet und in diese Schnittstelle den Spross einer anderen Pflanze einsteckt.*

Öku·me·ne *die <-> * ❶ *REL. Gesamtheit aller christlichen Kirchen* ❷ *REL. die Bewegung, die das Ge-*

meinsame der evangelischen und katholischen Kirchen betont und z. B. gemeinsame Gottesdienste feiert

öku·me·nisch *adj* ❶ *REL. die Ökumene[2] betreffend* ❷ *REL. so, dass es für alle Katholiken gilt:* ein ökumenisches Konzil

Ok·zi·dent *der <-s> /kein Plur./ (↔ Orient) das Abendland, der Westen*

Öl *das <-(e)s, -e>* ❶ *(≈ Pflanzenöl) ein Art flüssiges Fett, das aus Pflanzen gewonnen wird* ◆ -fleck, -gewinnung, -kanne, -palme, Erdnuss-, Haut-, Maschinen-, Motor-, Oliven-, Salat-, Schmier-, Sonnen-, Sonnenblumen-, Speise-* ❷ */kein Plur./ (≈ Erdöl) eine schwarze dicke Flüssigkeit, die im Inneren der Erde vorkommt und als wichtigster Energielieferant Rohstoff bei der Herstellung von Benzin und vielen Kunststoffen ist;* ■ **Öl ins Feuer gießen** *dadurch, dass man etwas sagt oder tut, eine Diskussion oder einen Streit nur noch schlimmer machen* ◆ -bohrinsel, -bohrung, -embargo, -feld, -förderung, -gewinnung, -heizung, -industrie, -kanister, -konzern, -lager, -leitung, -multi, -pest, -preis, -produzent, -quelle, -raffinerie, -tank, -tanker, -vorkommen, Heiz-, Maschinen-, Mineral-, Roh-* ❸ ■ **in Öl malen** *mit Ölfarben malen* Der Künstler malt nur in Öl. ◆ -gemälde, -malerei

Öl·baum *der <-(e)s, Ölbäume> (geh.) Olivenbaum*

Öl·bild *das <-(e)s, -er> ein Bild, das in Öl[3] gemalt ist*

Ol·die *der ['ɔʊldɪ] <-s, -s> (umg.)* ❶ *ein älteres populäres Musikstück oder ein älterer Film* ◆ -abend, -band, -festival, -hitparade, -konzert ❷ *(scherzh.) jmd., der (für die in einem bestimmten Lebensbereich gültigen Verhältnisse) relativ alt ist:* Er ist mit fünfunddreißig schon ein Oldie in dieser Sportart. ◆ -liga

Old·ti·mer *der ['ɔʊldtaɪmɐ] <-s, -> ein Auto oder Motorrad, das sehr alt und deshalb relativ wertvoll ist* ◆ -ausstellung, -markt, -messe, -rallye, -rennen, -treffen

Ole·an·der *der <-s, -> BOT. ein Strauch aus den Mittelmeerländern, der weiße, rote oder rosa Blüten hat* ◆ -baum, -blatt, -garten

ölen *mit OBJ* ■ *jmd. ölt etwas die beweglichen Teile aus Metall einer Maschine oder einer Vorrichtung mit Öl[2] versehen, damit sie sich leichter bewegen lassen:* die Fahrradkette/die Scharniere/ die Nähmaschine ölen; ■ **wie ein geölter Blitz** *(umg.) sehr schnell*

Öl·film *der <-(e)s, -e> /meist Sing./ eine dünne Schicht Öl[2], die auf dem Wasser schwimmt:* Auf der Pfütze war ein Ölfilm.; die Bildung fester Ölfilme

Öl·göt·ze ■ **dastehen wie ein Ölgötze** *(umg. abwert.) sich nicht bewegen und keine Reaktion zeigen* Steh doch nicht da wie ein Ölgötze!

öl·hal·tig *adj so, dass etwas Öl[1, 2] enthält:* Die ölhaltigen Früchte werden gepresst.

ölig *adj* ❶ *so, dass etwas mit Öl[1, 2] bedeckt oder getränkt ist:* ein öliges Gericht; ein öliger Lappen ❷ *(umg. abwert.) so, dass sich jmd. bei jmdm. auf unangenehme Weise einschmeicheln möchte:* Was für ein öliger Typ war das!

O

Oli·g·ar·chie *die* <-, ...-chien> POL. *die Herrschaft einer kleinen Gruppe:* die Oligarchie aus Militärs und Großunternehmern ▸ Oligarch, Oligarchin, oligarchisch

oliv *adj /nicht steig./ von dem graugrünen Farbton der Olive* ◆ -grün

Oli·ve *die* <-, -n> *die grüne oder schwarze Frucht des Olivenbaums, die man essen kann und aus der man Olivenöl macht* ◆ -nbaum, -nextrakt, -nholz, -npaste, -npresse, -nöl

Oli·ven·baum *der* <-(e)s, Olivenbäume> *ein Baum aus den Mittelmeerländern, der bittere, sehr ölhaltige schwarze oder grüne Früchte trägt*

Öl·ja·cke *die* <-, -n> *eine Jacke, deren Stoff imprägniert und deshalb wasserdicht ist*

Öl·kri·se *die* <-, -n> POL., WIRTSCH. *eine wirtschaftliche und politische Krise, die entsteht, weil nicht mehr genug Erdöl zur Verfügung steht*

oll *adj* NORDDT. *(umg.)* ❶ *alt:* eine olle Jacke; ▪ **je oller, je doller** *drückt aus, dass manche Menschen mit zunehmendem Alter unvernünftiger werden* ❷ *(≈ blöd) drückt ein negatives Urteil aus:* Der olle Zug könnte ruhig schneller fahren!

Öl·la·che *die* <-, -n> *eine Pfütze aus Öl²:* Unter dem Auto bildete sich eine Öllache.

Öl·pest *die* <-> */kein Plur./ eine Umweltkatastrophe, bei der eine große Menge Erdöl ins Meer gelangt ist und Wasser und Strand verschmutzt:* Im Kampf gegen die drohende Ölpest an der Küste halfen viele Freiwillige.

Öl·platt·form *die* <-, -en> *(≈ Bohrinsel) eine große Plattform, die im Meeresboden verankert ist und auf der Maschinen stehen, mit denen Erdöl aus dem Meer gewonnen wird*

Öl·sar·di·ne *die* <-, -n> */meist Plur./ eine der kleinen Sardinen, die in Öl¹ in einer Konservendose verkauft werden;* ▪ **jemand steht/sitzt irgendwo wie die Ölsardinen** *(umg.) Leute stehen oder sitzen irgendwo dicht gedrängt*

Öl·scheich *der* <-s, -s> *(umg.) bezeichnet einen Angehörigen der Familien auf der arabischen Halbinsel, die die Kontrolle über die Erdölquellen haben*

Öl·schin·ken *der* <-s, -> KUNST *(abwert.) ein Gemälde in Öl³, das sehr groß ist und keinen künstlerischen Wert hat*

Öl·stand *der* <-(e)s, Ölstände> KFZ *die Menge des Öls², die sich in einem Motor befindet:* den Ölstand regelmäßig kontrollieren

Öl·tep·pich *der* <-s, -e> *meist aus einem Öltanker ausgelaufenes Erdöl, das als große Fläche auf dem Meer schwimmt:* Der Ölteppich bewegte sich auf die Küste zu.

Ölung *die* <-, -en> ▪ **die Letzte Ölung** REL. *ein Sakrament in der katholischen Kirche, das jmd. kurz vor seinem Tode bekommt* Der Sterbende empfing die Letzte Ölung.

Öl·wech·sel *der* <-s, -> KFZ *Austausch von altem gegen neues Öl² bei einem Kraftfahrzeug:* Nach einer bestimmten Zeit ist ein Ölwechsel fällig.; Diese Werkstatt nimmt auch Ölwechsel vor.

Olym·pia <-s> */kein Plur./* ❶ *der Name einer Stätte in Griechenland, wo die ersten Olympischen Spiele stattfanden* ❷ *(geh.: ≈ Olympiade)*

die Olympischen Spiele ◆ -dorf, -gelände, -halle, -jahr, -komitee, -mannschaft, -medaille, -park, -sieg, -sieger(in), -stadion, -stadt, -teilnehmer(in), -wettkampf

Olym·pi·a·de *die* <-, -n> *(≈ Olympische Spiele) ein sportlicher Wettkampf, der alle vier Jahre in einem anderen Land stattfindet und an dem die besten Sportler der Welt teilnehmen*

Olym·pi·o·ni·ke *der*; **Olym·pi·o·ni·kin** <-n, -n> SPORT *Sportler, der an der Olympiade teilnimmt*

olym·pisch *adj /nicht steig./ die Olympiade betreffend:* das olympische Dorf; das olympische Feuer

Öl·zweig *der* <-(e)s, -e> ❶ *der Zweig von einem Olivenbaum* ❷ *ein Ölzweig¹ als Symbol für den Frieden*

Oma *die* <-, -s> *(umg.)* ❶ *Großmutter:* Liebe Oma, zum Geburtstag alles Gute! ❷ *(abwert.) eine alte Frau:* Mann, die olle Oma mit ihren Ratschlägen!

Ome·ga·tier *das* <-(e)s, -e> BIOL. *(Verhaltensforschung: ↔ Alphatier) das Tier, das in der Rangordnung eines Rudels die niedrigste Position einnimmt*

Ome·lett *das* [ɔməˈlɛt] <-(e)s, -e/-s> *eine Speise aus Eiern, die verrührt und dann in der Pfanne kurz gebraten werden*

Ome·let·te *die* <-, -n> *(≈ Omelett)*

Omen *das* <-s, -/Omina> *(≈ Vorzeichen) ein Zeichen oder ein Ereignis, das etwas ankündigt, was in der Zukunft passieren wird und auf das man keinen Einfluss hat:* Die fallenden Börsenkurse sind ein schlechtes Omen für die Wirtschaft. ▸ ominös

Omi *die* <-, -s> *(≈ Oma¹)*

omi·nös *adj* ❶ *so, dass etwas unheilvoll oder schlimm ist:* Die Bewohner der Stadt wurden von einer ominösen Krankheit heimgesucht. ❷ *so, dass etwas zweifelhaft oder verdächtig erscheint:* Bis heute sucht man nach dem ominösen Spender der Gelder.

Om·ni·bus *der* <-ses, -se> *(≈ Autobus)* ◆ -betrieb, -bahnhof, -fahrer(in), -haltestelle, -linie, -unternehmen, -verkehr

Ona·nie *die* <-> */kein Plur./ (≈ Masturbation) sexuelle Selbstbefriedigung* ▸ onanieren

One-Night-Stand *der* ['wʌnnaɪtstænd] <-s, -s> *(Jargon) eine sexuelle Affäre, die nur eine Nacht dauert*

On·kel *der* <-s, -> ❶ *der Bruder des Vaters oder der Mutter* ❷ *(umg.) Bezeichnung von und gegenüber kleineren Kindern für einen Mann:* der Onkel Doktor; Gib dem Onkel die Hand!

On·ko·lo·gie *die* <-> MED. ❶ *Zweig der Medizin zu den Tumorerkrankungen* ❷ *die onkologische Abteilung einer Klinik* ▸ Onkologe, Onkologin, onkologisch

on·line [ˈɔnlaɪn] *adj /nicht steig./* EDV *(↔ offline) so, dass ein Computer gerade mit anderen Computern oder mit einem Kommunikationssystem verbunden ist*

On·line·be·trieb *der* [ˈɔnlaɪn...] <-(e)s> EDV *(↔ Offlinebetrieb) der Zustand, dass ein Computer online ist*

On·line·dienst *der* [ˈɔnlaɪn...] <-es, -e> EDV *eine*

Firma, die Kunden den Zugang zum Internet und verschiedenen Diensten des Internets anbietet

On·line·ge·bühr *die* [ˈɔnlaɪn...] <-, -en> EDV *Gebühr, die zu bezahlen ist, wenn der Zugang zum Internet über einen Onlinedienst erfolgt*

On·line·re·dak·teur *der,* **On·line·re·dak·teu·rin** [ˈɔnlaɪn...] <-s, -e> EDV *ein Journalist, der seine Arbeiten online bei Zeitungen oder Magazinen abliefert*

On·line·ser·vice *der* [ˈɔnlaɪn...] <-, -> siehe **Onlinedienst**

On·line-Shop *der* [ˈɔnlaɪn...] <-s, -s> EDV *ein Geschäft, das seine Waren nur im Internet anbietet*

Ono·ma·sio·lo·gie *die* <-> (↔ *Semasiologie)* SPRACHWISS. *traditionelle Lehre von dem, was sprachliche Ausdrücke bezeichnen*

ono·ma·sio·lo·gisch *adj* /nicht steig./ SPRACHWISS. (↔ *semasiologisch)* ❶ *mit einer Fragestellung der Onomasiologie* ❷ *nach Sachgruppen geordnet:* das onomasiologische Wörterbuch

Ono·mas·tik *die* <-> /kein Plur./ SPRACHWISS. *Eigennamenforschung* ▸ onomastisch *siehe auch* **Eigenname**

ÖNORM *die* ÖSTERR. *eine Industrienorm in Österreich, die in etwa der deutschen DIN-Norm entspricht*

On·to·ge·ne·se *die* <-> /kein Plur./ (↔ *Phylogenese)* PSYCH., SPRACHWISS. *die Entwicklung eines Einzelwesens; beim Menschen insbesondere auf Fragen des Spracherwerbs bezogen* ▸ ontogenetisch *siehe auch* **Spracherwerb**

On·to·lo·gie *die* <-> PHILOS. *Teilgebiet zu Fragen der Realität (des Seienden, grundlegender Entitäten und ihrer Beziehungen)* ▸ ontologisch

Onyx *der* <-(es), -e> *ein schwarzes Mineral, das auch für Schmuck gebraucht wird*

Opa *der* <-s, -s> (umg.) ❶ *Großvater:* Lieber Opa, zum Geburtstag alles Gute! ❷ *(abwert.) ein alter Mann:* Mann, der olle Opa mit seinen Ratschlägen!

opak *adj* /nicht steig./ (geh.) ❶ PHYS. *nicht durchsichtig; nicht durchlässig:* opakes Glas ▸ Opakheit ❷ (≈ *hermetisch) so unverständlich und rätselhaft, dass man sie nicht deuten kann:* An dem opaken Text scheiterten alle Interpretationsversuche. ❸ PHILOS., SPRACHWISS. *nicht vollständig analysierbar oder nicht durch Ausdrücke mit gleicher Bedeutung ersetzbar:* opake Bildung; opaker Kontext ▸ Opakheit

Opal *der* <-s, -e> *ein Halbedelstein, der entweder milchig weiß ist oder in verschiedenen Farben schimmert*

OPEC *die* <-> /kein Plur./ *Organisation der Erdöl exportierenden Länder*

Open-Air-Kon·zert *das* [ˈoʊpnˈɛa] <-(e)s, -e> *ein (großes) (Rock)konzert, das im Freien stattfindet*

Oper *die* <-, -n> ❶ MUS. *ein Bühnenstück, das Musik und Theater verbindet, wobei die Texte gesungen werden und ein Orchester die Musik spielt:* Mozarts „Zauberflöte" und Verdis „Aida" sind bekannte Opern. ❷ MUS. *eine kulturelle Veranstaltung, die in großen Theaterhäusern angeboten wird:* Auf dem Spielplan des Theaters stehen Schauspiel, Oper und Ballett.; Heute Abend spielen

wir in die Oper! ❸ (≈ *Opernhaus) ein Gebäude, in dem eine Oper aufgeführt wird:* Die Oper in Mailand heißt Scala. ◆-narie, -naufführung, -nbesucher, -nbühne, -nchor, -ndirektor, -nensemble, -nhaus, -nkomponist, -nlibretto, -nmelodie, -nsänger(in), -nspielplan, Barock-, Kinder-, Märchen-, Staats-

Ope·ra·teur *der,* **Ope·ra·teu·rin** [opəraˈtøːɐ̯] <-s, -e> MED. *ein Arzt, der eine Operation[1] ausführt*

Ope·ra·ti·on *die* <-, -en> ❶ MED. (≈ *chirurgischer Eingriff) die Handlung, bei der ein Arzt einen Patienten operiert[1]:* Die Entfernung des Blinddarms ist keine schwere Operation. ◆-sbesteck, -sfaden, -sinstrument, -snarbe, -sraum, -srisiko, -ssaal, -sschwester, -stisch, -ssaal, -strakt, Augen-, Blinddarm-, Herz-, Hüft-, Kiefer-, Magen-, Schönheits- ❷ MILIT. *eine Kampfhandlung, die geplant und relativ groß ist:* „Operation Seeadler" beginnt in den frühen Morgenstunden. ◆-sbasis, -splan ❸ EDV, MATH. *der Vorgang, dass Zahlen oder Zeichen durch einfache oder abstrakte und komplizierte mathematische Handlungen verknüpft werden:* arithmetische Operation; logische Operation; Das Betriebssystem des Computers führt mehrere Operationen nacheinander aus. ◆-Rechen-

ope·ra·tiv *adj* /nicht steig./ MED. *so, dass etwas mittels einer Operation[1] geschieht:* der operative Eingriff

Ope·ra·tor[1] *der* <-s, ...-toren> ❶ MATH. *Zeichen, das für eine Rechenoperation steht:* Das Zeichen „+" ist ein arithmetischer Operator. ❷ PHILOS., SPRACHWISS. *Verknüpfungsvorschrift im Rahmen logischer Kalküle:* logischer Operator ◆Funktional-, Lambda-, Klassenbildungs-, Orts-, Vergleichs-, Verkettungs-

Ope·ra·tor[2] *der,* **Ope·ra·to·rin** <-s, ...-toren> EDV *jmd., der einen Großrechner oder einen bestimmten Server bedient:* Der Operator ist für die Sicherung des Systems verantwortlich.

Ope·ret·te *die* <-, -n> MUS. *eine Art der Oper, die meist einen lustigen Inhalt hat und bei der nicht nur gesungen, sondern auch manchmal gesprochen wird* ◆-nhaus, -nkomponist, -nmelodie, -nmusik, -nsänger, -ntheater, Staats- ▸ operettenhaft

ope·rie·ren I. *mit OBJ* ▪ *jmd. operiert jmdn. (an etwas Dat.)* MED. *einen Körper oder einen Körperteil aufschneiden, um etwas zu entfernen, das der Grund einer Krankheit ist, oder um eine kosmetische Veränderung durchzuführen:* Der Chirurg operierte den Patienten am Herzen.; Wir müssen auf der Stelle operieren! **II.** *ohne OBJ* ▪ *jmd. operiert irgendwo* MILIT. *eine militärische Operation[2] durchführen:* Die Truppen operierten auf unbekanntem Gelände.

Opern·ball *der* <-(e)s, Opernbälle> *ein großer Ball, der in einem Opernhaus stattfindet:* der Wiener Opernball

Opern·füh·rer *der* <-s, -> *ein Buch, in dem die Inhalte, die Figuren und die Musik von Opern beschrieben werden*

Opern·glas *das* <-es, Operngläser> *eine Art Fernglas, das sehr klein ist und mit dem man die Personen auf einer Opern- oder Theaterbühne gut sehen kann*

O

Op·fer *das* <-s, -> ❶ *etwas, das man hergibt oder auf das man verzichtet, obwohl es sehr schwerfällt:* Mit dem Rauchen aufhören? Da verlangst du mir ein zu großes Opfer ab.; *Nur unter großen finanziellen Opfern konnten sie sich den Urlaub leisten.* ◆ -bereitschaft, -freudigkeit, -mut ▶ opferwillig ❷ REL. *etwas, das man einer Gottheit darbringt:* Das Lamm ist ein traditionelles Opfer im islamischen Glauben. ◆ -gabe, -feuer, -lamm, -tier, -tod, -zeremonie, Blut-, Brand-, Dank-, Menschen-, Tier-, Sühne- ❸ REL. *(≈ Spende) ein Geldbetrag, den man der Kirche schenkt* ◆ -gabe ❹ *jmd., der an Körper oder Geist durch etwas oder jmdn. Schaden erlitten hat oder getötet wurde:* Der Krieg forderte zahlreiche Opfer.; Die meisten Opfer der Katastrophe waren auf dem Land zu beklagen.; Es sind meistens Kinder, die einer Epidemie zum Opfer fallen.; ▪ **etwas wird ein Opfer der Flammen** *etwas wird durch ein Feuer vernichtet* Die gesamten Bücher der Bibliothek des Klosters wurden ein Opfer der Flammen. ◆ Kriegs-, Seuchen-, Todes-, Unfall-, Verkehrs-

op·fern <opferst, opferte, hat geopfert> I. *mit OBJ* ▪ **jmd. opfert (jmdm.) etwas** *jmd. bringt (jmdm.) ein Opfer² dar:* Sie opferten eine Ziege, um die Götter gnädig zu stimmen. II. *mit OBJ* ▪ **jmd. opfert (jmdm.)/(für jmdn./etwas) etwas** *etwas jmdm. geben oder für jmd. oder eine Sache etwas tun, auf das man nur schwer verzichten kann:* Er opferte ihr seine ganze Zeit.; Sie opferte für ihre Spielleidenschaft ihr ganzes Geld III. *ohne OBJ* ▪ **jmd. opfert jmdm.** *einer Gottheit etwas darbringen:* Die Seefahrer opferten dem Poseidon, um guten Wind zu bekommen. IV. *mit SICH* ▪ **jmd. opfert sich (für jmdn./etwas)** ❶ *für jmdn. etwas tun, das für das eigene Wohl gefährlich sein kann:* Er opferte sich, um seinen Freund zu retten. ❷ *(iron.) etwas tun, was jmd. anders nicht oder nur ungern tun möchte:* Wer opfert sich und holt neues Bier?

Op·fer·stock *der* <-(e)s, Opferstöcke> *ein kleiner Kasten in einer Kirche, in den man eine Geldspende einwerfen kann*

Op·fe·rung *die* <-, -en> *das Opfern I. II*

Oph·thal·mo·lo·gie *die* <-> MED. *Teilgebiet der Medizin zu den Augenkrankheiten* ▶ Ophthalmologe, Ophthalmologin, ophthalmologisch

Opi·at *das* <-(e)s, -e> MED. *meist ein Medikament mit Bestandteilen von Opium*

Opinion-Lea·der *der* [ə'pɪnjən-'liːdə] <-s, -> SOZIOL. *jmd., der für eine bestimmte Gruppe von Menschen eine Art Vorbild ist und der die Meinung dieser Menschen durch sein Beispiel beeinflusst*

Opi·um *das* <-s> /kein Plur./ *eine Substanz, die aus dem Schlafmohn gewonnen wird und meistens geraucht oder auch gegessen wird* ◆ -abhängigkeit, -anbau, -derivat, -entzug, -ernte, -esser, -extrakt, -felder, -gesetz, -handel, -höhle, -konsum, -krieg, -pfeife, -rauch, -rausch, -schmuggel, -sucht

op·po·nie·ren *ohne OBJ* ▪ **jmd. opponiert (gegen jmdn./etwas)** *(geh.) sich etwas oder jmdm. widersetzen, weil man anderer Meinung ist:* Die meisten Kollegen opponierten gegen den Vor-

schlag.; Einige Schüler opponierten gegen die Autorität des Lehrers.

op·por·tun *adj (geh.) so, dass etwas in einer Situation angebracht oder nützlich ist:* Eine weitere Erhöhung der Steuern wäre momentan nicht opportun.

Op·por·tu·nis·mus *der* <-> /kein Plur./ *(geh. abwert.) die Haltung, nur das zu tun, was dem eigenen Vorteil nützt und dabei auch die eigene Meinung zu verleugnen:* Er handelte aus purem Opportunismus. ▶ Opportunist, Opportunistin, opportunistisch

Op·po·si·ti·on *die* <-, -en> ❶ POL. *in einem Parlament diejenigen politischen Parteien, die nicht die Regierung bilden:* Die Opposition lehnte den Gesetzentwurf der Regierung ab.; Aus den Reihen der Opposition kam verstärkte Kritik an dem Gesetz. ◆ -sführer, -spartei ❷ *eine Gruppe von Menschen, die einer Meinung oder einer Lehre oder einer Ideologie oder Politik widersprechen:* die außerparlamentarische Opposition; die kirchliche Opposition ❸ *(geh.) der Widerstand, der Widerspruch:* Er stand in eindeutiger Opposition zu den Forderungen seiner Eltern. ❹ SPRACHWISS. *(↔ Kontrast) Eigenschaft sprachlicher Einheiten, sich in einem Merkmal oder in mehreren Merkmalen auf der Ebene des Sprachsystems voneinander zu unterscheiden:* Die Einheiten „b" und „p" stehen im Sprachsystem in Opposition zueinander/bilden ein Oppositionspaar.

Op·po·si·ti·ons·bünd·nis *das* <-ses, -se> POL. *Zusammenschluss der Parteien in der Opposition¹*

OP-Schwes·ter *die* [oˈpeː] <-, -n> MED. *eine Krankenschwester im Operationssaal*

Op·tik *die* <-, -en> ❶ /kein Plur./ PHYS. *Teilgebiet der Physik zur Ausbreitung des Lichts, seiner Wahrnehmung, und zu Wechselwirkungen des Lichts mit Materie (und Materialien)* ◆ Elektronen-, Mikro-, Röntgen-, Quanten-, Wellen- ❷ /kein Plur./ *der Eindruck von etwas, das man sieht:* Die Optik des Gebäudes hatte etwas Faszinierendes. ❸ *Bauteil von Kameras:* eine Optik mit hohen Abbildungseigenschaften

Op·ti·ker *der*, **Op·ti·ke·rin** <-s, -> *jmd., der beruflich Brillen und optische Geräte herstellt und verkauft* ◆ -geschäft, -laden, Augen-

Op·ti·ma *Plur. von* **Optimum**

op·ti·mal *adj so, dass etwas nicht besser sein kann:* die optimalen Bedingungen; das optimale Wetter

op·ti·mie·ren *mit OBJ* ▪ **jmd. optimiert etwas** *etwas so machen, dass es besser und effektiver wird:* Den Arbeitsablauf könnte man noch optimieren. ▶ Optimierung

Op·ti·mis·mus *der* <-> /kein Plur./ *(↔ Pessimismus) die Einstellung, bei der nur das Gute gesehen oder erwartet wird:* Sein Optimismus konnte durch nichts erschüttert werden.; Sie waren voller Optimismus. ◆ Forschritts-, Zweck- ▶ Optimist, Optimistin, optimistisch

Op·ti·mum *das* <-s, Optima> *das Beste, was möglich ist:* Dieses Auto bietet ein Optimum an Komfort.

Op·ti·on *die* <-, -en> ❶ WIRTSCH., RECHTSW. *Vormer-*

kung für den späteren Kauf einer Ware oder Ähnliches: Ich habe bereits eine Option auf dieses Grundstück.; Auf diese Aktien hatte er sich eine Option gesichert. ◆ -skauf, -skommunen, -sprämie, -spreis, -spflicht, -srecht, -starif, -swert ❷ *die Möglichkeit der Auswahl, z. B. bei einem Computerprogramm:* In der Dialogbox gibt es verschiedene Optionen; Zu diesem Zeitpunkt hatten wir nur noch zwei Optionen. ◆ -sleiste, -staste

Op·ti·ons·ver·trag *der* <-(e)s, Optionsverträge> *der Vertrag, der eine Option¹ zum Inhalt hat*

op·tisch *adj* ❶ *so, dass etwas mit den Augen wahrgenommen wird:* eine optische Täuschung; Der optische Eindruck war umwerfend. ❷ */nur attr./ so, dass mit geschliffenen Gläsern ausgestattet ist:* ein optisches Gerät ❸ *so, dass etwas in Bezug auf die Optik² wirkt:* Er hatte die Blumen aus optischen Gründen entfernt.

opu·lent *adj (geh.) so, dass eine Mahlzeit gut und reichlich ist:* Sie hatten ein opulentes Mahl zubereitet. ▷ Opulenz

Opus *das* <-, Opera> *(geh.)* ❶ */kein Plur./ in Verbindung mit einer Zahl Bezeichnung für ein bestimmtes Musikstück, abgekürzt Op.:* Franz Schuberts Fantasy in C major, Op. 159 ❷ *ein literarisches oder musikalisches Werk* ❸ *das gesamte Werk eines Autors oder Komponisten*

Ora·kel *das* <-s, -> ❶ *ein Spruch, mit dem jmd. die Zukunft vorhersagt:* ein Orakel verkünden ❷ *Ort¹, vor allem im antiken Griechenland, an dem ein Priester oder eine Priesterin ein Orakel verkündet:* das Orakel von Delphi; Bei der Fußballweltmeisterschaft 2010 sagte der Oktupus Paul in der Rolle eines Orakels sämtliche Ergebnisse der deutschen Mannschaft exakt voraus. ▷ orakelhaft ◆ -befragung, -bilder, -fragen, -karten, -kugel, -kristall, -spruch

ora·keln <orakelst, orakelte, hat orakelt> *ohne OBJ* ■ *jmd. orakelt (umg.) mit geheimnisvollen Andeutungen darüber sprechen, was die Zukunft bringt:* Man orakelte, dass er die Wahl gewinnen würde.

oral *adj /nicht steig./ den Mund betreffend:* Das Mittel ist oral zu verabreichen. ▷ Oralität

Oran·ge¹ *die* [oˈrãːʒə/oˈraŋʒə] <-, -n> *(≈ Apfelsine) eine Frucht mit in einzelne Segmente unterteiltem rötlichem Fruchtfleisch, süßem Geschmack und einer Schale, die außen rotgelb und innen weiß ist* ◆ -nbaum, -nlimonade, -nmarmelade, -nsaft, -nschale, -nscheibe

Oran·ge² *das* [oˈrãːʒə/oˈraŋʒə] <-> */kein Plur./ der Farbton, der aus der Mischung von Rot und Gelb entsteht* ▷ orangefarben, orangefarbig

Oran·gea·de *die* [orãˈʒaːdə/oranˈʒaːdə] <-, -n> *ein Erfrischungsgetränk aus Orangensaft, Zitronensaft, Wasser und Zucker*

Oran·geat *das* [orãˈʒaːt/oranˈʒaːt] <-s, -e> *in kleine Stückchen gewürfelte kandierte Orangenschale*

oran·ge(n)·far·ben [oˈrãːʒə/oˈraŋʒə...] <-, -> *adj so, dass etwas die Farbe Orange hat*

Oran·ge·rie *die* [orãʒəˈriː/oranʒəˈriː] <-, ...-rien> *ein größeres Gewächshaus, wie es vor allem im 17. und 18. Jahrhundert als Teil von Schlossanla-*

gen gebaut wurde und in dem exotische Gewächse, wie z. B. Orangenbäume, überwintern konnten

Orang-Utan *der* <-s, -s> ZOOL. *Menschenaffe mit rotbraunem Fell und langen Haaren*

Ora·to·ri·um *das* <-s, Oratorien> ❶ */kein Plur./ Musikstück für Chor, Einzelstimme und Orchester, das einen religiösen oder ernsten Inhalt hat* ◆ Himmelfahrts-, Passions-, Weihnachts- ❷ *ein kleinerer Saal zum Beten oder eine Hauskapelle in einem Kloster*

Or·bit *der* <-s, -s> *Umlaufbahn eines Satelliten um einen Himmelskörper*

Or·ches·ter *das* <-s, -> MUS. ❶ *eine größere Gruppe von Musikern, die zusammen spielen und die von einem Dirigenten geleitet werden* ◆ -konzert, -mitglied, Blas-, Laien-, Rundfunk-, Schul-, Sinfonie-, -Streich-, Unterhaltungs- ❷ *(≈ Orchestergraben) der Raum unten vor einer Bühne, in dem sich das Orchester¹ befindet* ▷ orchestral

Or·ches·ter·be·glei·tung *die* <-, -en> *Begleitung eines Bühnenstücks oder eines Stummfilms durch ein Orchester¹*

Or·ches·ter·gra·ben *der* <-s, Orchestergräben> *siehe* **Orchester²**

or·ches·t·rie·ren *mit OBJ* ■ *jmd. orchestriert etwas* MUS. *ein Musikstück für die Besetzung mit einem Orchester¹ umarbeiten* ▷ Orchestrierung

Or·chi·dee *die* <-, ...-deen> *eine teure Blume aus tropischen Ländern mit schöner Blüte* ◆ Orchideenart

Or·den¹ *der* <-s, -> REL. *ein Zusammenschluss von Männern oder Frauen, die gemeinsamen religiösen Zielen folgen und häufig in einem Kloster leben:* Der Orden der Franziskaner wurde von Franz von Assisi gegründet. ◆ -sbruder, -sfrau, -sgründer, -sgründung, -skleid, -smann, -sregel, -sritter, -sschwester, -stracht

Or·den² *der* <-s, -> *ein dekorativ gestaltetes Stück Metall, das als eine Auszeichnung für besondere Verdienste dient und das man an einem Band um den Hals oder auf der Kleidung trägt:* einen Orden verleihen ◆ -sband, -sstern, -sverleihung, Lebensretter-, Verdienst-

Or·dens·geist·li·che *der/die* <-n, -n> *jmd., der einem Orden¹ angehört*

Or·dens·trä·ger *der* <-s, -> *jmd., der einen Orden² trägt*

or·dent·lich *adj* ❶ *so, dass etwas in einer bestimmten Reihenfolge und an einem bestimmten Platz ist:* Er hatte sein Zimmer ordentlich aufgeräumt.; Die Wäsche lag ordentlich im Schrank. ❷ *(≈ ordnungsliebend) so, dass es für jmdn. wichtig ist, dass seine Sachen ordentlich¹ sind:* Ein Blick auf den Schreibtisch genügt, um zu sehen, dass er ein ordentlicher Mensch ist. ❸ *(≈ anständig) so, dass etwas einer gesellschaftlichen Norm entspricht:* Kannst du dich nicht ordentlich benehmen?; Sie versuchte stets, ein ordentliches Leben zu führen. ❹ *(umg.: ≈ richtig) so, dass etwas dem Zweck entspricht und gewünscht wird:* Zu so einer Party gehört ein ordentliches Essen.; Ich brauche morgens erstmal ein ordentliches Frühstück. ❺ *(≈ tüchtig) so, dass etwas sehr stark oder sehr*

O

groß bzw. viel ist: ein ordentlicher Regen; Du hast mir aber einen ordentlichen Schrecken eingejagt! **⑥** *(≈ planmäßig)* so, dass etwas den normalen Aufgaben und Pflichten entspricht: Er wurde zum ordentlichen Professor ernannt. ▶ordentlicherweise, Ordentlichkeit

Or·der¹ *die* <-, -n/-s> MILIT. *ein Befehl:* Sie hatten die Order, die Stadt zu verteidigen. ▶beordern

Or·der² *die* <-, -s> WIRTSCH. *der Auftrag, mit dem eine Ware bestellt wird* ◆-buch, -gebühren, -kosten, -konnossement, -papier, -scheck, -ware, -wechsel

or·dern <orderst, orderte, hat geordert> *mit OBJ* ■ *jmd. ordert etwas* WIRTSCH. *jmd. bestellt eine Ware*

Or·der·vo·lu·men *das* <-s, -vo·lu·mi·na> *Umfang einer Bestellung von Waren*

Or·di·nal·zahl *die* <-, -en> *(↔ Kardinalzahl) eine Zahl, die eine Stelle in einer Reihenfolge bezeichnet:* Man kann die Ordinalzahl „erster" auch „1." schreiben: erster Platz oder 1. Platz.

or·di·när *adj* **①** *(abwert.: ≈ unanständig)* so, dass etwas den Normen der Gesellschaft nicht entspricht und grob und nicht fein, sondern vulgär ist.: Ständig erzählt er ordinäre Witze.; Ihre ordinären Reden sind abstoßend. **②** *(geh.)* so, dass etwas nicht außergewöhnlich, sondern ganz normal ist: Das ist kein besonderer Wein, sondern nur ein ganz ordinärer Landwein.

Or·di·na·ri·us *der* <-, Ordinarien> **①** *ein ordentlicher⁶ Professor an einer Hochschule* **②** *ein Oberhirte in der katholischen Kirche, wie z. B. ein Erzbischof*

Or·di·na·ti·on¹ *die* <-, -en> REL. *feierliche Einsetzung eines Geistlichen in sein Amt*

Or·di·na·ti·on² *die* <-, -en> **①** *ärztliche Sprechstunde* **②** ÖSTERR. *das Untersuchungszimmer eines Arztes*

ord·nen *mit OBJ* ■ *jmd. ordnet etwas* **①** *Sachen in eine systematische Reihenfolge oder an bestimmte Plätze bringen:* Ich muss erst noch meine Unterlagen ordnen.; Meine Bücher sind nach Sachgebieten geordnet.; Nach dieser Aufregung muss ich erst mal meine Gedanken etwas ordnen. **②** *(≈ regeln)* dafür sorgen, dass etwas nicht mehr verändert werden kann und so ist, wie es sein soll: Wir ordneten seinen Nachlass in recht kurzer Zeit.

Ord·ner¹ *der*, **Ord·ne·rin** <-s, -> *Person, die bei einer Veranstaltung dafür sorgt, dass sich alle an die Regeln halten:* Die Veranstalter hatten dafür gesorgt, dass genügend Ordner die Demonstration begleiteten. ◆ Fest-, Saal-

Ord·ner² *der* <-s, -> *ein Behälter aus Pappe oder Plastik, in dem man Papiere oder Unterlagen ordnen¹ kann* ◆ Akten-

Ord·nung *die* <-, -en> **①** */kein Plur./ (↔ Unordnung) der erreichte Zustand, nachdem Sachen (ggf. unter Einsatz von Hilfsmitteln) geordnet¹ worden:* Ich wollte endlich mal wieder Ordnung schaffen.; In dem Schrank herrscht große Ordnung. ◆-shilfe, -skasten, -skoffer, -korb **②** */kein Plur./ das Prinzip, nach dem Sachen geordnet werden:* alphabetische Ordnung; chronologische Ordnung; Ordnung nach Sachgruppen ◆-skriterien, -snormen, -sprinzip **③** */kein Plur./ die Handlung, bei der man Sachen ordnet:* Sie war mit der Ordnung ihrer Unterlagen beschäftigt. ◆-sfimmel, -stick, -liebe, -ssinn **④** */kein Plur./ der Zustand, in dem eine Sache funktioniert oder jmd. wieder gesund ist:* Das Radio ist nicht in Ordnung.; Kannst du deinen Computer in Ordnung bringen?; Gestern war ich krank, aber heute bin ich wieder in Ordnung. */kein Plur./ (umg.) der Zustand, in dem jmd. einverstanden oder mit etwas zufrieden ist:* Ich finde nicht in Ordnung, dass er überhaupt nichts macht!; Kommst du mit ins Kino? – Geht in Ordnung! **⑥** */kein Plur./ der Zustand, in dem man sich nach den Normen und Gesetzen einer Gesellschaft oder Institution richtet:* Die öffentliche Ordnung war nie gefährdet.; Der neue Manager wollte Ordnung in das Unternehmen bringen. ◆-sbehörde, -sdienst, -sgeld, -skraft, -smaßnahme, -spolizei, -sruf, -sverfügung, -svorschrift, -swidrig, -swidrigkeit **⑦** */kein Plur./ die Gesetze und Regeln, nach denen man sich in einer Gesellschaft oder Gemeinschaft richtet:* die demokratische Ordnung; die verfassungsmäßige Ordnung ◆ Gesellschafts-, Grund-, Haus-, Prüfungs-, Rechts-, Studien- **⑧** BIOL. *eine Kategorie in der Systematik der Lebewesen:* In der Klasse „Säugetiere" gibt es eine Ordnung „Raubtiere". **⑨** */kein Plur./ in einer hierarchischen Abstufung der Platz, der angibt, wie wichtig etwas in Bezug zu einer Sache ist:* Das ist ein Problem erster Ordnung!; Das ist eine Straße dritter Ordnung.; ■ **jemanden zur Ordnung rufen** *jmdn. auffordern, dass er nicht mehr gegen die Regeln verstößt* Der Lehrer rief die Kinder zur Ordnung. **⑩** MATH. *Systematisierungen im Rahmen mathematischer und logischer Teilgebiete* ◆-srelation, -stheorie

Ord·nungs·amt *das* <-(e)s, Ordnungsämter> *ein Amt, dass für die Ordnung⁷, wie z. B. die Öffnungszeiten von Lokalen, zuständig ist*

ord·nungs·ge·mäß *adj /nicht steig./* so, dass etwas den Regeln und Normen entspricht: Ich hatte mein Motorrad ordnungsgemäß abgestellt.; Er hatte die Prüfung ordnungsgemäß abgelegt.

Ord·nungs·hü·ter *der*, **Ord·nungs·hü·te·rin** <-s, -> *(scherzh.) Polizist*

Ord·nungs·stra·fe *die* <-, -n> RECHTSW. *eine Strafe für eine Ordnungswidrigkeit*

ord·nungs·wid·rig *adj /nicht steig./* RECHTSW. so, dass etwas gegen eine amtliche Vorschrift verstößt, aber noch keine kriminelle Handlung ist: Ordnungswidriges Parken wird mit 30€ bestraft. ▶ Ordnungswidrigkeit

Ord·nungs·zahl *die* <-, -en> *siehe* **Ordinalzahl**

Or·don·nanz, *a.* **Or·do·nanz** *die* <-, -en> **①** MILIT. *Offiziersanwärter, der in einem Offizierskasino bedient* ◆-gewehr, -munition, -offizier, -pistole, -revolver, -schießen, -trommel, -waffe **②** *(veralt.) Befehl*

Ore·ga·no, **Ori·ga·no** *der* <-> */kein Plur./* BOT. *eine Pflanze mit stark aromatischen Blättern, die speziell in der mediterranen Küche als Gewürz gebraucht werden*

Or·gan *das* <-s, -e> **①** MED., ANAT. *im Körper ein*

Teil, der eine ganz spezielle Funktion hat: Herz, Leber und Magen gehören zu den inneren Organen. ◆-entnahme, -funktion, -konserve, -konservierung, -transplantation, -versagen, -verpflanzung, Atmungs-, Fortpflanzungs-, Geschlechts-, Sinnes-, Verdauungs- ❷ *(umg.) Stimme:* Er hat ein durchdringendes/furchtbar lautes Organ. ❸ *die Zeitung oder Zeitschrift einer Organisation, die von ihr auch herausgegeben wird:* Der Verein hat ein eigenes Organ, das monatlich erscheint. ◆ Partei-, Vereins- ❹ *(geh.) eine bestimmte Abteilung in der Verwaltung oder Regierung, die bestimmte Aufgaben hat:* Ihr Antrag wird an die entsprechenden Organe weitergeleitet. ◆ Kontroll-, Partei-, Verwaltungs-

Or·gan·bank *die* <-, -en> MED. *eine Institution, die Organe[1] für Organtransplantationen aufbewahrt*

Or·gan·emp·fän·ger *der;* **Or·gan·emp·fän·ge·rin** <-s, -> MED. *jmd., dem ein Organ[1] fehlt oder bei dem ein Organ[1] schwer geschädigt ist und bei dem eine Organtransplantation durchgeführt wird*

Or·gan·han·del *der* <-s> */kein Plur./ der illegale Handel mit Organen[1]*

Or·ga·ni·gramm *das* <-(e)s, -e> *ein Schaubild, das in Form einer Pfeilgrafik Strukturen innerhalb eines Unternehmens zeigt*

Or·ga·ni·sa·ti·on *die* <-, -en> ❶ *das Organisieren I. 1* ◆-sbüro, -sfehler, -sform, -sgabe, -skomitee, -splan, -sstruktur, -stätigkeit ❷ *eine Gruppe von Menschen, die ein gemeinsames Ziel oder eine Aufgabe haben:* Er gehörte einer politischen Organisation an. ◆ Arbeiter-, Berufs-, Hilfs-, Untergrund- ❸ */kein Plur./ etwas, das nach einem bestimmten Plan aufgebaut ist und abläuft:* die Organisation der Arbeit

Or·ga·ni·sa·ti·ons·ta·lent *das* <-(e)s, -e> ❶ *die Fähigkeit, etwas gut organisieren I. 1 zu können* ❷ *jmd., der Organisationstalent[1] hat*

Or·ga·ni·sa·tor *der;* **Or·ga·ni·sa·to·rin** <-s, ...-to·ren> *jmd., der etwas organisiert I. 1*

or·ga·ni·sa·to·risch *adj /nicht steig./ so, dass etwas in Bezug auf das Organisieren I. 1 steht:* Leider hatte die Veranstaltung organisatorische Mängel.

or·ga·nisch *adj /nicht steig./* ❶ CHEM. *(↔ anorganisch) so, dass etwas die chemischen Verbindungen aus Kohlenstoff betrifft und in belebten Körpern vorkommt:* die organische Säure; die organischen Verbindungen ❷ *(↔ psychisch) so, dass etwas ein Organ[1] betrifft:* ein organisches Leiden ❸ *(geh.) so, dass etwas natürlich gegliedert ist und eine harmonische Einheit mit etwas bildet:* Diese alte Stadt ist organisch gewachsen.

or·ga·ni·sie·ren I. *mit OBJ* ▪ *jmd./etwas organisiert etwas Akk.* ❶ *etwas sorgfältig vorbereiten:* Wer organisiert eigentlich den Abschlussball? ❷ *(umg.: ≈ besorgen) dafür sorgen, dass etwas vorhanden ist:* Ich organisiere die Getränke. ❸ *(umg. verhüll.) etwas auf nicht legalem Wege beschaffen:* Unglaublich! Der hat doch einfach ein Fahrrad organisiert!* **II.** *mit SICH* ▪ *jmd. organisiert sich eine Gruppe von Menschen schließt*

sich zusammen, um ein gemeinsames Ziel zu verfolgen: Die Dorfbewohner organisierten sich zum Widerstand gegen die geplante Straße.; Die Arbeiter organisierten sich in den Gewerkschaften.

or·ga·ni·siert I. *Part. Perf. von* **organisieren II.** *adj* ❶ */nur attr./ so, dass etwas von einer kriminellen Organisation geplant und durchgeführt ist:* das organisierte Verbrechen ❷ *so, dass etwas in Form von Gruppen oder Zusammenschlüssen besteht:* die organisierte Protestbewegung

Or·ga·nis·mus *der* <-, Organismen> ❶ *der Körper eines Lebewesens als System von Organen:* Nach der Krankheit war ihr ganzer Organismus geschwächt. ❷ *ein (sehr) kleines Lebewesen* ◆ Mikro- ❸ *ein System von einzelnen Teilen, die spezielle Aufgaben haben und sinnvoll gegliedert sind:* Die Wirtschaft ist ein kompliziertes Organismus. ◆ Staats-, Wirtschafts-

Or·ga·nist *der;* **Or·ga·nis·tin** <-en, -en> MUS. *jmd., der Orgel in einer Kirche spielt*

Or·gan·man·dat *das* <-(e)s, -e> ÖSTERR. *von einem Polizisten direkt verhängte und kassierte Strafe*

Or·ga·no·gramm *das* <-(e)s, -e> PSYCH. *Schaubild, das die Informationsverarbeitung im Organismus wiedergibt*

Or·gan·spen·de *die* <-, -n> MED. *der Vorgang, dass jmd. ein Organ[1] für eine Organtransplantation zur Verfügung stellt* ◆-spender(in)

Or·gas·mus *der* <-, Orgasmen> *der Höhepunkt des Lustempfindens beim Geschlechtsverkehr:* zum Orgasmus kommen; einen Orgasmus bekommen/haben ▶ orgastisch

Or·gel *die* <-, -n> MUS. *ein großes Musikinstrument mit Tastatur, Pedalen, Registern und Orgelpfeifen, das meist in Kirchen steht* ◆-bauer, -disposition, -empore, -gebläse, -komponist, -konzert, -musik, -pedal, -positiv, -punkt, -register, -spiel, -spieler(in), -tasten, -tastatur, -unterricht, -werk

or·geln <orgelst, orgelte, hat georgelt> *ohne OBJ* ▪ *jmd. orgelt (umg.) auf einer Drehorgel spielen*

Or·gel·pfei·fe *die* <-, -n> MUS. *einer der vielen Zylinder aus Metall oder Holz, die in verschiedenen Größen an einer Orgel angebracht sind und in denen die Töne einer Orgel erzeugt werden*

Or·gie *die* <-, -n> ❶ *(abwert.) ein Fest, bei dem sehr viel gegessen und getrunken wird und auf dem es auch sexuelle Aktivitäten gibt:* Sie haben eine wüste Orgie gefeiert. ❷ *(umg.) der Vorgang, dass etwas bei einem bestimmten Anlass sehr übertrieben wird:* Gestern haben wir furchtbar viel Kuchen gegessen. Das war vielleicht eine Orgie!

-or·gie *(umg. abwert.) als Zweitglied zusammengesetzter Substantive; drückt aus, dass man mit dem Erstglied Bezeichnete im Übermaß zu sich genommen wird* ◆ Fress-, Rauschgift-, Sauf-

Ori·ent *der* <-s> */kein Plur./* GEOGR. ❶ *(≈ Morgenland ↔ Okzident) die Länder des Nahen, Mittleren und Fernen Ostens* ◆-express, -teppich ▶ Orientale, Orientalin, orientalisch ❷ ▪ *der Vordere Orient die Länder zwischen Ägypten und dem Iran*

Ori·en·ta·list *der* <-en, -en> ❶ KUNST *Maler des*

O

O

19. Jahrhunderts, dessen Bilder einen idealisierten Orient zeigen ❷ *Wissenschaftler, dessen Forschungsgebiet der Orient ist* ▶ Orientalistik

ori·en·tie·ren I. *mit OBJ* ❶ ■ *jmd.* **orientiert jmdn. (über etwas** *Akk.***)** informieren: Der Seminarleiter orientierte die Teilnehmer über den Veranstaltungsablauf. ❷ ■ *jmd.* **orientiert jmdn./etwas auf etwas** *Akk.* jmdn. *oder etwas auf ein Ziel hinlenken, auf eine Sache konzentrieren:* Die Regierung orientierte alle ihre Anstrengungen auf die notwendigen Reformen. II. *mit SICH* ❶ ■ *jmd.* **orientiert sich (irgendwo) (nach/an etwas** *Dat.***)** *in einer Umgebung oder Situation seinen Standort finden, um ein Ziel zu erreichen:* In dieser Stadt muss ich mich erstmal orientieren.; Der Seemann orientierte sich am Stand der Sonne, um den Kurs zu verfolgen.; Wenn man sich nach dem Polarstern orientiert, kommt man nach Norden. ❷ ■ *jmd.* **orientiert sich an jmdm./etwas** *(geh.) sich nach jmdm. oder etwas richten:* Sie orientierte sich am Vorbild ihrer älteren Schwester.; Die Aktienkurse orientieren sich an den aktuellen Wirtschaftsdaten. ▶ erfolgsorientiert, konsumorientiert, linksorientiert

-ori·en·tiert *als Zweitglied zusammengesetzter Adjektive; drückt aus, dass bei einer Person (ggf. auch eines Gegenstands, z. B. einer Ware) eine besondere Ausrichtung an dem mit dem Erstglied Bezeichneten gegeben ist* ◆ bedarfs-, erfolgs-, export-, konsum-, links-, nachfrage-, praxis-, rechts-, wissenschafts-

Ori·en·tie·rung *die* <-, -en> ❶ *(geh.) das Orientieren* I. *1:* Dieser Plan mag zur vorläufigen Orientierung ausreichen. ❷ */kein Plur./ das Wissen, wo man sich befindet:* Zur Orientierung kann man sich die Straßennamen merken.; Nach einigen Kilometern hatten wir völlig die Orientierung verloren. ◆ -sfahrt, -slauf, -spunkt, -svermögen, -szeichen ❸ *(geh.) etwas richtet sich nach etwas aus:* die Orientierung der Politik an wirtschaftlichen Erfordernissen; Die Orientierung an dieser Richtlinie sollte nochmals überdacht werden. ◆ -sdaten, -sfunktion, -spraktikum, -srahmen, -sschule, -stage, -stest, -swissen

Ori·en·tie·rungs·hil·fe *die* <-, -en> *etwas, das hilft, um in einer Gegend oder einem Fachgebiet sein Ziel zu finden:* Der Kompass ist eine gute Orientierungshilfe.; Dieses Buch dient als Orientierungshilfe für ein Studium.

ori·en·tie·rungs·los *adj so, dass jmd. oder etwas ohne Orientierung[2] ist:* Orientierungslos rannte er durch das große Gebäude.; Orientierungslos steuerte das Schiff durch den Sturm. ▶ Orientierungslosigkeit

Ori·en·tie·rungs·sinn *der* <-(e)s> *die Fähigkeit, intuitiv sein Ziel zu finden:* Der Orientierungssinn der Zugvögel ist beeindruckend.

Ori·en·tie·rungs·wert *der* <-(e)s, -e> *eine Zahl oder eine Menge, die benutzt wird, damit sich jmd. in Bezug auf eine Sache orientieren* I. *1 kann:* Ziehen Sie von Ihrer Körpergröße einen Meter ab und nehmen die verbleibenden Zentimeter als Kilogramm, so haben sie einen Orientierungswert für Ihr Idealgewicht.

Ori·ga·no *der siehe* **Oregano**

Ori·gi·nal *das* <-(e)s, -e> ❶ *(↔ Fälschung) ein Kunstwerk, Dokument oder sonstiges Produkt in der Form, in der es geschaffen/erstellt worden ist:* Das Original der „Mona Lisa" hängt im Louvre.; Der Gutachter hat die Echtheit des Originals festgestellt. ◆ -ausgabe, -beleg, -dokument, -grafik, -parfum, -rezept, -software, -sprache, -teil, -text, -ton, -unterschrift, -verpackung, -ware, -zeichnung, -zubehör ❷ *(↔ Kopie) die erste Vorlage eines geschriebenen Textes* ◆ -druck ❸ *(umg.) jmd., dessen Erscheinung und dessen Verhalten ungewöhnlich und interessant ist:* Dieser Lehrer war ein richtiges Original. ◆ -genie

ori·gi·nal *adj /nicht steig./ so, dass etwas echt und nicht nachgemacht ist:* original Nürnberger Lebkuchen

Ori·gi·nal·auf·nah·me *die* <-, -n> MUS. *die erste Aufnahme eines Musikstückes:* Die Originalaufnahme des Konzertes aus dem Jahr 1956 hat heute Seltenheitswert.

Ori·gi·nal·fas·sung *die* <-, -en> FILM *ein Film, der nicht synchronisiert ist:* Der Film läuft in der französischen Originalfassung.

ori·gi·nal·ge·treu *adj /nicht steig./ so, dass etwas fast genau wie das Original[1] wirkt:* Sie sehen dort drüben eine originalgetreue Reproduktion des Kunstwerks.

Ori·gi·na·li·tät *die* <-> /kein Plur./ ❶ *(≈ Unverwechselbarkeit) die Eigenschaft, dass etwas besonders und ungewöhnlich ist:* Diese Möbel bestechen durch ihre Originalität. ❷ *Reichtum an neuen Ideen und interessanten Einfällen:* Die Wissenschaftlerin bestach durch die Originalität ihres Denkens.; Die Originalität des Kunstwerkes erweckte die Aufmerksamkeit des Publikums. ❸ *(≈ Echtheit)* Die Originalität des Schmuckes ist zweifelhaft.

ori·gi·när *adj (geh.) so, dass etwas ursprünglich ist*

ori·gi·nell *adj* ❶ *so, dass etwas neu und ungewöhnlich oder auch witzig ist:* Das ist mal eine originelle Idee. ❷ *so, dass jmd. witzig ist und immer neue Ideen hat:* ein origineller Mensch

Ori·on *der* <-(e)s> *auffälliges Sternbild des Winterhimmels mit einer Vielzahl heller Sterne; bezeichnet nach einem Helden der griechischen Sage* ◆ -gürtel, -nebel

Or·kan *der* <-(e)s, -e> *ein starker Sturm, der viel Schaden anrichten kann:* Ein Orkan fegte über weite Gebiete Deutschlands hinweg. ◆ -böen, -flut, -geschwindigkeit, -schäden, -stärke, -tief, -warnung

or·kan·ar·tig *adj /nicht steig./* ❶ *so, dass etwas wie ein Orkan wirkt:* ein orkanartiger Sturm ❷ *so, dass etwas ungewöhnlich laut und stark ist:* Nach dem Konzert gab es orkanartigen Beifall.

Or·kus *der* <-> /kein Plur./ *in der römischen Mythologie das Reich der Toten, die Unterwelt*

Or·na·ment *das* <-(e)s, -e> *ein Muster, das als Verzierung von Stoffen, Möbeln, Bauwerken usw. dient* ▶ ornamental, ornamentartig, ornamentieren, Ornamentik ◆ -bilder, -enstil, -fliesen, -folien, -glas, -kunst, -malerei, -motiv, -muster, -schablone, -stich, -tapete, -teppich, Pflanzen-, Tier-

Or·nat *der* <-(e)s, -e> *(≈ Amtstracht) eine spezielle Kleidung, die geistliche oder weltliche Wür-*

dentträger bei kirchlichen oder weltlichen Feiern tragen

Or·ni·tho·lo·gie *die* <-> /kein Plur./ ZOOL. *die Wissenschaft, die sich mit den Vögeln beschäftigt* ► Ornithologe, Ornithologin, ornithologisch

Oro·ge·ne·se *die* <-> GEOL. *Gebirgsbildung durch plattentektonische Vorgänge:* Orogenese der Alpen

Or·pheus <-> *sagenhafter altgriechischer Sänger*

Ort *der* <-(e)s, -e> ❶ *ein bestimmter Platz oder ein Gebiet:* Sie hält sich an einem unbekannten Ort auf. ◆-sbestimmung, -ssinn, -szeit, Aufenthalts-, Unglücks-, Versammlungs- ❷ /kein Plur./ *die Stelle, an der eine Sache normalerweise ist:* Das Buch steht nicht an seinem Ort! ❸ (≈ Ortschaft) *ein Dorf oder eine kleine Stadt* -smitte, -sname, -spolizei, -sschild, -steil, -sverkehr ❹ *alle Einwohner einer kleinen Stadt oder eines Dorfes:* Der ganze Ort hatte sich auf dem Marktplatz versammelt. ❺ /Örter/ MATH. *Stelle:* geometrische Örter; ■ **am Ort** *in einer bestimmten Stadt* die einzige Apotheke am Ort; ■ **an Ort und Stelle** *an dem Ort [1], an dem etwas geschieht oder passiert ist* Der Kanzler informierte sich an Ort und Stelle über die Situation des Unternehmens.

Ört·chen *das* <-s, -> ■ **das stille Örtchen** *(umg.) Toilette, WC*

or·ten *mit OBJ* ■ *jmd. ortet jmdn./etwas* LUFTF., SEEW. *mit technischen Instrumenten bestimmen, wo sich jmd. oder eine Sache befindet:* Es war nicht schwer, das Boot mit dem Radar zu orten.

or·tho·dox *adj* ❶ REL. *so, dass eine Gruppe von Menschen streng die Regeln ihrer Religion befolgt* ❷ REL. *die Kirche in Ost- und Südosteuropa, die die Autorität des Papstes nicht anerkennt und einen Patriarchen als Oberhaupt hat* ► griechisch-orthodox, russisch-orthodox ❸ *(umg.: ↔ unorthodox) jmd., der immer die gleiche veraltete Meinung hat und nichts Neues zulässt*

Or·tho·epie, *a.* **Or·tho·epik** *die* <-> *Lehre von der richtigen Aussprache der Wörter, die seit dem 19. Jahrhundert an der Bühnenaussprache orientiert war, heute aber an anderen Gegebenheiten öffentlichen Sprachgebrauchs; siehe auch* **Bühnenaussprache**

or·tho·go·nal *adj* /nicht steig./ *rechtwinklig* ► Orthogon

Or·tho·gra·phie, *a.* **Or·tho·gra·fie** *die* <-, ...-phien/...-fien> *Rechtschreibung* ◆-erwerb, -fehler, -kenntnisse, -normen, -prinzipien, -reform, -schwäche, -theorie, -trainer

or·tho·gra·phisch, *a.* **or·tho·gra·fisch** *adj* /nicht steig./ *so, dass etwas die Rechtschreibung betrifft*

Or·tho·pä·die *die* <-> /kein Plur./ MED. ❶ *das Teilgebiet der Medizin, das sich mit dem Aufbau der Knochen und Muskeln des Menschen beschäftigt* ❷ *die orthopädische Abteilung einer Klinik* ► Orthopäde, Orthopädin, orthopädisch

ört·lich *adj* /nicht steig./ ❶ (≈ regional) *so, dass etwas auf ein bestimmtes Gebiet beschränkt ist:* Man muss mit örtlichen Gewittern rechnen. ❷ (≈ lokal) *so, dass etwas auf eine bestimmte Körperstelle beschränkt ist:* Vor der Operation[1] bekam er eine örtliche Betäubung.

Ört·lich·keit *die* <-, -en> *ein Ort[1], ein Gebiet oder ein Gebäude:* In dieser neuen Stadt muss ich mich erstmal mit den Örtlichkeiten vertraut machen.

orts·an·säs·sig *adj* /nicht steig./ *in einem Ort[3] wohnend*

Orts·bei·rat *der*, **Orts·bei·rä·tin** <-(e)s, Ortsbeiräte> POL. *jmd., der in der politischen Vertretung eines Ortes[3] beratend tätig ist*

orts·be·kannt *adj (umg.) so, dass jmd. oder etwas in einem Ort[3] von fast allen Einwohnern gekannt wird*

Orts·be·sich·ti·gung *die* <-, -en> *die Besichtigung eines Ortes[1]*

Orts·be·stim·mung *die* <-, -en> GEOGR. *durch astronomische Beobachtung ermittelte geografische Länge und Breite eines Ortes[1]*

Ort·schaft *die* <-, -en> *ein kleiner Ort[3]*

orts·fremd *adj* (↔ ortskundig) *so, dass man einen Ort[1, 3] nicht kennt*

Orts·ge·spräch *das* <-(e)s, -e> TELEKOMM. *ein Telefongespräch innerhalb eines Ortes[3] oder einer Stadt*

Orts·kran·ken·kas·se *die* <-, -n> *die Krankenkasse, in der man sich versichern kann, wenn keine spezielle oder private Krankenkasse gewählt wird:* Die Abkürzung für die „Allgemeine Ortskrankenkasse" ist AOK.

orts·kun·dig *adj so, dass jmd. einen Ort[1, 3] gut kennt:* Wir hatten einen ortskundigen Führer, der uns alles erklärte.

Orts·netz *das* <-es, -e> TELEKOMM. *die Telefonnetz innerhalb einer Stadt oder eines Ortes[3]*

Orts·sinn *der* <-(e)s> /kein Plur./ *Orientierungssinn*

Orts·ta·rif *der* <-(e)s, -e> TELEKOMM. *der Preis, den man normalerweise für ein Telefongespräch innerhalb einer Stadt oder eines Ortes[3] bezahlt und der oft auch der billigste Telefontarif ist:* zum Ortstarif telefonieren

orts·üb·lich *adj* /nur attr./ /nicht steig./ *so, wie es in einem Ort[3] oder einer Stadt üblich ist:* die ortsüblichen Mieten

Orts·ver·band *der* <-(e)s, Ortsverbände> *Teil einer großen Organisation[1, in einem Ort[3] oder einer Stadt*

Orts·ver·ein *der* <-(e)s, -e> *die Organisation[2, eines Vereins oder einer Partei in einer Stadt oder einem Ort[3]*

Orts·wech·sel *der* <-s, -> *der Vorgang, dass man einen Ort[1, 3, oder eine Stadt verlässt und in einen anderen Ort[3] oder in eine andere Stadt zieht oder geht:* Es war an der Zeit, einen Ortswechsel vorzunehmen.

Orts·zeit *die* <-, -en> *die Uhrzeit, die an einem Ort[1] in einer bestimmten Zeitzone angegeben wird:* Wir landeten in New York um 17 Uhr Ortszeit.

Orts·zu·schlag *der* <-(e)s, Ortszuschläge> *ein Geldbetrag, der Beamten und Angestellten im öffentlichen Dienst zu ihrem Gehalt dazugezahlt wird, um regionale Unterschiede in den Lebenshaltungskosten auszugleichen*

Or·tung *die* <-, -en> *der Vorgang, dass die Positi-*

O

on/Lage von etwas ermittelt/bestimmt wird
◆ -sdienst, -sfunktion, -sgerät, -shandy, -spiepser, -ssender, -ssoftware, -ssystem, -stechnik

Ọs·car der <-(s), -s> Name des Filmpreises, der je-des Jahr in Hollywood verliehen wird: Der Film „Titanic" bekam zahlreiche Oscars. ▸ oscarnomi-niert, oscarreif ◆ -anwärter(in), -gewinner(in), -preisträger(in), -verleihung

Öse die <-, -n> ein kleiner Metallring, durch den man etwas hindurchziehen kann oder in den man einen Haken einhängen kann

Os·mo·se die <-> BIOL., CHEM. der Vorgang, dass ein Lösungsmittel durch eine durchlässige Schei-dewand von einer schwächeren in eine stärkere Lösung gelangt und auf diese Weise einen Kon-zentrationsausgleich bewirkt ▸ osmotisch

Ọs·si der/die <-s, -s> (umg. abwert.: ↔ Wessi) oft als Schimpfwort gebrauchte Bezeichnung für Per-sonen aus dem Osten² Deutschlands

Ọst·af·ri·ka das <-s> /kein Plur./ (↔ Westafrika) Teil Afrikas, der am Indischen Ozean liegt ▸ ost-afrikanisch

Os·tal·gie die <-> /kein Plur./ (scherzh.: zu „Os-ten" und „Nostalgie") nostalgische Sehnsucht nach den Verhältnissen der ehemaligen DDR ▸ os-talgisch

Ọst·asi·en <-s> /kein Plur./ die östlichen¹,³ Län-der des Fernen Ostens ▸ ostasiatisch

Ọst·ber·lin <-s> ❶ der östliche¹,¹ Teil Berlins ❷ GESCH. Bezeichnung für den Teil Berlins, der die Hauptstadt der ehemaligen DDR war ▸ Ostberli-ner, Ostberlinerin

Ọst·block der <-s> /kein Plur./ POL. die Bezeich-nung für die ehemalige Sowjetunion und ihre Ver-bündeten ◆ -fahrzeuge, -länder, -staaten, -treffen

Ọst·deutsch adj /nicht steig./ ❶ den Osten² Deutschlands betreffend ❷ die ehemalige DDR betreffend

Ọst·deutsch·land <-s> /kein Plur./ ❶ bezeichnet die östlichen I. 3 Gebiete Deutschlands ❷ Be-zeichnung für die ehemalige DDR

Ọs·ten der <-s> /kein Plur./ ❶ (↔ Westen) die Himmelsrichtung, die auf einem Kompass nach rechts zeigt: Im Osten geht die Sonne auf, im Sü-den nimmt sie ihren Lauf, im Westen geht sie un-ter. ❷ (↔ Westen) der Teil von etwas, der im Os-ten¹ liegt: der Osten des Landes; der Osten der Stadt ❸ GESCH. die Länder des Ostblocks; ■ der Nahe Osten das Gebiet von Ägypten bis zum Iran und die Länder dazwischen; ■ der Mittlere Os-ten das Gebiet vom Iran bis einschließlich Bangla-desh; ■ der Ferne Osten das Gebiet, das China, Japan, Indonesien und die Länder dazwischen umfasst

os·ten·ta·tiv adj (geh.) so, dass etwas betont auf-fällig ist und mit Absicht getan wird: Er blickte ostentativ in die andere Richtung.; die ostentativ zur Schau getragene Langeweile

Os·teo·po·ro·se die <-> /kein Plur./ MED. eine Krankheit, bei der die Knochen an Festigkeit ver-lieren ◆ -behandlung, -diagnostik, -forum, -for-schung, -gymnastik, -messung, -prävention, -pro-phylaxe, -sport, -therapie, -untersuchung, -vorsorge

Ọs·ter·ei das <-s, -er> ❶ ein hartgekochtes Ei,

dessen Schale als Osterbrauch bunt bemalt oder gefärbt ist ❷ ein Ei aus Schokolade, das es zu Ostern gibt

Os·ter·feu·er das <-s, -> ein großes Feuer, das je-des Jahr dem Brauch entsprechend zu Ostern an-gezündet wird und um das sich viele Leute ver-sammeln

Os·ter·glo·cke die <-, -n> BOT. eine Blume, die im Frühling blüht und gelbe Blüten hat

Os·ter·ha·se der <-n, -n> ❶ ein Hase, von dem dem Brauch entsprechend den Kindern gesagt wird, dass er die Ostereier bringt ❷ die aus Scho-kolade hergestellte Figur eines Osterhasen¹, den man zu Ostern vor allem Kindern schenkt

Os·ter·in·sel die <-, -n> Insel im Südpazifik vor Lateinamerika, die berühmt für ihre Steinstatuen ist und am Ostersonntag im Jahre 1722 entdeckt wurde

ös·ter·lich adj /nicht steig./ Ostern betreffend

Os·ter·marsch der <-es, Ostermärsche> eine De-monstration für Frieden und Abrüstung, die jedes Jahr zu Ostern stattfindet

Os·ter·mon·tag der <-(e)s, -e> der zweite Feier-tag zu Ostern, der ein Montag ist

Os·tern das <-, -> das christliche Fest im Frühling, an dem die Auferstehung von Jesus Christus gefei-ert wird; ■ Frohe Ostern! verwendet. um jmdm. ein schönes Osterfest zu wünschen

Ös·ter·reich <-s> /kein Plur./ siehe auch Austria-zismus, Deutsch

Die Republik **Österreich** ist eine parlamentari-sche Bundesrepublik, die aus neun Bundes-ländern besteht. Seit 1995 ist Österreich Teil der „Europäischen Union" (EU). Die Haupt-stadt Wien ist mit etwa 1,7 Millionen Einwoh-nern die größte Stadt Österreichs und zugleich auch ein österreichisches Bundes-land. Das in Österreich gesprochene und geschriebene Deutsch weicht – einmal abge-sehen von den Mundarten – in erheblichem Umfang vom so genannten „Binnendeut-schen" ab. Es ist eine hochsprachliche natio-nale Standardvarietät der plurizentrischen deutschen Sprache. Aus der „binnendeut-schen" Sicht sind vor allem Wörter auffällig, die in dieser Weise in Deutschland nicht exis-tieren, wie z. B. sich erfangen, Lamperl, staf-fieren, vernadern. Daneben muss aber betont werden, dass es viele weitere Unterschiede in Aussprache, Betonung und in grammatischen Details gibt; vgl. dazu auch das Stichwort Austriazismus.

Ös·ter·rei·cher der; **Ös·ter·rei·che·rin** <-s, -> jmd., der die österreichische Staatsbürgerschaft hat

ös·ter·rei·chisch adj /nicht steig./ zu Österreich gehörend, daher stammend ▸ österreichisch-unga-risch

Os·ter·sonn·tag der <-(e)s, -e> der erste Feiertag zu Ostern, der ein Sonntag ist

Ọst·er·wei·te·rung die <-> /kein Plur./ POL. Aufnahme von Ländern des ehemaligen Ostblocks in die NATO oder die Europäische Union

Os·ter·wo·che *die* <-, -n> *(≈ Karwoche)* die Woche zwischen Palmsonntag und Ostersonntag

Ost·eu·ro·pa <-s> */kein Plur./ (↔ Westeuropa)* die östlichen [1, 3] Länder Europas ▸ Osteuropäer, Osteuropäerin, osteuropäisch

Ost·fries·land <-s> */kein Plur./* Gebiet, das die Nordseeküste von der Mündung der Ems bis zur Mündung der Elbe umfasst ▸ Ostfriese, Ostfriesin, ostfriesisch

öst·lich[1] *adj* ❶ */nur attr./ (↔ westlich)* so, dass jmd. oder etwas sich nach Osten [1, 2] orientiert: Sie fahren in östliche Richtung. ❷ *(↔ westlich; nur attr.)* so, dass etwas oder jmd. aus dem Osten [1, 2] kommt: Der Wind weht aus östlicher Richtung. ❸ *(↔ westlich)* so, dass etwas oder jmd. im Osten [1, 2] ist: der östliche Teil der Stadt ❹ *(↔ westlich)* so, dass etwas in Bezug auf die Länder und die Bewohner Asiens steht ❺ so, dass etwas zum früheren Ostblock gehört

öst·lich[2] *präp + Gen. (↔ westlich; vor Eigennamen, die ohne Artikel stehen, mit „von")* drückt aus, dass etwas weiter im Osten liegt als etwas anderes: Östlich des Flusses ist alles überschwemmt!; östlich der Elbe; östlich von München; östlich von Polen

Ös·t·ro·gen *das* <-s, -e> MED. weibliches Geschlechtshormon

Ost·rom <-s> */kein Plur./* GESCH. *(≈ Byzanz)* Bezeichnung für die Gebiete, die ab dem Jahre 330 unter der Herrschaft der neuen römischen Hauptstadt Konstantinopolis standen

ost·rö·misch *adj /nicht steig./* GESCH. *(≈ byzantinisch)* in Bezug auf die Gebiete und Kultur Ostroms: die oströmische Kirche

Ost·see *die* <-> */kein Plur./* das Meer zwischen Dänemark, Schweden, Finnland, dem Baltikum und den südlich davon gelegenen Ländern ◆-anrainer, -bad, -deich, -fähre, -insel, -jade, -küste, -land, -raum, -welle, -wetter

Ost·teil *der* <-(e)s, -e> *(↔ Westteil)* östlicher Teil eines Gebietes, eines Gebäudes, einer Stadt, eines Landes

Ost·ver·trä·ge *Plur.* POL., GESCH. Bezeichnung für die Verträge, die 1970 zwischen der Bundesrepublik Deutschland und der ehemaligen Sowjetunion sowie Polen geschlossen wurden. Dies beinhaltete die Anerkennung aller Grenzen nach 1945 und Gewaltverzicht.

ost·wärts *adv (↔ westwärts)* so, dass etwas nach Osten [1] geht

Ost-West-Be·zie·hun·gen <-> *Plur.* POL., GESCH. die Kontakte zwischen den Ländern des früheren Ostblocks und denen des Westens

Ost·zo·ne *die* <-> */kein Plur./* POL., GESCH. ❶ Bezeichnung für die deutschen Gebiete, die zwischen 1945 und 1949 von der ehemaligen Sowjetunion besetzt wurden ❷ *(umg. o veralt.)* Bezeichnung für die ehemalige DDR

OSZE *die* <-> */kein Plur./* POL. Abkürzung von „Organisation für Sicherheit und Zusammenarbeit in Europa"

Os·zil·la·ti·on *die* <-, en> ASTRON. das Oszillieren ▸ Oszillator

os·zil·lie·ren *ohne OBJ* ■ *etwas oszilliert* PHYS. etwas schwingt hin und her

Ot·ter[1] *die* <-, -n> ZOOL. eine giftige Schlangenart aus der Unterfamilie der Vipern ◆Berg-, Horn-, Kreuz-, Zwerg-

Ot·ter[2] *der* <-s, -> ZOOL. ein kleines Säugetier aus der Unterfamilie der Marder, das amphibisch lebt ◆Altwelt-, Finger-, Fisch-, Riesen-, See-

Ot·to·mo·tor® *der* <-s, -en> KFZ Motor, der angetrieben wird, weil ein Gemisch aus Luft und Kraftstoff verbrannt wird

ÖTV *die* <-> */kein Plur./* POL., GESCH. Abkürzung für die Gewerkschaft „Öffentlicher Dienst, Transport und Verkehr"

Ötz·tal *das* <-s> */kein Plur./* ein Tal in den Alpen, das berühmt ist, weil man dort den mumifizierten Leichnam eines Frühmenschen fand

out [aut] *adj /nur präd./ /nicht steig./* so, dass etwas nicht mehr gefragt und unmodern ist: Dieser Haarschnitt ist total out!

ou·ten ['autn̩] **I.** *mit OBJ/mit SICH* ■ *jmd. outet sich/jmdn.* öffentlich bekennen, dass man selbst oder jmd. anders homosexuell ist: Man hat ihn schnell geoutet. **II.** *mit SICH* ■ *jmd. outet sich (als etwas)* sich öffentlich zu einer Tatsache bekennen, die peinlich ist: Er outete sich als Alkoholiker.; Es gab einen Skandal, als der Priester sich outete.

Out·fit *das* ['autfɪt] <-(s), -s> *(umg.)* die Kleidung einer Person: ein modisches/perfektes/sportliches Outfit

Ou·ting *das* ['autɪŋ] <-s> *(umg.)* das Outen [1]

Out·put *der/das* ['autput] <-s, -s> ❶ EDV *(↔ Input)* die Daten, die als Ergebnis von einem Computer geliefert werden ❷ WIRTSCH. die Gesamtheit der Waren, die ein Betrieb herstellt

Out·si·der *der,* **Out·si·de·rin** ['autseide] <-s, -> *(Jargon)* Außenseiter

Out·sour·cing *das* ['autso:ɐsɪŋ] <-s> */kein Plur./* WIRTSCH. Organisationsform, bei der ein Unternehmen komplette Arbeitsbereiche oder Teile davon einer anderen Firma übergibt, um Kosten zu sparen: Häufig sind Bereiche der Datenverarbeitung vom Outsourcing betroffen.

Ou·ver·tü·re *die* [uver'ty:rə] <-, -n> MUS. Musikstück, das eine Oper oder Operette einleitet ◆Fest-, Konzert-, -Opern-

oval *adj (≈ eiförmig)* länglich rund und an die Form eines Eis erinnernd

Oval *das* <-s, -e> Objekt mit ovaler Form ◆-halle, -leuchte, -kopf, -profil, -rahmen, -schlüssel

Ova·ti·on *die* <-, -en> sehr starker Beifall; ■ *stehende Ovationen* der Vorgang, dass ein Publikum stehend Beifall klatscht

Over·all *der* ['ouvəɾɔ:l] <-s, -s> ein Arbeitsanzug, bei dem Jacke und Hose aus einem Teil gemacht sind

over·dressed ['ouvədɾɛst] *adj* übermäßig gut/fein angezogen

Over·head·pro·jek·tor *der* ['ouvəhɛd...] <-s, -en> ein Gerät, mit dem man etwas, das auf spe-

O

zielle Folien gezeichnet oder kopiert ist, groß auf einer Wand zeigen kann

Over·kill *das/der* [ˈoʊvəkɪl] <-(s)> */kein Plur./* MI-LIT. *der Zustand, bei dem die Zahl der Atomwaffen, die ein Staat besitzt, um ein Vielfaches größer ist, als man braucht, um den Gegner oder sogar die Erde zu zerstören*

Ovu·la·ti·on *die* <-, -en> *(≈ Eisprung, Folikelsprung)* BIOL., MED. *das Ausstoßen der unbefruchteten Eizelle aus dem Eierstock etwa zur Mitte des weiblichen Menstruationszyklus* ♦ -sblutung, -skalender, -sphase, -srate, -sschmerz, -sstörungen, -stest, -szeit, -szeitpunkt, -szyklus

Ovu·la·ti·ons·hem·mer *der* <-s, -> MED. *ein Medikament, wie die Antibabypille, das die Ovulation verhindert*

Oxer *der* <-s, -> *Zaun auf Viehweiden*

Oxid, *a.* **Oxyd** *das* <-(e)s, -e> CHEM. *die Verbindung eines chemischen Elements mit Sauerstoff*

Oxi·da·ti·on, *a.* **Oxy·da·ti·on** *die* <-, -en> CHEM. *der Vorgang, dass etwas oxidiertII*

oxi·die·ren, *a.* **oxy·die·ren** <oxidiert, oxidierte/oxydierte, hat/ist oxidiert/oxydiert> CHEM. **I.** *mit OBJ (haben)* ▪ *etwas **oxidiert/oxydiert** etwas bewirken, dass sich ein chemisches Element mit Sauerstoff verbindet* **II.** *ohne OBJ (haben o sein)* ▪ *etwas **oxidiert** etwas verbindet sich mit Sauerstoff: Eisen oxidiert leicht.*

Oze·an *der* <-s, -e> *(≈ Weltmeer) ein großes Meer zwischen den Kontinenten: der Atlantische Ozean; der Indische Ozean; der Stille Ozean* ♦ -dampfer, -fische, -flug, -graben, -jaspis, -karte, -liner, -riese, -strömungen, -welle* ▸ *ozeanisch*

Oze·a·no·gra·fie, *a.* **Oze·a·no·gra·phie** *die* <-> *Sammelbezeichnung für alle Richtungen der Mee-*

reswissenschaften ▸ *ozeanografisch/ozeanographisch*

Oze·an·rie·se *der* <-n, -n> *(umg.) Containerschiff mit sehr großer Ladekapazität oder großer Ozeandampfer*

Oze·lot *der* <-s, -e/-s> ZOOL. *eine in Südamerika vorkommende Raubkatze, die ein braunes Fell mit schwarzen Streifen und Flecken hat*

Ozon *das* <-s> */kein Plur./* CHEM. *Sauerstoff, der aus einer Konzentration von Ozon besteht und ein Gas bildet: Die hohe Konzentration von Ozon in der Luft schadet der Gesundheit.* ▸ *ozonhaltig, Ozonisator, ozonisieren, Ozonisierung* ♦ -abbau, -behandlung, -filter, -generator, -gerät, -loch, -messgerät, -therapie, -vergiftung, -wert

Ozon·alarm *der* <-s> */kein Plur./ Alarm, der ausgelöst wird, wenn es zu viel Ozon in der Atemluft im Freien gibt*

Ozon·be·las·tung *die* <-, -en> *der Zustand, der dann erreicht ist, wenn die Konzentration von Ozon in der Atemluft im Freien höher als normal ist*

Ozon·kil·ler *der* <-s, -> *(umg.) chemischer Stoff, der die Schicht aus Ozon in der Erdatmosphäre zerstört: FCKW ist ein bekannter Ozonkiller.*

Ozon·loch *das* <-(e)s, Ozonlöcher> *ein Bereich der Erdatmosphäre, in dem es kein Ozon mehr gibt: Das Ozonloch über der Antarktis wird immer größer.*

Ozon·schicht *die* <-> */kein Plur./* METEOR. *(≈ Ozonschild) eine Schicht in der Erdatmosphäre, die eine besonders hohe Konzentration von Ozon hat und verhindert, dass viele schädliche Strahlen bis auf die Erde dringen*

Ozon·schild *der* <-(e)s> */kein Plur./ Ozonschicht*

O

Pp

P, p *das* <-, -> *der sechzehnte Buchstabe des Alphabets*

Paar *das* <-(e)s, -e> **1** *zwei zusammengehörende oder sich ergänzende Menschen, Tiere oder Dinge:* ein Paar Zwillinge; ein Paar Zugtiere; ein Paar Handschuhe/Schuhe/Socken/Stiefel **2** *zwei Menschen, die miteinander (in einer Liebesbeziehung) leben:* seit fünf Jahren ein Paar sein; ■ **Das sind zwei Paar Stiefel!** *(umg.) das sind zwei ganz verschiedene Dinge, die man nicht miteinander vergleichen kann* ◆ Braut-, Ehe-, Liebes- ◆ **Großschreibung** →R 3.3 das jungverheiratete Paar; das alte Paar Schuhe

paar *adj / nicht steig. /* (≈ *einige, mehrere* ↔ *viele) verwendet, um sich auf eine nicht sehr große, aber nicht genau genannte Anzahl von Personen oder Dingen zu beziehen:* vor ein paar Tagen; die paar Leute, die da waren; Ich habe es ein paarmal versucht.; ein paar hundert Jahre früher ◆ **Kleinschreibung** →R 3.15 ein paar Worte zu etwas sagen; ◆ **Getrennt- oder Zusammenschreibung** →R 4.3 Wir haben uns nur ein paarmal getroffen.; Diese paar Mal, die wir uns getroffen haben, waren nicht so produktiv.

paa·ren <paarst, paarte, hat gepaart> **I.** *mit OBJ* **1** ■ *jmd. paart Tiere mit Tieren jmd. bringt Tiere zusammen, damit diese Nachkommen (mit bestimmten Eigenschaften) haben:* Der Züchter paart Pferde aus England mit Pferden aus Asien. **2** ■ *jmd. paart etwas mit etwas Dat. zusammenkommen lassen:* Sie paarte Freundlichkeit mit einer gewissen Zurückhaltung. **II.** *mit SICH* **1** ■ *ein Tier paart sich mit einem Tier den Akt der Begattung vollziehen:* Die Vögel paaren sich zeitig im Frühjahr. **2** ■ *etwas paart sich mit etwas Dat. etwas verbindet sich oder kommt mit etwas zusammen:* Bei ihr paart sich Klugheit mit Fleiß.

Paar·hu·fer *der* <-s, -> ZOOL. *ein Tier, dessen Hufe zweigeteilt sind*

paa·rig *adj / nicht steig. /* in Paaren[1] *vorkommend oder angeordnet:* paarige Blätter/Gliedmaßen

Paar·lauf *der* <-(e)s> */kein Plur. /* SPORT *Eislaufen eines Paares*

paar·mal *adv einige Male:* ein paarmal klingeln ◆ **Zusammen- oder Getrenntschreibung** →R 4.3 Das müssen wir noch ein paarmal/paar Mal üben, dann klappt es.

Paa·rung *die* <-, -en> (≈ *Kopulation) der Vollzug des Aktes der Begattung bei Tieren*

paar·wei·se *adv in Paaren:* sich paarweise auf der Tanzfläche aufstellen; paarweise angeordnete Blätter

Pacht *die* <-, -en> *die zeitlich befristete Nutzung einer Sache gegen Entgelt:* etwas in Pacht geben/nehmen

pach·ten <pachtest, pachtete, hat gepachtet> *mit OBJ* ■ *jmd. pachtet etwas* (↔ *verpachten) gegen Geld für eine bestimmte Zeit nutzen:* ein Grundstück/ein Stück Land pachten; ■ **etwas für sich gepachtet haben** *(übertr. abwert.) so tun, als ob man der Einzige wäre, der etwas hat oder kann* Der meint auch, er hätte die Weisheit gepachtet.

Päch·ter *der*, **Päch·te·rin** <-s, -> *jmd., der etwas gepachtet hat*

Pach·tung *die* <-, -en> *das Pachten*

Pacht·ver·trag *der* <-(e)s, Pachtverträge> *Vertrag über die Verpachtung einer Sache*

Pack[1] *der* <-(e)s, -e/Päcke> *kleinerer Packen:* ein Pack Briefe; ■ **mit Sack und Pack** *(umg.) mit allem, was man besitzt* Er ist mit Sack und Pack ausgezogen.

Pack[2] *das* <-(e)s> */kein Plur. / (umg. abwert.) eine als verachtenswert empfundene Menschengruppe:* Dass du dich immer mit diesem Pack herumtreiben musst!

Päck·chen *das* <-s, -> *kleines Paket;* ■ **jeder hat sein Päckchen zu tragen** *verwendet, um auszudrücken, dass jeder Mensch einen Kummer, eine Sorge oder ein Problem hat, mit dem er zurechtkommen muss*

Pack·eis *das* <-es> */kein Plur. / Eismassen aus ineinandergeschobenen Eisschollen:* mit dem Schiff ins Packeis geraten

pa·ckeln <packelst, packelte, hat gepackelt> *ohne OBJ* ■ *jmd. packelt mit jmdm.* ÖSTERR. *(abwert.) sich heimlich mit jmdm. verbünden*

pa·cken <packst, packte, hat gepackt> **I.** *mit OBJ* **1** ■ *jmd. packt jmdn (an etwas Dat.) ergreifen und festhalten:* jemanden am Ärmel packen **2** ■ *jmd. packt etwas Dinge in ein Behältnis legen, um sie später darin zu transportieren:* den Koffer packen; ein Päckchen packen; Bücher in eine Kiste packen; den Koffer packen **3** ■ *jmd. packt etwas (umg.) bewältigen; schaffen:* Das ist eine schwierige Sache, ob wir das packen?; Der Zug kommt gleich, packen wir das noch? **4** ■ *etwas packt jmdn. überwältigen:* Ihn packte die Wut.; von einer Geschichte ganz gepackt sein; Die Geschichte hat mich sehr gepackt.; ein packender Roman; Er kann packend erzählen. **II.** *ohne OBJ* ■ *jmd. packt (seine Dinge verstauen:* Morgen verreise ich, ich muss heute noch packen.

Pa·cker *der*, **Pa·cke·rin** <-s, -> *Person, deren Beruf es ist, Dinge (zum Versand) zu verpacken*

Pack·esel *der* <-s, -> *ein Esel, der Lasten trägt:* Die Waren werden auf Packeseln ins Tal gebracht.; Du bist so beladen wie ein Packesel (≈ *schleppst sehr viele Einkaufstüten, Taschen o. Ä.)!*

Pack·pa·pier *das* <-s> */kein Plur. / festes Papier zum Einpacken*

Pa·ckung *die* <-, -en> **1** *eine Hülle, in die eine bestimmte Ware oder Warenmenge abgepackt ist:* die Brotscheiben aus der Packung nehmen ◆ Frischhalte-, Plastik- **2** *eine bestimmte abgepackte Warenmenge:* eine Packung Brot/Tee/Zigaretten **3** MED. *ein heilender Umschlag:* Der Arzt hat mir heiße Packungen (mit Heilerde) verschrieben.

P

Pa·ckungs·bei·la·ge *die* <-, -n> *etwas, das in eine Warenpackung mit hineingelegt worden ist (zum Beispiel ein kleiner Messbecher in einer Packung Waschpulver)*

Pack·wa·gen *der* <-s, -> *für Gepäck bestimmter Eisenbahnwagen in einem Personenzug*

Pad *das* ['pɛd] <-s, -s> *eine kleine Unterlage* ◆ Maus-

Pä·d·a·go·ge *der*; **Pä·d·a·go·gin** <-n, -n> *(geh.)* ❶ *Person, die beruflich in der Erziehung und Lehre tätig ist* ❷ *Person, die sich wissenschaftlich mit der Pädagogik beschäftigt*

Pä·d·a·go·gik *die* <-> /kein Plur./ *Wissenschaft von der Erziehung* ◆ Erwachsenen-, Sonder-, Sozial-

pä·d·a·go·gisch *adj /nicht steig./* ❶ *erzieherisch:* pädagogische Maßnahmen ❷ *erziehungswissenschaftlich:* die pädagogische Ausbildung; eine pädagogische Hochschule besucht haben ◆ Großschreibung →R 3.18 die Pädagogische Hochschule

Pad·del *das* <-s, -> *(≈ Ruder) eine lange Stange, die an einer Seite oder beiden Seiten breit ausläuft und zum Fortbewegen von Booten benutzt wird*

Pad·del·boot *das* <-(e)s, -e> *ein (kleines) Boot, das mit Paddeln vorwärtsbewegt wird*

pad·deln <paddelst, paddelte, hat/ist gepaddelt> **I.** *mit OBJ (haben)* ■ *jmd. paddelt etwas mit dem Paddel vorwärtsbewegen:* ein Boot über den See paddeln **II.** *ohne OBJ (sein)* ❶ ■ *jmd. paddelt sich paddelnd bewegen:* Er ist über den See gepaddelt.; im Boot auf dem Fluss paddeln ❷ ■ *ein Tier paddelt so schwimmen, dass die Beine sich im Wasser unter dem Körper bewegen:* Eine Ente paddelt.

Pä·d·e·rast *der* <-en, -en> *ein Mann, dessen homosexuelle Neigung auf Knaben gerichtet ist* ▶ Päderastie

Pä·d·i·a·ter *der* <-s, -> *(fachspr.: ≈ Kinderarzt)*

Pä·d·i·a·t·rie *die* <-> /kein Plur./ MED. *Kinderheilkunde* ▶ pädiatrisch

Pa·di·schah *der* <-s- , -s> *(veralt.) Titel eines islamischen Fürsten*

Pa·el·la *die* [paˈɛlja] <-, -s> KOCH. *ein spanisches Gericht aus Reis, Fleisch, Fisch und Gemüse*

Pa·fe·se, a. **Po·fe·se** *die* <-, -n> /meist Plur./ SÜDDT., ÖSTERR. *gebackene Weißbrotschnitte*

paf·fen <paffst, paffte, hat gepafft> **I.** *mit OBJ* ■ *jmd. pafft etwas (umg.) jmd. raucht etwas (ohne zu inhalieren):* eine Zigarette paffen **II.** *ohne OBJ* ■ *jmd. pafft (umg.) jmd. raucht (ohne zu inhalieren):* Er raucht nicht richtig, er pafft nur.

Paf·fer *der* <-s, -> /jmd., der pafft II

Pa·ge *der* ['paːʒə] <-n, -n> ❶ *junger Hoteldiener in Livree:* als Page in einem Hotel arbeiten ❷ GESCH. *junger Adliger bei Hofe*

Pa·ger *der* ['peidʒɐ] <-s, -> *Empfangsgerät, das einen Funkempfang durch optische oder akustische Signale anzeigt*

Pa·gi·na *die* <-, -s> *(veralt.) Buchseite, Blattseite; abgekürzt: „p" oder „pag"*

pa·gi·nie·ren <paginierst, paginierte, hat paginiert> *mit OBJ* ■ *jmd. paginiert etwas* DRUCKW. *mit Seitenzahlen versehen*

Pa·gi·nie·rung *die* <-, -en> *das Paginieren*

Pa·go·de *die* <-, -n> *ein ostasiatischer Tempel in Form eines viereckigen Turmes, der nach oben stufenweise schmaler wird*

Pail·let·te *die* [paiˈjɛtə] <-, -n> /meist Plur./ *glänzendes Metallplättchen zum Aufnähen:* ein mit Pailletten besticktes Abendkleid

Pa·ket *das* <-(e)s, -e> ❶ *etwas, das in einen Karton gepackt und zugebunden ist und mit der Post an einen Adressaten geschickt wird:* ein Paket packen ❷ *etwas, das man zusammengeschnürt hat, um es irgendwohin zu bringen:* ein Paket Bücher aus der Bibliothek holen ❸ *mehrere Dinge, die man nur zusammen kaufen kann:* ein Paket Wertpapiere erwerben ◆ Aktien-, Versicherungs-

Pa·ket·an·nah·me *die* <-> /kein Plur./ *Paketschalter*

Pa·ket·bom·be *der* <-, -n> *eine in einem Paket[1] versteckte Bombe*

Pa·ket·dienst *der* <-es, -e> *privates Unternehmen zur Beförderung von Paketen[1]*

Pa·ket·post *die* <-> /kein Plur./ *Postdienst zur Beförderung von Paketen[1]:* etwas mit der Paketpost schicken

Pa·ket·schal·ter *der* <-s, -> *Schalter zur Annahme oder Ausgabe von Paketen[1]*

Pa·ket·zu·stel·lung *die* <-, -en> *Auslieferung der Pakete[1] durch die Post an den Empfänger*

Pa·ki·stan <-s> *ein Land in Vorderindien* ▶ Pakistaner/Pakistani, Pakistanerin, pakistanisch

Pakt *der* <-(e)s, -e> ❶ *(≈ Bündnis) ein Vertrag, in dem man sich gegenseitige Unterstützung verspricht:* mit jemandem einen Pakt schließen ◆ Freundschafts-, Teufels- ❷ POL. *ein Bündnis zwischen Staaten:* einem Pakt beitreten ◆ Nichtangriffs-, Verteidigungs-

pak·tie·ren <paktierst, paktierte, hat paktiert> *ohne OBJ* ■ *jmd. paktiert mit jmdm.* ❶ POL. *einen Pakt schließen:* Eine Zeit lang sah es vor dem zweiten Weltkrieg so aus, als würde Nazideutschland mit der Sowjetunion paktieren.; Ihm wurde vorgeworfen, mit dem Feind paktiert zu haben. ❷ *(abwert.) gemeinsame Sache machen:* Sehr schwierig wird es für den Bürger, wenn Drogenhändler und Polizei paktieren.

Pa·la·din, **Pa·la·din** *der* <-s, -e> *(übertr. abwert.) willfähriger Gefolgsmann*

Pa·lais *das* [paˈlɛː] <-, -> *Palast*

Pa·läo·ma·g·ne·tis·mus *der* <-> /kein Plur./ *der vom Erdmagnetismus in früheren erdgeschichtlichen Epochen verursachte Anteil des Gesteinsmagnetismus (zur Bestimmung des erdmagnetischen Feldes in früheren Epochen)*

Pa·lä·on·to·lo·gie *die* <-> /kein Plur./ *die Wissenschaft von den Lebewesen vergangener Erdzeitalter* ▶ Paläontologe, paläontologisch

Pa·läo·zo·i·kum *das* <-s> /kein Plur./ *das erdgeschichtliche Altertum*

Pa·last *der* <-es, Paläste> *prachtvoller Herrschaftssitz:* der königliche/kaiserliche Palast; Der Diktator besaß mehrere Paläste. ◆ Königs-, Papst-

Pa·läs·ti·na <-s> *Land zwischen Mittelmeer und Jordan*

Pa·läs·ti·nen·ser *der*; **Pa·läs·ti·nen·se·rin** <-s,

-> *aus Palästina stammende und dort lebender Araber/lebende Araberin*

pa·läs·ti·nen·sisch *adj /nicht steig./ zu Palästina gehörend:* den palästinensischen Staat ausrufen

Pa·lat·schin·ke *der* <-, -n> */meist Plur./* KOCH. ÖS-TERR. *dünner, gefüllter Pfannkuchen*

Pa·lau·in·seln *die Plur. Inselgruppe im westlichen Pazifik* ▶ Palauer, Palauerin

Pa·la·ver *das* <-s, -> *(umg. abwert.) überflüssiges Gerede:* ein großes Palaver über etwas anfangen/machen

pa·la·vern <palaverst, palaverte, hat palavert> ohne OBJ ■ *jmd. palavert (umg. abwert.) unnötig reden:* Hört auf zu palavern, unternehmt lieber etwas!

Pa·le·tot *der* [ˈpaləto/palˈ(ə)toː] <-s, -s> *(veralt.)* ÖSTERR. *zweireihiger Herrenmantel*

Pa·let·te *die* <-, -n> ❶ *in der Malerei benutztes Werkzeug in Form eines kleinen, meist runden Bretts, auf dem (Öl-)farben gemischt werden* ❷ *ein genormtes Gestell, auf dem Waren transportiert werden:* Paletten aufeinanderstapeln; ■ **eine breite/reiche Palette an/von etwas** *ein vielfältiges Angebot an oder von etwas* eine breite Palette von Einsatzmöglichkeiten/Waren

Pa·limp·sest *der/das* <-es, -e> *ein beschriebenes Pergament, dessen ursprünglicher Text abgeschabt oder abgewaschen wurde und das neu beschrieben worden ist*

Pa·lin·ge·ne·se *die* <-, -n> ❶ REL. *Wiedergeburt durch Seelenwanderung* ❷ BIOL. *Wiederholung der stammesgeschichtlichen Entwicklung in der Entwicklung des Individuums* ❸ GEOGR. *Entstehung von Magma durch Wiederaufschmelzung von Eruptivgestein*

Pa·li·no·die *die* <-, ...dien> *eine vom selben Verfasser stammende Gegendichtung zu einem eigenen Werk, in der die früheren Behauptungen mit denselben formalen Mitteln widerrufen werden*

Pa·li·sa·de *die* <-, -n> */meist Plur./ ein langer, oben zugespitzer Pfahl, der in den Boden gerammt wird:* zur Verteidigung eine Wand aus Palisaden errichten; ein Zaun aus Palisaden

Pa·li·san·der *der* <-s, -> */kein Plur./ ein südamerikanisches Edelholz*

Pal·me *die* <-, -n> *ein (sub)tropischer Baum mit einem (langen) Stamm, an dessen Ende große (gefiederte) Blätter wachsen:* ein Strand mit weißem Sand und Palmen; ■ **jemanden auf die Palme bringen** *(umg.) jmdn. ärgern* ◆ Dattel-, Kokos-

Pal·men·hain *der* <-s, -e> *kleiner, aus Palmbäumen bestehender Wald*

Palm·farn *der* <-s, -e> *Gattung der Palmfarngewächse, d.h. der stammbildenden Pflanzen mit großen, gestielten Blättern und großen Zapfen*

Palm·öl *das* <-s, -e> *(≈ Palmfett) aus dem Fruchtfleisch der Früchte der Ölpalme gewonnenes Fett*

Palm·sonn·tag *der* <-s, -e> REL. *der Sonntag vor Ostern*

Palm·top® *das* [ˈpaːm...] <-s, -s> EDV *ein tragbarer, sehr kleiner Computer*

Palm·we·del *der* <-s, -> *eines der großen Blätter der Palme*

Palm·zweig *der* <-(e)s, -e> *(≈ Palmwedel)*

Pam·pa *die* <- , -s> */kein Plur./* ❶ GEOGR. *Steppenlandschaft in Südamerika* ❷ *(scherzh. abwert.) abgelegene, schwer erreichbare Gegend:* irgendwo in der Pampa wohnen

Pam·pe *die* <-, -n> *(umg.) breiige Masse*

Pam·pel·mu·se *die* <-, -n> *(≈ Grapefruit) eine Zitrusfrucht, die größer als eine Orange ist, eine gelbgrüne oder rötliche Schale hat und deren Saft wie eine Mischung aus Orangensaft und Zitronensaft (mit einem leicht bitteren Beigeschmack) schmeckt* ◆-nbaum

Pam·ph·let *das* [pamˈfleːt] <-(e)s, -e> *(geh. abwert.: ≈ Schmähschrift) eine meist aggressiv formulierte Schrift, die jmd. gegen jmdn. oder etwas veröffentlicht:* ein Pamphlet gegen den politischen Gegner verfassen

pam·pig *adj* ❶ *wie Brei:* eine pampige Masse ❷ *(umg. abwert.) unfreundlich:* eine pampige Antwort; Nun werd' doch nicht gleich pampig!

Pan- *als Erstglied zusammengesetzter Substantive; drückt aus, dass das mit dem Zweitglied Bezeichnete inhaltlich oder räumlich für einen sehr großen Bereich gilt* ◆-afrikanismus, -amerika, -amerikanismus, -arabismus, -babylonismus, -daimonium, -demie, -entheismus, -europa, -gäa/-gaea/-gea, -hellenismus, -islamismus, -leukopenie, -logismus, -mixie, -optikum, -orama, -plegie, -psychismus, -sexualismus, -sexualität, -sinusitis, -slawismus, -sophie, -spermie, -theon, -vitalismus

pan- *als Erstglied zusammengesetzter Adjektive; drückt aus, dass das mit dem Zweitglied Bezeichnete inhaltlich oder räumlich für einen sehr großen Bereich gilt* ◆-afrikanisch, -amerikanisch, -arabisch, -chromatisch, -demisch, -europäisch, -hellenistisch, -retinal, -sexual, -sexuell, -slawistisch

Pa·na·de *die* <-, -n> KOCH. *eine Mischung aus Ei und Paniermehl, mit der Fleisch Fisch oder Gemüse vor dem Braten bestrichen wird*

Pa·na·ma¹ <-s> *ein mittelamerikanisches Land mit der Hauptstadt Panama* ◆-kanal ▶ Panamaer, Panamaerin, panamaisch

Pa·na·ma² *der* <-s, -s> ❶ *fein geflochtenes Gewebe* ❷ *Abkürzung für „Panamahut"*

Pa·na·ma·hut, *a.* **Pa·na·ma-Hut** *der* <-es, Panamahüte> *aus jungen getrockneten Blättern der Panamapalme feingeflochtener, breitrandiger Herrenhut*

Pan·da *der* <-s, -s> ZOOL. *eine asiatische Bärenart mit schwarzweißem Fell, deren Hauptnahrung Bambus ist* ◆-bär

Pa·neel *das* [paˈneːl] <-s, -e> *(einzelne Platten einer) Wandtäfelung*

Pan·flö·te, *a.* **Pans·flö·te** *die* <-, -n> MUS. *eine Flöte aus mehreren, nebeneinander angeordneten Bambusrohren*

pa·nie·ren <panierst, paniert, hat paniert> *mit OBJ* ■ *jmd. paniert etwas* KOCH. *(vor dem Braten) in einer Masse aus Ei und Semmelbröseln wenden*

Pa·nier·mehl *das* <-(e)s> */kein Plur./ (gewürztes) Semmelbröselmehl zum Panieren*

Pa·nik *die* <-, -en> ❶ *unkontrolliertes Verhalten aus Angst in einer gefährlichen Situation:* eine Panik bricht aus; Beim Ausbruch des Feuers gerieten

P

die Zuschauer in Panik. ❷ *starkes Gefühl von Angst:* Wenn zu viel auf sie einstürmt, gerät sie leicht in Panik. ◆ -attacke, -reaktion ▸ panikartig

pa·nik·ar·tig *adv /nicht steig./ in großer Panik:* Als das Feuer in dem Lokal ausbrach, verließen die Menschen panikartig das Gebäude.

Pa·nik·ma·che *die* <-> */kein Plur./ (umg. abwert.) Versuch, andere in Panik[1] zu versetzen:* Er tat die Unwettermeldungen als reine Panikmache ab.; Das ist doch nur Panikmache! Es wird schon nichts weiter passieren. ▸ Panikmacher, Panikmacherin

Pa·nik·stim·mung *die* <-> */kein Plur./ Gesamtverfassung einer Person, die vom Gefühl der Panik ergriffen wird:* Nach Bekanntwerden der Nachricht, dass der Stadt eine Plünderung bevorstehe, breitete sich in der Bevölkerung Panikstimmung aus.

pa·nisch *adj so, dass man seine Reaktionen nicht mehr beherrscht:* panisch davonlaufen/reagieren; panische Angst haben

Pan·k·re·as *das* <-> */kein Plur./ Bauchspeicheldrüse*

Pan·ne *die* <-, -n> ❶ *eine Funktionsstörung eines Geräts:* eine Panne mit dem Fahrrad/Wagen haben ◆ -nhilfe, -versicherung, Auto-, Reifen- ❷ *ein durch Unachtsamkeit verursachter Fehler:* Es passiert eine Panne nach der anderen.

Pan·nen·dienst *der* <-(e)s, -e> KFZ *ein Unternehmen, das bei Fahrzeugpannen Hilfe leistet:* den Pannendienst rufen

Pa·n·op·ti·kum *das* <-s, Panoptiken> *eine Sammlung außergewöhnlicher oder seltsamer Gegenstände:* ein Panoptikum mit Wachsfiguren

Pa·n·o·ra·ma *das* <-s, Panoramen> *ein Rundblick, der sich (an einer Stelle) über eine Landschaft bietet:* Vom Aussichtsturm/aus dem Fenster bot sich uns ein herrliches Panorama.

P

pan·schen, *a.* **pant·schen** <panschst, pantschte, hat gepanscht> *(umg.)* **I.** *mit OBJ* ▪ *jmd.* **panscht etwas (mit etwas** *Dat.***)** *(abwert.) ein Getränk mit Wasser verdünnen oder verfälschen:* die Milch/den Wein mit Wasser panschen **II.** *ohne OBJ* ▪ *jmd.* **panscht** *(≈ planschen) im Wasser panschen*

Pan·sen *der* <-s, -> ZOOL. *erster Magenabschnitt beim Wiederkäuer*

Pans·flö·te *siehe* **Panflöte**

Pan·ta·lons [pãta'lõ:s] <-> *Plur.* ❶ GESCH. *lange Männerhose* ❷ *eng anliegende Hose aus elastischem Strickstoff*

Pan·ter *siehe* **Panther**

Pan·the·is·mus *der* <-> */kein Plur./* PHILOS., REL. *die Lehre, nach der Gott und Weltall identisch sind* ▸ pantheistisch

Pan·ther, *a.* **Pan·ter** *der* <-s, -> *eine große Raubkatze mit schwarzem Fell; ein schwarzer Leopard*

Pan·ti·ne *die* <-, -n> NORDDT. *Schuh mit Holzsohle*

Pan·tof·fel *der* <-s, -n> *ein Hausschuh, der hinten offen ist:* weiche Pantoffeln aus Filz; ▪ **unterm Pantoffel stehen** *(umg. abwert.) als Ehemann oder Partner zu Hause nichts zu bestimmen haben*

Pan·tof·fel·held *der* <-en, -en> *(umg. abwert.)*

ein Ehemann, der sich gegenüber seiner Frau nicht durchsetzen kann

Pan·tof·fel·ki·no *das* <-s> */kein Plur./ (umg. scherzh.) Fernsehen*

Pan·to·let·te *die* <-, -n> *(Kunstwort aus „Pantoffel" und „Sandalette") ein Sommerschuh mit hohem Absatz, der hinten offen ist*

Pan·to·mi·me[1] *die* <-, -n> *eine schauspielerische Darstellung, die nur mit Gesten, Mimik und Bewegungen und ohne Worte auskommt*

Pan·to·mi·me[2] *der,* **Pan·to·mi·min** <-, -n> *jmd., der (beruflich) pantomimische Vorstellungen gibt*

pan·to·mi·misch *adj /nicht steig./ mit den Mitteln der Pantomime:* eine pantomimische Darstellung

pant·schen, pan·schen <pantschst, pantschte, hat gepantscht> *siehe* **panschen**

Pan·zer *der* <-s, -> ❶ MILIT. *ein schweres, gepanzertes Kettenfahrzeug, das mit einer Kanone bewaffnet ist* ◆ -fahrer, -schlacht, -sperre, -truppe, -turm, -wagen, Brückenlege-, Jagd-, Kampf-, Minenräum-, Schützen-, Späh- ❷ ZOOL. *die aus Horn bestehende harte Schutzhülle bei manchen Tieren:* der Panzer eines Käfers/einer Schildkröte

Pan·zer·ab·wehr *die* <-> */kein Plur./* ❶ MILIT. *Verteidigung gegen Panzer[1]* ❷ MILIT. *Truppe, die gegen Panzer[1] eingesetzt ist*

Pan·zer·ab·wehr·ka·no·ne *die* <-, -n> MILIT. *auf fahrbaren Untergestellen montierte Geschütze, die gegen Panzer[1] eingesetzt werden*

Pan·zer·faust *die* <-, Panzerfäuste> MILIT. *eine Handfeuerwaffe, die gegen Panzer[1] eingesetzt wird*

Pan·zer·glas *das* <-es> */kein Plur./ besonders widerstandsfähiges Glas*

Pan·zer·kreu·zer *der* <-s, -> MILIT. *ein stark gepanzertes, schnelles Kriegsschiff*

pan·zern <panzerst, panzerte, hat gepanzert> **I.** *mit OBJ* ▪ *jmd.* **panzert etwas (mit etwas** *Dat.***)** *etwas zum Schutz vor Angriffen mit dicken Platten aus gehärtetem Stahl versehen:* ein gepanzertes Fahrzeug für Geldtransporte; eine gepanzerte Limousine **II.** *mit SICH* ▪ *jmd.* **panzert sich** *sich (seelisch) unempfindlich machen:* sich gegen ständige Kritik panzern

Pan·zer·schrank *der* <-(e)s, Panzerschränke> *ein schwerer, besonders gesicherter Schrank:* das Geld/die Dokumente/die Wertsachen im Panzerschrank aufbewahren

Pa·pa *der* <-s, -s> *(umg.) Vater*

Pa·pa·gei, Pa·pa·gei *der* <-en/-s, -en> *ein in vielen Arten vorkommender tropischer Vogel mit buntem Gefieder, der manchmal lernt, die menschliche Sprache nachzuahmen*

Pa·pa·gei·en·krank·heit *die* <-> */kein Plur./* MED. *eine von Vögeln auf den Menschen übertragbare Infektionskrankheit, die als schwere grippeartige Allgemeinerkrankung mit Lungenentzündung verläuft*

Pa·pa·raz·zo *der* <-(s), Paparazzi> *ein Reporter, der sehr aufdringlich ist und gerne Skandalgeschichten über Prominente veröffentlicht*

Pa·per·back *das* ['peɪpəbæk] <-s, -s> *Taschenbuch mit nicht verstärktem Pappeinband*

Pa·pe·te·rie *die* <-, -rien> SCHWEIZ. ❶ *Papierwaren* ❷ *Papierwarenhandlung*

Pa·pi *der* <-(s), -s> *(umg.) Vater*

Pa·pier *das* <-s, -e> ❶ */kein Plur./ das aus Pflanzenfasern oder Altstoffen hergestellte dünne Material von weißer oder gelblicher Farbe, auf das man schreibt oder zeichnet und mit dem man bastelt:* handgeschöpftes/holzfreies Papier; ein Blatt/ ein Bogen/eine Rolle weißes Papier; einen Text auf Papier ausdrucken; ein Geschenk in Papier einwickeln; ein Lampenschirm aus Papier ◆-handtuch, -tüte, -becher, Brief-, Foto-, Geschenk-, Pack-, Zigaretten- ❷ *ein Schriftstück, das ein bestimmtes Thema zum Gegenstand hat:* die Minister haben ein gemeinsames Papier ausgearbeitet; ein Papier unterzeichnen; in alten Papieren kramen; seine Papiere für die Abrechnung/Steuererklärung ordnen ◆Thesen-, Wert- ❸ */meist Plur./ Dokument; Ausweis:* sich mit seinen Papieren ausweisen; ein Fahrzeug mit gefälschten Papieren; ■**etwas zu Papier bringen** *etwas aufschreiben;* ■**Papier ist geduldig** *man kann viel schreiben, aber es ist nicht sicher, dass das Geschriebene auch nützlich oder wahr ist*

Pa·pier·ab·zug *der* <-s, Papierabzüge> FOTOGR. *die vom Negativ eines Fotos als Positiv auf Papier aufgebrachte Reproduktion*

pa·pie·ren *adj /nicht steig./* ❶ *aus Papier* ❷ *(übertr.) nüchtern, trocken, phantasielos:* ein papierner Stil

Pa·pier·geld *das* <-(e)s> */kein Plur./ (≈ Banknoten)*

Pa·pier·ge·schäft *das* <-s, -e> *Papeterie²*

Pa·pier·hand·tuch·spen·der *der* <-s, -> *Box für Papierhandtücher zum unmittelbaren Gebrauch*

Pa·pier·korb *der* <-(e)s, Papierkörbe> *ein Korb für Papierabfälle:* den Papierkorb leeren; der Papierkorb quillt über

Pa·pier·kram *der* <-s> */kein Plur./ (umg. abwert.) (als lästig empfundener) Schriftverkehr mit Ämtern und Behörden:* Die Genehmigung hat viel Papierkram erfordert

Pa·pier·krieg *der* <-(e)s> */kein Plur./ (umg.) ein langer Briefwechsel (mit einer offiziellen Stelle), der nicht zum gewünschten Ergebnis führt:* einen endlosen Papierkrieg mit den Behörden führen

Pa·pier·lauf·rich·tung *die* <-, -en> *die Richtung, in der Papier durch eine Maschine läuft*

Pa·pier·schnit·zel *der* <-s, -> *kleines, abgeschnittenes Stückchen Papier*

Pa·pier·stau *der* <-s, -s> *Stau im automatischen Papiereinzug von Druckern und Fotokopierern*

Pa·pier·ti·ger *der* <-s, -> *(übertr. abwert.) jmd., der gefährlich erscheint, es aber nicht wirklich ist*

Pa·pier·wa·ren <-> *Plur. im Handel angebotene Artikel für den Schreib- und Bürobedarf:* ein Geschäft für Papierwaren

Papp·band *der* <-(e)s, Pappbände> *Buch mit einem festen Pappeinband*

Pap·pe *die* <-, -n> *dickes, festes Material aus mehreren zusammengepressten Lagen Papier:* ein Bucheinband/eine Schachtel aus Pappe; ■**nicht von Pappe sein** *(umg.) nicht zu unterschätzen sein*

Papp·ein·band *der* <-s, Pappeinbände> *Einband eines Buches aus Pappe*

Pap·pel *die* <-, -n> *ein Laubbaum*

päp·peln <päppelst, päppelte, hat gepäppelt> *mit OBJ* ■*jmd. päppelt jmdn. (umg.) liebevoll umsorgen und ernähren:* Sie päppelt das Kätzchen mit der Flasche. ▸ aufpäppeln

pap·pen <pappst, pappte, hat gepappt> *(umg.)* **I.** *mit OBJ* ■*jmd. pappt etwas an etwas Dat. (umg.) ankleben:* das Plakat an die Wand pappen **II.** *ohne OBJ* ■*etwas pappt (an etwas Dat.) (zusammen)haften:* Der Lehm/Der Schnee/Der Teig pappt.; Der Lehm pappt an ihren Schuhen.

Pap·pen·de·ckel, *a.* **Papp·de·ckel** *der* <-s, -> *ein Stück Pappe, ein Stück Karton*

Pap·pen·hei·mer ■**seine Pappenheimer kennen** *(umg.) wissen, was man von bestimmten Menschen erwarten kann*

Pap·pen·stiel ■**kein Pappenstiel sein** *(umg.) keine Kleinigkeit sein* 1000 Euro sind kein Pappenstiel.

pap·per·la·papp *interj (umg.) Ausruf, mit dem man (auf unhöfliche Weise) jmds. Äußerung unterbricht und als leeres Gerede abwertet:* Wir werden die Umsätze steigern, eine landesweite Werbekampagne starten ... – Papperlapapp, zunächst brauchen wir mal Ideen für neue Produkte!

pap·pig *adj (umg.)* ❶ *(↔ knackig, knusprig) weich:* pappige Brötchen; Der Salat war pappig geworden. ❷ *(≈ klebrig) pappiger Schnee; pappiger Boden*

Papp·kar·ton *der* <-s, -s> ❶ */kein Plur./ Pappe als Material:* zum Basteln Pappkarton verwenden ❷ *(größerer) Behälter aus Pappe:* die Gläser in einen Pappkarton packen

Papp·ma·schee, *a.* **Papp·ma·ché** *das* <-s, -s> *formbare Masse aus mit Leim oder Stärke und Wasser vermischtem Altpapier:* eine Figur aus Pappmaschee basteln

Papp·na·se *die* <-, -n> *aus Pappe geformte Nase, die als Kostümierung über die eigene Nase gestülpt wird*

Papp·schach·tel *der* <-, -n> *ein (kleinerer) Behälter aus Pappe*

Papp·schnee *der* <-s> */kein Plur./ (↔ Pulverschnee) nasser, klebriger Schnee*

Papp·tel·ler *der* <-s, -> *Teller aus Pappe*

Pa·pri·ka *der/die* <-, -(s)> ❶ *eine Nutzpflanze mit gelben, roten oder grünen Früchten:* Paprika im Garten anbauen ❷ *die Frucht der Paprika¹ als Gemüse oder Gewürz:* Paprika(s) für einen Salat klein schneiden ❸ */kein Plur./ ein scharfes, aus den Früchten bestimmter Paprikapflanzen gewonnenes Gewürz:* die Soße mit Paprika würzen

Papst *der* <-es, Päpste> REL. *das Oberhaupt der katholischen Kirche:* in der Amtszeit des Papstes Pius; Im Rahmen seiner Reise nach ... hielt der Papst einen Gottesdienst vor ...; zum Papst gewählt werden

-papst *als Zweitglied zusammengesetzter Substantive; drückt aus, dass eine Person in dem kulturellen oder technischen Bereich äußerst einflussreich ist, der mit dem Erstglied bezeichnet wird*

P

◆Kunst-, Linguistik-, Literatur-, Mode-, Orthografie-, Plattenspieler-, Tuning-

päpst·lich *adj /nicht steig./ den Papst betreffend oder von ihm ausgehend:* die päpstliche Delegation; der päpstliche Segen; die päpstliche Haltung zu Fragen der ...; ■ **päpstlicher als der Papst sein** *(umg. abwert.) genauer oder unerbittlicher sein als der, der hauptsächlich verantwortlich für etwas ist*

Papst·tum *das* <-s> */kein Plur./ das Amt des Papstes als Oberhaupt der katholischen Kirche*

Pa·pua-Neu·gui·nea *das* [...gi'ne:a] <-s> *Staat im westlichen Pazifik, Hauptstadt ist Port Moresby* ▶ Papua-Neuguineer, Papua-Neuguineerin, papua-neuguineisch/papuanisch

Pa·py·rus *der* <-, Papyri> ❶BOT. *schilfartige Pflanze* ❷*/kein Plur./ aus Papyrus¹ gewonnenes Schreibpapier:* auf Papyrus schreiben ❸*Papyrusrolle mit Schriften aus dem Altertum*

Par-, par- *siehe* **Para-, para-**

Pa·ra- *aus dem Griechischen übernommene Vorsilbe mit der Bedeutung „bei", „neben", „entlang"; als Erstglied zusammengesetzter Substantive; drückt aus* ❶*dass das mit dem Zweitglied Bezeichnete etwas anderes begleitet bzw. neben diesem her existiert* ◆-klase, -lympics, -myxovirus, -phrase, -sympathikus, -taxe, -taxis, -text, -typhus ❷*dass das mit dem Zweitglied Bezeichnete eine Fehlentwicklung bzw. abweichende Erscheinung im medizinischen Bereich ist* ◆-lalie, -lexie, -parese, -philie, -phimose ❸*dass das mit dem Zweitglied Bezeichnete eine theoretische abweichende bzw. abwegige/als falsch angesehene Erscheinung/Orientierung/Position ist* ◆-logie, -logismus, -medizin, -psychologie

pa·ra- *aus dem Griechischen übernommene Vorsilbe mit der Bedeutung „bei", „neben", „entlang"; als Erstglied zusammengesetzter Adjektive; drückt aus,* ❶*dass das mit dem Zweitglied Bezeichnete etwas anderes begleitet bzw. neben diesem her existiert* ◆-lingual, -lymphisch, -magnetisch, -sprachlich, -sympathisch, -taktisch, -verbal, -zentrisch ❷*dass das mit dem Zweitglied Bezeichnete eine Fehlentwicklung bzw. abweichende Erscheinung im medizinischen Bereich ist* ◆-normal ❸*dass das mit dem Zweitglied Bezeichnete eine theoretische abweichende bzw. abwegige/als falsch angesehene Erscheinung/Orientierung/Position ist* ◆-medizinisch, -psychologisch

Pa·ra·bel *die* <-, -n> ❶LIT. *(≈ Gleichnis) eine kurze Erzählung, die eine Lehre gibt* ❷MATH. *ein Kegelschnitt*

Pa·ra·bol·an·ten·ne *die* <-, -n> *Antenne in der Form einer Schüssel*

Pa·ra·de *die* <-, -n> ❶MILIT. *ein Aufmarsch von militärischen Verbänden im Rahmen einer Festveranstaltung:* zum Nationalfeiertag eine Parade abhalten; Der Präsident nahm die Parade ab. ❷SPORT *eine Gangart des Pferdes* ❸SPORT *das Parieren eines Angriffs:* eine glänzende Parade des Torwarts; ■ **jemandem in die Parade fahren** *jmdm. heftig widersprechen*

Pa·ra·de- *als Erstglied zusammengesetzter Substantive; drückt aus, dass das mit dem Zweitglied Bezeichnete in besonderer Weise herausragt/repräsentativ ist* ◆-beispiel, -bett, -disziplin, -kissen, -pferd, -rolle, -stück, -uniform, -zimmer

Pa·ra·dei·ser *der* <-s, -> ÖSTERR. *Tomate*

Pa·ra·den·to·se *siehe* **Parodontose**

Pa·ra·de·schritt *der* <-(e)s, -e> MILIT. *ein Marschschritt:* im Paradeschritt vorbeimarschieren

pa·ra·die·ren <paradierst, paradierte, hat paradiert> *ohne OBJ* ■ *jmd. paradiert* MILIT. *in einer Parade vorbeimarschieren*

Pa·ra·dies *das* <-es, -e> ❶*/kein Plur./* REL. *dem christlichen Glauben nach Wohnstätte der ersten Menschen; Aufenthaltsort Gottes, der Engel und der Seligen:* die Vertreibung von Adam und Eva aus dem Paradies; nach dem Tod (zu den Engeln) ins Paradies kommen ❷*(übertr.) eine sehr schöne Gegend, in der es sich angenehm leben lässt:* Die Strände dieser Südseeinsel sind ein Paradies.; Der unberührte Urwald ist ein Paradies für seltene Tierarten. ❸*(≈ Dorado) ein Ort, der besonders gute Voraussetzungen für eine Sache bietet:* ein Paradies für Angler/Golfspieler/Wassersportler

-pa·ra·dies *als Zweitglied zusammengesetzter Substantive; drückt aus, dass an dem mit dem Erstglied bezeichneten Ort/Platz alles in Fülle vorhanden ist bzw. die im Erstglied genannte Personengruppe besonders günstige Bedingungen vorfindet* ◆Biker-, Ferien-, Kinder-, Surfer-, Urlaubs-, Vogel-, Wander-, Wintersport-

pa·ra·die·sisch *adj /nicht steig./ so schön wie im Paradies:* eine paradiesische Ruhe; Hier herrschen ja paradiesische Zustände!

Pa·ra·dig·ma *das* <-s, Paradigmen/-ta> ❶*(geh.) Beispiel; Muster:* in seiner Tätigkeit einem bestimmten Paradigma folgen; sich an ein Paradigma halten ❷SPRACHWISS. *Muster für die Deklination und Konjugation* ◆Flexions- ❸PHILOS. *vorherrschende und damit musterbildende theoretische Orientierung:* das Paradigma des heliozentrischen Weltbildes nach Kopernikus

pa·ra·dig·ma·tisch *adj /nicht steig./* ❶ *beispielhaft* ❷SPRACHWISS. *(↔ syntagmatisch) auf die abstrakte Ebene der Regeln eines Sprachsystems bezogen:* paradigmatische Beziehungen zwischen Einheiten

Pa·ra·dig·men·wech·sel *der* <-s, -> PHILOS. *(geh.) die phasenhafte Veränderung von bestimmten Fragestellungen und Problemlösungsstrategien, die typisch ist für bestimmte wissenschaftliche Disziplinen oder Disziplinengruppen:* Entscheidend für die Entwicklung der Naturwissenschaften ist der Paradigmenwechsel von der Aristotelischen zur Galileiischen Physik.

pa·ra·dox *adj /nicht steig./ (geh.) scheinbar widersinnig:* Was du da sagst, ist/klingt paradox.; Es ist paradox, dass es in einem reichen Land Menschen ohne Wohnung gibt.

Pa·ra·do·xon, Pa·ra·do·xon *das* <-s, Paradoxa> *(geh.) etwas, das einen Widerspruch in sich enthält*

Par·af·fin *das* <-s, -e> CHEM. *ein wachsähnlicher Stoff, als Grundlage auch für Schmiermittel und Salben verwendet* ◆-öl, -salbe

Pa·ra·graf, a. Pa·ra·graph *der* <-en, -en> *Ab-*

satznummerierung in (Gesetzes-)Texten (mit dem Zeichen „§")

Pa·ra·gra·fen·dschun·gel, a. **Pa·ra·gra·phen·dschun·gel** der <-s> /kein Plur./ (umg. abwert.) die verwirrende Komplexität von Gesetzen und Vorschriften, die oft sogar Fachleute kaum verstehen können: sich im Paragraphendschungel zurechtfinden

Pa·ra·gu·ay <-s> ein Land in Südamerika ▸ Paraguayer, Paraguayerin, paraguayisch

Pa·r·al·la·xe die <-, -n> scheinbare Verschiebung des Sehobjekts je nach Standpunkt des Beobachters: Sieht man den eigenen Daumen in einiger Entfernung mit je einem Auge, so scheint sich wegen der Parallaxe der Ort des Daumens zu verschieben.

pa·r·al·lel <nicht steig.> adj ❶ an allen Punkten im gleichen Abstand verlaufend: zwei parallele Geraden; parallel verlaufende Straßen ❷ (sich) gleichzeitig (vollziehend): parallele Entwicklungen in verschiedenen Staaten Europas

Pa·r·al·le·le die <-, -n> ❶ MATH. eine Gerade, die an allen Punkten in gleichem Abstand zu einer anderen Gerade verläuft: eine Parallele zu einer vorhandenen Geraden zeichnen ❷ etwas Ähnliches: Man kann Parallelen von diesem zu einem anderen Ereignis ziehen.; Diese Art von Dichtung findet eine Parallele in der Malerei.

Pa·r·al·le·len·axi·om das <-s> /kein Plur./ MATH. ein Axiom der euklidischen Geometrie, das besagt, dass, wenn eine Gerade und ein nicht auf ihr liegender Punkt vorgegeben sind, es nur eine Gerade geben kann, die sowohl durch den Punkt geht als auch zu dieser Gerade parallel läuft

Pa·r·al·le·lo·gramm das <-s, -e> MATH. ein Viereck, dessen gegenüberliegende Seiten gleich lang sind

Pa·r·al·lel·schal·tung die <-, -en> (↔ Hintereinanderschaltung) elektrische Schaltungsart, bei der alle Schaltelemente untereinander verbunden sind, so dass mehrere Stromzweige entstehen

Pa·r·al·lel·stra·ße die <-, -n> eine Straße, die parallel zu einer anderen verläuft: Ich wohne in der Parallelstraße der/zur Schillerstraße.

Pa·r·al·lel·zu·griff der <-s, -e> EDV gleichzeitiger Zugriff (mehrerer Programme oder Anwender) auf bestimmte Daten

Pa·ra·ly·se die <-, -n> MED. Lähmung

pa·ra·ly·sie·ren <paralysierst, paralysierte, hat paralysiert> mit OBJ ■ **etwas paralysiert jmdn./etwas** ❶ MED. lähmen: Das Gift paralysiert die Atmung. ❷ (geh.) handlungsunfähig machen: Die Angst hatte alle Anwesenden paralysiert.; Die Regierung wirkt völlig paralysiert.

Pa·ra·me·ter der <-s, -> ❶ MATH. Hilfsvariable ❷ TECHN. kennzeichnende Größe: die genauen Parameter einer Maschine angeben

Pa·ra·mi·li·tär das <-s> /kein Plur./ eine militärähnliche Organisation, die wie das Militär Uniform, Bewaffnung und eine straffe Organisation hat: Bereitschaftspolizei und Nationalgarde in den USA sind Beispiele für das Paramilitär.

pa·ra·mi·li·tä·risch adj /nicht steig./ ähnlich wie beim Militär organisiert: paramilitärische Gruppen/Rebellen/Verbände

Pa·ra·noia die <-> /kein Plur./ MED. eine psychische Erkrankung mit wahnhaften Vorstellungen, dass man verfolgt wird ▸ paranoisch

Pa·ra·nuss die <-, Paranüsse> die harte, dreikantige Frucht von (im Regenwaldgebiet wachsenden) Paranussbäumen

Pa·ra·phra·se die <-, -n> SPRACHWISS. Umschreibung einer Aussage mit anderen Worten

pa·ra·phra·sie·ren <paraphrasierst, paraphrasierte, hat paraphrasiert> mit OBJ SPRACHWISS. umschreiben

Pa·ra·psy·cho·lo·gie die <-> /kein Plur./ die Wissenschaft von übersinnlichen Erscheinungen (wie Spuk, Hexerei, Wunder, Hellsehen o. Ä.)

Pa·ra·sit der <-en, -en> ❶ BIOL. (≈ Schmarotzer) Bakterien-, Pflanzen- oder Tierarten, die ihre Nahrung von anderen Lebewesen nehmen und sich vorübergehend oder dauernd an oder in denen Körper aufhalten: Der Baum ist von einem Parasiten befallen. ❷ (übertr. abwert.) jmd., der auf Kosten anderer lebt

Pa·ra·si·tis·mus der <-, Parasitismen> BIOL. (≈ Schmarotzertum) Wechselbeziehung von Parasit und Wirt

pa·rat adj /nicht steig./ so, dass es gleich zur Hand ist: etwas (für jemanden/einen Anlass) parat halten; immer eine Antwort parat haben

Pa·ra·ty·phus der <-> /kein Plur./ MED. durch Salmonellen hervorgerufene, meldepflichtige Infektionskrankheit

Pa·ra·vent der/das ['paravã] <-s, -s> (veralt.) Ofen-, Wandschirm, spanische Wand

Pär·chen das <-s, -> ❶ ein Liebespaar: Überall auf den Parkbänken saßen (verliebte) Pärchen. ❷ ein (zur Nachzucht bestimmtes) Paar aus männlichem und weiblichem Tier: Ihre beiden Hamster sind ein Pärchen.

Par·cours der [par'kuːɐ̯] <-, -> SPORT Hindernisbahn beim Springreiten

Par·don der/das [par'dõː/par'dɔŋ/par'doːn] <-s> /kein Plur./ (veralt.) Verzeihung; Nachsicht: jemanden um Pardon bitten; (keinen/kein) Pardon kennen

Pa·r·en·the·se die <-, -n> ❶ SPRACHWISS. Einschub (in einer Satzkonstruktion) ❷ (geh.) Nebenbemerkung

par ex·cel·lence [par ɛksə'lɑ̃s] adv (geh.: ≈ schlechthin) verwendet, um auszudrücken, dass jmd. oder etwas ein ganz typischer Vertreter einer Gattung ist: Er ist ein Dandy par excellence.

Par·fait das [par'fɛ] <-s, -s> ❶ KOCH. Fisch- oder Fleischpastete ❷ KOCH. Halbgefrorenes

par force [par'fɔrs] adv (geh.) mit Gewalt, heftig, unbedingt: Er will par force nach Amerika.

Par·force- [par'fɔrs] (geh.) als Erstglied zusammengesetzter Substantive; drückt aus, dass das mit dem Zweitglied Bezeichnete sich besonders energisch oder mit Gewalt vollzieht ◆-jagd, -kur, -leistung, -ritt

Par·fum, a. **Par·füm** das [parfœ̃ː] <-s, -s> eine alkoholische Flüssigkeit, die mit (einem hohen Gehalt von) Duftstoffen versehen ist und angenehm

P

riecht: ein betörendes/edles/extravagantes/herbes/schweres/sinnliches/süßes/ Parfüm; die Basisnote/Herznote/Kopfnote eines Parfüms; Der Modeschöpfer kreiert ein neues Parfüm.; eine zu diesem Parfüm passende Pflegeserie

Par·fü·me·rie *die* <-, ...-rien> *Geschäft für Parfüms und Kosmetikbedarf*

Par·füm·fläsch·chen *das* <-s, -> *kleine Flasche für Parfüm*

par·fü·mie·ren <parfümierst, parfümierte, hat parfümiert> I. *mit OBJ* ■ *jmd.* **parfümiert etwas** *mit Parfüm benetzen:* ein Halstuch/die Stirn parfümieren II. *mit SICH* ■ *jmd.* **parfümiert sich** *sich mit Parfüm benetzen:* Sie hat sich wieder sehr stark parfümiert, das ganze Büro war voll von ihrem Wohlgeruch.

Pa·ria *der* <-s, -s> ❶ *ein Inder, der keiner Kaste angehört* ❷ *(geh. übertr. abwert.) Außenseiter einer Gesellschaft oder gesellschaftlichen Gruppe, auf den die anderen herabsehen:* Er war der Paria der Familie.

pa·rie·ren <parierst, parierte, hat pariert> I. *mit OBJ* ❶ ■ *jmd.* **pariert etwas** *einen Hieb abwehren:* einen Schlag gekonnt parieren; Sie versteht es, zu parieren. ❷ ■ *jmd.* **pariert ein Tier** *zum Stehen bringen:* ein Pferd parieren II. *ohne OBJ* ■ *jmd./ein Tier pariert (umg.) gehorchen:* Der Hund pariert überhaupt nicht.; Wenn ihr mitkommen wollt, müsst ihr aber (aufs Wort) parieren!

Pa·ri·ser[1] *der,* **Pa·ri·se·rin** <-s, -> *Einwohner von Paris*

Pa·ri·ser[2] *der* <-s, -> *(umg.) Kondom*

Pa·ri·ser·brot *das* <-s, -e> SCHWEIZ. *französisches Stangenbrot*

Pa·ri·tät *die* <-, -en> *(geh.) (zahlenmäßige) Gleichheit:* die Parität von Männern und Frauen in einem Ausschuss herstellen

pa·ri·tä·tisch *adj /nicht steig./ (geh.) so, dass es (zahlenmäßig) gleich ist:* einen Ausschuss paritätisch mit Mitgliedern beider Parteien besetzen

Park *der* <-s, -s/(-e)> *eine private oder öffentlich zugängliche großräumige Gartenanlage, die Blumenbeete und Rasenflächen, aber auch Bäume, Büsche, Springbrunnen, Gehwege usw. umfasst:* ein Schloss mit einem gepflegten Park; einen Spaziergang im Park machen; Hunde sollte man im Park an die Leine nehmen.; Im Sommer verbringen viele Angestellte ihre Mittagspause im Park. ◆-anlage, Schloss-, Stadt-, Volks-

Park- *als Erstglied zusammengesetzter Substantive; drückt aus, dass das mit dem Zweitglied Bezeichnete darauf bezogen ist, Kraftfahrzeuge vorübergehend auf dafür vorgesehenen Flächen/Plätzen abstellen zu dürfen* ◆-bucht, -fläche, -gebühr, -lücke, -raum, -streifen, -verbot, -wächter(in)

-park *als Zweitglied zusammengesetzter Substantive; drückt aus* ❶ *dass die mit dem Erstglied bezeichneten Fahrzeuge/Anlagen/Maschinen vollständig zur Verfügung stehen bzw. betriebsbereit sind* ◆Fahrzeug-, Fuhr-, Maschinen-, Wagen- ❷ *(≈ -zentrum) dass eine Anlage dem Zweck dient, der mit dem Erstglied bezeichnet wird* ◆Entsorgungs-, Forschungs-, Industrie-, Vergnügungs-

Par·ka *der/die* <-(s), -s> *ein knielanger (olivfarbener) Anorak mit Kapuze*

Park-and-ride-Sys·tem *das* <-s, -e> *ein Verkehrssystem, bei dem man sein Auto auf bestimmten Parkplätzen (in der Nähe eines Bahnhofs) abstellt und mit öffentlichen Verkehrsmitteln weiterfährt*

Park·bahn *die* <-, -en> *Umlaufbahn eines Flugkörpers, von dem aus eine Raumsonde gestartet werden kann*

Park·bank *die* <-, Parkbänke> *Sitzbank in einem Park:* auf der Parkbank sitzen

Park·deck *das* <-s, -s> *ein Stockwerk in einem Parkhaus:* Sie befinden sich auf dem zweiten Parkdeck.

Park·ebe·ne *die* <-, -n> *(≈ Parkdeck) ein Stockwerk in einem Parkhaus*

par·ken <parkst, parkte, hat geparkt> I. *mit OBJ* ■ *jmd.* **parkt etwas** *ein Auto auf einen Platz stellen:* sein Auto irgendwo parken; Parken Sie bitte 10 m weiter! II. *ohne OBJ* ■ *jmd.* **parkt** *jmds. Auto steht auf einem Platz:* Hier können Sie nicht parken!

Par·kett *das* <-(e)s, -e/-s> ❶ *ein Fußboden(belag) aus kleinen schmalen Holzbrettern:* Parkett verlegen ◆-boden ❷ THEAT. *Teil des Zuschauerraums:* die Plätze im Parkett ❸ *(umg.) ein Bereich der Gesellschaft, in dem man sich zeigt:* das politische Parkett betreten; auf diplomatischem Parkett sich richtig zu verhalten wissen

Par·kett·sitz *der* <-es, -e> *Sitzplatz im Parkett*[2]

Park·haus *das* <-es, Parkhäuser> *ein mehrstöckiges Gebäude, in dem auf mehreren Etagen Autos geparkt werden können*

par·kie·ren *ohne OBJ* ■ *jmd.* **parkiert irgendwo** SCHWEIZ. *parken*

Par·kin·son-Krank·heit, *a.* **Par·kin·son·krank·heit** *die, a.* **par·kin·son·sche Krank·heit** *die, a.* **Par·kin·son'sche Krank·heit** *die* <-> */kein Plur./* MED. *(≈ Schüttellähmung) eine erbliche Erkrankung des Nervensystems (benannt nach dem englischen Arzt Parkinson), die sich in einem Zittern der Gliedmaßen äußert*

Park·land·schaft *die* <-, -en> *eine (gestaltete) parkähnliche Landschaft*

Park·leit·sys·tem *das* <-s, -e> KFZ *ein elektronisches Anzeigesystem, das die Zahl der noch freien Parkplätze in den verschiedenen, zur Verfügung stehenden Parkhäusern anzeigt*

Park·leuch·te *die* <-, -n> KFZ *eine schwach leuchtende Lampe an einem Auto, die unabhängig von den anderen Lampen eingeschaltet werden kann, um die Position des parkenden Wagens bei Dunkelheit zu zeigen*

Park·licht *das* <-(e)s, -er> *(≈ Parkleuchte)*

Park·platz *der* <-es, Parkplätze> ❶ *ein größerer Platz, auf dem (gegen Entgelt) Autos abgestellt werden können:* ein Einkaufszentrum mit großem Parkplatz ❷ *Parklücke:* keinen Parkplatz mehr finden; Alle Parkplätze sind besetzt. ◆-not, -wächter(in)

Park·schei·be *die* <-, -n> *eine Scheibe in der Form eines Zifferblattes, die an der Windschutz-*

scheibe geparkter Autos befestigt ist und den Beginn der Parkzeit anzeigt

Park·schein *der* <-(e)s, -e> *ein Schein, der zum Parken gegen Entgelt am Automaten gelöst wird:* den Parkschein ins Fenster legen

Park·sün·der *der;* **Park·sün·de·rin** <-s, -> *(umg.) Person, die ihr Auto im Parkverbot parkt:* gegen Parksünder vorgehen; (die Autos der) Parksünder abschleppen lassen

Park·uhr *die* <-, -en> *ein Automat, der gegen Geldeinwurf anzeigt, wie lange man einen Parkplatz benutzen darf*

Par·la·ment *das* <-(e)s, -e> ❶ POL. *gewählte Volksvertretung:* ins Parlament gewählt werden; das Parlament tritt zusammen/verabschiedet ein Gesetz; das Parlament auflösen/einberufen ◆-sdebatte, -sferien, -smitglied, -sreform, -ssitzung, -swahl ❷ *das Gebäude, in dem das Parlament¹ tagt:* Das Parlament befindet sich im Regierungsviertel. ◆-sgebäude

Par·la·men·tär *der* <-s, -e> *jmd., der zwischen zwei feindlichen Heeren bzw. zwei kriegführenden Parteien als Unterhändler verhandelt und dabei den Status der Unverletzlichkeit hat*

Par·la·men·ta·ri·er *der;* **Par·la·men·ta·ri·e·rin** <-s, -> POL. *Mitglied des Parlaments¹*

par·la·men·ta·risch *adj /nicht steig./* POL. ❶ *mit einem Parlament¹:* eine parlamentarische Demokratie ❷ *das Parlament¹, betreffend; im Parlament¹:* die parlamentarische Arbeit; die parlamentarische Opposition

Par·la·men·ta·ris·mus *der* <-> */kein Plur./ Bezeichnung für jedes politische System, in dem ein aus Wahlen hervorgegangenes Parlament¹ als Repräsentant der Nation oder des Volkes eine zentrale Stelle im politischen Prozess hat*

Par·la·ments·aus·schuss *der* <-es, Parlaments·ausschüsse> *(≈ Arbeitsgruppe von Parlamentsmitgliedern mit besonderen Aufgaben*

Par·la·ments·prä·si·dent *der;* **Par·la·ments·prä·si·den·tin** <-en, -en> *Person, die einem Parlament¹ vorsteht*

Par·la·ments·sitz *der* <-es, -e> *(≈ Mandat) Sitz und Stimme in einem Parlament¹:* Die Partei hat bei den Wahlen mehrere Parlamentssitze dazugewonnen.

Par·ma-Schin·ken *der* <-s, -> *eine Schinkenspezialität aus der italienischen Stadt Parma*

Par·me·san *der* <-(s)> */kein Plur./ ein sehr fester italienischer Käse (nach der italienischen Stadt Parma benannt)*

Par·nass *der* <-/-es> */kein Plur./* ❶ *Gebirge im östlichen Griechenland* ❷ *(übertr. geh.) Sitz der Musen*

Pa·ro·die *die* <-, ...-dien> *(geh.) eine komische Nachdichtung eines ernsten (literarischen) Werkes oder Textes oder Nachahmung des Stils eines Künstlers:* eine Parodie auf ein Gedicht von Goethe/eine Arie von Mozart

pa·ro·die·ren <parodierst, parodierte, hat parodiert> *mit OBJ* ▪ *jmd. parodiert etwas (geh.) etwas in komischer Art und Weise nachahmen:* jemands Sprechweise parodieren ▶ parodistisch

Pa·ro·don·to·lo·ge *der;* **Pa·ro·don·to·lo·gin**

<-n, -n> *Zahnmediziner, der sich auf die Behandlung von Parodontose spezialisiert hat* ▶ Parodontologie, parodontologisch

Pa·r·o·don·to·se *die,* a. **Pa·ra·den·to·se** <-, -n> MED. *durch Erkrankung des Zahnfleisches verursachte Lockerung der Zähne*

Pa·ro·le *die* <-, -n> ❶ MILIT. *(≈ Kennwort) ein geheimes Wort, mit dessen Aussprechen man (bei einer Kontrolle) zu erkennen gibt, dass man zur eigenen Truppe gehört:* eine Parole ausgeben; nach der Parole fragen ❷ *(übertr.) Wahlspruch:* Kurz vor dem Ende der schwierigen Klettertour lautete die Parole nur noch „durchhalten". ❸ */meist Plur./ (umg.) unwahre Behauptungen:* Das sind doch nur Parolen, kein Wort ist wahr!

Pa·ro·li ▪ **jemandem Paroli bieten** *jmdm. (erfolgreich) Widerstand entgegensetzen* Er konnte ihr nicht Paroli bieten.

Pa·r·ö·mio·lo·gie *die* <-> */kein Plur./ Lehre von den Sprichwörtern* ▶ Parömiologe, Parömiologin, parömiologisch *siehe auch* **Sprichwort**

Part *der* <-s, -s/-e> ❶ *Anteil; Aufgabenbereich:* Was ist mein Part bei/in dieser Sache? ❷ MUS. *Stimme in einer Komposition:* Die Sängerin meisterte ihren Part mit Bravour.

Par·te *die* <-, -n> ÖSTERR. *Todesanzeige*

Par·tei *die* <-, -en> ❶ POL. *eine politische Organisation, in der sich Menschen mit der gleichen politischen Überzeugung zusammenschließen:* Mitglied einer Partei sein; einer Partei beitreten; aus der Partei austreten ◆-beschluss, -führer(in), -führung, -funktionär(in), -kongress, -mitglied, -programm, -spende, -sprecher(in), -vorsitz, -vorsitzende, -vorstand, Links-, Öko-, Rechts- ❷ *eine Gruppe von Personen, die (in einer Frage) die gleiche Meinung haben:* Im Verlauf der Diskussion bildeten sich Parteien für und gegen das Projekt.; für jemanden Partei ergreifen ❸ RECHTSW. *einer der beiden Gegner bei einem Rechtsstreit:* Die Parteien einigten sich auf einen Vergleich. ❹ *(≈ Mietpartei) eine Person oder Familie, die eine Mietwohnung bewohnt:* In unserem Haus wohnen sechs Parteien. ◆Mehrparteienhaus

P

Die **Parteien** repräsentieren die wichtigsten Strömungen der öffentlichen Meinung. Die beiden größten Parteien in Deutschland nennt man „Volksparteien"; denn sie versuchen, die Interessen vieler Schichten der Bevölkerung zu vertreten. Diese sind die liberal-konservative „Christlich-Demokratische Union" (CDU) und die „Sozialdemokratische Partei" (SPD). Das Programm der CDU ist an der christlichen Sozialethre orientiert und konservativ geprägt. Die „Christlich-Soziale Union" (CSU) ist eine eigenständige, regionale Entsprechung der CDU in Bayern, vertritt dort außerdem den bayrischen Regionalismus und Föderalismus. Die CSU ist traditionell die stärkste Partei in Bayern und tritt auch nur dort zur Wahl an; dafür unterhält die CDU in Bayern keinen eigenen Landesverband. Sie bildet mit der CDU seit 1949 eine Fraktionsgemeinschaft im Bundestag. Die SPD

konstituierte sich im Zuge des Sozialistengesetzes (1878-90) auf dem Parteitag von Halle im Jahre 1890. Sie wurde 1912 stärkste Fraktion im Reichstag. Nach Verbot in der Zeit des Hitlerfaschismus (Nationalsozialismus) ist sie 1945 nach dem Zweiten Weltkrieg in Ost und West neu gegründet worden. Sie nimmt stets entweder die Rolle der stärksten Oppositionspartei ein, bildet eine große Koalition, oder stellt selbst die Regierung. Seit ihrem „Godesberger Programm" (1959) versteht sie sich nicht mehr ausschließlich als Arbeiterpartei, sondern als Volkspartei.
Zu den kleineren Parteien gehört die „Freie Demokratische Partei" (FDP). Sie steht in der Tradition des deutschen Liberalismus und entstand aus mehreren kleinen liberalen Gruppierungen. Sie betont insbesondere in wirtschaftlichen Fragen die Eigenverantwortung des Einzelnen und Zurückhaltung des Staates. Außerdem gibt es das „Bündnis 90/Die Grünen". Die „Grünen" entstanden 1980 als bundesweite Partei aus Richtungen der Friedensbewegung und der Ökologiebewegung mit dem Anliegen, die natürlichen Lebensbedingungen zu erhalten. Heute machen sie sich vor allem auch stark für Gleichstellung und Gleichberechtigung und behandeln insbesondere soziale Themen, wie Frauen- oder Familienpolitik. Die Grünen waren 1979 erstmals in Bremen im Länderparlament vertreten; anschließend kamen sie 1983 in den Bundestag. Sie vereinigten sich 1990 mit den ostdeutschen „Grünen" und 1993 mit dem „Forum/Bündnis 90" zur heutigen Partei „Bündnis 90/Die Grünen". – Mittlerweile gibt es in Deutschland mit der Linkspartei namens „Die Linke" ein Fünf-Parteien-System. Die „Linke" ist 2007 aus der Fusion mit der in Ostdeutschland (ehemalige DDR) verankerten Linkspartei „Partei des Demokratischen Sozialismus" (PDS) entstanden. Diese wiederum ging aus der „Sozialistischen Einheitspartei Deutschlands" (SED) der ehemaligen DDR hervor. Nach erster Namengebung als „SED-PDS" bezeichnete sich die Partei zunächst als „PDS". Die Fusion mit der „WASAG", die 2005 aus Protest gegen die damalige rot-grüne Bundesregierung entstanden war, führte auf dem Wege einer weiteren Umbenennung zu dem heutigen Namen „Die Linke". Darüber hinaus gibt es einige weitere Parteien, die sehr klein sind und unbedeutend, was ihren Einfluss auf das politische Geschehen angeht.

Par·tei·ap·pa·rat *der* <-(e)s, -e> POL. *Gesamtheit der Hilfsmittel und Personen für die Verwaltung einer politischen Partei:* im Parteiapparat arbeiten

Par·tei·ba·sis *die* <-, Parteibasen> *(↔ Parteispitze) überwiegende Zahl der (einfachen) Mitglieder einer politischen Partei:* die Parteibasis befragen

Par·tei·buch *das* <-(e)s, Parteibücher> POL. *Mitgliedsbuch einer politischen Partei*

Par·tei·ebe·ne *die* <-> /kein Plur./ *die politische Dimension, in der Politik durch (politische) Parteien gesprochen werden kann:* Die Frage des Flughafenneubaus ist keine Frage, die allein auf Parteiebene entschieden werden kann.

Par·tei·en·fi·nan·zie·rung *die* <-> /kein Plur./ *Finanzierung von politischen Parteien:* die Parteienfinanzierung gesetzlich regeln

Par·tei·en·land·schaft *die* <-> /kein Plur./ POL. *die Struktur der miteinander konkurrierenden Parteien in einer Region oder in einem Land*

Par·tei·en·ver·kehr *der* <-s> ÖSTERR. *Amtsstunden, Öffnungszeiten eines Amts*

Par·tei·freund *der* <-(e)s, -e> *jmd., der in derselben Partei ist:* Frau Müller und ihre Parteifreunde treffen sich jetzt jeden Dienstag zu einem „politischen Stammtisch".

Par·tei·ge·nos·se *der,* **Par·tei·ge·nos·sin** <-n, -n> ❶GESCH. *Mitglied der ehemaligen Nationalsozialistischen Deutschen Arbeiterpartei im nationalsozialistischen Deutschland* ❷*(veralt.) (Anrede für ein) Mitglied einer Arbeiterpartei*

par·tei·isch *adj* /nicht steig./ *(↔ neutral) so, dass jmd. einseitig für oder gegen jmdn. oder etwas engagiert ist und nicht objektiv urteilt:* Der Schiedsrichter wirkt parteiisch.; parteiisch urteilen

Par·tei·lich·keit *die* <-> /kein Plur./ *(↔ Neutralität) parteiische Haltung*

par·tei·los *adj* /nicht steig./ POL. *keiner politischen Partei angehörend*

Par·tei·nah·me *die* <-, -n> *das Beziehen einer Position zu Gunsten einer Person oder Sache*

Par·tei·se·kre·tär *der* <-s, -e> *leitender Funktionär einer Partei*

Par·tei·sol·dat *der,* **Par·tei·sol·da·tin** <-en, -en> *(übertr.) jmd., der lange Jahre mit hohem Engagement für seine Partei gearbeitet hat*

Par·tei·spit·ze *die* <-, -n> *die Personen, die in einer politischen Partei führende Ämter innehaben*

Par·tei·tag *der* <-(e)s, -e> POL. ❶*oberste Versammlung der Delegierten einer politischen Partei, die Beschlüsse fassen kann:* Der Parteitag hat das Folgende beschlossen: … ♦-sbeschluss ❷*Tagung der obersten Versammlung einer politischen Partei:* Der Parteitag findet am nächsten Wochenende in Hamburg statt.

par·tei·über·grei·fend *adj* /nicht steig./ *so, dass es eine allgemeinere Ebene betrifft als die Parteiebene:* Der Präsident bezog eine parteiübergreifende Position.

Par·tei·zu·ge·hö·rig·keit *die* <-, -en> POL. *Zugehörigkeit zu einer politischen Partei:* Bei der Vergabe dieses Amtes wurde offensichtlich nach Parteizugehörigkeit entschieden.

Par·ter·re *das* [...'tɛr(ə)] <-s, -s> ❶*Erdgeschoss:* (im) Parterre wohnen ❷THEAT. *Sitzreihen zu ebener Erde* ♦-wohnung

Par·tie *die* <-, ...-tien> ❶*ein bestimmter Teil von etwas:* Die vordere Partie des Hauses war unzerstört geblieben.; Die obere Partie ihres Gesichtes ist vom Sonnenhut geschützt. ♦Front-, Heck- ❷SPORT *ein einzelnes Spiel:* eine Partie Schach spielen; Die

P

Partie endete mit einem Sieg der Gastgeber.
❸*Rolle in einem musikalischen Bühnenwerk:*
Wer übernimmt die Partie der Aida?; ▪*mit von
der Partie sein (umg.) bei etwas beteiligt sein;*
▪*eine gute Partie sein (umg.) viel Geld mit in
eine Ehe einbringen können*
par·ti·ell *adj /nicht steig./ (geh.) teilweise:* eine
partielle Sonnenfinsternis; partieller Gedächtnisverlust
Par·ti·kel[1], **Par·ti·kel** *die <-, -n>* SPRACHWISS. *zusammenfassende Bezeichnung für unflektierbare
sprachliche Einheiten unterschiedlicher Wortartenzugehörigkeit; siehe auch* **Funktionswort**

Die **Partikeln** sind unflektierbare sprachliche
Einheiten. In einem weiten Sinne fallen unter
sie sämtliche Einheiten des Funktionswortschatzes (vgl. das Stichwort), also auch Einheiten mit traditioneller Wortartenzugehörigkeit,
wie vor allem Präpositionen, Konjunktionen
und Adverbien. Im engeren Sinne fasst man
unter dem Ausdruck der Modalpartikeln (vgl.
das Stichwort), die Gradpartikeln (vgl. das
Stichwort), und weitere Untertypen. Seit der
Partikelforschung, die etwa um 1980 einsetzte,
wurden Typen von Partikeln genauer unterschieden und Untersuchungen zu ihren Bedeutungseigenschaften und syntaktischen Eigenschaften durchgeführt, während sie früher nur
als bedeutungslose Redefüllsel betrachtet
worden sind. Neben den Modalpartikeln und
Gradpartikeln werden mindestens noch unterschieden: die Steigerungspartikeln (z. B.
außerordentlich), die Negationspartikeln (z. B.
kein, nicht), sowie die früher den Interjektionen zugeschlagenen, auch als *Gesprächswörter* bezeichneten Gesprächspartikeln (*ne, aha,
na, hm, äh*). Letztere Einheiten erhalten auch
in vorliegendem Wörterbuch die traditionelle
Wortartenangabe „Interjektion". Ansonsten
werden Verwendungsweisen von Partikeln mit
der Wortartenangabe „Partikel" versehen,
ohne dass z. B. zwischen Gradpartikeln und
Modalpartikeln unterschieden wird.

Par·ti·kel[2], **Par·ti·kel** *das/die <-(s), -/-n> ein
sehr kleines Teilchen von etwas:* Partikel von
Ruß/Staub gelangen in die Atemwege.
Par·ti·ku·la·ris·mus *der <-, Partikularismen>
(meist abwert.) Bezeichnung für das Bestreben einer territorial begrenzten Bevölkerungsgruppe,
ihre wirtschaftlichen, sozial-kulturellen und historisch-politischen Sonderinteressen zu wahren
oder durchzusetzen*
Par·ti·san *der <-s/-en, -en>* MILIT. *jmd., der nicht
zur offiziellen Armee eines Landes gehört und in
kleinen Verbänden aus dem Hinterhalt heraus die
feindlichen Truppen angreift:* Er hat als Partisan
im Widerstand gegen die deutschen Besatzer gekämpft.
Par·ti·sa·nen·krieg *der <-(e)s, -e> von Partisanen geführter Krieg*
Par·ti·tur *die <-, -en>* MUS. *Aufzeichnung aller*

Stimmen eines mehrstimmigen Musikstückes:
Der Dirigent studiert die Sinfonie zuerst nur anhand der Partitur.
Par·ti·zip *das <-s, -ien>* SPRACHWISS. *Bezeichnung
für eine Form des Verbs, die sowohl die Eigenschaften des Verbs (verschiedene Zeitstufen) als
auch die des Adjektivs (Deklinationsfähigkeit) hat
und somit eine Mittelstellung zwischen Verb und
Adjektiv einnimmt (an beiden partizipiert):* „Gehend" ist das Partizip Präsens des Verbs „gehen".
Par·ti·zi·pa·ti·on *die <-, -en> (geh.) die Teilhabe:*
die Partizipation am Erfolg des Unternehmens
par·ti·zi·pie·ren *<partizipierst, partizipierte, hat
partizipiert> ohne OBJ* ▪ *jmd. partizipiert an
etwas Dat. (geh.) teilhaben:* am Erfolg/an der
Freude eines anderen partizipieren
Par·ti·zi·pi·um *das <-s, Partizipia> (veralt.: ≈ Partizip)*
Part·ner *der;* **Part·ne·rin** *<-s, ->* ❶ *(≈ Lebenspartner) jmd., mit dem man in einer dauerhaften (intimen) Beziehung steht und oft auch in einer gemeinsamen Wohnung lebt:* den Partner fürs Leben
gefunden haben ◆-probleme, -tausch, -wechsel,
Ehe-, Lebens- ❷*Person, die zu einem bestimmten
Zweck mit jmdm. in einer Sache zusammenwirkt:*
einen Partner zum Tanzen/Tennisspielen suchen
◆Gesprächs-, Spiel-, Tanz-, Tarif-, Vertrags-
❸WIRTSCH. *Person, die mit an einem Unternehmen beteiligt ist:* Wir sind seit fünf Jahren Partner
im Geschäft. ◆Geschäfts-
Part·ner·schaft *die <-, -en>* ❶*eine (intime) Beziehung zwischen Menschen:* Auch in einer guten
Partnerschaft gibt es einmal Streit. ▸ partnerschaftlich ❷POL. *Beziehung zwischen Einrichtungen
(verschiedener Länder) zum gegenseitigen Vorteil:* eine Partnerschaft zwischen zwei Städten/
Universitäten/Schulen; die fruchtbare Partnerschaft zwischen beiden Ländern ◆Städte-
Part·ner·stadt *die <-, Partnerstädte> Stadt, die
zu einer (meist im Ausland gelegenen) anderen
Stadt eine freundschaftliche Beziehung des kulturellen Austausches hat*
Part·ner·ver·mitt·lung *die <-, -en> eine Einrichtung, die vermittelt, dass Menschen sich kennenlernen und Partner*[1] *werden*
par·tout [par'tu:] *adv (umg.) unbedingt:* sich partout nicht erinnern können; Er wollte partout
grüne Haare haben, da haben wir sie eben grün gefärbt.
Par·ty *die* ['paːtɪ] *<-, -s> (privates) Fest (von informellem Charakter):* eine Party feiern ▸-keller
Par·ty·dro·ge *die* ['paːtɪ...] *<-, -n> (≈ Designerdroge) (synthetische) Droge, die vor allem auf Partys genommen wird*
Par·ty·lö·we *der* ['paːtɪ...] *<-n, -n> (umg.) ein
Mann, der auf Partys umschwärmt wird*
Par·ty·ser·vice *der* ['paːtɪ...] *<-, -> ein Unternehmen, das Dienste zur Ausgestaltung privater oder
öffentlicher Veranstaltung (mit Speisen und Getränken) anbietet*
Par·ve·nü, **Par·ve·nu** *der* [...'nyː] *<-s, -s> (geh.)
Emporkömmling, Neureicher*
Par·zel·le *die <-, -n> vermessenes Grundstück:*
ein Stück Land in Parzellen aufteilen

P

Par·zel·lie·rung *die* <-, -en> *Aufteilung in Parzellen*

Pas·cal *das* <-s, -> PHYS. *Maßeinheit für den Druck (Abkürzung: Pa)*

Pasch *der* <-(e)s, -e/Päsche> *Wurf mit gleicher Augenzahl auf mehreren Würfeln*

Pa·scha *der* <-s, -s> ❶ GESCH. *türkischer Herrschertitel* ❷ *(umg. abwert.) herrischer Mann, der sich gern von seiner Frau bedienen lässt:* Zu Hause spielt er gern den Pascha.

pa·schen <paschst, paschte, hat gepascht> *ohne OBJ* ■ *jmd. pascht* ÖSTERR. *klatschen*

Pas·pel *die* <-, -n> *schmaler Nahtbesatz bei Kleidungsstücken:* die Jackentaschen mit Paspeln versehen

Pass *der* <-es, Pässe> ❶ *amtlicher Ausweis:* jemandem einen Pass ausstellen ◆ Reise- ❷ *Straße, die im Gebirge zwischen zwei Bergen verläuft:* die Pässe im Winter sperren ❸ SPORT *gezieltes Zuspielen:* Nach einem Pass von Meier verwandelte Müller den Spiel zum 1:0.

pas·sa·bel <passabler, am passabelsten> *adj einigermaßen ordentlich; annehmbar:* eine ganz passable Leistung eines ansonsten schwachen Schülers

Pas·sa·ge *die* [pa'sa:ʒə] <-, -n> ❶ *überdachte Ladenstraße:* eine Passage mit verschiedenen kleinen Läden ◆ Einkaufs- ❷ *Teil eines längeren Textes:* bestimmte Passagen im Text markieren; Einige Passagen seiner Rede waren unverständlich. ❸ */kein Plur./ das Fahren mit Schiff oder Flugzeug:* den Fluss für die Passage größerer Schiffe vertiefen und begradigen ◆ Schiffs- ❹ *enge Stelle:* eine enge Passage, durch die alle Schiffe fahren müssen

Pas·sa·gier *der*, **Pas·sa·gie·rin** [pasa'ʒiːɐ̯] <-s, -e> *Fahrgast auf einem Schiff oder in einem Flugzeug:* die Passagiere gehen an Bord; ■ **blinder Passagier** *Person, die ohne Fahrkarte heimlich mitreist* ◆ -dampfer, -flugzeug, -schiff

Pas·sa·gier·auf·kom·men *das* <-s> */kein Plur./* WIRTSCH. *die Gesamtheit der Passagiere eines Unternehmens in einer bestimmten Zeit:* das Passagieraufkommen des vergangenen Jahres

Pas·sa·gier·gut *das* <-s, Passagiergüter> *das von den Passagieren aufgegebene Gepäck*

Pas·sa·gier·ma·schi·ne *die* <-, -n> (↔ *Transportmaschine) Passagierflugzeug*

Pas·sah·fest *das* <-es, -e> *jüdisches Fest zum Gedenken an den Auszug aus Ägypten*

Pass·amt *das* <-es, Passämter> *Amt, das zur Ausstellung oder Verlängerung von Pässen zuständig ist*

Pas·sant *der*, **Pas·san·tin** <-en, -en> *Person, die irgendwo gerade vorübergeht:* Die Passanten drehten sich erstaunt nach ihr um.

Pas·sat, *a.* **Pas·sat·wind** *der* <-(e)s, -e> *tropischer Ostwind, der in Richtung Äquator weht*

Pass·bild *das* <-(e)s, -er> *für einen Pass [1] bestimmtes Porträtfoto:* Passbilder machen lassen

Pas·se *die* <-, -n> *Besatz an einem Kleidungsstück*

pas·see, *a.* **pas·sé** *adj /nicht steig./ (umg.) vorbei; nicht mehr aktuell:* Solche Röcke sind schon lange passee.; Diese Zeiten sind längst passee.

pas·sen <passt, passte, hat gepasst> **I.** *mit OBJ* ■ *jmd. passt etwas* SPORT *genau zuspielen:* den Ball zum Mittelstürmer passen **II.** *ohne OBJ* ■ *etwas passt jmdm.* ❶ *richtig sitzen:* Passt Ihnen das Kleid? ❷ *gelegen kommen:* Passt es Ihnen am Montag?; Das passt mir aber gar nicht. ❸ ■ *jmd. passt beim Spiel auf seinen Einsatz verzichten:* Ich habe kein Ass, ich passe.; Auf diese Frage habe ich keine Antwort, ich passe.

pas·send *adj* ❶ *richtig; treffend:* eine passende Bemerkung; ein passender Anlass, um etwas zu tun; Ich fände es passender, wenn Sie morgen früh schon zur ersten Besprechung kämen. ❷ *in exakt abgezählter Menge:* Haben Sie es passend? Ich (habe kein Kleingeld und) kann nicht herausgeben.

pas·sen·der·wei·se *adv so, dass es passt*

Pas·se·par·tout *das* [paspar'tu:] <-s, -s> ❶ KUNST *Bildumrahmung aus leichtem Karton, die unter dem Glas des Rahmens liegt* ❷ SCHWEIZ. *Dauerkarte* ❸ SCHWEIZ. *Hauptschlüssel*

Pass·fo·to *das* <-s, -s> *siehe* **Passbild**

pas·sier·bar *adj /nicht steig./ befahrbar:* Die Straße/Brücke ist wieder passierbar.

pas·sie·ren <passierst, passierte, hat/ist passiert> **I.** *mit OBJ (haben)* ■ *jmd. passiert etwas* ❶ *an einer bestimmten Stelle hindurchgehen:* Alle Läufer haben den Kontrollpunkt passiert.; die Grenze/das Tor passieren ❷ KOCH. *durch ein Sieb drücken:* Sie passierte die Früchte. **II.** *ohne OBJ (sein)* ■ *etwas passiert (≈ geschehen) etwas ereignet sich unerwartet:* Ist etwas passiert?; Warum muss das immer mir passieren?; ■ **... sonst passiert was!** *(umg.) sonst werde ich sehr ärgerlich*

Pas·sier·schein *der* <-(e)s, -e> *Dokument, das jmdn. berechtigt, irgendwo zu passieren [1]:* Zum Betreten des Geländes benötigen Sie einen Passierschein.

Pas·si·on *die* <-, -en> ❶ REL. *Leidensgeschichte Jesu* ◆ -sgeschichte, -sspiel ❷ MUS. *ein großes musikalisches Werk, in dem die Passion [1] in einer Reihe von Musikstücken gestaltet wird* ❸ *(geh.) Leidenschaft, Begeisterung:* Schach ist seine ganze Passion.

pas·si·o·niert *adj /nicht steig./ (geh.) leidenschaftlich:* eine passionierte Reiterin

Pas·si·ons·frucht *die* <-, Passionsfrüchte> BOT. *eine tropische Frucht*

Pas·si·ons·zeit *die* <-> */kein Plur./* REL. *Zeit zwischen Aschermittwoch und Ostern*

Pas·siv *das* <-s, (-e)> */Plur. selten/* SPRACHWISS. *(↔ Aktiv) die Satzkonstruktion, bei der die Sache oder Person, auf die die Verbalhandlung gerichtet ist, das grammatische Subjekt des Satzes ist:* Das Verb steht im Passiv/kommt meist im Passiv vor.; Der Satz „Der Garten wird bepflanzt" ist ein Satz im Passiv.

pas·siv *adj (↔ aktiv) so, dass man etwas mit sich geschehen lässt und selbst nicht tätig ist:* sich bei etwas völlig passiv verhalten; passives Mitglied; passiver Widerstand; ■ **passives Wahlrecht** POL. *das Recht, sich in ein Amt wählen zu lassen;* ■ **passiver Wortschatz** SPRACHWISS. *die Wörter, die jmd. versteht, wenn er sie hört oder liest, die er aber nicht aktiv selbst verwendet*

Pas·si·va, *a.* **Pas·si·ven** <-> *Plur.* WIRTSCH. *(↔ Aktiva)* *Schulden und Verbindlichkeiten*

Pas·si·vi·tät *die* <-> */kein Plur./ (geh.)* *passives Verhalten:* körperliche/geistige Passivität

Pas·siv·rau·chen *das* <-s> */kein Plur./ das Einatmen des Rauches der Zigaretten, die von anderen in demselben Raum geraucht werden:* Passivrauchen ist ähnlich schädlich wie Rauchen.

Pass·kon·t·rol·le *die* <-, -n> *Kontrolle der Pässe[1] (beim Grenzübertritt)*

Pass·stel·le *die* <-, -n> *Behörde, die Pässe[1] ausstellt*

Pass·stra·ße *die* <-, -n> *Straße, die über einen Pass[2] im Gebirge führt*

Pas·sung *die* <-, -en> TECHN. *die Art, wie genau zusammengehörende Werkstücke zusammenpassen*

Pass·wort *das* <-(e)s, Passwörter> TECHN., EDV *Kennwort, das einem Benutzer Zugang zu etwas gewährt:* das Programm mit einem Passwort starten/schützen; Die Tür kann nur mit einem Passwort geöffnet werden.

Pass·wort·sper·re *die* <-, -en> *Begrenzung des Zugangs zu einem Programm/zu Daten/zu einem Netzwerk durch die Bedingung, vorher eine bestimmte Zeichenkette (Passwort) eingeben zu müssen*

Pas·ta *die* <-> */kein Plur./* ❶ KOCH. *Sammelbegriff für Teigwaren* ❷ *weiche Masse, die man auf etwas streicht* ◆ *Zahn-*

Pas·te *die* <-, -n> *formbare, weiche Masse:* eine Paste auf die Haut/die Schuhe auftragen; eine Paste aus Fisch/Fleisch zubereiten

Pas·tell *das* <-(e)s, -e> KUNST *mit Pastellfarben gemaltes Bild* ◆ *-kreide, -stift*

Pas·tell·far·be *die* <-, -n> ❶ KUNST *eine Art von Künstlerfarbe, die beim Malen eine helle und zarte Wirkung ergibt* ❷ *ein heller, sanfter Farbton:* ein Kleid in zarten Pastellfarben

Pas·tell·stift *der* <-s, -e> *Malstift für Pastellfarben*

pas·ten·ar·tig *adj* */nicht steig./* *wie Paste*

Pas·te·te *die* <-, -n> KOCH. *eine Speise aus Blätterteig, der mit fein gehacktem Fleisch gefüllt ist*

pas·teu·ri·sie·ren [pastøri'ziːrən] <pasteurisiert, pasteurisierte, hat pasteurisiert> *mit OBJ* ■ *jmd. pasteurisiert etwas Nahrungsmittel durch Erhitzen keimfrei machen:* pasteurisierte Milch

Pas·til·le *die* <-, -n> *ein Arzneimittel in der Form kleiner Kugeln zum Lutschen*

Pas·ti·nak *der* <-s, -e> *(≈ Pastinake) 30 -100 cm hohes Doldengewächs, dessen Wurzel als Gemüse gegessen und als Viehfutter verfüttert wird*

Pas·ti·na·ke *die* <-, -n> *(≈ Pastinak)*

Pas·tor *der;* **Pas·to·rin** <-s, ...-toren> NORDDT. *Pfarrer(in) in einer evangelischen Gemeinde*

Patch·work *das* ['pɛtʃwøːk] <-s, -s> *aus bunten Flicken zusammengesetzter Stoff*

Pa·te *der;* **Pa·tin** <-n, -n> REL. *Taufzeuge, der außer den Eltern bei der Taufe eines Kindes anwesend ist (und für dessen christliche Erziehung mit Verantwortung übernimmt):* bei jemandem Pate stehen; ■ **bei etwas Pate stehen** *(umg. übertr.)*

auf die Entstehung einer Sache Einfluss nehmen ◆ *Tauf-*

Pa·ten·kind *das* <-(e)s, -er> *Kind, dessen Pate jmd. ist*

Pa·ten·on·kel *der* <-s, -> *Pate*

Pa·ten·schaft *die* <-, -en> ❶ *die Mitverantwortung eines Paten für die christliche Erziehung des Patenkindes* ❷ *die Beziehung einer Organisation oder Person zu einer anderen, die von ihr unterstützt wird:* die Patenschaft für ein Kind in einem armen Land übernehmen

Pa·tent *das* <-(e)s, -e> ❶ RECHTSW. *Schutzrecht für eine Erfindung:* ein Patent anmelden; etwas zum Patent anmelden ❷ *Ernennungsurkunde, die jmds. berufliche Qualifikation (in seemännischen Berufen) ausweist:* das Patent als Kapitän/Lotse erwerben ❸ SCHWEIZ. *staatliche Bewilligung zur Ausübung bestimmter Berufe oder Tätigkeiten*

pa·tent *adj (umg.)* ❶ *tüchtig, geschickt:* ein patenter Bursche ❷ *praktisch, brauchbar:* eine patente Idee

Pa·tent·amt *das* <-(e)s, Patentämter> *Behörde, die Patente[1] vergibt*

Pa·tent·an·mel·dung *die* <-, -en> *mehrstufiges Verfahren, das u.a. eine Prüfung und Bekanntmachung des Antrags auf Patentierung sowie schließlich die Patenterteilung vorsieht*

Pa·ten·tan·te *die* <-, -n> *Patin*

Pa·tent·an·walt *der;* **Pa·tent·an·wäl·tin** <-s, Patentanwälte> *Rechtsanwalt, der auf Patentrecht spezialisiert ist*

pa·ten·tie·ren <patentierst, patentierte, hat patentiert> *mit OBJ* ■ *jmd.* **patentiert etwas** *durch ein Patent schützen:* (sich) etwas patentieren lassen; ein patentiertes Verfahren

Pa·tent·in·ha·ber *der;* **Pa·tent·in·ha·be·rin** <-s, -> *Person, die ein Patent oder mehrere Patente besitzt*

Pa·tent·lö·sung *die* <-, -en> *Lösung, die alle Schwierigkeiten eines Problems lösen kann oder soll:* Für dieses Problem gibt es leider keine Patentlösung.

Pa·tent·recht *das* <-(e)s, -e> ❶ *die Gesamtheit der Gesetze im Zusammenhang mit Patenten[1]* ❷ *das Recht zur Nutzung eines Patents[1]*

Pa·tent·re·gis·ter *das* <-s, -> *Register, in dem alle Patente[1] verzeichnet sind*

Pa·tent·re·zept *das* <-(e)s, -e> *Patentlösung*

Pa·tent·schutz *der* <-es> */kein Plur./ Schutz, der dem Inhaber eines Patents gewährt wird, um zu verhindern, dass jmd. seine Erfindung kopiert und damit Geschäfte macht*

Pa·ter *der* <-s, -/Pa·t·res> REL. *ein katholischer Geistlicher, der einem Orden angehört*

Pa·ter·nos·ter[1] *das* <-s, -> */kein Plur./ REL. das wichtigste christliche Gebet im Gottesdienst, das Vaterunser*

Pa·ter·nos·ter[2] *der* <-s, -> *Aufzug, dessen Kabinen nicht verschlossen sind und permanent langsam in Bewegung gehalten werden*

pa·the·tisch *adj in übertriebener Weise feierlich:* etwas mit pathetischen Worten ankündigen

pa·tho·gen *adj /nicht steig./* MED. *krankheitserregend*

P

Pa·tho·lo·gie *die* <-, ...-gien> MED. ❶*Lehre von den Krankheiten und den daraus entstehenden Veränderungen im Körper* ▸Pathologe, Pathologin, pathologisch ❷*eine Klinik(abteilung), in der Leichen oder Gewebe untersucht werden:* einen Toten in die Pathologie einliefern

Pa·thos *das* <-> */kein Plur./ Ausdruck feierlicher Ergriffenheit, der übertrieben wirkt:* mit großem Pathos sprechen/vortragen/rezitieren

Pa·ti·ence *die* [pa'si̯ãːs] <-, -n> *ein Kartenspiel, bei dem die Karten in bestimmten Reihenfolgen gelegt werden*

Pa·ti·ent *der*, **Pa·ti·en·tin** <-en, -en> *von einem Arzt oder einer Person im Heilberuf behandelter Kranker:* die Patienten eines Arztes/einer Krankengymnastin ◆Kassen-, Privat-

Pa·ti·en·ten·kar·tei *die* <-, -en> *Kartei mit den für einen Arzt wichtigen Daten des Patienten*

Pa·ti·en·ten·rech·te *die* <-> */meist Plur./ die Rechte, die ein Patient gegenüber dem Arzt oder der Klinik hat*

Pa·ti·en·ten·ver·fü·gung *die* <-, -en> MED., RECHTSW. *ein schriftliches Dokument, in dem man festlegt, ob man nach einem Unfall oder bei schwerster Krankheit mit allen medizinischen Mitteln am Leben erhalten werden will*

Pa·tin *die* <-, -nen> *weibliche Form zu Pate[1]*

Pa·ti·na *die* <-> */kein Plur./ grüne Schicht, die sich auf Kupfer bildet:* Das Kupferdach hat Patina angesetzt.

pa·ti·nie·ren <patiniert, patinierte, hat pati­niert> *mit OBJ* ■ *jmd. patiniert etwas mit künstlichem Patina überziehen*

Pa·tio *der* ['paːti̯o] <-s, -s> *Innenhof (in spanischen Häusern)*

Pa·tis·se·rie *die* <-, ...-rien> SCHWEIZ. ❶*Konditorei* ◆*Feingebäck*

Pa·t·ri·arch *der* <-en, -en> ❶*Titel des obersten Geistlichen in der orthodoxen Kirche* ❷*Vater in einer großen Familie, der eine herausragende Stellung hat und viel Respekt verlangt:* die Patriarchen im Alten Testament

pa·t·ri·ar·chal *adv* /nicht steig./ ❶*wie ein Patriarach[2]:* Er wirkt sehr patriarchal. ❷*dem Patriarchat zugehörig:* eine patriarchale Gesellschaft

pa·t·ri·ar·cha·lisch *adj* /nicht steig./ ❶*so, dass der Mann eine Vorrangstellung in Familie und Gesellschaft einnimmt:* eine patriarchalische Gesellschaftsordnung ❷*so, dass man als Mann Vorrechte geltend macht:* ein patriarchalisches Benehmen

Pa·t·ri·ar·chat *das* <-(e)s, -> ❶REL. *Amtsbereich eines Patriarchen[1]* ❷*(↔ Matriarchat) Gesellschaftsform, in der dem Mann eine bevorzugte Stellung in Gesellschaft und Familie zukommt:* In dieser Gesellschaft herrschte Patriarchat.

Pa·t·ri·ot *der*, **Pa·t·ri·o·t·in** <-en, -en> *Person, die ihr Vaterland liebt und dafür eintritt:* ein glühender Patriot

pa·t·ri·o·tisch *adj in Haltung und Gesinnung wie ein Patriot:* eine patriotische Rede halten

Pa·t·ri·o·tis·mus *der* <-> *Haltung und Gesinnung von Patrioten*

Pa·t·ri·zi·er *der*, **Pa·t·ri·zi·e·rin** <-s, -> ❶GESCH.

römischer Adliger ❷GESCH. *wohlhabender Bürger im Mittelalter:* dieses Haus gehörte einem reichen Patrizier

Pa·tron[1] *der*, **Pa·t·ro·na** <-s, -e> ❶GESCH. *Kirchenstifter(in)* ❷REL. *Schutzheilige(r)* ◆Schutz- ❸*/keine Femininform/ (umg. abwert.) Kerl:* ein übler Patron

Pa·tron[2] *der* [pa'trõː] <-s, -s> SCHWEIZ. *Betriebsinhaber, Arbeitgeber (vor allem im Gastgewerbe)*

Pa·t·ro·nat *das* <-(e)s, -e> *Schirmherrschaft*

Pa·t·ro·ne *die* <-, -n> ❶*Metallhülse, die Treibladung und Geschoss für Feuerwaffen enthält:* eine Patrone abfeuern/einlegen ❷*Behälter für die Tinte in einem Füllfederhalter* ❸FOTOGR. *Filmhülse:* eine neue Patrone mit einem Film in den Fotoapparat einlegen

Pa·t·ro·nen·gurt *der* <-es, -e> *am Oberkörper zu tragender Gurt für Patronen[1]*

Pa·t·ro·nen·ta·sche *die* <-, -n> *Tasche für Patronen[1]*

Pa·t·rouil·le *die* [pa'truljə] <-, -n> ❶*das Patrouillieren:* auf Patrouille gehen/sein ❷*ein Trupp von Soldaten oder Polizisten, die regelmäßig ein bestimmtes Gebiet kontrollieren und überwachen:* Die Patrouille hat einen Verdächtigen aufgespürt.

Pa·t·rouil·len·boot *das* [pa'truljən...] <-es, -e> *Boot für Patrouille auf dem Wasser:* Das Patrouillenboot der Küstenwache spürte wieder Flüchtlinge auf, die illegal an Land gehen wollten.

pa·t·rouil·lie·ren [patro'liːrən] <patrouillierst, patrouillierte, hat/ist patrouilliert> *ohne OBJ* ■ *jmd. patrouilliert (irgendwo) als Soldat oder Polizist ein Gebiet regelmäßig kontrollieren, indem man dort herumgeht oder -fährt:* Die Soldaten haben/sind vor dem Tor patrouilliert.; Sie sind bis zum Tor und zurück patrouilliert.

patsch *interj lautmalerisch für das Geräusch, das durch das Fallen von etwas auf Wasser oder auf einen weichen Untergrund verursacht wird*

Pat·sche *die* <-, -n> *(umg.)* ❶*Hand:* Nimm deine Patschen weg! ❷*Werkzeug zum Schlagen:* das Feuer mit einer Patsche löschen ◆Fliegen- ❸*schwierige oder ausweglose Lage:* in der Patsche sitzen; jemandem aus der Patsche helfen

Pat·schen *der* <-s, -> ÖSTERR. ❶*Hausschuh* ❷*ein platter Reifen*

pat·schen <patschst, patschte, hat/ist ge­patscht> *ohne OBJ* ■ *jmd. patscht* ❶*(haben) ein klatschendes Geräusch machen, indem man auf etwas schlägt:* mit der Hand ins Wasser patschen ❷*(sein) ein klatschendes Geräusch machen, indem etwas auf/in etwas fällt:* Der Stein ist ins Wasser gepatscht.

patsch·nass *adj* /nicht steig./ *(umg.) völlig durchnässt*

Pat·schu·li·öl *das* <-s, -e> *Öl der aus Asien stammenden Patschulipflanze*

Patt *das* <-s, -s> ❶*Situation im Schachspiel, die als unentschieden gewertet wird* ❷*Lage, in der keine von zwei Parteien im Vorteil ist:* ein militärisches Patt

Pat·te *die* <-, -n> *doppelter Stoffstreifen wie bei einer Taschenklappe oder einem Ärmelaufschlag*

P

Patt·si·tu·a·ti·on *die* <-, -en> *Situation, in der ein Patt* [1, 2] *erreicht ist*

pat·zen <patzt, patzte, hat gepatzt> *ohne OBJ* ▪ *jmd.* **patzt** *(umg.)* *(kleinere) Fehler machen:* Am Ende der Arbeit hast du leider gepatzt, deshalb ist es keine Eins geworden.

Pat·zer *der* <-s, -> *(umg.)* *kleiner Fehler oder Missgeschick:* Da ist mir leider ein Patzer unterlaufen.

pat·zig *adj (umg.)* *trotzig und unverschämt:* eine patzige Antwort geben; Nun werd' doch nicht gleich patzig!

Pau·ke *die* <-, -n> *eine große, kesselförmige Trommel, die mit Schlägeln geschlagen wird:* im Orchester die Pauke spielen; ▪ **mit Pauken und Trompeten durchfallen** *(umg.)* *in einer Prüfung mit sehr schlechten Leistungen durchfallen;* ▪ **auf die Pauke hauen** *(umg.)* *sehr laut feiern*

pau·ken <paukst, paukte, hat gepaukt> I. *mit OBJ* ▪ *jmd.* **paukt etwas** *(≈ büffeln) viel Stoff lernen:* Mathe/Französisch/Vokabeln pauken; für das Diktat pauken II. *ohne OBJ* ▪ *jmd.* **paukt** *(umg.)* die Pauke spielen

Pau·ken·schlag *der* <-(e)s, Paukenschläge> ❶ *ein Schlag auf die Pauke* ❷ *(übertr.)* *Aufsehen erregendes Geschehen:* Das war ein Paukenschlag!

Pau·ken·wir·bel *der* <-s, -> *Schlagart auf Pauken, die in einem schnellen Wechsel der beiden Schlägel besteht, was als Triller oder Tremolo notiert wird*

Pau·ker *der,* **Pau·ke·rin** <-s, -> ❶ *MUS. Person, die Pauke schlägt* ❷ *(umg. abwert.) Lehrer(in)*

Paus·ba·cke *die* <-, -n> */meist Plur./ dicke, runde Backen:* Kind mit roten Pausbacken

paus·ba·ckig, a. **paus·bä·ckig** *adj (umg.)* *mit dicken Backen:* ein pausbackiges kleines Kind

pau·schal *adj /nicht steig./* ❶ *gesamthaft; nicht in einzelne Positionen aufgeschlüsselt:* pauschal bezahlen; Für den Service berechnen wir pauschal/den pauschalen Betrag von 100 Euro. ◆-angebot, -betrag, -reise ❷ *(geh.) (zu) allgemein, nicht differenziert:* ein pauschales Urteil; Das ist mir zu pauschal, ich wüsste es gern genauer.

Pau·schal·be·trag *der* <-(e)s, Pauschalbeträge> *Pauschale*

Pau·scha·le *die* <-, -n> ❶ *ein vorläufige Geldsumme, die man vor der endgültigen Abrechnung bezahlt/bekommt:* Wir bezahlen für die Heizung monatlich eine Pauschale, und erst am Ende des Jahres wird der Verbrauch abgerechnet. ◆Heizkosten- ❷ *(↔ Einzelabrechnung) ein Geldbetrag, der mehrere Teilsummen zusammenfasst, die nicht einzeln abgerechnet werden:* Für seine Unkosten (Fahrtkosten, Hotelkosten, Verpflegung, Telefonkosten) erhält er eine Pauschale. ◆Monats-, Unkosten-

pau·scha·li·sie·ren <pauschalisierst, pauschalisierte, hat pauschalisiert> *mit OBJ* ▪ *jmd.* **pauschalisiert etwas** *(geh.)* *stark verallgemeinern:* Sie hat (das Ganze) zu sehr pauschalisiert.

Pau·schal·preis *der* <-es, -e> *Pauschale*

Pau·schal·rei·se *die* <-, -n> *eine Reise, bei der*

alle anfallenden Kosten durch einen Pauschalpreis abgedeckt sind

Pau·schal·ur·laub *der* <-(e)s, -e> *Pauschalreise*

Pau·se[1] *die* <-, -n> ❶ *Unterbrechung, um auszuruhen:* bei der Arbeit eine Pause machen; die große Pause in der Schule ◆Erholungs-, Ruhe- ❷ *Unterbrechung einer Tätigkeit:* die Pause im Theater ◆Konzert-, Rede-, Sende- ❸ *MUS. das Zeichen in der Notenschrift, dass ein Taktteil nicht mit Tönen ausgefüllt ist* ◆Viertel-, Achtel-

Pau·se[2] *die* <-, -n> *Kopie mittels Durchzeichnen:* eine Pause anfertigen

pau·sen <paust, pauste, hat gepaust> *mit OBJ* ▪ *jmd.* **paust etwas** *durchzeichnen:* ein Bild pausen

Pau·sen·brot *das* <-s, -e> *Brot, das man in einer Pause[1] isst*

pau·sen·fül·lend *adj /nicht steig./* *so, dass eine Aktivität während der ganzen Pause stattfindet:* Das war ein pausenfüllendes Gespräch.

Pau·sen·fül·ler *der* <-s, -> *pausenfüllende Aktivität*

pau·sen·los *adj /nicht steig./* ❶ *ohne Unterbrechung:* Die Feuerwehr war pausenlos im Einsatz. ❷ *(umg. abwert.) sehr häufig:* Er schreit pausenlos herum.; Sie ist pausenlos krank.

Pau·sen·pfiff *der* <-(e)s, -e> *SPORT der Pfiff des Schiedsrichters, der eine Halbzeit beendet und die Pause anzeigt*

Pau·sen·stand *der* <-(e)s> */kein Plur./ SPORT Spielstand nach der ersten Halbzeit*

Pau·sen·tas·te *die* <-, -n> *TECHN. Taste, mit der man Geräte (zum Beispiel Kassettenrekorder) an einer bestimmten Stelle anhalten kann, so dass bei Lösen der Taste die Wiedergabe genau an dieser Stelle fortgesetzt wird*

Pau·sen·zei·chen *das* <-s, -> ❶ *MUS. Zeichen in der Notenschrift für eine Pause* ❷ *Erkennungszeichen eines bestimmten Senders im Radio oder Fernsehen:* einen Sender am Pausenzeichen erkennen ❸ *Zeichen zur Pause:* Die Schulglocke gab das Pausenzeichen.

pau·sie·ren <pausierst, pausierte, hat pausiert> *ohne OBJ* ▪ *jmd.* **pausiert** *eine Tätigkeit (für eine begrenzte Zeit) unterbrechen:* bei einer Arbeit für kurze Zeit pausieren; Der Sportler musste verletzungsbedingt pausieren.

Paus·pa·pier *das* <-s> */kein Plur./ durchsichtiges Papier zum Durchpausen*

Pa·vi·an *der* <-s, -e> *eine relativ große Affenart, für die das rote Hinterteil charakteristisch ist*

Pa·vil·lon *der* ['pavɪl'jõ:/pavi'jõ] <-s, -s> ❶ *Gartenhaus mit kreisförmigem Grundriss* ❷ *Einzelgebäude auf einem Ausstellungsgelände*

Pay·card *die* ['pe:kɑːd] <-, -s> *Chipkarte, mit der man bargeldlos zahlen kann*

Pa·zi·fik *der* <-s> */kein Plur./ der Pazifische Ozean*

pa·zi·fisch *adj /nicht steig./* der Pazifische Ozean; die pazifischen Inseln ◆Groß-/Kleinschreibung →R 3.17, 3.19 den Pazifischen Ozean überqueren; Urlaub auf einer pazifischen Insel machen

Pa·zi·fis·mus *der* <-> */kein Plur./ Haltung, die*

Krieg und jegliche Form von Gewalt ablehnt ▶ Pazifist, Pazifistin, pazifistisch

PC *der* [pe:'tse:] <-s, -s> *Personal Computer:* Der Arbeitsplatz ist mit einem PC ausgestattet.

PdA *die* <-> */kein Plur./ Abkürzung für „Partei der Arbeit", die kommunistische Partei in der Schweiz*

PDS *die* <-> *Abkürzung für „Partei des demokratischen Sozialismus"*

Pea·nuts *die* ['pi:nats] <-> *Plur.* ❶ *Erdnüsse* ❷ *(umg. übertr.) Kleinigkeiten*

Pech *das* <-(e)s, (-e)> ❶ *die zähflüssige schwarze Masse, die bei der Destillation von Erdöl und Teer als Rückstand übrig bleibt:* ein Dach/ein Fass mit Pech abdichten ❷ */kein Plur./ (umg.: ↔ Glück) unglücklicher Umstand:* Wir haben wirklich Pech gehabt.; So ein Pech!; ▪ **Dein/Euer Pech!** *(umg.)* da kann ich dich/euch nicht bedauern; ▪ **zusammenhalten wie Pech und Schwefel** *als Freunde auch in schwierigen Situationen fest zusammenhalten*

Pech·blen·de *die* <-> */kein Plur./ (≈ Urandioxid) stark radioaktives Mineral, das in würfeligen, schwarz glänzenden Kristallen oder als pulverige Masse vorkommt*

Pech·nel·ke *die* <-, -n> *eine kleine, wild wachsende Nelke*

pech·ra·ben·schwarz, *a.* **pech·schwarz** *adj /nicht steig./ tief schwarz:* pechschwarze Nacht

Pech·sträh·ne ▪ **eine Pechsträhne haben** *(umg.) über eine längere Zeit kein Glück haben*

Pech·vo·gel *der* <-s, Pechvögel> *(umg.) Mensch, der ständig Pech² hat*

Pe·dal *das* <-s, -e> ❶ *der Teil an den Enden der Tretkurbeln eines Fahrrads, auf den man mit den Füßen tritt:* kräftig in die Pedale treten ❷ *mit dem Fuß zu bedienender Hebel:* zum Bremsen/zum Gas geben (auf) das Pedal treten; die Pedale einer Orgel treten

pe·dant *adj* ÖSTERR. *pedantisch*

Pe·dant *der,* **Pe·dan·tin** <-en, -en> *(abwert.) Person, die pedantisch ist*

Pe·dan·te·rie *die* <-, ...-rien> */kein Plur./ (abwert.) übertriebene Genauigkeit*

pe·dan·tisch *adj (abwert.) übertrieben genau:* pedantisch auf die Einhaltung der Bestimmungen achten; pedantische Ordnung halten

Pe·dell *der* <-s, -e> ÖSTERR. *Hausmeister in einer Schule oder Hochschule*

Pe·di·kü·re *die* <-, -n> *Fußpflege(salon):* zur Pediküre gehen ◆-Set

Pe·di·ment *der* <-, -e> *terrassenartige Trockengebiet am Fuß eines Gebirges*

Pee·ling *das* ['pi:lɪŋ] <-s, -s> *kosmetische (Creme zur) Schälung der Haut* ◆-maske, -präparat

Peep·show *die* ['pi:pʃoʊ] <-, -s> *Ort, an dem Zuschauer gegen Münzeinwurf durch ein Guckloch eine nackte, meist weibliche Person betrachten können*

Peer·group *die* ['pi:əgru:p] <-, -s> PSYCH. *Gruppe von Gleichaltrigen bzw. Gleichgesinnten, an der man sich orientiert*

Pe·ga·sus *der* <-> */kein Plur./ (geh.) geflügeltes Pferd der griechischen Sagenwelt; Sinnbild der Dichtkunst*

P

Pe·gel *der* <-s, -> ❶ *Höhe der Wasserlinie eines Gewässers:* der Pegel beträgt …; die Pegel fallen/steigen wieder ❷ *Gerät zur Messung des Wasserstandes:* der Pegel zeigt …

Pe·gel·stand *der* <-(e)s, ...-stände> *Pegel¹*

Peg·ma·tit *der* <-s, -e> *ein grobkörniges (aus Magma entstandenes) Gestein*

Peil·an·la·ge *die* <-, -n> *Anlage auf Schiffen und Flugzeugen, mit deren Hilfe eine Peilung vollzogen werden kann*

pei·len <peilst, peilte, hat gepeilt> *mit OBJ* ▪ *jmd. peilt etwas* SEEW. *die Richtung, Entfernung oder Tiefe bestimmen:* die Position eines Schiffes peilen; Um die Position/Tiefe zu bestimmen, wird gepeilt.

Peil·funk *der* <-s> */kein Plur./ Peilung auf funktechnischem Weg*

Peil·ge·rät *das* <-(e)s, -e> *ein Gerät zum Peilen*

Peil·sen·der *der* <-s, -> *Sender, der Funkfeuer zur Peilung für andere Schiffe oder Flugzeuge sendet*

Pei·lung *die* <-, -en> *Bestimmung einer Richtung bzw. eines Winkels bezgl. einer Bezugsrichtung für Flugzeuge oder Schiffe unterwegs*

Pein *die* <-> */kein Plur./ (geh.) großer körperlicher oder seelischer Schmerz:* Niemand konnte seine Pein verstehen.; In ihrer Pein schrie sie um Hilfe.

pei·ni·gen <peinigst, peinigte, hat gepeinigt> *mit OBJ* ▪ *jmd./etwas peinigt jmdn. (geh.) quälen:* peinigende Schmerzen; Die Mücken peinigten uns.; Die Soldaten peinigten ihre Gefangenen.

Pei·ni·ger *der,* **Pei·ni·ge·rin** <-s, -> *Person, die jmdn. quält:* Er konnte seine Peiniger endlich abschütteln.

pein·lich *adj unangenehm und beschämend für jmdn.:* von etwas peinlich berührt sein; Das ist mir sehr peinlich!; ▪ **peinlich genau** *sehr sorgfältig, gründlich* auf peinliche Sauberkeit achten; peinlich genau die Regeln befolgen

Pein·lich·keit *die* <-, -en> ❶ */kein Plur./ das Gefühl, dass einem etwas peinlich ist:* Er empfand diese Handlung als Peinlichkeit. ❷ *eine Situation, die einem peinlich ist:* Immer wieder er in diese Peinlichkeiten.

Peit·sche *die* <-, -n> *ein Stock, an dem ein Riemen befestigt ist, mit dem man ein Tier (Pferd, Esel) schlägt und zum Gehen/Laufen antreibt;* ▪ **jemanden mit Zuckerbrot und Peitsche behandeln** *jmdn. abwechselnd freundlich und aggressiv behandeln*

peit·schen <peitschst, peitschte, hat gepeitscht> **I.** *mit OBJ* ▪ *jmd. peitscht jmdn./ ein Tier mit einer Peitsche schlagen:* ein Tier peitschen **II.** *ohne OBJ* ▪ *jmd./etwas peitscht heftig irgendwohin schlagen oder mit der Peitsche schlagen:* Der Sturm peitscht die Wellen.; Der Wind/Regen peitscht gegen die Fenster.

Peit·schen·hieb *der* <-(e)s, -e> *ein Schlag mit einer Peitsche*

pe·jo·ra·tiv *adj /nicht steig./ (≈ abwertend) mit der Eigenschaft sprachlicher Ausdrücke, dass diese eine negative Bewertung beinhalten:* ein pejorativer Ausdruck ▶ Pejorativität

Pe·ki·ne·se *der* <-n, -n> *eine langhaarige, kurz-
beinige Hunderasse*
Pe·king·oper *die* <-, -n> *traditionelle Form des
chinesischen Theaters, die im 19. Jh. in Nord-
china entstanden ist*
Pek·tin *das* <-s, -e> *die aus saurem Obst gewonnene Fruchtsäure, die zum Gelieren verwendet
wird*
pe·ku·ni·är *adj /nicht steig./ (geh.) Geld oder die
Finanzen betreffend:* in pekuniären Schwierigkeiten sein
pe·la·gisch *adj /nicht steig./ im Meer und in Bin-
nenseen lebend*
Pe·lar·go·nie *die* <-, -n> *eine Geranienart* ◆ Duft-
blatt-
Pe·le·ri·ne *die* <-, -n> *(veralt.) weiter, ärmelloser
Umhang*
Pe·li·kan *der* <-s, -e> *großer tropischer
Schwimmvogel, der mit seinem großen, mit einem Kehlsack versehenen Schnabel Fische fängt*
Pel·la·g·ra *das* <-(s)> *Krankheit, die durch Mangel an Vitamin B ausgelöst wird*
Pel·le *die* <-, -n> *Schale von Kartoffeln, Wurst und
bestimmten Früchten:* die Pelle von der Wurst ent-
fernen; ■ **jemandem auf die Pelle rücken**
(umg.) (zu) dicht an jmdn. heranrücken
pel·len <pellst, pellte, hat gepellt> *mit OBJ*
■ *jmd. **pellt etwas** die Schale abziehen:* Kartof-
feln/Mandeln pellen
Pell·kar·tof·fel *die* <-, -n> KOCH. *Kartoffel, deren
Schale erst nach dem Kochen abgezogen wird:*
Pellkartoffeln und Quark essen
Pelz *der* <-es, -e> ❶ *das dichte Fell bestimmter
Tiere:* der Pelz des Bären; eine dichten/zottigen
Pelz haben ◆ -tier ❷ *Mantel aus Pelz[1]:* einen echten Pelz tragen ◆ -mantel ❸ *das abgezogene Fell
bestimmter Tiere zur Verarbeitung:* Auf der Auktion werden Pelze versteigert.; verschiedene Pelze
zu einem Mantel verarbeiten ◆ -imitation, -kragen,
-mütze
pelz·be·setzt *adj /nicht steig./ mit Pelz[3] versehen:* ein pelzbesetzter Mantel
pelz·ge·füt·tert *adj /nicht steig./ innen mit Pelz[3]
versehen:* eine pelzgefütterte Jacke
Pelz·ge·schäft *das* <-s, -e> ❶ *ein Laden, in dem
Pelze verkauft werden* ❷ *die Gesamtheit der geschäftlichen Vorgänge im Pelzhandel*
Pelz·han·del *der* <-s> /kein Plur./ *der Erwerbs-
zweig, der mit dem An- und Verkauf von Pelzen zu
tun hat* ▶ Pelzhändler, Pelzhändlerin
pel·zig *adj* ❶ *so, dass es weich und zugleich rau
ist:* eine Pflanze mit pelzigen Blättern ❷ *unangenehm rau und trocken:* ein pelziges Gefühl im Hals
haben ❸ *taub, gefühllos:* Nach der Betäubungs-
spritze wird das Zahnfleisch pelzig.
pem·pern <pemperst, pemperte, hat gepem-
pert> *mit OBJ* ■ *jmd. **pempert jmdn.** ÖSTERR.
(vulg.) bumsen*
PEN-Club *der* ['pɛn...] <-s> /kein Plur./ *Abkürzung für „poets, playwrights, essayists, editors,
novelists", mit der Bedeutung des englischen Wortes „pen" = „Schreibfeder"; Name der 1921 ge-
gründeten internationalen Schriftstellervereini-
gung*

Pen·dant *das* [pã'dã:] <-s, -s> *(geh.) entsprechendes Gegenstück:* das Pendant zu etwas sein/
bilden; Was ist in Frankreich das Pendant zum Abitur in Deutschland?
Pen·del *das* <-s, -> ❶ PHYS. *ein aus Aufhängung
und Gewicht bestehender starrer Körper, der sich
um den festen Aufhängepunkt hin- und herbewegen kann:* das Pendel einer Uhr schwingt hin und
her ❷ *(≈ siderisches Pendel) ein von Wahrsagern
verwendetes Metallstück, das an einem dünnen
Faden in den Händen okkultistisch begabter Personen gehalten wird und an bestimmten Stellen
ausschlägt und so Antwort auf unerklärliche Fragen gibt*
Pen·del·be·we·gung *die* <-, -en> *schwingende
Bewegung*
Pen·del·di·p·lo·ma·tie *die* <-> /kein Plur./ *eine
Art von Diplomatie, die zwischen extremen Positionen wechselt*
Pen·del·lam·pe *die* <-, -en> *unter der Decke an
einer Verbindungsschnur frei hängende Lampe*
pen·deln <pendelst, pendelte, hat/ist gepen-
delt> *ohne OBJ* ❶ ■ *etwas **pendelt** (haben)
schwingen:* Das Gewicht hat gependelt.; Die Beine
pendeln in der Luft. ❷ ■ *jmd. **pendelt** jmd. benutzt ein Pendel[2] zum Wahrsagen* ❸ ■ *jmd. **pendelt** (sein) regelmäßig zwischen Wohnort und Arbeitsplatz hin- und herfahren:* Er ist viele Jahre
zwischen Kiel und Hamburg gependelt.
Pen·del·tür *die* <-, -en> *Schwingtür*
Pen·del·uhr *die* <-, -en> *Uhr mit Pendel, der von
Gewichten oder einer Feder angetrieben wird*
Pen·del·ver·kehr *der* <-s> /kein Plur./ ❶ *Betriebsart im Personen- und Güterverkehr, bei dem
oft ohne festen Fahrplan zwischen zwei festen Punkten Personen und
Güter transportiert werden* ❷ *Verkehr zwischen
Arbeitsstätte und Wohnort*
Pen·del·zug *der* <-s, Pendelzüge> *Zug im Pen-
delverkehr[1]*
pen·dent *adj /nicht steig./ SCHWEIZ. unerledigt*
Pen·denz *die* <-, -en> SCHWEIZ. *unerledigte Ange-
legenheit*
Pend·ler *der,* **Pend·le·rin** <-s, -> *Person, die regelmäßig zwischen Arbeitsstätte und Wohnort
hin- und herfährt*
Pend·ler·vor·stadt *die* <-, Pendlervorstädte>
Vorstadt, in der fast nur Pendler wohnen
Pend·ler·zug *der* <-s, Pendlerzüge> *Zug, der für
Pendler eingerichtet ist*
pe·ne·t·rant *adj (abwert.)* ❶ *durchdringend:* ein
penetranter Geruch ❷ *aufdringlich:* ein penetranter Kerl
Pe·ne·t·ranz *die* <-> /kein Plur./ ❶ BIOL. *Häufigkeit, mit der ein Erbfaktor wirksam wird* ❷ *(geh.
abwert.) Aufdringlichkeit:* mit großer Penetranz
immer wieder auf Fehler hinweisen
Pe·ne·t·ra·ti·on *die* <-, -en> ❶ *Eindringen eines
Stoffes in einen anderen* ❷ *(abwert.) in der Frauenbewegung polemisch gebrauchtes Wort für den
Geschlechtsakt aus der Sicht der Frau*
pe·ne·t·rie·ren <penetrierst, penetrierte, hat pe-
netriert> *mit OBJ* ■ *jmd./etwas **penetriert etwas** ❶ durchsetzen:* Die Mafia penetrierte alle Be-

P

reiche der Wirtschaft. ❷ *(fachspr.)* *mit dem Glied in die Scheide eindringen*

peng *interj lautmalerisch für einen Knall, Schuss*

pe·ni·bel <penibler, am penibelsten> *adj übertrieben genau:* *penibel auf Ordnung achten*

Pe·ni·cil·lin *siehe* **Penizillin**

Pe·nis *der* <-, -se> *das männliche Glied* ◆-**prothese**

Pe·ni·zil·lin, *a.* **Pe·ni·cil·lin** *das* <-s> /kein Plur./ MED. *ein Antibiotikum*

Pen·nä·ler *der,* **Pen·nä·le·rin** <-s, -> *(umg.)* *Schüler (eines Gymnasiums)*

Penn·bru·der *der* <-s, Pennbrüder> *(umg. abwert.) Penner*

Pen·ne *die* <-, -n> *(umg. scherzh.) Schule:* Wir waren zusammen auf der Penne, daher kennen wir uns.

pen·nen <pennst, pennte, hat gepennt> *ohne OBJ* ■ *jmd.* **pennt** *(umg.) schlafen*

Pen·ner *der,* **Pen·ne·rin** <-s, -> *(umg. abwert.) Person, die ohne festen Wohnsitz ist und auf der Straße lebt*

Pen·si·on *die* [paŋˈzi̯oːn/pɛnˈzi̯oːn] <-, -en> ❶ *Ruhegeld für Beamte:* eine Pension erhalten ◆Beamten- ❷ /kein Plur./ *Ruhestand bei Beamten:* in Pension gehen ❸ *einfaches Gasthaus, in dem man übernachten kann:* in einer Pension übernachten ◆Hotel-, Privat-

Pen·si·o·när *der,* **Pen·si·o·nä·rin** [paŋzi̯oˈnɛːɐ̯/pɛnzi̯oˈnɛːɐ̯] <-s, -e> ❶ *Person im Ruhestand* ❷SCHWEIZ. *Dauergast in einer Pension*

Pen·si·o·nat *das* [paŋzi̯oˈnaːt/pɛnzi̯oˈnaːt] <-(e)s, -e> *Internat (besonders für Mädchen)*

pen·si·o·nie·ren [paŋzi̯oˈniːrən/pɛnzi̯oˈniːrən] <pensionierst, pensionierte, hat pensioniert> *mit OBJ* ■ *jmd.* **pensioniert jmdn.** *in Ruhestand versetzen:* einen Beamten pensionieren; ein pensionierter Lehrer

Pen·si·ons·be·zü·ge *die* [paŋzi̯.../pɛnzi̯...] <-> *Plur. die ausgezahlte Pension¹*

Pen·si·ons·fonds *der* [paŋzi̯.../pɛnzi̯...] <-, -> *Geldvorrat für Pensionsbezüge*

Pen·si·ons·gast *der* [paŋzi̯.../pɛnzi̯...] <-(e)s, ...-gäste> *Gast in einer Pension³*

Pen·si·ons·ge·schäft *das* [paŋzi̯.../pɛnzi̯...] <-s, -e> *Verpfändung eines Wechsels in einem Land mit niedrigem Zinsfluss (d.h. der Wechsel wird „in Pension gegeben")*

Pen·si·ons·kas·se *die* [paŋzi̯.../pɛnzi̯...] <-, -n> *Bezeichnung für Lebensversicherungsgesellschaften, die ausschließlich die Pensionssicherung betreiben*

Pen·sum *das* <-s, Pensen/Pensa> *zugeteilte Aufgabe oder Arbeit:* sein Pensum erfüllen/abarbeiten/erledigt haben ◆Arbeits-, Tages-

Pen·ta·gon *das* <-s, -e> ❶MATH. *Fünfeck* ❷ /kein Plur./ POL. *das (in einem Gebäude mit fünfeckigem Grundriss befindliche) amerikanische Verteidigungsministerium*

Pent·haus *das* <-es, Penthäuser> *eingedeutscht für Penthouse*

Pent·house *das* [ˈpɛnthaʊs] <-, -s> *luxuriöse Dachterrassenwohnung*

Pep *der* <-s> /kein Plur./ *(umg.) begeisternder*

Schwung, mitreißende Wirkung (Abkürzung des englischen Wortes „pepper"): der Veranstaltung/ihrer Kleidung fehlt der richtige Pep

Pe·pe·ro·ni *die* <-, -> /meist Plur./ *kleine scharfe Paprikaschote*

pep·pig *adj (umg.) begeisternd; mitreißend:* eine peppige Aufmachung/Veranstaltung

per *präp + Akk.* ❶ *gibt das Mittel an, mit dem etwas getan wird:* per Post/Einschreiben schicken; per Vertrag regeln; per Bahn kommen/reisen ❷AMTSSPR. *zur Angabe eines Termins:* Die Regelung ist per 1. Juli gültig. ❸ *zur Angabe einer Maßeinheit:* 10 Euro per Stück; ■ **mit jemandem per du/Sie sein** *(umg.) jmdn. duzen/siezen*

Per·cus·sion *die* [pəˈkʌʃən] <-, -s> /meist Plur./ MUS. *die Gruppe der Schlaginstrumente (bei Jazz, Rock und Pop)*

Pe·res·t·roi·ka *die* <-> /kein Plur./ POL. *der Umbau des (sowjetischen) Systems der Politik und Wirtschaft seit Gorbatschow*

Per·fekt *das* <-(e)s, -e> /Plur. selten/ SPRACHWISS. *eine Zeitform des Verbs, die ein vollendetes Geschehen bezeichnet:* „hat gesendet" ist ein Beispiel für ein Verb im Perfekt ◆-stamm ▸ perfektiv, Perfektivierung

per·fekt *adj /nicht steig./* ❶ *vollkommen; ideal:* Sie möchte eine perfekte Mutter sein.; das perfekte Verbrechen; perfekt Spanisch sprechen ❷ *abgeschlossen; fertig:* einen Vertrag perfekt machen; Es ist alles perfekt, wir müssen nichts mehr vorbereiten.

Per·fek·ti·on *die* <-> /kein Plur./ *Vollkommenheit, Fehlerlosigkeit:* etwas in Perfektion beherrschen

per·fid, *a.* **per·fi·de** *adj (geh.) gemein, hinterlistig:* eine perfide Art haben

Per·fi·die *die* <-, ...-dien> *(geh.)* ❶ /kein Plur./ *gemeine Art:* etwas aus reiner Perfidie tun ❷ *gemeine Tat:* Das war wieder eine ihrer Perfidien.

Per·fo·ra·ti·on *die* <-, -en> *vorgestanzte Linie, an der etwas abgetrennt werden kann:* die Briefmarke an der Perforation vom Block abreißen

per·fo·rie·ren <perforierst, perforierte, hat perforiert> *mit OBJ* ■ *jmd./etwas* **perforiert etwas** *(fachspr.)* ❶ *eine Fläche in gleichmäßigen Abständen mit Löchern versehen:* eine perforierte Trennwand ❷ *etwas an einer Linie entlang mit einer Perforation versehen:* ein perforierter Papierblock

Per·fo·rier·li·nie *die* <-, -n> *die Linie, die durch Perforation entstanden ist*

Per·for·mance *die* [pəˈ(r)fɔ:məns] <-, -s> KUNST *von einem Künstler dargebotene künstlerische Aktion*

Per·for·manz *die* <-> /kein Plur./ SPRACHWISS. *(↔ Kompetenz) Ebene der aktuellen Realisierung sprachlicher Einheiten in Raum und Zeit*

Per·ga·ment *das* <-(e)s, -e> GESCH. ❶ *in bestimmter Weise behandelte Tierhaut, auf der man schreiben kann:* auf Pergament schreiben ❷ *altes, auf Pergament¹ geschriebenes Schriftstück:* alte Pergamente untersuchen/entziffern

Per·ga·ment·pa·pier *das* <-(e)s> /kein Plur./ *durchscheinendes, fettdichtes Papier:* die Brote in

Pergamentpapier einwickeln; ein Bild auf Pergamentpapier durchpausen

Per·ga·mon *das* <-s> *antike Stadt in West-Anatolien*

Per·ga·mon·al·tar, *a.* **Per·ga·mon-Al·tar** *der* <-s> *den antiken Göttern Zeus und Athene geweihter Altar, wiedererrichtet im Berliner Pergamonmuseum*

Per·go·la *die* <-, Pergolen> *Laube(ngang) mit rankenden Pflanzen*

Pe·ri- *aus dem Griechischen übernommene Vorsilbe mit der Bedeutung „um...herum"; als Erstglied zusammengesetzter Substantive; drückt aus* ❶ *dass das mit dem Zweitglied Bezeichnete räumlich, zeitlich oder inhaltlich im Umkreis von etwas anderem liegt bzw. darauf bezogen ist* ◆-arthritis, -duralraum, -duralanästhesie, -gastritis, -hepathitis, -kard, -menopause, -meter, -metrie, -öke, -ost, -ostitis, -phrase, -sperm, -staltik, -styl, -stylium, -toneum, -tonitis ❷ *dass das mit dem Zweitglied Bezeichnete etwas ringförmig umgibt, eine Kreisbahn beschreitet bzw. auf sie bezogen ist* ◆-chondrium, -chondritis, -derm, -fokus, -gäum, -hel, -implantar, -implantitis, -karyon, -kope, -lymphe, -pathetiker, -staltik, -zentrum, -zykel, -zyten ❸ *dass das mit dem Zweitglied Bezeichnete von der Umgebung beeinflusst wird bzw. in der Umgebung von etwas gelegen ist* ◆-petie, -stase

pe·ri- *aus dem Griechischen übernommene Vorsilbe mit der Bedeutung „um...herum"; als Erstglied zusammengesetzter Adjektive; drückt aus* ❶ *dass das mit dem Zweitglied Bezeichnete räumlich, zeitlich oder inhaltlich im Umkreis von etwas anderem liegt bzw. darauf bezogen ist* ◆-fokal, -metrisch, -natal, -oral, -radikulär, -rektal, -vaskulär, -ventrikulär ❷ *dass das mit dem Zweitglied Bezeichnete etwas ringförmig umgibt, eine Kreisbahn beschreitet bzw. auf sie bezogen ist* ◆-implantar, -interventionell, -urethral ❸ *dass das mit dem Zweitglied Bezeichnete von der Umgebung beeinflusst wird bzw. in der Umgebung von etwas gelegen ist* ◆-bronchial, -bronchitisch

pe·ri·gla·zi·al *adj /nicht steig./ die Umgebung von Inlandeis und Gletschern betreffend*

Pe·ri·karp *das* <-s, -e> *der aus der Fruchtknotenwand hervorgehende Teil der Frucht der Samenpflanze*

Pe·ri·o·de *die* <-, -n> ❶ *Zeitabschnitt:* eine Periode kultureller Blüte ◆ Heiz-, Hitze-, Kälte- ❷ *(≈ Regel) Monatsblutung der Frau:* Die Periode setzt ein/bleibt aus. ❸ ELEKTROTECHN. *Schwingungsdauer* ❹ MATH. *sich unendlich wiederholende Zifferngruppe*

Pe·ri·o·den·sys·tem *das* <-s> */kein Plur./* CHEM. *Übersichtsdarstellung der chemischen Elemente in Form einer Tabelle*

Pe·ri·o·di·kum *das* <-s, Periodika> *regelmäßig (wöchentlich, monatlich, halbjährlich usw.) erscheinende Veröffentlichung mit demselben Titel:* Zeitschriften und Jahrbücher sind Periodika

pe·ri·o·disch *adj /nicht steig./ regelmäßig auftretend:* eine periodisch wiederkehrende/auftretende Erscheinung

pe·ri·pher *adj /nicht steig./ (geh.)* ❶ *am Rande befindlich:* periphere Stadtteile ❷ *(übertr.) unwichtig:* das sind periphere Probleme/Fragen ❸ EDV *an einen zentralen Rechner anschließbar oder angeschlossen:* periphere Geräte

Pe·ri·phe·rie *die* <-, ...-rien> ❶ MATH. *Kreisumfang* ❷ *(geh.) Randgebiet einer Großstadt:* an der Peripherie wohnen

Pe·ri·phe·rie·ge·rät *das* <-(e)s, -e> EDV *an einen zentralen Rechner angeschlossenes Gerät*

Pe·ri·s·kop *das* <-(e)s, -e> SEEW. *Fernrohr in U-Booten*

Pe·ri·s·tal·tik *der* <-> *wellenförmiges Sichzusammenziehen der glatten Muskulatur von Hohlorganen, wodurch deren Inhalt transportiert wird:* die Peristaltik der Speiseröhre/des Darms

Per·kus·si·on¹ *die* [pɛrkʊˈsi̯oːn] <-, -en> */meist Plur./ Percussion* ◆-sinstrument, -smusik

Per·kus·si·on² *die* [pɛrkʊˈsi̯oːn] <-, -en> *(fachspr.) Zündung durch Stoß oder Schlag* ◆-swaffen

Per·kus·si·o·nist *der,* **Per·kus·si·o·nis·tin** <-en, -en> MUS. *(≈ Schlagzeuger) Musiker, der Schlaginstrumente spielt:* als Perkussionist in einem Sinfonieorchester spielen

per·ku·tan *adv /nicht steig./* MED. *durch die Haut*

Per·le *die* <-, -n> ❶ *glänzendes, hartes Kügelchen, das von bestimmten Muscheln um eingedrungene Fremdkörper herum gebildet wird:* eine Kette aus Perlen ◆-nkette ❷ *künstlich als Schmuck hergestelltes Kügelchen aus verschiedenen Materialien:* Perlen aus Glas/Holz zu einer Kette fädeln ❸ *ein Tropfen Flüssigkeit* ◆Schweiß-, Tränen- ❹ *(übertr.) etwas, das anderes übertrifft an Schönheit und Wert:* Dieses Lied ist eine Perle der Dichtkunst.

per·len <perlt, perlte, hat/ist geperlt> *ohne OBJ* ■ *etwas perlt kleine Bläschen oder Tröpfchen erzeugen:* Der Sekt hat/ist in den Gläsern geperlt.; Der Tau ist von den Blättern geperlt.; Schweiß ist von seiner Stirn geperlt.

Perl·fisch *der* <-s, -e> *(≈ Frauenfisch) bis 70 cm langer heringsförmiger Karpfenfisch*

Perl·huhn *das* <-(e)s, Perlhühner> *ein großer Hühnervogel mit blaugrauem Gefieder*

Perl·mutt, Perl·mutt *das* <-s> */kein Plur./ die glänzende, harte innerste Schicht der Schale von Perlmuscheln*

Perl·mut·ter, Perl·mut·ter *das/die* <-, -> Perlmutt ◆-knopf

perl·mut·ter·far·ben, perl·mutt·far·ben *adj /nicht steig./ in den Farben von Perlmutt*

perl·mut·tern *adj /nicht steig./ wie Perlmutt(er), aus Perlmutt(er)*

perl·mutt·far·ben *adj /nicht steig./ siehe* **perlmutterfarben**

per·lus·t·rie·ren <perlustrierst, perlustrierte, hat perlustriert> *mit OBJ* ■ *jmd. perlustriert jmdn./etwas* ÖSTERR. *genau (polizeilich) untersuchen*

Perl·wein *der* <-s, -e> *durch Zusatz von Kohlensäure leicht schäumender Weiß- oder Rotwein*

per·ma·nent *adj /nicht steig./ (geh.)* ❶ *ständig:* eine permanente Ausstellung; eine permanente Bedrohung darstellen ▶ Permanenz ❷ *(abwert.) auf*

P

lästige Art andauernd: Deine permanente Fragerei nervt uns. ▶ Permanenz

Per·me·a·bi·li·tät *die* <-> /kein Plur./ ❶ *Durchlässigkeit eines Materials:* die Permeabilität des Bodens mit Bezug auf Wasser ▶ permeabel ❷ BIOL. *(≈ Osmose) Durchlässigkeit der Zellmembranen in einer Richtung* ▶ permeabel

Per·mu·ta·ti·on *die* <-, -en> ❶ MATH. *die Gesamtheit der möglichen Kombinationen von Elementen einer gegebenen Menge miteinander:* Die Permutation von den Elementen 1 und 2 ist: 1,2 und 2,1. ❷ SPRACHWISS. *die Umstellung oder Vertauschung von Wörtern oder Satzteilen:* Eine Permutation von „Der Mann liest die Zeitung" ist: „Liest der Mann die Zeitung?". ❸ MUS. *in der seriellen Musik die Vertauschung der Tonelemente im Rahmen einer festen Ordnung einer gegebenen Tonreihe*

per·ni·zi·ös *adj* /nicht steig./ MED. *(geh.) bösartig:* eine perniziöse Krankheit

Per·nod® *der* [pɛr'nɔ] <-(s), -(s)> *ein Aperitif aus Anis mit 45% Alkoholgehalt*

Per·oxyd, *a.* **Per·oxid** *das* <-s, -e> CHEM. *sauerstoffreiche Verbindung, die leicht Sauerstoffatome abspaltet und darum zu Oxydationszwecken verwendet werden kann*

Per·pe·tu·um mo·bi·le *das* <-(s), -(s), Perpetua mobilia> PHYS. *utopisches Konzept einer Maschine, die ohne Energiezufuhr ewig läuft*

per·plex *adj* /nicht steig./ *(umg.: ≈ verblüfft) so, dass jmd. sehr überrascht und deshalb verwirrt ist:* Ich war völlig perplex, als sie plötzlich vor mir stand.

Per·ron *der* [...'rõ] <-s, -s> SCHWEIZ. *Bahnsteig*

Per·ser¹ *der,* **Per·se·rin** <-s, -> *jmd., der zum persischen Volk gehört*

Per·ser² *der* <-s, -> *kurz für „Perserteppich"*

Per·ser·kat·ze *die* <-, -n> *vermutlich aus Kleinasien stammende Hauskatze*

Per·ser·tep·pich *der* <-s, -e> *handgeknüpfter Teppich aus Persien*

Per·si·a·ner *der* <-s, -> *Pelz(mantel) aus dem lockigen Fell von Lämmern des Karakulschafes*

Per·si·en <-s> GESCH. *frühere Bezeichnung für Iran*

Per·si·f·la·ge *die* [pɛrzi'fla:ʒə] <-, -n> LIT. *Verspottung:* eine Persiflage auf ein klassisches Gedicht schreiben ▶ persiflieren

per·sisch *adj* /nicht steig./ *Persien betreffend oder zu Persien gehörend:* ein persischer Teppich ◆ Großschreibung →R 3.19 der Persische Golf; siehe auch **deutsch**

Per·si·sche *das* <-n> /kein Plur./ *die persische Sprache*

Per·son *die* <-, -en> ❶ *ein einzelner Mensch:* ein Gericht für vier Personen; 35 Euro Eintritt pro Person; Der Aufzug kann acht Personen transportieren. ❷ *ein Mensch (unter Betonung seiner einmaligen Persönlichkeit):* eine arrogante/nette/sehr interessante Person; Fragen zur Person beantworten ◆ Haupt-, Kontakt- ❸ SPRACHWISS. *eine grammatische Kategorie des Verbs oder Pronomens:* die erste/zweite Person; in der dritten Person Singular ❹ RECHTSW. *ein Mensch oder eine Organisation mit bestimmten Rechten:* eine juristische Person

❺ THEAT., LIT. *eine Figur in einem Stück oder einem Roman:* die Personen in Shakespears „Hamlet" sind …; ■ **ich für meine Person** *was mich betrifft;* ■ **in eigener Person** *persönlich;* ■ **die Arroganz/Dummheit/Freundlichkeit in Person sein** *sehr arrogant/dumm/freundlich sein*

Per·so·nal *das* <-s> /kein Plur./ *die Personen bzw. Personengruppen, die in einem Betrieb beschäftigt sind:* Das Personal der Klinik umfasst 1000 Personen.; gut ausgebildetes Personal haben ◆ -abteilung, -akte, -aufstockung, -bestand, -büro, -chef(in), -entscheidung, -fachfrau, -fachmann, -kosten, -leasing, -leiter(in), -mangel, -planing, -politik, -referent(in), -vermittlung, Haus-, Hotel-, Fach-, Krankenhaus-, Lehr-, Pflege-, Verwaltungs-, Wach-

per·so·nal *adj* /nicht steig./ *(geh.) den einzelnen Menschen in seinem Wesen betreffend:* Er ist zwar fachlich nicht so hoch qualifiziert, aber er hat große personale Fähigkeiten.

Per·so·nal·ab·bau *der* <-s> /kein Plur./ *(verhüll.) Entlassungen von Personal*

Per·so·nal·aus·weis *der* <-es, -e> *(≈ Pass) amtliches Dokument, das ein Foto und Angaben zur Person des Inhabers enthält*

Per·so·nal Com·pu·ter *der* <-s, -> *leistungsstarker Kleincomputer für einen einzelnen Arbeitsplatz oder für private Nutzung*

Per·so·na·li·en <-> Plur. *amtliche Angaben zur Person (Geburtsdatum, Adresse)*

per·so·nal·in·ten·siv *adj* /nicht steig./ *so, dass eine Arbeit oder Produktion viel Personal erfordert*

per·so·na·li·sie·ren <personalisiert, personalisierte, hat personalisiert> *mit OBJ* ■ **jmd. personalisiert etwas** *jmd. richtet etwas auf eine Person oder Personen aus (statt auf die Sache):* Sie haben den Fehler gemacht, die Debatte zu personalisieren – jetzt sind einige Personen verärgert, und in der Sache sind wir nicht weitergekommen!

Per·so·na·lis·mus *der* <-> /kein Plur./ PHILOS. *philosophische Richtung, die das personale Wesen des Menschen und Gottes ins Zentrum stellt und sich damit gegen die Tendenz der Naturwissenschaften stellt, den menschlichen Bereich als Sache zu behandeln: der Personalismus der dialogischen Philosophie Bubers*

Per·so·nal·pro·no·men *das* <-s, Personalpronomina> SPRACHWISS. *Pronomen, das für eine Person oder Sache steht:* Personalpronomen der ersten/zweiten/dritten Person

Per·so·nal·rat *der* <-(e)s, Personalräte> *Betriebsrat in Einrichtungen des öffentlichen Dienstes:* Wahlen zum Personalrat durchführen

Per·so·nal·uni·on *die* <-, -en> /meist Sing./ GESCH. *die Vereinigung zweier Staaten unter einem Herrscher;* ■ **in Personalunion** *so, dass zwei Ämter in einer Person vereinigt sind* Er war Fraktionschef und Parteivorsitzender in Personalunion.

Per·so·nal·ver·tre·tung *die* <-, -en> *(≈ Personalrat) die Einrichtung, dass Arbeitnehmer durch gewählte Vertreter gegenüber ihrem Arbeitgeber ihre Interessen ausdrücken*

per·so·nell *adj* /nicht steig./ *in Bezug auf das Per-*

P

sonal: personell unterbesetzt sein; personelle Veränderungen

Per·so·nen·auf·zug *der* <-(e)s, Personenaufzüge> (↔ *Lastenaufzug*) *ein Aufzug für den Transport von Personen*

Per·so·nen·bahn·hof *der* <-s, -Personenbahnhöfe> (↔ *Güterbahnhof*) *Bahnhof, der nur für den Personenverkehr angelegt ist*

Per·so·nen·be·för·de·rung *die* <-> /kein Plur./ *Beförderung von Personen (mit öffentlichen Verkehrsmitteln)* ◆-sentgeld, -starif

Per·so·nen·be·schrei·bung *die* <-, -en> *Angaben zu Merkmalen einer Person, um sie identifizieren zu können:* Nach dem Überfall versuchte der Geschädigte bei der Polizei eine möglichst genaue Personenbeschreibung zu machen.

Per·so·nen·fern·ver·kehr *der* <-s> /kein Plur./ *öffentliche Personenbeförderung über weite Strecken*

Per·so·nen·kraft·wa·gen *der* <-s, -> (↔ *Lastkraftwagen*) *Fahrzeug zur Beförderung von relativ wenigen Personen (Abkürzung „PKW")*

Per·so·nen·kreis *der* <-es, -e> *eine Gruppe von Personen, die mindestens eine Gemeinsamkeit haben:* der Personenkreis um den Präsidenten; der Personenkreis der Bildungsbeflissenen

Per·so·nen·kult *der* <-(e)s, -e> /Plur. selten/ (abwert.) *übertriebene Betonung der Wichtigkeit von einflussreichen Einzelpersonen:* einen großen Personenkult um einen Politiker/Künstler treiben

Per·so·nen·nah·ver·kehr *der* <-s> /kein Plur./ AMTSSPR. *Beförderung von Personen mit öffentlichen Verkehrsmitteln über mittlere und kleine Entfernungen:* der öffentliche Personennahverkehr

Per·so·nen·na·me *der* <-n, -n> *Eigenname einer einzelnen Person, der aus Vorname und Familienname besteht:* Ihr Personenname? – Hans Müller.

Per·so·nen·scha·den *der* <-s, Personenschäden> AMTSSPR. *Tatsache, dass Menschen bei einem Unfall verletzt werden:* ein Unfall mit Personenschaden

Per·so·nen·schutz *der* <-es> /kein Plur./ *Sicherheitsmaßnahmen zum persönlichen Schutz von Einzelpersonen (meist des öffentlichen Lebens):* sich nur mit Personenschutz in der Öffentlichkeit bewegen

Per·so·nen·stand *der* <-es> /nur Sing./ (≈ *Familienstand*) *die für das Standesamt wichtigen Daten über die Lebensverhältnisse jedes Bürgers (Geburtsdatum, Heirat, Nachkommen, Scheidung, Tod)*

Per·so·nen·stands·re·gis·ter *das* <-s, -> *das Register, in dem ein Standesamt sämtliche Urkunden über den Personenstand verzeichnet*

Per·so·nen·waa·ge *die* <-, -n> *Waage zur Bestimmung des Körpergewichts von Personen*

Per·so·nen·wa·gen *der* <-s, -> *Personenkraftwagen*

per·so·ni·fi·zie·ren <personifizierst, personifizierte, hat personifiziert> *mit OBJ* ■ *jmd. personifiziert etwas* (geh.) ❶ LIT. *etwas Abstraktes als menschliche Gestalt darstellen:* das Glück in der Gestalt der Fortuna personifizieren ❷ *verkörpern:*

Er ist für mich das personifizierte Böse. ▷ Personifikation

per·sön·lich *adj* ❶ /nicht steig./ *von einer einzelnen Person ausgehend:* eine persönliche Einladung erhalten; eine persönliche Beleidigung; seine persönliche Anteilnahme aussprechen ❷ /nicht steig./ *selbst; in eigener Person:* persönlich zu etwas erscheinen; in persönlichem Kontakt stehen; persönlich für etwas haften ❸ (≈ *privat*) *die Person betreffend, zur Person passend:* eine sehr persönliche Angelegenheit; Er hat mich über meine persönlichsten Dinge befragt.; Ich finde es persönlicher, wenn du dem Geschenk noch einen kurzen Brief beilegst. ❹ (≈ *individuell*) *für jmdn. besonders kennzeichnend:* Das ist seine persönliche Art.; ■*etwas sehr persönlich nehmen* etwas als Angriff gegen sich gerichtet nehmen; ■*das war nicht persönlich gemeint* das war nicht als Angriff gegen dich/Sie als Privatperson gemeint

Per·sön·lich·keit *die* <-, -en> ❶ /kein Plur./ *die Gesamtstruktur einer Person² betreffend:* eine extravertierte/aufgeschlossene/introvertierte/scheue/reife Persönlichkeit haben ❷ *Person mit ausgeprägtem eigenem Charakter und Willen:* Die Kinder sind richtige kleine Persönlichkeiten. ❸ (meist bekannte) *Person:* eine Persönlichkeit des öffentlichen Lebens

Per·sön·lich·keits·ent·fal·tung *die* <-, -en> *Entwicklung der Kräfte eines Menschen, durch die er Person ist*

Per·sön·lich·keits·merk·mal *das* <-s, -e> *typische Eigenart im Verhalten eines Menschen*

Per·sön·lich·keits·psy·cho·lo·gie *die* <-> /kein Plur./ PSYCH. *eine Richtung der Psychologie, die typische Faktoren des menschlichen Verhaltens erforscht und beschreibt*

Per·sön·lich·keits·recht *das* <-s, -e> *umfassendes Recht auf Achtung und Entfaltung der Persönlichkeit, das z. B. in der Bundesrepublik Deutschland im Grundgesetz verankert ist*

Per·sön·lich·keits·schutz *der* <-es> /kein Plur./ *der durch das Persönlichkeitsrecht gesicherte Schutz, der jeder natürlichen Person durch verfassungsmäßige Grundrechte gewährt ist*

Per·sön·lich·keits·stö·rung *die* <-, -en> *eine Abweichung oder Einschränkung im Erleben und Verhalten, unter der ein Mensch leidet und die er mit Hilfe einer Psychotherapie verändern kann*

Per·sön·lich·keits·wahl *die* <-, -en> *eine Wahl, bei der jmd. nicht wegen des politischen Programms seiner Partei gewählt wird, sondern weil man ihn als einzelne Persönlichkeit schätzt*

Per·s·pek·ti·ve *die* <-, -n> ❶ KUNST. *zeichnerische Darstellung, die mit bestimmten Mitteln den Eindruck von Räumlichkeit hervorruft* ▷ perspektivisch, Perspektivität ◆Zentral- (≈ *Blickwinkel*) *Sicht von einem bestimmten Punkt aus:* die Perspektive wechseln ◆Frosch-, Vogel- ❸ *Zukunftsaussicht:* neue Perspektiven eröffnen ❹ (übertr.) *persönliche Art, etwas einzuschätzen*

per·s·pek·tiv·los *adj* /nicht steig./ *ohne Zukunftsaussichten*

Per·s·pek·tiv·lo·sig·keit *die* <-> /kein Plur./ *die*

Tatsache, dass etwas oder jmd. keine Zukunftsaussichten hat

Per·tus·sis *die* <-, Pertusses> MED. *Keuchhusten*

Pe·ru <-s> *Land in Südamerika* ▶ Peruaner, Peruanerin, peruanisch

Pe·rü·cke *die* <-, -n> *künstlicher Haarersatz:* eine Perücke tragen

per·vers *adj (abwert.)* ❶ *(in sexueller Hinsicht) widernatürlich:* pervers veranlagt sein; perverse Neigungen haben ❷ *widersinnig/verdreht/abartig:* Es ist doch geradezu pervers, was er für politische Äußerungen macht.

Per·ver·si·on *die* <-, -en> *perverses Empfinden oder Verhalten:* sexuelle Perversionen

Per·ver·si·tät *die* <-, -en> *perverse Handlung:* Diese Perversitäten sollte man nicht auch noch öffentlich zeigen.

per·ver·tie·ren <pervertierst, pervertierte, hat pervertiert> **I.** *mit OBJ* ■ *jmd.* **pervertiert etwas** *etwas ins Widernatürliche verkehren:* den ursprünglichen Sinn einer Sache pervertieren **II.** *ohne OBJ* ■ *jmd./etwas* **pervertiert (zu jmdm./etwas)** *in einen schlimmen, verkommenen Zustand geraten, der in einem scharfen Kontrast zu dem Ausgangszustand steht:* Der Befreier pervertierte zum Tyrannen.; Die Hilfe pervertierte in eine Unterdrückung.

Per·zep·ti·on *die* <-, -en> *Wahrnehmung von Sinneseindrücken*

pe·sen <pest, peste, ist gepest> *ohne OBJ* ■ *jmd.* **pest** *(umg.) rasen, eilen, jagen:* Jemand pest mit dem Motorrad um die Ecke.

Pe·se·ta, Pe·se·te *die* <-, Peseten> *frühere spanische Währungseinheit*

Pes·sar *das* <-s, -e> *Verschlussring aus Kunststoff zur Empfängnisverhütung, der den Muttermund umschließt*

Pes·si·mis·mus *der* <-> */kein Plur./ (↔ Optimismus) eine Lebenseinstellung, in der man nichts Gutes erwartet oder erhofft*

Pes·si·mist *der,* **Pes·si·mis·tin** <-en, -en> *Person mit pessimistischer Lebenseinstellung*

pes·si·mis·tisch *adj ohne Hoffnungen oder Erwartungen:* eine pessimistische Lebenseinstellung haben; eine Sache sehr pessimistisch beurteilen

Pest *die* <-> */kein Plur./ eine sehr ansteckende Infektionskrankheit, die früher oft mit dem Tode endete:* Im Mittelalter entvölkerte die Pest oft ganze Städte.

Pes·ti·zid *das* <-s, -e> *(fachspr.) Schädlingsbekämpfungsmittel*

Pe·ter·le *das* <-s> SÜDDT. *Petersilie*

Pe·ter·ling *der* <-s> *Petersilie*

Pe·ter·si·lie *die* <-> */kein Plur./ durch Kultur weit verbreitete Doldenblütenpflanze, die wegen ihres Gehaltes an ätherischen Ölen in Wurzel und Früchten und des hohen Vitamin-C-Gehaltes oft als Heil- und Gewürzpflanze genommen wird:* ein Bund Petersilie; etwas mit Petersilie und Schnittlauch garnieren; ■ **jemandem ist die Petersilie verhagelt** *(umg.) jmdm. ist etwas misslungen, und darum ist er missmutig und niedergeschlagen*

Pe·ti·tes·se *die* <-, -n> *(geh.) Kleinigkeit:* Wegen dieser Petitesse lohnt sich die Aufregung nicht.;

■ **sich mit Petitessen aufhalten** *seine Zeit mit Nebensächlichkeiten verbringen*

Pe·ti·ti·on *die* <-, -en> *offizielles Gesuch:* eine Petition einreichen; eine Petition an den Bundestag richten ◆-srecht

Pe·ti·ti·ons·aus·schuss *der* <-es, Petitionsaus­schüsse> *offizielle Arbeitsgruppe (in einer Einrichtung), die sich mit der Bearbeitung von Petitionen beschäftigt:* der Petitionsausschuss des Bundestages/Landtages

Pe·t·ro·dol·lar *der* <-(s), -(s)> *(≈ Erdöldollar) Bezeichnung für die aus Erdölexporten stammenden Einnahmen, die in Dollar ausgezahlt werden*

Pe·t·ro·le·um *das* <-s> */kein Plur./ aus Erdöl gewonnener Brennstoff* ◆-lampe

Pet·ti·coat *der* ['pɛtiko:t] <-s, -s> *weiter, steifer Unterrock*

Pet·ting *das* ['pɛtɪŋ] <-(s), -s> */kein Plur./ Liebesspiel ohne eigentlichen Geschlechtsverkehr:* Petting machen

pet·to *etwas* **in petto haben** *(umg.) etwas bereithalten* Ich habe noch manche Überraschung in petto.

Pet·ze *die* <-, -n> *(umg. abwert.) Person, die petzt*

pet·zen <petzt, petzte, hat gepetzt> **I.** *mit OBJ* ■ *jmd.* **petzt etwas** *(umg.) (als Kind) den Eltern oder dem Lehrer sagen, dass ein anderes Kind etwas Verbotenes getan hat* **II.** *ohne OBJ* ■ *jmd.* **petzt** *(umg.) das Verhalten, dass ein Kind ein anderes bei einer Autoritätsperson verrät:* Immer musst du (alles) petzen!

Pfad *der* <-(e)s, -e> ❶ *schmaler Weg:* ein schmaler/ausgetretener Pfad durch den Wald ❷ EDV *die Angabe der Position einer Datei auf dem Datenträger;* ■ **auf dem Pfad der Tugend wandeln** *sich gemäß den Vorstellungen von Moraliät und Sittlichkeit verhalten;* ■ **auf krummen Pfaden wandeln** *Ungutes tun*

pfa·den *mit OBJ* ■ *jmd.* **pfadet etwas** SCHWEIZ. *einen verschneiten Weg räumen, so dass er befahren werden kann*

Pfa·der *der* <-s, -> SCHWEIZ. *Pfadfinder*

Pfad·fin·der *der,* **Pfad·fin·de·rin** <-s, -> *Mitglied einer Jugendorganisation, die zu kritischem Engagement für eine humane und friedliche Welt anregen will*

Pfaf·fe *der* <-n, -n> *(abwert.) Geistlicher:* Das hat dir doch wieder der Pfaffe eingeredet!

Pfahl *der* <-(e)s, Pfähle> *(≈ Pfosten) ein an einem Ende zugespitzter Holzbalken:* Pfähle in den Boden rammen; ■ **ein Pfahl im Fleisch** *ein peinigendes körperliches oder seelisches Leiden* ◆Zaun-

Pfahl·bau *der* <-s, -ten> *ein Bauwerk, das (im Wasser) auf Pfählen errichtet ist*

Pfahl·wur·zel *die* <-, -n> BOT. *lange und gerade Wurzel*

Pfalz¹ *die* <-, -en> GESCH. *wechselnde kaiserliche oder königliche Wohn-, Hof- und Gerichtsstätte*

Pfalz² *die* <-> */kein Plur./ Gebiet im Bundesland Rheinland-Pfalz* ▶ Pfälzer, Pfälzerin, pfälzisch

Pfand *das* <-(e)s, Pfänder> ❶ *Gegenstand, der als Sicherheit für eine Geldforderung eingesetzt wird:* die wertvolle Armbanduhr als Pfand hinterle-

P

gen; ein Pfand einlösen ❷ *der Geldbetrag, der für Mehrwegverpackungen bezahlt und bei Rückgabe erstattet wird:* auf der Flasche/dem Kasten ist Pfand; Für das Leergut erhalten Sie Pfand zurück. ◆Dosen-, Flaschen-

pfänd·bar *adj /nicht steig./* RECHTSW. *so, dass es gepfändet werden kann:* Das, was zum Lebensnotwendigen gehört, ist nicht pfändbar.; der pfändbare Anteil des Lohnes

Pfand·brief *der* <-(e)s, -e> WIRTSCH. *die Urkunde über die Rechte aus einer Hypothek*

pfän·den <pfändest, pfändete, hat gepfändet> *mit OBJ* ▪ **jmd. pfändet etwas** RECHTSW. *(bei einer finanziellen Forderung gegen den Besitzer dessen) Eigentum per Gerichtsbeschluss beschlagnahmen:* Sein Auto/ein Teil seines Einkommens wurde gepfändet.

Pfand·fla·sche *die* <-, -n> *Mehrwegflasche, für die Pfand bezahlt werden muss oder erstattet wird:* die Pfandflaschen wieder beim Händler abgeben

Pfand·geld *das* <-(e)s> */kein Plur./ Geld, das für Leergut bezahlt werden muss und bei dessen Rückgabe erstattet wird*

Pfand·haus *das* <-es, Pfandhäuser> *Geschäft, in dem man Geld leihen kann, wenn man ein Pfand[1] dort hinterlegt*

Pfand·lei·he *die* <-> */kein Plur./ Unternehmen, das Geld gegen Abgabe eines Wertgegenstandes verleiht:* den Pelzmantel in die Pfandleihe bringen ▸ Pfandleiher

Pfand·schein *der* <-(e)s, -e> *Beleg, den man in der Pfandleihe für beliehene Gegenstände erhält*

Pfän·dung *die* <-, -en> RECHTSW. *gerichtliche Beschlagnahme des Eigentums (bei einer finanziellen Forderung gegen dessen Besitzer)*

Pfan·ne *die* <-, -n> *flaches Kochgefäß mit langem Stiel zum Braten von Speisen:* Eier in der Pfanne braten; ▪ **jemanden in die Pfanne hauen** *(umg.) jmdm. absichtlich schaden, indem man ihn scharf (öffentlich) rügt;* ▪ **etwas auf der Pfanne haben** *(umg.) etwas Besonderes leisten können, große Fähigkeiten haben*

Pfan·nen·zie·gel *der* <-s, -> *eine Form der Dachpfanne aus Ziegellehm*

Pfann·ku·chen *der* <-s, -> ❶ SÜDDT. *Eierkuchen:* Pfannkuchen mit Pilzen/mit heißen Himbeeren füllen ❷ NORDDT. *Berliner; Krapfen*

Pfarr·amt *das* <-(e)s, Pfarrämter> ❶ *Amt des Pfarrers:* ein Pfarramt in einer Gemeinde antreten/ neu besetzen ❷ *Gebäude mit der Dienststelle des Pfarrers:* im Pfarramt wohnen

Pfarr·be·zirk *der* <-(e)s, -e> *Amtsbezirk eines Pfarrers*

Pfar·re, a. Pfar·rei *die* <-, -n> *die unterste kirchliche Behörde, die von einem Pfarrer geleitet wird*

Pfar·rer *der;* **Pfar·re·rin** *die* <-s, -> *Geistliche(r) einer Gemeinde (in der christlichen Kirche)*

Pfarr·haus *das* <-(e)s, Pfarrhäuser> *das Wohnhaus (mit Amtsräumen) eines Pfarrers*

Pfarr·kir·che *die* <-, -n> *Hauptkirche eines Pfarrbezirks*

Pfau *der* <-(e)s/-en, -e/-en> *ein großer Vogel, dessen männliche Tiere lange, in vielen Farben*

schimmernde Schwanzfedern haben:* Der Pfau schlägt ein Rad. ◆-enfeder

pfau·chen <pfauchst, pfauchte, hat gepfaucht> *ohne OBJ* ▪ **ein Tier/etwas pfaucht** ÖSTERR. *ein zischendes Geräusch machen/fauchen:* Die Dampflokomotive pfaucht.

Pfau·en·au·ge *das* <-s, -n> ZOOL. *eine Schmetterlingsart*

Pfd. *Abkürzung für „Pfund"*

Pfef·fer *der* <-s> */kein Plur./ ein scharfes Gewürz aus gemahlenen Pfefferkörnern:* schwarzer/weißer Pfeffer; eine Prise Pfeffer; ▪ **in den Pfeffer geraten** *in Unannehmlichkeiten kommen;* ▪ **da liegt der Hase im Pfeffer** *da ist die Schwierigkeit*

Pfef·fer·korn *das* <-s, Pfefferkörner> *Frucht des Pfefferstrauches*

Pfef·fer·ku·chen *der* <-s, -> *süßes, würziges Gebäck, das besonders zu Weihnachten gebacken wird*

Pfef·fer·minz·bon·bon *das* <-s, -s> *Bonbon mit Pfefferminzgeschmack*

Pfef·fer·min·ze, Pfef·fer·min·ze *die* <-> */Plur. selten/ eine Pflanze, die wegen ihres aromatischen ätherischen Öls als Heilpflanze verwendet wird:* Pfefferminze für den Winter trocknen

Pfef·fer·minz·ge·schmack, Pfef·fer·minz·ge·schmack *der* <-(e)s> */kein Plur./ ein Geschmack von oder wie Pfefferminze:* Zahnpasta/ Kaugummi mit Pfefferminzgeschmack

Pfef·fer·minz·tee, Pfef·fer·minz·tee *der* <-s, -s> *ein Tee aus Pfefferminzblättern*

Pfef·fer·müh·le *die* <-, -n> *Haushaltsgerät zum Mahlen von Pfefferkörnern*

pfef·fern <pfefferst, pfefferte, hat gepfeffert> *mit OBJ* ❶ ▪ **jmd. pfeffert etwas** *mit Pfeffer würzen:* das Fleisch pfeffern und salzen ❷ ▪ **jmd. pfeffert etwas irgendwohin** *(umg.) mit Schwung werfen:* den Ball gegen die Wand pfeffern; ▪ **gepfefferte Preise** *(umg. abwert.) stark überhöhte Preise;* ▪ **jemandem eine pfeffern** *(umg.) jmdm. eine kräftige Ohrfeige geben*

Pfef·fe·ro·ne *der* <-, Pfefferoni/-n> ÖSTERR. *eine scharfe Paprikaart*

Pfef·fe·ro·ni *der* <-, -> ÖSTERR. *Pepperoni*

Pfef·fer·steak *das* <-s, -s> *ein Steak, das mit gemahlenem schwarzen Pfeffer bestreut oder in einer Soße mit grünem Pfeffer serviert wird*

Pfei·fe *die* <-, -n> ❶ MUS. *röhrenartiger Teil eines Instruments, durch den ein Ton erzeugt wird wie bei einer Flöte:* die Pfeifen einer Orgel; auf einer Sackpfeife (Dudelsack) eine Melodie spielen ❷ *ein Gerät, das beim Hineinblasen einen schrillen Ton erzeugt:* die Trillerpfeife des Schiedsrichters/des Zugschaffners ❸ *Gerät zum Rauchen von Tabak, das aus einem Kopf und einem Mundstück besteht:* Pfeife rauchen; (sich) eine Pfeife stopfen ◆Tabaks-, Wasser- ❹ *(umg. abwert.) Versager:* Diese Pfeife hat schon wieder nichts kapiert!; ▪ **nach jemandes Pfeife tanzen müssen** *sich nach den Wünschen von jmd. anderem richten müssen, gehorchen müssen*

pfei·fen <pfeifst, pfiff, hat gepfiffen> **I.** *mit OBJ* ▪ **jmd. pfeift etwas** *Luft durch einen engen Spalt so blasen, dass hohe Töne entstehen:* eine Melo-

P

die pfeifen; fröhlich etwas vor sich hin pfeifen; Der Vogel pfeift (ein fröhliches Lied). **II.** *ohne OBJ* ❶ ▪ *jmd./etwas pfeift auf einer Pfeife² blasen/ ein Pfeifgeräusch machen:* Der Schiedsrichter hat gepfiffen.; auf/mit einer Trillerpfeife pfeifen; Der Wasserkessel pfeift.; Der Wind pfeift durch die Ritzen.; Die Kugeln pfiffen ihm um die Ohren.; Nach der Theatervorstellung wurde gepfiffen und gebuht, weil die Leute mit ihrer Kritik nicht zurückhalten konnten. ❷ ▪ *einem Tier pfeifen ein Tier durch Pfeifen herbeirufen:* Er pfiff seinem Hund.; ▪ *auf etwas pfeifen (umg.) keinen Wert auf etwas legen* Da hast du deine Sachen zurück, ich pfeife auf deine Hilfe!; ▪ *wissen, woher der Wind pfeift (umg.) wissen, was oder wer jetzt maßgebend ist;* ▪ *auf dem letzten Loch pfeifen (umg.) mit den letzten Reserven leben müssen;* ▪ *die Spatzen pfeifen es schon von den Dächern jeder weiß es schon;* ▪ *einem etwas pfeifen (umg.) nicht das tun, was der andere wünscht;* ▪ *auf jemanden/etwas pfeifen (umg.) auf jmdn. oder etwas verzichten*

Pfeif·ton *der* <-(e)s, Pfeiftöne> *hoher, schriller Ton:* Die Luft entweicht mit einem lauten Pfeifton.

Pfeil *der* <-(e)s, -e> ❶ *Geschoss in Form eines Stabes mit einer Spitze:* einen Pfeil mit dem Bogen/einer Armbrust abschießen ❷ *Symbol in der Form eines stilisierten Pfeils¹, das auf etwas anderes verweist:* ein grüner Pfeil markiert den Fluchtweg; ▪ *seine Pfeile auf jemand abschießen jmd. sehr scharf kritisieren*

pfeil- *als Erstglied einiger zusammengesetzter Adjektive, die auf beiden Teilen betont werden; drückt aus, dass die mit dem Zweitglied bezeichnete Eigenschaft in hohem Maße ausgeprägt ist* ◆-gerade, -geschwind, -schnell

Pfei·ler *der* <-s, -> *eine gemauerte Säule, die Teile eines Bauwerks trägt:* Die Brücke ruht auf vier Pfeilern. ◆ Brücken-, Grund-, Stütz-

Pfen·nig *der* <-(e)s, -e> *bis 2001 die kleinste Einheit des deutschen Geldes:* Eine Mark war einmal so viel wert wie 100 Pfennige.; ▪ *mit dem Pfennig rechnen müssen sehr arm sein*

Pfen·nig·ab·satz *der* <-es, Pfennigabsätze> *hoher Absatz von Damenschuhen, der in einer ungefähr pfenniggroßen Spitze ausläuft*

Pfen·nig·fuch·ser *der* <-s, -> *(umg. abwert.) Person, die in Geldangelegenheiten sehr penibel ist*

pfen·nig·groß *adj* /*nicht steig.*/ *so groß wie ein Pfennig*

Pferd *das* <-(e)s, -e> ❶ *hochbeiniges Säugetier mit kurzem Fell, langem Schwanz und langer Mähne, das als Reit- und Zugtier gehalten wird:* ein edles/feuriges Pferd; Ein Pferd wiehert/schlägt aus/galoppiert/tänzelt/geht durch. ◆-efleisch, -estall, -ewagen, Reit-, Zirkus- ❷ SPORT *ein Turngerät, in der Form eines länglichen, mit Leder bezogenen Blocks, vier Beinen und zwei Griffen:* am Pferd turnen; ▪ *Immer langsam mit den jungen Pferden! (umg.) nur nichts überstürzen;* ▪ *keine zehn Pferde bringen mich da hin (umg.) ich gehe auf keinen Fall dort hin;* ▪ *mit jemandem Pferde stehlen können (umg.) sich völlig auf jmdn. verlassen können;* ▪ *das Pferd beim*

Schwanz aufzäumen *(umg.) eine Sache falsch anpacken;* ▪ *aufs falsche Pferd setzen (umg.) sich irren;* ▪ *wie ein Pferd arbeiten (umg.) sehr hart arbeiten;* ▪ *das beste Pferd im Stall (umg.) der beste Mitarbeiter;* ▪ *jemandem gehen die Pferde durch jmd. verliert die Beherrschung;* ▪ *das hält kein Pferd aus das hält der Stärkste nicht aus, das hält niemand aus*

Pfer·de·ap·fel *der* <-, Pferdeäpfel> *(umg.) der Kot von Pferden*

Pfer·de·fuhr·werk *das* <-s, -e> *ein Wagen (meist zum Transportieren von Lasten), das von mindestens einem Pferd gezogen wird*

Pfer·de·fuß *der* <-es, Pferdefüße> ❶ *Fuß eines Pferdes:* der Teufel wird oft mit einem Pferdefuß dargestellt ❷ *(umg. abwert.) verdeckter Mangel bei einer Sache:* Dieses günstige Angebot hat doch sicher einen Pferdefuß!

Pfer·de·po·lo *das* <-s> *dem Hockey ähnliches Ballspiel zu Pferd*

Pfer·de·renn·bahn *die* <-, -en> *Bahn für Pferderennen*

Pfer·de·ren·nen *das* <-, -> *Wettrennen von Pferden*

Pfer·de·schwanz *der* <-es, Pferdeschwänze> ❶ *Schwanz eines Pferdes* ❷ *eine Frisur, bei der das Haar im Nacken zusammengebunden wird:* einen Pferdeschwanz tragen

Pfer·de·zucht *die* <-, -en> ❶ /*kein Plur.*/ *das Züchten von Pferden:* Pferdezucht betreiben ❷ *Betrieb, der Pferde züchtet:* eine Pferdezucht haben/aufbauen

Pfet·te *die* <-, -n> *waagerechter, tragender Dachbalken, an dem die Sparren befestigt sind*

Pfiff *der* <-(e)s, -e> ❶ *das beim Pfeifen erzeugte Geräusch:* plötzlich einen Pfiff hören; Für seine Vorstellung erntete er Pfiffe. ❷ *(umg.) etwas, das einer Sache die besondere Note gibt:* Mode mit besonderem Pfiff; den letzten Pfiff durch etwas bekommen*

Pfif·fer·ling *der* <-s, -e> ❶ *ein leuchtend gelber Pilz, den man essen kann;* ▪ *keinen Pfifferling wert sein (umg.) nichts wert sein*

pfif·fig *adj gewitzt:* eine pfiffige Idee

Pfif·fig·keit *die* <-> /*kein Plur.*/ *Gewitztheit:* So viel Pfiffigkeit hätte ich ihm gar nicht zugetraut.

Pfif·fi·kus *der* <-/-ses, -se> *(umg. scherzh.) Person, die pfiffig ist:* Du bist ja wirklich ein Pfiffikus!

Pfings·ten *das* <-, -> /*meist ohne Artikel und ohne Plur.*/ *das christliche Fest des Heiligen Geistes:* Frohe Pfingsten!; Pfingsten fiel in den Juni.; Was macht ihr an/zu/über Pfingsten?

Pfingst·fest *das* <-(e)s, -e> *das christliche Fest des Heiligen Geistes*

Pfingst·ro·se *die* <-, -n> *eine ungefähr zu Pfingsten blühende Pflanze, deren Blüten der einer Rose ähnlich sind*

Pfir·sich *der* <-s, -e> ❶ *die Frucht des Pfirsichbaumes:* Pfirsiche zu Marmelade verarbeiten ❷ *kurz für „Pfirsichbaum"*

Pfir·sich·baum *der* <-(e)s, Pfirsichbäume> *ein Laubbaum mit großen Früchten, die eine samtige Haut und einen großen Stein haben*

Pflan·ze *die* <-, -n> *ein Organismus, der meist*

aus Wurzeln, Blättern und einem Stiel besteht: eine blühende/abgestorbene/Fleisch fressende/immergrüne Pflanze ◆-nfett, -ngift, -nkunde, -nöl, -nschädling, -nschutzmittel, Garten-, Gewürz-, Grün-, Topf-, Wild-, Zimmer-

pflan·zen <pflanzt, pflanzte, hat gepflanzt>
I. mit OBJ ■ *jmd.* **pflanzt etwas** ❶ *Pflanzen mit den Wurzeln in die Erde setzen:* Bäume/Salat/Blumen pflanzen ❷ *irgendwo befestigen:* die Fahne auf das Dach pflanzen ❸ÖSTERR. *(umg.) zum Narren halten/foppen:* Willst du mich pflanzen? **II.** mit SICH ■ *jmd.* **pflanzt sich irgendwohin** *(umg.) sich irgendwohin stellen oder setzen und nicht weggehen:* sich vor den Eingang pflanzen; sich aufs Sofa pflanzen

Pflan·zen·be·stand *der* <-s, Pflanzenbestände> *die Gesamtheit der Pflanzen (auf einem begrenzten Gebiet):* Der Pflanzenbestand auf diesem Grundstück ist ganz gesund.

Pflan·zen·de·cke *die* <-, -n> *(≈ Vegetation) die Gesamtheit der Pflanzen, die ein bestimmtes Gebiet bzw. die Erdoberfläche mehr oder weniger bedecken*

Pflan·zen·ex·trakt *der* <-s, -e> *Essenz, die aus Pflanzen gewonnen wird*

Pflan·zen·fres·ser *der* <-s, -> *Tier, das sich von Pflanzen ernährt*

Pflan·zen·reich *das* <-(e)s> */kein Plur./ Gesamtheit aller Pflanzen*

Pflan·zen·schau·haus *das* <-es, Pflanzenschauhäuser> *Gewächshaus, in dem eine (ständige) Ausstellung einer Pflanzensammlung untergebracht ist*

pflanz·lich *adj /nicht steig./ aus Pflanzen gewonnen:* eine rein pflanzliche Kost; etwas auf pflanzlicher Basis herstellen

Pflan·zung *die* <-, -en> ❶ *das Pflanzen:* die Hinweise zur Pflanzung des Baumes beachten ❷ *eine (kleine) Plantage*

Pflas·ter *das* <-s, -> ❶ *selbstklebender kleinerer Wundverband:* ein Pflaster auf die Wunde kleben/machen ❷ *(gepflasterter) Straßenbelag:* ein holpriges/altes Pflaster; das Pflaster aufreißen; ■ **ein teures Pflaster** *(umg.) eine teure Gegend;* ■ **ein heißes Pflaster** *(umg.) eine kriminelle und deshalb gefährliche Gegend* ◆Asphalt-, Straßen-

pflas·tern <pflasterst, pflasterte, hat gepflastert> *mit OBJ* ■ *jmd.* **pflastert etwas (irgendwohin)** ❶ *mit Pflastersteinen belegen:* die Straße/den Hof pflastern; gepflasterte Fußwege ❷ *(umg. abwert.) etwas in großer Zahl irgendwo anbringen:* die Wände mit Plakaten pflastern

Pflas·ter·stein *der* <-(e)s, -e> *grob behauener, würfelförmiger Stein als Straßenbelag*

Pflau·me *die* <-, -n> ❶ *Frucht des Pflaumenbaums:* Pflaumen zu Mus kochen ◆-nkuchen, -nmus ❷ *kurz für „Pflaumenbaum":* Die Pflaume trägt in diesem Jahr reichlich. ◆-nbaum ❸ *(umg. abwert.) Versager:* Was macht diese Pflaume überhaupt richtig?

Pfle·ge *die* <-> ❶ *alle Maßnahmen, die dazu dienen, Hilfsbedürftige zu versorgen:* die Pflege alter und kranker Menschen; ein Tier vorübergehend in Pflege nehmen; Sie hat das Kind ihrer Schwester in

Pflege. ◆-heim, -helfer(in), -kosten, -personal, -shampoo, -versicherung, Alten-, Intensiv-, Kranken- ❷ *alle Maßnahmen, die für die Erhaltung von etwas nötig sind:* die Pflege des eigenen Körpers; Bei guter Pflege werden Sie lange Freude an ihrem Fahrrad haben.; die Pflege guter Beziehungen zu den Nachbarn ◆Denkmal-, Garten-, Schönheits- ❸ *eine Creme oder Flüssigkeit mit pflegenden Inhaltsstoffen:* Diese Creme ist eine Pflege für die Haut/die Schuhe/den Autolack.

pfle·ge·be·dürf·tig *adj /nicht steig./ so, dass ein Mensch Pflege¹ benötigt:* pflegebedürftige alte/kranke Menschen ▶ Pflegebedürftige, Pflegebedürftigkeit

Pfle·ge·dienst *der* <-es, -e> *ein Unternehmen, dessen Mitarbeiter alte und kranke Menschen in deren Wohnung aufsuchen, um ihnen Pflege¹ zu gewähren*

Pfle·ge·el·tern *Plur. ein Ehepaar, das für ein Kind sorgt und dabei alle elterlichen Aufgaben erfüllt*

Pfle·ge·fall *der* <-(e)s, Pflegefälle> *Person, deren Gebrechlichkeit durch Alter und/oder Krankheit so groß ist, dass sie ständig Pflege¹ benötigt:* Er ist so krank, dass er nun ein Pflegefall geworden ist.

Pfle·ge·kind *das* <-(e)s, -er> *Kind, das von Eltern versorgt wird, die nicht die biologischen Eltern sind, aber alle elterlichen Aufgaben erfüllen*

pfle·ge·leicht *adj /nicht steig./* ❶ *so, dass etwas nur wenig Pflege² benötigt:* pflegeleichter Stoff; Das Gerät ist sehr pflegeleicht. ❷ *(umg. übertr.) verträglich:* ein sehr pflegeleichter Mitarbeiter

pfle·gen <pflegst, pflegte, hat gepflegt> *mit OBJ* ■ *jmd.* **pflegt jmdn./ein Tier/etwas** ❶ *Hilfsbedürftige versorgen:* alte und kranke Menschen pflegen; ein krankes Kind pflegen; Sie pflegte den Vogel, bis er wieder fliegen konnte. ❷ *in gutem Zustand erhalten:* den eigenen Körper/die Haare/die Fingernägel pflegen; ein gepflegtes Äußeres haben; Pflegen Sie Ihr Fahrrad, dann haben Sie lange Freude daran! ❸ *(geh.) unterhalten:* gute Beziehungen zu anderen Ländern pflegen; ein seltenes Hobby pflegen ❹ *(geh.) gewöhnlich tun:* Mittags pflegte er zu schlafen.; Sonntags pflegen wir in die Kirche zu gehen.

Pfle·ger *der,* **Pfle·ge·rin** <-s, -> *Person, die beruflich alte und/oder kranke Menschen pflegt*

Pfle·ge·satz *der* <-es, Pflegesätze> *die je nach Pflegestufe festgelegten Kosten, die von der Pflegeversicherung bezahlt werden, wenn jmd. ein Pflegefall ist*

Pfle·ge·stu·fe *die* <-, -n> *der Grad der Pflegebedürftigkeit eines Menschen, der in bestimmten Pflegesätzen von der Pflegeversicherung festgelegt ist*

pfleg·lich *adj sorgfältig und behutsam:* die Werkzeuge pfleglich behandeln

Pfleg·ling *der* <-s, -e> *(veralt.) Pflegekind*

Pfleg·schaft *die* <-, -en> RECHTSW. *das durch das Vormundschaftsgericht geregelte Verhältnis eines Betreuers zu der Person, die er betreut*

Pflicht *die* <-, -en> ❶ *das Handeln, dem man sich auf Grund bestimmter Normen/Vorschriften nicht entziehen kann:* seine Pflicht gegenüber jeman-

P

dem/der Gesellschaft erfüllen; seine Pflichten verletzen; es als seine Pflicht betrachten ...; eine Pflicht übernehmen/auf sich laden; seine schulischen Pflichten vernachlässigen ◆Amts-, Dienst, ·Schul- ❷ /kein Plur./ (in bestimmten Sportdisziplinen: ↔ Kür) vorgeschriebene Übungen: die Pflicht im Eislaufen/Turnen; ■jemanden in die Pflicht nehmen (geh.) jmdn. an die Erfüllung seiner Aufgaben erinnern

pflicht·be·wusst adj /nicht steig./ so, dass man seine Pflichten kennt und erfüllt: ein pflichtbewusster Mitarbeiter/Schüler

Pflich·ten·kol·li·si·on die <-, -en> der Vorgang, dass mehrere Pflichten, die jmd. hat, sich nicht ergänzen, sondern widersprechen

Pflicht·ex·em·p·lar das <-s, -e> ein Exemplar einer Dissertation, das der Verfasser bei der Bibliothek seiner Universität einreichen muss

Pflicht·fach das <-(e)s, Pflichtfächer> SCHULE (↔ Wahlfach) ein Fach, das ein Schüler belegen muss

Pflicht·ge·fühl das <-(e)s> /kein Plur./ Bewusstsein für die eigenen Pflichten: Er hat viel/überhaupt kein Pflichtgefühl.

pflicht·ge·mäß adj /nicht steig./ in Erfüllung einer Pflicht: sich pflichtgemäß verhalten

-pflich·tig als Zweitglied zusammengesetzter Adjektive; drückt aus, dass das mit dem Erstglied Bezeichnete für jmdn. bzw. etwas unabdingbar/obligatorisch ist und somit unbedingt berücksichtigt/beachtet werden muss ◆anzeige-, apotheken-, einkommensteuer-, gebühren-, rezept-, schul-, sozialversicherungs-, steuer-

Pflicht·lek·tü·re die <-, -n> ❶das Lesen von bestimmten Texten, das von jmd. verlangt wird, der irgendwo teilnimmt: In diesem Seminar wird sehr viel Pflichtlektüre verlangt. ❷ein Buch, das als Pflichtlektüre[1] gilt: Ich habe heute meine Pflichtlektüre im Buchladen gekauft.

Pflicht·mit·glied das <-(e)s, -er> jmd., der die gesetzlich vorgeschriebene Mitgliedschaft erfüllt: In Deutschland ist jeder ein Pflichtmitglied in einer Krankenkasse.

Pflicht·schu·le die <-, -en> Gesamtheit der Schulen, die nicht als weiterführende Schulen gelten, sondern die grundlegende Bildung vermitteln, die der Staat garantieren soll (Grundschule, Hauptschule, Berufsschule)

Pflicht·teil das <-s> /kein Plur./ RECHTSW. der gesetzlich garantierte Anteil an einer Erbschaft

Pflicht·übung die <-, -en> ❶SPORT Pflicht[2] ❷(übertr. umg. abwert.) etwas, das man nicht freiwillig, sondern nur aus Verpflichtung tut: Der Besuch bei ihren Kollegen war für ihren Mann reine Pflichtübung.

pflicht·ver·ges·sen adj /nicht steig./ (↔ pflichtbewusst) ohne Bewusstsein für die eigenen Pflichten

Pflicht·ver·si·che·rung die <-> /kein Plur./ Gesamtheit der gesetzlich vorgeschriebenen Versicherungen (Krankenversicherung, Arbeitslosenversicherung, Rentenversicherung)

Pflicht·ver·tei·di·ger der, **Pflicht·ver·tei·di·ge·rin** <-s, -> RECHTSW. (≈ Offizialverteidiger) Verteidiger, den ein Gericht im Strafverfahren zur Verfü-

gung stellt, wenn der Angeklagte keinen eigenen Verteidiger hat

Pflock der <-(e)s, Pflöcke> kurzer, dicker Holzstab mit angespitztem Ende: einen Pflock in die Erde rammen; die Ziege an einen Pflock binden

pflü·cken <pflückst, pflückte, hat gepflückt> mit OBJ ■jmd. **pflückt etwas** die Frucht oder die nutzbaren Teile von einer Pflanze abnehmen: Äpfel/Erdbeeren/Baumwolle/Tee pflücken; eine Birne vom Baum pflücken

Pflug der <-(e)s, Pflüge> LANDW. ein Gerät zum Aufbrechen und Wenden des Ackerbodens: das Pferd vor den Pflug spannen; den Pflug an einen Traktor hängen

pflü·gen <pflügst, pflügte, hat gepflügt> I. mit OBJ ■jmd. **pflügt etwas** LANDW. mit einem Pflug bearbeiten: Der Bauer pflügt den Acker. II. ohne OBJ ■jmd. **pflügt** jmd. geht der Beschäftigung des Pflügens[1] nach: Im Frühjahr muss der Bauer pflügen.

Pflüm·li das/der <-(s), -(s)> SCHWEIZ. Pflaumenschnaps

Pfor·te die <-, -n> ❶kleinere Tür: In der Mauer/dem Zaun befand sich eine kleine Pforte. ◆Garten- ❷bewachter Eingangsbereich einer größeren Einrichtung: an der Pforte des Krankenhauses/einer Firma/einer Universität; sich an der Pforte melden; die Schlüssel an der Pforte abgeben ◆Kirchen-

Pfört·ner der, **Pfört·ne·rin** <-s, -> jmd., der an einer Pforte[2] den Eingang bewacht

Pfört·ner·lo·ge die [-lɔːʒə] <-, -n> Kabine für den Pförtner

Pfos·ten der <-s, -> ❶senkrecht stehender Holzbalken: Das Hochbett steht auf vier starken Pfosten. ❷SPORT Torpfosten: Glück gehabt, der Ball traf nur den Pfosten!

Pfo·te die <-, -n> ❶Fuß mancher Tiere: die Pfoten eines Hundes/einer Katze; Die Katze schleicht auf leisen Pfoten. ❷(umg. abwert.) Hand: (Nimm deine) Pfoten weg!

Pfropf der <-(e)s, -e> feste Masse, die etwas verstopft: einen Pfropf aus dem Rohr entfernen; einen Pfropf im Ohr haben

Pfrop·fen der <-s, -> (≈ Korken) Flaschenverschluss: die Flasche mit dem Pfropfen wieder verschließen

pfrop·fen <pfropfst, pfropfte, hat gepfropft> mit OBJ ❶■jmd. **pfropft etwas auf etwas** LANDW. einen Spross zur Veredlung auf ein Gewächs aufsetzen: ein Reis auf einen Obstbaum pfropfen ❷■jmd. **pfropft etwas in etwas** einen Gegenstand in etwas fest hineindrücken: einen Korken in einen Flaschenhals pfropfen und sie so verschließen; etwas in einen schon vollen Koffer hineinpfropfen; ■etwas ist gepfropft voll etwas ist ganz und gar vollgestopft Der Autobus war in der Hauptverkehrszeit gepfropft voll.

Pfrün·de die <-, -n> ❶GESCH., REL. Kirchenamt, das mit einem Einkommen verbunden ist ❷(übertr. scherzh.) gutes Nebeneinkommen: seine Pfründe verteidigen

pfui interj Ausruf als Ausdruck des Ekels: Pfui, fass' das doch nicht an!; Pfui Teufel, stinkt das hier!

Pfund das <-(e)s, -e> ❶eine Gewichtseinheit

(500 Gramm): ein Pfund Fleisch/Zwiebeln ②*eine Währungseinheit in Großbritannien und anderen Ländern:* ein Pfund Sterling; ein englisches Pfund; ■ **mit seinem Pfunde wuchern** *(geh. übertr.) seine Fähigkeiten gewinnbringend einsetzen*

pfun·dig *adj /nicht steig./ (umg.) toll:* eine pfundige Idee

Pfunds- *als Erstglied einiger zusammengesetzter Substantive, die auf beiden Teilen betont werden; drückt aus, dass das mit dem Zweitglied Bezeichnete sehr geschätzt/positiv bewertet wird* ◆-kerl, -mädchen, -spaß, -stimmung

pfund·wei·se *adv /nicht steig./ in Mengeneinheiten von einem Pfund:* Beim Karnevalszug wurden pfundweise Süßigkeiten in die Menge geworfen.

Pfusch *der* <-(e)s> */kein Plur./* ❶*(umg. abwert.) mangelhaft ausgeführte Arbeit:* Pfusch kaufen/liefern ②ÖSTERR., OSTMDT. *Schwarzarbeit*

pfu·schen <pfuschst, pfuschte, hat gepfuscht> *ohne OBJ* ■ *jmd. pfuscht* ❶*(umg. abwert.) mangelhaft und nachlässig arbeiten:* Hier hat der Maler bei der Arbeit gepfuscht. ②ÖSTERR., OSTMDT. *schwarzarbeiten:* Am Wochenende geht er pfuschen.; ■ **jemandem ins Handwerk pfuschen** *(umg.) sich ungefragt in die Zuständigkeit eines anderen einmischen*

Pfu·scher *der,* **Pfu·sche·rin** <-s, -> ❶*(umg. abwert.) Person, die mangelhafte Arbeit abliefert* ②OSTMDT., ÖSTERR. *Person, die schwarzarbeitet*

Pfu·sche·rei *die* <-, -en> *(umg. abwert.) mangelhafte Arbeit*

Pfüt·ze *die* <-, -n> ❶*Wasser, das in einer Vertiefung des Bodens steht (nach Regen):* Auf der Straße bildeten sich nach dem Regen einige Pfützen. ◆Regen-, Wasser- ②*eine Lache von irgendeiner Flüssigkeit:* Was ist das für eine Pfütze auf dem Fußboden, hast du Wasser verschüttet?; Der Hund muss seine Pfütze doch nicht gerade hierher machen!; Unter dem Auto ist eine große Pfütze von Öl/Benzin.

PGP *Abkürzung für „pretty good privacy", d.h. „recht gute Geheimhaltung"*

Pha·go·zy·to·se *die* <-, -n> *die Aufnahme partikulärer Substanzen (z. B. Bakterien) in den Zellleib von Einzellern (z. B. Amöben)*

Pha·lanx *die* ['faːlaŋks] <-, Phalangen> ❶GESCH., MILIT. *besondere Formation der griechischen Schlachtreihen* ②*(geh. übertr.) geschlossene Front, mit der man sich gegen etwas wehrt:* eine Phalanx gegen etwas bilden

Phal·lus *der* ['falʊs] <-, Phalli/Phallen/-se> REL., GESCH. *(geh.) das erigierte männliche Glied (als Symbol der Fruchtbarkeit)* ▶ phallisch ◆-kult

Phä·no·men *das* [fɛnoˈmeːn] <-s, -e> *(geh.)* ❶*Erscheinung, die man sinnlich wahrnehmen kann:* ein gesellschaftliches/physikalisches Phänomen genauer untersuchen ②*ungewöhnliches Vorkommnis:* ein bemerkenswertes Phänomen ❸*außergewöhnlicher Mensch:* Sie ist in ihrem Fachgebiet ein Phänomen.

phä·no·me·nal [fɛnomeˈnaːl] *adj /nicht steig./* ❶*den Erscheinungen zugehörend* ②*bewunderungswürdig; erstaunlich:* ein phänomenales Gedächtnis

Phä·no·me·no·lo·gie *die* <-, -n> PHILOS. *von Edmund Husserl begründeter apriorischer Wissenschaftszweig der Philosophie, wonach den Ausgangspunkt der Erkenntnisgewinnung die unmittelbaren Gegebenheiten von Erscheinungen bilden*

Phan·ta·sie *die siehe* **Fantasie**

Phan·ta·sie·ge·bil·de *das siehe* **Fantasiegebilde**

phan·ta·sie·los *siehe* **fantasielos**

Phan·ta·sie·rei·se *die siehe* **Fantasiereise**

phan·ta·sie·ren *siehe* **fantasieren**

phan·ta·sie·voll *siehe* **fantasievoll**

Phan·tast *der siehe* **Fantast**

Phan·tas·te·rei *die siehe* **Fantasterei**

phan·tas·tisch *siehe* **fantastisch**

Phan·tom *das* [fanˈtoːm] <-s, -e> ❶*Trugbild, Gespenst:* einem Phantom nachjagen ②MED. *für Lehrzwecke nachgebildeter Körper(teil):* die Herzdruckmassage am Phantom üben

Phan·tom·bild *das* <-(e)s, -er> *das nach Zeugenaussagen gezeichnete Bild eines Täters:* Die Polizei fahndet nach dem Täter mit Hilfe eines Phantombildes.

Phan·tom·schmerz *der* <-es, -en> *der Vorgang, dass jmd. Schmerzen an einem Körperglied hat, das ihm längst amputiert worden ist*

Pha·ri·sä·er *der* [fariˈzɛːɐ] <-s, -> ❶GESCH., REL. *Angehöriger einer altjüdischen, religiös-politischen Partei* ②*(geh. übertr. abwert.) hochmütige, heuchlerische Person*

Phar·ma·for·schung *die* ['farma...] <-, -en> *Forschungen, die die Pharmaindustrie in eigenen Labors durchführt*

Phar·ma·in·dus·t·rie *die* ['farma...] <-> */kein Plur./ die Arzneimittel herstellende Industrie*

Phar·ma·ko·lo·gie *die* [farma...] <-> */kein Plur./ Lehre von den Arzneimitteln* ▶ Pharmakologe, Pharmakologin

Phar·ma·re·fe·rent *der,* **Phar·ma·re·fe·ren·tin** ['farma...] <-en, -en> *Person, die als Vertreter für die Pharmamittelindustrie arbeitet*

Phar·ma·zeut *der,* **Phar·ma·zeu·tin** [farmaˈtsɔyt] <-en, -en> *Person, die in der Arzneimittelkunde oder -herstellung arbeitet*

Phar·ma·zeu·tik *die* [farmaˈtsɔytik] <-> */kein Plur./ Pharmazie*

phar·ma·zeu·tisch [farmaˈtsɔytɪʃ] *adj /nicht steig./ die Wissenschaft oder Herstellung von Arzneimitteln betreffend:* die pharmazeutische Industrie/Forschung

Phar·ma·zie *die* [farmaˈtsiː] <-> */kein Plur./ die Lehre von den Arzneimitteln*

Phar·ming[1], *a.* **Farming** *das* ['farming] <-s> */kein Plur./* ❶*Ackerbausystem, Anbaumethode:* Das Energy Farming ist eine Anbaumethode in der Landwirtschaft, die mit dem Anbau von nachsenden Energieträgern zu tun hat. ②*Herstellung von Arzneimitteln mit Hilfe der Landwirtschaft* ◆Bio-, Gen-, Molekular-

Phar·ming[2] *das* ['farming] <-s> */kein Plur./ über das Internet verbreitete Betrugsmethode, die unter anderem im Umleiten auf gefälschte Internetseiten besteht*

Pha·se *die* <-, -n> ❶*zeitlicher Abschnitt inner-*

P

halb einer Entwicklung: Die letzte Phase der Vorbereitungen beginnt. ◆Anfangs-, Haupt-, End- ❷ ASTRON. *die veränderliche Lichtgestalt, unter der der Mond aber auch die Planeten Merkur und Venus erscheinen:* Vollmond und Neumond sind Phasen des Mondes. ❸ ELEKTROTECHN. *die unter Spannung stehende Zuleitung des elektrischen Netzes* ❹ PSYCH. *Abschnitt in der körperlich-geistigen Entwicklung eines Menschen:* In der Phase der frühen Adoleszenz bekam er Probleme.

Phe·nol *das* [feˈnoːl] <-s> */kein Plur./* *Karbolsäure*

Phe·ro·mon *das* [feroˈmoːn] <-s, -e> *von Tieren in kleinsten Mengen produzierte, hochwirksame Substanz, die Stoffwechsel und Verhalten anderer Tiere der gleichen Art stark beeinflussen (und sie zum Beispiel anlocken)*

-phil *(↔ ·phob) als Zweitglied zusammengesetzter Adjektive; drückt aus, dass das mit dem Erstglied Bezeichnete besonders gemocht/bevorzugt wird* ◆ anglo-, biblio-, franko-, germano-

Phi·l·an·th·rop *der,* **Phi·l·an·th·ro·pin** [filanˈtroːp] <-en, -en> *(veralt.: ≈ Menschenfreund) jmd., der an Pädagogik und dem allgemeinen Wohl der Menschen interessiert ist*

phi·l·an·th·ro·pisch [filanˈtroːpɪʃ] *adj (veralt.: ≈ menschenfreundlich) in der Art eines Philanthropen:* eine philanthropische Tat

Phi·l·a·te·lie *die* [filateˈliː] <-> */kein Plur./* *Briefmarkenkunde*

Phi·l·a·te·list *der,* **Phi·l·a·te·lis·tin** [filateˈlɪst] <-en, -en> *Person, die Briefmarken sammelt*

Phil·har·mo·nie *die* [fɪlharmoˈniː] <-, ...nien> ❶ MUS. *Name für ein Sinfonieorchester:* die Berliner Philharmonie; auf der Suche nach Theatern, Konzertsälen und Philharmonien ❷ */ohne Plur./ Gebäude, in dem ein Sinfonieorchester musiziert*

Phi·lip·pi·ne *die siehe* **Filipino**

Phi·lip·pi·nen [fɪlɪˈpiːnən] *Plur. Inselgruppe und Staat im westlichen Pazifik* ▶ Philippiner, Philippinerin, philippinisch

Phi·lis·ter *der* [fiˈlɪstɐ] <-s, -> ❶ *urprünglich an der Mittelmeerküste von Südpalästina wohnhaftes Volk, mit dem das alte Israel in anhaltende Grenzstreitigkeiten verwickelt war (im 1. Jt. vor Chr.)* ❷ *(geh. abwert.) Spießbürger* ◆ Bildungs-

phi·lis·ter·haft *adj /nicht steig./ (geh. abwert.) spießbürgerlich*

Phi·lo·den·d·ron *der/das* [filoˈdɛndrɔn] <-s, Philodendren> BOT. *ein tropisches Klettergewächs*

Phi·lo·lo·gie *die* [filoloˈɡiː] <-, ...-gien> *der Bereich in verschiedenen Wissenschaften, der Texte erforscht und als Sprach- und Literaturwissenschaft wesentliche Beiträge zur Erforschung von Kultur und Entwicklung leistet:* germanische/romanische Philologie; Klassische Philologie erforscht die Sprachen und Literaturen der Antike. ◆ Alt-, Neu- ▶ Philologe, Philologin, philologisch

Phi·lo·soph *der,* **Phi·lo·so·phin** [filoˈzoːf] <-en, -en> *Person, die Philosophie betreibt*

Phi·lo·so·phie *die* [filozoˈfiː] <-, ...-phien> ❶ */kein Plur./ Lehre von den grundlegenden Bestimmungen und Strukturen des Lebens, der Welt und des Wissens:* Die Philosophie der Naturwissenschaften fragt z. B. nach dem prinzipiellen Unterschied zwischen belebter und unbelebter Materie. ❷ *ein bestimmtes, in sich geschlossenes System von Antworten auf die Frage nach Grundstrukturen:* ein Anhänger der Philosophie Kants/Hegels sein ◆Geschichts-, Kultur-, Religions- ❸ *(umg.) eine persönliche Betrachtungsweise für etwas:* Sie hat ihre eigene Philosophie im Bezug auf Ehe und Familie.

phi·lo·so·phie·ren [filozoˈfiːrən] <philosophierst, philosophierte, hat philosophiert> *ohne OBJ* ■ *jmd. philosophiert über etwas sich über die Grundlagen einer Sache Gedanken machen:* Er philosophierte über die Frage „Was ist Musik?"

phi·lo·so·phisch [filoˈzoːfɪʃ] *adj /nicht steig./ die Philosophie[1] betreffend oder zu ihr gehörig:* philosophische Betrachtungen anstellen

Phi·mo·se *die* [fiˈmoːze] <-, -n> MED. *eine angeborene oder erworbene Verengung der Vorhaut, die ein Zurückziehen der Vorhaut über die Eichel unmöglich macht*

Phi·o·le *die* [fiˈoːlə] <-, -n> *ein Glaskolben mit langem Hals*

Phleg·ma *das* [ˈflɛɡma] <-s> */kein Plur./ (geistige) Trägheit, Langsamkeit, Schwerfälligkeit:* Sein ausgeprägtes Phlegma schützt ihn vor jeder Art von Aufregung.

Phleg·ma·ti·ker *der,* **Phleg·ma·ti·ke·rin** [flɛɡˈmaːtɪkɐ] <-s, -> *Person, die als ruhig, behäbig und träge charakterisiert wird*

phleg·ma·tisch [flɛɡˈmaːtɪʃ] *adj von schwerfälliger, nicht leicht erregbarer Gemütsart:* Mit seiner phlegmatischen Art ist er denkbar ungeeignet als Animateur in einem Feriencamp.

pH-neu·t·ral [peːˈha...] *adj /nicht steig./ reines Wasser ist pH-neutral, d.h. es ist weder basisch noch sauer*

-phob *(↔ ·phil) als Zweitglied zusammengesetzter Adjektive; drückt aus, dass das mit dem Erstglied Bezeichnete Gegenstand besonderer Befürchtungen ist, abgelehnt oder nicht gemocht wird* ◆ anglo-, franko-, germano-

Pho·bie *die* [foˈbiː] <-, ...-bien> MED. *starkes Angstgefühl, das in bestimmten Situationen auftritt oder beim Anblick bestimmter Dinge ausgelöst wird, und das davon betroffenen Menschen immer mehr einschränkt:* Es gibt Phobien gegen Schlangen, Spinnen oder gegen große Menschenmengen.

Phon, *a.* **Fon** *das* <-s, -s> PHYS. ❶ *Maßeinheit für die Lautstärke* ❷ SPRACHWISS. *(≈ Laut) kleinste, durch Segmentierung gewonnene lautliche Einheit, die in [...] dargestellt wird*

Pho·nem, *a.* **Fo·nem** *das* [foˈneːm] <-s, -e> SPRACHWISS. *kleinste lautliche Einheit auf der Ebene des Sprachsystems, die selbst keine sprachliche Bedeutung trägt, sondern nur bedeutungsunterscheidend ist; Phoneme werden dargestellt in /.../*

Pho·ne·tik, *a.* **Fo·ne·tik** *die* [foˈneːtɪk] <-> */kein Plur./* SPRACHWISS. *Lehre von den sprachlichen Lauten*

pho·ne·tisch, *a.* **fo·ne·tisch** [foˈneːtɪʃ] *adj* SPRACHWISS. ❶ *die Lehre von den sprachlichen Lauten be-*

treffend: die phonetische Forschung ❷ *lautlich:* die phonetische Umschrift; diese Laute unterscheiden sich phonetisch voneinander

Pho·no·tech·nik, *a.* **Fo·no·tech·nik** *die* <-> */kein Plur./ Gesamtheit von Geräten/Werkzeugen zum Aufnehmen und Wiedergeben von Musik und Sprache*

Pho·no·ty·pis·tin, *a.* **Fo·no·ty·pis·tin** *die* <-, -nen> *Schreibkraft, die darauf spezialisiert ist, Texte nach dem Diktat eines Diktiergerätes niederzuschreiben*

Phos·phat *das* [fɔsˈfaːt] <-(e)s, -e> CHEM. *Salz der Phosphorsäure* ◆-dünger ▸phosphatfrei, phosphathaltig

Phos·pho·li·po·i·de *die* <-> *Plur.* BIOL. *fettähnliche, organische Substanzen in pflanzlichen und tierischen Zellen, vor allem als Bestandteile biologischer Membranen*

Phos·phor *der* [ˈfɔsfoːɐ̯] <-s> */kein Plur./* CHEM. *ein chemisches Element*

Phos·pho·res·zenz *die* [fɔsforɛs...] <-, -en> PHYS. *die Erscheinung, dass etwas phosphoresziert*

phos·pho·res·zie·ren [fɔsforɛsˈtsiːrən] <phosphoreszierst, phosphoreszierte, hat phosphoresziert> *ohne OBJ* ■ *etwas phosphoresziert der Vorgang, dass bestimmte Gegenstände im Dunkeln ein grünliches Licht aussenden, nachdem sie angestrahlt worden sind:* Der Lichtschalter im Flur ist mit einer phosphoreszierenden Farbe gestrichen, damit man ihn auch im Dunkeln findet. ▸phosphoreszierend

Pho·to·ap·pa·rat *der siehe* **Fotoapparat**
Pho·to·ef·fekt, *a.* **Fo·to·ef·fekt** *der* <-s, -e> PHYS. *das Herauslösen von Elektronen aus dem Inneren eines Festkörpers durch seine Oberfläche hindurch*

pho·to·gen *adv siehe* **fotogen**
Pho·to·gra·phie *die siehe* **Fotografie**
Pho·to·me·t·rie, *a.* **Fo·to·me·t·rie** *die* <-> */kein Plur./* PHYS. *Lichtmessung*

Pho·to·sphä·re, *a.* **Fo·to·sphä·re** *die* <-> */kein Plur./* PHYS. *die etwa 400 km dicke Schicht an der Oberfläche der Sonne, aus der der größte Teil des Lichts abgestrahlt wird*

Pho·to·syn·the·se *die siehe* **Fotosynthese**
Pho·to·vol·ta·ik, *a.* **Fo·to·vol·ta·ik** *die* <-> */kein Plur./* TECHN. *die Technik der Umwandlung von Sonnenenergie in elektrische Energie:* die Nutzung der Photovoltaik

Pho·to·zel·le, *a.* **Fo·to·zel·le** *die* <-, -n> ELEKTRO-TECHN. *Vorrichtung, mit der Licht in elektrischen Strom umgewandelt wird*

Phra·se *die* [ˈfraːzə] <-, -n> ❶ *(abwert.: ≈ Floskel) eine nichtssagende Redensart:* eine abgedroschene/hohle Phrase; Er kann nichts als Phrasen dreschen. ❷SPRACHWISS. *eine Einheit bildender Teil eines Satzes, der aus einem/mehreren Wörtern besteht* ◆Nominal-, Verbal- ❸MUS. *Einheit aus mehreren Tönen innerhalb eines Musikstücks*

Phra·sem *das* <-s, -e> SPRACHWISS. *eine der allgemeinen Bezeichnungen für Einheiten der Phraseologie; siehe auch* **Phraseologie**

Phra·sen·dre·scher *der,* **Phra·sen·dre·sche·rin**

[ˈfraːzən...] <-s, -> *(abwert.) Person, die nur leere Worte spricht, aber nicht handelt*

Phra·seo·lo·gie *die* <-> SPRACHWISS. *Teilgebiet der Sprachwissenschaft, in dem Eigenschaften von festen Fügungen beschrieben werden; siehe auch* **Idiom, Sprichwort**

Die **Phraseologie** ist der Theoriebereich zu Einheiten, die größer als ein Wort sind und die als Ganzes gelernt werden müssen. Der Ausdruck wird teils auch auf die Einheiten selbst bezogen, so in „Die Phraseologie des Deutschen". Für die Einheiten insgesamt gibt es die Bezeichnungen: *Idiom* (vgl. das Stichwort), *phraseologische Einheit, Phrasem* und *Phraseologismus.* Zum Gegenstandsbereich zählen Einheiten, die als feste Wortverbindungen im Gedächtnis abrufbar sind; sie werden also nicht jedes Mal neu produziert, sondern sind als „blockverfügbare" Einheiten reproduzierbar. Neben der Reproduzierbarkeit sind Kriterien zur Abgrenzung von anderen Einheiten: Es handelt sich um Wortkomplexe (Polylexikalität); und sie sind relativ stabil (Stabilität), weil sie nur in Grenzen abwandelbar sind. Unterschieden werden syntaktische, morphologische, pragmatische und semantische Besonderheiten. Im Rahmen kontrastiver Untersuchungen wird z. B. untersucht, welche Bildspenderbereiche (z. B. Fuß, Hand) in Sprachen gleich, ähnlich, oder unterschiedlich sind (vgl. *jmdm. stehen die Haare zu Berge/someone's hair stands on end*). Einen Kernbereich bilden Einheiten, bei denen sich die Bedeutung nicht durch die Aufrechnung der Bedeutungen ihrer Bestandteile erschließen lässt: *jmdm. einen Korb geben* z. B. ist neben der „wörtlichen" Bedeutung gewöhnlich im Sinne von „jmdn. zurückweisen" zu verstehen. Zu Einheiten unterhalb der Satzebene zählen z. B. so bezeichnete *Phraseolexeme* der Art *bei jmdm. einen Stein im Brett haben.* Untertypen sind insbesondere so bezeichnete *phraseologische Vergleiche* (*lügen wie gedruckt*) und *Zwillingsformeln* (*mit Hängen und Würgen*). Weiter werden hierzu Einheiten unterschieden, die leicht vorhersagbar sind: so bezeichnete *Nominationsstereotype* (*öffentliche Meinung*) und *Kollokationen,* nämlich bevorzugte Kombinationen wie *sich die Zähne putzen* (und nicht etwa: *waschen*). *Funktionsverbgefüge* sind Kombinationen der Art *zur Aufführung bringen.* Eine Besonderheit stellen so bezeichnete *unikale Elemente* dar, weil hier Einheiten eines älteren Sprachzustands konserviert sind, so *mit Kind und Kegel* oder auch *fröhliche Urständ feiern.*
Satzwertige phraseologische Einheiten sind z. B. so bezeichnete *Routineformeln* wie *Kopf hoch* und *guten Appetit,* die als situative Stereotype (vgl. das Stichwort) fungieren. Dazu zählen vor allem auch *Sprichwörter* (vgl. das Stichwort) und so bezeichnete *Sagwörter.*

P

Diese bestehen aus einem Zitat oder Sprichwort, nennen dann den Urheber, und enden mit einer überraschenden Pointe:*Alles mit Maßen, sagte der Schneider, und schlug seine Frau mit der Elle tot.* Als *Phraseoschablonen* oder *tautologische Formeln* werden Einheiten wie *Dienst ist Dienst* oder *sicher ist sicher* bezeichnet. Hinzugestellt werden auch Aphorismen, Sentenzen und andere Einheiten, die von Schriftstellern verfasst sind, sich durch Originalität auszeichnen, und die oft eine geistreiche Pointe beinhalten. Eine Sonderstellung nehmen nach Georg Büchmann so bezeichnete *Geflügelte Worte* ein. Es handelt sich dabei um Zitate mit Nachweisbarkeit der Quelle, so *gegen Windmühlen kämpfen* (nach Cervantes).
Für die Lexikographie (vgl. das Stichwort) stellt sich die Frage, wie (in welcher Nennform) diese Einheiten in allgemeinen einsprachigen und zweisprachigen Wörterbüchern anzuführen sind und wie sie innerhalb von Wörterbuchartikeln an- und eingeordnet werden sollen. Große Probleme stellen sich bei der Auswahl geeigneter Bedeutungsangaben. Spezialwörterbücher zu diesen Einheiten sind die in großer Vielfalt verbreiteten phraseologischen Wörterbücher.

P

Phra·seo·lo·gis·mus *der* <-, Phraseologismen> SPRACHWISS. *eine der allgemeinen Bezeichnungen für Einheiten der Phraseologie; siehe auch* **Phraseologie**
pH-Wert *der* [peː'haː-] <-(e)s, -e> CHEM. *Maßzahl für den basischen oder sauren Charakter einer Lösung*
Phy·lo·ge·ne·se *die* <-> */kein Plur./ (↔ Ontogenese)* BIOL., PSYCH., SPRACHWISS. *artgeschichtliche bzw. stammesgeschichtliche Entwicklung von Lebewesen* ▶phylogenetisch *siehe auch* **Spracherwerb**
Phy·sik *die* <-> */kein Plur./ Lehre von der Struktur und den Prozessen der unbelebten Materie* ▶Physiker, Physikerin
Phy·si·ka *die Plur. von „Physikum"*
phy·si·ka·lisch *adj /nicht steig./* ❶ *die Physik betreffend:* das physikalische Institut ❷ *die in der Physik wirkenden Gesetze betreffend:* die physikalischen Eigenschaften eines Stoffes
Phy·si·kum *das* ['fyːzikʊm] <-s, Physika> *erste Prüfung im Medizinstudium*
Phy·si·o·geo·gra·phie, **Phy·si·o·geo·gra·phie** *die* [fyziˌogeografi] <-> *(≈ physische Geographie) eine Teildisziplin der Geographie, die sich in der Gesteinskunde und der Wasserkunde mit den physikalisch erfassbaren Formen und Erscheinungen der Erdoberfläche sowie den Phänomenen der Erdatmosphäre beschäftigt*
Phy·si·o·g·no·mie *die* [fyziˌo...] <-, ...-mien> ❶ *(geh.) Gesichtsform:* Er hat eine bemerkenswerte Physiognomie. ❷ *(fachspr.) die äußere Erscheinung eines Lebewesens*
Phy·sio·lo·gie *die* [fyziˌolo...] <-> */kein Plur./*

MED. *die Lehre von der Funktionsweise des Körpers und seiner Organe* ▶physiologisch
Phy·sio·the·ra·peut *der,* **Phy·sio·the·ra·peu·tin** ['fyziˌo...] <-en, -en> MED. *Person, die auf dem Gebiet der Physiotherapie arbeitet*
Phy·sio·the·ra·pie *die* ['fyziˌo...] <-> */kein Plur./* MED. *zusammenfassende Bezeichnung für „physikalische Therapie" und „Naturheilkunde" als Behandlungsarten des menschlichen Körpers:* Massagen oder Heilgymnastik gehören zur Physiotherapie.
phy·sisch ['fyːzɪʃ] *adj /nicht steig./ körperlich:* physische Anstrengung; Beim Telefonieren spricht man mit einer Person, die physisch nicht anwesend ist.
Pi *das* <-(s), -s> ❶ *ein Buchstabe des griechischen Alphabets* ❷ */kein Plur./* MATH. *Zahl zur Angabe des Verhältnisses vom Kreisumfang und -durchmesser*
Pi·a·nist *der,* **Pi·a·nis·tin** <-en, -en> *Person, die berufsmäßig Klavier spielt* ▶pianistisch ◆Bar-, Jazz-, Konzert-
pi·a·no *adv* MUS. *Vortragsbezeichnung beim Musizieren mit der Bedeutung „leise":* An dieser Stelle bitte piano spielen!
Pi·a·no *das* <-s, -s/-Piani> *(geh.) Klavier*
Pi·a·no·bar *die* <-> *Bar, in der öffentlich Piano gespielt wird zur Unterhaltung der Gäste*
Pic·co·lo *siehe* **Pikkolo**
pi·cheln <pichelst, pichelte, hat gepichelt> *mit OBJ* ■ *jmd. pichelt etwas (umg.) trinken, zechen:* Kommst du noch mit in die Kneipe, einen picheln?
Pi·ckel *der* <-s, -> ❶ TECHN. *Spitzhacke* ❷ *kleine, oft eitrige Pustel der Haut*
Pi·ckel·he·ring *der* <-s, -e> ❶ *gepökelter Hering* ❷ *bizarr-groteske Gestalt eine dummen und überheblichen Menschen in Stücken der englischen Komödianten des 17. Jh., die als Hanswurst von deutschen Wanderbühnen übernommen wurde*
pi·cke·lig, pick·lig *adj /nicht steig./ mit vielen Pickeln:* ein pickeliges Gesicht
pi·cken <pickst, pickte, hat gepickt> *mit OBJ* ■ *jmd./ein Tier pickt etwas (an etwas)* ❶ *mit dem Schnabel auf etwas hacken:* Die Hühner picken Körner im Hof.; Der Vogel pickt mit dem Schnabel nach dem Futter-nach einem anderen Vogel. ❷ *(umg.)* ÖSTERR. *durch Ankleben befestigen:* einen Zettel an die Tür picken
Pi·ckerl *das* <-s, -(n)> ÖSTERR. ❶ *Zettel zum Ankleben* ❷ *Autobahnvignette*
pick·lig *adj (≈ pickelig)*
Pick·nick *das* <-s, -e/-s> *Mahlzeit im Freien, aus mitgebrachten Speisen:* Am Wochenende gehen wir zum Picknick ins Grüne. ◆-korb
pick·ni·cken <picknickst, picknickte, hat gepicknickt> *ohne OBJ* ■ *jmd. picknickt ein Picknick einnehmen:* Wir haben gestern im Park gepicknickt.
pi·co·bel·lo *adj /nicht steig./ (umg.) tadellos:* Sie sieht heute wieder picobello aus.; Ihr räumt euer Zimmer picobello auf!
Pid·gin-Eng·lisch, a. Pid·gin·eng·lisch *das* ['pidʒiŋglɪʃ] <-(s)> */kein Plur./ vereinfachtes Eng-

lisch, das als Mischsprache von Englisch und einer anderen Sprache gesprochen wird; ursprünglich als Verkehrssprache zwischen Engländern und Ostasiaten

piek- als Erstglied einiger zusammengesetzter Adjektive, die auf beiden Teilen betont werden; drückt aus, dass die mit dem Zweitglied genannte Eigenschaft in äußerstem Maße zutrifft ◆-fein, -sauber

Piep, a. **Pieps** ■ keinen Piep mehr sagen *(umg.)* nichts mehr sagen; ■ einen Piep haben *(umg. abwert.)* verrückt sein

piep interj lautmalerische Bezeichnung für einen leisen hohen Ton: „Piep", machte das Vögelchen.

pie·pen <piepst, piepte, hat gepiept> ohne OBJ ■ jmd./ein Tier piept einen hohen, leisen Ton von sich geben: Das Küken piepte leise.; ■ zum Piepen sein *(umg.)* lächerlich sein; ■ Bei dir piept's wohl! *(umg.)* du bist ja verrückt!

pie·pe, piep·egal adj /nicht steig./ *(umg.)* NORDDT. völlig egal: Das ist mir doch piepe/piepegal!

Pieps der <-es, -e> siehe Piep

piep·sig adj /nicht steig./ *(umg.)* von hellem, leisem Klang: eine piepsige Stimme haben

Pier der <-s, -e/-s> SEEW. Anlegestelle für Schiffe oder Boote

pier·cen ['piːrsən] <pierct, piercte, hat gepierct> mit OBJ ■ jmd. pierct etwas die Körperhaut durchstechen und mit Schmuck verzieren: sich den Bauchnabel piercen lassen

Pier·cing das ['piːrsɪŋ] <-s, -s> ein Schmuckstück aus Metall, das an einem Körperteil durch Durchstechen befestigt ist: ein Piercing am Bauchnabel haben; Bauchnabel-, Intim-, Zungen·

pie·sa·cken <pisackst, pisackte, hat gepisackt> mit OBJ ■ jmd./ein Tier/etwas piesackt jmdn./ein Tier *(umg.)* unablässig quälen, ärgern, belästigen: Die Mücken haben uns gepiesackt.

pie·seln <pieselst, pieselte, hat gepieselt> ohne OBJ ■ jmd. pieselt *(umg.)* urinieren

Pi·età, a. **Pi·e·tá** die [pie̯'ta] <-, -s> KUNST Darstellung Marias mit dem toten Christus im Schoß

Pi·e·tät die [pie̯'tɛːt] <-> /kein Plur./ *(geh.)* Rücksicht auf religiöse und moralische Werte: etwas aus Gründen der Pietät (nicht) tun; Das verbietet allein schon die Pietät.

pi·e·tät·los adj /nicht steig./ ohne Rücksicht auf religiöse und moralische Werte

pi·e·tät·voll adj /nicht steig./ voller Rücksicht auf religiöse und moralische Werte: pietätvoll schweigen

Pig·ment das <-(e)s, -e> ❶ BIOL. Farbstoff in lebenden Zellen: die Pigmente in der Haut/den Haaren; die Pigmente in den Blättern einer Pflanze ❷ TECHN. Farbmittel, die keine Farbstoffe sind und zum oberflächlichen Anfärben von Papier, Gummi, Seife u.a. verwendet werden

Pig·men·tie·rung die <-, -en> die Bildung von Pigmenten[1]

Pig·ment·pa·pier das <-s, -e> fotografisches Rohpapier, das mit angefärbter Gelatine beschichtet ist

Pik[1] der <-s, -e/-s> Bergspitze

Pik[2] das/die <-(s), -> eine Spielkartenfarbe: Pik As

pi·kant adj ❶ süß und scharf zugleich: eine Speise pikant würzen; eine pikante Soße ❷ mit zweideutigem Inhalt, der auf Sexuelles anspielt: eine pikante Geschichte

Pik-Da·me, a. **Pik-Da·me** die <-> /kein Plur./ ein Spielkarte

Pi·ke die <-, -n> GESCH. Spieß eines Landsknechtes; ■ von der Pike auf von Grund auf; von Anfang an Er hat die Tischlerei von der Pike auf gelernt, jetzt leitet er die Firma.; Er hat in dem Unternehmen von der Pike auf gedient.

pi·ken <pikst, pikte, hat gepikt> I. mit OBJ ■ jmd. pikt jmdn. *(umg.)* leicht stechen: jemanden mit der Nadel piken II. mit ES ■ es pikt *(umg.)* etwas macht einen leicht stechenden Schmerz: Es pikt mich am Rücken – schau mal nach, ob da noch eine Nadel steckt!; Ich gebe Ihnen jetzt die Spritze – Achtung, jetzt pikt es!

pi·kiert adj /nicht steig./ *(geh.)* gekränkt; beleidigt: ein pikiertes Gesicht machen

Pik·ko·lo, a. **Pic·co·lo** der <-s, -s> eine kleine Flasche Sekt

Pik·ko·lo·flö·te, a. **Pic·co·lo·flö·te** die <-, -n> MUS. eine kleine Querflöte

pik·sen siehe piken

Pik·to·gramm das <-s, -e> einfache bildliche Darstellung in öffentlichen Gebäuden, die als Hinweisschild dient und die jeder versteht: Das Piktogramm zeigt, wo es zum Notausgang/Restaurant/ zur Toilette geht.

Pil·ger der, **Pil·ge·rin** <-s, -> Person, die zu heiligen Stätten reist

Pil·ger·fahrt die <-, -en> eine Fahrt zu heiligen Stätten

pil·gern <pilgerst, pilgerte, ist gepilgert> ohne OBJ ■ jmd. pilgert ❶ zu religiösen Stätten reisen: nach Mekka pilgern ❷ *(umg. scherzh.)* gemächlich gehen: Wir sind ein wenig durch die Stadt gepilgert.

Pil·ke die <-, -n> fischförmiger Köder, der zugleich als Haken beim Hochseeangeln benutzt wird

Pil·le die <-, -n> ❶ zu einer kleinen Kugel geformte Portion eines Arzneimittels: täglich viele Pillen schlucken müssen ◆Beruhigungs-, Kreislauf-❷ Antibabypille: die Pille nehmen

Pil·len·knick der <-s> /kein Plur./ von der Antibabypille ausgelöster Geburtenrückgang

Pi·lot der, **Pi·lo·tin** <-en, -en> ❶ Person, die (berufsmäßig) Flugzeuge fliegt: Sie will Pilotin werden.; Der Pilot des Sportflugzeuges beherrschte seine Maschine gut. ❷ Fahrer eines Rennwagens: die Piloten der Formel 1

Pi·lot- als Erstglied zusammengesetzter Substantive; drückt aus, dass die mit dem Zweitglied Bezeichnete erstmals/probeweise/experimentell erfolgt bzw. eingeführt worden ist ◆-abschluss, -anlage, -ballon, -betrieb, -film, -maßstab, -phase, -projekt, -sendung, -studie, -ton, -versuch

Pi·lo·te die <-, -n> Pfahl, der in den Baugrund gerammt wird

Pi·lot·fisch der <-(e)s, -e> (≈ Lotsenfisch, Stachelmakrele) schneller, z.T. weit wandernder Raubfisch mit blausilbernem Körper, der in allen tropischen und gemäßigten Meeren vorkommt

Pils *das* <-, -> ❶ *(≈ Pil·se·ner) helles Bier von leicht bitterem, herbem Geschmack:* Hier wird Pilsener gebraut. ❷ *(≈ Pil·se·ner) ein Glas Pilsener:* ein Pils/Pilsener bestellen/trinken

Pil·se·ner, *a.* **Pils·ner** *das* <-s, -> *Bier aus der tschechischen Stadt Pilsen (tschechisch: Plzen)*

Pilz *der* <-es, -e> ❶ *eine Pflanze ohne Blüten und Blätter, die aus einem Stiel und einem flachen oder kegelförmigem Hut besteht:* Pilze sammeln/suchen/bestimmen; giftige/essbare Pilze ◆Gift-, Speise- ❷ *kleine Organismen, die sich auf Lebewesen und Speisen ansiedeln und Krankheiten verursachen können:* Die Rosen sind von einem Pilz befallen.; einen Pilz (auf der Haut) haben

Pilz·er·kran·kung *die* <-, -en> MED. *Befall durch einen Pilz²*

Pilz·gift *das* <-es, -e> *von Pilzen ausgeschiedenes Stoffwechselprodukt, das für den Menschen zum Tode führen kann; Antibiotika werden aus Pilzgiften gewonnen*

Pilz·krank·heit *die* <-, -en> *(≈ Pilzinfektion, Pilzerkrankung) durch Pilze verursachte Krankheit*

Pilz·ver·gif·tung *die* <-, -en> MED. *Vergiftung nach dem Genuss von giftigen Pilzen¹*

Pi·ment *der/das* <-(e)s, -e> *ein Pfeffergewürz*

Pim·mel *der* <-s, -> *(umg.: ≈ Penis)*

Pimpf *der* <-(e)s, -e> *(umg.) kleiner Junge*

pin·ge·lig <pingeliger, am pingeligsten> *adj (umg. abwert.) sehr kleinlich:* Sei doch nicht so pingelig wegen dieses kleinen Fehlers!

Ping·pong *das* <-s> */kein Plur./ (umg.) Tischtennis:* Pingpong spielen

Pin·gu·in *der* <-s, -e> *ein Vogel der Antarktis, der nicht fliegen, aber gut schwimmen und tauchen kann*

Pi·nie *die* <-, -n> *ein Nadelbaum, der in warmen Regionen wächst*

Pi·ni·en·kern *der* <-s -e> *(≈ Piniennüsse) essbare Samen der Pinienart, die auch „Nusskiefer" heißt*

pink *adj /nicht steig./ von intensivem Rosa:* Der Stoff ist pink. ▶ pinkfarben

Pin·kel¹ *der* <-s, -> *(umg. abwert.) jmd., der sich als reich und vornehm darstellt:* ein feiner Pinkel

Pin·kel² *die* <-, -n> NORDDT. *eine Art Wurst:* Grünkohl mit Pinkel

pin·keln <pinkelst, pinkelte, hat gepinkelt> *ohne OBJ* ■ *jmd. pinkelt (umg.) urinieren; Wasser lassen:* Der Hund pinkelt an den Baum.; schnell in den Wald pinkeln gehen

Pin·ke·pin·ke *die* <-> */kein Plur./ (umg.) Geld:* Dafür brauchen wir aber Pinkepinke!

pink·far·ben *adj /nicht steig./ in der Farbe „pink"*

Pin·ne *die* <-, -n> ❶ NORDDT. *Reißzwecke* ❷ SEEW. *Hebelarm des Ruders:* Wer steht an der Pinne?

Pinn·wand *die* <-, Pinnwände> *eine Tafel (meist aus Kork) zum Anheften von Notizen:* eine Nachricht an die Pinnwand heften

Pi·noc·chio *der* [pi'nɔkkịo] <-(s)> */kein Plur./ eine Märchengestalt*

Pin·scher *der* <-s, -> ❶ *eine Hunderasse* ❷ *(umg. abwert.) unbedeutender Mensch:* jemanden als Pinscher beschimpfen

Pin·sel *der* <-s, -> ❶ *ein Gerät, das aus einem Stiel mit Haaren oder Borsten besteht:* ein feiner/

dicker/grober Pinsel; ein Bild mit einem Pinsel malen; den Zaun mit einem Pinsel streichen; den Staub mit einem Pinsel entfernen; den Rasierschaum mit einem Pinsel auftragen ◆Borsten-, Haar-, Maler- ❷ *(umg. abwert.) einfältiger Mensch:* So ein alter Pinsel! ◆Einfalts-

pin·seln <pinselst, pinselte, hat gepinselt> I. *mit OBJ* ■ *jmd. pinselt etwas* ❶ *(umg. abwert.) malen oder schreiben:* ohne viel Sorgfalt ein Bild pinseln; einen Text lustlos auf das Papier pinseln ❷ *etwas mit Hilfe eines Pinsels auftragen:* die Wunde mit Jod pinseln II. *ohne OBJ* ■ *jmd. pinselt den Pinsel benutzen:* Sie pinselte stundenlang an einem Bild/auf dem Papier.; Sie müssen täglich mehrmals pinseln.

Pin·te *die* <-, -n> *(umg. abwert.)* NORDDT. *Kneipe*

Pin-up-Girl *das* [pɪnˈʔapgøːɐ̯l] <-s, -s> *einer Zeitschrift beiliegendes Poster mit dem Foto einer (nackten) Frau*

Pin·zet·te *die* <-, -n> *ein Instrument, das einer kleinen Zange ähnlich ist und mit dem man sehr kleine Gegenstände greifen kann:* einen Dorn mit einer Pinzette aus der Haut entfernen

Pi·o·nier, **Pi·o·nie·rin** *der* <-s, -e> ❶ MILIT. *Soldat(in) einer technischen Einheit* ❷ *(≈ Vorkämpfer) Person, die maßgeblich die Anfänge einer Entwicklung mitbestimmt hat:* ein Pionier der Luftfahrt ❸ GESCH. *Mitglied einer Kinderorganisation in der DDR*

Pi·o·nier·ar·beit *die* <-, -en> *Arbeit eines Pioniers oder vieler Pioniere²*

Pi·o·nier·geist *der* <-(e)s> */kein Plur./ der Wille, Wegbereiter einer neuen Entwicklung zu sein*

Pi·pa·po *das* <-s> */kein Plur./ mit allem Drum und Dran/mit allem, was dazugehört:* Die Familie kam angereist mit dem ganzen Pipapo.

Pi·pe *die* <-, -n> ÖSTERR. *Faß-, Wasserhahn*

Pipe·line *die* [ˈpeɪplaɪn] <-, -s> *Rohrleitung zum Transport von Erdöl und Erdgas über große Strecken*

Pi·pet·te *die* <-, -n> *enges Glasröhrchen für das Entnehmen von Flüssigkeiten*

Pi·pi·fax *der* <-> */kein Plur./ (umg. abwert.) Nichtigkeiten:* Mit solchem Pipifax geben wir uns gar nicht erst ab!

Pi·ran·ha *der* [piˈranja] <-(s), -s> *ein Raubfisch*

Pi·rat *der* <-en, -en> *Seeräuber*

Pi·ra·ten·sen·der *der* <-s, -> *Radiosender, der ohne Lizenz Programme ausstrahlt*

Pi·ra·te·rie *die* <-, ...-rien> */kein Plur./ das Überfallen und Entführen von Schiffen und Flugzeugen*

-pi·ra·te·rie *als Zweitglied zusammengesetzter Substantive; drückt aus, dass das mit dem Erstglied Bezeichnete illegal verkauft/kopiert/benutzt wird* ◆Marken-, Produkt-, Software-, Video-

Pi·ra·ya *der* [piˈraːja] *siehe* **Piranha**

Pi·rog·ge *die* <-, -n> KOCH. *gefüllte Pastete aus Hefeteig*

Pi·rol *der* <-s, -e> *ein Singvogel*

Pi·rou·et·te *die* [piˈrʊɛtə] <-, -n> SPORT *schnelle Drehung um die eigene Achse:* auf dem Eis Pirouetten drehen

Pirsch *die* <-> */kein Plur./ eine Art der Jagd durch lautloses Anschleichen:* auf die Pirsch gehen

P

pir·schen <pirschst, pirschte, hat/ist gepirscht>
I. *ohne OBJ (sein)* ■ *jmd. pirscht (irgendwo)*
schleichen: Er ist durch den Wald gepirscht.
II. *mit SICH (haben)* ■ *jmd. pirscht sich (ir-*
gendwohin/an etwas heran) *irgendwohin*
schleichen: Er hat sich heimlich aus dem Haus gepirscht.; Er pirschte sich ganz langsam an den
Hirsch heran.
Pis·se *die* <-> *(vulg.) Urin*
pis·sen <pisst, pisste, hat gepisst> *ohne OBJ*
■ *jmd. pisst (vulg.) urinieren*
Pis·soir *das* [pɪˈsʊaːɐ̯] <-s, -e/-s> *öffentliche Toi-*
lette für Männer
Pis·ta·zie *die* <-, -n> *im Mittelmeerraum wach-*
sender Strauch mit essbaren Samenkernen
◆-nbaum
Pis·te *die* <-, -n> ❶ LUFTF. *Rollbahn:* Die Maschine
landete sicher auf der Piste. ◆Lande- ❷ SPORT *Ab-*
fahrtshang zum Skifahren: auf/außerhalb der Piste
Ski fahren ◆Ski-
Pis·ten·rau·pe *die* <-, -n> *Raupenfahrzeug zum*
Vorbereiten der Skipiste
Pis·ten·sau *die* <-, Pistensäue> *(umg.) jmd., der*
sich rücksichtslos auf einer Skipiste benimmt
Pis·ten·schreck *der* <-s, -en> *(umg.) Pistensau*
Pis·till *das* <-s, -e> ❶ BIOL. *Blütenstempel* ❷ KOCH.
Stampfer, Stößel: im Mörser mit dem Pistill Körner
Zerkleinern
Pis·to·le *die* <-, -n> *(≈ Revolver) eine Faustfeuer-*
waffe mit kurzem Lauf: die Pistole laden/entsi-
chern/auf ein Ziel richten; ■ **jemandem die Pis-**
tole auf die Brust setzen *jmdn. zu einer soforti-*
gen Entscheidung drängen; ■ **wie aus der Pis-**
tole geschossen *sehr schnell*
Pis·to·len·ta·sche *die* <-, -n> *eine Tasche, in der*
man die Pistole am Körper trägt
pit·to·resk *adj /nicht steig./ (geh.) malerisch:* eine
pittoreske Altstadt
Piz·za *die* <-, -s/Pizzen> KOCH. *italienische Spe-*
zialität aus gebackenem, mit verschiedenen Zuta-
ten belegtem Hefeteig
Piz·za·lie·fe·rant *der* <-en, -en> *Pizzabäckerei,*
die auf Bestellung die Pizzas dem Kunden ins
Haus bringt
Piz·ze·ria *die* <-, -s/Pizzerien> *italienisches Res-*
taurant, in dem (unter anderem) Pizza angeboten
wird
piz·zi·ca·to *adv* MUS. *das Zupfen der Saiten von*
Streichinstrumenten: Die Streicher spielten im
letzten Satz die große Fuge pizzicato.
Piz·zi·ka·to *das* <-s, -s/Pizzikati> MUS. *in der*
Spieltechnik pizzicato
Pjöng·jang *das* <-s> *Hauptstadt der Republik*
Nordkorea
Pkt. *Abkürzung für „Punkt"*
Pkw, *a.* **PKW** *der* [ˈpeːkaːveː/peːkaˈveː] <-(s), -s>
Abkürzung für „Personenkraftwagen" ◆-Produk-
tion
Pla·ce·bo *das* [plaˈtseːbo] <-s, -s> MED. *ein Medi-*
kament, das, ohne dass der Patient es weiß, keine
Wirkstoffe enthält
Pla·ce·bo·ef·fekt *der* <-(e)s, -e> MED. *der Effekt,*
dass ein Placebo als Heilmittel wirkt, obwohl es
keine chemischen Wirkstoffe enthält

Pla·che *die* <-, -n> ÖSTERR. *großes Leintuch*
pla·cken <plackst, plackte, hat geplackt> *mit*
SICH ■ *jmd. plackt sich (umg.) sich sehr abmü-*
hen: Wir mussten uns mit den schweren Taschen
placken.; Sie musste sich sehr placken, um die Prüfung zu bestehen.
Pla·cke·rei *die* <-, -en> *(umg.) mühsame Arbeit:*
Die Obsternte ist immer eine ganz schöne Placke-
rei!
plä·die·ren <plädierst, plädierte, hat plädiert>
ohne OBJ ■ *jmd. plädiert für etwas/auf etwas*
❶ RECHTSW. *vor Gericht ein bestimmtes Urteil oder*
Strafmaß beantragen: Sein Anwalt plädierte auf/
für Freispruch ❷ *(geh.) für etwas stimmen oder*
eintreten: Ich plädiere für eine Pause.
Plä·do·yer *das* [plɛdoaˈjeː] <-s, -s> ❶ RECHTSW. *ab-*
schließende Erklärung des Staatsanwalts oder Ver-
teidigers bei einem Gerichtsprozess, in der alle
Argumente zusammengefasst sind: ein Plädoyer
halten ❷ *(geh.) Rede, in der man sich stark für*
oder gegen etwas ausspricht: ein Plädoyer für die
Jugend/die Gleichberechtigung halten
Pla·fond *der* [plaˈfõ] <-s, -s> ❶ ÖSTERR. *Decke,*
Zimmerdecke ❷ SCHWEIZ. *obere Grenze, über die*
eine Grösse nicht zunehmen soll oder darf
❸ WIRTSCH. *oberer Grenzbetrag bei der Gewährung*
von Krediten
pla·fo·nie·ren <plafonierst, plafonierte, hat pla-
foniert> *mit OBJ* ■ *jmd. plafoniert etwas jmd.*
begrenzt etwas nach oben: Die Bank plafonierte
den Baukredit auf dem Plafond von 30.000 EUR.
Pla·ge *die* <-, -n> ❶ *etwas, das für jmdn. eine an-*
haltende Belastung darstellt: Verkehrslärm wird
heute vielerorts als Plage. ❷ *(umg.) schwere Ar-*
beit: Es war eine richtige Plage, den Baum zu roden.
pla·gen <plagst, plagte, hat geplagt> **I.** *mit OBJ*
■ *jmd./etwas plagt jmdn./ein Tier* ❶ *quälen,*
peinigen: von einer Krankheit geplagt sein; Die
Hitze plagt sie sehr.; Sorgen plagen ihn.; In dieser
Gebirgsgegend plagten die Bauern ihre Esel häufig
durch Überlastung. ❷ *belästigen, bedrängen:* jemanden immer wieder mit seinen Fragen/Bitten
plagen **II.** *mit SICH* ■ *jmd. plagt sich sich abmü-*
hen: sich mit einer Arbeit plagen; sich im Garten
plagen
Pla·gi·at *das* <-(e)s, -e> *(geh.)* ❶ *das unerlaubte*
Verwenden dessen, was andere erdacht oder erar-
beitet haben: ein Plagiat begehen ❷ *das Ergebnis*
eines Plagiats[1]: Diese Musik/dieser Film/diese
Arbeit ist ein Plagiat. ▶plagiieren
Plaid *das/der* [plɛɪd] <-s, -s> *dünne Decke aus*
Wolle: sich ein Plaid um die Schultern legen
Pla·kat *das* <-(e)s, -e> *ein großformatiges Blatt*
Papier, das an gut sichtbaren Stellen zu Werbe-
zwecken aufgehängt wird: ein Plakat, das für den
neuesten Film/eine Partei/ein Waschmittel/eine
Veranstaltung wirbt ◆Kino-, Reklame-, Wahl-
pla·ka·tie·ren <plakatierst, plakatierte, hat pla-
katiert> *mit OBJ* ■ *jmd. plakatiert etwas* ❶ *ein*
Plakat aufhängen oder ankleben ❷ *etwas durch*
ein Plakat bekanntmachen: Die Konzertgesell-
schaft plakatiert das Schlosskonzert schon seit zwei
Wochen.

P

pla·ka·tiv *adj (geh.) auf Wirkung bedacht; einpräg-sam:* eine plakative Überschrift; plakative Farben benutzen; Diese Darstellung wirkt sehr plakativ.

Pla·kat·wahl·kampf *der* <-es, Plakatwahl-kämpfe> *Wahlkampf mit Hilfe von Plakaten*

Pla·kat·wand *die* <-, Plakatwände> *Wand, auf der immer wieder neue Plakate aufgeklebt wer-den*

Pla·ket·te *die* <-, -n> *kleines Schildchen (aus Me-tall) mit einem Text oder Bild:* Nach der Prüfung erhält das Fahrzeug eine Plakette.

plan *adj /nicht steig./ (fachspr.) eben, nicht ge-wölbt:* Die Ebene vor uns war vollkommen plan.; eine plan geschliffene/plangeschliffene Fläche

Plan *der* <-(e)s, Pläne> ❶ *ein Programm zur Ver-wirklichung eines Vorhabens:* ein durchdachter/ raffinierter/teuflischer Plan; einen Plan erarbeiten/ abarbeiten; genau nach Plan vorgehen; Was steht noch auf unserem Plan? ❷ *Vorhaben; Absicht:* ei-nen Plan aufgeben/verwirklichen; Was sind deine weiteren Pläne?; den Plan haben, etwas zu tun ◆Ferien-, Heirats-, Zukunfts- ❸ *eine (technische) Zeichnung, die zeigt, wie etwas (auf)gebaut ist/ werden soll:* Die Pläne für das Haus existieren noch/schon.; einen Plan zeichnen ◆Bau-, Kon-struktions- ❹ *Übersichtskarte einer Stadt oder Re-gion:* sich nach dem Plan in der Stadt orientieren; ■ **jemanden auf den Plan rufen** *bewirken, dass jmd. eingreift oder handelt* Die Ankündigung der Baumfällarbeiten hat die Naturschützer auf den Plan gerufen.; ■ **etwas steht auf dem Plan** *etwas ist geplant* Was steht für die nächsten zwei Wo-chen auf dem Plan? ◆Stadt-

Pla·ne *die* <-, -n> *eine große Decke aus festem Material, mit der man etwas abdeckt:* die Plane ei-nes LKW; das Motorrad/Auto mit einer Plane ab-decken; die Möbel bei Bauarbeiten mit einer Plane schützen ◆Plastik-, Zelt-

pla·nen <planst, plante, hat geplant> *mit OBJ* ■ **jmd. plant etwas** ❶ *sich Gedanken über die Durchführung einer Sache machen:* Das Projekt ist sorgfältig geplant. ❷ *beabsichtigen:* Sie planen, übers Wochenende zu verreisen.

Pla·net *der* <-en, -en> ASTRON. *selbst nicht leuch-tender Himmelskörper, der eine Sonne auf einer Umlaufbahn umkreist:* den Planeten Mars erkun-den; ■ **der Blaue Planet** *die Erde*

Pla·ne·ta·ri·um *das* <-s, Planetarien> ❶ *Gerät zur Darstellung der Lage und Bewegung von Ge-stirnen* ❷ *Gebäude, in dem sich dieses Gerät be-findet*

Pla·ne·ten·bahn *die* <-, -en> *Umlaufbahn eines Planeten, auf der er sein entsprechendes Zentral-gestirn umkreist*

Pla·ne·ten·ge·trie·be *das* <-s, -e> *Getriebe, bei dem sich mindestens ein Rad (Planetenrad) ausser um seine eigene Achse auch noch mit dieser Achse um ein anderes Rad (Sonnenrad) dreht; es findet Verwendung besonders in automatischen Getrieben, Dreigangschaltungen für Fahrräder und bei Flaschenzügen*

Pla·ne·ten·sys·tem *das* <-s, -e> *die materielle und strukturelle Gesamtheit der Planeten (ein-schließlich der kosmischen Kleinkörper wie Kome-*

ten, Meteorite usw.); wird die Sonne mit einbezo-gen, handelt es sich um ein Sonnensystem

Plan·fest·stel·lungs·ver·fah·ren *das* <-s, -> AMTSSPR. *behördliche Entscheidung über Enteig-nungen im Rahmen eines öffentlichen Bauvorha-bens*

Plan·film *der* <-s, -e> *fotografisches Material in Form von großformatigen Filmblättern, das für Großformatkameras verwendet wird*

pla·nie·ren <planierst, planierte, hat planiert> *mit OBJ* ■ **jmd. planiert etwas** *ein Gelände oder Bodenflächen einebnen/plan machen:* eine neue Straße/ein Gelände planieren

Pla·nier·rau·pe *die* <-, -n> *großes Kettenfahrzeug zum Planieren*

Plan·ke *die* <-, -n> ❶ *langes, starkes Brett* ❷ SEEW. *Brett, das zur Außenhaut eines Schiffes gehört bzw. zu einem Schiffsboden*

Plän·ke·lei *die* <-, -en> *harmloser Streit/bloßer Wortstreit/Neckerei:* Eine kleine Plänkelei ist doch noch kein ernster Streit!

plän·keln <plänkelst, plänkelte, hat geplänkelt> *ohne OBJ* ■ **jmd. plänkelt (mit jmdm.)** *sich im Spaß ein wenig streiten:* mit jemandem plänkeln

Plank·ton *das* <-s> */kein Plur./ Gesamtheit aller im Wasser lebenden Kleinorganismen, die aus-schließlich durch das Wasser bewegt werden:* Pflanzliches und tierisches Plankton ist die Nah-rungsgrundlage für viele Wassertiere.

plan·los *adj /nicht steig./ (abwert.) unüberlegt; ohne Plan:* völlig planlos wirtschaften

plan·mä·ßig *adj /nicht steig./ nach einem Plan:* planmäßig vorgehen

pla·no *adj /nicht steig./* DRUCKW. *glatt, ungefalzt:* Diese Druckbögen und Karten sind plano.

Pla·no·bo·gen *der* <-s, Planobögen> *ungefalzter Druckbogen*

Plansch·be·cken, *a.* **Plantsch·be·cken** *das* <-s, -> *kleines Wasserbassin für Kleinkinder*

plan·schen, *a.* **plant·schen** <planschst, planschte, hat geplanscht> *ohne OBJ* ■ **jmd. planscht** *im Wasser: spielen und dabei herum-spritzen:* im Wasser/in einer Pfütze planschen

Plan·soll *das* <-s> */kein Plur./ die von einem zen-tralen Planungsstab gesetzte Zielvorgabe für wirt-schaftliche Unternehmungen, in welchem Zeit-raum welches Produktionsziel errreicht sein soll (vornehmlich in sozialistischen Staaten mit Plan-wirtschaft)*

Plan·stel·le *die* <-, -n> *ausgewiesene Arbeits-stelle im öffentlichen Dienst:* eine offene/besetz-te/befristete Planstelle

Plan·ta·ge *die* [plan'ta:ʒə] <-, -n> *landwirtschaft-licher Großbetrieb (in tropischen Ländern), der auf den Anbau mehrjähriger Nutzpflanzen spezia-lisiert ist:* Bananen/Kaffee auf einer Plantage an-bauen

Plantsch·be·cken *das* <-s, -> *siehe* **Planschbe-cken**

plant·schen *siehe* **planschen**

Pla·num *das* <-s> ❶ BAUW. *plane Untergrundflä-che beim Straßen- und Gleisbau* ❷ MED. *eine ge-dachte, durch den Körper gehende Schnittfläche*

Pla·nung *die* <-, -en> ❶ *Ausarbeitung eines*

P

Plans [1, 2, 3]: eine vorausschauende/sorgfältige/langfristige Planung; die Planung eines Vorhabens ist weit fortgeschritten ❷ *ein Plan* [1, 2]: sich an die Planung halten

Pla·nungs·aus·schuss *der* <-es, Planungsausschüsse> *Kreis von Fachleuten, die für besondere Planungsaufgaben verantwortlich sind*

plan·voll *adj /nicht steig./ gemäß einem Plan:* Das nächste Mal müssen wir planvoll vorgehen.

Plan·wa·gen *der* <-s, -> *Wagen, bei dem die Ladefläche durch eine Plane geschützt ist*

Plan·wirt·schaft *die* <-> */kein Plur./ eine staatliche, zentral gelenkte Volkswirtschaft*

Plan·ziel *das* <-(e)s, -e> *in der Planwirtschaft vorgegebenes Ziel, das in einem bestimmten Zeitraum erreicht werden soll*

Plap·per·maul *das* <-(e)s, Plappermäuler> *(umg. abwert.) Person, die viel redet:* Kannst du nicht einmal still sein, du Plappermaul!; Er kann nichts für sich behalten, er ist ein richtiges Plappermaul.

plap·pern <plapperst, plapperte, hat geplappert> *ohne OBJ* ■ *jmd. plappert* viel und Belangloses reden

plär·ren <plärrst, plärrte, hat geplärrt> *(umg. abwert.)* I. *mit OBJ* ■ *jmd. plärrt etwas* laut und unschön singen: ein Lied plärren II. *ohne OBJ* ■ *jmd. plärrt* lange und quengelnd weinen: Als man ihr das Spielzeug wegnahm, fing sie laut an zu plärren.; Du musst nicht so plärren, ich höre dich auch so!

Plas·ma *das* <-s, Plasmen> MED. *der flüssige Bestandteil des Blutes:* Plasma spenden

Plas·ma·glu·ko·se *die* <-> */kein Plur./ die im Blut gelöste Glukose (Zucker) als Nährstoff der Zellen*

Plas·men *die* <-> *Pluralform von „Plasma"*

Plas·tik[1] *die* <-, Plastiken> KUNST *Werk der Bildhauerkunst:* Die Ausstellung zeigt Bilder und Plastiken des berühmten Künstlers.; Plastiken aus Holz/Metall/Stein

Plas·tik[2] *das* <-(s)> */kein Plur./ Kunststoff:* Geschirr/Spielzeug aus Plastik ◆-becher, -beutel, -folie, -müll

Plas·tik·bom·be *die* <-, -n> *Bombe aus Plastiksprengstoff*

Plas·tik·geld *das* <-(e)s> */kein Plur./ (umg.) Kreditkarten*

Plas·tik·ge·schoss *das* <-es, -e> *Geschoss aus Plastik:* Die Polizei verwendete zur Auflösung der nicht genehmigten Demonstration Plastikgeschosse.

Plas·tik·spreng·stoff *der* <-(e)s, -e> *Sprengstoff in Form einer weichen, formbaren Masse*

Plas·ti·lin *das* <-s> */kein Plur./ Knetmasse zum Formen von Figuren*

plas·ti·nie·ren <plastinierst, plastinierte, hat plastiniert> *mit OBJ* ■ *jmd. plastiniert jmdn.* ANAT. *im Rahmen eines bestimmten anatomischen Verfahrens einem toten menschlichen oder tierischen Körper das Wasser entziehen und durch ein spezielles Kunstharz ersetzen und dadurch realistische anatomische Anschauungsobjekte für wissenschaftliche Zwecke erstellen* ▶ Plastination

plas·tisch *adj* ❶ */nicht steig./ bildhauerisch:* die plastische Kunst ❷ *formbar:* ein plastisches Material ❸ *räumlich scheinend:* eine plastische Darstellung; Das Bild wirkt plastisch. ❹ *anschaulich:* die plastische Schilderung eines Vorfalles ❺ */nicht steig./ zu der Art von Chirurgie gehörend, die das Aussehen des Menschen verändert:* Nach dem Unfall ließ er durch einen Eingriff der plastischen Chirurgie seine tiefen Narben wegoperieren.

Plas·ti·zi·tät *die* <-> */kein Plur./* ❶ *Formbarkeit:* die Plastizität des Materials ❷ *räumliche Wirkung:* die Plastizität der Skulpturen ❸ *Anschaulichkeit oder Deutlichkeit:* die Plastizität seiner Schilderung

Pla·ta·ne *die* <-, -n> BOT. *ein Laubbaum mit gefleckter Rinde*

Pla·teau *das* [pla'to:] <-s, -s> *Hochebene*

Pla·teau·schuh *der* [pla'to:...] <-s, -e> *Schuh mit Plateausohle*

Pla·teau·soh·le *die* [pla'to:...] <-, -n> *sehr dicke Schuhsohle*

Pla·tin, Pla·tin *das* <-s> */kein Plur./* CHEM. *ein chemisches Element* ◆-draht, -schmuck

Pla·ti·tu·de *die* siehe **Plattitüde**

pla·to·nisch *adj /nicht steig./* ❶ *die Lehre Platons betreffend:* die platonische Philosophie ❷ *rein geistig und nicht sexuell:* eine platonische Liebe/Beziehung; ■ **platonisches Jahr** *Großes Jahr, Weltjahr die Dauer eines Umlaufs des Frühlingspunktes in der Ekliptik, sie beträgt 25800 Jahre;* ■ **platonische Körper** *die 5 geometrischen Körper, die durch regelmäßige, untereinander kongruente Vielecke begrenzt werden (Tetraeder oder Pyramide, Hexaeder oder Würfel, Oktaeder, Pentagondodekaeder, Ikosaeder)*

Pla·to·nis·mus *der* <-> */kein Plur./* PHILOS. ❶ *Nachwirkung der Lehre Platons* ❷ *(↔ Empirismus) eine philosophisch-erkenntnistheoretische Position, die in Anlehnung an Platos Ideenlehre behauptet, dass es unabhängig von physischen Gegenständen und psychischen Gegebenheiten logische Gegenstände gibt, die zeitlos existieren und gelten*

plät·schern <plätscherst, plätscherte, hat/ist geplätschert> *ohne OBJ* ■ *etwas plätschert* ❶ */haben/ das gleichmäßige Geräusch von fließendem Wasser erzeugen:* mit der Hand im Wasser plätschern; Das Bächlein plätschert hinter dem Haus. ❷ */sein/ irgendwohin fließen:* Ein Bächlein ist durch die Wiese/ins Tal geplätschert.; Die Wellen sind ans Ufer geplätschert.; Der Regen plätschert. ❸ *(übertr.) ein zwangloses Gespräch führen:* Das Gespräch ist so dahingeplätschert.

platt *adj /nicht steig./* ❶ *flach:* das platte Land; platt wie eine Flunder; den Teig platt walzen/plattwalzen.; Der Reifen ist platt. ❷ *(abwert.) trivial:* eine platte und geistlose Geschichte; ■ **platt sein** *(umg.) sehr erstaunt sein;* ■ **einen Platten haben** *(umg.) ein Loch im Reifen haben* ◆Getrenntschreibung →R 4.16 etwas mit dem Finger platt drücken/plattdrücken; etwas mit dem Fuß platt treten/platttreten

Plätt·chen *das* <-s, -> *kleine Platte*

Platt·deutsch *das* <-(s)> */kein Plur./* SPRACHWISS.

Gesamtheit der Mundarten, die im nördlichen Deutschland gesprochen werden

Plạt·te die <-, -n> ❶ ein flaches, dünnes, meist rechteckiges Stück aus hartem Material: eine Platte aus Stein/Holz/Glas/Beton ❷ Schallplatte: eine Platte abspielen/auflegen/hören/umdrehen ❸ ein großer Teller: den Braten auf einer Platte servieren ❹ Speisen, die auf einem großen Teller angerichtet sind: eine Platte mit Käse/Wurst/Fisch ◆ Käse-, Gemüse-, Salat- ❺ (umg.) Plattenbau(siedlung): in der Platte wohnen ❻ (umg.) Glatze, Kahlkopf, Tonsur: Er hatte schon früh eine Platte.; ■ eine kalte Platte kalte Speisen, die auf einer Platte[3] angerichtet sind; ■ immer wieder dieselbe Platte sich ständig wiederholen

Plätt·ei·sen das <-s, -> Bügeleisen

plạ̈t·ten <plättest, plättete, hat geplättet> mit OBJ ■ jmd. plättet etwas bügeln

Plạt·ten·bau der <-(e)s, -ten> aus vorgefertigten Stahlbetonplatten gebautes Wohnhaus

Plạt·ten·fir·ma die <-, Plattenfirmen> Firma, die Platten[1, 2] herstellt

Plạt·ten·hül·le die <-, -n> Papphülle einer Schallplatte

Plạt·ten·kalk der <-s> /kein Plur./ dünnplattig geschichteter Kalkstein

Plạt·ten·ko·pie die <-, -en> Übertragung einer Schallplattenaufnahme auf ein anderes Speichermedium (z. B. CD)

Plạt·ten·spie·ler der <-s, -> Gerät zum Abspielen von Schallplatten

Plạt·ten·tek·to·nik die <-> /kein Plur./ GEOGR. Grundlagentheorie zur Erkärung von Vorgängen in der Erdkruste und im obersten Erdmantel (Entstehung von Ozeanen, Vulkanismus etc.)

plạt·ter·dings adv /nicht steig./ (umg.) schlechterdings: platterdings unmöglich

Plạtt·form die <-, -en> ❶ eine ebene Fläche, auf der Personen stehen können: eine schwimmende Plattform im Wasser; eine Plattform auf einem Aussichtsturm; eine Plattform, die nach oben gehoben werden kann ❷ (geh.) gemeinsame Basis für die Weiterarbeit: Die Parteien versuchen eine Plattform für eine gemeinsame Arbeit zu finden.

Plạtt·fuß der <-es, Plattfüße> ❶ MED. eine Abflachung der Wölbung der Füße: Plattfüße haben ❷ (umg. scherzh.) Reifenpanne

Plạtt·fuß·in·di·a·ner der <-s, -> ❶ (umg. abwert.) Schimpfwort für jmd., der es nicht weit bringt oder erfolglos ist ❷ (umg. scherzh.) jmd., der Plattfüße hat

Plạtt·heit die <-, -en> (abwert.) nichtssagende, abgedroschene Äußerung

Plạt·ti·tü·de, a. Pla·ti·tu·de die <-, -n> (geh. abwert.) als inhaltslos angesehene Äußerung/Redensart; Plattheit

plạtt·ma·chen <machst platt, machte platt, hat plattgemacht> mit OBJ ■ jmd. macht jmdn./etwas platt (vulg.) jmdn. oder etwas zerstören: Für diese Neubausiedlung habe sie die ganzen Bäume plattgemacht.

Plạtz der <-es, Plätze> ❶ größere Fläche im Freien, die von Gebäuden umgeben ist: Auf dem Platz hinter der Fabrik lagern Ölfässer.; ein großer/öffentlicher Platz; Der Platz vor dem Theater wird neu gestaltet. ❷ /kein Plur./ Raum, der für etwas zur Verfügung steht: in der Wohnung wenig Platz haben; noch etwas Platz für die Unterschrift lassen; beim Schreiben Platz sparen ❸ Ort, bestimmte Stelle: Würdest du den Platz wiederfinden?; das Buch an seinen Platz im Regal zurückstellen ❹ Möglichkeit für eine Person, an etwas teilzunehmen: In dem Seminar gibt es noch Plätze. ❺ Sitzplatz: Die Abteile verfügen über jeweils sechs Plätze.; jemandem einen Platz anbieten ❻ SPORT Position, die ein Wettkämpfer in der Rangliste aller Teilnehmer erobert: ein überraschender/guter/enttäuschender zweiter Platz; die Gegner auf die Plätze verweisen ❼ SPORT Sportplatz: auf eigenem Platz 4:0 gewinnen; ■ am Platze hier an diesem Ort der beste Bäcker am Platze; ■ auf die Plätze, fertig, los! Kommando bei sportlichen Wettkämpfen; ■ Platz da! verwendet, um auf sehr unhöfliche Weise jmdn. aufzufordern, den Weg freizugeben; ■ Das ist hier nicht am Platze! Das (z. B. diese Äußerung) passt hier nicht hin!; ■ Er/Sie ist der/die rechte Mann/Frau am rechten Platz. Er oder Sie füllt seine/ihre Rolle gut aus. ◆ Fußball-, Tennis-

Plạtz·angst die <-> /kein Plur./ ❶ PSYCH. (umg.: ≈ Klaustrophobie) Angstgefühl, das manche Menschen bekommen, wenn sie in engen oder überfüllten Räumen sind ❷ PSYCH. (≈ Agoraphobie) die krankhafte Unfähigkeit, große Plätze zu überqueren

Plạtz·an·wei·ser, Plạtz·an·wei·se·rin <-s, -> Person, die im Kino oder Theater den Besuchern ihre Plätze zeigt und die Eintrittskarten kontrolliert

Plạ̈tz·chen das <-s, -> ❶ ein kleines Gebäck: zu Weihnachten Plätzchen backen ❷ ein kleiner Platz: Wir suchen uns ein schattiges Plätzchen unter den Bäumen.

plạt·zen <platzt, platzte, ist geplatzt> ohne OBJ ■ etwas platzt ❶ durch Druck von innen her in Stücke gerissen werden: Der Luftballon ist geplatzt. ❷ (umg.) nicht stattfinden oder scheitern: Das Treffen ist geplatzt.; Die Vereinbarung ist geplatzt. ❸ jmd. platzt sich unter dem Ansturm eines negativen Gefühls nicht mehr beherrschen können: Er platzte vor Wut/Eifersucht/Neid/Stolz. ❹ jmd. platzt irgendwo hinein jmd. kommt plötzlich in eine Versammlung und stört sie auf diese Weise: Plötzlich ging die Türe auf und er platzte in die Besprechung. ■ vor Lachen fast platzen sehr heftig lachen müssen; ■ aus allen Nähten platzen zu dick werden oder zu sehr zunehmen; ■ Mir platzt gleich der Kragen! Ich bin dabei, wütend zu werden!

plạt·zen·las·sen, a. plạt·zen las·sen <lässt platzen, ließ platzen, hat platzenlassen> mit OBJ ■ jmd. läßt etwas Akk. platzen zum Scheitern bringen, zerstören ◆ Zusammenschreibung →R 4.6 ein Treffen platzenlassen

Plạtz·er·laub·nis die <-> /kein Plur./ SPORT die Erlaubnis, einen Sportplatz/Minigolfplatz/Golfplatz zu benutzen

Platz·hal·ter *der* <-s, -> MATH., EDV *Variable*

Platz·hirsch *der* <-(e)s, -e> ❶ *stärkster Hirsch in dem Revier zur Brunftzeit* ❷ *(umg. übertr. scherzh.) von einem Mann gesagt, der gerade im Blick auf anwesende Frauen seine Konkurrenten zu übertreffen versucht*

plat·zie·ren <platzierst, platzierte, hat platziert> **I.** *mit OBJ* ■ *jmd.* **platziert jmdn./etwas (irgendwohin)** *an eine bestimmte Stelle tun:* die Vase auf den Tisch platzieren; den Ehrengast in die Mitte platzieren **II.** *mit SICH* ■ *jmd.* **platziert sich** ❶ SPORT *ein bestimmtes Wettkampfergebnis erzielen:* sich unter den ersten Zehn platzieren ❷ *(umg. scherzh.) sich irgendwohin setzen:* Wie/Wo sollen wir uns platzieren?; Sie hatte sich ans Ende des Tisches platziert.

Plat·zie·rung *die* <-, -en> ❶ *das Platzieren*[1]: die Platzierung der Möbel in der neuen Wohnung; die Platzierung der Gäste ❷ SPORT *ein bestimmtes Wettkampfergebnis:* eine aussichtsreiche/gute Platzierung

Platz·kar·te *die* <-, -n> *Karte, die einen Sitzplatz reserviert:* für die Zugfahrt eine Platzkarte kaufen

Platz·kon·zert *das* <-(e)s, -e> *Konzert auf einem Platz im Freien:* Während der Sommermonate fanden in dem Kurort täglich Platzkonzerte statt.

Plätz·li *das* <-(s), -(s)> SCHWEIZ. *flaches Stück*

Platz·man·gel *der* <-s> /kein Plur./ *Knappheit an Platz*[2]: Wegen Platzmangels mussten einige Zuschauer draußen bleiben.

Platz·mie·te *die* <-, -n> *Miete für die regelmäßige Benutzung eines Sitzplatzes im Theater oder Konzertsaal*

Platz·pa·t·ro·ne *die* <-, -n> *nicht scharfe Patrone zum Schießen*

Platz·re·gen *der* <-s> /kein Plur./ *heftiger, kurzer Regenschauer*

Platz·re·ser·vie·rung *die* <-, -en> *das Reservieren eines Sitzplatzes*

Platz·ver·weis *der* <-es, -e> *Anweisung eines Schiedsrichters an einen Spieler, das Spielfeld wegen eines schweren Verstoßes gegen die Spielregeln zu verlassen*

Platz·wet·te *die* <-, -n> SPORT *beim Pferderennen die Wette darauf, dass ein bestimmtes Pferd einen bestimmten (ersten, zweiten, dritten …) Platz belegen wird*

Platz·wun·de *die* <-, -n> MED. *offene Wunde nach dem Aufplatzen der Haut durch einen Schlag oder Stoß:* Die Platzwunde am Kopf musste genäht werden.

Plau·de·rei *die* <-, -en> *ein ungezwungenes Gespräch:* eine kleine Plauderei mit guten Freunden

plau·dern <plauderst, plauderte, hat geplaudert> *ohne OBJ* ■ *jmd.* **plaudert (mit jmdm. über jmdn./etwas)** ❶ *sich mit jmdm. unterhalten:* mit der Nachbarin plaudern ❷ *Geheimnisse weitererzählen:* Ich sage dir etwas, aber wehe, du plauderst! ❸ *(als Gehörlose) sich in Gebärdensprache unterhalten*

Plau·der·stünd·chen *das* <-s, -> *Zeit, in der Gesprächspartner miteinander plaudern*

Plausch *der* <-s, -e> /Plur. selten/ SCHWEIZ. *Vergnügen, Spass, fröhliches Erlebnis*

plau·schen <plauschst, plauschte, hat geplauscht> *ohne OBJ* ■ *jmd.* **plauscht (mit jmdm.)** *sich zwanglos unterhalten:* ein wenig miteinander plauschen

plau·si·bel <plausibler, am plausibelsten> *adj einleuchtend; verständlich:* eine plausible Erklärung ▶ Plausibilität

Play·back, *a.* **Play·back** *das* ['pleɪbæk] <-s, -s> ❶ /kein Plur./ *Verfahren, bei dem für eine Fernsehsendung der Ton vorher aufgenommen wird und später zum Bild abgespielt wird* ❷ *eine Aufführung im Playback-Verfahren:* Wir haben an diesem Abend nur Play-backs gehört.

Play·boy *der* ['pleɪbɔɪ] <-s, -s> *meist junger Mann, der von seinem Vermögen im Luxus lebt*

Play·girl *das* ['pleɪgøːɐl] <-s, -s> *leichtlebiges, gut aussehendes junges Mädchen, das sich meist in Begleitung reicher Männer befindet*

Play·off *das* [pleɪˈʔɔf] <-s, -s> SPORT *System von Ausscheidungsspielen in manchen Sportarten*

Pla·zen·ta *die* <-, -s/Plazenten> ANAT. *Mutterkuchen*

Pla·zet *das* <-s, -s> *(geh.) Zustimmung:* jemandes Plazet einholen; sein Plazet zu einer Sache geben

Ple·be·jer *der* <-s, -> ❶ GESCH. *Angehöriger niederer Schichten im antiken Rom* ❷ *(geh. abwert.) ungebildeter Mensch*

Ple·bis·zit *das* <-(e)s, -e> POL. *Volksentscheid:* etwas durch Plebiszit entscheiden

Plebs *der/die* <-, -> *(geh. abwert.) die Masse ungebildeter Menschen:* Das weiß doch sogar der Plebs!

plei·te *adj* /nicht steig./ *zahlungsunfähig sein/ werden* ◆ Kleinschreibung → R 3.11 Ich bin momentan total pleite.

Plei·te *die* <-, -n> *(umg.)* ❶ WIRTSCH. *Zahlungsunfähigkeit:* Die Pleite war nicht abzuwenden.; Pleite machen ❷ *(umg. abwert.) Niederlage; Misserfolg:* Die ganze Sache war eine Pleite. ◆ Großschreibung → R 3.11 Die Firma hat Pleite gemacht.

plei·te·ge·hen <gehst pleite, ging pleite, ist pleitegegangen> *ohne OBJ* ■ *jmd.* **geht pleite** *Bankrott machen, kein Geld mehr haben* ◆ Zusammenschreibung → R 4.6 Das Unternehmen wird wohl bald pleitegehen.

Plei·te·gei·er *der* <-, -> *(umg. scherzh.) Zeichen des drohenden Konkurses:* der Pleitegeier schwebt über der Firma

Plei·ti·er *der* [plaɪˈtiːeː] <-s, -s> WIRTSCH. *(umg.) Bankrotteur*

Plek·t·ron *das* <-s, Plektren/Plektra> *Stäbchen oder Plättchen (aus Holz, Elfenbein, Metall) zum Anreißen der Saiten von Zupfinstrumenten wie Gitarre, Banjo, Mandoline u.a.*

Ple·nar·saal *der* <-(e)s, -säle> *Saal für Vollversammlungen:* der Plenarsaal des Bundestages

Ple·nar·sit·zung *die* <-, -en> *Vollversammlung:* eine Plenarsitzung des Bundestages

Ple·num *das* <-s, Plenen> *(eine Vollversammlung der) Gesamtheit aller Mitglieder:* etwas im Plenum besprechen

Ple·o·nas·mus *der* <-, Pleonasmen> *(meist) überflüssige Häufung sinngleicher Ausdrücke:* weißer

P

Schimmel/mit meinen eigenen Händen/schwarzer Rabe

Ple·sio·sau·ri·er, *a.* **Ple·sio·sau·rus** *der* <-s, -> *ausgestorbene Reptilien, die in der Jura- und Kreidezeit bis 14 m lang wurden, ursprünglich in küstennahen Meeresgebieten zu Hause*

Ple·thi ■**Krethi und Pleti** *(umg. abwert.)* alle möglichen Leute; *siehe* **Krethi**

Pleu·el *der* <-s, -> *kurz für „Pleuelstange"*

Pleu·el·stan·ge *die* <-, -en> *Schubstange als Verbindungsglied zwischen der sich drehenden Kurbelwelle und einem gerade geführten Teil, z. B. einem Kolben*

Ple·xi·glas® *das* <-es> */kein Plur./ ein harter, durchsichtiger Kunststoff:* Autofenster aus Plexiglas

Plis·see *das* <-s, -s> *in gleichmäßige Fältchen gelegter Stoff*

Plis·see·rock *der* <-s, Plisseeröcke> *Rock, dessen Stoff plissiert ist*

plis·sie·ren <plissierst, plissierte, hat plissiert> *mit OBJ* ■*jmd.* **plissiert etwas** *in Falten legen:* ein plissierter Rock

Plock·wurst *die* <-, Plockwürste> *Dauerwurst aus Rindfleisch, Schweinefleisch und Speck*

Plom·be *die* <-, -n> ➊ *(veralt.) Zahnfüllung* ➋ *ein Metallsiegel zum Verschließen von Behältern und Räumen:* eine Plombe anbringen/entfernen/beschädigen

plom·bie·ren <plombierst, plombierte, hat plombiert> *mit OBJ* ■*jmd.* **plombiert etwas** ➊ *(veralt.) einen Zahn mit einer Füllung versehen* ➋ *mit einem Metallsiegel versehen:* einen Stromzähler/einen Container plombieren

Plot *der/das* <-s, -s> ➊LIT. *Handlungsablauf:* der Plot eines Films/Romans ➋EDV *mit Hilfe eines Plotters hergestelltes Bild*

Plot·ter *der* <-s, -> EDV *technisches Gerät, das computergesteuert grafische Darstellungen anfertigt*

Plot·ter-Pa·pier *das* <-s, -e> *spezielles Zeichenpapier, das in Plotter eingelegt wird*

Plöt·ze *die* <-, -n> *eine Fischart*

plötz·lich *adj /nicht steig./ überraschend und unerwartet:* eine plötzliche Wende; ein plötzlicher Kälteeinbruch; plötzlich kam sie zur Tür herein.; ■**Nun aber ein bisschen plötzlich!** *(umg.) unhöfliche Aufforderung, sich zu beeilen*

Plu·der·ho·se *die* <-, -n> *Hose mit an den Oberschenkeln sehr weit geschnittenen Hosenbeinen*

plump *adj* ➊ *körperlich massig:* eine plumpe Figur ➋ *ungeschickt:* sich plump bewegen ➌ *nicht sehr klug:* eine plumpe Täuschung ➍ *sehr direkt:* ein plumper Annäherungsversuch

Plump·heit *die* <-, -en> ➊ *plumpe Art:* In dieser Plumpheit kann man doch nicht auf Kunden zugehen! ➋ *plumpe Handlung:* Mit dieser Plumpheit hast du sie beleidigt.

plumps *interj lautmalerisch für den Laut, der beim Aufschlag eines schweren Körpers entsteht:* Es machte plumps, als der Stein ins Wasser fiel.

plump·sen <plumpst, plumpste, ist geplumpst> *ohne OBJ* ■*jmd./etwas* **plumpst** *(umg.)*

schwerfällig fallen: ins Wasser plumpsen; sich auf das Sofa plumpsen lassen

Plumps·klo *das* <-s, -s> *(umg.) Toilette ohne Wasserspülung*

Plum·pud·ding *der* [ˈplʌmpʊdɪŋ] <-s, -s> *eine Süßspeise in der Art eines Kuchens, die in England zur Weihnachtszeit gegessen wird*

Plun·der *der* <-s> */kein Plur./* ➊ *(umg. abwert.) wertlose Gegenstände:* Was soll ich mit dem ganzen Plunder!; Auf dem Trödelmarkt gab es allerhand Plunder. ➋ *Backwerk aus Blätterteig und Hefe* ◆-brezel, -gebäck

Plün·de·rer *der,* **Plün·de·rin** <-s, -> *Person, die plündert:* Die Opfer des Erdbebens fürchten nun die Plünderer.

plün·dern <plünderst, plünderte, hat geplündert> *mit OBJ* ■*jmd.* **plündert etwas** ➊ *eine Notlage ausnutzen, um fremdes Eigentum zu stehlen:* die Häuser/Geschäfte plündern ➋ *(umg. übertr.) fast alles verbrauchen, was da ist:* den Kühlschrank/das kalte Büfett plündern

Plün·de·rung *die* <-, -en> *der Diebstahl von fremdem Eigentum während des Krieges oder bei Katastrophen:* Es kam zu Straßenschlachten und Plünderungen.

Plu·ral *der* <-s, -e> SPRACHWISS. *Mehrzahl:* im Plural stehen; ein Wort in den Plural setzen

Plu·ra·le·tan·tum *das* <-s, -s/Pluraliatantum> SPRACHWISS. *(↔ Singularetantum) Wort, das nur im Plural vorkommt:* das Wort „Kosten" ist ein Beispiel für ein Pluraletantum

Plu·ra·lis·mus *der* <-> */kein Plur./ (geh.: ↔ Totalitarismus) Vielfalt an Weltanschauungen, Macht- und Interessengruppen innerhalb einer Gesellschaft:* weltanschaulicher Pluralismus

plu·ra·lis·tisch *adj /nicht steig./ (geh.) vom Pluralismus gekennzeichnet:* eine pluralistische Gesellschaft

plu·ri·zen·t·risch *adj /nicht steig./ (fachspr.) mit mehreren Zentren:* eine plurizentrische Sprache; *siehe auch* **Österreich**

plus I. *konj* MATH. *drückt eine Addition aus:* Fünf plus drei ist acht. **II.** *adv als Zahl: positiv; größer als Null:* Heute sind fünf Grad plus.; In der Biologiearbeit hatte sie eine Zwei plus.

Plus *das* <-, -> ➊WIRTSCH. *Überschuss:* ein Plus erwirtschaften ➋ *Vorteil:* Seine Sprachkenntnisse sind ein entscheidendes Plus. ➌ *das Pluszeichen:* vor eine Zahl ein Plus setzen ➍PHYS. *positive Ladung:* der Strom fließt von Plus nach Minus.

Plüsch *der* <-(e)s, -e> *ein weicher, samtartiger (Baumwoll)Stoff:* ein mit Plüsch bezogenes Sofa

Plüsch·be·zug *der* <-s, Plüschbezüge> *Stoff aus Plüsch, den man über Sitzmöbel oder Betten legt, um sie zu schonen/weicher zu polstern*

Plüsch·tier *das* <-(e)s, -e> *Nachbildung eines Tieres in Plüsch*

Plus·pol *der* <-(e)s, -e> ELEKTROTECHN. *Pol mit einer positiven Ladung*

Plus·punkt *der* <-(e)s, -e> ➊ *Zähler in einer Punktwertung:* schon zehn Pluspunkte haben ➋ *(übertr.) Vorteil:* Ihre gute Ausbildung ist ein Pluspunkt.

Plus·quam·per·fekt *das* <-s, -e> SPRACHWISS. *voll-*

endete Vergangenheit: In dem Satz „Er hatte Hunger gehabt" steht das Verb „haben" im Plusquamperfekt.

plus·tern <plusterst, plusterte, hat geplustert>
I. *mit OBJ* ▪ *jmd./ein Tier plustert etwas* etwas aufrichten, sträuben: Der Vogel plusterte seine Federn.; Das Kind plusterte seine Backen. **II.** *mit SICH* ▪ *jmd./ein Tier plustert sich* sich größer machen: Der Vogel plusterte sich, indem er Luft zwischen die Federn nahm.; Er plusterte sich, indem er seine Leistungen in den schönsten Farben darstellte.

Plus·zei·chen *das* <-s, -> *das mathematische Zeichen für die Addition oder einen positiven Zahlenwert:* zwischen zwei Zahlen ein Pluszeichen setzen

Plu·to·ni·um *das* <-s> */kein Plur./* CHEM. *ein chemisches Element*

Pneu *der* <-s, -s> SCHWEIZ. *Reifen (für Auto und Fahrrad)*

Pneu·ma·tik *die* <-> ❶ PHYS. *Teilgebiet der Mechanik, das sich mit der Anwendung von Druck- und Saugluft beschäftigt* ❷ TECHN. *die technische Anwendung der Erkenntnisse aus der Pneumatik* [1]

pneu·ma·tisch *adj /nicht steig./* TECHN. *mit Druckluft arbeitend:* eine pneumatische Bremse/Hebebühne

Pneu·mo·tho·rax *der* <-(es), -e> (≈ *Lungenkollaps) krankhafte Ansammlung von Luft im Brustfellraum*

Po *der* <-(s), -s> *(umg.) siehe* **Popo**

Pö·bel *der* <-s> */kein Plur./ (abwert.) rohe und ungebildete Menschen:* Der Pöbel zog randalierend durch die Straßen.

pö·bel·haft *adj wie der Pöbel:* ein pöbelhaftes Benehmen

pö·beln <pöbelst, pöbelte, hat gepöbelt> *ohne OBJ* ▪ *jmd. pöbelt* ❶ *jmd. benimmt sich pöbelhaft* ❷ *jmd. verwendet Schimpfworte, schimpft derb*

po·chen <pochst, pochte, hat gepocht> *ohne OBJ* ▪ *jmd./etwas pocht (an/auf etwas)* ❶ *(geh.) mit der Hand klopfen:* an die Tür pochen ❷ *bestehen auf:* auf sein Recht pochen ❸ *in kurzen regelmäßigen Abständen schlagen:* das Herz pocht; ein pochendes Geräusch; ein pochender Schmerz

po·chie·ren [pɔˈʃiːrən] <pochierst, pochierte, hat pochiert> *mit OBJ* ▪ *jmd. pochiert etwas* KOCH. *in siedendem Wasser garen:* pochierte Eier

Po·cke *die* <-, -n> *Eiterbläschen*

Po·cken *die* <-> *Plur.* MED. (≈ *Blattern) durch Pockenviren hervorgerufene sehr schwere Infektionskrankheit, die für Nichtgeimpfte meist tödlich verläuft* ◆-epidemie, -impfung, -kranke

po·cken·nar·big *adj /nicht steig./ von den Narben gezeichnet, die von einer Pockenerkrankung herrühren:* ein pockennarbiges Gesicht

Po·cket·ka·me·ra *die* [ˈpɔkɪtkaməra] <-, -s> *kleine, handliche Kamera*

Po·dest *das/der* <-(e)s, -e> *Treppenabsatz; kleine erhöhte Fläche:* Der Redner stand auf einem Podest, damit er von allen gesehen werden konnte.

Po·dex *der* <-(e)s, -e> *(umg. scherzh.) Gesäß*

Po·di·um *das* <-s, Podien> *erhöhte Plattform für eine Darbietung oder einen Redner:* Der Dirigent trat zum Orchester auf das Podium.

Po·di·ums·dis·kus·si·on *die* <-, -en> *(auf einem Podium stattfindende) öffentliche Diskussion von Fachleuten zu einem bestimmten Thema*

Po·e·sie *die* <-, ...-sien> *(geh.)* ❶ *Dichtkunst:* die Werke der Poesie ❷ (↔ *Prosa) Gedichte:* Poesie schreiben ❸ *bezaubernde Schönheit:* die Poesie der Landschaft/des Sommerabends

Po·e·sie·al·bum *das* <-s, Poesiealben> *Album für Gedichte und Sprüche, die an jmdn. erinnern sollen*

Po·et *der*, **Po·e·tin** <-en, -en> *(geh.)* ❶ *Person, die Gedichte schreibt* ❷ *Dichter(in)*

Po·e·tik *die* <-, -en> *die Lehre von der Dichtkunst*

po·e·tisch *adj /nicht steig./* ❶ *die Dichtkunst betreffend:* das poetische Werk Heinrich Heines; eine poetische Ader haben ❷ *zauberhaft; stimmungsvoll:* eine poetische Stimmung; ein poetischer Film

Po·g·rom *der/das* <-s, -e> GESCH., POL. *gewalttätige Aktionen gegen Menschen, die einer Minderheit angehören*

Poin·te *die* [ˈpo̯ɛ̃ːtə] <-, -n> ❶ *überraschendes, geistreiches Ende einer kleinen Erzählung* ❷ *die entscheidende Wendung einer Geschichte/eines Witzes/einer Angelegenheit, der „springende Punkt":* bei einer Geschichte/einem Witz die Pointe (nicht) verstehen

poin·tie·ren [po̯ɛ̃ˈtiːrən] <pointierst, pointierte, hat pointiert> *mit OBJ* ▪ *jmd. pointiert etwas* unterstreichen, betonen, herausheben: Er pointierte in seinem Vortrag besonders den Umstand, ...

poin·tiert [po̯ɛ̃ˈtiːrt] *adj (geh.) treffend ausgedrückt:* eine pointierte Bemerkung

Po·kal *der* <-s, -e> ❶ *wertvoller, reich geschmückter Becher:* Der König trank Wein aus einem Pokal. ❷ *ein Gefäß, das als Auszeichnung dem Gewinner eines (sportlichen) Wettkampfes überreicht wird:* um den Pokal spielen; den Pokal gewinnen ◆-sieger, -spiel

Pö·kel *der* <-s, -> *Salzlake zum Pökeln*

Pö·kel·fleisch *das* <-(e)s> */kein Plur./ durch Pökeln haltbar gemachtes Fleisch*

pö·keln <pökelst, pökelte, hat gepökelt> *mit OBJ* ▪ *jmd. pökelt etwas* Fleisch durch Einlegen in Salzlake haltbar machen

Po·ker *das* <-s> */kein Plur./ ein Kartenspiel*

Po·ker·face *das* [ˈpoːkefeɪs] <-, -s> *undurchschaubarer Gesichtsausdruck:* ein Pokerface aufsetzen/haben

po·kern <pokerst, pokerte, hat gepokert> *ohne OBJ* ▪ *jmd. pokert* ❶ *Poker spielen* ❷ *ein hohes Risiko eingehen:* Bei diesem Geschäft haben beide Seiten hoch gepokert.

Pol *der* <-s, -e> ❶ *einer der beiden Endpunkte der Erdachse:* Nord-, Süd- ❷ ELEKTROTECHN. *Aus- und Eingangspunkt des elektrischen Stroms:* Minus-, Plus- ❸ PHYS. *ein Anziehungszentrum am Ende eines Magneten:* Magnetpol

po·lar *adj /nicht steig./ auf einen der beiden Pole der Erde bezogen:* polare Luftmassen

P

Po·lar·eis *das* <-es> */kein Plur./ das Eis an den Polarkappen der Erde*

Po·lar·ex·pe·di·ti·on *die* <-, -en> *eine Expedition zur Erforschung der Gebiete an den Polen der Erde*

Po·lar·for·scher *der,* **Po·lar·for·sche·rin** <-s, -> *Person, die an Polarexpeditionen teilnimmt*

Po·lar·front *die* <-, -en> *eine Bezeichnung aus dem Gebiet der Klimatheorie, die besagt, dass Tiefdruckgebiete an der Polarfront entstehen, d.h. an der der Grenzfläche zwischen polarer Kaltluft und gemäßigter oder subtropischer Warmluft*

Po·lar·ge·biet *das* <-s, -e> *das Gebiet um die Polkappen der Erde, das durch die Polargrenze bestimmt wird*

Po·lar·gren·ze *die* <-, -n> *durch klimatische Faktoren bestimmter Grenzsaum, in dem polwärts die Verbreitung von bestimmten Pflanzen, Tieren und Besiedlung u.a. endet*

Po·la·ri·sa·ti·on *die* <-, -en> ❶ *das deutliche Hervortreten von Gegensätzen* ❷ PHYS. *Bezeichnung für verschiedene physikalische Erscheinungen und Zustände von Objekten und Systemen, die durch gegensätzliche Eigenschaften oder Quantitäten gekennzeichnet sind: elektrochemische Polarisation, galvanische Polarisation, Reaktions- Polarisation*

po·la·ri·sie·ren <polarisierst, polarisierte, hat polarisiert> I. *mit OBJ* ▪ *jmd./etwas polarisiert etwas* ❶ PHYS. *magnetische oder elektrische Pole bilden* ❷ *(geh.) dazu beitragen, dass Gegensätze stärker hervortreten: der Politiker polarisiert sehr* II. *mit SICH* ▪ *etwas polarisiert sich (geh.) sich zu Gegensätzen entwickeln: sich polarisierende Meinungen/Standpunkte*

Po·la·ri·sie·rung *die* <-, -en> *das Polarisieren I., II.*

P

Po·la·ri·tät *die* <-, -en> ❶ PHYS. *das Vorhandensein zweier elektrischer oder magnetischer Pole* ❷ *(geh.) Gegensätzlichkeit: die Polarität der Meinungen*

Po·lar·ko·or·di·na·ten *die* <-> *Plur.* MATH. *Polarkoordinaten werden benutzt in einem sog. krummlinigen Koordinatensystem*

Po·lar·kreis *der* <-es, -e> GEOGR. *der Breitenkreis, der die nördliche bzw. südliche polare Zone der Erde von der gemäßigten Zone trennt: der nördliche/südliche Polarkreis*

Po·lar·licht *das* <-(e)s, -er> *nächtliches Leuchten in den höheren Schichten der Atmosphäre, das in den Gebieten beobachtet werden kann, die in der Nähe der Pole liegen*

Po·la·ro·id·ka·me·ra® *die* [...'rɔyt../...ro'it...] <-, -s> *Sofortbildkamera*

Po·lar·stern *der* <-s> */kein Plur./* ASTRON. *hellster Stern im Sternbild des Kleinen Bären*

Po·le·mik *die* <-, Polemiken> ❶ *(geh.) unsachlicher Angriff auf etwas oder jmdn.: Das ist doch reine, durch nichts sachlich begründbare Polemik!* ❷ *scharfe, streitsüchtige Auseinandersetzung zwischen Wissenschaftlern: eine Polemik gegen jemandes wissenschaftliche Ideen führen*

po·le·misch *adj von scharfer Auseinandersetzung geprägt: ein polemischer Angriff*

po·le·mi·sie·ren <polemisierst, polemisierte, hat polemisiert> *ohne OBJ* ▪ *jmd. polemisiert (gegen jmdn./etwas) sich polemisch äußern: gegen einen politischen Gegner polemisieren*

Po·len <-s> *Republik im östlichen Mitteleuropa mit der Hauptstadt Warschau* ▸ Pole, Polin

Po·len·ta *die* <-, -s/Polenten> *Maisgericht*

Po·len·te *die* <-> */kein Plur./ (umg.) Polizei*

Pole·po·si·tion, *a.* **Pole-Po·si·tion** *die* ['p:lpəzɪʃn] <-, -s> *beste Startposition bei Autorennen*

po·lie·ren <polierst, polierte, hat poliert> *mit OBJ* ▪ *jmd. poliert etwas die Oberfläche durch Reiben glänzend machen: den Lack/die Schuhe polieren; auf Hochglanz poliertes Geschirr*

Po·li·kli·nik, **Po·li·kli·nik** *die* <-, -en> *(eine Abteilung einer) Klinik, in der die Patienten ambulant behandelt werden, sodass sie nach der Behandlung wieder nach Hause gehen können*

Po·lio *die* <-> */kein Plur./* MED. *(≈ Poliomyelithis) Kinderlähmung*

Po·lit·bü·ro *das* <-s, -s> POL. *politisches Führungsorgan einer kommunistischen Partei: das Politbüro einer Partei*

Po·li·tes·se *die* <-, -n> *(umg.) Hilfspolizistin*

Po·li·ti·cal Cor·rect·ness *die* [pɔ'lɪtɪkəl kə'rektnəs] <-> */kein Plur./ Einstellung, die alle Formen der öffentlichen Diskriminierung in Tat und Wort ablehnt*

Po·li·tik *die* <-, -en> */Plur. selten/* ❶ POL. *alle Maßnahmen einer Regierung, die auf die Verwirklichung bestimmter Ziele in Staat und Gesellschaft hinwirken: die Politik der neuen Regierung; eine konservative/liberale Politik; eine arbeitnehmerfreundliche Politik machen; sich für (die) Politik in der Welt) interessieren* ◆ Kommunal-, Steuer-, Welt- ❷ *die Staatsführung als Wissenschaft: Politik studieren; sich mit Politik beschäftigen* ❸ *eine auf ein bestimmtes Ziel gerichtete Verhaltensweise: die Politik eines Unternehmens; Unsere Politik ist es sein, alle in das Projekt einzubeziehen.* ◆ Familien-, Firmen-, Personal-

Po·li·ti·ker *der,* **Po·li·ti·ke·rin** <-s, -> *Person, die (beruflich) in der Politik tätig ist*

Po·li·ti·kum, **Po·li·ti·kum** *das* <-s, Politika> *eine Angelegenheit von entscheidender politischer Bedeutung: etwas zum Politikum machen; Dinge aus dem Privatleben eines Regierungsmitgliedes zum Politikum machen*

Po·li·tik·ver·dros·sen·heit *die* <-> */kein Plur./ mangelndes Interesse der Bürger an der Politik*

po·li·tisch *adj /nicht steig./* ❶ *die Politik betreffend: eine politische Frage/Angelegenheit; eine politische Karte; die politischen Wissenschaften* ❷ *klug; berechnend: eine rein politische, weniger an Sachfragen orientierte Entscheidung*

po·li·ti·sie·ren <politisierst, politisierte, hat politisiert> I. *mit OBJ* ▪ *jmd./etwas politisiert jmdn./etwas* ❶ POL. *politisches Interesse oder Handeln wecken: Dieser Streik politisierte die ganze Studentschaft.* ❷ *etwas politisch behandeln oder etwas zum bloßen Gegenstand der Politik machen: Man kann doch nicht alle Probleme politisieren.* II. *ohne OBJ* ▪ *jmd. politisiert in verein-*

fachender Weise und mit wenig Faktenwissen (erregt) über politische Fragen diskutieren: Müsst ihr
immer anfangen zu politisieren!

Po·li·ti·sie·rung *die* <-, -en> *das Politisieren I.*

Po·li·to·lo·gie *die* <-> */kein Plur./ die Politik als*
Wissenschaft: Politologie studieren ▶ Politologe,
Politologin, politologisch

Po·li·tur *die* <-, -en> *Mittel zum Polieren*

Po·li·zei *die* <-, -en> */kein Plur./* ❶ *die staatliche*
Behörde, die für öffentliche Sicherheit und Ord-
nung sorgt: bei der Polizei arbeiten ◆ -beamte, -be-
amtin, -dienststelle, -direktion, -kommissar(in),
-präsident(in), -schutz, -sprecher(in), -station, Bun-
des-, Kriminal- ❷ */kein Plur./ Mitarbeiter der Poli-*
zei[1]: die Polizei rufen; Die Polizei traf am Unfallort
ein.

Po·li·zei·ak·ti·on *die* <-, -en> *Einsatz der Polizei:*
Die Polizeiaktion, auf der Durchfahrtsstraße eine
nächtliche Alkoholkontrolle durchzuführen, stieß
auf ein lautes Echo.

Po·li·zei·ap·pa·rat *der* <-(e)s, -e> *alles, was zur*
Polizei[1] gehört

Po·li·zei·auf·ge·bot *das* <-(e)s, -e> *die Gesamt-*
heit der eingesetzten Polizisten: ein großes Poli-
zeiaufgebot

Po·li·zei·auf·sicht *die* <-> */kein Plur./ die Ver-*
pflichtung, sich regelmäßig bei der Polizei zu mel-
den: Die Flüchtlinge standen zuerst unter Polizei-
aufsicht.

Po·li·zei·be·richt *der* <-s, -e> AMTSSPR. *schriftli-*
cher offizieller Bericht von Polizisten oder Polizis-
tinnnen, der den genauen Hergang eines Ereignis-
ses schildert, zu dem sie gerufen worden sind: Im
Polizeibericht zu dem Unfall konnte man lesen,
dass …

Po·li·zei·ge·wahr·sam *der* <-s> */kein Plur./*
AMTSSPR. *Haft:* jemanden in Polizeigewahrsam nehmen

Po·li·zei·ge·walt *die* <-> */kein Plur./* AMTSSPR. *Be-*
fugnis der Polizei, in bestimmten Grenzen staat-
lich zugelassene Gewalt anzuwenden: Das Ge-
waltmonopol des Staates drückt sich u.a. in der
Polizeigewalt aus.

po·li·zei·lich *adj* */nicht steig./ von der oder durch*
die Polizei: polizeilich angeordnete Maßnahmen;
ein polizeilich gesuchter Verdächtiger; polizeiliche
Ermittlungen

Po·li·zei·pos·ten *der* <-s, -> SCHWEIZ. *Polizeirevier*

Po·li·zei·prä·senz *die* <-> */kein Plur./* AMTSSPR.
die (sichtbare) Anwesenheit der Polizei an einem
Ort: die Polizeipräsenz verstärken

Po·li·zei·prä·si·di·um *das* <-s, Polizeipräsidien>
❶ *das Gebäude, in dem die oberste Polizeibe-*
hörde einer Region ist: im Polizeipräsidium arbeiten ❷ *die oberste Polizeibehörde einer Region:*
beim Polizeipräsidium arbeiten

Po·li·zei·re·vier *das* <-s, -e> ❶ *die Diensträume*
der örtlichen Polizei: jemanden mit auf das Polizeirevier nehmen ❷ *das Gebiet, für das eine be-*
stimmte Einheit der örtlichen Polizei zuständig
ist: im Polizeirevier Streife gehen

Po·li·zei·spit·zel *der* <-s, -> *jmd., der heimlich im*
Dienst der Polizei als Spitzel arbeitet

Po·li·zei·strei·fe *die* <-, -n> *Polizisten, die in ei-*

nem bestimmten Gebiet einen Kontrollgang machen: von einer Polizeistreife aufgegriffen werden

Po·li·zei·stun·de *die* <-> */kein Plur./ gesetzlich*
angeordnete Uhrzeit, zu der Gaststätten schlie-
ßen müssen

Po·li·zei·über·griff *der* <-s, -e> *Missbrauch der*
Polizeigewalt: Die Hausdurchsuchung ohne die
entsprechende richterliche Verfügung dazu war ein
Polizeiübergriff.

Po·li·zei·wa·che *die* <-, -n> *Diensträume der*
örtlichen Polizei, die zuständig ist: sich auf der Po-
lizeiwache melden

Po·li·zist *der,* **Po·li·zis·tin** <-en, -en> *Person, die*
bei der Polizei[1] arbeitet

Po·liz·ze *die* <-, -n> ÖSTERR. *Police (Versicherungs-*
schein)

Pol·ka *die* <-, -s> *ein Tanz*

Pol·len *der* <-s, -> *Blütenstaub*

Pol·len·al·l·er·gie *die* <-, -n> MED. *eine Allergie*
gegen (bestimmte) Pollen

Pol·len·sack *der* <-s, Pollensäcke> BIOL. *Teil der*
Staubblätter, in denen die Pollenkörner gebildet
werden

pol·nisch *adj* */nicht steig./ der Kultur und Ge-*
schichte Polens entsprechend: das polnische
Nachbarland; *siehe auch* **deutsch**

Pol·ni·sche *das* <-n> */kein Plur./ die National-*
sprache der Polen: Das Polnische wie das Russische u.a. ist eine slawische Sprache.

Po·lo *das* <-s> */kein Plur./ eine Ballsportart, bei*
der die Spieler auf Pferden reiten

Po·lo·hemd *das* <-s, -en> *Trikothemd mit kurzen*
Ärmeln

Po·lo·nä·se, *a.* **Po·lo·nai·se** *die* [polo'nɛːzə] <-,
-n> *ein Tanz*

Pols·ter *das* <-s, -> ❶ *weiches Material, das eine*
harte Oberfläche bedeckt: das Polster eines Sofas/
Sessels ◆ Sitz-, Stuhl- ❷ *eine Hülle, die mit wei-*
chem Material gefüllt ist: ein Polster auf den Holz-
stuhl legen; ein Polster in die Jacke einnähen;
■ **ein finanzielles Polster** *(übertr.)* Sicherheit
durch eine ausreichende Menge Geld

Pols·ter·gar·ni·tur *die* <-, -en> *mehrere zusam-*
mengehörige gepolsterte Sitzmöbel

Pols·ter·mö·bel *das* <-s, -> *gepolstertes Sitzmöbel*

pols·tern <polsterst, polsterte, hat gepolstert>
mit OBJ ■ **jmd. ein Tier polstert etwas** *unter*
weichen Schicht versehen: einen Sessel polstern;
das Nest mit Federn und Gras polstern

Pols·te·rung *die* <-, -en> *Polster[1, 2]:* eine weiche
Polsterung im Auto

Pol·ter·abend *der* <-s, -e> *Abend vor einer Hoch-*
zeit, an dem nach der Tradition Geschirr zerschla-
gen wird, weil das dem Brautpaar Glück bringen
soll

pol·te·rig, *a.* **polt·rig** <poltriger, am poltrigs-
ten> *adv polternd*

pol·tern <polterst, polterte, hat/ist gepoltert>
ohne OBJ ■ **jmd./etwas poltert** ❶ */haben/ ein*
wiederholtes dumpfes Geräusch erzeugen: die
Kinder poltern auf der Treppe; die Maschine poltert ❷ */sein/ sich polternd irgendwohin bewe-*
gen: Der Handwagen poltert über das Straßenpflas-
ter.; Die Steine poltern auf den Boden.

P

Po·ly- *aus dem Griechischen übernommene Vorsilbe mit der Bedeutung „viel", „vielgestaltig" bzw. „vielseitig"; als Erstglied zusammengesetzter Substantive unterschiedlicher Fachsprachen, besonders der Medizin; drückt aus, dass das mit dem Zweitglied Bezeichnete* ❶ *aus mehreren/vielen (Bestand-)Teilen gleicher oder unterschiedlicher Art besteht bzw. sich auf diese erstreckt, diese beinhaltet oder durch diese bedingt ist* ◆-andrie, -chromie, -genie, -gon, -graf/-graph, -grafie/-graphie, -gynie, -histor, -kondensation, -merisat, -merisation, -merisierung, -morphie, -morphismus, -ribosom, -som ❷ *in mehrfacher Hinsicht wirksam/aktiv und vielfältig ist bzw. im Zusammenwirken in mehrere Richtungen geht* ◆-arthritis, -ästhesie, -metrie, -morbidität, -morphismus, -myositis, -neuritis, -neuropathie, -phage, -parasitismus, -pathie, -toxikomanie, -trauma, -zentrismus ❸ *mehr als übliche Bestandteile enthält, mehr als normal bzw. in abnormer Steigerung vorkommt* ◆-daktylie, -korie, -krotie, -melie, -menorrhoe, -orchie, -phagie, -somie, -spermie, -splenie, -urie ❹ *wiederholt/mehrmals Gleiches hervorbringt* ◆-kladie

po·ly- *aus dem Griechischen übernommene Vorsilbe mit der Bedeutung „viel", „vielgestaltig" bzw. „vielseitig"; als Erstglied zusammengesetzter Adjektive unterschiedlicher Fachsprachen, besonders der Medizin; drückt aus, dass das mit dem Zweitglied Bezeichnete* ❶ *aus mehreren/vielen (Bestand-)Teilen gleicher oder unterschiedlicher Art besteht bzw. sich auf diese erstreckt, diese beinhaltet oder durch diese bedingt ist* ◆-chrom, -gen, -glott, -merisierbar, -morph, -nomisch, -nuklear ❷ *in mehrfacher Hinsicht wirksam/aktiv und vielfältig ist bzw. im Zusammenwirken in mehrere Richtungen geht* ◆-arthritisch, -ästhetisch, -metrisch, -morbid, -morph, -phag, -traumatisiert, -zentrisch ❸ *mehr als übliche Bestandteile enthält, mehr als normal bzw. in abnormer Steigerung vorkommt* ◆-zystisch ❹ *wiederholt/mehrmals Gleiches hervorbringt* ◆-karp, -karpisch

Po·ly·amid® *das* <-s, -e> CHEM. *ein Kunststoff*

Po·ly·äthy·len, *a.* **Po·ly·ethy·len** *das* <-s, -e> CHEM. *ein Kunststoff*

Po·ly·eder *das* <-s, -> MATH. *von mindestens drei ebenen Flächen begrenzter Körper, z. B. ein Würfel*

Po·ly·es·ter *der* <-s, -> CHEM. *Rohstoff zur Herstellung von Lacken, Farben und Kunstfasern*

Po·ly·ethy·len *siehe* **Polyäthylen**

po·ly·fon *adj siehe* **polyphon**

po·ly·gam *adj /nicht steig./* (↔ *monogam) in Vielehe lebend*

Po·ly·ga·mie *die* <-> /kein Plur./ (↔ *Monogamie) Vielehe*

po·ly·glott *adj /nicht steig./ mehrsprachig: eine polyglotte Erziehung; polyglott sein* ▶ Polyglotte

Po·ly·mer *das* <-s, -e> CHEM. *Stoff aus Makromolekülen*

Po·ly·ne·si·en <-s> /kein. Plur./ *Inselwelt im Pazifik* ▶ polynesisch

Po·ly·nom *das* <-s, -e> MATH. ❶ MATH. *mehrgliedriger, mathematischer Ausdruck, dessen Glieder nur durch Addition bzw. Subtraktion verbunden*

sind (z. B. die Binome „(a+b), (a-b)", die Trinome „(a+b·c), (a-b·c), (a-b+c)…)" ❷ MATH. *allgemeine Gleichungsform mit n Variablen und n+1 Koeffizienten*

Po·lyp *der* <-en, -en> ❶ ZOOL. *auf einem Untergrund fest sitzendes Nesseltier, z. B. eine Koralle* ❷ MED. *Wucherung an der Schleimhaut:* Polypen *in der Nase haben* ❸ *(vulg.) Polizist*

po·ly·phon, *a.* **po·ly·fon** *adj /nicht steig./* MUS. *mehrstimmig: ein polyphoner Satz* ▶ Polyphonie

po·ly·sem *adj /nicht steig./* SPRACHWISS. *mit der Eigenschaft der Polysemie:* Polysem *sind z. B. „Fliege" (Insekt) und „Fliege" (Schleife am Hemd) aufgrund gemeinsamer Gestalteigenschaften*

Po·ly·se·mie *die* <-, …-mien> SPRACHWISS. *grundlegende Art der Mehrdeutigkeit lexikalischer Einheiten, bei der eine Überschneidung durch zentrale gemeinsame Merkmale gegeben ist; siehe auch* **Mehrdeutigkeit**

Po·ly·tech·ni·kum *das* <-s, Polytechnika/Polytechniken> *eine technische Fachhochschule*

Po·ly·the·is·mus *der* <-, Poytheismen> (↔ *Monotheismus) Glaube an eine Vielzahl oberster männlicher und weiblicher Gottheiten: Untersuchung zu den Polytheismen der griechischen Antike; der Polytheismus im antiken Rom*

Po·ly·vi·nyl·chlo·rid *das* <-s, Polyvenylchloride> *einer der wichtigsten Kunststoffe, der unter der Abkürzung „PVC" sehr bekannt geworden ist*

Po·ma·de *die* <-, -n> *salbenartiges Fett zur Haarpflege*

po·ma·dig *adj /nicht steig./* ❶ *mit Pomade eingerieben: pomadige Haare* ❷ *(umg. abwert.) träge; schwerfällig: So ein pomadiger Kerl, dem ist ja alles zu anstrengend!*

Po·me·ran·ze *die* <-, -n> BOT. *eine Zitrusfrucht*

Po·me·ran·zen·öl *das* <-s, -e> (≈ *Orangenöl) aus den Schalen der unreifen Pomeranzen gepresstes Öl, das in der Parfüm- und Genussmittelindustrie wichtig ist*

Pom·mern <-s> GEOGR., GESCH. *ehemalige Provinz des Deutschen Reiches*

Pommes frites [pɔmˈfrɪt] <-> *Plur. schmale, in Fett gebackene Kartoffelstreifen*

Pomp *der* <-(e)s> /kein Plur./ (abwert.) *übertriebene Pracht; ein Fest mit großem Pomp feiern*

Pom·pe·jer, *a.* **Pom·pe·ja·ner** *der*; **Pom·pe·jerin** <-s, -> *Einwohner der ehemaligen Stadt Pompeji*

Pom·pe·ji, *a.* **Pom·pei** *italienische Stadt in Kampanien am Fuß des Vesuv, die im Jahre 79 n. Chr. beim Ausbruch dieses Vulkans vollständig verschüttet wurde*

Pom·pon *der* [põˈpõ] <-s, -s> *Quaste oder Troddel aus Wolle oder Seide*

pom·pös *adj /nicht steig./* (abwert.) *übertrieben prachtvoll: eine pompöse Villa*

Pon·cho *der* [ˈpɔntʃo] <-s, -s> *Umhang der Indios*

Pond *das* <-s, -> PHYS. (veralt.) *physikalische Krafteinheit für die Kraft, mit der 1 Gramm Masse in 45° geographischer Breite auf Meereshöhe angezogen wird*

Pon·ti·fex *der* <-es, Pontifizes/Pontifices>

P

① GESCH. *Oberpriester im antiken Rom* **②** *kurz für „Pontifex maximus", Titel des Papstes*

Pon·ti·fi·kat *das* <-(e)s, -e> **①** GESCH. *Amt des Oberpriesters* **②** *die Amtszeit des Papstes*

Pon·ti·us Pi·la·tus ■ *von Pontius zu Pilatus laufen (müssen) (umg.) viele Wege machen (müssen), und trotzdem wenig erreichen*

Pon·ton *der* [pɔn'tõ/põ'tõː] <-s, -s> SEEW., MILIT. *Hohlkörper, mit dessen Hilfe Brücken gebaut werden* ◆-brücke

Po·ny¹ *das* <-s, -s> *Pferd einer kleinwüchsigen Rasse*

Po·ny² *der* <-s, -s> *eine Frisur, bei der das gleichmäßig lang geschnittene Haar in die Stirn gekämmt ist*

Pool *der* [puːl] <-s, -s> *Schwimmbecken:* der Pool eines Hotels/im eigenen Garten

Pop *der* <-(s)> *kurz für „Popmusik"*

Pop-Art *die* ['pɔpʔaːt] <-> /kein Plur./ KUNST *eine moderne Kunstrichtung*

Pop·corn *das* <-s> /kein Plur./ *gerösteter Mais*

Po·pel *der* <-s, -> *(umg.) fest gewordener Nasenschleim*

po·pe·lig, pop·lig <popeliger, am popeligsten> *adj (umg. abwert.) armselig; schäbig:* eine popelige Spende für einen so vermögenden Mann

Po·pe·li·ne *die* <-, -> /kein Plur./ *ein Gewebe*

po·peln <popelst, popelte, hat gepopelt> *ohne OBJ* ■ *jmd. popelt (in der Nase) (umg.) in der Nase bohren*

Pop·grup·pe *die* <-, -n> *Gruppe von Musikern, die Popmusik macht*

pop·lig *siehe* **popelig**

Pop·mu·sik *die* <-> /kein Plur./ *volkstümliche Musik mit einem Schwerpunkt in der kommerziellen Song- bzw. Schlagermusik, die aber auch folklorenahe Formen wie z. B. Country, Western und Jazz einbezieht*

Po·po *der* <-s, -s> *(umg.) Gesäß*

Pop·per *der* <-s, -> *(umg.) in den 80er Jahren des 20. Jahrhunderts unpolitischer, angepasster, betont modisch gekleideter Jugendlicher*

pop·pig *adj auffällig und bunt:* ein poppiges Kleid; eine poppig eingerichtete Wohnung

Pop·sän·ger *der* <-s, -> *jmd., der Popsongs singt*

Pop·star *der* <-s, -s> *Star in der Popszene*

Pop·sze·ne *die* <-, -n> *der Bereich der Kultur, in dem Popmusik eine Rolle spielt*

po·pu·lär *adj bei der großen Masse bekannt und beliebt:* der populäre Schauspieler/Darsteller/Sänger/ Künstler/Entertainer

po·pu·la·ri·sie·ren <popularisierst, popularisierte, hat popularisiert> *mit OBJ* ■ *jmd. popularisiert etwas (geh.)* **①** *populär machen:* seine politischen Ziele popularisieren **②** *so gestalten, dass es allgemein verständlich wird:* wissenschaftliche Themen popularisieren

Po·pu·la·ri·tät *die* <-> /kein Plur./ *Beliebtheit:* die Popularität eines Schauspielers/Politikers

po·pu·lär·wis·sen·schaft·lich *adj als wissenschaftlicher Inhalt so aufbereitet, dass ein entsprechender Text auch für Nichtfachleute verständlich ist*

Po·pu·la·ti·on *die* <-, -en> BIOL. *Gesamtheit aller*

Individuen einer Art, die an einem Ort leben: die Population der Menschenaffen in einem Gebiet

Po·pu·lis·mus *der* <-> /kein Plur./ *(abwert.) eine Politik, die mit scheinbar einfachen Lösungen die Gunst der Bevölkerung zu gewinnen versucht*

Po·re *die* <-, -n> *eine der vielen sehr kleinen Öffnungen der Haut*

Po·ren·kap·sel *die* <-, -n> *Samenkapsel, die kleine Poren, d.h. Löcher, in der Aussenwand hat, durch die die Samen entweichen können*

po·ren·ver·stop·fend *adj /nicht steig./ so, dass durch die Poren nichts mehr dringen kann:* Das Hautfett hatte die problematische Eigenschaft, porenverstopfend zu sein.

Por·no *der* <-s, -s> *(umg.) kurz für „Pornofilm" oder „Pornoheft"; Film oder Buch mit pornografischem Inhalt:* einen Porno sehen; Sie fand in seiner Aktentasche mehrere Pornos. ◆-darsteller(in), -film, -regisseur, -video

Por·no·gra·fie, a. **Por·no·gra·phie** *die* <-> /kein Plur./ *(umg.) jede Form bildlicher oder sprachlicher Darstellung von Sexualität, die sich einseitig auf die körperlichen Vorgänge konzentriert (und die psychischen Aspekte ausklammert) bzw. vor der Darstellung von Perversitäten nicht zurückscheut:* Kritiker haben gegen den Roman den Vorwurf der Pornografie erhoben.; Das ist keine Kunst, das ist reinste Pornografie! ▶ pornographisch/pornografisch

Por·no·heft *das* <-(e)s, -e> *ein Magazin, das pornografische Fotos und Texte enthält*

po·rös *adj /nicht steig./ so, dass es viele kleine Hohlräume hat:* poröses Gestein; das Material ist porös geworden

Por·phyr, Por·phyr *der* <-s, -e> *eine Gesteinsart vulkanischen Ursprungs*

por·phy·risch *adj /nicht steig./ so, dass es die Eigenschaften von Porphyr hat*

Por·ree *der* <-s, -s> *Lauch*

Por·tal *das* <-s, -e> **①** *ein großes (prunkvolles) Eingangstor an einem Gebäude* **②** EDV *eine Internetseite, die als Einstieg in das Internetangebot zu einem bestimmten Thema dient*

Porte·mon·naie *das siehe* **Portmonee**

Por·ter *der/das* <-s, -> *eine Starkbiersorte*

Port·fo·lio *das* <-s, -s> WIRTSCH. *Wertpapierbestand* ◆ *Bildband; Grafikmappe*

Por·ti·er *der* [pɔr'tjeː] <-s, -s> **①** *Pförtner in Hotels oder öffentlichen Gebäuden* **②** *Hausmeister*

Por·ti·e·re *die* [pɔr'tjeːrə] <-, -n> *schwerer Vorhang für eine Türe*

por·tie·ren *mit OBJ* ■ *jmd. portiert jmdn.* SCHWEIZ. *zur Wahl vorschlagen*

Por·ti·on *die* <-, -en> **①** *eine abgemessene Menge von einer Speise:* sich eine große/kleine/ordentliche Portion nehmen; Das Lokal serviert großzügige Portionen, hier ist noch jeder satt geworden. **②** *(umg.) eine beträchtliche Menge von etwas:* Dazu gehört eine gehörige Portion Frechheit/Glück/ Unverschämtheit.; ■ *eine halbe Portion (umg. abwert.) eine sehr kleine, magere Person;* Du bist doch nur eine halbe Portion!

Port·mo·nee, Port·mo·nee *das,* a. **Porte·mon·**

P

naie *das* [pɔrtmɔ'neː/'pɔrtmɔnəː] <-s, -s> *(≈ Geldbörse)*

Por·to *das* <-s, -s/Porti> *die Gebühr für Postsendungen*

por·to·frei *adj /nicht steig./ ohne, dass Porto bezahlt werden muss:* die Rücksendung erfolgt/ist portofrei

por·to·pflich·tig *adj /nicht steig./ so, dass Porto bezahlt werden muss:* diese Sendung ist portopflichtig

Por·t·rait *das* [pɔr'trɛː] *siehe* **Porträt**

por·t·rai·tie·ren *siehe* **porträtieren**

Por·t·rät *das* [pɔr'trɛː] <-s, -s> **①** *das Bildnis einer Person:* ein Portrait malen lassen ◆ -foto **②** *eine kurze, anschauliche Beschreibung einer Person oder Sache:* ein kurzes Porträt der Stadt/Firma geben; Das folgende Porträt der italienischen Stadt stammt von unserem Korrespondenten ...

por·t·rä·tie·ren <porträtierst, porträtierte, hat porträtiert> *mit OBJ* ■ *jmd. porträtiert jmdn. von jmdm. ein Porträt anfertigen*

Por·tu·gal <-s> *Staat in Südwesteuropa* ▶ Portugiese, Portugiesin, portugiesisch

Por·tu·gie·sisch <-(s)> */kein Plur./ die portugiesische Sprache; Sie spricht fließend Portugiesisch.; siehe auch* **deutsch**

Port·wein *der* <-(e)s, -e> *ein schwerer Rotwein von intensiv dunkelroter Farbe und süßem Geschmack, der besonders als Aperitif oder Dessertwein getrunken wird*

Por·zel·lan *das* <-s, -e> **①** *ein weißer Werkstoff, aus dem Geschirr hergestellt wird:* Porzellan brennen/glasieren/herstellen **②** *(ein Stück) Geschirr aus Porzellan:* den Tisch mit dem feinsten Porzellan decken; ■ **Porzellan zerschlagen** *(übertr.) (vermeidbaren) Schaden in einer Angelegenheit anrichten* ◆ -geschirr, -schale

Por·zel·lan·la·den *der* <-s, Porzellanläden> *Geschäft, in dem Waren aus Porzellan zu kaufen sind;* ■ **wie ein Elefant im Porzellanladen sein** *(umg.) sich grob und ungeschickt benehmen*

Por·zel·lan·ma·nu·fak·tur *die* <-, -en> *eine Fabrik, in der die (in Handarbeit) feine Porzellanwaren hergestellt werden*

Po·sa·ment *das* <-(e)s, -en> *Besatz, der zur Verzierung von Kleidung verwendet wird*

Po·sau·ne *die* <-, -n> MUS. *ein großes Blasinstrument*

Po·se *die* <-, -n> *eine (auf eine bestimmte Wirkung bedachte) Körperhaltung:* eine aufreizende/provozierende Pose; eine Pose einnehmen

po·sie·ren <posierst, posierte, hat posiert> *ohne OBJ* ■ *jmd. posiert (geh.) eine Pose einnehmen:* vor dem Spiegel posieren; für Aktaufnahmen nackt posieren

Po·si·ti·on *die* <-, -en> **①** *gehobene berufliche Stellung:* eine Position in der Direktion einer Bank; sich eine Position erarbeitet haben; Die Position des Chefarztes ist derzeit vakant.; Wir bieten Ihnen eine verantwortliche Position in der Geschäftsleitung eines internationalen Konzerns. **②** *die bestimmte Lage oder Stellung von etwas:* Der Hebel befand sich jetzt in einer anderen Position als vorher. **③** *Standpunkt:* Unsere Positionen sind nicht vereinbar. **④** WIRTSCH. *einzelner Posten auf einer Aufstellung:* alle Positionen einzeln auflisten; Die Rechnung stimmt in einigen Positionen nicht. **⑤** LUFTF., SEEW. *der Standort eines Schiffes, eines Flugzeuges oder eines Gestirns:* die Position eines Schiffes/eines Flugzeuges/eines Gestirns bestimmen; die Position per Funk durchgeben **⑥** SPORT *(≈ Rang) der Platz, den ein Spieler auf der Rangliste einnimmt:* Er ist auf der dritten Position. **⑦** THEAT. *die Stellung der Füße im klassischen Ballett* **⑧** *(≈ Stellung) beim Geschlechtsverkehr die Lage der Partner im Verhältnis zueinander* ◆ Koitus-

po·si·ti·o·nie·ren <positionierst, positionierte, hat positioniert> *mit OBJ* ■ *jmd. positioniert jmdn./etwas* POL. (geh.) **①** *jmdn. oder sich in eine bestimmte Position¹ bringen* **②** WIRTSCH. *(Marketing) ein Produkt auf dem Markt in eine bestimmte Konkurrenzstellung zu anderen Produkten ähnlicher Art bringen* ▶ Positionierung

Po·si·ti·ons·be·stim·mung *die* <-, -en> *Bestimmung der Position⁵*

po·si·tiv *adj* **①** */nicht steig./ (↔ negativ) als Zahl oder Zahlenwert größer als Null:* die positiven und die negativen Zahlen; Die Temperatur erreicht positive Werte. **②** *(↔ negativ) gut und erfreulich:* Endlich mal eine positive Nachricht!; eine positive Lebenseinstellung; beginnen, die Dinge wieder positiv zu sehen **③** */nicht steig./* MED. *(↔ negativ) so, dass es das Vorhandensein einer Krankheit anzeigt:* Der Befund war leider positiv.; HIV-positiv **④** *(↔ negativ) bejahend:* Er antwortete positiv.; einen positiven Bescheid erhalten

Po·si·tiv¹ *der* <-s, -e> SPRACHWISS. *(↔ Komparativ, Superlativ) die Grundform des Adjektivs*

Po·si·tiv² *das* <-s, -e> FOTOGR. *(↔ Negativ) ein aus einem Negativ gewonnenes seitenrichtiges Foto*

Po·si·tiv³ *das* <-s, -e> MUS. *eine kleine Orgel mit nur einem Manual und nur wenigen Registern:* Als die große Orgel umgebaut wurde, musste der Gottesdienst auf dem Positiv begleitet werden.

Po·si·ti·vis·mus *der* <-> */kein Plur./* PHILOS. *(↔ Metaphysik) wissenschaftstheoretische Position, welche sich bei der Erkenntnisgewinnung auf positive Befunde im Sinne der Naturwissenschaften stützt und transzendentale Begründungen verwirft* ▶ positivistisch ◆ -streit, Neo-

Po·si·tron *das* <-s, ...-tronen> PHYS. *negatives Elektron*

Po·si·tur *die* <-, -en> *eine bewusst eingenommene Körperhaltung:* sich in Positur setzen/werfen

Pos·se *die* <-, -n> *ein lustiges Bühnenstück*

Pos·sen *der* <-> *Plur. Streich, Spaß, Schabernack;* ■ **Possen reißen** *grobe Späße machen*

pos·sen·haft *adj /nicht steig./ wie eine Posse*

pos·ses·siv, pos·ses·siv *adj /nicht steig./* SPRACHWISS. *besitzanzeigend*

Pos·ses·si·va *das* <-> *Plur. von „Possessivum"*

Pos·ses·si·vum *das* <-s, Possessiva> *besitzanzeigendes Fürwort:* Das Wort „mein" ist ein Possessivum.

pos·sier·lich *adj niedlich anzusehen:* ein possierliches kleines Tier

Post *die* <-> /*kein Plur.*/ **①** *das Dienstleistungsunternehmen, das Briefe und Pakete transportiert* ◆-amt, -beamte, -beamtin, -dienstleistung, -gebühr, -gewerkschaft, -giroamt, -girokonto, -minister(in), -sortieranlage, -stempel, -überweisung, -wurfsendung **②** *eine einzelne Postsendung:* Es ist Post für Sie gekommen!; den Nachbarn bitten, während des Urlaubs die Post entgegenzunehmen ◆-sendung **③** *(umg.) der Briefträger, die Paketpost:* Die Post kommt selten vor elf Uhr.

Post- *aus dem Lateinischen übernommene Vorsilbe; als Erstglied zusammengesetzter Substantive aus verschiedenen Fachsprachen; drückt aus, dass die mit dem Zweitglied bezeichnete Erscheinungsform etwas anderem zeitlich oder räumlich nachgeordnet ist, oder dass es eine zeitlich nachgeordnete Phase ist und eine frühere Phase der gleichen Art gegebenenfalls ablöst* ◆-demokratie, -doc, -doktorand(in), -expositionsprophylaxe, -feminismus, -fordismus, -ganglion, -humanismus, -imperialismus, -impressionismus, -kolonialismus, -ludium, -materialismus, -menopause, -moderne, -pendenz, -strukturalismus, -zionismus, -zosterneuralgie

post- *aus dem Lateinischen übernommene Vorsilbe; als Erstglied zusammengesetzter Adjektive; drückt aus, dass die mit dem Zweitglied bezeichnete Erscheinungsform etwas anderem zeitlich oder räumlich nachgeordnet ist, oder dass es eine zeitlich nachgeordnete Phase ist und eine frühere Phase der gleichen Art gegebenenfalls ablöst* ◆-dramatisch, -feministisch, -fordistisch, -glazial, -gradual, -graduell, -herpisch, -historisch, -hum, -human, -industriell, -infektiös, -isometrisch, -liberal, -modern, -natal, -neural, -operativ, -pubertär, -punktionell, -traumatisch, -vakzinal, -zosterisch

pos·ta·lisch *adj* /*nicht steig.*/ *(geh.)* **①** *durch die Post:* jemandem etwas auf postalischem Wege zukommen lassen **②** *die Post betreffend:* die postalische Anschrift lautet …

Post·bo·te *der*, **Post·bo·tin** <-n, -n> *eine Person, die im Auftrag der Post Briefe und Pakete zum Empfänger bringt*

Pöst·chen *das* <-s, -> *(umg. oft abwert.) kleiner Posten²; eine unbedeutende Arbeitsstelle*

Pos·ten *der* <-s, -> MILIT. (≈ *Wachposten*) den Posten überwältigen; Posten stehen ◆ Grenz-, Wach- **②** (≈ *Job*) *eine Stellung in einer Firma oder einer Organisation:* einen verantwortungsvollen/gut bezahlten Posten haben; Dieser Posten im Verein ist ehrenamtlich. ◆ Verwaltungs- **③** WIRTSCH. (≈ *Betrag*) *eine einzelne von mehreren Sachen, die auf einer Rechnung oder Liste aufgeführt sind:* … erlauben wir uns, Ihnen folgende Posten zu berechnen … **④** WIRTSCH. *eine bestimmte Menge einer Ware:* ein Posten Jacken; ■ **nicht richtig/wieder auf dem Posten sein** *(umg.) nicht richtig oder wieder gesund sein*

pos·ten *mit OBJ* ■ *jmd. postet etwas* SCHWEIZ. *einkaufen*

Pos·ter *das* <-s, -> *ein großes Plakat*

Post·fach *das* <-(e)s, Postfächer> *ein (abschließbares) Fach im Postgebäude oder am Arbeitsplatz,* in das eingehende Sendungen für einen bestimmten Adressaten gelegt werden: Jeder Mitarbeiter/jede Abteilung hat ein eigenes Postfach.

post fes·tum *(geh.) hinterher, nachträglich, zu spät*

Post·ge·heim·nis *das* <-ses, -se> RECHTSW. *ein Gesetz, das es verbietet, fremde Postsendungen zu öffnen und das Wissen darüber oder auch das Wissen über die postalischen Verbindungen, wer, wann, mit wem und wie postalisch in Verbindung steht, an andere weiterzugeben:* das Postgeheimnis verletzen/wahren

post·gla·zi·al *adj* /*nicht steig.*/ GEOGR., PHYS. *nacheiszeitlich*

post·hum, *a.* **pos·tum** *adv (geh.) nach jmds. Tod:* etwas posthum veröffentlichen

pos·tie·ren <postieren, postierte, hat postiert> **I.** *mit OBJ* ■ *jmd. postiert etwas irgendwo aufstellen:* eine Wache am Tor postieren **II.** *mit SICH* ■ *jmd. postiert sich irgendwo aufstellen:* sich am Fenster postieren

Pos·til·le *die* <-, -n> REL. **①** *Auslegung eines Bibeltextes* **②** *auslegender Teil der Predigt* **③** *auslegende Literatur an sich*

Post·kar·te *die* <-, -n> *eine in Art und Größe standardisierte, offene Mitteilungskarte, auf deren eine Seite man einen Text schreibt und deren andere Seite oft mit einem dekorativen Bild bedruckt ist*

Post·kut·sche *die* <-, -n> GESCH. *eine Kutsche, mit der früher Postsendungen und Reisende befördert wurden*

post·la·gernd *adj* /*nicht steig.*/ *vom Empfänger bei der Post abzuholen:* jemandem postlagernd schreiben

Post·leit·zahl *die* <-, -en> *die postalische Kennzahl eines Ortes:* Zusammen mit Straße, Hausnummer und Wohnort gehört die Postleitzahl zur Adresse.

Post·ler *der* <-s, -> *(umg.) jmd., der bei der Post arbeitet*

post me·ri·di·em (↔ *ante meridiem; a.m.*) *nachmittags (in englischsprachigen Ländern)* Abkürzung: p.m.

post·mo·dern *adj* /*nicht steig.*/ KUNST *zur Postmoderne gehörend*

Post·mo·der·ne *die* <-> /*kein Plur.*/ KUNST, LIT. *Sammelbezeichnung/Schlagwort für verschiedene Stilrichtungen der gegenwärtigen Kunst, Architektur und Kultur, die den Funktionalismus und Rationalismus der Moderne durch einen spielerischen Umgang mit ihren Konzepten überwinden wollen*

Post·scheck *der* <-s, -s> *Scheck der Postbank* ◆-amt, -konto

Post·skrip·tum *das* <-s, Postskripta/Postskripte> *ein Nachsatz in einem Schriftstück, abgekürzt „PS":* einem Brief noch ein Postskriptum anfügen

Pos·tu·lat *das* <-(e)s, -e> *(geh.)* **①** *eine (moralische) Forderung:* Das ist ein Postulat der Vernunft. **②** *eine wissenschaftliche Behauptung oder Annahme:* von einem Postulat ausgehen, ohne es beweisen zu können **③** SCHWEIZ. *Bezeichnung für den*

P

parlamentarischen Auftrag an den Bundesrat, zu prüfen, ob ein Gesetz oder Beschlussentwurf vorzulegen oder eine Maßnahme zu treffen sei
pos·tu·lie·ren <postulierst, postuierte, hat postuliert> *mit OBJ* ■ *jmd.* **postuliert etwas** ❶ *(≈ einfordern)* in einem Programm bestimmte Ziele postulieren ❷ *(geh.)* unbewiesen als gegeben voraussetzen: Wenn wir postulieren, dass das Leben auf der Erde von Außerirdischen abstammt, dann …
pos·tum *adv siehe* **posthum**
Post·ver·triebs·stück *das* <-(e)s, -e> *(fachspr.)* der einzelne Brief oder die einzelne Karte, der/die von der Post versandt wird
Post·weg *der* <-> */kein Plur./* Versendung mit der Post: Der Postweg ist (nicht) der sicherste.; etwas auf dem Postweg versenden
post·wen·dend *adv (umg.)* sofort: postwendend antworten
Post·wert·zei·chen *das* <-s, -> AMTSSPR. Briefmarke
po·tent *adj /nicht steig./* ❶BIOL. *(↔ impotent)* als Mann fähig, den Geschlechtsakt zu vollziehen ❷ *(übertr.)* stark; leistungsfähig: ein potenter Gegner; einen potenten Partner für ein Unternehmen finden
Po·ten·tat *der* <-en, -en> *(geh. abwert.) (uneingeschränkter)* Herrscher
Po·ten·ti·al *das siehe* **Potenzial**
po·ten·ti·ell *siehe* **potenziell**
Po·tenz *die* <-, -en> ❶BIOL. *(↔ Impotenz)* die Fähigkeit des Mannes, den Geschlechtsakt zu vollziehen ◆-pille, -störung ❷Stärke; Leistungsfähigkeit: die wirtschaftliche Potenz eines Unternehmens ❸MATH. die Zahl, die angibt, wie oft eine Grundzahl mit sich selbst multipliziert werden soll: Die dritte Potenz von vier ist vierundsechzig.
Po·tenz·funk·tion *die* <-, -en> MATH. diejenige Funktion von x, die jedem bestimmten Wert von x den Wert der n-ten Potenz von x zuordnet (wenn n ganzzahlig ist) $(f(x) = x^n)$
Po·ten·zi·al, *a.* **Po·ten·ti·al** *das* <-s, -e> alles, was zum Erbringen einer Leistung zur Verfügung steht: ein großes Potenzial haben ◆Schreibung mit z oder t →R 2.20 das wissenschaftliche Potenzial der Hochschule
po·ten·zi·ell, *a.* **po·ten·ti·ell** *adj /nicht steig./ (geh.)* möglich: potenzielle Kunden ◆Schreibung mit z oder t →R 2.20 eine potenzielle Gefahr darstellen
Po·tenz·men·ge *die* <-, -en> MATH. die Potenzmenge einer gegebenen Menge M ist die Menge aller Teilmengen von M
Pot·pour·ri *das* ['pɔtpʊri/pɔtpʊ'ri:] <-s, -s> MUS. eine Zusammenstellung bekannter Melodien
Pots·dam <-s> Stadt in der Nähe Berlins, die in der Geschichte Preußens und Deutschlands eine große Bedeutung hat
Pots·da·mer *adj* in Zusammensetzungen wie „Potsdamer Konferenz", „Potsdamer Abkommen" zur Kennzeichnung wichtiger politischer Beschlüsse, die in Potsdam getroffen wurden
Pott *der* <-(e)s, Pötte> *(umg.)* NORDDT. ❶ Topf: ei-

nen ganzen Pott (mit) Kaffee trinken ❷Schiff: Im Hafen liegen die großen Pötte.
Pou·lar·de *die* [pu'lardə] <-, -en> KOCH. ein junges Masthuhn
Pou·let *das* [pu'le:] <-s, -s> SCHWEIZ. junges Masthuhn
Po·w·er *die* ['paʊɐ] <-> */kein Plur./* ❶ *(umg.)* Stärke; Leistung: Der 200 PS-Motor entwickelt eine wahnsinnige Power. ❷ *(umg.)* kraftvolle Ausstrahlung: Die Frau hat Power!
Po·w·er·play *das* ['paʊɐpleɪ] <-s> */kein Plur./* SPORT dauernder Ansturm auf das gegnerische Tor im Spiel
Po·w·er·pro·zes·sor *der* ['paʊɐ…] <-s, -en> EDV Prozessor, der mit reduziertem Befehlssatz arbeitet; „power" steht als Abkürzung für „Performance optimisation with enhanced RISC"
Po·w·er·user *der* ['paʊəˈruːzəʳ] <-s, -> EDV Endanwender mit besonderen Kenntnissen und Rechten: Im Mittelpunkt der Studie standen die Poweruser – Nutzer, die über 40 Stunden in der Woche online sind.
Po·widl *der* <-s, -> */kein Plur./* ÖSTERR. Pflaumenmus ◆-knödel
pp MUS. Abkürzung für „pianissimo"
pp., *a.* **ppa.** WIRTSCH. Abkürzung für „per procura"
pp. Abkürzung in dem Ausdruck „et cetera pp." für „perge", „perge": „fahre fort", „fahre fort"
ppa. WIRTSCH. Abkürzung für „per procura"
PR *die* <-> */kein Plur./* Abkürzung für „Public relations": Öffentlichkeitsarbeit ◆-arbeit, -maßnahme, -referat, -referent(in)
Prä- aus dem Lateinischen übernommene Vorsilbe; als Erstglied zusammengesetzter Substantive aus unterschiedlichen Fachsprachen; drückt aus, dass mit dem Zweitglied Bezeichnete eine Frühphase ist bzw. zeitlich vorangeht/vorweggenommen wird ◆-adaption, -analytik, -animismus, -determination, -diabetes, -dominanz, -dormitium, -ejakulat, -eruption, -existenz, -faschismus, -implantationsdiagnostik, -infarkt, -kambrium, -kanzerose, -kognition, -leukämie, -medikation, -menopause, -nomen, -numerik, -ödem, -okkupation, -pubertät, -qualifikation, -spezifizierung, -soma, -toxikose, -valenz
prä- aus dem Lateinischen übernommene Vorsilbe; als Erstglied zusammengesetzter Adjektive aus unterschiedlichen Fachsprachen; drückt aus, dass die mit dem Zweitglied bezeichnete Eigenschaft eine Frühphase darstellt bzw. zeitlich vorangeht/vorweggenommen wird ◆-determiniert, -dorsal, -faschistisch, -historisch, -kanzerös, -koital, -kolumbianisch, -kordial, -lingual, -literal, -logisch, -natal, -nominal, -operativ, -pubertär, -rational, -reflexiv, -romanisch
Prä·am·bel *die* [prɛˀambl̩] <-, -n> RECHTSW. Einleitung (einer Urkunde): die Präambel zur Verfassung
Pracht *die* <-> */kein Plur./* ❶ die strahlende Schönheit von etwas: die Pracht des Thronsaales; die ganze Pracht des Herbstes ◆Blumen-, Blüten-, Farben-, Haar- ❷ verschwenderischer Aufwand: Die Hochzeit wurde in großer Pracht gefeiert.; ■ **jemand/etwas ist eine wahre Pracht** *(umg.)*

jmd. oder etwas ist sehr schön anzusehen und macht einen sehr guten Eindruck

Pracht- *als Erstglied zusammengesetzter Substantive; drückt aus* ① *dass das mit dem Zweitglied Bezeichnete alle wünschbar guten Eigenschaften aufweist* ◆-band, -bau, -bibel, -eingang, -exemplar, -garde, -garten, -gebäude, -häuser, -junge, -kleid, -leuchten, -mädel, -mantel, -straße, -stück, -treppe, -uhrkette, -weib, -wagen, -werk, -wetter ② BIOL., ZOOL. *dass die mit dem Zweitglied bezeichnete Fischart durch besondere Farbenpracht auffällt* ◆-algenfresser, -anemone, -barbe, -guppy, -guramis, -karfling, -kopfsteher, -panzerwels, -regenbogenfisch, -schmerle, -zwerggurami ③ BIOL., ZOOL. *dass die mit dem Zweitglied bezeichnete Vogelart durch besondere Farbenpracht/Größe/Schönheit auffällt* ◆-adler, -amazone, -eiderente, -finken, -häherling, -haubenadler, -nonne, -pipra, -rosella, -taube, -taucher ④ BIOL., BOT. *dass die mit dem Zweitglied bezeichnete Pflanzenart durch besondere Farbenpracht/Größe/Schönheit auffällt* ◆-glocke, -hafer, -kerze, -malve, -lilie, -lobelie, -nelke, -scharte, -spiere, -tanne, -winde ⑤ BIOL., ZOOL. *dass die mit dem Zweitglied bezeichneten Tiere weiterer Arten durch besondere Farbenpracht/Größe/Schönheit auffallen* ◆-bienen, -erdschildkröte, -käfer, -libelle

Pracht·aus·ga·be *die* <-, -n> DRUCKW. *(≈ bibliophile Ausgabe) eine besonders schöne und kostbar gestaltete Ausgabe eines Buches*

präch·tig *adj* ① *aufwändig und schön gestaltet:* ein prächtig ausgestalteter Thronsaal; eine prächtige Feier ausrichten; prächtige Fresken an den Wänden einer Kirche; prächtige Schnitzereien an einem Altar ② *(umg.) sehr schön, sehr gut:* prächtiger Sonnenschein; ein prächtiger Urlaub; Wir verstehen uns prächtig.

Pracht·kerl, *a.* **Prachts·kerl** *der* <-s, -e> *(umg.) ein Tier oder ein Mensch, das oder der in gewünschter Weise gut ist:* ein Prachtkerl von einem Hund; Dieser Prachtkerl von einem Rottweiler hatte auf der Hundeausstellung praktisch keinen echten Konkurrenten.

Pracht·stück *das* <-(e)s, -e> *(umg.: ≈ Prachtexemplar) etwas, das in gewünschter Weise gut ist:* Der alte Schrank ist ja wirklich ein Prachtstück!

pracht·voll *adj (≈ prächtig¹) sehr schön; reich ausgestattet:* eine prachtvoll ausgestaltete Kirche

Prä·de·s·ti·na·ti·on *die* <-> /kein Plur./ REL. *der Glaube, dass Gott von Ewigkeit an vorherbestimmt hat welche Menschen nach ihrem Tod in Gnade und welche in Verdammnis sind* ◆-slehre

prä·de·s·ti·niert *adj /nicht steig./ (geh.) für etwas besonders geeignet:* für eine Aufgabe prädestiniert sein; Mit ihrer Sprachbegabung war sie zur Übersetzerin (geradezu) prädestiniert.

Prä·di·kat *das* <-(e)s, -e> ① *ein Urteil über die Qualität einer Sache oder Leistung:* die Prüfung mit dem Prädikat „gut" bestehen; ein Wein mit Prädikat; Der Film hatte das Prädikat „wertvoll". ② SPRACHWISS. *die Satzaussage* ③ PHILOS. *in der Logik derjenige Teil einer logischen Aussage, dem etwas zu- oder abgesprochen wird* ◆-enlogik

prä·di·ka·tiv *adj /nicht steig./* SPRACHWISS. *(von Ad-*

jektiven: ↔ attributiv) in Verbindung mit den Verben „sein" und „werden" auftretend: ein prädikativ gebrauchtes Adjektiv; In dem Satz „Das Wetter ist schön" wird das Adjektiv „schön" prädikativ gebraucht.

Prä·fekt *der;* **Prä·fek·tin** <-en, -en> *ein hoher Verwaltungsbeamter in Frankreich oder Italien* ► Präfektur

Prä·fe·renz *die* <-, -en> *(geh.) Bevorzugung:* eine Präferenz für jemanden/etwas haben ► präferieren

Prä·fix *das* <-es, -e> SPRACHWISS. *(↔ Infix, Suffix) Vorsilbe*

Prag <-s> *Hauptstadt Tschechiens*

prä·gen <prägst, prägte, hat geprägt> *mit OBJ* ① ■ *jmd. prägt etwas in eine Oberfläche eindrücken:* Münzen prägen; geprägtes Papier ② ■ *etwas prägt etwas/jmdn. für den Charakter eines Menschen bestimmend sein:* Die Kriegsjahre haben diese Generation geprägt. ③ ■ *ein Tier prägt ein Tier* BIOL. *der Vorgang, dass das Verhalten eines Muttertieres die neugeborenen Jungtiere in ihrem Verhalten festlegt* ► Prägung ④ ■ *jmd. prägt etwas eine Formulierung oder einen Terminus schaffen:* einen Ausdruck prägen

PR-Agentur *die* [peːˈɛr-] <-, -en> *Unternehmen, das gegen Bezahlung Werbung und Öffentlichkeitsarbeit für jmdn./etwas macht*

Prag·ma·tik *die* <-, -en> ① *(geh.) Orientierung auf Nützlichkeit, Tatsächlichkeit, Knappheit:* mit viel Pragmatik an eine Sache herangehen ► Pragmatiker, Pragmatikerin, pragmatisch ② SPRACHWISS. *(↔ Semantik, Syntax) Theorie des sprachlichen Handelns* ► pragmatisch

prag·ma·tisch *adj* ① *(geh.) sachbezogen:* eine pragmatische Lösung finden; eine pragmatische Politik machen ② SPRACHWISS. *(↔ semantisch, syntaktisch) auf die Pragmatik² bezogen*

P

In diesem Wörterbuch finden sich Angaben wie „geh." (für „gehoben"), „abwert." (für „abwertend") und „vulg." (für „vulgär"). Angaben solcher Art beziehen sich auf die Tatsache, dass mit dem Gebrauch eines Ausdrucks konventionell eine Wertung/Einschätzung des Gesagten verbunden wird bzw. kompetente Sprecher/Sprecherinnen über das Wissen verfügen, dass sie nicht jeden Ausdruck (insbesondere auch bei gegebenen Alternativen) in jedem Zusammenhang verwenden dürfen. Mit „verhüll." ist gemeint: dass man z. B. im Falle von *verscheiden* den neutralen bzw. unmarkierten Ausdruck benutzt, hier nämlich *sterben*. Mit dieser Praxis schließt vorliegendes Wörterbuch an sämtliche andere Bedeutungswörterbücher, die solche Angaben machen. Es handelt sich dabei um **stilistische Bewertungen**, die auch als **Angaben zur Stilschicht bzw. zur Stilfärbung**, oder als **pragmatische Angaben** und *pragmatische Kommentare* bezeichnet werden. Kommentare dieser Art haben eine lange Tradition seit dem 17. Jahrhundert. Nach einigen wichtigen Meilensteinen (z. B. das Wörterbuch von J. Chr. Adelung; zuerst

1774) geht das heutige Konzept stilistischer Bewertungen in der deutschen Tradition wesentlich zurück auf die ausführliche Darstellung eines Stilschichtenmodells in dem „Wörterbuch der deutschen Gegenwartssprache" (Klappenbach/Steinitz; 1. Aufl., 1. Lieferung: DDR 1961). In diesem Wörterbuch (vgl. auch das Stichwort) wurde erstmals der gesamte Wortschatz mit stilistischen Bewertungen versehen. Erfasst werden damit Abstufungen, ausgehend von der „gehobenen" („geh.") bzw. „dichterischen" („dichter.") Ebene. Dieser folgen: die „bildungssprachliche" („bildungsspr."), die nicht markierte „normalsprachliche" Ebene und die „umgangssprachliche" („ugs.") Ebene (vgl. dazu das Stichwort; für die darunter liegende Ebene werden angesetzt: „salopp", „derb" und „vulgär". Darüber hinaus werden dort noch weitere Angaben (z. B. „verhüll.") verwendet. Alle Nachfolgewörterbücher im Bereich der Sprachlexikographie (vgl. das Stichwort *Lexikographie*) haben die Kriterien übernommen bzw. leicht abgewandelt.

Völlig berechtigte Kritik wurde immer schon an der Auswahl des jeweiligen Inventars generell geübt, wie auch an der Zuordnung der stilistischen Bewertungen in Einzelfällen. Bei aller nachweisbaren Willkür im Bereich pragmatischer Markierungen handelt es sich gleichwohl um ein nützliches und ökonomisches Mittel der Kommentierung. Derartigen Angaben kommt gleichsam die Rolle eines „Warntäfelchen" zu, mit dem Benutzern/Benutzerinnen Hinweise auf mögliche Fehlverwendungen eines Ausdrucks gegeben werden.

P

prag·ma·ti·sie·ren <pramatisierst, pragmatisierte, hat pragmatisiert> *mit OBJ* ■ *jmd. pragmatisiert jmdn.* ÖSTERR. *in das (unkündbare) Beamtenverhältnis überführen*

Prag·ma·ti·sie·rung *die* <-, -en> ÖSTERR. *Verbeamtung; Übernahme in ein Beamtenverhältnis*

Prag·ma·tis·mus *der* <-> */kein Plur./* ❶ PHILOS. *eine in Amerika von Peirce und James begründete philosophische Schule, die einen sicheren Aufbau von Erkenntnis vorschlägt durch die Kombination von mathematisch-logischer und naturwissenschaftlicher Methodik* ❷ *(geh.) eine Einstellung, bei der man nur auf die sachlichen Gegebenheiten und auf praktisches Handeln ausgerichtet ist*

prä·g·nant *adj (geh.: ≈ markant) knapp, treffend, gehaltvoll: etwas prägnant formulieren*

Prä·g·nanz *die* <-> */kein Plur./ treffende Art und Weise, etwas zu formulieren: die Prägnanz ihrer Formulierungen*

Prä·gung *die* <-, -en> ❶ */kein Plur./ das Prägen:* das Recht zur Prägung von Münzen ❷ *ein eingeprägtes Muster:* eine Prägung im Papier/auf einer Münze ❸ *eine bestimmte Ausformung von Eigenschaften:* eine Gesellschaft westlicher Prägung; die Prägung dieser Generation durch die Kriegsereignisse ❹ BIOL. *der Vorgang, dass Tiere in den ersten*

Stunden nach der Geburt oder dem Schlüpfen aus dem Ei auf die Stimme oder das Verhalten des Muttertieres geprägt[3] werden, so dass sie keinem anderen Tier folgen: der von Konrad Lorenz geprägte Ausdruck der „Prägung" ❺ SPRACHWISS. *eine lexikalische Wortschöpfung:* Dieses Wort ist eine neue Prägung.

prah·len <prahlst, prahlte, hat geprahlt> *ohne OBJ* ■ *jmd. prahlt (abwert.: ≈ angeben) mit übertriebenem Stolz etwas erzählen:* mit seinen Erfolgen prahlen

Prah·le·rei *die* <-, -en> *(abwert.: ≈ Angeberei) das Prahlen mit etwas:* seine Prahlerei mit seinen Erfolgen

prah·le·risch *adj (abwert.: ≈ angeberisch) mit übertriebenem Stolz*

Prahl·hans *der* <-es, Prahlhänse> *(umg. abwert.) Person, die dazu neigt, oft zu prahlen*

Prä·ju·diz *das* <-es, -e/-ien> *(geh.) Vorentscheidung einer Rechtsfrage, die sich in einem anderen Rechtsstreit erneut stellt:* Englische Richter orientieren sich an Präjudizien.

prä·ju·di·zie·ren <präjudizierst, präjudizierte, hat präjudiziert> *mit OBJ* ■ *jmd. präjudiziert etwas einer Entscheidung vorgreifen:* Mit der Wahl von Herrn XY als Nachfolger hat der Leiter die Entscheidung des Personalrats präjudiziert.

Prak·tik *die* <-, -en> ❶ *die Art und Weise, wie man bei etwas vorgeht:* geschäftliche Praktiken ❷ *(abwert.) unrechtmäßiges Handeln:* undurchsichtige Praktiken

Prak·ti·kant *der*; **Prak·ti·kan·tin** <-en, -en> *jmd., der ein Praktikum absolviert*

Prak·ti·ker *der*; **Prak·ti·ke·rin** <-s, -> *(↔ Theoretiker) eine Person, die große Erfahrungen in der Praxis hat und sich eher auf diese Erfahrungen verlässt als auf Theorien:* Er ist ein Praktiker auf dem Gebiet der Wirtschaft/Politik.; Einem solchen erfahrenen/gestandenen Praktiker macht man nichts vor.

Prak·ti·kum *das* <-s, Praktika> *eine Gelegenheit, für eine begrenzte Zeit in einer Firma zu arbeiten, um Berufserfahrung zu sammeln oder als Ausbildung zu ergänzen:* bei einer Firma ein Praktikum absolvieren; sich um ein Praktikum bewerben ◆-sstelle

prak·tisch **I.** *adj* ❶ */nicht steig./ (↔ theoretisch) auf die Wirklichkeit bezogen, die Praxis betreffend:* praktische Erfahrungen haben; Das bloße Lernen interessiert ihn weniger, er ist mehr praktisch veranlagt. ❷ *in der Lage, Aufgaben gut zu meistern:* Sie ist sehr praktisch veranlagt, sie weiß immer, wie man etwas richtig anfängt. ❸ *(↔ unpraktisch) nützlich; leicht zu handhaben:* Die Tasche hat Seitenfächer, einen stabilen Griff und praktische Reißverschlüsse. **II.** *adv fast; nahezu:* Das System hat sich in praktisch allen Ländern durchgesetzt.; ■ **ein praktischer Arzt** *ein nicht spezialisierter, allgemeiner Arzt*

prak·ti·zie·ren <praktizierst, praktizierte, hat praktiziert> **I.** *mit OBJ* ❶ ■ *jmd. praktiziert etwas in der Praxis anwenden:* Er praktiziert seinen (religiösen) Glauben.; etwas Gelerntes auch wirklich praktizieren ❷ ■ *jmd. praktiziert etwas an* *eine Stelle jmd. bringt etwas mit großem Auf-wand an seinen Platz:* Mit einer Pinzette prakti-zierte er den Nagel wieder in das Loch zurück. **II.** *ohne OBJ* ■ *jmd.* **praktiziert** *den Beruf des Arztes ausüben:* Er praktiziert schon lange nicht mehr.

Prä·lat *der* <-en, -en> REL. *höherer kirchlicher Amtsträger*

Pra·li·ne *die* <-, -n> *ein Stück Konfekt, das mit Schokolade überzogen ist*

prall *adj* ❶ *vollgefüllt und fest:* ein prall gefüllter Reifen/Sack; ein pralles Segel ❷ *so dick, dass die Haut straff gespannt ist:* ein praller Bauch; pralle Wangen; ■**in der prallen Sonne sein** *ohne Schutz sich in der intensiven, sommerlichen Sonne aufhalten* Sie hat eine Stunde in der prallen Sonne gelegen und schon hat sie einen Sonnen-brand!

pral·len <prallst, prallte, ist geprallt> *ohne OBJ* ■ *jmd.* **prallt gegen/auf etwas** *Akk. mit großer Kraft gegen oder auf etwas stoßen:* gegen eine Mauer prallen; auf den Boden prallen ▸abprallen, Aufprall

prä·lo·gisch *adj /nicht steig./ in dem Zustand, der vor dem logischen Denken des Menschen liegt:* Magische Vorstellungen gehören zum prälogischen Denken.; Kreativität entwickelt sich aus dem prälogischen Bewusstsein.

Prä·lu·di·um *das* <-s, Präludien> ❶ MUS. *ein ein-leitendes Musikstück, dem oft die Fuge folgt* ❷ *ein Ereignis, das etwas einleitet:* Der Stehemp-fang war nur das Präludium zu der eigentlichen Veranstaltung.

Prä·mie *die* <-, -n> ❶ *ein einmalig ausgezahlter zusätzlicher Geldbetrag, der als Belohnung für eine Leistung dient:* zum Jahresende/für beson-dere Leistungen eine Prämie erhalten; Ich habe beim Preisausschreiben als Prämie ein Buch ge-wonnen.; Für jeden Hinweis auf Ladendiebstahl zahlen wir 50 Euro Prämie. ◆ Leistungs-, Treue- ❷ *das Geld, das jmd. vom Staat oder von der Bank bekommt, der einen langjährigen Sparvertrag ab-geschlossen hat* ▸prämienbegünstigt, prämienspa-ren ◆ Bauspar-, Spar- ❸ *Versicherungbeitrag:* eine monatliche Prämie von … zahlen ▸prämienbe-günstigt, prämienfrei ◆-ngeschäft, -nsparen, -nspar-vertrag

prä·mie·ren, *a.* **prä·mi·ie·ren** <prämierst, prä-mierte, hat prämiert> *mit OBJ* ■ *jmd.* **prämiert** *jmdn./etwas mit einer Prämie¹ auszeichnen:* Der Film wurde bei den Filmfestspielen prämiert.; Der beste Vorschlag wird prämiert. ▸Prämierung

Prä·mis·se *die* <-, -n> *(geh.: ↔ Schlussfolgerung) Voraussetzung, Annahme:* unter der Prämisse, dass …; Sie gehen von falschen Prämissen aus!

pran·gen <prangst, prangte, hat geprangt> *ohne OBJ* ■ *etwas* **prangt irgendwo** *(geh.)* ❶ *ir-gendwo auffällig angebracht sein:* Das Schild prangte groß über dem Eingang. ❷ *auffällig und schön aussehen:* Der Baum prangte in herrlicher Blütenpracht.

Pran·ger *der* <-s, -> GESCH. *eine Säule auf einem öffentlichen Platz, an der Menschen zur Strafe für ihre Taten zur Schau gestellt wurden:* Der Verbre-

cher wurde an den Pranger gestellt.; ■**jeman-den/etwas an den Pranger stellen** *(übertr.) die Fehler von jmdm. oder etwas öffentlich tadeln* ▸anprangern

Pran·ke *die* <-, -n> ❶ *(≈ Tatze) die Pfote eines großen Raubtiers:* die Pranke des Löwen ❷ *(umg. scherzh. abwert.) große Hand:* Er hat ja richtige Pranken.

Prä·pa·rat *das* <-(e)s, -e> ❶ MED., CHEM. *ein Medi-kament:* ein neues/teures/wirksames Präparat ❷ MED., ANAT. *ein haltbar gemachter Körperteil für die Forschung oder als Anschauungsmaterial für die Ausbildung von Medizinern:* Präparate von Or-ganen/Gliedmaßen/Tieren

prä·pa·rie·ren <präparierst, präparierte, hat prä-pariert> **I.** *mit OBJ* ■ *jmd.* **präpariert etwas** ❶ *auf Dauer haltbar machen:* ein Organ/Gewebe präparieren ▸Präparator ❷ MED. *zu Forschungs-zwecken zerlegen:* Organe/Gewebe/Versuchs-tiere präparieren ❸ *einen Text lesen und für die Bearbeitung vorbereiten:* Ich habe die Vokabeln schon herausgeschrieben und so den lateinischen Text schon präpariert. ▸Präparation ❹ *vorberei-ten:* eine Skipiste präparieren; etwas für den Ver-sand präparieren **II.** *mit SICH* ■ *jmd.* **präpariert sich** *(geh.) sich auf etwas vorbereiten:* sich auf eine Exkursion präparieren; gut präpariert zur Prü-fung kommen

Prä·po·si·ti·on *die* <-, -en> SPRACHWISS. *(≈ Verhält-niswort) Wortart und zugehöriges Wort, das vor ei-nem Substantiv oder Pronomen steht und angibt, in welchem Verhältnis das Wort zur ganzen Aus-sage steht:* Der Satz „Ich traf ihn vor der Tür" ent-hält die Präposition „vor".; Eine Präposition fordert einen bestimmten Kasus.

prä·po·tent *adj (geh. abwert.: ≈ arrogant) so, dass jmd. so auftritt, als wäre er sehr mächtig, aber ei-gentlich nur angibt* ▸Präpotenz

Prä·rie *die* <-, …-rien> *Grassteppe auf dem nord-amerikanischen Kontinent*

Prä·ro·ga·tiv *das* <-s, -e> GESCH. *ein Vorrecht ei-nes Herrschers, das er unabhängig von den Volks-vertretern ausüben kann*

Prä·sens *das* <-, Präsentia/Präsenzien> SPRACH-WISS. *Zeitform (Tempus) des Verbs, mit dem eine (als Handlung interpretierbare) Aktivität in der Ge-genwart ausgedrückt wird, aber z. B. auch zeitlos geltende Aktivitäten/Handlungen:* Im Satz: „Ich lese gerade." ist „lese" ein Verb im Präsens.

prä·sent *adj /nicht steig./ (geh.) anwesend; ge-genwärtig:* ein stets präsentes Problem; bei einer Versammlung präsent sein; ■**etwas präsent ha-ben** *(umg.) sich an etwas erinnern*

Prä·sent *das* <-(e)s, -e> *(geh.) ein Geschenk:* je-mandem ein Präsent machen ◆-korb

Prä·sen·ta·ti·on *die* <-, -en> ❶ *das Darstellen ei-ner Sache vor einem Publikum:* die Präsentation der neuen Winterkollektion; Die Präsentation der Ausstellungsobjekte im Museum ist sehr übersicht-lich und informativ.; die Präsentation der neuen Werbestrategie durch den Werbeleiter ❷ *das Vorle-gen eines Wechsels* ❸ *Vorschlag für ein Amt* ◆-srecht

prä·sen·tie·ren <präsentierst, präsentiert, hat

präsentiert> I. *mit OBJ* ■ *jmd.* **präsentiert jmdn./etwas** ❶ *zeigen; vorstellen:* den Eltern den neuen Freund präsentieren; die neue Sommerkollektion präsentieren ❷ *anbieten, überreichen:* eine Schale mit Gebäck präsentieren; Zum Schluss präsentierte man uns die Rechnung. ❸ *einen Wechsel vorlegen* II. *mit SICH* ■ *jmd.* **präsentiert sich irgendwie** *sich zeigen; sich vorstellen:* Die Mannschaft präsentierte sich in Bestform.; ■ **das Gewehr präsentieren** MILIT. *das Gewehr gerade in senkrechter Position vor dem Körper halten*

Prä·sen·tier·tel·ler ■ *jemand sitzt auf dem Präsentierteller* *jmd. fühlt sich unwohl, weil er auf einem auffälligen Platz sitzt, wo er den Blicken von allen ausgesetzt ist*

Prä·senz *die* <-> */kein Plur./* (geh.) ❶ *(↔ Abwesenheit)* Anwesenheit: Durch die Präsenz der Polizei bei der Demonstration konnten Krawalle verhindert werden. ◆-liste ❷ *(≈ Geistesgegenwart)* geistige Klarheit und Aufmerksamkeit: Er ist ein Künstler mit großer Präsenz und Ausstrahlung. ◆Bühnen-

Prä·senz·bi·b·lio·thek *die* <-, -en> *eine Bibliothek, aus der Bücher nicht ausgeliehen werden, sondern nur in den Räumen der Bibliothek gelesen werden können*

Prä·senz·dienst *der* <-es, -e> ÖSTERR. *Grundwehrdienst*

Prä·senz·pflicht *die* <-, -en> *(≈ Anwesenheitspflicht) die Pflicht, irgendwo regelmäßig anwesend zu sein*

Prä·ser·va·tiv *das* <-s, -e> *(≈ Kondom) eine Gummihülle, die beim Geschlechtsverkehr als Mittel der Empfängnisverhütung und/oder zum Schutz vor Geschlechtskrankheiten über den Penis des Mannes gestreift wird*

Prä·ses *der/die* <-, Präsides/Präsiden> REL. *Vorsitzender in der Kirchenleitung (der katholischen und der evangelischen Kirche)*

Prä·si·dent *der,* **Prä·si·den·tin** <-en, -en> ❶ POL. *die Person, die das höchste Staatsamt in einer Republik bekleidet:* der Präsident der Republik ◆-enamt, -enkandidatur, -enwahl, Bundes-, Minister-, Staats- ❷ *die Person, die einer Institution oder Organisation vorsteht:* der Präsident der Akademie/des Fußballvereins/des Gerichts ▸ Präsidentschaft

Prä·si·den·ten·wahl *die* <-, -en> *die Wahl ins Amt des Präsidenten*

prä·si·die·ren <präsidierst, präsidierte, hat präsidiert> *ohne OBJ* ■ *jmd.* **präsidiert irgendwo** (geh.) *den Vorsitz haben:* in einer Versammlung präsidieren

Prä·si·di·um *das* <-s, Präsidien> ❶ */kein Plur./* Vorsitz; Leitung: im Präsidium der Versammlung sitzen ▸präsidial, Präsidialgewalt, Präsidialsystem ❷ *leitendes Gremium, Direktion:* jmdn. in das Präsidium der Akademie wählen ◆-smitglied, Partei- ❸ *Amtsgebäude der Polizei oder einer Regierung:* jemanden mit aufs Präsidium nehmen

prä·skrip·tiv *adj /nicht steig./ (fachspr.: ≈ normativ ↔ deskriptiv) auf vorschreibende statt bloß feststellende/konstatierende Art:* eine präskriptive Grammatik; *siehe auch* **Norm**

pras·seln <prasselt, prasselte, hat/ist geprasselt> *ohne OBJ* ❶ ■ **etwas prasselt** *(haben) ein lautes knatterndes Geräusch machen:* Das Feuer prasselte.; Der Regen hat geprasselt. ❷ ■ **etwas prasselt auf etwas** Akk. *(sein) prasselnd irgendwohin fallen:* Der Regen ist auf das Dach geprasselt.

pras·sen <prasst, prasste, hat geprasst> *ohne OBJ* ■ *jmd.* **prasst** *(abwert.: ≈ schwelgen) verschwenderisch leben:* Der Fürst prasste, aber die Bauern lebten im Elend. ▸ Prasser

prä·sta·bi·liert *adj /nicht steig./* PHILOS. *festgelegt vor der tatsächlichen Existenz von etwas:* In der prästabilierten Harmonie hat Gott den inneren Zusammenhang von Leib und Seele festgelegt.

prä·ten·ti·ös [prɛtɛn'tsɪ̯øːs] *adj (geh. abwert.) übertrieben anspruchsvoll:* ein prätentiöses Programm ▸ prätendieren

Prä·te·ri·tum *das* <-s, Präterita> SPRACHWISS. *(≈ Imperfekt) eine der Zeitformen des Verbs, womit ein Sachverhalt/Vorgang als vor dem Sprechakt abgeschlossen dargestellt wird; Vergangenheitsform:* Im Satz: „Er sagte nichts dazu." ist „sagte" ein Verb im Präteritum.

Prä·ven·ti·on *die* <-, -en> *(fachspr.: ≈ Vorbeugung) eine Vorsorge, durch die man etwas Schlimmes zu verhindern versucht:* Man sollte weniger auf Bestrafung und mehr auf Prävention von Verbrechen setzen.; Es ist wichtig, dass Krankenkassen mehr für die Prävention von schweren Krankheiten tun.

prä·ven·tiv *adj /nicht steig./ (geh.) vorbeugend, abschreckend:* präventive Maßnahmen ergreifen

Prä·ven·tiv·krieg *der* <-(e)s, -e> *ein Krieg, der dem Angriff durch einen anderen Staat zuvorkommen soll*

Prä·ven·tiv·me·di·zin *die* <-> */kein Plur./* MED. *(↔ Kurativmedizin) die Richtung der Medizin, die Vorbeugung und Früherkennung von Krankheiten betreibt*

Prä·ven·tiv·schlag *der* <-(e)s, ...-schläge> MILIT. *ein militärischer Angriff, der einem Angriff durch einen anderen Staat zuvorkommen soll*

Pra·xis *die* <-, Praxen> ❶ *die Räume, in denen ein Arzt oder ein Anwalt seinen Beruf ausübt:* eine eigene Praxis eröffnen ◆-räume, Arzt-, Anwalts-, Gemeinschafts- ❷ */kein Plur./ eine bestimmte Art und Weise, etwas zu tun:* die Praxis der Abschiebung von Asylbewerbern ❸ */kein Plur./ (↔ Theorie) der Bereich der praktischen Anwendung von Gedanken:* Ob seine Theorie richtig war, wird sich in der Praxis zeigen. ◆-erfahrung, -test ❹ *die Zeit der Ausübung einer Tätigkeit, in der man Erfahrungen macht:* Er hat schon einige Jahre berufliche Praxis hinter sich. ◆Berufs-, Fahr-, Unterrichts-, Verkaufs-

Pra·xis·be·zug *der* <-s, ...-bezüge> */kein Plur./ Verbindung einer Theorie mit der Praxis[3]:* Es ist wichtig, dass bei der Ausbildung schon von Anfang an ein Praxisbezug der Lehrstoffe vermittelt wird.

pra·xis·fremd *adj /nicht steig./ (↔ praxisnah) ohne Bezug zur Praxis[3]:* Man merkt, dass er den Plan am Schreibtisch ausgedacht hat – sein Vor-

P

schlag ist vollkommen praxisfremd! ▶ Praxisfremd-
heit

pra·xis·nah *adj /nicht steig./ (↔ praxisfremd) an
der Praxis³ ausgerichtet:* eine praxisnahe Ausbildung ▶ Praxisnähe

Prä·ze·denz·fall *der* <-(e)s, Präzedenzfälle>
RECHTSW. *ein Rechtsfall, an dem sich die weitere
Rechtsprechung als Beispiel orientiert:* Mit diesem
Urteil hat das Gericht einen Präzedenzfall geschaf-
fen.

prä·zis, *a.* **prä·zi·se** *adj (≈ exakt ↔ ungenau, vage)
genau:* etwas präzise beschreiben
prä·zi·sie·ren <präzisierst, präzisierte, hat präzi-
siert> *mit OBJ* ▪ **jmd. präzisiert etwas** *genauer
ausdrücken:* eine Aussage/die Angaben präzisie-
ren
Prä·zi·si·on *die* <-> */kein Plur./ (≈ Exaktheit) Genauigkeit:* Die Maschine arbeitet mit größter Präzision. ◆-sarbeit, -sinstrument
pre·di·gen <predigst, predigte, hat gepredigt>
I. *mit OBJ* ▪ **jmd. predigt etwas** ❶REL. *Gottes
Wort verkündigen:* das Evangelium predigen
❷*(umg.) etwas immer wieder in belehrender Absicht wiederholen:* Seine Mutter predigte ihm immer wieder, doch pünktlich zu sein.; jemandem
gutes Benehmen predigen II. *ohne OBJ* ▪ **jmd.
predigt (irgendwann/irgendwie)** REL. *eine Predigt halten:* Worüber wird der Pfarrer heute predigen?; Er predigt heute unter freiem Himmel.;
Heute predigt Pfarrer Müller.
Pre·di·ger *der;* **Pre·di·ge·rin** <-s, -> ❶ *eine Person, die im Auftrag der Kirche im Gottesdienst
predigt¹:* Prediger in ein Land schicken, um das
Evangelium zu verkünden ❷ *eine Person, die eindringlich zu etwas aufruft:* eine Predigerin für Toleranz und gegen Rassenhass
Pre·digt *die* <-, -en> ❶ *eine Rede über ein religiöses Thema im Rahmen eines Gottesdienstes:* der
Pfarrer hält eine Predigt über die Nächstenliebe
◆-amt, -stuhl, -text, Sonntags-, Weihnachts-
❷*(umg. abwert.) eine lange, eindringliche Ermahnung:* jemandem eine Predigt über Pflichtbewusst-
sein halten ◆Moral-
Preis *der* <-es, -e> ❶ *das Geld, das für eine Ware
beim Kauf zu bezahlen ist:* angemessene/faire/
überzogene Preise; Die Preise steigen/bleiben sta-
bil/sinken/schwanken.; jemandem einen guten
Preis (für etwas) machen ◆-anstieg, -erhöhung,
-rückgang, -schwankung, -senkung, -stabilität, -stei-
gerung, -stopp, Brutto-, Durchschnitts-, Einkaufs-,
Eintritts-, Lebensmittel-, Netto- , Pauschal-, Son-
der-, Verkaufs- ❷*(übertr.) das, was man gibt, um
einen Wert zu erlangen:* Für Ruhm und Anerkennung hat er einen hohen Preis bezahlt – er hat
seine Gesundheit ruiniert. ❸ *eine Auszeichnung,
die jmd. für eine Leistung in einem Wettbewerb
erhält:* der erste Preis in einem Schönheitswettbe-
werb; um einen Preis wetteifern; die Stadt/
eine Gesellschaft für etwas ausgeschrieben hat; einen Preis ausschreiben/stiften ◆-träger(in), -verlei-
hung, Friedens-, Kunst-, Literatur-, Nobel- ❹ *eine
Belohnung, die jmd. für seine Teilnahme an einem Preisausschreiben bekommt;* ▪ **etwas unter
Preis verkaufen** *etwas viel billiger verkaufen, als*

der festgesetzte Preis ist; ▪ **um jeden Preis** *auf
jeden Fall, unbedingt*
Preis·an·ga·be *die* <-, -n> *die Angabe des Preises
an einer Ware:* Die Preisangabe auf dem Preis-
schild stimmte nicht.
Preis·auf·schlag *der* <-(e)s, Preisaufschläge>
WIRTSCH. *ein Betrag, der zum Preis hinzukommt:*
für Einzelzimmer/Sonderanfertigungen einen
Preisaufschlag verlangen
Preis·aus·schrei·ben *das* <-s, -> *ein Wettbewerb,
bei dem man eine Preisfrage lösen muss und unter
den Teilnehmern mit der richtigen Antwort ein
Preis⁴ verlost wird*
Preis·aus·zeich·nung *die* <-, -en> WIRTSCH. *die
Angabe des Preises an einer Ware oder für Dienstleistungen:* Waren/Dienstleistungen, die regelmäßig angeboten werden, müssen durch Preisaus-
zeichnung gekennzeichnet sein. ◆-spflicht
preis·be·wusst *adj /nicht steig./ so, dass man auf
einen niedrigen Preis achtet:* ein preisbewusster
Kunde; preisbewusst einkaufen
Preis·bin·dung *die* <-, -en> WIRTSCH. *die gesetzliche oder vertragliche Verpflichtung zur Einhaltung festgelegter Preise*
Preis·sel·bee·re *die* <-, -n> ❶ *eine rote Beere von
säuerlichem Geschmack, die an kleinen Sträuchern im Wald wächst:* Wildgerichte mit Preisel-
beeren servieren ❷ *ein Strauch, an dem Preisel-
beeren¹ wachsen*
Preis·emp·feh·lung *die* <-, -en> WIRTSCH. *die
(↔ Preisbindung) die Empfehlung des Herstellers für den Verkaufspreis eines Produkts im Einzelhandel:* unverbindliche Preisempfehlung
prei·sen <preist, pries, hat gepriesen> *mit OBJ*
▪ **jmd. preist jmdn./etwas** *(geh.: ≈ rühmen)
sehr loben:* den guten Service in einem Hotel preisen; die Vorzüge des neuen Mitarbeiters preisen;
eine viel gepriesene Sängerin; ▪ **jemanden/sich
glücklich preisen** *jmdn. oder sich glücklich nennen* Er kann sich glücklich preisen, eine Lehrstelle
bekommen zu haben.
Preis·fra·ge *die* <-, -n> ❶ *Frage in einem Preisrät-
sel:* Die Preisfrage lautet … ❷ *(umg.) eine schwierige Frage:* Was wir jetzt tun sollen, ist hier die
Preisfrage. ❸ *eine Frage des zu zahlenden Preises:*
Ob ich das kaufe, ist eine reine Preisfrage.
Preis·ga·be *die* <-> */kein Plur./ das Preisgeben*
preis·ge·ben <gibst preis, gab preis, hat preisge-
geben> *mit OBJ* ❶▪ **jmd. gibt etwas preis** *verraten:* ein Geheimnis preisgeben ❷▪ **jmd. gibt
jmdn./ein Lebewesen etwas** *Dat.* **preis** *(≈ ausliefern) aufhören, jmdn. oder ein Lebewesen zu
schützen:* Menschen dem Hungertod preisgeben;
die Pflanzen der Hitze preisgeben; Er hat ihn dem
Spott der Kollegen preisgegeben.
preis·ge·krönt *adj /nicht steig./ durch die Verleihung eines Preises³ ausgezeichnet:* ein preisge-
krönter Film
Preis·geld *das* <-(e)s, -er> *Gesamtwert der in
einem Wettbewerb zur Verfügung stehenden
Preise³*
Preis·ge·richt *das* <-s, -e> *(≈ Jury) das Gremium,
das über die Verleihung eines Preises³ entscheidet* ▶ Preisrichter

P

preis·güns·tig *adj* ❶ *(≈ preiswert) so, dass man für relativ wenig Geld relativ gut kaufen kann:* ein preisgünstiges Angebot ❷ *(verhüll.) billig:* Haben Sie es nicht etwas preisgünstiger?

Preis·kampf *der* <-(e)s, Preiskämpfe> WIRTSCH. *der Kampf von Unternehmen, sich gegenseitig mit immer niedrigeren Preisen [1] zu unterbieten*

Preis-Leis·tungs-Ver·hält·nis *das* <-ses> /kein Plur./ WIRTSCH. *das Verhältnis des zu zahlenden Preises [1] und der Ware oder der Leistung, die man dafür bekommt:* ein günstiges Preis-Leistungs-Verhältnis

preis·lich *adj* /nicht steig./ *den zu zahlenden Preis [1] betreffend:* preisliche Unterschiede

Preis-Lohn-Spi·ra·le *die* <-, -n> WIRTSCH. *der Vorgang, dass steigende Preise höhere Lohnforderungen nach sich ziehen, und dass höhere Löhne auch zu höheren Preisen der Konsumgüter führen*

Preis·nach·lass *der* <-es, Preisnachlässe> WIRTSCH. *(≈ Rabatt) eine Verringerung des zu zahlenden Preises [1]:* Bei Bestellungen über 100 Stück gewähren wir einen Preisnachlass.

Preis·ni·veau *das* <-s, -s> WIRTSCH. *der Durchschnittswert der zu zahlenden Preise [1]:* ein gestiegenes/hohes/stabiles Preisniveau

Preis·po·li·tik *die* <-> /kein Plur./ ❶ WIRTSCH. *der Teil der Politik eines Unternehmens, in dem Kalkulationen und Marktforschung bei der Festsetzung der Preise wichtig sind* ❷ POL. *alle staatlichen Maßnahmen, die auf die Preise Einfluss haben*

Preis·rät·sel *das* <-s, -> *(≈ Preisausschreiben) ein Wettbewerb, bei dem unter den Teilnehmern, die eine Frage richtig beantworten, ein Preis [4] verlost wird*

Preis·re·la·ti·on *die* <-, -en> *das Verhältnis zwischen vergleichbaren Preisen [1]*

P

Preis·schild *das* <-(e)s, -er> *Schild an einer Ware mit der Angabe des Preises [1]*

Preis·schla·ger *der* <-s, -> *Ware zu stark herabgesetzten Preisen [1]*

Preis·span·ne *die* <-, -en> *der Bereich zwischen dem niedrigsten und dem höchsten Preis [1], in dem Preise für eine bestimmte Ware gewöhnlich liegen*

Preis·sturz *der* <-es, Preisstürze> *eine plötzliche Preissenkung*

Preis·trä·ger *der*; **Preis·trä·ge·rin** <-s, -> *Person, die einen Preis [3] in einem Wettbewerb erhalten hat*

preis·trei·bend *adj* /nicht steig./ *so, dass Preise in die Höhe getrieben werden* ▶ Preistreiber, Preistreiberei

Preis·ver·fall *der* <-s> /kein Plur./ *ein starker Rückgang der Preise [1] bei bestimmten Waren (durch Überangebot)*

Preis·ver·ord·nung *die* <-, -en> *eine preisrechtliche Verordnung [1] bei bestimmten Waren (bei Überangebot)*

preis·wert *adj* ❶ *(≈ preisgünstig) so, dass man für relativ wenig Geld relativ gut kaufen kann:* ein preiswerter Urlaub ❷ *(verhüll.) billig:* Haben Sie es nicht etwas preiswerter?

pre·kär *adj* /nicht steig./ *(geh.) schwierig, unangenehm:* sich in einer prekären Lage befinden

Prell·bock *der* <-s, Prellböcke> *ein Hindernis am Ende eines Gleises, um einen Zug durch Aufprall auf dieses Hindernis notfalls stoppen zu können*

prel·len <prellst, prellte, hat/ist geprellt> **I.** *mit OBJ (haben)* ❶ ▪ *jmd. prellt jmdn. um etwas (umg.) jmdn. betrügen, indem man ihm nicht das gibt, was ihm zusteht:* Er hat den ehrlichen Finder um seine Belohnung geprellt.; ▪ **die Zeche prellen** *im Lokal die Rechnung nicht bezahlen* Der Wirt ist allein in der letzten Woche drei Mal geprellt worden. ▶ Zechprellerei ❷ ▪ *jmd. prellt (sich) etwas (haben) durch einen Stoß verletzen:* sich das Handgelenk prellen; Ich habe (mir) den Fuß geprellt. **II.** *mit SICH (haben)* ▪ *jmd. prellt sich sich durch einen Stoß verletzen:* sich (an der Schulter) prellen

Prel·lung *die* <-, -en> MED. *durch einen Stoß hervorgerufene Verletzung*

Pre·mi·er *der* [prəˈmi̯eː/preˈmi̯eː] <-s, -s> *kurz für „Premierminister"*

Pre·mi·e·re *die* [prəˈmi̯eːrə] <-, -n> THEAT., FILM, MUS. *die erste Aufführung einer künstlerischen Produktion:* Zur Premiere waren viele Prominente erschienen. ◆ -nabend, -publikum, Welt-

Pre·mi·er·mi·nis·ter *der*; **Pre·mi·er·mi·nis·te·rin** [prəˈmi̯eː...] <-s, -s> POL. *in manchen Ländern: Person, die die Regierung leitet:* der französische Premierminister

Pre·mi·um- WIRTSCH. *als Erstglied zusammengesetzter Substantive; drückt aus, dass das mit dem Zweitglied Bezeichnete auf anspruchsvolle Leistungen und hohe Qualität/Exklusivität von Produkten gerichtet ist* ◆ -anbieter, -bürobedarf, -dienste, -fahrzeuge, -futter, -gläser, -gleitsichtgläser, -hersteller, -klasse, -kunde, -marken, -markenstrategie, -segment, -tierfutter, -versand, -wanderwege

Pres·by·ter *der* <-s, -> REL. ❶ *katholischer Priester* ❷ *(evangelischer) Vertreter der Kirchengemeinde im Presbyterium*

Pres·by·te·ri·um *das* <-, Presbyterien> REL. ❶ *Gesamtheit der (katholischen) Priester in einer Diözese* ❷ *Vorstand einer evangelischen Kirchengemeinde, der aus dem Pfarrer und gewählten Vertretern der Gemeinde besteht*

pre·schen <preschst, preschte, ist geprescht> *ohne OBJ* ▪ *jmd. prescht irgendwohin (umg.) sehr schnell laufen oder fahren:* vorwärtspreschen; ins Ziel preschen; über die Kreuzung preschen

Pres·se *die* <-, -n> ❶ *eine mechanische Vorrichtung zum Pressen von Obst, um Saft zu gewinnen:* eine hydraulische Presse; eine Presse für Obst ◆ Most-, Saft-, Zitronen- ❷ /kein Plur./ *das Zeitungswesen und seine Mitarbeiter:* die Vertreter der Presse ◆ -chef(in), -erklärung, -fotograf(in), -konferenz, -konzern ❸ /kein Plur./ *die Gesamtheit aller Zeitungen und Zeitschriften:* eine Übersicht über die Kommentare der Presse; ▪ **eine gute Presse haben/bekommen** *in den Zeitungen gelobt werden* ◆ -meldung, -notiz, Auslands-, Fach-, Tages-, Welt-

Pres·se·agen·tur *die* <-, -en> *eine Agentur, die*

Presse², *Funk und Fernsehen mit Nachrichten beliefert*

Pres·se·amt *das* <-s, Presseämter> *Pressestelle einer Regierung* ◆ Bundes-

Pres·se·clip·ping *das* [...klɪpɪŋ] <-s, -s> WIRTSCH. *(PR)* ❶ *der Vorgang, dass jmd. alle Meldungen in der Presse³ zu einem Produkt oder zu einer Aktivität des Unternehmens herausschneidet* ❷ *die durch Presseclipping¹ gewonnene Informationsmappe, die den Stand der medialen Berichterstattung über ein Produkt oder eine Unternehmensaktivität darstellt*

Pres·se·dienst *der* <-(e)s, -e> *von privaten und öffentlichen Stellen und von Presseagenturen herausgegebene Sammlung von Nachrichten und Informationen*

Pres·se·frei·heit *die* <-> */kein Plur./* RECHTSW. *das verfassungsmäßige Grundrecht der Presse² zur freien Beschaffung und Verbreitung von Information:* sich auf die Pressefreiheit berufen

pres·sen <presst, presste, hat gepresst> **I.** *mit OBJ* ❶ ■ *jmd. presst etwas etwas durch Druck in eine bestimmte Form oder Verfassung bringen:* Schallplatten pressen; (Stroh zu) Ballen pressen; Blätter/Blumen pressen; ein zu Tabletten gepresstes weißes Pulver ❷ ■ *jmd. presst etwas (aus etwas Dat.) durch Druck bewirken, dass eine Flüssigkeit oder eine breiige Substanz aus etwas herauskommt:* den Saft aus Oliven/Wein/Zitronen pressen; den Inhalt aus einer Tube pressen ❸ ■ *jmd. presst etwas (an etwas Akk.) irgendwohin drücken:* die Stirn ans Fenster pressen; den Freund an die Brust pressen; sich flach an die Wand pressen; die Sachen in einen Koffer pressen; Kartoffeln durch ein Sieb pressen ❹ ■ *jmd. presst jmdn. zu etwas (geh.) zwingen:* jemanden zum Militärdienst pressen; Die Polizei presste ihn, Aussagen über seinen Freund zu machen. **II.** *ohne OBJ* ■ *jmd. presst heftig drücken:* bei der Geburt pressen ► Presswehen

Pres·se·or·gan *das* <-s, -e> *eine bestimmte Zeitschrift oder Zeitung, durch die eine Institution Informationen veröffentlicht*

Pres·se·recht *das* <-s, -e> RECHTSW. *der Bereich des Rechts, der die Pressefreiheit und die besonderen rechtlichen Bestimmungen für Angehörige der Presse betrifft*

Pres·se·schau *die* <-, -en> *eine Sendung im Radio, die Überblick über die aktuellen Pressestimmen zu einem Thema gibt*

Pres·se·spre·cher *der;* **Pres·se·spre·che·rin** <-s, -> *eine Person, die von einer Organisation oder einem Unternehmen angestellt ist, um Informationen in die Öffentlichkeit zu geben*

Pres·se·stel·le *die* <-, -n> *eine Einrichtung in Organisationen, die die Massenmedien über öffentlich interessante Ziele und Prozesse der Organisation informiert, und die die Berichterstattung über die Organisation aufmerksam zur Kenntnis nimmt*

Pres·se·stim·me *die* <-, -n> *eine Meinungsäußerung eines Journalisten in einer Zeitung zu einem aktuellen Thema*

Pres·se·ver·tre·ter *der;* **Pres·se·ver·tre·te·rin**

<-s, -> *eine Journalist, der eine bestimmte Zeitung oder ein bestimmtes Presseorgan vertritt*

Pres·se·we·sen *das* <-s> */kein Plur./ alles, was mit der Presse zusammenhängt*

Pres·se·zen·sur *die* <-> */kein Plur./ die Einschränkung der Pressefreiheit durch staatliche Eingriffe, so dass Meldungen und Meinungen nicht mehr frei veröffentlicht werden können, sondern vor der Veröffentlichung eine staatlichen Kontrolle unterzogen werden*

Pres·se·zen·t·rum *das* <-s, Pressezentren> *für Vertreter der Presse² vorübergehend eingerichtete Räume bei einer größeren Veranstaltung:* das Pressezentrum der Konferenz/der Tour de France

pres·sie·ren <pressiert, pressierte, hat pressiert> **I.** *ohne OBJ* ■ *jmd. pressiert* SCHWEIZ. *jmd. eilt sich:* Wir pressieren und können deshalb nicht länger warten. **II.** *mit ES* ■ *es pressiert jmdm. (umg.)* SÜDDT., ÖSTERR., SCHWEIZ. *eilig oder dringlich sein:* Mir pressiert's aber jetzt!; Mit dieser Sache pressiert es (uns) sehr.

Pres·si·on *die* <-, -en> */meist Plur./ (geh.) Druck; Zwang:* Pressionen auf jemanden ausüben; Die staatlichen Pressionen gegen die Minderheit der Bevölkerung wurden immer stärker.

Press·luft *die* <-> */kein Plur./* TECHN. *unter Hochdruck stehende Luft* ◆-bohrer, -hammer

Press·we·he *die* <-, -n> */meist Plur./* MED. *die Art von Geburtswehe, bei der durch kräftiges Bauchpressen die Austreibung des Kindes aus dem Mutterleib einsetzt*

Pres·ti·ge *das* [prɛsˈtiːʒə] <-s> */kein Plur./ (geh.: ≈ Ansehen) öffentliche Geltung oder Rang einer Person oder Institution:* an Prestige gewinnen/verlieren; auf sein Prestige bedacht sein ► prestigeträchtig

Pres·to *das* <-s, -s/Presti> MUS. ❶ *schnelles Tempo* ❷ *ein Musikstück in schnellem Tempo*

pre·ti·ös *siehe* **preziös**

Pre·ti·o·sen *siehe* **Preziosen**

Pre·to·ria <-s> *Hauptstadt der Republik Südafrika*

Preu·ßen <-s> GESCH. *ehemaliges Königreich in Deutschland* ► preußisch

pre·zi·ös, *a.* **pre·ti·ös** *adj /nicht steig./ (≈ künstlich) so, dass jmd. sich unnatürlich geziert benimmt:* Sie hat sich auf eine preziöse Art bedankt.

Pre·zi·o·sen, *a.* **Pre·ti·o·sen** *Plur. (geh.) Kostbarkeiten; Schmuck* ◆ Schreibung mit z oder t →R 2.20 die Preziosen einer Sammlung

pri·ckeln <prickelt, prickelte, hat geprickelt> *ohne OBJ* ■ *etwas prickelt* ❶ *ein angenehm kitzelndes Gefühl verursachen:* Das Brausepulver prickelt auf der Zunge.; prickelnd frisches Wasser ❷ *von einem (angenehm) kitzelnden Gefühl erfüllt sein:* die Haut prickelt ❸ *kleine Bläschen bilden:* der Sekt prickelt im Glas; prickelndes Mineralwasser

pri·ckelnd *adj (≈ aufregend) ein prickelndes Abenteuer;* prickelnde Erwartung

Priel *der* <-(e)s, -e> *eine schmale Rinne im Wattenmeer, die auch bei Ebbe noch Wasser führt*

Priem *der* <-(e)s, -e> *(ein Stück) Kautabak*

prie·men <priemst, priemte, hat gepriemt> *ohne OBJ* ■ *jmd. priemt Kautabak kauen*

P

Pries·ter *der;* **Pries·te·rin** <-s, -> REL. ❶ *eine Person, die zwischen Gott und den Menschen vermittelt und dazu eine besondere Berufung (Weihe) hat:* eine Priesterin im Tempel der Artemis ❷ */keine feminine Form/ (↔ Laie) katholischer Geistlicher:* vom Bischof zum Priester geweiht werden

Pries·ter·amt *das* <-(e)s, Priesterämter> REL. *das Amt eines Priesters* [1, 2]

Pries·ter·ge·wand *das* <-(e)s, Priestergewänder> REL. *das Gewand, das ein Priester* [2] *im Gottesdienst trägt*

Pries·ter·se·mi·nar *das* <-s, -e> REL. *Ausbildungsstätte für katholische Geistliche*

Pries·ter·tum *das* <-s> */kein Plur./* REL. ❶ *die Gesamtheit der Priester in einer Religionsgemeinschaft* ❷ *die allgemein festgelegte Form, innerhalb derer ein Priester sein Amt ausüben darf*

Pri·ma *die* <-, Primen> SCHULE ❶ *(veralt.) eine der beiden letzten Klassen im Gymnasium* ◆ Ober-, Unter- ❷ ÖSTERR. *erste Klasse im Gymnasium*

pri·ma *adj /nicht steig./ (umg. o veralt.:* ≈ *ausgezeichnet) sehr gut:* ein prima Vorschlag; Das Wetter ist heute prima.; Prima!

Pri·ma·bal·le·ri·na *die* <-, Primaballerinen> *eine Solotänzerin, die die Hauptrolle in einem Ballett tanzt*

Pri·ma·don·na *die* <-, Primadonnen> *Sängerin in der Hauptrolle einer Oper*

Pri·ma·ner *der;* **Pri·ma·ne·rin** <-s, -> SCHULE *Schüler einer Prima* [1]

pri·mär *adj /nicht steig./ (geh.)* ❶ *(≈ ursprünglich) zuerst vorhanden:* die primäre Bedeutung ❷ *wesentlich:* Seine primäre Aufgabe besteht darin, dass …

Pri·mar·arzt *der;* **Pri·mar·ärz·tin** <-es, …-ärzte> ÖSTERR. *leitender Arzt eines Krankenhauses*

Pri·mär·ener·gie *die* <-, -n> TECHN. *Energie, die von natürlichen, noch nicht verarbeiteten Energieträgern stammt (Erdöl, Erdgas, Kohle)*

Pri·ma·ria *die* <-, Primariae> ÖSTERR. *Chefärztin*

Pri·mar·leh·rer *der;* **Pri·mar·leh·re·rin** <-s, -> SCHULE SCHWEIZ. *Lehrer an einer Primarschule*

Pri·mar·schu·le *die* <-, -en> SCHULE SCHWEIZ. *Grund- und Hauptschule*

Pri·mar·stu·fe *die* <-, -n> SCHULE *(↔ Sekundarstufe) die Klassen 1-4 in der Grundschule*

Pri·mas *der* <-, -se/Primaten> REL. *Ehrentitel eines Erzbischofs:* der Primas der katholischen Kirche in Polen

Pri·mat [1] *der* <-en, -en> ZOOL. *ein Angehöriger der am höchsten entwickelten Ordnung der Säugetiere:* Menschen und einige Affen gehören zu den Primaten. ▸ Primatologie

Pri·mat [2] *der/das* <-(e)s, -e> *(fachspr.:* ≈ *Vorrang) der höhere Rang, den jmd. oder etwas über etwas hat:* der Primat der Geisteswissenschaften über die Naturwissenschaften

Pri·me *die* <-, -n> MUS. *ein Tonintervall:* Die reine Prime ist der Gleichklang zweier Töne derselben Tonhöhe.

Pri·mel *die* <-, -n> BOT. *eine Frühlingsblume;* ■ **eingehen wie eine Primel** *(umg.) seelisch und körperlich zusammenfallen* Nachdem die Ent-

scheidung gefallen war, sie ins Internat zu schicken, ging sie ein wie eine Primel.

pri·mi·tiv *adj* ❶ *(fachspr.) auf einer niedrigen Entwicklungsstufe stehend; urtümlich:* primitive einzellige Lebewesen/Lebensformen ❷ *auf einer frühen Kulturstufe stehend; nicht zivilisiert:* primitive Volksstämme; das Leben/die Kultur der Primitiven ❸ *einfach und ärmlich (ausgestattet):* eine primitive Unterkunft; ein primitives Werkzeug; eine primitive, aber wirksame Methode ❹ *(abwert.) dumm, ungebildet, roh:* primitive Ansichten; primitiver Mensch ▸ Primitivling

Pri·mi·ti·vis·mus *der /kein Plur./* KUNST *eine Richtung in der modernen Kunst, die vereinfachende Darstellung anstrebt und sich dabei an der Kunst von Naturvölkern orientiert:* Gaul Gauguin als Vertreter des Primitivismus

Pri·mi·ti·vi·tät *die* <-> */kein Plur./ der Zustand, dass jmd. geistig und seelisch wenig entwickelt ist:* Er ist sich der Primitivität seiner Handlungsweise nicht bewusst.

Pri·mus *der* <-, -se/Primi> *(geh.) der beste Schüler einer Schulklasse;* ■ **jemand ist primus inter pares** *(geh.) jmd. ist der Erste unter Gleichen (und hat keinen Vorrang)* ◆ Klassen-

Prim·zahl *die* <-, -en> MATH. *eine Zahl, die nur durch sich selbst und durch eins teilbar ist*

Prin·te *die* <-, -n> *ein Gebäck aus Lebkuchen:* Aachener Printen

Print·me·di·en <-> *Plur. (geh.:* ↔ *Fernsehen, Rundfunk) Zeitungen, Zeitschriften und Bücher*

Prinz *der;* **Prin·zes·sin** <-en, -en> ❶ */kein Plur./ Titel eines nicht regierenden Verwandten (Sohn, Tochter) eines regierenden Königs oder Fürsten* ❷ *der Träger des Titels eines Prinzen* [1]

Prinz·ge·mahl *der* <-s, -e> *der Ehemann einer regierenden Königin*

Prin·zip *das* <-s, Prinzipien> ❶ *ein fester allgemeiner Grundsatz, nach dem jmd. lebt:* So etwas ging gegen ihre Prinzipien.; Er ist ein Mann mit Prinzipien.; etwas aus Prinzip ablehnen; seinen Prinzipien treu bleiben ◆ Lebens-, Leistungs-, Moral- ❷ *eine allgemein gültige Grundregel:* das Prinzip der Gewaltenteilung im Staat; einem bestimmten (zu Grunde liegenden) Prinzip folgen; ein demokratisches/politisches Prinzip; veraltete, starre Prinzipien ◆ Gleichheits-, Mehrheits-, Ordnungs- ❸ TECHN. *Schema, Gesetzmäßigkeit:* Diese Maschine ist nach einem anderen Prinzip gebaut.; nach einem bestimmten Prinzip funktionieren; ■ **im Prinzip** *eigentlich; im Grunde genommen* Im Prinzip ist das möglich, aber …; ■ **Es geht ums Prinzip** *jmdm. ist der allgemeine Grundsatz wichtiger als der Einzelfall;* ■ **ein Mann/eine Frau von Prinzipien** *eine Person, die sich immer an ihre festen Grundsätze hält*

prin·zi·pi·ell *adj /nicht steig./ grundsätzlich, im Prinzip, aus Prinzip:* Das ist prinzipiell möglich.; Ich bin prinzipiell dagegen/einverstanden.; Es gibt da einen prinzipiellen Unterschied.; eine prinzipielle Frage/Überlegung

Prin·zi·pi·en·fra·ge *die* <-, -n> *eine Frage oder Sache, die nur nach einem Prinzip* [1, 2] *entschieden werden kann*

Prin·zi·pi·en·rei·ter *der,* **Prin·zi·pi·en·rei·te·rin** <-s, -> *(abwert.) jmd., der kleinlich auf einmal gefassten Grundsätzen beharrt*

prin·zi·pi·en·treu *adj /nicht steig./ (↔ prinzipienlos) an einmal gefassten Grundsätzen festhaltend:* prinzipientreu bleiben

Prin·zi·pi·en·treue *die <-> /kein Plur./ die Eigenschaft, dass jmd. an seinen Prinzipien[1] immer festhält*

Pri·or *der,* **Pri·o·rin** <-s, ...-oren> *die Person, die einem Kloster vorsteht* ▸ Priorat

Pri·o·ri·tät *die <-, -en>* ❶ *(geh.: ≈ Vorrang) höherer Rang vor etwas, größere Wichtigkeit:* höchste Priorität haben; einer Sache Priorität einräumen ❷ *zeitliches Vorhergehen:* Er hat die Entdeckung als erster gemacht – damit hat er die Priorität.; ■ **Prioritäten setzen** *entscheiden, was wichtig und was unwichtig ist*

Pri·se *die <-, -n> eine kleine Menge von etwas (die man mit zwei Fingern fassen kann):* eine Prise Salz; eine Prise Tabak

Pris·ma *das <-s, Prismen>* ❶ MATH. *ein geometrischer Körper mit zwei parallel liegenden, kongruenten Vielecken* ❷ PHYS. *ein Körper aus geschliffenem Glas mit mindestens zwei zueinandergeneigten Flächen, in denen Lichtstrahlen gebrochen werden:* Weißes Licht wird im Prisma in die Spektralfarben zerlegt. ▸ Prismenfernroh-, Prismenglas, Prismensucher ◆ Ablenk-, Dispersions-, Reflexions-, Teiler-

Prit·sche *die <-, -n>* ❶ *eine einfache schmale Liege* ❷ *die Ladefläche eines Lastkraftwagens* ◆ -nwagen

pri·vat *adj* ❶ *(≈ persönlich) nur die eigene Person betreffend:* eine rein private Angelegenheit; private Gründe für etwas haben; private Tagebuchnotizen ❷ *familiär:* im privaten Kreis; eine private Atmosphäre ❸ *(↔ dienstlich) nicht dienstlich, nicht offiziell:* einen Kollegen auch privat kennen; seine private Meinung zu etwas äußern; ein nur privat genutztes Auto/Telefon; meine privaten Ausgaben ❹ *(↔ öffentlich) nicht für alle zugänglich:* ein privater Weg; eine private Feier; die privaten Räume einer Gastwirtschaft; eine private Unterkunft ❺ *nicht staatlich oder öffentlich finanziert:* privates Eigentum; private Geschäfte; ein privater Betrieb/Fernsehsender; eine private Schule/Universität; sein Studium privat finanzieren; privat versichert/privatversichert sein ▸ Privatbank, Privateigentum ◆ Getrennt- oder Zusammenschreibung → R 4.16 ein privat versicherter/privatversicherter Patient

Pri·vat- *(↔ Dienst-) als Erstglied zusammengesetzter Substantive; drückt aus, dass das mit dem Zweitglied Bezeichnete nicht für die Öffentlichkeit bestimmt ist bzw. nicht im Rahmen der Berufsausübung eine Rolle spielt, oder nicht mit öffentlichen Mitteln finanziert wird* ◆ -adresse, -angelegenheit, -anschrift, -besitz, -brief, -gebrauch, -gespräch, -haus, -initiative, -nummer, -pension, -quartier, -sammlung, -unterricht, -vermögen, -wagen, -weg, -wohnung

Pri·vat·au·di·enz *die <-, -en> eine Audienz, die jmdm. nicht als Amtsperson oder im Rahmen des*

Dienstes gegeben wird, sondern als Privatperson: Der Minister ist zur Privataudienz beim Papst eingeladen worden.

Pri·vat·bank *die <-, -en> /kein Plur./ eine Bank, die privatwirtschaftlich betrieben wird und nicht staatlich ist*

Pri·vat·de·tek·tiv *der,* **Pri·vat·de·tek·ti·vin** <-s, -e> *jmd., der nicht in öffentlichem Auftrag (als Polizist), sondern als Selbstständiger gegen Bezahlung Ermittlungen durchführt*

Pri·vat·do·zent *der,* **Pri·vat·do·zen·tin** <-en, -en> *(↔ Professor) ein Hochschullehrer, der keine feste Stelle an der Universität hat*

Pri·vat·fern·se·hen *das <-s> /kein Plur./ (↔ öffentlich-rechtliches Fernsehen) nicht im öffentlichen oder staatlichen Besitz befindliche(r) Fernsehsender*

Pri·vat·hoch·schu·le *die <-, -n> eine Hochschule, die nicht staatlich ist, sondern von einem privaten[5] Träger (zum Beispiel einem Unternehmen) betrieben wird*

pri·va·ti·sie·ren <privatisiert, privatisierte, hat privatisiert> I. *mit OBJ* ■ *jmd. privatisiert etwas (↔ verstaatlichen) etwas aus öffentlichem in privaten Besitz überführen* II. *ohne OBJ* ■ *jmd. privatisiert ohne berufliche Einkünfte nur von dem eigenen Privatvermögen leben*

Pri·va·ti·sie·rung *die <-, -en> (↔ Verstaatlichung) die Überführung von staatlichem Besitz in Privatbesitz:* Die Abtretung von vorher öffentlich betriebenen Bahnstrecken an private Gesellschaften ist ein Beispiel für Privatisierung.

Pri·va·tiv *das <-s, -e>* SPRACHWISS. *ein Wort, das das Fehlen oder Beseitigen des Basisinhaltes bezeichnet:* Die Vorsilben „un-" oder „ent-" bei Substantiven und Adjektiven sind privative Affixe (Wortbildungselemente).; Das Wort „Untreue" ist mit dem privativen Affix „un-" gebildet.

pri·va·tiv *adj /nicht steig./* SPRACHWISS. *durch ein Privativ bezeichnet:* privative Ausdrücke

Pri·vat·kla·ge *die <-, -n>* RECHTSW. *eine Anklage, die eine Privatperson vor Gericht erhebt, ohne dass ein Staatsanwalt mitwirkt.:* Er hat eine Privatklage gegen seinen Nachbarn wegen Beleidigung eingereicht.

Pri·vat·kli·nik *die <-, -en> eine nicht staatliche oder nicht mit öffentlichen Mitteln betriebene Klinik*

Pri·vat·le·ben *das <-s> /kein Plur./ (↔ Berufsleben) das Leben außerhalb der Öffentlichkeit oder des Dienstes:* Mein Privatleben geht keinen etwas an!; Er opfert sein Privatleben seiner Karriere.; ■ **jemand zieht sich ins Privatleben zurück** *jmd. scheidet aus dem Beruf aus*

Pri·vat·leh·rer *der,* **Pri·vat·leh·re·rin** <-s, -> *jmd., der Kinder nicht in öffentlichem Auftrag (an einer staatlichen Schule) unterrichtet, sondern in privatem[2] Auftrag gegen Bezahlung*

Pri·vat·mann *der <-(e)s, Privatleute>* ❶ *(≈ Privatperson)* ❷ *(≈ Privatier) jmd., der keinen festen Beruf ausübt und von privatem Vermögen lebt*

Pri·vat·pa·ti·ent *der,* **Pri·vat·pa·ti·en·tin** <-en, -en> *(↔ Kassenpatient) ein Patient, der seine Be-*

P

handlung selbst bezahlt oder einer privaten Krankenversicherung angehört

Pri·vat·per·son *die* <-, -en> *eine Person, die nicht im Auftrag einer Firma, des Staates oder der Öffentlichkeit handelt:* als Privatperson auftreten

Pri·vat·recht *das* <-s> /kein Plur./ RECHTSW. *(↔ öffentliches Recht) der Bereich des Rechts, der die Interessen und Beziehungen zwischen den Bürgern regelt*

Pri·vat·sa·che *die* <-> /kein Plur./ *etwas, das jmdn. persönlich betrifft:* Das ist reine Privatsache, das geht keinen etwas an!

Pri·vat·schu·le *die* <-, -n> *eine Schule, die Kinder im nicht öffentlichen Auftrag gegen Bezahlung unterrichtet*

Pri·vat·se·kre·tär *der,* **Pri·vat·se·kre·tä·rin** <-s, -e> *jmd., der die private Korrespondenz und Organisation für einen privaten² Auftraggeber erledigt*

Pri·vat·sen·der *der* <-s, -> *ein Rundfunk- oder Fernsehsender, der nicht als öffentlich-rechtliche Anstalt verfasst ist*

Pri·vat·sphä·re *die* <-, -n> *der Bereich, der das persönliche Leben einer Person betrifft:* jemandes Privatsphäre (nicht) verletzen

Pri·vat·stun·de *die* <-, -n> /meist Plur./ *privat erteilter Unterricht*

Pri·vat·un·ter·neh·men *das* <-s, -> *ein Unternehmen, das in privatem Besitz ist*

Pri·vat·ver·gnü·gen *das* <-s> /kein Plur./ (umg.) *eine Aktivität, die jmd. ohne Verpflichtung und nur aus eigener Neigung betreibt:* Nachdem sie den geforderten Vortrag gehalten hatte, arbeitete sie zu ihrem Privatvergnügen an dem Thema noch weiter.

Pri·vat·wirt·schaft *die* <-> /kein Plur./ *die Gesamtheit der Unternehmen im nicht öffentlichen oder nicht staatlichen Besitz*

Pri·vi·leg *das* <-(e)s, Privilegien> (geh.: ≈ Vorrecht) *ein für einen Einzelnen oder eine Gruppe geltendes, besonderes Recht, von dem andere ausgeschlossen bleiben:* mit Privilegien ausgestattet sein; Privilegien antasten/aufheben/genießen/verteidigen; Der Chef genießt das Privileg, vor dem Haus zu parken – alle anderen parken auf einem weiter entfernt liegenden Parkplatz.; Bildung darf nicht das Privileg der Reichen sein.

pri·vi·le·gie·ren <privilegierst, privilegierte, hat privilegiert> *mit OBJ* ■ *jmd. privilegiert jmdn.* (geh.) *Sonderrechte einräumen:* einzelne Berufsgruppen/Gesellschaftsschichten/ Gruppen/Personen besonders privilegieren; eine privilegierte Schicht der Gesellschaft

Pro *das* <-> /kein Plur./ ■ **das Pro und Kontra einer Sache abwägen** *vergleichen, was Vorteile und Nachteile einer Sache sind*

pro *präp* +Akk. *jeweils für, je:* pro Kopf (Person); drei Euro pro anwesenden Teilnehmer

Pro·ba·bi·lis·mus *der* <-> PHILOS. *die Auffassung, dass es keine absolut wahren, sondern nur wahrscheinlichen Aussagen über die Realität gibt* ▶ probabilistisch, Probabilität

Pro·band *der,* **Pro·ban·din** <-en, -en> ❶ MED., PSYCH. *(≈ Versuchsperson) eine Person, an der ein* wissenschaftlicher Versuch oder Test durchgeführt wird ❷ *ein auf Bewährung entlassener Strafgefangene(r)*

pro·bat *adj* (geh.) *bewährt; geeignet:* eine probate Maßnahme; ein probates Mittel gegen Mückenstiche

Pro·be *die* <-, -n> ❶ *der Versuch, festzustellen, ob eine Fähigkeit, eine Eigenschaft oder eine Sache (in gewünschtem Maße) bei jmdm. oder etwas vorhanden ist:* etwas zur Probe versuchen; Mach die Probe, ob die Rechnung stimmt!; auf/zur Probe eingestellt werden ◆-exemplar, -zeit, Lehr-, Wein- ❷ *das gemeinsame wiederholte Üben (vor einer Aufführung):* die Probe des Chores/des Orchesters; die Proben zu einem Theaterstück ◆-bühne, General-, Orchester- ❸ *eine kleine Menge einer Sache, anhand welcher deren Eigenschaften geprüft werden können:* eine Probe von einem Stoff/einem Waschmittel; vom Blut/Urin Proben entnehmen; die Proben im Labor untersuchen; Sie zeigte eine Probe ihrer Kunst. ◆ Blut-, Gewebe-, Kost-, Urin-, Waren- ❹ ■ **jemanden auf die Probe stellen** *jmdn. in eine Situation bringen, in der sich zeigt, was für einen Charakter er hat;* ■ **etwas auf die Probe stellen** *etwas sehr stark beanspruchen* Bei dem stundenlangen Warten wurde seine Geduld auf die Probe gestellt.; ■ **auf Probe** *vorläufig, als Versuch* Er ist erst mal auf Probe eingestellt worden. ◆ Getrenntschreibung →R 4.16 ein Auto Probe fahren/probefahren; eine Seite Probe schreiben/probeschreiben; vor der Jury Pobe singen/probesingen müssen

Pro·be·ab·zug *der* <-s, Probeabzüge> *ein erster Abzug von einer Fotografie*

Pro·be·alarm *der* <-s, -e> *ein Alarm, der absichtlich ausgelöst wird, um den Ablauf aller Maßnahmen und Hilfsaktionen bei einem Notfall zu üben und zu verbessern*

Pro·be·boh·rung *die* <-, -en> *eine Bohrung, bei der der Boden auf seine Beschaffenheit oder darin enthaltene Bodenschätze untersucht wird*

Pro·be·druck *der* <-s, -e> DRUCKW. *ein Abdruck, der als Muster dient*

Pro·be·fahrt *die* <-, -en> *eine kurze Fahrt mit einem Fahrzeug, um dessen Fahreigenschaften zu testen*

Pro·be·jahr *das* <-s, -e> *eine Probezeit von einem Jahr*

Pro·be·lauf *der* <-(e)s, Probeläufe> TECHN. *der Betrieb einer Sache, um ihre Funktion zu testen:* der Probelauf einer neuen Maschine

pro·ben <probst, probte, hat geprobt> **I.** *mit OBJ* ■ *jmd. probt (etwas)* (≈ üben) Er probte seinen Auftritt.; Die Schauspieler proben ein neues Stück. **II.** *ohne OBJ* ■ *jmd. probt* jmd. beschäftigt sich mit Proben: Wir müssen noch ein bisschen proben, bevor es klappt.; wochenlang an etwas proben

Pro·be·num·mer *die* <-, -n> *ein Probeexemplar einer Zeitung, die man zum Kennenlernen bestellt hat*

Pro·be·pa·ckung *die* <-, -en> *eine Packung mit einem neuen Produkt, das zum Kennenlernen billig verkauft wird*

Pro·be·sei·te *die* <-, -n> DRUCKW. *ein Probedruck von einer Seite*

pro·be·wei·se *adv zur Probe[1]:* jemanden probeweise einstellen

Pro·be·zeit *die* <-> /kein Plur./ ❶ *die befristete Zeit der Beschäftigung, in der jmd. seine Eignung zu einer Tätigkeit nachweisen muss:* eine Probezeit von sechs Monaten vereinbaren; während der Probezeit keinen Urlaub nehmen können ❷ SCHWEIZ. *Bewährungsfrist*

pro·bie·ren <probierst, probierte, hat probiert> **I.** *mit OBJ* ▪ *jmd. probiert etwas* ❶ (≈ *testen*) *herausfinden, ob oder wie etwas funktioniert:* ein neues Verfahren/ein Kunststück probieren; Habt ihr schon probiert, ob das so funktioniert? ▶ausprobieren ❷ (≈ *versuchen*) *herausfinden, ob etwas möglich ist:* probieren, jemanden zu überreden; Ich habe gestern probiert, Dich telefonisch zu erreichen.; Probiere mal, ob du das heben kannst! ❸ (≈ *kosten*) *den Geschmack testen:* Du musst mal den Nachtisch probieren.; Willst du mal probieren? ❹ *Kleidung zur Probe anziehen:* ein Kleid probieren; In der Kabine kann man in aller Ruhe probieren. ▶anprobieren **II.** *mit SICH* ▪ *jmd. probiert sich als etwas* (*umg.*) *probeweise eine Tätigkeit oder einen Beruf ausüben:* In den Ferien hat er sich als Dolmetscher probiert.; ▪ **Probieren geht über Studieren.** *(Sprichwort) eigene Erfahrung ist wichtiger als theoretisches Wissen*

Pro·b·lem *das* <-s, -e> ❶ *eine schwierige Frage, die gelöst werden soll oder eine schwierige Aufgabe, die bewältigt werden soll:* ein Problem bearbeiten/besprechen/lösen; Ein Problem tritt auf/stellt sich.; ein technisches/politisches/sprachliches Problem ❷ /meist Plur./ *(verhüll.) Ärger, Konflikt:* Er hat private Probleme.; ein Problem/Probleme mit dem Alkohol haben; Mit den Kollegen hatten wir schon immer Probleme.; jemandem immer nur Probleme machen; ▪ **(Das ist) kein Problem!** *(Das ist) nicht schwierig.;* ▪ **Das ist nicht mein Problem!** *Dieses Problem muss nicht ich, sondern ein anderer lösen.;* ▪ **jemand wälzt Probleme** *(umg.) jmd. spricht oft und lange über schwierige Fragen*

Pro·b·lem·ab·fall *der* <-s, Problemabfälle> (≈ *Sondermüll*)

Pro·b·le·ma·tik *die* <-, -en> *die Gesamtheit der Probleme in Bezug auf etwas:* die Problematik der Gewalt an den Schulen ansprechen ◆Drogen-, Steuer-, Umwelt-

pro·b·le·ma·tisch *adj* ❶ *so, dass etwas voller Probleme[1] ist:* eine problematische Beziehung/Lage/Situation; Er hat einen sehr problematische Charakter. ❷ *so, dass eine Handlung oder Entscheidung viele Fragen weckt, und man zweifelt, ob sie richtig ist:* Er hat einen Entschluss gefasst, den ich sehr problematisch finde.

pro·b·le·ma·ti·sie·ren <problematisierst, problematisierte, hat problematisiert> *mit OBJ* ▪ *jmd. problematisiert etwas* (*geh.*) *die Problematik von etwas darstellen und diskutieren*

Pro·b·lem·fall *der* <-(e)s, Problemfälle> *eine Sache oder Situation, die sich als problematisch erweist*

pro·b·lem·ge·la·den *adj* /nicht steig./ *so, dass etwas voller ungelöster Probleme ist*

Pro·b·lem·kind *das* <-(e)s, -er> *ein Kind, mit dessen Erziehung die Eltern Probleme haben*

pro·b·lem·los *adj* *ohne Probleme:* Wir haben den Weg problemlos gefunden.; Die Sache verlief völlig problemlos.

pro·b·lem·ori·en·tiert *adj* /nicht steig./ (↔ *lösungsorientiert*) *auf Probleme ausgerichtet:* ein problemorientierter Artikel über ein Thema

Pro·b·lem·stel·lung *die* <-, -en> *die Art, wie sich ein Problem darstellt:* Der Autor hat die Problemstellung erkannt und differenziert behandelt.

Pro·b·lem·zo·ne *die* <-, -n> *(verhüll.) ein Bereich des menschlichen Körpers, der nicht besonders attraktiv aussieht:* die Problemzonen an Bauch und Po mit spezieller Gymnastik straffen

Pro·ce·de·re, *a.* **Pro·ze·de·re** *das* <-, -> *(geh.) Vorgehensweise:* Wir haben uns auf das folgende Procedere geeinigt …

pro do·mo ▪ **pro domo reden** *parteilich sein, für die eigenen Interessen reden* Er lobt die neuen technologischen Entwicklungen und redet dabei natürlich pro domo, nämlich für die eigene Firma.

Pro·du·cer *der*, **Pro·du·ce·rin** [pro'dju:se] <-s, -> *Hersteller (besonders von Filmen)*

Pro·dukt *das* <-(e)s, -e> ❶ (≈ *Ware*) *etwas, das durch Arbeit erzeugt wird, um verkauft zu werden:* ein industrielles/landwirtschaftliches Produkt; Das Produkt ist ein Erfolg/ist neu auf dem Markt/ist noch nicht marktreif/ist innovativ/rechnet sich nicht.; Das Unternehmen exportiert seine Produkte in fünfzehn verschiedene Länder/hat sein Produkt geschickt positioniert/vertreibt seine Produkte über verschiedene Vertriebskanäle/hat sein neuestes Produkt gemeinsam mit einer Partnerfirma entwickelt. ◆-eigenschaft, -manager, -qualität, -spektrum, Hightech-, Marken-, Qualitäts-, Spitzen- ❷ (≈ *Ergebnis, Folge*) *eine Wirkung, die aus etwas entsteht:* Solche Verhaltensstörungen bei Kindern sind das Produkt zerrütteter Familienverhältnisse.; Das ist doch nur ein Produkt seiner Fantasie. ❸ MATH. *das Ergebnis einer Multiplikation:* Das Produkt aus drei und vier ist zwölf.

Pro·duk·ten·han·del *der* <-s> /kein Plur./ LANDW. *Handel mit Produkten der heimischen Landwirtschaft*

Pro·dukt·haf·tung *die* <-> /kein Plur./ RECHTSW. *die Haftung, die ein Hersteller für die durch seine Produkte verursachten Schäden übernimmt*

Pro·duk·ti·on *die* <-, -en> ❶ *das Herstellen von Waren:* industrielle/handwerkliche/landwirtschaftliche Produktion; die Produktion von Fahrzeugen/Lebensmitteln/Maschinen; die Produktion ins Ausland verlagern; die Produktion ankurbeln/steigern ◆-sablauf, -sanlage, -shalle, -skosten, -sstätte, -sverlagerung ❷ *die Gesamtheit dessen, was hergestellt wurde:* die Produktion eines ganzen Tages ◆Jahres-, Monats-, Tages- ❸ *das Entstehen von etwas:* die Produktion von Schweiß/Speichel/Sperma/roten Blutkörperchen ❹ *ein (filmisches) Kunstwerk:* der Film ist eine ältere/deutsche Produktion ◆Ko-

Pro·duk·ti·ons·aus·fall *der* <-s, Produktionsaus-

P

fälle> *der Vorgang, dass der Produktionsprozess unterbrochen wird und das Unternehmen dadurch einen Verlust erleidet:* Durch die Streiks kam es zu Produktionsausfällen.

Pro·duk·ti·ons·fak·tor *der <-s, -en> ein den Produktionsprozess wesentlich mitbestimmender Faktor (wie Arbeit, Boden und Kapital)*

Pro·duk·ti·ons·mit·tel <-> *Plur.* WIRTSCH. *die Gesamtheit der Hilfsmittel, die für die Produktion[1] notwendig sind (wie Maschinen, Transporte, Rohstoffe, Fabriken)*

Pro·duk·ti·ons·zweig *der <-(e)s, -e>* WIRTSCH. *ein Teilbereich der Wirtschaft, der Waren produziert*

pro·duk·tiv *adj* ❶ *(≈ fruchtbar) (viele) Ergebnisse hervorbringend:* produktive Arbeit machen; ein sehr produktiver Romanschreiber ❷ *konkrete Ergebnisse hervorbringend:* eine produktive Zusammenarbeit; Ich habe viel gearbeitet und habe doch das Gefühl, nicht sehr produktiv gewesen zu sein. ❸ *(≈ konstruktiv, sinnvoll) so, dass es zur Lösung eines Problems beiträgt:* produktive Kritik üben; produktive Vorschläge machen

Pro·duk·ti·vi·tät *die <-> /kein Plur./* ❶ *(≈ Leistungsfähigkeit)* die Produktivität eines Betriebes steigern ◆-sfortschritt, -szuwachs ❷ *(≈ Schaffenskraft)* Seine Produktivität war ungebrochen.

Pro·duk·tiv·kraft *die <-, Produktivkräfte> die Kraft, die zur Entwicklung der Produktion notwendig ist (wie zum Beispiel Intelligenz, Produktionsmittel, Technik, Wissenschaft)*

Pro·dukt·pa·let·te *die <-, -n> die verschiedenen Produkte eines Unternehmens*

Pro·dukt·pi·ra·te·rie *die <-> /kein Plur./ die unberechtigte Nutzung fremder Markennamen*

Pro·du·zent *der,* **Pro·du·zen·tin** <-en, -en> ❶ WIRTSCH. *eine Person oder Firma, die etwas herstellt* ❷ FILM *eine Person oder Firma, die einen Film finanziert und dessen Herstellung gewährleistet*

pro·du·zie·ren <produzierst, produzierte, hat produziert> **I.** *mit OBJ* ■ *jmd. produziert etwas* ❶ *(industriell) herstellen:* Die Firma produziert seit zehn Jahren Computer/ Halbleiterelemente. ❷ FILM *finanzieren und die Herstellung gewährleisten:* einen Film produzieren ❸ *entstehen lassen:* Speichel produzieren; die Pflanze produziert Sauerstoff ❹ *(umg. abwert.) hervorbringen:* Was hast du denn da wieder produziert?; Seit einer Woche produziert er nur Fehler. **II.** *mit SICH* ■ *jmd. produziert sich (abwert.) sich (egozentrisch) mit seinen Leistungen vor anderen herausstellen:* Sie hat sich ja wieder vor allen produziert!

Prof. *Abkürzung von „Professor" und „Professorin"*

pro·fan *adj /nicht steig./* ❶ *(↔ sakral) weltlich:* ein profaner Bau des Architekten, der sonst meist Kirchen baut ❷ *(geh. übertr.) alltäglich:* über ganz profane Dinge sprechen

pro·fa·nie·ren <profanierst, profanierte, hat profaniert> *mit OBJ* ■ *jmd. profaniert etwas (≈ entweihen) etwas Heiliges ohne Würde behandeln:* Das Weihnachtsfest ist immer mehr profaniert worden – es ist zum Fest des Konsums geworden! ▸ Profanierung

pro·fes·si·o·na·li·sie·ren <professionalisierst, professionalisierte, hat professionalisiert> *mit OBJ* ■ *jmd. professionalisiert etwas eigenes Können und Fähigkeiten so nutzen, dass man daraus einen Beruf macht:* Er hat sein Hobby professionalisiert und lebt jetzt davon.

Pro·fes·si·o·na·li·sie·rung *die <-> /kein Plur./ der Vorgang, dass Tätigkeiten und Fähigkeiten zu neuen Berufen zusammengefasst werden und dass bereits bekannte Berufe sich immer mehr spezialisieren und in neuen Ausbildungen präzisiert werden*

Pro·fes·si·o·na·li·tät *die <-> /kein Plur./ das spezielle Können (und die souveräne Ausstrahlung), die nur ein Fachmann hat:* Er konnte in dieser Situation seine Professionalität beweisen.

pro·fes·si·o·nell *adj /nicht steig./* ❶ *so, dass man etwas als Beruf betreibt:* ein professioneller Sportler sein ❷ *mit einer Art, die von Professionalität zeugt:* eine professionelle Arbeit; Er tritt sehr professionell auf.

Pro·fes·sor *der,* **Pro·fes·so·rin** <-s, ...-soren> ❶ *jmd., der an einer Universität oder Fachhochschule nach seiner Habilitation die Lehrbefugnis hat und gegebenenfalls Beamter/Beamtin ist:* Es gibt ordentliche Professoren (mit eigenem Lehrstuhl), außerordentliche und außerplanmäßige Professoren (ohne eigenen Lehrstuhl); Professor für Anglistik/Germanistik/Molekularbiologie/Zahnmedizin; zum Professor berufen/ernannt werden ◆Gast-, Honorar- ❷ ÖSTERR. *jmd., der an einer höheren Schule unterrichtet;* ■ *ein zerstreuter* **Professor** *(umg. scherzh.) eine unkonzentrierte, vergessliche Person*

Pro·fes·sur *die <-, -en> der Lehrstuhl an einer Universität oder Fachhochschule:* Die Professur für theoretische Physik ist zu besetzen.

Pro·fi *der <-s, -s> (umg.)* ❶ *Abkürzung für „Professioneller":* auf seinem Gebiet ein echter Profi sein ❷ *(↔ Amateur) jmd., der etwas als Beruf betreibt:* die Profis beim Fußball/beim Boxen/im Radsport ◆Box-, Halb-, Fußball-, Rad-

Pro·fil *das <-s, -e>* ❶ *die Ansicht von der Seite:* ein Gesicht im Profil fotografieren ❷ *eine (mit Kerben versehene) Oberfläche von etwas:* Autoreifen/Schuhsohlen mit Profil ❸ *(geh.) stark ausgeprägte, kennzeichnende Eigenschaften (als Gesamtheit, die einer Person oder Sache ihren besonderen Wert geben):* einer Sache Profil geben; als Künstler ein unverwechselbares Profil haben; das Profil eines Unternehmens/eines Verlages ❹ SCHULE *fachliche Ausrichtung:* eine Ausbildung/ Schule mit sprachlichem Profil; das naturwissenschaftliche Profil wählen

pro·fi·lie·ren <profilierst, profilierte, hat profiliert> **I.** *mit OBJ* ■ *jmd. profiliert etwas* TECHN. *mit Kerbungen versehen:* Er hat das Blech sehr fein profiliert. **II.** *mit SICH* ■ *jmd. profiliert sich als jmd./etwas (geh.) sich in seinen besonderen Eigenschaften zeigen und sein Profil[3] zu erkennen geben:* Sie versucht sich durch ihre Leistung zu profilieren.; Das Theater hat sich durch spektakuläre Inszenierungen profiliert.

pro·fi·liert *adj (geh.) bedeutend; hervorstehend:*

ein profiliertes Theater; ein profilierter Künstler/Wissenschaftler

Pro·fil·neu·ro·se *die* <-, -n> *(abwert.) die Furcht, vor anderen zu wenig zu gelten und das aus ihr folgende Verhalten, bei dem sich jmd. auf übertriebene Weise mit seinem Können vor anderen zeigt*

Pro·fit *der* [pro'fi:t/pro'fɪt] <-(e)s, -e> *(≈ Gewinn ↔ Verlust)* hohe Profite erzielen; nur den Profit im Auge haben; etwas mit Profit weiterverkaufen

pro·fi·ta·bel <profitabler, am profitabelsten> *adj (≈ lukrativ) so, dass etwas viel Gewinn einbringt:* ein profitables Geschäft/Unternehmen

Pro·fit·den·ken *das* [pro'fi:t.../pro'fɪt...] <-s> */kein Plur./ (abwert.) nur auf Profit ausgerichtetes Denken*

Pro·fit·gier *die* [pro'fi:t.../pro'fɪt...] <-> */kein Plur./ (abwert.) die Gier nach Profit*

pro·fi·tie·ren <profitierst, profitierte, hat profitiert> *ohne OBJ* ■ *jmd. profitiert bei/von etwas Dat.* ❶ *Gewinn machen:* Bei dem Geschäft haben wir profitiert. ❷ *einen Vorteil haben:* Bei dieser Zusammenarbeit können alle profitieren.; Von deinen guten Sprachkenntnissen kannst du später einmal profitieren.

Pro·fit·in·te·res·se *das* [pro'fi:t.../pro'fɪt...] <-s, -n> *(abwert.) Interesse daran, Profit zu erzielen*

Pro·fit·jä·ger *der* [pro'fi:t.../pro'fɪt...] <-s, -> *(abwert.) jmd., der stark nach Profit strebt*

Pro·fit·ra·te *die* [pro'fi:t.../pro'fɪt...] <-, -n> WIRTSCH. *Verhältnis von geleistetem Aufwand zum erzieltem Gewinn*

Pro·fit·stre·ben *das* [pro'fi:t.../pro'fɪt...] <-s> */kein Plur./ (abwert.) das Streben danach, Profit zu erzielen*

pro for·ma *adv* ❶ *der Form wegen; damit eine Vorschrift eingehalten wird:* Er hat die Bestellung pro forma schriftlich bestätigt. ❷ *nur vorgetäuscht, zum Schein:* Sie hat sich pro forma um die Stelle beworben, will aber eigentlich gar nicht arbeiten.

pro·fund *adj (geh.) tief reichend, gründlich:* profundes Wissen; ein profunder Kenner der griechischen Geschichte ▶ Profundität

Pro·g·no·se *die* <-, -n> *(geh.) eine (wissenschaftlich begründete) Voraussage einer Entwicklung:* eine/keine Prognose über das Wetter abgeben wollen; die Prognose des Arztes über den weiteren Krankheitsverlauf; entwicklungspolitische Prognosen; Nach einer Prognose von Klimaexperten könnten sich solche Wetterphänomene in Zukunft häufen. ◆ Krankheits-, Wahl-, Wetter-

Pro·g·nos·tik *die* <-, -en> MED. *Lehre von den Prognosen* ▶ prognostisch

pro·g·nos·ti·zie·ren <prognostizierst, prognostizierte, hat prognostiziert> *mit OBJ* ■ *jmd. prognostiziert etwas (geh.) (auf Grund wissenschaftlicher Erkenntnisse) eine künftige Entwicklung voraussagen:* einen Anstieg der Beschäftigungszahlen prognostizieren; Sind dies bereits Anzeichen des prognostizierten Klimawandels?

Pro·gramm *das* <-s, -e> ❶ *(≈ Angebot) die Gesamtheit von Veranstaltungen, Darbietungen oder Sendungen in einem bestimmten Rahmen:* das Programm im Fernsehen/Kino/Konzert/Radio;

ein reichhaltiges/interessantes Programm anbieten/entwerfen/zusammenstellen; ein buntes Programm; etwas ins Programm aufnehmen/aus dem Programm streichen; Unser Programm bietet etwas für jede Altersgruppe.; Das Touristikunternehmen hat auch Studienreisen in seinem Programm. ◆-baustein, -direktor(in), -vorschau, -wahl, Fernseh-, Kino-, Radio-, TV- ❷ *der geplante Ablauf von bestimmten Veranstaltungen, Darbietungen oder Sendungen:* Als Nächstes in unserem Programm folgt …; Auf dem Programm steht jetzt …; das Programm eines Festes/eines Konzerts/einer Tagung ◆-abfolge, -ablauf, -änderung, -folge, Fest-, Konzert-, Tagungs- ❸ *kurz für „Programmheft“:* etwas im Programm nachlesen ◆-zeitschrift ❹ *die (schriftlich festgelegte) Grundsätze einer Organisation:* das Programm einer Partei; ein neues Programm beschließen/überarbeiten ❺ *der geplante Ablauf eigener Aktivitäten:* Unsere Reise ist ganz nach unserem Programm abgelaufen.; Bei den Examensvorbereitungen habe ich mich streng an mein Programm gehalten.; Wie sieht dein Programm für morgen aus? ◆Arbeits-, Freizeit-, Reise-, Tages-, Wochen- ❻ *(≈ Sortiment) die von einem Verlag angebotenen Bücher:* ein Buch ins Programm nehmen ◆-leiter(in) ❼ *ein festgelegter Ablauf bei Automaten:* eine Waschmaschine mit 20 verschiedenen Programmen ◆-einstellung, -dauer, -wahl ❽ EDV *eine Software für eine bestimmte Anwendung:* ein Programm deinstallieren/installieren/löschen) schreiben/starten/weiterentwickeln; ■ *nach Programm (umg.) wie geplant* ◆-fehler, -start, -paket, -version, Anwendungs-, Mail-, Textverarbeitungs-

Pro·gram·ma·tik *die* <-, -en> *(geh.) Zielvorstellung:* eine bestimmte Programmatik haben/verfolgen

pro·gram·ma·tisch *adj /nicht steig./* ❶ *(≈ richtungweisend) so, dass es die Grundsätze und die Linie von etwas vorgibt:* eine programmatische Rede halten ❷ *einem Programm[4] folgend, grundsätzlich:* eine programmatische Erklärung

Pro·gramm·ge·mäß *adj /nicht steig./ dem Programm folgend*

Pro·gramm·heft *das* <-(e)s, -e> *ein Heft mit Erläuterungen zum Programm[2] und Angaben zu den Künstlern oder Rednern*

Pro·gramm·hin·weis *der* <-es, -e> *ein Hinweis auf später ausgestrahlte Sendungen:* ein Programmhinweis im Fernsehen/Radio

pro·gram·mier·bar *adj /nicht steig./* EDV *so, dass man es programmieren kann:* Dieser CD-Player verfügt über frei programmierbare Digitalfilter.

pro·gram·mie·ren <programmierst, programmierte, hat programmiert> *mit OBJ/ohne OBJ* ■ *jmd. programmiert (etwas)* EDV *Programme[8] für Computer schreiben, in einen Computer eine neue Programmiersprache eingeben:* ein Computerspiel programmieren; Sie kann programmieren.; Er programmiert am liebsten nachts.

Pro·gram·mie·rer *der,* **Pro·gram·mie·re·rin** <-s, -> EDV *jmd., der beruflich Programme[8] für Computer schreibt*

Pro·gram·mier·spra·che *die* <-, -n> EDV *eine*

P

streng formalisierte Sprache, die von einem Programmierer in einen Computer eingegeben wird, um mit ihm (eine) bestimmte Aufgabe(n) zu lösen

Pro·gram·mie·rung die <-, -en> EDV das Schreiben von Programmen [8] für Computer

Pro·gramm·ki·no das <-s, -s> ein Kino, das ausgewählte (ältere) Filme zeigt, die in anderen Kinos nicht mehr zu sehen sind

Pro·gramm·punkt der <-(e)s, -e> ein Teil in einem Programm [2, 4, 5]

Pro·gres·si·on die <-, -en> [1] (geh.) eine fortschreitende Entwicklung [2] WIRTSCH. Zunahme der prozentual zu zahlenden Steuer bei steigendem Einkommen der Steuerzahler

pro·gres·siv <progressiver, am progressivsten> adj [1] (≈ fortschrittlich) auf den Fortschritt ausgerichtet: eine progressive Einstellung/Politik [2] (fachspr.) stufenweise sich steigernd: ein progressives Bevölkerungswachstum

Pro·hi·bi·ti·on die <-, -en> ein gesetzliches Verbot, Alkohol herzustellen und zu verkaufen

Pro·jekt das <-(e)s, -e> [1] eine umfangreiches Vorhaben, an dem über einen bestimmten Zeitraum gearbeitet werden soll: ein gewagtes/interessantes/realistisches Projekt; ein soziales/technologisches/wissenschaftliches Projekt; ein Projekt abschließen/beantragen dokumentieren/finanzieren/planen [2] SCHULE gemeinsame, selbstständige Arbeit in Arbeitsgruppen an bestimmten Themen: gemeinsam an einem Projekt in der Schule arbeiten

Pro·jekt·be·reich der <-s, -e> ein Teilbereich innerhalb eines größeren Projekts

Pro·jek·te(n)·ma·cher der; **Pro·jek·te(n)·ma·che·rin** <-s, -> (abwert.) jmd., der viele Projekte beginnt, sie aber nicht durchführt

Pro·jekt·grup·pe die <-, -n> eine Gruppe von Personen, die gemeinsam an einem Projekt [1, 2] arbeiten

pro·jek·tie·ren <projektierst, projektierte, hat projektiert> mit OBJ ■ jmd. projektiert etwas (geh.) entwerfen; planen: ein Haus/eine Industrieanlage/eine Straße projektieren ► Projektierung

Pro·jek·til das <-s, -e> (geh.: ≈ Geschoss)

Pro·jek·ti·on die <-, -en> [1] die vergrößerte Wiedergabe mit einem Projektor: die Projektion von Bildern auf eine Leinwand [2] MATH. die Abbildung eines geometrischen Körpers auf eine Fläche [3] PSYCH. der Vorgang, dass jmd. unbewusst seine eigenen Gefühle oder Vorstellungen anderen Personen zuschreibt

Pro·jek·ti·ons·ap·pa·rat der <-s, -e> (≈ Projektor) ein optisches Gerät, mit dem man transparente Vorlagen (Diaskop) oder Aufsichtsbilder vor eine Lichtquelle bringt und sie an einer hellen Wand vergrößert abbildet

Pro·jek·ti·ons·flä·che die <-, -n> eine Fläche, auf die projiziert [1] wird

pro·jek·tiv adj /nicht steig./ die Projektion [2] betreffend: projektive Geometrie

Pro·jekt·lei·ter der; **Pro·jekt·lei·te·rin** <-s, -> jmd., der ein Projekt [1] leitet

Pro·jekt·ma·na·ge·ment das <-s, -s> Leitung und Organisation eines Projekts [1] ► Projektmanager(in)

Pro·jek·tor der <-s, ...-toren> ein Projektionsapparat zum Vorführen von Dias und Filmen

pro·ji·zie·ren <projizierst, projizierte, hat projiziert> mit OBJ [1] jmd. projiziert etwas auf etwas Akk. (geh.) ein Bild mit einem Projektor auf eine hellen Wand abbilden: ein Dia auf die Leinwand projizieren [2] jmd. projiziert etwas auf jmdn. PSYCH. eigene Gefühle oder Vorstellungen anderen Personen zuschreiben

Pro·ka·ry·on·ten die <-> Plur. BIOL. Lebewesen, die keinen Zellkern haben, der durch eine Membran vom Zellplasma abgetrennt ist

Pro·ki·schrei·ber der <-s, -> SCHWEIZ. Overheadprojektor, Tageslichtprojektor

Pro·kla·ma·ti·on die <-, -en> (geh.) öffentliches, feierliches Verkünden: die Proklamation der Republik/der Unabhängigkeit

pro·kla·mie·ren <proklamierst, proklamierte, hat proklamiert> mit OBJ ■ jmd. proklamiert etwas (geh.) eine amtlich gültige Mitteilung öffentlich verkünden: die Unabhängigkeit proklamieren ► Proklamierung

Pro-Kopf-Ein·kom·men das <-s, -> WIRTSCH. das statistische Durchschnittseinkommen jedes Einwohners

Pro-Kopf-Ver·brauch der <-(e)s> /kein Plur./ WIRTSCH. der statistische Durchschnittsverbrauch eines Einwohners (an Energie, Lebensmitteln, Wasser)

Pro·ku·ra die <-, Prokuren> WIRTSCH., RECHTSW. die Vollmacht, alle Arten von Rechtsgeschäften für einen Betrieb durchzuführen: jemandem Prokura erteilen

Pro·ku·rist der; **Pro·ku·ris·tin** <-en, -en> WIRTSCH., RECHTSW. Person, die Prokura hat

Pro·laps der <-es, -e> MED. das Heraustreten eines inneren Organs aus einer natürlichen Körperöffnung

Pro·lap·sus der <-, -> (≈ Prolaps)

Pro·le·go·me·non das <-, Prolegomena> /meist Plur./ (fachspr.) [1] Vorrede zu einem wissenschaftlichen Werk [2] Vorüberlegungen zu einer wissenschaftlichen Arbeit

Pro·let der <-en, -en> (abwert.) ungebildeter Mensch ohne Umgangsformen ► proletenhaft

Pro·le·ta·ri·at das <-s> /kein Plur./ [1] GESCH. die ärmsten Bürger im antiken Rom. [2] GESCH., POL. (im Gesellschaftsmodell von Karl Marx) die Klasse der Lohnarbeiter

Pro·le·ta·ri·er der; **Pro·le·ta·ri·e·rin** <-s, -> Angehörige(r) des Proletariats

pro·le·ta·risch adj /nicht steig./ zum Proletariat gehörend oder es betreffend: eine proletarische Revolution

pro·le·ta·ri·sie·ren <proletarisierst, proletarisierte, hat proletarisiert> mit OBJ ■ jmd. proletarisiert jmdn. eine Gruppe der Bevölkerung zu Proletariern machen ► Proletarisierung

Pro·log der <-s, -e> [1] (geh.: ≈ Einleitung ↔ Epilog) [2] LIT. Vorwort: den Prolog zu einem Buch [3] SPORT das vor der ersten Etappe eines Etappenradrennens durchgeführte Einzelzeitfahren

P

pro·lon·gie·ren <prolongierst, prolongierte, hat prolongiert> *mit OBJ* ■ *jmd. prolongiert etwas* WIRTSCH. *(≈ stunden) eine Zahlungsfrist aufschieben, ein Termingeschäft verlängern:* einen Kredit/ Wechsel prolongieren ▶ Prolongation

Pro·me·na·de *die* <-, -n> *ein breiter, gepflegter Spazierweg mit schöner Aussicht:* Am Strand entlang verläuft eine schöne Promenade. ◆ See-, Strand-, Ufer-

pro·me·nie·ren <promenierst, promenierte, ist promeniert> *ohne OBJ* ■ *jmd. promeniert irgendwo (geh.: ≈ flanieren) auf einer Promenade langsam auf und ab gehen:* Die Hochzeitsgesellschaft promenierte im Park.

Pro·mi *der/die* <-s, -s> *(umg.) kurz für „Prominente(r)", bekannte Persönlichkeit*

Pro·mil·le *das* <-(s), -> ❶ MATH. *ein Tausendstel (1:1000)* ❷ *(umg.) Alkoholgehalt im Blut:* Er hatte 0,6 Promille.

Pro·mil·le·gren·ze *die* <-, -en> *der gesetzlich festgelegte Grenzwert, bis zu dem der Alkoholgehalt im Blut gehen darf, wenn man im öffentlichen Verkehr ein Fahrzeug lenkt:* die Promillegrenzen im Verkehr

Pro·mil·le·mes·ser *der* <-s, -> *ein Messgerät, mit dem der Alkoholgehalt im Blut bei Verkehrskontrollen gemessen wird*

pro·mi·nent *adj* ❶ *in der Öffentlichkeit bekannt, gesellschaftlich herausragend:* ein prominenter Schauspieler; prominente Persönlichkeiten aus Politik und Wirtschaft ❷ *(geh.) durch Wert/Bedeutung/Bildung herausragend:* Sein Buch ist an prominenter Stelle im Verlag ... erschienen.; Er hat seine Meinung an prominenter Stelle wiederholt geäußert.

Pro·mi·nen·te *der/die* <-n, -n> *jmd., der in der Öffentlichkeit bekannt ist:* viele Prominente zu einer Gala einladen; als Prominenter im Blickpunkt des Interesses stehen

Pro·mi·nenz *die* <-> */kein Plur./* ❶ *die Gesamtheit der prominenten Personen:* Viel Prominenz aus Politik und Wirtschaft war bei diesem Ereignis vertreten. ❷ *die Eigenschaft, prominent zu sein*

Pro·mis·ku·i·tät *die* <-> */kein Plur./ (fachspr.) Geschlechtsverkehr mit wechselnden Partnern ohne dauerhafte Bindung*

pro·mis·ku·i·tiv *adj /nicht steig./ so, dass jmd. in Promiskuität lebt*

pro·mo·ten [proˈmoːt³n] <promotest, promotete, hat promotet> *mit OBJ* ■ *jmd. promotet jmdn./etwas als Promoter tätig sein*

Pro·mo·ter *der*; **Pro·mo·te·rin** [proˈmoːtɐ] <-s, -> ❶ SPORT *eine Person oder Firma, die Sportveranstaltungen, Wettkämpfe usw. organisiert:* der Promoter eines Boxers ◆ Box- ❷ *eine Person oder Firma, die Veranstaltungen im Showgeschäft (Tourneen, Festivals) organisiert* ❸ *ein Kaufmann mit speziellen Kenntnissen über Verkaufsförderung*

Pro·mo·ti·on¹ *die* <-, -en> ❶ *das akademische Verfahren, das zur Verleihung des Doktorgrades führt (zu dem man eine Dissertation schreiben und ein Rigorosum ablegen muss)* ◆ -sordnung, -sverfahren ❷ *die wissenschaftliche Arbeit, die zur* Erlangung des Doktorgrades notwendig ist: an seiner Promotion arbeiten ❸ ÖSTERR. *eine offizielle Feier, bei der die Doktorwürde verliehen wird*

Pro·mo·ti·on² *die* <-, -en> SCHWEIZ. ❶ SCHULE *die Versetzung in die nächste Klasse* ❷ SPORT *das Vorrücken in die nächsthöhere Wettkampfklasse*

Pro·mo·tion³ *die* [prəˈmoʊʃən] <-> */kein Plur./ die Förderung des Absatzes durch besondere Werbung* ◆ -aktion

Pro·mo·tor *der* <-s, ...toren> ❶ *(geh.) Förderer* ❷ ÖSTERR. *die Person, die die offizielle Verleihung der Doktorwürde vornimmt*

Pro·mo·vend *der*; **Pro·mo·ven·din** <-en, -en> *eine Person, die an ihrer Promotion¹ arbeitet*

pro·mo·vie·ren <promovierst, promovierte, hat promoviert> I. *mit OBJ* ■ *jmd. promoviert jmdn. jmdm. die Doktorwürde verleihen:* Die Fakultät hat ihn zum Dr.phil. promoviert.; ein promovierter Physiker II. *ohne OBJ* ■ *jmd. promoviert (über etwas Akk.) den Doktorgrad anstreben:* über ein Thema promovieren

prompt I. *adj sehr schnell:* eine prompte Antwort erhalten II. *adv einer bestimmten Erwartung gerade (oder gerade nicht) entsprechend:* Wie er schon befürchtet hatte – prompt auf die erste Examensfrage wusste er keine Antwort.; Wir hatten gerade den Tisch draußen gedeckt – und prompt fing es an zu regnen!

Pro·no·men *das* <-s, Pronomina> SPRACHWISS. *(≈ Fürwort) ein deklinierbares Wort, das ein Nomen vertritt* ▶ pronominal ◆ Interrogativ-, Personal-, Possessiv-

Pro·pa·gan·da *die* <-> */kein Plur./* ❶ *(abwert.: ≈ Agitation) die Verbreitung ideologischer Ideen und Meinungen, um die Bevölkerung in einer bestimmten Weise zu beeinflussen:* nationalistische Propaganda machen; Das ist doch alles pure Propaganda! ◆ -apparat, -blatt, -film, -kampagne, -manöver, -ministerium, Kriegs-, Partei-, Wahl- ❷ *(abwert.) Werbung:* Propaganda für jemanden/etwas machen

Pro·pa·gan·da·ma·te·ri·al *das* <-s, -ien> *Druckerzeugnisse, die der Propaganda¹ dienen sollen (wie Plakate, Flugblätter, Broschüren)*

Pro·pa·gan·dist *der*; **Pro·pa·gan·dis·tin** <-en, -en> ❶ *Person, die Propaganda¹ macht* ❷ *Werbefachmann:* Er ist Propagandist für pharmazeutische Produkte.

pro·pa·gan·dis·tisch *adj /nicht steig./* ❶ *zur Propaganda¹ gehörig oder sie betreffend* ❷ *zur Werbung gehörig*

pro·pa·gie·ren <propagierst, propagierte, hat propagiert> *mit OBJ* ■ *jmd. propagiert etwas (geh.) für etwas werben:* eine Idee propagieren; den ökologischen Landbau unter den Bauern propagieren

Pro·pan *das* <-s> */kein Plur./* CHEM. *gasförmiger Kohlenwasserstoff, der als Brenngas dient*

Pro·pan·gas *das* <-es> */kein Plur./* CHEM. *(≈ Propan)*

Pro·pel·ler *der* <-s, -> *eine Antriebsvorrichtung von Flugzeugen, bei der (meist zwei) flache Schaufeln sehr schnell um eine Nabe rotieren* ◆ -antrieb, -flugzeug, -schaden

P

Pro·pel·ler-Tur·bi·ne *die* <-, -n> TECHN. *eine Wasserturbine, die mit einem Laufrad angetrieben wird, die einem Propeller ähnlich ist*

pro·per *adj (umg.) ordentlich; sauber:* Die Wohnung macht einen properen Eindruck.; *proper gekleidet sein*

Pro·phet *der,* **Pro·phe·tin** [proˈfeːt] <-en, -en> ❶ REL. *jmd., der sich von Gott berufen fühlt, die göttliche Wahrheit unter den Menschen zu verkünden, der zur Umkehr mahnt und die schlimmen Folgen bösen Handelns vorhersagt:* die Propheten des alten Testaments; Mohammed als Prophet Allahs ❷ *(übertr.) jmd., der eine Ideologie verkündet:* ein Prophet des Fortschrittsglaubens ❸ *(übertr.) jmd., der zukünftige Ereignisse vorhersagt:* Ich weiß nicht, ob die Preise für dieses Produkt dieses Jahr noch einmal steigen werden – ich bin schließlich kein Prophet!

Pro·phe·tie *die* [profeˈtiː] <-, ...-tien> *(≈ Prophezeiung)*

pro·phe·tisch [proˈfeːtɪʃ] *adj /nicht steig./* ❶ REL. *sich auf Propheten beziehend:* eine prophetische Gabe besitzen ❷ *so, dass es Zukünftiges vorhersagt:* prophetische Ahnungen; Mit diesen prophetischen Worten sollte er Recht behalten.

pro·phe·zei·en [profeˈtsaɪ̯ən] <prophezeite, pro­phezeite, hat prophezeit> *mit OBJ* ■ *jmd.* **prophezeit etwas** ❶ REL. *(≈ weissagen) als Prophet[1] etwas vorhersagen:* die Ankunft eines Erlösers prophezeien ❷ *(übertr. umg.) etwas Schlechtes vorhersagen:* ein schlechtes Ende/schlechtes Wetter prophezeien

Pro·phe·zei·ung *die* <-, -en> *(≈ Weissagung)* ❶ *ein Akt des Vorhersagens:* eine Prophezeiung aussprechen ❷ *das, was vorhergesagt worden ist:* Die Prophezeiung erfüllte sich.

pro·phy·lak·tisch [profyˈlaktɪʃ] *adj /nicht steig./ (geh.: ≈ vorbeugend)* ❶ MED. *so, dass etwas getan wird, um eine Erkrankung zu verhindern:* prophylaktische Maßnahmen gegen Karies/ Infektionskrankheiten ❷ *so, dass man eine schlimme Entwicklung zu verhindern versucht:* prophylaktische Maßnahmen gegen Kriminalität

Pro·phy·la·xe *die* [profyˈlakse] <-, -n> ❶ MED. *(≈ Vorbeugung) alle Maßnahmen, die eine Erkrankung verhüten sollen:* Gesunde Ernährung ist eine gute Prophylaxe gegen Karies. ◆ Dekubitus- ❷ *alle Maßnahmen, die schlimme Entwicklungen verhindern sollen:* Prophylaxe gegen Unfälle

Pro·por·ti·on *die* <-, -en> ❶ */meist Plur./ das Größenverhältnis verschiedener Teile eines Ganzen zueinander:* Länge und Breite stehen in einer ausgewogenen Proportion zueinander.; die Proportionen in einer Zeichnung richtig wiedergeben ❷ *(geh.) großes Ausmaß:* eine Katastrophe von nie da gewesenen Proportionen ❸ MATH. *der Ausdruck für das Größenverhältnis durch einen Quotienten:* Dreiviertel wird in der Proportion 3:4 ausgedrückt. ❹ MATH. *(≈ Verhältnisgleichung) eine Gleichung, in der zwei Proportionen[3] gleichgesetzt werden:* die Proportion „3:4 = 6:8"

pro·por·ti·o·nal *adj /nicht steig./ (geh.) in einem ausgewogenen Verhältnis stehend:* Der Ausschuss wird proportional zu den Sitzen im Parla-

ment besetzt. ▶ Proportionalität ❷ MATH. *(≈ verhältnisgleich) so, dass der Quotient zweier veränderlicher Größen gleich ist:* 3:4 ist proportional 6:8.; die Werte steigen proportional an; sich umgekehrt proportional verhalten ▶ Proportionalität

Pro·por·ti·o·nal·wahl *die* <-, -en> SCHWEIZ., ÖSTERR. *Verhältniswahl*

pro·por·ti·o·niert *adj /nicht steig./ (geh.) ein bestimmtes Größenverhältnis zeigend:* Das Haus/sein Körper ist gut/ideal/ schlecht proportioniert.

Pro·porz *der* <-es, -e> POL. ❶ *die Zuweisung von Ämtern entsprechend den Mehrheitsverhältnissen (zum Beispiel von Parteien):* den Proporz wahren ❷ SCHWEIZ. *Verhältniswahl (Kurzform für „Proportionalwahl")*

Pro·porz·den·ken *das* <-s> *(abwert.) die Auffassung, nach der die Ämter unbedingt nach dem Proporz[1] (und nicht primär nach der Qualität der Bewerber) vergeben werden müssen*

Pro·po·si·ti·on *die* <-, -en> PHILOS., SPRACHWISS. *der sprachlich dargestellte Sachverhalt (dass etwas der Fall ist), zu dem ein Einstellungsaspekt hinzutreten kann* ▶ propositional

prop·pen·voll *adj /nicht steig./ (umg.) gedrängt voll:* Der Bus/der Saal war proppenvoll.

Pro·p·ri·um, Pro·p·ri·um *das* <-s, Propria> ❶ *(fachspr.) die Gesamtheit der Eigenschaften, die eine bestimmte Person hat und an denen man sie erkennt* ❷ REL. *der für einen bestimmten Tag zur Lesung im (katholischen) Gottesdienst bestimmte Text*

Propst *der,* **Pröps·tin** <-(e)s, Pröpste> REL. *der Vorsteher eines Klosters, Stifts oder Kirchenbezirks*

Pro·py·lä·en *die* <-> *Plur.* GESCH., KUNST *Vorhalle eines antiken Tempels*

Pro·rek·tor *der,* **Pro·rek·to·rin** <-s, -en> *Stellvertreter des Rektors*

Pro·sa *die* <-> LIT. *Literatur, die keine durch Versmaß oder Rhythmus gebundene Sprache verwendet:* Er schreibt keine Gedichte, sondern Prosa. ◆ -schriftsteller, -stil, -text, -übersetzung

pro·sa·isch *adj (geh. abwert.) nüchtern, sachlich und ohne Sinn für Poesie:* ein prosaischer Gedanke/Mensch

Pro·sa·ist *der,* **Pro·sa·is·tin** <-en, -en> *Prosaschriftsteller*

Pro·se·lyt *der,* **Pro·se·ly·tin** <-en, -en> ❶ REL., GESCH. *ein Heide, der zur jüdischen Religion übergetreten ist* ❷ REL. *jmd., der zu einer anderen Religion übergetreten ist*

Pro·se·ly·ten·ma·che·rei *die* <-> /kein Plur./ REL., GESCH. *(geh. abwert.) der aufdringliche Versuch, andere zu der Religion zu bekehren, der man selbst angehört*

Pro·se·mi·nar *das* <-s, -e> *ein Seminar für Studienanfänger*

Pro·sit *das* <-s, -s> *ein guter Wunsch beim Zutrunk: „Zum Wohl!":* Ein Prosit auf das Geburtstagskind!

pro·sit, *a.* **prost** *interj* *ein Ausruf, mit dem man sich beim Trinken gegenseitig Gutes wünscht:* Prosit Neujahr!; Prosit allerseits!; Prost Mahlzeit!;

P

■ **na dann prost!** *(iron.) dann steht dir oder euch ja noch Schlimmes bevor!*

Pro·s·o·die *die* <-, ...-dien> LIT. *die Lehre vom Messen der Silben nach Länge und Tonhöhe und von der sprachlichen Artikulation (Akzente, Pausen, Intonation)*

Pro·s·pekt *der/das* <-(e)s, -e> ❶ *ein Heft oder Faltblatt, das mit Text und Bildern für etwas wirbt:* ein Prospekt über die neuen Modelle/ über die angebotenen Reisen; im Auftrag eines Unternehmens Prospekte verteilen ◆Falt-, Reise-, Werbe- ❷THEAT. *das Bühnenbild im Theater* ❸KUNST *ein perspektivisch gezeichneter Platz oder die Ansicht einer Stadt* ❹ *die Schauseite der Orgel, bestehend aus dem Gehäuse und den Prospektpfeifen* ❺WIRTSCH. *die Offenlegung der Vermögensverhältnisse*

pro·s·pek·tiv *adj /nicht steig./ auf das Zukünftige gerichtet, vorausschauend:* prospektive Planung

Pro·s·pekt·zu·stel·ler *der,* **Pro·s·pekt·zu·stel·le·rin** <-s, -> *jmd., der Prospekte[1] in Haushalten verteilt*

pro·s·pe·rie·ren <prosperierst, prosperierte, hat prosperiert> *ohne OBJ* ■ **etwas prosperiert** *(geh.: ≈ gedeihen) sich wirtschaftlich gut entwickeln:* wirtschaftlich prosperieren; ein prosperierendes Land

Pro·s·pe·ri·tät *die* <-> */kein Plur./ (geh.) (wirtschaftlicher) Wohlstand:* eine Zeit der Prosperität im Land

prost *(umg.: ≈ prosit)*

Pro·s·ta·ta *die* <-, ...-tae> ANAT. *(≈ Vorsteherdrüse) (beim Mann) die Drüse, die die Harnröhre am Anfang umschließt*

pro·s·ti·tu·ie·ren <prostituierst, prostituierte, hat prostituiert> *mit SICH* ■ **jmd. prostituiert sich** ❶ *gegen Bezahlung mit jmdm. Geschlechtsverkehr haben:* Die Armut treibt sogar Kinder dazu, sich zu prostituieren. ❷*(geh.) sein Talent in den Dienst einer unwürdigen Sache stellen:* sich als Künstler/Politiker prostituieren

Pro·s·ti·tu·ier·te *die* <-n, -n> *eine Frau, die gegen Bezahlung mit Männern Geschlechtsverkehr hat*

Pro·s·ti·tu·ti·on *die* <-> */kein Plur./ das Anbieten oder Vollziehen des Geschlechtsverkehrs als Gewerbe (gegen Bezahlung):* die Prostitution eindämmen/fördern/verbieten

Pro·su·ment *der* <-en, -en> *(Kofferwort aus "Produzent" und "Konsument"; v.a. bezogen auf das Internet:) jmd., der sowohl als Ersteller als auch als Konsument /Rezipient von Inhalten agiert*

Pro·t·a·go·nist *der,* **Pro·t·a·go·nis·tin** <-en, -en> *(geh.)* ❶ *der Hauptdarsteller in einem Theaterstück oder Film* ❷ *die wichtigste Figur in einem Roman, Theaterstück oder Film* ❸ *(≈ Vorkämpfer) ein wichtiger Vertreter einer Idee, der eine Sache gesellschaftlich vorantreibt*

Pro·te·gé *der* [prote'ʒe:] <-s, -s> *(geh.: ≈ Günstling) jmd., der protegiert wird:* als Protegé des Regierungschefs gelten

pro·te·gie·ren [prote'ʒiːrən] <protegierst, protegierte, hat protegiert> *mit OBJ* ■ **jmd. protegiert jmdn.** *(geh.) jmdn. durch eigenen Einfluss gesellschaftlich und beruflich fördern und begünstigen:* Er wird von seinem Professor protegiert.

Pro·te·in *das* <-s, -e> BIOL. *ein Eiweißstoff, der aus Aminosäuren aufgebaut ist:* dem Körper mehr Proteine zuführen

Pro·tek·ti·on *die* [protɛk'tsi̯oːn] <-, -en> */Plur. selten/ (geh.) die Begünstigung oder Förderung einer Person in beruflicher und gesellschaftlicher Hinsicht:* Er ist durch die Protektion seines Vorgängers in dieses Amt gekommen.

Pro·tek·ti·o·nis·mus *der* [protɛktsi̯oˈnɪsmʊs] <-> */kein Plur./* WIRTSCH., POL. *handelspolitische Maßnahmen zum Schutz der inländischen Wirtschaft gegen ausländische Konkurrenz* ▶Protektionist, protektionistisch

pro·tek·tiv *adj /nicht steig./ als Schutz dienend:* protektive Maßnahmen

Pro·tek·to·rat *das* <-(e)s, -e> ❶POL. *die Schutzherrschaft eines Staates oder einer Gemeinschaft über ein Gebiet:* ein Gebiet unter das Protektorat der UNO stellen ❷POL. *ein Gebiet, das unter Protektorat[1] steht:* Das Gebiet ist ein Protektorat des mächtigen Nachbarn. ❸*(geh.: ≈ Schirmherrschaft) offizielle Förderung unter dem Schutz einer Institution oder eines Amtsträgers:* unter jemandes Protektorat stehen

Pro·test *der* <-(e)s, -e> *das deutliche Ausdrücken, dass man mit etwas nicht einverstanden ist und eine Änderung verlangt:* energischer/stummer/wütender/zorniger Protest; gewaltfreier/landesweiter/öffentlicher Protest; gegen jemanden/etwas Protest anmelden/einlegen; unter Protest die Versammlung verlassen; ■ **es hagelt Proteste** *(umg.) von verschiedenen gesellschaftlichen Gruppen wird heftig protestiert* ◆-demonstration, -kundgebung, -marsch, -schreiben, -song, -streik, Bürger-, Massen-, Studenten-

Pro·test·ak·ti·on *die* <-, -en> *eine öffentlich organisierte Aktion, mit der gegen etwas protestiert wird:* Die Gewerkschaft/Umweltorganisation hat zu Protestaktionen aufgerufen.

Pro·tes·tant *der,* **Pro·tes·tan·tin** <-en, -en> *(↔ Katholik(in)) jmd., der der evangelischen Kirche angehört*

pro·tes·tan·tisch *adj /nicht steig./ (↔ katholisch) zum Protestantismus gehörig*

Pro·tes·tan·tis·mus *der* <-> */kein Plur./ (↔ Katholizismus) eine aus der Reformation hervorgegangene christliche Glaubensrichtung, die sich von der katholischen Kirche getrennt hat und in den evangelischen Kirchen praktiziert wird*

Pro·test·be·we·gung *die* <-, -en> *eine gesellschaftliche Bewegung, die gegen politische oder soziale Missstände protestiert*

pro·tes·tie·ren <protestierst, protestierte, hat protestiert> *ohne OBJ* ■ **jmd. protestiert (gegen etwas** Akk.) *seine Ablehnung oder seinen Widerspruch äußern:* gegen einen Beschluss/eine Verfahrensweise protestieren

Pro·test·no·te *die* <-, -n> POL. *ein diplomatisches Schreiben, mit dem bei Vertretern einer Regierung Protest eingelegt wird:* dem Botschafter eine Protestnote übergeben

Pro·test·wäh·ler *der,* **Pro·test·wäh·le·rin** <-s, -> POL. *jmd., der eine bestimmte Partei wählt, um sei-*

P

nem Protest gegen eine andere Partei Ausdruck zu verleihen

Pro·test·wel·le die <-, -n> eine schnelle Abfolge von verschiedenen Protestaktionen, die weitere Protestaktionen auslösen

Pro·teus der ['prɔtʏs] <-, -> (geh.) jmd., der (wie die antike Figur Proteus) schnell seine Gesinnung ändert und sich nicht auf eine Meinung festlegt ◆ -natur

Pro·the·se die <-, -n> MED. ein künstlicher Ersatz eines Körperteils: eine Prothese für ein Bein/die Zähne anpassen ◆ Arm-, Bein-, Teil-, Voll-, Zahn-

Pro·the·tik die <-> MED. Wissenschaftszweig von der Konstruktion der Prothesen sowie entsprechende Abteilung einer Klinik: zahnärztliche Prothetik ◆ Sport-

pro·the·tisch adj /nicht steig./ MED. eine Prothese betreffend: die prothetische Versorgung eines Patienten

Pro·to·koll das <-s, -e> ❶ die schriftliche Aufzeichnung einer Beratung, eines Verhörs oder einer Sitzung: ein Protokoll aufnehmen/aufsetzen/genehmigen/ verlesen; etwas zu Protokoll geben/nehmen; Wer führt heute Protokoll? ◆ Ergebnis-, Gedächtnis-, Gerichts-, Polizei- ❷ eine Aufzeichnung über den Ablauf eines wissenschaftlichen Versuchs: ein Protokoll über einen chemischen/physikalischen Versuch anfertigen ◆ Narkose-, Operations-, Versuchs- ❸ die festgelegten Verhaltensformen bei offiziellen Anlässen: sich an das Protokoll halten; Das ist so vom Protokoll vorgeschrieben.

Pro·to·kol·lant der; **Pro·to·kol·lan·tin** <-en, -en> Person, die ein Protokoll[1, 2] anfertigt

pro·to·kol·la·risch adj /nicht steig./ (geh.) das Protokoll[1, 3] betreffend: das Gesagte protokollarisch festhalten; die protokollarischen Vorschriften einhalten; das Staatsoberhaupt mit protokollarischen Ehren empfangen

pro·to·kol·lie·ren <protokollierst, protokollierte, hat protokolliert> I. mit OBJ ■ jmd. **protokolliert etwas** ein Protokoll[1, 2] über etwas führen: Der Polizist protokolliert die Zeugenaussagen. II. ohne OBJ ■ jmd. **protokolliert** ein Protokoll[1, 2] führen: Wer protokolliert heute? ▶ Protokollierung

Pro·ton das <-s, ...-tonen> PHYS. (↔ Neutron) ein Elementarteilchen (im Atomkern) mit positiver Ladung

Pro·to·nen·be·schleu·ni·ger der <-s, -> PHYS. ein Gerät zum Beschleunigen von Protonen

Pro·to·nen·syn·chro·t·ron das <-s, -e> PHYS. (≈ Protonenbeschleuniger)

Pro·to·plas·ma das <-s> BIOL. die lebendige Substanz in allen Zellen, in der sich Stoffwechsel und Energieaustausch abspielen

Pro·to·typ, Pro·to·typ der <-s, -en> ❶ (geh.) jmd., der als Inbegriff oder als typisches Beispiel für etwas gilt: Er ist der Prototyp eines Lehrers. ❷ ein Vorbild oder Muster, eine Grundform für etwas: Die römische Basilika ist der Prototyp für den mittelalterlichen Kirchenbau. ❸ TECHN., WIRTSCH. (≈ Probemodell) ein Einzelstück, das zur Erprobung vor einer Serienfertigung gebaut wird: den

Prototyp einer neuen Maschine/eines neuen Flugzeugs testen ❹ PSYCH., SPRACHWISS. typisches Exemplar einer Kategorie ◆ -ensemantik, -entheorie

pro·to·ty·pisch, pro·to·ty·pisch adj /nicht steig./ den Prototyp betreffend, in der Art eines Prototyps

Pro·to·zo·on das <-s, Protozoen> BIOL. ein mikroskopisch kleines, einzelliges Tier

Pro·tu·be·ranz die <-, -en> ASTRON. eine leuchtende Gasmasse, die aus dem Inneren der Sonne ausströmt

Protz der <-es, -e> (umg. abwert.: ≈ Angeber) jmd., der etwas übermäßig auffällig zur Schau stellt: Er ist ein richtiger Protz, seitdem er so viel Geld hat. ▶ protzenhaft ◆ Geld-, Kraft-, Muskel-, Sex-

prot·zen <protzt, protzte, hat geprotzt> ohne OBJ ■ jmd. **protzt mit etwas** Dat. (umg. abwert.: ≈ angeben) etwas übermäßig auffällig zur Schau stellen: vor jemandem mit seinem Geld/seiner Kraft/ seinem Wissen protzen ▶ Protzerei

prot·zig adj (umg. abwert.) so, dass etwas übermäßig auffällig zur Schau gestellt wird: eine protzige Villa; Protzige Armbanduhren und schwere Motorräder gelten in diesen Milieu als Statussymbole.

Pro·vence die [prɔ'vɑ̃s] <-> /kein Plur./ Landschaft im Südosten Frankreichs ▶ provencalisch

Pro·ve·ni·enz die <-, -en> (geh.: ≈ Herkunft) das Gebiet, aus dem etwas stammt: Politiker verschiedener Provenienz sind sich darin einig ...

pro·ver·bi·ell adj /nicht steig./ (veralt.) sprichwörtlich

Pro·vi·ant der <-s, -e> /Plur. selten/ Lebensmittel, die man für unterwegs als Vorrat mitnimmt: sich mit Proviant versehen ▶ verproviantieren ◆ -beutel, -korb, -tasche, Reise-

Pro·vi·der der [prə(ʊ)'vaɪdɐ] <-s, -> ein Unternehmen, das Internetdienste anbietet: häufig den Provider wechseln

Pro·vinz die <-, -en> ❶ eine staatliche oder kirchliche Verwaltungseinheit: ein Land in mehrere Provinzen teilen ❷ (abwert.: ≈ Land) eine Gegend, die kulturell (im Vergleich zu einer Großstadt) wenig bietet: Das ist ja tiefste Provinz hier! ◆ -bewohner, -blatt, -bühne, -posse, -theater

pro·vin·zi·ell adj /nicht steig./ (abwert.: ≈ beschränkt) so, dass es kulturell (verglichen mit einer Großstadt) wenig zu bieten hat: Hier in der Kleinstadt ist alles ziemlich provinziell.; provinzielle Denkweisen/Maßstäbe

Pro·vinz·ler der; **Pro·vinz·le·rin** <-s, -> jmd., dessen Lebensart provinziell ist

Pro·vinz·stadt die <-, Provinzstädte> (abwert.) eine Stadt, die kulturell (verglichen mit einer Großstadt) wenig zu bieten hat: Für eine kleine Provinzstadt hat das Theater aber allerhand zu bieten.

Pro·vi·si·on die <-, -en> WIRTSCH. eine Beteiligung am Gewinn aus den Aufträgen, die man für eine Firma vermittelt: Sie bekommt ein festes Grundgehalt und dazu Provision. ◆ Makler-, Vertreter-

Pro·vi·si·ons·ba·sis ■ **auf Provisionsbasis** unter der Voraussetzung, Provision zu erhalten: auf Provisionsbasis arbeiten/entlohnt werden

pro·vi·so·risch adj /nicht steig./ nur als Notbehelf, nur vorläufig: Die provisorische Brücke muss so lange halten, bis die neue fertig gebaut ist.; Wir haben eine provisorische Unterkunft gefunden.

Pro·vi·so·ri·um das <-s, Provisorien> (geh.: ≈ Übergangslösung) eine provisorische Lösung eines Problems: Das ist nur ein Provisorium, bis der richtige Zaun fertig ist.

pro·vo·kant adj (geh.: ≈ provozierend) so, dass es andere bewusst herausfordert: eine provokante Bemerkung machen

Pro·vo·ka·teur der, **Pro·vo·ka·teu·rin** [...tø:r] <-s, -e> (abwert.) jmd., der andere bewusst zu Handlungen gegen jmdn. oder etwas herausfordert: Die Veranstaltung verlief friedlich, es waren keine Provokateure unter den Demonstranten.

Pro·vo·ka·ti·on die <-, -en> eine bewusste Herausforderung, durch die ein Gegner zu bestimmten Handlungen bewegt werden soll: eine militärische/politische Provokation; Was sie gesagt hat, wurde als Provokation aufgefasst.

pro·vo·ka·tiv adj /nicht steig./ so, dass etwas als Provokation wirkt: ein provokatives Buch; eine provokative Behauptung

pro·vo·ka·to·risch adj /nicht steig./ so, dass etwas eine Provokation auslöst

pro·vo·zie·ren <provozierst, provozierte, hat provoziert> mit OBJ ❶ ■ jmd. provoziert jmdn. eine (meist negative) Reaktion bewusst herausfordern: ein provozierendes Grinsen; andere durch sein Verhalten provozieren ❷ ■ jmd. provoziert etwas jmd. ruft durch eine Provokation eine Wirkung hervor: eine militärische Auseinandersetzung provozieren

Pro·ze·de·re siehe **Procedere**

pro·ze·die·ren <prozedierst, prozedierte, hat prozediert> ohne OBJ ■ jmd./etwas prozediert (geh.) nach einer bestimmten Methode vorgehen, verfahren: Wir sollen uns in das Gesellschaftsrecht einarbeiten, aber wie sollen wir dabei prozedieren

Pro·ze·dur die <-, -en> ein bestimmtes (meist langwieriges und unangenehmes) Verfahren: eine komplizierte/langwierige/umständliche Prozedur; Die Zahnoperation war eine schmerzhafte Prozedur.

Pro·zent das <-(e)s, -e> ❶ der hundertste Teil von einem Ganzen (1:100): Zehn Prozent von zweihundert sind Zwanzig. ❷ (umg.) der in Prozenten berechnete Anteil an einem Gewinn: Er bekommt für die Vermittlung dieses Geschäfts sicher seine Prozente.; siehe **hundertprozentig**

Pro·zent·punkt der <-s, -e> die Differenz zwischen zwei Prozentzahlen: Die Zahl steigt von 20 auf 25 Prozent um 5 Prozentpunkte an.

Pro·zent·satz der <-es, ...-sätze> der in Prozent ausgedrückte Anteil an einer Menge: ein großer/hoher/niedriger Prozentsatz: Ein hoher Prozentsatz der Wähler ist der Wahl ferngeblieben.

pro·zen·tu·al adj /nicht steig./ in Prozenten ausgedrückt: der prozentuale Anteil der Nichtwähler an der Bevölkerung

Pro·zess der <-es, -e> ❶ RECHTSW. (≈ Gerichtsverfahren) ein Rechtsstreit, der vor Gericht verhandelt wird: einen Prozess gewinnen/verlieren; gegen jmdn. einen Prozess anstrengen; jmdm. den Prozess machen ◆-beginn, -akten, -gegner, -kosten, Arbeits-, Indizien-, Mord-, Sensations-, Straf-, Zivil- ❷ ein über eine längere Zeit andauernder Vorgang, in dem sich ständig etwas verändert: ein fortschreitender/schleichender Prozess; ein natürlicher/physikalischer Prozess; Der Prozess des Alterns ist nicht aufzuhalten.; ■ mit jemandem kurzen Prozess machen (umg.) energisch und schnell eine Sache so entscheiden und durchführen, dass sie für einen anderen schlecht ausgeht ◆Alterungs-, Entwicklungs-, Genesungs-, Heilungs-, Lern-, Produktions-, Wachstums-, Zerfalls-

Pro·zess·auf·takt der <-(e)s, -e> RECHTSW. der erste Tag eines Gerichtsprozesses

pro·zes·sie·ren <prozessierst, prozessierte, hat prozessiert> ohne OBJ ■ jmd. prozessiert (gegen jmdn./ mit jmdm.) RECHTSW. einen Gerichtsprozess führen: Er hat jahrelang gegen seinen ehemaligen Chef prozessiert.; Wir prozessieren mit dem Vermieter wegen der Nebenkostenabrechnung.; um/wegen etwas prozessieren

Pro·zes·si·on die <-, -en> ❶ REL. ein feierlicher kirchlicher Umzug: Eine Prozession zog durch das Dorf. ◆Fronleichnams- ❷ (übertr.) ein langer Zug (von Menschen): eine lange Prozession von Flüchtlingen

Pro·zes·sor der <-s, ...so·ren> EDV der Hauptteil einer Datenverarbeitungsanlage

Pro·zess·ord·nung die <-, -en> RECHTSW. die Bestimmungen, durch die der Ablauf eines Gerichtsprozesses geregelt wird

prü·de adj dem eigenen Körper und der Sexualität gegenüber übertrieben schamhaft: sehr prüde erzogen worden sein

Prü·de·rie die <-> /kein Plur./ übertriebene Schamhaftigkeit der eigenen Körperlichkeit und Sexualität gegenüber: Vor lauter Prüderie geht sie nicht einmal in die öffentliche Sauna.

prü·fen <prüfst, prüfte, hat geprüft> I. mit OBJ ❶ ■ jmd./etwas prüft jmdn./etwas die Qualität oder das Funktionieren testen: eine Maschine/eine Ware eingehend/gründlich/sorgfältig prüfen ❷ ■ jmd. prüft etwas die Vor- und Nachteile abwägen: ein Angebot eingehend prüfen ❸ ■ jmd. prüft etwas einen Sachverhalt auf seine Richtigkeit hin betrachten: Wir lassen den Fall durch unseren Anwalt prüfen; die Geschäftsbücher prüfen ❹ ■ etwas prüft jmdn. (geh.) ein schweres Schicksal auferlegen: Das Leben hat ihn hart geprüft.; ein schwer geprüfter Mann ❺ ■ jmdn. prüft jmdn. durch gezielte Fragen Kenntnisse von jmdm. feststellen: einen Schüler in Mathematik/streng prüfen ❻ SPORT (Jargon) durch eine Aktion bewirken, dass sein Gegenspieler in besonderem Maße sein Können unter Beweis stellen muss: Lediglich Krause konnte mit einem straff geschossenen Freistoß aus 25 Metern nochmal den Bochumer Torwart prüfen. II. ohne OBJ ■ jmd. prüft jmd. hält eine Prüfung ab: Biologie wird morgen geprüft.; Welcher Lehrer prüft heute?; Es wird ein geprüfter Krankenpfleger benötigt.

P

Prü·fer *der;* **Prü·fe·rin** <-s, -> *jmd., der beruflich Prüfungen [1, 2, 3, 5] durchführt*

Prüf·ling *der* <-s, -e> *jmd., der sich einer Prüfung [1, 5] unterzieht*

Prüf·stand *der* <-(e)s> /kein Plur./ TECHN. *eine technische Vorrichtung zur Prüfung [2] von Maschinen:* einen Motor auf den Prüfstand setzen

Prüf·stein *der* <-s, -e> /Plur. selten/ *eine schwierige Situation, in der jmd. besondere Fähigkeiten unter Beweis stellen muss:* Die erste gemeinsame Reise war der Prüfstein ihrer Beziehung.

Prüf·stem·pel *der* <-s, -> *ein Stempel, mit dem bestätigt wird, dass jmd. oder etwas eine Prüfung [2] durchlaufen hat*

Prü·fung *die* <-, -en> ❶ SCHULE *das Abfragen von jmds. Kenntnissen:* eine (strenge) Prüfung in Mathematik; die Prüfung ablegen/bestehen; bei/in der Prüfung durchfallen ◆-sangst, -saufgabe, -sergebnis, -skommission, -szeugnis ❷ TECHN. *das Testen der Qualität oder der Funktionstüchtigkeit:* eine eingehende/gründliche/sorgfältige Prüfung der Maschine; Alle Produkte werden einer strengen Prüfung unterzogen. ❸ *die Kontrolle eines Sachverhalts auf seine Richtigkeit hin:* die Prüfung des Falls durch einen Rechtsanwalt; die Prüfung der Geschäftsbücher einer Firma ◆-sergebnis ❹ *(geh.) ein schwerer Schicksalsschlag:* Der Tod seiner Frau war eine schwere Prüfung für ihn. ◆Schicksals-

Prü·fungs·aus·schuss *der* <-es, Prüfungsausschüsse> *ein Gremium, das eine Prüfung abnimmt (meist bestehend aus: Prüfer, Beisitzer, Protokollführer)*

Prü·fungs·er·geb·nis *das* <-ses, -se> *das Ergebnis einer Prüfung [1, 2, 3]*

Prü·fungs·ge·bühr *die* <-, -en> *eine Gebühr, die für den Verwaltungsaufwand der Prüfung und für die Prüfer zu entrichten ist*

Prü·fungs·ge·gen·stand *der* <-s, Prüfungsgegenstände> *der Wissensbereich, auf den sich die Prüfung bezieht*

Prüf·ver·fah·ren *das* <-s -, -> *die Art und Weise, wie die Funktionen von etwas geprüft [2] werden*

Prü·gel[1] *der* <-s, -> *(umg.) kräftiger Stock*

Prü·gel[2] *die* <-> Plur. *(umg.) Schläge:* Prügel bekommen/einstecken

Prü·ge·lei *die* <-, -en> *(umg.) eine Auseinandersetzung, bei der sich die Beteiligten prügeln*

Prü·gel·kna·be *der* <-n, -n> *(umg.: ≈ Sündenbock) jmd., dem unberechtigt die Schuld an etwas gegeben wird:* jemanden zum Prügelknaben machen

prü·geln <prügelst, prügelte, hat geprügelt> **I.** *mit OBJ* ■ *jmd. prügelt jmdn./ein Tier heftig (mit etwas) schlagen:* Sie prügelte den Hund mit einem Stock. **II.** *mit SICH* ■ *jmd. prügelt sich (mit jmdm.) sich mit jmdm. schlagen:* Die Jungen prügeln sich auf dem Schulhof.; Er hat ein blaues Auge, weil er sich geprügelt hat.; Oft prügelte er sich mit seinem Bruder.

Prü·gel·stra·fe *die* <-, -n> *körperliche Züchtigung durch heftige Schläge (mit etwas):* Die Prügelstrafe war früher ein erlaubtes Mittel der Erziehung.

Prunk *der* <-(e)s> /kein Plur./ *(übermäßig) große Pracht:* der verschwenderische Prunk eines Festes/einer Kirche ◆-bau, -gemach, -saal, -stück, -sucht

prus·ten <prustet, prustete, hat geprustet> *ohne OBJ* ■ *jmd. prustet* ❶ *mit schnaufendem Geräusch ausatmen:* vor Lachen prusten ❷ *heftig und laut niesen:* Er war so erkältet, dass er mitten im Konzert prustete.

PS *das* [peːˈɛs] <-, -> ❶ *Abkürzung für „Pferdestärke":* Wie viel PS hat das Auto? ❷ *Abkürzung für „Postskriptum"*

Psalm *der* <-(e)s, -en> REL. *eines der religiösen Lieder des jüdischen Volkes, die im Alten Testament gesammelt sind:* das Buch der Psalmen

Psal·ter *der* <-s, -> ❶ *Buch der Psalmen* ❷ *mittelalterliches liturgisches Textbuch der Psalmen zur feierlichen Rezitation im Stundengebet*

Pseu·d·epi·gra·fen, *a.* **Pseu·d·epi·gra·phen** *die* <-> Plur. *(fachspr.) Schriften aus der Antike, die fälschlich einem bestimmten Autor zugeschrieben werden*

Pseu·do- *aus dem Griechischen stammendes Bestimmungswort mit der Bedeutung „falsch", „unecht", „vorgetäuscht", „fälschlich"; als Erstglied zusammengesetzter Substantive; drückt aus, dass das mit dem Zweitglied Bezeichnete* ❶ *eine krankhafte Erscheinung ist, bei der gelogen wird* ◆-loge, -login, -logie, -manie ❷ *nicht in seiner typischen Eigengestalt auftritt, sondern unspezifischer/nur scheinbarer Art ist oder eine Mischform bzw. sich in/hinter etwas Anderem versteckt/verbirgt* ◆-code, -monas, -morphose, -obstipation, -obstruktion, -okklusion, -ordnung, -podium, -polypen, -primzahl, -quadrofonie/-quadrophonie, -rotation, -rotz, -skorpion, -solarisation, -strabismus, -struktur, -tropheus, -tumor, -vektor, -verlag, -viren, -wahrscheinlichkeit, -wut, -ziffern ❸ *nicht existiert, falsch zugeordnet ist bzw. gar einer Irrlehre angehört* ◆-epigrafen/-epigraphen, -wissen, -wissenschaft, -wort

pseu·do- *aus dem Griechischen kommendes Bestimmungswort mit der Bedeutung „falsch", „unecht", „vorgetäuscht", „fälschlich"; als Erstglied zusammengesetzter Adjektive; drückt aus, dass das mit dem Zweitglied Bezeichnete* ❶ *eine krankhafte Erscheinung ist, bei der gelogen wird* ◆-logisch ❷ *nicht in seiner typischen Eigengestalt auftritt, sondern unspezifischer/nur scheinbarer Art ist oder eine Mischform bzw. sich in/hinter etwas Anderem versteckt/verbirgt* ◆-membranös, -morph, -nymisiert, -plastisch, -unipolar ❸ *nicht existiert, falsch zugeordnet ist bzw. gar einer Irrlehre angehört* ◆-wissenschaftlich

Pseu·do·krupp *der* <-s> /kein Plur./ MED. *eine Kehlkopferkrankung mit plötzlichen Erstickungsanfällen*

Pseu·do·nym *das* <-s, -e> allgemein: *Deckname; Name, den ein Künstler anstelle seines bürgerlichen Namens benutzt:* Sie schreibt unter einem Pseudonym.

pseu·do·nym *adv* /nicht steig./ *unter einem Decknamen (veröffentlicht)*

Psi *das* <-(s), -s> *griechischer Buchstabe*

Psi- *als Erstglied einiger zusammengesetzter Substantive, um einen parapsychologischen Sachverhalt auszudrücken* ◆-ball, -phänomen

Psi·phä·no·men *das* <-s, -e> PSYCH. *eine parapsychologische Erscheinung*

pst!, a. pscht! *interj verwendet als Aufforderung, leise zu sein:* Pst, da kommt er!

Psy·ch·a·go·gik *die* <-> /kein Plur./ *Bezeichnung für eine Vielzahl pädagogisch-therapeutischer Verfahren, die – oft vorbeugend – beginnende Verhaltensstörungen abzubauen versuchen (mit fließenden Grenzen zur Psychotherapie)* ▶ Psychagoge, Psychagogin, psychagogisch

Psy·che *die* <-, -n> *im heutigen Sprachgebrauch: die Gesamtheit bewusster und unbewusster Vorgänge sowie die geistigen und intellektuellen Funktionen:* sich in die Psyche eines Kindes einfühlen

psy·che·de·lisch *adj /nicht steig./ das Bewusstsein in einen rauschartigen Zustand versetzend:* psychedelische Drogen; psychedelische Musik

Psy·ch·i·a·ter *der,* **Psy·ch·i·a·te·rin** <-s, -> MED. *ein Arzt, der professionell Krankheiten der Psyche feststellt und medizinisch behandelt:* den Rat eines Psychiaters einholen

Psy·ch·i·a·t·rie *die* <-> /kein Plur./ ❶ MED. *Teilgebiet der Medizin, das sich mit den Krankheiten der Psyche befasst* ❷ *die medizinische Abteilung, in der psychisch Kranke behandelt werden:* jemanden in die Psychiatrie einweisen; aus der Psychiatrie entlassen werden

psy·ch·i·a·t·risch *adj /nicht steig./ die Psychiatrie betreffend:* sich in psychiatrischer Behandlung befinden

psy·chisch *adj /nicht steig./ die Psyche betreffend:* psychische Erkrankung; Ihre Krankheit ist eher psychisch bedingt.; Sein psychischer Zustand ist instabil.

Psy·cho·ana·ly·se *die* <-> /kein Plur./ PSYCH. *von Sigmund Freud begründete psychologische Theorie zur Behandlung psychischer Erkrankungen / Störungen / Traumatisierungen, die insbesondere in der Bewusstmachung der ins Unterbewusste verdrängten Konflikte besteht* ▶ psychoanalytisch

Psy·cho·ana·ly·ti·ker *der,* **Psy·cho·ana·ly·ti·ke·rin** <-s, -> PSYCH. *jmd., der eine psychoanalytische Ausbildung als Therapeut hat und im Sinne der Psychoanalyse therapiert*

Psy·cho·Dro·ge *die* <-, -n> *das Bewusstsein erweiternde oder in einen Rauschzustand versetzende Droge*

psy·cho·gen *adj /nicht steig./* PSYCH., MED. *von der Psyche ausgehend, psychisch verursacht:* psychogene Ursachen einer Krankheit

Psy·cho·gramm *das* <-s, -e> PSYCH. *eine psychologische Studie der Persönlichkeit, deren Ergebnisse graphisch dargestellt werden*

Psy·cho·lo·ge *der,* **Psy·cho·lo·gin** <-n, -n> ❶ *jmd., der eine Fachausbildung auf dem Gebiet der Psychologie hat und / oder auf diesem Gebiet tätig ist:* Sie arbeitet als Psychologin in einer Schule. ❷ *(umg.) eine Person, die das Verhalten oder die Reaktionen von Menschen gut einschät-*

zen kann: Er ist ein guter Psychologe, er hat vorhergesehen, wie sie reagieren würde.

Psy·cho·lo·gie *die* <-> /kein Plur./ ❶ *die Lehre von den seelischen Vorgängen im Menschen:* Psychologie studieren ❷ *(umg.) die Kunst, Menschen einzuschätzen und zu lenken:* Mit ein bisschen Psychologie wirst du ihn schon überzeugen können. ◆Arbeits-, Entwicklungs-, Erwachsenen-, Jugend-, Kinder-, Sexual-, Sozial-, Sprach-, Tier-, Verhaltens-

psy·cho·lo·gisch *adj /nicht steig./ die Psychologie[1, 2] betreffend*

Psy·cho·path *der,* **Psy·cho·pa·thin** <-en, -en> *(geh.) Person mit gestörtem Gefühls- und Gemütsleben und / oder einem Verhalten, das dem Bild einer selbstverantwortlichen Persönlichkeit nicht entspricht*

psy·cho·pa·thisch *adj /nicht steig./ in der Art eines Psychopathen:* Die Art, wie sie mit ihrer Verantwortung umgeht, wirkt psychopathisch.

Psy·cho·phar·ma·ka <-> *Plur.* CHEM., MED. *Medikamente zur Behandlung psychischer Erkrankungen*

Psy·cho·phar·ma·kon *das* <-s, Psychopharmaka> *ein Medikament, das zur Gruppe der Psychopharmaka gehört*

Psy·cho·se *die* <-, -n> MED. *eine schwere seelische Erkrankung, die sich u.a. in einer mehr oder weniger deutlichen Einschränkung der Autonomie des oder der Erkrankten ausdrückt*

Psy·cho·sek·te *die* <-, -n> *(umg. abwert.) eine Sekte, die psychologische Mittel einsetzt, um ihre Anhänger von der Sektengemeinschaft abhängig zu machen*

psy·cho·so·ma·tisch *adj /nicht steig./ auf der Wechselseitigkeit von Körper und Psyche beruhend:* psychosomatische Krankheiten ▶ Psychosomatik

psy·cho·so·zi·al *adj /nicht steig./ die Art, psychologische Faktoren unter dem Aspekt ihrer sozialen Bedingtheit zu betrachten*

Psy·cho·ter·ror *der* <-s> /kein Plur./ *(umg. abwert.) Beeinflussung von Menschen mit auf die Psyche wirkenden Methoden der Einschüchterung und Bedrohung*

Psy·cho·test *der* <-s, -s> *(umg.) Abkürzung für „psychologischer Test"*

Psy·cho·the·ra·peut *der,* **Psy·cho·the·ra·peu·tin** <-en, -en> *jmd., der zur Heilung psychischer Krankheiten die Methode der Psychotherapie einsetzt*

psy·cho·the·ra·peu·tisch *adj /nicht steig./ die Psychotherapie betreffend, in der Art der Psychotherapie:* psychotherapeutische Behandlung

Psy·cho·the·ra·pie *die* <-> /kein Plur./ MED. ❶ *eine Methode der Behandlung psychischer Störungen und Erkrankungen mit Erkenntnissen aus der Psychologie* ❷ *eine Behandlung mit der Methode der Psychotherapie:* Er geht zur Psychotherapie.

PTA *der / die* <-s, -s> *Abkürzung für „Pharmazeutisch-technischer Assistent" bzw. „Pharmazeutisch-technische Assistentin"*

P

Pub *das/der* [pʌb] <-s, -s> *Wirtshaus oder Bar im englischen Stil*

pu·ber·tär *adj /nicht steig./ für die Pubertät typisch:* Sein Benehmen war völlig pubertär.; pubertäre Phantasien

Pu·ber·tät *die* <-> */kein Plur./ der zur Geschlechtsreife führende Entwicklungsabschnitt des Menschen:* in der Pubertät sein ◆-smagersucht, -szeit

Pu·b·li·ci·ty *die* [pa'blɪsiti] <-> */kein Plur./* ❶ *das Werben um öffentliche Aufmerksamkeit:* für jemanden/etwas viel Publicity machen ❷ *öffentliche Aufmerksamkeit:* viel Publicity haben; an Publicity gewinnen

Pu·b·lic Re·la·tions ['pʌblik rɪ'leɪʃənz] <-> *Plur.* (≈ PR) *eine Art Werbung, die ein Unternehmens oder eine Organisation in der Öffentlichkeit[1] betreibt, um das eigene Ansehen zu verbessern*

pu·b·lik [pu'bliːk] *adj /nicht steig./ öffentlich bekannt:* Wir wollen nicht, dass das publik wird. ◆ *Zusammen- oder Getrenntschreibung* →R 4.16 etwas publik machen/publikmachen

Pu·b·li·ka·ti·on *die* [publika'tsi̯oːn] <-, -en> ❶ */kein Plur./ das Veröffentlichen:* die Publikation einer Doktorarbeit/eines Buches; die Publikation eines Textes im Internet ❷ *etwas Veröffentlichtes:* die neuesten Publikationen des Verlages; als Publikation im Internet erscheinen

Pu·b·li·ka·ti·ons·hil·fe *die* <-, -n> *(besonders finanzielle) Hilfe dafür, dass etwas publiziert werden kann:* Der Druckkostenzuschuss war eine entscheidende Publikationshilfe.

Pu·b·li·kum *das* <-s> */kein Plur./* ❶ *die Zuschauer einer öffentlichen Darbietung:* Es hatte sich ein Publikum von knapp tausend Personen eingefunden.; das Publikum einer Fernseh-/Radiosendung ◆-sresonanz, Fernseh-, Konzert-, Theater- ❷ *die Menschen, die an einer bestimmten Sache interessiert sind:* das literarisch interessierte Publikum ◆ Fach- ❸ *die Personen, die irgendwo (regelmäßig) verkehren:* ein gemischtes/gehobenes Publikum

Pu·b·li·kums·er·folg *der* <-(e)s, -e> *eine (künstlerische) Darbietung, die vom Publikum[1] begeistert aufgenommen wird:* Das Buch/Der Film/Der Schlager/Die Wissenssendung mit Willi wurde ein Publikumserfolg.

Pu·b·li·kums·lieb·ling *der* <-s, -e> *(umg.) jmd., dessen öffentliche (künstlerische) Darbietungen vom Publikum[1] begeistert aufgenommen werden:* zum Publikumsliebling werden

Pu·b·li·kums·ma·g·net *der* <-en, -en> *eine Veranstaltung, die viel Publikum anzieht:* Die Ausstellung erwies sich als großer Publikumsmagnet.

Pu·b·li·kums·ver·kehr *der* <-s> */kein Plur./* ❶ *die Öffnung bestimmter Räume für die Öffentlichkeit:* Heute kein Publikumsverkehr! ❷ *die Personen, die irgendwohin kommen:* Gestern herrschte auf der Behörde/der Ausstellung reger Publikumsverkehr.

pu·b·li·kums·wirk·sam *adv so, dass es viel Publikum anzieht:* Die Werbung war höchst publikumswirksam.

Pu·b·li·kums·zeit·schrift *die* <-, -en> *für ein breites Publikum bestimmte Zeitschrift*

pu·b·li·zie·ren <publizierst, publizierte, hat publiziert> I. *mit OBJ* ■ *jmd. publiziert etwas etwas veröffentlichen:* ein Buch/eine Dissertation publizieren II. *ohne OBJ* ■ *jmd. beschäftigt sich mit dem Publizieren* Sie publiziert selbst/bei einem Verlag/im Internet.

Pu·b·li·zist *der*, **Pu·b·li·zis·tin** <-en, -en> *(geh.) jmd., der sich in Büchern oder in den Medien zur aktuellen Politik äußert*

Pu·b·li·zis·tik *die* <-> */kein Plur./ die Wissenschaft von der Verbreitung und Wirkung von Informationen in den Massenmedien:* Publizistik studieren

Puck *der* [pʊk] <-s, -s> ❶ *ein Kobold* ❷ SPORT *die Hartgummischeibe beim Eishockey*

Pud·ding *der* <-s, -e/-s> *eine Süßspeise aus Milch, Stärkemehl oder Grieß, Zucker und Geschmacksstoffen:* einen Pudding kochen ◆-form, -pulver, Erdbeer-, Schokoladen-, Vanille-

Pu·del *der* <-s, -> *ein kleinerer Hund mit stark gekräuseltem Fell*

pu·del- *als Erstglied einiger zusammengesetzten Adjektive, die auf beiden Teilen betont werden; drückt aus, dass das mit dem Zweitglied Bezeichnete sehr intensiv bzw. in vollständiger Weise gegeben ist* ◆-nackt, -nackert, -nass, -wohl

Pu·del·müt·ze *die* <-, -n> *eine dicke Wollmütze*

Pu·der *der/das* <-s, -> *ein feines Pulver (für medizinische oder kosmetische Zwecke):* ein Puder für wunde Haut; ein Puder zum Abdecken von Hautunreinheiten ▶ pudern ◆-dose, -lidschatten, -quaste, -rouge, Baby-, Gesichts-, Kinder-, Wund-

pu·dern <puderst, puderte, hat gepudert> *mit OBJ* ■ *jmd. pudert etwas feines Pulver irgendwo auftragen:* (sich) das Gesicht pudern; etwas mit Mehl/Staubzucker pudern

Pu·der·zu·cker *der* <-s> */kein Plur./ fein gemahlener Zucker*

Pu·e·blo *der* <-s, -s> *(in Südamerika) Dorf oder Siedlung der Puebloindianer*

Pu·er·to Ri·co *der* <-s> */kein Plur./ ein mit den USA assoziierter Staat im Bereich der Westindischen Inseln mit der Hauptstadt San Juan* ▶ Puertoricaner, Puertoricanerin, puertoricanisch

puff *interj lautmalerisch zur Bezeichnung eines Knalls:* (in Kindersprache) Der Jäger machte piff, paff, puff mit seinem Gewehr.

Puff[1] *der* <-(e)s, Püffe/-e> *ein kräftiger Stoß:* jmdm. einen (freundschaftlichen) Puff in die Rippen geben

Puff[2] *das* <-(e)s> */kein Plur./* (≈ Backgammon, Tricktrack) *ein Brett- und Würfelspiel:* mit jemandem Puff spielen

Puff[3] *der/das* <-s, -s> *(umg.: ≈ Bordell) ein Haus, in dem Prostituierte Geschlechtsverkehr gegen Geld anbieten und vollziehen* ▶ -mutter

Puff·är·mel *der* <-s, -> *am Oberarm gebauschter langer Ärmel*

puf·fen <puffst, puffte, hat gepufft> I. *mit OBJ* ■ *jmd. pufft jmdn.* kräftig stoßen; jemanden (freundschaftlich) in die Rippen puffen II. *ohne*

OBJ ■ *etwas pufft* Dampf ausstoßen: Die Dampf-lokomotive pufft.

Puf·fer *der* <-s, -> ❶ TECHN. *eine Vorrichtung zur Abfederung von Stößen* ❷ KOCH. *(≈ Kartoffelpuf-fer) ein Gericht, bei dem geriebene rohe Kartoffeln (mit Zutaten) in der Pfanne gebraten werden* ❸ EDV *(≈ Pufferspeicher) ein Informationsspeicher zwischen einer relativ schnell arbeitenden Zen-traleinheit einer EDV-Anlage und einem relativ langsam arbeitenden Gerät (wie Drucker ...)* ❹ CHEM. *(≈ Pufferlösung) Bezeichnung für eine Lö-sung, die trotz Zusätze ihren pH-Wert nicht än-dert* ❺ *(umg.) eine zeitliche Reserve, die man bei der Zeitplanung eines Projekts o. Ä. einplant:* eine Woche als Puffer ein planen

puf·fern <pufferst, pufferte, hat gepuffert> *mit OBJ* ■ *etwas puffert etwas* TECHN. *als Puffer[1, 3, 4] dienen:* Die Stoßdämpfer puffern die Stöße der Rä-der eines Autos.; Bei der Datenübertragung puffert ein Puffer den Datenfluss zwischen einer schnellen und einer langsamen Komponente eines EDV-Sys-tems.

Puf·fer·staat *der* <-(e)s, -en> POL. *ein neutraler Staat, der geographisch zwischen Großmächten liegt und dadurch ihre Reibungen mildert*

Puff·mut·ter *die* <-, Puffmütter> *(umg.) die Lei-terin eines Bordells*

Pu·lit·zer·preis, **Pu·lit·zer-Preis** *der* <-es> */kein Plur./ der von dem amerikanischen Journa-listen und Verleger Pulitzer 1917 gestiftete und jährlich vergebene Preis für hervorragende Leis-tungen auf journalistischem Gebiet*

Pulk *der* <-(e)s, -s> ❶ *eine größere Ansammlung von Menschen, Fahrzeugen oder Flugzeugen:* ein Pulk von Neugierigen/Zuschauern bei einer De-monstration ❷ SPORT *(≈ Feld[5]) Der Weltmeister fährt im Pulk mit und schont offenbar seine Kräfte.*

Pul·le *die* <-, -n> *(umg.) eine Flasche (eines alko-holischen Getränks):* eine Pulle Bier/Schnaps; ■ **volle Pulle** *(umg.) sehr schnell und heftig*

Pul·li *der* <-s, -s> *(umg.: ≈ Pullover)*

Pul·l·o·ver *der* <-s, -> *ein Kleidungsstück (aus Wolle) für den Oberkörper, das über den Kopf ge-zogen wird:* einen Pullover stricken ◆ Baumwoll-, Damen-, Mohair-, Nicki-, Norweger-, Rollkragen-, Ski-, Woll-

Pul·l·un·der *der* <-s, -> *ein ärmelloser Pullover*

Puls *der* <-es, -e> ❶ *das (durch den Herzschlag) verursachte Pochen des Blutes an den Gefäßwän-den, (das besonders am inneren Handgelenk gut spürbar ist):* (bei) jemandem den Puls fühlen/mes-sen; der Puls ist normal/beschleunigt/rast/beru-higt sich wieder ◆ -messer, -uhr, Ruhe- ❷ *die An-zahl der Pulsschläge pro Minute:* 120 Puls haben ❸ *(umg.) die Innenseiten der Handgelenke (wo der Pulsschlag gut zu spüren ist):* sich an den Puls fassen; ■ **der Puls der Zeit** *die momentane Äuße-rung des Zeitgeists* Beim Besuch der letzten Welt-ausstellung war etwas vom Puls der Zeit zu spüren.

Puls·ader *die* <-, -n> *eine große Ader, in der das Blut vom Herzen zu einem Organ gepumpt wird:* die Pulsader am Handgelenk/Hals ertasten; sich die Pulsadern aufschneiden

Pul·sar *der* <-s, -e> ASTRON. *Bezeichnung für eine*

kosmische Quelle von Radiostrahlen, die mit gro-ßer Regelmäßigkeit Strahlungsimpulse abstrahlt

Puls·fre·quenz *die* <-, -en> *die normalerweise mit der Herzfrequenz übereinstimmende Zahl der Pulsschläge pro Minute*

pul·sie·ren <pulsierst, pulsierte, hat pulsiert> *ohne OBJ* ■ *etwas pulsiert* ❶ *in regelmäßigen Abständen an- und abschwellen:* Das Blut pulsiert in den Adern.; ein pulsierendes Licht ❷ *lebendig strömen:* In den Straßen der Großstädte pulsiert das Leben.

Puls·schlag *der* <-(e)s, Pulsschläge> ❶ */kein Plur./ das regelmäßige Pochen des Blutes in den Adern:* den Pulsschlag messen ❷ *ein einzelner Schlag des Pulses:* die Pulsschläge pro Minute zäh-len

Puls·wär·mer *der* <-s, -> *eine wollene Hülle zum Wärmen der Handgelenke*

Pult *das* <-(e)s, -e> ❶ *ein Gestell in Form eines Ti-sches mit einer schrägen Platte:* Der Redner/der Dirigent trat ans Pult. ◆ Dirigenten-, Redner-, Schalt-, Schreib-, Steh- ❷ SCHWEIZ. *Schreibtisch*

Pult·dach *das* <-(e)s, Pultdächer> *ein Dach, das eine schiefe Ebene bildet*

Pul·ver *das* <-s, -> ❶ *ein Stoff, der aus feinsten Teilchen besteht: ein feines/grobkörniges/was-serlösliches Pulver; den Kaffee zu Pulver mahlen; ein Pulver gegen Ameisen; das weiße Pulver des Kokains* ◆ Back-, Brause-, Milch-, Seifen-, Wasch- ❷ *(≈ Schießpulver) das Pulver nicht nass werden lassen/in Fässern lagern; freie Spuren des Pulvers aus einer Schusswaffe nachweisen* ❸ *(umg.) Geld:* eine Menge Pulver haben; ■ **sein ganzes Pulver auf einmal verschießen** *(umg.) alle Ideen oder Argumente (unklugerweise) auf ein-mal vortragen*

Pul·ver·fass *das* <-es, Pulverfässer> ❶ *ein Fass für Schießpulver* ❷ *(übertr.) eine sehr gespannte (politische) Lage:* Die Krisenregion ist ein Pulver-fass, eine Kleinigkeit genügt, um einen Krieg zu entfachen.; ■ **auf einem Pulverfass sitzen** *(umg.) in einer sehr gefährlichen, angespannten Situation sein;* ■ **der Funke im Pulverfass** *(umg.) das letzte auslösende Moment, das die po-litisch-soziale Situation zur Explosion bringt*

pul·ve·rig, a. **pul·vrig** *adj wie Pulver[1]*

pul·ve·ri·sie·ren <pulverisierst, pulverisierte, hat pulverisiert> *mit OBJ* ■ *jmd./etwas pulveri-siert etwas* zu Pulver[1] machen: pulverisierter Kaf-fee; Die Bestandteile von Zement werden in einer Zementmühle zu Zement pulverisiert.

Pul·ver·kaf·fee *der* <-s, -s> *löslicher Kaffee in Pulverform*

Pul·ver·schnee *der* <-s> */kein Plur./ (↔ Papp-schnee) lockerer Schnee:* Bei niedrigen Tempera-turen fällt der Neuschnee meist als Pulverschnee.

pul·ver·tro·cken *adj /nicht steig./ trocken wie Pulver[2]*

pulv·rig *siehe* pulverig

Pu·ma *der* <-s, -s> *eine Raubkatze*

Pum·mel·chen *das* <-s, -> *(umg.) dickes Kind*

pum·me·lig, a. **pumm·lig** <pumm(e)liger, am pumm(e)ligsten> *adj (umg.) ziemlich dick und nicht sehr groß:* ein pumm(e)liges kleines Kind

Pump *(umg.)* ■ **auf Pump** *von geborgtem Geld* etwas auf Pump kaufen; auf Pump leben

Pum·pe *die* <-, -n> ❶ TECHN. *Gerät zum An- und Absaugen von Flüssigkeiten und Gasen:* eine handbetriebene/elektrische Pumpe für Wasser; jmdm. eine Pumpe für das Fahrrad leihen ◆ Benzin-, Fahrrad-, Luft-, Milch-, Wasser- ❷ *(umg. scherzh.) Herz:* Die Pumpe macht nicht mehr mit.; Er hat's an/mit der Pumpe.

pum·pen <pumpst, pumpte, hat gepumpt> *mit OBJ/ohne OBJ* ❶ ■ *jmd./etwas pumpt etwas aus etwas Dat./in etwas Akk. mit einer Pumpe irgendwohin befördern:* Die Menschen pumpen das Wasser aus ihren Kellern.; Luft auf/in einen Reifen pumpen; Wir haben stundenlang gepumpt, bis der Keller trocken war.; Die Pumpe pumpt kein Wasser mehr. ❷ ■ *jmd. pumpt etwas in etwas Akk. etwas in großem Maß in etwas hineingeben:* viel Geld/Energie in etwas pumpen ❸ ■ *jmd. pumpt jmdm. etwas (umg.) leihen:* Kannst du mir 'mal fünf Euro pumpen?

Pum·per·ni·ckel *das/der* <-s, -> *eine dunkle Brotsorte (aus Roggenschrot)*

Pumps *der* [pœmps] <-, -> *ein Damenschuh mit hohem Absatz*

punc·to *siehe* in puncto

Punc·tum sa·li·ens *das* <- -> *(geh.) der springende Punkt, das Entscheidende*

Punk *der* [paŋk] <-(s), -s> ❶ */kein Plur./ jugendlicher Protest gegen die (bürgerliche) Gesellschaft mit auffälliger Kleidung, buntem Frisuren und unangepasstem Verhalten* ► punkig ❷ */kein Plur./* MUS. *die Musik der Punkbewegung:* gern Punk hören ◆ -band, -rock ❸ *Anhänger(in) der Punkbewegung:* jugendliche Punks

Pun·ker *der,* **Pun·ke·rin** [ˈpaŋke] <-(s), -> *Anhänger(in) der Punkbewegung* ◆ -frisur

P **Punkt** *der* <-(e)s, -e> ❶ *Stelle, geographischer Ort:* Von dem Punkt da drüben hat man die beste Sicht über das Tal. ◆ Berührungs-, Brenn-, Eck-, Halte-, Mittel-, Treff- ❷ *ein bestimmter Zeitpunkt in einem längeren Vorgang:* Man hatte jetzt den Punkt erreicht, an dem ... ❸ *das Satzzeichen, das einen Aussagesatz beendet.:* Hierher gehört ein Punkt, kein Komma. ❹ *i-Punkt:* Der Punkt über dem Buchstaben i. ❺ *ein Thema oder Problem auf einer Liste mehrerer Themen:* Kommen wir nun zu Punkt fünf der Tagesordnung!; einen wichtigen Punkt ansprechen; sich in einem Punkt einig sein ◆ Diskussions-, Haupt-, Kern-, Streit-, Verhandlungs- ❻ MATH. *eine genau bestimmte Stelle, die eine Position, aber keine Ausdehnung hat:* Die Kurven schneiden sich in einem Punkt.; ein Punkt in einem Koordinatensystem ◆ Null-, Schnitt- ❼ *eine für eine Leistung vergebene Wertungseinheit:* Punkte erhalten/verlieren/sammeln ◆ Minus-, Plus-, Straf- ❽ MUS. *ein Zeichen in der Notenschrift:* Der Punkt hinter einer Note (punktierte Note) verlängert diese um die Hälfte ihres Wertes. ❾ *ein kleiner runder Fleck:* die farbigen Punkte auf der Tischdecke; die Lampen, die sich wie Lichtpunkte auf dem Wasser spiegeln; ■ **der springende Punkt** *die ausschlaggebende Sache;* ■ **der tote Punkt** *die Stelle, an der man nicht weiter-*

weiß Die Verhandlungen waren an einem toten Punkt angelangt.; ■ **jemandes wunder Punkt** *das Thema, über das jmd. nicht gern spricht;* ■ **Mach mal 'nen Punkt!** *(umg.) jetzt ist es genug;* ■ **Punkt ... Uhr** *(umg.) ... Uhr* Es ist jetzt/wir treffen uns Punkt ein Uhr.

punk·ten <punktest, punktete, hat gepunktet> *ohne OBJ* ■ *jmd. punktet Wertungspunkte gewinnen:* Die Mannschaft konnte heute punkten.

Punkt·ge·winn *der* <-(e)s, -e> SPORT *Gewinn eines Wertungspunktes*

punkt·gleich *adj /nicht steig./* SPORT *mit gleicher Punktzahl*

punk·tie·ren <punktierst, punktierte, hat punktiert> *mit OBJ* ❶ ■ *jmd. punktiert jmdn./etwas* MED. *mit einer Kanüle ins Gewebe einstechen und Flüssigkeit entnehmen:* das Rückenmark punktieren; einen Patienten punktieren ❷ MUS. *mit einem Punkt[8] versehen:* eine Note punktieren ❸ *durch Punkte[9] darstellen:* eine Linie punktieren

pünkt·lich *adj genau zum vereinbarten Zeitpunkt:* Bitte seid morgen pünktlich!; Der Bus ist heute pünktlich.

Pünkt·lich·keit *die* <-> */kein Plur./ der Umstand, dass jmd. oder etwas zum vereinbarten Zeitpunkt erscheint:* Seine Pünktlichkeit lässt oft zu wünschen übrig.; die Pünktlichkeit der öffentlichen Verkehrsmittel verbessern

Punkt·li·nie *die* <-, -n> *punktierte Linie; eine Linie, die aus Punkten besteht*

Punkt·rich·ter *der,* **Punkt·rich·te·rin** <-s, -> SPORT *jmd., der bei Wettkämpfen in bestimmten Sportarten Wertungspunkte vergibt*

Punkt·sieg *der* <-(e)s, -e> SPORT *Sieg nach Wertungspunkten*

Punkt·sie·ger *der* <-s, -> *Sieger nach Wertungspunkten*

Punkt·spiel *das* <-, -e> *Meisterschaftsspiel nach Wertungspunkten*

Punkt·sym·me·t·rie *die* <-, ...-trien> MATH. *die Abbildung eines Punktes auf einen anderen mit Bezug auf ein Symmetriezentrum*

punk·tu·ell *adj /nicht steig./ zu verschiedenen Zeitpunkten oder an verschiedenen Stellen; verschiedene, einzelne Probleme betreffend:* sich mit etwas nur punktuell befassen; punktuell auftretende Schmerzen; jemandem punktuell zustimmen

Punkt·wer·tung *die* <-, -en> SPORT *Wertung (der Wettkämpfe) nach Punkten*

Punkt·zahl *die* <-, -en> *die Zahl von Wertungspunkten*

Punkt·zu·wachs *der* <-es, Punktzuwächse> *der Anstieg der Punktzahl*

Punsch *der* <-(e)s, -e/Pünsche> *ein alkoholisches Getränk aus Rum, Tee oder Rotwein mit Gewürzen:* einen heißen Punsch trinken

pu·pen <pupst, pupte, hat gepupt> *ohne OBJ* ■ *jmd. pupt (umg.)* NORDDT. *(≈ furzen) eine Blähung laut abgehen lassen*

Pu·pil·le *die* <-, -n> ANAT. *die Öffnung im Auge, durch die Licht eindringt:* eine geweitete/verengte Pupille

Pup·pe *die* <-, -n> ❶ *eine kleine Nachbildung ei-*

ner menschlichen Gestalt (als Spielzeug): mit Puppen spielen ◆-nhaus, -nkleid, -nwagen, Glieder-, Holz-, Sprech-, Stoff- ❷ *eine Handpuppe oder Marionette:* vom Künstler selbst gefertigte Puppen ❸ ZOOL. *(≈ Larve) eine Insektenlarve im letzten Entwicklungsstadium:* die Puppe eines Insekts; ■ **bis in die Puppen** *(umg.) sehr lange* bis in die Puppen feiern/schlafen

Pup·pen·spiel *das* <-s, -e> *mit Puppen² gespieltes Theater*

Pup·pen·sta·di·um *das* <-s, Puppenstadien> ZOOL. *die Phase der Verpuppung, in der Insekten in einem Ruhestadium sind*

Pups, *a.* **Pup** *der* <-es, -e> *(umg.)* NORDDT. *(≈ Furz) Ablassen einer Blähung*

pur *adj /nicht steig./* ❶ *rein, unverfälscht:* Das ist purer Blödsinn!; purer Alkohol; ein Ring aus purem Gold ❷ *(umg.) bloß:* Das war purer Zufall!

Pü·ree *das* <-s, -s> KOCH. *eine breiartige Speise:* ein Püree aus Kartoffeln/Erbsen ◆Kartoffel-

pü·rie·ren <pürierst, pürierte, hat püriert> *mit OBJ* ■ *jmd. püriert etwas* KOCH. *zu Püree machen*

Pü·rier·stab *der* <-(e)s, ...-stäbe> KOCH. *ein elektrisches Küchengerät, das aus einem Handgriff und einem schnell rotierenden Messerwerk besteht, mit dem man Nahrungsmittel pürieren kann*

pu·ri·fi·zie·ren <purifizierst, purifizierte, hat purifiziert> *mit OBJ* ■ *jmd. purifiziert etwas/sich (veralt.) reinigen, läutern:* Durch Askese versuchte er sich zu purifizieren.

Pu·rim, **Pu·rim** *das* <-s> */kein Plur./ ein jüdisches Fest (im Februar oder März) zur Erinnerung an die Errettung der persischen Juden vor den Verfolgungen Hamans durch die Jüdin Esther (vgl. das biblische Buch Esther)*

Pu·ris·mus *der* <-> */kein Plur./* ❶ SPRACHWISS. *das Bestreben, eine Sprache möglichst von Fremdwörtern rein zu halten* ❷ KUNST *das Bestreben, Bauwerke von Stilelementen anderer Epochen zu befreien* ❸ KUNST *eine von Le Corbusier begründete Stilrichtung, die eine strenge und klare Malerei mit einfachen geometrischen Formen forderte*

Pu·ri·ta·ner *der*, **Pu·ri·ta·ne·rin** <-s, -> REL. *Anhänger(in) des Puritanismus*

pu·ri·ta·nisch *adj /nicht steig./* ❶ REL. *den Puritanismus betreffend* ❷ *(geh.) sehr enthaltsam und einfach:* eine puritanische Unterkunft; ein puritanisches Leben führen

Pu·ri·ta·nis·mus *der* <-> */kein Plur./ eine religiöse Reformbewegung im England des 16. und 17. Jahrhunderts, die besonderen Wert auf ein sittenstrenges Leben legte*

Pur·pur *der* <-s> */kein Plur./ ein Farbstoff von tiefroter Farbe*

pur·purn *adj /nicht steig./ die Farbe von Purpur habend:* ein purpurner Samtvorhang; Der Himmel färbte sich purpurn.

pur·pur·rot *adj /nicht steig./ von tiefroter Farbe:* ein purpurroter Sonnenuntergang

Pur·zel·baum *der* <-(e)s, Purzelbäume> *(umg.) eine Rolle vorwärts:* einen Purzelbaum machen

pur·zeln <purzelst, purzelte, ist gepurzelt> *ohne*

OBJ ■ *jmd. purzelt (umg.) kopfüber hinfallen; stolpernd fallen:* vom Stuhl/auf die Wiese purzeln

pu·schen *mit OBJ siehe* **pushen**

pu·shen ['puʃn̩] <pushst, pushte, hat gepusht> *mit OBJ* ■ *jmd. pusht etwas* ❶ *mit intensiver Werbung die Käuferzahlen für etwas erhöhen:* ein (neues) Produkt pushen ❷ *(umg.: ≈ dealen) mit Rauschgift handeln:* harte Drogen pushen ❸ *(umg.) jmdn. oder etwas in Schwung versetzen; jmdn. etwas auf jeden Fall zu erreichen:* Dieser Künstler ist von seiner Agentur in die internationale Szene gepusht worden.

Pu·sher *der* ['puʃɐ] <-s, -> *(≈ Dealer, Drogenhändler) jmd., der pusht²*

Pus·sel·ar·beit *die* <-, -en> *(umg.) mühsame Kleinarbeit:* Die Schrauben zu sortieren war eine richtige Pusselarbeit.

pus·seln <pusselst, pusselte, hat gepusselt> *ohne OBJ* ■ *jmd. pusselt (an etwas) (umg.) jmd. bastelt an etwas; beschäftigt sich mit Kleinigkeiten:* Der Kleine pusselte an seinem Spielzeug.

Pus·te *die* <-> */kein Plur./ (umg.) die Atemluft, die man braucht, um eine körperliche Anstrengung zu schaffen:* jmdm. geht die Puste aus; ■ **außer Puste sein** *(umg.) nach Atemluft ringen*

Pus·te·ku·chen ■ **Pustekuchen!** *verwendet, um auszudrücken, dass sich etwas nicht so entwickelt hat wie erhofft*

Pus·tel *die* <-, -n> MED. *(≈ Eiterbläschen)*

pus·ten <pustest, pustete, hat gepustet> **I.** *mit OBJ* ■ *jmd. pustet etwas von etwas* Dat. *etwas durch Ausblasen von Luft irgendwohin befördern:* den Staub vom Regal pusten **II.** *ohne OBJ* ■ *jmd. pustet (≈ keuchen) außer Atem sein, schwer nach Atem ringen:* vor Anstrengung pusten müssen

Pusz·ta *die* ['pusta:] <-, Puszten> *Grassteppe in Ungarn*

Pu·te *die* <-, -n> *(≈ Truthenne)* ■ **Dumme Pute!** *(vulg.) Schimpfwort gegenüber einem Mädchen oder einer Frau*

Pu·ter *der* <-s, -> *(≈ Truthahn)*

pu·ter·rot *adj /nicht steig./ sehr rot (im Gesicht):* vor Anstrengung/Scham/Wut puterrot werden

Putsch *der* <-(e)s, -e> POL. *ein Umsturzversuch (durch Teile des Militärs):* Die gewählte Regierung wurde durch einen Putsch gestürzt. ◆Militär-

put·schen <putschst, putschte, hat geputscht> *ohne OBJ* ■ *jmd. putscht* POL. *einen Putsch machen*

Put·schist *der*, **Put·schis·tin** <-en, -en> *Person, die an einem Putsch aktiv beteiligt ist*

Put·te *die* <-, -n> KUNST *(besonders im Barock beliebte) Engelsfigur in Gestalt eines kleinen, nackten Knaben*

put·ten <puttest, puttete, hat geputtet> *mit OBJ* ■ *jmd. puttet etwas* SPORT *den Golfball mit einem Golfschläger kurz und leicht über das Grün schlagen:* den Ball putten

Put·ter *der* <-s, -> SPORT *Golfschläger*

Put·ting *das* <-s, -s> SPORT *das Putten*

Putz¹ *der* <-es> */kein Plur./* BAUW. *die auf die Mauern von Gebäuden zum Schutz aufgebrachte Mischung aus Sand, Wasser und Gips:* die Leitungen unter Putz verlegen; Der Putz muss erneuert wer-

P

den.; ∎**auf den Putz hauen** *(umg.) angeben*
▶Verputz

Putz² *der* <-es, -e> *(umg. o veralt.) Schmuck, Zierde, schöne Kleidung, aufwendige Aufmachung:* Sie zeigte sich in ihrem schönsten Putz.

Putz- *als Erstglied zusammengesetzter Substantive; drückt aus, dass das mit dem Zweitglied Bezeichnete auf Reinigungsarbeiten bezogen ist* ◆-frau, -geräte, -hilfe, -job, -kolonne, -lappen, -maschine, -mittel, -roboter, -service, -stelle, -tuch, -utensilien, -wolle, -zeug

put·zen <putzt, putzte, hat geputzt> **I.** *mit OBJ* ∎ *jmd.* **putzt etwas** *(≈ reinigen) etwas von Schmutz befreien:* Fenster/Schuhe gründlich/ sorgfältig putzen; Du musst (die Zähne) drei Minuten lang putzen.; Gemüse putzen **II.** *ohne OBJ* ∎ *jmd.* **putzt** *jmd. beschäftigt sich mit dem Reinigen:* Ich muss noch putzen. **III.** *mit SICH* ❶ ∎ *jmd.* **putzt sich** *(veralt.) sich feinmachen:* Die Stadt hat sich festlich geputzt. ❷ ∎ *ein Tier* **putzt sich** *sich säubern:* Der Vogel/die Katze putzt sich ausgiebig.; ∎ **Klinken putzen** *(umg. abwert.) etwas an der Türe verkaufen wollen*

Put·ze·rei *die* <-, -en> ÖSTERR. *chemische Reinigung*

Putz·fim·mel *der* <-s, -> *(umg. abwert.) das zwanghafte Bedürfnis, ständig (die Wohnung) zu putzen*

put·zig *adj (umg.)* ❶ *drollig; niedlich:* ein putziges kleines Kätzchen ❷ *so, dass etwas belustigend wirkt:* Das Eichhörnchen bietet ja einen putzigen Anblick!

Putz·kel·le *die* <-, -n> *Gerät eines Maurers zum Auftragen von Putz¹*

Putz·ma·che·rin *die* <-, -nen> *(veralt.) Modistin*

putz·mun·ter *adj /nicht steig./ (umg.) sehr oder ganz munter*

Putz·sucht *die* <-> */kein Plur./ zwanghafter Drang zum Putzen*

Putz·teu·fel *der* <-s, -> *(umg. abwert.) jmd., der (zwanghaft) fortwährend putzen will*

Putz·trä·ger *der* <-s, -> BAUW. *der Untergrund, auf dem der Putz¹ haftet*

Putz·wut *die* <-> */kein Plur./ übertriebener Drang zum Putzen* ▶putzwütig

puz·zeln ['paz|n/'puz|n] <puzzelst, puzzelte, hat gepuzzelt> *ohne OBJ* ∎ *jmd.* **puzzelt** *ein Puzzle machen*

Puz·zle *das* ['paz|/'puz|] <-s, -s> *ein Geduldsspiel, bei dem aus vielen kleinen Einzelteilen ein Bild zusammengesetzt wird* ◆-spiel

PW *der* <-s, -s> SCHWEIZ. *Abkürzung für „Personenwagen"*

Pyg·mäe *der,* **Pyg·mä·in** <-n, -n> *Angehöriger eines kleinwüchsigen Stammes in Afrika*

pyg·mä·en·haft *adj /nicht steig./ kleinwüchsig*

Py·ja·ma *der/das* [py'dʒa:ma/py'ja:ma] <-s, -s> *Schlafanzug* ◆-hose, -jacke, -stoff

Py·lon *der* <-en, -e(n)> ❶ *Eingangstor ägyptischer Tempel und Paläste, die von großen Ecktürmen flankiert sind* ❷ *(≈ Stützpfeiler) turmartiger Teil von Schrägseilbrücken und Hängebrücken, der die Seile am höchsten Punkt hält* ❸ *ein am Rumpf oder Tragfläche eines Flugzeuges montierter Träger, an dem eine Triebwerksgondel oder eine Außenlast (z. B. ein Zusatztank oder eine Rakete) befestigt werden*

Py·lon·brü·cke *die* <-, -n> *eine Brücke, die an Stützpfeilern aufgehängt ist*

Py·ra·mi·de *die* <-, -n> ❶ MATH. *ein geometrischer Körper, der von einer vieleckigen Grundfläche und mehreren gleichen, dreieckigen Seitenflächen begrenzt wird, die sich in einem Punkt treffen* ❷ *ein sehr großer Grabbau in der Form einer Pyramide¹:* die ägyptischen Pyramiden

py·ra·mi·den·för·mig *adj /nicht steig./* in Form einer Pyramide

Py·re·nä·en <-> *Plur. ein Gebirge zwischen Spanien und Frankreich*

Py·rit *der* <-s, -s> *Eisen-, Schwefelkies (hellgelbes oder bunt angelaufenes Mineral)*

Py·ro·ma·nie *die* <-> */kein Plur./ das krankhafte Verlangen, Feuer zu legen und sich an dessen Anblick zu weiden* ▶Pyromane, Pyromanin

Py·ro·tech·nik, **Py·ro·tech·nik** *die* <-> */kein Plur./ die Kunst, Feuerwerke zu machen*

Pyr·rhus·sieg *der* ['pyrʊsi:g] <-(e)s, -e> *(geh.) ein unter sehr hohen Verlusten errungener Erfolg, der deshalb kein Erfolg mehr ist*

Py·tha·go·re·er, **Py·tha·go·rä·er** *der* <-s, -> *Anhänger und Nachfolger der Philosophie des Pythagoras von Samos (6. Jahrhundert v. Chr.), bei dem im Rahmen seiner Weltbetrachtung insbesondere Zahlen/Zahlenverhältnisse eine große Rolle spielten* ▶Pythagoreismus

py·tha·go·re·isch, *a.* **py·tha·go·rä·isch** *adj /nicht steig./* MATH. *nach Pythagoras:* pythagoreischer Lehrsatz

Py·thia *die* <-> */kein Plur./* ❶ REL. *Name der Apollonpriesterin am delphischen Orakel* ❷ *(übertr.) angebliche Wahrsagerin, die geheimnisvolle Andeutungen macht*

Py·thon *der* <-s, -s> ❶ ZOOL. *(≈ Pythonschlange) eine nicht giftige (bis zu zehn Meter lange) Riesenschlange in Afrika und Südasien* ◆Felsen-, Netz-, Rauten-, Tiger- ❷ REL. *in der griechischen Mythologie ein Drache, der das Orakel seiner Mutter Gäa in Delphi behütet*

Py·xis *die* <-, Pyxiden/Pyxides> ❶ *seit altgriechischer Zeit gebräuchlicher runder Behälter (meist mit Deckel), in dem Schmuck und Kosmetika aufbewahrt wurden* ◆Henkel-, Kugel- ❷ *kleiner Hostienbehälter als liturgisches Gerät, meist in zylindrischer Form und mit Deckel* ❸ */mit lat. Gen.: Pyxidis/ Name eines Sternbildes des Südhimmels*

P

Q q

q, Q *das* <-, -> *der siebzehnte Buchstabe des Alphabets:* ein großes Q; ein kleines q

q.e.d. MATH. *Abkürzung für „quod erat demonstrandum" (was zu beweisen war); verwendet am Ende eines mathematischen Beweises*

qua *präp (geh.)* ❶ *mittels, entsprechend:* Das ist qua Gesetz festgelegt. ❷ *in der Eigenschaft als jmd. oder etwas:* Er handelt qua Beamter.

Quạck·sal·ber *der* <-s, -> *(umg. abwert.) jmd., der sich als Arzt bezeichnet und nur wenig von diesem Beruf versteht:* Das ist kein Arzt, sondern ein gefährlicher Quacksalber.

Quack·sal·be·rei *die* <-> */kein Plur./ (umg. abwert.) Tätigkeit eines Quacksalbers:* Für diese Quacksalberei sollte er seine Zulassung als Arzt verlieren.

Quạd·del *die* <-, -n> *gerötete, juckende Schwellung der Haut*

Qua·der *der* <-s, -> ❶ BAUW. *Steinblock* ❷ MATH. *ein geometrischer, von sechs Rechtecken begrenzter Körper:* das Volumen eines Quaders berechnen

Qua·der·stein *der* <-s, -e> BAUW. *ein behauener Steinblock von der Form eines Quaders*

Qua·d·rạnt *der* <-en, -en> ❶ MATH. *Viertel eines Kreises oder einer Fläche* ❷ ASTRON., SEEW. *Messgerät zur Bestimmung der Höhe von Gestirnen*

Qua·d·rat *das* <-(e)s, -e> ❶ *ein Rechteck mit vier gleich langen Seiten:* ein Quadrat mit einer Seitenlänge von drei Zentimetern; den Flächeninhalt eines Quadrates berechnen ❷ MATH. *die zweite Potenz einer Zahl:* eine Zahl ins Quadrat erheben/ setzen; Vier ins/zum Quadrat ist sechzehn.; Das Quadrat von vier ist sechzehn (geschrieben: $4^2=16$).

qua·d·ra·tisch *adj /nicht steig./* ❶ *in der Form eines Quadrats ^{1}:* eine quadratische Fläche; ein quadratischer Tisch ❷ MATH. *in der zweiten Potenz:* Eine quadratische Gleichung ist eine Gleichung zweiten Grades.

Qua·d·rat·ki·lo·me·ter *der* <-s, -> *ein Flächenmaß; ein Quadratkilometer ist ein Quadrat von einem Kilometer Länge und einem Kilometer Breite:* Das Naturschutzgebiet hat eine Fläche von 75 Quadratkilometern ($75km^2$).

Qua·d·rat·me·ter *der* <-s, -> *ein Flächenmaß; ein Quadratmeter ist ein Quadrat von einem Meter Länge und einem Meter Breite:* Die Wohnung hat eine Fläche von 80 Quadratmetern ($80m^2$).

Qua·d·rat·me·ter·ge·wicht *das* <-s, -e> *Gewicht (einer Substanz) je Quadratmeter:* Laut Bauvorschrift darf das Quadratmetergewicht nicht überschritten werden.

Qua·d·rat·me·ter·preis *der* <-es, -e> *der Preis, der (beim Kaufen eines Grundstücks und beim Kaufen oder Mieten einer Wohnung) pro Quadratmeter bezahlt werden muss:* Der ortsübliche Quadratmeterpreis ist im Mietspiegel festgelegt.

Qua·d·rat·mil·li·me·ter *der* <-s, -> *ein Flächenmaß; ein Quadratmillimeter ist ein Quadrat von einem Millimeter Länge und einem Millimeter*

Breite: Hundert Quadratmillimeter sind ein Quadratzentimeter ($100 \ mm^2 = 1 \ cm$).

Qua·d·rat·schä·del *der* <-s, -> *(umg. abwert.)* ❶ *ein sehr großer Kopf:* Er hat einen richtigen Quadratschädel, ihm sind alle Hüte zu klein. ❷ *starrsinniger Mensch:* Es ist nicht leicht, diesen Quadratschädel zu überzeugen.

Qua·d·ra·tur *die* <-, -en> ❶ ASTRON. *Sachverhalt, dass ein Himmelskörper von einem anderen einen Winkelabstand von 90 Grad hat* ❷ MATH. *die Quadratur des Kreises als klassisches Problem der Geometrie, nämlich durch Näherungsverfahren ein Quadrat mit gleichem Flächeninhalt zu konstruieren;* ■ **die Quadratur des Kreises** *(geh.) eine nicht lösbare Aufgabe* Man verlangt von mir die Quadratur des Kreises, nämlich höchstes Arbeitstempo und beste Qualität

Qua·d·rat·wur·zel *die* <-, -n> MATH. *die zweite Wurzel aus einer Zahl:* Die Quadratwurzel aus sechzehn ist vier.

Qua·d·rat·zahl *die* <-, -en> MATH. *die zweite Potenz einer Zahl:* Vier ist die Quadratzahl von zwei.

Qua·d·rat·zen·ti·me·ter *der* <-s, -> *ein Flächenmaß; ein Quadratzentimeter ist ein Quadrat von einem Zentimeter Länge und einem Zentimeter Breite (geschrieben: cm^2)*

qua·d·rie·ren *mit OBJ* ■ *jmd.* **quadriert eine Zahl** MATH. *mit sich multiplizieren:* eine Zahl quadrieren

Qua·d·ri·ga *die* <-, Quadrigen> GESCH. *(in der Antike)ein zweirädriger Wagen, der von vier Pferden gezogen und bei Kämpfen, Rennen oder Triumphzügen eingesetzt wurde:* Die Quadriga ist eines der Wahrzeichen unserer Stadt.

Qua·d·ril·le *die* [ka'drıljə] <-, -n> ❶ *Tanz mit je vier Tänzern oder Paaren, die sich im Karree gegenüber stehen:* sich zur Quadrille aufstellen ❷ MUS. *Musikstück im 3/8 oder 2/8 Takt, das sich als Tanzmusik für die Quadrille eignet.:* Das Orchester probt eine Quadrille.

qua·d·ro·fon, *a.* **qua·d·ro·phon** *adj /nicht steig./* TECHN. *so, dass bei der Übertragung von Musik oder Sprache vier Lautsprecher verwendet werden*

Qua·d·ro·fo·nie, *a.* **Qua·d·ro·pho·nie** *die* <-> */kein Plur./* TECHN. *Technik der quadrophonen Wiedergabe von Musik oder Sprache*

qua·d·ro·fo·nisch, *a.* **qua·d·ro·pho·nisch** *adj /nicht steig./ die Quadrophonie betreffend*

Quai, *a.* **Kai** *der/das* [ke:] <-s, -s> ❶ SEEW. *Anlegemauer für Schiffe im Hafen:* die Schiffe am Quai betrachten ❷ SCHWEIZ. *Uferstraße:* am Quai spazieren gehen

qua·ken *ohne OBJ* ■ *ein Tier* **quakt** *das für Frösche oder Enten typische Geräusch von sich geben:* Die Frösche quaken im Teich.

quä·ken *(umg. abwert.)* I. *ohne OBJ* ■ *jmd./etwas* **quäkt** *gepresste, hohe Laute von sich geben:* Das Baby quäkt.; Aus dem Radio quäkte laute Musik. II. *mit OBJ* ■ *jmd.* **quäkt etwas** *mit gepress-*

Q

ter, hoher Stimme etwas äußern: Sie quäkte etwas Unverständliches.

Quä·ker der; **Quä·ke·rin** <-s, -> REL. Angehöriger einer christlichen, freikirchlichen Glaubensgemeinschaft, die besonders in Nordamerika verbreitet ist: Die Quäker führen ein Leben nach strengen religiösen Regeln.

Qual die <-, -en> (≈ Pein) etwas, das körperlich oder seelisch Schmerzen bereitet und sehr schwer zu ertragen ist: Die Gefangenen mussten körperliche und seelische Qualen ausstehen/erdulden/ertragen.; Das Warten wurde allmählich zur Qual.; Die drückenden Schuhe machten die Wanderung zur Qual. ◆ Gewissens-, Seelen-

quä·len I. mit OBJ ❶ ▪ jmd. quält jmdn./ein Tier körperliches oder seelisches Leid zufügen: Die Gefangenen sind von ihren Bewachern gequält worden.; Tiere soll man nicht quälen. ❷ ▪ etwas quält jmdn. seelisch belasten: Ihn quält sein schlechtes Gewissen.; Die quälende Ungewissheit war schwer zu ertragen. ❸ ▪ jmd. quält jmdn. mit etwas Dat. belästigen: Quäle mich nicht dauernd mit deinen Fragen! II. mit SICH ❶ ▪ jmd. quält sich irgendwohin unter großen Schmerzen oder Mühen ein Ziel erreichen: Unter Schmerzen quälte sich der Läufer ins Ziel.; Sie quälten sich durch das dichte Gestrüpp. ❷ ▪ jmd. quält sich mit etwas +Dat. etwas mit großer Mühe tun: Mit dieser Arbeit hat er sich lange abgemüht und gequält. ▶ ab-, herum-, hindurch-

Quä·le·rei die <-, -en> ❶ körperliche oder seelische Misshandlung: Die Gefangenen/Tiere waren den Quälereien ihrer Bewacher ausgesetzt.; Sie ertrug die Quälereien ihrer Klassenkameraden mit Gleichmut. ◆ Tier- ❷ (abwert.) mühsame Tätigkeit: Es war eine Quälerei, bei der Gluthitze auf dem Feld zu arbeiten.

Quäl·geist der <-(e)s, -er> (umg. abwert.) jmd., der andere ständig mit etwas belästigt: Die kleinen Quälgeister gaben keine Ruhe, bis ihre Wünsche erfüllt waren.

Qua·li·fi·ka·ti·on die [kvalifika'tsi̯oːn] <-, -en> ❶ (Eignung; Befähigung) durch Ausbildung oder Erfahrung erworbene Fähigkeiten: seine beruflichen und persönlichen Qualifikationen; Er hat die nötige Qualifikation für diese Tätigkeit. ❷ /meist Sing./ (≈ Ausbildung) der Vorgang, dass jmd. an einer Aus- oder Weiterbildung teilnimmt: Sie befindet sich noch in der Qualifikation.; Er macht eine Qualifikation zum Facharbeiter. ❸ /meist Sing./ SPORT Berechtigung zur Teilnahme an einem Wettkampf: Sie hat die Qualifikation für die Teilnahme an den Weltmeisterschaften. ❹ SPORT (≈ Ausscheidungskampf) Wettkampf, bei dem man die Berechtigung zur Teilnahme an weiteren Wettkämpfen erwerben kann: Heute findet die Qualifikation zur Regionalmeisterschaft statt.

Qua·li·fi·ka·ti·ons·pro·fil das <-s, -e> Überblick über die erworbenen Fähigkeiten und Erfahrungen auf einem beruflichen Gebiet: ein Qualifikationsprofil erstellen; Sein Qualifikationsprofil entspricht nicht den Erfordernissen, die für diese Tätigkeit notwendig sind.

qua·li·fi·zie·ren I. mit OBJ ❶ ▪ etwas qualifiziert

jmdn.(als/ für etwas Akk.) zu etwas befähigen: Seine Erfahrung und seine bisherigen Erfolge qualifizieren ihn für das Traineramt. ❷ ▪ etwas qualifiziert jmdn.(zu etwas Dat.) beruflich weiterbilden: Er wurde in einer zweijährigen Ausbildung zum Facharbeiter qualifiziert.; gut/unzureichend qualifiziertes Personal ❸ ▪ jmd. qualifiziert etwas (als etwas Akk.) (geh.) als etwas einstufen: Die Tat wurde vom Gericht als Urkundenfälschung qualifiziert. II. mit SICH ❶ ▪ jmd. qualifiziert sich (durch etwas Akk.) (als/für etwas Akk.) Den Nachweis über eine eigene Befähigung erlangen: Sie hat sich durch ihre Leistungen für eine leitende Position qualifiziert.; Die Mannschaft hat sich für die Olympischen Spiele qualifiziert. ❷ ▪ jmd. qualifiziert sich (zu etwas Dat.) sich beruflich weiterbilden: Er hat sich zum Facharbeiter qualifiziert.; Um Schritt halten zu können, muss man sich immer wieder beruflich qualifizieren. ▶ ab-, weiter-

qua·li·fi·ziert adj ❶ so, dass es besondere Sachkenntnis erfordert: qualifizierte Arbeiten/Tätigkeiten ❷ (geh.) durch besondere Sachkenntnis ausgezeichnet: ein qualifizierter Beitrag zur Diskussion ▶ ab-

Qua·li·fi·zie·rung die <-, -en> / Plur. selten / ❶ eine Tätigkeit, durch die jmd. Fähigkeiten erwirbt: Sie befindet sich noch in der Qualifizierung zur Facharbeiterin. ❷ SPORT die Berechtigung zur Teilnahme an Wettkämpfen: die Qualifizierung der Mannschaft für die Endrunde ❸ die Aus- und Weiterbildung: Die ständige berufliche Qualifizierung der Mitarbeiter ist ein Anliegen der Firma. ❹ (geh.) die Einstufung als etwas: die Qualifizierung einer Tat als Verbrechen

Qua·li·fi·zie·rungs·maß·nah·me die <-, -n> Weiterbildungskurs, um Arbeitskräften eine höhere Qualifikation zu vermitteln: Das Arbeitsamt hat ihm eine Qualifizierungsmaßnahme angeboten.

Qua·li·tät die <-, -en> ❶ (≈ eine bestimmte Eigenschaft von etwas) Beschaffenheit: Dieses Material hat eine feste/weiche/schlechte Qualität.; Weine und Speisen von ausgezeichneter/ besonderer/erlesener Qualität ❷ der Zustand, dass etwas besonders gute Eigenschaften hat und daher wertvoll ist: Wir achten bei unseren Erzeugnissen stets auf Qualität.; Der Service in diesem Haus ist für seine Qualität bekannt. ◆ -skontrolle, -sminderung, -sprodukt, -sprüfung, -ssteigerung, -sverbesserung, -sware, Bild-, Lebens-, Spitzen- ❸ /nur. Plur./ positive Eigenschaften einer Person: Man schätzt diese Qualitäten an ihr.; Er ist ein Mann von besonderen Qualitäten.

qua·li·ta·tiv, qua·li·ta·tiv adj /nicht steig./ (↔ quantitativ) die gute oder typische Beschaffenheit einer Ware betreffend: qualitativ minderwertige Produkte; qualitative Unterschiede zwischen den Stoffen; Er hat quantitativ wenig, aber qualitativ viel geleistet.

Qua·li·täts·an·spruch der <-s, Qualitätsansprüche> eine bestimmte Erwartung, die man an die Qualität[1] einer Ware oder einer Leistung stellt: Dieses Material erfüllt höchste Qualitätsansprüche.

Qua·li·täts·ar·beit die <-> /kein Plur./ ❶ ein Produkt, das sorgfältig hergestellt ist und sich durch gute Eigenschaften auszeichnet: Diese Ware ist Qualitätsarbeit. ② *sorgfältige Arbeit:* Die Firma ist bekannt für ihre Qualitätsarbeit.

Qua·li·täts·be·ur·tei·lung *die* <-, -en> *Urteil über die Qualität einer Ware oder Leistung:* eine zufriedenstellende Qualitätsbeurteilung

qua·li·täts·be·wusst *adj so, dass man immer auf gute Eigenschaften und sorgfältige Herstellung von Produkten achtet:* qualitätsbewusste Verbraucher; qualitätsbewusst einkaufen ▶ Qualitätsbewusstsein

Qua·li·täts·ma·nage·ment *das* <-s> */kein Plur./ die Planung und Durchführung von Handlungen, die in einem Unternehmen gute Qualität der Produkte sichern sollen:* Die Firma hat ihr Qualitätsmanagement neu strukturiert.

Qua·li·täts·merk·mal *der* <-s, -e> *die Eigenschaft einer Ware, die ihre Qualität kennzeichnet.:* Dieser Wollstoff hat besondere Qualitätsmerkmale.

Qua·li·täts·si·che·rung *die* <-> */kein Plur./ die Sicherung der Qualität eines Produkts oder einer Leistung durch entsprechende Maßnahmen:* Die Firma legt viel Wert auf die Qualitätssicherung ihrer Produkte.

Qua·li·täts·sie·gel *das* <-s, -> *das auf einer Ware angebrachte Zeichen, durch das die Überprüfung der Qualität bestätigt wird:* Das Qualitätssiegel bürgt für die hohe Güte dieser Ware.

Qua·li·täts·un·ter·schied *der* <-(e)s, -e> *zwischen Waren bestehender Unterschied in der Qualität:* Der Qualitätsunterschied ist nicht immer am Preis erkennbar.

Qua·li·täts·wa·re *die* <-, -n> *ein Erzeugnis von sehr guter Qualität:* Qualitätsware hat ihren Preis.

Qual·le *die* <-, -n> ZOOL. *im Meer lebendes gallertartiges Tier mit Fangarmen:* Manche Quallen können bei Hautkontakt Allergien auslösen.

Qualm *der* <-(e)s> */kein Plur./ dichter Rauch:* Aus dem Schornstein steigt Qualm auf.

qual·men I. *mit OBJ/ohne OBJ* ■ *jmd. qualmt (etwas) (umg.) rauchen:* eine Zigarre qualmen; Sie qualmt schon seit Jahren. **II.** *ohne OBJ* ■ *etwas qualmt dicken Rauch absondern:* Das Feuer/der Schornstein qualmt.

qual·mig *adj voller Qualm:* Mach mal die Fenster auf, hier ist es ganz qualmig.

qual·voll *adj* ① *(≈ schmerzhaft) mit großen Schmerzen verbunden:* ein qualvoller Tod ② *(≈ quälend) mit großer Angst verbunden:* Es verging eine Stunde qualvollen Wartens, bis endlich das Telefon klingelte.

Quant *das* <-s, -en> PHYS. *kleinste, nicht teilbare Einheit einer physikalischen Größe* ◆ Energie-, Licht-, Wirkungs-

Quänt·chen *das* <-s> */kein Plur./ (umg.) kleine Menge von etwas:* ein Quäntchen Glück; von allen Zutaten nur ein Quäntchen nehmen

Quan·ten·bio·lo·gie *die* <-> */kein Plur./ BIOL. eine Richtung innerhalb der Biologie, deren Gegenstand die Einwirkungen von Strahlung auf lebende Organismen sind*

Quan·ten·che·mie *die* <-> */kein Plur./ CHEM. ein Forschungsgebiet der theoretischen Chemie, bei dem die Methoden der Quantenmechanik auf chemische Problemstellungen angewandt werden*

Quan·ten·elek·t·ro·nik *die* <-> */kein Plur./ PHYS. ein Teilgebiet der angewandten Physik und der Elektronik, das sich mit den quantentheoretischen Grundlagen und technischen Anwendungen der Erscheinungen bei der Wechselwirkung elektromagnetischer Strahlung mit atomaren Systemen und Festkörpern befasst*

Quan·ten·feld·the·o·rie *die* <-> */kein Plur./ PHYS. die Verschmelzung von Quantentheorie und spezieller Relativitätstheorie*

Quan·ten·me·cha·nik *die* <-> */kein Plur./ PHYS. Mechanik der Elementarteilchen, die es ermöglicht, das Geschehen der Mikrokosmos zu erfassen*

Quan·ten·phy·sik *die* <-> */kein Plur./ PHYS. ein Teilbereich der Physik, der sich mit Quantenmechanik und Quantenstatistik beschäftigt*

Quan·ten·the·o·rie *die* <-> */kein Plur./ PHYS. Theorie, nach der die Energie der Strahlung nicht gleichmäßig, sondern portionsweise abgegeben und aufgenommen wird*

Quan·ti·tät *die* <-, -en> *(geh.)* ① */kein Plur./ (↔ Qualität) die Menge oder Anzahl, in der etwas vorhanden ist:* weniger auf die Quantität, als vielmehr auf die Qualität achten ② */meist Plur./ (≈ Portion) eine abgemessene Menge von etwas:* Das Gift wirkt schon in kleinsten Quantitäten.

quan·ti·ta·tiv, quan·ti·ta·tiv *adj /nicht steig./ (geh.: ↔ qualitativ) die Menge betreffend:* ein quantitativer Unterschied

Quan·ti·täts·the·o·rie *die* <-> */kein Plur./ WIRTSCH. Theorie, nach der ein Kausalzusammenhang zwischen Geldmenge und Preisniveau besteht*

Quan·tum *das* <-s, Quanten> *(≈ Portion) eine bestimmte Menge oder ein bestimmtes Maß einer Sache:* nur ein bestimmtes Quantum Kaffee vertragen

Quap·pe *die* <-, -n> ZOOL. *Entwicklungsstadium des Frosches oder Lurchs:* Im Tümpel fanden wir eine große Menge an Quappen. ◆ Kaul-

Qua·ran·tä·ne *die* [karan'tɛːnə] <-, -n> MED. *der Vorgang, dass man Personen isoliert unterbringt, weil sie eine ansteckende Krankheit haben oder weil man vermutet, sie könnten sie haben:* Die Stadt wurde unter Quarantäne gestellt.; Der Patient kam sofort in Quarantäne.

Quar·gel *der* <-s, -> KOCH. ÖSTERR. *kleiner runder Sauermilchkäse*

Quark *der* <-s> */kein Plur./* ① KOCH. *aus saurer Milch hergestelltes Nahrungsmittel:* Kartoffeln mit Quark und Kräutern essen ◆ Frucht-, Kräuter-, Sahne- ② *(umg. abwert.: ≈ Unsinn)* Red nicht solch einen Quark!

Quark·spei·se *die* <-, -n> KOCH. *mit bestimmten Zutaten zubereiteter Quark¹:* eine pikante/süße Quarkspeise

Quar·ta *die* <-, Quarten> SCHULE ① *(veralt.) dritte Klasse eines Gymnasiums:* Der Schüler besucht die Quarta. ② ÖSTERR. *vierte Klasse eines Gymnasiums*

Q

Quar·tal *das* <-s, -e> (≈ *Vierteljahr) der vierte Teil eines Kalenderjahres:* Das vierte Quartal beginnt mit dem ersten Oktober.

Quar·tal(s)·ab·schluss *der* <-es, Quartalsab­schlüsse> WIRTSCH. *Abrechnung am Ende eines Quartals*

Quar·tals·en·de *das* <-s, -n> *das Ende eines Quartals:* zum Quartalsende kündigen

Quar·tal(s)·säu·fer *der,* **Quar·tal(s)·säu·fe·rin** <-s, -> *(umg. abwert.) jmd., der in unregelmäßigen Abständen sehr viel Alkohol trinkt*

Quar·ta·ner *der,* **Quar·ta·ner·in** <-s, -> SCHULE *(veralt.) Schüler einer Quarta*

Quar·tär *das* <-s> /kein Plur./ GEOL. *eine erdgeschichtliche Formation*

Quart·bo·gen *der* <-s, Quartbögen> DRUCKW. *ein Druckbogen, der so bedruckt ist, dass er, zweifach gefalzt, acht Buchseiten (vier Blätter) ergibt*

Quar·te *die* <-, -n> MUS. ❶ *Intervall im Abstand von vier Tonstufen* ❷ *vierter Ton auf der diatonischen Tonleiter*

Quar·tett *das* <-(e)s, -e> ❶ MUS. *Musikstück für vier Stimmen oder Instrumente* ❷ *Gruppe von vier Musikern* ◆ Bläser-, Streich- ❸ *(umg. scherzh.) Gruppe von vier Personen:* Die Freundinnen waren ein fröhliches Quartett. ❹ *ein Kartenspiel:* Quartett spielen

Quar·tier *das* <-s, -e> ❶ ÖSTERR., SCHWEIZ. *Stadtviertel* ❷ *vorübergehende Unterkunft:* Wir suchen ein preiswertes Quartier. ◆ Ferien-, Nacht-, Winter- ❸ MILIT. *Truppenunterkunft:* Quartier machen; die Truppen in die Quartiere einweisen

Quarz *der* <-es, -e> GEOL. *kristallines Mineral:* Glas wird aus Quarz hergestellt. ◆ Blei-, Rosen-

Quarz·glas *das* <-es> /ohne Plur./ *hochwertiges, aus reinem Quarz hergestelltes Glas:* Diese Weingläser sind teuer, denn sie sind aus Quarzglas hergestellt.

Quar·zit *der* <-s, -e> GEOL. *sehr hartes, quarzhaltiges Gestein*

Quarz·sand *der* <-s> /kein Plur./ GEOL. *verwitterter, feinkörniger Quarz*

Quarz·uhr *die* <-, -en> *eine Uhr, die durch die Schwingungen von Quarzkristallen gesteuert wird:* Quarzuhren müssen nicht aufgezogen werden.

qua·si *adv* (≈ *beinahe, so gut wie) sozusagen; gewissermaßen:* Er ist quasi der geistige Vater dieser Idee.

quas·seln <quasselst, quasselte, hat gequas­selt> *mit OBJ/ohne OBJ* ■ *jmd.* **quasselt (etwas)** *(umg. abwert.) ständig viel und schnell reden:* Er quasselt immer so viel Unsinn.; Nun quassele doch nicht ständig!

Quas·sel·strip·pe *die* <-, -n> *(umg. abwert.) jmd., der zu viel redet:* Diese Quasselstrippe telefoniert schon seit fast zwei Stunden.

Quas·te *die* <-, -n> *ein dichtes Büschel von gleich langen Fäden oder Haaren:* die Quaste am Schwanz eines Esels; Das Kostüm des Clowns hatte viele bunte Quasten. ◆ Puder-, Seiden-

Quas·ten·flos·ser *der* <-s, -> ZOOL. *ein Knochenfisch mit quastenförmigen Flossen, der zu einer fast ausgestorbenen Ordnung gehört:* Im Museum ist die Nachbildung eines Quastenflossers zu sehen.

Quäs·ti·on *die* <-, -en> PHILOS., GESCH. *wissenschaftliche Streitfrage, die in einer festgelegten Form im Mittelalter schriftlich diskutiert wurde*

Quäs·tor *der,* **Quäs·to·rin** <-s, ...-toren> ❶ GESCH. *altrömischer Finanzbeamter* ❷ *(geh.)* SCHWEIZ. *Kassenwart einer Vereinigung*

Quatsch *der* <-es> /kein Plur./ *(umg. abwert.) unsinnige Tat oder Äußerung:* Was machst du denn für einen Quatsch!; Red nicht solchen Quatsch!; ■ **Das ist doch Quatsch (mit Soße)!** *(umg.) das stimmt überhaupt nicht*

quat·schen <quatschst, quatschte, hat ge­quatscht> *mit OBJ/ohne OBJ (umg.)* ❶ ■ *jmd.* **quatscht (etwas)** *(abwert.) Unsinn reden:* Quatsch doch nicht so blöde!; Er hat wieder völligen Blödsinn gequatscht. ❷ ■ *jmd.* **quatscht** *miteinander plaudern:* Wir quatschen oft stundenlang. ❸ ■ *jmd.* **quatscht** *(abwert.) etwas verraten:* Irgendjemand hat gequatscht, jedenfalls wissen es nun alle!

Quat·sche·rei *die* <-, -en> *(umg. abwert.) ständiges Reden:* Seine Quatscherei geht mir auf die Nerven.

Quatsch·kopf *der* <-(e)s, Quatschköpfe> *(umg. abwert.) jmd., der viel Unsinn redet:* Er ist doch bloß ein Quatschkopf, du glaubst ihm doch nicht etwa?

Que·chua *das* ['kɛtʃµa] <-(s)> *eine südamerikanische Indianersprache:* Quechua ist die zweite Amtssprache in Peru.

Que·cke *die* <-, -n> BOT. *eine Graspflanze, deren Wurzeln sich weit ausbreiten:* Die Bekämpfung der Quecken im Garten ist sehr mühsam.

Queck·sil·ber *das* <-s> /kein Plur./ CHEM. *ein silbern glänzendes Metall, das bei Zimmertemperatur flüssig ist:* Als das Fieberthermometer zu Boden fiel, zerbrach es und das Quecksilber lief aus. ◆ -thermometer, -verbindung, -vergiftung

Queck·sil·ber·säu·le *die* <-, -n> *der mit Quecksilber gefüllte Zylinder in einem Thermometer oder Barometer, der die Temperatur bzw. den Luftdruck anzeigt:* Die Quecksilbersäule stieg auf 39 Grad Celsius an.

Quell *der* <-(e)s, -e> /selten Plur./ *(veralt. geh.) Ursprung:* der Quell allen Lebens

Quel·le *die* <-, -n> ❶ *die Stelle, an der ein Fluss oder Bach entspringt:* die Quelle der Elbe; die Länge eines Flusses von der Quelle bis zur Mündung ◆ Donau- ❷ *eine Stelle, an der Wasser aus dem Erdboden fließt:* heiße/schwefelhaltige Quellen; Neben dem Felsen sprudelt eine Quelle. ▶ Quellwasser ◆ Heil-, Thermal- ❸ *(übertr.:* ≈ *Ursprung) der Ausgangspunkt oder die Ursache von etwas:* die Quelle ihrer Unzufriedenheit ◆ Energie-, Fehler-, Gefahren- ❹ *(in der Geschichts- und Literaturwissenschaft) Dokument, Text oder Beleg, der für wissenschaftliche Forschungen genutzt wird:* Der Autor zitiert verschiedene Quellen.; für eine Arbeit zahlreiche Quellen studieren/ benutzen ◆ -nnachweis, -nstudium ❺ *die Person oder Institution, von der eine Information*

Q

stammt: Ich weiß das aus zuverlässiger Quelle.; Der Journalist gab seine Quelle nicht preis.

quel·len <quillt, quoll, ist gequollen> *ohne OBJ*
■ *etwas quillt (aus etwas Dat.)* ❶ *(≈ fließen) als Masse oder dicke Flüssigkeit irgendwo austreten:* Blut quoll aus der Wunde.; Der Brei quoll über den Rand des Topfes.; Sein dicker Bauch quillt über den Hosenbund. ❷ *(≈ sich vollsaugen) durch Aufnahme von Feuchtigkeit größer werden:* die Linsen einige Stunden im Wasser quellen lassen; Der Reis ist gequollen. ▸ *auf-, hervor-*

Quel·len·an·ga·be *die* <-, -n> *Angabe, aus welchem Text ein Zitat stammt:* Die Quellenangaben stehen am Schluss des Aufsatzes.

Quel·len·for·schung *die* <-> */kein Plur./ die Ermittlung und Erforschung der einem (literarischen) Text zugrunde liegenden Quellen:* Die Quellenforschung liefert neue Erkenntnisse zum Werk von Nietzsche.

Quel·len·kri·tik *die* <-> */kein Plur./ historische Hilfswissenschaft, die die Zuverlässigkeit von Textquellen beurteilt*

Quel·len·steu·er *die* <-> */kein Plur./* WIRTSCH. *eine Steuer, die am Ort und zum Zeitpunkt des Entstehens einer steuerpflichtigen Einnahme erhoben wird:* Quellensteuer auf Zinseinkünfte erheben

Quel·len·stu·di·um *das* <-s, Quellenstudien> *das Studium von historischen Dokumenten:* Der Arbeit liegt ein umfangreiches Quellenstudium zugrunde.

Quell·ge·biet *das* <-(e)s, -e> *das Gebiet, in dem ein Fluss entspringt:* das Quellgebiet der Donau

Quell·was·ser *das* <-s> */kein Plur./ aus einer Quelle stammendes Wasser:* frisches Quellwasser trinken

Quen·ge·lei *die* <-, -en> *(umg. abwert.) ständiges Quengeln:* Mit deiner ständigen Quengelei erreichst du bei mir gar nichts.

quen·ge·lig, *a.* **quen·glig** *adj so, dass jmd. ständig quengelt:* ein quengeliges Kind

quen·geln <quengelst, quengelte, hat gequengelt> *ohne OBJ (umg. abwert.)* ❶ ■ *jmd. quengelt (über etwas Akk.) leise vor sich hin weinen:* Das Kind quengelte, bis es einschlief. ❷ ■ *jmd. quengelt (≈ betteln) jmdn. ständig mit kleinen Wünschen oder Klagen bedrängen:* Das Kind quengelte so lange, bis es seinen Wunsch erfüllt bekam. ❸ ■ *jmd. quengelt (über etwas Akk.) (≈ meckern, nörgeln) ständig über etwas klagen:* Er quengelt den ganzen Tag über dieses und jenes.

queng·lig *siehe* **quengelig**

quer *adv* ❶ *(≈ diagonal) schräg von einer Ecke zu anderen:* quer über die Wiese laufen; einen Strich quer über die ganze Seite machen ❷ *im rechten Winkel zu einer (gedachten) Linie:* ein quergestreifter/quergestreifter Pullover; Die Linien verlaufen quer zum Heftrand.; das Auto quer (zur Fahrbahn) parken ❸ *in einer anderen als der normalen oder erwarteten Lage:* Irgendwann hat sich quer gestellt, die Tür lässt sich nicht mehr öffnen.; ■ **kreuz und quer** *(umg.) in viele verschiedenen*

Richtungen kreuz und quer durch die Stadt irren ▸ *überqueren, verquer*

Quer·ach·se *die* <-, -n> MATH., TECHN. *eine Achse, die in der Breite durch einen Körper verläuft:* Die Querachse verläuft im rechten Winkel zur Längsachse.

Quer·bal·ken *der* <-s, -> BAUW. *ein Balken, der quer zu einem anderen liegt:* Die Querbalken müssen erneuert werden.

quer·beet *adv (umg.) ohne festgelegte Richtung:* querbeet durch den Wald gehen

Quer·den·ker *der,* **Quer·den·ke·rin** <-s, -> *Person mit eigenständigem, originellem Denken:* Er war schon immer ein Querdenker in seiner Partei gewesen.

Que·re ■ **jemandem in die Quere kommen** *(umg.) jmds. Weg kreuzen oder jmdn. stören* Komm mir ja nicht in die Quere!

Quer·ein·stei·ger *der,* **Quer·ein·stei·ge·rin** <-s, -> *jmd., der aus einem Fach erfolgreich in ein anderes überwechselt:* Obwohl er Quereinsteiger ist, ist er in seinem Beruf sehr erfolgreich.; Als Kunsthistoriker in der Elektrotechnik? Na ja, als Quereinsteiger wurde er anfangs nicht von allen akzeptiert.

Que·re·le *die* <-, -n> */meist Plur./ (geh.) kleine, unangenehme Streitigkeit:* ständige Querelen zwischen den Nachbarn

Quer·falz *der* <-es, -e> *ein quer verlaufender Falz:* etwas am Querfalz entlang abtrennen

quer·feld·ein *adv /nicht steig./ so, dass man durch ein Gelände geht, ohne sich an festgelegte Wege zu halten:* querfeldein durch den Wald/über die Wiese gehen

Quer·feld·ein·ren·nen *das* <-s, -> SPORT *(≈ Crossrennen) im Gelände ausgetragenes Rad- oder Motorradrennen, bei dem die Rennstrecke auch durch Wiesen, Wald usw. führt*

Quer·flö·te *die* <-, -n> MUS. *(≈ Traversflöte) eine Flöte, die beim Spielen seitlich an den Mund gehalten wird:* ein Konzert für Querflöte und Piano

Quer·for·mat *das* <-(e)s, -e> *ein Papierformat, bei dem die Breite größer ist als die Höhe:* einen Text im Querformat auf eine Seite drucken; eine Seite im Querformat beschreiben

quer·ge·hen <geht quer, ging quer, ist quergegangen> *mit OBJ* ■ *etwas geht jmdm. quer (umg.) misslingen* ◆ Zusammenschreibung →R 4.6 Mir ist heute alles quergegangen.

Quer·hef·tung *die* <-> */kein Plur./ der quer verlaufende Heftung eines Buches:* Aus Gründen des Formats ist eine Querheftung vorteilhafter.

Quer·kopf *der* <-(e)s, Querköpfe> *(umg. abwert.) Person, die grundsätzlich anders denkt und handelt, als man es erwartet*

quer·köp·fig *adj /nicht steig./ (umg. abwert.) widerspenstig; sich nicht wie ein Querkopf verhaltend:* Mit seinem querköpfigen Verhalten macht er sich keine Freunde.

quer·le·gen <legt quer, legte quer, hat quergelegt> *mit SICH* ■ *jmd. legt sich quer (umg.) bei etwas nicht mitmachen/sich widersetzen* ◆ Zusammenschreibung →R 4.6 Endlich waren wir uns alle einig, da musst du dich wieder querlegen!

Quer·leis·te *die* <-, -n> *eine Leiste, die quer zu anderen Leisten angebracht ist:* die Querleisten am Zaun erneuern

quer·schie·ßen <schießt quer, schoss quer, hat quergeschossen> *ohne OBJ* ■ *jmd. schießt quer (umg.) versuchen, etwas zu stören oder zu verhindern* ◆Zusammenschreibung →R 4.6 Muss denn immer einer querschießen?

Quer·schlä·ger *der* <-s, -> MILIT. *ein Geschoss, das von einem Objekt zurückprallt und in eine nicht vorhersehbare Richtung weiterfliegt:* Er ist von einem Querschläger getroffen worden.

Quer·schnei·der *der* <-s, -> TECHN. *ein Schneidegerät, mit dem man Schnitte in Querrichtung ausführen kann*

Quer·schnitt *der* <-(e)s, -e> ❶MATH., TECHN. *die Darstellung der Schnittfläche eines parallel zur Querachse durchgeschnittenen Körpers:* einen Querschnitt durch einen Kegel anfertigen ❷*eine Auswahl von Dingen oder Fakten, die einen Überblick über etwas gibt:* Die Ausstellung zeigt einen Querschnitt durch die Arbeit des Künstlers.; In dieser Kürze kann man nur einen Querschnitt durch die Geschichte der Stadt geben.

quer·schnitt(s)·ge·lähmt *adj /nicht steig./* MED. *so, dass der Körper eines Menschen unterhalb eines bestimmten Punktes gelähmt ist:* Seit dem Unfall ist sie querschnittsgelähmt. ▸Querschnittsgelähmte

Quer·schnitt(s)·läh·mung *die* <-, -en> MED. *Lähmung des Körpers unterhalb einer bestimmten Stelle am Rückenmark:* Durch die Querschnittslähmung ist sie an den Rollstuhl gefesselt.

quer·stel·len <stellt quer, stellte quer, hat quergestellt> *mit SICH* ■ *jmd. stellt sich quer (umg.) bei etwas nicht mitmachen oder sich widersetzen* ◆Zusammenschreibung →R 4.6

Quer·stra·ße *die* <-, -n> *eine Straße, die eine andere Straße kreuzt:* in die nächste Querstraße einbiegen

Quer·strich *der* <-(e)s, -e> *im rechten Winkel zu etwas gezogener Strich*

Quer·sum·me *die* <-, -n> MATH. *Summe der Ziffern einer mehrstelligen Zahl:* Die Quersumme von 498 ist 21.

Quer·trä·ger *der* <-s, -> BAUW. *ein Träger, der quer zu anderen Trägern verläuft, z. B. bei Dachkonstruktionen.*

Quer·trei·ber *der,* **Quer·trei·be·rin** <-s, -> *(umg. abwert.) Person, die versucht, die Vorhaben anderer zu behindern:* Dieser Quertreiber gefährdet das Projekt durch sein Verhalten.

Que·ru·lant *der,* **Que·ru·lan·tin** <-en, -en> *(geh. abwert.) Person, die häufig und aus Prinzip ihr Recht einklagt:* Sie ist schon als notorische Querulantin bekannt.

Quer·ver·bin·dung *die* <-, -en> ❶*(gedankliche) Verbindung zwischen Themen oder Dingen, die in einer (indirekten)Beziehung zueinanderstehen:* zwischen Themen in verschiedenen Unterrichtsfächern Querverbindungen herstellen ❷*Verkehrsverbindung, die zwei Orte auf einem kurzen Weg ver-*

bindet: Die neue Brücke stellt eine Querverbindung zwischen den beiden Stadtteilen dar.

Quer·weg *der* <-(e)s, -e> *ein Weg, der einen anderen Weg kreuzt:* den nächsten Querweg links gehen

quet·schen <quetschst, quetschte, hat gequetscht> I. *mit OBJ* ❶■ *jmd. quetscht etwas (≈ pressen, zerdrücken) sehr starken Druck auf etwas ausüben und es damit beschädigen oder verformen:* Kartoffeln zu Brei quetschen; Ein schwerer Stein hat seinen Fuß gequetscht. ❷■ *etwas quetscht jmdn./etwas irgendwohin mit großem Druck irgendwohin drängen:* Er ist von dem Auto gegen die Mauer gequetscht worden. II. *mit SICH* ❶■ *jmd. quetscht etwas (≈ einklemmen) durch starken Druck verletzen:* sich den Finger in der Tür quetschen ❷■ *jmd. quetscht sich irgendwohin (≈ zwängen) sich mit Gewalt irgendwohin drängen:* Sie hat sich in den überfüllten Bus noch hineingequetscht. ▸dazwischen-, hinein-

Quet·schung *die* <-, -en> MED. *Verletzung durch Quetschen:* eine Quetschung am Finger

Quetsch·wun·de *die* <-, -n> MED. *eine durch Quetschung entstandene Wunde:* Die Quetschwunde muss von einem Arzt behandelt werden.

Queue *der/das* [kø:] <-s, -s> *(≈ Billardstock)*

Quiche *die* [kiʃ] <-, -s> KOCH. *ein salziger Kuchen aus Mürbe- oder Blätterteig:* Zur Quiche tranken wir Cidre.

Qui·ckie *der* <-, -s> *(umg. jugendspr.)* ❶*kurzer, spontan vollzogener Geschlechtsverkehr* ❷*schnelle, spontane Aktion*

quick·le·ben·dig *adj /nicht steig./* *sehr lebhaft und munter:* ein quicklebendiges kleines Mädchen

Quick·stepp *der* <-s, -s> */kein Plur./ ein Gesellschaftstanz (schneller Foxtrott):* einen Quickstepp tanzen

quie·ken *ohne OBJ* ❶■ *ein Tier quiekt den für Schweine oder Mäuse typischen hohen Laut von sich geben:* Die Ferkel quieken. ❷■ *jmd. quiekt (umg.) einen schrillen, hohen, lang gezogenen Laut von sich geben:* Die Kinder quiekten vor Vergnügen.

quietsch- *als Erstglied einiger zusammengesetzter Adjektive, bei denen die Betonung auf beiden Teilen liegt; drückt aus, dass das mit dem Zweitglied Bezeichnete in sehr hohem Maße auf etwas zutrifft* ◆-fidel, -gelb, -grün, -lebendig, -rosa, -vergnügt

quiet·schen <quietschst, quietschte, hat gequietscht> *ohne OBJ* ■ *jmd./etwas quietscht einen lang gezogenen hohen Laut von sich geben:* Die Tür quietscht.; Die Kinder quietschten vor Freude.

Quietsch·ge·räusch *das* <-es, -e> *ein Geräusch, das durch Quietschen entsteht:* das Quietschgeräusch der Reifen auf dem nassen Asphalt

Quin·ta *die* <-, Quinten> SCHULE ❶*(veralt.) zweite Klasse eines Gymnasiums:* Schüler der Quinta sein ❷ÖSTERR. *die fünfte Klasse eines Gymnasiums*

Quin·ta·ner *der,* **Quin·ta·ne·rin** <-s, -> SCHULE *Schüler einer Quinta*

Quin·te *die* <-, -en> MUS. **❶** *Intervall von fünf Ton-stufen* **❷** *fünfter Ton auf der Tonleiter*

Quint·es·senz *die* <-, -en> *(geh.)* *das, was sich als das Wesentliche einer Sache herausstellt:* die Quintessenz des Buches/der Diskussion

Quin·tett *das* <-(e)s, -e> MUS. **❶** *Musikstück für fünf Stimmen oder Instrumente* **❷** *Gruppe von fünf Sängern oder Musikern*

Quin·ten·zir·kel *der* <-s> /kein Plur./ MUS. *kreis-förmige Aufzeichnung sämtlicher Tonarten im Ab-stand von Quinten*

Quirl *der* <-(e)s, -e> *ein (elektrisches) Küchenge-rät, mit dem man Flüssigkeiten mit anderen Zuta-ten verrühren kann:* Eier und Mehl mit dem Quirl verrühren

quir·len *mit OBJ* ■ *jmd.* **quirlt etwas** *(≈ rühren) mit einem Quirl verrühren:* die Eier in der Tasse kräftig quirlen

quir·lig *adj lebhaft und immer in Bewegung:* ein quirliges Kind

quitt *adj /nicht steig./ (umg.)* *in einem Zustand, in dem die gegenseitigen Verpflichtungen oder Schulden zwischen zwei Menschen ausgeglichen sind:* Ich habe das Geld zurückgezahlt, jetzt sind wir quitt.; Du hast genauso viel Schulden bei mir wie ich bei dir, wir sind quitt.

Quit·te *die* <-, -n> BOT. **❶** *Obstbaum mit gelbli-chen, aromatischen und sehr harten Früchten:* eine Quitte pflanzen **❷** *die Frucht der Quitte:* Ge-lee aus Quitten kochen ◆-ngelee, -nschnaps

quit·tie·ren *mit OBJ* **❶** ■ *jmd.* **quittiert etwas** *den Empfang von etwas (durch eine Unterschrift) bescheinigen:* den Empfang eines Geldbetrages/ die Lieferung einer Warensendung quittieren **❷** ■ *jmd.* **quittiert etwas (mit etwas** *Dat.) auf etwas in einer bestimmten Weise reagieren:* Sie quittierte seine Worte mit einem vielsagenden Blick. **❸** ■ *jmd.* **quittiert etwas** *(veralt.) ein Amt niederlegen:* Nach dreißig Jahren quittiert er nun den Dienst.

Quit·tung *die* <-, -en> **❶** *(≈ Bon, Kassenzettel) eine schriftliche Bescheinigung, dass man Geld bezahlt hat:* die Quittung ausstellen/aufbewahren ◆Spenden-, Zahlungs- **❷** *(umg.: ≈ Strafe) die (un-angenehme) Konsequenz eines Handelns:* Nun hat er die Quittung für seine Frechheit bekom-men.

Quit·tungs·block *der* <-(e)s, Quittungsblöcke> *Abreißblock mit Formularen für Quittungen* [1]

Quiz *das* [kvɪs] <-, -> *ein (im Fernsehen übertrage-nes) Spiel, bei dem die Teilnehmer innerhalb einer bestimmten Zeit Fragen (aus verschiedenen Wis-sengebieten) beantworten müssen* ◆-show

Quiz·mas·ter *der* ['kvɪsmaːstər] <-s, -> *jmd., der ein Quiz leitet:* Der Quizmaster stellt die neuen Kandidaten vor.

Quiz·sen·dung *die* ['kvɪs...] <-, -en> *eine Rund-funk- oder Fernsehsendung mit einem Quiz:* eine Quizsendung einschalten

Quod·li·bet *das* <-s, -s> MUS. *mehrstimmiges scherzhaftes Gesangsstück aus verschiedenen, gleichzeitig gesungenen Liedern:* ein Quodlibet singen

Quo·rum *das* <-s. Quoren> /kein Plur./ *die für Be-schlüsse in einem Gremium notwendige Zahl an-wesender Mitglieder*

Quo·te *die* <-, -n> *Anteil von etwas im Verhältnis zu einer Gesamtheit:* Die Quote der Verkehrsun-fälle mit tödlichem Ausgang ist gesunken. ◆Feh-ler-, Gewinn-

Quo·ten·re·ge·lung *die* <-, -en> POL. *Regelung, nach der in bestimmten (politischen) Positionen ein bestimmter Anteil von Frauen vertreten sein muss*

Quo·ti·ent *der* <-en, -en> MATH. **❶** *das Ergebnis einer Division:* den Quotienten aus acht und vier ermitteln **❷** *ein Zahlenausdruck, der aus einem Zähler* [1] *und einem Nenner besteht*

Q

Rr

r, R *das* <-, -> *der achtzehnte Buchstabe des Alphabets:* ein großes R; ein kleines r

Ra·batt *der* <-(e)s, -e> WIRTSCH. *(≈ Preisnachlass) ein bestimmter Geldbetrag, der unter gewissen Voraussetzungen von einem Kaufpreis abgezogen wird:* bei Barzahlung 5 Prozent Rabatt geben; Bei Stammkunden gewähren wir grundsätzlich Rabatt. ◆-marke, Mengen-

Ra·bat·te *die* <-, -n> *ein schmales, langes Beet mit Zierpflanzen* ◆ Blumen-

ra·bat·tie·ren <rabattierst, rabattierte, hat rabbatiert> *mit OBJ* ■ *jmd. rabbattiert etwas jmd. gewährt Rabatt für etwas:* rabattierte Preise

Ra·batz *der* <-es> */kein Plur./ (umg.) Unruhe, Krawall:* Schluss jetzt mit dem Rabatz!

Ra·bau·ke *der* <-n, -n> *(umg. abwert.: ≈ Krawallmacher) jmd., der sich lautstark (und oft gewalttätig) verhält*

Rab·bi *der* <-s, -s> REL. *Kurzform für „Rabbiner"*

Rab·bi·ner *der,* **Rab·bi·ne·rin** <-s, -> REL. *jüdischer Schriftgelehrter* ▶ Rabbinat

Ra·be *der* <-n, -n> *ein großer Vogel mit kräftigem gelbem Schnabel und schwarzem Gefieder:* Die Raben sitzen in den Bäumen und krächzen.; ■ **klauen wie ein Rabe** *(umg.) häufig (und gewohnheitsmäßig) stehlen* ◆ Kolk-

Ra·ben·el·tern <-> *Plur. (abwert.) Eltern, die sich nicht gut um ihre Kinder kümmern* ▶

Ra·ben·mut·ter *die* <-, Rabenmütter> *(abwert.) eine Mutter, die sich nicht gut um ihre Kinder kümmert*

ra·ben·schwarz *adj /nicht steig./ (umg.) von tiefem Schwarz:* rabenschwarze Haare haben; die rabenschwarze Nacht

Ra·ben·vater *der* <-s, Rabenväter> *(abwert.) ein Vater, der sich nicht gut um seine Kinder kümmert*

ra·bi·at <rabiater, am rabiatesten> *adj (abwert.) brutal und rücksichtslos:* ein rabiater Kerl; Rabiat entriss er der alten Dame die Handtasche.

Ra·bu·list *der,* **Ra·bu·lis·tin** <-en, -en> *(geh. abwert.: ≈ Wortverdreher) Person, die Wörter oder Sätze nach eigener Laune anders interpretiert, als sie gemeint waren* ▶ Rabulistik

Ra·che *die* <-> */kein Plur./ (≈ Revanche) Vergeltung für eine (als böse empfundene) Tat:* an jemandem für etwas Rache nehmen; Er hat den Mord aus Rache begangen.; Er sinnt seit Jahren auf Rache.; ■ **die Rache des kleinen Mannes** *(umg. scherzh.) eine kleine (relativ harmlose) Tat, mit der jmd. einer einflussreicheren Person etwas zu vergelten versucht* ◆ Blut-

Ra·che·akt *der* <-(e)s, -e> *aus Rache verübte Tat*

Ra·che·durst *der* <-(e)s> */kein Plur./ (umg.) starker Drang, Rache auszuüben*

Ra·chen *der* <-s, -> ❶ ANAT. *(≈ Kehle) der hintere Teil des Schlundes:* einen entzündeten Rachen haben ◆-spray ❷ *das (geöffnete) Maul eines Raubtieres:* der weit aufgerissene Rachen des Löwen; ■ **jemandem etwas in den Rachen werfen** *(umg.) jmdm., der gierig ist, etwas überlassen*

rä·chen I. *mit OBJ* ■ *jmd. rächt jmdn. Rache üben:* Er rächte den Tod seines Bruders. **II.** *mit SICH* ❶ ■ *jmd. rächt sich (an jmdm.) (für etwas Akk.) für ein Unrecht, das man erlitten hat, an jemandem Rache üben:* Der Angeklagte gab zu Protokoll, er habe sich an seinem Arbeitskollegen rächen wollen. ❷ ■ *etwas rächt sich etwas hat üble Folgen:* Deine Faulheit wird sich rächen, wenn du die Prüfung machen willst und nicht gut vorbereitet bist.

Ra·chen·höh·le *die* <-, -n> ANAT. *die an Mund- und Nasenhöhle anschließende Erweiterung des Schlundes*

Ra·chen·ka·tarrh, *a.* **Ra·chen·ka·tarr** *der* <-s, -e> MED. *eine Entzündung der Rachenschleimhaut*

Ra·chen·schleim·haut *die* <-, Rachenschleimhäute> ANAT. *die stets feuchte Haut, die den Rachen überzieht*

Rä·cher *der,* **Rä·che·rin** <-s, -> *jmd., der Rache nimmt*

Ra·ch·gier *die* <-> */kein Plur./ Rachsucht* ▶ rachgierig

Ra·chi·tis *die* <-, Rachitiden> MED. *eine Erkrankung, bei der die Knochen sich erweichen und verformen* ▶ rachitisch

Rach·sucht *die* <-> */kein Plur./ (geh.: ≈ Rachgier) starkes Verlangen nach Rache:* voller Rachsucht sein ▶ rachsüchtig

ra·ckern <rackerst, rackerte, hat gerackert> *ohne OBJ* ■ *jmd. rackert (umg.: ≈ schuften) schwer und viel arbeiten:* den ganzen Tag auf der Baustelle rackern; Tag und Nacht für das Examen rackern; sich fast zu Tode rackern

Ra·cket, Ra·kett *das* ['rɛ...] <-s, -s> SPORT *Tennisschläger*

Ra·c·lette *das/die* ['raklɛt/ra'klɛt] <-(s), -s> KOCH. ❶ *ein Gericht, bei dem man verschiedene Beilagen am Tisch mit Käse überbacken kann* ❷ *Grillgerät für Raclette[1]*

Rad *das* <-(e)s, Räder> ❶ *einer der runden, sich um die eigene Achse drehenden Teile eines Fahrzeugs, auf der dieses rollt:* Das Rad sitzt auf der Achse/blockiert/dreht durch.; ein Rad auswechseln; An dem Kinderwagen ist ein Rad locker. ◆-achse, -aufhängung, Ersatz-, Hinter-, Stütz-, Vorder- ❷ TECHN. *ein Bauteil einer Maschine in der Form eines Rades[1]:* Die Räder drehen sich/greifen ineinander/ stehen still.; Das Wasser läuft über ein großes Rad. ◆ Antriebs-, Wasser-, Zahn- ❸ *(≈ Fahrrad) das Rad abstellen/an die Mauer lehnen/putzen/reparieren; ein altes/gebrauchtes/neues/neuwertiges/gepflegtes Rad; Rad fahren* ◆ Damen-, Herren-, Kinder-, Renn-, Sport- ❹ SPORT *mit gestreckten Armen und Beinen ausgeführter seitlicher Überschlag am Boden:* ein Rad schlagen; ■ **das fünfte Rad am Wagen sein** *(umg.) (in einer Gruppe) überflüssig sein;* ■ **ein Pfau schlägt ein Rad** *ein Pfau spreizt die Schwanzfedern;* ■ **unter die Räder**

kommen *(umg.) (moralisch)* verkommen; herunterkommen ◆ Getrenntschreibung →R 4.8 Am Wochenende sind wir Rad gefahren.; Meine Tochter lernt gerade Rad fahren.; ◆ Zusammenschreibung →R 4.1 Das Radfahren macht ihr großen Spaß.; Wann hast du das Radfahren gelernt?

Ra·dar *der/das* [ra'da:r/'ra:dar] <-s, -e> ❶ */kein Plur./* *ein Verfahren, mit dem man ermitteln kann, wo sich ein Gegenstand befindet und wie schnell er sich bewegt, indem man elektromagnetische Wellen aussendet und die von dem Gegenstand zurückgeworfenen Wellen misst* ◆ -anlage, -antenne, -bereich, -bildschirm, -empfänger, -gerät, -sender, -station, -technik ❷ *ein Gerät für Messungen mit dem Radar[1]:* ein(en) Radar aufstellen; mit Radar ausgestattete Flugzeuge ◆ -blindlandung, -flug, -landegerät, -lotse, -navigation

Ra·dar·fal·le *die* [ra'da:r..., 'ra:dar...] <-, -n> *(umg. abwert.) von der Polizei zur Feststellung der Geschwindigkeit von Kraftfahrzeugen benutztes Radargerät:* in eine Radarfalle fahren; eine Radarfalle errichten

Ra·dar·kon·t·rol·le *die* [ra'da:r..., 'ra:dar...] <-, -n> *mit Radar[2] ausgeführte Kontrolle der Geschwindigkeit von Fahrzeugen durch die Polizei:* eine Radarkontrolle durchführen

Ra·dar·schirm *der* [ra'da:r..., 'ra:dar...] <-(e)s, -e> *Bildschirm eines Radargerätes:* auf dem Radarschirm auftauchen/zu sehen sein

Ra·dar·wa·gen *der* [ra'da:r..., 'ra:dar...] <-s, -> *ein mit einem Radargerät ausgestatteter Wagen der Polizei, mit dem Radarkontrollen im Straßenverkehr durchgeführt werden*

Ra·dar·wel·le *die* [ra'da:r..., 'ra:dar...] <-, -n> PHYS., TECHN. *elektromagnetische Welle, die von einem Radargerät ausgesendet wird*

Ra·dau *der* <-s> */kein Plur./ (umg. abwert.: ≈ Krawall)* Lärm: Radau machen

Ra·dau·bru·der *der* <-s, Radaubrüder> *(umg. abwert.: ≈ Krawallmacher) jmd., der Krawall macht*

Rad·damp·fer *der* <-s, -> *ein Dampfschiff, das mit Rädern[2] angetrieben wird, die mit Schaufeln geformt sind*

ra·de·bre·chen <radebrechst, radebrechte, hat geradebrecht> **I.** *mit OBJ* ■ *jmd.* **radebrecht etwas** *etwas in einer fremden Sprache nur mühsam und nicht korrekt ausdrücken:* Er kann nur ein paar Worte Russisch radebrechen. **II.** *ohne OBJ* ■ *jmd.* **radebrecht** *in einer fremden Sprache nur mühsam und nicht korrekt sprechen:* Sie radebrechte so, dass man nicht richtig verstand, was sie wollte.

ra·deln <radelst, radelte, ist geradelt> *ohne OBJ* ■ *jmd.* **radelt** *(umg.) mit dem Fahrrad fahren:* zur Arbeit/durch den Wald radeln

Rä·dels·füh·rer *der*, **Rä·dels·füh·re·rin** *der* <-s, -> *(abwert.) Person, die zu Aufruhr oder kriminellem Handeln anstiftet:* Die Polizei sucht die Rädelsführer der Bande.; Er galt als der Rädelsführer des Putsches gegen die Regierung.

Rä·der·fahr·zeug *das* <-s, -e> *ein Fahrzeug, das sich auf Rädern fortbewegt*

Rä·der·werk *das* <-(e)s> */kein Plur./ alle Räder[2]* einer Maschine: Das Räderwerk der Turmuhr kann man besichtigen.

Rad fah·ren <fährst Rad, fuhr Rad, ist Rad gefahren> *ohne OBJ* ■ *jmd.* **fährt Rad** *(≈ radeln) mit dem Fahrrad fahren*

Rad·fah·rer *der*, **Rad·fah·re·rin** *der* <-s, -> ❶ *jmd., der auf einem Fahrrad fährt:* eine gesonderte Fahrspur für Radfahrer einrichten; Radfahrer sollten die Radwege benutzen. ❷ *(umg. abwert.) jmd., der Vorgesetzten gegenüber besonders unterwürfig und schmeichlerisch ist und Untergebene schlecht behandelt*

Rad·fahr·weg *der* <-(e)s, -e> AMTSSPR. *ein Verkehrsweg, der nur für Fahrräder zugelassen ist*

Ra·di *der* <-s, -> SÜDDT., ÖSTERR. *Rettich*

ra·di·al *adj /nicht steig./ von einem Mittelpunkt aus strahlenförmig verlaufend:* ein Rennrad mit radial gespeichten Laufrädern

Ra·di·en *Plur. von* **Radius**

ra·die·ren <radierst, radierte, hat radiert> *ohne OBJ* ■ *jmd.* **radiert** ❶ *etwas, das man mit Bleistift auf ein Papier geschrieben oder gemalt hat, mit einem Radiergummi entfernen* ◆ aus-, weg- ❷ KUNST *eine Radierung anfertigen*

Ra·dier·gum·mi *der* <-s, -s> *ein kleines Stück Gummi oder Hartplastik zum Radieren[1]*

Ra·die·rung *die* <-, -en> KUNST ❶ *ein künstlerisches Verfahren zum Druck eines Bildes mit Hilfe einer Metallplatte, in die ein Bild geritzt und geätzt wurde* ❷ *ein Bild, das mit Hilfe einer Radierung[1] hergestellt wurde:* Radierungen eines Künstlers ausstellen

Ra·dies·chen *das* <-s, -> *eine dem Rettich verwandte Knollenpflanze, deren Knollen meist rote Schalen haben und als Salat gegessen werden*

ra·di·kal *adj* ❶ *vollständig, gründlich:* etwas radikal ausmerzen/beseitigen; Sie hat ihre Ernährungsgewohnheiten aus gesundheitlichen Gründen radikal verändert. ❷ *sehr stark:* ein radikaler Abbau von Arbeitsplätzen; die Preise radikal reduzieren; ❸ *rücksichtslos, brutal:* radikale Mittel einsetzen; ein radikales Vorgehen ❹ POL. *eine extreme politische Position vertretend:* radikale Ansichten haben; eine radikale Partei ◆ links-, rechts-

Ra·di·ka·le *der/die* <-n, -n> POL. *jmd., der einer extremen politischen Position anhängt (und meist auch Gewalt als zur Durchsetzung dieser Position zulässiges Mittel ansieht)* ◆ Links-, Rechts-

Ra·di·ka·len·er·lass *der* <-es> */kein Plur./* POL. *eine gesetzliche Bestimmung, nach der ein Mitglied einer extremistischen Organisation oder Partei nicht im öffentlichen Dienst arbeiten darf*

ra·di·ka·li·sie·ren <radikalisierst, radikalisierte, hat radikalisiert> *mit OBJ* ■ *jmd.* **radikalisiert jmdn./etwas** *ins politisch oder religiös Extreme treiben:* die Jugend/eine Partei radikalisieren

Ra·di·ka·lis·mus *der* <-> */kein Plur./ eine extreme politische oder religiöse Einstellung, die keine Toleranz übt und ihre Ziele mit allen Mitteln durchsetzen will*

Ra·di·ka·li·tät *die* <-> */kein Plur./ radikale Art:* Die Radikalität und Disziplin, mit der sie sich das Rauchen abgewöhnt hat, ist bewundernswert.; Die

R

Radikalität seiner Ideen erschreckte seine Parteigenossen.

Ra·di·kal·kur *die* <-, -en> ❶ *Behandlung mit starken Medikamenten oder Methoden:* Hier hilft nur eine Radikalkur. ❷ *(umg. übertr.) rabiates Vorgehen:* Das Gesundheitssystem kann nur durch eine Radikalkur reformiert werden.

Ra·dio *das* <-s, -s> ❶ *Rundfunkgerät:* das Radio anmachen/leiser stellen ◆Auto-, Koffer- ❷ */kein Plur./ der Rundfunk:* etwas kommt im Radio/wird im Radio übertragen; Radio hören ◆-programm, -sendung

ra·dio·ak·tiv, **ra·dio·ak·tiv** *adj /nicht steig./ PHYS. so, dass etwas durch Radioaktivität gekennzeichnet ist:* radioaktive Abfälle aus Kernkraftwerken; radioaktiver Niederschlag

Ra·dio·ak·ti·vi·tät *die* <-> */kein Plur./ PHYS. die Eigenschaft instabiler Atomkerne bestimmter Elemente, ohne äußere Einflüsse zu zerfallen und eine energiereiche Strahlung auszusenden*

Ra·dio·as·t·ro·no·mie *die* <-> */kein Plur./ PHYS. das Gebiet der Astronomie, das die elektromagnetische Strahlung im Weltall untersucht*

Ra·dio·car·bon·me·tho·de *die* <-, -n> siehe **Radiokarbonmethode**

Ra·dio·fre·quenz·strah·lung *die* <-, -en> */kein Plur./ PHYS. die elektromagnetische Strahlung kosmischer Objekte*

ra·dio·gen *adj /nicht steig./ PHYS. durch radioaktiven Zerfall entstanden*

Ra·dio·ge·rät *das* <-(e)s, -e> *(≈ Rundfunkgerät)*

Ra·dio·gramm *das* <-s, -e> *eine durch Radiographie hergestellte fotografische Aufnahme*

Ra·dio·gra·phie, **Ra·dio·gra·fie** *die* <-, ...-phien/-fien> ❶ *das Durchstrahlen und Fotografieren mit Hilfe ionisierender Strahlen* ❷ */kein Plur./ Verfahren zum Nachweis von Radioaktivität*

Ra·dio·kar·bon·me·tho·de, *a.* **Ra·dio·car·bon·me·tho·de** *die* <-, -n> CHEM., GEOL. *ein Verfahren zur Bestimmung des Alters von organischen Stoffen, bei dem der Gehalt an radioaktivem Kohlenstoff gemessen wird*

Ra·dio·lo·ge *der*, **Ra·dio·lo·gin** <-n, -n> MED. *jmd., der eine Spezialausbildung auf dem Gebiet der Radiologie hat (und auf diesem Gebiet arbeitet)*

Ra·dio·lo·gie *die* <-> */kein Plur./ MED.* ❶ *die Wissenschaft von der (medizinischen) Anwendung der Radioaktivität* ❷ *eine (Abteilung einer) Klinik, in der Patienten mittels radioaktiver Strahlen behandelt und untersucht werden*

Ra·dio·me·t·rie *die* <-> */kein Plur./ PHYS.* ❶ *Messung von Wärmestrahlung* ❷ *Messung von Radioaktivität*

Ra·dio·re·kor·der, *a.* **Ra·dio·re·cor·der** *der* <-s, -> *Radiogerät mit eingebautem Kassettenrekorder*

Ra·dio·sen·der *der* <-s, -> *eine Rundfunkstation, die Sendungen ausstrahlt*

Ra·dio·te·le·s·kop *das* <-s, -e> *ein Gerät, das Radiofrequenzstrahlen aus dem Weltall misst*

Ra·dio·we·cker *der* <-s, -> *eine Weckuhr mit eingebautem Radio*

Ra·di·um *das* <-s> */kein Plur./ CHEM. ein radioaktives chemisches Element*

Ra·di·us *der* <-, Radien> MATH. *(≈ halber Durchmesser) bei einem Kreis oder einer Kugel die Entfernung vom Mittelpunkt zum Rand:* den Radius errechnen/messen ◆Erd-, Kreis-

Rad·kap·pe *die* <-, -n> KFZ *die Metallabdeckung der Nabe bei Rädern von Kraftfahrzeugen*

Rad·kas·ten *der* <-s, Radkästen> KFZ *in der Karosserie vorgeformter Raum für ein Rad*

Rad·kranz *der* <-es, Radkränze> TECHN. *äußerer Rand eines Zahnrades*

Rad·na·be *die* <-, -n> TECHN. *die Nabe eines Rades*

Ra·don, **Ra·don** *das* <-s> */kein Plur./ CHEM. ein radioaktives chemisches Element*

Rad·renn·bahn *die* <-, -en> *eine (oft überdachte) ovale Bahn für spezielle Radrennen, die auf Bahnen ausgetragen werden:* die Steilkurven der Radrennbahn

Rad·ren·nen *das* <-s, -> *auf Rennrädern ausgetragenes Rennen:* Die Tour de France und der Giro d'Italia sind große Radrennen.; die Fernsehübertragung/die Rennleitung/der Sieger/die Streckenführung/die Teilnehmer/ die Zuschauer eines Radrennens ▶ Radrennfahrer, Radrennfahrerin

Rad·sport *der* <-(e)s> */kein Plur./ der Rennsport, der auf Fahrrädern betrieben wird:* Radsport betreiben; die Wettkämpfe im Radsport ◆-disziplin, -funktionär, -verein, -weltmeisterschaft, -weltverband, Bahn-, Straßen-

Rad·sturz *der* <-(e)s, Radstürze> TECHN. *(≈ Achssturz) die Neigung der Ebene eines Rades gegenüber der Senkrechten*

Rad·tour *die* <-, -en> *Ausflug auf dem Fahrrad:* eine Radtour zum Bodensee machen

Rad·wech·sel *der* <-s, -> *Austausch eines schadhaften Rades:* einen Radwechsel am Auto/am Fahrrad vornehmen

Rad·weg *der* <-es, -e> *nur für Fahrräder zugelassener Verkehrsweg*

RAF *die* [ɛrʔaːʔɛf] <-> */kein Plur./ Abkürzung von "Rote Armee Fraktion", einer extremistischen Gruppe, die in den siebziger und achtziger Jahren in Deutschland Terroranschläge verübt hat*

raf·fen <raffst, raffte, hat gerafft> *mit OBJ* ■ *jmd. rafft etwas* ❶ *einen Stoff in Falten legen und hochziehen:* geraffte Vorhänge; Die Ärmel kann man noch ein wenig raffen. ❷ *(≈ straffen) (einen Text) kürzen:* einen Beitrag/einen Text etwas raffen; Wenn ich ein wenig raffe, brauche ich nicht so viel Platz. ❸ *(abwert.) viel Besitz an sich bringen:* Besitz/Geld raffen; Sie haben schon so viel und können doch nicht aufhören, noch mehr zu raffen. ❹ *etwas schnell ergreifen und wegnehmen:* Sie raffte die Wäsche gerade noch rechtzeitig von der Leine, bevor der Regen begann. ◆weg-, zusammen- ❺ *(umg. abwert.: ≈ kapieren) verstehen:* Der rafft überhaupt nichts.; Hast du's endlich auch gerafft?

Raff·gier *die* <-> */kein Plur./ (abwert.: ≈ Habgier) der ständige Drang, viel Besitz an sich zu bringen* ▶ raffgierig

Raf·fi·na·de *die* <-, -n> *(fachspr.) feinkörniger, gereinigter Zucker*

Raf·fi·ne·rie *die* <-, ...-rien> ❶ *industrielle Reini-*

gungsanlage für Zucker: Zucker in der Raffinerie verarbeiten ❷ *industrielle Anlage zur Verarbeitung von Erdöl:* Erdöl in einer Raffinerie aufbereiten

Raf·fi·nes·se *die* <-, -n> *(geh.)* ❶ */kein Plur./ die sehr geschickte Art, für den eigenen Vorteil zu handeln:* ein Geschäft mit viel Raffinesse einfädeln ❷ */meist Plur./ die besonders feine oder bequeme Ausstattung oder Gestaltung von etwas:* eine Wohnung mit allen Raffinessen

raf·fi·nie·ren <raffinierst, raffinierte, hat raffiniert> *mit OBJ* ■ **jmd. raffiniert etwas** TECHN. *verfeinern:* Zucker raffinieren; raffiniertes Speiseöl

raf·fi·niert *adj* ❶ *(≈ durchtrieben) voller Raffinesse [1]:* ein raffinierter Plan; ein raffinierter Dieb/ Geschäftemacher/Lügner ❷ *(↔ schlicht) mit besonderer Ausstattung oder Gestaltung:* ein raffiniertes Kleid; ein raffiniert gewürztes Essen

Raff·ke *der* <-s, -s> *(umg. abwert.) Person, die ständig bestrebt ist, viel Besitz an sich zu bringen*

RAF-Mit·glied *das* <-(e)s, -er> *Person, die Mitglied der RAF ist*

Ra·ga *der* <-s, -s> MUS. *einer der vielen Typen von Melodien in der indischen Musik, die sich auf bestimmte Stimmungen oder Tageszeiten beziehen*

Ra·ge *die* ['raːʒə] <-> *(umg.) Wut; Zorn:* in Rage geraten/kommen; jemanden in Rage bringen

ra·gen <ragst, ragte, hat geragt> *ohne OBJ* ■ **jmd./etwas ragt in etwas/aus etwas heraus/über etwas hinaus** *nach oben oder aus einem Hintergrund heraus gerichtet sein:* Die Berge ragen in den Himmel.; Das Mikrofon ragt ins Bild.; Der Kopf eines Zuschauers ragte über die Menge. ◆empor-, heraus-

Ra·gout *das* [ra'guː] <-s, -s> KOCH. *ein Gericht aus kleinen Fleisch-, Fisch-, Geflügel- oder Gemüsestücken in einer Soße* ◆Geflügel-, Hammel-, Reh-

Rag·time *der* ['rægtaɪm] <-> */kein Plur./* MUS. *ein afroamerikanischer Musikstil (vor allem in der Klaviermusik)*

Rah, Ra·he *die* <-, Rahen> SEEW. *Querstange am Mast*

Rahm *der* <-(e)s> */kein Plur./* SÜDDT., ÖSTERR., SCHWEIZ. *Sahne:* Erdbeeren mit süßem Rahm

Rah·men *der* <-s, -> ❶ *die aus Holz, Metall oder Kunststoff bestehende Einfassung eines Bildes (und die dazugehörige Verglasung und Rückwand):* ein Rahmen aus Holz/Metall/Kunststoff; einen passenden Rahmen für ein Foto suchen; ein vergoldeter/verzierter/verschnörkelter Rahmen ◆Bilder-, Holz-, Wechsel- ❷ *die Einfassung eines Fensters oder einer Tür:* Die Tür hängt schief im Rahmen.; Die Rahmen der Fenster müssen erneuert werden. ◆-konstruktion ❸ *das Gestell des Fahrzeugs:* Der Rahmen des Fahrrades besteht aus Aluminium.; ein Rahmen aus Aluminium/Carbon/Stahl/Titan; einen Rahmen aufbauen/komplettieren; ein nasslackierter/pulverbeschichteter Rahmen (in Rahmenhöhe 58 cm) ◆-bauer, -größe, -höhe, Alu-, Carbon-, Fahrrad-, Renn-, Stahl-, Titan- ❹ *die äußeren Umstände oder Bedingungen einer Sache:* einer Feier einen würdigen Rahmen verleihen; Im Rahmen der Festwochen treten viele bekannte Künstler auf.; ■ **aus dem Rahmen fallen** *ungewöhnlich sein;* ■ **den Rahmen sprengen**

über das gebotene Maß hinausgehen ◆Finanz-, Handlungs-, Kosten-, Zeit-

rah·men <rahmst, rahmte, hat gerahmt> *mit OBJ* ■ **jmd. rahmt etwas** *(≈ einfassen) mit einem Rahmen [1] versehen:* ein Bild (in Gold) rahmen; ein Diapositiv rahmen; ein gerahmter Spiegel ◆ein-

Rah·men- *als Erstglied zusammengesetzter Substantive; drückt aus, dass für das mit dem Zweitglied Bezeichnete allgemeine Bedingungen/Regularitäten gelten und keine Einzelheiten genannt werden* ◆-abkommen, -bedingung(en), -beschluss, -gesetz, -plan, -tarif, -vereinbarung, -vertrag

-rah·men *als Zweitglied zusammengesetzter Substantive; drückt aus, dass gewisse festgelegte Grenzen im Hinblick auf das mit dem Erstglied Bezeichnete gelten/einzuhalten sind* ◆Finanz-, Straf-, Zeit-

Rah·men·er·zäh·lung *die* <-, -en> LIT. *Rahmenhandlung*

Rah·men·hand·lung *die* <-, -en> LIT. *eine umfassende epische Einheit, die viele Binneneinheiten (z. B. Nebenhandlungen) umschließen kann*

Rah·men·pro·gramm *das* <-, -e> *ein Programm, das bei einer Veranstaltung neben dem Hauptteil stattfindet*

Rah·men·richt·li·nie *die* <-, -n> RECHTSW. *ein Gesetz oder eine Verordnung, mit der allgemeine Richtlinien (ohne Einzelheiten) formuliert sind; siehe auch* **Curriculum**

Rahm·so·ße *die* <-, -n> KOCH. *mit Sahne verfeinerte Soße*

Rah·ne *die* <-, -n> SÜDDT., ÖSTERR. *rote Rübe; siehe auch* **Rande**

Rain *der* <-(e)s, -e> *ein schmaler Wiesenstreifen zwischen oder am Rand von Äckern:* Am Rain blühen bunte Wiesenblumen.

Ra·kel *die* <-, -n> DRUCKW. *ein flaches Gerät, mit dem überflüssige Farbe von einer Druckform entfernt wird* ◆-druck

rä·keln, a. re·keln <räkelst, räkelte, hat geräkelt> *mit SICH* ■ **jmd. räkelt sich** *sich wohlig strecken:* Ich räk(e)le mich gern auf meinem schönen Sofa.

Ra·ke·te *die* <-, -n> ❶ *ein zylindrischer, spitz zulaufender Flugkörper, der sehr hohe Geschwindigkeiten erreichen und die Erdatmosphäre verlassen kann:* die verschiedenen Stufen einer Rakete; Die Rakete startet/transportiert einen Satelliten in den Weltraum. ◆-nabschussbasis, -nabwehrsystem, -nbasis, -nstart, -nstufe, -ntechnik, -ntreibstoff, -nzeitalter ❷ MILIT. *eine Waffe in Form einer Rakete [1] mit einem Sprengkopf:* Ziele mit Raketen angreifen; atomare Raketen stationieren ◆Atom-, Interkontinental- ❸ *ein Feuerwerkskörper, der einer kleinen Rakete [1] ähnelt, in die Luft geschossen wird und dort viele farbige Funken erzeugt:* mit Raketen und Böllern das neue Jahr begrüßen

ra·ke·ten·be·stückt *adj* */nicht steig./* MILIT. *mit Raketen ausgestattet:* ein raketenbestücktes U-Boot

Ra·ke·ten·flug·zeug *das* <-s, -e> TECHN. *ein Flugzeug, das durch Raketentriebwerke angetrieben wird*

Ra·ke·ten·trieb·werk *das* <-s, -e> TECHN. *ein*

R

Triebwerk mit chemothermischem, elektrischem oder nuklearem Antrieb, das einen starken Rückstoß erzeugt, so dass der Flugkörper sich unabhängig von der Atmosphäre bewegen kann

Ra·kett *das* <-s, -s> *(≈ Racket) Schläger (Tennis, Badminton etc.)*

Ral·le *die* <-, -n> BIOL. *eine Familie der Wasservögel*

Ral·lye *die* ['rali/'rɛli] <-, -s> SPORT *ein Etappenrennen für Autos*

RAM *das* [ram] <-(s), -(s)> EDV *Abkürzung von „Random Access Memory": Speicher für den direkten Zugriff*

Ra·ma·dan *der* <-(s), -e> REL. *Fastenmonat im Islam*

ram·meln <rammelte, hat gerammelt> *ohne OBJ* ■ *Tiere rammeln sich paaren*

ram·men <rammst, rammte, hat gerammt> *mit OBJ* ■ *jmd. rammt etwas* ① *mit Wucht gegen etwas stoßen:* Das Schiff hat den Öltanker gerammt.; Er hat das Fahrzeug seitlich gerammt. ② *etwas mit kräftigen Schlägen irgendwo hineintreiben:* einen Pfahl mit dem Vorschlaghammer in den Boden rammen

Ram·pe *die* <-, -n> ① *eine Art Sockel an einem Gebäude, der das Be- und Entladen von Fahrzeugen erleichert:* den LKW an der Rampe entladen ◆ Lade- ② *Auffahrt in Form einer schiefen Ebene:* eine Rampe für Kinderwagen/Rollstuhlfahrer anbauen ③ *der vordere Bühnenrand:* Die Schauspieler traten an die Rampe und verbeugten sich.

Ram·pen·licht *das* <-(e)s> ■ *im Rampenlicht stehen von der Öffentlichkeit stark beachtet werden*

ram·po·nie·ren <ramponierst, ramponierte, hat ramponiert> *mit OBJ* ■ *jmd. ramponiert etwas (umg.) stark beschädigen:* ramponiert aussehen; ein Fahrzeug bei einem Unfall ramponieren; jemandes Ansehen in der Öffentlichkeit ramponieren

Ramsch *der* <-(e)s> /kein Plur./ (umg. abwert.) ① *(≈ Plunder) wertlose Gegenstände:* Wirf doch den ganzen Ramsch einfach weg! ② *(≈ Ausschuss) Sachen von schlechter Qualität:* In diesem Laden gibt es neuerdings nur noch Ramsch. ▸ verramschen ◆ -laden

ran (umg.) siehe **heran**

Ranch *die* [rɛntʃ] <-, -(e)s> *nordamerikanische Farm mit Viehzucht* ▸ Rancher

Rand *der* <-(e)s, Ränder> ① *äußerer Teil einer Fläche:* am Rand(e) der Stadt wohnen; Der Kuchen ist an den Rändern verbrannt. ② *Kante; Begrenzung:* der Rand eines Glases; am Rand(e) des Abgrundes stehen; sich an den Rand des Feldes setzen ◆ Feld-, Straßen-, Weges- ③ *der unbeschriebene Teil an den äußeren Enden eines Blattes Papier:* eine Notiz an den Rand schreiben; links einen Rand von drei Zentimetern lassen ◆ Seiten- ④ *Umrahmung:* ein Umschlag mit schwarzem Rand ⑤ *(vulg.) Mund:* einen losen Rand haben; Halt den Rand!; ■ **außer Rand und Band sein** (umg.) sehr aufgeregt und wild sein Die Kinder sind ja heute außer Rand und Band!; ■ **mit jemandem/etwas zu Rande/zurande kommen**

(umg.) mit jmdm. oder etwas zurechtkommen; ■ **am Rand(e) einer Sache stehen/sein** (umg.) ein schlimmes Ereignis zu erwarten haben am Rande des Ruins stehen

Ran·da·le <-> Plur. (umg. abwert.) *Lärm (und mutwillige Beschädigung von Sachen):* Randale machen

ran·da·lie·ren <randalierst, randalierte, hat randaliert> *ohne OBJ* ■ *jmd. randaliert Lärm machen (und mutwillig Sachen beschädigen):* die Betrunkenen zogen randalierend durch die Straßen; Nach dem Fußballspiel wurde wieder randaliert. ▸ Randalierer

Rand·be·mer·kung *die* <-, -en> ① *Worte, die auf den Rand [3] einer Textseite geschrieben sind* ② *(≈ Nebenbemerkung) eine Äußerung, die man nicht sehr betont, sondern nur am Rande eines Gesprächs macht:* In einer Randbemerkung deutete er an, dass …

Rand·be·zirk *der* <-s, -e> *(≈ Randgebiet)*

Ran·de *die* <-, -n> SÜDDT., ÖSTERR., SCHWEIZ. *rote Rübe; siehe* **Rahne**

Rand·er·schei·nung *die* <-, -en> *eine Erscheinung, die neben etwas auftritt und für die Hauptsache nicht besonders wichtig ist:* Eine Randerscheinung bei der Grippe ist, dass man auf einmal bestimmte Speisen nicht mehr mag.

Rand·fi·gur *die* <-, -en> *eine Person, die nur am Rande auftritt und in einer bestimmten Situation nicht besonders wichtig ist:* Er begleitete sie zu der Party, fühlte sich dort aber als Randfigur und war froh, als er sich verabschieden konnte.

Rand·ge·biet *das* <-(e)s, -e> *das am weitesten von Zentrum entfernte Gebiet:* die Randgebiete des Landes/der Klimazone/der Stadt

Rand·grup·pe *die* <-, -n> SOZIOL. *eine Personengruppe, die gesellschaftlich isoliert und benachteiligt ist:* gesellschaftliche Randgruppen

rand·los *adj* /nicht steig./ *ohne Fassung oder Rahmung:* eine randlose Brille

Rand·pro·b·lem *das* <-s, -e> *nebensächliches Problem*

Rand·strei·fen *der* <-s, -> *der Streifen am Rand einer Staße:* Auf dem Randstreifen dürfen Autos normalerweise nicht halten, ausser wenn sie eine Panne haben.

Rang *der* <-(e)s, Ränge> ① /kein Plur./ *wichtige Position, große Bedeutung:* ein Ereignis von hohem Rang; ein Wissenschaftler/eine Politikerin von hohem Rang; die Probleme entsprechend ihrem Rang bearbeiten ② *Platz in einer Wertung:* sich bis auf den zweiten Rang vorarbeiten; Rang vier belegen ③ MILIT. *Dienstgrad:* Welchen Rang hat er? ④ THEAT. *(≈ Balkon, Galerie) erhöht gelegene Sitzplätze:* einen Platz im Rang; Karten für den Rang haben; ■ **jemandem den Rang ablaufen** (umg.) besser abschneiden als jmd.; ■ **alles, was Rang und Namen hat** (umg.) alle bedeutenden Persönlichkeiten

Rang·ab·zei·chen *das* <-s, -> MILIT. *Zeichen, das den militärischen Rang ausweist*

Ran·ge·lei *die* <-, -en> (umg.) *leichter Streit (um Vorteile) unter Körpereinsatz:* Es kam zu einer Rangelei um die besten Plätze.

R

ran·geln <rangelst, rangelte, hat gerangelt> *ohne OBJ* ■ *jmd. rangelt mit jmdm. (um etwas Akk.) sich balgen:* Sie rangelten miteinander um die besten Plätze vor der Bühne.

Ran·ger *der* ['reɪndʒe] <-s, -(s)> *(in den USA) Soldat mit besonderer Ausbildung im Nah- und Einzelkampf*

Rang·fol·ge *die* <-, -n> *Abfolge nach Wertigkeit oder Bedeutung:* sich an eine Rangfolge halten

Ran·gier·bahn·hof *der* [raŋˈʒiːr-] <-(e)s, Rangierbahnhöfe> *Gleisanlage zum Rangieren von Eisenbahnwaggons*

ran·gie·ren [raŋˈʒiːrən] <rangierst, rangierte, hat rangiert> I. *mit OBJ* ■ *jmd./etwas rangiert etwas Eisenbahnwaggons verschieben:* Güterwagen auf ein anderes Gleis rangieren; Vorsicht, hier wird gerade rangiert! II. *ohne OBJ* ■ *jmd./etwas rangiert irgendwo (geh.) eine Position belegen:* Sie rangiert an siebter Stelle.; Das Problem rangiert bei uns ganz vorn.

Ran·gier·gleis *das* [raŋˈʒiːr-] <-es, -e> *ein Eisenbahngleis zum Rangieren von Eisenbahnwaggons*

Rang·lis·te *die* <-, -n> *gemäß der Wertigkeit oder Bedeutung von etwas/jmdm. erstellte Liste* ◆ Welt-

Rang·ord·nung *die* <-, -en> ❶ *durch die Wertigkeit oder Bedeutung bestimmte Ordnung:* die Rangordnung der Studienabschlüsse ❷ *(≈ Hierarchie) durch die gesellschaftliche Stellung bestimmte Ordnung:* in der Rangordnung höher stehen als ein anderer

Ran·gun [raŋˈguːn] <-s> *Name der Hauptstadt von Birma (Myanmar)*

rank ■ **rank und schlank** *(geh.) sehr schlank*

Rank¹ *der* <-(e)s, Ränke> */meist Plur./ (veralt. oder geh.) Intrige; Hinterlist; Kniff:* Ränke schmieden

Rank² *der* <-(e)s, Ränke> */meist Plur./* SCHWEIZ. *Wegbiegung*

Ran·ke *die* <-, -n> *ein dünner Pflanzenteil, der sich um etwas schlingen kann* ◆ Efeu-, Wein-

ran·ken <rankst, rankte, hat/ist gerankt> I. *ohne OBJ* ■ *etwas rankt irgendwohin (sein) irgendwohin sich schlingend wachsen:* Der Wein ist an der Mauer in die Höhe gerankt. II. *mit SICH* ■ *etwas rankt sich irgendwo (haben)* ❶ *(als Pflanze) lang an etwas (einer Mauer oder einem Zaun) hoch wachsen:* Der Wein hat sich um das Gerüst gerankt/an der Mauer nach oben gerankt. ❷ *(als Phantasie) eine Vorstellung von jmdm. oder etwas begleiten:* Erzählungen/Legenden/Mythen ranken sich um einen König/ein altes Schloß

Rän·ke·schmied *der*; **Rän·ke·schmie·din** <-(e)s, -e> *(geh. o veralt. abwert.) Person, die Intrigen plant und ausführt*

ran·kom·men <kommst ran, kam ran, ist rangekommen> *ohne OBJ* ■ *jmd. kommt an etwas Akk. ran (umg.: ≈ herankommen)*

ran·krie·gen <kriegst ran, kriegte ran, hat rangekriegt> *mit OBJ* ■ *jmd. kriegt jmdn. ran (mit etwas Dat.) (umg.)* ❶ *jmdm. eine unbequeme Arbeit auftragen:* Ich habe ihn rangekriegt, dass er den Mülleimer endlich ausleeren sollte. ❷ *jmdn. dazu zwingen, dass er eine Forderung erfüllt:* Er

schuldet mir immer noch zehn Euro – aber ich werde ihn rankriegen!

ran·ma·chen <machst ran, machte ran, hat rangemacht> I. *mit OBJ* ■ *jmd. macht etwas an etwas Akk. ran (umg.) jmd. befestigt etwas an etwas:* einen Knopf an ein Kleidungsstück ran machen II. *mit SICH* ❶ ■ *jmd. macht sich an etwas Akk. ran mit etwas beginnen:* Ich habe mich ans Umgraben rangemacht. ❷ ■ *jmd. macht sich an jmdn. ran. ran nimmt (auf plumpe Art) mit jmdm. Kontakt auf:* Auf dem Heimweg hat er versucht, sich an sie ranzumachen.; *siehe* **heranmachen**

Ran·zen *der* <-s, -> ❶ *(≈ Schultasche) die (lederne) Tasche, in der ein Schüler seine Schulbücher, Hefte und Schreibgeräte transportiert:* seinen Ranzen für den nächsten Tag packen ❷ *(umg. abwert.) dicker Bauch:* einen ganz schönen Ranzen haben

ran·zig *adj /nicht steig./ (von Butter und Fetten) verdorben, nicht mehr genießbar:* ranzige Butter

Rap *der* [ræp] <-(s), -s> MUS. *Musikstil mit rhythmischem Sprechgesang*

ra·pid, *a.* **ra·pi·de** *adj /nicht steig./ (geh.) sehr schnell:* Es ging rapide bergab mit ihm.

Rap·pe *der* <-n, -n> *(↔ Schimmel) ein Pferd mit schwarzem Fell*

Rap·pel *der* <-s, -> *(umg.) ein Anfall (von Zorn), eine verrückte Laune:* plötzlich einen/den Rappel kriegen

rap·peln <rappelst, rappelte, hat gerappelt> *ohne OBJ* ■ *etwas rappelt (umg.)* ❶ *(≈ klappern) das Geräusch machen das man hört, wenn lose Gegenstände gegeneinanderschlagen:* Irgendetwas rappelte in der Kiste.; Der alte Wecker rappelt. ❷ ÖSTERR. *verrückt sein:* Bei dir rappelt's wohl?

Rap·pen *der* <-s, -> *schweizerische Währungseinheit:* Hundert Rappen sind ein Franken.

rap·pen ['ræpn] *ohne OBJ* ■ *jmd. rappt* MUS. *im Stil des Rap singen:* ein gerappter Song; Er rappt.

Rap·per *der*; **Rap·pe·rin** ['ræpɐ] <-s, -> MUS. *jmd., der im Stil des Rap singt*

Rap·port *der* <-(e)s, -e> ❶ MILIT. *dienstliche Meldung:* zum Rapport befohlen werden; Rapport erstatten ❷ *sich regelmäßig wiederholende Muster auf Geweben*

Raps *der* <-es, (-e)> *eine leuchtend gelb blühende Nutzpflanze mit ölhaltigen Samen:* Raps anbauen; Treibstoff für Autos aus Raps gewinnen ◆ -feld

rar <rarer, am rarsten> *adj* ❶ *nur in geringer Menge vorhanden:* Dieser Artikel ist rar.; Schreibmaschinen sind im Büroalltag rar geworden. ❷ *(≈ selten) eine rare Gelegenheit*

Ra·ri·tät *die* <-, -en> ❶ *etwas Seltenes:* Gute Filme sind in diesem Sender eine Rarität geworden.; Das Restaurant bietet viele Raritäten der französischen Küche. ❷ *Sammlerstück:* Mit diesem Bild besitzt du eine Rarität.

rar·ma·chen <machst rar, machte rar, hat rargemacht> *mit SICH* ■ *jmd. macht sich rar (umg.) sich selten bei anderen sehen lassen* ◆ Zusammenschreibung →R 4.6 Er macht sich in letzter Zeit sehr rar (bei uns).

R

ra·sant *adj* ❶ *sehr schnell:* sich rasant entwickeln; rasant fahren ❷ *sehr erregend:* eine rasante Party; die Frau mit dem rasanten Kleid

Ra·sanz *die* <-> /kein Plur./ *hohe Geschwindigkeit:* die Rasanz der technologischen Entwicklung

rasch *adj schnell:* sich rasch umziehen; sich rasch entscheiden

ra·scheln <raschelst, raschelte, hat geraschelt> *ohne OBJ* ■ *jmd./etwas raschelt das Geräusch von bewegten Blättern erzeugen:* Im Gebüsch raschelt etwas.; mit dem Papier rascheln

Ra·sen *der* <-s, -> /meist Sing./ ❶ *eine abgegrenzte Grasfläche:* Bitte den Rasen nicht betreten!; der gepflegte Rasen des Golfplatzes ◆-fläche ❷ SPORT *(umg.) Spielfeld:* Die Spieler laufen auf den Rasen.

ra·sen <rast, raste, ist/hat gerast> *ohne OBJ* ■ *jmd./etwas rast* ❶ *(sein) sich schnell dahinbewegen:* Musst du hier so rasen?; Die Rennfahrer rasten an der Tribüne vorbei. ❷ *(sein) ein schnelles Tempo haben:* Der Puls/das Herz/die Uhr rast.; Die Zeit rast. ❸ *(haben) wüten; toben:* rasende Wut; Er hat vor Wut gerast; Du machst mich noch rasend!

ra·send *adj /nicht steig./* ❶ *sehr schnell:* in rasendem Tempo; in rasender Fahrt ❷ *sehr stark:* rasende Kopfschmerzen ❸ *(umg.) sehr:* Ich würde rasend gerne kommen, aber …

Ra·sen·mä·her *der* <-s, -> *ein Gerät zum Mähen von Rasenflächen*

Ra·sen·spren·ger *der* <-s, -> *eine Vorrichtung zum Bewässern von Rasenflächen*

Ra·ser *der,* **Ra·se·rin** <-s, -> *(umg. abwert.) jmd., der zu schnell Auto fährt*

Ra·se·rei *die* <-, -en> /kein Plur./ ❶ *(abwert.) das Schnellfahren:* Die Raserei kostet jährlich viele Menschenleben. ❷ *wildes Wüten:* sich in der Raserei selbst nicht mehr kennen; in Raserei geraten

Ra·sier- *als Erstglied zusammengesetzter Substantive; drückt aus, dass sich das mit dem Zweitglied Bezeichnete auf das Rasieren bezieht* ◆-balsam, -klinge, -laden, -messer, -öl, -pinsel, -schaum, -seife, -shop, -spiegel, -utensilien, -wasser, -zubehör

Ra·sier·ap·pa·rat *der* <-(e)s, -e> ❶ *ein elektrisches Gerät zum Rasieren* ❷ *ein Gerät aus einem Stiel und einer Halterung für die Rasierklinge zur Nassrasur*

ra·sie·ren <rasierst, rasierte, hat rasiert> **I.** *mit OBJ* ■ *jmd. rasiert jmdn./etwas Barthaare oder Körperhaare mit einem Rasierapparat entfernen:* den Bart rasieren; den Kranken frisieren und rasieren **II.** *mit SICH* ■ *jmd. rasiert sich* sich morgens vor dem Spiegel/sich zweimal täglich rasieren; sich die Beine/sich unter den Achseln rasieren

Ra·sie·rer *der* <-s, -> *(umg.) elektrischer Rasierapparat*

Ra·sier·zeug *das* <-s> /kein Plur./ *alles, was man zum Rasieren braucht*

Rä·son *die* [rɛˈzɔŋ/rɛˈzõ:] <-> /kein Plur./ *(veralt. geh.) Vernunft; Einsicht:* endlich zur Räson kommen; jemanden zur Räson bringen; jemandem Räson beibringen

Ras·pel *die* <-, -n> ❶ KOCH. *ein Gerät zum Reiben:* eine Raspel für den Käse ❷ TECHN. *grobe Feile:* das Holz mit einer Raspel bearbeiten

ras·peln <raspelst, raspelte, hat geraspelt> *mit OBJ* ■ *jmd. raspelt etwas* ❶ KOCH. *mit einer Raspel¹ zu kleinen Stücken reiben* ❷ TECHN. *mit einer groben Feile bearbeiten:* Holz raspeln

raß, *a.* **räß** *adj* SÜDDT., SCHWEIZ. ❶ *(von Speisen) scharf gewürzt; beißend* ❷ *(von Personen) resolut, kratzbürstig, unfreundlich*

Ras·se *die* <-, -n> ❶ *eine der großen Gruppen, in die man Menschen u.a. nach ihrer Hautfarbe, ihrer Körper-, Kopf- und Gesichtsform einteilt:* die gelbe/rote/schwarze/weiße Rasse ❷ *(durch Züchtung entstandene) Tiere mit gemeinsamen Merkmalen, die sie von anderen derselben Art unterscheiden:* ein Hund/eine Katze/ein Rind von einer bestimmten Rasse ◆Tier- ❸ *(geh.) ausgeprägter Charakter; Temperament:* ein Wein mit Rasse; die Frau hat Rasse; ■ **die menschliche Rasse** *die Menschen (im Unterschied zu den Tieren)*

Ras·se·hund *der* <-s, -e> *ein reinrassiger Hund*

Ras·sel *die* <-, -n> *ein einfaches Musikinstrument, das durch Schütteln Töne erzeugt*

Ras·sel·ban·de *die* <-, -n> *(umg.) eine Schar lärmender Kinder*

ras·seln <rasselst, rasselte, hat/ist gerasselt> *ohne OBJ* ❶ ■ *jmd. rasselt (haben) eine Rassel schütteln* ❷ ■ *jmd./etwas rasselt (haben) ein rasselndes Geräusch machen:* mit den Schlüsseln rasseln ❸ ■ *jmd. rasselt durch etwas* Akk. *(umg.: ≈ durchfallen, sein) nicht bestehen:* durch eine Prüfung rasseln

Ras·sen·dis·kri·mi·nie·rung *die* <-> /kein Plur./ *die Benachteiligung oder Herabsetzung von Menschen aufgrund von deren Zugehörigkeit zu einer bestimmten Rasse¹*

Ras·sen·hass *der* <-es> /kein Plur./ *Hass gegen Menschen, die einer bestimmten Rasse¹ angehören*

Ras·sen·ideo·lo·gie *die* <-, -n> *die Ideologie, durch die Rassendiskriminierung gerechtfertigt werden soll*

Ras·sen·kra·wall *der* <-s, -e> *(gewalttätige) Aktionen, durch die Menschen, die unter Rassendiskriminierung leiden, ihren Protest ausdrücken*

Ras·sen·tren·nung *die* <-> /kein Plur./ *Trennung und Ungleichbehandlung von Menschen verschiedener Rassen¹ im öffentlichen Leben und bei der Rechtsprechung*

Ras·sen·un·ru·hen *die* <-> Plur. POL. *(gewaltsames) politisches Protestieren von Gruppen, die durch Rassendiskriminierung oder -trennung benachteiligt sind*

Ras·sen·wahn *der* <-s> /kein Plur./ *(abwert.) die zum Wahn gesteigerte Überzeugung, dass die eigene Rasse anderen Rassen überlegen sei*

ras·sig *adj* ❶ *voller Temperament:* eine rassige Frau; ein rassiger Jüngling ❷ *schnell und schön:* ein rassiges Auto ❸ *edel und kostbar:* ein rassiges Pferd

ras·sisch *adj /nicht steig./* *eine Rasse¹, ²betreffend oder zu ihr gehörend:* rassische Merkmale/Unterschiede/Vorurteile

Ras·sis·mus *der* <-> /kein Plur./ *die Ansicht,*

dass Menschen einer bestimmten Rasse[1] weniger wert sind als andere, und dass ihre politische und soziale Unterdrückung deshalb gerechtfertigt ist **Ras·sist** *der;* **Ras·sis·tin** <-en, -en> *Person mit rassistischen Ansichten*

ras·sis·tisch *adj /nicht steig./ von der Ansicht geprägt, dass Menschen einer bestimmten Rasse[1] weniger wert sind als andere:* eine Straftat mit rassistischem Hintergrund

Rast *die* <-, -en> /Plur. selten/ *eine (kurze) Erholungspause während einer körperlichen Aktivität:* bei der Arbeit/der Bergtour/der Radtour/ der Wanderung eine Rast einlegen; kurz Rast machen

ras·ten <rastest, rastete, hat gerastet> *ohne OBJ* ■ *jmd. rastet eine Erholungspause machen:* auf einer Wiese für eine halbe Stunde rasten; bei der Arbeit nicht rasten (noch ruhen); ■**Wer rastet, der rostet** *(Sprichwort) wenn man etwas zu lange nicht gemacht hat, kommt man aus der Übung*

Ras·ter *das* <-s, -> ❶TV, TECHN. *ein System von sehr schmalen Streifen oder sehr kleinen Punkten, aus denen sich ein (Fernseh-)Bild zusammensetzt* ◆-mikroskop ❷DRUCKW. *eine Platte mit einem feinen Netz von Linien, die man benutzt, um ein Bild in viele einzelne Punkte zu zerlegen* ❸*(geh. übertr.) ein bestimmtes, festes Denkmuster:* das Erlebte in ein Raster einzuordnen versuchen; Der Künstler passt mit seinen Werken in kein bestimmtes Raster.

Ras·ter·fahn·dung *die* <-, -en> *eine Fahndungsmethode der Polizei, bei der mit Hilfe von EDV ein größerer Personenkreis mit bestimmten Merkmalen untersucht wird*

Rast·hof *der* <-(e)s, Rasthöfe> *Gasthaus (an Autobahnen)*

rast·los *adj /nicht steig./* ❶*ohne Ruhepause:* rastlos arbeiten/suchen ❷*(↔ beständig) (innerlich) unruhig, unstet:* ein rastloser Mensch, der nie Ruhe findet; ein rastloses Leben führen

Rast·lo·sig·keit *die* <-> /kein Plur./ *(↔ Beständigkeit) (innere) Ruhelosigkeit:* ein Leben voller Rastlosigkeit

Rast·platz *der* <-es, Rastplätze> ❶*ein Parkplatz am Rand einer Autobahn, wo man Rast machen kann* ❷*ein Platz im Freien, den man sich sucht, um Rast zu machen*

Rast·stät·te *die* <-, -n> *Gasthaus an Autobahnen:* an einer Raststätte halten

Ra·sur *die* <-, -en> *der Vorgang des Rasierens* ◆Nass-, Trocken-

Rat *der* <-(e)s, Räte> ❶/kein Plur./ *Meinungsäußerung, die in einer Empfehlung besteht:* Darf ich dir einen Rat geben?; auf einen guten Rat hören; einen Rat befolgen/einholen/missachten ❷/kein Plur./ *Ausweg aus einer schwierigen Lage:* sich keinen Rat wissen; Wer kann hier Rat schaffen? ❸*(gewählte, beratende) Versammlung, Gremium:* der Rat der Ältesten; der Rat der Stadt; der Europäische Rat ◆-ssitzung, -sversammlung, Gemeinde-, Stadt- ❹*eine (männliche) Person, die Mitglied in einem Rat[3] ist:* ■**mit Rat und Tat helfen** *mit allen zur Verfügung stehenden Mitteln helfen;* ■**mit sich zu Rate gehen** *sich etwas gründlich überlegen;* ■**Rat schaffen** *einen Aus-*

weg aus einer Schwierigkeit finden; ■**der Rat der Weisen** *eine Gruppe von Wirtschaftsexperten, die Prognosen über die wirtschaftspolitische Entwicklung geben* ◆Land-, Ministerial-, Stadt- ◆Getrennt- oder Zusammenschreibung →R 4.16 sich Rat suchend an jemanden wenden; Die Rat Suchenden/Ratsuchenden können sich an unsere Auskunftsstelle wenden.; ◆Getrennt- oder Zusammenschreibung →R 4.20 Experten zu Rate/zurate ziehen; *siehe auch* **zurate**

Ra·ta·touille *die/das* [rata'tuj] <-/-s, -s> KOCH. *ein französisches Gemüsegericht aus Auberginen, Paprika, Tomaten und anderen Zutaten*

Ra·te *die* <-, -n> ❶WIRTSCH. *einer der vereinbarten Geldbeträge, mit denen man bei Ratenzahlung einen Teil der Gesamtsumme bezahlt:* etwas auf Raten kaufen; etwas in Raten zahlen ❷*das Verhältnis zwischen zwei statistischen Größen, das die Häufigkeit von bestimmten Ereignissen bestimmt* ◆Geburten-, Produktions-, Sterbe- ❸*festgelegter Preis für einen Transport* ◆Schiffs-

Rä·te·de·mo·kra·tie *die* <-, -n> POL., GESCH. *(↔ repräsentative Demokratie) die Regierungsform, bei der direkt gewählte Gremien (Räte) die Macht haben und es keine parlamentarische Kontrolle gibt*

ra·ten <rätst, riet, hat geraten> I. *ohne OBJ* ■ *jmd. rät jmdm. (zu etwas Dat.) eine Empfehlung geben:* jmdm. zur Besonnenheit/Vorsicht raten; Er hatte ihr geraten, das nicht zu tun. ◆ab-, be-, zu- II. *mit OBJ* ■ *jmd. rät (etwas) versuchen, ohne genaue Kenntnisse die richtige Antwort auf eine Frage zu finden:* Er hat ihr Alter gleich geraten.; Rätsel raten; Rate mal, wer eben angerufen hat!; Ich weiß es nicht, ich kann nur raten.; Richtig/Falsch geraten!; ■ **jemandem ist nicht zu raten** *(umg.) jmd. nimmt keinen Rat an;* ■**jemand weiß sich nicht zu raten** *(umg.) jmd. ist ratlos* ◆er-

Ra·ten·ge·schäft *das* <-(e)s, -e> WIRTSCH. *ein Geschäft, bei dem Ratenkauf vereinbart wurde*

Ra·ten·kauf *der* <-(e)s, Ratenkäufe> WIRTSCH. *(≈ Teilzahlungskauf) Kauf auf Teilzahlung*

ra·ten·wei·se *adj /nicht steig./ in Raten[1]*

Ra·ten·zah·lung *die* <-, -en> WIRTSCH. ❶*Zahlung einer Rate:* mit den Ratenzahlungen im Rückstand sein ❷/kein Plur./ *Zahlung einer Summe in Teilbeträgen:* etwas auf Ratenzahlung kaufen

Ra·te·spiel *das* <-s, -e> *ein Spiel, bei dem etwas geraten werden muss*

Rä·te·sys·tem *das* <-s, -e> POL., GESCH. *(≈ Rätedemokratie)*

Rat·ge·ber *der;* **Rat·ge·be·rin** <-s, -> ❶*ein Nachschlagewerk:* einen Ratgeber für gesunde Ernährung herausgeben ❷*(≈ Berater) jmd., der jmdm. (fachliche) Empfehlungen geben kann:* sich einen kompetenten Ratgeber für etwas suchen; Er war ein guter Ratgeber in dieser Angelegenheit.

Rat·haus *das* <-es, Rathäuser> *der Amtssitz eines Bürgermeisters und Sitz der Stadtverwaltung*

Ra·ti·fi·ka·ti·on *die* <-, -en> POL. *rechtskräftige Bestätigung eines völkerrechtlichen Vertrags durch die Unterschrift eines Staatsoberhaupts*

ra·ti·fi·zie·ren <ratifizierst, ratifizierte, hat ratifiziert> *mit OBJ* ■ *jmd. ratifiziert etwas* einen

R

völkerrechtlichen Vertrag rechtskräftig und verbindlich machen: ein Friedensabkommen ratifizieren ▸ Ratifizierung

Rä·tin die <-, -nen> eine Frau, die Mitglied in einem Rat[3] ist ◆ Betriebs-, Stadt-

Ra·ti·on die [ra'tsi̯oːn] <-, -en> (≈ Anteil) die jmdm. zugeteilte Menge von etwas (besonders Nahrungsmittel): die tägliche Ration an Nahrungsmitteln; ■ **die eiserne Ration** (umg.) Proviant (eines Soldaten), der für den Notfall aufbewahrt werden muss ◆ Brot-, Milch-, Tages-, Wasser-

ra·ti·o·nal [ratsi̯oˈnaːl] adj (geh.: ≈ vernunftgemäß, vernünftig ↔ emotional) von der Vernunft gesteuert: rational denken; rational an eine Sache herangehen; ■ **rationale Zahlen** Zahlen, die sich durch Brüche ganzer Zahlen ausdrücken lassen

ra·ti·o·na·li·sie·ren [ratsi̯onaliˈziːrən] <rationalisierst, rationalisierte, hat rationalisiert> mit OBJ ❶ WIRTSCH. ■ **jmd. rationalisiert etwas** zweckmäßiger und effektiver gestalten: die Arbeit rationalisieren ❷ PSYCH. einen Vorgang oder ein Erleben so erklären, dass die eigentlichen Gefühlsinhalte dabei übergangen werden

Ra·ti·o·na·li·sie·rung die [ratsi̯onaliˈziːrʊŋ] <-, -en> das Rationalisieren[1, 2] ◆-seffekt, -smaßnahme

Ra·ti·o·na·lis·mus der [ratsi̯onaˈlɪsmʊs] <-> /kein Plur./ ❶ PHILOS. die Lehre, die nur vernunftgeleitetes Denken als Quelle von Erkenntnis ansieht ❷ eine Haltung, die durch Rationalismus[1] geprägt ist ▸ Rationalist, rationalistisch

Ra·ti·o·na·li·tät die [ratsi̯onaliˈtɛːt] <-> /kein Plur./ ❶ (geh.) Verhalten und Denken, das von Vernunft gekennzeichnet ist ❷ MATH. die Eigenschaft von Zahlen, sich als Bruch darstellen zu lassen

ra·ti·o·nell [ratsi̯oˈnɛl] adj (≈ effektiv, zweckmäßig) mit einem guten Verhältnis zwischen eingesetzter Arbeit oder Kosten und dem Resultat oder Nutzen: rationell arbeiten; seine Mittel rationell einsetzen

ra·ti·o·nie·ren [ratsi̯oˈniːrən] <rationierst, rationierte, hat rationiert> mit OBJ ■ **jmd. rationiert etwas** jedem Mitglied einer bestimmten Gruppe nur eine festgelegte Menge von etwas abgeben oder zuteilen: das Benzin/das Brot rationieren; Aufgrund der wirtschaftlichen Notlage wurden im Land die Lebensmittel rationiert.

Ra·ti·o·nie·rung die [ratsi̯oˈniːrʊŋ] <-, -en> die beschränkte Abgabe oder Zuteilung festgelegter Mengen von etwas: die Rationierung von Wasser bei großer Trockenheit

rat·los adj /nicht steig./ ohne Vorstellung darüber, wie man ein bestimmtes Problem lösen kann: in einer Sache völlig ratlos sein ▸ Ratlosigkeit

Rä·to·ro·ma·ni·sche das <-n> /kein Plur./ die Sprache, die in einem Teil der Schweiz gesprochen wird und sich aus dem Italienischen und dem Französischen zusammensetzt

rat·sam adj /nicht steig./ (≈ empfehlenswert) nützlich, sinnvoll: Er hielt es für ratsam/ratsamer, ab sofort zu schweigen.

Rat·sche, a. **Rät·sche** die <-, -n> ❶ ein Gerät zum Erzeugen von Geräuschen, bei dem ein nur

an einem Ende befestigter Holzstreifen an einem feststehenden Zahnrad vorbeigezogen wird und so in Schwingung gerät ❷ TECHN. ein Zahnkranz mit ein- und ausklinkbarer Sperrvorrichtung, z. B. bei einer Handbremse von Kraftwagen

rat·schen, a. **rät·schen** <ratscht, ratschte, hat geratscht> ohne OBJ ■ **jmd. ratscht** (umg.) SÜDDT. schwatzen: mit jmdm. ratschen

Rat·schlag der <-(e)s, Ratschläge> ein zu einem bestimmten Problem gegebener Rat[1]

rat·schla·gen <ratschlagst, ratschlagte, hat geratschlagt> ohne OBJ ■ **jmd. ratschlagt** (veralt.) sich miteinander beraten: Wir ratschlagen gerade darüber, welches Geschenk wir kaufen wollen.

Rat·schluss der <-es, Ratschlüsse> (geh.) göttlicher Wille oder göttlicher Beschluss: der ewige Ratschluss Gottes

Rät·sel das <-s, -> ❶ eine spielerische (manchmal schwierige) Denkaufgabe, bei der jmd. eine Lösung finden oder erraten muss: ein Rätsel aufgeben; ein Rätsel lösen ◆ Kreuzwort-, Silben- ❷ etwas Unverständliches oder Geheimnisvolles: Sie ist für mich ein Rätsel.; Es ist ein Rätsel, wie sie das geschafft haben.; Die Wissenschaftler stehen vor einem Rätsel.; ■ **jemandem Rätsel aufgeben** unverständlich sein Ihr Verhalten gibt uns Rätsel auf.; ■ **in Rätseln sprechen** (umg.) Unverständliches sagen Du sprichst in Rätseln!; ■ **vor einem Rätsel stehen** etwas nicht begreifen können Wie konnte das geschehen? Wir stehen vor einem Rätsel! ◆ Getrenntschreibung →R 4.8 Wollen wir ein wenig Rätsel raten?; ◆ Zusammenschreibung →R 4.1 Das Rätselraten hat Spaß gemacht.

rät·sel·haft adj ❶ geheimnisvoll: eine rätselhafte Geschichte; unter rätselhaften Umständen verschwinden ❷ (umg.) unverständlich: Es ist mir rätselhaft, wie ich das machen soll.

Rät·sel·ra·ten das <-s> /kein Plur./ ❶ das Lösen von Rätseln: Die Kinder beschäftigen sich mit Rätselraten. ❷ (umg.) vergeblicher Versuch, etwas herauszufinden: Nach der Wahl herrschte in der Partei großes Rätselraten, wie es zu dem schlechten Wahlergebnis kommen konnte.

Rats·herr der, **Rats·her·rin** <-n, -en> (veralt.) Mitglied eines Stadtrates

Rats·kel·ler der <-s, -> Gaststätte im Untergeschoss eines Rathauses

rat·su·chend, a. **Rat su·chend** adj /nicht steig./ so, dass jmd. einen Rat[1] oder Hinweis bekommen möchte: Er stand vor dem Bahnhof und schaute ratsuchend/Rat suchend um sich.

Rat·tan das ['ratan] <-s, -e> (≈ Peddigrohr) ein Rohr aus den Stängeln bestimmter Palmen, das für Korbwaren verwendet wird

Rat·te die <-, -n> ein großes Nagetier mit langem Schwanz, das wie eine Maus aussieht ◆-nfalle, -ngift

Rat·ten·fän·ger der <-s, -> ❶ ein Hund, der besonders gut für den Rattenfang geeignet ist ❷ GESCH. die sagenhafte Gestalt eines Mannes, der in der Stadt Hameln aufgetreten sein soll und mit seinem Flötenspiel zuerst alle Ratten, dann alle Kinder der Stadt anlockte ❸ (übertr.) jmd., der die Fähigkeit hat, andere zu ihrem Nachteil in etwas hineinzulocken: Hör' nicht auf diesen Rattenfänger!

Rat·ten·schwanz *der* <-(e)s, Rattenschwänze> *(umg.)* eine Reihe von mehreren unangenehmen Konsequenzen: Aus diesem Missverständnis folgte ein Rattenschwanz von Problemen.

rat·tern <ratterst, ratterte, hat/ist gerattert> *ohne OBJ* ■ **etwas rattert** ❶ *(haben)* (≈ klappern) *das Geräusch verursachen, das man hört, wenn Gegenstände (aus Metall) gegeneinanderschlagen:* Der Auspuff rattert. ❷ *(sein) sich mit einem ratternden Geräusch bewegen:* Das alte Auto ist über die Kreuzung gerattert.; Der Zug rattert über die Gleise.

rat·ze·kahl *adj /nicht steig./ (umg.)* völlig kahl: den Kopf ratzekahl scheren

rau <rau, rauer, am rau(e)sten> *adj* ❶ (↔ glatt) *mit einer Oberfläche, die nicht glatt ist:* Die Haut fühlt sich rau an. ❷ *(Wetter) durch Kälte, Wind und viel Regen gekennzeichnet:* ein raues Klima; der raue Winter im Gebirge ❸ (≈ heiser) *eine raue Stimme* ❹ *nicht sehr freundlich:* ein rauer Ton; jemandem einen rauen Empfang bereiten

Raub *der* <-(e)s, -e> */Plur. selten/* ❶ *die Handlung des Raubens:* einen Raub begehen; wegen Raubes verurteilt weden; der Raub der Kunstschätze; ein spektakulärer Raub in der Kriminalgeschichte ◆-überfall ❷ (≈ Beute) *geraubte Gegenstände:* seinen Raub gut verstecken; Der Fuchs schleppte seinen Raub in den Bau.; ■ **ein Raub der Flammen werden** *(geh.)* verbrennen

Raub·bau *der* <-(e)s> */kein Plur./* (≈ Ausbeutung) *rücksichtslose (wirtschaftliche) Nutzung von etwas, wodurch Schäden erzeugt werden:* der Raubbau an der Natur; ■ **Raubbau mit der Gesundheit treiben** *sich zu sehr anstrengen, zu viel arbeiten o. Ä. und dadurch seiner Gesundheit Schaden zufügen*

Raub·druck *der* <-(e)s, -e> DRUCKW. *Abdrucken eines Textes unter Verletzung der Urheberrechte*

rau·ben <raubst, raubte, hat geraubt> **I.** *mit OBJ* ■ **jmd./ein Tier raubt jmdn./etwas** ❶ *gewaltsam aneignen:* Das Bild ist geraubt worden.; Ihm wurde die Tasche mit allen Papieren geraubt.; Die Erpresser hatten zwei Kinder geraubt.; Der Fuchs hat ein Kaninchen geraubt. ❷ ■ **jmd./etwas raubt jmdm. etwas** *entziehen:* Das raubt mir den Schlaf (≈ bewirkt, dass ich nicht schlafen kann).; Er raubt ihr den letzten Nerv (≈ ist ihr so lästig, dass sie nervös wird). **II.** *ohne OBJ* ■ **jmd./ein Tier raubt** *jmd. oder ein Tier betätigt sich als Räuber:* Die Feinde raubten und plünderten.

Räu·ber *der*, **Räu·be·rin** <-s, -> ❶ *Person, die raubt:* Die bewaffneten Räuber drangen in die Bank ein. ◆-bande ❷ *(umg. abwert.) jmd., der zu viel Geld für etwas verlangt* ❸ BIOL. (≈ Raubtier) Der Fuchs ist ein Räuber.; Die Elster ist eine Räuberin, sie raubt fremde Vogelnester aus.; ■ **unter die Räuber fallen** *an jmdn. geraten, der viel zu viel Geld für seine Waren oder Dienste nimmt* In diesem Lokal kommt man sich vor, als wäre man unter die Räuber gefallen.

Räu·ber·ge·schich·te *die* <-, -n> ❶ *eine Geschichte, die von Räubern handelt* ❷ *eine aufge-*gende, spannende Geschichte, die jmd. als wahre Geschichte erzählt, die man aber für unglaubwürdig hält

Räu·ber·höh·le *die* <-, -n> *(umg.)* ein Zimmer, das sehr unordentlich ist: Das Kinderzimmer ist schon wieder eine richtige Räuberhöhle.

räu·be·risch *adj /nicht steig./* ❶ *in der Art eines Raubes [1]:* räuberische Erpressung ❷ BIOL. *so, dass es wie ein Raubtier lebt:* räuberische Lebensweise; räuberisch lebende/sich räuberisch ernährende Fische

Raub·gier *die* <-> */kein Plur./* *die Gier, etwas durch Raub in seinen Besitz zu bringen* ▸ raubgierig

Raub·kat·ze *die* <-, -n> *ein Raubtier aus der Familie der Katzen*

Raub·ko·pie *die* <-, -n> *das Kopieren einer Veröffentlichung unter Verletzung der Urheberrechte:* Raubkopien von CDs/Computerprogrammen/ Videokassetten

raub·ko·pie·ren <raubkopierst, raubkopierte, hat raubkopiert> *mit OBJ* ■ **jmd. raubkopiert etwas** *eine Veröffentlichung unter Verletzung der Urheberrechte kopieren:* eine CD raubkopieren; ein raubkopiertes Computerspiel

Raub·mord *der* <-(e)s, -e> RECHTSW. *ein Verbrechen, bei dem jmd. beraubt und dann ermordet wird* ▸ Raubmörder, Raubmörderin

Raub·pres·sung *die* <-, -en> *eine Raubkopie einer Schallplattenaufnahme*

Raub·rit·ter *der* <-s, -> GESCH. *ein verarmter Ritter im Mittelalter, der Straßenraub beging*

Raub·tier *das* <-(e)s, -e> *ein Tier, das stark entwickelte Eckzähne und meist scharfe Reißzähne hat und sich zumeist vom Fleisch anderer Tiere ernährt*

Raub·vo·gel *der* <-s, Raubvögel> *ein Vogel, der sich vom Fleisch anderer Tiere ernährt*

Rauch *der* <-(e)s> */kein Plur./* *von einem brennenden Stoff aufsteigende Wolke aus Gasen sowie Ruß- und Ascheteilchen:* beißender/schwarzer/ weißer Rauch; Vom Feuer steigt Rauch auf.; den Rauch einer Zigarette einatmen; ■ **sich in Rauch auflösen** *(umg.) plötzlich nicht mehr da sein* ◆-abzug, -bombe, -vergiftung, -wolke

Rauch·be·läs·ti·gung *die* <-, -en> *Belästigung durch Rauch (von Zigaretten)*

rau·chen <rauchst, rauchte, hat geraucht> **I.** *mit OBJ/ohne OBJ* ■ **jmd. raucht (etwas)** *den Rauch von brennendem Tabak einatmen:* Pfeife/dreißig Zigaretten pro Tag/Zigarren/Zigarillos rauchen; sich das Rauchen (von Zigaretten) abgewöhnen; Rauchst du? **II.** *ohne OBJ* ■ **etwas raucht** *Rauch ausstoßen:* Die Asche/Der Schornstein/Der Vulkan raucht. **III.** *mit ES* ■ **es raucht** *etwas lässt Rauch aufsteigen:* Dort raucht es, vielleicht brennt dort ein Haus?; ■ **passiv rauchen** *den Rauch von Zigaretten einatmen, die andere rauchen;* ■ **mir raucht der Kopf** *(umg.) verwendet, um auszudrücken, dass man die Anstrengung intensiver geistiger Arbeit im Kopf spürt;* ■ **etwas tun, dass es nur so raucht** *(umg.) etwas sehr schnell, mit ganzer Kraft tun;* ■ **die Friedenspfeife rauchen** *(umg.) einen Streit gütlich beilegen*

R

Rauch·ent·wick·lung die <-, -en> das Entstehen von Rauch: Der Müll verbrannte unter starker Rauchentwicklung.

Rau·cher der; **Rau·che·rin** <-s, -> ❶ jmd., der (regelmäßig) raucht I: ein gelegentlicher/starker Raucher; sich als Raucher einem gesundheitlichen Risiko aussetzen; In unserer Abteilung gibt es fast keine Raucher mehr. ❷ kurz für „Raucherabteil"

Räu·cher·aal der <-s, -e> geräucherter Aal

Rau·cher·ab·teil das <-(e)s, -e> (↔ Nichtraucherabteil) ein Zugabteil, in dem Tabak geraucht werden darf

Rau·cher·bein das <-(e)s, -e> MED. durch das Rauchen von Tabak hervorgerufene Gefäßerkrankung im Bein

Rau·cher·ecke die <-, -n> bestimmter Teil eines Raumes oder eines Platzes, wo geraucht werden darf

Rau·cher·hus·ten der <-s> /kein Plur./ MED. durch starkes Rauchen von Tabak hervorgerufener chronischer Husten

Räu·cher·lachs der <-es, -e> geräucherter Lachs

räu·chern <räucherst, räucherte, hat geräuchert> I. mit OBJ ■ jmd. räuchert etwas Lebensmittel mit Rauch behandeln und dadurch haltbar machen: geräucherter Käse/Lachs/Schinken/Speck II. ohne OBJ ■ jmd. räuchert Stoffe abbrennen, um einen (angenehmen) Duft zu verbreiten: mit Weihrauch räuchern

Räu·cher·speck der <-s> /kein Plur./ geräucherter Speck

Räu·cher·stäb·chen das <-s, -> zu Stäbchen geformte aromatische Stoffe, die man verbrennt, um einen (angenehmen) Duft zu verbreiten

Rauch·fang der <-s, ...-fänge> ÖSTERR. Kamin, Schornstein ◆-kehrer, -kehrerin

Rauch·fleisch das <-(e)s> /kein Plur./ durch Räuchern haltbar gemachtes Fleisch

rauch·frei adj /nicht steig./ so, dass irgendwo nicht geraucht werden darf: eine rauchfreie Zone im Restaurant/auf dem Bahnsteig

R **Rauch·gas** das <-es, -e> /meist Plur./ mit Ruß vermischte Abgase

Rauch·gas·ent·schwe·fe·lung die <-> /kein Plur./ TECHN. das Herausfiltern von Schwefel aus industriellen Abgasen

Rauch·glas das <-es> /kein Plur./ eine Art von Glas, das dunkel und getrübt aussieht

Rauch·glo·cke die <-, -n> eine sichtbare Schicht von Dunst und Rauch über einer Großstadt

rau·chig adj ❶ von Rauch erfüllt: die rauchige Luft in einer Kneipe ❷ (als Stimme) tief und rau: die rauchige Stimme einer Jazzsängerin ❸ wie Rauch (schmeckend): rauchiger Whisky

Rauch·mel·der der <-s, -> ein Gerät, das auf Rauch in der Luft reagiert und ein Alarmsignal abgibt

Rauch·säu·le die <-, -n> senkrecht aufsteigender Rauch

Rauch·si·g·nal das <-s, -e> ein Signal, das jmd. gibt, indem er ein Feuer anzündet, so dass der Rauch weithin sichtbar ist: Der Schiffbrüchige gab Rauchsignale.

Rauch·ver·bot das <-(e)s, -e> Verbot, an einem Ort Tabak zu rauchen

Rauch·ver·zeh·rer der <-s, -> ein Gerät, das Tabakrauch aufsaugen und damit die Luft im Zimmer verbessern soll

Rauch·wa·ren <-> Plur. ❶ Tabakwaren ❷ Pelzwaren

Rauch·zei·chen das <-s, -> (≈ Rauchsignal)

Räu·de die <-, -en> eine mit Haarausfall verbundene Krankheit bei Haustieren

räu·dig adj /nicht steig./ an der Räude erkrankt: ein räudiger Hund

rauf adv kurz für „herauf" oder „hinauf"

Rau·fa·ser·ta·pe·te die <-, -n> eine Tapete mit rauer Oberfläche, die man mit Wandfarbe überstreicht

Rauf·bold der <-s, -e> (umg. abwert.) jmd., der oft rauft

rau·fen <raufst, raufte, hat gerauft> I. mit OBJ ■ jmd. rauft etwas abreißen, rupfen: Flachs raufen II. mit SICH ■ jmd. rauft sich mit jmdm. (um etwas Akk.) (ohne böse Absicht zum Spaß) miteinander kämpfen: Sie rauften sich um ein Stück Kuchen.; ■ sich die Haare raufen als ein Ausdruck von Ärger und/oder Ungeduld an seinen eigenen Haaren reißen Ich könnte mir die Haare raufen, dass ich ihm geglaubt habe: Jetzt hat er mich betrogen.

Rau·fe·rei die <-, -en> eine Prügelei, die (meist zum Spaß) aus einem kleinen Streit entsteht: Auf der Wiese kam es zu einer kleinen Rauferei zwischen den Klassenkameraden.

rau·haa·rig adj /nicht steig./ (als Haar von Tieren) hart und kraus

Rau·heit die <-> /kein Plur./ die Tatsache, dass etwas rau ist: die Rauheit der Oberfläche; die Rauheit ihrer Stimme; die Rauheit des Klimas

Raum der <-(e)s, Räume> ❶ /kein Plur./ ASTRON. kurz für „Weltraum": den erdnahen Raum erkunden; ein mehrstündiger Aufenthalt im Raum; die Erde vom Raum aus betrachten ❷ (≈ Zimmer) eine Wohnung mit drei Räumen; einen separaten Raum zum Arbeiten haben ◆-akustik, -klima, Arbeits-, Büro-, Geschäfts-, Schlaf-, Wohn- ❸ /Plur. selten/ Gebiet: im Kölner Raum wohnen; den Raum Berlin weiträumig umfahren ◆Alpen-, Mittelmeer- ❹ MATH., PHYS. eine Ausdehnung, die nach Länge, Breite und Höhe strukturiert wird: ein luftleerer/ mit einem Gas gefüllter Raum; die Größe eine Raumes berechnen; sich in Raum und Zeit bewegen ❺ /kein Plur./ nutzbarer Platz: Raum für jemanden/etwas lassen; viel Raum beanspruchen; raumsparende Möbel; ■ Raum für etwas lassen (geh.) etwas erlauben; zulassen viel Raum für Vermutungen lassen; ■ etwas im Raum stehen lassen ein Problem zunächst ungelöst lassen; ■ einer Sache Raum geben Gelegenheit lassen, dass sich etwas entfalten kann ◆Getrennt- oder Zusammenschreibung →R 4.16 eine Raum sparende/raumsparende Lösung für kleine Wohnungen; ein noch raumsparenderes/das raumsparendste Modell

Raum·auf·tei·lung die <-, -en> ❶ die Art, wie die Räume² aufgeteilt sind: die Raumaufteilung in einer Wohnung ❷ die Art, wie ein zur Verfügung stehender Raum⁵ genutzt wird: eine schlechte Raumaufteilung in einem Heft

Raum·aus·stat·ter *der,* **Raum·aus·stat·te·rin** <-s, -> *jmd., der beruflich Räume mit Teppichen, Tapeten und Möbeln einrichtet*

Raum·bild *das* <-(e)s, -er> *ein Bild, das durch eine besondere Technik so hergestellt ist, dass es dreidimensional wirkt*

räu·men <räumst, räumte, hat geräumt> I. *mit OBJ* ❶◼ *jmd.* **räumt etwas (irgendwohin)** *etwas irgendwo wegnehmen und an eine andere Stelle legen:* die Bücher in den Schrank räumen; die Wäsche vom Tisch räumen ❷◼ *jmd.* **räumt etwas (einen Ort)** *verlassen:* die Plätze räumen; Die Arbeiter räumten die besetzte Fabrik.; Die Truppen räumten die Stadt. ❸◼ *jmd.* **räumt etwas** etwas (von etwas) frei machen: Die Polizei ließ das Haus räumen.; Die Unglücksstelle ist geräumt worden.; die Regale von Wintersachen räumen; Schnee räumen II. *ohne OBJ* ◼ *jmd.* **räumt** *aufräumen:* Ich muss in meinem Zimmer noch ein bisschen räumen.

Raum·fäh·re *die* <-, -n> (≈ Shuttle) *ein Raumfahrzeug in Form eines großen Flugzeugs, das (im Gegensatz zu einer Rakete) mehrfach verwendet werden kann:* die Besatzung der Kommandant/ die Landung/ der Start der Raumfähre

Raum·fah·rer *der,* **Raum·fah·re·rin** <-s, -> (≈ Astronaut) *jmd., der an Raumflügen teilnimmt*

Raum·fahrt *die* <-> /kein Plur./ *die Erkundung des Weltraums mit Raumschiffen und Satelliten:* die bemannte/unbemannte Raumfahrt; ein Pionier der Raumfahrt ◆-agentur, -behörde, -industrie, -ingenieur, -projekt, -technik, -unternehmen, -zeitalter

Raum·fahr·zeug *das* <-(e)s, -e> *ein Flugkörper für bemannte Raumflüge*

Räum·fahr·zeug *das* <-(e)s, -e> *ein Fahrzeug zum Räumen von Schnee*

Raum·flug *der* <-(e)s, Raumflüge> *die Erkundung des Weltraums mit bemannten Raumfahrzeugen*

Raum·for·schung *die* <-> /kein Plur./ *Erforschung des Weltalls* ▶ Raumforscher

Raum·in·halt *der* <-(e)s, -e> MATH., PHYS. *Inhalt eines Raumes⁴:* den Rauminhalt eines Quaders/ eines Kegels/ einer Kugel berechnen

Raum·kap·sel *die* <-, -n> *ein Weltraumfahrzeug mit ungefähr kegelförmiger Gestalt, das in der Spitze einer Rakete in den Weltraum transportiert wird und sich dort dann selbstständig bewegt:* Die Astronauten sind in der Raumkapsel sicher zur Erde zurückgekehrt.; die Besatzung/ die Flugbahn der Raumkapsel; der Wiedereintritt der Raumkapsel in die Erdatmosphäre

Raum·klang *der* <-s, Raumklänge> *der Eindruck, den man von dem Klang in einem Raum² hat*

Räum·kom·man·do *das* <-s, -s> *eine Gruppe von Arbeitern, die beauftragt sind, etwas zu räumen* I.3

Raum·leh·re *die* <-> /kein Plur./ (≈ Geometrie)

räum·lich *adj* /nicht steig./ ❶ *als Erscheinung des Raumes⁴ wahrnehmbar:* etwas räumlich darstellen; ein räumliches Bild vermitteln; das räumliche

Sehen; räumlich hören ❷ *den Raum⁵ betreffend:* räumlich beengt wohnen ❸ (≈ regional) *den Raum³ betreffend:* die räumliche Gliederung Deutschlands

Räum·lich·keit *die* <-, -en> /meist Plur./ Raum²: eine Gaststätte mit Räumlichkeiten für Feiern

Raum·man·gel *der* <-s> /kein Plur./ (≈ Platzmangel) *der Zustand, dass man zu wenig Raum⁵ hat*

Raum·ord·nung *die* <-, -en> *die Gesamtheit der Vorschriften über die Nutzung von Grund und Boden* ◆-spolitik

Raum·pfle·ger *der,* **Raum·pfle·ge·rin** <-s, -> *jmd., der beruflich Büro- oder Wohnräume reinigt*

Raum·pflug *der* <-(e)s, -Räumpflüge> *ein fahrbares Gerät, mit dem Straßen von Schnee und anderem geräumt werden können*

Raum·pla·nung *die* <-, -en> *die Planung über die Nutzung von Grund und Boden*

Raum·schiff *das* <-(e)s, -e> *ein Flugkörper für bemannte Raumflüge*

Raum·son·de *die* <-, -n> *Sonde zur Erkundung des Weltraums*

raum·spa·rend, *a.* **Raum spa·rend** *adj* /nicht steig./ (≈ platzsparend) *so, dass man Raum⁵ gewinnt*

Raum·sta·ti·on *die* <-, -en> *im Weltraum auf einer festen Umlaufbahn positioniert, ständig im Weltraum bleibende Station:* die sowjetische Raumstation MIR; die Raumstation ISS

Raum·tei·ler *der* <-s, -> *ein Möbelstück, mit dem man einen Wohnraum unterteilt*

Räu·mung *die* <-, -en> ❶ *das Räumen³:* die tägliche Räumung der Straßen von Schnee; die Räumung der Lager von Wintersachen ❷ *das Räumen²:* die Räumung einer Wohnung gerichtlich anordnen; Das Militär braucht zwei Wochen zur Räumung des Gebietes.

Räu·mungs·kla·ge *die* <-, -n> RECHTSW. *eine gerichtliche Klage, mit der der Vermieter erreichen will, dass der Mieter die Wohnung endgültig verlassen muss:* bei Gericht eine Räumungsklage einreichen

Räu·mungs·ver·kauf *der* <-(e)s, Räumungsverkäufe> WIRTSCH. *Verkauf von Waren zu reduzierten Preisen vor Aufgabe eines Geschäftes*

rau·nen <raunst, raunte, hat geraunt> *mit OBJ/ ohne OBJ* ◼ *jmd.* **raunt (etwas)** *mit gedämpfter Stimme sprechen:* Er raunte ihr etwas ins Ohr.; Sie raunte leise Worte.; Wenn du so raunst, verstehe ich nichts.

raun·zen <raunzt, raunzte, hat geraunzt> *ohne OBJ* ◼ *jmd.* **raunzt** ❶ ÖSTERR. *jammern, um etwas zu ertrotzen (von Kindern)* ❷ LANDSCH. *widersprechen, nörgeln* ❸ (umg.) *sich grob und laut äußern*

Rau·pe *die* <-, -n> ❶ BIOL. *ein Entwicklungsstadium des Schmetterlings:* Die Raupe verpuppt sich und wird zu einem Schmetterling. ❷ TECHN. Kettenfahrzeug ◆-nfahrzeug, -nschlepper

Rau·reif *der* <-(e)s> /kein Plur./ *Eiskristalle an Blättern und Zweigen*

raus *präp* (umg.: ≈ heraus, hinaus)

raus·be·kom·men (umg.: ≈ herausbekommen)

Rausch *der* <-(e)s, Räusche> ❶ *der Zustand, der sich durch den Genuss von (viel) Alkohol oder den*

R

Konsum von Drogen einstellt, in dem das Bewusstsein getrübt und die Wahrnehmung eingeschränkt ist und es oft zu einem euphorischen Hochgefühl kommt: seinen Rausch ausschlafen; sich einen Rausch antrinken; sich im Rausch befinden ❷ *eine große Erregung, in der man sich nicht unter Kontrolle hat:* Die Fans steigerten sich in einen (wahren) Rausch hinein.

rausch·arm adj /nicht steig./ TECHN. *so, dass die akustische Wiedergabe (zum Beispiel bei einem Tonband) möglichst wenig Nebengeräusche erzeugt*

rau·schen <rauschst, rauschte, hat/ist gerauscht> ohne OBJ ❶ ▪ *etwas rauscht (haben) das Geräusch von sich schnell bewegendem Wasser erzeugen bzw. von Blättern, die sich im Wind bewegen:* Der Bach/Das Meer/Der Wald rauscht. ❷ ▪ *etwas rauscht irgendwohin (sein) sich rauschend irgendwohin bewegen:* Das Wasser ist in die Schleuse/über die Straße gerauscht. ❸ ▪ *jmd. rauscht irgendwohin (umg.) (sein) so, dass sich jmd., ohne andere noch wahrzunehmen, bewegt:* Sie ist wütend aus dem Zimmer gerauscht.; Eingenommen von sich selbst rauschte er ohne Gruß an mir vorbei. ❹ ▪ *etwas rauscht Signale in informationsverarbeitenden elektronischen Anlagen werden beeinträchtigt* ❺ TECHN. *undifferenziertes Hintergrundgeräusch bei der Wiedergabe über Radio, Tonband und Fernsehen*

rausch·frei adj /nicht steig./ TECHN. *ohne Hintergrundrauschen:* eine rauschfreie Wiedergabe

Rausch·gift das <-(e)s, -e> *eine der illegalen Drogen, die in einen Rausch[1] versetzen:* Heroin und Kokain gehören zu den Rauschgiften, Alkohol nicht.

Rausch·gift·de·zer·nat das <-s, -e> *Polizeieinheit zur Bekämpfung von Kriminalität im Zusammenhang mit der Beschaffung und dem Missbrauch von Rauschgift*

Rausch·gift·han·del der <-s> /kein Plur./ *illegaler Handel mit Rauschgift* ▶ Rauschgifthändler, Rauschgifthändlerin

Rausch·gift·ring der <-s, -e> *eine Vereinigung von Rauschgifthändlern*

Rausch·gift·sucht die <-> /kein Plur./ *der krankhafte Zwang, regelmäßig Rauschgift nehmen zu müssen* ▪ rauschgiftsüchtig, Rauschgiftsüchtige

raus·ekeln <ekelst raus, ekelte raus, hat rausgeekelt> mit OBJ ▪ *jmd. ekelt jmdn. raus (umg. abwert.) jmdn. auf gemeine Weise dazu bringen, einen Ort oder eine Gemeinschaft zu verlassen:* jemanden aus einem Zimmer/aus einem Team rausekeln

raus·flie·gen <fliegst raus, flog raus, ist rausgeflogen> ohne OBJ ▪ *jmd. fliegt (irgendwo) raus (umg.) entlassen werden:* Er ist rausgeflogen – die Firma hat ihm fristlos gekündigt.; Die Schule hat sich geweigert, ihn länger als Schüler zu behalten – er ist einfach rausgeflogen.

raus·ge·ben (umg.: ≈ herausgeben II)

raus·gu·cken <guckst raus, guckte raus, hat rausgeguckt> ohne OBJ (umg.) ❶ ▪ *jmd. guckt raus hinaussehen:* Die Fenster waren so vereist, dass man nichts rausgucken konnte. ❷ ▪ *etwas*

guckt unter etwas Dat./aus etwas Dat. raus (hervorstehen, hervorstrecken) Er hatte den Hut nicht sehr tief in die Stirn gezogen – so guckten unter dem Hutrand seine Haare raus.

raus·kom·men (umg.: ≈ herauskommen)

raus·neh·men (umg.: ≈ herausnehmen)

räus·pern <räusperst, räusperte, hat geräuspert> mit SICH ▪ *jmd. räuspert sich durch Hüsteln die Kehle frei machen:* sich leise/verleen/vernehmlich räuspern

raus·rück·en (umg.: ≈ herausrücken)

raus·schmei·ßen <schmeißt raus, schmiss raus, hat rausgeschmissen> mit OBJ (umg.) ❶ ▪ *jmd. schmeißt jmdn. raus jmdn. mit Heftigkeit auffordern, etwas zu verlassen:* jemanden aus der Firma/dem Lokal/dem Zimmer rausschmeißen ❷ ▪ *jmd. schmeißt etwas raus nach draußen werfen:* Papier zum Fenster rausschmeißen

Raus·schmei·ßer der <-s, -> (umg.) *jmd., der unliebsame Gäste aus einem Lokal entfernt*

Rau·te die <-, -n> MATH. *ein Viereck mit zwei gleich langen parallelen Seiten, zwei stumpfen und zwei spitzen Innenwinkeln*

Rave der/das [re:v] <-(s), -s> *eine Tanzveranstaltung mit Technomusik*

Ra·ver der, **Ra·ve·rin** [re:vɐ] <-s, -> *Anhänger(in) von Technomusik*

Ra·vi·o·li <-> Plur. KOCH. *kleine gefüllte Teigtaschen*

Ra·y·on der [ra'jõ:] <-s, -s/-e> ❶ ÖSTERR., SCHWEIZ. *Bezirk, Dienstbereich* ❷ SCHWEIZ. *Abteilung eines Warenhauses*

Raz·zia die <-, Razzien/(-s)> *überraschende Kontrolle der Polizei vor Ort:* in einem Nachtklub eine Razzia machen

Rea·der der ['ri:dɐ] <-s, -> *zu einem bestimmten Thema zusammengestelltes Lesebuch*

Re·a·gens, a. **Re·a·genz** das <-/-es, Reagenzien> CHEM. *chemisch reagierender Stoff zur Bestimmung von Substanzen*

Re·a·genz·glas das <-es, Reagenzgläser> *langes zylindrisches Glasgefäß für chemische Versuche*

Re·a·genz·pa·pier das <-s, -e> CHEM. *mit einem Reagenz präparierter Papierstreifen zur Bestimmung (der Eigenschaften) von Substanzen*

re·a·gie·ren <reagierst, reagierte, hat reagiert> ohne OBJ ▪ *jmd./etwas reagiert irgendwie (auf jmdn./etwas)* ❶ *als Antwort auf irgendeinen Vorgang oder ein bestimmtes Verhalten an den Tag legen:* auf die Streiks mit Aussperrungen reagieren; Er schien auf ihre Worte kaum/nur mit Unverständnis zu reagieren.; Wie wollen wir auf die Einladung reagieren? ❷ *eine körperliche Veränderung auf einen Reiz zeigen:* Der Patient reagiert nicht mehr.; Die Pupillen reagieren auf Licht.; Die Patientin reagiert auf heiße und kalte Speisen. ❸ ▪ *etwas reagiert mit etwas Dat.* CHEM. *ein Stoff durchläuft durch Kontakt mit einem anderen Stoff einen chemischen Prozess:* Der Stickstoff mit dem Sauerstoff reagiert.; Die beiden Chemikalien reagieren nicht miteinander.

Re·ak·ti·on die [reak'tsi̯o:n] <-, -en> ❶ *das Reagieren[1]:* Was war seine Reaktion auf deine Bitte? ◆-sgeschwindigkeit , -skontrolle, -sweise ❷ *das*

Reagieren [2]*:* Der Patient zeigt keine Reaktionen mehr. ❸ CHEM. *das Reagieren* [3]*:* eine chemische Reaktion ❹ POL. *das Streben bestimmter politischer Gruppen, an veralteten politischen Strukturen festzuhalten*

re·ak·ti·o·när *adj* (≈ *rückschrittlich) zur Reaktion* [4] *gehörend*

Re·ak·ti·o·när *der*; **Re·ak·ti·o·nä·rin** <-s, -e> *jmd., der die Ziele der Reaktion* [4] *vertritt*

re·ak·ti·ons·fä·hig *adj /nicht steig./ fähig zu reagieren* [1, 2, 3]

Re·ak·tor *der* <-s, ...-toren> TECHN. ❶ (≈ *Atomreaktor, Kernreaktor) eine Anlage, in der mit Hilfe von radioaktivem Material elektrische Energie gewonnen wird* ◆-sicherheit, -unglück ❷ *eine Vorrichtung, in der eine physikalische oder chemische Reaktion abläuft*

re·al *adj* ❶ (↔ *fiktiv) wirklich vorhanden:* die reale Welt; eine reale Chance haben ❷ (≈ *realistisch) an den wirklichen Gegebenheiten orientiert:* seine Fähigkeiten real einschätzen ❸ WIRTSCH. (↔ *nominell) auf der tatsächlichen Kaufkraft des Geldes beruhend:* das reale Einkommen

Re·al·ein·kom·men *das* <-s, -> WIRTSCH. *Einkommen unter dem Aspekt der Kaufkraft:* ein gestiegenes Realeinkommen

Re·a·li·en *die* <-> *Plur. die wirklichen Dinge, die realen Fakten*

re·a·li·sier·bar *adj /nicht steig./ so, dass es verwirklicht werden kann:* ein realisierbarer Plan/ Vorschlag; Das Vorhaben ist nicht realisierbar.

re·a·li·sie·ren <realisierst, realisierte, hat realisiert> *mit OBJ* ■ *jmd. realisiert etwas* ❶ *(geh.) verwirklichen:* Absichten/einen Plan/ein Projekt realisieren ❷ WIRTSCH. *in Geld umwandeln:* einen Gewinn realisieren ❸ *sich bewusstmachen:* Er hat zu spät realisiert, dass er in Gefahr ist.; ein Problem/eine Tatsache realisieren

Re·a·li·sie·rung *die* <-, -en> */Plur. selten/ das Realisieren* [1, 2, 3]

Re·a·lis·mus *der* <-> */kein Plur./* ❶ *die Haltung, bei der Beurteilung von etwas nur die wirklichen Gegebenheiten als Maßstab zu benutzen:* Wir schätzen die Kompetenz und den Realismus dieses Mitarbeiters. ❷ KUNST, LIT. *eine Kunstrichtung in Malerei und Literatur* ❸ PHILOS. (↔ *Idealismus) das Denkmodell, nach dem angenommen wird, dass eine Wirklichkeit unabhängig von und außerhalb unseres Bewusstseins vorhanden ist*

Re·a·list *der*; **Re·a·lis·tin** <-en, -en> ❶ *eine Person, die nüchtern beurteilt und sich nur an Fakten orientiert:* Seien wir Realisten, der Bau wird sich wohl nicht verwirklichen lassen. ❷ KUNST, LIT., PHILOS. *jmd., der den Realismus* [2, 3] *vertritt*

Re·a·lis·tik *die* <-> */kein Plur./ realistische Art der Darstellung*

re·a·lis·tisch *adj* ❶ (≈ *wirklichkeitsnah) so, dass möglichst gut eine bestimmte Wirklichkeit abbildet:* eine realistische Schilderung des Alltags; Bei diesem realistischen Automodell sind selbst kleinste Details liebevoll ausgearbeitet. ❷ (≈ *sachlich und nüchtern) so, dass man sich nur an*

Fakten orientiert: etwas realistisch betrachten ❸ KUNST, LIT., PHILOS. *den Realismus* [2, 3] *betreffend*

Re·a·li·tät *die* <-, -en> ❶ */kein Plur./ Wirklichkeit:* die Realität im Gegensatz zur Fiktion; In der Realität ist manches anders, als man es sich erträumt hat. ❷ *Tatsache:* nicht die Augen vor den Realitäten verschließen ❸ */im Plur./* ÖSTERR. *Immobilien*

re·a·li·täts·fern *adj /nicht steig./* (↔ *realitätsnah) nicht an der Wirklichkeit orientiert:* realitätsferne Vorstellungen haben; ein realitätsferner Film

Re·a·li·täts·leug·nung *die* <-, -en> PSYCH. *der Vorgang, dass bestimmte bedeutsame, unangenehme Vorgänge oder Inhalte des Erlebens unbewusst geleugnet werden, so dass man nicht glaubt, dass sie real sind*

re·a·li·täts·nah *adj /nicht steig./* (↔ *realitätsfern) an der Wirklichkeit orientiert:* ein realitätsnahes Kunstwerk; realitätsnahe Vorschläge machen

Re·a·li·ty-TV *das* [ri'ɛliti ...] <-(s)> */kein Plur./ ein Fernsehprogramm, das wirkliche Ereignisse vor Ort filmt und live überträgt*

Re·al·le·xi·kon *das* <-s, Reallexika> (≈ *Sachwörterbuch) ältere Bezeichnung für ein Wörterbuch, das im Wesentlichen Stichwörter zu den Sachen in verschiedenen Fächern enthält*

Re·al·lohn *der* <-s, Reallöhne> WIRTSCH. (↔ *Nominallohn) die wirkliche Kaufkraft des Lohns*

Re·al·po·li·tik *die* <-> */kein Plur./* (↔ *Ideenpolitik) Politik, die sich an den realen Gegebenheiten orientiert und auf diese reagiert, aber keine eigenen Ideen formuliert*

Re·al·schu·le *die* <-, -n> (≈ *Mittelschule) eine weiterführende Schule, die praktisch und technisch ausgerichtet ist und nach der 10. Klasse abgeschlossen wird*

Re·al·so·zi·a·lis·mus *der* <-> */kein Plur./* POL. (↔ *utopischer Sozialismus) die Form des Sozialismus, in der die Partei die tatsächliche Herrschaft ausübt*

Re·be *die* <-, -n> ❶ (≈ *Weinstock) neue Reben pflanzen* ❷ (≈ *Weinranke) die Reben hängen voller Trauben*

Re·bell *der*; **Re·bel·lin** <-en, -en> ❶ POL. *eine Person, die gemeinsam mit anderen gegen ein bestehendes politisches System oder eine Regierung kämpft:* Die Armee der Rebellen steht kurz vor der Hauptstadt. ◆-nführer ❷ *jmd., der sich gegen etwas auflehnt:* In seiner Jugend war er ein Rebell gegen alles Althergebrachte.

re·bel·lie·ren <rebellierst, rebellierte, hat rebelliert> *ohne OBJ* ❶ ■ *jmd. rebelliert (gegen jmdn./etwas) sich (auch unter Anwendung von Gewalt) gegen jmdn. oder etwas auflehnen mit dem Versuch, etwas zu verändern:* gegen die Unterdrückung/der vorherrschende Lehrmeinung rebellieren ❷ ■ *etwas rebelliert (umg.) Probleme bereiten:* Bei zu vielen kalten Getränken kann leicht der Magen rebellieren.

Re·bel·li·on *die* <-, -en> *Aufstand; Auflehnung:* eine Rebellion gegen die Regierung; ihre Rebellion gegen das Elternhaus

re·bel·lisch *adj* ❶ *so, dass man sich gegen Bestehendes auflehnt und versucht, es zu verändern:*

R

rebellische Truppen; die rebellische Jugend ❷ *(umg. übertr.) unruhig, ungeduldig:* Die Wespen machen mich gerade richtig rebellisch.

Reb·huhn *das <-(e)s, Rebhühner> ein Hühnervogel*

Reb·stock *der <-(e)s, Rebstöcke> eine einzelne Pflanze von Wein¹:* Der Rebstock trägt gut/reichlich.

Re·chaud *der/das* [reˈʃoː] *<-s, -s>* ❶ *eine Vorrichtung zum Warmhalten von Speisen* ❷ ÖSTERR. *Gas-, Spirituskocher*

Re·chen *der <-s, ->* ❶ *ein Gartengerät mit langem Stiel und quer dazu angeordneten Zinken, zum Zusammenziehen von Gras, Heu o. Ä. und Lockern des Bodens* ❷ *eine gitterähnliche Vorrichtung am Einlauf von Klär- und Wasserkraftwerken, die grobes Treibgut auffangen soll* ❸ SCHWEIZ. *Harke*

Re·chen- *als Erstglied zusammengesetzter Substantive; stellt für das mit dem Zweitglied Bezeichnete einen Bezug zum Rechnen/zu Berechnungen her* ◆ -aufgabe, -automat, -brett, -buch, -exempel, -fehler, -heft, -künstler(in), -lehrer(in), -leistung, -maschine, -operation, -scheibe, -schwäche, -stab, -stunde, -tafel, -technik, -unterricht, -werk, -zeichen, -zentrum

re·chen *<rechst, rechte, hat gerecht> mit OBJ/ohne OBJ* ■ *jmd. recht* SCHWEIZ. *harken:* die Wiese rechen; das trockene Laub von der Wiese rechen; Nach dem Mähen kannst du gleich noch rechen.

Re·chen·an·la·ge *die <-, -n>* EDV *eine Anlage zur programmgesteuerten Datenverarbeitung*

Re·chen·art *die <-, -en>* MATH. *eine der grundlegenden mathematischen Operationen des Addierens, Subtrahierens, Multiplizierens und Dividierens* ◆ Grund-

Re·chen·ge·schwin·dig·keit *die <-, -en>* EDV *Verarbeitungsgeschwindigkeit eines Computers*

Re·chen·schaft *die <->* /kein Plur./ *ein Bericht über zurückliegende Tätigkeiten:* vor jemandem Rechenschaft ablegen; jemanden zur Rechenschaft ziehen; ■ **jemandem keine Rechenschaft schuldig sein** *vor jmdm. keine Gründe für sein Handeln darlegen müssen* Dir bin ich keine Rechenschaft schuldig;

Re·chen·schafts·be·richt *der <-(e)s, -e>* AMTSSPR. *ein schriftlicher Bericht, in dem eine Institution über ihre Tätigkeit, sowie Einnahmen und Ausgaben in einem bestimmten Zeitabschnitt berichtet:* einen Rechenschaftsbericht geben

Re·chen·schie·ber *der <-s, ->* MATH. *ein Rechengerät, mit mehreren logarithmischen Skalen, die man gegeneinander verschieben kann*

Re·chen·werk *das <-s, -e>* EDV *der Teil einer programmierten Rechenanlage, der die programmierbaren arithmetischen Operationen (Addition, Multiplikation usw.), logische Verknüpfungen und Verschiebeoperationen durchführt*

Re·cher·che *die* [reˈʃɛrʃə] *<-, -n>* /meist Plur./ *Nachforschung:* eine Recherche über etwas; Recherchen für einen Zeitungsbericht anstellen

re·cher·chie·ren [reʃɛrˈʃiːrən] *<recherchierst, recherchierte, hat recherchiert> mit OBJ/ohne*

OBJ ■ *jmd. recherchiert (etwas) untersuchen; nachforschen:* Zusammenhänge einer Sache gründlich recherchieren; als Journalist recherchieren

rech·nen *<rechnest, rechnete, hat gerechnet>* **I.** *mit OBJ* ❶ ■ *jmd. rechnet jmdn./etwas (≈ dazuzählen)* Wir sind zwanzig Personen, die Kinder nicht gerechnet.; Wenn man die Eintrittskarten mit zu den Gesamtkosten rechnet, … ❷ ■ *jmd. rechnet jmdn./etwas zu etwas Dat. als Teil von etwas betrachten:* Ich rechne ihn zu meinen guten Freunden. **II.** *ohne OBJ* ❶ ■ *jmd. rechnet* MATH. *Rechenoperationen durchführen:* mit ganzen/negativen/rationalen Zahlen/ mit Dezimalbrüchen rechnen; Sie kann gut rechnen. ❷ ■ *jmd. rechnet (mit etwas Dat.) sparsam wirtschaften:* Sie kann gut (mit dem Geld) rechnen. ❸ ■ *jmd. rechnet (mit etwas Dat.) (das Eintreffen von jmdm. oder etwas) erwarten:* Damit hatte ich nicht gerechnet.; mit zwanzig Gästen rechnen; Wir haben fest mit dir gerechnet.

rech·ner·ge·steu·ert *adj /nicht steig./* EDV *von einem Computer gesteuert*

rech·ner·ge·stützt *adj /nicht steig./* EDV *mit Unterstützung eines Computers*

rech·ne·risch *adj /nicht steig./* ❶ *durch Rechnen (festgestellt):* Rein rechnerisch ist das unmöglich.; ein Versuchsergebnis rechnerisch überprüfen; etwas rechnerisch ermitteln ❷ *auf dem Gebiet des Rechnens:* rechnerische Fähigkeiten; rechnerisches Können

Rech·nung *die <-, -en>* ❶ *die Handlung, dass man durch Rechnen, Überlegen oder Planen ein bestimmtes Resultat bestimmt oder erarbeitet:* Unsere Rechnung stimmt nicht.; Nach meiner Rechnung müssten es 25 sein.; Unsere Rechnung geht nicht auf – wir erreichen heute unser Ziel nicht mehr. ❷ *Aufstellung über den zu zahlenden Preis:* eine Rechnung begleichen; Die Rechnung, bitte!; jemandem etwas in Rechnung stellen; In der Rechnung ist die gesetzliche Mehrwertsteuer berücksichtigt.; ■ **die Rechnung ohne den Wirt machen** *(umg.) sich täuschen, weil man eine wichtige Person oder einen wichtigen Umstand nicht in seinen Plänen berücksichtigt hat;* ■ **eine alte Rechnung begleichen** *(umg.) mit jmdm. einen Streit aus der Vergangenheit austragen;* ■ **einer Sache Rechnung tragen** *einer Sache gerecht werden* ◆ -sblock, -snummer, Arzt-, Gas-, Hotel-, Strom-, Wasser-

Rech·nungs·be·trag *der <-(e)s, Rechnungsbeträge> der Gesamtbetrag einer Rechnung*

Rech·nungs·da·tum *das <-s, Rechnungsdaten> das Datum auf einer Rechnung:* Zahlung 14 Tage nach Rechnungsdatum

Rech·nungs·füh·rer *der*, **Rech·nungs·füh·re·rin** *<-s, -> Buchhalter*

Rech·nungs·hof *der <-s, Rechnungshöfe> eine Behörde, die Rechnungsprüfung in der öffentlichen Verwaltung durchführt* ◆ Bundes-

Rech·nungs·jahr *das <-(e)s, -e>* WIRTSCH. *der Zeitraum von 12 Monaten, auf den sich die Abrechnung einer Firma oder einer öffentlichen Einrichtung bezieht*

Rech·nungs·num·mer *die* <-, -n> *die Nummer auf einer Rechnung:* bei der Bezahlung die Rechnungsnummer angeben

Rech·nungs·prü·fung *die* <-, -en> *die Überprüfung aller wirtschaftlichen Prozesse in öffentlichen Haushalten*

Recht *das* <-(e)s, -e> ❶ *ein Anspruch, den jmd. auf etwas erheben kann:* ein Recht auf etwas haben; zu seinem Recht kommen; jemandem ein bestimmtes Recht aberkennen; seine Rechte einklagen/geltend machen; Rechte und Pflichten ◆Besuchs-, Gebrauchs-, Gewohnheits-, Nutzungs-, Vorkaufs- ❷ */Plur. selten / Gesamtheit der gesetzlichen Regelungen und Bestimmungen:* von Rechts wegen; nach französischem Recht; das Recht brechen/durchsetzen; nach Recht und Gesetz entscheiden ◆Arbeits-, Sozial-, Straf-, Zivil- ❸ */kein Plur./ (↔ Unrecht) das nach (persönlichem) Empfinden Richtige:* im Recht sein; sich im Recht fühlen; etwas mit Recht tun; etwas besteht zu Recht; ■**von Rechts wegen** *nach dem geltenden Gesetz;* ■**etwas mit Fug und Recht behaupten** *etwas mit vollem Recht behaupten;* ■**nach Recht und Billigkeit urteilen** *nach dem Gesetz und dem Gerechtigkeitsgefühl urteilen* ◆Groß-/Kleinschreibung →R 3.11 Recht/recht bekommen/behalten/geben/haben/sprechen

recht *adj* SCHWEIZ. ❶ *(von Menschen) rechtschaffen, anständig* ❷ *(von Sachen) ordentlich, gut*

recht *adv* ❶ *richtig:* Wenn ich Sie recht verstehe ...; Das geschieht ihm recht. ❷ *(≈ ziemlich)* Er war recht nett.; Heute ist es recht warm.; Es ist mir nicht recht wohl heute. ❸ *sehr:* Ich danke Ihnen recht herzlich.; ■**Nun erst recht!** *(umg.) nun gerade; allem Widerstand zum Trotz;* ■**es jemandem recht machen** *es so machen, wie jmd. es gern möchte (damit er zufrieden ist);* ■**etwas ist jemandem recht** *etwas ist so, dass jmd. damit einverstanden ist*

Rech·te¹ *die* <-n, -n> *(↔ Linke)* ❶ */kein Plur./ rechte Hand:* mit der Rechten schreiben ❷ */kein Plur./ rechte Seite:* zu meiner Rechten ❸ */kein Plur./* POL. *(↔ Linke) das konservative bis nationalistische politische Spektrum:* Durch seine Politik stärkt er die Rechte. ❹SPORT *mit dem rechten Arm geführter Boxhieb:* sie gerade Rechte

Rech·te² *der/die* <-n, -n> POL. *(↔ Linke) Person, die einer konservativen bis nationalistischen politischen Richtung oder Partei angehört:* Die Rechten haben zu einer Demonstration aufgerufen.; Die Gaststätte ist bekannt als Treffpunkt der Rechten.

rech·te(r) *adj* ❶ *(↔ linke(r)) auf der rechten Seite;* die rechte Hand; mein rechter Fuß ❷ *richtig:* Du bist auf dem rechten Weg.; zur rechten Zeit; Dies ist der rechte Mantel, nicht der andere.; ■**nach dem Rechten sehen** *(umg.) nachsehen, ob alles in Ordnung ist*

Recht·eck *das* <-(e)s, -e> MATH. *ein Viereck, mit vier rechten Innenwinkeln*

recht·eckig *adj /nicht steig./* MATH. *in der Form eines Rechtecks*

rech·tens *adj /nicht steig./ zu Recht, mit Recht;* ■**etwas ist rechtens** *etwas ist (juristisch) korrekt*

rechtens verurteilt werden; Ihr Anspruch ist rechtens.

recht·fer·ti·gen <rechtfertigst, rechtfertigte, hat rechtfertigt> *mit OBJ/ohne OBJ* ■*jmd. rechtfertigt sich/etwas (für etwas* Akk.*) Gründe dafür nennen, warum das eigene Verhalten richtig war:* Das ist durch nichts zu rechtfertigen.; sein Verhalten rechtfertigen; sich für eine Sache rechtfertigen; Du musst dich nicht rechtfertigen!

Recht·fer·ti·gung *die* <-, -en> ❶ *die Worte, mit denen sich jmd. rechtfertigt:* zur Rechtfertigung seiner Handlungsweise etwas vorbringen; ihre einzige Rechtfertigung war ... ❷REL. *(in der christl. Lehre) Gerechtigkeit, die dem Menschen durch Gott zugesprochen wird*

recht·gläu·big *adj /nicht steig./ (≈ orthodox) streng gläubig; gläubig auf eine Art, die man für einzig richtig hält* ► Rechtgläubigkeit

recht·ha·be·risch *adj (abwert.) mit der Neigung, immer Recht behalten zu wollen* ► Rechthaberei

recht·lich *adj /nicht steig./* ❶ *in Bezug auf Recht und Gesetz:* eine Person rechtlich belangen; Rein rechtlich gesehen liegt der Fall anders.; verheiratete und unverheiratete Paare einander rechtlich gleichstellen ❷LANDSCH. *redlich, ehrlich:* ein rechtlicher Mann

recht·los *adj /nicht steig./* ❶ *ohne Rechte zu besitzen:* Die Sklaven der Antike waren rechtlose Menschen. ❷ *gesetzlos:* Im Kriegsgebiet herrschte praktisch ein rechtloser Zustand.

Recht·lo·sig·keit *die* <-> */kein Plur./* ❶ *die Tatsache, dass man keine Rechte besitzt:* die Rechtlosigkeit der Sklaven ❷ *gesetzloser Zustand:* Im Lande herrschte Rechtlosigkeit.

recht·mä·ßig *adj /nicht steig./ gemäß Recht und Gesetz rechtlich:* der rechtmäßige Besitzer

Recht·mä·ßig·keit *die* <-> */kein Plur./ die Tatsache, dass etwas rechtmäßig ist:* die Rechtmäßigkeit seines Anspruchs auf den Besitz

rechts *adv (↔ links) auf der rechten Seite; zu der rechten Seite hin:* sich nach rechts wenden/nach rechts blicken/ rechts abbiegen ◆Getrennt- oder Zusammenschreibung politisch rechts stehende/ rechtsstehende Parteien; eine rechts abbiegende/ rechtsabbiegende Straße; ◆Getrenntschreibung Er spielt rechts außen.; Rechts um! (militärisches Kommando)

Rechts·ab·bie·ger *der,* **Rechts·ab·bie·ge·rin** <-s, -> *(↔ Linksabbieger) Verkehrsteilnehmer, der nach rechts abbiegt*

Rechts·an·spruch *der* <-(e)s, Rechtsansprüche> *nach Recht gültiger Anspruch:* einen Rechtsanspruch auf etwas haben/geltend machen

Rechts·an·walt *der,* **Rechts·an·wäl·tin** <-(e)s, Rechtsanwälte> *jmd., der eine juristische Ausbildung besitzt und berufsmäßig die rechtlichen Interessen von Klienten (vor Gericht) vertritt:* sich einen Rechtsanwalt nehmen

Rechts·auf·fas·sung *die* <-, -en> RECHTSW. *bestimmte Auslegung eines Gesetzes:* die geltende Rechtsauffassung

Rechts·aus·kunft *die* <-, Rechtsauskünfte> RECHTSW. *Auskunft über einen juristischen Tatbestand:* Rechtsauskunft erteilen

R

Rechts·au·ßen *der* <-(s), -> SPORT *(↔ Linksaußen)* *Fußballspieler, der auf dem rechten Flügel spielt*
Rechts·bei·stand *der* <-(e)s> /kein Plur./ RECHTSW. *jmd., der juristisch ausgebildet ist und Personen vor Gericht vertreten darf, ohne Rechtsanwalt zu sein*
Rechts·be·leh·rung *die* <-, -en> RECHTSW. *eine schriftliche Belehrung über gesetzlich geregelte Vorschriften, die bestimmten amtlichen Mitteilungen beigegeben werden muss*
Rechts·be·ra·tung *die* <-, -en> *Beratung in juristischen Fragen:* Rechtsberatung anbieten ▶ Rechtsberater, Rechtsberaterin
Rechts·be·schwer·de *die* <-, -n> RECHTSW. *ein Rechtsmittel, mit dem man gegen bestimmte Gerichtsbeschlüsse Widerspruch einlegen kann*
Rechts·beu·gung *die* <-, -en> RECHTSW. *der Vorgang, dass in einem Gerichtsverfahren vorsätzlich das Gesetz falsch angewendet wird:* einen Richter wegen Rechtsbeugung anklagen
rechts·bün·dig *adj* /nicht steig./ DRUCKW., EDV *(↔ linksbündig) die Art der Textformatierung, bei der alle Zeilen am rechten Rand auf der gleichen Höhe enden:* rechtsbündig schreiben
recht·schaf·fen *adj* /nicht steig./ ❶ *die Gesetze oder das Recht achtend und daher ehrenwert:* rechtschaffene Leute/Menschen ❷ *sehr, groß, stark:* rechtschaffen müde sein; sich rechtschaffen mühen; rechtschaffener Hunger
Recht·schaf·fen·heit *die* <-> /kein Plur./ *die Tatsache, dass jmd. rechtschaffen ist:* jemandes Rechtschaffenheit in Frage stellen
Recht·schreib·feh·ler *der* <-s, -> *Schreibung, die gegen die geltenden Regelungen der Rechtschreibung verstößt*
Recht·schreib·re·form *die* <-, -en> *amtlich verordnete Neuerungen im Bereich der Orthografie*

Am 1. Juli 1996 unterzeichneten die vier deutschsprachigen Staaten (Deutschland, Österreich, Schweiz, Liechtenstein) und weitere vier Staaten mit deutschsprachigen Minderheiten (Belgien, Italien, Rumänien, Ungarn) das „Wiener Abkommen" zur **Reform der deutschen Rechtschreibung**. Damit wurde die langjährige Überarbeitung der deutschen Rechtschreibung abgeschlossen, die seit 1901/1902 galt. Die Neuregelung ist seinerzeit zunächst offiziell am 1. August 1998 in Kraft getreten. Das sollte bedeuten, dass Schulen die neue Rechtschreibung lehren und Ämter sie anwenden. Verantwortlich für die Richtlinien der deutschen Rechtschreibung war zunächst eine spezielle Kommission am „Institut für deutsche Sprache" (IdS) in Mannheim. Als Antwort auf anhaltend kritische Stimmen zur Rechtschreibreform erfolgte sodann die Einrichtung eines „Rats für deutsche Rechtschreibung". Es ist dies ein zwischenstaatliches Gremium, das sich entsprechend den Beschlüssen der Ministerpräsidenten- und Kultusministerkonferenz mit den strittigsten Fragen der Neuregelung beschäftigt, nämlich

mit der Getrennt- und Zusammenschreibung, der Zeichensetzung und der Worttrennung am Zeilenende. Der Rat hat ferner die langfristige Aufgabe, die Einheit der Rechtschreibung im deutschen Sprachraum zu bewahren und die Entwicklung der Sprachpraxis zu beobachten. Mit der Einrichtung des „Rats für deutsche Rechtschreibung" entstand eine überarbeitete Fassung der Richtlinien als „Deutsche Rechtschreibung. Regeln und Wörterverzeichnis" (2006). Im Zuge dieser Entwicklung hat man auch die Übergangsfrist neu festgelegt. Es war dies der 01. August 2006. Von da an durfte an Schulen die bislang nur als überholt geltende Schreibung als Fehler angerechnet werden. Die Übergangsfrist für Österreich und Bozen-Südtirol endete am 31.07.2008. Es kam sodann zu zahlreichen, teils einschneidenden Nachbesserungen: So können z. B. wieder mehr Verben in Kombination mit Adjektiven zusammengeschrieben werden. Auffällig ist besonders, dass ein Einzelvokal nicht mehr am Wortende oder am Wortanfang abgetrennt werden darf, so z. B. bei *Abend* nicht das „A". Eine unliebsame Folge dieser Entwicklung war, dass verschiedene Wörterbücher, die zu früh auf den Markt kamen und derartige Trennungen anführten, schnell überholt waren. Neben nach wie vor sehr problematischen und weiterhin kritisch betrachteten Neuerungen verändert sich insgesamt durch die neue Rechtschreibung relativ wenig am Schriftbild, sodass auch ältere Texte weiterhin problemlos gelesen werden können. Am auffälligsten ist die neue Doppel-s-Schreibweise für das bisherige „ß" nach kurzem Vokal, wie für *Kuss* (vgl. auch das Stichwort *s-Laut*). Diese Änderung kann als gut nachvollziehbare, merkfähige und dadurch akzeptierte Neuerung gelten. Wichtiger als diese Neuerung dürfte ohnehin sein, dass man überhaupt beim Verfassen von Texten zwischen z. B. „das" und „dass" unterscheiden kann! Neben manchen eindeutigen Änderungen, welche die Getrennt- und Zusammenschreibung betreffen, gibt es zahlreiche Wörter, die man jetzt auf zwei Arten schreiben kann. Dies ist meist der Fall bei Wörtern, die aus einem Nomen oder Adjektiv und einem Partizip zusammengesetzt sind, wie z. B. *Leben spendend* bzw. *lebenspendend* oder *blau gestreift* bzw. *blaugestreift*. Auch insbesondere mehrere Fremdwörter lassen sich jetzt wie bisher schreiben, oder in eingedeutschter Schreibweise, so *Ketchup* und *Ketschup*. Als verwirrend dürften vor allem die vielen Trennungsmöglichkeiten von Wörtern erfasst werden (z. B. *In-s-t-ru-ment*) bzw. unterschiedliche Trennungen bei gleichen Bestandteilen, wie z. B. mit *Dia-/dia-*; vgl. *Dia-lekt*, aber *dia-me-t-ral*.

Recht·schreib·schwä·che *die* <-> /kein Plur./ *(≈ Legasthenie) eine bisher nur zum Teil erklär-*

bare Störung, durch die jmd. große Schwierigkeiten beim Lesen und in der Rechtschreibung hat; siehe auch **Legasthenie**

Recht·schrei·bung die <-> /kein Plur./ (≈ Orthographie) die Gesamtheit aller Regeln, die die Schreibung der Wörter einer Sprache (und die Zeichensetzung) regeln

rechts·ex·t·rem adj /nicht steig./ POL. dem Rechtsextremismus zuneigend, zu ihm gehörend: rechtsextreme Ansichten/Gruppierungen/Parteien; rechtsextrem wählen

Rechts·ex·t·re·mis·mus der <-> /kein Plur./ POL. eine radikale politische Einstellung, die demokratiefeindlich ist und den Nationalismus propagiert ▸ Rechtsextremist, Rechtsextremistin

rechts·ex·t·re·mis·tisch adj /nicht steig./ POL. (≈ rechtsextrem)

rechts·fä·hig adj /nicht steig./ RECHTSW. nach der Rechtsordnung fähig, als natürliche oder juristische Person Träger von Rechten und Pflichten zu sein: Eine natürliche Person wird durch die Geburt rechtsfähig, eine juristische Person durch staatliche Genehmigung. ▸ Rechtsfähigkeit

rechts·frei adj /nicht steig./ RECHTSW. ■ein rechtsfreier Raum ein öffentlicher Bereich, der noch nicht durch Gesetze geregelt ist

Rechts·grund·la·ge die <-, -n> RECHTSW. die juristische Grundlage (für etwas): sich mit seinem Handeln auf eine Rechtsgrundlage berufen

rechts·gül·tig adj /nicht steig./ RECHTSW. nach Recht und Gesetz gültig: ein rechtsgültiges Urteil; Das Urteil ist nicht rechtsgültig. ▸ Rechtsgültigkeit

Rechts·gut·ach·ten das <-s, -> RECHTSW. ein juristisches Gutachten ▸ Rechtsgutachter

Rechts·hän·der der, **Rechts·hän·de·rin** <-s, -> (↔ Linkshänder) jmd., der bei allen Aktivitäten bevorzugt die rechte Hand einsetzt ▸ Rechtshändigkeit

Rechts·hil·fe die <-> /kein Plur./ RECHTSW. die Unterstützung, die ein Gericht einem anderen Gericht (zum Beispiel im Ausland) bei der Bearbeitung eines Falles gibt ◆-abkommen

Rechts·kraft die <-> /kein Plur./ RECHTSW. rechtliche Gültigkeit: Rechtskraft erlangen

rechts·kräf·tig adj /nicht steig./ RECHTSW. recht- lich (end)gültig: ein rechtskräftiges Urteil; ein rechtskräftig verurteilter Straftäter

Rechts·kun·de die <-> /kein Plur./ ein Schulfach, in dem Grundkenntnisse über die Rechtsordnung vermittelt werden

Rechts·kur·ve die <-, -n> (↔ Linkskurve) nach rechts laufende Kurve einer Straße: mit dem Auto (in) eine Rechtskurve fahren

Rechts·la·ge die <-, -n> RECHTSW. eine bestimmte Situation, so wie sie in der Sicht des Juristen einzuschätzen ist: dem Beschuldigten die Rechtslage erklären

Rechts·las·tig·keit die <-> POL. (umg.) die Tendenz von jmdm. oder einer Gruppe, rechtsextreme Ziele zu haben: Diese Zeitschrift fällt uns schon länger wegen der Rechtslastigkeit ihrer Artikel auf.

rechts·läu·fig adj /nicht steig./ (↔ linksläufig) so, dass etwas von links nach rechts verläuft: Die la-

teinische Schrift ist rechtsläufig, die hebräische Schrift dagegen linksläufig.

Rechts·leh·re die <-> /kein Plur./ (≈ Rechtswissenschaft)

Rechts·mit·tel das <-s, -> RECHTSW. rechtliches Mittel gegen eine Gerichtsentscheidung: ein Rechtsmittel gegen ein Urteil einlegen; jemanden über die Rechtsmittel belehren

Rechts·nach·fol·ge die <-, -n> RECHTSW. das Übergehen von Rechten und Pflichten auf eine andere Person: Nachdem der bisherige Vermieter seine Häuser verkauft hat, hat jetzt der neue Hauseigentümer auch die Rechtsnachfolge in allen Angelegenheiten der Vermietung.

Rechts·norm die <-, -en> RECHTSW. durch das Gesetz festgelegte Norm

Rechts·pfle·ge die <-> /kein Plur./ RECHTSW. Anwendung der Gesetze und Ausübung aller Tätigkeiten, die die Rechtsnormen erfüllen sollen ▸ Rechtspfleger

Rechts·phi·lo·so·phie die <-> PHILOS. der Bereich der Philosophie, der die Grundlagen des Rechts und der Gerechtigkeit sowie Probleme der Geltung des Rechts erforscht

Rechts·po·si·ti·vis·mus der <-> /kein Plur./ RECHTSW. die Auffassung, dass das vom Staat gesetzte Recht nicht begründet werden müsse

Recht·spre·chung die <-> /kein Plur./ RECHTSW. (≈ Jurisdiktion) ❶ die Gesamtheit aller Entscheidungen der Gerichte: die Rechtsprechung auf einem Gebiet ❷ die Gerichtsbarkeit

rechts·ra·di·kal adj /nicht steig./ POL. (↔ linksradikal) dem Rechtsradikalismus zuneigend

Rechts·ra·di·ka·lis·mus der <-> /kein Plur./ POL. (≈ Rechtsextremismus)

Rechts·rutsch der <-es> /kein Plur./ (umg.) ein Wahlergebnis, bei dem unerwartet eine rechtsextreme Partei viele Stimmen dazugewonnen hat

Rechts·schutz der <-es> /kein Plur./ der durch Gesetze garantierte Schutz: Rechtsschutz genießen

Rechts·schutz·ver·si·che·rung die <-, -en> eine Versicherung, die im Falle eines Rechtsstreits für den Versicherten die Kosten übernimmt

rechts·si·cher adj /nicht steig./ RECHTSW. so, dass Rechtssicherheit besteht

Rechts·si·cher·heit die <-> RECHTSW. Schutz des Vertrauens des einzelnen Staatsbürgers in eine Rechtmäßigkeit, die durch die Rechtsordnung und Rechtspflege garantiert wird

Rechts·staat der <-(e)s, -en> ein Staat, der das geltende Recht in allen Bereichen verwirklicht und der Kontrolle unabhängiger Gerichte unterstellt: in einem Rechtsstaat leben

rechts·staat·lich adj /nicht steig./ in der Art eines Rechtsstaates: ein rechtsstaatliches Verfahren

Rechts·staat·lich·keit die <-> /kein Plur./ die Tatsache, dass der Staat das geltende Recht in allen Bereichen verwirklicht und der Kontolle unabhängiger Gerichte unterstellt: die Rechtsstaatlichkeit wahren

Rechts·streit der <-(e)s, -e> RECHTSW. Auseinandersetzung vor Gericht ▸ Rechtsstreitigkeit

rechts·the·o·re·tisch adj /nicht steig./ PHILOS.,

R

RECHTSW. *so, dass eine rechtswissenschaftliche Frage rein begrifflich betrachtet wird:* rechtstheoretische Erörterungen der Rechtsphilosophie

Rechts·ver·dre·her *der* <-s, -> *(umg. abwert.) jmd., der versucht, eine illegale Handlungsweise als legal darzustellen*

Rechts·ver·kehr *der* <-s> */kein Plur./ (↔ Linksverkehr) Organisationsform des Straßenverkehrs, bei der auf der rechten Fahrbahnseite gefahren wird*

Rechts·weg *der* <-(e)s, -e> RECHTSW. *das, was man unternimmt, um einen Fall vor Gericht zu bringen:* den Rechtsweg beschreiten; ■ **unter Ausschluss des Rechtsweges** *ohne die Möglichkeit, Rechte aus etwas bei Gericht geltend zu machen*

rechts·wid·rig *adj /nicht steig./* RECHTSW. *gegen geltendes Recht verstoßend:* sich rechtswidrig verhalten ▶ Rechtswidrigkeit

rechts·wirk·sam *adj /nicht steig./* RECHTSW. *rechtskräftig:* Das Urteil wird rechtswirksam, wenn kein Einspruch erhoben wird.

Rechts·wis·sen·schaft *die* <-> */kein Plur./ (≈ Jura) die Wissenschaft vom Recht und seiner Anwendung:* Rechtswissenschaft studieren

recht·wink·lig *adj /nicht steig./ einen Winkel von neunzig Grad bildend:* ein rechtwinkliges Dreieck

recht·zei·tig *adj /nicht steig./ (↔ (zu) spät) so, dass man ausreichend Zeit für etwas hat und sich daher nicht beeilen muss:* sich rechtzeitig auf den Weg zum Bahnhof machen

Reck *das* <-(e)s, -e/-s> SPORT *ein Turngerät in Form einer waagerechten Stange, die von zwei senkrechten Stützen gehalten wird:* Turnübungen am Reck; der Abgang vom Reck

Re·cke *der* <-n, -n> LIT. *Held in der mittelalterlichen Literatur:* der kühne Recke Siegfried

re·cken <reckst, reckte, hat gereckt> I. *mit OBJ* ■ *jmd.* **reckt** *etwas dehnen; strecken:* die Glieder recken; den Hals recken II. *mit SICH* ■ *jmd.* **reckt sich** *sich dehnen; sich ausstrecken:* sich recken und strecken

Re·cor·der *der siehe* **Rekorder**

re·cy·cel·bar, *a.* **re·cy·cle·bar** [ri'sɛikl...] *adj /nicht steig./ so, dass es recycelt werden kann*

re·cy·celn, *a.* **re·cy·c·len** [ri'sɛikl̩n] <recycelst, recycelte, hat recycelt> *mit OBJ* ■ *jmd.* **recycelt** *etwas gebrauchte Gegenstände und Materialien sammeln und (Teile davon) wieder verwerten:* Altmetall/Glas/Müll/Papier/Plastikabfälle recyceln

Re·cy·c·ling *das* [ri'sɛiklɪŋ] <-s> */kein Plur./ das Sammeln und (teilweise) Wiederverwerten von gebrauchten Gegenständen und Materialien als Rohstoffe für neue Produkte:* das Recycling von Altpapier ◆-papier

re·cy·c·ling·ge·recht [ri'sɛiklɪŋ...] *adj /nicht steig./ so, dass es gesammmelt und wieder verwertet werden kann:* eine recyclinggerechte Verpackung

Re·dak·teur *der,* **Re·dak·teu·rin** [redak'tøː̯ɐ] <-s, -e> *jmd., der beruflich für Zeitungen, Zeitschriften, Bücher, Rundfunk- oder Fernsehsendungen Beiträge verantwortlich auswählt, bearbeitet oder selbst schreibt:* Redakteur in einem Verlag/

beim Fernsehen sein ◆Nachrichten-, Rundfunk-, Verlags-, Zeitungs-

Re·dak·ti·on *die* [redak'tsi̯oːn] <-, -en> ❶ */kein Plur./ die Tätigkeit des Redakteurs; das Redigieren:* Die Redaktion der Sendung hatte Herr Schulze.; Die Redaktion dieses Buches nimmt viel Zeit in Anspruch. ◆-schluss, -termin ❷ *die Gesamtheit der Redakteure eines bestimmten Arbeitsbereiches:* Die Redaktion einer Zeitung/für Lehrbücher trifft sich zur Sitzung. ◆Fernseh-, Rundfunk-, Zeitschriften- ❸ *die Büroräume, in denen Redakteure tätig sind:* Sie hat heute noch lange in der Redaktion zu tun.

re·dak·ti·o·nell [redaktsi̯o'nɛl] *adj /nicht steig./ von einer Redaktion[2], die Redaktion[1] betreffend:* eine redaktionelle Entscheidung; der redaktionelle Teil der Zeitung; die redaktionelle Bearbeitung eines Buches/einer Sendung

Re·dak·tor *der,* **Re·dak·to·rin** <-s, ...-toren> SCHWEIZ. *Redakteur*

Re·de *die* <-, -n> ❶ *(≈ Ansprache) das, was man öffentlich vor Zuhörern zu einem bestimmten Anlass sagt:* (beim Amtsantritt) eine Rede (vor hundert Zuhörern) halten; jemandes Rede unterbrechen ◆Begrüßungs-, Fest-, Trauer-, Wahl- ❷ *das Reden:* freche Reden führen; jemandem mit schönen Reden falsche Hoffnungen machen; Das war genau/schon immer meine Rede (≈ das habe ich schon immer gesagt).; Wovon ist im Moment die Rede?; Es ist die Rede davon, dass er zurücktreten will.; Die Rede kam auf ein anderes Thema; die Rede auf ein interessantes Thema bringen ❸ */kein Plur./ (geh.: ≈ Gerücht) Von ihm geht die Rede, dass er schwer krank sein soll.; Der Rede nach sollen es drei Einbrecher gewesen sein.; ■ **Davon kann keine Rede sein.** (umg.) das ist nicht richtig; ■ **Nicht der Rede wert!** (umg.) meist als Antwort auf Worte des Dankes verwendet, um auszudrücken, dass man für jmdn. etwas gern getan hat und es einem nicht schwergefallen ist; ■ **jemanden zur Rede stellen** jmdn. auffordern, sich zu rechtfertigen; ■ **jemandem Rede und Antwort stehen** jmdm. (auf seine Nachfrage hin) erklären, warum man etwas getan hat; ■ **Rede und Gegenrede** die Argumente für und gegen etwas; ■ **etwas ist nicht der Rede wert** etwas ist nicht wichtig; ■ **große Reden schwingen** (umg. abwert.) prahlerisch reden; ■ **direkte Rede** SPRACHWISS. die (in Anführungszeichen gesetzte) wörtliche Wiedergabe des Gesprochenen; ■ **indirekte Rede** SPRACHWISS. die in Gliedsätzen (im Konjunktiv) wiedergegebene Umschreibung dessen, was gesagt wurde; ■ **die gebundene Rede** LIT. Aussagen in Form von Versen

Re·de·fi·gur *die* <-, -en> LIT. *rhetorische Figur*

Re·de·frei·heit *die* <-> */kein Plur./* RECHTSW. *das Recht auf freie Meinungsäußerung*

Re·de·ge·wandt·heit *die* <-> */kein Plur./ (≈ Eloquenz) Geschicktheit im mündlichen Ausdruck* ▶ redegewandt

Re·de·kunst *die* <-> */kein Plur./ (≈ Rhetorik) die Kunst der Gestaltung einer überzeugenden Rede*

re·den <redest, redete, hat geredet> I. *mit OBJ* ■ *jmd.* **redet** *etwas* ❶ *(≈ sagen, sprechen) sich*

R

mit Sätzen sprachlich äußern: Er redet viel Unsinn/wenig Vernünftiges.; Es ist viel davon geredet worden, aber geschehen ist nichts. ❷ *eine Ansprache halten:* Wir haben dies und das miteinander geredet. **II.** *ohne OBJ* ■ *jmd. redet (mit jmdm.) mündlich Gedanken austauschen:* Was habt ihr miteinander geredet?; über ein Thema (stundenlang) miteinander reden; Sie reden und reden und kommen zu keinem Ergebnis.; Lass uns darüber reden, damit es nicht zum Streit kommt.; mit jemandem unter vier Augen reden; Reden wir von etwas anderem!; viel/wie ein Wasserfall/nur wenig reden; Rede bitte etwas deutlicher!; vor großem Publikum reden; Jetzt redet gerade der Präsident.; Der Professor redet heute über Wirtschaftspolitik.; ■ *von sich reden machen mit etwas, das man getan hat, bekannt oder berühmt werden;* ■ *gut reden haben (umg.) leicht über die Probleme anderer urteilen können, weil man selbst nicht betroffen ist* Du hast gut reden, dir geht es ja besser!

Re·dens·art *die* <-, -en> *allgemeine Bezeichnung für feste Wortkomplexe unterschiedlicher Art:* Das ist nur so eine Redensart.; ein Wörterbuch der deutschen Sprichwörter und Redensarten; *siehe auch* **Phraseologie, Sprichwort**

Re·de·schwall *der* <-(e)s> */kein Plur./ (abwert.) erregtes Sprechen ohne Pause, so dass ein anderer nicht zum Sprechen kommt:* Darf ich deinen Redeschwall einmal unterbrechen?

Re·de·ver·bot *das* <-(e)s, -e> *das Verbot, etwas zu einer Sache zu sagen:* Er bildet sich ein, als Chef den Mitarbeitern ein Redeverbot erteilen zu können.

Re·de·wei·se *die* <-, -n> *eine bestimmte sprachliche Ausdrucksweise:* eine gebildete/gestelzte/gut verständliche Redeweise

Re·de·wen·dung *die* <-, -en> ❶ (≈ *Redensart)* ❷ SPRACHWISS. *allgemeine alltagssprachliche Bezeichnung für feste Wortkomplexe unterschiedlicher Art:* Die Wörter „sich an die eigene Nase fassen" bilden eine Redewendung, wobei sich deren Bedeutung „sich auf eigene Mängel oder Fehler konzentrieren" nicht auf die Bedeutungen der Wörter „Nase" und „fassen" zurückführen lässt.; *siehe auch* **Phraseologie, Sprichwort**

Re·de·zeit *die* <-, -en> *die Zeit, die jmdm. (im Rahmen einer Diskussion) für seinen Redebeitrag zur Verfügung steht:* sich an die Redezeit halten

re·di·gie·ren [redi'gi:rən] <redigierst, redigierte, hat redigiert> *mit OBJ* ■ *jmd. redigiert etwas einen Text abschließend überarbeiten, so dass er veröffentlicht werden kann:* einen Beitrag/einen Text redigieren ▶ Redakteur, Redaktion

red·lich *adj (geh.)* ❶ *ehrlich; aufrichtig:* ein redlicher Mensch; redliche Absichten haben ❷ *ernsthaft, sehr:* sich redlich anstrengen/bemühen; redlich müde sein ▶ Redlichkeit

Red·ner *der*, **Red·ne·rin** <-s, -> ❶ *jmd., der gerade eine Rede hält:* Der Redner tritt ans Rednerpult/hält inne/ räuspert sich/reißt sein Publikum mit ❷ *jmd., der öfter Reden hält:* der geborene/ ein glänzender/ein miserabler Redner sein; Er ist kein (besonders guter) Redner.

Red·ner·büh·ne *die* <-, -n> *Bühne, auf der eine Rede gehalten wird:* auf die Rednerbühne treten

Red·ner·pult *das* <-(e)s, -e> *ein Pult, an dem ein Redner steht*

Re·dou·te *die* [re'du:tə] <-, -n> ❶ ÖSTERR. *Maskenball* ❷ GESCH. (≈ *Schanze) Teil einer Festung*

red·se·lig *adj /nicht steig./ mit der Neigung, gern und viel zu reden:* ein redseliger junger Mann; Du bist ja nicht besonders redselig heute! ▶ Redseligkeit

Re·duk·ti·on *die* [redʊk'tsi̯o:n] <-, -en> ❶ (geh.: ≈ *Verminderung) das Verringern:* eine Reduktion der Kosten ◆ Kosten-, Preis- ❷ *das Vereinfachen:* einen komplizierten Text auf einige einfache Aussagen reduzieren

re·d·un·dant *adj /nicht steig./ (geh.: ≈ überflüssig) als Information nicht notwendig:* redundante Information; redundante Stellen im Text streichen

Re·d·un·danz *die* <-, -en> (geh.) ❶ */kein Plur./ die Tatsache, dass etwas als Information überflüssig ist:* die Redundanz einer Information ❷ *überflüssige Information:* auf Redundanzen verzichten ◆ Text-

re·du·zie·ren <reduzierst, reduzierte, hat reduziert> (geh.) **I.** *mit OBJ* ■ *jmd. reduziert etwas verringern:* die Aufenthaltsdauer/den Preis/den Umfang reduzieren; den Preis um einen bestimmten Betrag reduzieren **II.** *mit SICH* ■ *etwas reduziert sich sich verringern:* Die Zahl der Teilnehmer hat sich auf die Hälfte reduziert.; Der Preis hat sich reduziert. ▶ reduzierbar, Reduzierung

Ree·de *die* <-, -n> SEEW. *Ankerplatz von Schiffen in Hafennähe:* auf Reede liegen

Ree·der *der*, **Ree·de·rin** <-s, -> SEEW. *jmd., der Schiffe besitzt und damit Güter oder Personen befördert*

Ree·de·rei *die* <-, -en> SEEW. *ein Unternehmen, das Güter oder Personen mit Schiffen befördert:* bei einer Reederei arbeiten

re·ell *adj* ❶ (≈ *fair) solide und anständig:* reelle Preise; eine reelle Firma ❷ */nicht steig./ (↔ fiktiv) wirklich vorhanden:* eine reelle Chance zum Sieg haben; sich mit reellen Dingen beschäftigen, nicht mit gedachten; die Lage reell einschätzen; ■ **reelle Zahlen** MATH. *rationale und irrationale Zahlen*

Reet *das* <-(e)s> */kein Plur./* NORDDT. (≈ *Riedgras) Schilfrohr:* ein Dach mit Reet decken ◆ -dach

reet·ge·deckt *adj /nicht steig./ mit Schilfgras gedeckt*

Re·ex·port *der* ['re:ʔɛkspɔrt] <-(e)s, -e> WIRTSCH. *erneute Ausfuhr importierter Ware*

REFA *die* WIRTSCH. *Abkürzung für „Reichsausschuss für Arbeitszeitermittlung", der Name des Verbandes für Arbeitsstudien, 1924 in Berlin gegründet, seit 1995 REFA-Verband für Arbeitsgestaltung, Betriebsorganisation und Unternehmensentwicklung*

REFA-Fach·mann *der*, **REFA-Fach·frau** <-(e)s, REFA-Fachleute> WIRTSCH. *jmd., der spezialisiert ist auf dem Gebiet der REFA-Lehre, um Arbeitsvorgänge nach ihrer Zeitgliederung untersuchen zu können*

Re·fek·to·ri·um *das* <-s, Refektorien> *Speisesaal (in einem Kloster)*

R

Re·fe·rat *das* <-(e)s, -e> ❶ *ein mündlicher Vortrag, dem ein ausgearbeiteter Text über ein Thema zugrundeliegt:* im Seminar ein Referat (über Schiller) halten; ein Referat ausarbeiten ◆ Einführungs-, Kurz- ❷ AMTSSPR. *(≈ Ressort) eine Abteilung einer Behörde mit bestimmten Aufgaben:* das Referat für osteuropäische Angelegenheiten leiten ◆ Fach-, Kultur-, Sach-

Re·fe·ree *der* [refə'ri:/ 'rɛfəri] <-s, -s> ÖSTERR., SCHWEIZ. *Schiedsrichter*

Re·fe·ren·dar *der,* **Re·fe·ren·da·rin** <-s, -e> *jmd., der in einem Beruf (in dem man später in den höheren Beamtendienst kommen wird) im Anschluss an ein Studium eine praktische Ausbildung macht:* als Referendar an einer Schule/einem Gericht arbeiten ◆ Rechts-, Studien-

Re·fe·ren·da·ri·at *das* <-s, -e> *die Zeit, in der man als Referendar ausgebildet wird*

Re·fe·ren·dum *das* <-s, Referenden/Referenda> POL. *Volksentscheid:* etwas durch ein Referendum entscheiden; ein Referendum abhalten

Re·fe·rent *der,* **Re·fe·ren·tin** <-en, -en> ❶ *Person, die ein Referat¹ hält:* der Referent im Anschluss Fragen stellen ❷ AMTSSPR. *Mitarbeiter eines Referats²:* der Referent für Jugendfragen

Re·fe·renz *die* <-, -en> ❶ *(geh.: ≈ Empfehlung) meist positive Beurteilung einer Person oder ihrer Arbeit:* jemanden um eine Referenz bitten; gute Referenzen haben ❷ *Person, die über eine andere und deren Arbeit Auskunft geben kann:* jemanden als Referenz angeben ❸ SPRACHWISS. *Die Beziehung sprachlicher Zeichen auf etwas in der (tatsächlichen oder vorgestellten) Welt* ◆ -akt, -identität, -objekt, -punkt, -relation, -semantik, -theorie ▶ referenziell, referieren

re·fe·rie·ren <referierst, referierte, hat referiert> *(geh.)* **I.** *mit OBJ* ■ *jmd. referiert etwas* ❶ *inhaltlich zusammenfassen und dabei kritisch beurteilen:* den Inhalt des Artikels kurz referieren; die neuesten Forschungsergebnisse referieren ❷ SPRACHWISS. *sprachlich auf etwas Bezug nehmen* ▶ Referenz **II.** *ohne OBJ* ■ *jmd. referiert (über etwas Akk.) ein Referat¹ halten:* über ein Thema referieren

Re·fi·nan·zie·rung, Re·fi·nan·zie·rung *die* <-, -en> WIRTSCH. *der Vorgang, dass ein Unternehmen einen Kredit aufnimmt, um selbst einen Kredit geben zu können*

re·flek·tie·ren <reflektierst, reflektierte, hat reflektiert> *mit OBJ/ohne OBJ* ❶ ■ *etwas reflektiert (etwas)* PHYS. *(↔ absorbieren) zurückwerfen:* Die Fensterscheibe/Der Spiegel reflektiert das Licht.; Der Spiegel/Die Wasseroberfläche reflektiert stark.; reflektierte Strahlen/Wellen; stark reflektierende Oberflächen ❷ ■ *jmd. reflektiert (etwas) (geh.: ≈ überdenken)* seine Lage kritisch reflektieren ❸ ■ *jmd. reflektiert auf etwas Akk. Interesse an etwas haben:* Reflektieren Sie noch auf dieses Grundstück, über dessen Kauf wir schon einmal gesprochen haben?; Auf diese Stelle reflektiere ich nicht mehr, da ich mittlerweile eine andere gefunden habe.

Re·flek·tor *der* <-s, ...-toren> TECHN. *ein Gerät,*

das Strahlen bündeln und zu einer Richtungsänderung bringen kann

Re·flex *der* <-es, -e> ❶ *der Schein von zurückgeworfenem Licht:* Das Licht bildet glitzernde Reflexe auf der Wasseroberfläche. ❷ MED. *das Ansprechen auf einen Nervenreiz:* angeborene Reflexe; einen Reflex auslösen; seine Reflexe unter Kontrolle halten ◆ Greif-, Kniescheiben- ❸ *unwillkürliche Reaktion im Verhalten:* Dass ich beim Ton der Sirene aufsprang, war ein bloßer Reflex.

Re·flex·be·we·gung *die* <-, -en> *unwillkürlich und schnell ausgeführte Bewegung:* Unwillkürlich kam es zu einer Reflexbewegung.

Re·fle·xi·on *die* <-, -en> ❶ PHYS. *(≈ Reflex) das Zurückwerfen von Wellen:* die Reflexion des Lichtes ◆ -sprisma, -svermögen, -swinkel ❷ PHILOS. *das Nachdenken über Bedingungen und Grenzen des Denkens:* philosophische Reflexionen über etwas anstellen

re·fle·xiv *adj /nicht steig./* ❶ SPRACHWISS. *rückbezüglich:* „Sich freuen" ist ein reflexives Verb. ❷ PHILOS. *auf Reflexion² bezogen*

Re·fle·xiv·pro·no·men *das* <-s, Reflexivpronomina> SPRACHWISS. *„Mich, dich, sich" sind Reflexivpronomina.*

Re·fle·xiv·verb *das* <-s, -en> SPRACHWISS. *ein Verb, das nur reflexiv verwendet wird:* Das Verb „schämen" ist ein Reflexivverb.

Re·flex·zo·nen·the·ra·pie *die* <-, -en> MED. *eine Form von Therapie durch Massage an bestimmten äußeren Punkten des Körpers, um innere Bereiche des Körpers zu beeinflussen*

Re·form *die* <-, -en> *eine Umgestaltung und Erneuerung von vorhandenen gesellschaftlichen oder politischen Verhältnissen, um sie zu verbessern:* eine Reform des Rentensystems/des Bildungswesens ▶ Reformer ◆ Bildungs-, Gesetzes-, Rechtschreib-, Steuer-, Studien-

Re·for·ma·ti·on *die* <-> */kein Plur./* *die religiöse Erneuerungsbewegung der Kirche im 16. Jahrhundert unter Martin Luther, die zur Gründung der evangelischen Kirchen führte* ▶ Reformator, reformatorisch

Re·for·ma·ti·ons·tag *der* <-es> */kein Plur./* *evangelisches Fest am 31. Oktober zum Gedenken an den Thesenanschlag an der Schlosskirche zu Wittenberg durch Martin Luther im Jahre 1517, der als Beginn der Reformation gilt*

re·form·be·dürf·tig *adj /nicht steig./* *in einem Zustand, in dem Reformen notwendig sind*

re·form·freu·dig *adj /nicht steig./* *zu Reformen neigend:* eine reformfreudige Regierung

Re·form·haus *das* <-(e)s, Reformhäuser> *ein Geschäft, in dem Reformkost verkauft wird*

re·for·mie·ren <reformierst, reformierte, hat reformiert> *mit OBJ* ■ *jmd. reformiert etwas (≈ erneuern) Reformen durchführen:* das Schulwesen reformieren

re·for·miert *adj /nicht steig./* ❶ *so, dass eine Reform durchgeführt wurde:* das reformierte Sozialgesetz ❷ *zu dem Zweig der evangelischen Kirchen gehörig, der sich auf den Reformator Calvin gründet:* Er ist Mitglied der reformierten Kirche.

Re·form·kost *die* <-> */kein Plur./* *natürliche, voll-*

R

wertige Nahrungsmittel, die nicht industriell bearbeitet sind

Re·form·kraft *die* <-, Reformkräfte> /meist Plur./ POL. *eine politisch-gesellschaftliche Macht, die Reformen anstößt:* die Reformkraft der Grünen

Re·form·pä·d·a·go·gik *die* <-> /kein Plur./ *eine neue Richtung in der Pädagogik seit dem Beginn des 20. Jahrhunderts, deren bekannteste Form die Waldorfschulen hervorgebracht hat*

Re·form·pro·zess *der* <-es, -e> *das allmähliche Voranschreiten von Reformen in einem bestimmten Bereich*

Re·form·stau *der* <-s, -s> *(umg.) der Zustand, das notwendige Reformen nicht durchgeführt, sondern verschoben werden*

Re·form·werk *das* <-s, -e> POL. *das konkrete Ergebnis einer (Gesetzes-)Reform:* das Reformwerk der neuen Gesundheitsgesetzgebung

Re·f·rain *der* [rə'frɛ̃ː] <-s, -s> *(≈ Kehrreim) der regelmäßig sich wiederholende Teil eines Liedes:* den Refrain eines Liedes mitsingen

Re·fu·gi·um *das* <-s, Refugien> *(geh.: ≈ Zufluchtsort) ein Ort, an den man sich gern zurückzieht, um Ruhe zu haben:* In der großen Wohnung hat jeder sein eigenes Refugium.; Das Seengebiet ist ein Refugium für Störche

re·fun·die·ren <refundierst, refundierte, hat refundiert> *mit OBJ* ■ *jmd.* **refundiert etwas** ÖSTERR. *rückvergüten, ersetzen, erstatten*

Re·gal *das* <-s, -e> *Gestell zur Aufbewahrung von Dingen:* ein Regal für Bücher/Gläser/Spielzeug ◆-brett, -fläche, Bücher-, Holz-, Keller-, Wand-

Re·gat·ta *die* <-, Regatten> SPORT *eine Wettfahrt für Boote* ◆ Ruder-, Segel-

re·ge <reger, am regsten> *adj* ❶ *(≈ lebhaft) ständig in Aktion oder in Bewegung:* Auf den Straßen herrscht reger Betrieb/Verkehr.; regen Anteil an etwas nehmen; auf eine rege Beteiligung hoffen; eine rege Vorstellungskraft haben ❷ *(geistig) beweglich; aktiv:* eine rege Schülerin; geistig noch sehr rege sein

Re·gel *die* <-, -n> ❶ *(≈ Norm) Vorschrift:* Regeln beachten/einhalten/missachten/verletzen; für etwas Regeln aufstellen; die Regeln im Straßenverkehr/ beim Handball/beim Schach kennen ◆ Bauern-, Lebens-, Rechtschreib-, Spiel- ❷ */kein Plur./ (≈ Brauch, Gewohnheit) die (allgemein) übliche Verfahrensweise:* etwas zur Regel werden lassen; In der Regel ist hier sonntags geschlossen.; Das ist für mich eine feste Regel. ❸ *(≈ Menstruation) die Monatsblutung bei Frauen:* Die Regel bleibt aus.; die letzte/nächste Regel; Sie hat ihre Regel

Sprachlichen Regeln folgen Sprecher und Sprecherinnen, wenn sie sprachlich agieren. Da Regeln nicht wahrnehmbar sind, sondern nur intraindividuell als eine Art des stillschweigenden Wissens existieren, zeigt sich nur im sprachlichen Agieren bzw. an sprachlichen Aktivitäten, dass und in welcher Weise Regeln gelten. Als *Handlungen* der und der Art lassen sich sprachliche Aktivitäten dann bezeichnen, wenn sie einem konventionellen Handlungstyp zugeordnet werden können, der mit einem handlungsbezeichnenden Verb benannt werden kann, z. B. „jemanden beleidigen", „etwas nachschlagen". Daran lässt sich stets anschließen mit *indem*: „indem ein Schimpfwort verwendet wird", „indem ein Wörterbuch aufgeschlagen wird" etc. Wer Regeln folgt, verfügt über sie, ohne dass er sie auch formulieren kann, oder ihm/ihr das in geeigneter Weise möglich ist. **Regelformulierungen** werden in der Sprachwissenschaft und in der Lexikographie (vgl. das Stichwort) z. B. für Bedeutungen und grammatische Gegebenheiten gemacht. Regeln unterliegen Wandlungen; und sie können absichtlich (z. B. sprachspielerisch) oder unabsichtlich durchbrochen werden. Aber niemand kann allein oder als Institution auf dem Wege der Regelformulierung z. B. neue Regeln für den Gebrauch der Wörter *Katze* oder *und* in der deutschen Standardsprache einführen, vorschreiben, und dann bei Nichtbeachtung mit Sanktionen drohen. Dies zeigt einen der Unterschiede zwischen Regeln und **Normen** (vgl. das Stichwort). Jemand könnte zwar eine gewisse Zeit lang privaten Regeln folgen. Dann würde ihm/ihr aber passieren, für nicht normal erklärt zu werden bzw. es würde ihm/ihr so ergehen, wie jenem Mann in Peter Bichsels Erzählung „Ein Tisch ist ein Tisch": Schlimm war, dass er die Leute nicht mehr verstehen konnte: „Viel schlimmer war: Sie konnten ihn nicht mehr verstehen". Hier zeigt sich, dass Regeln eine überindividuelle Geltung besitzen (konventionelle Charakters sind), und dass es zumindest in vielen Bereichen der Übereinstimmung der Regeln gibt, wenngleich auch nicht in allen Bereichen der Sprache alles genau geregelt ist; ein Beispiel sind die Regeln für das Genus im Deutschen (vgl. das Stichwort).

Das Erlernen von sprachlichen Regeln im Erstspracherwerb (vgl. das Stichwort *Spracherwerb*) setzt die Fähigkeit voraus, aus Regelmäßigkeiten (die ja durchaus regelorientiert sind) und einer gewissen Gleichförmigkeit von sprachlichen Äußerungen im Umfeld auf Regeln schließen zu können. Wer auf diese Weise Regeln unabhängig von der Berücksichtigung der Formulierung solcher Regeln gelernt hat, hat gleichzeitig ein Erfahrungswissen erworben über den Zusammenhang von Regeln und dem Geltungsbereich, in dem nach ihnen usuell (gewöhnlich, dem eingespielten Gebrauch nach) sprachlich agiert wird. Die Mundart seiner Umgebung erlernt das Kind freiwillig, nicht unbedingt aber die deutsche Standardsprache (vgl. das Stichwort) in der Schule. Im Rahmen des gesteuerten Erstspracherwerbs, insbesondere auch beim Fremdspracherwerb und Zweitspracherwerb (vgl. das Stichwort), jedoch haben Ergebnisse von Regelformulierungen in Form von Gram-

R

matiken und Wörterbüchern traditionell ihren Platz.

Re·gel·ar·beits·zeit *die* <-, -en> *die vereinbarte regelmäßige Arbeitszeit:* eine wöchentliche Regelarbeitszeit von … Stunden

Re·gel·blu·tung *die* <-, -en> *(≈ Menstruation) die Monatsblutung bei Frauen*

Re·gel·fall *der* <-(e)s, Regelfälle> */meist Sing./ der normale Fall:* im Regelfall; Das ist nicht der Regelfall.

re·gel·los *adj /nicht steig./ ohne erkennbare Ordnung oder Regeln:* völlig regellos auftretende Ereignisse; Es herrscht ein regelloses Durcheinander. ▶ Regellosigkeit

re·gel·mä·ßig *adj* ❶ *in festen Abständen (wiederkehrend):* eine regelmäßige Veranstaltung; regelmäßig stattfinden; auf regelmäßiges Essen achten; ein regelmäßiges Muster ❷ SPRACHWISS. *nach einem bestimmten Muster gebildet:* regelmäßige Verben; eine regelmäßige Deklination/Konjugation ❸ *(umg.) immer wieder einmal:* An dieser Stelle mache ich regelmäßig einen Fehler.; Er kommt regelmäßig zu spät! ❹ *gleichmäßig, ebenmäßig:* regelmäßige Gesichtszüge

Re·gel·mä·ßig·keit *die* <-, -en> */Plur. selten/* ❶ *ein Umstand oder Zustand, der regelmäßig wiederkehrt:* sich mit großer Regelmäßigkeit verspäten; die Regelmäßigkeit der Anordnung ❷ *Ebenmäßigkeit:* die Regelmäßigkeit der Gesichtszüge; die Regelmäßigkeit im Wuchs der Pflanze

re·geln <regelst, regelt, hat geregelt> I. *mit OBJ* ❶ ■ *jmd. regelt etwas durch Regeln oder Anweisungen in eine bestimmte Ordnung bringen:* den Verkehr regeln; den Zugang zu bestimmten Studienfächern regeln; etwas durch Gesetze regeln ❷ ■ *jmd./etwas regelt etwas* TECHN. *einstellen:* die Einstellung eines Gerätes/ die Heizung/die Luftfeuchtigkeit/die Temperatur regeln; ein Hebel/ein Ventil zum Regeln der Luftzufuhr ❸ ■ *jmd. regelt etwas irgendwie klären oder in Ordnung bringen:* Das können wir unter uns regeln.; Wie wollen wir die Angelegenheit regeln? II. *mit SICH* ■ *etwas regelt sich etwas kommt ohne direkten äußeren Einfluss in Ordnung:* Wenn Sie regelmäßig Sport treiben, wird sich auch Ihr Blutdruck wieder regeln.

re·gel·recht *adj /nicht steig./ (umg.: ≈ geradezu) wirklich; richtig:* Seine Kritik war nicht nur scharf, sie war regelrecht vernichtend.; Er war regelrecht betrunken.

Re·gel·schmer·zen *die* <-> *Plur.* MED. *Schmerzen bei der Regelblutung*

Re·gel·stu·di·en·zeit *die* <-> *Plur. die für einzelne Studiengänge festgesetzte Zeit, die ein Studium dauern soll und die nur in besonderen Fällen überschritten werden darf*

Re·ge·lung *die* <-, -en> ❶ */kein Plur./ der Vorgang des Regelns:* die Regelung des Verkehrs; die Regelung der Luftzufuhr; die Regelung einer Angelegenheit ◆-technik, Lautstärken-, Temperatur- ❷ *Vorschrift:* Wir haben folgende Regelung getrof-

fen …; Diese Regelungen gelten bis auf weiteres. ◆Neu-, Übergangs-

Re·gel·werk *das* <-(e)s, -e> *Gesamtheit der Regeln zu einem Sachbereich:* Das Regelwerk zu Fragen der Katalogisierung macht zu solch einem Fall keine Angaben.

re·gel·wid·rig *adj /nicht steig./ gegen eine Regel verstoßend:* sich regelwidrig verhalten; Das war ein klares Foul, absolut regelwidrig gespielt! ▶ Regelwidrigkeit

Re·gen *der* <-s> */kein Plur./* ❶ *Niederschlag von Wassertropfen:* Der Wetterbericht meldet Regen.; Regen fällt/nieselt/rauscht/strömt.; Der Regen prasselt auf das Dach/klatscht gegen die Fensterscheiben/wird stärker/ lässt langsam nach. ◆-fall, -gebiet, -guss, -mantel, -menge, -tropfen, -wasser, -wetter, -wolke, Eis-, Gewitter-, Schnee- ❷ *etwas, das in der Form vieler einzelner Teile niedergeht:* Ein Regen von Konfetti ging auf die Zuschauer nieder.; ein Regen von Geschenken/guten Wünschen; ■ **jemanden im Regen stehenlassen** *(umg.) jmdn. in einer schwierigen Lage ohne Unterstützung lassen;* ■ **ein warmer Regen** *(umg.) unerwartetes Geld, das einem aus einer gegenwärtigen schwierigen Lage hilft* Der Gewinn war ein warmer Regen für seinen durch den Urlaub strapazierten Geldbeutel.; ■ **vom Regen in die Traufe kommen** *(umg.) von einer unangenehmen Situation in die nächste kommen*

re·gen <regst, regte, hat geregt> I. *mit OBJ* ■ *jmd. regt etwas ein wenig bewegen:* Er war gerade aufgewacht und fing an, die Glieder zu regen. II. *mit SICH* ❶ ■ *jmd./ein Tier/etwas regt sich sich (ein wenig) bewegen:* Ich kann mich kaum noch regen.; Es ist ganz still, kein Blatt regt sich.; Der Vogel, der aus dem Nest gefallen war, regt sich wieder. ❷ ■ *etwas regt sich (in jmdm.) sich bemerkbar machen:* In mir regte sich Widerstand/ Widerwillen/ der Wunsch zu essen.; Sein Gewissen hat sich endlich geregt.; Wenn du auch etwas haben willst, musst du dich schon selbst regen!

re·gen·arm *adj /nicht steig./ (↔ regenreich) mit geringen Niederschlägen:* die regenarmen Landstriche an der Ostküste

Re·gen·bö *die* <-, -en> *starker Windstoß mit heftigem Regen*

Re·gen·bo·gen *der* <-s, Regenbögen> *die Naturerscheinung, bei der Sonnenlicht an Regentropfen in seine Spektralfarben zerlegt wird und sich am Himmel als farbiger Bogen zeigt:* Am Himmel stand ein großer Regenbogen.

Re·gen·bo·gen·haut *die* <-, Regenbogenhäute> ANAT. *(≈ Iris) der farbige Teil des Auges rund um die Pupille*

Re·gen·bo·gen·pres·se *die* <-> */kein Plur./ (umg.) bunt gestaltete Zeitungen und Zeitschriften, die sich sensationslüstern auf die neuesten Nachrichten zumeist aus dem Privatleben von Prominenten konzentrieren*

re·gen·dicht *adj /nicht steig./ so, dass kein Regen durchdringen kann:* ein regendichter Mantel

Re·ge·ne·ra·ti·on *die* [regenara'tsi̯oːn] <-, -en> ❶ *(geh.) Erneuerung; Wiederherstellung:* Nach der langen Krankheit braucht sie noch ein paar

Tage zur Regeneration. **②** BIOL. *das erneute Wachsen:* die Regeneration von abgestorbenem/ zerstörtem Gewebe **③** TECHN. *die erneute Nutzbarmachung von Verbrauchtem:* die Regeneration von Motorenöl

re·ge·ne·ra·tiv *adj /nicht steig./ die Regeneration²·³ betreffend:* regenerative Energiequellen

re·ge·ne·rie·ren <regenerierst, regenerierte, hat regeneriert> **I.** *mit OBJ* **①** ■ *etwas regeneriert jmdn./etwas (geh.) neue Kraft geben:* Der Urlaub hat mich/meine Gesundheit/ meine Kräfte regeneriert. **②** ■ *jmd. regeneriert etwas* TECHN. *erneut nutzbar machen:* Getriebeöl regenerieren **II.** *mit SICH* ■ *jmd./etwas regeneriert sich* **①** *(geh.) sich erholen:* sich im Urlaub vollständig regenerieren **②** BIOL. *nachwachsen:* Das Gewebe hat sich wieder regeneriert.; Organe regenerieren sich nicht.

Re·gen·front *die* <-, -en> METEOR. *Grenzfläche einer feuchten Luftmasse*

re·gen·reich *adj /nicht steig./ (↔ regenarm) mit viel Regen:* die regenreichen Landstriche an der Westküste; Die kommenden Tage werden sehr regenreich.

Re·gen·rin·ne *die* <-, -n> *Rinne zur Ableitung von Regenwasser:* eine Regenrinne am Dach

Re·gen·schau·er *der* <-s, -> *kurzer, heftiger Regen:* Es muss mit Regenschauern und kräftigen Windböen gerechnet werden.

Re·gen·schirm *der* <-(e)s, -e> *Schirm zum Schutz vor Regen:* den Regenschirm aufspannen/ zuklappen/im Zugabteil vergessen

Re·gent *der*, **Re·gen·tin** <-en, -en> *König(in), Kaiser(in) oder Fürst(in), der(die) gerade regiert:* Münzen mit dem Bildnis der Regentin; der Sommersitz des Regenten ▸ regieren

Re·gen·tag *die* <-(e)s, -e> *Tag mit lang anhaltendem Regen:* ein trüber, verhangener Regentag im November

Re·gent·schaft *die* <-, -en> **①** *das Regierungsamt (eines Monarchen):* die Regentschaft übernehmen **②** *die Amtszeit eines Regenten:* Das Schloss wurde während der Regentschaft Augusts des Starken gebaut. **③** *stellvertretende Herrschaftsausübung für einen Monarchen, falls dieser minderjährig, regierungsunfähig oder gerade außer Landes ist*

Re·gen·wald *der* <-(e)s, Regenwälder> *immergrüner Wald in feuchten Gebieten mit tropischem und subtropischem Klima:* die Abholzung/der Schutz des Regenwaldes

Re·gen·wurm *der* <-(e)s, Regenwürmer> *ein Wurm, der in der Erde lebt und bei Regen an die Oberfläche kriecht:* Regenwürmer lockern den Boden auf.

Re·gen·zeit *die* <-, -en> *in tropischen Klimazonen die regenreiche Jahreszeit*

Reg·gae *der* ['rɛgeɪ] <-(s)> */kein Plur./ ursprünglich aus Jamaika stammender Stil der Rockmusik, für den der besondere Rhythmus typisch ist:* der Reggae des unvergessenen Bob Marley

Re·gie *die* [re'ʒiː] <-> */kein Plur./* **①** *die Anleitung und Überwachung, die eine erfahrene Person gibt:* unter der Regie des Seminarleiters/des Skilehrers/des Ausbilders Übungen machen **②** THEAT., FILM *künstlerische Leitung:* Unter der Regie von ... wurde ein neuer Film gedreht/ein neues Stück inszeniert.; ■ *etwas in eigener Regie machen (umg.) etwas ohne fremde Hilfe und in eigener Verantwortung machen* ◆-konzept, Film-, Opern-

Re·gier·bar·keit *die* <-> */kein Plur./ (↔ Anarchie) der Zustand, in dem ein Staat oder Volk regiert werden kann*

re·gie·ren <regierst, regierte, hat regiert> **I.** *mit OBJ* **①** ■ *jmd./etwas regiert jmdn./etwas (politisch) beherrschen:* Der König regierte das Land.; Sie regiert die ganze Familie.; Heute regiert der Karneval die Stadt (≈ ist der Karneval überall in der Stadt das beherrschende Thema). **②** ■ *etwas regiert etwas* SPRACHWISS. *(einen bestimmten Fall) verlangen:* Das Verb „brauchen" regiert den Akkusativ. **II.** *ohne OBJ* ■ *jmd. regiert* **①** *jmd. oder etwas herrscht:* gerecht regieren; In diesem Land/ dieses Land regiert eine Militärjunta.; Gegenwärtig regiert eine Koalition aus zwei Parteien. **②** *(übertr.: ≈ vorherrschen) stark in Erscheinung treten:* Am Rosenmontag regiert am Rhein der Karneval.; Zu jener Zeit regierten Hunger und Armut im Land. ◆Großschreibung →R 3.17 der Regierende Bürgermeister

Re·gie·rung *die* <-, -en> **①** *das Gremium, das ein Land regiert und alle Personen, die ihm angehören:* eine neue Regierung wählen; die alte Regierung ablösen/abwählen; im Namen der Regierung handeln; ein Mitglied der Regierung; ein Beschluss der Regierung ◆-schef(in), -skoalition, -smitglied, -spolitik, -sumbildung, -swechsel, -szeit, Bundes-, Koalitions-, Landes-, Militär-, Zentral- **②** */kein Plur./ das Regieren:* jemanden an die Regierung bringen; die Regierung antreten/übernehmen; unter der Regierung von ...

Re·gie·rungs·an·tritt *der* <-(e)s, -e> *Übernahme der Regierung²:* Bei seinem Regierungsantritt hielt der neu gewählte Ministerpräsident eine programmatische Rede.

Re·gie·rungs·be·tei·li·gung *die* <-, -en> *Beteiligung einer einzelnen politischen Partei an der Regierung¹*

Re·gie·rungs·be·zirk *der* <-s, -e> *eine Gebiet (mit Städten und Landkreisen), das einer bestimmten Verwaltungsbehörde zugeordnet ist*

Re·gie·rungs·bil·dung *die* <-, -en> *das Zusammenstellen einer Regierung¹:* den Wahlsieger mit der Regierungsbildung beauftragen

Re·gie·rungs·er·klä·rung *die* <-, -en> *eine offizielle Erklärung zur Erläuterung des Standpunktes der Regierung¹ in einer bestimmten Frage:* eine Regierungserklärung zur Außenpolitik abgeben

re·gie·rungs·fä·hig *adj /nicht steig./ so, dass gewählte Volksvertreter einer Partei oder einer Koalition die Mehrheit haben und daher eine Regierung¹ bilden können*

Re·gie·rungs·ge·schäf·te *die Plur.* Amtsgeschäfte *einer Regierung¹:* die Regierungsgeschäfte führen, wärend der Regierungschef abwesend ist

Re·gie·rungs·krei·se *die* <-> *Plur. die zu einer Regierung¹ gehörenden oder bei ihr beschäftigten Personen:* wie aus Regierungskreisen verlautet, ...

R

Re·gie·rungs·prä·si·dent *der,* **Re·gie·rungs·prä·si·den·tin** <-en, -en> ❶ SCHWEIZ. *Präsident des Regierungsrates (Kantonsregierung)* ❷ *Leiter eines Regierungsbezirks* ▸ Regierungspräsidium

Re·gie·rungs·rat *der* <-s, ...-räte> ❶ SCHWEIZ. *Kantonsregierung, Mitglied einer Kantonsregierung* ❷ *ein hoher Beamter in der Verwaltung*

Re·gie·rungs·spre·cher *der,* **Re·gie·rungs·spre·che·rin** <-s, -> *Person, die im Auftrag der Regierung¹ offizielle Erklärungen zur Regierungspolitik gegenüber der Presse und der Öffentlichkeit abgibt*

Re·gie·rungs·ver·tre·ter *der,* **Re·gie·rungs·ver·tre·te·rin** <-s, -> *jmd., der der Regierung¹ angehört und sie bei einem offiziellen Anlass vertritt*

Re·gie·rungs·vier·tel *das* <-s, -> *das Gebiet in der Hauptstadt, in dem die Gebäude der Regierung¹ (zum Beispiel Ministerien) liegen*

Re·gie·rungs·vor·la·ge *die* <-, -n> *ein Gesetzesentwurf, der dem Parlament von der Regierung¹ vorgelegt wird, um darüber im Parlament zu beraten*

Re·gime *das* [re'ʒiːm] <-s, -s/-> *(abwert.) eine diktatorische, undemokratische Regierung(sform), in der eine Person oder eine Gruppe von Personen (auch unter Einsatz von Gewalt und Unterdrückung) ihre Macht behauptet und durchsetzt:* ein totalitäres Regime ◆-gegner, -kritiker, Besatzungs-, Militär-, Terror-, Willkür-

re·gime·kri·tisch [re'ʒiːm...] *adj /nicht steig./* POL. *kritisch gegenüber einem Regime:* die regimekritischen Äusserungen eines Schriftstellers

Re·gi·ment *das* <-(e)s, -e/-er> ❶ <*pl:* -e> *Herrschaft; Führung:* ein strenges Regiment führen; unter dem Regiment von ... stehen ❷ <*pl:* -er> MILIT. *(große) Truppeneinheit:* ein Regiment führen; bei einem Regiment dienen

Re·gi·on *die* <-, -en> *Landesgebiet, Landesbereich:* die Region Südbaden/Schleswig-Holstein; Aus welcher Region kommen Sie?; die Schwarzwaldregion; die Regionen Deutschlands und ihre Mundarten ◆Seen-, Ufer-, Wald-

-re·gi·on *als Zweitglied zusammengesetzter Substantive; gibt den mit dem Erstglied genannten Körperteil als nicht genau umgrenzten Bereich an* ◆Becken-, -Magen-, Schulter-

re·gi·o·nal *adj /nicht steig./ zu einem bestimmten (Landes)gebiet gehörend, aus ihm stammend:* regionale Unterschiede in Europa; Das wird regional unterschiedlich gehandhabt.; Schwarzwälder Schinken ist eine regionale Spezialität.

Re·gi·o·na·lis·mus *der* <-, Regionalismen> *das Vertreten der eigenen Interessen einer Region innerhalb eines Landes oder Staates* ▸ Regionalist

Re·gis·seur *der,* **Re·gis·seu·rin** [reʒɪˈsøːɐ̯] <-s, -e> FILM, THEAT. *verantwortlicher künstlerischer Leiter einer Film- oder Theaterproduktion* ◆Film-, Opern-, Schauspiel-, Theater-

Re·gis·ter *das* <-s, -> ❶ *(≈ Index) eine (alphabetisch) geordnete Liste mit Stichwörtern zu in einem Buch behandelten Themen:* einen Begriff im Register nachschlagen ◆Namens-, Sach-, Schlagwort- ❷ *amtliches Verzeichnis:* das Register der Geburten/der Sterbefälle in einer Gemeinde; ein

Register führen; ein langes Register von Vorstrafen ◆Geburten-, Sterbe-, Straf-, Vorstrafen- ❸ MUS. *(bei bestimmten Instrumenten) eine Gruppe von Tasten oder Pfeifen, die einen bestimmten Klang erzeugen:* die Register einer Orgel; Register ziehen ❹ MUS. *der Stimmbereich beim Singen, der mit gleicher Einstellung der Stimmbänder aktiviert werden kann;* ▪ **alle Register (seines Könnens) ziehen** *(umg.) alle seine Fähigkeiten zeigen oder einsetzen* ◆-arie, Brust-, Falsett-, Kopf-

Re·gis·ter·ton·ne *die* <-, -n> *ein Raummaß für Schiffe* ◆Brutto-

Re·gis·t·ra·tur *die* <-, -en> AMTSSPR. *ein Büro, in dem Urkunden und Akten einer Behörde aufbewahrt werden:* in der Registratur arbeiten

re·gis·t·rie·ren <registrierst, registrierte, hat registriert> *mit OBJ* ❶ ▪ *jmd./etwas registriert jmdn./etwas offiziell verzeichnen:* etwas in den Akten registrieren; sich als Teilnehmer eines Wettkampfes registrieren lassen ❷ ▪ *jmd. registriert etwas bemerken:* Sie hatte seine Ankunft nicht registriert.; Das hatte ich einfach nicht registriert. ❸ ▪ *etwas registriert etwas* TECHN. *aufzeichnen; messen:* die geringste Schwankung der Spannung/leise Töne registrieren; Temperaturschwankungen genau registrieren ▸ Registriergerät ❹ ▪ *jmd. registriert etwas* MUS. *an der Orgel Register ziehen*

Re·gis·t·rier·kas·se *die* <-, -n> *automatisch rechnende Kasse:* die Registrierkassen am Ausgang des Supermarktes

Re·g·le·ment *das* [reglə'mã] <-s, -s> ❶ *(≈ Regelwerk) die Gesamtheit der Vorschriften in einem Bereich:* ein strenges Reglement; Das Reglement besagt in solch einem Fall ...; gegen das Reglement verstoßen ❷ SCHWEIZ. *(≈ Satzungen, Statuten) Bestimmungen, die für einen bestimmten Bereich, für bestimmte Tätigkeiten gelten*

re·g·le·men·tie·ren <reglementierst, reglementierte, hat reglementiert> *mit OBJ* ▪ *jmd./etwas reglementiert jmd./etwas (geh. abwert.) durch strenge Vorschriften regeln:* das Studium zu reglementieren versuchen; Lehrer wagen heute zumeist nicht mehr, ihre Schüler zu reglementieren. ▸ Reglementierung

Reg·ler *der* <-s, -> TECHN. *eine Vorrichtung, mit der man etwas einstellen kann:* den Regler für die Luftzufuhr (bis zum Anschlag) nach rechts drehen ◆Lautstärke-, Helligkeits-, Kontrast-, Temperatur-

reg·los *adj /nicht steig./ ohne sich zu bewegen:* Da lag ein regloser Körper auf dem Boden.; völlig reglos dastehen

Reg·lung *siehe* **Regelung**

reg·nen I. *ohne OBJ* ▪ *etwas regnet in großen Mengen herunterfallen:* Die Blütenblätter regnen vom Baum. II. *mit ES* ▪ *es regnet* ❶ *als Niederschlag von Wasser vom Himmel fallen:* Es regnet in Strömen/heftig/nur noch leicht/schon wieder; den ganzen Tag/jetzt schon seit drei Tagen. ❷ *in Form vieler Teile herunterfallen:* Es regnet Konfetti auf die Zuschauer.

reg·ne·risch *adj /nicht steig./ mit der Neigung zu häufigem Regen; mit Regen verbunden:* regnerisches Wetter; drei regnerische Urlaubswochen; das regnerische Klima der Insel

Re·gress *der* <-es, -e> ❶ RECHTSW., WIRTSCH. *Schadensersatz, Entschädigung:* jmdn. in Regress nehmen; Regress (von jemandem) fordern ◆-klage, -pflicht ❷ PHILOS. *(↔ Progress) Rückgang von der Wirkung zur Ursache*

Re·gress·an·spruch *der* <-(e)s, Regressansprüche> RECHTSW. *Anspruch auf einen Regress [1]:* keinen Regressanspruch haben

Re·gres·si·on *die* <-, -en> PSYCH. *die unbewusste Rückkehr eines Erwachsenen in kindliches Erleben oder Verhalten:* infantile Regression

re·gress·pflich·tig *adj /nicht steig./* RECHTSW. *zum Regress [1] verpflichtet*

re·gu·lär *adj /nicht steig./* ❶ *(↔ irregulär) dem üblichen Verfahren oder Reglement entsprechend:* Das ist bei diesen Wetterbedingungen kein reguläres Rennen/Spiel mehr!; ein reguläres Gerichtsverfahren ❷ *normal:* den regulären Zug, keinen Sonderzug nehmen; Erwachsene zahlen den regulären Preis. ❸ MATH. *gleich groß (von den Innenwinkeln und Seiten von Vielecken):* reguläre Vielecke

re·gu·la·tiv *adj /nicht steig./* auf Grund einer Regel ▸ Regulativ

Re·gu·la·tor *der* <-s, ...-toren> *eine Pendeluhr*

re·gu·lie·ren <regulierst, regulierte, hat reguliert> **I.** *mit OBJ* ■ **jmd. reguliert etwas** ❶ TECHN. *die richtige Stärke einstellen:* Die Lautstärke kann man nur noch per Fernbedienung regulieren. ❷ AMTSSPR. *wieder gutmachen:* einen Schaden regulieren; Das wird von meiner Versicherung reguliert. ❸ *lenken, in den richtigen Ablauf bringen:* einen Flusslauf/den Verkehr regulieren **II.** *mit SICH* ■ **etwas reguliert sich** *sich regeln:* Hoffen Sie nicht darauf, dass sich das Problem/Ihr Übergewicht von selbst reguliert.

Re·gu·lie·rung *die* <-, -en> *das Regulieren [1, 2, 3]:* die Regulierung der Temperatur; die Regulierung eines Schadens; die Regulierung des Verkehrs

Re·gung *die* <-, -en> *(geh.)* ❶ *schwache Bewegung:* ohne jede Regung ❷ *Empfindung des Gefühls:* jemandem seine geheimsten Regungen offenbaren ◆Gefühls-, Gemüts-

re·gungs·los *adj /nicht steig./ (geh.) ohne jegliche Bewegung:* regungslos verharren

Reh *das* <-(e)s, -e> *ein mittelgroßes Wildtier mit rotbraunem Fell und kurzem Geweih:* scheu wie ein Reh; in der Morgendämmerung Rehe beobachten ◆-braten, -rücken

Re·ha·bi·li·ta·ti·on *die* <-, -en> MED. *der Prozess der Wiedereingliederung von geistig oder körperlich Erkrankten oder Behinderten ins Arbeitsleben:* Maßnahmen zur Rehabilitation ❷ *die Wiederherstellung des öffentlichen Ansehens einer Person oder Sache:* die Rehabilitation politisch Verfolgter; die Rehabilitation des Ansehens einer Firma

re·ha·bi·li·tie·ren <rehabilitierst, rehabilitierte, hat rehabilitiert> *mit OBJ* ■ **jmd. rehabilitiert jmdn./etwas** ❶ MED. *wieder ins Arbeitsleben eingliedern:* einen Behinderten/Infarktpatienten rehabilitieren ❷ *(≈ entlasten) das öffentliche An-*

sehen einer Person oder Sache wieder herstellen: einen Politiker rehabilitieren; Er hat sich durch sein faires Verhalten wieder rehabilitiert.

Re·ha·bi·li·tie·rung *die* <-, -en> ❶ MED. *Wiedereingliederung eines geistig oder körperlich Behinderten* ❷ *Wiederherstellung des öffentlichen Ansehens einer Person oder Sache*

Reh·bock *der* <-(e)s, Rehböcke> *männliches Reh*

Reh·bra·ten *der* <-s, -> KOCH. *Braten(fleisch) vom Reh*

Rei·bach ■ **bei etwas (einen) Reibach machen** *(umg. abwert.) einen sehr hohen Gewinn bei etwas erzielen*

Rei·be *die* <-, -n> *ein Küchengerät zum Reiben von Gemüse, Obst oder Käse*

Reib·ei·sen *das* <-s, -> *(≈ Reibe)*

rei·ben <reibst, rieb, hat gerieben> **I.** *mit OBJ* ■ **jmd./ein Tier reibt etwas (an etwas** *Dat.***)** ❶ *über etwas unter Ausübung von Druck mehrmals hin- und herfahren:* (sich) die Augen/die Hände reiben; das Besteck blank reiben; Die Katze reibt ihren Kopf an meinen Beinen. ❷ ■ **jmd. reibt etwas** *kräftig wischend bearbeiten:* die Schuhe sauber reiben; die Haare trocken reiben; den Fleck aus der Jacke reiben ❸ ■ **jmd. reibt etwas** *(≈ raspeln) mit Hilfe einer Reibe zerkleinern:* die Möhren reiben; ein geriebener Apfel **II.** *ohne OBJ* ■ **etwas reibt (an etwas** *Dat.***)** *eine Oberfläche berühren und sich (gegen Widerstand) bewegen:* Die Schuhe reiben (am Fuß).; Der Stuhl reibt an der Wand.; Das Rad reibt am Schutzblech.; Die beiden Teile reiben aneinander. **III.** *mit SICH* ■ **jmd. reibt sich mit jmdm./etwas** *(umg.) mit jmdm. ständig in Streit geraten:* sich mit seinen Eltern/ seiner Umwelt reiben

Rei·be·rei *die* <-, -en> */meist Plur./ (umg. abwert.) Streitigkeit:* Ständig kam es zwischen ihnen zu Reibereien.; Kleine Reibereien sind unter Geschwistern an der Tagesordnung.

Rei·bung *die* <-, -en> PHYS. *der Widerstand, der bei der Bewegung zweier sich berührender Gegenstände auftritt:* Durch Reibung entstehen Energieverluste. ◆-skoeffizient, -skraft, -sschicht, -swinkel

Rei·bungs·elek·t·ri·zi·tät *die* <-> /kein Plur./ PHYS. *die entgegengesetzte elektrische Aufladung, die beim Reiben zweier Isolatoren auftritt*

Rei·bungs·flä·che *die* <-, -n> *die Fläche, an der eine Reibung entsteht*

rei·bungs·los *adj ohne Probleme oder Hemmnisse:* einen reibungslosen Ablauf gewährleisten; nahezu reibungslos ablaufen

Rei·bungs·ver·lust *der* <-s, -e> ❶ PHYS. *Leistungsverlust durch Reibung* ❷ *(übertr.) Verlust an psychischer Energie durch Konflikte, die man mit jmdm. hat*

Rei·bungs·wi·der·stand *der* <-(e)s, -Reibungswiderstände> PHYS. *der durch Reibung erzeugte mechanische Widerstand gegen eine Bewegung*

Reich *das* <-(e)s, -e> ❶ GESCH. *der Herrschaftsbereich eines absoluten Herrschers:* Der König empfing Fürsten aus allen Teilen seines Reiches. ◆-sgrenzen, -shauptstadt, Kaiser-, König-, Zaren-, Welt- ❷ *(umg.) der persönliche Bereich, in dem*

R

man ungestört ist: Hier haben die Kinder ihr kleines Reich. ❸ *ein Bereich, in dem etwas bestimmend ist:* das Reich der Wissenschaft/der Märchen und Sagen/der Fantasie der Toten; ■ **das Dritte Reich** GESCH. *Deutschland in der Zeit des Nationalsozialismus;* ■ **das Reich der Mitte** *China* ◆Pflanzen-, Tierreich ◆Großschreibung →R 3.17, R 3.19 das Dritte Reich; das Römische Reich

reich *adj* ❶ *(≈ wohlhabend ↔ arm) so, dass man viel materiellen Besitz hat:* Dann bist du ja jetzt ein reicher Mann.; in einem Viertel der Reichen wohnen; Es gab immer schon reiche und arme Leute.; der reiche Norden und der arme Süden des Landes ❷ *mit viel Aufwand:* ein reich verziertes/reichverziertes Kleid; ein reich gedeckter/reichgedeckter Tisch; ein reich geschmückter/reichgeschmückter Altar ❸ *(≈ reichhaltig) so, dass es vieles enthält:* Unser Restaurant bietet eine reiche Auswahl an regionalen Spezialitäten. ❹ *(≈ reichlich ↔ spärlich) in großem Umfang:* reiche Beute machen; reiche Erfahrungen haben; ■ **reich an etwas sein** *viel von etwas haben* reich an Erfahrungen/Bodenschätzen sein ◆Großschreibung →R 3.7 eine Botschaft für Arm und Reich vermitteln; ◆Getrennt- oder Zusammenschreibung →R 4.16 reich geschmückter/reichgeschmückter Tisch; reich verzierte/reichverzierte Fassaden

-reich *(↔ -arm) als Zweitglied zusammengesetzter Adjektive; drückt aus, dass das mit dem Erstglied Bezeichnete in besonders großer Menge/Ausprägung vorhanden ist* ▸arten-, fett-, ideen-, inhalts-, kalorien-, kinder-, nährstoff-, niederschlags-, sauerstoff-, schnee-, varianten-, vitamin-

rei·chen <reichst, reichte, hat gereicht> **I.** *mit OBJ* ■ **reicht jmdm. etwas** *(geh.:≈ anreichen, darreichen) geben:* Reichst du mir mal bitte die Butter/das Salz?; jmdm. die Hand reichen; jmdm. die Wange zum Kuss reichen; dem Säugling die Brust reichen **II.** *ohne OBJ* ❶ ■ **etwas reicht** *genügend vorhanden sein:* Reicht das Geld noch für die Straßenbahn?; Das reicht aber nicht!; Langsam reicht's mir!; Der Stoff reicht nicht für einen Mantel. ❷ ■ **etwas reicht (irgendwohin)** *sich erstrecken:* Unser Grundstück reicht bis an den Fluss.; Er reicht mir nur bis zur Schulter. ❸ ■ **jmd./etwas reicht irgendwohin** *erreichen (können):* Ich reiche mit der Hand nicht bis ganz unter den Schrank.; Wasser, soweit das Auge reicht!; Er kann mich nicht hören – meine Stimme reicht nicht so weit.; ■ **jemandem nicht das Wasser reichen können** *(umg.) mit jmdm. nicht konkurrieren können*

reich·hal·tig *adj so, dass es viel oder viel Verschiedenes enthält:* ein reichhaltiges Mahl; ein reichhaltiges Angebot ▸ Reichhaltigkeit

reich·lich **I.** *adj* ❶ *ziemlich groß oder umfangreich:* sich eine reichliche Portion genehmigen ❷ *weit:* die Hose ist etwas reichlich; die Schuhe für ein Kind etwas reichlicher kaufen ❸ *etwas mehr als:* eine reichliche Stunde benötigen; ein reichlicher halber Liter Milch **II.** *adv sehr; ziemlich:* Es ist gestern reichlich spät geworden.

Reich·tum *der* <-s, Reichtümer> ❶ */kein Plur./*

(≈ Überfluss) der Besitz vieler materieller Güter: Macht Reichtum glücklich?; in unermesslichem Reichtum leben; der sagenhafte Reichtum der Kaiser ❷ */nur Plur./ (≈ Güter, Vermögen) die Werte, die einen Reichtum ausmachen:* Reichtümer anhäufen; die Reichtümer der Erde ❸ */kein Plur./ (≈ Vielfalt) eine reichhaltige Menge:* der Reichtum der Flora und Fauna im tropischen Regenwald; der Reichtum des Landes an Bodenschätzen ◆Arten-, Ideen-, Varianten-

Reich·wei·te *die* <-, -n> ❶ *die größtmögliche Entfernung, die etwas erreichen kann:* in Reichweite seines Armes; Raketen mit einer Reichweite von vielen tausend Kilometern; die Reichweite eines Senders; Das Auto hat eine Reichweite von 800 Kilometern mit einer Tankfüllung. ❷ *Nähe, Erreichbarkeit:* sein Handy in Reichweite legen; Kaum war er an mir vorbeigelaufen, war er schon außer Reichweite. ❸ *(übertr.) die Bedeutung; Tragweite:* die Reichweite einer Entscheidung

Reif¹ *der* <-(e)s> */kein Plur./ (≈ Raureif) gefrorener Tau in Form von feinen Eiskristallen:* Über Nacht hat sich Reif gebildet.; Reif bedeckt die Bäume und Wiesen.

Reif² *der* <-(e)s, -e> *ein großer Schmuckring:* ein Reif für den Arm/den Hals; einen Reif um die Stirn tragen ◆Arm-, Haar-, Silber-

reif *adj* ❶ *so dass man es verzehren oder verwerten kann:* reifes Obst; Die Kirschen werden reif.; Das Getreide ist reif.; reifer Käse/Wein ❷ *geschlechtsreif:* Mädchen sind früher reif als Jungen. ❸ *charakterlich weit entwickelt:* eine reife Persönlichkeit; Für sein Alter ist er schon sehr reif. ❹ *vollendet:* eine reife Leistung des Künstlers; das reife Spätwerk des Denkers ❺ ■ **reif für etwas** */nicht steig./ in dem Zustand, dass etwas Neues möglich oder notwendig ist:* Die Zeit ist reif für neue Ideen.; Der Aufsatz ist reif für die Veröffentlichung.; Der Plan ist noch nicht reif (zur Verwirklichung).; ■ **im reiferen Alter** *(geh. verhüll.) nicht mehr jung*

-reif *als Zweitglied zusammengesetzter Adjektive; drückt aus, dass das mit dem Erstglied Bezeichnete* ❶ *von einer Person dringend benötig wird oder sie es verdient* ◆erholungs-, pensions-, urlaubs- ❷ *für jemand/etwas infrage kommt, weil dafür die Voraussetzungen gegeben sind* ◆bühnen-, druck-, konzert-, krankenhaus- olympia-, pflück-, serien-, unterschrifts- ❸ *aufgrund eines sehr schlechten Zustands auf etwas zutrifft* ◆abbruch-, museums-, schrott-

Rei·fe *die* <-> */kein Plur./ die Tatsache, dass etwas oder jmd. reif [1, 2, 3] ist*

Rei·fen *der* <-s, -> ❶ *der aus Gummi bestehende, mit Luft gefüllte äußere Teil eines Rades, der die Felge umschließt:* einen Reifen aufpumpen/auswechseln/flicken ◆Auto-, Fahrrad-, Winter- ❷ *ein Eisenring um Fässer und Räder:* Das Fass wird durch einen Reifen zusammengehalten. ❸ *ein großer Ring zum Spielen (für Kinder und Jugendliche):* Im Zirkus sahen wir einen Löwen durch einen brennenden Reifen springen.; den Reifen treiben (als Spiel) ❹ *Ring als Schmuck für den Arm* ◆Arm-

R

rei·fen <reifst, reifte, ist gereift> *ohne OBJ*
❶ ■ *etwas reift (sein) reif* [1] *werden:* Das Getrei-
de/Das Obst reift.; Der Wein reift in den Fässern.
▸ausreifen, heranreifen **❷** ■ *jmd. reift (sein) sich
zur (menschlichen und persönlichen) Reife entwickeln:* Sie ist seit dem vergangenen Jahr gereift;
eine gereifte Persönlichkeit **❸** ■ *etwas reift in
jmdm. bei jmdm. stellt sich allmählich etwas ein:*
Die Entscheidung ist allmählich in uns gereift.

Rei·fen·druck *der* <-(e)s, Reifendrücke> TECHN.
der Luftdruck in einem Reifen: verschiedene Rei-
fendrücke auf den Vorder- und Hinterrädern; den
Reifendruck überprüfen

Rei·fen·pan·ne *die* <-, -n> *(umg.) ein defekter
Reifen*

Rei·fen·wech·sel *der* <-s, -> *der Wechsel eines
Reifens:* einen Reifenwechsel durchführen

Rei·fe·prü·fung *die* <-, -en> *(veralt.: ≈ Abitur)*

Rei·fe·zeug·nis *das* <-ses, -se> *(veralt.: ≈ Abitur-
zeugnis)*

reif·lich *adj sorgfältig, gründlich, genau:* sich etwas
reiflich überlegen; nach reiflicher Prüfung des
Sachverhalts

Rei·gen *der* <-s, -> *(geh.) ein Tanz im Kreis mit
Gesang:* einen Reigen tanzen; ■ **den Reigen eröffnen** *(geh.) den Anfang in einer Gruppe machen;* ■ **den Reigen beschließen** *(geh.) etwas
als letzter in einer Gruppe tun* ◆-tanz

Rei·he *die* <-, -n> **❶** *eine Anordnung von Personen oder Dingen entlang einer Linie:* sich in einer
Reihe anstellen; eine lange Reihe von Menschen;
Die Häuser stehen in einer Reihe.; Die Pflanzen
werden in Reihen gesät.; im Theater in der ersten
Reihe sitzen ◆Baum-, Säulen-, Sitz- **❷** *(≈ Serie)
mehrere aufeinanderfolgende Ereignisse:* Die
Reihe der Einbrüche/Morde/Unfälle reißt nicht
ab. ◆Versuchs- **❸** *eine Gruppe von Personen:* jemanden in seine Reihen aufnehmen; einen Verräter in den eigenen Reihen haben **❹** *(≈ Anzahl) eine
größere Menge:* Eine ganze Reihe Besucher ist
schon eingetroffen.; Eine Reihe alter Bücher kann
ausgesondert werden. **❺** *(≈ Reihenfolge) eine geregelte Abfolge von etwas:* Immer der Reihe nach!;
jemanden außer der Reihe bedienen; Jetzt sind Sie
an der Reihe!; Die Reihe ist an dir! **❻** MATH. *die
Folge der durch dasselbe Bildungsgesetz bestimmten mathematischen Größen:* Die Reihe der natürlichen Zahlen wird gebildet durch die fortgesetzte
Addition von 1 zu der jeweils erreichten positiven
ganzen Zahl, bei 1 anfangend.; die geometrische
Reihe; die arithmetische Reihe; konvergente Reihen; ■ **aus der Reihe tanzen** *(umg.) sich nicht an
Regeln halten;* ■ **das kommt schon wieder in
die Reihe** *das wird schon wieder gut werden;*
■ **in Reih und Glied stehen** *in geordneter Reihe
stehen*

rei·hen <reihst, reihte, hat gereiht> **I.** *mit OBJ*
■ *jmd. reiht etwas* **❶** *als Reihe hintereinander
anordnen:* Perlen auf eine Schnur reihen **❷** *etwas
mit großen Stichen nähen:* einen Saum reihen
II. *mit SICH* ■ *etwas reiht sich an etwas Akk.
(geh.) eine Reihe bilden:* Bild reiht sich an Bild.

Rei·hen·fol·ge *die* <-, -n> *eine geordnete Abfolge
von Dingen oder Ereignissen:* etwas in einer al-
phabetischen/numerischen Reihenfolge ordnen (≈
nach Anfangsbuchstaben oder nach Zahlen ordnen); die Patienten in der Reihenfolge ihrer Anmeldung ins Behandlungszimmer bitten

Rei·hen·haus *das* <-es, Reihenhäuser> *ein (kleineres) Haus, das mit anderen des gleichen Typs
Wand an Wand in einer Reihe gebaut ist*

Rei·hen·un·ter·su·chung *die* <-, -en> *eine vom
Gesundheitsamt angeordnete ärztliche Untersuchung vieler Personen oder bestimmter Personengruppen*

rei·hen·wei·se *adv* **❶** *in Reihen:* sich reihenweise
aufstellen **❷** *(umg.: ≈ massenweise) in Mengen:*
Die Leute erkrankten reihenweise an Grippe.;
Grundstücke reihenweise aufkaufen

Rei·her *der* <-s, -> *ein an Gewässern lebender,
großer, schlanker Vogel mit langen Beinen, einem
langen Hals und langem Schnabel;* ■ **kotzen wie
ein Reiher** *(vulg.) sich heftig erbrechen*

rei·hern <reiherst, reiherte, hat gereihert> *ohne
OBJ* ■ *jmd. reihert (vulg.) sich erbrechen*

-rei·hig *als Zweitglied mit einer bestimmten Zahl
als Erstglied; drückt aus, dass etwas entsprechende Reihen* [1] *aufweist:* ein-, zwei-, drei-, -vier-,
fünf- usw.

reih·um *adv so, dass es von einem zum anderen
oder nächsten in einer Runde von Leuten geht:*
den Hut zum Sammeln von Geld reihum gehen lassen

Reim *der* <-(e)s, -e> **❶** *der Sachverhalt, dass bei
verschiedenem Anlaut die Endsilben von Wörtern
gleich klingen:* Kennst du einen Reim auf das Wort
„Sonne"? – „Wonne!"; Reime schmieden **❷** *ein
Vers in Form eines Reimes* [1]*:* ein Gedicht in Reimen; einen Reim auswendig kennen; ■ **sich keinen Reim auf etwas machen können** *(umg.)
sich etwas nicht erklären können;* ■ **sich seinen
eigenen Reim auf etwas machen** *(umg.) sich
seine eigenen Gedanken zu etwas machen*

rei·men <reimst, reimte, hat gereimt> **I.** *ohne
OBJ* ■ *jmd. reimt* **❶** *Reime bilden:* Sie kann gut
reimen. **❷** *in Reimen ausdrücken:* Er hat seine Ge-
burtstagswünsche alle gereimt. **II.** *mit SICH* ■ *etwas reimt sich in den Endsilben gleich klingen:*
„Herz" reimt sich auf „Schmerz".; ■ **Das reimt
sich nicht!** *(umg.) das passt nicht zusammen*

re·im·por·tie·ren [re?impɔrˈtiːrən] <reimpor-
tiert, reimportierte, hat reimportiert> *mit OBJ*
■ *jmd. reimportiert etwas* WIRTSCH. *schon exportierte Güter wieder einführen* ▸ Reimport

rein[1] *adv (umg.: ≈ herein, hinein)*

rein[2] *adj* **❶** *(≈ sauber) völlig frei von Schmutz:*
reine Wäsche; Das Waschmittel kann Ihre Wäsche
ganz rein waschen/reinwaschen; das Zimmer rein
halten/reinhalten **❷** */nicht steig./ (≈ pur) nicht
mit etwas anderem vermischt:* ein Pullover aus reiner Wolle; ein reinwollener Pullover; ein reinseidenes Hemd; Es war kein Vergnügen, sondern die
reine Qual.; Das ist die reine Wahrheit.; Das war
reiner Zufall.; reiner Alkohol; Es war die reine
Freude, ihm zuzuhören; Er tat es aus reiner Höflichkeit. **❸** *(≈ klar; ungetrübt) so, dass etwas völlig
frei von Mängeln oder von (störenden) Einflüssen
ist:* eine akzentfreie, reine Aussprache; reines Ox-

R

ford-Englisch sprechen; ein Himmel von reinem Blau; ein Instrument/eine Stimme mit einem reinen Klang ❹ *(moralisch) unschuldig:* eine reine Seele; die reine Jungfrau Maria; ein reines Gewissen/Herz haben ❺ *(umg.) /meist im Superl./ sehr deutlich oder vollständig ausgeprägt:* Das ist reiner Blödsinn!; Im Verhältnis zu seiner Frau war er der reinste Faulenzer.; Im Vergleich zu unserem letzten Ferienaufenthalt haben wir dieses Jahr das reinste Paradies erlebt.; Das ist die reinste Ausbeutung.; ▪ **reinen Tisch machen** *(umg.) vorhandene Streitigkeiten oder Unklarheiten beseitigen;* ▪ **sich reinwaschen** *seine Unschuld beweisen;* ▪ **mit jemandem/etwas ins Reine kommen** *eine Angelegenheit (mit jmdm.) klären* mit seiner Vergangenheit ins Reine kommen ◆Großschreibung →R 3.3, R 3.4, R 3.7 mit jemandem ins Reine kommen; einen Text ins Reine schreiben; ◆Getrennt- oder Zusammenschreibung →R 4.16 die Wäsche mit einem Waschmittel rein waschen/reinwaschen; ◆Zusammenschreibung →R 4.2 ein reinwollener Pullover; eine reinseidene Bluse; ein reingoldener Ring; eine reinsilberne Kette; *siehe auch* **reinseiden, reinwaschen, reinwollen**

rein³ *adv* ❶ *(≈ nur) verwendet, um auszudrücken, dass ausschließlich die genannte Sache und sonst nichts zutrifft:* aus rein privaten Gründen; rein berufliche Ausgaben; eine rein subjektive Sichtweise ❷ *völlig, direkt, ganz:* Das ist rein unmöglich!; Du glaubst mir rein gar nichts!

Rei·ne·clau·de *die* [rɛːnəˈkloːdə] *siehe* **Reneklode**

Rei·ne·ma·che·frau *die* <-, -en> *eine Frau, die beruflich für andere Wohnungen oder Büros säubert*

Rei·ne·ma·chen *das* <-s> */kein Plur./ (umg.) Räume säubern*

Rein·er·lös *der* <-es, -e> WIRTSCH. *(≈ Reingewinn) der Erlös unter Abzug der aufgewendeten Kosten:* Der Reinerlös aus den eingenommenen Geldern wurde gespendet.

Rei·net·te, *a.* **Re·net·te** *die* [rɛˈnɛtə] <-, -n> *eine Apfelsorte*

Rein·fall *der* <-(e)s, Reinfälle> *(umg. abwert.) etwas, das wider Erwarten einen schlechten Verlauf genommen hat:* Wie war deine Einladung/der Film/das Konzert? – Ein Reinfall!; Das Geschäft war ein Reinfall, wir haben nur draufzahlen müssen!

rein·fal·len <fällst rein, fiel rein, ist reingefallen> *ohne OBJ* ▪ **jmd. fällt rein** *(umg.)* ❶ *in etwas hineinfallen:* Wo bist du denn reingefallen?; Er ist in die Grube reingefallen, weil sie nicht abgesperrt war. ❷ *(≈ hereinfallen) sich betrügen lassen*

Rein·ge·winn *der* <-(e)s, -e> WIRTSCH. *(≈ Reinerlös) der Gewinn unter Abzug der aufgewendeten Kosten*

Rein·hal·tung *die* <-> */kein Plur./ die Erhaltung eines sauberen Zustands:* die Reinhaltung der Luft; für eine gewissenhafte Reinhaltung der Laborräume sorgen

rein·hau·en *ohne OBJ* ▪ **jmd. haut rein** *(umg.)* ❶ *mit aller Entschlossenheit und Intensität eine*

Arbeit vorantreiben: Wenn wir jetzt richtig reinhauen, sind wir zwei Stunden früher fertig. ❷ *(umg.) viel und gierig essen:* „Hau rein!" sagte ein Bauarbeiter seinem Kollegen, indem er ihm eine große Knackwurst reichte.

Rein·heit *die* <-> */kein Plur./* ❶ *(≈ Sauberkeit) die völlige Abwesenheit von Schmutz:* Der Fußboden glänzte vor Reinheit. ❷ *Klarheit:* die Reinheit der Aussprache/des Klangs ❸ *der Zustand, dass eine Substanz nicht mit anderen Substanzen vermischt ist:* die Reinheit einer Substanz; Das Opfer muss an Heroin höchster Reinheit gelangt sein. ❹ *(geh.) moralische Unschuld:* die Reinheit des Gewissens/des Herzens

Rein·heits·ge·bot *das* <-(e)s> */kein Plur./ ein Gesetz aus dem 16. Jahrhundert, das festlegt, dass in Deutschland zum Bierbrauen nur Hopfen, Gerste, Hefe und Wasser verwendet werden dürfen; siehe auch* **Bier**

Rein·heits·grad *der* <-(e)s, -e> *der Grad an Reinheit³*

rei·ni·gen <reinigst, reinigte, hat gereinigt> *mit OBJ* ▪ **jmd. reinigt etwas** ❶ *sauber machen:* die Fenster/den Fußboden/die Toiletten reinigen ❷ *Textilien durch chemische Behandlung säubern:* Den Mantel kann man nicht in der Maschine waschen, man muss ihn reinigen lassen. ❸ *von etwas frei machen:* die Abgase von Rußpartikeln reinigen; den Tiegel von Fett reinigen

Rei·ni·gung *die* <-, -en> ❶ *das Reinigen¹, ², ³:* Die Reinigung des Büros übernimmt …; Die Reinigung einer Hose kostet …; die Reinigung der Abgase von schädlichen Substanzen ◆-screme/-skreme/-skrem, -smittel, Gebäude-, Gesichts-, Körper-, Straßen- ❷ *ein Betrieb, der Textilien reinigt²:* den Mantel in die Reinigung bringen/geben ◆Express-

Rei·ni·gungs·mas·ke *die* <-, -n> *eine Creme, die man einige Zeit auf die Gesichtshaut einwirken lässt und dann abwäscht*

Re·in·kar·na·ti·on *die* <-, -en> REL. *die in den asiatischen Religionen, aber auch in der Antike verbreitete Vorstellung, dass alle Lebewesen über ihren Tod hinaus in einem Kreislauf des Lebens weiterexistieren und sich in irgendeiner Weise wieder verkörpern*

rein·lich *adj sehr auf Sauberkeit bedacht:* die Katze ist ein reinliches Tier.; Sie ist sehr reinlich.

rein·ras·sig *adj /nicht steig./* ❶ BIOL. *(↔ gekreuzt) von einer einzigen Rasse abstammend:* ein reinrassiger Schäferhund ❷ *(umg.) für seine Art typisch:* Das ist ein reinrassiger Sportwagen.

rein·schnei·en <schneist rein, schneite rein, ist reingeschneit> *ohne OBJ* ▪ **jmd. schneit rein** *(umg.) überraschend zu Besuch kommen:* Wir sind auf dem Heimweg bei unseren Freunden reingeschneit.

rein·schrei·ben *mit OBJ* ▪ **jmd. schreibt etwas rein** ÖSTERR. *in Reinschrift ausführen*

Rein·schrift *die* <-, -en> *endgültige Textfassung:* die Reinschrift eines Aufsatzes; eine Reinschrift von etwas anfertigen

rein·sei·den *adj /nicht steig./ aus purer Seide:* ein reinseidenes Tuch ◆Zusammenschreibung →R 4.2 reinseidene Stoffe

R

rein·wa·schen <wäschst rein, wusch rein, hat reingewaschen> *mit OBJ* ■ *jmd. wäscht sich/ jmdn. rein von einer Schuld befreien:* Er ist von dem Vorwurf des Betruges reingewaschen worden. ◆ Zusammenschreibung →R 4.6 Du wirst dich nicht ganz reinwaschen können, ein kleiner Verdacht bleibt immer haften.; *siehe aber auch* **rein**

rein·wol·len *adj /nicht steig./ aus reiner Wolle:* ein reinwollener Pullover

rein·wür·gen <würgst rein, würgte rein, hat reingewürgt> *mit OBJ* ❶ ■ *jmd. würgt etwas rein (umg.) jmd. isst etwas mit Widerwillen:* Er hat diesen ekelhaften Eintopf schnell reingewürgt. ❷ ■ *jmd. würgt jmdm. etwas rein (umg.) jmd. zwingt jmdn. so zu etwas, dass er sich kaum wehren kann:* Er hat mir mit dem freundlichsten Gesicht eine zusätzliche Arbeit reingewürgt.

rein·zie·hen <ziehst, rein, zog rein, hat/ist reingezogen> *(umg.)* **I.** *mit OBJ /haben/* ❶ ■ *jmd. zieht etwas rein ziehend hineinbefördern:* einen Brief durch einen schmalen Spalt zu sich reinziehen ❷ ■ *jmd. zieht sich etwas rein (Jargon) konsumieren:* sich Drogen reinziehen; sich eine neue CD reinziehen ❸ ■ *jmd. zieht jmdn. (mit) rein in ein Problem verwickeln:* Ich lasse mich nicht mit in die Sache reinziehen!; Sie hat ihn in den ganzen Streit mit reingezogen. **II.** *ohne OBJ /sein/* ■ *etwas zieht rein nach innen strömen:* Der Zigarettenqualm zieht durch das Fenster zu uns rein.

Reis¹ *das* <-es, -er> *(≈ Rispe) kleiner Zweig:* Zum Okulieren braucht man das Reis einer veredelten Baumsorte.

Reis² *der* <-es> */kein Plur./* ❶ BOT. *ein Getreide, das in Asien Grundnahrungsmittel ist:* Reis wird in Südostasien angebaut. ◆-anbau, -ernte, -feld, -wein ❷ KOCH. *die Körner des Reises als Speise:* Als Beilage nehmen wir Reis. ◆-brei, -suppe, -wein, Basmati-, Milch-, Langkorn-

Rei·se *die* <-, -n> *die Fahrt oder der Flug zu einem entfernt gelegenen Ziel:* die Reise nach Australien buchen/planen/vorbereiten; für die Reise Fahrkarten besorgen/Koffer packen/ Proviant einpacken; Die Reise führt uns zuerst von München nach Hamburg, dann geht es über den Kanal nach Südengland.; viel auf Reise sein; auf der Reise viel erleben; Wir wünschen Ihnen eine gute Reise!; ■ **die letzte Reise antreten** *(verhüll.) sterben* ◆-auto-bus, -branche, -gepäck, -gruppe, -kosten, -land, -prospekt, -tasche, -veranstalter, -ziel, Auslands-, Flug-, Geschäfts-, Schiffs-, Urlaubs-

Rei·se·an·den·ken *das* <-s, -> *(≈ Souvenir) etwas, das man zur Erinnerung an eine Reise kauft:* ein Geschäft für Reiseandenken

Rei·se·apo·the·ke *die* <-, -n> *auf eine Reise mitgenommene Medikamente:* Mittel gegen Durchfall gehören in jede Reiseapotheke.

Rei·se·be·schrei·bung *die* <-, -en> LIT. *ein Text, der von einer Reise erzählt:* Können Sie mir eine Reisebeschreibung über Italien empfehlen?

Rei·se·bü·ro *das* <-s, -s> ❶ *ein Unternehmen, in dem man Reisen buchen kann* ◆-kaufmann ❷ *Geschäftsraum eines Reisebüros¹*

Rei·se·car *der* <-s, -s> SCHWEIZ. *Bus für Gesellschaftsfahrten, Reiseomnibus*

rei·se·fer·tig *adj /nicht steig./ bereit zur Reise oder zum Aufbruch:* Wir sind reisefertig, es kann losgehen.

Rei·se·fie·ber *das* <-s> */kein Plur./ der Zustand, dass man vor dem Beginn einer Reise aufgeregt und voller Erwartung ist*

Rei·se·füh·rer¹ *der,* **Rei·se·füh·re·rin** <-s, -> *Fremdenführer*

Rei·se·füh·rer² *der* <-s, -> *Buch mit Informationen über ein Reiseziel:* einen Reiseführer kaufen

Rei·se·ge·fähr·te *der,* **Rei·se·ge·fähr·tin** <-n, -n> *jmd., mit dem man eine Reise gemeinsam macht*

Rei·se·jour·na·list *der,* **Rei·se·jour·na·lis·tin** <-en, -en> *ein Journalist, der auf professionelle Art über Reisen und Reisemöglichkeiten Berichte veröffentlicht*

Rei·se·krank·heit *die* <-> */kein Plur./* MED. *ein körperliches Unwohlsein, das manche Menschen bei der Benutzung von Bussen, Flugzeugen und Schiffen befällt:* ein Mittel gegen Reisekrankheit einnehmen

Rei·se·lei·ter *der,* **Rei·se·lei·te·rin** <-s, -> *jmd., der beruflich Reisegruppen betreut*

Rei·se·lek·tü·re *die* <-, -n> *ein Buch, das man auf eine Reise mitnimmt, um es unterwegs zu lesen*

Rei·se·li·te·ra·tur *die* <-> */kein Plur./ die Gesamtheit der Texte, die sich mit dem Reisen und mit Reiseberichten beschäftigen*

rei·se·lus·tig *adj /nicht steig./ so, dass man gern und viel reist*

rei·se·mü·de *adj /nicht steig./ so, dass man schon oft gereist ist und keine Lust mehr zum Reisen hat*

rei·sen <reist, reiste, ist gereist> *ohne OBJ* ■ *jmd. reist eine Reise machen:* mit Bahn/Bus/ Flugzeug/dem eigenen Wagen reisen; nach Asien/ Italien reisen; in Gesellschaft/dienstlich/privat/inkognito reisen; reisende Kaufleute ▶ verreisen

Rei·sen·de *der/die* <-n, -n> *jmd., der eine Reise unternimmt* ◆ Bahn-, Flug-, Geschäfts-, Schiffs-

Rei·se·pass *der* <-es, Reisepässe> *(≈ Pass) ein amtliches Dokument, das die Staatsangehörigkeit und die wichtigsten persönlichen Daten seines Inhabers und dessen Passbild enthält:* sich mit dem Reisepass ausweisen; ein Visum in seinem Reisepass haben; an der Grenze den Reisepass vorzeigen

Rei·se·plä·ne <-> *Plur. die Absicht, eine Reise zu machen und die Vorstellungen davon, wohin und wie man reisen möchte:* Welche Reisepläne hast ihr für diesen Sommer?; noch keine konkreten Reisepläne haben

Rei·se·scheck *der* <-s, -s> *bargeldloses Zahlungsmittel für Reisen*

Rei·se·spe·sen <-> *Plur.* AMTSSPR. *Kosten einer Geschäftsreise:* die Reisespesen erstattet bekommen

Rei·se·ta·ge·buch *das* <-s, Reisetagebücher> *ein Tagebuch, in das man während einer Reise schreibt, was man dort erlebt*

Rei·se·un·ter·la·gen *die* <-> *Plur. alle wichtigen Dokumente, die man auf einer Reise braucht, wie Pass, Fahrkarten, Tickets, Hoteladresse …*

R

Rei·se·ver·kehr *der* <-s> /*kein Plur.*/ *Straßenverkehr durch Urlauber:* Auf den Autobahnen und Bundesstraßen herrscht reger Reiseverkehr. ◆-skauffrau, -skaufmann

Rei·se·war·nung *die* <-, -en> *vom Staat herausgegebene Empfehlung an seine Bürger, ein bestimmtes Land wegen einer bestimmten Gefahrenlage nicht zu besuchen:* Für welche Länder hat das Auswärtige Amt eine Reisewarnung herausgegeben?

Rei·se·wel·le *die* <-, -n> *sehr starker Straßenverkehr zu Beginn und Ende der Schulferien:* Wir warten die Reisewelle am Wochenende noch ab und fahren erst Montag los.

Rei·se·ziel *das* <-(e)s, -e> *das Ziel einer Reise:* Unser Reiseziel ist in diesem Jahr Dänemark/Kopenhagen.

Rei·sig *das* <-s> /*kein Plur.*/ *kleine trockene Zweige von Bäumen oder Büschen:* Der Igel überwintert gern in einem Haufen Reisig. ◆-besen, -bündel, Birken-, Tannen-

Reiß·aus ■ **Reißaus nehmen** *(umg.)* weglaufen; fliehen

Reiß·brett *das* <-(e)s, -er> *Zeichenbrett für das technische Zeichnen:* etwas auf dem Reißbrett entwerfen; Das Haus ist auf dem Reißbrett schon fertig.

rei·ßen <reißt, riss, hat/ist gerissen> I. *mit OBJ* ❶ ■ *jmd./etwas reißt jmdn./etwas (aus etwas Dat.)* *(haben) mit einem heftigen Ruck entfernen:* den Nagel aus der Wand reißen; Er hat mir den Brief aus der Hand gerissen.; Der Lärm riss mich aus dem Schlaf. ❷ ■ *jmd./etwas reißt etwas (in etwas Akk.)* *(haben) durch kräftiges Ziehen in gegensätzlichen Richtungen in einzelne Stücke zerteilen:* das Papier in Stücke reißen; ein Loch in den Stoff reißen ▶ zerreißen ❸ ■ *etwas reißt etwas irgendwohin* *(haben) durch kräftiges Ziehen an eine Stelle bringen:* Der Orkan hat den Telefonmasten zu Boden gerissen.; Die Lawine hat ihn in den Abgrund gerissen.; ■ *etwas reißt jmdn. in den Tod* *etwas tötet jmdn.* Durch das Zugunglück wurden viele Menschen in den Tod gerissen. ❹ ■ *ein Tier reißt ein Tier* *ein Tier tötet ein anderes so, dass es in Stücke zerteilt wird:* Der Löwe riss drei Lämmer. ❺ ■ *jmd. reißt etwas an sich* *jmd. bringt gewaltsam etwas in seinen Besitz oder unter seine Kontrolle:* Er hat die Herrschaft an sich gerissen.; Sie reißt immer das Gespräch an sich. II. *ohne OBJ* ■ *etwas reißt (sein) entzweigehen:* Dieses Material reißt leicht.; Wenn ihr weiter so langsam macht, reißt mir der Geduldsfaden. III. *mit SICH* /*haben*/ ❶ *sich verletzen* ■ *jmd. reißt sich an etwas Dat.* Ich habe mich an dem rostigen Nagel gerissen. ❷ ■ *jmd./ein Tier reißt sich von etwas Dat. sich befreien:* Der Hund riss sich von der Kette. ❸ ■ *jmd. reißt sich um etwas Akk. (umg.) sich um ein und dieselbe Person/Sache/denselben Vorteil heftig bemühen:* sich um dieselbe Frau reißen; sich um denselben Auftrag reißen; sich um die besten Plätze reißen; sich darum reißen, zuerst an der Reihe zu kommen; ■ **sich etwas unter den Nagel reißen** *(umg.)* sich etwas unrechtmäßig aneignen;

■ **Witze reißen** *(umg.)* Witze machen; ■ **wenn alle Stricke reißen** *(umg.)* wenn es sonst keine andere Möglichkeit mehr gibt; ■ **die Maske/den Schleier vom Gesicht reißen** *(geh.)* jmdn. entlarven; ■ **sich hin- und hergerissen fühlen** *sich nicht entscheiden können*

Rei·ßen *das* <-s> /*kein Plur.*/ *Schmerzen durch Rheumatismus:* Seit einigen Monaten habe ich das Reißen im rechten Arm.

rei·ßend *adj* /*nicht steig.*/ ❶ *schnell und wild strömend:* ein reißender Fluss ❷ *heftig ziehend:* reißende Schmerzen ❸ *(als Raubtier) gefährlich:* ein reißendes Tier dressieren; ■ **etwas findet reißenden Absatz** *(umg.) eine Ware wird sehr schnell und in großer Menge verkauft*

rei·ße·risch *adj* /*nicht steig.*/ *(abwert.) so, dass eine Publikation oder eine Rede auf primitive Art wirkungsvoll ist:* ein reißerisch aufgemachter Zeitungsartikel; mit reißerischen Schlagzeilen um die Gunst der Leser werben

Reiß·fes·tig·keit *die* <-> /*kein Plur.*/ *der Zustand, dass ein Material sehr fest ist und nicht reißt* II

Reiß·na·gel *der* <-, Reißnägel> (≈ *Reißzwecke*)

Reiß·ver·schluss *der* <-es, Reißverschlüsse> *ein Verschlussmechanismus (für Kleidung, Taschen o. Ä.), bei dem sich zwei Leisten mit kleinen Zähnchen gegenüberliegen, die man durch ein bewegliches Element dazu bringt, einen festen Verschluss zu bilden:* Der Reißverschluss klemmt.; den Reißverschluss an der Hose/am Zelt zuziehen

Reiß·wolf *der* <-(e)s, Reißwölfe> *ein Gerät zum Zerkleinern von Papier oder Textilien*

Reiß·zahn *der* <-(e)s, Reißzähne> *ein Backenzahn eines Raubtieres, der zum Zerreißen der Beute dient*

Reiß·zwe·cke *die* <-, -n> *eine Art kleiner Nagel zum Befestigen leichter Gegenstände:* ein Blatt Papier mit Reißzwecken an der Wand befestigen

rei·ten <reitest, ritt, hat/ist geritten> I. *mit OBJ* ■ *jmd. reitet ein Tier* ❶ *(haben) auf einem Reittier sitzen und sich von diesem in eine gewünschte Richtung transportieren lassen:* ein Pferd/einen Esel reiten; auf einem Elefanten/einem Kamel reiten ❷ ■ *jmd. reitet etwas (haben) als Reiter(in) teilnehmen:* Sie hat/ist schon viele Rennen geritten. ❸ ■ *jmd. reitet ein Tier irgendwohin (haben) ein Tier reitend¹ an einen Ort führen:* Er hat das Pferd auf die Wiese geritten. II. *ohne OBJ* ❶ ■ *jmd. reitet (auf einem Tier) (sein) rittlings auf einem Reittier sitzen (und sich fortbewegen):* auf einem Esel/Elefanten/Kamel/Pferd reiten ❷ ■ *jmd. reitet (sein) Reitsport betreiben:* Sie reitet seit ihrem achten Lebensjahr.; Wann bist du das letzte Mal geritten? ❸ ■ *jmd. reitet auf etwas Dat. rittlings auf etwas sitzen (und sich fortbewegen):* Das Kind reitet auf den Schultern des Vaters.; ■ **jemanden/etwas über den Haufen reiten** *(umg.) jmdn. oder etwas zum Stürzen bringen, weil er vom Reittier getroffen worden ist;* ■ **etwas zu Tode reiten** *(umg.) etwas so oft sagen, bis es niemand mehr hören will* Er hat das Thema zu Tode geritten.; ■ **jemanden reitet der**

Teufel *(umg.) jmd. folgt einer üblen Vorstellung oder Verhaltensweise*

Rei·ter *der,* **Rei·te·rin** <-s, -> ❶ *jmd., der gerade reitet:* Ich sah die beiden Reiter am Waldrand hinter den Bäumen verschwinden. ❷ *jmd., der öfter oder als Sport ein Pferd reitet* ◆Dressur-, Turnier-

Reit·ger·te *die* <-, -n> *eine kleine Reitpeitsche*

Reit·peit·sche *die* <-, -n> *eine Peitsche für den Reitsport*

Reit·pferd *das* <-(e)s, -e> *ein Pferd, das besonders zum Reiten geeignet ist:* Er hält Reitpferde und auch Rennpferde.

Reit·schu·le *die* <-, -n> ❶ *eine Schule, in der man das Reiten erlernen kann* ❷ SÜDDT., SCHWEIZ. *Karussell*

Reit·stie·fel *der* <-s, -> *spezielle Stiefel zum Reiten*

Reit·stun·de *die* <-, -n> *Unterrichtsstunde im Reiten*

Reit·tier *das* <-(e)s, -e> *ein Tier, das zum Reiten genommen wird:* Er ist an den Elefanten als Reittier gewöhnt.; Esel/Elefanten/Pferde und Kamele eignen sich als Reittiere.

Reit·weg *der* <-(e)s, -e> *speziell für Reiter bestimmter Weg (im Wald)*

Reiz *der* <-es, -e> ❶ MED. *eine äußere oder innere Einwirkung auf den Körper, die bestimmte Reaktionen hervorruft:* Kälte, Wärme, Licht und Gerüche sind Reize, die auf den Körper einwirken.; auf bestimmte Reize allergisch reagieren ◆-intensität, Brech-, Husten-, Juck-, Nies-, Schmerz- ❷ *(≈ Anziehung) etwas, das Interesse und positive Erwartungen weckt:* einen gewissen Reiz auf jemanden ausüben; Die Sache ist nicht ohne Reiz/hat ihren eigenen Reiz.; Der besondere Reiz bei der Sache besteht darin, dass … ▶Anreiz ❸ */meist Plur./ Eigenschaften, die faszinierend oder anregend wirken:* Sie hat gewisse Reize, auf die Männer leicht ansprechen.; Diese Landschaft hat auch ihre Reize.; die weiblichen Reize

reiz·bar *adj so, dass man sich leicht ärgert oder aufregt:* Er ist übermüdet und leicht reizbar.

Reiz·bar·keit *die* <-> */kein Plur./ der Zustand, dass man sich leicht ärgert oder aufregt:* Dass sie aufgeregt und nervös ist, sieht man an ihrer Reizbarkeit.

rei·zen <reizt, reizte, hat gereizt> *mit OBJ* ❶ ■ *etwas reizt etwas den Körper durch bestimmte Stoffe oder Handlungen dazu bringen, dass er eine bestimmte Reaktion zeigt:* Das Gas reizt die Augen.; Der Geruch reizt die Schleimhäute. ❷ ■ *etwas reizt jmdn.* (≈ *verlocken) jmds. Interesse und positive Erwartungen wecken:* Das Angebot reizt sie.; Es reizt mich schon, ein Jahr im Ausland zu arbeiten. ❸ ■ *jmd./etwas reizt jmdn./ein Tier jmdn.* ärgern oder in Aufregung versetzen: Sein Verhalten reizt mich.; Hunde sollte man nicht reizen, sonst beißen sie.; jemanden zum Widerspruch reizen ❹ ■ *jmd. reizt (fachspr.) (beim Skat) durch Nennen höherer Zahlen das Spiel in die Hand bekommen:* Wie hoch hat er gereizt?

rei·zend *adj* ❶ (≈ *nett) sehr freundlich:* eine reizende junge Frau; Das finde ich ja ganz reizend

von Ihnen! ❷ *sehr hübsch:* ein reizendes kleines Haus; ein reizender kleiner Kurort in den Bergen ❸ *(iron.) auf unangenehme Weise überraschend:* Reizende Aussichten!; Eine reizende Bescherung!

Reiz·kli·ma *das* <-s> */kein Plur./ ein Klima, das dem Körper Reize[1] bietet, die als heilsam gelten*

reiz·los <reizloser, am reizlosesten> *adj* ❶ (≈ *fade, langweilig* ↔ *reizvoll) ohne Reize[2]:* eine völlig reizlose Landschaft ❷ */nicht steig./* MED. *nicht entzündet:* ein reizloser Rachen

Reiz·schwel·le *die* <-, -n> PSYCH. *der niedrigste Grad an Erregung eines Nervs, der notwendig ist, um einen Reiz[1] zu fühlen*

Reiz·stoff *der* <-(e)s, -e> *ein Stoff, der einen Reiz[1] auslöst*

Reiz·über·flu·tung *die* <-> */kein Plur./ der Umstand, dass der einzelne Mensch zu vielen Reizen[1] ausgesetzt ist:* die Reizüberflutung durch das Fernsehen

Rei·zung *die* <-, -en> ❶ *der Akt des Reizens[1]:* eine mechanische Reizung der Haut durch Reiben; eine durch Rauch ausgelöste Reizung der Augen ❷ MED. *eine leichte Entzündung:* eine Reizung des Blinddarms ◆Blinddarm-

reiz·voll *adj* (↔ *reizlos)* ❶ (≈ *attraktiv) hübsch:* ein reizvoller Anblick ❷ *verlockend:* ein reizvolles Angebot

Reiz·wä·sche *die* <-> */kein Plur./ Unterwäsche, die sexuell aufreizen soll*

re·keln, *a.* **rä·keln** <rekelst, rekelte, hat gerekelt> *mit SICH* ■ *jmd. rekelt sich sich wohlig dehnen und strecken:* sich während des Reitens auf dem Sofa rekeln; Ich räk(e)le mich hin.

Re·kla·ma·ti·on *die* <-, -en> *Beanstandung:* die Reklamation einer schadhaften Ware

Re·kla·me *die* <-, -n> *(umg.)* ❶ (≈ *Werbung) die Maßnahmen, mit denen ein Unternehmen bei möglichst vielen Menschen Interesse für ein Produkt oder eine Dienstleistung wecken will:* für ein Produkt Reklame machen; Das ist eine gute Reklame für unser Projekt. ◆Auto-, Waschmittel-, Zigaretten- ❷ */kein Plur./ (umg.) Mittel, wie Filme oder Prospekte, mit denen Werbung gemacht wird:* Der Briefkasten ist wieder voller Reklame.; die Reklame im Fernsehen lästig finden ◆Fernseh-, Kino-, Zeitungs-

re·kla·mie·ren <reklamierst, reklamierte, hat reklamiert> **I.** *mit OBJ* ■ *jmd. reklamiert etwas* ❶ *(geh.) beanspruchen:* Aufmerksamkeit für sich reklamieren ❷ (≈ *beanstanden) sich bei einem Geschäft beschweren, weil eine Ware schadhaft ist oder nicht korrekt geliefert wurde:* Der Kunde hat reklamiert, dass ein Schalter am Gerät nicht funktioniert. **II.** *ohne OBJ* ■ *eine Reklamation erheben* Viele Kunden haben schon reklamiert. ▶Reklamierung

re·kon·s·t·ru·ie·ren <rekonstruierst, rekonstruierte, hat rekonstruiert> *mit OBJ* ■ *jmd. rekonstruiert etwas* ❶ *den ursprünglichen Zustand von etwas wiederherstellen oder nachbauen:* eine Siedlung aus der Steinzeit rekonstruieren ❷ *den Ablauf eines Geschehens in allen Einzelheiten nachvollziehen und darstellen:* den Tathergang/ das Unfallgeschehen rekonstruieren

R

Re·kon·s·t·ruk·ti·on *die* <-, -en> **❶** */kein Plur./ die Tätigkeit des Rekonstruierens [1], [2]:* viel Mühe auf die Rekonstruktion der Siedlung/der Ereignisse verwenden **❷** *das Ergebnis des Rekonstruierens [1], [2]:* Die fertige Rekonstruktion der steinzeitlichen Siedlung kann besichtigt werden.

Re·kon·va·les·zent *der,* **Re·kon·va·les·zen·tin** <-en, -en> MED. *jmd., der nach einer Krankheit beginnt, sich wieder zu erholen, der aber noch nicht gesund ist*

Re·kon·va·les·zenz *die* <-> */kein Plur./* MED. *(≈ Genesung) die Zeit, in der jmd. ein Rekonvaleszent ist:* Der Kranke benötigt noch ein paar Tage der Rekonvaleszenz.

Re·kord *der* <-(e)s, -e> **❶** SPORT *die beste Leistung, die in einer Disziplin (bezogen auf einen Zeitraum, ein Land o. Ä.) aufgestellt wurde:* einen Rekord aufstellen/einstellen; Das dürfte ein neuer Rekord sein. ◆ -höhe, -weite, -zeit, Europa-, Welt- **❷** *(übertr.) ein sehr hohes Maß oder ein sehr hoher Wert, der selten erreicht wird:* Fünfzig Drogentote im ersten Quartal stellen einen traurigen Rekord dar.; Die Temperaturen erreichen heute einen Rekord von 37 Grad Celsius.

Re·kord·be·such *der* <-(e)s, -e> *überaus starker Besuch einer öffentlichen Veranstaltung:* Bei dieser Ausstellung wurde ein Rekordbesuch verzeichnet.

Re·kor·der, *a.* **Re·cor·der** *der* <-s, -> *ein Gerät zur Aufzeichnung und Wiedergabe von Ton- oder Bildsignalen:* einen Film/die Musik mit dem Rekorder aufnehmen; etwas mit dem Rekorder abspielen ◆ Kassetten-, Video-

Re·kord·in·ha·ber *der,* **Re·kord·in·ha·be·rin** <-s, -> *jmd., der einen Rekord [1] hält:* der Rekordinhaber in dieser Disziplin

Re·kord·leis·tung *die* <-, -en> *eine außergewöhnliche Leistung, die ein Höchstmaß von etwas darstellt*

Re·k·rut *der,* **Re·k·ru·tin** <-en, -en> *jmd., der sich in der militärischen Grundausbildung befindet*

R **re·k·ru·tie·ren** <rekrutierst, rekrutierte, hat rekrutiert> *(geh.)* **I.** *mit OBJ* ▪ *jmd. rekrutiert jmdn. zu einem bestimmten Zweck zusammenstellen:* Arbeitskräfte für einen Arbeitseinsatz rekrutieren **II.** *mit SICH* ▪ *etwas rekrutiert sich aus sich zusammensetzen:* Unser Team rekrutiert sich aus lauter jungen Forschern. ▶ Rekrutierung

rek·tal *adj /nicht steig./* MED. *den Mastdarm betreffend:* das Zäpfchen rektal einführen

Rek·ti·on *die* <-, -en> SPRACHWISS. *die Fähigkeit der Einheiten mehrerer Wortarten, den Kasus eines nachfolgenden Wortes festzulegen:* die Rektion des Verbs

Rek·tor *der,* **Rek·to·rin** <-s, ...-toren> *die ranghöchste Person, die eine Schule oder Universität leitet*

Rek·to·rat *das* <-(e)s, -e> *Büro des Rektors oder der Rektorin*

Re·kul·ti·vie·rung *die* <-, -en> *(fachspr.) die Kultivierung von etwas, das schon einmal kultiviert war:* die Rekultivierung ehemaliger Tagebaugebiete

re·kur·rie·ren <rekurrierst, rekurrierte, hat rekurriert> *ohne OBJ* **❶** ▪ *jmd. rekurriert* RECHTSW. ÖSTERR., SCHWEIZ. *Beschwerde, Berufung, Rekurs einlegen* **❷** ▪ *jmd. rekurriert auf etwas Akk. auf etwas, das schon gesagt wurde, zurückkommen*

Re·kurs *der* <-es, -e> **❶** *(geh.) ein Rückgriff auf etwas, das schon vorkam oder gesagt wurde:* ein Rekurs auf zuvor Gesagtes **❷** RECHTSW. ÖSTERR., SCHWEIZ. *Beschwerde*

Re·lais *das* [rəˈlɛ:] <-, -> ELEKTROTECHN. *elektrische Schaltvorrichtung*

Re·la·ti·on *die* [relaˈtsi̯oːn] <-, -en> **❶** MATH., SPRACHWISS. *Beziehung zwischen mindestens zwei Elementen eines geordneten Paares* ◆ -sadjektiv, -sgrammatik, -skasus, -slogik **❷** *(geh. übertr.) die Beziehung oder Verbindung zwischen zwei beliebigen Größen:* Zwischen diesen Dingen besteht eine gewisse Relation.; Die Strafe steht in keiner Relation zu dem Verbrechen.; Die Relationen müssen gewahrt bleiben. ◆ Größen-, Preis-

re·la·ti·o·nal *adj /nicht steig./ in Relation*

re·la·tiv, re·la·tiv *adj /nicht steig./* **❶** *(geh.: ↔ absolut) von bestimmten Bedingungen abhängig:* relative Ausdrücke/Größen; Schönheit ist ein relativer sprachlicher Ausdruck; die relative Mehrheit im Parlament; Das Ergebnis ist nicht perfekt, aber relativ **❷** *(≈ ziemlich) verhältnismäßig, vergleichsweise:* relativ schönes Wetter/viel Geld/gute Ergebnisse; Das Ergebnis ist nicht perfekt, aber relativ gut ausgefallen.

re·la·ti·vie·ren *mit OBJ* ▪ *jmd. relativiert etwas etwas mit etwas anderem in Beziehung setzen und es dadurch in seiner Geltung einschränken oder in seiner tatsächlichen Bedeutung klarer erkennen lassen:* Ich möchte diese Aussage relativieren, sie gilt nur unter besonderen Bedingungen.

Re·la·ti·vis·mus *der* <-, Relativismen> PHILOS. *die erkenntnistheoretische Lehre, nach der nicht die Dinge selbst, sondern nur die Beziehungen der Dinge zueinander erkannt werden können*

Re·la·ti·vi·tät *die* <-> */kein Plur./ (↔ Absolutheit) die Tatsache, dass etwas auf etwas anderes bezogen ist und in diesem Zusammenhang gesehen werden muss*

Re·la·ti·vi·täts·the·o·rie *die* <-> */kein Plur./* PHYS. *von Albert Einstein entwickelte physikalische Theorie zur Struktur von Raum, Zeit und Bewegung:* die allgemeine/die spezielle Relativitätstheorie

Re·launch *der/das* [riˈlɔ:ntʃ] <-(e)s, -(e)s> WIRTSCH. *(geh.) Neugestaltung eines alten Produkts*

re·la·xen [riˈlɛksn̩] <relaxt, relaxte, hat relaxt> *ohne OBJ* ▪ *jmd. relaxt (umg.) sich körperlich entspannen:* Die Hotelgäste relaxen am Pool.

re·le·gie·ren <relegierst, relegierte, hat relegiert> *mit OBJ* ▪ *jmd. relegiert jmdn. (geh.) von der Schule verweisen:* einen Schüler aus Disziplingründen relegieren

re·le·vant *adj (geh.: ↔ irrelevant) wichtig in einem bestimmten Zusammenhang:* Diese Frage ist jetzt nicht relevant.; sich den wirklich relevanten Themen zuwenden

Re·le·vanz *die* <-> */kein Plur./* *(geh.: ↔ Irrelevanz) Wichtigkeit in einem bestimmten Zusammenhang:* eine Frage von einiger Relevanz; Der Beitrag hat keine Relevanz für unser Thema.

Re·li·ef *das* [rɛˈljɛf] <-s, -s/-e> KUNST *aus einer Fläche herausgearbeitetes plastisches Kunstwerk:* das Relief über dem Kirchenportal

Re·li·gi·on *die* <-, -en> ❶ *der Glaube an einen Gott oder an mehrere Götter und die damit verbundene Praxis in Kult und Lebensformen:* die buddhistische/christliche/jüdische/ islamische Religion; Die Religion verbietet den Genuss von Alkohol.; Die Religion schreibt das tägliche Gebet vor.; einer Religion angehören ◆Natur-, Staats-, Welt- ❷ */kein Plur./* SCHULE *Religion¹ als Schulfach:* eine gute Note in Religion haben

Re·li·gi·ons·be·kennt·nis *das* <-ses, -se> *(≈ Konfession) die in einer Religionsgemeinschaft ausgeprägte Form der Religion¹, der jmd. angehört und zu der er sich öffentlich bekennt*

Re·li·gi·ons·frei·heit *die* <-> */kein Plur./* RECHTSW. *das Recht auf freie Ausübung einer Religion¹*

Re·li·gi·ons·ge·mein·schaft *die* <-, -en> *die Gesamtheit der Angehörigen einer Religion¹:* verschiedene christliche Religionsgemeinschaften

re·li·gi·ons·los *adj* */nicht steig./ so, dass man keiner Religion¹ angehört:* Sie ist religionslos.

Re·li·gi·ons·stif·ter *der* <-s, -> *eine Person, die als Begründer einer Religion¹ verstanden und verehrt wird*

Re·li·gi·ons·un·ter·richt *der* <-(e)s -> */kein Plur./ Schulunterricht, in dem Wissen über die Religionen¹ vermittelt wird*

re·li·gi·ös *adj* */nicht steig./ die Religion¹ betreffend, zu ihr gehörig:* ein religiöser Mensch; ein religiöses Elternhaus; seine Kinder religiös erziehen ▶Religiosität

Re·likt *das* <-(e)s, -e> *(geh.) Überrest:* Diese Mauer ist ein Relikt aus der römischen Besatzungszeit.

Re·ling *die* <-, -s/-e> SEEW. *das Geländer an Deck eines Schiffes:* sich über die Reling lehnen

Re·li·quie *die* <-, -n> REL. *Überreste, die zum Körper oder zu den Gebrauchsgegenständen eines Heiligen gehört haben, und die in der Heiligenverehrung eine Rolle spielen* ◆-nschrein

Re·make *das* [ˈriːmeɪk] <-s, -s> FILM *Neufassung eines bereits verfilmten Stoffes:* Diese Produktion ist ein Remake eines alten Films.

Re·mi·nis·zenz *die* <-, -en> *(geh.)* ❶ *eine einzelne Erinnerung:* eine Reminiszenz an die Kindheit ❷ *etwas, das durch Ähnlichkeit an etwas anderes erinnert:* Der Film enthält viele Reminiszenzen des Regisseurs an sein großes Vorbild.; Mancher hat Reminiszenzen und glaubt, es seien originale Ideen.

re·mis [rəˈmiː] *adv* */nicht steig./* SPORT *unentschieden:* Das Schachspiel endete remis.

Re·mit·ten·de *die* <-, -n> *ein fehlerhaftes Buch, das an den Verlag zurückgeschickt wird*

Re·mix *der* [ˈriːmɪks] <-(es), -e> MUS. *eine neu arrangierte Aufnahme eines bereits existierenden Songs* ▶remixen

rem·peln <rempelst, rempelte, hat gerempelt> *mit OBJ/ohne OBJ* ■ *jmd. rempelt jmdn. (umg.) jmdn. grob (und mutwillig) mit seinem Körper stoßen:* Er rempelt ständig seinen Nachbarn.; Musst du denn so rempeln? ▶an-

re·mu·ne·rie·ren <remunerierst, remunerierte, hat remuneriert> *mit OBJ* ■ *jmd. remuneriert etwas* ÖSTERR. *entschädigen*

Ren, Ren *das* <-s, -s> ZOOL. *in nördlichen Polargebieten lebendes, dem Hirsch ähnliches, großes Säugetier mit schaufelförmigem Geweih*

Re·nais·sance *die* [rənɛˈsãːs] <-, -n> ❶ */kein Plur./* GESCH. *die Epoche, die den Beginn der Neuzeit markiert und in der eine große Begeisterung für die Kunst und die Errungenschaften der griechischen und römischen Antike herrschte:* berühmte Bauten/ein Baumeister/ das Kunstverständnis/das Menschenbild der Renaissance ◆-architektur, -bau, Früh-, Spät- ❷ *(geh.) eine Zeit, in der eine bestimmte kulturelle Form wieder wichtig wird, die es schon einmal gegeben hat:* Diese Mode/dieser Baustil erlebt zurzeit eine Renaissance.

re·na·tu·rie·ren <renaturierst, renaturierte, hat renaturiert> *mit OBJ* ■ *jmd. renaturiert etwas (fachspr.) eine Landschaft oder ein Gebiet Land möglichst in den ursprünglichen Zustand zurückversetzen:* eine Flussaue renaturieren ▶ Renaturierung

Ren·dez·vous, *a.* **Ren·dez-vous** *das* [rãdeˈvuː] <-, -> ❶ *(veralt.: ≈ Stelldichein) Verabredung (von Liebespaaren):* ein Rendezvous haben; sich zu einem Rendezvous verabreden ❷ *ein Treffen von Raumfahrzeugen im Weltall*

Ren·di·te *die* [rɛnˈdiːtə] <-, -n> WIRTSCH. *(≈ Gewinn) Ertrag oder Verzinsung von Wertpapieren oder von Kapitalanlagen:* eine hohe Rendite abwerfen

Re·ne·gat *der* <-en, -en> *(geh.: ≈ Abtrünniger) jmd., der sich von einem Glauben oder einer Ideologie losgesagt hat*

Re·ne·klo·de, *a.* **Rei·ne·clau·de** *die* <-, -n> BOT. *eine Pflaumenart*

Re·net·te, *a.* **Rei·net·te** *die* <-, -n> *eine Apfelsorte*

re·ni·tent *adj (geh. abwert.: ≈ rebellisch) so, dass man sich dem Willen einer Autorität heftig widersetzt:* ein renitentes Benehmen; ein renitenter Schüler ▶ Renitenz

Renn·bahn *die* <-, -en> ❶ SPORT *eine in sich abgeschlossene Anlage zum Durchführen von Rennen* ◆ Pferde-, Rad- ❷ *(kurz für „Autorennbahn") eine zum Spielen dienende Anlage mit einer Autorennstrecke, auf der die Spieler elektrisch betriebene Spielzeugrennwagen fahren lassen*

Ren·nen *das* <-s, -> *ein sportlicher Wettbewerb, bei dem es darum geht, eine bestimmte Distanz möglichst schnell zurückzulegen:* Das Rennen wird gestartet/geht über zweihundert Kilometer/ ist entschieden.; Das Rennen ist sehr schnell/ kommt in die entscheidende Phase/erreicht jetzt das Finale.; Ein Fahrer bestimmt das Rennen/dominiert das Rennen/ gewinnt das Rennen/verliert das Rennen um Haaresbreite/ entscheidet das Ren-

R

nen für sich/lässt sich den Sieg in diesem Rennen nicht mehr nehmen/fährt das Rennen nach Hause.; ■das **Rennen machen** *(umg.) gewinnen;* ■**gut im Rennen liegen** *(umg.) gute Aussichten auf Erfolg haben;* ■**das Rennen ist gelaufen** *(umg.) alle Entscheidungen sind gefallen, es bleibt nichts mehr zu tun;* ■**jemanden aus dem Rennen werfen** *(umg.) jmdn. aus einer Position verdrängen, in der er Aussicht auf einen Sieg oder Erfolg gehabt hätte* ◆Auto-, Bahn-, Cross-, Galopp-, Hunde-, Motorrad-, Querfeldein-, Rad-, Straßen-, Trab-

ren·nen <rennst, rannte, ist/hat gerannt> **I.** *mit OBJ* ■ *jmd.* **rennt etwas in etwas** *(haben) mit Gewalt in etwas hineinstoßen:* jemandem ein Messer in die Brust rennen **II.** *ohne OBJ (sein)* ❶■ *jmd.* **rennt (irgendwohin)** *schnell laufen:* über die Straße/aus dem Zimmer rennen; um die Wette/um sein Leben/auf Zeit rennen; schnell/ wie der Blitz rennen; im Zimmer hin und her rennen ❷■ *jmd.* **rennt gegen etwas** *Akk. gegen etwas stoßen:* mit dem Kopf gegen die Wand rennen; aus Versehen gegen die Tür rennen ❸■ *jmd.* **rennt (irgendwohin)** *(umg. abwert.) ständig irgendwohin gehen:* Musst du denn jede Woche ins Kino rennen?; Er rennt mit jedem Kummer gleich zu seiner Mutter!; ■**jemanden/etwas über den Haufen rennen** *(umg.) jmdn. oder etwas umrennen;* ■**ins Unglück/in sein Verderben rennen** *(umg.) sein Unglück durch unvernünftiges Handeln selbst verschulden*

Ren·ner *der* <-s, -> *(umg.)* ❶ *schnelles Rennpferd, Rennauto oder Rennrad* ❷WIRTSCH. *(≈ Hit ↔ Ladenhüter) Ware, die sich sehr gut verkauft:* Diese Tasche ist ein echter Renner.

Renn·fah·rer *der*, **Renn·fah·re·rin** <-s, -> *jmd., der Rennen fährt:* Der Rennfahrer ist topfit/ist auf dem Zenit seiner Laufbahn/ist seit fünf Jahren Profi/ ist einer der Leistungsträger seiner Mannschaft/ muss zur Dopingkontrolle/ist Nummer Eins der Weltrangliste. ◆Auto-, Motorrad-, Rad-

Renn·pferd *das* <-es, -e> *ein Pferd, das bei Pferderennen geritten wird*

Renn·rad *das* <-(e)s, Rennräder> *ein sportliches Fahrrad, das besonders bei Radrennen benutzt wird*

Renn·rei·ter *der* <-s, -> *jmd., der an einem Pferderennen teilnimmt*

Renn·sport *der* <-(e)s> */kein Plur./ die Gesamtheit der sportlichen Wettbewerbe, die in Form von Rennen ausgetragen werden*

Renn·stall *der* <-(e)s, Rennställe> *Mannschaft, die an Rennen teilnimmt:* Der Rennstall (des Weltmeisters) verfügt über einen Millionenetat/sucht einen neuen Sponsor/wird mit Material von ... gesponsert/ gehört einem Unternehmen aus der Telekommunikationsbranche/ geht bei allen wichtigen Rennen an den Start.

Renn·stre·cke *die* <-, -n> *die Strecke, auf der ein Rennen ausgetragen wird:* Tausende Zuschauer säumen die Rennstrecke.

Renn·wa·gen *der* <-s, -> *bei Autorennen eingesetzter Wagen* ◆Formel-1-, Touren-

Re·nom·mee *das* <-s, -s> *(geh.) (guter) Ruf:* ein

Renommee als gutes Restaurant haben; Das Renommee dieses Theaters hat sehr gelitten.

re·nom·mie·ren <renommierst, renommierte, hat renommiert> *ohne OBJ* ■ *jmd.* **renommiert (mit etwas** *Dat.) (geh.: ≈ angeben) prahlen; eigene Stärken immer wieder betonen:* mit seinem neuen Auto renommieren; Sie renommiert doch nur, es ist doch nichts dahinter. ▶Renommiersucht

re·nom·miert *adj /nicht steig./ (geh.: ≈ anerkannt) so, dass es einen guten Ruf hat:* ein renommierter Künstler/Verlag; ein renommiertes Restaurant/Unternehmen

re·no·vie·ren <renovierst, renovierte, hat renoviert> *mit OBJ* ■ *jmd.* **renoviert etwas** *ein Gebäude oder Gebäudeteile neu herrichten:* die Fassade/ein altes Haus/ ein Geschäft/eine Kirche/die Wohnung renovieren

Re·no·vie·rung *die* <-, -en> *das Renovieren von Gebäuden oder Gebäudeteilen:* Die Renovierung des Hauses hat eine Menge Geld gekostet. ◆-sarbeiten, -skosten

ren·ta·bel <rentabler, am rentabelsten> *adj* WIRTSCH. *(≈ lukrativ) lohnend; Gewinn bringend:* ein rentables Geschäft; ein rentables Unternehmen; rentabel wirtschaften

Ren·ta·bi·li·tät *die* <-> */kein Plur./* WIRTSCH. *die Tatsache, dass etwas lohnend oder Gewinn bringend ist*

Ren·te *die* <-, -n> ❶ *der regelmäßig gezahlte Geldbetrag, auf den man aufgrund seines sozialen Status oder gemäß seiner Versicherung Anspruch hat:* als Waise/Witwe eine Rente beantragen; nach einem Unfall eine Rente von der Versicherung erhalten ◆Invaliden-, Waisen-, Witwen-, Zusatz- ❷ *der regelmäßig gezahlte Geldbetrag, auf den man nach Abschluss des Arbeitslebens oder im Falle dauernder Arbeitsunfähigkeit Anspruch hat:* im Ruhestand Rente erhalten; die Rente beantragen; die Renten anpassen/erhöhen ◆-nempfänger, -nerhöhung ❸ */kein Plur./ (umg.) Ruhestand:* in Rente gehen/sein ❹BANKW. *Zinseinkünfte* ◆-nmarkt, -npapiere

Ren·ten·al·ter *das* <-s> */kein Plur./ das Alter, in dem man Anspruch auf eine Rente² hat:* das Rentenalter erreichen

Ren·ten·an·pas·sung *die* <-, -en> *Anpassung der Renten² an die Preissteigerung*

Ren·ten·an·spruch *der* <-(e)s, Rentenansprüche> *der im Berufsleben erworbene Anspruch auf Rente²*

Ren·ten·bei·trag *der* <-(e)s, ...-beiträge> *der vom Arbeitseinkommen anteilig zu zahlende Beitrag zur Rentenversicherung*

Ren·ten·ver·si·che·rung *die* <-, -en> *der Teil der Sozialversicherung, in den die Rentenbeiträge eingezahlt und aus dem die Renten² gezahlt werden*

Ren·tier *das* <-s, -e> *(≈ Ren) in nördlichen Polargebieten lebendes, dem Hirsch ähnliches, großes Säugetier mit schaufelförmigem Geweih*

ren·tie·ren <rentiert, rentierte, hat rentiert> *mit SICH* ■ **etwas rentiert sich** *(geh.) sich lohnen:* Diese Arbeit/Geldanlage rentiert sich nicht, der Aufwand ist größer als der Gewinn.

R

Rent·ner *der;* **Rent·ne·rin** <-s, -> *eine Person im Ruhestand, die Rente* [1, 2] *bezieht*

re·or·ga·ni·sie·ren <reorganisierst, reorganisierte, hat reorganisiert> *mit OBJ* ■ *jmd. reorganisiert etwas (geh.) planvoll umgestalten:* den gesamten Produktionsprozess reorganisieren ▶ Reorganisation

Reps *der* <-s, -s> *(umg.) Person, die eine rechtsextreme politische Haltung vertritt:* ein Treffpunkt der Reps

re·pa·ra·bel *adj /nicht steig./ (↔ irreparabel) so, dass es noch repariert werden kann*

Re·pa·ra·ti·on *die* [repara'tsǐoːn] <-, -en> POL. *an einen Siegerstaat gezahlte Entschädigung für Kriegsschäden:* Reparationen zahlen ◆-zahlung

Re·pa·ra·tur *die* <-, -en> *das Reparieren von etwas:* eine Reparatur durchführen; Manche Reparatur kommt teurer als eine Neuanschaffung. ◆-werkstatt, Auto-, Fahrrad-

re·pa·rie·ren <reparierst, reparierte, hat repariert> *mit OBJ* ■ *jmd. repariert etwas Schäden beheben und damit etwas wieder gebrauchsfähig machen:* das Fahrrad/die Schreibmaschine reparieren

Re·per·toire *das* [repɛr'tǒaːɐ̯] <-s, -s> *die Gesamtheit aller Stücke, die ein einzelner Künstler oder ein Ensemble jederzeit aufführen kann:* ein Theater mit einem breiten/vielfältigen Repertoire; das Repertoire überarbeiten ◆-theater

Re·p·lik *die* <-, -en> ❶ *(geh.) Erwiderung:* eine glänzende/treffende Replik; eine Replik auf etwas ❷ KUNST *Nachbildung eines Kunstwerks durch den Künstler:* die Replik einer Plastik aus seiner frühen Schaffensperiode

Re·por·ta·ge *der* [repɔr'taːʒə] <-, -n> *ein Bericht, der Ereignisse festhält oder dokumentiert:* eine Reportage im Fernsehen/im Radio/in der Zeitung; eine Reportage über Kinderarbeit/ über den Bau eines Staudammes; eine Reportage drehen/machen/schreiben ◆Fernseh-, Radio-, Rundfunk-, Zeitungs-

Re·por·ter *der;* **Re·por·te·rin** <-s, -> *eine Person, die im Auftrag einer Zeitung oder eines Fernseh- oder Rundfunksenders berichtet:* als Reporter für das Fernsehen in Amerika arbeiten ◆Sport-

Re·prä·sen·tant *der;* **Re·prä·sen·tan·tin** <-en, -en> *(≈ Vertreter) eine Person, die eine Gruppe von Menschen oder eine Institution vertritt:* ein hoher Repräsentant der Regierung/der UNO; Ein Repräsentant (aus) jeder Klasse nahm an der Schulkonferenz teil.

Re·prä·sen·tan·ten·haus *das* <-es, Repräsentantenhäuser> POL. *Abgeordnetenhaus:* Dem englischen Unterhaus entspricht in vielen Staaten (z. B. USA, Australien, Neuseeland) das Repräsentantenhaus.

Re·prä·sen·tanz *die* <-, -en> WIRTSCH. *die Vertretung einer Firma oder einer Institution im Ausland:* eine Repräsentanz in Japan haben/eröffnen

Re·prä·sen·ta·ti·on *die* [reprɛzɛnta'tsǐoːn] <-, -en> ❶ *politische Vertretung:* die Repräsentation eines Staates im Ausland durch einen Botschafter ❷ */kein Plur./ standesgemäßes Auftreten:* der Repräsentation dienen

re·prä·sen·ta·tiv *adj* ❶ *so typisch, dass es als Stellvertreter seiner Art aufgefasst werden kann:* ein repräsentativer Vertreter seiner Art ❷ *stellvertretend für eine Gesamtheit stehend:* eine repräsentative Meinungsumfrage; eine repräsentative Auswahl ❸ *standesgemäß:* eine repräsentative Feier; ein repräsentatives Haus ❹ POL. *so, dass Interessengruppen nach ihrem politischen Gewicht von Repräsentanten vertreten werden:* eine repräsentative Demokratie

Re·prä·sen·ta·tiv·um·fra·ge *die* <-, -n> *(fachspr.) eine begrenzt durchgeführt Umfrage, bei der die Ergebnisse stellvertretend für die Gesamtheit der möglichen Befragungen genommen werden*

re·prä·sen·tie·ren <repräsentierst, repräsentierte, hat repräsentiert> I. *mit OBJ* ■ *jmd./etwas repräsentiert etwas* ❶ *typisch sein für etwas:* Diese Zahlen repräsentieren die Meinung der Mehrheit der Bevölkerung. ❷ *vertreten:* Ein Diplomat repräsentiert sein Land.; Die gewählten Schülervertreter repräsentieren ihre Klassen. ❸ *darstellen:* Dieses Bild repräsentiert einen Wert von zehntausend Dollar. II. *ohne OBJ* ■ *jmd. repräsentiert standesgemäß auftreten:* Als Diplomat muss er gut repräsentieren können.

Re·pres·sa·lie *die* <-, -n> */meist Plur./ (geh.) eine Maßnahme, mit der jmd. Druck ausübt, um etwas zu erzwingen:* mit Repressalien drohen; jemanden durch die Androhung von Repressalien zu Zugeständnissen zwingen

Re·pres·si·on *die* <-, -en> *(geh.) die Unterdrückung von Widerstand:* politische Repressionen ausgesetzt sein

re·pres·siv *adj (geh.) unterdrückend:* repressive Maßnahmen einsetzen

Re·print *der* [riːprɪnt] <-s, -s> *Nachdruck eines Druckwerkes*

re·pri·va·ti·sie·ren <reprivatisierst, reprivatisierte, hat reprivatisiert> *mit OBJ* ■ *jmd. reprivatisiert etwas (↔ verstaatlichen) etwas wieder in privaten Besitz überführen:* einen Betrieb reprivatisieren

Re·pro·duk·ti·on *die* <-, -en> *Nachbildung, Kopie:* die Reproduktion eines Fotos/Gemäldes ◆-smedium, -stechnik, -sverfahren

re·pro·du·zie·ren <reproduzierst, reproduzierte, hat reproduziert> *ohne OBJ* ■ *jmd. reproduziert etwas* ❶ *ein Kopie machen, vervielfältigen:* ein Foto/ein Gemälde reproduzieren ❷ *(geh.) so wiederherstellen, wie es war:* eine Situation aus der Erinnerung reproduzieren

re·pro·fä·hig *adj /nicht steig./ DRUCKW. (umg.) so, dass es reproduziert* [1] *werden kann*

Re·pro·vor·la·ge *die* <-, -n> DRUCKW. *(umg.) eine Vorlage für eine Reproduktion*

Rep·til *das* <-s, -ien/-e> *ein Wirbeltier, das Eier legt und dessen Körper mit Schuppen aus Horn bedeckt ist:* Krokodile, Echsen, Schlangen und Schildkröten gehören zu den Reptilien.

Re·pu·b·lik *die* <-, -en> *(↔ Monarchie) eine Staatsform oder ein Staat, mit einer demokratisch gewählten Regierung und einem auf begrenzte Zeit gewählten Präsidenten oder einer Präsidentin*

R

als Staatsoberhaupt; das Wahlvolk versteht sich in der Republik als der eigentliche Inhaber der souveränen Macht: die Republik ausrufen ◆ Bundes-, Volks-

re·pu·bli·ka·nisch adj /nicht steig./ zur Republik gehörend, für sie eintretend

Re·pu·ta·ti·on die <-> /kein Plur./ (geh.) guter Ruf: eine Reputation als Künstler haben

Re·qui·em das ['re:kvĭɛm] <-s, -s/Requien> MUS. Totenmesse: das Requiem von Mozart

re·qui·rie·ren <reqiqirierst, requirierte, hat requiriert> mit OBJ ■ jmd. **requiriert etwas** MILIT. für militärische Zwecke beschlagnahmen: Fahrzeuge/Lebensmittel requirieren

Re·qui·sit das <-s, -en> THEAT. ein Gegenstand, der bei einer Aufführung auf der Bühne gebraucht wird: für die Requisiten sorgen

resch adj ÖSTERR. knusprig: resche Semmeln

Re·se·da, a. **Re·se·de** die <-, Reseden> BOT. Kräuter, die grünlichgelb blühen und wohlriechend sind ◆ Garten-

Re·ser·vat das <-s, -e> ❶ ein zugeteiltes Stück Land, auf dem die Ureinwohner eines Landes leben: Die Indianer Nordamerikas leben in Reservaten. ◆ Indianer- ❷ ein Schutzgebiet für Tiere, in dem sie vor Ausrottung geschützt sind: ein Reservat für Wildtiere ◆ Tier-

Re·ser·ve die <-, -n> ❶ ein Vorrat, der für den Notfall aufbewahrt wird: eine Reserve für den Winter haben; unsere Reserven sind aufgebraucht; die letzten Reserven mobilisieren; etwas in Reserve haben ◆ Energie-, Geld-, Kraft-, Rohstoff-, Wasser- ❷ MILIT. die ehemaligen Armeemitglieder, die zu einem gegebenen Zeitpunkt nicht aktive Soldaten sind: Leutnant der Reserve ◆ -offizier ❸ sehr zurückhaltendes Verhalten; ■ **jemanden aus der Reserve locken** (umg.) jmdn. dazu bringen, dass er sich äußert; ■ **die eiserne Reserve** Aufbewahrtes, das man nur im größten Notfall angreift; ■ **stille Reserven** WIRTSCH. in der Bilanz nicht aufgeführte Geldreserven

Re·ser·ve·bank die <-> /kein Plur./ SPORT die Sitzbank für Spieler, die für andere Spieler eingewechselt werden können: auf der Reservebank sitzen

Re·ser·ve·spie·ler der; **Re·ser·ve·spie·le·rin** <-s, -> SPORT Spieler(innen), die für andere Spieler eingewechselt werden können

re·ser·vie·ren <reservierst, reservierte, hat reserviert> mit OBJ ■ jmd. **reserviert etwas (für jmdn.)** jmdm., der später dafür bezahlen wird, einen Platz freihalten oder eine Ware zurücklegen: Plätze im Theater/einen Tisch im Lokal reservieren; Bitte reservieren Sie uns einen Tisch für vier Personen.; einen Sitzplatz im Zug reservieren lassen

re·ser·viert adj so, dass sich jmd. sehr distanziert und zurückhaltend verhält: sich sehr reserviert geben/verhalten; Nachdem die Meinungsverschiedenheit zwischen uns deutlich geworden war, zeigte sie sich mir gegenüber sehr reserviert.

Re·ser·vist der; **Re·ser·vis·tin** <-en, -en> MILIT. Soldat der Reserve²

Re·ser·voir das [rezɛr'vŏa:ɐ̯] <-s, -e> ❶ ein größerer Behälter, in dem etwas gespeichert wird: ein

Reservoir für das Regenwasser ❷ Vorrat: ein großes Reservoir an Wasser; aus einem großen Reservoir an Wissen schöpfen

Re·si·denz die <-, -en> ❶ der Wohnsitz eines hohen weltlichen oder kirchlichen Würdenträgers: die Residenz des Königs/Präsidenten/Bischofs ❷ eine Stadt, in der ein hoher weltlicher oder kirchlicher Würdenträger seinen Wohnsitz hat: sich in der Residenz aufhalten ◆ -stadt

re·si·die·ren <residierst, residierte, hat residiert> ohne OBJ ■ jmd. **residiert** (geh.: von hochgestellten Personen) regieren und seinen Wohnsitz haben: Der Bischof residierte in Aachen.

Re·si·gna·ti·on die <-, -en> /Plur. selten/ (geh.) das Aufgeben von Hoffnung, weil man von etwas enttäuscht ist: in Resignation verfallen ▸ resignativ

re·si·gnie·ren <resignierst, resignierte, hat resigniert> ohne OBJ ■ jmd. **resigniert** die Hoffnung aufgeben, entmutigt aufgeben: Sie hat lange gegen ihr Schicksal angekämpft und schließlich doch resigniert.

re·sis·tent adj /nicht steig./ BIOL., MED. unempfindlich gegen schädliche Stoffe oder Einflüsse: Pflanzen durch Züchtung resistent gegen Schädlinge machen

Re·sis·tenz die <-, -en> BIOL., MED. Unempfindlichkeit des Organismus gegenüber schädlichen äußeren Einwirkungen: die Resistenz gegen eine Krankheit

re·so·lut adj so, dass man den Willen hat, Entschlüsse zu fassen und sie durchzusetzen: eine resolute Frau ▸ Resolutheit

Re·so·lu·ti·on die <-, -en> eine schriftliche Erklärung zu einem offiziellen Beschluss: eine Resolution verabschieden/verlesen ◆ Friedens-

Re·so·nanz die <-, -en> ❶ PHYS. das Mitschwingen eines Körpers mit einem anderen Körper: Im Körper einer Gitarre entstehen Resonanzen. ❷ (geh. übertr.) Reaktion; Zuspruch: Der Vorschlag fand (keine) große Resonanz.; Die Ausstellung fand große/stieß auf große Resonanz beim Publikum.

re·sor·bie·ren <resorbierst, resorbierte, hat resorbiert> mit OBJ ■ **etwas resorbiert etwas** BIOL., MED. flüssige oder gelöste Stoffe in das Zellinnere aufnehmen: Wenn der Darm wichtige Nahrungsstoffe nicht resorbieren kann, kann man krank werden.

Re·sorp·ti·on die [rezɔrp'tsi̯o:n] <-, -en> BIOL., MED. die Aufnahme flüssiger oder gelöster Stoffe in das Zellinnere ◆ -sstörung

Re·spekt der <-(e)s> /kein Plur./ ❶ (≈ Achtung, Wertschätzung) die Haltung, dass man eine Person und ihre berufliche und soziale Stellung für wichtig hält und dies in seinem Verhalten deutlich zeigt: jemandem Respekt entgegenbringen/schuldig sein; die Eltern mit Respekt behandeln; großen Respekt vor einer/jemandes Leistung haben; ■ **bei allem Respekt** (umg.) verwendet, um auszudrücken, dass man jmdn. zwar respektiert, aber dennoch Kritik an ihm üben will ❷ (umg.) Angst: Der Löwe hat ein Respekt einflößendes Gebiss.; Respekt vor einer Aufgabe haben ◆ -sperson ◆ Getrenntschreibung- oder Zusammenschreibung

R

→R 4.16 Ihr Verhalten war Respekt einflößend/ respekteinflößend.; eine äußerst/sehr respekteinflößende Persönlichkeit; eine großen Respekt einflößende Persönlichkeit

re·s·pek·ta·bel *adj* /*nicht steig.*/ *so, dass man Respekt davor hat:* eine respektable Leistung; eine respektable Persönlichkeit

re·s·pek·tie·ren <respektierst, respektierte, hat respektiert> *mit OBJ* ❶ ■ *jmd.* **respektiert** *jmdn./etwas (≈ achten, schätzen) Respekt[1] empfinden:* seine Eltern/die Lehrer respektieren ❷ ■ *jmd.* **respektiert etwas** *(≈ akzeptieren) beachten; einhalten:* die Rechte des anderen respektieren; die Gesetze respektieren

re·s·pekt·los *adj (↔ respektvoll) ohne (den nötigen) Respekt[1]:* ein respektloses Verhalten gegenüber dem Lehrer ▶ Respektlosigkeit

re·s·pekt·voll *adj* ❶ *(↔ respektlos) mit deutlich gezeigtem Respekt[1]:* den Schuldirektor respektvoll grüßen; in respektvollem Abstand hinter dem Präsidenten gehen ❷ *Angst zeigend:* sich in respektvollem Abstand (von einem gefährlichen Tier) halten

Re·s·pi·ra·ti·on *die* [respira'tsi̯oːn] <-> /*kein Plur.*/ BIOL., MED. *Atmung:* die Respiration behindern

Res·sen·ti·ment *das* [rɛsãti'mãː] <-s, -s> *(geh.: ≈ Abneigung)* Ressentiments gegen etwas hegen

Res·sort *das* [rɛ'soːɐ̯] <-s, -s> *abgegrenzter Aufgabenbereich (in einem Amt):* Das gehört nicht zu meinem/in mein Ressort.; Das fällt in das Ressort des Kollegen. ◆-verantwortlichkeit

Res·sour·ce *die* [rɛ'sʊrsə] <-, -n> /*meist Plur./ (geh.)* ❶ *eine Quelle für Hilfsmittel oder Rohstoffe:* die natürlichen Ressourcen eines Landes; die personellen Ressourcen eines Unternehmens; die Ressourcen besser ausschöpfen/nutzen ❷ *Geldmittel:* Unsere Ressourcen sind erschöpft.; Die Stadt bessert die Ressourcen des Projekts auf. ◆-nverwaltung ❸ *psychische Kräfte zur Bewältigung von Problemen*

Rest *der* <-(e)s, -e> ❶ *etwas, das von etwas übrig geblieben ist:* Reste aus dem Topf kratzen; Den Rest können Sie behalten.; Die kläglichen Reste der Mahlzeit bekam der Hund. ◆Speise-, Stoff- ❷ /*kein Plur./ etwas, das noch zu tun bleibt:* Den Rest machen wir morgen.; ■ *jemandem den Rest geben (umg.) jmdn. völlig zugrunde richten;* ■ *der Rest vom Schützenfest (umg.) das Übriggebliebene, der Rest[1] vom Ganzen;* ■ *der Rest ist Schweigen (umg.) (sagt man) wenn jmd. verstummt und nicht mehr weiter weiß* ◆-finanzierung, -forderung, -summe, -zahlung

Rest·auf·la·ge *die* <-, -n> DRUCKW. *die Restbestände der Auflage eines Druckwerkes*

Re·s·tau·rant *das* [rɛsto'rãː] <-s, -s> *(↔ Café, Kneipe) eine Gaststätte, in der Speisen und Getränke serviert werden*

Re·s·tau·ra·ti·on[1] *die* [rɛstaʊra'tsi̯oːn] <-, -en> ❶ *die fachgerechte Wiederherstellung von Kunstwerken:* die Restauration eines Bildes/einer Statue/eines unter Denkmalschutz stehenden Gebäudes ❷ *(geh.) Wiederherstellung früherer gesell-*

---

schaftlicher und politischer Verhältnisse: Nach dem Umsturz folgte eine Zeit der Restauration.

Re·s·tau·ra·ti·on² *die* [rɛstora'tsi̯oːn] <-, -en> ÖS-TERR. *Gaststätte*

Re·s·tau·ra·tor *der,* **Re·s·tau·ra·to·rin** [rɛstaʊ'raːtoːɐ̯] <-s, ...-toren> *jmd., der beruflich fachgerecht Kunstwerke wiederherstellt*

re·s·tau·rie·ren [rɛstaʊ'riːrən] <restaurierst, restaurierte, hat restauriert> *mit OBJ* ■ *jmd.* **res-tauriert etwas** *fachgerecht künstlerisch wiederherstellen:* ein Bild/ein Gemälde/ein Kirchenportal/ein altes Schloss restaurieren

Rest·be·stand *der* <-(e)s, Restbestände> *Rest[1]*

Rest·be·trag *der* <-(e)s, Restbeträge> *Rest[1] an Geld:* einen Restbetrag herausgeben

Rest·e·ver·kauf *der* <-s, Resteverkäufe> WIRTSCH. *Verkauf von Resten[1]*

Re·s·ti·tu·ti·on *die* [restitu'tsi̯oːn] <-, -en> *(geh.) Wiederherstellung:* die Restitution alter Verhältnisse; eine Zeit der politischen Restitution

rest·lich *adj* /*nicht steig./ übrig geblieben:* Die restlichen Karten werden an der Abendkasse verkauft.

rest·los *adj* /*nicht steig./ ohne Rest, vollständig:* Die Karten sind restlos ausverkauft.; alles restlos aufessen/verbrauchen

Rest·pos·ten *der* <-s, -> WIRTSCH. *übrig gebliebene Waren:* Restposten billig verkaufen

Re·s·t·rik·ti·on *die* [rɛstrɪk'tsi̯oːn] <-, -en> *(geh.) Beschränkung:* jemandem Restriktionen auferlegen

re·s·t·rik·tiv *adj (geh.) beschränkend:* restriktive Maßnahmen

Rest·ri·si·ko *das* <-s, Restrisiken> *(geh.) trotz aller Vorsichtsmaßnahmen noch vorhandene Gefahr:* Die Therapie/Das Verfahren ist mit einem gewissen Restrisiko verbunden.

Re·struk·tu·rie·rung *die* <-, -en> *(geh.) Neuordnung:* die Restrukturierung einer Organisation/einer Firma

Re·sul·tan·te *die* <-, -n> MATH. *die Summe zweier Kräfte, die im Kräfteparallelogramm dargestellt sind*

Re·sul·tat *das* <-(e)s, -e> *(geh.) Ergebnis:* zu einem Resultat kommen; gute Resultate erzielen ◆End-, Gesamt-

re·sul·tie·ren <resultierst, resultierte, hat resultiert> *ohne OBJ (geh.)* ❶ ■ *etwas* **resultiert aus etwas** *Dat. sich ergeben:* aus etwas resultieren; Seine Aggressivität resultiert aus seiner Unsicherheit. ❷ ■ *etwas* **resultiert in etwas** *Dat. zur Folge haben:* in etwas resultieren; Unsicherheit resultiert in aggressivem Verhalten.

Re·sü·mee *das* <-s, -s> *(geh.: ≈ Fazit) Zusammenfassung; Schlussfolgerung:* ein kurzes Resümee aus der heutigen Veranstaltung ziehen/geben; Was ist ihr Resümee aus dem Erlebten?

re·tar·die·ren <retardierst, retardierte, hat retardiert> *mit OBJ/ohne OBJ* ■ *etwas* **retardiert (etwas)** *verzögern, hemmen:* Sein Wachstum ist retardiert.; retardierende Momente; das Tempo retardieren ▶ Retardation, Retardierung

Re·tard·kap·sel *die* <-, -n> MED. *ein Medikament,*

R

das seinen Wirkstoff über einen längeren Zeitraum an den Organismus abgibt

Re·tor·te *die* <-, -n> CHEM. ❶ *Glaskolben für chemische Versuche:* Versuche in einer Retorte durchführen ❷ *Reaktionsbehälter für die Gaserzeugung aus Kohle;* ■ **aus der Retorte** *(umg. abwert.) künstlich hergestellt (als Ersatz für Natürliches)* Lebensmittel aus der Retorte

Re·tor·ten·ba·by *das* <-s, -s> *(umg.) ein Kind, das mit Hilfe künstlicher Befruchtung gezeugt wurde*

re·tour [re'tuːɐ̯] *adv* SÜDDT., ÖSTERR., SCHWEIZ. *zurück:* Sie bekommen noch 5 Euro retour.; Wir sind auf den Berg und retour gelaufen.

Re·tour·bil·let *das* [re'tuːɡbɪljɛt] <-s, -s> SÜDDT., ÖSTERR., SCHWEIZ. *Rückfahrkarte*

Re·tour·geld *das* [re'tuːɐ...] <-(e)s> /kein Plur./ SÜDDT., ÖSTERR., SCHWEIZ. *Wechselgeld*

re·tour·nie·ren <retournierst, retournierte, hat retourniert> ■ *jmd. retourniert etwas* SCHWEIZ. *zurückgeben, zurücksenden*

Re·t·ro- *als Erstglied zusammengesetzter Substantive; drückt aus, dass das mit dem Zweitglied Bezeichnete eine zeitliche oder räumliche Perspektive nach rückwärts bzw. eine Umkehrfunktion aufweist* ◆-adapter, -bike, -bibliothek, -deko, -digitalisierung, -flex, -flexion, -illumination, -inklination, -katalogisierung, -kinderwagen, -konversion, -lampe, -möbel, -objektiv, -positio, -pulsion, -reflektor, -spektion, -sternalraum, -stoffe, -trend, -uhr, -veranstaltung, -version, -virus, -welle, -zession

re·t·ro- *als Erstglied zusammengesetzter Adjektive, drückt aus, dass das mit dem Zweitglied Bezeichnete eine zeitliche oder räumliche Perspektive nach rückwärts bzw. eine Umkehrfunktion aufweist* ◆-aktiv, -bulbär, -flexiv, -grad, -nasal, -orbital, -patellar, -peritoneal, -urikulär, -zäkal, -zedent

Re·t·ro·de·sign *das* [...dizain] <-s, -s> *Design, das bewusst Elemente früherer Stile aufgreift*

Re·t·ro·look *der* [...lʊk] <-s, -s> *eine Mode oder ein Designstil, der bewusst an eine frühere Mode oder das Design einer früheren Zeit erinnert:* Dieses Radio im aktuellen Retrolook erinnert ein wenig an die gute alte Musikbox.

re·t·ro·s·pek·tiv *adj* /nicht steig./ (geh.) *zurückblickend:* ein retrospektiver Bericht

Re·t·ro·s·pek·ti·ve *die* <-, -n> ❶ KUNST *eine Ausstellung der wichtigsten Werke eines Künstlers:* eine Retrospektive mit Werken eines Malers/mit Filmen eines Regisseurs ❷ (geh.) *Rückblick:* Ereignisse in der Retrospektive betrachten

ret·ten <rettest, rettete, hat gerettet> I. *mit OBJ* ❶ ■ *jmd./etwas rettet jmdn./etwas aus einer Gefahr befreien:* Menschen aus den Flammen retten; Er konnte nur sein nacktes Leben retten. ▶erretten ❷ ■ *jmd. rettet etwas erhalten:* Die Ärzte konnten sein Arm/sein Leben nicht mehr retten; Das Gebäude ist nicht mehr zu retten, es muss abgerissen werden. ❸ ■ *jmd. rettet etwas einen Misserfolg verhindern:* den Abend/die Situation retten II. *mit SICH* ■ *jmd. rettet sich sich in Sicherheit bringen:* Einige Betroffene konnten sich mit Mühe retten.; Er konnte sich gerade noch ins Haus retten.; ■ **sich vor etwas nicht retten kön-**

nen *(umg.) etwas im Überfluss haben* Sie konnte sich vor Angeboten nicht retten.; ■ **nicht mehr zu retten sein** *(umg. abwert.) unvernünftig oder verrückt sein* Bist du denn noch zu retten? So etwas würde ich nie tun!

Ret·ter *der,* **Ret·te·rin** <-s, -> *jmd., der in einer Gefahr Hilfe leistet:* Die Retter trafen wenig später an der Unfallstelle ein.; seinem Retter danken ◆Lebens-

Ret·tich *der* <-s, -e> *ein scharf schmeckendes Wurzelgemüse*

Ret·tung *die* <-> /kein Plur./ ❶ *das Retten:* Die Rettung der Opfer nahm mehrere Stunden in Anspruch. ◆-sboot, -shubschrauber, -smannschaft, -sring, -ssanitäter(in), -sstation, -swache, -sweste ❷ (umg.) ÖSTERR. *Rettungsdienst, Krankenwagen*

Ret·tungs·dienst *der* <-(e)s, -e> *die gesetzlich geregelte Zusammenarbeit von Hilfsorganisationen im Rettungswesen*

Ret·tungs·in·sel *die* <-, -n> *Schlauchboote mit Zeltdach zur Rettung von Schiffbrüchigen*

ret·tungs·los *adj* /nicht steig./ *ohne Aussicht auf Rettung:* rettungslos verloren

Ret·tungs·wa·gen *der* <-s, -> *Krankenwagen zum Transport und zur Erstversorgung von Verletzten:* Der Rettungswagen trifft am Unfallort ein.

Ret·tungs·we·sen *das* <-s> /kein Plur./ *Gesamtheit der Maßnahmen und Organisationen, die der Rettung von Menschen bei Unfällen und Katastrophen dienen*

Re·turn *der* [ri'tœːɐ̯n] <-s, -s> SPORT *im Tischtennis oder Tennis Rückschlag nach dem gegnerischen Aufschlag*

Re·tu·sche *die* <-, -n> ❶ /kein Plur./ *das Retuschieren* ❷ *eine Stelle, an der retuschiert wurde*

re·tu·schie·ren <retuschierst, retuschierte, hat retuschiert> ■ *jmd. retuschiert etwas eine Druckvorlage oder ein Foto nachträglich verbessern:* ein retuschiertes Bild

Reue *die* <-> /kein Plur./ *das Gefühl des Bedauerns darüber, dass man etwas Böses oder Falsches getan hat:* (keine) Reue empfinden; Der Täter zeigte keinerlei Reue. ▶reuelos, reuevoll

reu·en <reut, reute, hat gereut> (geh.) I. *mit OBJ* ■ *etwas reut jmdn. zum Bedauern veranlassen:* Sein Verhalten reute ihn schon bald.; Der Kauf reute uns bald, das Gerät war nicht zu gebrauchen. II. *mit ES* ■ *es reut jmdn. Bedauern empfinden:* Es reute sie, dass sie sich nicht freundlicher verhalten hatte. ▶bereuen

reu·mü·tig *adj* /nicht steig./ *voller Reue:* reumütig zurückkehren; sich reumütig zu seiner Tat bekennen

Reu·se *die* <-, -n> *ein trichterförmiges Netz zum Fischfang:* Reusen aufstellen

re·üs·sie·ren <reüssierst, reüssierte, hat reüssiert> ohne OBJ ■ *jmd. reüssiert (mit etwas Dat.) (geh.) Erfolg haben (mit etwas):* Er reüssierte mit seinem ersten Buch.; Schon im ersten Jahr reüssierten sie.

Re·van·che *die* [re'vãːʃ(ə)] <-, -n> ❶ *eine Möglichkeit, eine Niederlage in einem erneuten Wettkampf auszugleichen:* Der Verlierer forderte Revanche.; Der Sieger gab dem Verlierer Revanche.

R

◆-partie, -spiel ❷ *Rache; Vergeltung:* Revanche für erlittenes Unrecht nehmen/suchen ◆-politik

re·van·chie·ren [revãˈʃiːrən] <revanchierst, revanchierte, hat revanchiert> *mit SICH* ❶ ■ *jmd.* *revanchiert sich für etwas Akk. Rache üben:* Für diese Bosheit werde ich mich bei passender Gelegenheit revanchieren! ❷ ■ *jmd. revanchiert sich für etwas Akk.* **mit etwas** *Dat. seinen Dank zeigen:* Ich revanchiere mich gelegentlich für deine Hilfe (mit einer Einladung zum Essen). ❸ ■ *jmd. revanchiert sich für etwas Akk.* **mit etwas** *Dat.* SPORT *eine erlittene Niederlage durch einen Sieg ausgleichen:* sich für ein verlorenes Spiel beim Rückspiel mit einem Sieg revanchieren

Re·van·chis·mus *der* [revãˈʃ...] <-> /*kein Plur./* POL. *eine Politik, die das Ziel verfolgt, im Krieg verlorene Gebiete zurückzuerobern* ► revanchistisch

Re̱·ve·rend *der* [ˈrɛvərənd] <-s, -s> *Geistlicher in englischsprachigen Ländern; siehe aber* **Referent**

Re·ve·re̱nz *die* [reveˈrɛnts] <-, -en> *Ehrerbietung:* jemandem seine Reverenz erweisen; *siehe aber* **Referenz**

Re·vers[1] *das/der* [reˈvɛːɐ] <-, -> *Kragen an Mantel oder Jackett:* mit hochgeschlagenem Revers

Re·vers[2] *der* <-es, -e> ❶ *schriftliche, rechtliche Verpflichtung:* einen Revers unterschreiben ❷ *(≈ Wappen-, Bildseite) die Rückseite einer Münze oder Medaille*

re·ver·si·bel *adj* /*nicht steig./* (↔ irreversibel) *umkehrbar:* dieser Prozess ist reversibel

re·vi·die·ren <revidierst, revidierte, hat revidiert> *mit OBJ* ■ *jmd. revidiert etwas* ❶ *(geh.) prüfen und berichtigen:* seine Meinung revidieren; einen Text revidieren; ein Gerichtsurteil revidieren ❷ SCHWEIZ. *überholen, wieder in Stand setzen*

Re·vier *das* <-s, -e> ❶ *(≈ Bezirk) ein abgegrenztes Gebiet, für das jmd. zuständig ist:* das Revier eines Försters/Jägers; Die Polizisten gehen im Revier Streife. ◆-Forst-, Jagd-, Polizei- ❷ *(umg.: ≈ Wache) Amtsräume der örtlichen Polizei:* sich auf dem Revier melden; die Nacht auf dem Revier verbringen müssen ❸ *das Gebiet, das ein Tier als sein eigenes betrachtet:* das Revier eines Fuchses; ein Tier markiert/verteidigt sein Revier ◆-kampf, -verhalten

Re·vi·si·on *die* <-, -en> ❶ *die Überprüfung und Berichtigung von etwas:* die Revision eines Textes ❷ WIRTSCH. *Überprüfung von Geschäftsbüchern:* eine Revision durchführen ❸ RECHTSW. *der Antrag an ein Gericht höherer Instanz, das Urteil eines anderen Gerichts zu überprüfen und zu ändern:* in Revision gehen ◆-santrag, -sgericht, -sorgan, -sprozess

Re·vi·si·o·nis·mus *der* <-> /*kein Plur./* ❶ POL. *Bezeichnung für Bestrebungen, die auf eine Abänderung der Verfassung oder völkerrechtlicher Verträge zielen* ❷ POL. *eine Richtung im Marxismus, die behauptet, dass die gesellschaftlichen Veränderungen ohne Revolution innerhalb des bestehenden gesellschaftlichen Rahmens mittels Reformen durchgeführt werden können* ► Revisionist, revisionistisch

Re·vi·sor *der;* **Re·vi·so·rin** <-s, ...-soren> *Person, die beruflich Revisionen*[1,] [2]*durchführt*

Re·vi·val *das* [rɪˈvaɪvl] <-s, -s> *die Wiederbele-*

bung oder Erneuerung von etwas, das bereits einmal erfolgreich war: Zehn Jahre nach seinen großen Erfolgen erlebt das Festival ein Revival.

Re·vol·te *die* <-, -n> *(≈ Rebellion) ein mit gewaltsamen Handlungen verbundener Aufstand einer Gruppe von Personen gegen ihre Beherrscher, Bewacher o. Ä.:* die Revolte von Häftlingen in einem Gefängnis; eine Revolte blutig niederschlagen ◆Gefängnis-

re·vol·tie·ren <revoltierst, revoltierte, hat revoltiert> *ohne OBJ* ■ *jmd. revoltiert* ❶ *(≈ rebellieren) einen Aufstand machen:* Die Sträflinge revoltierten gegen ihre Aufseher. ❷ *(geh.) sich auflehnen:* gegen Bestimmungen/Verordnungen revoltieren; Die Schüler revoltieren gegen die ungerechte Behandlung.

Re·vo·lu·ti·on *die* <-, -en> ❶ POL. *der Vorgang, dass die in einem Staat bestehenden politischen und gesellschaftlichen Verhältnisse mit Gewalt zerschlagen und eine neue Regierung und Gesellschaftsordnung etabliert werden:* die Französische Revolution ◆-führer, -sjahr, Gegen-, Konter-, Volks-, Welt- ❷ *(übertr.) die grundlegende Neuerung von etwas:* Die Zwölftonmusik war eine Revolution in der Musik. ❸ ASTRON. *der Umlauf eines Himmelskörpers um ein Zentralgestirn:* die Revolution des Mondes um die Erde

re·vo·lu·ti·o·när *adj in der Art einer Revolution*[1,] [2]*:* revolutionäre Umwälzungen; eine revolutionäre Entdeckung/Erfindung/Technik

Re·vo·lu·ti·o·när *der;* **Re·vo·lu·ti·o·nä·rin** <-s, -e> ❶ *(≈ Rebell) Person, die an einer Revolution*[1] *beteiligt ist:* Die Revolutionäre griffen zum Mittel der Gewalt. ❷ *Person, die umwälzende Entdeckungen macht:* als Wissenschaftler ein Revolutionär in seinem Fachgebiet sein

re·vo·lu·ti·o·nie·ren <revolutionierst, revolutionierte, hat revolutioniert> *mit OBJ* ■ *jmd. revolutioniert etwas etwas vollständig und grundlegend verändern*

Re·vo·luz·zer *der* <-s, -> *(umg. abwert.) Person, die sich wie ein Revolutionär*[1] *verhält, ohne einer zu sein*

Re·vol·ver *der* <-s, -> *eine Handfeuerwaffe mit kurzem Lauf und einem trommelförmigen Magazin* ◆-held, -kugel, -schuss, Trommel-

Re·vol·ver·blatt *das* <-(e)s, Revolverblätter> *(umg. abwert.) eine Zeitung, die überwiegend über Skandale berichtet*

Re·vue *die* [rəˈvyː] <-, -n> ❶ THEAT. *ein Bühnenstück, das aus einer losen Abfolge von Tanz- und Gesangsnummern besteht:* eine Revue aufführen ◆-film, -girl, -star ❷ *eine Zeitschrift mit Überblicksinformationen zu einem bestimmten Gebiet:* eine literarische/naturwissenschaftliche Revue; ■ **etwas Revue passieren lassen** *(geh.) etwas vor seinem inneren Auge vorbeiziehen lassen* Er ließ noch einmal den Tag Revue passieren.

Re·zen·sent *der;* **Re·zen·sen·tin** <-en, -en> *(≈ Kritiker) Person, die eine Rezension verfasst (hat)*

re·zen·sie·ren <rezensierst, rezensierte, hat rezensiert> *mit OBJ* ■ *jmd. rezensiert etwas eine*

R

Rezension schreiben: einen Artikel/ein Buch/ein Theaterstück rezensieren

Re·zen·si·on *die* <-, -en> *ein Artikel, in dem etwas kritisch beurteilt wird:* eine Rezension eines Artikels/Buches/ Theaterstücks schreiben

re·zent *adj /nicht steig./ (fachspr.) gegenwärtig lebend:* rezente Kulturen/Lebewesen

Re·zept *das* <-(e)s, -e> ❶ MED. *ein Schein, auf dem von einem Arzt Medikamente verschrieben werden:* ein Rezept ausschreiben/bekommen; Dieses Medikament gibt es nur auf Rezept.; in der Apotheke ein Rezept vorlegen ▸ rezeptieren ◆ -block ❷ *kurz für „Kochrezept":* ein Buch mit Rezepten zum Backen/Kochen; ein altes/asiatisches/italienisches Rezept ausprobieren ◆ -buch, Koch- ❸ *(übertr.) Lösungsmöglichkeit für ein Problem:* Dafür habe ich auch kein Rezept.; nach Rezepten für die Bekämpfung der Arbeitslosigkeit suchen ◆ Patent-

re·zept·frei *adj /nicht steig./ (↔ rezeptpflichtig) so, dass ein Arzneimittel auch ohne Rezept[1] erhältlich ist:* ein rezeptfreies Medikament

Re·zep·ti·on *die* [retsɛpˈtsi̯oːn] <-, -en> ❶ *(geh.) die geistige Aufnahme und Verarbeitung von etwas:* die Rezeption eines Kunstwerkes/der Werke Goethes ▸ rezipieren ❷ *Empfangstheke im Hotel:* die Schlüssel an der Rezeption abgeben ❸ PSYCH., BIOL. *Reizaufnahme durch Rezeptoren*

re·zep·tiv *adj /nicht steig./ (fachspr.) so, dass jmd. etwas geistig nur aufnimmt, aber nicht aktiv verarbeitet:* Rezeptives Lernen ist nicht besonders wirksam. ▸ Rezeptivität

Re·zep·tor *der* <-s, ...-toren> BIOL. *für den Empfang von innen oder außen kommenden Reizen (Licht, Wärme, Berührung ...) empfindliche Teile von Zellen oder Organen:* Exterorezeptoren für die Reize von aussen; Enterorezeptoren für die Reize von innen

re·zept·pflich·tig *adj /nicht steig./ (↔ rezeptfrei) so, dass ein Arzneimittel nicht ohne Rezept[1] erhältlich ist:* ein rezeptpflichtiges Medikament

Re·zep·tur *die* <-, -en> *Angaben über die Zusammensetzung:* die Rezeptur für die Herstellung einer Salbe/eines Arzneimittels/eines Genussmittels

Re·zes·si·on *die* <-, -en> WIRTSCH. *(↔ Boom) Rückgang oder Flaute in der wirtschaftlichen Entwicklung:* Auf eine Phase der Konjunktur folgt eine Phase der Rezession. ▸ rezessiv

Re·zi·pi·ent *der,* **Re·zi·pi·en·tin** <-en, -en> *(geh.) eine Person, die etwas geistig aufnimmt und verarbeitet:* beim Verfassen eines Buches an die künftigen Rezipienten denken

re·zi·pie·ren <rezipierst, rezipierte, hat rezipiert> *mit OBJ* ■ *jmd. rezipiert etwas (geh.) geistig aufnehmen und verarbeiten:* ein Buch/einen Text rezipieren

re·zi·p·rok *adj /nicht steig./ (fachspr.) wechselseitig:* eine reziproke Abhängigkeit; sich zueinander reziprok verhalten; reziproke Kreuzung bei Kreuzungsversuchen ▸ Reziprozität

Re·zi·ta·tiv *das* <-s, -e> MUS. *instrumental begleiteter Sprechgesang:* Dem Rezitativ folgt meist eine Arie.

re·zi·tie·ren <rezitierst, rezitierte, hat rezitiert>

mit OBJ ■ *jmd. rezitiert etwas (geh.) öffentlich vortragen:* Der Redner rezitierte Gedichte von Goethe und Schiller. ▸ Rezitation, Rezitator

Rha·bar·ber *der* <-s> */kein Plur./ eine Pflanze mit großen Blättern, deren Stiele in verarbeiteter Form gegessen werden können;* ■ **Rhabarber, Rhabarber** *Wiederholung des Wortes, um etwas als (Volks-)Gemurmel zu kennzeichnen, das man nicht verstehen kann* ◆ -kompott, -kuchen

Rhap·so·die *die* <-, ...-dien> ❶ LIT. *eine freie Gedichtform* ❷ MUS. *freie Form des Instrumentalstücks:* die Ungarische Rhapsodie von Franz Liszt

Rhein *der* <-(e)s> */kein Plur./ der längste Fluss Deutschlands, der in der Gotthardgruppe entspringt und nördlich des Rhein-Maas-Deltas in den Niederlanden in die Nordsee fließt* ▸ linksrheinisch, rechtsrheinisch, rheinisch

Rhein·land *<-s> eine Region in Deutschland zu beiden Seiten des Mittel- und Niederrheins:* aus dem Rheinland stammen ▸ rheinländisch

Rhein·land-Pfalz <-> *Bundesland im mittleren Westen Deutschlands mit der Landeshauptstadt Mainz*

Rhe·sus·fak·tor *der* <-s> */kein Plur./ MED. ein erbliches Merkmal der roten Blutkörperchen:* den Rhesusfaktor bestimmen; einen positiven/negativen Rhesusfaktor haben

Rhe·to·rik *die* <-> */kein Plur./ (geh.) die (Lehre von der) Kunst der Rede:* ein Meister der Rhetorik sein; Unterricht in Rhetorik nehmen ▸ Rhetoriker

rhe·to·risch *adj /nicht steig./ (geh.) die Rhetorik betreffend:* rhetorische Fähigkeiten haben/erwerben; eine rhetorisch gute Rede halten; ■ **eine rhetorische Frage** *eine Frage, auf die man keine ernsthafte Antwort erwartet, weil die Antwort feststeht*

Rheu·ma *das* <-s> */kein Plur./ MED. kurz für „Rheumatismus"* ▸ Rheumatiker ◆ -klinik, -kur, -mittel, -wäsche, Gelenk-, Muskel-

rheu·ma·tisch *adj /nicht steig./ MED.* ❶ *den Rheumatismus betreffend:* rheumatische Beschwerden haben; Ihre Schmerzen sind rheumatischer Natur. ❷ *an Rheumatismus leidend:* ein rheumatischer Patient

Rheu·ma·tis·mus *der* <-> */kein Plur./ MED. eine chronische entzündliche bzw. degenerative Erkrankung, die zur Versteifung der Gelenke führen kann*

Rheu·ma·to·lo·gie *die* <-> ❶ */kein Plur./ MED. die Lehre von den rheumatischen Erkrankungen und ihrer Behandlung:* Facharzt/Fachärztin für Rheumatologie ❷ *die rheumatologische Abteilung einer Klinik*

Rhi·no·ze·ros *das* <-/-ses, -se> ❶ ZOOL. *Nashorn* ❷ *(umg. abwert.) Dummkopf:* So ein (Riesen-)Rhinozeros!

Rho·do·den·d·ron *der/das* <-s, Rhododendren> *eine blühende Zierpflanze:* die blühenden Büsche der Rhododendren im Park

Rho·dos *das* <-> */kein Plur./* ❶ *griechische Insel im Mittelmeer vor der Südwestküste der Türkei* ❷ *griechische Stadt am Nordostende der Insel Rhodos[1]*

Rhom·bus *der* <-, Rhomben> MATH. *Raute*

Rhön·rad *das* <-(e)s, Rhönräder> *ein Sportgerät für gymnastische Übungen in Form eines großen Reifens, in dem der Turner aufrecht stehen kann*

rhyth·misch *adj* ❶ *in einem (geregelten) Takt:* rhythmische Bewegungen; rhythmische Musik; sich rhythmisch verändern ❷ *den Rhythmus betreffend:* kein rhythmisches Gefühl haben

Rhyth·mus *der* <-, Rhythmen> ❶ MUS. *taktmäßige Gliederung:* ein schneller Rhythmus ◆Sprech-, Tanz- ❷ *regelmäßiger Wechsel:* der Rhythmus von Tag und Nacht; seinen eigenen Rhythmus haben ◆Arbeits-, Bio-, Schlaf-, Tages-

Ri·ad *das* <-s> /kein Plur./ *Hauptstadt von Saudi Arabien*

Richt·an·ten·ne *die* <-, -n> TECHN. *eine Antenne, mit der man elektromagnetische Wellen empfängt und die man in verschiedene Richtungen bewegen kann*

rich·ten <richtest, richtet, hat gerichtet> **I.** *mit OBJ* ■ *jmd. richtet etwas (auf etwas Akk.)* ❶ *einem Gegenstand eine solche Stellung geben, dass er in eine bestimmte Richtung zeigt:* die Pistole auf jemanden richten; das Fernrohr auf den Mond richten; die Aufmerksamkeit auf etwas/jemanden richten (≈ sich auf etwas oder jmdn. konzentrieren); den Blick in die Ferne richten (≈ in die Ferne blicken) ❷ *(umg.)* SÜDDT., ÖSTERR., SCHWEIZ. *in Ordnung bringen:* Ich muss am Wochenende das Fahrrad richten.; alles für das Mittagessen richten; seine Kleidung (wieder) richten; Du wirst das schon richten! ❸ ■ *jmd. richtet jmdn. (veralt.) ein Urteil vollstrecken:* einen zum Tode Verurteilten richten ▸ Gericht, Recht, Richter **II.** *ohne OBJ* ■ *jmd. richtet über jmdn./etwas (geh.) urteilen:* Du kannst nicht über ihn richten. **III.** *mit SICH* ❶ ■ *jmd. richtet sich an jmdn./etwas (fragend oder bittend) wenden:* sich an die Behörden richten; sich mit einer Anfrage an den zuständigen Minister richten ❷ ■ *jmd./etwas richtet sich gegen jmdn./etwas* (≈ zielen) Seine Anspielungen richten sich gegen mich. ❸ ■ *jmd. richtet sich nach jmdm./etwas* sich auf jmdn. oder etwas einstellen: Ich richte mich ganz nach dir.; sich nach der Uhr/den Vorschriften richten; Richte dich in Zukunft danach! ❹ MILIT. *sich in Reihe und Glied aufstellen:* Richtet euch!; ■ **jemanden zugrunde richten** jmdn. *in seiner Existenz vernichten* Der Konkurrenzkampf hat seine Firma zugrunde gerichtet.

Rich·ter *der*, **Rich·te·rin** <-s, -> ❶ RECHTSW. *jmd., der vom Staat beauftragt ist, Recht zu sprechen:* Der Richter fällt das Urteil/vertagt die Verhandlung. ◆Verfassungs- ❷ *(geh. übertr.) jmd., der über etwas urteilt:* sich zum Richter über etwas/jemanden machen

rich·ter·lich *adj* /nicht steig./ *einen Richter oder einen Richter betreffend, von ihnen stammend:* eine richterliche Entscheidung; die richterliche Unabhängigkeit

Rich·ter-Ska·la, *a.* **Rich·ter·ska·la** *die* <-> /kein Plur./ *Skala zum Messen der Stärke von Erdbeben:* Die Erdstöße erreichten den Wert 4 auf der Richter-Skala.

Rich·ter·spruch *der* <-(e)s, Richtersprüche> RECHTSW. *von einem Richter gefällter Urteilsspruch*

Richt·funk *der* <-s> /kein Plur./ *Funkverkehr, bei dem elektromagnetische Wellen durch Richtantennen ausgestrahlt werden*

Richt·ge·schwin·dig·keit *die* <-, -en> *empfohlene Geschwindigkeit*

rich·tig **I.** *adj* ❶ /nicht steig./ (↔ falsch) *fehlerfrei oder den Regeln entsprechend:* Die Rechenaufgabe hat nur eine richtige Lösung.; Du hast richtig geantwortet.; die richtige Lösung eines Rätsels; ein Wort richtig aussprechen/schreiben/trennen/verwenden ❷ /nicht steig./ (↔ falsch) *den Tatsachen entsprechend:* eine richtige Aussage machen; Es ist nicht richtig, was du sagst.; Meine Uhr geht nicht richtig. ❸ *moralisch gut:* Du hast dir nichts vorzuwerfen, dein Verhalten war richtig.; Du hättest dich richtiger verhalten, wenn … ❹ (↔ falsch) *einem bestimmten Zweck oder Ziel dienlich:* Ich denke, ihr habt richtig entschieden.; etwas richtig machen; das Richtige tun ❺ *echt; wirklich:* aus richtigem Gold bestehen; noch ein richtiges Kind sein; mit richtigem Geld bezahlen; Er ist ein richtiger Fachmann auf seinem Gebiet.; Du bist ein richtiger Dummkopf! **II.** *adv tatsächlich; wahrhaft:* jemandem richtig böse sein; Jetzt bin ich aber richtig froh!; Sie waren richtig nett zu mir.; ■ **mit jemandem/einer Sache ist nicht alles richtig** *(umg.) es geht nicht mit rechten Dingen zu; es ist etwas Unheimliches im Spiel;* ■ **bei ihm ist es (im Oberstübchen) nicht ganz richtig** *(umg. abwert.) er ist nicht richtig bei Verstand;* ■ **Du bist mir der Richtige!** *(iron.) Du bist der, den wir am wenigsten brauchen können!;* ■ **richtigliegen mit etwas** *(umg.) das in der Situation Richtige tun; etwas zutreffend beurteilen* ◆Zusammenschreibung →R 4.6 Mit dieser Einschätzung liegen wir wohl ganz richtig.; Ich weiß nicht, ob ich da richtigliege. ◆Großschreibung →R 3.7 Das ist nicht das Richtige für Kinder.; ◆Getrenntschreibung →R 4.5, 4.6 Er wird es schon richtig machen.; *siehe auch* **richtiggehend**

rich·tig·ge·hend *adv (umg.) regelrecht; richtig:* Wir sind richtiggehend betrogen worden!; Er war richtiggehend betrunken.; *siehe aber auch* **richtig**

Rich·tig·keit *die* <-> /kein Plur./ ❶ *die Tatsache, dass etwas richtig ist:* Die Richtigkeit dieser These ist stark umstritten. ❷ *der Zustand, dass etwas rechtmäßig ist:* Das hat schon schon seine Richtigkeit, dass er diese Forderung stellt.

rich·tig·stel·len <stellst richtig, stellte richtig, hat richtiggestellt> *mit OBJ* ■ *jmd. stellt etwas Akk. richtig berichtigen, korrigieren* ◆Zusammenschreibung →R 4.6 einen Irrtum richtigstellen; Ich muss da etwas richtigstellen. Es stimmte nicht ganz, was du gesagt hast.

Richt·li·nie *die* <-, -n> /meist Plur./ *Anweisung zum Handeln:* sich an die vorgegebene Richtlinie halten

Richt·schnur *die* <-> /kein Plur./ ❶ TECHN. *straff gespannte Schnur zum Abstecken gerader Linien* ❷ *(übertr.) etwas, woran man sein Handeln ausrichtet:* Gründlichkeit zur Richtschnur seines Arbeitens machen

R

Rich·tung *die* <-, -en> ❶ *das Ziel, auf das etwas zugeht:* Es geht immer Richtung Norden.; Der Kompass zeigt die Richtung an.; Wir fuhren Richtung Hamburg.; eine andere Richtung einschlagen; einem Gespräch eine andere Richtung geben ◆Fahrt-, Gegen-, Ziel- ❷ *(≈ geistige Strömung) eine bestimmte (von mehreren Personen vertretene) Ansicht in Kunst, Politik oder Wissenschaft:* Der Impressionismus ist eine Richtung der modernen Kunst.; Welcher Richtung schließt ihr euch an? ◆Kunst-, Mode-, Stil- ❸ *(umg.) Art; Charakter:* Ich bevorzuge Parfüms der würzigsüßlichen Richtung.; Ich interessiere mich für Sciencefiction. Ich hätte gern ein Buch in dieser Richtung.

rich·tung·wei·send *adj* /*nicht steig.*/ *so, dass etwas eine Entwicklung besonders prägt:* ein richtungweisendes Kunstwerk

Richt·wert *der* <-(e)s, -e> *ein Zielwert, den man für etwas anstreben soll:* Der Richtwert in dieser Druckerei ist 10000 Blatt pro Stunde.

Ri·cke *die* <-, n> ZOOL. *weibliches Reh*

rie·chen <riechst, roch, hat gerochen> I. *mit OBJ/ohne OBJ* ■ *jmd. riecht etwas/an etwas Dat.* mit der Nase einen Geruch aufnehmen: den Duft der Blüten riechen; Riechst du etwas?; Ich habe Schnupfen, ich rieche nichts.; an einer Blüte riechen II. *ohne OBJ* ■ *jmd./etwas riecht* ❶ *einen bestimmten Geruch abgeben:* angenehm/ nach Schweiß/süßlich/streng/würzig/muffig/ stark riechen ❷ ■ *etwas riecht nach etwas +Dat. (umg. übertr.) vermuten lassen:* Das riecht nach Verrat! III. *mit ES* ■ *es riecht nach etwas +Dat. der Geruch erinnert an irgendetwas:* es riecht nach Fisch/Gas/Holz/Käse/Verbranntem; ■ *etwas/jemanden nicht riechen können (umg. abwert.) etwas oder jmdn. heftig ablehnen;* ■ **Das kann ich doch nicht riechen!** *(umg.) das kann ich doch nicht wissen;* ■ **Lunte riechen** *(umg.) Verdacht schöpfen;* ■ **den Braten riechen** *(umg.) die Absicht ahnen oder bemerken* ▶Geruch

Rie·cher *der* <-s, -> *(umg.)* ❶ *(≈ Nase)* Er hat einen ziemlich langen Riecher. ❷ *sicheres Gespür für bestimmte Situationen:* einen guten Riecher für etwas haben; für Finanzfragen einen ausgesprochenen Riecher haben

Ried¹ *das* <-(e)s, -e> *Schilfgras; siehe auch* **Reet**

Ried² *die* <-, -en> ÖSTERR. *Nutzfläche in Weinbergen*

Rie·ge *die* <-, -n> SPORT *Mannschaft von Turnern* ◆Damen-, Herren-

Rie·gel *der* <-s, -> ❶ *der Bolzen zum Verschließen einer Tür:* den Riegel vor die Tür schieben ❷ *zu einer schmalen, länglichen Form gepresstes Stück aus Schokolade;* ■ **einer Sache einen Riegel vorschieben** *etwas (Unliebsames) verhindern*

Rie·men *der* <-s, -> ❶ *ein schmaler, langer Lederstreifen:* eine Peitsche mit mehreren Riemen; Seine Tasche trug er an einem um die Schulter gelegten Riemen. ◆Leder-, Pedal-, Schulter- ❷ ■ **den Riemen enger schnallen** *(umg.) sparen;* ■ **sich am Riemen reißen** *(umg.) sich beherrschen;*

seine Kräfte zusammennehmen, um etwas zu erreichen

Rie·se *der,* **Rie·sin** <-n, -n> ❶ *(↔ Zwerg) eine Märchen- und Sagengestalt, die sehr viel größer als ein Mensch ist:* Das tapfere Scheiderlein hat beide Riesen zum Narren gehalten. ❷ *(umg.) etwas, das im Verhältnis zu vergleichbaren Objekten sehr groß ist:* ein Riese von einem Mann/Baum/ Berg; ein Riese in der Möbelbranche sein; unter den Mathematikern ein Riese

-rie·se *als Zweitglied zusammengesetzter Substantive; drückt aus, dass die mit dem Erstglied bezeichnete Firma o. Ä. von erheblicher Größe ist und über sehr viel Macht/Einfluss in ihrem Bereich verfügt* ◆Automobil-, Bau-, Industrie-, Medien-, Rüstungs-

rie·seln <rieselst, rieselte, ist gerieselt> *ohne OBJ* ■ *etwas rieselt* ❶ *langsam in kleinen Mengen irgendwohin fließen:* Dort rieselt ein kleines Bächlein. ❷ *langsam nach unten fallen:* Leise rieselt der Schnee.; Der Putz rieselt von den Wänden. ▶Rieselwasser, Rieselung

Rie·sen- *als Erstglied zusammengesetzter Substantive;* ❶ *drückt aus, dass das mit dem Zweitglied Bezeichnete von besonderer Größe ist* ◆-adler, -ameise, -anakonda, -assel, -axon, -baby, -ballon, -bambus, -champignon, -chromosom, -dogge, -echse, -faultier, -fisch, -fresszelle, -frosch, -garnele, -hai, -insekt, -kalmar, -känguru, -krabbenspinne, -krake, -mikrobe, -muschel, -oktopus, -ratte, -ross, -schildkröte, -schlange, -slalom, -spinne, -tintenfisch, -torlauf, -tukan, -vogelspinne, -waran, -welle, -wuchs, -zellen, -zelltumor ❷ *drückt intensivierend mit Betonung auf beiden Teilen aus, dass das mit dem Zweitglied Bezeichnete besonders stark/ groß/heftig ist* ◆-anstrengung, -appetit, -arbeit, -auswahl, -defizit, -ding, -dummheit, -durst, -eisberg, -enttäuschung, -erfolg, -fortschritt, -freude, -hunger, -ohren, -portion, -poster, -schreck, -schritt, -skandal, -spaß, -überraschung, -wut

rie·sen- *als Erstglied zusammengesetzter Adjektive; drückt intensivierend mit Betonung auf beiden Teilen aus, dass die mit dem Zweitglied bezeichnete Eigenschaft besonders ausgeprägt ist* ◆-groß, -stark

Rie·sen·rad *das* <-(e)s, Riesenräder> *eine Art Karussell auf Volksfesten, das sich in vertikaler Richtung dreht:* (mit dem) Riesenrad fahren

Rie·sen·schritt *der* <-(e)s, -e> *(umg.)* ❶ *großer Schritt:* mit Riesenschritten weglaufen ❷ *(übertr.) etwas, das sich sprunghaft verändert:* ein Riesenschritt in der Entwicklung; die Zeit eilt in Riesenschritten

rie·sig I. *adj* ❶ *(↔ winzig) von sehr großer Ausdehnung:* ein riesiges Areal/Firmengelände/Gebiet ❷ *sehr groß:* riesige Beträge/Gewinne/Mengen/Verluste ❸ /*nicht steig.*/ *(umg.) großartig:* Ich finde es einfach riesig, wie sie das schafft.; Das ist riesig von dir, dass du mir hilfst! II. *adv (umg.: ≈ sehr)* sich riesig freuen

Ries·ling *der* <-s, -e> *eine Weinsorte*

Ries·ter-Ren·te, *a.* **Ries·ter·ren·te** *die* <-> /*kein Plur.*/ *im Rahmen der Altersvorsorge eine vom Staat bezuschusste private Zusatzvorsorge;*

der Anleger zahlt regelmäßig Geld auf eine Art Konto und erhält dafür eine staatliche Förderung; dies ist an bestimmte Bedingungen geknüpft und kann über eine Versicherung oder eine Bank erfolgen

Riff *das* <-(e)s, -e> *(≈ Klippe) eine Erhebung im Wasser:* Das Schiff ist auf ein Riff gefahren.; Die Korallen wachsen zu einem Riff. ◆Korallen-

rif·feln <riffelst, riffelte, hat geriffelt> *mit OBJ* ■ *jmd. riffelt etwas mit feinen Kerben versehen:* eine geriffelte Oberfläche

ri·gid, ri·gi·de *adj (geh.: ↔ flexibel) sehr streng:* eine Regelung sehr rigide handhaben ▶ Rigidität

ri·go·ros *adj (geh.) sehr streng und rücksichtslos:* die Gelder rigoros kürzen; rigoros gegen etwas-/jemanden vorgehen; etwas rigoros ablehnen ▶ Rigorosität

Rik·scha *die* <-, -s> *in Asien verbreitetes zweirädriges Gefährt zur Beförderung von von Personen, das von einem Menschen gezogen wird*

Ril·le *die* <-, -n> *eine lange, schmale Vertiefung in einer (glatten) Oberfläche:* die Rillen einer Schallplatte

Rind *das* <-(e)s, -er> ❶ *ein großes Tier mit rotbraunem oder schwarzweißem Fell und Hörnern, das Gras frisst und als landwirtschaftliches Nutztier zur Fleisch- und Milchproduktion gehalten wird* ❷KOCH. *kurz für „Rindfleisch"*

Rin·de *die* <-, -n> *die relativ harte, raue, rotbraune oder fast schwarze Oberfläche, die einen Baumstamm auf der Außenseite bedeckt* ▶ entrinden

Rin·der·bra·ten *der* <-s, -> KOCH. *gebratenes Rindfleisch*

Rin·der·wahn·sinn *der* <-s> */kein Plur./ (≈ BSE) eine übertragbare Rinderkrankheit*

Rind·fleisch *das* <-(e)s> */kein Plur./ Fleisch vom Rind¹*

Rind(s)·le·der *das* <-s, -> *Leder vom Rind¹*

Rind·viech *das* <-(e)s, -er> *(umg. abwert.) Person, die sich sehr dumm verhält:* Du Rindviech!

Rind·vieh *das* <-s> */kein Plur./* ❶ *Gesamtheit aller Rinder (auf einem Bauernhof)* ❷ *(≈ Rindviech)*

Ring *der* <-(e)s, -e> ❶ *ein kreisförmiger, mehr oder weniger dicker Gegenstand aus einem Edelmetall, den man als Schmuck am Finger trägt:* an jedem Finger einen Ring tragen; Er steckte seiner Braut einen Ring an den Finger.; ein goldener Ring mit einem Rubin ◆Ehe-, Gold-, Silber-, Trau-, Verlobungs- ❷ *ein kreisförmiges Gebilde:* Gardinen mit Ringen an eine Stange hängen; dunkle Ringe um die Augen haben ◆Gummi-, Holz-, Ohr-, Servietten- ❸ *eine kreisförmig angelegte Mauer oder Straße:* Die alte Wehranlage bildet einen Ring um die ganze Stadt. ❹SPORT *die rechteckige Fläche, auf der Boxkämpfe ausgetragen werden:* in den Ring steigen; nach zehn Runden im Ring gezeichnet sein ❺ *eine Gruppe von Menschen, die gemeinsam kriminelle Handlungen begehen:* Die Polizei konnte einen Ring von Drogendealern-/Menschenhändlern/Schmugglern zerschlagen. ◆Rauschgift-, Spionage-, Verbrecher- ❻LANDSCH. *(≈ Marktplatz)*

Rin·gel·blu·me *die* <-, -n> *(≈ Calendula) eine Zierpflanze mit gelben Blüten*

rin·geln <ringelst, ringelte, hat geringelt> *ohne OBJ* ■ *etwas ringelt sich sich winden:* Die Schlange ringelte sich um den Ast.; Ihre Haare ringeln sich hinter den Ohren.

Rin·gel·nat·ter *die* <-, -n> *eine am Wasser lebende Schlange mit halbmondförmigen Flecken am Kopf*

Rin·gel·spiel *das* <-(e)s, -e> ÖSTERR. *Karussell*

rin·gen <ringst, rang, hat gerungen> *ohne OBJ* ❶ *jmd. ringt (mit jmdm.) einen (sportlichen) Ringkampf austragen:* mit jemandem ringen; um den Weltmeistertitel ringen; Die Jungen ringen zum Spaß miteinander. ❷■ *jmd. ringt (um etwas Akk./nach etwas Dat.) (geh.) sich sehr anstrengen, um etwas zu erlangen:* um Anerkennung ringen; nach Atem/Luft ringen; nach Worten ringen ❸ *jmd. ringt mit sich (geh.) sich innerlich mit etwas auseinandersetzen:* Er rang mit sich, aber es gelang ihm nicht, ihr zu verzeihen.; ■ *mit dem Tod(e) ringen (geh.) im Sterben liegen*

Rin·ger *der,* **Rin·ge·rin** <-s, -> SPORT *jmd., der das Ringen¹ als Sport betreibt*

Ring·fin·ger *der* <-s, -> *der Finger der Hand, der sich neben dem kleinen Finger befindet:* der linke/rechte Ringfinger

ring·för·mig *adj /nicht steig./ in Form eines Ringes:* Die Stadtmauer umschließt die Stadt ringförmig.

Ring·kampf *der* <-(e)s, Ringkämpfe> SPORT *ein sportlicher Wettkampf, bei dem die Kämpfer nach bestimmten Regeln versuchen, den Gegner mit bestimmten Griffen zu Boden zu werfen*

Rin·glot·te *siehe* **Reneklode**

rings *adv im Kreis um etwas herum:* sich rings im Kreis aufstellen; Rings um die Stadt verläuft eine Mauer.

rings·he·r·um *adv im Kreis um etwas herum:* In der Mitte lag der Ball. Die Kinder stellten sich ringsherum auf.

rings·um *adv überall im Umkreis:* Ringsum läuteten die Glocken.

rings·um·her *adv überall im Umkreis:* Die Leute kamen von ringsumher.; Ringsumher blühten die Blumen.

Rin·ne *die* <-, -n> *eine lange Vertiefung, durch die Wasser abfließen kann:* Das Wasser fließt in einer Rinne.; eine Rinne am Dach für das Regenwasser ◆Dach-, Regen-

rin·nen <rinnt, rann, ist geronnen> *ohne OBJ* ■ *etwas rinnt (spärlich) fließen:* Das Wasser rinnt aus dem undichten Gefäß.; Der Schweiß rann ihm von der Stirn.

Rinn·sal *das* <-(e)s, -e> *Flüssigkeit, die als ganz schmaler Streifen rinnt:* In der Trockenzeit wird der Fluss zu einem kleinen Rinnsal.

Rinn·stein *der* <-(e)s, -e> *Wasserablauf am Straßenrand*

Rip·pe *die* <-, -n> ❶ANAT. *einer der gebogenen Knochen, die von der Wirbelsäule zum Brustbein führen und zusammen den Brustkorb bilden:* sich eine Rippe brechen; Er ist so mager, dass man bei

R

ihm die Rippen zählen kann. **②** KOCH. *ein Stück Fleisch mit Rippenknochen* ◆ Schweins-, Rinder- **③** *etwas, das ähnlich wie eine Rippe¹ geformt ist:* die Rippe eines Heizkörpers; die Rippen eines Gewölbes; die Rippen eines Blattes ◆ Kühl- **④** *schmale, lange Vertiefung:* die Rippen im Kordstoff; ein Pullover mit Rippen; ■ **jemand kann sich etwas nicht aus den Rippen schneiden** *(umg.) jmd. weiß nicht, wo er etwas (Geld, Zeit) hernehmen soll* Ich weiß nicht, wie ich die viele Arbeit schaffen soll – schließlich kann ich es mir doch nicht aus den Rippen schneiden! ◆ -nmuster

Rip·pen·fell *das* <-s> */kein Plur./* ANAT. *das an den Rippen innen anliegende Hautgewebe* ◆ -entzündung

Rip·pen·stoß *der* <-es, Rippenstöße> *ein (leichter) Stoß gegen die Rippen, mit dem jmd. einen anderen ermuntern will, etwas zu tun:* ein freundschaftlicher Rippenstoß

Ripp·li *das* <-s, -> SCHWEIZ. *Schweinerippchen*

Rips *der* <-es, -e> */kein Plur./ gewebter Stoff mit Rippen³* ◆ -band

Ri·si·ko *das* <-s, Risiken> *(≈ Wagnis) der Umstand, dass etwas gefährliche oder schädliche Folgen haben kann:* Der Plan birgt Risiken in sich.; alle Risiken bedenken wollen; ■ **ein Risiko eingehen** *sich auf ein Wagnis einlassen;* ■ **etwas auf eigenes Risiko tun** *selbst die Verantwortung für die Folgen von etwas übernehmen*

Ri·si·ko·ab·si·che·rung *die* <-, -en> *der Vorgang, dass jmd. mit Risiken rechnet und sich gegen mögliche Schäden finanziell absichert*

Ri·si·ko·ana·ly·se *die* <-, -n> *das Analysieren möglicher Risiken*

ri·si·ko·be·haf·tet *adj /nicht steig./ mit Risiken verbunden*

ri·si·ko·be·reit *adj /nicht steig./ bereit, ein Risiko einzugehen* ▶ Risikobereitschaft

Ri·si·ko·be·wer·tung *die* <-, -en> *die Einschätzung, wie groß ein Risiko werden könnte*

Ri·si·ko·fak·tor *der* <-s, -en> *eine Tatsache oder ein Verhalten, das negative Folgen begünstigt:* Rauchen ist einer der wichtigsten Risikofaktoren für die Gesundheit, denn es begünstigt Lungenkrebs.

ri·si·ko·frei *adj /nicht steig./ ohne Risiken*

ri·si·ko·freu·dig *adj /nicht steig./ so, dass jmd. gern ein Risiko eingeht*

Ri·si·ko·ge·biet *das* <-(e)s, -e> *ein Gebiet oder Land, in dem politische Unsicherheit herrscht und wo es deshalb viele Risiken für Touristen oder dort arbeitende Ausländer gibt*

Ri·si·ko·ge·burt *die* <-, -en> *eine Geburt, bei der Gefahr für das Leben von Mutter und/oder Kind besteht*

Ri·si·ko·grup·pe *die* <-, -n> *eine Personengruppe, die besonderen (gesundheitlichen) Gefahren ausgesetzt ist*

ri·si·ko·los *adj /nicht steig./ ohne Risiko*

Ri·si·ko·pa·ti·ent *der;* **Ri·si·ko·pa·ti·en·tin** <-, -en> MED. *ein Patient, der wegen einer früheren Erkrankung oder einer bestimmten erblichen Veranlagung durch eine Krankheit oder Operation besonders gefährdet ist*

Ri·si·ko·prä·mie *die* <-, -n> **①** WIRTSCH. *ein Zuschlag der für mögliche wirtschaftliche Risiken eingeplant ist* **②** *der Anteil, den ein Unternehmer als Vergütung bekommt dafür, dass er ein bestimmtes Risiko übernimmt*

ri·si·ko·reich *adj /nicht steig./ voller Risiken:* ein risikoreiches Unternehmen

ris·kant *adj mit einem Risiko verbunden:* ein riskantes Geschäft; eine riskante Kletterpartie

ris·kie·ren *mit OBJ* ■ *jmd.* **riskiert etwas** **①** *etwas so tun, dass man mögliche negative Folgen hinnimmt:* Das riskiere ich!; einen Unfall riskieren; Du riskierst, dass dir gekündigt wird! **②** *etwas durch sein Handeln so in Gefahr bringen, so dass man es verlieren könnte:* sein Leben/seine Gesundheit riskieren; Du riskierst deine Stelle.; ■ **Kopf und Kragen riskieren** *(umg.) das eigene Leben riskieren;* ■ **einen Blick riskieren** *(umg.) sich etwas Interessantes kurz ansehen*

Ri·sot·to *der/das* <-s, -s> KOCH. *ein Reisgericht*

Ris·pe *die* <-, -n> *Teil einer Pflanze mit sehr feinen Zweigen* ◆ -ntomate

Riss *der* <-es, -e> *eine Stelle, an der etwas gerissen ist und an der jetzt ein Zwischenraum (in einer Oberfläche) besteht:* Risse im Mauerwerk; einen Riss in der Hose haben; einen Riss flicken/leimen/zunähen

riss·fest *adj /nicht steig./ reißfest*

ris·sig *adj voller Risse:* rissige Haut; rissiges Leder

Rist *der* <-es, -e> SPORT *Fuß- oder Handrücken:* den Ball vom Rist abprallen lassen

Ri·tar·dan·do *das* <-s, Ritardandi/-s> MUS. *allmähliches Langsamerwerden des Tempos; Bezeichnung: ritardando, abgekürzt als: rit.*

Ri·ten *Plur. von* **Ritus**

Ritt *der* <-(e)s, -e> *das Reiten:* ein Ritt auf einem Pferd/über das Feld

Rit·ter *der* <-s, -> **①** GESCH. *ein adliger, berittener Kämpfer des Mittelalters, zu dessen Ausrüstung besonders Rüstung, Schwert und Schild gehörten:* jemanden zum Ritter schlagen; Rüstung, Schild und Schwert eines Ritters ◆ -burg, -rüstung **②** *Bezeichnung für jmdn., der einen bestimmten höheren Orden bekommen hat:* Er ist Ritter der Ehrenlegion.; ■ **ein Ritter ohne Furcht und Tadel** *jmd., der vorbildlich und tapfer handelt*

Rit·ter·dich·tung *die* <-, -en> LIT. *die Dichtung, die zur höfischen ritterlichen Kultur des Mittelalters gehört und deren Ideale zum Ausdruck bringt*

Rit·ter·dienst *der* <-es, -e> GESCH. *der Dienst, den ein Ritter¹ bei Hofe zu leisten hatte*

Rit·ter·gut *das* <-es, Rittergüter> GESCH. *ein Landgut, das einem Adligen aus dem Ritterstand gehört*

Rit·ter·kreuz *das* <-es, -e> GESCH. *eine Kriegsauszeichnung im Nationalsozialismus:* das Ritterkreuz verliehen bekommen

rit·ter·lich *adj /nicht steig./* **①** *zu einem Ritter¹ gehörend:* der Mut als ritterliche Tugend **②** *(als Mann) gegenüber einer Frau) im Verhalten hilfreich und höflich:* Er benahm sich ihr gegenüber sehr ritterlich.

Rit·ter·lich·keit *die* <-> */kein Plur./ die ritterliche² Haltung und Verhaltensweise*

R

Rit·ter·ro·man *der* <-s, -e> LIT. *ein Roman, der vom Leben und den Idealen der Ritter handelt*

Rit·ter·stand *der* <-(e)s> */kein Plur./ der Stand der adligen Krieger im Mittelalter, die ihrem Fürsten zu Dienst verpflichtet waren*

ritt·lings *adv in der Art eines Reiters sitzend:* rittlings auf einem Stuhl sitzen

Ri·tu·al *das* <-s, -e/-ien> ❶ *der Ablauf oder die festgelegte Form einer religiösen Handlung, die sich immer wiederholt:* ein christliches/heidnisches Ritual ❷ *(umg. scherzh.) oft in gleicher Form wiederholte Handlung:* Der Hund vollführt immer das gleiche Ritual, wenn er seinen Herrn begrüßt.

ri·tu·a·li·sie·ren *mit OBJ* ■ *jmd. ritualisiert etwas jmd. lässt eine Handlung zum Ritual² werden:* Kinder mögen es, wenn man bestimmte alltägliche Handlungen (zum Beispiel das Zu-Bett-Gehen) ritualisiert.

ri·tu·ell *adj /nicht steig./* ❶ *zu einem religiösen Ritual¹ gehörend:* rituelle Waschungen ❷ *regelmäßig und feierlich:* das rituelle Mittagessen der Familie am Sonntag

Ri·tus *der* <-, Riten> ❶ *Form der traditionellen Ausübung von Religion:* der Ritus im Gottesdienst ❷ *Gewohnheit bei häufig wiederholten Handlungen:* der Ritus, sonntags einen Besuch bei Verwandten zu machen

Rit·ze *die* <-, -n> *(≈ Spalt) schmaler Schlitz:* Durch eine Ritze in der Tür/im Mauerwerk fiel Licht nach draußen.

Rit·zel *das* <-s, -> TECHN. *ein kleines Zahnrad, das größere Zahnräder antreibt*

rit·zen <ritzt, ritzte, hat geritzt> **I.** *mit OBJ* ■ *jmd. ritzt etwas in etwas Akk. mit einem spitzen Gegenstand einen Muster, eine Linie o. Ä. in eine harte Oberfläche einschneiden:* etwas in die Rinde eines Baumes ritzen **II.** *mit SICH* ■ *jmd. ritzt sich (irgendwo) sich mit einem spitzen Gegenstand die Haut verletzen:* Ich habe mich an einem Dorn geritzt.

Ri·va·le *der*; **Ri·va·lin** <-n, -n> ❶ *(≈ Konkurrent) jmd., der sich um dasselbe Amt oder dieselbe Stelle bewirbt wie ein anderer:* sein Rivale um das Amt des Bürgermeisters; alle Rivalen aus dem Feld schlagen ❷ *jmd., der um die Liebe derselben Person wirbt wie ein anderer:* eine Rivalin/einen Rivalen haben

ri·va·li·sie·ren *ohne OBJ* ■ *jmd. rivalisiert mit jmdm. (um etwas Akk.) (geh.: ≈ wetteifern) dasselbe erreichen wollen wie ein anderer und deshalb mit ihm um den Vorrang kämpfen:* Sie rivalisiert seit Jahren mit ihrer jüngeren Schwester.; rivalisierende Mannschaften; mit jemandem um etwas rivalisieren; Parteien rivalisieren um die Gunst der Wähler

Ri·va·li·tät *die* <-, -en> *(geh.) der Zustand, dass jmd. mit jmdm. rivalisiert:* Zwischen beiden Schwestern besteht eine Rivalität.; die Rivalität zweier Parteien; seine Rivalitäten offen austragen

Ri·zi·nus, **Ri·zi·nus** *der* <-, -/-se> *eine Heilpflanze, aus deren Samen das Rizinusöl gewonnen nen wird*

Ri·zi·nus·öl *das* <-(e)s> */kein Plur./* MED. *ein abführendes Medikament*

Roa·ming *das* [ˈrəʊmɪŋ] <-s> */kein Plur./* TELE-KOMM. *standortunabhängiges Telefonieren in einem Mobilfunknetz:* Im Ausland mit dem Handy geführte Telefonate können zu hohen Roaming-Gebühren führen.

Roast·beef *das* [ˈroːstbiːf] <-s, -s> KOCH. *Braten aus dem Rippenstück des Rinds, der nicht ganz durchgebraten ist*

Rob·be *die* <-, -n> *ein im Meer lebendes Säugetier mit langem Körper, dichtem kurzem Fell und Gliedmaßen, die wie Flossen geformt sind* ◆-nbaby, -nfang, -nfell, -njagd

rob·ben <robbst, robbte, ist gerobbt> *ohne OBJ* ■ *jmd. robbt irgendwo sich kriechend am Boden fortbewegen:* Die Rekruten robben durchs Gelände.

Ro·be *die* <-, -n> ❶ *Amtstracht (von Geistlichen oder Richtern)* ◆ Amts-, Richter- ❷ *Abendkleid:* eine festliche Robe anziehen

Ro·bi·nie *die* <-, -n> BOT. *eine Laubbaumart, die im Frühsommer zarte, duftende Blüten trägt*

Ro·bo·ter *der* <-s, -> ❶ TECHN. *eine automatische, programmierbare Fertigungsmaschine:* Die Schweißarbeiten an der Karosserie werden von einem Roboter ausgeführt. ❷ *eine Maschine, deren Gestalt menschenähnlich ist und die automatisch Bewegungen ausführen kann:* Roboter kommen häufig in Sciencefiction-Romanen vor. ▶ roboterhaft

Ro·bo·ter·tech·nik *die* <-> */kein Plur./ der Bereich der Technik, der sich mit dem Konstruieren von Robotern¹ beschäftigt*

Ro·bot·fahr·zeug *das* <-s, -e> *ein Fahrzeug, das durch Roboter¹ gesteuert wird*

ro·bust <robuster, am robustesten> *adj* ❶ *widerstandsfähig, nicht empfindlich:* eine robuste Gesundheit haben; Arbeitskleidung/eine Jacke/ein Zelt aus robustem Material; Eine robuste Pflanze hält auch Hitze und Trockenheit aus. ❷ *kräftig gebaut:* Er hat einen robusten Körperbau. ▶ Robustheit

Ro·cha·de *die* [rɔˈxaːdə/rɔˈʃaːdə] <-, -n> *Doppelzug mit König und Turm beim Schachspiel*

rö·cheln <röchelst, röchelte, hat geröchelt> *ohne OBJ* ■ *jmd. röchelt schwer und mit rasselndem Geräusch atmen:* der röchelnde Atem eines Sterbenden/total Erschöpften

Ro·chen *der* <-s, -> *ein großer Meeresfisch mit plattem Körper und pfeilförmigem Schwanz*

Rock¹ *der* <-(e)s, Röcke> ❶ *ein Kleidungsstück für Frauen und Mädchen, das von der Taille ab nach unten hängt:* ein kurzer/langer/weiter Rock; ein Rock mit Schlitz/aus einem Wollstoff ◆ Falten-, Maxi-, Mini- ❷ *(veralt.)* LANDSCH. *Jacke eines Mannes:* der Rock eines Soldaten ◆-ärmel, -kragen, -tasche, Soldaten-, Uniform-

Rock² *der* <(-s)> */kein Plur./ (≈ Rockmusik)* Ich höre bevorzugt Rock und Jazz.; Mick Jagger und Keith Richards als Ikonen des Rock ◆-festival, -gruppe, -konzert, -musik, -star, Art-, Country-, Deutsch-, Hard-, Jazz-, Prog-, Punk-

Rock and Roll, *a.* **Rock 'n' Roll** *der* [ˈrɔknˈroːl] <-

R

- -(s), - - -(s)> ❶ /kein Plur./ eine Stilrichtung der
populären Musik, die in den fünfziger Jahren in
Amerika aufkam und sehr schnell in Europa beliebt wurde, die auf einem treibenden Rhythmus
und besonders dem Einsatz der elektrischen Gitarre aufbaut und die auch einen speziellen Frisu-
ren- und Bekleidungsstil hervorbrachte: Elvis, der
King des Rock and Roll ❷ ein Tanz: einen Rock 'n'
Roll tanzen ◆-tänzer

Rock·band die ['rɔkbɛnt] <-, -s> eine Gruppe, die
Rockmusik spielt: die Rolling Stones, eine der er-
folgreichsten Rockbands aller Zeiten; der Auftritt/
der Bassist/die Bühnenshow/die Groupies/ der
Keyboarder/die Konzerte/der Manager/die Roa-
dies/ der Sänger/der Schlagzeuger/die Tourneeda-
ten/die Verstärkeranlage der Rockband; Die Rockband geht ins Studio/geht auf Tour/ spielt ein
Album ein/hat sich vor zwei Jahren aufgelöst.

ro·cken <rockst, rockte, hat gerockt> ohne OBJ
■ jmd. rockt Rockmusik machen; ■ Das rockt!
(umg.) verwendet, um auszudrücken, dass man etwas als sehr positiv bewertet

Ro·cker der, **Ro·cke·rin** <-s, -> ❶ MUS. Rockmusiker ❷ Angehöriger einer Rockerbande

Ro·cker·ban·de die <-, -n> eine Gruppe von (jugendlichen) Personen, die Lederkleidung tragen,
schwere Motorräder fahren (und sich oft gewalttätig verhalten)

Ro·cker·braut die <-, Rockerbräute> (umg.)
Freundin eines Rockers[2]

Rock·grup·pe die <-, -n> (≈ Rockband)

ro·ckig adj /nicht steig./ in der Art von Rockmusik: ein rockiger Song; Das letzte Album der Band
klang rockiger.

Rock·ve·te·ran der <-s, -en> (umg.) Rockmusiker,
der nicht mehr ganz jung ist

Ro·del der <-s, -> SÜDDT. ein (sportlicher) Schlitten

ro·deln <rodelst, rodelte, hat/ist gerodelt> ohne
OBJ ■ jmd. rodelt Schlitten fahren: Gestern haben wir den ganzen Tag gerodelt.; Sie ist von diesem Berg ins Tal gerodelt. ▶ Rodelbahn, Rodel-
schlitten, Rodelsport

ro·den mit OBJ ■ jmd. rodet etwas in einem
Waldgebiet Bäume fällen, um den Boden dann für
Ackerbau zu kultivieren: Bäume/ein Waldstück ro-
den

Ro·deo der/das <-s, -s> eine Art Wettkampfveran-
staltung nordamerikanischer Cowboys, bei der die
Teilnehmer möglichst lange auf gesattelten wilden
Pferden reiten müssen

Rod·ler der, **Rod·le·rin** <-s, -> jmd., der rodelt
◆-Renn-

Ro·dung die <-, -en> ❶ /kein Plur./ das Roden:
Technik für die Rodung von Bäumen ◆Brand-
❷ ein gerodetes Stück Land: auf einer Rodung Getreide anbauen

Ro·gen der <-s, -> Fischeier

Rog·gen der <-s> /kein Plur./ ein Getreide: Roggen anbauen/zu Mehl verarbeiten ◆-brot, -mehl

roh adj ❶ (↔ gar) nicht gekocht; nicht gebraten:
rohes Gemüse essen ❷ unbearbeitet: rohes Holz;
rohe Diamanten; ein erster Entwurf; rohe Schätzungen ❸ (abwert.: ≈ grob, brutal) brutal und gefühllos: ein roher Mensch; Sei doch nicht so roh!

◆Großschreibung →R 3.7 Mein Vortrag ist im Rohen fertig.; Die Holzfigur ist aus dem Rohen gearbeitet.

Roh·bau der <-s, Rohbauten> BAUW. ein Neubau,
der bisher aus Mauern, Decken und Dach besteht:
Das Haus ist im Rohbau fertig.

Roh·bi·lanz die <-, -en> WIRTSCH. vorläufige Zusammenstellung der wichtigsten Kosten, um die
Jahresbilanz vorzubereiten

Roh·ei·sen das <-s> /kein Plur./ Eisen im unver-
arbeiteten Zustand

Roh·fas·sung die <-, -en> rohe[2] Fassung eines
Textes

Roh·ge·winn der <-(e)s, -e> WIRTSCH. (≈ Bruttogewinn) der Betrag, von dem noch die Aufwendun-
gen abgezogen werden müssen

Roh·heit die <-, -en> (abwert.) ❶ /kein Plur./ die
Eigenschaft, brutal und gefühllos zu sein ❷ rohe,
gewaltsame Handlung: Er hat sie lange mit seinen
Roheiten gequält.

Roh·kaf·fee der <-s, -e> ungerösteter Kaffee
◆-bohnen, -preis

Roh·kost die <-> /kein Plur./ Kost aus ungegar-
tem Gemüse und Obst: sich von Rohkost ernähren

Roh·ling der <-s, -e> ❶ (umg. abwert.) brutaler
Mensch ❷ TECHN. ein Werkstück, das noch weiter
bearbeitet werden muss

Roh·ma·te·ri·al das <-s, -ien> Material, das für
weitere Bearbeitung bestimmt ist

Roh·öl das <-(e)s, -e> TECHN. nicht raffiniertes
Erdöl

Roh·pa·pier das <-s, -e> Spezialpapier, aus dem
Fotopapier hergestellt wird

Rohr das <-(e)s, -e> ❶ TECHN. ein langer, zylindrischer Hohlkörper zum Transport von Gasen und
Flüssigkeiten: Rohre für Abwasser/Gas/Wasser
verlegen ◆-bruch, -leitung, -netz, -zange, Abwas-
ser-, Gas-, Heizungs-, Leitungs-, Wasser- ❷ das
Rohr[1], aus dem bei Feuerwaffen die Kugel austritt: das Rohr einer Kanone; aus allen Rohren feuern ❸ /kein Plur./ BOT. eine Schilfpflanze mit langen, rohrförmigen Stängeln: Das Ufer ist dicht mit
Rohr bewachsen.; Rohr ernten/flechten/verarbei-
ten; Möbel/Stühle aus Rohr ◆-geflecht, -stock
❹ SÜDDT., ÖSTERR. Ofen zum Backen oder Braten:
den Kuchen im Rohr backen; ■ volles Rohr
(umg.) mit aller Kraft volles Rohr fahren/schie-
ßen/schreien; ■ jemand ist wie ein schwan-
kendes Rohr im Wind (umg.) jmd. ist unsicher
in seinen Entschlüssen

Rohr·blatt das <-(e)s, Rohrblätter> MUS. Teil am
Mundstück eines Blasinstruments ◆-instrument

Röh·re die <-, -n> ❶ eine kleinere Leitung zum
Transport von Flüssigkeiten und Gasen: für einen
chemischen Versuch Kolben und Röhren aufbauen
◆Glas-, Leuchtstoff-, Neon- ❷ Ofen zum Backen
oder Braten: die Gans/den Kuchen in die Röhre
schieben ❸ PHYS., TECHN. eine geschlossene
Röhre[1], in der Elektronen fließen ◆-ngerät -nver-
stärker, Fernseh-, Radio- ❹ ■ in die Röhre gucken (umg.) leer ausgehen

röh·ren ohne OBJ ❶ ■ ein Tier röhrt ein Hirsch
gibt einen Brunftschrei von sich: Im Herbst hört

man die Hirsche röhren. ❷ ■ *jmd. röhrt (umg. ab-wert.) mit lauter, dröhnender Stimme rufen*
röh·ren·för·mig *adj /nicht steig./ in Form einer Röhre[1]*
Rohr·flech·ter *der* <-s, -> *jmd., der beruflich Rohr[3] verarbeitet*
Röhr·ling *der* <-s, -e> *ein Pilz mit feinen Röhren an der Unterseite*
Rohr·mat·te *die* <-, -n> *Matte aus Rohr[3]:* Die Rohrmatte dient als Sichtschutz.
Rohr·rah·men *der* <-s, -> KFZ *ein stabiler Rahmen aus Stahlrohren für Kraftfahrzeuge*
Rohr·stuhl *der* <-(e)s, Rohrstühle> *ein Stuhl aus geflochtenem Rohr[3]*
Rohr·zu·cker *der* <-s> */kein Plur./ aus Zucker-rohr gewonnener Zucker*
Roh·sei·de *die* <-> */kein Plur./ eine besondere Art von Seide*
Roh·stoff *der* <-(e)s, -e> *ein aus der Natur ge-wonnener Stoff, der zur Verarbeitung (in der In-dustrie) bestimmt ist:* Erdöl ist der Rohstoff für viele Kunststoffe.; Rohstoffe auf dem Weltmarkt kaufen/ liefern/verarbeiten; ein an Rohstoffen ar-mes/reiches Land ◆-bedarf, -lieferant, -mangel, -preis, -quelle, -verknappung, -versorgung
Roh·stoff·re·ser·ven <-> *Plur.* WIRTSCH. *die Vor-räte an Rohstoffen:* Rohstoffreserven erschließen
Roh·wol·le *die* <-> */kein Plur./ noch nicht bear-beitete Wolle*
Roh·zu·cker *der* <-s, -> *nicht raffinierter Zucker*
Roh·zu·stand *der* <-(e)s> */kein Plur./ der unbe-arbeitete Zustand von etwas:* ein Edelstein/Eisen-erz im Rohzustand
Ro·ko·ko, Ro·ko·ko *das* <-(s)> */kein Plur./ eine europäische Stilepoche im 18. Jahrhundert, die gekennzeichnet ist durch verspielte Formen und eine heitere Grundstimmung:* ein Schloss im Stil des Rokoko ◆-malerei, -möbel, -stil
Roll·bahn *die* <-, -en> LUFTF. *Start- und Landebahn für Flugzeuge*
Roll·bal·ken *der* <-s, -> EDV *(≈ Scrollbar) in einer grafischen Benutzeroberfläche am Rande eines Fensters angebrachtes Balkenelement, innerhalb dessen ein Symbol sich bewegt und damit die re-lative Position zum Dateianfang bzw. Dateiende anzeigt*
Roll·bra·ten *der* <-s, -> KOCH. *zu einer Rolle ge-formtes Bratenfleisch*
Roll·brett *das* <-(e)s, -er> *(≈ Skateboard)*
Roll·con·tai·ner *der* [ˈrɔlkɔntɛnɐ] <-s, -> *ein klei-ner Büroschrank auf Rollen[1]*
Rol·le *die* <-, -n> ❶ TECHN. *ein zylindrisches, um die eigene Achse bewegliches Bauteil:* das Seil läuft über eine Rolle; eine Rolle zum Glätten der Oberfläche; auf Rollen gelagert/fahrbar sein ❷ *et-was, das zusammengewickelt ist und die Form ei-ner Rolle[1] hat:* eine Rolle Garn; eine Rolle Drops ◆Papier-, Schrift-, Tapeten- ❸ SPORT *(≈ Überschlag) eine Bewegung, bei der der Körper um die eigene Querachse gedreht wird:* eine Rolle rückwärts/ vorwärts machen ❹ THEAT. *eine Figur in einem Film oder Theaterstück, die von einem Schauspie-ler verkörpert wird:* die Rolle des König Lear spie-len; In der Rolle des König Lear sehen Sie ...

◆-nbesetzung, -ntext, Parade- ❺ *die Art und Weise, wie jmd. oder etwas die in der Gesellschaft bestehenden Erwartungen erfüllt:* die Rolle des Trainers bei der Entwicklung eines Athleten; die Rolle der Frau in der modernen Gesellschaft; Wel-che Rolle spielst du dabei?; Das Geld spielt eine große Rolle bei dem Projekt.; ■ **bei etwas eine Rolle spielen** *bei etwas mitwirken oder beteiligt sein;* ■ **seine Rolle ausgespielt haben** *seine Stellung oder sein Ansehen verlieren;* ■ **aus der Rolle fallen** *sich unpassend benehmen;* ■ **sich in die Rolle eines anderen versetzen** *sich in die Lage eines anderen hineindenken*
rol·len <rollst, rollte, hat/ist gerollt> I. *mit OBJ* ❶ *jmd. rollt etwas irgendwohin (haben) be-wirken, dass etwas sich ständig um sich selbst dreht und dabei fortbewegt:* Er rollte das Fass durch die Tür.; den Ball über den Hof rollen ❷ *jmd. rollt etwas irgendwohin (haben) jmd. bewegt etwas auf Rädern:* den Rollstuhl durch den Gang rollen ❸ ■ *jmd. rollt etwas in etwas Akk. jmd. wickelt etwas ein:* Ich habe ein Plakat in Zei-tungspapier gerollt.; Er hat sich in seine Decke ge-rollt. ▸ *einrollen* II. *ohne OBJ* ■ *etwas rollt (ir-gendwohin)* ❶ *(sein) etwas bewegt sich, indem es sich ständig um sich selbst dreht:* Der Ball rollte über die Straße.; Tränen rollten über ihre Wangen. ❷ *(sein) etwas bewegt sich auf Rädern:* Der Zug rollt schon. III. *mit SICH* ■ *jmd./ein Tier rollt sich (haben) sich wälzen:* Der Hund rollte sich im Dreck.
Rol·len·be·set·zung *die* <-, -en> *die Verteilung einzelner Rollen[4] auf die Darsteller*
Rol·len·bild *das* <-(e)s, -er> *(≈ Rollenverständ-nis) bestimmte Auffassung von einer Rolle[5]*
Rol·len·druck *der* <-s, -e> DRUCKW. *Druck auf Pa-pierbahnen, die auf große Rollen[2] aufgerollt sind* ◆-maschine
Rol·len·er·war·tung *die* <-, -en> SOZIOL., PSYCH. *die gesellschaftliche Erwartung, wie sich jmd. in einer bestimmten Rolle[5] verhalten sollte*
Rol·len·fach *das* <-s, Rollenfächer> *die Art von Rollen[4], für die ein bestimmter Schauspieler be-sonders geeignet ist:* Es gibt das Rollenfach des ju-gendlichen Helden, des naiven Tölpels, des fiesen Verbrechers, des Vamps ...
Rol·len·iden·ti·fi·ka·ti·on *die* <-, -en> SOZIOL., PSYCH. *das Problem, dass man sich leicht mit sozia-len Rollen[5] identifiziert (zum Beispiel der Rolle ei-nes Geschlechts, eines Alters, eines Berufs) und dadurch seine persönliche Entwicklung zu sehr einschränkt*
Rol·len·kon·flikt *der* <-s, -e> SOZIOL., PSYCH. *Problem, dass zwischen verschiedenen Rollen[5], die jmd. erfüllen soll, Widersprüche bestehen, oder dass jmd. für eine bestimmte Rolle nicht wirklich geeignet ist und darunter leidet*
Rol·len·spiel *das* <-s, -e> PSYCH. *das spielerische Erproben und Erleben von sozialen Rollen[5], mit dem Ziel, sich mit ihnen auseinanderzusetzen*
Rol·len·stu·di·um *das* <-s, Rollenstudien> *die Arbeit des Schauspielers an einer Rolle[4]*
Rol·len·tausch *der* <-s> */kein Plur./ der Vorgang, dass zwei Personen absichtlich ihre gewöhnliche*

R

Rolle⁵ miteinander tauschen: Zwischen Mann und Frau findet heute vielfach ein Rollentausch statt: er bleibt zuhause, sie verdient den Lebensunterhalt.

Rol·len·text *der* <-(e)s, -e> *Text einer Rolle⁴*

Rol·len·ver·hal·ten *das* <-s> */kein Plur./ Verhalten gemäß einer bestimmten Rolle⁵*

Rol·len·ver·tei·lung *die* <-, -en> *die Verteilung der Aufgaben und Rollen in der Gesellschaft*

Rol·len·zwang *der* <-s, Rollenzwänge> *der Zustand, dass jmd. sich durch eine Rollenerwartung in seiner Freiheit eingeschränkt fühlt*

Rol·ler *der* <-s, -> ❶ *ein fahrbares Kinderspielzeug in der Art eines Trittbretts, auf dem man stehen kann, auf dessen Unterseite vorn Rollen¹ angebracht sind und das man mit einer einfachen Vorrichtung lenken kann:* (mit dem) Roller fahren ▶ rollern ❷ *kurz für „Motorroller"*

Roll·feld *das* <-(e)s, -er> LUFTF. *die Gesamtheit der Rollbahnen (mit Start- und Landebahnen) auf einem Flugplatz*

Roll·film *der* <-s, -e> FOTOGR. *ein Film, der auf eine Metallspule gewickelt ist*

Rol·li *der* <-s, -s> (umg.: ≈ *Rollkragenpullover)*

Roll·kra·gen·pul·lo·ver *der* <-s, -s> *ein Pullover mit einem Kragen, der am Hals umgeschlagen wird*

Roll·la·den *der* <-s, Rollläden/-> *ein aufrollbarer, aus waagerechten Latten bestehender Sichtschutz für Fenster, der außen angebracht ist:* die Rollläden herunterlassen/hochziehen ◆ Schreibung mit Dreifachkonsonanten →R 1.7, 2.7 neue Rollläden anbringen

Roll·mops *der* <-, Rollmöpse> KOCH. *ein marinierter Hering*

Roll·lo *das* <-s, -s> *(≈ Rouleau) leichter Rollladen aus Stoff oder Kunststoff, der innen angebracht wird:* ein Rollo am Fenster anbringen; das Rollo herunterlassen/hochziehen

Roll·schie·ne *die* <-, -n> *die Schiene, auf der ein Rollsitz entlangfährt*

Roll·schuh *der* <-(e)s, -e> *ein Schuh, auf dessen Unterseite vier Rollen¹ angebracht sind und mit dem man sich mit ähnlichen Bewegungen wie ein Schlittschuhläufer fortbewegt:* Rollschuh laufen ◆ -läufer, -sport

Roll·sitz *der* <-(e)s, -e> SPORT *der auf einer Schiene laufende Sitz im Ruderboot*

Roll·splitt *der* <-(e)s> *kleine Steinchen als Fahrbahnbelag*

Roll·steg *der* <-s, -e> LUFTF. *(≈ Gangway) die rollbare Treppe, auf der Passagiere aus dem Flugzeug steigen*

Roll·stuhl *der* <-(e)s, Rollstühle> *ein Stuhl mit Rädern oder Rollen für Kranke und Behinderte:* auf den Rollstuhl angewiesen sein ▶ Rollstuhlfahrer, Rollstuhlfahrerin

roll·stuhl·ge·recht *adj /nicht steig./* AMTSSPR. *so, dass es von Personen im Rollstuhl problemlos benutzt werden kann:* rollstuhlgerecht bauen/planen; eine rollstuhlgerechte Toilette/Wohnung

Roll·trep·pe *die* <-, -n> *ein von einem Motor angetriebenes Laufband, das Menschen zwischen den Stockwerken eines Gebäudes transportiert:* die Rolltreppe benutzen/nehmen; mit der Rolltreppe fahren

ROM *das* [rɔm] <-(s), -(s)> EDV *Abkürzung für „Read Only Memory": ein Informationsspeicher, dessen Inhalt nur gelesen, aber nicht verändert werden kann* ◆ -speicher

Rom <-> *die Hauptstadt Italiens;* ■ **Es führen viele Wege nach Rom.** *(Sprichwort)* Man kann auf verschiedene Weise zum selben Ziel kommen.

Ro·ma·dur, Ro·ma·dur *der* <-(s), -s> KOCH. *eine Käsesorte*

Ro·man *der* <-s, -e> ❶ LIT. *eine längere literarische Erzählung, die vom Schicksal einer einzelnen Person oder einer Gruppe handelt:* einen Roman schreiben; ein historischer/psychologischer/ utopischer Roman; einen spannenden Roman lesen/nicht aus der Hand legen können/verschlingen ◆ -autor(in), -figur, -gestalt, -handlung, -held, -leser(in), -schriftsteller(in), -titel, Bildungs-, Brief-, Kriminal-, Liebes- ❷ *(umg. übertr. abwert.) eine zu ausführliche Erzählung oder Abhandlung:* Ihr solltet die Fragen kurz beantworten und keine Romane schreiben.; Sie erzählt ja immer ganze Romane am Telefon!

Ro·man·ci·er *der* [romã'si̯eː] <-s, -s> *(geh.: ≈ Romanschriftsteller)*

ro·man·haft *adj /nicht steig./ in der Art der Handlung von Romanen¹*

Ro·ma·nik *die* <-> */kein Plur./ ein Baustil des frühen Mittelalters:* Der Rundbogen ist ein Merkmal der Romanik.

ro·ma·nisch *adj /nicht steig./* ❶ SPRACHWISS. *aus dem Lateinischen entstanden:* Französisch und Italienisch sind romanische Sprachen. ❷ KUNST *die Romanik betreffend:* eine romanische Kirche ❸ SCHWEIZ. *rätoromanisch*

Ro·ma·nis·tik *die* <-> */kein Plur./ die Wissenschaft von den romanischen¹ Sprachen und Literaturen:* Romanistik studieren ▶ Romanist, Romanistin, romanistisch

Ro·man·tik *die* <-> */kein Plur./* KUNST, LIT., MUS. *eine Epoche zu Beginn des 19.Jahrhunderts, in der die Betonung des Gefühls und der Fantasie und eine Rückwendung zum christlichen Mittelalter wichtig war:* die deutsche/englische/französische Romantik; ein Dichter/Maler der Romantik

Ro·man·ti·ker, Ro·man·ti·ke·rin *der* <-s, -> ❶ *ein gefühlsbetonter Mensch, der zu Träumereien neigt* ❷ *Vertreter der Romantik*

ro·man·tisch *adj* ❶ *voller Gefühl oder das Gefühl ansprechend:* ein romantischer Typ sein; romantische Stunden miteinander verbringen; eine romantische Stimmung; ein romantisches Tal in den Bergen ❷ KUNST, LIT., MUS. *die Romantik betreffend, aus ihr stammend:* ein romantisches Bild/Gedicht; ein romantischer Künstler ❸ *(abwert.: ≈ schwärmerisch)* wirklichkeitsfern: romantische Vorstellungen (von etwas) haben

ro·man·ti·sie·ren <romantisierst, romantisierte, hat romantisiert> *mit OBJ* ■ **jmd. romantisiert etwas** ❶ *etwas im Stil der Romantik gestalten:* Der Autor hat die Geschichte romantisiert, indem er Märchenfiguren eingefügt hat.; Das Buch ist in einer romantisierenden Sprache geschrieben. ❷ *et-*

R

was nicht realistisch erfassen, sondern es sich sehr ideal vorstellen: Man sollte die Lebensverhältnisse im Mittelalter nicht romantisieren. ▸ Romantisierung

Ro·man·ver·fil·mung *die* <-, -en> FILM ❶ *der Vorgang, dass ein Regisseur nach der Vorlage eines Romans einen Spielfilm dreht* ❷ *ein Spielfilm, der nach der Vorlage eines Romans gedreht worden ist*

Ro·man·ze *die* <-, -n> ❶ LIT. *Form eines epischen Gedichts* ❷ MUS. *ausdrucksvolles Musikstück* ❸ *(geh.) Liebesverhältnis von kurzer Dauer:* Es war nur eine kleine Romanze zwischen ihnen.

Rö·mer¹ *der,* **Rö·me·rin** <-s, -> ❶ GESCH. *Angehörige(r) des Römischen Reiches* ❷ *Einwohner(in) der Stadt Rom*

Rö·mer² *der* <-s, -> *ein Weinglas mit kugeligem Kelch aus buntem Glas*

rö·misch *adj /nicht steig./* ❶ *auf die Stadt Rom bezogen, zu ihr gehörig:* die römischen Bauwerke/ Restaurants/Straßen ❷ GESCH. *auf das Römische Reich bezogen:* die römischen Bürger; die römischen Kaiser; das römische Imperium; der römische Philosoph Seneca ♦Großschreibung →R R 3.19 das Römische Reich

Die **römischen Zahlen** setzen sich aus den Bestandteilen „I" (1), „V" (5), „X" (10), „L" (50), „C" (100), „D" (500) und „M" (1000) zusammen. Es handelt sich um eine additive Zahlenschrift ohne ein Zahlzeichen für die Null; dargestellt werden die Zahlen normalerweise in Großbuchstaben. Man begegnet ihnen auf Ziffernblättern von Uhren, vor allem aber als bzw. auf Inschriften. Die Verwendung in der Abfolge der Zahlzeichen ist klar geregelt: Die Zehnerpotenzen „I", „X", „C" und „M" können einem nächsthöheren Zahlzeichen vorangestellt und damit von diesem abgezogen werden, wobei das vorangestellte Zahlzeichen nur einmal vorkommen darf: „IX" (= 9, also 10 minus 1), oder „XC" (= 90, also 100 minus 10). Hinzugezählt werden dürfen höchstens drei Zeichen; vgl.: „III" (= 3, also 3 x 1), „VIII", (= 8, also 5 und 3 x 1), „CCC" (= 300, also 3 x 100); „400" aber wird als „CD" dargestellt (500 minus 100). Will man etwas in römischen Zahlen anführen, nimmt man erst die Tausender, dann die Hunderter, dann die Zehner, und schließlich die Zahlen unter der Zehn; dabei sind 5, 50 und 500 („V", „L" und „D") gleichsam „Meilensteine" für die dazwischen liegenden Zahlen, von denen man ebenfalls vor- bzw. rückwärts geht. Weitere Beispiele: „MMX" (= 2010, aus 2 x 1000 plus 10) und „MCMLXXXVI" (= 1986). Die Zahl 1986 setzt sich demnach zusammen aus: „M" (=1000), „CM" (= 900, also 1000 minus 100), „LXXX" (= 80, also 50 und 3 x 10) und „VI" (= 6, also 5 + 1). Für Zahlen, die über die höheren Tausender hinausgehen, gibt es Zusatzzeichen.

Rom·mee, *a.* **Rom·mé** *das* [ˈrɔmeː/rɔˈmeː] <-s, -s> *ein Kartenspiel*

Ron·deau *das* [rõˈdoː] <-s, -s> ÖSTERR. *Rondell*

Ron·dell *das* <-s, -e> *ein rundes Beet in einer Gartenanlage*

Ron·do *das* <-s, -s> ❶ MUS. *ein mittelalterliches Tanzlied* ❷ LIT. *Gedichtform mit zwei Reimen* ❸ MUS. *ein Instrumentalstück, bei dem das Hauptthema immer wiederkehrt*

rönt·gen [ˈrœntgn] <röntgst, röntgte, hat geröntgt> *mit OBJ* MED., TECHN. *mit Röntgenstrahlen durchleuchten:* ein gebrochenes Bein/eine Schweißnaht röntgen

Rönt·gen- *als Erstglied zusammengesetzter Substantive; drückt aus, dass sich das mit dem Zweitglied Bezeichnete durch das Durchleuchten des Körpers mit Röntgenstrahlen (nach Wilhelm Conrad Röntgen) bezieht* ♦-arzt, -ärztin, -aufnahme, -bild, -diagnose, -schirm, -strahl, -therapie

Rönt·gen·blick *der* <-(e)s, -e> *(umg. scherzh.) die Fähigkeit, die verborgenen Gedanken und Gefühle anderer Menschen zu durchschauen*

Rönt·gen·pass *der* <-es, Röntgenpässe> MED. *ein Dokument, das festhält, wann und wie oft ein Patient mit Röntgenstrahlen untersucht wurde*

Roo·ming-in, *a.* **Roo·ming·in** *das* [ˈruːmɪŋˈɪn] <-(s), -s> *die Einrichtung in modernen Kliniken, dass das neugeborene Kind nicht von der Mutter getrennt wird, sondern im selben Raum wie sie bleibt*

Roque·fort *der* [ˈrɔkfoːɐ̯/rɔkˈfɔːr] <-s, -s> *eine Käsesorte*

ro·sa *adj /nicht steig./ /unveränderlich/ von der Farbe, die aus der Mischung von Rot und Weiß entsteht:* eine rosa Bluse; ein Strauß mit rosa Rosen

ro·sa·far·ben *adj /nicht steig./ rosa:* eine rosafarbene Bluse; ein Strauß mit rosafarbenen Rosen

ro·sa·rot <nicht. steig.> *adj (≈ rosa)* Der Himmel färbt sich rosarot.; ◼ **alles durch die rosarote Brille sehen** *(umg.) alles nur positiv sehen*

Ro·se *die* <-, -n> ❶ *eine Blütenpflanze mit Stacheln und großen, wohlriechenden Blüten:* Rosen pflanzen/verschneiden ♦-nstrauch, -nzucht ❷ *eine Blüte der Rose¹:* ein Strauß mit Rosen; ◼ **auf Rosen gebettet sein** *in sicheren und bequemen Verhältnissen ohne Sorgen leben*

Ro·sé¹ *der* <-s, -s> *(≈ Roséwein)*

Ro·sé² *das* <-(s), -(s)> *ein zartes Rosa:* Sie trug ein Kostüm in zartem Rosé.

ro·sé *adj /nicht steig./ /unveränderlich/, nicht präd./ zartrosa:* Ihr Kleid ist rosé.

Ro·sen·kohl *der* <-s> /kein Plur./ *eine Nutzpflanze, bei der kleine Kohlröschen an einem langen Stängel wachsen*

Ro·sen·kranz *der* <-es, Rosenkränze> REL. ❶ *eine Kette mit einem Kreuz und vielen Perlen, mit denen man im katholischen Ritus die gesprochenen Gebete zählt* ❷ *eine Reihung von bestimmten Gebeten zur Verehrung der Gottesmutter Maria:* einen Rosenkranz beten

Ro·sen·mon·tag *der* <-s, -e> *der Montag vor dem Fastnachtsdienstag:* Am Rosenmontag er-

R

reicht der Karneval im Rheinland seinen Höhepunkt.

Ro·sen·quarz *der <-es, -e> ein Edelstein aus rosafarbenem Quarz*

Ro·sen·stock *der <-(e)s, Rosenstöcke>* BOT. *eine Rosenpflanze*

Ro·sen·was·ser *der <-s, -> das Wasser, das bei der Herstellung von Rosenöl übrigbleibt und das zum Aromatisieren (zum Beispiel beim Backen) benutzt wird*

Ro·set·te *die <-, -n>* KUNST *ein rundes Glasfenster oder Ornament an Bauwerken:* Eine Rosette schmückt jeden Bogen des Gewölbes.

Ro·sé·wein *der <-s, -e> ein Wein von hellroter Farbe, der durch ein besonderes Verfahren aus dunkelroten Trauben gekeltert wird*

ro·sig *adj* ❶ *rosafarben:* eine rosige Gesichtsfarbe/ rosige Wangen haben; rosige kleine Ferkel ❷ *hoffnungsvoll:* rosige Aussichten; Die Lage sieht nicht sehr rosig aus.

Ro·si·ne *die <-, -n> eine getrocknete Weinbeere;* ■ **sich die Rosinen aus dem Kuchen heraus picken** *(umg.) sich immer nur das Beste aus allem heraussuchen;* ■ **Rosinen im Kopf haben** *(umg. abwert.) unrealistische große Pläne haben*

Ros·ma·rin *der <-s> /kein Plur./ eine Gewürz- und Heilpflanze:* Im Garten wächst Rosmarin.; mit Rosmarin würzen

Ross *das <-es, -e/Rösser> (geh.) Pferd:* ein stolzes Ross; eine von Rössern gezogene Kutsche; ■ **auf dem hohen Ross sitzen** *(umg. abwert.) hochmütig sein;* ■ **hoch zu Ross** *(scherzh.) auf einem Pferd reitend*

Ross·haar·ma·t·rat·ze *die <-, -n> eine Matratze, die mit Pferdehaar gefüllt ist*

Ross·kas·ta·nie *die <-, -n> ein großer, kräftiger Baum mit großen Blättern, der im Herbst Früchte in stachligen Kapseln trägt*

Ross·kur *die <-, -en> (umg. abwert.: ≈ Pferdekur) eine sehr anstrengende medizinische Behandlung:* Die Behandlung hat geholfen, aber sie war die reinste Rosskur!

Röss·li·spiel *das <-s, -e>* SCHWEIZ. *Karussell*

Rost¹ *der <-(e)s> /kein Plur./* CHEM. *der rotbraune Stoff, der entsteht, wenn Eisen durch Feuchtigkeit und Luft zersetzt wird:* Das Geländer hat Rost angesetzt. ◆-ansatz, -befall, -fleck, -schutzfarbe, -schutzmittel, -stelle

Rost² *der <-(e)s, -e> ein Gitter aus Metall:* eine Grube mit einem Rost abdecken; die Bratwürste auf dem Rost über dem offenen Feuer braten; sich die Füße auf einem Rost abtreten ◆-bratwurst, Brat-

Rost³ *der <-(e)s> /kein Plur./* BOT. *eine Krankheit von Pflanzen, bei der durch Pilze die Blätter der Pflanze braun verfärbt werden:* ein Mittel gegen Rost an Rosen ◆-pilz

rost·an·fäl·lig *adj /nicht steig./ so, dass etwas leicht anrosten kann*

Rost·bil·dung *die <-> /kein Plur./ das Entstehen von Rost*

Rost·bra·ten *der <-s, -> auf dem Rost² zubereiteter Braten*

Röst·brot *das <-(e)s, -e> geröstetes Brot*

ros·ten *<rostest, rostete, ist/hat gerostet> ohne OBJ* ❶ *etwas rostet Rost*¹ *ansetzen:* das Auto/ die Schaufel/das Eisengitter rostet ❷ *jmd. rostet (scherzh.) jmd. wird träge, weil er sich nicht bewegt;* ■ **Wer rastet, der rostet.** *(Sprichwort) Wer sich ausruht, wird leicht träge.*

rös·ten *mit OBJ* ■ *jmd. röstet etwas auf einem Rost*² *über Feuer braten:* Fleisch/Kartoffeln/Kastanien über dem Feuer rösten; geröstete Kastanien; gerösteter Kaffee

Rös·ter *der <-s, -> (≈ Toaster) ein Gerät, mit dem man Brötchen oder Toastbrot röstet*

Rost·fraß *der <-es> /kein Plur./ die Zerstörung von Eisen durch Rost*

rost·frei *adj /nicht steig./ so, dass es keinen Rost ansetzt:* ein Messer aus rostfreiem Edelstahl

röst·frisch *adj /nicht steig./ frisch geröstet*

Rös·ti *die <-> Plur.* KOCH. SCHWEIZ. *ein Gericht aus grob geraspelten und in Fett gebratenen Kartoffeln*

ros·tig *adj /nicht steig./* ❶ *mit Rost behaftet:* rostige Nägel/Schrauben ❷ *(umg. übertr.) Anzeichen der Alterung zeigend:* eine rostig gewordene Stimme; Die Glieder sind rostig geworden.

Rost·lau·be *die <-, -n> (scherzh.) altes, rostiges Fahrrad (oder Auto)*

Rost·um·wand·ler *der <-s, ->* CHEM. *ein Mittel, das eine Rostschicht in eine Art von Korrosionsschutz umwandelt*

Rös·tung *die <-, -en> das Rösten*

Rot *das <-s, ->* ❶ *die Farbe des Blutes:* bei Rot über die Ampel fahren; Die Ampel steht auf/zeigt Rot.; das leuchtende Rot der Mohnblumen; ein kräftiges/leuchtendes/sattes/tiefes Rot ❷ *eine Farbe beim Kartenspiel:* Rot ausspielen

rot *<röter, am rötesten> adj* ❶ *von der Farbe Rot:* rot werden; Fehler rot anstreichen; ein rot kariertes/rotkariertes Hemd ◆blut-, fuchs-, kupfer-, wein- ❷ *(umg.) politisch den Sozialdemokraten oder Kommunisten zugeordnet:* das rote China; Er hat ziemlich rote Ansichten.; eine Koalition zwischen Rot/Rot und Grün/Grün; ■ **rot werden** *im Gesicht eine rote Farbe bekommen* vor Scham rot werden; ■ **die Roten** *(umg. abwert.) die Kommunisten;* ■ **die Rote Armee** GESCH. *die Armee der ehemaligen UdSSR;* ■ **das Rote Kreuz** *eine große Hilfsorganisation für humanitäre und medizinische Hilfe;* ■ **der rote Faden** *(umg.) der gedankliche Zusammenhang* den roten Faden verlieren; ■ **der rote Hahn** *(umg.) Feuer; Brand;* ■ **der Rote Planet** *der Mars* ◆Großschreibung →R 3.17 das Rote Kreuz; die Rote Armee; das Rote Meer; Rote Be(e)te; ◆Getrennt- oder Zusammenschreibung →R 4.16 die rot glühende/rotglühende Sonne; rot geweinte/rotgeweinte Augen haben; rot gestreifter/rotgestreifter Stoff; *siehe aber* **rotglühend**

Rot·ar·mist *der;* **Rot·ar·mis·tin** *die <-en, -en> (hist.) Angehöriger der Roten Armee*

Ro·ta·ti·on *die* [rota'tsi̯o:n] *<-, -en> Drehung um die eigene Achse:* die Rotation der Erde ◆-sbewegung, -sgeschwindigkeit, -skörper

Ro·ta·ti·ons·druck *der <-(e)s, -e>* DRUCKW. *ein Druckverfahren, bei dem das Papier zwischen*

zwei rotierenden Walzen hindurchgeführt wird ◆-walze

Ro·ta·ti·ons·kol·ben·mo·tor der <-s, -en> TECHN. ein Verbrennungsmotor mit rotierenden Kolben

Ro·ta·ti·ons·prin·zip das <-s> /kein Plur./ POL. das von der Partei „Die Grünen" entwickelte Prinzip, dass alle Parteiämter in regelmäßigen Abständen neu besetzt werden müssen

rot·ba·ckig, rot·bä·ckig adj /nicht steig./ mit roten Backen: ein rotbackiges Kind

rot·blond adj /nicht steig./ von einem leicht rötlichen Blond: rotblondes Haar

rot·braun adj /nicht steig./ von einem leicht bräunlichen Rot

Rot·bu·che die <-, -n> ein Laubbaum, dessen Holz eine rötliche Farbe hat

Rö·te die <-> /kein Plur./ die rote Färbung: die Röte ihres Gesichts/des Himmels

Ro·te-Ar·mee-Frak·ti·on die <-> /kein Plur./ (häufig zu „RAF" abgekürzt) eine terroristische Vereinigung in Deutschland: der Rote(n)-Armee-Fraktion angehören

Rö·tel der <-s, -> KUNST eine Mischung von Roteisenstein und Ton, die man in Form eines Stifts zum Zeichnen verwendet ◆-stift, -zeichnung

Rö·teln die <-> Plur. MED. eine ansteckende, fiebrige Krankheit, bei der man rote Flecken auf der Haut bekommt: gegen Röteln geimpft sein ◆-impfstoff

rö·ten I. mit OBJ ■ etwas rötet etwas rot¹ machen: Die untergehende Sonne rötete den Himmel.; Die Kälte rötet ihre Wangen.; vom Weinen gerötete Augen haben II. mit SICH ■ etwas rötet sich (geh.) rot¹ werden: Der Himmel rötet sich, es wird Morgen.; Seine Wangen röten sich vor Scham.

rot·glü·hend, a. **rot glü·hend** adj /nicht steig./ (fachspr.) (als Metall) so weit erhitzt, dass es in roter Farbe glüht: Eisen zum Schmieden rotglühend-drot glühend machen; siehe aber auch rot

rot·grün, a. **rot-grün** adj /nicht steig./ (umg.) von Sozialdemokraten und Grünen gebildet: ein rotgrünes Regierungsbündnis

rot·grün-blind adj /nicht steig./ MED. der Zustand, dass jmd. nicht fähig ist, die Farben rot und grün zu unterscheiden ▷ Rot-Grün-Blindheit

rot·haa·rig adj /nicht steig./ mit roten Haaren: ein rothaariges Mädchen

Rot·haut die <-, Rothäute> (umg.) nordamerikanischer Indianer

Rot·hirsch der <-s, -e> ein großer Hirsch, dessen Fell rotbraun gefärbt ist

ro·tie·ren ohne OBJ ❶ ■ etwas rotiert sich um die eigene Achse drehen: Die Erde rotiert.; Das Rad rotiert. ❷ ■ jmd. rotiert POL. jmd. verlässt nach dem Rotationsprinzip sein Amt ❸ ■ jmd. rotiert (umg.) jmd. ist hektisch, weil er sehr viel arbeitet: den ganzen Tag rotieren; Sie ist nur noch am Rotieren.

Rot·käpp·chen das <-s> /kein Plur./ ein kleines Mädchen aus dem gleichnamigen Märchen der Brüder Grimm

Rot·kehl·chen das <-s, -> ein kleiner brauner Singvogel mit hellroter Kehle

Rot·kohl der <-s> /kein Plur./ (↔ Weißkohl) ein blauviolett aussehende Kohlgemüse

röt·lich adj /nicht steig./ von leicht rotem Farbton

Rot·licht·lam·pe die <-, -n> eine Lampe, deren infrarotes Licht heilsame Wärme abgibt

Rot·licht·vier·tel das <-s, -> der Stadtteil (einer Großstadt), in dem sich Bordelle, Erotikshops und Vergnügungsbetriebe befinden

Ro·tor der <-s, ...-toren> rotierender Flügel eines Flugzeugs mit Drehflügeln: ein Hubschrauber mit zwei Rotoren

Rot·stift der <-(e)s, -e> ❶ ein rot schreibender Stift: die Fehler mit dem Rotstift korrigieren ❷ /kein Plur./ (umg. übertr.) Sparmaßnahmen: den Rotstift ansetzen; dem Rotstift zum Opfer fallen

Rot·te die <-, -n> (abwert.) eine ungeordnete Gruppe von Menschen, die sich zufällig zusammenfinden, um zu randalieren: Eine ganze Rotte Fußballrowdys machte die Straßen unsicher. ▷ zusammenrotten

Ro·tun·de die <-, -n> BAUW. ein Gebäude mit kreisrundem Grundriss

rot·vi·o·lett adj /nicht steig./ von rötlich blauem Farbton

Rot·wein der <-s, -e> (↔ Roséwein, Weißwein) aus blauen Trauben vergorener Wein

Rot·wild das <-(e)s> /kein Plur./ Rehe und Hirsche

Rotz der <-es> /kein Plur./ (vulg.) Nasenschleim

rot·zen <rotzt, rotzte, hat gerotzt> ohne OBJ ■ jmd. rotzt (vulg. abwert.) sich (laut) schnäuzen oder ausspeien

rot·zig adj /nicht steig./ (vulg. abwert.) ❶ voller Nasenschleim: ein rotziges Taschentuch ❷ frech: eine rotzige Antwort; ein rotziger Bengel

Rotz·na·se die <-, -n> ❶ (umg.) eine laufende Nase: ständig den Kindern die Rotznasen abwischen müssen ❷ (umg. abwert. scherzh.) freches Kind: Na, du kleine Rotznase! ▷ rotznasig

Rouge das [ru:ʒ] <-s, -> /Plur. selten/ auf die Wangen aufzutragender rötlicher Puder ◆-pinsel

Rou·la·de die [ru'la:də] <-, -n> KOCH. zu einer Rolle geformte und meist mit Speck und Zwiebel gefüllte Scheibe Rindfleisch

Rou·leau das [ru'lo:] <-s, -s> Rollo

Rou·lett das [ru'lɛt] <-(e)s, -e/-s> (≈ Roulette)

Rou·lette das [ru'lɛt] <-s, -s> ❶ ein Glücksspiel, das in Spielkasinos gespielt wird und bei dem man auf Zahlen oder Farben Geldbeträge setzt, die man entweder verliert oder durch Gewinn steigert ❷ die drehbare Scheibe, die zum Roulette¹ gehört

Round-Ta·ble-Ge·spräch das ['raʊndtɛɪbl...] <-s, -e> POL., WIRTSCH. Bezeichnung für eine Konferenz unter gleichberechtigten Teilnehmern: zu einem Round-Table-Gespräch zusammenkommen

Rou·te die ['ru:tə] <-, -n> festgelegter Streckenverlauf: die Route ändern/festlegen/planen/studieren; Welche Route wollen wir einschlagen/wählen? ◆-Fahrt-, Flug-, Reise-, Schiffs-

Rou·ti·ne die [ru...] <-, -n> ❶ die Geschicklichkeit, die jmd. durch lange Übung erworben hat: Routine in etwas haben; Ihm fehlt noch etwas Routine bei der Arbeit. ❷ *etwas, das durch längere Anwendung zur Gewohnheit geworden ist:* zur Routine werden; tägliche Routine ❸ *(abwert.) etwas, das nur noch mechanisch ausgeführt wird, aber keinen großen Sinngehalt mehr hat:* Das monatliche Treffen ist zur Routine erstarrt, wir müssen uns etwas Neues einfallen lassen.

Rou·ti·ne·ar·beit *die* [ru...] <-, -n> *eine häufig getane Arbeit, die man souverän beherrscht:* Die täglichen Routinearbeiten gehen schnell von der Hand.

Rou·ti·ne·for·mel *die* [ru...] <-, -n> *phraseologische Einheit, die im Zusammenhang alltäglicher Verrichtungen verwendet wird (Begrüßungen, Essen etc.); siehe auch* **Phraseologie**

Rou·ti·ne·kon·t·rol·le *die* [ru...] <-, -n> *eine regelmäßig durchgeführte Kontrolle:* Bei einer Routinekontrolle des französischen Zolls war die Ehefrau des Rennfahrers mit einer ganzen Wagenladung Dopingmittel erwischt worden.

rou·ti·ne·mä·ßig [ru...] *adj /nicht steig./ aus Gewohnheit; regelmäßig:* etwas routinemäßig kontrollieren

Rou·ti·ne·prü·fung *die* [ru...] <-, -en> *eine regelmäßig durchgeführte Überprüfung:* eine Routineprüfung der Sicherheitstechnik

Rou·ti·ne·sa·che *die* [ru...] <-, -n> *eine sich ständig wiederholende Sache, die auf immer gleiche Weise abläuft*

Rou·ti·ne·un·ter·su·chung *die* [ru...] <-, -en> MED. *eine regelmäßige ärztliche Untersuchung*

Rou·ti·ni·er *der* [ruti'nieː] <-s, -s> *(geh.) eine Person, die in einem bestimmten Bereich viel Erfahrung, Wissen und Geschick besitzt:* Er ist ein Routinier in seinem Fachgebiet, auf ihn können wir nicht verzichten.

rou·ti·niert [ru...] *adj durch Erfahrung sehr kenntnisreich und geschickt:* Sie ist eine routinierte Geschäftsfrau/Übersetzerin.

Row·dy *der* ['raudi] <-s, -s> *(abwert.) gewalttätige (jugendliche) Person:* Die Veranstaltung wurde von randalierenden Rowdys gestört. ▶ rowdyhaft, Rowdytum

R

ro·y·a·l·blau *adj /nicht steig./ (≈ königsblau)* kobaltblau

Ro·y·a·list *der,* **Ro·y·a·lis·tin** [rɔaja'lɪst] <-en, -en> *jmd., der für das Königtum eintritt:* De Royalisten kämpften für die Wiedereinsetzung eines Königs/die Erhaltung der Monarchie. ▶ Royalismus

Rp SCHWEIZ. *Abkürzung von „Rappen"*

RT *Abkürzung für „Registertonne"*

Ru·an·da <-> *Staat in Zentralafrika* ▶ Ruander, Ruanderin, ruandisch

Ru·an·der *der,* **Ru·an·de·rin** <-s, -> *Einwohner Ruandas*

ru·an·disch *adj /nicht steig./ Ruanda betreffend*

rub·beln <rubbelst, rubbelte, hat gerubbelt> *mit OBJ* ■ *jmd. rubbelt etwas (umg.) heftig reiben:* die Hände rubbeln, bis sie warm sind; die Haut mit dem Handtuch rubbeln

Rü·be *die* <-, -n> ❶ BOT. *eine Nutzpflanze, deren dicke Wurzel Tieren und Menschen zur Nahrung dient:* Zucker aus Rüben herstellen; die Schweine mit Rüben füttern ◆-nfutter, -nsaft, -nsirup, -nzu-

cker, Zucker- ❷ *(umg.: ≈ Kopf)* jemandem eins über die Rübe geben; eine harte Rübe haben; sich die Rübe einrennen/stoßen; ■ **rote Rübe** *rote Be(e)te;* ■ **gelbe Rübe** *Möhre*

Ru·bel *der* <-s, -> *russische Währungseinheit;* ■ **der Rubel rollt** *(umg.) Es wird gerade viel Geld ausgegeben.*

Rü·ben·zu·cker *der* <-s> */kein Plur./ Zucker, der aus Rüben gewonnen wird*

rü·ber *adv (umg.: ≈ herüber)*

rü·ber·schie·ben *mit OBJ* ■ *jmd. schiebt etwas rüber (umg.) jmdm. Geld geben*

Ru·bin *der* <-s, -e> *ein roter Edelstein* ▶ -rot ◆-ring

Ru·b·rik *die* <-, -en> ❶ *Spalte in einer Zeitung:* Das steht bei den Anzeigen unter der Rubrik „Sonstiges". ❷ *die Überschrift, unter die etwas oder jmd. eingeordnet wird:* die Bücher unter verschiedenen Rubriken ins Regal sortieren; eine Information unter einer bestimmten Rubrik suchen ▶ rubrizieren

ruch·bar, **ruch·bar** *adj /nicht steig./ (geh.) durch Gerüchte bekannt:* Seine Taten sind ruchbar geworden.

ruch·los, **ruch·los** *adj /nicht steig./ (geh.: ≈ gewissenlos) ohne Skrupel:* eine ruchlose Tat; Ein ruchloser Mörder trieb sein Unwesen in der Stadt. ▶ Ruchlosigkeit

Ruck *der* <-(e)s, -e> */Plur. selten/ eine plötzliche, kurze Bewegung:* mit einem Ruck aufstehen; Es gab einen Ruck nach vorn.; ■ **sich einen Ruck geben** *(umg.) sich entschließen, endlich etwas zu tun*

Rück- *als Erstglied zusammengesetzter Substantive* ❶ *wird verwendet, um Substantive aus Verben mit „zurück-" zu bilden* ◆-besinnung, -blende, -buchung, -datierung, -erinnerung, -eroberung, -forderung, -frage, -griff, -gewinnung, -kauf, -nahme, -rechnung, -schau, -stau, -stellung ❷ *(↔ Hin-) drückt aus, dass ein Richtungswechsel hin zu dem mit dem Zweitglied Bezeichneten vorliegt bzw. dieser angestrebt/vorgesehen/vollzogen wird, nachdem zuvor ein Zielpunkt/Empfänger in entgegengesetzter Richtung erreicht worden ist* ◆-äußerung, -beförderung, -bestätigung, -fluss, -führung, -kampf, -kopplung, -kreuzung, -marsch, -pass, -porto, -route, -schein, -sendung, -siedlung, -stellkraft, -taste, -transport, -wanderung, -ware, -weg ❸ *(↔ Vorder-, Vor-) drückt aus, dass das mit dem Zweitglied Bezeichnete im/am hinteren Teil von etwas ist oder den hinteren Teil von etwas betrifft* ◆-ansicht, -bank, -blende, -fahrscheinwerfer, -fenster, -front, -gebäude, -lehne, -licht, -leuchte, -seite, -sitz, -spiegel, -strahler, -wand

Rück·ant·wort *die* <-, -en> *die Antwort auf ein Schreiben:* in der Rückantwort Bezug auf das Schreiben nehmen, das man beantwortet ◆-karte

ruck·ar·tig *adj /nicht steig./* ❶ *mit einer kurzen, plötzlichen Bewegung:* ruckartig aufstehen/losfahren ❷ *unregelmäßig und sprunghaft:* ruckartige Veränderungen

Rück·bil·dung *die* <-, -en> MED. ❶ *das Abklingen einer (durch eine Krankheit ausgelösten) Verände-*

rung ❷ (≈ Atrophie) das Verkümmern von Organen oder Gliedmaßen

Rück·blick der <- (e)s, -e> ❶ die Betrachtung von Vergangenem in der Erinnerung: Im Rückblick erscheinen viele Dinge positiver. ❷ ein zusammenfassender Bericht über Vergangenes: einen kurzen Rückblick über die bisherige Entwicklung geben ◆ Jahres-, Lebens-, Tages-

rück·bli·ckend adj /nicht steig./ im Rückblick[1]: Rückblickend kann man das Folgende sagen ...

ru·ckeln ohne OBJ ■ jmd./etwas ruckelt (an etwas Dat.) (umg.) etwas mit einem leichten Ruck hin- und herbewegen

Rü·cken der <-s, -> ❶ der hintere Teil des Oberkörpers beim Menschen: sich mit dem Rücken an die Wand lehnen; Schmerzen im Rücken haben; auf dem Rücken der Pferde ◆ -gymnastik, -muskulatur, -schmerken, -stütze ❷ der obere Teil des Rumpfes bei Tieren: auf dem Rücken eines Pferdes/Kamels sitzen; auf dem Rücken der Pferde ❸ die gegenüber der Schneide liegende Kante der Messerklinge: das Messer mit dem Rücken nach rechts neben den Teller legen ❹ der Teil des Bucheinbandes, der die Bindung umschließt: Auf dem Rücken des Buches stehen Titel und Autor. ◆ Buch-, Leder- ❺ ■ mit dem Rücken zur Wand stehen sich wehren müssen, da man in einer schwierigen Lage ist; ■ jemandem den Rücken zukehren nichts mit jmdm. zu tun haben wollen; ■ jemandem den Rücken freihalten/stärken jmdn. bei etwas unterstützen; ■ jemandem in den Rücken fallen sich plötzlich gegen jmdn. stellen, mit dem man bisher verbunden war; ■ etwas/jemanden im Rücken haben auf die Unterstützung von jemandem/etwas vertrauen können; ■ etwas hinter jemandes Rücken tun etwas heimlich tun; ■ jemandem läuft es eiskalt den Rücken hinunter (umg.) jmd. erschrickt oder fürchtet sich sehr

rü·cken <rückst, rückte, hat/ist gerückt> I. mit OBJ ■ jmd. rückt etwas irgendwohin (haben) ❶ etwas an eine bestimmte Stelle schieben: Er rückte den Schrank zur Seite.; Wer hat den Tisch vor die Tür gerückt? ❷ (übertr.) eine Frage/ein Thema in den Hintergrund/ Mittelpunkt/Vordergrund rücken II. ohne OBJ ❶ ■ jmd. rückt irgendwohin die eigene Position etwas verändern: Können Sie ein Stück nach vorn rücken?; Sie ist etwas zur Seite gerückt, damit du dich setzen kannst. ❷ ■ etwas rückt irgendwohin (übertr.) Der Zeitpunkt rückt näher.; Der Wunsch ist in weite Ferne gerückt.; ■ jemandem auf die Pelle rücken (umg.) jmdn. sehr bedrängen

Rü·cken·la·ge die <-, -n> (↔ Bauchlage, Seitenlage) das Liegen auf dem Rücken

Rü·cken·leh·ne die <-, -n> Lehne für den Rücken an Sitzmöbeln

Rü·cken·mark das <-s> /kein Plur./ ANAT. der Nervenstrang in der Wirbelsäule: das Rückenmark punktieren ◆ -sanästhesie, -sentzündung, -sverletzung

Rü·cken·par·tie die <-, -n> der hintere Teil eines Kleidungsstückes

rü·cken·schwim·men, a. **Rü·cken schwim-**

men ohne OBJ /meist nur im Inf./ in dem Stil schwimmen, bei dem man mit dem Rücken auf dem Wasser liegt ◆ Zusammen- oder Getrenntschreibung →R 4.14, 4.1 Er kann gut rückenschwimmen/Rücken schwimmen.; Sie lernt gerade rückenschwimmen/das Rückenschwimmen.; Sie schwimmt gerne Rücken.

Rü·cken·tra·ge die <-, -n> ein Tragkorb, der auf dem Rücken[1] getragen wird

Rü·cken·wind der <-(e)s> /kein Plur./ (↔ Gegenwind) Wind, der (bezogen auf etwas, das sich bewegt) von hinten kommt: Heute haben wir Rückenwind, da geht es schneller.

rück·er·stat·ten <hat rückerstattet> mit OBJ ■ jmd. hat etwas rückerstattet (↔ vorstrecken) zurückerstatten: seine Auslagen/die Fahrtkosten rückerstatten lassen

Rück·er·stat·tung die <-, -en> (↔ Vorauszahlung) das Rückerstatten: mehrere Rückerstattungen für Fahrtkosten erhalten

Rück·fahr·kar·te die <-, -n> (↔ einfache Fahrkarte) Fahrkarte, die für die Hin- und Rückfahrt gültig ist

Rück·fahrt die <-, -en> (↔ Hinfahrt) Fahrt von einem Ziel zum Ausgangspunkt zurück

Rück·fall der <-(e)s, Rückfälle> ❶ MED. (≈ Rezidiv) erneutes Auftreten von Krankheitssymptomen, nachdem die Krankheit schon fast überwunden war: bei einer Krankheit einen Rückfall erleiden ❷ das Zurückfallen in einen schlechteren Zustand: Das ist ein Rückfall in Zustände, die wir längst überwunden glaubten. ◆ -kriminalität, -täter

rück·fäl·lig adj /nicht steig./ nach einer Besserung wieder in den alten Zustand zurückkehrend: als Drogensüchtiger/Raucher/Straftäter rückfällig werden ▶ Rückfälligkeit

rück·fet·tend adj /nicht steig./ so, dass eine Seife, ein Duschgel o. Ä. die Haut beim Waschen nicht austrocknet, weil sie pflegende Fette in die Haut einbringt

Rück·flug der <-(e)s, Rückflüge> (↔ Hinflug) Flug von einem Ziel zum Ausgangsort zurück ◆ -ticket

Rück·ga·be die <-, -en> /Plur. selten/ das Zurückgeben einer Sache: Wir bitten um Rückgabe des Buches in vier Wochen.; die Rückgabe einer fehlerhaften Ware

Rück·ga·be·recht das <-(e)s, -e> RECHTSW. das Recht des Kunden, eine Ware an den Verkäufer zurückzugeben: Widerrufs- und Rückgaberechte im Verbraucherrecht

Rück·gang der <-(e)s, Rückgänge> (≈ Verringerung) einen Rückgang in der Produktion zu verzeichnen haben

rück·gän·gig adj /nicht steig./ ❶ (≈ rückläufig) sich vermindernd: rückgängige Verkaufszahlen ❷ so, dass ein Vertrag wieder aufgelöst wird: einen Vertrag rückgängig machen ❸ ungeschehen: Was geschehen ist, lässt sich nicht mehr rückgängig machen.

Rück·grat das <-(e)s> /kein Plur./ (≈ Wirbelsäule) sich das Rückgrat bei einem Unfall verletzen; ■ jemandem das Rückgrat brechen (übertr.) jmdn. so unter Druck setzen, dass er den

R

Widerstand aufgibt; ■**kein Rückgrat haben** *(umg. abwert.)* keinen festen Charakter haben

Rück·halt *der* <-(e)s> /kein Plur./ das Gefühl von Bestätigung und Sicherheit durch eine andere Person: in jemandem (einen) Rückhalt haben; bei jemandem Rückhalt suchen/finden

rück·halt·los *adj* /nicht steig./ uneingeschränkt: jemandem rückhaltlos vertrauen; jemandem rückhaltlos die Wahrheit sagen

Rück·hand *die* <-> /kein Plur./ SPORT (↔ Vorhand) Schlagtechnik beim Tennis

Rück·kehr *die* <-> /kein Plur./ (↔ Abreise) das Zurückkommen von einem Ausgangspunkt: die Rückkehr nach Hause ▶ Rückkehrer, Rückkehrerin

Rück·la·ge *die* <-, -n> /meist Plur./ (geh.) gespartes Geld: keinerlei Rücklagen haben

Rück·lauf *der* <-(e)s, Rückläufe> Reaktion auf eine Anfrage oder Umfrage: Bei unserer Umfrage hatten wir bisher nur einen spärlichen Rücklauf. ◆-quote

rück·läu·fig *adj* /nicht steig./ (≈ abnehmend) rückläufige Absatzzahlen/Umsätze/Zahlen

rück·lings *adv* ❶ rückwärts; nach hinten: rücklings hinfallen ❷ hinterrücks; von hinten: jemanden rücklings überfallen

Rück·mel·dung *die* <-, -en> ❶ Reaktion auf eine Anfrage oder Umfrage: eine Rückmeldung aus dem Publikum bekommen ❷ (≈ Feedback) persönliche Antwort auf die Wirkung oder Leistung einer anderen Person: dem Kollegen eine Rückmeldung geben

Rück·nah·me *die* <-, -n> das Zurücknehmen

Rück·nah·me·pflicht *die* <-, -en> die Pflicht, eine Ware zurück zu nehmen

Rück·rech·nung *die* <-, -en> WIRTSCH. das Berechnen des Verbrauchs an Material als Teil der gesamten Kostenrechnung

Rück·rei·se *die* <-, -n> (↔ Hinreise) die Reise von einem Zielort zurück ◆-verkehr

Rück·ruf *der* <-s, -e> ❶ ein Telefongespräch, mit dem man auf einen Anruf antwortet ❷ der Vorgang, dass man eine Bestellung oder einen Auftrag rückgängig macht

Rück·ruf·ak·ti·on *die* <-, -en> WIRTSCH. eine Aktion, bei der eine Firma die Kunden auffordert, schadhafte Produkte zurückzugeben, um eventuelle Unfälle zu vermeiden

Ruck·sack *der* <-(e)s, Rucksäcke> auf dem Rücken mit Schultergurten zu tragendes Gepäckstück

Ruck·sack·tou·rist *der*, **Ruck·sack·tou·ris·tin** <-en, -en> *(umg. abwert.)* Person, die mit leichtem Gepäck reist und teure Hotels meidet

Rück·schau *die* <-, -en> (≈ Rückblick) die wertende Betrachtung von Vergangenem: Rückschau auf die vergangenen Wochen/Jahre halten

Rück·schein *der* <-s, -e> eine Bescheinigung, in der jmd. bei Empfang unterschreibt, dass er eine Einschreibsendung oder ein Paket erhalten hat

Rück·schlag *der* <-(e)s, Rückschläge> ❶ etwas, das unerwartet eine positive Entwicklung teilweise rückgängig macht: Unsere Bemühungen erlebten/erlitten einen Rückschlag. ❷ SPORT das Zurückschlagen des Balles (bei einem Ballspiel)

Rück·schluss *der* <-es, Rückschlüsse> Schlussfolgerung über andere Sachverhalte aus dem, was man bisher weiß: aus dem, was man sieht, Rückschlüsse über die Ursachen/möglichen Folgen ziehen

Rück·schritt *der* <-(e)s, -e> (↔ Fortschritt) Rückfall in einen Zustand, den man schon überwunden hatte: Das neue Gesetz ist leider ein Rückschritt gegenüber dem alten.

Rück·sicht *die* <-, -en> ❶ (≈ Taktgefühl, kein Plur.) umsichtiges Verhalten, bei dem man die Bedürfnisse und Wünsche anderer Menschen beachtet: Nimm bitte Rücksicht darauf, dass der alte Mann nicht so schnell gehen kann! ❷ (≈ Betracht, kein Plur.) das Beachten gegebener Verhältnisse: Mit Rücksicht auf das unsichere Wetter haben wir die Bergtour noch einmal verschoben.; Rücksicht auf die schwierige finanzielle Lage nehmen ▶ berücksichtigen ❸ /Plur./ durch Rücksicht² begründete Überlegungen: Aus politischen Rücksichten hat er das Problem verschwiegen.; ■**ohne Rücksicht auf Verluste** *(umg.)* so, dass man sich nicht darum kümmert, ob ein anderer oder man selbst Nachteile durch etwas haben könnte

Rück·sicht·nah·me *die* <-> /kein Plur./ ❶ die Haltung oder das Verhalten, dass man auf eine Person Rücksicht¹ nimmt ❷ die Haltung oder das Verhalten, dass man Rücksicht² auf eine Gegebenheit nimmt

rück·sichts·los *adj* (↔ rücksichtsvoll) ❶ (≈ schonungslos) so, dass man keine Rücksicht auf Personen nimmt: Er hat seine Kollegin sehr rücksichtslos behandelt und sie vor anderen blamiert. ❷ (≈ bedenkenlos, skrupellos) so, dass man keine Rücksicht auf gegebene Verhältnisse nimmt: ein rücksichtsloser Verkehrsrowdy; eine rücksichtslose Wirtschaftspolitik gegenüber Entwicklungsländern

Rück·sichts·lo·sig·keit *die* <-, -en> ❶ /kein Plur./ der Zustand, dass man sich rücksichtslos verhält: Ihre Rücksichtslosigkeit hat alle empört. ❷ rücksichtslose Handlung: eine ganze Reihe von groben Rücksichtslosigkeiten begehen

rück·sichts·voll *adj* /nicht steig./ (↔ rücksichtslos) so, dass man Rücksicht¹ auf Personen nimmt: Er ist ein sehr rücksichtsvoller Mensch.; Sie wartete rücksichtsvoll, bis er weitersprechen konnte.

Rück·spiel *das* <-s, -e> SPORT (↔ Hinspiel) das zweite Spiel von zwei Spielen, die zwischen zwei Mannschaften vereinbart sind

Rück·spra·che *die* <-> /kein Plur./ ein Gespräch, bei dem noch nicht geklärte Fragen geklärt werden können: mit jemandem Rücksprache nehmen, bevor man etwas entscheidet; um Rücksprache in einer unklaren Angelegenheit bitten

Rück·stand *der* <-(e)s, Rückstände> ❶ (↔ Vorsprung) das Zurückbleiben einer Entwicklung hinter der Planung: Der Läufer konnte den Rückstand aufholen.; mit der Arbeit zwei Wochen im Rückstand sein ❷ zurückbleibender Bestandteil eines Materials: Wenn im Gerät Rückstände bleiben, können diese später zu Schäden führen.; die Rückstände aus einer Produktion sinnvoll weiterverwerten ❸ WIRTSCH. (≈ Außenstände) noch nicht ge-

zahltes Geld: noch erhebliche Rückstände haben ◆ Beitrags-, Miet-

rück·stän·dig *adj* ❶ *(≈ unterentwickelt) noch nicht richtig entwickelt:* eine rückständige Gesellschaft/Industrie/Infrastruktur ❷ *(≈ rückschrittlich ↔ fortschrittlich)* rückständige Auffassungen von etwas haben

Rück·stän·dig·keit *die <-> /kein Plur./ die Tatsache, dass etwas rückständig*[1], [2]*ist*

Rück·stell·kraft *die <-> /kein Plur./* PHYS. *die Kraft, die bewirkt, dass ein Pendel wieder in die Ruhe zurückkehrt*

Rück·stel·lung *die <-, -en> das Zurückstellen*

Rück·stoß *der <-es, Rückstöße>* ❶ PHYS. *die Kraft, die dadurch freigesetzt wird, dass ein Körper Masse abstößt, und die auf diesen Körper als Antrieb zurückwirkt* ❷ PHYS. *durch Rückstoß*[1] *ausgelöster Stoß nach rückwärts*

Rück·stu·fung *die <-, -en> das Zurückstufen auf eine niedrigere Stufe*

Rück·tritt *der <-(e)s, -e>* ❶ *der Vorgang, dass jmd. ein Amt aufgibt:* der Rücktritt der Ministerin/ der Regierung; seinen Rücktritt einreichen/erklären ◆ -sabsicht, -sdrohung, -serklärung, -sforderung, -sgesuch ❷ RECHTSW. *das Zurücktreten von einem Vertrag* ◆ Reise- ❸ *(umg.) kurz für „Rücktrittbremse":* ein Fahrrad mit/ohne Rücktritt

Rück·tritt·brem·se *die <-, -n> eine Bremse an einem Fahrrad, die durch Bewegen der Tretkurbeln entgegen der Fahrtrichtung wirkt*

Rück·tritts·recht *das <-(e)s, -e>* RECHTSW. *das Recht des Kunden, von einem Kaufvertrag zurückzutreten*

rück·ver·gü·ten *mit OBJ* ■ *jmd. rückvergütet etwas* WIRTSCH. *einen bereits gezahlten Betrag (teilweise) rückerstatten:* Versicherungsbeiträge/eingezahlte Anteile an einer Genossenschaft rückvergüten

Rück·ver·gü·tung *die <-, -en>* WIRTSCH. ❶ */kein Plur./ das Rückvergüten* ❷ *ein Betrag, der rückvergütet wird:* eine Rückvergütung von ... erhalten

rück·ver·si·chern *mit SICH* ■ *jmd. rückversichert sich sich ängstlich nach allen Seiten hin absichern:* Ich habe mich rückversichert, dass alle anderen ohne Ausnahme mit meiner Entscheidung einverstanden sind. ▶ Rückversicherung

rück·wär·tig *adj /nicht steig./ nach hinten gerichtet:* die rückwärtige Seite des Hauses

rück·wärts *adv (↔ vorwärts)* ❶ *mit der Rückseite voran:* rückwärtsfahren/-gehen ❷ *nach hinten:* Die Regierung macht eine rückwärtsgewandte Politik.; *siehe auch* **rückwärtsgewandt**

rück·wärts·fah·ren *<fährst rückwärts, fuhr rückwärts, ist rückwärtsgefahren> ohne OBJ* ■ *jmd. fährt rückwärts mit der Rückseite voran fahren* ◆ Zusammenschreibung →R 4.5

Rück·wärts·gang *der <-(e)s> /kein Plur./* KFZ *der Gang für das Rückwärtsfahren:* den Rückwärtsgang einlegen

rück·wärts·ge·hen *<gehst rückwärts, ging rückwärts, ist rückwärtsgegangen> ohne OBJ* ❶ ■ *jmd. geht rückwärts mit der Rückseite voran gehen* ❷ ■ *etwas geht rückwärts sich verschlechtern* ◆ Zusammenschreibung →R 4.5,

4.6 Mit der Wirtschaft ist es in dieser Gegend immer weiter rückwärtsgegangen.

rück·wärts·ge·wandt *adj /nicht steig./* ❶ *nach hinten gewandt* ❷ *auf Vergangenes gerichtet:* Er lebt sehr rückwärtsgewandt und spricht viel von Erinnerungen.

rück·wärts·schau·en *<schaust rückwärts, schaute rückwärts, hat rückwärtsgeschaut> ohne OBJ* ■ *jmd. schaut rückwärts (räumlich oder zeitlich) zurückschauen* ◆ Zusammenschreibung →R 4.5 Wenn Du rückwärtsfährst, musst du auch rückwärtsschauen!; Lasst uns in diesen schweren Zeiten nicht rückwärtsschauen.

ruck·wei·se *adv in kurzen, unregelmäßigen Schüben:* Es ging ruckweise vorwärts.

Rück·wen·dung *die <-, -en> die erneute Hinwendung zu etwas, das in der Vergangenheit wichtig war*

rück·wir·kend *adj /nicht steig./ von einem in der Vergangenheit liegenden Zeitpunkt an gültig:* Die Bestimmung/Lohnerhöhung/Regelung gilt rückwirkend ab dem ersten März.

Rück·wir·kung *die <-, -en>* ❶ *die Wirkung, die von jmdm. ausgeht und die ihn auf ihn zurück wirkt* ❷ RECHTSW. *Wirkung eines Gesetzes auf einen bestimmten Zeitpunkt vorher*

Rück·zah·lung *die <-, -en>* ❶ *das Erstatten von Geld:* die Rückzahlung des Geldes beantragen ❷ *Geld, das zurückgezahlt wird:* eine Rückzahlung in Höhe von ... erhalten ◆ -sbedingung, -sfrist

Rück·zie·her *der <-s>* ❶ SPORT *Schlag mit dem Span beim Fußball* ◆ Fall- ❷ ■ **einen Rückzieher machen** *(umg. abwert.) von etwas (z. B. von einem Versprechen) Abstand nehmen, weil man negative Folgen befürchtet*

Rück·zug *der <-(e)s, Rückzüge>* ❶ MILIT. *das Verlassen eines Gebietes:* Die Truppen befinden sich auf dem Rückzug. ◆ -sbefehl, -sbewegung, -sgefecht ❷ *das Aufgeben eines Betätigungsfeldes:* der Rückzug aus dem beruflichen/politischen Leben ❸ SCHWEIZ. *Abhebung (von einem Bankguthaben)*

Rü·de *der <-n, -n>* ZOOL. *männlicher Hund*

rü·de *adj (abwert.) sehr unfreundlich, grob:* eine rüde Abfuhr/Absage/Antwort erhalten; ein rüdes Benehmen

Ru·del *das <-s, -> eine größere Gruppe gemeinsam lebender wilder Tiere:* ein Rudel Hirsche/ Wölfe ▶ rudelweise

Ru·der *das <-s, ->* ❶ *eines zum Vorantreiben eines Ruderbootes benutzten schaufelartigen Werkzeuge:* die Ruder eintauchen/einziehen ❷ *Steuerungsvorrichtung an einem Schiff oder Flugzeug:* Der Steuermann steht am/hinter dem Ruder.; ■ **am Ruder sein** *(umg. übertr.) bestimmen, was getan wird; an der Macht sein* Welche Partei ist in der Gemeinde gerade am Ruder?; ■ **das Ruder herumwerfen** *(umg. übertr.) die Richtung seines Handelns völlig ändern* Die Regierung war gezwungen, das Ruder herumzuwerfen.

Ru·der·boot *das <-(e)s, -e> ein Boot, das mit Rudern*[1] *angetrieben wird*

Ru·de·rer *der,* **Ru·de·rin** *<-s, -> Person, die ein Boot rudert*

ru·dern *<ruderst, ruderte, hat/ist gerudert>*

R

I. *mit OBJ* ■ *jmd.* **rudert etwas irgendwohin** *(haben) ein Ruderboot vorwärtsbewegen:* Wir haben das Boot über den See gerudert.; Sie ruderte das Boot näher ans Ufer. **II.** *ohne OBJ* ■ *jmd.* **rudert (irgendwohin)** ❶ *(sein) sich rudernd irgendwohin bewegen:* Wir sind im Boot/mit dem Boot über den See gerudert.; Wir sind jetzt zwei Stunden gerudert. ❷ *(haben) Bewegungen wie mit einem Ruder¹ machen:* mit den Armen Halt suchend in der Luft rudern

Ru·der·re·gat·ta *die* <-, Ruderregatten> SPORT *Wettrennen für Ruderboote*

Ru·di·ment *das* <-(e)s, -e> ❶ *(geh.) Überrest aus einer früheren Zeit:* die Rudimente einer Befestigungsanlage aus dem Mittelalter ❷ BIOL. *ein zurückgebildetes, funktionslos gewordenes Organ:* Der Steiß des Menschen ist das Rudiment eines Schwanzes.

ru·di·men·tär *adj /nicht steig./ so, dass etwas nur unvollständig entwickelt ist*

Rüeb·li *das* <-s, -> SCHWEIZ. *Möhre; Karotte*

Ruf *der* <-(e)s, -e> ❶ *eine kurze Lautäußerung, mit der man jmdm. ein Zeichen oder eine Information geben will:* Ein lauter Ruf um Hilfe ertönte aus dem Fenster.; einen Ruf hören ❷ *die Lautäußerung mancher Tiere:* der Ruf des Käuzchens/des Kuckucks/der Wölfe ❸ *das Herbeiholen:* der Ruf nach der Polizei ❹ *(geh.) das Herbeiwünschen:* der Ruf nach Freiheit; der Ruf nach mehr Sicherheit ❺ TELEKOMM. *kurz für „Telefonanruf":* einen Ruf weiterleiten ◆-umleitung ❻ *(≈ Ansehen)* einen guten Ruf haben; jemanden in einen schlechten Ruf bringen; Er steht in dem Ruf, kompetent und fleißig zu sein.; Sie wird sich das sehr gut überlegen, denn sie hat einen Ruf zu verlieren (≈ besitzt einen guten Ruf und könnte diesen in Gefahr bringen). ❼ *die Berufung auf einen Lehrstuhl:* einen Ruf an eine Universität ablehnen/annehmen/erhalten; Sie ist einem Ruf nach Tübingen gefolgt.

Ruf·an·la·ge *die* <-, -n> TECHN. *eine Anlage, mit der über Draht oder Funk Nachrichten übermittelt werden können*

ru·fen I. *mit OBJ* ❶ ■ *jmd.* **ruft etwas** *jmd. äußert etwas mit lauter Stimme:* Er rief ein paar Worte hinter ihr her. ❷ ■ *jmd.* **ruft jmdn.** *jmd. verlangt mit lauter Stimme nach jmdm.:* Er rief den Kellner.; Die Mutter ruft ihr Kind zu sich ❸ ■ *jmd.* **ruft jmdn.** *jmd. verlangt telefonisch nach jmdm.:* Wir müssen sofort einen Arzt rufen. **II.** *ohne OBJ* ■ *jmd./etwas* **ruft (zu etwas** *Dat.)* *jmd. oder etwas gibt das Zeichen, dass jmd. an einen bestimmten Ort kommen soll:* Die Glocke ruft zum Gottesdienst.; Die Mutter ruft zu Tisch.

Rüf·fel *der* <-s, -> *(umg.) Tadel:* einen Rüffel für/ wegen etwas bekommen

rüf·feln *mit OBJ* ■ *jmd.* **rüffelt jmdn.** *(umg.) jmdm. einen Rüffel erteilen:* Der Chef hat den Lehrling gerüffelt, weil er zu spät zur Arbeit gekommen ist.

Ruf·mord *der* <-(e)s, -e> *die absichtliche Schädigung des Ansehens einer Person oder Sache in der Öffentlichkeit:* systematischer Rufmord gegen jemanden/etwas betreiben ◆-kampagne

Ruf·na·me *der* <-ns, -n> *derjenige von mehreren Vornamen, mit dem man gewöhnlich angesprochen wird:* Sie heißt Anna Maria, ihr Rufname ist Anna.

Ruf·num·mer *die* <-, -n> TELEKOMM. *(≈ Telefonnummer)*

Ruf·um·lei·tung *die* <-, -en> TELEKOMM. *Umleitung eines Anrufes, der den Angerufenen zuerst unter seiner Rufnummer erreicht, der dann aber durch eine entprechende Schaltung an einen anderen Anschluss (derselben Person) automatisch weitergeleitet wird*

Ruf·wei·te ■ **in Rufweite sein** *in einer Entfernung sein, die man mit Rufen überbrücken kann* in Rufweite von jemandem stehen; außer Rufweite sein

Ruf·zei·chen *das* <-s, -> ❶ ÖSTERR. *Ausrufezeichen* ❷ *Freizeichen beim Telefon* ❸ *akustisches Erkennungszeichen im zivilen Funkverkehr, das eine Identifzierung der Station möglich macht*

Rug·by *das* ['rakbi/'rʌgbɪ] <-(s)> */kein Plur./* SPORT *ein Kampfspiel zwischen zwei Mannschaften mit einem ovalen Ball, der geworfen und getragen werden darf*

Rü·ge *die* <-, -n> *strenger Tadel:* jemandem eine (öffentliche) Rüge erteilen

rü·gen <rügst, rügte, hat gerügt> *mit OBJ (geh.)* ❶ ■ *jmd.* **rügt jmdn.** *streng tadeln:* jemandem eine Rüge erteilen ❷ ■ *jmd.* **rügt etwas** *(≈ beanstanden)* Er rügt ihre Unpünktlichkeit.

Ru·he *die* <-> */kein Plur./* ❶ *(≈ Stille) die (völlige) Abwesenheit von Geräuschen:* Hier im Wald herrschte völlige Ruhe.; eine himmlische/paradiesische Ruhe ❷ *die Abwesenheit von Bewegung:* der See lag in völliger Ruhe; sich in Ruhe befinden; zur Ruhe kommen ❸ *die Abwesenheit von Aufregung, Sorgen oder Störungen:* Der Patient braucht mehrere Wochen Ruhe.; Nach den Strapazen der letzten Monate muss sie zur Ruhe kommen.; etwas in Ruhe und ohne Druck bearbeiten; Lass mich endlich in Ruhe!; Zwischen den beiden Streithähnen herrscht im Moment Ruhe, sie reden wieder miteinander.; Sie haben sich heftig die Meinung gesagt, jetzt herrscht wieder Ruhe. ❹ *(≈ Muße) Erholung, Ausruhen* ◆-pause ❺ *das Ausruhen im Bett:* zur Ruhe gehen; Angenehme Ruhe! ◆-Bett- ❻ *ausgeglichene, unaufgeregte Wesensart:* Ich schätze an ihm seine Ruhe und Besonnenheit.; Ruhe ausstrahlen; ■ **die Ruhe selbst sein** *(umg.) sich keine Erregung anmerken lassen; sehr beherrscht sein;* ■ **sich nicht aus der Ruhe bringen lassen** *(umg.) von jmdm. gesagt, der träge und gegen Kritik unempfindlich ist;* ■ **keine Ruhe finden/ nicht zur Ruhe kommen** *sich mit Sorgen quälen oder überlastet sein;* ■ **jemandem keine Ruhe lassen** *immer wieder mit einem Anliegen an jmdn. herantreten;* ■ **die Ruhe vor dem Sturm** *(übertr.) lastendes Schweigen vor einer (heftigen) Aueinandersetzung;* ■ **Nun gib doch endlich Ruhe!** *(meist an Kinder gerichtete) Aufforderung, mit lästigem Lärmen aufzuhören;* ■ **jemanden zur letzten Ruhe bringen** *jmdn. beerdigen;* ■ **Nun hat die arme/liebe Seele Ruh!** *(umg.) von jmdm. gesagt, dessen heftiges Drängen und Wünschen endlich befriedigt ist*

R

Ru·he·kis·sen *das* <-s, -> *(umg. iron.) eine Leistung, die für so großartig gehalten wird, dass sie weitere Bemühungen erst einmal überflüssig zu machen scheint:* Der letzte Publikumserfolg scheint für ihn ein richtiges Ruhekissen zu sein.

ru·he·lie·bend *adj /nicht steig./ so, dass jmd. die Ruhe sehr schätzt*

ru·he·los *adj* ❶ *ohne innere Ruhe:* ein ruheloser Mensch, der nie mit Erreichtem zufrieden ist ❷ *ständig in Bewegung:* ruhelos hin und her laufen

Ru·he·lo·sig·keit *die* <-> */kein Plur./ die Tatsache, dass man ruhelos [1], [2] ist:* Seine Ruhelosigkeit steckt alle an.

ru·hen <ruhst, ruhte, hat geruht> *ohne OBJ* ❶ ■ *jmd. ruht (geh.) sich erholen:* im Schatten eines Baumes ruhen; nach der Arbeit eine Stunde ruhen ❷ ■ *etwas ruht nicht fortgesetzt werden:* die Arbeit ruhenlassen; Momentan ruhen die Arbeiten. ❸ ■ *etwas ruht auf etwas Dat. (geh.) liegen:* Die Brücke ruht auf drei Pfeilern.; Seine Hand ruhte auf ihrer Schulter.; Ihr Blick ruht auf seinem Antlitz.; Die ganze Verantwortung ruht auf seinen Schultern. ❹ ■ *jmd. ruht (geh.) schlafen:* Haben Sie gut geruht? ❺ ■ *jmd. ruht (geh. verhüll.) begraben sein:* Hier ruht in Frieden …

ru·hen·las·sen, *a.* **ru·hen las·sen** <lässt ruhen, ließ ruhen, hat ruhen(ge)lassen> *mit OBJ* ■ *jmd. lässt etwas Akk. ruhen eine Sache nicht fortsetzen* ◆ Zusammenschreibung →R 4.6 Er hat das Verfahren mehrere Monate ruhenlassen.; aber: Die Sache wir ihn nicht ruhenlassen/ruhen lassen; aber: Man soll die toen ruhenlassen/ruhen lassen

Ru·he·pau·se *die* <-, -n> *eine Pause zur Erholung:* eine Ruhepause einlegen

Ru·he·stand *der* <-(e)s> */kein Plur./ die Zeit im Leben, in der man (Rente erhält und) nicht mehr beruflich tätig ist:* jemanden in den Ruhestand versetzen; im Ruhestand sein; in den Ruhestand gehen ◆ Vor- ▶ Ruheständler, Ruheständlerin

Ru·he·stät·te *die* <-, -n> *(geh. verhüll.) Grab:* die letzte Ruhestätte

Ru·he·stel·lung *die* <-, -en> MILIT. *Stellung, in der sich die Truppe in Ruhe befindet*

Ru·he·stö·rung *die* <-, -en> *Störung der Ruhe [1]:* eine nächtliche Ruhestörung

Ru·he·tag *der* <-(e)s, -e> ❶ *ein Tag, an dem ein Restaurant oder eine Einrichtung für die Öffentlichkeit geschlossen ist:* Die Gaststätte hat montags Ruhetag. ❷ SPORT *(Radsport) ein Tag während eines Etappenrennens, an dem kein Rennen stattfindet*

ru·hig [1] I. *adj* ❶ *(≈ still ↔ laut) ohne Geräusch oder Lärm:* ein ruhiges Hotelzimmer; eine ruhige Straße; Kannst du bitte einmal ruhig sein? ❷ *(≈ unbewegt ↔ unruhig) ohne Bewegung:* ganz ruhig dasitzen; die Beine ruhig halten/ruhighalten; der See/Wald lag ruhig da ❸ *(↔ unruhig) ohne Aufregung:* eine ruhige Zeit; ein ruhiger kleiner Ort; nach einer Aufregung allmählich wieder ruhig werden; ein ruhiges Gewissen haben; Ich bin ganz ruhig, mich trifft keine Schuld.; Keiner konnte in diesem spannenden Moment ruhig bleiben. ❹ *(↔ ner-*

vös, unruhig) innerlich ausgeglichen: eine ruhige Wesensart II. *adv ohne weiteres, problemlos, unbesorgt:* du kannst ruhig hierbleiben; du kannst ruhig weitermachen; ■ **Nur ruhig Blut!** *(umg.) Bloß keine Aufregung!;* ■ **eine ruhige Kugel schieben** *(umg.) sich ein bequemes Leben machen;* ■ **eine ruhige Farbe** *(↔ eine grelle/schreiende Farbe) ein gedeckte Farbe (ohne Kontraste)* ◆ Getrennt- oder Zusammenschreibung →R 4.16 Das Bein muss ruhig gestellt/ruhiggestellt werden.; ◆ Zusammenschreibung →R 4.6 einen Patienten mit Medikamenten ruhigstellen

ru·hig [2] *part* ❶ *drückt in Aufforderungssätzen aus, dass der Sprecher keine Bedenken/Befürchtungen hat, was die Ausführung der Handlung betrifft:* Komm ruhig herein!; Mach ruhig so weiter!; Arbeite ruhig weiter (und lass dich nicht aus der Ruhe bringen)! ❷ *drückt in Aussagesätzen mit Modalverb (in Form einer indirekten Aufforderung) aus, dass der Sprecher etwas empfiehlt/erlaubt bzw. anzeigt, dass er nichts dagegen hat:* Ihr könnt ruhig noch etwas bleiben.; Du kannst ruhig noch etwas mehr Käse kaufen.; Sie soll die Seminararbeit ruhig noch einmal durchlesen.

ru·hig·stel·len <stellst ruhig, stellte ruhig, hat ruhiggestellt> *mit OBJ* ■ *jmd. stellt etwas ruhig* ❶ MED. *(ein gebrochenes Glied) stilllegen, bewegungslos machen* ❷ PSYCH. *(≈ sedieren) jmdn. in einem krankhaften psychischen Ausnahmezustand mit Psychopharmaka in einen ruhigeren Zustand versetzen*

Ruhm *der* <-(e)s> */kein Plur./ (≈ Berühmtheit) der Sachverhalt, dass sehr viele Menschen eine Person oder Sache kennen und wertschätzen, weil die Person oder Sache eine bedeutende Leistung vollbracht hat:* Ruhm erlangen; seinen Ruhm als Musiker begründen; ■ **sich nicht mit Ruhm bekleckern** *(umg. scherzh.) schlechte Leistungen zeigen;* ■ **etwas ist kein Ruhmesblatt** *eine Begebenheit oder Tat ist nicht wert, gerühmt zu werden* Die deutsche Kolonialpolitik ist kein Ruhmesblatt in der deutschen Geschichte.

rüh·men <rühmst, rühmte, hat gerühmt> *(geh.:* ≈ *preisen)* I. *mit OBJ* ■ *jmd. rühmt jmdn./etwas sehr loben:* Sie rühmten seinen Mut.; jemanden wegen seiner Klugheit/seines Fleißes rühmen; Ihre Schönheit ist von allen gerühmt worden. II. *mit SICH* ■ *jmd. rühmt sich (etwas Gen.) mit etwas prahlen; Stolz auf etwas sein:* sich seiner Sprachkenntnisse rühmen; sich rühmen, der beste Sportler der Schule zu sein; Ich kann mich rühmen, Herrn X persönlich zu kennen.

rühm·lich *(umg. iron.)* ■ **eine rühmliche Ausnahme sein** *ungewöhnlicherweise anders oder besser sein als alles andere* Alle seine Romane sind schlecht, dieser hier ist die rühmliche Ausnahme.; ■ **kein rühmliches Ende nehmen** *(umg.) ein schlechtes Ende nehmen*

ruhm·los *adj /nicht steig./ (↔ ruhmreich) ohne Ruhm:* Er blieb ein ruhmloser Autor.

ruhm·reich *adj (geh.:* ↔ *ruhmlos) sehr berühmt:* eine ruhmreiche Tat; der ruhmreiche Feldherr/Sieger

R

Ruhm·sucht *die* <-> /*kein Plur.*/ *(abwert.) übermäßiges, gieriges Streben nach Ruhm*
ruhm·voll *adj* (≈ *ruhmreich*)
Ruhr[1] *die* <-, -en> /*Plur. selten*/ MED. *eine Infektionskrankheit des Darmes mit starkem Durchfall*
Ruhr[2] *die* <-> *rechter Nebenfluss des Niederrheins* ◆-*festspiele*, -*gebiet*, -*kohle*
Rühr·ei *das* <-(e)s, -er> KOCH. *eine Speise, für die Eigelb und Eiweiß verquirlt und in der Pfanne gebraten werden*
rüh·ren <rührst, rührte, hat gerührt> **I.** *mit OBJ* ❶ ■ *etwas rührt jmdn.* *innerlich berühren:* Rührt dich das denn überhaupt nicht?; Der Anblick rührte sie. ❷ ■ *jmd. rührt etwas* *umrühren:* den Brei kräftig rühren; etwas fünf Minuten lang mit dem Schneebesen rühren **II.** *ohne OBJ* ■ *etwas rührt von etwas* Dat. *(geh.) seine Ursache haben:* Die Schmerzen rühren von seiner Krankheit. **III.** *mit SICH* ■ *jmd. rührt sich* ❶ *sich bewegen:* Hier kann man sich ja nicht rühren! ❷ *(umg.) sich (bei jmdm.) melden:* Wenn du etwas brauchst, rührst du dich bitte!; Sie hat sich nicht mehr gerührt, wahrscheinlich ist alles in Ordnung so. ❸ MILIT. *nach dem Stillstehen beim Antreten eine entspanntere Körperhaltung einnehmen;* ■ *ein menschliches Rühren fühlen (scherzh.) den Drang fühlen, seine Notdurft zu verrichten;* ■ *Die Werbetrommel rühren (umg.) für etwas intensiv werben;* ■ *Mich hat fast der Schlag gerührt! (umg.) ich war fassungslos;* ■ *etwas rührt jemanden zu Tränen (geh.) jmd. wird gefühlsmäßig so sehr angesprochen, dass er weinen muss;* ■ **keinen Finger rühren** *(umg.) nichts tun;* ■ **wie vom Donner gerührt** *(umg.) fassungslos; bewegungslos vor Schreck;* ■ **Rührt Euch!** MILIT. *militärisches Kommando* ◆Getrennt- oder Zusammenschreibung →R 4.16 den Teig glatt rühren/glattrühren
rüh·rend *adj innerlich bewegend:* Das ist rührend von dir!; sich rührend um jemanden kümmern; eine rührende Abschiedsszene
rüh·rig *adj unternehmungsfreudig:* ein rühriger Mensch; immer rührig sein und nicht ruhen
Rühr·löf·fel *der* <-s, -> *Kochlöffel zum Rühren*
Rühr·mich·nicht·an *das* <-, -> (≈ *Springkraut) eine Pflanze, die ihre Samen bei Berührung fortschleudert*
rühr·se·lig *adj (abwert.:* ≈ *sentimental) mit der vordergründigen Absicht, innerlich bewegend zu sein:* eine rührselige Geschichte ▶ Rührseligkeit
Rüh·rung *die* <-> /*kein Plur.*/ *innere Bewegung:* vor Rührung nicht sprechen können; seine Rührung zu verbergen suchen
Ru·in *der* <-s> /*kein Plur.*/ (≈ *Bankrott) wirtschaftlicher Zusammenbruch:* Das Unternehmen steht vor dem Ruin.; das führt zum/in den Ruin
Ru·i·ne *die* <-, -n> *die Überrest(e) eines Gebäudes oder Bauwerkes:* Nach dem Bombenangriff/Erdbeben blieben von der Stadt nur noch Ruinen.; die Ruinen einer alten Stadtmauer ◆Burg-, Fabrik-, Schloss-
ru·i·nie·ren <ruinierst, ruinierte, hat ruiniert> *mit OBJ* ❶ ■ *etwas ruiniert jmdn.* *in den Ruin treiben:* Der Umbau des Hauses hat ihn ruiniert.

❷ ■ *jmd. ruiniert etwas mit etwas* Dat. *schädigen:* Er hat (sich) mit dem Rauchen seine Gesundheit ruiniert.; Ich habe (mir) mit der Farbe meine neue Hose ruiniert.
rülp·sen <rülpst, rülpste, hat gerülpst> *ohne OBJ* ■ *jmd. rülpst Luft aus dem Magen geräuschvoll durch den Mund entweichen lassen:* laut rülpsen
Rülp·ser *der* <-s, -> *das Geräusch beim Rülpsen:* ein lauter Rülpser
Rum, Rum *der* <-s, -s/-e> *stark alkoholhaltiger Trinkbranntwein aus vergorenem Zuckerrohr:* Tee mit Rum trinken
rum *adv kurz für „herum"*
Ru·mä·ni·en <-s> *Staat im südöstlichen Mitteleuropa* ▶ Rumäne, Rumänin, rumänisch
Rum·ba *die* <-, -s> *ein lateinamerikanischer Tanz*
rum·hän·gen <hängst rum, hing rum, hat rumgehangen> *ohne OBJ* ■ *jmd. hängt rum (umg.) sich irgendwo zum Zeitvertreib aufhalten:* Im Urlaub wollen sie nichts weiter als ein bisschen Spaß haben und zusammen rumhängen.; Nach der Schule hängt er häufig mit seinen Freunden auf dem Schulhof rum.
rum·krie·gen <kriegst rum, kriegte rum, hat rumgekriegt> *mit OBJ* ■ *jmd. kriegt jmdn. rum (umg.:* ≈ *herumkriegen)*
Rum·mel *der* <-s> /*kein Plur.*/ *(umg.)* ❶ *Betriebsamkeit:* In der Stadt herrschte ein ziemlicher Rummel. ◆Weihnachts- ❷ *Aufsehen:* großen Rummel um etwas machen ◆Medien- ❸ NORDDT., OSTMDT. (≈ *Kirmes) Jahrmarkt; Volksfest:* auf den Rummel gehen
Rum·mel·platz *der* <-es, Rummelplätze> *ein Platz, auf dem ein Jahrmarkt oder Volksfest stattfindet:* Auf dem Rummelplatz gab es Schießbuden und Karussells.
Rum·my *das* ['rœmi/'rʌmɪ] <-s, -s> ÖSTERR. *siehe* **Rommee**
ru·mo·ren <rumorst, rumorte, hat rumort> *ohne OBJ* ■ *jmd./etwas rumort (sich bewegen und) dumpfe, unbestimmte Geräusche machen:* In der Kiste rumort etwas.; In meinem Bauch rumort es.
Rum·pel·kam·mer *die* <-, -n> *(umg.:* ≈ *Abstellkammer) alte Sachen in der Rumpelkammer entdecken*
rum·peln <rumpelst, rumpelte, hat/ist gerumpelt> *ohne OBJ* ❶ ■ *etwas rumpelt (haben) polternde Geräusche verursachen:* Was hat da denn gerade so gerumpelt? ❷ ■ *etwas rumpelt irgendwohin (sein) sich rumpelnd fortbewegen:* Der Wagen ist über die Pflasterstraße gerumpelt.
Rumpf *der* <-(e)s, Rümpfe> ❶ (≈ *Torso) der Körper (eines Menschen oder eines Tieres) ohne Kopf und Gliedmaßen* ❷ SEEW., LUFTF. *der Teil des Schiffes oder Flugzeuges, in dem die Passagiere bzw. die Fracht untergebracht sind:* Der Rumpf des Flugzeuges hat sich in den Boden gebohrt.; Der Rumpf des Schiffes wies keine Schäden auf.
rümp·fen <rümpfst, rümpfte, hat gerümpft> ■ *die Nase rümpfen verächtlich die Nase krausziehen und über etwas rümpfen*
Rump·steak *das* ['rʌmpsteːk] <-s, -s> KOCH. *ein kurz gebratenes Stück Hüftfleisch vom Rind*

rum·trei·ben <treibst rum, trieb rum, hat rumge­trieben> *(umg.: ≈ herumtreiben)*

Rum·trei·ber *der* <-s, -> *(umg. abwert.) jmd., der sich rumtreibt*

Run *der* ['ran] <-s, -s> *Andrang, Ansturm auf etwas:* der Run auf die Geschäfte im Sommerschlussverkauf

rund[1] *adj* ❶ *(↔ eckig) (ungefähr) kreis- oder kugelförmig:* ein runder Ball; ein runder Turm; eine runde Öffnung; Ihre Augen wurden immer runder. ◆halb-, kreis-, kugel- ❷ *(umg.: ↔ schmal) dick; füllig:* ein runder Bauch; ein rundes Gesicht; Du bist ganz schön rund geworden! ❸ *(umg.: ↔ genau) nach dem Runden*[2]*:* die runde Summe von 100 Euro ❹ *(umg.) etwa, ungefähr:* rund zweitausend Leute; Es dauerte rund zwei Stunden.; Ich habe noch rund hundert Euro.; ■ **rund um die Uhr** *(umg.)* 24 Stunden lang Die Geschäfte haben rund um die Uhr geöffnet.; ■ **es geht rund** *(umg.)* es ist viel los; es gibt viel Betrieb

rund[2] *adv im Kreis um etwas herum:* Rund um den See wuchsen herrliche Blumen.; eine Wanderung rund um den See; ■ **rund um die Welt** *(umg.)* um den ganzen Globus herum ein Flug rund um die Welt

Rund·blick *der* <-(e)s, -e> *(≈ Panorama) Ausblick nach allen Seiten:* einen herrlichen Rundblick vom Gipfel des Berges haben

Rund·bo·gen *der* <-s, Rundbögen> BAUW. *halkreisförmiger Bogen zum Überdecken von Öffnungen und zur Verbindung von Stützen; wichtiges Element der römischen Architektur*

Rund·bo·gen·stil *der* <-s> /kein Plur./ BAUW. *Stilrichtung des 19. Jh., die als Neuromanik auftrat und sehr oft den Rundbogen verwendete*

Rund·brief *der* <-(e)s, -e> *gleichzeitig an verschiedene Empfänger versandter Brief gleichen Inhalts:* in einem Rundbrief alle Mitglieder zur Jahresversammlung einladen

Run·de *die* <-, -n> ❶ SPORT *einer von mehreren Teilen eines Wettkampfes:* nach der dritten Runde ausscheiden müssen; Der Boxkampf endete nach der zehnten Runde.; eine Runde Karten spielen ❷ *eine Strecke, die an ihren Ausgangspunkt zurückkehrt:* Die Läufer haben noch acht Runden vor sich.; eine Runde durch das Dorf gehen; mehrere Runden über die Stadt fliegen ❸ *eine Gruppe Personen, die miteinander bekannt sind:* Die Runde der alten Freunde saß beisammen.; sich in gemütlicher Runde zusammensetzen ❹ *(umg.) von mehreren Personen genossene Getränke, die eine Person bezahlt:* eine Runde ausgeben/bezahlen; eine Runde für den ganzen Saal; ■ **über die Runden kommen** *(umg.)* gerade genügend Geld zum Leben haben; ■ **die Runde machen** *(umg.)* überall schnell bekannt werden das Gerücht machte von einem Tag auf den anderen die Runde; ■ **eine (Ehren-)Runde drehen** *(umg.) in der Schule eine Klasse wiederholen müssen, weil die Versetzung nicht erfolgte;* ■ **jemandem über die Runden helfen** *(umg.) jmdm. in Schwierigkeiten weiterhelfen*

run·den <rundest, rundete, hat gerundet> I. *mit OBJ* ❶ ■ *jmd.* **rundet etwas** *eine runde Form ge*ben: die Lippen runden ❷ ■ *jmd.* **rundet etwas (auf etwas** *Akk.)* MATH. *statt eines Zahlenwerts die nächsthöhere oder niedrigere Zahl der Rechnung zu Grunde legen:* die 2,58 auf 2,6 runden; gerundete Zahlen ▸ abrunden, aufrunden II. *mit SICH* ■ **etwas rundet sich** *runde Formen bekommen:* Der Bauch der Schwangeren rundet sich.; Etwas rundet sich zu einem Ganzen.

Rund·fahrt *die* <-, -en> *eine Fahrt, die wieder zum Ausgangspunkt zurückführt:* eine Rundfahrt mit dem Schiff auf dem See machen

Rund·flug *der* <-(e)s, Rundflüge> *ein Flug, der wieder zum Ausgangspunkt zurückführt:* Rundflüge über Berlin anbieten

Rund·funk *der* <-s> /kein Plur./ ❶ *die Gesamtheit der Rundfunksender:* Rundfunk und Fernsehen übertragen das Ereignis. ❷ TECHN. *das drahtlose Übertragen von Informationen in Wort und Ton durch elektromagnetische Wellen:* die Erfindung des Rundfunks; die Übertragung mittels Rundfunk ◆-empfang, -gebühren, -gerät, -sender, -sendung, -sprecher(in), -werbung

Rund·funk·an·stalt *die* <-, -en> AMTSSPR. *öffentlich-rechtlicher Rundfunksender*

Rund·funk·emp·fän·ger *der* <-s, -> *(≈ Radio) ein Gerät, mit dem Sendungen des Rundfunks*[1, 2] *zu empfangen sind*

Rund·funk·hö·rer *der,* **Rund·funk·hö·re·rin** <-s, -> *Hörer von Rundfunksendungen*

Rund·funk·pro·gramm *das* <-s, -e> ❶ *von einem Rundfunksender ausgestrahltes Programm:* Was bietet das Rundfunkprogramm heute? ❷ *Zeitschrift mit einer Übersicht über Sendungen des Rundfunks:* etwas im Rundfunkprogramm nachlesen

Rund·funk·rat *der* <-s> *Gremium, in dem wichtige Vertreter der Gesellschaft daran beteiligt sind, an grundsätzlichen Entscheidungen über die Gestaltung des Rundfunkprogramms mitzuwirken*

Rund·gang *der* <-s, Rundgänge> ❶ *ein Weg, der an seinen Ausgangspunkt zurückführt:* einen Rundgang durch eine Ausstellung machen ❷ *ein Gang als architektonische Einheit, der einen Kreis beschreibt:* Ein gut ausgebauter Rundgang umschließt den Innenhof.

rund·her·aus *adv* /nicht steig./ *ohne Überlegung:* rundheraus antworten

rund·her·um *adv* ❶ *überall in der Umgebung:* nach der Explosion war rundherum alles verbrannt. ❷ *um etwas herum:* in der Mitte einen Punkt machen und rundherum einen Kreis ziehen ❸ *(umg.) vollkommen:* rundherum zufrieden sein

Rund·holz *das* <-es, Rundhölzer> ❶ *rohes oder bearbeitetes Holt, das im Querschnitt rund ist (so, wie es am Baum gewachsen ist)* ❷ KOCH. *Nudelholz*

rund·lich *adj dicklich:* ein rundliches Gesicht haben ◆Rundlichkeit

Rund·rei·se *die* <-, -n> *eine Reise, die an ihren Ausgangspunkt zurückführt:* eine Rundreise durch Italien machen

Rund·schrei·ben *das* <-s, -> *(≈ Rundbrief) gleichzeitig an verschiedene Empfänger versendeter*

R

Brief gleichen Inhalts: ein Rundschreiben an alle Mitglieder versenden

Rund·sicht *die* <-, -en> *(≈ Rundblick)*

Rund·stahl *der* <-s, Rundstähle> *gewalzter, gezogener, im Querschnitt kreisrunder Stahl*

Rund·strick·na·del *die* <-, -n> *eine Stricknadel, die teilweise so flexibel ist, dass sie zu einem Kreis zusammengebogen werden kann:* mit der Rundstricknadel einen Strumpf/ einen Pullover stricken

rund·um *adv* ❶ *im Kreis, nach allen Seiten:* Er schaute rundum und sah nur zufriedene Gesichter. ❷ *ringsumher, im Umkreis:* rundum nur Industrieanlagen ❸ *(übertr.) ganz, völlig:* rundum glücklich/zufrieden

Rund·um·be·schnitt *der* <-s, -e> *Beschnitt von allen Seiten:* Die Hecke braucht wieder einen Rundumbeschnitt.

Rund·um·schutz *der* <-es> */kein Plur./ ein Schutz, mit dem man sich gegen Gefahren aus verschiedenen Richtungen schützt:* Dieses Vitaminpräparat bietet einen Rundumschutz gegen verschiedene Formen von Vitaminmangel.

Run·dung *die* <-, -en> ❶ *Wölbung:* die Rundung einer Kuppel ❷ *gerundete Form:* die Rundung der Stirn; ■ **die Rundungen (einer Frau)** *(umg.) der Busen und die Po einer Frau*

Rund·wan·der·weg *der* <-s, -e> *ein Wanderweg, der zum Ausgangspunkt zurückkehrt*

rund·weg *adv /nicht steig./ ohne Zögern, direkt, kompromisslos:* jemandem etwas rundweg abschlagen

Ru·ne *die* <-, -n> GESCH. *Schriftzeichen der Germanen* ◆-nalphabet, -nforschung, -nschrift, -nstein

Ru·nen·schrift *die* <-> */kein Plur./* GESCH. *Schrift der Germanen*

Run·gen·wa·gen *der* <-, -> *offener Güterwagen, auf dem die Ladung durch am Wagenrand senkrecht stehende Stangen gehalten wird*

Run·kel *die* <-, -n> ÖSTERR., SCHWEIZ. *Runkelrübe*

run·ter *adv kurz für „herunter"*

run·ter·hau·en <haust runter, haute runter, hat runtergehaut> *mit OBJ* ■ **jmd. haut jmdm. eine runter** *(umg.) eine Ohrfeige geben*

run·ter·la·den <lädst runter, lud runter, hat runtergeladen> *mit OBJ* ■ **jmd. lädt (sich) etwas runter** *(umg.)* EDV *etwas aus dem Datenbestand des Internets in eine eigene Datei kopieren*

Run·zel *die* <-, -n> *(tiefe) Falte:* Runzeln bekommen

run·ze·lig, *a.* **runz·lig** *adj voller (tiefer) Falten:* ein runzeliges Gesicht; eine runzelige Haut bekommen

run·zeln <runzelst, runzelte, hat gerunzelt> *mit OBJ* ■ **jmd. runzelt etwas** *in Falten legen:* die Stirn runzeln

runz·lig *adj siehe* **runzelig**

Rü·pel *der* <-s, -> *(abwert.) Person ohne Umgangsformen*

Rü·pe·lei *die* <-, -en> *(abwert.) sehr unhöfliches Benehmen*

rü·pel·haft *adj in der Art eines Rüpels:* sich rüpelhaft benehmen; eine rüpelhafte Antwort geben

rup·fen <rupfst, rupfte, hat gerupft> *mit OBJ* ❶ ■ **jmd. rupft etwas** *Federn herausreißen:*

Gänse rupfen ❷ ■ **jmd. rupft etwas** *abreißen:* Gras rupfen ❸ ■ **jmd. rupft jmdn.** *(umg. scherzh.) viel Geld verlieren lassen:* Ihr habt mich ja gestern in der Gaststätte ganz schön gerupft!; ■ **mit jemandem ein Hühnchen rupfen** *(umg.) jmdm. einen Vorwurf machen*

Rup·fen *der* <-s, -> */kein Plur./ das grobe Jutegewebe, aus dem z. B. Säcke hergestellt werden*

Rupf·fes·tig·keit *die* <-> */kein Plur./ die Beschaffenheit eines Materials so, dass es nicht leicht durch Reißen daran beschädigt werden kann:* Die Bezüge auf den Stühlen haben eine hohe Rupffestigkeit

Ru·pie *die* [ˈruːpiə] <-, -n> *Währungseinheit in Indien und anderen asiatischen Ländern*

rup·pig *adj (umg. abwert.) sehr unfreundlich; barsch:* eine ruppige Art haben; eine ruppige Antwort geben

Rü·sche *die* <-, -n> *Verzierung an einem Kleid* ◆-nbluse, -nhemd

rü·schen <rüschst, rüschte, hat gerüscht> *ohne OBJ* ■ **jmd. rüscht etwas** *einen Stoff in eine Reihe kleiner Falten legen*

Rush·hour *die* [ˈrʌʃaʊə] <-, -s> *Hauptverkehrszeit:* In der Rushhour sind die Straßen immer verstopft.

Ruß *der* <-es, e> *das schwarze, fettige Pulver, das sich aus dem Rauch eines Feuers niederschlägt:* der Ruß in einem Schornstein ◆-emissionen, -filter, -partikelfilter

Ruß·bil·dung *die* <-, -en> *die Art, wie Ruß entsteht:* die Rußbildung bei Dieselmotoren

Rus·se *der,* **Rus·sin** <-n, -n> *jmd., der die russische Staatsangehörigkeit hat*

Rüs·sel *der* <-s, -> ❶ *die (schlauchartig verlängerte) Nase mancher Tiere:* der Rüssel eines Elefanten/eines Schweins ❷ *das Saugorgan mancher Insekten:* der Rüssel einer Fliege/Mücke ❸ *(umg. abwert.) Nase:* Nimm gefälligst deinen Rüssel aus meinem Buch!

ru·ßen <rußt, rußte, hat gerußt> *ohne OBJ* ■ **etwas rußt** *Ruß bilden:* Die Kerze/Der Schornstein rußt.

ru·ßig *adj voller Ruß;* ein rußiges Ofenrohr

rus·sisch *adj* ❶ *zu Russland, seiner Politik und Kultur gehörig:* die berühmte russische Gastfreundschaft ❷ *in der Sprache der Russen:* Sie antwortet russisch (in russischer Sprache).; Sie lernt zurzeit Russisch (die russische Sprache).; Wie heißt das auf Russisch?; ■ **russisches Roulette spielen** *die Trommel eines Revolvers mit nur einer Kugel laden, frei rotieren lassen und abdrücken;* siehe auch **deutsch**

Russ·land <-s> *die aus dem Zerfall der Sowjetunion 1989 hervorgegangene Republik Russland, die die Nachfolge der Russischen Sozialistischen Föderativen Sowjetrepublik angetreten hat*

Ruß·par·ti·kel *die* <-, -n> *die bei der unvollständigen Verbrennung von Kohlenwasserstoffen entstehenden kleinen Teilchen aus Kohlenstoff und Kohlenstoffverbindungen*

rüs·ten <rüstest, rüstete, hat gerüstet> **I.** *mit OBJ* ■ **jmd. rüstet etwas** SCHWEIZ. ❶ *Vorbereitungen treffen:* das Mittagessen rüsten ❷ *(Gemüse,*

R

Salat) putzen, richten **II.** *ohne OBJ* ■ *jmd. rüstet* MILIT. *die Landesverteidigung mit Waffen versehen:* Das Land hat viele Jahre für einen eventuellen Krieg gerüstet. **III.** *mit SICH* ■ *jmd. rüstet sich für etwas Akk. sich vorbereiten:* sich für den Ausflug/die Reise rüsten; gut gerüstet an eine Aufgabe gehen

Rüs·ter *die* <-, -n> *das Holz der Ulme, aber auch die Bäume der Pfanzengattung der Ulmen:* im Schatten alter Rüstern ◆ -nallee, -nholz

rüs·tig *adj (als alter Mensch) körperlich gesund, aktiv und beweglich:* ein rüstiger Rentner; Sie ist noch sehr rüstig für ihr Alter.

rus·ti·kal *adj in ländlichem Stil gehalten:* eine rustikale Gaststätte; ein rustikales Essen; rustikale Möbel

Rüs·tung *die* <-, -en> ❶ *Schutzbekleidung aus Metallteilen für einen Ritter; seit dem 17. Jh. nur noch Prunkkleidung:* Das Museum zeigt alte Rüstungen. ◆ Ritter- ❷ */kein Plur./* MILIT. *(↔ Abrüstung) das Anschaffen von Waffen:* der Finanzbedarf für Rüstung ◆ -sausgaben, -setat, -sexport, -sgegner(in), -sindustrie, -skontrolle, -spolitik, -swettlauf

Rüs·tungs·be·schrän·kung *die* <-, -en> *der Gegenstand internationaler Verhandlungen, durch Rüstungskontrolle zur Minderung von Rüstung² und den durch sie bedingten Kriegsgefahren zu kommen*

Rüs·tungs·kon·t·roll·ver·hand·lun·gen *die Plur. internationale Verhandlungen über Maßnahmen, die einer allgemeinen Abrüstungsstrategie dienen (Beschränkung von Rüstungsvorhaben, Absprachen über wechselseitige Kontrollen, über Standorte, technische Ausführung von Waffen usw.)*

Rüs·tungs·smüll *der* <-s> */kein Plur./ Müll, der durch entsorgte Rüstung² entsteht*

Rüst·zeit *die* <-, -en> *nach der REFA-Lehre die Zeit, die für die Vorbereitung der zu leistenden Arbeit aufgewendet werden muss:* Die Zeit, die für den Umbau einer Maschine aufgewendet werden muss, um mit ihr das neue Modell bearbeiten zu können, ist Teil der Rüstzeit.

Rüst·zeug *das* <-(e)s> */kein Plur./ das Wissen und Können, das Voraussetzung für etwas ist:* das nötige Rüstzeug für ein Studium/den Beruf

Ru·te *die* <-, -n> *dünner, biegsamer Stock:* Ruten von einer Weide schneiden; die Kühe mit einer Rute antreiben; eine Rute zum Angeln verwenden; ■ **mit eiserner Rute regieren** *mit großer Strenge regieren;* ■ **sich unter jemandes Rute beugen** *sich jmds. Herrschaft beugen*

Ru·ten·gän·ger *der*, **Ru·ten·gän·ge·rin** <-s, -, -> *jmd., der mit einer Wünschelrute Wasseradern sucht*

Rüt·li·schwur *der* <-(e)s> */kein Plur./ der Treue-Eid der drei ersten Schweizer Eidgenossen im Jahr 1291*

Rutsch ■ **in einem Rutsch** *(umg.) ohne Unterbrechung* etwas auf einen Rutsch erledigen; ■ **(einen) guten Rutsch ins neue Jahr!** *(umg.) verwendet als Glückwunsch zum Jahreswechsel*

Rutsch·bahn *die* <-, -en> *(für Kinder gebautes) Gerüst mit schräger Bahn, auf der sie nach unten rutschen können*

Rut·sche *die* <-, -n> *(umg.: ≈ Rutschbahn)*

rut·schen <rutschst, rutschte, ist gerutscht> *ohne OBJ* ❶ ■ *jmd. rutscht über eine Fläche gleiten:* Die Kinder rutschen (auf der Rutschbahn) ins Wasser.; auf den Knien durch das Zimmer rutschen ❷ ■ *jmd. rutscht ausgleiten:* Heute hat es gefroren, man rutscht auf der Straße.; Bei Nässe besteht die Gefahr, dass man mit dem Auto beim Bremsen ins Rutschen kommt. ▶ ausrutschen, Rutschgefahr ❸ ■ *etwas rutscht keinen festen Sitz haben:* Die Brille/Die Hose rutscht.; Das ist mir aus der Hand gerutscht. ❹ ■ *jmd. rutscht (umg.) zur Seite rücken:* Kannst du ein wenig rutschen, damit ich auch noch Platz habe?

rutsch·fest *adj /nicht steig./ so, dass man darauf nicht ausgleitet:* rutschfeste Schuhe/Sohlen

rut·schig *adj so, dass man darauf ausgleitet:* ein rutschiger Untergrund; rutschige Schuhe

Rutsch·par·tie *die* <-, -n> ❶ *(scherzh.) unabsichtliches Ausgleiten:* Bei dieser Kälte ist der Weg zum Konzertsaal sicher eine Rutschpartie. ❷ *eine Fahrt auf der Rutschbahn*

Rüt·tel·ma·schi·ne *die* <-, -n> *eine Maschine, die ein Sieb in eine Schüttelbewegung versetzt, um auf diese Weise etwas (z. B. Getreide) sieben zu können*

rüt·teln <rüttelst, rüttelte, hat gerüttelt> **I.** *mit OBJ* ■ *jmd. rüttelt jmdn./etwas heftig hin und her bewegen:* jemanden an der Schulter/am Arm/aus dem Schlaf rütteln **II.** *ohne OBJ* ■ *jmd./etwas rüttelt (an etwas Dat.)* ❶ *heftig hin und her bewegen:* an einer Tür rütteln; der Sturm rüttelt an den Fensterläden ❷ ■ *jmd. rüttelt (an etwas Dat.) (übertr.) etwas stark in Frage stellen:* Luther rüttelte am Selbstverständinis der damaligen Kirche ❸ *(von Raubvögeln) mit schnellen Flügelschlägen flattern, ohne sich von der Stelle zu bewegen:* Der Habicht rüttelte eine ganze Weile über dem Feld, bevor er sich auf eine Maus herabstürzte.; ■ **daran ist nicht zu rütteln** *daran kann nichts geändert werden*

Rüt·tel·sieb *das* <-s, -e> *das Sieb in einer Rüttelmaschine*

Rwan·da *Ruanda*

R

Ss

s, S *das* /nicht steig./ *der neunzehnte Buchstabe des Alphabets:* ein großes S; ein kleines s; ◼ **Größe S** *bei Konfektionsgrößen die Abkürzung für „small" (klein)*

Der **s-Laut** kann im Deutschen drei verschiedene Schreibungen annehmen: „s", „ß", oder „ss". Der einfache Laut „s" kann phonetisch entweder stimmlos sein, also als [s] vorkommen; oder er ist stimmhaft, dargestellt als [z]. Folgt nach dem s-Laut ein Konsonant, so ist das „s" stimmlos und man schreibt ein einfaches „s", wie in *Last, Durst, leisten.* Ebenso schreibt man ein „s", wenn einem stimmhaften „s" ein lang ausgesprochener Vokal vorausgeht: *Riese, lose, Hase.* Nach kurzem Vokal folgt immer der doppelte s-Laut, nämlich „ss": *Fluss, muss, Hass.* Ausnahmen sind allerdings z. B. *Ananas, Finsternis, Globus, Kürbis.* Das „ß" als Buchstabe, ausgesprochen „Eszett" und genannt auch „scharfes S" sowie „Buckel-S", kommt heute nur in Deutschland, Österreich und Luxemburg sowie bei deutschsprachigen Minderheiten in anderen Ländern vor; in der Schweiz und in Liechtenstein verwendet man es nicht. Wenn man in Deutschland an einem Schaufenster liest „MASS-SCHNEIDEREI", ist man irritiert: Man weiß nämlich nicht, ob dahinter z. B. die Annahme steht, dies sei in der Werbung möglich, weil dort auch sonst vieles nicht der sprachlichen Norm entspricht; eher ist aber davon auszugehen, dass hier Unkenntnis der Rechtschreibung vorliegt. Es gibt eben im Deutschen den Buchstaben „ß", auch wenn er nicht wie das „s" als gesonderter Großbuchstabe auf Tastaturen darstellbar ist.

Saal *der* <-(e)s, Säle> *ein großer Raum für Veranstaltungen:* Der Saal füllt sich langsam/ist gerammelt voll/ist festlich geschmückt/ist für die Karnevalsveranstaltung reserviert. ◆-beleuchtung, -bestuhlung, -ordner, -schlacht , Ball-
Saal·die·ner *der* <-s, -> POL. *jmd., der als Bediensteter im Parlament dafür sorgt, dass Sitzungen ohne Probleme durchgeführt werden können*
Saar·land <-s> *Bundesland im Westen Deutschlands*
Saat *die* <-, -en> ❶ *das Säen* ❷ /kein Plur./ *Samenkörner, die gesät werden sollen* ❸ *etwas, das gesät wurde und bereits aufgegangen ist* ❹ *(übertr.) etwas, das in seinen Grundzügen angelegt wurde:* Die Saat der Gewalt ist aufgegangen.
Saat·gut *das* <-(e)s> /kein Plur./ (≈ Saat²)
Sab·bat *der* <-s, -e> *ein jüdischer Ruhetag, der mit bestimmten Ritualen begangen wird*
Sab·bat·jahr *das* <-(e)s, -e> WIRTSCH. *der Umstand, dass ein Arbeitnehmer für ein Jahr von seiner Arbeit freigestellt wird und er in diesem Jahr*

zum Beispiel einen längeren Auslandsaufenthalt, eine Weiterbildungsmaßnahme o. Ä. durchführen kann
sab·bern <sabberst, sabberte, hat gesabbert> *ohne OBJ* ◼ *jmd. sabbert (umg.)* Speichel aus dem Mund fließen lassen: Das Baby/Der Hund sabbert. ▸ Sabber
Sä·bel *der* <-s, -> *eine Waffe in der Art eines Schwerts mit leicht gekrümmter Klinge*
sä·beln <säbelst, säbelte, hat gesäbelt> *mit OBJ* ◼ *jmd. säbelt etwas (umg.) grob schneiden:* sich eine dicke Scheibe vom Brot säbeln; mit dem Taschenmesser die Wurst in Stücke säbeln
Sa·bo·ta·ge *die* [zabo'ta:ʒə] <-, -n> /meist Sing./ *eine Handlung, mit der jmd. (oft zu politischen Zwecken) einen Plan anderer vereitelt, indem er absichtlich Maschinen, Arbeitsmittel oder Waren zerstört*
Sa·bo·ta·ge·akt *der* [zabo'ta:ʒə...] <-(e)s, -e> *eine Handlung, mit der etwas sabotiert wird:* Der Brand in der Montagehalle ist aller Wahrscheinlichkeit nach auf einen Sabotageakt zurückzuführen.
Sa·bo·teur *der,* **Sa·bo·teu·rin** [zabo'tøɐ] <-s, -e> *jmd., der Sabotage begeht*
sa·bo·tie·ren <sabotierst, sabotierte, hat sabotiert> *mit OBJ* ◼ *jmd. sabotiert etwas* Sabotage betreiben; planmäßig und absichtlich behindern: Man sabotierte die Wahl von allen Seiten.; Die Entwicklung des Prototyps wurde offensichtlich sabotiert.
Sac·cha·rin *siehe* **Sacharin**
Sach·an·la·ge *die* <-, -n> /meist Plur./ WIRTSCH. *das Vermögen eines Betriebes, das aus Sachwerten, z. B. Grundstücken, Maschinen o. Ä. besteht*
Sa·cha·rin, *a.* **Sac·cha·rin** *das* [zaxa'ri:n] <-s> /kein Plur./ *ein (künstlich hergestellter) Süßstoff*
Sach·be·ar·bei·ter *der,* **Sach·be·ar·bei·te·rin** <-s, -> *jmd., der in einer Behörde oder in einer Firma Vorgänge in einem bestimmten Aufgabengebiet bearbeitet*
Sach·be·schä·di·gung *die* <-, -en> RECHTSW. *die vorsätzliche Beschädigung von fremdem Eigentum*
Sach·buch *das* <-(e)s, Sachbücher> *ein Buch, das von einem bestimmten Sachgebiet oder Sachthema handelt (im Gegensatz zu Romanen, Erzählungen usw.):* Das Verlagsprogramm umfasst vor allem Sachbücher und Lexika.
sach·dien·lich *adj* so, dass etwas zu einer bestimmten Sache beiträgt oder für sie nützlich ist: Es ist nicht sachdienlich, wenn Sie sich über Fehler des Kollegen lustig machen!; Jede Polizeidienststelle nimmt sachdienliche Hinweise entgegen.
Sa·che *die* <-, -n> ❶ /kein Sing./ (≈ Gegenstand) *ein einzelnes physisches Objekt, das nicht weiter beschrieben ist:* Du könntest mal aufräumen, überall in der Wohnung liegen deine Sachen herum.; Ich suche nur noch meine Sachen zusammen. ❷ (≈ Angelegenheit, Sachverhalt) Wie stehen die Ermittlungen in dieser Sache?; Das wäre

doch die einfachste Sache der Welt gewesen.; Wir wollen die Sache gleich erledigen.; Die Sache ist nämlich die, dass ...; Das ist doch meine Sache!; Dies gehört doch nicht zur Sache.; Ich verstehe nichts von der Sache. ❸ /nur im Plur./ (umg.) Kilometer pro Stunde: Das Auto schoss mit 170 Sachen an uns vorbei.; ■ sagen, was Sache ist (umg.) offen seine Meinung sagen; ■ gemeinsame Sache machen (umg.) sich mit jmdm. zu einer (illegalen) Unternehmung zusammentun; ■ sich einer Sache gewiss/sicher sein von der Richtigkeit seines Handelns überzeugt sein; ■ bei der Sache sein konzentriert und aufmerksam sein; ■ zur Sache kommen zum eigentlichen Thema kommen

Sa·cher·tor·te die <-, -n> eine (nach dem Hotel Sacher in Wien benannte) Schokoladentorte

Sach·fra·ge die <-, -n> /meist Plur./ eine Frage, die sich nur auf einen bestimmten Sachverhalt bezieht: Vor der Unterzeichnung des Vertrags müssen noch einige zentrale Sachfragen erörtert werden.

Sach·ge·biet das <-(e)s, -e> ein bestimmter Arbeitsbereich oder Themenbereich: Eine gute Allgemeinbildung umfasst viele Sachgebiete.

sach·ge·mäß adj /nicht steig./ so, dass etwas der Natur einer bestimmten Sache entspricht: Bei sachgemäßer Anwendung wäre das Gerät nicht beschädigt worden.

Sach·kennt·nis die <-, -se> genaues Verständnis eines Themenbereichs: Sie verfügt über beeindruckende/große/profunde Sachkenntnis.

sach·kun·dig adj so, dass jmd. über Sachkenntnis verfügt: Er ist ein sachkundiger Kenner dieser Materie.

Sach·la·ge die <-, -n> eine Situation, die zu einem bestimmten Zeitpunkt besteht: Nach genauer Prüfung der Sachlage haben wir entschieden, dass die Mitgliedsbeiträge erhöht werden müssen.

Sach·leis·tung die <-, -en> etwas, das jmd. anstelle von Geld als Bezahlung bekommt

Sach·le·xi·ko·gra·phie, a. **Sach·le·xi·ko·gra·fie** die <-> (↔ Sprachlexikographie) Teilgebiet der Lexikographie, in dem Wörterbücher erstellt werden, aus deren Angaben man etwas über die Sachen in einem Fach erfahren kann; siehe auch **Lexikographie, Wörterbuch**

sach·lich adj (≈ objektiv ↔ unsachlich) so, dass es dabei nur um die Sache und nicht um persönliche Gefühle geht: Ich habe nichts gegen sachliche Kritik.; Bleiben Sie doch bitte sachlich!

säch·lich adj /nicht steig./ SPRACHWISS. (≈ neutral) so, dass es weder männlich noch weiblich ist

Sach·lich·keit die <-> /kein Plur./ (≈ Objektivität) die Haltung, sich an den Tatsachen zu orientieren und Gefühle nicht mit einzubeziehen: Die Gesprächsatmosphäre war von kühler Sachlichkeit geprägt.

Sach·man·gel der <-s, Sachmängel> RECHTSW. Fehlerhaftigkeit einer gekauften Sache

Sach·re·gis·ter das <-s, -> (≈ Index) ein Verzeichnis aller Sachbegriffe, die in einem Buch vorkommen: Enthält das Fachbuch ein Sachregister?

Sach·scha·den der <-, Sachschäden> ein Scha-

den² an einem Gegenstand: Bei dem Unfall entstand hoher Sachschaden.

säch·seln <sächselst, sächselte, hat gesächselt> ohne OBJ ■ jmd. sächselt in sächsischer Mundart sprechen

Sach·sen <-s> Bundesland im Osten Deutschlands ▸ Sachse, Sächsin

Sach·sen-An·halt <-s> Bundesland im Osten Deutschlands

säch·sisch adj /nicht steig./ zu Sachsen gehörend, daher stammend

sacht, a. **sach·te** <sachter, am sachtesten> adj (≈ behutsam ↔ grob) sanft und vorsichtig; ■ **Nun mal sachte!** (umg.) Nun mal vorsichtig!; ■ **Sachte, sachte!** (umg.) Vorsicht, Vorsicht!

Sach·ver·halt der <-(e)s, -e> alle Tatsachen und Umstände, die für eine bestimmte Angelegenheit von Bedeutung sind: Zur Klärung des Sachverhaltes, wie es zu dem Brand kommen konnte, wurden zahlreiche Zeugen befragt.

Sach·ver·stand der <-(e)s> /kein Plur./ (≈ Sachkenntnis) Er hat bei der Lösung des Problems viel Sachverstand bewiesen.

sach·ver·stän·dig adj so, dass jmd. über Sachkenntnis verfügt: Im Saal saß ein sehr sachverständiges Publikum.

Sach·ver·stän·di·ge der/die <-n, -n> RECHTSW. jmd., der aufgrund seiner großen Sachkenntnis zum Beispiel vor Gericht als Gutachter auftreten kann ▸ -ngutachten

Sach·ver·stän·di·gen·rat der <-(e)s, Sachverständigenräte> POL. eine Gruppe von Sachverständigen, die bei politischen Entscheidungen Ratschläge geben

Sach·wert der <-(e)s, -e> /meist Plur./ eine Sache, die materiellen Wert besitzt: Er hat sein Geld vor allem in Sachwerten angelegt.

Sach·zwang der <-(e)s, Sachzwänge> ein Zwang, der durch eine bestimmte Sachlage ausgelöst wurde: Der Politiker musste so entscheiden, da eine Reihe von Sachzwängen ihm keine andere Wahl ließ.

Sack der <-(e)s, Säcke> ❶ eine Art großer Beutel aus Stoff, Papier oder Kunststoff, in dem man feste Stoffe transportieren kann: Ich habe zwei Säcke Kartoffeln bestellt.; den Müll in Säcken abtransportieren; den Zement in Säcken anliefern ◆ Müll-, Plastik-, Sand- ❷ (vulg.) Schimpfwort für einen Mann: Du blöder/fauler Sack! ❸ (vulg.) Hodensack ❹ ÖSTERR., SÜDDT., SCHWEIZ. Hosentasche; ■ **mit Sack und Pack** (umg.) mit allem, was man hat Sie kam mit Sack und Pack bei uns an.; ■ **jemanden in den Sack stecken** (umg.) jmdm. überlegen sein

Sack·bahn·hof der <-(e)s, Sackbahnhöfe> (≈ Kopfbahnhof) ein Bahnhof, in dem die Gleise enden

Sä·ckel der <-s, -> ❶ SÜDDT., ÖSTERR. Hosentasche ❷ (veralt.) Geldbeutel, Kasse

Sä·ckerl das <-(s), -(n)> SÜDDT., ÖSTERR. Tüte

Sack·gas·se die <-, -n> eine Straße, die nicht mehr weiterführt; ■ **in einer Sackgasse stecken** (umg. übertr.) nicht mehr weiterwissen

Sạck·geld *das* <-(e)s, -er> SÜDDT., ÖSTERR., SCHWEIZ. *Taschengeld*

Sạck·hüp·fen *das* <-s> /kein Plur./ *ein Kinderspiel, bei dem die Kinder mit beiden Beinen in Säcken stecken und um die Wette hüpfen*

Sạck·kar·re *die* <-, -n> *ein Transportgerät mit zwei Rädern, mit dem man Säcke und schwere Gegenstände fahren kann*

Sạck·mes·ser *das* <-s, -> SÜDDT., SCHWEIZ. *Taschenmesser*

Sạck·tuch *das* <-(e)s, Sacktücher> ÖSTERR. *Taschentuch*

Sa·dịs·mus *der* <-> /kein Plur./ ❶ (↔ *Masochismus*) *die krankhafte Veranlagung, beim Quälen anderer sexueller Erregung zu empfinden* ❷ *(abwert.) die perverse Lust daran, anderen Menschen Grausamkeiten anzutun:* Taten, die von einem widerlichen Sadismus zeugen

Sa·dịst *der,* **Sa·dịs·tin** <-en, -en> ❶ (↔ *Masochist) jmd., der die Neigung zum Sadismus¹ hat* ❷ *(abwert.) jmd., der andere gerne quält*

sa·dịs·tisch *adj* (↔ *masochistisch) auf den Sadismus bezogen*

Sa·do·ma·so·chịs·mus *der* <-> /kein Plur./ *die Veranlagung, beim Quälen anderer und beim Gequältwerden sexuelle Erregung zu empfinden*

sä·en *mit OBJ* ❶ ■ *jmd. sät etwas Saatgut ausbringen;* ■ *etwas ist dünn gesät von etwas ist nur wenig vorhanden* In dieser Branche sind Ausbildungsplätze dünn gesät.

Sa·fa·ri *die* <-, -s> *eine Reise nach Afrika mit der Möglichkeit, Großwild zu beobachten:* Natürlich sind wir bei unserem Urlaub in Afrika auch auf eine Safari gegangen.

Sa·fa·ri·park *der* <-s, -s/(-e)> *ein afrikanischer Park, in dem man Großwild beobachten kann*

Safe *der/das* ['se:f] <-s, -s> (≈ *Tresor) ein gepanzerter Geldschrank:* Meine Wertsachen hatte ich in einem Safe des Hotels sicher verwahrt.

Sa·fer Sex *der* ['seɪfəsɛks] <-> /kein Plur./ *Geschlechtsverkehr, bei dem die Partner Kondome benutzen, um sich vor Aids und anderen Geschlechtskrankheiten zu schützen*

Sa·f·ran *der* <-s> /kein Plur./ ❶ *ein gelber Farbstoff* ❷ *ein Gewürz, das besonders im Mittelmeerraum angebaut wird*

Saft *der* <-(e)s, Säfte> ❶ *die Flüssigkeit im Gewebe von Pflanzen:* Im Frühjahr steigt der Saft in die Bäume.; Die Wiesen stehen in vollem Saft. ❷ *ein Getränk aus ausgepresstem Obst oder Gemüse:* Möchtest du ein Glas frisch gepressten Saft? ◆-presse, Apfel-, Birnen-, Kirsch-, Orangen- ❸ *kurz für „Fleischsaft":* Der Braten schmort im eigenen Saft. ❹ *(umg.) Strom, Energie:* Die Batterie hat keinen Saft mehr.; ■ *jemanden im eigenen Saft schmoren lassen jmdm., der aus eigener Schuld in eine schwierige Situation geraten ist, nicht helfen*

saf·tig *adj* ❶ *reich an Saft ¹, ², ³:* saftiges Obst; saftiges Bratenfleisch ❷ *(umg.) (in unangenehmer Weise) heftig:* Ich habe ihr einen saftigen Brief geschrieben.; Wir hatten eine saftige Rechnung zu zahlen.

Saft·la·den *der* <-s, Saftläden> *(umg. abwert.)*

verwendet, um auszudrücken, dass man sich über ein Geschäft oder eine Firma ärgert: Und so ein Saftladen nennt sich Fachgeschäft!

Sa·ge *die* <-, -n> *eine ursprünglich mündlich überlieferte Erzählung über außergewöhnliche, wunderbare Geschehnisse:* Ich habe mir ein Buch mit deutschen/griechischen/römischen Sagen gekauft. ◆-ngestalt, -nheld, Helden-

Sä·ge *die* <-, -n> *ein Schneidewerkzeug mit einer Art Klinge, die einzelne Zähne hat* ◆Blatt-, Ketten-, Kreis-, Motor-, Stich-

Sä·ge·blatt *das* <-(e)s, Sägeblätter> *die Klinge einer Säge*

Sä·ge·bock *der* <-(e)s, Sägeböcke> *das Gestell, auf das man Holz zum Sägen legt*

Sä·ge·mehl *das* <-s> /kein Plur./ *die vielen kleinen Holzspäne, die beim Sägen als Abfall entstehen*

sa·gen *mit OBJ* ❶ ■ *jmd. sagt (jmdm.) etwas als Satz oder Wort aussprechen:* Ich habe laut und deutlich „ja" gesagt!; Das war eine sehr gute, man könnte fast sagen, hervorragende Leistung. ❷ ■ *jmd. sagt (jmdm.) etwas als Äußerung an jmdn. richten:* Ich wollte ihr nur ein paar nette Worte sagen. ❸ ■ *jmd. sagt (jmdm.) etwas jmdm. etwas mitteilen:* Sage ihr bitte nichts davon. ❹ ■ *jmd. sagt etwas zu etwas Dat. ein bestimmtes Wort benutzen:* Wie sagt man auf Französisch dazu? ❺ ■ *jmd. sagt etwas mit etwas Dat. Gedanken formulieren, etwas zum Ausdruck bringen:* Das hat sie schön gesagt.; Ich wollte damit sagen, dass … ❻ ■ *jmd. sagt etwas zu etwas Dat. eine Haltung mit Worten zum Ausdruck bringen:* Was würde dein Vater dazu sagen? ❼ ■ *etwas sagt, dass … zum Inhalt haben:* Diese Bestimmung sagt eindeutig, dass … ❽ ■ *jmd. sagt etwas … behaupten:* Der Zeuge sagt aber, dass …; ■ *leichter gesagt als getan sein schwer zu realisieren sein;* ■ *will sagen (umg.) genauer ausgedrückt;* ■ *sich (von jemandem) nichts sagen lassen (umg.) (von jmdm.) keinen Rat annehmen;* ■ *etwas wohl sagen können (umg.) wirklich wahr sein;* ■ *etwas laut sagen können (umg.) völlig richtig sein und so behauptet werden können;* ■ *sage und schreibe (umg.) tatsächlich, wahrhaftig* Wir haben sage und schreibe eine Stunde warten müssen.; ■ *etwas/nichts zu sagen haben (umg.) das Recht/kein Recht haben, Entscheidungen zu treffen* Er hat in der Firma doch nichts zu sagen.; ■ *jemandem etwas/ nichts sagen etwas (nicht) kennen, nicht von Bedeutung sein* Sagt dir der Name etwas?; Diese Art von Musik sagt mir nichts ◆Getrennt- oder Zusammenschreibung →R 4.16 viel sagend/vielsagend; nichts sagend/nichtssagend

sä·gen I. *mit OBJ/ohne OBJ* ■ *jmd. sägt etwas Holz mit einer Säge in einzelne Stücke teilen:* Er sägt die Bretter für das Regal.; Er sägt mit einer Kreissäge. **II.** *ohne OBJ* ■ *jmd. sägt (umg. scherzh.) schnarchen:* Er hat die halbe Nacht so gesägt, dass ich nicht schlafen konnte.

sa·gen·haft *adj* /nicht steig./ ❶ *aus einer Sage stammend:* Die sagenhafte Gestalt des … ❷ *(umg.) sehr:* Sie sieht sagenhaft gut aus.

sa·gen·um·wo·ben *adj* /*nicht steig.*/ (*geh.*) *so, dass etwas in vielen Sagen vorkommt:* ein sagenumwobener Ort/Schatz

Sä·ge·spä·ne <-> *Plur.* (≈ *Sägemehl*) *die beim Sägen von Holz als Abfall entstehenden kleinen Holzstückchen:* Abends musste ich in der Schreinerei immer die Sägespäne zusammenkehren.

Sä·ge·werk *das* <-(e)s, -e> *ein Betrieb, in dem Baumstämme so gesägt werden, dass Bretter daraus entstehen*

Sa·go *der*/*das* <-s> /*kein Plur.*/ *gekörntes Stärkemehl (aus Palmenmark oder Kartoffelstärke), das man z. B. bei der Zubereitung von Pudding oder Grütze benutzen kann*

Sag·wort *das* <-(e)s, Sagworte> SPRACHWISS. *sprachspielerische phraseologische Einheit, die meist aus einem Sprichwort besteht, dann eine Person nennt, und die mit einer überraschenden Pointe endet:* „Wo man singt, da lass dich ruhig nieder, sagte der Teufel, und setzte sich auf einen Bienenschwarm".; *siehe auch* **Phraseologie**

Sa·ha·ra, **Sa·ha·ra** *die* <-> /*kein Plur.*/ *eine Wüste in Nordafrika*

Sa·hel·zo·ne, **Sa·hel·zo·ne** *die* <-> /*kein Plur.*/ *ein sehr heißes Gebiet in Nordafrika*

Sah·ne *die* <-> /*kein Plur.*/ ❶ *der fetthaltigste Teil der Milch* ❷ *Sahne¹, die man durch Zentrifugieren gewinnt* ❸ *kurz für „Schlagsahne"* ▶ sahnig ◆ -torte, Kaffee-

Saib·ling *der* <-(e)s, -e> *ein Fisch, der zu den Lachsen gehört*

Sai·son *die* [zɛˈzõ(ː), zɛˈzɔŋ] <-, -s/-en> ❶ *der für eine bestimmte Sache wichtigste Zeitabschnitt eines Jahres:* Die Saison für Spargel beginnt im Mai.; Vor der Saison sind die Hotelpreise billiger.; Wir hatten eine lebhafte/ruhige Saison. ◆ -ende, -eröffnung, Haupt-, Nach-, Vor- ❷ *ein bestimmter Zeitabschnitt im Hinblick auf Aktuelles:* Man hat die Mode der kommenden Saison vorgestellt.

sai·so·nal [zɛzoˈnal] *adj* /*nicht steig.*/ (≈ *saisonbedingt*)

Sai·son·ar·beit *die* [zɛˈzõ(ː)...] <-, -en> /*meist Sing.*/ *Arbeit, die nur während einer bestimmten Saison anfällt* ▶ Saisonarbeiter, Saisonarbeiterin

sai·son·be·dingt [zɛˈzõ(ː)...] *adj* /*nicht steig.*/ *von der Saison abhängig:* Im Fernsehen sprach man von saisonbedingter Arbeitslosigkeit.

Sai·son·be·schäf·ti·gung *die* [zɛˈzõ(ː)...] <-, -en> (≈ *Saisonarbeit*) ▶ Saisonbeschäftigte

Sai·son·be·trieb *der* [zɛˈzõ(ː)...] <-(e)s, -e> *Geschäft, das nur während einer bestimmten Saison geöffnet ist:* Das Hotel am Meer ist ein reiner Saisonbetrieb, der während der Wintermonate geschlossen ist.

Sai·son·ge·schäft *das* [zɛˈzõ(ː)...] <-(e)s, -e> *Geschäft, das von einer bestimmten Saison abhängt:* Der Verkauf dieser Artikel ist ein reines Saisongeschäft.

Sai·so·ni·er, *a.* **Sai·son·ni·er** *der* [zɛzõˈnieː] <-s, -e> SCHWEIZ. *Saisonarbeiter*

Sai·te *die* <-, -n> MUS. *einer der langen dünnen Fäden (aus Metall oder Kunststoff), die an bestimmten Musikinstrumenten wie Gitarren den Klang erzeugen, wenn man sie schlägt, zupft oder* streicht; ■ andere Saiten aufziehen (*umg.*) *strenger werden* ◆ -ninstrument, Gitarren-, Klavier-

Sa·ke *der* <-> /*kein Plur.*/ *japanischer Reiswein* ◆ -schale

Sak·ko *das* <-s, -s> (≈ *Jackett*) *eine Art Jacke, die Männer zusammen mit einem Hemd oder Pullover tragen* ◆ Leinen-, Sport-, Tweed-

sa·k·ral *adj* (↔ *profan*) ❶ *so, dass es geweiht ist und religiösen Zwecken dient* ❷ *so, dass es Heiliges und Religiöses betrifft* ◆ Trennungsvarianten →R 5.4

Sa·k·ral·bau *der* <-(e)s, Sakralbauten> *ein Gebäude, das religiösen Zwecken dient:* Eine Kirche ist ein Sakralbau.

Sa·k·ra·ment *das* <-(e)s, -e> *eine gottesdienstliche Handlung:* Das Kind empfängt das Sakrament der Taufe.; Der Priester spendet das Sakrament der Ehe.

Sa·k·ri·leg *das* <-(e)s, -e> (≈ *Frevel*) *ein Vergehen gegen heilige Personen, Gegenstände oder Stätten*

Sa·k·ris·tei *die* <-, -en> *ein Nebenraum in einer Kirche*

sa·k·ro·sankt *adj* /*nicht steig.*/ (*geh.*) *unverletzlich, unantastbar:* Solche Rechte sind doch nicht sakrosankt, man kann sie auch wieder wegnehmen!

sä·ku·lar *adj* (*geh.*) *weltlich*

Sä·ku·la·ri·sa·ti·on *die* <-> /*kein Plur.*/ *die Verstaatlichung von Kirchenbesitz*

sä·ku·la·ri·sie·ren <säkularisiert, säkularisierte, hat säkularisiert> *mit OBJ* ■ *jmd.* **säkularisiert** *etwas* ❶ *Kirchenbesitz verstaatlichen:* Klöster säkularisieren ❷ *aus kirchlichen Bindungen lösen und weltlich betrachten:* In dieser Zeit wurde auch die Kunst säkularisiert.

Sa·la·man·der *der* <-s, -> *eine Molchart*

Sa·la·mi *die* <-, -(s)> *eine haltbare, harte Wurst aus Rind- und Schweinefleisch und Gewürzen:* eine italienische/ungarische Salami; eine luftgetrocknete französische Salami

Sa·lär *das* <-s, -e> SÜDDT., ÖSTERR., SCHWEIZ. *Gehalt, Lohn*

Sa·lat *der* <-(e)s, -e> ❶ *eine Pflanze, deren größere, meist grüne, vitaminreiche Blätter man isst* ◆ Eisberg-, Feld-, Kopf- ❷ *eine Speise aus Salat¹, der meist mit Essig, Öl, Kräutern und Gewürzen angemacht ist* ❸ *eine kalte Speise aus Gemüse, Nudeln, Reis, Fleisch oder Fisch, die mit Gewürzen und einer Soße angerichtet ist:* Ich habe einen Salat aus frischen Tomaten, Schafskäse, Bohnen und Zwiebeln vorbereitet.; ■ **Da haben wir den Salat!** (*umg.*) *jetzt ist das Unangenehme passiert (vor dem ich gewarnt habe)* ◆ -dressing, -gurke, -öl, -schüssel, -soße, Bohnen-, Kartoffel-, Nudel-, Obst-, Schicht-

Sa·lat·schleu·der *die* <-, -n> *ein Küchengerät, mit dem man das Wasser von frisch gewaschenem Salat¹ entfernt*

Sal·be *die* <-, -n> *ein Arzneimittel in der Art einer Paste zum Auftragen auf die Haut oder Schleimhaut:* Ich habe mir eine desinfizierende/krampflösende/pflegende Salbe besorgt. ◆ Heil-, Wund-

S

Sal·bei *der* <-s> /kein Plur./ *eine Heilpflanze* ◆-bonbon, -tee

sal·ben *mit OBJ* ■ *jmd. salbt jmdn. mit Salbe bestreichen*

Sal·ben·topf *der* <-(e)s, Salbentöpfe> *ein kleines rundes Gefäß, in dem Salbe aufbewahrt wird*

sal·bungs·voll *adj (abwert.) übertrieben feierlich:* Er hielt eine sehr salbungsvolle Rede.

sal·die·ren <saldierst, saldierte, hat saldiert> *mit OBJ* ■ *jmd. saldiert etwas* ❶ BANKW. *(≈ abrechnen) Einnahmen und Ausgaben ausgleichen:* Sie hat das Konto saldiert. ❷ WIRTSCH. *eine Schuld tilgen*

Sal·do *der* <-s, -s/Salden/Saldi> ❶ BANKW. *Differenzbetrag, der sich nach Aufrechnung der Soll- und Habenseite eines Kontos ergibt* ❷ WIRTSCH. *noch fälliger Restbetrag einer noch nicht vollständig beglichenen Rechnung*

Sa·li·ne *die* <-, -n> *eine Anlage zur Kochsalzgewinnung*

Salm *der* <-(e)s, -e> *ein Lachs*

Sal·mi·ak, **Sal·mi·ak** *der* <-s> /kein Plur./ *eine Ammoniakverbindung*

Sal·mi·ak·geist, **Sal·mi·ak·geist** *der* <-(e)s> /kein Plur./ *ein scharfes Reinigungsmittel*

Sal·mo·nel·le *die* <-, -n> /meist Plur./ *ein Bakterium, das Darminfektionen hervorruft* ◆-ninfektion

Sa·lo·mon·in·seln <-> *Inselstaat nördlich von Australien*

sa·lo·mo·nisch *adj (geh.) weise, klug:* eine salomonische Entscheidung; ein salomonisches Urteil

Sa·lon *der* [za'lõː, za'lɔŋ, zalo:n] <-s, -s> ❶ *ein repräsentativer Gesellschafts- oder Empfangsraum* ❷ *ein elegantes Ladengeschäft* ◆ Friseur-, Kosmetik-

sa·lon·fä·hig [za'lõː...] *adj (in den Umgangsformen) den gesellschaftlichen Normen entsprechend*

Sa·lon·lö·we *der* [zalo:n...] <-n, -n> *(abwert.) eine Person, die zwar sehr elegant und gebildet, aber auch sehr oberflächlich ist*

Sa·loon *der* [sɐlu:n] <-s, -s> *ein Lokal im Wildweststil*

sa·lopp <salopper, am saloppsten> *adj* ❶ *(↔ elegant) sportlich und bequem:* Sie trägt bevorzugt saloppe Kleidung. ❷ *unbekümmert, zwanglos, locker:* Sein Benehmen war reichlich salopp.

Sal·pe·ter *der* <-s> /kein Plur./ CHEM. *ein Salz (das zur Herstellung von Düngemittel und Schießpulver verwendet wird)*

Sal·pe·ter·säu·re *die* <-> /kein Plur./ *eine farblose Säure, die stark oxidiert:* Salpetersäure löst Silber und die meisten unedlen Metalle.

Sal·sa *der* <-(s), -s> /kein Plur./ ❶ *ein lateinamerikanischer Tanz* ❷ *eine Variante der lateinamerikanischen Rockmusik*

Sal·to *der* <-s, -s/Salti> *ein Sprung mit einem Überschlag:* Er sprang mit einem Salto vom Sprungbrett ins Wasser.

sa·lü, sa·lü SCHWEIZ. *(umg.) eine Grußformel (zur Begrüßung und zum Abschied)*

Sa·lut *der* <-(e)s, -e> MILIT. *die Begrüßung eines Ehrengastes mit lauten Schüssen*

sa·lu·tie·ren <salutierst, salutierte, hat salutiert> *ohne OBJ* ■ *jmd. salutiert* MILIT. *einen militärischen Gruß erweisen:* Die Soldaten salutieren vor ihrem Vorgesetzten.

Sal·va·do·ri·a·ner *der*, **Sal·va·do·ri·a·ne·rin** <-s, -> *Bewohner von El Salvador*

sal·va·do·ri·a·nisch *adj zu El Salvador gehörend, daher stammend*

Sal·ve ■ **Salve!** *lateinischer Gruß: Sei gegrüßt!*

Sal·ve *die* <-, -n> MILIT. *der Vorgang, dass gleichzeitig aus mehreren Gewehren oder Geschützen gefeuert wird*

Salz *das* <-es, -e> ❶ /kein Plur./ *Kochsalz, das als Gewürz verwendet wird* ◆-bergwerk, -fässchen, -gurke, -herig, -kartoffel, Koch-, Jod- ■ salzarm, versalzen ❷ CHEM. *eine Verbindung aus einer Säure und Metallen;* ■ **jemandem Salz in/auf die Wunde streuen** *jmdn. eine ohnehin als schwierig empfundene Situation durch eigene Äußerungen noch schmerzlicher empfinden lassen*

sal·zen <salzt, salzte, hat gesalzt> *mit OBJ* ■ *jmd. salzt etwas mit Salz¹ würzen*

Salz·ge·halt *der* <-(e)s, -e> *die Menge an Salz, die in einer Substanz enthalten ist:* der Salzgehalt des Meerwassers

salz·hal·tig *adj so, dass etwas Salz enthält*

sal·zig *adj* ❶ *(≈ salzhaltig)* ❷ *so, dass etwas nach Salz schmeckt*

Salz·säu·le ■ **zur Salzsäule erstarren** *sehr entsetzt oder fassungslos sein und unbeweglich dastehen*

Salz·säu·re *die* <-> /kein Plur./ *eine stark ätzende Säure*

Salz·stan·ge *die* <-, -n> /meist Plur./ *ein Gebäck in der Form langer, sehr dünner Stangen, die mit Salz bestreut sind*

Salz·stock *der* <-(e)s, Salzstöcke> *eine Stelle in der Erde, an der Salz lagert*

Salz·teig *der* <-(e)s, -e> *ein Teig aus Mehl, Salz und Wasser, den man zum Basteln verwendet:* Vor Weihnachten basteln wir Figuren aus Salzteig.

Salz·was·ser *das* <-s> /kein Plur./ *(↔ Süßwasser) salzhaltiges Wasser*

Sa·ma·ri·ter *der* <-s, -> ❶ *ein selbstlos helfender Mensch* ❷ SCHWEIZ. *Sanitäter*

Sam·ba *die* <-/-s, -s> *ein lateinamerikanischer Tanz*

Sam·bia <-> *Staat in Afrika* ► Sambier, Sambierin, sambisch

Sa·men *der* <-s, -> ❶ *aus Pflanzenblüten entwickeltes kleines Korn, aus dem sich eine neue Pflanze entwickeln kann:* die Samen gehen auf/ keimen. ❷ /kein Plur./ *(≈ Sperma)*

Sa·men·bank *die* <-, -banken> *eine Einrichtung, in der Spermien für die künstliche Befruchtung konserviert und gelagert werden*

Sa·men·er·guss *der* <-es, Samenergüsse> *(≈ Ejakulation) das Ausspritzen der Samenflüssigkeit beim männlichen Orgasmus*

Sa·men·korn *das* <-s, Samenkörner> *Samen¹*

Sa·men·zel·le *die* <-, -n> *männliche Keimzelle*

Sä·me·rei·en *die* <-> *(≈ Saatgut)*

sä·mig *adj dickflüssig:* Die Soße könnte etwas sämiger sein.

Säm·ling *der* <-s, -e> *eine gerade gekeimte Jungpflanze*

Sam·mel·band *der* <-(e)s, Sammelbände> *ein Buch, das Texte eines oder verschiedener Autoren enthält:* Der Sammelband enthält Beiträge verschiedener, sehr namhafter Autoren.

Sam·mel·be·griff *der* <-(e)s, -e> *(≈ Kollektivum) ein Wort, das eine Gruppe gleichartiger Lebewesen oder Dinge zusammenfasst*

Sam·mel·be·häl·ter *der* <-s, -> *ein großer Behälter, in dem etwas gesammelt wird:* Ich bringe das Altglas zum Sammelbehälter.

Sam·mel·be·stel·lung *die* <-, -en> *die Bestellung von Waren für mehrere Kunden, zum Beispiel bei einem Versand*

Sam·mel·büch·se *die* <-, -n> *eine Büchse zum Einsammeln von Geldspenden*

Sam·mel·fahr·kar·te *die* <-, -n> ❶ *eine Fahrkarte für mehrere Personen* ❷ *eine Fahrkarte, die für mehrere Fahrten verwendet werden kann*

Sam·mel·la·ger *das* <-s, -> *ein Ort, an dem große Gruppen von Menschen zusammengebracht werden:* Die Flüchtlinge wurden in einem Sammellager untergebracht.

Sam·mel·lin·se *die* <-, -n> PHYS. *ein geschliffenes Glas, das Lichtstrahlen bündelt*

Sam·mel·map·pe *die* <-, -n> *ein Ordner, in dem Schriftstücke oder Zeichnungen gesammelt werden*

sam·meln <sammelst, sammelte, hat gesam­melt> I. *mit OBJ/ohne OBJ* ■ **jmd. sammelt (etwas)** *Leute bitten, etwas (für einen bestimmten Zweck) zu geben, etwas zusammentragen:* Sie sammelt Unterschriften.; Er sammelt für wohltätige Zwecke.; Das Altglas wird gesammelt und wiederverwertet. II. *mit OBJ* ■ **jmd. sammelt etwas** ❶ *bestimmte Dinge suchen und mitnehmen:* Beeren/Pilze/Tannenzapfen sammeln ❷ *eine Sammlung¹ von etwas aufbauen:* Autogramme/Bierdeckel/Briefmarken/ CDs/Modellautos/Schallplatten sammeln ❸ *in sich aufnehmen:* Ich konnte im Ausland viele neue Eindrücke sammeln. III. *mit SICH* ❶ ■ **jmd. sammelt sich irgendwo** *(von mehreren Personen) sich an einem bestimmten Ort treffen:* Die Reisegruppe sammelte sich nach dem Stadtrundgang auf dem Parkplatz. ❷ ■ **jmd. sammelt sich** *innere Ruhe, Konzentration finden:* Die Schauspielerin muss sich erst sammeln, bevor sie auf die Bühne geht.

Sam·mel·platz *der* <-es, Sammelplätze> ❶ *ein Ort, an dem sich Menschen versammeln* ❷ *(≈ Sammelstelle) ein Ort, an dem etwas gesammelt und gelagert wird:* ein Sammelplatz für Altpapier

Sam·mel·punkt *der* <-(e)s, -e> *(≈ Sammelplatz)*

Sam·mel·su·ri·um *das* <-s, Sammelsurien> *(umg.) buntes Allerlei:* Im Keller hatte er ein Sammelsurium von alten Werkzeugen.

Sam·met *der* <-(e)s, -e> *(dichter.) Samt*

Samm·ler *der;* **Samm·le·rin** <-s, -> *jmd., der eine Sammlung¹ anlegt*

Samm·ler·stück *das* <-s, Sammlerstücke> *ein Gegenstand, der einem Sammler als attraktiv für*

seine Sammlung¹ erscheinen kann: Bei diesem Teller handelt es sich um ein Sammlerstück.

Samm·ler·wert *der* <-(e)s, -e> *der Geldbetrag, den Sammler für ein Objekt zahlen*

Samm·lung *die* <-, -en> ❶ *eine größere Zahl von Gegenständen der gleichen Art, die jmd. aus Neigung zusammengetragen hat:* Er besitzt eine riesige/eindrucksvolle/in Jahrzehnten entstandene Sammlung von Gemälden/von Briefmarken aus aller Welt.; Seine Sammlung von CDs/von Modellautos füllt zahlreiche Regale/Vitrinen. ❷ *der Umstand, dass etwas für bestimmte Zwecke eingesammelt wird:* eine Sammlung von Altkleidern; Für die Sammlung von Altglas wurden neue Container aufgestellt. ❸ *innere Ruhe, Konzentration*

Sa·moa <-s> *eine Inselgruppe im Pazifik* ▸ Samoaner, Samoanerin, samoanisch

Sa·mo·war, Sa·mo·war *der* <-s, -e> *ein Gerät, das man in Russland verwendet, um Tee zuzubereiten*

Sam·ple *das* ['zɑːmpl] <-(s), -s> ❶ *eine repräsentative Stichprobe (bei Meinungsumfragen)* ❷ WIRTSCH. *Muster, Probe*

Sam·p·ler *der* ['sɑːmplɐ] <-s, -> *ein Tonträger, zum Beispiel eine CD, mit einer Auswahl von Musikstücken verschiedener Musiker, Sänger und Gruppen eines Genres*

Sams·tag *der* <-(e)s, -e> *der sechste Tag der Woche* ◆ Zusammenschreibung →R 4.1 (am) Samstagabend; Samstagmittag; Samstagmorgen; Samstagnachmittag; *siehe auch* **Dienstag**

sams·tags *adv* samstags abends; *siehe auch* **dienstags**

Samt *der* <-(e)s, -e> *ein Stoff mit ganz kurzen Fasern, die eine sehr weiche und leicht schimmernde Oberfläche ergeben;* ■ **sich in Samt und Seide kleiden** *(umg.) sich sehr vornehm kleiden*

samt I. *präp + Dat.* *(umg.) zusammen mit:* Sie wollen samt den Kindern kommen II. *adv* ■ **samt und sonders** *ausnahmslos* Die Zuschauer waren samt und sonders von der Vorstellung begeistert.

Samt·hand·schuh ■ **jemanden mit Samthandschuhen anfassen** *(umg.) jmdn. übertrieben vorsichtig behandeln*

sämt·lich *pron* ❶ *(≈ gesamt)* Er hat sein sämtliches Vermögen verspielt. ❷ *so, dass es alle Exemplare einer Gesamtheit umfasst:* Ich habe mir Goethes sämtliche Werke gekauft.

Sa·mu·rai *der* <-(s), -(s)> *ein Angehöriger des japanischen (Ritter)Adels* ◆ -rüstung, -schwert

Sa·naa <-s> *Hauptstadt des Jemens*

Sa·na·to·ri·um *das* <-s, Sanatorien> *ein Ort, wo Menschen besonders nach schweren Krankheiten wieder zu Kräften kommen können*

Sand *der* <-(e)s> /kein Plur./ ❶ *die lockere Substanz aus vielen kleinen Körnern, die meist von gelb-brauner Farbe ist und einen Teil des Bodens ausmacht:* Am Strand gab es feinen/groben/weißen Sand.; Die Kinder bauen im Sand eine Burg. ◆ -boden, -haufen, -korn, -stein, -strand, -sturm ▸ sandfarben, sandig, versanden ❷ ■ **jemandem Sand in die Augen streuen** *(umg.) jmdm. etwas vortäuschen;* ■ **im Sand(e) verlaufen** *(umg.) ergebnislos, erfolglos bleiben* Die Verhandlungen

S

verliefen im Sande.; ■ **wie Sand am Meer** *(umg.)* *in sehr großer Menge*

San·da·le *die* <-, -n> /meist Plur./ *ein leichter offener Sommerschuh, der mit Riemen am Fuß befestigt wird*

San·da·let·te *die* <-, -n> *eine modische Sandale für Damen*

Sand·bank *die* <-, Sandbänke> *eine große Ablagerung von Sand auf dem Meeresboden, die eine Art Hügel bildet:* Das Schiff ist auf eine Sandbank aufgelaufen.

Sand·burg *die* <-, -en> *die Nachbildung einer Burg, die Kinder (am Strand) aus Sand bauen*

Sand·dorn *der* <-s, -e> *ein Strauch mit gelbroten Beeren*

san·deln <sandelst, sandelte, hat gesandelt> *ohne OBJ* ■ *jmd. sandelt* ❶ LANDSCH. *im oder mit Sand spielen* ❷ ÖSTERR. *(umg. abwert.) untätig, träge sein*

Sand·kas·ten *der* <-s, Sandkästen> ❶ *eine eingefasste, mit Sand gefüllte Spielgrube für kleinere Kinder* ❷ *ein mit Sand gefüllter Kasten, der bei der Diskussion militärischer Strategien als Hilfsmittel dient*

Sand·kas·ten·freund·schaft *die* <-, -en> *eine sehr lange Freundschaft, die schon seit der Kindheit besteht*

Sand·ku·chen *der* <-s, -> *ein ungefüllter, trockener Kuchen*

Sand·ler *der*, **Sand·le·rin** <-s, -> ÖSTERR. *(abwert.)* Obdachloser, Streuner

Sand·mann *der* <-(e)s> /kein Plur./ (≈ Sandmännchen)

Sand·männ·chen *das* <-s> /kein Plur./ *eine erfundene Figur, die Kindern angeblich Sand in die Augen streut und sie dadurch zum Einschlafen bringt*

Sand·pa·pier *das* <-(s), -e> (≈ Schleifpapier) *festes Papier mit einer sehr rauen Oberfläche, mit dem man etwas abschleifen kann*

Sand·sack *der* <-(e)s, Sandsäcke> *ein mit Sand gefüllter Sack:* Als das Hochwasser stieg, wurde der gefährdete Damm mit Sandsäcken gesichert.

Sand·uhr *die* <-, -en> *eine Uhr zur Messung von Zeitabschnitten, bei der Sand durch eine dünne Öffnung in einer bestimmten Zeit von einem oberen in ein unteres Gefäß rieselt*

Sand·wich *der/das* [ˈsantvɪtʃ] <-(e)s, -(e)s/-e> *zwei Scheiben (Weiß-)Brot mit Belag dazwischen*

sanft *adj* ❶ *(behutsam: ↔ grob) so, dass es vorsichtig und mit sehr wenig Kraft geschieht:* Sie spürte eine sanfte Berührung/ein sanftes Streicheln. ❷ *(≈ mild) so, dass man Freundlichkeit und Ruhe ausstrahlt:* Sie lächelte sanft. ❸ *(↔ schroff) so, dass es in einer Landschaft keine starken Kontraste gibt und es sehr harmonisch aussieht:* Sanfte Hügel charakterisieren diese Landschaft. ❹ *unaufdringlich und nicht intensiv:* Sanfte Musik tönte aus den Lautsprechern. ❺ *schwach spürbar:* Ein sanfter Regen fiel.

Sänf·te *die* <-, -n> *eine Vorrichtung mit einem Sitz, in der sich früher Könige tragen ließen*

Sanft·mut *die* <-> /kein Plur./ *eine sanfte² Wesensart*

sanft·mü·tig *adj von sanfter² Wesensart:* Sie hat ein sanftmütiges Wesen.

Sän·ger *der*, **Sän·ge·rin** <-s, -> *jmd., der (beruflich) singt:* Der Sänger kann wegen einer Erkältung nicht auftreten/schont seine Stimme/wird von einer Band begleitet/hat einen enormen Stimmumfang. ◆ Blues- Folk- Jazz-, Opern-, Rock-, Schlager-

San·g·ria *die* <-, -s> *ein Getränk aus Rotwein und klein geschnittenen Früchten*

san·gu·i·nisch [saŋguˈiːnɪʃ] *adj /nicht steig./ von heiterem, lebhaftem Temperament*

sang- und klang·los *adv (umg.) ohne viele Worte, unbemerkt:* Sie ist sang- und klanglos verschwunden.

sa·nie·ren <sanierst, sanierte, hat saniert> **I.** *mit OBJ* ■ *jmd. saniert etwas* ❶ *renovieren, modernisieren:* Man hatte die gesamte Altstadt in den vergangenen Jahren saniert. ❷ WIRTSCH. *wieder leistungsfähig machen:* Der Betrieb wurde komplett saniert. ❸ *(fachspr.) reformieren:* Man wollte das Gesundheitswesen sanieren. **II.** *mit SICH* ■ *jmd./etwas saniert sich seine wirtschaftlichen Probleme überwinden:* Der Unternehmer hat sich wieder saniert.

Sa·nie·rung *die* <-, -en> *das Sanieren* ◆ -sarbeiten, -skonzept, -smaßnahme

sa·nie·rungs·be·dürf·tig *adj so, dass etwas saniert werden muss*

sa·ni·tär *adj /nicht steig./ die Hygiene betreffend, ihr dienend:* Die sanitären Verhältnisse in den Slums sind katastrophal.; sanitäre Anlagen, wie beispielsweise Duschen und Toiletten

Sa·ni·tät *die* <-> /kein Plur./ ÖSTERR., SCHWEIZ. ❶ *der Sanitätsdienst beim Militär* ❷ *Rettungsdienst, Ambulanzdienst*

Sa·ni·tä·ter *der*, **Sa·ni·tä·te·rin** <-s, -> *jmd., der in erster Hilfe und Krankenpflege ausgebildet ist:* Es dauerte nicht lange, bis die Sanitäter am Unfallort eintrafen.

Sa·ni·täts·dienst *der* <-(e)s, -e> /meist Sing./ MILIT. *der Truppenteil, der für die medizinische Versorgung der Soldaten zuständig ist*

Sa·ni·täts·we·sen *das* <-> /kein Plur./ MILIT. *das militärische Gesundheitswesen*

Sankt *das als Teil von Personen- und Ortsnamen die Bedeutung „heilig" ausdrückend, abgekürzt: „St.":* Diese Kirche ist Sankt Michael geweiht.

Sankt Gal·len <-s> *Stadt und Kanton in der Schweiz*

Sank·ti·on *die* <-, -en> ❶ /meist Sing./ (geh.) *Genehmigung:* Die Behörde sollte in diesem Fall ihre Sanktion verweigern. ❷ /meist Plur./ *eine Maßnahme, die jmd. als Druckmittel gegen eine Person oder ein Land einsetzt, um diese zu einem bestimmten Verhalten zu zwingen:* Es wurde beschlossen, gegen das Land Sanktionen zu verhängen.

sank·ti·o·nie·ren <sanktionierst, sanktionierte, hat sanktioniert> *mit OBJ* ■ *jmd. sanktioniert etwas (geh.)* billigen, gutheißen, legitimieren: Der Plan wurde behördlich sanktioniert.; Die Zerstörung der intakten Flusslandschaft darf auch aus

S

wirtschaftlichen Gründen nicht sanktioniert werden.

Sankt Pe·ters·burg <-s> *Stadt in Russland*

Sank·tu·a·ri·um *das* <-s, Sanktuarien> REL. *Altarraum in der katholischen Kirche*

San Ma·ri·no <-s> *Staat in Südeuropa, der von Italien umgeben ist* ▸ San-Marinese, San-Marinesin, san-marinesisch

Sans·k·rit, Sans·k·rit *das* <-s> */kein Plur./ altindische Literatur- und Gelehrtensprache*

San·ti·a·go (**de Chi·le**) [-ˈtʃiːle] <-s> *Hauptstadt von Chile*

Sa·phir, Sa·phir *der* <-s, -e> *ein blauer Edelstein*

Sa·ra·ban·de *die* <-, -n> MUS. ❶ *ein französischer Tanz* ❷ *Satz einer Suite oder Sonate*

Sa·ra·je·vo <-s> *Hauptstadt von Bosnien-Herzegowina*

Sar·de *der,* **Sar·din** <-n, -n> *jmd., der die sardische Staatsbürgerschaft besitzt*

Sar·del·le *die* <-, -n> *ein heringsähnlicher Fisch*

Sar·di·ne *die* <-, -n> *eine Heringsart* ◆-nbüchse, Öl-

Sar·di·ni·en <-s> *eine italienische Mittelmeerinsel*

sar·disch *adj /nicht steig./ zu Sardinien gehörend, daher stammend*

Sarg *der* <-(e)s, Särge> *eine Art große Kiste aus Holz, in der Tote bestattet werden* ◆-träger, Eichen-

Sa·ri *der* <-(s), -s> *das traditionelle Gewand indischer Frauen*

Sar·kas·mus *der* <-, Sarkasmen> ❶ */kein Plur./ bitterer, verletzender Spott* ❷ *eine sarkastische Äußerung*

sar·kas·tisch *adj mit bitterem, verletzendem Spott: eine sarkastische Bemerkung*

Sar·ko·phag *der* <-s, -e> ❶ *ein großer, prunkvoller (in Kirchen aufgestellter) Steinsarg, in dem hohe Persönlichkeiten beigesetzt werden* ❷ *der Sarg eines Pharaos in der altägyptischen Kultur*

Sa·rong *der* <-(s), -s> *ein buntes Tuch, das sich indonesische Frauen um den Körper wickeln und wie einen Rock tragen*

Sa·tan *der* <-s, -e> ❶ */kein Plur./* REL. *der Teufel* ❷ *(umg. abwert.) ein sehr boshafter Mensch:* Er/ Sie war ein richtiger Satan.

sa·ta·nisch *adj (geh.: ≈ teuflisch) sehr böse:* Sie hatten einen satanischen Plan ausgeheckt.

Sa·ta·nis·mus *der* <-> */kein Plur./ (≈ Teufelsanbetung)* ▸ Satanist, Satanistin

Sa·tel·lit *der* <-en, -en> ❶ *ein Flugkörper, der mit einer Rakete ins Weltall befördert wurde und dort die Erde auf einer festen Umlaufbahn umkreist, um bestimmte wissenschaftliche oder technische Aufgaben zu erfüllen:* Das Konzert wird per/via Satellit in alle Welt übertragen. ◆-enantenne, -enschüssel, -entelefon, -enverbindung

Sa·tel·li·ten·bild *das* <-(e)s, -er> METEOR. *von einem Satelliten zur Erde übermitteltes Bild*

Sa·tel·li·ten·fern·se·hen *das* <-s> */kein Plur./ Fernsehen, bei dem die Sendungen über Satellit übertragen werden*

Sa·tel·li·ten·fo·to *das* <-s, -s> METEOR. *ein Foto,*

das von einem Satelliten aus aufgenommen wird: ein Satellitenfoto der Sahara

sa·tel·li·ten·ge·stützt *adj /nicht steig./ mit Hilfe eines oder mehrerer Satelliten*

Sa·tel·li·ten·schüs·sel *die* <-, -n> *(umg.) eine schüsselförmige Antenne zum Empfang des Satellitenfernsehens*

Sa·tel·li·ten·staat *der* <-(e)s, -en> *ein Staat, der von einer Großmacht abhängig ist*

Sa·tel·li·ten·stadt *die* <-, Satellitenstädte> *(≈ Trabantenstadt) größere Ansiedlung am Rande einer Großstadt, die weitgehend eigenständig ist*

Sa·tin *der* [saˈtɛ̃ː] <-s, -s> *ein Stoff mit glänzender Oberfläche* ◆-bettwäsche, -bluse

Sa·ti·na·ge *die* [-ʒə] <-, -n> *das Glätten von Stoff oder Papier*

sa·ti·nie·ren <satinierst, satinierte, hat satiniert> *mit OBJ* ■ *jmd. satiniert etwas Stoff oder Papier glättet*

Sa·ti·re *die* <-, -n> LIT. ❶ */kein Plur./ eine Kunstgattung, die durch Spott, Ironie und Übertreibung bestimmte Personen, Anschauungen, Ereignisse oder Zustände kritisieren oder verächtlich machen will* ❷ *eine Dichtung der Satire¹*

Sa·ti·ri·ker *der,* **Sa·ti·ri·ke·rin** <-s, -> ❶ *jmd., der Satiren² schreibt* ❷ *jmd., der sich gern spöttisch und ironisch äußert*

sa·ti·risch *adj /nicht steig./* ❶ *in der Art einer Satire¹* ❷ *bissig, spöttisch*

satt *adj* ❶ *(↔ hungrig) so, dass der Magen gefüllt ist und man keinen Hunger verspürt:* Ich kann nichts mehr essen, ich bin völlig satt. ❷ *(kräftig: ↔ blass) so, dass eine Farbe sehr intensiv ist:* Die Wiesen stehen in einem satten Grün. ❸ *(umg.) ansehnlich:* In dem Lokal hatten sie satte Preise.

Sat·tel *der* <-s, Sättel> ❶ *der gepolsterte Sitz, auf dem ein Reiter auf dem Pferd sitzt* ❷ *der zum Sitzen bestimmte Teil des Fahrrads oder Motorrads;* ■ **jemanden in den Sattel heben** *(umg.) jmdm. zu einer Position oder einem Job verhelfen;* ■ **fest im Sattel sitzen** *(umg.) in einer Stellung oder Position unumstritten sein*

Sat·tel·dach *das* <-(e)s, Satteldächer> *bestimmte Form eines Hausdaches*

sat·tel·fest *adj so, dass man auf einem Gebiet sichere Kenntnisse besitzt*

sat·teln <sattelst, sattelte, hat gesattelt> *mit OBJ* ■ *jmd. sattelt ein Tier mit einem Sattel versehen*

Sat·tel·schlep·per *der* <-s, -> *ein Zugfahrzeug, auf dem ein langer Anhänger aufliegt*

Sat·tel·ta·sche *die* <-, -n> *am Fahrradsattel befestigte kleine Tasche (für Flickzeug)*

Sat·tel·zeug *das* <-(e)s> */kein Plur./ alle Dinge, die jmd. zum Satteln eines Pferdes braucht*

satt·ha·ben <hast satt, hatte satt, hat sattgehabt> *mit OBJ* ■ **jmd. hat jmdn./etwas satt** *(umg.) genug von jmdm. oder etwas haben* ◆Zusammenschreibung →R 4.6 Langsam habe ich sein ständiges Gejammer satt.

sät·ti·gen <sättigt, sättigte, hat gesättigt> *ohne OBJ* ■ *etwas sättigt den Hunger stillen:* Die Erbsensuppe hat ziemlich gesättigt.

Sät·ti·gung *die* <-, -en> */kein Plur./* ❶ *das Stillen*

S

des Hungers: Ich verspüre ein Gefühl der Sättigung. ❷ *(übertr.) der Zustand, in dem so viele Produkte auf dem Markt vorhanden sind, dass man keine neuen Produkte verkaufen kann:* Die Sättigung des Marktes ließ den Umsatz zurückgehen. ❸ CHEM. *der Zustand, in dem ein Gas oder eine Flüssigkeit keine andere Substanz mehr aufnehmen oder lösen kann*

Satt·ler *der,* **Satt·le·rin** <-s, -> *ein Handwerker, der größere Gegenstände aus Leder (beispielsweise Sättel und Koffer) herstellt und repariert*

satt·sam *adv genügend, hinlänglich:* Es ist sattsam bekannt, dass …

Sa·turn *der* <-s> /*kein Plur.*/ *ein Planet des Sonnensystems*

Sa·tyr *der* <-s/-n, -n> *in der griechischen Mythologie ein lüsterner Waldgeist, der wie ein Bock aussieht*

Satz *der* <-es, Sätze> ❶ *eine in sich gegliederte, zusammenhängende sprachliche Äußerung:* Wir müssen in der Prüfung einen Satz grammatisch analysieren.; Kannst du diesen Satz ins Englische übersetzen?; Er brach mitten im Satz ab und ging. ◆-analyse, Befehls-, Frage-, Haupt-, Neben- ❷ *(kurz für „Lehrsatz")* der Satz des Pythagoras ❸ *das Herstellen einer Druckvorlage:* Das Manuskript geht nächste Woche in (den) Satz. ❹ *ein gesetzter Text:* Der Satz muss an einigen Stellen nochmals korrigiert werden. ❺ MUS. *ein in sich geschlossener Teil eines mehrteiligen Musikstücks:* Ich höre gerade den zweiten Satz meiner Lieblingssinfonie. ❻ *eine bestimmte Menge zusammengehöriger Dinge:* ein Satz Töpfe ❼ SPORT *ein Spielabschnitt bei bestimmten Ballspielen:* nach dem ersten Satz führen ◆-ball ❽ *ein großer Sprung:* Sie machte vor Freude einen Satz.; Er machte einen Satz über die Pfütze. ❾ *(≈ Tarif) ein bestimmter Geldbetrag, dessen Höhe festgelegt ist* ◆Beitrags-, Höchst-, Steuer-, Tages-, Zins-

Satz·aus·sa·ge *die* <-, -n> SPRACHWISS. *(≈ Prädikat)*

Satz·ball *der* <-(e)s, Satzbälle> SPORT *spielentscheidender Ballwechsel bei bestimmten Ballspielen, zum Beispiel beim Tennis, Badminton, Volleyball*

Satz·er·gän·zung *die* <-, -en> SPRACHWISS. *(≈ Objekt)*

Satz·ge·fü·ge *das* <-s, -> SPRACHWISS. *ein Satz, der aus einem Haupt- und mindestens einem Nebensatz zusammengesetzt ist*

Satz·ge·gen·stand *der* <-(e)s, Satzgegenstände> SPRACHWISS. *(≈ Subjekt)*

Satz·glied *das* <-(e)s, -er> SPRACHWISS. *ein Wort oder eine Wortgruppe innerhalb eines Satzes mit einer bestimmten Funktion (nur gemeinsam verschiebbar oder ersetzbar):* Subjekt, Objekt und Prädikat sind Satzglieder.

Satz·leh·re *die* <-> /*kein Plur.*/ SPRACHWISS. *(≈ Syntax)*

Sat·zung *die* <-, -en> RECHTSW. *ein schriftlich niedergelegtes Regelwerk, zum Beispiel eines Vereins* ▸satzungsgemäß, satzungswidrig

Satz·vor·la·ge *die* <-, -n> DRUCKW. *ein Manuskript, das die Vorlage für das Setzen eines Textes bildet*

Satz·zei·chen *das* <-s, -> SPRACHWISS. *(≈ Interpunktionszeichen) eines der Zeichen, die in einem geschriebenen oder gedruckten Text dazu benutzt werden, die grammatische und logische Struktur der Sätze zu verdeutlichen:* Punkt, Komma und Fragezeichen sind Satzzeichen.; Den richtigen Gebrauch der Satzzeichen nennt man „Zeichensetzung" oder „Interpunktion".

Sau *die* <-, -en/Säue> ❶ *ein weibliches Schwein:* die Sau und ihre Ferkel ❷ *(vulg. abwert.) ein Schimpfwort;* ■**jemanden zur Sau machen** *(vulg.) jmdn. sehr ausschimpfen oder tadeln;* ■**unter aller Sau sein** *(vulg.) sehr schlecht sein;* ■**keine Sau** *(vulg.) niemand*

Sau- *als Erstglied zusammengesetzter Substantive, mit Betonung auf beiden Teilen; drückt intensivierend aus, dass das mit dem Zweitglied Bezeichnete besonders stark ausgeprägt ist* ◆-glück, -hitze, -kälte, -wut

sau- *als Erstglied zusammengesetzter Adjektive, mit Betonung auf beiden Teilen; drückt intensivierend aus, dass die dem Zweitglied bezeichnete Eigenschaft besonders stark ausgeprägt ist* ◆-blöd, -blöde, -dumm, -grob, -kalt, -komisch, -stark, -teuer, -wohl

sau·ber *adj* ❶ *(≈ rein ↔ schmutzig) frei von Verschmutzungen:* Die Wäsche ist sauber.; Du kannst das saubere Geschirr wegstellen.; Hier gibt es noch saubere Bäche und Seen. ▸Sauberkeit ❷ *(≈ ordentlich) gut und sorgfältig:* Sie hat eine saubere Schrift.; Der Entwurf ist sauber ausgearbeitet. ❸ *so, dass es allen oder allem gerecht wird:* Ich denke, wir haben eine saubere Lösung dieses Problems gefunden.; Ein Projekt muss auch sauber abgeschlossen werden. ❹ *(≈ korrekt) so, dass es keine Fehler hat:* Sie hat eine saubere Aussprache. ❺ *(iron.) nicht anständig:* Da hat dich dein sauberer Freund schön hereingelegt. ◆Getrennt- oder Zusammenschreibung →R 4.16 sauber halten; sauber machen/saubermachen

säu·ber·lich *adj sorgfältig und genau:* Er hat die Wäsche fein säuberlich zusammengelegt.; All ihre Unterlagen waren säuberlich geordnet.

Sau·ber·mann *der* <-(e)s, Saubermänner> *(umg. oft abwert.)* ❶ *jmd., der sehr anständig und ordentlich ist:* Der Moderator ist ein richtiger Saubermann. ❷ *jmd., der darauf achtet, dass die Moral gewahrt wird:* Der Politiker will sich als Saubermann profilieren.

säu·bern <säuberst, säuberte, hat gesäubert> *mit OBJ* ❶ **jmd. säubert etwas** ❶ *sauber[1] machen* ❷ *von Unerwünschtem befreien:* Wir haben die Beete vom Unkraut gesäubert.; Man versuchte, das berüchtigte Stadtviertel von Kriminellen zu säubern. ▸Säuberung

Sau·boh·ne *die* <-, -n> *(≈ Feldbohne) eine Bohnenart*

Sau·ce *die* ['zo:sə] <-, -n> KOCH. *fachsprachlich für „Soße"*

Sau·ci·e·re *die* [zo'sie:rə] <-, -n> *eine Servierschüssel für Soßen*

Sau·di-A·ra·bi·en *das* <-s> *arabischer Staat* ▸Saudi-Araber, Saudi-Araberin, saudi-arabisch

sau·er <saurer, am sauersten> *adj* ❶ *(↔ süß) von der Geschmacksart, die für Zitronen oder Essig typisch ist:* Die Kirschen schmecken sauer.; *der saure Geschmack der Kirschen* ❷ *(umg.) verärgert, wütend:* Bist du immer noch sauer auf mich?; Er hat darauf ziemlich sauer reagiert. ❸ CHEM. *(↔ basisch) mit den chemischen Eigenschaften einer Säure*

Sau·er·amp·fer *der* <-s, -> *eine Wiesenpflanze mit säuerlichen Blättern*

Sau·er·bra·ten *der* <-s, -> *in Essig marinierter und geschmorter Rinderbraten*

Sau·e·rei *die* <-, -en> *(umg. abwert.:* ≈ *Schweinerei)*

Sau·er·kir·sche *die* <-, -n> *eine säuerlich schmeckende Kirschenart*

Sau·er·kraut *das* <-(e)s> /kein Plur./ *geschnittener Weißkohl, der mit Salz und Gewürzen haltbar gemacht wurde und meist warm gegessen wird:* Mittags gab es Schweinebraten, Sauerkraut und Klöße.

Sau·er·land <-s> *eine Region in Westfalen*

säu·er·lich *adj* ❶ *so, dass etwas leicht sauer schmeckt* ❷ *so, dass jmd. verärgert oder unzufrieden ist und sich das in seinem Gesichtsausdruck zeigt:* ein säuerliches Gesicht machen

Sau·er·milch *die* <-> /kein Plur./ *saure Dickmilch*

Sau·er·stoff *der* <-(e)s> /kein Plur./ *ein chemisches Element, das besonders in der Luft vorkommt:* Luft enthält Sauerstoff, ohne den wir nicht leben könnten. ◆-flasche, -gerät, -mangel

Sau·er·teig *der* <-(e)s, -e> *gegorener Hefeteig*

sau·er·töp·fisch *adj* *(veralt.:* ≈ *griesgrämig) so, dass man oft schlechte Laune hat*

sau·fen <säufst, soff, hat gesoffen> *mit OBJ/ ohne OBJ* ❶ ■ *ein Tier säuft (etwas) größere Mengen Flüssigkeit aufnehmen:* Das Pferd säuft Wasser.; Die Kuh säuft an der Tränke. ❷ ■ *jmd. säuft (etwas) (vulg.) (gewohnheitsmäßig) große Mengen Alkohol trinken:* Er säuft Schnaps und Bier.; Sie säuft schon am Morgen. ▶ Säufer

Sau·fe·rei *die* <-, -en> *(umg. abwert.)* ❶ *(≈ Trunksucht)* ❷ *eine Zusammenkunft, bei der im Übermaß Alkohol getrunken wird*

sau·gen <saugst, saugte/sog, hat gesaugt/gesogen> **I.** *mit OBJ/ohne OBJ* ■ *jmd. saugt (etwas)* /saugte, hat gesaugt / *Schmutz mit einem Staubsauger entfernen:* Er saugt den Teppich im Wohnzimmer.; Sie saugt im Schlafzimmer. **II.** *mit OBJ* ■ *jmd. saugt etwas Flüssigkeit in den Mund ziehen oder mit einem Rüssel aufnehmen:* Er saugt die Milch durch einen Strohhalm.; Die Mücke saugt Blut. **III.** *ohne OBJ* ■ *jmd. saugt (an etwas Dat.) mit dem Mund, den Lippen an etwas ziehen:* Er saugt an seiner Pfeife.

säu·gen <säugt, säugte, hat gesäugt> *mit OBJ* ■ *ein Tier säugt ein Tier* mit Muttermilch füttern; Muttermilch saugen lassen: Die Katze säugt ihre Jungen.

Sau·ger *der* <-s, -> ❶ *(umg.) kurz für „Staubsauger"* ❷ *(umg.) Schnuller*

Säu·ger *der* <-s, -> *(≈ Säugetier)*

Säu·ge·tier *das* <-s, -e> *ein Tier, das seine Jungen säugt*

saug·fä·hig *adj* *so, dass ein Textil Feuchtigkeit gut aufsaugt*

Saug·fla·sche *die* <-, -n> *eine Trinkflasche für Säuglinge*

Saug·glo·cken·ge·burt *die* <-, -en> MED. *eine Entbindung, bei der der Arzt mit einem glockenförmigen Gerät ein Vakuum erzeugt und so das Kind aus dem Bauch der Mutter holt*

Saug·he·ber *der* <-s, -> *ein gebogenes Glasrohr, mit dem man Flüssigkeiten aus einem Gefäß saugt*

Säug·ling *der* <-s, -e> *ein kleines Kind, das noch gestillt oder mit der Flasche genährt wird* ◆-salter, -sheim, -snahrung, -spflege

Säug·lings·schwes·ter *die* <-, -n> *eine Krankenschwester, die auf Säuglingspflege spezialisiert ist*

Säug·lings·sta·ti·on *die* <-, -en> *die Station in einem Krankenhaus, auf der die Säuglinge nach der Geburt untergebracht werden*

Saug·napf *der* <-(e)s, Saugnäpfe> ZOOL. *ein Organ, mit dem sich bestimmte Tierarten an Oberflächen festsaugen können:* Tintenfische besitzen Saugnäpfe.

Saug·re·flex *der* <-es> /kein Plur./ MED. *das angeborene Verhalten von Säuglingen, an der Mutterbrust zu saugen*

Saug·rohr *das* <-(e)s, -e> *(≈ Pipette) ein Glasrohr, das man durch Saugen mit Flüssigkeit füllt*

Sau·hau·fen *der* <-s> /kein Plur./ *(umg. abwert.) eine ungeordnete Gruppe von Menschen:* Diese Mannschaft ist doch ein einziger Sauhaufen!

Sau·hund *der* <-(e)s, -e> *(vulg. abwert.) ein gemeiner, hinterhältiger Mensch:* Diesem Sauhund solltest du nicht trauen!

Sau·klaue *die* <-> /kein Plur./ *(umg. abwert.) eine schwer lesbare Handschrift:* Er hat eine echte Sauklaue. Ich kann mit Wort entziffern.

Säu·le *die* <-, -n> ❶ *ein starker steinerner Pfosten, der das Dach eines Bauwerks stützt:* Hier liegen die Überreste der Säulen eines antiken griechischen Tempels. ❷ *(übertr.) jmd., der ein wesentlicher Verfechter von etwas ist oder etwas, auf dem ein Gedankengebäude wesentlich ruht:* Chomskys Theorie ruht im wesentlichen auf den Säulen …

säu·len·för·mig *adj* /nicht steig./ *in der Form einer Säule* [1]

Säu·len·gang *der* <-(e)s, Säulengänge> *(≈ Arkade) von Säulen* [1] *gesäumter Gang*

Säu·len·hal·le *die* <-, -n> *eine Wandelhalle, die von Säulen* [1] *getragen wird*

Saum *der* <-(e)s, Säume> *ein Stoffrand, den man umschlägt und festnäht, damit der Stoff nicht ausfranst*

sau·mä·ßig *adj* *(umg. abwert.)* ❶ *sehr schlecht:* Das Wetter im Urlaub war saumäßig – jeden Tag Dauerregen. ❷ *sehr:* Das war wirklich ein saumäßig schlechter Film.

säu·men¹ *mit OBJ* ❶ ■ *jmd. säumt etwas (≈ einfassen) mit einem Saum versehen* ❷ ■ *jmd./etwas säumt etwas (geh.) sich zu beiden Seiten von etwas befinden:* Tausende von Zuschauern säumten den Radrennen die Strecke.

säu·men² *ohne OBJ* ■ *jmd. säumt (geh.:* ≈ *zaudern) zögern:* Du solltest nicht länger säumen.

S

säu·mig *adj (geh.)* so, dass jmd. etwas nicht rechtzeitig getan hat: *Wir schicken dem säumigen Schuldner eine Mahnung.*

Säum·nis *die/das* <-/-ses, -se> ❶ *(geh.:* ≈ *Zaudern) Zögern:* Sie erledigten die Arbeit ohne Säumnis. ❷ *(geh.:* ≈ *Versäumnis)* ❸ RECHTSW. *das Versäumen eines Termins bei Gericht*

Saum·tier *das* <-(e)s, -e> *ein Lasttier, das besonders im Gebirge eingesetzt wird*

Sau·na *die* <-, -s/Saunen> *ein holzverkleideter Raum, den man stark aufheizt, um darin für kurze Zeit stark zu schwitzen* ◆ *-besuch, -gang*

sau·nie·ren <saunierst, saunierte, hat sauniert> *ohne OBJ* ■ *jmd. sauniert in eine Sauna gehen*

Säu·re *die* <-, -n> ❶ */kein Plur./ die Eigenschaft, dass etwas sauer[1] ist* ❷ CHEM. *(↔ Base) eine chemische Verbindung mit bestimmten Eigenschaften* ▸ säurebeständig, säurefrei, säurehaltig

Sau·re·gur·ken·zeit, *a.* **Sau·re-Gur·ken-Zeit** *die* <-> */kein Plur./ (*≈ *Sommerloch) der Zeitraum (im Hochsommer), in dem sich (saisonbedingt) politisch, geschäftlich oder kulturell wenig ereignet* ◆ *Bindestrichschreibung* →R 4.21 *Wegen der Sauren-Gurken-Zeit gibt es kaum aufregende Neuigkeiten.*

Sau·ri·er *der* <-s, -> *eine urweltliche Riesenechse* ◆ *Flug-*

Saus ■ *in Saus und Braus leben (umg.) sorglos, in großem Überfluss leben*

säu·seln <säuselst, säuselte, hat gesäuselt> *ohne OBJ* ❶ ■ *etwas säuselt ein leises, rauschendes Geräusch von sich geben:* Der Wind säuselt in den Laubkronen der Bäume. ❷ ■ *jmd. säuselt mit einer leisen, kaum hörbaren Stimme sprechen:* „Ich liebe dich", säuselte er (ihr ins Ohr).

sau·sen *ohne OBJ* ❶ ■ *jmd./ein Tier/etwas saust (*≈ *rasen) sich sehr schnell bewegen:* Der Hund sauste um die Ecke ❷ ■ *etwas saust ein starkes, an- und abschwellendes Geräusch von sich geben:* das Sausen des Sturmes

sau·sen·las·sen, *a.* **sau·sen las·sen** <lässt sau­sen, ließ sausen, hat sausen(ge)lassen> *mit OBJ* ■ *jmd. lässt etwas Akk. sausen (umg.) auf etwas verzichten* ◆ *Zusammenschreibung* →R 4.6 *Heute habe ich die Schule sausenlassen/sausen lassen.*

S

Sau·ser *der* <-s> ❶ *(*≈ *Schwips) ein leichter Rausch* ❷ */kein Plur./ frisch gepresster, mehr oder weniger stark gärender Wein*

Sau·se·schritt ■ *im Sauseschritt (umg.) äußerst schnell Die Zeit verfliegt im Sauseschritt.*

Sau·stall *der* <-(e)s> */kein Plur./ (umg. abwert.) der Zustand, dass es irgendwo sehr unordentlich und schmutzig ist:* Seine Wohnung ist ein richtiger Saustall.

Sau·wet·ter *das* <-s> */kein Plur./ (umg.:* ≈ *Mistwetter) sehr schlechtes Wetter*

Sa·van·ne *die* <-, -n> *offenes Grasland mit Büschen und Baumgruppen (in tropischen Gebieten)*

Sa·xo·phon, *a.* **Sa·xo·fon** *das* <-s, -e> *ein Blasinstrument* ▸ Saxophonist/Saxofonist, Saxophonistin/Saxofonistin

S-Bahn® *die* [ˈɛs...] <-, -en> *kurz für „Schnellbahn"* ◆ *-fahrplan, -haltestelle*

S-Bahn·hof *der* [ˈɛs...] <-(e)s, S-Bahnhöfe> *ein Bahnhof der S-Bahn*

S-Bahn-Sur·fer *der* [ˈɛs...søːɐ̯fɐ] <-s, -s> *jmd., der – sich an der Außenseite eines Wagens festhaltend – auf einem S-Bahn-Zug mitfährt*

SB-Tank·stel·le *die* [ɛsˈbeː-] <-, -n> *eine Tankstelle, bei der kein Tankwart, sondern die Autofahrer selbst das Benzin in den Tank füllen*

Scam·pi <-> *Plur. eine bestimmte Art von kleinen Krebsen*

scan·nen [ˈskɛnən] *mit OBJ* ■ *jmd. scannt etwas* EDV *mit einem Scanner abtasten*

Scan·ner *der* [ˈskɛnɐ] <-s, -> EDV *ein elektronisches Gerät, das ein Bild mit einem Lichtstrahl abtastet und die übermittelten Daten digitalisiert, z. B. für die Weiterverarbeitung mit dem Computer*

Scha·be¹ *die* <-, -n> *ein flaches Insekt mit Flügeln, das als Schädling gilt*

Scha·be² *die* <-, -n> *ein Werkzeug zum Schaben*

scha·ben *mit OBJ* ■ *jmd. schabt etwas* ❶ *eine Substanz von einer Oberfläche entfernen, indem man mit einem Wekzeug darüberstreicht:* Ich muss erst den alten Lack von der Tür schaben. ❷ *(*≈ *schälen) die äußerste Schicht durch wiederholtes Darüberfahren mit etwas Scharfem entfernen:* Hast du schon die Möhren geschabt?

Scha·ber·nack *der* <-(e)s, -e> *lustiger Streich, Scherz:* Sie hat Schabernack mit ihm getrieben.

schä·big *adj* ❶ *(*≈ *armselig) abgenutzt und ungepflegt:* schäbige Kleidung ❷ *(*≈ *gemein) unredlich:* Mit diesem schäbigen Kerl will ich nichts zu tun haben.

Scha·b·lo·ne *die* <-, -n> ❶ *eine ausgeschnittene oder ausgestanzte Vorlage, mit der man mehrere gleiche Formen zeichnen kann* ❷ *(abwert.:* ≈ *Klischee) Er denkt doch nur in Schablonen.*

Scha·b·rą·cke *die* <-, -n> ❶ *eine verzierte Satteldecke* ❷ *(umg. abwert.) ein alter, abgenutzter Gegenstand* ❸ *(umg. abwert.) ein altes Pferd* ❹ *(umg. abwert.) eine alte (hässliche) Frau*

Schach *das* <-s> */kein Plur./ ein Brettspiel für zwei Spieler, die ihre jeweils sechzehn Spielfiguren abwechselnd auf einem Spielbrett mit hellen und dunklen Karos ziehen, um den gegnerischen König matt zu setzen;* ■ *jemanden in Schach halten (umg.) jmdn. daran hindern, etwas zu tun, was für andere gefährlich werden könnte* ◆ *-brett, -computer, -spiel, -spieler, -turnier, -weltmeister*

Scha·cher *der* <-s> */kein Plur./ (abwert.) das Aushandeln von Preisen, bei dem man mit allen Tricks den größtmöglichen Profit erzielen will*

Schä·cher *der* <-s, -> *biblische Bezeichnung für „Mörder" oder „Räuber"*

Scha·che·rer *der,* **Scha·che·re·rin** <-s, -> *(abwert.) jmd., der Schacher treibt*

scha·chern <schacherst, schacherte, hat gescha­chert> *ohne OBJ* ■ *jmd. schachert (umg. abwert.) Schacher treiben*

Schach·fi·gur *die* <-, -en> *eine Spielfigur beim Schach:* König, Bauern, Springer und Türme sind Schachfiguren.

schach·matt *adj* ❶ *so, dass man beim Schach das Spiel verliert:* Mit diesem Zug hatte er seinen Geg ner schachmatt gesetzt. ② *(umg.) sehr müde:* Nach der Bergtour waren wir alle schachmatt.

Schach·par·tie *die <-, -n> eine Partie*[2] *Schach*

Schacht *der <-(e)s, Schächte>* ① *ein ins Erdinnere führender Grubenbau, der die Erdoberfläche mit einer Lagerstätte (zum Beispiel von Kohle) verbindet:* Die Bergleute fahren in den Schacht ein. ② *ein künstlich angelegter, tiefer Hohlraum, der senkrecht ins Erdinnere führt:* Die Arbeiter heben einen Schacht für einen Brunnen aus. ③ *ein hoher, enger Raum, der von allen Wänden umschlossen wird:* Der Aufzug ist im Schacht stecken geblieben.

Schach·tel *die <-, -n> ein aus festem Karton gefertigter Behälter mit Deckel:* Die alten Fotos sind in einer Schachtel im Schrank.; ■ **alte Schachtel** *(umg. abwert.) alte Frau* ◆ Papp-

Schach·tel·halm *der <-(e)s, -e> eine kleine Pflanze, die zu den Farnen gehört*

Schach·tel·satz *der <-es, Schachtelsätze> (meist abwert.) ein langer, kompliziert gebauter Satz, der aus mehreren Teilsätzen besteht*

schäch·ten *mit OBJ* ■ *jmd.* **schächtet ein Tier** *ein Tier (gemäß religiöser Vorschrift) durch einen Schnitt in den Hals und Ausblutenlassen schlachten*

Schach·zug *der <-(e)s, Schachzüge>* ① *ein Zug beim Schachspiel* ② *(übertr.) eine strategische Handlung mit einem bestimmten Ziel:* Das war wirklich ein geschickter/kluger Schachzug.

scha·de *verwendet, um auszudrücken, dass man etwas bedauert:* Ich kann leider doch nicht mitkommen. – Schade!; ■ **es ist schade, dass …** *es ist bedauerlich, dass …;* ■ **es ist um jemanden/ etwas (nicht) schade** *was mit jmdm. oder etwas geschieht, ist (nicht) bedauerlich* Um das alte Fahrrad ist es nicht schade.; ■ **jemand/etwas ist für jemanden/etwas zu schade** *jmd. oder etwas ist zu gut für jmdn. oder etwas* Die neue Hose ist für die Arbeit viel zu schade.

Schä·del *der <-s, -> (beim Menschen und bei Tieren) alle Skelettstücke des Kopfes:* Der Schädel des Menschen wird aus 22 Knochen gebildet.; jemandem den Schädel einschlagen; ■ **jemandem brummt der Schädel** *(umg.) jmd. hat Kopfschmerzen* ◆-basisbruch, -bruch, -decke, Toten-

Scha·den *der <-s, Schäden>* ① *eine Zerstörung von etwas, die durch die Einwirkung von Gewalt verursacht ist:* Der Orkan hat große/verheerende Schäden/Schäden in Millionenhöhe angerichtet/ hinterlassen. ② *eine Stelle, an der etwas beschädigt ist:* Er hat den Schaden am Auto reparieren lassen. ③ *eine gesundheitliche Beeinträchtigung:* Das Unfallopfer erlitt schwere körperliche Schäden.

scha·den *<schadest, schadete, hat geschadet> ohne OBJ* ■ *etwas schadet (jmdm.) in negativer Weise beeinträchtigen:* Rauchen schadet der Gesundheit.; Das frühe Aufstehen wird dir nicht schaden!

Scha·den·er·satz, *a.* **Scha·dens·er·satz** *der <-es> /kein Plur./* RECHTSW. *eine finanzielle Entschädigung für erlittenen Schaden:* Wir haben ihn auf Schadenersatz verklagt.; Er musste Schaden-

satz leisten.; Der Firma droht eine Klage auf Schadenersatz in Millionenhöhe.

Scha·den·freu·de *die <-> /kein Plur./ die Haltung, über das Missgeschick eines anderen Freude zu empfinden*

scha·den·froh *adj so, dass jmd. Schadenfreude empfindet:* Er brach in schadenfrohes Gelächter aus.

Scha·dens·er·satz *siehe* **Schadenersatz**

scha·den·er·satz·pflich·tig *adj /nicht steig./* RECHTSW. *so, dass jmd. (jmdm.) Schadensersatz zahlen muss:* Der Beklagte war schadenersatzpflichtig.

scha·dens·er·satz·pflich·tig *siehe* **schadenersatzpflichtig**

Scha·dens·sum·me *die <-, -n> ein Geldbetrag, den man zahlen muss, um entstandene Schäden zu beheben*

Scha·dens·ver·hü·tung *die <-> /kein Plur./ die Vermeidung eines Schadens (durch besondere Sicherheitsmaßnahmen)*

schad·haft *adj fehlerhaft, beschädigt:* Wir lassen die schadhaften Stellen des Daches ausbessern.

schä·di·gen *<schädigst, schädigte, hat geschädigt> mit OBJ* ■ *jmd./etwas schädigt jmdn./ etwas jmdm. Schaden zufügen:* Ein solches Geschäftsgebaren schädigt das Ansehen der ganzen Branche. ▶ Schädigung

schä·di·gend *adj (≈ schädlich)*

schäd·lich *adj so, dass sich etwas negativ auf jmdn. oder etwas auswirkt:* Rauchen ist schädlich für die Gesundheit.; Die schädliche Wirkung dieser Chemikalien ist seit langem bekannt. ▶ Schädlichkeit

Schäd·ling *der <-(e)s, -e> ein Tier oder eine Pflanze, die in größerer Zahl an Kulturpflanzen und Speisevorräten Schaden anrichten* ◆-sbefall, Pflanzen-

Schäd·lings·be·kämp·fung *die <-> /kein Plur./ das Bekämpfen von Schädlingen mit pflanzlichen oder chemischen Mitteln* ◆-smittel

schad·los ■ **sich an jemandem/etwas schadlos halten** *sich sehr viel von etwas nehmen*

Schad·stoff *der <-(e)s, -e> (fachspr.) ein (chemischer) Stoff, der in größeren Mengen der Umwelt und den Lebewesen schadet:* Durch den Einbau dieses Filters in den Kamin wird der Ausstoß an Schadstoffen stark vermindert. ◆-emission

schad·stoff·arm *<schadstoffärmer, am schadstoffärmsten> adj so, dass etwas wenig Schadstoffe enthält oder freisetzt:* schadstoffarme Produktionsverfahren

Schad·stoff·be·las·tung *die <-, -en> die Belastung von Menschen und Umwelt durch Schadstoffe:* Man sucht nach Lösungen, um die Schadstoffbelastung in der Innenstadt zu reduzieren.

schad·stoff·ge·prüft *adj /nicht steig./ so, dass etwas von einer unabhängigen Stelle auf den Gehalt an Schadstoffen überprüft wurde:* schadstoffgeprüfte Textilien

Schad·stoff·grenz·wert *der <-(e)s, -e> höchster Gehalt an Schadstoffen, den etwas haben darf*

Schaf *das <-(e)s, -e> ein mittelgroßes Säugetier, für das das wollige gelblich-weiße oder bräunlich-*

S

schwarze Fell und beim Männchen die Hörner charakteristisch sind: Auf den Wiesen weiden Schafe und Lämmer.; das Mähen der Schafe; ■ **das schwarze Schaf sein** *(umg.)* in einer Gemeinschaft unangenehm auffallen oder der Außenseiter sein ◆ -fell, -herde, -rasse, -schur, -(s)käse, -stall, -wolle, -zucht, Berg-, Wild-

Schaf·bock *der* <-(e)s, Schafböcke> *ein männliches Schaf*

Schäf·chen *das* <-s, -> *ein kleines Schaf;* ■ **sein(e) Schäfchen ins Trockene bringen** *(umg.)* sich einen Vorteil auf Kosten anderer verschaffen; ■ **Schäfchen zählen** *(umg.)* vor sich hinzählen, weil man nicht einschlafen kann

Schäf·chen·wol·ke *die* <-, -n> /meist Plur./ (≈ Schönwetterwolke) kleine, weiße, flöckchenartige Wolke

Schä·fer *der*, **Schä·fe·rin** <-s, -> jmd., der beruflich Schafe hütet, betreut und züchtet ◆ -handwerk, -karren

Schä·fer·hund *der* <-(e)s, -e> ❶ *ein großer Hund, der oft als Wachhund oder Polizeihund eingesetzt wird* ❷ *der Hund eines Schäfers*

Schä·fer·stünd·chen *das* <-s, -> *ein heimliches Zusammentreffen von Verliebten*

Schaff *das* <(e)s, -e> SÜDD., ÖSTERR. *offenes Gefäß, Zuber*

Schaf·fen *das* <-s> /kein Plur./ *(alle) Arbeiten eines Künstlers:* Die Krankheit lähmte das Schaffen des Malers.

schaf·fen¹ <schaffst, schuf, hat geschaffen> mit OBJ ■ **jmd. schafft etwas** ❶ hervorbringen, schöpferisch gestalten: Der Künstler hat ein Werk von bleibendem Wert geschaffen. ❷ bewirken, dass etwas entsteht: Die Firma wollte neue Arbeitsplätze schaffen.; Ich muss erst etwas Platz schaffen.; ■ **wie geschaffen sein für etwas** sehr geeignet sein für etwas Sie ist für diese Arbeit wie geschaffen.

schaf·fen² <schaffst, schaffte, hat geschafft> I. mit OBJ ■ **jmd. schafft etwas** ❶ (≈ bewältigen) etwas erfolgreich abschließen: Sie hat die Prüfung erst im zweiten Anlauf geschafft. ❷ ■ **jmd. schafft etwas (irgendwohin)** irgendwohin bringen: Ich habe die Kiste auf den Dachboden geschafft. ❸ ■ **etwas schafft jmdn.** *(umg.)* erschöpfen: Die Arbeit hat mich ziemlich geschafft. II. ohne OBJ ■ **jmd. schafft** SÜDD. arbeiten: Er schafft am Bau.; ■ **jemandem zu schaffen machen** *(umg.)* jmdm. Sorgen bereiten; ■ **mit jemandem/etwas nichts zu schaffen haben (wollen)** *(umg.)* mit etwas nichts zu tun haben (wollen); ■ **sich an etwas zu schaffen machen** *(umg.)* etwas in verdächtiger Weise tun Sieh mal, da macht sich einer an deinem Fahrrad zu schaffen.

Schaf·fens·drang *der* <-(e)s> /kein Plur./ (≈ Kreativität) das starke Bedürfnis, schöpferisch zu arbeiten: Nach dem Urlaub war er wieder voller Schaffensdrang.

Schaf·fens·kraft *die* <-> /kein Plur./ (≈ Kreativität) die Fähigkeit, ausdauernd (schöpferisch) tätig zu sein: Die Schaffenskraft des Malers war bis ins hohe Alter ungebrochen.

Schaff·hau·sen <-s> Stadt und Kanton in der Schweiz

Schaff·ner *der*, **Schaff·ne·rin** <-s, -> jmd., der in Eisenbahnzügen Fahrkarten kontrolliert und verkauft

Schaf·gar·be *die* <-, -n> *eine Heilpflanze*

Schaf·käl·te, a. **Schafs·käl·te** *die* <-> /kein Plur./ *ein Kälteeinbruch, der in Mitteleuropa häufig ab Mitte Juni auftritt und von regnerischem Wetter begleitet wird*

Schaf·kopf, a. **Schafs·kopf** *der* <-(e)s> /kein Plur./ *ein Kartenspiel für drei oder vier Spieler*

Scha·fott *das* <-(e)s, -e> *ein Gerüst für Hinrichtungen durch Enthauptung*

Schafs·käl·te *die siehe* **Schafkälte**

Schafs·kopf *der siehe* **Schafkopf**

Schafs·pelz ■ **jemand ist ein Wolf im Schafspelz** jmd. wirkt unscheinbar und harmlos, ist aber sehr gefährlich und böse

Schaft *der* <-(e)s, Schäfte> ❶ *der Teil eines Stiefels, der oberhalb des Knöchels ist* ❷ *der gerade, schlanke Teil von etwas:* der Schaft des Messers/des Speers ❸ SÜDD., SCHWEIZ. *Regal, Gestell, Schrank*

Schah *der* <-s, -s> ❶ /kein Plur./ *ein persischer Herrschertitel* ❷ *Träger des Titels eines Schahs* [1]

Scha·kal *der* <-s, -e> *ein in Asien und Afrika vorkommendes, hundeähnliches Raubtier*

Schä·kel *der* <-s, -> TECHN. *ein Gerät, mit dem man Ketten* [6] *verbindet*

Schä·ker *der*, **Schä·ke·rin** <-s, -> jmd., der häufig schäkert

schä·kern <schäkerst, schäkerte, hat geschäkert> ohne OBJ ■ **jmd. schäkert** ❶ flirten ❷ scherzen

Schal *der* <-(e)s, -e/-s> *ein langes, schmales Halstuch:* ein wollener/bunt karierter/ selbst gestrickter/selbstgestrickter/seidener Schal

schal *adj* (≈ abgestanden) so, dass die Kohlensäure aus einem Getränk verschwunden ist: Das Bier ist schal.

Schäl·chen *das* <-s, -> *eine kleine Schale*

Scha·le¹ *die* <-, -n> ❶ *ein im Verhältnis zu seiner Größe sehr flaches Gefäß:* Auf der Kommode steht eine Schale mit Nüssen/mit Obst. ◆ Obst- ❷ ÖSTERR. *Tasse:* eine Schale Kaffee

Scha·le² *die* <-, -n> ❶ *die äußere Hülle oder Hülse eines Samens, einer Frucht oder einer Nuss:* Ich habe die Kartoffeln mit der Schale gekocht. ❷ *das Gehäuse von bestimmten Weichtieren:* Die Schalen dieser Muscheln sind besonders schön.; ■ **sich in Schale werfen** *(umg.)* sich besonders elegant anziehen

schä·len I. mit OBJ ■ **jmd. schält etwas** ❶ *die äußere dünne Schicht oder Haut von etwas entfernen:* Äpfel/Kartoffeln/Möhren schälen ▶ Schäler ❷ ablösen: das Fleisch vom Knochen schälen II. mit SICH ■ **etwas schält sich** viele kleine Stücke abfallen lassen: Ihre Haut schälte sich nach dem Sonnenbrand.

Scha·len·sitz *der* <-es, -e> KFZ *ein schalenförmiger Sitz in einem Sportwagen*

Schalk ■ **jemandem sitzt der Schalk im Na-**

cken/jemand hat den Schalk im Nacken *jmd. ist ein Schelm oder Spaßvogel*

Schall *der* <-(e)s, Schälle> ❶ */kein Plur./* PHYS. *die sich wellenförmig ausbreitende Schwingung, die die Ursache von Geräuschen ist:* Das Flugzeug fliegt schneller als der Schall.; Dieses Material absorbiert/dämpft den Schall. ❷ *(geh.) schallender Klang, nachhallendes Geräusch:* Ein heller Schall drang an sein Ohr; ■ **Schall und Rauch sein** *(umg.) keine Bedeutung haben*

schall·däm·mend *adj /nicht steig./ so, dass etwas die Ausbreitung des Schalls[1] begrenzt* ▶ Schalldämmung

Schall·dämp·fer *der* <-s, -> *eine Vorrichtung an Feuerwaffen oder Maschinen, die den Schall[1] dämpft*

schall·dicht *adj /nicht steig./ so isoliert, dass der Schall[1] nicht herausdringen kann:* Der Raum war absolut schalldicht.

schal·len <schallst, schallte/scholl, hat geschallt/geschollen> *ohne OBJ* ■ **etwas schallt** *weithin tönen, widerhallen:* Plötzlich schallten laute Rufe durch den Wald.; Sie brach in schallendes Gelächter aus.

Schall·ge·schwin·dig·keit *die* <-> */kein Plur./ die Geschwindigkeit, mit der sich Schallwellen ausbreiten*

Schall·mau·er *die* <-> ■ **ein Flugzeug durchbricht die Schallmauer** *ein Flugzeug erreicht Schallgeschwindigkeit und überwindet mit lautem Knall den dabei auftretenden sehr hohen Luftwiderstand*

Schall·pe·gel *der* <-s, -> *Schall[1], der an einer bestimmten Stelle gemessen wird*

Schall·plat·te *die* <-, -n> *ein Tonträger in der Art einer größeren runden Vinylscheibe, in deren eingepressten Rillen Musikinformationen gespeichert sind:* Kannst du bitte die Schallplatte abspielen/auflegen/umdrehen/in ihre Hülle stecken? ◆-nhülle, -nsammlung

Schall·schutz *der* <-es> */kein Plur./ eine Art Mauer, die Wohngebiete vor Lärm schützt:* Längs der neuen Bahnstrecke wurde ein Schallschutz errichtet. ◆-mauer, -wand

Schall·wel·le *die* <-, -n> PHYS. *Welle, durch die sich der Schall ausbreitet*

Schal·mei *die* <-, -n> *eine Rohrflöte*

Scha·lom *hebräische Begrüßungsformel*

Scha·lot·te *die* <-, -n> *eine Art kleine Zwiebel*

Schalt·an·la·ge *die* <-, -n> ELEKTROTECHN. *eine Vorrichtung, mit der elektrische Leitungen verbunden oder getrennt werden*

Schalt·brett *das* <-(e)s, -er> *(≈ Schalttafel)*

schal·ten <schaltest, schaltete, hat geschaltet> **I.** *mit OBJ/ohne OBJ* ■ **jmd. schaltet (etwas) auf etwas** *Akk. eine bestimmte Betriebsart an einem technischen Gerät einstellen:* Er schaltet die Heizung auf Sommerbetrieb.; Sie hat aufs dritte Programm geschaltet. **II.** *ohne OBJ* ■ **jmd./etwas schaltet** ❶ ■ **jmd. schaltet in etwas** *Akk. an einem Getriebe ein bestimmtes Übersetzungsverhältnis einstellen:* Du solltest in den zweiten Gang schalten. ❷ ■ **etwas schaltet auf etwas** *Akk. (Ampel) zum grünen, gelben oder roten Licht*

wechseln: Die Ampel hat auf Rot geschaltet. ❸ ■ **jmd. schaltet** *(umg.) reagieren:* Als er geschaltet hatte, war es schon zu spät.; ■ **schalten und walten** *(umg.) selbst bestimmen, was man tut*

Schal·ter¹ *der* <-s, -> *eine mechanische Vorrichtung für das Schalten I:* Du musst nur am Schalter drehen/den Schalter umlegen/betätigen/auf die Position ... stellen. ◆ Kipp-

Schal·ter² *der* <-s, -> *eine Art Theke, an der in Banken, an Bahnhöfen, an Flughäfen und Postämtern die Kunden bedient werden und die häufig durch eine Glasscheibe vom übrigen Raum abgetrennt ist:* Der Schalter war schon geschlossen, als sie kam. ◆ -beamte, Fahrkarten-

Schal·ter·hal·le *die* <-, -n> *die Halle, in der sich (am Bahnhof) Schalter² befinden:* Die Schalterhalle im Bahnhof wird gerade renoviert.

Schal·ter·stun·den <-> Plur. *Öffnungszeiten eines Schalters²*

Schalt·ge·trie·be *das* <-s, -> TECHN. *ein Getriebe, das man durch Schalten II.1 bedient*

Schalt·jahr *das* <-(e)s, -e> *ein alle vier Jahre auftretendes Jahr, in dem der Februar 29 Tage hat*

Schalt·knüp·pel *der* <-s, -> *ein knüppelförmiger Schalter¹ (z. B. im Auto) für das Schalten II. 1*

Schalt·kreis *der* <-es, -e> ELEKTROTECHN. *Einheit einer elektrischen Schaltung*

Schalt·plan *der* <-(e)s, Schaltpläne> ELEKTROTECHN. *die grafische Darstellung der Schaltung eines elektrischen Geräts*

Schalt·pult *das* <-(e)s, -e> *(≈ Schalttafel) eine Art Pult mit eingebauten Schaltgeräten zur Steuerung einer Anlage*

Schal·tung *die* <-, -en> ❶ ELEKTROTECHN. *die Anordnung der elektrischen Verbindungen zwischen Stromquellen, Maschinen, Geräten und Geräteteilen* ❷ *die Gesamtheit von verbundenen Bauteilen und zugehörigen elektrischen Verbindungen:* eine integrierte Schaltung ❸ *kurz für „Gangschaltung"* ❹ *(fachspr.) das Positionieren:* Ich habe die Schaltung von Anzeigen in allen wichtigen Tageszeitungen veranlasst.

Scha·lung *die* <-, -en> BAUW. *eine Hohlform zum Gießen von Betonteilen*

Scha·lup·pe *die* <-, -n> SEEW. ❶ *ein kleines Küstenschiff* ❷ *ein Beiboot mit Riemen oder Segel*

Scham *die* <-> */kein Plur./* ❶ *das Gefühl, sich zu schämen:* Sie wurde rot vor Scham. ❷ *(geh.) die Gegend der äußeren Geschlechtsorgane:* Sie bedeckte ihre Scham.

Scha·ma·ne *der;* **Scha·ma·nin** <-n, -n> *eine Person, die mit magischen Fähigkeiten ausgestattet ist, mit Geistern in Verbindung treten kann und die bei manchen Völkern Priester oder Medizinmann ist*

Scha·ma·nis·mus *der* <-> */kein Plur./ der Glaube an die Fähigkeit von Schamanen*

Scham·berg *der* <-(e)s, -e> */kein Plur./* ANAT. *die leichte Erhebung über den äußeren Geschlechtsorganen*

Scham·drei·eck *das* <-s> *das Schamhaar einer Frau*

schä·men <schämst, schämte, hat geschämt>

S

mit SICH ■ *jmd.* **schämt sich** *die Empfindung haben, (in moralischer Hinsicht) versagt zu haben oder sich eine Blöße gegeben zu haben:* Sie schämte sich vor ihren Freunden.; Er hat sich in Grund und Boden geschämt.

Scham·ge·fühl *das* <-(e)s, -e> *die Fähigkeit, sich (aus moralischen oder sexuellen Gründen) zu schämen:* der Umgang mit Scham und Schamgefühlen

Scham·ge·gend *die* <-> /kein Plur./ *die Scham²*

Scham·haar *das* <-(e)s, -e> /meist Plur./ *eines der Haare, die im Bereich der Geschlechtsteile wachsen*

scham·haft *adj (↔ schamlos) voller Scham¹* ▶ Schamhaftigkeit

Scham·lip·pe *die* <-, -n> /meist Plur./ *Hautfalte des äußeren weiblichen Geschlechtsorgans:* die großen/kleinen Schamlippen

scham·los *adj* ❶ *(≈ unanständig ↔ schamhaft) ohne Scham¹* ❷ *(≈ gewissenlos)* Er hat sie schamlos hintergangen. ❸ *(≈ dreist)* Das ist doch eine schamlose Lüge!

Scha·mot·te *die* <-> /kein Plur./ *feuerfester Ton*

scha·mot·tie·ren *ohne OBJ* ■ *jmd.* **schamottiert etwas** ÖSTERR. *mit feuerfestem Ton auskleiden*

scham·po·nie·ren, *a.* **scham·pu·nie·ren** [ʃampoˈniːrən] <shamponierst, shamponierte, hat shamponiert> *mit OBJ* ■ *jmd.* **shamponiert etwas/jmdm.** *etwas mit Shampoo behandeln:* Sie shamponiert den Teppich/der Kundin die Haare.

Scham·pus *der* <-> /kein Plur./ *(umg.)* Champagner

Scham·rö·te *die* <-> /kein Plur./ *die rote Farbe im Gesicht, die man bekommt, wenn man sich schämt:* Die Schamröte stieg ihr ins Gesicht.

Scham·tei·le <-> *Plur. die Geschlechtsteile des Menschen*

Schan·de *die* <-> /kein Plur./ *eine große Schädigung von jmds. Ansehen oder Ehre:* Dieser Vorfall brachte Schande über ihn.; Er machte ihr Schande.; Es ist eine Schande, dass ...; Zu meiner Schande muss ich gestehen, dass ...; Sie glaubte, sie würde diese Schande nicht überleben. ◆ Getrennt- oder Zusammenschreibung →R 4.20 zu Schanden/zuschanden machen

schän·den <schändest, schändete, hat geschändet> *mit OBJ* ❶ ■ *jmd.* **schändet etwas** *entweihen:* Das Denkmal wurde wiederholt geschändet. ❷ ■ *jmd.* **schändet etwas** *jmds. Ehre Schaden zufügen:* Damit hat er den Ruf der gesamten Familie geschändet. ❸ ■ *jmd.* **schändet jmdn.** *(veralt.) sexuell missbrauchen* ▶ Schändung

Schand·fleck *der* <-(e)s, -e> *(abwert.) eine Sache, die den guten Gesamteindruck von etwas zerstört:* Der hässliche Neubau ist ein Schandfleck für das ganze Viertel.

schänd·lich *adj so, dass man sich dafür schämen muss:* Es ist schändlich, dass sich niemand um diese Leute kümmert.; Er hat sie auf schändlichste Weise betrogen/hintergangen.

Schand·tat *die* <-, -en> *(abwert.) eine böse und schändliche Tat:* Man traute ihm diese Schandtat

zu.; ■ **zu jeder Schandtat bereit sein** *(umg.) zu jedem Spaß bereit sein*

Schank·bier *das* <-(e)s, -e> *(↔ Flaschenbier) Bier, das direkt vom Fass in Gläser gefüllt wird:* In diesem Lokal gibt es nur frisch gezapftes Schankbier.

Schan·ker *der* <-s, -> MED. *ein im Zusammenhang mit Geschlechtskrankheiten auftretendes Geschwür*

Schän·ke, *a.* **Schen·ke** *die* <-, -n> *ein kleines Lokal, in dem man (nur) Getränke bekommt*

Schank·tisch *der* <-(e)s, -e> *(≈ Theke)*

Schank·wirt *der* <-(e)s, -e> *ein Wirt, der in einer Schankwirtschaft arbeitet*

Schank·wirt·schaft *die* <-, -en> *eine Gaststätte, in der nur Getränke verkauft werden*

Schan·ze *die* <-, -n> ❶ MILIT. *eine Befestigung zur Verteidigung* ❷ SPORT *kurz für „Sprungschanze"*

Schar¹ *die* <-, -en> *eine Gruppe von Menschen oder Tieren:* Die Kinder kamen in Scharen. ▶ scharenweise

Schar² *die* <-, -en> LANDW. *kurz für „Pflugschar"*

Scha·ra·de *die* <-, -n> *ein Wort- oder Silbenrätsel*

scha·ren <scharst, scharte, hat geschart> I. *mit OBJ* ■ *jmd.* **schart jmdn. (um sich)** *sich versammeln lassen:* Er schart die Zuhörer um sich. II. *mit SICH* ■ *jmd.* **schart sich um (jmdn./etwas)** *(geh.) eine Gruppe von Menschen bilden, die sich um jmdn. oder etwas versammelt:* Die Schüler scharen sich um den Lehrer.

scharf *adj* ❶ *(↔ stumpf) so, dass es gut schneidet:* Vorsicht, das Messer ist sehr scharf!; An den scharfen Kanten kann man sich leicht verletzen. ❷ *nicht abgerundet:* Ich habe mich an der scharfen Kante gestoßen. ❸ *(↔ mild) stark gewürzt:* Die Soße ist mir zu scharf. ❹ *(≈ aggressiv) so, dass es die Oberfläche von etwas angreift:* ein scharfes Reinigungsmittel ❺ *sehr kalt:* Nachmittags setzte ein scharfer Wind ein. ❻ *genau wahrnehmend:* Sie hat scharfe Augen. ❼ *nicht verschwommen:* Das Foto ist leider nicht ganz scharf. ❽ *genau erfassend:* Er besitzt einen scharfen Verstand. ❾ *(≈ heftig)* Seine Pläne haben scharfe Kritik hervorgerufen.; Sie hat mir scharf widersprochen. ❿ *heftig:* Ich musste scharf bremsen. ⓫ *bissig:* Sie haben einen scharfen Hund auf dem Bauernhof. ⓬ *so, dass es töten kann:* Hier wird mit scharfer Munition geschossen. ⓭ *(umg.) eindrucksvoll:* Er hat ein total scharfes Auto. ⓮ *(umg.) sexuell anregend:* ein Film mit einigen scharfen Szenen ◆ Groß- oder Kleinschreibung →R 3.9 etwas auf das/aufs Schärfste/schärfste verurteilen; ◆ Getrenntschreibung →R 4.8 scharf schießen; ◆ Zusammenschreibung →R 4.6 einen Hund scharfmachen; *siehe auch* **scharfmachen**

Scharf·blick *der* <-(e)s> /kein Plur./ *die Fähigkeit, Personen oder Situationen zu durchschauen:* Dank seines Scharfblicks durchschaute er die Situation als Erster.

Schär·fe *die* <-> /kein Plur./ ❶ *die Eigenschaft, gut zu schneiden:* Sie prüft die Schärfe des Messers. ❷ *durch starkes Würzen bewirkter ausgeprägter Geschmack:* Ich habe die Schärfe der Soße mit Sahne gemildert. ❸ *ätzende Wirkung:* Die

S

Schärfe des Putzmittels greift die Haut an. **❹** *(≈ Stärke)* Die Schärfe des Frostes war nicht vorherzusehen. **❺** *in hohem Maße ausgebildete Wahrnehmung von Reizen:* Die Schärfe ihrer Augen ist verblüffend. **❻** *Klarheit, Deutlichkeit:* Ich bin überrascht über die Schärfe der Fotos. **❼** *genaues Erfassen, Wahrnehmen:* Alle bewunderten die Schärfe ihres Verstandes. **❽** *(≈ Schonungslosigkeit)* Die Schärfe seiner Kritik war verletzend.

schär·fen <schärfst, schärfte, hat geschärft> *mit OBJ* ▪ **jmd. schärft etwas ❶** *durch Schleifen scharf machen* **❷** *(geh.) in seiner Funktion verbessern:* den Verstand schärfen

scharf·kan·tig *adj /nicht steig./ mit scharfen Kanten*

scharf·ma·chen, *a.* **scharf ma·chen** <machst scharf, machte scharf, hat scharf gemacht> *mit OBJ* **❶** ▪ **jmd. macht ein Tier scharf** *Hunde so dressieren, dass sie auf Befehl Menschen angreifen* **❷** ▪ **jmd. macht jmdn. scharf** *(umg.: ≈ aufhetzen) gegen jmdn. aufbringen:* Er hat mit seinen polemischen Reden die Zuhörer scharf gemacht **❸** *(umg.) sexuell erregen*

Scharf·rich·ter *der;* **Scharf·rich·te·rin** <-s, -> *(≈ Henker)*

Scharf·schüt·ze *der;* **Scharf·schüt·zin** <-n, -n> *ein im Rahmen von militärischen oder polizeilichen Aktionen eingesetzter Schütze, der mit besonderer Ausrüstung auch entfernte Ziele genau trifft*

scharf·sich·tig *adj so, dass man klug ist und Schwierigkeiten erkennt:* Nur seiner scharfsichtigen Einschätzung der Situation war es zu verdanken, dass kein Unglück passierte.

Scharf·sinn *der* <-(e)s> */kein Plur./ wacher Verstand* ▶ scharfsinnig

scharf·zün·gig *adj so, dass man ironisch ist und scharfe Kritik übt:* Er war ein äußerst scharfzüngiger Kritiker. ▶ Scharfzüngigkeit

Schar·lach[1] *der/das* <-s> */meist Sing./ ein kräftig roter Farbton*

Schar·lach[2] *der* <-s> */kein Plur./* MED. *eine fiebrige Infektionskrankheit*

Schar·la·tan *der;* **Schar·la·ta·nin** <-s, -e> *(abwert.) jmd., der bestimmte Fähigkeiten vortäuscht:* Dieser Arzt ist doch ein Scharlatan.

Scharm *der siehe* **Charme**

schar·mant *adj siehe* **charmant**

Schar·müt·zel *das* <-s, -> MILIT. *(veralt.) kleines Gefecht*

Schar·nier *das* <-s, -e> *Drehgelenk an Türen und Fenstern:* Ich habe die quietschenden Scharniere geölt.

Schär·pe *die* <-, -n> *breites, um die Hüfte oder schräg über den Oberkörper getragenes Schmuckband, zum Beispiel als Teil von Uniformen*

schar·ren <scharrst, scharrte, hat gescharrt> *ohne OBJ* ▪ **ein Tier scharrt** *die Füße, die Hufe, die Krallen immer wieder über den Boden schleifen lassen:* Der Stier scharrt im Sand.

Schar·te *die* <-, -n> *Kerbe an einem glatten oder geschliffenen Rand:* Das Messer hat viele Scharten.; ▪ **eine Scharte auswetzen** *(umg.) eine Niederlage wettmachen*

schar·wen·zeln <scharwenzelst, scharwenzelte, ist scharwenzelt> *ohne OBJ* ▪ **jmd. scharwenzelt (um jmdn.)** *(umg. abwert.) sich übertrieben geschäftig in der Nähe einer Person aufhalten, um sich bei dieser einzuschmeicheln:* Immer scharwenzelt er um seinen Vorgesetzten.

Schasch·lik *der/das* <-s, -s> *an einem kleinen Spieß zusammen mit Zwiebeln, Paprika, Tomaten und Speck gebratene Fleischstückchen*

schas·sen <schasst/schassest, schasste, hat geschasst> *ohne OBJ* ▪ **jmd. schasst jmdn.** *(umg.) kurzerhand entlassen:* Der Abteilungsleiter wurde geschasst.

Schat·ten *der* <-s, -> *der Bereich, der hinter einem undurchsichtigen Körper von einer Lichtquelle (der Sonne) nicht getroffen wird und daher dunkel ist:* Es waren dreißig Grad im Schatten.; Die Schatten werden länger.; Der Baum spendet Schatten.; ▪ **in jemandes Schatten stehen** *weniger beachtet, anerkannt werden als eine andere Person;* ▪ **nicht über seinen Schatten springen können** *(umg.) nicht anders handeln können, als es dem eigenen Wesen entspricht;* ▪ **jemanden in den Schatten stellen** *(umg.) bessere Leistungen zeigen als ein anderer;* ▪ **seine Schatten vorauswerfen** *sich durch bestimmte Vorzeichen ankündigen* ◆ Getrennt- oder Zusammenschreibung →R 4.16 ein Schatten spendender/schattenspendender Baum

Schat·ten·bo·xen *das* <-s> */kein Plur./* SPORT *Boxtraining, bei dem man gegen einen nicht vorhandenen, nur in der Phantasie existierenden Gegner kämpft*

Schat·ten·ka·bi·nett *das* <-(e)s, -e> POL. *ein von der Opposition gebildetes Kabinett, das bei einem Regierungswechsel sofort die Regierung übernehmen kann*

Schat·ten·mo·rel·le *die* <-, -n> *eine Sauerkirschsorte*

Schat·ten·sei·te *die* <-, -n> **❶** *die dem Licht bzw. der Sonne abgewandte Seite von etwas:* Wir liefen auf der Schattenseite der Straße. **❷** *(übertr.) die negative Seite von etwas:* Leider hatte der Urlaub auch seine Schattenseiten – überhöhte Preise, überfüllter Strand und eine Baustelle am Hotel.

Schat·ten·spiel *das* <-(e)s, -e> *eine Art Puppenspiel, bei dem man die Silhouetten ausgeschnittener Figuren auf einer von hinten angeleuchteten, lichtdurchlässigen Wand sieht*

Schat·ten·wirt·schaft *die* <-> */kein Plur./ alle wirtschaftlichen Aktivitäten (beispielsweise Schwarzarbeit), die nicht von der Steuer erfasst werden*

schat·tie·ren <schattierst, schattierte, hat schattiert> *mit OBJ* ▪ **jmd. schattiert etwas** *(in der künstlerischen Darstellung) auf einem Bild dunkle Tonabstufungen malen, um die räumliche Wirkung zu erhöhen*

Schat·tie·rung *die* <-, -en> **❶** */kein Plur./ das Schattieren* **❷** *Nuance, Abstufung:* Es gibt dieses Blau in zahlreichen Schattierungen.

schat·tig *adj (↔ sonnig)* ▪ **im Schatten liegend** ein schattiges Plätzchen

S

Scha·tul·le die <-, -n> (geh.) ein Kästchen (beispielsweise zur Aufbewahrung von Schmuck)

Schatz der <-es, Schätze> ❶ eine (an einem Ort) angehäufte Menge kostbarer Dinge: In der Höhle fand man einen Schatz.; Auf der Insel soll ein Schatz vergraben sein. ◆-kiste, -suche, -sucher, Gold- ❷/meist Plur./ angesammelte Dinge von persönlichem Wert: Er hat mir stolz seine Schätze gezeigt, über 500 Schallplatten. ❸ Reichtümer verschiedenster Art: Das Museum besitzt einen großen Schatz an wertvollen Münzen. ❹ (umg.) liebevolle Anrede für jmdn.: Wollen wir nicht ins Kino gehen, (mein) Schatz?

Schätz·chen das <-s, -> Schatz⁴

schät·zen <schätzt, schätzte, hat geschätzt> mit OBJ ❶ ■ jmd. schätzt jmdn./etwas irgendwie nach dem äußeren Eindruck einschätzen: Ich hätte ihn jünger geschätzt. ❷ ■ jmd. schätzt etwas bewerten: Ein Gutachter schätzte den Schaden am Auto. ❸ ■ jmd. schätzt, dass ... (umg.) vermuten: Ich schätze, dass wir bald fertig sein werden. ❹ ■ jmd. schätzt jmdn./etwas (als etwas) von jmdm. oder etwas eine hohe Meinung haben: Ich schätze ihn als sehr guten Freund.; Er schätzt ihre freundliche Art.; Sie schätzt ein gutes Glas Wein.; Ich weiß es zu schätzen, dass ... ◆Getrennt- oder Zusammenschreibung →R 4.16 jmdn. gering schätzen/geringschätzen; ◆Getrenntschreibung →R 4.8 jmdn. schätzen lernen

schät·zens·wert adj so, dass man von etwas oder jmdm. eine hohe Meinung haben kann: eine schätzenswerte Person/Erfahrung

Schatz·käst·chen das <-s, -> (scherzh.) ein Kästchen, in dem jmd. Gegenstände aufbewahrt, die für ihn wertvoll sind

Schatz·meis·ter der <-s, -> (≈ Kassierer) jmd., der zum Beispiel in einem Verein oder einer Partei die Kasse verwaltet

Schät·zung die <-, -en> das Schätzen¹, ²

schät·zungs·wei·se adv (↔ genau) ungefähr, auf einem Schätzwert beruhend: Bis zur nächsten Tankstelle sind es schätzungsweise 30 Kilometer.

Schätz·wert der <-(e)s, -e> ungefährer, durch Schätzen¹, ² ermittelter Wert

Schau die <-, -en> ❶ (≈ Ausstellung) eine Veranstaltung, bei der etwas ausgestellt oder gezeigt wird ◆ Hunde-, Landwirtschafts-, Leistungs-, Moden-, Tier-, Verkaufs- ❷ ■ die/eine Schau sein (umg.) toll sein; ■ eine Schau abziehen (umg.) sich auffällig benehmen; ■ jemandem die Schau stehlen (umg.) mehr Aufsehen erregen, eine bessere Leistung bringen als ein anderer

Schau·bild das <-(e)s, -er> ❶ eine gezeichnete Darstellung von etwas: Das Buch enthält ein aufklappbares Schaubild des menschlichen Körpers. ❷ (≈ Diagramm)

Schau·bu·de die <-, -n> eine Bude auf einem Jahrmarkt, in der etwas vorgeführt wird

Schau·büh·ne die <-, -n> (veralt.: ≈ Theater)

Schau·der der <-s, -> ❶ plötzliches Frösteln: Als er in den kalten Raum kam, überlief ihn ein Schauder. ❷ ein heftiges Gefühl von Angst und Entsetzen: Bei diesem Anblick ergriff sie ein Schauder. ◆Getrennt- oder Zusammenschreibung

→R 4.16 Schauder erregend/schaudererregend; heftigen/kalten Schauder erregend; sehr schaudererregend, noch schaudererregender

schau·der·haft adj ❶ sehr unangenehm: Das Wetter war schauderhaft. ❷ (umg.) sehr, überaus: Es war schauderhaft kalt.

schau·dern <schauderst, schauderte, hat geschaudert> ohne OBJ ❶ ■ jmd. schaudert (bei etwas Dat.) frösteln: Sie schauderte beim Eintritt in das kalte Zimmer. ❷ ■ jmdm. schaudert jmd. schauert einen Schauder empfinden: Bei diesem Gedanken schaudert mir.; Mich schaudert schon allein der Gedanke daran.

schau·en <schaust, schaute, hat geschaut> ohne OBJ ❶ ■ jmd. schaut (auf etwas Akk. /irgendwohin) den Blick auf etwas richten: Schau doch nicht ständig auf die Uhr! ❷ ■ jmd. schaut irgendwie in einer bestimmten Weise blicken: Er schaute verlegen weg. ❸ ■ jmd. schaut nach jmdm. SÜDD., ÖSTERR., SCHWEIZ. sich kümmern: Sie versprach, täglich nach den Kindern zu schauen. ❹ ■ jmd. schaut, dass ... SÜDD., ÖSTERR. (umg.) sich bemühen: Schau lieber, dass dir das nicht auch passiert!

Schau·er¹ der <-s, -> ein kurzer Regenguss: Wir wurden von einem heftigen/kurzen/gewittrigen Schauer überrascht. ◆ Gewitter-, Hagel-, Regen-

Schau·er² der <-s, -> (geh.) Schauder¹, ²

Schau·er·ge·schich·te die <-, -n> ❶ eine unheimliche Geschichte: eine Schauergeschichte über Vampire ❷ (umg. abwert.) eine übertriebene Darstellung von etwas, das angeblich besonders schlimm gewesen sein soll: Sie hat wieder Schauergeschichten von ihrem/über ihren Krankenhausaufenthalt erzählt.

schau·er·lich adj ❶ (≈ unheimlich) Das ist wirklich eine schauerliche Geschichte. ❷ sehr: Es war schauerlich kalt.

Schau·er·mann der <-(e)s, Schauerleute> SEEW. ein Hafenarbeiter, der für das Be- und Entladen des Schiffs zuständig ist

Schau·fel die <-, -n> ❶ ein Gerät mit einem langen Stiel und einem breiten Stück Metall/Plastik an einem Ende, mit dem man Erde, Sand o. Ä. bewegt: Er nahm eine Schaufel und füllte Sand in die Mischmaschine.; Schaufel und Besen sind in der Küche. ❷ ein am Bagger, das Erde, Sand o. Ä. bewegt: Der Bagger hat eine auswechselbare Schaufel.

schau·feln <schaufelst, schaufelte, hat geschaufelt> I. mit OBJ/ohne OBJ ■ jmd. schaufelt (etwas) mit einer Schaufel oder den hohlen Händen bewegen: Sie schaufeln Kohle in den Keller.; Er musste eine ganze Weile schaufeln, um den Schnee vor der Garage zu beseitigen. II. mit OBJ ■ jmd. schaufelt etwas durch Schaufeln¹ erzeugen: Er hat sich ein Loch geschaufelt.

Schau·fens·ter das <-s, -> ein großes Fenster eines Geschäfts, in dem Waren ausgestellt werden: Sie dekorieren gerade die Schaufenster neu. ◆-auslage, -dekorateur(in), -dekoration, -puppe

Schau·fens·ter·bum·mel der <-s, -> ein Spaziergang durch die Einkaufsstraßen, bei dem man Schaufenster betrachtet

Schau·kas·ten *der <-s, Schaukästen> (≈ Vitrine) ein Kasten mit Glasfront, in dem etwas ausgestellt ist:* Die alten, wertvollen Bücher sind in Schaukästen ausgestellt.; Die Prüfungstermine wurden in Schaukästen ausgehängt.

Schau·kel *die <-, -n> ein Spielgerät zum Schaukeln II, das aus einem Brett besteht, das an zwei Seilen befestigt ist:* Auf dem Spielplatz steht eine große Schaukel.

schau·keln <schaukelst, schaukelte, hat geschaukelt> **I.** *mit OBJ* ❶ ■ *jmd.* **schaukelt** *jmdn.* jmdn. oder etwas hin und her bewegen, in eine schwingende Bewegung versetzen: Die Mutter schaukelt das Baby in der Wiege. ❷ ■ *jmd.* **schaukelt etwas** *(umg.) bewerkstelligen, zustande bringen:* Wir werden die Sache schon schaukeln. **II.** *ohne OBJ* ■ *jmd./etwas schaukelt sich hin und her oder vor und zurück bewegen:* Das Kind schaukelt im Garten.; Die Lampions schaukeln im Wind.; Die Boote schaukeln auf dem Wasser.

Schau·kel·pferd *das <-(e)s, -e> ein Spielzeugpferd auf Kufen zum Schaukeln II*

Schau·kel·stuhl *der <-(e)s, Schaukelstühle> ein Lehnstuhl auf Kufen, in dem man beim Sitzen eine leicht schaukelnde Bewegung ausführen kann*

Schau·lau·fen *das <-s, ->* SPORT *Eiskunstlaufen zur Unterhaltung (und nicht im Rahmen eines Wettbewerbs):* Das Schaulaufen der Eiskunstläufer wird im Fernsehen übertragen.

Schau·lus·ti·ge *der/die <-n, -n> (abwert.) jmd., der aus Sensationsgier die Vorgänge an einer Unglücksstelle betrachtet:* Die vielen Schaulustigen behinderten die Arbeiten der Rettungskräfte am Unfallort.

Schaum *der <-(e)s, Schäume> /meist Sing./ eine Masse aus vielen kleinen Luftbläschen, die sich auf oder aus Flüssigkeit bildet*

Schaum·bad *das <-(e)s, Schaumbäder> ein Badezusatz, der besonders viel Schaum entwickelt*

schäu·men <schäumst, schäumte, hat geschäumt> *ohne OBJ* ■ *etwas schäumt Schaum entwickeln:* Das Badewasser schäumt.; ■ **vor Wut schäumen** *(umg.) sehr wütend sein*

Schaum·gum·mi *der <-s, -(s)> Schaumstoff aus Kautschuk*

schau·mig *adj /nicht steig./ zu Schaum geworden:* Zuerst muss man das Eiweiß schaumig schlagen.

Schaum·löf·fel *der <-s, -> ein Küchengerät in der Form eines Löffels mit Löchern darin, mit dem man Schaum von Flüssigkeiten nimmt*

Schaum·schlä·ger *der,* **Schaum·schlä·ge·rin** *<-s, -> (umg. abwert.) Angeber*

Schaum·stoff *der <-(e)s, -e> ein leichtes, poröses Kunststoffmaterial*

Schaum·wein *der <-(e)s, -e> (≈ Sekt)*

Schau·ob·jekt *das <-(e)s, -e> ein Gegenstand, der zur Schau gestellt wird*

Schau·platz *der <-es, Schauplätze> ein Ort, an dem etwas Bestimmtes stattfindet oder stattgefunden hat:* Dies ist der Schauplatz des Verbrechens.; Schauplatz der Handlung ist Zypern.

Schau·pro·zess *der <-es, -e>* RECHTSW. *ein öffent-*

liches Gerichtsverfahren, mit dem eine bestimmte Wirkung bei der Bevölkerung erzielt werden soll

schau·rig *adj* ❶ *(≈ grus(e)lig) Dies war wirklich eine schaurige Geschichte.* ❷ *(umg.) sehr unangenehm, sehr schlecht:* Wir hatten schauriges Wetter.; Sie spricht ein schauriges Französisch.

Schau·spiel *das <-(e)s, -e>* ❶ */kein Plur./ (≈ Drama) eine literarische Gattung, bei der eine Handlung durch die beteiligten Personen auf der Bühne dargestellt wird* ❷ *ein Bühnenstück mit ernstem Inhalt und positivem Ausgang* ❸ *ein beeindruckender Anblick, den ein Ereignis bietet:* Der Sonnenuntergang war ein beeindruckendes Schauspiel.

Schau·spie·ler *der,* **Schau·spie·le·rin** *<-s, -> jmd., dessen Beruf es ist, im Theater, in Kino- oder Fernsehfilmen Rollen darzustellen* ◆-ensemble, Bühnen-, Film-

schau·spie·lern <schauspielerst, schauspielerte, hat geschauspielert> *ohne OBJ* ■ *jmd.* **schauspielert** ❶ *(umg.) ohne Ausbildung als Schauspieler auftreten* ❷ *(abwert.) etwas vortäuschen:* Glaub ihm nicht, er schauspielert doch nur.

Schau·spiel·haus *das <-es, Schauspielhäuser> ein Theater, in dem vor allem Schauspiele aufgeführt werden*

Schau·spiel·kar·ri·e·re *die <-, -n> eine berufliche Karriere als Schauspieler*

Schauspiel·leh·rer *der,* **Schau·spiel·leh·re·rin** *<-s, -> jmd., der an einer Schauspielschule unterrichtet*

Schau·spiel·schu·le *die <-, -n> eine Schule zur Ausbildung von Schauspielern*

Schau·spiel·un·ter·richt *der <-(e)s> /kein Plur./ Unterricht an einer Schauspielschule*

Schau·stel·ler *der,* **Schau·stel·le·rin** *<-s, -> jmd., der auf Jahrmärkten ein Fahrgeschäft betreibt oder etwas vorführt*

Scheck, *a.* **Cheque** *der, a.* **Check** *der <-s, -s> ein Dokument, auf dem steht, dass eine Bank einen bestimmten Geldbetrag (vom Konto des Ausstellers) an den Überbringer auszahlen soll:* Er hat einen Scheck über 500 Euro ausgestellt.; Sie hat einen ungedeckten Scheck erhalten.; Ich löse den Scheck morgen ein.; Zahlen Sie mit Scheck oder in bar? ◆-betrug, Reise-

Sche·cke¹ *der <-n, -n> ein scheckiges Pferd oder Rind*

Sche·cke² *die <-, -n> eine scheckige Stute oder Kuh*

Scheck·heft *das <-(e)s, -e> ein Mäppchen mit Scheckformularen*

sche·ckig *adj /nicht steig./ (von Pferden und Rindern) mit weißen Flecken im dunklen Fell*

sche·ckig·la·chen <lachst scheckig, lachte scheckig, hat scheckiggelacht> *mit SICH* ■ *jmd.* **lacht sich scheckig (über etwas** *Akk.) (umg.) sehr über etwas lachen* ◆Getrenntschreibung →R 4.6

Scheck·kar·te *die <-, -n> ein (Plastik-)Kärtchen, mit dem der Inhaber eines Bankkontos bis zu einem bestimmten Betrag Schecks ausstellen und Bargeld an einem Geldautomaten abheben kann*

scheel *adj /nicht steig./ (≈ missgünstig)* Sie hat

S

mich scheel angesehen. ◆ Getrenntschreibung →R 4.8 scheel blickend

Schef·fel *der <-s, -> ein altes Hohlmaß*

schef·feln *<scheffelst, scheffelte, hat gescheffelt> mit OBJ* ■ *jmd. scheffelt etwas (umg. abwert.) viel Geld verdienen:* Er hat viel Geld/ein Vermögen gescheffelt.

schef·fel·wei·se *adv in großen Mengen:* Er gibt sein Geld scheffelweise aus.

Schei·be *die <-, -n> ❶ ein flacher, runder Gegenstand, der relativ dünn ist:* eine Scheibe aus Holz/Metall; In früheren Zeiten glaubten die Menschen, die Erde sei eine Scheibe. ❷ *ein dünnes, flaches, abgeschnittenes Stück bestimmter Lebensmittel:* eine Scheibe Brot/Käse/Wurst; Ich habe die Zitrone in Scheiben geschnitten. ❸ *kurz für „Fensterscheibe":* Das helle Sonnenlicht zeigt den Schmutz auf den Scheiben. ◆-ngardine ❹ *(umg.) Schallplatte, CD:* Das sind die heißesten Scheiben des Monats.; ■ *sich eine Scheibe von jemandem abschneiden können (umg.) jmdn. als Beispiel oder Vorbild nehmen können*

Schei·ben·ho·nig *der <-s> /kein Plur./ ❶ in Scheiben geschnittener Wabenhonig ❷ (umg. verhüll.) Scheiße*

Schei·ben·kleis·ter *der <-s> /kein Plur./ (umg. verhüll.) Scheiße*

Schei·ben·wasch·an·la·ge *die <-, -n>* KFZ *eine Vorrichtung in Autos, die Wasser auf Windschutz- und Heckscheibe spritzt, um Schmutz von den Scheiben zu entfernen*

Schei·ben·wi·scher *der <-s, ->* KFZ *ein Wischblatt, das bei Regen die Windschutzscheibe eines Autos frei von Regentropfen und Schmutz hält*

Scheich *der <-(e)s, -s/-e> ❶ Oberhaupt eines arabischen Herrschaftsgebiets ❷ Oberhaupt eines arabischen Dorfes oder Familienverbandes*

Scheich·tum *das <-(e)s, Scheichtümer> Herrschaftsgebiet eines Scheichs[1]*

Schei·de *die <-, -n> ❶* ANAT. *(≈ Vagina) Teil der weiblichen Geschlechtsorgane: der muskelhaltige, dehnbare Schlauch, der von der Gebärmutter zur äußeren Scham führt und mit Schleimhaut ausgekleidet ist* ◆-nausfluss, -nkrampf, -nzäpfchen ❷ *die schmale Hülle für die Klinge eines Schwertes oder eines Messers*

schei·den *<scheidest, schied, hat/ist geschieden> I. mit OBJ (haben) ❶* ■ *jmd. scheidet jmdn./etwas eine Ehe durch ein Gerichtsverfahren auflösen:* Sie haben sich kurz nach ihrer Hochzeit schon wieder scheiden lassen.; Die Ehe wurde geschieden. ❷ ■ *jmd. scheidet etwas (fachspr.) voneinander trennen:* Die Forscher haben die beiden chemischen Substanzen geschieden. *II. ohne OBJ* ■ *jmd. scheidet (aus etwas Dat.) (sein) eine Funktion ablegen:* Er schied frühzeitig aus dem Amt. *III. mit SICH* ■ *etwas scheidet sich (haben) sich unterscheiden, auseinandergehen:* In diesem Punkt scheiden sich aber unsere Ansichten/Meinungen!

Schei·de·was·ser *das <-s> /kein Plur./* CHEM. *Salpetersäure, mit der man Gold und Silber in Legierungen voneinander trennt*

Schei·de·weg ■ *am Scheideweg stehen (umg.) vor einer folgenschweren Entscheidung stehen*

Schei·dung *die <-, -en> die gerichtliche Auflösung einer Ehe:* Sie haben die Scheidung eingereicht. ◆-sanwalt, -sanwältin, -sgrund, -sklage, -sprozess

Schei·dungs·kind *das <-(e)s, -er> ein Kind, dessen Eltern geschieden sind:* Scheidungskinder stehen häufig unter sehr großem psychischem Druck.

Schein *der <-(e)s, -e> ❶ eine offizielle Bescheinigung in der Art eines (kurzen) Texts auf einem Blatt Papier:* Ich stelle Ihnen gerne einen Schein aus.; Der Schein ist leider abgelaufen. ❷ *kurz für „Geldschein" ❸ /kein Plur./ Anschein, äußerer Eindruck:* Du solltest wenigstens versuchen, den Schein zu wahren ❹ */kein Plur./ etwas, das in Wirklichkeit nicht so ist, wie es sich äußerlich darstellt:* Seine Freundlichkeit war nur Schein. ❺ *Schimmer, Lichtstrahl:* Er saß im Schein der Lampe/einer Kerze.

Schein·asy·lant *der,* **Schein·asy·lan·tin** *<-en, -en> (abwert.) jmd., der bei seinem Antrag auf Asyl falsche Angaben gemacht hat, damit er in einem Land leben kann, in dem er eigentlich kein Asyl bekommen würde*

schein·bar *adv ❶ nur dem Anschein nach, aber nicht in Wirklichkeit:* Das ist doch nur ein scheinbarer Gegensatz, tatsächlich unterscheiden sich ihre Meinungen gar nicht so stark voneinander. ❷ *(≈ offenbar)* Unsere Nachbarn sind scheinbar in den Urlaub gefahren.

schei·nen *<scheinst, schien, hat geschienen> ohne OBJ ❶* ■ *etwas scheint (irgendwie) leuchten, strahlen:* Die Sonne schien den ganzen Tag. ❷ ■ *jmd./etwas scheint (irgendwie) den Anschein erwecken:* Er scheint reich zu sein.; Es scheint mir, dass …

Schein·fir·ma *die <-, Scheinfirmen> (≈ Briefkastenfirma) eine Firma, die zwar im Handelsregister verzeichnet ist, in Wirklichkeit aber keine Geschäfte tätigt*

schein·hei·lig *adj (abwert.) heuchlerisch*

Schein·tod *der <-(e)s, -e> /meist Sing./* MED. *ein Zustand ohne Lebenszeichen, in dem jmd., der noch lebt, wie tot erscheint*

schein·tot *adj /nicht steig./* MED. *ohne sichtbare Lebenszeichen*

Schein·wer·fer *der <-s, -> eine Lampe mit starker Leuchtkraft:* Die Kirche wird nachts von Scheinwerfern angestrahlt.; Der linke Scheinwerfer am Auto ist kaputt. ◆ Auto-, Bühnen-

Scheiß *der <-> /kein Plur. / (vulg.) etwas als äußerst schlecht und wertlos zu bezeichnen:* Mach bloß keinen Scheiß!; Was soll der Scheiß?; Mann, ist das ein Scheiß!

scheiß- *(umg.) als Erstglied zusammengesetzter Adjektive, mit Betonung auf beiden Teilen; drückt intensivierend aus ❶ (≈ ganz, sehr) dass die mit dem Zweitglied bezeichnete Eigenschaft, die auf jemand/etwas zutrifft, besonders stark ausgeprägt ist* ◆-egal, -frech, -kalt ❷ *dass man die mit dem Zweitglied bezeichnete Eigenschaft für übertrieben hält* ◆-freundlich, -normal, -vornehm

Scheiß·dreck *der <-(e)s> /kein Plur. / (vulg.)*

S

Scheiße [1], [2], [3]; ■**etwas geht jemanden einen Scheißdreck an** *etwas geht jmdn. gar nichts an* Das geht dich einen Scheißdreck an!; ■**etwas kümmert jemanden einen Scheißdreck** *etwas ist jmdm. völlig egal* Das kümmert mich einen Scheißdreck!

Schei·ße *die* <-> /kein Plur./ *(vulg.)* ❶ *Kot:* ein Haufen Scheiße ❷ *(≈ Mist) etwas, worüber man sich ärgert:* Der Film war große Scheiße. ❸ *verwendet, um seinen Ärger auszudrücken:* Scheiße, ich habe vergessen, sie anzurufen.; So eine Scheiße!; ■**in der Scheiße stecken** *(vulg.) in großen Schwierigkeiten sein*

schei·ßen <scheißt, schiss, hat geschissen> *ohne OBJ* ■**jmd. scheißt** *(vulg.: ≈ kacken) den Darm entleeren:* Er hätte vor Angst beinahe in die Hosen geschissen.; ■**auf etwas scheißen** *(vulg.) keinen Wert (mehr) auf etwas legen*

Schei·ße·rei *die* <-> /kein Plur./ *(vulg.) Durchfall*

Scheiß·haus *das* <-es, Scheißhäuser> *(vulg.) Toilette*

Scheit *das* <-(e)s, -e/er> SÜDDT., ÖSTERR., SCHWEIZ. *Stück Holz*

Schei·tel *der* <-s, -> ❶ *eine Linie, entlang der das Haar geteilt wird:* Er hat sich einen Scheitel gezogen.; Sie trägt neuestens einen Scheitel. ❷ *der oberste Punkt (eines Gewölbes, einer Kurve):* ■**vom Scheitel bis zur Sohle** *(umg.) ganz und gar, von Kopf bis Fuß*

schei·teln <scheitelst, scheitelte, hat gescheitelt> *mit OBJ* ■**jmd. scheitelt etwas** *durch einen Scheitel* [1] *abteilen:* Er scheitelt das Haar neuerdings in der Mitte.

Schei·ter·hau·fen *der* <-s, -> *ein Holzstoß, auf dem im Mittelalter Menschen durch Verbrennen hingerichtet wurden*

schei·tern <scheiterst, scheiterte, ist gescheitert> *ohne OBJ* ■**jmd./etwas scheitert (an etwas** Dat.**)** *(aus einem bestimmten Grund) nicht erfolgreich sein:* Das Experiment war gescheitert.; Die Verhandlungen sind gescheitert. ◆ Großschreibung →R 3.5 Dieser Plan ist von vornherein zum Scheitern verurteilt.; Was brachte die Verhandlungen zum Scheitern?

Schelf *der/das* <-s, -e> GEOGR. *Festlandsockel*

Schel·lack *der* <-(e)s, -e> *ein Harz, das zur Herstellung von Lacken und Kunststoffen verwendet wird*

Schel·le [1] *die* <-, -n> *ein Haltebügel an Rohren*

Schel·le [2] *die* <-, -n> LANDSCH. *Klingel, kleines Glöckchen*

Schel·le [3] *die* <-, -n> LANDSCH. *Ohrfeige*

schel·len <schellst, schellte, hat geschellt> *ohne OBJ* ■**jmd./etwas schellt** LANDSCH. *(≈ klingeln)* Hat nicht eben das Telefon geschellt?; Es hat an der Tür geschellt.

Schel·len·baum *der* <-(e)s, Schellenbäume> *ein Musikinstrument, das aus einer langen Stange mit daran befestigten kleinen Glocken besteht*

Schell·fisch *der* <-(e)s, -e> *eine Dorschart*

Schelm *der* <-(e)s, -e> *Spaßvogel, Schalk*

Schel·men·ro·man *der* <-(e)s, -e> LIT. *Gattungsbezeichnung für Romane, in denen das Leben von spitzbübischen Schelmen, Landstreichern oder*

Glücksrittern *(meist in der Ich-Form) geschildert wird*

schel·misch *adj verschmitzt, pfiffig:* Er blickte mich schelmisch an.

Schel·te *die* <-> /kein Plur./ *(veralt.) Tadel, Vorwurf:* Das Kind bekam Schelte, weil es zu spät nach Hause kam.

schel·ten <schiltst, schalt, hat gescholten> *mit OBJ/ohne OBJ* ■**jmd. schilt jmdn.** *(veralt.) schimpfen:* Der Vater hat seinen Sohn heftig gescholten.

Sche·ma *das* <-s, -s/Schemata/Schemen> ❶ *(gedankliches) Konzept, Vorstellung, die man von einem Sachverhalt, dessen Beurteilung und Ausführung hat:* Er geht stets nach einem bestimmten Schema vor.; Sie lässt sich in kein Schema pressen.; Wir brauchen uns nicht an ein festes/starres Schema zu halten. ❷ *eine Zeichnung mit den wichtigsten Merkmalen einer Sache:* Das Buch enthält zahlreiche Schemata von elektrischen Schaltungen.; ■**nach Schema F** *(abwert.) gedankenlos und routinemäßig*

sche·ma·tisch *adj* ❶ *routinemäßig, mechanisch:* Das ist eine völlig schematische Tätigkeit. ❷ *so, dass etwas einem Schema folgt:* Auf Seite 23 findet man eine schematische Darstellung dieser Konstruktion.

Sche·mel *der* <-s, -> *ein (kleiner) Hocker*

sche·men·haft *adj (geh.) undeutlich, schattenhaft:* In der Dämmerung war das Dorf nur schemenhaft zu erkennen.

Schen·kel *der* <-s, -> ❶ *der Teil des Beines von der Hüfte bis zum Knie* ◆ Ober-, Unter- ❷ MATH. *eine der beiden Geraden, die einen Winkel bilden* ▶ gleichschenklig

schen·ken <schenkst, schenkte, hat geschenkt> *mit OBJ* ❶ ■**jmd. schenkt jmdm. etwas** *als Geschenk geben:* Ich habe ihr zum Geburtstag einen Bildband über Italien geschenkt. ❷ ■**jmd. schenkt jmdm. etwas** *zuteilwerden lassen:* Das intensive Gespräch hat ihr neue Kraft geschenkt; der Nachbarin ein Lächeln schenken ❸ ■**jmd. schenkt jmdm./sich etwas** *jmdm. oder sich etwas ersparen:* Sie hat sich und anderen nie etwas geschenkt, sondern immer hohe Ansprüche gestellt.; Diese Arbeit kannst du dir schenken.; ■**fast/halb geschenkt sein** *(umg.) sehr billig sein*

Schen·ke, *a.* **Schän·ke** *die* <-, -n> *ein kleines Lokal, in dem man (nur) Getränke bekommt*

Schen·kung *die* <-, -en> RECHTSW. *Geld oder Sachwerte, die jmd. einer anderen Person gibt:* Die Schenkung wurde beurkundet. ◆ -ssteuer

schep·pern <schepperst, schepperte, hat gescheppert> *ohne OBJ* ■**etwas scheppert** *(umg.)* ❶ *(≈ klappern) das Geräusch machen, das man hört, wenn Dinge aus Metall gegeneinanderschlagen* ❷ ■**es hat gescheppert** *(umg.) ein Autounfall hat sich ereignet* Auf der Kreuzung hat es gestern mal wieder gescheppert.

Scher·be *die* <-, -n> *eines der vielen Stücke, die entstehen, wenn ein Gegenstand zerbricht:* Ich bin in eine Scherbe getreten.; Der Krug ging in

S

Scherben.; Die Vase zersprang in tausend Scherben. ◆-nhaufen, Glas-

Sche·re *die* <-, -n> ❶ *ein Schneidewerkzeug mit zwei Klingen, die sich aufeinander zubewegen, mit dem man vor allem Papier und Stoff schneidet:* Reich mir bitte die Schere, damit ich das Bild ausschneiden kann. ◆Draht-, Nagel-, Papier- ❷ ZOOL. *eines der Greiforgane von Krebsen und Hummern:* die Scheren eines Krebses

sche·ren¹ <scherst, scherte/schor, hat geschert/geschoren> *mit OBJ* ■ *jmd. schert ein Tier* ❶ *die Haare, das Fell kurz schneiden:* Wann werden die Schafe geschoren? ▸Schur ❷ *etwas abschneiden, kürzen:* Du musst die Hecke/den Rasen scheren. ◆Getrennt- oder Zusammenschreibung →R 4.16 kurz geschorenes/kurzgeschorenes Haar

sche·ren² <scherst, scherte, hat geschert> I. *mit SICH* ■ *jmd. schert sich (um jmdn./etwas) (umg.) sich kümmern, etwas beachten.*: Sie schert sich nur wenig um ihn.; Er schert sich nicht um die Vorschriften. II. *mit OBJ* ■ *etwas schert jmdn. (veralt.) stören, angehen:* Was scheren mich seine Probleme?; Es schert mich herzlich wenig, dass …

sche·ren³ <scherst, scherte, hat geschert> *mit SICH* ■ *jmd. schert sich (irgendwohin) (meist in Befehlen oder Verwünschungen verwendet) sich möglichst schnell irgendwohin begeben:* Scher dich fort/an die Arbeit/zum Teufel!

Sche·ren·schlei·fer *der*, **Sche·ren·schlei·fe·rin** <-s, -> *jmd., der beruflich Scheren und Messer schleift und schärft*

Sche·ren·schnitt *der* <-(e)s, -e> *eine aus Papier ausgeschnittene Silhouette*

Sche·re·rei *die* <-, -en> /meist Plur./ (umg.) *Ärger, Unannehmlichkeit:* Mach mir bloß keine Scherereien!; Ich will keine Scherereien haben!

Scherf·lein ■ *sein Scherflein zu etwas beitragen/beisteuern* (umg.) *einen geringen (finanziellen) Beitrag für etwas leisten*

Scher·ge *der* <-n, -n> (abwert.) *Befehlsvollstrecker, Handlanger:* Er gehörte auch zu den Schergen des Diktators.

Sche·rung *die* <-, -en> TECHN. *der Vorgang, dass ein Material durch zwei gegeneinanderwirkende Kräfte verformt wird*

Scherz *der* <-es, -e> (≈ Witz) *etwas, das man mit der Absicht sagt oder tut, andere zu erheitern:* Das war ein netter/gelungener/völlig harmloser Scherz.; Sie hat es doch nur zum/im Scherz gesagt.

Scherz·ar·ti·kel *der* <-s, -> *ein kleiner Gegenstand, mit dem jmd. jmdm. (besonders im Karneval) einen Streich spielen kann:* Der Laden verkauft Knallfrösche, Masken und andere Scherzartikel.

Scherz·bold *der* <-(e)s, -e> (umg.) *jmd., der gerne Scherze macht*

scher·zen <scherzt, scherzte, hat gescherzt> *ohne OBJ* ■ *jmd. scherzt Scherze machen:* Wir haben die ganze Fahrt gescherzt.; Er scherzt nicht!

Scherz·fra·ge *die* <-, -n> *eine Rätselfrage mit einer unerwarteten, lustigen Antwort*

scherz·haft *adj* /nicht steig./ *so, dass etwas nicht*

ernst gemeint ist: Das war bloß eine scherzhafte Übertreibung.

Scherz·keks *der* <-es, -e> (umg.) *jmd., der immer zu einem Scherz aufgelegt ist*

Scherzl *das* <-s, -n> SÜDDT., ÖSTERR. *das erste oder letzte Stück von Nahrungsmitteln, die man in Scheiben schneidet (beispielsweise Brot oder Wurst)*

Scheu *die* <-> /kein Plur./ ❶ (≈ Schüchternheit) *die Eigenschaft, dass ein Mensch oder ein Tier Fremden gegenüber sehr vorsichtig und zurückhaltend ist:* Das Kind legte langsam seine Scheu ab.; Er überwand seine Scheu. ❷ *scheues Verhalten:* Das Wild zeigte keinerlei Scheu.

scheu <scheuer, am scheu(e)sten> *adj* ❶ *so, jmd. sehr vorsichtig und ein wenig ängstlich ist:* Der Maler ist ein überaus scheuer Mensch.; Sie wechselten scheue Blicke. ❷ (↔ zutraulich) *so, dass ein Tier Menschen nicht an sich herankommen lässt:* Rehe sind sehr scheu.

scheu·chen <scheuchst, scheuchte, hat gescheucht> *mit OBJ* ❶ ■ *jmd. scheucht ein Tier vertreiben:* Ich habe die Fliegen vom Teller gescheucht. ❷ ■ *jmd. scheucht jmdn. irgendwohin* (umg.) *antreiben:* Ich scheuchte ihn schließlich zum Arzt.

scheu·en <scheust, scheute, hat gescheut> I. *mit OBJ* ■ *jmd. scheut etwas zu vermeiden versuchen:* Sie haben keine Kosten/keine Mühen gescheut, um doch noch Karten für dieses Konzert zu bekommen. II. *mit SICH* ■ *jmd. scheut sich (vor etwas Dat.)* zurückschrecken: Sie scheute sich nicht davor, ins kalte Wasser zu gehen. III. *ohne OBJ* ■ *ein Pferd scheut in Panik geraten und dadurch für den Menschen unberechenbar werden:* Das Pferd hat gescheut.

Scheu·er·bürs·te *die* <-, -n> *Bürste zum Scheuern I*

Scheu·er·lap·pen *der* <-s, -> *Lappen zum Scheuern I*

Scheu·er·leis·te *die* <-, -n> *Leiste¹ aus Holz, die man an den Seiten des Fußbodens anbringt, um die Wand zu schützen*

Scheu·er·mit·tel *das* <-s, -> *Putzmittel zum Scheuern I*

scheu·ern <scheuerst, scheuerte, hat gescheuert> I. *mit OBJ* ■ *jmd. scheuert etwas hartnäckigen Schmutz mit einer Bürste beseitigen:* Ich muss noch die Bratpfanne/den Boden in der Küche scheuern. II. *ohne OBJ* ■ *etwas scheuert reiben:* Der Kragen hat am Hals gescheuert.; ■ *jemandem eine scheuern* (umg.) *jmdm. eine Ohrfeige geben*

Scheu·klap·pe *die* <-, -n> /meist Plur./ *eine der beiden Klappen, die am Geschirr von Pferden befestigt werden und so dem Pferd die Sicht zur Seite nehmen;* ■ *Scheuklappen haben/tragen* (umg. abwert.) *die Wirklichkeit nicht zur Kenntnis nehmen wollen*

Scheu·ne *die* <-, -n> *ein Gebäude (auf einem Bauernhof), in dem Heu und Stroh gelagert wird:* Die frische Heu wird in die Scheune gebracht.

Scheu·re·be *die* <-> /kein Plur./ *eine Reb- und Weinsorte*

S

Scheu·sal *das* <-s, -e> *(abwert.)* ❶ *ein hässliches, gefährliches, Grauen erregendes Tier:* Der Hund ist ein richtiges Scheusal. ❷ *(≈ Ungeheuer) ein brutaler Mensch:* Dieses Verbrechen konnte nur von einem wahren Scheusal begangen worden sein.

scheuß·lich *adj* ❶ *so unschön, dass es kaum erträglich ist:* Was ist dies für ein scheußliches Gebäude? ❷ *(≈ entsetzlich) Das scheußliche Verbrechen konnte endlich aufgeklärt werden.* ❸ *(umg.) unangenehm:* Wir hatten scheußliches Wetter. ❹ *in äußerstem Maße:* Es war scheußlich kalt.

Schi *der siehe* **Ski**

Schi·aus·rüs·tung *die siehe* **Skiausrüstung**

Schicht *die* <-, -en> ❶ *eine sehr dünne, größere Fläche einer Substanz, die über oder unter etwas liegt:* eine Schicht Farbe auftragen; Auf dem Wasser treibt eine dünne Schicht Öl. ❷ *kurz für „Gesellschaftsschicht":* Auf der Veranstaltung waren Leute aus allen Schichten. ❸ *einer der Abschnitte eines Arbeitstages in einem Betrieb, in dem 24 Stunden gearbeitet wird:* In welcher Schicht arbeitest du?; Ich gehe zur Schicht. ◆-beginn, -ende, -wechsel, Früh-, Nacht-, Spät-

Schicht·ar·beit *die* <-> */kein Plur./* *Arbeit mit regelmäßig wechselnden Arbeitszeiten* ▶ Schichtarbeiter, Schichtarbeiterin

schich·ten <schichtest, schichtete, hat geschichtet> *mit OBJ* ■ *jmd. schichtet etwas in Schichten¹ übereinanderlegen:* Wir haben den ganzen Nachmittag Holz geschichtet.

schicht·wei·se *adv in Schichten¹:* Das Dämmmaterial wurde schichtweise verlegt.; Ich habe die Farbe schichtweise auftragen.

Schick, a. Chic *der* <-(e)s> */kein Plur./ (≈ Eleganz) modische Eleganz in der Kleidung:* Alle bewunderten den unauffälligen Schick ihrer Kleidung.

schick, a. chic *adj* ❶ *modisch und elegant:* ein sehr schickes Kleid ❷ *gut aussehend:* eine schicke junge Frau ❸ *(umg.) der Mode entsprechend und Begeisterung hervorrufend:* Er hat sich ein schickes Auto gekauft.; Das gilt heute als schick. ◆Schreibung der Nebenform nur unflektiert Diese Mode ist sehr chic.

schi·cken <schickst, schickte, hat geschickt> I. *mit OBJ/ohne OBJ* ■ *jmd. schickt (nach jmdm./etwas) jmdn. zu bestimmten Diensten o. Ä. holen lassen:* Wir haben den Nachbarn nach einem Arzt geschickt.; Er hat nach einem Krankenwagen geschickt. II. *mit OBJ* ❶ ■ *jmd. schickt (jmdm.) etwas (per Post) senden:* Ich habe ihr einen Brief geschickt. ❷ ■ *jmd. schickt jmdn. irgendwohin jmdm. auftragen, irgendwohin zu gehen:* Sie hat das Kind in die Schule geschickt. III. *mit SICH* ❶ ■ *etwas schickt sich sich gehören:* Es schickt sich nicht, so etwas zu sagen. ❷ ■ *jmd. schickt sich* SÜDDT. *beeilen:* Ich musste mich ziemlich schicken, um nicht zu spät zu kommen.

Schi·cke·ria *die* <-> */kein Plur./ (umg. abwert.) die wohlhabende, sich (übertrieben) modebewusst kleidende Gesellschaftsschicht, die sich für wichtig hält:* Er gehört zur Münchner Schickeria.

Schi·cki·mi·cki *der* <-s, -s> *(umg. abwert.) jmd., der sich betont modisch gibt oder kleidet*

schick·lich *adj /nicht steig./ (geh.) angemessen, passend:* Es ist nicht schicklich, sich so in Gesellschaft zu verhalten.

Schick·sal *das* <-s, -e> ❶ */kein Plur./ eine höhere Macht, die das Leben beeinflusst:* Das Schicksal hat es gut mit ihm gemeint.; vom Schicksal benachteiligte Menschen; an ein gütiges Schicksal glauben; sich in sein Schicksal ergeben ❷ *ein Ereignis, das das Leben eines Menschen entscheidend beeinflusst, ohne, dass man daran etwas ändern kann:* Dies waren typische Schicksale der Kriegsgeneration.; ■ **(Das ist) Schicksal!** *(umg.) so ist es eben;* ■ **jemandem sein Schicksal überlassen** *(umg.) jmdm. nicht helfen*

schick·sal·haft *adj /nicht steig./* ❶ *vom Schicksal¹ beeinflusst:* Es schien, als sei ihr Weg schicksalhaft vorgezeichnet. ❷ *so, dass ein Ereignis das gesamte weitere Leben eines Menschen beeinflusst:* Dies war eine schicksalhafte Begegnung, denn … sollte seine Kollegin fünf Jahre später heiraten.

schick·sal·s·er·ge·ben *adj /nicht steig./ so, dass jmd. alles, was ihm passiert, hinnimmt, ohne etwas daran zu ändern zu wollen*

Schick·sals·fra·ge *die* <-, -n> *ein Frage, von deren Entscheidung sehr viel für jmdn. oder etwas abhängt*

Schick·sals·schlag *der* <-(e)s, Schicksalsschläge> *ein sehr trauriges, das Leben entscheidend prägendes Erlebnis*

Schie·be·dach *das* <-(e)s, Schiebedächer> KFZ *eine Art Luke im Dach eines Autos, die man durch Schieben öffnen kann*

Schie·be·fens·ter *das* <-s, -> *ein Fenster, das man durch Verschieben nach oben oder zur Seite öffnet*

schie·ben <schiebst, schob, hat geschoben> I. *mit OBJ/ohne OBJ* ■ *jmd. schiebt (etwas) (↔ ziehen) gegen etwas drücken und es damit vorwärtsbewegen:* Der Vater schiebt den Kinderwagen.; Ich hatte einen Platten, also musste ich schieben. II. *mit OBJ* ■ *jmd. schiebt etwas auf jmdn./etwas jmdn. oder etwas für etwas Unangenehmes verantwortlich machen:* Er ist sich keiner Schuld bewusst und schiebt immer alles auf andere.; Er hat die Schuld/den Verdacht auf mich geschoben. III. *mit SICH* ■ *jmd./etwas schiebt sich irgendwohin sich langsam an eine Stelle bewegen:* Eine Wolke hat sich vor die Sonne geschoben.

Schie·ber¹ *der* <-s, -> *ein Riegel an Türen, Geräten oder Maschinenteilen*

Schie·ber² *der* <-s, -> *(abwert.: ≈ Schwarzmarkthändler)*

Schie·ber·müt·ze *die* <-, -n> *(umg.) eine große Schirmmütze*

Schie·be·tür *die* <-, -en> *eine Tür, die man durch seitliches Verschieben öffnet* ◆-enschrank

Schie·bung *die* <-, -en> *(umg. abwert.) ungerechtfertigte Bevorzugung:* Dieses Amt hat er doch nur durch Schiebung erhalten.

schiech [ʃiax] *adj* SÜDDT., ÖSTERR. *hässlich*

S

Schieds·ge·richt *das* <-(e)s, -e> ❶ RECHTSW. *an Stelle eines staatlichen Gerichts eingesetzte Institution* ❷ SPORT *Gremium von Kampf- oder Schiedsrichtern als höchste Entscheidungsinstanz* ▶ schiedsgerichtlich

Schieds·rich·ter *der*, **Schieds·rich·te·rin** <-s, -> SPORT *jmd., der bei Ballspielen das Spiel unparteiisch leitet und für die korrekte Einhaltung der Regeln sorgt* ▶ schiedsrichterlich

Schieds·spruch *der* <-(e)s, Schiedssprüche> RECHTSW. *Entscheidung eines Schiedsgerichts*

schief *adj so, dass es nicht genau senkrecht, sondern nach links oder rechts geneigt ist:* Die Wand ist schief.; Siehst du den schiefen Pfosten dort?; Der Tisch steht schief.; Das Bild hängt schief.; Er hat die Absätze schief gelaufen/schiefgelaufen.; *siehe aber auch* **schieflaufen**

Schie·fer *der* <-s, -> ❶ *ein dunkelblaues Gestein* ❷ ÖSTERR., LANDSCH. *Holzsplitter*

Schie·fer·dach *das* <-(e)s, Schieferdächer> *ein Hausdach, das mit viereckigen Platten aus Schiefer¹ gedeckt ist*

Schie·fer·ta·fel *die* <-, -n> *eine Schreibtafel aus Schiefer¹*

schief·ge·hen <geht schief, ging schief, ist schiefgegangen> *ohne OBJ* ▪ **etwas geht schief** (umg.) *anders verlaufen, als man gedacht oder geplant hatte, misslingen* ◆ Zusammenschreibung →R 4.6 Alles, was ich heute anfasse, geht schief!

schief·ge·wi·ckelt *adj /nicht steig./ (umg.) im Irrtum sein* ◆ Zusammenschreibung →R 4.6 Da bist du aber schiefgewickelt!

schief·la·chen <lachst schief, lachte schief, hat schiefgelacht> *mit SICH* ▪ **jmd. lacht sich schief** (umg.) *heftig lachen*

schief·lau·fen <läuft schief, lief schief, ist schiefgelaufen> *ohne OBJ* ▪ **etwas läuft schief** (umg.) *anders verlaufen, als man gedacht oder geplant hatte, misslingen* ◆ Zusammenschreibung →R 4.6

schief·lie·gen <liegst schief, lag schief, hat schiefgelegen> *ohne OBJ* ▪ **jmd. liegt schief** (sein) *sich irren* ◆ Zusammenschreibung →R 4.6 Da liegst du schief!

schie·len <schielst, schielte, hat geschielt> *ohne OBJ* ▪ **jmd. schielt** ❶ *einen Sehfehler haben, bei dem ein Auge in eine andere Richtung als das andere blickt:* Er schielt auf einem Auge. ❷ (umg.) *heimlich (irgendwohin) gucken; spähen:* Sie schielte durchs Schlüsselloch.; ▪ **nach etwas schielen** (umg.) *etwas unbedingt haben wollen* Er schielte nach ihren Ersparnissen.

Schien·bein *das* <-(e)s, -e> *der vordere Unterschenkelknochen*

Schie·ne *die* <-, -n> ❶ *einer der beiden Eisenstränge, auf denen sich Schienenfahrzeuge fortbewegen:* Man verlegt neue Schienen für die Straßenbahn.; Der Zug ist aus den Schienen gesprungen. ◆ -nbus, -nfahrzeug, -nverkehr, Eisenbahn-, Straßenbahn- ❷ MED. *eine Stütze, die gebrochene Gliedmaßen ruhig halten soll* ▶ schienen

Schie·nen·er·satz·ver·kehr *der* <-s> /kein Plur./ *der Verkehr mit Bussen, die die Reisenden aus-* nahmsweise *befördern, wenn der Schienenverkehr gestört ist*

Schie·nen·räu·mer *der* <-s, -> *eine Vorrichtung an Straßenbahn- und Eisenbahnwagen, das Hindernisse von den Gleisen entfernt*

Schie·nen·stoß *der* <-es, Schienenstöße> *die Stelle, an der Schienen verschweißt oder verschraubt worden sind*

schier **I.** *adj /nicht steig./* LANDSCH. (≈ rein) Das hat er aus schierer Bosheit getan. **II.** *adv* (≈ fast) *beinahe:* Das ist doch schier nicht möglich!

Schier·ling *der* <-(e)s, -e> *eine Giftpflanze*

Schieß- *als Erstglied zusammengesetzter Substantive; drückt aus, dass das mit dem Zweitglied Bezeichnete auf den Gebrauch von Feuerwaffen und entsprechende Einrichtungen bezogen ist* ◆ -befehl, -platz, -pulver, -scheibe, -stand

Schieß·bu·de *die* <-, -n> ❶ *ein Geschäft eines Schaustellers auf einem Jahrmarkt oder einer Kirmes, bei dem man mit Gewehren auf Ziele schießen kann* ❷ (Jargon) *das Schlagzeug (in Jazz- und Rockmusik)*

schie·ßen¹ <schießt, schoss, hat geschossen> **I.** *mit OBJ/ohne OBJ* ▪ **jmd. schießt (jmdn.) (irgendwohin)** *einen Schuss mit einer Feuerwaffe abgeben:* Jemand hat ihn ins Bein geschossen.; Jemand hat ihm ins Herz geschossen.; Er hatte zuerst seiner Geisel und dann sich in den Kopf geschossen.; Hände hoch oder ich schieße.; Er hat mit einer Pistole geschossen. **II.** *mit OBJ* ❶ ▪ **jmd. schießt ein Tier** *ein Tier durch einen Schuss töten:* Der Jäger schoss ein Wildschwein. ❷ ▪ **jmd. schießt (einen Ball)** *einen Ball werfen oder mit dem Fuß treffen und ihn so in eine bestimmte Richtung bewegen:* Der Stürmer hat in diesem Spiel zwei Tore geschossen.; ▪ **Fotos schießen** (umg.) *fotografieren* Ich schieße noch schnell ein paar Fotos.

schie·ßen² <schießt, schoss, ist geschossen> *ohne OBJ* ❶ ▪ **jmd./etwas schießt irgendwohin** *sich mit sehr hoher Geschwindigkeit bewegen:* Das Auto schoss um die Kurve. ❷ ▪ **etwas schießt irgendwohin** *sehr plötzlich auftreten:* Die Röte schoss mir ins Gesicht. ❸ ▪ **etwas schießt irgendwohin** *sich mit sehr hoher Geschwindigkeit bewegen, mit sehr hoher Geschwindigkeit fließen:* Blut schießt aus der Wunde. ❹ ▪ **etwas schießt** *sehr schnell wachsen:* Wir sollten den Salat ernten, bevor er schießt.; ▪ **zum Schießen sein** (umg.) *sehr zum Lachen sein* ◆ Großschreibung →R 3.5 zum Schießen sein

Schie·ße·rei *die* <-, -en> *ein heftiger Schusswechsel*

Schieß·hund ▪ **aufpassen wie ein Schießhund** (umg.) *scharf aufpassen, damit einem nichts entgeht*

Schieß·schar·te *die* <-, -n> *eine schmale Öffnung im Mauerwerk von Festungsanlagen*

Schiet *der* <-s> /kein Plur./ NORDDT. (umg.) ❶ *Dreck, Scheiße* ❷ *lästige, unangenehme Sache:* So'n Schiet!

Schiet·kram *der* <-s> /kein Plur./ NORDDT. (umg.) *Schiet²*

Schi·fah·rer *der,* **Schi·fah·re·rin** *siehe* **Skifahrer**

Schiff *das* <-(e)s, -e> ❶ *ein größeres Wasserfahrzeug mit eigenem Antrieb:* Das Schiff legt ab/ sticht in See/verkehrt auf einer bestimmten Linie/ havariert/schlägt leck/sinkt/liegt (irgendwo) auf Grund/geht irgendwo vor Anker/liegt im Hafen/ läuft unter deutscher Flagge. ◆-sarzt, -särztin, -sbau, -sfracht, -skatastrophe, -skoch, -sköchin, -sreise, -srumpf, Fluss-, Forschungs-, Fracht-, Kreuzfahrt-, Küsten-, Passagier-, Segel- ❷ *in einer christlichen Kirche der lang gezogene Innenraum, in dem sich während des Gottesdienstes die Gemeinde aufhält:* Viele Kirchen haben drei Schiffe. ◆Haupt-, Lang-, Mittel-, Quer-, Seiten-

schiff·bar *adj /nicht steig./ mit Schiffen befahrbar:* Ab hier ist der Fluss schiffbar.

Schiff·bruch *der* <-(e)s> */kein Plur./ Untergang oder schwere Beschädigung eines Schiffes;* ■ **Schiffbruch erleiden** *(umg.)* einen Misserfolg haben, scheitern

Schiff·brü·chi·ge *der/die* <-n, -n> *jmd., der vom Schiffbruch betroffen ist:* Alle Schiffbrüchigen konnten geborgen werden.

Schiff·chen *das* <-s, -> ❶ *kleines Schiff* ❷MILIT. *(umg.) eine (zur Uniform getragene) Kopfbedeckung*

schif·fen <schiffst, schiffte, hat geschifft> **I.** *ohne OBJ* ■ *jmd.* **schifft** *(vulg.) urinieren* **II.** *mit ES (umg.) heftig regnen:* Es schifft schon seit Stunden.

Schif·fer *der,* **Schif·fe·rin** <-s, -> *Führer eines (Fluss-)Schiffes*

Schif·fer·kla·vier *das* <-s, -e> *Akkordeon*

Schiff·fahrt, Schiff-Fahrt *die* <-> */kein Plur./ der gesamte Schiffsverkehr auf dem Wasser* ◆-sweg

Schiff·schau·kel *die* <-, -n> *eine Schaukel für zwei Personen, die es auf Jahrmärkten gibt und die wie ein Schiff aussieht*

Schiffs·fahrt *die* <-, -en> *Fahrt mit dem Schiff*

Schiffs·he·be·werk *das* <-(e)s, -e> *eine Anlage zum Heben und Senken von Schiffen, mit der große Höhenunterschiede überwunden werden können*

Schiffs·jun·ge *der* <-n, -n> *ein Jugendlicher, der auf einem Schiff zum Matrosen ausgebildet wird*

Schiffs·pa·pie·re *die* <-> *Plur. alle Urkunden und Unterlagen, die sich auf ein Schiff, die Ladung und die Mannschaft beziehen*

Schiffs·schrau·be *die* <-s, -n> *die Antriebsschraube eines Motorschiffes*

Schiffs·tau·fe *die* <-, -n> *die feierliche Namensgebung eines Schiffes, die vor der ersten Fahrt durchgeführt wird, wobei jmd. eine Flasche Sekt o. Ä. an der Seite des Schiffes zerschlägt*

Schiffs·zwie·back *der* <-(e)s, Schiffszwiebäcke> *sehr trockener, lang haltbarer Zwieback*

Schi·ge·biet *das siehe* **Skigebiet**

Schi·gym·nas·tik *die siehe* **Skigymnastik**

Schi·is·mus *der* [ʃiˈɪsmʊs] <-s> */kein Plur./ die auf einer der beiden Hauptrichtungen des Islam basierende Lehre*

Schi·it *der* [ʃiˈiːt] <-en, -en> *Anhänger des Schiismus*

schi·i·tisch [ʃiˈiːtɪʃ] *adj /nicht steig./ auf den Schiismus bezogen*

Schi·ka·ne *die* <-, -n> ❶ *böswillig bereitete Schwierigkeit, Quälerei:* Diese Regelung ist doch reine Schikane ❷SPORT *besonders schwieriger Abschnitt einer Automobilrennstrecke;* ■ **mit allen Schikanen** *(umg.) sehr luxuriös, sehr komfortabel* Er hat eine Stereoanlage mit allen Schikanen.

schi·ka·nie·ren <schikanierst, schikanierte, hat schikaniert> *mit OBJ* ■ *jmd.* **schikaniert jmdn.** *mit Schikanen ärgern, quälen:* Er schikaniert ständig seine Mitarbeiter.

Schi·ko·ree *der/die siehe* **Chicorée**

Schi·kurs *der siehe* **Skikurs**

Schi·lauf *der siehe* **Skilauf**

Schi·läu·fer *der,* **Schi·läu·fe·rin** *siehe* **Skiläufer**

Schil·cher *der* <-s, -> ÖSTERR. *ein österreichischer Roséwein*

Schild¹ *der* <-(e)s, -e> ❶ *(als Teil der Ausrüstung des mittelalterlichen Ritters) eine Metallplatte, mit der man Schwerthiebe eines Gegners abwehrt* ❷TECHN. *äußere Betonhülle eines Reaktorkerns zum Schutz vor dem Austritt radioaktiver Strahlung;* ■ **etwas im Schilde führen** *(umg.) eine bestimmte Absicht haben*

Schild² *das* <-(e)s, -er> ❶ *Tafel, Platte, auf der etwas geschrieben steht:* ein Schild anbringen/aufstellen ❷ *Etikett:* Ich habe ein Schild auf die Flaschen geklebt.

Schild·bür·ger·streich *der* <-s, -e> *(abwert.) Handlung, die ihren eigentlichen Zweck in törichter Weise verfehlt*

Schild·drü·se *die* <-, -n> ANAT. *eine Drüse in der Halsgegend, den Stoffwechsel beeinflusst* ◆-nhormon, -nüberfunktion, -nunterfunktion

schil·dern <schilderst, schilderte, hat geschildert> *mit OBJ* ■ *jmd.* **schildert (jmdm.) etwas** *ausführlich und anschaulich beschreiben:* Die Zeugin konnte den Unfallhergang in allen Einzelheiten schildern. ▸ Schilderung

Schild·der·wald *der* <-(e)s> */kein Plur./ (umg.) Häufung von Verkehrszeichen*

Schild·krö·te *die* <-, -n> *mit einem Bauch- und Rückenpanzer ausgestattetes Reptil, das sich an Land schwerfällig bewegt* ◆Riesen-, Wasser-

Schild·müt·ze *die* <-, -n> *Mütze mit länglichem Schirm³ an der Vorderseite*

Schi·leh·rer *der,* **Schi·leh·re·rin** *siehe* **Skilehrer**

Schilf *das* <-(e)s, -e> */meist Sing./ an Gewässerrändern wachsendes Gras mit rohrförmigen Halmen* ◆-dach, Ufer-

Schi·lift *der siehe* **Skilift**

Schil·ler·lo·cke *die* <-, -n> ❶ *ein Blätterteiggebäck* ❷ *ein geräuchertes Stück vom Dornhai*

schil·lern <schillert, schillerte, hat geschillert> *ohne OBJ* ■ *etwas* **schillert** *vielfarbig glänzen:* Die Seifenblase schillerte im Sonnenlicht.

schil·lernd *adj (≈ dubios) undurchschaubar, zwiespältig:* In diesem Kreis verkehren zahlreiche schillernde Persönlichkeiten.

Schil·ling *der* <-s, -e> *ehemalige österreichische Währungseinheit*

schil·pen *ohne OBJ* ■ *ein Vogel schilpt; siehe* **tschilpen**

S

Schi·mä·re, *a.* **Chi·mä·re** *die* <-, -n> *Trugbild, Hirngespinst*

Schim·mel[1] *der* <-s, -> *(↔ Rappe) weißes Pferd*

Schim·mel[2] *der* <-s, -> *weißlicher, grauer oder grünlicher Belag (aus Schimmelpilzen), der sich auf faulenden organischen Stoffen oder feuchtem Untergrund bildet:* Auf der Wand unter dem Waschbecken hat sich Schimmel gebildet.

schim·me·lig, *a.* **schimm·lig** <schimm(e)liger, am schimm(e)ligsten> *adj von Schimmel überzogen:* Das Brot ist leider schon schimmlig.

schim·meln <schimmelt, schimmelte, hat geschimmelt> *ohne OBJ* ▪ *etwas schimmelt Schimmel*[2] *ansetzen:* Das Brot schimmelt.

Schim·mel·pilz *der* <-es, -e> *die Pilzart, die Schimmel*[2] *hervorruft*

Schim·mer *der* <-s, -> */Plur. selten/ matter Lichtschein, schwacher Glanz:* Sie saßen im Schimmer einer Kerze.; Die Perlen besitzen einen eigentümlichen Schimmer.; ▪ **keinen blassen Schimmer von etwas haben** *(umg.) keine Ahnung von etwas haben*

schim·mern <schimmert, schimmerte, hat geschimmert> *ohne OBJ* ▪ *etwas schimmert einen Schimmer abgeben:* Das Mondlicht schimmert durch die Bäume.

schimm·lig *adj siehe* **schimmelig**

Schim·pan·se *der* <-n, -n> *ein Menschenaffe*

Schimpf *der* <-(e)s> */meist Sing./ Schmach, Beleidigung:* Er wurde mit Schimpf und Schande verjagt.

schimp·fen <schimpfst, schimpfte, hat geschimpft> I. *mit OBJ/ohne OBJ* ▪ *jmd. schimpft jmdn.* seinen Ärger oder seine Wut über jmdn. oder etwas mit heftigen Worten zum Ausdruck bringen: Die Mutter schimpft ihren Sohn.; Mein Mann schimpft schon seit Stunden. II. *ohne OBJ* ▪ *jmd. schimpft (mit jmdm.) (über etwas)* jmdn. mit heftigen Worten kritisieren: Der Vater schimpft mit der Tochter.; Am Stammtisch haben sie über die Politik geschimpft. III. *mit SICH* ▪ *jmd./etwas schimpft sich (etwas/irgendwie)* (umg. iron.) sich nennen (lassen): Und so einer schimpft sich nun Arzt.

schimpf·lich *adj schändlich, entehrend:* Er hatte sie schimpflich behandelt.

Schimpf·wort *das* <-(e)s, -e/ Schimpfwörter> *ein Ausdruck, mit dem man jmdn. beleidigt*

Schin·del *die* <-, -n> *kleines Holzbrett als Teil von Dachverkleidungen* ◆ -dach

schin·den <schindest, schund/schindete, hat geschunden> I. *mit OBJ* ❶ ▪ *jmd. schindet jmdn.* jmdn. so hart arbeiten lassen, dass es wie eine Folter ist: Man hat die Sklaven zu jener Zeit schwer geschunden.; Die Lasttiere wurden fast zu Tode geschunden. ❷ ▪ *jmd. schindet etwas (umg.) etwas herausschlagen:* Sie versuchte Zeit/Eindruck/Mitleid zu schinden. II. *mit SICH* ▪ *jmd. schindet sich (umg.) sich abquälen:* Sie hat sich in ihrer Jugend oft geschunden.

Schin·der *der,* **Schin·de·rin** <-s, -> *(abwert.) jmd., der andere schindet I.1:* Er gilt als übler Schinder.

Schin·de·rei *die* <-, -en> *(umg. abwert.) Placke-* rei, Qual: Diese Arbeit war eine furchtbare Schinderei.

Schind·lu·der ▪ **mit jemandem/etwas Schindluder treiben** *(umg. abwert.) jmdn. oder etwas schändlich behandeln* Er treibt doch Schindluder mit seiner Gesundheit.

Schin·ken *der* <-s, -> ❶ *eine geräucherte oder gekochte Keule eines Schlachttieres, meist eines Schweines* ◆ -speck, -wurst, Koch-, Lachs-, Roh- ❷ *(umg. scherzh. oder abwert.) großes Buch* ❸ *(umg. scherzh. oder abwert.) alter Film* ❹ *(umg. scherzh. oder abwert.) Gemälde von minderer Qualität*

Schip·pe *die* <-, -n> NORDDT. *Schaufel;* ▪ *jemanden auf die Schippe nehmen (umg.) jmdn. veralbern, über jmdn. spotten*

schip·pen <schippst, schippte, hat geschippt> *mit OBJ/ohne OBJ* ▪ *jmd. schippt (etwas) schaufeln:* Schnee schippen

schip·pern <schipperst, schipperte, ist geschippert> *ohne OBJ* ▪ *jmd. schippert irgendwohin (umg.) mit dem Schiff fahren:* Wir sind über den Bodensee geschippert.

Schi·ri *der* <-s, -s> SPORT *(umg.) kurz für „Schiedsrichter"*

Schirm *der* <-(e)s, -e> ❶ *kurz für „Regenschirm" oder „Sonnenschirm"* ❷ *kurz für „Bildschirm"* ❸ *abstehender Teil an der Vorderseite mancher Mützen* ◆ -mütze

Schirm·herr, Schirm·her·rin <-en, -en> *prominente Persönlichkeit, die z. B. bei Sport- oder Wohltätigkeitsveranstaltungen als Förderer und Betreuer auftritt* ◆ Schirmherrschaft

Schirm·stän·der *der* <-s, -> *ein Behälter, in den man den (nassen) Regenschirm stellen kann*

Schi·rok·ko *der* <-s> */kein Plur./ heißer, von Nordafrika nach Südeuropa wehender Mittelmeerwind*

Schis·ma *das* <-, Schismen/Schismata> REL. *(≈ Kirchenspaltung)*

Schi·sprin·ger *der siehe* **Skispringer**

Schiss *der* <-es, -e> */meist Sing./ (umg.) Angst:* Hast du etwa Schiss vor der Prüfung?

Schis·ser *der* <-s, -> *(umg. abwert.) ängstliche Person, Feigling*

Schi·stock *der siehe* **Skistock**

schi·zo·phren *adj /nicht steig./* ❶ PSYCH., MED. *an Schizophrenie leidend, für sie typisch, auf ihr beruhend* ❷ *(geh.) in sich widersprüchlich, absurd:* Eine solche Ansicht ist doch schizophren.; Unsere Situation ist ziemlich schizophren.

Schi·zo·phre·nie *die* <-, ...-nien> ❶ */kein Plur./* PSYCH., MED. *eine psychische Erkrankung, in deren Folge Symptome wie Bewusstseinsspaltung, Denkstörungen und Halluzinationen auftreten* ❷ *(geh.) das Schizophrensein*[2]*:* Das zeigt doch die ganze Schizophrenie einer solchen Politik.

schlab·bern <schlabberst, schlabberte, hat schlabbert> *(umg.)* I. *mit OBJ/ohne OBJ* ▪ *jmd./ein Tier schlabbert (etwas) auflecken:* Die Katze schlabbert die Milch.; Der Hund schlabbert aus dem Napf. II. *ohne OBJ* ▪ *etwas schlabbert (von locker fallender Kleidung) sich schlenkernd hin und her bewegen:* Der Rock schlabbert.

Schlạcht *die* <-, -en> *ein großes Gefecht zwischen feindlichen Truppen:* Die beiden Heere lieferten sich eine blutige Schlacht.; Die Schlacht tobte/wütete mehrere Tage lang. ◆-feld, Panzer-, See-
schlạch·ten <schlachtest, schlachtete, hat geschlachtet> *mit OBJ* ▪ *jmd.* **schlachtet ein Tier** *ein Tier wegen seines Fleisches töten:* Der Fleischer schlachtet Schweine/Rinder/Hühner. ► Schlachtung
Schlạch·ten·bumm·ler *der,* **Schlạch·ten·bumm·le·rin** <-s, -> SPORT *(umg.) ein Anhänger einer (Fußball-)Mannschaft, der diese zu auswärtigen Spielen begleitet*
Schlạch·ter *der,* **Schlạch·te·rin** <-s, -> NORDDT. *Fleischer, Metzger*
Schlạch·te·rei *die* <-, -en> NORDDT. *Fleischerei, Metzgerei*
Schlạcht·hof *der* <-(e)s, Schlachthöfe> *ein Betrieb, in dem Schlachtvieh geschlachtet, zerlegt und weiterverarbeitet wird*
Schlạcht·plan *der* <-(e)s, Schlachtpläne> MILIT. *Plan über das strategische Vorgehen der Truppen in einer Schlacht;* ▪ **einen Schlachtplan aushecken/machen** *(umg.) einen Plan für eine Unternehmung oder Reise etc. aufstellen*
Schlạcht·ruf *der* <-(e)s, -e> *eine Parole, die Fans ihrer Mannschaft bei einem Sportwettkampf zurufen, um sie anzufeuern*
Schlạcht·vieh *das* <-s> */kein Plur./ zur Schlachtung gehaltenes Tier*
Schlạ·cke *die* <-, -n> *die Abfallmasse, die bei einem Schmelzprozess oder einer Verbrennung (von Steinkohle) zurückbleibt*
schlạ·ckern <schlackerst, schlackerte, hat geschlackert> *ohne OBJ* ▪ **etwas schlackert** *sich lose hin und her bewegen:* Ich bin so erschrocken, dass mir immer noch die Knie schlackern.; ▪ **mit den Ohren schlackern** *(umg.) sehr überrascht oder erstaunt sein*
Schlaf *der* <-(e)s> */kein Plur./ der Ruhezustand des Körpers, in dem das Bewusstsein ausgeschaltet ist und viele Körperfunktionen herabgesetzt sind:* Sie hat einen festen/leichten/tiefen Schlaf.; Er konnte einfach keinen Schlaf finden.; Du hast im Schlaf gesprochen.; Sie singt ihr Kind in den Schlaf.; Ich komme mit wenig Schlaf aus. ◆-apnoe, -couch, -dauer, -einleitung, -entzug, -forschung, -hygiene, -kultur, -lähmung, -mangel, -medizin, -mittel, -phasen, -raum, -saal, -störung, -tablette, -zimmer, Halbhirn-, Sekunden-
Schlaf·an·zug *der* <-(e)s, Schlafanzüge> *beim Schlafen getragener Anzug aus Hose und Oberteil*
Schläf·chen *das* <-s, -> *(umg.) kurzer Schlaf:* Er macht mittags immer ein Schläfchen.
Schlä·fe *die* <-, -n> *der seitliche Teil des Kopfes oberhalb der Wangen;* ▪ **graue Schläfen** *an den Schläfen ergrautes Haar*
schla·fen <schläfst, schlief, hat geschlafen> *ohne OBJ* ▪ *jmd.* **schläft** ❶ *sich im Zustand des Schlafs befinden:* Die Kinder schlafen tief und fest.; Wir sollten sie noch schlafen lassen. ❷ *(umg. abwert.) unaufmerksam sein:* Hast du im Unterricht schon wieder geschlafen?; Die anderen Firmen haben geschlafen und den neuen Trend verpasst. ❸ ▪ *jmd.*

schläft mit jmdm. *mit jmdm. Geschlechtsverkehr haben;* ▪ **über etwas noch einmal schlafen müssen** *(umg.) über etwas noch einmal nachdenken müssen*
Schlä·fen·bein *das* <-s, -e> *der Knochen des Schädels, der unter der Schläfe liegt*
Schla·fens·zeit *die* <-, -en> */meist Sing./ die Zeit, zu der jmd. üblicherweise schlafen geht:* Ab ins Bett, Kinder, es ist längst Schlafenszeit!
schlaff *adj* ❶ (↔ *gespannt) so, dass es nicht unter Spannung steht:* Das Seil hing schlaff herab. ❷ *nicht straff (und daher faltig):* Im Alter wird die Haut schlaffer. ❸ (≈ *schlapp) kraftlos:* Das schwüle Wetter macht mich ganz schlaff. ► Schlaffheit
Schlaf·fi *der* <-s, -s> *(umg. abwert.) jmd., der träge und kraftlos ist und keine Lust hat, etwas zu unternehmen*
Schla·fitt·chen ▪ **jemanden am/beim Schlaffittchen packen/nehmen/kriegen** *jmdn. packen, festhalten und schimpfen*
Schlaf·krank·heit *die* <-> */kein Plur./ eine Tropenkrankheit, bei der man sehr müde ist*
Schlaf·lied *das* <-(e)s, -er> *ein Lied, mit dem man kleine Kinder in den Schlaf zu singen versucht*
schlaf·los *adj* /nicht steig./ *nicht in der Lage einzuschlafen oder durchzuschlafen:* Vor Kummer verbrachte ich schlaflose Nächte. ► Schlaflosigkeit
Schlaf·müt·ze *die* <-, -n> ❶ *(umg.) jmd., der viel schläft:* Aufstehen, ihr Schlafmützen! ❷ *(umg. abwert.) langsamer, langweiliger Mensch*
schläf·rig *adj* *so müde, dass man fast einschläft:* Wenn du schläfrig wirst, solltest du ins Bett gehen.; Die Musik macht mich ganz schläfrig.
Schlaf·rock *der* <-(e), ...-röcke> *(veralt.:* ≈ *Morgenmantel)* ▪ **Äpfel im Schlafrock** KOCH. *Bratäpfel in einer Teighülle*
Schlaf·sack *der* <-(e)s, Schlafsäcke> *eine Hülle in der Art eines weich gepolsterten und isolierten Sackes, in der man schlafen kann, beispielsweise wenn man im Freien übernachtet*
schlaf·trun·ken *adj* /nicht steig./ *(geh.) nach dem Schlaf noch nicht ganz wach*
Schlaf·wa·gen *der* <-s, -> *ein Eisenbahnwagen, dessen Abteile mit Betten ausgerüstet sind*
schlaf·wan·deln <schlafwandelst, schlafwandelte, ist schlafgewandelt> *ohne OBJ* ▪ *jmd.* **schlafwandelt** *(ohne Bewusstsein) im Schlaf herumlaufen und Dinge tun* ► Schlafwandler
schlaf·wand·le·risch *adj* /nicht steig./ *ohne jegliche Unsicherheit:* Das Tanzpaar bewegt sich mit schlafwandlerischer Sicherheit.
Schlaf·zim·mer·blick *der* <-(e)s> */kein Plur./ (umg.) aufreizender, lasziver Blick*
Schlag *der* <-(e)s, Schläge> ❶ *eine mit dem Arm oder der Faust geführte, heftige Bewegung gegen ein Ziel:* Er hat den Gegner mit einem Schlag niedergestreckt. ◆Faust-, Handkanten- ❷ *ein lauter Knall:* Auf dem Dachboden hat es einen fürchterlichen Schlag gemacht. ❸ *Unheil, Unglück, Schicksalsschlag:* Der Unfall war ein schwerer Schlag für ihn. ❹ *eine militärische Angriffsaktion:* Die Gefahr eines atomaren/nuklearen Schlags ist gesunken. ❺ *kurz für „Stromschlag":* Das Kind hat an den

Elektrozaun gegriffen und einen Schlag erhalten. **❻** *(umg.) kurz für „Schlaganfall"* **❼** *(umg.) einen großen Löffel voll:* Ich hätte gerne noch einen Schlag Eintopf.; ■ **ein Schlag ins Gesicht** *(umg.) eine Beleidigung;* ■ **mit einem Schlag(e)** *auf einmal;* ■ **Schlag auf Schlag** *schnell aufeinanderfolgend;* ■ **jemanden trifft der Schlag** *(umg. übertr.) jmd. ist in höchstem Maße überrascht* Mich trifft der Schlag! Was machst du denn hier?

Schlag·ader *die* <-, -n> *(≈ Arterie)*

Schlag·an·fall *der* <-(e)s, Schlaganfälle> MED. *eine plötzliche Unterversorgung des Gehirns mit Sauerstoff*

schlag·ar·tig *adj /nicht steig./ plötzlich, unvermittelt:* Als er die Bühne betrat, wurde es schlagartig still im Publikum.

Schlag·baum *der* <-(e)s, Schlagbäume> *(≈ Schranke)*

Schlag·boh·rer *der* <-s, -> *eine leistungsstarke elektrische Bohrmaschine*

schla·gen <schlägst, schlug, hat geschlagen> **I.** *ohne OBJ* **❶** ■ *jmd.* **schlägt jmdn. irgendwie** *prügeln:* Man hatte das wehrlose Opfer bewusstlos/krankenhausreif geschlagen. **❷** ■ *jmd.* **schlägt etwas in etwas** *Akk. etwas mit einem Hammer in etwas hineinklopfen:* Ich muss erst einen Nagel in die Wand schlagen. **❸** ■ *jmd.* **schlägt jmdn.** SPORT *(≈ besiegen)* Die heimische Mannschaft hat den Gegner/hoch/verdient/überraschend/mit 2:0 geschlagen. **II.** *ohne OBJ* **❶** ■ *jmd.* **schlägt auf/gegen etwas** *Akk. einen Schlag¹ mit der Hand auf einen Gegenstand ausüben:* Er hat mit der Faust auf den Tisch geschlagen.; Sie hat mehrmals gegen die Türe geschlagen. **❷** ■ *jmd.* **schlägt auf/gegen etwas** *Akk. in kurzen regelmäßigen Abständen gegen etwas prallen:* Der Regen schlägt ans Fenster/gegen die Scheiben. **❸** ■ *etwas* **schlägt irgendwie** *in kurzen regelmäßigen Abständen spürbar sein:* Sein Herz schlug vor Aufregung/Freude/Angst schneller/wie verrückt. **❹** ■ *etwas* **schlägt etwas** *etwas durch Töne anzeigen:* Die Turmuhr hat gerade 12 geschlagen. **❺** ■ *jmd.* **schlägt nach jmdm.** *jmdm. im Aussehen oder im Verhalten ähneln:* Während die Tochter dem Vater ähnelt, schlägt der Sohn der Mutter nach. **III.** *mit SICH* **❶** ■ *jmd.* **schlägt sich mit jmdm.** *sich prügeln:* Der Junge hat sich mit seinem Freund geschlagen. **❷** ■ *jmd.* **schlägt sich (irgendwie)** *eine Situation in einer bestimmten Weise meistern:* Sie hatte sich in diesem Wettkampf tapfer geschlagen.

schla·gend *adj (umg.) so, dass etwas sehr logisch und überzeugend ist:* Er konnte den schlagenden Beweis dafür liefern, dass …

Schla·ger *der* <-s, -> *ein populäres Musikstück mit eingängiger Melodie und einfachem Text* ◆-festival, -sänger

Schlä·ger¹ *der* <-s, -> SPORT *ein Gerät aus Holz oder Kunststoff, mit dem man den Ball oder den Puck spielt*

Schlä·ger² *der;* **Schlä·ge·rin** <-s, -> *(abwert.) ein brutaler Randalierer*

Schlä·ge·rei *die* <-, -en> *eine brutale Prügelei:* Sie wurden auf dem Nachhauseweg in eine Schlägerei verwickelt.

schlä·gern <schlägerst, schlägerte, hat geschlägert> *ohne OBJ* ■ *jmd.* **schlägert** ÖSTERR. *(holz)fällen*

schlag·fer·tig *adj so, dass jmd. sehr schnell auf Aussagen reagiert und besonders einfallsreiche Antworten gibt:* Das war wirklich eine schlagfertige Antwort. ▷ Schlagfertigkeit

Schlag·ho·se *die* <-, -n> MODE *eine Hose, bei der die Beine nach unten hin weiter werden:* In den 1960er Jahren waren Schlaghosen sehr in Mode.

Schlag·in·s·t·ru·ment *das* <-(e)s, -e> *ein Musikinstrument, dessen Töne auf unterschiedliche Weise durch Anschlagen entstehen:* Die Trommel ist ein Schlaginstrument.

Schlag·kraft *die* <-> */kein Plur./* **❶** *(≈ Wirksamkeit)* Der Schlagkraft seiner Argumente konnte niemand etwas entgegensetzen. **❷** MILIT. *Kampfstärke*

schlag·kräf·tig *adj so, dass etwas sehr überzeugend ist:* Der Polizei liegen schlagkräftige Beweise vor.

Schlag·loch *das* <-(e)s, Schlaglöcher> *ein Loch im Fahrbahnbelag:* Fahr langsamer, die Straße hat viele Schlaglöcher.

Schlag·obers *das* <-> */kein Plur./* ÖSTERR. *Schlagsahne*

Schlag·rahm *der* <-(e)s> */kein Plur./* LANDSCH. *Schlagsahne*

Schlag·sah·ne *die* <-> */kein Plur./* **❶** *Sahne zum Schlagen:* Ich muss noch Schlagsahne kaufen. **❷** *geschlagene Sahne:* ein Eis mit Schlagsahne

Schlag·sei·te *die* <-> */kein Plur./ starke seitliche Neigung eines Schiffes:* Das Schiff hat Schlagseite.; ■ **Schlagseite haben** *(umg.) betrunken sein*

Schlag·stock *der* <-(e)s, Schlagstöcke> *eine Schlagwaffe (aus Hartgummi) in Form eines Stocks*

Schlag·uhr *die* <-, -en> *eine Uhr, die die Zeit durch ein schlagendes Geräusch anzeigt*

Schlag·wort *das* <-(e)s, -e/Schlagwörter> **❶** *eingängiger Ausdruck (mehr als ein einzelnes Wort), der oft als Parole oder als Mittel zur Propaganda gebraucht wird:* Was waren die Schlagworte der Französischen Revolution? **❷** *(oft abwert.) ein abgegriffener, verschwommener Ausdruck, der häufig und ohne viel nachzudenken im Zusammenhang mit einem bestimmten Thema gebraucht wird:* Umweltschutz sollte mehr als ein bloßes Schlagwort sein. **❸** */pl.: -wörter/ kennzeichnendes, den Inhalt eines Buches charakterisierendes Wort (für die Karteien, Kataloge einer Bibliothek, in der die Bücher nach Schlagwörtern sortiert sind)* ◆-katalog

Schlag·zei·le *die* <-, -n> *eine optisch markant hervorgehobene Artikelüberschrift in Tageszeitungen;* ■ **Schlagzeilen machen** *(umg.) viel Aufsehen erregen und so Gegenstand häufiger Medienberichterstattung werden*

Schlag·zeug *das* <-(e)s, -e> *ein im Sitzen zu spielendes Musikinstrument, das aus verschiedenen Trommeln und Becken besteht* ▷ Schlagzeuger

schlak·sig *adj (umg. abwert.) sehr groß und dünn*

und ein wenig ungeschickt: ein schlaksiger Bursche

Schla·mas·sel der/das <-s> /kein Plur./ (umg.) eine verfahrene, schwierige Situation: Wir sitzen ganz schön im Schlamassel.; Da haben wir den Schlamassel.

Schlamm der <-(e)s, -e/ Schlämme> eine feuchte Masse aus Erde und Wasser: Nach ausgiebigen Regenfällen bedeckte Schlamm die Wege.; Die Taucher wühlten den Schlamm auf dem Grund des Sees auf. ▶ schlammig

Schlamm·bad das <-(e)s, Schlammbäder> Baden in Schlamm meist bei einer Kur, um bestimmte Krankheiten zu lindern

Schlämm·krei·de die <-> gereinigte Kreide für Zahnputzmittel und Anstriche

Schlamm·pa·ckung die <-, -en> eine Packung mit Schlamm, die besonders bei Rheuma angewandt wird

Schlamm·schlacht die <-, -en> (umg.) ein unsachlicher und sehr emotional geführter (politischer) Streit, der in der Öffentlichkeit ausgetragen wird

Schlam·pe die <-, -n> (umg. abwert.) ❶ eine unordentliche Frau ❷ eine Frau, die sehr viele sexuelle Beziehungen hat

schlam·pen <schlampst, schlampte, hat geschlampt> ohne OBJ ■ jmd. schlampt (umg. abwert.) nachlässig und ohne Sorgfalt arbeiten: Die Handwerker haben bei der Verlegung des Parkettbodens geschlampt. ▶ Schlamper, schlampig

Schlam·pe·rei die <-, -en> (umg. abwert.) ❶ eine nachlässige Arbeit: Ich werde mich über die Schlamperei der Handwerker beschweren. ❷ Unordnung: Die Schlamperei mit den Fotos muss ein Ende haben.

Schlan·ge¹ die <-, -n> ❶ ein Reptil ohne Beine mit einem länglichen Körper und einer gespaltenen Zunge, das sich in Windungen fortbewegt und dessen Biss giftig sein kann: Die Kobra ist eine giftige Schlange. ◆ -nbiss, -ngift, -nleder, Gift-, Riesen- ❷ (abwert.) Bezeichnung für eine hinterlistige Frau: Die falsche Schlange hat mich angelogen.

Schlan·ge² die <-, -n> Menschen, die in einer (langen) Reihe (vor einem Schalter, einer Ladentür o. Ä.) warten: An der Kasse bildete sich schnell eine Schlange.; ■ **Schlange stehen** in einer langen Reihe von Menschen stehen ◆ Warte-

schlän·geln <schlängelst, schlängelte, hat geschlängelt> mit SICH ❶ ■ ein Tier schlängelt sich sich in Windungen gleitend fortbewegen: Die Kobra schlängelt sich über den Boden ❷ ■ etwas schlängelt sich irgendwo in einer Schlangenlinie verlaufen: Der Weg schlängelt sich durch das Tal. ❸ ■ jmd. schlängelt sich durch etwas Akk. geschmeidig hindurchbewegen: Ich schlängelte mich durch die Menschenmenge nach vorn zur Bühne.

Schlan·gen·gur·ke die <-, -n> eine besonders lange Gurke

Schlan·gen·li·nie die <-, -n> eine stark kurvige Linie: Der Betrunkene fuhr in Schlangenlinien.

Schlan·gen·mensch der <-en, -en> ein Akrobat,

dessen Kunst darin besteht, seinen Körper mit höchster Gelenkigkeit zu bestimmten Posen zu verdrehen

schlank <schlanker, am schlank(e)sten> adj (↔ dick, korpulent) (bezogen auf die Körpergröße) von relativ geringem Körpergewicht: Sie ist sehr schlank.; Er hat eine schlanke Figur. ◆ gertenSchlank·heits·kur die <-, -en> (umg.) Diät zur Gewichtsreduktion

schlapp adj ❶ müde, erschöpft: Nach der Bergtour waren alle völlig schlapp. ❷ (umg. abwert.) langweilig: Ist dieser schlappe Kerl tatsächlich ihr neuer Freund?; siehe auch **schlappmachen**

Schlap·pe die <-, -n> Misserfolg, Rückschlag: Die Partei musste bei der Wahl eine schwere Schlappe einstecken.

Schlap·pen der <-s, -> (umg.) ein bequemer Hausschuh

schlapp·ma·chen <machst schlapp, machte schlapp, hat schlappgemacht> ohne OBJ ■ jmd. **macht schlapp** (umg.) nicht mehr durchhalten, weil man keine Kraft mehr hat: Er wollte nicht auf halbem Weg schlappmachen.

Schlapp·schwanz der <-es, Schlappschwänze> (umg. abwert.) ein schwacher, wenig energischer Mensch

Schla·raf·fen·land das <-(e)s> /kein Plur./ ein Wunderland, in dem man ohne zu arbeiten alles bekommt, was man sich wünscht

schlau <schlauer, am schlau(e)sten> adj listig und klug: So schlau bin ich auch schon!; Das hat der Bursche schlau angestellt.; ■ **aus jemandem nicht schlau werden** (umg.) jmdn. nicht durchschauen; ■ **aus etwas nicht schlau werden** (umg.) etwas nicht verstehen ▶ Schläue

Schlau·ber·ger der <-s, -> (umg. oft scherzh. oder abwert.) jmd., der schlau und pfiffig ist

Schlauch der <-(e)s, Schläuche> ❶ eine biegsame Röhre zur Leitung von Flüssigkeiten: Aus dem Schlauch tritt Wasser aus. ❷ (↔ Mantel) der mit Luft gefüllte innere Teil eines Reifens: Ich brauche einen neuen Schlauch für mein Fahrrad.; ■ **auf dem Schlauch stehen** (umg.) etwas nicht gleich verstehen, begriffsstutzig sein ◆ -reifen

Schlauch·boot das <-(e)s, -e> ein aufblasbares Gummiboot

schlau·chen <schlaucht, schlauchte, hat geschlaucht> mit OBJ/ohne OBJ ■ etwas **schlaucht (jmdn.)** anstrengen: Der Umzug hat mich ziemlich geschlaucht.

schlau·er·wei·se adv so, dass es schlau ist: Er hat ihr schlauerweise noch nichts davon erzählt.

Schlau·fe die <-, -n> Schleife, Schlinge (zum Sichfesthalten, zum Durchziehen eines Gürtels)

Schlau·mei·er der <-s, -> (umg. oft scherzh. oder abwert.) Schlauberger

schlecht adj (↔ gut) ❶ so, dass die Qualität niedriger als der Durchschnitt ist: schlechtes Essen; Sie haben schlechte Arbeit geleistet.; Deine Leistungen sind schlecht. ❷ schwach, nicht ausreichend: Er hat ein schlechtes Gedächtnis.; Das Konzert war schlecht besucht/schlechtbesucht.; Die Wunde heilt schlecht.; Er ist ein ziemlich schlecht bezahlter/schlechtbezahlter Job. ❸ ungünstig, nach-

S

teilig, schlimm: Das waren schlechte Zeiten.; Das Wetter war sehr schlecht.; Sie ist schlecht gelaunt/ schlechtgelaunt.; Um den Patienten ist es schlecht bestellt.; Mit dem Kauf dieses Grundstücks waren wir schlecht beraten.; Er hat einen schlecht sitzenden/schlechtsitzenden Anzug. ❹*unangenehm:* Das ist eine schlechte Angewohnheit von ihm. ❺*böse:* Er ist und bleibt ein schlechter Mensch. ❻*körperlich unwohl:* Mir ist auf dem Schiff schlecht geworden.; ■ **mehr schlecht als recht** *(umg.) nicht besonders gut* ◆Getrennt- oder Zusammenschreibung →R 4.16 schlecht beraten/ schlechtberaten; schlecht bezahlt/schlechtbezahlt; schlecht gehen/schlechtgehen; schlecht gelaunt/ schlechtgelaunt; schlecht sitzend/schlechtsitzend

schlech·ter·dings *adv (veralt.) geradezu:* Das ist schlechterdings unmöglich.

schlecht·hin *adv* ❶ ■ *der/die/das ... schlechthin der/die/das ... in vollkommener Ausprägung:* Ich meine, sie ist die Opernsängerin schlechthin. ❷*ganz und gar:* Das ist schlechthin unmöglich.

Schlech·tig·keit *die* <-, -en> ❶*/kein Plur./ Niederträchtigkeit, Gemeinheit:* So viel Schlechtigkeit hätte ich ihm nicht zugetraut. ❷*eine schlechte und böse Tat*

schlecht·ma·chen <machst schlecht, machte schlecht, hat schlechtgemacht> *mit OBJ* ■ *jmd. macht jmdn./etwas schlecht (umg.) Nachteiliges über jmdn. erzählen* ◆Zusammenschreibung →R 4.6 Sie hat dich beim Chef ganz schön schlechtgemacht.

Schlecht·wet·ter·pe·ri·o·de *die* <-, -n> *(↔ Schönwetterperiode) eine Phase, in der das Wetter immer schlecht ist*

schle·cken <schleckst, schleckte, hat geschleckt> *mit OBJ/ohne OBJ* ■ *jmd./ein Tier schleckt etwas* ❶*(umg.: ≈ lecken)* Die Katze schleckt Milch.; Der Junge schleckt an einem Eis. ❷NORDDT. *naschen:* Das Mädchen schleckt Bonbons.; Der Junge schleckt gern.

Schle·cker·maul *das* <-(e)s, Schleckermäuler> *(umg. scherzh.) jmd., der gern Süßes isst:* Sie ist ein richtiges Schleckermaul.

Schle·gel *der* <-s, -> ❶SÜDDT., ÖSTERR. *Hinterkeule von Schlachttieren* ❷*ein Werkzeug zum Schlagen (beispielsweise einer Trommel)*

Schleh·dorn *der* <-(e)s, -e> */kein Plur./ (≈ Schwarzdorn) ein Strauch mit Dornen, der kleine runde blaue Früchte trägt*

Schle·he *die* <-, -n> ❶*(≈ Schwarzdorn) Schlehdorn* ❷*Frucht des Schlehdorns*

Schlei·che *die* <-, -n> ZOOL. *eine schlangenähnliche Echse* ◆Blind-

schlei·chen <schleichst, schlich, ist geschlichen> **I.** *ohne OBJ* ■ *jmd. schleicht langsam und leise gehen:* Sie schlich auf Zehenspitzen durchs Zimmer. **II.** *mit SICH* ■ *jmd. schleicht sich irgendwohin sich vorsichtig, lautlos und schleichend bewegen:* Er schlich sich leise aus dem Raum.

schlei·chend *adj /nicht steig./ so, dass es langsam immer schlimmer wird:* Diese Krankheit nimmt einen schleichenden Verlauf.

Schleich·han·del *der* <-s> */kein Plur./ ein illega-*

ler, heimlicher Handel, bei dem die normalen Handelswege und rechtliche Bestimmungen umgangen werden

Schleich·weg *der* <-(e)s, -e> *ein verborgener, nur wenigen Personen bekannter Weg*

Schleich·wer·bung *die* <-> */kein Plur./ indirekte Werbung für Produkte oder Firmen in den Medien, beispielsweise durch Nennung eines Produktnamens während eines Interviews im Radio oder Fernsehen*

Schleie *die* <-, -n> *eine Karpfenart*

Schlei·er *der* <-s, -> ❶*ein Tuch aus feinem, meist durchsichtigem Stoff, das Kopf und Gesicht bedeckt* ❷*Dunst-, Nebelschleier;* ■ **den Schleier lüften** *(umg.) das Geheimnis enthüllen*

Schlei·er·eu·le *die* <-, -n> *eine Eulenart, für die die ausgeprägten Federn um die Augen herum charakteristisch sind*

schlei·er·haft *adj /nicht steig./ (umg.: ≈ rätselhaft)* Es ist mir völlig schleierhaft, wie das passieren konnte.

Schlei·er·kraut *das* <-(e)s> */kein Plur./ eine Pflanze mit weißen Blüten, die oft in Blumensträußen verwendet wird*

Schlei·fe *die* <-, -n> ❶*eine Schlinge; eine leicht lösbare Verknüpfung (aus Schnur oder Band):* Mir ist die Schleife am Schuhband aufgegangen. ❷*ein zu zwei Schlaufen gebundenes schmales Stoffband, das als Verzierung dient:* Sie trägt eine Schleife im Haar. ❸*eine sehr stark gekrümmte Kurve:* Der Fluss macht eine Schleife.

schlei·fen¹ <schleifst, schliff, hat geschleift> **I.** *mit OBJ* ■ *jmd. schleift etwas* ❶*etwas (mühsam) über den Boden oder eine ebene Fläche ziehen:* Er schleifte den Kartoffelsack in den Keller. ❷ ■ *jmd. schleift jmdn. irgendwohin (umg. abwert.) jmdn., der eigentlich nicht will, überreden, irgendwohin mitzugehen:* Sie hat mich in die Oper geschleift. **II.** *ohne OBJ* ■ *etwas schleift (an etwas Akk.) sich bewegen und dabei andauernd etwas berühren:* Das Schutzblech schleift am Rad.; ■ *alles schleifen lassen (umg.) alles vernachlässigen*

schlei·fen² <schleifst, schliff, hat geschliffen> *mit OBJ* ❶ ■ *jmd. schleift etwas ein Schneidegerät (durch Reiben an etwas Hartem) schärfen:* Ich muss das Messer/die Scheren schleifen. ❷ ■ *jmd. schleift jmdn.* MILIT. *brutal drillen:* Der Ausbilder schleift die Rekruten. ▶Schleifer

Schleif·ma·schi·ne *die* <-, -n> *ein Gerät zum Schleifen¹*

Schleif·pa·pier *das* <-(e)s, -e> *(≈ Schmirgelpapier)*

Schleim *der* <-(e)s, -e> ❶*eine zähflüssige Substanz, die von bestimmten Drüsen gebildet wird:* Er hat Schleim im Hals.; Schnecken sondern Schleim ab. ❷*eine breiartige Speise (für Kranke)*

schlei·men <schleimst, schleimte, hat geschleimt> *ohne OBJ* ❶ ■ *etwas schleimt Schleim¹ absondern* ❷ ■ *jmd. schleimt (abwert.) heuchlerisch und übertrieben schmeicheln* ▶Schleimer

Schleim·haut *die* <-, Schleimhäute> MED. *Haut,*

*die Schleim*¹ *absondert:* Die Schleimhaut in der Nase ist gereizt.

schlei·mig *adj* ❶ *mit Schleim bedeckt, wie Schleim:* Die Schnecke ist ganz schleimig.; Was ist das für ein schleimiges Zeug? ❷ *(abwert.) scheinheilig:* Diese schleimigen Typen kann doch niemand ausstehen.

schlem·men <schlemmst, schlemmte, hat geschlemmt>   *mit OBJ/ohne OBJ* ■ *jmd. schlemmt (etwas) (umg.) viel und gut essen:* Wir haben Austern geschlemmt.; In diesem Lokal kann man so richtig schlemmen. ▶ Schlemmer, Schlemmerei

schlen·dern <schlenderst, schlenderte, ist ge­schlendert> *ohne OBJ* ■ *jmd. schlendert langsam und gemütlich gehen:* Wir sind abends noch ein wenig durch die Fußgängerzone geschlendert.

Schlen·d·ri·an *der* <-(e)s> /kein Plur./ (umg. abwert.) Schlamperei, Nachlässigkeit, Trägheit:* Pass auf, dass der alte Schlendrian nicht wieder einreißt!

Schlen·ker *der* <-s, -> *eine plötzliche, unerwartete Bewegung:* Er konnte mit dem Auto gerade noch einen Schlenker nach links machen.

schlen·kern <schlenkerst, schlenkerte, hat ge­schlenkert> *mit OBJ/ohne OBJ* ■ *jmd. schlenkert (etwas) locker hin und her bewegen:* Sie schlenkert die Arme.; Er saß auf der Mauer und schlenkerte mit den Beinen.

Schlep·pe *die* <-, -n> *der lange, hintere Teil eines festlichen Kleides, der beim Gehen über den Boden schleift:* Die Kinder trugen die Schleppe des Hochzeitskleids.

schlep·pen <schleppst, schleppte, hat ge­schleppt> I. *mit OBJ* ❶ ■ *jmd. schleppt jmdn./etwas eine schwere Last tragen:* Hast du die Einkaufstaschen allein nach oben geschleppt? ❷ ■ *jmd. schleppt etwas irgendwohin hinter sich herziehen:* Das Schiff wurde in den Hafen geschleppt. ❸ ■ *jmd. schleppt jmdn. irgendwohin (umg. übertr.) jmdn., der eigentlich nicht will, überreden, irgendwohin mitzugehen:* Sie hat mich in die Oper geschleppt. II. *mit SICH* ■ *jmd. schleppt sich (irgendwohin) langsam und mühevoll gehen:* Sie konnte sich mit letzter Kraft zum Telefon schleppen und die Polizei anrufen.

schlep·pend *adj* ❶ *schwerfällig:* Mit schleppenden Schritten kam er die Treppe herauf. ❷ *langsam und mühsam:* Die Arbeiten gingen nur schleppend voran.

Schlep·per *der* <-s, -> ❶ *ein kleineres, speziell ausgerüstetes Schiff, das große Schiffe ziehen kann* ❷ (≈ *Traktor*) ❸ *(umg. abwert.) jmd., der illegale Einwanderung als Fluchthelfer unterstützt, um sich daran zu bereichern* ◆-kriminalität

Schlepp·lift *der* <-(e)s, -s> *(↔ Sessellift) eine Vorrichtung, die Skifahrer den Berg hinaufzieht*

Schlepp·netz *das* <-es, -e> *ein Netz zum Fischen, das von Booten durch das Wasser gezogen wird* ◆-fischerei

Schlepp·tau *das* ■ *in jemandes Schlepptau (umg.) in jmds. Begleitung oder Gefolge* Der Sänger verließ die Halle mit den zahllosen Fans im Schlepptau.; ■ *je

manden ins Schlepptau nehmen *jmdm. behilflich sein*

Schle·si·en <-s> *(hist.) das bis zum Ende des Zweiten Weltkriegs zu Deutschland gehörende Gebiet beiderseits der oberen und mittleren Oder* ▶ Schlesier, Schlesierin, schlesisch

Schles·wig-Hol·stein <-s> *Bundesland im Norden Deutschlands* ▶ Schleswig-Holsteiner, Schleswig-Holsteinerin, schleswig-holsteinisch

Schleu·der *die* <-, -n> ❶ *eine Waffe, die ein Geschoss schleudert* II.1 *kann* ◆Stein- ❷ *ein Gerät, in dem man Dingen mit Hilfe der (von der Rotation eines Behälters erzeugten) Zentrifugalkraft Flüssigkeiten entziehen kann* ◆Salat-, Wäsche-

Schleu·der·ball *der* <-(e)s, Schleuderbälle> SPORT ❶ *ein Ball aus Leder den man an einer Schlaufe festhält und schleudert* ❷ *ein Ballspiel, bei dem ein Schleuderball*¹ *möglichst weit geworfen werden muss*

Schleu·der·ge·fahr *die* <-, -en> *die Gefahr, dass ein Kraftfahrzeug auf nasser oder vereister Fahrbahn ins Schleudern III kommt*

schleu·dern <schleuderst, schleuderte, hat/ist geschleudert> I. *mit OBJ/ohne OBJ* ■ *jmd. schleudert etwas (haben) ❶ mit einer Zentrifuge Honig aus den Waben herauslösen:* Der Imker schleudert Honig. ❷ *die Wäsche in einer Waschmaschine mit einer Zentrifuge sehr schnell drehen lassen, damit das Wasser aus der Kleidung gepresst wird:* Hat die Wäsche schon geschleudert?; Die Waschmaschine schleudert gerade. II. *mit OBJ* ■ *jmd. schleudert etwas irgendwohin (haben) mit heftigem Schwung werfen, etwas in rasche Bewegung versetzen:* Er schleuderte den brennenden Papierkorb aus dem Fenster.; Durch den Aufprall wurde das Auto geschleudert. III. *ohne OBJ* ■ *etwas schleudert (sein) in voller Fahrt seitlich aus der Spur rutschen:* Der Wagen schleuderte und kam von der Fahrbahn ab.; ■ *ins Schleudern geraten/kommen (umg.) unsicher werden* Bei dieser Frage bin ich etwas ins Schleudern geraten.

Schleu·der·preis *der* <-es, -e> /meist Plur./ (umg.) ein äußerst günstiger Preis:* Die auslaufende Wintermode wurde zu Schleuderpreisen verkauft.

Schleu·der·sitz *der* <-es, -e> *eine mit einem Fallschirm versehene Vorrichtung in Kampfflugzeugen, die den Piloten im Notfall aus dem Flugzeug katapultiert*

schleu·nigst *adv* (≈ *sofort*) Gib mir jetzt schleunigst das Geld!

Schleu·se *die* <-, -n> ❶ *eine Anlage, in der Schiffe gehoben oder gesenkt werden können, um Höhenunterschiede zu überwinden* ❷ *eine Klappe zum Stauen und Freigeben eines Wasserlaufs* ❸ *ein abgezogener Zugang zu einem abgeschirmten Raum darstellen Raum, in dem z. B. Desinfektionen vorgenommen werden:* Bevor das Labor betreten durfte, musste er eine Schleuse passieren.

schleu·sen <schleust, schleuste, hat geschleust> *mit OBJ* ❶ ■ *jmd. schleust jmdn. irgendwohin bringen, leiten:* Ich habe ihn durch die Stadt bis

S

zur Autobahn geschleust. ❷ ■ *jmd. schleust etwas irgendwohin (umg.) einschmuggeln:* Sie versuchten, geheime Unterlagen ins Ausland einzuschleusen.

Schleu·sen·wär·ter *der;* **Schleu·sen·wär·te·rin** <-s, -> *jmd., der beruflich eine Schleuse¹ bedient*

Schleu·ser·kri·mi·na·li·tät <-> */kein Plur./ illegales Schleusen²*

Schli·che ■ *jemandem auf die Schliche kommen/ hinter jemandes Schliche kommen/jemandes Schliche durchschauen jmds. Absichten durchschauen*

schlicht I. *adj* ❶ *(↔ raffiniert) einfach und schnörkellos:* Sie trug ein Kleid von schlichter Eleganz. ❷ *nicht besonders gebildet:* Dort lebten eher schlichte Leute. **II.** *part (≈ eindeutig) so, dass kein Zweifel besteht:* Das ist schlicht gelogen.; Das ist schlicht und einfach falsch!

schlich·ten <schlichtest, schlichtete, hat geschlichtet> *mit OBJ* ■ *jmd. schlichtet etwas Konfliktparteien beruhigen und den Konflikt entschärfen:* Es gelang ihr, den Streit zu schlichten. ▶ Schlichtung

Schlich·tungs·ver·fah·ren *das* <-s, -> *ein Verfahren zur Schlichtung von Tarifkonflikten*

schlicht·weg *adj /nicht steig./ klar, eindeutig, ganz einfach:* Was du da sagst, ist schlichtweg nicht wahr.

Schlick *der* <-(e)s, -e> *Schlamm (am Boden von Gewässern)*

schlie·ßen <schließt, schloss, hat geschlossen> **I.** *mit OBJ/ohne OBJ* ❶ *die Geschäftszeit eines Ladens, Lokals oder Restaurants oder einer öffentlichen Einrichtung beenden:* Wir schließen das Geschäft in wenigen Minuten.; Wir schließen gleich. ❷ ■ *jmd. schließt (etwas) einen Laden auflösen, dessen Geschäftsbetrieb für immer beenden:* Leider müssen wir unser Geschäft Ende des Jahres schließen.; Wir schließen schon nächste Woche. ❸ ■ *jmd. schließt (mit etwas Dat.) etwas beenden:* Sie schloss ihr Referat mit den Worten ...; Der Redner schloss mit einem nachdrücklichen Appell. **II.** *mit OBJ* ■ *jmd. schließt etwas* ❶ *zumachen:* Ich habe alle Türen und Fenster geschlossen. ❷ *als Schlussfolgerung ableiten:* Daraus muss ich schließen, dass ... **III.** *ohne OBJ* ■ *etwas schließt als Laden oder öffentliche Einrichtung die Geschäftszeit beenden:* Das Museum schließt um zwanzig Uhr.

Schließ·fach *das* <-(e)s, Schließfächer> ❶ *ein verschließbares Fach, in dem man an Bahnhöfen sein Gepäck aufbewahren kann* ❷ *ein verschließbares Fach, in dem man in Banken Wertsachen aufbewahren kann*

schließ·lich *adv* ❶ *(≈ endlich) Als er schließlich kam, ... ❷ (≈ immerhin) Du solltest ihn informieren, er ist schließlich dein Vorgesetzter.*

Schlie·ßung *die* <-, -en> ❶ *die Einstellung des Betriebs:* Die Schließung des Unternehmens war nicht mehr zu verhindern. ❷ *der Abschluss (eines Vertrags):* Die Schließung eines solchen Vertrages würde bedeuten, dass ...

Schließ·zy·lin·der *der* <-s, -> *der zylinderförmige*

Teil eines Schlosses, den man mit dem Schlüssel dreht

Schliff *der* <-(e)s, -e> ❶ *die Art und Weise, wie die Oberfläche von etwas durch Schleifen geformt ist:* Die Kristallgläser haben einen schönen Schliff. ❷ */kein Plur./ (umg.) gutes Benehmen:* Es täte ihm gut, wenn ihm jemand etwas Schliff beibrächte.; ■ *einer Sache den letzten Schliff geben (umg.) eine Sache vervollkommnen*

schlimm *adj* ❶ *so, dass etwas üble Folgen nach sich zieht:* Das war ein schlimmer Fehler. ❷ *sehr unangenehm, arg:* Wir haben damals eine schlimme Zeit durchgemacht.; Das ist doch halb so schlimm! ❸ *niederträchtig, sehr böse:* Er ist ein schlimmer Gauner. ❹ *(umg.) entzündet:* Sie hat einen schlimmen Zahn. ◆Großschreibung →R 3.4, R 3.7 Es ist das Schlimmste, dass ...; Das ist längst noch nicht das Schlimmste.; Ich fürchte das Schlimmste.; „Worauf war sie gefasst?" „Sie war auf das/aufs Schlimmste gefasst".; Es wird doch nicht zum Schlimmsten kommen.; Alles hatte sich zum Schlimmsten gewendet.; etwas/wenig/ nichts Schlimmes; ◆Groß- oder Kleinschreibung →R 3.9 „Wie wurde sie zugerichtet?" „Sie wurde aufs Schlimmste/schlimmste zugerichtet".

schlimms·ten·falls *adv im schlimmsten Fall, der eintreten kann:* Schlimmstenfalls beginnen wir eben wieder von vorn.

Schlin·ge *die* <-, -n> *ein Stück Draht, Schnur oder Stoff, das zu einer runden Form gebogen ist:* Er musste den verletzten Arm in einer Schlinge tragen.

Schlin·gel *der* <-s, -> *(scherzh.) Schelm, Bengel*

schlin·gen¹ <schlingst, schlang , hat geschlungen> **I.** *mit OBJ* ■ *jmd. schlingt etwas (um etwas Akk.) (in Form einer Schlinge) um etwas legen:* Er hat ein Seil um den Pfosten geschlungen.; Sie schlang die Arme um seinen Hals. **II.** *mit SICH* ■ *etwas schlingt sich um etwas Akk. sich (in Form einer Schlinge) um etwas herum winden:* Efeu hatte sich um den ganzen Baum geschlungen.

schlin·gen² <schlingst, schlang, hat geschlungen> *mit OBJ/ohne OBJ* ■ *jmd. schlingt (etwas) Essen hastig und ohne gründlich zu kauen herunterschlucken:* Schling nicht so!

schlin·gern <schlingerst, schlingerte, hat geschlingert> *ohne OBJ* ■ *ein Fahrzeug schlingert sich als Fahrzeug sehr unruhig bewegen und immer wieder von der Fahrtrichtung abkommen:* Das Boot/Der Anhänger schlingert.

Schling·pflan·ze *die* <-, -n> *eine Pflanze, deren Äste sich um etwas schlingen II:* Efeu ist eine Schlingpflanze.

Schlips *der* <-es, -e> *(≈ Krawatte)* ■ *sich auf den Schlips getreten fühlen (umg.) beleidigt reagieren, gekränkt sein*

schlit·teln <schlittelst, schlittelte, ist geschlittelt> *ohne OBJ* ■ *jmd. schlittelt* ÖSTERR., SCHWEIZ. *rodeln*

Schlit·ten *der* <-s, -> ❶ *ein einfaches Fahrzeug mit Kufen, auf dem man in sitzender Position über Schnee gleitet:* Acht Hunde ziehen den Schlitten.; Wir wollen nachmittags Schlitten fahren. ◆-fahrt, -hund ❷ *(umg.) ein schneller (Sport-)Wagen:* Ich

S

frage mich, wie der sich so einen Schlitten leisten kann.; ■ **mit jemandem Schlitten fahren** *(umg.) jmdn. schikanieren, grob zurechtweisen*

schlit·tern <schlitterst, schlitterte, ist geschlittert> *ohne OBJ* ❶ ■ *jmd./etwas schlittert (über etwas Akk.) über eine glatte Oberfläche rutschen:* Die Kinder sind über das Eis geschlittert. ❷ ■ *etwas schlittert ins Rutschen kommen:* Das Auto schlitterte auf der glatten Fahrbahn und prallte gegen die Leitplanke.

Schlitt·schuh *der* <-s, -e> *mit Kufen versehener Schuh zum Gleiten auf Eis:* Sie geht mit ihm Schlittschuh laufen. ◆-bahn, -läufer ◆ Getrenntschreibung →R 4.8

Schlitz *der* <-es, -e> ❶ *eine lange und schmale Öffnung:* die Münzen in den Schlitz des Automaten werfen ❷ *länglicher Ausschnitt an einem Kleidungsstück:* ein Rock mit Schlitz

Schlitz·au·ge *das* <-s, -n> ❶ */meist Plur./ ein schmales längliches Auge* ❷ *(umg. abwert.) jmd., der Schlitzaugen[1] hat*

schlit·zen <schlitzt, schlitzte, hat geschlitzt> *mit OBJ* ■ *jmd. schlitzt etwas einen Schlitz in etwas schneiden:* einen Rock schlitzen

Schlitz·ohr *das* <-es, -en> *(umg.) jmd., der schlau und listig seine Ziele verfolgt* ▶ schlitzohrig

Schlö·gel *der* <-s, -> ÖSTERR. *Keule[3]*

schloh·weiß *adj /nicht steig./ vollkommen weiß:* Im Alter hatte sie schlohweißes Haar.

Schloss[1] *das* <-es, Schlösser> *eine größere Wohnanlage einer adligen Familie* ◆-anlage, -garten, -herr, -hof, -mauern, -park, Lust-, Stadt-, Wasser-

Schloss[2] *das* <-es, Schlösser> *eine Vorrichtung, mit der man etwas abschließen kann:* Der Schlüssel dreht sich im Schloss.; Wir mussten das Schloss an der Tür austauschen lassen.; ■ **hinter Schloss und Riegel sitzen** *(umg.) im Gefängnis sein* ◆ Tür-, Zahlen-

Schlos·ser *der,* **Schlos·se·rin** <-s, -> *jmd., der beruflich Metall verarbeitet*

Schlos·se·rei *die* <-, -en> *Werkstatt, Betrieb eines Schlossers*

Schloss·ge·spenst *das* <-(e)s, -er> *ein Gespenst, das (angeblich) in einem alten Schloss spukt*

Schloss·hund ■ **heulen wie ein Schlosshund** *(umg.) laut und heftig weinen*

Schlot *der* <-(e)s, -e/Schlöte> ❶ *Schornstein (einer Fabrik)* ❷ *Vulkanöffnung;* ■ **rauchen wie ein Schlot** *(umg.) ein sehr starker Raucher sein*

schlot·te·rig *adj siehe* schlottrig

schlot·tern <schlotterst, schlotterte, hat geschlottert> *ohne OBJ* ■ *jmd. schlottert zittern:* Er schlotterte vor Angst/vor Kälte.

schlott·rig, *a.* **schlot·te·rig** *adj (≈ zittrig)* Sie hatte vor Angst ganz schlottrige Knie.

Schlucht *die* <-, -en> *ein sehr tiefes Tal mit steilen Wänden* ◆ Gebirgs-

schluch·zen <schluchzt, schluchzte, hat geschluchzt> *ohne OBJ* ■ *jmd. schluchzt sehr heftig weinen, weil man emotional stark erregt ist:* Sie schluchzte bitterlich.

Schluck *der* <-(e)s, -e> ❶ *die Menge Flüssigkeit, die man auf einmal in den Mund nehmen kann:* Er trank einen kräftigen/tüchtigen/großen/klei-

nen Schluck Kaffee. ❷ *der Vorgang des Hinunterschluckens:* Sie trank mit hastigen Schlucken.

Schluck·auf *der* <-s> */kein Plur./ Zusammenziehungen des Zwerchfells, die sich in einem glucksenden Atemgeräusch äußern:* Er hat (einen) Schluckauf (bekommen).

schlu·cken <schluckst, schluckte, hat geschluckt> **I.** *mit OBJ/ohne OBJ* ■ *jmd. schluckt etwas (in) die Speiseröhre hinabgleiten lassen:* Er hat beim Schwimmen Wasser geschluckt.; Sie hatte entzündete Mandeln und konnte kaum schlucken. **II.** *mit OBJ (umg.)* ❶ ■ *jmd. schluckt etwas akzeptieren, hinnehmen:* Entweder sie schluckt das endlich oder wir schauen uns nach jemand anderem um! ❷ ■ *etwas schluckt etwas (umg.) verbrauchen:* Dieser große Wagen schluckt Unmengen von Sprit. ❸ ■ *jmd./eine Firma o. Ä. schluckt etwas (umg.) jmd., eine Firma o. Ä. bringt etwas in seinen Besitz:* Der Tante-Emma-Laden an der Ecke wurde von einer Supermarktkette geschluckt.

Schlu·cker ■ **armer Schlucker** *(umg.) armseliger, bedauernswerter Mensch*

Schluck·imp·fung *die* <-, -en> MED. *Schutzimpfung, bei der der Impfstoff geschluckt I wird*

Schluck·specht *der* <-s, -e> *(umg. abwert.) jmd., der gern und viel Alkohol trinkt*

schluck·wei·se *adv in Schlucken:* Sie nahm den heißen Tee schluckweise zu sich.

schlu·de·rig *adj siehe* schludrig

schlu·dern <schluderst, schluderte, hat geschludert> *ohne OBJ* ■ *jmd. schludert (umg. abwert.) schlecht arbeiten:* Musst du bei deinen Hausaufgaben immer so schludern?

schlud·rig, *a.* **schlu·de·rig** <schlud(e)riger, am schlud(e)rigsten> *adj (umg. abwert.) nachlässig, schlampig:* Er ist ein schludriger Mensch.; Die Handwerker haben schludrig gearbeitet.

schlum·mern <schlummerst, schlummerte, hat geschlummert> *ohne OBJ* ❶ ■ *jmd. schlummert (geh.) sich in einem leichten Schlaf befinden* ▶ Schlummer ❷ ■ *etwas schlummert in jmdm. unentdeckt verborgen liegen:* In ihr schlummern ungeahnte Talente.

Schlund *der* <-(e)s, Schlünde> ❶ *der Übergang vom Rachen zur Speiseröhre* ❷ *(geh.) tiefe Öffnung:* Wir blickten in den Schlund des erloschenen Vulkans.

schlüp·fen <schlüpfst, schlüpfte, ist geschlüpft> *ohne OBJ* ❶ ■ *jmd. schlüpft irgendwohin sanft und lautlos gleiten:* Die Kinder schlüpften heimlich zur Türe hinaus. ❷ ■ *ein Vogel schlüpft (von Vögeln) aus dem Ei kommen:* Wann sind die Küken geschlüpft? ❸ ■ *jmd. schlüpft in etwas Akk. ein Kleidungsstück anziehen:* Ich muss nur noch in die Schuhe schlüpfen, dann können wir gehen.

Schlüp·fer *der* <-s, -> *eine Unterhose für Damen und Kinder*

Schlupf·loch *das* <-(e)s, Schlupflöcher> *ein Versteck*

schlüp·frig *adj* ❶ *glatt und feucht* ❷ *(abwert.) anstößig, unanständig:* Er erzählte einen schlüpfrigen Witz nach dem anderen. ▶ Schlüpfrigkeit

Schlupf·win·kel *der* <-s, -> *Versteck:* Die Katze

S

hatte einen neuen Schlupfwinkel zum Schlafen gefunden.

Schlup·pe die <-, -n> NORDDT. Schlinge, Schlaufe

schlur·fen <schlurfst, schlurfte, ist schlurft> ohne OBJ ■ jmd. **schlurft** schleppend und geräuschvoll gehen: Er schlurfte aus dem Zimmer.

schlür·fen <schlürfst, schlürfte, hat geschlürft> mit OBJ/ohne OBJ ■ jmd. **schlürft (etwas)** mit gespitzten Lippen geräuschvoll trinken: Sie schlürfte die heiße Suppe.; Du kannst in diesem Lokal doch nicht so laut schlürfen!

Schluss der <-es, Schlüsse> ❶ /kein Plur./ (≈ Ende ↔ Beginn) der Zeitpunkt, an dem etwas aufhört: Am Schluss der Vorstellung gab es viel Applaus. ❷ (≈ Ende ↔ Beginn) letzter Teil von etwas: Der Schluss des Romans/des Films hat mir nicht gefallen. ❸ (≈ Schlussfolgerung) Aus dem Gesagten ziehe ich den Schluss, dass ...; ■ **mit jemandem Schluss machen** (umg.) eine Liebesbeziehung zu jmdm. beenden Sie hat mit ihrem Freund Schluss gemacht.; ■ **Schluss machen mit etwas** (umg.) aufhören mit etwas

Schluss·be·mer·kung die <-, -en> (↔ Vorbemerkung) eine abschließende Bemerkung

Schluss·be·trach·tung die <-, -en> (↔ Einleitung) eine abschließende Bemerkung bei einem Aufsatz, einem Vortrag oder einer Diskussion, die das Gesagte nochmals zusammenfasst

Schlüs·sel der <-s, -> ❶ eine Art Stift aus Metall, der in ein Schloss eingeführt und darin gedreht wird, um es zu schließen und zu öffnen: Ich habe den Schlüssel abgebrochen/verloren/nachmachen lassen/ ins Schloss gesteckt/abgezogen/stecken lassen. ◆-anhänger, -bart, -bund ❷ TECHN. kurz für „Schraubenschlüssel" ❸ MUS. kurz für „Notenschlüssel" ❹ Verteilungsquote: Nach welchem Schlüssel werden die Beiträge ermittelt?

Schlüs·sel- als Erstglied zusammengesetzter Substantive; drückt aus ❶ dass das mit dem Zweitglied Bezeichnete in seinem Geltungsbereich von zentraler Bedeutung ist/einen äußerst wichtigen Stellenwert hat ◆-begriff, -dokument, -enzyme, -figur, -frage, -industrie, -information, -jahr, -literatur, -motiv, -qualifikation, -region, -roman, -situation, -stellung, -technologie, -text, -wort, -zone ❷ dass der mit dem Zweitglied allgemein gefasste Aspekt in einem Geltungsbereich von zentraler Bedeutung ist ◆-fakten, -faktor, -moment, -position

Schlüs·sel·bein das <-(e)s, -e> ANAT. ein Knochen des Schulterbereichs ◆-bruch

Schlüs·sel·blu·me die <-, -n> eine Wald- und Wiesenblume mit gelben Blüten, die im Frühling blüht

Schlüs·sel·brett das <-(e)s, -er> an der Wand befestigtes Brettchen mit Haken zum Aufhängen von Schlüsseln[1]

Schlüs·sel·bund der/das <-(e)s, -e> mehrere, gemeinsam an einem Ring befestigte Schlüssel

Schlüs·sel·dienst der <-es, -e> eine Firma, die das Türschloss öffnet, wenn jmd. seinen Schlüssel nicht bei sich hat: Der Schlüsseldienst musste die Haustür öffnen, nachdem ich meinen Schlüssel verloren hatte.

Schlüs·sel·er·leb·nis das <-ses, -se> PSYCH. ein entscheidendes, wichtiges Erlebnis im Leben eines Menschen: Der schwere Unfall war ein Schlüsselerlebnis für ihn.

schlüs·sel·fer·tig adj /nicht steig./ so, dass man einziehen kann: Das Haus/Der Neubau wird schlüsselfertig übergeben.

Schlüs·sel·kind das <-(e)s, -er> (umg.) ein Kind berufstätiger Eltern, das nachmittags allein zu Hause ist (und den Wohnungsschlüssel an einer Schnur um den Hals trägt)

Schlüs·sel·kom·pe·tenz die <-, -en> eine Fähigkeit, die im Berufsleben sehr wichtig ist: Auf diesem Seminar sollen die Teilnehmer wichtige Schlüsselkompetenzen, wie Teamgeist und Flexibilität erwerben.

Schlüs·sel·loch das <-(e)s, Schlüssellöcher> die Öffnung, in die man den Schlüssel steckt: Habt ihr durchs Schlüsselloch geguckt?

Schlüs·sel·reiz der <-es, -e> BIOL., PSYCH. ein spezifischer Reiz, der ein bestimmtes (instinktives) Verhalten auslöst

Schlüs·sel·ring der <-(e)s, -e> ein Ring aus Metall, der mehrere Schlüssel zusammenhält

Schlüs·sel·rol·le die <-, -n> zentrale Position: Schlüsselrollen in den Betrieben; ■ **jemandem/etwas kommt eine Schlüsselrolle in einer Angelegenheit zu** jemand oder etwas hat großen Einfluss auf eine Angelegenheit

schluss·fol·gern <schlussfolgerst, schlussfolgerte, hat geschlussfolgert> mit OBJ ■ jmd. **schlussfolgert, dass ...** den Schluss ziehen: Er schlussfolgerte, dass ... ▶ Schlussfolgerung

Schluss·for·mel die <-, -n> fester sprachlicher Ausdruck am Ende eines Briefes

schlüs·sig adj so, dass es in sich logisch ist: ein schlüssiger Beweis

Schluss·leuch·te die <-, -n> Schlusslicht[1]

Schluss·licht das <-(e)s, -er> ❶ KFZ das Licht am hinteren Teil eines Autos oder Fahrzeugs: Das Auto hat ein defektes Schlusslicht. ❷ (umg.) das letzte Glied einer Reihe: Geht ihr vor, wir bilden das Schlusslicht. ❸ (↔ Primus) Letzter, Schlechtester: Er ist das Schlusslicht in seiner Klasse.

Schluss·pfiff der <-(e)s, -e> SPORT der Pfiff des Schiedsrichters, der ein Ballspiel beendet

Schluss·punkt der <-(e)s, -e> ❶ der Punkt am Ende eines Satzes ❷ der endgültige Abschluss von etwas: Ein Feuerwerk bildete den Schlusspunkt der Feierlichkeiten.

Schluss·strich, Schluss-Strich der <-(e)s, -e> ❶ MUS. bei der Musiknotation markiertes Ende eines Musikstückes ❷ (umg.) Erreichen eines Endpunktes: Unter die Diskussion wurde gestern ein Schlussstrich/Schluss-Strich gezogen ◆-debatte, -mentalität; ■ **einen Schlussstrich/Schluss-Strich unter etwas ziehen** (etwas meist etwas Unangenehmes) beenden Wir hätten schon längst einen Schlussstrich/Schluss-Strich unter diese Angelegenheit ziehen sollen

Schluss·ver·kauf der <-(e)s, Schlussverkäufe> am Sommer- oder Winterende durchgeführter Ausverkauf von Kleidung zu reduzierten Preisen

Schluss·wort das <-(e)s, -e> abschließender

Kommentar am Ende einer Veranstaltung: Das Schlusswort hat Herr/Frau …

Schmach *die <-> /kein Plur./ (geh.: ≈ Schande) etwas, das für jmdm. eine große Kränkung ist:* Er empfand es als Schmach, nicht eingeladen worden zu sein.

schmach·ten *ohne OBJ (geh.)* ❶■ *jmd. schmachtet Hunger, Durst leiden, etwas entbehren:* Er schmachtete in der Hitze. ❷■ *jmd. schmachtet nach jmdm./etwas. sich nach jmdm. oder etwas sehnen:* Sie schmachtete nach ihrem Geliebten.

Schmacht·fet·zen *der <-s, -> (umg. abwert.) ein sentimentales Buch, Lied, ein sentimentaler Film*

schmäch·tig *adj wohlschmeckend; schlank und zierlich:* Sie ist ziemlich klein und schmächtig.

schmach·voll *adj (geh.) demütigend:* Die Mannschaft musste eine schmachvolle Niederlage hinnehmen.

schmack·haft *adj wohlschmeckend;* ■ **jemandem etwas schmackhaft machen** *(umg.) jmdm. etwas so darstellen, dass er es für gut hält und Lust darauf bekommt*

Schmäh *der <-s, -(s)>* ÖSTERR. *(umg.)* ❶ *Trick, Schwindel* ❷ */kein Plur./ (oberflächliche) Freundlichkeit, lustige, witzige Art:* Das ist der berühmte Wiener Schmäh.

schmä·hen *<schmähst, schmähte, hat geschmäht> mit OBJ* ■ *jmd. schmäht jmdn. (geh.) beleidigen, schlechtmachen, beschimpfen:* Man schmähte ihn als Verräter.

schmäh·lich *adj (geh.) schändlich, demütigend:* Er hatte sie schmählich im Stich gelassen.

schmal *adj (↔ breit) so, dass etwas im Verhältnis zu seiner Länge nur eine geringe Breite aufweist:* eine schmale Straße

schmä·lern *<schmälerst, schmälerte, hat geschmälert> mit OBJ* ■ *etwas schmälert etwas etwas in seinem Wert kleiner machen:* Das kann meinen Erfolg nicht schmälern.

Schmalz¹ *das <-es, -e> eine weiße Masse, die man aus tierischem Fett auslässt³:* Brote mit Schmalz bestreichen ◆-brot, -topf, Gänse-, Grieben-, Schweine-

Schmalz² *der <-es> /kein Plur./ (umg. abwert.) Sentimentalität:* Er sang mit viel Schmalz. ▸ schmalzig

Schman·kerl *das <-s, -(n)>* SÜDDT., ÖSTERR., SCHWEIZ. *Leckerbissen:* Zum Nachtisch gibt es noch ein besonderes Schmankerl.

schma·rot·zen *<schmarotzt, schmarotzte, hat schmarotzt> ohne OBJ* ■ *jmd. schmarotzt* ❶ *(abwert.) auf Kosten anderer leben* ❷ BIOL. *(von Tieren und Pflanzen) auf oder in anderen Tieren oder Pflanzen als Parasit leben* ▸ Schmarotzer

Schmar·ren *der <-s, ->* ❶ KOCH. SÜDDT., ÖSTERR. *Eierkuchen, den man in der Pfanne bäckt und dann in kleine Stücke zerteilt* ◆Kaiser- ❷ */kein Plur./ (umg. abwert.) Unsinn:* So ein Schmarren!

Schmatz *der <-es, -e> (umg.) ein geräuschvoller Kuss*

schmat·zen *<schmatzt, schmatzte, hat geschmatzt> ohne OBJ* ■ *jmd. schmatzt mit ge-*

räuschvollen Lippenbewegungen essen:* Du sollst beim Essen nicht schmatzen!

Schmaus *der <-es, Schmäuse> /meist Sing./ (veralt. oder scherzh.) gutes Essen in großer Menge:* Wir haben einen Schmaus gehalten.

schmau·sen *<schmaust, schmauste, hat geschmaust> ohne OBJ* ■ *jmd. schmaust (veralt. oder scherzh.) genussvoll essen*

schme·cken *<schmeckst, schmeckte, hat geschmeckt>* **I.** *mit OBJ* ■ *jmd. schmeckt etwas mit dem Geschmackssinn feststellen oder herausfinden:* Schmeckst du die exotischen Gewürze in der Suppe? **II.** *mit OBJ/ohne OBJ* ❶■ *etwas schmeckt (jmdm.) (irgendwie) das geschmackliche Empfinden von jmdm. in bestimmter Weise ansprechen:* Die Suppe schmeckt (mir) nicht/hervorragend/ausgezeichnet.; Es hat allen (gut) geschmeckt. ❷■ *etwas schmeckt irgendwie einen Geschmack in der genannten Weise haben:* Die Suppe schmeckt scharf/süßsauer/exotisch.; Das Eis schmeckt nach Vanille.

schmei·chel·haft *adj so, dass etwas sehr angenehm für jmdn. ist:* Das war nicht sehr schmeichelhaft für ihn.; Ihre Worte waren wenig schmeichelhaft.

schmei·cheln *<schmeichelst, schmeichelte, hat geschmeichelt> ohne OBJ* ❶■ *jmd. schmeichelt jmdm. jmdn. übertrieben und wortreich loben, um sich beliebt zu machen:* Er schmeichelt seinem Vorgesetzten. ❷■ *etwas schmeichelt jmdm. jmds. Selbstgefühl heben:* Seine Komplimente schmeicheln ihr. ❸■ *etwas schmeichelt etwas Dat. etwas vorteilhaft zur Geltung bringen:* Lange Röcke schmeicheln ihrer Figur. ▸ Schmeichler, schmeichlerisch

schmei·ßen *<schmeißt, schmiss, hat geschmissen> (umg.)* **I.** *mit OBJ* ❶■ *jmd. schmeißt etwas irgendwohin irgendwohin werfen:* Sie kam ins Zimmer und schmiss verärgert die Tasche in die Ecke. ❷■ *jmd. schmeißt etwas in etwas* Akk. *heftig zuschlagen:* Ich habe versehentlich die Tür ins Schloss geschmissen. ❸■ *jmd. schmeißt etwas beenden, aufgeben:* Weshalb hast du die Ausbildung geschmissen? ❹■ *jmd. schmeißt etwas mit etwas geschickt fertigwerden:* Sie schmeißt hier den ganzen Laden. ❺■ *jmd. schmeißt etwas ausgeben:* Zur Feier des Tages schmeiße ich eine Runde Bier. ❻■ *jmd. schmeißt jmdn./von etwas Dat. hinausweisen:* Der Direktor hat ihn von der Schule geschmissen. **II.** *ohne OBJ* ■ *jmd. schmeißt (mit etwas Dat.)* ❶ *mit etwas werfen:* Die Demonstranten schmissen mit Farbbeuteln nach ihm. ❷■ *jmd. schmeißt mit Geld um sich viel Geld bedenkenlos ausgeben:* Sie schmissen mit Geld nur so um sich. **III.** *mit SICH* ❶■ *jmd. schmeißt sich (irgendwohin) (umg.) sich irgendwohin werfen:* Als ich nach Hause kam, habe ich mich zuerst einmal aufs Sofa geschmissen. ❷■ *jmd. schmeißt sich in etwas Akk. (umg.) sich zu einem Anlass sorgsam kleiden:* Er hat sich zur Feier des Tages in Schale/in einen Anzug geschmissen.

Schmeiß·flie·ge *die <-, -n> große Fliege von blau glänzender Farbe*

Schmelz *der <-es, -e>* ❶ *kurz für „Zahnschmelz"*

S

② (≈ Glasur) glänzender Überzug ③ Weichheit des Ausdrucks: der Schmelz in der Stimme des Sängers

schmel·zen <schmilzt, schmolz, hat/ist geschmolzen> **I.** mit OBJ ▪ jmd. schmilzt etwas (haben) durch Hitze flüssig werden lassen: Hier wird das Eisen/das Gold geschmolzen. ▸ Schmelze **II.** ohne OBJ ▪ etwas schmilzt (sein) aufgrund steigender Temperatur flüssig werden: Der Schnee ist geschmolzen.; Butter schmilzt in der Sonne.

Schmelz·hüt·te die <-, -n> Verarbeitungsort von Erzen siehe **Hütte**

Schmelz·kä·se der <-es, -> ein cremiger Käse, den man streichen kann

Schmelz·ofen der <-s, Schmelzöfen> TECHN. großer Ofen in einer Metall verarbeitenden Fabrik zum Schmelzen von Metallen

Schmelz·punkt der <-(e)s, -e> die Temperatur, bei der ein Stoff schmilzt

Schmelz·tie·gel der <-s, -> ① ein Topf zum Schmelzen von Metallen ② ein Ort, an dem Menschen aus vielen unterschiedlichen Ländern leben: Menschen verschiedenster Nationalitäten haben diese Stadt zu einem wahren Schmelztiegel gemacht.

Schmelz·was·ser das <-s, ...-wässer/-> das Wasser, das aus geschmolzenem Eis oder Schnee entsteht: Schmelzwasser aus dem Gebirge lässt im Frühjahr die Flüsse anschwellen.

Schmer·bauch der <-(e)s, Schmerbäuche> (umg. abwert.) dicker Bauch

Schmerz der <-es, -en> ① /kein Plur./ jede Form leidvollen seelischen Empfindens: der Schmerz der Enttäuschung; Der Tod des Freundes hat ihn mit tiefem Schmerz erfüllt.; Sie versuchte über diesen Schmerz hinwegzukommen. ② /meist Plur./ eine unangenehme körperliche Empfindung, die von einem Körperteil/einer Körperregion ausgeht: Seit wann spüren Sie diesen stechenden/starken/bohrenden Schmerz in der Schulter?; Sie sagt, sie habe anhaltende/unerträgliche Schmerzen in den Gelenken. ▸ schmerzempfindlich ◆ -mittel, -patient, -tablette, -therapeut(in), -therapie, Bauch-, Kopf-, Zahn-

schmer·zen <schmerzt, schmerzte, hat geschmerzt> **I.** mit OBJ ▪ etwas schmerzt jmdn. Schmerz empfinden lassen: Der Verlust schmerzte sie sichtlich. **II.** ohne OBJ ▪ etwas schmerzt Schmerz empfinden lassen: Mein Bein schmerzt.

Schmer·zens·geld das <-(e)s, -er> RECHTSW. eine finanzielle Entschädigung für einen erlittenen körperlichen oder seelischen Schaden: jemanden auf (die Zahlung von) Schmerzensgeld verklagen; einen Anspruch auf Schmerzensgeld haben

schmerz·frei adj /nicht steig./ ohne Schmerz²: Nach der Behandlung werden Sie wieder völlig schmerzfrei sein.

schmerz·haft adj so, dass etwas Schmerz² bereitet: Die Verletzung war äußerst schmerzhaft.

schmerz·lich adj so, dass etwas Schmerz¹ bereitet: Sie versuchte über den schmerzlichen Verlust hinwegzukommen.

schmerz·lin·dernd adj /nicht steig./ so, dass etwas oder ein Medikament den Schmerz² verringert: Die kalten Umschläge wirken schmerzlindernd.

schmerz·los adj /nicht steig./ so, dass etwas keinen Schmerz² erzeugt: Dies ist eine völlig schmerzlose Behandlungsmethode.

schmerz·stil·lend adj /nicht steig./ so, dass es Schmerzen lindert: Die Ärztin verabreicht dem Patienten ein schmerzstillendes Mittel.

Schmet·ter·ball der <-(e)s, Schmetterbälle> SPORT ein hart geschlagener Ball in bestimmten Ballspielen

Schmet·ter·ling der <-s, -e> ① ein Insekt mit zwei farbigen Flügelpaaren ② /kein Plur./ SPORT (≈ Delphinschwimmen) ein Schwimmstil, bei dem beide Arme gleichzeitig aus dem Wasser bewegt werden ◆ -sschwimmen

schmet·tern <schmetterst, schmetterte, hat geschmettert> **I.** mit OBJ/ohne OBJ ▪ jmd. schmettert etwas kraftvoll schlagen: Die Volleyballspielerin schmetterte den Ball ins Aus.; Der Tennisspieler schmettert mit der Vorhand. **II.** mit OBJ ▪ jmd. schmettert etwas (irgendwohin) gegen etwas werfen: Sie hat die Vase an die Wand geschmettert. **III.** ohne OBJ ▪ jmd./etwas schmettert irgendwie laute Töne erklingen lassen: Hörner/Posaunen schmetterten weithin hörbar.

Schmied der <-(e)s, -e> ein Handwerker, der Metalle schmiedet¹

Schmie·de die <-, -n> Werkstatt des Schmieds

schmie·de·ei·sern adj /nicht steig./ aus Eisen geschmiedet

Schmie·de·ham·mer der <-s, Schmiedehämmer> ein schwerer Hammer, mit dem ein Schmied Metall bearbeitet

schmie·den <schmiedest, schmiedete, hat geschmiedet> **I.** mit OBJ/ohne OBJ ▪ jmd. schmiedet (etwas) Metall in glühendem Zustand auf dem Amboss mit dem Hammer bearbeiten: Er schmiedet den Stahl zu einer Klinge.; Der Schmied schmiedet noch mit der Hand. **II.** mit OBJ ▪ jmd. schmiedet etwas aus glühendem Metall formen: Er schmiedet gerade einen Kessel.

schmie·gen <schmiegst, schmiegte, hat geschmiegt> mit OBJ ▪ jmd. schmiegt sich/etwas (an jmdn./etwas) einen Körperteil/sich an etwas Weiches/jmdn. drücken, um zärtlich zu sein oder sich geborgen zu fühlen: Sie schmiegt ihre Wange an das weiche Fell der Katze.; Er schmiegte sich in ihre Arme.; Sie schmiegt sich in eine warme Decke.

Schmie·re die <-, -n> ① ein Schmiermittel ② feuchter, klebriger Schmutz; ▪ **Schmiere stehen** (umg.) bei einer unerlaubten Handlung Wache stehen

schmie·ren <schmierst, schmierte, hat geschmiert> **I.** mit OBJ ▪ jmd. schmiert etwas ① Maschinen oder Geräte mit Öl oder Fett einfetten: Du solltest die Maschine/die Fahrradkette schmieren.; ▪ etwas läuft/funktioniert wie geschmiert etwas läuft oder funktioniert ohne Probleme ② mit etwas bestreichen: Er hatte ihr ein

S

paar Brote geschmiert. ❸ *(abwert.) etwas auf eine Wand oder irgendwohin schreiben, obwohl dies verboten ist:* Wer hat diese Parolen an die Wand geschmiert?; Er hat das ganze Buch vollgeschmiert. ❹ *(abwert.) bestechen:* Der Beamte wurde geschmiert.; ■ **jemandem eine schmieren** *(umg.) jmdm. eine Ohrfeige geben* **II.** *ohne OBJ* ■ *etwas schmiert ein Stift, Kugelschreiber oder Füllfederhalter macht Flecken, weil er die Farbe oder Tinte nicht gleichmäßig abgibt:* Der Kugelschreiber schmiert. ◆ Getrennt- oder Zusammenschreibung →R 4.16 voll schmieren/ vollschmieren; voll geschmiert/vollgeschmiert

Schmie·re·rei *die* <-, -en> *(umg. abwert.) etwas, das jmd. irgendwohin geschmiert I.3 hat:* In der ganzen Stadt findet man diese Schmiererei an den Hauswänden.

Schmier·film *der* <-(e)s, -e> *eine dünne schmutzige Schicht, die einen Gegenstand bedeckt:* Bei Regen bildet sich häufig ein Schmierfilm auf der Windschutzscheibe des Autos und beeinträchtigt die Sicht.

Schmier·fink *der* <-en/-s, -en> *(umg. abwert.)* ❶ *ein Kind, das nicht schön schreibt* ❷ *ein Kind, das sich oft schmutzig macht, beschmiert* ❸ *jmd., der (politische) Parolen an (Haus-)Wände schreibt oder sprüht*

Schmier·geld *das* <-(e)s, -er> *(umg. abwert.:* ≈ *Bestechungsgeld)* Die Firma hatte Millionen an Schmiergeldern gezahlt. ◆-skandal, -zahlung

Schmier·heft *das* <-(e)s, -e> *ein kleines Buch, in das man Entwürfe und Ideen für einen Aufsatz o. Ä. schreibt*

schmie·rig *adj* ❶ *voller feuchtem und klebrigem Schmutz:* Der ganze Herd ist schmierig.; Nach dem Regen waren die Straßen schmierig. ❷ *(abwert.) auf unehrliche, unangenehme Art freundlich:* Kennst du diese schmierigen Typen?

Schmier·mit·tel *das* <-s, -> *ein Mittel zum Schmieren I.1 von Maschinen oder Geräten*

Schmier·öl *das* <-s, -e> *Öl zum Schmieren I.1*

Schmier·pa·pier *das* <-s, -e> *(umg.:* ≈ *Konzeptpapier)*

Schmier·sei·fe *die* <-> /kein Plur./ *eine einfache Seife*

Schmier·stoff *der* <-(e)s, -e> *(≈ Schmiermittel)*

Schmier·zet·tel *der* <-s, -> *(umg.:* ≈ *Notizzettel)*

Schmin·ke *die* <-, -n> *ein kosmetisches Mittel, zum Beispiel farbige Creme oder Puder, das Frauen auf das Gesicht auftragen, um besser auszusehen*

schmin·ken <schminkst, schminkte, hat ge­schminkt> *mit OBJ* ■ *jmd. schminkt jmdn./etwas Schminke auftragen:* Die Kosmetikerin schminkt ihre Kundin.; Sie schminkt ihre Lippen/ ihre Augen.; Sie schminkt sich regelmäßig (die Lippen/die Augen).

schmir·geln <schmirgelst, schmirgelte, hat ge­schmirgelt> *mit OBJ* ■ *jmd. schmirgelt etwas ein Objekt mit einer rauen Oberfläche immer wieder kraftvoll über einen Gegenstand führen, um von dessen Oberfläche den Lack, die Farbe o. Ä. in Form von vielen kleinen Partikeln zu entfernen:* Wir müssen den Zaun schmirgeln, bevor wir ihn

streichen.; Ich schmirg(e)le die Farbe vom Holz. ▶ Schmirgelpapier

Schmiss *der* <-es, -e> /kein Plur./ ❶ /kein Plur./ *(umg.) Schwung:* Die Melodie hat Schmiss. ▶ schmissig ❷ *im studentischen Verbindungswesen: eine Narbe oder eine Wunde, die von einem Säbelhieb aus einem Zweikampf, der so genannten Mensur, herstammt*

Schmö·ker *der* <-s, -> *(umg. abwert.) ein dickes Buch, das oft literarisch nicht sehr anspruchsvoll ist*

schmö·kern <schmökerst, schmökerte, hat ge­schmökert> *ohne OBJ* ■ *jmd. schmökert genussvoll zum Zeitvertreib lesen:* Sie liegt auf dem Sofa und schmökert in einem Krimi.

Schmoll·ecke ■ *sich in die Schmollecke zurückziehen sich beleidigt zurückziehen*

schmol·len <schmollst, schmollte, hat ge­schmollt> *ohne OBJ* ■ *jmd. schmollt beleidigt schweigen:* Ich weiß nicht, was er hat, er schmollt schon seit einigen Stunden.

Schmoll·mund *der* <-(e)s, Schmollmünder> ❶ *ein Mund mit vollen Lippen* ❷ *zu einem Ausdruck des Schmollens verzogener Mund*

Schmor·bra·ten *der* <-s, -> KOCH. *ein geschmorter I Rinderbraten*

schmo·ren <schmorst, schmorte, hat ge­schmort> **I.** *mit OBJ* ■ *jmd. schmort etwas* KOCH. *nach kurzem Anbraten langsam in Brühe gar werden lassen:* Sie schmort das Fleisch im eigenen Saft. **II.** *ohne OBJ* ❶ *etwas schmort* KOCH. *nach kurzem Anbraten in Brühe langsam gar werden:* Der Braten schmort auf dem Herd. ❷ ■ *jmd. schmort irgendwo (umg.) der Hitze ausgesetzt sein:* Ich habe in der Sauna/in der Sonne geschmort.; ■ *jemanden schmoren lassen (umg.) jmdn. warten lassen* Sie hat mich zwei Stunden schmoren lassen, ehe sie angerufen hat.

Schmor·topf *der* <-(e)s, Schmortöpfe> *ein Topf, den man zum Schmoren[1] benutzt*

Schmuck *der* <-(e)s> /kein Plur./ ❶ *Gegenstände wie beispielsweise Ringe, Ketten, Ohrringe, die man am Körper trägt, um schöner auszusehen:* Sie trägt kostbaren/wertvollen/goldenen/silbernen Schmuck. ◆ Mode- ❷ *alles, was Personen und Dinge schöner macht:* Ihr ganzer Schmuck sind ihre wundervollen Haare; Die Blumen tragen viel zum Schmuck des Hauses bei.

schmü·cken <schmückst, schmückte, hat ge­schmückt> *mit OBJ* ❶ ■ *jmd. schmückt etwas (mit etwas Dat.) mit bestimmten Dingen dekorativ verschönern:* Wir schmücken gerade den Saal (mit Girlanden) für die Feier. ❷ ■ *etwas schmückt etwas etwas verschönert etwas:* Girlanden schmückten den Saal.

schmuck·los *adj so, dass etwas ohne Schmuck[2] ist und sehr einfach und schlicht aussieht:* ein völlig schmuckloser Raum ▶ Schmucklosigkeit

Schmuck·stück *das* <-s, -e> ❶ *ein Gegenstand, wie beispielsweise ein Ring oder eine Kette, den man am Körper trägt, um schöner auszusehen:* Sie erbte wertvolle Schmuckstücke. ❷ *ein besonders schöner Gegenstand (unter anderen Gegenstän-*

S

den): Diese Briefmarke ist das Schmuckstück meiner Sammlung.

schmud·de·lig, a. **schmudd·lig** adj (umg. abwert.) schmutzig, verdreckt: Das Lokal machte einen sehr schmuddeligen Eindruck.

Schmud·del·kind das <-(e)s, -er> (umg. abwert.) ein Kind, das schmutzig und ungepflegt aussieht

Schmud·del·wet·ter das <-s> /kein Plur./ (umg.) nasskaltes Wetter: Bei diesem Schmuddelwetter kann man sich leicht erkälten.

schmudd·lig adv siehe **schmuddelig**

Schmug·gel der <-s> /kein Plur./ das Schmuggeln

schmug·geln <schmuggelst, schmuggelte, hat geschmuggelt> **I.** mit OBJ ■ **jmd. schmuggelt jmdn./etwas** Personen oder Waren illegal über die Grenze in ein anderes Land bringen: Er schmuggelte Rauschgift in großen Mengen.; Er wurde erwischt, als er schmuggelte. ▸ Schmuggelware **II.** mit OBJ ■ **jmd. schmuggelt (jmdm.) etwas (irgendwohin)** (umg.) heimlich irgendwohin bringen: Sie behauptete, jemand habe ihr die Waffe in die Handtasche geschmuggelt.

Schmugg·ler der, **Schmugg·le·rin** <-s, -> jmd., der schmuggelt [1]

Schmugg·ler·ring der <-(e)s, -e> eine Gruppe oder Bande von Schmugglern: Der Schmugglerring wurde zerschlagen.

schmun·zeln <schmunzelst, schmunzelte, hat geschmunzelt> ohne OBJ ■ **jmd. schmunzelt** den Mund zu einem kleinen Lächeln verziehen: Er musste schmunzeln, als er an diese Episode dachte.

Schmus der <-es> /kein Plur./ (umg. abwert.) schmeichelnde Bemerkungen; leeres Gerede; Schönrednerei: Nimm seine Worte nicht ernst – das ist doch alles nur Schmus!

schmu·sen <schmust, schmuste, hat geschmust> ohne OBJ ■ **jmd. schmust (mit jmdm.)** Zärtlichkeiten austauschen: mit den Kindern/dem Partner schmusen

Schmutz der <-es> /kein Plur./ Dreck, Unrat: Die Straßen waren voller Schmutz.; An deinen Schuhen klebt Schmutz.; Ich muss noch den Schmutz zusammenkehren/aufwischen.; ■ **jemanden/etwas durch den Schmutz ziehen** Schlechtes, die Unwahrheit über jmdn. oder etwas sagen Sein Name/Seine Familie wurde durch den Schmutz gezogen. ◆-fleck, -lappen, Straßen- ◆Getrennt- oder Zusammenschreibung →R 4.16 Schmutz abweisend/schmutzabweisend

schmutz·ab·wei·send adj so, dass ein Material den Schmutz gar nicht oder nur sehr schwer aufnimmt: ein schmutzabweisender Teppichboden

schmut·zen <schmutzt, schmutzte, hat geschmutzt> ohne OBJ ■ **etwas schmutzt** schmutzig werden: Helle Kleidung schmutzt leicht.

Schmutz·fink der <-en/-s, -en> (umg. abwert.) ❶ jmd., der etwas schmutzig macht ❷ jmd., der (in den Augen anderer) etwas Unsittliches, Unmoralisches oder Verwerfliches getan hat: Ich möchte nicht wissen, was für Zeitschriften sich dieser Schmutzfink schon wieder gekauft hat.

schmut·zig adj ❶ voll Schmutz: Das Hemd/das

Fenster ist schmutzig. ❷(≈ obszön) eine schmutzige Fantasie; schmutzige Witze ❸(≈ anrüchig) illegal: Mit diesen schmutzigen Geschäften will ich nichts zu tun haben.

Schmutz·ti·tel der <-s, -> DRUCKW. das erste Blatt in einem Buch, auf dem nur der Buchtitel steht

Schna·bel der <-s, Schnäbel> der spitze, vorspringende Fortsatz am Kopf von Vögeln; ■ **reden/sprechen, wie einem der Schnabel gewachsen ist** (umg.) das sagen, was einem gerade einfällt

Schna·bel·schuh der <-(e)s, -e> ein Schuh mit sehr langer, gebogener Spitze, der im Mittelalter getragen wurde

Schna·bel·tier das <-(e)s, -e> ein Säugetier, das Eier legt und vor allem in Australien lebt

Schna·ke die <-, -n> eine Stechmücke

Schnal·le die <-, -n> ❶ der Verschluss eines Gürtels oder Riemens ❷(umg. abwert.) verwendet als Schimpfwort für eine weibliche Person ❸ÖSTERR. Klinke

schnal·len <schnallst, schnallte, hat geschnallt> mit OBJ ❶ ■ **jmd. schnallt etwas irgendwohin** +Akk. irgendwo anbringen: Hast du die Skier schon auf den Dachträger des Autos geschnallt?; Ich schnalle mir den Rucksack auf den Rücken. ❷ ■ **jmd. schnallt etwas** (umg.) begreifen: Ich musste es ihm drei Mal erklären, bevor er es endlich schnallte.

Schnal·len·schuh der <-(e)s, -e> ein Halbschuh, den man mit einer Schnalle [1] schließt

schnal·zen <schnalzt, schnalzte, hat geschnalzt> ohne OBJ ■ **jmd. schnalzt mit etwas** Dat. ein lautes, knallendes Geräusch von sich geben: Er schnalzte mit der Zunge/mit den Fingern/mit einer Peitsche.

Schnäpp·chen das <-s, -> (umg.) etwas, das man besonders günstig gekauft hat: Der Hut war ein echtes Schnäppchen. ◆-jagd, -jäger

Schnäpp·chen·füh·rer der <-s, -> ein kleines Buch, in dem Geschäfte verzeichnet sind, die Schnäppchen anbieten

schnap·pen <schnappst, schnappte, hat geschnappt> **I.** mit OBJ ❶ ■ **jmd./ein Tier schnappt jmdn./etwas/nach jmdm./nach etwas** versuchen, jmdn. oder etwas mit dem Maul bzw. den Zähnen zu fassen: Der Hund hat die Wurst/nach der Wurst geschnappt. ❷ ■ **jmd. schnappt jmdn. (an etwas** Dat.) schnell ergreifen (und festhalten): Ich schnappte ihn gerade noch am Ärmel. ❸(umg.) festnehmen: Die Polizei hat ihn dabei geschnappt, wie er … **II.** ohne OBJ ■ **jmd. schnappt nach Luft** (≈ japsen) vor Erschöpfung mit Mühe tief einatmen: Sie schnappte nach Luft.

Schnapp·schuss der <-es, Schnappschüsse> (umg.) ein nicht gestelltes Foto; eine ungezwungene Momentaufnahme, bei der die Beteiligten nicht bestimmte Posen einnehmen: Er hat auf der Party einige nette Schnappschüsse gemacht.

Schnaps der <-es, Schnäpse> ein Getränk mit sehr hohem Alkoholgehalt: Dieser Schnaps wird aus Obst/Kartoffel/Getreide gebrannt.; ein hochprozentiger/starker Schnaps; Korn ist ein klarer

S

Schnaps aus Getreide.; ■**Dienst ist Dienst und Schnaps ist Schnaps** *(umg.) verwendet, um auszudrücken, dass man dienstliche und private Angelegenheiten trennen sollte* ◆-brennerei, -flasche, -glas, -leiche, Anis-, Kartoffel-, Verdauungs-

Schnaps·dros·sel *die* <-, -n> *(umg. abwert.) jmd., der regelmäßig sehr viel Alkohol trinkt*

Schnaps·idee *die* <-, -n> *(umg.) ein unsinniger, verrückter Einfall:* Wer ist denn auf diese Schnapsidee gekommen?

Schnaps·zahl *die* <-, -en> *(scherzh.) eine Zahl, die aus mehreren gleichen Ziffern besteht:* 666 ist eine Schnapszahl.

schnar·chen <schnarchst, schnarchte, hat geschnarcht> *ohne OBJ* ■**jmd. schnarcht** *im Schlaf beim Atmen ein dumpfes, kehliges Geräusch von sich geben*

schnar·ren <schnarrt, schnarrte, hat geschnarrt> *ohne OBJ* ■**etwas schnarrt** *ein knarrendes, rasselndes Geräusch von sich geben:* Die Klingel schnarrte laut.

schnat·tern <schnatterst, schnatterte, hat geschnattert> *ohne OBJ* ■**ein Tier schnattert** ❶ *(von Gänsen und Enten) schnell aufeinanderfolgende Laute von sich geben:* Die Gänse schnattern. ❷■**jmd. schnattert** *(umg.) eifrig, erregt (über etwas Unwichtiges) sprechen:* stundenlang mit der Freundin am Telefon schnattern

schnau·ben <schnaubst, schnaubte, hat geschnaubt> *ohne OBJ* ■**jmd./ein Tier schnaubt** ❶ *geräuschvoll durch die Nase atmen:* Das Pferd schnaubt. ❷ *vor Entrüstung außer sich sein:* Er schnaubte vor Wut.

schnau·fen <schnaufst, schnaufte, hat geschnauft> *ohne OBJ* ■**jmd. schnauft** *(umg.) schwer atmen:* Sie schnaufte angestrengt beim Treppensteigen.

Schnauz *der* <-es, Schnäuze> SCHWEIZ. *Schnurrbart*

Schnauz·bart *der* <-(e)s, Schnauzbärte> *kräftiger Schnurrbart*

Schnau·ze *die* <-, -n> ❶ *das lange Maul mancher Tiere, das mit der Nase verbunden ist:* Der Hund hat eine lange/spitze Schnauze. ❷ *(vulg.) Mund:* Halt die Schnauze!; ■**die Schnauze vollhaben** *(umg.) keine Lust mehr haben, die Geduld verlieren*

schnau·zen <schnauzt, schnauzte, hat geschnauzt> *mit OBJ/ohne OBJ* ■**jmd. schnauzt (, dass..)** *(umg.) schimpfen:* „Pass doch auf", schnauzte sie.; Er schnauzt ständig beim Autofahren.

schnäu·zen <schnäuzt, schnäuzte, hat geschnäuzt> *mit SICH* ■**jmd. schnäuzt sich (die Nase)** *durch kräftiges Ausblasen von Luft die Nase reinigen:* sich die Nase schnäuzen

Schnau·zer *der* <-s, -> ❶ *eine Hunderasse mit relativ kurzem Fell und einer Art Schnauzbart* ❷ *(umg.) Schnauzbart*

Schne·cke *die* <-, -n> *ein Weichtier ohne Beine mit zwei Fühlern auf dem Kopf, das sich sehr langsam bewegt:* Die Schnecken haben alle Salatpflänzchen im Garten aufgefressen.; ■**jemanden**

zur Schnecke machen *(umg.) jmdn. heftig ausschimpfen*

schne·cken·för·mig *adj* /nicht steig./ *so, dass etwas wie ein Schneckenhaus geformt ist; spiralförmig*

Schne·cken·haus *das* <-es, Schneckenhäuser> *aus Kalk bestehendes, spiralförmiges Gebilde, das manche Schnecken auf dem Rücken tragen;* ■**sich in sein Schneckenhaus zurückziehen** *(umg.) sich von anderen Menschen zurückziehen*

Schne·cken·tem·po *das* <-s> /kein Plur./ *(umg.) extrem langsames Tempo:* Die Straßen waren so glatt, dass wir nur im Schneckentempo fahren konnten.

Schnee *der* <-s> /kein Plur./ *der weiße Niederschlag aus gefrorenem Wasser in Form von Schneeflocken, der besonders im Winter fällt:* Über Nacht ist Schnee gefallen.; Auf den Pisten liegt frisch gefallener/verharschter/pappiger/nasser Schnee.; Der Schnee taut/bleibt liegen/bedeckt die Dächer/wird von der Sonne aufgeleckt/glitzert in der Sonne/liegt einen halben Meter hoch.; ■**Schnee von gestern/vom letzten/vom vergangenen Jahr** *(umg.) etwas, das niemanden mehr interessiert* ◆-decke, -flocke, -glätte, -mobil, -regen, -schauer, -schaufel, -schuh, -sturm, Neu-, Pulver-

Schnee·ball *der* <-s, Schneebälle> *zu einer kleinen Kugel geformter Schnee*

Schnee·ball·schlacht *die* <-, -en> *ein Spiel, bei dem man sich mit Schneebällen bewirft*

Schnee·be·sen *der* <-s, -> *ein Küchengerät zum Rühren*

Schnee·brett *das* <-(e)s, -er> *eine Lawinenart:* Der Skiwanderer hatte ein Schneebrett losgetreten.

Schnee·fall *der* <-(e)s, Schneefälle> /meist Plur./ *Niederschlag in Form von Schnee:* Wegen der anhaltenden Schneefälle hat sich die Lawinengefahr drastisch erhöht.

Schnee·frä·se *die* <-, -n> *ein Gerät, das den Schnee von der Straße entfernt, indem es ihn zur Seite schleudert*

Schnee·glöck·chen *das* <-s, -> *eine weiße Frühlingsblume, die als eine der ersten Blumen im Jahr blüht und deren Blüten in ihrer Form an kleine Glocken erinnern*

Schnee·ka·no·ne *die* <-, -n> *ein Gerät, das künstlichen Schnee erzeugt*

Schnee·ket·te *die* <-, -n> /meist Plur./ *über Autoreifen gezogene Vorrichtung aus Metallketten, die das Fahren auf Schnee erleichtern*

Schnee·kö·nig ■**sich freuen wie ein Schneekönig** *(umg.) sich sehr freuen*

Schnee·mann *der* <-(e)s, Schneemänner> *aus Schnee geformte Figur:* Die Kinder haben im Garten einen Schneemann gebaut.

Schnee·pflug *der* <-(e)s, Schneepflüge> ❶ *ein Gerät, mit dem man Schnee von den Straßen räumt* ❷ /kein Plur./ *eine Technik beim Skifahren, bei der die Skispitzen sich vorne berühren, so dass man besonders langsam fährt*

Schnee·rau·pe *die* <-, -n> (≈ *Schneemobil) Kettenfahrzeug, mit dem man auch bei der viel Schnee noch fahren kann*

S

Schnee·schmel·ze *die* <-> */kein Plur./ das Schmelzen des Schnees im Frühjahr:* Die Schneeschmelze im Frühjahr lässt Bäche und Flüsse anschwellen.

schnee·si·cher *adj /nicht steig./ so, dass es in einer Gegend im Winter sehr viel schneit und man dort Skifahren kann:* Diese Region wird von Wintersportlern bevorzugt, da sie sehr schneesicher ist.

Schnee·trei·ben *das* <-s> */kein Plur./ heftiger Schneefall, der von starkem Wind begleitet wird*

Schnee·ver·hält·nis·se <-> *Plur. die Menge und Beschaffenheit des Schnees, der an einem Ort gefallen ist:* Aufgrund der guten Schneeverhältnisse sind in den meisten Skigebieten Abfahrten bis ins Tal möglich.

Schnee·ver·we·hung *die* <-, -en> *(an bestimmten Stellen) vom Wind zusammengewehter und aufgehäufter Schnee:* Die Straße war wegen der Schneeverwehungen nicht passierbar.

Schnee·we·he *die* <-, -n> *(≈ Schneeverwehung)*

schnee·weiß *adj /nicht steig./ von hellem, reinem Weiß*

Schnee·witt·chen *das* <-s> */kein Plur./ eine Märchenfigur, die hinter den sieben Bergen bei den sieben Zwergen lebt*

Schnee·zaun *der* <-(e)s, Schneezäune> *ein Zaun, der Straßen oder Grundstücke vor Schneeverwehungen schützt*

Schneid *der* <-(e)s> */kein Plur./ Tatkraft, Mut:* Sie hat Schneid (bewiesen).; ■ **jemandem den Schneid abkaufen** *jmdm. den Mut nehmen*

Schnei·de *die* <-, -n> *die scharfe Seite einer Klinge*

schnei·den <schneidest, schnitt, hat geschnitten> I. *mit OBJ* ❶ ■ *jmd. schneidet etwas mit einem Messer, einer Schere o. Ä. etwas in einzelne Teile zergliedern:* Ich schneide Brot in Scheiben/Wurst in Stücke/Käse in Würfel. ❷ ■ **Fingernägel/Haare schneiden** *Fingernägel oder Haare kürzen* Die Mutter schneidet sich und ihrem Kind die Fußnägel.; Sie schneidet ihrem Freund die Haare. ❸ ■ *jmd. schneidet etwas aus etwas Dat. durch Schneiden¹ bewirken, dass ein Rohstoff in eine bestimmte Form gebracht wird:* Mit dieser Maschine kann man Bretter aus Baumstämmen schneiden.; aus Pappkarton Figuren schneiden ❹ ■ *jmd. schneidet jmdn. jmdm. eine Schnittwunde beibringen:* Der Friseur hatte ihn beim Rasieren geschnitten. ❺ ■ *jmd. schneidet etwas (≈ cutten)* Der Film muss erst noch geschnitten werden. ❻ ■ *jmd. schneidet etwas/eine Kurve (eine Kurve) nicht ausfahren:* Das Motorrad hatte die Kurve geschnitten.; Der Fahrer hat mich beim Überholen geschnitten. ❼ ■ *jmd. schneidet jmdn. jmdn., der unerwünscht ist, absichtlich übersehen:* Seit diesem Vorfall schneiden ihn seine Kollegen.; ■ **Grimassen schneiden** *das Gesicht zu Grimassen verziehen* Musst du immer solche Grimassen schneiden? II. *ohne OBJ* ■ *etwas schneidet (irgendwie) für das Schneiden I.1 in der genannten Weise geeignet sein:* Das Messer schneidet gut/schlecht.

Schnei·der *der,* **Schnei·de·rin** <-s, -> *ein Handwerker, der Maßbekleidung aus Stoff anfertigt;*

■ **frieren wie ein Schneider** *(umg.) sehr frieren;* ■ **aus dem Schneider sein** *(umg.) das Schlimmste überstanden haben* ► Schneiderei, schneidern ◆Maß-

Schnei·der·sitz *der* <-es> */kein Plur./ das Sitzen mit gekreuzten Beinen*

Schnei·de·zahn *der* <-(e)s, Schneidezähne> *einer der vorderen Zähne im Gebiss*

schnei·dig *adj (≈ flott) mit einer attraktiven Erscheinung:* Er ist ein schneidiger Bursche.

schnei·en <schneit, schneite, hat geschneit> *mit ES* ■ *es schneit Schnee fällt vom Himmel:* Es hat die ganze Nacht geschneit.

Schnei·se *die* <-, -n> *ein Geländeabschnitt, wo Bäume gefällt wurden:* Der Orkan hat eine Schneise durch den Wald geschlagen. ◆Einflug-

schnell *adj* ❶ *(↔ langsam) mit hoher Geschwindigkeit:* Er spricht/läuft/fährt schnell. ❷ *so, dass es innerhalb kurzer Zeit geschieht:* Sie hat einen schnellen Entschluss gefasst.; Wir waren überraschend schnell fertig.; Er findet sich schnell zurecht. ❸ *so, dass es eine hohe Geschwindigkeit ermöglicht:* Sie haben sich ein schnelles Boot/Auto gekauft.; Ich brauche einen schnelleren Computer. ❹ *(umg.) so, dass man es ohne großen Zeitaufwand erworben hat:* Er hat das schnelle Geld gemacht. ❺ *(≈ rasch) zügig, flott:* Jetzt ist schnelles Handeln erforderlich.; ■ **auf die Schnelle** *(umg.) sehr rasch, ohne Anstrengung* Sie wollte auf die Schnelle noch einen Brief schreiben.; Wo bekomme ich auf die Schnelle noch Karten für dieses Konzert?

Schnell- *als Erstglied zusammengesetzter Substantive; drückt aus, dass das mit dem Zweitglied Bezeichnete eine hohe Geschwindigkeit erreicht bzw. damit verbundene Aktivitäten rasch erfolgen* ◆-angriff, -beton, -boot, -bus, -check, -diät, -eingreiftruppe, -gericht, -imbiss, -kochtopf, -kredit, -ladegerät, -lesetest, -nachricht, -restaurant, -reinigung, -schreiben, -straße, -test, -verschluss, -zement, -zug

Schnell·bahn *die* <-, -en> *(≈ S-Bahn) ein schneller elektrischer Zug, der in Großstädten und ihrer Umgebung fährt*

schnel·len <schnellst, schnellte, ist geschnellt> *ohne OBJ* ■ *etwas schnellt irgendwohin* ❶ *sich schnell und plötzlich irgendwohin bewegen:* Der Frosch schnellte aus dem Wasser. ❷ *schnell und plötzlich ansteigen:* Die Aktienkurse schnellten in die Höhe.

Schnel·lig·keit *die* <-> */kein Plur./ (↔ Langsamkeit) hohe Geschwindigkeit*

schnell·le·big *adj so, dass viele Veränderungen in rascher Folge dafür kennzeichnend sind:* Wir leben in einer sehr schnelllebigen Zeit.

schnells·tens *adv (≈ baldmöglichst)* Ich brauche schnellstens eine neue Wohnung.

schnellst·mög·lich *adv so schnell wie möglich:* Das Geld muss schnellstmöglich überwiesen werden.

schnell·trock·nend *adj /nicht steig./ so, dass ein Material besonders schnell trocken wird*

Schnell·ver·fah·ren *das* <-s, -> ❶ *eine besonders schnelle Produktion* ❷ RECHTSW. *ein Gerichtsver-*

S

fahren, bei dem die schriftliche Anklage fehlt: etwas im Schnellverfahren erledigen; jemanden im Schnellverfahren aburteilen

Schnep·fe die <-, -n> ❶ ein Sumpfvogel ❷ (umg. abwert.) verwendet als Schimpfwort für eine weibliche Person

Schnick·schnack der <-(e)s> /kein Plur./ (umg. abwert.) wertloses oder überflüssiges Zeug: In seiner Wohnung liegt überall irgendwelcher Schnickschnack herum.

schnie·fen ohne OBJ ▪ jmd. schnieft (umg.) die Luft geräuschvoll durch die Nase einziehen: Sie schnieft, weil sie Schnupfen hat.

Schnipp·chen ▪ jemandem ein Schnippchen schlagen (umg.) jmdm. einen Streich spielen, jmds. Absicht (in scherzhafter Weise) durchkreuzen

schnip·peln <schnippelst, schnippelte, hat geschnippelt> mit OBJ/ohne OBJ ▪ jmd. schnippelt (etwas) (umg.) etwas (ab)schneiden: Wir haben Bohnen geschnippelt.; Wer hat an der Wurst geschnippelt?

schnip·pen <schnippst, schnippte, hat geschnippt> I. mit OBJ ▪ jmd. schnippt etwas mit einer kurzen Bewegung bewirken, dass etwas von etwas herabfällt: Er schnippt die Asche der Zigarette in den Aschenbecher. II. ohne OBJ ▪ jmd. schnippt (mit den Fingern) ein bestimmtes Geräusch erzeugen, indem man zwei Finger gegeneinanderreibt: mit den Fingern schnippen

schnip·pisch adj (abwert.) kurz angebunden und respektlos; frech: eine schnippische Bemerkung

Schnip·sel der <-s, -> ein kleines Stückchen Papier oder Stoff

schnip·seln <schnipselst, schnipselte, hat geschnipselt> mit OBJ/ohne OBJ ▪ jmd. schnipselt (etwas) (umg.) schneiden: Wer hat an der Zeitung geschnipselt?

schnip·sen <schnipst, schnipste, hat geschnipst> I. mit OBJ ▪ jmd. schnipst etwas +Akk. schnippen I II. ohne OBJ ▪ jmd. schnipst (mit den Fingern) schnippen II

Schnitt der <-(e)s, -e> ❶ das Schneiden: Er teilte die Birne mit einem Schnitt.; einen Ast mit einem Schitt vom Baum abtrennen ❷ MED. Einschnitt: Der kleine/lange/tiefe Schnitt ist inzwischen gut verheilt. ❸ die Art, wie etwas gestaltet oder angelegt ist: Das Kleid hat einen flotten Schnitt.; Die Wohnung besitzt einen großzügigen Schnitt. ❹ das Schneiden von Filmen: Der Cutter ist für den Schnitt des Films verantwortlich. ❺ (≈ Schnittmuster) Die Handarbeitszeitschrift enthält einige Schnitte. ❻ (≈ Querschnitt, Längsschnitt) Ein waagerechter/senkrechter Schnitt zeigt den inneren Aufbau des Organs. ❼ (umg.: ≈ Durchschnitt) Was verdient man hier im Schnitt? ❽ Durchschnittsgeschwindigkeit: Mit einem Schnitt von 40 km/h war das heute eine schnelle Etappe.

Schnitt·blu·me die <-, -n> /meist. Plur./ (↔ Topfblume) frisch geschnittene Blume

Schnit·te die <-, -n> LANDSCH. (belegte) Scheibe Brot

Schnitt·flä·che die <-, -n> ❶ Fläche, die von einem Schnitt¹ herrührt: Das Brot schimmelt an der

Schnittfläche. ❷ MATH. alle gemeinsamen Punkte zweier geometrischer Körper

schnit·tig adj elegant und sportlich: ein schnittiger Wagen

Schnitt·kä·se der <-s> /kein Plur./ in Scheiben geschnittener Käse

Schnitt·lauch der <-(e)s> /kein Plur./ ein grünes Küchengewürz, dessen lange, dünne Stiele wie Gras aussehen

Schnitt·men·ge die <-, -n> MATH. die Menge der Elemente, die zwei oder mehreren Mengen gleichzeitig angehören

Schnitt·mus·ter das <-s, -> Muster, nach dem Teile eines Kleidungsstücks geschnitten werden: In der Modezeitschrift waren viele Schnittmuster abgedruckt.

Schnitt·punkt der <-(e)s, -e> MATH. ein Punkt, in dem sich zwei Geraden oder Linien schneiden

Schnitt·stel·le die <-, -n> EDV (≈ Port) eine Verbindungsstelle für den Datenaustausch zwischen einzelnen Geräten

Schnitt·ver·let·zung die <-, -en> (≈ Schnittwunde) Schnitt²

Schnit·zel¹ das <-s, -> eine größere Scheibe Fleisch, die man brät: ein paniertes Schnitzel ◆Kalbs-, Jäger-, Puten-, Schweine-, Zigeuner-

Schnit·zel² das <-s, -> (≈ Fetzen) ein (kleines) Papierstückchen

Schnit·zel·jagd die <-, -en> ein Kinderspiel, bei dem man Stücke oder etwas (z. B. einen Schatz) im Freien mittels einer Spur von Schnitzeln² sucht

schnit·zen <schnitzt, schnitzte, hat geschnitzt> mit OBJ/ohne OBJ ▪ jmd. schnitzt (etwas) Gegenstände aus Holz herausarbeiten: Er schnitzt Figuren.; Sie schnitzt in ihrer Freizeit.

Schnit·zer der; **Schnit·ze·rin** <-s, -> ❶ jmd., der (beruflich) schnitzt ◆Holz- ❷ (umg.) Fehler: Das war aber ein grober Schnitzer.

schnö·de adj (geh. abwert.) erbärmlich, verachtenswert: Sie tat es um des schnöden Mammons willen.

Schnor·chel der <-s, -> ein Rohr, das beim Tauchen nahe der Wasseroberfläche aus dem Wasser ragt und durch das man atmen kann ▸ schnorcheln

Schnör·kel der <-s, -> geschwungene, bogenförmige Verzierung: eine Kommode mit vielen Schnörkeln; Ich erkenne ihre Schrift an den Schnörkeln. ▸ schnörk(e)lig

schnör·kel·los adj sehr sachlich und schlicht: ein schnörkelloser Stil; eine schnörkellose Sprache/Formulierung ▸ Schnörkellosigkeit

schnor·ren <schnorrst, schnorrte, hat geschnorrt> mit OBJ/ohne OBJ ▪ jmd. schnorrt (etwas) (umg. abwert.) um Kleinigkeiten betteln: Er schnorrte den ganzen Abend Zigaretten.; Sie schnorrt ständig bei ihren Freunden. ▸ Schnorrer

Schnö·sel der <-s, -> (umg. abwert.) (junger) arroganter Mann

schnu·cke·lig, a. **schnuck·lig** adj (umg.) niedlich, hübsch und klein: ein schnuckeliges Kind; eine schnuckelige Wohnung in der Altstadt

Schnüf·fe·lei die <-, -en> (umg. abwert.) ❶ /meist Sing./ (umg. abwert.) fortwährendes

S

Schnüffel *I.2:* Seine Schnüffelei hatte fast ihre Ehe zerstört. ② */kein Plur./ (umg.)* ständiges *Schnüffeln II*

schnüf·feln <schnüffelst, schnüffelte, hat geschnüffelt> **I.** *ohne OBJ* ① ■ *ein Tier schnüffelt (≈ schnuppern) an etwas riechen:* Der Hund schnüffelt an einem Baum. ② ■ *jmd. schnüffelt irgendwo (umg. abwert.)* im Privatbereich von jmdm. heimlich etwas suchen: Woher willst du wissen, dass sie während deiner Abwesenheit nicht in deinem Zimmer geschnüffelt hat? **II.** *mit OBJ/ohne OBJ* ■ *jmd. schnüffelt (etwas) (umg.) (als Drogenersatz)* an Klebstoffen riechen, um sich zu berauschen: Er schnüffelt Alleskleber.; Viele Jugendliche in diesem Viertel schnüffeln.

Schnüff·ler *der*, **Schnüff·le·rin** <-s, -> ① *(umg. abwert.) jmd., der schnüffelt I.2* ② *(umg.) jmd., der schnüffelt II*

Schnul·ler *der* <-s, -> *(umg.)* eine Art kleiner Sauger, den man Säuglingen in den Mund steckt (um sie zu beruhigen)

Schnul·ze *die* <-, -n> *(umg. abwert.)* rührseliger, kitschiger Schlager oder Film ohne künstlerischen Wert

Schnup·fen *der* <-s, -> eine Erkältungskrankheit, bei der sich Flüssigkeit in der Nase ansammelt und die meist mit Husten und Verschleimung der Atemwege verbunden ist: Es ist kein Wunder, wenn man sich bei diesem Wetter einen Schnupfen holt. ▶ verschnupft ◆-mittel, Heu-

schnup·fen <schnupfst, schnupfte, hat geschnupft> *mit OBJ/ohne OBJ* ■ *jmd. schnupft (etwas)* etwas beim Einatmen in die Nase ziehen: Er schnupft.; Er schnupft Tabak/Kokain.

Schnupf·ta·bak *der* <-s, -e> Tabak, der nicht geraucht, sondern geschnupft wird

schnup·pe *adj /nicht steig./* ■ **etwas ist jemandem schnuppe** *(umg.)* etwas ist jmdm. gleichgültig Das ist mir doch schnuppe!

Schnup·per·leh·re *die* <-> */kein Plur./ (umg.)* kurzes Praktikum in einem Betrieb, bei dem Jugendliche Einblicke in einen Beruf gewinnen können

schnup·pern <schnupperst, schnupperte, hat geschnuppert> *ohne OBJ* ■ *jmd./ein Tier schnuppert (an etwas) (umg.)* prüfend den Geruch von etwas einziehen: Die Frau schnupperte an der Parfümflasche.; Der Hund hat nur an dem Fressen geschnuppert.

Schnur *die* <-, Schnüre> ein langes, dünnes Gebilde, das aus Fasern, Fäden o. Ä. gewoben ist und das man z. B. braucht, um etwas zuzubinden: Wir sollten das Paket sicherheitshalber mit einer Schnur zusammenbinden. ◆ Hut-, Paket-

Schnür·band *das* <-(e)s, Schnürbänder> NORDDT. Schnürsenkel

Schnür·chen ■ **wie am Schnürchen** *(umg.)* völlig reibungslos und ohne Probleme Der Umzug klappte wie am Schnürchen.

schnü·ren <schnürst, schnürte, hat geschnürt> *mit OBJ* ■ *jmd. schnürt etwas* zubinden, zusammenbinden: Sie schnürt ihrem kleinen Sohn die Schuhe.; Er schnürt ein Paket.; Man schnürte das Reisig zu Bündeln.

schnur·ge·ra·de *adj /nicht steig./ (umg.)* ohne Kurven: Wir fuhren lange Zeit auf einer schnurgeraden Straße.

schnur·los *adj /nicht steig./* ohne Kabel: ein schnurloses Telefon

Schnurr·bart *der* <-(e)s, Schnurrbärte> oberhalb der Oberlippe wachsender Bart (bei Männern) ▶ schnurrbärtig

schnur·ren <schnurrt, schnurrte, hat geschnurrt> *ohne OBJ* ■ *ein Tier schnurrt* ein gleichförmiges, tiefes Geräusch von sich geben: Die Katze schnurrt vor Wohlbehagen.

Schnür·schuh *der* <-s, -e> ein Schuh, den man schnürt

Schnür·sen·kel *der* <-s, -> LANDSCH. eine dünne Schnur, mit der ein Schnürschuh zugebunden wird

schnur·stracks *adv (≈ sofort)* auf direktem Weg und ohne sich mit etwas aufzuhalten: Nach der Arbeit bin ich schnurstracks nach Hause gegangen.

Schnu·te *die* <-, -n> ① NORDDT. *(umg.)* Mund ② *(umg.)* ein verdrossener, enttäuschter Gesichtsausdruck: eine Schnute ziehen

Scho·ber *der* <-s, -> ① SÜDDT., ÖSTERR. eine kleine Hütte auf dem Feld, in der man Heu und Stroh lagert ② SÜDDT., ÖSTERR. Heuhaufen

Schock *der* <-(e)s, -s> ① eine seelische Erschütterung, die durch ein plötzliches und unangenehmes Ereignis ausgelöst wird: Die Kündigung war ein Schock für ihn. ▶ geschockt ② MED. ein akutes Kreislaufversagen: Das Unfallopfer stand unter Schock.

Schock·far·be *die* <-, -n> *(umg.)* eine Farbe, die so hell und intensiv ist, dass es für den Betrachter unangenehm ist

scho·ckie·ren <schockierst, schockierte, hat schockiert> *mit OBJ* ■ *jmd./etwas schockiert jmdn.* in (sittliche) Entrüstung versetzen: Seine ausfallenden Bemerkungen hatten alle Anwesenden schockiert.

Schock·the·ra·pie *die* <-, -n> ① MED. die medizinische Behandlung eines Schocks[2] ② PSYCH. ein Verfahren zur Behandlung von seelisch Kranken, bei dem der Arzt bewusst einen Schock[2] bei den Patienten auslöst

scho·fel <schofler, am schofelsten> *adj (umg. abwert.)* schäbig, schändlich: Er hat sich ihr gegenüber sehr schofel verhalten.

scho·fe·lig, *a.* **schof·lig** <schof(e)liger, am schof(e)ligsten> *adj (umg. abwert.)* schofel

Schöf·fe *der*, **Schöf·fin** <-n, -n> RECHTSW. jmd., der gemeinsam mit den Richtern ein Urteil fällt, aber selbst kein Jurist ist ◆-ngericht

schof·lig *adj siehe* **schofelig**

Scho·ko·la·de *die* <-, -n> ① eine mit Zucker vermischte Kakaomasse: ein Riegel/eine Tafel Schokolade ◆-nriegel, -ntorte, Bitter-, Nuss-, Vollmilch- ② ein Getränk aus Milch und Schokolade[1]: Sie trank eine heiße Schokolade.

Schol·le[1] *die* <-, -n> ein flacher, essbarer Fisch ◆-nfilet

Schol·le[2] *die* <-, -n> ein relativ großes Stück Eis oder Erde ◆ Eis-

schon **I.** *adv* ① *(≈ bereits)* verwendet, um auszu-

drücken, dass etwas schneller als erwartet ein-
tritt: Die Gäste sind schon da.; Er war schon nach
zwei Wochen mit der Arbeit fertig. ❷*verwendet,*
um auszudrücken, dass zwei Vorgänge sehr kurz
hintereinander ablaufen: Das Licht in der Halle erlosch; und schon begann die Band zu spielen.
II.*part* ❶*verwendet, um Erstaunen oder Unmut*
darüber auszudrücken, dass das Genannte mehr
(an Zahl, Menge oder Ausmaß) darstellt als vermu-
tet bzw. geschätzt wurde: Das Kind ist schon acht
Jahre alt.; Sie sind jetzt schon der Hundertste, der
mich das fragt.; Ich habe schon mehr als fünfzig
Fehler gefunden. ❷*verwendet, um auszudrücken,*
dass weniger notwenig ist als manche meinen:
Ein gutes Rennrad bekommt man heute schon für
unter 1000 Euro. ❸*so, dass es von jmdm.*
stammt, der vor langer Zeit gelebt hat: Schon Aristoteles sagte, dass ... ❹*verwendet, um zu beto-*
nen, dass allein das Genannte genügt (um etwas
auszulösen): Schon der bloße Gedanke daran ekelt
mich an. ❺*verwendet, um eine Aussage zu ver-*
stärken: Du wirst schon sehen! ❻*(≈ endlich) ver-*
wendet, um die Dringlichkeit einer Aufforderung
zu unterstützen: Nun komm schon!; Mach schon
das Radio aus! ❼*(≈ zwar) verwendet, um eine Ein-*
schränkung einzuleiten: Sie ist schon intelligent,
nur stört mich ihre forsche Art. ❽*(≈ bestimmt)*
verwendet, um die Wahrscheinlichkeit einer Aus-
sage zu betonen: Sie wird schon anrufen. ❾*ver-*
wendet, um auszudrücken, dass man jmdn. oder
etwas wenig schätzt: Was du schon weißt!
❻■ *schon ..., dann ...* *verwendet, um eine be-*
stimmte Forderung einzuleiten: Wenn ich mich
schon dafür hergebe, dann will ich auch ordentlich
bezahlt werden.
schön I.*adj* ❶*so, dass es jmdm. gefällt:* Sie ist eine
schöne Frau.; Er hat einen schönen Garten. ❷*so,*
dass das Wetter trocken und sonnig (und warm)
ist: Heute ist ein schöner Sommertag. ❸*(≈ nett)*
anständig und angemessen: Es wäre schön, wenn
ihr sie im Krankenhaus besuchen würdet. ❹*(≈ be-*
trächtlich) Achtzig Jahre sind ein schönes Alter.;
Hunderttausend Euro sind eine schöne Stange
Geld. ❺*(iron.) unerfreulich:* Das ist ja eine schöne
Bescherung!; Das sind wirklich schöne Aussichten!
II.*part zur Verstärkung einer Aufforderung oder*
der mit dem Bezugswort genannten Eigenschaft:
Immer schön langsam!; Passt schön auf!; Er ist
schön dumm, wenn er das glaubt.; Sie wird sich
schön wundern, wenn sie hört, wie teuer das ist.;
■ *wie man so schön sagt/wie es so schön*
heißt (umg. oft iron.) wie man oft (mit einem
Sprichwort) sagt ◆Großschreibung →R 3.4,
R 3.7 die Schönste unter ihnen; der Schönste der
Schönen; die Welt des Schönen; das Gefühl für das
Schöne und Gute; etwas Schönes; nichts Schöneres; ◆Groß- oder Kleinschreibung →R 3.9 aufs
Schönste/schönste übereinstimmen; ◆Getrennt-
schreibung →R 4.6 Er will das schöner machen
als du.; schön/schöner färben; schön/schöner
sein; schön/schöner reden; schön/schöner singen;
schön/schöner schreiben; schön/schöner werden;
◆Zusammenschreibung →R 4.6 schönfärben
(beschönigen); schönreden (schmeicheln); schön-

schreiben (in Schönschrift schreiben); schöntun
(schmeicheln, schöne Worte machen)
Schon·be·zug *der* <-(e)s, Schonbezüge> *ein*
Stück Stoff, das man über bestimmte Gegenstände
spannt, um diese vor Schmutz zu schützen: Ich
habe neue Schonbezüge für die Autositze gekauft.
scho·nen <schonst, schonte, hat geschont>
I. *mit OBJ* ■ *jmd. schont jmdn./etwas* *jmdn.*
oder etwas rücksichtsvoll behandeln: Der Trainer
schont seine Spieler.; Der Sänger schont seine
Stimme.; Wir haben die Polstermöbel stets ge-
schont.; Diese Nachricht müssen wir ihr schonend
beibringen. **II.** *mit SICH* ■ *jmd. schont sich* *sich*
nur wenig belasten: Er schonte sich etwas nach
der Krankheit.
schön·fär·ben *mit OBJ* ■ *jmd. färbt etwas schön*
(abwert.: ≈ beschönigen) etwas allzu günstig dar-
stellen: Das hat er aber schöngefärbt, in Wirklichkeit ist alles viel schlimmer. ▸ Schönfärberei
schön·geis·tig *adj /nicht steig./* *die Kunst betref-*
fend
Schön·heit *die* <-, -en> ❶*/kein Plur./ die Eigen-*
schaft, dass jmd. oder etwas schön¹ ist: Wir bewunderten die Schönheit der Landschaft. ◆-schi-
rurg, -sfehler, -sideal, -soperation, -spflege ❷*eine*
Frau, die schön¹ ist: Sie ist eine Schönheit.
Schön·heits·farm *die* <-, -en> *eine Einrichtung,*
in der man sich umfassend kosmetisch behandeln
lassen kann
Schön·heits·kö·ni·gin *die* <-, -nen> *(umg.) die*
Gewinnerin eines Schönheitswettbewerbs
Schon·kost *die* <-> */kein Plur./ besonderes Essen*
für Kranke oder Genesende, das den Magen we-
nig belastet
Schön·ling *der* <-s, -e> *(umg. abwert.) ein attrak-*
tiver junger Mann, der allzu viel Wert auf sein Aus-
sehen legt
schön·re·den *mit SICH* ■ *jmd. redet sich etwas*
schön (abwert.) sich selbst einreden, dass etwas
gut sei: Das hast du aber schöngeredet.; *siehe aber*
auch schön
schön·trin·ken *mit SICH* ■ *jmd. trinkt sich et-*
was schön (umg. abwert.) sich durch Alkoholge-
nuss in eine gute Stimmung bringen und dann so-
gar Gefallen an etwas finden, das einem in
nüchternem Zustand überhaupt nicht gefällt
schön·tun <tust schön, tat schön, hat schönge-
tan> *ohne OBJ* ■ *jmd. tut jmdm. schön (ab-*
wert.: ≈ schmeicheln)
Scho·nung¹ *die* <-> */kein Plur./ die vorsichtige*
Behandlung von etwas: Sein Magen verlangt Scho-
nung. ▸ schonungslos
Scho·nung² *die* <-, -en> *ein Waldgebiet mit jun-*
gen Bäumen
Schon·zeit *die* <-, -en> *die bestimmte Zeit im*
Jahr, während der bestimmte Arten von Wild nicht
gejagt werden dürfen
Schopf *der* <-(e)s, Schöpfe> ❶*dichtes Kopfhaar;*
■ *die Gelegenheit beim Schopfe fassen (umg.)*
die Gelegenheit nutzen ❷SCHWEIZ. *Schuppen, Ne-*
bengebäude
Schopf·bra·ten *der* <-s, -> ÖSTERR. *Schweinebra-*
ten vom Nacken
schöp·fen <schöpfst, schöpfte, hat geschöpft>

S

mit OBJ ■ *jmd. schöpft etwas aus etwas Dat.*
❶ *irgendwo Flüssigkeit mit einem Behälter herausholen:* Wir schöpften mit Eimern Wasser aus
dem Boot. ▶Schöpfkelle, Schöpflöffel ❷ *(geh.)
(Kraft oder Wissen) aus etwas für sich erhalten:* In
der schweren Zeit konnte sie viel Kraft aus ihrem
Glauben schöpfen.
Schöp·fer[1] *der* <-s, -> ❶ *jmd., der etwas Wichtiges geschaffen hat:* der Schöpfer eines Kunstwerks
❷ */kein Plur./* REL. *Gott:* Gott, der Schöpfer aller
Dinge
Schöp·fer[2] *der* <-s, -> *(≈ Schöpflöffel)*
schöp·fe·risch *adj /nicht steig./ (≈ kreativ)* Er ist
ein sehr schöpferischer Mensch.; eine schöpferische Leistung
Schöp·fung *die* <-, -en> ❶ */kein Plur./* REL. *die
von Gott erschaffene Welt:* Der Mensch gilt als
Krone der Schöpfung. ❷ *(geh.) ein Kunstwerk:*
Was wäre die Musik ohne die Schöpfungen eines
Mozart oder eines Beethoven?
Schop·pen *der* <-s, -> *ein Glas mit einem Viertelliter (oder einem halben Liter) Bier oder Wein:* einen Schoppen trinken
Schöp·ser·ne *das* <-n> ÖSTERR. *Hammelfleisch*
Schorf *der* <-(e)s, -e> *die hart gewordene Schicht
aus Blut und Haut die sich auf einer Wunde bildet:*
Auf der Wunde hat sich ein Schorf gebildet.
▶schorfig
Schor·le *die* <-, -n> *ein Mischgetränk aus Wein
oder Saft und Wasser*
Schorn·stein *der* <-(e)s, -e> *(≈ Kamin)*
Schorn·stein·fe·ger *der*; **Schorn·stein·fe·ge·rin**
<-s, -> *jmd., der beruflich Schornsteine reinigt*
Schoß *der* <-es, Schöße> *die Fläche, die Oberschenkel und Unterleib beim Sitzen bilden:* Das
Kind sitzt auf dem Schoß der Mutter.; ■ *etwas
fällt jemandem in den Schoß (umg.) jmd. erreicht etwas, ohne sich besonders anzustrengen*
Schoß·hund *der* <-(e)s, -e> *ein kleiner Hund*
Schöss·ling *der* <-s, -e> *ein aus einer Pflanze
wachsender Trieb, aus dem man eine neue
Pflanze ziehen kann*
Scho·te *die* <-, -n> *eine längliche und schmale
Fruchtform:* Erbsen wachsen in Schoten.
Schot·ter *der* <-s, -> */meist ohne Artikel oder nur
im Sing./* ❶ *kleine Steine als Untergrund im Stra
ßen- und Gleisbau* ◆-decke ❷ *(in Bächen und
Flüssen) Geröll* ❸ *(umg.) Geld*
schot·tern <schotterst, schotterte, hat geschottert> *mit OBJ* ■ *jmd. schottert etwas mit Schotter*[1] *bestreuen:* Die Arbeiter schottern die Straße.;
Der Weg ist geschottert.
Schott·land <-s> *Land im Norden Großbritanniens* ▶Schotte, Schottin, schottisch
schraf·fie·ren <schraffierst, schraffierte, hat
schraffiert> *mit OBJ* ■ *jmd. schraffiert etwas
mit parallelen Strichen versehen:* Er hat die betreffenden Flächen auf dem Plan schraffiert. ▶Schraffierung
Schraf·fur *die* <-, -en> *eine schraffierte Fläche:*
Die Grünflächen sind auf dem Plan durch Schraffur
hervorgehoben.
schräg *adj* ❶ *in einem bestimmten Winkel von einer (gedachten) Linie abweichend:* Die Räume un

ter dem Dach haben schräge Wände.; Sie wohnt
schräg gegenüber. ❷ *(umg.) von der Norm abweichend:* Er hört ziemlich schräge Musik.; ■ **jemanden schräg ansehen** *(umg.) jmdn. abschätzend
oder herablassend ansehen*
Schrä·ge *die* <-, -n> *eine schräge Wand:* Das
Dachzimmer hat eine Schräge.
Schräg·heck *das* <-s, -s> KFZ *ein Heck eines Autos, das schräg nach unten abfällt*
Schräg·schrift *die* <-, -en> *(≈ Kursivschrift) in der
Typographie neben Schönschriften, Rundschriften
etc. zu den digitalen Schreibschriften zählende
Schrift*
Schräg·strich *der* <-(e)s, -e> *ein schräger Strich
zwischen zwei alternativ zu verwendenden oder
zusammengehörenden Wörtern*
Schram·me *die* <-, -n> *eine Verletzung der Haut
oder Beschädigung einer Oberfläche:* Ich bin ausgerutscht und habe mir eine Schramme am Ellenbogen geholt.; Die Tischplatte hat ein paar Schrammen.
Schram·mel·mu·sik *die* <-> */kein Plur./* MUS. ÖS
TERR. *Wiener Volksmusik*
schram·men <schrammst, schrammte, hat geschrammt> *mit OBJ* ■ *jmd. schrammt etwas
+Akk. etwas so berühren, dass eine Schramme
entsteht:* Er hat sich das Bein an der Tischkante geschrammt.
Schrank *der* <-(e)s, Schränke> *ein großes Möbelstück zur Aufbewahrung von Wäsche, Kleidung,
Geschirr oder Büchern, das relativ hoch ist und
über (abschließbare) Türen verfügt:* ein großer/
massiver/schwerer Schrank; die Kleider in den
Schrank hängen; Wäsche in den Schrank einräumen ◆-boden, -fach, -tür, Akten-, Bauern-, Kleider-,
Stahl-
Schrank·bett *das* <-(e)s, -en> *ein Bett, das man
hochklappen kann, so dass es tagsüber wie ein
Schrank aussieht*
Schran·ke *die* <-, -n> ❶ *eine lange Stange, die
man von der senkrechten Ruhelage in eine waagerechte Position herablassen kann, um einen Weg,
eine Straße oder einen Eisenbahnübergang zu
sperren* ▶beschrankt ◆Bahn- ❷ *eine (gesellschaftliche) Grenze:* Der Regisseur hat
mit der Inszenierung dieser Oper alle Schranken
durchbrochen. ▶schrankenlos
Schrank·wand *die* <-, Schrankwände> *(≈ Anbauwand)* Wir wollen uns eine neue Schrankwand
fürs Wohnzimmer kaufen.
Schrap·nell *das* <-s, -e/-s> *ein früher verwendetes Geschoss*
Schrau·be *die* <-, -n> *ein kleinerer Metallstift mit
Kopf und Gewinde, den man in Verbindung mit einer Mutter benutzt, um Dinge zu befestigen:* Die
Schraube sitzt fest/hat sich gelockert.; ■ **bei jemandem ist eine Schraube locker** *(umg. abwert.) jmd. ist nicht ganz bei Verstand* ◆-nbolzen,
-ndreher, -nzieher
schrau·ben <schraubst, schraubte, hat geschraubt> *mit OBJ* ❶ ■ *jmd. schraubt etwas
von etwas Dat. (≈ abschrauben) etwas, das mit
Schrauben befestigt ist, lösen:* Wir haben das alte
Schild von der Wand geschraubt. ❷ ■ *jmd.*

schraubt etwas an etwas *Dat.* (≈ anschrauben) *etwas mit Schrauben an etwas befestigen:* die Lampe an die Decke schrauben ❸ ∎ *jmd.* **schraubt etwas in/auf etwas** *Akk. etwas mit einem Gewinde befestigen:* Sie schraubt eine Glühbirne in die Lampe.; Er schraubt einen Deckel auf das Glas. ▸ Schraubdeckel, Schraubverschluss ❹ ∎ *jmd.* **schraubt etwas höher** *bewirken, dass etwas wächst:* Er hat seine Ansprüche ständig höher geschraubt.

Schraub·stock *der* <-(e)s, Schraubstöcke> *ein Gerät zum Einspannen von Werkstücken*

Schraub·zwin·ge *die* <-, -n> *ein Gerät, mit dem man Werkstücke einspannen und festhalten kann*

Schre·ber·gar·ten *der* <-s, Schrebergärten> *ein kleiner Garten in einer Gartenkolonie*

Schreck *der* <-(e)s, -e> *das Gefühl der Erschütterung oder Angst, wenn man plötzlich eine Gefahr oder drohendes Unheil erkennt:* Sie hat einen furchtbaren/großen/ tüchtigen/ziemlichen Schreck bekommen.; Du hast mir aber einen Schreck eingejagt!; Der Schreck sitzt mir immer noch in den Gliedern.; sich erst langsam vom Schreck erholen

Schre·cken *der* <-s, -> ❶ */kein Plur./* (≈ Schreck) Er versetzte uns in Angst und Schrecken. ❷ *ein Ereignis, das Angst und Furcht verbreitet:* Die Reportage dokumentiert die Schrecken des Krieges. ❸ *eine Person, die bei anderen Personen Angst auslöst:* Der Professor war der Schrecken jedes Prüflings. ▸ Getrennt- oder Zusammenschreibung →R 4.16 Schrecken erregend/schreckenerregend; großen Schrecken erregend; noch schreckenerregender; am schreckenerregendsten

schre·cken <schreckst, schreckte, hat geschreckt> *mit OBJ* ∎ *jmd./etwas* **schreckt** *jmdn./etwas* *erschrecken, ängstigen*

Schreck·ge·spenst *das* <-(e)s, -er> *die Vorstellung einer drohenden Gefahr:* Man sollte jetzt nicht das Schreckgespenst eines Krieges heraufbeschwören.

schreck·haft *adj* *so, dass man leicht einen Schreck bekommt*

schreck·lich *adj* ❶ (≈ entsetzlich) *so, dass etwas Schrecken und Entsetzen auslöst:* eine schreckliche Geschichte/Nachricht/Vorahnung ❷ *(umg. abwert.) so unangenehm, dass es quälend ist:* An der Unfallstelle bot sich ein schrecklicher Anblick. ❸ *(umg.) furchtbar:* Wir hatten eine schreckliche Hitze. ◆ Groß- oder Kleinschreibung →R 3.9 jemanden auf das Schrecklichste/schrecklichste zurichten; ◆ Großschreibung →R 3.4, R 3.7 Das ist das Schrecklichste, was passieren kann.

Schreck·schrau·be *die* <-, -n> *(umg. abwert.) eine als sehr unsympathisch empfundene Frau*

Schreck·schuss·pis·to·le *die* <-, -n> *eine Pistole zum Abschießen von Gas- oder Platzpatronen*

Schreck·se·kun·de *die* <-, -n> *die Reaktionszeit, die jmd. nach einem Schreck benötigt, bis er wieder handeln kann*

Schred·der *der* <-s, -> *eine Maschine, mit der man Schrott zertrümmert und zerkleinert, um ihn besser entsorgen zu können* ▸ schreddern

Schrei *der* <-(e)s, -e> *ein sehr lauter Ausruf, den jmd. macht, weil er große Angst oder starken Schmerz oder große Wut oder große Freude verspürt:* Ein Schrei durchbrach die Stille.; Sie stieß einen lauten Schrei aus.; ∎ **der letzte Schrei** *(umg.)* die allerneueste Mode ▸ Geschrei ◆ Entsetzens-, Freuden-, Hilfe-, Wut-

Schreib·block *der* <-(e)s, Schreibblöcke> *ein Block mit Schreibpapier*

Schrei·be *die* <-> */kein Plur./* (umg.) *die Art oder der Stil, wie jmd. schreibt:* Er hat die typische Schreibe eines Journalisten.

Schrei·ben *das* <-s, -> *ein förmlicher Brief, der meist einen sehr sachlichen Inhalt hat und von einem Amt oder einer ähnlichen Einrichtung ausgestellt wurde:* Auf unsere Anfrage hin haben wir jetzt ein amtliches Schreiben erhalten. ◆ Antwort-

schrei·ben <schreibst, schrieb, hat geschrieben> **I.** *mit OBJ/ohne OBJ* ❶ ∎ *jmd.* **schreibt (etwas)** *Schriftzeichen auf einer Unterlage (zumeist auf Papier) aufbringen:* Sie schreibt den Text auf weißes Papier.; Er schreibt ordentlich/gut lesbar/unleserlich/deutlich/in Druckbuchstaben/mit einem Kugelschreiber. ❷ ∎ *jmd.* **schreibt (jmdm.) (etwas)** *etwas (in einer bestimmten Art) schriftlich formulieren:* Sie schreibt Gedichte/einen Brief/ein Gutachten/eine wissenschaftliche Arbeit.; Er schreibt für die Zeitung.; Sie schreibt lebendig/spannend/anschaulich/auf Deutsch. ❸ ∎ *jmd.* **schreibt (etwas)** *als Autor verfassen:* Er schreibt Krimis/Romane.; Ihr Bruder malt und sie schreibt. ❹ ∎ *jmd.* **schreibt (jmdm.) (etwas)** *eine schriftliche Nachrichten senden:* Ich schreibe schnell noch ein paar Postkarten.; Wie lange hat er nicht geschrieben? **II.** *mit OBJ* ∎ *jmd.* **schreibt etwas** *MUS. komponieren:* Wer hat die Musik zu diesem Film geschrieben? **III.** *ohne OBJ* ∎ *jmd.* **schreibt (an etwas** *Dat.)* ❶ *im Begriff sein, einen (langen) Text zu verfassen:* Ich schreibe schon seit Jahren an meiner Doktorarbeit.; Du musst den Text noch ins Reine schreiben. ❷ *(Schreibgerät) funktionieren:* Der Kugelschreiber schreibt nicht. **IV.** *mit SICH* ∎ *jmd./etwas* **schreibt sich irgendwie** *eine bestimmte Schreibweise haben:* Wie schreibt sich ihr Name?

Schrei·ber *der,* **Schrei·be·rin** *die* <-s, -> *jmd., der etwas schreibt:* Kennt man den Schreiber dieser Zeilen?

Schrei·ber·ling *der* <-s, -e> *(abwert.) ein schlechter Autor oder Journalist*

schreib·faul *adj* */nicht steig./ so, dass man nur ungern Briefe schreibt*

Schreib·feh·ler *der* <-s, -> (≈ Rechtschreibfehler) *eine falsche Schreibung eines Wortes*

Schreib·ge·rät *das* <-(e)s, -e> *ein Werkzeug wie ein Stift, ein Füllfederhalter o. Ä., mit dem man schreibt:* Bleistifte, Kugelschreiber und Füller sind Schreibgeräte.

schreib·ge·schützt *adj* */nicht steig./* EDV *so, dass man eine Datei nicht editieren kann*

Schreib·heft *das* <-(e)s, -e> *ein (Schul-)Heft zum Schreiben*

Schreib·kraft *die* <-, Schreibkräfte> *eine Person, die Schreibarbeiten (auf dem Computer) ausführt*

S

Schreib·map·pe *die <-, -n> eine Mappe für Schreibpapier*

Schreib·ma·schi·ne *die <-, -n> eine mechanische oder elektrische Maschine, mit der man Buchstaben-, Ziffern- und Zeichenstempel auf Papier drucken kann, indem man Tasten niederdrückt* ◆Getrenntschreibung →R 4.8 Schreibmaschine schreiben

Schreib·pult *das <-(e)s, -e> ein Pult mit einer schrägen Platte, vor das man sich stellt, um im Stehen darauf zu schreiben*

Schreib·schrift *die <-, -en> /kein Plur./ (↔ Druckschrift) mit der Hand geschriebene Schrift oder eine der Schriften in der Typographie:* digitale Schreibschriften

Schreib·stu·be *die <-, -n>* ❶MILIT. *ein Büro in einer Kaserne, in dem Verwaltungsarbeiten ausgeführt werden* ❷*(veralt.: ≈ Büro)*

Schreib·tisch *der <-(e)s, -e> ein Tisch, an dem man Schreibarbeiten ausführt* ◆-lampe, -leuchte

Schreib·tisch·tä·ter *der*, **Schreib·tisch·tä·te·rin** *<-s, -> (abwert.) jmd., der sich im Rahmen seiner Tätigkeit (zum Beispiel als Beamter, Wirtschaftsführer, Publizist) an der Ausführung einer Straftat beteiligt*

Schrei·bung *die <-, -en> Orthographie, Schreibweise¹: eine alternative/falsche/korrekte Schreibung*

Schreib·wa·ren *<-> Plur. alle Dinge, die man zum Schreiben braucht, wie Stifte, Papier o.Ä* ◆-handlung

Schreib·wei·se *die <-, -n>* ❶*die Art, wie ein Wort geschrieben wird* ❷*(≈ Stil) die Art und Weise, wie ein Text geschrieben ist:* Die Schreibweise dieses Autors gefällt mir.

schrei·en *<schreist, schrie, hat geschrien>* **I.** *mit OBJ/ohne OBJ* ❶■ *jmd. schreit (etwas) Schreie ausstoßen:* Sie schrie aus Leibeskräften/vor Schmerzen/vor Lachen. ❷■ *jmd. schreit sehr laut sprechen:* Der Lärm war so laut, dass wir schreien mussten, um uns zu verstehen. ❸■ *jmd. schreit nach etwas Akk. laut nach etwas verlangen:* Die Kühe schrien nach Wasser. **II.** *mit SICH* ■ *jmd. schreit sich (irgendwie)* Die Fans hatten sich bei dem Fußballspiel heiser geschrien.; ■ **zum Schreien sein** *(umg.) sehr komisch sein, sehr zum Lachen reizen*

schrei·end *adj* ❶*sehr grell:* ein Kleid in schreienden Farben ❷*(≈ unerhört) sehr krass:* Es war eine schreiende Ungerechtigkeit, dass …

Schrei·hals *der<-es, Schreihälse> (umg. abwert.) jmd., der viel schreit:* Das Kind ist ein furchtbarer Schreihals.

Schrein *der<-(e)s, -e> (geh. fachspr.) ein Behälter in der Art eines Kastens für kostbare, meist religiöse Dinge*

Schrei·ner *der*, **Schrei·ne·rin** *<-s, -> ein Handwerker, der Möbel aus Holz anfertigt* ► Schreinerei

schrei·nern *<schreinerst, schreinerte, hat geschreinert> mit OBJ/ohne OBJ* ■ *jmd. schreinert etwas* SÜDDT., WESTMDT. *in Handwerksarbeit aus Holz fertigen:* Wir haben das Regal selbst geschreinert.; Er schreinert nach Feierabend.

schrei·ten *<schreitest, schritt, ist geschritten>*

ohne OBJ ■ *jmd. schreitet langsam und würdevoll gehen:* Das Brautpaar schreitet zum Altar.

Schrift *die <-, -en>* ❶*ein grafisches Zeichensystem als Kommunikationsmittel, bei dem entweder bestimmte Zeichen, die Buchstaben, symbolisch für bestimmte Laute stehen oder bestimmte Bildzeichen für bestimmte Bedeutungen stehen:* Wer hat die Schrift erfunden?; Sie kann die chinesische Schrift lesen. ◆Bilder-, Buchstaben-, Laut- ❷*Wörter, die auf etwas geschrieben sind:* Die Schrift auf dem Plakat war kaum noch lesbar. ◆-art, -größe ❸*eine bestimmte Art von Handschrift:* Sie hat eine schöne/unleserliche Schrift.; jemands Schrift kaum entziffern können ❹*eine bestimmte Art von Druckschrift:* Das Textverarbeitungsprogramm beinhaltet auch zwanzig verschiedene Schriften. ❺*ein längerer gedruckter Text:* In diesen Regalen befinden sich medizinische/theologische Schriften.; ■ **die Heilige Schrift** *die Bibel*

schrift·lich *adj /nicht steig./ (↔ mündlich) so, dass es aufgeschrieben ist:* die schriftlichen Prüfungen; eine schriftliche Notiz; Über dieses Gespräch gibt es schriftliche Aufzeichnungen.

Schrift·rol·le *die <-, -n> ein zusammengerolltes beschriebenes Stück Pergament oder Papyrus, das früher als Buch verwendet wurde*

Schrift·satz *der <-es, Schriftsätze>* ❶DRUCKW. *die Druckvorlage für das Drucken von Büchern* ❷RECHTSW. *eine schriftliche Erklärung oder ein schriftlicher Antrag eines Anwalts in einem Gerichtsverfahren*

Schrift·set·zer *der*, **Schrift·set·ze·rin** *<-s, ->* DRUCKW. *jmd., der beruflich Textvorlagen mittels technischer Verfahren in Druckvorlagen umsetzt*

Schrift·spra·che *die <-, -n> die Hoch- oder Standardsprache (die einer überregionalen Norm entspricht)*

Schrift·stel·ler *der*, **Schrift·stel·le·rin** *<-s, -> jmd., der literarische Werke schreibt* ► schriftstellerisch ◆-verband

Schrift·stück *das <-(e)s, -e> ein offizielles, amtliches Schreiben*

Schrift·ver·kehr *der <-s> /kein Plur./ (≈ Korrespondenz) Die Angelegenheit zog einen ausgiebigen Schriftverkehr mit den Behörden nach sich.*

Schrift·zei·chen *das <-s, -> ein geschriebenes oder gedrucktes Zeichen, das zu einer Schrift¹ gehört:* arabische/chinesische Schriftzeichen

schrill *adj* ❶*(≈ durchdringend ↔ dumpf) von einem hohen und (unangenehm) intensiven Ton:* Sie hat eine schrille Stimme. ❷*(jugendspr.) (in positiver Weise) ungewöhnlich:* Er hat sich ein ziemlich schrilles Outfit für den Techno-Rave besorgt.

Schrimp *das siehe* **Shrimp**

Schritt *der <-(e)s, -e>* ❶*die Bewegung beim Gehen, bei der man einen Fuß vor den anderen setzt:* Sie beschleunigte/verlangsamte ihre Schritte.; Treten Sie bitte einen Schritt zurück. ❷*/kein Plur./ (≈ Gang) die Art und Weise, wie jmd. geht:* Ich erkenne ihn schon am Schritt. ❸*die (ungefähre) Entfernung eines Schrittes¹:* Er kam bis auf wenige Schritte an die Bühne heran.; Sie standen nur ein paar Schritte entfernt. ❹*(≈ Maßnahme) eine geplante Maßnahme, die einem be-*

stimmten Zweck dient: Die nächsten Schritte wollen wohl überlegt sein.; Wir werden die notwendigen Schritte einleiten, um … ❺ *der Teil der Hose, an dem die Beine zusammentreffen:* Die Hose spannt im Schritt.; ■ **Schritt für Schritt** *(umg.) Stück für Stück;* ■ **Schritt fahren** *langsam fahren;* ■ **auf Schritt und Tritt** *ständig, immer und überallhin* Er folgte ihr auf Schritt und Tritt.; ■ **den ersten Schritt tun** *(umg.) den Anfang machen*

Schritt·ge·schwin·dig·keit *die* <-> */kein Plur./* (≈ *Schritttempo) das Tempo, das ungefähr dem eines Fußgängers entspricht:* In der Nähe von Schulen dürfen Autos oft nur mit Schrittgeschwindigkeit fahren.

Schritt·län·ge *die* <-, -n> ❶ *die Länge eines Schrittes[1]* ❷ *die Entfernung zwischen Schritt[5] und Fuß, die ein Schneider misst*

schritt·wei·se *adv in Schritten[4]:* ein Problem schrittweise lösen

schroff *adj* ❶ *steil abfallend oder ansteigend, zerklüftet:* Siehst du die schroffen Klippen dort drüben? ❷ (≈ *abweisend, brüsk) sehr unfreundlich:* Sie gab mir eine ziemlich schroffe Antwort.

schröp·fen <schröpfst, schröpfte, hat geschröpft> *mit OBJ* ■ *jmd. schröpft jmdn. (umg. abwert.) unverhältnismäßig viel Geld abnehmen*

Schrot *der/das* <-(e)s, -e> ❶ *kleine Bleikugeln als Munition bestimmter Feuerwaffen* ◆-flinte, Blei- ❷ */kein Plur./ grob gemahlenes Getreide;* ■ *von echtem Schrot und Korn sein (umg.) ein ganzer Kerl sein*

Schrott *der* <-(e)s, -e> */meist Sing./* ❶ *Altmetall, (zerkleinerte) Metallabfälle* ❷ *(umg. abwert.) unbrauchbares Zeug:* Was willst du mit all dem Schrott im Keller denn machen? ◆-halde, -händler, -haufen, -platz

schrott·reif *adj /nicht steig./ so, dass es nur noch Schrott ist:* Er hatte sein Auto schrottreif gefahren.

schrub·ben <schrubbst, schrubbte, hat geschrubbt> *mit OBJ/ohne OBJ* ■ *jmd. schrubbt (etwas) mit einem Schrubber oder Bürste reinigen:* Ich muss noch die Badewanne schrubben.; Sie schrubbte das Fett von den Kacheln.; Wir haben lange geschrubbt, bis der Fußboden in der Küche endlich sauber war. ▶ Schrubber

Schrul·le *die* <-, -n> ❶ *(umg.: ≈ Tick) eine seltsame Angewohnheit:* Das ist so eine Schrulle von ihm. ❷ *(umg. abwert.) eine (alte) Frau mit Schrullen[1]*

schrul·lig *adj (umg.) (von alten Menschen) seltsam, wunderlich, eigensinnig:* eine schrullige Alte

schrum·pe·lig *adj siehe* **schrumplig**

schrump·fen <schrumpft, schrumpfte, ist geschrumpft> *ohne OBJ* ■ *etwas schrumpft (durch Feuchtigkeitsverlust) an Größe verlieren* ▶ Schrumpfung

schrump·lig, *a.* **schrum·pe·lig** <schrump(e)liger/am schrump(e)ligsten> *adj sehr trocken und faltig:* Die Kartoffeln sind schrumplig.

Schrun·de *die* <-, -n> *eine Risswunde in der (Horn-)Haut*

Schub *der* <-(e)s, Schübe> ❶ PHYS. (≈ *Vortriebskraft) die Kraft, mit der etwas nach vorn gestoßen wird:* Das Raketentriebwerk erzeugt einen ungeheuren Schub. ❷ MED. *ein in Abständen auftretender Anfall:* Rheuma tritt in Schüben auf.

Schu·ber *der* <-s, -> ❶ *eine Schutzhülle aus Karton für Bücher:* Das zweibändige Nachschlagewerk im Schuber erhalten Sie für nur fünfzig Euro. ❷ ÖSTERR. *Riegel[1]*

Schub·fach *das* <-(e)s, Schubfächer> *eine große Schublade[1]:* Die Kommode hat zwei Schubfächer.

Schub·kar·re *die* <-, -n> *mit zwei Rädern, einer Ladefläche und zwei Griffen versehenes (einfaches) Fahrzeug, das man schiebt:* Wir verteilten mehrere Schubkarren Humus auf den Beeten.

Schub·kas·ten *der* <-s, Schubkästen> (≈ *Schubfach)*

Schub·kraft *die* <-, Schubkräfte> *Schub[1]*

Schub·la·de *die* <-, -n> ❶ *ein Fach in einem Möbelstück, das man herausziehen kann* ❷ ■ **jemand/etwas passt in keine Schublade** *(umg.) jmd. oder etwas lässt sich nicht in eine der gängigen Kategorien einordnen*

Schubs *der* <-es, -e> *(umg.) ein leichter Stoß:* Sie gab ihm einen Schubs und er fiel ins Wasser.

schub·sen <schubst, schubste, hat geschubst> *mit OBJ* ■ *jmd. schubst jmdn. (umg.) jmdm. einen Schubs versetzen*

schüch·tern *adj* ❶ (≈ *scheu) gehemmt und anderen Menschen gegenüber zurückhaltend:* Wenn man sieht, wie aufgeschlossen er heute ist, möchte man gar nicht glauben, dass er früher so schüchtern war. ❷ *vorsichtig, zaghaft:* Sie lächelte schüchtern.; Das war nur ein schüchterner Versuch. ▶ Schüchternheit

Schuft *der* <-(e)s, -e> *(abwert. veralt.) ein niederträchtiger, gemeiner Mensch*

schuf·ten <schuftest, schuftete, hat geschuftet> *mit OBJ* ■ *jmd. schuftet (umg.) hart arbeiten:* Für diesen Erfolg hat sie Tag und Nacht geschuftet.

Schuf·te·rei *die* <-> */kein Plur./ (umg. abwert.) das Schuften:* Die ganze Schufterei hat sich nicht einmal gelohnt.

schuf·tig *adj /nicht steig./ (abwert.) rücksichtslos* ▶ Schuftigkeit

Schuh *der* <-(e)s, -e> *ein aus Leder oder Textil gemachtes Kleidungsstück für den Fuß:* Der Schuh drückt/ist zu eng/sollte eine Nummer größer sein/passt perfekt.; Sie hat sich elegante/modische Schuhe gekauft.; die Schuhe abtreten/ablaufen/binden/bürsten/eincremen/putzen; ■ **jemandem etwas in die Schuhe schieben** *(umg.) jmdn. einer Sache beschuldigen* ◆-absatz, -bürste, -creme/-krem/-kreme, -geschäft, -putzmittel, -schrank, -sohle, Damen-, Herren-, Leder-, Stöckel-, Sport-, Straßen-, Turn-, Wander-

Schuh·band *das* <-(e)s, Schuhbänder> LANDSCH. (≈ *Schnürsenkel)*

Schuh·grö·ße *die* <-, -n> *die Größe der Schuhe, die in Zahlen ausgedrückt wird:* Er hat Schuhgröße 44.

Schuh·löf·fel *der* <-s, -> *eine Art Löffel mit sehr langem Stiel, der das Anziehen von Schuhen erleichtert*

Schuh·ma·cher *der,* **Schuh·ma·che·rin** <-s, -> *ein Handwerker, der Schuhe repariert* ▶ Schuhmacherei

S

Schuh·platt·ler *der* <-s, -> *ein bayrischer Volkstanz*

Schuh·span·ner *der* <-s, -> *ein Gegenstand, den man in die Schuhe, die man gerade nicht trägt, hineinsteckt, um sie in Form zu halten*

Schuh·werk *das* <-(e)s> */kein Plur./ eine bestimmte Art von Schuhen:* Für die Wanderung wird festes Schuhwerk empfohlen.

Schu·ko·ste·cker® *der* <-s, -> *kurz für „Schutzkontaktstecker"*

Schul- *als Erstglied zusammengesetzter Substantive; drückt aus, dass das mit dem Zweitglied Bezeichnete im Zusammenhang mit dem schulischen Unterricht steht* ◆-abschluss, -amt, -anfänger(in), -arzt, -ärztin, -aufsatz, -ausflug, -bildung, -buch, -bus, -direktor(in), -englisch, -fach, -ferien, -fest, -freund(in), -gebäude, -geld, -gesetz, -heft, -hof, -jahr, -kamerad(in), -klasse, -leiter(in), -leitung, -mappe, -medizin, -musik, -note, -orchester, -ranzen, -reform, -tasche, -unterricht, -wanderung, -zeit, -zeitung, -zentrum, -zeugnis

Schul·ab·brech·er *der,* **Schul·ab·bre·che·rin** <-s, -> *jmd., der die Schule ohne Schulabschluss vorzeitig beendet*

Schul·ab·gän·ger *der,* **Schul·ab·gän·ge·rin** <-s, -> *jmd., dessen Schulzeit beendet ist*

Schul·ar·beit *die* <-, -en> */meist Plur./ (≈ Hausaufgabe)* Hast du schon deine Schularbeiten gemacht?

Schul·auf·ga·be *die* <-, -n> ❶ *(≈ Hausaufgabe)* ❷ LANDSCH. *(≈ Klassenarbeit)*

Schul·bank *die* <-, Schulbänke> *(früher) eine Art Bank, auf der Schüler sitzen, die mit einem Schreibpult verbunden ist;* ■ **(noch) die Schulbank drücken** *(umg.) (noch) zur Schule gehen*

Schuld *die* <-, -en> ❶ */kein Plur./ der Umstand, dass jmd. für etwas Negatives verantwortlich ist:* Ihn trifft keine Schuld (an dem Unfall).; Die Schuld liegt bei mir.; Ihm wurde die Schuld (dafür) zugeschrieben.; Er hat Schuld daran, dass … ◆-zuweisung, Allein-, Mit- ❷ */kein Plur./ ein sittliches Versagen, eine moralische Verfehlung:* Sie hat (eine) schwere Schuld auf sich geladen.; Ich bin mir keiner Schuld bewusst. ❸ */nur Plur./ das Geld, das man jmdm. noch bezahlen muss, weil man es ausgeliehen oder etwas gekauft und noch nicht bezahlt hat:* Er hat Schulden bei der Bank.; Man zahlt ihm seine Schulden gestundet/erlassen. ◆Kleinschreibung →R 3.11 schuld sein (an etwas); ◆Großschreibung →R 3.3 die Schuld (an etwas) haben; jemandem die Schuld (für etwas) geben; ◆Getrennt- oder Zusammenschreibung →R 4.20 sich etwas/nichts zu Schulden/zuschulden kommen lassen

schuld·be·wusst *adj so, dass jmd. sich schämt, weil er weiß, dass er sich nicht richtig verhalten hat:* Er blickte mich schuldbewusst an, nachdem ich ihn auf seinen Fehler angesprochen hatte. ◆aber Getrenntschreibung →R 4.8 sich keiner Schuld bewusst sein; *siehe auch* **Schuld**

schul·den <schuldest, schuldete, hat geschuldet> *mit OBJ* ■ *jmd. schuldet jmdm. etwas* ❶ *jmdm. Geld zurückzahlen müssen:* Ich glaube, du schuldest mir noch Geld. ❷ *aus moralischen*

Gründen jmdm. etwas schuldig sein: Sie schuldet mir noch eine Erklärung.; Ich schulde ihm großen Respekt.

Schul·den·berg *der* <-(e)s, -e> *(umg.) eine sehr große Menge von Schulden[3]:* Der Schuldenberg ist bereits auf 300 000 Euro angewachsen.

Schul·den·er·lass *der* <-es, -e> *(umg.) die Tatsache, dass jmd. seine Schulden[3] nicht zurückzahlen muss*

schul·den·frei *adj /nicht steig./ nicht mehr von Schulden[3] belastet:* Nach Jahren war das Haus endlich schuldenfrei.

Schul·den·last *die* <-, -en> *die Belastung durch sehr viele Schulden[3]*

schuld·fä·hig *adj /nicht steig./* RECHTSW. *so, dass jmd. geistig fähig ist, zu erkennen, dass eine Tat nicht richtig ist:* Die Angeklagte wurde für schuldfähig erklärt ▸ Schuldfähigkeit

Schuld·fra·ge *die* <-> */kein Plur./ die Frage nach der Schuld[1] von jmdm. oder etwas:* Die Schuldfrage muss noch geklärt werden.

Schuld·ge·fühl *das* <-(e)s, -e> *das Bewusstsein, sich nicht richtig verhalten zu haben:* Ein tiefes Schuldgefühl plagte ihn.

Schul·dienst *der* <-es> */kein Plur./ die Tätigkeit als Lehrer oder Lehrerin an einer Schule:* Sie ist aus dem Schuldienst ausgeschieden.

schul·dig *adj /nicht steig./* ❶ *verantwortlich für eine böse Tat oder ein Verbrechen:* Der Angeklagte bekannte sich schuldig.; Sie hat sich dieser Tat schuldig gemacht. ▸ Schuldige ❷ *so, dass jmd. jmdm. etwas geben muss:* Was bin ich Ihnen schuldig?; Sie ist mir noch eine Erklärung schuldig.; ■ **jemandem nichts schuldig bleiben** *auf eine (scharfe) Kritik ebenso heftig reagieren*

Schul·dig·keit ■ **seine Schuldigkeit tun** *seine Pflicht erfüllen*

schul·dig·spre·chen <sprichst schuldig, sprach schuldig, hat schuldiggesprochen> *mit OBJ* ■ *jmd. spricht jmdn. schuldig jmdn. gerichtlich verurteilen* ◆Zusammenschreibung →R 4.6

Schuld·kom·plex *der* <-es, -e> *ein sehr starkes Schuldgefühl*

schuld·los *adj /nicht steig./ ohne Schuld:* An dem Unfall warst du nicht ganz schuldlos. ▸ Schuldlosigkeit

Schuld·ner *der,* **Schuld·ne·rin** <-s, -> *(↔ Gläubiger) jmd., der einem anderen etwas schuldet[1]*

Schuld·schein *der* <-(e)s, -e> *eine schriftliche Bestätigung einer Schuld[3]*

Schuld·spruch *der* <-(e)s, Schuldsprüche> RECHTSW. *der Rechtsspruch, mit dem ein Angeklagter verurteilt wird*

schuld·un·fä·hig *adj /nicht steig./* RECHTSW. *nicht schuldfähig* ▸ Schuldunfähigkeit

Schu·le *die* <-, -n> ❶ *die Institution, die Kindern und Jugendlichen Bildung vermittelt:* Er besuchte eine höhere Schule.; Man diskutierte die Probleme der Schule in der heutigen Zeit. ◆Grund-, Haupt-, Real- ❷ *ein einzelnes Gebäude, das eine Schule[1] beherbergt:* Ich fahre mit dem Fahrrad/dem Schulbus/dem Zug zur Schule. ❸ *die Schüler und Lehrer:* Alle Schulen der Stadt nahmen an dem Wettbewerb teil. ❹ */kein Plur./ (umg.) Unter-*

S

richt: Wann ist heute die Schule aus?; Wir haben bis zwei Uhr Schule. **❺** */kein Plur./ eine bestimmte Ausbildung oder Erziehung, die jmd. erhalten hat:* Dies war eine hervorragende Schule für das Leben.; Er ist durch eine harte Schule gegangen. **❻** *eine (von einer herausragenden Person geprägte) Richtung in der Kunst oder Wissenschaft:* ein Buch über die Schule Dürers; die Prager Schule der Linguistik; ■ **aus der Schule plaudern** *(umg.) vertrauliche Dinge weitererzählen;* ■ **Schule machen** *(umg.) viele Nachahmer finden*

schu·len *mit OBJ* ■ *jmd. schult jmdn./etwas (in etwas Dat.)* **❶** *Kenntnisse durch Seminare vermitteln:* Ein Trainer schulte die Mitarbeiter im Umgang mit dem neuen Textverarbeitungsprogramm. ▶ Schulung **❷** *leistungsfähiger machen:* Sie schult ihr Gedächtnis.

Schü·ler *der;* **Schü·le·rin** <-s, -> **❶** *ein Jugendlicher, der in einer Schule ausgebildet wird:* Alle Schüler versammelten sich in der Pausenhalle. ◆-ausweis **❷** *jmd., der etwas (bei einem Künstler oder Wissenschaftler) gelernt hat:* Sie ist eine Schülerin von Sigmund Freud.

Schü·ler·aus·tausch *der* <-(e)s> */kein Plur./ die Einrichtung, dass Schulklassen aus verschiedenen Ländern sich gegenseitig besuchen (und im Gastland Unterricht haben):* Unsere Schule bietet einen Schüleraustausch mit Frankreich an.

Schü·ler·lot·se *der;* **Schü·ler·lot·sin** <-n, -n> *ein älterer Schüler, der darauf achtet, dass jüngere Schüler (verkehrsreiche) Straßen sicher überqueren können*

Schü·ler·mit·ver·wal·tung *die* <-, -en> **❶** */kein Plur./ das Mitspracherecht der Schüler an der Gestaltung des Schullebens* **❷** *ein Gremium, das sich aus Klassen- und Schulsprechern zusammensetzt, abgekürzt „SMV" oder „SV"*

Schü·ler·zahl *die* <-, -en> */meist Plur./ die Anzahl aller Schüler an einer Schule oder in einem Land:* In den letzten Jahren sind die Schülerzahlen drastisch gestiegen.

Schü·ler·zei·tung *die* <-, -en> *eine Zeitung, die die Schüler einer Schule selbstständig erstellen (mit Themen aus dem eigenen Schulalltag)*

Schul·fern·se·hen *das* <-s> */kein Plur./ Fernsehsendung(en) für Schüler, die auch im Unterricht verwendet werden können*

schul·frei *adj /nicht steig./ so, dass kein Schulunterricht stattfindet:* Morgen haben wir schulfrei.

schu·lisch *adj /nicht steig./ die Schule betreffend oder zu ihr gehörend:* Sie hat stets gute schulische Leistungen erbracht.

Schul·kind *das* <-(e)s, -er> *ein Kind, das die Schule besucht*

schul·meis·tern <schulmeisterst, schulmeisterte, hat geschulmeistert> *mit OBJ/ohne OBJ* ■ *jmd. schulmeistert (jmdn.) (abwert.) in arroganter Weise belehren:* Ständig muss er seine Mitmenschen schulmeistern.; Sie schulmeistert gern/oft.

Schul·ord·nung *die* <-, -en> *alle Vorschriften, die den Ablauf des Schulunterrichts regeln*

Schul·pflicht *die* <-> */kein Plur./ die gesetzliche

Verpflichtung, dass Kinder ab einem bestimmten Alter eine Schule besuchen müssen*

schul·pflich·tig *adj /nicht steig./ so alt, dass ein Kind zur Schule gehen muss:* Wir haben zwei schulpflichtige Kinder.

Schul·rat *der;* **Schul·rä·tin** <-(e)s, Schulräte> *ein Beamter der staatlichen Aufsicht über die Schulen*

Schul·sa·chen <-> *Plur. alle Dinge, wie Hefte, Bücher o. Ä., die Schüler in der Schule brauchen*

Schul·schluss *der* <-es> */kein Plur./ (≈ Unterrichtsschluss)*

Schul·spei·sung *die* <-> */kein Plur./ eine warme Mahlzeit, die an die Schüler einer Schule ausgegeben wird*

Schul·spre·cher *der;* **Schul·spre·che·rin** <-s, -> *ein Schüler, der von seinen Mitschülern gewählt wird, damit er die Interessen der Schüler gegenüber den Lehrern vertritt*

Schul·stun·de *die* <-, -n> *einer der in sich abgeschlossenen zeitlichen Abschnitte, in den ein Schultag gegliedert ist:* Wir haben am Donnerstag in den ersten beiden Schulstunden Sport.

Schul·sys·tem *das* <-s, -e> *die Gesamtheit der Schulformen, mit denen im Rahmen schulischer Ausbildung Qualifikationen erworben werden können*

Schul·ter *die* <-, -n> *einer der beiden seitlichen Teile des Oberkörpers, die zwischen dem Hals und den Oberarmen liegen:* Er hat breite/schmale/hängende Schultern.; ■ **Schulter an Schulter** *sehr dicht nebeneinander, gemeinsam* Sie kämpften Schulter an Schulter.; ■ **etwas auf die leichte Schulter nehmen** *(umg.) etwas nicht genügend ernst nehmen;* ■ **jemandem die kalte Schulter zeigen** *(umg.) jmdn. nicht beachten*

Schul·ter·blatt *das* <-(e)s, Schulterblätter> ANAT. *einer der beiden flachen, breiten Knochen oben auf beiden Seiten des Rückens*

schul·ter·frei *adj /nicht steig./ so, dass ein Kleidungsstück die Schultern nicht bedeckt:* Sie trug ein schulterfreies Kleid.

Schul·ter·ge·lenk *das* <-(e)s, -e> ANAT. *das Gelenk zwischen Schulter und Oberarm*

Schul·ter·klap·pe *die* <-, -n> */meist Plur./* MILIT. *ein militärisches Rangabzeichen aus Stoff, das man auf die Schultern von Uniformen aufnäht*

schul·ter·lang *adj /nicht steig./ so, dass Haare bis auf die Schultern reichen*

schul·tern <schulterst, schulterte, hat geschultert> *mit OBJ* ■ *jmd. schultert etwas auf die Schulter nehmen:* Die Soldaten schultern ihr Gewehr/ihr Gepäck.

Schul·ter·pols·ter *das* <-s, -> *ein kleines Stoffkissen, das man auf Höhe der Schultern in Mäntel, Jacken oder Blusen einnäht, damit die Schultern breiter aussehen*

Schul·ter·schluss *der* <-es> */kein Plur./ das enge Zusammenhalten (von Organisationen):* Die Abstimmung zeigte, dass es zu einem Schulterschluss der Verbände gekommen war.

Schult·heiß *der* <-en, -en> **❶** *(veralt.) Gemeindevorsteher* **❷** SCHWEIZ. *im Kanton Luzern: Präsident des Regierungsrates*

Schul·tü·te *die* <-, -n> *eine große, spitze Tüte aus

Pappe, die die Eltern mit Süßigkeiten und kleinen Geschenken füllen und ihrem Kind zum ersten Schultag schenken

Schu·lung *die* <-, -en> *ein Kurs oder Lehrgang, in dem ein bestimmter Inhalt vermittelt wird:* Den Mitarbeitern wurden Schulungen im Umgang mit dem neuen Textverarbeitungsprogramm angeboten. ◆-sleiter, -sraum, -sunterlagen, PC-, Programm-, Verkaufs-

Schul·ver·sa·ger *der,* **Schul·ver·sa·ge·rin** <-s, -> *ein Schüler, für den die Anforderungen an einer Schule zu hoch sind*

Schul·weg *der* <-(e)s, -e> *der Weg vom Haus der Eltern eines Schülers zur Schule*

Schul·we·sen *das* <-s> /kein Plur./ *alle Behörden und Personen, die mit der Schule zu tun haben*

schum·meln <schummelst, schummelte, hat geschummelt> *ohne OBJ* ■ *jmd. schummelt (bei etwas Dat.) (umg.) sich nicht an die Spielregeln halten, mit Tricks spielen:* Er hat beim Würfeln geschummelt.

schum·me·rig, *a.* **schumm·rig** <schumm(e)riger, am schumm(e)rigsten> *adj (≈ dämmrig) nicht sehr hell:* In der Altstadt gibt es viele schummerige Hinterhöfe.; Wir saßen im schummrigen Licht des Lokals.

Schund *der* <-(e)s> /kein Plur./ *(abwert.) (moralisch) Minderwertiges:* Mit so einem Schund gebe ich mich doch nicht ab.; Ich habe den ganzen Schund weggeworfen.

Schund·li·te·ra·tur *die* <-> /kein Plur./ *minderwertige Literatur*

Schund·ro·man *der* <-s, -e> *(abwert.) ein Roman von sehr schlechter Qualität*

schun·keln <schunkelst, schunkelte, hat geschunkelt> *ohne OBJ* ■ *jmd. schunkelt die eigenen Arme bei den (Sitz)Nachbarn einhaken und den Oberkörper (gemeinsam mit anderen Personen) im Takt zur Musik hin und her bewegen:* Die Stimmung im Festzelt war gut und alle schunkelten zur Musik.

Schup·fen *der* <-s, -> SÜDDT., ÖSTERR. *Schuppen*

Schup·pe *die* <-, -n> ① /meist Plur./ ZOOL. *eine der vielen kleinen Platten, die die Haut von Tieren wie Fischen oder Schlangen bedecken* ② /kein Sing./ *kleine weiße Hautstückchen, die sich von der Kopfhaut lösen und den Haaren liegen:* ein Haarwasser gegen Schuppen; ■ **es fällt jemandem wie Schuppen von den Augen** *(umg.) jmd. erkennt plötzlich einen Zusammenhang* ► schuppig

Schup·pen *der* <-s, -> ① *eine kleinere, einfache (Holz-)Hütte zum Aufbewahren von Geräten oder Maschinen* ② *(umg.) Lokal, Kneipe*

schup·pen I. *mit OBJ* ■ *jmd. schuppt ein Tier Schuppen entfernen:* Du musst den Fisch erst schuppen. II. *mit SICH* ■ *etwas schuppt sich Schuppen² absondern:* Die Haut schuppt sich nach dem Sonnenbrand.

Schup·pen·flech·te *die* <-, -n> MED. *eine Hautkrankheit, bei der sich rote Flecken und Schuppen² auf der Haut bilden*

Schups *der* <-es, -e> SÜDDT. *leichter Stoß*

schup·sen <schupst, schupste, hat geschupst> *mit OBJ* ■ *jmd. schupst jmdn.* SÜDDT. *jmdm. einen Schups versetzen:* Sie hat mich ins Wasser geschupst.

Schur *die* <-, -en> *der Vorgang, dass Schafen die Wolle abgeschnitten wird*

schü·ren *mit OBJ* ■ *jmd. schürt etwas* ① *(durch Stochern) anfachen:* Sie schürt das Feuer im Ofen. ② *(umg.) bewirken, dass eine negative Stimmung stärker wird:* Sein Hass/Neid wurde durch ihr Verhalten nur geschürt.

schür·fen I. *mit OBJ* ■ *jmd. schürft etwas* BERGB. *abbauen:* Hier wird Erz geschürft. II. *ohne OBJ* ■ *jmd. schürft (nach etwas Dat.)* BERGB. *graben, um Bodenschätze zu finden:* Früher schürfte man hier nach Gold. III. *mit SICH* ■ *jmd. schürft sich (an etwas Dat.) die Haut durch Reiben an einem rauen Gegenstand verletzen:* Er stürzte und schürfte sich am Knie. ► Schürfwunde

Schür·ha·ken *der* <-s, -> *eine Eisenstange zum Schüren¹*

schu·ri·geln <schurigelst, schurigelte, hat geschurigelt> *mit OBJ* ■ *jmd. schurigelt jmdn. (umg. abwert.: ≈ schikanieren) fortwährend quälen:* Er schurigelt seine Untergebenen.

Schur·ke *der,* **Schur·kin** <-n, -n> *(abwert.) gemeiner Mensch:* Wer so etwas tut, ist doch ein ausgemachter Schurke! ◆-nstaat(en) ► schurkisch

Schur·ken·streich *der* <-(e)s, -e> *(veralt. abwert.) eine gemeine Tat*

Schur·wol·le *die* <-> /kein Plur./ *Wolle, die von lebenden Schafen stammt und bei der Schur gewonnen wird*

Schurz *der* <-es, -e> ① *eine bei der Arbeit getragene Schürze:* Der Schmied trägt einen ledernen Schurz. ② *kurz für „Lendenschurz"*

Schür·ze *die* <-, -n> *eine Kleidungsstück, das man bei der Arbeit trägt, damit die Kleidung nicht schmutzig wird:* sich zum Kochen eine Schürze umbinden

schür·zen <schürzt, schürzte, hat geschürzt> *mit OBJ* ■ *jmd. schürzt etwas* ① *raffen und in die Höhe halten:* Sie schürzte ihren Rock und watete durch den Bach. ② *(die Lippen) leicht nach vorne schieben und kräuseln:* Sie schürzte hochmütig die Lippen.

Schür·zen·jä·ger *der* <-s, -> *(umg. abwert.) ein aufdringlicher Mann, der ständig Frauen umwirbt*

Schuss *der* <-es, Schüsse> ① *die Handlung, dass jmd. eine Feuerwaffe abfeuert:* Er gab einen Schuss ab.; Das Opfer wurde von zwei Schüssen getroffen. ◆-waffe, -wunde ② *(≈ Geschoss)* Der Schuss hat getroffen/hat sein Ziel verfehlt. ③ SPORT *die Handlung, dass jmd. den Ball schießt:* Das war ein guter Schuss aufs Tor. ④ SPORT *der geschossene Ball:* Leider ging der Schuss ins Aus. ⑤ *(umg.) Injektion einer Droge:* Experten sehen in Fixerstuben nicht nur einen Ort, wo sich Süchtige einen Schuss setzen können. ⑥ /kein Plur./ *eine geringe Menge einer bestimmten Flüssigkeit:* Gib mir bitte noch einen Schuss Milch in den Kaffee.; Glühwein mit Schuss (≈ mit einer bestimmten Menge Schnaps); ■ **ein Schuss in den Ofen sein** *(umg. abwert.) ein Misserfolg sein;* ■ **weit vom Schuss sein** *(umg.) weit entfernt sein;* ■ **gut in Schuss sein** *(umg.) in Ordnung und sehr gepflegt*

S

sein Ihr Garten ist immmer in Schuss.; ■ **einen Schuss haben** *(umg. abwert.)* verrückt sein

Schüs·sel *die* <-, -n> *ein meist rundes Gefäß, dessen Tiefe im Vergleich zu seinem Durchmesser relativ gering ist:* In welcher Schüssel soll ich den Salat anmachen? ◆Salat-, Suppen-

schus·se·lig, *a.* **schuss·lig** <schuss(e)lig, am schuss(e)ligsten> *adj so, dass jmd. oft unkonzentriert und deshalb sehr ungeschickt ist:* Jawohl, ich bezeichne ihn als schusselig, weil er nämlich aufgrund mangelnder Konzentration ständig etwas vergisst oder irgendwelche Fehler macht.

Schuss·li·nie ■ **in die Schusslinie geraten** *(umg.)* in die öffentliche Kritik geraten

Schuss·wech·sel *der* <-s, -> *eine gewaltsame Auseinandersetzung, bei der zwei Gruppen mit Feuerwaffen aufeinander schießen:* Polizei und Entführer lieferten sich einen Schusswechsel.

Schus·ter *der* <-s, -> *(≈ Schuhmacher)*

schus·tern <schusterst, schusterte, hat geschustert> *ohne OBJ* ■ *jmd. schustert* ❶ *(umg. o veralt.)* als Schuhmacher arbeiten ❷ *(umg. abwert.: ≈ pfuschen)* nicht sorgfältig arbeiten

Schutt *der* <-(e)s> */kein Plur./* *Steine und Reste von Mauerwerk, die nach der Zerstörung eines Gebäudes übrigbleiben:* Das Haus wurde abgerissen und der Schutt sofort weggefahren.; Auf dem Schild steht „Schutt abladen verboten!"; ■ **in Schutt und Asche liegen** *völlig zerstört sein* ◆-abladeplatz, -halde, -haufen, Bau-

Schüt·tel·frost *der* <-(e)s> */kein Plur./* MED. *ein Zustand, in dem man stark zittert und friert und dabei hohes Fieber hat*

Schüt·tel·läh·mung *die* <-, -en> MED. *(≈ Parkinsonsche Krankheit)* *eine Krankheit, die zu einem ständige Zittern, besonders der Hände, führt*

schüt·teln <schüttelst, schüttelte, hat geschüttelt> **I.** *mit OBJ* ❶ *jmd. schüttelt jmdn./etwas* kurz und kräftig hin und her bewegen: Er schüttelte allen zum Abschied die Hand.; Man soll die Flasche vor dem Öffnen kräftig schütteln. ❷ ■ *jmd. schüttelt etwas von etwas Dat.* durch Schütteln zum Herunterfallen bringen: Sie schütteln Oliven vom Baum.; die Krümel vom Mantel schütteln ❸ ■ *jmd. schüttelt etwas hin und her bewegen:* Er schüttelte verwundert den Kopf. **II.** *mit SICH* ■ *jmd./ein Tier schüttelt sich* schnelle Bewegungen mit dem Körper machen: Als der Hund aus dem Wasser kam, schüttelte er sich.; Sie schüttelten sich vor Lachen.

Schüt·tel·reim *der* <-(e)s, -e> *ein lustiger Reim, bei dem man die Anfangsbuchstaben der Wörter vertauscht:* „Nur Laffen ehren, was Affen lehren" ist ein Schüttelreim.

schüt·ten **I.** *mit OBJ* ■ *jmd. schüttet etwas irgendwohin* ❶ *eine Flüssigkeit oder eine pulverförmige Substanz irgendwohin gießen oder strömen lassen:* Ich schütte den Kaffee aus der Packung in eine Vorratsdose.; den Wein in eine Karaffe schütten ❷ **II.** *mit ES* ■ *es schüttet (umg.: ≈ gießen)* stark regnen: Es schüttet seit Tagen.

schüt·ter *adj* */nicht steig./* so, dass Haar nur noch spärlich wächst: Sein Haar ist schütter geworden.; Er hatte schon früh schütteres Haar.

Schütt·gut *das* <-(e)s> */kein Plur./* Ware, die unverpackt auf der Ladefläche eines Fahrzeugs transportiert wird: Kohle und Getreide sind Schüttgüter.

Schutz *der* <-es> */kein Plur./* etwas, das jmds. Sicherheit vergrößert und Gefahren und Schäden abwehrt: Wir fanden in einer kleinen Hütte Schutz vor dem Unwetter.; Warme Kleidung ist der beste Schutz vor einer Erkältung.; Die Schutz suchenden Wanderer liefen zu einem Bauernhaus.; Die Täter entkamen im Schutz der Nacht.; ■ **jemanden in Schutz nehmen** jmdn. gegen die Vorwürfe anderer verteidigen ◆-brille, -handschuh, -helm, -hütte, -kleidung, -maske, -schicht ► schutzbedürftig ◆Getrennt- oder Zusammenschreibung →R 4.16 Schutz suchend/schutzsuchend

Schutz·be·foh·le·ne *der/die* <-n, -n> RECHTSW. *eine Person, die dem Schutz einer anderen Person anvertraut ist*

Schutz·blech *das* <-(e)s, -e> *der Teil einer Autokarosserie bzw. das gebogene Blech über den Rädern eines Fahrrads, das vor Regenwasser, Staub und Schmutz schützt*

Schüt·ze *der* <-n, -n> ❶ *jmd., der mit einer Waffe schießt* ◆-nhaus, -nverein, Kunst- ❷ SPORT *jmd., der ein Tor geschossen hat* ◆Tor- ❸ */kein Plur./* Tierkreiszeichen für die Zeit vom 23.11. bis 21.12. ❹ *jmd., der im Zeichen des Schützen³ geboren ist*

schüt·zen <schützt, schützte, hat geschützt> *mit OBJ* ■ *jmd./etwas schützt jmdn./etwas (vor jmdm./etwas)* ❶ *dafür Sorge tragen, dass jmd. oder etwas nicht angegriffen wird:* Die Polizei nennt die Namen der Zeugen nicht, um sie zu schützen.; Sie schützt sich und ihre Kinder mit einer starken Sonnencreme vor Sonnenbrand. ❷ ■ *jmd./etwas schützt etwas* unter gesetzlichen Schutz stellen: Man hat diese Pflanzen/diese Tiere geschützt, um sie vor der Ausrottung zu bewahren.; Er hat den Text urheberrechtlich schützen lassen.; Diese Erfindung ist durch ein Patent geschützt.

Schüt·zen·fest *das* <-(e)s, -e> *ein Volksfest, das mit einem Wettkampf von Schützen¹ verbunden ist*

Schutz·en·gel *der* <-s, -> *ein engelhaftes Wesen, das Menschen vor Gefahren beschützt:* Bei dem Unfall musst du wohl einen Schutzengel gehabt haben!

Schüt·zen·gra·ben *der* <-s, Schützengräben> *ein Graben, der Soldaten als Schießstand dient und ihnen Schutz vor feindlichen Geschossen gibt*

Schüt·zen·hil·fe *die* <-> */kein Plur./* *(umg.)* Unterstützung bei einem Vorhaben: Er hat mir während der ganzen Zeit Schützenhilfe geleistet.

Schüt·zen·kö·nig *der*, **Schüt·zen·kö·ni·gin** <-s, -e> *Sieger eines Wettschießens bei einem Schützenfest*

Schüt·zen·pan·zer *der* <-s, -> MILIT. *ein leichteres gepanzertes Kampffahrzeug*

Schutz·fär·bung *die* <-, -en> ZOOL. *die Färbung der Haut mancher Tiere, die so an deren Umgebung angepasst ist, dass sie für ihre Feinde nur schwer sichtbar sind*

S

Schutz·film der <-(e)s, -e> *eine dünne Schicht Lack o. Ä., die man auf einen Gegenstand aufträgt, um ihn vor Beschädigung zu schützen:* Das Holz wurde mit einem Schutzfilm überzogen.

Schutz·ge·biet das <-(e)s, -e> *ein abgegrenztes Gebiet, das nur zu einem bestimmten Zweck genutzt werden darf; siehe auch* **Naturschutzgebiet**

Schutz·geld das <-(e)s, -er> *(verhüll.) Geldzahlungen, die eine kriminelle Bande von Lokalen oder Geschäften erpresst* ◆-erpressung

Schutz·haft die <-> /kein Plur./ *eine Haft, die den Häftling vor Verbrechern schützen soll*

Schutz·hei·li·ge der/die <-n, -n> REL. *(≈ Schutzpatron) ein Heiliger, von dem man glaubt, dass er eine Stadt oder einen Berufstand besonders beschützt*

Schutz·imp·fung die <-, -en> MED. *eine Impfung, die zum Schutz vor bestimmten Krankheiten verabreicht wird* ▶ Schutzimpfstoff

Schütz·ling der <-s, -e> *jmd., für den man verantwortlich ist und für den man sorgt:* Der Trainer feierte mit seinen Schützlingen den Sieg.

schutz·los adj *ohne Schutz:* Wir waren dem Unwetter schutzlos ausgeliefert. ▶ Schutzlosigkeit

Schutz·mann der <-(e)s, Schutzmänner/ Schutzleute> *(umg. o veralt.: ≈ Polizist)*

Schutz·mar·ke die <-, -n> *(≈ Warenzeichen) ein Name oder ein Zeichen für ein Produkt, das gesetzlich davor geschützt ist, dass es jmd. kopieren kann*

Schutz·pa·t·ron der, **Schutz·pa·t·ro·nin** <-s, -e> *(≈ Schutzheiliger)*

Schutz·po·li·zei die <-> /kein Plur./ *die Abteilung der Polizei, die für den Schutz der Bürger zuständig ist*

Schutz·um·schlag der <-(e)s, Schutzumschläge> *der (Papier-)Umschlag eines Buches*

Schutz·weg der <-(e)s, -e> ÖSTERR. *ein gekennzeichneter Fußgängerüberweg*

Schutz·zoll der <-(e)s, Schutzzölle> POL., WIRTSCH. *ein besonderer Zoll, der beim Import von Waren erhoben wird, um die Wirtschaft eines Landes vor der ausländischen Konkurrenz zu schützen*

schwab·be·lig, *a.* **schwabb·lig** <schwabb(e)liger, am schwabb(e)ligsten> adj *(umg.) so, dass es weich ist und wackelt:* Der Pudding ist schwabblig.; ein schwabbeliger Bauch

Schwa·be der, **Schwä·bin** <-n, -n> *Einwohner Schwabens*

Schwa·ben das <-s> /kein Plur./ *Region im Südwesten Deutschlands*

Schwa·ben·al·ter das <-s> /kein Plur./ *(scherzh.) das 40. Lebensjahr*

schwä·bisch adj /nicht steig./ *zu Schwaben gehörend, daher stammend;* ■das **Schwäbische Meer** *Bezeichnung für den Bodensee*

schwach <schwächer, am schwächsten> adj ❶ *(↔ stark) so, dass jmd. wenig körperliche Kraft besitzt, nicht kräftig ist:* Um das zu tragen, bist du zu schwach.; Sie ist nach ihrer Krankheit noch sehr schwach. ❷ *(↔ stark) nicht sehr leistungsfähig:* Er hat schwache Nerven/ein schwaches Herz.; Der Motor des Bootes ist ziemlich schwach. ❸ *(↔ fest)*

dünn, nicht stabil, nicht fest:* Das Eis ist noch zu schwach zum Schlittschuhlaufen. ❹ *(↔ gut) nicht sehr zahlreich:* Das Konzert war nur schwach besucht/schwachbesucht. ❺ *(↔ gut) schlecht, nicht gut:* Er war ein schwacher Schüler.; Das war ein schwacher Film. ❻ *wenig ausgeprägt, nicht heftig:* Abends erhob sich ein schwacher Wind.; Das war auch nur ein schwacher Trost. ◆Getrennt- oder Zusammenschreibung →R 4.16 ein schwach begabter/schwachbegabter Schüler; eine schwach betonte/schwachbetonte Silbe; eine schwach bevölkerte/schwachbevölkerte Gegend; die schwach bewegte/schwachbewegte See

Schwä·che die <-, -n> ❶ /kein Plur./ *das Schwachsein* [1, 2] ❷ *eine schlechte Eigenschaft eines Menschen:* Jeder hat seine Schwächen.; Stärken und Schwächen ❸ *ein Mangel an Können und Begabung:* Sie hat ihre Schwächen auf dem Gebiet der Mathematik. ❹ /kein Plur./ *(≈ Faible) besondere Vorliebe:* Er hat eine Schwäche für schnelle Autos. ❺ *eine nachteilige Eigenschaft einer Sache:* Der Film hat einige Schwächen.

Schwä·che·an·fall der <-(e)s, Schwächeanfälle> *ein plötzlich auftretender Zustand, in dem man sich körperlich schwach* [1, 2] *fühlt:* Sie erlitt einen Schwächeanfall.

schwä·chen mit OBJ ■ *jmd./etwas schwächt jmdn./etwas* ❶ *körperlich schwächer machen:* Die Krankheit schwächt den Patienten. ❷ *(in seiner Wirkung) mindern, herabsetzen:* Diese Vorgänge können die Position des Ministers schwächen.

Schwach·kopf der <-(e)s, Schwachköpfe> *(umg. abwert.) Dummkopf*

schwäch·lich adj *(↔ robust) so, dass jmd. nur über geringe körperliche und gesundheitliche Kraft verfügt:* Als Kind war ich eher schwächlich.

Schwach·punkt der <-(e)s, -e> *ein Teil eines Ganzen, der besonders anfällig für Störungen ist:* Der einzige Schwachpunkt dieses Plans ist, dass …

Schwach·sinn der <-s> /kein Plur./ ❶ MED. *eine Geisteskrankheit* ❷ *(umg. abwert.) Blödsinn:* Er hat doch nur Schwachsinn geredet! ▶ schwachsinnig

Schwach·sin·ni·ge der/die <-n, -n> *jmd., der an Schwachsinn* [1] *leidet*

Schwach·stel·le die <-, -n> *(≈ Schwachpunkt)*

Schwach·strom der <-(e)s> /kein Plur./ ELEKTROTECHN. *(↔ Starkstrom) Strom mit einer relativ geringen Spannung*

Schwä·chung die <-, -en> ❶ *das Entkräften:* Die Infektion sorgte für eine Schwächung des gesamten Körpers. ❷ *in seiner Wirksamkeit herabsetzen:* Der Ausfall des Spielers führte zu einer Schwächung der ganzen Mannschaft.

Schwa·de die <-, -n> *abgemähtes Gras oder Getreide, das in einer Reihe liegt*

Schwa·den[1] der <-s, -> *siehe* **Schwade**

Schwa·den[2] der <-s, -> /meist Plur./ *eine dichte, wolkenartige Ansammlung von Nebel, Rauch oder Dunst:* Dichte Schwaden von Nebel zogen über die Felder. ◆Dunst-, Nebel-, Rauch-

Schwa·d·ron die <-, -en> MILIT. *eine berittene militärische Einheit*

S

schwa·d·ro·nie·ren <schwadronierst, schwadronierte, hat schwadroniert> *ohne OBJ* ■ *jmd.*
schwadroniert über etwas Akk. (abwert.) *laut,*
wortreich und prahlerisch von etwas erzählen: Er
schwadronierte den ganzen Abend über seine Erfolge in der Firma.
schwa·feln <schwafelst, schwafelte, hat ge-
schwafelt> *ohne OBJ* ■ *jmd. schwafelt (umg.*
abwert.) viel und gedankenlos reden
Schwa·ger *der;* **Schwä·ge·rin** <-s, -> *der Ehe-*
mann oder die Ehefrau von Bruder oder Schwes-
ter
Schwai·ge *die* <-, -n> SÜDDT., ÖSTERR. *Sennhütte*
Schwal·be *die* <-, -n> *ein Zugvogel, der sehr*
schnell fliegt
Schwall *der* <-(e)s, -e> *eine sehr große Menge*
von etwas, besonders von einer Flüssigkeit: Ein
Schwall Wasser ergoss sich ins Boot.; Wir wurden
mit einem Schwall von Worten begrüßt. ◆Wort-
Schwamm *der* <-(e)s, Schwämme> ❶ *eine Pil-*
zart, die auf Holz oder feuchten Mauern wächst
❷ *ein Meereslebewesen mit sehr elastischem Kör-*
per ❸ *ein weicher, saugfähiger Gegenstand, der*
mit seinen großen Poren viel Wasser aufnehmen
kann und zum Reinigen benutzt wird: Er wischte
die Tafel mit dem Schwamm ab. ❹ÖSTERR. *Pilz*
❺■**Schwamm drüber!** *(umg.) Reden wir nicht*
mehr darüber!
Schwam·merl *das/der* <-s, -(n)> SÜDDT., ÖSTERR.
(umg.) Pilz
schwam·mig *adj (abwert.)* ❶ *(≈ vage) nicht prä-*
zise: Mit dieser schwammigen Antwort gebe ich
mich nicht zufrieden.; Sie hat ihre Thesen ziemlich
schwammig formuliert. ❷ *(≈ aufgedunsen) so,*
dass jmds. Gewebe aussieht als wäre es leicht an-
geschwollen: ein schwammiges Gesicht/ein
schwammiger Körper
Schwan *der* <-(e)s, Schwäne> *ein großer*
Schwimmvogel, für den besonders der lange Hals
und das weiße Gefieder charakteristisch sind;
■**mein lieber Schwan!** *(umg.)* verwendet, um
auszudrücken, dass man sehr erstaunt oder verärgert ist
schwa·nen <schwant, schwante, hat ge-
schwant> *ohne OBJ* ■ *etwas schwant jmdm.*
(umg.) jmd. ahnt etwas: Mir schwant, dass …; Mir
schwant nichts Gutes.
schwan·ger *adj /nicht steig./ so, dass eine Frau*
ein Kind erwartet: Sie ist im vierten Monat
schwanger. ▶Schwangerschaft
Schwan·ge·re *die* <-n, -n> *eine Frau, die schwan-*
ger ist
schwän·gern <schwängerst, schwängerte, hat
geschwängert> *mit OBJ* ■ *jmd. schwängert*
jmdn. (veralt.) (außerhalb der Ehe) eine Frau
schwanger machen
Schwan·ger·schafts·ab·bruch *der* <-(e)s,
Schwangerschaftsabbrüche> *(≈ Abtreibung) Ab-*
bruch einer Schwangerschaft
Schwan·ger·schafts·gym·nas·tik *die* <-> /kein
Plur./ *gymnastische Übungen, die Frauen wäh-*
rend der Schwangerschaft durchführen sollen, um
die Geburt zu erleichtern
Schwan·ger·schafts·kon·flikt·be·ra·tung *die*

<-, -en> *ein Gespräch bei einer besonderen Bera-*
tungsstelle, das jede Frau durchführen muss, die
ihr Kind abtreiben möchte
Schwan·ger·schafts·strei·fen *der* <-s, -> /meist
Plur./ *dunkle Streifen, die sich bei Frauen wäh-*
rend der Schwangerschaft auf der Haut von Bauch
und Hüften bilden, weil die Haut sehr stark ge-
dehnt wird
Schwan·ger·schafts·test *der* <-s, -s> *ein Test,*
mit dem man feststellen kann, ob eine Frau
schwanger ist
Schwan·ger·schafts·ver·hü·tung *die* <-> /kein
Plur./ *(≈ Empfängnisverhütung) alle Maßnahmen*
wie Anti-Baby-Pille, Kondome o. Ä., die vermei-
den, dass eine Frau nach dem Geschlechtsverkehr
mit einem Mann schwanger wird
Schwank *der* <-(e)s, Schwänke> ❶ *eine lustige*
Erzählung ❷THEAT. *ein einfaches, lustiges Thea-*
terstück
schwan·ken *ohne OBJ* ■ *jmd./etwas schwankt*
❶ *(≈ wanken) Der Betrunkene schwankt nach*
Hause. ❷ *(umg.) zögern:* Er schwankte lange, ob
er annehmen sollte oder nicht. ❸ *nicht stabil sein:*
Die Preise für diese Artikel schwanken.; Die Temperaturen schwanken oft in dieser Jahreszeit.
▶Schwankung
Schwanz *der* <-es, Schwänze> ❶ *der lange Teil*
am Rücken oder Ende des Körpers eines Tieres:
Der Hund wedelt mit dem Schwanz. ❷ *(vulg.) Pe-*
nis; ■**den Schwanz hängen lassen** *(umg.) den*
Mut verlieren; ■**kein Schwanz** *(vulg.) niemand,*
kein Mensch
schwän·zeln <schwänzelst, schwänzelte, ist ge-
schwänzelt> *ohne OBJ* ■ *ein Hund schwänzelt*
mit dem Schwanz¹ wedeln: Der Hund schwänzelt.
schwän·zen <schwänzt, schwänzte, hat ge-
schwänzt> *mit OBJ/ohne OBJ* ■ *jmd. schwänzt*
(etwas) (umg.) dem Unterricht fernbleiben, weil
man keine Lust dazu hat: Er hat die Schule/zwei
Stunden geschwänzt.; Hat sie schon öfter geschwänzt?
schwap·pen <schwappt, schwappte, hat/ist ge-
schwappt> *ohne OBJ* ❶ ■ *etwas schwappt (ha-*
ben) (von Flüssigkeiten) sich hin und her bewe-
gen, überfließen: Das Wasser schwappte, als ich
mich in die Badewanne setzte. ❷ ■ *etwas*
schwappt aus etwas Dat. (sein) (von Flüssigkei-
ten) sich hin und her bewegen und dann überflie-
ßen: Die Suppe schwappte aus dem Topf.
Schwarm *der* <-(e)s, Schwärme> ❶ *eine große*
Zahl von Tieren der gleichen Art, die sich schein-
bar ungeordnet gemeinsam fortbewegen: Ein
Schwarm Vögel hat sich in den Bäumen niederge-
lassen.; Den Fischern ging ein Schwarm Heringe
ins Netz. ◆Bienen-, Vogel- ❷ */kein Plur./ (umg.)*
jmd., den man verehrt, Idol: Er war der Schwarm
aller Mädchen in der Klasse.; Sie war mein erster
Schwarm.
schwär·men <schwärmst, schwärmte, hat /ist
geschwärmt> *ohne OBJ* ❶ ■ *ein Insekt*
schwärmt irgendwo (sein) sich in einem
Schwarm bewegen: Die Bienen schwärmen in alle
Richtungen. ❷ ■ *jmd. schwärmt für jmdn. (ha-*

S

ben) heftig verehren, als *Schwarm*[2] betrachten: Ich habe lange für diesen Sänger geschwärmt. ❸ ■ *jmd.* **schwärmt von jmdm./etwas** begeistert von jmdm. oder etwas sprechen: Sie schwärmte von ihrem Urlaub in Süditalien. ▸ Schwärmerei ◆ Großschreibung → R 3.4 ins Schwärmen geraten

Schwar·te *die* <-, -n> ❶ *ein Stück Haut eines Tieres mit viel Fett:* die Schwarte des Schweinebratens ❷ *(umg. abwert.) ein dickes Buch*

schwarz *adj /nicht steig./* ❶ *von der Farbe des Nachthimmels:* Wir haben eine schwarze Katze.; Zur Beerdigung trug er einen schwarzen Anzug.; Er lässt sich die grauen Haare schwarz färben.; Schwarze Autos sehen elegant aus. ❷ *(umg.) illegal:* Die Flüchtlinge versuchten, schwarz über die Grenze zu gelangen.; Man hatte schwarz Schnaps gebrannt.; ■ **in den schwarzen Zahlen sein** WIRTSCH. *(↔ in den roten Zahlen sein) Gewinne machen;* ■ **jemandem wird schwarz vor Augen** *jmdm. wird schlecht oder schwindlig;* ■ **schwarzsehen** *(umg.) die Zukunftsaussichten negativ und pessimistisch einschätzen;* ■ **schwarzmalen** *(umg.) etwas pessimistisch darstellen;* ■ **etwas schwarz auf weiß haben** *(umg.) etwas schriftlich haben;* ■ **das Schwarze/schwarze Brett** *ein Anschlagbrett;* ■ **der Schwarze/schwarze Tod** *die Beulenpest* ◆ Getrennt- oder Zusammenschreibung → R 4.16 schwarz gestreifter/schwarzgestreifter Stoff; schwarz gefärbtes/schwarzgefärbtes Haar; ◆ Zusammenschreibung → R 4.6 schwarzarbeiten; schwarzfahren; schwarzsehen; ◆ Klein- oder Großschreibung → R 3.20 das Schwarze/schwarze Brett; das Schwarze/schwarze Schaf; der Schwarze/schwarze Tod; der Schwarze/schwarzer Peter; ◆ Großschreibung → R 3.4, R 3.7, R 3.17 ein Schwarzer/eine Schwarze; die Farbe Schwarz; das Schwarze Meer; der Schwarze Erdteil; In den Terrarien sind Spinnen, darunter ist auch eine Schwarze Witwe.

Schwarz·ar·beit *die* <-> /*kein Plur.*/ *nicht angemeldete, bezahlte, illegale Arbeit, bei der der Arbeitnehmer keine Steuern und der Arbeitgeber keine Sozialversicherungsbeiträge abführt*

schwarz·ar·bei·ten *ohne OBJ* ■ *jmd.* **arbeitet schwarz** *Schwarzarbeit verrichten* ▸ Schwarzarbeiter ◆ Zusammenschreibung → R 4.6 Am Samstag haben sie auf einer Baustelle schwarzgearbeitet.

Schwarz·brot *das* <-(e)s, -e> (↔ *Weißbrot) dunkles Brot aus Roggenmehl*

Schwarz·dorn *der* <-(e)s, -e> (≈ *Schlehdorn) ein Strauch mit Dornen, der kleine runde Früchte von blauer Farbe und saurem Geschmack trägt*

Schwar·ze *der/die* <-n, -n> (≈ *Farbige) ein Mensch mit schwarzer Hautfarbe*

Schwär·ze *die* <-> /*kein Plur.*/ ❶ *die schwarze*[1] *Farbe von etwas* ❷ *tiefe Dunkelheit:* Geräusche drangen aus der Schwärze der Nacht.

schwär·zen <schwärzt, schwärzte, hat geschwärzt> *mit OBJ* ■ *jmd./etwas* **schwärzt etwas** *schwarz*[1] *machen:* Der Ruß schwärzte unsere Gesichter.

schwarz·fah·ren <fährst schwarz, fuhr schwarz, ist schwarzgefahren> *ohne OBJ* ■ *jmd.* **fährt schwarz** *(umg.) ohne Fahrkarte fahren:* Er ist im Bus schwarzgefahren und wurde erwischt. ▸ Schwarzfahrer ◆ Zusammenschreibung → R 4.6 Im Urlaub sind wir immer schwarzgefahren.

Schwarz·geld *das* <-(e)s, -er> *(umg.) Geld, das jmd. ungesetzlich oder unerlaubt erwirbt und nicht versteuert*

schwarz·haa·rig *adj /nicht steig./ mit schwarzem Haaren*

schwarz·ma·len <malst schwarz, malte schwarz, hat schwarzgemalt> *mit OBJ* ■ *jmd.* **malt etwas Akk. schwarz** *negativ darstellen, negativ sehen* ◆ Zusammenschreibung → R 4.6 (die Zukunft) schwarzmalen

Schwarz·markt *der* <-(e)s, ...-märkte> *der ungesetzliche Handel mit illegalen oder rationierten Waren:* Nach dem Krieg blühte der Schwarzmarkt. ◆ -preise

schwarz·se·hen <siehst schwarz, sah schwarz, hat schwarzgesehen> **I.** *mit OBJ* ■ *jmd.* **sieht (für etwas Akk.) schwarz** *etwas schlimmes befürchten, eine negative Vorahnung haben:* (für die Prüfung) schwarzsehen **II.** *ohne OBJ* ■ *jmd.* **sieht schwarz** *jemand bezahlt seine Gebühren bei der Rundfunkanstalt nicht und sieht umsonst fern* ◆ Zusammenschreibung → R 4.6

Schwarz·se·her *der,* **Schwarz·se·he·rin** <-s, -> *(abwert.: ≈ Pessimist ↔ Optimist) jmd., der immer glaubt, dass die Dinge einen negativen Verlauf nehmen*

Schwarz·specht *der* <-(e)s, -e> *ein großer schwarzer Specht mit roten Federn an Kopf und Nacken*

Schwarz·wald *der* <-(e)s> /*kein Plur.*/ *eine waldreiche Mittelgebirgslandschaft im Südwesten Deutschlands*

Schwarz·wäl·der *der,* **Schwarz·wäl·de·rin** <-s, -> *Einwohner des Schwarzwalds*

Schwarz·weiß·bild, *a.* **Schwarz-Weiß-Bild** *das* <-(e)s, -er> FOTOGR. *ein Bild oder Foto, das nur die Farben Schwarz, Weiß und Grau enthält*

Schwarz·weiß·film, *a.* **Schwarz-Weiß-Film** *der* <-(e)s, -e> FILM, FOTOGR. *ein Film, dessen Bilder nur aus den Farben Schwarz, Weiß und Grau aufgebaut sind*

Schwarz·weiß·ma·le·rei, *a.* **Schwarz-Weiß-Ma·le·rei** *die* <-, -en> *Darstellung von etwas in starken Kontrasten*

Schwarz·wild *das* <-(e)s> /*kein Plur.*/ *(fachspr.) Wildschweine*

Schwarz·wur·zel *die* <-, -n> /*meist Plur.*/ *eine Gemüsepflanze mit einer langen schwarzen Wurzel*

Schwatz *der* <-es, -e> *(umg.: ≈ Plausch) eine kürzere, zwanglose Unterhaltung:* Wir haben uns zufällig in der Stadt getroffen und einen Schwatz gehalten.

schwat·zen, *a.* **schwät·zen** <schwatzt/schwätzt, schwatzte/schwätzte, hat geschwatzt/geschwätzt> **I.** *mit OBJ/ohne OBJ* ■ *jmd.* **schwatzt/schwätzt (etwas)** *(abwert.)*

sinnlose Dinge sagen: Sie schwatzt doch nur dummes Zeug.; *Reg dich nicht auf, er schwatzt doch nur.* **II.** *ohne OBJ* ■ *jmd.* **schwatzt/schwätzt** ❶ *(≈ plaudern) sich zwanglos unterhalten:* Sie standen beisammen und schwatzten ein wenig. ❷ *sich in der Schule während des Unterrichts leise mit einem Mitschüler unterhalten:* Die beiden schwatzen ständig im Unterricht. ❸ *(umg. abwert.) ein Geheimnis verraten:* Einer von euch muss geschwatzt haben.

Schwät·zer *der;* **Schwät·ze·rin** */nicht steig./ (umg. abwert.) jmd., der schwatzt I*

schwatz·haft *adj (abwert.) so, dass jmd. viel schwatzt I.3:* Sie ist eine schwatzhafte Person. ▸ Schwatzhaftigkeit

Schwe·be ■ **in der Schwebe** *noch ungewiss, noch unentschieden* Der Ausgang des Verfahrens ist zur Stunde noch in der Schwebe.

Schwe·be·bahn *die <-, -en> eine Bahn, die sich an Drahtseilen oder an einer Schiene hängend fortbewegt*

Schwe·be·bal·ken *der <-s, -> SPORT ein Turngerät (für Frauen) in Form eines schmalen langen Balkens auf einem Gestell*

schwe·ben *<schwebst, schwebte, hat/ist geschwebt> ohne OBJ* ❶ ■ *etwas schwebt irgendwo (haben) sich ohne zu sinken in der Luft (oder im Wasser) im Gleichgewicht halten:* Eine Wolke schwebte am Himmel.; Staubteilchen schweben in der Luft. ❷ ■ *etwas schwebt irgendwohin (sein) sich langsam durch die Luft irgendwohin bewegen:* Eine Vogelfeder schwebte zu Boden.; ■ *in Lebensgefahr schweben in lebensbedrohlicher Gefahr sein;* ■ *ein schwebendes Verfahren ein noch nicht beendetes, noch nicht entschiedenes (Gerichts-)Verfahren*

Schweb·stoff *der <-(e)s, -e> /meist Plur./ CHEM. ein Stoff, der sich fein über die Oberfläche einer Flüssigkeit verteilt und nicht absinkt*

Schwe·den *<-s> /kein Plur./ ein Staat in Nordeuropa* ▸ Schwede, Schwedin

schwe·disch *adj /nicht steig./ zu Schweden gehörend, daher stammend:* ein schwedisches Gericht; Sie spricht schwedisch (in schwedischer Sprache).; Sie spricht gut Schwedisch (die schwedische Sprache).; Wie heißt das Wort auf Schwedisch?; *siehe auch* **deutsch**

Schwe·fel *der <-s> /kein Plur./ ein gelbes chemisches Element, das unangenehm riecht* ▸ schwefelhaltig ◆-säure

Schwe·fel·bad *das <-(e)s, Schwefelbäder> das Baden in schwefelhaltigem Wasser, das bestimmte Krankheiten lindern soll*

Schwe·fel·di·oxid, *a.* **Schwe·fel·di·oxyd** *das <-(e)s> /kein Plur./ CHEM. ein Gas, das aus der Verbrennung von Schwefel entsteht*

Schwe·fel·was·ser·stoff *der <-(e)s> /kein Plur./ CHEM. ein hochgiftiges Gas, das nach faulen Eiern riecht*

Schweif *der <-(e)s, -e> (geh.: ≈ Schwanz)*

schwei·fen *<schweifst, schweifte, ist geschweift> ohne OBJ* ■ *jmd.* **schweift durch etwas** *Akk. (geh.) ziellos umherwandern:* Sie schweiften durch Wald und Wiesen.

Schwei·ge·geld *das <-(e)s, -er> an eine Person gezahltes Bestechungsgeld, damit diese nicht verrät, was sie über eine illegale Handlung oder eine Straftat weiß*

Schwei·ge·marsch *der <-(e)s, Schweigemärsche> ein Marsch, bei dem die Marschierenden schweigen, um öffentlich auf etwas aufmerksam zu machen oder gegen etwas zu protestieren*

Schwei·ge·mi·nu·te *die <-, -n> eine kurze Zeitspanne, in der die Anwesenden einer Versammlung bewusst schweigen¹, um ihr Gedenken an einen Verstorbenen oder an ein Unglück zum Ausdruck zu bringen:* Man gedachte in einer Schweigeminute der Opfer des schrecklichen Attentats.

Schwei·gen *das <-s> /kein Plur./ der Zustand, dass jmd. schweigt:* Im Saal herrschte eisiges Schweigen.; ■ *jemanden zum Schweigen bringen jmdn. (durch Gewaltandrohung) veranlassen, nichts über eine bestimmte Sache zu sagen*

schwei·gen *<schweigst, schwieg, hat geschwiegen> ohne OBJ* ■ *jmd.* **schweigt** ❶ *nicht sprechen:* Nach seiner Rede schwiegen alle Anwesenden (betreten/betroffen/ratlos). ❷ *keine Erklärung oder Äußerung abgeben:* Was diesen Vorfall/diese Anschuldigungen betrifft, so schweigen die Behörden noch immer.; ■ *jemand schweigt wie ein Grab jmd. ist verschwiegen und behält Geheimnisse für sich;* ■ *ganz zu schweigen von ... verwendet, um auszudrücken, dass zu einer unangenehmen Sache noch eine andere (meist unangenehmere) Sache hinzukommt* Die Zugfahrt war schon wegen der Hitze sehr anstrengend, ganz zu schweigen von der Verspätung.

Schwei·ge·pflicht *die <-> /kein Plur./ die Verpflichtung bestimmter Berufsgruppen, die persönlichen Daten ihrer Klienten niemandem preiszugeben:* Die ärztliche Schweigepflicht verbietet es dem Arzt, Auskünfte über seine Patienten zu geben.

schweig·sam *adj (↔ redselig) mit der Neigung, nur wenig zu sprechen:* Er ist ein sehr schweigsamer Mensch. ▸ Schweigsamkeit

Schwein *das <-(e)s, -e> ❶ ZOOL. ein Säugetier, für das der gedrungene Körperbau, kurze Beine und der geringelte Schwanz charakteristisch sind:* Schweine grunzen/quieken.; In diesem Stall werden Schweine gemästet/gezüchtet. ▸ -ebraten, -efett, -efleisch, -ekotelett, Haus-, Wild- ❷ *(vulg. abwert.) ein Schimpfwort für jmdn., den man als moralisch minderwertig betrachtet:* Das Schwein hat ihn umgebracht!; ■ *Schwein haben (umg.) Glück haben;* ■ *kein Schwein (umg.) niemand*

Schwei·ne·bauch *der <-(e)s> /kein Plur./ Fleisch vom Bauch eines geschlachteten Schweins*

Schwei·ne·fraß *der <-(e)s> /kein Plur./ (umg. abwert.) sehr schlechtes Essen*

Schwei·ne·geld *das <-(e)s> /kein Plur./ nur mit dem unbestimmten Artikel „ein"/ (umg.) sehr viel Geld:* Das Auto hat ein Schweinegeld gekostet.; In seinem neuen Job verdient er ein Schweinegeld.

Schwei·ne·hund *der <-(e)s, -e> (vulg. abwert.) Schwein²;* ■ *der innere Schweinehund Feigheit und Trägheit gegenüber einem als richtig erkannten Tun* Bevor ich beginne, Sport zu treiben,

S

muss ich erstmal meinen inneren Schweinehund überwinden.

Schwei·ne·mast *die* <-> /kein Plur./ *das Mästen von Schweinen* ◆-betrieb

Schwei·ne·pries·ter *der* <-s, -> *(Schimpfwort für einen) Mann, den man verachtet*

Schwei·ne·rei *die* <-, -en> *(vulg. abwert.)* ❶ (≈ *Saustall*) *Schmutz und Unordnung:* Hast du diese Schweinerei angerichtet? ❷ (≈ *Gemeinheit*) *Das ist doch eine unerhörte Schweinerei von ihm gewesen!*

Schwei·ne·stall *der* <-(e)s, ...-ställe> ❶ *ein Stall, in dem Schweine gehalten werden* ❷ *(vulg. abwert.:* ≈ *Saustall) ein unaufgeräumter, unordentlicher Raum:* Räum endlich mal deinen Schweinestall auf!

Schwein·igel *der* <-s, -> *jmd., der obszöne, unanständige Dinge oder Witze erzählt*

schwei·nisch *adj (umg. abwert.) obszön, unanständig:* ein schweinischer Witz

Schweins·bra·ten *der* <-s, -> SÜDDT., ÖSTERR., SCHWEIZ. *Schweinebraten*

Schweins·le·der *das* <-s> /kein Plur./ *Leder, das man aus der Haut von Schweinen herstellt*

Schweins·stel·ze *die* <-, -n> ÖSTERR. *Eisbein*

Schweiß *der* <-es> /kein Plur./ *die salzige Flüssigkeit, die die Schweißdrüsen absondern:* Schweiß stand ihm auf der Stirn.; Der Schweiß fließt bei dieser Hitze in Strömen.; Er war in Schweiß gebadet.; Ihm brach (vor Angst) der Schweiß aus.; ■ **im Schweiße seines Angesichts** *mit großer Anstrengung, mit harter Arbeit* ◆-drüse, -fuß, -geruch, -tropfen, Angst-

Schweiß·aus·bruch *der* <-(e)s, Schweißausbrüche> *plötzliches starkes Schwitzen:* Ihre Kreislaufprobleme verursachen häufig Schweißausbrüche.

schweiß·be·deckt *adj /nicht steig./ von Schweißtropfen bedeckt:* Ihr ganzes Gesicht war schweißbedeckt.

Schweiß·bren·ner *der* <-s, -> *ein Gerät zum Schweißen*

schwei·ßen <schweißt, schweißte, hat geschweißt> *mit OBJ/ohne OBJ* ■ **jmd. schweißt etwas** *verbindet mittels großer Hitze zusammenfügen:* Die Arbeiter schweißen die Eisenbahnschienen/die Rohre.; Er schweißt in der Werkstatt. ▶ Schweißer

schweiß·ge·ba·det *adj /nicht steig./ nass von Schweiß:* Sie wachte schweißgebadet aus einem Traum auf.

schweiß·hem·mend *adj so, dass etwas die Bildung von Schweiß vermindert:* ein schweißhemmendes Deodorant

Schweiß·naht *die* <-, Schweißnähte> *eine Naht, an der Metallteile miteinander verschweißt sind*

Schweiß·per·le *die* <-, -n> /meist Plur./ *einzelner Schweißtropfen:* Schweißperlen standen auf seiner Stirn.

schweiß·trei·bend *adj so, dass etwas die Absonderung von Schweiß steigert:* Ich soll ein schweißtreibendes Mittel einnehmen.; Die Arbeit war ziemlich schweißtreibend.

Schweiz *die* <-> /kein Plur./ *Staat in Westeuropa;* siehe auch **Deutsch**, **Helvetismus**

Die **Schweiz** ist ein föderalistischer Bundesstaat mit dem amtlichen Namen „Schweizerische Eidgenossenschaft". Die Schweizer werden auch als „Eidgenossen" bezeichnet; das Landeskennzeichen CH geht auf den lateinischen Namen „Confoederatio Helvetica" zurück. Sitz der Regierung ist die Bundesstadt Bern; eine eigentliche Hauptstadt hat die Schweiz nicht. Die Schweiz ist in 26 Kantone mit eigener Verfassung und eigenen Behörden gegliedert; von diesen werden sechs Kantone aus historischen Gründen als *Halbkantone* bezeichnet. Die vier Amtssprachen der Schweiz sind Deutsch, Französisch, Italienisch und Rätoromanisch. An dem in der Schweiz gesprochenen Deutsch sind – aus der so genannten „binnendeutschen" Sicht – vor allem Wörter auffällig, die so in Deutschland nicht existieren, wie z. B. *Corner, Großkind, Jupe, Schifflände.* Sie werden aus deutscher Sicht als *Helvetismen* (vgl. das Stichwort) bezeichnet. Daneben muss aber betont werden, dass es viele weitere Unterschiede in Aussprache, Betonung und grammatischen Details gibt.

Schwei·zer *der,* **Schwei·ze·rin** <-s, -> /nicht steig./ *jmd., der die schweizerische Staatsbürgerschaft besitzt*

Schwei·zer·deutsch *das* <-(s)> /kein Plur./ *die deutsche Sprache in der deutschsprachigen Schweiz* ▶ schweizerdeutsch

Schwei·zer·gar·de *die* <-> /kein Plur./ *die päpstliche Garde*

schwei·ze·risch *adj /nicht steig./ zur Schweiz gehörend, daher stammend*

schwe·len *ohne OBJ* ■ **etwas schwelt** *in der Art brennen, die entsteht, wenn ein Feuer fast schon gelöscht ist:* Das Feuer schwelte immer noch an einigen Stellen, nachdem der Brand ansonsten gelöscht worden war.

schwel·gen *ohne OBJ* ❶ ■ **jmd. schwelgt** *genussvoll und viel essen und trinken:* In diesem Lokal kann man so richtig schwelgen. ❷ ■ **jmd. schwelgt in etwas** Dat. *etwas voll und ganz genießen:* Wir schwelgten in Erinnerungen.

Schwel·le *die* <-, -n> ❶ (≈ *Türschwelle*) ❷ (≈ *Eisenbahnschwelle*) ❸ *die Zeit kurz vor dem Anfang von etwas:* an der Schwelle zu einem neuen Zeitalter stehen

schwel·len <schwillst, schwoll, ist geschwollen> *ohne OBJ* ■ **etwas schwillt** *sich ausdehnen:* Nach den starken Regenfällen schwoll der Bach zu einem reißenden Fluss.; Mein Knöchel schwillt, wenn ich längere Zeit laufen muss.

Schwel·len·angst *die* <-> /kein Plur./ PSYCH. *Angst vor dem Betreten fremder Räume*

Schwel·len·land *das* <-(e)s, -länder> *Entwicklungsland am Übergang zum Industrieland*

Schwell·kör·per *der* <-s, -> ANAT. *Gewebe der äu-*

ßeren Geschlechtsorgane, das sich mit Blut füllen und dadurch vergrößern kann

Schwel·lung *die* <-, -en> MED. ❶ *der Zustand, dass Gewebe geschwollen ist:* Der Wespenstich verursachte eine Schwellung.; Die Schwellung klingt langsam ab. ❷ *Stelle mit einer Schwellung* [1]: Der Arzt untersuchte die Schwellung am Knie.

Schwem·me *die* <-, -n> WIRTSCH. *Überangebot*

schwem·men *mit OBJ* ■ *etwas schwemmt etwas irgendwohin* ❶ *von strömendem Wasser irgendwohin getragen werden:* Während des Sturmes wurde viel Treibgut an den Strand geschwemmt. ❷ ■ *jmd. schwemmt etwas* ÖSTERR. *Wäsche spülen*

Schwemm·land *das* <-(e)s> /kein Plur./ *vom Meer oder von Flüssen angeschwemmter Boden*

Schwen·gel *der* <-s, -> *der bewegliche Teil einer Pumpe, mit dem man das Wasser aus dem Boden pumpt*

Schwenk *der* <-(e)s, -s/-e> ❶ *eine (schnelle) Drehung oder Bewegung in eine andere Richtung:* Der LKW machte plötzlich einen Schwenk nach rechts und fuhr in eine Einfahrt. ❷ *eine Bewegung der Kamera beim Filmen:* Die Kamera machte einen Schwenk auf die Zuschauer.

schwen·ken <schwenkst, schwenkte, hat/ist geschwenkt> **I.** *mit OBJ* ■ *jmd. schwenkt etwas (haben)* ❶ *mit ausladenden Bewegungen hin und her bewegen:* Die Fans schwenkten ihre Fahnen. ❷ *in eine andere Richtung drehen, in eine andere Position bringen:* Er schwenkte die Kamera nach links. ❸ KOCH. *etwas in einer Flüssigkeit kurz hin und her bewegen:* Er schwenkte das Gemüse in heißem Fett. **II.** *ohne OBJ* ■ *jmd./etwas schwenkt irgendwohin (sein) einbiegen:* Das Auto schwenkte nach links in eine Nebenstraße.

schwer I. *adj* (↔ *leicht*) ❶ *von hohem Gewicht:* Wer soll denn den schweren Koffer tragen? ❷ ■ *Zahlenangabe plus schwer so, dass es das genannte Gewicht hat:* Der Fisch war vier Kilo schwer.; Der Kartoffelsack ist einen Zentner schwer. ❸ *stark, heftig:* Schwere Regenfälle brachten die Flüsse zum Anschwellen.; Er hatte ein schweres Verbrechen begangen. ❹ *nicht einfach, viel Kraftaufwand erfordernd:* Diese Arbeit ist doch zu schwer für dich! ❺ (↔ *einfach*) *schwierig:* Es war eine ziemlich schwere Prüfung. ❻ *anspruchsvoll:* Sie hört gern schwere Musik. **II.** *adv (umg.) sehr:* Er war schwer beleidigt.; Das hatte sie schwer beeindruckt/enttäuscht. ◆ Getrennt- oder Zusammenschreibung →R 4.16 eine schwer behinderte/schwerbehinderte Frau; ein schwer beschädigtes/schwerbeschädigtes Auto; ein schwer beladener/schwerbeladener Anhänger; ein schwer bewaffneter/schwerbewaffneter Verbrecher; ein schwer erziehbares/schwererziehbares Kind; ein schwer kranker/schwerkranker Patient; ein schwer lösliche/schwerlösliche Substanz; ein schwer verständliches/schwerverständliches Buch; ein schwer verletztes/schwerverletztes Unfallopfer; ◆ Getrennt- oder Zusammenschreibung →R 4.16 Dieser Sitzplatz ist reserviert für schwer Beschädigte/Schwerbeschädigte.; Dieser Sitzplatz ist reserviert für schwer Behinder-

te/Schwerbehinderte.; ◆ Zusammenschreibung →R 4.6 eine schwerreiche Frau; ◆ Zusammenschreibung →R 4.16 schwerstbehindert

-schwer *als Zweitglied zusammengesetzter Adjektive; drückt aus, dass etwas völlig mit dem ausgefüllt/belastet ist, was mit dem Erstglied bezeichnet wird, und dass dies sehr gewichtig/gravierend ist:* eine folgenschwere Entscheidung ◆ bedeutungs-, folgen-, gehalts-, inhalts-, schicksals-, sorgen-, verantwortungs-

Schwer·be·hin·der·te *der/die* <-n, -n> *Mensch mit einer schweren körperlichen Behinderung* ◆ Zusammen- oder Getrenntschreibung →R 4.16 eine Auffahrt für Schwerbehinderte/ schwer Behinderte

Schwer·be·schä·dig·te *der/die* <-n, -n> *Schwerbehinderte* ◆ Zusammen- oder Getrenntschreibung →R 4.16

Schwe·re *die* <-> /kein Plur./ ❶ PHYS. (≈ *Gewicht*) *die Schwere eines Gegenstands* ❷ *(geh.) der Zustand, dass ein Körperteil sich müde und kraftlos anfühlt:* Er spürte eine bleierne Schwere in den Beinen. ❸ *das Ausmaß einer (negativen) Tat:* Sie ist sich der Schwere ihres Vergehens nicht bewusst. ❹ (≈ *Schwierigkeitsgrad*) *Bei der Schwere der Aufgaben ist es erlaubt, Hilfsmittel zu benutzen.*

schwe·re·los *adj* /nicht steig./ *so, dass jmd. oder etwas nicht der Schwerkraft unterliegt* ► Schwerelosigkeit

Schwe·re·nö·ter *der* <-s, -> *(umg. scherzh.) ein Mann, der Frauen gegenüber besonders keck und liebenswürdig ist*

schwer·fäl·lig *adj* (≈ *unbeholfen*) *(geistig oder körperlich) ungeschickt:* Er scheint mir ein etwas schwerfälliger Mensch zu sein.; An Land wirken Seerobben sehr schwerfällig. ► Schwerfälligkeit

schwer·fal·len <fällt schwer, fiel schwer, ist schwergefallen> *mit OBJ* ■ *etwas fällt jmdm. schwer Mühe/Schwierigkeiten haben* ◆ Zusammenschreibung →R 4.6 Die Lösung dieser Aufgabe wird dir doch nicht schwerfallen!

Schwer·ge·wicht *das* <-(e)s> /kein Plur./ SPORT *die höchste der Gewichtsklassen, in man die Athleten in bestimmten Disziplinen aufgrund ihres Körpergewichts einteilt:* Der Boxer wurde Weltmeister im Schwergewicht. ► Schwergewichtler

schwer·ge·wich·tig *adj* *so, dass jmd. ein sehr hohes Körpergewicht hat*

schwer·hö·rig *adj* /nicht steig./ *so, dass jmd. ein schlechtes Gehör hat* ► Schwerhörigkeit

Schwer·in·du·s·t·rie *die* <-, -n> /kein Plur./ *Sammelbezeichnung für die Eisen- und Stahlindustrie und den Bergbau*

Schwer·kraft *die* <-> /kein Plur./ (≈ *Gravitation*) *die Anziehungskraft, die ein Himmelskörper ausübt*

Schwer·kran·ke *der/die* <-n, -n> *jmd., der sehr schwer erkrankt ist*

schwer·lich *adv* (geh.: ≈ *kaum*) *Ich kann mir nur schwerlich vorstellen, dass ...*

schwer·lös·lich, *a.* **schwer lös·lich** *adj* *so, dass sich ein Stoff nur sehr langsam mit einer Flüssigkeit vermischt*

S

schwer·ma·chen <machst schwer, machte schwer, hat schwergemacht> I. *mit OBJ* ■ *jmd.* **macht jmdm.** *etwas Akk.* *schwer Mühe/ Schwierigkeiten mit etwas bereiten:* Du solltest ihr das Leben nicht so schwermachen. II. *mit SICH* ■ *jmd.* **macht sich etwas** *Akk.* *schwer eine Sache verkomplizieren:* Mach es dir doch nicht so schwer!

Schwer·me·tall *das* <-(e)s, -e> *ein Metall mit hohem spezifischem Gewicht:* Blei ist ein Schwermetall.

Schwer·mut *die* <-> /kein Plur./ (≈ *Melancholie) ein länger anhaltender Zustand, in dem man sehr traurig und niedergeschlagen ist*

Schwer·mü·tig·keit *die* <-> /kein Plur./ (≈ Schwermut)

schwer·neh·men <nimmst schwer, nahm schwer, hat schwergenommen> *mit OBJ* ■ *jmd.* **nimmt etwas** *Akk.* *schwer eine Sache zu ernst nehmen* ◆Zusammenschreibung →R 4.6 Musst du dieses Erlebnis so schwernehmen?

Schwer·punkt *der* <-(e)s, -e> ❶PHYS. *der Punkt, der für das Gleichgewicht eines Körpers ausschlaggebend ist* ❷ *wichtigster Punkt (einer Tätigkeit, eines Problems oder einer Frage):* Ich habe meinen Schwerpunkt im Studium auf die Sprachwissenschaft gelegt.

schwer·punkt·mä·ßig *adj /nicht steig./ so, dass sich jmd. oder eine Tätigkeit nur mit bestimmten ausgewählten Bereichen beschäftigt:* In diesem Semester werden wir uns schwerpunktmäßig mit englischer Literatur befassen.

Schwer·punkt·the·ma *das* <-s, Schwerpunktthemen> *Thema, mit dem man sich hauptsächlich beschäftigt:* Das Schwerpunktthema der Diskussion ist die Bekämpfung der Arbeitslosigkeit.

schwer·reich *adj /nicht steig./ (umg.) sehr reich*

Schwerst·ar·beit *die* <-> /kein Plur./ *sehr schwere körperliche Arbeit*

Schwert *das* <-(e)s, -er> ❶ *eine Waffe mit Handgriff und langer, scharfer Klinge, die vor allem im Mittelalter benutzt wurde* ❷SEEW. *ein Bauteil am Schiffskiel;* ■ **ein zweischneidiges Schwert** *etwas, das Vorteile, aber auch Nachteile hat*

Schwert·fisch *der* <-(e)s, -e> *ein Fisch mit einem sehr langen, spitz zulaufenden Oberkiefer, der wie ein Schwert¹ aussieht*

Schwert·li·lie *die* <-, -n> (≈ *Iris) eine Sommerblume mit violetten, gelben oder blau gefärbten Blüten*

schwer·tun <tust schwer, tat schwer, hat schwergetan> *mit SICH* ■ *jmd.* **tut sich schwer mit etwas** *Dat. Schwierigkeiten haben mit etwas* ◆Zusammenschreibung →R 4.6 Mit dieser Aufgabe wirst auch du dich schwertun.

Schwer·ver·bre·cher *der,* **Schwer·ver·bre·che·rin** <-s, -> *jmd., der eine sehr schlimme Straftat begangen hat*

Schwer·ver·letz·te, *a.* **schwer Ver·letz·te** *der/ die* <-n, -n> *jmd., der eine sehr schlimme Verletzung hat*

Schwer·ver·wun·de·te, *a.* **schwer Ver·wun·de·te** *der/die* <-n, -n> (≈ Schwerverletzte)

schwer·wie·gend *adj eine (meist negative) Sache,* die wichtig ist, weil sie große Konsequenzen hat: ein schwerwiegendes Problem ◆Getrennt- oder Zusammenschreibung →R 4.16 schwer wiegend/schwerwiegend; die schwerwiegenden ökologischen Folgen der Schiffskatastrophe; Das waren schwerwiegendere/schwerwiegendste Überlegungen.; ein am schwersten wiegendes Problem; schwerer wiegende Probleme

Schwes·ter *die* <-, -n> ❶ *eine weibliche Person, die die selben Eltern hat wie jmd.* ❷ *kurz für „Krankenschwester"* ❸ *Ordens- oder Klosterschwester*

Schwes·ter·par·tei *die* <-, -en> *Partei, die die gleichen politischen Ziele verfolgt wie eine andere Partei:* CDU und CSU sind Schwesterparteien.

Schwie·ger·el·tern <-> *Plur. die Eltern von Ehemann oder Ehefrau*

Schwie·ger·mut·ter *die* <-, Schwiegermütter> *die Mutter von Ehemann oder Ehefrau*

Schwie·ger·sohn *der* <-(e)s, Schwiegersöhne> *der Ehemann der Tochter*

Schwie·ger·toch·ter *die* <-, Schwiegertöchter> *die Ehefrau des Sohnes*

Schwie·ger·va·ter *der* <-s, Schwiegerväter> *der Vater des Ehemanns oder der Ehefrau*

Schwie·le *die* <-, -n> /meist Plur./ *eine Stelle an der Hand, an der sich starke Hornhaut gebildet hat*

schwie·rig *adj* ❶ (↔ *einfach) so, dass man viele Fähigkeiten haben muss, um eine Aufgabe zu lösen:* Die Prüfung soll sehr schwierig sein. ❷ *kompliziert und unangenehm:* Unverhofft gerieten wir in eine schwierige Situation. ❸ (↔ *umgänglich) so, dass man mit jmdm. nicht leicht auskommen kann:* ein schwieriger Mensch

Schwie·rig·keit *die* <-, -en> ❶ /meist Sing./ *der Umstand, dass etwas nicht einfach ist, sondern dass dabei Probleme gelöst werden müssen:* Das ist die Schwierigkeit bei dieser Übung. ❷ /meist Plur./ (≈ *Problem) Wir mussten beim Bau unseres Hauses viele Schwierigkeiten überwinden.; Er hat finanzielle Schwierigkeiten.*

Schwimm·an·zug *der* <-(e)s, Schwimmanzüge> (≈ *Badeanzug)*

Schwimm·bad *das* <-(e)s, Schwimmbäder> *eine Sport- und Freizeitanlage mit einem oder mehreren Schwimmbecken, Umkleideräumen (und Liegewiesen im Freien)*

Schwimm·be·cken *das* <-s, -> *ein großes Wasserbecken, in dem man schwimmen kann*

schwim·men <schwimmst, schwamm, hat/ist geschwommen> I. *ohne OBJ* ❶ ■ *jmd./ein Tier* **schwimmt** *(haben o sein) sich in einer bestimmten Körperhaltung mit bestimmten Bewegungen im Wasser fortbewegen:* Ich schwimme gerne.; Sie schwimmt auf dem Rücken.; Fische schwimmen im Aquarium.; Auf dem See schwamm ein Schwan. ❷ ■ *jmd.* **schwimmt irgendwohin** *(sein) an einen Ort schwimmen I.1:* Ich bin ans andere Ufer geschwommen. ❸ ■ *etwas* **schwimmt irgendwo** *(haben o sein) auf der Oberfläche treiben:* Auf der Wasseroberfläche schwammen unzählige Blätter. ❹ ■ *etwas* **schwimmt** *(haben o sein) sehr nass sein:* Was

S

hast du denn gemacht, dass die ganze Küche schwimmt? **5** ■ *jmd.* **schwimmt in etwas** *Dat. (sein) sehr viel von etwas besitzen:* Sie schwimmt förmlich im Geld. **II.** *mit OBJ/ohne OBJ* ■ *jmd.* **schwimmt (etwas)** *(haben o sein) in einem Sportwettkampf schwimmen I.1:* Sie hat/ist diese Strecke in neuer Weltrekordzeit geschwommen.; Er schwimmt morgen im Finale.; ■ **ins Schwimmen geraten** *(umg.) unsicher werden*

Schwim·mer *der;* **Schwim·me·rin** <-s, -> **1** *jmd., der schwimmen kann* **2** SPORT *jmd., der Schwimmen als Sport betreibt* **3** /keine Femininform/ TECHN. *eine Vorrichtung, die den Stand einer Flüssigkeit anzeigt*

Schwimm·flos·se *die* <-, -n> *eine Art Schuh aus Gummi, der wie die Flosse eines Tieres aussieht und mit dem man schneller schwimmen und tauchen kann:* Ich nehme meine Taucherbrille und die Schwimmflossen mit an den See.

Schwimm·flü·gel *der* <-s, -> *einer von zwei Ringen aus Plastik, den man mit Luft füllt und an den Armen von Kindern befestigt, damit diese im Wasser nicht untergehen können*

Schwimm·fuß *der* <-es, Schwimmfüße> *der bei Wasservögeln wie Enten und Gänsen in besonderer Weise ausgeprägte Fuß, bei dem zwischen den Zehen Haut wächst, die den Vortrieb im Wasser verbessert*

Schwimm·haut *die* <-, Schwimmhäute> */meist Plur./ die Haut zwischen den Zehen mancher Tiere, wie Enten, Schwäne o. Ä.*

Schwimm·rei·fen *der* <-s, -> *Reifen aus Plastik, den man mit Luft füllt und den Nichtschwimmer sich um den Oberkörper legen, damit sie im Wasser nicht untergehen können*

Schwimm·ver·ein *der* <-(e)s, -e> *ein Sportverein für Schwimmer²*

Schwimm·vo·gel *der* <-s, Schwimmvögel> *(≈ Wasservogel) ein Vogel, der Schwimmhäute an den Füßen hat*

Schwimm·wes·te *die* <-, -n> *eine (meist orangefarbene) aufblasbare Weste, die verhindern soll, dass man im Wasser (zum Beispiel nach einem Schiffsunglück) untergeht und ertrinkt*

Schwin·del *der* <-s> */kein Plur./* **1** MED. *eine Störung des Gleichgewichtssinns, bei der man meint, alles drehe sich:* Sie leidet zeitweise an/unter Schwindel. ► schwindelerregend ◆-anfall **2** *(umg. abwert.) Täuschung, Betrug:* Ich bin tatsächlich auf diesen Schwindel hereingefallen. ◆ Getrennt- oder Zusammenschreibung →R 4.16 Schwindel erregend/schwindelerregend; Die Preise kletterten in Schwindel erregende/schwindelerregende Höhen.; sehr schwindelerregend; noch schwindelerregender

Schwin·de·lei *die* <-, -en> *(abwert.) Schwindel²*

schwin·del·frei *adj* /nicht steig./ *so, dass man in größerer Höhe nicht zu Schwindel¹ neigt*

schwin·de·lig *adj* siehe **schwindlig**

schwin·deln¹ <schwindelst, schwindelte, hat geschwindelt> *ohne OBJ* ■ **es schwindelt jmdm./ jmdn.** */unpersönlich verwendet/ Schwindelgefühle haben:* Mir/Mich schwindelte (es) beim Blick in die Tiefe.

schwin·deln² <schwindelst, schwindelte, hat ge-

---

schwindelt> *ohne OBJ* ■ *jmd.* **schwindelt** *(umg.) nicht ganz die Wahrheit sagen:* Das glaube ich dir nicht, du hast doch geschwindelt. ► Schwindler

schwin·den <schwindest, schwand, ist geschwunden> *ohne OBJ* ■ **etwas schwindet** *(geh.) weniger werden, abnehmen:* Die Vorräte schwinden allmählich.; Mir schwand der Mut.; ■ **jemandem schwinden die Sinne** *jmd. wird ohnmächtig*

schwind·lig, *a.* **schwin·de·lig** <schwind(e)liger, am schwind(e)ligsten> *adj so, dass jmd. Schwindel¹ fühlt:* Mir war nach der Karussellfahrt ganz schwindlig.

Schwind·sucht *die* <-> */kein Plur./ (veralt.) Tuberkulose* ► schwindsüchtig

Schwin·ge *die* <-, -n> *(geh.) ein (großer) Flügel:* Der Adler breitete seine Schwingen aus.

schwin·gen <schwingst, schwang, hat/ist geschwungen> **I.** *mit OBJ* ■ *jmd.* **schwingt etwas** *(haben)* **1** *(≈ schwenken) etwas schnell durch die Luft bewegen:* Die Fans schwangen ihre Fahnen. **II.** *ohne OBJ* ■ **etwas schwingt** *(haben o sein)* **1** *sich (regelmäßig) zwischen zwei Punkten hin- und herbewegen:* Das Pendel der Uhr schwingt im Takt. **2** *(≈ vibrieren)* Die Saiten des Klaviers schwingen. **III.** *mit SICH* ■ *jmd.* **schwingt sich (auf etwas** *Akk.) sich festhalten und gleichzeitig mit Schwung auf oder über etwas springen:* Er schwang sich aufs Fahrrad.

Schwing·tür *die* <-, -en> *eine Tür, die man nach innen und nach außen öffnen kann*

Schwin·gung *die* <-, -en> *der Umstand, dass etwas schwingt II:* Die Saiten einer Geige versetzt man mit einem Bogen in Schwingungen.

Schwipp·schwa·ger *der;* **Schwipp·schwä·ge·rin** <-s, Schwippschwäger> *(umg.) Schwager des Ehepartners*

Schwips *der* <-es, -e> *(umg.) der Zustand, dass man leicht betrunken ist:* Ich habe keinen Rausch, höchstens einen Schwips. ► beschwipst

schwir·ren <schwirrst, schwirrte, ist geschwirrt> *ohne OBJ* ■ **etwas/ein Insekt schwirrt** **1** *mit einem vibrierenden Geräusch fliegen:* Pfeile schwirrten durch die Luft.; Mücken schwirren durchs Zimmer. **2** *(übertr.) voll von etwas sein:* Mir schwirren allerlei Ideen durch den Kopf.

schwit·zen <schwitzt, schwitzte, hat geschwitzt> *ohne OBJ* ■ *jmd.* **schwitzt** *aufgrund großer Wärme, Anstrengung oder Aufregung Schweiß absondern* ◆ Großschreibung →R 3.4, R 3.11 Ins Schwitzen geraten

Schwitz·was·ser *das* <-s> */kein Plur./ (≈ Kondenswasser)*

Schwof *der* <-(e)s, -e> *(umg. o veralt.) eine Tanzveranstaltung*

schwor siehe **schwören**

schwö·ren <schwörst, schwor, hat geschworen> **I.** *mit OBJ/ohne OBJ* ■ *jmd.* **schwört etwas** *einen Schwur leisten:* Er schwor einen Eid.; Sie schwor mit erhobener Hand.; Sie schwören auf die Bibel/auf die Verfassung. **II.** *mit OBJ* ■ *jmd.* **schwört jmdm. etwas** *nachdrücklich versichern:* Ich schwöre dir, dass es wahr ist. **III.** *mit SICH*

S

■ *jmd.* **schwört sich, etwas zu tun** *sich etwas fest vornehmen:* Wir haben uns geschworen, nie wieder in dieses Lokal zu gehen.
schwul *adj (umg.) (von Männern) homosexuell*
schwül *adj feuchtwarm:* Die schwüle Luft setzt mir sehr zu. ▶ Schwüle
schwuls·tig *adj geschwollen, aufgeschwollen:* Das Kind hat schwulstige Lippen.
schwüls·tig *adj (abwert.: ≈ überladen) übertrieben feierlich:* eine schwülstige Rede
Schwund *der* <-(e)s> /kein Plur./ ❶ *(≈ Abnahme) der Vorgang, dass etwas abnimmt* ❷ *die Menge, um die etwas kleiner geworden ist*
Schwung *der* <-(e)s, Schwünge> ❶ *die Kraft von jmdm. oder etwas, das sich bewegt:* Als der Hang flacher wurde, verlor der Skiläufer an Schwung.; Schwünge auf steiler Piste ❷ /kein Plur./ *(≈ Elan) Tatkraft:* Voller Schwung gingen wir an die Arbeit. ❸ /kein Plur./ *eine innere Kraft, die andere Menschen mitreißen kann:* neuen Schwung in etwas bringen ❹ /kein Plur./ *(umg.) eine größere Anzahl von etwas:* Ich habe einen ganzen Schwung Ansichtskarten geschrieben.; ■ **Schwung holen** *(sich auf einer Schaukel oder einem Turngerät) ausholend in Bewegung setzen;* ■ **in Schwung geraten** *(gut) zu funktionieren beginnen*
schwung·haft *adj lebhaft, rege:* In jener Zeit setzte ein schwunghafter Handel mit Gewürzen ein.
schwung·voll *adj* ❶ *mit viel Elan:* die schwungvolle Inszenierung einer Operette ❷ *rasch und kraftvoll:* eine schwungvolle Bewegung
Schwur *der* <-s, Schwüre> *ein sehr feierliches Versprechen:* Er leistete einen Schwur.; Er hat den Schwur gebrochen.
Schwur·ge·richt *das* <-(e)s, -e> *Strafkammer für schwere Straftaten*
Schwyz <-> *Kanton und Stadt in der Schweiz*
Sci·ence·fic·tion *die* [saɪəns'fikʃn] <-> /kein Plur./ *eine Literaturgattung, in der es um zukünftige Gesellschaftsformen geht (und in der meist bahnbrechende wissenschaftlich-technische Entwicklungen vorkommen)*
Score *der* ['skɔ:] <-s, -s> SPORT *Spielstand, Spielergebnis*
Scotch *der* ['skɔtʃ] <-s, -s> *schottischer Whisky*
Scrab·b·le® *das* ['skrɛb(ə)l] <-s, -s> *ein Gesellschaftsspiel, bei dem die Spieler Wörter aus Buchstaben bilden*
Scrat·ching *das* ['skrɛtʃɪŋ] <-s> /kein Plur./ *in bestimmten Stilen der Popmusik das Erzeugen akustischer Effekte, indem man laufende Schallplatten auf einem Plattenspieler mir der Hand hin und herbewegt*
SDR *Abkürzung für „Süddeutscher Rundfunk"*
Sé·an·ce *die* [se'ã:s(ə)] <-, -n> *eine spiritistische Sitzung mit einem Medium*
Sechs *die* <-, -en> ❶ *die Ziffer 6* ❷ *das höchste Ergebnis beim Würfeln:* Sie hat eine Sechs gewürfelt. ❸ *die schlechteste Schulnote:* eine Sechs im Zeugnis haben
sechs *num* Wir waren sechs/zu sechsen/zu sechst.; *siehe auch* **acht**
Sechs·eck *das* <-(e)s, -e> *geometrische Figur mit sechs Ecken*

Sech·ser *der* ['sɛksɐ] <-s, -> ❶ *(umg.) Sechs* ❷ *sechs richtige Zahlen im Lotto:* Dieser Glückspilz hatte doch tatsächlich einen Sechser im Lotto!
sechs·fach *adj so, dass etwas sechsmal so viel ist oder sechsmal ausgeführt wird:* 6-fach; Ich brauche das Dokument in sechsfacher Kopie. ◆ Großschreibung →R 3.7 das Sechsfache/6-fache; *siehe auch* **achtfach**
sechs·hun·dert *num als Zahl 600*
sechs·jäh·rig *adj so, dass jmd. oder etwas sechs Jahre alt ist oder sechs Jahre andauert* ◆ Schreibung mit Ziffer und Bindestrich →R 4.21 6-jährig; der/die 6-Jährige; ◆ Großschreibung →R 3.7 der/ die Sechsjährige; *siehe auch* **achtjährig**
Sechs·kant *das/der* <-(e)s, -e> *Körper aus Metall, dessen Querschnitt ein Sechseck darstellt*
sechs·mal *adv so, dass sich etwas sechs Male ereignet hat oder mit dem Faktor sechs multipliziert wird:* sechsmal so groß ◆ Schreibung mit Ziffer und Bindestrich →R 4.21 6-mal; *siehe auch* **achtmal**
sechs·stel·lig *adj /nicht steig./ (als Zahl) mit sechs Stellen[6]:* Er hat einen sechsstelligen Betrag überwiesen.; 100.000 ist eine sechsstellige Zahl.
Sechs·ta·ge·ren·nen *das* <-s, -> SPORT *ein sechs Tage dauerndes Bahnradrennen in einer Sporthalle*
sechs·tau·send *num 6000*
sechs·te *adj an der Stelle 6 in einer Reihenfolge:* das sechste Mal ◆ Großschreibung →R 3.7 als Sechste durch das Ziel kommen; *siehe auch* **achte**
Sechs·tel *das* <-s, -> *der sechste Teil von etwas:* ein Sechstel der Gesamtsumme; *siehe auch* **Achtel**
sechs·tel *siehe auch* **achtel**
sechs·tens *adv in einer Reihenfolge oder Hierarchie an der Stelle 6; als Ziffer 6.*
sech·zehn *num als Zahl 16*
sech·zehn·te *adj an der Stelle 16 in einer Reihenfolge* ◆ Großschreibung →R 3.7 Du kommst erst als Sechzehnte an die Reihe.
Sech·zehn·tel[1] *das* <-s, -> *der sechzehnte Teil von etwas*
Sech·zehn·tel[2] *die* <-> MUS. *Note, die den sechzehnten Teil des Wertes einer ganzen Note hat*
Sech·zehn·tel·no·te *die* <-, -n> MUS. *Sechzehntel[2]*
sech·zig *num als Zahl 60:* Sie ist sechzig Jahre alt.; Er wird heute sechzig.; Tempo sechzig; *siehe auch* **achtzig**
Sech·zi·ger·jah·re, a. sech·zi·ger Jah·re *die* <-> *Plur.* Der Roman spielt in den Sechzigerjahren. ◆ Schreibung mit Ziffer (und Bindestrich) →R 4.21 60er Jahre/60er-Jahre; *siehe auch* **Achtzigerjahre**
sech·zig·jäh·rig *adj so, dass jmd. oder etwas sechzig Jahre alt ist oder sechzig Jahre andauert* ◆ Schreibung mit Ziffer und Bindestrich →R 4.21 60-jährig; der/die 60-Jährige; ◆ Großschreibung →R 3.7 der/die Sechzigjährige; *siehe auch* **achtzigjährig**
sech·zigs·te *adj an der Stelle 60 in einer Reihenfolge:* Sie feiert heute ihren sechzigsten Geburtstag.; *siehe auch* **achtzigste**

S

Sech·zigs·tel *das* <-s, -> *der sechzigste Teil von etwas:* ein Sechtzigstel der Gesamtmenge; *siehe auch* **Achtzigstel**

Se·cond·hand·la·den *der* [ˈsɛkəndˈhænd...] <-s, Secondhandläden> *Geschäft, in dem gebrauchte Kleidung zum Kauf angeboten wird*

See¹ *der* <-s, Seen> *ein größeres Gewässer, das auf allen Seiten von Land umgeben ist* ◆-ufer, Bade-, Bagger-, Stau-

See² *die* <-> /kein Plur./ **❶** *das Meer:* Wir fahren dieses Jahr an die See. ◆-fahrt, -fisch, -funk, -hafen, -handel, -reise, -sand, -schlange, -vogel, -wind **❷** *die bestimmte Art des Wellengangs am Meer:* Das Schiff pflügte durch die schwere/aufgewühlte See.; ▪ **auf hoher See** *weit draußen auf dem Meer;* ▪ **in See stechen** *(von Schiffen) auslaufen;* ▪ **zur See fahren** *auf einem Seeschiff Dienst tun*

See·ad·ler *der* <-s, -> *ein Greifvogel, der am Wasser lebt*

See·bad *das* <-(e)s, Seebäder> *Kurort am Meer*

See·bär *der* <-s, -en> ▪ **ein (alter) Seebär** *(umg. scherzh.) ein erfahrener Seemann*

See·be·ben *das* <-s, -> *ein Erdbeben unter dem Meer*

See·ele·fant *der* <-en, -en> *eine große Robbenart*

See·fah·rer *der* <-s, -> *(veralt.) jmd., der (als Kapitän) weite Schifffahrten auf dem Meer macht*

see·fest *adj* /nicht steig./ *so, dass jmd. auf einem Schiff nicht seekrank wird*

See·gang *der* <-(e)s> /kein Plur./ *die bestimmte Art des Wellengangs auf dem Meer:* Wir hatten während der Überfahrt starken/schweren/leichten Seegang.

See·gras *das* <-es> /kein Plur./ *grasähnliche Pflanze, die in der Nähe der Küste auf dem Meeresboden wächst*

See·hecht *der* <-(e)s, -e> *ein Schellfisch, der sich von Fischen ernährt*

See·hund *der* <-(e)s, -e> *eine Robbenart*

See·igel *der* <-s, -> *ein Tier, das am Meeresboden lebt und einen kugelförmigen Körper und Stacheln hat*

see·krank *adj* /nicht steig./ *so, dass jmd. wegen der schwankenden Bewegung eines Schiffes Übelkeit empfindet:* Ich wurde während der Überfahrt leicht seekrank. ▸ Seekrankheit

See·lachs *der* <-es, -e> *ein sehr großer Meeresfisch*

Seel·chen *das* <-s, -> *(umg.) jmd., der sehr empfindsam und nicht sehr belastbar ist*

See·le *die* <-, -n> **❶** /kein Plur./ *(≈ Psyche) alles Denken, Fühlen und Empfinden eines Menschen:* eine empfindsame/kindliche Seele; Ihre ganze Seele lag offen vor mir. **❷** REL. *der körperlose, unsterbliche Teil eines Menschen* **❸** *Mensch:* Seine Frau war eine gute Seele.; Das Dorf zählt noch knapp 200 Seelen.; ▪ **sich die Seele aus dem Leib schreien** *(umg.) sehr laut schreien;* ▪ **jemandem auf der Seele brennen** *(umg.) ein großes Anliegen für jmdn. sein;* ▪ **jemandem aus der Seele reden/sprechen** *das sagen, was der andere empfindet;* ▪ **sich etwas von der Seele sprechen/schreiben** *über das, was einen be-* drückt, sprechen oder schreiben, damit man sich wieder besser fühlt

See·len·le·ben *das* <-s> /kein Plur./ *Gefühle, Gedanken und Empfinden eines Menschen*

See·len·ru·he ▪ **in aller Seelenruhe** *extrem langsam* Er packte in aller Seelenruhe seinen Koffer.

see·len·ru·hig *adv* /nicht steig./ *(umg.) geduldig und ruhig:* Seelenruhig hörte er sich die Vorwürfe an.

see·len·ver·wandt *adj* *so, dass zwei Menschen sehr ähnliche Gedanken und Gefühle haben und sich deshalb sehr gut verstehen*

See·len·wan·de·rung *die* <-> /kein Plur./ REL. *(≈ Reinkarnation)*

See·leu·te <-> *Plur. siehe* **Seemann**

see·lisch *adj* /nicht steig./ *psychisch: das seelische Gleichgewicht eines Menschen*

See·lö·we *der* <-n, -n> *eine Robbenart*

Seel·sor·ge *die* <-> /kein Plur./ *Betreuung einer Gemeinde durch einen Priester* ▸ Seelsorger

See·luft *die* <-> /kein Plur./ *(≈ Meeresluft)* Die frische Seeluft tut den Atemwegen gut.

See·macht *die* <-, Seemächte> *(↔ Landmacht) Staat, dessen militärischer Einfluss auf seiner Kriegsflotte beruht*

See·mann *der* <-(e)s, Seemänner/Seeleute> *jmd., der auf einem Hochseeschiff beschäftigt ist*

See·manns·garn *das* <-(e)s> /kein Plur./ *erfundene oder stark übertriebene Erzählung eines Seemanns;* ▪ **Seemannsgarn spinnen** *von erstaunlichen, auf einer Seereise angeblich erlebten Dingen erzählen*

See·mei·le *die* <-, -n> *ein Längenmaß (= 1,852 km)*

See·not *die* <-> /kein Plur./ *Situation, in der ein Schiff in großer Gefahr ist:* Das Schiff geriet bei einem schweren Sturm in Seenot.

Se·en·plat·te *die* <-, -n> *relativ flache Landschaft mit vielen Seen*

se·en·reich *adj* *so, dass es in einer bestimmten Region viele Seen gibt:* eine seenreiche Landschaft

See·pferd·chen *das* <-s, -> *ein kleines Meerestier, dessen Kopf wie ein Pferdekopf aussieht*

See·räu·ber *der* <-s, -> *(≈ Pirat)*

See·recht *das* <-(e)s> /kein Plur./ *das internationale Recht, das die Nutzung der Meere regelt* ▸ seerechtlich

See·ro·se *die* <-, -n> *eine Blume mit großen Blättern und Blüten, die im Wasser wächst:* ein Teich voller Seerosen

See·sack *der* <-(e)s, Seesäcke> *ein großer Beutel aus festem wasserdichtem Stoff, in dem man Kleidung transportiert oder aufbewahrt*

See·scha·den *der* <-s, Seeschäden> *Beschädigung eines Schiffes, die auf dem Meer entstanden ist*

See·schiff *das* <-(e)s, -e> *ein seetüchtiges Schiff*

See·stern *der* <-(e)s, -e> *ein sternförmiges Meerestier*

See·stra·ße *die* <-, -n> *Strecke, die über das Meer führt, und auf der Schiffe fahren*

See·streit·kräf·te <-> *Plur.* MILIT. *Schiffe und Truppen der Marine eines Landes, die für den Krieg auf See bestimmt sind*

S

See·tang der <-(e)s> /kein Plur./ eine große Alge, die im Meer in der Nähe der Küste wächst

see·tüch·tig adj /nicht steig./ in so gutem Zustand, dass ein Schiff für das Fahren auf dem offenen Meer geeignet ist ◆Seetüchtigkeit

See·un·ge·heu·er das <-s, -> (≈ Meerungeheuer) ein großes, böses Fabelwesen, von dem man glaubt, dass es im Meer lebt

see·un·tüch·tig adj /nicht steig./ (↔ seetüchtig) so, dass ein Schiff für das Fahren auf dem offenen Meer nicht geeignet ist ▶ Seeuntüchtigkeit

See·war·te die <-, -n> wissenschaftliches Institut, das die Meere erforscht und die Bedingungen für die Seefahrt beobachtet

see·wärts adv auf das Meer zu, in Richtung des Meeres

See·weg der <-(e)s, -e> (↔ Landweg/Luftweg) Damals reiste man noch auf dem Seeweg nach Amerika.

See·wolf der <-(e)s, Seewölfe> ein Speisefisch mit sehr großem kräftigem Gebiss, der im Meer lebt

See·zun·ge die <-, -n> ein Plattfisch

Se·gel das <-s, -> eine der großen Tuchflächen an den Masten von Segelschiffen, welche die Windkraft aufnehmen: Der Kapitän ließ die Segel setzen.; ■jemandem den Wind aus den Segeln nehmen (umg.) jmds. Aktivität bremsen

Se·gel·boot das <-(e)s, -e> ein kleines Schiff mit einem Segel

Se·gel·flie·gen das <-s> /kein Plur./ das Fliegen mit einem Segelflugzeug ▶ Segelflieger, Segelfliegerin, Segelfliegerei

Se·gel·flug·zeug das <-(e)s, -e> ein leichtes einsitziges Flugzeug ohne Motor, das in der Luft segeln² kann

Se·gel·jacht, a. **Se·gel·yacht** die <-, -en> ein leichtes, schnelles Schiff mit Segeln

se·gel·klar adj /nicht steig./ so, dass ein Segelboot oder Segelschiff bereit für die Fahrt ist

Se·gel·klub der <-s, -s> Zusammenschluss von Seglern: Der Segelklub veranstaltet am Wochenende eine Regatta.

se·geln <segelst, segelte, ist gesegelt> ohne OBJ ■ jmd./etwas segelt ❶ sich mit Hilfe eines Segels und der Windkraft in einem Boot/Schiff fortbewegen: Das Schiff segelt vor dem/hart am/gegen den Wind.; Er ist schon um die Welt gesegelt. ❷ sich in der Luft gleitend, schwebend fortbewegen: Der Adler segelt hoch oben in der Luft.

Se·gel·ohr das <-s, -en> /meist Plur./ (umg.) abstehendes Ohr: Er hat Segelohren.

Se·gel·schiff das <-(e)s, -e> größeres Schiff mit Segeln

Se·gel·tuch das <-(e)s> /kein Plur./ festes, wasserdichtes Tuch aus Leinen

Se·gel·yacht <-, -en> siehe **Segeljacht**

Se·gen der <-s, -> ❶ /meist Sing./ REL. Bitte (für jmdn. oder etwas) um göttliche Hilfe und göttlichen Schutz, die von Gebetworten, Formeln und Gebärden begleitet wird: An Ostern erteilt der Papst den Segen „urbi et orbi". ❷ /kein Plur./ (umg.) Einwilligung: Meinen Segen hast du! ❸ /kein Plur./ Glück, Wohltat: Die Hilfsmaßnah-

men sind ein Segen für die Not leidende Bevölkerung. ◆Getrennt-oder Zusammenschreibung →R 4.16 Segen bringend/segenbringend; Segen spendend/segenspendend

se·gens·reich adj ❶ so, dass etwas Glück, Erfolg bringt: Ich wünsche dir eine segensreiche Zukunft. ❷ so, dass etwas Nutzen bringt: eine segensreiche Erfindung

Seg·ler der, **Seg·le·rin** <-s, -> jmd., der das Segeln mit einem Segelboot betreibt

Seg·ment das <-(e)s, -e> ❶ (geh.) Teil, Abschnitt ❷ MATH. Kreisabschnitt, Kugelabschnitt ❸ MED. Abschnitt eines Körperteils: Der Arzt untersucht die einzelnen Segmente der Wirbelsäule.

seg·nen mit OBJ ■ jmd. segnet jmdn./etwas REL. einen Segen¹ erteilen: Der Pfarrer segnet die Gemeinde.

Se·gre·ga·ti·on die <-, -en> ❶SOZIOL. Politik, bei der Personen, die einer Minderheit (religiös, ethnisch o. Ä.) angehören, aus der Gemeinschaft ausgegrenzt werden ❷BIOL. in der Genetik die Trennung homologer Chromosomen bei der Reifeteilung ❸CHEM., GEOGR. Vorgang des Entmischens von unterschiedlichen Elementen im jeweiligen Gegenstandsbereich

Seh·be·hin·der·te der/die <-n, -n> jmd., der wegen einer Augenkrankheit eine sehr geringe Sehkraft besitzt

se·hen <siehst, sah, hat gesehen> I. mit OBJ ■ jmd. sieht jmdn./etwas ❶ mit den Augen erkennen: Als er sah, wer winkte er. ❷ ansehen: Diesen Film musst du sehen. ❸jmdn. (zufällig) treffen: Ich habe sie schon lange nicht mehr gesehen. ❹ einschätzen: Sie sehen diese Dinge falsch. II. ohne OBJ ■ jmd. sieht ❶ irgendwie sehen¹: Er sieht schlecht ohne Brille. ❷ irgendwohin sehen¹: Sie sieht abends immer aus dem Fenster.; Er sieht nach oben zu den Sternen. ❸ sich kümmern: Wer sieht eigentlich nach den Pflanzen, wenn ihr im Urlaub seid? III. mit SICH ■ jmd. sieht sich gezwungen/veranlasst, etwas zu tun meinen, etwas tun zu müssen: Ich sehe mich gezwungen/veranlasst, diesen Schritt zu unternehmen.; ■etwas gern sehen etwas gernhaben Ich sehe es nicht so gern, wenn ihr auf der Straße spielt.; ■ sich sehen lassen können beachtenswert sein Das Ergebnis kann sich sehen lassen.; ■jemanden vom Sehen kennen jmdn. zwar schon öfter gesehen, aber noch nicht mit ihm gesprochen haben ◆Großschreibung →R 3.5 jemanden vom Sehen kennen

se·hens·wert adj so, dass es sich lohnt, etwas anzuschauen: Die Ausstellung ist wirklich sehenswert.

Se·hens·wür·dig·keit die <-, -en> ein Gebäude, ein Platz, ein Museum o. Ä., das besonders schön oder interessant ist, so dass es Touristen oft besichtigen: Vormittags wollen wir einige Sehenswürdigkeiten dieser Stadt besichtigen.

Se·her der, **Se·he·rin** <-s, -> jmd., der die Zukunft voraussehen kann

Seh·feh·ler der <-s, -> MED. eine Abweichung von der normalen Funktion des Auges: Der Sehfehler lässt sich mit einer Brille korrigieren.

Seh·kraft *die* <-> */kein Plur./ die Fähigkeit, scharf zu sehen:* Im Alter ließ seine Sehkraft stark nach.

Seh·ne *die* <-, -n> ANAT. *einer der festen Stränge im Körper, der Muskeln und Knochen verbindet:* Ich habe mir beim Sport eine Sehne gezerrt. ◆-nabriss, -nriss, -nzerrung

seh·nen *mit* SICH ■ *jmd. sehnt sich (nach jmdm./etwas) ein sehr starkes Verlangen empfinden:* Er sehnte sich nach Urlaub/nach seiner Freundin.

Seh·nerv *der* <-s, -en> *Nerv, der in der Netzhaut des Auges endet*

seh·nig *adj* ❶ *voller Sehnen:* Aus dem sehnigen Fleisch kann man bestenfalls eine Suppe machen. ❷ *muskulös und ohne Fett:* Siehst du die sehnigen Beine der Radrennfahrer?

sehn·lich <sehnlicher, am sehnlichsten> *adj /meist im Superl. verwendet/ sehnsüchtig:* Es wäre mein sehnlichster Wunsch, bald wieder gesund zu werden.; Sie wünscht sich nichts sehnlicher als ein Kind.

Sehn·sucht *die* <-, Sehnsüchte> *ein sehr starkes Verlangen nach jmdm. oder etwas:* Sie hatte Sehnsucht nach ihrem Freund/nach Italien.

sehn·süch·tig *adj voller Sehnsucht:* Er wartete sehnsüchtig auf die Rückkehr seiner Frau.

sehr *adv in hohem Maße:* Das Essen war sehr gut/sehr schlecht/sehr reichlich.; Ich habe mich sehr angestrengt/sehr bemüht/sehr beeilt.; Ich danke sehr!; Ihr Kaffee, bitte sehr.

Seh·schär·fe *die* <-, -n> *der Grad, in dem man Einzelheiten klar erkennen kann*

Seh·stö·rung *die* <-, -en> *eine Störung des Sehvermögens*

Seh·test *der* <-s, -s> *ein Test, mit dem man überprüft, wie gut jmd. sehen kann*

Seh·ver·mö·gen *das* <-s> */kein Plur./ die Fähigkeit, zu sehen*

Seh·wei·se *die* <-, -n> *die Art und Weise, wie jmd. eine Situation oder einen Sachverhalt o. Ä. beurteilt:* Ich kann dieser Sehweise nicht zustimmen.

seicht <seichter, am seichtesten> *adj* ❶ *flach, nicht tief:* Die Kinder spielten im seichten Wasser ❷ *(abwert.) oberflächlich, banal:* Seine Romane werden immer seichter.

Sei·de *die* <-> */kein Plur./* ❶ *ein dünner Faden, der von einem Insekt (dem Seidenspinner) produziert wird, aus dem man einen weichen, glänzenden Stoff herstellt* ❷ *Gewebe aus Seide¹:* Der Schal ist aus reiner Seide.

Sei·del *das* <-s, -> *ein Bierkrug*

Sei·del·bast *der* <-(e)s, -e> *ein Strauch mit giftigen roten Beeren*

sei·den *adj /nicht steig./ aus Seide:* eine seidene Bluse; *siehe auch* **reinseiden**

Sei·den·glanz *der* <-es> */kein Plur./ der matte Glanz von Seide*

Sei·den·pa·pier *das* <-s> */kein Plur./ sehr dünnes, weiches Papier*

Sei·den·rau·pe *die* <-, -n> *Raupe des Seidenspinners* ◆-nzucht

Sei·den·spin·ner *der* <-s, -> *eine Schmetterlings-*

art *(in Südostasien), die die Fäden produziert, aus denen Seide hergestellt wird*

sei·den·weich *adj /nicht steig./ sehr weich:* Sie hat seidenweiches Haar.

sei·dig *adj weich und sehr glatt:* Ich strich mit der Hand über das seidige Fell der Katze.

Sei·fe *die* <-, -n> *eine feste oder flüssige Substanz, die man zum Waschen und zur Körperpflege verwendet und die in Verbindung mit Wasser schäumt:* ein Stück Seife am Waschbecken ◆-nblase, -nlauge, -nschaum, Baby-, Flüssig-

Sei·fen·kis·ten·ren·nen *das* <-s, -> *Wettfahrt (von Kindern) auf einer steilen Strecke in selbst gebastelten kleinen Fahrzeugen mit vier Rädern*

Sei·fen·oper *die* <-, -en> TV *(umg.: ≈ Soap) anspruchslose Fernsehserie, die meist am frühen Abend gesendet wird*

Sei·fen·scha·le *die* <-, -n> *kleine Schale, in der man ein Stück Seife aufbewahrt*

sei·hen *mit* OBJ ■ *jmd. seiht etwas Flüssigkeiten durch ein Sieb gießen und dadurch filtern*

Sei·her *der* <-s, -> LANDSCH. *Sieb*

Seil *das* <-(e)s, -e> *ein langer Strick aus festem Material:* Der Bergsteiger ist mit einem Seil gesichert. ◆Abschlepp-, Hanf-, Spring-, Stahl-

Seil·bahn *die* <-, -en> *ein Beförderungsmittel, mit dem man große Höhenunterschiede überwindet, bei dem eine Kabine an einem Seil hängt und nach oben oder nach unten gezogen wird:* Wir sind mit der Seilbahn zum Gipfel gefahren.

Sei·ler *der* <-s, -> *ein Handwerker, der beruflich Seile herstellt*

seil·hüp·fen *ohne* OBJ */nur im Infinitiv und als Part. Perf./ seilspringen*

Seil·schaft *die* <-, -en> ❶ */kein Plur./ mehrere Bergsteiger, die bei einer Bergtour durch ein Seil miteinander verbunden sind* ❷ *(abwert. übertr.) Personengruppe, die zur Erlangung gesellschaftlicher Positionen zusammenarbeitet:* Das Funktionieren der Seilschaften aus der alten Stasi-Zentrale

Seil·schwe·be·bahn *die* <-, -en> *(≈ Schwebebahn)*

seil·sprin·gen *ohne* OBJ */nur im Inf. und als Part. Perf./ (als Spiel) über ein Springseil springen:* Ich bin als Kind gern seilgesprungen.

Seil·tän·zer *der,* **Seil·tän·ze·rin** <-s, -> *ein Akrobat, der auf einem hohen Seil Kunststücke macht*

Seil·win·de *die* <-, -n> *ein Gerät, das von einer Kurbel oder einem Motor angetrieben wird und mit dem man schwere Gegenstände mit Hilfe eines Seils heben kann*

Sein *das* <-s> */kein Plur./ Dasein, Existieren:* philosophische Reflexionen über das Sein

sein¹ <bist, war, ist gewesen> *ohne* OBJ ❶ ■ *jmd./etwas ist etwas sich in einem bestimmten Zustand, in einer bestimmten Lage befinden:* Er ist müde/sehr lustig.; Das ist aber seltsam.; Sie ist sechs Jahre alt.; Ich war in großer Not/Gefahr. ❷ ■ *jmdm. ist (es) irgendwie /unpersönlich verwendet/ von jmdm. als eine bestimmte Empfindung wahrgenommen werden:* Mir ist (es) kalt/heiß.; Ihr war schlecht. ❸ ■ *jmd./ etwas ist jmd./etwas verwendet, um eine Gleichsetzung auszudrücken:* Seine Schwester ist

S

Lehrerin.; Paris ist die Hauptstadt Frankreichs. **❹** ■ *es ist* /*unpersönlich verwendet* / *verwendet, um eine bestimmte Uhrzeit anzugeben:* Beim Gongschlag war es Punkt zwölf Uhr. **❺** ■ *jmd./etwas ist irgendwo* sich an einem bestimmten Ort *befinden:* Ich war gerade unter der Dusche.; Sie ist in Italien.; Das Auto ist momentan in der Werkstatt. **❻** ■ *etwas ist irgendwann* an einem bestimmten Ort zu einer bestimmten Zeit *(unter bestimmten Umständen) stattfinden:* Der Kurs ist um acht Uhr.; Das letzte Hochwasser war vor drei Jahren. **❼** ■ *etwas darf/kann/... (nicht) sein (nicht) geschehen dürfen/können/...:* So etwas darf doch nicht sein! **❽** ■ *jmd./etwas ist irgendwo* da sein, existieren: Im Wald sind viele Wildschweine.; Der alte König ist nicht mehr.; Das war einmal.; ■ *sei es ..., sei es ... entweder ... oder ...;* ■ *es sei denn, dass ... außer, wenn ...;* ■ *es sei ...* MATH. *es gelte als Annahme* Es sei f(x) eine Funktion ...; ■ *mit etwas ist es nichts (umg.)* etwas läuft nicht so ab oder findet nicht so statt, wie es geplant war ◆ Getrennt- oder Zusammenschreibung →R 4.6, 4.8 Ich finde, du solltest das seinlassen!; Du kannst das Haus von mir aus dreckig sein lassen.

sein² <bist, war, ist gewesen> /*Hilfsverb* / **❶** *... werden können:* Er ist einfach nicht zu überreden. **❷** *... werden müssen:* Die Fehler sind unverzüglich zu korrigieren. **❸** *dient der Bildung von Perfekt und Plusquamperfekt:* Die Äpfel sind gereift.; Wir waren zu spät gekommen. **❹** *dient der Bildung des Zustandspassivs:* Die Tür ist geöffnet.

sein³ *pron Possessivpronomen der dritten Pers. Sing.:* Das ist seine Frau/sein Haus.; Das sind seine Pferde. ◆ Groß- oder Kleinschreibung →R 3.15 jedem das Seine/das seine; Er sollte das Seine/das seine dazu beitragen.; Sie ist die Seine/die seine.; Er kümmert sich um die Seinen/die seinen.; ◆ Kleinschreibung →R 3.8 „Wessen Mantel ist das?" „Ist es der seine."

sei·ner·seits *adv was ihn oder es angeht:* Er seinerseits wollte das auch nicht.

sei·ner·zeit *adv (≈ früher)* Er sagte, seinerzeit habe es das nicht gegeben.

sei·nes·glei·chen *pron* /*unveränderliches Pronomen* / *Menschen, die so sind wie die genannte Person:* Er trifft sich am liebsten mit seinesgleichen.

sei·net·hal·ben *adv veraltet für „seinetwillen"*

sei·net·we·gen *adv* **❶** *ihm zuliebe:* Ich bin nur seinetwegen gekommen. **❷** *aus Gründen, die ihn betreffen:* Seinetwegen haben wir den Zug verpasst.

sei·net·wil·len *adv* ■ *um seinetwillen mit Rücksicht auf ihn* Sie hat es um seinetwillen getan.

sei·ni·ge *pron* /*immer mit dem bestimmten Artikel verwendet* / ◆ Kleinschreibung →R 3.8 „Wessen Mantel ist das?" „Es ist der seinige."; ◆ Groß- oder Kleinschreibung →R 3.15 Er grüßte die Seinigen/die seinigen.; Er hatte das Seinige/das seinige getan.

seis·misch *adj auf Erdbeben bezogen:* Es wurden seismische Erschütterungen verzeichnet.

Seis·mo·graf, *a.* **Seis·mo·graph** *der* <-en, -en>

ein Gerät, mit dem man Erdbeben feststellen und messen kann ► seismographisch

Seis·mo·lo·gie *die* <-> /*kein Plur.* / *die Wissenschaft, die sich mit Erdbeben und ihren Ursachen beschäftigt*

seit **I.** *präp* +*Dat. verwendet, um auszudrücken, dass sich etwas ab einem genannten Zeitraum vollzieht oder ab dann der Fall ist:* Seit Anfang des Jahres raucht er nicht mehr.; Ich habe sie seit einer Woche nicht gesehen.; Ich kenne sie erst seit kurzem.; Er treibt seit neuestem Sport. **II.** *konj verwendet, um auszudrücken, dass sich die im Hauptsatz genannte Sache ab der im Nebensatz genannten Zeit vollzieht oder ab dann der Fall ist:* Seit sie diese Aufgabe übernommen hat, ist das Klima in der Abteilung wieder prima.

seit·dem **I.** *adv von einem bestimmten Zeitpunkt in der Vergangenheit an:* Er hat seitdem keine Zigarette mehr geraucht. **II.** *konj (≈ seit II)* Seitdem sie sich kennen, telefonieren sie täglich.

Sei·te *die* <-, -n> **❶** *ein einzelnes Blatt aus einem Heft, einem Buch oder einer Zeitschrift, das bedruckt oder beschrieben und nummeriert ist:* Der Sportteil beginnt auf Seite zehn.; Er riss eine Seite aus der Zeitschrift heraus. **❷** *eine der ebenen Flächen, die einen Körper begrenzen:* Ein Würfel hat sechs Seiten. **❸** *der Bereich links und rechts der Mitte:* Die Stereoanlage steht in der Mitte, auf jeder Seite befindet sich ein Lautsprecher. **❹** *rechter oder linker Teil eines Gegenstandes:* Die linke Seite des Autos war völlig kaputt. **❺** *räumlich rechts oder links gelegener Teil:* Wir wohnen auf der anderen Seite des Sees/Flusses. **❻** *Stelle, die in einem bestimmten seitlichen Abstand zu etwas liegt:* Gehen Sie bitte etwas zur Seite! **❼** *der seitliche Teil des menschlichen Körpers:* Ich drehe mich im Schlaf immer auf die Seite. **❽** *(≈ Eigenschaft) Charakterzug:* Er hat gute und schlechte Seiten. **❾** *(≈ Aspekt) ein bestimmter Aspekt von etwas:* Wir sollten endlich über die finanzielle Seite dieses Projekts sprechen. **❿** *eine von zwei Personen oder Gruppen mit unterschiedlichen Standpunkten:* Beide Seiten äußerten sich zufrieden über den Ausgang der Verhandlungen. **⓫** *Person oder Gruppe, die einen bestimmten Standpunkt vertritt oder eine bestimmte Funktion ausübt:* Von offizieller Seite erfahren wir gerade, dass ...; ■ *etwas auf die Seite legen (umg.) etwas sparen;* ■ *jemandem zur Seite stehen jmdm. beistehen* ◆ Getrennt- und Zusammenschreibung →R 4.20 von Seiten/vonseiten; auf Seiten/aufseiten; zu Seiten/zuseiten

Sei·ten·air·bag *der* [...ɛːɐ̯bɛk] <-s, -s> KFZ *ein Airbag, der an der Seite eines Pkws angebracht ist, um die Menschen im Fahrzeug bei einem Stoß von der Seite zu schützen*

Sei·ten·auf·prall·schutz *der* <-es> /*kein Plur.* / KFZ *ein Stahlrohr, das an der Seite eines Pkws befestigt ist und die Menschen im Fahrzeug bei Stößen von der Seite schützt*

Sei·ten·aus *das* <-> /*kein Plur.* / SPORT *der Bereich neben dem Spielfeld:* Der Pass ging ins Seitenaus.

Sei·ten·aus·gang *der* <-(e)s, Seitenausgänge>

(≈ Nebenausgang) ein Ausgang, der sich an der Seite eines Gebäudes befindet

Sei·ten·blick der <-(e)s, -e> kurzer Blick, den jmd. auf jmdn. richtet, um ihm etwas mitzuteilen: Er warf mir einen Seitenblick zu und gab mir so seine Zustimmung zu erkennen.

Sei·ten·ein·gang der <-(e)s, Seiteneingänge> *(≈ Nebeneingang)* ein Eingang, der sich an der Seite eines Gebäudes befindet

Sei·ten·flü·gel der <-s, -> ❶ der seitliche Teil eines Gebäudes ❷ Nebengebäude

Sei·ten·gang der <-(e)s, Seitengänge> ein Gang, der an der Seite eines Gebäudes verläuft: In der Kirche gibt es zwei Seitengänge.

Sei·ten·hieb der <-(e)s, -e> *(umg.)* eine bissige oder spöttische Bemerkung: Mit einem Seitenhieb auf die Konkurrenz sagte der Vorstandsvorsitzende, dass …

sei·ten·lang adj /nicht steig./ umfangreich: ein seitenlanger Bericht; Er hat sich seitenlang über dieses Thema ausgelassen.

Sei·ten·li·nie die <-, -n> *(≈ Nebenlinie)* Verwandtschaftszweig einer Familie

sei·ten·rich·tig adj /nicht steig./ *(↔ seitenverkehrt)* (von Bildern) so abgebildet wie das Original

sei·tens präp AMTSSPR. *von seiten:* Seitens der Behörden liegen keine Aussagen vor.

Sei·ten·schiff das <-(e)s, -e> schmaler und niedriger Raumteil in einer Kirche

Sei·ten·sprung der <-(e)s, Seitensprünge> vorübergehende sexuelle Beziehung außerhalb der Ehe oder einer festen Beziehung

Sei·ten·ste·chen das <-s> /kein Plur./ stechender Schmerz links oder rechts in der Bauchgegend, der nach schnellem Laufen (bei untrainierten Personen) eintritt: Ich kann nicht mehr rennen, weil ich Seitenstechen habe.

Sei·ten·stra·ße die <-, -n> *(≈ Nebenstraße)*

Sei·ten·strei·fen der <-s, -> die äußere Spur einer Autobahn oder Straße, auf der man nicht fahren und nur bei einer Panne halten darf

Sei·ten·ta·sche die <-, -n> eine Tasche an der Seite eines Kleidungsstückes: Der Mantel hat zwei Seitentaschen.

sei·ten·ver·kehrt adj /nicht steig./ *(≈ spiegelbildlich)*

Sei·ten·wech·sel der <-s, -> SPORT der Vorgang, dass bei Ballspielen (nach der Halbzeit) die Mannschaften die Spielfeldhälften wechseln

Sei·ten·weg der <-(e)s, -e> ein kleiner Weg, der von einer größeren Straße abgeht

Sei·ten·wind der <-(e)s> /kein Plur./ Wind, der seitlich zur Richtung, in der man sich bewegt, weht

Sei·ten·zahl die <-, -en> ❶ die Gesamtheit aller Seiten eines Druckwerks ❷ die Zahl, mit der eine Seite eines Textes o. Ä. nummeriert ist: Das Textverarbeitungsprogramm fügt die Seitenzahlen bei längeren Texten natürlich automatisch ein.

seit·her adv *(≈ seitdem I)* Ich habe sie seither nicht mehr gesehen.

-sei·tig als Zweitglied zusammengesetzter Adjektive ❶ drückt aus, dass etwas mit dem Erstglied genannte Anzahl/Menge von Seiten/Aspek-

ten aufweist ◆ beid-, drei-, ein-, ganz-, halb-, mehr-, viel-, zwei- ❷ drückt aus, dass etwas auf der mit dem Erstglied genannten Seite liegt ◆ nord-, ost-, sonnen-, süd-, rück-, west-

seit·lich I. adj rechts oder links liegend, von oder nach rechts oder links: Die seitlichen Zufahrtsstraßen wurden gesperrt.; Der Anhänger scherte seitlich aus. **II.** präp + Gen. *neben:* Der Weg führt seitlich des Baches entlang.

Seit·pferd das <-s, -e> SPORT ein Sportgerät

seit·wärts adv zur Seite: Er drehte sich seitwärts und schlief weiter.

Sek·ret das <-s, -e> MED., BIOL. eine flüssige Absonderung (von Drüsen und Wunden)

Sek·re·tär der <-s, -e> ❶ ein kaufmännischer Angestellter, der u. a. beruflich für den Chef Briefe schreibt, Termine vereinbart und Telefongespräche führt ❷ Dienstbezeichnung für bestimmte Beamte ◆ Staats- ❸ jmd., der in einer Organisation eine sehr hohe Position hat ❹ ein Schreibtisch, der wie ein Schrank aussieht ❺ ein afrikanischer Raubvogel

Sek·re·ta·ri·at das <-(e)s, -e> ❶ Stelle, die einer Institution, Abteilung usw. zugeordnet ist und die Korrespondenz, Terminplanung und Büroorganisation übernimmt ❷ Büro eines Sekretärs oder einer Sekretärin ◆ Trennungsvarianten →R 5.4

Sek·re·tä·rin die <-n, -nen> eine Frau, die beruflich für ihren Chef Briefe schreibt, Termine vereinbart und die Büroorganisation übernimmt

Sekt der <-(e)s, -e> Wein, der eine (geringe) Menge Kohlensäure in Form perlender Bläschen enthält und gut gekühlt getrunken wird ◆ -flasche, -frühstück, -glas, -kelch

Sek·te die <-, -n> ❶ eine Glaubensgemeinschaft, die im Gegensatz zu den großen Religionsgemeinschaften relativ wenig Mitglieder hat ◆ -nführer ❷ *(abwert.)* eine kleinere (Glaubens-)Gemeinschaft, oft mit einem hierarchischen Aufbau, deren Ansichten meist sehr radikal und abwegig sind sowie den ethischen Grundwerten der Gesellschaft widersprechen

Sekt·früh·stück das <-s, -e> ein Frühstück, zu dem Sekt und Delikatessen gereicht werden

sek·tie·re·risch adj ❶ auf eine Sekte bezogen ❷ REL., POL. so, dass jmd. oder eine Gruppe Vorstellungen besitzt, die sich sehr von den wichtigsten Religionen oder den wichtigsten politischen Parteien unterscheiden

Sek·ti·on die <-, -en> Abteilung (in einer größeren Organisation)

Sekt·küh·ler der <-s, -> eine Art (versilberter) Metalleimer voll Eis, in den man Sekt oder Weißwein zum Kühlen stellt

Sekt·lau·ne die <-> /kein Plur./ *(scherzh.)* gute Laune, die jmd. bekommt, wenn er Alkohol getrunken hat und die dazu führt, dass man oft Dinge tut, die man im nüchternen Zustand nicht tun würde: etwas aus einer Sektlaune heraus/in einer Sektlaune tun

Sek·tor der <-s, ...-toren> ❶ Sachgebiet, Arbeitsgebiet: Er ist ein Fachmann auf dem Sektor der Unfallchirurgie. ❷ MATH. Kreisausschnitt ❸ (hist.) eines der vier Gebiete in Berlin oder Wien, in die

S

diese Städte nach dem Zweiten Weltkrieg aufgeteilt wurden und die jeweils von einer der vier Siegermächte besetzt und verwaltet wurden: der amerikanische/britische/französische/russische Sektor

Se·kun·dant *der;* **Se·kun·dan·tin** <-en, -en> *Betreuer und Berater bei einem Duell oder einem Schach- oder Boxwettkampf*

se·kun·där *adj /nicht steig./ (↔ primär) zweitrangig, nicht so wichtig:* Dieser Aspekt ist von sekundärer Bedeutung.

Se·kun·dar·arzt *der;* **Se·kun·dar·ärz·tin** <-es, ...-ärzte> ÖSTERR. *Assistenzarzt*

Se·kun·dar·leh·rer *der;* **Se·kun·dar·leh·re·rin** <-s, -> SCHWEIZ. *Lehrer an einer Sekundarschule*

Se·kun·där·li·te·ra·tur *die* <-> /kein Plur./ *wissenschaftliche Literatur über ein (literarisches) Werk*

Se·kun·dar·schu·le *die* <-, -n> SCHWEIZ. *Mittelschule bis höhere Schule*

Se·kun·dar·stu·fe *die* <-, -n> *in Deutschland die Schulstufe, die auf die Primarstufe (1.-4. Klasse) folgt und die in Sekundarstufe I (5.-10. Klasse) und Sekundarstufe II (11.-13. Klasse) aufgeteilt ist*

Se·kun·de *die* <-, -n> ❶ *einer der sechzig gleichen Teile einer Minute:* Er läuft die hundert Meter in weniger als zehn Sekunden. ❷ *(umg.) ein sehr kurzer Zeitraum:* Warten Sie mal eine Sekunde, ich bin gleich fertig!

se·kun·den·lang *adj /nicht steig./ für einen Moment:* Man konnte ein sekundenlanges Leuchten am Himmel sehen. ◆*aber Getrenntschreibung* vier Sekunden lang

se·kun·die·ren <sekundierst, sekundierte, hat sekundiert> *ohne OBJ* ■*jmd.* **sekundiert** *jmdm. als Sekundant beistehen*

sel·be *pron verwendet, um auszudrücken, dass zwei Dinge oder Personen identisch sind:* Wir saßen im selben Flugzeug.; Zum Fest kamen dieselben Gäste wie letztes Jahr.; derselbe; dieselbe; dasselbe

sel·ber *pron (umg.: ≈ selbst)*

sel·big *pron (veralt.) bezieht sich auf eine Person oder eine Sache, die vorher genannt wurde:* Er wollte noch am selbigen Tag zurückkommen.

selbst I.*pron* ❶ *verwendet, um zu betonen, dass sich eine Aussage ausschließlich auf die genannte Person (oder Sache) bezieht:* Der Patient wird vom Chefarzt selbst operiert.; Ich habe sie nicht selbst gesprochen.; Das muss er selbst wissen.; Du sollst selbst dort anrufen.; Was willst du tun, wenn es kein Softwareproblem ist, sondern der Computer selbst die Schwierigkeiten verursacht? ❷ *verwendet, um zu betonen, dass nicht ein anderer etwas hergestellt hat:* Wir haben selbst gebackenes/selbstgebackenes Brot gegessen und selbst gebrautes/selbstgebrautes Bier getrunken. II.*part (≈ sogar) verwendet, um auszudrücken, dass etwas für jmdn. überraschend oder nicht typisch ist; unbetont; vor einem Bezugswort:* Gegen die Dummheit kämpfen selbst Götter vergebens.; Selbst du wirst zu diesem Vorschlag nicht nein sagen können.; Er arbeitet selbst sonntags.; ■**sich von selbst verstehen** *selbstverständlich sein;* ■**etwas funktio-**

niert wie von selbst *problemlos funktionieren* ◆Zusammen- oder Getrenntschreibung →R 4.16 selbst gebrautes/selbstgebrautes Bier; ein selbst ernannter/selbsternannter Experte; selbst verdientes/selbstverdientes Geld; ein selbst gebackener/selbstgebackener Kuchen; ◆Zusammenschreibung →R 4.6 selbstredend; selbstvergessen

Selbst·ach·tung *die* <-> /kein Plur./ *Gefühl für die eigene menschliche Würde*

Selbst·stän·di·ge, a. Selbst·stän·di·ge *der/die* <-n, -n> (↔ Angestellter) *jmd., der selbständig³ ist*

Selbst·stän·dig·keit, a. Selbst·stän·dig·keit *die* <-> /kein Plur./ ❶ *die Eigenschaft, selbständig¹ zu sein:* Die Schüler sollen Selbständigkeit üben. ❷ *die Eigenschaft, selbständig² zu sein:* Die Kolonie wurde in die Selbständigkeit entlassen. ❸ *die Eigenschaft, selbständig³ zu sein:* Sie hat die Selbständigkeit dem Angestelltendasein vorgezogen.

selb·stän·dig, a. selbst·stän·dig <selbstständiger, am selbstständigsten> *adj* ❶ *nur mit eigenem Wissen und Können und ohne fremde Hilfe:* Die Schüler sollen die Aufgabe selbständig lösen. ❷ *(≈ autonom) unabhängig:* Wann wurde diese Kolonie ein selbständiger Staat? ❸ *(↔ angestellt) so, dass man nicht angestellt ist, sondern eine eigene Firma hat:* Er möchte sich später gern mit seiner Geschäftsidee selbständig machen.; ■**sich selbständig machen** *eine eigene Firma gründen*

Selbst·an·zei·ge *die* <-, -n> RECHTSW. *der Vorgang, dass jmd., der eine Straftat begangen hat, sich freiwillig bei der Polizei meldet und Anzeige gegen sich selbst erstattet:* Vor Gericht wurde ihm hoch angerechnet, dass er Selbstanzeige erstattet hat.

Selbst·aus·lö·ser *der* <-s, -> FOTOGR. *Vorrichtung an einer Kamera, die automatisch Bilder macht*

Selbst·be·die·nung *die* <-> /kein Plur./ *der Umstand, dass Kunden in einem Geschäft oder Lokal selbst die von ihnen gewünschten Waren oder Speisen auswählen und zur Kasse tragen:* In Supermärkten herrscht Selbstbedienung. ◆-sladen, -srestaurant

Selbst·be·frie·di·gung *die* <-> /kein Plur./ *(≈ Masturbation, Onanie) das Reizen der eigenen Geschlechtsorgane, um sich selbst sexuelle Lust und Befriedigung zu verschaffen*

Selbst·be·haup·tung *die* <-> /kein Plur./ *das Verteidigen der eigenen Person und der eigenen Interessen gegenüber anderen*

Selbst·be·herr·schung *die* <-> /kein Plur./ *die Fähigkeit, die eigenen Gefühle und das eigene Handeln durch den Verstand zu kontrollieren:* Er verlor vor Wut die Selbstbeherrschung.

Selbst·be·stä·ti·gung *die* <-> /kein Plur./ PSYCH. *(Gefühl der) Anerkennung des eigenen Wertes oder der eigenen Leistung (durch andere)*

Selbst·be·stim·mung *die* <-> /kein Plur./ *(↔ Fremdbestimmung) der Umstand, dass jmd. unabhängig ist und seine eigenen Angelegenheiten selbst vertritt und regelt*

Selbst·be·stim·mungs·recht *das* <-(e)s, -e> RECHTSW. *das Recht eines Landes oder einer Person auf Selbstbestimmung*

Selbst·be·trug *der* <-(e)s> /kein Plur./ *der Umstand, dass jmd. bewusst die Realität ignoriert und durch Wunschbilder ersetzt:* Er fiel letztlich seinem Selbstbetrug zum Opfer.

selbst·be·wusst *adj so, dass sich jmd. des eigenen Wertes und des eigenen Könnens bewusst ist* ▶ Selbstbewusstsein

Selbst·bräu·ner *der* <-s, -> *ein meist flüssiges Mittel, das die Haut dunkler werden lässt, wenn man es mehrmals auf die Haut aufträgt:* Sie geht ins Solarium und benützt Selbstbräuner, um im Winter nicht so blass auszusehen ▶ Selbstbräunungscreme, Selbstbräunungsmilch

Selbst·dar·stel·ler *der;* **Selbst·dars·tel·le·rin** <-s, -> SOZIOL. *jmd., der mit seinen Handlungen und Äußerungen stets auf sich aufmerksam machen will und anderen zeigen will, was er geleistet hat* ▶ Selbstdarstellung

Selbst·dis·zi·p·lin *die* <-> /kein Plur./ *die Fähigkeit, sich selbst zu beherrschen:* Das Trainingsprogramm erfordert ein hohes Maß an Selbstdisziplin von den Sportlern.

Selbst·ein·schät·zung *die* <-, -en> *Einschätzung der eigenen Person bezüglich bestimmter Vorzüge und Fehlern*

Selbst·er·hal·tungs·trieb *der* <-(e)s, -e> *der natürliche Trieb, in Gefahrensituationen das eigene Leben zu retten*

selbst·ge·fäl·lig *adj (abwert.: ≈ eitel) zu sehr von sich selbst überzeugt* ▶ Selbstgefälligkeit

selbst·ge·recht *adj (abwert.) so, dass jmd. sein eigenes Verhalten nie selbst kritisiert* ▶ Selbstgerechtigkeit

Selbst·ge·spräch *das* <-(e)s, -e> /meist Plur./ *die Handlung, dass jmd. zu sich selbst spricht:* Der alte Mann führt häufig Selbstgespräche.

selbst·haf·tend *adj /nicht steig./ selbstklebend*

Selbst·hass *der* <-es> /kein Plur./ PSYCH. *Hass, der sich gegen die eigene Person richtet*

selbst·herr·lich *adj (abwert.) so, dass jmd. nur seine eigenen Interessen und Ziele verfolgt:* Sie setzte sich selbstherrlich über alle Bedenken der anderen hinweg.

Selbst·hil·fe *die* <-> /kein Plur./ *die Handlung, ein Problem selbst aktiv zu lösen (und nicht auf fremde Hilfe zu warten):* Die Bürger griffen zur Selbsthilfe und gründeten einen Verein zur Erhaltung des Handwerksmuseums. ◆-gruppe

Selbst·iro·nie *die* <-> /kein Plur./ *die Eigenschaft, dass jmd. seine eigenen Fehler und Schwächen mit Ironie betrachtet* ▶ selbstironisch

Selbst·jus·tiz *die* <-> /kein Plur./ RECHTSW. *illegale Handlung, bei der eine Person, die von einem Verbrechen betroffen ist, selbst den Täter bestraft:* Die Frau des Opfers übte Selbstjustiz und erschoss den Täter nach der Verhandlung.

Selbst·kle·be·fo·lie *die* <-, -n> *Folie, die auf einer Seite mit einer klebrigen Schicht überzogen ist*

selbst·kle·bend *adj /nicht steig./ so, dass ein Gegenstand (eine Briefmarke, eine Folie o. Ä.) mit einer klebrigen Schicht überzogen ist und man ihn daher ohne Klebstoff befestigen kann:* selbstklebende Fotoecken

Selbst·kon·t·rol·le *die* <-> /kein Plur./ *die Beherrschung der eigenen Handlungen und Äußerungen*

Selbst·kos·ten <-> *Plur.* WIRTSCH. *Kosten, die man für die Herstellung und den Vertrieb von Produkten aufbringen muss*

Selbst·kos·ten·preis *der* <-es, -e> WIRTSCH. *Preis, der nur die Selbstkosten deckt, bei dem der Hersteller oder Verkäufer keine Gewinne macht:* Nachdem der Artikel nicht den gewünschten Absatz fand, wurde er unter dem Selbstkostenpreis verkauft.; Bei der Veranstaltung wurden Getränke zum Selbstkostenpreis verkauft.

Selbst·kri·tik *die* <-, -en> /meist Sing./ *Kritik am eigenen Verhalten:* Nach der Niederlage übten auch die einzelnen Spieler Selbstkritik. ▶ selbstkritisch

Selbst·laut *der* <-(e)s, -e> (≈ Vokal)

selbst·los *adj* (≈ uneigennützig) *so, dass man bei seinen Handlungen nicht an die eigenen Vorteile denkt:* Er hat in dieser Situation selbstlos gehandelt. ▶ Selbstlosigkeit

Selbst·mit·leid *das* <-(e)s> /kein Plur./ *(abwert.) Mitleid, das jmd. mit sich selbst empfindet:* Als ihn seine Freundin verlassen hatte, versank er wochenlang in Selbstmitleid.

Selbst·mord *der* <-(e)s, -e> *das Töten der eigenen Person:* Er hatte in seiner Verzweiflung Selbstmord begangen/verübt. ◆-versuch ▶ Selbstmörder, Selbstmörderin

Selbst·mord·an·schlag *der* <-(e)s, Selbstmordanschläge> *Attentat, das meist gegen eine große Menge von Menschen gerichtet ist, bei dem der Täter in Kauf nimmt, dass er selbst stirbt*

Selbst·mord·at·ten·tat *das* <-s, -e> (≈ Selbstmordanschlag) ▶ Selbstmordattentäter, Selbstmordattentäterin

selbst·mör·de·risch *adj sehr gefährlich, halsbrecherisch:* Es ist ein selbstmörderisches Vorhaben, den Gipfel bei diesem schlechten Wetter besteigen zu wollen.

Selbst·por·t·rät *das* <-s, -s> *ein Bild, das ein Maler von sich selbst angefertigt hat*

selbst·re·dend *adj /nicht steig./ (umg.) selbstverständlich:* Wir waren uns selbstredend der Risiken einer solchen Operation bewusst, aber es gab keine andere Möglichkeit, um den Patienten zu retten.

Selbst·schuss·an·la·ge *die* <-, -n> *Vorrichtung, die einen Schuss[1] auslöst, wenn man sie berührt und die meist der Sicherung von Gebäuden dient*

selbst·si·cher *adj selbstbewusst:* Er hat ein sehr selbstsicheres Auftreten. ▶ Selbstsicherheit

Selbst·stän·di·ge, *a.* **Selb·stän·di·ge** *der/die* <-n, -n> *jmd., der selbstständig[3] ist*

Selbst·stän·dig·keit, *a.* **Selb·stän·dig·keit** *die* <-> /kein Plur./ ❶ *die Eigenschaft, selbstständig[1] zu sein:* Die Schüler sollen Selbstständigkeit zu sein. ❷ *die Eigenschaft, selbstständig[2] zu sein:* Die Kolonie wurde in die Selbstständigkeit entlassen. ❸ *die Eigenschaft, selbstständig[3] zu sein:* Sie hat die Selbstständigkeit dem Angestelltendasein vorgezogen.

selbst·stän·dig, *a.* **selb·stän·dig** *adj* ❶ *nur mit eigenem Wissen und Können und ohne fremde*

S

Hilfe: Die Schüler sollen die Aufgabe selbstständig lösen. ❷ *unabhängig, autonom:* Wann wurde diese Kolonie ein selbstständiger Staat? ❸ *so, dass man nicht angestellt ist, sondern eine eigene Firma hat:* Er ist seit zwei Jahren selbstständig.; ■ **sich selbstständig machen** *eine eigene Firma gründen*

Selbst·stu·di·um *das* <-s> */kein Plur./ das Lernen aus Büchern und nicht auf einer Schule:* Sie hat sich ihr Wissen auf diesem Gebiet durch/im Selbststudium angeeignet.

Selbst·sucht *die* <-> */kein Plur./ (abwert.) die Eigenschaft, nur an die eigene Person und die eigenen Bedürfnisse zu denken* ▷ selbstsüchtig

selbst·tä·tig *adj /nicht steig./ automatisch:* Die Automatik schaltet das Gerät selbsttätig ab.

Selbst·täu·schung *die* <-, -en> *siehe* **Selbstbetrug**

selbst·tra·gend *adj /nicht steig./* TECHN. *so, dass eine Konstruktion nicht umfällt, obwohl sie nicht durch Pfeiler, Balken o. Ä. gestützt wird:* eine selbsttragende Wand

Selbst·über·schät·zung *die* <-, -en> *der Vorgang oder Zustand, dass man die eigenen Fähigkeiten zu hoch einschätzt*

Selbst·über·win·dung *die* <-> *die Handlung, Vorbehalte und negative Gefühle zu besiegen:* Dieser Schritt hat sie viel Selbstüberwindung gekostet.

selbst·ver·ges·sen *adj /nicht steig./ völlig in Gedanken versunken*

selbst·ver·ständ·lich I. *adj natürlich, von allein verständlich:* Zusätzlich zur Miete fallen selbstverständlich auch Nebenkosten an. **II.** *adv natürlich:* „Kommst du mit?" „Selbstverständlich!"

Selbst·ver·ständ·lich·keit *die* <-, -en> *selbstverständliche Art:* Es ist doch eine Selbstverständlichkeit, in solch einem Fall zu helfen.

Selbst·ver·tei·di·gung *die* <-> */kein Plur./ alle Maßnahmen und Techniken, mit denen man sich vor körperlichen Angriffen schützt* ◆-skurs

Selbst·ver·trau·en *das* <-> */kein Plur./ Glaube an die eigenen Fähigkeiten:* Er hat ein starkes/angeknackstes Selbstvertrauen.

Selbst·ver·wirk·li·chung *die* <-, -en> *Entfaltung der eigenen Persönlichkeit, in dem man seine Fähigkeiten und Talente nutzt*

Selbst·wahr·neh·mung *die* <-, -en> PSYCH. *die Art, wie ein Mensch sich selbst erlebt*

Selbst·wert·ge·fühl *das* <-(e)s, -e> *Bewusstsein des eigenen Wertes*

Selbst·zer·flei·schung *die* <-> */kein Plur./ (geh.) (allzu) ausgeprägte Selbstkritik*

selbst·zu·frie·den *adj /nicht steig./ (oft abwert.) so mit sich zufrieden, dass man eigene Fehler und Schwächen nicht mehr sieht* ▷ Selbstzufriedenheit

Selbst·zweck *der* <-(e)s> */kein Plur./ Zweck ohne äußeres Ziel:* Putzen ist für ihn zum Selbstzweck geworden.

Selbst·zwei·fel *der* <-s, -> */meist Plur./ Zweifel an den eigenen Fähigkeiten und Handlungen:* Nach der Niederlage wurde er von Selbstzweifeln geplagt.

sel·chen *mit OBJ* ■ *jmd. selcht etwas Akk.* SÜDDT.,

S

ÖSTERR. *räuchern:* Das Fleisch/Die Wurst wurde geselcht.

Se·lek·ti·on *die* <-, -en> ❶ BIOL. *natürliche Auslese, Zuchtwahl* ❷ *(geh.) Auslese, Auswahl:* Die Selektion der Kandidaten erfolgte äußerst sorgfältig.

se·lek·tiv *adj /nicht steig./ so, dass man bestimmte Dinge oder Aspekte auswählt und andere vernachlässigt:* In dieser Sache sollten wir selektiv vorgehen.

Se·len *das* <-s> *ein chemisches Element mit dem Zeichen „Se"*

se·lig *adj* ❶ REL. *so, dass man nach dem Tod von allen Schwierigkeiten und Bedürfnissen befreit ist* ❷ *sehr glücklich:* Sie zeigte ein seliges Lächeln.

Se·lig·keit *die* <-, -en> */kein Plur./* ❶ */kein Plur./* REL. *seliger¹ Zustand nach dem Tod im Reich Gottes:* Sie lebte in der Hoffnung, die ewige Seligkeit zu erlangen. ❷ *wunschloses Glück:* Sie strahlte vor Seligkeit.; kleine Seligkeiten des Lebens

se·lig·spre·chen <sprichst selig, sprach selig, hat seliggesprochen> *mit OBJ* ■ *jmd. spricht jmdn. selig der Papst erklärt, dass ein verstorbenes Mitglied der Kirche in den Kreis der Seligen aufgenommen wird:* Der Papst hat ihn seliggesprochen.

Sel·le·rie *der/die* <-(s), -(s)/-rien> *eine Gemüsepflanze, deren Knolle, Blätter und Wurzeln sehr intensiv schmecken*

sel·ten *adj* ❶ *nicht oft, in nur geringer Zahl vorkommend:* Das ist eine sehr seltene Pflanze.; Wir haben uns in letzter Zeit selten gesehen. ❷ *besonders:* Wir haben eine selten schöne Blume gesehen.

Sel·ten·heit *die* <-> */kein Plur./* ❶ *geringe Häufigkeit:* Diese Pflanzenart wurde wegen ihrer Seltenheit geschützt. ❷ *etwas, das nicht häufig vorkommt:* Derart unberührte Naturlandschaften sind inzwischen eine Seltenheit.

Sel·ters® *die/das* <-> */kein Plur./ ein Mineralwasser*

selt·sam *adj sonderbar, eigenartig, merkwürdig:* Er ist ein seltsamer Mensch.; Hast du schon von dieser seltsamen Geschichte gehört?; Es ist seltsam, dass …

selt·sa·mer·wei·se *adv auf seltsame Art und Weise:* Seltsamerweise hat niemand bemerkt, was geschehen war.

Selt·sam·keit *die* <-, -en> ❶ */kein Plur./ seltsame Art* ❷ *eine Besonderheit:* Nach kurzer Zeit stolperte sie in dem fremden Land über die ersten Seltsamkeiten

Se·man·tik *die* <-, -en> SPRACHWISS. *die Theorie von der sprachlichen Bedeutung der Morpheme, Lexeme, Wörter, Sätze und Texte:* lexikalische, generative, historische, formale, strukturelle, intensionale, wahrheitswertfunktionale, logische, allgemeine, interpretative, extensionale Semantik ◆-analyse, -theorie, Diskurs-, Intern-, Merkmal-, Prototypen-, Referenz-, Satz-, Stereotypen-, Wort-, Text- ▷ semantisch

Se·ma·sio·lo·gie *die* <-> (↔ *Onomasiologie*) SPRACHWISS. *vor dem Aufkommen der modernen strukturellen Linguistik die traditionelle Bezeich-*

nung für das Teilgebiet, in dem es um die Analyse lexikalischer Bedeutungen geht (heute: lexikalische Semantik) ▸ semasiologisch

Se·mes·ter *das* <-s, -> ❶ *eine der beiden organisatorischen Einheiten, in die das Studienjahr an einer Universität oder Fachhochschule eingeteilt wird:* Sie ist jetzt im dritten Semester.; noch drei Semester bis zum Examen benötigen ◆ -arbeit, -beginn, -ende, Frei-, Sommer-, Winter- ❷ ■ **ein älteres/höheres Semester** *(umg. scherzh.) ein älterer Mensch*

Se·mi- *als Erstglied zusammengesetzter Substantive; drückt aus, dass das mit dem Zweitglied Bezeichnete die Hälfte von etwas ist, halb zu etwas gerechnet wird, oder halb durchgeführt ist* ◆ -automat, -autonomie, -deponentien, -experte, -gruppe, -immunität, -kolon, -kastration, -konduktor, -religiosentum, -ring, -tendinosus, -varianz, -vokal

se·mi- *als Erstglied zusammengesetzter Adjektive; drückt aus, dass das mit dem Zweitglied Bezeichnete die Hälfte von etwas ist, halb zu etwas gerechnet wird, oder halb durchgeführt ist* ◆ -automatisch, -autonom, -ballistisch, -definit, -dominant, -essentiell, -grafisch/-graphisch, -isolierend, -kubisch, -logarithmisch, -mobil, -modular, -professionell, -polar, -quantitativ, -zentral, -zirkulär

Se·mi·fi·na·le *das* <-s, -> SPORT *(≈ Halbfinale)*

Se·mi·ko·lon *das* <-s, -s/Semikola> *(≈ Strichpunkt) ein Interpunktionszeichen, das der Funktion nach zwischen Punkt und Komma steht, das zusammengehörige Sinneinheiten schwächer als der Punkt voneinander trennt, für das fälschlich aber häufig bei vollständigen Satzanschlüssen das Komma verwendet wird:* In „Das Wetter ist heute schön; deshalb fahren wir nachher in die Stadt" steht ein Semikolon (oder ein Punkt, da vollständiger Satzanschluss); andernfalls (dann Komma) wäre zu formulieren: „Das Wetter ist heute schön, weshalb wir…".

Se·mi·lin·gu·a·lis·mus *der* <-> */kein Plur./ siehe* **Halbsprachigkeit**

Se·mi·nar *das* <-s, -e/-ien> ❶ *ein Bereich oder Institut an einer Universität, der oder das einen bestimmten Fachbereich vertritt:* Leiter des Germanistischen Seminars ❷ *Kurs (an einer Universität):* Ich besuche ein Seminar über mittelhochdeutsche Lyrik. ❸ REL. *kurz für „Priesterseminar"*

se·mi·per·me·a·bel *adj /nicht steig./ (fachspr.) so, dass nur bestimmte Substanzen ein Material durchdringen können:* eine semipermeable Membran

Se·mit *der;* **Se·mi·tin** <-en, -en> *Angehöriger einer Sprachengemeinschaft und Völkergruppe Vorderasiens und Nordafrikas, zu deren heutigen Nachkommen beispielsweise Araber und Juden gehören* ▸ semitisch

se·mi·tisch *adj /nicht steig./ auf die Semiten oder ihre Sprache bezogen*

Sem·mel *die* <-, -n> SÜDDT., ÖSTERR., SCHWEIZ. *Brötchen;* ■ **wie warme Semmeln weggehen** *(umg.) sehr schnell verkauft werden*

Se·nat *der* <-(e)s, -e> ❶ GESCH. *Gremium im antiken Rom, das bestimmte politische und gesetzge-*

berische Funktionen besaß ❷ *eine Kammer des Parlaments in den USA* ❸ *Landesregierung in Berlin, Bremen und Hamburg* ❹ *beratendes Gremium an Universitäten, in dem alle Personengruppen vertreten sind, die an einer Hochschule arbeiten*

Se·na·tor *der;* **Se·na·to·rin** <-s, …-toren> *Mitglied eines Senats*

se·na·to·risch *adj /nicht steig./ auf den Senat bezogen*

Sen·de·be·reich *der* <-(e)s, -e> *Bereich, in dem man Radio- oder Fernsehsendungen besonders gut empfangen kann*

Sen·de·lei·ter *der* <-s, -> *jmd., der die Aufnahme einer Radio- oder Fernsehsendung leitet*

Sen·de·mi·nu·te *die* <-, -n> *eine Minute der gesamten Sendezeit*

sen·den <sendest, sandte/sendete, hat gesandt/gesendet> **I.** *mit OBJ/ohne OBJ* ■ *jmd. sendet (etwas) eine Radio-, Fernsehsendung ausstrahlen:* Wir senden den Film in der Originalfassung mit deutschen Untertiteln.; Früher hat im Fernsehen nur in Schwarzweiß gesendet. **II.** *mit OBJ* ❶ ■ *jmd. sendet jmdn. (irgendwohin) (geh.) jmdn. schicken:* In das Erdbebengebiet wurden Hilfsmannschaften gesandt/gesendet. ❷ ■ *jmd. sendet jmdm. etwas (geh.) etwas schicken:* Wir senden unseren Freunden immer Urlaubskarten.

Sen·der *der* <-s, -> *kurz für „Rundfunksender"* *oder „Fernsehsender"* ◆ -suchlauf

Sen·de·rei·he *die* <-, -n> *eine Folge von Rundfunk- oder Fernsehbeiträgen zu einem bestimmten Thema*

Sen·de·schluss *der* <-es> */kein Plur./ Programmende*

Sen·de·zeit *die* <-, -en> *die Zeit, in der eine Sendung ausgestrahlt wird:* Der Krimi lief zur besten Sendezeit.

Sen·dung *die* <-, -en> ❶ WIRTSCH. *Lieferung* ❷ *Fernseh- oder Radiosendung*

Sen·dungs·be·wusst·sein *das* <-s> */kein Plur./ Überzeugung einer Person/einer Gruppe/eines Landes auserwählt zu sein, eine Mission zu erfüllen:* politsches/religiöses/kulturelles Sendungsbewusstsein; Die Kolonialmächte wurden von ihrem Sendungsbewusstsein angetrieben.

Senf *der* <-(e)s, -e> ❶ *eine breiige Masse aus gemahlenen Senfkörnern, Essig und Gewürzen:* Ich hätte gerne ein Paar Würstchen mit Senf. ❷ *eine Gewürzpflanze, aus der Senf¹ hergestellt wird;* ■ **seinen Senf dazu geben** *(umg.) (ungebetene) Bemerkungen zu etwas machen*

sen·gend *adj sehr heiß:* Bei der sengenden Mittagshitze gehe ich nicht aus dem Haus.

se·nil *adj (geh. oft abwert.) (aufgrund des hohen Alters) geistig nicht mehr sehr leistungsfähig* ▸ Senilität

Se·ni·or *der;* **Se·ni·o·rin** <-s, …-oren> *(↔ Junior) älterer Mitbürger*

Se·ni·o·ren·heim *das* <-(e)s, -e> *(≈ Altersheim)*

Se·ni·o·ren·kar·te *die* <-, -n> *eine Eintrittskarte, eine Fahrkarte o. Ä., die an Senioren zu einem vergünstigten Preis verkauft wird*

S

Se·ni·o·ren·tel·ler *der* <-s, -> *(↔ Kinderteller)* kleinere, für ältere Menschen angebotene Portion im Restaurant

Senk·blei *das* <-s> /kein Plur./ BAUW., SEEW. *(≈ Lot¹)* ein Stück Blei, das an einer Schnur hängt, mit dem man messen kann, wie tief etwas ist oder feststellen kann, ob etwas senkrecht ist

Sen·ke *die* <-, -n> größere Bodenvertiefung, Mulde im Gelände

Sen·kel *der* <-s, -> *kurz für „Schnürsenkel"*

sen·ken **I.** *mit OBJ* ▪ **jmd. senkt etwas** ❶ *(↔ heben)* nach unten bewegen, bewirken, dass etwas nach unten kommt: Sie senkte den Kopf.; Man senkte den Sarg ins Grab. ❷ *(↔ erhöhen)* geringer machen, reduzieren: Wir müssen versuchen, die Preise/die Kosten zu senken. ❸ bewirken, dass etwas niedriger wird: Das Fieber des Patienten konnte gesenkt werden. **II.** *mit SICH* ▪ **etwas senkt sich** sinken, allmählich niedriger werden: Der Boden in diesem Gebiet senkt sich.; ▪ **die Stimme senken** *(geh.)* leiser sprechen

senk·recht *adj* *(↔ waagerecht)* vertikal von unten nach oben verlaufend: Es war völlig windstill und der Rauch stieg senkrecht nach oben.

Senk·rech·te *die* <-n, -n> senkrechte Linie; ▪ **das einzig Senkrechte** *(umg.)* das einzig Richtige

Senk·recht·start *der* <-s, -s> großer Erfolg in kurzer Zeit: Mit seinem neuen Buch hat der Autor im letzten Jahr einen regelrechten Senkrechtstart hingelegt.

Senk·recht·star·ter *der*, **Senk·recht·star·te·rin** <-s, -> jmd., der schnell (und ohne große Anstrengung) großen Erfolg hat: Dieser Musiker ist der Senkrechtstarter dieses Frühjahrs.

Sen·kung *die* <-, -en> ❶ *(≈ Herabsetzung, Reduzierung* ↔ *Erhöhung)* das Senken: Man diskutierte eine mögliche Senkung der Steuern. ❷ MED. das Senken: Sie sollten Maßnahmen zur Senkung Ihres Blutdrucks ergreifen.

Senn *der* <-(e)s, -e> SÜDDT., ÖSTERR., SCHWEIZ. Almhirt

Sen·ner *der*, **Sen·ne·rin** <-s, -> SÜDDT., ÖSTERR., SCHWEIZ. Senn

Sen·ne·rei *die* <-, -en> SÜDDT., ÖSTERR., SCHWEIZ. eine Alm, auf der Milch zu Käse und Butter verarbeitet wird

Senn·hüt·te *die* <-, -n> eine Hütte auf einer Alm

Sen·sa·ti·on *die* <-, -en> ein Ereignis, das Aufsehen erregt: Der Auftritt dieser Rockband war die Sensation des Festivals.

sen·sa·ti·o·nell *adj* so, dass etwas Aufsehen erregt: Das Geschäft wirbt mit sensationell niedrigen Preisen.

Sen·sa·ti·ons·pres·se *die* <-> /kein Plur./ *(abwert.: ≈ Boulevardpresse)* Zeitungen, die weniger an objektiver Berichterstattung als vielmehr an reißerischen Schlagzeilen interessiert sind

Sen·se *die* <-, -n> ein Gerät mit einem langen Handgriff und einer gebogene scharfen Klinge, das man zum Schneiden von hohem Gras benutzt; ▪ **jetzt ist aber Sense** *(umg.)* jetzt ist aber Schluss

sen·si·bel <sensibler, am sensibelsten> *adj* sehr empfindsam, feinfühlig: Er ist ein sensibler Junge. ▸ Sensibilität

sen·si·bi·li·sie·ren <sensibilisierst, sensibilisierte, hat sensibilisiert> *mit OBJ* ▪ **jmd. sensibilisiert jmdn. (für etwas** *Akk.)* *(geh.)* für etwas empfänglich machen, Bewusstsein für etwas schaffen: Man muss die Öffentlichkeit für die Probleme des Umweltschutzes noch stärker sensibilisieren.

sen·si·tiv *adj (geh.)* überaus feinfühlig, empfindlich ▸ Sensitivität

Sen·sor *der* <-s, ...-soren> TECHN. ❶ ein Schalter an elektrischen Geräten, den man betätigt, indem man ihn leicht berührt ❷ *(≈ Messfühler)*

Sen·tenz *die* <-, -en> ein einprägsamer, allgemein gültiger Sinnspruch: In diesem Zusammenhang fällt mir eine Sentenz des römischen Philosophen Seneca ein.; *siehe auch* **Phraseologie**

Sen·ti·ment *das* [sãtiˈmã] <-s, -s> Empfindung, Gefühl

sen·ti·men·tal *adj (oft abwert.: ≈ rührselig)* übertrieben gefühlsbetont: Das Ende des Films war mir zu sentimental.; Aus dem Radio ertönte ein sentimentales Lied nach dem anderen.

Sen·ti·men·ta·li·tät *die* <-, -en> *(oft abwert.: ≈ Rührseligkeit)* übertriebene Empfindlichkeit: Komm schon, wir haben jetzt keine Zeit mehr für Sentimentalitäten!

se·pa·rat *adj* /nicht steig./ vom Rest abgetrennt, gesondert: Das Haus hat einen separaten Eingang.

Se·pa·ra·tis·mus *der* <-> /kein Plur./ *(oft abwert.)* das Streben, sich von einer politischen, religiösen oder ähnlichen Gruppe zu trennen und eine eigenständige Gruppierung zu bilden ▸ Separatist, Separatistin, separatistisch

Sé·pa·rée, Se·pa·ree *das* [zepaˈreː] <-s, -s> *(veralt.)* kleiner Nebenraum in einem Restaurant für ungestörte (intime) Zusammenkünfte

se·pa·rie·ren <separierst, separierte, hat separiert> *mit OBJ* ▪ **jmd. separiert jmdn./etwas** *(veralt.)* absondern, trennen: Die kranken Tiere müssen schnellstens von den gesunden separiert werden.

Sep·sis *die* <-, Sepsen> MED. Blutvergiftung

Sep·tem·ber *der* <-(s), -> der neunte Monat des Jahres; ▪ **der elfte September** verwendet, um sich auf den Anschlag auf das World Trade Center am 11. September 2001 zu beziehen die Welt nach dem elften September

Sep·tett *das* <-(e)s, -e> MUS. Stück für sieben Stimmen oder sieben Instrumente

Sep·tim, a. Sep·ti·me *die* <-, Septimen> MUS. ❶ siebter Ton der diatonischen Tonleiter ❷ Abstand von sieben Tonstufen

sep·tisch *adj* /nicht steig./ MED. mit Krankheitserregern, Keimen behaftet

se·quen·ti·ell siehe **sequenziell**

Se·quenz *die* <-, -en> ❶ Folge (von etwas Gleichartigem): Man beachte vor allem die folgende Sequenz von Tönen! ❷ FILM kleinere, in sich abgeschlossene Einheit: Die Einstellungen in dieser Sequenz gefallen mir besonders gut.

se·quen·zi·ell, a. se·quen·ti·ell *adj* /nicht steig./ EDV fortlaufend, nacheinander zu verarbeiten

S

Se·re·na·de *die* <-, -n> MUS. *in fünf bis sieben Sätzen ausgeführte Komposition für ein (kleines) Orchester:* Sie hat sich eine CD mit Serenaden von Mozart gekauft.

Ser·geant *der* [zɛrˈʒant, sɛrˈʒã, ˈsɑdʒənt] <-en/-s, -en/-s> MILIT. ❶ */kein Plur./ französische bzw. englische Bezeichnung für den Dienstgrad eines Unteroffiziers* ❷ *Unteroffizier*

Se·rie *die* <-, -n> ❶ *eine bestimmte Anzahl gleichartiger Dinge, die ein Ganzes darstellen, ergeben:* Mir fehlen nur noch zwei Briefmarken dieser Serie. ❷ *Produkte, die in gleichartiger Ausführung und hoher Stückzahl hergestellt werden:* Gibt es noch Ersatzteile für die Autos dieser Serie? ❸ *eine inhaltlich und thematisch zusammengehörige Folge von Fernseh- oder Rundfunksendungen oder von Veröffentlichungen:* Momentan läuft im Fernsehen eine Serie über die Kreuzzüge. ❹ *(umg.) eine Aufeinanderfolge von Ereignissen ähnlicher Art:* Eine Serie von Einbrüchen beschäftigt zurzeit die Polizei.; ■**in Serie gehen** *in die Massenproduktion gehen* ◆-nmord, -nmörder(in), -ntäter(in)

Se·ri·en·brief *der* <-(e)s, -e> *ein Brief, der an mehrere Personen geschickt wird*

se·ri·en·mä·ßig *adj /nicht steig./* ❶ *so, dass ein Produkt in gleichartiger Ausfertigung in hoher Stückzahl hergestellt wird:* Nach ausgiebigen Tests wird das Auto nun serienmäßig gefertigt. ❷ *so, dass etwas zu einer Serie² von Produkten gehört:* Das Auto wird serienmäßig mit Airbag und ABS ausgeliefert.

se·ri·ös *adj (↔ unseriös) anständig, ordentlich, zuverlässig, vertrauenswürdig:* Mein Nachbar ist ein seriöser, älterer Herr.; Das Hotel macht einen seriösen Eindruck.; Solche Geschäftspraktiken sind nicht gerade seriös.

Ser·mon *der* <-s, -e> ❶ *(veralt.) Predigt* ❷ *(umg. abwert.) langweiliges Geschwätz:* Geduldig ließ ich seinen Sermon über mich ergehen.

Ser·pen·ti·ne *die* <-, -n> ❶ *eine in vielen Windungen verlaufende Straße an (steilen) Berghängen* ❷ *eine enge Kurve*

Se·rum *das* <-s, Seren/Sera> MED. ❶ *wässriger Bestandteil des Blutes, der nicht gerinnt* ❷ *Impfstoff*

Ser·ver *der* [ˈsøːvɐ] <-s, -> EDV *ein Zentralcomputer, mit dem mehrere andere Computer verbunden sind*

Ser·vice¹ *der/das* [ˈzøːɛvɪs] <-> */kein Plur/* ❶ *Bedienung:* Der Service in diesem Lokal ist erstklassig. ❷ *alle Leistungen und Dienste, die ein Betrieb oder ein Geschäft seinen Kunden bietet, Kundendienst:* Der Service des Autohauses hat mich enttäuscht. ❸ SPORT *Aufschlag beim Tennis*

Ser·vice² *das* [zɛrˈviːs] <-, -s> *mehrteiliges Ess- oder Tafelgeschirr* ◆Ess-, Kaffee-, Tafel-, Tee-

Ser·vice·hot·line *die* [ˈzøːɛvɪshɔtlaɪn] <-, -s> *Telefonnummer, bei der man anrufen kann, wenn man Fragen zu einem Produkt hat oder ein gekauftes Produkt nicht richtig funktioniert*

Ser·vice·per·so·nal *das* [ˈzøːɛvɪs...] <-s> */kein Plur./ alle Kellner und Kellnerinnen in einem Restaurant oder Hotel*

Ser·vice·sek·tor *der* [ˈzøːɛvɪs...] <-s> */kein Plur./ Dienstleistungssektor*

Ser·vice·un·ter·neh·men *das* [ˈzøːɛvɪs...] <-s, -> *Unternehmen, das Dienstleistungen erbringt*

ser·vie·ren <serviert, servierte, hat serviert> I. *mit OBJ/ohne OBJ* ■ *jmd. serviert (jmdm.) (etwas Akk.) Essen auftragen:* Sie servierte ihren Gästen eine köstliche Nachspeise.; Der Kellner serviert in wenigen Minuten. II. *ohne OBJ* ■ *jmd. serviert* SPORT *(veralt.) (beim Tennis) Aufschlag haben*

Ser·vie·re·rin *die* <-, -nen> *(≈ Kellnerin)*

Ser·vier·tisch *der* <-(e)s, -e> *ein kleiner Tisch, auf dem man Speisen und Geschirr abstellt*

Ser·vier·toch·ter *die* <-, Serviertöchter> SCHWEIZ. *Kellnerin*

Ser·vier·wa·gen *der* <-s, -> *ein kleiner Tisch mit Rollen zum Abstellen von Speisen, Geschirr*

Ser·vi·et·te *die* <-, -n> *ein Tuch aus Stoff oder Papier zum Abwischen des Mundes nach dem Essen*

ser·vil *adj (geh. abwert.) unterwürfig, kriecherisch*

Ser·vo·brem·se *die* <-, -n> KFZ *eine Bremse mit einer Vorrichtung, die die Bremswirkung verstärkt*

Ser·vo·len·kung *die* <-, -en> KFZ *eine Lenkung mit einer Vorrichtung, die das Lenken erleichtert*

Ser·vo·mo·tor *der* <-s, -en> TECHN. *Hilfsmotor*

ser·vus *interj* SÜDDT., ÖSTERR. *(umg.) freundschaftlicher Gruß zur Begrüßung, beim Abschied*

Se·sam *der* <-s, -s> ❶ *eine Pflanze mit ölhaltigem Samen* ❷ *Samen des Sesams¹*

Ses·sel *der* <-s, -> *ein weich gepolstertes Sitzmöbel, das meist Lehnen für die Arme und den Rücken hat*

Ses·sel·lift *der* <-(e)s, -e> *eine Seilbahn, bei der man in Einzelsitzen oder in Doppelsitzen sitzt:* Ein Sessellift bringt die Skifahrer zur Gipfelstation.

sess·haft *adj /nicht steig./* ❶ *so, dass man einen festen Wohnsitz hat:* Das Nomadenvolk wurde schließlich sesshaft. ❷ *so, dass man seinen Wohnsitz nicht häufig wechseln will:* Die Einwohner dieses Dorfes sind sehr sesshaft.

Ses·si·on *die* <-, -en> *(geh.) eine Tagung oder Sitzungsperiode, die sich über einen längeren Zeitraum erstreckt*

Set *das* <-(s), -s> ❶ *mehrere zusammengehörende gleichartige Dinge:* Ich habe mir ein neues Set Töpfe gekauft. ❷ *eine kleine Tischdecke für ein Gedeck*

Set·up *das* [ˈsɛtap] <-s> EDV *ein Installation(sprogramm):* Um das neue Computerprogramm zu installieren, musst du zuerst das Setup ausführen.

set·zen <setzt, setzte, hat/ist gesetzt> I. *mit OBJ (haben)* ❶ ■ *jmd. setzt jmdn./etwas (irgendwohin) jmdn. in eine sitzende Position bringen:* Sie setzte das Kind auf ihren Schoß. ❷ ■ *jmd. setzt etwas auf etwas Akk. etwas an eine bestimmte Stelle bringen und längere Zeit dortlassen:* Setz dem Kind eine Mütze auf den Kopf! ❸ ■ *jmd. setzt etwas mit Hilfe technischer Verfahren eine Druckvorlage erstellen:* In welcher Schriftart soll das Manuskript gesetzt werden? ❹ ■ *jmd. setzt etwas auf etwas Akk. etwas irgendwohin schreiben:* Hast du deinen Namen schon auf die Liste gesetzt? **⑤** ■ *jmd.* **setzt etwas** *festlegen, dass etwas wichtig ist:* Ich muss bei der Prüfungsvorbereitung Prioritäten setzen. **⑥** ■ *jmd.* **setzt etwas** *die Segel bei einem Schiff hochziehen:* Das Schiff setzte die Segel. **II.** *mit OBJ/ohne OBJ* ■ *jmd.* **setzt (etwas) (auf etwas** *Akk.***)** *(haben) beim Glücksspiel auf etwas setzen:* Ich habe auf die Nummer 37 gesetzt.; Ich habe 100 Euro auf die Neun gesetzt.; Auf welches Pferd hast du gesetzt? **III.** *ohne OBJ* ■ *jmd.* **setzt über etwas** *Akk. (sein) mit einem Sprung ein Hindernis überwinden:* Sie nahm Anlauf und setzte über den Graben. **IV.** *mit SICH* ■ *jmd./etwas* **setzt sich** *(haben)* **①** *eine sitzende Position einnehmen:* Er setzte sich auf den Stuhl/aufs Rad/an den Tisch/ins Gras. **②** *in einer Flüssigkeit zu Boden sinken:* Der aufgewirbelte Sand im Aquarium hatte sich inzwischen wieder gesetzt. **③** BAUW. *noch einer gewissen Bewegung unterliegen und dann seine endgültige Position erreichen:* Die Mauern setzen sich noch. ► Setzriss **④** ■ **jemanden an die Luft/ vor die Tür setzen** *(umg.) jmdm. (die Arbeit oder die Wohnung) kündigen;* ■ **sich/etwas in Bewegung setzen** *jmd. oder etwas fängt an, sich zu bewegen* Der Zug setzte sich in Bewegung.; ■ **etwas in/außer Betrieb setzen** *etwas ein- oder ausschalten;* ■ **jemanden auf Diät setzen** *jmdm. eine Diät verordnen;* ■ **ein Kind in die Welt setzen** *(umg.) ein Kind zeugen;* ■ **es setzt etwas** *(umg.) es gibt Prügel*

Set·zer *der* <-s, -> *(≈ Schriftsetzer)*
Set·ze·rin *die* <-, -nen>
Set·ze·rei *die* <-, -en> *ein Betrieb, in dem Texte gesetzt werden*
Setz·ling *der* <-(e)s, -e> *ein junger Pflanzenableger*
Seu·che *die* <-, -n> *eine ansteckende Krankheit, die sich rasch verbreitet* ◆ -nbekämpfung, -ngebiet, -ngefahr
Seu·chen·herd *der* <-(e)s, -e> *ein Gebiet, von dem aus sich eine Seuche ausbreitet*
seuf·zen <seufzt, seufzte, hat geseufzt> *ohne OBJ* ■ *jmd.* **seufzt** *einen Seufzer ausstoßen:* Er seufzte tief/schwer/erleichtert.
Seuf·zer *der* <-s, -> *das tiefe und laute Ein- und Ausatmen, das Kummer, Sehnsucht oder Erleichterung ausdrückt*
Se·vil·la [ze'vɪlja] <-s> *Stadt im Süden Spaniens*
Sex *der* <-(es)> */kein Plur./ (umg.) Geschlechtsverkehr (und die dazugehörigen Handlungen):* Hatten Sie Sex miteinander?; Er war nur auf schnellen Sex aus.; die gesellschaftliche Einstellung zum Sex; Beim Sex wirkte er ziemlich verklemmt. ◆ -anzeigen, -appeal, -arbeiter(in), -buch, -film, -horoskop, -hotel, -industrie, -club/-klub, -leben, -messe, -muffel, -orgie, -party, -pol, -politik, -postillen, -shop, -spielzeug, -sucht, -szene, -welle
Sex·bom·be *die* <-, -n> *(umg.) eine sexuell besonders attraktive Frau*
Se·xis·mus *der* <-> */kein Plur./ Bezeichnung für alle Formen der Unterdrückung und der Benachteiligungen aufgrund der Geschlechtszugehörigkeit* ► Sexist, Sexistin, sexistisch
Sex·ma·ga·zin *das* <-s, -e> *(≈ Pornoheft) ein Magazin, das pornografische Fotos und Texte enthält*

Sex·ob·jekt *das* <-(e)s, -e> *(umg.) jmd., der jmdm. nur zur Befriedigung der sexuellen Wünsche dient:* Frauen werden von manchen Männern als bloße Sexobjekte angesehen.
Sex·ta *die* <-, Sexten> */kein Plur./* **①** *(veralt.) nicht mehr sehr oft verwendete Bezeichnung für die erste Klasse des Gymnasiums* **②** ÖSTERR. *sechste Klasse des Gymnasiums*
Sex·ta·ner *der* <-s, -> *Schüler, der die Sexta besucht*
Sex·tant *der* <-en, -en> SEEW. *ein Instrument, mit dem Seefahrer die Position ihres Schiffes bestimmen, indem sie die Höhe eines Gestirns ermitteln*
Sex·te *die* <-, -n> MUS. **①** *sechster Ton der diatonischen Tonleiter* **②** *Abstand von sechs Tonstufen*
Sex·te·le·fon *das* <-s, -e> *eine Telefonnummer, bei der man anrufen und sich gegen Bezahlung im Gespräch sexuell stimulieren lassen kann*
Sex·tett *das* <-(e)s, -e> MUS. *ein Stück für sechs Stimmen oder sechs Instrumente*
Sex·tou·ris·mus *der* <-> */kein Plur./ (umg.) Reisen in bestimmte Länder, die von Männern in der Hoffnung auf sexuelle Erlebnisse unternommen werden*
Se·xu·al- *als Erstglied zahlreicher zusammengesetzter Substantive; drückt aus, dass das mit dem Zweitglied Bezeichnete auf Fragen der Sexualität bezogen ist* ◆ -angst, -aufklärung, -beratung, -delikt, -delinquent, -delinquenz, -duftstoffe, -empfindung, -energie, -entwicklung, -erregung, -erziehung, -ethik, -feindlichkeit, -forscher(in), -forschung, -funktion(sstörung), -gesetze, -hormon, -hypochondrie, -konflikte, -kontakt(e), -kriminalität, -kultur, -literatur, -lockstoff, -magie, -medizin, -moral, -mord, -mörder, -neid, -neurose, -normen, -objekt, -ökonomie, -opfer, -organe, -pädagogik, -partner(in), -pathologie, -phantasien, -politik, -praktiken, -psychologie, -reaktion, -recht, -reflexe, -reform, -ritual, -signal, -soziologie, -störung(en), -stoffe, -strafrecht, -straftäter(in), -straftaten, -symbol, -tabu, -theorie, -therapeut(in), -therapie, -trieb, -übungen, -unterricht, -verbrechen, -verbrecher, -verhalten, -verkehr, -wissen, -wissenschaft, -zentren, -ziel, -zyklus
Se·xu·a·li·tät *die* <-> */kein Plur./ alle Gefühle, Handlungen und Bedürfnisse, die mit dem Geschlechtsverkehr zusammenhängen*
Se·xu·al·kun·de *die* <-> */kein Plur./ SCHULE ein Schulfach (meist im Rahmen des Biologieunterrichts), in dem die biologischen Grundlagen der menschlichen Sexualität vermittelt werden*
Se·xu·al·le·ben *das* <-s> */kein Plur./ die sexuellen Aktivitäten (eines Menschen, eines Tieres)*
se·xu·ell *adj /nicht steig./ in Bezug auf alle Gefühle, Handlungen und Bedürfnisse, die mit dem Geschlechtsverkehr zusammenhängen:* sexuelle Bedürfnisse/Phantasien/Praktiken/Vorlieben
Se·xus *der* <-> */kein Plur./ das natürliche Geschlecht, im Unterschied zum grammatischen Geschlecht (Genus):* Genus und Sexus fallen im Deutschen oft nicht zusammen; so ist „das Mädchen" dem Genus nach sächlich („das"), dem Sexus nach aber weiblich.; *siehe auch* **Genus**
se·xy *adj in sexueller Hinsicht attraktiv*

S

Sey·chel·len [zeˈʃɛlən] <-> ∎ *die Seychellen Inselgruppe und Staat im Indischen Ozean* ▶ Seycheller, Seychellerin, seychellisch

se·zie·ren <seziert, sezierte, hat seziert> *mit OBJ/ohne OBJ* ∎ *jmd. seziert (jmdn.)* ANAT. *eine Leiche im Rahmen anatomischer Studien öffnen und zerlegen:* Der Arzt seziert eine Leiche.; Dem Studenten wurde übel, als er sezierte.

S-för·mig, s-för·mig *adj so, dass etwas wie ein S geformt ist:* eine s-förmige Kurve/Linie

SGML EDV *kurz für „Standard Generalized Markup Language"; eine Sprache zur Beschreibung der Struktur von Textdokumenten*

Shake *das* [ʃeɪk] <-s, -s> *ein Mixgetränk* ◆ Eiweiß-, Erdbeer-, Milch-

sham·poo·nie·ren, *a.* **scham·po·nie·ren** [ʃampuːˈniːrən] <shampoonierst, shampoonierte, hat shampooniert> *mit OBJ* ∎ *jmd. shampooniert etwas/jmdm. etwas mit Shampoo behandeln:* Sie shampooniert den Teppich/der Kundin die Haare.

Sham·poo, *a.* **Scham·pon** *das* [ʃamˈpuː, ˈʃampu, ʃamˈpoː, ˈʃampo] <-(s), -s> *flüssiges Haarwaschmittel*

She·riff *der* [ˈʃɛrɪf] <-s, -s> ❶ *hoher Verwaltungsbeamter in England oder Irland* ❷ *höchster Vollzugsbeamter einer Stadt in den USA*

Sher·ry *der* [ˈʃɛri] <-s, -s> *spanischer Likörwein*

Shet·land·pony *das* [ˈʃɛtlənd...] <-s, -s> *kleines Pferd mit langen Haaren, großem Kopf und spitzen Ohren*

Shirt *das* [ʃəːt] <-s, -s> *(Baumwoll-)Hemd, T-Shirt*

Shit *der/das* [ʃɪt] <-s> */kein Plur./ (umg.)* Haschisch: Shit rauchen

Shoo·ting *das* [ˈʃuːtɪŋ] <-s, -s> *das Aufnehmen mehrerer Bilder von Fotomodellen durch einen Fotografen für einen bestimmten Anlass:* Heute findet ein Shooting für eine Werbekampagne statt.

Shoo·ting·star *der* [ˈʃuːtɪŋstaː] <-s, -s> Senkrechtstarter ◆ Zusammenschreibung →R 4.18

Shop *der* [ʃɔp] <-s, -s> Laden, Geschäft

shop·pen *ohne OBJ* ∎ *jmd. shoppt (umg.) einen Einkaufsbummel machen, einkaufen*

Shop·ping *das* [ˈʃɔpɪŋ] <-s> */kein Plur./ das Einkaufen; Einkaufsbummel*

Shop·ping-Cen·ter, *a.* **Shop·ping·cen·ter** *das* [ˈʃɔpɪŋsɛntɐ] <-s, -> *(großes) Einkaufszentrum*

Shorts [ʃɔrts] <-> *Plur. kurze, sportliche Hose*

Short·story, *a.* **Short Story** *die* [ˈʃɔːt ˈstɔːri] <- -, -s> *Kurzgeschichte*

Show *die* [ʃoʊ] <-, -s> *Vorführung eines großen Unterhaltungsprogramms (im Fernsehen), Schau*

Show·busi·ness *das* [ˈʃoʊbɪznɪs] <-> */kein Plur./ Unterhaltungsindustrie:* Sie arbeitet im Showbusiness.

Show·ge·schäft *das* [ˈʃoʊ...] <-s> */kein Plur./ Showbusiness:* Er ist erst vor kurzem ins Showgeschäft eingestiegen.

Show·mas·ter *der* [ˈʃoʊmastɐ] <-s, -> Unterhaltungskünstler, der eine Show arrangiert und präsentiert

Show·star *der* [ˈʃoʊ...] <-s, -s> jmd., der durch seine Tätigkeit als Showmaster oder seine Auftritte in Shows bekannt geworden ist

Shrimp, *a.* **Schrimp** *der* <-s, -s> */meist Plur./ kleine Garnele, Nordseekrabbe*

Shut·tle *der/das* [ˈʃʌtl̩] <-s, -s> ❶ *Raumfähre* ❷ *Pendelverkehr mit öffentlichen Verkehrsmitteln* ◆ -bus

Si·am <-s> *frühere Bezeichnung für Thailand*

Si·am·kat·ze *die* <-, -n> *eine Rassekatze mit blauen Augen und meist hellem Fell*

Si·bi·ri·en <-s> *Teil Russlands, in dem es im Winter sehr kalt wird* ▶ Sibirer, Sibirerin, sibirisch

si·byl·li·nisch *adj /nicht steig./ (geh.) rätselhaft, geheimnisvoll:* sibyllinische Worte

sich *pron /Reflexivpronomen der 3. Pers. Sing. und Plur./* ❶ *rückbezüglich verwendet:* Sie hat sich verschluckt.; Damit hat er sich selbst geschadet.; Was bilden Sie sich eigentlich ein? ❷ *wechselbezüglich verwendet: „einander":* Sie lieben sich.; ∎ *an und für sich eigentlich*

Si·chel *die* <-, -n> *ein kleines Werkzeug mit einer halbkreisförmigen Klinge, mit dem man Gras o. Ä. schneidet*

si·chel·för·mig *adj /nicht steig./ so, dass etwas wie die Klinge einer Sichel geformt ist*

si·cher I. *adj* ❶ *geschützt, nicht von Gefahren, von Risiken bedroht:* Er hat einen sicheren Arbeitsplatz.; Wir haben alles aus sicherer Entfernung beobachtet. ❷ (≈ *zuverlässig) so, dass man sich auf die Richtigkeit von etwas verlassen kann:* Unsere Informationen stammen aus einer sicheren Quelle. ❸ *so, dass jmd. (aufgrund von Erfahrung) keine Fehler macht, keine Irrtümer begeht:* In diesen Dingen hat sie einen sehr sicheren Geschmack. ❹ (↔ *unsicher) selbstbewusst:* Ich bewundere ihr sicheres Auftreten. ❺ *gewiss:* Der Sprinter lief einem sicheren Sieg entgegen. **II.** *adv höchstwahrscheinlich:* Die Entscheidung ist sicher nicht allein leicht gewesen.; Du hast sicher schon gemerkt, dass … ◆ Großschreibung →R 3.7 im Sichern sein; das Sicherste sein; ◆ Groß- oder Kleinschreibung →R 4.5 auf Nummer Sicher/Nummer sicher gehen; ◆ Getrenntschreibung →R 4.6, 4.8 In diesen Schuhen kannst du sicher gehen.; Das ist ein sicher wirkendes Medikament.; ◆ Zusammenschreibung →R 4.6 Sie will in dieser Angelegenheit absolut sichergehen.; Die Polizei konnte das Diebesgut sicherstellen.

Si·cher·heit *die* <-, -en> ❶ */kein Plur./ das Geschütztsein vor Gefahren, vor Risiken:* Die Sicherheit der Arbeitsplätze ist oberstes Gebot.; Das Auto bietet ein Höchstmaß an Sicherheit. ◆ -sglas, -smaßnahme, -spolitik, -sschloss, -svorkehrung ❷ */kein Plur./ Gewissheit:* Er wird mit Sicherheit noch kommen. ❸ */kein Plur./ Gewandtheit:* Die Turnerin sprang den Salto mit traumwandlerischer Sicherheit. ❹ WIRTSCH. *Bürgschaft:* Um den Kredit zu erhalten, muss er der Bank Sicherheiten bieten.

Si·cher·heits·ab·stand *der* <-(e)s, Sicherheits­abstände> *der Mindestabstand eines Fahrzeugs zu dem vorausfahrenden Fahrzeug:* den Sicherheitsabstand einhalten

Si·cher·heits·dienst *der* <-(e)s, -e> *eine private oder staatliche Organisation, die für die Sicherheit [1] der Bürger zuständig ist:* der amerikanische Sicherheitsdienst

S

Si·cher·heits·grün·de ■ aus Sicherheitsgründen *um zu vermeiden, dass für die Betroffenen Gefahr entsteht* Wegen der Schlechtwetterfront wurden aus Sicherheitsgründen alle Flüge abgesagt.

Si·cher·heits·gurt *der* <-(e)s, -e> *Gurt, mit dem man sich an einem Autositz oder in einem Flugzeug festschnallt:* Hast du den Sicherheitsgurt angelegt?

si·cher·heits·hal·ber *adv vorsichtshalber:* Ich werde sie sicherheitshalber noch einmal fragen.

Si·cher·heits·kraft *die* <-, Sicherheitskräfte> */meist Plur./ bewaffneter Polizist, der für die Sicherheit der Bürger oder des Staates zuständig ist*

Sicher·heits·mann *der* <-(e)s, ...-leute> *Sicherheitskraft*

Si·cher·heits·na·del *die* <-, -n> *zu einer ovalen Gestalt gebogene Nadel, deren eines Ende in das andere eingehakt werden kann*

Si·cher·heits·rat *der* <-(e)s> */kein Plur./ Behörde der Vereinten Nationen, abgekürzt „UN“, die sich mit Konflikten zwischen Staaten beschäftigt*

Si·cher·heits·ri·si·ko *das* <-s, ...-risiken> *eine Person oder Sache, die die Sicherheit einer Organisation, eines Landes o. Ä. gefährdet:* Weil er ein Sicherheitsrisiko darstellte, wurde er nicht in die Pläne eingeweiht.

Si·cher·heits·stan·dard *der* <-s, -s> *das gesetzlich vorgeschriebene Maß an Sicherheit [1], das ein Produkt aufweisen muss:* Die Sicherheitsstandards bei Kindersitzen für das Auto sind sehr hoch.

si·cher·lich *adv ganz gewiss*

si·chern <sicherst, sicherte, hat gesichert> *mit OBJ* ➊ ■ *jmd. sichert etwas sicher machen:* Ich habe das Tor mit einem zusätzlichen Schloss gesichert. ➋ ■ *jmd. sichert etwas gewährleisten:* Er hat seine Existenz gesichert. ➌ ■ *jmd. sichert sich/jmdm. etwas verschaffen:* Ich konnte mir und meiner Freundin Plätze in der ersten Reihe sichern. ➍ ■ *jmd. sichert etwas an einem Tatort polizeilich ermitteln:* Die Polizei sicherte die Spuren. ➎ ■ *jmd. sichert etwas (auf etwas Akk.)* EDV *Daten speichern:* Glücklicherweise habe ich den Text zusätzlich auf Diskette gesichert.

si·cher·stel·len <stellst sicher, stellte sicher, hat sichergestellt> *mit OBJ* ■ *jmd. stellt etwas sicher* ➊ *garantieren:* Die Veranstalter mussten den reibungslosen Ablauf des Konzerts sicherstellen. ➋ *beschlagnahmen:* Die Polizei konnte wichtiges Beweismaterial sicherstellen. ◆ Zusammenschreibung → R 4.6

Si·che·rung *die* <-, -en> ➊ *das Schützen:* Die Sicherung der Arbeitsplätze ist oberstes Gebot. ➋ ELEKTROTECHN. *eine Vorrichtung, die im Gefahrfall einen Stromkreis unterbricht:* Ich muss noch die durchgebrannte Sicherung ersetzen. ➌ *Mechanismus an einer Schusswaffe, der verhindert, dass sich eine Kugel aus dem Lauf löst*

Siche·rungs·kas·ten *der* <-s, Sicherungskästen> ELEKTROTECHN. *ein kleiner Kasten an der Wand, in dem sich alle Sicherungen [2] einer elektrische Anlage befinden*

Siche·rungs·ko·pie *die* <-, -n> EDV *eine Kopie ei-*

ner Datei, die jmd. für den Fall anfertigt, dass die Originaldatei beschädigt oder versehentlich gelöscht wird

Sicht *die* <-> */kein Plur./* ➊ *die Möglichkeit, etwas zu sehen:* Von hier oben aus hat man eine herrliche Sicht über das gesamte Tal.; Die Sicht betrug streckenweise nur 50 Meter.; Du verstellst mir die Sicht! ➋ *Blickwinkel:* Aus meiner Sicht gibt es keinerlei Einwände.; ■ auf lange Sicht *für längere Zeit;* ■ auf kurze Sicht *für kürzere Zeit*

sicht·bar *adj* ➊ *erkennbar, wahrnehmbar:* Diese Lebewesen werden erst unter dem Mikroskop sichtbar. ➋ *(≈ offenkundig) so, dass es jeder erkennen kann:* Der Patient hat sichtbare Fortschritte gemacht.

Sicht·blen·de *die* <-, -n> *Sichtschutz*

sich·ten <sichtest, sichtete, hat gesichtet> *mit OBJ* ■ *jmd. sichtet etwas Akk.* ➊ *sehen:* Man hatte Land/einen Eisberg gesichtet. ➋ *prüfend durchgehen:* Ich muss noch die Akten sichten.

Sicht·flug *der* <-(e)s, ...-flüge> LUFTF. *das Fliegen in einer Höhe, in der der Boden deutlich erkennbar ist:* Während des Vulkanausbruchs im April 2010 waren Sichtflüge gestattet

Sicht·gren·ze *die* <-> */kein Plur./ die Grenze, bis zu der man Gegenstände sehen und deutlich erkennen kann*

sicht·lich *adj /nicht steig./ offenkundig:* Nach dem Sieg seiner Mannschaft war der Trainer sichtlich erleichtert.

Sicht·schutz *der* <-es> */kein Plur./ eine Vorrichtung, wie ein Vorhang, eine Jalousie o. Ä., mit der man verhindert, dass andere auf jmds. Grundstück, in jmds. Wohnung o. Ä. sehen können:* Ich habe eine Hecke als Sichtschutz gepflanzt.

Sicht·tung *die* <-, -en> */kein Plur./* ➊ *das Sichten:* Nach der Sichtung eines Eisbergs ließ der Kapitän den Kurs des Schiffes ändern. ◆ Ufo-Sichtungen ➋ */kein Plur./ das Sichten und Prüfen:* Die Sichtung der Akten wird einige Tage dauern.

Sicht·ver·hält·nis·se <-> *Plur. der Grad, wie gut man (angesichts der Wetterverhältnisse) sehen kann*

Sicht·ver·merk *der* <-(e)s, -e> *(≈ Visum) Vermerk auf einem Pass über die Erlaubnis zur Einreise in ein fremdes Land*

sicht·ver·merk·frei *adj /nicht steig./ so, dass für etwas kein Visum nötig ist:* Die Ausreise ist sichtvermerkfrei.

Sicht·wei·se *die* <-, -n> *Art und Weise, wie jmd. Dinge betrachtet und beurteilt; Sicht [2]*

Sicht·wei·te *die* <-, -n> *Entfernung, bis zu der man Gegenstände sehen und deutlich erkennen kann:* Die Sichtweite auf der Autobahn betrug nur 200 Meter.

Si·cker·gru·be *die* <-, -n> *eine Grube, durch die Regenwasser und Abwasser aus dem Haushalt schnell im Boden versickern kann*

si·ckern <sickert, sickerte, ist gesickert> *ohne OBJ* ■ *etwas sickert (irgendwohin) langsam irgendwohin fließen:* Das Wasser sickert langsam in den Boden.

Si·cker·was·ser *das* <-s, Sickerwässer> ➊ *Regenwasser, das in den Boden fließt* ➋ *Wasser, das an* *einer beschädigten Stelle in einem Deich, Damm o. Ä. ausfließt, ohne, dass es jmd. merkt*

Side·board *das* [ˈsaɪdbɔːd] <-s, -s> *Anrichte, Büfett*

Sie *pron /Pronomen der 2. Pers. Sing. und Plur./ Höflichkeitsanrede:* Kann ich Sie für einen Augenblick sprechen?; Ich begrüße Sie, meine Damen und Herren! ◆ Großschreibung → R 3.23

sie *pron /Pronomen der 2. Pers. Sing. und Plur./* „Geht Ihre Tochter schon zur Schule?" „Ja, sie ist in der zweiten Klasse."; „Wo sind die Handwerker?" – „Sie machen Mittag."

Sieb *das* <-(e)s, -e> *aus Kunststoff oder Metall gefertigter Gegenstand in der Form einer Kelle mit gelochter Oberfläche, durch die man feste Bestandteile von einer Flüssigkeit trennen kann:* Kannst du die Nudeln in ein Sieb gießen?; ■ **ein Gedächtnis wie ein Sieb haben** *(umg.) alles immer schnell vergessen*

sie·ben[1] *mit OBJ* ■ *jmd. siebt etwas durch ein Sieb passieren:* Sie siebt das Mehl.; Die Kinder sieben am Strand.; ■ **gesiebt werden** *(umg.) eine Auswahl treffen, aussortieren* Bei der Prüfung wurde schwer gesiebt.

sie·ben[2] *num die Zahl 7:* Wir sind sieben/zu siebt/zu sieben.; sieben auf einen Streich; die sieben fetten und die sieben mageren Jahre; die sieben Weltwunder; die sieben Raben (im Märchen); Wir treffen uns um sieben (Uhr).; ■ **für jemanden ein Buch mit sieben Siegeln sein** *jmdm. völlig unverständlich sein;* ■ **um sieben Ecken mit jemandem verwandt sein** *(umg.) weitläufig mit jmdm. verwandt sein* ◆ Großschreibung → R 3.17 Sieben Berge (in Niedersachsen); die Sieben Schwaben; *siehe auch* **acht**

sie·ben·bür·gen <-s> *Gebiet in Rumänien*

sie·ben·fach *adj so, dass etwas siebenmal so viel ist oder siebenmal ausgeführt wird:* 7-fach; *siehe auch* **achtfach**

sie·ben·hun·dert *num die Zahl 700*

sie·ben·jäh·rig *adj so, dass etwas sieben Jahre alt ist oder sieben Jahre andauert* ◆ Großschreibung → R 3.17 der Siebenjährige Krieg; *siehe auch* **achtjährig**

sie·ben·mal *adv so, dass sich etwas sieben Male ereignet hat oder mit dem Faktor sieben multipliziert wird:* siebenmal so viel ◆ Schreibung mit Ziffer und Bindestrich → R 4.21 7-mal; *siehe auch* **achtmal**

Sie·ben·mei·len·stie·fel <-> *Plur.* ■ **Siebenmeilenstiefel anhaben** *sehr schnell gehen können* Du hast wohl Siebenmeilenstiefel an!; ■ **mit Siebenmeilenstiefeln** *sehr schnell* Die technische Entwicklung schritt mit Siebenmeilenstiefeln voran.

Sie·ben·me·ter *der* <-s, -> SPORT *(beim Handball und Hockey) Strafwurf aus sieben Meter Entfernung auf das gegnerische Tor*

Sie·ben·sa·chen <-> *Plur. (umg.) jmds. persönliche Dinge:* Hast du nun endlich deine Siebensachen gepackt?

Sie·ben·schlä·fer *der* <-s, -> ❶ *ein kleines Nagetier* ❷ *Bezeichnung für den 27. Juni, einem Datum, das nach den Bauernregeln für das Wetter der nachfolgenden sieben Wochen sehr wichtig ist*

sie·ben·tau·send *num die Zahl 7000*

sieb·te *adj an der Stelle 7 in einer Reihenfolge:* das siebte Jahr ◆ Großschreibung → R 3.7 Du bist nun schon am Siebte, die mich da fragt.; *siehe auch* **achte**

Sieb·tel *das* <-s, -> *der siebte Teil eines Ganzen:* Ich habe gerade mal ein Siebtel der Gesamtmenge geschafft.; *siehe auch* **Achtel**

sieb·tens *adv als Zahl 7.; siehe auch* **achtens**

sieb·zehn *num die Zahl 17:* Sie ist siebzehn Jahre alt.

sieb·zehn·te *adj an der Stelle 17 in einer Reihenfolge:* Sie feiert morgen ihren siebzehnten Geburtstag. ◆ Großschreibung → R 3.7 Du kommst als Siebzehnte an die Reihe.; *siehe auch* **achtzehnte**

Sieb·zehn·tel *das* <-s, -> *der siebzehnte Teil eines Ganzen:* Das ist nur ein Siebzehntel vom Ganzen.

Sieb·zehn·und·vier *das* <-> *ein Glücksspiel mit Karten, bei dem die Spieler 21 Punkte erreichen können*

sieb·zig *num die Zahl 70:* Sie ist mit siebzig Jahren noch fit.; *siehe auch* **achtzig**

Sieb·zi·ger·jah·re, *a.* **sieb·zi·ger Jah·re** *die /Plur./ die Jahre zwischen 1970 und 1979:* Der Roman spielt in den Siebzigerjahren. ◆ Schreibung mit Ziffer (und Bindestrich) → R 4.21 70er Jahre/70er-Jahre; *siehe auch* **Achtzigerjahre**

sieb·zig·jäh·rig *adj siehe auch* **achtzigjährig** ◆ Großschreibung → R 3.7 der/die Siebzigjährige

sieb·zigs·te *adj an der Stelle 70 in einer Reihenfolge:* Morgen ist ihr siebzigster Geburtstag.; *siehe auch* **achtzigste**

Sieb·zigs·tel *das* <-s, -> *der siebzigste Teil eines Ganzen*

sie·deln <siedelst, siedelte, hat gesiedelt> *ohne OBJ* ■ *jmd. siedelt (irgendwo) sich an einem bestimmten Ort niederlassen, um sich ein neues Zuhause zu schaffen:* Hier siedelten schon die Römer.

sie·den <siedet, siedete/sott, hat gesiedet/gesotten> *ohne OBJ* ■ *etwas siedet kochen:* Das Wasser siedet, du kannst den Kaffee jetzt aufgießen. ◆ Getrennt- oder Zusammenschreibung → R 4.16 siedend heiß/siedendheiß

Sie·de·punkt *der* <-(e)s, -e> ❶ PHYS. *Temperatur, bei der eine bestimmte Substanz zu kochen beginnt* ❷ *(übertr.) Höhepunkt:* Die Stimmung im Saal erreicht langsam ihren Siedepunkt.

Sied·ler *der;* **Sied·le·rin** *die* <-s, -> *jmd., der sich in einem Gebiet niederlässt, in dem noch keine Menschen wohnen, um dort ein neues Zuhause zu schaffen*

Sied·lung *die* <-, -en> ❶ *Gruppe von gleichartigen, kleinen Wohnhäusern mit Garten am Stadtrand:* Wir wohnen in einer neuen Siedlung. ❷ *menschliche Niederlassung:* Das ist das Modell einer altrömischen Siedlung.

Sied·lungs·ge·biet *das* <-(e)s, -e> *Gebiet, in dem Menschen wohnen oder gesiedelt haben*

Sieg *der* <-(e)s, -e> (↔ *Niederlage*) ❶ MILIT. *der Gewinn einer militärischen Auseinandersetzung*

S

oder eines Krieges: Der Feldherr konnte mit seinem Heer in der Schlacht einen Sieg davontragen. ❷ SPORT *der Gewinn eines Spiels, Rennens oder Turniers:* Die Mannschaft freute sich über den haushohen/verdienten/überlegenen Sieg. ◆ Heim-

Sie·gel *das* <-s, -> ❶ *Stempel, zum Abdrucken eines Emblems in eine weiche Masse* ❷ *Abdruck eines Siegels[1];* ■**ein Buch mit sieben Siegeln sein** *etwas Unbekanntes sein;* ■**unter dem Siegel der Verschwiegenheit** *unter strengster Geheimhaltung*

sie·geln <siegelst, siegelte, hat gesiegelt> *mit OBJ* ■ *jmd.* **siegelt etwas** *Akk. mit einem Siegel[1], ein Siegel[2] aufbringen*

Sie·gel·ring *der* <-(e)s, -e> *Ring mit eingraviertem Siegel[1]*

sie·gen *ohne OBJ* ■ *jmd./etwas* **siegt** *den Sieg davontragen:* Frechheit siegt.

Sie·ger *der,* **Sie·ge·rin** <-s, -> *jmd., der den Sieg davongetragen hat* ◆ -ehrung, -podest, -pokal

Sie·ger·macht *die* <-, Siegermächte> *Staat, der einen Krieg gewonnen hat*

Sie·ger·mie·ne *die* <-, n> *Miene, die den Stolz über einen Sieg ausdrückt:* Der Gewinner der Landtagswahl trat mit Siegermiene ans Mikrofon.; Beide Teams gingen mit Siegermienen vom Platz

sie·ges·be·wusst *adj (≈ siegessicher)* Der Politiker trat siegesbewusst ans Rednerpult.

Sie·ges·rausch *der* <-(e)s> */kein Plur./ Zustand sehr starker Erregung, in dem sich jmd. befindet, wenn er einen Sieg errungen hat oder wenn der Sieg bevorsteht*

sie·ges·si·cher *adj so, dass jmd. überzeugt davon ist, dass er erfolgreich sein wird:* Der Redner blickte siegessicher ins Publikum.

Sie·ges·zug *der* <-(e)s> */kein Plur./ eine Serie von großen Erfolgen:* Das neue Produkt wird bald seinen Siegeszug antreten.

sieg·reich *adj so, dass jmd. oder etwas einen Sieg errungen hat:* Die siegreiche Mannschaft wurde mit Beifall am Flughafen empfangen.

Si·er·ra Le·o·ne <-s> *Staat in Afrika* ▶ Sierra-Leoner, Sierra-Leonerin, sierra-leonisch

Si·es·ta *die* <-, -s/Siesten> *Mittagsruhe:* Sie hält eine kurze Siesta.

sie·zen <siezt, siezte, hat gesiezt> *mit OBJ* ■ *jmd.* **siezt jmdn.** (↔ *duzen) jmdn. mit Sie anreden:* Sie kennen sich schon seit langer Zeit und siezen sich trotzdem noch immer.

Sight·see·ing *das* ['saɪtsiːɪŋ] <-(s), -s> *Besichtigung von Sehenswürdigkeiten (durch Touristen)*

Sight·see·ing·tour, *a.* **Sight·see·ing-Tour** ['saɪtsiːɪŋtuːɐ̯] <-, -en> *Rundfahrt, bei der Touristen die Sehenswürdigkeiten einer Stadt besichtigen:* Im Reisepreis ist eine umfangreiche Sightseeingtour enthalten.

Si·g·nal *das* <-s, -e> ❶ *Zeichen, dem eine feste Bedeutung zugeordnet ist:* Er gab das Signal zum Angriff/zum Aufbruch. ◆ -flagge, -pfeife, -pistole, -rakete, -ton ❷ *(im Schienenverkehr) Vorrichtung in der Art eines Mastes, die dem Zugführer anzeigt, ob er fahren darf oder halten muss*

Si·g·nal·an·la·ge *die* <-, -n> *Anlage, die im Straßenverkehr den Verkehrsteilnehmern bestimmte*

Zeichen gibt: Eine Ampelanlage ist eine Signalanlage.

Si·g·na·le·ment *das* [...'mã/...'mɛnt] <-s, -s> ÖSTERR., SCHWEIZ. *kurze Personenbeschreibung*

Si·g·nal·far·be *die* <-, -n> *besonders helle, leuchtende Farbe, die sehr stark auffällt*

si·g·na·li·sie·ren <signalisierst, signalisierte, hat signalisiert> *mit OBJ* ❶ ■ *jmd.* **signalisiert (jmdm.) etwas** *ankündigen, anzeigen:* Sein Blick signalisierte ihr, dass er gehen wollte. ❷ ■ *etwas* **signalisiert etwas** *auf etwas hinweisen:* Das Ergebnis der Meinungsumfrage signalisiert eine deutliche Trendwende. ❸ ■ *jmd.* **signalisiert etwas** SCHWEIZ. *den Verkehr ausschildern*

Si·g·nal·licht *das* <-(e)s, -er> ❶ *Licht, das (in der Dunkelheit) auf etwas oder eine Gefahr hinweist* ❷ SCHWEIZ. *Verkehrsampel*

Si·g·nal·wir·kung *die* <-, -en> *eine Wirkung einer Sache, die bei vielen Menschen ein bestimmtes Verhalten auslöst:* Die erste Demonstration hatte Signalwirkung und zog eine Reihe weiterer nach sich.

Si·g·na·tur *die* <-, -en> ❶ *(geh.: ≈ Unterschrift)* ❷ *eine Kombination von Zahlen und Buchstaben, mit der ein Buch in einer Bibliothek registriert ist*

si·g·nie·ren <signierst, signierte, hat signiert> *mit OBJ* ■ *jmd.* **signiert etwas** *(als prominente Person) seine Unterschrift auf etwas setzen:* Nach der Lesung signierte der Autor sein neues Buch.

si·g·ni·fi·kant *adj (geh.) kennzeichnend, typisch, charakteristisch:* Er besitzt einige sehr signifikante Merkmale und Eigenschaften.

Sil·be *die* <-, -n> ❶ *einer der Teile, aus denen längere Wörter bestehen:* Das Wort „Silbe" besteht aus zwei Silben. ▶ einsilbig, mehrsilbig ◆ Nach-, Vor- ❷ ■ **keine Silbe verstehen** *(umg.) nichts verstehen;* ■ **keine Silbe sagen** *schweigen*

Sil·ben·rät·sel *das* <-s, -> *Rätsel, bei dem man aus einzelnen Silben Wörter bildet*

Sil·ben·tren·nung *die* <-, -en> *die Worttrennung am Ende einer Zeile* ◆ -sangabe; siehe auch **Stichwort**

Sil·ben·tren·nungs·pro·gramm *das* <-s, -e> EDV *eine Funktion eines Textverarbeitungsprogramms, die automatisch die Wörter in einem Text am Ende einer Zeile trennt*

Sil·ber *das* <-s> */kein Plur./* ❶ *ein wertvolles, weiß glänzendes Edelmetall* ◆ -münze ❷ *Besteck, Geschirr aus Silber[1]* ◆ -besteck, -geschirr

Sil·ber·blick *der* <-(e)s> */kein Plur./ (umg. scherzh.) Ausdruck für einen leicht schielenden Blick*

Sil·ber·dis·tel *die* <-, -n> *eine Pflanze ohne Stängel mit großer weißer Blüte*

sil·ber·far·ben *adj /nicht steig./ von der Farbe des Silbers[1]:* ein silberfarbenes Fahrrad

Sil·ber·fisch·chen *das* <-s, -> *ein kleines Insekt, das in feuchten Räumen (als Ungeziefer) lebt*

Sil·ber·ge·halt *der* <-(e)s, -e> *die Menge Silber, die etwas oder ein Stoff enthält*

sil·ber·hal·tig *adj /nicht steig./ so, dass etwas Silber[1] enthält*

sil·ber·hell *adj /nicht steig./* ❶ *(≈ glockenhell) so, dass etwas sehr hoch, hell und schön klingt:*

eine silberhelle Stimme, ein silberhelles Lachen ❷ *(dichter.)* so, dass etwas so hell glänzt wie Sil-ber[1]: *silberhelles Quellwasser*

Sil·ber·hoch·zeit *die <-, -en>* der 25. Jahrestag der Hochzeit

sil·be·rig *adj /nicht steig./* silbern[2]; siehe auch **silbrig**

Sil·ber·lö·we *der <-n, -n>* (≈ *Puma*)

Sil·ber·me·dail·le *die <-, -n>* SPORT (↔ *Bronzeme-daille, Goldmedaille)* die Auszeichnung für den zweiten Platz in einem Wettkampf

sil·bern *adj /nicht steig./* ❶ *aus Silber[1]:* eine silberne Armbanduhr/Kette/Teekanne ❷ *hell und glänzend wie Silber[1]:* Das Mondlicht schimmerte silbern.

Sil·ber·pa·pier *das <-s> /kein Plur./* (≈ *Alumini-umfolie)* dünne Folie aus Aluminium, die zum Ver-packen von Lebensmitteln dient: *Schokolade ist in Silberfolie verpackt.*

Sil·ber·streif, *a.* **Sil·ber·strei·fen** ■ ein Silber-streif/Silberstreifen am Horizont *Anlass zur Hoffnung, dass sich eine schwierige Situation bald bessern wird*

Sil·ber·zwie·bel *die <-, -n>* eine kleine, in Essig eingelegte Zwiebel

silb·rig *adj /nicht steig./* silbern[2]: *Ihr Haar hatte einen silbrigen Glanz.*

Sil·hou·et·te *die* [zilu̯ˈɛtə] *<-, -n>* (≈ *Umriss)* die Linie, die die Gestalt von etwas umreißt: *Die Sil-houetten der Bäume hoben sich gegen den Abend-himmel ab.*

Si·li·ci·um, *a.* **Si·li·zi·um** *das <-s> /kein Plur./* ein chemisches Element mit dem Symbol „Si"

Si·li·kon, *a.* **Si·li·con** *das <-s, -e>* ein Kunststoff, der besonders für die Herstellung von Computer-chips verwendet wird

Si·li·kon·im·plan·tat *das <-(e)s, -e>* eine Art klei-nes Kissen aus Silikon, das vor allem Schönheit-schirurgen zur Vergrößerung der weiblichen Brust verwenden

Si·li·zi·um siehe **Silicium**

Si·lo *der/das <-s, -s>* eine Art Turm, in dem Land-wirte Getreide und Tierfutter lagern ► Silage

Sil·va·ner *der <-s, ->* eine Reb- und Weinsorte

Sil·ves·ter *der/das <-s, -> /meist ohne Artikel/* der letzte Tag des Jahres ◆-brauch, -party

Sim·bab·we *<-s>* Staat in Afrika ► Simbabwer, Simbabwerin, simbabwisch

Si·mi·li·stein *der <-s, -e> (fachspr.)* ein unechter, nachgeahmter Edelstein

SIM-Kar·te *die <-, -n>* TELEKOMM. ein kleines, rechteckiges Teil aus Kunststoff in einem Mobiltel-efon, auf dem wichtige Daten gespeichert sind

Sim·pel *der <-s, ->* LANDSCH. *(umg. abwert.)* einfäl-tiger Mensch

sim·pel *<simpler, am simpelsten> adj* ❶ (↔ kom-pliziert) einfach, unkompliziert: *Ich werde Ihnen ein simples Beispiel nennen.* ❷ *(oft abwert.:* ↔ an-spruchsvoll) schlicht: *Wir waren in einem simplen Hotel.; Dieses simple Paar Schuhe kostete 100 Euro.* ❸ *(abwert.)* dumm, beschränkt

Sims *der/das <-es, -e>* langer Mauervorsprung, der horizontal verläuft

Sim·sa·la·bim *interj* eine Zauberformel

Sim·se *die <-, -n>* ein Riedgras

sim·sen *<simst, simste, hat gesimst> ohne OBJ* ■ jmd. simst *(umg.:* ≈ *SMSen)* eine SMS verschi-cken

Si·mu·lant *der;* **Si·mu·lan·tin** *<-en, -en> (ab-wert.) jmd., der eine Krankheit vortäuscht*

si·mu·lie·ren *<simulierst, simulierte, hat simu-liert>* I. mit OBJ/ohne OBJ ■ jmd. simuliert (et-was) *(abwert.)* eine Krankheit vortäuschen: *Er si-muliert Gedächtnisschwund.; Sie simuliert doch nur.* II. mit OBJ ■ jmd. simuliert etwas *(fachspr. geh.)* wirklichkeitsgetreu nachahmen: *Wir simu-lieren den Start/die Landung der Rakete am Com-puter.*

si·mul·tan *adj /nicht steig./* gleichzeitig: *Das In-terview wird simultan übersetzt.*

Si·mul·tan·dol·met·schen *das <-s> /kein Plur./* (↔ *Konsekutivdolmetschen)* das Übersetzen ei-nes Vortrags, einer Rede o. Ä., während der Red-ner spricht ► Simultandolmetscher, Simultandol-metscherin

Si·nai *<-s>* ägyptische Halbinsel

Sin·fo·nie, *a.* **Sym·pho·nie** *die <-, ...-nien>* gro-ßes Orchesterwerk in mehreren Sätzen ◆-kon-zert, -orchester ► sinfonisch

Sin·fo·nie·kon·zert, **Sym·pho·nie·kon·zert** *das <-(e)s, -e>* Konzert, bei dem klassische Musik von einem Orchester gespielt wird

Sin·fo·nie·or·ches·ter, **Sym·pho·nie·or·ches·ter** *das <-s, ->* Orchester, das klassische Musik spielt

Sin·ga·pur *<-s>* Hafenstadt in Südostasien ► Sin-gapurer, Singapurerin, singapurisch

sin·gen *<singst, sang, hat gesungen>* I. mit OBJ/ohne OBJ ■ jmd. singt (etwas) (irgend-wie) mit der Stimme ein Lied oder eine Melodie erzeugen: *Wir singen jetzt ein Lied!; Sie singt gut/schlecht/laut/leise.; Er singt im Chor.; Im Garten singen die Vögel.* II. mit OBJ ■ jmd. singt jmdn. in den Schlaf durch Singen zum Schlafen bringen: *Sie singt ihr Kind in den Schlaf.* III. ohne OBJ ■ jmd. singt *(umg.)* als Angeklag-ter Aussagen machen *(die andere belasten):* Der Angeklagte hat im Verhör schließlich doch gesun-gen.

Sin·ge·rei *die <-, -en> (umg. abwert.)* ❶ /meist Sing./ dauerndes Singen: *Ihre Singerei ist wirklich unerträglich.* ❷ /kein Plur./ Singen als Hobby oder Beruf: *Er hat die Singerei inzwischen zu sei-nem Beruf gemacht.*

Sin·gha·le·se *der;* **Sin·gha·le·sin** *<-n, -n> Ange-höriger eines Volksstammes in Sri Lanka ► singha-lesisch, Singhalesisch(e)*

Sin·g·le[1] *das* [sɪŋl] *<-(s), -(s)>* SPORT Spiel zwi-schen zwei Einzelspielern

Sin·g·le[2] *die* [sɪŋl] *<-, -s>* kleine Schallplatte mit je einem Musikstück auf jeder Seite oder CD mit nur wenigen Musikstücken

Sin·g·le[3] *der* [sɪŋl] *<-s, -(s)>* allein stehender Mensch: *Seit sie sich von ihrem Freund getrennt hat, lebt sie als Single.* ◆-dasein, -haushalt, -woh-nung

Sin·g·le·bör·se *die* [sɪŋl...] *Partnervermittlung im Internet*

S

Sin·g·le·haus·halt *der* [sɪŋ|...] <-s, -e> *Haushalt einer allein stehenden Person*

Sin·g·le·par·ty *die* [sɪŋ|...] <-, -s> *eine Veranstaltung (meist in einer Diskothek), die Singles[3] besuchen, mit dem Ziel einen Partner zu finden*

Sing·sang *der* <-s> /kein Plur./ *einfache, eintönige Melodie*

Sin·gu·lar *der* <-s, -e> SPRACHWISS. *(↔ Plural)* ≈ *Einzahl)*

Sing·vo·gel *der* <-s, Singvögel> *ein Vogel, der melodische Töne von sich geben kann:* Die Nachtigall ist ein Singvogel.

sin·ken <sinkst, sank, ist gesunken> *ohne OBJ* ■ *jmd./etwas sinkt* ❶ *niedersinken:* Der Sieger des Marathonlaufs sank im Ziel völlig erschöpft zu Boden. ❷ *(≈ versinken) als Wasserfahrzeug unter die Wasseroberfläche geraten, immer mehr an Tiefe gewinnen und schließlich den Meeresboden berühren:* Die Titanic ist nach der Kollision mit einem Eisberg gesunken. ❸ *(↔ steigen) geringer werden:* Das Fieber sinkt glücklicherweise.

Sink·stoff *der* <-(e)s, e> /meist Plur./ *von fließendem Wasser mitgeführte Substanz, die schwerer ist als Wasser und daher zu Boden sinkt*

Sinn *der* <-(e)s, -e> ❶ /meist Plur./ *die Fähigkeit, etwas wahrzunehmen und zu empfinden:* Der Mensch besitzt fünf Sinne: das Sehen, Hören, Riechen, Schmecken und Tasten. ❷ /kein Sing./ *(geh.) Bewusstsein, Wahrnehmungsfähigkeit:* Meine Sinne waren völlig verwirrt.; Ihr schwanden die Sinne und sie glitt vom Stuhl. ❸ /kein Plur./ *jmds. Denken, Gedanken:* Ich hoffe, wir haben in deinem Sinne gehandelt. ❹ /kein Plur./ *gedanklicher Gehalt:* Was ist nun der verborgene/tiefere Sinn dieses Buches? ❺ *Ziel und Zweck:* Wir dachten über den Sinn des Lebens nach.; ■ **der sechste/ein sechster Sinn** *ein besonderes Gespür, Instinkt;* ■ **jemandem in den Sinn kommen** *einfallen;* ■ **etwas im Sinn haben** *vorhaben;* ■ **ohne Sinn und Verstand** *ohne Überlegung*

Sinn·bild *das* <-(e)s, -er> *(≈ Symbol) etwas, das als Bild für einen abstrakten Sachverhalt steht*

sinn·bild·lich *adj* /nicht steig./ *(≈ symbolisch)*

sin·nen <sinnst, sann, hat gesonnen> *ohne OBJ* ■ *jmd. sinnt (auf etwas)* ❶ *(geh.) nachdenken, grübeln* ❷ *planen:* Er sann auf Rache/Vergeltung.

Sin·nen·freu·den <-> Plur. *(geh.) intensive Lust und Freude an sinnlichen, leiblichen, erotischen und sexuellen Dingen*

sinn·ent·leert *adj (geh.) so, dass es keinen Sinn[4, 5] mehr hat*

sinn·ent·stel·lend *adj so, dass der Sinn[4] von etwas verfälscht dargestellt wird:* Bei deiner Übersetzung sind dir einige sinnentstellende Fehler unterlaufen.

Sin·nes·än·de·rung *die* <-, -en> *(≈ Sinneswandel)*

Sin·nes·or·gan *das* <-s, -e> /meist Plur./ *ein Organ, das der Sinneswahrnehmung dient*

Sin·nes·stö·rung *die* <-, -en> *gestörte Funktionsweise eines oder mehrerer Sinne[1]*

Sin·nes·täu·schung *die* <-, -en> *etwas, das man zu hören oder sehen glaubt, obwohl es nicht existiert*

Sin·nes·wahr·neh·mung *die* <-, -en> *das Wahrnehmen der Welt durch Sehen, Hören, Riechen, Tasten und Schmecken*

Sin·nes·wan·del *der* <-s, -> *Änderung der Einstellung einer Person, einer Sache*

sinn·fäl·lig *adj leicht verständlich, einleuchtend:* Kannst du mir eine sinnfällige Erklärung für sein Verhalten geben?

sinn·ge·mäß *adj /nicht steig./ nicht wörtlich:* Ich habe das Gedicht sinngemäß übersetzt.

sinn·ge·treu *adj /nicht steig./ sinngemäß:* Er hat eine sinngetreue Übersetzung angefertigt.

sin·nie·ren <sinnierst, sinnierte, hat sinniert> *ohne OBJ* ■ *jmd. sinniert (über etwas)* *nachdenken, grübeln:* Worüber sinnierst du denn?

sin·nig *adj (oft iron.) sinnvoll:* Das war wirklich ein sehr sinniger Vorschlag.

Sinn·kon·stanz *die* <-> /kein Plur./ *von H. Hörmann geprägter Ausdruck, der besagt, dass beim Versuch des Verstehens eines schwerverständlichen Textes mit allen Mitteln und so lange versucht wird, einen Sinn zu erschließen (z. B. durch allerlei Umdeutungen), wie dies irgend möglich ist; siehe auch* **Text**

sinn·lich *adj* ❶ /nicht steig./ *auf den Sinn[1], bezogen, mit den Sinnen[1] wahrnehmbar:* Wir wurden von sinnlichen Reizen förmlich überflutet. ❷ /nicht steig./ *in Bezug auf den Körper (und nicht auf den Verstand):* Er ist ein Freund der sinnlichen Genüsse. ❸ *auf sexuellen Genuss ausgerichtet:* Ihn überkam ein sinnliches Verlangen. ❹ *so, dass es die Sexualität anspricht:* Sie hat einen sehr sinnlichen Mund.

Sinn·lich·keit *die* <-> /kein Plur./ *das sinnliche[4] Wesen von jmdm. oder etwas:* Der Lippenstift unterstreicht die Sinnlichkeit ihrer Lippen.

sinn·los *adj /nicht steig./ ohne Vernunft, ohne Sinn und Grund:* Was redet er da für sinnloses Zeug?; Wie ist es überhaupt zu diesem sinnlosen Streit gekommen?; Du hast dich völlig sinnlos geärgert.; Er hat sich sinnlos betrunken.

Sinn·lo·sig·keit *die* <-, -en> /Plur. selten/ *sinnlose Art und Weise:* Wir unterhielten uns lange über die Sinnlosigkeit von Kriegen.; Sinnlosigkeiten des Lebens

sinn·reich *adj /nicht steig./ zweckmäßig, gut durchdacht, sinnvoll[1]:* eine sinnreiche Erfindung/Einrichtung/Vorrichtung

Sinn·spruch *der* <-(e)s, Sinnsprüche> *Lebensregel in Form eines Spruchs, Satzes*

sinn·ver·wandt *adj /nicht steig./ bedeutungsähnlich:* Hast du ein Wörterbuch der sinnverwandten Wörter?

sinn·voll *adj* ❶ *durchdacht, vernünftig, nützlich:* Das ist endlich mal eine sinnvolle Erfindung. ❷ *befriedigend:* Sie wollte einer sinnvollen Arbeit nachgehen.

sinn·wid·rig *adj /nicht steig./ so, dass es dem Sinn[4] von etwas nicht entspricht:* eine sinnwidrige Auslegung/Deutung des Gesetzes

Si·no·lo·gie *die* <-> /kein Plur./ *die Wissenschaft von Sprache, Literatur und Kultur Chinas* ▶ Sinologe, Sinologin

Sint·flut *die* <-> /kein Plur./ REL. *verheerende Überschwemmung als Strafe Gottes*
sint·flut·ar·tig *adj* /nicht steig./ *an die Sintflut erinnernd:* sintflutartige Regenfälle
Si·phon *der* ['zi:fõ, zi'fo:n] <-s, -s> ❶ *Vorrichtung in sanitären Anlagen, die verhindert, dass unangenehme Gerüche austreten* ❷ *Gefäß zum Herstellen, Aufbewahren und Ausschenken von Getränken, die unter Kohlendioxiddruck stehen*
Sip·pe *die* <-, -n> ❶ *eine Gruppe von mehreren untereinander verwandten Familien, die nach bestimmten Regeln und Bräuchen zusammenleben* ❷ *(scherzh. oder abwert.) Familie, Verwandtschaft*
Sipp·schaft *die* <-, -en> *(abwert.) Verwandtschaft*
Si·re·ne *die* <-, -n> ❶ *Alarmvorrichtung, Warngerät:* Die Sirenen heulten. ❷ *weibliche Gestalten aus der griechischen Sagenwelt, die mit ihrem betörenden Gesang Männer anlocken, um sie zu töten*
Si·rup *der* <-(e)s, -e> *dickflüssiger Fruchtsaft*
Si·sy·phus·ar·beit *die* <-, -en> /meist Sing./ *vergebliche Arbeit, die nie zu einem Erfolg führt*
Sit·com *die* <-, -s> *Situationskomödie*
Sit-in, Sit·in *das* [sɪt'ɪn] <-(s), -s> *Sitzstreik*
Sit·te *die* <-, -n> /meist Plur./ ❶ *bestimmte, in einer Gruppe, Gemeinschaft übliche, traditionell überlieferte Gewohnheit, Gepflogenheit:* Sie erforscht die Sitten und Gebräuche der nordamerikanischen Indianer. ❷ *für das Zusammenleben in einer Gesellschaft grundlegender ethischer, moralischer Wert:* der Verfall der Sitten; Wir sprachen über den Verfall der Sitten im antiken Rom. ❸ *Benehmen, Umgangsformen:* Er hat gegen Anstand und Sitte verstoßen. ❹ /kein Plur./ *kurz für „Sittenpolizei"*
Sit·ten·bild *das* <-(e)s, -er> *Beschreibung der Sitten¹ einer bestimmten Epoche und Gesellschaft*
Sit·ten·leh·re *die* <-> /kein Plur./ (≈ Ethik) *Lehre vom moralischen, sittlichen Verhalten*
sit·ten·los *adj ohne Sitten²*
Sit·ten·lo·sig·keit *die* <-> /kein Plur./ *sittenloser Zustand*
Sit·ten·strolch *der* <-(e)s, -e> *(umg. abwert.) Mann, der Frauen und Kinder sexuell belästigt*
sit·ten·wid·rig *adj* RECHTSW. *so, dass etwas gegen die Sitten² verstößt, die in einer Gesellschaft gelten:* sittenwidriges Verhalten
Sit·tich *der* <-s, -e> *eine kleine Papageienart, die meist sehr bunte Federn und einen langen Schwanz hat*
sitt·lich *adj* /nicht steig./ ❶ *die Sitten² betreffend:* Sie äußerte sittliche Bedenken.; Ihm fehlt noch die sittliche Reife. ❷ *so, dass jmd. oder etwas in moralischer Weise ein Vorbild darstellt:* Er ist ein sittlicher Mensch.
Sitt·lich·keit *die* <-> /kein Plur./ ❶ *Sitte²:* Das gefährdet die öffentliche Sittlichkeit. ❷ *sittliches² Empfinden:* Ein solches Verhalten verbietet ihm seine Sittlichkeit.
sitt·sam *adj (veralt.) anständig, wohlerzogen und zurückhaltend:* Sie ist ein sittsames Mädchen.
▶ Sittsamkeit
Si·tu·a·ti·on *die* <-, -en> *Lage, Verhältnisse:* Wir

gerieten in eine schwierige/heikle/gefährliche/fast ausweglose Situation.; Die politische Situation in diesem Land wird als stabil bezeichnet.
Si·tu·a·ti·ons·ko·mik *die* <-> /kein Plur./ *Komik, die einzig infolge einer grotesken, absurden, albernen Situation entsteht*
Si·tu·a·ti·ons·ko·mö·die *die* <-, -n> *Komödie, die vor allem aufgrund von Verwechslungen, Intrigen und unglaublichen Zufällen lustig wirkt*
si·tu·iert *adj* /nicht steig./ (geh.) ■ *gut situiert sein wohlhabend sein*
Sitz *der* <-es, -e> ❶ *einzelne Sitzgelegenheit in Fahrzeugen und Flugzeugen:* Das Auto hat weiche/harte/bequeme Sitze. ◆-möbel, -platz ❷ *eine Stelle (in einer Institution) mit Stimmberechtigung:* Die Partei hatte damals 50 Sitze im Parlament. ❸ *Ort, an dem sich eine Institution, eine Firma befindet:* Die Zentrale des Konzerns hat ihren Sitz im Ausland.
Sitz·blo·cka·de *die* <-, -n> *eine Art der Demonstration, bei der Personen den Zugang zu bestimmten Einrichtungen versperren, indem sie sich auf die Zufahrtswege setzen*
Sitz·ecke *die* <-, -n> *ein Tisch und mehrere, dazu passende Sitzmöbel, die in einer Zimmerecke stehen*
sit·zen <sitzt, saß, hat/ist gesessen> *ohne OBJ* ❶ *(haben o sein) (↔ stehen)* ■ *jmd. sitzt (irgendwie) (irgendwo) mit aufgerichtetem Oberkörper eine Position einnehmen, in der das Gesäß auf einer festen Unterlage ruht:* Er sitzt auf einem Hocker/Schemel/Sessel/Stuhl.; auf einer Bank/einem Sofa sitzen ❷ ■ *jmd. sitzt (irgendwie) (irgendwo) (haben o sein) sich in sitzender Haltung irgendwo aufhalten (und sich mit einer Arbeit beschäftigen):* Sie saß (stundenlang/eifrig) über seinen Hausaufgaben/am Computer/am Schreibtisch.; Er sitzt vor dem Fernseher/im Wirtshaus. ❸ ■ *jmd. sitzt (umg.) (haben o sein) im Gefängnis sein:* Für diese Tat muss er mindestens drei Jahre sitzen. ❹ ■ *jmd. sitzt in etwas Dat. (haben o sein) Mitglied eines Gremiums, einer Institution sein:* Er sitzt im Stadtrat/im Parlament ❺ ■ *etwas sitzt irgendwie (haben) passen:* Das Kleid sitzt wie angegossen/überhaupt nicht.; ■ *einen sitzen haben (umg.) beschwipst sein*
sit·zen·blei·ben <bleibt sitzen, blieb sitzen, ist sitzengeblieben> *ohne OBJ* ■ *jmd. bleibt sitzen (umg.) ein Schuljahr wiederholen müssen* ◆Zusammenschreibung →R 4.6 Er ist in der siebten Klasse wegen Latein sitzengeblieben.
sit·zen·las·sen <lässt sitzen, ließ sitzen, hat sitzenlassen> *mit OBJ* ■ *jmd. lässt jmdn. sitzen (umg.) jmdn. im Stich lassen oder jmdn. verlassen* ◆Zusammenschreibung →R 4.6 Er hat seine Freundin sitzenlassen.
Sitz·flä·che *die* <-, -n> ❶ *der Teil einer Sitzgelegenheit, auf dem man sitzt* ❷ *(umg. scherzh.) Gesäß*
Sitz·fleisch *das* <-es> /kein Plur./ ■ *kein Sitzfleisch haben (umg.) nicht lange still sitzen können, keine Ausdauer haben;* ■ *jemand hat Sitzfleisch jmd. bleibt als Gast sehr lange und denkt nicht ans Weggehen*

S

Sitz·ge·le·gen·heit die <-, -en> etwas, wie ein Stuhl, Sessel o. Ä., auf das sich jmd. setzen kann: Sie wurde müde und sah sich nach einer Sitzgelegenheit um.

Sitz·grup·pe die <-, -n> ein Sofa und mehrere Sessel, die eine Einheit bilden

Sitz·ord·nung die <-, -en> festgelegte Verteilung der Besucher einer Feier, Veranstaltung o. Ä. auf die Plätze in einem Saal oder an einem Tisch: Da viele Hochzeitsgäste abgesagt hatten, wurde die Sitzordnung geändert.

Sitz·rie·se der <-n, -n> (umg. scherzh.) Person mit langem Oberkörper und kurzen Beinen, die im Sitzen größer aussieht als im Stehen

Sitz·streik der <-(e)s, -s> eine Art der Demonstration, bei der sich die Demonstranten auf einen öffentlichen Platz setzen

Sit·zung die <-, -en> eine Zusammenkunft mehrerer Leute (eines Gremiums), um etwas zu beraten, zu entscheiden: Ich eröffne hiermit die Sitzung.; Die Sitzung des Bundestages wird im Fernsehen übertragen. ◆ -ssaal

Sit·zungs·be·richt der <-(e)s, -e> (schriftliche) Zusammenfassung einer Sitzung

Sitz·ver·tei·lung die <-> /kein Plur./ Art, wie die Sitze² in einem Parlament, Gremium o. Ä. auf die Mitglieder verteilt sind

Si·zi·li·en <-s> /kein Plur./ zu Italien gehörende, größte Insel des Mittelmeeres ▶ Sizilianer, Sizilianerin, sizilianisch

Ska·la die <-, Skalen/-s> ❶ der Teil an Messinstrumenten, an dem man das Ergebnis einer Messung ablesen kann und der meist aus Strichen und Zahlen besteht: die Skala eines Thermometers ❷ eine grafische Darstellung verschiedener Werte, Farben o. Ä., mit denen man etwas vergleichen kann ◆ Bewertungs-, Farb(en)-, Lohn-, Noten-

Skalp der <-s, -e> GESCH. Kopfhaut und Haare, die manche Indianerstämme in Nordamerika ihren besiegten Gegnern abtrennten und als Trophäe aufbewahrten

Skal·pell das <-s, -e> MED. ein kleines scharfes Messer, mit dem Ärzte bei einer Operation Schnitte ausführen

S **skal·pie·ren** mit OBJ ■ jmd. skalpiert jmdn. den Skalp abziehen

Skan·dal der <-s, -e> ein Ereignis, das viele Menschen empört und Aufsehen erregt: Bei der Preisverleihung kam es zu einem handfesten Skandal. ▶ skandalös

skan·dal·um·wit·tert adj /nicht steig./ so, dass es schon oft Skandale um eine Person oder Sache gegeben hat: Die skandalumwitterte Punkband gibt morgen ein Konzert.

skan·die·ren <skandierst, skandierte, hat skandiert> mit OBJ/ohne OBJ ❶ ■ jmd. skandiert (etwas) Verse mit starker Betonung der Hebungen lesen: Er skandiert ein Gedicht.; Sie skandiert vor der Klasse. ❷ ■ jmd. skandiert (etwas) rhythmisch und abgehackt sprechen oder rufen: Die Menge skandierte die Parole.; Die Demonstranten skandierten mit erhobenen Fäusten.

Skan·di·na·vi·en <-s> /kein Plur./ Bezeichnung

für den Teil Nordeuropas, zu dem Schweden, Norwegen, Finnland und Dänemark gehören ▶ Skandinavier, Skandinavierin, skandinavisch

Skat der <-(e)s, -e/-s> ein Kartenspiel für drei Personen ◆ -abend, -bruder, -spiel

Skate·board das ['skeɪtbɔːd] <-s, -s> ein Sportgerät in der Form eines Bretts, an dessen Unterseite Rollen angebracht sind und auf dem man steht und fährt

ska·ten ['skeɪtn̩] <skatest, skatete, ist geskatet> ohne OBJ ■ jmd. skatet (umg.) ❶ mit einem Skateboard fahren ❷ auf Inlineskatern laufen

Ska·ter der ['skeɪtɐ] <-s, -> ❶ jmd., der mit einem Skateboard fährt ❷ jmd., der auf Inlineskatern läuft

Ske·lett das <-(e)s, -e> alle Knochen eines Menschen oder Tieres

Skep·sis die <-> /kein Plur./ (≈ Zweifel) der Glaube, dass etwas nicht richtig sein oder nicht funktionieren könnte: Er stand diesem Vorhaben von Beginn an mit großer Skepsis gegenüber.

Skep·ti·ker, der, **Skep·ti·ke·rin** <-s, -> jmd., der häufig Skepsis empfindet: Er konnte selbst die Skeptiker überzeugen.

skep·tisch adj ❶ so, dass jmd. zur Skepsis neigt: Einen skeptischen Menschen überzeugt man nicht so leicht. ❷ so, dass etwas auf Skepsis beruht: Seine Antwort klang eher skeptisch.

Skep·ti·zis·mus der <-> /kein Plur./ skeptische Einstellung

Sketch der ['skɛtʃ] <-(e)s, -e> eine kurze, humorvolle Szene: einen Sketch einstudieren

Ski, a. **Schi** der <-(s), -er> eines der beiden schmalen, langen Bretter aus Holz, Metall oder Kunststoff, mit denen man auf Schnee gleitet ◆ -anzug, -ausrüstung, -belag, -bindung, -brille, -fahrer(in), -gebiet, -gymnastik, -hose, -kleidung, -kurs, -lauf, -laufen, -läufer(in), -lehrer(in), -lift, -piste, -schuh -schule, -springen, -springer(in), -stock, Abfahrts-, Après-, Langlauf- ◆ Getrenntschreibung →R 4.8 Ski laufen; Ski laufen

Ski·aus·rüs·tung die <-, -en> zum Skifahren benötigte Ausrüstung

Ski·fah·rer, der, **Ski·fah·re·rin** <-s, -> jmd., der Ski fährt

Ski·ge·biet, **Schi·ge·biet** das <-(e)s, -e> Gebiet mit angelegten Skipisten

Ski·gym·nas·tik, **Schi·gym·nas·tik** die <-, -en> Gymnastik, die auf die Regionen des Körpers ausgerichtet ist, die beim Skifahren beansprucht werden

Ski·ha·serl, a. **Schi·ha·serl** das <-s, -(n)> SÜDDT., ÖSTERR. (scherzh.) junge Frau, die Ski läuft

Ski·kurs der <-es, -e> Kurs, in dem man Skifahren lernt

Ski·lauf, **Schi·lauf** der <-(e)s> /kein Plur./ das Skilaufen (als Sport)

Ski·läu·fer, **Schi·läu·fer** der, **Ski·läu·fe·rin** <-, -> jmd., der Ski läuft

Ski·leh·rer, **Schi·leh·rer** der <-s, -> jmd., der anderen das Skifahren beibringt

Ski·lift, **Schi·lift** der <-(e)s, -e> Transportmittel, das Skifahrer den Berg hinaufbringt

Ski·sprin·ger, **Schi·sprin·ger** der <-s, -> ein

Sportler, der mit Skiern eine Skischanze hinab-fährt und dann durch die Luft fliegt

Ski·stock, Schi·stock *der* <-(e)s, Skistöcke> *einer der beiden beim Skifahren zum Halten der Balance eingesetzten Stöcke*

Skin·head *der* ['skɪnhɛd] <-s, -s> *ein Jugendlicher, der eine rechtsradikale politische Einstellung hat und der seine Einstellung dadurch ausdrückt, dass er seinen Kopf kahl rasiert*

Skiz·ze *die* <-, -n> ❶ *eine einfache, mit wenigen Strichen angefertigte Zeichnung, die das Wesentliche zeigt:* Ich habe eine Skizze des Hauses angefertigt. ◆Anfahrts-, Weg- ❷ *eine Skizze¹, die ein Künstler macht und die ihm dann als Vorlage für ein Gemälde dient* ◆-nblock ❸ *ein kurzer Text, der sich auf das Wesentliche beschränkt und es nicht weiter ausarbeitet:* Ich habe bereits eine Skizze der Rede entworfen.; Er hielt seine Reiseeindrücke in einer Skizze fest.

skiz·zen·haft *adj /nicht steig./ (≈ andeutungsweise) so, dass man es nur in Umrissen darstellt und keine Details angibt*

skiz·zie·ren <skizzierst, skizzierte, hat skizziert> *mit OBJ* ❶ ■ *jmd. skizziert etwas eine Skizze¹ entwerfen:* Ich skizziere den Grundriss des Hauses. ❷ ■ *jmd. skizziert etwas etwas in groben Zügen darstellen oder entwerfen:* Sie skizzierte den Inhalt des Buches.; Er skizzierte seinen Vortrag.

Skla·ve *der,* **Skla·vin** <-n, -n> ❶ *ein Mensch, der als das Eigentum von jmdm. lebt, für diesen arbeitet und selbst keine Rechte hat:* die römischen Sklaven der Antike ❷ *(übertr.) jmd., der ausschließlich für eine Sache lebt:* ein Sklave der Arbeit/seines Ehrgeizes

Skla·ven·hal·ter *der* <-s, -> *jmd., der Sklaven als Eigentum besitzt*

Skla·ven·han·del *der* <-s> */kein Plur./ Handel mit Sklaven*

Skla·ve·rei *die* <-> */kein Plur./* ❶ *völlige wirtschaftliche und rechtliche Abhängigkeit eines Sklaven von einem Sklavenhalter:* Wann wurde die Sklaverei abgeschafft? ❷ *(übertr.) harte Arbeit:* Diese Arbeit ist die reinste Sklaverei.

skla·visch *adj (geh. abwert.) übertrieben gehorsam und unterwürfig:* Er hält sich stets sklavisch an die Anweisungen seines Chefs.

Skle·ro·se *die* <-, -n> MED. *eine Erkrankung, bei der das Gewebe und die Organe verhärten* ▸ sklerotisch

Skon·to *der/das* <-s, -s/Skonti> *ein Nachlass im Preis einer Ware, der gewährt wird, wenn der Kunde diese sofort bezahlt:* Bei Barzahlung geben wir 3 Prozent Skonto.

Skoo·ter *der* ['skuːtɐ] <-s, -> *ein kleines elektrisches Fahrzeug, mit dem auf speziellen Bahnen gefahren wird* ◆Auto-

Skor·but *der* <-(e)s> */kein Plur./* MED. *eine Krankheit, die entstehen kann, wenn jmd. zu wenig Vitamine zu sich nimmt*

Skore *das* <-s, -s> SCHWEIZ. *Score*

Skor·pi·on *der* <-s, -e> ❶ *ein mit den Spinnen verwandtes Tier, das einen giftigen Stachel hat* ❷ */kein Plur./ Name eines Tierkreiszeichens für*

die Zeit vom 24. Oktober bis 22. November ❸ *jmd., der im Zeichen des Skorpions² geboren ist:* Sie ist (ein) Skorpion.

Skript *das* <-(e)s, -s/-e(n)> ❶ *ein Text, in dem die wichtigsten Inhalte von etwas (stichwortartig) aufgeschrieben sind:* Kannst du mir dein Skript der Vorlesung leihen? ❷ FILM *(≈ Drehbuch)*

Skru·pel *der* <-s, -> */meist Plur./ moralische Bedenken, die jmdn. daran hindern, etwas Unrechtes zu tun:* Der Täter handelte ohne jeden Skrupel. ▸ skrupellos, Skrupellosigkeit

Skulp·tur *die* <-, -en> *(≈ Plastik) eine Figur, die ein Bildhauer angefertigt hat:* Im Park stehen zahlreiche Skulpturen aus Bronze.; klassische Skulpturen der griechischen Antike

skur·ril *adj (geh.) auf eine komische Art sonderbar:* eine skurrile Geschichte; Habe ich dir schon von seiner skurrilen Idee erzählt?

Sky·line *die* ['skaɪlaɪn] <-, -s> *die Silhouette einer (großen) Stadt, die besonders durch Hochhäuser und große Gebäude gekennzeichnet ist:* die Skyline von New York

Sla·lom *der* <-s, -s> */kein Plur./* SPORT *ein Wettkampf im Ski- und Kanusport, bei dem man immer wieder Kurven fahren muss, weil die Strecke in dieser Weise zwischen vielen senkrechten Stäben hindurchführt*

Slang *der* ['slɛŋ] <-s, -s> *(oft abwert.) eine saloppe Form der Umgangssprache, für die besonders bestimmte Ausdrücke typisch sind*

Slap·stick *der* ['slɛpstɪk] <-s, -s> *derber komischer Gag (zum Beispiel in Stummfilmen)*

Sla·we *der,* **Sla·win** <-n, -n> *Angehöriger einer osteuropäischen Völkergruppe*

sla·wisch *adj /nicht steig./ auf die Slawen oder ihre Sprachen bezogen*

Sla·wis·tik *die* <-> */kein Plur./ die Wissenschaft von den slawischen Sprachen und deren Literaturen* ▸ Slawist, Slawistin, slawistisch

Slip *der* <-s, -s> *eine knapp geschnittene, eng anliegende Unterhose* ◆Damen-, Herren-, Tanga-

Slip·ein·la·ge *die* <-, -n> *ein langes dünnes Stück aus Zellstoff mit einem Klebestreifen an der Unterseite, das Frauen aus hygienischen Gründen in ihren Slip legen*

Slo·wa·kei *die* <-> *Staat in Mitteleuropa* ▸ Slowake, Slowakin, slowakisch

Slo·we·ni·en <-s> *Staat in Südosteuropa* ▸ Slowene, Slowenin, slowenisch

Slum *der* ['slam] <-s, -s> */meist Plur./ (≈ Elendsviertel) ein Gebiet (am Rande von Großstädten), in dem Menschen in sehr großer Armut leben*

Small·talk, *a.* **Small Talk** *der/das* ['smɔːltɔːk] <-s, -s> *(geh.) die oberflächliche Unterhaltung über belanglose Themen, die man meist mit Personen führt, die man nicht gut kennt*

Sma·ragd *der* <-(e)s, -e> *ein Edelstein von grüner Farbe*

sma·ragd·grün *adj /nicht steig./ von leuchtendem, hellerem Grün*

smart *adj* ❶ *(≈ chic) elegant gekleidet* ❷ *(oft abwert.) sehr geschickt im Umgang mit anderen Menschen (und dabei auf den eigenen Vorteil bedacht):* eine smarte Geschäftsfrau

S

Smi·ley *das* ['smaili] <-s, -s> EDV (≈ *Emoticon) ein Symbol aus Satzzeichen, Buchstaben und Zahlen, das wie ein kleines Gesicht aussieht und das man in E-Mails oder beim Chatten im Internet verwendet, um ohne Worte seine Gefühle auszudrücken: Ich habe im Internet eine ausführliche Liste mit Smileys und ihren Bedeutungen gefunden.

Smog *der* <-(s), -s> /Plur. selten/ eine Schicht aus Rauch und Abgasen, die in der Luft über einer Stadt oder einer Fabrik liegt ◆-alarm

Smo·king *der* ['smo:kɪŋ] <-s, -s> festlicher, meist schwarzer Abendanzug für Männer

SMS *die* [ɛsɛm'ɛs] <-, -> kurz für „Short Message Service"; eine kurze Nachricht von maximal 160 Zeichen, die man von einem Handy zu einem anderen schickt

Snack *der* ['snɛk] <-s, -s> (≈ Imbiss) kleine Zwischenmahlzeit

Snob *der* <-s, -s> (abwert.) jmd., der sich überlegen fühlt, weil er einer höheren gesellschaftlichen Schicht angehört und der andere Personen herablassend behandelt ▶ Snobismus

sno·bis·tisch *adj* (abwert.) in der Art eines Snobs

Snow·board *das* ['snəʊbɔːd] <-s, -s> ein breites Brett mit einer Art Skibindung, auf dem man mit beiden Beinen steht und über den Schnee gleitet

snow·boar·den ['snəʊbɔːdn̩] <snowboardest, snowboardete, hat/ist gesnowboardet> ohne OBJ ■ jmd. snowboardet mit einem Snowboard über Schnee gleiten ▶ Snowboarder, Snowboarderin

so I. *adv* ❶ verwendet, um die Art und Weise auszudrücken, auf die eine Handlung abläuft: So gesehen hat er Recht.; Er spricht heute so, morgen so. ❷ mit diesen Worten steht es in …/sagt es …: Man führt diesen Versuch aus, so das Lehrbuch, indem man …; die Ideen, so Platon, gehören zum Bereich des … ❸ in diesem (hohen) Maß, Grad: Einen so kalten Winter hatten wir schon lange nicht mehr.; Seid bitte nicht so laut. ❹ ■ so plus Adjektiv überaus, sehr: Ich bin ja so froh! ❺ ■ so wie … ebenso, genauso: Alles lief so, wie wir es geplant hatten. ❻ (umg.: ≈ solch) Das ist so eine tolle CD!; So ein Pech! ❼ (umg.) ohne den vorher genannten Gegenstand: Ich hatte meine Brille vergessen, da habe ich versucht, die Speisekarte so zu lesen. ❽ (umg.: ≈ etwas) verwendet, um auszudrücken, dass eine Zeit- oder Mengenangabe nicht genau, sondern ungefähr ist: Wir werden euch so in einer Stunde abholen. ❾ ■ … oder so; ■ … und so (umg.) drückt (nach einer Aussage) aus, dass man etwas nicht genau weiß oder nicht exakt sagen will: Wir waren hundert Besucher oder so.; Hier sieht man öfter Wild, Rehe, Hirsche und so. ❿ verwendet, um auszudrücken, dass etwas beendet oder abgeschlossen ist: So, das wäre erledigt! ⓫ (geh.: ≈ daher, deshalb) drückt eine logische Folge aus: Du bist nicht gekommen, so haben wir schon einmal angefangen. II. *konj* ❶ /in der Verbindung „so dass"/ drückt aus, dass das im Nebensatz ausgedrückte Geschehen eine Folge des im Hauptsatz ausgedrückten Geschehens ist: Er hatte Fieber, so dass er nicht zur Schule gehen konnte. ❷ (≈ wenn (auch)) verwendet, um einen

Nebensatz einzuleiten, in dem eine Einschränkung ausgedrückt wird: So Leid es mir auch tut, ich kann nicht kommen. ❸ drückt einen Vergleich aus: So schön das Auto ist, so teuer ist es. III. *part* ❶ (≈ wirklich) verwendet, um eine Aussage zu bekräftigen: Mir ist das so egal! ❷ drückt am Anfang einer Aussage aus, dass man etwas nicht genauer sagen will: Man macht sich so seine Gedanken. ❸ drückt Ungeduld oder Verärgerung aus: So lasst uns endlich gehen! ◆ Getrennt- oder Zusammenschreibung →R 4.3 so dass/sodass; ◆ Getrennt- oder Zusammenschreibung →R 4.16 dein so genannter/sogenannter Freund; der so genannte/sogenannte Treibhauseffekt; ◆ Getrenntschreibung →R 4.3 So viel für heute.; Rede nicht so viel.; Du kannst haben, so viel du willst.; Er hat noch einmal/doppelt so viel Geld wie ich.; Ich habe so viel Zeit, dass …; Die Sache ist so weit.; Es geht ihr so weit gut.; Er ist noch nicht so weit.; Es kommt noch so weit, dass …; Ich bin so wenig bereit dazu wie du.; Sie soll sich so wenig wie möglich bewegen.; Er hat so wenig Geld wie ich.; ◆ Zusammenschreibung →R 4.3 Soviel ich weiß, ist sie krank.; Soweit mir bekannt ist, sind die Museen heute geschlossen.; Sowenig er darüber auch weiß, er hält stets kluge Reden.; Er arbeitet im Garten, sooft er kann.

s.o. kurz für „siehe oben"; verwendet, um in einem geschriebenen Text anzuzeigen, dass etwas an einer früheren Stelle im Text schon einmal vorkommt

so·bald *konj* (≈ sowie) verwendet, um auszudrücken, dass etwas (im Hauptsatz ausgedrückt) dann geschieht, wenn eine bestimmte Bedingung (im Nebensatz ausgedrückt) erfüllt ist: Ich melde mich bei dir, sobald ich in Hamburg angekommen bin.

So·cial Me·dia ['souʃəl 'mi:diə] <- -> Plur. Gesamtheit der Internettechnologien (soziale Netzwerke, Blogs usw.), mit denen Nutzer untereinander kommunizieren können ◆-experte

So·cke *die* <-, -n> (↔ Strumpf) ein kurzer Strumpf, der etwas über den Knöchel reicht; ■ sich auf die Socken machen (umg.) losgehen; ■ ganz von den Socken sein (umg.) sehr überrascht sein

So·ckel *der* <-s, -> ❶ ein Block aus Stein, auf dem eine Statue o. Ä. steht ❷ unterer, abgesetzter Teil, auf dem ein Gebäude oder ein Möbelstück steht

So·da *die/das* <-, -s> ❶ Natriumsalz der Kohlensäure, das man in Wasser auflösen kann ❷ kurz für „Sodawasser"

so·dann *adv* (veralt.) ❶ (≈ danach, darauf) ❷ (geh.: ≈ außerdem) Auf dem Tisch waren Brot, Butter, sodann Käse, Wurst …

so·dass, *a.* **so dass** *konj* verwendet, um auszudrücken, dass das im Nebensatz ausgedrückte Geschehen eine Folge des im Hauptsatz ausgedrückten Geschehens ist: Es regnete Tag und Nacht, sodass/so dass schließlich die Flüsse über die Ufer traten.

So·da·was·ser *das* <-s> /kein Plur./ Mineralwasser mit Kohlensäure

Sod·bren·nen *das* <-s> /kein Plur./ ein brennen-

S

des Gefühl in Magen und Speiseröhre, das ent-
steht, wenn im Magen zu viel Magensäure gebil-
det wird

So·do·mie *die* <-> /kein Plur./ *Geschlechtsver-*
kehr mit Tieren

so·eben *adv in diesem Augenblick:* Er kommt soeben zur Tür herein.

So·fa *das* <-s, -s> *(≈ Couch) ein bequemes, ge-*
polstertes Sitzmöbel für mehrere Personen

so·fern *konj (≈ wenn)* Sofern ich es schaffe, werde
ich früher kommen.

so·fort *adv (≈ augenblicklich, umgehend) unmittel-*
bar nach einer Handlung, ohne zeitliche Verzöge-
rung: Ihr seid jetzt sofort ruhig! ▶ Soforthilfe, So-
fortwirkung

So·fort·bild·ka·me·ra *die* <-, -s> FOTOGR. *eine Ka-*
mera, die nach dem Fotografieren ein fertiges
Foto herstellt

so·for·tig *adj /nicht steig./ (≈ unverzüglich) so,*
dass etwas ohne zeitliche Verzögerung eintritt:
Das Gesetz tritt mit sofortiger Wirkung in Kraft.

So·fort·maß·nah·me *die* <-, -n> *eine Maß-*
nahme, die man sofort ergreift, weil sie besonders
dringend ist: Das Parlament beschloss Sofortmaßnahmen zur Bekämpfung der Arbeitslosigkeit.

Sof·tie *der* <-s, -s> *(umg.: ↔ Macho) Mann von*
sanftem, zärtlichem Wesen

Soft·por·no *der* <-s, -s> *ein Erotikfilm, in dem die*
sexuellen Handlungen nicht sehr detailliert darge-
stellt werden

Soft·ware *die* <-> /kein Plur./ EDV *(↔ Hardware)*
alle Teile eines Computersystems, die man nicht
anfassen kann, zum Beispiel die Programme, die
ein Computer benötigt, um arbeiten zu können
◆-entwickler, -firma

Sog *der* <-(e)s, -e> *eine Strömung in Luft oder*
Wasser, die Körper mit sich zieht: Der Schwimmer
geriet in den Sog eines Wasserstrudels. ◆-wirkung

so·gar *adv* ❶ *verwendet, um auszudrücken, dass*
das Gesagte nicht erwartbar war und daher beson-
ders erwähnenswert ist: Sogar sie hat geholfen.;
Wir sind sogar mit dem Schiff gefahren. ❷ *... ...,*
sogar ... verwendet, um den Grad einer Eigen-
schaft zu steigern: Er ist ein guter, sogar ein sehr
guter Lehrer.; eine schwere, bisweilen sogar tödliche Krankheit

so·gleich *adv (≈ sofort)* Sie musste sogleich operiert werden.

Soh·le *die* <-, -n> ❶ *der unterste Teil des Schuhs,*
der den Boden berührt ◆ Gummi-, Leder-, Schuh-
❷ *kurz für „Fußsohle"* ❸ BERGB. *unterste Begren-*
zungsfläche oder einzelnes Stockwerk eines Gru-
benbaus; ■ **eine heiße/kesse Sohle aufs Par-**
kett legen *(umg.) sehr flott tanzen;* ■ **auf leisen**
Sohlen *still und heimlich;* ■ **sich die Sohlen ab-**
laufen *(umg.) sehr lange nach etwas suchen und*
dabei viel laufen Um dieses Brautkleid zu finden,
habe ich mir wirklich die Sohlen abgelaufen.

soh·len *mit OBJ* ■ **jmd. sohlt etwas** *(≈ besohlen)*
Schuhe mit Sohlen¹ versehen, besohlen: Die Stiefel müssen gesohlt werden.

Sohn *der* <-(e)s, Söhne> ❶ *(↔ Tochter) männli-*
ches Kind: Sie hat schon erwachsene Söhne.; Das
Ehepaar hat zwei Töchter und einen Sohn. ◆ Adop-

tiv-, Pflege-, Schwieger-, Stief- ❷ *(übertr.) jmd., der*
aus der genannten Stadt stammt: ein echter Sohn
Mannheims

Soi·ree *die* [soa're:] <-, ...-reen> *festliche Abend-*
gesellschaft

So·ja *die* <-, Sojen> *Sojabohne* ◆-öl, -spross

So·ja·boh·ne *die* <-, -n> *eine Nutzpflanze, die be-*
sonders in Asien angepflanzt wird und deren öl-
haltige Samen man beispielsweise als Gemüse
und Ersatz für Fleisch verwenden kann

so·lang, *a.* **so·lan·ge** *konj verwendet, um auszu-*
drücken, dass das im Hauptsatz ausgedrückte Ge-
schehen während des im Nebensatz ausgedrück-
ten Geschehens Gültigkeit hat: Solange ich arbeite, will ich nicht gestört werden.

so·lar *adj auf die Sonne bezogen*

So·lar·an·la·ge *die* <-, -n> *eine Anlage, welche*
die Energie des Sonnenlichts in eine andere Ener-
gieform umwandelt: Thermische Solaranlagen liefern Wärmeenergie

So·lar·ener·gie *die* <-> /kein Plur./ *mit Solaranla-*
gen gewonnene Energie

So·la·ri·um *das* <-s, Solarien> *eine Einrichtung,*
in der man sich mit künstlichem UV-Licht bestrah-
len lässt, um die Haut zu bräunen

So·lar·mo·bil *das* <-s, -e> *ein Auto, das mit aus*
Sonnenenergie erzeugtem elektrischen Strom an-
getrieben wird

So·lar·zel·le *die* <-, -n> *ein Element, das die Ener-*
gie der Sonnenstrahlen in elektrische Energie um-
wandelt

sol·cher·art¹ *pron (geh.) von der bekannten Art:*
Mit solcherart Personen möchte ich nichts zu tun
haben.

sol·cher·art² *adv (geh.) auf solche Art und Weise:*
Er war solcherart bedrückt, dass er den ganzen
Abend kein Wort sprach.

solch, *a.* **sol·cher**/*a.* **sol·che**/*a.* **sol·ches** *pron*
❶ *so geartet, so beschaffen:* Mit solchen Leuten
will ich nichts zu tun haben. ❷ *so groß, so stark:*
Ich hatte solches Fieber! ❸ *(geh.) dermaßen:* Bei
solch herrlichem Wetter kann man einfach nicht in
der Wohnung bleiben.

Sold *der* <-(e)s, -e> /meist Sing./ *das Geld, das*
ein Soldat für seine Arbeit bekommt

Sol·dat *der,* **Sol·da·tin** <-en, -en> *jmd., der als*
Angehöriger der Truppe Mitglied der Armee ist:
die Ausbildung/der Ausrüstung/der Dienst/der
Dienstgrad/die Einheit/die Entlassung/der Helm/
das Marschgepäck/die Mütze/der Sold/die Stie-
fel/die Uniform/der Vorgesetzte/der Waffe des
Soldaten ◆-enfriedhof, -enlied, -ensprache, -enzeit,
Berufs-, Marine-, Zeit-, Zinn-

Söld·ner *der* <-s, -> *ein Soldat, der für Geld sei-*
nen Kriegsdienst da leistet, wo gerade Soldaten
gebraucht werden ◆-heer

So·le *die* <-, -n> *Wasser, das Kochsalz enthält*

so·lid, *a.* **so·li·de** *adj* ❶ *so fest und massiv gebaut,*
dass es belastbar ist: Die Konstruktion scheint sehr
solide. ❷ *(≈ fundiert) so, dass alles Wichtige vor-*
handen ist: Sie besitzt solide Fachkenntnisse.
❸ *(≈ anständig)* Er ist ein solider Mensch.

so·li·da·risch *adj so, dass man gemeinsame Inte-*
ressen hat, sich verbunden fühlt und sich gegen-

seitig hilft: Die gesamte Bevölkerung erklärte sich mit den Streikenden solidarisch.

so·li·da·ri·sie·ren <solidarisierst, solidarisierte, hat solidarisiert> *mit SICH* ▪ *jmd.* ***solidarisiert sich mit jmdm.*** *sich aufgrund ähnlicher Interessen zusammenschließen und sich gegenseitig helfen:* Zahlreiche Passanten solidarisierten sich mit den Demonstranten.

So·li·da·ri·tät *die* <-> */kein Plur./ das Solidarischsein:* Die Solidarität der Streikenden war ungebrochen.

So·li·da·ri·täts·zu·schlag *der* <-(e)s, …-zuschläge> */meist Sing./* POL., WIRTSCH. *eine Art besondere Steuer, die eingeführt wurde, um die deutsche Wiedervereinigung zu finanzieren*

So·li·di·tät *die* <-> */kein Plur./* ❶ *Stärke* ❷ *Ansehnlichkeit*

So·list *der*, **So·lis·tin** <-en, -en> *ein Künstler, der ein Solo singt, spielt oder tanzt*

Soll *das* <-(s), -(s)> ❶ BANKW., WIRTSCH. *(≈ Sollseite ↔ Haben) die Seite des Kontos, auf der die Geldbeträge stehen, die abgebucht werden* ❷ *der Zustand, dass der Kontostand im Minus ist:* Sein Konto ist im Soll. ❸ WIRTSCH. *die Arbeit oder Leistung, die von jmdm. (nach einem Plan) gefordert wird:* Ich habe mein Soll für heute erfüllt.

sol·len[1] <sollst, sollte, hat gesollt> *ohne OBJ* ❶ ▪ *jmd.* ***soll plus Inf.*** *(umg.) verwendet, um auszudrücken, dass von jmdm. etwas verlangt wird:* Du sollst zum Chef kommen.; Ich soll mich mit ihm morgen um acht Uhr am Bahnhof treffen. ❷ ▪ *jmd.* ***soll plus Inf.*** *verwendet, um auszudrücken, dass etwas ein Gebot der Moral ist:* Man soll nicht stehlen oder lügen. ❸ ▪ *jmd./ etwas* ***soll plus Inf.*** *verwendet, um auszudrücken, dass das Behauptete angeblich der Fall ist, aber man sich dessen nicht sicher ist oder es anzweifelt:* Ihr Mann soll angeblich Pilot sein.; Morgen soll es Gewitter geben, aber niemand weiß das natürlich sicher. ❹ ▪ *etwas* ***soll irgendwohin*** *verwendet, um auszudrücken, dass etwas an einen bestimmten Platz gebracht werden soll:* Der Sessel soll dort in die Ecke. ❺ ▪ *etwas* ***soll etwas sein*** *verwendet, um auszudrücken, dass man über etwas verärgert ist und es für schlecht hält:* Und dass soll ein gutes Restaurant sein – mein Essen war kalt und das Personal total unfreundlich!

sol·len[2] <sollst, sollte, hat sollen> */Hilfsverb/* ❶ */oft im Konj. Prät. verwendet/ verwendet, um einen Ratschlag oder eine Empfehlung auszudrücken:* Du solltest zum Arzt gehen!; Wir sollten nicht länger warten! ❷ *verwendet, um einen Ratschlag oder eine (Auf·)Forderung (mit verschiedenen Ursachen/Urhebern) auszudrücken:* Hunde sollen an der Leine geführt werden.; Ich soll den Brief übergeben.; Die Schüler sollen ihren Aufsatz bis Montag schreiben.; Du sollst deinen Nächsten lieben.; Du sollst nicht so viel rauchen.; Du sollst sofort nach Hause kommen, sagt dein Vater. ❸ *verwendet, um einen Wunsch oder eine Absicht auszudrücken:* Er soll sich wie zu Hause fühlen.; Sollen wir gehen? ❹ */im Konj. Prät. verwendet/ verwendet, um eine Bedingung auszudrücken:* Sollte es morgen regnen, bleiben wir zu Hause.

❺ *verwendet, um ein – aus der Perspektive der Vergangenheit gesehen – zukünftiges Ereignis auszudrücken:* Das sollte sich noch als verhängnisvoll erweisen.; Wir sollten nichts mehr von ihm hören und sehen.; Es hat nicht sein sollen. ❻ *drückt eine Behauptung, Vermutung, einen Zweifel aus:* Nach Zeugenaussagen soll der Vermisste noch zweimal gesehen worden sein.; Er soll dort gewesen sein.; Sollte das wirklich wahr sein?

Soll·sei·te *die* <-, -n> BANKW., WIRTSCH. *(≈ Soll[1])*

Soll·zin·sen <-> *Plur.* BANKW., WIRTSCH. *die Zinsen, die jmd. bezahlen muss, wenn er Schulden auf seinem Konto hat oder wenn er sich bei der Bank Geld geliehen hat*

So·lo *das* <-s, -s/Soli> *der Teil eines Musikstücks oder Balletts, bei dem nur ein einzelner Künstler singt, spielt oder tanzt* ◆ -gesang, -instrument, -karriere, -part, -spiel, -tanz, -tänzer, Gitarren-, Schlagzeug-

so·lo *adj /nicht steig./* ❶ *als Solist* ❷ *(umg.) allein, ohne Begleitung:* Ich komme heute solo auf die Party.

So·lo·al·bum *das* <-s, Soloalben> MUS. *ein Album, das ein Musiker, der normalerweise in einer berühmten Band spielt, ohne die anderen Bandmitglieder aufnimmt:* Wenn die aktuelle Tournee beendet ist, möchte der Sänger der Band ein Soloalbum veröffentlichen.

So·lo·thurn <-s> *Stadt und Kanton in der Schweiz*

sol·vent *adj* WIRTSCH. *(↔ insolvent) zahlungsfähig*

Sol·venz *die* <-, -en> WIRTSCH. *(↔ Insolvenz) Zahlungsfähigkeit*

So·ma·lia <-s> *Staat in Ostafrika* ▶ Somalier, Somalierin, somalisch

so·mit, **so·mit** *adv (≈ folglich)* Der Kandidat hat die meisten Fragen richtig beantwortet und ist somit der Gewinner.

Som·me·li·er *der* [somelˈjeː] <-s, -s> *(≈ Weinkellner) jmd., der in einem Haus der gehobenen Gastronomie die Gäste bei der Auswahl der zu den einzelnen Speisen bzw. Gängen passenden Weine berät*

Som·mer *der* <-s, -> *(↔ Winter) die zwischen Frühjahr und Herbst gelegene Jahreszeit, in der es meist warm ist und in der es abends relativ lange hell bleibt:* ein heißer/verregneter Sommer ◆ -beginn, -ende, -fahrplan, -fest, -haus, -hitze, -kleidung, -kollektion, -mantel, -reifen, -semester, -smog, -tag, -theater, -urlaub, -wetter, Früh-, Hoch-, Spät-

Som·mer·fe·ri·en <-> *Plur. die (langen) Schulferien während des Sommers*

Som·mer·fri·sche *die* <-> */kein Plur./ (veralt.) Erholungsurlaub im Sommer:* Sie fahren zur Sommerfrische an die See/aufs Land. ▶ Sommerfrischler

som·mer·lich *adj* ❶ *so, dass etwas an das warme Klima im Sommer angepasst ist:* Ich habe nur sommerliche Kleidung eingepackt. ❷ *so, dass etwas für den Sommer typisch ist oder nur im Sommer auftritt:* Wir haben schon seit Tagen sommerlich warmes Wetter.

Som·mer·loch *das* <-(e)s> */kein Plur./ (umg.: ≈ Sauregurkenzeit) der Zeitraum im Sommer, in* *dem sich politisch, geschäftlich oder kulturell wenig ereignet, weil viele Leute im Urlaub sind*

som·mers *adv (geh.)* im Sommer: Wir machen sommers wie winters lange Spaziergänge.

Som·mer·son·nen·wen·de *die* <-> /kein Plur./ *der Zeitpunkt, an dem die Sonne ihren höchsten Stand innerhalb eines Jahres erreicht*

Som·mer·spie·le <-> Plur. ❶ (↔ Winterspiele) *die Olympischen Spiele, die im Sommer stattfinden* ❷ *eine Reihe von Theateraufführungen, die im Sommer an bestimmten Orten stattfinden*

Som·mer·spros·se *die* <-, -n> /meist Plur./ *einer der vielen kleinen braunen Flecken, die manche Menschen auf der Haut haben und die im Sommer stärker hervortreten*

som·mer·spros·sig *adj /nicht steig./ von Sommersprossen bedeckt:* ein sommersprossiges Gesicht

Som·mer·zeit *die* <-> /kein Plur./ ❶ *die Jahreszeit des Sommers* ❷ *der Zeitraum im Sommer, in dem die Uhren um eine Stunde vorgestellt werden:* die mitteleuropäische Sommerzeit

So·na·te *die* <-, -n> MUS. *ein Musikstück für ein oder mehrere Instrumente, das aus drei oder vier Teilen besteht* ◆Klavier-, Violin-

Son·de *die* <-, -n> ❶ MED. *ein dünner Schlauch, den man man in den Körper einführt, um ein Organ zu untersuchen* ◆Magen- ❷ *kurz für „Raumsonde"*

Son·der- *als Erstglied zusammengesetzter Substantive; drückt aus, dass das mit dem Zweitglied Bezeichnete eigentlich nicht üblich ist, aber ausnahmsweise aus einem bestimmten Anlass zusätzlich zu etwas dazukommt* ◆-abschreibung, -abzug, -aktion, -anfertigung, -ausführung, -ausstattung, -ausstellung, -beauftragte, -bedeutung, -behandlung, -beitrag, -bewacher(in), -botschafter(in), -briefmarke, -bus, -deponie, -dezernat, -druck, -einsatz, -erlaubnis, -ermittler, -fahrt, -flug, -genehmigung, -heft, -kommando, -kommission, -kondition, -konto, -kosten, -leistung, -maschine, -meldung, -parteitag, -programm, -posten, -preis, -rabatt, -ration, -regelung/-reglung, -rolle, -sendung, -sitzung, -status, -stempel, -steuer, -urlaub, -verkauf, -weg, -wunsch

Son·der·ab·fall *der* <-(e)s, Sonderabfälle> (≈ Sondermüll)

Son·der·an·ge·bot *das* <-(e)s, -e> *eine Ware, die für eine begrenzte Zeit zu einem besonders niedrigen Preis angeboten wird:* Diesen Artikel gibt es zurzeit im Sonderangebot.

Son·der·aus·ga·be *die* <-, -n> *eine Ausgabe einer Zeitung, eines Buches, einer Briefmarke o. Ä., die einmalig zu einem bestimmten Ereignis herausgegeben wird*

son·der·bar *adj* (≈ seltsam, merkwürdig) *so, dass es rätselhaft ist und man keine Erklärung dafür hat:* Ich finde es sonderbar, dass … ▶ sonderbarerweise

Son·der·be·richt *der* <-(e)s, -e> *ein Bericht im Fernsehen oder in einer Zeitung, der wegen eines besonders wichtigen oder dramatischen Ereignisses erscheint:* Wir bringen im Anschluss an die

Nachrichten einen Sonderbericht über die Flugzeugentführung.

Son·der·fall *der* <-(e)s, Sonderfälle> *besonderer, eine Ausnahme darstellender Fall:* In Sonderfällen kann die Prüfung auch ein zweites Mal wiederholt werden.

son·der·glei·chen *adv /immer nachgestellt beim Substantiv/* (≈ ohnegleichen) *so einzigartig, dass man es mit nichts vergleichen kann:* Das ist eine Frechheit sondergleichen.

son·der·lich *adj /nur in Verbindung mit einer Verneinung/* (≈ besonders) Die Party war nicht sonderlich toll.; Dieser Wein ist kein sonderlich guter Jahrgang.

Son·der·ling *der* <-(e)s, -e> *(abwert.) jmd., der sehr eigenwillig ist und sich nicht in eine Gruppe integrieren oder sich ihr anpassen will*

Son·der·mar·ke *die* <-, -n> *(umg.) Briefmarke aus besonderem Anlass*

Son·der·müll *der* <-s> /kein Plur./ *Müll, den man in spezieller Weise entsorgen muss, weil er giftige Stoffe enthält:* Batterien gehören in den Sondermüll. ◆-deponie

son·dern¹ *mit OBJ* ■ *jmd. sondert jmdn./etwas von jmdm./etwas (geh.) (ab)trennen:* Als Nächstes sollten wir die brauchbaren Vorschläge von den unbrauchbaren sondern.

son·dern² *konj* (≈ vielmehr) *drückt nach einer verneinten Aussage aus, dass nun das Zutreffende gesagt wird:* Er studiert nicht Anglistik, sondern Germanistik.; Ich bin nicht wie geplant gestern, sondern erst heute angekommen.

Son·der·num·mer *die* <-, -n> *Sonderausgabe einer Zeitung oder Zeitschrift*

Son·der·recht *das* <-(e)s, -e> (≈ Privileg) *ein Recht, das nur eine bestimmte Gruppe von Personen hat:* Alle hier sind gleich wichtig, niemand genießt Sonderrechte.

son·ders ■ **samt und sonders** *ausnahmslos* Die Zuschauer waren samt und sonders von der Vorstellung begeistert.

Son·der·schu·le *die* <-, -n> *eine besondere Schule für Kinder, die Schwierigkeiten mit dem Lernen haben*

Son·der·spra·che *die* <-, -n> SPRACHWISS. *mit dem Ausdruck „Varietät" konkurrierende Benennung spezieller sprachlicher Äußerungsformen, z. B. Gaunersprache; siehe auch* **Varietät**

Son·der·stel·lung *die* <-, -en> *eine besondere Bedeutung, die einer Person oder einer Sache (in der Gesellschaft) zukommt:* eine Sonderstellung einnehmen/haben

Son·der·zei·chen *das* <-s, -> DRUCKW., EDV *ein Zeichen, das weder ein Buchstabe noch eine Ziffer ist*

Son·der·zug *der* <-(e)s, Sonderzüge> *ein Eisenbahnzug, der nicht im Fahrplan steht und aus einem bestimmten Anlass eingesetzt wird.:* Da während der Messe mit vielen Reisenden gerechnet wird, stehen in dieser Zeit Sonderzüge zur Verfügung.

son·die·ren <sondierst, sondierte, hat sondiert> *mit OBJ* ■ *jmd. sondiert etwas (geh.) (vorsichtig) erkunden:* Wir haben zunächst einmal die Lage sondiert. ▶ Sondierung

S

So·nẹtt *das* <-(e)s, -e> LIT. *eine Gedichtform, die meist aus zwei Strophen mit je vier Zeilen und zwei Strophen mit je drei Zeilen besteht:* Shakespeares Sonette

Song *der* <-s, -s> *(umg.) Lied (in der Pop- und Rockmusik):* ein Song der Beatles

Sọnn·abend *der* <-s, -e> NORDDT. *Samstag*

sọnn·abends *adv* NORDDT. *samstags*

Sọn·ne *die* <-, -n> ❶ */kein Plur./ der große Stern am Himmel, der tagsüber Licht und Wärme spendet:* die aufgehende/untergehende Sonne; Die Sonne stand hoch am Himmel. ◆ -naktivität, -naufgang, -nbrille, -ncreme, -nenergie, -neinstrahlung, -nhut, -nlicht, -nöl, -nschein, -nschirm, -nstrahl, -nschutzmittel, -nuntergang, Abend-, Mittags-, Morgen- ❷ */kein Plur./ Licht und Wärme der Sonne:* Die Sonne hat uns gebräunt.; Ich vertrage die Sonne nicht. ❸ ASTRON. *der zentrale Stern eines Sonnensystems*

sọn·nen *mit SICH* ▪ *jmd. sonnt sich irgendwo sitzen oder liegen und sich von der Sonne bescheinen lassen:* Wir haben uns jeden Nachmittag am Strand gesonnt.

Sọn·nen·an·be·ter *der,* **Sọn·nen·an·be·te·rin** <-s, -> *(scherzh.) jmd., der sich gerne sonnt*

Sọn·nen·bad *das* <-(e)s, Sonnenbäder> *das Liegen in der Sonne:* Sie nimmt im Garten ein Sonnenbad.

Sọn·nen·bank *die* <-, Sonnenbänke> *ein Gerät (in einem Solarium), das künstliches UV-Licht ausstrahlt und mit dem man die Haut bräunen lassen kann*

Sọn·nen·blu·me *die* <-, -n> *eine Blume mit großer gelber Blüte und einem sehr langen Stängel, aus deren Samen man Öl machen kann*

Sọn·nen·brand *der* <-(e)s> */kein Plur./ Rötung und Verbrennung der Haut, die man bekommt, wenn man zu lange in der Sonne war:* Er hatte sich gleich am ersten Urlaubstag einen Sonnenbrand geholt.

Sọn·nen·dach *das* <-(e)s, Sonnendächer> *(≈ Markise)*

Sọn·nen·fins·ter·nis *die* <-, -se> ASTRON. *der Vorgang, dass sich der Mond vor die Sonne schiebt und man daher das Licht der Sonne nicht mehr sehen kann:* In einigen Monaten wird eine totale Sonnenfinsternis zu beobachten sein; eine partielle/totale Sonnenfinsternis

Sọn·nen·fleck *der* <-(e)s, -e> */meist Plur./* ASTRON. *ein dunkles Gebiet auf der Oberfläche der Sonne*

sọn·nen·hung·rig *adj (umg.) so, dass man ein großes Bedürfnis nach Sonne und sonnigem Wetter hat:* Jedes Jahr verbringen ganze Scharen sonnenhungriger Touristen ihren Urlaub am Mittelmeer.

Sọn·nen·kol·lek·tor *der* <-s, -en> */meist Plur./* TECHN. *eine Vorrichtung, mit der man aus der Energie der Sonne elektrischen Strom herstellen kann*

Sọn·nen·milch *die* <-> */kein Plur./ eine spezielle Lotion, die man auf die Haut aufträgt, um sich vor Sonnenbrand zu schützen*

Sọn·nen·stich *der* <-(e)s, -e> MED. *Kopfschmer-*

zen und Übelkeit, die man bekommt, wenn man sich zu lange in der Sonne aufhält

Sọn·nen·sys·tem *das* <-(e)s, -e> ASTRON. *eine Sonne[3] und die Planeten, die sie umkreisen*

Sọn·nen·tag *der* <-(e)s, -e> *(↔ Regentag) ein Tag, an dem die Sonne scheint und es (fast) keine Wolken gibt*

Sọn·nen·uhr *die* <-, -en> *ein Gerät, das bei Sonnenschein die Zeit anzeigt, indem der Schatten eines Stabes auf einer Skala auf eine bestimmte Marke zeigt*

Sọn·nen·wen·de *die* <-, -n> *der Zeitpunkt, zu dem die Sonne ihren höchsten oder niedrigsten Stand innerhalb eines Jahres erreicht* ◆ Sommer-, Winter-

sọn·nig *adj* ❶ *(↔ schattig) so, dass es vom Licht der Sonne beschienen wird:* Viele Pflanzen benötigen einen sonnigen Standort. ❷ *so, dass es viel Sonnenschein gibt:* Wir hatten während des gesamten Urlaubs sonniges Wetter. ❸ *so, dass jmd. immer gute Laune hat:* Mit ihrem sonnigen Gemüt verbreitet sie gute Laune.

Sọnn·tag *der* <-s, -e> *der siebte Tag der Woche, an dem die meisten Berufstätigen nicht arbeiten müssen und der Erholung dient:* am Sonntag mit der Familie einen Ausflug machen; als Arzt im Krankenhaus auch am Sonntag Dienst haben; am Sonntag in die Kirche gehen ◆ -sanzug, -sarbeit, -sausflug, -sausflügler(in), -sbraten, -sfahrverbot, -sgottesdienst, -skleid, -sruhe, -sschule, -szeitung, Oster-, Palm-, Pfingst- ◆ Zusammenschreibung → R 4.1 (am) Sonntagabend; Sonntagmittag; Sonntagmorgen; Sonntagnacht; *siehe auch* **Dienstag**

sọnn·täg·lich *adj /nicht steig./* ❶ *so, dass es regelmäßig am Sonntag stattfindet:* der sonntägliche Kirchgang/Spaziergang ❷ *so, wie es für einen Sonntag typisch ist:* Die ganze Familie war sonntäglich gekleidet.; die sonntägliche Ruhe

sọnn·tags *adv am Sonntag; siehe auch* **dienstags**

Sọnn·tags·blatt *das* <-(e)s, Sonntagsblätter> *eine Zeitung, die am Sonntag erscheint*

Sọnn·tags·fah·rer *der,* **Sọnn·tags·fah·re·rin** <-s, -> *(abwert.) jmd., der schlecht Auto fährt, weil er wenig Fahrpraxis hat*

So·no·gra·fie, *a.* **So·no·gra·phie** *die* <-, ...-phien/-fien> MED. *Untersuchung mit Ultraschall*

sọnst *adv* ❶ *(≈ normalerweise) verwendet, um auszudrücken, dass etwas in den meisten anderen Situationen der Fall ist:* Sogar mein sonst so besonnener Freund verlor in dieser Situation die Nerven. ❷ *(≈ darüber hinaus) zusätzlich zu dem, was bereits gesagt wurde:* Haben Sie sonst noch Fragen? ❸ *(≈ andernfalls, ansonsten) verwendet, um auszudrücken, dass das im zweiten Teil des Satzes Gesagte eintreffen wird, wenn nicht die im ersten Teil genannte Bedingung erfüllt wird:* Wir sollten jetzt gehen, sonst kommen wir zu spät.

sọns·tig *adj /nicht steig./ so, dass es über das Erwähnte hinausgeht:* Sie dürfen bei der Prüfung ein Wörterbuch benutzen, sonstige Hilfsmittel sind hingegen nicht erlaubt.

so·oft *konj immer wenn:* Er arbeitet im Garten, sooft er kann. ◆ aber Getrenntschreibung → R 4.3

S

So oft darfst du diese Pflanze nicht gießen!; *siehe auch* **so**

So·p·ran *der* <-s, -e> MUS. ❶ */kein Plur./ die höchste Singstimme bei Frauen und Knaben* ◆-lage, -partie, -stimme ❷ *jmd., der Sopran[1] singt*

So·p·ra·nist *der*; **So·p·ra·nis·tin** <-en, -en> *ein Sänger oder eine Sängerin, der/die Sopran[1] singt*

Sor·be *der*; **Sor·bin** <-n, -n> *Angehöriger einer slawischen Volksgruppe* ▶ sorbisch

Sor·bet, *a.* **Sor·bett** *der/das* [ˈzɔrˈbeː] <-s, -s> KOCH. *eisgekühltes Getränk*

Sor·ge *die* <-, -n> ❶ *das Gefühl, dass man Angst hat, weil man befürchtet, es könnte etwas Schlimmes passieren:* Ihre Sorge war groß, dass ...; Ich bin in großer Sorge, weil ...; Sie machen sich zu viele Sorgen, es wird schon klappen! ❷ */meist Plur./ das bedrückendes Gefühl, das man hat, wenn man Probleme in einem bestimmten Bereich hat:* Sie hatte quälende/finanzielle/berufliche Sorgen. ❸ */kein Plur./ (≈ Fürsorge) das Bemühen um jmds. Wohlergehen oder das Funktionieren von etwas:* Er wollte dafür Sorge tragen, dass alles reibungslos ablief.

sor·gen I. *ohne OBJ* ❶ ■ *jmd. sorgt (irgendwie) für jmdn.* sich kümmern um: Sie haben stets gut für ihre Kinder gesorgt. ❷ ■ *jmd. sorgt für etwas Akk. sich darum bemühen, dass etwas vorhanden ist oder etwas erreicht wird:* Wer sorgt für die Getränke?; Bitte sorgen Sie dafür, dass der Termin eingehalten wird. **II.** *mit SICH* ■ *jmd. sorgt sich um jmdn./etwas beunruhigt sein, weil man um jmds. Wohlergehen fürchtet:* Sie sorgte sich um ihr krankes Kind.

sor·gen·frei *adj* (≈ unbekümmert) *frei von Sorgen:* Er genoss ein sorgenfreies Leben.; sorgenfrei in die Zukunft blicken können

Sor·gen·kind *das* <-(e)s, -er> *ein Kind, das seinen Eltern viel Kummer und viele Probleme bereitet*

sor·gen·voll *adj* (≈ bedrückt) *erfüllt von Sorgen:* Er machte ein sorgenvolles Gesicht.

Sor·ge·pflicht *die* <-> */kein Plur./* RECHTSW. *die Verpflichtung der Eltern, für ihre Kinder (in wirtschaftlicher Hinsicht) zu sorgen*

Sor·ge·recht *das* <-(e)s, -e> */Plur. selten/* RECHTSW. *das Recht der Eltern, für ein minderjähriges Kind zu sorgen und es nach ihren Vorstellungen zu erziehen:* Bei der Scheidung bekam die Mutter das Sorgerecht für ihren Sohn zugesprochen. ◆-sentzug, -serklärung, -sstreit, -sverfügung

Sorg·falt *die* <-> */kein Plur./* (≈ Genauigkeit, Gewissenhaftigkeit) *so, dass man sehr genau arbeitet und sich bemüht, keine Beschädigungen zu machen:* Man hat das Gemälde mit äußerster Sorgfalt restauriert.; äußerste Sorgfalt walten lassen ▶ sorgfältig

sorg·los *adj* ❶ (≈ unachtsam) *nicht so sorgfältig, wie es sich gehört:* Es ist eine Schande, wie sorglos man mit den kostbaren Vasen umgeht. ❷ *so, dass man sich über die Zukunft keine Sorgen macht:* Er lebt stets sorglos in den Tag. ▶ Sorglosigkeit

sorg·sam *adj gewissenhaft und vorsichtig:* Die Wunde wurde sorgsam desinfiziert. ▶ Sorgsamkeit

Sor·te *die* <-, -n> ❶ *eine Gruppe von Dingen oder* Pflanzen, die sich durch bestimmte Eigenschaften und Merkmale von gleichartigen anderen Dingen oder Pflanzen unterscheiden: Ich habe mehrere Sorten Tee probiert.; Diese Sorte Äpfel ist gut zum Backen geeignet.; Welche Sorte Tomaten/Radieschen hast du gesät? ❷ */nur Plur./* BANKW. *Devisen*

sor·tie·ren <sortierst, sortierte, hat sortiert> *mit OBJ* ■ *jmd. sortiert etwas (irgendwie) (nach bestimmten Kriterien) ordnen:* Ich muss noch meine Unterlagen sortieren.; die Namen in einer Liste alphabetisch sortieren

Sor·ti·ment *das* <-(e)s, -e> *alle Waren (aus einem bestimmten Bereich), die ein Geschäft anbietet:* In dieser Buchhandlung gibt es ein großes/reichhaltiges/breites Sortiment an Fachliteratur.

SOS *das* [ɛsoːˈɛs] <-> */kein Plur./ internationales Signal, gedeutet als „save our souls" (rettet unsere Seelen) oder „save our ship" (rettet unser Schiff), mit dem man auf See um Hilfe ruft, wenn ein Schiff in Not ist*

So·ße, *a.* **Sau·ce** *die* <-, -n> KOCH. *eine Speise in der Art einer dicken, würzigen Flüssigkeit, die man zu Fleisch, Fisch oder Gemüse isst* ◆Braten-, Geflügel-, Salat-

Souf·f·lé, *a.* **Souf·f·lee** *das* [zuˈfleː] <-s, -s> KOCH. *(Eier-)Auflauf*

Souf·f·leur *der*; **Souf·f·leu·se** [zʊˈfløːɐ, (zʊˈfløːzə)] <-s, -e> THEAT. *jmd., dessen Beruf es ist, Schauspielern auf der Bühne ihren Text flüsternd einzusagen, wenn sie diesen vergessen haben*

souf·f·lie·ren [zuˈfliːrən] <soufflierst, soufflierte, hat souffliert> *mit OBJ/ohne OBJ* ■ *jmd. souffliert (jmdm.) (etwas) leise vorsagen, einsagen:* Er hat dem Schauspieler den Einsatz souffliert.; Sie musste häufig soufflieren

Soul *der* [ˈsoʊl] <-s> *afroamerikanische Jazz- oder Rockmusik, die stark auf den Ausdruck von Gefühlen ausgerichtet ist*

Sound *der* [saʊnt] <-s, -s> *typischer Klang der Musik einer bestimmten Musikgruppe, eines bestimmten Instrumentes oder eines bestimmten Musikstils:* Das ist der unverkennbare Sound der Rolling Stones.

Sound·kar·te *die* [saʊnt...] <-, -n> EDV *ein Gerät, das die Wiedergabe von Musik durch einen Computer ermöglicht*

Sound·track *der* [saʊnt...] <-s, -s> *ein Tonträger, auf dem bestimmte Musikstücke aus einem Film zusammengestellt sind*

Sou·per *das* [zuˈpeː/suˈpeː] <-s, -s> *(geh.) festliches Abendessen*

Sou·ta·ne, *a.* **Su·ta·ne** *die* <-, -n> *das lange Gewand eines katholischen Geistlichen*

Sou·ter·rain *das* [zuːtɛˈrɛ̃, ˈzuːtɛrɛ̃] <-s, -s> *Kellergeschoss* ◆-wohnung

Sou·ve·nir *das* [zuvəniːɐ, suvəniːɐ] <-s, -s> *ein kleiner Gegenstand, den man im Urlaub kauft und der einen an die Reise erinnern soll:* Ich habe einige Souvenirs aus Rom mitgebracht. ◆-laden

Sou·ve·rän *der* [zuvəˈrɛːn, suvərɛːn] <-s, -e> ❶ *jmd., der mit uneingeschränkter Macht herrscht* ❷ SCHWEIZ. *alle stimmberechtigten Bürger*

S

sou·ve·rän [zuvəˈrɛːn, suvərɛːn] *adj* ❶ *so, dass ein Staat nicht von einem anderen Staat regiert wird und politisch unabhängig ist:* Wann wurde diese Kolonie ein souveräner Staat? ❷ *so überlegen und selbstsicher, dass man eine Situation oder seinen Gegner unter Kontrolle hat:* Er hat ein sehr souveränes Auftreten.; Die Mannschaft gewann souverän. ❸ *(veralt.) so, dass man über uneingeschränkte Macht verfügt:* Ein König war früher ein souveräner Herrscher. ▸ Souveränität

so·viel, *a.* **so viel** *konj* ■ **soviel ich weiß ...** *verwendet, um auszudrücken, dass das Gesagte nur auf dem eingeschränkten Wissen des Sprechers beruht, also auch falsch oder unvollständig sein könnte* Soviel ich weiß, ist sie krank. ◆ aber Getrenntschreibung →R 4.3 So viel für heute.; Rede nicht so viel.; Du kannst haben, so viel du willst.; Er hat doppelt/noch einmal so viel Geld wie ich.; Ich habe so viel Zeit, dass ...; *siehe auch* **so**

so·weit, *a.* **so weit** *konj* (≈ *soviel)* Soweit mir bekannt ist, sind die Museen heute geschlossen. ◆ aber Getrenntschreibung →R 4.3 Die Sache ist so weit.; Es geht ihr so weit gut.; Es kommt noch so weit, dass ...; Er ist noch nicht so weit.; *siehe auch* **so**

so·we·nig, *a.* **so we·nig** *konj verwendet, um auszudrücken, dass das im Nebensatz Gesagte im Widerspruch zur Aussage des Hauptsatzes steht:* Sowenig er auch darüber weiß, er hält stets kluge Reden. ◆ aber Getrenntschreibung →R 4.3 Ich bin so wenig dazu bereit wie du.; Sie soll sich so wenig wie möglich bewegen.; Er hat so wenig Geld wie sie.; *siehe auch* **so**

so·wie *konj* ❶ (≈ *sobald)* Sowie ich das Buch ausgelesen habe, gebe ich es dir zurück. ❷ (≈ *und) verwendet, um in einer Aufzählung gleichartiger Dinge das letztgenannte Element anzuschließen:* Äpfel, Birnen sowie Aprikosen mag ich sehr gern.

so·wie·so, so·wie·so *adv* (≈ *ohnehin) so, dass es unabhängig von allem ist und auf jeden Fall geschieht:* Du kannst mir die Bücher mitgeben, ich gehe sowieso in die Bibliothek.

So·w·jet *der* [zɔˈvjɛt, ˈzɔvjɛt] <-s, -s> *(hist.) (in der ehemaligen Sowjetunion) Organ der Selbstverwaltung* ◆-bürger(in) ▸ sowjetisch

So·w·jet·uni·on *die* <-> *(hist.) der ehemalige Staat in Osteuropa und Nordasien, der der Vorläufer der GUS ist*

so·wohl *konj* ■ **sowohl ... als auch** *verwendet, um auszudrücken, dass zwei Aussagen gleichzeitig richtig sind* Er ist sowohl Regisseur als auch Schauspieler.; Mir gefällt sowohl klassische Musik als auch Rockmusik.

so·zi·al *adj* ❶ *auf die Art und Weise bezogen, in der Menschen in einer Gesellschaft zusammenleben:* soziale Spannungen; die sozialen Verhältnisse ❷ *auf die Gesellschaft bezogen:* Diese Erfindung war zweifellos ein sozialer Fortschritt. ❸ *so, dass es dem Wohl der Allgemeinheit und insbesondere ärmeren oder schwächeren Menschen dient:* Die sozialen Einrichtungen benötigen mehr Geld.; Er ist sozial eingestellt.

So·zi·al·ab·ga·ben <-> *Plur. das Geld, das Arbeit-*nehmer dem Staat zahlen, um bei Krankheit, Arbeitslosigkeit und im Alter versorgt zu sein

So·zi·al·amt *das* <-(e)s, Sozialämter> *die Behörde, bei der man Sozialhilfe bekommt*

So·zi·al·ar·bei·ter *der,* **So·zi·al·ar·bei·te·rin** <-s, -> *jmd., der beruflich bestimmte Personen betreut, die aufgrund ihrer sozialen Verhältnisse Hilfe benötigen*

So·zi·al·de·mo·kra·tie *die* <-> */kein Plur./ eine politische Ausrichtung, die die Grundsätze des Sozialismus und der Demokratie zu verbinden sucht* ▸ Sozialdemokrat, Sozialdemokratin, sozialdemokratisch *siehe auch* **Partei**

So·zi·al·ein·kom·men *das* <-s, -> *das Geld, das der Staat und die Versicherung an jmdn. bezahlt, der sich nicht selbst versorgen kann und auf finanzielle Hilfe angewiesen ist*

So·zi·al·fall *der* <-(e)s, Sozialfälle> *jmd., der auf Sozialhilfe angewiesen ist*

So·zi·al·ge·schich·te *die* <-> */kein Plur./ der Teil der Geschichtswissenschaft, der sich vor allem mit gesellschaftlichen Gruppen, Schichten und Strukturen befasst*

So·zi·al·hil·fe *die* <-> */kein Plur./ das Geld, das der Staat Menschen in Not gibt, damit sie alle Dinge bezahlen können, die sie zum Leben unbedingt brauchen* ▸ Sozialhilfeempfänger

So·zi·a·li·sa·ti·on *die* <-> */kein Plur./ PSYCH. auf dem Wege der Verinnerlichung gesellschaftlicher Normen verlaufender Prozess der Anpassung eines Individuums an Denk- und Verhaltensmuster seines Umfelds*

so·zi·a·li·sie·ren <sozialisiert, sozialisierte, hat sozialisiert> *mit OBJ* ❶ ■ *jmd.* **sozialisiert** *jmdn.* PSYCH. *jmdn. in die Gemeinschaft einordnen* ◆ re- ❷ ■ *jmd.* **sozialisiert etwas** WIRTSCH. *(einen Betrieb, der bisher Privateigentum war,) verstaatlichen*

So·zi·a·lis·mus *der* <-> */kein Plur./* ❶ *(in den Theorien von Marx und Engels) die dem Kommunismus vorausgehende gesellschaftliche Entwicklungsstufe in Form einer Gesellschaft, die auf Gleichheit, Solidarität und Gerechtigkeit basiert, in der es keinen Privatbesitz an den wichtigsten Produktionsmitteln, keine Ausbeutung der Arbeiter und keine Bevormundung bei der Güterverteilung mehr gibt* ❷ *der tatsächlich existierende Sozialismus*[1] *(zum Beispiel in den Ländern des ehemaligen Ostblocks), der für den gesellschaftlichen Besitz der Produktionsmittel und die Kontrolle der Warenproduktion und -verteilung eintritt*

So·zi·a·list *der,* **So·zi·a·lis·tin** <-en, -en> *Vertreter des Sozialismus*

so·zi·a·lis·tisch *adj /nicht steig./ auf den Sozialismus bezogen*

So·zi·al·kun·de *die* <-> */kein Plur./ ein Schulfach, in dem politische und gesellschaftliche Zusammenhänge vermittelt werden*

So·zi·al·leis·tun·gen <-> *Plur. alle Leistungen des Staates und des Arbeitgebers, die der Verbesserung der Arbeits- und Lebensbedingungen sowie der wirtschaftlichen Absicherung des Arbeitnehmers dienen*

S

so·zi·al·li·be·ral *adj /nicht steig./* POL. ❶ *so, dass gleichzeitig soziale³ und wirtschaftliche Ziele verfolgt werden:* eine sozialliberale Politik ❷ *so, dass eine liberale Partei und eine sozialdemokratische Partei gemeinsam an etwas beteiligt sind:* eine sozialliberale Koalition/Regierung

So·zi·al·mie·ter *der,* **So·zi·al·mie·te·rin** <-s, -> *jmd., der in einer Sozialwohnung wohnt*

So·zi·al·pä·d·a·go·gik *die* <-> *der Bereich der Pädagogik, der sich mit der Erziehung und Betreuung von (gefährdeten) Kindern und Jugendlichen außerhalb der Familie und der Schule befasst* ▸ Sozialpädagoge, Sozialpädagogin, sozialpädagogisch

So·zi·al·po·li·tik *die* <-> */kein Plur./ eine Politik, die das Ziel hat, die sozialen Verhältnisse der Bevölkerung zu verbessern* ▸ sozialpolitisch

So·zi·al·pro·dukt *das* <-(e)s, -e> WIRTSCH. *siehe* **Bruttosozialprodukt**

So·zi·al·staat *der* <-(e)s, -en> *ein Staat, der versucht, seine Bürger durch ein System von Sozialleistungen in finanziellen Notsituationen (zum Beispiel aufgrund von Arbeitslosigkeit) vor dem Abgleiten in die Armut zu schützen*

So·zi·al·ver·siche·rung *die* <-, -en> */meist Sing./ die Versicherung des Arbeitnehmers, die die wirtschaftliche Absicherung im Falle von Arbeitslosigkeit, Krankheit und Alter gewährleistet*

so·zi·al·ver·träg·lich *adj so, dass keine sozialen Ungerechtigkeiten entstehen* ▸ Sozialverträglichkeit

So·zi·al·wis·sen·schaf·ten <-> *Plur.* (≈ Gesellschaftswissenschaften) *Wissenschaften mit einem Gegenstandsbereich aus dem Bereich des menschlichen Zusammenlebens:* Anthropologie und Soziologie zählen z.B. zu den Sozialwissenschaften ▸ Sozialwissenschaftler, Sozialwissenschaftlerin, sozialwissenschaftlich

So·zi·al·woh·nung *die* <-, -en> *eine Wohnung in Wohnhäusern, die der Staat für Leute erbaut hat, die wenig Geld haben und für die man wenig Miete bezahlen muss*

so·zio·kul·tu·rell *adj das kulturelle (Werte-)System einer sozialen Gruppe betreffend*

So·zio·lekt *der* <-(e)s, -e> SPRACHWISS. *eine Variante bzw. Varietät einer Sprache, die für eine bestimmte gesellschaftliche Gruppe oder Schicht typisch ist; siehe auch* **Varietät**

So·zio·lo·gie *die* <-> */kein Plur./ die Wissenschaft, die sich mit dem gesellschaftlichen (Zusammen-)Leben, mit dem Verhalten des Menschen in der Gesellschaft oder in einer Gruppe befasst* ▸ Soziologe, Soziologin, soziologisch

so·zio·öko·no·misch *adj /nicht steig./* Gesellschaft und Wirtschaft betreffend

So·zi·us *der* <-, -se/Sozii/Sozien> ❶ <pl: Sozii> WIRTSCH. *jmd., der an einer Firma oder einem Geschäft beteiligt ist* ❷ <pl: Soziusse> *jmd., der auf einem Motorrad hinter dem Fahrer sitzt*

so·zu·sa·gen *adv* (≈ gewissermaßen) *verwendet, um auszudrücken, dass der verwendete Ausdruck nur ungefähr zutrifft:* Das Gemälde war sozusagen das Vorbild vieler ähnlicher Bilder anderer Künstler.

Spach·tel *der/die* <-s/-, -/-n> *ein Werkzeug, mit dem vor allem Maurer arbeiten und mit dem man Gips, Putz, Mörtel o. Ä. auf einer Fläche verteilt und glatt macht*

spach·teln <spachtelst, spachtelte, hat gespachtelt> *mit OBJ/ohne OBJ* ■ *jmd. spachtelt (etwas) etwas mit einem Spachtel auf einer Fläche verteilen und glatt machen:* Er spachtelt Gips in die Fugen.; Sie spachtelt die Decke.; Er spachtelt mit Gips.

Spa·gat¹ *der/das* <-(e)s, -e> ❶ *eine Körperhaltung (beim Turnen, Ballett o. Ä.), bei der die Beine so weit gespreizt sind, dass sie eine Gerade bilden:* Der Turner macht einen Spagat. ❷ *(übertr.) der Vorgang, dass man gleichzeitig Dinge tut oder Aufgaben erfüllt, die sehr gegensätzlich sind und sich oft ausschließen:* Ihm gelingt der Spagat zwischen Kreativität und eiserner Disziplin.

Spa·gat² *der* <-(e)s, -e> ÖSTERR. *Schnur, Bindfaden*

Spa·ghet·ti, *a.* **Spa·get·ti** <-> *Plur. sehr lange dünne Nudeln*

Spa·ghet·ti·trä·ger, *a.* **Spa·get·ti·trä·ger** *der* <-s, -> *sehr schmale Träger², die besonders Kleider oder Oberteile haben, die man im Sommer anzieht:* ein Sommerkleid mit Spaghettiträgern

spä·hen *ohne OBJ* ❶ ■ *jmd. späht (irgendwohin) mit den Augen heimlich jmdn. oder etwas suchen:* Sie spähte durchs Schlüsselloch. ❷ ■ *jmd. späht (nach jmdm./etwas) nach jmdm. oder etwas Ausschau halten:* Er spähte vergeblich nach ihr.

Spä·her *der,* **Spä·he·rin** <-s, -> (≈ Kundschafter) *jmd., der besonders im Krieg heimlich feindliches Gebiet betritt und versucht, möglichst viele Informationen und Erkenntnisse über den Feind zu gewinnen*

Späh·pro·gramm *das* <-(e)s, -e> *Computerprogramm zum Ausspähen von im Internet übertragenen Informationen*

Spa·lier *das* <-s, -e> ❶ *ein Gitter an einer Hauswand, an dem Kletterpflanzen nach oben wachsen:* Der Efeu rankt sich am Spalier empor. ❷ *zwei Reihen von Menschen, die sich einander gegenüber aufstellen:* Die Hochzeitsgäste bildeten ein Spalier für das neuverheiratete Paar.

Spalt *der* <-(e)s, -e> *eine lange, schmale Öffnung:* einen Spalt im Felsen finden; die Tür einen Spalt öffnen

Spal·te *die* <-, -n> ❶ (≈ Spalt) *eine längliche Öffnung in etwas:* eine Spalte in einer Mauer ❷ (≈ Kolumne) *ein Teil eines gedruckten Textes, der in der Form eines länglichen Blocks angeordnet ist:* zwei Spalten Text auf jeder Seite des Wörterbuches ❸ ÖSTERR. *eine einzelne Scheibe einer Frucht:* Die Mutter schneidet den Apfel in Spalten.

spal·ten <spaltest, spaltete, hat gespalten/gespaltet> I. *mit OBJ* ❶ ■ *jmd. spaltet etwas etwas (mit einem Werkzeug) der Länge nach in zwei oder mehrere Teile zerteilen:* Er spaltet Holz mit einer Axt. ❷ ■ *jmd./etwas spaltet jmdn./etwas jmd. oder etwas bewirkt, dass eine Einheit nicht mehr besteht:* Die Affäre drohte die Partei zu spalten. II. *mit SICH* ❶ ■ *etwas spaltet sich et-*

S

was teilt sich: Die Haare/Die Fingernägel spalten sich. ❷ ■ *etwas spaltet sich* sich teilen, eine Einheit aufgeben: Die Partei hatte sich gespalten.

Spal·tung *die* <-, -en> ❶ *das Spalten I,1, II,2* ❷ PHYS. (≈ *Kernspaltung*)

Span *der* <-(e)s, Späne> /*meist Plur./* *eines der vielen kleinen Stücke aus Holz oder Metall, die beim Sägen oder Hobeln entstehen;* ■ **Wo gehobelt wird, (da) fallen Späne.** *Jede an sich gute Sache hat auch negative Seiten.*

Span·fer·kel *das* <-s, -> *ein junges Ferkel, das noch gesäugt wird*

Span·ge *die* <-, -n> ❶ *ein kleiner (verzierter) Gegenstand aus Metall oder Kunststoff, den Frauen als Schmuck im Haar tragen oder mit dem man ein Kleidungsstück zusammenhält:* eine Spange im Haar tragen; Der Umhang wurde von einer Spange zusammengehalten. ❷ *kurz für „Zahnspange"*

Span·gen·schuh *der* <-(e)s, -e> *ein Schuh für Damen, der mit einem kleinen Lederriemen und einem Knopf zum Schließen versehen ist*

Spa·ni·el *der* <-s, -s> *ein kleiner Jagdhund mit langen Haaren und großen Ohren*

Spa·ni·en <-s> *Land in Südwesteuropa* ▶ Spanier, Spanierin

spa·nisch *adj* /*nicht steig./* *auf Spanien oder die spanische Sprache bezogen:* ein spanisches Gericht; Sie spricht spanisch (in spanischer Sprache).; Sie lernt gerade Spanisch (die spanische Sprache).; Wie heißt das denn auf Spanisch?; ■ **jemandem spanisch vorkommen** *(umg.) jmdm. seltsam vorkommen;* ■ **spanischer Reiter** *ein Hindernis;* ■ **spanischer Stiefel** *ein Folterwerkzeug;* ■ **spanische Wand** *Paravent* ◆ Großschreibung →R 3.19, R 3.17 *die Spanische Erbfolgekrieg; die Spanische Fliege (Insekt); siehe auch* **deutsch**

Spann *der* <-(e)s, -e> (≈ *Rist*) *der obere Teil des Fußes*

Spann·be·ton *der* <-s> /*kein Plur./* *besonders stabiler Beton, der Stahl enthält*

Span·ne *die* <-, -n> ❶ (≈ *Zeitraum*) *Um den Programmierfehler zu finden bleibt, lediglich eine Spanne von wenigen Stunden.* ❷ WIRTSCH. *der Gewinn, den ein Händler beim Verkauf einer Ware macht (als der Unterschied zwischen Einkaufs- und Verkaufspreis der Ware)* ◆ Gewinn-, Handels-

span·nen I. *mit OBJ* ❶ ■ *jmd. spannt etwas* an den Enden von etwas ziehen und es so befestigen, dass es straff ist: Wir spannten eine Plane über das Auto. ❷ ■ *jmd. spannt ein Tier vor etwas Akk.* die Gurte eines Zugpferdes an einem Fuhrwerk o. Ä. befestigen: Man spannte die Pferde vor den Wagen. **II.** *ohne OBJ* ■ *etwas spannt (irgendwo)* *(umg.) zu eng sein:* Das Kleid spannt an den Hüften. **III.** *mit SICH* ■ *etwas spannt sich* straff werden: Das Schifftau spannte sich und riss.

span·nend *adj* (↔ *langweilig*) *so, dass man neugierig wird, wie sich eine Geschichte, ein Film, ein Buch o. Ä. weiter entwickelt:* ein spannender Krimi/Roman; Das Buch ist so spannend, dass ich es nicht aus der Hand legen kann.

Span·ner *der* <-s, -> ❶ *(abwert.: ≈ Voyeur)*

❷ ZOOL. *in vielen Arten vorkommender Schmetterling*

Spann·la·ken *das* <-s, -> *ein elastisches Betttuch, das man über eine Matratze spannt*

Spann·tep·pich *der* <-(e)s, -e> SCHWEIZ. *Teppichboden*

Span·nung *die* <-, -en> ❶ ELEKTROTECHN. *die Stärke des elektrischen Stroms, die man in Volt misst:* Vorsicht, diese Leitung steht unter Spannung! ◆ -sabfall, -sgefälle, -smesser, -sprüfer, -sregler, Hoch-, Gleich-, Wechsel- ❷ /*kein Plur./* *die Nervosität und Neugier, die man empfindet, wenn man auf eine wichtige Entscheidung wartet oder wenn Gefahr droht:* Die Zuschauer erwarten mit Spannung die zweite Halbzeit des Finales.; Man spürt förmlich die Spannung in der Halle, das nächste Tor bringt die Entscheidung! ❸ /*meist Plur./* (≈ *Krise*) *ein Zustand, in dem sehr leicht ein Streit oder eine problematische Situation entstehen kann:* Thema der Gespräche waren auch die sozialen/politischen/wirtschaftlichen Spannungen.

Span·nungs·mes·ser *der* <-s, -> ELEKTROTECHN. *ein Gerät, mit dem man die Spannung[1] messen kann*

Spann·wei·te *die* <-, -n> *die Länge der beiden Flügel eines Vogels bzw. der beiden Tragflächen eines Flugzeugs*

Span·plat·te *die* <-, -n> *eine Platte aus gepressten und verleimten Holzspänen*

Spar·brief *der* <-(e)s, -e> BANKW. *eine Bescheinigung darüber, dass man Geld für längere Zeit angelegt hat*

Spar·buch *das* <-(e)s, Sparbücher> BANKW. *ein kleines Heft, in dem steht, wie viel Geld man auf einem bestimmten Bankkonto hat und in dem die Bank verzeichnet, wenn man Geld abhebt, einzahlt usw.:* Er hat ein Sparbuch für seinen Sohn angelegt.

Spar·büch·se *die* <-, -n> (≈ *Spardose*)

Spar·do·se *die* <-, -n> *ein Gefäß, in das man Münzen und Geldscheine legt, also man spart I*

Spar·ein·la·ge *die* <-, -n> *eine Geldsumme, die man bei einer Bank eingezahlt hat und die in einem Sparbuch vermerkt ist*

spa·ren I. *mit OBJ/ohne OBJ* ■ *jmd. spart (etwas/Geld) (auf/für etwas Akk.)* Geld nicht ausgeben, sondern (für einen bestimmten Zweck) aufheben: Sie spart ihr Taschengeld.; Wir sparen auf ein neues Auto.; Ich habe für das Fahrrad ein Jahr sparen müssen. ▶ Sparförderung, Spargroschen, Sparplan, Sparpolitik, Sparpreis, Sparquote, Sparvorschlag, Sparzins, Sparzwang **II.** *mit OBJ* ❶ ■ *jmd./etwas spart etwas* weniger von etwas verbrauchen: Wir sparen Energie.; Ein solches Verfahren spart Kosten. ❷ ■ *jmd./etwas spart sich/jmdm. etwas* (≈ *sich ersparen*) so handeln, dass man etwas nicht tun muss bzw. eine (unangenehme) Situation vermeidet: Auf diese Weise sparten wir uns viel Arbeit und Ärger.

Spa·rer *der,* **Spa·re·rin** <-s, -> *jmd., der spart I*

Spar·flam·me ■ **auf Sparflamme** *(umg. scherzh.) mit geringem Kraftaufwand:* Er arbeitet nur noch auf Sparflamme.

Spar·gel *der* <-s, -> *eine Gemüsepflanze mit wei-*

ßen Stängeln, die in sandigem Boden unter der Erde wachsen und die als besondere Spezialität gelten: zum Spargel Schinken, eine helle Soße und Weißwein servieren ◆-beet, -gemüse, -kraut, -spitze, -suppe, -topf, -zeit

Spar·gut·ha·ben das <-s, -> das Guthaben, das in einem Sparbuch eingetragen ist

Spar·heft das <-(e)s, -e> SCHWEIZ. Sparbuch

Spar·kas·se die <-, -n> eine Bank, die von einer Stadt oder Gemeinde betrieben wird

Spar·kon·to das <-s, Sparkonten> ein Bankkonto, auf dem gespartes Geld deponiert ist

spär·lich adj so, dass nur wenig von etwas vorhanden ist: Sie erhält nur eine spärliche Rente.; Das Konzert war spärlich besucht.

Spar·maß·nah·me die <-, -n> eine Maßnahme, mit der man den Verbrauch von Geld, Energie, Kraft o. Ä. einschränkt: Die Regierung beschloss eine Reihe von Sparmaßnahmen.

Spar·prä·mie die <-, -n> SCHWEIZ. die Prämie, vom Staat bekommt, wenn er Geld auf einem besonderen Konto anlegt und spart

Spar·ren der <-s, -> einer der schrägen Balken, die das Dach eines Hauses stützen

Spar·ring das [ˈʃparɪŋ] <-s> /kein Plur./ SPORT Trainingskampf beim Boxen ◆-spartner

spar·sam adj ❶ so, dass jmd. wenig (Geld) verbraucht: ein sparsamer Mensch; Schotten und Schwaben gelten als besonders sparsam. ❷ so, dass etwas wenig Benzin, Energie o. Ä. benötigt: Das Auto ist sehr sparsam im Verbrauch. ❸ (≈ spärlich) so, dass es nur auf das Notwendige beschränkt ist: Sie leben in einer sparsam eingerichteten Wohnung.

Spar·sam·keit die <-> /kein Plur./ sparsame Art: Ich nenne das nicht mehr Sparsamkeit, sondern Geiz.; Man kann auch die Sparsamkeit übertreiben.

Spar·schwein das <-(e)s, -e> eine Sparbüchse, die wie ein Schwein geformt ist

Spar·strumpf der <-(e)s, Sparstrümpfe> ein Strumpf, in dem manche Menschen ihr gespartes Geld aufbewahren

spar·ta·nisch adj (geh.) sehr einfach und auf das Nötigste beschränkt: Ein Bett, ein Tisch und ein Stuhl – das Zimmer war wirklich spartanisch eingerichtet.

Spar·te die <-, -n> ❶ ein bestimmter Teil oder Bereich eines Ganzen: In dieser Sparte werden laufend Arbeitsplätze angeboten.; In der Sparte „Nutzfahrzeuge" ist der Umsatz gefallen, in der Sparte „Sportwagen" dagegen gestiegen. ❷ (≈ Rubrik) ein bestimmter Teil einer Zeitung zu einem bestimmten Thema: Er schreibt für die Sparte Kultur.

Spar·ten·ka·nal der <-s, Spartenkanäle> ein Fernseh- oder Radiosender, der nur Sendungen aus einem bestimmten Bereich, wie z. B. Kultur, Nachrichten, Musik, ausstrahlt

Spaß der <-es, Späße> ❶ (≈ Scherz) etwas, das man sagt oder tut, damit andere es lustig finden und darüber lachen: Das war ein gelungener/ harmloser/schlechter Spaß; Er hat doch nur Spaß gemacht. ❷ /kein Plur./ das Vergnügen und die Freude, die man bei einer Sache empfindet: Wir

hatten viel Spaß bei dem Ausflug.; Das macht mir keinen Spaß!; Viel Spaß!; Er hat uns den ganzen Spaß verdorben.

spa·ßen ohne OBJ ▪ jmd. spaßt (mit jmdm./etwas) scherzen: Ich spaße nicht!; ▪ mit jemandem/etwas ist nicht zu spaßen jmd. oder etwas ist sehr ernst zu nehmen

spa·ßes·hal·ber adv so, dass man keine bestimmte Absicht damit verbindet, sondern es nur zum Spaß tut

spa·ßig adj lustig und unterhaltsam: ein spaßiger Film; Er ist ein spaßiger Bursche, der immer Witze macht.

Spaß·ma·cher der, **Spaß·ma·che·rin** <-s, -> jmd., der gern Scherze macht, um andere zu unterhalten

Spaß·ver·der·ber der, **Spaß·ver·der·be·rin** <-s, -> (≈ Spielverderber) jmd., der bei einem Spaß nicht mitmacht und so anderen die Freude daran nimmt

Spaß·vo·gel der <-s, Spaßvögel> (umg.) jmd., der gerne scherzt

spas·tisch adj /nicht steig./ MED. so, dass die Muskeln des Körpers sich zu sehr zusammenziehen: Sie ist spastisch gelähmt.

spät adj ❶ am Ende eines bestimmten Zeitraums: Wir sind erst spät in der Nacht nach Hause gekommen.; So spät in der Saison sind nur wenige Feriengäste im Hotel. ❷ so, dass es nach dem sonst üblichen oder erwartbaren Zeitpunkt liegt: Ostern liegt dieses Jahr spät.; Bis später!; ▪ von früh bis spät den ganzen Tag ◆Spätantike, Spätfilm, Spätfrucht, Spätobst, Spätphase, Spätrenaissance ◆Getrenntschreibung →R 4.8 Dann wird es wohl zu spät sein.; ◆Getrenntschreibung →R 4.16 ein spät geborenes/spätgeborenes Kind; die spät Kommenden/Spätkommenden; die zu spät Gekommenen; ◆Schreibung mit Bindestrich →R 4.21 Bitte entschuldigen Sie mein Zuspät-Kommen!

spät·abends adv spät am Abend: Wir sind erst spätabends nach Hause gekommen.

Spät·aus·sied·ler der, **Spät·aus·sied·le·rin** <-s, -> ein Einwohner eines anderen Staates, der deutsche Vorfahren hat und der alle Rechte eines Deutschen erhält, wenn er nach Deutschland zieht

Spät·bu·cher der, **Spät·bu·che·rin** <-s, -> jmd., der einen Urlaub erst kurz vor Beginn der Reise bucht, um weniger Geld zu bezahlen

Spa·tel der/die <-s/-, -/-n> ein kleiner Spachtel

Spa·ten der <-s, -> eine Art Schaufel, mit der man den Boden umgräbt oder ein Loch aushebt: Er gräbt den Garten mit einem Spaten um.

spä·ter (Komp. zu „spät") **I.** adj (≈ zukünftig) so, dass das Genannte erst in der Zukunft existiert oder der Fall ist: Was werden wohl die späteren Generationen über uns denken?; Damals lernte sie ihren späteren Mann kennen. **II.** adv nach einer gewissen Zeit: Kann ich Sie später zurückrufen?; Bis später!

spä·tes·tens adv (↔ frühestens) so, dass es nicht später als bis zu dem genannten Zeitpunkt ist: Ich bin spätestens in einer Stunde wieder hier.; Sie

S

müssen bis spätestens morgen 12 Uhr das Hotel verlassen.

Spät·fol·ge *die* <-, -n> *ein Schaden oder eine negative Folge von etwas, die erst (viel) später auftreten als die Handlung, die sie verursacht hat:* Der rätselhafte Tod des Sportlers soll eine Spätfolge von Doping sein.

Spät·ge·burt *die* <-, -en> *(↔ Frühgeburt)* ❶ *die Geburt eines Kindes, die später stattfindet als erwartet* ❷ *ein Kind, das durch eine Spätgeburt [1] zur Welt gekommen ist*

Spät·herbst *der* <-(e)s, -e> *die Zeit kurz vor Winterbeginn*

Spät·le·se *die* <-, -n> ❶ *die Ernte von reifen Weintrauben gegen Ende des Herbstes* ❷ *qualitativ hochwertiger Wein aus Trauben der Spätlese [1]*

Spät·nach·rich·ten <-> *Plur. eine Nachrichtensendung in Fernsehen oder Rundfunk, die spätabends oder nachts gesendet wird*

Spät·pro·gramm *das* <-(e)s> */kein Plur./ alle Sendungen, die spätabends oder nachts im Fernsehen oder Rundfunk kommen und die oft für Jugendliche nicht geeignet sind*

Spät·scha·den *der* <-s, Spätschäden> */meist Plur. / die Folge eines (organischen) Schadens, die erst (lange) nach der eigentlichen Schädigung auftritt:* Er leidet heute noch an den Spätschäden des Unfalls.

Spät·schicht *die* <-, -en> *(↔ Frühschicht) eine Arbeitsschicht, die spätabends beginnt:* Er hat die ganze Woche Spätschicht in der Fabrik.

Spät·som·mer *der* <-s, -> *die Zeit kurz vor Herbstbeginn*

Spät·vor·stel·lung *die* <-, -en> FILM, THEAT. *eine Aufführung eines Theaterstückes oder Kinofilms, die spätabends stattfindet:* Ich habe Kinokarten für die Spätvorstellung um 22 Uhr reserviert.

Spät·werk *das* <-(e)s> */kein Plur./ alle Werke eines Künstlers, die er in der letzten Phase seiner Arbeit geschaffen hat:* im Museum eine Ausstellung des Spätwerks von Picasso ansehen

Spatz *der* <-en/-es, -en> *(≈ Sperling) ein kleiner Vogel mit grauen und braunen Federn;* ■ *das pfeifen die Spatzen von den/allen Dächern (umg.)* das wissen längst alle

Spat·zen·hirn *das* <-s, -e> *(umg. abwert.) geringe Intelligenz:* Wie soll er das mit seinem Spatzenhirn verstehen?

Spätz·le <-> *Plur. kleine längliche Nudeln, die man besonders im Süden Deutschlands isst*

Spät·zli <-> *Plur.* SCHWEIZ. *Spätzle*

Spät·zün·der *der* <-s, -> ■ *jemand ist ein Spätzünder (umg. scherzh.) jmd. begreift Dinge eher langsam*

spa·zie·ren *ohne OBJ* ■ *jmd. spaziert (irgendwohin) langsam, nur zum Vergnügen und zum bestimmten Ziel gehen:* Wir spazierten auf und ab. ◆ Getrenntschreibung →R 4.8 spazieren gehen; spazieren führen; spazieren fahren

spa·zie·ren füh·ren <führst spazieren, führte spazieren, hat spazieren geführt> *mit OBJ* ■ *jmd. führt ein Tier spazieren mit einem Tier spazieren gehen und es dabei leiten:* Ich muss

noch den Hund spazieren führen.; *siehe aber auch* **spazieren**

Spa·zier·fahrt *die* <-, -en> *ein Ausflug mit dem Auto, der meist kein festes Ziel hat*

Spa·zier·gang *der* <-(e)s, Spaziergänge> *das Spazieren:* Komm doch mit, wir wollen noch einen Spaziergang machen! ◆ Sonntags-, Strand-, Wald- ▸ Spaziergänger, Spaziergängerin

Spa·zier·stock *der* <-(e)s, Spazierstöcke> *ein Stock mit einem runden Griff, auf den sich (ältere) Menschen beim Gehen stützen*

Spa·zier·weg *der* <-(e)s, -e> *ein Weg, an dem viele Menschen gerne Spaziergänge machen*

Specht *der* <-(e)s, -e> *ein Vogel, der mit seinem Schnabel an Bäume klopft, um Insekten zu fangen*

Spe·cial *das* ['spɛʃəl] <-s, -s> *eine Sendung im Fernsehen oder im Rundfunk, die sich nur mit einem bestimmten Thema, einer bestimmten Persönlichkeit oder einem bestimmten Ereignis beschäftigt*

Speck *der* <-(e)s> */kein Plur./* ❶ *ein Stück Schweinefleisch mit viel Fett:* geräucherter/durchwachsener Speck; Spiegeleier mit Speck ❷ *(umg. scherzh.) Fettpolster:* Sie hat ganz schön Speck um die Hüften.

spe·ckig <speckiger, am speckigsten> *adj so, dass etwas sehr gebraucht aussieht und vor Fett oder Schmutz glänzt:* Der Hemdkragen war schon ganz speckig.

Speck·röll·chen *das* <-s, -> *(umg. scherzh.) Speck [2]*

Speck·sei·te *die* <-, -n> *ein großes Stück Speck vom Schwein*

Speck·stein *der* <-(e)s> */kein Plur./ ein sehr weiches Mineral, das sich fettig anfühlt und aus dem man beispielsweise Skulpturen formen kann*

Spe·di·teur *der,* **Spe·di·teu·rin** [ʃpedi'tøːɐ̯] <-s, -e> *jmd., der eine Spedition betreibt*

Spe·di·ti·on *die* <-, -en> *ein Unternehmen, das Güter und Möbel mit Lastwagen befördert* ◆ -sunternehmen

spe·di·tiv *adj* SCHWEIZ. *rasch, zügig*

Speer *der* <-(e)s, -e> ❶ *(≈ Lanze, Spieß) ein langer Stab mit einer scharfen Spitze, der früher als Waffe diente* ❷ SPORT *ein Stab, der ungefähr wie ein Speer [1] aussieht und den man möglichst weit werfen muss* ◆ -werfer(in), -wurf

Spei·che *die* <-, -n> ❶ *eine der vielen ganz dünnen Stangen, die bei einem Rad die Felge mit der Nabe verbinden* ❷ ANAT. *(↔ Elle) einer der beiden Knochen, die den Unterarm bilden*

Spei·chel *der* <-s> */kein Plur./ die Flüssigkeit, die sich im Mund bildet und die das Kauen und Schlucken von Nahrung leichter macht*

Spei·chel·le·cker *der,* **Spei·chel·le·cke·rin** <-s, -> *(umg. abwert.) jmd., der seinem Vorgesetzten gegenüber besonders unterwürfig ist, um sich beliebt zu machen und sich Vorteile zu verschaffen* ▸ Speichelleckerei

Spei·cher *der* <-s, -> ❶ SÜDDT., WESTMDT. *Dachboden:* Die alte Holzkiste steht auf dem Speicher. ❷ *ein Gebäude, in dem man Vorräte oder Waren aufbewahrt:* Das Getreide wird im Speicher gelagert. ◆ Getreide-, Korn- ❸ EDV *der Teil eines Com-*

puters, in dem Informationen und Daten gespeichert sind ◆ -baustein, -element, -erweiterung, -kapazität, -optimierung, -platz, Arbeits-, Festplatten-

spei·cher·in·ten·siv *adj* EDV *so, dass Daten, Programme o. Ä. besonders viel Platz auf dem Speicher[3] benötigen*

Spei·cher·me·di·um *das* <-s, Speichermedien> EDV (≈ *Datenträger) ein Gegenstand wie eine Diskette, eine CD o. Ä., auf dem man Daten speichern kann*

spei·chern <speicherst, speicherte, hat gespeichert> *mit OBJ* **❶** ■ *jmd. speichert etwas (irgendwo) lagern* **❷** ■ *jmd. speichert etwas (irgendwo)* EDV *Daten auf einem Speicher[3] sichern, damit man sie wieder verwenden kann:* Ich habe die Daten auf der Festplatte/auf einer Diskette gespeichert.

Spei·cher·platz *der* <-es, ...-plätze> EDV *die Menge an Daten und Informationen, die auf einen Datenträger passen:* Auf der Diskette ist kein Speicherplatz mehr frei.

Spei·che·rung *die* <-, -en> */Plur. selten/ das Speichern[1, 2]:* Durchführung vollständiger Speicherungen

spei·en <speist, spie, hat gespien> *mit OBJ/ohne OBJ (geh.)* **❶** ■ *jmd. speit (etwas) spucken, sich erbrechen:* Der Kranke spie Blut.; Ihr wurde schlecht und sie musste speien. **❷** ■ *etwas speit (etwas) eine Flüssigkeit kommt aus etwas heraus:* Der Vulkan speit Lava.; Die Brunnenfiguren speien wieder.

Spei·se *die* <-, -n> (≈ *Gericht) eine bestimmte Menge verschiedener Nahrungsmittel, die in einer bestimmten Weise zubereitet sind:* Es gab kalte/warme Speisen. ◆ -nfolge, -öl, -saal, Lieblings-, Nach-, Vor-

Spei·se·brei *der* <-(e)s> */kein Plur./ die dicke, flüssige Masse, die aus Speisen entsteht, wenn diese im Magen des Menschen verdaut werden*

Spei·se·eis *das* <-es> */kein Plur./ Eis*

Spei·se·kam·mer *die* <-, -n> *ein kleiner Raum (neben der Küche), in dem man Vorräte aufbewahrt*

Spei·se·kar·te *die* <-, -n> *ein Heft, das meist auf den Tischen eines Restaurants liegt und in dem die Speisen und Getränke stehen, die man in dem Restaurant bestellen kann*

spei·sen <speist, speiste, hat gespeist> **I.** *mit OBJ/ohne OBJ* ■ *jmd. speist (etwas) (geh.) essen:* Wir speisten Lachs.; In diesem Lokal kann man exklusiv/vorzüglich speisen. **II.** *mit OBJ* **❶** ■ *jmd. speist jmdn. (geh.) armen Menschen etwas zu essen geben:* Man speiste die Armen. **❷** ■ *etwas speist etwas (≈ versorgen)* Der Stausee wird von zwei Flüssen gespeist.; Die Taschenlampe wird von einer Batterie gespeist.

Spei·sen·auf·zug *der* <-(e)s, Speisenaufzüge> *ein kleiner Aufzug[1], mit dem man fertige Speisen von der Küche eines Hotels o. Ä. zum Restaurant befördert*

Spei·sen·fol·ge *die* <-, -en> (≈ *Menü) alle Gänge einer größeren Mahlzeit*

Spei·se·raum *der* <-(e)s, Speiseräume> (≈ *Speisesaal)*

Spei·se·röh·re *die* <-, -n> ANAT. *das Organ in Form eines Schlauches, durch das das Essen vom Mund in den Magen gelangt*

Spei·se·wa·gen *der* <-s, -> EISENB. *ein Wagen in einem Eisenbahnzug mit eingebauter Küche und einer Art Restaurant, in dem man essen kann*

Spek·ta·kel[1] *das* <-s, -> *ein Ereignis, das aufregend ist und Aufsehen erregt:* Der Vulkanausbruch war ein beeindruckendes Spektakel.

Spek·ta·kel[2] *der* <-s, -> *(umg.) Lärm, Radau, Krach:* Mach doch nicht einen solchen Spektakel!

spek·ta·ku·lär *adj so, dass etwas Aufsehen erregt*

spek·t·ral *adj /nicht steig./* PHYS. *das Spektrum[1] betreffend*

Spek·t·ral·far·be *die* <-, -n> */meist Plur./* PHYS. *eine der reinen Farben mit einer bestimmten Wellenlänge, aus denen sich das weiße Licht zusammensetzt*

Spek·t·rum *das* <-s, Spektren/Spektra> **❶** PHYS. *die verschiedenen Regenbogenfarben, aus denen sich das weiße Licht zusammensetzt* **❷** *(geh.) eine Auswahl, die die Vielfalt von etwas zeigt:* Die Ausstellung deckt ein breites Spektrum der zeitgenössischen Kunst ab.

Spe·ku·lant *der*, **Spe·ku·lan·tin** <-en, -en> *jmd., der sich auf unsichere Geschäfte einlässt* ◆ Börsen-

Spe·ku·la·ti·on *die* <-, -en> **❶** (≈ *Mutmaßung) der Vorgang, dass man über etwas, das man nicht genau weiß, Überlegungen anstellt:* Über den Ausgang der Verhandlungen lassen sich momentan bestenfalls Spekulationen anstellen.; Das ist doch reine Spekulation! **❷** WIRTSCH. *ein Geschäft, bei dem man auf Gewinne durch zukünftige Veränderungen von Preisen hofft:* Die Spekulation mit Grundstücken/Aktien hat ihm viel Geld eingebracht. ◆ -sgewinn, Börsen-

Spe·ku·la·ti·us *der* <-, -> *ein flaches, würziges Gebäck, das man vor allem in der Weihnachtszeit isst*

spe·ku·la·tiv *adj /nicht steig./* **❶** *so, dass etwas nicht auf Tatsachen beruht, sondern nur aus Vermutungen besteht:* Solche Ideen/Gedanken sind doch rein spekulativ. **❷** WIRTSCH. *die Spekulation[2] betreffend oder auf ihr beruhend*

spe·ku·lie·ren <spekulierst, spekuliert, hat spekuliert> *ohne OBJ* **❶** ■ *jmd. spekuliert (über etwas* Akk.*) (≈ mutmaßen) darüber nachdenken oder sprechen, wie sich etwas, von dem man nicht viel weiß, entwickelt:* Über den Ausgang des Gerichtsverfahrens wurde viel spekuliert. **❷** ■ *jmd. spekuliert (an der Börse)* WIRTSCH. *in der Hoffnung auf große Gewinne riskante Geschäfte machen:* Sie spekuliert mit Grundstücken/Aktien.; an der Börse spekulieren **❸** ■ *jmd. spekuliert (auf etwas* Akk.*) (umg.) mit etwas rechnen:* Er spekuliert auf eine Erbschaft/auf eine gute Note/auf eine neue Wohnung.

Spe·lun·ke *die* <-, -n> *(umg. abwert.:* ≈ *Kaschemme) eine Kneipe, die keinen guten Ruf hat*

Spel·ze *die* <-, -n> **❶** *die dünne Hülse eines Getreidekorns* **❷** *Teil des Blütenstandes von Gräsern*

spen·da·bel <spendabler, am spendabelsten> *adj (umg.) großzügig, freigiebig*

S

Spen·de _die_ <-, -n> _Geld, das man freiwillig für einen sozialen oder wohltätigen Zweck gibt:_ eine Spende machen; Spenden für einen wohltätigen Zweck sammeln ◆-naufruf, -ngeld, -nkonto

spen·den I. _mit OBJ/ohne OBJ_ ■ _jmd. spendet (etwas) (für jmdn./etwas)_ als Spende geben: Man spendete viel Geld für die Opfer des Erdbebens.; Er spendet für einen guten Zweck. II. _mit OBJ_ ➊ ■ _jmd./etwas spendet etwas_ etwas abgeben, (um anderen zu helfen): Er spendet regelmäßig Blut.; Sie hat eine Niere gespendet.; Der Baum spendet Schatten. ➋ (geh.) ■ _jmd./etwas spendet (jmdm.) etwas_ jmdm. zuteilwerden lassen: Er spendet ihr Trost.; Das Publikum spendete dem Künstler viel Beifall.

Spen·den·af·fä·re _die_ <-, -n> _der Vorgang, dass Spendengelder nicht für den Zweck genutzt worden sind, für den sie bestimmt waren:_ Führende Politiker der Partei waren in die Spendenaffäre verwickelt.

Spen·den·ak·ti·on _die_ <-, -en> _eine Aktion, wie beispielsweise ein Benefizkonzert o. Ä., bei der Menschen dazu aufgefordert werden, Geld für einen guten Zweck zu spenden_

Spen·der _der_, **Spen·de·rin** <-s, -> ➊ _jmd., der etwas spendet:_ Allen Spendern wurde gedankt. ◆-blut, -niere ➋ _ein spezielles Gefäß, aus dem man flüssige oder breiartige Substanzen wie Flüssigseife oder Zahncreme in kleinen Portionen entnehmen kann_ ◆Seifen-

spen·die·ren <spendierst, spendierte, hat spendiert> _mit OBJ_ ■ _jmd. spendiert (jmdm.) etwas_ (umg.) jmdm. etwas, z. B. ein Getränk oder ein Essen, bezahlen: Ich spendiere dir jetzt ein Bier!

spen·dier·freu·dig _adj_ so, dass jmd. gerne anderen etwas spendiert: Sie ist heute sehr spendierfreudig, sie zahlt schon die dritte Runde. ▶Spendierfreudigkeit

Spen·dier·ho·sen ■ _jemand hat die Spendierhosen an_ (umg.) jmd. ist in einer spendierfreudigen Laune

Speng·ler _der_, **Speng·le·rin** <-s, -> SÜDDT., ÖSTERR., SCHWEIZ. _Klempner_

Spen·zer _der_ [sˈpɛntsɐ] <-s, -> _eine kurze, eng anliegende Jacke_

Sper·ber _der_ <-s, -> _ein kleiner Greifvogel mit graubraunen Federn_

Spe·renz·chen, a. **Spe·ren·zi·en** <-> _Plur. (umg. abwert.) Schwierigkeiten, die jmd. jmdm. bereitet, weil er etwas nicht tun will:_ Mach jetzt bloß keine Sperenzchen!

Sper·ling _der_ <-s, -e> (≈ Spatz)

Sper·ma _das_ <-s, Spermen/Spermata> _die Flüssigkeit, die die männlichen Samenzellen enthält_

Sper·mi·um _das_ <-s, Spermien> BIOL. _reife, männliche Keimzelle_

Sper·mi·zid _das_ <-(e), -e> MED. _ein Mittel zur Empfängnisverhütung, das die männlichen Samenzellen abtötet_

sperr·an·gel·weit _adv_ (umg.) ■ **sperrangelweit offen** _sehr weit geöffnet_ Die Tür steht schon wieder sperrangelweit offen.

Sper·re _die_ <-, -n> ➊ _eine Vorrichtung wie eine Schranke, ein Zaun o. Ä., die verhindern soll, dass_ andere einen bestimmten Weg einschlagen oder einen bestimmten Platz betreten: Die Polizisten errichteten auf der Straße eine Sperre. ◆Straßen- ➋ _das Verbot, an offiziellen Wettkämpfen teilzunehmen:_ Nachdem er des Dopings überführt worden war, verhängte man über den Sportler eine Sperre von zwei Jahren.

sper·ren I. _mit OBJ_ ➊ ■ _jmd. sperrt etwas_ dafür sorgen, dass niemand weitergehen oder weiterfahren kann: Die Polizei sperrte die Straße. ➋ ■ _jmd. sperrt (jmdm.) etwas_ verhindern, dass jmd. etwas weiter benutzen kann: Man sperrte ihm das Telefon/das Konto. ➌ SPORT ■ _jmd. sperrt jmdn._ einem Spieler oder einer Mannschaft verbieten, an einem offiziellen Wettkampf teilzunehmen: Nach dem groben Foul wurde der Spieler für sechs Wochen gesperrt. ➍ ■ _jmd. sperrt ein Tier irgendwohin_ ein Tier in einen Raum bringen, aus dem es nicht entweichen kann: Der bissige Hund wurde in einen Käfig gesperrt. II. _mit SICH_ ■ _jmd. sperrt sich (gegen etwas Akk.)_ sich weigern, etwas zu tun: Sie sperrte sich gegen den Plan.

Sperr·feu·er _das_ <-s, -> MILIT. _Feuer, das in einem Gefecht verhindern soll, dass der Gegner angreifen kann_

Sperr·frist _die_ <-, -en> RECHTSW. _ein Zeitraum, in dem jmd. bestimmte Dinge nicht tun darf_

Sperr·ge·biet _das_ <-(e)s, -e> _ein Gebiet, das nur bestimmte Personen betreten dürfen:_ Bei diesem Areal handelt es sich um ein militärisches Sperrgebiet, das nicht betreten werden darf.

Sperr·holz _das_ <-es> /kein Plur./ _eine Platte, die aus mehreren dünnen verleimten Schichten Holz besteht_

sper·rig _adj_ groß und unhandlich: Ich weiß nicht, wie wir diesen sperrigen Schrank transportieren sollen. ▶Sperrigkeit

Sperr·müll _der_ <-s> /kein Plur./ _Müll, der aus sperrigen Gegenständen, wie beispielsweise Möbeln, besteht und der gesondert abgeholt werden muss_ ◆-abholung

Sperr·sitz _der_ <-es, -e> _im Zirkus die vorderen, im Kino oder Theater die hinteren Plätze_

Sperr·stun·de _die_ <-, -n> (≈ Polizeistunde)

Spe·sen <-> _Plur. Unkosten und Auslagen, die jmd. beispielsweise im Rahmen von Geschäftsreisen hat und die vom Arbeitgeber ersetzt werden;_ ■ **außer Spesen nichts gewesen** (umg.) verwendet, um auszudrücken, dass eine Sache nicht den gewünschten Erfolg gebracht hat ◆-aufstellung, -rechnung

Spes·sart _der_ <-s> _ein deutsches Mittelgebirge_

Spe·zi _der_ <-s, -(s)> SÜDDT., ÖSTERR. _guter Freund_

Spe·zi·al- _als Erstglied zusammengesetzter Substantive; drückt aus,_ ➊ _dass jemand oder etwas eine ganz bestimmte Funktion hat und sich so von anderen/anderem unterscheidet_ ◆-ambulanz, -anfertigung, -anhänger, -anlagen, -antenne, -ausführung, -ausrüstung, -baustoffe, -besteck, -bibliothek, -bier, -beton, -bohrungen, -boote, -druck, -effekt, -einheit, -fahrzeug, -filter, -fonds, -futter, -geschäft, -geschosse, -glas, -handel, -handschuh, -kamera, -klinik, -munition, -nahrung, -objektiv, -papier, -schrauben, -schuhe, -sprunglauf, -training,

-vollmacht, -zeichen ❷ *dass sich jmd. oder etwas auf ein bestimmtes Teilgebiet eines Fachs bezieht* ◆-ausbildung, -disziplin, -gebiet, -kenntnisse, -literatur, -wissen

spe·zi·a·li·sie·ren <spezialisierst, spezialisierte, hat spezialisiert> *mit SICH* ■ *jmd.* **spezialisiert sich auf etwas** *Akk. sich auf ein Fachgebiet konzentrieren:* Der Verlag spezialisierte sich früh auf die Erstellung von Wörterbüchern.

Spe·zi·a·li·sie·rung *die* <-, -en> *das Spezialisieren*

Spe·zia·list *der;* **Spe·zia·lis·tin** <-en, -en> *(≈ Experte) ein Fachmann oder eine Fachfrau mit einem bestimmten Spezialgebiet:* Sie ist eine Spezialistin für Steuerrecht.; Mehrere Spezialisten arbeiten an der Lösung des Problems. ◆Computer-

Spe·zi·a·li·tät *die* <-, -en> ❶ *eine Speise, die für eine bestimmte Region oder ein bestimmtes Restaurant typisch ist:* In diesem Lokal gibt es vorwiegend bayerische Spezialitäten.; Ich empfehle Ihnen die Spezialität des Hauses. ❷ *etwas, das jmd. besonders gut kann:* Die Lösung von komplizierten Rätseln ist seine Spezialität.

spe·zi·ell I. *adj* ❶ *(≈ besonders ↔ allgemein) so, dass es vom Allgemeinen abweicht und für einen besonderen Fall gilt:* Sollten Sie spezielle Fragen oder Wünsche haben, können Sie sich gerne an mich wenden. ❷ *(≈ besonders)* Das Essen habe ich speziell für dich gekocht.; Der Stuhl wurde speziell für mich angefertigt. II. *adv in besonders hohem Maße, vor allem:* Ich mag Wein, speziell aus dieser Gegend. ◆Großschreibung →R 3.4, R 3.7 im Speziellen

Spe·zi·es *die* ['ʃpeːtsiɛs, 'speːtsiɛs] <-, -> BIOL. *(≈ Art) grundlegende Einheit der biologischen Klassifikation:* die Spezies des Homo sapiens ◆Sub-

Spe·zi·fi·ka·ti·on *die* <-, -en> ❶ */kein Plur./ Aufzählung im Einzelnen, detaillierte Darlegung* ❷ */nur Plur./ die technischen Angaben, die ein Gerät beschreiben*

Spe·zi·fi·kum *das* <-s, Spezifika> *(geh.) eine Eigenschaft oder ein Merkmal, das jmdn./etwas von anderen unterscheidet*

spe·zi·fisch *adj /nicht steig./ so, dass es für jmdn. oder etwas charakteristisch und typisch ist und eine Art kennzeichnet:* Ein spezifisches Merkmal des Menschen ist seine Fähigkeit, sprechen zu können.; In der Physik bezeichnet das spezifische Gewicht das Gewicht eines Körpers im Verhältnis zu seinem Volumen.

-spe·zi·fisch *als Zweitglied zusammengesetzter Adjektive; drückt aus, dass etwas besonders typisch für das mit dem Erstglied Bezeichnete ist* ◆alters-, branchen-, geschlechts-, rollen-, system-

spe·zi·fi·zie·ren <spezifizierst, spezifizierte, hat spezifiziert> *mit OBJ* ■ *jmd.* **spezifiziert etwas** *etwas genau und ausführlich erklären:* Können Sie die Ein- und Ausgaben/dieses Problem spezifizieren? ▶ Spezifizierung

Sphä·re *die* <-, -n> ❶ *Himmelsgewölbe* ❷ *ein Bereich, in dem jmd. Einfluss hat oder den jmdn. interessiert:* die private/öffentliche/politische Sphäre ◆Interessen-, Intim-, Privat-

Sphinx *die* <-> *ein Fabelwesen (aus der ägyptischen Mythologie) mit dem Leib eines Löwen und dem Kopf eines Menschen*

Spi·ckel *der* <-s, -> SCHWEIZ. *Zwickel an Kleidungsstücken*

spi·cken I. *mit OBJ* ❶ ■ *jmd.* **spickt etwas** KOCH. *kleine Speckstücke in mageres Fleisch stecken:* Er spickte den Rinderbraten. ❷ ■ *jmd.* **spickt etwas mit etwas** *Dat. (umg.) sehr reichlich mit etwas ausstatten:* Sie spickte ihren Vortrag mit Fremdwörtern. II. *ohne OBJ* ■ *jmd.* **spickt (bei jmdm.)** *(umg.) bei einer Prüfung abschreiben:* Er hatte beim Sitznachbarn gespickt und eine Sechs bekommen.

Spick·zet·tel *der* <-s, -> LANDSCH. *kleiner Zettel zum Spicken II*

Spie·gel *der* <-s, -> ❶ *eine glatte Glasfläche, die zeigt, was sich vor ihr befindet:* Sie schminkt sich vor dem Spiegel.; Er steht den ganzen Tag vorm Spiegel. ◆Schmink-, Taschen-, Wand- ❷ *(übertr.) etwas, worin die wesentlichen Eigenschaften von von etwas (indirekt) sichtbar werden:* Die Texte dieser Autorin sind ein Spiegel unserer Zeit.; ■ **jemandem den Spiegel vorhalten** *jmdn. auf seine Fehler oder seine schlechten Eigenschaften hinweisen*

-spie·gel *als Zweitglied zusammengesetzter Substantive; drückt aus,* ❶ *(≈ Pegel) welche Menge das mit dem Zweitglied Bezeichnete im Körper aufweist* ◆Alkohol-, Cholesterin-, Hormon-, Penizillin-, Zucker- ❷ *welche Höhe der Oberfläche bei dem mit dem Zweitglied Bezeichneten gegeben ist* ◆Grundwasser-, Meeres-, Wasser-

Spie·gel·bild *das* <-(e)s, -er> *das Bild, das man in einem Spiegel¹ sieht* ▶ spiegelbildlich

spie·gel·blank *adj /nicht steig./ (umg.) sehr sauber*

Spie·gel·ei *das* <-s, -er> *ein gebratenes Ei, bei dem das Eigelb in der Mitte vom Eiweiß umgeben ist*

spie·gel·glatt *adj /nicht steig./ (umg.) sehr glatt:* Die Straßen waren spiegelglatt.

spie·gel·gleich *adj /nicht steig./ (veralt.: ≈ symmetrisch)*

spie·geln <spiegelst, spiegelte, hat gespiegelt> I. *mit OBJ* ❶ ■ *etwas* **spiegelt jmdn./etwas** *(≈ widerspiegeln) etwas als Spiegelbild zeigen:* Das Schaufenster spiegelt die vorbeigehenden Spaziergänger. ❷ *(übertr.)* ■ *etwas* **spiegelt jmdn./etwas** *(≈ widerspiegeln) etwas abbilden, reflektieren:* Seine Romane spiegeln die sozialen Zustände jener Zeit. ❸ ■ *jmd.* **spiegelt etwas** MED. *ein Organ mit einer Art Spiegel von innen untersuchen:* Der Darm/Der Magen musste gespiegelt werden, um eine eindeutige Diagnose stellen zu können. II. *ohne OBJ* ■ *etwas* **spiegelt** *glänzen:* Die Fliesen spiegeln vor Sauberkeit. III. *mit SICH* ■ *jmd./etwas* **spiegelt sich (irgendwo)** *als Spiegelbild erkennbar sein:* Die Bäume spiegeln sich im Fluss.

Spie·gel·re·flex·ka·me·ra *die* <-, -s> FOTOGR. *eine Kamera, die einen kleinen Spiegel enthält, durch den man das, was man fotografieren will, genau so sieht, wie es auf dem Foto erscheint*

Spie·gel·schrank *der* <-(e)s, Spiegelschränke>

S

ein Kleiderschrank, auf dessen Türen oder dessen Vorderseite Spiegel angebracht sind

Spie·gel·schrift *die* <-> */kein Plur./ seitenverkehrte Schrift*

Spiel *das* <-(e)s, -e> ❶ *eine Tätigkeit, die man nur zum eigenen Vergnügen macht und die keinen äußeren Zweck hat:* Kinder üben im Spiel wichtige Fähigkeiten. ❷ *eine zum Zwecke des Spiels¹ dienende Aktivität, die meist einen eigenen Namen hat, nach bestimmten Regeln ausgeübt wird und zum Zeitvertreib dient:* Schach ist ein Spiel für zwei Personen.; Nicht alle Spiele sind Glücksspiele. ◆ Brett-, Dame-, Geschicklichkeits-, Mühle-, Karten-, Puzzle-, Skat-, Versteck- ❸ SPORT *ein Ballspiel, das als sportlicher Wettkampf ausgetragen wird:* Das Spiel endete 2:0.; Das war ein dramatisches/hochklassiges/wichtiges Spiel. ◆ Auswärts-, Basketball-, Freundschafts-, Fussball-, Handball-, Heim-, Tennis-, Mannschafts- ❹ TECHN. *die Bewegungsfreiheit, die zwei Bauteile gegeneinander haben:* Der Schalter hat zu viel Spiel! ❺ */kein Plur./ die Art, wie jmd. ein Instrument spielt:* Sie bewunderten das leidenschaftliche Spiel des Pianisten. ❻ *Interpretation einer Rolle durch einen Schauspieler:* Die Kritik war von dem Spiel der jungen Schauspielerin begeistert.; ■ **ein Spiel mit dem Feuer** *ein Verhalten, das riskant und gefährlich ist;* ■ **viel aufs Spiel setzen** *(umg.) viel wagen;* ■ **leichtes Spiel mit jemandem haben** *(umg.) jmdn. leicht beeinflussen oder überreden können;* ■ **jemanden/etwas aus dem Spiel lassen** *jmdn. oder etwas nicht in eine Angelegenheit hineinziehen*

Spiel·an·zug *der* <-(e)s, Spielanzüge> *ein Anzug, den (kleine) Kinder beim Spielen tragen*

Spiel·bank *die* <-, -en> *(≈ Spielkasino)*

spie·len I. *mit OBJ/ohne OBJ* ❶ ■ *jmd. spielt (etwas) ein (bestimmtes) Spiel ausführen:* Sie spielen Fußball/Schach/Karten.; Die Kinder spielen Fangen.; Die Kinder spielen im Garten/im Hof.; Der Trainer wusste noch nicht, ob der verletzte Spieler am Samstag spielen kann. ❷ ■ *jmd. spielt (etwas) (mit einem Instrument) Musik machen:* Er spielt Flöte/Klavier.; Sie spielt in einem Orchester. ❸ ■ *jmd. spielt (etwas) an einem Glücksspiel teilnehmen:* Sie spielen Lotto.; Er spielt mit hohem Einsatz/um viel Geld. **II.** *mit OBJ* ❶ ■ *jmd. spielt jmdn./etwas als Schauspieler eine Rolle darstellen:* Er spielt die Hauptfigur/den Hamlet. ❷ ■ *jmd. spielt etwas ein Theaterstück aufführen:* Die Schultheatergruppe spielt zwei Einakter. ❸ ■ *jmd. spielt jmdn./etwas (oft abwert.) so tun, als ob:* Er spielt den Boss/den Starken. ❹ ■ *jmd. spielt etwas Musik abspielen:* Sie spielt immer die gleichen Lieder/CDs. **III.** *ohne OBJ* ❶ ■ *jmd. spielt (gegen jmdn.) einen Sportwettkampf austragen:* Die Heimmannschaft hat gegen die favorisierten Gäste unentschieden gespielt. ❷ ■ *etwas spielt (irgendwann) (irgendwo) stattfinden:* Die Handlung des Romans spielt im vergangenen Jahrhundert. ❸ ■ *jmd. spielt mit jmdm./etwas es mit jmdm. oder etwas nicht ernst meinen:* Sie hat mit seinen Gefühlen nur gespielt.

spie·lend *adj /nicht steig./ (≈ mühelos) so, dass es jmdm. sehr leicht fällt, etwas zu tun:* Er hat die Prüfung spielend geschafft.

Spie·ler *der,* **Spie·le·rin** <-s, -> ❶ SPORT *jmd., der als Mitglied einer Mannschaft an einem Ballspiel teilnimmt.* ❷ *jmd., der regelmäßig Glücksspiele betreibt:* Er hat als Spieler ein Vermögen verloren.

Spie·le·rei *die* <-, -en> *(abwert.) etwas, das man für unsinnig oder überflüssig hält:* Was haben denn die ganzen Spielereien an deinem Auto gekostet?

spie·le·risch *adj* ❶ *wie im Spiel¹:* Der Hund schnappte spielerisch nach meiner Hand.; Er bewältigte das Aufgabe mit spielerischer Leichtigkeit. ❷ *die Technik des Spiels³ betreffend:* Die Mannschaft zeigte eine hervorragende spielerische Leistung.

Spie·ler·wech·sel *der* <-s, -> SPORT *der Austausch eines Spielers einer Mannschaft gegen einen anderen während eines Wettkampfs*

Spiel·feld *das* <-(e)s, -er> SPORT *ein Platz, auf dem Mannschaftsspiele stattfinden*

Spiel·film *der* <-(e)s, -e> *(↔ Dokumentarfilm) ein Film mit einer erfundenen Handlung, der der Unterhaltung dient*

Spiel·geld *das* <-(e)s> */kein Plur./ bedrucktes Papier, das wie Geld aussieht und das man in manchen Spielen verwendet*

Spiel·hal·le *die* <-, -n> *ein großer Raum mit vielen Spielautomaten*

Spiel·höl·le *die* <-, -n> *(abwert.) ein Ort, an dem (illegales) Glücksspiel betrieben wird*

Spiel·ka·me·rad *der,* **Spiel·ka·me·ra·din** <-en> *ein Kind, das mit einem anderen Kind gemeinsam spielt¹*

Spiel·kar·te *die* <-, -n> *einzelne Karte als Teil eines Kartenspiels*

Spiel·ka·si·no *das* <-s, -s> *eine Institution, in der man Glücksspiele spielen kann*

Spiel·kon·so·le *die* <-, -n> *ein Gerät, mit dem man Computerspiele am Fernseher spielen kann*

Spiel·mann *der* <-(e)s, Spielleute> ❶ *(im Mittelalter) fahrender Musikant* ❷ *jmd., der in einer Musikkapelle (einer militärischen Einheit oder eines Vereins) ist, die an Umzügen teilnimmt*

Spiel·mar·ke *die* <-, -n> *(≈ Jeton) eine Art Münze aus Kunststoff, die bei Glücksspielen für einen bestimmten Geldbetrag steht*

Spie·lo·thek *die* <-, -en> *(≈ Spielhalle)*

Spiel·plan *der* <-(e)s, Spielpläne> *das Programm der Schauspiele, Opern und Operetten, die in einem Theater (während einer Spielzeit) aufgeführt werden:* Das umstrittene Stück wurde vom Spielplan abgesetzt.

Spiel·platz *der* <-es, Spielplätze> *ein Platz mit verschiedenen Geräten, wie z. B. Schaukeln, Rutschen oder Wippen, auf den Kinder spielen können:* Die Kinder sind auf dem Spielplatz.

Spiel·raum *der* <-(e)s, Spielräume> *der Freiraum, den jmd. hat, um etwas zu tun und frei über etwas zu entscheiden:* Das Hochwasser stieg von Stunde zu Stunde, so dass der Spielraum zum Handeln immer geringer wurde.; Für die Fertigstellung

S

des Prototypen haben wir noch genügend Spielraum.

Spiel·re·gel *die* <-, -n> ❶ *eine der Regeln, die den Ablauf eines Spiels bestimmen* ❷ *(übertr.) eine Regel für das korrekte Verhalten in einer bestimmten Situation:* In der Familie sollten sich alle an die Spielregeln halten.; Er kannte die Spielregeln der Diplomatie.

Spiel·sa·chen <-> *Plur. (≈ Spielzeug) die Gegenstände, mit denen Kinder spielen*

Spiel·stra·ße *die* <-, -n> *eine Straße, in der Kinder spielen dürfen und in der Autos deswegen sehr langsam fahren müssen*

Spiel·tag *der* <-(e)s, -e> SPORT *ein Tag, an dem eines oder mehrere Spiele[3] einer Meisterschaft stattfinden:* der erste Spieltag der Fußballbundesliga

Spiel·trieb *der* <-(e)s> /kein Plur./ *die natürliche Lust und die Freude am Spielen*

Spiel·ver·der·ber *der,* **Spiel·ver·der·be·rin** <-s, -> *(abwert.) jmd., der bei einer Sache nicht mitmacht und anderen dadurch den Spaß verdirbt:* Er ist ein richtiger Spielverderber.

Spiel·wa·ren <-> *Plur. Spielsachen, die in einem Geschäft zum Kauf angeboten werden* ◆-abteilung, -geschäft

Spiel·zeit *die* <-, -en> ❶ *ein Zeitabschnitt, während dessen an einem Theater Aufführungen stattfinden:* Für die kommende Spielzeit wurden sieben neue Schauspieler verpflichtet.; Die Spielzeit beginnt mit einer Premiere. ❷ SPORT *die Zeit, die ein Spiel dauert:* Die reguläre Spielzeit ist gleich vorbei, aber der Schiedsrichter lässt nachspielen.

Spiel·zeug *das* <-(e)s> /kein Plur./ (≈ Spielsachen)

Spieß *der* <-es, -e> ❶ *(früher) eine Waffe mit langem Stiel und einer scharfen Spitze* ❷ (≈ Bratspieß) *ein Stab aus Metall, den man durch Bratenfleisch steckt, und mit dem man den Braten über dem Feuer oder Grill dreht:* Das Spanferkel wird am Spieß gebraten. ❸ *ein längeres, dünnes Stück Metall, das man durch Stücke von Fleisch und Gemüse steckt, um sie gemeinsam zu garen;* ■ den **Spieß umkehren** *(umg.) (bei einem Streit, einer Auseinandersetzung) die Rollen vertauschen;* ■ **brüllen/schreien wie am Spieß** *(umg.) sehr laut brüllen oder schreien*

Spieß·bür·ger *der,* **Spieß·bür·ge·rin** <-s, -> (≈ Spießer abwert.) *jmd., der (auf unangenehme Art) konservativ und engstirnig ist* ► spießbürgerlich

spie·ßen <spießt, spießte, hat gespießt> **I.** *mit OBJ* ■ **jmd. spießt etwas (auf etwas Akk.)** *einen spitzen Gegenstand so durch etwas hindurchstecken, dass es darauf festgehalten wird:* Sie spießt das Fleisch auf die Gabel. **II.** *mit SICH* ÖSTERR. ❶ ■ **etwas spießt sich** *sich verklemmen:* In der Schublade spießt sich etwas. ❷ ■ **etwas spießt sich** *sich nicht so entwickeln, wie man es sich gewünscht hat:* Das Verfahren spießt sich.

Spie·ßer *der,* **Spie·ße·rin** <-s, -> *(abwert.: ≈ Spießbürger)*

Spieß·ge·sel·le *der* <-, -n> /meist Plur./ (ab-

wert.: ≈ Helfershelfer, Komplize) jmd., der anderen bei einem Verbrechen hilft

spie·ßig *adj (umg. abwert.: ≈ spießbürgerlich) in der Art eines Spießbürgers*

Spieß·ru·ten·lauf *der* <-(e)s> /kein Plur./ *der Zustand, dass man von allen möglichen Seiten her mit Feindseligkeit, Bedrohung, Kritik und Spott konfrontiert wird*

Spike *der* ['ʃpɛik, 'spɛik] <-s, -s> ❶ *einer der vielen kleinen Nägel an manchen Laufschuhen oder Autoreifen, die verhindern, dass man rutscht, wenn es glatt ist* ❷ /nur Plur./ SPORT *rutschfester Laufschuh (mit Spikes[1])*

Spi·nat *der* <-(e)s> /kein Plur./ *eine Pflanze mit grünen Blättern, die man als Gemüse isst*

Spind *der* <-(e)s, -e> ❶ *ein kleiner, einfacher Schrank* ❷ MILIT. *der Schrank, in dem Kleidung und Ausrüstung eines Soldaten untergebracht sind*

Spin·del *die* <-, -n> *der Teil des Spinnrades, auf den die Fäden gewickelt werden, wenn man Wolle spinnt*

spin·del·dürr *adj /nicht steig./ (umg.) überaus schlank*

Spin·del·trep·pe *die* <-, -n> BAUW. *Wendeltreppe*

Spi·nett *das* <-(e)s, -e> *ein kleines Tasteninstrument (des 16. und 17. Jahrhunderts)*

Spin·ne *die* <-, -n> *in vielen Arten vorkommendes kleines Tier mit acht Beinen, das ein Netz macht, in dem es Insekten fängt:* Viele Menschen haben Angst vor Spinnen. ◆-nnetz

spin·ne·feind ■ **(mit) jemandem spinnefeind sein** *(umg.) mit jmdm. verfeindet sein* Die beiden sind sich schon seit langem spinnefeind.

spin·nen <spinnst, spann, hat gesponnen> **I.** *mit OBJ/ohne OBJ* ❶ ■ **jmd. spinnt (etwas)** *Garn herstellen:* Sie spinnt ihre Wolle selbst.; Sie spinnt noch am Spinnrad. ❷ ■ **eine Spinne spinnt (etwas)** *Fäden erzeugen und ein Netz daraus machen:* Die Spinne spinnt ihr Netz.; Die Spinne spinnt vor allem nachts. **II.** *ohne OBJ* ■ **jmd. spinnt** *(umg. abwert.) verrückt sein:* Spinnst du?

Spin·ner *der,* **Spin·ne·rin** <-s, -> *(umg. abwert.) jmd., der spinnt II*

Spin·ne·rei *die* <-, -en> ❶ *eine Fabrik, in der Garn hergestellt wird* ❷ *(umg. abwert.) sinnlose, unvernünftige Idee oder Sache:* Solche Spinnereien kannst du dir in Zukunft nicht mehr leisten.; Für derartige Spinnereien haben wir jetzt keine Zeit mehr.

Spinn·ma·schi·ne *die* <-, -n> *Maschine zum Spinnen I.1*

Spinn·rad *das* <-(e)s, Spinnräder> *Gerät zum Spinnen I.1*

Spinn·we·be *die* <-, -n> *ein Spinnennetz oder ein Faden eines Spinnennetzes:* Unter dem Dach hingen zahllose Spinnweben.

Spi·on *der,* **Spi·o·nin** <-s, -e> ❶ *jmd., der spioniert* ❷ (≈ Türspion) *ein kleines Loch in der Wohnungstür, durch das man sehen kann, wer davorsteht*

Spi·o·na·ge *die* [ʃpio'naːʒə] <-> /kein Plur./ *das Spionieren* ◆-abwehr, -agent, -fall, -tätigkeit, Betriebs-

S

Spi·o·na·ge·netz *das* [ʃpio'naːʒə...] <-es, -e>
(≈ Spionagering)

Spi·o·na·ge·ring *der* [ʃpio'naːʒə...] <-(e)s, -e>
eine Gruppe von Spionen, die in einem bestimm-
ten Gebiet zusammenarbeiten

spi·o·nie·ren *ohne OBJ* ■ *jmd. spioniert (für*
jmdn.) *heimlich militärische, politische oder wirt-*
schaftliche Geheimnisse auskundschaften und
diese Informationen an den Auftraggeber weiter-
geben

Spi·ra·le *die* <-, -n> ❶ *eine Linie, die von einem*
(Mittel-)Punkt ausgeht, und in immer größer wer-
denden Kreisen verläuft ❷ *ein Gegenstand in der*
Form einer Spirale¹ ❸ *(umg.) eine Art Spirale²,*
die zur Schwangerschaftsverhütung in die Gebär-
mutter eingesetzt wird: Sie ließ sich eine Spirale
einsetzen.

spi·ral·för·mig *adj /nicht steig./ in der Form einer*
Spirale

Spi·ri·tis·mus *der* <-> */kein Plur./ Glaube an*
übermenschliche Erscheinungen, an die Be-
schwörung von Geistern (Verstorbener) ▶ Spiritist,
Spiritistin, spiritistisch

Spi·ri·tu·al *das/der* [spɪ'rɪtʊəl] <-s, -s> *geistli-*
ches Volkslied der Schwarzen im südlichen Nord-
amerika

spi·ri·tu·ell *adj (geh.)* ❶ *(≈ geistig) die spirituelle*
Entwicklung fördern ❷ *(selten) geistlich:* Sie sangen spirituelle Lieder.

Spi·ri·tu·o·se *die* <-, -n> */meist Plur./ ein starkes*
alkoholisches Getränk

Spi·ri·tus *der* <-, -se> *eine Flüssigkeit mit einem*
hohen Anteil an Alkohol, mit der man beispiels-
weise Feuer macht: Beim Zelten haben wir mit
Spiritus gekocht. ◆-brenner, -lampe

Spi·ri·tus·ko·cher *der* <-s, -> *ein kleines, einfa-*
ches Gerät zum Kochen, das man mit Spiritus be-
heizt

Spi·tal *das/der* <-s, Spitäler> ÖSTERR., SCHWEIZ.
Krankenhaus

Spitz *der* <-es, -e> *ein kleiner Hund mit spitzer*
Schnauze

spitz *adj* ❶ *(↔ stumpf) so geformt, dass die Seiten*
an einem Ende immer schmaler werden und auf
einen Punkt zulaufen: Ich brauche einen spitzen
Bleistift. ❷ *(≈ bissig) so, dass man am Tonfall hö-*
ren kann, dass der Sprecher böse ist eine spitze
Bemerkung machen: Die letzten Worte hatte sie
mit spitzer Stimme gesagt.

Spitz·bart *der* <-(e)s, Spitzbärte> *ein Bart,*
der das Kinn bedeckt und nach unten spitz
zuläuft

spitz·be·kom·men <bekommst spitz, bekam
spitz, hat spitzbekommen> *mit OBJ* ■ *jmd. be-*
kommt etwas spitz (umg.: ≈ spitzkriegen) etwas
zufällig erfahren

Spitz·ber·gen *der* <-s> *Teil einer Inselgruppe nörd-*
lich von Norwegen

Spitz·bo·gen *der* <-s, Spitzbögen> BAUW. *ein Bo-*
gen, der nach oben hin spitz¹ zuläuft

Spitz·bu·be *der* <-n, -n> ❶ *(abwert.: ≈ Gauner)*
❷ *(umg.: ≈ Frechdachs) jmd., der pfiffig und ein*
bisschen frech ist: Der Kleine ist ein richtiger
Spitzbube.

spitz·bü·bisch *adj /nicht steig./ verschmitzt,*
schalkhaft: ein spitzbübisches Lächeln

Spit·ze¹ *die* <-, -n> ❶ *das spitze¹ Ende von et-*
was: Verletze dich nicht an der Spitze der Nadel/
des Messers. ❷ *der höchste Punkt von etwas:* Auf
der Spitze des Kirchturms ist ein großes, goldenes
Kreuz angebracht. ❸ *der vorderste Teil von et-*
was: Das Bordrestaurant befindet sich an der
Spitze des Zuges. ❹ *eine Gruppe von Personen,*
die etwas leiten: Die gesamte Spitze des Unternehmens hat den Plänen zugestimmt. ◆Füh-
rungs-, Konzern- ❺ */kein Sing./ führende, ein-*
flussreiche Persönlichkeiten: Die Spitzen von
Kunst und Wissenschaft nahmen an der Tagung
teil. ❻■ *... km/h Spitze /nachgestellt in Ver-*
bindung mit einer Zahlenangabe/ die höchste
Geschwindigkeit, die ein Fahrzeug erreichen
kann: Das Auto fährt 230 km/h Spitze. ❼ *(umg.)*
■ **einsame Spitze sein** *(umg.) erstklassig sein;*
■ **etwas auf die Spitze treiben** *bis zum Äußers-*
ten gehen; ■ **etwas ist nur die Spitze des Eis-**
berges *etwas ist nur der geringere Teil einer un-*
angenehmen Sache, die noch weit mehr umfasst
◆Groß- oder Kleinschreibung →R 3.11, 3.3 Du
bist spitze!; Der Film ist einsame Spitze!; Das war
einsame Spitze!

Spit·ze² *die* <-, -n> *eine scharfe Bemerkung, mit*
der man jmdn. kritisieren will: Das war eine Spitze
gegen dich.

Spit·ze³ *die* <-, -n> *ein Stoff, der mit kunstvollen*
Mustern verziert ist: mit Spitze verzierte Unterwäsche ◆-ngardinen

Spit·zel *der* <-s, -> *(abwert.: ≈ Schnüffler) jmd.,*
der spitzelt

spit·zeln <spitzelst, spitzelte, hat gespitzelt>
ohne OBJ ■ *jmd. spitzelt (für jmdn.) für einen*
Auftraggeber bestimmte Personen beobachten
und aushorchen

spit·zen <spitzt, spitzte, hat gespitzt> *mit OBJ*
■ *jmd. spitzt etwas spitz machen:* den Bleistift
spitzen; ■ **die Ohren spitzen** *(umg.) gut zuhören*

Spit·zen- *als Erstglied zusammengesetzter Sub-*
stantive; drückt aus, ❶ *dass die mit dem Zweit-*
glied bezeichnete Qualifikation einer Person/Per-
sonengruppe besonders herausragend ist ◆-funk-
tionär(in), -gruppe, -kandidat(in), -könner(in), -ma-
nager(in), -mannschaft, -politiker(in), spieler(in),
-sport, -sportler(in), -verband ❷ *(umg.) dass das*
mit dem Zweitglied Bezeichnete in seinem Gel-
tungsbereich sehr geschätzt wird ◆-angebot,
-auto, -erzeugnis, -essen, -klasse, -film, -hotel,
-klasse, -lage, -leistung, -qualität, -produkt, -stel-
lung, -technologie, -wein, -wetter, -zeit ❸ *dass das*
mit dem Zweitglied Bezeichnete relativ zu einer
objektivierbaren Skala das höchste Maß von etwas
darstellt ◆-geschwindigkeit, -lohn, -position, -steu-
ersatz, -temperatur, -verdiener(in), -verdienst, -ver-
kehr, -wert, -zeit

Spit·zen·blu·se *die* <-, -n> *eine Bluse, die mit*
Spitze³ verziert ist

Spit·zen·hau·be *die* <-, -n> *eine Art Mütze mit*
Spitze³, die Frauen früher trugen

Spit·zen·kleid *das* <-(e)s, -er> *mit Spitze³ ver-*
ziertes Kleid

S

Spit·zen·kraft *die* <-, ...-kräfte> *hervorragende Arbeitskraft*

spit·zen·mä·ßig *adj (umg.)* *erstklassig, hervorragend*

Spit·zen·platz *der* <-es, Spitzenplätze> *einer der besten Ränge, die man bei einem Wettkampf belegen kann:* Der Marathonläufer konnte einen Spitzenplatz erringen.

Spit·zen·tanz *der* <-es> */kein Plur./ ein Tanz im Ballett, den die Tänzer auf den Zehenspitzen ausführen*

Spit·zer *der* <-s, -> *ein kleines Gerät, mit dem man Bleistifte spitz macht*

spitz·fin·dig *adj (abwert.:* ≈ *haarspalterisch, kleinlich) so, dass man unwichtige Kleinigkeiten besonders betont*

Spitz·fin·dig·keit *die* <-, -en> ❶ */kein Plur./ (abwert.) spitzfindige Art* ❷ *einzelne, von Spitzfindigkeit[1] gekennzeichnete Kritik*

spitz·krie·gen *mit OBJ* ■ *jmd. kriegt etwas spitz (umg.:* ≈ *spitzbekommen) etwas zufällig erfahren*

Spitz·maus *die* <-, ...-mäuse> *eine Mäuseart, die Insekten frisst*

Spitz·na·me *der* <-ns, -n> *ein Name, den jmd. jmdm. zum Spaß oder aus Spott gibt:* Er heißt Wolfgang, aber sein Spitzname ist „Wolli".

Spitz·we·ge·rich *der* <-(e)s, -e> *eine Wiesenpflanze mit schmalen Blüten*

spitz·win·ke·lig, *a.* **spitz·wink·lig** *adj in oder mit einem Winkel, der kleiner als 90° ist*

Spleen *der* [ʃpliːn, spliːn] <-s, -s/-e> *(umg.:* ≈ *Marotte, Tick) eine seltsame Angewohnheit, die auf andere komisch wirkt*

splee·nig [ˈʃpleːnɪç, ˈspleːnɪç] *adj so, dass jmd. einen Spleen hat oder leicht verrückt ist:* ein spleeniger Einfall

Split *der* <-(e)s> */kein Plur./ kleine spitze Steinchen, die man beim Straßenbau verwendet* ◆ Roll-

Split·ter *der* <-s, -> *ein kleines, flaches, spitzes Stück, das von Holz, Metall oder Glas abgebrochen ist* ◆ Glas-, Holz-

split·ter·fa·ser·nackt *adj /nicht steig./ (umg.) völlig nackt*

Split·ter·grup·pe *die* <-, -n> *eine kleine Gruppe, die sich von einer größeren politischen oder ideologischen Gruppe abgetrennt hat*

split·tern <splittert, splitterte, ist gesplittert> *ohne OBJ* ■ *etwas splittert auseinanderbrechen und dabei Splitter bilden:* Das Holz/Die Glasscheibe splitterte.

Split·ter·par·tei *die* <-, -en> *siehe* **Splittergruppe**

Split·ting *das* <-s> */kein Plur./* ❶ *ein Verfahren bei der Berechnung der Einkommensteuer von Ehepaaren* ◆ Ehegatten- ❷ WIRTSCH. *Teilung einer Aktie, deren Kurs sich vervielfacht hat* ❸ POL. *Verteilung der Erst- und Zweitstimme auf verschiedene Parteien*

Spoi·ler *der* [ˈʃpɔylɐ, ˈspɔylɐ] <-s, -> KFZ *eine Vorrichtung am Heck eines Autos, die das Fahrzeug besser am Boden haften lässt, wenn man schnell fährt* ◆ Front-, Heck- ▶ verspoilert

spon·sern <sponserst, sponserte, hat gesponsert> *ohne OBJ* ■ *jmd. sponsert jmdn./etwas (Sportler, Veranstaltungen) finanziell unterstützen*

Spon·si·on *die* <-, -en> ÖSTERR. *Verleihung des Magistergrades*

Spon·sor *der,* **Spon·so·rin** <-s, ...-soren> *jmd., der einen Sportler, eine Veranstaltung o. Ä. finanziell unterstützt*

Spon·so·ring *das* <-s, -> *das Sponsern:* Die Firma gibt jedes Jahr eine Million Euro für Sponsoring aus.

spon·tan *adj so, dass es nicht lange geplant ist, sondern einem plötzlichen Entschluss folgt:* Sie haben uns ganz spontan ihre Hilfe angeboten.; Wir haben diesen Entschluss ganz spontan gefasst.

Spon·ta·ne·i·tät, *a.* **Spon·ta·ni·tät** *die* <-> */kein Plur./ spontane Art oder spontanes Handeln*

Sponti *der* <-s, -s> *(umg.) Angehöriger einer kleinen politisch linken Gruppe*

spo·ra·disch *adj so, dass es nur manchmal und nicht regelmäßig erfolgt:* Wir sehen uns nur sporadisch.

Spo·re *die* <-, -n> */meist Plur./* BIOL. *bei bestimmten Pflanzen wie Algen und Pilzen eine Zelle, die der Vermehrung dient*

Spo·ren <-> *Plur. ein kleiner spitzer Gegenstand an den Stiefeln eines Reiters, mit denen er das Pferd antreibt:* Der Reiter gibt seinem Pferd die Sporen.

Sport *der* <-(e)s> */kein Plur./* ❶ *eine der körperlichen Aktivitäten, die man zum Vergnügen, zur Kräftigung des Körpers oder als Wettbewerb betreibt:* Er treibt begeistert/regelmäßig/gelegentlich Sport. ◆ -anlage, -anzug, -artikel, -arzt, -ausrüstung, -dress, -geschäft, -halle, -hochschule, -hose, -platz, -stadion, -student(in), -studium, -unfall, -veranstaltung, -verein, -verletzung, -wissenschaft, Breiten-, Freizeit-, Gesundheits-, Hochleistungs-, Leistungs-, Wettkampf- ❷ *das sportliche Geschehen:* Im Anschluss an die Nachrichten folgen die Meldungen vom Sport. ◆ -bericht, -reportage, -reporter(in), -teil ❸ *eine bestimmte Sportart:* Welchen Sport treibst du? ◆ Kampf-, Kletter-, Lauf-, Motor-, Rad-, Schieß-, Schwimm-, Wasser-, Winter- ❹ *das Schulfach, in dem Sport[1] unterrichtet wird* ◆ -lehrer(in), -stunde, -unterricht

Sport·art *die* <-, -en> *eine der Disziplinen des Sports:* Manche Sportarten stärken besonders die Ausdauer, manche die Kraft.; Tennis ist eine sehr beliebte Sportart. ◆ Ausdauer-

Sport·fest *das* <-es, -e> *eine Veranstaltung mit sportlichen Wettkämpfen, die von einer Schule, einem Sportverein o. Ä. organisiert wird*

Sport·geist *der* <-(e)s> */kein Plur./* (≈ *Fairness*)

Sport·ge·tränk *das* <-(e)s, -e> *eine für sportliche Aktivitäten entwickelte Limonade, die anregt und vom Körper besonders schnell aufgenommen wird*

Sport·ler *der,* **Sport·le·rin** <-s, -> *jmd., der Sport treibt:* Die Sportler trainieren/schinden sich/ geraten ins Schwitzen/stehen unter der Dusche/kleiden sich um/werden massiert.; der Ausrüstung/ der Betreuer/die medizinische Betreuung/das Doping/die Dopingkontrolle/die Ernährung/die Form/der Formaufbau/das Formtief/die Karriere/ der Olympiasieg/die Olympiateilnahme/die Topform/der Trainer/der Trainingsplan/der Weltmeis-

S

tertitel des Sportlers ◆Amateur-, Ausdauer-, Berufs-, Freizeit-, Hobby-, Kraft-, Leistungs-, Profi-

sport·lich adj ❶ *auf den Sport bezogen:* Sie sollte sich sportlich betätigen.; *Ihre sportlichen Leistungen haben sich verbessert.* ❷ *durch (viel) Sport geprägt und daher kraftvoll und dynamisch:* Er hat einen sportlichen Körper. ❸ *(≈ fair) so, dass man den sportlichen Gegner respektiert und sich korrekt nach den Regeln verhält:* Die Mannschaft wurde für ihr sportliches Verhalten ausgezeichnet. ❹ *so, dass etwas sehr dynamisch wirkt:* ein sportliches Auto; die sportliche Linienführung des Entwurfs ❺ *so, dass Kleidung einfach und zweckmäßig, aber trotzdem elegant ist:* Sie bevorzugt sportliche Kleidung.

Sports·ka·no·ne die <-e, -n> *(umg.)* jmd., der sehr viel Sport treibt und dabei sehr erfolgreich ist: *Sie ist eine richtige Sportskanone, sie läuft, fährt Rad und spielt Tennis.*

Sport·stät·te die <-, -n> *ein Ort, an dem man Sport treiben kann, zum Beispiel ein Stadion oder eine Sporthalle*

Sport·teil der <-(e)s> /kein Plur./ *der Teil einer Zeitung, in dem Berichte über den Sport stehen:* Hast du den Sportteil schon gelesen?

Sport·ver·band der <-(e)s, Sportverbände> *eine Organisation, in der sich mehrere Sportvereine zusammengeschlossen haben, um gemeinsam ihre Interessen zu vertreten*

Sport·wa·gen der <-s, -> ❶ KFZ *ein sportliches Auto, in dem meist nur zwei Personen sitzen können, das schnell fahren kann und relativ teuer ist:* ein italienischer/rassiger/rotlackierter/schneller/ teurer Sportwagen ❷ *ein Kinderwagen, in dem ein Kleinkind bei der Ausfahrt sitzt*

Spot der <-s, -s> ❶ *kurzer Werbefilm oder in Hörfunksendungen eingeblendeter Werbetext* ❷ *kurz für „Spotlight"*

Spot·light das <-s, -s> *ein Lichtstrahl, der auf einen Punkt gerichtet ist*

Spott der <-(e)s> /kein Plur./ *Äußerungen und Handlungen, mit denen man sich über jmdn. lustig macht und dabei seine Gefühle verletzt:* Er hatte zum Schaden auch noch den Spott.; Man trieb Spott mit ihr.

Spott·bild das <-(e)s, -er> *(veralt.) Karikatur*

spott·bil·lig adj /nicht steig./ *(umg.) sehr billig*

Spöt·te·lei die <-, -en> ❶ /kein Plur./ *das Spötteln* ❷ *spöttische Bemerkung:* Er soll endlich mit seinen Spötteleien aufhören!

spöt·teln <spöttelst, spöttelte, hat gespöttelt> ohne OBJ ■ jmd. spöttelt (über jmdn./etwas) *leicht spotten:* Sie spöttelten über seinen neuen Anzug.

spot·ten ohne OBJ ■ jmd. spottet (über jmdn./ etwas) *sich über etwas oder jmdn. lustig machen:* Er spottete über ihr neues Auto.; ■ etwas spottet jeder Beschreibung *(umg.) etwas ist in irgendeiner Hinsicht so extrem, dass man es gar nicht ausdrücken kann*

Spöt·ter der; **Spöt·te·rin** <-s, -> jmd., der (gern) spottet: Er ist ein böser Spötter!

spöt·tisch adj *voll Spott:* Sie sah mich spöttisch an/ machte eine spöttische Bemerkung.

Spott·preis der <-es, -e> *(umg.) überaus günstiger Preis*

sprach·be·gabt adj *so, dass jmd. Sprachen schnell und leicht lernen kann*

Spra·che die <-, -n> ❶ /kein Plur./ *die Fähigkeit des Sprechens:* Er hat nach einem Schock die Sprache verloren. ❷ *komplexes Regelsystem als zentrales menschliches Verständigungsmittel:* Er beschäftigt sich mit der Verarbeitung von Sprache mithilfe des Computers.; *Die Linguistik erforscht die Sprache.* ◆Sprachbeherrschung, Sprachforscher, Sprachgenie, Sprachkenntnisse, Sprachsystem, Fremd-, Landes-, Mutter-, Umgangs-, Welt- ❸ *eine einzelne Sprache², die von einer bestimmten Gruppe von Menschen gesprochen wird:* Sie beherrscht neben der deutschen auch die englische, französische, spanische und russische Sprache.; Er beschäftigt sich mit der Sprache der Jugendlichen. ◆Gauner-, Jäger-, Jugend-, Rechts-, Seemanns- ❹ *eine bestimmte Art des Sprechens bzw. des sprachlichen Ausdrucks:* Ich habe ihn an der Sprache erkannt.; Der Autor schreibt in einer sehr natürlichen/gekünstelten/schlichten Sprache. ❺ *(übertr.) etwas, das mit bestimmten Elementen und deren regelhafter Verwendung Bedeutungen/Inhalte vermitteln kann:* die Sprache der Malerei/der Musik ◆Design-, Formen- ❻ ■ **Heraus mit der Sprache!** *(umg.) Nun sag schon, was los ist!;* ■ **etwas zur Sprache bringen** *etwas ansprechen und diskutieren wollen;* ■ **die Sprache bringen auf …** *das Thema kommen auf …;* ■ **mit der Sprache (nicht) herausrücken** *etwas (gar nicht oder) nur zögernd sagen, erzählen;* ■ **zur Sprache kommen** *erwähnt, erörtert werden*

Neben nonverbalen Äußerungsformen (Gestik, Mimik usw.) ist die verbale **Sprache** das zentrale artspezifische Verständigungsmittel des Menschen. Als abstraktes Regelsystem muss ein im wissenschaftlichen Sinne als *Sprache* zu bezeichnendes Gebilde eigenständige Regeln im Bereich von Lexikon (vgl. das Stichwort) und Grammatik (vgl. das Stichwort) aufweisen. Nach Ebenen differenziert sind dies systemhaft aufeinander bezogene morphologisch-syntaktische, lexikalisch-semantische und phonologisch-phonetische Regeln. Hinzu kommen pragmatische Regeln für den korrekten Gebrauch bzw. Einsatz sprachlicher Äußerungen. Empirisch gegeben und damit der Wahrnehmung zugänglich sind ausschließlich jeweils individuelle, mündlich oder schriftlich realisierte, Äußerungen von einer Person zu einem Zeitpunkt an einem Ort, nämlich so bezeichnete *Verwendungsinstanzen* sprachlicher Ausdrücke/Einheiten (Laute, Buchstaben, Wörter, Sätze, Texte) als einmalige Ereignisse. Aufgrund von Übereinstimmungen im Gebrauch lässt sich daraus auf das Vorhandensein konventionell verfügbarer Regeln (vgl. das Stichwort) schließen; und diese wiederum können als Regelbeschreibungen allgemein

zugänglich gemacht, gelehrt und gelernt werden. Dabei ist die Standardsprache (vgl. das Stichwort) bzw. die Hochsprache als Abstraktion eine Orientierungsgröße mit überindividueller Geltung.
In diesem Sinne lassen sich (mit Abstrichen am ehesten bei einigen Dialekten/Mundarten) die verschiedenen, als so bezeichnete *Varietäten* (vgl. das Stichwort) zusammengefassten sprachlichen Ausprägungsformen („Jugendsprache", „Fachsprache" usw.) nur in hypostasierender Redeweise als „Sprachen in der Sprache" erfassen. Denn anders als die Gebärdensprache (vgl. das Stichwort) weisen sie trotz teils markanter Besonderheiten keine eigenständigen Regeln in Lexikon und Grammatik auf.

Spra·chen·zen·t·rum *das* <-(e)s, -zentren> *zu einer Universität gehörendes Institut, in dem sprachpraktische Kurse in Fremdsprachen (begleitend zum Studium) gegeben werden*
Sprach·er·ken·nungs·prog·ramm *das* <-(e)s, -e> EDV *ein Computerprogramm, das menschliche sprachliche Äußerungen in geschriebene Texte umwandeln kann*
Sprach·er·werb *der* <-(e)s> */kein Plur./* SPRACH·WISS. *das Erlernen einer Sprache* ◆-sforschung, -sgesetz, -smechanismus, -sphasen, -sstörung, -stheorie, -stypen, Erst-, Fremd-, Zweit-; *siehe auch* **Erstsprache, Zweitspracherwerb**

Der **Spracherwerb** beinhaltet die Aneignung der phonologischen, morphologischen, syntaktischen, semantischen und pragmatischen Regeln einer natürlichen Sprache. Fragen des Spracherwerbs sind mindestens Gegenstand von Sprachwissenschaft und Psycholinguistik. Unterschieden werden Erstspracherwerb sowie Zweitspracherwerb (vgl. das Stichwort) und Fremdsprach(en)erwerb. Im Unterschied zu der so bezeichneten *Phylogenese* (Entwicklung einzelner Arten in der Geschichte) fallen Fragen der Spracherwerbsforschung in den Bereich der *Ontogenese*, nämlich in den der individuellen körperlichen und geistigen Entwicklung. Die Fähigkeit, eine Sprache erlernen zu können, ist die zentrale gattungsspezifische Eigenschaft; in welchem Ausmaß der Erstspracherwerb erfolgreich verläuft, hängt von zahlreichen Faktoren ab, wenngleich einzelne Phasen (z. B. des Syntaxerwerbs) idealtypisch angesetzt werden können. Zu den Faktoren, die einen Erstspracherwerb ermöglichen, zählen neben genetischen (artspezifischen) Voraussetzungen verschiedene biologische, speziell neurophysiologische Voraussetzungen. Sie umfassen im Wesentlichen: den Artikulationsapparat vom Kehlkopf bis zu den Lippen und den gesamten Gehörtrakt, einschließlich der zentralen Verarbeitung im Gehirn; teils wird ein eigener „Sprachmodul" angenommen.
Diese und einige andere Voraussetzungen setzen den Rahmen, in dem sich der Erstspracherwerb als Prozess vollziehen kann. Dieser Prozess ist langwierig, erstreckt sich über viele Jahre, und er verläuft beim Kind graduell sowie auch in Sprüngen. Dabei hängen Abfolge und Tempo des Verlaufs neben kognitiver Ausstattung vor allem von Art und Intensität des Kontaktes mit Bezugspersonen und damit von dem sprachlichen „Input" ab, aus dem das Kind sprachliche Regeln erschließen bzw. sie sich aneignen kann. Bis etwa zur Pubertät erlernen Kinder ihre Muttersprache (und gegebenenfalls eine Zweitsprache) normalerweise problemlos. Teils wird für den Erstspracherwerb eine „kritische Phase" bzw. ein „Zeitfenster" angenommen, in dem für einen erfolgreichen Spracherwerb die Weichen gestellt werden bzw. gestellt sein müssen. Ein vorläufiger stabiler Zustand bzw. vorläufiger Endzustand des Spracherwerbsprozesses ist dann erreicht, wenn ein Individuum sich die wesentlichen grammatischen Regeln einer Sprache zur Produktion korrekter Satzäußerungen angeeignet hat. Die weitere Entwicklung ist insbesondere im Bereich von Wortschatz und Kompetenzen der Textproduktion geprägt von schulischen Ausbildungsprozessen.

Sprach·fa·mi·lie *die* <-, -n> *eine Gruppe verwandter Sprachen, die auf eine gemeinsame Sprache zurückgeführt werden können*
Sprach·feh·ler *der* <-s, -> *(umg.)* nicht als *Sprachstörung oder andererseits als Sprechstörung bereits eingeordnete Erscheinungsform, die im regelmäßigen falschen Aussprechen des einen oder anderen Lauts besteht:* Er hat einen Sprachfehler; er lispelt nämlich.; Sie sollte ihren Sprachfehler endlich von einer Logopädin/einem Logopäden untersuchen und behandeln lassen
Sprach·ge·brauch *der* <-(e)s> */kein Plur./* *Art, wie Sprache verwendet wird:* Der Linguist untersucht den heutigen Sprachgebrauch/den Sprachgebrauch der Behörden.; Nach allgemeinem Sprachgebrauch ist dieser Ausdruck nicht üblich.
Sprach·ge·fühl *das* <-(e)s> */kein Plur./* *das Gefühl dafür, was in einer Sprache richtig und angemessen ist*
Sprach·ge·mein·schaft *die* <-, -en> *alle Menschen, welche die gleiche Muttersprache haben*
Sprach·ge·schich·te *die* <-> */kein Plur./* *die (Wissenschaft von der) Geschichte einer Sprache*
sprach·ge·wal·tig *adj (geh.)* so, dass man die Ausdrucksmittel einer Sprache sehr gut beherrscht und wirkungsvoll einsetzen kann: Er ist ein sehr sprachgewaltiger Autor.
Sprach·kennt·nis·se <-> *Plur.* *Kenntnis einer oder mehrerer Fremdsprachen*
Sprach·kreu·zung *die* <-, -en> *(≈ language crossing) Sprachmischung unter dem Einfluss von Migrantensprachen; siehe auch* **Immigrantendeutsch**

S

sprach·kun·dig *adj /nicht steig./ so, dass jmd. mehrere Sprachen verstehen und sprechen kann*

Sprach·kurs *der* <-es, -e> *ein Kurs, in dem eine Sprache (als Fremdsprache) gelehrt wird*

Sprach·la·bor *das* <-s, -e> *ein Raum mit speziellen technischen Geräten, mit denen man Übungen machen kann, die für das Erlernen einer Sprache wichtig sind*

Sprach·leh·re *die* <-> */kein Plur./ (veralt.:* ≈ *Grammatik)*

Sprach·le·xi·ko·gra·phie, *a.* **Sprach·le·xi·ko·gra·fie** *die* <-> */kein Plur./ (↔ Sachlexikographie) dasjenige Teilgebiet der Lexikographie, in dem Sprachwörterbücher erstellt werden, aus deren Angaben man etwas über sprachliche Eigenschaften der Stichwörter erfahren kann* ▶ sprachlexikographisch/sprachlexikografisch *siehe auch* **Lexikographie, Wörterbuch**

sprach·lich *adj /nicht steig./ auf die Sprache bezogen: auf die sprachlichen Feinheiten Acht geben; die sprachliche Entwicklung kleiner Kinder*

sprach·los *adj /nicht steig./* ■ **jemand ist vor … sprachlos** *jmd. kann zeitweise nicht sprechen, weil er von der genannten Sache überwältigt ist Er war vor Erstaunen/vor Freude/vor Schreck völlig sprachlos.*

Sprach·norm *die* <-, -en> *siehe auch* **Norm**

Sprach·pfle·ge *die* <-> */kein Plur./ alle Versuche, sprachliche Normen festzulegen und aufrechtzuerhalten*

Sprach·raum *der* <-(e)s, Sprachräume> *ein Gebiet, in dem man eine bestimmte Sprache oder einen bestimmten Dialekt spricht*

Sprach·rei·se *die* <-, -n> *eine Auslandsreise, die mit einem Sprachkurs (am Reiseziel) verbunden ist*

Sprach·rohr ■ **jemand macht sich zum Sprachrohr von jemandem** *jmd. drückt die Probleme von jmdm. oder von einer Gruppe aus Er machte sich zum Sprachrohr der Unterdrückten und Armen.*

Sprach·stö·rung *die* <-, -en> PSYCH., SPRACHWISS. *(↔ Sprechstörung) gravierende Beeinträchtigung des Sprachvermögens: Zu den Sprachstörungen zählen insbesondere Sprachentwicklungsstörungen, Dysgrammatismus, Dyslexie, sowie Formen des Sprachabbaus bzw. Sprachverlustes (insbesondere die Aphasie.*

Sprach·wis·sen·schaft *die* <-> */kein Plur./ Linguistik:* vergleichende Sprachwissenschaft studieren; Professor für angewandte/theoretische Sprachwissenschaft ▶ Sprachwissenschaftler, Sprachwissenschaftlerin, sprachwissenschaftlich

Sprach·zen·t·rum *das* <-s, Sprachzentren> *der Teil des Gehirns, in dem Sprache verarbeitet wird*

Spray *das* [ʃpreː, spreː] <-s, -s> *eine Flüssigkeit in einem Behälter, die durch einen Zerstäuber in Form sehr vieler kleinster Tröpfchen versprüht wird: Hast du schon ein Spray gegen Mücken gekauft?* ◆Deo-, Duft-, Raum-, WC-

Spray·er *der* [ʃpreːɐ, spreːɐ] <-s, -> *jmd., der mit Farbe aus einer Sprühdose Worte, Parolen oder Bilder an eine Wand oder Mauer malt*

Sprech·bla·se *die* <-, -n> *in Comiczeichnungen*

eine Art gezeichneter Kreis, in den Wörter oder ganze Sätze geschrieben sind, die von einer Figur geäußert werden

Sprech·chor *der* <-(e)s, Sprechchöre> *der Vorgang, dass viele Menschen gleichzeitig die gleichen Wörter oder Sätze rufen und diese stets wiederholen: Die Fans feuerten ihre Mannschaft in/ mit Sprechchören an.*

spre·chen <sprichst, sprach, hat gesprochen> **I.** *mit OBJ* ❶ ■ *jmd.* **spricht etwas (irgendwie)** *eine Sprache sprechen: Er spricht ein gutes Deutsch/akzentfrei Italienisch.* ❷ ■ *jmd.* **spricht etwas** *etwas sagen: Er sprach die ganze Zeit kein Wort.* ❸ ■ *jmd.* **spricht jmdn.** *ein Gespräch mit jmdm. haben: Ich muss Sie unbedingt sprechen!* ❹ ■ *jmd.* **spricht etwas** *etwas verkünden: Der Papst sprach den Segen.; Die Richterin sprach das Urteil.* **II.** *ohne OBJ* ❶ ■ *jmd.* **spricht** *über die Fähigkeit der korrekten Produktion von Wörtern und Sätzen verfügen: Das Kind kann noch nicht richtig sprechen.* ❷ ■ *jmd.* **spricht** *sich sprachlich artikulieren: Sie konnte bei der Prüfung vor Nervosität kaum sprechen.* ❸ ■ *jmd.* **spricht irgendwie** *sich in einer bestimmten Art ausdrücken: Er sprach laut/leise/deutlich/undeutlich/mit hoher Stimme/ins Mikrofon/mit einem Akzent.* ❹ ■ *jmd.* **spricht etwas (irgendwie)** *eine bestimmte Sprache sprechen: In Brasilien spricht man Portugiesisch.* ❺ ■ *jmd.* **spricht von jmdm./etwas;** ■ *jmd.* **spricht über jmdn./etwas** *(im Gespräch) Äußerungen machen, die eine bestimmte Person oder Sache zum Thema haben: Wir haben erst kürzlich davon gesprochen, dass …; Er spricht nur noch über seinen Unfall.; Hast du mit ihm schon darüber gesprochen?* ❻ ■ *jmd.* **spricht zu jmdm./etwas** *eine Rede vor Publikum über ein bestimmtes Thema halten: Der Vorstandsvorsitzende sprach zu den Aktionären.; Professor Meier spricht heute zum Thema …/über …* ❼ ■ *etwas* **spricht für/gegen jmdn./etwas** *etwas wirkt sich positiv/negativ auf die Beurteilung von jmdm. oder etwas aus: Es spricht für/gegen ihn, dass …;* ■ **für sich (selbst) sprechen** *keiner weiteren Erläuterung bedürfen;* ■ **auf jemanden/etwas schlecht/nicht gut zu sprechen sein** *über jmdn. oder etwas verärgert sein*

Spre·cher, Spre·che·rin *der/* <-s, -> ❶ *jmd., von einer Gruppe ausgewählt und damit beauftragt wurde, ihre Interessen zu vertreten: Man hat sie zur Sprecherin der Bürgerinitiative gewählt.* ◆Klassen-, Schul- ❷ *jmd., der beruflich für eine Institution deren offizielle Aussagen an die Öffentlichkeit vermittelt: Der Sprecher des Innenministeriums tritt soeben ans Mikrofon.* ◆Presse-, Regierungs- ❸ *jmd., der beim Rundfunk oder bei Fernsehen die Nachrichten spricht* ◆Nachrichten-, Radio-, Rundfunk-

Sprech·er·zie·hung *die* <-> */kein Plur./ ein Unterricht, in dem jmd. (zum Beispiel ein Schauspieler, ein Sprecher[3]) bestimmte (Atem-)Techniken und Übungen durchführt und lernt, wie man deutlich und ohne Akzent spricht*

Sprech·ge·sang *der* <-(e)s, Sprechgesänge>

eine Mischung aus Gesang und sehr rhythmischem Sprechen, die beispielsweise in der Oper (Rezitativ) oder in der Rapmusik eingesetzt wird

Sprech·mu·schel *die* <-, -n> *der Teil des Telefonhörers, in dem man hineinspricht:* Zusatzgeräte für Hör- und Sprechmuscheln

Sprech·stö·rung *die* <-, -en> *(≈ Sprechfehler ↔ Sprachstörung) Störung im Bereich der motorischen Erzeugung von Lauten, also im Bereich der flüssigen und korrekten Artikulation von Sprachlauten, so Redefluss-Störung, Lispeln und andere Dyslalien*

Sprech·stun·de *die* <-, -n> *die Zeit, in der ein Arzt Patienten empfängt*

Sprech·stun·den·hil·fe *die* <-, -n> *(≈ Arzthelferin) eine Frau, die in einer Arztpraxis Organisationsaufgaben übernimmt*

Sprech·werk·zeu·ge <-> *Plur. alle Organe, die das Sprechen ermöglichen*

Sprech·zim·mer *das* <-s, -> *der Raum, in dem ein Arzt Patienten empfängt*

sprei·zen <spreizt, spreizte, hat gespreizt> **I.** *mit OBJ* ■ *jmd.* **spreizt** *etwas so weit wie möglich seitwärts strecken:* die Finger / die Beine spreizen **II.** *mit SICH* ■ *jmd.* **spreizt sich** *sich (zum Schein) zieren:* Er spreizte sich noch, ehe er die Wahl annahm.

Spreiz·fuß *der* <-es, Spreizfüße> */meist Plur./ ein Fuß, der vorne besonders breit und flach ist*

Spren·gel *der* <-s, -> ❶ *das Gebiet, das ein Bischof oder Pfarrer betreut* ❷ ÖSTERR. *Verwaltungsbezirk, Dienstbereich*

spren·gen¹ **I.** *mit OBJ / ohne OBJ* ■ *jmd.* **sprengt** *(etwas) etwas explodieren lassen und so zerstören:* Man sprengte den alten Fabrikschornstein.; Morgens wird im Steinbruch immer gesprengt. **II.** *mit OBJ* ❶ ■ *jmd.* **sprengt etwas** *etwas explodieren lassen und so zerstören:* Sie wollen einen Tunnel durch den Berg sprengen. ❷ ■ *etwas* **sprengt etwas** *etwas durch hohen Druck zum Platzen bringen:* Der gefrorene Saft hat die Flasche gesprengt. ❸ ■ *jmd.* **sprengt etwas** *eine Veranstaltung stören, so dass sie beendet wird:* Demonstranten haben die Veranstaltung gesprengt.

spren·gen² *mit OBJ* ■ *jmd.* **sprengt etwas** *mit Wasser besprühen:* Sie sprengt morgens immer den Rasen.

Spreng·kopf *der* <-(e)s, Sprengköpfe> MILIT. *der Teil einer Rakete, der die Sprengladung in sich trägt*

Spreng·kör·per *der* <-s, -> *ein Gegenstand, der mit Sprengstoff gefüllt ist*

Spreng·kraft *die* <-> */kein Plur./ Wirkungskraft einer Sprengladung*

Spreng·la·dung *die* <-, -en> *eine bestimmte Menge Sprengstoff*

Spreng·stoff *der* <-(e)s, -e> *eine Substanz, mit der man eine Explosion erzeugen kann*

Spreu *die* <-> */kein Plur./ der Abfall, der beim Dreschen von Getreide anfällt;* ■ **die Spreu vom Weizen trennen** *das Wertlose vom Wertvollen trennen*

Sprich·wort *das* <-(e)s, Sprichwörter> *satzförmige Redensart, mit der eine alltägliche Erfahrung*

bzw. *eine praktische Lebensweisheit (verbunden mit einem Rat) meist bildlich zum Ausdruck kommt, wie in „Morgenstund' hat Gold im Mund. "; siehe auch* **Idiom**, **Phraseologie**

Ein **Sprichwort** ist eine blockverfügbare sprachliche Einheit, mit der in lehrhafter Weise Lebenserfahrungen insbesondere früherer Zeiten zum Ausdruck gebracht werden: „Was Du heute kannst besorgen, verschiebe nicht auf morgen". Man ordnet das Sprichwort neben vergleichbaren Einheiten vom Umfang eines Satzes meist dem Teilgebiet der Phraseologie zu (vgl. das Stichwort). Untersucht werden Sprichwörter unter historischen und sprachvergleichenden Aspekten in dem traditionell so bezeichneten Teilgebiet der Parömiologie. In unserem Kulturbereich gehen manche der Sprichwörter auf indogermanische Wurzeln zurück und wurden zunächst mündlich, später auch schriftlich in zahlreiche Sprachen übernommen. Viele deutsche Sprichwörter lassen sich auf solche der griechisch-lateinischen Antike zurückführen, manche gehen auf Eindeutschungen von Bibelstellen durch M. Luther zurück. Die frühen deutschen Sprichwortsammlungen stammen aus frühneuhochdeutscher Zeit nach 1500, so die Sprichwortsammlung von Sebastian Franck aus dem Jahre 1541. Einerseits waren Sprichwörter wegen ihrer schlichten Lehrhaftigkeit stets beliebt; andererseits wurde ihr Gebrauch aber immer schon von intellektuellen Schriftstellern wegen gegebener Klischeehaftigkeit als Zeichen mangelnder sprachlicher Selbständigkeit betrachtet und als ungeeignet für gehobene dichterische Ausdruckskraft angesehen. Gleichwohl sind sie bis heute stets von namhaften Schriftstellern und Schriftstellerinnen gezielt (z. B. zur Personencharakterisierung) eingesetzt worden. Die Frage nach der Herkunft von Sprichwörtern ist ein beliebtes Gesellschaftsspiel und ständiger Gegenstand von Unterhaltungssendungen im Fernsehen. Über die Menge der Sprichwort-Äußerungen geurteilt, wird der widersprüchliche Charakter vieler Sprichwörter schnell offenbar; vgl. „Gleich und gleich gesellt sich gern" und „Gegensätze ziehen sich an". Nicht nur dies ist in allen Bereichen sprachlichen Schaffens Anlass zu sprachspielerischen und sprachkritischen Aktivitäten. Untersucht werden Sprichwörter auf sämtlichen sprachlichen Ebenen, im Hinblick auf zahlreiche spezielle Verwendungsbereiche (z. B. in Werbung, Jugendsprache und Dichtung), unter Spracherwerbsaspekten, sowie unter unterrichtsbezogenen, psycholinguistischen, geschlechtsspezifischen und anderen Aspekten. Allein der Sprachvergleich bietet angesichts der Vielfalt von Sprachen und Dialekten eine nie abschließbare Menge von Untersuchungshinsichten. Dabei sind die kulturspezifischen Bildbereiche teils

S

sehr unterschiedlicher Art. So lautet eine mögliche Entsprechung für „Einem geschenkten Gaul schaut man nicht ins Maul" im Chinesischen: „Die Gänsefeder aus weiter Ferne ist leicht, aber ein Zeichen tiefer Freundschaft". Für beide Sprichwörter lässt sich die Bedeutung ausmachen: „Auch ein kleines Geschenk kommt vom Herzen, sodass man damit zufrieden sein sollte".

sprich·wört·lich *adj / nicht steig./ zu einer Floskel geworden:* Das ist der sprichwörtliche Tropfen auf den heißen Stein.

sprie·ßen <sprießt, spross, ist gesprossen> *ohne OBJ* ■ *etwas sprießt (geh.) keimen, zu wachsen beginnen:* Die Saat sprießt schon.; Überall sprießen die Knospen.

Spring·brun·nen *der* <-s, -> *ein Brunnen, der Wasser in einzelnen Strahlen abgibt, die in einem Becken aufgefangen werden*

sprin·gen[1] <springst, sprang, ist/hat gesprungen> **I.** *ohne OBJ* ❶ ■ *jmd. springt (irgendwie) (irgendwohin) (sein) sich mit einem oder beiden Beinen irgendwo kräftig abstoßen und sich dann mit einem großen Satz*[8] *irgendwohin durch die Luft bewegen:* Er kann hoch/weit springen.; Sie sprang ins Wasser.; Der Hund sprang aufgeregt durchs Zimmer. ❷ ■ *jmd. springt* SCHWEIZ., SÜDDT. *laufen, rennen, eilen:* Wenn Du rechtzeitig am Flughafen sein willst, musst Du aber springen. **II.** *mit OBJ* ■ *jmd. springt etwas* SPORT *(haben o sein) einen bestimmten Sprung*[1] *ausführen (und dabei eine bestimmte Leistung erzielen):* Sie springt einen Salto.; Er hat/ist einen neuen Weltrekord im Weitsprung gesprungen.; ■ *etwas springen lassen (umg.) etwas spendieren*

sprin·gen[2] <springt, sprang, ist gesprungen> *ohne OBJ* ■ *etwas springt Risse bekommen, zerfallen:* Das Glas ist gesprungen.

Sprin·ger *der,* **Sprin·ge·rin** <-s, -> ❶ *ein Sportler in einem Sprungwettbewerb* ❷ *(umg.) eine Schachfigur* ❸ *jmd., den eine Firma an verschiedenen Arbeitsplätzen einsetzt*

Sprin·ger·stie·fel *der* <-s, -> *hohe, feste Schnürschuhe (wie sie von Fallschirmspringern getragen werden)*

Spring·rei·ten *das* <-s> */kein Plur./* SPORT *eine Sportart, bei der jmd. auf einem Pferd über verschiedene Hindernisse springen muss*

Spring·seil *das* <-(e)s, -e> *ein Stück Seil, das man beim Seilspringen an seinen beiden Enden mit den Händen hält, das man durch die Luft kreisen lässt und über das man dann immer wieder springt, wenn das Seil den Boden berührt*

Sprink·ler *der* <-s, -> ❶ *eine Vorrichtung, mit der man den Garten (bei heißem Wetter) mit Wasser besprüht* ❷ *ein kleines Gerät an der Decke, aus dem automatisch Wasser kommt, wenn es in einem Haus brennt*

Sprint *der* <-s, -s> ❶ SPORT *eine Laufdisziplin, bei der man eine relativ kurze Strecke zurücklegt:* der Sprint über die 100 Meter ▶ Sprinter, Sprinterin ❷ SPORT *der Vorgang, dass in einem Radrennen vor*

Erreichen der Ziellinie die Fahrer das Tempo sehr stark erhöhen: Erik Zabel gewann den Sprint des Hauptfelds. ❸ *der Vorgang, dass jmd. eine kurze Strecke in schnellem Lauf zurücklegt:* Ohne den kleinen Sprint hätte er wohl die Straßenbahn verpasst.

Sprit *der* <-(e)s, -e> */meist Sing./ (umg.) Benzin, Treibstoff*

Sprit·ze *die* <-, -n> ❶ *eine kurze Plastikröhre, mit der man durch Verschieben eines Kolbens in der Röhre ein flüssiges Medikament durch eine sehr dünne Nadel, die man in eine Ader oder die Haut sticht, in den Körper hineindrücken kann:* Der Arzt zieht die Spritze auf/bereitet eine Spritze vor. ❷ (≈ *Injektion) das, was mit einer Spritze*[1] *in den Körper hineingebracht wird:* Er bekam eine Spritze zur Beruhigung.; Die Spritze wirkt schon. ◆Beruhigungs-, Betäubungs- ❸ *ein Gerät mit einem langen Wasserschlauch, das die Feuerwehr zum Löschen benutzt* ❹ *ein Gerät, mit dem man eine Flüssigkeit oder eine weiche Masse irgendwohin spritzen kann* ◆Blumen-, Teig-, Torten-, Wasser-

sprit·zen <spritzst, spritzte, hat gespritzt> **I.** *mit OBJ/ohne OBJ* ❶ ■ *jmd. spritzt (jmdm.) (etwas)* MED. *jmdm. eine Injektion geben:* Die Ärztin spritzt ein Gegenmittel.; Der Arzt spritzt gut/schlecht. ❷ ■ *jmd. spritzt (etwas) (irgendwohin) Tropfen einer Flüssigkeit irgendwohin gelangen lassen:* Die Maler haben Farbe auf den Boden gespritzt.; Sie hat ihm Wasser ins Gesicht gespritzt.; Vorsicht, du spritzt! ❸ ■ *jmd. spritzt (etwas/mit etwas) (irgendwohin) eine Flüssigkeit mit Druck durch eine enge Öffnung pressen, so dass ein Strahl entsteht:* Die Feuerwehr spritzt Wasser in die Flammen.; Ich habe mit dem Gartenschlauch gespritzt. ❹ ■ *jmd. spritzt (etwas) mit Pflanzenschutzmittel besprühen:* Die Bauern spritzen ihre Felder.; Im Gewächshaus spritze ich nicht. **II.** *mit OBJ* ❶ ■ *jmd. spritzt jmdn. nass jmdn. nass machen:* Das vorbeifahrende Auto hat mich nass gespritzt. ❷ ■ *jmd. spritzt etwas mit Lack oder Farbe bedecken, die man aus einer Spritze*[4] *austreten lässt:* Er hat den Kotflügel gespritzt. **III.** *ohne OBJ* ■ *etwas spritzt (irgendwohin) sich in Tropfen in verschiedene Richtungen durch die Luft verteilen:* Das Fett in der heißen Pfanne spritzt.

Sprit·zen·au·to·mat *der* <-en, -en> *Automat, an dem Drogenkonsumenten sterile Spritzen gegen Bezahlung erhalten können*

Sprit·zen·haus *das* <-es, Spritzenhäuser> *(veralt.) das Gebäude, in dem die Feuerwehr früher ihre Spritzen*[3] *und ihre Fahrzeuge aufbewahrt hat und das oft auch als Gefängnis genutzt wurde*

Sprit·zer *der* <-s, -> ❶ *kleiner durch Flüssigkeit entstandener Fleck:* Du hast einen Spritzer auf deinem Hemd. ◆Farb- ❷ *eine geringe Menge einer Flüssigkeit:* Ein Spritzer Zitrone rundet den Geschmack der Soße ab.

Spritz·ge·bäck *das* <-(e)s, -e> *mit einer Teigspritze geformtes Gebäck*

sprit·zig *adj* ❶ *flott, schwungvoll:* eine spritzige Komödie ❷ *prickelnd, erfrischend:* Dieser sprit-*

S

zige Weißwein wird besonders gern im Sommer getrunken.

Spritz·tour *die* <-, -en> *(umg.) kurzer Ausflug mit dem Auto:* am Wochenende eine Spritztour mit dem neuen Wagen machen

sprö·de *adj* ❶ *so, dass es sehr trocken ist und leicht brechen kann:* spröde Fingernägel ❷ *so trocken, dass es rissig und rau ist:* Ihre Haut wirkt trocken und spröde. ❸ *so verschlossen, dass man abweisend wirkt:* Sie ist eine spröde Person, die unnahbar wirkt. ▸ Sprödigkeit

Spross *der* <-es, -e> ❶ BOT. *junger Pflanzentrieb* ❷ *(geh.) Nachkomme:* Der letzte Spross der Adelsfamilie lebt heute auf Schloss Wieladingen.

Spross·ach·se *die* <-, -n> BOT. *Stamm oder Stängel einer Pflanze*

Spros·se *die* <-, -n> *eine der waagerechten Stangen einer Leiter*

Spros·sen·kohl *der* <-s> */kein Plur./* ÖSTERR. *Rosenkohl*

Spros·sen·wand *die* <-, Sprossenwände> SPORT *eine Art sehr breite Leiter, die an der Wand befestigt ist und an der man Turnübungen machen kann*

Spröss·ling *der* <-(e)s, -e> *(umg. scherzh.) Sohn*

Sprot·te *die* <-, -n> *ein kleiner Fisch, der ungefähr wie ein Hering aussieht und den man geräuchert isst*

Spruch *der* <-(e)s, Sprüche> ❶ *(≈ Sentenz) ein Satz, den man sich leicht merken kann und der meist eine allgemeine Regel oder eine Lebensweisheit ausdrückt* ♦ Merk-, Sinn- ❷ *(≈ Slogan) eine (kurze) sprachliche Fügung, die in immer gleicher Form verwendet wird;* ■ *Sprüche machen/klopfen (umg. abwert.) angeberische, prahlerische Dinge sagen* ♦ Trink-, Werbe-, Zauber-

Spru·del *der* <-s, -> *Mineralwasser mit viel Kohlensäure*

spru·deln <sprudelt, sprudelte, hat/ist gesprudelt> *ohne OBJ* ❶ ■ *etwas sprudelt (irgendwohin) (sein) schäumen und irgendwo (schnell) herausfließen, irgendwohin strömen:* Die Quelle sprudelt aus dem Felsen. ❷ ■ *etwas sprudelt (haben) Bläschen bilden und schäumen:* Der Sekt/Die Limonade sprudelt im Glas. ❸ ■ *etwas sprudelt aus jmds. Mund (umg.) (haben) schnell und viel sprechen:* Die Worte sprudelten nur so aus seinem Mund.

Sprud·ler *der* <-s, -> ÖSTERR. *Quirl*

sprü·hen <sprühst, sprühte, hat/ist gesprüht> **I.** *mit OBJ* ■ *jmd. sprüht etwas (irgendwohin) (haben) eine Flüssigkeit in sehr kleinen Tröpfchen irgendwohin spritzen:* Sie sprüht regelmäßig Wasser auf die Blätter ihrer Pflanzen. **II.** *ohne OBJ* ❶ ■ *etwas sprüht (irgendwohin) (sein) in sehr kleinen Tröpfchen durch die Luft fliegen:* Die Gischt sprühte über das Deck. ❷ ■ *jmd. sprüht vor etwas Dat. (haben) gute Laune haben und daher besonders witzig und lebhaft sein:* Dein Freund sprüht ja nur so vor Temperament/vor Witz.

Sprüh·re·gen *der* <-s> */kein Plur./ ein sehr leich-*

ter Regen, bei dem nur ganz kleine Wassertröpfchen durch die Luft fliegen

Sprung *der* <-(e)s, Sprünge> ❶ *das Springen:* Wagst du den Sprung vom 5-Meter-Turm?; Mit diesem Sprung stellte sie einen neuen Weltrekord auf. ❷ *(≈ Riss) eine Stelle, wo eine feste Oberfläche entlang einer Linie beschädigt ist:* Die Fensterscheibe/das Glas/der Spiegel hat einen Sprung.; ■ *ein Sprung ins kalte Wasser (umg.) der Beginn einer neuen Tätigkeit ohne Vorbereitung;* ■ *keine großen Sprünge machen können (umg.) finanziell eingeschränkt sein;* ■ *(auf) einen Sprung (umg.) für kurze Zeit;* ■ *einen Sprung in der Schüssel haben (umg.) verrückt sein;* ■ *ein großer Sprung nach vorn ein großer Fortschritt*

Sprung·bein *das* <-(e)s, -e> SPORT *das Bein, mit dem man sich beim Springen abstößt*

Sprung·brett *das* <-(e)s, -er> *ein Brett, das federt und von dem man mit Schwung ins Wasser springen kann:* Er machte vom Sprungbrett aus einen Salto ins Wasser.

Sprung·ge·lenk *das* <-(e)s, -e> ANAT. *das Gelenk, das den Fuß mit dem Bein verbindet*

sprung·haft *adj* ❶ *(≈ unbeständig) so, dass sich jmd. nie lange mit einer Sache beschäftigt und seine Meinung sehr oft ändert:* Er ist ein sprunghafter Mensch. ❷ *sehr rasch:* Man konnte einen sprunghaften Anstieg der Preise beobachten. ▸ Sprunghaftigkeit

Sprung·schan·ze *die* <-, -n> SPORT *ein Turm, an den eine steile Bahn angebaut ist, welche Skispringer herunterfahren, bevor sie durch die Luft fliegen*

Sprung·tuch *das* <-(e)s, Sprungtücher> *ein sehr festes, großes Tuch, das mehrere Menschen festhalten und in das Menschen aus einem brennenden Haus springen können, um sich zu retten*

Sprung·turm *der* <-(e)s, Sprungtürme> SPORT *in einem Schwimmbad ein Turm mit Sprungbrettern, von denen aus Menschen ins Wassser springen kann*

Spu·cke *die* <-> */kein Plur./ (umg.) Speichel;* ■ *jemandem bleibt die Spucke weg jmd. ist völlig überrascht*

spu·cken <spuckst, spuckte, hat gespuckt> *mit OBJ/ohne OBJ* ❶ ■ *jmd. spuckt (etwas) Speichel (oder eine im Mund befindliche Substanz) durch das fast geschlossenen Lippen mit Druck aus dem Mund pressen:* Sie spuckte den Kaugummi auf den Boden.; Er spuckte ins Gras. ❷ ■ *jmd. spuckt (etwas) LANDSCH. etwas erbrechen; sich übergeben:* Er spuckte Blut.; Ihr wurde schlecht und sie musste spucken.

Spuck·napf *der* <-(e)s, Spucknäpfe> *ein Gefäß, in das man spucken[1] kann*

Spuk *der* <-(e)s> */kein Plur./ ein unheimlicher Vorgang, von dem man glaubt, er werde von einem Geist verursacht:* Der Spuk beginnt stets um Mitternacht.

spu·ken I. *ohne OBJ* ❶ ■ *jmd. spukt (irgendwo) als Gespenst oder Geist nachts irgendwo umhergehen:* Die Geister der Ritter sollen in dieser Burg spuken. ❷ ■ *etwas spukt in jmds. Kopf (übertr.) jmd. muss immer wieder an etwas denken:* Diese seltsame Idee spukt immer noch in seinem Kopf. **II.** *mit ES* ■ **es spukt (irgendwo)** *irgendwo gibt es Erscheinungen von Geistern:* Hier soll es spuken.

Spül·be·cken *das* <-s, -> *ein Küchenmöbel mit einem oder zwei Becken, in denen man Geschirr spült*

Spu·le *die* <-, -n> ❶ *ein Gegenstand, auf den Garn aufgewickelt ist:* Ich brauche eine neue Spule Garn. ❷ ELEKTROTECHN. *ein Schaltelement aus einem langen, dünn gewickelten Kupferdraht, durch den elektrischer Strom fließt*

Spü·le *die* <-, -n> (≈ *Spülbecken*)

spu·len *mit OBJ* ■ **jmd. spult etwas auf/von etwas** *auf eine Spule¹, wickeln oder von einer Spule¹ abwickeln*

spü·len I. *mit OBJ/ohne OBJ* ❶ ■ **jmd. spült (etwas)** *Geschirr abwaschen:* Ich spüle noch schnell die Töpfe.; Sie spült und er trocknet ab. ❷ ■ **jmd. spült (etwas)** *im Wasser Seife oder Waschmittel aus gewaschener Wäsche entfernen:* Sie spült den Wollpullover in lauwarmem Wasser.; Die Waschmaschine spült gerade zum zweiten Mal. **II.** *mit OBJ* ■ **etwas spült jmdn./etwas irgendwohin** *Wasser bewegt jmdn. oder etwas irgendwohin:* Die Wellen spülten jede Menge Treibgut an den Strand.; Er wurde von einer hohen Welle über Bord gespült.

Spül·lap·pen *der* <-s, -> *Lappen zum Spülen I.1*

Spül·ma·schi·ne *die* <-, -n> *Maschine zum Spülen von Geschirr*

spül·ma·schi·nen·fest *adj /nicht steig./ so, dass Geschirr so unempfindlich ist, dass man es mit einer Spülmaschine spülen kann*

Spül·mit·tel *das* <-s, -> *Reinigungsmittel zum Spülen von Geschirr*

Spül·stein *der* <-(e)s, -e> LANDSCH. *(veralt.) Spülbecken*

Spü·lung *die* <-, -en> ❶ *eine Vorrichtung, mit der man die Toilette mit Wasser reinigt, wenn man sie benutzt hat* ❷ *eine medizinische Maßnahme, bei der man mit einer Flüssigkeit bestimmte Organe reinigt*

Spül·was·ser *das* <-s> */kein Plur./ Wasser, mit dem gespült I wird*

Spul·wurm *der* <-(e)s, Spulwürmer> *ein Wurm, der als Schmarotzer im Darm von Menschen und Tieren lebt*

Spund¹ *der* <-(e)s, Spünde/-e> *ein kleiner Stab, mit dem man Bier- und Weinfässer verschließt*

Spund² *der* <-(e)s, -e> *(umg.) junger, unerfahrener Mann* ◆Jung-

Spur *die* <-, -en> ❶ *der Abdruck, der im Boden entsteht, wenn jmd. darauf geht oder fährt:* Die Kinder hinterließen Spuren im Schnee. ◆Fuß-, Reifen-, Schleif-, Tier- ❷ */meist Plur./ eine sichtbare Veränderung, die durch einen Vorgang oder jmds. Handeln entstanden ist:* Der Orkan hatte seine Spuren hinterlassen.; Die Polizei sicherte die Spuren am Tatort. ❸ *abgegrenzter Streifen auf einer Fahrbahn:* Er fährt ständig auf der linken Spur. ◆Linksabbieger-, Rechtsabbieger-, Stand-, Überhol- ❹ KFZ *die Stellung von linkem und rechtem Rad zueinander:* Ich muss unbedingt die

Spur einstellen lassen. ❺ *eine winzige Menge einer Substanz:* Man konnte Spuren dieses chemischen Elements nachweisen.; ■ **jemandem auf die Spur kommen** *(umg.) jmdn. als Täter ermitteln;* ■ **auf jemandes Spuren wandeln** *jmds. Vorbild folgen*

spür·bar *adj so, dass man es deutlich wahrnehmen kann:* Es ist spürbar kälter geworden.

spu·ren I. *mit OBJ/ohne OBJ* ■ **jmd. spurt (etwas)** *eine Spur mit Skiern in den Schnee machen, der andere Skifahrer folgen können:* Man spurt die Loipen.; Man hat bereits überall gespurt. **II.** *ohne OBJ* ■ **jmd. spurt** *(umg.) gehorchen*

spü·ren *mit OBJ* ■ **jmd. spürt etwas** ❶ *fühlen, wahrnehmen:* Ich spüre einen Schmerz in der Magengegend. ❷ *instinktiv merken:* Ich spürte, dass irgendetwas nicht stimmte.

Spu·ren·ele·ment *das* <-(e)s, -e> */meist Plur./* BIOL. *eine Substanz, die für ein Lebewesen unentbehrlich ist, aber nur in geringsten Mengen benötigt wird*

Spu·ren·si·che·rung *die* <-, -en> ❶ */kein Plur./ die Arbeit der Polizei, bei der die Spuren eines Verbrechens dokumentiert werden* ❷ *die Polizeiabteilung, die die Spurensicherung¹ ausführt:* Die Kollegen von der Spurensicherung sind gerade am Tatort.

Spür·hund *der* <-(e)s, -e> (≈ *Suchhund*) *ein speziell trainierter Hund der Polizei, der Drogen auffinden und Fährten verfolgen kann*

spur·los *adv /nicht steig./ ohne Spuren zu hinterlassen:* Sie ist kurz vor Ende der Party spurlos verschwunden.; Diese Krankheit ging nicht spurlos an ihm vorüber.

Spurt *der* <-(e)s, -e/-s> SPORT (≈ *Sprint*) *das Spurten¹*

spur·ten <spurtest, spurtete, ist gespurtet> *ohne OBJ* ❶ ■ **jmd. spurtet** SPORT (≈ *sprinten*) *bei einem Wettlauf das letzte Stück vor dem Ziel so schnell wie möglich zurücklegen* ❷ ■ **jmd. spurtet (irgendwohin)** *(umg.) schnell laufen:* Wir mussten spurten, um die Straßenbahn nicht zu verpassen.

Spur·wech·sel *der* <-s, -> *beim Fahren mit dem Auto das Wechseln von einer Spur³ auf eine andere*

spu·ten *mit SICH* ■ **jmd. sputet sich** *(umg.) sich beeilen*

Sput·nik *der* <-s, -s> *Name des ersten russischen Erdsatelliten*

Squash *das* [ˈskvɔʃ] <-> */kein Plur./ ein Ballspiel, bei dem zwei Spieler abwechselnd einen kleinen Ball mit Schlägern gegen eine Wand spielen*

Squaw *die* [ˈskvɔː] <-, -s> ❶ *die indianische Bezeichnung für eine Indianerin* ❷ *die indianische Bezeichnung für die Ehefrau eines Indianers*

Sri Lan·ka <-s> *Inselstaat im Indischen Ozean* ◆Srilanker, Srilankerin, srilankisch

SS *die* [ɛsˈʔɛs] <-> */kein Plur./ eine Art militärische Polizei im Nationalsozialismus*

Staat *der* <-(e)s, -en> ❶ *ein politisches System, das das Zusammenleben der Gemeinschaft von Menschen innerhalb eines festgelegten Gebietes dauerhaft regelt und ermöglicht* ❷ (≈ *Land*) Wel-

S

che Staaten sind Mitglieder der Europäischen Union?

Staa·ten·bund *der* <-(e)s, Staatenbünde> *(≈ Konföderation) Zusammenschluss gleichberechtigter, unabhängiger Staaten*
Staa·ten·ge·mein·schaft *die* <-, -en> *ein Zusammenschluss aus mehreren Staaten*
staa·ten·los *adj /nicht steig./ so, dass man ohne Staatsangehörigkeit ist ▶ Staatenlose*
staat·lich *adj /nicht steig./* ❶ *(≈ national) auf den Staat bezogen, zu ihm gehörend:* die staatlichen Interessen vertreten; staatliche Angelegenheiten der Bundes- und der Länderebene ❷ *(≈ öffentlich) so, dass es dem Staat gehört:* Die staatlichen Betriebe wurden nach und nach privatisiert. ❸ *so, dass es vom Staat ausgeht oder durchgeführt wird:* Man forderte staatliche Unterstützung zur Rettung des Konzerns.
staat·li·cher·seits *adv* AMTSSPR. *von Seiten des Staates*
Staats·akt *der* <-(e)s, -e> *eine feierliche Festveranstaltung einer Regierung*
Staats·ak·ti·on ■ *eine Staatsaktion aus etwas machen etwas Unbedeutendes übertrieben wichtig nehmen und zu großen Aufwand darauf verwenden*
Staats·an·ge·hö·rig·keit *die* <-, -en> *(≈ Nationalität) der Umstand, dass jmd. Bürger eines bestimmten Staates ist und alle Rechte und Pflichten eines Bürgers besitzt:* die deutsche/französische/italienische Staatsangehörigkeit; Er besitzt die Schweizer Staatsangehörigkeit.; die Diskussion um die doppelte Staatsangehörigkeit ▶ Staatsangehörige
Staats·an·walt *der;* **Staats·an·wäl·tin** <-(e)s, Staatsanwälte> *(↔ Verteidiger) die Person, die vor Gericht die Anklage vertritt ▶ Staatsanwaltschaft*
Staats·aus·ga·be *die* <-, -n> */meist Plur./ (↔ Staatseinnahme) das Geld, das der Staat für bestimmte Dinge ausgibt*
Staats·bank *die* <-, -en> *eine Bank, die vom Staat betrieben wird*
Staats·be·such *der* <-(e)s, -e> *(≈ Regierungsbesuch) der Vorgang, dass ein Staatsoberhaupt der Regierung eines Landes einen offiziellen Besuch abstattet:* Der englische Premierminister traf zu einem zweitägigen Staatsbesuch in Berlin ein.
Staats·be·trieb *der* <-(e)s, -e> *ein Betrieb, der dem Staat gehört:* ehemalige Staatsbetriebe privatisieren
Staats·bür·ger *der;* **Staats·bür·ge·rin** <-s, -> *(≈ Staatsangehöriger) ▶ staatsbürgerlich, Staatsbürgerschaft*
Staats·dienst *der* <-(e)s> */kein Plur./ berufliche Tätigkeit als Beamter oder Angestellter beim Staat:* Er will in den Staatsdienst gehen. ▶ Staatsdiener, Staatsdienerin
Staats·ei·gen·tum *das* <-(e)s> */kein Plur./ Eigentum des Staates*
Staats·ein·nah·me *die* <-, -n> */meist Plur./ (↔ Staatsausgabe) das Geld, das dem Staat aus Steuern, Abgaben o. Ä. zur Verfügung steht*
Staats·emp·fang *der* <-(e)s, Staatsempfänge>

eine feierliche Veranstaltung, die von der Regierung veranstaltet wird und zu der bestimmte geladene Gäste Zutritt haben
Staats·ex·a·men *das* <-s, -/Staatsexamina> *eine Prüfung, die man an einer Universität bei bestimmten Studiengängen am Ende des Studiums ablegen muss und die von staatlichen Prüfern durchgeführt wird*
Staats·ge·biet *das* <-(e)s, -e> *Territorium eines Staates*
Staats·ge·heim·nis *das* <-ses, -se> *ein Geheimnis, das die Sicherheit des Staates betrifft;* ■ *das ist (doch) kein Staatsgeheimnis (umg.) das kann doch jeder wissen, das kann man ruhig erzählen*
Staats·ge·walt *die* <-> */kein Plur./ alle Rechte eines Staates und die Mittel, diese Rechte durchzusetzen*
Staats·haus·halt *der* <-(e)s, -e> *der Etat eines Staates*
Staats·kas·se *die* <-, -n> ❶ *das Bargeld, über das ein Staat verfügt* ❷ *(≈ Fiskus)*
Staats·macht *die* <-> */kein Plur./ die Macht, die von einem Staat ausgeübt wird*
Staats·mann *der* <-(e)s, Staatsmänner> *(geh.) bedeutender Politiker ▶ staatsmännisch*
Staats·mi·nis·ter *der;* **Staats·mi·nis·te·rin** <-s, -> ❶ *ein Minister, der kein eigenes Ressort hat* ❷ *Titel bestimmter Staatssekretäre* ❸ *jmd., der den Titel Staatsminister² trägt*
Staats·ober·haupt *das* <-(e)s, Staatsoberhäupter> *(≈ Regierungschef)*
Staats·oper *die* <-, -n> *eine Oper, die dem Staat gehört*
Staats·or·ga·ne <-> *Plur. in einem demokratischen Staat der Gewaltenteilung nach die zentralen Institutionen der Legislative, Exekutive und Judikative:*
Staats·par·tei *die* <-, -en> *die Partei, die in bestimmten Staaten alleine die Macht ausübt und alle wichtigen Institutionen des Staates kontrolliert*
Staats·prä·si·dent *der;* **Staats·prä·si·den·tin** <-en, -en> *Oberhaupt einer Republik*
Staats·rä·son *die* <-> */kein Plur./ der Grundsatz, in bestimmten Situationen die Rechte des Staates über die Rechte des einzelnen Bürgers zu stellen*
Staats·rat *der* <-(e)s, Staatsräte> ❶ GESCH. *Gruppe von Politikern, die in der ehemaligen DDR als Staatsoberhaupt fungierten* ❷ SCHWEIZ. *Regierung in manchen Kantonen* ❸ SCHWEIZ. *Mitglied eines Staatsrates²*
Staats·recht *das* <-(e)s> */kein Plur./ alle rechtlichen Bestimmungen, die einen Staat, seinen Aufbau und seine Aufgaben betreffen ▶ staatsrechtlich*
Staats·re·gie·rung *die* <-, -en> *die Regierung eines Staates*
Staats·schuld *die* <-, -en> */meist Plur./ das gesamte Geld, das sich der Staat bei Banken und anderen Staaten geliehen hat*
Staats·sek·re·tär *der;* **Staats·sek·re·tä·rin** <-s, -e> *höchster Staatsbeamter (in einem Ministerium)*
Staats·si·cher·heit *die* <-> */kein Plur./* ❶ *die Si*

S

cherheit eines Staates ② GESCH. *kurz für „Staatssicherheitsdienst"*

Staats·si·cher·heits·dienst *der* <-(e)s> /kein Plur./ GESCH. *Geheimdienst in der ehemaligen DDR, abgekürzt „SSD" oder umgangsprachlich auch „Stasi"*

Staats·streich *der* <-(e)s, -e> (≈ Putsch) *der Vorgang, dass Mitglieder der Regierung oder das Militär eine Regierung stürzen und dann die Macht im Staat übernehmen*

Staats·the·a·ter *das* <-s, -> *ein Theater, das größtenteils vom Staat finanziert wird*

Staats·ver·trag *der* <-(e)s, Staatsverträge> *Vertrag zwischen einzelnen Staaten oder zwischen Ländern eines Bundesstaates*

Stab[1] *der* <-(e)s, Stäbe> ❶ *eine Gruppe von Mitarbeitern oder Experten, die gemeinsam an einer bestimmten Sache arbeiten:* Für die Entwicklung des Prototypen wurde ein eigener Stab unter der Leitung von Herrn Dr. Meier gebildet. ❷ MILIT. *die Gruppe von Offizieren, die den Kommandeur unterstützt*

Stab[2] *der* <-(e)s, Stäbe> *runde, dünne Stange aus Holz oder Metall*

Sta·bel·le *die* <-, -n> SCHWEIZ. *ein Stuhl, dessen Beine und Lehne einzeln in die Sitzfläche eingelassen sind*

Stab·heu·schre·cke *die* <-, -n> *Heuschrecke mit einem sehr langen, dünnen, braunen Körper*

Stab·hoch·sprung *der* <-(e)s> /kein Plur./ SPORT *eine Disziplin, bei der man sich mit einem biegsamen Stab[2] in eine möglichst große Höhe aufschwingt, um über eine Latte zu springen*

sta·bil *adj* ❶ (↔ labil) *so, dass es beständig und nicht gefährdet ist:* Ein stabiles Hoch bestimmt in den nächsten Tagen unser Wetter.; Die politische Lage in diesem Land wird als stabil eingeschätzt. ❷ (≈ robust, fest) *so, dass etwas nicht leicht kaputtgeht:* ein stabiler Schrank/Tisch ❸ *nicht anfällig:* Er hat einen stabilen Kreislauf.

sta·bi·li·sie·ren I. *mit OBJ* ❶ ■ *jmd. stabilisiert etwas stützen oder befestigen, damit es nicht umfallen kann:* Man hat das Gerüst inzwischen mit Stützen stabilisiert. ❷ ■ *jmd. stabilisiert etwas dafür sorgen, dass sich der Zustand von etwas nicht verändert:* Man suchte nach Maßnahmen, um die Währung zu stabilisieren. ❸ ■ *etwas stabilisiert etwas widerstandsfähig machen:* Vor der Operation muss der Kreislauf des Patienten stabilisiert werden. II. *mit SICH* ■ *etwas stabilisiert sich stabil werden:* Der Kreislauf des Patienten hat sich mittlerweile stabilisiert.; Die Aktienkurse haben sich wieder stabilisiert. ▶ Stabilisierung

Sta·bi·li·tät *die* <-> /kein Plur./ *die Eigenschaft stabil* [1, 2] *zu sein*

Stab·reim *der* <-(e)s, -e> LIT. (≈ Alliteration) *Reim mit mehreren gleich anlautenden betonten Wörtern in einer Zeile*

Sta·chel *der* <-s, -n> *ein längeres, spitzes Teil mancher Pflanzen bzw. Körperteil mancher Tiere:* Dieser Kaktus hat sehr lange Stacheln.; Der Stachel der Biene/Wespe steckt noch in der Haut.

Sta·chel·bee·re *die* <-, -n> *eine kleine grüne runde Frucht, deren Schale manchmal etwas behaart ist und die sauer schmeckt* ◆ Stachelbeermarmelade, Stachelbeerstrauch

Sta·chel·draht *der* <-(e)s, Stacheldrähte> *Draht mit spitzen Stacheln, den man für Zäune und Absperrungen verwendet* ◆-zaun

sta·che·lig, *a.* **stach·lig** <stach(e)liger, am stach(e)ligsten> *adj mit (vielen) Stacheln versehen*

Sta·del *das* <-s, -> SÜDDT., ÖSTERR., SCHWEIZ. *Scheune (zur Aufbewahrung von Heu)*

Sta·di·en <-> *Plur. Plural von Stadion und Stadium*

Sta·di·on *das* <-s, Stadien> *eine große Anlage für Sportveranstaltungen mit einer Tribüne für die Zuschauer* ◆-lautsprecher, -sprecher, Fussball-, Olympia-, Sport-

Sta·di·um *das* <-s, Stadien> *bestimmter Zustand, Abschnitt in einer Entwicklung*

Stadt *die* <-, Städte> ❶ *eine Siedlung mit vielen Häusern und öffentlichen Gebäuden, in denen Menschen leben und arbeiten und die eine eigene Verwaltung hat:* Die Stadt Augsburg wurde von den Römern gegründet.; Sie wohnt im Zentrum/am Rande der Stadt.; Er fährt morgens zur Arbeit in die Stadt. ◆-archiv, -autobahn, -bauamt, -bevölkerung, -bezirk, -bibliothek, -bücherei, -chronik, -entwicklung, -erneuerung, -gebiet, -geschichte, -halle, -mauer, -mitte, -museum, -park, -rundfahrt, -teil, -theater, -tor, -verkehr, -verwaltung, -viertel, -wappen, -wohnung, -zentrum, Groß-, Hafen-, Hanse-, Haupt-, Industrie-, Klein-, Messe-, Universitäts-, Welt- ❷ /kein Plur./ *alle Einwohner einer Stadt:* Die ganze Stadt war auf den Beinen. ❸ *kurz für „Stadtverwaltung":* Bei der Stadt sind entsprechende Formulare erhältlich.

stadt·aus·wärts *adv* (↔ stadteinwärts) *aus der Stadt hinaus:* stadtauswärts fahren

Stadt·au·to *das* <-s, -s> (umg.) *ein kleines, nicht sehr schnelles Auto, das für den Stadtverkehr besonders gut geeignet ist*

Stadt·bahn *die* <-, -en> *Bahn in einer Großstadt und ihrer Umgebung, abgekürzt „S-Bahn"*

stadt·be·kannt *adj* /nicht steig./ *in der ganzen Stadt bekannt:* Es ist stadtbekannt, dass ...

Stadt·bild *das* <-(e)s, -er> *das Erscheinungsbild einer Stadt im Ganzen:* Industrieanlagen prägen das Stadtbild.

Stadt·bum·mel *der* <-s, -> *ein Spaziergang durch die (Innen)Stadt:* Wir wollen heute Abend noch einen Stadtbummel machen.

Städt·chen *das* <-s, -> *kleine Stadt*

Städ·te·bau *der* <-(e)s> /kein Plur./ *das Planen und Bauen von Städten*

stadt·ein·wärts *adv* (↔ stadtauswärts) *in die Stadt hinein*

Städ·te·part·ner·schaft *die* <-, -en> *freundschaftlicher Vertrag zwischen Städten verschiedener Länder mit dem Ziel, den kulturellen Austausch zu fördern*

Städ·ter *der*, **Städ·te·rin** <-s, -> (≈ Stadtbewohner) jmd., der in einer Stadt aufgewachsen ist und dort lebt

Städ·te·rei·se *die* <-, -n> *kurze Reise in eine (große) Stadt*

S

Stadt·ex·press *der* <-es> /kein Plur./ *(in Deutschland) ein Nahverkehrszug*

Stadt·flucht *die* <-> /kein Plur./ *(↔ Landflucht) der Vorgang, dass viele Menschen von der Stadt aufs Land ziehen*

Stadt·füh·rer[1] *der;* **Stadt·füh·re·rin** <-s, -> *eine Person, die Touristen durch eine Stadt führt und ihnen die Sehenswürdigkeiten dieser Stadt zeigt und erklärt*

Stadt·füh·rer[2] *der* <-s, -> *ein kleines Buch (für Touristen), das einen Stadtplan und Informationen über die Geschichte und die Sehenswürdigkeiten einer Stadt enthält*

Stadt·ge·spräch *das* <-(e)s> /kein Plur./ *ein aktuelles Thema, über das man in einer Stadt häufig spricht:* Die Neugestaltung des Rathausplatzes wurde zum Stadtgespräch.

städ·tisch *adj* /nicht steig./ *für eine Stadt typisch, zu ihr gehörend:* Sie bevorzugt die städtische Lebensweise.; Er hat einen Platz im städtischen Altersheim bekommen.

Stadt·plan *der* <-(e)s, Stadtpläne> *eine Karte einer Stadt, in der alle Straßen und Plätze eingezeichnet sind*

Stadt·pla·nung *die* <-> /kein Plur./ *die Planung der Bebauung, Nutzung und Erschließung eines Stadtgebietes* ▸ Stadtplaner, Stadtplanerin

Stadt·rand *der* <-(e)s, Stadtränder> *die Gebiete am Rand einer Stadt, die an das Umland angrenzen* ◆ -siedlung

Stadt·rat *der;* **Stadt·rä·tin** <-(e)s, Stadträte> ❶ *ein Gremium, das die Bürger einer Stadt vertritt und das über Verwaltung und Stadtplanung entscheidet:* in den Stadtrat gewählt werden ❷ *Mitglied des Stadtrats*[1]

Stadt·rund·fahrt *die* <-, -en> *eine Fahrt durch eine (größere) Stadt, bei der sich Touristen die Sehenswürdigkeiten ansehen können:* Wir haben in London eine Stadtrundfahrt gemacht.; Zu unserer Städtereise nach Paris gehört auch eine Stadtrundfahrt.

Stadt·staat *der* <-(e)s, -en> ❶ *eine Stadt, die ein selbstständiger Staat ist:* Athen war ein Stadtstaat. ❷ *eine Stadt, die ein selbstständiges deutsches Bundesland ist:* Hamburg und Bremen sind Stadtstaaten.

Stadt·vä·ter <-> Plur. (umg. scherzh.) *leitende Mitglieder der Stadtverwaltung, Stadträte*

Stadt·wer·ke <-> Plur. *ein Unternehmen, das von einer Stadt betrieben wird und das diese mit Strom und Gas versorgt*

Sta·fet·te *die* <-, -n> *(früher) eine Reihe von Personen, die etwas im Wechsel von einem Ort zu einem entfernteren anderen bringen*

Staf·fa·ge [ʃtaˈfaːʒə] <-, -n> *etwas, das nur nur dazu dient, dass nach außen ein guter Eindruck entsteht*

Staf·fel *die* <-, -n> ❶ SPORT *eine Gruppe von vier Sportlern, die in einem Wettkampf eine bestimmte Strecke nacheinander laufen, schwimmen oder fahren:* Er läuft bei der 4 x 100-m-Staffel mit. ❷ MILIT. *Einheit der Luftwaffe* ❸ TV *eine Einheit einer Fernsehserie, die aus mehreren Folgen*

besteht: Demnächst beginnt die 3. Staffel von „Deep Space Nine".

Staf·fe·lei *die* <-, -en> *ein Gerüst, auf dem beim Malen (von Ölbildern) die Leinwand aufgestellt wird*

Staf·fel·lauf *der* <-(e)s, ...-läufe> SPORT *ein Laufwettbewerb, bei dem mehrere Staffeln*[1] *gegeneinander antreten*

Staf·fel·läu·fer *der* <-s, -> SPORT *jmd., der an einem Staffellauf teilnimmt*

staf·feln <staffelst, staffelte, hat gestaffelt> *mit OBJ* ■ *jmd.* **staffelt etwas (irgendwie)** *nach bestimmten Kriterien in verschiedene Kategorien einteilen:* Man hat die Mitgliedsbeiträge neuerdings nach anderen Kriterien gestaffelt. ▸ Staffelung

Stag·fla·ti·on *die* <-, -en> WIRTSCH. *Inflation, die von wirtschaftlichem Stillstand begleitet wird*

Sta·g·na·ti·on *die* <-, -en> *(geh.) das Stagnieren (auf wirtschaftlichem Gebiet)*

sta·g·nie·ren <stagnierst, stagnierte, hat stagniert> *ohne OBJ* ■ **etwas stagniert** *in seiner Entwicklung stocken, still stehen:* Der beginnende Wirtschaftsaufschwung stagnierte.

Stahl *der* <-(e)s, -e/Stähle> ❶ *Eisen in einer bestimmten Legierung, die besonders gut geformt und verarbeitet werden kann:* Das Messer ist aus rostfreiem Stahl. ◆ -arbeiter, -band, -blech, -draht, -feder, -gerüst, -industrie, -konstruktion, -platte, -rohr, -saite, -stab, -wolle, Edel- ❷ LIT. *Schwert, Dolch;* ■ **Nerven aus Stahl** *(umg.) gute Nerven* ◆ Getrennt- oderZusammenschreibung →R 4.16 die Stahl verarbeitende/stahlverarbeitende Industrie

Stahl·be·ton *der* <-s> /kein Plur./ *besonders stabiler Beton, der mit Stahl*[1] *versehen ist* ◆ -platte

stahl·blau *adj* /nicht steig./ *von leuchtender blauer Farbe:* Er hat stahlblaue Augen.

stäh·len *mit OBJ* ■ *jmd.* **stählt etwas** *(geh.) etwas oder sich kräftig und stark machen:* Er stählt seine Muskeln.; Sie stählt sich.

stäh·lern *adj* /nicht steig./ ❶ *aus Stahl*[1] *hergestellt* ❷ *(geh.) sehr kräftig:* Er hat stählerne Muskeln.

stahl·hart *adj* /nicht steig./ *sehr hart*

Stahl·helm *der* <-(e)s, -e> *der Helm aus Stahl*[1]*, den Soldaten tragen*

Stahl·ross *das* <-es, ...-rösser> *(umg. scherzh.) Fahrrad*

Stahl·trä·ger *der* <-s, -> *Stütze aus Stahl*[1]*:* In die Hallendecke wurden Stahlträger eingezogen.

Stahl·werk *das* <-(e)s, -e> *ein Industriebetrieb, der Stahl*[1] *herstellt*

Sta·ke *die* <-, -n> NORDDT. *lange Stange aus Holz zum Staken*

Sta·ken *der* <-s, -> (≈ Stake)

sta·ken <stakst, stakte, hat gestakt> *mit OBJ* ■ *jmd.* **stakt etwas** NORDDT. *ein Boot mit einer langen Stange fortbewegen:* Er stakte das Boot durch das Schilf.

Sta·ket *das* <-(e)s, -e> *Lattenzaun*

Stak·ka·to *das* <-s, -s/Stakkati> MUS. *musikalischer Vortrag mit kurzen, gestoßenen, betonten Tönen*

S

stak·sen <stakst, stakste, ist gestakst> *ohne OBJ* ■ *jmd. stakst (irgendwohin) sich steif fortbewegen:* Der Storch stakst durch die Wiese.

Sta·lag·mit *der* <-s/-en, -e(n)> *(↔ Stalaktit) ein Tropfstein, der sich in einer Tropfsteinhöhle vom Boden nach oben aufbaut*

Sta·lak·tit *der* <-s/-en, -e(n)> *(↔ Stalagmit) ein Tropfstein, der in einer Tropfsteinhöhle von der Decke nach unten hängt*

Stall *der* <-(e)s, Ställe> *ein Gebäude oder Raum, in dem man Vieh unterbringt* ◆-dung, -gebäude, -geruch, -magd, -mist, Kuh-, Pferde-, Schweine-

Stall·knecht *der* <-(e)s, -e> *(veralt.) jmd., der das Vieh in einem Stall versorgt*

Stall·meis·ter *der,* **Stall·meis·te·rin** <-s, -> *jmd., der ein Gestüt beaufsichtigt*

Stal·lung *die* <-, -en> */meist Plur./ großer Stall*

Stamm *der* <-(e)s, Stämme> ❶ *(≈ Baumstamm) der dicke Teil eines Baumes, aus dem die Äste wachsen* ❷ *eine größere Gruppe von Menschen mit derselben Sprache, demselben Glauben, derselben Kultur und denselben Gebräuchen, die meist in einem bestimmten Gebiet leben:* ein afrikanischer Stamm; die germanischen Stämme ◆-eshäuptling, Eingeborenen-, Indianer-, Volks- ❸ *die Gruppe von Menschen, die den festen Kern von etwas ausmacht:* Die Mannschaft benötigt einen Stamm an guten Spielern. ◆-kundschaft, -mannschaft, -personal, -publikum, Besucher-, Kunden- ❹ SPRACHWISS. *der zentrale Teil eines Wortes ohne Vorsilben, Nachsilben und Endungen*

Stamm·baum *der* <-(e)s, Stammbäume> *die Aufzeichnung aller Nachkommen eines Elternpaares über einen langen Zeitraum:* Er kann seinen Stammbaum bis ins Mittelalter zurückverfolgen.

stam·meln <stammelst, stammelte, hat gestammelt> *mit OBJ/ohne OBJ* ■ *jmd. stammelt (etwas) mit vielen Pausen, sehr undeutlich und stockend sprechen, meist weil man nervös ist oder Angst hat:* Er stammelte eine Entschuldigung.; Sie stammelte vor Verlegenheit. ▸ Gestammel

stam·men *ohne OBJ* ❶ ■ *jmd./etwas stammt aus etwas Dat. seinen Ursprung in einem bestimmten Gebiet haben:* Seine Frau stammt aus München.; Die Tomaten stammen aus Italien. ❷ ■ *etwas stammt aus etwas Dat. seinen Ursprung in einem bestimmten zeitlichen Bereich haben:* Das Wandgemälde stammt noch aus dem Mittelalter.; Das Fundament des Tempels stammt aus dem vierten Jahrhundert. ❸ ■ *jmd. stammt aus etwas Dat. seine Herkunft in einem bestimmten Bereich haben:* Sie stammt aus einer wohlhabenden Familie.; Das Wort „Matratze" stammt ursprünglich aus dem Arabischen. ❹ ■ *etwas stammt von jmdm. von jmdm. gesagt oder gemacht worden sein:* Das Zitat stammt von Schiller.; Dieses Bild stammt von van Gogh.

Stamm·form *die* <-, -en> SPRACHWISS. *als Stammformen des Verbs gelten im Deutschen die 1. Pers. Sing. Präs., die 1. Pers. Sing. Prät. und das Part. Perf.*

Stamm·gast *der* <-(e)s, Stammgäste> *jmd., der oft und regelmäßig ein bestimmtes Lokal, Restaurant o. Ä. besucht*

Stamm·hal·ter *der* <-s, -> *(scherzh.) der erstgeborene Sohn einer Familie*

stäm·mig *adj kräftig und korpulent*

Stamm·knei·pe *die* <-, -n> *(umg.) ein Lokal, das jmd. oft und regelmäßig besucht*

Stamm·kun·de *der,* **Stamm·kun·din** <-n, -n> *jmd., der oft in einem Geschäft Kunde ist*

Stamm·lo·kal *das* <-s, -e> *ein Lokal, das jmd. oft und regelmäßig besucht*

Stamm·platz *der* <-es, Stammplätze> *der immer gleiche Platz, an dem jmd. zum Beispiel in einem Lokal sitzt:* Er hat im Theater/im Lokal seinen Stammplatz.

Stamm·sil·be *die* <-, -n> SPRACHWISS. *die Silbe, die der Stamm[1] eines Wortes ist*

Stamm·tisch *der* <-(e)s, -e> ❶ *der immer gleiche (reservierte) Tisch, an dem bestimmte Gäste in einem Lokal sitzen und der besonders gekennzeichnet ist* ❷ *die Gruppe von Personen, die sich regelmäßig in einem Lokal treffen und am Stammtisch[1] sitzen:* Er geht sonntags immer zum Stammtisch. ◆-politiker, -runde

Stamm·tisch·po·li·tik *die* <-> */kein Plur./ (abwert.) eine unsachliche politische Diskussion (wie sie besonders am Stammtisch geführt wird)*

Stamm·vo·kal *der* <-(e)s, -e> SPRACHWISS. *Vokal der Stammsilbe*

Stamm·wäh·ler *der,* **Stamm·wäh·le·rin** <-s, -> *(↔ Wechselwähler) jmd., der immer dieselbe Partei wählt*

Stam·perl *das* <-s, -(n)> SÜDDT., ÖSTERR. *Schnapsglas*

stamp·fen <stampfst, stampfte, hat/ist gestampft> **I.** *mit OBJ* ■ *jmd. stampft etwas (haben) (mit einem Gerät) fest auf etwas drücken und es so zerkleinern:* Er hat Kartoffeln gestampft. **II.** *ohne OBJ* ❶ ■ *jmd. stampft (irgendwohin) (haben) kräftig mit dem Fuß auftreten:* Sie stampfte aus Wut auf den Boden. ❷ ■ *jmd. stampft (irgendwohin) (sein) sich mit lauten Schritten fortbewegen:* Sie stampfte durch den Raum. ❸ ■ *etwas stampft (haben) in Betrieb sein und dabei laute Geräusche machen:* Die Maschine stampft.

Stamp·fer *der* <-s, -> *Gerät zum Stampfen I*

Stand *der* <-(e)s, Stände> ❶ */kein Plur./ das aufrechte Stehen:* Der Turner landete nach dem Sprung im Stand.; Er kann aus dem Stand einen Salto springen. ❷ */meist Sing./ der Platz, wo etwas steht:* Der Stand für Taxen ist dort drüben. ◆Taxi- ❸ *Bude, Marktstand:* Am Wochenmarkt findet man Stände mit Gemüse, Gewürzen und Blumen. ❹ */kein Plur./ (≈ Stadium) bestimmte Stufe in einer Entwicklung:* Das ist der momentane Stand der Verhandlungen.; Die technischen Entwicklungen auf diesem Gebiet haben einen hohen Stand erreicht. ❺ *gemessene Menge, Höhe oder Höhe von etwas:* Der Stand des Wassers beträgt augenblicklich drei Meter. ❻ */kein Plur./ kurz für „Berufsstand"* ❼ */kein Plur./ kurz für „Familienstand"* ❽ *(früher) die gesellschaftliche Schicht, zu der jmd. gehörte:* Die unteren Stände wurden zu jener Zeit ausgebeutet.; ■ **einen schweren Stand haben** *(umg.) sich nur schwer* *durchsetzen können* ◆Getrennt- oder Zusammenschreibung →R 4.20 im Stand(e)/imstand(e) sein

Stan·dard *der* <-s, -s> ❶ *(≈ Norm) durch Normierung vereinheitlichte Orientierungsgröße zur Herstellung von Produkten und Durchführung von Prozessen:* sich an den gängigen technischen Standards orientieren ◆-abweichung, -werte, -zeit ❷ *(umg.:* ≈ *Maßstab) Richtschnur dessen, was für normal gehalten wird:* Eine solche Ausstattung bei Autos gehört mittlerweile zum Standard. ◆-ausführung, -ausrüstung, -kosten, -lösung, -modell, -typ

Stan·dard·brief *der* <-(e)s, -e> *ein Brief mit einer festgelegten Größe und einem festgelegten bestimmten Gewicht, für den man ein bestimmtes Porto bezahlen muss*

stan·dar·di·sie·ren *mit OBJ* ■ *jmd.* **standardisiert etwas** *etwas zur Norm machen* ▶ Standardisierung

Stan·dard·spra·che *die* <-, -n> SPRACHWISS. *(≈ Hochsprache) die Form einer Sprache, die keine regionalen oder sozialen Merkmale aufweist; siehe auch* **Norm, Regel, Varietät**

Die **Standardsprache** (auch: *Hochsprache*) ist als Gesamtsprache die überregionale und gruppenübergreifende Sprachform, die andere Varietäten überdacht und deshalb als *Leitvarietät* bezeichnet wird. Da bei der Standardisierung von Sprachen die Schriftlichkeit eine zentrale Rolle spielt, wird sie auch als *Schriftsprache* bezeichnet. Bei Orientierung am Sprachgebrauch namhafter Schriftsteller wird auch der Ausdruck *Literatursprache* verwendet. Unter historischem Gesichtspunkt sind Prozesse der Herausbildung der Standardsprache im deutschsprachigen Raum ganz wesentlich mit wichtigen Grammatiken und Wörterbüchern verbunden, hier insbesondere mit dem Wirken der großen Grammatiker der Aufklärung und dem zwischen 1774 und 1776 erschienenen Wörterbuch von J. Ch. Adelung. Dabei hat seit den frühen Bemühungen um eine einheitliche Sprachnorm die Orientierung am Sprachgebrauch namhafter Schriftsteller eine zentrale Rolle gespielt hat, wie umgekehrt diese so z. B. Goethe) die lexikographischen und grammatischen Ergebnisdarstellungen ihrer Zeit nutzten.
Das schriftliche Festhalten einer übergreifenden, einheitlichen Sprachnorm nennt man *Kodifizierung*; daran schließt an, dass die kodifizierte Norm von gesellschaftlichen Schichten als „richtig" und vorbildlich angesehen wird. Eine solche Norm (vgl. das Stichwort) kann durch gezielte Normierungstendenzen zustande kommen, wie dies für die Herausbildung einer Standardnorm z. B. in Frankreich bis 1789 kennzeichnend ist; dann wird eine solche Norm als *präskriptiv* („vorschreibend") und staatlich verordnet bezeichnet. Wo es, wie in Deutschland, keine offizielle Kodifizierung gab, wird lediglich der ohnehin geltende

Sprachgebrauch schriftlich als so bezeichnete *deskriptive* Norm festgelegt bzw. kodifiziert, nämlich der so bezeichnete sprachliche *Usus*. Der entsprechende Sprachgebrauch wird von der Sprachgemeinschaft als vorbildlich akzeptiert und durch sprachliche Routinen per Imitation erworben.
Wenngleich eine Kodifizierung des Deutschen in Grundzügen bereits mit den ersten Grammatiken des 16. Jhs. eingesetzt hat, kann erst um 1800 die Standardsprache (insbesondere in ostmitteldeutscher Version) als Leitvarietät und damit Schriftsprache als durchgesetzt und weit verbreitet gelten. Allerdings war es in diesem Zeitraum im Wesentlichen zuerst nur das aufkommende Bildungsbürgertum, bei dem die Leitvarietät aktiv Verwendung fand; und auch hier war die Verwendung auf die Schriftlichkeit eingeschränkt sowie auf verschiedene Textsorten (z. B. die Sprache der Literatur). Erst im 19. Jh. kann von einer Durchsetzung der neuen Leitvarietät die Rede sein, nämlich deren passive und aktive Verbreitung innerhalb aller Teile der Sprachgemeinschaft. Den Abschluss der Entwicklung bilden nach weitgehender Alphabetisierung der Bevölkerung und der Einrichtung von Schulen die ersten Jahrzehnte des 20. Jhs. Die weitere Entwicklung ist geprägt durch Pädagogisierung der deutschen Standardsprache und deren Normierung auf orthografischer Ebene durch insbesondere Konrad Duden (1872), sowie durch den Versuch der Normierung auch auf lautlicher bzw. orthoepischer Ebene, vorgenommen vor allem von Theodor Siebs (1902).

Stan·dard·tanz *der* <-es, Standardtänze> *einer der Tänze, die man bei Turnieren tanzt:* Langsamer Walzer, Wiener Walzer, Quickstep, Slow Fox und Tango sind Standardtänze.

Stan·dard·werk *das* <-(e)s, -e> *ein Buch, das für ein bestimmtes Fachgebiet besonders wichtig und allgemein als grundlegend akzeptiert ist*

Stan·dar·te *die* <-, -n> MILIT. *kleine Fahne einer Truppe*

Stand·bein *das* <-(e)s, -e> ❶ SPORT *(↔ Spielbein) das Bein, auf dem man steht* ❷ KUNST *das Bein, das den größten Teil der Last einer Statue o. Ä. trägt;* ■ **ein zweites Standbein** *eine sichere Alternative, die jmd. im Beruf o. Ä. zur Absicherung hat:* Er ist Musiker, aber als studierter Betriebswirt hat er ein zweites Standbein.

Stand·bild *das* <-(e)s, -er> ❶ *(≈ Statue)* ❷ ELEKTROTECHN. *ein Bild auf dem Bildschirm eines Fernsehers, das sich nicht bewegt und nicht verändert und das erscheint, wenn man beim Abspielen eines Videofilms den Videorecorder anhält*

Stand-by *das* [stɛntˈbeɪ] <-(s), -s> ❶ *eine Flugreise, bei der sich Reisende kurz vor dem Abflug in eine Warteliste eintragen, um mitfliegen zu können, falls noch Plätze frei werden* ❷ ELEKTROTECHN. *die Betriebsart, bei der ein Elektrogerät zwar aus-*

S

geschaltet ist, jedoch auf die Fernbedienung reagiert ◆ -betrieb

Ständ·chen *das* <-s, -> *ein Musikstück, das man aus einem bestimmten Anlass für jmdn. spielt, beispielsweise um ihm zu gratulieren:* Er brachte seiner Freundin ein Ständchen. ◆ Geburtstags-

Stän·der *der* <-s, -> ❶ *ein Gestell aus Stangen, Latten oder Rohren, auf das man etwas legt oder stellt oder an das man etwas hängt* ◆ Fahrrad-, Gepäck-, Kleider-, Noten-, Schirm- ❷ *(vulg.) Penis im erigierten Zustand*

Stän·de·rat *der* <-(e)s, Ständeräte> SCHWEIZ. ❶ *eine Art Parlament in der Schweiz, das aus Vertretern der einzelnen Kanone besteht* ❷ *Mitglied des Ständerates [1]*

Stän·der·lam·pe *die* <-, -n> SCHWEIZ. *Stehlampe*

Stan·des·amt *das* <-(e)s, Standesämter> *die Behörde, vor der Eheschließungen vollzogen werden und bei der man Geburten und Todesfälle meldet*

stan·des·amt·lich *adj /nicht steig./ so, dass etwas im Standesamt stattfindet und von Standesbeamten durchgeführt wird:* Die standesamtliche Trauung findet vor der kirchlichen Trauung statt.

Stan·des·be·am·te *der;* **Stan·des·be·am·tin** <-n, -n> *Beamte(r) auf dem Standesamt*

stan·des·ge·mäß *adv so, dass etwas der gesellschaftlichen Gruppe entspricht, der jmd. angehört:* Der junge Adelige heiratete standesgemäß.

stand·fest *adj so, dass etwas sicher steht und nicht umfallen kann:* Die neue Leiter ist sehr standfest.

Stand·fes·tig·keit *die* <-> */kein Plur./ der feste, sichere Stand von etwas*

Stand·ge·richt *das* <-(e)s, -e> *ein militärisches Gericht, das sich aus Offizieren zusammensetzt und das in Kriegszeiten besonders schnell Urteile fällen kann*

stand·haft *adj so, dass man nicht nachgibt und auf seiner Meinung besteht:* Sie weigerte sich standhaft, meinen Anweisungen zu folgen.

Stand·haf·tig·keit *die* <-> */kein Plur./ Beharrlichkeit, Entschlossenheit*

stand·hal·ten <hältst stand, hielt stand, hat standgehalten> *ohne OBJ* ❶ ■ *etwas hält etwas Dat.* **stand** *einer Belastung widerstehen können:* Das Gebäude hielt dem Erdbeben stand. ❷ ■ *jmd. hält jmdm./etwas stand* (≈ *widerstehen) nicht nachgeben und sich nicht beeinflussen lassen:* Er konnte der Versuchung standhalten.

stän·dig *adj /nicht steig./* ❶ *oft, häufig, (fast) unterbrochen:* Er ist ständig krank. ❷ *so, dass etwas dauerhaft besteht:* Ist das Ihr ständiger Wohnsitz?

Stan·ding Ova·tions *die* ['stændɪŋoʊ'veɪʃənz] <-> *Plur. lang anhaltender Beifall, bei dem das Publikum von den Sitzplätzen aufsteht*

Stand·licht *das* <-(e)s> */kein Plur./ Licht am Auto, das man im Dunkeln einschaltet, wenn man anhält*

Stand·ort *der* <-(e)s, -e> ❶ *der Ort, an dem sich etwas befindet:* Ist dies der Standort für die neue Fabrik?; Diese Pflanze wächst auch an einem schattigen Standort. ❷ WIRTSCH. *ein Ort, an dem wirtschaftliche Tätigkeit stattfindet:* Der Standort

Deutschland ist nicht gefährdet. ◆ -nachteil, -wahl, -wechsel

Stand·ort·fak·tor *der* <-s, -en> WIRTSCH. *ein Kriterium, das berücksichtigt wird, wenn eine Firma ihren Standort [2] wählt*

Stand·ort·vor·teil *der* <-(e)s, -e> WIRTSCH. *etwas, das einen Standort [2] besser macht als andere*

Stand·pau·ke ■ *jemandem eine Standpauke halten (umg.) jmdn. streng zurechtweisen*

Stand·platz *der* <-es, Standplätze> *Stand [2]*

Stand·punkt *der* <-(e)s, -e> (≈ *Ansicht, Meinung, Auffassung) die Art und Weise, wie man eine Situation, ein Problem beurteilt:* Er konnte ihr seinen Standpunkt nicht klarmachen.; Ich stehe auf dem Standpunkt, dass …

Stand·recht *das* <-(e)s> */kein Plur./ Regeln und Gesetze eines Standgerichts*

Stand·seil·bahn *die* <-, -en> *eine Seilbahn, deren Wagen auf Schienen fahren*

Stand·spur *die* <-, -en> *(auf Autobahnen) die Spur neben der rechten Fahrbahn, auf der Fahrzeuge in Notfällen anhalten können*

Stand·uhr *die* <-, -en> *hohe, auf dem Boden stehende Uhr*

Stan·ge *die* <-, -n> ❶ *langer relativ dünner runder Stab aus Holz oder Metall* ❷ *längliches Stück von etwas:* Ich muss noch eine Stange Zimt kaufen. ❸ *zehn Schachteln Zigaretten in einer Verpackung;* ■ *bei der Stange bleiben (umg.) etwas zu Ende bringen;* ■ *jemandem die Stange halten (umg.) jmdn. nicht im Stich lassen, für ihn eintreten;* ■ *eine (ganze/hübsche/schöne) Stange (umg.) sehr viel* Die Reparatur hat eine hübsche Stange Geld gekostet.

Stän·gel *der* <-s, -> *der Stiel einer Pflanze (der die Blüte trägt)*

Sta·nit·zel, *a.* **Sta·nitzl** *der* <-s, -> ÖSTERR. *spitz zulaufende Tüte*

stän·kern <stänkerst, stänkerte, hat gestänkert> *ohne OBJ* ■ *jmd. stänkert (gegen jmdn.) (umg.) Streit verursachen, indem man jmdn. ständig kritisiert oder provoziert*

Stan·ni·ol *das* <-s, -e> *dünne, silbrig glitzernde Folie aus Aluminium*

Stan·ni·ol·pa·pier *das* <-s> */kein Plur./* (≈ *Alufolie, Silberpapier) Stanniol*

stan·zen <stanzt, stanzte, hat gestanzt> *mit OBJ* ❶ ■ *jmd. stanzt etwas (aus etwas Dat.) mit einer Maschine Stücke mit einer bestimmten Form aus etwas ausschneiden:* Mit dieser Maschine kann man Löcher stanzen. ❷ ■ *jmd. stanzt etwas (auf etwas Akk.)* (≈ *prägen) ein Muster oder etwas machen*

Sta·pel *der* <-s, -> ❶ (≈ *Stoß [3]) Haufen von gleichen, aufeinandergelegten Dingen:* Ich muss den ganzen Stapel Wäsche noch bügeln. ◆ Bretter-, Bücher-, Holz-, Wäsche- ❷ SEEW. *Gerüst, auf dem Schiffe gebaut werden:* Das Schiff läuft morgen vom Stapel.

sta·peln <stapelst, stapelte, hat gestapelt> **I.** *mit OBJ* ■ *jmd. stapelt etwas einen Stapel [1] von Dingen bilden:* Er stapelt Holz im Hof. **II.** *mit SICH* ■ *etwas stapelt sich übereinanderliegen und ei-*

nen Stapel [1] *bilden:* Die Bücher stapeln sich inzwischen auf dem Fußboden.

sta·pel·wei·se *adv* in großen Mengen: Sie hat stapelweise Klamotten in ihrem Schrank, die sie nie trägt.

stap·fen <stapfst, stapfte, ist gestapft> *ohne OBJ* ■ *jmd. stapft (irgendwohin/durch etwas) auf einer weichen Oberfläche, in die man einsinken kann, mit großen Schritten gehen:* Wir stapften durch den Schnee.

Star[1] *der* <-(e)s, -e> *ein Singvogel mit dunklem Gefieder, hellen Flecken und einem kurzem Hals*
Star[2] *der* <-(e)s> */kein Plur./* MED. *eine Augenkrankheit, bei der der Sehnerv schwach wird oder sich die Linse des Auges trübt:* Er ist am grünen/grauen Star erkrankt. ◆-operation
Star[3] *der* <-s, -s> *jmd., der sehr berühmt ist (und viele Fans hat)* ◆-anwalt, -aufgebot, -besetzung, -gast, -journalist, -kult, -parade, -rummel, Film-, Pop-, Rock-, Schlager-, Super-
Star·al·lü·ren <-> *Plur. (abwert.) sehr launenhaftes, arrogantes Benehmen, das jmd. hat, der sich für besser hält als andere:* Starallüren haben

stark <stärker, am stärksten> *adj* ❶ *(↔ schwächlich) so, dass jmd. viel körperliche Kraft hat:* Das Kind ist groß und stark geworden. ❷ *(↔ schwach) leistungsfähig, widerstandsfähig:* Sie hat starke Nerven/ein starkes Herz. ❸ *dick und belastbar:* Das Haus hat starke Mauern. ❹ *sehr gehaltvoll:* Ich brauche jetzt erst einmal einen starken Kaffee. ❺ *zahlreich:* Die Veranstalter der Demonstration rechnen mit einer starken Beteiligung. ❻ *sehr gut:* Die Spieler boten eine starke Leistung. ❼ *sehr ausgeprägt, intensiv, sehr kräftig:* Die starken Schneefälle halten unvermindert an.; Sie hatte starke Schmerzen. ❽ *(jugendspr.) ausgezeichnet, großartig:* Das war ein starker Film.; Die Musik war echt stark. ❾ *(umg. verhüll.) dick:* stark sein
Stär·ke[1] *die* <-, -n> ❶ *Bestandteil von bestimmten Lebensmitteln, wie Getreide, Kartoffeln und Reis:* Kartoffeln enthalten Stärke. ❷ *ein Mittel, mit dem man Wäsche steif macht*
Stär·ke[2] *die* <-, -n> ❶ */kein Plur./ große körperliche Kraft* ❷ */kein Plur./ Macht:* Die militärische Stärke des Landes ist nur schwer einzuschätzen. ❸ *Dicke, Festigkeit:* Wir haben Bretter verschiedener Stärken besorgt. ❹ *Anzahl, Größe:* Die Stärke der Armee sollte reduziert werden. ❺ *besondere Begabung, Fähigkeit auf einem bestimmten Gebiet:* Chemie war noch nie seine Stärke. ❻ *vorteilhafte Eigenschaft:* Es zählt zu seinen Stärken, dass er auch in schwierigen Situationen einen kühlen Kopf behält. ❼ *Ausmaß, Intensität:* Die Stärke des Erdbebens brachte die meisten Häuser zum Einsturz.
stär·ke·hal·tig *adj* so, dass etwas Stärke enthält
stär·ken I. *mit OBJ* ❶ ■ *etwas stärkt jmdn./etwas (↔ schwächen) kräftigen:* Regelmäßiges Laufen stärkt die Kondition. ❷ ■ *jmd./etwas stärkt jmdn./etwas* jmdm. oder etwas neue Kraft geben, unterstützen: Es gelang mir, ihre Hoffnungen wieder zu stärken. ❸ ■ *etwas stärkt etwas wirkungsvoller machen:* Der Ausgang der Wahl stärkte die Position des siegreichen Kandidaten.

❹ ■ *jmd. stärkt etwas* Wäsche mit Stärke steif machen II. *mit SICH* ■ *jmd. stärkt sich etwas essen und trinken*

stark·ma·chen <machst stark, machte stark, hat starkgemacht> *mit SICH* ■ *jmd. macht sich für jmdn. stark sich für jmdn. oder etwas einsetzen* ◆ Zusammenschreibung →R 4.6 Sie hat sich vor Gericht sehr für ihn starkgemacht.
Stark·strom *der* <-(e)s> ELEKTROTECHN. *starker elektrischer Strom* ◆-leitung, -technik
Stär·kung *die* <-, -en> ❶ *das Stärken I.1* ❷ *Speisen und Getränke:* Ich muss jetzt erst einmal eine kleine Stärkung zu mir nehmen. ❸ *das Stärken I.3*
starr *adj* ❶ *(≈ steif, unbeweglich) so, dass sich die einzelnen Teile nicht einzeln bewegen lassen:* Sie war starr vor Schrecken/Kälte. ❷ *regungslos:* Sie blickte starr vor sich hin. ❸ *(≈ streng) so, dass man etwas nicht verändern oder an eine neue Situation anpassen kann:* Man hielt an den starren Regeln fest. ❹ *so, dass jmd. seine Meinung nicht aufgibt; unnachgiebig:* Seine starre Haltung belastete die Verhandlungen.
Star·re *die* <-> */kein Plur./* das Starrsein [1, 2]
star·ren *ohne OBJ* ■ *jmd. starrt (irgendwohin/auf jmdn./etwas) starr*[2] *blicken:* Er starrte an die Decke. ■ *etwas starrt vor etwas Dat. strotzen:* Die Hose starrte vor Schmutz.
Starr·heit *die* <-> */kein Plur./ (↔ Beweglichkeit, Flexibilität) das Starrsein*
Starr·kopf *der* <-(e)s, Starrköpfe> *(≈ Dickkopf)*
starr·köp·fig *adj (abwert.) starrsinnig*
Starr·krampf *der* <-(e)s> */kein Plur./* MED. *kurz für „Wundstarrkrampf"*
Starr·sinn *der* <-(e)s> */kein Plur./ Eigensinn, Sturheit* ► starrsinnig
Start *der* <-(s), -s> ❶ *Beginn, Anfang (meist einer beruflichen Tätigkeit):* Sie hatte einen schweren Start ins Berufsleben. ❷ SPORT *Beginn eines Rennens:* Der Start musste wiederholt werden. ❸ *(↔ Landung) Vorgang, dass ein Flugzeug oder eine Rakete den Boden verlässt:* Die Piloten mussten den Start vorzeitig abbrechen. ❹ *Ort, Platz, an dem ein Start*[2, 3] *erfolgt*
Start·auf·la·ge *die* <-> */kein Plur./* DRUCKW. *erste Auflage eines Buchs*
Start·bahn *die* <-, -en> LUFTF. *(↔ Landebahn) eine Art Straße, von der Flugzeuge abfliegen*
start·be·reit *adj /nicht steig./ so, dass jmd. oder etwas fertig zum Start*[2, 3] *ist*
Start·block *der* <-(e)s, Startblöcke> *eines der kleinen Podeste, von denen bei Schwimmwettbewerben die Teilnehmer ins Wasser springen:* vom Startblock springen
star·ten <startest, startete, hat/ist gestartet> I. *mit OBJ /haben/* ❶ ■ *jmd. startet etwas* den Motor anlassen: Er startete den Motor. ❷ ■ *jmd. startet etwas* beginnen lassen: eine große Unterschriftenaktion gestartet. II. *ohne OBJ /sein/* ❶ ■ *jmd. startet (irgendwo)* SPORT *einen Wettkampf beginnen:* Sie startete auf der Innenbahn. ❷ ■ *jmd. startet für jmdn./etwas* SPORT *an einem Wettkampf teilnehmen:* Er startet für Italien. ❸ ■ *etwas startet* abfliegen: Das Flugzeug startete pünktlich. ❹ ■ *jmd. startet (irgend-*

S

wann) (irgendwohin) *aufbrechen:* Wir starten morgen in den Urlaub.

Start·hil·fe *die* <-, -n> ❶ KFZ *der Vorgang, dass man eine leere Autobatterie und eine volle Autobatterie mit einem Kabel verbindet, damit das Auto mit der leeren Batterie wieder fahren kann:* Weil sein Auto nicht ansprang, musste ich ihm Starthilfe geben. ◆-kabel ❷ *(finanzielle) Unterstützung zur Gründung einer Firma*

start·klar *adj* /nicht steig./ *startbereit*

Start·li·nie *die* <-> /kein Plur./ SPORT *Linie, hinter der die Sportler auf den Start² eines Rennens warten*

Start·lis·te *die* <-, -n> SPORT *Liste, auf der die Namen aller Teilnehmer eines Wettkampfs stehen*

Start·num·mer *die* <-, -n> *ein Stück Stoff mit einer Nummer, das ein Teilnehmer eines Rennens auf Brust und Rücken trägt*

Start·pis·to·le *die* <-, -n> *Pistole, mit der man den Startschuss¹ für ein Rennen abgibt*

Start·schuss *der* <-es, Startschüsse> ❶ *Schuss als Startsignal* ❷ *(übertr.) etwas, das zeigt, dass man mit einem Vorhaben beginnen kann:* Der Beschluss des Stadtrats war der Startschuss für den Bau der neuen Sportanlage.

Start·si·gnal *das* <-s, -e> *Signal, das zeigt, dass ein Rennen beginnt*

Start-up *das* [staɑ:t'ʌp] <-s, -s> WIRTSCH. *eine Firma, die gerade erst neu gegründet wurde* ◆-firma, -unternehmen

Start·zei·chen *das* <-s, -> *Startsignal*

State·ment *das* ['steɪtmɛnt] <-s, -s> *(öffentliche) Erklärung, Verlautbarung*

Sta·tik *die* <-> /kein Plur./ ❶ PHYS. (↔ Dynamik) *Lehre von den Kräften, die an ruhenden Körpern auftreten* ❷ BAUW. *Kräfte, die dafür sorgen, dass ein Gebäude stabil ist und nicht einstürzt*

Sta·ti·ker *der,* **Sta·ti·ke·rin** <-s, -> *jmd., der sich mit Statik beschäftigt*

Sta·ti·on *die* <-, -en> ❶ *Abschnitt:* Er sprach offen über die wichtigsten Stationen seiner Karriere. ❷ (≈ Haltestelle) *Stelle, an der Züge oder öffentliche Verkehrsmittel anhalten, damit Menschen ein- und aussteigen können:* Ich muss an der nächsten Station aussteigen. ❸ *Anlage für (wissenschaftliche) Tätigkeiten:* Auf dem Berg wird eine meteorologische Station eingerichtet. ❹ *Abteilung in einem Krankenhaus:* Auf welcher Station liegt sie?; chirurgische/gynäkolgische/neurologische/psychatrische/urologische Station ◆-sarzt, -särztin, -sschwester

sta·ti·o·när *adj* /nicht steig./ MED. (↔ ambulant) *im Krankenhaus:* Die Verletzung muss stationär behandelt werden.

sta·ti·o·nie·ren *mit OBJ* ■ *jmd. stationiert jmdn./etwas (irgendwo) jmdn. oder etwas für längere Zeit an einen bestimmten Ort bringen:* Man stationierte Truppen an der Grenze. ▸ Stationierung

sta·tisch *adj* /nicht steig./ ❶ PHYS. (↔ dynamisch) *das von Kräften erzeugte Gleichgewicht betreffend* ❷ BAUW. *die Statik² betreffend*

Sta·tist *der,* **Sta·tis·tin** <-en, -en> FILM, THEAT. *ein Schauspieler, der eine kleine Rolle ohne Text hat*

Sta·tis·tik *die* <-, -en> ❶ *Darstellung (in Form einer Tabelle, einer Kurve oder eines Diagramms), die zeigt, wie häufig bestimmte Dinge auftreten:* Die Statistik war gefälscht. ❷ *Wissenschaft, die sich mit der Erstellung und der Bedeutung von Statistiken¹ beschäftigt*

sta·tis·tisch *adj* /nicht steig./ *die Statistik betreffend*

Sta·tiv *das* <-s, -e> FOTOGR., FILM *ein Gestell mit drei Beinen, auf dem man eine Kamera befestigt, damit das Foto/die Aufnahme nicht verwackelt:* Er schraubte seinen Fotoapparat auf ein Stativ.

statt I. *präp + Gen. anstatt, anstelle:* Statt eines Buches hatte sie sich eine CD gekauft.; Sie tat es statt seiner.; an Eides statt II. *konj anstatt:* Statt zur Schule zu gehen, ging er auf den Sportplatz. ◆Zusammenschreibung →R 4.3 Er hat das Studium abgebrochen, stattdessen macht er jetzt eine Lehre.; ◆Getrenntschreibung →R 4.3 Der Professor, statt dessen sein Mitarbeiter erschienen war, war vereist.

statt·des·sen *adv anstelle:* Er hat das Studium abgebrochen, stattdessen macht er jetzt eine Lehre.

Stät·te *die* <-, -n> *(geh.) Ort mit einer besonderen Bedeutung, Stelle, an der etwas Außerordentliches passiert ist:* Hier lebte und arbeitete der große Künstler, dies ist die Stätte seines Wirkens.; Wir befinden uns hier an einer historischen Stätte.

statt·fin·den <findet statt, fand statt, hat stattgefunden> *ohne OBJ* ■ *etwas findet (irgendwann) (irgendwo) statt geschehen:* Das Konzert findet nächste Woche statt.

statt·ge·ben <gibst statt, gab statt, hat stattgegeben> *ohne OBJ* ■ *jmd. gibt etwas Dat. statt* AMTSSPR. *etwas gewähren:* Dem Einspruch wird stattgegeben.

statt·haft *adj* /nicht steig./ *(geh.) erlaubt, zulässig:* Es ist nicht statthaft, während der Prüfung miteinander zu sprechen.

Statt·hal·ter *der,* **Statt·hal·te·rin** <-s, -> ❶ *Stellvertreter* ❷ SCHWEIZ. *oberster Beamter eines Bezirks*

statt·lich *adj* ❶ *groß, ansehnlich:* Unser Rathaus ist ein stattliches Gebäude. ❷ *beträchtlich:* Wir mussten eine stattliche Summe für die Reparatur bezahlen.

Sta·tue *die* <-, -n> (≈ Standbild) *Figur aus einem festen Material, zum Beispiel Metall oder Stein, die wie ein Mensch oder Tier aussieht:* Auf dem Marktplatz steht die Statue eines Heiligen.

Sta·tu·et·te *die* <-, -n> *kleine Statue*

sta·tu·ie·ren *mit OBJ* ■ *jmd. statuiert etwas festsetzen, bestimmen;* ■ *ein Exempel statuieren ein warnendes Beispiel geben*

Sta·tur *die* <-, -en> *Art, wie der Körper eines Menschen gebaut ist; Wuchs:* Er ist von kräftiger Statur.

Sta·tus *der* <-, Status> /Plur. selten/ *(gesellschaftliche, politische, rechtliche, wirtschaftliche) Stellung*

Sta·tus quo *der* <-> /kein Plur./ *(geh.) gegenwärtiger Zustand*

Sta·tus·sym·bol *das* <-(e)s, -e> *Gegenstand, mit dem jmd. anderen seine (hohe) gesellschaftliche*

S

Stellung zeigen will: Ich betrachte seinen Luxuswagen als reines Statussymbol.

Sta·tut *das* <-(e)s, -en> */meist Plur./ Satzung*

Stau *der* <-(e)s, -s> ❶ *eine Reihe von Autos, die auf der Straße stehen und nicht weiterfahren können, weil der Verkehr behindert wird:* Bei Ferienbeginn wird auf den Autobahnen mit langen Staus gerechnet. ❷ */meist Sing./ große Ansammlung von Wasser, das nicht weiterfließen kann:* Vor dem Wehr hatte sich ein gefährlicher Stau gebildet.

Staub *der* <-(e)s> */kein Plur./ viele kleine Partikel unterschiedlicher Substanzen, die durch die Luft schweben und sich auf der Oberfläche von Gegenständen in einer dünnen Schicht ablagern:* Sie saugt Staub/staubsaugt.; ■ **sich aus dem Staub machen** *(umg.) heimlich verschwinden;* ■ **viel Staub aufwirbeln** *(umg.) große Aufregung verursachen* ◆Getrennt- oder Zusammenschreibung →R 4.14 Staub saugen/staubsaugen; Er hat Staub gesaugt/staubgesaugt.; ◆Getrennt- oder Zusammenschreibung →R 4.16 Staub abweisend/staubabweisend; ◆Zusammenschreibung →R 4.2 staubbedeckt

Staub·beu·tel *der* <-s, -> ❶ BOT. *Teil eines Staubblattes* ❷ *Papiertüte im Staubsauger*

Staub·blatt *das* <-(e)s, Staubblätter> BOT. *Blütenteil, der den Blütenstaub enthält*

Stau·be·cken *das* <-s, -> *Becken, in dem Wasser gestaut wird*

stau·ben *ohne OBJ* ■ *etwas staubt Staub absondern, aufsteigen lassen:* Die Laken stauben.

Staub·fän·ger *der* <-s, -> *(umg. abwert.) Gegenstand, der in der Wohnung herumsteht, ohne dass man ihn benutzt, und auf dem sich der Staub sammelt*

Staub·ge·fäß *das* <-es, -e> BOT. *Staubblatt*

staub·big *adj voller Staub*

Staub·korn *das* <-(e)s, Staubkörner> *eines der vielen kleinen Teilchen, aus denen Staub besteht*

staub·sau·gen, *a.* **Staub sau·gen** <saugst staub, saugte staub, hat staubgesaugt> *ohne OBJ (Teppiche) mit einem Staubsauger reinigen* ◆Zusammen- oder Getrenntschreibung →R 4.14 staubsaugen/Staub saugen; *siehe auch* **Staub**

Staub·sau·ger *der* <-s, -> *elektrisches Gerät, mit dem man Flächen (vor allem Teppiche) von Staub befreien kann*

Staub·teil·chen *das* <-s, -> *Staubkorn*

Staub·tuch *das* <-(e)s, Staubtücher> *weiches Tuch, mit dem man Staub wegwischt*

Staub·wol·ke *die* <-, -n> *eine große Menge an aufgewirbeltem Staub*

Staub·zu·cker *der* <-s> */kein Plur./* ÖSTERR. *Puderzucker*

stau·chen *mit OBJ* ❶ ■ *jmd. staucht etwas sehr heftig auf etwas stoßen* ❷ ■ *jmd. staucht etwas mit viel Kraft auf etwas drücken und es dadurch kleiner machen* ❸ ■ *jmd. staucht etwas* TECHN. *einen Gegenstand mit Druck verformen* ❹ ■ *jmd. staucht sich etwas (selten) verstauchen:* Sie hat sich den Knöchel gestaucht. ❺ ■ *jmd. staucht jmdn. (umg.) jmdn. schimpfen:* Meine Mutter hat mich gestern ziemlich gestaucht.

Stau·damm *der* <-(e)s, Staudämme> *große*

Mauer, mit der Wasser in einem Stausee gestaut wird

Stau·de *die* <-, -n> *ein Strauch*

stau·en **I.** *mit OBJ* ■ *jmd./etwas staut etwas durch ein Hindernis dafür sorgen, dass etwas nicht abfließt:* Ein Damm staut den Fluss. **II.** *mit SICH* ■ *etwas staut sich durch ein Hindernis zum Stillstand kommen und sich ansammeln:* Der Verkehr staute sich kilometerlang.

Stau·mau·er *die* <-, -n> *Staudamm*

Stau·mel·dung *die* <-, -en> *Hinweis auf Staus[1] auf Straßen im Radio oder Fernsehen*

stau·nen *ohne OBJ* ■ *jmd. staunt über jmdn./ etwas sich wundern, überrascht sein oder Respekt empfinden:* Er staunte nicht schlecht über ihren Vorschlag.

Stau·pe *die* <-, -n> *eine Hundekrankheit, bei der sich Organe entzünden*

Stau·raum *der* <-(e)s, ...-räume> */Plur. selten / Raum, der für das Verstauen von Gepäck zur Verfügung steht:* Ein Sportwagen verfügt meist über wenig Stauraum.; *gekonnte Eingliederung von Stauräumen im Bereich der Autotechnik*

Stau·see *der* <-s, ...-seen> *künstlicher See, der durch Aufstauen von Wasser entstanden ist*

Stau·ung *die* <-, -en> ❶ *das Stauen I* ❷ *Stau*

Std. *Kurzform für „Stunde"*

Steak *das* ['ste:k] <-s, -s> *eine Scheibe (Rind)Fleisch, die man nur kurz brät* ◆-haus, -messer, Hüft-, Rinder-, Schweine-

Ste·a·rin *das* <-s, -e> *ein fester, weißer Stoff, aus dem man Kerzen und kosmetische Produkte herstellt*

Stech·ap·fel *der* <-s, Stechäpfel> *eine giftige Pflanze mit großen weißen Blüten und stacheligen Früchten*

Ste·chen *das* <-s> */kein Plur./ ein kurzer Schmerz, der in kurzen Abständen immer wieder auftritt und der sich wie viele Stiche[1] anfühlt:* Ich habe ein Stechen in der Magengegend.

ste·chen <stichst, stach, hat gestochen> **I.** *mit OBJ/ohne OBJ* ❶ ■ *jmd. sticht (jmdm./etwas/sich) (etwas) (irgendwohin) mit einem spitzen Gegenstand in etwas eindringen, jmdn. verletzen:* Sie stach ihren kleinen Bruder aus Versehen mit einer Nadel.; Sie sticht in den Braten, um zu prüfen, ob er schon gar ist.; Er stach seinem Opfer mitten ins Herz. ❷ ■ *ein Tier sticht (jmdn.) einen (Tier-)Stachel in die Haut bohren:* Eine Biene stach das Kind/mir in den Fuß.; Mücken stechen. **II.** *ohne OBJ* ■ *etwas sticht heiß brennen:* Die Sonne sticht heute wieder! **III.** *mit SICH* ■ *jmd. sticht sich an etwas Dat. sich an einem spitzen Gegenstand verletzen:* Ich habe mich am Kaktus gestochen.; ■ *etwas sticht jemandem ins Auge (umg.) etwas fällt jmdm. auf*

ste·chend *adj* ❶ *so, dass ein Schmerz in kurzen Abständen auftritt* ❷ *scharf, beißend:* Als wir die Türe öffneten, schlug uns ein stechender Geruch entgegen.

Stech·kar·te *die* <-, -n> *Karte, die man in eine Stechuhr steckt*

Stech·mü·cke *die* <-, -n> *eine Mückenart*

S

Stech·pal·me *die* <-, -n> *eine Palmenart mit Stacheln an den Blättern*

Stech·uhr *die* <-, -en> *Gerät in Fabriken und größeren Unternehmen, das täglich auf einer Karte registriert, wann die Mitarbeiter die Arbeit beginnen und beenden*

Steck·brief *der* <-(e)s, -e> *Plakat mit dem Foto und der Beschreibung eines Straftäters, das die Polizei aufhängt, um den Täter zu finden*

Steck·do·se *die* <-, -n> *Vorrichtung in der Wand, in die der Stecker eines elektrischen Geräts gesteckt wird*

Ste·cken *der* <-s, -> LANDSCH. *Stock*

ste·cken <steckst, steckte, hat/ist gesteckt>
I. *mit OBJ (haben)* ❶ ■ *jmd.* **steckt etwas irgendwohin** *etwas durch eine Öffnung in etwas hineintun:* Er steckte den Brief in ein Kuvert.; Sie steckte die Hände in die Manteltaschen. ❷ ■ *jmd.* **steckt (jmdm./sich) etwas irgendwohin** *etwas an etwas befestigen:* Er steckte ihr den Ring an den Finger. ❸ ■ *jmd.* **steckt jmdn.** **irgendwohin** *(umg.) jmdn. an einen bestimmten Ort bringen:* Die Mutter steckte das kranke Kind ins Bett. ❹ ■ *jmd.* **steckt etwas in etwas** *Akk. (umg.) investieren:* Sie steckt viel Zeit in ihre Hobbys. **II.** *ohne OBJ* ❶ ■ *jmd./etwas* **steckt irgendwo** *(haben o sein) an einem Ort sein und nicht wegkommen:* Der Nagel steckte sehr fest in der Wand. ❷ ■ *der Schlüssel steckt (haben) sich im Schloss² befinden:* Hat der Schlüssel im Schloss gesteckt, als du kamst? ❸ ■ *jmd./etwas* **steckt irgendwo** *(umg.) (haben) sich irgendwo befinden:* Ich habe die Kinder schon überall gesucht, wo stecken sie bloß wieder? ❹ ■ *etwas* **steckt in jmdm.** *(umg.) (haben) bestimmte Talente besitzen:* In ihr stecken ungeahnte Fähigkeiten.; ■ **hinter etwas stecken** *Veranlasser von etwas sein* ◆ Getrenntschreibung →R 4.6 im Schnee stecken bleiben; den Schlüssel im Schloss stecken lassen; *siehe auch* **steckenbleiben, steckenlassen**

ste·cken·blei·ben <bleibst stecken, blieb stecken, ist steckengeblieben> *ohne OBJ* ■ *jmd.* **bleibt stecken** *keine Worte mehr finden* ◆ Zusammenschreibung →R 4.6 in einer Rede steckenbleiben

ste·cken·las·sen <lässt stecken, ließ stecken, hat stecken(ge)lassen> *mit OBJ* ■ *jmd.* **lässt (etwas** *Akk.)* **stecken** *eine Sache gut sein lassen, meistens auf Geld bezogen* ◆ Zusammenschreibung →R 4.6 Laß stecken! Du bist eingeladen.

Ste·cken·pferd *das* <-(e)s, -e> *(umg.) Hobby, Lieblingsbeschäftigung:* Fußball ist sein Steckenpferd.

Ste·cker *der* <-s, -> *Anschlussteil eines elektrischen Geräts, das in eine Steckdose gesteckt wird:* Vor dem Öffnen des Geräts sollte man stets den Stecker abziehen!

Steck·ling *der* <-s, -e> *ein kleiner Teil einer Pflanze, aus dem eine neue Pflanze entsteht, wenn man ihn abschneidet und in die Erde pflanzt*

Steck·na·del *die* <-, -n> *kleinere Nadel, mit der man Stoffstücke aneinander befestigt;* ■ **jemanden/etwas wie eine Stecknadel im Heuhau-**

fen suchen *jmdn. oder etwas intensiv, aber vergeblich suchen*

Steck·rü·be *die* <-, -n> *(≈ Kohlrübe)*

Steck·schlüs·sel *der* <-s, -> *Schraubenschlüssel, den man über eine Mutter steckt*

Steg *der* <-(e)s, -e> ❶ *kleine, schmale Brücke* ❷ *eine Art Brücke aus Holz, die (ein Stück weit hinaus) in einen See, ins Meer gebaut ist:* Das Boot legte am Steg an. ❸ *der Teil zwischen den Gläsern einer Brille, der auf der Nase liegt* ❹ *ein kleines Brett auf einem Saiteninstrument, auf dem die Saiten liegen*

Steg·reif ■ **aus dem Stegreif** *unvorbereitet, spontan* Er hielt aus dem Stegreif eine kurze Ansprache.

Steh·auf·männ·chen *das* <-s, -> *(umg.) jmd., der alle Niederlagen schnell überwindet und immer wieder neu beginnt*

Steh·aus·schank *der* <-(e)s, Stehausschänke> *ein kleines Lokal, in dem man im Stehen etwas trinken oder essen kann*

Steh·ca·fé *das* <-s, -s> *ein Café, in dem man im Stehen etwas trinken kann*

ste·hen <stehst, stand, hat/ist gestanden> *ohne OBJ* ❶ *(↔ sitzen)* ■ *jmd.* **steht irgendwo** *mit aufrechtem Körper an einer Stelle bleiben:* Wir mussten im Bus stehen. ❷ ■ *etwas* **steht irgendwo** *sich befinden:* Auf dem Feld steht eine kleine Kapelle.; Im Garten stehen mehrere Obstbäume.; Das Essen stand schon auf dem Tisch. ❸ ■ *etwas* **steht** *nicht mehr funktionieren:* Die Uhr steht. ❹ ■ *etwas* **steht irgendwo** *irgendwo gedruckt, geschrieben sein:* Was stand auf diesem Plakat? ❺ ■ *jmd.* **steht vor etwas** *Dat. mit etwas Schwierigem konfrontiert sein:* Wir standen damals vor enormen Problemen. ❻ ■ *etwas* **steht** *(umg.) fertig sein:* Morgen muss das Referat stehen! ❼ ■ *etwas* **steht jmdm. (irgendwie)** *jmdm. gut passen und gut an jmdm. aussehen:* Das Kleid steht ihr gut. ❽ ■ *jmd.* **steht zu etwas** *Dat. die Verantwortung für etwas übernehmen:* Er stand zu seiner Tat. ❾ ■ *jmd.* **steht zu jmdm.** *zu jmdm. halten, jmdm. helfen:* Sie stand zu ihrem Freund.; Die Mannschaft steht zu ihrem Trainer. ❿ ■ *jmd.* **steht zu etwas** *Dat. etwas beurteilen:* Wie stehen Sie zu dieser Entscheidung? ⓫ *(umg.)* ■ *jmd.* **steht auf jmdn./etwas** *(umg.) jmdn. oder etwas sehr mögen:* Ich steht auf diese Musik.; ■ **jemandem bis zum Hals(e)/bis oben/bis hierhin stehen** *(umg.) (einer Sache) überdrüssig werden* ◆ Großschreibung →R 3.5 ein guter Platz zum Stehen; im Stehen essen; ◆ Getrenntschreibung →R 4.6 (auf der Party) stehen bleiben; (die Gäste) stehen lassen; *siehe aber auch* **stehenbleiben, stehenlassen**

ste·hen·blei·ben, *a.* **ste·hen blei·ben** <bleibt stehen, blieb stehen, ist stehengeblieben> *ohne OBJ* ■ *etwas* **bleibt stehen** *nicht mehr funktionieren* ◆ Zusammenschreibung →R 4.6 Die Uhr ist stehengeblieben.

ste·hen·las·sen, *a.* **ste·hen las·sen** <lässt stehen, ließ stehen, hat stehen(ge)lassen> *mit OBJ* ■ *jmd.* **lässt jmdn. stehen** *nicht mehr beachten, zurücklassen* ◆ Zusammenschreibung →R 4.6 das schmutzige Geschirr stehenlassen

S

Steh·kra·gen *der* <-s, -> *ein enger, steifer Kragen, der nach oben steht:* Sie trug eine Bluse mit Stehkragen.

Steh·lam·pe *die* <-, -n> *ein Lampe, die nicht an der Decke hängt, sondern auf dem Boden oder auf dem Tisch steht*

Steh·lei·ter *die* <-, -n> *eine Leiter, die frei steht und die man nicht an die Wand lehnt*

steh·len <stiehlst, stahl, hat gestohlen> *mit OBJ/ohne OBJ* ■ *jmd. stiehlt (jmdm.) (etwas) heimlich jmdm. etwas wegnehmen und es behalten:* Als Kinder haben wir Obst beim Nachbarn gestohlen.; Hast du schon gehört, dass er im Kaufhaus gestohlen hat?; ■ **jemandem/etwas gestohlen bleiben können** *(umg.) nichts (mehr) mit jmdn. oder etwas zu tun haben wollen*

Steh·platz *der* <-(e)s, Stehplätze> (↔ *Sitzplatz)* Wir hatten im Stadion einen Stehplatz.

Stei·er·mark *die* <-> *ein Bundesland in Österreich*

steif *adj* ❶ (↔ *weich) relativ hart, so dass man es nur schwer in eine andere Form bringen kann:* Die Wäsche war steif gefroren. ❷ *so, dass man etwas nicht mehr bewegen kann:* Seit dem Unfall hat er ein steifes Bein. ❸ *ungelenk:* Sieh mal, was er für einen steifen Gang hat. ❹ *so, dass etwas sehr streng den Regeln der Gesellschaft entspricht; förmlich:* Ich mag diese steifen Empfänge nicht. ❺ (≈ *erigiert) im Zustand der Erektion:* ein steifer Penis; ■ **steif und fest behaupten, dass ...** *hartnäckig behaupten, dass ...* ▶ Steifheit ◆ Getrenntschreibung →R 4.6 (die Ohren) steifhalten

Steig *der* <-(e)s, -e> *steiler, kleiner (Gebirgs-)Pfad*

Steig·bü·gel *der* <-s, -> *einer der beiden Bügel aus Metall, in die man die Füße beim Reiten steckt*

Stei·ge *die* <-, -n> ❶ LANDSCH. *steile Stiege, Treppe* ❷ SÜDDT., ÖSTERR. *steiler Weg, steile Straße* ❸ SÜDDT., ÖSTERR. *flache, offene Kiste, die Obst enthält:* Ich habe eine Steige Orangen gekauft.

Steig·ei·sen *das* <-s, -> ❶ *Eisen mit scharfen Zacken, das man unter die Schuhe schnallt, um nicht auszurutschen, wenn man auf einen Gletscher oder einen vereisten Berg steigt* ❷ *eine Art Leiter aus Eisen in Mauern und Schornsteinen*

stei·gen <steigst, stieg, ist gestiegen> *ohne OBJ* ❶ ■ *etwas steigt im Luft nach oben gehen:* Der Ballon steigt immer höher. ❷ ■ *jmd. steigt irgendwohin sich nach oben bewegen:* Der Schornsteinfeger steigt aufs Dach. ❸ ■ *etwas steigt im Niveau höher werden:* Die Temperaturen steigen endlich wieder. ❹ ■ *jmd. steigt in/ auf etwas* Akk. *sich mit einer Bewegung an oder auf einen Platz bringen:* Er stieg ins Auto/aufs Fahrrad und fuhr los.

stei·gern <steigerst, steigerte, hat gesteigert> I. *mit OBJ* ❶ ■ *jmd. steigert etwas etwas erhöhen, verbessern, intensivieren:* Das Unternehmen steigert seine Produktion.; Der Sportler steigerte kontinuierlich seine Leistungen. ❷ ■ *jmd. steigert etwas* SPRACHWISS. *ein Adjektiv oder Adverb in die Formen bringen, mit denen man einen Vergleich ausdrückt:* Adjektive kann man steigern.

II. *ohne OBJ* ■ *jmd. steigert ein Angebot machen:* Hast du schon einmal bei einer Auktion gesteigert? III. *mit SICH* ❶ ■ *etwas steigert sich anwachsen:* Sein Zorn steigerte sich. ❷ ■ *jmd. steigert sich sich verbessern:* Die Mannschaft steigerte sich von Spiel zu Spiel.

Stei·ge·rung¹ *die* <-, -en> ❶ *das Steigern I.1:* Das Unternehmen rechnet mit einer beachtlichen Steigerung des Umsatzes. ❷ SPRACHWISS. *das Steigern I.2*

Stei·ge·rung² *die* <-, -en> SCHWEIZ. *Versteigerung*

Stei·ge·rungs·par·ti·kel *die* <-, -n> SPRACHWISS. *Partikel mit skalierender Funktion:* In „Der Schüler ist außerordentlich faul" ist „außerordentlich" Steigerungspartikel.; *siehe auch* **Partikel**

Steig·rie·men *der* <-s, -> *Riemen an einem Sattel, an dem der Steigbügel befestigt ist*

Stei·gung *die* <-, -en> ❶ *Grad, in dem etw. steiler oder höher wird:* Die Straße hat eine Steigung von 7,5 Prozent. ❷ *ansteigende Straße*

steil *adj* *so, dass etwas mit einer starken Steigung ansteigt oder mit einem großen Gefälle abfällt:* Siehst du den steil ansteigenden/abfallenden Hang dort drüben?; Die Absatzkurve zeigt steil nach oben. ▶ Steilheit

Steil·hang *der* <-(e)s, Steilhänge> *ein Hang, der sehr steil nach unten abfällt:* Der Skifahrer rast den Steilhang hinunter.

Steil·küs·te *die* <-, -n> *steil abfallende Küste*

Steil·ufer *das* <-s, -> *steil abfallendes Ufer*

Steil·wand *die* <-, Steilwände> *eine sehr steile Felswand*

Stein *der* <-(e)s, -e> ❶ /kein Plur./ *sehr harte, im Laufe der Erdgeschichte entstandene Masse, aus der Felsen bestehen:* Der Künstler hatte die Statue in Stein gehauen. ❷ *natürliches Gestein, Gesteinsstück:* Für die Mauer haben wir grob behauene Steine verwendet. ❸ *kurz für „Spielstein"* ❹ *kurz für „Edelstein":* Ihr gefiel dieser in Gold gefasste Stein sehr gut. ❺ *relativ großer, harter Kern in bestimmten Früchten:* Ich habe den Stein der Kirsche/Pflaume verschluckt.; ■ *der Stein der Weisen (geh.) die ideale Lösung für etwas;* ■ *der Stein des Anstoßes (geh.) Ursache dafür, dass sich jmd. über etwas geärgert hat oder dass ein Problem entstanden ist;* ■ *jemandem fällt ein Stein vom Herzen (umg.) jmd. ist erleichtert;* ■ *Stein und Bein schwören (umg.) etwas hartnäckig behaupten;* ■ *jemandem Steine in den Weg legen (umg.) es jmdm. schwer machen, etwas zu tun oder ein Ziel zu erreichen;* ■ *den Stein ins Rollen bringen (umg.) den Anstoß geben; der Auslöser sein;* ■ *bei jemandem einen Stein im Brett haben (umg.) bei jmdm. sehr beliebt sein*

stein- (≈ *sehr) als Erstglied einiger zusammengesetzter Adjektive, mit Betonung auf beiden Teilen; drückt aus, dass die mit dem Zweitglied bezeichnete Eigenschaft äußerst ausgeprägt ist* ◆ -alt, -hart, -reich

Stein·ad·ler *der* <-s, -> *ein großer, brauner Adler, der im Gebirge lebt*

Stein·bock *der* <-(e)s, Steinböcke> ❶ *Tier, das im Gebirge lebt und lange, nach hinten gebogene*

S

Hörner hat ❷ /kein Plur./ Name des Tierkreiszeichens für die Zeit vom 23.Dezember bis 20.Januar ❸ jmd., der im Zeichen des Steinbocks² geboren ist

Stein·bruch der <-(e)s, Steinbrüche> Ort, an dem Gestein aus einem Felsen abgebaut wird, das man als Baumaterial o. Ä. verwendet

Stein·butt der <-(e)s, -e> ein runder, flacher Fisch

stei·nern adj ❶ /nicht steig./ aus Stein bestehend: Über den Fluss führt eine alte steinerne Brücke. ❷ hart, ohne Gefühl: Er hat ein steinernes Herz.

Stein·er·wei·chen ■ zum Steinerweichen so, dass es bei anderen Mitleid erregt Das Kind weinte zum Steinerweichen.

Stein·frucht die <-, Steinfrüchte> Frucht mit einem (relativ großen) harten Kern in der Mitte, in dem sich der Samen befindet

Stein·gut das <-(e)s> /kein Plur./ ein Gegenstand, der aus Ton hergestellt und mit einer Glasur überzogen ist

stei·nig adj ❶ voller Steine: Der Weg führte durch steiniges Gelände. ❷ mit vielen Schwierigkeiten, mühevoll: Bis zum Ziel hatte sie noch einen steinigen Weg vor sich.

stei·ni·gen <steinigst, steinigte, hat gesteinigt> mit OBJ ■ jmd. steinigt jmdn. Steine auf jmdn. werfen und ihn dadurch töten

Stei·ni·gung die <-, -en> das Steinigen

Stein·koh·le die <-> /kein Plur./ sehr harte schwarze Kohle, die man zum Heizen verwendet ◆-nbergwerk

Stein·mar·der der <-s, -> ein kleines Raubtier mit graugelbem Fell und einem weißen Felck am Hals

Stein·metz der <-en, -e(n)> Handwerker, der Steine bearbeitet

Stein·obst das <-(e)s> /kein Plur./ Früchte mit einem (relativ großen) harten Kern in der Mitte, in dem sich der Samen befindet: Kirschen und Pflaumen sind zum Steinobst.

Stein·pilz der <-es, -e> Speisepilz mit dunkelbraunem Hut

Stein·schlag der <-(e)s, Steinschläge> Abstürzen von Steinen, die sich im Gebirge von großen Felsen lösen ◆-gefahr, -schäden

Stein·wurf ■ (nur) einen Steinwurf weit entfernt nicht sehr weit weg

Stein·zeit die <-> /kein Plur./ frühe Menschheitsperiode, in der Menschen Werkzeuge aus Stein hergestellt haben, ehe sie zur Verwendung von Metallen übergingen ◆-mensch ■ steinzeitlich

Steiß·bein das <-(e)s, -e> kleiner Knochen am unteren Ende der menschlichen Wirbelsäule

Stell·dich·ein das <-(s), -(s)> (veralt.) Verabredung: Sie hatte ein Stelldichein mit ihrem Freund.; ■ sich ein Stelldichein geben sich versammeln, sich treffen Alles, was Rang und Namen hat, gab sich auf dem Empfang ein Stelldichein.

Stel·le die <-, -n> ❶ Ort, Platz innerhalb eines Raumes, Gebäudes, an dem etwas geschieht oder an dem jmd. oder etwas ist: Wir wollten uns eigentlich an der vereinbarten Stelle treffen.; Das ist eine schöne Stelle zum Rasten. ❷ kleiner Bereich

an einem Körper oder an einem Gegenstand mit bestimmten Merkmalen: Die verletzte Stelle wurde verarztet.; Die rostigen Stellen im Lack lasse ich neu lackieren. ❸ relativ kurzer Teil in einem Text oder in einem musikalischen Werk: Er hat mehrere Stellen aus dem Buch zitiert.; Diese Stelle des Musikstückes gefällt mir besonders gut. ❹ Platz in einer Reihenfolge: Die Mannschaft liegt in der Tabelle an zweiter Stelle. ❺ (≈ Arbeitsplatz, Posten) Position, in der jmd. in einem Unternehmen oder einer Institution arbeitet: Sie hat eine Stelle als Verkaufsleiterin bekommen. ◆-nbau, -nangebot, -nsuche ❻ MATH. Dezimalstelle: einen Wert auf fünf Stellen hinter dem Komma genau angeben; ■ auf der Stelle sofort ◆ Getrennt- oder Zusammenschreibung →R 4.20 an Stelle/anstelle

stel·len I. mit OBJ ❶ ■ jmd. stellt etwas irgendwohin etwas an einen bestimmten Platz bringen, so dass es dort steht oder ist: Er stellt die Leiter an die Wand.; Die Kinder stellen die Teller auf den Tisch.; Sie stellt die Kiste auf den Boden. ❷ ■ jmd. stellt etwas irgendwie Speisen und Getränke an einen Ort bringen, wo sie eine bestimmte Temperatur behalten oder bekommen: Ich stelle das Essen warm, bis du kommst.; Sie haben die Getränke kalt gestellt/kaltgestellt. ❸ ■ jmd. stellt etwas ein technisches Gerät in eine bestimmte Position bringen: Wer hat die Weichen/Signale gestellt? ❹ ■ jmd. stellt etwas irgendwie die Einstellungen eines Geräts verändern, korrigieren: Kannst du die Heizung wärmer stellen?; Hast du die Uhren schon gestellt? ❺ ■ jmd. stellt jmdn. jmdn., der flieht, ergreifen und festnehmen: Der Bankräuber konnte nach kurzer Flucht gestellt werden. ❻ ■ jmd. stellt (jmdm.) etwas etwas kostenlos verleihen, hergeben: Die Firma stellt mir einen Dienstwagen. II. mit SICH ❶ ■ jmd. stellt sich irgendwohin sich an einen bestimmten Platz begeben und dort stehen: Er stellte sich ans Fenster. ❷ ■ jmd. stellt sich irgendwie etwas vortäuschen: Sie stellte sich taub. ❸ ■ jmd. stellt sich jmdm./etwas eine Herausforderung, Auseinandersetzung annehmen: Der Trainer stellte sich den Fragen der Journalisten. ❹ ■ jmd. stellt sich jmdm. sich als Täter freiwillig bei der Polizei melden: Der Dieb stellte sich einen Tag nach der Tat. ❺ ■ jmd. stellt sich hinter jmdn./etwas zu jmdm. stehen, zu jmdm. halten: Der Chef stellte sich hinter seine Angestellten.

Stel·len·aus·schrei·bung die <-, -en> Stellenangebot, das in einer Zeitung, im Internet o. Ä. steht

Stel·len·ge·such das <-(e)s, -e> Bewerbung um einen Arbeitsplatz

Stel·len·markt der <-(e)s> /kein Plur./ (≈ Arbeitsmarkt) das Angebot von und die Nachfrage nach Arbeitsplätzen

stel·len·wei·se adv an bestimmten Stellen: Stellenweise hat es geregnet.

Stel·len·wert der <-(e)s, -e> Bedeutung, die jmd. oder etwas (innerhalb eines Systems) hat: Saubere Kleidung/Gutes Essen besitzt für ihn einen hohen Stellenwert.

Stell·platz der <-es, Stellplätze> Parkplatz, den

man mieten kann: Ich suche in der Innenstadt einen Stellplatz für mein Auto.

Stel·lung die <-, -en> ❶ die Art und Weise, wie man den Körper hält: In dieser Stellung könnte ich nicht schlafen. ❷ Stelle⁵: Sie bekleidet eine hohe Stellung in der Firma.; Er ist in eine leitende Stellung aufgerückt. ❸ /kein Plur./ Rang, Position: Seine Stellung als führender Musikkritiker wurde erschüttert. ❹ MILIT. Bereich im Gelände, der für die Verteidigung gut geeignet ist oder der dafür gebaut wurde: Die Soldaten konnten die Stellung halten.; ▪ **Stellung nehmen** seine Meinung äußern; ▪ **Stellung beziehen** einen Standpunkt einnehmen

Stel·lung·nah·me die <-, -n> Meinung, die jmd. zu einem Thema hat und (öffentlich) äußert: Der Politiker will zu den Vorfällen keine Stellungnahme abgeben.

stel·lungs·los adj /nicht steig./ arbeitslos

Stel·lungs·su·chen·de der/die <-en, -en> jmd., der einen Arbeitsplatz sucht

stell·ver·tre·tend adj /nicht steig./ als Stellvertreter: Er wurde zum stellvertretenden Vorsitzenden gewählt.

Stell·ver·tre·ter der, **Stell·ver·tre·te·rin** <-s, -> jmd., der einen anderen vertritt und für eine gewisse Zeit seine Aufgaben übernimmt

Stell·werk das <-(e)s, -e> (im Zugverkehr) Anlage, mit der man Weichen und Signale bedient

Stel·ze die <-, -n> /meist Plur./ eine von zwei Stangen mit einer kleinen Fläche, auf die man die Füße stellt und die man sich zur Verlängerung der Beine anschnallen kann, so dass man damit laufen kann: Auf dem Jahrmarkt konnte man Stelzen gehen/laufen.

stel·zen <stelzt, stelzte, ist gestelzt> ohne OBJ ▪ jmd. stelzt ❶ auf Stelzen gehen ❷ (umg.) sich mit steifen Schritten bewegen: Sie stelzt wie ein Storch.

Stelz·vo·gel der <-s, Stelzvögel> ein Vogel mit langen Beinen: Der Storch ist ein Stelzvogel.

Stemm·ei·sen das <-s, -> (≈ Beitel) ein scharfes Werkzeug aus Eisen, mit dem man Holz bearbeitet, indem man mit einem Hammer darauf schlägt

stem·men I. mit OBJ ❶ ▪ jmd. stemmt etwas eine Last über dem Kopf in die Höhe heben: Er stemmt Gewichte/Hanteln. ❷ ▪ jmd. stemmt sich/etwas irgendwohin sich oder einen Körperteil fest gegen etwas drücken: Er stemmte sich mit aller Kraft gegen die Tür.; Sie stemmte die Arme in die Hüften. ❸ ▪ jmd. stemmt etwas ein Loch mit einem Meißel machen II. mit SICH ▪ jmd. stemmt sich gegen etwas Akk. versuchen, etwas zu verhindern: Wir stemmten uns vergeblich gegen diesen Vorschlag.

Stem·pel der <-s, -> ❶ ein kleines Gerät, das an der Unterseite aus einem Zeichen oder einem Schriftzug aus Gummi besteht, und das man zunächst auf ein Stempelkissen drückt, um dann damit Zeichen oder eine Schrift auf Papier zu drucken ❷ Abdruck, der beim Stempeln entsteht ❸ BIOL. der mittlere Teil einer Blüte; ▪ **jemandem/etwas seinen Stempel aufdrücken** jmdn. oder etwas stark prägen, beeinflussen

Stem·pel·far·be die <-, -n> Farbe, mit der man einen Stempel¹ einfärbt

Stem·pel·geld das <-(e)s, -er> (umg.) Geld, das ein Arbeitsloser vom Staat bekommt

Stem·pel·kis·sen das <-s, -> ein Stück Filz in einem Kästchen, das die Stempelfarbe enthält

stem·peln <stempelst, stempelte, hat gestempelt> mit OBJ ▪ **jmd. stempelt etwas** einen Stempel¹ auf ein Stempelkissen drücken und einen Abdruck auf ein Dokument machen: Er stempelt das Eingangsdatum auf den Brief.; Die Briefmarken sind gestempelt.; ▪ **stempeln gehen** (umg.) Arbeitslosenunterstützung beziehen

Ste·no die <-> /kein Plur./ /meist ohne Artikel verwendet/ (umg.) kurz für „Stenografie" ◆-blei-stift, -block, -kurs

Ste·no·gra·fie, a. **Ste·no·gra·phie** die <-, ...-fien/-phien> /Plur. selten/ (≈ Kurzschrift) eine Schrift mit Abkürzungen und von besonderen Zeichen für Wörter und Silben, mit der man sehr schnell schreiben kann ◆ Rechtschreibvarianten →R 1.14

ste·no·gra·fie·ren, a. **ste·no·gra·phie·ren** mit OBJ/ohne OBJ ▪ **jmd. stenografiert (etwas)** in Stenografie (mit)schreiben: Sie hat die Rede stenografiert.; Kannst du stenografieren? ▶ Stenografin/Stenographin, stenografisch/stenographisch

Ste·no·gramm das <-(e)s, -e> ein Text (einer Rede, eines Diktats), der in Stenografie geschrieben ist

Ste·no·ty·pist der, **Ste·no·ty·pis·tin** <-en, -en> jmd., der die Stenografie und das Maschineschreiben beherrscht

Stenz der <-es, -e> (umg. abwert.) junger, eitler Mann

Stepp der <-s, -s> ein Tanz, bei dem man mit speziellen Schuhen den Rhythmus erzeugt: Können Sie Stepp tanzen?

Stepp·de·cke die <-, -n> Bettdecke, die meist mit Daunen gefüllt ist und durch Nähte unterteilt ist

Step·pe die <-, -n> großes Gebiet, in dem fast nur Gras wächst und in dem es selten regnet

step·pen¹ <steppst, steppte, hat gesteppt> ohne OBJ ▪ **jmd. steppt** Stepp tanzen

step·pen² <steppst, steppte, hat gesteppt> mit OBJ ▪ **jmd. steppt etwas** beim Nähen die Stiche so anordnen, dass auf beiden Seiten des Stoffes keine Lücken dazwischen sind

Stepp·ke der <-s, -s> (umg.) kleiner Junge

Ster der [ʃteːɐ̯] <-s, -e/-s> ein Maß für Hohlräume: Er hat einen Ster/fünf Ster Holz aufgeschichtet.

Ster·be·be·glei·ter der, **Ster·be·be·glei·te·rin** <-s, -> jmd., der einem sehr kranken Menschen bis zu dessen Tod beisteht und ihn körperlich und seelisch betreut

Ster·be·bett das <-(e)s, -en> das Bett, in dem jmd. liegt, der stirbt, oder in dem jmd. gelegen hat, als er gestorben ist; ▪ **in/auf dem Sterbebett liegen** im Sterben liegen

Ster·be·fall der <-(e)s, Sterbefälle> (≈ Todesfall) die Tatsache, dass jmd. gestorben ist: Wir haben einen Sterbefall in der Familie.

S

Ster·be·geld *das* <-(e)s, -er> *Geld, das eine Versicherung (oder andere Stellen) an die Angehörigen eines Verstorbenen zahlt, damit sie davon die Beerdigung bezahlen:* Sterbegelder aufgrund arbeitsvertraglicher Regelungen

Ster·be·hil·fe *die* <-> /kein Plur./ *der Vorgang, dass jmd. das Sterben eines unheilbar kranken Menschen mit bestimmten Methoden einleitet oder beschleunigt*

ster·ben <stirbst, starb, ist gestorben> *ohne OBJ*
■ *jmd. stirbt aufhören zu leben:* Sie starb an einer seltenen Krankheit/bei einem Unfall.; Sein Großvater war 1918 gestorben.; Von zehn Patienten im letzten Jahr sind acht gestorben.

ster·bens·krank *adj* /nicht steig./ *sehr schwer krank*

Ster·bens·wört·chen ■ **kein/nicht ein Sterbenswörtchen sagen/verraten** *nichts sagen oder verraten*

Ster·be·ra·te *die* <-, -n> *Ausmaß, in dem Personen in einer Bevölkerungsgruppe sterben*

Ster·be·sa·k·ra·men·te <-> *Plur.* REL. *Zeremonie, die ein Pfarrer mit einem (schwerkranken) Menschen vor seinem Tod durchführt:* Er hat die Sterbesakramente empfangen.

Ster·be·ur·kun·de *die* <-, -n> *standesamtliche Urkunde darüber, dass jmd. gestorben ist*

sterb·lich *adj* /nicht steig./ *so, dass man einmal sterben muss und nicht ewig lebt:* Alle Menschen sind sterblich.; ■ **sterbliche Überreste** *(geh. verhüll.)* Leichnam

Sterb·lich·keit *die* <-> /kein Plur./ ❶ *die Eigenschaft, einmal sterben zu müssen* ❷ *die durchschnittliche Anzahl von Sterbefällen*

Sterb·lich·keits·zif·fer *die* <-, -n> Sterberate

Ste·reo *das* <-s> /kein Plur./ (↔ Mono) *kurz für „Stereofonie"; Technik, mit der man Musik o. Ä. so aufnehmen und wiedergeben kann, dass der Klang räumlich wirkt:* Das Konzert wurde in Stereo aufgenommen/ausgestrahlt.

Ste·reo·an·la·ge *die* <-, -n> *System, das meist aus einem Tuner, einem CD- und einem Plattenspieler, einem Verstärker und Lautsprechern besteht und mit dem man Musik in Stereo hören kann*

Ste·reo·auf·nah·me *die* <-, -n> (↔ Monoaufnahme) *Aufnahme in Stereo*

ste·reo·fon, *a.* **ste·reo·phon** *adj so, dass der Klang räumlich wirkt*

Ste·reo·typ *das* <-s, -e> PSYCH. *feste, einfache Vorstellung, die jmd. von sich, von anderen oder von einer Sache hat, und die sich nicht verändert;* Vorurteil ◆ Völker-, Auto-

der Art „Deutsche sind fleißig". Unter einem *Autostereotyp* hingegen versteht man das Bild, das eine Person von sich selbst oder von seiner kulturellen Gruppe hat. Wesentlich an Stereotypen ist: Sie sind langlebig und resistent gegen Veränderungen, werden wider besseres Wissen verteidigt, werden ohne Prüfung übernommen und auf dem Wege der Sozialisation weitergegeben; und sie erscheinen die Aufnahme korrigierender Daten, die zu vorgefertigten klischeehaften Meinungen (z. B. „Emotionales Einfühlungsvermögen ist besonders bei Frauen gegeben") nicht passen. Insbesondere darin, dass sie meist nicht zutreffen, weisen Stereotype Gemeinsamkeiten mit Vorurteilen auf. Stereotype dienen dazu, Komplexität überschaubar zu machen, haben also eine ordnende bzw. einordnende Funktion. Heutige Forschungsergebnisse haben gezeigt, dass die Geltung von Stereotypen nicht unbedingt auf verzerrte oder unzureichende Verarbeitung von Daten zurückgehen muss, sondern zutreffende Beurteilungen durchaus nicht übersehen werden. Versuche zur Überwindung stereotyper Urteile erscheinen nur dann erfolgversprechend zu sein, wenn ihnen in gemäßigter Weise mit Beispielen widersprochen wird, damit diese nicht als bloße Ausnahmen von der Regel erfasst werden können.

In Anlehnung an diese Verwendung in Soziologie und Sozialpsychologie hat der Sprachphilosoph Hilary Putnam in den 70er Jahren des letzten Jahrhunderts den Ausdruck gewählt, um damit unter anderem zurückzuweisen, die Bedeutung (Intension) eines Ausdrucks gewährleiste eindeutig den Bezug zu dem, was damit in der außersprachlichen Wirklichkeit bezeichnet wird (die Extension). Sprecher/Sprecherinnen verfügen nach Putnam nur über ein Mindestwissen z. B. im Bereich von Bezeichnungen für „natürliche Arten", wie *Wasser* oder *Tiger*, das aber im Alltagsleben ausreichend ist: Sie sind nur stereotypisch darüber vorinformiert, verfügen nur über ein stereotypisches Wissen bzw. über ein Stereotyp, was beispielsweise die Bedeutung des Wortes *Tiger* angeht („hat ein gelb gestreiftes Fell"). Sonst brauchen sie über das Kategorienwissen hinaus („große Raubkatze") nichts zu wissen, um sich regelgerecht mit dem Ausdruck auf einen Tiger beziehen zu können, und nicht auf ein vergleichbares Tier. Eine Verbindung zu dem Ausdruck im soziologischen Sinne ist dadurch gegeben, dass jeweiliges Stereotyp (hier: das „Tiger-Stereotyp") auch falsches Wissen beinhalten kann. In der Sprachwissenschaft wurde der Ansatz als so bezeichnete **Stereotypensemantik** aufgegriffen. Wie in dem argumentativ verwandten Prototypenansatz wurden daraus Argumente gewonnen, die Annahme der Merkmalsemantik zurückzuweisen, der Verfügbarkeit über eine genau bestimmbare Menge relevanter Merkmale sei eine notwendige Voraussetzung

---

S

Mit dem Ausdruck **Stereotyp** bezieht man sich auf stark vereinfachte Muster der Wirklichkeitserfassung im menschlichen Miteinander, die sich in schablonenhaften bzw. klischeehaften Charakterisierungen äußern. Eingeführt wurde der Ausdruck 1922 von Walter Lippmann in die Soziologie. Heute wird er weithin vor allem in der Sozialpsychologie verwendet. Bekannt sind so bezeichnete *Völkerstereotype*

dafür, dass man sich mit einem Ausdruck auf etwas in der Welt beziehen kann.

ste·reo·typ *adj /nicht steig./ (geh.) so, dass etwas immer die gleiche Form, den gleichen Ablauf hat:* Der Verdächtige wiederholte beim Verhör stets dieselben stereotypen Antworten.

ste·ril *adj /nicht steig./* ❶ *frei von Bakterien und Keimen* ❷ BIOL., MED. *unfruchtbar* ❸ *ohne besondere persönliche Merkmale:* eine sterile Atmosphäre/Umgebung

Ste·ri·li·sa·ti·on *die <-, -en> das Sterilisieren*

ste·ri·li·sie·ren *mit OBJ* ❶ ■ *jmd. sterilisiert etwas keimfrei machen:* Die Operationsinstrumente wurden sterilisiert. ❷ ■ *jmd. sterilisiert jmdn./ ein Tier* MED. *unfruchtbar machen:* Der Tierarzt sterilisierte die Katze.

Ste·ri·li·sie·rung *die <-, -en> das Sterilisieren*

Ste·ri·li·tät *die <-> /kein Plur./* ❶ *Keimfreiheit* ❷ BIOL., MED. *Unfruchtbarkeit, Zeugungsunfähigkeit*

Stern *der <-(e)s, -e>* ❶ *einer der hellen Punkte, die man nachts am Himmel sieht* ❷ *Planeten oder Sternbilder, von denen die Menschen glauben, dass sie ihr Schicksal beeinflussen:* Die Sterne stehen günstig. ❸ *Himmelskörper, der selbst leuchtet* ❹ *eine kreisrunde Figur mit mehreren Zacken (zum Beispiel als Qualitäts- oder Rangabzeichen);* ■ **Sterne sehen** *(umg.) durch einen Schlag auf den Kopf ein Flimmern vor den Augen haben;* ■ **nach den Sternen greifen** *(geh.) etwas Unerreichbares haben wollen;* ■ **in den Sternen (geschrieben) stehen** *noch ganz ungewiss sein*

Stern·bild *das <-(e)s, -er> eine der Gruppen von Sternen, die in klaren Nächten als eine Figur am Himmel sichtbar sind:* Erkennst du das Sternbild des Großen Wagens?

Ster·nen·ban·ner *das <-s> /kein Plur./ die Flagge der USA*

Ster·nen·him·mel *der <-s> /kein Plur./ der nächtliche Himmel mit seinen Sternen*

ster·nen·klar *adj /nicht steig./ so, dass man nachts die Sterne gut erkennt:* Bei sternenklarer Nacht kann es Frost geben.

Ster·nen·zelt *das <-s> /kein Plur./ (geh.) der nächtliche Himmel mit seinen Sternen*

stern·ha·gel·voll *adj /nicht steig./ (umg.) sehr betrunken*

stern·hell *adj /nicht steig./ hell vom Licht der Sterne*

Stern·kun·de *die <-> /kein Plur./ (≈ Astronomie)*

Stern·schnup·pe *die <-, -n> ein kurzes Licht, das nachts plötzlich am Himmel auftaucht und das durch einen Meteoriten erzeugt wird*

Stern·sin·gen *das <-s> /kein Plur./ alter Brauch, bei dem Kinder in den Tagen um Dreikönige singend von Haus zu Haus ziehen und dafür Geld und Süßigkeiten bekommen* ▶ Sternsinger

Stern·stun·de *die <-, -n> (geh.) Zeitpunkt, an dem etwas für eine weitere Entwicklung sehr Wichtiges passiert*

Stern·war·te *die <-, -n> wissenschaftliches Institut, in dem die Gestirne beobachtet werden*

Stern·zei·chen *das <-s, -> (≈ Tierkreiszeichen) eines der zwölf Symbole, die nach bestimmten Sternbildern benannt sind und von denen manche Menschen glauben, dass sie ihr Schicksal beeinflussen:* „Welches Sternzeichen hast du?" „Ich bin Krebs/Schütze/Steinbock/Skorpion."

Sterz *der <-es, -e>* ❶ *Schwanz, Steiß bei einigen Tieren* ❷ SÜDDT., ÖSTERR. *einfache Speise aus Mehl, Grieß oder Mais*

stet *adj /nicht steig./ (geh.) ständig, dauernd:* An der Küste wehte ein steter Wind.

Ste·tho·s·kop *das <-(e)s, -e> MED. das Gerät, mit dem ein Arzt die Töne von Herz und Lunge abhört*

ste·tig *adj /nicht steig./ ständig, fortwährend:* Die Produktionszahlen sind stetig gestiegen.

Ste·tig·keit *die <-> /kein Plur./ Beständigkeit, Kontinuität*

stets *adv immer:* Sie ist stets gut gelaunt.

Steu·er¹ *das <-s, -> (bei Autos runde) Vorrichtung, mit der man ein Fahrzeug in eine bestimmte Richtung lenkt:* Sie setzte sich hinter das Steuer und startete den Wagen.; Er konnte gerade noch das Steuer herumreißen und dem Hindernis ausweichen. ◆ -gerät, -hebel, -knüppel, -ruder

Steu·er² *die <-, -n> der Teil des Einkommens, des Vermögens, des Preises von Waren o. Ä., den man an den Staat zahlt:* Der Staat treibt Steuern ein/erhebt Steuern/erhöht/senkt die Steuern.; Er hatte Steuern hinterzogen.; Sie kann Fachliteratur von der Steuer abziehen. ◆ -ausfall, -berater(in), -einnahmen, -erhöhung, -erlass, -erleichterung, -fachgehilfe, -fachgehilfin, -geheimnis, -gesetz, -hoheit, -last, -paket, -politik, -progression, -reform, -satz, -schuld, -tarif, Einkommen-, Erbschaft(s)-, Gewerbe-, Hunde-, Katzen-, Kirchen-, Mehrwert-, Umsatz-, Verbrauch(s)-, Vergnügungs-, Vermögen(s)-

Steu·er·be·scheid *der <-(e)s, -e> Bescheid vom Finanzamt über die Steuer, die man nachzahlen muss oder erstattet bekommt*

Steu·er·bord *das/der <-(e)s, -e> SEEW. (↔ Backbord) von hinten gesehen die rechte Seite eines Schiffes* ▶ steuerbords

Steu·er·er·klä·rung *die <-, -en> schriftliches Dokument, das man jedes Jahr beim Finanzamt abgeben muss und in dem steht, wie viel Geld man im vergangenen Jahr verdient hat:* Hast du deine Steuererklärung schon gemacht/abgegeben?

Steu·er·fahn·der *der <-s, -> Beamter, der überprüft, ob die Menschen genügend Steuern gezahlt haben*

Steu·er·flucht *die <-> /kein Plur./ der Vorgang, dass jmd. oder ein Unternehmen in ein anderes Land zieht, um Steuern zu sparen*

steu·er·frei *adj /nicht steig./ (↔ steuerpflichtig) so, dass man (für etwas) keine Steuern bezahlen muss:* Niedrige Einkommen sind steuerfrei.

Steu·er·frei·be·trag *der <-(e)s, Steuerfreibeträge> ein bestimmter Teil des Verdienstes, der steuerfrei ist*

Steu·er·gel·der *<-> Plur. das gesamte Geld, das der Staat an Steuern bekommt*

Steu·er·hin·ter·zie·hung *die <-, -en> RECHTSW. der Vorgang, dass jmd. gegenüber dem Finanzamt*

S

sein Einkommen oder einen Teil seines Einkommens verheimlicht, um so weniger Steuern zahlen zu müssen: Er musste wegen Steuerhinterziehung ins Gefängnis.

Steu·er·klas·se *die* <-, -n> *eine von mehreren Stufen, der ein Steuerzahler (je nachdem, ob er verheiratet ist oder Kinder hat) zugewiesen wird und nach der bestimmt wird, wie viel Steuern er bezahlen muss:* die Steuerklasse wechseln

steu·er·lich *adj /nicht steig./ die Steuer betreffend:* Auf diese Weise können Sie steuerliche Vergünstigungen erlangen.

Steu·er·mann *der* <-(e)s, Steuermänner/Steuerleute> *jmd., der ein Schiff steuert*

steu·ern <steuerst, steuerte, hat gesteuert> **I.** *mit OBJ/ohne OBJ* ■ *jmd. steuert (etwas) bewirken, dass sich ein Fahrzeug in eine bestimmte Richtung bewegt:* Er steuert ein Auto/ein Schiff.; Sie steuerte nach rechts/nach links. **II.** *mit OBJ* ❶ ■ *jmd. steuert etwas bewirken, dass sich etwas in eine bestimmte Richtung bewegt:* Er hatte das Gespräch geschickt gesteuert. ❷ ■ *etwas steuert etwas bewirken, dass bei einer Maschine, in einem System bestimmte Vorgänge ablaufen:* Ein Computer steuert die Klimaanlage.

Steu·er·oa·se *die* <-, -n> *(≈ Steuerparadies) ein Land, das nur geringe Steuern erhebt*

steu·er·pflich·tig *adj /nicht steig./ (↔ steuerfrei) so, dass man (für etwas) Steuern bezahlen muss*

Steu·er·rad *das* <-(e)s, Steuerräder> *Lenkrad*

Steu·e·rung *die* <-, -en> *das Steuern*

Steu·er·zah·ler *der,* **Steu·er·zah·le·rin** <-s, -> *jmd., der Steuern zahlen muss:* Das kostet den Steuerzahler Millionen.

Ste·ward *der,* **Ste·war·dess** ['stjuːɐt, 'stjuːedɛs] <-s, -s> *jmd., der beruflich auf Schiffen oder in Flugzeugen die Passagiere betreut*

sti·bit·zen <stibitzt, stibitzte, hat stibitzt> *mit OBJ* ■ *jmd. stibitzt (jmdm.) etwas (umg.) jmdm. etwas wegnehmen:* Wer hat (mir) das letzte Stück Schokolade stibitzt?

Stich *der* <-(e)s, -e> ❶ *Eindringen eines spitzen Gegenstandes oder eines Stachels in die Haut:* Der Stich ging tief. ❷ *Wunde, Verletzung, die ein Stich[1] verursacht hat:* Der Stich heilt gut. ❸ *Einstechen einer Nähnadel und Durchziehen des Fadens:* Die aufgetrennte Stelle lässt sich mit wenigen Stichen nähen. ❹ *stechender Schmerz:* Er spürte einen Stich im Brustkorb. ❺ *Übergang von einer Farbe in eine andere:* Der Stoff hat einen Stich ins Blaue. ❻ *kurz für „Kupferstich" oder „Stahlstich";* ■ **einen Stich haben** *(umg.) verrückt sein;* ■ **jemanden im Stich lassen** *(umg.) jmdm. in einer schwierigen Situation nicht helfen*

Sti·che·lei *die* <-, -en> ❶ */kein Plur./ Spöttelei* ❷ *einzelne leicht spöttische Bemerkung*

sti·cheln <stichelst, stichelte, hat gestichelt> *ohne OBJ* ■ *jmd. stichelt (gegen jmdn.) harmlose spöttische Bemerkungen über jmdn. machen, um ihn zu ärgern*

stich·fest *siehe* **hiebfest**

Stich·flam·me *die* <-, -n> *helle Flamme, die plötzlich in die Höhe schießt*

stich·hal·tig *adj so überzeugend, dass man etwas*

nicht mit Argumenten widerlegen kann: Wir können stichhaltige Beweise vorlegen.

Stich·hal·tig·keit *die* <-> */kein Plur./ das Stichhaltigsein:* Ich habe ihre Argumentation bereits auf ihre Stichhaltigkeit hin überprüft.

Stich·ling *der* <-s, -e> *ein kleiner Fisch ohne Schuppen*

Stich·pro·be *die* <-, -n> *Überprüfung eines einzelnen Teils einer Menge, von dem man auf die ganze Menge und deren Eigenschaften schließen kann:* Wir machen ständig Stichproben, um die gleich bleibende Qualität unserer Waren zu gewährleisten.

Stich·punkt *der* <-(e)s, -e> *einzelnes Wort oder Notizen, die man oder denen man sich die wichtigsten Informationen eines Vortrags o. Ä. aufschreibt, um sich später wieder daran zu erinnern:* Hast du dir während des Vortrags keine Stichpunkte gemacht?

Stich·sä·ge *die* <-, -n> *eine kleine Säge, mit der man besonders runde Formen schneiden kann*

Stich·tag *der* <-(e)s, -e> *(amtlich) festgesetzter Termin, der für Berechnungen oder Erhebungen maßgebend ist*

Stich·waf·fe *die* <-, -n> *(↔ Schlagwaffe, Schusswaffe) eine spitze Waffe:* Das Messer oder der Säbel sind Stichwaffen.

Stich·wahl *die* <-, -en> *Wahl, die zu einer Entscheidung zwischen den beiden Kandidaten führt, die in einer vorangegangenen Wahl die meisten Stimmen, aber keine absolute Mehrheit erreicht haben*

Stich·wort[1] *das* <-(e)s, Stichwörter> ❶ *einzelnes Wort eines Stichwortregisters, zum Beispiel im Bibliothekswesen* ◆-register ❷ SPRACHWISS. *(≈ Lemma) im Wörterbuch die diejenige Einheit, die einer alphabetischen Ordnung oder einer Ordnung nach Sachgruppen unterliegt, und an die verschiedene Angaben adressiert sind; siehe auch* **Lexikographie, Wörterbuch**

Das **Stichwort**, auch bezeichnet als **Lemma**, ist diejenige Einheit, die in einem Wörterbuch einer Anordnungsmethode oder einer alphabetischen Ordnung oder einer Ordnung nach Sachgruppen unterliegt (vgl. dazu auch unter *Wörterbuch* und *Lexikographie*). Die zunächst für ein Wörterbuch einfach als Kandidaten ausgewählten Einheiten mit Zeichencharakter sind die **Lemmazeichen**. Es handelt sich also um erst noch zu bearbeitende Einheiten. Sobald solche Einheiten aber einer Ordnung unterworfen sind (in vorliegendem Wörterbuch der alphabetischen), handelt es sich um Stichwörter. Das Stichwort bzw. Lemma wird aus Wahrnehmungsgründen fett und/oder farbig hervorgehoben. Das Stichwort ist der obligatorische Textbaustein, der einen Wörterbuchartikel eröffnet. Daten z. B. zur Pluralbildung, zu Bedeutungen usw. sind an das Stichwort adressiert. Die Stichwörter enthalten aber auch selbst bereits Angaben: In vorliegendem Wörterbuch wird die Methode gewählt, durch Trennpunkte im Stichwort anzuzeigen, wo ein Wort getrennt wird (Silbentrennungsangabe); denkbar wäre dafür methodisch auch ein senkrechter Strich zwischen den Buchstaben. Zugleich ist das Stichwort selbst eine Angabe, nämlich eine zur korrekten schriftlichen Realisierung des entsprechenden Lemmazeichens. Des Weiteren zeigt ein kleiner Punkt unter einem Vokalbuchstaben an, dass es sich um einen kurz ausgesprochenen Vokal handelt, auf dem man die entsprechende Einheit betont. Hingegen zeigt ein kleiner Unterstrich unter einem Vokalbuchstaben (bzw. unter zweien) an, dass das Stichwort an dieser Stelle lang ausgesprochen und damit stark betont wird. Solche Angaben heißen *Betonungsangaben* bzw. *Angaben zur Vokalquantität.*

Stich·wort² *das* <-(e)s, -e> **❶** *Wort, auf das hin etwas geschieht oder gesagt wird:* Das war das Stichwort für den Auftritt des Schauspielers.; Er gab das Stichwort zum Aufbruch. **❷** *einzelnes Wort, mit dem man sich die wichtigsten Informationen eines Vortrags o. Ä. aufschreibt:* Ich habe das Gespräch in Stichworten aufgezeichnet.

stich·wort·ar·tig *adj /nicht steig./ in Stichworten*

Stich·wun·de *die* <-, -n> *Wunde, die durch eine Stichwaffe verursacht wurde:* Man hatte ihm eine tiefe Stichwunde zugefügt.

sti·cken *mit OBJ/ohne OBJ* ■ *jmd. stickt (etwas) Stoff mit Stichen³ verzieren:* Sie hat ein Monogramm in ihr Handtuch gestickt.; Abends stickt sie gern.

Sti·cker *der* ['ʃtɪkɐ, 'stɪkɐ] <-s, -> *(≈ Aufkleber) ein Stück Folie mit einem Bild oder Text, das man irgendwohin kleben kann*

Sti·cke·rei *die* <-, -en> *gesticktes Bild oder Muster*

sti·ckig *adj muffig, verbraucht:* Nach kurzer Zeit war die Luft im Seminarraum so stickig, dass wir die Fenster öffnen mussten.

Stick·oxid, *a.* **Stick·oxyd** *das* <-(e)s, -e> *Verbindung von Stickstoff und Sauerstoff*

Stick·stoff *der* <-(e)s> */kein Plur./ farbloses Gas, das als Abgas die Luft verschmutzt*

stie·ben <stiebst, stiebt/stiebte, hat/ist gestoben/gestiebt> *ohne OBJ* **❶** ■ *etwas stiebt (sein/haben) in kleinen Teilen durch die Luft fliegen:* Funken stieben aus den Flammen. **❷** ■ *jmd. stiebt irgendwohin (sein) schnell davonlaufen oder davonfliegen:* Die aufgeschreckten Vögel stoben auseinander.

Stief·bru·der *der* <-s, Stiefbrüder> *Sohn des Mannes oder der Frau, die der leibliche Vater oder die leibliche Mutter nach dem Tod eines Elternteils oder nach einer Scheidung geheiratet hat*

Stie·fel *der* <-s, -> *ein fester Schuh, der bis zum Knie reicht* ◆-absatz, -schaft, -spitze, Damen-, Gummi-, Halb-, Herren-, Leder-, Reit-, Schnür-, Winter-

Stie·fel·knecht *der* <-(e)s, -e> *Gerät, das einem hilft, die Stiefel auszuziehen*

Stief·el·tern <-> *Plur. Elternpaar, bei dem der Stiefvater oder die Stiefmutter noch einmal geheiratet hat und mit dem das Kind nicht blutsverwandt ist*

Stief·kind *das* <-(e)s, -er> *ein Kind aus einer früheren Ehe eines Ehepartners*

Stief·mut·ter *die* <-, Stiefmütter> *(↔ Stiefvater) nicht leibliche Mutter*

Stief·müt·ter·chen *das* <-s, -> *eine Blume mit Blüten in allen Farben, die besonders im Garten wächst und sehr früh blüht*

stief·müt·ter·lich *adj so, dass man sich nicht genug um jmdn. oder etwas kümmert:* Mein einst bester Freund hat mich bei meinem Besuch ziemlich stiefmütterlich behandelt.

Stief·schwe·ster *die* <-, -n> *siehe* **Stiefbruder**

Stief·sohn *der* <-(e)s, Stiefsöhne> *siehe* **Stiefkind**

Stief·toch·ter *die* <-, Stieftöchter> *siehe* **Stiefkind**

Stief·va·ter *der* <-s, Stiefväter> *(↔ Stiefmutter) nicht leiblicher Vater*

Stie·ge *die* <-, -n> **❶** *steile Treppe aus Holz* **❷** SÜDDT., ÖSTERR., SCHWEIZ. *Treppe* **❸** *Obstkiste, Steige³*

Stie·gen·haus *das* <-es, Stiegenhäuser> SÜDDT., ÖSTERR. *Treppenhaus*

Stieg·litz *der* <-es, -e> *ein Singvogel, dessen Kopf rot, schwarz und weiß gefärbt ist und der einen gelben Fleck auf den Flügeln hat*

Stiel *der* <-(e)s, -e> **❶** *der lange, feste Griff, an dem man ein Gerät oder Werkzeug festhält* **❷** *(Blumen-)Stängel*

Stiel·au·gen <-> *Plur.* ■ **Stielaugen machen/bekommen/kriegen** *(umg.) zeigen, dass man überrascht und etwas neidisch ist*

Stier *der* <-(e)s, -e> **❶** *männliches Rind, Bulle* **❷** */kein Plur./ Name des Tierkreiszeichens für die Zeit vom 21. April bis 20. Mai* **❸** *jmd., der im Zeichen des Stieres² geboren ist*

stier *adj ohne Ausdruck, starr:* Er trat mit einem stieren Blick in den Raum.

stie·ren *ohne OBJ* ■ *jmd. stiert irgendwohin starren:* Sie stierte an die Decke.

Stier·kampf *der* <-(e)s, Stierkämpfe> *Veranstaltung, bei der ein Mann einen Stier (mit einem roten Tuch) reizt und dann versucht, den Stier zu töten*

Stift¹ *der* <-(e)s, -e> **❶** *eine Art Nagel ohne Kopf, mit dem man vor allem Bretter verbindet* **❷** *Kurzwort für Schreibgerät, zum Beispiel für „Bleistift"*

Stift² *das* <-(e)s, -e> REL. *eine kirchliche Institution, zum Beispiel ein Altersheim oder ein Kloster, die Land, Gebäude und Vermögen bekommen hat und die einem bestimmten Zweck dient*

Stift³ *der* <-(e)s, -e> *(umg.) Lehrling, Auszubildender*

stif·ten *mit OBJ* **❶** ■ *jmd. stiftet etwas (für etwas) Akk.) spenden:* Das Reisebüro stiftete eine Reise für die Tombola. **❷** ■ *jmd. stiftet etwas etwas gründen und finanziell unterstützen:* Er stiftete ein Museum/ein Forschungszentrum.

S

❸ ▪ *jmd.* **stiftet etwas** *einen bestimmten Zustand schaffen:* Er versuchte, Frieden zu stiften.

Stifts·kir·che *die <-, -n> Kirche, die zu einem Stift² gehört*

Stif·tung *die <-, -en>* **❶** RECHTSW. *eine große Summe Geld, die einem bestimmten Zweck dient, und mit der etwas gegründet oder etwas/jmd. gefördert wird* **❷** *Institution, Organisation, die durch eine Stiftung¹ unterhalten wird* **❸** *das Stiften¹*

Stift·zahn *der <-(e)s, Stiftzähne> ein künstlicher Zahn, der mit einem Stift¹ besfestigt ist*

Stig·ma *das <-s, Stigmen/Stigmata>* **❶** REL. *eine der fünf Wunden, die Jesus Christus bei seiner Kreuzigung zugefügt wurden* **❷** *(geh.) Merkmal, wodurch jmd. oder etwas in bestimmter (negativer) Weise gekennzeichnet ist* ▶ stigmatisieren

Stil *der <-(e)s, -e>* **❶** *Art und Weise, in der jmd. spricht oder schreibt:* Sie hat einen eleganten/lebendigen/eigenwilligen/flüssigen/holprigen/guten/schlechten Stil. **❷** *für einen Künstler oder eine Epoche typische Ausdrucksform; charakteristische Art, in der ein Kunstwerk oder ein Bauwerk gestaltet ist:* Die Kirche ist im romanischen/gotischen Stil erbaut. **❸** */kein Plur./ Art und Weise, wie man sich verhält;* ▪ **in großem Stil** *in großem Ausmaß* Er macht Geschäfte in großem Stil.

Stil·blü·te *die <-, -n> (umg.) eine Äußerung, die durch falsche oder ungeschickte Verbindung von Wörtern komisch wirkt*

Stil·bruch *der <-(e)s, Stilbrüche> eine Kombination aus zwei Stilen², die nicht zueinanderpassen*

Sti·lett *das <-(e)s, -e> kleiner Dolch*

Stil·fär·bung *die <-> /ohne Plur./ siehe auch* **pragmatische Angaben, Stilschicht**

Stil·fi·gur *die <-, -en>* SPRACHWISS. *eines der Mittel, mit denen man einen Text besonders gestaltet und ausschmückt:* Die rhetorische Frage und die Ellipse sind Stilfiguren.

sti·li·sie·ren *mit OBJ* ▪ *jmd.* **stilisiert etwas** *(geh.) etwas abstrahieren und es nur in den wesentlichen Merkmalen darstellen, zeichnen*

Sti·lis·tik *die <-, -en>* **❶** */kein Plur./ Lehre vom Stil¹* **❷** *Lehrbuch der Stilistik¹*

sti·lis·tisch *adj /nicht steig./ den Stil¹,² betreffend*

still *adj* **❶** *(↔ laut) frei von Geräuschen:* Als der Autor zu lesen begann, wurde es ganz still im Saal. **❷** *(≈ leise, ruhig) so, dass man keine Geräusche macht:* Sei doch still! **❸** *ohne sich zu bewegen:* Kannst du nicht still halten? **❹** *ohne viel Aktivität; ruhig, zurückgezogen:* Als sie in Rente gingen, führten sie ein stilles Leben.; Er ist ein sehr stiller Mensch. **❺** *so, dass etwas nicht ausgesprochen wird, aber dennoch erkennbar ist:* Einen stillen Vorwurf konnte sie ihm nicht ersparen. **❻** *(≈ heimlich) so, dass es andere nicht wissen:* Eine stille Hoffnung war ihm geblieben.; ▪ **im Stillen** *von anderen nicht bemerkt* ◆ Getrenntschreibung →R 4.8, 4.6 still halten; still sitzen; still stehen; ◆ Großschreibung →R 3.4, R 3.7, R 3.17 im Stillen; Stiller Ozean

Stil·le *die <-> /kein Plur./ (≈ Ruhe) stiller¹,² Zustand:* Im Haus herrschte völlige Stille.; ▪ **in aller** **Stille** *ohne Aufsehen, im engsten (Familien-)Kreis* Er wurde in aller Stille begraben.

stil·len I. *mit OBJ/ohne OBJ* ▪ *jmd.* **stillt (jmdn.)** *ein Baby Milch an der Brust der Mutter trinken lassen:* Die Mutter stillt ihr Baby.; Stillt sie noch? **II.** *mit OBJ* **❶** ▪ *jmd.* **stillt etwas** *ein Bedürfnis befriedigen:* Er wollte seinen Hunger/Durst/Ehrgeiz stillen. **❷** ▪ *jmd.* **stillt etwas** *etwas zum Stillstand bringen:* Das Blut konnte gestillt werden.

still·hal·ten *<hältst still, hielt still, hat stillgehalten> ohne OBJ* **❶** ▪ *jmd.* **hält still** *sich nicht bewegen* **❷** ▪ *jmd.* **hält still** *etwas hinnehmen, ohne zu widersprechen* ◆ Zusammenschreibung →R 4.6 Du musst jetzt ganz stillhalten.; siehe aber auch **still**

Still·le·ben, *a.* **Still-Le·ben** *das <-s, -> Bild, auf dem Gegenstände, zum Beispiel Früchte, Blumen und Alltagsgegenstände, dargestellt sind*

still·le·gen *<legst still, legte still, hat stillgelegt> mit OBJ* ▪ *jmd.* **legt etwas still** *eine Firma oder einen Betrieb für immer schließen und die Produktion einstellen* ◆ Zusammenschreibung →R 4.6 Dieser Firmensitz wurde schon vor Jahren stillgelegt.

Still·le·gung, *a.* **Still-Le·gung** *die <-, -en> das Stilllegen*

stil·los *adj* **❶** *ohne Stil²; geschmacklos:* Ich finde es schade, dass man gerade hier ein derart stilloses Haus errichtet hat. **❷** *so, dass es nicht dem guten Benehmen entspricht:* Wein aus Biergläsern zu trinken ist einfach stillos.

Still·schwei·gen *das <-s> /kein Plur./ das Verhalten, sich zu bestimmten (geheimen oder unangenehmen) Dingen nicht zu äußern; Diskretion:* Man vereinbarte, über das Abkommen vorläufig noch Stillschweigen zu bewahren.

still·schwei·gen *<schweigst still, schwieg still, hat stillgeschwiegen> ohne OBJ* ▪ *jmd.* **schweigt still** *sich nicht äußern:* Sie hat stillgeschwiegen, obwohl die Reporter sie mit Fragen bedrängten. ◆ Zusammenschreibung →R 4.6 Du musst unbedingt stillschweigen.

still·schwei·gend *adj so, dass über etwas nicht gesprochen wird oder über etwas nicht gesprochen werden muss:* Zwischen ihnen bestand ein stillschweigendes Einvernehmen/eine stillschweigende Übereinkunft.

still·sit·zen *<sitzt still, saß still, hat/ist stillgesessen> ohne OBJ* ▪ *jmd.* **sitzt still** *sitzen, ohne sich zu beschäftigen* ◆ Zusammenschreibung →R 4.6 Er muss immer aktiv sein, er kann einfach nicht stillsitzen.; siehe aber auch **still**

Still·stand *der <-(e)s> /kein Plur./* **❶** *Zustand, in dem sich etwas nicht mehr bewegt:* Öffnen der Türen nur bei Stillstand des Zuges! **❷** *Zustand ohne Aktivität, Entwicklung:* In den polizeilichen Ermittlungen ist ein Stillstand eingetreten.

still·ste·hen *<stehst still, stand still, hat/ist stillgestanden> ohne OBJ* ▪ *jmd./etwas* **steht still** *nicht mehr in Betrieb oder in Bewegung sein;* ▪ **Stillgestanden!** *Kommando beim Militär an die Soldaten, damit sie in strammer Körperhaltung und ohne sich zu bewegen stehen* ◆ Zusammenschreibung →R 4.6 Wenn ich das richtig sehe,

S

werden bald alle Maschinen stillstehen.; *siehe aber auch* **still**

still·ver·gnügt *adj so, dass sich jmd. freut, ohne dass man dies an seinem Verhalten oder seiner Mimik erkennen kann*

Stil·mö·bel *das* <-s, -> *Möbel im Stil² einer bestimmten Epoche*

Stil·schicht *die* <-, -en> *eine sprachliche Ebene, welche der Einsschätzung lexikalischer Einheiten dient, und womit diese z. B. einem gehobenen, einem neutralen, oder einem auf unterer/unterster Stufe stehenden Sprachgebrauch zugewiesen werden; siehe auch* **pragmatische Angaben**

stil·voll *adj mit (bewusst eingesetztem) Stil; geschmackvoll:* Er hat eine sehr stilvoll eingerichtete Wohnung.

Stimm·band *das* <-(e)s, Stimmbänder> */meist Plur./* ANAT. *Organ im Kehlkopf, mit dem man Laute erzeugt und das die Höhe der Stimme bestimmt* ◆ -entzündung

stimm·be·rech·tigt *adj /nicht steig./ so, dass man das Recht besitzt, bei einer Abstimmung oder einer Wahl zu wählen* ▶ Stimmberechtigte

Stimm·be·tei·li·gung *die* <-, -en> SCHWEIZ. *Teilnahme an Volksabstimmungen*

Stimm·bil·dung *die* <-> */kein Plur./* ❶ *Erzeugung der Stimme im Kehlkopf* ❷ *Schulung der Stimme², die besonders Sänger oder Schauspieler durchführen, um schöner und ausdrucksvoller singen und sprechen zu können*

Stimm·bruch *der* <-(e)s> */kein Plur./ Veränderung der Stimme des Jungen in der Pubertät:* Er singt nicht mehr im Chor, seit er im Stimmbruch ist.

Stimm·bür·ger *der;* **Stimm·bür·ge·rin** <-s, -> SCHWEIZ. *stimmberechtigter Bürger*

Stim·me *die* <-, -n> ❶ *Töne, die beim Sprechen oder Singen erzeugt werden:* Er hat eine hohe/tiefe/laute/leise/belegte/heisere Stimme.; Er sprach mit bebender/zitternder Stimme. ◆ Frauen-, Jungen-, Kinder-, Mädchen-, Männer-, Tier-, Vogel- ❷ *Fähigkeit zu sprechen, (gut) zu singen:* Sie hat einen rauen Hals und kann heute nicht sprechen.; Er hat doch keine Stimme! ◆ Sing-, Sprech- ❸ MUS. *ein bestimmter Teil einer Komposition:* Sie singen im Chor die erste/zweite Stimme. ◆ Alt-, Bariton-, Bass-, Flöten-, Geigen-, Solo-, Sopran-, Tenor- ❹ *Meinung, die jmd. (besonders in der Öffentlichkeit) ausdrückt:* Angesichts dieser negativen Entwicklungen wurden zunehmend kritische Stimmen laut. ❺ *Entscheidung für oder gegen etwas (bei einer Abstimmung oder Wahl):* Welche Partei hat die meisten Stimmen erhalten?; Die Stimmen werden noch ausgezählt. ◆ -nanteil, -nauszählung, -ngewinn, -nmehrheit, -nverhältnis, -nverlust, -nzuwachs

stim·men <stimmst, stimmte, hat gestimmt> **I.** *mit OBJ/ohne OBJ* ▪ *jmd. stimmt (etwas) die Saiten eines Instruments so einstellen, dass sie die richtige Tonhöhe haben:* Sie stimmt ihre Geige.; Das Orchester stimmt noch. **II.** *mit OBJ* ▪ *etwas stimmt jmdn. irgendwie ein bestimmtes Gefühl erzeugen:* Die Mitteilung stimmte ihn traurig/fröhlich. **III.** *ohne OBJ* ❶ ▪ *etwas*

stimmt richtig, wahr sein: Meine Vermutung stimmte also doch!; Die Rechnung stimmt nicht. ❷ ▪ *jmd. stimmt für/gegen jmdn./etwas* POL. *bei einer Wahl für oder gegen jmdn. oder etwas sein*

Stim·men·fang ▪ *auf* **Stimmenfang gehen** *(umg.) sich als Politiker darum bemühen, möglichst viele Wähler für sich zu gewinnen*

Stim·men·fän·ger *der;* **Stim·men·fän·ge·rin** <-s, -> POL. *(umg.) jmd., der auf Stimmenfang geht*

Stim·men·ge·wirr *das* <-s> */kein Plur./ die Situation, dass viele Menschen gleichzeitig und durcheinandersprechen*

Stimm·ga·bel *die* <-, -n> *ein kleines Gerät aus Stahl mit zwei Zinken, das einen bestimmten Ton erzeugt, wenn man es in Schwingungen versetzt, und mit dem man ein Instrument stimmt II*

stimm·haft *adj* SPRACHWISS. *(↔ stimmlos) so, dass man einen Buchstaben weich ausspricht:* „b“, „d“ und „g“ sind stimmhafte Konsonanten.

stim·mig *adj so, dass alles harmonisch zusammenpasst:* Seine Theorie ist (in sich) stimmig. ▶ Stimmigkeit

Stimm·la·ge *die* <-, -n> *Höhe der menschlichen Stimme:* Alt, Sopran, Bass und Tenor sind Stimmlagen.

stimm·lich *adj /nicht steig./ auf den Zustand der Stimme¹ bezogen:* Sie ist stimmlich sehr begabt.

stimm·los *adj /nicht steig./* SPRACHWISS. *(↔ stimmhaft) so, dass man einen Buchstaben hart ausspricht:* die stimmlosen Konsonanten „p“, „t“ und „k“

Stimm·recht *das* <-(e)s, -e> *das Recht, bei einer Wahl oder Abstimmung seine Stimme⁵ abgeben zu können*

Stim·mung *die* <-, -en> ❶ *seelischer Zustand eines Menschen; Laune:* Er war guter/schlechter/gereizter Stimmung ❷ *Atmosphäre:* Der Maler hat die Stimmung des Sonnenaufgangs sehr gut getroffen. ❸ *Meinung einer bestimmten Gruppe zu einem Thema:* Die Stimmung in der Bevölkerung hatte sich gewandelt.

Stim·mungs·auf·hel·ler *der* <-s, -> MED. *Medikament gegen Depressionen*

Stim·mungs·ka·no·ne *die* <-, -n> *(umg. scherzh.) jmd., der andere gut unterhält*

stim·mungs·voll *adj so, dass etwas bestimmte Stimmungen, zum Beispiel Freude oder Nachdenklichkeit, erzeugt:* Er hat das Gedicht sehr stimmungsvoll vorgetragen.

Stimm·zet·tel *der* <-s, -> *ein Formular, das man bei einer Wahl ausfüllt und mit dem man eine bestimmte Partei oder einen bestimmten Kandidaten wählt:* Er füllt gerade in der Wahlkabine seinen Stimmzettel aus.

Sti·mu·lans *das* <-, Stimulantia/Stimulanzien> *(↔ Sedativum) Mittel, zum Beispiel Koffein, das wach und munter macht*

Sti·mu·lanz *die* <-, -en> *Anreiz*

Sti·mu·la·ti·on *die* <-, -en> *(geh. fachspr.) Stimulierung*

sti·mu·lie·ren <stimulierst, stimulierte, hat stimuliert> *mit OBJ* ▪ *jmd./etwas stimuliert*

S

jmdn. *(geh. fachspr.) jmdn. anregen, anspornen:* Der Erfolg hatte sie stimuliert.

Sti·mu·lus *der* <-, Stimuli> *(geh.) Reiz; Anreiz*

Stink- *als Erstglied zusammengesetzter Substantive, mit Betonung auf beiden Teilen; drückt aus, dass das mit dem Zweitglied Bezeichnete in besonders hohem Maße negativ ausgeprägt ist* ◆-laune, -wut

stink- *(≈ äußerst, sehr) als Erstglied zusammengesetzter Adjektive, mit Betonung auf beiden Teilen; drückt aus, dass die mit dem Zweitglied bezeichnete Eigenschaft auf etwas in besonders hohem Maße zutrifft* ◆-besoffen, -faul, -fein, -langweilig, -normal, -reich, -sauer, -vornehm, -wütend

Stink·bom·be *die* <-, -n> *ein Scherzartikel in der Form eines kleinen Behälters, der mit einer Flüssigkeit gefüllt ist, die bewirkt, dass es irgendwo stinkt, wenn sie aus dem Behälter herausläuft*

Stin·ke·fin·ger *der* <-s> */kein Plur./ (umg.) nach oben gestreckter Mittelfinger, den jmd. jmdm. zeigt, um ihn zu beleidigen*

stin·ken <stinkst, stank, hat gestunken> *ohne OBJ* ❶ ■ *jmd./etwas stinkt sehr unangenehm riechen* ❷ ■ *etwas stinkt jmdm. (umg.) Anlass zum Ärgern geben:* Seine dauernde Unpünktlichkeit stinkt mir.

Stink·tier *das* <-(e)s, -e> *ein Nagetier, das in Amerika vorkommt und das in gefährlichen Situationen eine übel riechende Substanz versprüht*

Sti·pen·di·at *der,* **Sti·pen·di·a·tin** <-en, -en> *jmd., der ein Stipendium erhält*

Sti·pen·di·um *das* <-s, Stipendien> *Geld, mit dem der Staat, Stiftungen und bestimmten Institutionen Studenten, Wissenschaftler und Künstler untersützen*

stip·pen <stippst, stippte, hat gestippt> *mit OBJ* ■ *jmd. stippt etwas in etwas Akk. (umg.) etwas kurz in etwas eintauchen:* Er stippt sein Brot in die Milch.

Stipp·vi·si·te *die* <-, -n> *(umg.) kurzer Besuch bei jmdm.:* Wenn ich schon in der Gegend bin, werde ich eine Stippvisite bei meiner ehemaligen Schulfreundin machen.

Stirn *die* <-, -en> *der Teil des Kopfes zwischen Augen und Haaransatz:* Er hat eine hohe/niedrige/flache Stirn.; Sie runzelte die Stirn.; ■ *jemandem/etwas die Stirn bieten jmdm. oder etwas ohne Angst entgegentreten;* ■ **die Stirn haben, etwas zu tun** *so frech und dreist sein, etwas (Böses) zu tun* ◆-bein, -falte, -glatze, -haar, -locke, -wand, -wunde

Stirn·band *das* <-(e)s, Stirnbänder> *Band aus Stoff, das man um die Stirn und den Hinterkopf trägt*

Stirn·höh·le *die* <-> */kein Plur./ Hohlraum im Innern der Stirn über der Nase* ◆-nvereiterung

Stirn·sei·te *die* <-, -n> *Vorderseite:* Er saß an der Stirnseite des Tisches.

stö·bern <stöberst, stöberte, hat gestöbert> *ohne OBJ* ■ *jmd. stöbert (irgendwo nach etwas Dat.) nach etwas längere Zeit wühlend suchen:* Er stöberte in der Kiste nach den alten Klassenfotos.

sto·chern <stocherst, stocherte, hat gestochert>

ohne OBJ ■ *jmd. stochert in etwas Dat. mit einem spitzen Gegenstand mehrmals in etwas stechen:* Ich habe mir bei der Zubereitung solche Mühe gegeben, aber sie stocherte nur im Essen.

Stock¹ *der* <-(e)s, Stöcke> ❶ *Stab aus Holz o. Ä., auf den man sich beim Gehen stützt oder mit dem man jmdn. schlägt:* Er geht am Stock. ◆Krück-, Schlag-, Ski-, Spazier- ❷ *strauchartige Pflanze, zum Beispiel ein Rebstock*

Stock² *der* <-(e)s, -> *Etage, Stockwerk:* Sie wohnen im zweiten Stock.

Stock·bett *das* <-(e)s, -en> *(≈ Etagenbett) Konstruktion, bei der zwei Betten übereinandergebaut sind*

stock- *(≈ äußerst, sehr) als Erstglied zusammengesetzter Adjektive, mit Betonung auf beiden Teilen; drückt intensivierend aus, dass die mit dem Zweitglied bezeichneten (negativen) Eigenschaften besonders ausgeprägt sind* ◆-besoffen, -betrunken, -dumm, -dunkel, -duster, -finster, -heiser, -konservativ, -nüchtern, -sauer, -steif

Stö·ckel·schuh *der* <-(e)s, -e> *Damenschuh mit hohem, schmalem Absatz*

sto·cken *ohne OBJ* ❶ ■ *etwas stockt (jmdm.) kurz stillstehen, aussetzen:* Ihr stockte der Atem. ❷ ■ *etwas stockt im normalen Ablauf zeitweise unterbrochen sein:* Der Verkehr/Das Gespräch stockte. ❸ ■ *jmd. stockt (bei/in etwas Dat.) bei einer Tätigkeit innehalten:* Sie stockte mitten im Vortrag und blickte unsicher von ihrem Manuskript auf.; ■ **ins Stocken geraten** *unsicher und mit vielen Pausen reden*

Sto·ckerl *das* <-s, -(n)> SÜDDT., ÖSTERR. *Hocker*

Stock·fisch *der* <-(e)s, -e> ❶ *auf Stöcken getrockneter Dorsch* ❷ *(umg. abwert.) ein wenig gesprächiger Mensch*

-stö·ckig *als Zweitglied zusammengesetzter Adjektive;* ❶ *drückt aus, dass die mit dem Erstglied genannte Anzahl von Stockwerken gegeben ist* ◆ein-, zwei-, drei- usw. ❷ *drückt aus, dass die mit dem Erstglied genannte Anzahl von Lagen/ Schichten gegeben ist:* eine dreistöckige Torte ◆drei-, vier- usw.

Stock·werk *das* <-(e)s, -e> *Etage:* Das Haus hat nur drei Stockwerke.

Stock·zahn *der* <-(e)s, Stockzähne> SÜDDT., SCHWEIZ. *Backenzahn*

Stoff *der* <-(e)s, -e> ❶ *Gewebe, aus dem Kleidung und Tücher bestehen:* Sie hat sich ein Kleid aus edlem Stoff gekauft. ◆-bahn, -ballen, -muster, Baumwoll-, Mantel-, Seiden-, Vorhang- ❷ *(≈ Substanz) chemisch einheitliche Verbindung mit bestimmten, typischen Eigenschaften:* Wir verwenden nur pflanzliche/natürliche Stoffe als Zutaten. ◆Ballast-, Brenn-, Duft-, Farb-, Impf-, Kleb-, Kraft-, Leucht-, Nähr-, Schaum-, Süß- ❸ *(umg.) Rauschgift:* Er konnte sich keinen Stoff beschaffen. ❹ *etwas, das das Thema für einen Film, eine wissenschaftliche Arbeit, eine Diskussion o. Ä. bietet:* Das wäre ein interessanter Stoff für einen Film/für ein Buch. ◆Gesprächs-, Roman-

Stof·fel *der* <-s, -> *(umg. abwert.) ungeschickter, unhöflicher Mensch* ▶ stoffelig, stofflig

stoff·lich *adj auf den Stoff¹, ², ⁴ bezogen*

Stoff·samm·lung *die* <-, -en> *Sammlung von Ideen und Material zu einem Thema, über das man etwas schreiben will*

Stoff·tier *das* <-(e)s, -e> *(≈ Plüschtier)* Als Kind hatte sie eine Katze als Stofftier.

Stoff·wech·sel *der* <-s, -> /*meist Sing.*/ *(≈ Metabolismus) die biochemischen Prozesse, bei denen aus Nahrung Energie gewonnen wird* ◆-krankheit, -produkt, -störung, Fett-

stöh·nen *ohne OBJ* ❶ ■ *jmd. stöhnt (vor etwas Dat.) einen lang gezogenen Laut von sich geben:* Er stöhnte vor Schmerzen. ❷ ■ *jmd. stöhnt über etwas Akk. sich über etwas beklagen:* Alle stöhnten über das schlechte Wetter.

sto·isch *adj (geh.:* ≈ *unerschütterlich, gleichmütig, gelassen) so, dass man nicht leicht die Ruhe verliert oder sich aufregt:* Er hat alles mit stoischer Gelassenheit ertragen.

Sto·la *die* <-, Stolen> *eine Art breiter Schal, den Frauen um die Schulter tragen*

Stol·le *die* <-, -n> *ein Kuchen, den man in der Weihnachtszeit isst*

Stol·len *der* <-s, -> ❶ *unterirdischer Gang (in einem Bergwerk):* Die Arbeiter treiben einen Stollen in den Berg. ❷ *siehe* **Stolle**

stol·pern <stolperst, stolperte, ist gestolpert> *ohne OBJ* ❶ ■ *jmd. stolpert über etwas Akk. mit dem Fuß gegen ein Hindernis stoßen und aus dem Gleichgewicht geraten:* Das Kind stolperte über einen Stein. ❷ ■ *jmd. stolpert über jmdn./ etwas an jmdm. oder etwas scheitern:* Der Politiker ist über die Affäre gestolpert.

Stolz *der* <-es> /*kein Plur.*/ ❶ *ausgeprägtes Selbstwertgefühl:* Er hat meinen Stolz verletzt. ❷ *Freude und Zufriedenheit über eine Leistung oder einen Besitz:* Sie verkündete voller Stolz, dass sie ihr Ziel erreicht habe.; Man konnte ihm den Stolz auf seinen Sohn ansehen.

stolz *adj* ❶ *so, dass man sich über etwas, das man geleistet hat oder das man besitzt, freut:* Sie war stolz auf ihren beruflichen Erfolg. ❷ *überheblich, hochmütig:* Er ist viel zu stolz, um sich bei mir zu entschuldigen. ❸ *(umg.) beträchtlich:* Das ist ein stolzer Preis!

stol·zie·ren *ohne OBJ* ■ *jmd. stolziert aufrecht und mit erhobenem Kopf gehen, um anderen zu zeigen, dass man sich für sehr wichtig hält:* Sieh mal, er stolziert wie ein Pfau.

Stop *interj drückt (beispielsweise auf Verkehrsschildern) aus, dass man anhalten muss*

Stopf·ei *das* <-(e)s, -er> *ein kleiner, runder Gegenstand aus Holz oder Plastik, den man als Unterlage beim Stopfen I verwendet*

stop·fen I. *mit OBJ/ohne OBJ* ■ *jmd. stopft (etwas) Kleidungsstücke, die z. B. ein Loch haben, mit Nadel und Faden ausbessern:* Sie stopft die Socken.; Sie stopft stets mit einem speziellen Garn. **II.** *mit OBJ* ❶ ■ *jmd. stopft etwas (≈ abdichten) eine Lücke, eine Öffnung o. Ä. mit etwas füllen und dadurch schließen:* Er konnte das Leck im Tank stopfen. ❷ ■ *jmd. stopft etwas irgendwohin/in etwas Akk. etwas nicht sorgfältig irgendwo hineinschieben:* Sie stopfte die Wäsche in den Koffer. **III.** *ohne OBJ* ❶ ■ *etwas stopft die*

Verdauung hemmen: Schokolade stopft. ❷ ■ *etwas stopft (umg.) satt machen:* Nudeln stopfen.

Stopf·garn *das* <-(e)s, -e> *Nähgarn zum Stopfen I*

Stopf·na·del *die* <-, -n> *Nadel zum Stopfen I*

Stopp *der* <-s, -s> ❶ *das Anhalten:* Der Rennwagen musste zu einem Stopp an die Box. ❷ *Unterbrechung:* Man forderte einen Stopp der Rüstungsexporte.

stopp *interj* Halt, stopp! ◆aber auf Verkehrsschildern stop

Stop·pel *die* <-, -n> /*meist Plur.*/ ❶ *Rest eines Getreidehalmes auf abgemähten Feldern* ❷ *nachgewachsenes kurzes Barthaar*

Stop·pel·bart *der* <-(e)s, Stoppelbärte> *sehr kurzer Bart*

Stop·pel·feld *das* <-(e)s, -er> *abgemähtes Getreidefeld mit Stoppeln* [1]

stop·pe·lig, *a.* **stopp·lig** <stopp(e)liger, am stopp(e)ligsten> *adj so, dass es Stoppeln hat*

Stop·pel·zie·her *der* <-s, -> ÖSTERR. *Korkenzieher*

stop·pen I. *mit OBJ* ❶ ■ *jmd. stoppt jmdn. bewirken, dass jmd. aus einer Bewegung heraus zum Stehen kommt; jmdn. anhalten:* Die Polizei stoppte das Auto. ❷ ■ *jmd. stoppt etwas bewirken, dass etwas zum Stillstand kommt:* Niemand konnte diese Entwicklung jetzt noch stoppen. ❸ ■ *jmd. stoppt etwas mit einer Stoppuhr messen* **II.** *ohne OBJ* ❶ ■ *jmd./etwas stoppt aus einer Bewegung zum Stehen kommen; anhalten:* Das Auto stoppte gerade noch rechtzeitig. ❷ ■ *jmd. stoppt (irgendwohin) trampen:* Sie stoppt regelmäßig von Berlin nach Stuttgart.

stopp·lig *adj siehe* **stoppelig**

Stopp·schild *das* <-(e)s, -er> *Verkehrsschild an einer Kreuzung, an dem man anhalten muss*

Stopp·uhr *die* <-, -en> *Uhr, mit der man im Sport Zeiten genau misst*

Stöp·sel *der* <-s, -> ❶ *ein kleiner Gegenstand, mit dem man eine Öffnung schließt; Pfropfen:* Er zog den Stöpsel aus der Badewanne. ❷ *(umg.) kleiner Junge*

Stör *der* <-(e)s, -e> *großer Fisch, der auf dem Rücken blaugrau und auf der Unterseite weiß gefärbt ist*

Storch *der* <-(e)s, Störche> *großer Vogel mit weißen und schwarzen Federn, einem langen, roten Schnabel und langen, roten Beinen, der sein Nest oft auf Hausdächern baut*

Storch·schna·bel *der* <-s, Storchschnäbel> ❶ *Schnabel eines Storches* ❷ /*kein Plur.*/ *Geranie*

Store *der* [ʃtoːɐ̯, stoːɐ̯] <-s, -s> ❶ *Vorhang für das Fenster aus fast durchsichtigem Stoff* ❷ SCHWEIZ. *Markise, Sonnendach*

stö·ren *mit OBJ/ohne OBJ* ❶ ■ *jmd. stört (jmdn.) (bei etwas Dat.) jmdn. aus seiner Ruhe, seiner Tätigkeit herausreißen:* Er hat mich beim Lesen gestört.; Störe ich? ❷ ■ *jmd. stört etwas etwas in seinem Ablauf behindern:* Die Schüler stören den Unterricht.; Er stört ununterbrochen. ❸ ■ *etwas stört jmdn. jmdm. überhaupt nicht gefallen, missfallen:* Seine fettigen Haare stören mich.; Ihre vulgäre Ausdrucksweise stört.

Stö·ren·fried der <-(e)s, -e> (abwert.) jmd., der gerne stört[2]

Stör·fak·tor der <-s, -en> jmd. oder etwas, der/das etwas in seinem normalen Ablauf behindert

Stör·fall der <-(e)s, Störfälle> Defekt in einer technischen Anlage, zum Beispiel in einem Atomkraftwerk

stor·nie·ren mit OBJ ■ jmd. storniert etwas etwas rückgängig machen: Ich habe den Auftrag/die Buchung storniert.

Stor·nie·rung die <-, -en> das Stornieren

Stor·no der/das <-s, Storni> BANKW., WIRTSCH. Rückbuchung, das Stornieren ◆-gebühren, -kosten

stör·risch adj (≈ widerspenstig, dickköpfig) so, dass jmd. nicht das tun will, was andere von ihm verlangen: Er ist störrisch wie ein Esel.

Stö·rung die <-, -en> ❶ Dinge oder Handlungen, die stören[1]: Bitte entschuldigen Sie die Störung! ❷ Behinderung des Ablaufes: Ich werde eine Störung meiner Vorlesung nicht dulden.

stö·rungs·frei adj /nicht steig./ TECHN. so, dass etwas oder ein Gerät richtig funktioniert

Sto·ry die ['stɔːri] <-, -s> ❶ Inhalt eines Films oder Romans ❷ (umg.) ungewöhnliche Geschichte: Und die Story soll ich dir glauben? ❸ Bericht, Report: Der Reporter ist immer auf der Jagd nach einer neuen Story.

Stoß der <-es, Stöße> ❶ kurzer, kräftiger Schlag: Er versetzte ihm einen kräftigen Stoß in den Bauch. ❷ /meist Plur./ kräftige Bewegung, mit der man sich beim Schwimmen und beim Rudern bewegt: Sie schwamm mit kräftigen Stößen. ❸ (umg.) aufgeschichtete Menge von etwas: Auf dem Boden lag ein Stoß Bücher.; ■ jemandem einen Stoß versetzen jmdn. plötzlich stark erschüttern und verunsichern

Stoß·dämp·fer der <-s, -> KFZ Vorrichtung in Autos, die verhindert, dass diese bei Löchern in der Straße zu sehr erschüttert werden und auf und ab schwingen

Stö·ßel der <-s, -> kleiner Stab aus Stein, Keramik oder Eisen, mit dem man Substanzen (insbesondere Körner) zerreibt

sto·ßen <stößt, stieß, hat/ist gestoßen> **I.** mit OBJ /haben/ ❶ ■ jmd. stößt jmdn. (irgendwohin) jmdn. einen Stoß[1] geben: Er stieß mich mit dem Ellenbogen in die Rippen. ❷ ■ jmd. stößt etwas in etwas Akk. etwas mit einem Stoß[1] irgendwohin bewegen: Sie hat den Pflock in die Erde gestoßen. ❸ SCHWEIZ. ■ jmd. stößt etwas drücken, schieben **II.** ohne OBJ ❶ ■ jmd. stößt an/gegen jmdn./etwas (haben) jmdn. oder etwas einen Stoß[1] geben: Voller Zorn hat er mit dem Fuß gegen die Autotür gestoßen. ❷ ■ jmd. stößt an/gegen jmdn./etwas (sein) jmdn. oder etwas versehentlich kurz und mit viel Kraft berühren (und sich dabei dabei weh tun): Sie ist mit dem Kopf an die Decke gestoßen. ❸ ■ jmd. stößt auf jmdn./etwas (sein) jmdn. oder etwas zufällig finden: Man ist dort auf Erdöl gestoßen. ❹ ■ jmd. stößt auf etwas Akk. (sein) überraschend auf etwas treffen: Wir stießen auf Ablehnung. **III.** mit SICH /haben/ ❶ ■ jmd. stößt sich an etwas Dat. sich weh tun: Ich habe mich (an der Tischkante) gestoßen.

❷ ■ jmd. stößt sich an etwas Dat. sich über etwas ärgern, was man nicht als angemessen betrachtet: Ich stieß mich an seinem schlechten Benehmen.

stoß·fest adj so, dass es von Stößen nicht beschädigt werden kann: Diese Lackierung/Diese Uhr ist stoßfest.

Stoß·ge·bet das <-(e)s, -e> ein kurzes Gebet, das jmd. spricht, wenn plötzlich eine Gefahr auftritt: Als es brenzlig wurde, schickte sie schnell noch ein Stoßgebet zum Himmel.

Stoß·stan·ge die <-, -n> KFZ Stange, die hinten und vorne an einem Automobil angebracht ist, um dieses bei einem leichten Zusammenstoß zu schützen

Stoß·ver·kehr der <-(e)s> /kein Plur./ sehr starker Verkehr zu einer bestimmten Tageszeit

stoß·wei·se adv ❶ kurz und ruckartig: Sein Atem ging stoßweise. ❷ in Stößen[3]: Wir erhielten stoßweise schriftliche Anfragen.

Stoß·zeit die <-, -en> ❶ Zeit des Stoßverkehrs ❷ Zeit, in der es in Geschäften die meiste Arbeit gibt

stot·tern <stotterst, stotterte, hat gestottert> ohne OBJ ■ jmd. stottert eine Sprachstörung haben, bei der man einzelne Laute mehrfach wiederholt

Straf·an·zei·ge die <-, -n> AMTSSPR. der Vorgang, dass jmd. die Polizei oder den Staatsanwalt darüber informiert, dass eine Straftat begangen wurde: Gegen den mutmaßlichen Täter wurde Strafanzeige erstattet.

Straf·ar·beit die <-, -en> zusätzliche Hausaufgabe, die Schüler als Strafe bekommen

Straf·bank die <-, Strafbänke> SPORT eine Bank, auf der Spieler einer Mannschaft eine Zeit lang sitzen müssen, wenn sie bei einem Wettkampf gegen die Regeln verstoßen haben

straf·bar adj /nicht steig./ so, dass Strafe darauf steht: Sie hat zweifelsohne eine strafbare Handlung begangen.; Er hatte sich strafbar gemacht.

Straf·be·fehl der <-(e)s, -e> RECHTSW. eine Strafe, die bei einer geringen Straftat vom Gericht ohne Verhandlung ausgesprochen wird

Stra·fe die <-, -n> ❶ eine Maßnahme, durch die jmd. bestraft wird: Der Richter hat eine harte/strenge/drakonische/leichte/milde Strafe über den Angeklagten verhängt.; Er musste eine mehrjährige Strafe verbüßen. ◆ Geld-, Gefängnis-, Haft- ❷ unangenehme Folge: Das ist die Strafe für deinen Übermut. ❸ Geldbuße: Wir mussten Strafe zahlen.

stra·fen mit OBJ ■ jmd. straft jmdn. (für/wegen etwas) bestrafen: Er strafte ihn hart/schwer/unnachsichtig.; Sie sah ihn strafend an.; ■ mit jemandem/etwas gestraft sein großen Kummer mit jmdm. oder etwas haben

Straf·er·lass der <-es, -e> Aufhebung einer verhängten Strafe, Amnestie

straff adj ❶ fest gespannt, glatt, nicht locker oder schlaff: straffe Haut; Du musst ziehen, bis das Seil straff ist.; Sie hat eine straffe Haut. ❷ effektiv, auf das Wesentliche beschränkt: Das Unternehmen ist straff organisiert. ▸ Straffheit, Straffung

straf·fäl·lig *adj /nicht steig./* AMTSSPR. *so, dass jmd. eine Straftat begangen hat (und vom Gericht dafür bestraft wurde)*

straf·fen *mit OBJ* ❶ ■ *jmd. strafft etwas etwas spannen:* Du musst das Seil/die Zügel straffen. ❷ ■ *jmd. strafft etwas etwas gut organisieren und auf das Wesentliche beschränken:* Wir haben versucht, den Lehrplan/das Trainingsprogramm zu straffen.

straf·frei *adj /nicht steig./ ohne Strafe:* straffrei ausgehen/bleiben

Straf·frei·heit *die <-> /kein Plur./ der Zustand, dass jmd. straffrei ist:* Im Falle einer Aussage wurde ihm Straffreiheit zugesichert.

Straf·ge·fan·ge·ne *der/die <-n, -n> jmd., der verurteilt wurde und im Gefängnis sitzt*

Straf·ge·richt *das <-(e)s, -e>* ❶ RECHTSW. *Gericht, das für Strafprozesse zuständig ist* ❷ *(geh.) Bestrafung Schuldiger (durch eine höhere Macht):* ein Strafgericht des Himmels; ein Strafgericht abhalten

Straf·ge·setz *das <-es, -e>* RECHTSW. *eines der Gesetz, in dem die Strafen für Verbrechen geregelt sind*

Straf·ge·setz·buch *das <-(e)s, -bücher>* RECHTSW. *Sammlung der Strafgesetze, abgekürzt mit „StGB"*

Straf·la·ger *das <-s, -> Lager, in dem Sträflinge Freiheitsstrafen verbüßen*

sträf·lich *adj verantwortungslos; so, dass man es eigentlich bestrafen müssste:* Kein Wunder, dass etwas passierte, das war doch sträflicher Leichtsinn.; Er hat seine Familie sträflich vernachlässigt.

Sträf·ling *der <-(e)s, -e> Strafgefangener*

Sträf·lings·klei·dung *die <-> /kein Plur./ Kleidung mit Streifen für Sträflinge, die wie ein Schlafanzug geschnitten ist*

straf·los *adj /nicht steig./ straffrei*

Straf·man·dat *das <-(e)s, -e>* ❶ *eine Geldstrafe, die man bezahlen muss, wenn man zum Beispiel falsch geparkt hat oder zu schnell gefahren ist* ❷ *ein Stück Papier, auf dem steht, dass man ein Strafmandat[1] bekommen hat*

Straf·maß *das <-es, -e> /Plur. selten/ Art und Höhe der Strafe:* Das Strafmaß wurde auf zehn Jahre festgesetzt.; Addierung von Strafmaßen

straf·mil·dernd *adj /nicht steig./* RECHTSW. *so, dass etwas bewirkt, dass das Strafmaß verringert wird:* Es wirkte strafmildernd, dass sich der Täter freiwillig gestellt hatte.

straf·mün·dig *adj /nicht steig./* RECHTSW. *alt genug, um nach dem Strafrecht bestraft zu werden*

Straf·por·to *das <-s, -s/Strafporti> Nachgebühr*

Straf·pre·digt *die <-, -en> (umg.) eindringliche Ermahnung:* Meine Eltern haben mir gestern mal wieder eine Strafpredigt gehalten.

Straf·pro·zess *der <-es, -e>* RECHTSW. *ein Prozess, bei dem die Strafe für eine Straftat bestimmt wird*

Straf·raum *der <-(e)s, Strafräume>* SPORT *(beim Fußball) Raum um das Tor, in dem der Torwart den Ball mit der Hand berühren darf*

Straf·recht *das <-(e)s> /kein Plur./ die Gesetze, in denen die Strafen für Verbrechen geregelt sind*

straf·recht·lich *adj /nicht steig./ auf das Strafrecht bezogen:* Sie muss mit einer strafrechtlichen Verfolgung ihrer Tat rechnen.

Straf·stoß *der <-es, Strafstöße>* SPORT *Elfmeter*

Straf·tat *die <-, -en> (≈ Delikt) Handlung, die gegen das Gesetz verstößt*

Straf·ver·fah·ren *das <-s, -> Strafprozess*

Straf·ver·fol·gung *die <-, -en>* RECHTSW. *Ermittlungen, die die Staatsanwalt durchführt, wenn der Verdacht besteht, dass jmd. eine Straftat begangen hat*

Straf·ver·tei·di·ger *der,* **Straf·ver·tei·di·ge·rin** *<-s, -> Anwalt (des Angeklagten) in Strafprozessen*

Straf·voll·zug *der <-(e)s> /kein Plur./* AMTSSPR. *(Art und Weise der) Durchführung einer Freiheitsstrafe*

Straf·voll·zugs·an·stalt *die <-, -en>* AMTSSPR. *Gefängnis*

straf·wür·dig *adj* RECHTSW. *so, dass etwas eine Strafe verdient:* ein strafwürdiges Verhalten

Straf·zet·tel *der <-s, -> (umg.) Strafmandat:* Wir hatten falsch geparkt und dafür einen Strafzettel erhalten.

Strahl *der <-(e)s, -en>* ❶ */meist Plur./ eine Art schmaler Streifen, der von Licht ausgeht:* Im Strahl der Taschenlampe erkannte er den Einbrecher.; Die Strahlen der Frühjahrssonne erwärmen die Luft. ◆ Laser-, Licht-, Sonnen- ❷ */meist Sing./ Flüssigkeit, die schnell aus einer engen Öffnung herausfließt:* Ein Strahl Wasser schoss aus dem gebrochenen Rohr. ◆ Dampf-, Düsen-, Wasser- ❸ */kein Sing./* PHYS. *ein Strom materieller Teilchen oder elektromagnetischer Wellen* ◆ -enbrechung, -enbündel, -enquelle, -enschäden, -enunfall, -entod, Energie-, Infrarot-, Ionen-, Kathoden-, Radio-, Radar-, Röntgen-, Wärme-

strah·len *ohne OBJ* ❶ ■ *etwas strahlt Strahlen aussenden:* Die Sonne strahlt.; Radioaktives Material strahlt. ❷ ■ *jmd. strahlt (vor etwas Dat.) ein fröhliches Gesicht machen:* Sie strahlte vor Begeisterung/vor Freude.; Er strahlte übers ganze Gesicht/über beide Backen.

Strah·len·be·las·tung *die <-> /kein Plur./* MED. *Belastung eines Organismus durch die Einwirkung ionisierender Strahlen*

Strah·len·bio·lo·gie *die <-> /kein Plur./ die wissenschaftliche Erforschung der Wirkung von Strahlen[3]*

Strah·len·ex·po·si·ti·on *die <-> /kein Plur./ der Umstand, dass jmd. oder etwas einer bestimmten Strahlung ausgesetzt ist:* Die Gesetzgebung schreibt vor, dass die Strahlenexposition des Personals und des Patienten auf ein Minimum beschränkt wird.

Strah·len·schutz *der <-es> /kein Plur./ Vorrichtungen und Maßnahmen zum Schutz vor (gefährlichen) Strahlen[3]*

Strah·ler *der <-s, ->* ❶ *eine Lampe* ❷ *ein Gerät, das Wärme abstrahlt*

Strah·lung *die <-, -en> Ausbreitung von Strahlen[3]* ◆ Atom-, Kern-, Radio-, Röntgen-

Strähn·chen *das <-s, -> /meist Plur./ (umg.) farbige Strähne*

Sträh·ne *die <-, -n> eine größere Menge glatter Haare, die zusammen sind:* Sie ließ sich farbige

S

Strähnen ins Haar färben.; Er hat schon ein paar graue Strähnen im Haar. ◆Haar-

sträh·nig *adj so, dass das Haar Strähnen bildet und kraftlos aussieht:* Er hat strähnige Haare.

stramm *adj* ❶ *kräftig gebaut und gesund aussehend:* Sie hat einen strammen Jungen zur Welt gebracht. ❷ *gerade aufgerichtet, mit angespannter Muskulatur* ❸ *straff:* Du musst erst die Leine stramm ziehen! ◆Getrenntschreibung →R 4.6, 4.8 (ein Seil) stramm ziehen; ◆Zusammenschreibung →R 4.6 (vor dem Hauptmann) strammstehen

stramm·ste·hen <stehst stramm, stand stramm, hat/ist strammgestanden> *ohne OBJ* ■ *jmd. steht stramm (besonders als Soldat) eine stramme² Haltung annehmen* ◆Zusammenschreibung →R 4.6 Wir mussten strammstehen.

Stram·pel·ho·se *die* <-, -n> *eine Hose für Babys, die man über der Schulter befestigt*

stram·peln <strampelst, strampelte, hat/ist gestrampelt> *ohne OBJ* ❶ ■ *jmd. strampelt (haben) mit den Beinen zappeln:* Das Baby strampelte. ❷ ■ *jmd. strampelt (umg.) (sein) radeln* ❸ ■ *jmd. strampelt (umg.) (haben) sich abmühen:* Sie muss ziemlich strampeln, um ihr Ziel doch noch zu erreichen.

Stram·pler *der* <-s, -> Strampelhose

Strand *der* <-(e)s, Strände> *der Rand eines Gewässers, besonders des Meeres:* Es gab dort einen sandigen/steinigen/breiten/schmalen Strand. ◆-bad, -burg, -café, -hotel, -kleid, Bade-, FKK-, Hotel-, Kies-, Palmen-, Sand-

stran·den *ohne OBJ* ❶ ■ *ein Schiff strandet auf Grund laufen und nicht mehr wegkommen:* Der Tanker ist gestrandet. ❷ ■ *jmd. strandet (geh.) scheitern:* Er ist in seinem Studium gestrandet.

Strand·gut *das* <-(e)s> */kein Plur./ Gegenstände, die das Meer ans Ufer spült*

Strand·ha·fer *der* <-s> */kein Plur./ ein Gras, das in den Dünen wächst*

Strand·korb *der* <-(e)s, Strandkörbe> *eine Art großer, vorne offener Korb mit einem Dach, in dem man sich am Strand setzen kann:* Als wir an der Nordsee waren, haben wir auch einen Strandkorb gemietet.

S

Strang *der* <-(e)s, Stränge> ❶ *Seil, Strick* ❷ *Bündel von Wollfäden oder eines Garns* ❸ ANAT. *Bündel von Muskeln oder Nerven;* ■ *an einem/am gleichen Strang ziehen (umg.) das gleiche Ziel verfolgen;* ■ *über die Stränge schlagen (umg.) leichtsinnig und unüberlegt handeln;* ■ *wenn alle Stränge reißen im Notfall*

Stran·ge *die* <-, -n> SCHWEIZ. *Strang²*

stran·gu·lie·ren *mit OBJ* ■ *jmd. stranguliert jmdn./sich jmdn. oder sich durch Erdrosseln töten*

Stra·pa·ze *die* <-, -n> *große körperliche Anstrengung*

stra·pa·zie·ren *mit OBJ* ❶ ■ *jmd./etwas strapaziert etwas stark beanspruchen und Spuren hinterlassen; nicht schonen:* Zu häufiges Duschen strapaziert die Haut. ❷ ■ *jmd./etwas strapaziert jmdn./etwas stark in Anspruch nehmen:* Das Spiel hatte die Nerven des Trainers strapaziert.

stra·pa·zier·fä·hig *adj so beschaffen, dass man es strapazieren kann:* Hierbei handelt es sich um einen sehr strapazierfähigen Teppich.

stra·pa·zi·ös *adj anstrengend:* Das war ein ziemlich strapaziöser Ausflug.

Straps *der* <-es, -e> */meist Plur./ Strumpfhalter*

Stra·ße *die* <-, -n> ❶ *ein breiter, befestigter Weg für Fahrzeuge, der meist eine harte Oberfäche besitzt:* Die Straße ist eng/breit/belebt/ruhig/ vereist/holprig/gut ausgebaut/kurvenreich/verstopft. ◆-nabschnitt, -nanzug, -narbeit, -nbelag, -nbeleuchtung, -nbiegung, -necke, -nhandel, -nkreuzung, -nlaterne, -nmeisterei, -npflaster, -nrand, -nräuber, -nreinigung, -nrennen, -nschuh, -nseite, -nverkehr, Asphalt-, Berg-, Dorf-, Einkaufs-, Fern-, Haupt-, Land-, Neben- Seiten-, Teer- ❷ *Menschen, die in einer Straße wohnen:* Die ganze Straße beteiligte sich an dem Fest. ❸ *Meerenge:* Das Schiff fuhr durch die Straße von Gibraltar. ■ *jemanden auf die Straße setzen/werfen jmdm. seine Wohnung oder seinen Arbeitsplatz kündigen;* ■ *auf die Straße gehen demonstrieren*

Stra·ßen·bahn *die* <-, -en> *ein Eisenbahnzug, der auf Schienen durch die Stadt fährt* ◆-fahrer, -fahrerin, -haltestelle, -schaffner, -wagen

Stra·ßen·bau *der* <-(e)s> */kein Plur./ die Unternehmen und die Leute, die Straßen bauen* ◆-amt, -arbeiten, -behörde, -ingenieur, -maschine

Stra·ßen·be·lag *der* <-(e)s, Straßenbeläge> *die harte Oberfläche einer Straße*

Stra·ßen·be·nut·zungs·ge·bühr *die* <-, -en> (≈ *Maut, Straßenzoll) Geld, das man in manchen Ländern bezahlen muss, um auf manchen Straßen (Autobahnen) fahren zu dürfen*

Stra·ßen·bord *das* <-(e)s, -e> SCHWEIZ. *Straßenrand*

Stra·ßen·ca·fé *das* <-s, -s> *ein Café an einer Straße, das auch Tische und Stühle im Freien hat*

Stra·ßen·fe·ger *der* <-s, -> ❶ LANDSCH. *jmd., der beruflich die Straßen und Plätze einer Stadt reinigt* ❷ *(umg. scherzh.) Fernsehsendung, die von sehr vielen Menschen gesehen wird*

Stra·ßen·fest *das* <-(e)s, -e> *ein Fest, das auf einer Straße oder einem Platz stattfindet*

Stra·ßen·glät·te *die* <-> */kein Plur./ glatte Straßen, die (besonders im Winter) durch Eis und Schnee verursacht werden*

Stra·ßen·gra·ben *der* <-s, Straßengräben> *Graben neben einer Landstraße:* im Straßengraben landen

Stra·ßen·kind *das* <-(e)s, -er> */meist Plur./ obdachloses Kind, das (besonders in großen Städten) auf der Straße lebt und das bettelt o. Ä., um überleben zu können*

Stra·ßen·la·ge *die* <-> */kein Plur./ die Eigenschaften, die ein Kraftfahrzeug während der Fahrt zeigt, besonders wenn man in Kurven oder auf schlechten Straßen fährt:* eine gute/schlechte Straßenlage haben

Stra·ßen·mu·si·kant *der,* **Stra·ßen·mu·si·kantin** <-en, -en> *jmd., der im Freien (besonders in einer Fußgängerzone) Musik macht, um Geld zu verdienen*

Stra·ßen·na·me *der* <-ns, -n> *obligatorische Benennung einer Straße nach ihrer Wichtigkeit oder nach einer Person*

Stra·ßen·netz *das* <-es, -e> *Gesamtheit der Straßen (einer Stadt, eines Landes)*

Stra·ßen·schild *das* <-(e)s, -er> *Schild, auf dem der Name einer Straße steht*

Stra·ßen·schlacht *die* <-, -en> *ein heftiger Kampf zwischen verschiedenen Gruppen von Personen, der in den Straßen einer Stadt stattfindet:* Die Hooligans lieferten sich mit der Polizei eine Straßenschlacht.

Stra·ßen·sper·re *die* <-, -n> *Hindernis, das jmd. (zum Beispiel die Polizei) auf der Straße aufstellt und das andere am Weiterkommen hindert*

Stra·ßen·ver·kehrs·ord·nung *die* <-> */kein Plur./ die Gesetze, die regeln, wie man sich im Straßenverkehr richtig verhält, abgekürzt „StVO"*

Stra·ßen·wacht *die* <-> */kein Plur./ ein Verein, der seinen Mitgliedern hilft, wenn sie eine Autopanne haben*

Stra·ßen·zoll *der* <-(e)s, Straßenzölle> *Straßenbenutzungsgebühr*

Stra·te·ge *der,* **Stra·te·gin** <-n, -n> *jmd., der nach einem genauen Plan oder nach einer (militärischen) Strategie vorgeht*

Stra·te·gie *die* <-, ...-gien> *genauer Plan für die Handlungen, mit denen man ein (militärisches) Ziel verwirklichen will:* Wir suchen noch nach einer geeigneten Strategie für die Verhandlungen.

stra·te·gisch *adj so, dass es auf einer Strategie beruht:* strategisches Vorgehen

Stra·to·sphä·re *die* <-> */kein Plur./ die Schicht der Erdatmosphäre in etwa 11-50 km Höhe*

sträu·ben *mit SICH* ❶ *etwas sträubt sich (jmdm.) sich aufrichten und vom Körper abstehen:* Das Fell der Katze sträubte sich.; Mir sträubten sich vor Angst die Haare. ❷ ■ *jmd. sträubt sich (gegen etwas Akk.) sich gegen etwas wehren, sich widersetzen:* Sie sträubte sich mit allen Mitteln/mit Händen und Füßen dagegen, dass ...

Strauch *der* <-(e)s, Sträucher> *Busch*

strau·cheln <strauchelst, strauchelte, ist gestrauchelt> *ohne OBJ* ❶ ■ *jmd. strauchelt (geh.) mit dem Fuß hängenbleiben und (fast) zu Fall kommen, stolpern:* Das Pferd strauchelte. ❷ ■ *jmd. strauchelt scheitern:* Als Schauspieler ist er gestrauchelt.

Strauß[1] *der* <-es, Sträuße> *mehrere zusammengebundene Blumen, die man jmdm. als Geschenk o. Ä. gibt oder die man in eine Vase stellt:* Er brachte seiner Freundin einen Strauß Rosen. ◆Blumen-, Braut-, Geburtstags-, Hochzeits-, Nelken-, Rosen-

Strauß[2] *der* <-es, -e> *ein großer Vogel, der sehr schnell laufen kann und der manchmal seinen Kopf in den Sand streckt*

Strau·ßen·ei *das* <-(e)s, -er> *relativ großes Ei, das ein Strauß*[2] *legt*

Stre·be *die* <-, -n> *ein Balken oder eine Stange, der/die ein Dach, eine Wand o. Ä. stützt* ◆-balken, -bogen, -pfeiler

stre·ben <strebst, strebte, hat/ist gestrebt> *ohne OBJ* ❶ ■ *jmd. strebt nach etwas Dat. (ha-* ben) *mit viel Ehrgeiz versuchen, etwas zu erreichen:* Er strebte stets nach guten Leistungen/nach Erfolg. ❷ ■ *jmd. strebt (abwert.) (haben) sehr fleißig lernen* ❸ ■ *jmd. strebt irgendwohin (sein) sich in Richtung auf ein Ziel bewegen und sich dabei von nichts ablenken lassen:* Eilig strebte er ins Büro.

Stre·ber *der,* **Stre·be·rin** <-s, -> *(abwert.) übertrieben fleißiger und ehrgeiziger Schüler* ▶ Strebertum

Stre·be·rei *die* <-, -en> *(abwert.) das Streben*[2]

streb·sam *adj fleißig, eifrig*

Stre·cke *die* <-, -n> ❶ *Stück eines Weges:* Wir haben heute eine beträchtliche Strecke zurückgelegt. ❷ *Abschnitt einer Eisenbahnlinie:* Auf dieser Strecke verkehrt leider kein ICE. ❸ SPORT *abgemessener Weg, den ein Sportler in einem Wettlauf zurücklegen muss:* Er lief diese Strecke in neuer Bestzeit. ◆Kurz-, Lang-, Mittel- ❹ MATH. *durch zwei Punkte begrenzte schmale Linie;* ■ *auf der Strecke bleiben (umg.) aufgeben müssen;* ■ *ein Tier zur Strecke bringen ein Tier erlegen*

stre·cken I. *mit OBJ* ❶ ■ *jmd. streckt sich/etwas sich oder einen Körperteil so dehnen, dass man der Körperteil die volle Länge erreicht:* Er stand vom Schreibtisch auf und streckte sich/seine Glieder. ❷ ■ *jmd. streckt etwas (irgendwohin) einen Körperteil in eine Richtung recken:* Sie streckte ihren Kopf aus dem Fenster. ❸ ■ *jmd. streckt etwas etwas verdünnen:* Man hatte die Soße mit Wasser gestreckt. **II.** *mit SICH* ■ *jmd. streckt sich irgendwohin sich mit dem Rücken irgendwohin legen:* Sie streckten sich ins Gras.

Stre·cken·ar·bei·ter *der,* **Stre·cken·ar·bei·te·rin** <-s, -> *jmd., der Eisenbahngleise baut und repariert*

Stre·cken·netz *das* <-es, -e> *Gesamtheit der Straßen, die von einem öffentlichen Verkehrsmittel befahren werden* ◆-plan

stre·cken·wei·se *adv an bestimmten Stellen:* Der Zug fuhr streckenweise sehr schnell.

Stre·ckung *die* <-, -en> ❶ *das Strecken* ❷ MED. *eine Phase, in der ein Kind sehr schnell wächst*

Streck·ver·band *der* <-(e)s, Streckverbände> MED. *ein Verband, mit dem der Arzt den gebrochenen Knochen streckt, damit die gebrochenen Teile an der richtigen Stelle zusammenwachsen*

Street·ball *der* ['striːtbɔl] <-(s)> */kein Plur./ eine Variante des Basketballs mit drei Spielern, die auf Höfen und Plätzen gespielt wird*

Street·wor·ker *der* [striːtwɜːkɐ] <-s, -> *Sozialarbeiter, der gefährdete (junge) Menschen vor Ort betreut*

Streich *der* <-(e)s, -e> ❶ *(geh.) Hieb, Schlag* ❷ *Handlung von Kindern mit dem Ziel, jmdn. zu necken, zu ärgern, hereinzulegen:* Das war ein übermütiger/lustiger/dummer Streich.; ■ *jemandem einen Streich spielen jmdn. hereinlegen*

Strei·chel·ein·hei·ten <-> *Plur. (umg. scherzh.) das Maß an Zärtlichkeit, Lob und Zuwendung, das jmd. braucht, damit es einem gut geht:* seine Streicheleinheiten bekommen

strei·cheln <streichelst, streichelte, hat gestreichelt> *mit OBJ/ohne OBJ* ■ *jmd. streichelt*

S

(jmdn./ein Tier) mit der Hand sanft und zärtlich über ein Körperteil eines Menschen oder eines Tieres gleiten: Er streichelt die Katze/der Katze das Fell.; Sie streichelte ihm über den Kopf.

strei·chen <streichst, strich, hat gestrichen> **I.** mit OBJ/ohne OBJ ■ *jmd. streicht etwas (irgendwie)* mit dem Pinsel Farbe verteilen: Er hat die Türen weiß gestrichen.; Er streicht mit grüner Farbe. **II.** mit OBJ ❶ ■ *jmd. streicht etwas irgendwohin* eine weiche Substanz irgendwo verteilen: Ich habe Butter/Honig auf die Brötchen gestrichen.; Er strich mehrmals täglich Salbe auf die Wunde. ❷ ■ *jmd. streicht etwas irgendwohin* etwas irgendwohin bewegen: Sie streicht sich ständig die Haare aus dem Gesicht. ❸ ■ *jmd. streicht etwas* etwas ungültig machen, entfernen, löschen: Du solltest in deinem Aufsatz noch ein paar Absätze streichen.; Streich meinen Namen bitte von der Liste.; Wir haben unseren Urlaub in diesem Jahr gestrichen. **III.** ohne OBJ ■ *jmd. streicht durch/über etwas* Akk. etwas mit der Hand leicht berühren und die Hand dabei bewegen: Er strich ihr sanft übers Haar.

Strei·cher *der,* **Strei·che·rin** <-s, -> *jmd., der in einem Orchester ein Streichinstrument spielt*

streich·fä·hig *adj* so, dass sich Butter, Käse o. Ä. gut aufs Brot streichen II. 1 lässt ▸ Streichfähigkeit

Streich·holz *das* <-es, Streichhölzer> *(≈ Zündholz)* ein kleines Stäbchen aus Holz, an dessen Ende sich eine brennbare Masse befindet, und das man anzünden kann, indem man es an einer rauen Fläche reibt ◆-schachtel

Streich·in·s·t·ru·ment *das* <-(e)s, -e> ein Instrument mit Saiten, über die man mit einem Bogen streicht: Die Geige und das Cello sind Streichinstrumente.

Streich·kä·se *der* <-s, -> streichfähiger Käse

Streich·or·ches·ter *das* <-s, -> ein Orchester, in dem nur Streicher spielen

Streich·quar·tett *das* <-(e)s, -e> ❶ vier Streicher (mit zwei Geigen, einer Bratsche und einem Cello) ❷ ein Musikstück für ein Streichquartett

Strei·chung *die* <-, -en> Kürzung: Du solltest in deinem Aufsatz noch einige Streichungen vornehmen.

Streif·band *das* <-(e)s, Streifbänder> ein Band aus Papier (zum Beispiel um ein Bündel Geldscheine)

Strei·fe *die* <-, -n> eine Gruppe von meist zwei Polizisten, die umherfahren, um zu sehen, ob alles in Ordnung ist: Die Polizei geht auf Streife. ◆ Funk-, Polizei-

Strei·fen *der* <-s, -> ❶ langes, schmales Teil einer Fläche, das sich vom Rest unterscheidet: Der Stoff hat farbige Streifen. ◆-bildung, -muster Farb-, Schmutz-, Längs-, Quer-, Zebra- ❷ langes, schmales Stück: Wir sollten den Karton in Streifen schneiden. ◆ Gras-, Kleb-, Licht-, Mittel-, Papier-, Rand-, Stand-, Stoff-, Wald-

strei·fen <streifst, streifte, hat/ist gestreift> **I.** mit OBJ /haben/ ❶ ■ *jmd. streift jmdn./etwas* jmdn. oder etwas leicht und kurz berühren: Sie streifte seinen Arm. ❷ ■ *jmd. streift etwas von etwas* Dat. etwas von etwas entfernen: Er

streifte die Farbe vom Pinsel.; Sie streifte ihren Ring vom Finger. ❸ ■ *jmd. streift etwas* ein Thema kurz ansprechen: Wir haben dieses Thema nur gestreift. **II.** ohne OBJ ■ *jmd. streift durch etwas* Akk. (sein) ohne Ziel herumgehen: Wir streiften durch Wiesen und Felder

Strei·fen·dienst *der* <-(e)s, -e> ❶ der Dienst von Polizisten, die auf Streife gehen: Er wurde zum Streifendienst abkommandiert. ❷ die Polizisten, die auf Streife gehen

Strei·fen·kar·te *die* <-, -n> ein Fahrkarte für mehrere Fahrten

Strei·fen·wa·gen *der* <-s, -> Fahrzeug, mit dem Polizisten auf Streife umherfahren

Streif·zug *der* <-(e)s, Streifzüge> ❶ eine Fahrt oder eine Wanderung, bei der man ein Gebiet erkundet: Wir haben einen Streifzug durch die Gegend gemacht. ❷ kurzer Überblick über ein Thema: Wir unternahmen einen Streifzug durch die Musikgeschichte der vergangenen 300 Jahre.

Streik *der* <-(e)s, -s> die Handlung, dass die Arbeiter und Angestellten eines Betriebs, einer Fabrik o. Ä. für eine bestimmte Zeit nicht arbeiten, um ein bestimmtes Ziel, zum Beispiel höhere Löhne, zu erreichen: Um ihre Forderungen durchzusetzen, traten die Arbeiter in den Streik.; Ein Streik wird ausgerufen/abgebrochen. ◆-aufruf, -drohung, -welle, Hunger-, General-, Massen-, Sitz-, Solidaritäts-, Warn-

Streik·bre·cher *der,* **Streik·bre·che·rin** <-s, -> *jmd., der sich nicht an einem Streik beteiligt und regulär zur Arbeit geht*

strei·ken ohne OBJ ❶ ■ *jmd. streikt* einen Streik durchführen ❷ (umg.) plötzlich nicht mehr funktionieren: Der Motor streikt.

Strei·ken·de *der/die* <-n, -n> *jmd., der sich an einem Streik beteiligt*

Streik·pos·ten *der* <-s, -> *jmd., der während des Streiks aufpasst, dass niemand zur Arbeit geht*: Vor den Fabriktoren wurden Streikposten gegen mögliche Streikbrecher aufgestellt.

Streik·recht *das* <-(e)s, -e> das Recht, Streiks durchzuführen

Streit *der* <-(e)s, -e> /meist Sing./ *(≈ Auseinandersetzung, Zank, Zwist)* der Vorgang, dass (meist zwei) Menschen verärgert miteinander sprechen und sich aggressiv behandeln, weil sie unterschiedliche Meinungen vertreten: Wegen dieser Kleinigkeit hat er doch tatsächlich einen Streit angefangen/einen Streit vom Zaun gebrochen.

streit·bar *adj* bereit zu kämpfen, sich zu verteidigen: Er ist ein streitbarer Mensch.

strei·ten <streitest, stritt, hat gestritten> **I.** ohne OBJ ❶ ■ *jmd. streitet (mit jmdm.) (um/über etwas* Akk.) jmdn. aggressiv behandeln und verärgert mit jmdm. sprechen, weil man eine andere Meinung vertritt: Die Kinder stritten um das Spielzeug.; Hört doch endlich auf zu streiten! ❷ ■ *jmd. streitet (mit jmdm.) über etwas* Akk. heftig über etwas diskutieren: Sie stritten über die Auslegung der wissenschaftlichen Theorie. ❸ ■ *jmd. streitet für/gegen etwas* (geh.) für etwas kämpfen: Sie stritt für ihre Ideen/für ihren Glauben. **II.** mit SICH ■ *jmd. streitet sich (mit jmdm.)*

über etwas *Akk. streiten I. 1:* Sie streiten sich ständig.

Strei·ter *der,* **Strei·te·rin** *<-s, ->* *(geh.) Kämpfer, Verfechter:* Er ist ein Streiter für den Frieden.

Strei·te·rei *die <-, -en> (abwert.) ständiges Streiten:* Hört doch mit eurer ewigen Streiterei auf!

Streit·fall *der <-(e)s, Streitfälle> umstrittene Frage, ungelöstes Problem*

Streit·fra·ge *die <-, -n> Streitfall*

Streit·ge·spräch *das <-(e)s, -e> Diskussion:* Über dieses Problem habe ich mit ihr schon mehrere Streitgespräche geführt.

strei·tig *adj /nicht steig./* ■ **jemandem jemanden/etwas streitig machen** *jmdn. oder etwas für sich beanspruchen*

Streit·tig·keit *die <-, -en> /meist Plur./ heftige Auseinandersetzung*

Streit·kräf·te *<-> Plur.* MILIT. *Truppen:* Die Streitkräfte des Landes wurden in Alarmbereitschaft versetzt.

streit·lus·tig *adj so, dass man bereit ist, mit jmdm. zu streiten I. 1:* Er blickte sie streitlustig an.

Streit·sa·che *die <-, -n>* RECHTSW. *Rechtsstreit*

Streit·schrift *die <-, -en> (≈ Pamphlet) ein Text, in dem etwas sehr heftig kritisiert oder gefordert wird*

streit·süch·tig *adj so, dass jmd. häufig und gern streitet I. 1:* Sie ist ein streitsüchtiger Mensch.

streng *adj* ❶ *(↔ nachsichtig, mild) hart, unerbittlich und ohne Mitleid:* Das war ein sehr strenges Urteil.; Er sah sie streng an. ❷ *so, dass jmd. Gehorsam und Disziplin fordert:* Ich habe strenge Eltern. ❸ *(≈ strikt) so, dass es genau bestimmten Regeln entspricht:* Sie müssen eine strenge Diät halten! ❹ *deutlich:* Hier muss streng unterschieden werden. ❺ *intensiv und unangenehm:* Ein strenger Geruch schlug ihnen entgegen. ❻ *mit sehr niedrigen Temperaturen:* Wir hatten einen strengen Winter. ◆ Groß- oder Kleinschreibung →R 3.9 auf das/aufs Strengste/strengste; ◆ Getrennt- oder Zusammenschreibung →R 4.16 streng genommen/strenggenommen

Stren·ge *die <-> /kein Plur./ strenge Art; Härte; Unnachgiebigkeit*

streng·gläu·big *adj* REL. *sehr fromm*

Strep·to·kok·ken *<-> Plur. eine Bakterienart*

Stress *der <-es> /kein Plur./ eine sehr große körperliche oder seelische Belastung durch zu viel Arbeit, Probleme o. Ä.:* Wir standen beim Abitur ziemlich unter Stress. ◆ -bewältigung

stres·sen *<stresst, stresste, hat gestresst> mit OBJ/ohne OBJ* ■ **jmd./etwas stresst (jmdn.)** *(umg.) Stress bei jmdm. auslösen:* Sie hat mich mit ihrer dauernden Fragerei gestresst.; Die Prüfungsvorbereitung hat gestresst.

Stress·fak·tor *der <-s, -en> etwas, das bei jmdm. Stress verursacht*

stress·frei *adj so, dass etwas keinen Stress verursacht*

stres·sig *adj (umg.) so, dass es Stress auslöst*

Stress·si·tu·a·ti·on *die <-, -en> ein Situation, die Stress bei jmdm. auslöst*

Stretch *der [strɛtʃ] <-(e)s, -es> ein sehr elastisches Gewebe* ◆ -jeans, -material, -stoff

Stretch·ho·se *die [ˈstrɛtʃ...] <-, -n> eine Hose aus Stretch, die eng am Körper anliegt*

Stret·ching *das [ˈstrɛtʃɪŋ] <-s, -s> gymnastische Übungen, mit denen man Muskeln und Sehen elastisch macht*

Streu *die <-, -en> /meist Sing./ Stroh, das man auf dem Boden eines Stalles verteilt*

streu·en I. *mit OBJ/ohne OBJ* ■ **jmd. streut (etwas)** *im Winter Salz, Sand o. Ä. auf glatten Straßen verteilen:* Er streute Sand/Salz auf den vereisten Fußweg.; Nachdem es nachts geschneit hatte, musste man morgens streuen. **II.** *mit OBJ* ■ **jmd. streut etwas (irgendwohin)** *mehrere kleine Dinge werfen oder fallen lassen und sie dabei über eine Fläche verteilen:* Sie streute noch etwas Salz über die Gemüse.

Streu·er *der <-s, -> ein kleines Gefäß mit Löchern im Deckel, das man verwendet, um Salz, Pfeffer o. Ä. irgendwohin zu streuen* [2]

streu·nen *ohne OBJ* ■ **jmd./ein Tier streunt (irgendwohin)** *(oft abwert.) ohne Ziel umherlaufen:* Der Hund streunt.; Hier gibt es viele streunende Katzen.

Streu·salz *das <-es, -e> Salz, das man im Winter auf glatte Straßen streut:* das Streusalz geht bald aus, und die Hersteller von Streusalzen haben Lieferschwierigkeiten

Streu·sand *der <-(e)s /kein Plur./ Sand, den man im Winter auf glatte Straßen streut*

Streu·sel *der/das <-s, -> /meist Plur./ kleine Stücke aus Zucker, Mehl und Butter, mit denen man einen Kuchen verziert:* Es gab Kuchen mit Streuseln.

Streu·sel·ku·chen *der <-s, -> ein Kuchen mit Streuseln*

Streu·ung *die <-, -en> der Vorgang, dass etwas (proportional) verteilt oder verbreitet wird*

Strich *der <-(e)s, -e> ❶ gerade, gemalte oder gezeichnete Linie* ◆ Binde-, Bleistift-, Kreide-, Längs-, Pinsel-, Quer-, Schräg-, Trennungs- ❷ */kein Plur./ Art und Weise, wie man beim Malen den Pinsel führt* ❸ */meist Plur./ das Streichen II.3:* Das Drehbuch könnte noch einige Striche vertragen.; ■ **keinen Strich tun** *(umg.) nichts arbeiten;* ■ **unter dem Strich** *(umg.) insgesamt, tatsächlich;* ■ **nach Strich und Faden** *(umg.) gehörig, gründlich* Sie hat mich nach Strich und Faden belogen.; ■ **jemandem gegen den Strich gehen** *(umg.) jmdm. nicht passen;* ■ **auf den Strich gehen** *(umg.) sich prostituieren;* ■ **einen Strich unter etwas machen/ziehen** *(umg.) etwas als beendet betrachten;* ■ **jemandem einen Strich durch die Rechnung machen** *(umg.) die Pläne von jmdm. durchkreuzen*

Strich·code *der <-s, -s> ein Code aus mehreren senkrechten, meist schwarzen Strichen auf einer Ware, der Angaben über den Preis o. Ä. der Ware enthält und der an der Kasse eines Geschäftes mit dem Scanner abgetastet wird*

stri·cheln *<strichelst, strichelte, hat gestrichelt> mit OBJ* ■ **jmd. strichelt etwas** *(≈ schraffieren) eine Fläche mit kleinen Strichen ausfüllen*

Stri·cher *der <-s, -> (umg.) ein männlicher Jugendlicher, der sich prostituiert*

S

Strich·männ·chen *das* <-s, -> *eine einfache, aus mehreren Strichen bestehende Zeichnung eines Menschen, wie sie vor allem Kinder anfertigen*

Strich·punkt *der* <-(e)s, -e> (≈ *Semikolon*) *das Zeichen „;"*

strich·wei·se *adv in manchen Gegenden:* Strichweise hat es Nachtfrost gegeben.

Strich·zeich·nung *die* <-, -en> *eine einfache Zeichnung, die nur aus Strichen und Linien besteht*

Strick *der* <-(e)s, -e> *dicke Schnur;* ■ **jemandem einen Strick aus etwas drehen** *(umg.) einen Fehler, eine Verfehlung von jmdm. ausnutzen und gegen ihn verwenden;* ■ **wenn alle Stricke reißen** *(umg.) wenn es keinen anderen Ausweg mehr gibt*

Strick- *als Erstglied zusammengesetzter Substantive; drückt aus, dass sich das mit dem Zweitglied Bezeichnete auf Strickwaren und deren Herstellung bezieht* ◆-jacke, -kleid, -maschine, -mütze, -nadeln, -weste

stri·cken *mit OBJ/ohne OBJ mit zwei Nadeln Maschen aus Wolle machen und daraus ein Kleidungsstück herstellen:* Sie hat den Pullover selbst gestrickt.; Ich stricke gerade.

Strick·lei·ter *die* <-, -n> *eine Leiter aus Stricken mit Sprossen aus Holz oder Kunststoff*

Strick·wa·ren <-> *Plur. gestrickte Kleidungsstücke*

Strick·zeug *das* <-(e)s> */kein Plur./* ❶ *das, was man gerade strickt* ❷ *alles, was man zum Stricken benötigt*

strie·geln <striegelst, striegelte, hat gestriegelt> *mit OBJ* ■ **jmd. striegelt ein Tier** *das Fell eines Tieres (besonders eines Pferdes) mit einer harten Bürste sauber machen:* Sie striegelt gerade das Pferd.

Strie·me *die* <-, -n> *eine Wunde, die wie ein dunkler Streifen aussieht und die meist durch Schläge ensteht*

Strie·men *der* <-s, -> *Strieme*

Strie·zel[1] *der* <-s, -> LANDSCH. *ein frecher Junge, der anderen oft Streiche spielt*

Strie·zel[2] *der* <-s, -> LANDSCH. *ein kleiner Gebäck aus Hefe, das zu einer Art Zopf geflochten wird*

strikt *adj* (≈ *streng*) *so, dass keine Ausnahme und kein Widerspruch geduldet wird:* Die Anweisungen müssen strikt befolgt werden!

strin·gent *adj (geh.) in sich stimmig, logisch, überzeugend:* Das nenne ich eine stringente Beweisführung.

Strin·genz *die* <-> */kein Plur./ (geh.) Schlüssigkeit, Stimmigkeit*

Strip *der* <-s, -s> *kurz für „Striptease"*

Strip·pe *die* <-, -n> ❶ LANDSCH. *Schnur, Kabel* ❷ *(umg.) Telefon:* Sie hängt den ganzen Tag an der Strippe.; Ich habe deinen Freund an der Strippe.

strip·pen *ohne OBJ* ■ **jmd. strippt** *(umg.) Striptease vorführen*

Strip·per *der;* **Strip·pe·rin** <-s, -> *(umg.) jmd., der Striptease vorführt*

Strip·tease *der/das* ['stripti:s] <-s> */kein Plur./ erotische Darbietung, bei der sich eine Person langsam auszieht* ◆-bar, -lokal, -tänzer, -tänzerin

strit·tig *adj* (≈ *umstritten*) *so, dass es unterschied-*

liche Meinungen zu einem Thema, Problem o. Ä. gibt: Die Verhandlungspartner konnten in der strittigen Frage noch keine Einigung erzielen.

Striz·zi *der* <-s, -s> SÜDDT., ÖSTERR. ❶ *Zuhälter* ❷ *leichtsinniger Mann*

Stro·bo·s·kop *das* <-s, -e> *Gerät, das sehr kurze Blitze von hoher, genau bestimmbarer Frequenz von sich gibt (zum Beispiel zur Messung der Drehzahl eines Motors)*

Stroh *das* <-(e)s> */kein Plur./ die trockenen, gelben Halme des Getreides;* ■ **Stroh im Kopf haben** *(umg.) dumm sein* ◆-dach, -haufen, -matte, -presse

Stroh·bal·len *der* <-s, -> *Stroh, das zu einem Quader zusammengepresst wurde*

stroh·blond *adj /nicht steig./ von sehr hellem Blond:* Sie hat strohblondes Haar.

Stroh·blu·me *die* <-, -n> *eine Blume, die sich gut trocknen lässt*

stroh·dumm *adj /nicht steig./ sehr dumm*

Stroh·feu·er *das* <-s, -> *kurzzeitiges intensives Gefühl der Begeisterung oder Liebe*

Stroh·halm *der* <-(e)s, -e> ❶ *ein trockener Getreidehalm, der keine Körner mehr hat* ❷ (≈ *Trinkhalm*) *ein kleines Rohr aus Plastik, mit dem man Getränke einsaugen kann;* ■ **sich (wie ein Ertrinkender) an einen Strohhalm klammern** *(umg.) nicht aufgeben, noch auf eine unwahrscheinliche Möglichkeit hoffen*

Stroh·hut *der* <-(e)s, Strohhüte> *ein Hut aus Stroh, den man besonders im Sommer trägt*

stro·hig *adj* ❶ *ohne Glanz und hart, wie Stroh:* Sie hat strohiges Haar. ❷ *ohne Geschmack und trocken:* Der Zwieback hat einen strohigen Geschmack

Stroh·kopf *der* <-(e)s, Strohköpfe> *(umg. abwert.) Dummkopf*

Stroh·mann *der* <-(e)s, Strohmänner> *jmd., der an Stelle eines anderen Geschäfte macht oder Verträge abschließt*

Stroh·wit·we *die* <-, -n> *(umg. scherzh.) Frau, die vorübergehend ohne ihren Partner lebt*

Stroh·wit·wer *der* <-s, -> *(umg. scherzh.) Mann, der vorübergehend ohne seine Partnerin lebt*

Strolch *der* <-(e)s, -e> ❶ *(abwert.) Mann, der verwahrlost aussieht und durchtrieben oder gewalttätig ist* ❷ *(umg. scherzh.) frecher Junge*

Strom[1] *der* <-(e)s> */kein Plur./ fließende elektrische Ladung:* Der Strom wird eingeschaltet/abgeschaltet.; Überall versucht man, Strom zu sparen. ◆-ableser, -abnehmer, -einspeisung, -kabel, -konzern, -leitung, -preis, -rechnung, -stoß, Atom-, Gleich-, Wechsel-, Schwach-, Stark-

Strom[2] *der* <-(e)s, Ströme> ❶ *ein großer, breiter Fluss:* Der Fluss schwillt zu einem reißenden/gewaltigen Strom an. ◆-Golf-, Meeres- ❷ *in größeren Mengen aus etwas herausfließende Flüssigkeit:* Aus dem Leck des Tanklastzuges ergoss sich ein Strom von Öl über die Straße. ◆Lava-, Tränen- ❸ *Menschenmenge:* Ein Strom von Besuchern wälzte sich zum Messegelände.; ■ **mit dem Strom schwimmen** *sich der herrschenden Meinung anpassen;* ■ **gegen/wider den Strom schwimmen** *sich nicht der herrschenden Mei-*

nung anpassen; ■ **in Strömen** *sehr reichlich, heftig* Es goss in Strömen.

strom·ạb·wärts *adv (↔ stromaufwärts) bei einem Fluss: mit der Strömung*

strom·ạuf·wärts *adv (↔ stromabwärts) bei einem Fluss: gegen die Strömung*

Strom·aus·fall *der* <-(e)s, Stromausfälle> *Ausfall des elektrischen Stroms*

strö·men <strömt, strömte, ist geströmt> *ohne OBJ* ❶ ■ **etwas strömt irgendwohin** *(von Flüssigkeiten oder Gas) sich (in großen Mengen) in eine Richtung bewegen:* Gas strömte aus der Leitung. ❷ ■ *jmd.* **strömt irgendwohin** *sich in Massen in eine bestimmte Richtung fortbewegen:* Die Menschen strömten in die Kinos.

Stro·mer *der,* **Stro·me·rin** <-s, -> *(umg. abwert.) Landstreicher*

Strom·kreis *der* <-es, -e> *System von Kabeln, in denen elektrischer Strom fließen kann*

strom·li·ni·en·för·mig *adj* PHYS., TECHN. *(≈ aerodynamisch) so, dass der Widerstand der Luft beim Fahren eines Fahrzeugs besonders gering ist*

Strom·netz *das* <-es, -e> *Versorgungsnetz elektrischer Leitungen*

Strom·quel·le *die* <-, -n> *eine Vorrichtung oder ein Gegenstand, die/der elektrischen Strom liefert:* Als Stromquelle diente uns eine Batterie.

Strom·schlag *der* <-(e)s, Stromschläge> *der Stoß, den jmd. bekommt, wenn Strom durch seinen Körper fließt:* Er berührte versehentlich den Draht und bekam einen Stromschlag.

Strom·schnel·le *die* <-, -n> *Abschnitt eines Flusses, auf dem das Wasser schnell über Felsen fließt*

Strom·stär·ke *die* <-, -n> *die Menge elektrischen Stroms, die in einer bestimmten Zeit durch einen Leiter fließt:* Die Stromstärke wird in Ampere gemessen.

Strö·mung *die* <-, -en> ❶ *fließende Bewegung von Wasser oder Luft:* Das Wehr konnte der reißenden Strömung standhalten.; Sie wurde plötzlich von einer starken Strömung erfasst und wäre beinahe ertrunken. ❷ *eine der verschiedenen Meinungen in einer großen Gruppe:* Man diskutierte mit Vertretern verschiedener politischer Strömungen.

Strom·ver·brauch *der* <-(e)s> */kein Plur./ die Menge Strom, die jmd., ein Haushalt o. Ä. (in einem bestimmten Zeitraum) verbraucht:* Unser Stromverbrauch ist in den letzten Monaten stark angestiegen.

Strom·ver·sor·gung *die* <-> */kein Plur./ das Bereitstellen von elektrischem Strom für die Bewohner einer Stadt*

Stron·ti·um *das* <-s> */kein Plur./ ein chemisches Element mit dem Zeichen „Sr"*

Stro·phe *die* <-, -n> *ein abgeschlossener Abschnitt in einem Gedicht oder Lied*

strot·zen <strotzt, strotzte, hat gestrotzt> *ohne OBJ* ■ *jmd./etwas* **strotzt vor etwas** +Dat. *etwas in großem Maße haben:* Er strotzt vor Gesundheit.

strub·be·lig, a. **strubb·lig** <strubb(e)liger, am strubb(e)ligsten> *adj ungekämmt, zerzaust*

Stru·del *der* <-s, -> ❶ *Wirbel im Wasser* ❷ SÜDDT.,

ÖSTERR. *gerollter Kuchen aus Teig, den man mit Obst, Quark o. Ä. füllt* ◆-teig, Apfel-, Kirsch-, Mohn-, Quark-

Struk·tur *die* <-, -en> ❶ *in Mathematik und Naturwissenschaften (und daran orientierte Wissenschaften) das Muster von Systemelementen mit den Relationen, nach denen die Elemente aufeinander bezogen sind:* Der Chemiker untersucht die Struktur des Moleküls.; die Struktur der Sprache ◆Kristall-, Molekül-, Sprach- ❷ *(übertr.) allgemein für ein als strukturiert angesehenes Gebilde:* Die soziale/wirtschaftliche Struktur des Landes hat sich verändert.; Du solltest ein wenig Struktur in dein Leben bringen. ◆-änderung, -bilanz, -element, -niveau, -politik, -reform, -wandel, Bevölkerungs-, Daten-, Gesellschafts-, Makro-, Mikro-, Organisations-, Wirtschafts-

Struk·tu·ra·lis·mus *der* <-> ❶ SPRACHWISS. *sprachtheoretische Orientierung seit Anfang des 20. Jahrhunderts, nach der eine Sprache ein System von Zeichen bildet und die Struktur des Systems wesentlich Untersuchungsgegenstand ist:* sprachwissenschaftlicher Strukturalismus in der Nachfolge von F. de Saussure ▸ strukturalistisch ❷ PHILOS., PSYCH., SOZIOL. *an dem Paradigma des sprachwissenschaftlichen Strukturalismus orientierte Richtungen in verschiedenen Wissenschaften, welche die Organisationsform ihrer jeweiligen kulturellen Gegenstände als Struktur erfassen, die hinter einzelnen Erscheinungsformen/Realisationsformen gegeben ist:* die ethnosoziologischen Untersuchungen zur Familienstruktur durch Claude Lévi-Strauss ▸ strukturalistisch

struk·tu·rell *adj /nicht steig./ in Bezug auf die Struktur:* Wir haben einige strukturelle Verbesserungen vorgenommen.; Wir kennen die strukturellen Zusammenhänge noch nicht.

struk·tu·rie·ren *mit OBJ* ■ *jmd.* **strukturiert etwas (irgendwie)** *etwas gliedern, etwas mit einer Struktur versehen:* Du hast deine Doktorarbeit wirklich gut strukturiert.

Struk·tu·rie·rung *die* <-, -en> *das Strukturieren*

Strumpf *der* <-(e)s, Strümpfe> *ein Kleidungsstück, das den Fuß und einen Teil des Beines bedeckt und das man in den Schuhen trägt* ◆Damen-, Herren-, Kinder-, Knie-, Nylon-, Perlon-, Seiden-, Woll-

Strumpf·band *das* <-(e)s, Strumpfbänder> *Band aus Gummi zum Festhalten der Strümpfe*

Strumpf·hal·ter *der* <-s, -> ❶ *Strumpfband* ❷ *Hüfthalter*

Strumpf·ho·se *die* <-, -n> *eine Art Hose aus Wolle, Nylon o. Ä., die eng am Körper anliegt und die man wie einen Strumpf trägt und die besonders Frauen und Kinder tragen* ◆Damen-, Fein-, Kinder-, Nylon-, Perlon- Seiden-, Woll-

Strumpf·wa·ren <-> *Plur. alle Arten von Strümpfen, die man kaufen kann*

strup·pig *adj zerzaust:* Hast du den struppigen Hund gesehen?

Struw·wel·pe·ter *der* <-s> */kein Plur./ (Figur aus einem Kinderbuch) Junge mit struppigen Haaren*

Strych·nin *das* <-s> */kein Plur./ ein Giftstoff, der*

S

auf die Atmung, die Nerven und den Kreislauf wirkt

Stu·be *die* <-, -n> *(Wohn-)Zimmer, größerer Raum*

Stu·ben·ar·rest *der* <-(e)s, -e> *Strafe, bei der man das Haus oder die Wohnung nicht verlassen darf*

Stu·ben·ge·lehr·te *der/die* <-n, -n> *(veralt. abwert.) jmd., der sein Wissen aus Büchern erlernt hat, seine Kenntnisse aber noch nicht in der Praxis angwendet hat und der deswegen als unerfahren und weltfremd gilt*

Stu·ben·ho·cker *der,* **Stu·ben·ho·cke·rin** <-s, -> *(umg. abwert.) jmd., der nicht gern ausgeht*

stu·ben·rein *adj /nicht steig./* so erzogen, dass Hunde und Katzen ihre Notdurft im Freien verrichten und nicht auf dem Teppich oder in der Wohnung: *Der junge Hund ist bereits stubenrein.*

Stuck *der* <-(e)s> */kein Plur./ Ornamente an Decken und Wänden, die aus einem Gemisch aus Gips, Kalk, Sand und Wasser hergestellt werden*

Stück *das* <-(e)s, -e> ❶ *abgetrennter Teil eines Ganzen:* Er hat ein Stück Papier abgerissen und sich meine Telefonnummer darauf notiert. ◆ Fleisch-, Knochen-, Kuchen-, Torten- ❷ *eine bestimmte, begrenzte Menge einer Substanz o. Ä., die ein Ganzes bildet:* Ich muss noch ein Stück Butter besorgen.; Er hat sich ein Stück Land gekauft. ◆ Kleidungs-, Möbel-, Schrift-, Zucker- ❸ *einzelner Gegenstand, einzelne Pflanze, einzelnes Tier aus einer größeren Menge von Gleichartigem:* Bitte fünf Stück von den roten Rosen dort! ❹ *Theaterstück, Musikstück;* ■ **große Stücke auf jemanden halten** *(umg.)* viel von jmdm. halten

Stück·ar·beit *die* <-, -en> ❶ */kein Plur./ (≈ Akkordarbeit) Arbeit, die nach der Menge der geleisteten Arbeit (und nicht nach Zeit) bezahlt wird* ❷ *(umg.) Arbeit mit vielen Mängeln und Fehlern*

Stu·cka·teur *der,* **Stu·cka·teu·rin** [... 'tøɐ] <-s, -e> *jmd., der beruflich Stuck herstellt*

Stü·cke·schrei·ber *der,* **Stü·cke·schrei·be·rin** <-s, -> *in Schriftsteller, der vor allem Theaterstücke schreibt*

Stück·gut *das* <-(e)s, -güter> *etwas, das als Einzelstück zu transportieren ist* ◆ -befrachtung, -fracht, -ladung, -transport

Stück·kos·ten <-> *Plur.* WIRTSCH. *das Geld, das ein Betrieb im Durchschnitt bezahlen muss, um ein einzelnes Stück³ einer bestimmten Ware herzustellen*

Stück·preis *der* <-es, -e> WIRTSCH. *Preis eines einzelnen Stücks³*

Stück·zahl *die* <-, -en> WIRTSCH. *Anzahl der Stücke³, die von einer Ware in einer bestimmten Zeit produziert werden müssen oder produziert wurden*

Stu·dent *der,* **Stu·den·tin** <-en, -en> *jmd., der an einer Hochschule studiert* ◆ BWL-, Jura-, Kunst-, Medizin-, Sprachen-, VWL-

Stu·den·ten·aus·weis *der* <-es, -e> *Ausweis, den Studenten von ihrer Hochschule bekommen*

Stu·den·ten·be·we·gung *die* <-, -en> *Protestbewegung, die von Studierenden ausgeht*

Stu·den·ten·bu·de *die* <-, -n> *(umg.) ein Zimmer, in dem ein Student wohnt*

Stu·den·ten·fut·ter *das* <-s> */kein Plur./ Mischung aus verschiedenen Nüssen und Rosinen*

Stu·den·ten·heim *das* <-(e)s, -e> *Studentenwohnheim*

Stu·den·ten·schaft *die* <-, -en> *alle Studenten einer Hochschule oder eines Landes*

Stu·den·ten·wohn·heim *das* <-(e)s, -e> *ein Haus mit vielen, besonders günstigen Zimmern oder Wohnungen, in dem nur Studenten wohnen*

stu·den·tisch *adj /nicht steig./ auf die Studenten bezogen, typisch für Studenten:* Hast du dir das studentische Leben so vorgestellt?; Sie arbeitet am Lehrstuhl als studentische Hilfskraft.

Stu·die *die* <-, -n> ❶ *Entwurf zu einem Kunstwerk:* Der Maler fertigte zunächst verschiedene Studien an. ❷ *wissenschaftliche Untersuchung eines Themas*

Stu·di·en·auf·ent·halt *der* <-(e)s, -e> *ein längerer Aufenthalt, den jmd. an einem Ort (besonders im Ausland) verbringt, um dort zu studieren:* Während meines einjährigen Studienaufenthaltes in Amerika habe ich viele Erfahrungen gesammelt.

Stu·di·en·be·ra·ter *der,* **Stu·di·en·be·ra·te·rin** <-s, -> *jmd., der bei einer Hochschule angestellt ist und Studenten über die verschiedenen Studiengänge informiert*

Stu·di·en·fach *das* <-(e)s, Studienfächer> *eines der verschiedenen Gebiete, die man an einer Hochschule studieren kann*

Stu·di·en·fahrt *die* <-, -en> *mehrtägiger Schulausflug*

Stu·di·en·gang *der* <-(e)s, Studiengänge> *Ausbildung, die man an einer Hochschule bis zum Examen macht* ◆ Aufbau-, Bachelor-, Diplom-, Erst-, Fachhochschul-, Lehramts-, Magister-, Master-, Universitäts-, Zweit-

Stu·di·en·ge·bühr *die* <-, -en> *Geld, das man für ein Studium an die Hochschule zahlen muss*

stu·di·en·hal·ber *adj im Rahmen des Studiums¹:* Er hält sich studienhalber im Ausland auf.

Stu·di·en·jahr *das* <-(e)s, -e> *ein Unterrichtsjahr an einer Hochschule, das meist in zwei Semester unterteilt ist*

Stu·di·en·rat *der,* **Stu·di·en·rä·tin** <-(e)s, Studienräte> *Titel für einen Lehrer an einer höheren Schule*

Stu·di·en·re·fe·ren·dar *der,* **Stu·di·en·re·fe·ren·da·rin** <-s, -e> *Lehrer, der nach dem ersten Staatsexamen seine praktische Ausbildung an der Schule macht*

stu·die·ren I. *mit OBJ/ohne OBJ* ■ **jmd. studiert (etwas)** *eine Hochschule besuchen, um dort etwas zu lernen:* Sie studiert Englisch/Medizin.; Er studiert in München/im dritten Semester.; Sie studiert noch. II. *mit OBJ* ❶ ■ *jmd. studiert etwas etwas genau beobachten und untersuchen:* Sie studiert die Sitten und Gebräuche fremder Völker. ❷ ■ *jmd. studiert etwas etwas genau lesen, prüfen:* Er studiert gerade die Akten.

Stu·die·ren·de *der/die* <-n, -n> *jmd., der studiert I*

Stu·dio *das* <-s, -s> ❶ *Raum, in dem ein Künstler arbeitet* ❷ *Raum, in dem Radio- oder Fernsehsendungen aufgenommen werden*

S

Stu·di·o·sus *der;* **Stu·di·o·sa** <-, Studiosi> *(umg. scherzh.) Student*

Stu·di·um *das* <-s, Studien> ❶ */kein Plur./ akademische Ausbildung an einer Universität:* Er brach das Studium der Medizin frühzeitig ab. ◆ Aufbau-, Diplom-, Erst-, Fachhochschul-, Lehramts-, Magister-, Universitäts-, Zweit- ❷ *eingehende wissenschaftliche Beschäftigung mit etwas:* Sie hat mehrere Bücher über ihre Studien der Sitten und Gebräuche fremder Völker geschrieben. ❸ *das Studieren II. 2:* Er war ganz in das Studium seiner Zeitung vertieft.

Stu·fe *die* <-, -n> ❶ *eine von mehreren Flächen einer Treppe* ❷ *Stadium einer Entwicklung;* ■ **sich mit jemandem auf die gleiche/auf eine Stufe stellen** *im Niveau einander gleichstellen*

stu·fen *mit OBJ* ❶ ■ *jmd.* **stuft etwas** *etwas mit einer Art Treppe versehen:* Man hat den Hang gestuft. ❷ ■ *jmd.* **stuft etwas (irgendwie)** (≈ staffeln) *etwas nach bestimmten Kategorien einteilen:* die Preise stufen

stu·fen·för·mig *adj /nicht steig./ in der Form einer Stufe[1]*

Stu·fen·heck *das* <-s, -s> KFZ *Heck eines Autos, das in zwei oder mehreren Stufen abfällt*

stu·fen·wei·se *adv allmählich, graduell*

stu·fig *adj so geschnitten, dass die Haare unterschiedliche Längen haben:* Können sie mir die Haare stufig schneiden?

Stuhl[1] *der* <-(e)s, Stühle> *ein Möbelstück, auf dem eine Person sitzen kann und das meist vier Beine und eine Rückenlehne hat:* Ich setze mich auf den Stuhl dort drüben.; ■ **fast vom Stuhl fallen** *(umg.) sehr verblüfft, überrascht sein;* ■ **jemanden (nicht) vom Stuhl hauen/ reißen** *(umg.) jmdn. (nicht) sehr begeistern, erstaunen;* ■ **sich zwischen zwei Stühle setzen** *sich zwei Möglichkeiten gleichermaßen verscherzen* ◆ -bein, -lehne, Büro-, Dreh-, Klapp-, Küchen-, Lehn-, Liege-, Roll-, Schaukel-, Schreibtisch-

Stuhl[2] *der* <-(e)s> */kein Plur./* MED. ❶ *kurz für „Stuhlgang"* ❷ *Kot des Menschen* ◆ -probe

Stuhl·gang *der* <-(e)s> */kein Plur./* ❶ *das Entleeren des Darms* ❷ *Kot des Menschen*

Stul·le *die* <-, -n> NORDDT. *Scheibe Brot mit Wurst, Käse o. Ä.*

Stul·pe *die* <-, -n> *Teil am Ende von Ärmeln, Handschuhen, Stiefeln, der nach außen gedreht ist*

stül·pen *mit OBJ* ❶ ■ *jmd.* **stülpt etwas auf/ über etwas** *Akk. etwas auf oder über etwas decken:* Das Kind stülpte der Puppe eine Mütze über den Kopf. ❷ ■ *jmd.* **stülpt etwas nach außen** *die innere Seite von etwas nach außen wenden:* Er stülpte die Hosentaschen nach außen.

stumm *adj* ❶ *so, dass man nicht sprechen kann:* Er ist von Geburt an stumm. ❷ *ohne zu sprechen, schweigsam:* Sie blickte mich stumm an.; Alle blieben stumm.

Stum·mel *der* <-s, -> *letztes kleines Stück von etwas:* Er schreibt mit dem Stummel eines Bleistifts.

Stumm·film *der* <-(e)s, -e> (↔ Tonfilm) *Film ohne Ton*

Stum·pen *der* <-s, -> ❶ LANDSCH. *Baumstumpf* ❷ *kurze Zigarre ohne Spitze*

Stüm·per *der;* **Stüm·pe·rin** <-s, -> *(abwert.:* ≈ *Pfuscher, Nichtskönner) jmd., der seine Arbeit schlecht und mit wenig Sorgfalt verrichtet und viele Fehler macht*

Stüm·pe·rei *die* <-, -en> *(abwert.)* ❶ */kein Plur./ stümperhafte Arbeit, Pfusch* ❷ *einzelne stümperhafte Arbeit, Leistung*

stüm·per·haft *adj (abwert.) in der Art eines Stümpers, schlecht:* Er hat eine ziemlich stümperhafte Arbeit abgeliefert.

stüm·pern <stümperst, stümperte, hat gestümpert> *ohne OBJ* ■ *jmd.* **stümpert** *(umg. abwert.) stümperhaft arbeiten*

Stumpf *der* <-(e)s, Stümpfe> *ein kurzes Stück, das von etwas übrig ist:* Seine Zähne waren nur noch Stümpfe. ◆ Baum-, Zahn-

stumpf <stumpfer, am stumpf(e)sten> *adj* ❶ (↔ scharf) *so, dass es nicht gut schneidet:* Das Messer ist völlig stumpf! ❷ (↔ spitz) *nicht (mehr) spitz:* Der Bleistift ist stumpf. ❸ (↔ teilnahmslos, abgestumpft) *ohne geistige Aktivität und Gefühle:* Er lebte nach dem Tod seiner Frau nur noch stumpf dahin. ▶ abstumpfen, Stumpfheit

Stumpf·sinn *der* <-(e)s> */kein Plur./* ❶ *Teilnahmslosigkeit:* Er verfiel nach und nach dem Stumpfsinn. ❷ *Langeweile, Monotonie:* Diese Arbeit ist doch der reine Stumpfsinn.

stumpf·sin·nig *adj* ❶ *teilnahmslos* ❷ *langweilig, monoton*

stumpf·win·ke·lig, *a.* **stumpf·wink·lig** *adj* (↔ spitzwinklig) *in oder mit einem Winkel über 90°*

Stun·de *die* <-, -n> ❶ *einer der 24 gleichen Teile eines Tages* ◆ Dreiviertel-, Viertel- ❷ *Zeitspanne von kürzerer Dauer:* Sie verbrachten schöne Stunden miteinander. ❸ *Augenblick, in dem etwas Bestimmtes passiert:* Das war die Stunde der Rache/ der Bewährung. ❹ *Schul-, Unterrichtsstunde;* ■ **jemands Stunde ist gekommen/hat geschlagen** *jmds. Tod steht bevor;* ■ **die Stunde der Wahrheit** *der Augenblick, in dem sich etwas beweisen, sich jmd. oder etwas bewähren muss* ◆ Ballett-, Chemie-, Deutsch-, Englisch-, Gitarren-, Klavier-, Mathe-, Nachhilfe-, Physik-, Reit-, Sport-

stun·den *mit OBJ* ■ *jmd.* **stundet jmdm. etwas** *den Termin hinausschieben, an dem jmd., etwas zurückzahlen muss:* Man stundete ihm die Zahlung/die fällige Rate ein weiteres Mal.

Stun·den·ki·lo·me·ter *der* <-s, -> */meist Plur./ (umg.) Angabe der Geschwindigkeit in Kilometern pro Stunde, abgekürzt „km/h"*

stun·den·lang *adj /nicht steig./* ❶ *so, dass etwas mehrere Stunden dauert* ❷ *so, dass etwas sehr lange dauert:* Er telefoniert schon stundenlang mit ihr. ◆ aber Getrenntschreibung eine Stunde lang; zwei/fünf Stunden lang

Stun·den·lohn *der* <-(e)s, Stundenlöhne> *pro Stunde bezahlter Lohn*

Stun·den·plan *der* <-(e)s, Stundenpläne> *Plan, der zeigt, wann jmd. etwas Bestimmtes machen muss und besonders wann Schüler in welchem Fach Unterricht haben*

S

Stun·den·satz *der* <-es, Stundensätze> *die Höhe eines Stundenlohns*

stun·den·wei·se *adv* ❶ *ein paar Stunden:* Sie arbeitet stundenweise im Büro. ❷ *pro Stunde:* Er wird stundenweise bezahlt.

Stun·den·zei·ger *der* <-s, -> *der kleinere der beiden Zeiger einer Uhr, der die Stunde anzeigt*

stünd·lich *adj /nicht steig./* ❶ *so, dass etwas jede Stunde erfolgt:* Sie soll das Medikament stündlich einnehmen. ❷ *so, dass man erwartet, dass etwas sehr bald geschehen wird:* Sie kann stündlich ankommen.

Stunk *der* <-s> */kein Plur./ (umg. abwert.) Streit, Ärger:* Sie hat Stunk mit ihrem Freund.; Jetzt gibt es Stunk!

Stunt·man *der* ['stantmɛn] <-s, ...-men> FILM *ein Mann, der in gefährlichen Filmszenen einen Schauspieler vertritt*

Stunt·show *die* ['stantʃoʊ] <-, -s> *eine Vorführung, bei der ein Stuntman Zuschauern zeigt, wie er arbeitet und gefährliche Kunststücke vorführt*

stu·pend *adj (geh.) verblüffend, beeindruckend:* Er verfügt wirklich über stupende Kenntnisse!

stu·pi·de, *a.* **stu·pid** <stupider, am stupidesten> *adj (geh. abwert.)* ❶ *beschränkt, dumm, geistlos:* Er ist ein stupider Mensch. ❷ *langweilig, monoton:* Die Arbeit war stupide.

Stups *der* <-es, -e> *leichter Stoß:* Sie hat ihm einen Stups gegeben.

stup·sen <stupst, stupste, hat gestupst> *mit OBJ* ■ *jmd. stupst jmdn. (umg.) jmdn. leicht stoßen*

Stups·na·se *die* <-, -n> *relativ kleine Nase, deren Spitze leicht nach oben gebogen ist*

stur *adj (≈ eigensinnig, unnachgiebig) so, dass jmd. seine Meinung nicht ändert und nicht bereit ist, sich an andere Situationen anzupassen und auf andere Menschen einzugehen*

Stur·heit *die* <-> */kein Plur./ Eigensinn, Unnachgiebigkeit*

Sturm *der* <-(e)s, Stürme> ❶ *starker Wind, Unwetter:* Ein Sturm kommt auf/erhebt sich/wird zum Orkan/flaut ab. ◆-böe, -bruch, -glocke, -läuten, -schaden, -stärke, -tief, -warnung, Sand-, Schnee-, Wirbel-. ❷ MILIT. *schneller Angriff, mit dem Ziel, den Gegner zu überraschen:* Der Sturm der/auf die Festung sollte in den Morgenstunden beginnen. ◆-angriff, -leiter ❸ SPORT *bei Ballspielen diejenigen Spieler, die das gegnerische Tor angreifen sollen:* Der Sturm ist mit den aufgebotenen Spielern stark besetzt.; ■ **Sturm laufen gegen etwas** *heftig dagegen ankämpfen;* ■ **Sturm läuten/klingeln** *kräftig und lange läuten oder klingeln* ◆-spitze

Sturm·ab·tei·lung *die* <-> */kein Plur./* GESCH. *eine uniformierte und bewaffnete Polizei im Nationalsozialismus, abgekürzt „SA"*

stür·men <stürmst, stürmte, hat/ist gestürmt> I. *mit OBJ* ■ *jmd. stürmt etwas* MILIT. *(haben) angreifen:* Die Soldaten stürmten die Festung. II. *ohne OBJ* ❶ ■ *es stürmt (haben) sehr windig sein:* Draußen stürmt und schneit es. ❷ ■ *jmd. stürmt irgendwohin (sein) schnell irgendwohin gehen:* Er stürmte ins Büro.

Stür·mer *der;* **Stür·me·rin** <-s, -> SPORT *Spieler, der im Sturm³ spielt*

Sturm·flut *die* <-, -en> *sehr hohe Flut, die mit einem Sturm einhergeht*

sturm·frei *adj* ■ **sturmfrei haben/sturmfreie Bude haben** *allein im Haus der Eltern sein und machen können, was man will* Ich hab bald zwei Wochen sturmfreie Bude, weil meine Eltern in den Urlaub fahren.

stür·misch *adj* ❶ *durch Sturm¹ geprägt, sehr windig:* Wir hatten überwiegend stürmisches Wetter.; Er blickte hinaus auf die stürmische See. ❷ *ungestüm, wild:* Sie hat ein stürmisches Wesen.; Er ist ein stürmischer Liebhaber.

Sturm·vo·gel *der* <-s, Sturmvögel> *ein Vogel, der auf dem offenen Meer lebt und besonders gut fliegen kann:* Der Albatros gehört zu den Sturmvögeln.

Sturz *der* <-es, Stürze> ❶ *der Vorgang, dass jmd. auf den Boden fällt:* Er hatte sich bei einem Sturz vom Fahrrad den Arm gebrochen. ❷ *der Vorgang, dass jmd. gezwungen ist, von seinem Amt zurückzutreten:* Nach dem Sturz der Regierung wurden Neuwahlen angekündigt. ❸ *plötzliches starkes Sinken* ◆Kurs-, Preis-, Temperatur-.

stür·zen <stürzt, stürzte, hat/ist gestürzt> I. *mit OBJ* ❶ ■ *jmd. stürzt jmdn. irgendwohin (haben) jmdn. so stoßen, dass er aus großer Höhe nach unten fällt:* Er hatte sein Opfer von der Brücke gestürzt. ❷ ■ *jmd. stürzt jmdn. jmdn. entmachten, zum Rücktritt zwingen:* Der König wurde gestürzt. ❸ ■ *jmd./etwas stürzt jmdn./etwas in etwas* Akk. *jmdn. oder etwas in eine negative Situation bringen:* Er hatte das Unternehmen in den Ruin gestürzt. II. *ohne OBJ /sein/* ❶ ■ *etwas stürzt irgendwohin nach unten fallen:* Der Wasserfall stürzt über die Felskante in die Tiefe. ❷ ■ *jmd. stürzt irgendwohin zu Boden fallen:* Er ist vom Rad gestürzt. ❸ ■ *jmd. stürzt irgendwohin plötzlich und schnell irgendwohin laufen:* Sie stürzte ans Telefon. III. *mit SICH /haben/* ❶ ■ *jmd. stürzt sich irgendwohin in die Tiefe springen, um Selbstmord zu begehen:* Er stürzte sich aus dem Fenster. ❷ ■ *jmd. stürzt sich auf jmdn. schnell zu jmdm. hinlaufen und ihn angreifen:* Er stürzte sich auf mich und stieß mich um. ❸ ■ *jmd. stürzt sich in etwas* Akk. *anfangen, etwas intensiv zu tun:* Er stürzte sich ins Vergnügen/in die Arbeit.

Sturz·flug *der* <-(e)s, Sturzflüge> LUFTF. *steiler Flug nach unten*

Sturz·flut *die* <-, -en> *eine große Menge Wasser, das mit viel Kraft nach unten fließt*

Sturz·helm *der* <-(e)s, -e> *Helm, der den Kopf schützen soll, wenn jmd. (vom Motorrad oder vom Fahrrad) fällt:* Motorradfahrer müssen einen Sturzhelm tragen.

Stuss *der* <-es> */kein Plur./ (umg. abwert.) unsinnige Äußerung, Handlung:* Sie redet doch nur Stuss.; Er hat einen ziemlichen Stuss verzapft.

Stu·te *die* <-, -n> *das weibliche Tier bei Pferd, Kamel und Esel*

Stutz *der* <-es, Stütze/-e> SCHWEIZ. ❶ *steiler Ab-*

S

schnitt eines Wegs ❷ *(umg.) Franken:* hundert Stutz/Stütze

Stütz *der* <-es, -e> /*meist Sing.*/ SPORT *Haltung beim Turnen, bei der man sich mit gestreckten Armen auf ein Gerät stützt* II. *1: in den Stütz springen*

Stüt·ze *die* <-, -n> ❶ *Pfahl, Pfosten, der verhindert, dass etwas schief steht, umfällt oder nach unten sinkt* ❷ *jmd., der einem anderen hilft und ihm in einer schwierigen Situation beisteht:* Sie war mir in dieser Situation eine große Stütze. ❸ *(umg.) Arbeitslosenunterstützung:* Er lebt von der Stütze.

Stut·zen *der* <-s, -> ❶ *kurzes Gewehr* ❷ *kurzes Rohrstück* ❸ *Knie- oder Wadenstrumpf* ❹ *besonderer Strumpf, der bis zum Knie reicht und den Fussballspieler tragen*

stüt·zen <stützt, stützte, hat gestützt> I. *mit OBJ* ❶ ■ *jmd./etwas stützt jmdn./etwas (ab)sichern, (zusätzlichen) Halt geben:* Man musste das Dach mit Trägern stützen. ❷ ■ *etwas stützt etwas (übertr.) zeigen, dass etwas wahr oder richtig ist:* Seine Aussagen stützen den Verdacht, dass ...; Sie stützte ihre Argumentation durch eine Reihe von Beispielen. II. *mit SICH* ❶ ■ *jmd. stützt sich auf jmdn./etwas das Gewicht eines Körperteils auf jmdn. oder etwas ruhenlassen:* Er musste sich auf einen Stock stützen ❷ ■ *etwas stützt sich auf etwas Akk. auf etwas beruhen:* Ihre Thesen stützen sich auf eine Reihe von Forschungsergebnissen.

stut·zen[1] <stutzt, stutzte, hat gestutzt> *mit OBJ* ■ *jmd. stutzt etwas einen Teil von etwas abschneiden:* Ich sollte mal wieder die Hecke stutzen.

stut·zen[2] <stutzt, stutzte, hat gestutzt> *ohne OBJ* ■ *jmd. stutzt erstaunt sein*

stut·zig ■ **stutzig werden** *misstrauisch werden;* ■ **jemanden stutzig machen** *bewirken, dass jmd. misstrauisch wird*

Stütz·punkt *der* <-(e)s, -e> *ein mit bestimmten Einrichtungen versehener Ort, der als Basis/Ausgangspunkt für etwas dient:* Dort drüben ist ein Stützpunkt der Luftwaffe/der Marine.

Stütz·strumpf *der* <-(e)s, Stützstrümpfe> MED. *ein spezieller Strumpf aus elastischem Gewebe, den man beispielsweise nach einer Operation tragen muss und der verhindert, dass das Blut von den Beinen nicht mehr zum Herz zurückfließt*

STVO [ɛstetfaυˈʔoː] *Kurzform für „Straßenverkehrsordnung"*

sty·len [ˈstaɪlən] *mit OBJ* ■ *jmd. stylt jmdn./etwas (umg.) etwas in einer bestimmten (modischen) Weise gestalten:* Frisuren stylen, entwerfen

Sty·ro·por® *das* <-s> /*kein Plur.*/ *ein leichtes, weißes Material, das man besonders für Verpackungen und Isolierungen verwendet*

Su·a·he·li[1], *a.* **Swa·hi·li** *der* <-(s), -(s)> *jmd., dessen Muttersprache Suaheli*[2] *ist*

Su·a·he·li[2], *a.* **Swa·hi·li** *das* <-(s)> /*kein Plur.*/ *eine Sprache, die man in vielen Teilen Afrikas spricht*

Sub·jekt *das* <-(e)s, -e> ❶ SPRACHWISS. *(≈ Satzgegenstand) der Teil eines Satzes, in dem dasjenige*

(zum Beispiel eine Person, eine Sache, ein Sachverhalt o. Ä.) genannt wird, über das etwas im Verb ausgesagt wird: Das Subjekt steht im Nominativ. ❷ *(abwert.) verachtenswerter Mensch:* Er ist ein übles Subjekt.

sub·jek·tiv, sub·jek·tiv *adj* /*nicht steig.*/ *(geh.: ↔ objektiv) nur von der eigenen Meinung, Erfahrung geprägt, unsachlich:* Dein Urteil scheint mir sehr subjektiv zu sein.

Sub·jek·ti·vi·tät *die* <-> /*kein Plur.*/ *(geh.: ↔ Objektivität)*

Sub·kon·ti·nent *der* <-(e)s, -e> GEOGR. *größerer Teil eines Kontinents, der aufgrund seiner Größe und Gestalt eine gewisse Eigenständigkeit hat, zum Beispiel der indische Subkontinent*

Sub·kul·tur *die* <-, -en> *eigenständige Kultur einer Gruppe, meist Untergrundkultur, die in einem bestimmten Ausschnitt der Gesellschaft entstanden ist und eigene Werte und Normen besitzt*

sub·ku·tan *adj* MED. *unter der Haut oder unter der Haut:* Der Patient bekommt eine subkutane Injektion.

su·b·lim *adj so, dass er nur sehr sensible Menschen erkennen oder verstehen können:* ein sublimer Witz

Sub·or·di·na·ti·on *die* <-, -en> SPRACHWISS. *Unterordnung*

Sub·skrip·ti·on *die* <-, -en> *der Vorgang, dass sich jmd. dazu verpflichtet, ein Buch oder eine Aktie, zu kaufen, sobald es sie gibt* ► Subskribent, subskribieren

Sub·stan·dard *der* <-s> /*kein Plur.*/ ❶ SPRACHWISS. *Sprachebene, die unterhalb der Hochsprache liegt* ❷ ÖSTERR. *schlechte Qualität* ◆ -wohnung

sub·stan·ti·ell *adj siehe* **substanziell**

Sub·stan·tiv *das* <-s, -e> SPRACHWISS. *(≈ Nomen, Hauptwort) ein Wort, das einen Menschen, eine Sache, ein Tier o. Ä. bezeichnet und im Deutschen mit einem großen Buchstaben am Anfang des Wortes geschrieben wird:* Substantive können mit einem Artikel verbunden werden und stehen meist im Singular und Plural. ► substantiviert, Substantivierung, substantivisch

Sub·s·tanz *die* <-, -en> ❶ *Stoff*[2], *Materie:* Es gibt feste, flüssige und gasförmige Substanzen.; Wir unterscheiden organische und anorganische Substanzen. ❷ /*kein Plur.*/ *(≈ Gehalt) der Inhalt an Gedanken und an Ideen:* Den Untersuchungen fehlt es an Substanz.; ■ **jemandem an die Substanz gehen** *an jmds. körperlichen und geistigen Kräften zehren*

sub·s·tan·zi·ell, *a.* **sub·s·tan·ti·ell** *adj (geh.) gehaltvoll, die Substanz*[2] *betreffend*

Sub·s·ti·tut[1] *das* <-(e)s, -e> *(≈ Surrogat) etwas, das als Ersatz für etwas dient*

Sub·s·ti·tut[2] *der,* **Sub·s·ti·tu·tin** <-en, -en> *(im Einzelhandel) Assistent, Vertreter*

Sub·s·trat *das* <-(e)s, -e> BIOL. *Nährboden*

sub·su·mie·ren *mit OBJ* ■ *jmd. subsumiert etwas (unter etwas Akk.) (geh.) etwas in eine Kategorie einordnen, etwas einem Oberbegriff zuordnen*

sub·til *adj (geh.)* ❶ *so, dass viele Nuancen berücksichtigt werden; differenziert:* Das ist ein subtiler

S

Unterschied. ❷ *verbessert, verfeinert:* Wir haben inzwischen viel subtilere Methoden entwickelt. ❸ *sehr zurückhaltend und mit viel Feingefühl:* Hast du ihren subtilen Hinweis nicht verstanden?

Sub·ti·li·tät *die* <-, -en> *(geh.) Detail, Feinheit*

Sub·tra·hend *der* <-en, -en> MATH. *eine Zahl, die man von einer anderen Zahl abzieht*

sub·tra·hie·ren *mit OBJ/ohne OBJ* ■ *jmd. subtrahiert (etwas) (von etwas Dat.)* MATH. *(↔ addieren) eine Zahl von einer anderen abziehen*

Sub·trak·ti·on *die* <-, -en> MATH. *(↔ Addition) das Subtrahieren*

Sub·tro·pen <-> *Plur. Gebiet, das zwischen den Tropen und den gemäßigten Klimazonen liegt*

Sub·un·ter·neh·mer *der,* **Sub·un·ter·neh·me·rin** <-s, -> WIRTSCH. *jmd., der für eine Firma, die einen Auftrag übernommen hat, einen Teil dieses Auftrags ausführt*

Sub·ven·ti·on *die* <-, -en> WIRTSCH. *Geld, das ein Betrieb oder ein Wirtschaftszweig als Unterstützung vom Staat bekommt*

sub·ven·ti·o·nie·ren *mit OBJ* ■ *jmd. subventioniert jmdn./etwas* WIRTSCH. *jmd. oder etwas durch Subventionen fördern, unterstützen* ▶ Subventionierung

sub·ver·siv *adj (geh.) mit dem Ziel, durch geheime Tätigkeiten eine staatliche Ordnung zu verändern und schließlich einen Umsturz herbeizuführen:* Subversive Elemente hatten offenbar eine Reihe von Anschlägen geplant.

Such·ak·ti·on *die* <-, -en> *eine organisierte Suche (der Polizei)*

Su·che *die* <-> */kein Plur./ das Suchen:* Die Suche nach den Vermissten wurde erfolglos abgebrochen.; Ich bin auf der Suche nach einem Job.

su·chen I. *mit OBJ/ohne OBJ* ■ *jmd. sucht (etwas) (irgendwo)* versuchen, jmdn. oder etwas zu finden: Ich suche meinen Schlüssel.; Wir haben stundenlang vergeblich/schon überall gesucht. **II.** *mit OBJ* ❶ ■ *jmd. sucht etwas etwas durch Nachdenken finden wollen:* Wir alle suchen eine Antwort auf diese Fragen. ❷ ■ *jmd. sucht etwas etwas durch Bemühen finden wollen:* Ich suche eine neue Wohnung/einen neuen Job.; Er suchte Rat bei seinen Kollegen. **III.** *ohne OBJ* ■ *jmd. sucht nach jmdm./etwas* versuchen, etwas zu finden: Er suchte nach einer Ausrede/nach einem passenden Wort.

Such·hund *der* <-(e)s, -e> *(≈ Spürhund) ein Hund, der dazu ausgebildet wurde, Menschen (besonders Verletzte in einer Lawine) oder Dinge (besonders Rauschgift) zu finden:* Der Suchhund fand das Lawinenopfer. ◆ Lawinen-, Polizei-

Such·lauf *der* <-(e)s> */kein Plur./ ein Teil eines Radios oder Fernsehers, das automatisch einen Sender sucht und einstellt*

Such·ma·schi·ne *die* <-, -n> EDV *ein Programm im Internet, das dabei hilft, Internetseiten zu einem bestimmten Thema zu finden*

Such·mel·dung *die* <-, -en> *die Information im Radio oder Fernsehen, dass die Polizei jmdn. sucht*

Sucht *die* <-, Süchte> ❶ *der Zustand, dass jmd. von etwas (zum Beispiel von Alkohol, von Heroin)*

abhängig ist ◆ -mittel, -potential, -verhalten, Alkohol-, Drogen-, Tabletten-, Trunk- ❷ *übersteigertes Verlangen, etwas zu tun:* Die Sucht nach Vergnügungen treibt ihn auch spät am Abend noch aus dem Haus. ◆ Genuss-, Herrsch-, Putz-, Spiel-, Streit-, Vergnügungs-

Sucht·ge·fahr *die* <-, -en> *die Gefahr, dass jmd. süchtig[1] wird* ▶ suchtgefährdet

süch·tig *adj /nicht steig./* ❶ *so, dass man eine Sucht[1] hat, von etwas abhängig ist:* Wer hatte seiner Tochter das Rauschgift gegeben, sie süchtig gemacht? ❷ *mit einem übersteigerten Verlangen:* Er ist geradezu süchtig nach immer neuen Reizen.

Süch·ti·ge *der/die* <-n, -n> *Suchtkranke*

Süch·tig·keit *die* <-> */kein Plur./ der Zustand, dass jmd. süchtig[1] ist*

Sucht·kran·ke *der/die* <-n, -n> *jmd., der an einer Sucht[1] leidet*

Sud *der* <-(e)s, -e> *Flüssigkeit, die beim Braten oder Kochen von Fleisch und Fisch entsteht:* Das Fleisch sollte eine Weile in dem mit Kräutern verfeinerten Sud ziehen.

Süd SEEW., METEOR. *(↔ Nord) Süden[1]*

Süd·ame·ri·ka <-s> *(↔ Nordamerika) der südliche Teil des amerikanischen Kontinents* ▶ südamerikanisch

süd·deutsch *adj /nicht steig./ (↔ norddeutsch) auf Süddeutschland bezogen, zu ihm gehörend*

Süd·deut·sche *der/die* <-n, -n> *(↔ Norddeutsche) jmd., der aus Süddeutschland stammt*

Süd·deutsch·land <-s> */kein Plur./ (↔ Norddeutschland) der südliche Teil Deutschlands*

su·deln <sudelst, sudelte, hat gesudelt> *ohne OBJ* ■ *jmd. sudelt (umg. abwert.)* ❶ *Schmutz machen* ❷ *schmieren, unsauber schreiben* ▶ Sudelei, sudelig

Sü·den *der* <-s> */kein Plur./* ❶ *(↔ Norden) die Himmelsrichtung, die auf der Landkarte unten ist:* Wind aus Süden; Mittags steht die Sonne im Süden.; nach Süden fahren ❷ *(↔ Norden) der Teil von etwas, der im Süden[1] liegt:* der Süden des Landes; Sie wohnt im Süden von München. ❸ *(≈ Südeuropa)* Im Frühling fahren wir in den Süden.

Süd·eu·ro·pa <-s> *(↔ Nordeuropa) der südliche Teil Europas* ▶ südeuropäisch

Süd·frucht *die* <-, Südfrüchte> */meist Plur./ Früchte, die in warmen Ländern wachsen:* Bananen und Orangen sind Südfrüchte.

Süd·halb·ku·gel *die* <-> */kein Plur./ (↔ Nordhalbkugel) die südliche Halbkugel der Erde, vom Äquator zum Südpol*

süd·län·disch *adj /nicht steig./ in Bezug auf die Länder am Mittelmeer und ihre Bewohner:* Sie mag die südländische Mentalität.

süd·lich I. *adj* ❶ *(↔ nördlich) nach Süden:* Das Schiff fuhr in Richtung Süden. ❷ *(↔ nördlich) von Süden (nach Norden):* Ein warmer, südlicher Wind wehte. ❸ *südländisch* **II.** *präp +Gen. im Süden:* Er wohnt südlich des Mains.; Er wohnt in einem Dorf südlich von München.

Süd·os·ten *der* <-s> */kein Plur./ (↔ Nordwesten) Himmelsrichtung zwischen Süden und Osten*

süd·öst·lich I. *adj (↔ nordwestlich)* ❶ *nach Süd-*

osten gerichtet: Das Schiff fuhr in südöstliche Richtung. ❷ von Südosten kommend: Der Wind wehte aus südöstlicher Richtung. **II.** präp +Gen. (↔ nordwestlich) im Südosten: Das Industriegebiet liegt nur wenige Kilometer südöstlich der Stadt.; Er wohnt in einem Dorf südöstlich von München.

Süd·pol der <-s> /kein Plur./ (↔ Nordpol) der südliche Pol der Erde

Süd·see die <-> /kein Plur./ Pazifischer Ozean

Süd·staa·ten <-> Plur. die Bundesstaaten im Süden der USA

süd·wärts adv (↔ nordwärts) nach Süden

Süd·wes·ten der <-s> /kein Plur./ (↔ Nordosten) Himmelsrichtung zwischen Süden und Westen

süd·west·lich I. adj (↔ nordöstlich) ❶ nach Südwesten gerichtet: Das Schiff fuhr in südwestlicher Richtung. ❷ von Südwesten kommend: Der Wind wehte aus südwestlicher Richtung. **II.** präp +Gen. (↔ nordöstlich) im Südwesten: Das Industriegebiet liegt nur wenige Kilometer südwestlich der Stadt.; Er wohnt südwestlich von Berlin.

Süd·wind der <-(e)s, -e> (↔ Nordwind) Wind, der aus Süden kommt

Suff der <-(e)s> /kein Plur./ (umg. abwert.) ❶ (≈ Alkoholismus) Er ist dem Suff verfallen. ❷ betrunkener Zustand: Er hat im Suff einen Streit angefangen.; Er hat in seinem Suff die Tür nicht mehr gefunden.

süf·fig adj (umg.) wohlschmeckend, gut trinkbar: Das ist ein süffiger Wein/ein süffiges Bier.

Süf·fi·sance die siehe **Süffisanz**

süf·fi·sant adj (geh. abwert.) überheblich, selbstgefällig, spöttisch: Er lächelte süffisant.

Süf·fi·sanz, **Süf·fi·sance** die <-> /kein Plur./ süffisantes Wesen

Suf·fix der <-es, -e> SPRACHWISS. (≈ Nachsilbe ↔ Infix, Präfix) eine Silbe, die man an ein Wort anhängt

Suf·fra·get·te die <-, -n> GESCH. eine der Frauen, die zu Beginn des 20. Jahrhunderts in England und Amerika für die Rechte der Frauen (besonders das Wahlrecht) gekämpft haben

Su·fi der <-(s), -s> Vertreter des Sufismus

Su·fis·mus der <-> /kein Plur./ eine mystische Richtung des Islams

sug·ge·rie·ren mit OBJ (geh.) ❶ ■ jmd./etwas suggeriert (jmdm.) etwas jmdm. etwas geschickt einreden und ihn bewusst beeinflussen: Das Wahlprogramm suggeriert, dass die meisten Steuern im Falle eines Wahlsieges gesenkt werden. ❷ ■ etwas suggeriert etwas einen bestimmten Eindruck entstehen lassen: Die vielen Fremdwörter sollen Wissenschaftlichkeit suggerieren.

Sug·ges·ti·on die <-, -en> (geh.) ❶ /kein Plur./ Beeinflussung eines Menschen, mit dem Ziel, ihn zu einem bestimmten Verhalten zu veranlassen: Die Meinung vieler Menschen wurde durch Suggestion manipuliert. ❷ etwas, das jmdm. suggeriert wird: Sie erlagen schließlich der Suggestion. ❸ /kein Plur./ beeinflussende Wirkung, Kraft: Er erlag der Suggestion ihrer Worte.

sug·ges·tiv adj ❶ auf Suggestion[1] beruhend ❷ so,

dass jmd. oder etwas einen anderen Menschen stark beeinflusst: Von ihm geht eine suggestive Wirkung aus.

Sug·ges·tiv·fra·ge die <-, -n> eine Frage, die so gestellt wird, dass eine bestimmte Antwort besonders nahe liegt

Suh·le die <-, -n> Pfütze voller Schlamm

suh·len mit SICH ■ ein Tier suhlt sich sich als Tier im Dreck wälzen: Die Wildschweine suhlen sich im Schlamm.

Süh·ne die <-> /kein Plur./ (geh.) Buße

süh·nen mit OBJ ■ jmd. sühnt etwas (geh.) büßen: Er sühnte seine Verbrechen.; Die Skifahrerin sühnte ihren Leichtsinn mit einem Sturz.

Sui·te die ['sviːt(ə)] <-, -en> ❶ MUS. Musikstück, das aus einer Folge von mehreren, in sich geschlossenen Sätzen besteht ❷ mehrere besonders luxuriöse Hotelzimmer, die man zusammen buchen kann ◆ Präsidenten-

Su·i·zid der/das <-(e)s, -e> (geh.) Selbstmord ◆ -gefahr

Su·jet das [syˈʒeː] <-s, -s> (geh.) Gegenstand einer (künstlerischen) Gestaltung

Suk·kurs der <-es, -e> MILIT. Unterstützung, Verstärkung

suk·zes·siv adj /nicht steig./ (geh.) allmählich, nacheinander, schrittweise: eine sukzessive Veränderung; siehe aber auch **sukzessive**

suk·zes·si·ve adv (geh.) nach und nach: Die Veränderung ging sukzessive vor sich, sodass sie von einigen kaum bemerkt wurde.; siehe auch **sukzessiv**

Sul·fat das <-(e)s, -e> CHEM. Salz der Schwefelsäure

Sul·fid das <-(e)s, -e> CHEM. Salz des Schwefelwasserstoffs

Sul·fit, **Sul·fit** das <-s, -e> CHEM. Salz der schwefligen Säure

Sul·tan der, **Sul·ta·nin** <-s, -e> ❶ /kein Plur./ ein arabischer Herrschertitel ❷ Träger dieses Titels

Sul·ta·ni·ne die <-, -n> große Rosine ohne Kerne

Sulz die <-, -en> SÜDDT., ÖSTERR., SCHWEIZ. Sülze

Sül·ze die <-, -n> gekochtes Fleisch, das in kleine Stücke geschnitten und in Gelee eingelegt worden ist

Sum·mand der <-en, -en> MATH. eine Zahl, die man mit einer anderen Zahl addiert

sum·ma·risch adj sehr kurz zusammengefasst: Der Lehrer gab einen summarischen Überblick über den Prüfungsstoff.

Sum·me die <-, -n> ❶ das Ergebnis, das man erhält, wenn man Zahlen addiert ❷ ein bestimmter Geldbetrag: eine beträchtliche/große/hübsche/kleine Summe Geld

sum·men I. mit OBJ/ohne OBJ ■ jmd. summt (etwas) mit geschlossenen Lippen Laute erzeugen: Er summte ein Lied.; Sie summte leise vor sich hin. **II.** ohne OBJ ■ ein Tier/etwas summt ein relativ hohes, gleichförmiges Geräusch erzeugen: Die Bienen summen.

Sum·mer der <-s, -> ❶ eine Vorrichtung, die summt[1] ❷ ein Schalter, mit dem man von der Wohnung aus die Haustür automatisch öffnen kann

S

sum·mie·ren mit SICH ■ *etwas summiert sich immer mehr werden:* Die Kosten hatten sich im Laufe der Zeit summiert.

Su·mo *das* <-> /kein Plur./ *japanische Form des Ringkampfes* ◆-ringer

Sumpf *der* <-(e)s, Sümpfe> ❶ *ein Gebiet mit sehr feuchtem, weichen Boden, der oft mit Wasser bedeckt ist* ◆-boden, -gebiet, -land, -loch, -niederung, -pflanze, -wald ❷ *(übertr.) ein Ort, an dem die Menschen wenig Moral besitzen:* der Sumpf der Korrutpion/des Lasters ◆ Großstadt-

Sumpf·fie·ber *das* <-s> /kein Plur./ *Malaria*

sump·fig *adj in der Art eines Sumpfes[1]*

Sund *der* <-(e)s, -e> *Meerenge*

Sün·de *die* <-, -n> ❶ *Handlung, die gegen religiöse Gesetze oder Gebote verstößt* ❷ *Handlung, die schlecht oder unvernünftig ist:* In dem Urlaubsort prangert man inzwischen die baulichen Sünden der Vergangenheit an.

Sün·den·bock *der* <-(e)s, Sündenböcke> *jmd., der eigentlich unschuldig an etwas ist, dem man aber die Schuld an etwas gibt*

Sün·den·ba·bel *das* <-s> /kein Plur./ (abwert.) *Ort von Ausschweifungen:* Das einstige Sündenbabel ist heute ein attraktives Touristenzienziel.

Sün·der *der,* **Sün·de·rin** <-s, -> *jmd., der eine Sünde[1] begangen hat*

sün·dig *adj mit Sünde[1] behaftet*

sün·di·gen *ohne OBJ* ■ *jmd. sündigt eine Sünde begehen*

Sun·na *die* <-> /kein Plur./ *alle überlieferten Aussprüche und Handlungen des islamischen Propheten Mohammed, an denen sich Menschen islamischen Glaubens orientieren sollen*

Sun·nit, Sun·ni·tin <-en, -en> *Anhänger der orthodoxen Hauptrichtung des Islams, die sich auf die Sunna stützt*

sun·ni·tisch *adj /nicht steig./ auf die Sunna oder die Sunniten bezogen*

su·per *adj (umg.: ≈ spitze, toll) hervorragend, überragend:* Das Konzert war super!

Su·per *das* <-s> /kein Plur./ *Kurzform für „Superbenzin":* Er tankt Super.

Su·per- *als Erstglied zusammengesetzter Substantive, mit Betonung oft auf beiden Teilen; drückt aus; dass das mit dem Zweitglied Bezeichnete die Erwartungen übertrifft bzw. entsprechende Eigenschaften daran besonders ausgeprägt sind* ◆-auto, -buch, -ding, -film, -frau, -gau, -held(in), -hit, -mann, -preis, -rennen -spiel, -star, -talent

su·per- *(≈ äußerst, sehr) als Erstglied zusammengesetzter Adjektive, mit Betonung stets auf beiden Teilen; drückt aus, dass die mit dem Zweitglied bezeichneten Eigenschaften die Erwartungen übertreffen* ◆-bequem, -billig, -fein, -fleißig, -günstig, -klug, -leicht, -modern, -reich, -schlau, -schnell, -schön, -sparsam, -weich

Su·per-8-Ka·me·ra *die* [zupɐʔaxt...] <-, -s> *eine Videokamera mit einem schmalen Film (acht Millimeter breit), die besonders Amateure benutzen*

Su·per·ben·zin *das* <-s, -e> (↔ Normalbenzin) *Benzin von sehr guter Qualität (mit hoher Oktanzahl)*

Su·per-GAU *der* <-s, -s> TECHN. *der schwerste Unfall, der in einem Kernkraftwerk passieren kann*

Su·per·la·tiv *der* <-s, -e> SPRACHWISS. *Form des Adjektivs oder Adverbs, die den höchste Maß ausdrückt:* „Am größten" *ist* „der Superlativ von „groß".*

Su·per·macht *die* <-, Supermächte> (umg.) *Weltmacht mit großer militärischer und wirtschaftlicher Stärke*

Su·per·mann *der* <-(e)s, Supermänner> ❶ (umg. scherzh.) *ein Mann, der besonders männlich wirkt* ❷ (umg.) *ein Mann, der große Leistungen vollbringt*

Su·per·markt *der* <-(e)s, Supermärkte> *ein großes Selbstbedienungsgeschäft*

Su·per·no·va *die* <-> ASTRON. *eine sehr helle Nova*

Sup·pe *die* <-, -n> *eine flüssige, meist warm gegessene Speise;* ■ *die Suppe auslöffeln müssen* (umg.) *die Konsequenzen tragen müssen;* ■ *jemandem die Suppe versalzen* (umg.) *jmdm. den Spaß verderben* ◆-nlöffel, -nschüssel, -nteller, Bohnen-, Erbsen-, Gemüse-, Kartoffel-, Nudel-, Ochsenschwanz-, Spargel-, Tomaten-, Zwiebel-

Sup·pen·grün *das* <-s> /kein Plur./ *Gemüse zum Würzen der Suppe*

Sup·pen·huhn *das* <-(e)s, Suppenhühner> *Huhn zum Kochen, das zur Herstellung einer Suppe verwendet wird*

Sup·pen·wür·fel *der* <-s, -> *Brühwürfel*

Sup·ple·ment *das* <-(e)s, -s> *ein zusätzlicher Band, Beiheft*

Su·pra- *(≈ Trans-) als Erstglied zusammengesetzter Substantive aus verschiedenen Fachsprachen; drückt aus, dass das mit dem Zweitglied Bezeichnete oberhalb von etwas liegt/verläuft, über etwas hinausgeht, oder etwas bzw. das Ausmaß von etwas überschreitet* ◆-konstruktion, -leiter, -moleküle, -nationalismus, -spinatus, -orbitalis, -segmentalia, -syntax, -vitalität

su·p·ra- *(≈ trans-) als Erstglied zusammengesetzter Adjektive aus verschiedenen Fachsprachen; drückt aus, dass das mit dem Zweitglied Bezeichnete oberhalb von etwas liegt/verläuft, über etwas hinausgeht, oder etwas bzw. das Ausmaß von etwas überschreitet* ◆-aortal, -basal, -kondylär, -kubisch, -leitend, -liminal, -molekular, -modal, -nasal, -orbital, -palletar, -periostal, -pubisch, -renal, -segmental, -valvulär, -ventrikulär, -vital, -zervikal

su·p·ra·na·ti·o·nal *adj (≈ überstaatlich) so, dass mehrere Länder einbezogen sind:* Die Europäische Union ist eine supranationale Organisation.

Su·re *die* <-, -n> *ein Kapitel des Korans*

Surf·brett *das* ['sɜːf...] <-(e)s, -er> *Sportgerät zum Surfen[1] in der Form eines nahezu ovalen Brettes, mit dem man über das Wasser gleitet*

sur·fen ['sɜːfn] <surfst, surfte, hat/ist gesurft> *ohne OBJ* ■ *jmd. surft* ❶ *auf einem Surfbrett über einen See oder über das Meer segeln, über Wellen reiten* ❷ EDV *im Internet verschiedenste Adressen anklicken und Informationen abrufen, ohne dabei etwas wirklich Spezielles zu suchen*

Sur·fer *der,* **Sur·fe·rin** [sɜːfɐ] <-s, -> *jmd., der surft*

Sur·fleisch *das* <-(e)s> */kein Plur./* ÖSTERR. *Pökel-fleisch*

sur·re·al, su̱r·re·a̱l [zy...] *adj /nicht steig./ (geh.)* so, dass jmdm. etwas unwirklich erscheint

Sur·re·a·lis·mus *der* [zy...] <-> */kein Plur./* KUNST *Kunstrichtung, die das Traumhafte, das Unbewusste künstlerisch gestaltet* ▸ surrealistisch

su̱r·ren *ohne OBJ* ❶ ■ *etwas surrt* ein leises, gleichmäßiges Geräusch erzeugen: Der Ventilator surrt. ❷ ■ *ein Insekt surrt (irgendwohin)* mit einem surrenden [1] Geräusch fliegen: Insekten surren um die Lampe.

Sur·ro·gat *das* <-(e)s, -e> *(fachspr.)* etwas, das ein Ersatz für etwas sein soll, aber von geringerer Qualität ist

Su̱·shi *das* ['zuːʃi] <-(s), -(s)> KOCH. *eine japanische Speise aus rohem Fisch und Reis*

su·s·pe̱kt *adj (geh.)* verdächtig, fragwürdig, zweifelhaft: Die Sache ist mir suspekt.

sus·pen·die̱·ren *mit OBJ* ❶ ■ *jmd. suspendiert jmdn. (von etwas Dat.)* bestimmen, dass jmd. seine Arbeit (für eine bestimmte Zeit) nicht mehr machen darf: Er wurde vom Dienst suspendiert ❷ ■ *jmd. suspendiert jmdn. (von etwas Akk.)* jmdn. von der Verpflichtung befreien, dass er an etwas teilnehmen muss

Sus·pen·die·rung *die* <-, -en> das Suspendieren

Sus·pen·si·on *die* <-, -en> das Suspendieren

sü̱ß *adj* ❶ (↔ sauer) von der Geschmacksart, die für Zucker oder Honig typisch ist ❷ (↔ herb) von süßem [1] Geruch: Das Parfüm duftet sehr süß. ❸ *(umg.)* entzückend, niedlich: Sie ist wirklich ein süßes Kind!

Sü̱·ße *die* <-> */kein Plur./* süßer Geschmack oder Geruch

sü̱·ßen <süßt, süßte, hat gesüßt> *mit OBJ* ■ *jmd. süßt etwas* süß[1] machen: Ich süße meinen Tee.

Sü̱ß·holz *das* <-es> */kein Plur./* ■ *Süßholz raspeln (umg.)* schön tun, schmeicheln

Sü̱·ßig·keit *die* <-, -en> */meist Plur./* eine kleine süße Sache zum Essen, wie Schokolade, Bonbons, Pralinen o. Ä.: Sie nascht gerne Süßigkeiten.

Sü̱ß·kir·sche *die* <-, -n> eine große, süße Kirsche

sü̱ß·lich *adj* leicht süß[1, 2]

sü̱ß·sau·er *adj /nicht steig./* so, dass etwas gleichzeitig süß und sauer schmeckt: Die asiatische Küche bevorzugt die süßsaure Geschmacksrichtung.

Sü̱ß·spei·se *die* <-, -n> eine süße Speise, die man vor allem als Nachtisch isst

Sü̱ß·stoff *der* <-es, -e> ein künstlicher Stoff, den man statt Zucker zum Süßen verwendet

Sü̱ß·wa·ren <-> Plur. Lebensmittel mit viel Zucker

Sü̱ß·was·ser *das* <-s> */kein Plur./* (↔ Salzwasser) Wasser in Seen und Flüssen

Su·ta̱·ne, a. **Sou·ta̱·ne** *die* siehe **Soutane**

Swa·hi·li siehe **Suaheli**

Sweat·shirt *das* ['swɛtʃəːt] <-s, -s> bequemer Pullover aus Baumwolle

Swim·ming·pool *der* ['svɪmɪŋpuːl] <-s, -s> ein Schwimmbecken ◆ Zusammenschreibung →R 4.18 Unsere Nachbarn haben einen Swimmingpool in ihrem Garten.

Swing *der* [svɪŋ] <-(s)> */kein Plur./* ein Jazzstil

Sylt <-s> eine Insel in der Nordsee, die zu Deutschland gehört

Sym·bi·o̱·se *die* <-, -n> BIOL. *Zusammenleben zweier Lebewesen verschiedener Arten zu beiderseitigem Vorteil* ▸ symbiotisch

Sym·bol *das* <-(e)s, -e> (≈ Sinnbild) eine Sache oder ein Zeichen, das für etwas anderes steht: Das Kreuz ist das Symbol des Christentums.

Sym·bo·lik *die* <-> */kein Plur./* ❶ die symbolische Bedeutung von etwas: eine Handlung von tiefer Symbolik ❷ alle Symbole, die in einem bestimmten Gebiet verwendet werden und ihre Bedeutung: die Symbolik im Christentum

sym·bo·lisch *adj /nicht steig./* ❶ ein Symbol darstellend: Dieser Kniefall vor dem Mahnmal hatte symbolische Bedeutung. ❷ mit Hilfe von Symbolen

sym·bo·li·sie·ren *mit OBJ* ■ *jmd./etwas symbolisiert etwas* versinnbildlichen: Das Herz symbolisiert die Liebe.

Sym·bo·lis·mus *der* <-> */kein Plur./* KUNST eine Kunstrichtung, die den künstlerischen Inhalt in Symbolen wiederzugeben versucht ▸ symbolistisch

Sym·me·t·rie *die* <-, ...-trien> (↔ Asymmetrie) spiegelbildliche Gleichheit

Sym·me·t·rie·ach·se *die* <-, -n> MATH. *(gedachte) Linie) durch die Mitte eines Körpers*

sym·me·t·risch *adj /nicht steig./* (≈ spiegelbildlich) so, dass etwas auf beiden Seiten der Symmetrieachse gleich aussieht

Sym·pa·thie *die* <-, ...-thien> (↔ Antipathie) das Gefühl, dass man jmdn. mag oder dass einem jmd. angenehm ist ◆ -bonus, -erklärung, -streik

Sym·pa·thie·be·kun·dung *die* <-, -en> die Handlung, dass jmd. sagt oder zeigt, dass jmdm. jmd. oder etwas sympathisch ist

Sym·pa·thie·trä·ger *der,* **Sym·pa·thie·trä·ge·rin** <-s, -> jmd., der einen sympathischen Eindruck auf andere macht

Sym·pa·thi·sant *der,* **Sym·pa·thi·san·tin** <-en, -en> jmd., der einer Sache oder jmdm. sympathisiert

sym·pa·thisch *adj* so, dass er Sympathie erweckt: Sie hat ein sympathisches Lächeln.

sym·pa·thi·sie·ren *ohne OBJ* ■ *jmd. sympathisiert mit jmdm./etwas* jmdm. oder etwas Sympathie entgegenbringen: Er sympathisiert mit diesem Politiker/mit dieser politischen Richtung.

Sym·pho·nie *die* siehe **Sinfonie**

Sym·pho·nie·kon·zert *das* siehe **Sinfoniekonzert**

Sym·pho·nie·or·ches·ter *das* siehe **Sinfonieorchester**

Sym·po·si·um *das* <-s, Symposien> Tagung von Wissenschaftlern, Fachleuten

Sym·p·tom *das* <-s, -e> ❶ MED. *(typisches) Anzeichen, Merkmal einer Krankheit* ❷ *(geh.)* Anzeichen, Kennzeichen einer (negativen) Entwicklung ◆ -funktion

sym·p·to·ma·tisch *adj* typisch, kennzeichnend, charakteristisch

Sy·n·a·go̱·ge *die* <-, -n> Raum oder Gebäude, in dem Juden ihre Gottesdienste feiern

S

Sy·n·ap·se *die* <-, -n> BIOL., MED. *etwas, das in den Nervenzellen eines Lebewesens für die Übertragung von Reizen zuständig ist* ▸ synaptisch

syn·chron *adj* /nicht steig./ *(fachspr.: ↔ asynchron) gleichzeitig (ablaufend)*

syn·chro·ni·sie·ren *mit OBJ/ohne OBJ* ■ *jmd.* **synchronisiert (etwas)** FILM *die Texte der Schauspieler in einem Film durch Texte in einer anderen Sprache ersetzen:* Man hat ein amerikanischen Film gut/schlecht synchronisiert.; Der Schauspieler synchronisiert auch. ▸ Synchronisierung

Syn·det·sei·fe *die* <-, -n> *eine Seife für Menschen mit besonders empfindlicher Haut*

Syn·di·kat *das* <-(e)s, -e> ❶ WIRTSCH. *Zusammenschluss von Unternehmen, die gemeinsam über die Preise und den Verkauf ihrer Waren bestimmen, Kartell* ❷ *Zusammenschluss von Kriminellen*

Syn·di·kus *der* <-, -se/Syndizi> RECHTSW. *jmd., der ein Unternehmen, eine Institution in juristischen Fragen berät*

Syn·drom *das* <-(e)s, -e> ❶ MED. *Gruppe von Symptomen, die für eine bestimmte Krankheit typisch sind* ❷ *Gruppe von Faktoren, die einen bestimmten Zustand anzeigen*

Syn·ko·pe *die* <-, -n> ❶ MUS. *Betonung eines normalerweise unbetonten Teils eines Taktes* ❷ SPRACHWISS. *Ausfall eines unbetonten Vokals zwischen zwei Konsonanten im Innern eines Wortes*

Sy·n·o·de *die* <-, -n> REL. ❶ *Versammlung von Vertretern der evangelischen Kirche* ❷ *beratende und beschließende Versammlung von Bischöfen in einem Konzil*

Sy·n·o·nym *das* <-s, -e> SPRACHWISS. *(↔ Antonym) ein sprachlicher Ausdruck mit annähernd gleicher Bedeutung wie (mindestens) ein anderer Ausdruck, wobei diese Gleichheit sich nur auf das damit Bezeichnete erstreckt, aber ansonsten unterschiedliche Merkmale nachweisbar sind (Nuancen bzw. Konnotationen, regionale Unterschiede usw.):* Synonyme sind z.B. „Metzger" und „Fleischer", „Lift", „Fahrstuhl" und „Aufzug". ◆ -engruppe, -enschub, -enwörterbuch ▸ synonym, Synonymie

S

Sy·n·op·se, *a.* **Sy·n·op·sis/a.** **Sy·n·op·sis** *die* <-, Synopsen> *(fachspr.) vergleichende Gegenüberstellung von Texten*

sy·n·op·tisch *adj* /nicht steig./ *(geh. fachspr.) in der Art einer Synopse (angeordnet)*

Syn·se·man·ti·kon *das* <-s, Synsemantika> SPRACHWISS. *(↔ Autosemantikon) traditionelle Bezeichnung für sprachliche Einheiten, denen eine sprachliche Bedeutung nur im Zusammenhang mit anderen sprachlichen Einheiten zukommt* ▸ synsemantisch *siehe auch* **Funktionswort, Partikel**

syn·tak·tisch *adj* /nicht steig./ SPRACHWISS. *(↔ pragmatisch, semantisch) den Satzbau betreffend*

Syn·tax *die* <-> /kein Plur./ SPRACHWISS. *(≈ Satzbau, Satzlehre ↔ Pragmatik, Semantik) Theoriebereich zu den Regeln, die bestimmen, wie man*

in einer Sprache aus Wörtern Sätze bildet ◆ -analyse, -baum, -diagramm, -editor, -erwerb, -fehler, -graph, -modell, -prüfung, -regeln, -theorie, -wandel, Morpho-

Syn·the·se *die* <-, -n> ❶ PHILOS. *Verbindung verschiedener Denkansätze/Theorien/Konzepte mit These und Antithese zu einer neuen, höheren Einheit* ❷ CHEM. *Zusammenfügung von Elementen zu einer Verbindung* ◆ -gas, -produkt

Syn·the·si·zer *der* ['zyntəsaizɐ] <-s, -> *elektronisches Musikinstrument, mit dem man den Klang anderer Instrumente imitieren kann*

Syn·the·tics <-> *Plur. Sammelbezeichnung für Gewebe aus Kunststofffasern*

syn·the·tisch *adj* /nicht steig./ *chemisch hergestellt, künstlich zusammengefügt*

syn·the·ti·sie·ren *mit OBJ* ■ *jmd.* **synthetisiert etwas** CHEM. *durch Synthese² herstellen:* Das Hormon konnte schon vor Jahren erstmals synthetisiert werden.

Sy·phi·lis *die* <-> /kein Plur./ MED. *eine Geschlechtskrankheit, bei der die Haut, die Organe und das Gehirn beeinträchtigt werden können*

Sys·tem *das* <-(e)s, -e> ❶ MATH. *Gesamtheit von Elementen, die aufeinander bezogen und als nach außen hin abgegrenzte Struktur organisiert sind* ◆ Sprach- ❷ *die Prinzipien, nach denen etwas geordnet ist:* Nach welchem System hast du deine Videokassetten geordnet? ❸ *(fachspr.) eine Einheit, die als Organisationsform aus verschiedenen Komponenten besteht, zum Beispiel ein Computersystem, eine Stereoanlage, das ökologische System* ◆ Nerven-, Planenten-, Sonnen-, Währungs- ❹ *(≈ Staatsform) die Art, wie eine Regierung oder ein Staat aufgebaut und gegliedert ist:* ein demokratisches, kommunistisches, politisches, totalitäres System ◆ -feind, -kritiker, -veränderung, Gesellschafts-, Herrschafts-, Regierungs-

Sys·te·ma·tik *die* <-, -en> *(geh.) nach bestimmten Kriterien durchgeführte Gliederung eines Stoffes oder Sachbereichs:* die Systematik der Tiere und Pflanzen ▸ systematisch

sys·te·ma·ti·sie·ren *mit OBJ* ■ *jmd.* **systematisiert etwas** *etwas in eine bestimmte Ordnung bringen*

Sys·tem·bau·wei·se *die* <-, -n> *Fertigbauweise*

Sys·tem·kri·tik *die* <-> /kein Plur./ *Kritik am System³* ▸ systemkritisch

Sys·tem·soft·ware *die* <-> /kein Plur./ EDV *alle Programme, die man vom Hersteller bekommt, wenn man einen Computer kauft und die man unbedingt braucht, um den Computer benutzen zu können*

Sys·tem·zwang *der* <-(e)s, Systemzwänge> *der Umstand, dass jmd. durch ein System³ daran gehindert wird, etwas zu tun, was er tun möchte*

Sze·ne *die* <-, -n> ❶ *einer der kürzeren Abschnitte in einem Film oder in einem Akt eines Theaterstücks* ◆ Anfangs-, Film-, Kampf-, Liebes-, Schluss- ❷ *Schauplatz:* Die Szene stellt ein Wohnzimmer dar. ❸ *Ereignis, Vorfall:* Es war eine ergreifende Szene, als sich Mutter und Tochter nach Jahren der Trennung zum ersten Mal in die Arme schließen konnten. ❹ *Streit, Auseinandersetzung:* Sie machte ihm eine Szene. ❺ */meist Sing./ eine Gruppe von Menschen mit einem bestimmten Lebensstil und bestimmten (künstlerischen) Aktivitäten, Milieu:* Er kennt sich in der literarischen Szene bestens aus. ◆-bar, -gänger, Drogen-, Jazz-, Kunst-, Literatur-, Musik-, Theater-

Sze·ne·knei·pe *die* <-, -n> *(umg.) ein Lokal, in das vor allem die Mitglieder einer bestimmten Szene[5] gehen*

Sze·ne·rie *die* <-, ...-rien> ❶ *Szene[2]* ❷ *eindrucksvolle Landschaft*

Sze·ne·spra·che *die* <-, -n> *jugendsprachliche Äußerungsform im Hinblick insbesondere auf verschiedene gemeinsame Erfahrungsbereiche (Musik etc.); siehe auch* **Jugendsprache**

Sze·ne·treff *der* <-s, -s> *(umg.) ein Ort, zum Beispiel ein Lokal, eine Diskothek, in dem sich vor allem die Mitglieder einer bestimmten Szene[5] versammeln*

sze·nisch *adj* ❶ *in Szenen[1] dargestellt:* Der Autor hat eine szenische Erzählweise ❷ *auf die Szene[2] bezogen*

Szi·en·tis·mus *der* <-> */kein Plur./ (fachspr.) die darin bestehende Haltung, dass man sich nur an Tatsachen und den (exakten) Wissenschaften orientiert (und nicht an Religion und Glauben)* ▸ szientistisch

T t

T, t *das* <-, -> *der zwanzigste Buchstabe des Alphabets:* ein großes T; ein kleines t

Ta·bak, Ta·bak *der* <-s, -e> ❶ BOT. *eine Nutzpflanze, die Nikotin enthält und deren Blätter zu Tabak[2] verarbeitet werden:* Tabak anbauen/ernten/pflanzen ❷ *aus den Blättern der Tabakpflanze gewonnenes Genussmittel:* Tabak kauen/rauchen/schnupfen; aromatischer/kräftiger/würziger Tabak ◆-blatt, -händler(in), -industrie, -pflanze, -spfeife, -steuer, Pfeifen-, Schnupf-, Zigaretten-

Ta·bak·tra·fik *der* <-, -en> ÖSTERR. *ein Tabakladen, in dem man auch Briefmarken, Zeitungen o. Ä. erhält.* ▸ Tabaktrafikant, Tabaktrafikantin

Ta·bak·wa·ren *Plur. alle aus Tabak[2] hergestellten Produkte:* In einem Geschäft für Tabakwaren kann man Zigaretten, Zigarren, Pfeifentabak, Kautabak oder Schnupftabak kaufen.

Ta·bas·co® *der* <-s> */kein Plur./ eine sehr scharfe Soße zum Würzen von Speisen*

ta·bel·la·risch *adj /nicht steig./ in Form einer Tabelle[1]:* eine tabellarische Aufstellung/Übersicht; ein tabellarischer Lebenslauf (≈ ein nicht als fortlaufender Text, sondern als Tabelle geschriebener Lebenslauf)

Ta·bel·le *die* <-, -n> ❶ *eine Liste, bei der sprachliche Ausdrücke/Wörter oder Zahlen in einer Art Gittermuster angeordnet werden:* die zu bestimmten Tageszeiten gemessenen Temperaturen in eine Tabelle eintragen; die Spalten und Zeilen in einer Tabelle ❷ SPORT *die Aufstellung der Mannschaften eines Wettbewerbs nach der erreichten Wertung:* die Tabelle anführen

Ta·bel·len·form *die* <-> */kein Plur./ Darstellungsform mit Tabellen[1]:* Das lässt sich am besten in Tabellenform darstellen.

Ta·bel·len·füh·rer *der* <-s, -> SPORT *(↔ Tabellenletzter) die Mannschaft, die in einem Wettkampf die beste Wertung erreicht hat:* Tabellenführer in der Bundesliga sein ▸ Tabellenführung

Ta·bel·len·kal·ku·la·ti·on *die* <-, -en> EDV *(Software zum) Berechnen, Darstellen und Erfassen von Daten in Tabellenform:* mit (einem Programm für) Tabellenkalkulation arbeiten; Zum Programmpaket gehört auch eine Tabellenkalkulation.

Ta·bel·len·platz *der* <-es, Tabellenplätze> SPORT *der Platz, den eine Mannschaft in einem Wettbewerb nach der erreichten Wertung einnimmt:* Die beiden Mannschaften spielen um den dritten Tabellenplatz.

Ta·bel·len·stand *der* <-(e)s> */kein Plur./ SPORT Gesamtübersicht über die erreichte Wertung in einem Wettbewerb:* der Tabellenstand in der Bundesliga

Ta·ber·na·kel *der/das* <-s, -> REL. *(meist in katholischen Kirchen) Aufbewahrungsort für die geweihten Hostien und Altarsakramente*

Ta·b·lar *das* <-s, -e> SCHWEIZ. *Regalbrett oder Einlegeboden in einem Schrank*

Ta·b·leau *das* [ta'blo:] <-s, -s> ❶ THEAT. *wirkungsvoll gruppierte Darsteller auf der Bühne* ❷ ÖSTERR. *Übersicht; Tabelle*

Ta·b·lett *das* <-(e)s, -s/-e> *eine Art flaches Brett aus Holz, Metall oder Kunststoff, auf dem man Geschirr tragen kann:* das Geschirr/die Speisen auf einem Tablett zum Esstisch tragen; den Tässchen Kaffee auf einem silbernen Tablett servieren

Ta·b·let·te *die* <-, -n> *ein Medikament in Form einer kleinen gepressten Scheibe:* eine Tablette dieses Medikaments täglich einnehmen; Tabletten einnehmen/schlucken/verschreiben; eine Tablette in der Mitte durchbrechen/teilen/in Wasser auflösen ◆-nmissbrauch, -npackung, -nschachtel, -nsüchtige, Beruhigungs-, Schmerz-

Ta·bu *das* <-s, -s> *(geh.) eine Sache, die nicht getan und/oder über die nicht (öffentlich) gesprochen werden darf:* Sexualität galt lange Zeit in öffentlichen Diskussionen als Tabu.; ein Tabu brechen ▸ tabulos

ta·bu *adj /nur präd./ /nicht steig./* ❶ *so, dass man nicht gern darüber spricht:* Dieses Thema ist tabu.; Sexualität war früher in den meisten Familien tabu. ❷ *so, dass jmd. es nicht tun oder benutzen darf:* Alkoholische Getränke/Zigaretten sind für ihn tabu.; Klettern ist nach seinem Unfall tabu für ihn.

ta·bu·i·sie·ren *mit OBJ* ■ *jmd. tabuisiert etwas (geh.) zum Tabu erklären:* (Das Sprechen über) Sexualität sollte auch in der Schule nicht tabuisiert werden.

Ta·bu·la ra·sa ■ **Tabula rasa machen** *(geh.) rücksichtslos Ordnung oder Klarheit schaffen*

Ta·bu·la·tor *der* <-s, ...-toren> EDV *eine Markierung fester Spaltenabstände in der Textverarbeitung*

Ta·che·les ■ **Tacheles (mit jemandem) reden** *(umg.) jmdm. sehr offen die Meinung sagen*

ta·chi·nie·ren *ohne OBJ* ■ *jmd. tachiniert (umg.)* ÖSTERR. *faulenzen* ▸ Tachinierer

Ta·cho *der* <-s, -s> KFZ *(umg.) kurz für „Tachometer"*

Ta·cho·me·ter *der/das* <-s, -> KFZ *ein Gerät, das die Geschwindigkeit eines Fahrzeugs misst:* Der Tachometer zeigte 120 km/h. ◆-nadel

Tack·ling *das* ['tæklɪŋ] <-s, -s> SPORT *eine Abwehrtechnik beim Fußball, bei der der Verteidiger zwischen die Beine des Gegners hineingrätscht*

Ta·del *der* <-s, -> *(geh.) eine Kritik, mit der man ausdrückt, dass jmd. Mängel hat oder sich falsch verhält:* jemandem einen Tadel erteilen; einen Tadel aussprechen; ein berechtigter/harter/schwerer Tadel; Lob und Tadel ▸ Tadelei

ta·del·los *adj /nicht steig./ so, dass man es nicht beanstanden muss:* eine tadellose Arbeit; Das Kleid sitzt tadellos.

ta·deln <tadelst, tadelte, hat getadelt> *mit OBJ* ■ *jmd. tadelt jmdn./etwas (geh.) energisch sagen, dass einem etwas nicht gefällt und dass man es nicht gut findet:* jemanden/jemandes Verhalten tadeln; jemanden tadelnd ansehen

Ta·d·schi·ki·s·tan *das* <-s> *Staat in Mittelasien* ▸ Tadschike, Tadschikin, tadschikisch

Ta·fel *die* <-, -n> ❶ *(geh.) ein großer Esstisch:* eine festlich gedeckte Tafel; zur Tafel bitten; Die Gäste versammeln sich um die Tafel. ◆-besteck, -geschirr, -musik, -schmuck, -tuch, Fest-, Kaffee- ❷ *eine Art größeres Brett, auf dem man mit Kreide schreiben kann und von dem man das Geschriebene mit einem Schwamm wieder abwischen kann:* etwas an die Tafel schreiben; die Tafel (ab)wischen ◆Schul-, Wand- ❸ *ein flaches Stück (eines bestimmten Materials):* eine Tafel Schokolade/Wachs; ■ **die Tafel aufheben** *(geh.) die gemeinsame Mahlzeit beenden*

Ta·fel·dienst *der* <-(e)s> SCHULE ❶ *die regelmäßig wechselnde Aufgabe, nach der Unterrichtsstunde die Tafel[2] des Klassenzimmers zu wischen* ❷ *die beiden Schüler, die Tafeldienst[1] haben*

ta·feln <tafelst, tafelte, hat getafelt> *ohne OBJ* ■ *jmd. tafelt (geh.) festlich speisen:* mit jemandem (stundenlang) tafeln

tä·feln <täfelst, täfelte, hat getäfelt> *mit OBJ* ■ *jmd. täfelt etwas (mit etwas Dat.) etwas mit einer Stein- oder Holzverkleidung versehen:* die Wand täfeln; eine mit Holz getäfelte Wand

Ta·fel·obst *das* <-es> */kein Plur./ zum Verzehr vorgesehenes Obst von guter Qualität*

Ta·fel·run·de *die* <-> */kein Plur./ eine um einen Tisch versammelte Gesellschaft:* eine fröhliche Tafelrunde; ■ **die Ritter der Tafelrunde** LIT. *die Ritter von König Artus, die sich der Sage nach um einen runden Tisch versammelten*

Ta·fel·sil·ber *das* <-s> */kein Plur./* ❶ *silbernes Essbesteck:* das von der Großmutter geerbte Tafelsilber ❷ *(übertr.) sehr wertvoller Besitz:* Mit diesen wertvollen Grundstücken verkauft die Stadt ihr Tafelsilber.

Ta·fel·spitz *der* <-es, -e> KOCH. ÖSTERR. *Hüftstück vom Rind*

Tä·fe·lung *die* <-, -en> *Wandverkleidung aus Holz*

Ta·fel·was·ser *das* <-s, Tafelwässer> *(geh.: ≈ Mineralwasser)*

Tä·fer *das* <-s, -> SCHWEIZ. *Täfelung*

Ta·ferl·klass·ler *der* <-s, -> ÖSTERR. *Schulanfänger(in)*

Taft *der* <-(e)s, -e> *ein glänzender Stoff aus Seide oder Kunstseide:* ein Abendkleid/Vorhänge aus Taft

Tag *der* <-(e)s, -e> ❶ *der Zeitraum von vierundzwanzig Stunden, der ab Mitternacht gerechnet wird:* noch drei Tage dauern; heute in acht Tagen/über acht Tage; Er wird noch am heutigen Tag eintreffen.; der gestrige/heutige/morgige Tag; ein arbeitsreicher/schöner Tag; ein regnerischer/sonniger Tag; Die Tage der Woche heißen Sonntag, Montag, Dienstag, ... ◆Arbeits-, Feier-, Sommer-, Winter-, Wochen- ❷ *der Zeitraum, in dem es (durch Sonnenlicht) hell ist:* Es wird Tag.; Der Tag bricht an.; Der Tag geht in die Nacht über. ▸ taghell ❸ *ein Zeitpunkt, an dem es (durch Sonnenlicht) hell ist:* sich etwas bei Tage besehen; Bei Tag(e) sieht die Farbe ganz anders aus. ❹ ■ *der Tag der .../des ... ein Fest, eine Zusammenkunft, ein besonderes Ereignis, das mit einem bestimmten Thema in Verbindung steht:* Tag der offenen Tür (≈ ein Tag, an dem die Räume einer Institution von interessierten Besuchern besichtigt werden können); der Tag der deutschen Einheit (≈ der dritte Oktober); Die Stadt veranstaltet in der nächsten Woche die Tage der französischen Kultur. ❺ */Plur./ ein unbestimmter Zeitraum von mehreren Tagen oder Jahren:* die Tage ihres Glücks; Es geschah in jenen Tagen ...; Das kennt man noch bis in unsere Tage.; auf seine alten Tage; seine letzten Tage in einem Altenheim verbringen ❻ */Plur./ (umg.: ≈ Menstruation, Periode, Regel) Regelblutung:* Sie hat ihre Tage.; während der Tage Binden/Tampons verwenden; ■ **über/unter Tag(e)** BERGB. *über/unter der Erde* Die Kohle wird hier über/unter Tage abgebaut.; ■ **eines Tages** *irgendwann*; ■ **zu Tag(e) kommen/treten** *bekannt werden*; ■ **an den Tag legen** *zeigen, offenbaren* Ausdauer/Fleiß/Mut an den Tag legen; ■ **ein Unterschied wie Tag und Nacht** *(umg.) ein sehr großer Unterschied* ◆Großschreibung →R 3.3, 3.5 Tag und Nacht; Tag für Tag; am/bei Tag; vor vierzehn Tagen; des Tags; am nächsten Tag; im Laufe des heutigen Tag(e)s; ◆Kleinschreibung →R 3.10 tags darauf; tags zuvor; ◆Getrennt- oder Zusammenschreibung →R 4.20 ein Geheimnis/einen Schatz zu Tage/zutage fördern; *siehe auch* **tagelang, zutage**

tag·aus ■ **tagaus, tagein** *immer wieder* Tagaus, tagein müssen wir Hausaufgaben machen!

Tag·dienst *der* <-(e)s, -e> *(↔ Nachtdienst) Dienst bei Tage*

Ta·ge·bau *der* <-(e)s> */kein Plur./* BERGB. *der Abbau von Bodenschätzen an der Erdoberfläche:* Braunkohle im Tagebau gewinnen

Ta·ge·buch *das* <-(e)s, Tagebücher> *ein Buch, in das man seine täglichen Erlebnisse oder Gedanken schreibt:* Tagebuch führen; Sie konnte nicht glauben, dass er in ihrem Tagebuch gelesen hatte.; seine intimsten Gedanken dem Tagebuch anvertrauen ◆-eintrag, Reise-

Ta·ge·dieb *der* <-(e)s, -e> *(veralt. umg. abwert.) Person, die faul und nichtsnutzig ist*

Ta·ge·geld *das* <-(e)s, -e> *der Geldbetrag, den ein Angestellter pro Tag für Unterkunft und Verpflegung auf Dienstreisen erhält*

ta·ge·lang *adj /nicht steig./ (abwert.) mehrere Tage dauernd:* Es hat jetzt schon tagelang geregnet.; tagelanges Warten ◆aber Getrenntschreibung mehrere Tage lang

Ta·ge·löh·ner *der,* **Ta·ge·löh·ne·rin** <-s, -> *(veralt.) jmd., der tageweise gegen Lohn arbeitet:* Er arbeitete als Tagelöhner in der Landwirtschaft/einer Fabrik.

ta·gen I. *ohne OBJ* ■ *jmd.* **tagt** *eine Sitzung veranstalten, an einer Sitzung teilnehmen:* Der Kongress tagt in Wien.; Sie tagten stundenlang, ehe sie zu einer Übereinkunft kamen. ▸ Tagung **II.** *mit ES* ■ **es tagt** *(geh.) Tag werden:* Es tagte bereits, als er davonritt.

Ta·ges·ab·lauf *der* <-(e)s, Tagesabläufe> *die bestimmte Weise, in der für jmdn. ein Tag verläuft:* Arbeit und Gebet bestimmen den Tagesablauf der Mönche.; Training, Essen und Schlafen bestimmen den Tagesablauf der Rennfahrer.

Ta·ges·an·bruch *der* <-(e)s> */kein Plur./ der Zeitpunkt, an dem es morgens hell wird:* Bei Tagesanbruch brachen sie zur Besteigung des Gipfels auf.

Ta·ges·er·eig·nis *das* <-ses, -se> *wichtiges Ereignis eines Tages:* Die Zeitung berichtet über die wichtigsten Tagesereignisse.

Ta·ges·form *die* <-> */kein Plur./* SPORT *die Leistungsfähigkeit, die jmd. an einem bestimmten Tag hat:* Leistungen, die von der Tagesform abhängig sind

Ta·ges·ge·richt *das* <-(e)s, -e> *ein Gericht, das in einem Restaurant an einem bestimmten Tag angeboten wird*

Ta·ges·ge·sche·hen *das* <-s, -> *die aktuellen Ereignisse des Tages:* Die Nachrichten geben eine Zusammenfassung des Tagesgeschehens.

Ta·ges·ge·spräch *das* <-(e)s, -e> *ein aktuelles Ereignis, über das zu einem bestimmten Zeitpunkt viele Leute sprechen:* Die Hochzeit des Chefs war das Tagesgespräch im Büro.

Ta·ges·kar·te *die* <-, -n> ❶ *eine Eintrittskarte oder Fahrkarte, die einen ganzen Tag gültig ist:* eine Tageskarte für Straßenbahn und Bus/für die Museen der Stadt ❷ *die Speisekarte, die für einen bestimmten Tag gilt:* ein Gericht von der Tageskarte wählen

Ta·ges·licht *das* <-(e)s> */kein Plur./ das Sonnen-* licht bei Tage: Bei Tageslicht wirkt sie viel blasser als bei Kunstlicht.; Das Tageslicht fällt durch große Fenster in den Raum.; ■ **ans Tageslicht kommen** *(übertr.) (öffentlich) bekannt werden*

Ta·ges·mut·ter *die* <-, Tagesmütter> *eine Frau, die tagsüber die Kinder anderer Leute betreut:* als Tagesmutter arbeiten; die Kinder zu einer Tagesmutter geben

Ta·ges·ord·nung *die* <-, -en> *ein Plan über die Inhalte und den Ablauf einer Sitzung:* die Tagesordnung verlesen; Was steht (als Nächstes) auf der Tagesordnung?; etwas auf die Tagesordnung setzen; ■ **an der Tagesordnung sein** *(umg. abwert.) gewöhnlich oder regelmäßig geschehen* Einbrüche und Überfälle sind in dieser Gegend an der Tagesordnung.; ■ **zur Tagesordnung übergehen** *(umg.) etwas unbeachtet lassen und sich anderen Dingen zuwenden* Wir können doch über diesen schrecklichen Ereignissen nicht einfach so zur Tagesordnung übergehen!

Ta·ges·ord·nungs·punkt *der* <-(e)s, -e> *einzelnes Thema auf einer Tagesordnung:* einen Tagesordnungspunkt besprechen; zum nächsten Tagesordnungspunkt übergehen

Ta·ges·pres·se *die* <-> */kein Plur./ die Gesamtheit aller Zeitungen, die an einem Tag erschienen sind*

Ta·ges·satz *der* <-es, Tagessätze> ❶ RECHTSW. *ein nach dem Einkommen bemessener Geldbetrag pro Tag, zu dessen Zahlung jmd. anstelle einer Haftstrafe verurteilt werden kann:* zu dreißig Tagessätzen in Höhe von 50 Euro verurteilt werden ❷ AMTSSPR. *der Geldbetrag, der für Unterbringung und Behandlung in einem Krankenhaus pro Tag angerechnet wird*

Ta·ges·schau *die* <-, -en> *tägliche aktuelle Nachrichtensendung im Fernsehen*

Ta·ges·stun·den <-> *Plur. (↔ Nachtstunden) die Stunden, an denen es hell ist:* die Tagesstunden für Arbeiten im Freien nutzen

Ta·ges·sup·pe *die* <-, -n> *in einem Restaurant täglich wechselndes Suppenangebot:* Als Tagessuppe gibt es heute …

Ta·ges·um·satz *der* <-es, Tagesumsätze> WIRTSCH. *der Umsatz, den ein Unternehmen an einem Tag erzielt*

Ta·ges·zeit *die* <-, -en> *ein bestimmter zeitlicher Abschnitt des Tages:* Im Sommer ist der Morgen eine sehr schöne Tageszeit.; Hier ist zu dieser/um diese Tageszeit immer viel Betrieb.

Ta·ges·zei·tung *die* <-, -en> *täglich erscheinende Zeitung:* eine Tageszeitung abonniert haben/lesen

ta·ge·wei·se *adv an einzelnen Tagen:* Sie hilft tageweise bei einer Familie im Haushalt mit.

Ta·ge·werk *das* <-(e)s, -e> *(geh.) die an einem Tag geleistete Arbeit:* sein Tagewerk vollbracht haben

Tag·geld *das* <-(e)s, -er> SCHWEIZ. *Tagegeld*

tag·hell *adj /nicht steig./ vollständig hell:* Scheinwerfer machen das Stadion auch nachts taghell.

-tä·gig *als Zweitglied zusammengesetzter Adjektive:* ❶ *drückt aus, dass etwas die mit dem Erstglied bezeichnete Anzahl von Tagen umfasst* ◆ein-, zwei-, drei-, vier- usw. ❷ *drückt aus, dass et-*

was den mit dem Erstglied bezeichneten Umfang eines Tages/von Tagen hat bzw. in diesem Umfang erfolgt/durchgeführt wird ◆halb-, ganz-, mehr-

Ta·g·li·a·tel·le [talja'tɛlə] <-> *Plur. eine italienische Bandnudelart*

täg·lich *adj /nicht steig./ so, dass es jeden Tag geschieht:* die tägliche Arbeit/Körperpflege/Routine; sich zweimal täglich die Zähne putzen; täglich bis in die Nacht hinein arbeiten; ein täglich verkehrender Zug; das tägliche Brot ▸ alltäglich

-täg·lich *als Zweitglied zusammengesetzter Adjektive; drückt aus, dass etwas in Abständen von Tagen erfolgt/durchgeführt wird, die mit dem Erstglied bezeichnet werden* ◆zwei-, drei-, vier- usw.

tags *adv bei Tage²:* Im Urlaub haben sie tags Ausflüge unternommen und abends sind sie tanzen gegangen.; ▪tags zuvor/darauf *am vorhergehenden/folgenden Tag*

Tag·sat·zung *die* <-, -en> ÖSTERR. *Verhandlungstermin bei Gericht*

Tag·schicht *die* <-, -en> *(↔ Nachtschicht) Schichtarbeit bei Tage*

tags·über *adv während des Tages:* Sie geht tagsüber arbeiten und abends besucht sie die Schule.

tag·täg·lich *adj /nicht steig./ jeden Tag:* die tagtägliche Mühe

Tag·traum *der* <-s, Tagträume> *(≈ Imagination) eine Art Traum oder eine Fantasie, die jmd. bei wachem Bewusstsein hat*

Ta·gung *die* <-, -en> *eine Versammlung oder Sitzung, die zu einem bestimmten Thema oder Anlass veranstaltet wird:* eine Tagung von Experten zum Thema Doping ◆-sgebühr, -shotel, -steilnehmer, Fach-, Jahres-

Tag·werk *das* <-(e)s, -e> */meist Sing.* SCHWEIZ. *Tagewerk*

Ta·hi·ti <-s> */kein Plur./ eine Insel in Polynesien*

Tai·fun *der* <-s, -e> *ein tropischer Wirbelsturm, der besonders in Ostasien vorkommt*

Tai·ga *die* <-> */kein Plur./ ein sehr großes Waldgebiet in Sibirien*

Tail·le *die* ['taljə] <-, -n> *die schmalste Stelle des menschlichen Rumpfes:* Das Kleid betont die Taille sehr.; einen Gürtel um die Taille tragen; eine schlanke Taille haben ▸ tailliert

Takt¹ *der* <-(e)s, -e> ❶ */kein Plur./* MUS. *die bestimmte Art des Wechsels zwischen betonten und unbetonten Noten:* den Takt schlagen; den Takt eines Musikstücks bestimmen ❷ MUS. *eine einzelne Einheit bei der Gliederung eines Musikstückes nach dem Takt¹:* beim Üben ein Stück vom dritten Takt an wiederholen; ein Stück nach wenigen Takten erkennen ❸ *der rhythmisch gegliederte Ablauf einer Bewegung:* beim Rudern/Sägen/Seilspringen aus dem Takt kommen; der Takt einer Maschine/eines Motors ❹ TECHN. *ein einzelner Arbeitsschritt bei der Produktion am Fließband* ▸ getaktet

Takt² *der* <-(e)s> */kein Plur./ (≈ Feingefühl) die Fähigkeit, besonders in peinlichen Situationen oder bei traurigen Anlässen sich richtig zu verhalten und besonders die richtigen Worte zu finden:* keinen Takt haben; Er hat in dieser Sache viel Takt bewiesen.; ein Mensch mit viel/ohne Takt

Takt·ge·fühl *das* <-s> */kein Plur./ (≈ Takt²) das Gefühl für Anstand:* viel/kein Taktgefühl haben; mit viel Taktgefühl an eine Sache herangehen

tak·tie·ren *ohne OBJ* ▪ *jmd. taktiert geschickt und planvoll vorgehen:* Die Unterhändler müssen vorsichtig taktieren, um zum Erfolg zu kommen.

Tak·tik *die* <-, -en> *eine Methode, nach der man vorgeht, um ein Ziel zu erreichen:* eine bestimmte Taktik anwenden; seine Taktik ändern; Unsere Taktik war offenbar erfolgreich.

Tak·ti·ker *der,* **Tak·ti·ke·rin** <-s, -> *jmd., der geschickt und planvoll handelt oder für geschicktes und planvolles Handeln bekannt ist:* Er ist ein kluger Taktiker, wir können seinem Verhandlungsgeschick vertrauen.; Sie ist keine Taktikerin, sie denkt und handelt meist spontan.

tak·tisch *adj /nicht steig./ die Taktik betreffend:* eine taktische Entscheidung treffen; taktisch klug vorgehen

takt·los *adj (↔ taktvoll) ohne Anstand und Feingefühl, ohne Takt²:* eine taktlose Bemerkung machen; ein taktloser Mensch

Takt·lo·sig·keit *die* <-, -en> ❶ */kein Plur./ die Eigenschaft taktlos zu sein:* Seine Taktlosigkeit hat ihm schon oft geschadet. ❷ *taktlose Handlung:* Das war wirklich eine grobe Taktlosigkeit von dir!; Er hat eine Taktlosigkeit begangen.

Takt·stock *der* <-(e)s, Taktstöcke> MUS. *der Stab, mit dem der Takt¹ beim Dirigieren vorgegeben wird:* Der Dirigent hebt den Taktstock.

Takt·strich *der* <-(e)s, -e> MUS. *in der Notenschrift verwendetes Zeichen zur Angabe von Beginn und Ende eines einzelnen Taktes¹,²*

takt·voll *adj (↔ taktlos) mit Anstand und mit Feingefühl:* sehr taktvoll reagieren; eine taktvolle Reaktion; ein taktvoller Mensch

Tal *das* <-(e)s, Täler> *(↔ Berg) ein Gebiet, das zwischen Bergen liegt und relativ flach ist:* ein grünes/liebliches/sanftes/tiefes Tal; Im Winter sind die Täler im Hochgebirge von der Außenwelt abgeschnitten.; Der Fluss verläuft durch ein tief eingeschnittenes Tal.; ▪zu Tal(e) *ins Tal hinunter:* bergab zu Tal fahren ◆ Fluss-, Gebirgs-

tal·ab·wärts *adv (↔ talaufwärts) in einem Tal hinunter:* Der Fluss transportiert viel Geröll talabwärts.

Ta·lar *der* <-s, -e> *ein langes, schwarzes Gewand, das als Amtstracht bestimmter Berufsstände getragen wird:* ein Pfarrer/Richter im Talar; einen Talar anlegen/tragen

tal·auf·wärts *adv (↔ talabwärts) in einem Tal hinauf:* Wir sind am Fluss entlang talaufwärts gewandert.

Ta·lent *das* <-(e)s, -e> ❶ *(≈ Begabung) eine bestimmte große Fähigkeit für etwas, die jmd. nicht durch Lernen oder Ausbildung erworben hat, sondern bereits von Geburt an besitzt:* Sein Talent wurde schon in jungen Jahren sichtbar.; Er bringt für diesen Sport viel Talent mit.; das Talent für die Musik von der Mutter geerbt haben ❷ *jmd., der ein bestimmtes Talent¹ hat:* junge Talente fördern; Er ist ein großes musikalisches/künstlerisches Talent.; ein Talent auf dem Gebiet der Mathematik sein ◆Ball-, Bewegungs-, Nachwuchs-, Show-, Sport-

ta·len·tiert *adj (≈ begabt) so, dass man (eine bestimmte) Begabung hat:* Der Musiker ist sehr talentiert.; eine talentierte junge Frau

Ta·ler *der <-s, ->* GESCH. *eine alte deutsche Münze*

Tal·fahrt *die <-, -en>* ❶ *die Fahrt vom Berg hinab ins Tal:* die Talfahrt mit einer Seilbahn/auf dem Schlitten/auf Skiern ❷ *(übertr.) eine sehr negative Entwicklung:* die Talfahrt des Dollar/des Euro/der Wirtschaft/einer Aktie

Talg *der <-(e)s, (-e)>* ❶ *aus dem Fettgewebe von Tieren gewonnenes Fett:* Kerzen aus Talg ◆-kerze ❷ *Fett, das von den Drüsen der Haut abgesondert wird* ◆-drüse

Ta·lis·man *der <-s, -e> ein Gegenstand, den jmd. immer bei sich trägt, weil er Glück bringen soll:* einen Talisman bei sich haben

Talk *der* [tɔːk] *<-s, -s> (umg.) kurz für „Talkshow"*

tal·ken [ˈtɔːkn̩] *<talkst, talkte, hat getalkt> ohne OBJ* ■ *jmd. talkt (umg.) in einer Talkshow mitwirken:* Am Nachmittag wird auf diesem Sender ununterbrochen getalkt.

Tal·kes·sel *der <-s, -> ein tief eingeschnittenes Tal, das ringsum von Bergen umgeben ist:* Das Dorf liegt in einem Talkessel.

Talk·mas·ter *der,* **Talk·mas·te·rin** [ˈtɔːkmaːstɐ] *<-s, -> Person, die eine Talkshow leitet*

Talk·show *die* [ˈtɔːkʃoː] *<-, -s> eine Fernsehsendung, in der sich geladene Gäste miteinander unterhalten*

Tal·mud *der <-(e)s> /kein Plur./* REL. *die Sammlung religiöser Schriften des Judentums* ▶ talmudisch, Talmudist

Ta·lon *der* [taˈlõ] *<-s, -s> ❶ Kontrollabschnitt (an einer Eintrittskarte) ❷ Stapel von nicht ausgegebenen Spielkarten*

Tal·soh·le *die <-, -n> ❶ die tiefste Stelle eines Tals:* beim Abstieg die Talsohle erreichen ❷ *(übertr.) der Tiefpunkt einer negativen Entwicklung:* Nachdem die Talsohle durchschritten ist, geht es wieder aufwärts.

Tal·sper·re *die <-, -n> ein durch eine große Mauer angestauter Fluss, der einen See bildet:* eine Talsperre für Trinkwasser/mit einem Wasserkraftwerk

Tal·sta·ti·on *die <-, -en> im Tal befindliche Station einer Seilbahn oder eines Skiliftes*

tal·wärts *adv vom Berg hinab ins Tal:* talwärts laufen/fahren

Ta·ma·ris·ke *die <-, -n>* BOT. *ein Strauch mit rosafarbenen Blüten*

Tam·bour *der* [ˈtambuːɐ̯, tamˈbuːɐ̯] *<-s, -e/-en> (veralt. oder* SCHWEIZ. *Trommler*

Tam·bu·rin *das <-s, -e>* MUS. *eine kleine Schellentrommel*

Tam·pon, Tam·pon *der <-s, -s> ❶* MED. *gepresste Watte:* die Wunde mit einem Tampon säubern ▶ tamponieren ❷ *ein Tampon¹, der zu einer Art kleinem Stab gepresst ist, zum Aufnehmen des Blutes bei der Regelblutung*

Tam·tam *das <-s, -s> ❶* MUS. *ein asiatisches Musikinstrument in Form eines Beckens, das mit einem Klöppel geschlagen wird:* das Tamtam schlagen ❷ */kein Plur./ (umg. abwert.) große Aufregung um eine Nichtigkeit:* ein großes Tamtam um etwas machen

Tand *der <-(e)s> /kein Plur./ (umg. abwert.) wertlose Dinge*

tän·deln *<tändelst, tändelte, hat getändelt> ohne OBJ* ■ *jmd. tändelt ❶ (geh. abwert.) etwas ohne Ernst tun; etwas spielerisch tun:* Sie tändeln doch nur, es kommt nichts dabei heraus. ❷ *(veralt.) flirten:* mit jemandem tändeln ▶ Tändelei

Tan·dem *das <-s, -s> ❶ ein Fahrrad, auf dem zwei Personen fahren können, die hintereinandersitzen:* mit/auf einem Tandem fahren; Ich fahre nicht gern Tandem. ❷ *(übertr.) zwei Personen, die sich wechselseitig ihre Kenntnisse mitteilen und so gemeinsam lernen:* Ein englischer Student und eine italienische Studentin bilden ein Tandem und lernen voneinander ihre Sprachen. ❸ TECHN. *zwei hintereinandergeschaltete Antriebe oder Motoren* ◆-betrieb

Tand·ler *der,* **Tand·le·rin** *<-s, ->* SÜDDT., ÖSTERR. ❶ *jmd., der trödelt* ❷ *fahrender Händler*

Tang *der <-(e)s, (-e)> rote oder braune Meeresalgen:* Der Tang wurde ans Ufer getrieben.

Tan·ga *der* [ˈtaŋɡa] *<-s, -s> sehr knapp geschnittener Bikini oder Slip* ◆-slip

Tan·gen·te *die <-, -n>* MATH. *❶ eine Gerade, die eine Kurve an einem Punkt berührt:* die Tangente zu einem Kreis ziehen ❷ *(≈ Umgehungsstraße) die nördliche Tangente der Stadt ausbauen, um die Stadt vom Verkehr zu entlasten*

tan·gen·ti·al [taŋɡɛnˈtsʲaːl] *adj /nicht steig./* MATH. *in der Art einer Tangente:* eine Flugbahn, die tangential zu einer Umlaufbahn verläuft

tan·gie·ren *mit OBJ ❶* ■ *etwas tangiert etwas* MATH. *als Tangente¹ berühren:* Mehrere Linien tangieren die Kurve. ❷ *(geh.)* ■ *etwas tangiert jmdn./etwas betreffen; beeinflussen:* Seine Kritik tangiert mich überhaupt nicht, ich mache weiter wie bisher.; Die Einsparungen tangieren unser Projekt nur am Rande.

Tan·go *der <-s, -s> ❶ ein Paartanz aus Argentinien:* (einen) Tango tanzen ❷ *ein einzelnes Musikstück oder Lied im Stil des Tango¹:* einen Tango spielen ◆-rhythmus

Tank *der <-s, -s/(-e)> ❶ ein großer Behälter für Flüssigkeiten und Gase:* einen Tank für Regenwasser aufstellen; Das Öl lagert in großen Tanks. ◆Benzin-, Öl-, Wasser- ❷ *der Behälter für den Kraftstoff im Auto oder an einem Motorrad:* Der Tank ist leer.; ein Loch im Tank haben ◆-füllung

Tank·de·ckel *der <-s, -> Verschlussdeckel eines Tanks²:* den Tankdeckel verschließen

tan·ken I. *ohne OBJ* ■ *jmd. tankt den Tank des Autos mit Kraftstoff füllen:* Wir müssen bald wieder tanken.; volltanken **II.** *mit OBJ* ■ *jmd. tankt etwas (umg. übertr.) etwas auf sich wirken lassen und es genießen:* Ich muss etwas Sonne und frische Luft tanken.

Tan·ker *der <-s, ->* SEEW. *ein großes Lastschiff mit Behältern zum Transport von Erdöl:* ein havarierter Tanker ◆-katastrophe, Öl-

Tank·last·zug *der <-(e)s, Tanklastzüge> ein Lastzug zum Transport von Flüssigkeiten*

T

Tank·stel·le *die* <-, -n> *ein Geschäft, das (haupt-sächlich) Kraftstoff für Autos verkauft*

Tank·wa·gen *der* <-s, -> *ein Lastwagen zum Transport von Flüssigkeiten*

Tank·wart *der*, **Tank·war·tin** <-(e)s, -e> *jmd., der beruflich an einer Tankstelle Kraftstoff verkauft*

Tan·ne *die* <-, -n> *kurz für „Tannenbaum"* ◆-nna-del, -nwald, -nzapfen

Tan·nen·baum *der* <-(e)s, Tannenbäume> ❶ *ein Nadelbaum mit dunkelgrünen, würzig riechenden Nadeln und dunkelbraunen schuppigen Zapfen* ❷ *(umg.: ≈ Weihnachtsbaum)*

Tan·sa·nia, **Tan·sa·nia** <-s> *ein Staat in Afrika* ▶ Tansanier, Tansanierin, tansanisch

Tan·te *die* <-, -n> ❶ *die Schwester von Vater oder Mutter* ❷ *die Ehefrau des Onkels*

Tan·te-Em·ma-La·den *der* <-s, Tante-Emma-Läden> *(umg.) ein kleines Einzelhandelsgeschäft:* der Tante-Emma-Laden um die Ecke; Die Supermärkte haben die Tante-Emma-Läden verdrängt.

Tan·ti·e·me *die* [tãˈtj̊e̞ːmə] <-, -n> */nur Plur./* ❶ WIRTSCH. *(≈ Gewinnanteil)* Tantiemen aus etwas beziehen ❷ *die Vergütung, die Autoren für die Veröffentlichung oder Aufführung ihrer Werke erhalten:* Er bekommt Tantiemen für die Aufführung seines Stückes.

Tanz *der* <-es, Tänze> ❶ */kein Plur./ der Vorgang, dass Menschen rhythmische, festgelegte Bewegungen zu Musik ausführen:* Sie liebt Musik und Tanz.; Der Tanz ist eine beliebte Freizeitbeschäftigung.; ein Mädchen zum Tanz auffordern ◆-fläche, -kurs, -sport, -turnier, Gesellschafts-, Paar-, Volks- ❷ *eine bestimmte Stilrichtung des Tanzens:* Der Tango ist ein lateinamerikanischer Tanz. ◆Ausdrucks-, Ballett-, Jazz-, Stepp- ❸ */kein Plur./ (umg.) Tanzveranstaltung:* Um fünf Uhr ist Tanz im Café Heinrich.; zum Tanz einladen/gehen ❹ *ein einzelnes Musikstück, zu dem getanzt wird:* Wollen Sie diesen Tanz mit mir tanzen?; Die Kapelle kündigt den letzten Tanz an. ❺ */kein Plur./ (≈ Ballett) der Tanz¹ als Kunstform:* die Geschichte des Tanzes im zwanzigsten Jahrhundert ❻ */kein Plur./ (umg. abwert.: ≈ Theater) übertrieben große Aufregung um jmdn. oder etwas:* Ich verstehe nicht, warum ihr einen solchen Tanz um diese angebliche Neuheit macht.

Tanz·bein ■ *das Tanzbein schwingen (umg. scherzh.) tanzen*

tän·zeln <tänzelst, tänzelte, hat/ist getänzelt> *ohne OBJ* ❶ ■ *jmd./ein Tier tänzelt (haben) tänzerische Bewegungen machen:* Das Pferd hat nervös getänzelt.; Er tänzelte von einem Bein auf das andere. ❷ ■ *jmd./ein Tier tänzelt irgendwohin (sein) sich irgendwohin mit tänzerischen Bewegungen begeben:* Die Mädchen sind über die Bühne getänzelt.; Das Pferd tänzelte zum Start.

tan·zen <tanzt, tanzte, hat getanzt> *mit OBJ/ ohne OBJ* ■ *jmd. tanzt (etwas) sich rhythmisch zur Musik bewegen:* Sie tanzt einen Wiener Walzer.; Sie tanzt gerne/sehr gut.; mit jemandem tanzen

Tän·zer *der*, **Tän·ze·rin** <-s, -> ❶ *jmd., der tanzt:* die Tänzer auf der Tanzfläche beobachten ❷ *jmd.,*

der Mitglied eines Ballettensembles ist ❸ *jmd., der Tanzsport betreibt*

Tanz·lo·kal *das* <-(e)s, -e> *eine Gaststätte, in der regelmäßig Tanzveranstaltungen stattfinden*

Tanz·mu·sik *die* <-, -en> *Musik, die speziell für den Zweck komponiert ist, dass Menschen dazu tanzen:* Die Kapelle spielte Tanzmusik.

Tanz·stun·de *die* <-, -n> *(≈ Tanzkurs) Unterricht, in dem man Tänze erlernen kann:* zur Tanzstunde gehen

tanz·wü·tig *adj (scherzh.) so, dass man gerne tanzt*

Ta·pet ■ *etwas aufs Tapet bringen (umg.) etwas zum Gesprächsthema machen*

Ta·pe·te *die* <-, -n> *relativ dickes Papier, das in großen Bahnen an Wände geklebt wird und das mit einem Muster verziert ist oder auf das man Wandfarbe streicht:* eine einfarbige/gemusterte Tapete; Tapeten aussuchen/mit Kleister einstreichen/ von der Wand lösen/zuschneiden ◆-nkleister, -nmuster, -nrolle, Raufaser-

Ta·pe·ten·wech·sel ■ *einen Tapetenwechsel brauchen (umg.) Urlaub oder Erholung brauchen*

ta·pe·zie·ren *mit OBJ/ohne OBJ* ■ *jmd. tapeziert (etwas) Wände mit Tapeten bekleben:* die Wände/ein Zimmer tapezieren; Wir haben selbst tapeziert.

Ta·pe·zier·tisch *der* <-(e)s, -e> *ein ausklappbarer Arbeitstisch, auf dem beim Tapezieren die Tapeten zugeschnitten und mit Kleister eingestrichen werden*

tap·fer *adj* ❶ *so, dass man Anstrengungen oder Schmerzen ohne zu klagen erträgt:* Die Kinder sind auf der Wanderung sehr tapfer gelaufen.; beim Zahnarzt tapfer sein ❷ *(≈ mutig) so, dass man unerschrocken gegen Feinde oder Widerstände kämpft:* Sie haben sich tapfer verteidigt.; in tapferer Kämpfer

Tap·fer·keit *die* <-, -en> ❶ *(≈ Unerschrockenheit)* Tapferkeit im Kampf zeigen ❷ *das klaglose Erdulden von Anstrengungen oder Schmerzen:* Der Arzt lobte das Kind für seine Tapferkeit.

Ta·pir, **Ta·pir** *der* <-s, -e> *ein in Südamerika und Asien lebendes Rüsseltier*

tap·pen <tappst, tappte, ist getappt> *ohne OBJ* ■ *jmd. tappt irgendwo mit schwerem, unsicherem Schritt laufen:* langsam in der Dunkelheit zur Tür tappen; tappende Schritte; ■ *(völlig) im Dunkeln tappen (umg.) nicht Bescheid wissen*

täp·pisch *adj (abwert.) unbeholfen:* sich bei etwas täppisch anstellen; täppische Bewegungen

Ta·ran·tel *die* <-, -n> *eine in Südeuropa vorkommende giftige Spinne:* Der Biss einer Tarantel ist schmerzhaft.; ■ *wie von der Tarantel gestochen (umg.) sehr schnell und ruckartig* Er sprang auf wie von der Tarantel gestochen.

Ta·ran·tel·la *die* <-, -s/...-tellen> MUS. *ein italienischer Volkstanz*

Ta·rif *der* <-(e)s, -e> ❶ *zwischen Arbeitgebern und Gewerkschaften ausgehandelte Höhe der Löhne und Gehälter:* eine Anhebung der Tarife aushandeln; Lohn nach Tarif zahlen; eine Zulage über Tarif zahlen ❷ *der Preis für eine Lieferung oder Dienstleistung:* Das ist der übliche Tarif für das Einrichten eines PCs durch einen Fachmann.; die Tarife für Ferngespräche/ die Straßenbahn/den Strom senken

Ta·rif·ab·schluss der <-es, Tarifabschlüsse> zwischen Arbeitgebern und Gewerkschaften ausgehandelte Vereinbarung über die Höhe der Löhne und Gehälter

ta·rif·lich adj /nicht steig./ auf den Tarif[1] bezogen: tarifliche Vereinbarungen

Ta·rif·lohn der <-(e)s, Tariflöhne> durch den Tarif[1] bestimmter Lohn

Ta·rif·part·ner der <-s, -> die Verhandlungspartner, die die Höhe der zu zahlenden Löhne und Gehälter miteinander aushandeln: Arbeitgeber und Gewerkschaften sind Tarifpartner.

Tarif·run·de die <-, -n> die jährlich wiederkehrenden Verhandlungen der Tarifpartner in allen Bereichen der Wirtschaft, in denen die Höhe der zu zahlenden Löhne und Gehälter festgelegt wird: Mit einer Forderung nach 1,5 Prozent mehr Lohn und Gehalt haben die Gewerkschaften die diesjährige Tarifrunde eröffnet

Ta·rif·ver·hand·lung die <-, -en> /meist Plur./ Verhandlung zur Neufestlegung der Höhe der zu zahlenden Löhne und Gehälter: Tarifverhandlungen abbrechen/führen/scheitern lassen

Ta·rif·ver·trag der <-(e)s, Tarifverträge> Vertrag über die Höhe der zu zahlenden Löhne und Gehälter

tar·nen I. mit OBJ ■ jmd. tarnt etwas ❶ MILIT. durch bestimmte Maßnahmen dafür sorgen, dass etwas sich nicht mehr oder kaum noch von den umgebenden Landschaft abhebt: Die Panzer waren gut getarnt. ❷ verschleiern; als etwas anderes ausgeben: eine Waffe als harmloses Werkzeug tarnen **II.** mit SICH ■ jmd. tarnt sich so verändern, dass man kaum sichtbar ist: Viele Tiere können sich durch Anpassung an die Farbe der Umgebung hervorragend tarnen. ❷ ■ jmd. tarnt sich als etwas sich wie eine andere Person kleiden oder ausrüsten, um für diese gehalten zu werden: Der Einbrecher hatte sich als Handwerker getarnt, um in die Wohnung zu gelangen.

Tarn·far·be die <-, -n> (dunkelgrüne bis olivgrüne) Farbe zum Tarnen im Gelände: etwas mit Tarnfarbe streichen; Ein Tier nimmt eine Tarnfarbe an.

Tarn·kap·pen·bom·ber der <-s, -> ein Kampfflugzeug, das so beschaffen ist, dass es vom gegnerischen Radar nicht erkannt wird

Tar·nung die <-, -en> ❶ /kein Plur./ das Tarnen: zur Tarnung dunkle Kleidung tragen ❷ etwas, das zur Tarnung dient: hinter der Tarnung hervortreten

Ta·rock das/der <-s, -s> ein Kartenspiel

Tar·tan® der <-s> /kein Plur./ ein wetterfester Kunststoffbelag für Laufbahnen in Stadien ◆-bahn

Ta·sche die <-, -n> ❶ (↔ Koffer) ein Gepäckstück aus Leder oder Kunststoff, das man meist in der Hand an einem Riemen über der Schulter trägt und das im Gegensatz zu einem Koffer eine weiche Hülle hat: eine Tasche aus Leder/Kunststoff/Stoff; eine Tasche zum Einkaufen/für Akten ◆Akten-, Einkaufs-, Hand-, Reise-, Sport-, Um-

hänge- ❷ in ein Kleidungsstück eingenähter kleiner Hohlraum mit einer Öffnung, in dem man kleinere Gegenstände verwahren kann: die Taschen des Mantels/auf der Brust eines Hemdes/in der Hose; etwas in die Tasche stecken; die Hände aus den Taschen nehmen/in die Taschen stecken ◆Brust-, Gesäß-, Hemden-, Mantel- ❸ ■ jemanden in die Tasche stecken (umg.) jmdm. überlegen sein; ■ jemandem auf der Tasche liegen (umg. abwert.) auf jmds. Kosten leben; ■ etwas aus eigener Tasche zahlen (umg.) etwas vom eigenen Geld bezahlen

Ta·schen·buch das <-(e)s, Taschenbücher> (↔ gebundenes Buch, Hardcover) ein Buch mit einem weichen Pappeinband: Der Roman ist jetzt als Taschenbuch erschienen.

Ta·schen·dieb der, **Ta·schen·die·bin** <-(e)s, -e> jmd., der Geld und Wertsachen aus Taschen[1,2] stiehlt: Bitte achten Sie auf Taschendiebe!

Ta·schen·for·mat das <-(e)s, -e> ein kleines Format, das in eine Tasche[2] passt: ein Fahrplan/ein Wörterbuch im Taschenformat

Ta·schen·geld das <-(e)s, -er> das Geld, das die Eltern regelmäßig ihren Kindern geben und über dessen Verwendung die Kinder selbst entscheiden dürfen: Wieviel Taschengeld bekommst du?; sich etwas vom Taschengeld kaufen/zusammensparen; sich etwas zum Taschengeld hinzuverdienen

Ta·schen·ka·len·der der <-s, -> ein kleines Notizbuch

Ta·schen·lam·pe die <-, -n> eine kleine tragbare (batteriebetriebene) Lampe

Ta·schen·mes·ser das <-s, -> ein kleineres Werkzeug, aus dem verschiedene Messerklingen (und oft weitere kleine Werkzeuge wie Flaschenöffner u.Ä.) ausgeklappt werden können

Ta·schen·rech·ner der <-s, -> eine kleine (elektronische) Rechenmaschine

Ta·schen·schirm der <-(e)s, -e> ein kleiner (faltbarer) Regenschirm

Ta·schen·tuch das <-(e)s, Taschentücher> ein kleines Tuch aus Stoff oder Papier, mit dem man sich die Nase putzen kann: mit einem Taschentuch die Brille reinigen; eine Packung Taschentücher ◆Papier-, Stoff-, Tempo-

Ta·schen·uhr die <-, -en> eine (mechanische) Uhr, die man an einer Kette in der Hosentasche trägt

Ta·schen·wör·ter·buch das <-(e)s, Taschenwörterbücher> ein kleinformatiges Wörterbuch

Tas·se die <-, -n> ❶ ein Trinkgefäß mit einem Henkel, das für das Trinken warmer Getränke vorgesehen ist: Kaffee/Milch/Tee aus einer Tasse trinken; Man trinkt doch Wein nicht aus Tassen! ◆Henkel-, Kaffee-, Suppen-, Tee- ❷ der Inhalt einer Tasse[1]: Man nehme zwei Tassen Mehl/ Milch/Wasser …; eine Tasse Kaffee/Kakao/Tee trinken; ■ nicht alle Tassen im Schrank haben (umg. abwert.) verrückt sein; ■ eine trübe Tasse (umg. abwert.) ein langweiliger Mensch

Tas·ta·tur die <-, -en> eine Vorrichtung, die aus Tasten[1] besteht, mit denen man etwas in ein Gerät eingibt: die Tastatur eines Computers/einer Schreibmaschine/eines Geldautomaten/eines Te-

T

lefons; die Tastatur an den PC anschließen; die kleine Tastatur auf dem Handy

Tas·te *die* <-, -n> ❶ *ein kleiner flacher Knopf an einem Gerät, den man drückt, um Daten einzugeben oder eine Funktion auszulösen:* die Tasten eines Computers/einer Schreibmaschine/eines Telefons; zum Öffnen der Tür eine Taste drücken ❷ *eines der Elemente, auf die man bei bestimmten Instrumenten drückt, um Töne zu erzeugen:* auf den Tasten des Klaviers herumklimpern

tas·ten I. *mit OBJ* ▪ *jmd.* **tastet etwas** *(≈ befühlen) mit der Hand über etwas gleiten und prüfend fühlen:* Der Arzt konnte den Knoten mit der Hand tasten. **II.** *ohne OBJ* ▪ *jmd.* **tastet nach etwas** *Dat. mit der Hand nach etwas suchen:* im Dunkeln nach dem Lichtschalter tasten **III.** *mit SICH* ▪ *jmd.* **tastet sich irgendwohin** *fühlend den Weg irgendwohin finden:* sich durch das Dunkel/zur Tür tasten; sich langsam vorwärtstasten

Tas·ten·in·s·t·ru·ment *das* <-s, -e> MUS. *ein Musikinstrument, bei dem man durch Niederdrücken von Tasten Töne erzeugt:* Klavier, Orgel und Cembalo sind Tasteninstrumente.

Tast·sinn *der* <-(e)s> */kein Plur./ die Sinneswahrnehmung, die durch das Fühlen mit den Händen entsteht:* Blinde entwickeln einen außerordentlich guten Tastsinn.

Tat *die* <-, -en> ❶ *(≈ Handlung) etwas, das jmd. getan hat:* Sie hat viele gute Taten getan.; eine abscheuliche/bedeutende/folgenreiche/große/ ungeheuerliche/widerwärtige Tat; die Folgen/Hintergründe/Konsequenzen einer Tat; den Worten Taten folgen lassen; zur Tat schreiten ◆ Helden- ❷ *(≈ Straftat) ein Verbrechen:* Was ist das Motiv für die Tat?; Wie wurde die Tat begangen?; auf frischer Tat ertappt werden; für seine Tat verurteilt werden; ▪ **in der Tat** *(geh.) wirklich; wahrhaftig* Das hat er in der Tat gesagt?; ▪ **etwas in die Tat umsetzen** *etwas verwirklichen* seine Ideen in die Tat umsetzen ◆ -hergang, -motiv, -umstand, -waffe, -zeuge

Ta·tar¹ *der*, **Ta·ta·rin** <-en, -en> *Angehöriger eines Volksstammes, der in Russland, der Ukraine und Westsibirien verbreitet ist*

Ta·tar² *das* <-s> */kein Plur./* KOCH. *eine Speise aus rohem Rinderhackfleisch, Eiern und Gewürzen, die man kalt isst*

Tat·be·stand *der* <-(e)s, Tatbestände> ❶ *(≈ Faktum) die Lage, wie sie sich darstellt:* ein unverrückbarer Tatbestand; einen Tatbestand anzweifeln; Dass die Mannschaft verloren hat, ist ein Tatbestand. ❷ RECHTSW. *die juristische Bewertung einer Handlung:* Der Tatbestand der Erpressung gilt als erfüllt.

Ta·ten·drang *der* <-(e)s> */kein Plur./ (↔ Passivität) der Drang, etwas zu tun:* jung und voller Tatendrang sein; voller Tatendrang an eine Aufgabe gehen

ta·ten·los *adj /nicht steig./ (abwert.) ohne zu handeln:* bei dem Überfall tatenlos zusehen

Tä·ter *der*, **Tä·te·rin** <-s, -> *eine Person, die eine Straftat begangen hat:* Die Täterin wurde (des Mordes) überführt.; Die Täter konnten ermittelt werden. ◆ -profil, Straf-

Tä·ter·schaft *die* <-, -en> ❶ *die Tatsache, dass man eine Straftat begangen hat:* die Täterschaft leugnen; jemandem seine Täterschaft nachweisen ❷ SCHWEIZ. *alle an einer Straftat beteiligten Täter*

tä·tig *adj /nicht steig./* ❶ *so, dass man in einem bestimmten Beruf arbeitet:* als Architekt/Lehrerin/Maurer tätig sein ❷ *(≈ tatkräftig) so, dass man praktisch handelt:* tätige Hilfe/Nächstenliebe ❸ *(≈ aktiv ↔ untätig) so, dass man aktiv ist und handelt:* Wir sind den ganzen Tag tätig gewesen, jetzt wollen wir uns ausruhen.; Wann wird die Stadt endlich tätig in dieser Sache? ❹ *(≈ aktiv) so, dass es in Betrieb ist oder eine bestimmte Aktivität zeigt:* Der Vulkan ist seit einigen Wochen wieder tätig.; ein tätiger Vulkan; Das Herz hat aufgehört tätig zu sein.; Diese Seilbahn ist nicht mehr tätig.

tä·ti·gen *mit OBJ* ▪ *jmd.* **tätigt etwas** *(geh.) ausführen:* ein Geschäft tätigen

Tä·tig·keit *die* <-, -en> ❶ */kein Plur./ (≈ Aktivität) das Tätigsein:* jemanden in seiner Tätigkeit unterbrechen; emsige/fieberhafte Tätigkeit entfalten ❷ *(≈ Job) berufliche Beschäftigung:* eine neue Tätigkeit aufnehmen/suchen; eine Tätigkeit als Verkäuferin angeboten bekommen; Sie hat in der Vergangenheit schon verschiedene Tätigkeiten ausgeübt. ❸ */kein Plur./ das In-Betrieb-Sein:* Die Anlage ist schon sehr lange in/außer Tätigkeit.; Die Tätigkeit des Herzens überwachen.; die erneute Tätigkeit des Vulkans

Tä·tig·keits·be·reich *der* <-(e)s, -e> *der Bereich, in dem jmd. tätig ist:* seinen Tätigkeitsbereich erweitern

Tä·tig·keits·wort *das* <-(e)s, Tätigkeitswörter> SPRACHWISS. *(≈ Verb) ein Wort, das oft eine Handlung oder einen Vorgang ausdrückt, das wichtiger Baustein ist und das nach Person, Numerus, Tempus und Modus konjugiert werden kann; siehe auch* **Verb**

Tat·kraft *die* <-> */kein Plur./ (≈ Energie) der Drang, tätig zu sein oder zu handeln:* ein Mensch voller Tatkraft; voller Tatkraft an eine Aufgabe gehen

tat·kräf·tig *adj (≈ energisch) voller Drang, tätig zu sein oder zu handeln:* jemanden tatkräftig unterstützen; tatkräftige Hilfe leisten; ein tatkräftiger Mitarbeiter

tät·lich *adj /nicht steig./ (≈ gewalttätig) so, dass man Gewalt gegen jmdn. gebraucht:* ein tätlicher Angriff; tätliche Auseinandersetzungen verhindern; gegen jemanden tätlich werden

Tät·lich·keit *die* <-, -en> AMTSSPR. *(geh.) ein Akt körperlicher Gewalt:* Es kam zu Tätlichkeiten zwischen ihnen/gegenüber dem Opfer.

Tat·ort *der* <-(e)s, -e> *der Ort, an dem eine Straftat begangen wurde:* Spurensicherung am Tatort betreiben; den Tatort absperren/sichern; die Beamten waren in weniger als zehn Minuten am Tatort; Am Tatort konnte die Tatwaffe sichergestellt werden.

tä·to·wie·ren <tätowierst, tätowierte, hat tätowiert> *mit OBJ* ▪ *jmd.* **tätowiert etwas (in etwas Akk.)** *eine Tätowierung anbringen:* einen Adler/Anker/Initialen in jemandes Oberarm tätowieren; jemanden tätowieren; tätowierte Arme haben

Tä·to·wie·rung *die* <-, -en> ❶ *der Vorgang, dass jmd. mit einer speziellen Nadel Farbe so in jmds. Haut einritzt, dass ein Bild oder Schriftzug entsteht, die dann fest in der Haut bleiben und sich nicht abwaschen lassen:* die Tätowierung von einem Fachmann vornehmen lassen ❷ *ein mittels Tätowierung¹ entstandenes Bild:* mit Tätowierungen bedeckte Arme; sich eine Tätowierung entfernen lassen

Tat·sa·che *die* <-, -n> (≈ *Faktum) etwas, das geschehen ist und das man auch beweisen kann:* Das ist nicht einfach meine Meinung, das sind Tatsachen!; den Tatsachen entsprechen; auf Tatsachen beruhen; die Tatsachen verdrehen; ■ **vollendete Tatsachen** *etwas, das geschehen und nicht mehr rückgängig zu machen ist* jemanden vor vollendete Tatsachen stellen; vollendete Tatsachen schaffen ◆ -nmaterial

Tat·sa·chen·be·richt *der* <-(e)s, -e> *ein Bericht in Film, Funk oder Presse über (beweisbare) Geschehnisse:* einen Tatsachenbericht aus dem Krisengebiet senden/veröffentlichen

tat·säch·lich, **tat·säch·lich** I. *adj /nicht steig./ (≈ faktisch) so, dass es der Wirklichkeit entspricht:* der tatsächliche Ablauf der Ereignisse; das tatsächliche Einkommen; die tatsächlichen Verhältnisse berücksichtigen II. *adv /nicht steig./ (≈ wirklich; wahrhaftig) verwendet, um auszudrücken, dass man vielleicht Zweifel an dem Gesagten hat oder davon sehr überrascht ist:* Und das hast du tatsächlich dem Chef gesagt?; Habt ihr das tatsächlich so gesehen?; Tatsächlich? Das ist ja nicht zu glauben!

tät·scheln <tätschelst, tätschelte, hat getätschelt> *mit OBJ* ■ *jmd. tätschelt jmdn./etwas (in der Art eines angedeuteten ganz leichten Schlagens) leicht (und zärtlich) mit der Hand mehrfach berühren:* Sie tätschelte den Kopf ihres Hundes.; jemandes Wange tätscheln

tat·schen <tatschtst, tatschte, hat getatscht> *ohne OBJ* ■ *jmd. tatscht an etwas Akk. (umg. abwert.) in plumper (und aufdringlicher) Weise berühren:* Musst du mit deinen Händen an die geputzten Scheiben tatschen?; Du sollst mir nicht dauernd auf das Knie tatschen!

Tat·too¹ *das* [tə'tu:] <-(s), -s> *englische Bezeichnung für „Zapfenstreich"*

Tat·too² *der/das* [tə'tu:] <-s, -s> ❶ (≈ Tätowierung) ❷ *eine Art Abziehbild, das wie eine Tätowierung aussieht*

Tat·ver·dacht *der* <-s> */kein Plur./ der Verdacht, dass eine bestimmte Person eine Straftat begangen hat:* jemanden unter Tatverdacht festnehmen

Tat·ze *die* <-, -n> *Fuß oder Pfote bei großen Raubtieren:* die Tatzen des Bären ◆ Bären-

Tau¹ *das* <-(e)s, -e> *ein dickes Seil:* die Taue auswerfen/kappen; etwas mit einem Tau befestigen

Tau² *der* <-(e)s> *der Niederschlag, der sich am Morgen auf Gras bildet:* von Tau bedecktes/feuchtes Gras

taub *adj /nicht steig./* ❶ (↔ *stumm) so, dass man nicht hören kann:* Er war von Geburt an taub.; auf einem Ohr taub sein ❷ *leer; ohne den erwarteten Inhalt:* In dieser Grube hat man kein Gold, sondern nur taubes Gestein gefunden.; eine taube

Nuss ❸ *so, dass man in einem bestimmten Körperteil keine oder nur wenig Empfindung spürt:* Mein Bein fühlt sich ganz taub an.; ein taubes Gefühl im Mund haben ◆ Getrenntschreibung →R 4.6 sich (absichtlich) taubstellen

Tau·be¹ *die* <-n, -n> *ein größerer grauer Vogel, der wild lebt oder als Haustier gehalten wird:* Tauben züchten ◆ Brief-

Tau·be² *der/die* <-n, -n> *jmd., der taub¹ ist*

Tau·ben·schlag *der* <-(e)s, Taubenschläge> *eine Anlage, in der Tauben gehalten werden:* einen Taubenschlag im Hof stehen haben; ■ **irgendwo geht es zu wie in einem Taubenschlag** *(umg.) irgendwo gehen viele Menschen ein und aus*

Täu·ber·ich *der* <-s, -e> *männliche Taube¹*

Taub·heit *die* <-> */kein Plur./* ❶ *die Tatsache, dass man nicht hören kann:* Taubheit von Geburt an ❷ *Gefühllosigkeit eines Körperteils:* eine Taubheit in den Beinen spüren

Taub·nes·sel *die* <-, -n> BOT. *eine brennnesselähnliche Pflanze*

taub·stumm *adj /nicht steig./ (abwert.) von Gehörlosen als diskriminierend empfundene und fachsprachlich heute nicht mehr korrekte Bezeichnung dafür, dass man gleichzeitig nicht hören und nicht sprechen kann* ▶ Taubstumme *siehe auch* **Gehörlosensprache**

tau·chen <tauchst, tauchte, hat/ist getaucht> I. *mit OBJ (haben)* ■ *jmd. taucht etwas in etwas Akk. etwas so in eine Flüssigkeit hineinbringen, dass es (für eine kurze Zeit) vollständig von der Flüssigkeit bedeckt ist:* Er tauchte seine Hand in den Bach.; Sie tauchte den Pinsel in die Farbe.; Er tauchte seinen Kopf/den Kopf des anderen (unter Wasser). II. *ohne OBJ (sein o haben)* ■ *jmd. taucht (mit dem ganzen Körper, insbesondere auch dem Kopf) so in Wasser hineingehen und darin schwimmen, dass man vollständig von dem Wasser bedeckt ist:* Er kann länger tauchen als sein Freund.; Die Ente taucht unter Wasser, um Futter zu suchen.; nach Perlen tauchen; in einem Gewässer/einer Höhle tauchen

Tau·cher *der*, **Tau·che·rin** <-s, -> *jmd., der in Gewässern taucht II:* Der Rumpf des Schiffes wurde von Tauchern untersucht. ◆ -anzug, -ausrüstung, -brille, -flossen, Marine-, Rettungs-, Sport-

Tauch·sie·der *der* <-s, -> *ein elektrisches Gerät, bei dem eine Art Spirale aus Metall, die sehr heiß wird, in Wasser hineingetaucht wird und dieses erhitzt*

tau·en <taut, taute, hat/ist getaut> I. *ohne OBJ* ■ *etwas taut (↔ gefrieren) (als etwas, das gefroren ist) schmelzen:* Das Eis/Der Schnee ist getaut. II. *mit ES* ■ *es taut* METEOR. (≈ *gefrieren) Eis und Schnee schmelzen:* Bei Temperaturen über null Grad taut es.; Wenn es taut, sollte man sich nicht mehr aufs Eis begeben.

Tauf·be·cken *das* <-s, -> *beim Taufen verwendetes Wasserbecken in einer Kirche*

Tau·fe *die* <-, -n> ❶ REL. *(im Christentum) das Empfangen der Gnade Gottes in der sakramentalen Handlung, bei der jmd. (meist im Baby) von einem Priester mit Wasser am Kopf besprengt wird:* die Taufe empfangen/erhalten ❷ *der Akt des*

Taufens: die Taufe feiern; während der Taufe das Kind im Arm halten

tau·fen *mit OBJ* ❶ ■ *jmd. tauft jmdn.* REL. *in die Gemeinschaft der christlichen Kirche aufnehmen, indem man die Stirn mit geweihtem Wasser benetzt:* einen Jungen auf den Namen Johannes taufen ❷ ■ *jmd. tauft jmdn. auf den Namen ... einen Namen geben:* Sie haben ihren Hund auf den Namen Waldi getauft.; ein Schiff auf den Namen Victoria taufen

Tauf·pa·te *der;* **Tauf·pa·tin** <-n, -n> *jmd., der außer den Eltern bei der Taufe eines Kindes anwesend und Zeuge dieser Taufe ist (und für die christliche Erziehung des Kindes mit Verantwortung übernimmt)*

Tauf·schein *der* <-(e)s, -e> *ein Dokument, das eine vollzogene Taufe belegt*

tau·gen *ohne OBJ* ❶ ■ *jmd./etwas taugt für etwas* Akk. *geeignet sein:* Er taugt nicht für diese schwere Arbeit.; Das Fahrrad taugt nicht für größere Touren. ❷ ■ *etwas taugt jmdm. (umg.)* SÜDDT., ÖSTERR. *gut gefallen:* Das taugt mir.; ■ *etwas/nichts taugen (umg.) nützlich/unnütz sein*

Tau·ge·nichts *der* <-/-es, -e> *(abwert. veralt.) jmd., der faul und in seinem Handeln nicht vorbildlich ist*

taug·lich *adj geeignet; brauchbar für etwas:* Er ist für diese schwere Arbeit nicht tauglich.; tauglich für den Militärdienst

Taug·lich·keit *die* <-> */ die Eigenschaft, tauglich zu sein:* die Tauglichkeit eines jungen Mannes für den Wehrdienst bestätigen

Tau·mel *der* <-s> */kein Plur./* ❶ *ein rauschhaftes Gefühl (von Freude und Begeisterung):* ein Taumel der Begeisterung; im Taumel der Freude ❷ *ein Schwindelgefühl:* von einem Taumel befallen werden

tau·me·lig, taum·lig *adj schwankend und unsicher:* taumelig werden; Ihr war schon nach einem Glas Bier ganz taumelig zumute.

tau·meln <taumelst, taumelte, hat/ist getaumelt> *ohne OBJ* ❶ ■ *jmd. taumelt (haben o sein) (≈ wanken) sich schwankend bewegen:* Der Betrunkene taumelte stark. ❷ ■ *jmd. taumelt irgendwohin (sein) sich schwankend irgendwohin bewegen:* Die Betrunkenen sind über die Straße getaumelt.

taum·lig *adj siehe* **taumelig**

Tau·nus *der ein waldreiches Bergland in der Nähe von Frankfurt*

Tausch *der* <-(e)s> */kein Plur./ das Tauschen:* etwas zum Tausch anbieten; Der Tausch der Plätze ging ganz schnell.; Im Tausch für das Poster gebe ich dir eine CD.; einen guten/schlechten Tausch machen ▸Umtausch ◆-börse, -geschäft, Studienplatz-, Wohnungs-

Tausch·bör·se *die* <-, -n> *eine Veranstaltung, bei der sich Leute treffen, die etwas sammeln, und bei der diese Leute ihre Sammelstücke tauschen können* ◆Platten-

tau·schen <tauschst, tauschte, hat getauscht> I. *mit OBJ* ■ *jmd. tauscht etwas (mit jmdm.)* ❶ *jmdm. etwas geben und dafür von ihm etwas Gleichwertiges erhalten:* Ich tausche meinen Fern-

seher gegen dein Radio.; Briefmarken tauschen; die Plätze tauschen ❷ *etwas Gleiches erwidern:* Sie tauschten einen Händedruck zur Begrüßung.; ein paar freundliche Worte tauschen; bei der Eheschließung Ringe tauschen; Briefe tauschen II. *ohne OBJ* ■ *jmd. tauscht (mit jmdm.) so leben, wie es sonst ein anderer tut:* Ich möchte nicht mit ihm tauschen!

täu·schen <täuschst, täuschte, hat getäuscht> I. *mit OBJ* ■ *jmd. täuscht jmdn. jmdn. absichtlich in die Irre führen:* Mit falschen Papieren und Lügengeschichten konnte der Betrüger seine ahnungslosen Opfer immer wieder täuschen. II. *ohne OBJ* ■ *etwas täuscht einen falschen Eindruck erwecken:* Das Bild täuscht, die Berge sind in Wirklichkeit nicht so nah. III. *mit SICH* ❶ ■ *jmd. täuscht sich (≈ sich irren) etwas glauben oder annehmen, das nicht der Fall ist:* Ich habe mich getäuscht, es war alles ganz anders. ❷ ■ *jmd. täuscht sich in jmdm./etwas jmdn. oder etwas für besser halten als er oder es tatsächlich ist:* Ich habe mich in ihm getäuscht, er ist nicht ehrlich.; ■ *Wenn mich nicht alles täuscht, dann ... (umg.) Ich bin mir sehr sicher, dass ...*

täu·schend *adj /nicht steig./ so, dass es einen falschen Eindruck erweckt:* etwas täuschend nachahmen; Die täuschende Ähnlichkeit der Zwillinge führte dazu, dass sie oft verwechselt wurden.

Tausch·han·del *der* <-s> */kein Plur./ ein Handel, bei dem eine Ware nicht mit Geld, sondern mit einer anderen Ware bezahlt wird:* jemandem einen Tauschhandel anbieten

Täu·schung *die* <-, -en> ❶ */kein Plur./ das Täuschen I:* auf eine plumpe Täuschung hereinfallen; zur Täuschung des Gegners in die andere Richtung laufen ❷ *eine falsche Vorstellung oder Wahrnehmung von etwas:* Das ist nur eine (optische) Täuschung, dort ist nicht wirklich Wasser.

Täu·schungs·ma·nö·ver *das* <-s, -> *eine Handlung, die dazu dient, jmdn. in die Irre zu führen:* den Gegner mit einem Täuschungsmanöver ablenken

tau·send *num die Zahl 1000:* Es sind genau tausend Stück. ◆Kleinschreibung →R 3.16 ein paar tausend Leute; einige/viele tausende Menschen; zu tausenden herbeigeströmt kommen; Es waren tausende von Menschen, die im Stadion waren.; sich viele tausend Mal(e) wiederholen; tausend und abertausend(e); *siehe aber auch* **Tausend²**

Tau·send¹ *die* <-, -en> *die Zahl 1000*

Tau·send² *das* <-s, -e> ❶ *eine Einheit von Tausend Stücken oder Personen:* ein ganzes Tausend Briefmarken/Soldaten ❷ *eine unbestimmte große Menge:* Tausende von Vögeln überwintern hier. ◆Großschreibung →R 3.3 einige/viele Tausende funkelnder Sterne; zu Tausenden umkommen; Es sind Tausende von Vögeln, die hier überwintern.; etwas viele Tausend Mal(e) wiederholen; Tausend und Abertausend(e); *siehe aber auch* **tausend**

Tau·sen·der *der* <-s, -> ❶ *(umg.) ein Geldschein im Wert von 1000:* Hast du schon einmal einen Tausender in der Hand gehabt? ❷ MATH. *die vierte Stelle vor dem Komma:* Die Zahl 5631(,00) enthält fünf Tausender, sechs Hunderter, drei Zehner und einen Einer.

tau·sen·der·lei *adj /nicht steig./ (umg.) vielfach verschieden:* tausenderlei Ausreden/Entschuldigungen haben; sich tausenderlei Dinge merken müssen

tau·send·fach *adj /nicht steig./* **❶** *tausend Mal vervielfältigt:* etwas tausendfach vergrößern; das Tausendfache einer Zahl **❷** *(umg.) sehr oft:* eine tausendfach bewährte Methode

Tau·send·füß·er, a. **Tau·send·füß·ler** *der* <-s, -> *ein Insekt mit sehr vielen Beinen*

tau·send·jäh·rig *adj /nicht steig./ so, dass es seit 1000 Jahren existiert:* das tausendjährige Stadtjubiläum; auf eine tausendjährige Geschichte zurückblicken

tau·send·mal *adv (umg.) sehr oft:* Das habe ich dir schon tausendmal gesagt! ◆ Zusammenschreibung →R 4.3 Da kannst du tausendmal bitten, du bekommst es trotzdem nicht!; *siehe aber auch* **tausend**

tau·sends·te(r, s) *adj /nicht steig./* in einer Reihenfolge an der Stelle 1000; der tausendste Jahrestag; Das habe ich dir nun schon zum tausendsten Mal gesagt!; ■ **vom Hundertsten ins Tausendste kommen** *(umg.) sich in Einzelheiten verlieren* ◆ Großschreibung →R 3.16 als Besucher der Tausendste in einer Ausstellung sein

Tau·sends·tel *das* <-s, -> *der tausendste Teil von etwas:* ein Tausendstel des Gesamtbetrages

tau·sends·tel *adj /nicht steig./* eine tausendstel Minute ◆ Getrenntschreibung →R 4.19 eine tausendstel Sekunde; *siehe aber auch* **Tausendstelsekunde**

Tau·sends·tel·se·kun·de *die* <-, -n> *der tausendste Teil einer Sekunde:* ein Rückstand von einer Tausendstelsekunde

Tau·to·lo·gie *die* <-, ...-gien> **❶** SPRACHWISS. *Sachverhalt und entsprechender Ausdruck, in dem eine Aussage doppelt vorhanden ist:* Der Ausdruck „weißer Schimmel" ist eine Tautologie, weil die Eigenschaft „weiß" bereits in der Bedeutung von „Schimmel" enthalten ist. **❷** MATH., PHILOS., SPRACHWISS. *Aussage, die unabhängig vom Wahrheitswert der Bestandteile stets wahr ist:* A = A, A oder nicht A **❸** SPRACHWISS. *sprachliche Äußerung mit der Form der logischen Aussage A = A, die aber alltagssprachlich umgedeutet wird, sodass sie sinnvoll wird:* Der Ausdruck „Ein Mann ist ein Mann" wird im Hinblick auf den zweiten Ausdruck „Mann" umgedeutet als „Ein Mann ist so, wie eben ein Mann ist", wobei verschiedene Eigenschaften veranschlagt werden können.

tau·to·lo·gisch *adj in der Art einer Tautologie*

Tau·trop·fen *der* <-s, -> *einer der vielen kleinen Wassertropfen, aus denen Tau besteht:* Tautropfen hängen an den Blättern.

Tau·wet·ter *das* <-s> */kein Plur./* **❶** *eine Wetterlage (im Winter), bei der die Temperatur (nach einer Frostperiode) über dem Gefrierpunkt liegt und Schnee und Eis schmelzen:* Tauwetter setzt ein.; Durch das Tauwetter hat sich die Lawinengefahr erhöht. **❷** POL. *die Zeit, in der es zwischen zwei Staaten wieder bessere diplomatische Beziehun-*

gen und freundlichen Austausch gibt: Nach Ende des Kalten Krieges begann in Europa das politische Tauwetter.

Tau·zie·hen *das* <-s> */kein Plur./* **❶** *ein sportlicher Wettbewerb, bei dem zwei Gruppen an den beiden Enden eines Taus ziehen und versuchen, die jeweils andere Gruppe über eine bestimmte Linie zu ziehen* **❷** *(umg. übertr.) ein zäher und langer Kampf um etwas:* Um die Gelder, die zu verteilen waren, gab es ein wochenlanges Tauziehen.

Ta·ver·ne *die* <-, -n> *einfaches griechisches Gasthaus*

Ta·xa·me·ter *der* <-s, -> *in einem Taxi das Gerät, das die Gebühren zählt, die der Fahrgast nach der Fahrt bezahlen muss*

Tax·card *die* [tækskaːt] <-, -s> SCHWEIZ. *Telefonkarte*

Ta·xe *die* <-, -n> *(umg.)* NORDDT. *Taxi*

Ta·xi *das* <-(s), -s> *ein Auto, mit dem man sich gegen Bezahlung an ein bestimmtes Ziel fahren lassen kann:* ein Taxi rufen; für den Heimweg ein Taxi nehmen; Soll ich Ihnen ein Taxi bestellen? ◆ -fahrer(in), -unternehmen, Funk-

ta·xie·ren *mit OBJ* **❶** ■ *jmd. taxiert etwas (≈ einschätzen) den Wert bestimmen:* ein Grundstück (auf ... Euro) taxieren **❷** ■ *jmd. taxiert jmdn. (umg.) prüfend ansehen:* Er taxierte sie mit einem Blick.

Ta·xi·stand *der* <-(e)s, Taxistände> *ein bestimmter Bereich, in dem Taxis auf Kundschaft warten*

Team *das* [tiːm] <-s, -s> **❶** *eine Gruppe von Personen, die gemeinsam an etwas arbeiten:* ein Ergebnis im Team erarbeiten; ein Team für die Arbeit an einem Projekt zusammenstellen ◆ Arbeits-, Ärzte-, Projekt- **❷** SPORT *(≈ Mannschaft)* Der Trainer stellt das Team für den nächsten Wettkampf zusammen.

Team·ar·beit *die* [tiːm...] <-> */kein Plur./ die gemeinsame Arbeit einer Gruppe an einer bestimmten Aufgabe*

team·fä·hig *adj* [tiːm...] *adj in der Lage, mit anderen in einer Gruppe zusammenzuarbeiten:* einen teamfähigen Mitarbeiter suchen ▶ Teamfähigkeit

Team·geist *der* [tiːm...] <-(e)s> */kein Plur./ Zusammengehörigkeitsgefühl und kameradschaftliches Verhalten unter den Mitgliedern eines Teams:* In der Gruppe herrschte ein richtiger Teamgeist.; im Laufe der Zeit Teamgeist entwickeln

Team·work *das* [tiːm...] <-s> */kein Plur./ (≈ Teamarbeit)* Wir wollen unser Projekt in Teamwork entwerfen.

Tech·nik *die* <-, -en> **❶** */kein Plur./ die Gesamtheit der Verfahren und Arbeitsmittel, mit denen der Mensch sich seine Umwelt nutzbar macht:* der rasante Fortschritt der Technik; der neueste Stand der Technik; auf dem Gebiet der Technik arbeiten/forschen **❷** */kein Plur./ die Maschinen und Ausrüstungen, die irgendwo benutzt werden:* Der Betrieb arbeitet mit moderner Technik.; Die veraltete Technik durch neue Maschinen ersetzen. **❸** */kein Plur./ (≈ Funktionsweise) die Art und Weise, wie etwas aus verschiedenen Teilen aufgebaut ist und wie diese Teile zusammenwirken:* die

T

Technik einer Maschine verstehen ❹ *(≈ Methode) ein Verfahren, um etwas Bestimmtes auszuführen:* handwerkliche Technik(en); die Technik(en) der Arbeit mit Nachschlagewerken erlernen; die Technik des Boxens/Rückenschwimmens erlernen; die erstaunlichen Techniken asiatischer Kampfsportarten; ein Fußballer mit einer ausgefeilten Technik; eine neuartige/veraltete Technik anwenden ◆Arbeits-, Holz-, Schreib-, Zeichen-

tech·nik·af·fin *adj mit einer Haltung, die technischen Fortschritt begrüßt:* Unser Unternehmen sucht technikaffine Kundenbetreuer.

Tech·ni·ker *der,* **Tech·ni·ke·rin** <-s, -> ❶ *jmd., der einen technischen [1] Beruf ausübt:* einen Techniker zu Rate ziehen ◆Tech-, Zahn- ❷ *jmd., der eine Technik [4] besonders gut beherrscht:* Er ist der Techniker in der Fußballmannschaft.; Diese Geigerin ist eine brillante Technikerin.

Tech·nik·fol·gen·ab·schät·zung *die* <-> */kein Plur./ eine wissenschaftliche Disziplin, die sich mit den Folgen neuer Technologien für Gesellschaft und Umwelt beschäftigt*

Tech·ni·kum *das* <-s, Technika/Techniken> *eine technische Fachhochschule* ◆Poly-

tech·nisch *adj /nicht steig./* ❶ *auf die Ausstattung mit Geräten und ihre Funktionsweise bezogen:* technische Details der Ausstattung; eine technische Störung beheben/haben; technisches Verständnis haben; die technischen Wissenschaften ❷ *auf eine Verfahrensweise bezogen:* technische Einzelheiten für eine Konferenz besprechen; eine Veranstaltung technisch vorbereiten; etwas technisch beherrschen, ohne es wirklich zu verstehen; aus technischen Gründen geschlossen haben; ■ **Technische Hochschule/Universität** *Universität, die technisches Wissen vermittelt und auf technischem Gebiet forscht* ◆Großschreibung →R 3.17, R 3.19 Technisches Hilfswerk; Technischer Überwachungsverein

-tech·nisch *als Zweitglied zusammengesetzter Adjektive; drückt aus, dass das mit dem Erstglied Bezeichnete im Hinblick auf die praktische Durchführbarkeit bzw. den organisatorischen Ablauf und damit verbundene Prozesse betrachtet wird* ◆druck-, fertigungs-, finanz-, steuer-, verkehrs-, verwaltungs-

Tech·no *das/der* ['tεkno] <-(s)> MUS. *elektronische, stark von rhythmischen Bässen bestimmte Tanzmusik:* Techno hören ◆-club, -fan, -musik, -party

Tech·no·krat *der,* **Tech·no·kra·tin** <-en, -en> *(geh. abwert.)* ❶ *Vertreter oder Anhänger der Technokratie* ❷ *(abwert.) jmd., der sein Denken und Handeln nur auf Funktionalität ausrichtet un dabei wenig Rücksicht auf Personen nimmt*

Tech·no·kra·tie *die* <-, ...-tien> *die Vorherrschaft von Technik und Verwaltung in allen Lebensbereichen, bei der nur funktionale Ziele als wichtig gelten, persönliche, soziale und kulturelle Aspekte aber nicht beachtet werden*

tech·no·kra·tisch *adj /nicht steig./ (abwert.)* ❶ *die Technokratie betreffend* ❷ *in der Art eines Technokraten [2]*

Tech·no·lo·gie *die* <-, ...-gien> ❶ *Verfahren; Methode:* eine bestimmte Technologie anwenden; eine neue Technologie entwickeln/erproben ◆Bio-, Umwelt- ❷ *die Wissenschaft von der Umwandlung von Rohstoffen in Fertigprodukte:* die Technologie der Eisengewinnung/Erdölverarbeitung ◆Bio-, Gen- ❸ *Ausstattung mit Maschinen und Fertigungsanlagen:* veraltete Technologie durch neue ersetzen

Tech·no·lo·gie·park *der* <-s, -s> WIRTSCH. *ein Gelände, auf dem Firmen mit den neuesten Technologien [1, 3] angesiedelt sind*

Tech·no·lo·gie·trans·fer *der* <-s, -s> WIRTSCH. *Verkauf oder Weitergabe von technologischen Neuerungen (an andere Länder)*

tech·no·lo·gisch *adj /nicht steig./ die Technologie betreffend:* technologische Neuerungen

TED *der* [tεd] <-s> */kein Plur./ kurz für „Teledialog“: Telefonumfrage, die elektronisch ausgewertet wird und mit der man z. B. die Meinung von Fernsehzuschauern zu einem Thema ermitteln kann:* einen TED durchführen; die Ergebnisse des TEDs

Ted·dy *der* <-s, -s> *Stofftier in Form eines Bären* ◆-bär

Tee *der* <-s, -s> ❶ *in Asien wachsender Strauch, dessen Blätter geerntet und weiterverarbeitet werden:* der Anbau von Tee ◆-anbau, -plantage ❷ *die Blätter des Tees [1]:* Tee ernten/fermentieren; chinesischer/grüner/indischer/schwarzer Tee ◆-ernte ❸ KOCH. *das aus Tee [2] gewonnene anregende Getränk:* Tee kochen/trinken; Nehmen Sie Milch/Zitrone/Zucker zum Tee?; eine Kanne/Tasse Tee; schwarzer Tee mit Milch und Kandiszucker ❹ KOCH. *ein heißes Getränk, das durch das Aufgießen frischer oder getrockneter Blätter, Blüten oder Früchte bestimmter Pflanzen mit heißem Wasser entsteht:* Tee aus Pfefferminzblättern/Huflattichblüten/Hagebutten kochen; Früchte/Kräuter für Tee aufgießen/trocknen ◆Früchte-, Kräuter-

Tee·beu·tel *der* <-s, -> *eine einzelne Portion Tee [2, 4] in einem Beutel zum Aufgießen*

Tee·but·ter *die* <-> ÖSTERR. *Markenbutter*

Tee·ei, **Tee-Ei** *das* <-(e)s, -er> *eiförmiger Filter für Tee [2, 4]*

Tee·fil·ter *der* <-s, -> *Filter für die Zubereitung des Tees [3, 4]*

Tee·ge·bäck *das* <-s, -e> *zum Tee [3, 4] gereichtes Gebäck*

Tee·kan·ne *die* <-, -n> *für die Zubereitung von Tee [3, 4] benutzte Kanne*

Tee·kes·sel·ra·ten *das* <-s> *ein Spiel für Kinder, bei dem die Wörter erraten werden müssen, die gleich gesprochen oder geschrieben werden, aber verschiedene Bedeutungen haben, also Homonyme sind; siehe auch* **Homonymie**

Tee·licht *das* <-(e)s, -(e)s/...-lichter> *eine kleine flache Kerze in einem Aluminiumbehälter*

Tee·löf·fel *der* <-s, -> *(≈ Kaffeelöffel) kleinerer Löffel*

Teen *der* [ti:n] <-s, -s> */meist Plur./ kurz für „Teenager(in)“: die Teens und Twens*

Teen·ager *der,* **Teen·age·rin** ['ti:ne:dʒə] <-s, -> *(umg.) Jugendliche(r) im Alter zwischen 13 und*

19 Jahren: Reiseangebote/Musikveranstaltungen für Teenager

Tee·nie, Tee·ny *der* ['ti:ni] <-s, -s> *(umg.) kurz für „Teenager":* Der Sänger ist zu einem Idol der Teenies geworden.

Teer *der* <-(e)s, -e> *aus Kohle oder Holz gewonnener schwarzer, zäher Stoff, der beim Straßenbau und zum Abdichten gegen Nässe verwendet wird:* Teer kochen; das Dach mit Teer abdichten

tee·ren *mit OBJ* ■ *jmd. teert etwas mit Teer bedecken:* ein Dach teeren; eine frisch geteerte/frischgeteerte Straße

Teer·pap·pe *die* <-, -n> *mit Teer bestrichene Pappe*

Tee·ser·vice *das* [...ze:ɐ̯'vi:s] <-, -s> *Geschirr, das speziell zum Zubereiten und Trinken von Tee³ benutzt wird*

Tee·stu·be *die* <-, -n> *Gaststätte oder Raum, wo Tee³, ⁴ getrunken werden kann*

Tee·wa·gen *der* <-s, -> *(≈ Servierwagen) ein kleiner Wagen auf Rädern, der zum Transportieren und Servieren von Speisen dient*

Tef·lon® *das* <-s> */kein Plur./ ein hitzefester Kunststoff:* Die Pfanne ist mit Teflon beschichtet. ◆-pfanne

Teich *der* <-(e)s, -e> *ein kleiner See:* Auf dem Teich im Park gibt es Schwäne und Enten. ◆ Fisch-, Zier-

Teich·ro·se *die* <-, -n> *eine gelb blühende Wasserpflanze, deren Blätter auf dem Wasser schwimmen*

Teig *der* <-(e)s, -e> *eine weiche Masse, die (meist) aus Mehl, Wasser und anderen Zutaten besteht und die, wenn man sie im Ofen bäckt, zu einem Kuchen wird:* einen Teig zubereiten; den Teig ausrollen/backen/gehen lassen/kneten ◆ Blätter-, Brot-, Kuchen-, Mürbe-, Rühr-

tei·gig *adj* ❶ *so, dass es weich ist und man es kneten kann:* eine teigige Masse ❷ *nicht richtig durchgebacken (und daher noch wie roher Teig):* Das Brot ist innen noch ganz teigig. ❸ *(≈ blass) ein teigiges Gesicht* ❹ *voller Teig:* Ich kann nicht ans Telefon gehen, ich habe gerade teigige Hände.

Teig·wa·ren <-> *Plur. Oberbegriff für Nudeln*

Teil *der/das* <-(e)s, -e> ❶ */Artikel: der/ (≈ Bestandteil)* etwas, das zusammen mit anderen ein Ganzes bildet: Der vordere Teil des Hauses ist verputzt.; die Universität als Teil des Bildungssystems; Der größere Teil der Wähler ist zur Wahl gegangen.; Ein großer Teil der Ernte wurde vernichtet.; Ich habe den ersten Teil der Rede verpasst.; Den schwierigsten Teil der Arbeit haben wir erledigt.; Der aufmerksame Teil der Klasse hat verstanden, was der Lehrer gesagt hatte.; Er ist der gebende Teil in der Beziehung der beiden. ❷ */Artikel: der/ das/ (≈ Anteil/Beitrag)* etwas, das jmdm. zukommt oder das jmd. zu etwas beiträgt: sein(en) Teil von etwas abbekommen/zu etwas beitragen; Wir haben unser(en) Teil zum Erfolg des Projekts beigetragen.; Ich habe mir mein(en) Teil dabei gedacht.; etwas zu gleichen Teilen bezahlen ❸ */Artikel: das/ (≈ Bauteil, Einzelteil, Element)* ein einzelner, für sich betrachteter Gegenstand, der zusammen mit anderen Elementen Bestandteil eines Ganzen ist: die Uhr in ihre einzelnen Teile zerlegen; das defekte Teil ausbauen/reparieren; Das Haus wird aus vorgefertigten Teilen gebaut.; Dieses Teil muss ausgetauscht werden.; jedes einzelne Teil der Maschine säubern ❹ */Artikel: das/ (umg.: ≈ Stück)* ein bestimmter Gegenstand: Hast du ein neues Handy? Was kostet so ein Teil?; Jedes Teil kostet nur noch 5 Euro.; ■ **jemand denkt sich sein Teil bei etwas** *(umg.) seine eigenen Gedanken über etwas für sich behalten;* ■ **ein gut Teil** *(umg.) ziemlich viel*

Teil·ab·schnitt *der* <-(e)s, -e> *(≈ Teilstück) einzelner Abschnitt von etwas:* einen Teilabschnitt der Autobahn fertigstellen

teil·bar *adj /nicht steig./* MATH. *so, dass man bei Division eine ganze Zahl erhält:* 8 ist durch 4 teilbar.

Teil·bar·keit *die* <-> */kein Plur./* MATH. *die Eigenschaft, teilbar zu sein*

Teil·be·trag *der* <-(e)s, Teilbeträge> *einzelner Betrag, der Teil einer größeren Summe ist:* einen Teilbetrag des Gesamtpreises vorab überweisen

Teil·chen *das* <-s, -> ❶ *eines der sehr vielen kleinen Teile, aus denen manche Stoffe bestehen:* winzige Teilchen aus Staub und Rauch ❷ PHYS. *kurz für „Elementarteilchen":* Teilchen beschleunigen/zerstrahlen

Teil·chen·be·schleu·ni·ger *der* <-s, -> PHYS. *eine Anlage der physikalischen Forschung, in der Elementarteilchen auf sehr hohe Geschwindigkeiten beschleunigt (und zur Kollision gebracht) werden, um daraus Einsichten in den Aufbau der Materie zu erhalten*

tei·len **I.** *mit OBJ/ohne OBJ* ■ *jmd. teilt etwas (mit jmdm.)* jedem einen Anteil geben: Die Geschäftspartner teilen das Geld/den Gewinn.; Wir können die Arbeit teilen, dann geht es schneller.; Wenn dir das zu viel ist, können wir ja teilen!; Sie hat immer mit ihrer Schwester geteilt. **II.** *mit OBJ* ❶ ■ *jmd./etwas teilt etwas (in etwas Akk.)* in einzelne Stücke zerlegen: den Kuchen in Stücke teilen; eine Fläche in mehrere Grundstücke teilen; Ein Vorhang teilt den Raum. ❷ ■ *jmd. teilt etwas* MATH. *(≈ dividieren)* eine Zahl durch eine andere teilen; 10 geteilt durch 5 ergibt 2. ❸ ■ *jmd. teilt etwas* Anteil nehmen: jemandes Begeisterung/Freude/Schmerz/Sorgen teilen; Ich kann deine Meinung nicht teilen. ❹ ■ *mehrere Personen teilen (sich) etwas* gemeinsam nutzen: Zehn Mieter teilen (sich) einen Trockenraum.; Mehrere Personen teilen (sich) ein Fahrzeug.; sich den Gewinn teilen **III.** *mit SICH* ■ *etwas teilt sich* aufteilen: Wir teilen uns nun in zwei Gruppen.; Die Zellen teilen sich.; Der Fluss/die Straße teilt sich.

Tei·ler *der* <-s, -> MATH. *die Zahl, die als Divisor einer ganzen Zahl eine ganze Zahl ergibt:* 10, 1, 5 und 2 sind Teiler von 10.; der größte/kleinste gemeinsame Teiler zweier Zahlen

-tei·ler *als Zweitglied zusammengesetzter Substantive; drückt aus, dass etwas (eine Fernsehserie, ein Kleidungsstück) die mit dem Erstglied bezeichnete Menge/Anzahl von Teilen aufweist* ◆ Ein-, Drei-, Mehr-, Zwei- usw.

Teil·ge·biet das <-(e)s, -e> einzelnes Gebiet innerhalb eines Faches: die Akustik, ein Teilgebiet der Physik

teil·ha·ben <hast teil, hatte teil, hat teilgehabt> ohne OBJ ■ **jmd. hat an etwas** Dat. **teil** (geh.) an etwas beteiligt sein: an jemandes Gespräch teilhaben; eine Gruppierung/Partei an der Macht teilhaben lassen

Teil·ha·ber der, **Teil·ha·be·rin** <-s, -> WIRTSCH. jmd., der an einer Firma finanziell beteiligt ist: Die Firma hat mehrere Teilhaber.

teil·haf·tig adj /mit Gen./ /nicht steig./ (veralt.) so, dass jmd. Anteil an etwas hat: Sie wurde eines großen Glücks teilhaftig.

Teil·lie·fe·rung die <-, -en> WIRTSCH. einzelne Lieferung, die Teil einer größeren Bestellung ist: Möbel/ein mehrbändiges Lexikon in Teillieferungen erhalten

Teil·nah·me die <-> /kein Plur./ ❶ Beteiligung, Mitwirkung: die Teilnahme an Wahlen/einem Kurs/an einem Preisausschreiben; Wegen mangelnder Teilnahme musste die Veranstaltung ausfallen.; seine Teilnahme an einer Konferenz zusagen ❷ (≈ Interesse) mit seinen Worten auf viel/wenig Teilnahme stoßen ❸ (≈ Mitgefühl) jemandem seine Teilnahme zum Tod eines Angehörigen aussprechen

teil·nahms·los adj /nicht steig./ (≈ apathisch) ohne Interesse oder Mitwirkung an irgendetwas; passiv: völlig teilnahmslos wirken/dasitzen; etwas völlig teilnahmslos mit sich geschehen lassen ▶ Teilnahmslosigkeit

teil·nahms·voll adj /nicht steig./ voller Mitgefühl: teilnahmsvoll nach jemandes Befinden fragen; teilnahmsvolle Worte sprechen

teil·neh·men <nimmst teil, nahm teil, hat teilgenommen> ohne OBJ ■ **jmd. nimmt an etwas** Dat. **teil** ❶ anwesend sein: Sie hat regelmäßig am Unterricht teilgenommen.; An der Konferenz nahmen 200 Wissenschaftler aus aller Welt teil. ❷ sich an etwas beteiligen; aktiv an etwas mitwirken: Er nimmt an einem Wettbewerb teil; an einem Ausflug/an einem Gespräch/an einer Weihnachtsfeier teilnehmen ❸ (geh.) Mitgefühl haben: an jemandes Kummer/Schicksal/Sorgen teilnehmen

Teil·neh·mer der, **Teil·neh·me·rin** <-s, -> ❶ jmd., der sich an etwas beteiligt oder daran mitwirkt: die Teilnehmer einer Konferenz/eines Wettkampfs/eines Preisausschreibens ❷ TELEKOMM. (fachspr.) Gesprächspartner am Telefon: Der Teilnehmer meldet sich nicht.

teils adv ■ **teils ..., teils ...** verwendet, um auszudrücken, dass verschiedene Dinge gleichzeitig zutreffen Das Wetter war teils heiter, teils wolkig.; Die Prüfungsteilnehmer erreichten teils gute, teils sehr gute Ergebnisse.

Teil·stre·cke die <-, -n> ein einzelner Streckenabschnitt von etwas: Eine Teilstrecke der Autobahn/der Eisenbahnverbindung ist fertiggestellt.

Tei·lung die <-, -en> ❶ /kein Plur./ das Teilen: die Teilung eines Betrages/des Geldes/einer Zahl; Eine Teilung der Arbeit/der Aufgaben wäre sinnvoll. ◆ Gewalten-, Zell- ❷ die Tatsache, dass etwas

geteilt ist: die Teilung der Aufgabenbereiche; die Teilung der Welt in Arm und Reich

teil·wei·se adv so, dass es nicht vollständig, sondern nur in einzelnen Teilen der Fall ist: ein Gebäude teilweise wieder aufbauen; Ich habe nur teilweise verstanden, was gesagt wurde.; Es ist teilweise schon bekannt geworden, dass ...

Teil·zah·lung die <-, -en> (≈ Ratenzahlung) die Zahlung in einzelnen Teilbeträgen: ein Auto/Möbel auf Teilzahlung kaufen

Teil·zeit ■ **Teilzeit arbeiten** (nach vertraglicher Vereinbarung) weniger als die volle Wochenarbeitszeit arbeiten Sie arbeitet (in) Teilzeit und muss pro Woche achtzehn Stunden arbeiten. ◆ -arbeit, -beschäftigung, -kraft

teil·zeit·be·schäf·tigt adj /nicht steig./ so, dass man (nach vertraglicher Vereinbarung) weniger als die volle Wochenarbeitszeit arbeitet: Sie ist teilzeitbeschäftigt und arbeitet zwanzig Wochenstunden.; Die Firma stellt hauptsächlich Teilzeitbeschäftigte ein.

Teint der [tɛ̃ː] <-s, -s> Farbe und Beschaffenheit der Gesichtshaut: einen dunklen/frischen/rosigen Teint haben

Tek·to·nik die <-> /kein Plur./ GEOL. die Lehre vom Bau und den Bewegungen der Erdkruste ▶ tektonisch

Te·le·ar·beit die <-> /kein Plur./ der Vorgang, dass jmd. bei einer Firma angestellt ist, aber seine Arbeit in der eigenen Wohnung ausübt (und mit der Firma über E-Mail und Telefon kommuniziert) ◆ -splatz

Te·le·fax das <-es, -e> (≈ Fax) ❶ kurz für „Telefaxgerät": über Telefax verfügen; ein Telefax anschaffen ◆ -anschluss, -nummer ❷ eine mittels Fernkopierer übermittelte Nachricht: ein Telefax lesen

te·le·fa·xen <telefaxt, telefaxte, hat getelefaxt> mit OBJ ■ **jmd. telefaxt etwas** (≈ faxen) per Telefax übermitteln: eine Nachricht telefaxen

Te·le·fax·ge·rät das <-(e)s, -e> (≈ Faxgerät) ein Gerät, das die Daten eines geschriebenen Texts über die Telefonleitung übermittelt bzw. Daten eines geschriebenen Texts über die Telefonleitung empfängt und dann als Text auf Papier ausdruckt

Te·le·fon, Te·le·fon das <-s, -e> ein Gerät, mit dem man Gespräche mit Partnern führen kann, die an einem anderen, meist weit entfernten Ort sind: Das Telefon klingelt/läutet.; Ein schnurloses Telefon hat kein Kabel.; Ich muss das Läuten des Telefons überhört haben.; Ich habe schon mehrfach angerufen, aber niemand geht ans Telefon.; Könnten Sie bitte meine Frau ans Telefon holen? ◆ -anlage, -anruf, -anschluss, -buch, -gebühr, -gesellschaft, -gespräch, -hörer, -kabel, -leitung, -netz, -nummer, -sex, -zentrale, Auto-, Mobil-, Karten-, Zug-

Te·le·fo·nat das <-(e)s, -e> (geh.) ein Gespräch mittels Telefon

te·le·fo·nie·ren ohne OBJ ■ **jmd. telefoniert (mit jmdm.)** ein Ferngespräch führen: Bitte warten Sie einen Augenblick, der Kollege telefoniert gerade.; Haben wir nicht erst gestern telefoniert?

te·le·fo·nisch adj /nicht steig./ mit dem oder über das Telefon: etwas telefonisch bestellen/bestätigen

T

Te·le·fo·nist *der;* **Te·le·fo·nis·tin** <-en, -en> *jmd., der beruflich Telefongespräche entgegennimmt und weiterleitet*

Te·le·fon·kar·te *die* <-, -n> *eine Chipkarte, mit der ein Kartentelefon benutzt werden kann:* eine abgelaufene Telefonkarte

te·le·gen *adj (geh.) so, dass man in Fernsehaufnahmen besonders gut und attraktiv aussieht:* das telegene Lächeln des Politikers

Te·le·graf, *a.* **Te·le·graph** *der* <-en, -en> TELEKOMM. *(≈ Fernschreiber) Gerät zur Übermittlung von Nachrichten mittels elektrischer Impulse, die nach einem bestimmten System gesendet werden* ◆-enleitung, -enmast ▶ Telegraphie/Telegrafie, telegraphisch/telegrafisch

te·le·gra·fie·ren, *a.* **te·le·gra·phie·ren** *mit OBJ/ohne OBJ* ❶ ■ *jmd.* **telegrafiert etwas** *eine Nachricht durch Telegrafie übermitteln* ❷ ■ *jmd.* **telegrafiert etwas** *ein Telegramm schicken:* Sie hat aus Rom telegrafiert.

Te·le·gramm *das* <-(e)s, -e> *eine telegrafisch übermittelte Nachricht, die dem Empfänger in Form eines Briefes zugestellt wird*

Te·le·gramm·stil *der* <-(e)s> ■ **im Telegrammstil** *in besonders knapper Ausdrucksweise (angelehnt an den stark verkürzten Stil von Telegrammen)*

Te·le·graph *siehe* **Telegraf**

te·le·gra·phie·ren *siehe* **telegrafieren**

Te·le·ki·ne·se *die* <-> */kein Plur./ der Vorgang, dass ein Mensch seinen Gegenstand nur durch geistige Kraft bewegen kann, ohne dass er ihn physisch berührt*

Te·le·kol·leg *das* <-s, -s> SCHULE *Unterricht, bei dem die Inhalte mittels Fernsehen vermittelt werden*

Te·le·kom·mu·ni·ka·ti·on *die* <-> */kein Plur./ Nachrichtenübertragung mit elektronischen Mitteln*

Te·le·ob·jek·tiv *das* <-s, -e> FOTOGR. *ein Objektiv für das Fotografieren weit entfernter Gegenstände*

Te·le·o·lo·gie *die* <-> */kein Plur./* PHILOS. *eine Auffassung, die davon ausgeht, dass sich alle Entwicklungen an einem vorher angelegten oder bestimmten Ziel hin bewegen* ▶ teleologisch

Te·le·pa·thie *die* <-> */kein Plur./ das Wahrnehmen von Dingen, Gedanken oder Vorgängen über weite Entfernung ohne Hilfe der Sinnesorgane:* Ich habe gerade gedacht, dass sie lange nicht angerufen hat, da hat schon das Telefon geklingelt und sie war dran – das war wohl Telepathie! ▶ telepathisch

Te·le·s·kop *das* <-(e)s, -e> *eine Art sehr starkes Fernrohr, mit dem man Dinge sehen kann, die sehr weit entfernt sind* ◆ Radio-

Te·le·spiel *das* <-(e)s, -e> *ein elektronisches Spiel, das (mit entsprechenden Zusatzgeräten) am Fernsehbildschirm gespielt wird*

Te·le·vi·si·on *die* <-> */kein Plur./ das Fernsehen (abgekürzt „TV")*

Te·lex *das* <-, -(e)s> ❶ */nur Sing./* TELEKOMM. *ein System, bei dem Nachrichten in eine Maschine eingetippt und über eine Telefonleitung an ein Empfängergerät gesendet werden* ❷ *(≈ Fern-*

schreiben) eine Nachricht, die mit Telex[1] gesendet wird: ein Telex empfangen/senden

te·le·xen <telext, telexte, hat getelext> *mit OBJ* ■ *jmd.* **telext etwas** TELEKOMM. *mit oder als Telex schicken*

Tel·ler *der* <-s, -> ❶ *eine meist runde Platte, von der Speisen gegessen werden:* ein flacher/tiefer Teller; die Teller spülen/auf den Tisch stellen ◆ Glas-, Papp-, Porzellan-, Suppen- ❷ *die Menge (einer Speise), die auf einem Teller[1] Platz hat:* ein Teller Brei/Eintopf/Suppe

Tel·ler·mi·ne *die* <-, -n> MILIT. *eine Landmine, die ungefähr wie ein Teller[1] aussieht*

Tel·ler·rand ■ **über den Tellerrand hinausschauen** *(umg.) (gelegentlich) Dinge kennenlernen und berücksichtigen, die nicht im eigenen alltäglichen Umfeld liegen*

Tel·ler·wä·scher *der;* **Tel·ler·wä·sche·rin** <-s, -> *jmd., dessen Arbeit es ist (in Gaststätten) Geschirr zu spülen*

Tel·lur *das* <-s> */kein Plur./* CHEM. *ein chemisches Element*

Tem·pel *der* <-s, -> *ein Bauwerk, in dem bestimmte nichtchristliche Religionen ihre Götter anbeten:* der Tempel der Aphrodite/des Jupiter; ägyptische/antike/griechische Tempel

Tem·pe·ra·far·be *die* <-, -en> KUNST *eine Deckfarbe aus anorganischen Pigmenten, Öl und einem Bindemittel*

Tem·pe·ra·ment *das* <-(e)s, -e> ❶ *Wesensart:* In der Klasse gibt es die unterschiedlichsten Temperamente.; Es gibt die Lehre von den vier Temperamenten: dem cholerischen, sanguinischen, phlegmatischen und dem melancholischen Temperament.; ein ruhiges/lebhaftes Temperament haben; Das kann man nicht lernen, das ist einfach eine Frage des Temperaments.; Sie hat ihr Temperament (≈ ihr impulsives und starkes Temperament) von der Großmutter geerbt. ❷ */kein Plur./ lebhafte Wesensart:* kein/viel Temperament haben; sein Temperament zügeln; Er wurde laut und aufgeregt – sein Temperament ist eben mit ihm durchgegangen.; Sie hat ihr Temperament (≈ ihr impulsives und starkes Wesen) von der Großmutter geerbt.

tem·pe·ra·ment·voll *adj lebhaft, voller Schwung:* temperamentvoll sein; eine temperamentvolle Sängerin; ein temperamentvoller Tanz

Tem·pe·ra·tur *die* <-, -en> ❶ *die messbare Wärme, die etwas hat:* Bei einer Temperatur von einhundert Grad Celsius siedet Wasser.; Die Temperatur beträgt 31° C.; Temperaturen von 60° C sind hier keine Seltenheit.; Die Temperaturen sinken/steigen/bleiben etwa gleich. ◆-rückgang, -schwankung, Durchschnitts-, Höchst-, Nacht-, Spitzen-, Tages-, Tiefst- ❷ MED. *leichtes Fieber:* Das Kind hat Temperatur, aber noch kein Fieber.

tem·pe·rie·ren <temperierst, temperierte, hat temperiert> *mit OBJ* ■ *jmd.* **temperiert etwas** *eine gleichmäßige mittlere Temperatur herstellen:* Ich habe kurz geheizt, damit die Wohnung etwas temperiert ist, wenn wir zurückkommen.; ein angenehm temperiertes Bad

Tem·po *das* <-s, -s/Tempi> ❶ <pl: -s> *(≈ Ge-*

T

schwindigkeit) ein hohes/scharfes Tempo; das Tempo beschränken/erhöhen/reduzieren/ verlangsamen; ein bestimmtes/durchschnittliches Tempo fahren; Kann der Läufer dieses Tempo durchhalten?; Der Favorit des Rennens verschärft nun das Tempo. ❷ <pl: Tempi> MUS. *Zeitmaß eines Musikstücks:* die Tempi beachten/richtig umsetzen

Tem·po·li·mit *das* <-s, -s> (≈ Höchstgeschwindigkeit) *die maximale Geschwindigkeit, mit der man auf einer bestimmten Straße oder einem bestimmten Streckenabschnitt fahren darf:* ein Tempolimit einhalten/überschreiten/vorgeben

tem·po·rär <nicht steig> *adj (geh.: ≈ vorübergehend) so, dass es nur für eine begrenzte Zeit gültig ist:* Das Beratungsbüro war nur eine temporäre Einrichtung.; eine temporäre Maßnahme

Tem·po·sün·der *der,* **Tem·po·sün·de·rin** <-s, -> *(umg.) jmd., der gegen ein Tempolimit verstößt*

Tem·pus *das* <-, Tempora> SPRACHWISS. *die Zeitform des Verbs, die anzeigt, welcher zeitliche Zusammenhang zwischen einer Handlung und dem Sprechzeitpunkt besteht:* eine Verbform nach Person, Numerus und Tempus bestimmen; Das Präsens ist das Tempus der Gegenwart, das Präteritum ist ein Tempus der Vergangenheit.

Ten·denz *die* <-, -en> *(geh.)* ❶ *die Richtung, in die eine Entwicklung geht:* Aktienkurse haben eine steigende oder fallende Tendenz; In der Meinung der Wähler kurz vor den Wahlen hatten die Regierungsparteien eine steigende Tendenz. ❷ *(≈ Neigung) die Eigenschaft, dass jmd. auf eine bestimmte Situation normalerweise mit einem bestimmten Verhalten reagiert:* Er hat die Tendenz, bei Schwierigkeiten schnell aufzugeben.; eine Tendenz zur Melancholie/zum Selbstmitleid haben ❸ */meist Plur./ (≈ Strömung) der Vorgang, dass viele Personen sich zu einer bestimmten Meinung oder Weltanschauung hingezogen fühlen:* nationalistische Tendenzen in der Gesellschaft; naturalistische Tendenzen in der Kunst; geistige/kulturelle/ soziale Tendenzen ◆ Mode-

ten·den·zi·ell *adj /nicht steig./ (geh.) der allgemeinen Entwicklung einer Tendenz[1] nach:* Das ist tendenziell richtig, muss aber noch präzisiert werden.

ten·den·zi·ös *adj (abwert.: ≈ einseitig ↔ objektiv) nicht objektiv, sondern von einer bestimmten Tendenz[3] beeinflusst:* tendenziöse Berichterstattung

Ten·der *der* <-s, -> GESCH. *ein Vorratswagen, der sich hinter einer Dampflokomotive befindet und Kohle und Wasser enthält*

ten·die·ren <tendierst, tendierte, hat tendiert> *ohne OBJ* ■ *jmd./etwas tendiert zu etwas Dat. (geh.) zu etwas neigen; auf etwas gerichtet sein:* politisch nach links/rechts/zu keiner bestimmten Partei tendieren; zu unüberlegtem Handeln tendieren; Ich tendiere dazu, das Angebot abzulehnen.

Ten·ne *die* <-, -n> *ein Platz in einer Scheune, wo man früher das Dreschen des Getreides besorgte*

Ten·nis *das* <-> */kein Plur./* SPORT *ein Spiel, das von zwei Spielern oder von zwei Paaren von Spielern gespielt wird, indem ein relativ kleiner Ball mit Schlägern über ein Netz geschlagen wird*

◆ -ball, -halle, -kleid, -platz, -rock, -schläger, -schuh, -shorts, -socke, -spieler(in), -tasche, -turnier, Hallen-, Profi-

Ten·nis·spiel *das* <-(e)s, -e> ❶ */kein Plur./ Tennisspielen:* Das Tennisspiel verlangt viel Kraft und Ausdauer. ❷ *einzelnes Spiel im Tennis:* ein Tennisspiel besuchen/im Fernsehen verfolgen

Te·nor[1] *der* ['te:noɐ̯] <-s> */kein Plur./ (geh.) der grundsätzliche Sinn einer Äußerung, der unabhängig von einzelnen Feinheiten der sprachlichen Formulierung ist:* Der Tenor ihrer Rede war eher versöhnlich.; Der Tenor war bei allen Meinungsäußerungen gleich.

Te·nor[2] *der* [te'no:ɐ̯] <-s, Tenöre> MUS. ❶ */kein Plur./ die hohe Stimmlage bei Männern:* Tenor singen; einen jugendlichen Tenor haben ❷ *ein Sänger, der Tenor[1] singt:* der Tenor eines Opernensembles; Luciano Pavarotti war ein Tenor.; ein Stück für zwei Tenöre ❸ */kein Plur./ die Sänger mit Tenor[1] in einem Chor:* Der Tenor übertönte die anderen Stimmen.

Ten·sid *das* <-(e)s, -e> CHEM. *die waschaktive Substanz in Waschmitteln*

Ten·ta·kel *der/das* <-s, -> */meist Plur./* ❶ BOT. *(≈ Fanghaar) eines der langen dünnen Haare, mit denen Fleisch fressende Pflanzen ihre Nahrung greifen* ❷ ZOOL. *(≈ Fangarm) einer der langen dünnen Arme, mit denen Tintenfische ihre Nahrung greifen:* die Tentakel eines Tintenfisches

ten·tie·ren *mit OBJ* ■ *jmd. tentiert etwas* ÖSTERR. *(umg. o veralt.) beabsichtigen*

Te·nue, *a.* **Te·nü** *das* [te'ny:] <-s, -s> SCHWEIZ. *(≈ Uniform) vorgeschriebene Art der Kleidung*

Tep·pich *der* <-s, -e> ❶ *ein (größeres) Textil, das aus sehr vielen Maschen geknüpft oder gewebt ist, oft ein Muster hat und das man auf den Fußboden legt, damit es schöner aussieht und von unten wärmt:* ein geknüpfter/gewebter Teppich; den Teppich reinigen/saugen ◆ -brücke, -läufer, Hirten-, Orient-, Perser- ❷ ■ etwas unter den Teppich kehren *(umg. abwert.) etwas verschweigen; nicht an die Öffentlichkeit kommen lassen;* ■ Bleib mal auf dem Teppich! *(umg.) verwendet, um jmdn. dazu aufzufordern, Vernunft und Mäßigung walten zu lassen und z. B. Forderungen nicht zu übertreiben*

Tep·pich·bo·den *der* <-s, Teppichböden> *ein Material, das man auf dem Fußboden verlegt und das so geschnitten wird, dass es genau in einen Raum passt:* einen Teppichboden verlegen lassen

Tep·pich·klop·fer *der* <-s, -> *ein Gerät, das wie ein Tennisschläger aussieht, und mit dem man gegen einen Teppich schlägt, damit sich der Staub aus ihm löst*

Ter·min *der* <-(e)s, -e> ❶ *eine festgesetzte Verabredung oder ein festgesetzter Zeitpunkt, zu dem etwas geschehen soll:* einen Termin einhalten/ festlegen/machen/überschreiten/ vereinbaren/ vergessen/verschieben; Ich habe um sechzehn Uhr einen Termin beim Arzt/Frisör/ Steuerberater.; Haben Sie alle Termine in den Kalender eingetragen?; einen dringenden Termin haben ▶ terminieren ◆ Liefer-, Prüfungs-, Zahlungs- ❷ RECHTSW. *ein Verhandlungstermin vor Gericht:* einen Ter-

T

min anberaumen/aufheben; zum Termin erscheinen

Ter·mi·nal *der/das* ['tøːɐ̯minl̩] <-s, -s> ❶ /*Artikel: das* / EDV *ein Lese- bzw. Eingabegerät für Daten:* Überweisungen am Terminal tätigen; Daten am Terminal eingeben; ein Rechner mit mehreren Terminals ❷ /*Artikel: der/das* / LUFTF. *Abfertigungshalle für Passagiere* ❸ /*Artikel: der/das* / *Be- und Entladestelle auf Bahnhöfen oder in Häfen:* der neue Terminal für Container

ter·min·ge·mäß *adj* /*nicht steig.* / *einem vereinbarten Termin entsprechend:* eine Arbeit termingemäß fertigstellen

ter·min·ge·recht *adj* /*nicht steig.* / *genau zum festgesetzten Termin:* eine Arbeit termingerecht abgeben

Ter·min·ka·len·der *der* <-s, -> *ein Kalender, in dem Termine*[1] *aufgeschrieben werden:* ein prall gefüllter Terminkalender; als Sekretärin dem Chef den Terminkalender führen

Ter·mi·no·lo·gie *die* <-, ...-gien> *(geh.) die Gesamtheit der Ausdrücke einer Fachsprache:* die juristische Terminologie; die Terminologie der Mathematik/Physik ▶ terminologisch

Ter·min·plan *der* <-(e)s, Terminpläne> ❶ *ein Verzeichnis über jmds. Termine*[1]*:* Was steht heute auf dem Terminplan?; einen vollen Terminplan haben ❷ *ein Plan über die zeitliche Abläufe eines Vorhabens:* zur Vorbereitung einer Konferenz einen genauen Terminplan erstellen; sich an den Terminplan halten

Ter·mi·nus *der* <-, Termini...> *(geh.: ≈ Fachausdruck) eine festgelegte Bezeichnung aus einem Fachgebiet:* ein Terminus aus der Sprachwissenschaft/der Biologie ◆ Fach-

Ter·mi·nus ad quem *der* <-, Termini...> *(geh.) ein Termin, bis zu dem etwas getan sein muss:* Morgen ist der Terminus ad quem; darum gebe ich morgen die Examensarbeit ab.

Ter·mi·nus a quo *der* <-, Termini...> *(geh.) ein Termin, von dem an etwas getan wird oder werden soll:* Der 1. August ist der Terminus a quo, ab dem das neue Gesetz in Kraft tritt.

Ter·mi·te *die* <-, -n> /*meist Plur.* / ZOOL. *ein Staaten bildendes, in den Tropen lebendes Insekt* ◆ -nhügel, -staat

Ter·pen·tin *das/der* <-s, -e> *eine Substanz, die aus dem Harz verschiedener Nadelbäume hergestellt wird und mit der man Farben und Lacke verdünnt*

Ter·rain *das* [tɛˈrɛ̃ː] <-s, -s> ❶ *ein Gelände (mit einer bestimmten Beschaffenheit):* ein dicht bewachsenes/schwieriges/unebenes/ unwegsames Terrain ❷ *(≈ Grundstück) das für den Bau vorgesehene Terrain* ❸ MILIT. *ein Gebiet, das man unter Kontrolle hat oder unter Kontrolle bringen will:* ein Terrain gewinnen/sondieren/verlieren/verteidigen; ■ **sich auf neues Terrain begeben** *etwas Neues oder Unbekanntes ausprobieren*

Ter·ra in·co·g·ni·ta *die* <-> /*kein Plur.* / *unbekanntes Gebiet*

Ter·ra·ri·um *das* <-s, Terrarien> ZOOL. *ein Behälter, in dem Lurche und Kriechtiere leben und be-*

obachtet werden: Echsen/Frösche/Schlangen in einem Terrarium halten

Ter·ras·se *die* <-, -n> ❶ *die leicht abgegrenzte Fläche an einem Haus, auf der man bei schönem Wetter sitzt:* im Sommer auf der Terrasse frühstücken; für die Terrasse Gartenmöbel und einen Sonnenschirm anschaffen ◆ -nheizung, -ntür, Dach-, Garten- ❷ *eine Art große Stufe, die an einem Hang angelegt wurde, damit man darauf etwas anbauen kann:* ein Gelände, das in Terrassen ansteigt; ein Hang mit Terrassen, auf denen Wein angebaut wird ◆ -nbau, Felsen-

Ter·raz·zo *der* <-(s), Terrazzi> *ein Fußbodenbelag, der ungefähr wie ein Mosaik aussieht*

ter·res·t·risch *adj* /*nicht steig.* / *(fachspr.: ↔ extraterrestrisch) die Erde betreffend:* ein Programm/einen Sender terrestrisch (und nicht über Satellit) empfangen

Ter·ri·er *der* <-s, -> *eine kleine Hundeart, die in verschiedenen Rassen gezüchtet wird*

Ter·ri·ne *die* <-, -n> ❶ *(≈ Suppenschüssel) eine große Schüssel, in der man Suppe serviert* ◆ Suppen- ❷ KOCH. *ohne Teig gebackene Schüsselpastete*

Ter·ri·to·ri·um *das* <-s, Territorien> ❶ POL. *(≈ Hoheitsgebiet) das Gebiet, das zu einem bestimmten Staat gehört:* sich auf dem Territorium der Bundesrepublik Deutschland befinden; das Territorium eines Staates verletzen ❷ *(≈ Gebiet) In diesem Territorium gibt es noch Bären.; Wölfe benötigen ein großes Territorium mit ausgedehnten Wäldern und Seen*

Ter·ror *der* <-s> /*kein Plur.* / ❶ *der Vorgang, dass eine bestimmte Gruppe von Menschen Gewalttaten wie Bombenanschläge und Morde ausführt, um Angst und Schrecken zu verbreiten; mit dem Terror wollen die Terroristen bestimmte Ziele durchsetzen.:* ein Regime mit Terror aufrechterhalten; Angst und Terror im Land verbreiten; unter dem Terror bewaffneter Banden leiden ◆ Bomben- ❷ *ein über längere Zeit andauerndes Verhalten gegenüber anderen Menschen, bei dem man mit Drohungen, Zwang und Gewalt diese einschüchtern und schließlich beherrschen will* ◆ Psycho-

Ter·ror·an·schlag *der* <-(e)s, Terroranschläge> *ein Gewaltverbrechen mit dem Ziel, Angst und Schrecken zu verbreiten (, um bestimmte Ziele durchzusetzen):* einen Terroranschlag verüben; erneute Terroranschläge befürchten

ter·ro·ri·sie·ren *mit OBJ* ■ *jmd.* **terrorisiert** *jmdn. /etwas* ❶ *durch Terror*[1] *erschrecken und einschüchtern:* die Bevölkerung/ein Land terrorisieren ❷ *durch Terror*[2] *unterdrücken:* Sie terrorisieren ihn seit Jahren mit ihrem Misstrauen.

Ter·ro·ris·mus *der* <-> /*kein Plur.* / *die Anwendung von Terror zur Einschüchterung von Personengruppen zur Durchsetzung bestimmter (politischer) Ziele:* den Terrorismus bekämpfen; Terrorismus als Mittel zur Durchsetzung politischer Ziele ablehnen ▶ Terrorist, Terroristin, terroristisch

Ter·ti·är *das* [tɛrˈtsiɛːɐ̯] <-s> /*kein Plur.* / *(fachspr.) der ältere Teil der Erdneuzeit*

Ter·ti·um com·pa·ra·ti·o·nis *das* <-> /*kein Plur.* /

T

(geh. fachspr.) das Gemeinsame von zwei Dingen oder Ausdrücken, die man vergleicht

Terz *die* <-, -en> MUS. *dritter Ton in der Tonleiter*

Ter·zett *das* <-(e)s, -e> MUS. *Gesangsstück für drei Personen*

Te·sa·film® *der* <-(e)s> */kein Plur./ ein Klebestreifen*

Tes·sin <-s> *ein Kanton der Schweiz*

Test *der* <-(e)s, -s/-e> ❶ *(≈ Prüfung) eine Reihe von Aufgaben oder Fragen, die jmd. bearbeiten oder beantworten soll, damit jmd. seine Leistung bzw. Eignung für etwas prüfen kann:* einen Test auswerten/korrigieren/schreiben; die Eignung/ Tauglichkeit eines Bewerbers durch Tests ermitteln ◆Begabungs-, Eignungs-, Intelligenz-, Sprach ❷ *(≈ Check) ein Verfahren, bei dem man das Funktionieren von etwas prüft* ◆Funktions-, Seh

Tes·ta·ment *das* <-(e)s, -e> ❶ *eine schriftliche Erklärung, in der jmd. festlegt, was mit seinem Besitz nach seinem Tod geschehen soll:* ein Testament anfechten/machen/vollstrecken; ein Testament beim Notar hinterlegen ◆-seröffnung, -svollstreckung ❷REL. *in der christlichen Religion der Bund Gottes mit den Menschen;* ■ **das Alte/ Neue Testament** *die beiden Teile der Bibel*

tes·ta·men·ta·risch *adj /nicht steig./* RECHTSW. *mit einem oder durch ein Testament[1]:* etwas testamentarisch verfügen

Tes·ta·ments·voll·stre·cker *der,* **Tes·ta·ments·voll·stre·cke·rin** <-s, -> RECHTSW. *vom Verfasser des Testaments[1] festgelegte Person, die die Bestimmungen aus dem Testament umsetzen soll*

Test·bild *die* <-(e)s, -er> TV *außerhalb des Programms ausgestrahltes Fernsehbild, mit dem die Qualität des Fernsehempfangs getestet werden kann*

tes·ten *mit OBJ* ■ *jmd. testet etwas einem Test unterziehen:* die Bewerber/eine neue Maschine/ ein Verfahren testen; ein Produkt vor der Markteinführung testen

tes·tie·ren *mit OBJ* ■ *jmd. testiert etwas (geh.) bescheinigen, schriftlich bestätigen* ► Testat

Test·per·son *die* <-, -en> *eine Person, mit der etwas getestet wird:* sich als Testperson zur Verfügung stellen

Test·pi·lot *der,* **Test·pi·lo·tin** <-en, -en> *jmd., der als Pilot(in) neue Flugzeuge testet*

Te·ta·nus·schutz·imp·fung, **Te·ta·nus·schutz·imp·fung** *die* <-, -en> MED. *Schutzimpfung gegen Wundstarrkrampf*

Tete-a-Tete, **Tête-à-Tête** *das* [tɛta'tɛːt] <-, -s> *(geh. o veralt.) vertrauliches Gespräch:* ein Tetea-tete mit jemandem haben

teu·er <teurer, am teuersten> *adj* ❶ *(↔ billig) so, dass man viel Geld dafür bezahlen muss:* ein teures Restaurant *(≈ ein Restaurant, in dem die Speisen und Getränke viel kosten);* etwas sehr teuer kaufen; teure Schuhe kaufen; ein teures Hobby haben ❷ *(übertr.) so, dass es große Nachteile bringt:* Diese Entscheidung wird dich noch teuer zu stehen kommen.; ein teuer erkaufter Sieg ❸ *(geh.) lieb; wert:* mein teurer Freund; Ihr Andenken ist mir lieb und teuer.; der teure Verstorbene

Teu·e·rung *die* <-, -en> *der allgemeine Anstieg der Preise:* eine Teuerung beim Benzin/bei den Mieten

Teu·e·rungs·ra·te *die* <-, -n> *Ausmaß der Teuerung*

Teu·fel *der,* **Teu·fe·lin** <-s, -> ❶ */kein Plur./ /keine weibliche Form /* REL. *(≈ Satan) in der christlichen Religion der Widersacher Gottes:* Fausts Pakt mit dem Teufel; den Teufel austreiben; vom Teufel versucht werden ❷ *eine böse und dämonische Sagengestalt:* Die Teufel sprangen um den brodelnden Kessel herum.; Der finstere Wald war von Geistern und Teufeln bevölkert. ❸ *eine bösartige Person, ein bösartiges Tier:* Er ist ein richtiger Teufel, immer muss er streiten!; Dem Hund komme ich nicht noch einmal zu nahe, der ist ein richtiger Teufel! ❹ *jmd., der wild oder tollkühn ist:* fahren wie der/ein Teufel; Der kleine Junge ist ein Teufel, wie der turnen kann!; Du bist ja ein Teufel, wie hast du das denn wieder gemacht?; ■ **ein armer Teufel** *(umg. abwert.) ein armer oder bedauernswerter Mensch;* ■ **Pfui Teufel!** *(umg.) Ausruf des Abscheus oder Ekels;* ■ **Weiß der Teufel …!** *(umg.) ich weiß nicht …(und es ist mir auch egal)* Weiß der Teufel, wer das wieder ist!; ■ **auf Teufel komm raus** *(geh.) ohne Rücksicht; mit vollem Krafteinsatz* auf Teufel komm raus arbeiten/fahren; ■ **Dort ist der Teufel los!** *(geh.) dort geht es turbulent oder wild zu;* ■ **jemanden/etwas wie der Teufel das Weihwasser fürchten** *(umg.) jmdn. oder etwas sehr fürchten;* ■ **den Teufel an die Wand malen** *(umg.) sich vorstellen, dass großes Unheil geschehen wird;* ■ **in Teufels Küche kommen** *(umg.) in große Schwierigkeiten kommen;* ■ **jemanden reitet der Teufel** *(umg.) jmd. handelt sehr unvorsichtig und leichtsinnig*

Teu·fels·aus·trei·bung *die* <-, -en> *(≈ Exorzismus) der Vorgang, dass durch bestimmte Praktiken der Teufel oder böse Geister, von denen man glaubt, sie seien in einen Menschen gefahren, aus ihm vertrieben werden sollen*

Teu·fels·kerl *der* <-s, -e> *(umg.) verwendet, um auszudrücken, dass man jmdn. als stark, mutig und geschickt betrachtet:* Er ist wirklich ein Teufelskerl, wie er das wieder gemacht hat!

Teu·fels·kreis *der* <-es> */kein Plur./ eine ausweglose Situation, bei der sich Ursache und Wirkung einer Sache gegenseitig verstärken:* in einem Teufelskreis stecken; den Teufelskreis durchbrechen; Ohne Arbeit hat man irgendwann keinen festen Wohnsitz, ohne festen Wohnsitz bekommt man keine Arbeit, es ist ein Teufelskreis.

teuf·lisch *adj* ❶ *(abwert.: ≈ diabolisch) hinterhältig, böse und grausam:* ein teuflischer Plan; ein teuflisches Lachen; eine teuflische Idee ❷ *(umg.) sehr ≈ verflixt:* eine teuflisch schwere Mathematikaufgabe

Teu·ro *der* <-(s), -(s)> *(umg. scherzh.: zu „teuer" und „Euro") verwendet als Ausdruck für „Euro", um auszudrücken, dass mit der Einführung des Euro viele Waren und Dienstleistungen teurer geworden sind*

Text *der* <-(e)s, -e> ❶ *eine meist längere sprach*

T

liche Äußerung, die in sich zusammenhängt, einen bestimmten Inhalt hat und als mündliche Äußerung oder in geschriebener Form vorliegt:* einen Text durchlesen/korrigieren/ redigieren/schreiben/vortragen; verschiedene Texte miteinander vergleichen; *Dieser Text müsste bis morgen ins Englische übersetzt werden.*; einen Text am Computer bearbeiten ◆Gebrauchs-, Gedicht-, Gesetzes-, Übungs-, Vortrags- ❷MUS. *die zu einem Lied gehörenden Worte:* Kennst du den Text zu diesem Lied/zu dieser Melodie?; den Text vergessen haben/auswendig kennen

Ein **Text** ist in der Sprachwissenschaft ein sprachliches Gebilde, das größer als ein Satz ist, und für das mindestens gegeben sein muss, dass es die Eigenschaften der Kohäsion und der Kohärenz aufweist. Unter *Kohäsion* bzw. *Textkohäsion* versteht man die Verknüpfung von Einheiten auf der Textoberfläche durch Artikel, Pronomen, Tempus usw. Das Gebilde „Katzen sind lieb. Die Liebe ist ein Wort. Dieses Wort hat vier Buchstaben" weist zwar Kohäsion auf und ist satzweise auch grammatisch korrekt, wird aber nicht als sinnvoll erfasst: Um einem Gebilde zuschreiben zu können, dass es sinnvoll ist, muss außerdem die so bezeichnete *Kohärenz* bzw. *Textkohärenz* gegeben sein. Textverstehen stellt sich bei vielen mündlichen und schriftlichen Alltagstexten meist problemlos ein. Ist dies nicht der Fall, müssen Texte gedeutet (interpretiert, ausgelegt, verständlich gemacht) werden. Dafür war früher die so bezeichnete *Hermeneutik* zuständig; heute wird die Kunst der Interpretation literarischer Texte in der Literaturwissenschaft gepflegt.
Zunächst wird gewöhnlich vorausgesetzt, ein Text sei ein irgendwie sinnvolles Gebilde und kein Nonsenstext. Deshalb wird so lange versucht, einen Sinn zu erschließen, wie es irgend möglich ist. Dies nennt man *Sinnkonstanz.* Allerdings ist kein Text sicher davor, anders verstanden zu werden, als es von Textproduzenten beabsichtigt gewesen ist. Aber kein Text ist auch davor sicher, irgendwie verstanden zu werden: Selbst ein absichtlich als Nonsenstext verfasstes Gebilde oder der wirre Text einer Sekte dürfte Textrezipienten/Textrezipientinnen finden, die ihn im höchsten Maße für sinnvoll und erleuchtend halten. Beim Textverstehen mit dem Ergebnis eines Textverständnisses investieren Textrezipienten ihr Wissen. Sie können eine „Textwelt" kognitiv aufbauen, weil sie über verinnerlichte Muster bzw. Schemata verfügen. Da nicht alle Texte an der Textoberfläche genannt werden (müssen), können so auch „Lücken" geschlossen werden: In: „Ich bin in Stuttgart; vom Bahnhof sind es zehn Minuten bis nach Hause" wird nicht extra erwähnt, dass eine große Stadt mindestens einen Bahnhof hat.
Texte sind Exemplare von Textsorten, für die es meist eingespielte Namen gibt (z. B. *Brief* oder *Wörterbuchartikel*). Das Wissen um Textsorten, nämlich wie gewisse Texte aufgebaut sind, gehört zum Alltagswissen und ist Teil des im Spracherwerbsprozess erworbenen Sprach- und Weltwissens. In der Textlinguistik werden unter anderem auch so bezeichnete *Textklassen* und *Textfunktionen* unterschieden: Gesetze, Verträge, Urkunden usw. sind z. B. „normative Texte" (so die Textklasse) mit normativer Funktion. Texte sind gegliedert unter anderem nach Textelementen bzw. Textbausteinen. So haben die Wörterbuchartikel vorliegenden Wörterbuchs die obligatorischen Textbausteine Bedeutungsangabe, Wortartenangabe, Genusangabe usw.
Texte sind Ergebnisse von Formulierungsprozessen; diese haben eine Planungsphase, eine Ausführungsphase und eine Überprüfungsphase, der ggf. eine Revision folgt. Jeder Text kann optimiert werden; für viele Texte, so für Gebrauchstexte (z. B. Bedienungsanleitungen), erscheint dies meist als dringliches Anliegen. Für die so bezeichnete *Textoptimierung* gibt es zahlreiche Hinweise. Beurteilungskriterien sind insbesondere, ob und wie ein Text gegliedert ist, ob er angemessen einfach ist und keine Schachtelsätze enthält etc. Texte können „verarbeitet" werden, was man *Textverarbeitung* nennt. Aber dazu muss ein Text erst „erarbeitet" worden sein. Operationen der Textverarbeitung sind z. B. die Zusammenfassung, das Abstract, oder die Textkomprimierung bzw. Textverdichtung. Dadurch entstehen so bezeichnete *Sekundärtexte*.

Text·dich·ter *der,* **Text·dich·te·rin** <-s, -> *Person, die Texte²* für Musikstücke dichtet
tex·ten *mit OBJ/ohne OBJ* ■ *jmd.* **textet etwas** *(umg.)* Texte für Schlager oder die Werbung verfassen: Er textet Schlager.; Sie textet für mehrere Agenturen.
Tex·ter *der,* **Tex·te·rin** <-s, -> *jmd., der beruflich Texte für Schlager oder die Werbung verfasst:* Er schreibt seine Texte nicht selbst, dafür hat er einen Texter. ◆Werbe-
tex·til *adj /nicht steig./ aus Stoff gefertigt:* ein textiler Fußbodenbelag
Tex·til·fa·b·rik *die* <-, -en> *eine Fabrik, die Stoffe herstellt*
Tex·til·fa·ser *die* <-, -n> *Faser zur Herstellung von Stoffen*
Tex·ti·li·en *Plur. Kleidung und Stoffe:* ein Geschäft für Textilien; Textilien verkaufen
Tex·til·in·dus·t·rie *die* <-> */kein Plur./ (die Gesamtheit der) Betriebe, die Textilien herstellen*
Tex·til·wa·ren <-> *Plur. Kleidung und Stoffe:* die Abteilung für Textilwaren; Textilwaren führen wir nicht.
Text·op·ti·mie·rung *die* <-, -en> SPRACHWISS. *Bearbeitungsverfahren von Texten mit dem Ziel, diese insbesondere verständlicher zu machen; siehe auch* **Text**

T

Text·sor·te *die* <-, -n> SPRACHWISS. *ein Muster,
dem jeweilige Texte zugeordnet werden können;
siehe auch* **Text**

Text·stel·le *die* <-, -n> *ein bestimmter Abschnitt
eines Textes:* eine Textstelle aus einem Buch vorlesen

Text·ver·ar·bei·tung *die* <-> /kein Plur./ EDV
❶ *das Schreiben und Bearbeiten von Texten am
Computer* ❷ *ein Computerprogramm für die Textverarbeitung[1]:* Im Programmpaket ist eine Textverarbeitung inbegriffen. ◆-sprogramm

TH *die* [teːˈhaː] <-, -s> *Abkürzung von „Technische Hochschule"*

The·a·ter *das* <-s, -> ❶ *ein großes Gebäude, in
dem Schauspiele aufgeführt werden:* Das Theater
befindet sich in der Nähe des Opernhauses. ❷ *eine
Gruppe von Menschen, die Schauspiele im Theater[1] aufführt:* beim Theater arbeiten; Das Theater
zeigt eine Neuinszenierung eines Brecht-Stückes.;
Das Theater musste geschlossen werden/wird
heute eröffnet.; (als Schauspieler) zum Theater gehen ◆-besuch, -direktor, -kasse, -probe, -regisseur,
-schauspieler(in), -stück, -vorstellung ❸ */kein
Plur./ die Aufführung eines bestimmten Schauspiels:* Wann beginnt das Theater heute?; ins Theater gehen ❹ *(umg. abwert.) große Aufregung; Ärger:* Macht bitte kein Theater!; Zu Hause gab es
wieder großes Theater.; Müsst ihr denn solch ein
Theater machen?; ■**Theater spielen** *(umg.) etwas nur vortäuschen* Sie haben sich so freundlich
benommen wie schon lange nicht, aber sie haben
nur Theater gespielt!

The·a·ter·auf·füh·rung *die* <-, -en> *Aufführung
eines Stückes im Theater[1]:* eine Theateraufführung besuchen

The·a·ter·kar·te *die* <-, -n> *Eintrittskarte für das
Theater[3]*

the·a·t·ra·lisch *adj* ❶ *(geh. abwert.) im Verhalten
übertrieben gefühlsbetont und darauf aus, bei
jmdm. eine bestimmte Wirkung zu erzielen:* ein
theatralischer Auftritt; theatralisch zur Schau getragenes Bedauern; theatralische Gesten ❷ */nicht
steig./ das Theater betreffend:* das theatralische
Fach; einen Roman in eine theatralische Form umarbeiten

The·is·mus *der* <-> /kein Plur./ REL. *die Lehre von
einem persönlichen Gott als Schöpfer der Welt*
◆theistisch

The·ke *die* <-, -n> ❶ *(≈ Tresen) der Schanktisch in
einem Gasthaus:* Der Wirt steht hinter der Theke
und zapft Bier.; ein Glas Bier an der Theke trinken
❷ *(≈ Ladentisch) ein Tisch, an dem in einem Laden die Kunden bedient werden:* die Theke eines
Ladens; das Geld/die Waren auf die Theke legen
◆Kühl-, Laden-

The·ma *das* <-s, Themen/Themata> ❶ *der Leitgedanke, der wichtigste Gegenstand oder Inhalt,
um den es in einem Text, einem Gespräch oder einem Film geht:* über ein Thema diskutieren/spre-
chen; vom Thema abkommen; beim Thema bleiben; das Thema anschneiden/meiden/verfehlen/
wechseln; eine Konferenz zum Thema Stadtplanung; eine wissenschaftliche Arbeit zum Thema
Wortbildung ◆Diskussions-, Gesprächs-, Lieblings-

❷ MUS. *eine immer wiederkehrende charakteristische Tonfolge in einem Musikstück:* ein Thema variieren; Variationen zu einem Thema von Bach
▶ thematisch, thematisieren

The·ma·tik *die* <-, -en> *(geh.) die Gesamtheit
mehrerer zusammengehöriger Themen[1]:* Zur
Thematik der Jugendarbeit gehört auch Suchtprä-
vention.

Them·se *die* <-> /kein Plur./ *ein Fluss in England*

Theo·lo·gie *die* <-, ...-gien> *die wissenschaftliche
Lehre von einer Religion, ihrer Geschichte und
Überlieferung:* evangelische/islamische/katholi-
sche Theologie lehren ◆-studium ▶Theologe,
Theologin, theologisch

The·o·re·ti·ker *der,* **The·o·re·ti·ke·rin** <-s, ->
❶ *eine Person, die sich wissenschaftlich mit der
Theorie[1] eines Fachgebietes auseinandersetzt:*
ein großer Theoretiker auf dem Gebiet der Physik
❷ *(abwert.: ↔ Praktiker) jmd., der nur über Dinge
nachdenkt, ohne Sinn für deren Umsetzung in die
Wirklichkeit zu haben:* Das haben sich wieder einmal Theoretiker am grünen Tisch ausgedacht. Das
kann gar nicht funktionieren!

the·o·re·tisch I. *adj /nicht steig./* ❶ *auf die Theorie[1] bezogen, zu ihr gehörend:* die theoretischen
Grundlagen der Sprachwissenschaft ◆erkenntnis-,
sprach-, wissenschafts- ❷ *(abwert.: ↔ praktisch)
so, dass es nur aus abstrakten Überlegungen besteht und keinen Bezug zur praktischen Umsetzung hat:* Das ist mir alles zu theoretisch. Kommen
wir doch einmal zur praktischen Seite des Ganzen!
II. *adv /nicht steig./ (umg.: ≈ eigentlich) verwendet, um auszudrücken, dass etwas aller Voraussicht nach so sein müsste:* Theoretisch müssten
wir in einer Stunde fertig sein.

the·o·re·ti·sie·ren *ohne OBJ* ■ *jmd. theoretisiert
(geh. abwert.) Überlegungen anstellen, ohne sie
an der Wirklichkeit zu überprüfen:* endlos/lange
über ein Thema theoretisieren

The·o·rie *die* <-, ...-rien> ❶ *ein abstraktes wissenschaftliches Modell/Konzept, das einen Ausschnitt der Wirklichkeit zu erklären versucht:* die
physikalische Theorie der Quantenmechanik; linguistische Theorien über den Spracherwerb ◆-ge-
bäude, Erkenntnis-, Grundlagen-, Quanten-, Relati-
vitäts- ❷ */kein Plur./ (↔ Praxis) eine Denkweise,
die Probleme nur gedanklich, ohne Einbeziehung
der Praxis zu lösen versucht:* In der Theorie klingt
das ja alles sehr gut, aber ob sich das verwirklichen
lässt?; Das ist doch alles bloße Theorie!; der Gegensatz zwischen Theorie und Praxis

The·ra·peut *der,* **The·ra·peu·tin** <-en, -en> MED.
jmd., der beruflich Heilbehandlungen durchführt:
mit einem körperlichen/psychischen Leiden zum
Therapeuten gehen; einen Termin bei der Thera-
peutin haben

the·ra·peu·tisch *adj /nicht steig./* MED. *die Heilbehandlung betreffend:* therapeutische Maßnahmen gegen die Depressionen/Schmerzen; etwas
aus therapeutischen Gründen anordnen/tun

The·ra·pie *die* <-, ...-pien> MED. ❶ *verschiedene
Maßnahmen, die zusammen bewirken sollen,
dass eine Krankheit geheilt wird:* eine Erfolg versprechende Therapie für/gegen eine Krankheit;

eine medikamentöse Therapie anwenden/einleiten/vorschlagen; mit der Therapie beginnen ◆ Bewegungs-, Strahlen- ❷ *kurz für „Psychotherapie"*
the·ra·pie·ren *mit OBJ* ■ *jmd.* **therapiert** *jmdn./etwas* MED. *mit einer bestimmten Therapie behandeln:* eine Krankheit/einen Patienten therapieren
ther·mal *adj /nicht steig./ (fachspr.) auf Wärme bezogen:* die thermale Behandlung einer Krankheit
Ther·mal·bad *das* <-(e)s, Thermalbäder> ❶ *ein Ort, in dem Wasser aus Thermalquellen zu Heilbehandlungen genutzt wird:* zur Kur in ein Thermalbad fahren ❷ *eine Einrichtung, in der man in Wasser aus Thermalquellen baden kann*
Ther·mal·quel·le *die* <-, -n> *eine natürliche Quelle, aus der warmes Wasser kommt*
Ther·me *die* <-, -n> *(öffentliches Bad um eine) warme Quelle:* die Thermen im antiken Rom
Ther·mik *die* <-, -en> */Plur. selten/* METEOR. *bei der Erwärmung des Bodens aufsteigende Luftströmung:* die Thermik für den Segelflug/eine Ballonfahrt/den Flug mit dem Gleitschirm nutzen
Ther·misch *adj /nicht steig./ (fachspr.) auf die Wärme bezogen:* die thermische Energie aus dem Erdinneren; ein Werkstück thermisch behandeln
Ther·mo·dy·na·mik, **Ther·mo·dy·na·mik** *die* <-> */kein Plur./* PHYS. *das Teilgebiet der Physik, das sich mit der Wirkung von Wärme beschäftigt* ▸ thermodynamisch
Ther·mo·ho·se *die* <-, -n> *besonders stark wärmende Hose*
Ther·mo·me·ter *das* <-s, -> *ein Gerät zur Temperaturmessung:* Das Thermometer zeigt dreißig Grad im Schatten.; Die Quecksilbersäule des Thermometers kletterte bis zum späten Nachmittag auf sechsunddreißig Grad. ◆ Fieber-
ther·mo·nu·k·le·ar, **ther·mo·nu·k·le·ar** *adj /nicht steig./* PHYS. *die bei Kernreaktionen frei werdende Wärme betreffend*
Ther·mos·fla·sche® *die* <-, -n> *eine Isolierflasche, die dafür sorgt, dass heiße Getränke heiß und kalte Getränke kalt bleiben*
Ther·mo·s·tat *der/das* <-(e)s/-en, -e(n)> TECHN. *ein Gerät, das die Temperatur misst, sie mit einem bestimmten Sollwert vergleicht und entsprechend eine Heizung an- oder abschaltet:* ein Heizungsventil mit eingebautem Thermostat
The·se *die* <-, -n> *eine Behauptung als Teil einer (wissenschaftlichen) Theorie:* eine These anfechten/aufstellen/verteidigen/vertreten; eine gewagte/wissenschaftliche These ▸ thesenhaft ◆ Haupt-, Kern-
Thing *das* <-(e)s, -e> *germanische Volksversammlung*
Thon *der* <-s, -s/-e> SCHWEIZ. *Thunfisch*
Tho·ra, **Tho·ra** *die* <-> REL. *in der jüdischen Religion die fünf Bücher Moses*
Tho·rax *der* <-(es), -e> ANAT. *Brustkorb:* den Thorax röntgen ◆ -chirurgie
Thrill *der* [ərɪl] <-s, -s> */kein Plur./ (umg.:≈ Kick) etwas, das jmdn. in eine (angenehme) Spannung versetzt; Nervenkitzel*
Thril·ler *der* ['ərɪlə] <-s, -> *ein sehr spannender*

und aufregender Roman oder Film ◆ Polit-, Psycho-
Throm·bo·se *die* <-, -n> MED. *der Vorgang, dass ein Blutgefäß durch einen kleinen Klumpen Blut verstopft wird*
Throm·bo·zyt *der* <-en, -en> MED. *(↔ Erythrozyt) Blutplättchen, rotes Blutkörperchen*
Thron *der* <-(e)s, -e> ❶ *der besonders reich verzierte Sessel eines Herrschers:* Der restaurierte Thron des Königs kann in der Ausstellung besichtigt werden.; sich vom Thron erheben ◆ Königs-, Kaiser- ❷ *(übertr.) Herrschaft:* die Anwärterschaft auf den Thron; auf den Thron verzichten; jemandem auf dem Thron folgen; ■ **jemanden auf den Thron heben** *jmdn. eine große Bedeutung und großen Rang zusprechen;* ■ **jemands Thron wackelt** *(umg.) jmds. Position ist in Gefahr*
Thron·be·stei·gung *die* <-, -en> *die Machtübernahme eines Königs oder einer Königin*
thro·nen <thronst, thronte, hat gethront> *ohne OBJ* ❶ ■ *etwas thront irgendwo (umg.) sich weit oben befinden:* Die Burg thront auf dem Gipfel des Berges. ❷ ■ *jmd. thront (irgendwo) (iron.) stolz und unbeweglich auf einem Ehrenplatz sitzen:* Das Leittier thront auf dem am höchsten gelegenen Platz.; an der Stirnseite der Tafel/auf einem Ehrenplatz thronen
Thron·fol·ge *die* <-, -n> ❶ *die durch Geburt oder Vererbung festgelegte Reihenfolge, nach der Mitglieder eines Königshauses Anspruch auf den Thron haben:* der nächste König gemäß/nach der Thronfolge ❷ *der Machtantritt eines neuen Königs oder einer neuen Königin:* die Thronfolge antreten
Thron·fol·ger, **Thron·fol·ge·rin** *der* <-s, -> *Person, die dem bisherigen König oder der bisherigen Königin auf dem Thron folgt, wenn diese(r) abdankt*
Thun·fisch, *a.* **Tun·fisch** *der* <-(e)s, -e> ZOOL. *ein großer, im Meer lebender Speisefisch*
Thur·gau *das* <-s> *eine Landschaft in der Schweiz*
Thü·rin·gen <-s> *ein deutsches Bundesland* ▸ Thüringer, Thüringerin, thüringisch
Thy·mi·an *der* <-s, -e> ❶ BOT. *eine Gewürz- und Heilpflanze* ❷ KOCH. *ein aus den Blättern des Thymians [1] gewonnenes Küchengewürz:* etwas mit Thymian würzen
Ti·a·ra *die* <-, Tiaren> REL. *die Krone des Papstes*
Ti·bet, **Ti·bet** <-s> *Hochland in Zentralasien* ▸ Tibeter, Tibeterin, tibetisch
Tick *der* <-(e)s, -s> ❶ MED. *ein nervöses Zucken der Muskulatur, das man nicht beeinflussen kann:* einen Tick haben ❷ *(umg. abwert.) eine seltsame Angewohnheit:* Der Kerl hat doch einen Tick!; Wundere dich nicht darüber, das ist so ein Tick von mir. ❸ *(umg.) ein ganz klein wenig:* einen Tick mehr Salz in das Essen geben; einen Tick schneller fahren
ti·cken <tickt, tickte, hat getickt> *ohne OBJ* ■ *etwas tickt das leise, regelmäßige Geräusch machen, das für eine mechanische Uhr typisch ist:* Die Uhr/der Zähler tickt.; ■ **nicht (mehr) richtig**

ticken *(umg. abwert.) verrückt, nicht normal sein* Du tickst doch/wohl nicht richtig!

Ti·cket *das* <-s, -s> *Fahrschein oder Eintrittskarte:* ein Ticket lösen; Die Tickets kosten im Vorverkauf 40 Euro. ◆Bahn-, Flug-

Tie·break, *a.* **Tie-Break** *der/das* ['taɪbreɪk] <-s, -s> SPORT *Satzverkürzung beim Tennis*

Tief *das* <-s, -s> ❶METEOR. *(↔ Hoch) ein Gebiet mit niedrigem Luftdruck:* Ein Tief nähert sich unserem Gebiet vom Westen her.; Ein atlantisches Tief sorgt in den nächsten Tagen für mildes, aber unbeständiges Wetter. ◆Regen-, Sturm- ❷*seelische Niedergeschlagenheit:* ein Tief haben; jemandem aus einem Tief heraushelfen

tief *adj* ❶*(↔ flach) von großer Ausdehnung nach unten:* ein tiefes Loch; ein tiefes Tal; eine dreihundert Meter tiefe Bohrung; ein tiefer See; sich ins tiefe Wasser trauen; tief in ein(em) Polster einsinken; ein tiefer Teller; eine tief verschneite Landschaft ❷*(↔ hoch) so, dass es nur wenig Abstand zum Erdboden oder einer Bezugsfläche hat:* Tiefer liegende Ortschaften sind hochwassergefährdet.; eine tief über dem Horizont stehende Sonne; eine tiefe Verbeugung ❸*(weit) unterhalb einer Bezugsfläche:* Das Büro liegt Stockwerke tiefer als unsere Wohnung.; sich tief unten befinden; die tieferen/tiefer gelegenen Schichten der Erdkruste; tief nach unten fallen; ein tief ausgeschnittenes Kleid ❹*weit nach innen oder hinten reichend:* Wie tief ist der Schrank?; eine tiefe Höhle; eine tiefe Wunde; eine tief gehende Schnittverletzung; ein Loch tief in die Wand bohren; tief in den Wald/ins Landesinnere vordringen ❺*in der Mitte eines Zeitraums gelegen:* bis tief in die Nacht hinein arbeiten; im tiefsten Mittelalter ❻*(↔ hoch) auf einer Messskala: gering:* tiefe Temperaturen; Das Barometer steht tief.; Die Luftverschmutzung hat einen tiefen Wert erreicht. ❼*(≈ intensiv) sehr stark:* tiefe Einsamkeit/Reue/Trauer; tief betrübt sein; tief bewegt Abschied nehmen; tief erschüttert sein; tiefes Rot/ Schwarz; tief schlafen; tief in Gedanken versunken sein; tief einatmen ❽*nicht oberflächlich:* eine tiefe Einsicht; der tiefere Sinn einer Sache; tief schürfende Gespräche; tief greifende Veränderungen ❾*mit geringer Frequenz:* eine tiefe Stimme; die tieferen Töne ◆Getrennt- oder Zusammenschreibung →R 4.20 tief sitzende/tiefsitzende Ängste; tief liegende/tiefliegende Augen haben; ◆Getrenntschreibung →R 4.8 moralisch tief stehende Personen; ein tief verschneiter Wald; *siehe auch* **tiefgekühlt**, **tieftraurig**

Tief·bau *der* <-(e)s> */kein Plur./ (↔ Hochbau) alle Bauarbeiten auf und unter der Erde:* Für den Bau von Straßen ist der Tiefbau zuständig. ◆baumaumt

Tief·druck·ge·biet *das* <-(e)s, -e> METEOR. *(↔ Hochdruckgebiet) Gebiet tiefen Luftdrucks*

Tie·fe *die* <-, -n> ❶*Abgrund:* in die Tiefe blicken/stürzen ❷*(↔ Höhe) die Ausdehnung, die etwas nach unten hat:* die Tiefe des Schachtes ◆Meeres- ❸*(↔ Breite, Höhe) die Ausdehnung, die nach innen oder hinten verläuft:* die Tiefe eines Regals/Schrankes; die Tiefe einer Wunde/ einer Höhle ❹*die Entfernung, in der sich etwas*

unterhalb einer Bezugsfläche befindet:* sich in 100 Metern Tiefe befinden ❺*/kein Plur./ (≈ Intensiät) die Stärke eines Gefühls bzw. die Strahlkraft einer Farbe:* die Tiefe seines Gefühls/der Empfindungen; Das intensive Rot des Himmels gewann noch an Tiefe. ❻*/kein Plur./ geistiger Gehalt:* Dem Roman fehlt es an Tiefe.; die Tiefe seiner Erkenntnisse ❼*/kein Plur./ die Töne mit der niedrigen Frequenz:* Die Tiefe ihrer Stimme führt oft dazu, dass man sie für einen Mann hält.

Tief·ebe·ne *die* <-, n> *(↔ Hochebene) eine ebene Landschaft in geringer Höhe über dem Meeresspiegel*

Tie·fen·psy·cho·lo·gie *die* <-> */kein Plur./ PSYCH. die Wissenschaft von den Vorgängen im menschlichen Unterbewusstsein und deren Auswirkung auf die Psyche* ▶ tiefenpsychologisch

Tie·fen·schär·fe *die* <-> */kein Plur./ FOTOGR. der Bereich vor und hinter der eingestellten Entfernung, in dem ein Foto ein scharfes Abbild zeigt*

Tief·flie·ger *der* <-s, -> ❶MILIT. *en tief fliegendes Flugzeug* ❷*(umg. abwert.) eine Person, der man nicht besonders viel zutraut:* ein geistiger Tieflieger

Tief·flug *der* <-(e)s, Tiefflüge> *das Fliegen in geringer Flughöhe*

Tief·gang *der* <-(e)s> */kein Plur./ ❶SEEW. der Abstand zwischen dem Kiel eines Schiffes und der Wasseroberfläche:* ein Schiff mit großem/geringem Tiefgang ❷*(übertr.: ≈ Tiefgründigkeit) der tiefe geistige Sinn von etwas:* ein Abend/Gespräche mit wenig Tiefgang

tief·ge·kühlt *adj* */nicht steig./ durch sehr niedrige Temperatur haltbar gemacht:* tiefgekühlte Pizza

tief·grün·dig *adj* *(≈ tiefsinnig ↔ oberflächlich, seicht) auf tiefen geistigen Sinn bezogen:* tiefgründige Gespräche führen ▶ Tiefgründigkeit

Tief·kühl·fach *das* <-(e)s, Tiefkühlfächer> *Kühlschrankfach für tiefgekühlte Nahrungsmittel*

Tief·kühl·kost *die* <-> */kein Plur./ tiefgekühlte Nahrungsmittel*

Tief·kühl·tru·he *die* <-, -n> *Kühltruhe für tiefgekühlte Nahrungsmittel*

Tief·land *das* <-(e)s, -e/...-länder/...-lande> *(↔ Gebirge) eine (ebene) Landschaft in geringer Höhe über dem Meeresspiegel:* In den Bergen schneit es, im Tiefland fällt Regen.

Tief·punkt *der* <-(e)s, -e> *(↔ Höhepunkt) der niedrigste oder schlechteste Punkt einer Entwicklung:* Die Stimmung war am Tiefpunkt angelangt.; Die Verkaufszahlen haben einen Tiefpunkt erreicht.

Tief·schlag *der* <-(e)s, Tiefschläge> *ein unglückliches Ereignis, das Schaden anrichtet:* Im letzten halben Jahr hatte sie nur Tiefschläge zu verarbeiten.; Der Weggang des Projektleiters war ein Tiefschlag für unsere Arbeit.

Tief·see *die* <-> */kein Plur./ die Teile des Ozeans mit sehr großer Wassertiefe:* in der Tiefsee nach Bodenschätzen suchen ◆-fisch, -flora, -forschung, -graben, -kabel, -tauchen

tief·sin·nig *adj* *(≈ tiefgründig ↔ oberflächlich) mit* *großer geistiger Tiefe: tiefsinnige Gedanken* ▸ Tief-sinn

Tief·stand *der* <-(e)s, Tiefstände> ❶ *der niedrigste Stand einer Entwicklung:* der diesjährige Tiefstand der Arbeitslosenzahlen ❷ *ein bedenklich schlechter Stand von etwas:* ein kultureller/moralischer/sozialer Tiefstand der Gesellschaft

tief·sta·peln <stapelst tief, stapelte tief, hat tiefgestapelt> *ohne OBJ* ■ *jmd.* **stapelt tief** *die Bedeutung einer Sache oder das eigene Können absichtlich schlechter darstellen, als es in Wirklichkeit ist:* Jetzt stapelst du aber tief!

tief·trau·rig *adj /nicht steig./ sehr traurig:* ein tieftrauriges Gesicht machen ◆Zusammenschreibung →R 4.6 eine tieftraurige Geschichte erzählen

Tie·gel *der* <-s, -> ❶ TECHN. *ein Gefäß, in dem etwas stark erhitzt oder zum Schmelzen gebracht wird:* Metall in einem Tiegel zum Schmelzen bringen ◆Schmelz- ❷ KOCH. *ein flacher Topf mit Stiel:* Butter im Tiegel erhitzen ❸ *ein relativ kleines, flaches Gefäß, in dem z. B. Kosmetika aufbewahrt werden* ◆Creme-, Salben-

Tier *das* <-(e)s, -e> ❶ BIOL. *(↔ Mensch, Pflanze) ein (meist) frei bewegliches Lebewesen, das Sinnes- und Atmungsorgane hat und sich von pflanzlichen und tierischen Organismen ernährt:* die Welt der Pflanzen und die Welt der Tiere; ein höher entwickeltes Tier; ein zahmes/wildes Tier; einheimische und exotische Tiere ◆-medizin, -nahrung, -zucht, Haus-, Nutz-, Raub-, Säuge-, Wild-, Wirbel- ❷ *(↔ Mensch) ein Tier¹, das triebhaft und nicht vernunftbegabt ist:* Tiere halten/züchten/schlachten; Ein Tier folgt seinen Instinkten.; ■ **das Tier im Menschen** *das, was am Menschen triebhaft und irrational ist* ❸ *(abwert.) ein triebhafter und roher Mensch:* Er isst/benimmt sich wie ein Tier!; Das sind keine Menschen, die das getan haben, das sind Tiere!; ■ **ein hohes Tier** *(umg. scherzh.) eine prominente Person*

Tier·art *die* <-, -en> ZOOL. *alle Tiere, die relativ gleiche Merkmale haben und miteinander fruchtbare Nachkommen zeugen können*

Tier·arzt *der,* **Tier·ärz·tin** <-es, Tierärzte> *(≈ Veterinär) jmd., der eine Ausbildung auf dem Gebiet der Tiermedizin hat und beruflich Krankheiten bei Tieren behandelt* ▸ tierärztlich

Tier·chen *das* <-s, -> *ein kleines Tier:* Ein winziges Tierchen krabbelt über die Blüte.; ■ **jedem Tierchen sein Pläsierchen** *(umg.) man soll jedem Menschen seine Eigenarten lassen*

Tier·hal·tung *die* <-> */kein Plur./ der Besitz von Heimtieren*

Tier·heim *das* <-(e)s, -e> *eine Einrichtung, in der herrenlose Heimtiere aufgenommen, betreut und wieder an Menschen vermittelt werden:* einen Hund ins Tierheim bringen

tie·risch *adj* ❶ */nicht steig./ zum Tier gehörend oder von Tieren stammend:* tierische Fette in der Ernährung meiden; tierische Verhaltensweisen ❷ *(abwert.) sehr roh und brutal:* ein brutales, fast tierisches Vorgehen; ein tierisches Verbrechen ❸ *(umg.) ungewöhnlich viel oder stark:* sich tierisch(e) Mühe geben; eine tierische Hitze; tieri-

schen Durst haben; Es war tierisch anstrengend.; ■ **mit tierischem Ernst** *ohne Humor*

Tier·kreis *der* <-es> */kein Plur./* ASTRON. *(≈ Zodiakus) die Folge von zwölf Sternbildern auf einem Kreis, den die Sonne scheinbar um die Erde zieht*

Tier·kreis·zei·chen *das* <-s, -> ASTRON. *ein Sternzeichen, das im Tierkreis liegt*

tier·lie·bend *adj /nicht steig./ so, dass man Tiere sehr gern hat und gut zu ihnen ist*

Tier·park *der* <-s, -s> *zoologischer Garten*

Tier·quä·le·rei *die* <-, -en> *bewusstes Quälen und Misshandeln von Tieren:* Er ist wegen Tierquälerei zu einer Geldstrafe verurteilt worden.

Tier·schutz *der* <-es> */kein Plur./ alle Maßnahmen zum Schutz von Tieren vor Missbrauch und Tierquälerei* ◆-verein ▸ Tierschützer, Tierschützerin

Tier·ver·such *der* <-(e)s, -e> *das Erproben von Medikamenten, Kosmetika oder medizinischen Verfahren an lebenden Tieren*

Tier·welt *die* <-> */kein Plur./ (≈ Fauna ↔ Flora, Pflanzenwelt) die Gesamtheit der Tiere (in einer Region):* die Tierwelt und die Pflanzenwelt; die faszinierende Tierwelt Afrikas

Ti·ger *der* <-s, -> *eine große, in Asien und in Sibirien lebende Raubkatze mit einem gelb und schwarz gestreiften Fell:* der sibirische Tiger

ti·gern *ohne OBJ* ■ *jmd.* **tigert irgendwo** *(umg.) ziellos irgendwo herumlaufen:* durch die Stadt/den Wald tigern

Til·de *die* <-, -n> ❶ SPRACHWISS. *ein wellenförmiges Zeichen, das in manchen Sprachen über bestimmten Buchstaben steht:* einen Buchstaben mit/ohne Tilde schreiben ❷ DRUCKW. *in Wörterbüchern und anderen Nachschlagewerken ein wellenförmiges Zeichen, das in den Einträgen für das Stichwort steht*

til·gen *mit OBJ* ■ *jmd.* **tilgt etwas** ❶ *beseitigen:* einen Fehler tilgen; Spuren tilgen; einen Namen aus einer Liste tilgen; etwas aus seinem Gedächtnis tilgen ❷ *abtragen:* Schulden durch Zurückzahlen tilgen ▸ tilgbar

Til·gung *die* <-, -en> */Plur. selten / das Tilgen:* die Tilgung einer Schuld/eines Kredits; die Tilgung eines Eintrags in einer Liste ◆-srate

Tim·bre *das* ['tɛ̃:brə] <-s, -s> MUS. *die Klangfarbe in der Stimme, an der man eine bestimmte Person erkennen kann*

ti·men ['teimən] <timst, timte, hat getimt> *mit OBJ* ■ *jmd.* **timt etwas** *(umg.) zeitlich genau abstimmen:* den Ablauf einer Veranstaltung exakt timen; ein gut getimter Ball

Ti·ming ['teimɪŋ] <-s, -s> *die (gelungene) zeitliche Abstimmung von Handlungen:* optimales/präzises Timing; Bei einer Großveranstaltung ist das Timing sehr wichtig.

Tink·tur *die* <-, -en> MED. *eine flüssige Arznei, die man auf eine Körperstelle reibt*

Tin·nef *der* <-s> */kein Plur./* ❶ *(umg. abwert.) wertloses Zeug:* Auf dem Trödelmarkt gibt es neben echten Antiquitäten auch viel Tinnef. ❷ *(umg. abwert.) Unsinn:* eine Menge Tinnef reden

Tin·te *die* <-, -n> *eine meist schwarze oder blaue Flüssigkeit, mit der man schreiben kann:* die Feder

T

in die Tinte tauchen; sich mit Tinte bekleckern; die noch feuchte Tinte trocknen lassen; ■ **in der Tinte sitzen** *(umg.) sich in Schwierigkeiten befinden* ◆-nfass, -nfleck

Tin·ten·fisch *der* <-(e)s, -e> *ein Meerestier mit acht Fangarmen, das sich bei Gefahr mit dem Ausstoßen einer dunklen Flüssigkeit (≈ Sepia) schützt*

Tin·ten·strahl·dru·cker *der* <-s, -> EDV *(↔ Laserdrucker) ein Drucker, der die Zeichen eines Textes auf Papier bringt, indem ein kleiner Strahl Tinte darauf gespritzt wird*

Tipp *der* <-s, -s> ❶ *nützlicher Hinweis oder Rat:* jemandem einen wertvollen Tipp geben; ein guter/ heißer Tipp; einige Tipps für Anfänger ◆ Experten-, Geheim-, Insider- ❷ *Vorhersage (des Ergebnisses bei Wetten oder beim Lotto und Toto):* Mein Tipp ist, dass es heute regnet.; einen richtigen Tipp beim Lotto/bei einer Wette haben

Tip·pel·bru·der *der* <-s, Tippelbrüder> *(umg. abwert.) Obdachloser*

tip·peln <tippelst, tippelte, ist getippelt> *ohne OBJ* ■ *jmd. tippelt irgendwohin* ❶ *(umg. abwert.) einen weiten Weg zu Fuß gehen:* Der Bus war ausgefallen, da mussten wir den ganzen Weg bis in die Schule tippeln! ❷ *kurze Schritte machen:* Mit dem engen Rock und den hohen Schuhen konnte sie nur noch tippeln.

tip·pen¹ *mit OBJ/ohne OBJ* ❶ ■ *jmd. tippt etwas (umg.) auf einer Tastatur schreiben:* einen Brief tippen; Sie kann mit zehn Fingern/schnell/ gut/fehlerlos tippen. ▶vertippen ❷ ■ *jmd. tippt an etwas Akk. leicht berühren:* jemandem/jemanden auf die Schulter tippen; (sich) mit dem Finger an die Stirn tippen; mit dem Fuß auf die Bremse tippen; ■ **an etwas nicht tippen können** *(umg.) eine Leistung nicht erreichen können* Er ist im Weitsprung so gut – daran kann ich nicht tippen!

tip·pen² *mit OBJ/ohne OBJ* ❶ ■ *jmd. tippt auf jmdn./etwas (≈ raten) richtig/falsch tippen:* Ich tippe (auf) die Nummer drei.; Ich tippe (darauf), dass es heute pünktlich ist. ❷ ■ *jmd. tippt einen Tippschein (für die Lotterie) ausfüllen:* Haben Sie diese Woche schon getippt?; Ich habe noch nie sechs Richtige getippt.

Tipp-Ex® *das* <-> */kein Plur./ eine weiße Flüssigkeit, die man mit einem kleinen Pinsel über falsche Stellen in einem Text streicht und auf die man nach dem Trocknen wieder schreiben kann; früher insbesondere beim Schreiben mit manuellen oder elektrischen Schreibmaschinen stets verwendet*

Tipp·feh·ler *der* <-s, -> *ein Fehler, den jmd. beim Schreiben auf einer Tastatur macht:* Hier steht ein „m" statt einem „n"; dies ist wohl ein Tippfehler, denn da hat sich jemand vertippt.

Tipp·schein *der* <-(e)s, -e> *eine Art Formular, das man bei einem Lotteriespiel ausfüllt, indem man bestimmte Zahlen ankreuzt:* einen Tippschein abgeben/ausfüllen

tipp·topp *adj* */nur präd./ /nicht steig./ (umg.)* ❶ *einwandfrei, tadellos) so sauber und aufgeräumt, dass es nichts zu beanstanden gibt:* Die Wohnung war tipptopp in Ordnung. ❷ *ohne Feh-*

ler oder Mängel: Deine Prüfungsarbeit war tipptopp!

Ti·ra·de *die* <-, -n> *(geh.: ≈ Wortschwall) ein heftiger Wortschwall, geäußert in großer Erregung:* eine Tirade von Schimpfwörtern/von unverständlichen Flüchen

Ti·ra·mi·su *das* <-s, -s> *eine italienische Süßspeise*

ti·ri·lie·ren *ohne OBJ* ■ *ein Vogel tiriliert (geh.) einen hohen singenden Ton von sich geben:* die Vögel tirilieren

Ti·rol *das* <-s> *ein Bundesland in Österreich* ▶ Tiroler, Tirolerin, tirolisch

Tisch *der* <-(e)s, -e> ❶ *ein Möbelstück mit einer waagerechten Platte und (drei oder vier) Beinen, an dem man isst oder arbeitet:* sich an den Tisch setzen; etwas auf den Tisch stellen/vom Tisch nehmen ◆-bein, -decke, -grill, -lampe, -platte, -tuch, Beistell-, Computer-, Couch-, Drucker-, Ess-, Garten-, Holz-, Klapp-, Schreib- ❷ *eine waagerechte Plattform:* der Tisch einer Sprungschanze ❸ *die Personen, die am Tisch sitzen:* Der ganze Tisch war mit dem Vorschlag einverstanden.; ■ **bei/nach/vor Tisch** *bei/nach/vor einer Mahlzeit* Kollege Müller ist gerade zu Tisch gegangen.; ■ **am grünen Tisch** *(abwert.) ohne Rücksicht auf die Wirklichkeit* etwas vom grünen Tisch aus planen; ■ **der runde Tisch** *(übertr.) Beratung unter gleichberechtigten Partnern* einen runden Tisch einberufen; ■ **jemanden unter den Tisch trinken** *(umg.) jmdn. betrunken machen;* ■ **etwas unter den Tisch fallen lassen** *(umg.) etwas verschweigen oder verheimlichen;* ■ **reinen Tisch machen** *(umg.) offen mit jmdm. reden; eine Angelegenheit klären;* ■ **etwas vom Tisch wischen** *(umg.) etwas als unwichtig abtun;* ■ **auf den Tisch hauen** *(umg.) sich energisch durchsetzen*

tisch·fer·tig *adj /nicht steig./ so, dass man es ohne weitere Zubereitung essen kann:* ein tischfertiges Gericht

Tisch·fuß·ball·spiel *das* <-(e)s, -e> *ein Spielgerät, bei dem man mit beweglichen Figuren auf einer Art Tisch ein Fußballspiel nachahmen kann, indem man durch Drehen der Figuren eine kleine Kugel ins gegnerische Tor zu lenken versucht*

Tisch·ge·sell·schaft *die* <-, -en> *die an einem Tisch¹ versammelten Personen*

Tisch·ler, **Tisch·le·rin** <-s, -> *jmd., der beruflich Möbel und andere Gebrauchsgegenstände aus Holz herstellt:* Der Tischler hobelt ein Brett/ baut einen Schrank.

Tisch·le·rei *die* <-, -en> *ein Betrieb, in dem Möbel und andere Gebrauchsgegenstände aus Holz hergestellt werden*

Tisch·nach·bar *der*, **Tisch·nach·ba·rin** <-n, -n> *jmd., der an einem Tisch¹ neben jmdm. sitzt:* sich mit der Tischnachbarin unterhalten

Tisch·rech·ner *der* <-s, -> *eine Art großer Taschenrechner, der auf einem (Schreib)tisch steht*

Tisch·re·de *die* <-, -n> *vor einer Tischgesellschaft gehaltene Rede*

Tisch·ten·nis *das* <-> */kein Plur./* SPORT *ein Sport, bei dem ein kleiner Ball von (zwei) Spielern mit*

Schlägern über die Platte eines Tisches gespielt wird ◆-platte-, -schläger, -spieler(in)

Tisch·wä·sche die <-> /kein Plur./ Tischtücher und Servietten

Tisch·wein der <-(e)s, -e> Wein, der besonders zu Mahlzeiten getrunken wird

Ti·tan[1] das <-s> /kein Plur./ ein mattgrau schimmerndes Metall, das sehr leicht, aber sehr widerstandsfähig ist

Ti·tan[2] der <-en, -en> /meist Plur./ ❶ in der griechischen Sage ein von Zeus gestürzter riesenhafter Gott ❷ (geh.) ein Mensch, der außergewöhnliche Leistungen vollbringt

Ti·tel der [auch 'tɪ...] <-s, -> ❶ eine Bezeichnung, die man als Zusatz zu seinem Nachnamen verwendet und die einen akademischen Rang oder ein Amt bezeichnet: jemandem den Titel eines Doktors der Philosophie verleihen; jemanden mit seinem Titel anreden; ein akademischer Titel; Er möchte gern mit seinem Titel als „Herr Oberregierungsrat" angeredet werden. ◆ Adels-, Doktor-, Ehren-, Professoren- ❷ der Name oder die Überschrift eines Kunstwerks oder Buches: ein Bild ohne Titel; Ich habe den Titel des Filmes vergessen. ◆ Buch-, Film- ❸ (≈ Titelseite) den Titel eines Buches gesagt sein; im Titel eines Buches genannt sein ◆-bild, -blatt, -seite ❹ SPORT die Bezeichnung für einen bestimmten sportlichen Rang, den jmd. bei einem Wettkampf erworben hat: der Titel des Europameisters/Weltmeisters ◆-verteidiger(in) ❺ RECHTSW. ein Rechtsanspruch: einen Titel vollstrecken ❻ AMTSSPR. Geldmittel für einen bestimmten Zweck in einem öffentlichen Haushalt: die Reisekosten aus einem anderen Titel bezahlen als die Honorare

Ti·tel·rol·le die <-, -n> die Hauptrolle, deren Name im Titel[2] des Films, Theaterstücks oder der Oper erscheint: im Faust die Titelrolle (des Doktor Faust) spielen

Tit·te die <-, -n> /meist Plur./ (vulg.) weibliche Brust

ti·tu·lie·ren mit OBJ ■ jmd. tituliert jmdn. irgendwie (geh.) bezeichnen: Der Angeklagte soll den Kläger als „Vollidioten" tituliert haben.

Toast der [to:st] <-(e)s, -e/-s> ❶ (≈ Trinkspruch) die Worte, mit denen man jmdm. Glück und Gesundheit wünscht, wenn man gemeinsam Wein oder Sekt trinkt: einen Toast auf jemanden ausbringen ❷ eine Scheibe Weißbrot, die geröstet wurde: einen Toast mit Käse essen; der Duft von frischem Kaffee und Toast

toas·ten ['to:stn] <toastest, toastete, hat getoastet> mit OBJ ■ jmd. toastet etwas (Weißbrotscheiben) rösten

Toas·ter der [to:stɐ] <-s, -> ein elektrisches Gerät zum Rösten von Weißbrotscheiben

to·ben <tobst, tobte, hat/ist getobt> ❶ ■ jmd. tobt (haben) aus Wut oder Begeisterung schreien und gestikulieren: Der Chef tobt.; Das begeisterte Publikum tobte. ❷ ■ etwas tobt (haben) mit großer Gewalt wirken: Der Sturm tobt. ❸ (haben o sein) herumtollen: Die Kinder haben stundenlang im Garten getobt; Die Hunde sind durch den Garten getobt.

Tob·sucht die <-> /kein Plur./ (krankhaft) wild geäußerte Wut: Sie reizte ihn nur äußerst ungern, denn sie fürchtete seine Tobsucht. ◆-sanfall ▶ tobsüchtig

Toch·ter die <-, Töchter> ❶ (↔ Sohn) ein weibliches Kind: eine Tochter haben ❷ (übertr.) eine Frau, die in enger Beziehung zu einem Ort oder einer Zeit steht: eine berühmte Tochter der Stadt; eine typische Tochter ihrer Zeit ❸ WIRTSCH. kurz für „Tochtergesellschaft"

Toch·ter·ge·sell·schaft die <-, -en> WIRTSCH. (≈ Filiale) ein Betrieb, der Teil eines größeren Unternehmens ist

Tod der <-(e)s, -e> /Plur. selten/ ❶ /kein Plur./ das Sterben: ein friedlicher/plötzlicher/schrecklicher Tod; jemanden/ein Tier zu Tode hetzen ◆-esdrohung, -esopfer, -esursache ❷ die personifizierte Gestalt dessen, der den Tod[1] bringt: Der Tod hat ihn geholt.; dem Tod ins Auge blicken; dem Tod von der Schippe springen ❸ das (wirtschaftliche) Ende einer Sache: Die Überschwemmung/die Konkurrenz bedeutet den Tod für viele kleinbäuerliche Betriebe. ■ zu Tode (umg.) sehr; bis ins Innerste zu Tode erschrocken sein; zu Tode betrübt/ erschöpft sein; sich zu Tode langweilen; ■ jemanden auf den Tod nicht leiden können (umg.) jmdn. überhaupt nicht leiden können; ■ sich den Tod holen (umg.) sich sehr erkälten; ■ dem Tod ins Auge sehen (geh.) in Todesgefahr sein; ■ jemand ist dem Tod von der Schippe gesprungen (umg.) jmd. ist einer tödlichen Gefahr entkommen

tod- (≈ äußerst, sehr) als Erstglied zusammengesetzter Adjektive, mit Betonung auf beiden Teilen; drückt intensivierend aus, dass die mit dem Zweitglied bezeichnete Eigenschaft sehr ausgeprägt ist ◆-bang, -blass (auch: totenblass), -bleich (auch: totenbleich), -elend, -ernst, -hungrig, -krank, -langweilig, -matt, -müde, -schick, -sicher, -sterbenskrank, -still (auch: totenstill), -traurig, -unglücklich

tod·brin·gend adj /nicht steig./ (≈ tödlich) zum Tode[1] führend: eine todbringende Krankheit

To·des·angst die <-, Todesängste> ❶ sehr große Angst: Todesängste ausstehen ❷ Angst vor dem Sterben: in Todesangst um Hilfe rufen

To·des·an·zei·ge die <-, -n> eine Zeitungsanzeige oder gedruckte briefliche Mitteilung, in der bekanntgegeben wird, dass jmd. gestorben ist

To·des·fall der <-(e)s, Todesfälle> die Tatsache, dass jmd. gestorben ist: einen Todesfall in der Familie haben; Bei Todesfall wird die Versicherungssumme (der Lebensversicherung) an den Ehegatten ausgezahlt.

To·des·kampf der <-(e)s, Todeskämpfe> das (qualvolle) Sterben: sich im Todeskampf befinden

To·des·kan·di·dat der, **To·des·kan·di·da·tin** <-en, -en> jmd., der bald sterben wird: Ein Geistlicher spendete dem Todeskandidaten Trost.

To·des·stoß ■ einer Sache den Todesstoß versetzen (geh.) die Entwicklung von etwas stoppen: Das Ausscheiden des wichtigsten Mitarbeiters versetzte dem Projekt den Todesstoß.

To·des·stra·fe die <-, -n> /meist im Sing./ die Bestrafung von Verurteilten mit dem Tod[1]: die To-

T

desstrafe aussprechen/verhängen; die Abschaffung der Todesstrafe fordern; Die Gegner der Todesstrafe mehren sich.

To·des·tag *der* <-(e)s, -e> ❶ *der Tag, an dem jmd. stirbt:* Niemand weiß, wann sein eigener Todestag kommt. ❷ *der Jahrestag des Todes von jmdm.:* Der 250. Todestag von Johann Sebastian Bach wurde feierlich begangen.

To·des·ur·teil *das* <-s, -e> ❶ RECHTSW. *Verurteilung zur Todesstrafe:* ein Todesurteil aussprechen/fällen/vollstrecken ❷ *(übertr.) ein Ereignis, das die Ursache für das Ende einer Sache oder Person ist:* Die Diagnose der Ärzte bedeutete für ihn das Todesurteil.; Die Erhöhung der Rohstoffpreise ist das Todesurteil für viele Kleinbetriebe.; Der Ausbau der alten Straße ist das Todesurteil für viele Bäume.

To·des·ver·ach·tung ■ *mit* **Todesverachtung** *(umg.) ohne sich seine Angst oder seinen Abscheu anmerken zu lassen* Sie aßen die Heuschrecken mit Todesverachtung.; Mit Todesverachtung sprang sie vom 10-Meter-Turm ins Wasser.

Tod·feind *der,* **Tod·fein·din** <-(e)s, -e> *großer, erbitterter Feind*

töd·lich *adj /nicht steig./* ❶ *so, dass man daran sterben wird:* eine tödliche Krankheit; der tödliche Biss einer Giftschlange; einen tödlichen Stromschlag erhalten ❷ *(umg.) sehr schlimm oder stark:* tödlich beleidigt sein; tödlicher Hass; etwas mit tödlicher Sicherheit wissen; sich tödlich langweilen

Tod·sün·de *die* <-, -n> REL. *sehr schwere Sünde:* eine Todsünde begehen

Töff *das/der* <-s, -> SCHWEIZ., LANDSCH. *Motorrad*

Tof·fee *das* ['tɔfi] <-s, -s> *ein weiches Karamellbonbon*

To·fu *der* <-(s)> */kein Plur./* KOCH. *eine Speise aus Sojabohnen, die wie Quark aussieht*

To·ga *die* <-, Togen> *ein weites Obergewand, das die Männer in der antiken römischen Welt trugen*

Tög·ge·li·kas·ten *der* <-s, Töggelikästen> SCHWEIZ. *Tischfußball*

To·hu·wa·bo·hu *das* <-(s), -s> *(umg.) wildes Durcheinander:* In dem Zimmer herrscht vielleicht ein Tohuwabohu!

To·i·let·te *die* [toa'lɛtə] <-, -n> ❶ *ein Becken, in das man die Blase und den Darm entleeren kann:* sich auf die Toilette setzen; auf der Toilette sitzen; die Toilette spülen ◆-nartikel, -npapier, -nseife, -nsitz, -nspülung ❷ *(≈ WC) der Raum, in dem sich die Toilette¹ befindet:* auf die Toilette gehen; eine öffentliche Toilette ◆-Behinderten-, Damen-, Gäste-, Herren- ❸ */kein Plur./ (veralt.) Körperpflege und Ankleiden:* stundenlang Toilette machen; einige Minuten für die morgendliche Toilette benötigen

To·kai·er, *a.* **To·ka·jer** *der* <-s, -> *ein ungarischer Süßwein*

To·kio <-s> *die Hauptstadt Japans* ▶ Tokioer/Tokioter, Tokioerin/Tokioterin

to·le·rant *adj (↔ intolerant) so, dass man andere Auffassungen achtet und duldet:* eine tolerante Einstellung haben; ein tolerantes Land; tolerant gegenüber anderen Religionen/politischen Aufassungen sein

To·le·ranz *die* <-, -en> ❶ */kein Plur./ Achtung und Duldung gegenüber anderen Auffassungen, Meinungen und Einstellungen:* Toleranz gegenüber einer anderen Lebensweise/Religion zeigen ❷ TECHN. *das Maß, in dem etwas von einem Standardwert abweicht:* Die Werte liegen innerhalb der zulässigen Toleranz von 2 mm.

To·le·ranz·gren·ze *die* <-, -n> *die Grenzen, innerhalb derer etwas toleriert werden kann:* Der Lärm liegt oberhalb meiner Toleranzgrenze.; Die Werte liegen innerhalb der Toleranzgrenze.

to·le·rie·ren *mit OBJ* ■ *jmd.* **toleriert etwas** *(geh.)* ❶ *das Verhalten einer Person dulden (obwohl es nicht der eigenen Auffassung von gutem Verhalten entspricht):* Die Aktivitäten dieser Gruppe werden von der Polizei toleriert.; Das kann ich gerade noch tolerieren. ❷ *etwas dulden, das vom Standardwert abweicht:* Diese Abweichung vom Normwert kann aus Sicherheitsgründen nicht toleriert werden.

toll I. *adj* ❶ *(umg.) verwendet, um auszudrücken, dass man etwas sehr gut findet:* eine tolle Idee/Leistung; Das Konzert gestern war wirklich toll.; Er kann ganz toll zeichnen. ❷ *(veralt.) verrückt:* Was ist denn das für eine Idee! Du bist wohl toll?; wie toll in der Gegend herumspringen **II.** *adv (umg.) sehr heftig:* Es regnet ganz toll.; Hat es denn toll wehgetan?

Tol·le *die* <-, -n> *(umg.) Haar, das wie eine Welle frisiert ist und vom Kopf leicht nach oben absteht*

Toll·kir·sche *die* <-, -n> BOT. *eine Staudenpflanze mit schwarzen, sehr giftigen Beeren*

toll·kühn *adj sehr wagemutig:* ein tollkühnes Unternehmen; Das ist nicht mutig, das ist tollkühn! ▶ Tollkühnheit

Toll·patsch *der* <-(e)s, -e> *(umg. abwert.) ungeschickter Mensch*

Toll·wut *die* <-> */kein Plur./ eine gefährliche Infektionskrankheit, die von Tieren auf Menschen übertragen werden kann*

Töl·pel *der* <-s, -> *(umg. abwert.) ungeschickter Mensch* ▶ tölpelhaft

To·ma·hawk *der* ['tɔmahaːk] <-s, -s> *Streitaxt der nordamerikanischen Indianer*

To·ma·te *die* <-, -n> *eine Frucht, die an Sträuchern wächst, rund und etwas kleiner als z. B. ein Apfel und eine dünne, rote Schale hat;* ■ **Tomaten auf den Augen haben** *(umg. abwert.) etwas, das alle anderen sehen, nicht bemerken* ◆-nsaft, -salat, -soße, Rispen-, Strauch-

To·ma·ten·ket·schup, *a.* **To·ma·ten·ket·chup** *der/das* [...'kɛtʃap] <-(s), -s> */kein Plur./ eine dicke Soße aus Tomaten und Gewürzen, die oft zu Würstchen gegessen wird*

To·ma·ten·mark *das* <-(e)s> */kein Plur./ das (zu Brei verarbeitete) Fruchtfleisch reifer Tomaten*

Tom·bo·la *die* <-, -s/Tombolen> *eine Veranstaltung, bei der die Teilnehmer Lose ziehen und bestimmte Gegenstände gewinnen können:* auf einem Fest eine Tombola veranstalten; ein Los bei der Tombola ziehen

To·mo·gra·fie, *a.* **To·mo·gra·phie** *die* <-, ...-fien/ ...-phien> MED. *ein Verfahren, bei dem der innere Aufbau des Körpers eines Patienten durch ein ra-*

diologisches Gerät sichtbar gemacht werden kann ♦Computer-

Ton¹ *der* <-(e)s, -e> *eine besondere Art Erde, aus der Töpferwaren hergestellt werden:* Ton abbauen/brennen/verarbeiten; Gefäße aus Ton ♦-gefäß, -erde

Ton² *der* <-(e)s, Töne> ❶*ein Laut, den man hören kann und der eine bestimmte Frequenz hat:* ein dumpfer/hoher/langer/kurzer/schriller/tiefer Ton; in gedämpftem Ton sprechen; ein paar Töne auf dem Klavier spielen; keinen Ton von sich geben ♦Flöten-, Geigen-, Orgel- ❷SPRACHWISS. *(≈ Betonung)* Der Ton liegt auf der ersten Silbe. ❸*/kein Plur./ die bestimmte Art, in der jmd. spricht:* etwas in barschem/freundlichem Ton sagen; Unter den Kollegen herrscht ein ungezwungener/rauer Ton.; bei etwas/jemandem gegenüber den richtigen Ton finden ♦Umgangs-, Plauder- ❹*Farbschattierung:* ein Bild in frischen/fröhlichen/gedeckten Tönen malen; seine Wohnung in hellen Tönen streichen; ■*der gute Ton das gute Benehmen* Das gehört einfach zum guten Ton.; ■*sich im Ton vergreifen jmdm. gegenüber zu unfreundlich oder zu respektlos sprechen;* ■**Der Ton macht die Musik !** *es ist oft wichtiger, wie jmd. etwas sagt als was er sagt;* ■**den Ton angeben** *eine führende Position innerhalb einer Gruppe einnehmen;* ■**große Töne spucken** *(umg. abwert.) angeben* ♦Blau-, Grün-, Rot-

ton·an·ge·bend *adj /nicht steig./ maßgeblich, bestimmend:* in einer Gruppe tonangebend sein

Ton·arm *der* <-(e)s, -e> TECHN. *das bewegliche Teil am Plattenspieler, an dessen vorderem Ende sich eine Vorrichtung zum Abtasten der Schallplatte befindet:* den Tonarm justieren

Ton·art *die* <-, -en> ❶MUS. *ein von einem Grundton und einem Tongeschlecht bestimmtes System von Tönen¹ und Harmonien:* Das Lied steht in der Tonart A-Dur/d-Moll. ❷*eine bestimmte Art sich zu äußern und damit Gefühle auszudrücken:* Es ist nicht das, was er sagt, was uns verärgert, ist die Tonart, in der er mit uns spricht.; eine andere Tonart anschlagen

Ton·auf·nah·me *die* <-, -n> *das Aufnehmen von Sprache, Musik oder Geräuschen mit Aufnahmegeräten*

Ton·band *das* <-(e)s, Tonbänder> *ein Magnetband, auf dem man Sprache oder Musik aufzeichnen kann:* eine Rede/die Musik auf Tonband aufzeichnen ♦-aufnahme, -gerät

tö·nen¹ *mit OBJ* ■*jmd./etwas tönt etwas (irgendwie) einen bestimmten Farbton geben:* die Haare rot tönen; getönte Haare haben; Die untergehende Sonne tönt den Himmel rosa.

tö·nen² *ohne OBJ* ❶■*etwas tönt erklingen; schallen:* Aus dem Lautsprecher tönt die Stimme des Ansagers.; Durch das Fenster tönt laute Musik.; Die Klingel tönt hoch/schrill. ❷■*jmd.tönt (umg. abwert.) großspurig reden:* Er tönt wieder über sein Lieblingsthema.

tö·nern *adj /nicht steig./ aus Ton¹:* ein tönernes Gefäß

Ton·fall *der* <-(e)s, Tonfälle> *eine bestimmte Art,* sich zu äußern und damit Gefühle auszudrücken: ein barscher/freundlicher/vorwurfsvoller Tonfall

Ton·film *der* <-(e)s, -e> *(↔ Stummfilm) Film mit Ton²:* die Erfindung des Tonfilms; einer der ersten Tonfilme

Ton·ge·schlecht *das* <-(e)s, -er> MUS. *eine Gattung der Tonart mit bestimmten Merkmalen:* Bei den Tongeschlechtern unterscheidet man Moll und Dur.

To·nic *das* ['tɔnɪk] <-(s), -s> *eine Limonade mit Chininzusatz*

To·ni·ka *die* <-, Toniken> MUS. *Grundton eines Musikstücks*

To·ni·kum *das* <-s, Tonika> MED. *ein stärkendes Mittel*

Ton·la·ge *die* <-, -n> *die Höhe der Töne²:* in einer hohen Tonlage singen/sprechen

Ton·lei·ter *die* <-, -n> MUS. *eine festgelegte, auf einem Grundton aufbauende Folge von acht Tönen*

ton·los *adj /nicht steig./ ohne Ausdruck:* mit tonloser Stimme sprechen

Ton·na·ge *die* [tɔ'naːʒə] <-, -n> SEEW. *der Rauminhalt eines Schiffes*

Ton·ne *die* <-, -n> ❶*ein großes zylindrisches Gefäß, in dem meist Flüssigkeiten aufbewahrt werden:* das Regenwasser in einer Tonne sammeln; eine Tonne mit Öl/Wasser ♦Benzin-, Öl-, Wasser- ❷*die Menge, die in eine Tonne¹ passt:* an einem Tag zwei Tonnen Regenwasser sammeln ❸*eine Gewichtseinheit (≈ 1000 Kilogramm):* 10 Tonnen Kohle; eine Tonne wiegen ❹*(umg. abwert.) ein großer, dicker Mensch:* Er ist nicht nur dick, er ist eine Tonne!

ton·nen·wei·se *adv /nicht steig./ (umg.) in großer Menge:* tonnenweise Sand anfahren; tonnenweise Obst und Gemüse vernichten

Ton·stu·dio *das* <-s, -s> *ein Raum, der technisch so ausgestattet ist, dass man darin Musik und Sprache aufzeichnen kann:* Aufnahmen mit einem Sänger in einem Tonstudio machen; ein Tonstudio einrichten

Ton·sur *die* <-, -en> GESCH. *die kreisrunde kahl geschorene Schädelstelle von (bestimmten) Geistlichen:* Mönche trugen früher Tonsuren.

Ton·tau·ben·schie·ßen *das* <-s> /kein Plur./ SPORT *als Sport betriebene Schießen auf Scheiben aus Ton¹, die in die Luft geworfen werden*

Ton·tech·ni·ker, *der*, **Ton·tech·ni·ke·rin** <-s, -> *jmd., dessen Beruf es ist, Tonaufnahmen technisch zu überwachen*

Ton·trä·ger *der* <-s, -> *ein Datenträger, auf dem akustische Informationen gespeichert sind:* Schallplatten, Tonbänder oder CDs bezeichnet man als Tonträger.

Tö·nung *die* <-, -en> ❶*der Vorgang, dass man eine Farbe auf etwas aufträgt, damit es diese Farbe annimmt:* Die Tönung der Haare kann man selbst vornehmen.; Der Friseur rät zum Kürzen der Haare und zu einer Tönung. ❷*(≈ Haartönung) das Färbemittel für eine Tönung¹ der Haare* ❸*Farbton:* Der Himmel hat eine intensive rote Tönung.; Die Haare haben eine leichte blonde Tönung.

Top *das* <-s, -s> *ein knapp geschnittenes Oberbe-*

kleidungsstück für Frauen: zur Hose ein ärmelloses Top tragen

Top- *als Erstglied zusammengesetzter Substantive;* ❶ *drückt aus, dass jemand/etwas im Hinblick auf das mit dem Zweitglied Bezeichnete im höchsten oder besten Zustand ist* ◆-form, -job, -leistung ❷ *drückt aus, dass etwas im Hinblick auf das mit dem Zweitglied Bezeichnete auf einer Qualitätsskala an der Spitze steht* ◆-angebot, -management, -qualität ❸ *drückt aus, dass jmd. in dem mit dem Zweitglied bezeichneten Bereich an führender Stelle steht* ◆-athlet(in), -favorit(in), -manager(in), -model, -sänger(in), -verkäufer(in)

top- *als Erstglied zusammengesetzter Adjektive, mit Betonung auf beiden Bestandteilen; drückt intensivierend aus, dass jemand/etwas im Hinblick auf die mit dem Zweitglied bezeichnete Eigenschaft auf einer Skala der Bewertung an oberer Stelle steht/ganz oben angesetzt wird* ◆-aktuell, -fit, -modern, -modisch

To·pas, To·pas *der* <-es, -e> *ein Halbedelstein*

Topf *der* <-(e)s, Töpfe> ❶ *ein Kochgefäß, das meist aus Metall besteht, eine runde Grundfläche hat, oft über einen Deckel verfügt und höher als eine Pfanne ist:* die Kartoffeln im Topf kochen; Wasser in einem Topf zum Kochen bringen; das Fleisch im Topf garen ❷ *die Menge, die in einen Topf¹ passt:* einen ganzen Topf Nudeln essen; ein Topf Kartoffeln ❸ *ein Tongefäß, in dem etwas aufbewahrt wird:* Pfefferkuchen/Honig in einem Topf aufbewahren; die Blumen in einen Topf pflanzen ❹ *(umg. scherzh.) Toilette:* Ich muss mal auf den Topf.; ■ **alles in einen Topf werfen** *(umg.) keine Unterschiede machen*

Töpf·chen *das* <-s, -> *ein Gefäß, auf dem kleine Kinder ihre Notdurft verrichten:* aufs Töpfchen gehen

Top·fen *der* <-s, -> SÜDDT., ÖSTERR. *Quark*

Töp·fer *der,* **Töp·fe·rin** <-s, -> *jmd., der Gefäße und Gegenstände aus Ton herstellt* ◆-werkstatt

Töp·fe·rei *die* <-, -en> (≈ *Töpferwerkstatt) eine Werkstatt, in der Gefäße und Gegenstände aus Ton¹ hergestellt werden*

Töp·fer·schei·be *die* <-, -n> *eine rotierende Scheibe, auf der Gefäße und Gegenstände aus Ton geformt werden*

Töp·fer·wa·re *die* <-, -n> *Gefäße und Gegenstände aus Ton*

top·fit *adj /nicht steig./ (umg.) körperlich und geistig sehr gut in Form:* zum Wettkampf topfit sein; auch im hohen Alter geistig topfit sein

Topf·lap·pen *der* <-s, -> *ein Stofflappen, den man zum Schutz vor Hitze in der Hand hält, wenn man heiße Kochtöpfe anfasst*

Topf·pflan·ze *die* <-, -n> *in einem Blumentopf wachsende Pflanze*

To·po·gra·fie, *a.* **To·po·gra·phie** *die* <-, ...-fien/...-phien> GEOGR. *die Beschreibung und Darstellung von Teilen der Erdoberfläche:* die Topographie Nordamerikas ▸ Topograf/Topograph, Topografin/Topographin, topografisch/topographisch

To·pos *der* <-, Topoi> ❶ LIT. *ein häufig verwendetes Motiv in der literarischen Tradition* ◆-for-

schung ❷ *(fachspr.) allgemein anerkannter Ausdruck oder eine häufig benutzte Redensart*

Topp *der* <-s, -e(n)/-s> SEEW. *oberste Mastspitze:* ein über die Toppen geflaggtes Schiff

topp *interj verwendet, um auszudrücken, dass eine Wette oder Vereinbarung gilt:* Topp, die Wette gilt!

top·pen *mit OBJ* ■ *jmd./etwas toppt etwas (umg.) übertreffen:* Diese Leistung ist nicht zu toppen!

top·se·c·ret [tɔp'siːkrɪt] *adj /nicht steig./ / nur präd., nicht Adverb/ streng geheim:* Die Verhandlungen sind topsecret.

Top·star *der* <-s, -s> *eine Person, die auf ihrem Gebiet sehr erfolgreich und öffentlich sehr bekannt ist:* ein Topstar des amerikanischen Films; die Topstars der Rockmusik der siebziger Jahre

Tor¹ *der* <-en, -en> *(geh. abwert.) ein dummer oder unklug handelnder Mensch:* Wir sind doch Toren gewesen, warum haben wir das Angebot nicht angenommen?

Tor² *das* <-(e)s, -e> ❶ (≈ *Portal) eine große Tür (mit zwei Flügeln), die den (Haupt)eingang zu einem Gebäude bildet:* das Tor bewachen/öffnen/schließen; ein neues Tor einbauen ◆ Eingangs-, Kasernen-, Scheunen- ❷ *Einfahrt, Durchfahrt:* durch ein Tor in den Hof gelangen; ein Tor in der Stadtmauer ◆ Garagen-, Hof-, Park-, Schloss- ❸ SPORT *ein großer Rahmen, in dem ein Netz gespannt ist und in den bei bestimmten Mannschaftsspielen der Ball geschossen wird:* die eigene Mannschaft im Tor stehen; das Tor mit dem Ball/Puck zu treffen versuchen ❹ SPORT *Treffer in das Tor³:* ein Tor erzielen/schießen/verhindern/vorbereiten ◆-schütze, Anschluss-, Ausgleichs-, Sieg-

Tor·bo·gen *der* <-s, Torbögen> *ein bogenförmig gebautes Tor²:* unter einem Torbogen stehen

To·re·ro, To·re·ra *der* <-(s), -s> (≈ *Stierkämpfer) jmd., der im Stierkampf den Stier reizt und in einer bestimmten rituellen Weise tötet*

Torf *der* <-(e)s, -e> */Plur. Sorten / eine bestimmte Art von Erde, die aus zersetzten Pflanzenresten besteht:* Torf auf die Beete streuen

Torf·moor *das* <-(e)s, -e> *Moorlandschaft, in der Torf vorkommt*

Tor·heit *die* <-, -en> *(geh. abwert.) Dummheit; unkluges Verhalten:* eine große Torheit begehen ◆ Mode-

Tor·hü·ter *der,* **Tor·hü·te·rin** <-s, -> SPORT (≈ *Torwart) der Spieler, der im Tor³ steht und der gegnerische Schüsse auf das Tor³ abwehren soll*

tö·richt *adj /geh. abwert.) dumm; unklug:* eine törichte Frage; ein törichtes Verhalten

tor·keln <torkelst, torkelte, hat/ist getorkelt> *ohne OBJ* ❶ ■ *jmd. torkelt (haben)* (≈ *wanken) gehen und dabei schwanken, vor allem weil man betrunken ist:* Der Betrunkene hat getorkelt. ❷ ■ *jmd. torkelt irgendwohin (sein) schwankend irgendwohin gehen:* Die Betrunkenen sind über die Straße getorkelt.

Tor·li·nie *die* <-, -n> SPORT *die Linie zwischen den beiden Pfosten eines Tores*

Törn *der* <-s, -s> SEEW. *Fahrt mit einem Segelboot* ◆ Segel-

Tor·na·do *der* <-s, -s> METEOR. *ein Wirbelsturm in Nordamerika*

Tor·nis·ter *der* <-s, -> ❶ MILIT. *ein Gepäckstück, das Soldaten auf dem Rücken tragen* ❷ *(veralt.) Schulranzen*

tor·pe·die·ren *mit OBJ* ■ *jmd.* **torpediert etwas** ❶ MILIT., SEEW. *mit einem Torpedo beschießen:* ein Schiff torpedieren ❷ *(abwert.) gezielt verhindern:* die Friedensverhandlungen torpedieren

Tor·pe·do *der* <-s, -s> MILIT., SEEW. *eine Art Rakete, die sich unter Wasser bewegt und die von einem Unterseeboot abgefeuert wird:* ein Torpedo abschießen ◆-boot

Tor·pfos·ten *der* <-s, -> SPORT *eines der Begrenzungselemente eines Tores[3]:* mit einem Schuss den Torpfosten treffen

Tor·raum *der* <-(e)s, Torräume> SPORT *bestimmter Bereich vor dem Tor[3]*

Tor·schluss·pa·nik *die* <-> /kein Plur./ *(umg.) die Befürchtung, dass man etwas Wichtiges versäumt oder dass man für eine Sache zu alt ist:* Manche Leute bekommen Torschlusspanik, wenn sie mit dreißig noch nicht den richtigen Partner gefunden haben.

Tor·schüt·ze *der;* **Tor·schüt·zin** <-n, -n> SPORT *jmd., der ein Tor[4] erzielt*

Tor·so *der* <-s, Torsos/Torsi> ❶ *eine Art Statue, die einen menschlichen Körper ohne Kopf und Gliedmaßen darstellt:* einen Körper als Torso darstellen; Von der Statue ist nur noch ein Torso erhalten geblieben. ❷ *(geh.) unvollständiges Bruchstück:* Die Sinfonie/der Roman ist im Torso geblieben.

Tor·te *die* <-, -n> *ein (meist) runder Kuchen, der (meist) aus verschiedenen Schichten von Teig, Creme, Sahne und Früchten besteht* ◆-nplatte, -nstück, Creme-, Kirsch-, Nuss-, Obst-, Sacher-, Schokoladen-

Tor·te·lett, **Tor·te·let·te** *das* <-s, -s> *ein kleines Gebäckstück in der Art einer Torte*

Tor·tel·li·ni <-> *Plur.* KOCH. *kleine runde Teigtaschen, die mit einer Füllung versehen sind*

Tor·ten·he·ber *der* <-s, -> *eine Art sehr breiter und flacher Löffel, mit dem man ein Tortenstück von der Tortenplatte heben kann*

Tor·til·la *die* [tɔrˈtɪlja] <-, -s> KOCH. ❶ *ein spanischer Kartoffelpfannkuchen* ❷ *eine Art Fladenbrot*

Tor·tur *die* <-, -en> *(geh.) ein unangenehmes Erlebnis, das für jmdn. eine Qual ist:* Die mehrtägige Reise im Bus war eine Tortur.; Die Zahnoperation wird sicher eine Tortur werden.

Tor·wart *der;* **Tor·war·tin** <-(e)s, -e> SPORT *(≈ Torhüter) der Spieler, der gegnerische Schüsse auf das Tor[3] abwehren soll*

to·sen *ohne OBJ* ■ **etwas tost** *(≈ brausen) das laute Rauschen von sich geben, dass man hört, wenn ein Fluss sehr schnell fließt oder starker Wind durch das Laub der Bäume weht:* In den Felsenschlucht toste ein wilder Bach.; tosender Beifall

tot *adj /nicht steig./* ❶ *(↔ lebendig) so, dass jmd. oder ein Tier nicht (mehr) lebt:* ein toter Mensch; ein totes Tier; (klinisch) tot sein; jemanden für tot erklären; ein tot geborenes Kind; nur noch tot ge-

borgen werden können; Das Opfer fiel tot um/brach tot zusammen.; sich totstellen; wie tot daliegen; totes Holz/Gewebe ❷ *(≈ unbelebt) so, dass darin keine Lebensvorgänge ablaufen:* tote Materie; nichts als tote Steine ❸ *so, dass es nicht mehr benutzt wird oder nicht mehr seine Funktion erfüllt:* ein totes Gleis; ein toter Flussarm; eine tote Sprache; Hinter der Tür ist toter Raum, dort können wir nichts hinstellen. ❹ *(umg.) so, dass es nicht mehr funktioniert:* Die Telefonleitungen/elektrischen Leitungen sind tot.; Plötzlich war der Fernseher tot, es war nichts mehr auf dem Bildschirm zu sehen. ❺ *(↔ frisch, lebendig) so, dass es leblos wirkt:* tote Augen; Die Stadt/die Landschaft wirkte tot.; Grau ist eine tote Farbe.; ■ **ein toter Winkel** *ein nicht einsehbarer oder erreichbarer Raum* sich im toten Winkel hinter einem Fahrzeug befinden; ■ **totes Gestein** BERGB. *Gestein ohne nutzbare Bodenschätze;* ■ **tote Hose** *(umg.) Langeweile* Am Sonntag war mal wieder nichts los – tote Hose! ◆ **Großschreibung** →R 3.17 das Tote Meer; das Tote Gebirge; ◆ **Getrenntschreibung** →R 4.8 Das Tier wird wohl tot sein, es bewegt sich gar nicht!; Damit man ihn nicht findet, hat er sich tot gestellt.; ◆ **Getrennt-oder Zusammenschreibung** →R 4.20 ein tot geborenes/totgeborenes Kind; *siehe auch* **totarbeiten, totärgern, totkriegen, totlachen, totmachen, totsagen, totschießen, totschlagen, totschweigen, tottrampeln, tottreten**

to·tal *adj /nicht steig./* *(≈ völlig) verwendet, um auszudrücken, dass die genannte Sache nicht teilweise gilt, sondern absolut der Fall ist:* total überfordert sein; Es herrschte totales Chaos.; Die Straße war total überflutet.; Das habe ich total vergessen!

to·ta·li·tär *adj /nicht steig./* POL. *(geh. abwert.) so, dass ein Land nicht demokratisch regiert wird, sondern von einem Diktator oder einer einzigen Gruppe:* totalitäre Machthaber/Regimes/Staaten

To·ta·li·ta·ris·mus *der* <-> /kein Plur./ POL. *(geh. abwert.) diktatorische, undemokratische Machtausübung in allen Lebensbereichen* ▶ totalitaristisch

To·tal·scha·den *der* <-s, Totalschäden> KFZ *ein Schaden, bei dem eine Reparatur nicht mehr sinnvoll oder möglich ist:* Am Fahrzeug entstand Totalschaden.

tot·ar·bei·ten *mit SICH* ■ *jmd.* **arbeitet sich tot** *(umg.) sehr hart arbeiten* ◆ Zusammenschreibung →R 4.6 Du wirst dich schon nicht totarbeiten!

tot·är·gern *mit SICH* ■ *jmd.* **ärgert sich tot** *(umg.) sich sehr ärgern* ◆ Zusammenschreibung →R 4.6 Ich könnte mich totärgern, dass ich das versäumt habe.

To·te *der/die* <-n, -n> *jmd., der gestorben ist:* Die/der Tote wird aufgebahrt/beigesetzt.; ■ **wie ein Toter/eine Tote schlafen** *(umg.) tief und fest schlafen;* ■ **ein Lärm, mit dem man Tote aufwecken kann** *(umg.) ein großer Lärm*

To·tem *das* <-s, -s> REL. *ein Lebewesen (eine Pflanze oder ein Tier), das einem Naturvolk als heiliger Vorfahre angesehen wird, nicht getötet*

werden darf und häufig in Figuren verehrt wird
▶ Totemismus ◆-figur, -glaube, -tier

tö·ten *mit OBJ/ohne OBJ* ■ *jmd. tötet jmdn./ein*
Tier ❶ *bewirken, dass ein Lebewesen nicht mehr*
lebt: jemanden fahrlässig/grausam/mit einer Waf-
fe/vorsätzlich töten; sich selbst töten; ein getötetes
Tier ❷ *(≈ vernichten)* einen Nerv töten; die Zeit töten; ■ *etwas tötet jemanden (umg.) jmd. kann*
etwas nicht ertragen Es tötet mich, mit anzusehen, was da geschieht.; Die Musik tötet ihn.

To·ten·bett ■ *auf dem Totenbett liegen* im Sterben begriffen sein; ■ *am Totenbett* bei einem
Sterbenden jemandem etwas am Totenbett versprechen

to·ten·blass, tod·blass *adj /nicht steig./ sehr*
blass: vor Schreck totenblass werden

to·ten·bleich, tod·bleich *adj /nicht steig./ sehr*
bleich

To·ten·fei·er *die <-, -n> die Feier zu Ehren einer*
oder eines Toten

To·ten·grä·ber *der <-s, -> ❶ jmd., der beruflich*
Gräber für die Bestattung von Toten aushebt
❷ ZOOL. *ein Aaskäfer, dessen Larven sich von toten*
Tieren ernähren

To·ten·kopf *der <-(e)s, Totenköpfe> (umg.) der*
menschliche Schädel, der in bestimmten Abbil-
dungen als Symbol gebraucht wird: Ein Totenkopf
ist das Zeichen für Gefahr/tödliches Gift.; die Pira-
tenflagge mit dem Totenkopf

To·ten·mas·ke *die <-, -n> eine Art Maske, die*
man angefertigt hat, indem man vom Gesicht ei-
nes Toten einen Gipsabdruck gemacht hat

To·ten·mes·se *die <-, -n> zu Ehren einer oder ei-*
nes Verstorbenen gelesene Messe

To·ten·schein *der <-(e)s, -e> ein Dokument, das*
ein Arzt ausfüllt und mit dem er den Tod von
jmdm. beurkundet

to·ten·still, tod·still *adj /nicht steig./ sehr still:*
Im Saal wurde es totenstill, als der Zauberkünstler
sein Kunststück vorführte.

To·ten·stil·le *die <-> /kein Plur./ völlige Stille:* Im
Haus herrschte Totenstille.

To·ten·wa·che *die <-, -n> die Wache an der Bahre*
eines oder einer Verstorbenen bis zur Beerdigung:
die Totenwache halten

tot·fah·ren <fährst tot, fuhr tot, hat totgefah-
ren> *mit OBJ* ■ *jmd. fährt jmdn./ein Tier tot*
(umg.) durch Überfahren mit einem Fahrzeug tö-
ten[1]: auf der Straße einen Fuchs totfahren ◆Zu-
sammenschreibung →R 4.5 jemanden mit dem
Auto totfahren; ein totgefahrener Igel

Tot·ge·burt *die <-, -en> MED. ein Kind oder Jun-*
ges, das bereits bei seiner Geburt tot[1] ist

Tot·ge·glaub·te *der/die <-n, -n> eine Person,*
von der man annimmt, dass sie tot[1] ist: Plötzlich
kehrte der Totgeglaubte heim.

Tot·ge·sag·te *der/die <-n, -n> eine Person, von*
der man (irrtümlicherweise) annimmt, sie sei
tot[1]: Totgesagte leben länger.

tot·krie·gen *(umg.)* ■ *nicht totzukriegen sein* so
voller Energie sein, dass man lange nicht ermüdet
◆Zusammenschreibung →R 4.6 Die Kinder sind
ja heute einfach nicht totzukriegen!

tot·la·chen *mit SICH* ■ *jmd. lacht sich (über et-*

was Akk.) tot (umg.) sehr lachen: sich über einen Witz fast totlachen ◆Zusammenschreibung
→R 4.6 Ich habe mich halb totgelacht.

tot·lau·fen <läufst tot, lief tot, hat totgelaufen>
mit SICH ■ *etwas läuft sich tot* nach längerem
Andauern zum Erliegen kommen ◆Zusammen-
schreibung →R 4.6 Die Proteste haben sich totge-
laufen.

tot·ma·chen *mit OBJ* ■ *jmd. macht ein Tier tot*
(umg. verhüll.) ein kleineres Tier töten[1] ◆Zu-
sammenschreibung →R 4.5 eine Fliege totmachen

To·to *das <-s, -s> /Plur. selten/* SPORT *ein Glücks-*
spiel, bei dem man auf den Ausgang von Sport-
wettkämpfen Wetten abschließt: Toto spielen
◆Fußball-

tot·sa·gen *mit OBJ* ■ *jmd. sagt jmdn. tot (irrtüm-*
lich) sagen, dass jmd. tot[1] ist ◆Zusammen-
schreibung →R 4.6 Er war von allen totgesagt
worden, erfreute sich aber bester Gesundheit.;
siehe auch **Totgesagte**

tot·schie·ßen <schießt tot, schoss tot, hat totge-
schossen> *mit OBJ* ■ *jmd. schießt jmdn./ein*
Tier tot *(umg.) durch Erschießen töten[1]* ◆Zu-
sammenschreibung →R 4.5 jemanden/ein Tier
totschießen

Tot·schlag *der <-es> /kein Plur./* RECHTSW. *die Tö-*
tung[1] eines Menschen ohne niedere Absicht: wegen Totschlages verurteilt werden

tot·schla·gen <schlägst tot, schlug tot, hat tot-
geschlagen> *mit OBJ* ■ *jmd. schlägt jmdn./ein*
Tier tot *(umg.) durch Schlagen töten[1]:* ein Tier/
jemanden mit einem Knüppel/einem schweren
Gegenstand totschlagen; ■ *Du kannst mich tot-*
schlagen, aber... *(umg.) du kannst machen, was*
du willst, aber... Du kannst mich totschlagen, aber
ich kann mich an nichts mehr erinnern! ◆Zusam-
menschreibung →R 4.5, 4.6

Tot·schlä·ger[1] *der;* **Tot·schlä·ge·rin** <-s, ->
RECHTSW. *jmd., der Totschlag verübt hat:* ein gerichtlich verurteilter Totschläger

Tot·schlä·ger[2] *der <-s, -> eine Schlagwaffe, die*
mit Stahl oder Blei sehr schwer gemacht ist

tot·schwei·gen <schweigt tot, schwieg tot, hat
totgeschwiegen> *mit OBJ* ■ *jmd. schweigt*
jmdn./etwas tot (abwert.) über jmdn. oder et-
was bewusst schweigen, um ihn oder es in Verges-
senheit geraten zu lassen ◆Zusammenschrei-
bung →R 4.6 einen kritischen Politiker/ein Pro-
blem/ein Thema totschweigen

tot·tram·peln <trampelst tot, trampelte tot, hat
totgetrampelt> *mit OBJ* ■ *jmd. trampelt jmdn.*
tot (umg.) töten[1], indem man darauftritt ◆Zu-
sammenschreibung →R 4.5 Einige der Opfer sind
von den in Panik geratenen Massen totgetrampelt
worden.

tot·tre·ten <trittst tot, trat tot, hat totgetreten>
mit OBJ ■ *jmd. tritt jmdn./ein Tier tot töten[1],*
indem man darauftritt ◆Getrenntschreibung
→R 4.5 aus Versehen einen Frosch/einen Käfer
tottreten

Tö·tung *die <-, -en> /kein Plur./* ❶ RECHTSW. *das*
Töten[1]: die Tötung eines Menschen; wegen fahr-
lässiger/vorsätzlicher Tötung verurteilt werden

◆-sdelikt ❷ *das Schlachten:* die Tötung der Tiere in einem Schlachthaus

Touch *der* [tatʃ] <-s, -s> *(umg.) gewisse äußere Merkmale von etwas, die eine Zuordnung zu einer bestimmten Sache oder Kategorie erlauben:* Das Haus/die Wohnung hat einen südländischen Touch.; sich gern einen künstlerischen Touch geben; einen Touch ins Intellektuelle haben

tou·chie·ren [tuˈʃiːrən] *mit OBJ* ■ *jmd./etwas touchiert etwas* SPORT *nur ganz leicht berühren*

tough [taf] *adj /nicht steig./ (umg.) so, dass man Widerstände überwindet und sich nicht schnell unterkriegen lässt*

Tou·pet *das* [tuˈpeː] <-s, -s> *eine Art Perücke, die aber nur teilweise das eigene Haar ersetzt:* sein Haar mit einem Toupet voller erscheinen lassen

tou·pie·ren [tuˈpiːrən] *mit OBJ* ■ *jmd. toupiert etwas (Haaren) durch eine bestimmte Kämmtechnik ein fülligeres Aussehen geben:* die Haare toupieren

Tour *die* [tuːɐ̯] <-, -en> ❶ *ein Ausflug oder eine Ausfahrt:* eine kleine Tour mit dem Rad/mit dem neuen Wagen; eine zweiwöchige Tour durch die Berge ◆Berg-, Kletter-, Rad- ❷ *eine bestimmte zurückzulegende Strecke:* die kürzere/längere/reizvollere Tour wählen; Die heutige Tour geht durch mehrere Ortschaften. ❸ */nur Plur./* TECHN. *Umdrehungen pro Minute:* auf Touren kommen; auf vollen Touren laufen ▶hochtourig ❹ *(umg. abwert.:≈ Masche) eine bestimmte Art(des Verhaltens), mit der jmd. etwas erreichen will:* Komm mir bloß nicht auf die Tour!; es auf die freundliche Tour bei jemandem versuchen; ■ **jemandem die Tour vermasseln** *(umg.) jmds. (schlechte) Absichten durchkreuzen;* ■ **in einer Tour** *(umg. abwert.) immerzu; ständig* Er fragt in einer Tour.; ■ *etwas* **läuft auf vollen Touren** *(umg.) etwas ist in vollem Gange*

tou·ren [ˈtuːrən] *ohne OBJ* ■ *jmd. tourt durch etwas* Akk. *(umg.) im Rahmen einer Tournee durch etwas reisen:* Die Band tourt im Herbst durch einundvierzig deutsche Städte.

Tou·ren·ski, *a.* **Tou·ren·schi** *der* [ˈtuːren-] <-s, -er> SPORT *ein relativ breiter Ski für Skiwanderungen*

Tou·ren·zahl *die* [ˈtuːren-] <-, -en> KFZ *Zahl der Umdrehungen*

Tou·ris·mus *der* [tu...] <-> */kein Plur./ (≈ Fremdenverkehr) der Vorgang, dass (relativ viele) Menschen in fremde Länder oder im eigenen Land in bestimmte Gegenden fahren, um dort Urlaub zu machen und/oder Sehenswürdigkeiten anzusehen* ◆-hochburg, -zentrum, Massen-, Rucksack-

Tou·rist *der,* **Tou·ris·tin** *die* [tu...] <-en, -en> *jmd., der als Urlauber ein Land besucht* ◆Auto-, Bahn-

Tou·ris·ten·klas·se *die* [tu...] <-> *preiswertere, weniger komfortable Klasse in Schiffen und Flugzeugen*

Tou·ris·ten·vi·sum *das* [tu...] <-s, Touristenvisa/ Touristenvisen> *Einreisegenehmigung für Urlauber*

Tou·ris·tik *die* [tu...] <-> */kein Plur./ Verkehr von Touristen* ◆-unternehmen, Bahn-, Fern-, Flug- ▶touristisch

Tour·nee *die* [tʊrˈneː] <-, -s/...-neen> *der Vorgang, dass ein Künstler, eine Band o. Ä. durch viele Städte reisen und in jeder Stadt auftreten:* auf Tournee gehen; eine Tournee machen ◆-daten, Deutschland-, Welt-

To·wer *der* [ˈtaʊə] <-s, -> LUFTF. *Kontrollturm der Flughafenbehörde*

Town·ship *die* [ˈtaʊnʃɪp] <-, -s> *von Farbigen bewohnte Stadtsiedlung in Südafrika*

To·xi·ko·lo·ge *der,* **To·xi·ko·lo·gin** <-n, -n> *jmd., der Fachkenntnisse über die Wirkung von Giftstoffen besitzt und auf diesem Gebiet forscht* ▶ Toxikologie, toxikologisch

to·xisch *adj /nicht steig./ (fachspr.) giftig:* eine toxische Wirkung haben; toxische Stoffe fachgerecht lagern

Trab *der* <-(e)s> */kein Plur./ (↔ Galopp) die mittlere Gangart des Pferdes:* Das Pferd fällt in (den) Trab.; im Trab laufen; leichter/scharfer/schneller Trab; ■ **sich in Trab setzen** *(umg. scherzh.) loslaufen* Wir müssen uns allmählich in Trab setzen.; ■ **jemanden auf Trab bringen** *(umg.) jmdn. zum schnelleren Arbeiten antreiben*

Tra·bant¹ *der* <-en, -en> ASTRON. *ein Himmelskörper, der sich auf einer Kreisbahn um einen anderen Himmelskörper bewegt:* der Mond als Trabant der Erde ◆Erd-

Tra·bant®² *der* <-s, -s> GESCH. *Markenbezeichnung eines in der DDR produzierten Autos (auch genannt: Trabbi, Trabi)*

Tra·ban·ten·stadt *die* <-, Trabantenstädte> *Siedlung am Rande einer Großstadt*

Trab·bi, *a.* **Tra·bi** *der* <-s, -s> *(umg.) Trabant²*

tra·ben <trabst, trabte, ist getrabt> *ohne OBJ* ❶ *ein Pferd trabt (↔ galoppieren) im Trab laufen:* Das Pferd trabt über die Wiesen. ❷ ■ *jmd. trabt irgendwohin (umg. scherzh.) (pflichtgemäß) laufen:* Nach der Pause trabten die Schüler wieder in ihre Klassenzimmer.

Tracht *die* <-, -en> *die besondere Kleidung, die typisch für eine Volksgruppe, eine Berufsgruppe oder eine bestimmte Gegend ist:* die Tracht der Bergleute/Zimmerleute; Das russische Volksensemble trat in Tracht auf.; ■ **eine Tracht (Prügel) bekommen** *(umg.) verprügelt werden* ◆-enanzug, -enkleid, -enmode, Amts-, Landes-, Ordens-

trach·ten *ohne OBJ* ■ *jmd. trachtet nach etwas* Akk. *(geh.: ≈ streben) etwas erreichen wollen:* nach Macht und Einfluss trachten; ■ **jemandem nach dem Leben trachten** *(geh.) jmdn. umbringen wollen*

träch·tig *adj /nicht steig./ so, dass ein weibliches Säugetier ein ungeborenes Junges im Leib trägt:* eine trächtige Kuh/Katze

-träch·tig *als Zweitglied zusammengesetzter Adjektive; drückt aus, dass das mit dem Erstglied Bezeichnete wahrscheinlich eintritt:* eine unfallträchtige Straße ◆erfolgs-, gewinn-, konflikt-, skandal-, unfall-

Tra·di·ti·on *die* [tradiˈtsi̯oːn] <-, -en> *etwas, das seit vielen Generationen überliefert ist und als kultureller Wert gilt:* etwas ist irgendwo (so) Tradition; eine alte Tradition achten/pflegen; mit einer Tradition brechen; Die Tradition will es, dass ... ◆ Familien-, Kultur-, Stammes-

tra·di·ti·o·nell [tradits̩oˈnɛl] *adj /nicht. steig./* ❶ *auf eine Tradition gegründet:* der traditionelle Starkbieranstich; der traditionelle Festakt zum Nationalfeiertag; der traditionelle Sitz der Regierung ❷ *(≈ herkömmlich ↔ innovativ) der gängigen Praxis entsprechend*

Tra·fik *die* <-, -en> ÖSTERR. *Kiosk (vor allem Tabakladen)*

Tra·fo *der* <-(s), -s> ELEKTROTECHN. *Kurzform von „Transformator"*

träg, *a.* **trä·ge** *adj* ❶ *so langsam, dass es lustlos und müde wirkt:* ein sich träge bewegendes Tier; nach dem guten Essen träge werden; ein träge fließender Fluss ❷ PHYS. *Zustand der Trägheit²:* die träge Masse

Trag·bah·re *die* <-, -n> *eine Art Liege, die man tragen kann und auf der man Kranke oder Verletzte transportiert*

trag·bar *adj /nicht steig./* ❶ *so, dass man es tragen kann:* ein tragbarer Computer/Fernseher ❷ *so, dass man Kleidungsstücke im normalen Leben tragen kann ohne irgendwie aufzufallen:* tragbare Kleidung/Mode ❸ *so, dass man es dulden kann:* Sein Verhalten ist nicht tragbar.; Der Minister ist nach dem Bestechungsskandal nicht mehr tragbar. ❹ *so, dass man es bezahlen kann:* Die finanziellen Belastungen des Hausbaues waren für die Familie nicht mehr tragbar.

trä·ge *adj siehe* **träg**

tra·gen <trägst, trug, hat getragen> **I.** *mit OBJ* ❶ ■ *jmd. trägt etwas sich fortbewegen und dabei etwas mit sich transportieren:* Sie trägt die Reisetasche.; ein Kind auf dem Arm tragen; Der Wind trägt den Duft der Blumen über die Wiese. ❷ ■ *jmd. trägt etwas als Kleidungsstück oder Haartracht haben:* einen Anzug/eine Krawatte/einen Minirock/einen goldenen Ring tragen; das Haar offen/schulterlang/locker in die Stirn gekämmt tragen ❸ ■ *etwas trägt etwas mit etwas versehen sein:* Alle Wagen tragen eine Nummer.; Er trägt diesen Namen mit Stolz. ❹ ■ *jmd. trägt etwas irgendwie einen Körperteil auf eine bestimmte Weise halten:* den Kopf gesenkt tragen; die Nase hoch tragen ❺ ■ *jmd. trägt etwas bezahlen:* die Kosten des Verfahrens tragen müssen; Die Versicherung trägt die Kosten der Reparatur.; Das Heim/die Schule wird zum großen Teil von der Kirche getragen. ❻ ■ *jmd. trägt etwas (geh.) wesentlich zu etwas beitragen oder etwas unterstützen:* eine Veranstaltung tragen; mit seinem Einsatz ein Projekt tragen; eine tragende Rolle bei etwas spielen; der tragende Gedanke dieses Romans ❼ ■ *jmd. trägt etwas (in verblasster Bedeutung) haben:* die Schuld tragen; Verantwortung für etwas tragen **II.** *mit OBJ/ohne OBJ* ❶ ■ *jmd. trägt etwas/an etwas Akk. ertragen; erdulden:* sein Los/seine schwere Krankheit mit Geduld tragen; etwas mit Fassung tragen; Er trägt schwer an seinem Schicksal. ❷ ■ *etwas trägt (etwas) eine Last aushalten:* Hoffentlich kann uns die Brücke tragen.; Das Eis trägt schon.; eine frei tragende Konstruktion ❸ ■ *etwas/ein Tier trägt (etwas)*

Frucht bringen: Der Baum trägt Äpfel.; Der Baum trägt gut/reichlich.; Die Kuh trägt ein Kälbchen.; Die Kuh/Katze trägt/ist tragend. **III.** *ohne OBJ* ■ *etwas trägt irgendwie in eine bestimmte Entfernung reichen:* Das Gewehr/der Schuss trägt weit.; In den Bergen trägt die Stimme weit. **IV.** *mit SICH* ■ *etwas trägt sich wirtschaftlich lebensfähig sein:* Das Geschäft trägt sich bereits nach einem Jahr.; ■ *zur Schau tragen zeigen* Gelassenheit zur Schau tragen; ■ *sich mit dem Gedanken tragen, etwas zu tun (geh.) überlegen, ob man etwas tun soll*

Trä·ger *der,* **Trä·ge·rin** <-s, -> ❶ */keine weibliche Form /* TECHN. *ein Bauteil, das etwas stützt:* Träger aus Stahl stützen das Dach. ◆ Eisen-, Stahl- ❷ *die schmalen Streifen (aus Stoff), die manche Kleidungsstücke auf den Schultern halten:* ein Kleid mit schmalen Trägern; die Träger des Büstenhalters/der Lederhose ❸ *jmd., der eine Last transportiert:* Die Träger setzen den Sarg ab. ◆ Gepäck-, Koffer-, Sarg- ❹ *eine Person oder Sache, die mit etwas versehen ist:* der Träger eines berühmten Namens; der Träger des Nobelpreises ◆ Namens-, Preis- ❺ AMTSSPR. *eine Körperschaft oder Einrichtung, die offiziell für eine Einrichtung finanziell und organisatorisch verantwortlich ist:* Träger/Trägerin dieser Schule ist die Kirche/die Stadt.

-trä·ger *als Zweitglied zusammengesetzter Substantive; drückt aus* ❶ *dass eine Person das mit dem Erstglied Bezeichnete am Körper hat* ◆ Bart-, Brillen-, Gebiss-, Prothesen-, Toupet-, Uniform- ❷ *dass eine Person oder ein Tier das mit dem Erstglied Bezeichnete im oder am Körper hat und es auf andere übertragen kann* ◆ Bakterien-, Keim-, Virus- ❸ *dass eine Person das mit dem Erstglied Bezeichnete erlangt/bekommen/erhalten hat* ◆ Preis-, Titel- ❹ *dass das mit dem Erstglied Bezeichnete dazu dient, gespeichert bzw. verbreitet werden zu können* ◆ Daten-, Energie-, Informations-, Werbe- ❺ BAUW. *dass das mit dem Erstglied Bezeichnete dazu dient, etwas (im Bauwesen, beim Brückenbau) zu halten* ◆ Brücken-, Dreieck-, Eisen-, Fischbauch-, Parabel-, Parallel-, Polygon-, Stahl-, Trapez- ❻ *dass das mit dem Erstglied Bezeichnete zur Befestigung dient und/oder dazu, etwas zu transportieren/zu befördern* ◆ Flugzeug-, Gepäck-, Hosen-, Sechser- ❼ *dass das mit dem Erstglied Bezeichnete eine Institution zur Bereitstellung von Sachmitteln ist* ◆ Verwaltungs-, Versicherungs-

trä·ger·los *adj /nicht steig./ ohne Träger²*

Trä·ger·ra·ke·te *die* <-, -n> *eine Rakete, die etwas transportiert:* Die Trägerrakete transportiert einen Satelliten ins All.

Tra·ge·ta·sche *die* <-, -n> *ein (Plastik)beutel, in dem man eingekaufte Waren transportiert*

trag·fä·hig *adj /nicht steig./* ❶ *so stabil, dass es Belastungen standhält:* eine tragfähige Konstruktion ❷ *so, dass es eine gute Grundlage für die weitere Arbeit bildet:* ein tragfähiger Kompromiss; eine tragfähige Mehrheit

Trag·fä·hig·keit *die* <-> */kein Plur./* *die Eigenschaft, tragfähig zu sein:* die Tragfähigkeit einer Brücke; die Tragfähigkeit eines Kompromisses

T

Trag·flä·che *die* <-, -n> *einer der beiden großen Flügel eines Flugzeuges, die an den Seiten angebracht sind und an denen sich meist Düsen oder Propeller befinden*

Träg·heit *die* <-> /kein Plur./ ❶ (≈ Passivität) *die Eigenschaft, träge zu sein:* Sie hat schon immer eine Neigung zur Trägheit, ihr fehlt der Antrieb. ❷ PHYS. *die Eigenschaft der Körper, ihre Position oder Bewegung beizubehalten, solange keine äußere Kraft auf sie einwirkt:* die Trägheit der Masse ♦-sgesetz

Tra·gik *die* <-> /kein Plur./ ❶ *etwas, das jmds. Schicksal schwer macht und (großes) Leid zufügt:* Die Tragik seines Lebens bestand in seiner unerfüllten Liebe. ❷ LIT. *die unausweichliche Notwendigkeit, so zu handeln, dass etwas Verhängnisvolles passiert:* die Tragik in einem Drama/in einem Roman

tra·gi·ko·misch *adj* /nicht steig./ *tragisch und zugleich komisch:* ein tragikomischer Held

tra·gisch *adj* /nicht steig./ ❶ *leidvoll und schwer zu ertragen:* ein tragischer Unfall/Verlust ❷ LIT. *so, dass es unausweichlich zu einem schlimmen Ende führt:* ein tragisches Stück; ein tragischer Held

Trag·last *die* <-, -en> TECHN. *etwas, das transportiert wird:* Die zulässige Traglast des Aufzugs beträgt 800 kg.

Tra·gö·die *die* <-, -n> ❶ (umg.) *ein großes Unglück, das jmdm. widerfährt:* Der plötzliche Tod ihrer Mutter ist für die Kinder eine schreckliche Tragödie. ♦Ehe-, Eifersuchts-, Familien- ❷ THEAT., LIT. *ein tragisches² Bühnenstück:* eine Tragödie von Shakespeare aufführen ♦-ndichter

Trag·wei·te *die* <-> /kein Plur./ (geh.) *die Konsequenzen, die eine Sache für andere Menschen mit sich bringt:* eine Entscheidung von großer Tragweite; die Tragweite seines Handelns nicht absehen können

Trai·ler *der* ['treɪlə] <-s, -> ❶ KFZ *ein Fahrzeuganhänger zum Transport von Lasten:* das Boot mit einem Trailer transportieren ❷ *ein kurzer Werbefilm für einen Film:* mit einem Trailer für einen Film werben

Trai·nee *der* [trɛːˈniː] <-s, -s> *jmd., der eine akademische Ausbildung hat und der innerhalb einer Firma geschult wird, um später dort eine (Führungs-)Aufgabe zu übernehmen* ♦-ausbildung, -programm

Trai·ner *der,* **Trai·ne·rin** ['trɛːnɐ, 'treːnɐ] <-s, -> ❶ SPORT *eine speziell ausgebildete Person, die Sportler ausbildet:* der Trainer einer Fußballmannschaft/eines Boxers ♦-ausbildung, -lehrgang, -schein, Box-, Fußball-, Handball- ❷ SCHWEIZ. *Trainingsanzug* ❸ WIRTSCH. *jmd., der in Seminaren den Mitarbeitern von Firmen Wissen und Arbeitstechniken vermittelt und ihnen damit hilft, ihr Verhalten zu verbessern und ihre Arbeit besser zu machen*

trai·nie·ren [trɛˈniːrən/treːˈniːrən] **I.** *mit OBJ* ❶ ■ *jmd. trainiert jmdn. sportlich ausbilden:* Er trainiert die Mannschaft/die Hochspringerin schon seit Jahren/mit Erfolg. ❷ ■ *jmd. trainiert etwas durch Übung leistungsfähiger machen:* mit be-

stimmten Methoden das Gedächtnis trainieren **II.** *mit OBJ/ohne OBJ* ■ *jmd. trainiert (etwas) systematisch üben:* Wir trainieren heute die Ausdauer/den Startsprung/ den Sprint.; mit Schulanfängern das Verhalten im Straßenverkehr trainieren; Wir haben lange trainiert, bis wir es konnten.; Die Sportler trainieren hart/regelmäßig/stundenlang/ bis zur Erschöpfung.

Trai·ning *das* ['trɛːnɪŋ/'treːnɪŋ] <-s, -s> ❶ *das systematische Durchführen sportlicher Übungen:* ein regelmäßiges/straffes Training; ein Training der Muskulatur/der Ausdauer; Training im Freien/in der Halle ♦-sanzug, -sintensität, -slager, -skreislauf, -smethodik, -szyklus, Ausdauer-, Kraft-, Zirkel- ❷ *das Üben bestimmter Fähigkeiten:* das Training des Gedächtnisses/des Orientierungssinnes; ■ *im Training sein* (umg.) *etwas gut können* Beim Laufen bin ich zur Zeit gut im Training.

Trakt *der* <-(e)s, -e> *Abschnitt eines Gebäudes:* Der Speiseraum befindet sich im südlichen Trakt des Gebäudes.

Trak·tan·den·lis·te *die* <-, -n> SCHWEIZ. *Tagesordnung*

Trak·tan·dum *das* <-s, Traktanden> SCHWEIZ. *das zu Behandelnde als Tagesordnungspunkt*

Trak·tat *das/der* <-(e)s, -e> (veralt. geh.) *eine (kurze) wissenschaftliche oder religiöse Abhandlung:* ein(en) Traktat verfassen; Taktat über Freiheit und Liberalismus

trak·tie·ren *mit OBJ* ■ *jmd. traktiert jmdn. (mit etwas Dat.)* (geh.) *so behandeln, dass es unangenehm ist:* jemanden mit Schlägen/Vorwürfen traktieren; Ich habe mich heute vom Zahnarzt traktieren lassen müssen.

Trak·tor *der* <-s, ...to·ren> *landwirtschaftliche Zugmaschine:* den Pflug mit einem Traktor ziehen

Trak·to·rist *der,* **Trak·to·ris·tin** <-en, -en> (in der ehemaligen DDR) *eine Person, die in einem großen landwirtschaftlichen Betrieb Traktoren fährt und wartet*

träl·lern <trällerst, trällerte, hat geträllert> *mit OBJ/ohne OBJ* ■ *jmd. trällert (etwas) in hohen Tönen singen:* Er trällerte ein fröhliches Lied.; Sie trällerte fröhlich vor sich hin.

Tram *die* <-s, -s> SÜDDT., ÖSTERR., SCHWEIZ. *Trambahn*

Tram·bahn *die* <-, -en> SÜDDT., ÖSTERR., SCHWEIZ. *Straßenbahn*

Tra·mi·ner *der* <-s, -> ❶ /kein Plur./ *eine Rebsorte* ❷ *Wein aus Traminer¹* ♦Gewürz-

Tram·pel *der* <-s, -> (umg. abwert.) *ein ungeschickter Mensch:* Dieser Trampel hat aus Versehen die schöne Dekoration heruntergerissen!; Er ist ein Trampel. Warum musste er das heikle Thema gerade vor den Betroffenen ansprechen?

tram·peln <trampelst, trampelte, hat/ist getrampelt> *ohne OBJ* ❶ ■ *jmd. trampelt (irgendwie)* (haben) *mit den Füßen laut auf etwas treten:* Wer hat denn da so getrampelt? Könnt ihr nicht etwas leiser sein?; Die Zuschauer klatschten Beifall und trampelten mit den Füßen. ❷ ■ *jmd. trampelt irgendwo* (sein) (abwert.) *mit schweren Schritten gehen und dabei nicht darauf ach-*

ten, ob man etwas beschädigt: Wer ist auf meine Beete getrampelt?; durchs Zimmer trampeln

Tram·pel·pfad der <-(e)s, -e> ein schmaler Weg, der nicht angelegt wurde, sondern dadurch entstanden ist, dass viele Menschen dort entlanggegangen sind: zur Abkürzung des Weges einen Trampelpfad über die Wiese nehmen

Tram·pel·tier das <-(e)s, -e> ❶ ZOOL. ein Kamel mit zwei Höckern ❷ (umg. abwert.) ein ungeschickter Mensch

tram·pen ['trɛmpn̩] <trampst, trampte, ist getrampt> ohne OBJ ■ jmd. trampt (irgendwohin) per Anhalter reisen: Im Urlaub sind wir nach Südfrankreich getrampt.

Tram·per der, **Tram·pe·rin** ['trɛmpɐ] <-s, -> jmd., der trampt: einen Tramper mitnehmen

Tram·po·lin, Tram·po·lin das <-s, -e> SPORT ein Sportgerät in Form einer stark federnd aufgehängten Matte, auf der man hohe Sprünge ausführen kann ◆-springen, -springer(in)

Tram·way die ['tramvej] <-, -s> ÖSTERR. Straßenbahn

Tran der <-(e)s, -e> ❶ aus Walen, Robben und bestimmten Fischen gewonnenes Fett ❷ (umg. abwert.) geistige Abwesenheit: im Tran sein; Er hat das in seinem Tran nicht bemerkt.

Tran·ce die ['trãːs(ə)] <-, -n> ein Zustand, bei dem jmd. nicht ohnmächtig ist, aber kein klares Bewusstsein hat und seine Umwelt nicht genau wahrnimmt: Die Tänzer gerieten in Trance.; von einer Musik/einer Droge in Trance versetzt werden

tran·chie·ren [trãˈʃiːrən] mit OBJ ■ jmd. tranchiert etwas KOCH. einen Braten oder Geflügel in Stücke zerlegen ▶ Tranchiermesser

Tran·chier·mes·ser das <-s, -> ein Messer für das Tranchieren von Braten oder Geflügel

Trä·ne die <-, -n> /meist Plur./ ein Tropfen der Flüssigkeit, die von den Tränendrüsen abgesondert wird, wenn man weint: Tränen der Freude/der Trauer laufen ihm über die Wangen.; bittere Tränen vergießen/weinen; in Tränen ausbrechen; ■ unter Tränen weinend; Sie berichtete unter Tränen, was vorgefallen war.; ■ zu Tränen gerührt sein so gerührt sein, dass man weinen muss; ■ Tränen lachen (müssen) so lachen (müssen), dass man weinen muss; ■ jemandem/etwas keine Träne nachweinen den Verlust von jmdm. oder etwas nicht bedauern ◆ Abschieds-, Freuden-

trä·nen ohne OBJ ■ ein Auge tränt Tränen absondern: Das eine Auge tränt immer.; Bei diesem Wind tränen mir die Augen.

Trä·nen·drü·se die <-, -n> ANAT. die Drüse, die Tränenflüssigkeit absondern kann

Trä·nen·flüs·sig·keit die <-, -en> die Flüssigkeit, die von den Tränendrüsen abgesondert wird, um das Auge feucht zu halten

Trä·nen·gas das <-es> /kein Plur./ MILIT. ein Gas, das die Augen zum Tränen reizt und das als eine Art Waffe eingesetzt wird: Die Polizei ging mit Tränengas und Wasserwerfern gegen die Demonstranten vor.

Trä·nen·sack der <-(e)s, Tränensäcke> eine stark ausgeprägte Hautfalte unter den Augen

Trank der <-(e)s, Tränke> (geh.: ≈ Trunk) ein Getränk: jemandem einen Trank reichen; ein köstlicher Trank

Trän·ke die <-, -n> eine Stelle, an der es Wasser gibt und an der die Tiere trinken können: ein Pferd zur Tränke führen

trän·ken mit OBJ ■ jmd. tränkt ein Tier das Vieh mit Wasser versorgen: die Pferde tränken

Tran·qui·li·zer der ['træŋkwɪlaɪzɐ] <-s, -> MED. ein Beruhigungsmittel: Tranquilizer verschrieben bekommen/zu sich nehmen

Trans- aus dem Lateinischen übernommene Vorsilbe; als Erstglied zusammengesetzter Substantive; drückt aus, dass das mit dem Zweitglied Bezeichnete über etwas hinausgeht, zu etwas übergeht bzw. jenseits von etwas (gelegen) ist ◆-kaukasien, -lokation, -mission, -silvanien/-sylvanien, -substantiation, -sudat, -uran, -versale

trans- aus dem Lateinischen übernommene Vorsilbe; als Erstglied zusammengesetzter Substantive; drückt aus, dass das mit dem Zweitglied Bezeichnete über etwas hinausgeht, zu etwas übergeht bzw. jenseits von etwas (gelegen) ist ◆-kontinental, -national, -ozeanisch, -silvanisch/-sylvanisch, -versal

Trans·ak·ti·on die <-, -en> WIRTSCH. eine Unternehmung in Bezug auf oder mit Geld: eine größere/riskante Transaktion vornehmen; finanzielle Transaktionen

trans·at·lan·tisch adj /nicht steig./ jenseits des Atlantiks gelegen: das transatlantische Bündnis

Trans·fer der <-s, -s> ❶ (geh.) die Weitergabe von etwas (ins Ausland): der Transfer von Geld/von Wissen und Technologien ❷ der Weitertransport: Der Transfer vom Flughafen zum Hotel ist im Preis inbegriffen. ❸ SPORT der Wechsel von Berufsspielern zu anderen Vereinen

trans·fe·rie·ren mit OBJ ❶ ■ jmd. transferiert etwas irgendwohin WIRTSCH. (ins Ausland) verlegen: Geld auf ein Konto/ins Ausland transferieren ❷ ■ jmd. transferiert jmdn. irgendwohin SPORT einen Berufsspieler an einen anderen Verein abgeben: einen Fußballer gegen eine Ablösesumme zu einem anderen Verein transferieren ❸ ■ jmd. transferiert jmdn. irgendwohin ÖSTERR. an einen anderen Ort oder eine andere Stelle versetzen: einen Beamten in eine andere Stadt/an eine andere Behörde transferieren

Trans·for·ma·tor der <-s, ...-toren> ELEKTROTECHN. ein Gerät, das die Spannung von elektrischem Strom verändert

trans·for·mie·ren mit OBJ ❶ ■ jmd./etwas transformiert etwas (geh.) umwandeln: ein ehemaliges Industrieviertel in eine Wohn- und Kulturstätte transformieren ❷ ■ etwas transformiert etwas ELEKTROTECHN. die Stromspannung umwandeln: Starkstrom in Schwachstrom transformieren

Trans·fu·si·on die <-, -en> MED. der Vorgang, dass man Blut (aus einer Blutkonserve) in jmds. Kreislauf hineingelangen lässt: eine Transfusion bekommen

Tran·sis·tor der <-s, ...-toren> ELEKTROTECHN. ein

elektrisches Bauelement, das einen Halbleiter enthält ◆-radio, -verstärker

Tran·sit der [...'siːt, ...'zɪt, 'tran...] <-s, -e> WIRTSCH. der Transport von Waren und/oder Personen von einem Land in ein anderes durch ein drittes Land

tran·si·tiv adj /nicht steig./ SPRACHWISS. (↔ intransitiv) so, dass es ein Akkusativobjekt fordert: ein transitives Verb

Tran·sit·ver·kehr der [...'siːt, ...'zɪt, 'tran...] <-(e)s> der Verkehr, der ein Land auf dem Weg in andere Länder durchquert: Der Transitverkehr wird durch die wirtschaftliche Zusammenarbeit in Europa noch zunehmen.

Tran·sit·vi·sum das [...'siːt, ...'zɪt, 'tran...] <-s, Transitvisa/Transitvisen> POL. ein Visum zur Durchreise durch ein Land: ein Transitvisum für ein Land beantragen/haben

Tran·skrip·ti·on die <-, -en> SPRACHWISS. ❶ Darstellung der Aussprache mit Hilfe einer phonetischen Notation, insbesondere durch das Internationale Phonetische Alphabet ❷ ländertypische schriftbasierte Umschreibung von Namen und Bezeichnungen (insbesondere) in lateinischer Schrift, für die in den Originalen andere Schriftsysteme vorliegen; vgl. **Transliteration**

Trans·li·te·ra·ti·on die <-, -en> SPRACHWISS. buchstabengetreue Wiedergabe von Ausdrücken aus einem Schriftsystem in ein anderes

Unter **Transliteration** versteht man die Umsetzung von einem Schriftsystem in ein anderes, nämlich die Wiedergabe mit den Mitteln einer anderen Schrift als der ursprünglichen. Sie spielt eine große Rolle vor allem bei Eigennamen, aber auch bei anderen Bezeichnungen aus Sprachen mit nicht-lateinischen Ausgangsschrift. Die wissenschaftliche Transliteration ist von der „ISO" („International Organisation for Standardisation"/„Internationale Organisation für Normung") festgelegt. Für Deutschland ist das „Deutsche Institut für Normung e.V." seit 1951 Mitglied der ISO. Von Wichtigkeit ist die Transliteration vor allem für das Bibliothekswesen, um Eigennamen korrekt alphabetisch erfassen zu können. Sie spielt aber auch im Dokumentationswesen, im Archivwesen, im Passwesen usw. eine Rolle. Unterschieden werden muss von der Transliteration die so bezeichnete Transkription, für die es keine Einheitlichkeit gibt. So findet sich z. B. im deutschen Buchhandel der Name des russischen Schriftstellers als Alexander Solschenizyn; englisch transkribiert heißt er Solzhenitsyn, französisch Soljenitsyne. Der frühere russische Ministerpräsident findet sich in deutscher Transkription als Jelzin, in englischer als Yaltsin, in französischer als Eltsine. Die damit verbundenen Verwirrungen machen auf die Wichtigkeit einer wissenschaftlichen Transliteration aufmerksam. Denn nur auf diese Weise ist sichergestellt, dass der jeweilige Name in kyrillischer Schreibweise überhaupt identifiziert werden kann. In diesem Falle müsste man

wissenschaftlich korrekt ansetzen: Solženicyn und El'cin.

Trans·pa·rent das <-(e)s, -e> (≈ Spruchband) ein großes Stück Stoff, auf dem eine (kurze) Botschaft steht und das vor allem bei Demonstrationen getragen wird: Die Demonstranten trugen Transparente mit ihren Forderungen.

trans·pa·rent adj /nicht steig./ (geh.) ❶ (≈ durchscheinend) so, dass man hindurchsehen kann: ein transparenter Stoff; Laternen aus transparentem Papier basteln ❷ (≈ nachvollziehbar) so, dass andere Menschen das Funktionieren oder den Grund von etwas verstehen können: die Entscheidungen der Regierung für alle Betroffenen transparenter machen; eine transparente Politik/Verwaltung ▸ Transparenz

Trans·pi·ra·ti·on die <-> /kein Plur./ ❶ (geh.) das Schwitzen: starke Transpiration ❷ BOT. die Abgabe von Feuchtigkeit: die Transpiration der Pflanzen

tran·spi·rie·ren ohne OBJ ■ jmd. transpiriert ❶ (geh.) schwitzen: stark transpirieren ❷ BOT. Feuchtigkeit abgeben: Die Pflanzen transpirieren über die Blätter.

Trans·plan·tat das <-(e)s, -e> MED. ein Organ oder Gewebeteil, das man jmdm. eingepflanzt hat

Trans·plan·ta·ti·on die [transplanta'tsi̯oːn] <-, -en> MED. der Vorgang, dass man ein Organ oder Gewebeteil eines Menschen (des Spenders) einem anderen Menschen (dem Empfänger) einpflanzt (weil das eigene Organ des Empfängers krank ist und nicht (mehr richtig) funktioniert): eine Transplantation einer Niere/der Haut ◆Herz-, Knochen-, Organ-

trans·plan·tie·ren <transplantierst, transplantierte, hat transplantiert> mit OBJ ■ jmd. transplantiert jmdm. etwas MED. eine Transplantation durchführen: eine Niere/Haut transplantieren

trans·po·nie·ren mit OBJ ■ jmd. transponiert etwas MUS. in eine andere Tonart übertragen

Trans·port der <-(e)s, -e> ❶ der Vorgang, dass man Waren oder Personen auf einem bestimmten Weg mit einem Fahrzeug von einem Ort zu einem bestimmten Ziel bringt: der Transport von Kohle auf dem Schienenweg; der Transport von Kranken/Verletzten ◆-kosten, -schaden, -unternehmen, -versicherung, Bahn-, Güter-, Kranken-, Möbel- ❷ die Waren oder Personen und das Fahrzeug, die zusammen an einem Transport[1] beteiligt sind: einen Transport (mit Geld) überfallen; Der Transport auf der Autobahn darf nicht überholt werden.; ein Transport mit Häftlingen

trans·por·ta·bel adj /nicht steig./ so, dass es (leicht) von einem zu einem anderen Ort befördert werden kann: ein transportables Fernsehgerät

Trans·port·band das <-(e)s, Transportbänder> TECHN. z. B. in einem Flughafen ein breites Band aus festem Gummi, das sich über Rollen bewegt, und auf das man z. B. Koffer stellt, um diese irgendwohin gelangen zu lassen: die Koffer auf ein Transportband stellen

Trans·por·ter der <-s, -> ein (großes) Fahrzeug

T

für die Beförderung von Waren: ein Transporter mit Betonteilen/Tieren

trans·port·fä·hig *adj /nicht steig./ so, dass die Beförderung an einen anderen Ort möglich ist:* Der Patient ist nicht transportfähig.

trans·por·tie·ren <transportierst, transportierte, hat transportiert> *mit OBJ* ① ■ *jmd. transportiert jmdn./ein Tier/etwas befördern:* Waren/Personen/Tiere transportieren ② ■ *etwas transportiert etwas (geh. übertr.:* ≈ *vermitteln) einen geistigen Inhalt verständlich machen:* einen Gedanken in einem Kunstwerk/mit Worten transportieren ③ ■ *etwas transportiert (etwas)* TECHN. *vorwärtsbewegen:* Die Kamera transportiert (den Film) nicht mehr.

Trans·port·mit·tel *das* <-s, -> *ein Fahrzeug, Schiff oder Flugzeug für den Transport* [1]*:* zwischen Auto/Bahn/Flugzeug und Schiff als Transportmittel wählen; ein umweltfreundliches Transportmittel

Trans·se·xu·el·le, Trans·se·xu·el·le *der/die* <-n, -n> *ein Mensch, der von seinen Gefühlen her glaubt, er würde lieber dem anderen Geschlecht angehören, und der oft eine (operative) Umwandlung seines Geschlechts anstrebt* ▶ transsexuell

Trans·ves·tit *der* <-en, -en> *ein Mensch, der Kleidung des anderen Geschlechts trägt (weil das seiner sexuellen Veranlagung entspricht)* ◆ -enstrich, -enshow ▶ Transvestismus

trans·zen·dent *adj /nicht steig./ (geh.) so, dass es jenseits dessen ist, was der Mensch normalerweise mit seinen Sinnen wahrnehmen oder erfahren kann* ▶ Transzendenz

Tra·pez *das* <-es, -e> ① MATH. *ein Viereck mit zwei parallel verlaufenden Seiten, die unterschiedlich lang sind* ② SPORT *eine an zwei Seilen aufgehängte waagerechte Stange für akrobatische Übungen:* Vorführungen am Trapez

trap·peln <trappelst, trappelte, hat/ist getrappelt> *ohne OBJ* ① ■ *jmd. trappelt (haben) kurz und schnell treten:* mit den Füßen trappeln ② ■ *jmd./ein Tier trappelt irgendwohin (sein) mit kurzen schnellen Schritten irgendwohin laufen:* Die Pferde sind über den Hof getrappelt.

Trap·per *der* <-s, -> *Pelzjäger in Nordamerika*

Tras·se *die* <-, -n> *ein Verkehrsweg (in seinem Verlauf):* den Verlauf einer Trasse ändern/festlegen/planen

T

Tratsch *der* <-(e)s> */kein Plur./ (umg. abwert.:* ≈ *Klatsch) das (schlechte) Reden über die Angelegenheiten anderer*

trat·schen <tratschst, tratschte, hat getratscht> *ohne OBJ* ■ *jmd. tratscht (umg. abwert.:* ≈ *klatschen) über die Angelegenheiten anderer (schlecht) reden:* mit dem Nachbarn über die Leute im Haus tratschen

Trau·al·tar ■ *mit jemandem vor den Traualtar treten (veralt. geh.) jmdn. heiraten*

Trau·be *die* <-, -n> ① BOT. *Blüten oder Früchte, die so wachsen, dass es ungefähr wie eine Pyramide aussieht:* in Trauben wachsende Beeren/Blüten; die Johannisbeeren/den Wein in Trauben abpflücken ② *kurz für „Weintraube":* Trauben zu Wein keltern ◆ -nsaft ③ *eine (um ein Zentrum herum)*

dicht gedrängte Menge: eine Traube von Bienen/Menschen

Trau·ben·saft *die* <-es, Traubensäfte> *Saft aus Weintrauben*

Trau·ben·zu·cker *der* <-s> */kein Plur./ (*≈ *Glukose) natürlicher Zucker, der in Obst und Honig vorkommt*

trau·en **I.** *mit OBJ* ■ *jmd. traut jmdn. jmdn. verheiraten:* Der Pfarrer hat die beiden getraut.; Sie wurden gestern in St. Magnus getraut.; sich kirchlich/standesamtlich trauen lassen **II.** *ohne OBJ* ■ *jmd. traut jmdm./etwas (*≈ *vertrauen) Vertrauen entgegenbringen:* Er konnte seinem Freund nicht mehr trauen.; Sie trauten ihren Augen nicht, als sie das sahen.; Ich traue mir selbst nicht mehr, so oft habe ich mich geirrt.; Diesem Versprechen traue ich nicht so recht. **III.** *mit SICH* ■ *jmd. traut sich (*≈ *wagen) den Mut haben, etwas zu tun:* sich nachts nicht allein auf die Straße trauen; Ich traue mich nicht, ins tiefe Wasser zu gehen.

Trau·er *die* <-> */kein Plur./* ① *der große seelische Schmerz, den man über einen Verlust empfindet:* tiefe Trauer über den/beim Tod eines Angehörigen empfinden; die Trauer über den Verlust von Dingen, an die man sich gewöhnt hat; eine Zeit der Trauer ② *Trauerkleidung:* in Trauer erscheinen; Trauer tragen

Trau·er·an·zei·ge *die* <-, -n> *eine Anzeige in der Zeitung, mit der der Tod eines Menschen bekanntgegeben wird*

Trau·er·fall *der* <-(e)s, Trauerfälle> *der Tod eines Angehörigen:* einen Trauerfall in der Familie haben

Trau·er·fa·mi·lie *die* <-, -n> SCHWEIZ. *die trauernden Hinterbliebenen*

Trau·er·flor *der* <-s, -e/Trauerflöre> *ein dünnes schwarzes Band, das man als Zeichen der Trauer irgendwo befestigt:* eine Fahne mit Trauerflor versehen; einen Trauerflor tragen

Trau·er·jahr *das* <-(e)s, -e> *das erste Jahr nach dem Tod eines nahen Angehörigen*

Trau·er·klei·dung *die* <-> */kein Plur./ die schwarze Bekleidung, die die Hinterbliebenen als Zeichen der Trauer tragen, wenn ein Angehöriger gestorben ist*

Trau·er·kloß *der* <-es, Trauerklöße> *(umg. abwert.) jmd., der langweilig und durch nichts aufzuheitern ist*

Trau·er·marsch *der* <-(e)s, Trauermärsche> MUS. *ein langsamer Marsch, der für Beerdigungen oder Trauerfeiern komponiert wurde:* Die Kapelle spielte einen Trauermarsch.

Trau·er·mie·ne *die* <-, -n> *(umg. abwert.) ein (betont) trauriges Gesicht:* Setzt nicht solch eine Trauermiene auf, es ist doch alles halb so schlimm!

trau·ern <trauerst, trauerte, hat getrauert> *ohne OBJ* ■ *jmd. trauert um jmdn./etwas großen seelischen Schmerz (über den Verlust von jmdm. oder etwas) empfinden:* um einen geliebten Menschen/den Verlust der Heimat trauern; die trauernde Witwe; der/die Trauernde

Trau·er·spiel *das* <-(e)s, -e> ① THEAT., LIT. *(*≈ *Tragödie) ein Bühnenstück mit traurigem Ausgang:* ein

Trauerspiel aufführen/schreiben ② *(umg. abwert.)* *eine schlimme und beklagenswerte Angelegenheit:* Seine Leistungen in der Schule sind ein Trauerspiel!; Es ist ein Trauerspiel, was man hier für sein Geld geboten bekommt!

Trau·er·wei·de *die* <-, -n> *ein zu den Weiden gehörender Laubbaum, dessen Äste fast senkrecht herabhängen*

Trau·er·zug *der* <-(e)s, Trauerzüge> *trauernde Menschen, die den Sarg mit einem Toten zur Beisetzung begleiten:* Der Trauerzug bewegte sich durch die Stadt.

Trau·fe ■ **vom Regen in die Traufe kommen** *von einer schlechten Lage in eine noch schlimmere geraten*

träu·feln <träufelst, träufelte, hat/ist geträufelt> **I.** *mit OBJ (haben)* ■ **jmd. träufelt etwas auf etwas** Akk. *eine kleine Menge Flüssigkeit in Tropfen auf etwas fallen lassen:* Medizin auf ein Stück Würfelzucker träufeln **II.** *ohne OBJ (sein)* ■ **etwas träufelt von etwas** Dat. *(veralt.) in vielen kleinen Tropfen fallen:* Das Wasser ist vom Dach geträufelt.

Traum *der* <-(e)s, Träume> ❶ *eine Folge von Bildern und Vorstellungen, die im Schlaf auftreten und an die man sich am Morgen manchmal noch erinnern kann:* nach einem schlechten Traum schweißgebadet aufwachen; Sie ist ihm im Traum erschienen.; einen Traum deuten ◆-bild, -deutung, -inhalt, -symbolik, Alb-, Angst- ❷ *jmds. sehnlicher Wunsch, etwas zu besitzen oder zu tun:* Es war sein Traum, einmal durch Amerika zu reisen.; ■ **Das fällt mir nicht im Traum(e) ein!** *(umg.) das werde ich ganz bestimmt nicht tun;* ■ **ein Traum von ...** *(umg.) ein großartiger/großartiges .../eine großartige ...* ein Traum von einem Mann; ein Traum von einem Haus; ■ **aus der Traum!** *Der Traum² hat sich nicht erfüllt.* ◆Jugend-, Lebens-

Traum- *(≈ Super-) als Erstglied zusammengesetzter Substantive; drückt aus, dass das mit dem Zweitglied Bezeichnete jemandem als ideal erscheint* ◆-auto, -beruf, -frau, -haus, -hochzeit, -job, -mann, -note, -paar, -reise, -strand, -villa

Trau·ma *das* <-s, Traumen/Traumata> ❶ PSYCH. *eine starke seelische Erschütterung:* ein schweres Trauma haben; Die Kriegserlebnisse wurden für sie zu einem lebenslangen Trauma. ❷ MED. *eine Verletzung durch einen starken Schlag oder Stoß gegen ein Körperteil:* ein Trauma im Bereich des Schädels ◆Schädel-

trau·ma·tisch *adj /nicht steig./* ❶ PSYCH. *so, dass es ein Trauma¹ auslöst:* ein traumatisches Erlebnis ❷ MED. *durch ein Trauma² entstanden:* traumatische Verletzungen im Schädelbereich

trau·ma·ti·siert *adj /nicht steig./* MED., PSYCH. *so, dass man ein Trauma¹,² erlitten hat*

Traum·deu·tung *die* <-> */kein Plur./ der Versuch, in jmds. Träumen¹ eine Bedeutung zu erkennen*

träu·men **I.** *mit OBJ/ohne OBJ* ■ **jmd. träumt (etwas)** *einen Traum¹ haben:* Er träumte jede Nacht schreckliche Dinge.; Heute Nacht habe ich wieder geträumt.; nachts von jemandem/etwas träumen **II.** *ohne OBJ* ❶ ■ **jmd. träumt von etwas** Dat. *sich sehr wünschen:* von einem Urlaub am Meer/einem Lottogewinn träumen ❷ ■ **jmd. träumt** *geistesabwesend sein:* Im Unterricht träumt er oft, deshalb verpasst er manchmal, was gesagt wird.; Träumt nicht, jetzt wird es spannend!; ■ **Jemand hat sich etwas nicht träumen lassen** *jmd. hat mit etwas überhaupt nicht gerechnet und ist völlig überrascht*

Träu·mer *der;* **Träu·me·rin** <-s, -> ❶ *(↔ Realist) jmd., der sich wenig an der Wirklichkeit und mehr an seinen Wunschvorstellungen orientiert:* Er war zeit seines Lebens ein Träumer. ❷ *jmd., der (oft) geistesabwesend ist:* Er ist ein kleiner Träumer, oft merkt er erst viel zu spät, worum es geht.

Träu·me·rei *die* <-, -en> *(umg.) eine Wunschvorstellung, die nicht verwirklicht werden kann:* Das sind doch nur Träumereien, dafür haben wir doch nicht die Zeit/das Geld!

träu·me·risch *adj /nicht steig./* ❶ *(≈ geistesabwesend ↔ konzentriert) so, dass man nicht auf seine Umwelt achtet, weil man intensiv an etwas denkt:* träumerisch in die Luft starren; einen träumerischen Gesichtsausdruck haben ❷ *(≈ schwärmerisch) träumerische Gedichte schreiben*

traum·haft *adj* ❶ *nicht der Wirklichkeit entsprechend:* traumhafte Vorstellungen von seinem zukünftigen Beruf haben ❷ *(umg.) großartig, fantastisch:* traumhaftes Wetter; einen traumhaft schönen Urlaub verbringen; traumhaft gut aussehen/singen können

Traum·paar *das* <-(e)s, -e> *ein Mann und eine Frau, von denen viele glauben, dass sie sehr gut zueinanderpassen:* das Traumpaar des deutschen Films/des Eiskunstlaufs

Traum·tän·zer *der;* **Traum·tän·ze·rin** <-s, -> *(umg. abwert.: ↔ Realist) jmd., der sich viel zu wenig an der Wirklichkeit orientiert und sich in seinem Handeln von Wunschvorstellungen leiten lässt*

Traum·wand·ler *der* <-s, -> *jmd., der nachts (oft bei Vollmond) im Schlaf umhergeht, ohne sich dessen bewusst zu sein*

traum·wand·le·risch ■ **mit traumwandlerischer Sicherheit** *so, dass man in seinen Bewegungen oder seinem Handeln über eine große (instinktive) Sicherheit verfügt (und sich daher nicht bewusst konzentrieren muss)*

trau·rig *adj* ❶ *(↔ fröhlich) so, dass man einen seelischen Schmerz empfindet und bedrückt ist:* ein trauriger Mensch; ein trauriges Gesicht; traurig aussehen/sein/werden ❷ *so, dass es traurig¹ macht:* ein trauriger Anlass; eine traurige Nachricht erhalten; ein trauriger Film ❸ *(≈ bedauerlich) so, dass man sich nicht darüber freut:* Das ist aber traurig, dass ihr schon gehen müsst!; Ich finde es sehr traurig, dass es so wenige Freiwillige gibt. ❹ *(abwert.) schlecht:* in einem traurigen Zustand sein; Die traurige Bilanz eines Wochenendes: Vier Tote bei zwei Verkehrsunfällen.; eine traurige Rolle bei etwas spielen ▶ Traurigkeit

Trau·ring *der* <-(e)s, -e> *(≈ Ehering) ein Ring, den man zur Erinnerung an die Trauung trägt*

Trau·schein der <-(e)s, -e> ein Dokument, das die Trauung beurkundet

traut adj /nicht steig./ (veralt. geh.) ❶ gemütlich: im trauten Heim ❷ vertraut: in trauter Zweisamkeit; sein trauter Freund

Trau·ung die <-, -en> der Vorgang, dass ein Mann und eine Frau ein Ehepaar werden: die kirchliche/standesamtliche Trauung ◆-sansprache, -sanzeige, -sgottesdienst, -smesse, -srede, -surkunde, -szeremonie

Trau·zeu·ge der, **Trau·zeu·gin** <-n, -n> eine Person, die der Trauung als Zeuge beiwohnt

Tra·vel·ler·scheck der ['trɛvələʃɛk] <-s, -s> (≈ Reisescheck)

Tra·ves·tie·show die <-, -s> eine Show, bei der vorwiegend Männer in Frauenkleidung auftreten

Treck der <-s, -s> ein Zug von Menschen und Fahrzeugen: ein Treck von Flüchtlingen ◆Flüchtlings-

Tre·cker der <-s, -> (umg.: ≈ Traktor)

Tre·cking siehe **Trekking**

Treff der <-s, -s> (umg.) ❶ Zusammenkunft: einen Treff vereinbaren; zu einem Treff kommen ❷ eine Stelle, an der bestimmte Personen (regelmäßig) zusammenkommen: sich an einem Treff einfinden

Tref·fen das <-s, -> Zusammenkunft: ein Treffen der Schüler beider Schulen; ein Treffen absagen/durchführen/planen/vereinbaren; zu einem Treffen kommen

tref·fen <triffst, traf, hat/ist getroffen> I. mit OBJ/ohne OBJ (haben) ❶ ■ jmd. trifft jmdn./etwas einen Schlag oder Schuss so platzieren, dass er direkt sein Ziel erreicht: Er traf ihn mit einer rechten Geraden.; Der Ball hat das Tor/ins Tor getroffen; Ich habe (den Ball) wieder nicht getroffen!; Er wurde am Kopf getroffen. ❷ ■ etwas trifft jmdn. jmdm. ein trauriges Gefühl geben: Deine Anschuldigungen treffen mich tief.; Ihr Tod hat ihn schwer getroffen.; So ein Verlust trifft schwer.; Es trifft schon, wenn man einfach übergangen wird. ❸ ■ etwas trifft jmdn. an jmds. Adresse gehen: Deine Vorwürfe treffen den Falschen. ❹ richtig wählen oder richtig raten: jemandes Geschmack treffen; Habe ich richtig getroffen?; eine treffende Bemerkung machen II. mit OBJ (haben) ❶ ■ jmd. trifft jmdn. zufällig oder verabredet begegnen: Ich habe ihn rein zufällig getroffen.; Ich treffe ihn heute (sicher) noch.; Wann treffen wir euch wieder? ❷ ■ etwas trifft jmdn. auf jmdn. fallen: Das Los trifft mich zufällig.; Ihn trifft keine Schuld. ❸ ■ jmd. trifft etwas in verblasster Bedeutung: tun, durchführen: Vorkehrungen/Verfügungen treffen; eine Vereinbarung/Entscheidung treffen; eine schwere Wahl treffen müssen III. ohne OBJ (sein) ■ jmd. trifft auf etwas Akk. unerwartet finden oder begegnen: Sie sind bei den Bohrungen auf Erdöl getroffen.; Wir sind in der Stadt auf ihn getroffen.; Sie sind auf einen harten Gegner getroffen.; auf unerwarteten Widerstand treffen IV. mit SICH (haben) ■ jmd. trifft sich (wie vereinbart) zusammenkommen: Sie trafen sich in einem Café.; Sie haben sich regelmäßig getroffen. V. mit ES (haben) ■ es trifft sich irgendwie geschehen:

Das trifft sich günstig.; Es hat sich so getroffen, ohne dass wir es beabsichtigt hatten.

tref·fend adj genau, richtig, passend: eine treffende Bemerkung; ein treffender Vergleich

Tref·fer der <-s, -> ❶ etwas, das das Ziel erreicht: ein Treffer ins Tor; Jeder Schuss war ein Treffer. ◆-quote, Sieg- ❷ (↔ Niete) ein Los, das gewinnt: einen Treffer haben; ■ einen Treffer landen (umg.) das Ziel treffen; richtig raten

treff·lich adj /nicht steig./ (veralt. geh.) (sehr) gut: eine treffliche Idee

Treff·punkt der <-(e)s, -e> ein Ort, an dem zwei oder mehrere Personen zu einem vereinbarten Zeitpunkt zusammenkommen: einen Treffpunkt vereinbaren

treff·si·cher adj ❶ so, dass man beim Schießen sehr oft das Ziel trifft: ein treffsicherer Schütze ❷ richtig, passend: eine treffsichere Bemerkung; ein treffsicheres Urteil haben; ein treffsicherer Geschmack

Treib·eis das <-es> /kein Plur./ große Eisschollen, die auf dem Meer schwimmen

Trei·ben das <-s> /kein Plur./ ❶ der Vorgang, dass irgendwo viele Menschen sind und viele verschiedene Dinge tun: das bunte Treiben auf dem Markt ❷ (abwert.) unrechtmäßiges Tun: dem Treiben der Verbrecherbande ein Ende bereiten

trei·ben <treibst, trieb, hat/ist getrieben> I. mit OBJ (haben) ❶ ■ jmd./etwas treibt jmdn./ein Tier/etwas irgendwohin dazu bringen, sich in eine Richtung zu bewegen: Er trieb die Kühe auf die Alm.; Das Problem trieb ihn fast zur Verzweiflung.; Der Wind treibt die Blätter vor sich her.; Das Boot wird (von der Strömung) an Land getrieben. ❷ ■ jmd./etwas treibt jmdn. zu etwas Dat. dazu bringen, (schnell) etwas zu tun: jemanden sich schlimmen Zustand bringen: jemanden zur Verben fühlen, etwas zu tun; jemanden zur Eile treiben; die treibende Kraft bei etwas sein ❸ ■ etwas treibt etwas TECHN. (≈ antreiben) die Energie für etwas bereitstellen und es bewegen: Wasserkraft treibt die Turbinen. ❹ ■ jmd. treibt etwas in etwas Akk. etwas mit Kraft oder Gewalt in etwas eindringen lassen: einen Nagel in die Wand treiben; einen Pflock in den Boden treiben; einen Tunnel in die Erde treiben ❺ ■ jmd./etwas treibt jmdn. in etwas Akk./zu etwas Dat. in einen schlimmen Zustand bringen: jemanden zur Verzweiflung/in den Tod treiben; Die Rezession trieb die Firma in den Ruin.; Diese Arbeit treibt mich zum Wahnsinn. ❻ ■ etwas treibt jmdm. etwas irgendwohin hervortreten lassen: jemandem den Schweiß auf die Stirn/ die Tränen in die Augen/ die Röte ins Gesicht treiben ❼ ■ jmd. treibt etwas LANDW. wachsen lassen: Salat im Gewächshaus treiben ❽ ■ jmd. treibt es mit jmdm. (vulg. abwert.) Geschlechtsverkehr haben: es mit jemandem treiben; Sie sind wieder miteinander getrieben ❾ (≈ betreiben) ■ jmd. treibt etwas machen: Sport treiben; ein Handwerk treiben; Was treibst du so?; Treibt es nicht zu toll! ❿ ■ jmd. treibt etwas etwas Übles tun: Missbrauch/Unfug treiben; seinen Spott mit jemandem treiben II. mit OBJ/ohne OBJ (haben) ■ eine Pflanze treibt (etwas) hervorbringen: Die Pflanze treibt Blüten/

T

Blätter.; Der Baum treibt schon sehr zeitig. **III.** *ohne OBJ* ❶ ■ *etwas treibt irgendwo (sein) fortbewegt werden:* Am Himmel treiben dunkle Wolken.; Das Boot ist an Land getrieben.; Das Eis treibt auf dem Wasser.; in der Menschenmenge treiben ❷ ■ *etwas treibt (haben) starken Harndrang hervorrufen:* Der Tee treibt.; eine treibende Wirkung haben; ■ **die Dinge treiben lassen** *bei etwas nicht regelnd eingreifen*

Trei·ber[1] *der*, **Trei·be·rin** <-s, -> ❶ *jmd., der beruflich Tiere an eine (bestimmte) Stelle treibt:* die Treiber mit ihren Elefanten; als Treiber arbeiten ❷ *(umg. abwert.) jmd., der andere zur Arbeit oder Eile treibt:* Ständig macht er den Treiber! ❸ *jmd., der bei der Treibjagd das Wild aufscheucht*

Trei·ber[2] *der* <-s, -> EDV *ein Computerprogramm zum Betreiben von Zusatzgeräten:* einen neuen Treiber für den Bildschirm/den Drucker/die Maus installieren

Treib·gas *das* <-es, -e> *ein Gas, das den Inhalt von Spraydosen unter Druck setzt, so dass er bei Druck auf das Ventil austritt*

Treib·gut *das* <-(e)s, Treibgüter> *Gegenstände, die vom Wasser an den Strand gespült werden*

Treib·haus *das* <-es, Treibhäuser> *eine Art Haus, dessen Wände und dessen Dach aus großen Glasscheiben bestehen und in dem man Pflanzen anbaut:* Blumen/Gemüse/Pflanzen im Treibhaus züchten

Treib·haus·ef·fekt *der* <-(e)s> */kein Plur./ der Vorgang, dass Umweltverschmutzung dazu führt, dass die Erdatmosphäre immer wärmer wird*

Treib·holz *das* <-es> */kein Plur./ Holz, das vom Wasser an den Strand gespült wird*

Treib·jagd *die* <-, -en> *eine Jagd, bei der Tiere von Hunden und Treibern zu den Jägern getrieben werden*

Treib·sand *der* <-(e)s> */kein Plur./ feiner, lockerer Sand, in dem man leicht versinken kann*

Treib·stoff *der* <-(e)s, -e> *zum Antrieb eines Verbrennungsmotors benötigter Kraftstoff:* Benzin/Diesel als Treibstoff benötigen

Trek·king, *a.* **Tre·cking** *das* <-s, -s> *das Wandern durch unwegsames und für Touristen nicht erschlossenes Gebiet*

Tre·mo·lo *das* <-s, -s/Tremoli> MUS. *übersteigertes Zittern in der Stimme eines Sängers*

Trench·coat *der* ['trɛntʃkoʊt] <-(s), -s> *ein leichter Übermantel, den man meist über einem Anzug trägt:* Der Kommissar trug einen Hut, eine dunkle Brille und hatte den Kragen seines Trenchcoats hochgeschlagen.

Trend *der* <-s, -s> (≈ *Tendenz) die grundsätzliche Richtung, in die sich etwas entwickelt:* Der Trend entwickelt sich immer mehr zum Studium im Ausland.; der Trend zur weltweiten Vernetzung über das Internet

tren·dig *adj (umg.: ≈ trendy) so, dass es einem Modetrend entspricht*

Trend·set·ter *der*, **Trend·set·te·rin** <-s, -> *(umg.) Person, die den maßgeblichen Anstoß zu einem neuen Trend gibt:* zum Trendsetter werden

Trend·wen·de *die* <-, -n> *der Umkehrpunkt einer Entwicklung, ab dem eine gegenteilige Entwick-*

lung eintritt: die Trendwende auf dem Arbeitsmarkt herbeiführen

tren·dy *adj /nur präd., nicht Adverb/ /nicht steig./ trendig:* Diese Sportart/Diese Frisur ist trendy.

trenn·bar *adj /nicht steig./* SPRACHWISS. *so, dass man es trennen kann:* ein trennbares Präfix

tren·nen I. *mit OBJ* ■ *jmd. trennt etwas/Personen;* ■ *jmd. trennt jmdn./etwas von jmdm./ etwas* ❶ ■ *bewirken, dass zwei Personen oder Gegenstände nicht mehr zusammen sind bzw. keine Verbindung mehr zwischen ihnen besteht:* zwei Streithähne trennen; den Ärmel aus/von der Jacke trennen; zwei Teile, die aneinanderhaften, zu trennen versuchen ❷ ■ *jmd. trennt etwas von etwas* (≈ *unterscheiden) bewusst als verschiedene Dinge betrachten:* eine sachliche Diskussion nicht von einem persönlichen Angriff trennen können; Öffentlichkeit und Privatleben trennen ❸ ■ *etwas trennt (von etwas Dat.) ein Hindernis, einen Zwischenraum oder einen Abstand bilden:* Ein Zaun trennt beide Gärten.; Ein Fluss/ein Gebirge trennt beide Länder.; Noch zwei Wochen trennen uns von dem großen Ereignis.; 500 m/10 Sekunden trennen den Spitzenreiter von seinen Verfolgern. ❹ SPRACHWISS. *am Zeilenende nur einen Teil eines Wortes schreiben, einen Trennstrich machen und den restlichen Teil des Wortes auf die nächste Zeile schreiben:* ein Wort nach Sprechsilben trennen ❺ ELEKTROTECHN., TELEKOMM. *unterbrechen:* eine Telefonverbindung trennen; eine Stromleitung mit einem Schalter trennen **II.** *mit SICH* ❶ ■ *jmd./ etwas trennt sich auseinandergehen:* Wir haben uns am Bahnhof getrennt.; Die Mannschaften trennten sich 2:0 nach der Verlängerung.; Hier trennen sich unsere Wege. ❷ ■ *jmd. trennt sich (von jmdm.) eine Beziehung beenden:* Sie haben sich nach 20 Jahren Ehe getrennt.; Sie hat sich von ihrem Partner getrennt. ❸❹ ■ *jmd. trennt sich von etwas Akk. weggeben:* sich beim Umzug von alten Möbeln trennen; sich von lieb gewordenen Gewohnheiten trennen; ■ **Müll trennen** *verschiedene Sorten Müll getrennt in verschiedene Abfalltonnen, Container o. Ä. entsorgen*

Tren·nung *die* <-, -en> ❶ *das Trennen:* die Trennung des Mülls; die Trennung zweier Streithähne; die Trennung eines Wortes; die Trennung einer Telefonverbindung ❷ *das Sichtrennen:* die Trennung vom Partner/von alten Gewohnheiten/von der Heimat ❸ *das Getrenntsein:* Nach langer Trennung sahen sich die Eheleute wieder.

Tren·nungs·strich *der* <-(e)s, -e> SPRACHWISS. *das Zeichen in Form eines kurzen, waagerechten Strichs, das am Zeilenende eine Trennung eines Wortes anzeigt;* ■ **einen Trennungsstrich ziehen** *etwas endgültig beenden* unter eine Beziehung einen Trennungsstrich ziehen

Tren·wand *die* <-, Trennwände> *eine Wand, die Bereiche eines Raumes voneinander trennt:* eine Trennwand einbauen/einziehen

Tren·se *die* <-, -n> *ein Gebiss in Form eines Eisenstabes zum Befestigen des Pferdezaumzeugs*

T

trepp·ab *adv (↔ treppauf) auf einer Treppe nach unten:* treppab laufen

Trep·pe *die <-, -n>* ❶ *ein Weg, auf dem man nach oben oder nach unten gehen kann, der aus vielen Stufen besteht und an dessen Rand meist eine Art Stange, das Geländer, ist:* das Geländer/die Stufen der Treppe; die Treppe hinauf-/hinuntergehen ◆ -nabsatz, -nstufe, Holz-, Stein-, Wendel- ❷ *(umg.) Etage, Stockwerk:* Sie wohnen eine Treppe tiefer.; Sie wohnen vier Treppen hoch.; ■ **die Treppe hinauffallen** *(umg. abwert.) Karriere machen, ohne es selbst verdient zu haben*

Trep·pen·ge·län·der *das <-s, ->* eine Art Stange, die an der Seite einer Treppe¹ verläuft und an der man sich festhalten kann

Trep·pen·haus *das <-es, Treppenhäuser>* eine Art schmale, hohe Halle in einem Mehrfamilienhaus, in der sich die Treppe¹ befindet: die Nachbarin im Treppenhaus treffen; Das Treppenhaus wird jede Woche gereinigt.

Tre·sen *der <-s, -> NORDDT. Schanktisch oder Ladentisch:* Die Verkäuferin/Der Wirt steht hinter dem Tresen.

Tre·sor *der <-s, -e> (≈ Safe) ein Schrank, dessen Wände aus sehr starken Stahlplatten bestehen, dessen Tür nur mit einem Zahlenschloss geöffnet werden kann und in dem man Bargeld, Wertpapiere und wertvolle Dokumente aufbewahrt:* Der Tresor wurde aufgebrochen. ◆ -raum

Tres·se *die <-, -n>* eine schmückende Borte *(meist an Uniformen)*

Tres·ter *der <-s, -> die Rückstände, die beim Keltern von Wein entstehen* ◆ -schnaps

Tret·boot *das <-(e)s, -e> ein kleines Boot, in dem man zum Vergnügen auf einem See oder Fluss fährt und das man mit einer Tretkurbel antreibt*

tre·ten *<trittst, trat, hat/ist getreten> I. mit OBJ/ohne OBJ (haben)* ■ *jmd. tritt (etwas) mit dem Fuß stoßen:* Der Mann hat den Hund getreten.; jemanden in den Hintern treten; Ich war das nicht, mein Banknachbar hat getreten! **II.** *mit OBJ (haben)* ❶ ■ *jmd. tritt etwas mit dem Fuß betätigen:* die Kupplung treten ❷ ■ *jmd. tritt etwas (in etwas Akk.) durch Treten mit dem Fuß erzeugen oder irgendwie verändern:* ein Loch in die Tür treten; einen Weg treten; etwas platt treten/plätttreten ❸ ■ *jmd. tritt etwas irgendwohin mit einem Fuß irgendwohin befördern:* einen Pflock in den Boden treten; einen Ball ins Tor treten; sich einen Dorn in den Fuß treten **III.** *ohne OBJ (sein)* ❶ ■ *jmd. tritt irgendwohin sich mit einem Schritt irgendwohin bewegen:* Er trat in das Zimmer.; beiseite/zur Seite/neben jemanden treten; in eine Pfütze treten ❷ ■ *jmd. tritt in etwas Akk. sich in einen Zustand begeben:* in den Dienst/den Ruhestand treten; mit jemandem in Verbindung treten ❸ ■ *jmd. tritt auf etwas Akk. den Fuß auf etwas setzen:* jemandem auf den Fuß treten; auf den Rasen/auf einen Regenwurm treten ❹ ■ *jmd. tritt auf etwas Akk./in etwas Akk. mit dem Fuß Kraft auf oder in etwas gelangen lassen:* auf die Bremse/in die Pedalen treten ❺ ■ *etwas tritt in etwas in verblasster Bedeutung:* in Aktion/Erscheinung/Kraft treten; ins Bewusstsein treten

◆ Getrenntschreibung →R 4.20 eine Büchse platt treten/platttreten; ◆ Getrenntschreibung →R 4.8 Wenn die Tür aufgehen soll, musst du fest treten.; *siehe aber* **festtreten**

Tret·müh·le *die <-> /kein Plur./ (umg. abwert.) etwas, das sehr monoton und ohne Abwechslung ist und daher keinen Spaß macht:* die Tretmühle des Alltags; in eine Tretmühle geraten

Treu ■ **auf Treu und Glauben** *im Vertrauen darauf, dass alles richtig ist*

treu *adj* ❶ *(≈ loyal) so, dass man immer zu einer einmal eingegangenen Bindung zu etwas oder jmdm. steht:* jemandem/einer Sache treu sein; ein treuer Freund/Mitarbeiter; jemandem treu ergeben sein; treu seine Pflicht erfüllen ◆ gesetzes-, königs-, linien-, prinzipien-, regierungs-, verfassungs- ❷ *(↔ untreu) so, dass man außerhalb der eigenen Partnerschaft keine sexuellen Beziehungen zu anderen Menschen hat:* eine treue Ehefrau; Er ist seiner Frau immer treu gewesen/geblieben. ❸ *(≈ treuherzig) naiv und gutgläubig:* jemanden treu ansehen; der treue Blick (eines Hundes); treu und brav hinter jemandem herlaufen ❹ *(veralt.) dem Original entsprechend:* eine treue Wiedergabe des Klanges; Sie ist ein treues Abbild ihrer Mutter.; sich selbst treu bleiben ◆ plan-, winkel- ◆ Getrenntschreibung →R 4.8 seiner Freundin treu bleiben; ◆ Getrenntschreibung →R 4.20 jemandem treu ergeben/treuergeben sein; ein treu gesinnter/treugesinnter Freund; ihre treu sorgenden/treusorgenden Eltern

Treue *die <-> /kein Plur./* ❶ *(≈ Loyalität) das Festhalten an einer einmal eingegangenen Bindung zu jmdm. oder etwas:* die Treue eines Freundes/Mitarbeiters; unverbrüchliche Treue geloben ◆ -bruch, -schwur ❷ *(↔ Untreue) die Tatsache, dass man außerhalb einer Partnerschaft keine sexuellen Beziehungen hat:* die eheliche Treue; die Treue zum Partner/zur Partnerin ❸ *(veralt.) der hohe Grad der Übereinstimmung mit dem Original:* die Treue eines Abbildes/der Wiedergabe

Treu·eid *der <-(e)s, -e> der Eid, ein einmal gegebenes Versprechen zu halten oder an einer eingegangenen Bindung festzuhalten:* einen Treueid schwören

Treu·hand *die <-> /kein Plur./ kurz für „Treuhandgesellschaft"*

Treu·hän·der, **Treu·hän·de·rin** *der, <-s, -> eine Person, der die Wahrnehmung der Rechte und die Verwaltung des Vermögens anderer übertragen wurde*

Treu·hand·ge·sell·schaft *die <-, -en> RECHTSW. eine Gesellschaft, der die Wahrnehmung der Rechte und die Verwaltung des Vermögens anderer übertragen wurde*

treu·her·zig *adj naiv und gutgläubig:* jemanden treuherzig ansehen; treuherzig alles glauben, was man gesagt bekommt ▸ Treuherzigkeit

treu·los *adj /nicht steig./ so, dass man ein einmal gegebenes Versprechen bricht oder eine eingegangene Bindung verlässt:* ein treuloser Sohn; treulos handeln ▸ Treulosigkeit

Tri·an·gel *der/die <-(s), -(n)> MUS. ein Musikinstrument in der Form eines metallenen Dreiecks,* das mit einem Klöppel geschlagen wird und dann einen sehr hellen Ton erzeugt

Tri·as *die* <-> /kein Plur./ *eine geologische Formation des Erdmittelalters*

Tri·ath·let *der,* **Tri·ath·le·tin** <-en, -en> SPORT *jmd., der Triathlon betreibt*

Tri·ath·lon *das/der* <-s, -s> SPORT *ein Dreikampf, der (in dieser Reihenfolge) aus Schwimmen, Radfahren und Laufen besteht:* ein Triathlon über die Kurz-/Mittel-/Langdistanz

Tri·bu·nal *das* <-s, -e> *ein öffentliches Forum, in dem über Recht und Unrecht von politischen Handlungen (besonders bei Rechtsverstößen von Staaten) wie bei einem Gericht geurteilt wird:* jemanden vor ein Tribunal stellen; ein Tribunal abhalten ◆ Kriegsverbrecher-

Tri·bü·ne *die* <-, -n> ❶ *ein Podest für Redner:* auf die Tribüne gehen; von der Tribüne aus sprechen ❷ *ein Gerüst mit aufsteigenden Reihen, auf denen die Sitzplätze für die Zuschauer in einem Stadion sind:* auf einer Tribüne sitzen; Tribünen errichten

Tri·but *der* <-(e)s, -e> GESCH. *Abgabe, Steuer:* Tribut zahlen/eintreiben; ■ **jemandem/einer Sache Tribut zollen** *(geh.) jmdn. oder eine Sache anerkennen;* ■ **einen hohen Tribut an etwas fordern** *(geh.) einen großen Schaden an etwas verursachen* Das Erdbeben forderte einen hohen Tribut an Menschenleben. ▶ tributpflichtig

Tri·chi·ne *die* <-, -n> ZOOL. *ein schmarotzender Fadenwurm, der von Tieren auf Menschen übertragen werden kann*

Trich·ter *der* <-s, -> ❶ *ein relativ kurzes Rohr, das oben relativ weit und unten eng ist und mit dem man Flüssigkeiten durch eine Öffnung in einen Behälter füllen kann:* Benzin mit einem Trichter in den Tank füllen ❷ *etwas, das die Form eines Trichters¹ hat:* Der Bombeneinschlag hinterließ einen riesigen Trichter.; ■ **jemanden auf den richtigen Trichter bringen** *(umg.) jmdn. auf die richtige Lösung bringen*

trich·ter·för·mig *adj* /nicht steig./ *wie ein Trichter¹ geformt:* eine trichterförmige Öffnung

Trick *der* <-s, -s> ❶ *(abwert.) eine Handlung, mit der man jmdn. täuscht und betrügt:* üble/raffinierte Tricks von Betrügern; auf einen Trick hereinfallen ◆ -dieb, Gauner- ❷ *(≈ Kunstgriff) ein geschickter Handgriff oder eine bestimmte Technik, die ein Könner oder Fachmann auf einem Gebiet beherrscht, und mit der man etwas gut lösen oder jmdn. verblüffen kann:* einen Trick anwenden/üben/vorführen; einem erfahrenen Fachmann ein paar Tricks abschauen; Der Schrank lässt sich nur mit einem Trick öffnen; die Tricks eines Zauberkünstlers

Trick·auf·nah·me *die* <-, -n> *eine Filmaufnahme, bei der mit technischen Kunstgriffen eine verblüffende Wirkung erzielt wird*

Trick·be·trü·ger *der,* **Trick·be·trü·ge·rin** <-s, -> *jmd., der andere mit List und Tricks¹ um ihr Vermögen betrügt*

Trick·film *der* <-(e)s, -e> *ein Film, bei dem das, was gefilmt wird, mit technischen Mitteln künstlich erzeugt wird:* ein Trickfilm mit Puppen; ein gezeichneter/computeranimierter Trickfilm

trick·reich *adj listig und geschickt:* ein trickreicher Politiker; bei etwas trickreich vorgehen

trick·sen <trickst, trickste, hat getrickst> *ohne OBJ* ■ *jmd.* **trickst** *(umg.) etwas geschickt oder auf nicht ganz legale Weise tun:* etwas irgendwie tricksen können; Bei der Abrechnung habt ihr wohl ein bisschen getrickst?

Trieb *der* <-(e)s, -e> ❶ *eine Art innerer Drang, der auf Instinkt beruht und der Tieren und Menschen bestimmte Verhaltensweisen vorgibt:* die natürlichen Triebe des Menschen; mütterliche Triebe verspüren; der Trieb nach Selbsterhaltung; seine Triebe ausleben/kontrollieren; keinerlei Trieb zur Arbeit haben ◆ Bewegungs-, Freiheits-, Nahrungs- ❷ *(umg.) sexuelles Verlangen:* (keinen) Trieb haben ◆ Sexual- ❸ BOT. *ein neuer Pflanzenteil:* frische/junge/zarte Triebe an einem Baum

Trieb·fe·der *die* <-, -n> ❶ TECHN. *eine Feder, die einen Mechanismus antreibt:* die Triebfeder einer mechanischen Uhr ❷ *(übertr.: ≈ Motivation) das, was die Energie für jmds. Handeln liefert:* Ehrgeiz ist die Triebfeder seines Handelns.

trieb·haft *adj* /nicht steig./ *(↔ rational) so, dass man in seinem Handeln stark von Trieben und nicht von seinem Vernunft gelenkt wird:* ein triebhaftes Handeln; Der Richter schätzte den Angeklagten als triebhaften Menschen ein. ▶ Triebhaftigkeit

Trieb·kraft *die* <-, Triebkräfte> *eine Person oder Sache, die eine Entwicklung vorantreibt:* Der Wunsch zu helfen war die Triebkraft ihres Handelns.

Trieb·tä·ter *der,* **Trieb·tä·te·rin** <-s, -> RECHTSW. *(≈ Sexualverbrecher) jmd., der Sexualverbrechen begeht:* einen Triebtäter überführen/verurteilen

Trieb·wa·gen *der* <-s, -> EISENB. *ein Schienenfahrzeug mit eigenem Antrieb*

Trieb·werk *das* <-(e)s, -e> *eine Maschine, die die Energie zum Antrieb (eines Flugzeuges) liefert:* Bei dem Flugzeug ist ein Triebwerk ausgefallen.; die Triebwerke der Rakete zünden ◆ Düsen-, Raketen-

trie·fen <triefst, triefte/troff, ist/hat getrieft/getroffen> *ohne OBJ* ❶ ■ **etwas trieft aus etwas** *Dat. (sein) in großen Mengen aus etwas heraus und herunterfließen:* Das Blut triefte aus seiner Nase.; Das Wasser ist aus dem Fell des Hundes getrieft. ❷ ■ **etwas trieft** *(haben) von einer Flüssigkeit so erfüllt sein, dass die Flüssigkeit herausläuft:* Deine Nase trieft!; Seine Kleider haben vor Nässe getrieft.; ■ **vor Mitleid triefen** *(abwert.) übertrieben viel Mitleid zeigen*

trif·tig *adj* /nicht steig./ *(umg.) so, dass es überzeugt:* triftige Gründe für etwas haben; ein triftiger Beweis für seine Unschuld

Tri·go·no·me·trie *die* <-> /kein Plur./ MATH. *die Messung und Berechnung von Dreiecken* ▶ trigonometrisch

Tri·ko·lo·re *die* <-, -n> *dreifarbige (französische) Nationalflagge*

Tri·kot¹ *der/das* [triˈkoː/ˈtrɪko] <-s, -s> *ein elastisches Gewebe*

Tri·kot² *das* [triˈkoː/ˈtrɪko] <-s, -s> SPORT *eine Art eng anliegendes Hemd, das man beim Sport trägt:*

T

Die Fußballer spielen im blauen Trikot.; im Trikot des Spitzenreiters fahren ◆-tasche, -werbung, Fußball-, Rad-

Tri·ko·ta·ge *die* [triko'ta:ʒə] <-, -n> /meist Plur./ aus *Trikot¹* gefertigte Ware

Tri·kot·wer·bung *die* [tri'ko:...] <-> /kein Plur./ SPORT auf *Trikots²* aufgedruckte Werbung

tril·lern <trillerst, trillerte, hat getrillert> *mit OBJ/ohne OBJ* ■ *jmd./ein Tier trillert (in einer hohen Tonlage) pfeifen:* Eine Amsel trillert ihr Lied.; Sie trillert fröhlich vor sich hin.

Tril·ler·pfei·fe *die* <-, -n> *eine Pfeife, mit der man einen lauten Ton erzeugen kann*

Tril·li·ar·de *die* <-, -n> *tausend Trillionen*

Tril·li·on *die* <-, -en> *eine Million Billionen*

Tri·lo·gie *die* <-, ...gien> *eine Folge von drei zueinandergehörenden Teilen (eines literarischen Werkes)*

Tri·mes·ter *das* <-s, -> ❶ *ein Zeitraum von drei Monaten* ❷ *(↔ Semester) ein Drittel eines Unterrichtsjahres*

trim·men I. *mit OBJ* ❶ ■ *jmd. trimmt etwas* SEEW., LUFTF. *zweckgemäß verstauen:* die Ladung trimmen ❷ ■ *jmd. trimmt ein Tier/etwas (einem Hund das Fell) scheren:* einen Hund trimmen; ein frisch getrimmtes/frischgetrimmtes Fell haben; ein sorgfältig getrimmter Schnurrbart ❸ ■ *jmd. trimmt jmdn. leistungsfähig machen:* die Spieler für das Punktspiel trimmen; die Schüler für die Prüfung trimmen ❹ ■ *jmd. trimmt jmdn./sich/etwas auf irgendetwas (umg.) jmdm., sich oder etwas durch besondere Anstrengungen einen gewünschten Anschein geben:* jemanden/sich auf jung trimmen; ein Möbelstück auf antik trimmen **II.** *mit SICH* ■ *jmd. trimmt sich* SPORT *sich fit halten:* sich durch regelmäßiges Laufen/Gedächtnisübungen trimmen; Trimm dich!

Trimm·pfad *der* <-(e)s, -e> *ein Rundweg, den man als sportliches Training laufend absolviert und an dessen einzelnen Stationen (einfache) Geräte für gymnastische Übungen stehen*

trink·bar *adj* /nicht steig./ ❶ *so, dass Menschen es trinken können, ohne Schaden zu nehmen:* Das Wasser in diesem Gebirgsbach ist sicher trinkbar. ❷ *(scherzh.) so, dass ein Getränk mäßig gut schmeckt:* Das Bier/Der Kaffee war halbwegs trinkbar.

trin·ken <trinkst, trank, hat getrunken> **I.** *mit OBJ/ohne OBJ* ■ *jmd. trinkt (etwas)* ❶ *eine Flüssigkeit durch den Mund in den Magen gelangen lassen:* Bei großer Hitze sollte man ausreichend trinken.; Sie trinkt gerne Bier/Mineralwasser/Tee/Wein.; Die Pferde trinken Wasser.; Störe das Kind nicht, es trinkt gerade!; Du musst mehr trinken. ❷ ■ *jmd. trinkt (etwas) auf etwas Akk. jmdm. zu Ehren Alkohol zu sich nehmen:* Wir tranken ein Glas Sekt auf seine bestandene Prüfung.; Wir trinken auf die Gesundheit des Geburtstagskindes. **II.** *ohne OBJ* ■ *jmd. trinkt in krankhafter Weise regelmäßig zu viel Alkohol trinken; Alkoholiker sein:* Hast du gewusst, dass sie trinkt?

Trin·ker, *der*, **Trin·ke·rin** <-s, -> *(≈ Alkoholiker)* jmd., der in krankhafter Weise regelmäßig zu viel Alkohol trinkt

trink·fest *adj* /nicht steig./ *so, dass man viel Alkohol trinken kann, ohne betrunken zu werden:* Früher ist er trinkfester gewesen, jetzt reicht schon wenig, um ihn betrunken zu machen. ▶ Trinkfestigkeit

Trink·ge·la·ge *das* <-s, -> *ein ausschweifendes Fest, bei dem sehr viel Alkohol getrunken wird*

Trink·geld *das* <-(e)s, -er> *ein Geldbetrag, den man im Restaurant oder beim Friseur zusätzlich zum geforderten Preis freiwillig bezahlt (und damit zeigt, dass man mit der gebotenen Leistung zufrieden war)*

Trink·glas *das* <-es, Trinkgläser> *ein Glas, aus dem man trinkt*

Trink·halm *der* <-(e)s, -e> *ein kleines Rohr (aus Plastik) mit dem man Getränke einsaugen kann*

Trink·spruch *der* <-(e)s, Trinksprüche> *(≈ Toast) ein Spruch, den man bei einem Fest sagt und mit dem man die Gäste auffordert, gemeinsam auf jmdn. oder etwas zu trinken I.2:* einen Trinkspruch auf jemanden/etwas ausbringen

Trink·was·ser *das* <-s> /kein Plur./ *zum Trinken durch den Menschen geeignetes Wasser:* In einer Gegend herrscht große Knappheit an Trinkwasser.; etwas als Trinkwasser verwenden; Kein Trinkwasser! ◆-aufbereitung, -versorgung

Trio *das* <-s, -s> ❶ *eine Gruppe von drei Leuten:* Das Trio hat mehrere Einbrüche verübt.; Die Schulfreunde waren ein fröhliches/lustiges Trio. ❷ *eine Gruppe, die aus drei Musikern besteht:* Das Trio spielt heute Stücke von Bach. ◆Jazz- ❸ MUS. *ein Musikstück für drei Instrumente:* ein Trio für Violine, Flöte und Klavier

Trip *der* <-s, -s> ❶ *(umg.) eine kurze Reise, die jmd. zum Vergnügen macht:* ein kurzer Trip nach Paris; einen Trip in die Berge machen ◆Wochenend- ❷ *(umg.) durch Drogen erzeugter Rauschzustand:* auf einem Trip sein ❸ *(umg.) die für einen Trip² benötigte Menge Drogen:* einen Trip brauchen; ■ *auf dem ... Trip sein (umg. abwert.) sich zeitweise sehr stark mit der genannten Sache identifizieren und beschäftigen* Sie ist gerade auf dem ökologischen Trip.

trip·peln <trippelst, trippelte, ist getrippelt> *ohne OBJ* ■ *jmd. trippelt mit kleinen, schnellen Schritten gehen:* Die Tänzerinnen sind über die Bühne getrippelt.

Trip·per *der* <-s, -> MED. *eine Geschlechtskrankheit:* sich den Tripper holen

Trip·ty·chon *das* <-s, Triptychen/Triptycha> KUNST ❶ *ein dreiteiliger Altaraufsatz* ❷ *drei einzelne Gemälde, die zusammen eine Einheit bilden*

trist *adj* (geh.) *traurig; trübe:* eine triste Stimmung; tristes Wetter; ein tristes Leben führen; eine triste Gegend

Tris·tesse *die* [tris'tɛs] <-> /kein Plur./ (geh.) *bedrückende Ödheit, die irgendwo herrscht, wo sich nicht viel ereignet und es nur wenig Perspektiven gibt:* die Tristesse der Vorstädte

Tritt *der* <-(e)s, -e> ❶ *ein einzelner Schritt:* Der Fuß schmerzte bei jedem Tritt.; Es sind Tritte im

Kies zu hören. **②** *(≈ eine Fußspur) deutlich die Tritte erkennen können* **③** */kein Plur./ die Art, wie jmd. geht:* mit festem/unsicherem Tritt gehen **④** *ein einzelner Stoß mit dem Fuß:* jemandem einen Tritt versetzen ◆Fuß-

Tritt·brett *das* <-(e)s, -e> *eine Art breite Leiste unterhalb der Tür eines Fahrzeugs, auf der man stehen kann:* Der Rangierarbeiter steht auf dem Trittbrett des Eisenbahnwaggons.

Tritt·brett·fah·rer *der* <-s, -> *(abwert.) jmd., der eine Sache oder eine Situation für sich ausnutzt, für die er selbst nichts getan hat:* Die Polizei nimmt an, dass es sich bei dem Anrufer nicht um den Erpresser selbst, sondern um einen Trittbrettfahrer handelt.

Tritt·lei·ter *die* <-, -n> *eine frei aufstellbare Leiter:* Der Maler benutzt eine Trittleiter.

Tri·umph *der* [tri'ʊmf] <-(e)s, -e> **①** *etwas, das für jmdn. einen großen Erfolg oder bedeutenden Sieg darstellt:* einen Triumph/Triumphe feiern können; jemandem seinen Triumph gönnen; der Triumph der Mannschaft bei der Meisterschaft; ein Triumph der Medizin über eine bisher unheilbare Krankheit **②** */kein Plur./ die große Freude über einen Triumph[1]:* etwas mit Triumph in der Stimme sagen; Sie genießt ihren Triumph.

Tri·umph·bo·gen *der* <-s, Triumphbögen> KUNST *ein Tor, das meist zur Erinnerung an einen militärischen Sieg gebaut wurde:* Die Truppen marschierten bei der Siegesparade durch den Triumphbogen.

Tri·umph·ge·schrei *das* <-s> */kein Plur./ laute Rufe der Freude über einen Sieg oder Erfolg:* Mit lautem Triumphgeschrei begrüßten die Fans die siegreiche Mannschaft.

tri·um·phie·ren [triʊm'fiːrən] *ohne OBJ* **①** ■ *jmd./etwas triumphiert über jmdn./etwas den Sieg über jmdn. oder etwas davontragen:* über die gegnerische Mannschaft/den Feind/seinen Kontrahenten triumphieren; Am Ende triumphierte ihre Neugier über ihre Schüchternheit. **②** ■ *jmd. triumphiert über einen Erfolg oder Sieg deutlich Freude oder Stolz zeigen:* Die Sieger triumphierten laut, als der Schlusspfiff gefallen war.; jemanden triumphierend ansehen; ein triumphierendes Lächeln

Tri·umph·zug *der* <-(e)s, Triumphzüge> GESCH. *ein festlicher Umzug zur Feier eines Sieges oder Erfolges:* im Triumphzug durch die Stadt ziehen; ■ *seinen/ihren Triumphzug antreten (übertr.) große Verbreitung finden und großen Erfolg haben* Das Flugzeug/das Fernsehen/das Internet hat seinen Triumphzug um die Welt angetreten.

tri·vi·al *adj (geh. abwert.)* **①** *uninteressant, weil es alltäglich ist:* das triviale Alltagsleben; Das sind die trivialen Fakten, ohne jede Beschönigung. ▸ Trivialität **②** *(künstlerisch) anspruchslos:* ein trivialer Film; Das Buch war recht trivial.; triviale Äußerungen zu etwas machen

Tri·vi·al·li·te·ra·tur *die* <-> */kein Plur./ Unterhaltungsliteratur ohne künstlerischen Anspruch*

tro·cken <trock(e)ner, am trockensten> *adj* **①** *(↔ feucht) so, dass kein Wasser darin ist:* trockener Boden/Sand; sich trockene Kleider anzie-

hen; warmes und trockenes Sommerwetter; trockene Luft; eine trockene Haut haben; trockene Schleimhäute haben; einen trockenen Husten haben; sich trocken rasieren; Bei Regen können wir unter diesem Dach trocken sitzen/stehen.; bei Regen im Trockenen sitzen **②** *(≈ herb ↔ lieblich) so, dass Wein oder Sekt nur eine geringe Süße haben:* Wir empfehlen zur Forelle einen trockenen Riesling. **③** *ohne Beilagen:* das Brot/die Kartoffeln trocken essen **④** *betont sachlich oder ohne schmückendes Beiwerk:* ein trockener Unterricht/Vortrag; die trockenen Fakten; Das Buch las sich etwas trocken.; einen trockenen Humor haben **⑤** *(umg.) so, dass man als ehemaliger Alkoholiker keinen Alkohol mehr trinkt:* seit zwei Jahren trocken sein; ■ *auf dem Trockenen sitzen (umg.) kein Geld mehr haben;* ■ *auf dem Trockenen sein (umg.) mit etwas nicht weiterkommen;* ■ *seine Schäfchen im Trockenen haben (umg.) sich finanziell gesichert haben* ◆Großschreibung →R 3.7 Ich kann nicht mit ausgehen, momentan sitze ich auf dem Trockenen.; Er hat seine Schäfchen im Trockenen, deshalb zeigt er auch nicht mehr viel Einsatz.; *siehe auch* **trockenreiben, trockenschleudern, trockenstehen, trockenwischen**

Tro·cken·au·to·mat *der* <-en, -en> *(≈ Wäschetrockner) ein Elektrogerät zum Trocknen von Wäsche*

Tro·cken·dock *das* <-s, -s> SEEW. *ein Dock zur Reparatur von Schiffen, aus dem das Wasser herausgepumpt wird, nachdem das Schiff eingefahren ist:* im Trockendock liegen

Tro·cken·eis *das* <-es> */kein Plur./ gefrorenes Kohlendioxid, das als Kühlmittel oder zum Erzeugen von (Bühnen)effekten in Form von Nebelschwaden benutzt wird*

Tro·cken·hau·be *die* <-, -n> *eine Haube zum Trocknen der Haare, die Wärme abstrahlt*

Tro·cken·heit *die* <-> */kein Plur./* **①** *(↔ Feuchtigkeit, Nässe) die Tatsache, dass wenig Feuchtigkeit vorhanden ist:* die Trockenheit der Luft; Eine große/lang anhaltende Trockenheit herrschte im Land. **②** *die Tatsache, dass ein Vortrag oder Unterricht sehr nüchtern und sachlich ist und seine Zuhörer nicht anspricht:* die Trockenheit des Unterrichtsstoffes

tro·cken·le·gen *mit OBJ* ■ *jmd. legt etwas trocken bewirken, dass etwas nicht mehr nass ist:* einen Sumpf trockenlegen ◆Zusammenschreibung →R 4.6 einen Säugling trockenlegen

Tro·cken·milch *die* <-> */kein Plur./ Milch, die in der Form eines Pulvers vorliegt, weil man ihr das Wasser entzogen hat*

tro·cken·rei·ben, *a.* **tro·cken rei·ben** <reibst trocken, rieb trocken, hat trockengerieben> ■ *mit OBJ* ■ *jmd. reibt etwas trocken etwas reiben, bis es nicht mehr nass ist* ◆Zusammen- oder Getrenntschreibung →R 4.16 die Haut mit einem Handtuch trockenreiben/trocken reiben

tro·cken·schleu·dern, *a.* **tro·cken schleu·dern** <schleuderst trocken, schleuderte trocken, hat trockengeschleudert> ■ *mit OBJ* ■ *jmd. schleudert etwas trocken Wäsche schleudern, bis sie nicht mehr nass ist* ◆Zusammen- oder Ge-

T

trenntschreibung →R 4.16 die nasse Wäsche trockenschleudern/trocken schleudern

tro·cken·sit·zen <sitzt trocken, saß trocken, ist trockengesessen> *ohne OBJ* ■ *jmd. sitzt trocken (umg.) nichts (mehr) zu trinken haben* ◆ Zusammenschreibung →R 4.6 Ihr könnt uns doch hier nicht völlig trockensitzen lassen!

tro·cken·ste·hen <steht trocken, stand trocken, hat trockengestanden> *ohne OBJ* ■ *eine Kuh steht trocken* LANDW. *keine Milch geben* ◆ Zusammenschreibung →R 4.6 eine Herde trockenstehen lassen

tro·cken·wi·schen, *a.* **tro·cken wi·schen** <wischst trocken, wischte trocken, hat trockengewischt> *mit OBJ* ■ *jmd. wischt etwas trocken etwas wischen, bis es nicht mehr nass ist* ◆ Zusammen- oder Getrenntschreibung →R 4.16 den Tisch/die Bank trockenwischen/trocken wischen

Tro·cken·zeit *die* <-, -en> *(↔ Regenzeit) die Jahreszeit in den Tropen und Subtropen, in der es nicht oder nur wenig regnet:* während der Trockenzeit; die Trockenzeit beginnt/endet

trock·nen <trocknst, trocknete, hat/ist getrocknet> I. *mit OBJ (haben)* ■ *jmd./etwas trocknet etwas* ➊ *trocken machen:* Der Wind hat die Wäsche getrocknet.; die Wäsche in der Maschine trocknen; (sich) die Haare mit einem Handtuch trocknen; den Fußboden mit einem Lappen trocknen; die Augen mit einem Taschentuch trocknen ➋ ■ *jmd. trocknet etwas trocken werden lassen:* Kräuter auf dem Dachboden trocknen; getrocknete Pflaumen II. *ohne OBJ (sein)* ■ *etwas trocknet trocken werden:* Die Wäsche ist im Wind getrocknet.; Meine Haare trocknen immer schnell.

Trö·del *der* <-s> */kein Plur./ (umg. abwert.)* wertlose Gegenstände: Auf dem Markt gab es allerhand Trödel. ◆ -markt

Trö·de·lei *die* <-, -en> *(umg. abwert.: ≈ Bummelei) das Vergeuden von Zeit:* Er regt mich auf mit seiner ewigen Trödelei!

trö·deln <trödelst, trödelte, hat getrödelt> *ohne OBJ* ■ *jmd. trödelt (umg. abwert.: ≈ bummeln) sorglos sein und sich viel Zeit lassen (und dadurch Zeit vergeuden):* Wenn du nicht so getrödelt hättest, müssten wir uns jetzt nicht so beeilen!

Tröd·ler *der,* **Tröd·le·rin** <-s, -> ➊ *jmd., der mit alten gebrauchten Sachen handelt* ➋ *(umg. abwert.) jmd., der trödelt:* Du bist ein alter Trödler! Wegen dir verpassen wir den Zug.

Trog *der* <-(e)s, Tröge> *eine lange flache Wanne, aus der Kühe und Schweine ihr Futter fressen:* Die Schweine drängen sich am Trog.

Troi·ka *die* ['trɔyka] <-, -s> ➊ *ein Dreigespann* ➋ *Gruppe von drei Personen, die gemeinsam etwas tun:* eine Troika an die Spitze einer Partei stellen

Troll *der* <-(e)s, -e> *(≈ Kobold) ein Märchenwald voller Elfen und Trolle*

trol·len *mit SICH* ■ *jmd. trollt sich (umg.) weggehen:* Nimm ihm gesagt, er solle sich trollen.

Trol·ley·bus *der* ['troli-] <-ses, -se> SCHWEIZ. *Omnibus mit Oberleitung*

Trom·mel *die* <-, -n> ➊ *ein Musikinstrument in der Form eines Zylinders, dessen Grundflächen mit Fellen bespannt sind und auf dem man einen Rhythmus schlagen kann:* die Trommel schlagen; der dumpfe Klang der Trommeln; die einzelnen Trommeln des Schlagzeugs ➋ TECHN. *ein Bauteil, das die Form einer Trommel* 1 *hat, innen hohl ist und sich dreht:* die Trommel eine Waschmaschine/eines Revolvers/eines Zementmischers

Trom·mel·fell *das* <-(e)s, -e> ANAT. *ein dünnes Häutchen im Mittelohr, das Schallwellen überträgt*

Trom·mel·feu·er *das* <-s> */kein Plur./* MILIT. *anhaltendes starkes Geschützfeuer*

trom·meln <trommelst, trommelte, hat getrommelt> I. *mit OBJ/ohne OBJ* ■ *jmd. trommelt (etwas) die Trommel schlagen:* ein Musikstück/einen Rhythmus trommeln; in schnellem Rhythmus/laut trommeln II. *ohne OBJ* ■ *jmd. trommelt an/auf/gegen etwas Akk. auf etwas immer wieder schnell schlagen:* mit den Fäusten an die Tür trommeln; mit den Hufen auf den Boden trommeln; das trommelnde Geräusch der Geschütze

Trom·mel·re·vol·ver *der* <-s, -> *eine Schusswaffe, bei der mehrere Patronen in einer sich drehenden Trommel* 2 *untergebracht sind*

Trom·mel·wir·bel *der* <-s, -> *mehrere, kurz nacheinander folgende Schläge auf eine Trommel* 1

Tromm·ler *der,* **Tromm·le·rin** <-s, -> *jmd., der eine Trommel* 1 *schlägt*

Trom·pe·te *die* <-, -n> *ein Blechblasinstrument*

trom·pe·ten *ohne OBJ* ➊ ■ *jmd. trompetet (umg.) Trompete blasen* ➋ ■ *ein Tier trompetet ein lautes Geräusch machen, das dem einer Trompete ähnelt:* Der Elefant trompetet.

Trom·pe·ter *der,* **Trom·pe·te·rin** <-s, -> *jmd., der Trompete spielt* ◆ Jazz-

Tro·pen <-> *Plur. die heiße Klimazone beiderseits des Äquators* ◆ -anzug, -bekleidung, -hitze, -klima, -krankheit, -nacht, Sub-

Tro·pen·helm *der* <-(e)s, -e> *in den Tropen (von nicht Einheimischen) getragener Sonnenschutzhelm*

Tro·pen·in·s·ti·tut *das* <-(e)s, -e> *Klinik für Tropenkrankheiten*

Tropf¹ *der* <-(e)s, -e> MED. *eine Vorrichtung, mit der Kranke flüssige Nahrung oder Medikamente direkt in die Adern geleitet bekommen, wobei die Substanz aus einer an einem Ständer aufgehängten Flasche in einer definierten Menge gleichmäßig in einen Schlauch tropft, der über ein Injektionsnadel mit der Ader verbunden ist:* am Tropf hängen; an den Tropf angeschlossen werden

Tropf² *der* <-(e)s, Tröpfe> *(veralt. umg. abwert.) einfältiger Mensch*

tröp·feln <tröpfelt, tröpfelte, hat/ist getröpfelt> I. *ohne OBJ* ➊ ■ *etwas tröpfelt (haben) einzelne Tropfen fallen lassen:* Der Wasserhahn tröpfelt. ➋ ■ *etwas tröpfelt zusammen (umg.) (sein) einzeln zusammenkommen:* Einige Spenden sind schon zusammen getröpfelt. II. *mit ES (haben)* ■ *es tröpfelt es regnet leicht:* Nimm den Schirm mit, es tröpfelt schon!

Trop·fen *der* <-s, -> *eine kleine Menge einer Flüs-*

sigkeit *(in einer kugeligen Form)*: Der Regen fällt in dicken Tropfen.; von der Medizin zehn Tropfen nehmen; Im Glas ist noch ein Tropfen Wein.; ■ **ein Tropfen auf den heißen Stein** *(umg.)* so wenig, dass es nicht hilft Die Spende war nur ein Tropfen auf den heißen Stein für das Land.; ■ **steter Tropfen höhlt den Stein** *(umg.)* mit Ausdauer kommt man zum Ziel; ■ **ein guter Tropfen** *(umg.)* ein guter Wein

trop·fen <tropfst, tropfte, hat/ist getropft>
I. *mit OBJ (haben)* ■ *jmd.* **tropft etwas irgendwohin** *in Tropfen irgendwohin fallen lassen:* Er tropfte ein wenig Wasser auf die Blumen.; Sie tropfte ihm eine Medizin in die Augen. **II.** *ohne OBJ* ❶ ■ *etwas* **tropft** *(haben) Tropfen fallen lassen:* Der Wasserhahn hat getropft.; Meine Nase tropft. ❷ ■ *etwas* **tropft aus/von etwas** *Dat. (sein) in Tropfen herunterfallen:* Wasser tropft von der Dachrinne.; Das Regenwasser ist aus ihren Kleidern getropft. **III.** *mit ES* ■ *es* **tropft** *leicht regnen:* Vorhin hat es ein wenig getropft.

trop·fen·wei·se *adv in einzelnen Tropfen:* das Gewürz tropfenweise in die Soße geben

tropf·nass *adj /nicht steig./ sehr nass:* Ihre Kleider waren tropfnass.

Tropf·stein·höh·le *die* <-, -n> *eine Höhle, in der sich durch tropfendes Wasser (zapfenförmige) Ablagerungen aus Kalk an Decke und Boden gebildet haben*

Tro·phäe *die* [tro'fɛ:ə] <-, -n> ❶ *etwas, das in einem Krieg oder bei der Jagd erbeutet worden ist:* Die Wände der Jagdhütte hingen voller Trophäen.; Die Sieger brachten Fahnen als Trophäen mit. ❷ SPORT *Auszeichnung bei einem sportlichen Wettkampf:* Die Sammlung seiner sportlichen Trophäen füllt ein ganzes Regal.

tro·pisch *adj /nicht steig./* ❶ *auf die Tropen bezogen, zu ihnen gehörend:* tropische Regionen/Vegetation; tropisches Klima ❷ *(umg.) sehr heiß:* Hier herrscht eine tropische Hitze!

Tross *der* <-es, -e> ❶ MILIT. *(≈ Konvoi) eine Wagenkolonne mit Verpflegung und Munition* ❷ *(übertr.) Menschen in jmds. Gefolge:* der Minister und der ganze Tross der Presseleute

Tros·se *die* <-, -n> *ein starkes Drahtseil:* die Trossen eines Kranes/eines Schiffs

Trost *der* <-(e)s> */kein Plur./ Worte, die bewirken, dass jmd. einen schweren Kummer besser ertragen kann:* jemandem mit Worten/Taten Trost spenden; bei/in etwas Trost suchen/finden; ■ **ein schwacher Trost** *(umg.) etwas, das unter den gegebenen Umständen nur wenig nützt;* ■ **nicht (recht) bei Trost sein** *(umg. abwert.) verrückt sein*

trös·ten I. *mit OBJ* ■ *jmd.* **tröstet jmdn.** *jmds. Leid oder Sorgen erträglicher machen:* Sie tröstete ihn so gut es ging.; Das konnte sie auch nicht trösten. **II.** *mit SICH* ❶ ■ *jmd.* **tröstet sich mit etwas** *Dat. versuchen, einen Kummer auszugleichen:* Sie tröstet sich mit der Vorstellung, dass ihr Verlust auch etwas Gutes hat.; Sie tröstet sich mit Alkohol. ❷ ■ *jmd.* **tröstet sich mit jmdm.** *nach einer Trennung bereits wieder einen neuen*

Freund oder eine neue Freundin haben: Er tröstet sich bereits mit einer neuen Freundin.

tröst·lich *adj /nicht steig./ so, dass es für jmdn. einen Trost darstellt oder (in einer schwierigen Situation) beruhigend ist:* die tröstliche Nachricht, dass sich die Mühe doch noch gelohnt hat

trost·los *adj* ❶ *(≈ hoffnungslos) so, dass eine Situation schlecht und bedrückend ist und es kaum Hoffnung auf Besserung gibt:* eine trostlose Lage ❷ *(≈ trist) so unschön und langweilig, dass man in schlechte Stimmung kommt:* eine trostlose Gegend; trostloses Wetter

Trost·lo·sig·keit *die* <-> */kein Plur./* ❶ *(≈ Hoffnungslosigkeit) der Zustand, dass eine Situation schlecht und bedrückend ist und es kaum Hoffnung auf Besserung gibt:* Die Trostlosigkeit ihres Lebens hat gerade die Älteren verbittert. ❷ *die Tatsache, dass etwas unschön ist und schlechte Stimmung macht:* Die Trostlosigkeit der Landschaft deprimierte sie.

Trost·preis *der* <-es, -e> *etwas, das man in einem Wettbewerb oder Spiel dem Verlierer gibt:* einen Trostpreis bekommen

Trott *der* <-(e)s, -e> */Plur. selten/* ❶ *langsame Gangart bei Pferden:* im Trott gehen ❷ *(umg. abwert.) eine eingefahrene Verhaltensweise:* der tägliche Trott; in den alten Trott verfallen ◆ Alltagstrott

Trot·tel *der* <-s, -> *(umg. abwert.) dummer Mensch*

trot·ten <trottest, trottete, ist getrottet> *ohne OBJ* ❶ ■ *ein Pferd* **trottet** *langsam gehen:* Das Pferd trottet über den Hof. ❷ ■ *jmd.* **trottet irgendwohin** *(umg. abwert.) langsam und lustlos gehen:* morgens in die Schule trotten

Trot·ti·nett *das* <-s, -e> SCHWEIZ. *Roller*

Trot·toir *das* [trɔ'toa:ɐ̯] <-s, -e/-s> SÜDDT., SCHWEIZ. *Gehweg; Bürgersteig*

Trotz *der* <-es> */kein Plur./ das dauernde (erfolglose) Aufbegehren gegen den Willen anderer:* aus Trotz etwas tun

trotz *präp +Gen./Dat. verwendet um auszudrücken, dass etwas geschieht, obwohl die nach „trotz" genannte Sache es verhindern kann:* Trotz aller Bemühungen blieb er erfolglos.; Trotz des schlechten Wetters ging er ohne Schirm aus dem Haus.; Trotz Regen/schlechtem Wetter fand die Feier statt.; Trotz allem haben wir gewonnen.

Trotz·al·ter *das* <-s> */kein Plur./* PSYCH. *die Zeit, in der kleine Kinder häufig Trotzanfälle haben*

Trotz·an·fall *der* <-(e)s, ...-anfälle> */kein Plur./* PSYCH. *der in einem bestimmten Entwicklungsabschnitt häufige und für ihn typische Vorgang, dass kleine Kinder durch ein bestimmtes Verhalten (andauerndes Schreien, sich zu Boden werfen) Trotz gegen den Willen der Eltern signalisieren*

trotz·dem *adv (≈ dennoch) verwendet, um auszudrücken, dass das genannte Geschehen erfolgt, obwohl Gründe dagegen sprechen:* Keiner hilft mir, aber ich werde trotzdem versuchen.

trot·zen <trotzt, trotzte, hat getrotzt> *ohne OBJ* ❶ ■ *jmd./etwas* **trotzt etwas** *Dat. (geh.) Widerstand entgegensetzen:* Er trotzte seinem Schicksal.; Das Schiff trotzte Sturm und Wellen.

❷ ■ *jmd. trotzt sich nicht dem Willen anderer fügen:* Das Kind trotzt wieder.

trot·zig *adj so, dass man sich nicht dem Willen anderer fügt:* ein trotziges Kind

Trotz·kopf *der* <-(e)s, Trotzköpfe> *(umg. abwert.) ein trotziger Mensch*

Trotz·re·ak·ti·on *die* <-, -en> *eine Handlung, die man aus Trotz begeht*

Trou·ba·dour *der* ['truːbaduːɐ̯, trubaˈduːɐ̯] <-s, -e/-s> GESCH. *ein fahrender Minnesänger in Südfrankreich im 12. und 13. Jahrhundert*

trü·be *adj* ❶ *(↔ hell) so, dass es nur wenig Helligkeit gibt:* trübes Licht; ein trüber Tag; trübes Wetter; trübe Farben ❷ *(↔ klar) nicht klar; nicht durchsichtig:* trübe Brillengläser; trübes Glas; ein trüber Spiegel; das trübe Wasser des Tümpels; trüber Saft ❸ *(↔ fröhlich) bedrückt; traurig:* trübe Aussichten; eine trübe Stimmung; trübe vor sich hinstarren; ■ **eine trübe Tasse** *(umg. abwert.) ein langweiliger Mensch, der mit nichts zu begeistern ist;* ■ **im Trüben fischen** *(umg.) unklare Verhältnisse für sich ausnutzen*

Tru·bel *der* <-s> */kein Plur./ (umg.)* ❶ *Aufregung:* Das habe ich im Trubel ganz vergessen.; der Trubel der Ereignisse ❷ *ein Durcheinander von Personen:* In der Stadt/zum Volksfest herrscht viel Trubel.

trü·ben <trübst, trübte, hat getrübt> I. *mit OBJ* ■ *etwas trübt etwas* ❶ *bewirken, dass etwas weniger klar oder hell ist:* Das eingeleitete Abwasser trübt den See.; Wolken trüben den Himmel. ❷ *beeinträchtigen:* Beziehungen/die Stimmung/jemandes Freude trüben; Tränen trüben seinen Blick.; Mitleid trübte seine scharfe Urteilskraft. II. *mit SICH* ■ *etwas trübt sich* ❶ *an Klarheit oder Helligkeit verlieren:* Der Himmel trübt sich, es wird regnen.; Das Wasser trübte sich vom Blut des erlegten Tieres.; Sein Augenlicht trübt sich immer mehr. ❷ *nicht in gutem Zustand bleiben:* Ihre Freundschaft trübte sich.

Trüb·sal *die* <-, -e> */Plur. selten/ (geh.) tiefe Traurigkeit:* voller Trübsal sein; vor lauter Trübsal etwas Schönes nicht bemerken; ■ **Trübsal blasen** *(umg.) gelangweilt und traurig sein*

trüb·se·lig *adj* ❶ *so, dass es Traurigkeit zum Ausdruck bringt:* trübselig blicken/sein; eine trübselige Gesellschaft ❷ *so, dass es niedergeschlagen macht:* ein trübseliger Abend/Ort

trüb·sin·nig *adj so, dass es Traurigkeit zum Ausdruck bringt:* trübsinnig vor sich hin starren

Trü·bung *die* <-, -en> ❶ *das Getrübtsein:* eine Trübung des Wassers; eine Trübung des Auges/der Linse ❷ *Beeinträchtigung:* eine Trübung der guten Beziehungen; eine Trübung der guten Stimmung

Truck *der* [trak] <-s, -s> *ein großer Lastwagen; Sattelschlepper*

tru·deln <trudelst, trudelte, ist getrudelt> *ohne OBJ* ■ *etwas trudelt sich in langsamen kreisförmigen Bewegungen (von oben nach unten) bewegen:* Die Blätter trudeln zu Boden.; Das Boot trudelt führerlos auf den Wellen.; Das Flugzeug gerät ins Trudeln.

Trüf·fel *die* <-, -n> */meist Plur./* ❶ BOT. *ein Speisepilz* ◆-schwein ❷ *eine runde, gefüllte Praline*

Trug ■ **Lug und Trug** *(geh. abwert.) Lüge und Betrug* Das ist doch alles nur Lug und Trug!

Trug·bild *das* <-(e)s, -er> *(geh.) ein Bild, das einer Sinnestäuschung oder der Einbildung entspringt:* Das Wasser, das sie zu sehen glaubten, war nur ein Trugbild, das durch eine Luftspiegelung entstanden war.

trü·gen <trügst, trog, hat getrogen> *mit OBJ/ohne OBJ* ■ *etwas trügt irreführen:* Der Anschein hat mich nicht getrogen.; Der Schein trügt.; ■ **Wenn mich nicht alles trügt, ...** *(umg.) wenn ich mich nicht irre*

trü·ge·risch *adj /nicht steig./ so, dass etwas zu falschen Erwartungen verführt:* trügerische Hoffnungen; ein trügerisch ruhiges Wasser

Trug·schluss *der* <-es, Trugschlüsse> *eine falsche Schlussfolgerung:* einem Trugschluss unterliegen

Tru·he *die* <-, -n> *eine Art größerer Kasten mit einem Deckel, der meist zur Aufbewahrung von Kleidung dient* ◆Holz-, Kleider-, Schatz-, Wäsche-

Trüm·mer <-> *Plur. die Überreste oder Bruchstücke (von etwas Zerstörtem):* die Trümmer einer zerstörten Stadt; in den Trümmern der Häuser nach Überlebenden suchen; die Trümmer eines abgestürzten Flugzeuges; Auf dem Röntgenbild waren die Trümmer des Knochens zu sehen.; ■ *etwas in Trümmer legen etwas völlig zerstören;* ■ **vor den Trümmern von etwas stehen** *(übertr.) etwas ehemals Gutes zerstört haben* Er stand vor den Trümmern seiner Ehe/seiner Existenz. ◆Fels-, Mauer-

Trüm·mer·hau·fen *der* <-s, -> *ein Haufen Trümmer:* Das Haus war nur noch ein Trümmerhaufen.

Trumpf *der* <-(e)s, Trümpfe> *die bestimmte Karte oder Farbe, die beim Kartenspiel einen höheren Wert hat als alle anderen:* Herz ist Trumpf.; Die Buben sind/gehören zum Trumpf.; einen Trumpf ausspielen; ■ **noch einen Trumpf in der Hand haben** *(übertr.) über etwas verfügen, das Vorteile verschafft;* ■ *etwas ist Trumpf (übertr.) etwas ist (zur Zeit) das Wichtigste* Sport ist Trumpf in diesem Jugendcamp.

Trunk *der* <-(e)s, Trünke> */Plur. selten/ (geh.)* ❶ *(≈ Getränk)* ein kühler Trunk; jemanden mit einem Trunk willkommen heißen ❷ */kein Plur./ (veralt.) das krankhafte regelmäßige Trinken von Alkohol:* dem Trunk verfallen sein

trun·ken *adj (geh.)* ❶ *(≈ betrunken)* ein trunkener Gast ❷ *überwältigt, wie berauscht:* trunken vor Freude/Glück

Trun·ken·bold *der* <-(e)s, -e> *(geh. abwert.) jmd., der viel Alkohol trinkt*

Trun·ken·heit *die* <-> */kein Plur./* AMTSSPR. *das Betrunkensein:* jemandem wegen Trunkenheit am Steuer den Führerschein entziehen

Trunk·sucht *die* <-> */kein Plur./ (veralt.: ≈ Alkoholismus) der krankhafte Zwang, Alkohol trinken zu müssen* ▶ trunksüchtig

Trupp *der* <-s, -s> *eine Gruppe von Personen, die gemeinsam etwas zu tun hat:* ein Trupp Arbeiter/Soldaten/Touristen ◆Bau-, Such-

Trup·pe *die* <-, -n> ❶ *eine Gruppe von darstellenden Künstlern:* die Truppe eines Theaters/Zirkus

◆Artisten-, Ballett-, Schauspieler-, Zirkus- ❷ MILIT. *eine Einheit der Armee:* Truppen abziehen/stationieren/verlagern ◆-nabzug, -nastärke, -nteil, -nübungsplatz, Besatzungs-, Elite-, Kampf- ❸ ■ **die Truppe** *(umg.) die Armee bei der Truppe sein; der Dienst bei der Truppe*

Trup·pen·be·we·gung *die* <-, -en> MILIT. *das Verlegen von Einheiten einer Armee an einen anderen Ort:* Truppenbewegungen in einer bestimmten Region beobachten/melden

Trust *der* [trast] <-(e)s, -e/-s> WIRTSCH. *Konzern*

Tru·te *die* <-, -n> SCHWEIZ. *Truthuhn*

Trut·hahn *der* <-(e)s, Truthähne> *(≈ Puter) ein männliches Truthuhn*

Trut·hen·ne *die* <-, -n> *(≈ Pute) weibliches Truthuhn*

Trut·huhn *das* <-(e)s, Truthühner> *ein besonders großes, als Haustier gehaltenes Huhn mit einem nackten Hals und Kopf*

Tsa·t·si·ki *siehe* **Zaziki**

Tschad *der* <-(s)> *Staat in Afrika:* der Tschad; im Tschad

tschau *siehe* **ciao**

Tsche·che *der;* **Tsche·chin** <-n, -n> *Einwohner(in) der Tschechischen Republik*

Tsche·chi·en <-> *kurz für „Tschechische Republik"*

tsche·chisch *adj /nicht steig./* die tschechische Sprache; Sie spricht tschechisch (in tschechischer Sprache), nicht polnisch.; Sie hat Tschechisch (die tschechische Sprache) gelernt.; *siehe auch* **deutsch**

Tsche·chi·sche Re·pu·b·lik <Tschechischen Republik> *Staat in Mitteleuropa*

tschil·pen <tschilpt, tschilpte, hat getschilpt> *ohne OBJ* ■ **ein Tier tschilpt** *(als Vogel) kurze, helle Laute erklingen lassen*

tschüs, *a.* **tschüss** *interj (umg.) Ausruf beim Abschied „Auf Wiedersehen!"*

T-Shirt *das* [ˈtiːʃəːt] <-s, -s> *ein einfaches Baumwollhemd mit meist kurzen Ärmeln und rundem Halsausschnitt*

T-Trä·ger *der* [ˈteː...] <-s, -> TECHN. *ein Metallträger mit einem Querschnitt in der Form des Buchstabens „T"*

TU *die* [teːˈʔuː] <-, -s> *Abkürzung von „Technische Universität"*

Tu·ba *die* <-, Tuben> MUS. *ein Blechblasinstrument*

Tu·be *die* <-, -n> *ein Behälter für weiche Materialien, der aus biegsamem Metall oder Kunststoff besteht und einen Verschluss hat:* eine Tube Ölfarbe/Zahncreme; die Tube am Ende säuberlich aufrollen; ■ **auf die Tube drücken** *(umg.) schnell fahren oder sich beeilen Drück mal ein bisschen auf die Tube, wir haben keine Zeit mehr!*

Tu·ber·kel·ba·zil·lus *der* <-, Tuberkelbazillen> MED. *Erreger der Tuberkolose*

Tu·ber·ku·lo·se *die* <-, -n> MED. *eine Infektionskrankheit, die besonders die Lungen (aber auch anderes Gewebe) befällt*

Tuch *das* <-(e)s, -e/Tücher> ❶<pl: Tuche> *fest gewebter Stoff:* ein aus teurem Tuch geschneiderter Maßanzug ❷<pl: Tücher> *(≈ Halstuch) ein Stück Stoff, das meist ein dekoratives Muster hat und das Frauen als Schmuck um den Hals tragen:* ein Tuch aus Seide ◆Hals-, Seiden- ❸<pl: Tücher> *(≈ Lappen) etwas mit einem weichen Tuch reinigen* ◆Scheuer-, Staub-, Taschen-

Tu·chent *die* <-s, -en> SÜDDT., ÖSTERR. *Federbett*

Tuch·füh·lung ■ **mit jemandem auf Tuchfühlung gehen** *(umg.) jmdm. körperlich sehr nahe kommen*

tüch·tig *adj* ❶ *(≈ fleißig) so, dass man bei der Arbeit sehr viel leistet:* ein tüchtiger Mitarbeiter; tüchtig arbeiten ◆geschäfts-, lebens- ❷ *(umg.:≈ gewaltig, kräftig) sehr stark; sehr viel; sehr groß:* eine tüchtige Portion; ein tüchtiger Schlag; tüchtig essen/zulangen; Es regnet tüchtig.

-tüch·tig *als Zweitglied zusammengesetzter Adjektive; drückt aus, dass jemand/etwas für das mit dem Erstglied Bezeichnete geeignet ist bzw. in der Lage/fähig, es zu tun* ◆fahr-, funktions-, geschäfts-, lebens-, see-, verkehrs-

Tüch·tig·keit *die* <-> /kein Plur./ *Fleiß; Fähigsein:* die Tüchtigkeit einer Mitarbeiterin sehr schätzen

Tü·cke *die* <-, -n> ❶ /kein Plur./ *Bosheit; Hinterlist:* die Tücke eines Tieres/eines Menschen ❷ *hinterlistiger Trick:* eine Tücke anwenden; mit List und Tücke ❸ *Gefährlichkeit; Unberechenbarkeit:* die Tücke des scheinbar ruhigen Wassers; Das Gerät hat so seine Tücken.; ■ **Das ist die Tücke des Objekts !** *(umg.) Das ist eine versteckte Schwierigkeit (der Sache).*

tu·ckern <tuckerst, tuckerte, hat/ist getuckert> *ohne OBJ (umg.)* ❶ ■ **etwas tuckert** *(haben) gleichmäßige Motorengeräusche machen:* Der Traktor/das alte Auto hat getuckert. ❷ ■ *jmd./etwas tuckert irgendwohin (sein) sehr langsam fahren:* Die Autos/Wir sind langsam über die Landstraße getuckert.

tü·ckisch *adj /nicht steig./* ❶ *(≈ hinterlistig) so, dass man aus böser Absicht jmdn. in eine Falle locken will:* ein tückischer Plan; ein tückischer Charakter; ein tückischer Trick ❷ *gefährlich; unberechenbar:* ein tückisches Gewässer/Gerät; eine tückische Krankheit

Tüf·te·lei *die* <-, -en> *(umg.) das Tüfteln:* Diese Arbeit ist wirklich eine ganz schöne Tüftelei!

tüf·teln <tüftelst, tüftelte, hat getüftelt> *ohne OBJ* ■ *jmd. tüftelt (umg.) geduldig eine Lösung für ein schwieriges Problem suchen:* Wir mussten lange tüfteln, bis wir das Rätsel gelöst hatten.

Tu·gend *die* <-, -en> ❶ *eine moralisch gute Eigenschaft:* die Tugend der Ehrlichkeit/Geduld/Gerechtigkeit; viele Tugenden haben ❷ /kein Plur./ *moralisch vorbildliches Verhalten:* sich ein Vorbild an jemandes Tugend nehmen

tu·gend·haft *adj voller Tugend ❷: tugendhaftes Verhalten*

Tül·le *die* <-, -n> *(≈ Ausgussrohr) das relativ dünne Rohr einer Kanne, aus dem die Flüssigkeit beim Gießen herauskommt:* die Tülle der Gießkanne/der Teekanne

Tul·pe *die* <-, -n> *eine Frühlingsblume, die aus einer Zwiebel wächst*

-tum *als Zweitglied Wortbildungselement (Suffix/*

T

Nachsilbe) von Substantiven, bei denen es sich um Kollektiva handelt und denen öfters ein Fugenelement angefügt wird ❶ *drückt aus, dass es sich um eine Sammelbezeichnung für die mit dem Erstglied genannte Personengruppe handelt* ◆ Bauern-, Bürger-, Christen-, Juden-, Offiziers-, Ritter-, Volks- ❷ *drückt aus, dass es sich bei dem mit dem Erstglied Bezeichneten um den Zustand/ die Verhaltensweise einer Personengruppe handelt* ◆ Analphabeten-, Außenseiter-, Draufgänger-, Epigonen-, Helden-, Heroen-, Sektierer- ❸ *bezeichnet das mit dem Erstglied genannte Reich* ◆ Fürsten-, Herzog-, Kaiser-, König-, Scheich- ❹ *dient lediglich der Substantivierung und damit verallgemeinernden Erfassung des mit dem Erstglied (Adjektiv, teils auch veralteter Verbstamm) Bezeichneten* ◆ Heilig-, Irr-, Reich-, Siech-

tumb *adj (geh. abwert.) einfältig*

tum·meln <tummelst, tummelte, hat getummelt> *mit SICH* ■ *jmd.* **tummelt sich** ❶ *sich (in großer Zahl) irgendwo lebhaft bewegen:* Die Kinder tummeln sich im Freibad. ❷ *(umg.)* NORDDT. *sich beeilen:* Tummelt euch!

Tum·mel·platz *der <-es, Tummelplätze>* ❶ *ein Ort, wo sich jmd. oft und gern aufhält:* ein Tummelplatz für die Kinder ❷ *(abwert.) ein Ort, wo sich negativ bewertete Dinge oder Personen versammeln:* ein Tummelplatz für Bakterien/Ungeziefer; ein Tummelplatz für Verbrecher

Tümm·ler *der <-s, -> zool. ein großes, dem Delphin ähnliches Meeressäugetier*

Tu·mor, Tu·mor *der <-s, ...-moren/...-more>* MED. *eine Geschwulst:* ein bösartiger/gutartiger Tumor; die operative Entfernung eines Tumors

Tüm·pel *der <-s, -> ein sehr kleiner Teich:* Das war kein See, nicht mal ein Teich, eher schon ein Tümpel.

Tu·mult *der <-(e)s, -e> (≈ Krawall) Lärm oder Bewegung in einer Menschenmenge:* Am Rande der Demonstration ist ein Tumult ausgebrochen.; Was ist denn das für ein Tumult da draußen? ▶ tumultuarisch

Tun *das <-s> /kein Plur./ (geh.: ≈ Handeln) das, was jmd. tut:* jemandes Tun missbilligen; ■ **Tun und Lassen** *alles, was jmd. tut oder nicht tut* Du bist für dein Tun und Lassen selbst verantwortlich.

tun <tust, tat, hat getan> I. *mit OBJ* ❶ ■ *jmd.* **tut etwas** *(umg.) arbeiten; leisten:* Und was habt ihr heute getan?; viel zu tun haben; Heute tu(e) ich gar nichts.; viel Gutes/Nützliches/Böses tun ❷ *(umg.)* ■ *jmd.* **tut etwas** *handeln; machen:* Tu doch endlich etwas!; Tut das ja nicht wieder!; Ich habe doch gar nichts getan!; Man tut, was man kann. ❸ ■ *jmd.* **tut etwas irgendwohin** *(umg.) irgendwohin legen oder einordnen:* Wohin hast du meine Tasche getan?; das Schnitzel in die Pfanne tun; die Wäsche in die Maschine tun; nicht wissen, wohin man etwas oder jemanden tun soll (≈ sich nicht erinnern können, in welcher Situation man jmdn. oder etwas bereits einmal gesehen hat) ❹ ■ *jmd.* **tut jmdm. etwas** *Leid zufügen:* Was habt ihr den armen Kerl getan?; Tu(e) mir bitte nichts!; Was habe ich dir denn getan, dass du mir böse bist? ❺ ■ *jmd.* **tut jmdm.** *Gu-*

tes Gutes zufügen: Er hat ihm viel Gutes getan.; Tu mir den Gefallen und rauche nicht! ❻ ■ *jmd.* **tut etwas** *in verblasster Bedeutung: machen:* eine Verbeugung/einen Luftsprung/einen Seufzer tun; seinen letzten Atemzug tun; seine Wirkung tun; einen Blick hinter sich tun ❼ */mit Inf./ (umg.)* SÜDDT. *als Ausdruck einer Möglichkeit:* Ich täte dir gern helfen, aber ich kann nicht. ❽ */mit Inf./ (umg.) zur Hervorhebung der Aussage des Verbs:* Er schwatzte klug daher, aber wissen tat er nichts. ❾ ■ **etwas tut etwas** *etwas bewirkt etwas:* Das Mittel tut Wunder.; Was tut das schon?; Das tut nichts. II. *ohne OBJ* ❶ ■ *jmd.* **tut irgendwie** *(umg.) etwas vortäuschen; sich verstellen:* sehr freundlich/interessiert/beleidigt tun; tun, als ob man schläft; Tu doch nicht so, es interessiert dich doch gar nicht!; Er ist nicht wirklich krank, er tut nur so. ❷ ■ **etwas tut jmdm. irgendwie** *eine Empfindung auslösen:* Etwas Ruhe wird dir wohl tun.; Das Bad hat ihr gut getan.; Das wird dir noch leidtun! III. *mit ES (umg.)* ❶ ■ **es tut sich etwas/nichts** *geschehen:* Es tut sich etwas.; Es tut sich immer noch nichts. ❷ ■ **etwas tut es** *ausreichen:* Wenn du keinen Schlafsack hast, tut es auch eine Decke!; ■ **jemandem etwas/nichts zu tun haben** *(umg.) in irgendeiner/keiner Verbindung zu jmdm. oder etwas stehen* Ich will mit der Sache nichts zu tun haben!; Die beiden Dinge/Personen haben nichts miteinander zu tun.; ■ **jemandem ist es um etwas zu tun** *jmd. richtet sein Augenmerk auf etwas* Ihm war es um unsere Sicherheit zu tun.; Euch ist es doch nur um euren Vorteil zu tun!; ■ **Damit ist es nicht getan!** *das ist noch nicht alles*

Tün·che *die <-, -n> (weiße) Kalkfarbe zum Anstreichen*

tün·chen <tünchst, tünchte, hat getüncht> *mit OBJ* ■ *jmd.* **tüncht etwas** *anstreichen:* die Wände weiß tünchen

Tun·d·ra *die <-, Tundren>* BOT. *baumlose Steppe in Finnland und Russland*

Tu·nell *das <-s, -e>* SÜDDT., ÖSTERR. *siehe* **Tunnel**

tu·nen ['tju:nən] <tunst, tunte, hat getunt> *mit OBJ* ■ *jmd.* **tunt etwas** *die Leistung technischer Geräte gegenüber der Standardausführung nachträglich erhöhen:* einen Motor tunen; Die getunte Version des Serienmodells verfügt über 250 PS.

Tu·ner *der ['tju:nɐ] <-s, -> ein Radio als Bestandteil einer Stereoanlage*

Tu·ne·si·en *<-s> Staat in Nordafrika* ▶ Tunesier, Tunesien, tunesisch

Tun·fisch *der siehe* **Thunfisch**

Tu·nicht·gut *der <-(e)s, -e> (veralt. abwert.) eine Person, die Unfug treibt:* Ein junger Tunichtgut hat das Schild besprüht.

Tu·ni·ka *die <-, Tuniken> altrömisches Untergewand*

Tu·ning *das ['tju:nɪŋ] <-s> /kein Plur./ die nachträgliche Erhöhung der Leistung technischer Geräte gegenüber der Standardausführung*

Tun·ke *die <-, -n> (umg.)* NORDDT. *Soße:* Braten in Tunke

tun·ken *mit OBJ* ■ *jmd.* **tunkt etwas in etwas**

Akk. (umg.) NORDDT. *eintauchen:* Brotstücke in die Soße tunken

tun·lich *adj (veralt. geh.) ratsam:* etwas für tunlich halten

tun·lichst *adv (geh.: ≈ möglichst) nach Möglichkeit:* Wir bitten Sie, das tunlichst zu unterlassen!

Tun·nel *der <-s, -/-s> eine Art großer Gang, der durch einen Berg oder unter einem Gewässer hindurchführt und in dem eine Straße verläuft* ◆ -bau, Alpen-, Eisenbahn-, Kanal-

Tun·te *die <-, -n> (vulg. abwert.) Homosexueller* ▶ tuntig

Tüp·fel·chen *das <-s, -> kleiner Punkt:* ein Kleid mit kleinen Tüpfelchen; ■ **das Tüpfelchen auf dem i** *(umg.) etwas, das eine Sache perfekt macht*

Tup·fen *der <-s, -> einzelner (runder) Farbfleck:* ein Osterei mit bunten Tupfen bemalen

tup·fen *mit OBJ* ❶ ■ *jmd.* **tupft etwas** *etwas mehrfach leicht berühren:* den Mund mit einer Serviette tupfen; die Wunde mit Zellstoff sauber tupfen ❷ ■ *jmd.* **tupft etwas auf etwas** *Akk./* **von etwas** *Dat. etwas mit mehrfacher leichter Berührung auftragen oder entfernen:* Medizin auf die Wunde tupfen

Tup·fer *der <-s, -> MED. ein Stück Mull oder Watte, mit dem man Flüssigkeit aufnehmen kann:* die Wunde mit einem Tupfer reinigen

Tür *die <-, -en> ❶ eine große Öffnung in einer Wand, durch die man hindurchgehen kann und die große flache Platte, mit der man die Öffnung schließen kann:* Die Tür steht offen/ist abgesperrt/ist angelehnt.; die Tür zum Nebenzimmer/am Seiteneingang; die Tür anlehnen/öffnen/ schließen/ins Schloss werfen; durch die Tür treten; jemanden zur Tür begleiten; einer Dame die Tür aufhalten ◆ -klinke, -scharnier, -schloss, Eingangs-, Laden-, Schiebe- , Schrank-, Zimmer- ❷ *eine Tür¹ an einem Fahrzeug:* Die Türen schließen, Vorsicht bei der Abfahrt des Zuges! ◆ Auto-, Wagen- ❸ ■ **offene Türen einrennen** *(umg.) jmdn. von etwas überzeugen wollen, der bereits diese Überzeugung hat;* ■ **mit der Tür ins Haus fallen** *(umg.) jmdn. etwas unvermittelt mitteilen;* ■ **vor der Tür stehen** *(umg.) unmittelbar bevorstehen* Die Ferien stehen vor der Tür.; ■ **zwischen Tür und Angel** *(umg.) in Eile, ohne die nötige Ruhe;* ■ **jemandem stehen alle Türen offen** *jmd. hat beste Chancen für eine Karriere;* ■ **hinter verschlossenen Türen** *im Geheimen* etwas zwischen Tür und Angel besprechen

Tür·an·gel *die <-, -n> eines der Gelenke, an denen eine Tür¹ aufgehängt ist*

Tur·ban *der <-s, -e> ein langer Schal, der zu einer Art Kappe gewunden ist und in arabischen Ländern und in Indien von Männern als Kopfbedeckung getragen wird*

Tur·bi·ne *die <-, -n> TECHN. eine mit Wasserkraft, Dampf oder Gas betriebene Maschine, die elektrischen Strom erzeugt*

tur·bu·lent *adj so, dass es sehr ereignisreich und aufregend ist:* turbulente Szenen; Es ging turbulent zu.

Tur·bu·lenz *die <-, -en> PHYS. ein Wirbel in einem Strom von Gasen oder Flüssigkeiten:* An den Trag-

flächen treten Turbulenzen auf.; In dem Gewässer gibt es stellenweise gefährliche Turbulenzen.

Tür·fal·le *die <-, -n> SCHWEIZ. Türklinke*

Tür·griff *der <-(e)s, -e> der Griff, mit dem man eine Tür² öffnet und schließt*

Tür·kei *die <-> ein Staat in Vorderasien* ▶ Türke, Türkin, türkisch

Tür·kis *der <-es, -e> ein Halbedelstein von intensiver blau-grüner Farbe*

tür·kisch *adj /nicht steig./ zur Türkei gehörend, daher stammend:* die türkische Sprache; Sie sprechen zu Hause nur türkisch (in türkischer Sprache), nicht deutsch.; Er hat das Türkische/Türkisch (die türkische Sprache) in der Volkshochschule gelernt.; *siehe auch* **deutsch**

tür·kis·far·ben *adj /nicht steig./ von grünlichblauer Farbe:* das türkisfarbene Meer

Tür·klin·ke *die <-, -n> der bewegliche Handgriff einer Tür, mit der man diese Tür öffnet oder schließt*

Tür·klop·fer *der <-s, -> ein bewegliches (Metall)teil an einer Tür, mit dem man an die Tür klopfen kann*

Turm *der <-(e)s, Türme> ❶ ein Gebäude, das sehr schmal und hoch ist und meist einzeln steht (oder den oberen Teil eines anderen Gebäudes bildet):* auf einen Turm steigen; vom Turm ins Wasser springen; die Türme des Kölner Doms/des Ulmer Münsters; einen Turm aus Bausteinen/Kisten bauen ◆ -spitze, Aussichts-, Kirch-, Leucht-, Schloss-, Wasser- ❷ *eine Schachfigur, die die Form eines Turms¹ hat*

Tur·ma·lin *der <-s, -e> ein Schmuckstein*

tür·men *<türmst, türmte, hat/ist getürmt>* **I.** *mit OBJ (haben)* ■ *jmd.* **türmt etwas auf etwas** *Akk.;* ■ *jmd.* **türmt etwas zu etwas** *Dat. aufeinanderstapeln:* Er hat die Bücher zu einem großen Haufen getürmt.; Sie hat auf den Stapel weitere Bücher getürmt. **II.** *ohne OBJ (sein)* ■ *jmd.* **türmt** *(umg.) fliehen:* Als es gefährlich wurde, ist er getürmt.; aus dem Gefängnis türmen **III.** *mit SICH (haben)* ■ **etwas türmt sich** *sich stapeln:* Die Bücher haben sich in der Ecke getürmt.

turm·hoch *adj /nicht steig./ (umg.) sehr hoch:* ein turmhoher Kran

Turm·sprin·gen *das <-s> /kein Plur./ SPORT eine Sportart, bei der man von einem Sprungturm in ein Schwimmbecken springt und dabei bestimmte Figuren wie Saltos und Drehungen ausführt*

Turm·uhr *die <-, -en> an einem Turm¹ angebrachte Uhr*

Tur·nen *das <-s> /kein Plur./ ❶ die Gesamtheit verschiedener sportlicher Übungen, die an Geräten oder auf dem Boden ausgeführt werden:* das Turnen am Barren/am Reck/an den Ringen ◆ Kunst- ❷ *SCHULE Unterricht im Turnen¹:* im Turnen eine gute Note haben

tur·nen *<turnst, turnte, hat/ist geturnt>* **I.** *mit OBJ/ohne OBJ (haben)* ■ *jmd.* **turnt (an etwas** *Dat.)* **Turnübungen machen:** eine Kür/eine bestimmte Übung turnen; am Barren/am Reck/an den Ringen turnen **II.** *ohne OBJ (sein)* ■ *jmd.* **turnt irgendwo** *sich geschickt irgendwohin be-*

wegen: Sie ist über den Balken geturnt.; Die Affen sind durch die Bäume geturnt.

Tur·ner *der;* **Tur·ne·rin** <-s, -> ❶ *jmd., der Turnübungen macht* ❷ *ein Sportler, der Gerätesport betreibt*

Turn·ge·rät *das* <-(e)s, -e> *zum Turnen verwendetes Sportgerät:* Reck, Barren und Ringe sind Turngeräte.

Turn·hal·le *die* <-, -n> *eine Halle, in der geturnt wird (und Ballspiele ausgetragen werden)*

Turn·ho·se *die* <-, -n> *zum Turnen getragene Hose*

Tur·nier *das* <-s, -e> ❶ GESCH. *ein Wettkampf der mittelalterlichen Ritter, bei dem diese zu Pferd gegeneinander kämpfen müssen* ❷ *ein sportlicher Wettkampf, an dem viele Sportler in mehreren Wettbewerben teilnehmen und dessen Finale nur die Teilnehmer erreichen, die alle Wettkämpfe des Turniers gewonnen haben:* ein internationnales Turnier im Tennis austragen; Morgen haben wir ein Turnier.; wegen einer Verletzung aus dem Turnier ausscheiden; im Finalspiel des Turniers stehen ◆-pferd, -reiter(in), -sieg, -sieger(in), Fußball-, Handball, Hockey-, Tennis-

Turn·saal *der* <-(e)s, ...-säle> ÖSTERR. *Turnhalle*

Turn·schuh *der* <-(e)s, -e> /*meist Plur.*/ *beim Sport getragener Schuh*

Turn·stun·de *die* <-, -n> *Unterrichtsstunde im Sport*

Turn·übung *die* <-, -en> *einzelne Übung im Turnen*

Turn·un·ter·richt *der* <-(e)s> /*kein Plur.*/ *(veralt.:* ≈ *Sportunterricht)*

Tur·nus *der* <-/-ses, -se> *ein festgelegter Zeitraum, in dem sich etwas wiederholt:* in monatlichem Turnus stattfinden; Im Turnus von vier Jahren finden Wahlen statt.

Tür·öff·ner *der* <-s, -> *eine elektrische Vorrichtung, mit der eine (entfernt gelegene) Tür geöffnet werden kann*

Tür·rah·men *der* <-s, -> *der Rahmen, in dem eine Tür ¹ befestigt ist*

Tür·schild *das* <-(e)s, -er> *ein an einer Tür ¹ angebrachtes Schild, auf dem steht, wer in der Wohnung oder in dem Haus wohnt bzw. um wessen Büro es sich handelt*

Tür·schnal·le *die* <-, -n> ÖSTERR. *Türklinke*

Tür·ste·her *der;* **Tür·ste·he·rin** <-s, -> *jmd., der am Eingang zu einer Diskothek darüber entscheidet, welche Gäste eintreten dürfen und welche nicht*

Tür·stock *der* <-(e)s, ...-stöcke> ÖSTERR. *Türrahmen*

tur·teln <turtelst, turtelte, hat geturtelt> *ohne OBJ* ■ *jmd. turtelt mit jmdm. (veralt.) Zärtlichkeiten miteinander austauschen:* Die beiden turteln miteinander.

Tusch *der* <-(e)s, -e> MUS. *der Vorgang, dass die Musiker einer Kapelle ganz kurz einen Ton kräftig anklingen lassen, um einen bestimmten Moment im Ablauf einer Veranstaltung zu betonen:* Die Kapelle spielte einen Tusch, nachdem der Höhepunkt der Vorstellung angekündigt wurde.

Tu·sche *die* <-, -n> *eine (meist schwarze) Tinte zum Zeichnen* ◆-zeichnung

tu·scheln <tuschelst, tuschelte, hat getuschelt> *mit OBJ/ohne OBJ* ■ *jmd. tuschelt (etwas) (über etwas Akk.) (umg.) flüsternd sprechen:* jemandem etwas ins Ohr tuscheln; miteinander (über etwas) tuscheln

Tus·si *die* <-, -s> ❶ *(umg. abwert.) junge Frau oder Mädchen:* Was ist denn das für eine komische Tussi? ❷ *(jugendspr.) Freundin:* Ist das seine neue Tussi?

Tü·te *die* <-, -n> ❶ *ein Beutel aus Papier oder Plastik:* das Gemüse in eine Tüte stecken; eine Tüte Bonbons/Mehl/Zucker kaufen ◆Einkaufs- ❷ *ein Inhalt einer Tüte:* eine ganze Tüte Popcorn auf einmal essen; ■ **Kommt nicht in die Tüte!** *umg.* das gestatte ich keinesfalls

tu·ten *ohne OBJ* ■ *etwas tutet (umg.)* ❶ *ein hupendes Geräusch von sich geben:* Der Dampfer/ das Signalhorn tutet. ❷ *(umg.) auf einem Horn einen langgezogenen Ton spielen;* ■ **von Tuten und Blasen keine Ahnung haben** *(umg.)* überhaupt keine Ahnung haben

Tu·tor *der;* **Tu·to·rin** <-s, ...-toren> *eine Person, die Studenten betreut und mit ihnen intensiv den Lehrstoff durcharbeitet*

Tut·ti·frut·ti *das* <-(s), -(s)> *eine italienische Süßspeise*

TV *das* [te:'fau/ti:'vi:] <-> /*kein Plur.*/ *Abkürzung von „Television": Fernsehen*

TV-Mo·de·ra·tor *der;* **TV-Mo·de·ra·to·rin** [te:'fau/ti:'vi:...] <-s, -en> *jmd., der eine Fernsehsendung leitet und moderiert*

Tweed *der* [twi:t, twi:d] <-s, -s/-e> *eine Stoffart:* ein Mantel aus Tweed

Twen *der* <-(s), -s> *jmd., der zwischen 20 und 29 Jahren alt ist:* Mode für Teens und Twens

Twin·set *das/der* <-(s), -s> *Pullover und Jacke (für Damen) aus dem gleichen Material*

Twist¹ *der* <-(e)s, -e> *Stopfgarn*

Twist² *der* <-s, -s> *ein Tanz*

Typ¹ *der* <-s, -en> ❶ *eine bestimmte Art von Dingen oder Personen, die sich durch gemeinsame Merkmale von anderen unterscheiden:* Er ist der Typ Mensch, der sich durch nichts aus der Ruhe bringen lässt.; Dieser Typ von Filmen ist doch langweilig!; Fehler dieses Typs treten häufiger auf. ◆Haut-, Krankheits-, Menschen-, Schläger-, Verbrecher- ❷ *ein bestimmtes Modell eines in Serie gefertigten Gerätes:* ein älterer Typ dieses Fahrzeugs; Ein völlig neuer Typ dieses Gerätes ist auf dem Markt.; ■ **jemandes Typ sein** *(umg.)* jmdm. angenehm sein; jmdm. gefallen Der neue Kollege ist einfach nicht mein Typ! ◆Auto-, Flugzeug-

Typ² *der* <-s/-en, -en> *(umg.)* ❶ *Person:* Dein Typ wird verlangt!; einen netten Typ(en) kennen lernen; Wie findest du denn den neuen Typ(en) in eurer Klasse? ❷ *(abwert.) Kerl:* Was will der Typ von dir?; Was war das denn für ein Typ?

Ty·pe *die* <-, -n> ❶ DRUCKW. *(veralt.) gegossener Druckbuchstabe* ❷ *(umg. abwert.) auffällige Person:* eine lustige Type

Ty·pen·be·zeich·nung *die* <-, -en> ❶ DRUCKW. *(veralt.) Schriftartbezeichnung* ❷ *Bezeichnung ei-*

nes bestimmten Modells eines in Serie hergestellten Gerätes

Ty·phus *der* <-> */kein Plur./* MED. *eine gefährliche, mit schweren Durchfällen verbundene Infektionskrankheit*

ty·pisch *adj* ❶ */nicht steig./ so, dass es für etwas bezeichnend und charakteristisch ist:* die für eine Erkältung typischen Symptome; die typischen Merkmale von etwas aufweisen ❷ *so, dass es einen Typ¹ verkörpert:* Er ist ein typischer Karrieremensch.; Sie ist eine typische Schauspielerin.; Das ist doch wieder typisch Mann (≈ in der Art genau so, wie es Männer meistens tun)!

ty·pi·sie·ren *mit OBJ* ■ *jmd.* **typisiert etwas** *(fachspr.) nach gemeinsamen Merkmalen ordnen:* die Fundstücke nach bestimmten Merkmalen typisieren

Ty·pi·sie·rung *die* <-, -en> ❶ */kein Plur./ das Typisieren* ❷ ÖSTERR. *amtliche Zulassung eines Fahrzeugs*

Ty·po·gra·fie, *a.* **Ty·po·gra·phie** *die* <-, ...-fien/ ...-phien> DRUCKW. *die bestimmte Weise, wie ein gedruckter Text durch verschiedene Schriftarten gestaltet ist:* eine gelungene Typographie

ty·po·gra·fisch, *a.* **ty·po·gra·phisch** *adj /nicht steig./* DRUCKW. *die Gestaltung eines Druckerzeugnisses betreffend:* typographische Gesichtspunkte beachten

Ty·po·lo·gie *die* <-, ...-gien> *(fachspr.) eine Klassenbildung, bei der die Zuordnung von Elementen zu einer Menge/Klasse Abstufungen des Grads ihrer Zugehörigkeit zulässt:* die Typologie von Wörterbüchern nach der Ausprägung der Eigenschaft „ist dicker als" ◆-bildung ▶ typologisch

Ty·pus *der* <-, Typen> *(geh.) Typ¹*

Ty·rann *der* <-en, -en> ❶ GESCH., POL. *(≈ Diktator) jmd., der allein ein Land regiert und auch Gewalt einsetzt, um an der Macht zu bleiben und seine Ziele zu erreichen:* Das Land wurde von einem grausamen Tyrannen regiert. ❷ *(abwert.: ≈ Despot) herrschsüchtiger Mensch:* Ihr anfänglich so netter Ehemann entpuppte sich später als Tyrann.

Ty·ran·nei *die* <-, -en> ❶ *(≈ Gewaltherrschaft)* der Tyrannei im Land ein Ende bereiten ❷ *(abwert.) herrschsüchtiges Verhalten:* die Tyrannei eines Vorgesetzten nicht länger ertragen können

ty·ran·nisch *adj /nicht steig./ in der Art von Tyrannen:* eine tyrannische Herrschaft ausüben; eine tyrannische Frau haben

ty·ran·ni·sie·ren *mit OBJ* ■ *jmd.* **tyrannisiert jmdn./etwas** *anderen Menschen den eigenen Willen aufzwingen und sie mit Gewalt unterdrücken:* seine Untergebenen tyrannisieren; die ganze Familie mit seinen Launen tyrannisieren

Uu

U, u *das* <-, -> *der einundzwanzigste Buchstabe des Alphabets:* ein großes U; ein kleines u

u.a. *Abkürzung von „und andere(s)"*

u.Ä. *Abkürzung von „und Ähnliche(s)"*

U-Bahn *die* <-, -en> *(≈ Untergrundbahn) ein Fahrzeug, das in großen Städten für den öffentlichen Nahverkehr auf Schienen unter der Erde fährt:* Am besten wir nehmen die U-Bahn, das geht am schnellsten. ◆-haltestelle

U-Bahn·hof *der* <-(e)s, U-Bahnhöfe> *eine der Haltestellen einer U-Bahn*

U-Bahn-Netz *das* <-es, -e> *alle Wege, auf denen eine U-Bahn in einer Großstadt fährt*

U-Bahn-Schacht *der* <-(e)s, U-Bahn-Schächte> *eine Art enger schmaler Tunnel, durch den die U-Bahn fährt*

U-Bahn-Sta·ti·on *die* <-, -en> *eine der Haltestellen einer U-Bahn*

Übel *das* <-s, -> ❶ *(≈ Missstand, Misere) etwas, das schlecht oder schlimm ist:* das Übel der Korruption bekämpfen; einem lästigen Übel abhelfen ❷ *(geh. o veralt.) Krankheit, Leiden:* ein langwieriges Übel; ■ **das kleinere Übel wählen** *sich bei zwei unangenehmen Dingen für das weniger schlimme entscheiden;* ■ **von Übel sein** *(geh.) schlecht oder schädlich sein* In der Bibel steht: Deine Rede sei ja oder nein; alles andere ist von Übel.; ■ **etwas ist ein notwendiges Übel** *etwas*

muss akzeptiert werden, obwohl man dazu keine Lust hat

übel *adj* ❶ *so, dass es unangenehm ist, weil es schlecht schmeckt oder riecht:* ein übler Geruch/Geschmack; eine übelriechende Flüssigkeit ❷ *moralisch schlecht, gefährlich für jmd.:* ein übler Kerl/Zeitgenosse; eine üble Gegend ❸ *so, dass es sich für jmdn. ungünstig auswirkt:* üble Machenschaften; üble Folgen haben; in eine üble Lage geraten ❹ *(≈ schlecht)* übel gelaunt/übelgelaunt sein ❺ *(≈ böse)* üble Schimpfwörter; übles Gerede; ■ **jemandem ist/wird übel** *jmd. hat/bekommt das Gefühl, sich übergeben zu müssen;* ■ **jemandem etwas übel nehmen** *auf jmdn. lange Zeit böse sein wegen etwas, das er getan oder gesagt hat* Ich kann dir das nicht übel nehmen/übelnehmen.; ■ **jemandem übel gesinnt sein** *die Absicht haben, jmdm. zu schaden;* ■ **(gar) nicht (so) übel** *(umg.) ganz gut* Der Film war gar nicht übel.; ■ **nicht übel Lust haben (etwas zu tun)** *große Lust haben, etwas zu tun, was eigentlich nicht möglich ist* Ich hätte es nicht übel Lust, ihm eine zu knallen! ◆Getrennt- oder Zusammenschreibung →R 4.16 Warum ist er heute so übel gelaunt/übelgelaunt?; Es entwichen übel riechende/übelriechende Dämpfe.; Übel gesinnte/übelgesinnte Menschen können unserem Vorhaben schaden.

Übel·keit *die <-> /kein Plur./ das Gefühl, sich übergeben zu müssen:* Kopfschmerzen und Übelkeit verspüren

Übel·tä·ter *der,* **Übel·tä·te·rin** *<-s, -> Person, die etwas Schlechtes oder eine (leichtere) Gesetzesverletzung begangen hat:* Die Polizei konnte die Übeltäter dingfest machen.; Wer waren die Übeltäter, die die Scheibe eingeworfen haben?

übel·wol·len *<willst übel, wollte übel, hat übelgewollt> mit OBJ* ■ *jmd. will jmdm. übel (geh.) jmdm. schaden wollen:* Denkst du, dass sie uns übelwollen?

üben I. *mit OBJ/ohne OBJ* ■ *jmd.* **übt etwas** *etwas immer wieder tun, um es zu erlernen und dann besser zu beherrschen:* Sie übt das Klavierspielen jeden Tag.; Hast du heute schon Vokabeln/ Mathe geübt?; Du musst mehr üben. **II.** *mit SICH* ■ *jmd.* **übt sich in etwas** *Dat. (geh.) versuchen, etwas anzuwenden:* sich in Geduld/Ausdauer üben; ■ **Kritik/Nachsicht/Gerechtigkeit üben** *(geh.) kritisieren/nachsichtig sein/gerecht sein;* ■ **Früh übt sich(, wer ein Meister werden will.)** *wenn man etwas gut beherrschen will, muss man rechtzeitig anfangen zu üben* ▶ geübt, Übung

über¹ *präp* ❶ *+Akk. (↔ unter) drückt aus, dass jmd. oder etwas an eine Position oberhalb von etwas bewegt wird oder sich bewegt:* Sie hängt die Lampe über den Tisch.; Den Spiegel hängen wir über das Waschbecken. ❷ *+Akk. drückt aus, dass jmd. oder etwas den höchsten Punkt von etwas überquert:* Er sprang mit Leichtigkeit über das Hindernis.; Sie kletterten über den Zaun. ❸ *+Akk. drückt aus, dass sich etwas auf einer Oberfläche von einem Punkt zu einem anderen Punkt bewegt:* Das Boot gleitet über das Wasser.; Er streicht ihr mit der Hand über den Kopf. ❹ *+Akk. drückt aus, dass sich etwas auf jmdn. oder etwas legt oder etwas auf jmdn./etwas gelegt wird oder jmd./etwas mit etwas ganz oder zum Teil bedeckt wird:* Nebel legte sich über die Landschaft.; Sie deckte ein Tuch über den Tisch. ❺ *+Akk. bezeichnet einen Ort, eine Stelle o. Ä., der/die von jmdm. überquert, überschritten, überfahren o. Ä. wird:* Sie ging schnell über den Platz.; Sie liefen über den Rasen. ❻ *+Akk. drückt aus, dass jmd. oder etwas eine bestimmte Grenze, Linie, Strecke o. Ä. überschreitet:* Sie rannten weit über das Ziel hinaus.; Der Fluss trat über die Ufer. ❼ *+Akk. drückt aus, dass bei einer Bewegung zu einem Ziel hin ein anderer Orte auf diesem Weg liegen:* Der ICE nach Berlin fährt über Bielefeld und Hannover. ❽ *+Akk. bezeichnet einen bestimmten Zeitraum:* über das Wochenende; über die Ferien; über die Feiertage; über Nacht ❾ *+Akk. drückt aus, dass eine zeitliche Grenze überschritten wird:* Heute über ein Jahr treffen wir uns wieder.; Es ist weit über der vereinbarten Zeit.; Er ist über das Alter hinaus, in dem man jedes Wochenende in die Disko geht. ❿ *+Akk. verwendet bei bestimmten Verben, um das Thema oder den Inhalt von etwas anzugeben:* über jemanden/etwas sprechen/schreiben/ diskutieren/reden/informieren; über etwas abstimmen/entscheiden/urteilen ⓫ *+Akk. bezeich-*

net den Grund für etwas: über etwas sehr froh/ traurig sein; sich über jemanden/etwas ärgern ⓬ *+Akk. verwendet, um das Mittel oder die Mittelsperson anzugeben:* Wir können 60 Programme über Satellit empfangen.; Ich fand die Wohnung über einen Makler.; etwas über Telefon erfahren ⓭ *+Akk. (≈ in Höhe von) im Wert von:* einen Betrag über 200 Euro; eine Rechnung über 50 Euro ausstellen ⓮ *+Akk. drückt aus, dass eine physische oder psychische Grenze überschritten wird:* Das geht über meinen Verstand.; Die Arbeit geht über seine Kraft. ⓯ *+Akk. /zwischen zwei Substantiven im Plur./ verwendet, um auszudrücken, dass etwas in großer Menge vorkommt:* Geschenke über Geschenke bekommen; Der Lehrer fand Fehler über Fehler im Diktat. ⓰ *+Dat. bezeichnet die Position von jmdm. oder etwas, die oberhalb von jmdm. oder etwas ist:* über dem Dach/der Tür/unseren Köpfen/den Wolken; Der Spiegel hängt über dem Waschbecken.; Sie wohnt über ihm. ⓱ *+Dat. verwendet, um auszudrücken, dass sich jmd. oder etwas direkt auf jmdm./etwas befindet und ihn/es ganz oder zum Teil bedeckt:* Er trug eine Jacke über dem Hemd.; Nebel lag über dem Tal. ⓲ *+Dat. verwendet, um auszudrücken, dass jmd. oder etwas in einer Reihenfolge oder einer Hierarchie auf einem höheren Platz als jmd. anderer/etwas anderes steht:* Der Meister steht über dem Lehrling. ⓳ *+Dat. verwendet, um auszudrücken, dass jmd. während etwas anderem geschieht:* Über der Arbeit hat sie ihre Sorgen vergessen.; Über all dem Trubel habe ich das Wichtigste vergessen. ⓴ *+Dat. verwendet, um auszudrücken, dass etwas einen höheren Wert oder eine Zahl als etwas anderes hat:* Die Preise lagen über dem Durchschnitt.; Die Temperatur liegt über dem Gefrierpunkt.

über² *adv* ❶ *(≈ mehr als) verwendet, um auszudrücken, dass eine Zahl, ein Wert, ein Maß o. Ä. überschritten wird:* über 18 Jahre alt; über eine Million Euro in ein Projekt investiert haben; über einen Meter breit sein; seit über einer Stunde warten ❷ *(≈ hindurch) verwendet, um einen Zeitraum zu bezeichnen, von dessen Anfang bis zum Ende etwas geschieht oder dauert:* Sie diskutieren den ganzen Tag über.; den ganzen August über Sonne haben; ■ **über und über** *verwendet, um auszudrücken, dass eine sehr große Zahl oder Menge von etwas etwas vollständig bedeckt* Das Brot war über und über mit Fliegen bedeckt.

über³ *adj (umg.) übrig: Hab ich noch Geld über?;* ■ *jmdn./etwas* **über haben** *(umg.) jmdn. oder etwas nicht mehr mögen* Diese ewige Nörgelei habe ich allmählich über!

Über- *als Erstglied zusammengesetzter Substantive; drückt aus, dass das mit dem Zweitglied Bezeichnete der Zahl/Art/Menge nach über das normale Maß hinausgeht* ◆ -aktivität, -alterung, -beanspruchung, -behütung, -belegung, -besetzung, -betonung, -breite, -dimensionierung, -düngung, -eifer, -empfindlichkeit, -erfüllung, -ernährung, -erregbarkeit, -fischung, -fleiß, -fülle, -genuss, -gepäck, -größe, -häufung, -kapazität, -interpretation, -kompensation, -ladung, -lichtgeschwindigkeit,

-mensch, -organisation, -produktion, -reaktion, -re-
gulierung, -reichweite, -reife, -reizung, -repräsenta-
tion, -schätzung, -soll, -spannung, -steigerung,
-sterblichkeit, -steuerung, -versorgung, -welt, -wer-
tung, -zahlung, -zeichnung

über- *als Erstglied zusammengesetzter Adjektive;
drückt aus, dass jemand / etwas über das normale
Maß dessen hinausgeht, was mit dem Zweitglied
bezeichnet wird, oder dass dies zu extrem und
übertrieben ist* ◆ -aktiv, -ängstlich, -behütet, -be-
legt, -belichtet, -beschäftigt, -besetzt, -betont,
-breit, -deutlich, -dimensional, -durchschnittlich,
-eifrig, -empfindlich, -erregt, -fleißig, -freundlich,
-genau, -genug, -glücklich, -groß, -hart, -klug, -kor-
rekt, -mannshoch, -natürlich, -privilegiert, -pünkt-
lich, -qualifiziert, -reich, -reichlich, -reif, -repräsen-
tiert, -satt, -schwer, -tariflich, -trainiert, -versorgt,
-voll, -vorsichtig, -weltlich

über·all, über·all *adv* ❶ *(↔ nirgends, nirgendwo)
an jedem Ort:* Überall liegen deine Sachen herum.;
Dort sind sie überall schon gewesen. ❷ *in jeder Situation:* Sie mischt sich überall ein. ❸ *bei allen
Leuten:* Ich habe hier überall gefragt, aber keiner
konnte mir eine Auskunft geben.

über·all·her *adv* **von überallher** *aus allen Richtungen* Die Fans kamen von überallher zu dem
Konzert.; Von überallher tönte Musik.

über·all·hin *adv an jeden Ort:* Überallhin wird er
von seinem Hund begleitet.; Die Züge fahren überallhin.

über·al·tert *adj / nicht steig. /* ❶ *mit verhältnismäßig mehr alten als jungen Menschen:* Bekommen
wir eine überalterte Gesellschaft?; eine überalterte
Belegschaft ❷ *(≈ veraltet) nicht modern:* eine völlig überalterte Technik

Über·an·ge·bot *das* <-(e)s, -e> *(↔ Mangel) der
Zustand, dass es mehr Waren oder Arbeitskräfte
gibt, als gebraucht werden:* ein Überangebot an
Akademikern / an Waren

über·an·stren·gen <überanstrengst, über-
anstrengte, hat überanstrengt> I. *mit OBJ* ■ *jmd.
überanstrengt etwas etwas zu sehr anstrengen
und dadurch einen Schaden verursachen:* Ich
habe meine Gelenke beim Sport überanstrengt.
II. *mit SICH* ■ *jmd. überanstrengt sich sich zu
sehr anstrengen und dadurch Schaden nehmen:*
Gestern hat er sich beim Sport völlig überanstrengt.

Über·an·stren·gung *die* <-, -en> *das Überan-
strengen:* vor Überanstrengung schlecht einschlafen können

über·ant·wor·ten <überantwortest, überant-
wortete, hat überantwortet> *mit OBJ* ❶ ■ *jmd.
überantwortet jmdn. / etwas jmdm. (geh.) (die
Verantwortung für) jmdn. oder etwas an jmdn. geben:* Der Bereich wurde einem neuen Kollegen
überantwortet.; Die Briefe habe ich einem Boten
überantwortet.; Das Kind wurde seinem Vormund
überantwortet. ❷ ■ *jmd. überantwortet jmdn.
jmdm.* RECHTSW. *jmdn. einem Gericht ausliefern*

über·ar·bei·ten <überarbeitest, überarbeitete,
hat überarbeitet> I. *mit OBJ* ■ *jmd. überarbeitet etwas etwas erneut bearbeiten, damit es besser wird:* einen Text überarbeiten; die völlig über-

arbeitete Fassung des Buches II. *mit SICH* ■ *jmd.
überarbeitet sich zu viel arbeiten und dadurch
der Gesundheit schaden:* Er hat sich völlig überarbeitet.; Du wirst dich schon nicht überarbeiten!

über·ar·bei·tet *adj so, dass jmd. durch zu viel Arbeiten erschöpft ist:* Sie ist total überarbeitet.

Über·ar·bei·tung *die* <-, -en> ❶ */kein Plur./ der
Vorgang, dass etwas überarbeitet I wird:* Die
Überarbeitung des Textes kostet ihn viel Mühe.
❷ *das Resultat einer Überarbeitung I:* die dritte
Überarbeitung; Von diesem Werk liegen mehrere
Überarbeitungen vor. ❸ */kein Plur./ der Zustand,
in dem sich jmd. befindet, der sich überarbeitet
II:* Die ständige Überarbeitung schadet ihrer Ge-
sundheit.

über·aus *part (geh.: ≈ sehr)* ein überaus freundlicher junger Mann

über·ba·cken <überbackst/überbäckst, über-
backte/überbuk, hat überbacken> *mit OBJ*
■ *jmd. überbackt etwas (mit etwas Dat.) eine
Speise meist mit Käse belegen und dann im Ofen
backen:* mit Käse überbackene Schweinerücken-
steaks

Über·bau *der* <-(e)s, -e/-ten> ❶ *<pl: -bauten>*
BAUW. *ein Bauteil, das sich meist auf Säulen oder
Pfeilern befindet:* Der freie Platz vor dem Gebäude
erhält einen Überbau, der auf Pfeilern ruht. ❷ *<pl:
-e>* PHILOS. *(↔ Basis) im Marxismus das, was in einer bestimmten wirtschaftlichen Epoche als geistige kulturelle Strömung vorhanden ist*

über·be·an·spru·chen <überbeanspruchst,
überbeanspruchte, hat überbeansprucht> *mit
OBJ* ■ *jmd. überbeansprucht (jmdn.) / etwas
zu stark in Anspruch nehmen (und dadurch Schaden zufügen):* Du überbeanspruchst meine Geduld
mit deinen Fragen!; die Gelenke überbeanspru-
chen ▸ Überbeanspruchung

Über·bein *das* <-(e)s, -e> MED. *eine Art harter
Knoten, der unter der Haut im Gewebe auf der
Hand oder auf dem Fuß sitzt*

über·be·kom·men <bekommst über, bekam
über, hat überbekommen> *mit OBJ* ■ *jmd. bekommt jmdn. / etwas über (umg.) jmdn. oder etwas nicht mehr mögen, weil man das Gefühl hat,
seine Gesellschaft zu oft erlebt oder zu viel von einer Sache konsumiert zu haben:* Ich bekomme
dieses fette Essen bald über.; Allmählich bekomme
ich diese Nervensäge über.

über·be·las·ten <überbelastest, überbelastete,
hat überbelastet> *mit OBJ* ❶ ■ *jmd. überbelastet etwas etwas zu stark belasten und dadurch
Schaden verursachen:* Durch die Behinderung des
einen Beines wird das gesunde Bein überbelastet.
❷ ■ *jmd. überbelastet etwas etwas mit einer zu
schweren Last beladen:* Das Auto ist total überbelastet, damit darfst du so nicht fahren. ❸ ■ *jmd. /
etwas überbelastet jmdn. jmdn. mit etwas so
sehr anstrengen, dass es über seine Kräfte geht:*
Mit all diesen Aufgaben war sie überbelastet und
bekam einen Nervenzusammenbruch.

Über·be·las·tung *die* <-, -en> *Zustand, in dem
jmd. oder etwas überbelastet ist* ▸ überbelastet

über·be·legt *adj / nicht steig. / so, dass zu viele
Menschen darin aufgenommen worden sind:* Das

Krankenhaus/Das Hotel/Der Kurs ist völlig über-belegt.

über·be·lich·ten <überbelichtest, überbelich-tete, hat überbelichtet> *mit OBJ* ■ *jmd. überbe-lichtet etwas* FOTOGR. *(↔ unterbelichten) zu viel Licht auf einen Film einfallen lassen:* ein überbe-lichteter Film; Das Bild ist leider überbelichtet.
▸ Überbelichtung

Über·be·schäf·ti·gung *die* <-, -en> */Plur. sel-ten/* WIRTSCH. *der Zustand, dass mehr Arbeits-kräfte beschäftigt sind, als wirtschaftlich sinnvoll ist:* die Überbeschäftigung in einem Unterneh-men/Wirtschaftszweig abbauen ▸ überbeschäftigt

über·be·setzt *adj /nicht steig./ so, dass zu viele Personen oder Arbeitskräfte darin sind:* Der Zug ist am Wochenende immer übersetzt.; Die Abtei-lung ist mit 100 Mitarbeitern übersetzt.

über·be·to·nen <überbetonst, überbetonte, hat überbetont> *mit OBJ* ■ *jmd. überbetont etwas zu stark betonen bzw. zu wichtig nehmen:* den sachlichen/unterhaltenden Charakter einer Sache überbetonen; Es gab Mängel bei der Vorbereitung, man sollte sie aber nicht überbetonen.

über·be·trieb·lich *adj /nicht steig./ (↔ innerbe-trieblich) so, dass mehrere Betriebe oder Unter-nehmen beteiligt sind:* eine überbetriebliche Aus-bildung von Lehrlingen; überbetriebliche Tarifver-einbarung/Mitbestimmung

über·be·völ·kert *adj /nicht steig./ siehe* **übervöl-kert**

Über·be·völ·ke·rung *die siehe* **Übervölkerung**

über·be·wer·ten <überbewertest, überbewer-tete, hat überbewertet> *mit OBJ* ■ *jmd. über-bewertet jmdn./etwas jmdn. oder etwas zu wichtig nehmen oder ihm einen größeren Wert geben, als er/es verdient:* Man sollte die kleinen Schwächen dieses Planes nicht überbewerten.; Du darfst seine heftige Reaktion nicht überbewerten.
▸ Überbewertung

über·be·zahlt *adj /nicht steig./* ❶ *(↔ unterbe-zahlt) so, dass im Verhältnis zur erbrachten Leis-tung zu viel Geld gezahlt wird:* Der Mitarbeiter/ die Stelle ist mit diesem Gehalt völlig überbezahlt. ❷ *(umg.) so, dass für etwas zu viel Geld gezahlt wurde:* Die Wohnung ist mit 1.500 Euro für fünf-zig Quadratmeter absolut überbezahlt!

über·bie·ten <überbietest, überbot, hat überbo-ten> *mit OBJ* ❶ ■ *jmd. überbietet jmdn. mehr Geld für etwas bieten als eine andere Person:* Auf der Versteigerung überbot sie alle anderen Interes-senten für das Gemälde. ❷ ■ *jmd. überbietet jmdn./etwas (an etwas Dat.) besser sein oder mehr von etwas haben als alle anderen:* Mit dieser Darbietung überbot er alle anderen Teilnehmer.; Alle Teilnehmer überboten sich (gegenseitig) in ih-ren Darbietungen.; An Dummheit ist er nicht zu überbieten!

über·bin·den <überbindest, überband, hat über-bunden> *mit OBJ* ■ *jmd. überbindet jmdm. et-was* SCHWEIZ. *jmdm. etwas auferlegen oder über-tragen:* Die Aufgaben wurden ihm überbunden.

Über·bleib·sel *das* <-s, -> *(umg.: ≈ Rest) etwas, das von etwas übrig geblieben ist:* Das sind die Überbleibsel von unserem gestrigen Festmahl.;

Dieser Brauch ist ein Überbleibsel aus dem Mittel-alter.

Über·blick *der* <-(e)s, -e> ❶ */kein Plur./ die Fä-higkeit, besonders die Zusammenhänge von etwas zu erkennen:* Man kann leicht den Überblick über die komplexen wirtschaftlichen Entwicklungen verlieren.; Hast du noch den Überblick?; Mir fehlt da der Überblick. ❷ *ein zusammenfassendes Bild von etwas:* sich einen Überblick über die Lage ver-schaffen; einen kurzen Überblick über die Ge-schichte der Region geben ❸ *(≈ Rundblick, Aus-sicht)* vom Gipfel des Berges einen guten Über-blick über die Umgebung haben

über·bli·cken <überblickst, überblickte, hat überblickt> *mit OBJ* ❶ ■ *jmd. überblickt et-was die Zusammenhänge von etwas erfassen:* Die Sache ist so schwierig, dass man sie gar nicht ganz überblicken kann.; nur einen kleinen Teil seines Fachgebietes überblicken ❷ ■ *jmd. über-blickt etwas über etwas gut hinweg sehen kön-nen:* Von hier oben kann man die ganze Stadt überblicken.

über·brin·gen <überbringst, überbrachte, hat überbracht> *mit OBJ* ■ *jmd. überbringt etwas jmdm. etwas bringen, geben oder sagen:* jeman-dem einen Brief/eine Nachricht überbringen

Über·brin·ger *der,* **Über·brin·ge·rin** <-s, -> *Per-son, die jmdm. etwas bringt, gibt oder sagt:* Ta-deln Sie die Verantwortlichen, nicht den Überbrin-ger der schlechten Botschaft!

über·brü·cken <überbrückst, überbrückte, hat überbrückt> *mit OBJ* ❶ ■ *jmd. überbrückt et-was einen Zeitraum zwischen zwei Zeitpunkten irgendwie ausfüllen:* Sie überbrückte das halbe Jahr zwischen Studienabschluss und Berufseintritt mit einer langen Reise. ❷ ■ *jmd./etwas über-brückt etwas (mit etwas Dat.) zwei voneinander entfernte Punkte verbinden:* die Schlucht mit ei-nem Steg überbrücken; die elektrischen An-schlüsse mit einem Kabel überbrücken; Entfernun-gen mit etwas überbrücken ❸ ■ *jmd. überbrückt etwas (mit etwas Dat.) eine schwierige Situa-tion, in der etwas fehlt, für eine bestimmte Zeit ir-gendwie erträglich machen:* den Lohnausfall mit einem Kredit überbrücken; den Mangel an Arbeits-kräften mit Aushilfen überbrücken

Über·brü·ckungs·hil·fe *die* <-, -en> *eine be-stimmte Summe Geld, die jmdm., der arbeitslos ist, vom Arbeitsamt für eine bestimmte Zeit ge-währt wird, wenn er sich selbständig machen will*

Über·bu·chung *die* <-, -en> LUFTF. *der Sachver-halt, dass mehr Plätze in einem Flugzeug verkauft worden sind, als Personen hinein passen, so dass nicht alle mitfliegen können:* Bei Überbuchung hat der Passagier das Recht auf Rückerstattung des Flugpreises. ▸ überbuchen

über·da·chen <überdachst, überdachte, hat überdacht> *mit OBJ* ■ *jmd. überdacht etwas ein Dach über etwas bauen:* eine Freifläche über-dachen; ein überdachtes Stadion ▸ Überdachung

über·dau·ern <überdauerst, überdauerte, hat überdauert> *mit OBJ* ■ *etwas überdauert et-was etwas bleibt trotz etwas bestehen:* Ihre Freundschaft hat auch schwere Zeiten überdauert.;

U

Die Felszeichnungen haben Wind und Wetter überdauert. ▷ Überdauerung

über·de·cken <überdeckst, überdeckte, hat überdeckt> *mit OBJ* ❶ ■ *etwas überdeckt etwas* ganz zudecken: Schlamm überdeckte nach der Flut die Wiesen. ❷ ■ *etwas überdeckt etwas* (≈ verdecken) sich über etwas befinden und daher verhindern, dass man es sehen kann: Das Fresko war von Ruß und Dreck überdeckt.

über·deh·nen <überdehnst, überdehnte, hat überdehnt> *mit OBJ* ■ *jmd. überdehnt etwas* etwas zu sehr dehnen, so dass dabei ein Schaden entsteht: die Muskeln beim Sport überdehnen ▷ Überdehnung

über·den·ken <überdenkst, überdachte, hat überdacht> *mit OBJ* ■ *jmd. überdenkt etwas* (nochmals) über etwas nachdenken: Ich werde das Problem nochmals überdenken.

über·deut·lich *adj* sehr deutlich

über·dies, über·dies *adv (geh.: ≈ außerdem)* Er hat nicht nur gelogen, sondern überdies auch gestohlen.

über·di·men·si·o·nal *adj /nicht steig./ viel größer als im Normalfall:* eine Werbefigur in Form einer überdimensionalen, drei Meter hohen Zahnbürste ▷ Überdimensionierung

über·do·sie·ren <überdosierst, überdosierte, hat überdosiert> *mit OBJ* ■ *jmd. überdosiert etwas* von etwas (meist einem Medikament oder einer Droge) eine zu große Menge verwenden: Er hat das Medikament überdosiert. ▷ Überdosierung

Über·do·sis *die* <-> /kein Plur./ MED. *eine zu hohe Dosis:* Sie starb an einer Überdosis Heroin/ Schlaftabletten.

über·dre·hen <überdrehst, überdrehte, hat überdreht> *mit OBJ* ■ *jmd. überdreht etwas* zu stark an etwas drehen und es dadurch beschädigen: ein Gewinde/eine Schraube überdrehen

über·dreht *adj (umg.) so lebhaft, dass es nicht mehr angenehm ist:* Die Kinder sind übermüdet und völlig überdreht.

Über·druck *der* <-(e)s, Überdrucke> /meist Sing./ PHYS. (↔ Unterdruck) ein Druck, der stark über dem normalen Druck liegt: im Inneren eines Behälters einen Überdruck erzeugen ◆-ventil

Über·druss *der* <-es> /kein Plur./ das Gefühl der Abneigung gegen etwas, von dem man glaubt, man habe es zu oft erlebt oder sich zu viel mit einer Sache beschäftigt: aus Überdruss am Leben Selbstmord begehen; bis zum Überdruss Vokabeln üben

über·drüs·sig *adj /nicht steig./ (geh.) so, dass man jmdn. oder etwas nicht mehr mag oder will:* Er war des Lebens überdrüssig.; Sie wurde seiner allmählich überdrüssig.

über·dün·gen <überdüngst, überdüngte, hat überdüngt> *mit OBJ* ■ *jmd. überdüngt etwas* zu viel Dünger auf etwas tun: Es ist wichtig, die Pflanzen nicht zu überdüngen.; ein völlig überdüngter Boden ▷ Überdüngung

über·eck *adv mit einer Seite quer vor einer Ecke:* einen Tisch übereck stellen

über·eig·nen <übereignest, übereignete, hat übereignet> *mit OBJ* ■ *jmd. übereignet jmdm.* etwas (geh.) jmdm. etwas als rechtmäßiges Eigentum geben: Er übereignete ihr in seinem Testament das Haus. ▷ Übereignung

über·ei·len <übereilst, übereilte, hat übereilt> *mit OBJ* ■ *jmd. übereilt etwas* (etwas) zu schnell oder zu früh tun, ohne daran zu denken, was danach passiert: Seien wir vorsichtig, dass wir die Entscheidung nicht übereilen!; übereilte Beschlüsse fassen; eine übereilte Abreise

über·ei·n·an·der¹ *adv drückt aus, dass sich eine Sache jeweils über einer anderen befindet:* Er legt die Hemden im Schrank übereinander.

über·ei·n·an·der² *pron /verwendet bei reziproken Verben mit der Präposition „über"/ verwendet, um auszudrücken, dass die genannte Handlung sich wechselseitig auf das Subjekt, das im Plural steht, bezieht:* Peter und Maria schimpfen übereinander. (Peter schimpft über Maria und Maria schimpft über Peter.); übereinander reden/lachen; nichts Schlechtes übereinander sagen

über·ei·n·an·der·hän·gen I. *mit OBJ* <hängst übereinander, hängte übereinander, hat übereinandergehängt> ■ *jmd. hängt etwas* Akk. *übereinander* eine Sache über eine andere hängen: die Bilder übereinanderhängen **II.** *ohne OBJ* <hängen übereinander, hingen übereinander, haben übereinandergehängt; sein> ■ *etwas hängt übereinander* ◆Zusammenschreibung →R 4.5 Die Kleider hängen übereinander.

über·ei·n·an·der·schla·gen <schlägst übereinander, schlug übereinander, hat übereinandergeschlagen> *mit OBJ* ■ *jmd. schlägt etwas* Akk. *übereinander* eine Sache (mit Schwung) über eine andere heben und darauflegen ◆Zusammenschreibung →R 4.5 die Beine übereinanderschlagen

über·ei·n·an·der·sta·peln <stapelst übereinander, stapelte übereinander, hat übereinandergestapelt> *mit OBJ* ■ *jmd. stapelt etwas* Akk. *übereinander* eine Sache auf eine andere stellen und dabei einen Stapel bilden ◆Zusammenschreibung →R 4.5 die Kisten übereinanderstapeln

über·ei·n·an·der·stel·len <stellst übereinander, stellte übereinander, hat übereinandergestellt> *mit OBJ* ■ *jmd. stellt etwas* Akk. *übereinander* eine Sache über eine andere oder oberhalb von einer anderen Sache platzieren ◆Zusammenschreibung →R 4.5

über·ein·kom·men <kommst überein, kam überein, ist übereingekommen> *ohne OBJ* ■ *jmd. kommt mit jmdm. überein, etwas zu tun (geh.)* mit jmdm. eine Vereinbarung treffen, etwas zu tun oder zu machen o. Ä.: Wir sind miteinander übereingekommen, nicht mehr darüber zu reden.; Ich bin mit ihm dahingehend übereingekommen, dass er den halben Preis zahlt.

Über·ein·kom·men *das* <-s, -> (geh.) Vereinbarung: Wir haben das Übereinkommen getroffen, dass wir die Kosten gemeinsam tragen.

Über·ein·kunft *die* <-, Übereinkünfte> (geh.) Vereinbarung: zu einer Übereinkunft gelangen; eine Übereinkunft erzielen

über·ein·stim·men <stimmst überein, stimmte

überein, hat übereingestimmt> *ohne OBJ* ① ▪ *jmd.* **stimmt mit jmdm. (in etwas** *Dat.*) **überein** *mit jmdm. einer Meinung sein:* In diesem Punkt/in dieser Frage stimmen wir völlig überein.; Beide Parteien haben gestern Abend übereinstimmend erklärt, dass ... ② ▪ *jmd./etwas* **stimmt mit etwas überein** *keinen Unterschied aufweisen:* Die Nummern stimmen überein.; Der errechnete Betrag stimmt mit dem Kassenstand überein.; Der Verdächtige stimmt mit dem Phantombild überein.; nach der übereinstimmenden Meinung aller Experten

Über·ein·stim·mung *die* <-, -en> ① *der Zustand, dass mehrere Personen die gleiche Meinung über etwas haben:* Es herrscht Übereinstimmung in fast allen Punkten. ② *Gleichheit:* Die Übereinstimmung des Originals mit der Kopie ist erstaunlich.

über·es·sen <überisst, überaß, hat übergessen> *mit SICH* ▪ *jmd.* **überisst sich (an etwas** *Dat.)* *zu viel von etwas essen, so dass man nichts mehr davon mag:* Das Essen war gut und reichlich, leider habe ich mich übergessen!; Pizza schmeckt gut, man kann sich aber auch daran überessen!

über·fah·ren <überfährst, überfuhr, hat überfahren> *mit OBJ* ① ▪ *jmd.* **überfährt jmdn./etwas** *jmdn. oder ein Tier schwer oder tödlich verletzen, indem man mit einem Fahrzeug über ihn/es hinwegfährt:* Der Fußgänger ist von der Staßenbahn überfahren worden.; Die Katze wurde überfahren. ② ▪ *jmd.* **überfährt etwas** *weiterfahren, ohne es zu beachten:* ein Stoppschild/eine rote Ampel überfahren ③ ▪ *jmd.* **überfährt etwas** *über etwas hinwegfahren:* eine Brücke/eine Kreuzung überfahren ④ ▪ *jmd.* **überfährt jmdn.** *(umg.) eine Person mit einem plötzlichen Vorschlag, einer Bitte, einer Idee o. Ä. dazu bringen, etwas gegen ihren eigenen Willen zu tun:* Ich wollte heute keine Überstunden machen, aber der Chef hat mich wieder überfahren.; Lass dich doch nicht immer so überfahren, sag, was du willst!

über·fah·ren <fährst über, fuhr über, hat/ist übergefahren> **I.** *mit OBJ (haben)* ▪ *jmd.* **fährt jmdn. (über etwas** *Akk.)* **über** *(≈ übersetzen) jmdn. mit einem Boot von einer Seite zur anderen bringen:* Der Fährmann hat uns (über den Fluss) übergefahren. **II.** *ohne OBJ (sein)* ▪ *jmd.* **fährt mit etwas** *Dat.* **über** *mit einem Boot von einer Seite zur anderen fahren:* Wir sind mit der Fähre (von Calais nach Dover) übergefahren.

Über·fahrt *die* <-, -en> *die Fahrt über ein Gewässer von einer Seite zu einer anderen Seite:* Wir hatten eine ruhige Überfahrt.; Die Überfahrt mit der Fähre nach Dänemark dauert ungefähr eine Stunde.

Über·fall *der* <-(e)s, Überfälle> ① *gewaltsamer plötzlicher Angriff:* einen Überfall auf eine Bank verüben; einen Überfall planen; an einem bewaffneten Überfall beteiligt sein; ein militärischer Überfall auf das Nachbarland ② *(umg. scherzh.) ein plötzlicher Besuch, den man nicht erwartet*

über·fal·len <überfällst, überfiel, hat überfallen> *mit OBJ* ① ▪ *jmd.* **überfällt jmdn./etwas** *einen gewaltsamen plötzlichen Angriff auf jmdn. oder etwas verüben:* eine Bank/eine Tankstelle überfal-

len; Er wurde überfallen und ausgeraubt.; ein Nachbarland überfallen ② ▪ *jmd.* **überfällt jmdn.** *(umg. scherzh.) jmdn. (plötzlich) besuchen kommen:* Wir haben auf dem Heimweg noch unsere Freunde überfallen.; Dürfen wir euch am Wochenende einmal überfallen? ③ ▪ *jmd.* **überfällt jmdn.** *(umg.) jmdn. plötzlich und unerwartet um etwas bitten; jmdm. einen Vorschlag machen; jmdm. eine Idee unterbreiten o. Ä.:* jemanden mit einer Bitte/einem Anliegen überfallen; Jede Woche überfällt er mich mit einer neuen Idee. ④ ▪ *etwas* **überfällt jmdn.** *plötzlich von einem negativen Gefühl befallen werden:* Angst/Müdigkeit/Traurigkeit überfällt sie.

über·fäl·lig *adj* /*nicht steig.*/ ① *so, dass etwas schon lange hätte da sein sollen:* Der Zug ist überfällig. ② *so, dass etwas schon lange hätte gemacht werden sollen:* Eine Reform war schon lange überfällig. ③ *so, dass etwas noch nicht beglichen ist:* eine überfällige Rechnung zahlen

Über·fall(s)·kom·man·do *das* <-s, -s> *(umg.) eine spezielle Gruppe der Polizei, die bei gefährlichen Aktionen gegen Verbrecher eingesetzt wird:* Die Polizei rückte mit einem Überfallkommando an.

über·fi·schen <überfischst, überfischte, hat überfischt> *mit OBJ* ▪ *jmd.* **überfischt etwas** *im Meer oder in einem Fluss oder in einem See so viele Fische fangen, dass es fast keine mehr darin gibt:* Teile des Mittelmeeres sind überfischt.

über·flie·gen <überfliegst, überflog, hat überflogen> *mit OBJ* ① ▪ *jmd.* **überfliegt etwas** *über ein Gebiet, einen Ort o. Ä. hinwegfliegen:* In wenigen Minuten überfliegen wir den Bodensee. ② ▪ *jmd.* **überfliegt etwas** *etwas oberflächlich lesen:* Ich habe den Artikel nur kurz überflogen.

Über·flie·ger *der*; **Über·flie·ge·rin** <-s, -> *(umg.) Person, die überdurchschnittlich begabt ist und sehr schnell Karriere macht*

über·flie·ßen <fließt über, floss über, ist übergeflossen> *ohne OBJ* ① ▪ *etwas* **fließt über** *so mit Flüssigkeit voll sein, dass sie an den Rändern herunterfließt:* Die Badewanne/das Bierglas ist übergeflossen. ② ▪ *etwas* **fließt über** *über den Rand hinauslaufen:* Das Wasser/das Bier/das Benzin ist übergeflossen. ③ ▪ *etwas* **fließt ineinander über** *sich vermischen:* Die Farben fließen ineinander über.; ▪ **Ihre/seine Augen fließen über.** *(geh.) sie/er weint;* ▪ **Das Herz fließt ihm/ihr über vor lauter Freude.** *(geh.) er/sie freut sich sichtlich;* ▪ *jemand* **fließt über vor Dankbarkeit** *(geh.) jmd. ist sehr dankbar*

über·flü·geln <überflügelst, überflügelte, hat überflügelt> *mit OBJ* ▪ *jmd.* **überflügelt jmdn.** *bessere Leistungen (auf einem Gebiet) haben als andere:* Erst hatte sie Schwierigkeiten in der Schule, aber später hat sie alle überflügelt.

Über·fluss *der* <-es> /*kein Plur.*/ *der Zustand, dass eine Menge von etwas, die viel größer ist als der Bedarf, vorhanden ist:* etwas im Überfluss haben; im Überfluss an Bodenschätzen; Manche Menschen leben im Überfluss, andere wieder sind bitterarm.; ▪ **zu allem Überfluss** *obendrein*

Über·fluss·ge·sell·schaft *die* <-, -en> /*Plur. sel-*

ten/ *(abwert.) Gesellschaft, in der alles in größerer Menge vorhanden ist, als gebraucht wird*
über·flüs·sig *adj /nicht steig./ nicht nötig:* viel überflüssiges Gepäck mitschleppen; Es ist alles ganz klar, weitere Erklärungen sind überflüssig.; Ich glaube, ich bin hier überflüssig. ▸ Überflüssigkeit

über·flu·ten <überflutet, überflutete, hat überflutet> *mit OBJ ■ etwas überflutet etwas überfließen und unter Wasser setzen:* Die Niederungen werden jedes Frühjahr vom Wasser des Flusses überflutet.; Das Rheinhochwasser hat Teile der Kölner Altstadt überflutet. ▸ Überflutung

über·for·dern <überforderst, überforderte, hat überfordert> *mit OBJ ■ jmd./etwas überfordert jmdn. (↔ unterfordern) so hohe Anforderungen an jmdn. stellen, dass er sie nicht erfüllen kann:* sich im Beruf/in der Schule überfordert fühlen; Du darfst seine Geduld nicht überfordern! ▸ Überforderung

über·frach·ten *mit OBJ ■ jmd. überfrachtet etwas (abwert.) etwas mit so vielen Eigenschaften, Wörtern, Ideen o. Ä. versehen, dass es schadet:* Wir dürfen die Veranstaltung nicht mit Höhepunkten überfrachten, das führt zum Überdruss.; ein mit Fremdwörtern überfrachteter Stil ▸ Überfrachtung

über·fragt ■ überfragt sein *(umg.) etwas nicht wissen* Da bin ich wirklich überfragt!

Über·frem·dung *die* <-, -en> */Plur. selten/ (abwert.) verwendet, um einen angeblichen Zustand zu beschreiben, in dem zu viele Einflüsse von anderen Kulturen vorherrschen*

über·fres·sen <überfrisst, überfraß, hat über­fressen> *mit SICH ■ jmd. überfrisst sich (an etwas Dat.) (vulg.) sich übereessen*

über·frie·ren <überfriert, überfror, ist überfro­ren> *ohne OBJ ■ etwas überfriert an der Oberfläche gefrieren:* Überfrierende Nässe hat zu vielen Unfällen geführt.; Die Straße/die Nässe auf der Straße war am Morgen überfroren.

über·füh·ren <überführst, überführte, hat über­führt/übergeführt> *mit OBJ ❶<überführt> ■ jmd. überführt jmdn./etwas (irgendwohin) von einem Ort zu einem anderen bringen:* Er überführt den Wagen morgen nach Süddeutschland.; Der Tote wird morgen zum Friedhof überführt. ❷<pl: übergeführt> *von einem Zustand in einen anderen bringen:* die Behörde in Privateigentum überführen; Gas in Flüssigkeit überführen

über·füh·ren <überführst, überführte, hat über­führt> *mit OBJ ■ jmd. überführt jmdn. (etwas Gen.) jmdm. etwas (meist ein Verbrechen oder eine Straftat) nachweisen:* Er ist des Mordes überführt worden.; Die Polizei konnte den Täter überführen.

Über·füh·rung *die* <-, -en> ❶ *Transport von jmdm. oder etwas von einem Ort zu einem anderen Ort:* die Überführung eines Patienten/eines Toten ❷ *(≈ Übergang) eine Art Brücke, über die man eine Straße, einen Verkehrsweg o. Ä. überqueren kann:* eine Überführung über eine Straße/ die Bahngleise ◆ Fußgänger- ❸ *der Nachweis einer Straftat:* die Überführung des Täters ❹ *der Wech*

sel in einen anderen Zustand: die Überführung des Staatsbetriebes in Privateigentum

Über·fül·lung *die* <-, -en> *der Zustand, dass etwas überfüllt ist:* Die Ausstellung musste zeitweise wegen Überfüllung geschlossen werden. ▸ überfüllt

Über·funk·ti·on *die* <-> /kein Plur./ MED. *(↔ Unterfunktion) eine Krankheit, bei der ein Organ zu stark tätig ist:* eine Überfunktion der Schilddrüse

über·füt·tern <überfütterst, überfütterte, hat überfüttert> *mit OBJ ■ jmd. überfüttert ein Tier so viel füttern, dass es schadet:* Sie sollten ihr Haustier nicht ständig überfüttern.; ■ jemanden mit etwas überfüttern (umg. übertr.) jmdn. so vielen Einflüssen aussetzen oder jmdm. so viel geben, dass es schadet* Die Kinder waren mit den täglich angebotenen Attraktionen so überfüttert, dass sie nur noch in Ruhe gelassen werden wollten. ▸ Überfütterung

Über·ga·be *die* <-, -n> ❶ *das Abliefern:* die Übergabe der Ware ❷ *das Übertragen:* die Übergabe eines Amtes an den Nachfolger ❸ MILIT. *das Ausliefern:* die Übergabe der Stadt an den Feind

Über·gang *der* <-(e)s, Übergänge> ❶ *das Überqueren:* Der Übergang über den Fluss sollte im Morgengrauen erfolgen. ❷ *(≈ Überführung) etwas, worüber man gehen kann:* Hier gibt es einen gesicherten Übergang über die Straße.; einen provisorischen Übergang über einen Fluss bauen ❸ *Wechsel in einen anderen Zustand:* der Übergang in einen anderen Aggregatzustand; der Übergang in privates Eigentum

Über·gangs·frist *die* <-, en> AMTSSPR. *ein bestimmter Zeitraum, in dem noch ein Zustand gilt, der vor Beginn dieses Zeitraums bestand, aber der nach Ende dieses Zeitraumes nicht mehr gültig ist:* Den Besitzern eines alten Führerscheins wird eine Übergangsfrist von zwei Jahren eingeräumt, danach müssen sie ein neues Dokument beantragen.

Über·gangs·geld *das* <-es, -er> AMTSSPR. *eine bestimmte Summe Geld, die jmd. für einen bestimmten Zeitraum bekommt, bis er wieder in ein regelmäßiges Einkommen hat:* Den Arbeitern, die vorzeitig in den Ruhestand traten, wurde ein Übergangsgeld in Höhe von 60 Prozent ihres letzten Nettolohns bis zum Bezug der Rente gezahlt.

Über·gangs·lö·sung *die* <-, -en> *eine Lösung, die nur solange gilt, bis eine richtige Lösung gefunden ist:* Diese Behelfsbaracken sind nur eine Übergangslösung.

Über·gangs·man·tel *der* <-s, Übergangsmän­tel> *leichter Mantel für Frühjahr und Herbst*

Über·gangs·sta·di·um *das* <-s, Übergangssta­dien> *ein Zustand, während dessen sich etwas zu einem neuen Zustand entwickelt:* ein Übergangsstadium zwischen Kindheit und Erwachsenenalter

Über·gangs·zeit *die* <-, -en> *Zeitraum, während dessen ein Wechsel von einem Zustand in einen anderen geschieht:* eine Übergangszeit zwischen Sommer und Winter

über·ge·ben¹ <übergibst, übergab, hat überge­ben> *mit OBJ ❶ ■ jmd. übergibt jmdm. etwas jmdm. etwas geben, über das er ab diesem Zeit*

U

punkt verfügen kann: jemandem einen Brief übergeben; Lösegeld in einem Koffer übergeben; jemandem Wertgegenstände zur Aufbewahrung übergeben ❷ MILIT. *etwas (dem Feind) ausliefern, nachdem man kapituliert hat:* eine Stadt (an den Feind) übergeben ❸ ■ *jmd.* **übergibt** *jmdn.* **jmdm.** *jmdn., der eine Straftat begangen hat, den zuständigen Behörden ausliefern:* den Verbrecher der Justiz übergeben ❹ *ein Amt oder eine Funktion an jmdn. weitergeben:* sein Amt dem Nachfolger/an den Nachfolger übergeben; die Führung des Geschäftes dem Sohn/an den Sohn übergeben ❺ ■ *jmd.* **übergibt** *etwas (jmdm./etwas) etwas eröffnen, damit alle es nutzen können:* Der Bürgermeister übergab in einer Feierstunde den Bürgern die neue Stadtbibliothek.

über·ge·ben² <übergibst, übergab, hat übergeben> *mit SICH* ■ *jmd.* **übergibt** *sich sich erbrechen:* sich übergeben müssen

über·ge·hen <geht über, ging über, ist übergegangen> *ohne OBJ* ❶ ■ *etwas geht in etwas Akk.* **über** *etwas verändert seinen Zustand:* in einen anderen Aggregatzustand übergehen ❷ ■ *jmd.* **geht zu etwas** *Dat.* **über** *mit etwas aufhören und etwas Neues zu tun beginnen:* Das Thema ist abgeschlossen, wir können zum nächsten Punkt übergehen. ❸ ■ *jmd.* **geht zu etwas** *Dat.* **über** *etwas verlassen, um zu etwas zu wechseln:* zum gegnerischen Lager/zu einer anderen Partei übergehen ❹ ■ *etwas geht in etwas Akk.* **über** *etwas vermischt sich mit etwas, bis dass kein Unterschied mehr zu erkennen ist:* Am Horizont ging das Meer in den Himmel über.; Das Rot geht allmählich in das Blau über. ❺ ■ *etwas geht in jmds. Besitz über (geh.) etwas wird Eigentum von jmdm. oder einer Institution:* Die Felder gingen in den Besitz der Gemeinde über.; Die bedeutende Sammlung des Verstorbenen ging in den Besitz des Museums über.

über·ge·hen <übergehst, überging, hat übergangen> *mit OBJ* ❶ ■ *jmd.* **übergeht** *etwas etwas (absichtlich) auslassen und nicht darauf eingehen:* Den nächsten Punkt auf der Tagesordnung können wir übergehen. ❷ ■ *jmd.* **übergeht** *jmdn. (≈ ignorieren) jmdn. nicht beachten:* jemanden bei der Danksagung übergehen ❸ ■ *jmd.* **übergeht** *jmdn. jmdn. bei etwas nicht in Erwägung ziehen:* Er fühlte sich bei der Beförderung übergangen.

über·ge·ord·net *adj /nur attr./ /nicht steig./* ❶ *im (dienstlichen) Rang höher stehend:* sich an die übergeordnete Dienststelle wenden ❷ *(↔ untergeordnet) so, dass etwas bedeutender oder wichtiger ist als etwas anderes:* ein übergeordnetes Problem

Über·ge·päck *das* <-(e)s> */kein Plur./ das Gepäck, das über die Menge des Gepäcks, die man bei einer Flugreise ohne Kosten mitnehmen darf, hinausgeht:* Pro Kilo Übergepäck muss zusätzlich gezahlt werden.

Über·ge·wicht *das* <-(e)s> */kein Plur./* ❶ *(↔ Untergewicht) zu hohes Körpergewicht:* Sie sollten abnehmen, Sie haben (zehn Kilo) Übergewicht!; Übergewicht kann gesundheitsschädlich sein.

▶ **übergewichtig** ❷ *Gewicht, das oberhalb einer vorgeschriebenen Grenze liegt:* Das Paket hat aber Übergewicht, da müssen Sie noch einmal extra bezahlen. ❸ *Zustand, in dem ein wirtschaftlicher, militärischer o. Ä. Bereich stärker ist als ein anderer:* Der Konzern bekam ein bedrohliches Übergewicht im Bereich Nutzfahrzeuge. ❹ *Vorgang, dass man das Gleichgewicht verliert, weil man sich zu stark nach vorne oder hinten gebeugt hat:* Als er sich aus dem Fenster beugte, bekam er Übergewicht und stürzte auf die Straße.

über·gie·ßen <übergießt, übergoss, hat übergossen> *mit OBJ* ■ *jmd.* **übergießt** *jmdn./sich/etwas (mit etwas Dat.) eine Flüssigkeit über/auf jmdn./sich/etwas gießen:* den grünen Tee nie mit kochendem Wasser übergießen

über·grei·fen <greifst über, griff über, hat übergegriffen> *ohne OBJ* ❶ ■ *etwas greift auf etwas Akk.* **über** *etwas verbreitet sich und betrifft dann etwas anderes:* Die Gewalt greift auch auf andere Stadtteile über; Das Duzen greift allmählich auch auf die Chefetagen über. ❷ ■ *jmd.* **greift über** *mit einer Hand über die andere Hand auf die andere Seite greifen:* beim Klavierspielen/beim Turnen am Barren mit der Hand übergreifen

über·grei·fend *adj /nicht steig./ so, dass es für mehrere Gebiete bestimmend ist:* übergreifende Maßnahmen für verschiedene Bereiche; ein übergreifendes Merkmal der verschiedenen Werke des Künstlers

Über·griff *der* <-(e)s, -e> *Vorgang, dass jmd. ohne Recht eine Einmischung in die Angelegenheiten von jmdm. begeht:* Das stellt einen Übergriff auf die Rechte der anderen dar.; militärische Übergriffe in den Grenzgebieten

Über·grö·ße *die* <-, -n> *ein Größenmaß, das über dem durchschnittlichen Größenmaß von Kleidern oder Schuhen liegt:* Wir führen Mode auch in Übergrößen! ▶ **übergroß**

über·ha·ben <hast über, hatte über, hat übergehabt> *mit OBJ* ❶ ■ *jmd.* **hat etwas über** *(umg.) ein Kleidungsstück auf dem Körper oder einem anderen Kleidungsstück tragen:* Sie hatte nur ein T-Shirt über. ❷ ■ *jmd.* **hat** *jmdn./etwas* **über** *(umg.) jmdn. oder etwas nicht mehr wollen:* Allmählich habe ich diesen ganzen Kram über!; siehe **überbekommen**

über·hand·neh·men <nimmt überhand, nahm überhand, hat überhandgenommen> *ohne OBJ* ■ *etwas nimmt überhand etwas beginnt, so häufig zu werden, dass es schädlich ist:* Die Rehe haben so überhandgenommen, dass der Wald stark geschädigt wurde.; Drogendelikte nehmen überhand. ◆ *Zusammenschreibung* →R 4.6 Die Einbrüche haben in dieser Gegend überhandgenommen.

Über·hand·nah·me *die* <-> */kein Plur./ (geh.) der Vorgang, dass etwas überhandnimmt*

Über·hang *der* <-(e)s, Überhänge> ❶ *etwas, das über etwas hinausragt:* Die Felsen bilden an dieser Stelle einen Überhang. ❷ *etwas, das überflüssig ist:* Überhang an Waren/Arbeitskräften

über·hän·gen¹ <hängst über, hing über, hat übergehangen> *ohne OBJ* ■ *etwas hängt über* einen **Überhang**[1] bilden: Wir konnten nicht sehen, dass die Steilküste am Rand gefährlich überhing.; Überhängende Teile müssen bei einem Transport entsprechend gekennzeichnet werden.

über·hän·gen[2] <hängst über, hängte über, hat übergehängt> *mit OBJ* ■ *jmd.* **hängt sich/ jmdm. etwas über** *sich oder jmdm. etwas über die Schultern hängen:* sich einen Mantel überhängen

über·häu·fen <überhäufst, überhäufte, hat überhäuft> *mit OBJ* ■ *jmd.* **überhäuft jmdn./ etwas mit etwas** *Dat. jmdm.* sehr viele Sachen oder sehr viel von etwas geben oder etwas mit sehr vielen Sachen oder mit sehr viel von etwas bedecken: die Geliebte mit Geschenken/den Kollegen mit Arbeit überhäufen; Das Grab war mit Blumen überhäuft.

über·haupt *part* ❶ *verwendet, um auszudrücken, dass etwas nicht nur in diesem besonderen Fall oder zu diesem besonderen Zeitpunkt, sondern auch im Allgemeinen zutrifft:* Das halte ich überhaupt für die beste Lösung.; Er ist überhaupt ein ganz netter Junge. ❷ *verwendet zur Verstärkung einer Verneinung:* Ich kenne hier überhaupt niemanden.; Sie spricht überhaupt kein Französisch.; Hast du denn überhaupt nichts gelernt? ❸ *(≈ eigentlich) verwendet in Fragen, die man beiläufig stellt, aber bei denen man etwas Grundsächliches anspricht:* Was willst du überhaupt?; Was habt ihr überhaupt miteinander besprochen? ❹ *verwendet in Fragen, die sich auf etwas vorher Erwähntes beziehen und in denen man Zweifel ausdrückt, ob die Voraussetzungen für den erwähnten Sachverhalt zutreffen:* Du willst das Auto deiner Freundin benutzen. Darfst du denn überhaupt?; ■ **und überhaupt** *(umg.) außerdem* Und überhaupt: Was willst du eigentlich?; Alle haben nur rumgestanden und geredet, und überhaupt war die ganze Party total langweilig.

über·heb·lich *adj (abwert.: ≈ anmaßend, arrogant ↔ bescheiden) so, dass man andere spüren lässt, dass man sich für etwas Besseres hält:* Sei doch nicht so überheblich, auch du kannst einmal Fehler machen!

Über·heb·lich·keit *die* <-, -en> *(abwert.: ≈ Arroganz, Dünkel) der Zustand, dass jmd. überheblich ist:* Mit ihrer Überheblichkeit wird sie sich sicher keine Freunde machen.

über·hei·zen <überheizt, überheizte, hat überheizt> *mit OBJ* ■ *jmd.* **überheizt etwas** *sehr viel mehr als nötig heizen:* völlig überheizte Räume/Zugabteile

über·hit·zen <überhitzt, überhitzte, hat überhitzt> *mit OBJ* ■ *jmd.* **überhitzt etwas** *etwas zu heiß werden lassen:* Einen Motor sollte man nicht überhitzen.; ein überhitzter Motor; ■ **überhitzte Konjunktur** WIRTSCH. *eine zu schnelle Steigerung der wirtschaftlichen Entwicklung*

über·höht *adj /nicht steig./ zu hoch:* überhöhte Preise verlangen; aufgrund überhöhter Geschwindigkeit von der Fahrbahn abkommen

über·ho·len <überholst, überholte, hat überholt> I. *mit OBJ/ohne OBJ* ■ *jmd.* **überholt (jmdn./etwas)** *an jmdn. oder etwas vorbeifah-* ren oder -laufen, nachdem man eine Zeit lang hintergefahren oder -gelaufen ist: einen Lastwagen/ Traktor/Autobus überholen; Überholen Sie vorsichtig!; Der Läufer hat auf der letzten Runde alle überholt. II. *mit OBJ* ❶ ■ *jmd.* **überholt jmdn./ etwas** *jmdn. oder etwas (leistungsmäßig) hinter sich lassen und damit besser sein:* Sie hat in der Schule alle anderen überholt.; Das Land hat wirtschaftlich die Nachbarländer überholt. ❷ ■ *jmd./ etwas* **überholt etwas** *etwas ausbessern oder reparieren, nachdem man es geprüft hat:* Die Werft baut und überholt Schiffe.; Sie ließ ihr altes Auto in der Werkstatt überholen.

Über·hol·ma·nö·ver *das* <-s, -> *das Überholen I eines anderen Fahrzeugs:* ein riskantes Überholmanöver

Über·hol·spur *die* <-, -en> *Fahrspur, die für das Überholen I anderer Fahrzeuge dient und meistens auf Schnellstraßen wie Autobahnen vorhanden ist:* ständig auf der Überholspur fahren; ■ **ein Leben auf der Überholspur führen** *(umg.) sehr dynamisch und erfolgreich sein*

über·holt <nicht steig> *adj (umg.: ≈ veraltet ↔ zeitgemäß) nicht mehr modern und zeitgemäß:* überholte Ansichten/Technologien

Über·hol·ver·bot *das* <-(e)s, -e> *Verbot, andere Fahrzeuge zu überholen I:* Auf der kurvenreichen Strecke herrscht striktes Überholverbot.

über·hö·ren <überhörst, überhörte, hat überhört> *mit OBJ* ❶ ■ *jmd.* **überhört jmdn./etwas** *jmdn. oder etwas absichtlich nicht hören wollen:* Diese Bemerkung will ich überhört haben.; Mahnungen und Kritik überhören ❷ ■ *jmd.* **überhört jmdn./etwas** *jmdn. oder etwas hören, weil man es akustisch nicht wahrnimmt:* Bei diesem Krach überhört ich bestimmt noch das Telefon.

über·ir·disch *adj /nicht steig./ (geh.) so, dass es (fast) nicht wirklich scheint:* eine Landschaft von fast überirdischer Schönheit

über·kan·di·delt *adj (umg. abwert.: ≈ überspannt[1]) sonderbar, skurril:* Er ist ein wenig überkandidelt, nicht anders als viele andere Künstler.

Über·ka·pa·zi·tät *die* <-, -en> WIRTSCH. *etwas, das so reichlich vorhanden ist, dass es nicht sinnvoll genutzt werden kann:* Überkapazitäten (an Arbeitskräften) abbauen

über·kip·pen <kippst über, kippte über, ist übergekippt> *ohne OBJ* ■ *jmd./etwas* **kippt über** *das Gleichgewicht verlieren und fallen, weil eine Seite zu schwer geworden ist:* Halt bloß das Regal fest, sonst kippt es noch über!; ■ **jemands Stimme kippt über** *die Stimme von jmdm. wird plötzlich sehr schrill und laut*

über·kle·ben <überklebst, überklebte, hat überklebt> *mit OBJ* ■ *jmd.* **überklebt etwas** *etwas verdecken, indem man etwas darüberklebt:* Irgendwer hat unsere Wahlplakate mit anderen überklebt!; eine falsche Adresse auf dem Brief überkleben

Über·kleid *das* <-(e)s, -er> SCHWEIZ. *(blauer) Arbeitsanzug der Arbeiter; siehe* **Blaumann**

über·ko·chen <kocht über, kochte über, ist übergekocht> *ohne OBJ* ❶ ■ *etwas* **kocht über** *etwas kocht so stark, dass es über den Rand des Ge-*

U

fäßes läuft: Die Milch ist übergekocht. **②** ■ *jmd.*
kocht über *vor Wut/Zorn (übertr.) seinem Zorn
oder seiner Wut freien Lauf lassen:* Er kochte über
vor Zorn – ein richtiger Tobsuchtsanfall!

über·kom·men¹ <überkommt, überkam, hat
überkommen> *mit OBJ* ■ *etwas überkommt
jmdn. eine sehr intensive Empfindung befällt
jmdn. plötzlich:* Plötzlich überkam sie ein Gefühl
von Angst.; Ihn hat plötzlich Lust auf Vanilleeis
überkommen.

über·kom·men² *adj /nicht steig./ (geh.) aus der
Vergangenheit überliefert:* nach überkommenen
Traditionen leben; von den Vorfahren überkom-
mene Bräuche pflegen

über·la·den¹ <überlädst, überlud, hat überla-
den> *mit OBJ* ■ *jmd. überlädt etwas auf etwas
zu viel Last laden:* Wir dürfen den Wagen nicht
überladen, sonst brechen die Achsen.; ein völlig
überladenes Fahrzeug

über·la·den² *adj (übertr. abwert.: ↔ schlicht) so,
dass etwas zu stark mit etwas versehen ist und so
als störend empfunden wird:* Sein Stil ist schwülstig und mit Fremdwörtern überladen.; Das Innere
dieser barocken Kirche wirkt mir zu überladen.

über·la·gern <überlagert, überlagerte, hat über-
lagert> **I.** *mit OBJ* **❶** ■ *etwas überlagert etwas
über etwas anderem sein und es verdecken:*
Taube Gesteinsschichten überlagern das Erz.
❷ ■ *etwas überlagert etwas etwas Negatives beeinflusst etwas anderes, das meist positiv ist:*
Trauer überlagerte das ganze Fest. **II.** *mit SICH*
■ *etwas überlagert sich sich so angleichen, dass
keine Unterschiede zu erkennen sind:* sich überla-
gernde Sender

Über·land·bus *der* <-ses, -se> *ein Bus, der Orte
außerhalb von großen Städten miteinander verbindet:* Zwischen den kleinen Ortschaften verkehrt
ein Überlandbus.

Über·land·lei·tung *die* <-, -en> *Stromleitung, die
große Entfernungen überbrückt² und über hohe
Masten geführt wird:* In der Nähe von Überlandlei-
tungen sollte man keine Drachen steigen lassen.

über·lang *adj so, dass es viel länger ist als normal*
Über·län·ge *die* <-, -n> **❶** *der Sachverhalt, dass
die Länge von etwas wesentlich größer als normal
ist:* Fahrzeuge mit Überlänge **❷** *der Sachverhalt,
dass die Dauer von etwas wesentlich größer als
normal ist:* Wegen Überlänge muss man für diesen
Fim einen Euro Zuschlag bezahlen.

über·lap·pen <überlappt, überlappte, hat über-
lappt> *mit SICH* ■ *etwas überlappt sich (mit
etwas Dat.)* (≈ *sich überschneiden) teilweise
übereinanderliegen:* Die beiden Veranstaltungen
überlappen sich zeitlich.

über·las·sen <überlässt, überließ, hat überlas-
sen> **I.** *mit OBJ* **❶** ■ *jmd. überlässt jmdm. etwas jmdm. etwas zur Verfügung stellen, so dass er
es für eine bestimmte Zeit oder dauerhaft benutzen kann:* Er überließ ihr sein Auto. **❷** ■ *jmd.
überlässt jmdm. jmdn./etwas jmdm. eine Person oder ein Tier meist für eine kurze Zeit zur Betreuung geben:* Kann ich dir die Kinder über das
Wochenende überlassen?; Den Hund habe ich im
Urlaub der Nachbarin überlassen. **❸** ■ *jmd. über-*

*lässt jmdm. etwas jmdm. etwas selbst entschei-
den lassen:* Die Entscheidung überlasse ich dir.;
Das musst du mir schon selbst überlassen, wie ich
das mache. **❹** ■ *jmd. überlässt jmdm./etwas
etwas jmdm. oder etwas nicht mehr vor jmdm.
oder etwas schützen:* Er überließ seine Soldaten
dem Feind.; ein Haus dem Verfall überlassen **II.** *mit
SICH* ■ *jmd. überlässt sich etwas Dat. sich einer starken Empfindung hingeben:* sich der Trauer
überlassen; ■ *jemanden sich selbst überlassen
jmdn. alleinlassen* Ihr könnt ihn doch bei dieser
schwierigen Sache nicht sich selbst überlassen!

über·las·sen <lässt über, ließ über, hat überge-
lassen> *mit OBJ* ■ *jmd. lässt (jmdm.) etwas
über (umg.)* NORDDT. *etwas übrig lassen:* Könnt ihr
noch etwas von dem Kuchen überlassen?

über·las·ten <überlastest, überlastete, hat über-
lastet> *mit OBJ* **❶** ■ *jmd. überlastet etwas etwas zu stark mit etwas belasten:* den Lkw mit Waren überlasten **❷** ■ *jmd./etwas überlastet etwas (mit etwas Dat.) zu viel Energie oder Kraft
beanspruchen:* Mit deinen ganzen elektrischen In-
stallationen wirst du noch unsere Stromleitung
überlasten!; Sie dürfen ihre Nerven nicht überlasten, sonst brechen Sie zusammen.

über·las·tet *adj* **❶** *zu schwer beladen:* Das Boot/
Der Aufzug ist mit 6 Personen überlastet. **❷** *so,
dass jmd. zu viel Arbeit, zu viel Aufgaben, zu viele
Sorgen o. Ä. hat:* Sie ist im Moment völlig (mit Arbeit) überlastet. **❸** *so, dass ein System oder ein Organ zu sehr beansprucht ist und nicht mehr richtig
funktioniert:* Das Computernetz/Stromnetz/Tele-
fonnetz ist überlastet.; Der Kreislauf/das Herz ist
überlastet.

Über·las·tung *die* <-, -en> *der Zustand, dass jmd.
oder etwas überlastet ist:* die Überlastung des
Stromnetzes/Aufzuges; Die ständige Überlastung
hat bei ihr zu Gesundheitsschäden geführt.

Über·lauf *der* <-(e)s, Überläufe> TECHN. *Stelle, an
der eine Flüssigkeit kontrolliert abfließen kann:*
der Überlauf an einem Waschbecken/an einem Behälter

über·lau·fen <läuft über, lief über, ist überge-
laufen> *ohne OBJ* **❶** ■ *etwas läuft über über
den Rand treten und darüberfließen:* Das Wasser
läuft über. **❷** ■ *etwas läuft über den Inhalt nicht
mehr fassen können und ihn über den Rand fließen lassen:* Das Glas läuft über.; Die Talsperre
droht überzulaufen. **❸** ■ *jmd. läuft (zu jmdm.)
über zur gegnerischen Seite wechseln:* Die Soldaten sind zum Feind übergelaufen.

über·lau·fen *adj so, dass an einem Ort zu viele
Menschen anwesend sind:* völlig überlaufene Ur-
laubsorte

Über·läu·fer *der*, **Über·läu·fe·rin** <-s, -> *Person,
die zur gegnerischen Seite wechselt:* ein Überläu-
fer von Gegner/von einer anderen Partei

über·le·ben <überlebst, überlebte, hat über-
lebt> **I.** *mit OBJ* ■ *jmd. überlebt jmdn. länger
leben als jmd. anderer:* Sie hat ihren Mann um
viele Jahre überlebt. **II.** *mit OBJ/ohne OBJ* ■ *jmd.
überlebt etwas eine sehr gefährliche Situation
durchleben und dabei nicht sterben:* Sie haben
den Bombenangriff/das schwere Erdbeben über-

lebt.; Nur wenige haben überlebt. **III.** *mit SICH* ■ *etwas überlebt sich* *unmodern werden:* Diese Auffassung hat sich überlebt.; Das sind doch völlig überlebte Moralvorstellungen!

Über·le·ben·de *der/die* <-n, -n> *Person, die eine gefährliche Situation überlebt hat:* Überlebende des Flugzeugabsturzes/des Bombenangriffes; Überlebende der nationalsozialistischen Konzentrationslager

über·le·bens·groß *adj* /nicht steig./ *größer als normal:* ein überlebensgroßes Standbild

Über·le·bens·trai·ning *das* <-s> /kein Plur./ *das Trainieren von Fähigkeiten, die man benötigt, um in gefährlichen oder schwierigen Situationen überleben II zu können*

über·le·gen¹ <überlegst, überlegte, hat überlegt> *mit OBJ/ohne OBJ* ■ *jmd. überlegt (sich)(etwas) nachdenken über etwas, um dann eine Entscheidung zu treffen oder etwas erkennen zu können:* Hast du auch alles richtig überlegt?; Hast du dir schon etwas überlegt?; Sie überlegte lange, ehe sie zustimmte.; Lass mich mal in Ruhe/richtig überlegen!; Wenn ich (es mir) richtig überlege, will ich gar nicht mitkommen!

über·le·gen² *adj deutlich besser als jmd. anderer oder etwas anderes:* Die neue Technologie ist der alten zweifellos überlegen.; ein überlegener Sieger

über·le·gen <legst über, legte über, hat übergelegt> *ohne OBJ* ■ *jmd. legt jmdm./sich etwas über etwas über jmdn. oder sich legen:* Er legte sich/mir eine Decke über.

Über·le·gen·heit *die* <-> /kein Plur./ *der Zustand, in dem jmd. oder etwas deutlich besser ist als jmd./etwas anderer/anderes:* die Überlegenheit der gegnerischen Mannschaft durch Kampfgeist wettmachen; Die Überlegenheit der neuen Technik ist unbestritten.

über·legt *adj* (≈ *besonnen*) *so, dass man gründlich nachgedacht hat, bevor man handelt:* überlegtes Handeln; etwas wohl überlegt tun

Über·le·gung *die* <-, -en> *das Überlegen¹:* etwas erst nach reiflicher Überlegung tun; ■ **Überlegungen (zu/über etwas) anstellen** *(geh.)* sich etwas überlegen¹; ■ **etwas in seine Überlegungen einbeziehen** *(geh.) einzelne Gesichtspunkte beim Überlegen¹ mit berücksichtigen*

über·lei·ten <leitest über, leitete über, hat übergeleitet> *ohne OBJ* ■ *etwas leitet zu etwas über eine Verbindung mit etwas Neuem bilden:* zum nächsten Thema überleiten; Dieser Gedanke leitet zu unserem anschließenden Tagesordnungspunkt über.

Über·lei·tung *die* <-, -en> *das Überleiten:* eine geschickte Überleitung zum nächsten Thema

über·le·sen <überliest, überlas, hat überlesen> *mit OBJ* ❶ ■ *jmd. überliest etwas etwas versehentlich nicht lesen:* in der Eile wichtige Informationen überlesen; Das Kleingedruckte sollte man besser nicht überlesen. ❷ ■ *jmd. überliest etwas* (≈ *überfliegen*) *etwas schnell und flüchtig lesen:* den Fahrplan kurz überlesen

über·lie·fern <überlieferst, überlieferte, hat überliefert> *mit OBJ* ■ *etwas ist/wird überliefert etwas ist oder wird an spätere Generationen*

weitergegeben:* überlieferte Bräuche; Die Märchen sind von Generation zu Generation mündlich überliefert worden.

Über·lie·fe·rung *die* <-, -en> ❶ /*kein Plur./ der Vorgang, dass etwas überliefert wird:* etwas durch mündliche Überlieferung weitergeben ❷ *das Ergebnis einer Überlieferung¹:* alte Überlieferungen pflegen

über·lis·ten <überlistest, überlistete, hat überlistet> *mit OBJ* ■ *jmd. überlistet jmdn. mit einer List jmdn. täuschen und dadurch für sich einen Vorteil gewinnen:* die Wache am Tor überlisten ▶ Überlistung

über *präp (ugs.) über dem*

Über·macht *die* <-> /kein Plur./ *eine Überlegenheit, die auf der Anzahl oder der Stärke beruht:* gegen die Übermacht nichts ausrichten können; sich der Übermacht des Gegners geschlagen geben

über·mäch·tig *adj so stark, dass man nicht widerstehen kann:* Das Verlangen nach einer Zigarette wurde übermächtig.

über·ma·len <übermalst, übermalte, hat übermalt> *mit OBJ* ■ *jmd. übermalt etwas etwas durch Malen überdecken oder verstecken:* Sie hat das Bild übermalt, weil es ihr nicht gefiel.; Den Fleck an der Wand kann man leicht übermalen.

über·man·nen *mit OBJ* ■ *etwas übermannt jmdn. (geh.) etwas kommt plötzlich so stark über jmdn., dass er nichts dagegen tun kann:* Große Müdigkeit übermannte sie.; Sie wurde vom Schlaf übermannt.

Über·maß *das* <-es> /kein Plur./ *eine Menge, die viel größer oder stärker ist als normal:* Solch ein Übermaß an Leid lässt sich nur schwer ertragen.; etwas im Übermaß tun/haben

über·mä·ßig¹ *adj* /nicht steig./ *in so großem Maße, dass es größer oder stärker ist als normal:* Ein übermäßiger Konsum von Fleisch schadet der Gesundheit.

über·mä·ßig² *adv* (≈ *extrem*) *im Übermaß:* übermäßig viel; übermäßig laut; übermäßig rauchen

über·mensch·lich *adj* /nicht steig./ *mehr, als es einem Menschen normalerweise möglich ist:* eine übermenschliche Anstrengung/Leistung verlangen; In dieser schweren Zeit haben sie Übermenschliches geleistet. ▶ Übermenschlichkeit

über·mit·teln <übermittelst, übermittelte, hat übermittelt> *mit OBJ* ■ *jmd. übermittelt jmdm. etwas bewirken, dass Informationen zu jmdm. oder irgendwohin gelangen:* Botschaften per E-Mail/Fax übermitteln; Habt ihr ihm meine Grüße/Glückwünsche übermittelt? ▶ Übermittlung

über·mor·gen *adv* (↔ *vorgestern*) *an dem Tag, der nach dem morgigen Tag kommt:* bis übermorgen warten müssen; Wir treffen uns übermorgen Mittag.; Übermorgen sind Ferien!

über·mü·det *adj zu stark ermüdet:* völlig übermüdet nach Hause kommen

Über·mü·dung *die* <-> /kein Plur./ *der Zustand, in dem man zu sehr müde ist:* sich vor Übermüdung nicht auf den Beinen halten können

Über·mut *der* <-(e)s> /kein Plur./ *ein Verhalten, bei dem man die Folgen seines Tuns nicht be-*

U

denkt, weil man sehr lustig ist oder keine Hemmungen hat: vor lauter Übermut nicht wissen, was man tun soll; Die Kinder haben das nur aus Übermut getan, sie haben es nicht böse gemeint.; ■ **Übermut tut selten gut.** *(Sprichwort) verwendet, um auszudrücken, dass es sehr oft negative Folgen hat, wenn man allzu übermütig ist.*

über·mü·tig *adj voll von Übermut:* übermütige Kinder; Das war nur ein übermütiger Scherz.

übern *präp (umg.) über den*

über·nächs·te *adj /nur attr./ /nicht steig./ nach der oder dem Nächsten kommend:* An der übernächsten Kreuzung müssen Sie rechts abbiegen.

über·nach·ten <übernachtest, übernachtete, hat übernachtet> *ohne OBJ* ■ *jmd. übernachtet irgendwo die Nacht nicht zu Hause, sondern an einem anderen Ort verbringen:* bei Freunden/im Hotel übernachten

über·näch·tigt *adj /nicht steig./ so, dass man in der Nacht nicht oder kaum geschlafen hat und deshalb sehr müde ist:* übernächtigt wirken/aussehen/sein

Über·nach·tung *die* <-, -en> ❶ *das Übernachten:* ein Ausflug mit Übernachtung im Zelt; Drei Übernachtungen mit Frühstück kosten 300 Euro. ❷ *Gelegenheit zum Übernachten:* eine Übernachtung buchen/finden/suchen ◆-smöglichkeit

Über·nach·tungs·zahl *die* <-, -en> *die Menge der Übernachtungen, die in einer touristischen Region gebucht wurden*

Über·nah·me *die* <-, -n> ❶ *das Übernehmen von etwas:* die Übernahme des Konkurrenzunternehmens; die Übernahme der Kosten durch die Versicherung; die Übernahme von Wörtern aus einer anderen Sprache; die Übernahme der Meinung eines anderen ❷ *etwas, das übernommen wurde:* Es handelt sich bei diesem Wort um eine Übernahme aus dem Englischen.; wörtliche Übernahmen aus einem bereits erschienenen Werk

über·na·tür·lich *adj so, dass etwas nicht mit den Gesetzen der Natur erklärt werden kann:* übernatürliche Kräfte/Erscheinungen

über·neh·men <übernimmst, übernahm, hat übernommen> **I.** *mit OBJ* ❶ ■ *jmd. übernimmt etwas an sich nehmen:* Waren an der Grenze übernehmen; die Passagiere eines verunglückten Schiffes übernehmen ❷ ■ *jmd./etwas übernimmt jmdn. jmdn., der vorher eine andere Arbeit gemacht hat oder woanders gearbeitet hat, in ein neues Beschäftigungsverhältnis aufnehmen:* Sie ist von der Firma übernommen worden.; jemanden in eine Firma/eine Arbeitsgruppe/den öffentlichen Dienst übernehmen ❸ ■ *jmd. übernimmt etwas eine Firma, ein Geschäft o. Ä. kaufen:* Die Firma ist von der Konkurrenz übernommen worden. ❹ ■ *jmd. übernimmt etwas ein Geschäft, eine Firma o. Ä. als Nachfolger oder als neuer Besitzer weiterführen:* Der Sohn hat das Geschäft des Vaters übernommen. ❺ ■ *jmd. übernimmt etwas sich bereit finden, eine Aufgabe zu erfüllen:* Mach mal Pause, ich übernehme die Aufsicht.; Sie hat die Aufgabe übernommen, alle zu informieren.; die Leitung der Firma übernehmen ❻ ■ *jmd. übernimmt etwas etwas, das jmd. an-*

derer gemacht hat oder sich ausgedacht hat, für sich verwenden: Textpassagen aus dem Original übernehmen; die Zahlen einfach aus dem Bericht des Vorjahres übernehmen; die Meinung eines anderen unkritisch übernehmen; die neue Methode übernehmen ❼ ■ *jmd. übernimmt etwas (≈ aufkommen) für etwas bezahlen:* Die Versicherung übernimmt die Kosten für den Unfall. ❽ ■ *etwas übernimmt etwas* SEEW. *ein Schiff lädt etwas:* Der Frachter übernimmt im Hafen die Container.; ■ **die Verantwortung für etwas übernehmen** *etwas verantworten;* ■ **die Garantie für etwas übernehmen** *für etwas garantieren;* ■ **die Haftung für etwas übernehmen** *für etwas haften* **II.** *mit SICH* ■ *jmd. übernimmt sich (mit etwas Dat.) versuchen, mehr zu tun, als man kann:* mit diesem Thema hat er sich sicher übernommen, das ist zu schwierig für ihn.; Ich habe mich gestern übernommen, es war einfach zu viel für mich!

über·neh·men <nimmst über, nahm über, hat übergenommen> *mit OBJ* ■ *jmd. nimmt etwas über (umg.) um die Schultern legen:* Wenn es kühl wird, kannst du ja den Mantel übernehmen.

über·ord·nen <ordnest über, ordnete über, hat übergeordnet> *mit OBJ* (↔ *unterordnen)* ❶ ■ *jmd. ordnet etwas über etwas für wichtiger halten als alles andere:* die Arbeit allen anderen Dingen überordnen ❷ ■ *jmd. ordnet jmdn./etwas jmdn./etwas über jmdn. oder etwas im Rang oder Funktion höher über jmdn. oder etwas stellen:* Ihr ist jetzt noch eine Abteilungsleiterin übergeordnet worden.; sich an übergeordnete Stellen wenden ❸ ■ *jmd ordnet etwas etwas Dat. über etwas als höher oder umfassender einstufen:* dem allgemeinen Ausdruck „Lebewesen" den Ausdrücken „Pflanze" und „Tier" überordnen

über·par·tei·lich *adj so, dass jmd. oder etwas keiner Partei angehört und politisch neutral ist:* eine überparteiliche Zeitung; das überparteiliche Amt des Bundespräsidenten

über·pro·por·ti·o·nal *adj /nicht steig./ so, dass die Zahl von etwas bezogen auf die Gesamtzahl der gleichen Sache viel zu hoch ist:* In diesem Fach gibt es überproportional viele Studienabbrecher.; In leitenden Positionen gibt es oft überproportional viele Männer.

über·prüf·bar *adj so, dass etwas überprüft[1] werden kann*

über·prü·fen <überprüfst, überprüfte, hat überprüft> *mit OBJ* ❶ ■ *jmd. überprüft etwas etwas sehr genau prüfen, um festzustellen, ob alles in Ordnung ist:* alle Sicherheitssysteme/die Geschäftsbücher überprüfen ❷ ■ *jmd. überprüft jmdn. feststellen, um wen es sich handelt:* Die Sicherheitskräfte überprüften jeden Besucher.

Über·prü·fung *die* <-, -en> *das Überprüfen:* Eine Überprüfung hat ergeben, dass ...; etwas bei einer Überprüfung feststellen

über·quel·len <quillst über, quillt über, ist übergequollen> *ohne OBJ* ❶ ■ *etwas quillt über so viel Volumen bekommen, dass es über den Rand eines Behälters hinaus geht:* Der Pudding quillt über! ❷ ■ *etwas quillt über so voll sein, dass der Inhalt über den Rand hinaus geht:* Dein Kleider-*

schrank quillt ja über, so viele Klamotten hast du!; Der Abfalleimer quillt über. ❸ ■ *jmd. quillt vor etwas Akk. über so viele Gefühle in sich haben, dass man sie nicht zurückhalten kann:* Du quillst ja über vor Freude, was ist denn passiert?

über·que·ren <überquerst, überquerte, hat überquert> *mit OBJ* ■ *jmd. überquert etwas über etwas gehen oder fahren:* eine Brücke/einen Fluss/ein Gebirge/eine Straße überqueren; Vorsicht beim Überqueren der Straße!

über·ra·gen <überragst, überragte, hat überragt> *mit OBJ* ❶ ■ *jmd./etwas überragt jmdn./etwas größer oder höher als jmd. anderer oder etwas anderes sein:* Er überragt seinen Bruder um zehn Zentimeter.; Das Gebäude überragte die anderen um ein Mehrfaches. ❷ ■ *jmd. überragt jmdn. an etwas Akk. viel mehr von etwas haben als ein anderer:* Sie überragte alle anderen Frauen an Schönheit.; Sie überragte ihn an Intelligenz und Witz.

über·ra·gen <ragt über, ragte über, hat übergeragt> *ohne OBJ* ■ *etwas ragt über (≈ hervorstehen) mit etwas nicht zur Deckung kommen, sondern über dessen Rand hinaus zu sehen sein:* überragende Latten einfach absägen; Das Dach ragt etwas über.

über·ra·gend *adj (≈ hervorragend) so, dass jmd. oder etwas so gut ist, dass es (fast) nicht besser geht:* Er war ein überragender Schriftsteller.; überragende Leistungen

über·ra·schen <überraschst, überraschte, hat überrascht> **I.** *mit OBJ* ❶ ■ *jmd. überrascht jmdn. unerwartet und plötzlich etwas tun oder sagen:* Sie haben den Gegner im Morgengrauen überrascht.; Der Minister überraschte alle mit seiner neuen Idee ❷ ■ *jmd. überrascht jmdn. (mit etwas Dat.) jmdm. eine Freude machen, indem man unerwartet etwas tut:* Ich überrasche meine Frau mit einem Blumenstrauß.; Sie überraschte ihn mit einem spontanen Besuch. ❸ ■ *jmd. überrascht jmdn. (mit jmdm./etwas) (bei etwas Dat.) pötzlich in dem Moment da sein, in dem jmd. etwas tut, was nicht gut, peinlich, oder verboten ist:* Sie überraschte ihr Kind beim Naschen.; Die Polizei überraschte die Diebe beim Versuch, in die Bank einzubrechen ❹ ■ *etwas überrascht jmdn. etwas, das unangenehm ist, geschieht plötzlich:* Beim Spaziergang hat uns ein Gewitter überrascht. **II.** *mit OBJ/ohne OBJ* ■ *jmd./etwas überrascht (jmdn.) plötzlich und unerwartet passieren oder vorhanden sein:* Mich überrascht hier gar nichts mehr.; Er überrascht mit einem ausgezeichneten Vortrag/mit einer neuen Theorie.; sehr überrascht sein über etwas; ■ **Lassen wir uns überraschen!/Ich lass mich überraschen!** *(umg.) verwenden, um auszudrücken, dass man einfach abwarten sollte, was geschieht*

über·ra·schend *adj unerwartet und plötzlich:* überraschender Besuch; ein überraschender Wetterwechsel; ein überraschender Erfolg

über·rascht[1] *Part. Perf. von* **überraschen**

über·rascht[2] *adj* ❶ *so, dass man auf etwas nicht vorbereitet ist und sich deshalb wundert:* Er war überrascht, dass sie doch noch kam.; Sie war über

seine Freude sehr überrascht. ❷ ■ **angenehm überrascht** *so, dass man Freude über etwas Unerwartetes empfindet* Über die vielen freundlichen Briefe war er angenehm überrascht.; Er war von seinem neuen Kollegen angenehm überrascht.

Über·ra·schung *die <-, -en>* ❶ *ein Ereignis, das man nicht erwartet hat:* Am nächsten Morgen gab es eine böse Überraschung: Unser Gepäck war gestohlen worden.; Es war für alle eine Überraschung, dass diese Partei die Wahl gewonnen hat. ❷ *etwas, das geschenkt wird und von dem derjenige, der es bekommt, nichts weiß:* Ich habe eine Überraschung für deinen Geburtstag.; Das sollte eine Überraschung werden! ❸ */kein Plur./ das Überraschtsein:* sich seine Überraschung nicht anmerken lassen; Zu ihrer Überraschung wurde sie auch noch entlassen.

Über·re·ak·ti·on *die <-, -en> unangemessen starke Reaktion:* Eine Allergie ist eine krankhafte Überreaktion des Immunsystems.

über·re·den <überredest, überredete, hat überredet> *mit OBJ* ■ *jmd. überredet jmdn. (zu etwas) durch Worte so beeinflussen, dass jmd. etwas tut, was er eigentlich nicht wollte:* Ich überredete ihn mitzukommen.

Über·re·dung *die <-> /kein Plur./ das Überreden:* dazu war viel Überredung nötig ◆-skunst

über·re·gi·o·nal *adj /nicht steig./ (↔ regional) so, dass es nicht nur in einer Region gilt:* ein überregionaler Sender/Wettbewerb; eine überregionale Zeitung

über·rei·chen <überreichst, überreichte, hat überreicht> *mit OBJ* ■ *jmd. überreicht jmdm. etwas (≈ übergeben) mit feierlichem Verhalten jmdm. etwas geben:* Den Preisträgern wurden Urkunden und Blumen überreicht.; jemandem ein Geschenk überreichen

über·rei·zen <überreizt, überreizte, hat überreizt> *mit OBJ* ❶ ■ *etwas überreizt jmdn. jmdn. zu vielen Reizen aussetzen und ihn dadurch unkonzentriert und nervös machen:* Zu viele Informationen überreizen den Menschen. ❷ ■ *jmd./etwas überreizt die Nerven von jmdm. jmdn. erregt und nervös machen:* Du überreizt allmählich meine Nerven mit deinem dauernden Gerede!

über·ren·nen <überrennst, überrannte, hat überrannt> *mit OBJ* ❶ ■ *jmd. überrennt jmdn./etwas* MILIT. *einen Gegner sehr schnell besiegen:* die gegnerischen Truppen/die gegnerischen Posten überrennen ❷ ■ *jmd./ein Tier rennt jmdn./etwas über jmdn. oder etwas umstoßen und darüber hinweg laufen:* Er hat alle überrannt, die ihm im Wege standen.

Über·rest *der <-(e)s, -e> /meist Plur./ Rest von etwas:* die Überreste einer römischen Siedlung/ des Festmahls von gestern; ■ **die sterblichen Überreste** *(geh.) die Leiche* Seine sterblichen Überreste wurden in der alten Krypta bestattet.

Über·roll·bü·gel *der <-s, ->* KFZ *ein Bogen, der mit der Karosserie eines Fahrzeuges verbunden ist und über den Innenraum eines Cabriolets spannt:* Ein Überrollbügel schützt die Insassen, wenn sich der Wagen überschlägt.

U

über·rol·len <überrollst, überrollte, hat überrollt> *mit OBJ* ❶ ■ *jmd./etwas überrollt jmdn./etwas über jmdn. oder etwas mit einem Fahrzeug hinwegfahren:* Beim Zurücksetzen überrollte der LKW die Mülltonnen.; Die Gegner wurden von den Panzern einfach überrollt. ❷ ■ *jmd. überrollt jmdn.* (≈ überrumpeln)

über·rum·peln <überrumpelst, überrumpelte, hat überrumpelt> *mit OBJ* ■ *jmd. überrumpelt jmdn. jmdn. überraschend angreifen oder jmdn. plötzlich ein Anliegen vorbringen, so dass er nicht mehr so handeln kann, wie er eigentlich wollte:* Sie haben den Gegner mit einem plötzlichen Angriff überrumpelt.; Jetzt hast du mich aber mit deiner Frage wirklich überrumpelt! ▸ Überrump(e)lung

über·run·den <überrundest, überrundete, hat überrundet> *mit OBJ* ❶ ■ *jmd. überrundet jmdn.* SPORT *jmdn. bei einem Rennen auf einer Rundstrecke überholen und zu diesem Zeitpunkt eine Runde mehr zurückgelegt haben als der Gegner:* Der Läufer hat seinen Kontrahenten zum zweiten Mal überrundet. ❷ ■ *jmd. überrundet jmdn.* (≈ überflügeln) *unerwartet bessere Leistungen haben als jmd. anderer:* In Mathe ist sie alle überrundet.

übers *präp (umg.) über das*

über·sät *adj völlig von etwas bedeckt:* ein mit Narben übersätes Gesicht; Die Straße war mit Scherben übersät.

über·sät·tigt *adj so reich an etwas, dass man es nicht mehr genügend schätzt:* übersättigte Wohlstandsbürger; mit etwas völlig übersättigt sein ▸ Übersättigung

über·säu·ert *adj so, dass zu viel Säure in etwas ist:* ein übersäuerter Boden; Die übersäuerte Muskulatur schmerzt.

Über·schall·flug·zeug *das* <-(e)s, -e> *ein Flugzeug, das schneller als der Schall fliegen kann*

Über·schall·ge·schwin·dig·keit *die* <-> /*kein Plur.*/ *Geschwindigkeit, die größer ist als die Schallgeschwindigkeit*

über·schat·ten <überschattet, überschattete, hat überschattet> *mit OBJ* ❶ ■ *etwas überschattet etwas einen Schatten auf etwas werfen:* Die Lichtung wurde von hohen Eichen überschattet.; Buschige Augenbrauen überschatteten seine dunklen Augen. ❷ ■ *etwas überschattet etwas (übertr.) ein schlechtes Ereignis trübt an sich positives Ereignis:* Die Feierlichkeiten wurden von dem drohenden Krieg überschattet.

über·schät·zen <überschätzt, überschätzte, hat überschätzt> *mit OBJ* ■ *jmd. überschätzt jmdn./sich/etwas* (↔ unterschätzen) *glauben, dass jmd./man selbst/etwas stärker oder klüger oder besser oder leichter ist als in Wirklichkeit:* Da habe ich mich wirklich überschätzt, die Aufgabe kann ich nicht lösen.; Er hat seine Kräfte überschätzt.; Wahrscheinlich habe ich ihn überschätzt, er schafft es wohl doch nicht.

über·schau·bar *adj* ❶ *so, dass man etwas gut geistig erfassen oder die Konsequenzen davon erkennen kann:* Die Risiken dieses Einsatzes waren nicht mehr überschaubar. ❷ (≈ übersichtlich²)

Die Darstellung war einfach und überschaubar. ❸ *nicht zu zahlreich oder nicht zu umfangreich:* eine überschaubare Menge; ein überschaubarer Geldbetrag; Das Projekt soll überschaubar bleiben. ▸ Überschaubarkeit

über·schau·en <überschaust, überschaute, hat überschaut> *mit OBJ (geh.)* ❶ ■ *jmd. überschaut etwas etwas in seiner Gesamtheit geistig erfassen oder die Konsequenzen davon erkennen:* Die Lage ist schwer zu überschauen.; Ich glaube nicht, dass er überhaupt noch überschaut, was die Folgen seines Handelns sind. ❷ (≈ überblicken², übersehen¹) ■ *jmd. überschaut etwas über etwas gut hinweg sehen können:* Von dem Aussichtsturm kann man die gesamte Stadt überschauen.

über·schäu·men <schäumst über, schäumte über, ist übergeschäumt> *ohne OBJ* ❶ ■ *etwas schäumt über so viel Schaum entwickeln, dass er über den Rand eines Gefäßes läuft:* Achtung, der Sekt schäumt über! ❷ ■ *etwas schäumt über den schäumenden Inhalt nicht mehr fassen können:* Das Glas schäumt über. ❸ ■ *jmd./etwas schäumt über (vor etwas Akk.) ein so intensives Gefühl haben, dass es nicht mehr zurückgehalten werden kann:* Er schäumt über vor Wut!; Sie schäumt über vor Freude.; Die Stimmung auf der Party schäumte über.; ■ ein überschäumendes Temperament haben *(umg. übertr.) sehr temperamentvoll sein*

über·schla·fen <überschläfst, überschlief, hat überschlafen> *mit OBJ* ■ *jmd. überschläft etwas (umg.) etwas erst am nächsten Tag und nicht sofort entscheiden:* Überschlafen Sie die Sache, morgen sieht es anders aus!; Deinen Vorschlag muss ich erst einmal überschlafen.

Über·schlag *der* <-(e)s, Überschläge> ❶ *der Vorgang, dass etwas sich in einer waagerechten Achse um sich selbst dreht:* Nach dem Überschlag blieb der Wagen auf dem Dach liegen.; Er versuchte, einen Überschlag rückwärts auf dem Schwebebalken zu machen. ❷ *(umg.) ungefähre Berechnung:* Sie machte einen Überschlag, um den ungefähren Betrag zu ermitteln.

über·schla·gen <überschlägst, überschlug, hat/ist übergeschlagen> ❶ *mit OBJ (haben)* ■ *jmd. überschlägt etwas (meist die Beine) übereinanderlegen:* die Beine übergeschlagen haben; mit übergeschlagenen Beinen dasitzen ❷ *ohne OBJ (sein)* ■ *etwas schlägt in etwas Akk. über sich in eine entgegengesetzte Form verwandeln:* Die Zustimmung zu seiner Politik schlug innerhalb einer Woche in völlige Abneigung über.

über·schla·gen <überschlägst, überschlug, hat überschlagen> ❶ *mit OBJ* ❶ ■ *jmd. überschlägt etwas* (≈ überblättern) *in einer bestimmten Abfolge auslassen:* ein paar Seiten im Buch überschlagen ❷ ■ *jmd. überschlägt etwas etwas ungefähr und schnell berechnen:* Sie überschlug, wieviel sie getrunken hatte und was zu zahlen war. ❷ *mit SICH* ❶ ■ *jmd./etwas überschlägt sich sich in einer waagerechten Achse um sich selbst drehen:* Das Auto hat sich mehrfach überschlagen.; Nachdem er das Gleichgewicht auf den

Skiern verloren hatte, überschlug er sich einige Male und blieb im Schnee liegen. **②** ■ *jmd. überschlägt sich vor etwas Dat. (umg. abwert.) etwas auf eine Art und Weise tun, dass es sehr übertrieben wirkt:* Er überschlug sich vor Dankbarkeit.; sich vor Höflichkeit überschlagen; ■ **jemands Stimme überschlägt sich** *die Stimme von jmdm. wird plötzlich sehr schrill und laut;* ■ **die Ereignisse überschlagen sich** *sehr schnell hintereinander geschehen viele aufregende Dinge* Nach dem Fall der Mauer überschlugen sich die Ereignisse.

über·schnap·pen <schnappst über, schnappte über, ist übergeschnappt> *ohne OBJ* ■ *jmd. schnappt über (umg. abwert.: ≈ durchdrehen) verrückt werden:* Sag mal, was ist los, bist du übergeschnappt?

über·schnei·den <überschneidest, überschnitt, hat überschnitten> *mit SICH* **①** ■ *etwas überschneidet sich einen gemeinsamen Punkt oder eine gemeinsame Fläche haben:* Die Linien überschneiden sich.; Die Mengen überschneiden sich. **②** ■ *etwas überschneidet sich inhaltlich teilweise gleich sein:* Die beiden Themen überschneiden sich. **③** ■ *etwas überschneidet sich (teilweise) gleichzeitig geschehen:* Die Termine überschneiden sich.; Wir brauchen einen zweiten Fernseher, das Ende des Films überschneidet sich mit der ersten Halbzeit des Fußballspiels!

Über·schnei·dung *die* <-, -en> **①** *der Sachverhalt, dass zwei Linien oder Flächen einen Punkt oder eine Fläche gemeinsam haben:* Überschneidung der Linien/Kreise/Ebenen **②** *der Sachverhalt, dass zwei Dinge teilweise den gleichen Inhalt haben:* Überschneidungen bei den Themen vermeiden **③** *(teilweise) Gleichzeitigkeit zweier Ereignisse:* Es kommt zu Überschneidungen bei den Terminen.

über·schrei·ben <überschreibst, überschrieb, hat überschrieben> *mit OBJ* **①** ■ *jmd. überschreibt etwas einen Text mit einer Überschrift versehen:* Der Artikel war überschrieben mit … **②** ■ *jmd. überschreibt etwas über etwas schreiben und es damit ersetzen:* Um die Festplatte wirklich zu löschen, müssen sie Sie mit Zeichen überschreiben.; ein Wort mit einem anderen überschreiben **③** ■ *jmd. überschreibt jmdm. etwas* RECHTSW. *jmdm. etwas als Eigentum geben, indem man diesen Vorgang in einem offiziellen Dokument festlegt:* Sie haben den Kindern das Haus überschrieben.

über·schrei·ten <überschreitest, überschritt, hat überschritten> *mit OBJ* **①** ■ *jmd. überschreitet etwas eine Grenze oder Linie passieren:* die Grenze zum Nachbarland überschreiten; Die Truppen haben die Grenze des Landes überschritten. **②** ■ *jmd. überschreitet etwas sich mehr erlauben oder zugestehen, als man darf:* Sie überschreiten Ihre Kompetenzen! **③** ■ *etwas überschreitet etwas über ein bestimmtes Maß oder eine Grenze irgendwie hinausgehen:* Die Hitze überschreitet das erträgliche Maß. **④** ■ *jmd. überschreitet eine Geschwindigkeit schneller fahren als eine festgelegte oder erlaubte Geschwindigkeit:* Sie ha

ben die zulässige Geschwindigkeit um mehr als 50 Stundenkilometer überschritten!

Über·schrift *die* <-, -en> *das, was als Titel über einem Text steht:* eine fett gedruckte Überschrift ◆ Haupt-, Kapitel-, Unter-

über·schul·det *adj so, dass zu viele Schulden da sind:* Er hat sich total überschuldet, als er selbständig wurde.; ein überschuldetes Geschäft ▶ Überschuldung

Über·schuss *der* <-es, Überschüsse> **①** WIRTSCH. *(↔ Defizit) Geld, das übrig bleibt, wenn von den Einnahmen alle Unkosten abgezogen worden sind:* einen Überschuss erwirtschaften; Wir haben noch einen Überschuss in der Kasse. **②** *(↔ Mangel) etwas, von dem viel mehr vorhanden ist, als man wirklich braucht:* ein Überschuss an Akademikern/Ärzten/Lehrern; Überschuss produzieren

über·schüs·sig *adj /nur attr./ /nicht steig./ so, dass viel mehr vorhanden ist, als man wirklich braucht:* Die überschüssige Wärme wird an die Umwelt abgegeben.

über·schüt·ten <überschüttest, überschüttete, hat überschüttet> *mit OBJ* **①** ■ *jmd. überschüttet jmdn. mit etwas Dat. (übertr.) jmdm. eine große Menge von etwas geben:* Er wurde mit Lob/mit Vorwürfen/mit Geschenken überschüttet. **②** ■ *jmd. überschüttet jmdn./etwas mit etwas Dat. in großer Menge über jmdn. oder etwas gießen:* Du sollst die Blumen nicht mit Wasser überschütten, sondern nur vorsichtig gießen!

Über·schwang *der* <-(e)s> */kein Plur./ (geh.) ein übertriebenes Maß an Gefühl:* Im Überschwang ihrer Freude vergaß sie alles andere.

über·schwäng·lich *adj mit einem übertrieben Maß an Gefühl:* jemandem überschwänglich für etwas danken; Überschwänglicher Dank ist ein Dank mit Überschwang. ◆ Schreibung nach dem Stammprinzip →R 1.7

über·schwap·pen <schwappt über, schwappte über, ist übergeschwappt> *ohne OBJ (umg.)* **①** ■ *etwas schwappt über (als Flüssigkeit) über den Rand eines Behälters herauslaufen, wenn der Behälter heftig bewegt wird:* Der Kaffee ist übergeschwappt. **②** ■ *etwas schwappt über (als offener Behälter) so viel Flüssigkeit in sich haben, dass sie einem heftigen Schwung über den Rand läuft:* Die Tasse ist übergeschwappt.

über·schwem·men <überschwemmt, über­schwemmte, hat überschwemmt> *mit OBJ* **①** ■ *etwas überschwemmt etwas eine Fläche vollständig mit Wasser bedecken:* Der Fluss überschwemmt regelmäßig die Wiesen.; Das Wasser aus der Waschmaschine überschwemmte die ganze Küche. **②** ■ *etwas überschwemmt jmdn./etwas (übertr. abwert.) so viel von etwas liefern, dass es zu einem Überschuss² kommt:* Die Fernsehzuschauer werden von der Masse der Talkshows regelrecht überschwemmt.; Der Markt wurde mit Billigprodukten überschwemmt.

Über·schwem·mung *die* <-, -en> **①** *der Vorgang, dass eine große Menge von Wasser eine Fläche vollständig bedeckt:* In dieser Gegend kommt es häufig zu Überschwemmungen.; Nach der Überschwemmung der Altstadt wurde der Notstand

U

ausgerufen. ◆-sgebiet ❷ /kein Plur./ (übertr. abwert.) der Vorgang, dass jmd. oder etwas übermäßig mit etwas beliefert wird: die Überschwemmung des Marktes mit Billigprodukten

Über·see ■ **aus Übersee** aus einem Land auf der anderen Seite des Atlantiks Schiffe, die aus Übersee kommen; ■ **in Übersee** in einem Land auf der anderen Seite des Atlantiks in Übersee Urlaub machen; ■ **nach Übersee** in ein Land auf der anderen Seite des Atlantiks nach Übersee exportiert werden ◆-dampfer, -handel

über·see·isch adj /nicht steig./ aus, in oder nach Übersee: überseeische Provinzen; überseeischer Handel

über·seh·bar adj (≈ überschaubar) Die Menge der Aufgaben war nicht mehr übersehbar.; Das gesamte Projekt muss übersehbar bleiben.

über·se·hen <übersiehst, übersah, hat übersehen> mit OBJ ❶ ■ **jmd. übersieht etwas** (≈ überblicken) über etwas gut hinweg sehen können: Von hier oben übersieht man das Umland der Stadt.; Vom Riesenrad aus übersieht man die gesamte Festwiese. ❷ ■ **jmd. übersieht etwas** etwas in seiner Gesamtheit geistig erfassen oder die Konsequenzen davon erkennen: Die Situation war schwer zu übersehen.; Wer übersieht noch das gesamte Projekt? ❸ ■ **jmd. übersieht jmdn./etwas** (≈ ignorieren) absichtlich jmdn. oder etwas nicht beachten: Die Mängel des Neubaus sind nicht zu übersehen.; Seit ihrem heftigen Streit übersieht sie ihn einfach, wenn sie ihm irgendwo zufällig begegnet. ❹ ■ **jmd. übersieht jmdn./etwas** jmdn. oder etwas ohne Absicht nicht beachten: Oh, entschuldigen Sie bitte, ich habe Sie wohl übersehen.; Ich weiß auch nicht wie das passieren konnte, aber ich habe das Stoppschild einfach übersehen.

über·se·hen <siehst über, sah über, hat übergesehen> mit SICH ■ **jmd. sieht sich etwas über** (umg.) so viel von etwas sehen, dass man es nicht mehr ertragen kann: Ich habe mir das Tapetenmuster übergesehen.

über·sen·den <übersendest, übersandte/übersendete, hat übersandt/übersendet> mit OBJ ■ **jmd. übersendet jmdm. etwas** (geh.) etwas mit der Post schicken: Anbei übersenden wir Ihnen die Unterlagen.

über·set·zen <setzt über, setzte über, hat/ist übergesetzt> I. mit OBJ (haben) ■ **jmd. setzt jmdn./etwas über** jmdn. oder etwas mit einem Boot o. Ä. an das andere Ufer bringen: Der Fährmann hat die Wanderer übergesetzt. II. ohne OBJ (sein o haben) ■ **jmd. setzt über** mit einem Boot o. Ä. über einen Fluss, See, Kanal o. Ä. an das andere Ufer fahren: Er hat/ist mit der Fähre übergesetzt.; Die Fähre ist/hat übergesetzt.

über·set·zen¹ <übersetzt, übersetzte, hat übersetzt> mit OBJ/ohne OBJ ■ **jmd. übersetzt (etwas)** etwas Geschriebenes oder Gesprochenes von einer Sprache in eine andere übertragen: die Konferenzmaterialien vom Englischen ins Französische übersetzen; Ich habe frei, nicht wortwörtlich übersetzt.

über·set·zen² <übersetzt, übersetzte, hat übersetzt> mit OBJ ■ **etwas übersetzt etwas in etwas** Akk. TECHN. die Kraft, die von einer Welle, einem Rad, einem Getriebe o. Ä. ausgeht, über eine zweite Welle, ein zweites Rad, ein zweites Getriebe o. Ä. in ein schnelleres oder langsameres Verhältnis übertragen: Das Getriebe eines Fahrrades übersetzt die Antriebsdrehzahl der Pedalen in die Umdrehungsdrehzahl der Räder.

Über·set·zer der, **Über·set·ze·rin** <-s, -> Person, die einen Text von einer Sprache in eine andere überträgt: Der Übersetzer dieses Werkes wurde mit einem Preis ausgezeichnet. ◆ Fach-, Literatur-

Über·set·zung¹ die <-, -en> ❶ ein Text, der von einer Sprache in eine andere übertragen wurde: eine Übersetzung aus dem Russischen ❷ das Übersetzen¹: Die Übersetzung der Werke Hegels bereitet erhebliche Schwierigkeiten. ◆-swissenschaft, Roh-

Über·set·zung² die <-, -en> TECHN. Verhältnis, in dem eine Kraft übersetzt² wird: die Übersetzung von einer höheren in eine niedrigere Drehzahl; ein Fahrrad mit 27 verschiedenen Übersetzungen ◆-sverhältnis

Über·sicht die <-, -en> ❶ /kein Plur./ (≈ Überblick¹) die Fähigkeit, etwas in seiner Gesamtheit und seinen Zusammenhängen zu erfassen: die Übersicht verlieren; sich eine Übersicht verschaffen ❷ eine Darstellung, die etwas kurz zusammenfasst: eine Übersicht über die Umsatzentwicklung

über·sicht·lich adj ❶ so, dass man es gut überschauen² kann: Ein übersichtliches Gelände ist schlecht zum Versteckspiel geeignet. ❷ so klar, dass man es gut verstehen kann: Die Darstellung war einfach und übersichtlich.

Über·sicht·lich·keit die <-> /kein Plur./ ❶ die Eigenschaft, dass man etwas gut übersehen¹ kann: Die Übersichtlichkeit des Geländes erleichtert die Überwachung. ❷ Einfachheit und Klarheit: Der Darstellung mangelt es an Übersichtlichkeit.

über·sie·deln, **über·sie·deln** <übersiedelst/siedelst über, übersiedelte/siedelte über, ist übersiedelt/übergesiedelt> ohne OBJ ■ **jmd. siedelt irgendwohin über** den Wohnort wechseln: Wir sind nach Hamburg übersiedelt/übergesiedelt.; Das Unternehmen siedelt ins Ausland über/übersiedelt ins Ausland. ◆ Übersiedler, Übersiedlerin

über·sinn·lich adj so, dass es mit den normalen Sinnen nicht zu verstehen ist: übersinnliche Wahrnehmungen haben ▶ Übersinnlichkeit

über·span·nen <überspannst, überspannte, hat überspannt> mit OBJ ❶ ■ **etwas überspannt etwas** (geh.) sich über etwas spannen: Die Brücke überspannt das Tal. ❷ ■ **jmd. überspannt etwas** zu sehr spannen: eine Gitarrensaite überspannen; ■ **den Bogen überspannen** (übertr. abwert.) zu hohe Forderungen stellen

über·spannt adj (umg. abwert.) ❶ leicht verrückt: ein überspanntes Wesen haben ❷ so, dass es nicht der Realität entspricht: überspannte Forderungen; überspannte Pläne

über·spie·len <überspielst, überspielte, hat überspielt> mit OBJ ❶ ■ **jmd. überspielt etwas** etwas von einem Datenträger (einer Videokassette, einer Tonkassette, einer Schallplatte o. Ä.)

auf einen anderen Datenträger übertragen: Über-
spielst du mir bitte den Film?; eine CD auf Kassette
überspielen ❷■ *jmd.* **überspielt etwas** *etwas
Unangenehmes durch geschicktes Verhalten verbergen:* Er konnte seine Unerfahrenheit gut überspielen.

über·spịtzt *adj übertrieben, aber noch verständlich:* Ich formuliere es jetzt überspitzt, um deutlich
zu machen, worum es mir geht.

über·sprịn·gen <springt über, sprang über, ist
übergesprungen> *ohne OBJ* ■ **etwas springt
über** *sich schnell von einer Stelle zu einer anderen bewegen:* Zwischen den beiden Enden des
Drahtes sprangen Funken über.

über·sprịn·gen <überspringst, übersprang, hat
übersprungen> *mit OBJ* ❶■ *jmd.***/ein** *Tier*
überspringt etwas *über etwas einen Sprung machen:* einen Graben/eine Pfütze überspringen;
Das Pferd übersprang das Hindernis mühelos.
❷■ *jmd.* **überspringt etwas** *(≈ auslassen) nicht
berücksichtigen und daher weglassen:* Den nächsten Punkt auf der Tagesordnung können wir überspringen.; beim Lesen mehrere Zeilen überspringen

über·spru·deln <sprudelt über, sprudelte über,
ist übergesprudelt> *ohne OBJ* ❶■ **etwas sprudelt über** *eine Flüssigkeit sprudelt so sehr, dass
sie über den Rand eines Gefäßes fließt* ❷■ **etwas
sprudelt über** *etwas ist sehr intensiv oder sehr
deutlich:* ein übersprudelndes Temperament; über-
sprudelnde Freude

über·staat·lich *adj /nicht steig./ so, dass mehrere
Staaten einbezogen sind:* eine überstaatliche Organisation

über·ste·hen <steht über, stand über, hat/ist
übergestanden> *ohne OBJ* ■ **etwas steht über**
über etwas herausragen: Der Balken steht über.

über·ste·hen <überstehst, überstand, hat über-
standen> *mit OBJ* ■ *jmd.***/etwas** **übersteht etwas** *eine gefährliche oder unangenehme Situation hinter sich bringen:* Alle Passagiere haben den
Flugzeugabsturz lebendig überstanden.; Die Stadt
hat den Krieg ohne größere Zerstörungen überstanden.; Er hat eine schwere Krankheit überstanden.;
Hoffentlich übersteht das Zelt den Sturm!

über·stei·gen <übersteigst, überstieg, hat über-
stiegen> *mit OBJ* ❶■ *jmd.* **übersteigt etwas**
über etwas steigen: einen Zaun übersteigen
❷■ **etwas übersteigt etwas** *über etwas hinausgehen:* Die Aufgabe übersteigt ihre Kräfte.; Die
Kosten übersteigen meine finanziellen Möglichkeiten.; Das übersteigt meinen Verstand!

über·stei·gert *adj (≈ übertrieben) so, dass es viel
größer oder stärker ausgeprägt ist als angemessen:* ein übersteigertes Selbstvertrauen; übersteigerte Hoffnungen/Erwartungen

über·steu·ern <übersteuerst, übersteuerte, hat
übersteuert> *ohne OBJ* ■ *jmd.* **übersteuert** KFZ
*(in einer Kurve) zu stark lenken, so dass das Fahr-
zeug mit dem Heck nach außen drängt*

über·steu·ert *adj* ❶ELEKTROTECHN. *so, dass Töne
über einen Verstärker verzerrt wiedergegeben
werden, weil die Spannung am Signaleingang zu
hoch ist:* Die Anlage ist total übersteuert. ❷KFZ *so,*

dass ein Fahrzeug in einer Kurve mit dem Heck zu
stark nach außen drängt

über·stịm·men <überstimmst, überstimmte, hat
überstimmt> *mit OBJ* ■ *jmd.* **überstimmt**
*jmdn.***/etwas** *jmdn. oder etwas in einer Abstimmung durch Stimmenmehrheit scheitern lassen:*
einen Gegner/einen Vorschlag überstimmen; Wir
wurden überstimmt.

über·strah·len <überstrahlst, überstrahlte, hat
überstrahlt> *mit OBJ* ■ **etwas überstrahlt etwas** *heller strahlen als etwas anderes:* Der Stern
überstrahlt das Licht der benachbarten Sterne.

über·stra·pa·zie·ren <- hat überstrapaziert> *mit
OBJ /nur Infinitiv oder Partizip Perfekt /* ■ *jmd.***/
etwas hat etwas überstrapaziert** *zu sehr beanspruchen:* Du wirst seine Geduld noch einmal
überstrapazieren.; Er hat meine Nerven überstrapaziert.; Das sind wirklich überstrapazierte Argumente.

über·strei·chen <überstreichst, überstrich , hat
überstrichen> *mit OBJ* ■ *jmd.* **überstreicht etwas** *Farbe über etwas streichen, um es zu verdecken:* Wasserflecken kann man nicht mit normaler
Farbe überstreichen.

über·strei·fen <streifst über, streifte über, hat
übergestreift> *mit OBJ* ■ *jmd.* **streift etwas
über** *etwas schnell anziehen:* Bevor er aus dem
Haus ging, streifte er sich noch einen leichten Mantel über.

über·strö·mend *adj so stark, dass es klar sichtbar
ist:* überströmende Freude/Dankbarkeit/Herzlich-
keit

über·strömt *adj mit Blut, Schweiß oder Tränen bedeckt:* sein von Tränen überströmtes Gesicht
◆ blut-, schweiß-, tränen-

über·stül·pen <stülpst über, stülpte über, hat
übergestülpt> *mit OBJ* ■ *jmd.* **stülpt** *jmdm.***/
sich/etwas etwas über** *etwas mit der Öffnung
nach unten auf jmdn./sich/etwas setzen:* Sie
stülpte sich rasch eine Wollmütze über, bevor
sie rodeln gingen.

Über·stun·de *die* <-, -n> */meist Plur./ Arbeit, die
über die vereinbarte Arbeitszeit hinaus geleistet
wird:* Überstunden machen/abbauen/ausbezahlt
bekommen ◆-nabbau

über·stür·zen <überstürzt> *mit OBJ* ■ *jmd.* **überstürzt etwas**
*zu schnell handeln, ohne zu überlegen, welche
Konsequenzen das Handeln haben wird:* eine Entscheidung überstürzen; überstürzt abreisen; Über-
stürze nur nicht, denk lieber in Ruhe nach! **II.** *mit
SICH* ■ *jmd.* **überstürzt sich, etwas zu tun** *sehr
schnell etwas tun:* Er überstürzte sich, ihr jeden
Wunsch zu erfüllen.; ■ **die Ereignisse überstürzen sich** *es geschehen in einem kurzen Zeitraum
viele interessante oder unerwartete Dinge*

über·ta·rif·lich *adj* WIRTSCH. *mehr, als im Tarifvertrag festgelegt:* eine übertarifliche Zulage zum Gehalt

über·teu·ert *adj zu teuer:* überteuerte Lebensmittel

über·töl·peln <übertölpelst, übertölpelte, hat
übertölpelt> *mit OBJ* ■ *jmd.* **übertölpelt** *jmdn.*
(umg. abwert.) jmdn. auf einfache Art betrügen:

Da hast du dich aber mit einem billigen Trick übertölpeln lassen!

über·tö·nen <übertönst, übertönte, hat übertönt> *mit OBJ* ▪ *jmd./etwas übertönt jmdn./ etwas lauter als jmd./etwas anderer/anderes sein:* Der Straßenlärm übertönte unser Gespräch.; Er übertönte mit seiner Stimme alle anderen im Raum.

Über·topf *der* <-(e)s, Übertöpfe> *eine Art Topf aus Keramik oder Kunststoff o. Ä., der schön aussieht und in den man einen einfachen Blumentopf stellt*

Über·trag *der* <-(e)s, Überträge> *eine Zahl, die man als Ergebnis einer Rechnung auf einer Seite bekommt und die man in eine neue Rechnung auf einer neuen Seite übernimmt:* Der Übertrag von der vorherigen Seite beträgt 545 Euro.

über·trag·bar <nicht steig> *adj so, dass man es an andere weitergeben kann:* eine übertragbare Monatskarte

über·tra·gen <überträgst, übertrug, hat übertragen> I. *mit OBJ* ❶ ▪ *etwas überträgt etwas (auf etwas Akk.) Kraft oder Energie von einem Gerät an ein anderes Teil weitergeben:* die Kraft vom Motor auf die Räder übertragen ❷ ▪ *jmd./etwas überträgt etwas (auf jmdn./ein Tier) etwas, das der Gesundheit schadet, an jmdn. oder ein Tier weitergeben:* Füchse können Tollwut durch Bisse auf den Menschen übertragen.; HIV wird durch Körperflüssigkeiten übertragen.; eine Krankheit übertragen ❸ ▪ *jmd. überträgt etwas auf jmdn. etwas an jmdn. weitergeben:* Die Eintrittskarten können nicht auf andere übertragen werden.; Der Firmengründer übertrug die Leitung des Unternehmens auf seinen Sohn. ❹ ▪ *jmd. überträgt jmdm. etwas jmdm. eine bestimmte Aufgabe zuweisen:* Man hatte ihr die gesamte Buchführung übertragen. ❺ ▪ *jmd. überträgt Blut jmdm. Blut von jmdm. anderem geben:* Nach dem Unfall bekam er sofort Blut übertragen. ❻ ▪ *jmd. überträgt etwas auf etwas Akk. etwas auf einen anderen Bereich anwenden:* Erkenntnisse aus der Biologie auf die Technik übertragen ❼ ▪ *jmd. überträgt etwas in etwas Akk. einen Text oder Teile eines Textes übersetzen oder in eine andere Form bringen:* einen Roman ins Englische übertragen; Sie hat die vereinzelten Sätze in einen zusammenhängenden Text übertragen ❽ ▪ *etwas überträgt etwas in etwas Akk. (≈ umwandeln) Signale oder Impulse in eine andere Form bringen:* Ein Modem überträgt digitale in analoge Signale und umgekehrt. ❾ ▪ *etwas überträgt etwas EDV, TELEKOMM. Informationseinheiten oder Daten (in einem bestimmten Zeitintervall) weiterleiten:* Das Netzwerk überträgt die Daten mit einer Geschwindigkeit von 10 Megabit pro Sekunde. ❿ ▪ *jmd. überträgt etwas auf/in etwas Akk. etwas an einer anderen Stelle noch einmal schriftlich aufnehmen:* Übertragen Sie die Zahlen in das Formular!; die gemessenen Werte in ein Diagramm übertragen ⓫ ▪ *etwas überträgt etwas ein Ereignis live im Radio oder Fernsehen senden:* Das Konzert wird in voller Länge im Fernsehen/im Radio übertragen. ⓬ ▪ *jmd. überträgt etwas (auf etwas*

Akk.) überspielen [1]: *eine CD auf einen MP3-Player übertragen* II. *mit SICH* ❶ ▪ *etwas überträgt sich (auf jmdn.) von einem Lebewesen zu einem anderen Lebewesen gelangen:* Das Virus überträgt sich durch Körperflüssigkeiten. ❷ ▪ *etwas überträgt sich (auf jmdn.) jmdn. mit einem bestimmten Verhalten oder einer Eigenschaft so beeinflussen, dass er ein ähnliches Verhalten oder eine ähnliche Eigenschaft zeigt:* Ihre Nervosität überträgt sich auch auf die Kinder.; ▪ **übertragene Bedeutung** *eine Bedeutung, die nicht dem eigentlichen Wortsinn entspricht* ein Wort/eine Wendung in übertragener Bedeutung verwenden; In übertragener Bedeutung heißt „Rad fahren", dass man Untergebene schlecht behandelt und Übergeordneten gegenüber immer freundlich und dienstbereit ist.

Über·tra·gung *die* <-, -en> ❶ */kein Plur./ der Vorgang, dass jmd. etwas, das irgendwo aufgeschrieben ist, an einer anderen Stelle schreibt:* die Übertragung der Ergebisse in die Tabelle; die Übertragung der Zahlen des Vormonats in die Liste für den aktuellen Monat ❷ *eine nicht wörtliche, sondern eher sinngemäße und freie Übersetzung:* die Übertragung eines Textes aus dem Chinesischen; Es handelt sich eher um die freie Übertragung als um eine wörtliche Übersetzung ❸ *(≈ Ansteckung) der Vorgang, dass durch den Kontakt mit einem Kranken ein anderer Mensch auch krank wird:* die Übertragung einer Krankheit ❹ *(≈ Übergabe) der Vorgang, dass Aufgaben, Funktionen oder Rechte von einer Person an eine andere gegeben werden:* die Übertragung der Aufgaben an den Nachfolger ❺ *der Vorgang, dass ein bestimmtes Wissen oder eine bestimmte Vorgehensweise in einem anderen Bereich angewendet wird:* die Übertragung der Erkenntnisse in die Praxis/auf andere Bereiche ❻ *der Vorgang, dass ein Konzert oder eine Veranstaltung von Rundfunk oder Fernsehen aufgezeichnet und gesendet werden:* Sie hören eine Übertragung aus dem Konzertsaal der Stadt. ◆ Live- ❼ MED. *der Vorgang, dass in den Körper eines Menschen eine Substanz aus dem Körper eines anderen Menschen gebracht wird:* die Übertragung von Blut/von Knochenmark ◆ Blut- ❽ TECHN. *der Vorgang, dass eine Kraft auf etwas anderes geleitet wird:* die Übertragung der Kraft des Motors auf die Räder

Über·tra·gungs·feh·ler *der* <-s, -> ❶ EDV, TELEKOMM. *Fehler, der in einem Netzwerk oder im Internet auftritt, während Daten übertragen* [9] *werden* ❷ *Fehler, der beim Übertragen* [7] *auftritt*

Über·tra·gungs·ge·schwin·dig·keit *die* <-, -en> EDV, TELEKOMM. *Übertragungsrate*

Über·tra·gungs·pro·to·koll *das* <-s, -e> EDV, TELEKOMM. *Komponente in einem Programm, die für die Vermittlung von Daten in einem Netzwerk oder über das Internet zuständig ist:* TCP/IP ist heute das am meisten verwendete Übertragungsprotokoll.

Über·tra·gungs·ra·te *die* <-, -n> EDV, TELEKOMM. *(≈ Übertragungsgeschwindigkeit) die Anzahl der Informationseinheiten, die in einem bestimmten*

Zeitintervall *übertragen werden:* Diese Festplatte hat nur eine geringe Übertragungsrate.

Über·tra·gungs·wa·gen *der* <-s, -> (≈ *Ü-Wagen*) *Fahrzeug, von dem aus Sendungen für Radio oder Fernsehen übertragen werden*

über·tref·fen <übertriffst, übertraf, hat übertroffen> *mit OBJ* ❶ ■ *jmd./etwas* ***übertrifft jmdn./etwas (in etwas Dat.)** (auf einem Gebiet) bessere Leistungen oder bessere Qualitäten vorweisen als jmd. anderer/etwas anderes:* In Mathematik übertrifft sie alle ihre Klassenkameraden.; Das neue Modell übertrifft das alte im Hinblick auf die Sicherheit. ❷ ■ *jmd./etwas* ***übertrifft jmdn./etwas an etwas Dat.** mehr von einer Eigenschaft haben als jmd. anderer/etwas anderes:* Sie übertrifft ihn an Intelligenz.; Das neue Programm übertrifft das alte vor allem an Stabilität. ❸ ■ *etwas* ***übertrifft etwas** größer oder höher sein als etwas anderes:* Das übertrifft alle unsere Erwartungen!; Die heutigen Einnahmen übertreffen die gestrigen.; ■ **jemand hat sich selbst übertroffen** *jmd. hat etwas Außergewöhnliches geleistet* Mit diesem Roman hat sich der Autor selbst übertroffen.

über·trei·ben <übertreibst, übertrieb, hat übertrieben> *mit OBJ/ohne OBJ* ❶ ■ *jmd.* ***übertreibt etwas** behaupten, dass etwas größer, besser, schlechter usw. ist als in Wirklichkeit:* In seinem Bericht hat er das Ausmaß der Schäden stark übertrieben.; Stimmt das wirklich? Hast du nicht etwas übertrieben? ❷ ■ *jmd.* ***übertreibt etwas/mit etwas Dat.** mehr tun, als gut oder nötig ist:* Er übertreibt die Sparsamkeit.; Hundert Kilometer Jogging pro Woche? Du übertreibst es mit dem Sport!; Übertreibst du nicht ein bisschen mit dem Abnehmen?; ■ **Man kann's auch übertreiben.** *(umg. abwert.) verwendet als Kritik an jmdm., der zu viel von etwas macht oder unverschämt wird*

Über·trei·bung *die* <-, -en> *das Übertreiben:* Das kann man ohne jede Übertreibung so sagen.

über·tre·ten <trittst über, trat über, ist/hat übergetreten> *ohne OBJ* ❶ ■ *jmd.* ***tritt zu etwas Dat. über** (sein) zu einer anderen Partei, Religionsgemeinschaft, Organisation o. Ä. wechseln:* Er war zur konkurrierenden Partei übergetreten.; Sie ist zum katholischen Glauben übergetreten. ❷ ■ *jmd.* ***tritt über** SPORT *(sein o haben) beim Absprung über die Absprunglinie treten:* Die Springerin ist/hat beim dritten Versuch übergetreten. ❸ ■ *etwas tritt über ein Fluss oder ein Bach fließt nach starkem Regen oder starker Schneeschmelze über die Ufer:* Nach dem starken Regen besteht die Gefahr, dass der Fluss wieder übertritt.

über·tre·ten <übertrittst, übertrat, hat übertreten> *mit OBJ* ■ *jmd.* ***übertritt etwas** etwas missachten; gegen etwas verstoßen:* ein Gesetz/ein Verbot übertreten

Über·tre·tung *die* <-, -en> *Missachtung; Verstoß:* die Übertretung eines Gesetzes

über·trie·ben[1] *Part. Perf. von* **übertreiben**

über·trie·ben[2] *adj zu groß, zu schlecht, zu stark o. Ä.:* Seine Vorsicht ist nicht übertrieben.; übertriebene Ängste

über·trie·ben[3] *adv zu sehr:* Sie ist übertrieben vorsichtig.

Über·tritt *der* <-(e)s, -e> ❶ *Wechsel zu einer anderen Organisation, Religionsgemeinschaft, Partei o. Ä.:* der Übertritt zu einer anderen Partei; der Übertritt zum christlichen Glauben ❷ *Ereignis dieses Wechsels:* Die Zahl der Übertritte zu anderen Parteien ist gestiegen.

über·trump·fen <übertrumpfst, übertrumpfte, hat übertrumpft> *mit OBJ* ■ *jmd.* ***übertrumpft jmdn.** (≈ übertreffen[1]) Er lief eine hervorragende Zeit, aber sein Kontrahent hat ihn noch übertrumpft.

über·tün·chen <übertünchst, übertünchte, hat übertüncht> *mit OBJ* ■ *jmd.* ***übertüncht etwas** übermalen:* die Schmiererei an der Wand übertünchen

über·ver·si·chert *adj /nicht steig./ (↔ unterversichert) so, dass man zu viele Versicherungen abgeschlossen hat* ▶ Überversicherung

über·völ·kert *adj mit so vielen Menschen, dass es ungünstige Folgen hat:* übervölkerte Großstädte; von Touristen übervölkerte Urlaubsgebiete ▶ Übervölkerung

Über·völ·ke·rung *die* <-, -en> *die Situation, dass ein Gebiet zu dicht besiedelt ist*

über·vor·tei·len <übervorteilst, übervorteilte, hat übervorteilt> *mit OBJ* ■ *jmd.* ***übervorteilt jmdn.** (geh.) sich einen Vorteil bei einem Geschäft, einem Verkauf, einem Vertrag o. Ä. verschaffen, indem man den anderen, der nicht so viel von diesem Geschäft, Verkauf, Vertrag o. Ä. versteht, benachteiligt:* Bei diesem Mietvertrag hat euch der Vermieter eindeutig übervorteilt.

über·wa·chen <überwachst, überwachte, hat überwacht> *mit OBJ* ❶ ■ *jmd./etwas* ***überwacht jmdn./etwas** jmdn. oder etwas dauernd beobachten, um zu kontrollieren, ob alles richtig funktioniert:* Die Produktion läuft vollautomatisch und wird von Computern überwacht.; Auf der Intensivstation wird der Kranke ständig überwacht. ❷ ■ *jmd./etwas* ***überwacht jmdn./etwas** jmdn. oder etwas beobachten, um zu kontrollieren, ob etwas Verbotenes oder eine Straftat geschieht:* einen Platz/ein Geschäft mit Videokameras überwachen; einen Verdächtigen/ein Gebäude polizeilich überwachen lassen

Über·wa·chung *die* <-, -en> ❶ *das Überwachen*[1]: *die vollautomatische Überwachung der Produktion* ❷ *das Überwachen*[2]: *die Überwachung eines Verdächtigen/eines Gebäudes*

Über·wa·chungs·ka·me·ra *die* <-, -s> *eine kleine Videokamera, die zur Überwachung*[2] *dient:* In dem Park hatte die Polizei verschiedene Überwachungskameras installiert.

Über·wa·chungs·staat *der* <-(e)s, -en> */Plur. selten / (abwert.) Staat, in dem Bürger ständig von der Polizei überwacht werden, auch wenn sie nichts Verbotenes getan haben*

über·wäl·ti·gen <überwältigst, überwältigte, hat überwältigt> *mit OBJ* ❶ ■ *jmd.* ***überwältigt jmdn.** (≈ bezwingen) jmdn. wehrlos machen:* einen Dieb überwältigen; beim Wettkampf den Gegner überwältigen ❷ ■ *etwas* ***überwältigt jmdn.***

gefühlsmäßig so stark bewegen, dass jmd. nichts dagegen tun kann: Die Eindrücke auf der Reise durch Kanada haben sie überwältigt.; ein überwältigendes Erlebnis; Ein Gefühl der Angst/Trauer überwältigte sie.

über·wäl·ti·gend[1] *Part.Präs. von* **überwältigen**

über·wäl·ti·gend[2] *adj* ❶ *sehr groß oder stark:* Die überwältigende Mehrheit stimmte für das Gesetz.; ein überwältigender Sieg ❷ *(≈ außerordentlich, großartig) so, dass etwas sehr intensiv ist und eine starke Wirkung hat:* ein überwältigender Anblick; ein überwältigendes Erlebnis

über·wech·seln <wechselst über, wechselte über, ist übergewechselt> *ohne OBJ* ❶ ■ *jmd. wechselt irgendwohin über sich von einer Seite auf eine andere Seite bewegen:* zur anderen Straßenseite/auf die linke Fahrspur überwechseln ❷ ■ *jmd. wechselt in etwas Akk./zu etwas Dat. über von einer Organisation, Religionsgemeinschaft, Partei o. Ä. in eine andere Organisation, Religionsgemeinschft, Partei o. Ä. gehen:* ins Lager der Kernkraftbefürworter überwechseln; Er ist zum jüdischen Glauben übergewechselt.; zu einer anderen Partei überwechseln

über·wei·sen <überweist, überwies, hat überwiesen> *mit OBJ* ❶ ■ *jmd. überweist etwas veranlassen, dass Geld vom eigenen auf ein anderes Konto gelangt:* Bitte überweisen Sie uns den Betrag vorab!; 500 Euro auf jemands Konto überweisen ❷ ■ *jmd. überweist jmdn. (an jmdn./etwas/zu jmdm./etwas)* MED. *zu einem anderen Arzt oder in ein Krankenhaus schicken:* Der Arzt hat den Patienten zum Radiologen überwiesen.

Über·wei·sung *die* <-, -en> ❶ *das Überweisen:* eine Überweisung vornehmen; die Überweisung zum Facharzt ❷ *eine Summe Geld, die überwiesen*[1] *wurde:* eine Überweisung über 200 Euro ❸ *ein Schein, mit dem Geld überwiesen*[1,] *wird oder mit dem ein Patient überwiesen*[2] *wird:* eine Überweisung über einen bestimmten Betrag ausstellen; Bitte bringen Sie Ihre Überweisung mit zum Facharzt! ◆ -sformular, -sschein

Über·wei·sungs·auf·trag *der* <-(e)s, Überweisungsaufträge> *Formular, das man ausfüllt, um Geld zu überweisen*[1]

über·weit *adj sehr weit:* ein überweites Kleid für die Schwangerschaft

Über·wei·te *die* <-, -n> *ein Maß, das weiter ist als normal:* Kleider in Überweite

über·wer·fen <wirfst über, warf über, hat übergeworfen> *mit OBJ* ■ *jmd. wirft sich/jmdm. etwas über sich oder jmdm. etwas locker und schnell um die Schultern legen:* sich/jemandem einen Umhang überwerfen

über·wer·fen <überwirfst, überwarf, hat überworfen> *mit SICH* ■ *jmd. überwirft sich mit jmdm. sich heftig mit jmdm. streiten und dann keinen Kontakt mehr mit ihm haben, weil man sich nicht versöhnt hat:* Die Geschwister haben sich überworfen.; Sie hat sich mit ihrer Freundin überworfen.

über·wie·gen <überwiegt, überwog, hat überwogen> I. *mit OBJ/ohne OBJ* ■ *etwas überwiegt (etwas) wichtiger, entscheidender, stärker*

o. Ä. *als etwas anderes sein:* Die Gegenstimmen überwogen letztlich die der Befürworter.; Schließlich überwog bei ihr doch die Neugier. II. *ohne OBJ* ■ *jmd./etwas überwiegt stärker oder in größerer Zahl vertreten sein:* In den technischen Studiengängen überwiegen noch die Männer.; Die Landwirtschaft überwiegt in dieser Region.; Hier wird überwiegend Mais angebaut.; Das schlechte Wetter überwiegt in dieser Woche.; bei überwiegend regnerischem Wetter

über·win·den <überwindest, überwand, hat überwunden> I. *mit OBJ* ❶ ■ *jmd./etwas überwindet etwas etwas mit dem Einsatz von Kraft bewältigen:* ein Hindernis überwinden; Das Auto überwand die Steigungen ohne Schwierigkeiten.; Die Zugvögel können große Entfernungen überwinden. ❷ ■ *jmd./etwas überwindet etwas eine Krankheit besiegen oder etwas sehr Schlimmes abschaffen:* eine schwere Krankheit/Schwierigkeiten überwinden; eine wirtschaftliche Krise überwinden; den Hunger in der Welt überwinden ❸ ■ *jmd. überwindet etwas etwas, das meist eine Eigenschaft oder ein schlechtes Gefühl ist, erfolgreich bekämpfen:* ein Gefühl des Ekels überwinden; die Angst/die Abneigung gegen etwas/jemanden überwinden ❹ ■ *jmd. überwindet jmdn. (geh.) jmdn. besiegen:* den Feind überwinden II. *mit SICH* ■ *jmd. überwindet sich (zu etwas Dat.) etwas tun oder sagen, obwohl man es nicht wollte:* Sie überwand sich und gab ihrem ärgsten Feind die Hand.; Um Insekten zu essen, muss man sich ziemlich überwinden.

Über·win·dung *die* <-> /kein Plur./ *der Vorgang, dass man etwas tut, obwohl man einen Widerwillen dagegen spürt:* Das Frühaufstehen/Baden in kaltem Wasser kostet Überwindung.

über·win·tern <überwinterst, überwinterte, hat überwintert> *ohne OBJ* ❶ ■ *jmd./ein Tier überwintert irgendwo während des Winters irgendwo bleiben:* Viele Rentner überwintern im warmen Süden.; Die Zugvögel überwintern im Süden. ❷ ■ *etwas überwintert irgendwo während des Winters irgendwo geschützt lagern:* die Pflanzen im Keller überwintern lassen

über·wu·chern <überwuchert, überwucherte, hat überwuchert> *mit OBJ* ■ *etwas überwuchert etwas Pflanzen wachsen schnell über etwas hinweg:* Efeu überwucherte die Mauer.; von Unkraut überwucherte Gräber

Über·zahl *die* <-> /kein Plur./ *die Mehrheit von Personen, die anderen Personen gegenüberstehen:* Die Feinde waren in der Überzahl.

über·zäh·lig *adj mehr von etwas, als benötigt wird:* Sie verteilte die Arbeitsblätter in der Klasse und legte die überzähligen Exemplare auf den Lehrertisch.

über·zeich·nen <überzeichnest, überzeichnete, hat überzeichnet> *mit OBJ* ■ *jmd. überzeichnet etwas (geh.) etwas übertrieben darstellen, indem man bestimmte Eigenschaften überdeutlich hervorhebt:* Die Charaktere in diesem Film waren sehr überzeichnet.

über·zeich·net *adj* WIRTSCH. *so, dass ein Wertpapier mit viel mehr Wert gehandelt wird als es wirk-*

lich wert ist: Die Aktien am Neuen Markt waren fast alle extrem überzeichnet.
über·zeu·gen I. *mit OBJ* ■ *jmd.* **überzeugt** *jmdn. (von etwas Dat.)* erreichen, dass jmd. sich einer bestimmten Meinung anschließt, etwas glaubt oder etwas als richtig ansieht: Ihre Argumente haben uns alle überzeugt.; Er konnte auch die Zweifler von seinem Plan überzeugen.; Seine Begründung hat mich nicht überzeugt.; überzeugende Argumente II. *mit OBJ/ohne OBJ* ■ *jmd./etwas überzeugt (jmdn.)* einen guten Eindruck machen: Die Leistung der Schülerin hat den Lehrer überzeugt.; Die Leistung der Mannschaft hat überzeugt. III. *mit SICH* ■ *jmd.* **überzeugt sich von etwas Dat.** etwas genau kontrollieren, um zu sehen, ob es korrekt oder wahr ist: Bitte überzeugen Sie sich selbst von der Richtigkeit meiner Angaben!
über·zeu·gend¹ *Part. Präs. von* **überzeugen**
über·zeu·gend² *adj so, dass etwas überzeugt I:* überzeugende Argumente; ein überzeugendes Ergebnis
über·zeugt¹ *Part. Perf. von* **überzeugen**
über·zeugt² *adj* ❶ *so, dass jmd. nicht an etwas zweifelt:* Er ist überzeugt von seiner Stärke.; Sie sind überzeugt von ihrer Unschuld.; Jeder ist überzeugt davon, das Richtige zu tun. ❷ */nur attr./ so, dass man absolut sicher ist, das Richtige zu tun:* ein überzeugter Anhänger des Neoliberalismus; ein überzeugter Pazifist; ■ **jemand ist von sich selbst überzeugt** *(abwert.) jmd. ist sehr selbstbewusst und ein wenig arrogant* Du bist aber ganz schön von dir selbst überzeugt!
Über·zeu·gung *die* <-, -en> eine Meinung, die sich jmd. gebildet hat: seine Überzeugungen verraten; zu seinen Überzeugungen stehen; Es ist meine feste Überzeugung, dass er unschuldig ist.; zu der Überzeugung gelangen, dass …; die Überzeugung gewinnen, dass …
Über·zeu·gungs·kraft *die* <-> */kein Plur./* Fähigkeit zu überzeugen I: etwas mit großer Überzeugungskraft vortragen; die Überzeugungskraft der vorgetragenen Argumente
über·zie·hen <ziehst über, zog über, hat übergezogen> *mit OBJ* ■ *jmd.* **zieht etwas über** sich etwas über ein anderes Kleidungsstück anziehen: (sich/jemandem) einen Pullover überziehen; ■ **jemandem eins überziehen** *(umg.) jmdn. schlagen* Er hat ihm eins übergezogen.
über·zie·hen <überziehst, überzog, hat überzogen> I. *mit OBJ* ■ *jmd./etwas überzieht etwas etwas gleichmäßig mit einem Belag bedecken:* Metallteile mit einer Chromschicht überziehen; Die Bäume sind mit Raureif überzogen. ❷ ■ *jmd.* **überzieht etwas** *(≈ beziehen) Stoff so über ein Möbel breiten, dass er relativ fest gespannt ist und die gesamte Fläche bedeckt:* das Bett überziehen II. *mit OBJ/ohne OBJ* ❶ ■ *jmd.* **überzieht (etwas)** *eine zeitliche Begrenzung nicht einhalten:* Der Lehrer hat (die Unterrichtszeit) heute wieder zehn Minuten überzogen. ❷ ■ *jmd.* **überzieht (etwas)** *mehr Geld vom Konto abheben, als darauf vorhanden ist:* Ich habe (mein Konto) schon wieder überzogen! III. *mit SICH*

■ *etwas überzieht sich (mit etwas Dat.) (≈ sich bedecken) sich so verändern, dass überall die genannte Sache ist:* Der Himmel hat sich (mit Regenwolken) überzogen.
Über·zie·hung *die* <-, -en> das Überziehen II. 1, 2: die Überziehung der Sendezeit/der Unterrichtszeit; Die Überziehung des Kontos kann teuer werden.
Über·zie·hungs·kre·dit *der* <-(e)s, -e> BANKW. *(≈ Dispositionskredit) ein Kredit, der es erlaubt, bis zu einer bestimmten Grenze mehr Geld von einem Konto abzuheben als darauf vorhanden ist:* jemandem einen Überziehungskredit von 5000 Euro einräumen
über·zo·gen¹ *Part. Perf. von* **überziehen**
über·zo·gen² *adj (abwert.: ≈ übertrieben) so, dass es nicht realistisch ist:* völlig überzogene Ansprüche haben
über·züch·tet *adj so, dass bei der Zucht eine übertriebene Auswahl getroffen wurde und es deshalb zu Fehlentwicklungen gekommen ist:* eine überzüchtete Hunderasse mit zu kurzen Beinen und zu langen Ohren
Über·zug *der* <-(e)s, Überzüge> ❶ *dünne Schicht auf etwas:* den Kuchen mit einem Überzug versehen; Die Bäume haben einen Überzug aus Raureif. ❷ *eine Art Hülle aus Stoff, die etwas schützt:* ein Überzug für die Kissen/das Bett/die Autositze
üb·lich *adj so, wie es meistens oder normalerweise ist:* etwas mit den üblichen Methoden untersuchen; Das ist nur die übliche Streiterei zwischen den beiden.; nicht mehr als das allgemein Übliche verlangen
üb·li·cher·weise *adv so, dass es normalerweise so gehandhabt wird:* Üblicherweise muss man sich erst einen Termin geben lassen.
U-Boot *das* <-es, -e> *(≈ Unterseeboot) ein Schiff, das unter Wasser fahren kann und meist militärisch eingesetzt wird:* die Besatzung/die Bewaffnung/der Heimathafen/der Kapitän/der Kurs/die Mannschaft/die Torpedos/der Turm/das Versenken eines U-Boots ◆-besatzung, -bunker, -kapitän, -krieg, -stützpunkt, Atom-, Forschungs-
üb·rig *adj /nicht steig./ als Rest bleibend:* Was ist von dem Geld noch übrig geblieben?; Wir haben vier Brötchen gegessen und die übrigen in den Brotschrank gelegt.; Die übrigen Aufgaben erledigen wir morgen.; ■ **etwas tut ein Übriges** *etwas bewirkt als letzter Faktor, dass ein bestimmter Zustand erreicht wird* Sie müssen die Blumen nur gut düngen und dann vors Fenster stellen, die Sonne tut dann ein Übriges.; Du kannst dir nicht vorstellen, wie schlecht mir ist. Erst habe ich zu viel gegessen und dann hat mir der letzte Schnaps ein Übriges getan.; ■ **im Übrigen** *außerdem; sonst;* ■ **etwas lässt (viel/sehr) zu wünschen übrig** *etwas ist gar nicht so, wie man es möchte* Der Komfort hier im Hotel lässt aber viel zu wünschen übrig. ◆Großschreibung →R 3.7 Wir gehen spazieren; Die/Alle Übrigen wollen zu Hause bleiben.; Ich habe den größten Teil der Arbeit erledigt. Das/Alles Übrige mache ich morgen.; Du kannst ein Übriges tun und mir noch etwas helfen.; Im

U

Übrigen habe ich eine interessante Neuigkeit für euch!; ◆ Getrenntschreibung →R 4.8, 4.5 Habt ihr von dem Geld noch etwas übrig behalten?; Wird für mich noch etwas übrig bleiben?; Ihr könnt für die anderen noch etwas übrig lassen!

üb·ri·gens *part verwendet, um auszudrücken, dass man etwas nur nebenbei erwähnt und dass es nicht zum Thema des gegenwärtigen Gesprächs gehört:* Übrigens haben die beiden in der letzten Woche geheiratet.; Übrigens, da fällt mir ein, ich muss noch schnell zu Hause anrufen.

üb·rig·ha·ben, *a.* **üb·rig ha·ben** <hast übrig, hatte übrig, hat übriggehabt> *mit OBJ* ■ **jmd. hat etwas/viel/nichts** *Akk.* **für jmdn./etwas übrig** *jmdn. etwas/sehr/nicht mögen* ◆ Zusammenschreibung →R 4.6 Für Kunst hat er nichts übrig.

Übung *die <-, -en>* ❶ */kein Plur./ das ständige Wiederholen von etwas, um es besser zu beherrschen:* etwas zur Übung wiederholen; Zum Erlernen einer Fremdsprache gehört tägliche Übung. ❷ */kein Plur./ (≈ Routine) das Geübtsein; die Fertigkeit auf einem bestimmten Gebiet, weil man viel geübt hat:* Zum sicheren Fahren gehört viel Übung.; Die Eleganz ihrer Tanzschritte verrät viel Übung.; aus der Übung kommen/sein ❸ *eine einzelne Aufgabe, die man wiederholt, um auf einem bestimmten Gebiet besser zu werden:* kurze Übungen auf dem Klavier; eine Übung zur Kräftigung des Bizeps ❹ *eine bestimmte Aufgabe, um etwas Gelerntes zu festigen:* Wir machen nun die Übung 3 auf der Seite 21.; Die Übungen zum Passiv könnt ihr zu Hause machen. ❺ SPORT *eine Reihenfolge von Bewegungen beim Turnen:* eine Übung am Schwebebalken vorturnen ❻ *Handlungen, die von der Polizei, der Feuerwehr, der Armee gemacht werden, um sich auf ihre Aufgaben gut vorzubereiten:* Zuerst dachten wir, es würde wirklich brennen, doch dann haben wir gesehen, dass die Feuerwehr nur eine Übung gemacht hat.; ■**Übung macht den Meister** *(Sprichwort) nur wer viel übt, kann etwas richtig und gut*

Übungs·buch *das <-(e)s, Übungsbücher> ein Buch, in dem Übungen³, ⁴ zu einem bestimmten Lernstoff stehen*

Übungs·sa·che ■**etwas/das ist reine Übungssache** *etwas kann man nur durch Üben lernen*

u.d.M. *unter dem Meeresspiegel*

ü.d.M. *über dem Meeresspiegel*

UdSSR *die* [uːdeːʔɛsʔɛsʔɛr] <-> */kein Plur./* GESCH. *Abkürzung von „Union der Sozialistischen Sowjetrepubliken"*

u.E. *unseres Erachtens*

U-Ei·sen *das <-s, -> TECHN. Eisenstück in der Form des Buchstabens „U"*

Ufer *das <-s, -> das Land am Rand eines Gewässers:* ein mit Schilf bewachsenes Ufer; ein steiles/ sandiges Ufer; das Ufer des Flusses/Sees; das rettende Ufer erreichen; ■**ein Fluss tritt über die Ufer** *ein Fluss führt zu viel Wasser und breitet sich über das anliegende Land aus Der Fluss trat über die Ufer und überschwemmte weite Gebiete.*; ■**jemand ist vom anderen Ufer** *(umg. abwert.) jmd. ist homosexuell*

Ufer·bö·schung *die <-, -en> Böschung, die am Ufer verläuft*

ufer·los *adj (übertr.: ≈ endlos) ohne Ende oder in unvernünftiger Weise ausgedehnt:* eine uferlose Debatte ◆ Großschreibung →R 3.7 Der Streit führt ins Uferlose.

uff *interj verwendet, um auszudrücken, dass etwas sehr anstrengend oder schwierig war und man froh ist, es hinter sich zu haben:* Uff! Das haben wir geschafft.

UFO, Ufo *das <-(s), -s> Abkürzung von „unidentified flying object": unbekanntes Flugobjekt, von dem man glaubt, es komme aus dem Weltraum*

u-för·mig, *a.* **U-för·mig** *adj /nicht steig./ geformt wie der Buchstabe „U": die Tische im Klassenzimmer u-förmig aufstellen*

Ugan·da *<-s> ein Staat in Ostafrika mit Grenzen zu Kenia, Tansania, Sudan, Ruanda und Zaire* ▶ Ugander, Uganderin, ugandisch

Uhr *die <-, -en>* ❶ *ein Gerät, mit dem die Zeit gemessen wird:* eine analoge/digitale/goldene/mechanische Uhr; Die Uhr tickt/geht genau/geht vor/geht nach.; eine Uhr (um eine Stunde) vorstellen/nachstellen; die Uhr aufziehen ❷ */kein Plur./ bei Zeitangaben als Maß der vollen Stunde:* Es ist genau/Punkt zwölf Uhr.; Wir treffen uns acht Uhr abends.; ■**Wie viel Uhr ist es?** *Wie spät ist es?*; ■**rund um die Uhr** *(umg.) dauernd;* ■**dort gehen die Uhren anders** *(umg.) dort gelten andere Regeln oder Werte;* ■**nach jemandem kann man die Uhr stellen** *(umg.) jmd. ist immer sehr pünktlich Keine Sorge, er wird gleich kommen. Man kann wirklich die Uhr nach ihm stellen.*

Uhr·arm·band *das <-(e)s, Uhrarmbänder> das Band, mit dem eine Armbanduhr am Arm befestigt wird*

Uh·ren·in·dus·t·rie *die <-> /kein Plur./ die Gesamtheit der Unternehmen, die Uhren herstellen*

Uhr·ket·te *die <-, -n> die Kette, an der eine Taschenuhr befestigt ist*

Uhr·ma·cher *der,* **Uhr·ma·che·rin** *<-s, -> Person, die beruflich Uhren repariert und auch verkauft:* eine Uhr zum Uhrmacher bringen, um sie reparieren zu lassen

Uhr·werk *das <-(e)s, -e> der Mechanismus, der eine mechanische Uhr antreibt*

Uhr·zei·ger *der <-s, -> einer der Zeiger einer mechanischen Uhr*

Uhr·zei·ger·sinn *■im Uhrzeigersinn nach rechts drehend;* ■**gegen den Uhrzeigersinn** *nach links drehend*

Uhr·zeit *die <-, -en> die in Stunden und Minuten angegebene Zeit:* Können Sie mir die genaue Uhrzeit sagen?; Zu welcher Uhrzeit sind wir verabredet?

Uhu *der <-s, -s> ein großer, in der Dämmerung jagender Raubvogel in Europa, der aussieht wie eine große Eule*

Ukas *der <-ses, -se> (umg. o veralt.) Erlass; Verordnung*

Uk·rai·ne *die* [ukraˈiːnə, uˈkraɪnə] <-> */kein Plur./ ein Staat in Osteuropa auf dem Gebiet der ehemaligen UdSSR* ▶ Ukrainer, Ukrainerin, ukrainisch

U

UKW [u:ka:'ve:] *Abkürzung von „Ultrakurzwelle":* etwas auf UKW hören; kein UKW empfangen

Ulk *der* <-(e)s, -e> */meist Sing./* *(≈ Scherz, Spaß) etwas, das man nur zum Spaß tut:* seinen Ulk mit jemandem machen; Das war doch nur ein Ulk!

ul·ken *ohne OBJ* ■ *jmd.* **ulkt** *scherzen*

ul·kig *adj (≈ komisch) so, dass man darüber lachen muss:* ein ulkiger Anblick

Ul·me *die* <-, -n> *ein Laubbaum mit eiförmigen Blättern*

Ul·ti·ma Ra·tio *die* <-> */kein Plur./ die letzte mögliche Lösung oder das letzte mögliche Mittel:* Das ist aber noch nicht die Ultima Ratio, da lässt sich sicher noch etwas verbessern!

ul·ti·ma·tiv *adj (geh.)* ❶ *in Form eines Ultimatums:* eine ultimative Forderung stellen ❷ *(umg.) so, dass es den äußersten (technischen) Stand von etwas repräsentiert:* das ultimative Computerspiel für die absoluten Freaks

Ul·ti·ma·tum *das* <-s, Ultimaten> *eine Forderung, verbunden mit der Androhung von Strafen oder schlimmer Folgen, wenn diese Forderung nicht innerhalb einer gesetzten Frist erfüllt wird:* jemandem ein Ultimatum stellen; ein Ultimatum verstreichen lassen; Die Terroristen hatten ein Ultimatum bis 20 Uhr gestellt.

Ul·ti·mo *der* <-s, -s> WIRTSCH. *der letzte Tag in einem Monat:* Aktien noch bis Ultimo handeln ◆-geschäft

Ul·t·ra- *als Erstglied zusammengesetzter Substantive; drückt aus* ❶ *dass das mit dem Zweitglied Bezeichnete anderes seiner Art/Beschaffenheit in höchstem Maße übertrifft* ◆-filtration, -hochvakuum, -imperialismus, -kurzzeitgedächtnis, -kompaktkamera, -kondensator, -leichtflugzeug, -marathon, -mikroskop, -montanismus, -nationalist(in), -orthodoxe, -szene, -tiefkühlschrank, -tiefkühltruhe, -zentrifuge ❷ *dass das mit dem Zweitglied Bezeichnete über einem anderen Frequenzbereich liegt* ◆-kurzwelle, -rot, -strahlung

ul·t·ra- *als Erstglied zusammengesetzter Adjektive, mit Betonung auf beiden Bestandteilen; drückt aus* ❶ *dass etwas die mit dem Zweitglied bezeichneten Eigenschaften in höchstem Maße besitzt* ◆-cool, -flach, -konservativ, -kompakt, -kurz, -lang, -modern, -montan, -nationalistisch, -orthodox, -scharf, -sicher ❷ *dass das mit dem Zweitglied Bezeichnete besondere Strahlungseigenschaften aufweist bzw. über einem anderen Frequenzbereich liegt:* ultraharte Röntgenstrahlung ◆-hart, -rot

Ul·t·ra·kurz·wel·le *die* <-, -n> PHYS. *Welle mit extrem kurzer Länge, die von einem Sender ausgeht:* ein Radioprogramm auf Ultrakurzwelle/ UKW

Ul·t·ra·schall *der* <-(e)s> */kein Plur./* ❶ PHYS. *Schall mit so hoher Frequenz, dass sie das menschliche Gehör nicht wahrnehmen kann* ❷ MED. *kurz für „Ultraschalluntersuchung":* eine Überweisung zum Ultraschall

Ul·t·ra·schall·ge·rät *das* <-(e)s, -e> MED. *ein Gerät zum Herstellen von Bildern (von Organen des menschlichen Körpers), das mit Ultraschall [1] arbeitet*

ul·t·ra·vi·o·lett *adj /nicht steig./* PHYS. *im Spek-* trum des Sonnenlichtes neben dem Violett liegend: Die ultraviolette Strahlung ist für das menschliche Auge nicht sichtbar.

um¹ *präp +Akk.* ❶ *drückt eine Bewegung oder Anordnung im Raum aus, die die Form eines Bogen oder eines Kreises hat:* um die Ecke fahren; um die Welt reisen; Die Erde dreht sich um die Sonne.; um einen Tisch sitzen; sich ein Tuch um die Schultern legen; einmal um den Block herum gehen; um Ulm herum ❷ *drückt eine Bewegung aus, die in alle Richtungen verläuft und von einem Punkt ausgeht:* Er schlug wie wild um sich.; Die Panik griff sofort um sich.; Nach dem Brand griff ein schrecklicher Gestank um sich. ❸ *verwendet zur Angabe einer Uhrzeit oder eines Zeitpunktes:* Die Vorstellung beginnt um 6 Uhr.; Um diese Zeit war ich schon zu Hause. ❹ *verwendet zur Angabe einer ungefähren Uhrzeit oder eines ungefähren Zeitpunktes:* Wir treffen uns dann so um Mittag.; Die Party fängt so um 9 herum an.; So um Weihnachten herum nehme ich immer zwei Kilo zu. ❺ *verwendet bei der Angabe eines Maßes, eines Preises oder mit einer Mengenangabe:* sich um 10 Meter verschätzen; sich um fünf Euro verrechnet haben; das Kleid um einige Zentimeter kürzen ❻ *verwendet zur Bezeichnung eines größeren oder kleineren Wertes im Vergleich mit einem anderen Wert:* Sie ist um 3 Jahre jünger als er.; um einen Kopf größer sein ❼ *verwendet zur ungefähren Angabe eines Preises, für den etwas zu haben ist:* Es wird so um die 40 Euro kosten. ❽ *verwendet zur Angabe einer bestimmten Reihe ohne Unterbrechung:* Tag um Tag warten; eines um das andere Mal; Seite um Seite lesen; Fehler um Fehler begehen ❾ *verwendet als Anschluss von Ergänzungen bei bestimmten Verben, Substantiven und Adjektiven:* Ich beneide sie um ihren Erfolg.; das Buch um ein Vorwort ergänzen; um eine Spende bitten; Er will um jeden/keinen Preis studieren.; Es tut mir Leid um ihn!; um etwas besorgt sein; ■ **um alles in der Welt** *drückt aus, dass jmd. sich etwas sehr wünscht oder sehr gerne machen würde* Sie wollte um alles in der Welt einmal nach Australien reisen.; ■ **nicht um alles in der Welt** *auf gar keine Fall* Nicht um alles in der Welt würde ich in dieses Land fahren/mich in ein Flugzeug setzen!

um² *konj* ❶ ■ *um ... zu plus. Inf. verwendet, wenn bei gleichem Subjekt in Haupt- und Nebensatz/ verwendet in einem Nebensatz zur Angabe eines Zwecks oder einer Absicht:* Er stand auf, um besser sehen zu können.; Sie rief an, um sich zu entschuldigen.; *siehe* **damit** ❷ */nur bei gleichem Subjekt in Haupt- und Nebensatz/* ■ **(zu) ... (genug),** **um ... zu plus Inf.** *verwendet, um auszudrücken, dass der Sachverhalt im Nebensatz als Norm gilt und der Sachverhalt dazu im Hauptsatz eine Übereinstimmung oder einen Verstoß darstellt:* Er ist wahrhaftig dumm genug, um das zu glauben!; Ich bin noch nicht wach genug, um das zu verstehen.; Sie ist zu müde, um zu arbeiten.; *siehe* **so dass, als dass**

um³ *adv* ❶ *(≈ circa) verwendet, um einen ungefähren Wert zu bezeichnen:* Das wird so um die 500 Euro kosten. ❷ *(≈ vorbei) so, dass eine definierte*

Zeitspanne abgelaufen ist: Die Frist ist um.; Die Ferien sind bald um.; ■ **um jemandes/etwas willen** *verwendet, um einen Grund für etwas anzugeben* um unserer Freundschaft willen; etwas um der Sache willen tun; ■ **um Gottes/Himmels willen** *verwendet, um eine Aussage zu verstärken* Um Gottes/Himmels willen, tu das nicht! ◆Getrenntschreibung →R 4.8 Bald wird dieses Jahr wieder um sein.

ụm·ạn·dern <änderst um, änderte um, hat umgeändert> *mit OBJ* ■ *jmd.* **ändert etwas um** *etwas in einer bestimmten Weise verändern:* einen Text umändern; eine Hose umändern, damit sie wieder passt ► Umänderung

ụm·ạr·bei·ten <arbeitest um, arbeitete um, hat umgearbeitet> *mit OBJ* ■ *jmd.* **arbeitet etwas um** *etwas so bearbeiten, dass es wesentlich verändert wird und eine andere Form oder ein anderes Aussehen bekommt:* einen Roman für die Bühne umarbeiten; einen Mantel umarbeiten lassen ► Umarbeitung

um·ạr·men <umarmst, umarmte, hat umarmt> *mit OBJ* ■ *jmd.* **umarmt jmdn.** *die Arme um jmdn. legen, weil man sich freut oder jmdn. sehr gerne hat:* Sie umarmte ihn.; Lass dich umarmen!

Um·ạr·mung *die* <-, -en> *das Umarmen:* eine herzliche/stürmische Umarmung; sich aus jemandes Umarmung befreien

Ụm·bau *der* <-(e)s, -e/-ten> *das Umbauen:* Wegen Umbau(es) geschlossen!; mehrere Umbauten/ Umbaue an einem Gebäude vornehmen

ụm·bau·en <baust um, baute um, hat umgebaut> *mit OBJ* ■ *jmd.* **baut etwas (zu etwas Dat.) um** *die Art, wie etwas gebaut ist, verändern (und damit meist eine neue Funktion geben):* ein Theater zu einem Kino umbauen

um·bau·en <umbaust, umbaute, hat umbaut> *mit OBJ* ■ *jmd.* **umbaut etwas** *etwas mit Bauten oder Gebäuden umgeben:* einen Garten mit einer Mauer umbauen; Das Museum soll mit Häusern umbaut werden.

ụm·be·nen·nen <benennst um, benannte um, hat umbenannt> *mit OBJ* ■ *jmd.* **benennt etwas um** *einer Sache einen neuen Namen geben:* die Forschungsabteilung in Entwicklungsabteilung umbenennen

Ụm·ber *siehe* **Umbra**

ụm·be·set·zen <besetzt um, besetzte um, hat umbesetzt> *mit OBJ* ■ *jmd.* **besetzt etwas um** *etwas mit neuen Personen besetzen:* ein Ministerium umbesetzen; eine Rolle in einem Theaterstück umbesetzen

ụm·bet·ten <bettest um, bettete um, hat umgebettet> *mit OBJ* ❶ ■ *jmd.* **bettet jmdn. um** *jmdn., der krank ist, in ein anderes Bett legen:* Die Krankenschwester musste den Patienten noch einmal umbetten. ❷ ■ *jmd.* **bettet jmdn. um** *einen Leichnam in ein anderes Grab legen:* Nach Ablauf einer bestimmten Frist wird der Leichnam umgebettet.

ụm·bie·gen <biegst um, bog um, hat/ist umgebogen> **I.** *mit OBJ (haben)* ■ *jmd.* **biegt etwas um** *etwas biegen, so dass es eine andere Form bekommt oder in eine andere Richtung zeigt:* Er hat

den Draht am Ende umgebogen.; ein umgebogener Nagel; Die Kinder haben schon wieder das Hinweisschild umgebogen! **II.** *ohne OBJ (sein)* ■ *jmd.* **biegt um** *(umg.) umkehren:* Wollen wir nicht lieber umbiegen?

ụm·bil·den <bildest um, bildete um, hat umgebildet> *mit OBJ* ■ *jmd.* **bildet etwas um** *etwas verändern, indem man es mit anderen Personen besetzt:* Schon nach zwei Monaten bildete der Kanzler sein Kabinett um, indem er zwei Minister austauschte.

um·bin·den <bindest um, band um, hat umgebunden> *mit OBJ* ■ *jmd.* **bindet jmdm./sich etwas um** *etwas durch Binden um einen Körperteil herum befestigen:* In der Küche bindet er sich immer eine Schürze um.; sich eine Krawatte umbinden

ụm·blät·tern <blätterst um, blätterte um, hat umgeblättert> *mit OBJ/ohne OBJ* ■ *jmd.* **blättert etwas um** *eine Seite in einem Buch, einem Heft o. Ä. wenden, um zu einer neuen Seite zu kommen:* Ich habe zwei Seiten auf einmal umgeblättert.; Kannst du bitte umblättern?

ụm·bli·cken <blickst um, blickte um, hat umgeblickt> *mit SICH* ■ *jmd.* **blickt sich um** *nach hinten sehen:* Blick dich nicht um!

Ụm·b·ra *die* <-> /kein Plur./ (≈ Umber) *ein dunkelbrauner Farbstoff*

ụm·bre·chen <brichst um, brach um, hat umgebrochen> **I.** *mit OBJ* ❶ ■ *jmd.* **bricht etwas um** *etwas nach einer Seite hin brechen:* einen Ast umbrechen ❷ LANDW. (≈ umgraben) *den Acker umbrechen* **II.** *ohne OBJ* ■ *etwas bricht um* *einen Bruch bekommen und umstürzen:* Während des Sturms brach der alte Baum um.

um·bre·chen <umbrichst, umbrach, hat umbrochen> *mit OBJ* ■ *jmd.* **umbricht etwas** DRUCKW. *Seiten-, Spalten- oder Zeilenenden eines gesetzten Texts festlegen:* eine Zeile an einer bestimmten Stelle umbrechen

ụm·brin·gen <bringst um, brachte um, hat umgebracht> *mit OBJ* ■ *jmd.* **bringt jmdn./sich um** *(umg.) töten:* Vermutlich ist der Vermisste umgebracht worden.; ■ **Bring dich nicht um!** *(umg.) Mach dir nicht so viel Mühe!;* ■ *etwas bringt mich noch um (umg.) etwas quält mich oder macht mir viel Mühe*

Ụm·bruch *der* <-(e)s, Umbrüche> ❶ *eine Veränderung, die grundlegend und folgenreich ist:* sich im Umbruch befinden; eine Gesellschaft im Umbruch ❷ DRUCKW. *das Festlegen von Seiten-, Spalten- oder Zeilenenden in einem Text:* den Umbruch machen ❸ DRUCKW. *ein in Seiten, Spalten und Zeilen eingeteilter Text:* den Umbruch Korrektur lesen ◆-korrektur

Ụm·bruch·pha·se *die* <-, -n> *Zeitabschnitt, in dem eine Gesellschaft einen Umbruch[1] durchmacht:* Aufgrund der rasanten Entwicklung im Bereich der Informationstechnologie befinden sich Gesellschaft und Arbeitswelt in einer Umbruchphase.

um·bu·chen <buchst um, buchte um, hat umgebucht> *mit OBJ/ohne OBJ* ❶ ■ *jmd.* **bucht etwas um** *eine Buchung verändern:* einen Flug/

U

eine Reise umbuchen; Wenn Sie umbuchen wollen, müssen Sie eine Gebühr zahlen. ❷ ■ *jmd.*
bucht etwas um BANKW. *Geld auf ein anderes Konto bringen:* einen Geldbetrag umbuchen
um·de·kla·rie·ren *mit OBJ* ■ *jmd.* **deklariert etwas um** WIRTSCH. *Produkte anders bezeichnen als vorher:* die Waren umdeklarieren
um·den·ken <denkst um, dachte um, hat umgedacht> *ohne OBJ* ■ *jmd.* **denkt um** *nachdenken und so zu einer neuen Auffassung gelangen:* Unter den veränderten Verhältnissen werden viele umdenken müssen.
um·dis·po·nie·ren <disponierst um, disponierte um, hat umdisponiert> *ohne OBJ* ■ *jmd.* **disponiert um** *eine fertige Planung verändern:* Bei Regen können wir nicht im Garten feiern, da müssen wir umdisponieren.
um·dre·hen <drehst um, drehte um, hat/ist umgedreht> **I.** *mit OBJ (haben)* ❶ ■ *jmd.* **dreht etwas um** *etwas einmal im Kreis um sich selbst drehen:* den Schlüssel im Schloss umdrehen ❷ ■ *jmd.* **dreht jmdn./etwas um** *etwas von einer Seite auf die andere wenden:* einen Kranken im Bett umdrehen; den Braten mehrfach im Topf umdrehen; Ich will das Bild nicht mehr sehen, dreh es um! ❸ ■ *jmd.* **dreht jmdm. den Arm um** *den Arm von jmdm. so stark bewegen, dass es sehr weh tut;* ■ **jeden Euro/jeden Cent einzeln/zweimal umdrehen (müssen)** *(umg.) sparen (müssen)* **II.** *ohne OBJ (sein)* ■ *jmd.* **dreht um** *(umg.) wieder die Richtung einschlagen, aus der man gerade gekommen ist:* Wir sind schon sehr weit auf den See hinausgeschwommen, lasst uns lieber umdrehen! **III.** *mit SICH (haben)* ❶ ■ *jmd.* **dreht sich (nach jmdm./etwas)um** *den Oberkörper oder den ganzen Körper nach hinten drehen, um zu sehen, was dort ist:* Wenn du dich umdrehst, siehst du, wer hinter dir geht.; Sie drehte sich nach dem schönen Mann um. ❷ ■ *jmd.* **dreht sich um** *sich von einer Körperseite auf die andere legen:* sich im Bett häufig umdrehen; sich beim Sonnen umdrehen, damit man gleichmäßig braun wird
Um·dre·hung *die* <-, -en> *eine volle Drehung um die eigene Achse in Form eines Kreises:* eine Geschwindigkeit von 1000 Umdrehungen pro Minute erreichen; Das Riesenrad hielt schon nach vier Umdrehungen wieder an.
Um·dre·hungs·zahl *die* <-, -en> TECHN. *Zahl der Umdrehungen*
um·ei·n·an·der *adv* /bei reziproken Verben mit der Präposition „um"/ *verwendet, um auszudrücken, dass die genannte Handlung wechselseitig durch die beiden Personen oder Dinge erfolgt, die im Subjekt des Satzes ausgedrückt sind:* Bruder und Schwester kümmern sich umeinander. (Der Bruder kümmert sich um die Schwester und die Schwester kümmert sich um den Bruder.); Die beiden Bäume sind umeinandergewachsen. ◆Zusammenschreibung →R 4.5 sich beim Tanzen umeinanderdrehen
um·er·zie·hen <erziehst um, erzog um, hat umerzogen> *mit OBJ* ■ *jmd.* **erzieht jmdn. um** POL. *jmdn. durch Zwang dazu bringen, seine Meinung*

zu ändern: Die politischen Gegner sollten in Lagern umerzogen werden.
um·fah·ren <fährst um, fuhr um, hat umgefahren> *mit OBJ* ■ *jmd.* **fährt jmdn./etwas um** *so gegen jmdn. oder etwas fahren, dass er/es umfällt oder beschädigt wird:* ein Straßenschild/eine Absperrung umfahren; Pass auf, dass du beim Überqueren der Straße nicht umgefahren wirst!
um·fah·ren <umfährst, umfuhr, hat umfahren> *mit OBJ* ■ *jmd.* **umfährt etwas** *um etwas herumfahren:* Autofahrer werden gebeten, den Stau weiträumig zu umfahren.; die Schlaglöcher in der Straße vorsichtig umfahren
Um·fah·rung *die* <-, -en> ❶ *das Umfahren* ❷ ÖSTERR., SCHWEIZ. *Umgehungsstrasse*
um·fal·len <fällst um, fiel um, ist umgefallen> *ohne OBJ* ❶ ■ *jmd./etwas fällt um* *aus einer senkrechten Position plötzlich in eine waagerechte Position fallen:* Die Flasche/Das Glas ist umgefallen.; Sie ist mit dem Fahrrad umgefallen.; tot/ohnmächtig umfallen ❷ ■ *jmd.* **fällt um** *(umg. abwert.) seine ursprüngliche Meinung unter Druck ändern und tun, was jmd. anderes will oder sagt:* Nachdem man ihm mit Kündigung gedroht hatte, ist er doch umgefallen und hat der neuen Regelung zugestimmt.; ■ **zum Umfallen müde sein** *(umg.) sehr müde sein*
Um·fang *der* <-(e)s, Umfänge> ❶ *die Länge der Linie, die eine geometrische Figur oder einen Gegenstand begrenzt:* den Umfang eines Kreises berechnen; den Umfang der Brust/der Hüften messen ❷ (≈ *Ausmaß) die Größenordnung von etwas:* den vollen Umfang eines Problems unterschätzt haben; Das Unwetter richtete Schäden in beträchtlichem Umfang an. ❸ *Größe; Ausdehnung:* ein Buch mit 500 Seiten Umfang; ein Programm von beträchtlichem Umfang
um·fan·gen <umfängst, umfing, hat umfangen> *mit OBJ* ❶ ■ *jmd.* **umfängt jmdn./etwas** *(geh.: ≈ umarmen)* *jmdn. oder etwas mit den Armen umfassen* ❷ (≈ *umhüllen)* ■ *etwas umfängt jmdn./etwas* *etwas herum sein:* Nebel umfing die Wanderer.
um·fang·reich *adj groß oder vieles umfassend:* umfangreiche Sicherheitsmaßnahmen treffen; umfangreiche Nachforschungen anstellen
um·fas·sen <umfasst, umfasste, hat umfasst> *mit OBJ* ❶ ■ *jmd.* **umfasst jmdn./etwas** *seine Finger, Hände oder Arme um jmdn. oder etwas legen:* Er kann den Baumstamm nicht umfassen.; die Tasse mit heißem Tee mit beiden Händen umfassen ❷ ■ *etwas umfasst etwas* (≈ *beinhalten, einschließen) etwas als Teil von sich haben:* Die Ausbildung umfasst Kurse und Praktika.; ein dreihundert Seiten umfassendes Buch; eine mehrere Jahre umfassende Ausbildung ❸ ■ *jmd.* **umfasst etwas (mit etwas Dat.)** *etwas um etwas herum bauen:* Er umfasste sein Grundstück mit einer hohen Mauer.
um·fas·send[1] *Part. Präs. von* **umfassen**
um·fas·send[2] *adj* ❶ *sehr vieles enthaltend oder einschließend:* umfassende Maßnahmen gegen die Ausbreitung der Seuche einleiten; eine umfassende Ausbildung erhalten ❷ (≈ *vollständig) so, dass al-*

U

les gesagt oder berücksichtigt wird: ein umfassendes Geständnis ablegen

Ụm·feld *das* <-(e)s, -er> ❶ *die Gesamtheit der gesellschaftlichen, politischen und wirtschaftlichen Bedingungen, unter denen sich jmd./etwas entwickelt:* Kinder aus einem schwierigen sozialen Umfeld brauchen besondere Betreuung.; Das wirtschaftliche Umfeld war für die Arbeitsmarktentwicklung nicht günstig. ❷ *die Personen, mit denen jmd. häufig Kontakt hat:* Es war jemand aus dem Umfeld des Präsidenten, der die Presse informiert hatte.

ụm·flie·gen <fliegst um, flog um, ist umgeflogen> *ohne OBJ* ■ *jmd./etwas fliegt um (umg.:* ≈ *umfallen) plötzlich aus einer senkrechten Position in eine waagerechte Position fallen:* Pass auf, die Säule fliegt gleich um!

um·flie·gen <umfliegst, umflog, hat umflogen> *mit OBJ* ❶ ■ *jmd. umfliegt etwas einer Sache fliegend ausweichen:* eine Gewitterfront/ein Gebirge mit dem Flugzeug umfliegen ❷ ■ *jmd./etwas umfliegt jmdn./etwas im Kreis um etwas herum fliegen:* Mehrere Male umflog er mit seinem Drachen den Kirchturm.; Die Bienen umfliegen die Blüten.; Tausende von Mücken umflogen sie.

ụm·for·men *mit OBJ* ❶ ■ *jmd. formt etwas um in der Form verändern:* Eisen lässt sich umformen, wenn man es erhitzt.; Eisen durch Schmieden/Gießen/Walzen umformen ❷ ■ *jmd. formt etwas um (≈ umwandeln) dass etwas in einen anderen Zustand übergeht:* einen Satz ins Passiv umformen; eine Gesellschaft umformen; kinetische Energie in elektrische Energie umformen ▶ Umformung

Ụm·fra·ge *die* <-, -en> *der Vorgang, dass man viele Menschen befragt, um ihre Meinungen zu bestimmten Sachverhalten zu erforschen:* Eine repräsentative Umfrage hat ergeben, dass das Projekt von einer Mehrheit der Bürger abgelehnt wird.; eine Umfrage durchführen ◆-ergebnis, Meinungs-, Online-, Wahl-

Ụm·fra·ge·wer·te *die Plur. Ergebnisse einer Umfrage*

ụm·fül·len <füllst um, füllte um, hat umgefüllt> *mit OBJ* ■ *jmd. füllt etwas um etwas von einem Gefäß in ein anderes füllen:* Er füllte den Kaffee aus der Packung in eine Vorratsdose um.

ụm·funk·ti·o·nie·ren <funktionierst um, funktionierte um, hat umfunktioniert> *mit OBJ* ■ *jmd. funktioniert etwas (in etwas Akk./zu etwas Dat.) um einer Sache eine andere oder neue Funktion geben:* Mein neues Sofa kann ich schnell zum Bett umfunktionieren.; die Schule zu einer Notunterkunft umfunktionieren

Ụm·gang *der* <-(e)s> */kein Plur./* ❶ *die Personen, mit denen man häufig ist oder den häufig Kontakt hat:* einen guten Umgang haben ❷ *die Art der Kontakte, die man mit jmdm. hat:* freundlichen Umgang mit jemandem haben ❸ *die Art und Weise, wie man jmdn. oder etwas behandelt:* Der neue Manager musste noch den freundlichen Umgang mit den Angestellten lernen.; Ein pfleglicher/schonender Umgang erhöht die Lebensdauer des

Gerätes.; ■ **kein Umgang für jemanden sein** *ein schlechter Einfluss auf jmdn. sein* Das ist kein Umgang für meinen Sohn!

um·gäng·lich *adj so freundlich, dass ein Zusammensein angenehm und ohne Probleme ist:* ein umgänglicher Kollege/Mensch

Ụm·gangs·for·m *die* <-, -en> */meist Plur./ das Benehmen eines Menschen:* Er hat gute/keine Umgangsformen.

Ụm·gangs·spra·che *die* <-> */kein Plur./* SPRACH-WISS. *(↔ Schriftsprache) die Sprache, mit der man sich im Alltag normalerweise verständigt; siehe auch* **Standardsprache, Varietät**

Unter **Umgangssprache** versteht man eine der Erscheinungsformen der deutschen Gegenwartssprache. Es ist dies die zusammenfassende Bezeichnung für den Bereich zwischen der Standardsprache (auch: Hochsprache, Gemeinsprache) und den Dialekten/Mundarten. In Wörterbüchern findet sich ein Verweis auf diese sprachliche Ebene in Form einer als „umg." bzw. „ugs." abgekürzten Markierung, die mit anderen Markierungsprädikaten („derb", „vulgär" usw.) konkurriert, mit einigen anderen auch zusammentrifft („familiär", „salopp"). Damit wird, wie auch im vorliegendem Wörterbuch, angezeigt, dass der so markierte Wortschatz etwas unterhalb von einer als „normalsprachlich" bzw. als unmarkiert angesehenen Norm der Standardsprache liegt, von dieser abweicht, und vor allem im Mündlichen gebräuchlich ist (vgl. dazu auch unter *pragmatische Markierung*).
Der Ausdruck *Umgangssprache* hat in der Germanistik eine lange Tradition. Das einzige einheitliche Kriterium für diese Varietät (vgl. das Stichwort) ist das der Funktion, nämlich in der Gebrauchssphäre des Alltags verwendet zu werden, weshalb der Ausdruck teils mit *Alltagssprache* gleichgesetzt wird. Insbesondere im privaten sprachlichen Umgang zählen dazu zahlreiche lässige bzw. ungezwungene Ausdrücke, so *dickfellig* (für: *unempfindlich*), viele Abkürzungswörter (*Krimi, Limo*), oder Bildungen wie *runter, raus* (statt *herunter, heraus*). Der Ausdruck *Umgangssprache* wird vor allem auf großräumige sprachliche Verhältnisse im Sinne eines „Ausgleichsprodukts" zwischen Hochsprache bzw. Standardsprache (vgl. das Stichwort) und den Mundarten bezogen und ist sprachgeschichtlich eine recht späte Ausprägungsform des Deutschen. Unter *hochdeutscher Umgangssprache* versteht man eine Varietät, die nahe an der Realisierungsform der Hochsprache liegt, die aber in stärkerem Maße landschaftlich geprägt ist. Daneben werden so bezeichnete *kleinlandschaftliche* und *großlandschaftliche Umgangssprachen* unterschieden (z. B. die obersächsische und schwäbische Umgangssprache).

ụm·gangs·spra·chlich *adj /nicht steig./* SPRACH-

WISS. *in der Umgangssprache: Das ist ein umgangssprachlicher Ausdruck für …*

Ụm·gangs·ton *der* <-(e)s> */kein Plur./ die Art, wie man üblicherweise irgendwo miteinander spricht:* Hier herrscht ein rauer/herzlicher Umgangston.

um·gạr·nen <umgarnst, umgarnte, hat umgarnt> *mit OBJ* ■ *jmd. umgarnt jmdn. (geh.) jmdn. mit Freundlichkeiten überhäufen, um ihn für sich zu gewinnen:* Sie umgarnte ihn mit Schmeicheleien.

um·ge·ben <umgibst, umgab, hat umgeben> **I.** *mit OBJ* ❶ ■ *etwas umgibt jmdn./etwas von allen Seiten um jmdn. oder etwas herum sein:* Hohe Berge umgeben das Tal.; Er ist gern von interessanten Menschen umgeben. ▸umgebend ❷ ■ *jmd. umgibt etwas mit etwas* ▹ *Dat. etwas um etwas herum errichten oder bauen:* Er umgab sein Grundstück mit einer hohen Mauer. **II.** *mit SICH* ■ *jmd. umgibt sich mit jmdm./etwas sich jmdn. oder etwas als Gesellschaft oder Umfeld aussuchen:* sich mit guten Freunden/erlesenen Kunstwerken umgeben

Um·ge·bung *die* <-, -en> ❶ *das Gebiet, die Gegend oder die Landschaft, die einen Ort oder eine Stelle umgibt:* Das Hotel liegt in reizvoller Umgebung.; Bademöglichkeiten befinden sich in unmittelbarer Umgebung.; Wo kann man hier in der Umgebung gut essen? ❷ *die Dinge oder Personen, die um einen sind und mit denen man regelmäßig Kontakt hat:* sich an seine Umgebung gewöhnen; eine vertraute Umgebung haben ❸ ZOOL. *das natürliche Umfeld von Tieren:* Manche Tiere können sich perfekt an ihre Umgebung anpassen.

um·ge·hen <gehst um, ging um, ist umgegangen> *ohne OBJ* ❶ ■ *etwas geht um etwas Übernatürliches zeigt sich:* Ein Gespenst geht im Schloss um.; Ein Vampir/Ein Wiedergänger geht um. ❷ ■ *etwas geht um etwas verbreitet sich:* Es geht das Gerücht um, dass …; Zurzeit geht in unserer Schule die Grippe um. ❸ ■ *jmd. geht mit jmdm./etwas irgendwie um jmd. oder etwas irgendwie behandeln:* Bitte gehen Sie pfleglich mit den Büchern um!; Wie gehst du denn mit deiner Mutter um?

um·ge·hen <umgehst, umging, hat umgangen> *mit OBJ* ❶ ■ *jmd. umgeht etwas um etwas herumgehen:* Wir mussten auf unserem Weg mehrere Teiche und ein Sumpfgebiet umgehen. ❷ ■ *jmd. umgeht etwas* (≈ *vermeiden) etwas, das unangenehm oder schwierig ist, vermeiden:* Schwierigkeiten schon im Vorfeld umgehen; Wir operieren nur, wenn es sich nicht umgehen lässt. ❸ ■ *jmd. umgeht etwas jmdn. oder etwas nicht respektieren und tun, was man will:* den Chef umgehen; die Vorschriften umgehen; das Gesetz umgehen

ụm·ge·hend¹ *Part. Präs. von* **umgehen¹**

ụm·ge·hend² *adj /nicht steig./* (≈ *sofortig, unverzüglich) so schnell wie möglich:* ein umgehender Bescheid; Bitte melde dich umgehend zu Hause!

Um·ge·hung *die* <-, -en> ❶ */kein Plur./ das Umgehen²:* unter Umgehung der Vorschriften ❷ *(geh.) kurz für „Umgehungsstraße"*

Um·ge·hungs·stra·ße *die* <-, -n> *eine Straße, die um einen Ort herum führt und zur Entlastung des Verkehrs in dieser Gegend dient:* eine Umgehungsstraße um eine Stadt bauen

ụm·ge·kehrt¹ *Part. Perf. von* **umkehren**

ụm·ge·kehrt² *adj /nicht steig./* (≈ *entgegengesetzt) so, dass es das genaue Gegenteil der üblichen Aufstellung, Reihenfolge o. Ä. ist:* ein Glas umgekehrt auf den Tisch stellen; ein Gedicht umgekehrt aufsagen; sich umgekehrt auf einen Stuhl setzen; Von Hamburg bis Berlin ging die Fahrt schnell, aber umgekehrt haben wir lange Zeit im Stau gestanden.

ụm·ge·stal·ten <gestaltest um, gestaltete um, hat umgestaltet> *mit OBJ* ■ *jmd. gestaltet etwas um etwas in neuer Form oder mit einem neuen Aussehen gestalten:* die Abteilung/den Eingangsbereich umgestalten

ụm·gie·ßen <gießt um, goss um, hat umgegossen> *mit OBJ* ■ *jmd. gießt etwas um* (≈ *umfüllen) Flüssigkeit von einem Behälter in einen anderen Behälter füllen:* Wein aus einer Flasche in eine Karaffe umgießen

ụm·gra·ben <gräbst um, grub um, hat umgegraben> *mit OBJ* ■ *jmd. gräbt etwas um die oberste Schicht des Erdbodens mit einem Werkzeug Stück für Stück anheben und umdrehen:* die Erde mit dem Spaten umgraben

ụm·grup·pie·ren *mit OBJ* ■ *jmd. gruppiert jmdn./etwas um eine Gruppe von Personen oder Sachen so ändern, dass eine neue Anordnung entsteht:* die Gäste für das Foto/die Bilder an der Wand umgruppieren; die Teams für die Arbeit an einem neuen Projekt umgruppieren

ụm·gu·cken *mit SICH* ■ *jmd. guckt sich um (umg.: ≈ umgehend) alles umsehen, um sich einen Eindruck zu verschaffen:* sich erstaunt/neugierig umgucken; ■ **Du wirst dich noch umgucken!** *Du wirst dich noch wundern!*

ụm·ha·ben <hast um, hatte um, hat umgehabt> *mit OBJ* ■ *jmd. hat etwas um (umg.) ein Kleidungsstück um ein Körperteil tragen:* eine Krawatte/eine Fliege/eine Schürze umhaben

Ụm·hang *der* <-(e)s, Umhänge> (≈ *Cape) Kleidungsstück in Form eines großen Tuches, das man sich über die Schultern legt:* einen schwarzen Umhang tragen ◆ Frisier-

ụm·hän·gen <hängst um, hängte um, hat umgehängt> *mit OBJ* ❶ ■ *jmd. hängt jmdm. etwas um jmdm. etwas über oder um die Schulter oder um den Hals hängen:* Er hängte ihr eine wärmende Decke um.; den Siegern die Medaillen umhängen; Der Jäger hängte sich die Flinte um. ❷ ■ *jmd. hängt etwas um etwas von einem Platz an einen anderen Platz hängen:* Er hängte das Bild um.

Ụm·hän·ge·ta·sche *die* <-, -n> *eine Tasche mit einer langen Schlaufe, die man über die Schulter hängt*

ụm·hau·en <haust um, haute um, hat umgehauen> *mit OBJ (umg.)* ❶ ■ *jmd. haut jmdn. um jmdn. so schlagen, dass er zu Boden fällt:* den Gegner mit einem einzigen Fausthieb umhauen ❷ ■ *etwas haut jmdn. um eine sehr starke Wir-*

kung auf jmdn. haben: Diese Nachricht hat mich total umgehauen.; Im Zimmer war es so stickig, dass es mich fast umhaute.

um·her *adv in bzw. aus allen Richtungen:* Weit umher war die Landschaft ausgetrocknet.; Von überall umher trafen Glückwünsche ein.

um·her·bli·cken <blickst umher, blickte umher, hat umhergeblickt> *ohne OBJ* ■ *jmd.* **blickt umher** *in verschiedene Richtungen blicken:* suchend umherblicken

um·her·ge·hen <gehst umher, ging umher, ist umhergegangen> *ohne OBJ* ■ *jmd.* **geht umher** *ohne bestimmtes Ziel in alle Richtungen gehen:* Er ging ziellos/unruhig umher.

um·her·ir·ren <irrst umher, irrte umher, ist umhergeirrt> *ohne OBJ* ■ *jmd.* **irrt umher** *in alle Richtungen gehen, ohne den Weg zu wissen:* im Wald/in der Stadt umherirren; Wir sind lange umhergeirrt, ehe wir das Stadion gefunden hatten.

um·her·schlen·dern <schlenderst umher, schlenderte umher, ist umhergeschlendert> *ohne OBJ* ■ *jmd.* **schlendert umher** *ziellos in alle Richtungen schlendern:* Wir sind in der Pause ein wenig im Hof umhergeschlendert.

um·hin·kom·men <kommst umhin, kam umhin, ist umhingekommen> *ohne OBJ* ■ *jmd.* **kommt nicht umhin, etwas zu tun/machen/sagen o. Ä.** *(geh.) nicht vermeiden können, etwas zu tun:* Wir werden nicht umhinkommen, Tante Clementine auch einzuladen.

um·hin·kön·nen <kannst umhin, konnte umhin, hat umhingekonnt> *ohne OBJ* ■ *jmd.* **kann nicht umhin, etwas zu tun** *(geh.) nicht vermeiden können, etwas zu tun/machen/sagen o. Ä.:* Auch wenn ich verstehen kann, was ihr getan habt, kann ich nicht umhin, euch zu bestrafen.

um·hö·ren <hörst um, hörte um, hat umgehört> *mit SICH* ■ *jmd.* **hört sich (nach etwas** *Dat.)* **um** *versuchen, etwas in Erfahrung zu bringen, indem man verschiedene Personen fragt:* Ich werde mich erst nach einem besseren Angebot umhören.; Er hat sich bei Freunden umgehört und erfahren, dass …

um·hül·len <umhüllst, umhüllte, hat umhüllt> *mit OBJ* ❶ ■ *etwas umhüllt jmdn./etwas jmdn. oder etwas mit etwas umgeben:* Ein Schleier umhüllt ihren Körper.; Zarte grüne Blätter umhüllen die Knospe.; Nebel umhüllt den Berg. ❷ ■ *jmd.* **umhüllt jmdn./sich/etwas** *jmdn./sich/etwas mit etwas bedecken oder umgeben:* Sie umhüllte ihren Oberkörper mit einem Badetuch.

um·ju·beln <umjubelst, umjubelte, hat umjubelt> *mit OBJ* ■ *jmd.* **umjubelt jmdn./etwas** *jmdn. oder etwas mit viel Jubel feiern:* Die Fans umjubelten sie.; ein umjubelter Künstler

Um·kehr *die* <-> */kein Plur./ das Umkehren II:* jemanden zur Umkehr zwingen; Nachdem wir so weit gekommen waren, war an eine Umkehr nicht mehr zu denken.

um·kehr·bar *adj /nicht steig./ so, dass man es ins Gegenteil verkehren kann:* Diese Entwicklung/ dieser Prozess ist nicht umkehrbar.; eine umkehrbare Gleichung

um·keh·ren <kehrst um, kehrte um, hat/ist um-

gekehrt> **I.** *mit OBJ (haben)* ❶ ■ *jmd.* **kehrt etwas um** *etwas in sein Gegenteil verkehren:* eine Entwicklung umkehren ❷ ■ *jmd.* **kehrt etwas um** *etwas von innen nach außen wenden:* eine Jacke umkehren, um sie auszubürsten **II.** *ohne OBJ (sein)* ■ *jmd./etwas kehrt um sich wieder in die Richtung bewegen, aus der man gerade gekommen ist:* Auf halbem Weg kehrte er um.; Weil es einen technischen Defekt gab, musste das Flugzeug umkehren. **III.** *mit SICH (haben)* ■ *etwas kehrt sich um etwas verändert sich in sein Gegenteil:* Ihr Verhältnis hatte sich vollkommen umgekehrt, jetzt bestimmte sie und er ordnete sich unter.; ■ *jemandem kehrt sich der Magen um jmdm. wird schlecht und er muss sich übergeben* Bei diesem Anblick kehrte sich mir der Magen um.

um·kip·pen <kippst um, kippte um, hat/ist umgekippt> **I.** *mit OBJ (haben)* ■ *jmd.* **kippt etwas um** *so an etwas stoßen, dass es umfällt:* Er hat die Kaffeetasse/den Kaffee umgekippt. **II.** *ohne OBJ (sein)* ❶ ■ *jmd./etwas kippt um seine Lage so verändern, dass man/es umfällt:* Das Boot ist umgekippt.; Er ist mit dem Stuhl umgekippt. ❷ ■ *jmd.* **kippt um** *(umg.) ohnmächtig werden:* Sie ist bei der Hitze umgekippt. ❸ ■ *etwas kippt um sich plötzlich ins Gegenteil wandeln:* Ihre Liebe kippte in Hass um, als sie hörte, dass sie betrogen worden war.; Die Stimmung im Publikum drohte umzukippen.; ■ *ein Gewässer ist umgekippt (fachspr.) ein Gewässer ist so ökologisch tot, weil es ohne Sauerstoff und völlig verschmutzt ist*

um·klam·mern <umklammerst, umklammerte, hat umklammert> *mit OBJ* ■ *jmd.* **umklammert jmdn./etwas** *jmdn. oder etwas mit Fingern, Händen, Armen ganz fest umfassen:* Das Kind umklammerte die Hand der Mutter.; In Todesangst umklammerte der Ertrinkende das rettende Seil. ▶Umklammerung

um·klap·pen <klappst um, klappte um, hat umgeklappt> *mit OBJ* ■ *jmd.* **klappt etwas um** *etwas, das beweglich gelagert ist, nach hinten, nach vorn, nach oben, nach unten oder zur Seite in eine andere Stellung legen:* die hintere Sitzbank im Auto umklappen; den Kragen eines Mantels umklappen

Um·klei·de·ka·bi·ne *die* <-, -n> *ein kleiner Raum, der meist in einem Kleidungsgeschäft oder einem Kaufhaus ist und in dem man Kleidung, die man kaufen will, probiert*

um·klei·den <kleidest um, kleidete um, hat umgekleidet> *mit SICH* ■ *jmd.* **kleidet sich um** *(geh.:≈ sich umziehen) sich andere Kleider anziehen:* sich im Schlafzimmer/in der Garderobe umkleiden

Um·klei·de·raum *der* <-(e)s, Umkleideräume> *(in einem Schwimmbad/einer Sporthalle befindlicher) Raum für das Umkleiden*

um·kni·cken <knickst um, knickte um, hat/ist umgeknickt> **I.** *mit OBJ (haben)* ■ *jmd./etwas knickt etwas um etwas so stark biegen, dass es knickt und umfällt:* Der Orkan hat den Mast des Bootes einfach umgeknickt. **II.** *ohne OBJ (sein)* ■ *etwas knickt um etwas wird geknickt und fällt um:* Die Bäume knickten im Unwetter reihenweise

um.; ■ **mit dem Fuß umknicken** *mit dem Fuß ungeschickt auftreten, so dass das Fußgelenk stark gebogen wird und sehr schmerzt*
ụm·kom·men <kommst um, kam um, ist umgekommen> *ohne OBJ* ❶ ■ *jmd.* **kommt um** *eines nicht natürlichen Todes sterben:* bei einem Erdbeben/Bombenangriff umkommen; Durch die lang anhaltende Dürre sind viele Menschen und Tiere umgekommen. ❷ ■ *etwas kommt um verfaulen:* Durch den Regen ist ein großer Teil der Ernte umgekommen.; ■ **nichts umkommen lassen** *(umg.)* *keine Vorräte verderben lassen;* ■ **vor Langeweile/Müdigkeit umkommen** *(umg.)* *sich sehr langweilen oder sehr müde sein*
Ụm·kreis *der* <-es> */kein Plur./* ❶ *das Gebiet um etwas herum:* Die Explosion zerstörte die Häuser im Umkreis von drei Kilometern. ❷ *die Personen, mit denen jmd. beruflich zu tun hat:* Aus dem Umkreis der Ministerin wurde bekannt, dass …
ụm·krei·sen <umkreist, umkreiste, hat umkreist> *mit OBJ* ■ *jmd./etwas* **umkreist** *jmdn./etwas sich in einem Kreis um etwas bewegen:* Lauernd umkreiste er seinen Gegner.; Die Erde umkreist die Sonne.
ụm·krem·peln <krempelst um, krempelte um, hat umgekrempelt> *mit OBJ* ❶ ■ *jmd.* **krempelt etwas um** *die Ärmel eines Hemds oder die Beine einer Hose mehrere Male umschlagen:* die Ärmel/Hosenbeine umkrempeln ❷ ■ *jmd.* **krempelt etwas um** *umkehren I. 2:* Er krempelt seine Tasche um, um zu sehen, ob er noch einen Euro hat. ❸ *(umg. übertr.)* ■ *jmd.* **krempelt jmdn./etwas um** *jmdn. oder etwas völlig verändern:* Du kannst versuchen, ihn zu beeinflussen, ganz umkrempeln wirst du ihn nicht.; die Verwaltung der Firma völlig umkrempeln
ụm·la·den <lädst um, lud um, hat umgeladen> *mit OBJ* ■ *jmd.* **lädt etwas um** *etwas an eine andere Stelle oder in ein anderes Fahrzeug laden:* die Container auf Schiffe umladen
Ụm·la·ge *die* <-, -n> WIRTSCH. *die Geldsumme, die als Teil der Gesamtkosten von einer einzelnen Person oder von einem Haushalt zu zahlen ist:* Die Umlage für die Treppenreinigung beträgt 15 Euro pro Mietpartei. ▶ umlegen
ụm·la·gern <lagerst um, lagerte um, hat umgelagert> *mit OBJ* ■ *jmd.* **lagert jmdn. um** *jmdn. oder etwas anders lagern:* einen Kranken im Bett umlagern; Waren in andere Räume umlagern
um·la·gern <umlagerst, umlagerte, hat umlagert> *mit OBJ* ■ *jmd.* **umlagert jmdn./etwas** *sich um jmdn. oder etwas drängen:* Die Künstlerin wurde von Autogrammjägern umlagert.; Die Eingänge wurden von Wartenden umlagert.
Ụm·land *das* <-(e)s> */kein Plur./* *das ländliche Gebiet, das sich um eine Stadt herum befindet:* Am Wochenende machen wir gerne Ausflüge ins Umland.
Ụm·lauf *der* <-(e)s, Umläufe> ❶ */kein Plur./* *die Weitergabe von etwas an einen Kreis von Personen:* Falschgeld in Umlauf bringen; Informationen befinden sich im Umlauf ❷ *ein Text, der von einer Person zur anderen gereicht wird, bis alle ihn gelesen haben:* einen Umlauf abzeichnen/weiterge-

ben ❸ *das Kreisen von etwas um etwas auf einer Bahn:* der Umlauf der Erde um die Sonne
Ụm·lauf·bahn *die* <-, -en> *Bahn, auf der etwas kreist:* die Umlaufbahn eines Satelliten kreuzen
ụm·lau·fen <läuft um, lief um, hat/ist umgelaufen> **I.** *mit OBJ (haben)* ■ *jmd.* **läuft jmdn./etwas um** *so heftig gegen jmdn. oder etwas laufen, dass er/es umfällt:* Er hätte mich fast umgelaufen. **II.** *ohne OBJ (sein)* ❶ ■ *etwas läuft um etwas läuft in einem Personenkreis von einem zum anderen:* Gerüchte laufen um.; Das Schreiben des Direktors ist bereits umgelaufen. ❷ ■ *etwas läuft um sich in einem Kreislauf bewegen:* das im Körper umlaufende Blut; Das Wasser läuft in den Heizungssystem um.
um·lau·fen <umläufst, umlief, hat umlaufen> *mit OBJ* ❶ ■ *jmd./etwas* **umläuft etwas** *um etwas herum laufen:* Der Hund umläuft die Herde. ❷ ■ *etwas umläuft etwas sich um etwas bewegt sich auf einer Bahn um etwas:* Die Erde umläuft die Sonne.
Ụm·laut *der* <-(e)s, -e> SPRACHWISS. *einer der Vokale, über die beim Schreiben zwei kleine Striche gesetzt werden:* Die Laute „ä, ö, ü" sind die Umlaute im Deutschen.
ụm·le·gen <legst um, legte um, hat umgelegt> *mit OBJ* ❶ ■ *jmd./etwas* **legt etwas um** *etwas von einer senkrechten in eine waagerechte Lage bringen:* Vor der Brücke legte das Schiff den Mast/Schornstein um.; Der Sturm legte die Bäume um.; den Rücksitz im Auto umlegen ❷ ■ *jmd./etwas* **legt etwas um** *etwas in eine andere Lage bringen, indem man es auf eine andere Seite legt, stellt, klappt o. Ä.:* einen Hebel umlegen; eine Seite im Kalender umlegen ❸ ■ *jmd.* **legt jmdn./etwas um** *jmdn. oder etwas an einen anderen Ort in eine andere Lage legen:* einen Kranken in eine andere Station umlegen; die Pakete im Regal umlegen, um mehr Platz zu haben ❹ ■ *jmd.* **legt etwas um** *etwas zeitlich verschieben:* Er legte seinen Termin um. ❺ ■ *jmd.* **legt etwas auf jmdn. um (Kosten für) etwas gleichmäßig auf verschiedene Personen verteilen, so dass jeder gleich viel bezahlen muss:* Die Kosten für die Fahrt werden auf alle Mitreisenden umgelegt. ▶ Umlage ❻ ■ *jmd.* **legt jmdm./sich etwas um** *etwas um einen umhängen:* Sie legte sich einen Mantel um.; sich einen Schal umlegen ❼ ■ *jmd.* **legt jmdn. um** *(vulg.) jmdn. ermorden:* Den leg' ich um!
ụm·lei·ten <leitest um, leitete um, hat umgeleitet> *mit OBJ* ■ *jmd.* **leitet etwas um** *etwas in eine andere Bahn zu einer anderen Richtung lenken:* Die Polizei hat den Verkehr auf eine andere Strecke umgeleitet.
Ụm·lei·tung *die* <-, -en> ❶ *die Strecke, auf die der Verkehr umgeleitet wird:* eine Umleitung fahren; Bitte benutzen Sie die ausgeschilderten Umleitungen! ❷ */kein Plur./* *das Umleiten:* die Umleitung des Verkehrs/eines Flusses
ụm·ler·nen <lernst um, lernte um, hat umgelernt> *ohne OBJ* ❶ ■ *jmd.* **lernt um** *einen neuen Beruf erlernen:* Nachdem er seinen erlernten Beruf nicht mehr ausüben konnte, hat er umgelernt. ❷ ■ *jmd.* **lernt um** *seine Ansichten ändern:* Auf-

U

grund der veränderten Bedingungen haben viele umlernen müssen.; Er war nicht bereit umzulernen, obwohl er merkte, dass seine Ansichten veraltet waren.

um·lie·gend *adj /nur attr./ /nicht steig./ in der Umgebung von etwas liegend:* die umliegenden Dörfer

um·mel·den <meldest um, meldete um, hat umgemeldet> *mit OBJ* ■ *jmd. meldet jmdn./ sich/etwas um jmdn./sich/etwas irgendwo abmelden und woanders anmelden:* Nach einem Wohnungswechsel muss man sich ummelden.; seinen Telefonanschluss/seine Versicherung/sich ummelden

um·mo·deln <modelst um, modelte um, hat umgemodelt> *mit OBJ* ■ *jmd. modelt etwas um (umg.) verändern; abändern:* Weil du nun plötzlich nicht mehr mitmachen willst, müssen wir alles noch einmal ummodeln!

um·nach·tet *adj (geh.) verwirrt und (geistig) nicht mehr klar:* ein umnachteter Geist; Er ist geistig umnachtet.

Um·nach·tung *die* <-> /kein Plur./ (geh. abwert.) der Zustand, in dem jmd. so verwirrt ist, dass er nicht weiß, was er tut: Das muss er im Zustand völliger geistiger Umnachtung getan haben.

um·nie·ten <nietest um, nietete um, hat umgenietet> *mit OBJ* ■ *jmd. nietet jmdn. um (umg. vulg.:* ≈ *abknallen) jmdn. erschießen*

um·or·ga·ni·sie·ren <organisierst um, organisierte um, hat umorganisiert> *mit OBJ* ■ *jmd. organisiert etwas um etwas anders oder neu organisieren:* die Abläufe in einem Unternehmen umorganisieren ▸ Umorganisation

um·pa·cken <packst um, packte um, hat umgepackt> *mit OBJ* ■ *jmd. packt etwas um etwas auspacken und dann anders packen:* Ich muss schon wieder den Kofferraum umpacken, der Campingstuhl passt nicht hinein.; die Taschen nochmals umpacken, damit alles hineinpasst

um·pflan·zen <pflanzt um, pflanzte um, hat umgepflanzt> *mit OBJ* ■ *jmd. pflanzt etwas um etwas an einen anderen Ort pflanzen:* Morgen pflanze ich die Geranien in einen anderen Topf um.

um·pflü·gen <pflügst um, pflügte um, hat umgepflügt> *mit OBJ* ■ *jmd. pflügt etwas um etwas durch Pflügen lockern:* ein Feld/den Boden umpflügen

um·po·len <polst um, polte um, hat umgepolt> *mit OBJ* ■ *jmd. polt etwas um* PHYS., ELEKTRO-TECHN. *den Minuspol mit dem Pluspol vertauschen*

um·pro·gram·mie·ren <programmierst um, programmierte um, hat umprogrammiert> *mit OBJ* ■ *jmd. programmiert etwas um* EDV *für etwas ein neues Programm schreiben:* die Netzverbindung umprogrammieren

um·quar·tie·ren <quartierst um, quartierte um, hat umquartiert> *mit OBJ* ■ *jmd. quartiert jmdn. um jmdm. ein anderes Quartier geben:* Wegen eines Wasserschadens müssen die Gäste in der oberen Etage umquartiert werden.

um·rah·men <umrahmst, umrahmte, hat umrahmt> *mit OBJ* ❶ ■ *etwas umrahmt etwas eine Art Rahmen um etwas bilden:* Blonde Locken

umrahmten ihr Gesicht. ❷ ■ *etwas umrahmt etwas als Begleitung zu etwas stattfinden:* Musikalische Darbietungen umrahmten die Feierstunde.

Um·rah·mung *die* <-> /kein Plur./ ❶ ein Rahmen um etwas: Die Umrahmung des Fensters war etwas geschmacklos. ❷ ein Begleitprogramm zu etwas: Die Umrahmung der Verleihung des Filmpreises war dieses Jahr etwas dürftig.

um·ran·den <umrandest, umrandete, hat umrandet> *mit OBJ* ❶ ■ *etwas umrandet etwas einen Rand um etwas bilden:* Blumen umrandeten das Grab. ❷ ■ *jmd. umrandet etwas einen Rand um etwas machen:* Sie umrandete den Text rot, um ihn hervorzuheben.; schwarz umrandetes Briefpapier

Um·ran·dung *die* <-, -en> der Rand um etwas

um·räu·men <räumst um, räumte um, hat umgeräumt> *mit OBJ* ❶ ■ *jmd. räumt etwas um etwas anders ordnen, indem man es an einen anderen Platz stellt:* die Bücher im Regal umräumen ❷ ■ *jmd. räumt etwas um den Inhalt von etwas anders ordnen:* das Wohnzimmer umräumen

um·rech·nen <rechnest um, rechnete um, hat umgerechnet> *mit OBJ* ■ *jmd. rechnet etwas (in etwas Akk.) um ausrechnen, wie groß ein Betrag oder ein Wert in einer anderen Währung oder Maßeinheit ist:* Euro in britische Pfund umrechnen; Meilen in Kilometer umrechnen

Um·rech·nung *die* <-> /kein Plur./ das Umrechnen: die Umrechnung von Euro in Dollar

Um·rech·nungs·kurs *der* <-es, -e> der Kurs, zu dem Währungen umgerechnet werden

um·rei·ßen <reißt um, riss um, hat umgerissen> *mit OBJ* ■ *jmd./etwas reißt jmdn./etwas um jmdn. oder etwas plötzlich mit viel Kraft zu Boden werfen:* Der Sturm hat zahlreiche Bäume umgerissen.; In ihrer Eile hat sie ein Kind umgerissen, das im Weg stand.

um·rei·ßen <umreißt, umriss, hat umrissen> *mit OBJ* ■ *jmd. umreißt etwas etwas nicht ausführlich, sondern nur mit den wichtigsten Argumenten beschreiben:* jemandem sein zukünftiges Aufgabengebiet umreißen; Ich will nur kurz umreißen, worum es mir geht.

um·ren·nen <rennst um, rannte um, hat umgerannt> *mit OBJ* ■ *jmd. rennt jmdn./etwas um (umg.) gegen jmdn. oder etwas rennen und ihn/es dadurch zu Boden werfen:* Die Zuschauer hatten die Absperrungen umgerannt und stürmten auf das Spielfeld.; In seiner Eile rannte er alle um, die im Weg standen.

um·rin·gen <umringst, umringte, hat umringt> *mit OBJ* ■ *jmd. umringt jmdn./etwas einen kleinen Kreis um jmdn. oder etwas bilden:* Die Schüler umringten den Lehrer.

Um·riss *der* <-es, -e> (≈ Kontur) die äußeren Ränder oder Linien, die die Form von jmdm./etwas bestimmen: den Umriss einer Person/eines Tieres erkennen; Gegen das Licht konnte man alles nur in Umrissen erkennen.; ■ *in Umrissen schildern ohne Details beschreiben;* ■ *etwas nimmt feste Umrisse an etwas wird allmählich konkret* Die Pläne nehmen allmählich feste Umrisse an.

um·rüh·ren <rührst um, rührte um, hat umge-

U

rührt> mit OBJ ■ *jmd.* **rührt etwas um** *etwas durch Rühren bewegen und somit gut mischen:* Du musst den Teig gut umrühren, sonst gibt es Klumpen.

um·run·den <umrundest, umrundete, hat umrundet> mit OBJ ■ *jmd./etwas umrundet etwas* *um etwas in einem Kreis herum gehen, fahren, fliegen o. Ä.:* Die Altstadt kann man gut in einer Stunde zu Fuß umrunden.; die Erde im Flugzeug umrunden

um·rüs·ten <rüstest um, rüstete um, hat umgerüstet> mit OBJ ■ *jmd.* **rüstet etwas um** *etwas technisch anders ausstatten:* ein Fahrzeug auf Winterbetrieb umrüsten

ums *präp +Akk. (umg.: ≈ um das)*

um·sat·teln <sattelst um, sattelte um, hat umgesattelt> ohne OBJ ■ *jmd.* **sattelt (auf etwas** *Akk.)* **um** *(umg.) sich beruflich verändern:* Während des Pädagogikstudiums hat sie auf Soziologie umgesattelt.; Weil das Geschäft mit Obst und Gemüse nicht gut lief, haben sie auf Getränke umgesattelt.

Um·satz *der* <-es, Umsätze> WIRTSCH. *Gesamtwert dessen, was (von einer Firma, einem Unternehmen, einem Geschäft) an Waren oder Dienstleistungen verkauft wird:* Die Umsätze steigen.; Am Samstag machen die Kneipen den größten Umsatz. ◆-beteiligung, -kurve, -rückgang, -steigerung, -steuer, -zuwachs, Jahres-

um·satz·schwach *adj* WIRTSCH. *(↔ umsatzstark) mit nur geringem Umsatz:* die umsatzschwachen Bereiche der Firma ausgliedern

um·säu·men <umsäumst, umsäumte, hat umsäumt> mit OBJ ❶ ■ *jmd.* **umsäumt etwas** *mit einem Saum umgeben:* einen Rock/Mantel/ein Stück Stoff umsäumen ❷ ■ *etwas umsäumt etwas* *(geh.) etwas als Rand umgeben:* Ein Wald umsäumt den See.; Blonde Locken umsäumen sein Gesicht.

um·schal·ten <schaltest um, schaltete um, hat umgeschaltet> I. mit OBJ/ohne OBJ ❶ ■ *jmd.* **schaltet (etwas) um** *eine Einstellung an einem Gerät mit einer Taste, einem Schalter, einem Hebel, einem Knopf o. Ä. ändern:* das Netz auf Wechselstrom umschalten; (die Tastatur) auf Großbuchstaben umschalten ❷ ■ *jmd schaltet (auf etwas Akk.)* **um** *einen anderen Sender oder ein anderes Programm wählen:* Schalte doch nicht dauernd (auf einen anderen Sender) um! II. ohne OBJ ■ *etwas schaltet um seine Einstellung selbstständig ändern:* Nach einer bestimmten Zeit schaltet das Gerät auf den Stromsparmodus um.

Um·schalt·tas·te *die* <-, -n> *die Taste, die sich links und rechts auf einer Tastatur befindet und mit der man von kleinen zu großen Buchstaben umschalten kann:* die Umschalttaste auf der Tastatur eines Computers/einer Schreibmaschine betätigen

um·schau·en mit SICH ■ *jmd.* **schaut sich (nach jmdm./etwas) um** SÜDDT., ÖSTERR. *sich umsehen:* sich (nach jemandem/etwas) umschauen

um·schif·fen <umschiffst, umschiffte, hat umschifft> mit OBJ ❶ ■ *jmd./etwas umschifft etwas mit einem Schiff um etwas herum fahren:* das Kap der guten Hoffnung umschiffen ❷ ■ *jmd. um-*

schifft etwas *eine schwierige Situation umgehen:* Probleme umschiffen; Durch den Kompromiss konnte er die Schwierigkeiten umschiffen.

Um·schlag¹ *der* <-(e)s, Umschläge> ❶ *eine Hülle, in die man einen Brief steckt, wenn man ihn abschicken will:* den Brief in einen Umschlag stecken ❷ *eine Art Hülle, mit der man ein Buch, ein Heft o. Ä. schützen kann:* der Umschlag des Schulheftes/eines Buches ❸ *ein umgenähter Rand an einem Kleidungsstück:* die Hosenbeine mit einem Umschlag versehen ❹ MED. *warme oder kalte Tücher, die zur Behandlung auf ein Körperteil gelegt werden*

Um·schlag² *der* <-(e)s, Umschläge> ❶ *völlige Veränderung von etwas:* ein plötzlicher Umschlag des Wetters/der Stimmung ❷ */kein Plur./* WIRTSCH. *das Verladen oder Umladen von Waren auf ein Schiff oder ein Fahrzeug* ◆Güter-

um·schla·gen <schlägst um, schlug um, hat/ist umgeschlagen> I. mit OBJ (haben) ❶ ■ *jmd.* **schlägt etwas um** *(≈ umblättern) die Seite in einem Buch umschlagen* ❷ ■ *jmd. schlägt etwas um etwas auf eine andere Seite falten:* die Ärmel/den Kragen umschlagen ❸ ■ *jmd. schlägt etwas (mit etwas Dat.) um etwas durch Schlagen zum Umstürzen bringen:* Bäume mit der Axt umschlagen ❹ ■ *jmd./etwas schlägt etwas um* WIRTSCH. *etwas auf ein Schiff oder ein Fahrzeug verladen oder umladen:* Im Hafen werden Container/Güter umgeschlagen. ❺ ■ *jmd. schlägt jmdm./sich etwas um etwas um sich die Schultern von jmdm. oder sich legen:* jemandem/sich eine Decke umschlagen II. ohne OBJ (sein) ❶ ■ *etwas schlägt um sich völlig verändern:* Das Wetter/Die Stimmung ist umgeschlagen. ❷ ■ *etwas schlägt um durch einen starken Stoß plötzlich umkippen:* Das Boot ist umgeschlagen.

Um·schlag·ha·fen *der* <-s, Umschlaghäfen> *ein Hafen, in dem Waren von Schiffen auf Fahrzeuge und umgekehrt verladen werden:* ein Umschlaghafen für Getreide/Öl

Um·schlag·platz *der* <-es, Umschlagplätze> WIRTSCH. *ein Platz, an dem Waren umgeladen werden, um dann weiter in andere Gebiete transportiert zu werden:* Das Land ist zum Umschlagplatz für den internationalen Drogenhandel geworden.

um·schlie·ßen <umschließt, umschloss, hat umschlossen> mit OBJ ❶ ■ *etwas umschließt etwas etwas mit etwas vollständig umgeben:* Eine Mauer umschließt die gesamte Burg.; Bei Flut ist das Gebiet vollständig vom Meer umschlossen. ❷ ■ *jmd. umschließt etwas etwas mit der Hand oder den Händen so fassen, dass man es fest hat:* eine Tasse mit beiden Händen umschließen; Der Kapitän hatte das Ruder fest umschlossen in der Hand. ❸ ■ *jmd. umschließt jmdn. jmdn. fest umarmen:* Er umschloss sie mit seinen Armen.

um·schlin·gen <umschlingst, umschlang, hat umschlungen> mit OBJ ❶ ■ *jmd. umschlingt jmdn. die Arme fest um jmdn. legen:* jemanden mit beiden Armen umschlingen; Das Paar saß eng umschlungen auf der Bank. ❷ ■ *etwas umschlingt etwas etwas windet sich eng wie eine*

Schlinge um etwas: Efeu umschlingt den Baumstamm.

ụm·schmei·ßen <schmeißt um, schmiss um, hat umgeschmissen> *mit OBJ* ■ *jmd./etwas schmeißt etwas um (umg.) durch eine Stoß bewirken, dass jmd. oder etwas umfällt:* Als er aufstand, hat er das Glas mit seinem Ellenbogen umgeschmissen.

ụm·schnal·len *mit OBJ* ■ *jmd. schnallt (jmdm./ sich) etwas um etwas um jmdn. oder sich legen und mit einer Schnalle befestigen:* sich einen Gürtel umschnallen

ụm·schrei·ben <schreibst um, schrieb um, hat umgeschrieben> *mit OBJ* ❶ ■ *jmd. schreibt etwas um einen Text noch einmal schreiben und ihn verändern, um ihn besser zu machen:* Er hat das Buch/den Beitrag/das Manuskript/ den Text/ den Vortrag mehrmals umgeschrieben. ❷ ■ *jmd. schreibt etwas um* RECHTSW. *Immobilien schriftlich jmd. anderem übertragen, in dem man die Eintragung im Grundbuch ändern lässt:* Die Eltern haben das Haus auf ihre Kinder umschreiben lassen.

um·schrei·ben <umschreibst, umschrieb, hat umschrieben> *mit OBJ* ❶ ■ *jmd. umschreibt etwas etwas mit anderen Worten ausdrücken:* Man kann es auch so umschreiben ...; Er wollte es nicht direkt aussprechen und hat es nur umschreiben. ❷ *(≈ umreißen)* ■ *jmd. umschreibt etwas etwas in kurzer Form mit den wichtigsten Informationen darstellen:* Wie würden Sie Ihre Tätigkeit umschreiben?; kurz umschreiben, was in den nächsten Tagen zu tun ist

Um·schrei·bung *die* <-, -en> ❶ */kein Plur./ das Wiedergeben mit anderen Worten:* im Unterricht die Umschreibung von Begriffen üben ❷ *(≈ Paraphrase) der Ausdruck, mit dem etwas in anderen Worten wiedergegeben wird:* eine freundliche Umschreibung für etwas Unangenehmes suchen

Um·schrift *die* <-, -en> SPRACHWISS. ❶ *(≈ Transkription) die Zeichen, die verwendet werden, um die Aussprache von Wörtern wiederzugeben:* eine phonetische Umschrift; Bei diesem Wort fehlt die (Angabe der) Umschrift. ❷ *(≈ Transliteration) Übertragung der Buchstaben von Wörtern aus einem Alphabet in ein anderes Alphabet; siehe auch* **Transliteration**

ụm·schu·len **I.** *mit OBJ* ❶ ■ *jmd. schult jmdn. um jmdn. auf eine andere Schule schicken:* Da seine Eltern umgezogen waren, wurde er nach der zweiten Klasse umgeschult. ❷ ■ *jmd. schult jmdn. (zu etwas Dat.) um jmdn. für einen neuen Beruf ausbilden:* Das Arbeitsamt hat die arbeitslose Kindergärtnerin zur Arzthelferin umgeschult. **II.** *ohne OBJ* ■ *jmd. schult um einen neuen Beruf erlernen, weil man mit dem alten Beruf keine Arbeit findet:* Er findet keine Anstellung mehr in seinem erlernten Beruf, deshalb will er jetzt umschulen.

Ụm·schu·lung *die* <-, -en> *die Ausbildung zu einem anderen Beruf, der auf dem Arbeitsmarkt mehr gefragt ist:* eine Umschulung zum Versicherungskaufmann machen ▶ Umschüler, Umschülerin

ụm·schüt·ten <schüttest um, schüttete um, hat umgeschüttet> *mit OBJ* ❶ ■ *jmd. schüttet etwas um ein Gefäß so anstoßen, dass es umfällt und der Inhalt ausläuft:* Er hat sein Weinglas umgeschüttet. ❷ *(umg.: ≈ umgießen)* ■ *jmd. schüttet etwas (in etwas Akk.) um Flüssigkeit in ein anderes Gefäß schütten:* Wein aus der Flasche in eine Karaffe umschütten

um·schwär·men <umschwärmst, umschwärmte, hat umschwärmt> *mit OBJ* ❶ ■ *etwas umschwärmt jmdn./etwas in großen Mengen um jmdn. oder etwas fliegen:* Im Sommer wird man hier dauernd von Mücken umschwärmt.; Bienen umschwärmen die ersten Blüten. ❷ ■ *jmd. umschwärmt jmdn. jmdn. sehr verehren und bewundern und dessen Nähe suchen:* Viele begeisterte Anhänger umschwärmten den Künstler.; von jungen Mädchen umschwärmte Popstars

um·schwärmt¹ *Part. Perf. von* **umschwärmen**

um·schwärmt² *adj bewundert und von vielen Personen umgeben:* ein umschwärmter Schauspieler

Ụm·schwei·fe ■ *ohne Umschweife direkt und ohne zu zögern* ohne Umschweife zur Sache kommen; Er erzählte alles so, wie es war, ohne Umschweife.

ụm·schwen·ken <schwenkst um, schwenkte um, hat umgeschwenkt> *ohne OBJ* ❶ ■ *etwas schwenkt um plötzlich aus einer anderen Richtung kommen:* Der Wind schwenkte plötzlich nach Osten um. ❷ ■ *jmd. schwenkt um (umg. abwert.) plötzlich seine Meinung ändern:* Bei der Abstimmung sind einige Minister umgeschwenkt.

um·schwir·ren *mit OBJ* ■ *etwas umschwirrt etwas (≈ umschwärmen) in großen Mengen um etwas fliegen:* Fliegen umschwirrten den Misthaufen.

Ụm·schwung¹ *der* <-s, Umschwünge> *eine plötzliche Änderung:* ein Umschwung der Konjunktur/ des Wetters/der Stimmung ◆ Wetter-

Ụm·schwung² *der* <-(e)s> */kein Plur./* SCHWEIZ. *Land, das zu einem Haus gehört und es umgibt*

ụm·se·hen <siehst um, sah um, hat umgesehen> *mit SICH* ❶ ■ *jmd. sieht sich irgendwo um nach allen Seiten sehen und die Umgebung genau anschauen:* sich in der Altstadt umsehen ❷ ■ *jmd. sieht sich (nach jmdm./etwas) um den Kopf drehen und über die eigene Schulter nach hinten sehen:* Sie sah sich um, weil sie wissen wollte, wer hinter ihr ging. ❸ ■ *jmd. sieht sich (nach etwas Dat.) um etwas suchen:* Sieh dich mal nach einem billigen Computer um. ❹ ■ *jmd. sieht sich nach jmdm. um jmdn. als neuen Partner oder Mitarbeiter suchen:* Er sah sich auf der Kreuzfahrt auch nach einer neuen Frau um.

ụm·sei·tig *adj /nicht steig./ (geh.) auf der Rückseite eines Blattes:* Beachten Sie bitte die umseitigen Erläuterungen!

ụm·set·zen <setzt um, setzte um, hat umgesetzt> **I.** *mit OBJ* ❶ ■ *jmd. setzt etwas um etwas an eine andere Stelle setzen:* ein Verkehrsschild/einen Pflock umsetzen ❷ ■ *jmd. setzt jmdn. um jmdm. einen anderen Platz geben:* Der Lehrer hat die Schüler umgesetzt. ❸ ■ *jmd. setzt etwas um etwas umpflanzen:* Bäume/Pflanzen

umsetzen ④ ■ *jmd. setzt etwas in etwas Akk.* **um** *(umg.) etwas gegen etwas eintauschen:* sein ganzes Geld in Klamotten umsetzen ⑤ ■ *jmd./etwas setzt etwas um* WIRTSCH. *etwas verkaufen:* Die Veranstalter haben bereits 5000 Eintrittskarten umgesetzt. ⑥ ■ *jmd. setzt etwas um verwirklichen; praktisch anwenden:* ein Vorhaben/einen Plan in die Praxis umsetzen; das eben Gelernte bei der Arbeit umsetzen ⑦ ■ *etwas setzt etwas in etwas Akk. um (≈ umwandeln) etwas in etwas anderes umwandeln:* Die Anlage setzt Windenergie in elektrischen Strom um. **II.** *mit SICH* ■ *jmd. setzt sich um seinen Platz wechseln:* Mir ist es hier zu dunkel/rauchig/zugig, ich setze mich um.

Um·set·zung *die* <-, -en> ❶ *die praktische Anwendung:* Die Umsetzung unserer Ideen braucht Zeit und Geduld. ❷ *das Umsetzen*

Um·sicht *die* <-> /kein Plur./ (↔ *Leichtsinn) ein ruhiges Denken, bei dem man vorausschaut und die Folgen seiner Handlungen beachtet:* Diese Arbeit erfordert viel Umsicht.

um·sich·tig *adj mit Umsicht:* Die Helfer an der Unfallstelle handelten umsichtig und trotzdem schnell.

um·sie·deln <siedelst um, siedelte um, hat/ist umgesiedelt> **I.** *mit OBJ (haben)* ■ *jmd. siedelt jmdn./etwas um veranlasst, dass jmd. oder etwas seinen ständigen Aufenthaltsort wechselt:* Der Ort musste einem Tagebau weichen, die Bewohner wurden umgesiedelt.; Tiere/Pflanzen an einen neuen Standort umsiedeln **II.** *ohne OBJ (sein)* ❶ ■ *jmd. siedelt (irgendwohin) um seinen Wohnort wechseln:* Er ist von Europa nach Amerika umgesiedelt. ❷ ■ *jmd. siedelt um (≈ aussiedeln) als Angehöriger der deutschen Minderheit in Osteuropa in die Bundesrepublik ziehen:* Die Familie ist aus Russland nach Deutschland umgesiedelt.

Um·sie·de·lung *siehe* **Umsiedlung**

Um·sied·ler *der,* **Um·sied·le·rin** <-s, -> *(≈ Aussiedler) Person, die umgesiedelt ist*

Um·sied·lung, *a.* **Um·sie·de·lung** *die* <-, -en> *das Umsiedeln:* die zwangsweise Umsiedlung der Bewohner einer Gegend

um·sin·ken <sinkst um, sank um, ist umgesunken> *ohne OBJ* ■ *jmd./etwas sinkt um zur Seite sinken und zu Boden fallen:* Es taut, unser Schneemann ist leider umgesunken.; Sie ist vor Schreck ohnmächtig umgesunken.

um·so¹ *konj zusammen mit „je" verwendet, um auszudrücken, dass der Sachverhalt im Hauptsatz (umso …) sich in gleicher Weise verändert, wie der Sachverhalt im Nebensatz (je …); statt „umso" kann man auch „desto" verwenden:* Je gründlicher wir arbeiten, umso besser ist das Ergebnis.; Je früher wir losfahren, umso früher kommen wir auch an. ◆*Zusammenschreibung →R 4.3* Je mehr er arbeitete, umso mehr verdiente er.

um·so² *part /vor einem Komparativ/ verwendet, um eine Aussage zu verstärken:* Nach dieser Entscheidung ist es jetzt umso wichtiger, dass man einen klaren Kopf bewahrt.; Wenn die Computer billiger werden, dann umso besser!; Wenn er auch

die zweite Prüfung wiederholen muss, dann umso schlimmer!

um·sonst *adv* ❶ *(≈ vergeblich) ohne Erfolg:* Alle unsere Anstrengungen sind umsonst gewesen!; Nun haben wir umsonst alles vorbereitet, wenn die Veranstaltung ausfällt! ❷ *(umg.: ≈ gratis) ohne Bezahlung:* umsonst mit dem Bus fahren dürfen; Ich tue es umsonst, ich will nichts dafür haben!; ■ *nicht umsonst aus gutem Grund* Das habe ich nicht umsonst gesagt, ich wollte euch warnen!

um·sor·gen <umsorgst, umsorgte, hat umsorgt> *mit OBJ* ■ *jmd. umsorgt jmdn. jmdn. intensiv betreuen oder viel Aufmerksamkeit schenken:* einen Kranken Tag und Nacht umsorgen; die Kinder liebevoll umsorgen

um·span·nen <umspannst, umspannte, hat umspannt> *mit OBJ* ❶ ■ *jmd. umspannt etwas um etwas herumfassen:* einen Baum mit den Armen umspannen können ❷ ■ *etwas umspannt etwas sich über eine genannte Zeit erstrecken:* Der Roman umspannt zwei Jahrzehnte deutscher Geschichte.

Um·spann·werk *das* <-(e)s, -e> ELEKTROTECHN. *eine technische Anlage zur Veränderung der Spannung des Stromes*

um·spie·len <umspielst, umspielte, hat umspielt> *mit OBJ* ❶ ■ *etwas umspielt etwas (geh.) um etwas herum sein und dabei ständig kleine Bewegungen ausführen:* Wellen umspielten das kleine Boot.; Das wehende Haar umspielte ihr schönes Gesicht. ❷ ■ *jmd. umspielt jmdn.* SPORT *(umg.) an jmdm. bei einem Fußballspiel mit dem Ball vorbei gehen:* Mit Leichtigkeit umspielte der Stürmer die gegnerische Abwehr.; ■ *ein Lächeln umspielt jemands Gesicht/Mund ein leichtes Lächeln ist auf dem Gesicht von jmdm. zu sehen*

um·sprin·gen <springst um, sprang um, ist umgesprungen> *ohne OBJ* ❶ ■ *etwas springt (von etwas Dat.) auf etwas Akk. um plötzlich die Stellung oder Richtung wechseln:* Die Anzeige ist soeben auf die aktuelle Zeit umgesprungen.; Der Wind ist auf Nordost umgesprungen. ❷ ■ *jmd. springt mit jmdm./etwas irgendwie um (umg. abwert.) jmdn. oder etwas irgendwie behandeln:* Er ist grob mit ihr umgesprungen.

um·spu·len <spulst um, spulte um, hat umgespult> *mit OBJ* ■ *jmd. spult etwas um machen, dass etwas von einer Spule auf eine andere Spule übertragen wird:* Nach der Vorstellung muss der Film noch umgespult werden.

um·spü·len <umspült, umspülte, hat umspült> *mit OBJ* ■ *etwas umspült etwas um etwas herum fließen:* Der Fluss umspülte die kleine Insel.

Um·stand *der* <-(e)s, Umstände> ❶ *eine Tatsache, die ein Geschehen in bestimmter Weise beeinflusst:* Dieser Umstand ist mir nicht entgangen.; Das schlechte Ergebnis ist auf die schwierigen/widrigen Umstände zurückzuführen; Unter diesen Umständen trete ich vom Vertrag zurück.; Dem Patienten geht es den Umständen entsprechend gut. ❷ */nur Plur./ großer (und unnötiger) Aufwand:* Machen Sie sich keine Umstände!; Es macht mir keine Umstände, Ihnen zu helfen.; So viele Umstände waren nötig für solch ein mageres Ergeb-

U

nis!; ■ **unter Umständen** *vielleicht;* ■ **unter allen Umständen** *auf jeden Fall;* ■ **unter (gar) keinen Umständen** *auf (gar) keinen Fall;* ■ **in anderen Umständen sein** *(verhüll. veralt.) schwanger sein;* ■ **mildernde Umstände** RECHTSW. *Tatsachen, die bei einem Gerichtsurteil berücksichtigt werden und es milder machen können*

ụm·stän·de·hal·ber *adv weil es wegen einer bestimmten Situation nötig ist:* Das Haus ist umständehalber zu verkaufen.

ụm·ständ·lich *adj* ❶ *(≈ aufwändig, zeitraubend) nicht geschickt und mit viel unnötigem Aufwand:* etwas sehr umständlich erklären; umständliche Vorbereitungen treffen ❷ *so, dass jmd. zu viel unnötigem Aufwand neigt:* ein umständlicher Mensch/Mitarbeiter

Ụm·stands·klei·dung *die* <-> */kein Plur./ besonders weit geschnittene Kleidung, die eine Frau während der Schwangerschaft trägt*

Ụm·stands·wort *das* <-(e)s, Umstandswörter> SPRACHWISS. *(veralt.) Adverb*

ụm·ste·cken <steckst um, steckte um, hat umgesteckt> *mit OBJ* ■ *jmd. steckt etwas um etwas an eine andere Stelle stecken:* Du musst die Stecker umstecken, sonst funktioniert das nicht.

ụm·ste·hend *adj /nicht steig./* ❶ *(geh.: ≈ umseitig)* Bitte beachten Sie die umstehenden Hinweise! ❷ *in der Nähe stehend:* Keiner der umstehenden Menschen war bereit zu helfen.

ụm·stei·gen <steigst um, stieg um, ist umgestiegen> *ohne OBJ* ❶ ■ *jmd. steigt (von etwas Dat.) (in etwas Akk.) um das Verkehrsmittel wechseln:* Sie müssen an der nächsten Haltestelle (in eine andere Bahn/in den Bus) umsteigen. ❷ ■ *jmd. steigt (von etwas Dat.) auf etwas Akk. um (umg.) von etwas zu etwas Anderem oder Neuem wechseln:* Sie ist auf ein anderes Medikament umgestiegen.; Er ist vom Auto auf das Fahrrad umgestiegen.

ụm·stel·len <stellst um, stellte um, hat umgestellt> I. *mit OBJ* ❶ ■ *jmd. stellt etwas um etwas an einen anderen Ort stellen:* Er hat alle Möbel umgestellt. ❷ ■ *jmd. stellt etwas um etwas anders einstellen:* einen Hebel/eine Weiche umstellen; den Sender im Radio umstellen ❸ ■ *jmd. stellt jmdn./etwas auf etwas Akk. um die Gewohnheiten von jmdm. oder die Einstellunge von etwas ändern:* einen Patienten auf fettarme Kost umstellen; die Heizung auf Sommerbetrieb umstellen II. *mit SICH* ■ *jmd. stellt sich (irgendwo) (auf etwas Akk.) um sich einer neuen Situation oder neuen Umständen anpassen:* Du wirst dich auf der neuen Arbeitsstelle ganz schön umstellen müssen!

ụm·stel·len <umstellst, umstellte, hat umstellt> *mit OBJ* ■ *jmd. umstellt jmdn./etwas. oder etwas mit Personen so umringen, dass niemand fliehen kann:* ein Gebäude mit Polizisten umstellen; Der Feind ist umstellt.

Ụm·stel·lung *die* <-, -en> *das Anpassen an eine neue Situation:* Der Besuch einer anderen Schule war eine große Umstellung für das Kind.; die Umstellung der Heizung auf Sommerbetrieb

Ụm·stieg *der* <-(e)s, -e> */Plur. selten/ das Umsteigen*[2] *auf etwas:* Der Umstieg vom Auto auf Busse und Bahnen ist gar nicht so schwer.

ụm·stim·men <stimmst um, stimmte um, hat umgestimmt> *mit OBJ* ■ *jmd. stimmt jmdn. um jmdn. mit Argumenten dazu bewegen, seine Meinung zu ändern:* Ich lasse mich nicht umstimmen. ▶ Umstimmung

ụm·sto·ßen <stößt um, stieß um, hat umgestoßen> *mit OBJ* ❶ ■ *jmd. stößt jmdn./etwas um jmdn. oder etwas so kräftig stoßen, dass er/es umfällt:* Er hat das Glas umgestoßen.; Sie sprang auf und stieß alle Schachfiguren um. ❷ ■ *jmd. stößt etwas um etwas völlig ändern:* Er hat seine Pläne total umgestoßen.

um·strịt·ten *adj so, dass es sowohl Befürworter als auch Gegner von etwas gibt:* eine umstrittene Heilmethode/wissenschaftliche These; umstrittene Tierversuche; ein umstrittener Wissenschaftler

ụm·struk·tu·rie·ren <strukturierst um, strukturierte um, hat umstrukturiert> *mit OBJ* ■ *jmd. strukturiert etwas um etwas eine neue Struktur geben:* die Verwaltung/ein Unternehmen umstrukturieren ▶ Umstrukturierung

ụm·stül·pen <stülpst um, stülpte um, hat umgestülpt> *mit OBJ* ❶ ■ *jmd. stülpt etwas um die Innenseite von etwas nach außen kehren:* einen Handschuh/die Hosentaschen umstülpen ❷ ■ *jmd. stülpt etwas um einen Behälter mit der Öffnung nach unten drehen:* die Schüssel mit dem Pudding umstülpen

Ụm·sturz *der* <-es, Umstürze> POL. *(≈ Putsch) Vorgang, dass eine legitime Regierung durch Gewalt gestürzt und eine andere politische (autoritäre) Ordnung eingeführt wird:* einen Umsturz planen; Im Land vollzog sich ein Umsturz.

ụm·stür·zen <stürzt um, stürzte um, hat/ist umgestürzt> I. *mit OBJ (haben)* ❶ ■ *jmd. stürzt etwas um (≈ umwerfen) durch einen Stoß bewirken, dass etwas umfällt:* einen Turm aus Bauklötzen umstürzen ❷ ■ *jmd. stürzt etwas um etwas mit Gewalt grundlegend verändern:* die bisherige Ordnung/die Regierung umstürzen ▶ Umsturz ❸ ■ *jmd. stürzt etwas um etwas völlig ändern:* seine gesamten Pläne noch einmal umstürzen II. *ohne OBJ (sein)* ■ *etwas stürzt um (≈ umfallen) aus einer senkrechten Lage heftig zur Seite auf den Boden fallen:* Der Baum ist umgestürzt und hat mehrere Fahrzeuge beschädigt.; Das Auto ist umgestürzt.

Ụm·sturz·ver·such *der* <-(e)s, -e> *(≈ Putschversuch) der Versuch, einen Umsturz durchzuführen:* Hohe Militärs waren an dem Umsturzversuch beteiligt.

Ụm·tausch *der* <-(e)s> */kein Plur./ das Umtauschen:* Verbilligte Waren sind vom Umtausch ausgeschlossen.; der Umtausch von Geld in eine andere Währung

ụm·tau·schen <tauschst um, tauschte um, hat umgetauscht> *mit OBJ* ❶ ■ *jmd. tauscht etwas um etwas wieder dahin bringen, wo es gekauft wurde und dafür etwas anderes erhalten:* Nach Weihnachten wollen viele Leute ihre Geschenke

U

umtauschen.; fehlerhafte Ware umtauschen **❷ ■** *jmd.* **tauscht etwas um** *Geld gegen eine andere Währung oder Wertpapiere gegen andere finanzielle Optionen tauschen:* Dollar in Euro umtauschen; die Aktien gegen Fondsanteile umtauschen

ụm·top·fen <topfst um, topfte um, hat umgetopft> *mit OBJ* **■** *jmd.* **topft etwas um** *Pflanzen in einen neuen Topf mit frischer Erde tun:* Der Frühling ist die beste Zeit, um die Zimmerpflanzen umzutopfen.

ụm·trei·ben <treibt um, trieb um, hat umgetrieben> *mit OBJ* **■** *etwas treibt jmdn.* **um** *jmdn. beunruhigen und nicht zur Ruhe kommen lassen:* Er macht kein Auge mehr zu, denn sein schlechtes Gewissen treibt ihn um.

Ụm·trie·be <-> *Plur. (abwert.) geheime oder verbotene Aktivitäten meist mit dem Ziel, einen Umsturz einzuleiten:* Die Militärs entwickelten staatsfeindliche Umtriebe.

Ụm·trunk *der* <-(e)s, -e/Umtrünke> */meist Sing./* *Treffen mit mehreren Personen aus einem bestimmten Anlass, um gemeinsam (Alkohol) zu trinken und Spaß zu haben:* einen fröhlichen Umtrunk abhalten; Nach der Ausgabe der Abschlusszeugnisse findet noch ein kleiner Umtrunk statt.

ụm·tun <tust um, tat um, hat umgetan> **I.** *mit SICH* **■** *jmd.* **tut sich nach etwas um** *(umg.) versuchen, etwas zu bekommen:* sich nach einer günstigen Wohnung umtun; sich nach einer Arbeit umtun **II.** *mit OBJ* **■** *jmd.* **tut jmdm./sich etwas um** *(umg.) umbinden:* sich eine Krawatte umtun

U-Mu·sik *die* <-> */kein Plur./* *(↔ E-Musik) Unterhaltungsmusik*

ụm·ver·tei·len <verteilt um, verteilte um, hat umverteilt> *mit OBJ* **■** *jmd.* **verteilt etwas (auf etwas** *Akk.)* **um** WIRTSCH. *etwas in neuer Weise verteilen:* Das Unternehmen verteilte die Gewinne auf verschiedene Zweigstellen um. ▶Umverteilung

ụm·wäl·zen <wälzt um, wälzte um, hat umgewälzt> *mit OBJ* **❶ ■** *etwas wälzt etwas um* TECHN. *etwas (meist Wasser oder Luft) in Bewegung versetzen und dadurch mischen:* Die Anlage wälzt das Wasser im Becken um, um es besser zu durchlüften **❷ ■** *jdm.* **wälzt etwas um** *etwas von einer Seite auf die andere wälzen:* einen schweren Stein umwälzen

ụm·wäl·zend[1] *Part. Präs. von* **umwälzen**

ụm·wäl·zend[2] *adj so, dass etwas grundlegende Veränderungen bewirkt:* umwälzende wissenschaftliche Erkenntnisse

Ụm·wälz·pum·pe *die* <-, -n> *eine Pumpe, die etwas umwälzt*[1]

Ụm·wäl·zung *die* <-, -en> *grundlegende Veränderung in einem Bereich:* Umwälzungen in Wissenschaft und Technik/in der Gesellschaft

ụm·wan·deln <wandelst um, wandelte um, hat umgewandelt> *mit OBJ* **■** *jmd./etwas wandelt etwas um* *etwas zu etwas anderem machen:* Wasserkraft in Strom umwandeln; eine befristete Anstellung in eine unbefristete umwandeln; die Tankstelle in ein Museum umwandeln; **■ jemand ist wie umgewandelt** *jmd. hat sich in seinem*

Verhalten völlig geändert Seit dem Auslandsaufenthalt ist er wie umgewandelt.

Ụm·wand·lung *die* <-, -en> *das Umwandeln:* die Umwandlung von Sonnenenergie in elektrischen Strom

ụm·wech·seln <wechselst um, wechselte um, hat umgewechselt> *mit OBJ* **■** *jmd.* **wechselt etwas um** *(Geld) wechseln:* Können Sie mir einen 100-Euro-Schein umwechseln?; einen Schein in Münzen umwechseln

Ụm·weg *der* <-(e)s, -e> *ein Weg zu einem Ziel, der länger als der direkte Weg dorthin ist:* einen Umweg machen; Der Weg über den Bahnhof ist ein Umweg.; **■ etwas auf Umwegen erfahren** *etwas nicht direkt, sondern über andere erfahren* Er hat auf Umwegen erfahren, dass seine Frau einen Geliebten hat.

Ụm·welt *die* <-> */kein Plur./* **❶** *Erde, Wasser, Luft, Pflanzen- und Tierwelt in ihrer Gesamtheit und ihren Wechselbeziehungen:* die Umwelt schützen/bewahren/zerstören/verschmutzen ♦-behörde, -bedingungen, -belastung, -faktor, -forschung, -gift, -katastrophe, -kriminalität, -ministerium, -organisation, -politik, -schaden, -sünder(in) **❷** *die Verhältnisse, in denen ein Mensch lebt und die ihn beeinflussen:* Er ist von seiner Umwelt geprägt worden.; Sie ist in dieser Umwelt groß geworden. **❸** *die Personen, mit denen man regelmäßig Kontakt hat:* bei seiner Umwelt mit einem Vorschlag auf wenig Verständnis stoßen

Ụm·welt·be·auf·trag·te *der/die* <-n, -n> *Person, die dafür zuständig ist, dass die Bestimmungen des Umweltschutzes in einem bestimmten Bereich, einer Institution o. Ä. eingehalten werden:* der Umweltschutzbeauftragte einer Firma

Ụm·welt·be·wusst·sein *das* <-s> */kein Plur./ das Bewusstsein, der Umwelt*[1] *nicht zu schaden und sie zu schützen:* das Umweltbewusstsein bei jemandem wecken/stärken/herausbilden; kein Umweltbewusstsein haben ▶ umweltbewusst

Ụm·welt·ein·fluss *der* <-es, Umwelteinflüsse> */meist Plur./ die Menge der Einflüsse, denen jmd. oder etwas aus der ihn/es umgebenden Welt ausgesetzt ist:* Das Gestein ist ständig Umwelteinflüssen wie Hitze, Kälte, Wasser und Trockenheit ausgesetzt.

ụm·welt·feind·lich *adj (↔ umweltfreundlich) so, dass sich schlecht auf die Umwelt*[1] *auswirkt:* eine umweltfeindliche Politik/Technik

ụm·welt·freund·lich *adj (↔ umweltfeindlich) so, dass es die Umwelt*[1] *schützt:* eine umweltfreundliche Politik; umweltfreundliche Techniken der Energiegewinnung; umweltfreundliches Papier

ụm·welt·ge·fähr·dend *adj so, dass es die Umwelt*[1] *in Gefahr bringt:* die umweltgefährdende Lagerung von Giftstoffen

Ụm·welt·gip·fel *der* <-s, -> POL. *ein Treffen von Vertretern der Regierungen der Welt, auf dem Probleme der Umwelt*[1] *besprochen und Lösungen gesucht werden:* Der Umweltgipfel in Rio brachte nicht die erhofften Resultate.

Ụm·welt·pa·pier *das* <-(e)s> */kein Plur./ Papier, das aus Altpapier und ohne Chemikalien herge-*

stellt wird und dessen Herstellung deshalb die Umwelt¹ weniger belastet

ụm·welt·scho·nend adj (≈ umweltfreundlich) so, dass es die Umwelt¹ nicht schädigt: eine umweltschonende Technik; Das Fahrrad ist ein umweltschonendes Fortbewegungsmittel.

Ụm·welt·schutz der <-es> /kein Plur./ alle Maßnahmen, die dazu dienen, die Umwelt¹ zu erhalten, zu schützen und nicht zu gefährden: Maßnahmen/Gesetze zum Umweltschutz; sich im Umweltschutz engagieren; dem Umweltschutz dienen ◆-gesetz, -organisation, -technik ▸ Umweltschützer, Umweltschützerin

Ụm·welt·schutz·auf·la·ge die <-, -n> Bedingung, die eingehalten werden muss, um die Umwelt¹ zu schützen: Beim Bau einer neuen Fabrikanlage müssen die Umweltschutzauflagen eingehalten werden.

Ụm·welt·schutz·pa·pier das <-(e)s> /kein Plur./ Umweltpapier

Ụm·welt·tech·nik die <-, -en> (≈ Umweltschutztechnik)

Ụm·welt·ver·schmut·zung die <-> /kein Plur./ ❶ das Verschmutzen der Umwelt: die Umweltverschmutzung durch veraltete Produktionsanlagen ▸ Umweltverschmutzer, Umweltverschmutzerin ❷ die Tatsache, dass die Umwelt verschmutzt ist: Das Waldsterben ist auf die Umweltverschmutzung zurückzuführen. ▸ Umweltverschmutzer, Umweltverschmutzerin

ụm·welt·ver·träg·lich adj so, dass es die Umwelt in möglichst geringem Maße belastet: eine umweltverträgliche Variante für den Neubau der Autobahn suchen

Ụm·welt·ver·träg·lich·keits·prü·fung die <-, -en> AMTSSPR. Prüfung, die kontrolliert, ob etwas für die Umwelt¹ schädlich oder nur wenig belastend ist: die Umweltverträglichkeitsprüfung für den Neubau einer Autobahn durchführen

Ụm·welt·zer·stö·rung die <-, -en> ❶ /kein Plur./ das Zerstören der Umwelt¹: mit etwas massive Umweltzerstörung betreiben ❷ vorhandene Schädigung der Umwelt: die Umweltzerstörungen als Ergebnis der Tankerkatastrophe

ụm·wen·den <wendest um, wendete/wandte um, hat umgewendet/umgewandt> I. mit OBJ ■ jmd. wendet etwas um (geh.: ≈ umdrehen) auf die andere Seite drehen: eine Seite im Buch umwenden; den Eierkuchen in der Pfanne umwenden; einen Stein umwenden, um zu sehen, was darunter ist II. mit SICH ■ jmd. wendet sich um (geh.) sich umdrehen III. 1: Sie wendete sich um und sah den hinter ihr Stehenden ins Gesicht.

ụm·wer·ben <umwirbst, umwarb, hat umworben> mit OBJ ■ jmd. umwirbt jmdn. (mit etwas Dat.) (veralt.) mit verschiedenen Mitteln versuchen, jmds. Gunst zu erlangen: jemanden mit Geschenken/freundlichen Worten umwerben; ein sehr umworbener Schauspieler

ụm·wer·fen <wirfst um, warf um, hat umgeworfen> mit OBJ ❶ ■ jmd. wirft jmdn./etwas um durch einen Stoß bewirken, dass jmd. oder etwas umfällt: Das Kind hat die Vase umgeworfen.; Er hat den gegnerischen Spieler umgeworfen. ❷ ■ jmd.

wirft jmdm./sich etwas um jmdm. oder sich etwas locker um die Schultern legen: jemandem/sich schnell einen Mantel umwerfen ❸ ■ etwas wirft jmdn. um (umg.) jmdn. sehr beeindrucken oder sehr in Erstaunen versetzen: Die Neuigkeit hat sie umgeworfen.; eine umwerfende Erkenntnis; umwerfend aussehen ❹ ■ etwas wirft etwas um (umg.) eine Situation so vollständig verändern, dass man ganz neue Pläne machen muss: Das hat alle meine Pläne umgeworfen.

um·wi·ckeln <umwickelst, umwickelte, hat umwickelt> mit OBJ ■ jmd. umwickelt etwas mehrere Streifen Stoff, Papier o. Ä. in mehreren Lagen um etwas herumführen: den Arm mit einer Binde umwickeln; das Paket mit Klebeband umwickeln

um·zäu·nen <umzäunst, umzäunte, hat umzäunt> mit OBJ ■ jmd. umzäunt etwas um etwas herum einen Zaun errichten: einen Garten umzäunen

ụm·zie·hen¹ <ziehst um, zog um, hat/ist umgezogen> mit OBJ ■ jmd. zieht jmdn./sich um jmdm. oder sich andere Kleidung anziehen: ein Kind/einen Kranken/sich umziehen; Hast du dich schon umgezogen?

ụm·zie·hen² <ziehst um, zog um, hat/ist umgezogen> ohne OBJ ■ jmd. zieht (irgendwohin) um den Wohnort oder die Wohnung wechseln: Ich bin in den vergangenen Jahren mehrmals umgezogen.; Sie ist von Leipzig nach Frankfurt umgezogen.; Sie sind in eine größere Wohnung umgezogen.

um·zin·geln <umzingelst, umzingelte, hat umzingelt> mit OBJ ■ jmd. umzingelt jmdn./etwas jmdn. oder etwas von allen Seiten mit Personen umstellen, damit niemand flüchten kann: den Feind umzingeln; Die Burg war von Feinden umzingelt und die Bewohner mussten sich ergeben.

Ụm·zug der <-(e)s, Umzüge> ❶ ein Zug von Menschen auf der Straße, der besonders zu Festen oder Veranstaltungen stattfindet: ein festlicher Umzug zum Jubiläum der Stadt ❷ Wohnungswechsel: ein Umzug in eine neue Wohnung ◆-shelfer, -skosten, -stag

UN die [u:ʔɛn] <-> /kein Plur./ kurz für „United Nations": „Vereinte Nationen"

un·ab·än·der·lich, ụn·ab·än·der·lich adj /nicht steig./ so, dass sich nicht ändern lässt: ein unabänderlicher Beschluss; eine unabänderliche Tatsache

un·ab·ding·bar, ụn·ab·ding·bar adj /nicht steig./ auf jeden Fall notwendig: Latein ist für dieses Studium eine unabdingbare Voraussetzung.

ụn·ab·hän·gig adj ❶ (≈ autonom, souverän) so, dass jmd. oder etwas über sich selbst entscheiden kann und nicht von den Befehlen anderer abhängt: ein unabhängiges Land; sich frei und unabhängig fühlen; eine unabhängige Tageszeitung ❷ nicht von jmdm. oder etwas beeinflusst: Die Veranstaltung findet statt, unabhängig vom Wetter.; Das ist unabhängig von meinem Willen geschehen.; Die Minister haben unabhängig voneinander dieselbe Entscheidung getroffen. ❸ nicht auf jmdn. oder etwas angewiesen: sich von den Eltern unabhängig machen; Diese Tiere können un-

abhängig vom Menschen nicht mehr existieren.;
■ **und unabhängig davon, ob ...** *egal, ob...*
Ụn·ab·hän·gig·keit *die* <-> /*kein Plur.*/ *Zustand, in dem jmd. oder etwas unabhängig ist:* Die Provinz strebt die Unabhängigkeit vom Mutterland an.; die Unabhängigkeit der Entscheidung nicht beeinflussen; bis zur eigenen finanziellen Unabhängigkeit noch auf die Eltern angewiesen sein; die Unabhängigkeit der Presse

ụn·ab·kömm·lich, un·ab·kömm·lich *adj /nicht steig./ (geh.) so, dass man (irgendwo) dringend gebraucht wird und nicht weggehen kann:* Ich bin heute leider unabkömmlich, können wir den Termin auf morgen verlegen?

un·ab·läs·sig, ụn·ab·läs·sig *adj /nicht steig./ (geh.:* ≈ *dauernd, ständig) ohne Unterbrechungen:* sich unablässig streiten

un·ab·seh·bar, ụn·ab·seh·bar *adj /nicht steig./ so, dass man es nicht vorher einschätzen kann:* ein Unfall mit unabsehbaren Folgen für die Umwelt ◆**Großschreibung** →R 3.7 sich ins Unabsehbare ausdehnen

ụn·ab·sicht·lich *adj /nicht steig./ ohne Absicht:* etwas unabsichtlich tun

un·ab·wend·bar, ụn·ab·wend·bar *adj /nicht steig./ so, dass man es nicht verhindern kann:* Die Katastrophe war unabwendbar.

ụn·acht·sam *adj* ❶*(*≈ *unaufmerksam) so, dass man nicht aufpasst:* im Straßenverkehr/im Unterricht unachtsam sein ❷*nicht sorgsam:* ein Gerät unachtsam behandeln und deshalb beschädigen

Ụn·acht·sam·keit *die* <-, -en> ❶*/kein Plur./ die Tatsache, dass man unachtsam ist:* Seine Unachtsamkeit hatte schwere Folgen. ❷*eine unachtsame Handlung:* Das war nur eine kleine Unachtsamkeit von ihr.

ụn·ähn·lich *adj nicht ähnlich:* Sie ist ihrer Schwester völlig unähnlich.

ụn·an·fecht·bar, un·an·fecht·bar *adj /nicht steig./ (geh.) so, dass man es nicht anzweifeln kann:* ein unanfechtbares Urteil

Un·an·fecht·bar·keit, Ụn·an·fecht·bar·keit *die* <-> /*kein Plur.*/ *(geh.) Zustand, in dem etwas unanfechtbar ist:* die Unanfechtbarkeit des Urteils

ụn·an·ge·bracht *adj /nicht steig./ in der gegebenen Lage oder Situation nicht passend:* eine unangebrachte Bemerkung machen; Ihre Kritik war völlig unangebracht.

ụn·an·ge·foch·ten *adj /nicht steig./ (geh.) von niemandem bezweifelt oder gehindert:* der unangefochtene Sieger des Wettbewerbs; Unangefochten passierte er die Wachen am Eingang.

ụn·an·ge·mel·det *adj /nicht steig./ ohne vorherige Anmeldung:* unangemeldeter Besuch; unangemeldet bei jemandem vorsprechen

ụn·an·ge·mes·sen *adj /nicht steig./ (geh.) nicht den Umständen oder Verhältnissen entsprechend:* ein unangemessen hohes Gehalt; eine unangemessene Lebensführung

ụn·an·ge·nehm *adj* ❶*(*≈ *unsympathisch) so, dass jmd. oder etwas nicht sympathisch ist:* ein unangenehmer Mensch/Zeitgenosse; ein unangenehmes Verhalten ❷*so, dass man etwas als übel empfindet:* eine unangenehme Musik; unangenehm rie-

chen; unangenehm schmecken ❸*(*≈ *heikel) so, dass es schwierig oder kompliziert ist:* eine unangenehme Frage/Situation ❹*(*≈ *peinlich) so, dass man es als peinlich empfindet:* Das ist mir aber sehr unangenehm! ❺*so, dass es stört:* Er fällt immer unangenehm auf!

ụn·an·ge·passt *adj /nicht steig./ nicht so, wie es allgemein erwartet wird:* unangepasstes Verhalten; unangepasste Jugendliche

ụn·an·ge·tas·tet *adj /nicht steig./ (geh.)* ❶*so, dass nichts verbraucht wird:* Vorräte/Ersparnisse unangetastet lassen ❷*so, dass es nicht beeinträchtigt wird:* jemands Rechte unangetastet lassen

ụn·an·greif·bar, un·an·greif·bar *adj /nicht steig./ so, dass man nicht dagegen vorgehen kann:* eine unangreifbare Position; Der Chef betrachtete sich als unangreifbar.

un·an·nehm·bar, un·an·nehm·bar *adj /nicht steig./ (*↔ *akzeptabel) so, dass man es nicht akzeptieren kann:* unannehmbare Forderungen stellen

Ụn·an·nehm·lich·keit *die* <-, -en> /*meist Plur.*/ *(geh.) etwas, das Schwierigkeiten, Ärger oder Mühe macht:* Unannehmlichkeiten auf sich nehmen; jemandem Unannehmlichkeiten bereiten

ụn·an·sehn·lich *adj (*≈ *hässlich* ↔ *attraktiv) nicht schön:* ein unansehnliches Äußeres haben

Ụn·an·sehn·lich·keit *die* <-, -en> *der Zustand, dass etwas unansehnlich ist*

ụn·an·stän·dig *adj so, dass es gegen die guten Sitten verstößt:* ein unanständiger Witz; unanständig viel Geld für etwas verlangen

Ụn·an·stän·dig·keit *die* <-, -en> ❶*/kein Plur./ unanständige Art:* Mit deiner Unanständigkeit bist du überall aufgefallen. ❷*etwas Unanständiges:* Das war eine große Unanständigkeit von ihm.; Man sollte keine Unanständigkeiten begehen.

un·an·tast·bar, ụn·an·tast·bar *adj /nicht steig./ (geh.) so, dass man es nicht in Frage stellen darf:* eine unantastbare Regel; Die Würde des Menschen ist unantastbar.

Un·an·tast·bar·keit, Ụn·an·tast·bar·keit *die* <-> /*kein Plur.*/ *(geh.) der Zustand, dass etwas unantastbar ist:* die Unantastbarkeit der freien Gedankenäußerung

ụn·ap·pe·tit·lich *adj* ❶*so, dass man es nicht essen möchte, weil es ekelig ist:* ein unappetitliches Essen ❷*ungepflegt und schmutzig:* ein unappetitlicher Anblick; Die Toiletten in der Gaststätte sahen ziemlich unappetitlich aus.

Ụn·art *die* <-, -en> *(geh.) eine Angewohnheit oder ein Verhalten, die/das andere stört:* jemandem seine Unarten abgewöhnen; Das ist so eine Unart von ihm.; die Unarten eines Kindes erdulden

ụn·ar·tig *adj (*≈ *ungezogen) nicht mit einem Verhalten, wie Erwachsene es allgemein von einem Kind erwarten:* ein unartiges Kind

ụn·äs·the·tisch *adj nicht ästhetisch*

ụn·at·trak·tiv *adj nicht attraktiv*

ụn·auf·fäl·lig *adj* ❶*(*≈ *dezent) so, dass es nicht auffällt:* sich unauffällig kleiden/verhalten; ein unauffälliges Muster ❷*(*≈ *diskret) ohne bemerkt zu werden:* Sie steckte ihm unauffällig das Geld zu.

un·auf·find·bar, ụn·auf·find·bar *adj /nicht*

steig./ so, dass es nicht gefunden werden kann: Mein Notizbuch ist leider unauffindbar geblieben.

un·auf·ge·for·dert *adj /nicht steig./ ohne vorherige Aufforderung:* sich unaufgefordert irgendwo/ bei jemandem melden

un·auf·ge·klärt *adj /nicht steig./ so, dass die Gründe, Hintergründe, Motive von etwas nicht bekannt sind:* unaufgeklärte Verbrechen der Kriminalgeschichte

un·auf·halt·sam, un·auf·halt·sam *adj /nicht steig./ so, dass man es nicht aufhalten kann:* ein unaufhaltsamer Verfall/Fortschritt

un·auf·hör·lich, un·auf·hör·lich *adj /nicht steig./ (geh.: ≈ andauernd) ohne Unterbrechungen:* unaufhörlich stören/klingeln

un·auf·merk·sam *adj* ❶ *(≈ abgelenkt ↔ konzentriert) so, dass jmd. nicht konzentriert und aufmerksam ist:* im Unterricht unaufmerksam sein; ein unaufmerksamer Schüler ❷ *(↔ zuvorkommend) so, dass sich jmd. nicht um seine Gäste kümmert:* als Gastgeber unaufmerksam gegenüber den Gästen sein

Un·auf·merk·sam·keit *die <-> /kein Plur./* ❶ *Mangel an Aufmerksamkeit:* die Unaufmerksamkeit einiger Schüler/Zuschauer ❷ *Mangel an Zuvorkommenheit:* Ich habe vergessen, Ihnen etwas anzubieten. Bitte entschuldigen Sie meine Unaufmerksamkeit!

un·auf·rich·tig *adj (↔ ehrlich) nicht aufrichtig:* ein unaufrichtiger Mensch/Charakter; eine unaufrichtige Antwort

un·auf·schieb·bar, un·auf·schieb·bar *adj /nicht steig./ so, dass man es sofort tun muss:* Dieser Termin ist leider unaufschiebbar.

un·aus·bleib·lich, un·aus·bleib·lich *adj /nicht steig./ (≈ unvermeidlich, zwangsläufig) so, dass es geschehen muss:* Das ist die unausbleibliche Folge ihres unvernünftigen Verhaltens.

un·aus·denk·bar, un·aus·denk·bar *adj /nicht steig./ (geh.) so schlimm, dass man es sich nicht vorstellen kann:* Die Folgen solch einer Katastrophe wären unausdenkbar.

un·aus·ge·füllt *adj /nicht steig./* ❶ *leer, nicht ausgefüllt:* ein unausgefülltes Formular ❷ *ohne eine sinnvolle Aufgabe:* sich unausgefüllt fühlen; ein unausgefülltes Leben

un·aus·ge·gli·chen *adj* ❶ *so, dass jmd. mit sich selbst nicht zufrieden ist, weil er das Gefühl hat, dass ihm etwas fehlt:* sich ohne sein Hobby unausgeglichen fühlen; ein unausgeglichener Mensch ❷ *so, dass etwas nicht gleichmäßig verteilt oder ausgeglichen ist:* eine unausgeglichene Mannschaft; eine unausgeglichene Bilanz

Un·aus·ge·gli·chen·heit *die <-> /kein Plur./* ❶ *der Zustand, dass jmd. unausgeglichen ist:* Seine Unausgeglichenheit macht ihn reizbar. ❷ *Ungleichgewicht zwischen verschiedenen Dingen:* Die Unausgeglichenheit innerhalb des Teams wirkt sich ungünstig aus.

un·aus·ge·go·ren *adj /nicht steig./ nicht fertig durchdacht und deshalb mangelhaft:* unausgegorene Ideen/Pläne

un·aus·ge·reift *adj (abwert.) unausgegoren*

un·aus·lösch·lich, un·aus·lösch·lich *adj /nicht*

steig./ (geh.) so, dass es nicht vergessen werden kann: sich unauslöschlich einprägen; ein unauslöschlicher Eindruck

un·aus·sprech·lich, un·aus·sprech·lich *adj /nicht steig./* ❶ *so, dass es sehr schwer auszusprechen ist:* ein unaussprechliches Wort für alle, die diese Sprache nicht beherrschen ❷ *(≈ unbeschreiblich) so, dass es sich kaum beschreiben lässt:* unaussprechliche Freude/Trauer

un·aus·steh·lich, un·aus·steh·lich *adj (abwert.: ≈ unerträglich) so, dass jmd. schwer zu ertragen ist:* ein unausstehlicher Mensch; Du bist heute wieder unausstehlich!

un·aus·weich·lich, un·aus·weich·lich *adj /nicht steig./ so, dass man es nicht verhindern lässt:* die unausweichliche Folge einer Sache

un·bän·dig *adj /nicht steig./* ❶ *(≈ ausgelassen) so, dass man sehr wild ist und sich durch nichts zur Ruhe bringen lässt:* unbändig herumspringen; Die Kinder sind ja wieder unbändig heute! ❷ *sehr intensiv; sehr groß:* unbändige Freude/Wut; sich unbändig über etwas freuen

un·barm·her·zig *adj* ❶ *(≈ gnadenlos) ohne Nachsicht oder Mitleid:* eine unbarmherzige Strafe; unbarmherzig alle Fehler ahnden; ein unbarmherziger Gegner ❷ *(geh.) sehr stark:* eine unbarmherzige Kälte; Die Sonne brannte unbarmherzig vom Himmel.

Un·barm·her·zig·keit *die <-> /kein Plur./ der Mangel an Mitleid:* Der Richter war für seine Unbarmherzigkeit bekannt.

un·be·ab·sich·tigt *adj /nicht steig./ (≈ unabsichtlich) so, dass man etwas zwar verursacht, aber nicht gewollt hat:* jemandem unbeabsichtigt schaden; eine unbeabsichtigte Bewegung machen

un·be·ach·tet *adj /nicht steig./ von niemandem beachtet:* sich unbeachtet von der Öffentlichkeit abspielen

un·be·an·stan·det *adj /nicht steig./ ohne Beanstandung und Kritik:* unbeanstandet bleiben; Unbeanstandete Mängel können später nicht mehr geltend gemacht werden.

un·be·baut *adj /nicht steig./ so, dass keine Gebäude darauf stehen:* ein unbebautes Grundstück

un·be·dacht *adj /nicht steig./ so, dass etwas nicht genug überlegt ist:* eine unbedachte Handlung/ Äußerung; einer Sache unbedacht zustimmen

un·be·darft *adj (abwert.: ≈ naiv) so, dass man ziemlich weltfremd ist oder nichts über eine Sache weiß:* ein völlig unbedarfter Mensch; Sie ist auf diesem Gebiet völlig unbedarft. ▶ Unbedarftheit

un·be·denk·lich *adj /nicht steig./ so, dass man es ohne Bedenken tun oder benutzen kann:* ein unbedenkliches Verfahren; ein für die Gesundheit unbedenkliches Mittel; Das Angebot können Sie völlig unbedenklich annehmen!

un·be·deu·tend *adj* ❶ *nicht wichtig:* eine völlig unbedeutende Einzelheit; Es ist unbedeutend, was er gesagt hat, wichtig ist, was er tut. ❷ *geringfügig:* eine unbedeutende Menge

un·be·dingt¹ *adj /nur attr./ (geh.: ≈ absolut) uneingeschränkt:* unbedingter Gehorsam; eine unbedingte Notwendigkeit

un·be·dingt² *adv auf jeden Fall; dringend:* Das

müsst ihr euch unbedingt anschauen!; Musst du das unbedingt wissen?

un·be·ein·druckt, un·be·ein·druckt *adj /nicht steig./ nicht beeindruckt:* Er blieb völlig unbeeindruckt, als er die Neuigkeit hörte.

un·be·fahr·bar, un·be·fahr·bar *adj so, dass man darauf nicht fahren kann:* Im Winter sind die schlammigen Straßen/Wege völlig unbefahrbar.

un·be·fan·gen *adj* ❶ *ohne Hemmungen:* mit jemandem ganz unbefangen umgehen/reden; völlig unbefangen an eine Aufgabe herangehen ❷ *unparteiisch und objektiv:* unbefangen an die Sache herangehen

Un·be·fan·gen·heit *die* <-> */kein Plur./* ❶ *(≈ Zwanglosigkeit) der Zustand, dass jmd. ohne Hemmungen ist:* etwas mit der Unbefangenheit eines Kindes tun ❷ *(≈ Objektivität) der Zustand, dass jmd. nicht Partei für jmdn. oder etwas ergreift:* die Unbefangenheit eines Zeugen/der Geschworenen anzweifeln

un·be·frie·di·gend *adj nicht befriedigend:* eine unbefriedigende Leistung

un·be·frie·digt *adj* ❶ *(≈ unzufrieden) so, dass man mit etwas nicht zufrieden ist:* unbefriedigt über die eigene Leistung ❷ *so, dass jmds. sexuelle Wünsche nicht erfüllt sind*

un·be·fugt *adj /nicht steig./ nicht befugt oder berechtigt:* unbefugt jemandes Briefe lesen

Un·be·fug·te *der* <-n, -n> *jmd., der keine Befugnis hat, etwas zu tun:* Zutritt für Unbefugte verboten!

un·be·gabt *adj (↔ talentiert) so, dass jmd. kein Talent zu etwas hat:* einen Musiker für unbegabt halten; auf einem Gebiet völlig unbegabt sein

un·be·greif·lich, un·be·greif·lich *adj (↔ verständlich) so, dass man es nicht verstehen kann:* Es ist mir unbegreiflich, wie sie das tun konnte.; eine völlig unbegreifliche Geschichte

un·be·grenzt *adj /nicht steig./ ohne Einschränkung oder Begrenzung:* unbegrenzt viel Zeit/Geld zur Verfügung haben; unbegrenzt gültig sein

un·be·grün·det *adj /nicht steig./ ohne Grund oder Berechtigung:* ein unbegründeter Vorwurf; jemanden völlig unbegründet verdächtigen

un·be·haart *adj /nicht steig./ ohne Haare:* die unbehaarte Brust des Knaben

Un·be·ha·gen *das* <-s> */kein Plur./ (geh.)* ❶ *ein Gefühl des Unwohlseins:* ein Unbehagen in der Magengegend spüren ❷ *ein Gefühl des Zweifels:* Bei dieser Entscheidung befällt mich ein gewisses Unbehagen.; etwas mit einem gewissen Unbehagen tun

un·be·hag·lich *adj* ❶ *so, dass es nicht angenehm oder bequem ist:* eine unbehagliche Angelegenheit; ein unbehagliches Zimmer; Es ist unbehaglich kalt hier. ❷ *so, dass man ein unangenehmes Gefühl spürt:* sich unbehaglich fühlen

un·be·han·delt *adj* ❶ *so, dass es nicht medizinisch versorgt ist:* eine unbehandelte Krankheit ❷ *so, dass keine chemischen Stoffe bei der Herstellung eingesetzt wurden:* unbehandeltes Gemüse; unbehandelte Baumwolle

un·be·hel·ligt, un·be·hel·ligt *adj /nicht steig./ ohne bei einem Tun gestört oder gehindert zu*

werden: jemanden unbehelligt etwas tun lassen; unbehelligt wieder zu Hause ankommen

un·be·hol·fen *adj mit wenig Geschick oder Übung:* unbeholfene erste Gehversuche; unbeholfen wirken

Un·be·hol·fen·heit *die* <-> */kein Plur./ Ungeschicklichkeit:* seine Unbeholfenheit im Umgang mit kleinen Kindern

un·be·irr·bar, un·be·irr·bar *adj /nicht steig./ ohne sich beirren oder beeinflussen zu lassen:* seine Ziele unbeirrbar verfolgen

un·be·kannt *adj /nicht steig./* ❶ *nicht bekannt:* Diese Person ist mir völlig unbekannt.; in ferne, unbekannte Länder reisen ❷ *(↔ prominent) nicht berühmt:* ein noch unbekannter Künstler; **eine Anzeige gegen unbekannt** AMTSSPR. *eine Anzeige gegen einen nicht bekannten Täter* ◆Großschreibung →R 3.17 *das Grabmal des Unbekannten Soldaten*

Un·be·kann·te¹ *der/die* <-n, -n> *Person, die man nicht kennt:* Sie war der Polizei keine Unbekannte.; der große Unbekannte in ihrem Leben

Un·be·kann·te² *die* <-n, -n> MATH. *Zahl, deren Wert durch einen Buchstaben dargestellt wird:* eine Gleichung mit zwei Unbekannten

un·be·klei·det *adj /nicht steig./ (≈ nackt) so, dass man kein Kleidungsstück anhat*

un·be·küm·mert, un·be·küm·mert *adj (≈ sorglos) so, dass man sich nicht von Sorgen und Problemen bedrückt wird:* ein unbekümmertes Leben führen

un·be·las·tet *adj* ❶ *(≈ unbekümmert) nicht mit Sorgen oder Pflichten belastet:* ein unbelastetes Leben ❷ *so, dass keine Schuld oder kein Vergehen vorliegt:* eine unbelastete Vergangenheit; nur politisch unbelastete Mitarbeiter einstellen

un·be·lebt *adj /nicht steig./* ❶ *nicht zu den Lebewesen gehörig:* die unbelebte Natur/Materie ❷ *einsam:* eine unbelebte Gegend

un·be·lehr·bar, un·be·lehr·bar *adj /nicht steig./ so, dass man sich nicht belehren lässt und aus seinen Fehlern nicht lernt:* ein unbelehrbarer Mensch; Gib dir keine Mühe, sie ist unbelehrbar!

un·be·leuch·tet *adj /nicht steig./ nicht beleuchtet:* unbeleuchtete Straßen

un·be·liebt *adj nicht beliebt:* ein unbeliebter Mitarbeiter; Mit seiner Meinung machte er sich bei seinen Kollegen unbeliebt.

Un·be·liebt·heit *die* <-> */kein Plur./ die Tatsache, dass man unbeliebt ist:* die Unbeliebtheit einer Mitarbeiterin

un·be·mannt *adj /nicht steig./ so, dass keine Menschen in einem Raumschiff o. Ä. sind:* ein unbemanntes Raumschiff; die unbemannte Raumfahrt; Ein unbemanntes Spionageflugzeug nennt man Drohne.

un·be·merkt *adj /nicht steig./ so, dass es niemandem auffällt:* sich unbemerkt irgendwo einschleichen; Dieser Fehler konnte nicht unbemerkt bleiben.

un·be·nom·men */nicht steig./* ▪ **etwas ist/ bleibt jemandem unbenommen** *(geh.) jmd. kann tun und machen, was er für richtig hält* Er bleibt dir unbenommen, zu gehen.

U

ụn·be·nutzt *adj /nicht steig./ nicht benutzt:* ein unbenutztes Taschentuch

ụn·be·ob·ach·tet *adj /nicht steig./ ohne beobachtet zu werden:* sich unbeobachtet aus dem Zimmer schleichen; etwas in einem unbeobachteten Moment tun; sich unbeobachtet fühlen

ụn·be·quem *adj* ❶ *so, dass es nicht angenehm ist, weil man nicht gut sitzt oder liegt oder weil ein Kleidungsstück nicht gut passt:* ein unbequemer Stuhl; in unbequemer Haltung sitzen; Der Anzug ist elegant, aber unbequem. ❷ *so, dass es für jmdn. lästig oder peinlich ist:* Er stellt mir immer so unbequeme Fragen.; eine unbequeme Aufgabe vor sich haben ❸ *(= unangepasst) nicht angepasst und kritisch:* ein unbequemer Mensch

Ụn·be·quem·lich·keit *die <-, -en>* ❶ */kein Plur./ die Tatsache, dass etwas nicht angenehm für den Körper ist:* die Unbequemlichkeit einiger moderner Möbel ❷ *eine lästige Lage oder Situation:* Unbequemlichkeiten gern aus dem Wege gehen; jemandem Unbequemlichkeiten bereiten

un·be·rẹch·en·bar, **ụn·be·re·chen·bar** *adj /nicht steig./* ❶ *(abwert.) (in seinen Reaktionen) nicht einzuschätzen:* ein unberechenbarer Mensch/Charakter; Manchmal ist sie völlig unberechenbar. ❷ *nicht vorhersehbar:* unberechenbares Wetter

ụn·be·rührt *adj /nicht steig./* ❶ *noch nicht benutzt:* Das Essen stand unberührt auf dem Tisch.; ein unberührtes Bett ❷ *so, dass es jmdn. nicht beeinflusst:* von jemandes Leid völlig unberührt bleiben; ▪ **ein unberührtes Mädchen** *(veralt.) ein Mädchen, das noch keinen Geschlechtsverkehr hatte;* ▪ **die unberührte Natur** *die Natur, die der Mensch nicht verändert hat*

ụn·be·scha·det[1] *adj /nur präd./ (geh.) ohne Schaden genommen zu haben:* unbeschadet aus einer Sache hervorgehen

ụn·be·scha·det[2] *präp + Gen. (geh.: ≈ trotz) drückt aus, dass etwas nicht in Betracht gezogen wird:* Unbeschadet seiner Jugend war er doch schon recht vernünftig.

ụn·be·schä·digt *adj /nicht steig./ nicht beschädigt:* Das Auto ist bei dem Unfall völlig unbeschädigt geblieben.

ụn·be·schol·ten *adj /nicht steig./ (geh.) tadellos; mit einem guten Ruf:* ein unbescholtener Bürger

ụn·be·schrankt *adj /nicht steig./ ohne Schranken:* ein unbeschrankter Bahnübergang

ụn·be·schränkt *adj /nicht steig./ nicht eingeschränkt:* unbeschränkte Befehlsgewalt über etwas haben

un·be·schreib·lich, **ụn·be·schreib·lich** *adj /nicht steig./ so intensiv, groß, schön o. Ä., dass es nicht zu beschreiben ist:* ein unbeschreibliches Aussehen haben; unbeschreiblich schön; ein unbeschreiblicher Lärm

ụn·be·schrie·ben *adj /nicht steig./ nicht beschrieben:* unbeschriebene Seiten; ▪ **ein unbeschriebenes Blatt** *(umg.) eine Person, von der man noch nichts weiß oder die noch keine Erfahrung auf einem Gebiet hat*

ụn·be·schwert *adj (≈ sorglos) ohne Sorgen:* eine unbeschwerte Kindheit; nach der bestandenen Prüfung völlig unbeschwert in den Urlaub fahren können ▸ Unbeschwertheit

un·be·sẹ·hen, **ụn·be·se·hen** *adv /nicht steig./ ohne vorherige Prüfung:* etwas unbesehen glauben/übernehmen

ụn·be·setzt *adj /nicht steig./ nicht besetzt:* Der Posten/Die Position/die Stelle war lange Zeit unbesetzt.

un·be·sieg·bar, **ụn·be·sieg·bar** <nicht steig> *adj so, dass man jmdn. oder etwas nicht besiegen kann:* ein unbesiegbarer Gegner; eine unbesiegbare Armee

ụn·be·siegt *adj /nicht steig./ nicht besiegt:* Die feindlichen Truppen blieben unbesiegt.

ụn·be·son·nen *adj /nicht steig./ ohne vorherige Überlegung; unvorsichtig:* eine unbesonnene Tat; ein unbesonnener, draufgängerischer Mensch

Ụn·be·son·nen·heit *die <-, -en> (geh.)* ❶ */kein Plur./ unbesonnene Art:* etwas Unkluges aus lauter Unbesonnenheit tun ❷ *unbesonnene Handlung:* Diese Unbesonnenheit kam uns teuer zu stehen.

ụn·be·sorgt *adj ohne sich Sorgen zu machen:* Sei ganz unbesorgt, das wird schon gut gehen!

ụn·be·stän·dig *adj* ❶ *(≈ wechselhaft) so, dass es sich oft ändert und nie lange stabil bleibt:* unbeständiges Wetter ❷ *so, dass jmd. sich nicht lange Zeit einer Sache widmet und immer wieder die Veränderung sucht:* Er ist ein unbeständiger Charakter/Mensch, auf den wenig Verlass ist.

Ụn·be·stän·dig·keit *die <-> /kein Plur./* ❶ *(≈ Wechselhaftigkeit) Die Unbeständigkeit des Wetters ist typisch für diese Region.* ❷ *eine Art, unbeständig[2] ist:* Ihre Unbeständigkeit hat sie schon viele gute Freunde gekostet.

ụn·be·stä·tigt *adj /nicht steig./ von offizieller Seite nicht bestätigt:* Nach noch unbestätigten Meldungen liegt die Zahl der Todesopfer über eintausend.

ụn·be·stech·lich, **un·be·stẹch·lich** *adj /nicht steig./* ❶ *nicht bestechlich:* Als Beamter/Politiker muss er unbestechlich sein. ❷ *nicht beeinflussbar:* ein unbestechliches Urteil; ein unbestechlicher Beobachter

Ụn·be·stech·lich·keit *die <-> /kein Plur./* ❶ *die Eigenschaft, nicht bestechlich zu sein:* Unbestechlichkeit ist eine wichtige Tugend in der Politik. ❷ *die Eigenschaft, nicht beeinflussbar zu sein:* die Unbestechlichkeit eines Urteils

ụn·be·stimmt *adj /nicht steig./* ❶ *so, dass es nicht genau feststeht:* eine unbestimmte Menge; Der Zeitpunkt und der Ort unseres Treffens sind noch unbestimmt. ❷ *(≈ diffus) so, dass es nicht genau zu beschreiben ist:* ein unbestimmtes Gefühl haben; unbestimmte Ängste vor etwas haben ❸ *(≈ vage ↔ konkret) so, dass es nicht ausreichend genau ist:* unbestimmte Angaben zu etwas machen; Das ist mir zu unbestimmt, kannst du das nicht genauer erklären? ▸ Unbestimmtheit

un·be·streit·bar, **ụn·be·streit·bar** *adj /nicht steig./ so, dass es nicht bezweifelt werden kann:* eine unbestreitbare Tatsache; ein unbestreitbarer Vorteil

un·be·strit·ten, un·be·strit·ten adj /nicht steig./ allgemein anerkannt und von niemanden bezweifelt: Es ist unbestritten, dass …; der unbestrittene Experte auf diesem Gebiet

un·be·tei·ligt adj /nicht steig./ ❶ so, dass kein Interesse gezeigt wird: völlig unbeteiligt zuschauen/am Rand sitzen ❷ so, dass man an etwas nicht teilnimmt: an einem Unfall/einer Tat unbeteiligt sein; Bei dem Militäreinsatz wurde das Leben unbeteiligter Menschen gefährdet.

un·be·tont adj /nicht steig./ SPRACHWISS. nicht betont: eine unbetonte Silbe

un·beug·sam adj /nicht steig./ so, dass man niemandem nachgibt und immer seinen eigenen Willen und seine Freiheit verteidigt: unbeugsamen Widerstand leisten; einen unbeugsamen Willen haben

un·be·wacht adj /nicht steig./ nicht bewacht: ein unbewachter Parkplatz

un·be·waff·net adj /nicht steig./ nicht bewaffnet: ein unbewaffneter Täter/Polizeibeamter

un·be·wäl·tigt adj /nicht steig./ so, dass etwas noch immer Schwierigkeiten und Probleme bereitet: eine unbewältigte Vergangenheit; unbewältigte Aufgaben

un·be·weg·lich adj /nicht steig./ ❶ (≈ steif, starr) so, dass es nicht mehr zu bewegen ist: ein unbewegliches Bein haben ❷ (≈ regungslos) ohne sich zu bewegen: unbeweglich in seinem Versteck verharren ❸ (≈ starr, ausdruckslos) so, dass es sich nicht verändert: eine unbewegliche Miene machen ❹ (abwert.) so, dass man nicht bereit ist, seine Meinung zu ändern oder sich an neue Situationen anzupassen: Im Alter ist sie in ihren Auffassungen unbeweglich geworden.

Un·be·weg·lich·keit die <-> /kein Plur./ ❶ Steifheit: Die Unbeweglichkeit seines Armes ist ihm beim Sport hinderlich. ❷ Regungslosigkeit: in Unbeweglichkeit verharren ❸ Ausdruckslosigkeit: die Unbeweglichkeit seines Gesichts ❹ (abwert.) mangelnde Bereitschaft, seine Meinung zu ändern oder sich neuen Situationen anzupassen: Die Unbeweglichkeit beider Partner führte zum Scheitern der Verhandlungen.

un·be·wohnt adj /nicht steig./ so, dass niemand dort wohnt: eine unbewohnte Insel; ein unbewohntes Haus

un·be·wusst adj /nicht steig./ ❶ so, dass man es nicht bewusst weiß oder wahrnimmt: unbewusste Ängste ❷ so, dass man sich nicht darauf konzentriert: etwas unbewusst wahrnehmen ❸ (≈ unabsichtlich) aus Versehen: Das habe ich unbewusst und nicht mit Absicht getan!

un·be·zahl·bar, un·be·zahl·bar adj /nicht steig./ ❶ so teuer, dass man es nicht bezahlen kann: Die Mieten in der Innenstadt sind unbezahlbar. ❷ so nützlich oder wichtig, dass es keinen Gegenwert hat: Deine Hilfe/Sein Rat ist einfach unbezahlbar!; Gesundheit ist unbezahlbar.

un·be·zahlt adj /nicht steig./ ❶ (noch) nicht bezahlt: eine unbezahlte Rechnung ❷ ohne Geld dafür zu bekommen: unbezahlte Überstunden machen

un·be·zähm·bar, un·be·zähm·bar adj /nicht

steig./ so, dass man es nicht zurückhalten kann: eine unbezähmbare Neugier; ein unbezähmbares Verlangen nach Schokolade

un·be·zwing·lich adj /nicht steig./ ❶ nicht zu besiegen oder zu erobern: ein unbezwinglicher Feind; eine unbezwingliche Festung ❷ (≈ unbezähmbar) nicht zu unterdrücken: eine unbezwingliche Müdigkeit/Sehnsucht

Un·bil·den <-> Plur. (veralt. geh.) unangenehme Wirkungen: die Unbilden der Witterung

Un·bill die/der/das <-(s)> /kein Plur./ (veralt. oder geh.) Unrecht, das jmdm. angetan wird: viel Unbill zu ertragen haben; die Unbill der Gewalt

un·blu·tig adj /nicht steig./ so, dass dabei niemand getötet oder verletzt wird: ein unblutiger Aufstand; Das Geiseldrama konnte unblutig beendet werden.

un·brauch·bar adj /nicht steig./ ❶ nicht brauchbar: Ein kaputter Reifen ist unbrauchbar. ❷ nicht nützlich: ein unbrauchbarer Vorschlag

un·bü·ro·kra·tisch adj /nicht steig./ so, dass ein Handeln praktisch und unkompliziert ist und dabei auch von Regeln usw. Ausnahmen gemacht werden können: eine unbürokratische Lösung für etwas finden; schnelle und unbürokratische Hilfe für die Opfer der Flutkatastrophe

un·cool [unkul] adj (umg.: ↔ cool) so, dass jmd. oder etwas langweilig und nicht interessant ist

und konj ❶ verwendet in Aufzählungen, um gleichwertige Wörter, Satzteile und Sätze zu verbinden: Mädchen und Jungen; Sie ist Frau und Mutter.; Sie war jung und schön.; Ich bin fünfzehn Jahre alt und gehe zur Schule.; Sie hörte es nur einmal klingeln und sofort ging sie ans Telefon. ❷ verwendet, um eine verstärkte Wirkung und eine Fortdauer von etwas auszudrücken, indem man gleiche Verben miteinander verbindet: Es regnete und regnete.; Sie redete und redete. ❸ verwendet, um zwei Adjektive im Komparativ zu verbinden, womit man eine unbegrenzte Steigerung ausdrückt, die über die Norm hinausgeht: Das Auto fuhr schneller und schneller.; Er kletterte höher und höher. ❹ verwendet, um zwei Sätze zu verbinden, die einen Gegensatz ausdrücken: Er hat gewonnen und ich habe wieder verloren.; Wir müssen es schaffen(,) und wenn es noch so schwer ist!; Und ist es auch Wahnsinn, so hat es doch Methode! ❺ verwendet, um zwei Sätze zu verbinden, wobei der Inhalt des ersten Satzes die Bedingung für den Inhalt des zweiten Satzes darstellt: Klicken Sie auf das Symbol und das Programm wird gestartet.; Sie hat nicht gelernt und eine schlechte Zensur bekommen. ❻ verwendet, um zwei Sätze zu verbinden, die ein Geschehen zur gleichen Zeit ausdrücken: Die Mutter liest und die Kinder schlafen.; Sie kocht und hört dabei Radio. ❼ verwendet, um zwei Sätze zu verbinden, die ein aufeinanderfolgendes Geschehen ausdrücken: Die Geschäfte schließen und die Leute gehen nach Hause.; Er steht um 6 Uhr auf und kocht (dann) erstmal Kaffee. ❽ verwendet, um zwei Sätze zu verbinden, wobei der erste Satz eine Einschränkung oder einen Ausdruck der Höflichkeit zu dem Inhalt des zweiten Satzes darstellt und durch eine adverbiale

U

Bestimmung ersetzt werden kann: Er ist imstande und tut das wirklich! (Am Ende wird er das wirklich tun!); Es fehlte nicht viel und das Haus wäre explodiert! (Fast wäre das Haus explodiert!); Bist du so nett und hilfst mir? (Hilfst du mir netterweise?); Sei so freundlich und gib mir mal den Zucker. (Gib mir bitte mal den Zucker.) ❾ *verwendet, um Ablehnung, Zweifel, Ironie o. Ä. auszudrücken:* Ich und singen? Niemals!; Der und intelligent? Na, ich weiß nicht.; Die Kinder müssen jetzt ins Bett. – Und die Erwachsenen?; Und ich? Bekomme ich etwa kein Geschenk? ❿ MATH. *(≈ plus) verwendet, um bei der Addition Zahlen miteinander zu verbinden:* Drei und drei ist sechs.; ■ **Und wenn schon!** *(umg.) verwendet, um auszudrücken, das etwas nicht so schlimm oder eigentlich egal ist;* ■ **und so weiter (Abkürzung: „usw.")** *verwendet, um auszudrücken, dass man in einer Aufzählung noch weitere gleichwertige Dinge auflisten könnte* In der Buchhandlung gibt es Romane, Sachbücher, Fotobände usw.; ■ **und, und, und** *(umg.) verwendet, um auszudrücken, dass man noch weitere gleichwertige Dinge oder Sachverhalte auflisten könnte* Im Urlaub werde ich schwimmen, faulenzen, mich sonnen, viel essen und, und, und. ◆ **(kein) Komma vor „und"** →Z 2.14 Peter spielte Klavier(,) und die anderen hörten zu.; Ich glaube, dass sie es nicht vergessen hat(,) und dass sie kommen wird.; ◆ **Komma vor „und"** →Z 2.15 Ich lese gern Krimis, und zwar solche, bei denen ein Kommissarin ermittelt.; Die Kinder saßen am Tisch, in ihr Spiel vertieft, und bemerkten nichts.; Er lud alle ein, die er kannte, und so waren es plötzlich viel zu viele Gäste.; *siehe* **na, zwar**

Ụn·dank *der* <-s> */kein Plur./ (geh.)* ■ **(von jemandem) nur Undank ernten** *keinen Dank (von jmdm.) für eine gute Tat oder Hilfe bekommen;* ■ **Undank ist der Welt(en) Lohn** *(Sprichwort) oft bekommt man für eine gute Tat oder Hilfe keinen entsprechenden Dank*

ụn·dank·bar *adj* ❶ *nicht dankbar:* ein undankbarer Mensch; Das ist aber sehr undankbar von dir! ❷ *so schwer oder kompliziert, dass es sich eigentlich nicht lohnt, es zu tun:* eine undankbare Aufgabe

Ụn·dank·bar·keit *die* <-> */kein Plur./ Mangel an Dankbarkeit*

ụn·da·tiert *adj /nicht steig./ ohne eine Datumsangabe:* ein undatierter Brief/Scheck

ụn·de·fi·nier·bar, un·de·fi·nier·bar <nicht steig> *adj (umg. abwert.) nicht genau zu bestimmen oder zu identifizieren:* Ein undefinierbarer Geruch drang aus dem Zimmer.; Sie tranken eine undefinierbare grünliche Flüssigkeit.

ụn·denk·bar *adj /nicht steig./ (≈ unvorstellbar) so schlimm, dass man es sich nicht vorstellen kann:* Es ist undenkbar, dass ein Mensch so etwas Grausames tut!

ụn·denk·lich ■ **seit/vor undenklichen Zeiten** *(veralt. geh.) vor sehr, sehr langer Zeit*

Ụn·der·co·ver·agent, Ụn·der·co·ver·agen·tin** ['ʌndəkʌvəagɛnt] <-en, -en> *ein Polizist, der in einer kriminellen Gruppe ermittelt und so tut,*

als ob er dazu gehöre, damit die anderen ihn nicht als Polizisten erkennen

Ụn·der·dog *der* ['ʌndədɔg] <-s, -s> *(Jargon) Person, die unterlegen oder sozial benachteiligt ist*

Ụn·der·ground *der* ['ʌndəgraʊnd] <-s> */kein Plur./ (geh.)* ❶ *der Bereich einer Gesellschaft, der außerhalb des Gesetzes oder der Moral steht* ❷ *Kunstrichtung, die versucht, sich vom etablierten Kunstbetrieb abzusetzen* ◆-comic, -film

Ụn·der·state·ment *das* [ʌndə'steɪtmənt] <-s, -s> *(geh.) das bewusste Untertreiben (, das jmd. als Stilmittel einsetzt):* Dieser Designer liebt das Understatement und setzt auf schlichte Eleganz.

ụn·deut·lich *adj* ❶ *so, dass man es schwer verstehen kann:* undeutlich sprechen ❷ *so, dass es keine klaren Formen hat:* Die Schrift war nur undeutlich zu erkennen. ❸ *so, dass es unklar und verschwommen ist:* sich undeutlich an etwas erinnern; eine undeutliche Vorstellung von etwas haben

ụn·dicht *adj /nicht steig./ nicht dicht:* Der Reifen/ die Flasche ist undicht.

ụn·dif·fe·ren·ziert *adj /nicht steig./ (geh.) so, dass die Einzelheiten von etwas nicht genug beachtet werden:* ein sehr undifferenziertes Urteil fällen

Ụn·ding *(umg.)* ■ **Es ist ein Unding, dass …** *es ist schlecht, dass …* Es ist ein Unding, dass er immer unentschuldigt fehlt.

ụn·di·plo·ma·tisch *adj mit wenig Takt oder Geschick:* bei etwas sehr undiplomatisch vorgehen; eine undiplomatische Frage

ụn·dis·zi·pli·niert *adj nicht diszipliniert:* undisziplinierte Schüler

un·durch·dring·lich, un·durch·dring·lich *adj /nicht steig./ so dicht, dass nichts hindurchdringen kann:* undurchdringlicher Nebel; ein undurchdringliches Dickicht

ụn·durch·läs·sig *adj /nicht steig./ so, dass es etwas nicht hindurchlässt:* Die Jacke ist für Wind und Regen undurchlässig.

ụn·durch·schau·bar *adj nicht zu erkennen:* undurchschaubare Absichten/Pläne

ụn·durch·sich·tig *adj* ❶ */nicht steig./ so, dass man nicht durchsehen kann:* undurchsichtige Scheiben; undurchsichtige Gardinen ❷ *(abwert.) so, dass man sie nicht durchschauen und deshalb verdächtig ist:* undurchsichtige Geschäfte machen

ụn·eben *adj /nicht steig./ nicht eben:* ein unebener Fußboden/Untergrund

Ụn·eben·heit *die* <-, -en> ❶ */kein Plur./ unebene Beschaffenheit:* Dass der Tisch wackelt, liegt an der Unebenheit des Bodens. ❷ *ein Stelle, die höher oder tiefer als ihre Umgebung ist:* die Unebenheiten im Fußboden beseitigen

ụn·echt *adj /nicht steig./* ❶ *(↔ falsch) so, dass etwas nur vorgetäuscht ist:* unechte Gefühle ❷ *(↔ künstlich) nachgemacht:* ein unechter Stein; unechte Haare/Zähne

ụn·ehe·lich *adj /nicht steig./ nicht in einer Ehe geboren:* ein uneheliches Kind

Ụn·eh·re *die* <-> */kein Plur./* ■ **jemandem gereicht etwas zur Unehre** *(geh.) etwas macht jmdm. Schande*

un·eh·ren·haft *adj nicht ehrenhaft:* ein unehrenhaftes Verhalten

un·ehr·lich *adj* ❶ *nicht ehrlich:* ein unehrlicher Mensch; Das war unehrlich von dir, ihm nicht die Wahrheit zu sagen! ❷ *so, dass es rechtlich nicht einwandfrei ist:* unehrlich erworbener Reichtum

Un·ehr·lich·keit *die* <-> */kein Plur./ unehrliches Handeln:* Ihre Unehrlichkeit hat uns enttäuscht.

un·ei·gen·nüt·zig *adj /nicht steig./* (↔ *egoistisch) so, dass man nicht an den eigenen Vorteil denkt:* jemandem uneigennützig helfen

un·ein·ge·schränkt *adj /nicht steig./* (≈ *vorbehaltlos) ohne Einschränkungen:* uneingeschränkt gültig sein; jemands uneingeschränktes Vertrauen besitzen

un·ein·heit·lich *adj /nicht steig./ nicht einheitlich:* uneinheitliche Meinungen/Ergebnisse

un·ei·nig *adj /nicht steig./ verschiedener Meinung:* Wir sind uns/ich bin mit ihr in dieser Sache uneinig.

Un·ei·nig·keit *die* <-, -en> ❶ */kein Plur./ die Tatsache, dass man nicht einer Meinung ist:* Uneinigkeit führt oft zu Streit. ❷ *Punkt, in dem man verschiedener Ansicht ist:* Uneinigkeiten aus dem Weg räumen

un·ein·nehm·bar, un·ein·nehm·bar *adj /nicht steig./ so, dass man es nicht erobern kann:* eine uneinnehmbare Festung

un·eins *adj /nicht steig./ verschiedener Meinung:* mit jemandem in einer Frage uneins sein; Sie sind sich noch immer uneins, was zu tun ist.; ■ **mit sich selbst uneins sein** *(umg.) unentschlossen und unzufrieden mit sich sein*

un·emp·fäng·lich *adj nicht zugänglich:* unempfänglich für die Bitten/das Leid anderer sein

un·emp·find·lich *adj* ❶ *nicht empfindlich:* unempfindlich gegen Kälte sein ❷ *so, dass etwas jmdn. nicht berührt:* unempfindlich gegenüber jeder Kritik ❸ (≈ *strapazierfähig) so robust, dass es viel aushält:* ein unempfindlicher Stoff, der gut für Sportkleidung geeignet ist

un·end·lich *adj /nicht steig./* ❶ *so groß oder ausgedehnt, dass es ohne räumliche oder zeitliche Grenzen scheint:* das unendliche Weltall; eine unendliche Wartezeit; in unendliche Ferne rücken; die unendlichen Weiten der Steppe ❷ (≈ *sehr) in einem sehr hohen Maße:* unendlich traurig/glücklich sein; etwas mit unendlicher Vorsicht tun ❸ MATH., PHILOS. *größer als jeder endliche Wert:* eine unendliche Reihe; von eins bis unendlich; die Frage, ob das Weltall unendlich ist; ■ **bis ins Unendliche** *immer wieder* ◆Großschreibung →R 3.7 Das haben wir nun bis ins Unendliche geübt!; Das Unendliche ist schwer zu begreifen.

Un·end·lich·keit *die* <-> */kein Plur./* ❶ *(geh.: ≈ Ewigkeit) etwas, das keine Grenzen in der Zeit oder dem Raum hat* ❷ *die unermessliche Größe oder Ausdehnung:* die Unendlichkeit des Meeres ❸ *(umg.) sehr lange Zeit:* eine Unendlichkeit warten müssen

un·ent·behr·lich, un·ent·behr·lich *adj /nicht steig./* (≈ *unverzichtbar) so, dass man nicht darauf verzichten kann:* ein unentbehrlicher Helfer

un·ent·gelt·lich, un·ent·gelt·lich *adj /nicht*

steig./ ohne Bezahlung: unentgeltlich arbeiten; etwas unentgeltlich nutzen dürfen

un·ent·schie·den *adj /nicht steig./* ❶ *noch nicht entschieden:* Es ist noch unentschieden, ob er mitkommt. ❷ SPORT *so, dass zwei Mannschaften den gleichen Punktestand haben:* Das Spiel steht/endete unentschieden.

un·ent·schlos·sen *adj /nicht steig./ noch nicht in der Lage, sich zu entscheiden:* ein unentschlossener Mensch; Sie wirkten noch unentschlossen.

Un·ent·schlos·sen·heit *die* <-> */kein Plur./ mangelnde Fähigkeit, sich zu entscheiden:* Seine Unentschlossenheit hat ihm schon manches gute Geschäft verdorben.

un·ent·schuld·bar, un·ent·schuld·bar *adj /nicht steig./ so, dass man es nicht entschuldigen kann:* ein unentschuldbarer Fehler/Irrtum

un·ent·schul·digt *adj /nicht steig./ ohne sich entschuldigt zu haben:* unentschuldigt im Unterricht fehlen

un·ent·wegt, un·ent·wegt *adj /nicht steig./* ❶ (≈ *ununterbrochen, unablässig) ohne Pausen:* unentwegt stören/dazwischenreden; Die Feuerwehr war unentwegt im Einsatz. ❷ (≈ *beharrlich) so, dass jmd. etwas verfolgt, ohne aufzugeben:* ein unentwegter Kämpfer für seine Ideale

un·er·ach·tet *präp +Gen. (geh.: ≈ trotz)* Unerachtet seiner Erfolge wurde er nicht wiedergewählt.

un·er·bitt·lich, un·er·bitt·lich *adj /nicht steig./* ❶ *durch nichts umzustimmen:* ein unerbittlicher Verfechter seiner Lehre; ein unerbittlicher Richter ❷ *hart und durch nichts zu verhindern:* ein unerbittliches Schicksal; ein unerbittliches Urteil ▶ Unerbittlichkeit

un·er·fah·ren *adj /nicht steig./ so, dass man auf einem Gebiet keine Erfahrung hat:* noch jung und unerfahren sein; ein unerfahrener neuer Mitarbeiter ▶ Unerfahrenheit

un·er·find·lich, un·er·find·lich ■ **aus unerfindlichen Gründen** *aus Gründen, die man nicht kennt oder versteht*

un·er·freu·lich *adj* (≈ *ärgerlich) so, dass es Ärger oder Trauer bereitet:* eine unerfreuliche Angelegenheit

un·er·gie·big *adj so, dass man es kaum oder gar nicht nutzen kann:* eine unergiebige Quelle, die nur wenig Wasser spendet; Diese Vorlesung war für mich ziemlich unergiebig.

un·er·gründ·lich, un·er·gründ·lich *adj /nicht steig./ rätselhaft oder nicht durchschaubar:* ein unergründliches Geheimnis/Rätsel; die unergründlichen Tiefen des Ozeans

un·er·heb·lich *adj /nicht steig./* ❶ *gering:* eine unerhebliche Veränderung; Es entstand nur unerheblicher Schaden. ❷ *(umg.: ≈ unbedeutend) nicht wichtig:* Es ist unerheblich, was ich dazu meine.

un·er·hört *adj* ❶ (≈ *skandalös) empörend:* Es ist unerhört, was er sich erlaubt!; Das ist eine unerhörte Frechheit! ❷ *außerordentlich:* ein unerhört spannender Film; unerhörtes Glück haben

un·er·kannt *adj /nicht steig./ ohne erkannt oder identifiziert zu werden:* Die Täter konnten unerkannt entkommen.

U

un·er·klär·lich, un·er·klär·lich *adj so, dass man es sich nicht erklären kann:* ein unerklärlicher Zufall; aus unerklärlichen Gründen; Es ist mir unerklärlich, wie das geschehen konnte.

un·er·läss·lich, un·er·läss·lich *adj (geh.) unbedingt notwendig:* Diese Impfungen sind für die Reise unerlässlich.; eine unerlässliche Voraussetzung für etwas

un·er·laubt *adj /nicht steig./* AMTSSPR. *(≈ verboten)* unerlaubter Waffenbesitz

un·er·le·digt <nicht steig> *adj nicht erledigt:* In der Eile musste vieles unerledigt bleiben.

un·er·mess·lich, un·er·mess·lich *adj (geh.) so groß oder umfangreich, dass es nicht vorstellbar ist:* unermesslich reich sein; die unermesslichen Weiten des Weltalls; unermessliche Freiheit/Freude/Schmerzen; ■ **bis ins Unermessliche** *in scheinbar grenzenlosem Maße* ◆Großschreibung →R 3.7 Die Schmerzen steigerten sich bis ins Unermessliche.

un·er·müd·lich, un·er·müd·lich *adj mit großer Ausdauer, Geduld oder Ehrgeiz:* etwas unermüdlich üben/trainieren; unermüdliche Hilfe; unermüdlicher Einsatz

un·er·quick·lich *adj (geh.: ≈ unangenehm) unerfreulich:* ein sehr unerquickliches Gespräch

un·er·reich·bar, un·er·reich·bar *adj /nicht steig./* ❶ *so, dass man nicht dahin gelangen kann:* in unerreichbarer Höhe; das Geld so verwahren, dass es für Diebe unerreichbar ist ❷ *nicht zu erreichen oder verwirklichen:* sich unerreichbare Ziele stecken; Dieses Traumergebnis ist für die Konkurrenten unerreichbar. ❸ *(umg.) nicht (per Telefon) zu sprechen:* Der Professor ist im Augenblick unerreichbar, versuchen Sie es morgen noch einmal.; ■ **in unerreichbarer Ferne** *so weit weg, dass man es nicht erreichen kann* Das Eigenheim ist nach dem Verlust der Arbeitsstelle in unerreichbare Ferne gerückt

un·er·reicht *adj /nicht steig./ (geh.) so, dass es (noch) von niemandem wiederholt ist:* eine unerreichte Perfektion beim Gesang; Dieses Ergebnis ist seither unerreicht geblieben.

un·er·sätt·lich, un·er·sätt·lich *adj nicht zufrieden zu stellen:* ein unersättlicher Hunger; der unersättliche Drang nach Freiheit

un·er·schöpf·lich, un·er·schöpf·lich *adj /nicht steig./* ❶ *so, dass es scheinbar nie aufgebraucht werden kann:* nahezu unerschöpfliche Reserven; Seine Energie/Kraft/Geduld ist unerschöpflich. ❷ *so, dass man immer wieder darüber reden kann:* ein unerschöpfliches Thema

un·er·schüt·ter·lich, un·er·schüt·ter·lich *adj durch nichts zu erschüttern:* unerschütterliche Freundschaft/Treue; unerschütterlich an etwas glauben

un·er·schwing·lich, un·er·schwing·lich *adj (≈ unbezahlbar) zu teuer:* Die Preise/Mieten sind hier für den Normalverdiener unerschwinglich.

un·er·setz·lich, un·er·setz·lich *adj nicht zu ersetzen:* ein unersetzlicher Verlust

un·er·sprieß·lich, un·er·sprieß·lich *adj nicht angenehm und nutzlos:* ein unersprießliches Gespräch

un·er·träg·lich, un·er·träg·lich *adj* ❶ *so schlimm, dass es schwer zu ertragen ist:* unerträgliche Schmerzen; Die Hitze ist heute unerträglich. ❷ *(≈ unausstehlich) so, dass der Umgang mit jmdm. sehr unangenehm ist:* ein unerträglicher Mensch/Charakter

un·er·wähnt *adj /nicht steig./ (geh.) nicht erwähnt:* Ich möchte das nicht unerwähnt lassen.; Das Problem ist unerwähnt geblieben.

un·er·war·tet, un·er·war·tet *adj /nicht steig./ so, dass man es nicht erwartet oder dass man nicht daran gedacht hat:* unerwarteter Besuch; Das kam für sie völlig unerwartet.

un·er·wi·dert <nicht Steig.> *adj* ❶ *so, dass man keine Antwort erhält:* ein unerwiderter Brief ❷ *so, dass Gefühle nicht erwidert werden:* Seine Liebe ist unerwidert geblieben.

un·er·wünscht *adj /nicht steig./ (≈ unwillkommen) nicht erwünscht:* Du bist hier unerwünscht!

UNESCO *die <-> /kein Plur./ Abkürzung von „United Nations Educational, Scientific and Cultural Organization", eine Organisation der UNO für die Bereiche der Bildung, Wissenschaft und Kultur*

un·fä·hig *adj* ❶ *(abwert.: ≈ inkompetent) so, dass man für etwas schlecht qualifiziert ist:* Er ist nicht nur faul, sondern auch völlig unfähig!; eine unfähige Mitarbeiterin ❷ *(zu etwas) nicht in der Lage:* Sie ist unfähig, längere Zeit zuzuhören.

Un·fä·hig·keit *die <-> /kein Plur./* ❶ *(abwert.: ≈ Inkompetenz) Mangel an Können oder Qualifikation:* einen Mitarbeiter wegen Unfähigkeit entlassen ❷ *die Tatsache, dass man zu etwas nicht in der Lage ist:* Er bedauert seine Unfähigkeit, ein Instrument zu spielen.; Die Unfähigkeit zu lügen ist kein Mangel.

un·fair *adj so, dass es nicht den Regeln entspricht oder gerecht ist:* sich unfair verhalten; eine unfaire Entscheidung; ein unfaires Urteil; Die gegnerische Mannschaft kämpfte unfair.

Un·fall *der <-s, Unfälle> ein Ereignis, das unbeabsichtigt geschieht und Schaden anrichtet und bei dem auch Menschen verletzt oder getötet werden können:* ein Unfall mit dem Auto/beim Sport; einen Unfall haben; in einen Unfall verwickelt sein; in/bei einem Unfall verunglücken; ein tödlicher/schwerer Unfall; Ein Unfall hat sich ereignet./hätte vermieden werden können. ◆-arzt, -ärztin, -beteiligte, -klinik, -opfer, -risiko, -schaden, -station, -stelle, -versicherung, Arbeits-, Auto-, Betriebs-, Sport-, Verkehrs-

Un·fall·flucht *die <-> /kein Plur./* RECHTSW. *(≈ Fahrerflucht) die Flucht von jmdm. von der Stelle, an der er einen Unfall verursacht hat*

un·fall·ge·schä·digt *adj /nicht steig./ so, dass man bei einem Unfall (körperlichen) Schaden erlitten hat:* Die Unfallgeschädigten wurden ins nahe gelegene Krankenhaus transportiert. ◆Zusammenschreibung →R 4.2 mehrere unfallgeschädigte Personen

un·fall·träch·tig *adj so, dass es bei einer Sache oder an einem bestimmten Ort ein hohes Unfallrisiko gibt:* eine unfallträchtige Kreuzung

Un·fall·wa·gen *der <-s, -> ❶ Fahrzeug, das bei ei-*

U

nem Unfall beschädigt wurde: einen Unfallwagen abschleppen ❷ *Wagen, der schon einmal in einen Unfall verwickelt war:* feststellen, ob es sich bei einem Gebrauchtwagen um einen Unfallwagen handelt

un·fạss·bar, ụn·fass·bar *adj (geh.) so, dass man es nicht begreifen kann:* die unfassbare Nachricht von seinem Tode; Es ist (für alle) unfassbar, wie das geschehen konnte.

un·fẹhl·bar, ụn·fehl·bar *adj / nicht steig./* ❶ *so, dass man keinen Fehler macht:* sich für unfehlbar halten ❷ *so, dass man sich in Bezug auf etwas nie täuscht:* ein unfehlbares Urteil / einen unfehlbaren Geschmack haben

Un·fẹhl·bar·keit *die* <-> */kein Plur./ die Eigenschaft, keine Fehler zu machen:* an seine eigene Unfehlbarkeit glauben; die Unfehlbarkeit seines Urteils; die Unfehlbarkeit des Papstes

ụn·fein *adj / nicht steig./ (geh. abwert.) nicht dem Anstand und den guten Manieren entsprechend:* Ihr Benehmen war äußerst unfein.; In der Nase bohren gilt als unfein.

ụn·flä·tig *adj (geh. abwert.) so, dass es gegen den Anstand verstößt:* jemanden unflätig beschimpfen; unflätige Ausdrücke verwenden

ụn·för·mig *adj* ❶ *groß und dick:* ein unförmiger Körper; Er ist im Laufe der Jahre immer unförmiger geworden. ❷ *in der Größe oder Form nicht passend:* eine unförmige Nase haben; Die Sessel sehen unförmig aus.

ụn·frei *adj / nicht steig./* ❶ *(↔ autonom) so, dass man in wirtschaftlicher und polititscher Weise von jmdm. abhängig ist:* ein unfreies Volk; Unter den Bauern gab es Freie und Unfreie. ❷ *gehemmt:* sich in jemands Gegenwart unfrei fühlen ❸ AMTSSPR. *nicht frankiert:* eine Postsendung unfrei schicken

ụn·frei·wil·lig *adj* ❶ *gegen den eigenen Willen:* Er ist unfreiwillig mitgegangen.; eine unfreiwillige Pause einlegen müssen ❷ *versehentlich oder nicht beabsichtigt:* unfreiwillig komisch sein; die unfreiwillige Komik von etwas

un·freund·lich *adj* ❶ *nicht freundlich:* unfreundlich zu jemandem sein; eine unfreundliche Art haben ❷ *unangenehm:* ein unfreundliches Klima / Wetter

Ụn·frie·de(n) *der* <Unfriedens> */kein Plur./ (geh.) Streit:* Zwischen beiden herrscht schon seit längerer Zeit Unfrieden.

ụn·frucht·bar *adj / nicht steig./* ❶ *so, dass irgendwo wenig wächst:* ein unfruchtbarer Boden; eine unfruchtbare Gegend ❷ *so, dass man keine Kinder zeugen kann:* Der Mann / Die Frau ist unfruchtbar.

Ụn·frucht·bar·keit *die* <-> */kein Plur./* ❶ *der Zustand, dass irgendwo wenig wächst:* die Unfruchtbarkeit der Felder infolge der Trockenheit ❷ *der Zustand, keine Kinder zeugen zu können:* Die Unfruchtbarkeit vieler Paare kann behandelt werden.

Ụn·fug *der* <-(e)s> */kein Plur./ (abwert.)* ❶ *etwas, das falsch und dumm ist:* Erzählt doch nicht solchen Unfug! ❷ *etwas, das Schaden anrichtet oder sehr stört:* Was habt ihr denn da wieder für Unfug angerichtet?; ■ **grober Unfug** RECHTSW. *eine*

Handlung, bei der man aus Leichtsinn jmdn. gefährdet oder Sachschaden anrichtet

Ụn·gar *der;* **Ụn·ga·rin** <-n, -n> *jmd., der die ungarische Staatsbürgerschaft hat*

ụn·ga·risch *adj / nicht steig./ zu Ungarn gehörend:* die ungarische Sprache; Sie antwortet ungarisch (in ungarischer Sprache), nicht englisch.; Ungarisch / das Ungarische (die ungarische Sprache)lernen ◆Kleinschreibung →R 3.19 ungarischer Gulasch / Paprika

Ụn·garn <-s> *Land in Südosteuropa mit Grenzen zu Österreich, Slowenien, Serbien, Kroatien, Rumänien, der Slowakischen Republik und der Ukraine*

ụn·gast·lich *adj / nicht steig./ nicht gastfreundlich:* eine ungastliche Atmosphäre; ein ungastliches Haus

ụn·ge·ach·tet *präp + Gen. (geh.) trotz:* Ungeachtet dessen, dass es regnete, ging er spazieren.; ungeachtet aller Ermahnungen

ụn·ge·ahnt, un·ge·ạhnt *adj / nicht steig./ so, dass man es sich bisher noch nicht vorstellen konnte:* Diese Technik eröffnet ungeahnte Möglichkeiten.; vor ungeahnten Schwierigkeiten stehen

ụn·ge·bär·dig *adj (geh.) wild; schwer zu beherrschen:* sich ungebärdig aufführen; ein ungebärdiges Kind

ụn·ge·be·ten *adj / nicht steig./ so, dass jmd. oder es nicht erwünscht ist:* ein ungebetener Gast; ungebeten auf etwas antworten

ụn·ge·bil·det *adj (abwert.) ohne Bildung:* ungebildete Menschen

ụn·ge·bo·ren *adj / nicht steig./ noch im Mutterleib; noch nicht geboren:* ein ungeborenes Kind; der Schutz des ungeborenen Lebens; Das Ungeborene wird durch das Rauchen geschädigt.

ụn·ge·bräuch·lich *adj so, dass ein Wort oder ein Ausdruck in der Sprache selten verwendet wird:* ein ungebräuchliches Wort / Verfahren

ụn·ge·braucht *adj / nicht steig./ (≈ unbenutzt) nicht gebraucht:* ein ungebrauchtes Hemd / Handtuch

ụn·ge·bremst *adj / nicht steig./* ❶ *nicht gebremst:* Der Wagen fuhr ungebremst den Berg hinunter. ❷ *so, dass von nichts behindert wird:* eine ungebremste Entwicklung nehmen

ụn·ge·bro·chen *adj so, dass es trotz negativer Einflüsse nicht geschwächt ist:* ein ungebrochener Wille; mit ungebrochener Kraft

ụn·ge·bühr·lich *adj / nicht steig./ (geh.)* ❶ *nicht so, wie es der Anstand und die guten Sitten verlangen:* sich ungebührlich betragen; ungebührliches Benehmen ❷ *das normale Maß überschreitend:* ungebührlich hohe Forderungen stellen

ụn·ge·bun·den *adj* ❶ *in losen Blättern:* ein ungebundenes Exemplar dieses Buches ❷ *unabhängig; ohne feste Verpflichtungen:* jung und ungebunden sein; Im Urlaub wollen wir ungebunden sein. ❸ *(≈ ledig) nicht verheiratet:* Er / Sie ist noch ungebunden.

ụn·ge·deckt *adj / nicht steig./* BANKW. *so, dass etwas nicht ausgezahlt werden kann, weil die ent-*

U

sprechende Menge Geld auf dem Konto nicht vorhanden ist: ein ungedeckter Scheck

Un·ge·duld die <-> /kein Plur./ ❶ die Unfähigkeit, ruhig zu warten: voller Ungeduld sein; Unter den Wartenden machte sich Ungeduld breit. ❷ die Unfähigkeit, ruhig mit Schwierigkeiten oder Fehlern von anderen umzugehen: Ungeduld im Umgang mit Lernenden/Kindern ist meist schädlich. ❸ ein Zustand, in dem man nach Veränderungen strebt: die Ungeduld der Jugend/eines Forschers

un·ge·dul·dig adj ❶ unfähig, ruhig zu warten: Das Publikum wurde ungeduldig, als niemand auf der Bühne erschien. ❷ unfähig, mit Schwierigkeiten oder Fehlern von anderen ruhig umzugehen: beim Erklären/beim Lösen schwieriger Aufgaben schnell ungeduldig werden ❸ nach Veränderungen strebend: die ungeduldige Jugend; ungeduldig nach der Lösung eines Problems suchen

un·ge·eig·net adj (für einen Zweck) nicht geeignet: für einen Beruf ungeeignet sein; eine ungeeignete Methode, die Wahrheit zu erfahren

un·ge·fähr[1], **un·ge·fähr** adv nicht genau: nach ungefähren Schätzungen; Es hat sich ungefähr so abgespielt: …; ■ **(nicht) von ungefähr** (nicht) zufällig Das habe ich nicht von ungefähr gesagt.; Sein Interesse für klassische Musik kommt nicht von ungefähr, schließlich war sein Vater Dirigent.

un·ge·fähr[2], **un·ge·fähr** part verwendet bei Angaben der Zeit, der Länge, des Maßes o. Ä., um auszudrücken, dass der angegebene Wert nicht genau ist, sondern ein wenig darüber oder darunter liegen kann: Wir treffen uns ungefähr um 10 Uhr.; Das sind ungefähr 3 Meter Stoff.; Zur Hochzeit haben wir ungefähr 100 Personen eingeladen.

un·ge·fähr·det adj ohne einer Gefahr ausgesetzt zu sein: Hier können Sie ungefährdet schwimmen.

un·ge·fähr·lich adj so, dass keine große Gefahr damit verbunden ist: eine vollkommen ungefährliche Krankheit; Dieser Weg ist ungefährlich, der andere nicht.

un·ge·färbt adj /nicht steig./ nicht gefärbt: ungefärbte Haare

un·ge·hal·ten adj (geh.) verärgert: ungehalten reagieren; Sie war sehr ungehalten über diesen Vorschlag.

un·ge·heizt adj /nicht steig./ nicht geheizt: ungeheizte Räume

un·ge·hemmt adj ❶ (≈ frei) ohne Hemmungen: ungehemmt über die Vergangenheit reden ❷ unkontrolliert: Er fing ungehemmt zu schreien/weinen an.

Un·ge·heu·er das <-s, -> ❶ ein großes, böses Wesen aus dem Märchen oder der Sage: In der Höhle haust ein Ungeheuer. ❷ ein Mensch oder Tier, der/das sehr böse ist: Der Hund war ein Ungeheuer.; Sein Vater ist das reinste Ungeheuer.

un·ge·heu·er[1], **un·ge·heu·er** adj sehr groß oder außerordentlich: eine ungeheure Entfernung/Tiefe/Höhe; ein Krater von ungeheuren Ausmaßen; ungeheure Kenntnisse besitzen; eine ungeheure Menge Menschen; eine ungeheure Kraftanstrengung

un·ge·heu·er[2], **un·ge·heu·er** adv sehr: sich ungeheuer anstrengen; ungeheuer viel Geld verdienen;

ungeheuer viel wissen; ■ **ins Ungeheure steigen** sehr groß werden ◆ Großschreibung →R 3.7 Die Baukosten sind ins Ungeheure gestiegen.; Das Ungeheure an der Sache ist, dass wir nichts bemerkt haben.

un·ge·heu·er·lich, **un·ge·heu·er·lich** adj (abwert.: ≈ skandalös) schrecklich; empörend: eine ungeheuerliche Anschuldigung

un·ge·hin·dert adj /nicht steig./ so, dass man von niemandem dabei gestört oder aufgehalten wird: ungehindert die Grenze/Kontrollen passieren

un·ge·ho·belt, **un·ge·ho·belt** adj ❶ TECHN. nicht mit dem Hobel bearbeitet: ungehobelte Bretter verwenden ❷ (abwert.) primitiv und mit schlechtem Benehmen: ein ungehobelter Kerl/Klotz

un·ge·hö·rig adj /nicht steig./ so, dass es dem Anstand und den guten Sitten widerspricht: sich ungehörig benehmen

Un·ge·hö·rig·keit die <-, -en> (geh.) ungehöriges Verhalten: Diese Ungehörigkeit(en) muss ich mir nicht gefallen lassen!

un·ge·hor·sam adj nicht bereit, Anordnungen von jmdm. zu befolgen: ein ungehorsames Kind; ungehorsames Verhalten

Un·ge·hor·sam der <-s> /kein Plur./ ungehorsames Verhalten: Jetzt musst du für deinen Ungehorsam büßen!

un·ge·kämmt adj nicht gekämmt: mit ungekämmten Haaren zur Arbeit gehen

un·ge·klärt adj /nicht steig./ (noch) nicht geklärt: eine ungeklärte Frage; ungeklärte Kriminalfälle

un·ge·kün·digt adj /nicht steig./ mit einer Arbeitsstelle, die nicht gekündigt wurde: ein ungekündigtes Arbeitsverhältnis; sich in ungekündigter Stellung befinden

un·ge·küns·telt adj (≈ natürlich) so, dass man sich nicht verstellt und seine Gefühle offen zeigt: eine ungekünstelte Art haben; ungekünstelte Freude/Anteilnahme zeigen

un·ge·kürzt adj /nicht steig./ nicht gekürzt: ein Text im ungekürzten Wortlaut; eine Oper/ein Theaterstück/einen Film in der ungekürzten Version aufführen

un·ge·la·den adj /nicht steig./ ❶ nicht eingeladen: ungeladene Gäste ❷ nicht mit Munition versehen: eine ungeladene Waffe bei sich tragen

un·ge·le·gen adj /nicht steig./ so, dass jmdm. zu einem bestimmten Zeitpunkt oder in einer bestimmten Situation nicht passt, weil er schon etwas anderes geplant hat: Das kommt mir jetzt aber sehr ungelegen.

Un·ge·le·gen·heit die <-, -en> (geh.) Unannehmlichkeit: jemandem Ungelegenheiten bereiten

un·ge·lenk adj ❶ geringe Übung zeigend: eine ungelenke Handschrift haben ❷ unbeholfen, ungeschickt: Das neugeborene Kälbchen machte erste ungelenke Schritte.

un·ge·lernt adj /nicht steig./ so, dass man für eine Arbeit keine Ausbildung besitzt: als ungelernter Arbeiter angestellt werden; Als ungelernte Arbeitskraft verdient man weniger als die Facharbeiter.

un·ge·liebt adj /nicht steig./ nicht geliebt: eine ungeliebte Arbeit; ein ungeliebtes Kind

ụn·ge·lo·gen *part (umg.)* ohne zu lügen; ganz ehrlich: Das ist die reine Wahrheit, ungelogen!

ụn·ge·löst *adj* nicht gelöst: Der Satz von Fermat war lange Zeit ein ungelöstes Problem der Mathematik.

Ụn·ge·mach *das* <-(e)s> <*kein Plur.*/ *(veralt. oder geh.)* Schwierigkeiten: Nun musste sie großes Ungemach erleiden.

ụn·ge·macht */nicht steig./* ■ **ein ungemachtes Bett** ein benutztes Bett, das nicht in Ordnung gebracht wurde

ụn·ge·mein¹, un·ge·mein *adj* sehr groß, stark, heftig o. Ä.: ungemeiner Ärger

ụn·ge·mein², un·ge·mein *adv* sehr: ungemein ehrgeizig/beliebt sein; Das tat ungemein weh.

ụn·ge·müt·lich *adj* ❶ so beschaffen, eingerichtet oder gestaltet, dass man sich darin nicht wohl fühlt: ein ungemütliches Büro/Zimmer; Viele Menschen warten auf den ungemütlichen Gängen der Behörde. ❷ nicht angenehm: ungemütlich sitzen; jemandem ein paar ungemütliche Fragen stellen; ■ **ungemütlich werden** *(umg.)* ärgerlich werden

ụn·ge·nannt *adj /nicht steig./* nicht mit Namen bekannt: Er blieb im Hintergrund und wollte lieber ungenannt bleiben.

ụn·ge·nau *adj* ❶ nicht genau: eine ungenaue Messung; ungenaue Angaben machen ❷ nicht sorgfältig: ungenau arbeiten

Ụn·ge·nau·ig·keit *die* <-, -en> ❶ */kein Plur./* die Eigenschaft, ungenau zu sein: die Ungenauigkeit der Messungen/der Angaben ❷ etwas Ungenaues: Uns sind ein paar Ungenauigkeiten unterlaufen.

ụn·ge·niert, un·ge·niert ['ʊnʒeniːɐ̯t/ʊnʒe'niːɐ̯t] *adj* (≈ unbefangen) ohne Hemmungen: völlig ungeniert drauflosreden; sich ungeniert am Büffet bedienen

ụn·ge·nieß·bar, un·ge·nieß·bar *adj* ❶ so, dass es sich nicht zum Essen eignet: Diese Pilze sind ungenießbar. ❷ *(umg.)* so, dass es schlecht schmeckt: Das Essen in dieser Gaststätte ist einfach ungenießbar! ❸ *(umg. abwert. scherzh.)* unerträglich; unausstehlich: Du bist ja heute wieder einmal ungenießbar!

ụn·ge·nü·gend *adj /nicht steig./* ❶ so, dass es nicht gut genug ist: ungenügend vorbereitet sein; ungenügend beleuchtete Straßen ❷ (↔ sehr gut) in Deutschland verwendet als Bezeichnung für die schlechteste Note in der Schule: Die Arbeit war „ungenügend", eine glatte 6!

ụn·ge·nutzt *adj /nicht steig./* so, dass es niemand davon Gebrauch macht: ungenutzte Räume/Geräte; ■ **eine Gelegenheit ungenutzt verstreichen/vorübergehen lassen** eine Gelegenheit nicht nutzen

ụn·ge·ord·net *adj /nicht steig./* nicht geordnet: seine Gedanken in ungeordneter Reihenfolge aufschreiben

ụn·ge·pflegt *adj (abwert.)* ❶ nicht gepflegt: eine ungepflegte Erscheinung; ungepflegte Fingernägel ❷ so, dass es nicht regelmäßig in Ordnung gehalten ist: ein ungepflegtes Haus; ein ungepflegter Garten

ụn·ge·ra·de <nicht steig> *adj* MATH. so, dass eine Zahl nicht ohne Rest durch zwei teilbar ist: Drei ist eine ungerade Zahl.

ụn·ge·recht *adj* nicht gerecht: eine ungerechte Entscheidung; Die Arbeit/Das Geld ist ungerecht verteilt worden.

ụn·ge·recht·fer·tigt *adj* ohne Grund: jemanden ungerechtfertigt beschuldigen; eine ungerechtfertigte Strafe

Ụn·ge·rech·tig·keit *die* <-, -en> ❶ */kein Plur./* ungerechte Art und Weise einer Sache oder Person: Ihre Ungerechtigkeit empörte alle.; die Ungerechtigkeit eines Urteils; die Ungerechtigkeit der sozialen Verhältnisse im Land ❷ etwas, das ungerecht ist: Bei der Verteilung der Spenden hat es auch viele Ungerechtigkeiten gegeben.; die Augen vor den Ungerechtigkeiten nicht verschließen ❸ ein Zustand, der ungerecht ist: die Ungerechtigkeiten im Land bekämpfen

ụn·ge·reimt *adj /nicht steig./* ❶ *(abwert.)* so, dass es keinen Sinn ergibt: ungereimtes Zeug reden ❷ LIT. ohne Reim: ungereimte Verse

Ụn·ge·reimt·heit *die* <-, -en> *(abwert.)* etwas, das keinen Sinn ergibt: In seinen Aussagen gab es zahlreiche Ungereimtheiten.; Mit diesen Ungereimtheiten wirst du wohl keinen überzeugen können!

ụn·gern *adv* nicht gern: Ich stimme (nur sehr) ungern zu.

ụn·ge·rührt *adj /nicht attr./* so, dass man kein Gefühl zeigt: Während sie ihm ihr Leid klagte, blieb er völlig ungerührt.

ụn·ge·sal·zen <nicht steig> *adj* nicht gesalzen: ein ungesalzenes Gericht

ụn·ge·sät·tigt *adj* CHEM. *(geh.)* die Doppel- und Dreifachbindung von Atomen betreffend: ungesättigte Fettsäuren

ụn·ge·sche·hen ■ **etwas ungeschehen machen** etwas, das passiert ist und unangenehm ist, wieder rückgängig machen Ich wünschte, ich könnte diese Worte ungeschehen machen!

ụn·ge·schickt *adj* ❶ plump und unbeholfen ist: eine ungeschickte Bewegung machen; sich bei etwas ungeschickt anstellen ❷ so, dass jmd. keinen Sinn für das Praktische hat: ein ungeschickter Mensch ❸ so, dass es nicht besonders klug oder diplomatisch ist: eine ungeschickte Bemerkung machen; Das war aber sehr ungeschickt von dir, dieses Thema anzuschneiden! ❹ (↔ elegant) so umständlich oder missverständlich gesagt, dass man sich daran stört: eine ungeschickte Formulierung

ụn·ge·schlacht *adj (geh. abwert.)* ❶ groß und plump ist: ein ungeschlachter Kerl ❷ ohne Höflichkeit: ein ungeschlachtes Benehmen

ụn·ge·schla·gen *adj /nicht steig./* noch nie besiegt: eine ungeschlagene Mannschaft

ụn·ge·schlif·fen *adj /nicht steig./* ❶ nicht geschliffen: ein ungeschliffener Diamant ❷ *(abwert.)* ohne gutes Benehmen: ein ungeschliffener Kerl; ungeschliffene Manieren haben

ụn·ge·schminkt *adj* ❶ */nicht steig./* nicht geschminkt: ein ungeschminktes Gesicht; ungeschminkt auf die Bühne treten ❷ ohne Beschöni-

U

gung: die ungeschminkte Wahrheit; Ungeschminkter als eben kann man es wohl nicht mehr sagen.

un·ge·schnịt·ten *adj /nicht steig./* FILM *in voller Länge und ohne Kürzungen:* die ungeschnittene Fassung eines Klassikers der Filmgeschichte

ụn·ge·scho·ren *adj /nicht steig./ nicht geschoren:* Die Schafe sind noch ungeschoren.; ■ **jemand ist (noch einmal) ungeschoren davongekommen** *jmd. hat (noch einmal) Glück gehabt und ist ohne Schaden oder Strafe geblieben* Der Dieb ist wieder ungeschoren davongekommen

ụn·ge·schrie·ben *adj /nicht steig./* ■ **ein ungeschriebenes Gesetz** *etwas, das allgemein als Norm akzeptiert wird, aber nirgendwo aufgeschrieben ist*

ụn·ge·schult *adj ohne eine spezielle Ausbildung:* ungeschultes Personal

ụn·ge·se·hen <nicht steig> *adj* ❶ *von niemandem bemerkt:* Die Täter konnten ungesehen entkommen. ❷ *ohne es vorher angesehen zu haben:* etwas ungesehen unterschreiben

ụn·ge·sel·lig *adj so, dass man die Gesellschaft anderer meidet:* ein ungeselliger Mensch; eine ungesellige Art haben

ụn·ge·setz·lich *adj /nicht steig./ im Widerspruch zu den Gesetzen:* eine ungesetzliche Handlung; nichts Ungesetzliches getan haben

ụn·ge·si·chert *adj /nicht steig./* ❶ *nicht mit Absperrungen o. Ä. gesichert:* eine ungesicherte Baustelle ❷ *nicht bestätigt:* noch ungesicherte Fakten/Informationen

ụn·ge·sit·tet *adj so, dass es gegen die guten Manieren und den Anstand verstößt:* sich ungesittet benehmen

ụn·ge·stillt *adj /nicht steig./ so, dass es nicht befriedigt ist:* eine ungestillte Sehnsucht haben

ụn·ge·stört *adj /nicht steig./ ohne Störung:* eine ungestörte Entwicklung; ungestört arbeiten können

ụn·ge·straft *adv /nicht steig./ ohne bestraft zu werden:* noch einmal ungestraft davonkommen

Ụn·ge·stüm *das* <-(e)s> */kein Plur./ (geh.) Verhalten, das heftig und stürmisch ist:* mit jugendlichem Ungestüm ans Werk gehen

ụn·ge·stüm *adj /nicht steig./ (geh.: ≈ stürmisch) mit sehr viel Energie und Temperament:* jemanden ungestüm umarmen; ein ungestümes Wesen haben

ụn·ge·sühnt *adj /nicht steig./ (geh.) so, dass etwas nicht bestraft wird:* Das Verbrechen blieb ungesühnt.

ụn·ge·sund *adj* ❶ *auf eine Krankheit hindeutend:* eine ungesunde Blässe haben; ungesund aussehen ❷ *so, dass es krank macht:* eine ungesunde Lebensweise; Fettes Essen/Rauchen ist ungesund. ❸ *schlecht:* eine ungesunde Entwicklung/Tendenz

ụn·ge·teilt *adj /nur attr./ /nicht steig./ ganz:* Ich bitte um Ihre ungeteilte Aufmerksamkeit.

ụn·ge·trübt *adj /nicht steig./ durch nichts Schlechtes beeinträchtigt:* ungetrübte Freude; Sein Vertrauen/Verhältnis zu ihr ist ungetrübt.

Ụn·ge·tüm *das* <-(e)s, -e> *(geh.)* ❶ *(≈ Ungeheuer) (in Märchen oder Sage) verwendet für ein* großes und gefährliches Wesen, das den Menschen feindlich gesinnt ist: In der Höhle hauste ein fürchterliches Ungetüm. ❷ *(umg. abwert.) etwas, das einem sehr groß oder hässlich vorkommt:* ein Ungetüm von einem Hund; Sie trug ein wahres Ungetüm von einer Brille auf der Nase.

ụn·ge·übt *adj so, dass es an Übung und Routine fehlt:* ungeübte Bewegungen/Hände; Sie ist im Fahren noch ungeübt.

ụn·ge·wiss *adj* ❶ *so, dass man nicht weiß, wie etwas sich entwickeln wird:* Es ist ungewiss, ob und wann er kommt.; in eine ungewisse Zukunft blicken; eine Fahrt ins Ungewisse machen ❷ *(geh.) unbestimmt; vage:* ungewisse Befürchtungen haben; ■ **jemanden über etwas im Ungewissen lassen** *jmdn. nicht über etwas informieren* Wir haben sie über unsere Absichten nicht im Ungewissen gelassen.; ■ **etwas liegt im Ungewissen** *etwas ist noch nicht entschieden* Die Zukunft liegt im Ungewissen.

Ụn·ge·wiss·heit *die* <-, -en> ❶ */kein Plur./ der Zustand, dass man nicht weiß, wie sich etwas entwickeln wird:* Sie konnten die quälende Ungewissheit nicht länger ertragen. ❷ *(≈ Unwägbarkeit) ein Aspekt (in einer Planung), der ungewiss[1] ist:* Ein paar Ungewissheiten bleiben auch bei sorgfältiger Planung bestehen.

ụn·ge·wöhn·lich[1] *adj anders als gewöhnlich:* eine ungewöhnliche Bitte; Es ist ungewöhnlich, dass sie noch nicht angerufen hat.

ụn·ge·wöhn·lich[2] *adv (≈ außerordentlich)* ein ungewöhnlich großes Interesse; ein ungewöhnlich warmer Winter

ụn·ge·wohnt *adj anders als es für jmdn. normal und bekannt ist:* eine ungewohnte Umgebung; ein ungewohnter Anblick; Die Arbeit am Computer ist für mich noch sehr ungewohnt.

ụn·ge·wollt *adj /nicht steig./ ohne, dass man es will:* ein ungewollter Verrat; ungewollt schwanger weden

ụn·ge·zählt *adj /nicht steig./* ❶ *(geh.) in sehr großer Zahl:* ungezählte Male bei jemandem anrufen; jemandem ungezählte Briefe schreiben ❷ *ohne es vorher gezählt zu haben:* das Geld ungezählt einstecken

Ụn·ge·zie·fer *das* <-s> */kein Plur./ Tiere oder Insekten, die an Tieren, Pflanzen oder Vorräten Schaden anrichten:* Ungeziefer in der Speisekammer haben; Flöhe sind ein sehr unangenehmes Ungeziefer für Menschen und Tiere.

ụn·ge·zie·mend *adj (geh.) so, dass es nicht der Situation und den Umständen entspricht:* ein ungeziemendes Benehmen; Für den Empfang sind Jeans ungeziemend.

ụn·ge·zo·gen *adj* ❶ *nicht so, wie es der Anstand verlangt:* ein ungezogenes Kind; sich ungezogen benehmen ❷ *frech:* ungezogene Antworten geben

Ụn·ge·zo·gen·heit *die* <-, -en> ❶ */kein Plur./ ungezogene Art:* Die Ungezogenheit der Kinder ärgerte die Mutter. ❷ *Frechheit:* Was war das wieder für eine Ungezogenheit von dir?

ụn·ge·zü·gelt *adj ohne Beherrschung:* ein ungezügeltes Temperament haben; ungezügelt trinken

U

ụn·ge·zwun·gen *adj frei und ohne Hemmungen:* sich ungezwungen unterhalten

Ụn·ge·zwun·gen·heit *die <-> /kein Plur./ (geh.)* ungezwungene *Art:* sich in aller Ungezwungenheit bewegen; eine erfrischende Ungezwungenheit an den Tag legen

ụn·gif·tig *adj /nicht steig./ nicht giftig:* ungiftige Pilze

Ụn·glau·be(n) *der <Unglaubens> /kein Plur./* ❶ *Zweifel daran, dass etwas richtig oder wahr ist:* Sie lauschte seinen Worten voller Unglauben. ❷REL. *Zweifel an der Existenz eines Gottes:* im Unglauben erzogen werden/aufwachsen

ụn·gläu·big *adj* ❶ *so, dass man an etwas nicht glaubt:* jemanden ungläubig anstarren ❷REL. *nicht an einen Gott glaubend:* ungläubige Menschen

Ụn·gläu·bige *der <-n, -n>* ❶REL. *jmd., der nicht an einen Gott glaubt* ❷REL. *verwendet im Islam, um alle die zu bezeichnen, die keine Muslime sind*

un·glaub·lich¹, ụn·glaub·lich *adj* ❶ *so, dass man es nicht glauben kann:* Das ist ja eine unglaubliche Geschichte! ❷ *(umg.) sehr groß:* eine unglaubliche Frechheit; ein unglaubliches Tempo; eine unglaubliche Hitze

un·glaub·lich², ụn·glaub·lich *adv (umg.) sehr:* unglaublich viel/schön/teuer

ụn·glaub·wür·dig *adj so, dass man jmdm. oder etwas nicht glauben kann:* ein unglaubwürdiger Zeuge; eine unglaubwürdige Geschichte

ụn·gleich¹ *adj /nicht steig./* ❶ *so, dass es in einer bestimmten Hinsicht einen Unterschied gibt:* zwei ungleiche Brüder; zwei ungleiche Schuhe tragen; ungleich lange Beine haben ❷ *so, dass von zwei Gegnern der eine viel stärker ist:* ein ungleicher Kampf; ein ungleiches Fußballspiel

ụn·gleich² *adv (geh.) sehr viel:* Sie war ungleich schöner als ihre Schwester.; Er fuhr ungleich schneller als sein Konkurrent.

Ụn·gleich·ge·wicht *das <-(e)s, -e> Zustand, in dem es keine Ausgewogenheit gibt:* ein Ungleichgewicht der Kräfte auf beiden Seiten

ụn·gleich·mä·ßig *adj* ❶ *nicht gleichmäßig:* ein ungleichmäßiges Muster ❷ *nicht zu gleichen Teilen:* ungleichmäßig verteilt sein

Ụn·glück *das <-(e)s, -e>* ❶ *ein Ereignis, bei dem Menschen verletzt oder getötet oder Sachen schwer beschädigt werden:* ein Unglück verhüten; Ihm ist ein Unglück widerfahren.; bei einem Unglück ums Leben kommen ◆Bergwerks-, Erdbeben-, Lawinen-, Zug- ❷ *Zustand, der von Kummer, Schmerzen und Trauer gekennzeichnet ist:* Der Krieg hat viel Unglück über das Land gebracht.; in großem Unglück leben ❸ *(≈ Missgeschick) Pech:* beruflich/persönlich Unglück haben; Mir ist ein Unglück passiert, ich habe die Vase umgeworfen.; ■ **zu allem Unglück** *obendrein* Erst hat er die Arbeit verloren und dann ist er zu allem Unglück auch noch krank geworden!; ■ **jemand rennt in sein Unglück** *etwas tun, was schlimme Folgen für einen selbst haben wird;* ■ **Ein Unglück kommt selten allein.** *nach einem Missgeschick kommt fast immer auch ein zweites Missgeschick*

ụn·glück·lich *adj* ❶ *(≈ traurig)* unglücklich sein; ein unglückliches Gesicht machen; Sie war unglücklich über den Verlust. ❷ *(≈ ungünstig)* ein unglücklicher Zufall ❸ *mit fatalen Konsequenzen:* einen unglücklichen Verlauf nehmen; eine unglückliche Bewegung machen ❹ *so, dass man es falsch verstehen kann:* eine unglückliche Formulierung; sich unglücklich ausdrücken; ■ **unglücklich verliebt sein** *jmdn. lieben, der die Liebe nicht erwidert*

ụn·glück·li·cher·wei·se *adv (≈ leider, bedauerlicherweise) drückt aus, dass man etwas bedauert:* Unglücklicherweise hatte er alles mit angehört.

Ụn·glücks·bo·te *der <-n, -n> jmd., der eine schlechte Nachricht überbringt*

ụn·glück·se·lig *adj* ❶ *so, dass es eine schlimme Auswirkung hat:* eine unglückselige Entscheidung ❷ *von großem Unglück betroffen:* ein unglückseliger Mensch

Ụn·glücks·fall *der <-(e)s, Unglücksfälle>* ❶ *ein schwerer Unfall, bei dem viele Menschen verletzt oder getötet worden sind:* Im Bergwerk hat sich ein Unglücksfall ereignet. ❷ *ein Missgeschick:* Dass ich die Vase zerbrochen habe, war eben ein Unglücksfall

Ụn·glücks·ra·be *der <-n, -n> (umg.: ≈ Pechvogel) jmd., der oft und viel Pech hat*

Ụn·gna·de *die <-> /kein Plur./* ■ **(bei jemandem) in Ungnade fallen** *jmds. Sympathie verlieren* Er war beim König/bei seinem Chef in Ungnade gefallen.

ụn·gnä·dig *adj /nicht steig./ nicht freundlich:* jemanden ungnädig empfangen; ein ungnädiges Schicksal

ụn·gül·tig *adj /nicht steig./ nicht (mehr) gültig:* ein ungültiger Pass; eine ungültige Fahrkarte; Ohne Unterschrift ist der Vertrag ungültig.; etwas ungültig machen

Ụn·gül·tig·keit *die <-> /kein Plur./ die Eigenschaft, nicht gültig zu sein:* die Ungültigkeit eines Vertrages/Ausweises

Ụn·gunst ■ **zu jemands Ungunsten/zu Ungunsten von …** *zu jmds. Nachteil* Er hat sich zu seinen Ungunsten verrechnet.; Die Entscheidung ist zu unseren Ungunsten ausgefallen.

ụn·güns·tig *adj (für jmdn. oder etwas) nachteilig, schlecht:* eine (für uns) ungünstige Ausgangsposition; ein (zum Segeln) ungünstiger Wind; sich unter ungünstigen Bedingungen schlecht entwickeln

ụn·gus·ti·ös *adj* ÖSTERR. *ungenießbar¹, ²*

ụn·gut *adj /nicht steig./* ❶ *in einer nicht bestimmbaren Weise schlecht:* ungute Vorahnungen haben; ein ungutes Gefühl bei etwas haben ❷ *(übertr.) schlecht:* ein ungutes Verhältnis; ■ **Nichts für ungut!** *(umg.) ich habe es nicht böse gemeint*

ụn·halt·bar, un·hạlt·bar *adj /nicht steig./* ❶ *(abwert.: ≈ untragbar) so schlecht, dass es nicht bleiben kann:* Im Lager herrschten unhaltbare hygienische Zustände. ❷ *so falsch, dass es nicht zu akzeptieren ist:* Deine Behauptung ist unhaltbar. ❸ SPORT *vom Schützen so geschickt geschossen, dass der Schuss für den Torwart nicht zu halten*

U

ist: Da hat Meier keine Chance, der Ball war unhaltbar.

ụn·hand·lich *adj so konstruiert, dass es nicht bequem zu benutzen ist:* ein großer, unhandlicher Koffer; Das Besteck ist unhandlich.

ụn·har·mo·nisch *adj nicht ausgeglichen:* eine unharmonische Atmosphäre; ein unharmonisch gestaltetes Ensemble von Gebäuden

Ụn·heil *das* <-s> */kein Plur./ (geh.)* Geschehen, das Schaden anrichtet und Trauer und Kummer bringt: Unheil über jemanden bringen; großes Unheil anrichten ◆ Getrennt- oder Zusammenschreibung →R 4.20 Unheil bringend/unheilbringend; Unheil kündend/unheilkündend; Unheil verkündend/unheilverkündend; *siehe auch* **unheildrohend, unheilverkündend**

ụn·heil·bar, ụn·heil·bar *adj /nicht steig./ nicht heilbar:* unheilbar krank sein; eine unheilbare Krankheit; der unheilbar Kranke

ụn·heil·dro·hend *adj mit Unheil drohend:* unheildrohende Gewitterwolken ◆ Zusammenschreibung →R 4.2 Schwarze Wolken zogen unheildrohend am Horizont auf.

ụn·heil·ver·kün·dend *adj ein Unheil ankündigend:* unheilverkündend blicken/die Stimme heben ◆ Zusammen- oder Getrenntschreibung →R 4.20 unheilverkündende/Unheil verkündende Nachrichten

ụn·heil·voll *adj so, dass es Unheil erwarten lässt:* ein unheilvolles Geschehen

ụn·heim·lich¹ *adj* ❶ *so, dass es jmdm. Angst macht:* eine unheimliche Stille/Dunkelheit; Mir wird ganz unheimlich zumute.; Der ist aber unheimlich! ❷ *(umg.) sehr stark; sehr groß:* eine unheimliche Angst haben; unheimlichen Hunger haben

ụn·heim·lich² *adv sehr:* unheimlich schwitzen; unheimlich viel Arbeit/Geld haben

ụn·höf·lich *adj nicht höflich:* ein unhöflicher Mensch; unhöfliches Benehmen

Ụn·höf·lich·keit *die* <-, -en> ❶ */kein Plur./ unhöfliche Art:* Ihre Unhöflichkeit hat alle verärgert. ❷ *unhöfliche Handlung:* sich grobe Unhöflichkeiten erlauben

Ụn·hold *der* <-(e)s, -e> *(geh.)* ❶ *ein böser Mensch aus den Märchen oder der Sage:* Man erzählt sich von einem Unhold, der sein Unwesen in den Bergen treibt. ❷ *(abwert.) ein böser Mensch:* Dieser Unhold quält hilflose Tiere. ❸ *ein Mann, der Frauen sexuell belästigt*

ụn·hy·gi·e·nisch *adj nicht sauber:* unhygienische Zustände; es ist unhygienisch, das Geschirr nur mit kaltem Wasser abzuspülen.

Ụni *die* <-, -s> *(umg.) kurz für „Universität"*

uni ['yni/y'ni] *adj /nicht veränderlich/ /nicht steig./ einfarbig:* ein uni Pullover; Das Kleid ist uni gefärbt.

UNICEF *die* ['uːnitsɛf] <-> */kein Plur./ Abkürzung von „United Nations International Children's Emergency Fund":* Weltkinderhilfswerk der UNO

Uni·form, Ụni·form *die* <-, -en> *Kleidung, die einheitlich gestaltet ist und die für bestimmte Berufe oder Gruppen Vorschrift ist:* Polizisten, Solda-

ten und Schüler in manchen Schulen tragen Uniformen. ◆ Ausgeh-, Dienst-, Polizei-, Schul-

uni·form *adj /nicht steig./ (geh.) einheitlich:* uniform aussehen/gestaltet sein

uni·for·miert *adj /nicht steig./ in Uniform gekleidet:* uniformierte Polizisten

uni·kal *adj /nicht steig./ (fachspr.) nur einmalig vorkommend:* unikale Elemente in älteren Sprichwörtern oder anderen phraseologischen Einheiten; *siehe auch* **Phraseologie**

Ụni·kum *das* <-s, Unika/-s> ❶ <pl: Unika> *etwas, das es nur einmal gibt* ❷ <pl: Unikums> *(≈ Original) ein außergewöhnlicher oder sonderbarer Mensch:* Herr Müller ist wirklich ein Unikum, wir hatten viel Spaß mit ihm!

ụn·in·te·res·sant *adj* ❶ *so, dass es für jmdn. ohne Bedeutung ist:* Das ist für uns im Moment völlig uninteressant. ❷ *so, dass es kein Interesse weckt:* Die Ausstellung war uninteressant gestaltet.

ụn·in·te·res·siert *adj nicht interessiert:* an etwas uninteressiert sein; ein uninteressiertes Gesicht machen

Uni·on *die* <-, -en> POL. ❶ *(≈ Vereinigung) Zusammenschluss von Staaten oder Institutionen mit dem Ziel, die Interessen gemeinsam besser und effektiver zu vertreten:* eine wirtschaftliche/militärische Union mehrerer Staaten ❷ */kein Plur./* POL. *Bezeichnung für die Parteien CDU/CSU in Deutschland;* ■ **die Junge Union** *die Nachwuchsorganisation der CDU/CSU*

uni·so·no *adj /nur präd./ /nicht steig./ (geh.)* ❶ MUS. *einstimmig:* Die Instrumente spielen unisono. ❷ *(umg.: ≈ übereinstimmend)* Die beiden Angesprochenen antworteten unisono mit „ja".

uni·ver·sal *adj /nicht steig./ (geh.) (alle möglichen Bereiche) umfassend:* universales Wissen besitzen; einen universalen Machtanspruch haben ▶ Universalbildung, Universalien, Universalismus

uni·ver·sell *adj /nicht steig./ (geh.)* ❶ *(≈ universal)* ❷ *(≈ vielseitig)* ein universelles Gerät; universell einsetzbar sein

uni·ver·si·tär *adj /nicht steig./ auf die Universität bezogen, zu ihr gehörend*

Uni·ver·si·tät *die* <-, -en> ❶ *Hochschule, an der in vielen Wissensgebieten gelehrt und geforscht wird:* an der Universität lehren/studieren/eingeschrieben sein; eine angesehene/alte/junge Universität; die Fakultäten/der Kanzler/der Rektor/das Sprachenzentrum der Universität ◆ -sprofessor(in), Fern- ❷ *das Gebäude einer Universität* ◆ -scampus, -sgelände, -sklinik

Uni·ver·si·täts·stadt *die* <-, Universitätsstädte> *Stadt, in der es eine Universität gibt*

Uni·ver·sum *das* <-s, Universen> *das Weltall:* die Geheimnisse des Universums erforschen; Es könnte mehrere Universen geben

Ụn·ke *die* <-, -n> ❶ ZOOL. *eine Krötenart* ❷ *(umg.) jmd., der alles von der schlechten oder ungünstigen Seite sieht*

ụn·ken *ohne OBJ* ■ *jmd. unkt (umg.) alles von der schlechten oder ungünstigen Seite sehen und aus dieser Haltung heraus Unheil oder etwas Schlechtes prophezeien:* Musst du immer so unken?

U

un·kennt·lich *adj /nicht steig./ so, dass man es nicht erkennen kann:* sich mit einer Maske/Verkleidung unkenntlich machen; ein unkenntlich gemachtes Autokennzeichen ▶ Unkenntlichkeit

Un·kennt·nis *die* <-> */kein Plur./ das Nichtwissen:* jemanden in Unkenntnis der wahren Tatsachen lassen; einen Fehler aus Unkenntnis begehen

un·klar *adj* ❶ *(≈ unverständlich) so, dass es schlecht zu verstehen ist:* sich unklar ausdrücken; eine unklare Aussprache haben ❷ *(≈ ungewiss)* unklare Verhältnisse; Es ist noch völlig unklar, wie das enden wird. ❸ *so, dass es nicht deutlich zu erkennen ist:* etwas in der Ferne nur noch unklar erkennen; ■ **jemanden im Unklaren über etwas lassen** *jmdn. über etwas nicht genau informieren*

Un·klar·heit *die* <-, -en> ❶ */kein Plur./ die Eigenschaft, unklar zu sein:* Es herrschte völlige Unklarheit darüber, wie es weitergehen sollte. ❷ *etwas Unklares:* Es sind noch einige Unklarheiten zu beseitigen.

un·klug *adj nicht klug und nicht gut überlegt:* sich unklug verhalten; eine unkluge Entscheidung; Das war sehr unklug von dir!

un·kom·pli·ziert *adj* ❶ *einfach im Umgang:* ein unkomplizierter Mensch ❷ *einfach in der Bedienung:* ein Gerät mit unkomplizierter Bedienung

un·kon·t·rol·lier·bar, un·kon·t·rol·lier·bar *adj so, dass man es nicht kontrollieren kann:* Die Situation wurde unkontrollierbar.

un·kon·ven·ti·o·nell [ˈʊnkɔnvɛntsi̯ɔnɛl] *adj (geh.) nicht so, wie es allgemein üblich ist:* sich unkonventionell kleiden; Wir wollen die Feier einmal ganz unkonventionell gestalten.

un·kon·zen·t·riert *adj nicht aufmerksam:* im Unterricht unkonzentriert sein

Un·kos·ten <-> *Plur.* ❶ *alle Ausgaben für etwas:* Der Verein trägt sämtliche Unkosten. ❷ *Kosten, die zusätzlich entstehen:* Mir sind dafür Unkosten in Höhe von 50 Euro entstanden.

Un·kos·ten·bei·trag *der* <-(e)s, Unkostenbeiträge> *Geld, das man als Teil für die Unkosten, die jmdn. entstanden sind, zahlt*

Un·kraut *das* <-(e)s, Unkräuter> ❶ */kein Plur./ Pflanzen, die nicht von Menschen gewünscht sind, aber dennoch da wachsen, wo man Nutzpflanzen oder Zierpflanzen angebaut hat:* im Garten Unkraut jäten; Das Unkraut wuchert. ❷ *eine bestimmte, als Unkraut¹ betrachtete Pflanzensorte:* Im Garten zählt man Brennnesseln zu den Unkräutern.; ■ **Unkraut vergeht nicht.** *(umg. scherzh.) verwendet, um auszudrücken, dass jmdm. nicht wirklich schaden kann*

un·kri·tisch *adj nicht kritisch:* unkritische Studenten; unkritisch Zeitung lesen

Un·kul·tur *die* <-> */kein Plur./ (abwert.) Handlungen, die an sich negativ sind, aber von vielen als normal angesehen werden:* die Unkultur des Telefonierens mit dem Handy im Restaurant

un·künd·bar, un·künd·bar *adj /nicht steig./ so, dass keine Kündigung möglich ist:* ein unkündbares Arbeitsverhältnis; eine unkündbare Wohnung; Der Mitarbeiter ist unkündbar.

un·längst *adv (geh.) vor kurzem:* Wir haben uns erst unlängst getroffen.

un·lau·ter *adj /nicht steig./ (geh.) nicht ehrlich:* unlautere Absichten haben; ■ **unlauterer Wettbewerb** RECHTSW. *unrechtmäßiger Wettbewerb*

un·leid·lich *adj /nicht steig./ (≈ unausstehlich) sehr unfreundlich:* ein unleidlicher Mensch

un·le·ser·lich, un·le·ser·lich *adj /nicht steig./ so, dass man es (fast) nicht lesen kann:* eine unleserliche Handschrift/Unterschrift

un·leug·bar, un·leug·bar *adj /nicht steig./ (geh.) so, dass es offensichtlich ist:* unleugbar im Vorteil sein; eine unleugbare Tatsache

un·lieb·sam *adj /nicht steig./ nicht angenehm:* unliebsame Besucher; unliebsame Folgen haben

un·li·niert/un·li·ni·iert *adj /nicht steig./ ohne Linien:* unlin(i)iertes Papier

un·lo·gisch *adj /(↔ folgerichtig) nicht logisch:* eine unlogische Schlussfolgerung

un·lös·bar, un·lös·bar *adj /nicht steig./ so, dass es nicht zu lösen ist:* ein unlösbares Problem/Rätsel

un·lös·lich *adj /nicht steig./ so, dass es sich (in Wasser) nicht auflöst:* eine unlösliche Flüssigkeit/Substanz

Un·lust *die* <-> */kein Plur./ Mangel an Lust oder Motivation:* mit Unlust an eine Arbeit gehen

un·maß·geb·lich *adj /nicht steig./ (geh.) nicht wichtig:* Das ist unmaßgeblich für unsere Entscheidung.; Nach meiner unmaßgeblichen Meinung …

un·mä·ßig¹ *adj* ❶ *(abwert.) so übertrieben, dass es schädlich ist:* unmäßig trinken ❷ *(umg.) sehr stark, viel, intensiv o. Ä.:* unmäßiger Durst

un·mä·ßig² *adv (umg.) sehr:* unmäßig viel essen; Sie ist unmäßig groß.

Un·men·ge *die* <-, -n> *(umg.) große Menge:* Das ist ja eine Unmenge!; eine Unmenge Arbeit/Geld/Schulden haben; Unmengen an Wasser trinken

Un·mensch *der* <-en, -en> *(abwert.) ein schlechter oder grausamer Mensch:* Das sind Unmenschen, die solche Verbrechen begehen!; ■ **Ich bin ja kein Unmensch!** *(umg. scherzh.) ich bin bereit, großzügig und nachsichtig zu sein*

un·mensch·lich *adj* ❶ *grausam und brutal:* unmenschliche Verbrechen; Gefangene unmenschlich behandeln ❷ *eines Menschen nicht würdig:* unter unmenschlichen Bedingungen leben müssen ❸ *(umg.) außerordentlich:* unmenschlichen Hunger haben; unmenschlich schwitzen

Un·mensch·lich·keit *die* <-, -en> ❶ */kein Plur./ die Eigenschaft, unmenschlich zu sein:* die Unmenschlichkeit des Krieges ❷ *unmenschliches Verhalten:* die von den Söldnern begangenen Unmenschlichkeiten

un·merk·lich, un·merk·lich *adj /nicht steig./ so, dass man es nicht nur schwer bemerkt:* sich ganz unmerklich entwickeln; unmerkliche Veränderungen

un·miss·ver·ständ·lich, un·miss·ver·ständ·lich *adj /nicht steig./ klar und eindeutig:* jemandem etwas unmissverständlich klar machen

un·mit·tel·bar *adj /nicht steig./* ❶ *so, dass in einer Hierarchie, einer Reihenfolge, einer Verwandtschaftsbeziehung niemand/nichts dazwischen kommt:* sein unmittelbarer Vorgesetzter; unmittelbar mit jemandem verwandt sein ❷ *(≈ di-*

U

rekt) unmittelbar von etwas betroffen sein; Sie stand unmittelbar neben dem Minister. ❸ *auf kürzestem Weg:* unmittelbar vor der Haustür; auf unmittelbarem Weg irgendwohin fahren; Der Weg führt unmittelbar zum Marktplatz. ❹ *kurz nach einem anderen Ereignis:* Unmittelbar nach dem Tor feierten die Fans schon den Sieg ihrer Mannschaft.; unmittelbar darauf/danach

un·mö·b·liert *adj /nicht steig./ ohne Möbel:* eine unmöblierte Wohnung

un·mo·dern *adj (≈ altmodisch) nicht modern*

un·mög·lich, un·mög·lich *adj /nicht steig./* ❶ *so, dass es nicht zu verwirklichen ist:* Äußere Umstände haben unser Vorhaben unmöglich gemacht.; Was du da verlangst, ist völlig unmöglich!; unmögliche Forderungen stellen; das Unmögliche doch noch möglich machen ❷ *(umg. abwert.) so, dass es nicht mit einer gesellschaftlichen oder ästhetischen Norm übereinstimmt:* Du benimmst dich wieder unmöglich!; Das sieht wirklich unmöglich aus!; Sie trägt immer unmögliche Hüte!; ■ **sich unmöglich machen** *(umg.) sich lächerlich machen* Mit seinen Ansichten hat er sich unmöglich gemacht. ◆ Großschreibung →R 3.7 Du kannst nicht Unmögliches von uns verlangen!

un·mo·ra·lisch *adj /nicht steig./ nicht so, wie es Anstand und Moral fordern:* unmoralisches Verhalten

un·mo·ti·viert *adj* ❶ *(≈ grundlos) ohne erkennbaren Grund:* unmotiviert lachen; einen unmotivierten Wutanfall bekommen ❷ *ohne Lust darauf, Leistung zu erbringen:* unmotivierte Mitarbeiter; Ich bin heute völlig unmotiviert.

un·mün·dig *adj /nicht steig./* ❶ *nicht in der Lage, selbst Entscheidungen zu treffen:* ein unmündiges Kind ❷ RECHTSW. *noch nicht erwachsen;* ■ **jemanden für unmündig erklären (lassen)** *jmdn. entmündigen*

un·mu·si·ka·lisch *adj ohne Begabung und Gefühl für die Musik:* ein unmusikalischer Mensch; vollkommen unmusikalisch sein

Un·mut *der <-(e)s> /kein Plur./ (geh.) Verärgerung:* seinen Unmut über etwas äußern; ■ **seinem Unmut Luft machen** *aussprechen, dass man sich ärgert*

un·nach·ahm·lich, un·nach·ahm·lich *adj /nicht steig./ (≈ einzigartig) so, dass es nicht imitiert werden kann:* einen unnachahmlichen Humor haben

un·nach·gie·big *adj nicht bereit, nachzugeben:* unnachgiebig auf seiner Meinung/seinen Forderungen beharren

un·nach·sich·tig *adj nicht bereit zu verzeihen oder Milde walten zu lassen:* ein unnachsichtiges Urteil; unnachsichtig alle Fehler ahnden

un·nah·bar, un·nah·bar *adj nicht bereit, mit anderen persönliche Beziehungen aufzunehmen:* ein unnahbarer Mensch; sich unnahbar geben

un·na·tür·lich *adj* ❶ *nicht so, wie es normalerweise ist:* eine unnatürliche Verhaltensweise an den Tag legen; eine unnatürliche Blässe; unnatürlich klingen/sprechen ❷ *nicht so, wie es in der Natur ist:* Tiere in einer unnatürlichen Umgebung

halten ❸ *(abwert.: ≈ gekünstelt)* eine unnatürliches Gehabe/Getue

un·nor·mal *adj nicht so, wie es üblich ist:* unnormal viel trinken; eine unnormale Reaktion zeigen

un·nö·tig *adj* ❶ *vermeidbar:* ein unnötiger Fehler/Umweg ❷ *überflüssig:* sich unnötige Gedanken/Sorgen machen; unnötige Anstrengungen unternehmen; unnötig viel reden; Es ist unnötig zu wiederholen, dass ihr herzlich willkommen seid.

un·nütz *adj* ❶ *so, dass es keinen Nutzen hat:* viele unnütze Dinge kaufen/sammeln ❷ *überflüssig:* viel unnützes Zeug reden

UNO, Uno *die* ['u:no] <-> */kein Plur./ Abkürzung von „United Nations Organization": Organisation der Vereinten Nationen*

un·or·dent·lich *adj* ❶ *(≈ schlampig) so, dass jmd. nicht ordentlich ist:* ein unordentlicher Mensch ❷ *so, dass etwas nicht aufgeräumt ist:* ein unordentliches Zimmer

Un·ord·nung *die* <-> */kein Plur./ Mangel an Ordnung:* im Zimmer/im Schrank herrscht (fürchterliche) Unordnung

un·or·tho·dox *adj (geh.) so, dass es nicht den gewöhnlichen Auffassungen und Normen entspricht:* unorthodoxe Maßnahmen ergreifen

UNO-Si·cher·heits·rat, a. Uno-Si·cher·heits·rat *der <-es> /kein Plur./* POL. *Organ der Vereinten Nationen, das sich um den Frieden in der Welt bemüht*

un·par·tei·isch *adj /nicht steig./ ohne für jmdn. oder etwas Partei zu ergreifen:* Ein Schiedsrichter sollte unparteiisch sein.; ein unparteiisches Urteil abgeben

Un·par·tei·i·sche *der/die* <-n, -n> SPORT *Schiedsrichter(in):* Der Unparteiische hat das Spiel unterbrochen.

un·pas·send *adj* ❶ *(abwert.) so, dass etwas (in einer Situation) nicht angebracht ist:* eine unpassende Bemerkung machen; etwas im unpassendsten Moment tun ❷ *ungünstig:* Er besucht mich immer im unpassenden Augenblick. ❸ *(für etwas) nicht geeignet oder angemessen:* für einen Ausflug in die Berge unpassend gekleidet sein

un·päss·lich *adj (veralt. oder geh.) so, dass man sich nicht wohl fühlt, weil man (auf harmlose Weise) krank ist:* sich unpässlich fühlen; Sie ist heute unpässlich. ▶ Unpässlichkeit

un·per·sön·lich *adj* ❶ *(abwert.) distanziert, aber höflich:* eine unpersönliche Art haben ❷ *so, dass etwas Individuelles fehlt:* jemandem mit einem unpersönlichen Schreiben antworten; ein unpersönlich eingerichtetes Zimmer ❸ */nur attr./* SPRACHWISS. *so, dass ein Verb nur „es" als Nominativergänzung regiert:* „regnen" ist ein unpersönliches Verb.

un·plugged ['ʌnplækt] *adj /nur präd./ /nicht steig./ so, dass populäre Musik ohne elektrische, sondern nur mit akustischen Instrumenten gespielt wird:* das Stück unplugged spielen

un·po·li·tisch *adj* ❶ *so, dass sich jmd. nicht für Politik interessiert:* ein unpolitischer Mensch ❷ *so, dass es keinen politischen Inhalt hat:* unpolitische Themen bevorzugen

un·po·pu·lär *adj bei der Mehrheit nicht beliebt:*

U

ein unpopulärer Politiker; zu unpopulären Maßnahmen greifen müssen

un·prak·tisch *adj* ❶ *so, dass es (fast) nicht zu nutzen ist:* Die Tasche ist zwar sehr schön aber völlig unpraktisch. ❷ *so, dass jmd. keine Fähigkeiten für das praktische Arbeiten, Organisieren o. Ä. hat:* ein unpraktischer Mensch

un·pro·b·le·ma·tisch *adj so, dass dabei keine Probleme entstehen:* eine unproblematische Konvertierung des Dokuments in ein anderes Format

un·pro·duk·tiv *adj /nicht steig./* ❶WIRTSCH. *keine Güter produzierend:* unproduktive Zweige der Wirtschaft ❷*(abwert.) wenig nützlich:* die Zeit mit unproduktivem Streit vergeuden

un·pro·fes·si·o·nell *adj (≈ dilettantisch) so, dass es ohne Fachkenntnisse oder nicht effektiv ist:* Es ist völlig unprofessionell, wie er das Projekt leitet.

un·pünkt·lich *adj nicht pünktlich:* ein unpünktlicher Mensch; Heute dürft ihr nicht unpünktlich sein!

Un·pünkt·lich·keit *die* <-> */kein Plur./ die Eigenschaft, unpünktlich zu sein:* Ich kann mich an deine Unpünktlichkeit schlecht gewöhnen!

un·qua·li·fi·ziert *adj* ❶*dumm:* eine unqualifizierte Äußerung ❷*ohne spezielle Ausbildung:* unqualifizierte Arbeiter

un·ra·siert *adj /nicht steig./* nicht rasiert

Un·rast *die* <-> */kein Plur./ (geh.) (innere) Unruhe*

Un·rat *der* <-(e)s> */kein Plur./ (geh.:≈ Müll)* den Unrat wegräumen

un·ra·ti·o·nell *adj so, dass mehr Aufwand investiert wird als eigentlich notwendig ist:* unrationell arbeiten

un·re·a·lis·tisch *adj* ❶*nicht realisierbar:* unrealistische Forderungen ❷*so, dass es nicht der Wirklichkeit entsprechen kann:* Diese Szene im Film war absolut unrealistisch.

Un·recht *das* <-(e)s> */kein Plur./* ❶*(geh.) eine Tat, die jmdm. schadet:* ein Unrecht begehen; jemandem ein Unrecht zufügen; begangenes Unrecht wieder gutmachen; Das ist (und bleibt) Unrecht, egal wie ihr es zu rechtfertigen versucht. ❷*der Zustand, nicht Recht zu haben oder nicht im Recht zu sein:* im Unrecht sein; ■ **sich/jemanden ins Unrecht setzen** *(geh.) bewirken, dass man selbst/jmd. im Unrecht ist* Mit dieser Entscheidung hat sich der Präsident ins Unrecht gesetzt.; ■ **Unrecht/unrecht haben** *sich irren* Damit habt ihr Unrecht.; ■ **zu Unrecht** *fälschlicherweise* Diese Anschuldigung besteht zu Unrecht. ◆Groß- oder Kleinschreibung →R 3.11 Unrecht/unrecht tun; Ich habe bei diesem Streit Unrecht/unrecht erhalten/bekommen.; Ich gebe dir in diesem Punkt Unrecht/unrecht.

un·recht <nicht steig> *adj* ❶*so, dass es moralisch oder sittlich nicht richtig ist:* Es war unrecht, ihm nicht zu helfen. ❷*nicht günstig:* zur unrechten Zeit geschehen; Das ist mir gar nicht so unrecht.; ■ **jemandem unrecht tun** *jmdn. ungerecht behandeln oder beurteilen* Ihr habt ihm unrecht getan.

un·recht·mä·ßig *adj /nicht steig./* nicht rechtmä-

ßig: unrechtmäßig erworbenes Eigentum; sich etwas unrechtmäßig anmaßen

un·red·lich *adj (geh.) nicht ehrlich:* ein unredlicher Mensch; etwas auf unredliche Weise erwerben

un·re·gel·mä·ßig *adj* ❶*nicht regelmäßig:* ein unregelmäßiges Muster ❷*mit verschiedenen Intervallen oder Zwischenräumen:* in unregelmäßigen Abständen; unregelmäßig atmen ❸SPRACHWISS. *so, dass es nicht in der normalen Art gebildet wird:* unregelmäßige Perfektformen; unregelmäßige Steigerung bei Adjektiven

Un·re·gel·mä·ßig·keit *die* <-, -en> ❶*Abweichung vom Regelmäßigen:* eine Unregelmäßigkeit im Muster/im Rhythmus/im Takt ❷*(verhüll.) Betrug:* Es hat bei der Abrechnung/in der Verwaltung gewisse Unregelmäßigkeiten gegeben.

un·reif *adj* ❶*(noch) nicht so, dass es geerntet oder verzehrt werden kann:* unreifes Obst/Gemüse ❷*nicht sehr entwickelt oder erfahren:* unreife junge Menschen; ein unreifes Urteil über etwas haben

un·rein *adj* ❶*(geh.: ≈ schmutzig)* ein unreines Tischtuch; ein unreiner Fußboden ❷*so, dass das Erscheinungsbild oder die Qualität von etwas durch etwas beeinträchtigt wird:* unreine Töne; unrein klingen; eine unreine Haut haben ❸REL. *so, dass es der Gläubige nicht akzeptieren kann:* Im Islam ist das Schwein ein unreines Tier.

un·ren·ta·bel <unrentabler, am unrentabelsten> *adj so, dass es keinen Gewinn abwirft:* ein unrentables Geschäft/Unternehmen

un·rett·bar, un·rett·bar *adj /nicht steig./ (geh.) so, dass es nicht mehr wiedergefunden oder hergestellt werden kann:* unrettbar verloren sein

un·rich·tig *adj /nicht steig./ (≈ falsch)* unrichtige Angaben machen; eine unrichtige Behauptung; Es ist nicht ganz unrichtig, was du da sagst.

Un·ru·he *die* <-, -n> ❶*/kein Plur./ der Zustand, in dem man nervös oder ängstlich erregt ist:* von Unruhe erfasst werden/sein; jemanden in Unruhe versetzen; voller Unruhe auf etwas warten ❷*/kein Plur./ Zustand ständiger Bewegung:* Ihre Hände waren in ständiger Unruhe. ❸*/kein Plur./ Lärm; Geschäftigkeit:* Die Kinder verbreiten Unruhe im Raum.; Was ist das für eine Unruhe da draußen? ❹*/kein Plur./ Unzufriedenheit:* Die neuen Verordnungen sorgten für Unruhe unter den Kollegen.; Eine Besorgnis erregende Unruhe herrschte im ganzen Land. ❺*/nur Plur./ Aufstand; Aufruhr:* Es kam zu bewaffneten Unruhen in einigen Provinzen.; Unruhen unter den Häftlingen/Gefangenen schüren ◆Gefängnis-, Rassen-, Studenten-

Un·ru·he·herd *der* <-(e)s, -e> *ein Ort oder ein Land, wo es wiederholt zu Unruhen⁵ kommt*

Un·ru·he·stand *der* <-(e)s> *(scherzh.: zu „Unruhe" und „Ruhestand") verwendet, um auszudrücken, dass jmd. zwar in den Ruhestand geht, aber weiterhin ein sehr ausgefülltes und aktives Leben führen wird:* Der Mann, der zehn Jahre lang als Präsident die Geschicke des Vereins lenkte, verabschiedet sich nun in den Unruhestand – mehrere Beratertätigkeiten und seine drei Enkel warten.

U

Ụn·ru·he·stif·ter *der,* **Ụn·ru·he·stif·te·rin** <-s, -> *jmd., der oft Unruhe* [4] *verursacht*

ụn·ru·hig *adj* ❶ *erregt und besorgt:* langsam unruhig werden; unruhig auf die Uhr schauen; Ich bin unruhig, weil sie sich nicht gemeldet hat. ❷ *mit vielen Unterbrechungen:* ein unruhiger Schlaf ❸ *(ständig) in Bewegung:* die unruhige See; ein unruhiges Kind ❹ *geschäftig und laut:* eine unruhige Gegend ❺ *nicht gleichmäßig:* ein unruhiges Muster ❻ *voller Aufregung und Veränderungen:* eine unruhige Zeit voller politischer Veränderungen; eine (politisch) unruhige Gegend

ụns *pron* ❶ *Personalpronomen der 1. Pers. Plur. im Akkusativ:* Sie glauben an uns. ❷ *Personalpronomen der 1. Pers. Plur. im Dativ:* Er hat uns ein Buch gegeben. ❸ *Reflexivpronomen der 1. Pers. Plur.:* Wir haben uns verirrt. ❹ *reziprokes Pronomen der 1. Pers. Plur.:* Wir lieben uns.

ụn·sach·ge·mäß *adj /nicht steig./ nicht so, wie es erforderlich oder richtig ist:* eine Ware unsachgemäß lagern; unsachgemäße Behandlung

ụn·sach·lich *adj von persönlichen Gefühlen beeinflusst und deshalb nicht objektiv:* unsachliche Kritik üben; Werde bitte nicht unsachlich!

un·sag·bar[1], **ụn·sag·bar** *adj /nicht steig./ (geh.) sehr groß oder sehr intensiv:* unsagbaren Schmerz ertragen; sich unsagbar freuen

un·sag·bar[2], **ụn·sag·bar** *adv sehr:* unsagbar leiden

un·säg·lich, ụn·säg·lich *siehe* **unsagbar**

ụn·sanft *adj ohne Rücksicht und grob:* etwas/jemanden unsanft anfassen; unsanft geweckt werden

ụn·sau·ber *adj* ❶ *(≈ schmutzig)* unsaubere Kleidung/Hände ❷ *nicht so, wie es sein soll:* unsaubere Töne; unsauber klingen; eine unsaubere Haut haben; unsauber arbeiten/schreiben ❸ *nicht ehrlich; nicht legal:* unsaubere Machenschaften

ụn·schäd·lich *adj /nicht steig./ nicht schädlich:* ein (für die Gesundheit) unschädliches Mittel; ▪ **jemanden unschädlich machen** *(umg.) jmdn.* hindern, weiterhin Schaden anzurichten

ụn·scharf *adj* ❶ *nicht deutlich mit den Augen zu erkennen:* ein unscharfes Bild ❷ *(≈ eindeutig) so, dass etwas nicht genau definiert ist und man es auf verschiedene Arten deuten kann:* ein unscharfer sprachlicher Ausdruck

un·schätz·bar, ụn·schätz·bar *adj so wertvoll, dass man es nicht hoch genug schätzen kann:* jemandem unschätzbare Hilfe leisten; Bilder von unschätzbarem Wert

ụn·schein·bar *adj (↔ auffällig) im Aussehen so durchschnittlich, dass es keine Aufmerksamkeit erregt:* ein unscheinbares Äußeres haben; recht unscheinbar wirken

un·schlag·bar, ụn·schlag·bar *adj /nicht steig./* ❶ *nicht zu besiegen:* Die Mannschaft ist unschlagbar. ❷ *(≈ unübertrefflich) so gut, dass es nicht zu übertreffen ist:* einen unschlagbaren Humor haben

ụn·schlüs·sig *adj so, dass man sich (noch) nicht entschieden hat:* unschlüssig dastehen; sich unschlüssig sein, was zu tun ist

Ụn·schlüs·sig·keit *die <-> /kein Plur./ Mangel an Entschlusskraft:* Seine Unschlüssigkeit hat ihn um viele Chancen gebracht.

Ụn·schuld *die <-> /kein Plur./* ❶ *(↔ Schuld) der Zustand, dass jmd. frei von Schuld ist:* seine Unschuld beteuern; jemandes Unschuld beweisen; an jemandes Unschuld glauben/zweifeln ❷ *Mangel an Erfahrung:* etwas in aller Unschuld behaupten ❸ *(veralt.) sexuelle Unberührtheit:* Der Vater wachte streng über die Unschuld seiner Tochter.; ▪ **in aller Unschuld** *ohne etwas Böses zu denken oder zu planen;* ▪ **eine Unschuld vom Lande** *(abwert. iron.) ein naives, unerfahrenes Mädchen*

ụn·schul·dig *adj* ❶ *nicht schuldig:* unschuldig ins Gefängnis geworfen werden; Daran bist du nicht ganz unschuldig!; unschuldig in einen Unfall verwickelt werden ❷ *ohne die Lebenserfahrung eines Erwachsenen:* ein unschuldiges Kind ❸ *(≈ harmlos) so, als wäre man ohne Schuld:* Obwohl jeder wusste, dass er gelogen hatte, machte er ein unschuldiges Gesicht und redete weiter. ❹ *so, dass man mit etwas nichts zu tun hat:* An diesem ganzen Chaos war sie nicht ganz unschuldig.; In jedem Krieg müssen viele Unschuldige leiden. ❺ *ohne eine böse Absicht:* eine unschuldige Bemerkung; ein unschuldiges Lächeln ❻ *(veralt.) sexuell unberührt:* ein unschuldiges Mädchen

un·selbst·stän·dig, ụn·selb·stän·dig *adj* ❶ *von jmdm. oder etwas abhängig:* finanziell unselbstständig sein; unselbstständig beschäftigt sein ❷ *(abwert.) nicht in der Lage, eigene Entscheidungen zu treffen:* ein unselbständiger Mensch; Sie ist noch viel zu unselbstständig, um solch eine Aufgabe allein zu übernehmen.; ▪ **unselbständige Arbeit** *Arbeit als Angestellter oder Arbeiter* Einkünfte aus unselbständiger Arbeit

Ụn·selbst·stän·dig·keit, Ụn·selb·stän·dig·keit *die <-> /kein Plur./ die Eigenschaft, unselbstständig zu sein*

ụn·ser[1] *pron Personalpronomen der 1. Pers. Plur. im Genitiv:* Sie haben unser gedacht.; Ein Gefühl der Angst bemächtigte sich unser.

ụn·ser[2] */Possessivartikel der 1. Pers. Plur./* ❶ *verwendet, um jmdn. zu bezeichnen, zu dem der Sprecher als Teil eines Kollektivs (wir) in einem verwandtschaftlichen, freundschaftlichen oder beruflichen Verhältnis steht:* unsere Kinder; unsere Nachbarn; unser Lehrer ❷ *verwendet, um etwas zu bezeichnen, das der Sprecher als Teil eines Kollektivs (wir) als Besitz ansieht:* Wir wohnen gern in unserem Haus.; unsere Bücher ❸ *verwendet, um Körperteile des Sprechers zu bezeichnen:* Nach dieser Wanderung tun uns jetzt aber unsere Füße weh. ❹ *verwendet, um etwas zu bezeichnen, das von dem Sprecher als Teil eines Kollektivs (wir) verursacht, geplant, erdacht o. Ä. wurde:* Das war unser Fehler.; unsere Ideen; *siehe* **mein**

ụn·ser·ei·ner *pron (umg.) jmd. wie ich/wir:* Unsereiner ist daran schon gewöhnt.; Unsereiner fragt ja keiner!

ụn·ser·eins *siehe* **unsereiner**

ụns·rer, ụn·se·rer */Possessivpronomen der 1. Pers. Plur./ verwendet an Stelle eines Substantives, um etwas zu bezeichnen, das vorher erwähnt wurde und zu dem der Sprecher als Teil eines Kollektivs ein Verhältnis der Zugehörigkeit oder des Besitzes hat:* Eure Kinder sind immer so laut? Also

U

unsere/unsre sind immer leise und brav.; Das ist nicht euer Wagen! Das ist unserer/unsrer.; Euer Haus ist ja ganz schön aber das unsere/unsre ist größer!; *siehe* **unser**

ụn·se·rer·seits *adv was uns betrifft:* Wir haben unsererseits keine Einwände.

un·se·res·glei·chen, *a.* **un·sers·glei·chen** *pron Leute wie wir:* wir und unseresgleichen

un·se·ret·hal·ben, *a.* **ụn·sert·hal·ben** *adv aus einem Grund, der uns betrifft:* Sie haben das nur unserethalben getan.

un·se·ret·we·gen, *a.* **ụn·sert·we·gen** *adv aus einem Grund, der uns betrifft:* Der Termin musste unseretwegen verschoben werden.; Unseretwegen müsst ihr nicht warten!

ụn·se·ri·ge *pron siehe* **unsrige**

un·sers·glei·chen *pron siehe* **unseresgleichen**

un·sert·halben *adv siehe* **unserethalben**

ụn·sert·we·gen *adv siehe* **unseretwegen**

ụn·si·cher *adj* ❶ *(≈ gefährlich) so, dass jmdm. dort Gefahren drohen:* Nachts sind die Straßen unsicher.; in einer unsicheren Gegend wohnen ❷ *so, dass keine Übung vorhanden ist oder man eine Sache noch nicht gut kann oder erst vor kurzem mit etwas angefangen hat:* eine unsichere Zusage; auf unsicheren Beinen stehen ❸ *(≈ ungewiss) so, dass man nicht weiß, wie etwas ausgehen oder sein wird:* eine unsichere Zusage; eine unsichere Angelegenheit; Es ist noch unsicher, ob ich mich an der Arbeit beteilige. ❹ *(≈ unzuverlässig) so, dass man etwas nicht vertrauen oder sich darauf verlassen kann:* eine unsichere Methode ❺ *so, dass man etwas nicht genau weiß und sich nicht mehr sicher ist:* Ich bin mir jetzt unsicher, wie das Wort nach der neuen Rechtschreibung geschrieben wird.; Mit deinen Fragen machst du mich noch ganz unsicher. ❻ *(↔ selbstsicher) so, dass man kein Selbstbewusstsein hat:* unsicher lächeln; Unsicher betrat er das Luxusrestaurant.; ■**die Gegend unsicher machen** *(umg.) sich mit mehreren Leuten in einem bestimmten Bereich einer Stadt, wo es viele Kneipen gibt, amüsieren* ◆ Großschreibung →R 3.7 Es ist noch im Unsichern, ob er zusagt.

Ụn·si·cher·heit *die* <-, -en> ❶ */kein Plur./ der Zustand, dass etwas gefährlich ist:* die Unsicherheit der nächtlichen Straßen ❷ *Zustand, in dem jmd. oder etwas unsicher ist:* etwas aus Unsicherheit ablehnen/falsch machen; Es besteht Unsicherheit darüber, ob man das tun soll.; Es gibt noch Unsicherheiten in unserem Plan. ❸ */meist Plur./ mangelnde Kenntnisse oder Übung:* Er hat noch Unsicherheiten in der Rechtschreibung.

Ụn·si·cher·heits·fak·tor *der* <-s, -en> *etwas, das etwas unsicher[3] macht:* Das Wetter ist der einzige Unsicherheitsfaktor in unserer Planung.

ụn·sicht·bar *adj /nicht steig./ so, dass man jmdn. oder etwas nicht sehen kann:* Die Tarnkappe besaß die Eigenschaft, denjenigen unsichtbar zu machen, der sie trug.; Luft ist unsichtbar.; Sie stand, für uns unsichtbar, hinter der Tür.

Ụn·sinn *der* <-(e)s> */kein Plur./* ❶ *etwas Sinnloses oder Dummes:* Sie glaubt jeden Unsinn, den sie im Fernsehen sieht.; Es ist Unsinn, das alles noch einmal zu wiederholen.; (Das ist doch alles)

Unsinn! Glaubst du das etwa? ❷ *etwas, das man aus Übermut tut:* nichts als Unsinn im Kopf haben; Kinder, lasst doch den Unsinn!; ■**Unsinn!** *verwendet, um etwas als völlig abwegig zurückzuweisen* Mir geht's so schlecht, ich glaube, ich habe Krebs. – Unsinn!

ụn·sin·nig[1] *adj* ❶ *ohne Sinn:* unsinniges Zeug reden; Es ist unsinnig, dafür so viel Geld auszugeben! ❷ *(umg.) sehr groß:* unsinnige Angst haben ❸ *(umg.) zu hoch:* unsinnige Forderungen stellen

ụn·sin·nig[2] *adj (umg. abwert.) sehr:* unsinnig hohe Preise verlangen; unsinnig oft anrufen

Ụn·sit·te *die* <-> */kein Plur./ (abwert.) schlechte Angewohnheit:* Es ist eine Unsitte von ihm, nach der Arbeit nicht aufzuräumen.

ụn·sitt·lich *adj /nicht steig./ (≈ unanständig) gegen die Moral (in sexueller Hinsicht) verstoßend:* sich unsittlich benehmen; jemanden unsittlich berühren; jemandem unsittliche Angebote machen

ụn·so·li·de *adj* ❶ *nicht maßvoll; nicht zuverlässig:* ein solider Lebenswandel; ein unsolider Mensch ❷ *ohne Qualität; nicht gründlich:* eine unsolide Arbeit; unsolide gefertigt sein

ụn·so·zi·al *adj* ❶ *ohne Rücksicht auf andere Menschen:* ein unsoziales Verhalten ❷ *so, dass es bestimmte Gruppen der Gesellschaft benachteiligt:* eine unsoziale Politik machen

ụn·spek·ta·ku·lär *adj wenig Aufsehen erregend:* Das Ganze verlief völlig unspektakulär.

ụn·sport·lich *adj* ❶ *im Sport ungeübt und an Sport nicht interessiert:* ein unsportlicher Mensch ❷ *(≈ unfair) ohne (sportliche) Fairness:* unsportliches Verhalten

ụns·ri·ge, *a.* **ụn·se·ri·ge** *pron /mit bestimmtem Artikel/ (veralt.)* ❶ *verwendet, um die Personen zu bezeichnen, die einer Organisation, einem Verein o. Ä. angehören, dem sich der Sprecher durch eigene Zugehörigkeit verbunden fühlt:* Die unsrigen/Unsrigen haben schon wieder verloren! ❷ *verwendet anstatt der/die/das unsere:* Wir haben das unsrige/Unsrige getan. ◆ Groß- oder Kleinschreibung →R 3.15 Dort kommen die unsrigen/Unsrigen zu uns; *siehe* **unser**

ụn·sterb·lich, **un·stẹrb·lich** *adj /nicht steig./* ❶ *nicht sterblich:* die unsterblichen Götter; die unsterbliche Seele des Menschen ❷ *so, dass jmd. oder etwas sehr berühmt wird und bekannt ist bzw. sein wird:* ein unsterblicher Dichter/Schauspieler; das unsterbliche Werk Schillers

un·stẹrb·lich *adv (umg.) sehr:* sich unsterblich in jemanden verlieben; Ich habe mich unsterblich gelangweilt/blamiert.

Ụn·sterb·lich·keit *die* <-> */kein Plur./ die Eigenschaft, unsterblich[1] zu sein:* an die Unsterblichkeit der Seele glauben

ụn·stet *adj /nicht steig./* ❶ *(≈ ruhelos) ein unsteter Lebenswandel; ein unsteter Blick* ❷ MATH. *nicht regelmäßig:* eine Kurve mit einem unsteten Verlauf

ụn·still·bar *adj so, dass etwas nicht erfüllt werden kann:* von einer unstillbaren Sehnsucht erfüllt sein; ein unstillbares Verlangen

Ụn·stim·mig·keit *die* <-, -en> ❶ *Meinungsverschiedenheit:* In diesem Punkt kam es zu Unstimmigkeiten zwischen uns. ❷ *etwas, das mit etwas*

U

anderem nicht übereinstimmt: Unstimmigkeiten in einer Rechnung finden

Un·sum·me *die* <-, -n> /meist Plur./ *sehr große Menge Geld:* Unsummen für ein Projekt ausgeben; Er muss ja Unsummen verdienen, dass er sich das leisten kann.

un·sym·me·t·risch *adj /nicht steig./ (≈ asymmetrisch) nicht symmetrisch:* etwas unsymmetrisch anordnen

un·sym·pa·thisch *adj* ❶ *als Person nicht angenehm:* Der ist mir richtig unsympathisch.; unsympathisch aussehen; Ich finde ihn gar nicht so unsympathisch. ❷ *so, dass etwas jmdm. nicht gefällt:* Die Gegend/Stadt ist mir einfach unsympathisch.

un·ta·de·lig *adj (geh.: ≈ einwandfrei) so, dass es nicht zu kritisieren ist:* ein untadeliges Verhalten

Un·tat *die* <-, -en> *(geh.: ≈ Verbrechen)* Untaten bereuen/büßen/sühnen/strafen

un·tä·tig *adj ohne etwas zu tun:* untätig in der Ecke sitzen; bei etwas nicht untätig bleiben; Wir waren gezwungen, dem Ganzen untätig zuzusehen.

un·taug·lich *adj (für etwas) nicht geeignet:* Das Messer ist zum Schnitzen untauglich.; Gewalt ist ein untaugliches Mittel zur Erziehung.; für den Militärdienst untauglich sein ▶ Untauglichkeit

un·teil·bar, un·teil·bar *adj /nicht steig./* ❶ *so, dass man es nicht teilen kann:* ein unteilbares Ganzes; ein unteilbares Erbe ❷ MATH. *so, dass man es nur durch eins und sich selbst ohne Rest teilen kann:* eine unteilbare Zahl

un·ten *adv* ❶ *räumlich tiefer gelegen:* weiter unten wohnen; von unten nach oben gehen; von oben bis unten schmutzig sein; etwas von unten her betrachten; Ich bin hier unten. ❷ *auf der dem Boden zugewandten Seite:* Der Eimer hat unten ein Loch. ❸ *so, dass es in einem Text an einer späteren Stelle geschrieben steht:* Wie noch weiter unten erwähnt wird, handelt es sich um ein zentrales Problem der Philosophie. ❹ *(umg.) im Süden:* Sie haben unten in Italien Urlaub gemacht. ❺ *in einer niederen sozialen Stellung:* in einer Firma ganz unten anfangen; ganz unten ankommen; ■ **Siehe unten!** *(abgekürzt „s.u.") beachten Sie die im weiteren Text bzw. am Ende gemachten Bemerkungen;* ■ **bei jemandem unten durch sein** *jmds. Wohlwollen oder Sympathie verloren haben* Nach dieser Sache wirst du wohl bei ihm unten durch sein! ◆Getrenntschreibung →R 4.20 die unten erwähnten/untenerwähnten Beispiele; die unten stehenden/untenstehenden Beispiele; Bitte beachten Sie das unten Stehende/Untenstehende; *siehe auch* **Untenstehende**

un·ten·drun·ter *adv (umg.) unter etwas anderem:* Ich habe das Sofa weggeschoben, weil meine Brille untendrunter gelegen hat.

un·ten·durch *adv (umg.) unter etwas hindurch:* Wenn die Tür zu ist, schieben Sie die Zeitung einfach untendurch.

Un·ten·ste·hen·de, a. un·ten Ste·hen·de *das* <-n> /kein Plur./ *etwas, das in einem Text an einer späteren Stelle oder auf einem Blatt weiter unten steht:* Untenstehendes ist zu beachten ◆Zu-

sammenschreibung →R 4.20 Siehe auch das Untenstehende!; Im Untenstehenden heißt es …; *siehe auch* **unten**

un·ter[1] *präp* ❶ *+Dat. (↔ über) bezeichnet die Lage von jmdm. oder etwas, der/das sich räumlich tiefer befindet:* Der Teppich liegt unter dem Tisch. ❷ *+Akk. bezeichnet eine Richtung, in die sich jmd. oder etwas hin zu etwas, das räumlich tiefer liegt, bewegt oder bewegt hat:* Das Kind kriecht unter den Tisch. ❸ *+Dat. verwendet, um auszudrücken, dass jmd. oder etwas von etwas bedeckt ist:* Unter dem Hut verbarg sich eine Glatze.; Die Küche steht schon wieder unter Wasser! ❹ *+Akk. verwendet, um auszudrücken, dass jmd. oder etwas von etwas bedeckt wird:* Sie legte den Brief unter ihre Bücher. ❺ *+Dat. verwendet, um auszudrücken, dass etwas einen Wert oder ein Niveau nicht erreicht, weil es tiefer liegt:* Die Preise liegen unter dem Durchschnitt.; Das ist unter meinem Niveau. ❻ *+Akk. verwendet, um auszudrücken, dass etwas einen Wert oder ein Niveau unterschreitet:* unter den Durchschnitt fallen; Das ging weit unter sein Niveau. ❼ *+Dat. verwendet, um auszudrücken, dass jmd. mit anderen in einer Umgebung oder Menge ist:* unter Freunden sein; Unter ihnen herrschte Einigkeit; Unter ihnen befand sich ein Verräter. ❽ *+Dat. verwendet, um auszudrücken, dass in einer Umgebung nur einige an etwas beteiligt sind:* Unter den Demonstranten kam es zu Streit. ❾ *+Akk. verwendet, um auszudrücken, dass jmd. oder etwas in eine Umgebung oder eine Menge hinein kommt:* sich unter die Anwesenden mischen; etwas unter die Leute bringen; Sahne unter die Milch rühren ❿ *+Akk. verwendet, um auszudrücken, dass jmd. oder etwas jmdm. oder etwas zugeordnet wird:* Die Veranstaltung stellen wir unter folgendes Motto …. ⓫ *+Dat. verwendet, um auszudrücken, dass jmd. oder etwas jmdm. oder etwas zugeordnet ist:* Unter dieser Rubrik finden Sie alles, was sie brauchen.; Sie können mich unter meiner Handynummer immer erreichen. ⓬ *+Dat. verwendet, um auszudrücken, dass jmd. oder etwas von jmdm. oder etwas abhängig ist:* unter jemandem arbeiten; Das Orchester spielt unter der Leitung von …; Das Projekt steht unter der Leitung von Professor Schulze. ⓭ *+Akk. verwendet, um auszudrücken, dass jmd. oder etwas von jmdm. oder etwas abhängig gemacht wird:* Das Projekt wird unter die Leitung des Professors gestellt. ⓮ *+Dat. verwendet, um einen Umstand zu bezeichnen, der etwas begleitet:* etwas unter Tränen erzählen; etwas unter Schmerzen erdulden; etwas unter Schwierigkeiten/großen Anstrengungen erreichen ⓯ *+Dat. verwendet, um die Art zu bezeichnen, wie etwas geschieht:* Unter Einsatz ihres Lebens bargen die Rettungskräfte die Verletzten.; unter Ausschluss der Öffentlichkeit stattfinden ⓰ *+Dat. verwendet, um eine Voraussetzung für etwas zu benennen:* Ich sage das nur unter der Bedingung, dass ihr schweigt.; unter Berücksichtigung aller Tatsachen ⓱ *+Dat. verwendet, um einen Zustand zu bezeichnen, in dem sich etwas befindet:* unter Druck stehen; unter Zeitdruck stehen; unter Geheimhaltung stehen

U

⓲+*Akk. verwendet, um einen Zustand zu bezeichnen, in den etwas versetzt wird:* jemanden unter Druck setzen; eine Festung unter Beschuss nehmen; unter die Geheimhaltung fallen **⓳**+*Dat. verwendet, um den Grund für etwas zu benennen:* Unter der Last der Schulden brach er zusammen.; ■**unter der Woche** *(umg.) während der Woche* Unter der Woche geht er nur selten aus.; ■**Wir wollen unter uns sein.** *(umg.) wir wollen keine anderen Leute bei uns haben;* ■**unter uns gesagt** *vertraulich gesagt;* ■**Das bleibt unter uns.** *das darf niemand anderer wissen;* ■**einer unter vielen sein** *niemand besonderer sein;* ■**jemanden/etwas unter sich haben** *jmdn. oder etwas beruflich leiten* Ich habe jetzt in meiner neuen Stellung ungefähr zwanzig Leute unter mir.

ụn·ter² *adv (↔ über) weniger als:* Es waren unter hundert Leute.; unter vierzehn Jahre alte Jugendliche; Beträge unter hundert Euro

Ụn·ter- *(↔ Über-) als Erstglied zusammengesetzter Substantive; drückt aus, dass das mit dem Zweitglied Bezeichnete der Art/Menge/Zahl nach das normale Maß/einen normalen Wert unterschreitet* ◆-beschäftigung, -bewertung, -bezahlung, -bilanz, -deckung, -druck, -finanzierung, -funktion, -gewicht, -privilegierte, -temperatur, -versicherung, -versorgung, -vertretung, -wertigkeit, -zahl

ụn·ter- *(↔ über-) als Erstglied zusammengesetzter Adjektive; drückt aus, dass das mit dem Zweitglied bezeichnete Eigenschaft einen normalen Wert unterschreitet* ◆-beschäftigt, -besetzt, -bewertet, -bezahlt, -chlorig, -durchschnittlich, -ernährt, -finanziert, -gewichtig, -klassig, -motorisiert, -repräsentiert, -tariflich, -tourig, -versichert, -versorgt, -vertreten, -wertig

Ụn·ter·arm *der* <-(e)s, -e> *(↔ Oberarm) Teil des Arms vom Ellbogen bis zur Hand*

Ụn·ter·bau *der* <-(e)s, -ten> **❶** BAUW. *ein Teil, das als Fundament etwas anderes stützt:* der Unterbau für eine Brücke **❷** *(↔ Überbau) die Grundlage:* der theoretische Unterbau für seine wissenschaftlichen Thesen

ụn·ter·be·lich·tet <nicht steig> *adj* **❶** FOTOGR. *(≈ überbelichtet) so, dass auf einen Film nicht ausreichend Licht gefallen ist:* ein unterbelichteter Film **❷** *(umg. abwert.) dumm:* Er ist geistig ein wenig unterbelichtet.

ụn·ter·be·wer·ten <bewertest unter, bewertete unter, hat unterbewertet> *mit OBJ* ■**jmd. bewertet jmdn./etwas unter** *jmdn. oder etwas zu gering oder zu schlecht bewerten:* Du darfst seine Leistungen nicht unterbewerten.

Ụn·ter·be·wusst·sein *das* <-s> /*kein Plur.*/ PSYCH. *die Gedanken und Gefühle, die man hat aber die man nicht bewusst wahrnimmt:* sich im Unterbewusstsein abspielen ▶ unterbewusst

ụn·ter·bie·ten <unterbietest, unterbot, hat unterboten> *mit OBJ* **❶** ■ *jmd.* **unterbietet etwas** *(↔ überbieten) weniger Geld für etwas, das jmd. anderer auch anbietet, fordern:* Die Firmen unterbieten einander im Preis. **❷** ■ *jmd.* **unterbietet etwas** SPORT *weniger Zeit als andere für etwas*

brauchen: einen Rekord/eine Zeit noch unterbieten; ■**etwas ist kaum noch zu unterbieten** *(umg. iron.) etwas kann kaum schlechter sein* Was dort an Leistung gezeigt wurde, war kaum noch zu unterbieten.

ụn·ter·bịn·den <unterbindest, unterband, hat unterbunden> *mit OBJ* **❶** ■ *jmd.* **unterbindet etwas** *mit Maßnahmen versuchen, dass jmd. seine Ziele nicht ausführen kann oder aufhören muss, etwas zu tun:* unterbinden, dass jemand etwas tut; Die Regierung versuchte, die Proteste mit polizeilichen Mitteln zu unterbinden. **❷** ■ *jmd.* **unterbindet etwas** MED. *verhindern, dass eine Wunde weiter blutet:* Der Arzt hat die Blutung unterbunden.

ụn·ter·blei·ben <unterbleibt, unterblieb, ist unterblieben> *ohne OBJ* ■ **etwas unterbleibt** *nicht geschehen oder getan werden:* Solche Dinge müssen in Zukunft unbedingt unterbleiben.; Die notwendigen Kontrollen sind leider unterblieben.

Ụn·ter·bo·den *der* <-s, Unterböden> KFZ *die Seite der Karosserie eines Fahrzeugs, die nach unten zum Boden hin zeigt*

ụn·ter·bre·chen <unterbrichst, unterbrach, hat unterbrochen> **I.** *mit OBJ* **❶** ■ *jmd./etwas* **unterbricht etwas** *bewirken, dass etwas vorübergehend aufhört:* seine Arbeit unterbrechen; die Stromversorgung/die Telefonleitung unterbrechen; die Verhandlungen unterbrechen; Die Stille wurde von einem Geräusch unterbrochen. **❷** ■ *jmd./etwas* **unterbricht jmdn.** *bewirken, dass jmd. mit etwas vorübergehend aufhört:* jemanden bei der Arbeit unterbrechen; Ich bin beim Lernen dauernd unterbrochen worden. **❸** ■ *jmd.* **unterbricht jmdn.** *jmdn. nicht ausreden lassen:* Unterbrich mich nicht dauernd! **II.** *ohne OBJ* **❶** ■ *jmd./etwas* **unterbricht** *vorübergehend mit etwas aufhören:* Wir unterbrechen kurz für die Verkehrsmeldungen.; Wir mussten oft unterbrechen, um das Gerät zu reparieren. **❷** ■ *jmd.* **unterbricht** *kurz aufhören zu sprechen:* Hier unterbreche ich kurz, um Ihnen einige Bilder zu zeigen.; ■**eine Schwangerschaft unterbrechen** *(verhüll.) eine Schwangerschaft durch Entfernen des Fötus beenden*

Ụn·ter·bre·chung *die* <-, -en> *das Unterbrechen:* eine Unterbrechung der Verhandlungen vorschlagen; Es kam zu häufigen Unterbrechungen bei der Stromversorgung.

ụn·ter·brei·ten <unterbreitest, unterbreitete, hat unterbreitet> *mit OBJ* ■ *jmd.* **unterbreitet jmdm. etwas** *(geh.) jmdm. etwas vorlegen und es erklären, damit er darüber entscheiden kann:* jemandem ein Angebot/einen Plan unterbreiten

ụn·ter·brin·gen <bringst unter, brachte unter, hat untergebracht> *mit OBJ* **❶** ■ *jmd.* **bringt jmdn./etwas irgendwo unter** *einen Platz für jmdn. oder etwas finden:* alle Sachen im Auto/Koffer/Kofferraum/ Regal/Schrank/Schreibtisch unterbringen; nicht alle Möbel in der kleinen Wohnung unterbringen können **❷** ■ *jmd.* **bringt etwas unter** *Zeit für etwas finden:* Ich weiß nicht, wo ich den Termin noch unterbringen soll. **❸** ■ *jmd.* **bringt jmdn. irgendwo unter** *jmdn.*

U

irgendwo für eine Zeit wohnen lassen.: Für die Nacht können wir dich im Arbeitszimmer unterbringen.; Wir waren in einer Jugendherberge untergebracht. ❹ ■ *jmd. bringt jmdn. irgendwo unter (umg.) jmdn. eine Arbeit besorgen:* Sie hat ihren Sohn in der eigenen Firma untergebracht.

Un·ter·bruch *der* <-(e)s, Unterbrüche> SCHWEIZ. *Unterbrechung*

un·ter·but·tern <butterst unter, butterte unter, hat untergebuttert> *mit OBJ (umg. abwert.)* ❶ ■ *jmd. buttert jmdn. unter* verhindern, dass *jmd. eine eigene Meinung äußert oder eigene Ideen entwickelt:* In so einem Betrieb werden die Leute ganz schön untergebuttert. ❷ ■ *jmd. buttert jmdm. etwas unter* (≈ *unterjubeln*) Der hat mir doch glatt einen Unfallwagen untergebuttert!

un·ter·des·sen *adv in der Zwischenzeit:* Ihr geht einkaufen, wir kochen unterdessen.; Wir sind unterdessen auch nicht faul gewesen!

Un·ter·druck *der* <-(e)s, Unterdrücke> PHYS. *(↔ Überdruck) Druck, der niedriger ist als der Luftdruck:* einen Unterdruck erzeugen

un·ter·drü·cken <unterdrückst, unterdrückte, hat unterdrückt> *mit OBJ* ❶ ■ *jmd. unterdrückt jmdn. jmdn. mit Gewalt hindern, frei und selbstbestimmt zu handeln:* ein Volk/Minderheiten im Land unterdrücken; Sie wurde von ihrem Mann unterdrückt. ❷ ■ *jmdn. unterdrückt etwas etwas gewaltsam verhindern:* einen Aufstand unterdrücken ❸ ■ *jmd. unterdrückt etwas verhindern, dass etwas bekannt wird:* Nachrichten/Informationen unterdrücken ❹ ■ *jmd. unterdrückt etwas durch Selbstbeherrschung etwas unter Kontrolle halten:* ein Lachen/den Hunger unterdrücken; den Wunsch unterdrücken, jemandem zu widersprechen

Un·ter·drü·ckung *die* <-, -en> *der Vorgang, dass jmd. oder etwas unterdrückt wird:* die Unterdrückung von Minderheiten/Gefühlen/Informationen; unter der Unterdrückung leiden

un·ter·durch·schnitt·lich *adj /nicht steig./ (↔ überdurchschnittlich) schlechter oder weniger als der Durchschnitt:* eine unterdurchschnittliche Leistung/Bezahlung; unterdurchschnittlich klein sein

un·te·re(r, s) *adj* ❶ *(↔ obere(r,s)) tiefer als etwas anderes gelegen:* die untere Schublade; am unteren Ende der Seite; in der untersten Etage wohnen ❷ *im niedrigeren Bereich einer Skala gelegen:* die unteren Dienstränge/Temperaturen/Töne; die untersten Gesellschaftsschichten ❸ *in der Nähe einer Flussmündung gelegen:* im Gebiet der unteren Elbe

un·ter·ei·n·an·der *adv* ❶ *so, dass jmd. oder etwas räumlich direkt unter dem anderen ist:* Ihre Wohnungen liegen direkt untereinander.; die Bilder untereinanderhängen ❷ *gegenseitig; miteinander:* sich untereinander helfen; untereinander verwandt/bekannt sein; Informationen untereinander austauschen

un·ter·ei·n·an·der·schrei·ben <schreibst untereinander, schrieb untereinander, hat untereinandergeschrieben> *mit OBJ* ■ *jmd. schreibt*

etwas Akk. untereinander ◆ Zusammenschreibung →R 4.5 die Namen untereinanderschreiben

un·ter·ei·n·an·der·ste·hen <stehen untereinander, standen untereinander, haben untereinandergestanden> *ohne OBJ* ■ *etwas steht untereinander* ◆ Zusammenschreibung →R 4.5 untereinanderstehende Zahlen addieren

un·ter·ent·wi·ckelt *adj* ❶ *körperlich oder geistig nicht so entwickelt, wie es (für ein bestimmtes Lebensalter) normal ist:* geistig unterentwickelt sein ❷ POL., WIRTSCH. *verwendet, um auszudrücken, dass ein Land oder eine Gesellschaft (noch) nicht viel Industrie hat:* ein wirtschaftlich unterentwickeltes Land

un·ter·er·nährt *adj /nicht steig./ so, dass man aufgrund von zu wenig Nahrung weniger Körpergewicht als normal besitzt:* unterernährte Kinder

Un·ter·er·näh·rung *die* <-> /kein Plur./ *der Zustand des Unterernährtseins:* an Unterernährung leiden/sterben

Un·ter·fan·gen *das* <-s, -> /meist Sing./ (geh.: ≈ *Vorhaben) etwas, das man tun will und das vielleicht schwer oder gefährlich werden kann:* Das ist ein gewagtes Unterfangen, sich mit so wenig Kapital selbstständig zu machen.

un·ter·fas·sen <fasst unter, fasste unter, hat untergefasst> *mit OBJ* ■ *jmd. fasst jmdn. unter jmd. mit dem Arm umfassen oder ihm den Arm unter seinen Arm schieben:* Sie fasste die alte Frau unter und führte sie über die Straße.

un·ter·for·dern <unterforderst, unterforderte, hat unterfordert> *mit OBJ* ■ *jmd./etwas unterfordert jmdn. (↔ überfordern) jmdm. weniger oder viel zu leichte Aufgaben geben, als er eigentlich bewältigen könnte:* In der Schule war er immer unterfordert und langweilte sich deshalb sehr.

Un·ter·füh·rung *die* <-, -en> (↔ *Überführung) ein Weg oder eine Straße, die unter einer anderen Straße hindurchführt:* durch eine Unterführung in den Bahnhof gelangen

Un·ter·gang *der* <-(e)s, Untergänge> ❶ *das Sinken eines Schiffes:* der Untergang der Titanic ❷ /kein Plur./ *der Vorgang, dass ein Staat, eine Gesellschaft oder eine Kultur in sich zerfällt und schließlich verschwindet:* der Untergang des Abendlandes; Diese Gesellschaft ist dem Untergang geweiht. ❸ /kein Plur./ *das, was jmdn. zu Grunde richtet:* Der Alkohol war ihr Untergang. ❹ ASTRON. *(↔ Aufgang) das Verschwinden hinter dem Horizont:* der Untergang der Sonne

Un·ter·ge·be·ne *der/die* <-n, -n> (↔ *Vorgesetzte) Person, die einen Vorgesetzten über sich hat:* seine Untergebenen zu sich rufen

un·ter·ge·hen <gehst unter, ging unter, ist untergegangen> *ohne OBJ* ❶ ■ *etwas geht unter* ASTRON. *(↔ aufgehen) hinter dem Horizont versinken:* Die Sonne ist schon untergegangen. ❷ ■ *jmd./etwas geht unter (↔ auftauchen) im Wasser versinken:* Dort sind schon zahlreiche Schiffe untergegangen. ❸ ■ *jmd./etwas geht unter (↔ entstehen) aufhören zu existieren:* diese Kultur ist schon vor langer Zeit untergegangen; eine untergegangene Sprache/Kultur ❹ ■ *jmd./etwas geht unter nicht mehr unterscheidbar* *sein:* Ihre Worte gingen im allgemeinen Gespräch unter.; Er ging in der Menge der Wartenden unter. ❺ ◼ *etwas geht unter* nicht bemerkt werden: Das ist wohl in der allgemeinen Aufregung untergegangen.

ụn·ter·ge·ord·net *adj* ❶ *(↔ übergeordnet)* weniger wichtig: eine untergeordnete Rolle spielen; von untergeordneter Bedeutung sein ❷ SPRACHWISS. *von einem Satz abhängig:* ein untergeordneter Satz

Ụn·ter·ge·schoss *das* <-es, -e> *(↔ Obergeschoss)* die Etage, die in einem Gebäude unter der Erde liegt: Die Schuhabteilung befindet sich im Untergeschoss.

ụn·ter·gra·ben <gräbst unter, grub unter, hat untergegraben> *mit OBJ* ◼ *jmd.* **gräbt etwas unter** *etwas unter die Erde mischen, indem man die oberste Schicht Erde umgräbt:* Kompost/ Mist/Torf im Beet untergraben

un·ter·gra·ben <untergräbst, untergrub, hat untergraben> *mit OBJ* ◼ *jmd./etwas untergräbt etwas* etwas langsam zerstören: jemandes Autorität untergraben; Der ständige Stress hat seine Gesundheit untergraben.

Ụn·ter·grund *der* <-(e)s, Untergründe> ❶ */kein Plur./ das, worauf jmd. oder etwas steht oder sich bewegt:* ein ebener/fester/unsicherer Untergrund; tief in den sumpfigen Untergrund einsinken ❷ *die oberste Erdschicht:* sandiger/lehmiger Untergrund ❸ *die Fläche, auf die etwas gestrichen wird:* die Farbe auf einen trockenen/fettfreien Untergrund auftragen ❹ */kein Plur./ POL. der Bereich in der Gesellschaft, in dem man heimlich illegale Dinge tut, um der herrschenden Regierung zu schaden:* in den Untergrund gehen; im Untergrund arbeiten; ein Regime aus dem Untergrund bekämpfen

ụn·ter·ha·ken <hakst unter, hakte unter, hat untergehakt> *mit OBJ* ◼ *jmd.* **hakt jmdn./sich (bei jmdm.) unter** *(umg.)* seinen Arm mit dem Arm eines anderen verschränken: jemanden/ sich/einander unterhaken; Sie gingen untergehakt im Park spazieren.

ụn·ter·halb *präp* ❶ *+Gen. (↔ oberhalb)* bezeichnet etwas, das sich weiter unten als das Genannte befindet: Das Dorf liegt unterhalb der Burg.; Schläge unterhalb der Gürtellinie ❷ ◼ *unterhalb von +Dat. (umg.)* unterhalb von der Burg

Ụn·ter·halt *der* <-(e)s> */kein Plur./* ❶ *(≈ Lebensunterhalt)* die Menge an Geld, die man zum Leben braucht: seinen Unterhalt verdienen; zum Unterhalt der Familie beitragen ❷ *die Menge an Geld, die jmd. an jmdn. für seinen Lebensunterhalt zahlt:* für den geschiedenen Partner/die Kinder Unterhalt zahlen ❸ *die Kosten zur Instandhaltung von etwas:* für den Unterhalt von Kindergärten/Straßen/historischen Gebäuden aufkommen

ụn·ter·hal·ten <unterhältst, unterhielt, hat unterhalten> **I.** *mit OBJ* ❶ ◼ *jmd.* **unterhält jmdn./sich** *jmdn. durch etwas beschäftigen oder vergnügen, so dass keine Langeweile aufkommt:* die Kinder mit Märchen/Musik/Spielen unterhalten; Er hat uns in der Zwischenzeit wunderbar unterhalten. ❷ ◼ *jmd.* **unterhält jmdn.** *jmdn. mit Geld für seinen Lebensunterhalt versorgen:* eine

Familie unterhalten ❸ ◼ *jmd.* **unterhält etwas** *etwas finanziell und technisch so versorgen, dass es auch weiterhin funktioniert:* eine Anlage/Straßen/Schulen unterhalten ❹ ◼ *jmd.* **unterhält etwas** bewirken, dass etwas auch weiterhin funktioniert: ein Geschäft/mehrere Gaststätten unterhalten; eine Freundschaft/einen Briefwechsel unterhalten; ein Feuer unterhalten **II.** *mit SICH* ❶ ◼ *jmd.* **unterhält sich (mit jmdm.) (über jmdn./etwas)** *zwei oder mehrere Personen sprechen miteinander (über jmdn./etwas):* sich angeregt/lange/ungestört unterhalten; Worüber habt ihr euch unterhalten? ❷ ◼ *jmd.* **unterhält sich irgendwo** *sich vergnügen:* Wir haben uns heute Abend im Kino/im Theater wunderbar unterhalten.

ụn·ter·hal·ten <hälst unter, hielt unter, hat untergehalten> *mit OBJ* ◼ *jmd.* **hält etwas unter** *etwas unter etwas anderes halten:* Halt mal bitte den Eimer unter, es tropft schon wieder.

un·ter·halt·sam *adj so, dass es einen guten Zeitvertreib bietet:* ein unterhaltsamer Abend; ein unterhaltsamer Gastgeber/Mensch

ụn·ter·halts·be·rech·tigt *adj* */nicht steig./* AMTSSPR. *berechtigt, finanziellen Unterhalt[2] zu erhalten:* unterhaltsberechtigte Personen

Ụn·ter·halts·geld *das* <-(e)s, -er> AMTSSPR. *regelmäßige Zahlungen an jmdn., die dieser zum Lebensunterhalt braucht:* Unterhaltsgeld vom geschiedenen Partner erhalten

ụn·ter·halts·pflich·tig *adj* */nicht steig./* RECHTSW. *verpflichtet, jmdm. Unterhalt[2] zu zahlen:* der unterhaltspflichtige Vater

Un·ter·hal·tung *die* <-, -en> ❶ *etwas, das dem Vergnügen und als Zeitvertreib dient:* Wir wünschen allen gute Unterhaltung.; Das Kabarett bot Unterhaltung auf hohem Niveau. ❷ *(≈ Gespräch)* eine Unterhaltung führen; Die Unterhaltung kam schwer in Gang. ❸ */kein Plur./ die finanzielle oder technische Erhaltung von etwas:* die Unterhaltung der Straßen/Schulen/des Theaters ❹ */kein Plur./ das Aufrechterhalten von etwas:* die Unterhaltung diplomatischer Beziehungen

Un·ter·hal·tungs·elek·t·ro·nik *die* <-> */kein Plur./ Gesamtheit der elektronischen Geräte zur Wiedergabe von Musik, Filmen, Sprache, Spielen o. Ä.:* die Abteilung für Unterhaltungselektronik

Un·ter·hal·tungs·in·dus·t·rie *die* <-> */kein Plur./ die Gesamtheit der Unternehmen, die auf dem Gebiet der Freizeitunterhaltung arbeiten*

Un·ter·hal·tungs·li·te·ra·tur *die* <-> */kein Plur./ (↔ ernste Literatur) Romane und Erzählungen, die unterhaltsam sind, wie z.B. Krimis, Science Fiction usw., aber nicht in erster Linie einen hohen künstlerischen Anspruch haben*

Un·ter·hal·tungs·mu·sik *die* <-> */kein Plur./ (≈ U-Musik ↔ ernste Musik, E-Musik) Musik, die unterhaltsam ist, wie z. B. Popmusik und Schlager, aber nicht in erster Linie einen hohen künstlerischen Anspruch hat*

Un·ter·hal·tungs·wert *der* <-(e)s> */kein Plur./ die Eigenschaft, jmdn. gut zu vergnügen:* von hohem Unterhaltungswert sein; ein Buch mit niedrigem Unterhaltungswert

U

un·ter·han·deln <unterhandelst, unterhandelte, hat unterhandelt> *ohne OBJ* ▪ *jmd.* **unterhandelt über etwas** *Akk.* POL. *über etwas verhandeln:* Die Krieg führenden Parteien unterhandeln über einen Waffenstillstand.

Ụn·ter·händ·ler *der,* **Ụn·ter·händ·le·rin** <-s, -> POL. *Person, die beauftragt ist, zu unterhandeln:* Die Unterhändler beider Seiten treffen sich erneut.

Ụn·ter·haus *das* <-es> /*kein Plur.*/ POL. *(↔ Oberhaus)* ❶ *die zweite von zwei Kammern eines Parlaments, vor allem in den Staaten, die zum ehemaligen Britischen Königreich gehörten* ❷ /*kein Plur.*/ *Bezeichnung für die zweite Kammer des britischen Parlaments:* das britische Unterhaus

Ụn·ter·hemd *das* <-s, -en> *ein Hemd ohne oder mit kurzen Ärmeln, das unter dem Oberhemd oder unter dem Pullover direkt auf dem Körper getragen wird*

un·ter·höh·len <unterhöhlst, unterhöhlte, hat unterhöhlt> *mit OBJ* ❶ ▪ *jmd./etwas* **unterhöhlt etwas** *einen Hohlraum unter etwas entstehen lassen:* Das Wasser hat das Ufer unterhöhlt.; Wühlmäuse haben den gesamten Rasen unterhöhlt. ❷ *(≈ untergraben)* jemands Autorität/die Wirtschaft eines Landes unterhöhlen

Ụn·ter·holz *das* <-es> /*kein Plur.*/ *alle Büsche und niedrigen Bäume im Wald:* sich im Unterholz verstecken

Ụn·ter·ho·se *die* <-, -n> *eine Hose, die direkt auf dem Körper unter einem anderen Kleidungsstück getragen wird*

un·ter·ir·disch *adj* /*nicht steig.*/ *unter der Erde:* ein unterirdischer Gang

un·ter·jo·chen <unterjochst, unterjochte, hat unterjocht> *mit OBJ* ▪ *jmd.* **unterjocht jmdn./etwas** *jmdn. oder etwas gewaltsam unterdrücken:* ein Volk/Land unterjochen

ụn·ter·ju·beln <jubelst unter, jubelte unter, hat untergejubelt> *mit OBJ* ▪ *jmd.* **jubelt jmdm. etwas unter** *(umg.) jmdm. etwas geben, zuweisen, verkaufen o. Ä., das er eigentlich gar nicht wirklich wollte:* Eigentlich wollte ich eine Weste kaufen aber dann hat mir der Verkäufer doch einen Pullunder untergejubelt!; Kurz vor dem Wochenende hat mir der Chef einen Haufen Arbeit untergejubelt.; Man hatte ihr Falschgeld untergejubelt.

un·ter·kel·lern <unterkellerst, unterkellerte, hat unterkellert> *mit OBJ* ▪ *jmd.* **unterkellert etwas** *einen Keller unter etwas anlegen:* ein Gebäude unterkellern; teilweise unterkellert sein

Ụn·ter·kie·fer *der* <-s, -> ANAT. *(↔ Oberkiefer) der untere Teil des Kiefers*

Ụn·ter·klei·dung *die* <-> /*kein Plur.*/ *(≈ Unterwäsche) Kleidung, die unter der Kleidung direkt auf der Haut getragen wird:* warme Unterkleidung für den Winter

ụn·ter·kom·men <kommst unter, kam unter, ist untergekommen> *ohne OBJ* ❶ ▪ *jmd.* **kommt irgendwo unter** *irgendwo eine Unterkunft für eine Zeit finden:* für die Nacht bei Freunden unterkommen ❷ ▪ *jmd.* **kommt irgendwo unter** *(umg.: ↔ unterbringen) irgendwo eine Arbeitsstelle finden:* in der Firma des Vaters unterkommen

ụn·ter·krie·gen <kriegst unter, kriegte unter, hat untergekriegt> *mit OBJ* ▪ *jmd./etwas* **kriegt jmdn. unter** *(umg.) bewirken, dass jmd. den Mut verliert:* Lass dich nicht von solchen Problemen unterkriegen!; Sie lässt sich immer schnell von ihrem Chef unterkriegen.; sich auch in schweren Zeiten nicht unterkriegen lassen

Un·ter·küh·lung *die* <-, -en> *der Zustand, dass die Körpertemperatur niedriger ist als normal:* Die Bergsteiger sind an Unterkühlung gestorben. ▷ unterkühlt

Ụn·ter·kunft *die* <-, Unterkünfte> *ein Platz, wo man vorübergehend schlafen oder wohnen kann:* eine Unterkunft für die Nacht suchen; Es sind keine Unterkünfte mehr frei.

Ụn·ter·la·ge *die* <-, -n> ❶ *etwas, das (zum Schutz) unter jmdn. oder etwas gelegt wird:* eine Unterlage zum Schreiben; die Kanne/den heißen Topf auf eine Unterlage stellen; auf einer weichen/harten Unterlage gut schlafen können ◆Schreib- ❷ /*nur Plur.*/ *Schriftstücke oder Aufzeichnungen, die man für die Arbeit oder als Beweise benötigt:* seine Unterlagen vergessen/mitbringen; Nach meinen Unterlagen ist die Sache geklärt.; etwas zu den Unterlagen nehmen

Ụn·ter·lass *nur in* **ohne Unterlass** *(geh.: ≈ ununterbrochen) ständig; ohne Pause* Er arbeitete ohne Unterlass.

un·ter·las·sen <unterlässt, unterließ, hat unterlassen> *mit OBJ* ❶ ▪ *jmd.* **unterlässt etwas** *etwas absichtlich nicht tun:* Bitte unterlassen Sie jetzt das Rauchen!; Sie können das ständige Stören nicht unterlassen. ❷ *etwas versäumen, was man eigentlich hätte tun müssen:* Sie hat es unterlassen, uns zu informieren.; unterlassene Hilfeleistung

Ụn·ter·las·sung *die* <-, -en> *die Tatsache, dass etwas nicht getan wird:* Diese Unterlassung wird ihn teuer zu stehen kommen.

Ụn·ter·lauf *der* <-(e)s, Unterläufe> *(↔ Oberlauf) Flussabschnitt in der Nähe der Mündung:* der Unterlauf der Donau

un·ter·lau·fen¹ <unterläufst, unterlief, ist/hat unterlaufen> **I.** *mit OBJ* ▪ *jmd.* **unterläuft etwas** *bewirken, dass etwas keine Konsequenzen oder keinen Erfolg hat:* Geschickt unterlief er die Verpflichtung, Einkommenssteuer zu zahlen. **II.** *ohne OBJ* ▪ *etwas* **unterläuft jmdm.** *etwas passiert jmdm. ohne Absicht, während er etwas macht:* Bei der Abrechnung ist mir leider ein Fehler unterlaufen.; Da ist mir wohl ein Missgeschick unterlaufen.

un·ter·lau·fen² *Part. Perf. von* **unterlaufen¹**

un·ter·lau·fen³ *adj so, dass eine Stelle am Körper dunkel gefärbt ist, weil unter der Haut eine Ader geplatzt ist:* Seine Augen waren dunkelrot unterlaufen. ◆blut-

ụn·ter·le·gen <legst unter, legte unter, hat untergelegt> *mit OBJ* ▪ *jmd.* **legt etwas unter** *etwas unter etwas legen:* Ich lege dir zum Sitzen ein Kissen unter.; Hast du unter das Blatt Papier beim Schreiben eine Pappe untergelegt?

un·ter·le·gen¹ <unterlegst, unterlegte, hat unterlegt> *mit OBJ* ❶ ▪ *jmd.* **unterlegt etwas** *et-*

was mit etwas verstärken: die Schultern der Jacke mit Polstern unterlegen ❷ ■ *jmd.* **unterlegt etwas mit etwas** *etwas mit etwas ergänzen:* die Worte mit Musik unterlegen; das Muster mit einem hellen Farbton unterlegen; seine Ausführungen mit Beispielen unterlegen

un·ter·le·gen² *Part. Perf. von* **unterliegen**

un·ter·le·gen³ *adj (↔ überlegen) schwächer oder schlechter als jmd. oder etwas:* Er ist seinem Bruder an Klugheit unterlegen.; das technisch unterlegene Verfahren; eine geistig unterlegene Person

U̲n·ter·leib *der* <-(e)s, -er> /*Plur. selten*/ ANAT. *der untere Teil des Bauches, besonders der Bereich der Geschlechtsorgane:* Schmerzen im Unterleib haben

un·ter·lie·gen <unterliegst, unterlag, ist/hat unterlegen> *ohne OBJ* ❶ *(sein)* ■ *jmd.* **unterliegt (jmdm.)** *in einem Kampf oder Spiel verlieren:* Er ist seinem Gegner im Kampf unterlegen.; Die Mannschaft ist im Spiel dem Gegner unterlegen. ❷ *(haben)* ■ *etwas unterliegt etwas Dat. im Geltungs- oder Einflussbereich von etwas sein:* Luxusartikel unterliegen einer hohen Steuer.; Die Vegetation unterliegt hier extremen Temperaturschwankungen.; Die Medikamente unterliegen einer strengen Kontrolle.

U̲n·ter·lip·pe *die* <-, -n> ANAT. *(↔ Oberlippe) die untere Lippe*

u̲n·term *präp (umg.: ≈ unter dem)*

un·ter·ma·len <untermalst, untermalte, hat untermalt> *mit OBJ* ■ *jmd.* **untermalt etwas (mit etwas)** *etwas als eine Art Hintergrund für etwas einsetzen:* die Diashow mit Jazzmusik untermalen

un·ter·mau·ern <untermauerst, untermauerte, hat untermauert> *mit OBJ* ❶ ■ *jmd.* **untermauert etwas mit etwas** *Dat. etwas mit Argumenten bekräftigen:* seine Aussage/Behauptung mit Beweisen untermauern ❷ ■ *jmd.* **untermauert etwas** BAUW. *etwas mit stützenden Mauern versehen:* ein Gebäude gut untermauern

U̲n·ter·me·nü *das* <-s, -s> EDV *eine Möglichkeit, die in einem einfachen oder grafischen Menü eines Programms ausgewählt werden kann:* das Untermenü „Schrift" im Menü „Format"

U̲n·ter·mie·te *die* <-> *die teilweise Vermietung von Räumen, die man selbst gemietet hat:* bei jemandem (in einem Zimmer) zur Untermiete wohnen

U̲n·ter·mie·ter *der;* **U̲n·ter·mie·te·rin** <-s, -> *Person, die zur Untermiete wohnt*

un·ter·mi·nie·ren <unterminierst, unterminierte, hat unterminiert> *mit OBJ* ■ *jmd.* **unterminiert etwas** *(geh.: ≈ untergraben) etwas langsam zerstören:* Sein Ansehen wurden von der Presse unterminiert.

U̲n·ter·ne̲h·men¹ *das* <-s, -> *(≈ Betrieb, Firma) ein kleines/mittelständisches/privates Unternehmen; ein Unternehmen aufbauen/gründen/leiten* ◆-sberater(in), -sberatung, Familien-

U̲n·ter·ne̲h·men² *das* <-s, -> *(≈ Vorhaben) etwas, das jmd. tun will:* Wir müssen ihn von diesem Unternehmen abbringen, denn es ist zu gefährlich!; ein riskantes/waghalsiges/gut geplantes/zum Scheitern verurteiltes Unternehmen

un·ter·ne̲h·men <unternimmst, unternahm, hat unternommen> *mit OBJ* ❶ ■ *jmd.* **unternimmt etwas** *etwas zu seinem Vergnügen tun:* Heute Abend wollen wir gemeinsam etwas unternehmen.; Wir haben lange nichts mehr unternommen!; einen Ausflug/eine Reise unternehmen ❷ ■ *jmd.* **unternimmt etwas gegen jmdn./etwas** *etwas tun, damit jmd. an etwas gehindert wird oder damit etwas verhindert wird:* Was wollen wir gegen diese Einbrüche unternehmen?; Es müsste endlich etwas unternommen werden!; ■ **einen Versuch unternehmen** *versuchen;* ■ **Schritte (gegen jemanden/etwas) unternehmen** *Maßnahmen (gegen jmdn. oder etwas) ergreifen*

U̲n·ter·ne̲h·mens·form *die* <-, -en> WIRTSCH., RECHTSW. *die rechtliche Form eines Unternehmens¹:* die Unternehmensform einer GmbH wählen

U̲n·ter·ne̲h·mens·füh·rung *die* <-, -en> ❶ /*kein Plur.*/ *die Art, wie ein Unternehmen¹ geführt wird:* Sie hat bereits Erfahrungen auf dem Gebiet der Unternehmensführung. ❷ *die Personen, die ein Unternehmen¹ führen:* Die gesamte Unternehmensführung ist zurückgetreten.

U̲n·ter·ne̲h·mer *der;* **U̲n·ter·ne̲h·me·rin** <-s, -> *Person, die ein Unternehmen¹ besitzt oder leitet:* sich als Unternehmer selbstständig machen ◆-verband

un·ter·ne̲h·mer·freund·lich *adj* POL., WIRTSCH. *(↔ arbeitnehmerfreundlich) so, dass es den Unternehmern nützt:* eine unternehmerfreundliche Politik

un·ter·ne̲h·me·risch *adj* ❶ *das Unternehmen¹ betreffend:* das unternehmerische Risiko ❷ *in der Art von Unternehmern:* Hier ist unternehmerisches Denken gefordert.

U̲n·ter·ne̲h·mungs·geist *der* <-(e)s> /*kein Plur.*/ *die Eigenschaft, gern etwas zu unternehmen¹ oder zu organisieren:* Sie hat viel Unternehmungsgeist und reißt die anderen mit.; Zu solch einem Projekt gehören Menschen mit Unternehmungsgeist.

un·ter·ne̲h·mungs·lus·tig *adj so, dass man gern und oft etwas unternimmt¹:* ein unternehmungslustiger Mensch

U̲n·ter·of·fi·zier *der;* **U̲n·ter·of·fi·zie·rin** <-s, -e> ❶ *ein Dienstgrad bei der Armee zwischen Mannschaften und Offizieren* ❷ *eine Person aus der Gruppe der Unteroffiziere¹*

u̲n·ter·ord·nen <ordnest unter, ordnete unter, hat untergeordnet> **I.** *mit OBJ* ❶ ■ *jmd.* **ordnet jmdn./etwas unter** *jmdm./etwas unter jmdn. oder etwas unter jmds. Leitung stellen:* Er wurde dem Abteilungsleiter untergeordnet.; Diese Einrichtung ist dem Innenministerium untergeordnet. ❷ ■ *jmd.* **ordnet etwas etwas** *Dat. unter etwas im Vergleich zu etwas als zweitrangig betrachten:* seine eigenen Wünsche dem gemeinsamen Ziel unterordnen ❸ ■ *jmd.* **ordnet jmdn./etwas etwas** *Dat. unter jmdn. oder etwas in ein System einordnen:* in der biologischen Klassifikation Menschen den Säugetieren unterordnen; Wo sind diese Pflanzen unterzuordnen? **II.** *mit SICH* ■ *jmd.* **ordnet**

U

sich (jmdm./etwas) unter sich unter jmds. Leitung stellen und ausführen, was befohlen wird: Er beansprucht die Führung, alle anderen haben sich unterzuordnen.; Sie hat Schwierigkeiten sich unterzuordnen.

Ụn·ter·pfand das <-, Unterpfänder> /meist Sing./ (geh.) etwas, das als Beweis für etwas gilt: ein Versprechen als Unterpfand der Freundschaft

un·ter·pri·vi·le·giert adj (geh.) so, dass man weniger wirtschaftliche, gesellschaftliche oder kulturelle Vorteile besitzt als andere: unterprivilegierte Schichten der Bevölkerung

Un·ter·re·dung die <-, -en> ein formelles Gespräch: eine ernste Unterredung mit jemandem führen/haben

Ụn·ter·richt der <-(e)s> /kein Plur./ die regelmäßige und systematische Vermittlung von Wissen durch einen Lehrer an Schüler: am Unterricht teilnehmen; Unterricht im Klavierspielen bekommen; jemandem Unterricht geben/erteilen; dem Unterricht fernbleiben/sich am Unterricht beteiligen/ den Unterricht stören; Der Unterricht fällt aus. ◆ Deutsch-, Englisch-, Klavier-, Sport-

un·ter·rịch·ten <unterrichtest, unterrichtete, hat unterrichtet> I. mit OBJ/ohne OBJ ■ jmd. unterrichtet (etwas) irgendwo irgendwo Unterricht erteilen: Sie unterrichtet Musik/Sport an einer Grundschule.; Er unterrichtet seit vielen Jahren an dieser Schule. II. mit OBJ ■ jmd. unterrichtet jmdn. (in etwas Dat.) jmdn. ein bestimmtes Wissen beibringen: Kinder/Erwachsene in Mathematik/Englisch unterrichten; Er unterrichtete ihn in der Kunst des logischen Denkens. III. mit SICH ■ jmd. unterrichtet sich (über etwas Akk.) sich (über etwas) informieren: jemanden/sich über die Neuigkeiten unterrichten

Ụn·ter·richts·mi·nis·te·ri·um das <-s> /kein Plur./ POL. ÖSTERR. Kultusministerium

Ụn·ter·richts·stoff der <-(e)s, -e> im Unterricht behandelter Stoff

Ụn·ter·richts·stun·de die <-, -n> einzelne Zeiteinheit des Unterrichts: Eine Unterrichtsstunde in Deutschland beträgt 45 Minuten.

Un·ter·rịch·tung die <-, -en> (geh.) das Informieren: die Unterrichtung aller Beteiligten über den Fortgang der Arbeiten

Ụn·ter·rock der <-(e)s, Unterröcke> ein dünner Rock, der unter einem Rock getragen wird

ụn·ters präp (umg.: ≈ unter das)

un·ter·sa·gen <untersagst, untersagte, hat untersagt> mit OBJ ■ jmd. untersagt jmdm. etwas (geh.: ≈ verbieten) Ich untersage Ihnen, diese Informationen der Presse zu übergeben!; Das Betreten des Geländes ist strengstens untersagt!

Ụn·ter·satz der <-es, Untersätze> etwas, worauf man etwas stellt oder legt: den Blumentopf auf einen Untersatz stellen; ■fahrbarer Untersatz (umg. scherzh.) Auto

un·ter·schạ̈t·zen <unterschätzt, unterschätzte, hat unterschätzt> mit OBJ ■ jmd. unterschätzt jmdn./sich/etwas (↔ überschätzen) glauben, dass jmd./man selbst/etwas schwächer oder schlechter oder dümmer ist, als jmd./man selbst/es wirklich ist: Ich habe seine Fähigkeiten

unterschätzt.; die Geschwindigkeit/die Höhe eines Berges unterschätzen; Ich glaube, wir haben uns unterschätzt! ▶ Unterschätzung

un·ter·schei·den <unterscheidest, unterschied, hat unterschieden> I. mit OBJ ❶ ■ jmd. unterscheidet jmdn./etwas/etwas und etwas (von jmdm./etwas) einen Unterschied bei jmdm. oder etwas oder zwischen zwei Personen oder Sachen feststellen: Ich kann die beiden Geschwister nicht unterscheiden.; Er kann Moll nicht von Dur unterscheiden.; Er kann Rot und Orange nicht unterscheiden. ❷ ■ jmd. unterscheidet etwas Sachen anhand von Merkmalen, die nicht oder nur teilweise gleich sind, bestimmten Gruppen zuordnen: Wir unterscheiden Nadelbäume und Laubbäume. ❸ ■ jmd. kann jmdn./etwas unterscheiden jmdn. oder etwas in einer Menge oder Gruppe einzeln erkennen können: In der Dämmerung konnte man gut die Menschen unterscheiden, die vor ihren Häusern saßen.; In der Ferne konnte man die einzelnen Häuser nicht mehr richtig unterscheiden. ❹ ■ etwas unterscheidet jmdn./etwas (von jmdm./etwas) ein spezielles Merkmal sein, das den Unterschied zu jmd. anderem/etwas anderem ausmacht: Ihre Offenheit unterschied sie von ihren Geschwistern. II. ohne OBJ ■ jmd. unterscheidet zwischen etwas jmdn. oder etwas von jmdm. anderen/etwas anderem trennen und dabei beurteilen: Du bist unfähig, zwischen Freund und Feind zu unterscheiden!; zwischen Gut und Böse unterscheiden; zwischen Wesentlichem und Unwesentlichem unterscheiden III. mit SICH ■ jmd./etwas unterscheidet sich (durch etwas Akk./in etwas Dat.) (von jmdm./etwas) einen Unterschied in einer bestimmten Hinsicht aufweisen: Die beiden Programme unterscheiden sich in einem wichtigen Punkt.; Sie unterscheidet sich von den anderen durch ihren Fleiß.

Un·ter·schei·dung die <-, -en> das Unterscheiden: Unterscheidungen treffen; Die Unterscheidung zwischen Freund und Feind fällt oft schwer.

Ụn·ter·schen·kel der <-s, -> (↔ Oberschenkel) unterer Teil des Beines vom Knie bis zum Knöchel

Ụn·ter·schicht die <-, -en> POL. (↔ Oberschicht) die Gruppe von Menschen, die in einer Gesellschaft leben und über sehr wenig Geld, Bildung, Wohnraum u.Ä. verfügen.

un·ter·schie·ben <schiebst unter, schob unter, hat untergeschoben> mit OBJ ❶ ■ jmd. schiebt jmdm. etwas unter etwas unter jmdn. schieben: Er schiebt den Kranken ein Kissen unter. ❷ ■ jmd. schiebt jmdm. etwas unter jmdm. etwas geben, ohne dass der Betreffende es merkt: Man hat ihm das gestohlene Portmonee untergeschoben.

un·ter·schie·ben <unterschiebst, unterschob, hat unterschoben> mit OBJ ■ jmd. unterschiebt jmdm. etwas fälschlicherweise behaupten, dass jmd. etwas Schlechtes gesagt hat oder tun wollte: Man unterschob ihm schlechte Absichten.

Ụn·ter·schied der <-(e)s, -e> eines der Merkmale, die bewirken, dass Personen oder Dinge nicht identisch sind: den Unterschied bemerken;

keinen Unterschied feststellen können; Zwischen beiden besteht ein Unterschied.; ein Unterschied in der Größe von zwei Zentimetern; Es ist ein Unterschied, ob du es machst oder ich.; ■ **ohne Unterschied** *ohne Ausnahme* Hier müssen alle ohne Unterschied arbeiten.; ■ **einen Unterschied machen** *jmdn. oder etwas unterschiedlich bewerten* einen Unterschied zwischen Gut und Böse machen; ■ **im Unterschied zu** *anders als jmd. oder etwas* Sie ist im Unterschied zu ihrer Schwester blond. ◆ Alters-, Größen-, Längen-

u̲n·ter·schied·lich *adj mit Unterschieden:* unterschiedliche Standpunkte/Meinungen; die unterschiedlichsten Menschen waren gekommen; unterschiedliche Sprachen sprechen; unterschiedlich aussehen

u̲n·ter·schieds·los *adj /nicht steig./ (≈ ausnahmslos) so, dass jmd. bei etwas keine Unterscheidungen macht und alle Personen, Dinge oder Sachverhalte gleich behandelt:* Die Prüfer haben unterschiedslos alle Kandidaten abgelehnt.

u̲n·ter·schla·gen <schlägt unter, schlug unter, hat untergeschlagen> *mit OBJ* ■ *jmd.* **schlägt etwas unter** *Arme oder Beine kreuzen:* die Arme unterschlagen; mit untergeschlagenen Beinen dasitzen

un·ter·schla̲·gen <unterschlägst, unterschlug, hat unterschlagen> *mit OBJ* ❶ *jmd.* **unterschlägt etwas** *Geld, das einem anvertraut ist, stehlen:* Der Kassierer hat Geld unterschlagen. ❷ *jmd.* **unterschlägt (jmdm.) etwas** *(jmdm.) etwas absichtlich verschweigen:* Informationen unterschlagen; Du unterschlägst dabei, dass du auch vieles falsch gemacht hast.

Un·ter·schla̲·gung *die* <-, -en> *das Stehlen von anvertrautem Geld:* jemanden wegen Unterschlagung anzeigen/vor Gericht bringen

U̲n·ter·schlupf *der* <-(e)s, Unterschlüpfe> */meist Sing./* ❶ *ein Ort oder eine Stelle, wo man kurzfristig bleibt:* unter einem Vordach/Baum Unterschlupf vor dem Regen suchen; für eine Nacht bei Bekannten Unterschlupf finden ❷ *Versteck:* Die Diebe hatten in einem verfallenen Haus ihren Unterschlupf.

un·ter·schre̲i·ben <unterschreibst, unterschrieb, hat unterschrieben> *mit OBJ/ohne OBJ* ■ *jmd.* **unterschreibt (etwas)** *seine Unterschrift unter etwas setzen:* einen Brief/einen Vertrag unterschreiben; Hast du schon unterschrieben?; ■ **etwas voll und ganz/nicht unterschreiben können** *(übertr.) gutheißen/nicht gutheißen* Was du sagst, kann ich voll und ganz unterschreiben.

un·ter·schre̲i·ten <unterschreitest, unterschritt, hat unterschritten> *mit OBJ* ■ **etwas unterschreitet etwas** *(↔ überschreiten) geringer sein als:* einen Wert/einen Betrag unterschreiten

U̲n·ter·schrift *die* <-, -en> ❶ *der eigene Name, den man unter einen Text, einen Brief, ein Dokument o. Ä. mit der Hand schreibt:* eine leserliche/unleserliche Unterschrift haben; seine Unterschrift unter etwas setzen; Unterschriften für etwas sammeln ❷ *das Unterschreiben:* eine Unterschrift leisten; etwas zur Unterschrift vorlegen

U̲n·ter·schrif·ten·lis·te *die* <-, -n> POL. *eine Liste,*

auf die man seine Unterschrift setzt, und die dann als Beleg dafür gilt, dass alle, die unterschrieben haben, für oder gegen etwas sind

un̲·ter·schwel·lig *adj /nicht steig./* PSYCH. *so, dass es nicht bewusst wird:* unterschwellige Ängste/Abneigungen

U̲n·ter·see·boot *das* <-(e)s, -e> *(≈ U-Boot) ein Schiff, das unter Waser fahren kann und meist militärisch eingesetzt wird*

U̲n·ter·sei·te *die* <-, -n> *(↔ Oberseite) die Seite von etwas, die nach unten weist:* die Unterseite des Tisches

un·ter·se̲t·zen <setzt unter, setzte unter, hat untergesetzt> *mit OBJ* ■ *jmd.* **setzt etwas Dat. etwas unter** *etwas unter etwas setzen:* dem Blumentopf eine Schale untersetzen

un·ter·se̲tzt *adj (verhüll.) klein und dick:* ein untersetzter Körperbau; Er ist ein wenig untersetzt.

un·ter·spü̲·len <unterspülst, unterspülte, hat unterspült> *mit OBJ* ■ **etwas unterspült etwas** *einen Hohlraum unter etwas auswaschen:* Die Steilküste wird von der Brandung unterspült.

U̲n·ter·stand *der* <-(e)s, Unterstände> *eine Stelle, wo man sich unter etwas stellen kann, um sich vor dem Wetter zu schützen:* einen Unterstand gegen den Regen finden; Die Soldaten legten Unterstände an.

un·ter·ste̲·hen <stehst unter, stand unter, hat/ist untergestanden> *ohne OBJ* ■ *jmd.* **steht unter** SÜDDT., ÖSTERR., SCHWEIZ. *sich unter etwas stellen:* Der Regen kann man hier unterstehen.

un·ter·ste̲·hen <unterstehst, unterstand, hat unterstanden> **I.** *ohne OBJ* ■ *jmd./etwas* **untersteht jmdm./etwas** *jmdm. oder etwas untergeordnet sein und Befehle oder Anordnungen erhalten:* Die Behörde untersteht dem Innenminister/Innenministerium.; Ihr unterstehen einhundert Mitarbeiter. **II.** *mit SICH* ■ *jmd.* **untersteht sich, etwas zu tun** *so unverschämt oder mutig sein, etwas zu tun, was negative Konsequenzen bringt:* Unterstehe dich (ja nicht) zu kommen!; Unterstehe dich, noch einmal zu lügen, dann passiert etwas!; Sie hat sich unterstanden, ihren Chef zu kritisieren.

un·ter·ste̲l·len <stellst unter, stellte unter, hat untergestellt> **I.** *mit OBJ* ■ *jmd.* **stellt etwas unter** *etwas zur Aufbewahrung in einen Raum stellen:* die Fahrräder im Keller unterstellen **II.** *mit SICH* ■ *jmd.* **stellt sich irgendwo unter** *sich zum Schutz gegen das Wetter unter etwas stellen:* Wir haben uns bei Regen in einer Hütte/unter einem Baum untergestellt.

un·ter·ste̲l·len <unterstellst, unterstellte, hat unterstellt> *mit OBJ* ❶ *jmd.* **unterstellt jmdm./etwas jmdn./etwas** *jmd. oder etwas jmdm. oder einer Institution unterordnen:* das Umweltministerium dem Landwirtschaftsminister unterstellen; jemandem einen neuen Mitarbeiter unterstellen; Sie ist ihm direkt unterstellt. ❷ *jmd.* **unterstellt jmdm. etwas über jmdn.** *etwas Negatives behaupten, ohne es beweisen zu können:* jemandem Betrugsabsichten unterstellen; Was ihr mir da unterstellt, ist völlig aus der Luft gegriffen. ❸ ■ *jmd.* **unterstellt etwas** *(als Vermu-*

U

tung) annehmen: Wenn wir unterstellen, dass ihr teilnehmen wollt, dann sind wir insgesamt fünfzig Leute.; Wenn wir unterstellen, dass wir richtig gerechnet haben, dann fehlt Geld in unserer Kasse.

Un·ter·stell·mög·lich·keit *die* <-, -en> *Stelle, wo man sich oder etwas unterstellen kann*

Un·ter·stel·lung *die* <-, -en> ❶ *Unterordnung:* die Unterstellung der Behörde unter das Innenministerium ❷ *negative Behauptung über jmdn., die nicht bewiesen ist:* Das sind doch alles nur böswillige Unterstellungen!

un·ter·steu·ern <untersteuerst, untersteuerte, hat untersteuert> *ohne OBJ* ■ *jmd. untersteuert* KFZ *(in einer Kurve) nicht genug lenken, so dass das Fahrzeug über die Vorderräder nach außen drängt*

un·ter·strei·chen <unterstreichst, unterstrich, hat unterstrichen> *mit OBJ* ❶ ■ *jmd. unterstreicht etwas in einem geschriebenen Text einen waagerechten Strich unter etwas setzen, um es zu markieren:* die falsch geschriebenen Wörter rot unterstreichen ❷ ■ *jmd./etwas unterstreicht etwas etwas hervorheben, indem man es mit etwas versieht, um es zu verstärken:* Das Make-up unterstreicht die Schönheit ihres Gesichts.; Der Redner unterstreicht die Bedeutung der Sache mit Gesten.

Un·ter·stu·fe *die* <-, -n> (↔ Oberstufe) *die drei unteren Klassen einer Realschule oder eines Gymnasiums:* in der Unterstufe Mathematik unterrichten

un·ter·stüt·zen <unterstützt, unterstützte, hat unterstützt> *mit OBJ* ❶ ■ *jmd. unterstützt jmdn./etwas jmdm. in irgendeiner Form helfen:* jemanden beim Lernen unterstützen; jemanden finanziell unterstützen ❷ ■ *jmd. unterstützt jmdn. (bei etwas Dat.) jmdm. (bei etwas) helfen:* jemanden bei der Betreuung der Kinder unterstützen ❸ ■ *jmd. unterstützt jmdn./etwas sich für jmdn. oder etwas einsetzen, damit er/es Erfolg hat:* jemandes Ziele unterstützen; die Politik einer Regierung unterstützen; einen Plan/ein Projekt/ eine Person/einen Verein tatkräftig unterstützen ❹ ■ *etwas unterstützt etwas etwas fördern:* Ausreichender täglicher Schlaf unterstützt den Heilungsprozess. ❺ ■ *etwas unterstützt etwas* EDV *die entsprechenden Schnittstellen für ein Programm oder eine Hardware bereitstellen:* Dieses Betriebssystem unterstützt bestimmte Anwenderprogramme.; Diese Grafikkarte unterstützt keine schnellen Spiele.

Un·ter·stüt·zer *der,* **Un·ter·stüt·ze·rin** <-s, -> (↔ Gegner) *Person, die etwas befürwortet (und tatkräftig befördert):* eine Unterstützerin der Umweltbewegung

Un·ter·stüt·zung *die* <-, -en> ❶ */kein Plur./ die Mithilfe:* jemandem Unterstützung geben; Nur mit der Unterstützung aller ist das zu schaffen. ❷ */kein Plur./ das Unterstützen³, ⁴:* die Unterstützung des Projektes; zur Unterstützung des Heilprozesses ❸ *finanzieller Betrag, mit dem etwas unterstützt wird:* Unterstützung beantragen/ beziehen; auf eine Unterstützung angewiesen sein

U

Un·ter·such *der* <-s, -e> SCHWEIZ. *(gerichtliche oder medizinische) Untersuchung*

un·ter·su·chen *mit OBJ* ❶ ■ *jmd. untersucht etwas versuchen, für etwas eine Erklärung zu finden:* Die Staatsanwaltschaft untersucht den Unfall genau.; Wir müssen untersuchen, was falsch gemacht worden ist. ❷ ■ *jmd. untersucht jmdn. versuchen, mögliche Krankheiten zu finden, indem man einen Patienten genau prüft, betrachtet, abhört, röntgt o. Ä.:* einen Patienten gründlich untersuchen; sich die Nieren untersuchen lassen ❸ ■ *jmd. untersucht etwas etwas genau analysieren oder prüfen, um etwas Bestimmtes herauszufinden:* einen Fund/einen Stein/die Zusammensetzung einer Flüssigkeit untersuchen; ein Thema wissenschaftlich untersuchen ❹ ■ *jmd. untersucht etwas etwas genau prüfen und analysieren, um herauszufinden, wie es funktioniert oder welche Auswirkungen es hat:* Es wurde untersucht, welche Konsequenzen das Tankerunglück hatte.

Un·ter·su·chung *die* <-, -en> ❶ *das Untersuchen:* die Untersuchung eines Falles/eines Patienten/der Zusammensetzung einer Flüssigkeit ❷ *wissenschaftliche Abhandlung:* eine Untersuchung zu einem Thema lesen/schreiben; Zu diesem Thema sind kürzlich zwei Untersuchungen erschienen.

Un·ter·su·chungs·aus·schuss *der* <-es, Untersuchungsausschüsse> POL. *ein Gremium, das vom deutschen Bundestag eingesetzt werden kann, in dem Mitglieder aller Parteien sind und das bestimmte Sachverhalte aufklären soll:* einen Fall vor den Untersuchungsausschuss bringen

Un·ter·su·chungs·ge·fäng·nis *das* <-ses, -se> RECHTSW. *ein Gefängnis, in dem ein Beschuldigter bis zum Abschluss seines Prozesses eingesperrt ist*

Un·ter·su·chungs·haft *die* <-> /kein Plur./ RECHTSW. *die Zeit, in der ein Beschuldigter bis zum Abschluss seines Prozesses in einem Untersuchungsgefängnis eingesperrt ist:* in Untersuchungshaft sitzen

Un·ter·su·chungs·kom·mis·si·on *die* <-, -en> POL. (≈ Untersuchungsausschuss)

Un·ter·su·chungs·rich·ter *der,* **Un·ter·su·chungs·rich·te·rin** <-s, -> RECHTSW. *Richter(in), der/die bei Strafverfahren die Untersuchungen leitet und bei anschließendem Prozess vorbereitet:* Der Gefangene wurde dem Untersuchungsrichter vorgeführt.

un·ter·tags *adv* SÜDDT., ÖSTERR., SCHWEIZ. (≈ tagsüber) *während des Tages*

Un·ter·tan *der* <-s/-en, -en> GESCH. *Untergebene(r) eines Königs oder Fürsten, der/die seinem/ ihrem Herrn zu absolutem Gehorsam verpflichtet ist:* Der König ließ seinen Untertanen die Neuigkeit verkünden.

un·ter·tan ■ *sich etwas untertan machen* (geh.) *etwas seinem Willen unterwerfen* sich die Natur/ die Erde untertan machen

un·ter·tä·nig *adj (abwert.) so, dass man sich völlig nach dem Willen eines anderen richtet:* untertänig um etwas bitten; sich untertänig verbeugen; Ihr untertänigster Diener!

Un·ter·tas·se *die* <-, -n> *ein kleiner Teller, der unter eine Tasse gestellt wird*

un·ter·tau·chen <tauchst unter, tauchte unter, hat/ist untergetaucht> **I.** *mit OBJ (haben)* ■ *jmd. taucht jmdn./etwas unter jmdn. oder etwas ganz unter Wasser tauchen:* Sie hat ihren Kopf ganz untergetaucht.; Er hat seinen Bruder im Wasser untergetaucht. **II.** *ohne OBJ (sein)* ❶ ■ *jmd./etwas taucht unter* (↔ *auftauchen*) *unter die Wasseroberfläche sinken:* Das U-Boot tauchte unter. ❷ ■ *jmd. taucht (irgendwo) unter* (umg.) *sich verstecken:* Der Ganove musste eine Weile untertauchen.; Er ist im Ausland untergetaucht.

Un·ter·teil *das* <-(e)s, -e> (↔ *Oberteil*) *das untere Teil von etwas:* das Unterteil des Regals

un·ter·tei·len <unterteilst, unterteilte, hat unterteilt> *mit OBJ* ■ *jmd. unterteilt etwas etwas in bestimmte Teile gliedern:* eine Art von Pflanzen in Unterarten unterteilen; einen Text in mehrere Abschnitte unterteilen

Un·ter·tei·lung *die* <-, -en> *das Unterteilen:* eine Unterteilung vornehmen

Un·ter·tel·ler *der* <-s, -> SCHWEIZ. *Untertasse*

Un·ter·ti·tel *der* <-s, -> ❶ *ein zusätzlicher Titel, der den Haupttitel eines Buches erläutert* ❷ */meist Plur./ Übersetzungen, die als Texte in einem fremdsprachigen Film am unteren Rand der Leinwand eingeblendet sind:* Der Film wird im Original mit Untertiteln gezeigt.

Un·ter·ton *der* <-(e)s, Untertöne> *etwas, das beim Sprechen kaum merklich mitklingt, aber die Gefühle des Sprechers erkennen lässt:* etwas mit einem ironischen Unterton sagen; Ihre Stimme hatte einen drohenden Unterton.

un·ter·trei·ben <untertreibst, untertrieb, hat untertrieben> *ohne OBJ* ■ *jmd. untertreibt* (↔ *übertreiben*) *etwas als schwächer, unwichtiger, geringer o. Ä. darstellen, als es in Wirklichkeit ist:* Du untertreibst mal wieder, du kannst es doch sehr gut!; Das ist aber wirklich untertrieben, in Wirklichkeit war es viel schlimmer!

Un·ter·trei·bung *die* <-, -en> (↔ *Übertreibung*) *etwas, das schwächer oder geringer dargestellt ist als in Wirklichkeit:* Das ist doch wieder pure Untertreibung!

un·ter·ver·mie·ten <vermietest unter, vermietete unter, hat untervermietet> *mit OBJ* ■ *jmd. vermietet etwas unter etwas, das man selbst gemietet hat, weiter vermieten:* ein Zimmer untervermieten

un·ter·wan·dern <unterwanderst, unterwanderte, hat unterwandert> *mit OBJ* ■ *jmd. unterwandert etwas nach und nach über Mitglieder in eine Organisation oder Institution eindringen, um sie dann von innen zu zerstören:* die Wirtschaft/ eine Partei unterwandern; einen Staat ideologisch unterwandern

Un·ter·wan·de·rung *die* <-, -en> *das Unterwandern:* die Unterwanderung der Wirtschaft durch das organisierte Verbrechen

Un·ter·wä·sche *die* <-> */kein Plur./ die Kleidung, die man direkt auf dem Körper unter der anderen Kleidung trägt* ◆ Damen-, Herren-

Un·ter·was·ser·mas·sa·ge *die* <-, -n> MED. *Massage des Körpers (mit Wasserstrahlen) unter Wasser*

un·ter·wegs *adv auf dem Weg irgendwohin:* Ich bin gerade unterwegs in die Stadt.; Wir haben uns unterwegs getroffen.; ■ **unterwegs sein** *auf Reisen sein* Sie sind zurzeit (in Italien) unterwegs.; ■ **bei einer Frau ist etwas (Kleines) unterwegs** *(umg. verhüll.) eine Frau ist schwanger*

un·ter·wei·sen <unterweist, unterwies, hat unterwiesen> *mit OBJ* ■ *jmd. unterweist jmdn. (in etwas Dat.) (geh.) jmdn. etwas lehren:* jemanden in der Handhabung eines Gerätes unterweisen; Der Lehrer unterweist die Schüler in Französisch.

Un·ter·welt *die* <-> */kein Plur./* ❶ *das Totenreich in der griechischen Mythologie:* Hades, der Gott der Unterwelt ❷ *(das Milieu der) Verbrecher einer Stadt:* Kontakte zur Unterwelt haben; ein Treffpunkt der Unterwelt

un·ter·wer·fen <unterwirfst, unterwarf, hat unterworfen> **I.** *mit OBJ* ❶ ■ *jmd. unterwirft jmdn./etwas etwas mit Gewalt erobern, um es dann zu beherrschen:* ein Land/ein ganzes Volk unterwerfen ❷ ■ *jmd. unterwirft etwas etwas Dat. etwas einer anderen Sache unterordnen:* Sie hat alles ihrem Willen unterworfen. ❸ ■ *etwas unterwirft jmd./etwas etwas Dat. etwas durch etwas anderes bestimmen und abhängig machen:* Die Produktion muss einer strengen Kontrolle unterworfen werden.; In der heutigen Zeit sind wir ständigen Veränderungen unterworfen. **II.** *mit SICH* ❶ ■ *jmd. unterwirft sich jmdm. im Kampf den Widerstand aufgeben und sich dem Willen des Gegners beugen:* Sie mussten sich dem Feind unterwerfen. ❷ ■ *jmd. unterwirft sich etwas Dat. sich ganz anderem unterordnen:* Er hat sich vollständig ihrem Willen/ihren Anordnungen unterworfen.

un·ter·wor·fen *Part. Perf. von* **unterwerfen**

un·ter·wür·fig *adj (abwert.) so, dass man bereitwillig und offensichtlich den Willen anderer akzeptiert und zu dienen bereit ist:* ein unterwürfiges Verhalten; den Gegner durch eine unterwürfige Geste beschwichtigen

Un·ter·wür·fig·keit *die* <-> */kein Plur./ (abwert.) unterwürfige Art; unterwürfiges Verhalten:* Durch deine Unterwürfigkeit erreichst du auch nichts.

un·ter·zeich·nen *mit OBJ* ■ *jmd. unterzeichnet etwas (geh.) etwas (offiziell) unterschreiben:* einen Vertrag/ein Abkommen unterzeichnen ▶ Unter-

Un·ter·zeich·ner *der,* **Un·ter·zeich·ne·rin** <-s, -> *(geh.) Person, die etwas unterschrieben hat:* Die Unterzeichner verpflichten sich zur Einhaltung des Vertrages.

Un·ter·zeich·ne·te *der/die* <-n, -n> *(geh.) Person, die etwas unterschrieben hat:* Die Unterzeichneten erkennen die Bedingungen an.

un·ter·zie·hen <ziehst unter, zog unter, hat untergezogen> *mit OBJ* ❶ ■ *jmd. zieht etwas unter etwas unter ein anderes Kleidungsstück ziehen:* Wenn es kalt ist, kannst du einen Pullover unterziehen. ❷ ■ *jmd. zieht etwas (etwas Dat.)*

U

unter KOCH. *etwas ohne zu rühren unter eine Masse mengen:* Zum Schluss muss man (dem Teig) den Eischnee unterziehen.

un·ter·zie·hen <unterziehst, unterzog, hat unterzogen> **I.** *mit OBJ* ■ *jmd.* **unterzieht jmdn./ etwas etwas** *Dat. mit jmdm. oder etwas etwas durchführen, das ein bestimmtes Ergebnis bringt:* Bei der Musterung werden die Rekruten einer Prüfung unterzogen.; Der Angeklagte wurde einem strengen Verhör unterzogen.; etwas einer strengen Kontrolle unterziehen **II.** *mit SICH* ■ *jmd.* **unterzieht sich etwas** *Dat. sich etwas aussetzen, das schwer oder unangenehm ist:* sich einer Prüfung unterziehen; sich einer schwierigen Operation unterziehen müssen

Un·tie·fe *die* <-, -n> *eine flache Stelle in einem Gewässer:* In dieser Gegend gibt es viele tückische Untiefen, die gefährlich für Schiffe sind.

Un·tier *das* <-(e)s, -e> ❶ *ein böses Wesen aus dem Märchen, der Fabel oder der Sage:* Der Prinz sollte das Untier besiegen. ❷ *gefährliches Tier:* Viele Menschen halten Wölfe für Untiere.

un·trag·bar, **un·trag·bar** *adj* ❶ *so, dass man es nicht dulden kann:* Hier herrschen untragbare Zustände! ❷ *so, dass jmd. nicht mehr in seinem Amt akzeptiert werden kann:* Der Minister war nach der Betrugsaffäre untragbar geworden. ❸ *so, dass man es nicht bezahlen kann:* Das Großprojekt ist für die Stadt untragbar geworden.

un·trai·niert ['untrɛnɪt] *adj so, dass man nicht regelmäßig Sport gemacht hat und daher nicht die entsprechende Kraft und Ausdauer hat:* Untrainierten ist diese Wanderung nicht zu empfehlen.

un·trenn·bar, **un·trenn·bar** *adj /nicht steig./* ❶ *so, dass jmd. oder etwas nicht von jmdm. oder etwas zu trennen ist:* ein untrennbarer Bestandteil von etwas sein; Ihre Schicksale sind untrennbar miteinander verbunden. ❷ SPRACHWISS. *(↔ trennbar) so, dass die Vorsilbe nicht vom Verb getrennt werden kann:* Das Verb „einkaufen" ist trennbar, aber das Verb „verkaufen" ist untrennbar.

un·treu *adj in einer Partnerbeziehung nicht treu:* ein untreuer Ehemann; Sie ist ihm untreu gewesen.; ■ *etwas untreu werden etwas nicht mehr unterstützen oder nicht mehr für etwas eintreten, das man früher unterstützt hat oder für das man früher eingetreten ist:* einer gemeinsamen Sache untreu werden; Sie ist ihren Idealen untreu geworden.

Un·treue *die* <-> */kein Plur./ das Untreusein:* Sie ahnte nichts von seiner Untreue.

un·tröst·lich, **un·tröst·lich** *adj sehr traurig:* Wir sind untröstlich über diesen Verlust.

un·trüg·lich, **un·trüg·lich** *adj /nicht steig./ eindeutig:* ein untrügliches Zeichen für etwas

un·ty·pisch *adj /nicht steig./ nicht typisch:* ein untypisches Verhalten zeigen; Diese Merkmale sind untypisch für diese Art.; Das ist untypisch für ihn.

un·über·hör·bar, **un·über·hör·bar** *adj so laut oder deutlich, dass man es wahrnehmen muss:* etwas unüberhörbar verkünden; Die Drohung war unüberhörbar.

un·über·legt *adj ohne vorher überlegt zu haben:*

schnell und unüberlegt handeln ◆ Großschreibung →R 3.7 Tun Sie bitte nichts Unüberlegtes!

un·über·seh·bar, **un·über·seh·bar** *adj* ❶ *(≈ unüberschaubar) so groß, dass man es nicht mit dem Blick erfassen kann:* eine unübersehbare Ebene; eine unübersehbare Menschenmenge ❷ *so, dass man die Folgen nicht abschätzen kann:* eine Entscheidung mit unübersehbaren Auswirkungen ❸ *(≈ offensichtlich) so deutlich zu sehen, dass man es bemerken muss:* unübersehbare Mängel aufweisen

un·über·setz·bar, **un·über·setz·bar** *adj /nicht steig./ so, dass man es nicht übersetzen kann:* ein unübersetzbarer Text; Vieles von dem, was der Autor ausdrücken wollte, ist unübersetzbar.

un·über·sicht·lich *adj* ❶ *so, dass man es nicht vollständig überblicken kann:* ein unübersichtliches Gelände ❷ *so gestaltet, dass der Inhalt schwer zu erfassen ist:* eine unübersichtliche (grafische) Darstellung; ein unübersichtlich gegliederter Aufsatz

un·über·treff·lich, **un·über·treff·lich** *adj so gut, dass man es nicht besser machen kann:* ein unübertrefflicher Sänger; eine unübertreffliche Aufführung

un·über·trof·fen, **un·über·trof·fen** *adj /nicht steig./ so gut, dass es noch nicht besser gemacht worden ist:* eine unübertroffene Schauspielerin/ Leistung

un·über·wind·lich, **un·über·wind·lich** *adj /nicht steig./* ❶ *so, dass man nicht über etwas hinweggelangt:* ein unüberwindliches Dornengestrüpp; eine unüberwindlich hohe Mauer ❷ *so, dass man nicht damit fertig wird:* unüberwindliche Ängste/ Schwierigkeiten ❸ *so, dass man es nicht ausgleichen kann:* unüberwindliche Gegensätze/Widersprüche ❹ *(≈ unbesiegbar) so, dass man jmdn. nicht besiegen kann:* ein unüberwindlicher Feind/ Gegner

un·um·gäng·lich, **un·um·gäng·lich** *adj /nicht steig./ (≈ unvermeidlich) so, dass man es nicht vermeiden kann:* unumgängliche Maßnahmen; etwas für unumgänglich halten; Leider ist eine Operation unumgänglich.

un·um·schränkt, **un·um·schränkt** *adj /nicht steig./ so, dass es nicht eingeschränkt oder begrenzt ist:* ein unumschränkter Herrscher; unumschränkte Macht besitzen

un·um·stöß·lich, **un·um·stöß·lich** *adj /nicht steig./ so, dass man es nicht mehr rückgängig machen kann:* ein unumstößlicher Beschluss; Das steht jetzt unumstößlich fest.

un·um·strit·ten, **un·um·strit·ten** *adj /nicht steig./ so, dass es nicht bezweifelt wird:* als unumstrittener Sieger aus etwas hervorgehen; Diese Tatsache ist unumstritten.

un·un·ter·bro·chen, **un·un·ter·bro·chen** *adj /nicht steig./* ❶ *ohne Unterbrechung:* in einer ununterbrochenen Reihe; fünfzehn Minuten ununterbrochen schwimmen ❷ *(umg.) sehr häufig oder viel:* In letzter Zeit bin ich ununterbrochen müde.; Musst du denn ununterbrochen arbeiten?; Er verschreibt sich ununterbrochen!

un·ver·än·der·lich, un·ver·än·der·lich *adj /nicht steig./ gleich bleibend:* unveränderliches Wetter
un·ver·än·dert, un·ver·än·dert *adj /nicht steig./ ohne, dass es sich ändert:* Ihr Zustand ist unverändert ernst.
un·ver·ant·wort·lich, un·ver·ant·wort·lich *adj /nicht steig./ so, dass es nicht zu verantworten ist:* unverantwortlicher Leichtsinn; Es ist unverantwortlich von dir, die Kinder allein zu lassen.
un·ver·äu·ßer·lich, un·ver·äu·ßer·lich *adj /nicht steig./ (geh.) so, dass man es jmdm. nicht wegnehmen kann:* ein unveräußerliches Recht
un·ver·bes·ser·lich, un·ver·bes·ser·lich *adj /nicht steig./ so, dass man es nicht ändern kann:* ein unverbesserlicher Lügner; Er ist eben ein unverbesserlicher Optimist.
un·ver·bind·lich, un·ver·bind·lich *adj /nicht steig./* ❶ *so, dass es zu nichts verpflichtet:* eine unverbindliche Zusage; ganz unverbindlich nach etwas fragen ❷ *(↔ verbindlich) höflich, aber wenig persönlich:* einen unverbindlichen Brief schreiben; jemandem unverbindlich antworten
un·ver·bleit *adj /nicht steig./ KFZ (≈ bleifrei) ohne Anteil von Blei:* unverbleites Benzin tanken
un·ver·blümt, un·ver·blümt *adj /nicht steig./ nicht vorsichtig, sondern ganz direkt:* jemandem unverblümt seine Meinung sagen
un·ver·däch·tig, un·ver·däch·tig *adj /nicht steig./ (≈ harmlos) so, dass es keinen Verdacht erregt:* ganz unverdächtig aussehen/tun
un·ver·dau·lich, un·ver·dau·lich *adj /nicht steig./* ❶ *so, dass man es nicht verdauen kann:* die unverdaulichen Bestandteile der Nahrung wieder ausscheiden ❷ *(umg.) so, dass man es schwer verstehen kann:* eine reichlich unverdauliche Lektüre
un·ver·dient *adj so, dass man es nicht verdient hat:* unverdiente Kritik; Die Mannschaft hat unverdient gewonnen.
un·ver·dor·ben *adj /nicht steig./* ❶ *so, dass man es essen kann:* unverdorbene Speisen ❷ *natürlich und nicht durch (schlechte) Einflüsse geprägt:* ein unverdorbenes Kind; einen unverdorbenen Geschmack haben
un·ver·dros·sen, un·ver·dros·sen *adj so, dass man sich von Rückschlägen nicht entmutigen lässt:* unverdrossen an den Erfolg glauben; sich unverdrossen für etwas einsetzen
un·ver·ein·bar, un·ver·ein·bar *adj so, dass es sich nicht in Übereinstimmung mit etwas bringen lässt:* ein unvereinbarer Widerspruch; Das ist mit seinen Überzeugungen unvereinbar.
un·ver·fälscht, un·ver·fälscht *adj* ❶ *(≈ rein) ohne Beimengungen:* unverfälschter Wein ❷ *nicht verändert; ursprünglich:* eine unverfälschte Tradition
un·ver·fäng·lich, un·ver·fäng·lich *adj (≈ harmlos) so, dass es keine Konflikte hervorrufen kann:* eine ganz unverfängliche Frage stellen; ein unverfängliches Thema anschneiden
un·ver·fro·ren, un·ver·fro·ren *adj (abwert.) ohne die nötige Zurückhaltung und Höflichkeit:* ganz unverfroren das Beste für sich beanspruchen
un·ver·gäng·lich, un·ver·gäng·lich *adj /nicht steig./ so, dass es für immer bestehen bleibt:* ein unvergängliches Erlebnis; die unvergängliche Schönheit der Berge
un·ver·ges·sen, un·ver·ges·sen *<-, -> adj so, dass man sich immer daran erinnert:* die unvergessene Schauspielerin
un·ver·gess·lich, un·ver·gess·lich *adj /nicht steig./ so, dass man es nicht vergessen kann:* ein unvergessliches Erlebnis
un·ver·gleich·lich, un·ver·gleich·lich *adj /nicht steig./ so gut, dass man es nicht vergleichen kann:* eine unvergleichliche Sängerin
un·ver·hält·nis·mä·ßig *adv so, dass es vom Normalen abweicht:* Es hat unverhältnismäßig viel geregnet.
un·ver·hei·ra·tet *adj /nicht steig./ nicht verheiratet:* ein unverheiratetes Paar; Er ist unverheiratet geblieben.
un·ver·hofft, un·ver·hofft *adj /nicht steig./ so, dass man es nicht erwartet hat:* ein unverhofftes Wiedersehen; Diese Nachricht kam völlig unverhofft.; ■ **Unverhofft kommt oft!** *was man nicht erwartet, passiert oft*
un·ver·hoh·len, un·ver·hoh·len *adj offen und ganz deutlich:* jemandem unverhohlen seine Abneigung zeigen; mit unverhohlener Neugier/Schadenfreude
un·ver·käuf·lich, un·ver·käuf·lich *adj /nicht steig./ nicht zu verkaufen:* ein unverkäufliches Muster/Ausstellungsstück
un·ver·kenn·bar, un·ver·kenn·bar *adj (≈ eindeutig) so klar als etwas zu erkennen, dass es keinen Zweifel gibt:* eine unverkennbare Ähnlichkeit; Das ist unverkennbar (ein Stück von) Mozart.
un·ver·letz·lich, un·ver·letz·lich *adj /nicht steig./ so, dass man es nicht beeinträchtigen oder ändern darf:* die unverletzlichen Rechte eines Bürgers
un·ver·letzt, un·ver·letzt *adj /nicht steig./ nicht verletzt:* bei einem Unfall unverletzt bleiben
un·ver·meid·lich, un·ver·meid·lich *adj /nicht steig./* ❶ *so, dass man es nicht verhindern kann:* Dieser Fehler war leider unvermeidlich.; Diese Aufgabe kommt unvermeidlich auf uns zu. ❷ *(umg. iron. abwert.) lästig, aber nicht zu verhindern:* die unvermeidlichen Ermahnungen der Mutter; Auch der unvermeidliche Herr Müller war wieder anwesend.
un·ver·min·dert, un·ver·min·dert *adj /nicht steig./ so, dass die Intensität nicht geringer geworden ist:* Mit unverminderter Wucht schlugen die Wellen gegen den Kai.
Un·ver·mö·gen *das <-s> /kein Plur./ (geh.) mangelnde Fähigkeit:* das Unvermögen, sich einer Situation anzupassen
un·ver·mu·tet *adj /nicht steig./ so, dass man es nicht vermutet hat:* unvermutet in Schwierigkeiten geraten; Der Berg tauchte ganz unvermutet vor uns auf.
Un·ver·nunft *die <-> /kein Plur./ ein Verhalten, das uneinsichtig und dumm ist:* etwas aus purer Unvernunft tun; Es zeugt von Unvernunft, bei diesem Wetter in die Berge zu fahren.
un·ver·nünf·tig *adj so, dass es nicht dem ent-*

spricht, zu dem die Vernunft raten würde: ein unvernünftiges Kind; Das ist sehr unvernünftig von euch!

ụn·ver·packt adj /nicht steig./ ohne Verpackung: unverpackte Lebensmittel

ụn·ver·rich·tet adj /nicht steig./ nicht getan: Ein großer Teil der Arbeit ist unverrichtet geblieben.; ■ **unverrichteter Dinge** ohne etwas erreicht zu haben Sie kamen von der Suche unverrichteter Dinge zurück.

ụn·ver·schämt¹ adj ❶ so frech, dass es als beleidigend empfunden wird: ein unverschämtes Benehmen; ein unverschämter Kerl; eine unverschämte Behauptung/Frage/Lüge/Unterstellung ❷(umg.) außerordentlich viel oder hoch: unverschämte Forderungen stellen/Preise verlangen; unverschämtes Glück haben

ụn·ver·schämt² adv (umg.) sehr: unverschämt gut aussehen; unverschämt groß/dick sein

Ụn·ver·schämt·heit die <-, -en> ❶ /kein Plur./ unverschämte¹ Art: etwas mit großer Unverschämtheit tun ❷unverschämte¹ Handlung: Deine Unverschämtheiten muss ich mir nicht länger gefallen lassen!

ụn·ver·schul·det, **un·ver·schul·det** adj /nicht steig./ so, dass man selbst keine Schuld daran hat: unverschuldet in Not geraten; unverschuldet in einen Unfall verwickelt werden

ụn·ver·se·hens adv (≈ plötzlich) ganz unversehens stehen bleiben

ụn·ver·sehrt adj /nicht steig./ ❶(≈ unverletzt) ohne Verletzungen: unversehrt aus dem Krieg heimkehren ❷(≈ unbeschädigt) ohne Schäden: Das Auto ist bei dem Unfall unversehrt geblieben.

ụn·ver·söhn·lich, **un·ver·söhn·lich** adj ❶ohne Bereitschaft zur Versöhnung: unversöhnliche Feinde ❷so groß, dass es nicht überwunden werden kann: unversöhnliche Gegensätze

ụn·ver·ständ·lich adj ❶so, dass man die Motive für etwas nicht verstehen kann: eine unverständliche Entscheidung; Es ist mir unverständlich, wie das geschehen konnte. ❷so, dass man es inhaltlich nicht verstehen kann: Seine wissenschaftlichen Theorien sind mir unverständlich.; Er spricht eine mir unverständliche Sprache.; Es ist unverständlich, was du meinst. ❸so, dass man es nicht richtig hören kann: Durch die Tür waren nur unverständliche Satzfetzen zu hören.

ụn·ver·steu·ert, **un·ver·steu·ert** adj /nicht steig./ ohne, dass Steuer darauf erhoben worden ist: unversteuerte Waren verkaufen

ụn·ver·sucht, **un·ver·sucht** ■ **nichts unversucht lassen** alles Mögliche versuchen, um etwas zu erreichen Sie ließ nichts unversucht, um uns doch noch zu überreden.

ụn·ver·träg·lich, **un·ver·träg·lich** adj ❶so, dass man es schlecht verträgt: unverträgliche Speisen/Medikamente ❷so, dass man schlecht mit anderen Menschen auskommt: ein unverträglicher Mensch/Charakter

ụn·ver·wandt adv ohne Unterbrechung und lange Zeit: jemanden unverwandt ansehen

un·ver·wẹch·sel·bar, **ụn·ver·wech·sel·bar** adj /nicht steig./ so einmalig, dass man es nicht ver-

wechseln kann: einer Stadt ein unverwechselbares Aussehen geben; Das ist unverwechselbar seine Art sich auszudrücken.

un·ver·wụnd·bar, **ụn·ver·wund·bar** adj /nicht steig./ so, dass jmd. nicht verwundet werden kann: Der Gegner schien unverwundbar.; Durch einen Zauber wurde er unverwundbar.

un·ver·wüst·lich, **ụn·ver·wüst·lich** adj /nicht steig./ ❶so, dass es nur schwer oder nicht zu zerstören ist: ein unverwüstlicher Stoff; Diese Wetterjacke ist unverwüstlich! ❷durch nichts zu beeinträchtigen oder zu zerstören: einen unverwüstlichen Humor haben; eine unverwüstliche Gesundheit/Konstitution haben

ụn·ver·zagt adj /nicht steig./ (veralt.) ohne Angst und mit ungebrochenem Willen: trotz der Gefahren/Rückschläge unverzagt weitermachen

un·ver·zeih·lich, **ụn·ver·zeih·lich** adj /nicht steig./ (≈ unentschuldbar) so, dass es nicht zu entschuldigen ist: ein unverzeihlicher Fehler

ụn·ver·zollt adj /nicht steig./ ohne, dass eine Zollgebühr dafür gezahlt worden ist: unverzollte Zigaretten widerrechtlich verkaufen

un·ver·züg·lich, **ụn·ver·züg·lich** adj /nicht steig./ (geh.) sofort: sich unverzüglich bei jemandem melden/entschuldigen

ụn·voll·en·det, **un·voll·ẹn·det** <nicht steig> adj nicht fertiggestellt: ein unvollendetes Werk; Diese Sinfonie ist unvollendet geblieben.

ụn·voll·kom·men, **un·voll·kọm·men** adj ❶so, dass es noch Mängel aufweist: meine unvollkommenen Kenntnisse; etwas nur unvollkommen beherrschen ❷so, dass es nicht vollständig ist: Die Liste ist noch unvollkommen.

Ụn·voll·kom·men·heit, **Un·voll·kọm·men·heit** die <-, -en> ❶unvollkommener Zustand: die Unvollkommenheit unseres Wissens/einer Darstellung ❷(≈ Mangel) Die Arbeit hat noch kleine Unvollkommenheiten.

ụn·voll·stän·dig, **un·voll·stän·dig** adj /nicht steig./ so, dass noch etwas fehlt: eine unvollständige Aufzählung

ụn·vor·be·rei·tet adj so, dass man nicht darauf vorbereitet ist: eine unvorbereitete Rede; unvorbereitet in den Unterricht gehen; Das hat uns ganz unvorbereitet getroffen.

ụn·vor·ein·ge·nom·men adj ohne Vorurteile: etwas ganz unvoreingenommen beurteilen; eine Jury aus unvoreingenommenen Personen

ụn·vor·her·ge·se·hen adj /nicht steig./ so, dass man nicht damit gerechnet hat: unvorhergesehene Ausgaben/Veränderungen

ụn·vor·schrifts·mä·ßig adj /nicht steig./ AMTSSPR. nicht nach den Vorschriften: ein unvorschriftsmäßig geparktes Fahrzeug

ụn·vor·sich·tig adj nicht vorsichtig: ein unvorsichtiger Mensch; Es war sehr unvorsichtig von ihm, das zu sagen.

Ụn·vor·sich·tig·keit die <-, -en> ❶ /kein Plur./ (≈ Leichtsinn) unvorsichtige Art: Seine Unvorsichtigkeit wird ihn noch einmal teuer zu stehen kommen. ❷unvorsichtige Handlung: Solche Unvorsichtigkeiten sollte man besser vermeiden!

un·vor·stẹll·bar¹, **ụn·vor·stell·bar** adj /nicht

steig. / ❶ *so, dass man es sich nicht vorstellen kann:* bisher unvorstellbare neue Möglichkeiten eröffnen; Es ist mir unvorstellbar, wie ich das vergessen konnte. ❷ *außerordentlich:* unvorstellbares Leid ertragen

un·vor·stẹll·bar², **ụn·vor·stell·bar** *adv sehr:* unvorstellbar viele Menschen; ein unvorstellbar tiefer Abgrund

ụn·vor·teil·haft *adj so, dass es ungünstig ist oder schadet:* unvorteilhaft gekleidet sein; sein Geld unvorteilhaft anlegen

Un·wạ̈g·bar·keit, **Ụn·wäg·bar·keit** *die* <-, -en> *etwas, das Risiken mit sich bringt:* Diese Aktion birgt zahlreiche Unwägbarkeiten in sich.

ụn·wahr *adj /nicht steig./ (geh.) nicht wahr:* unwahre Angaben machen; Was er sagt, ist unwahr.

ụn·wahr·schein·lich¹ *adj* ❶ *nicht wahrscheinlich:* Es ist unwahrscheinlich, dass wir noch rechtzeitig kommen. ❷ *(umg.) außerordentlich stark oder groß:* eine unwahrscheinliche Angst haben; unwahrscheinliche Schmerzen haben

ụn·wahr·schein·lich² *adv (umg.) sehr:* eine unwahrscheinlich große Summe; unwahrscheinlich gut aussehen

ụn·weg·sam *adj so, dass man sich dort nicht gut oder nur sehr schwer fortbewegen kann:* unwegsames Gelände

un·wei·ger·lich, **ụn·wei·ger·lich** *adj (≈ zwangsläufig) so, dass es auf jeden Fall geschieht:* Das ist die unweigerliche Folge davon.; Sie kommt jeden Tag unweigerlich zu spät.

ụn·weit *präp + Gen. nicht weit weg von:* unweit der Schule wohnen; Der Unfall ereignete sich unweit der Raststätte.

Ụn·we·sen *(geh.)* ■ **sein Unwesen treiben** *irgendwo Schaden anrichten* Eine Räuberbande trieb ihr Unwesen in dieser Gegend.

ụn·we·sent·lich *adj* ❶ *nicht wesentlich oder wichtig:* ein paar unwesentliche Veränderungen; Es ist unwesentlich, was ich dazu meine. ❷ *(≈ gering)* ein unwesentlicher Altersunterschied

Ụn·wet·ter *das* <-s, -> *sehr schlechtes Wetter, das meist von Sturm, starkem Regen, Hagel o. Ä. begleitet wird:* Plötzlich brach ein Unwetter los.

ụn·wich·tig *adj ohne Bedeutung oder Belang:* ein unwichtiges, kleines Detail; Es ist vollkommen unwichtig, was du darüber denkst.

un·wi·der·leg·bar, **ụn·wi·der·leg·bar** *adj /nicht steig./ so, dass es nicht widerlegt werden kann:* eine unwiderlegbare Tatsache

un·wi·der·ruf·lich, **ụn·wi·der·ruf·lich** *adj /nicht steig./ (≈ endgültig) so, dass es nicht widerrufen werden kann:* ein unwiderrufliches Urteil; unwiderruflich feststehen

un·wi·der·steh·lich, **ụn·wi·der·steh·lich** *adj* ❶ *so stark, dass man es nicht unterdrücken kann:* den unwiderstehlichen Wunsch nach etwas verspüren ❷ *so schön oder angenehm, dass man nicht widerstehen kann:* ein unwiderstehliches Lächeln; Sie ist einfach unwiderstehlich.

un·wie·der·bring·lich, **ụn·wie·der·bring·lich** <nicht steig> *adj (geh.) so, dass man es nicht mehr wiederholen kann:* unwiederbringliche Stunden verleben; unwiederbringlich verloren

sein; die unwiederbringliche Schönheit des Augenblicks

Ụn·wil·le *der* <-ns> */kein Plur./ (geh.) Verärgerung; Ablehnung:* der wachsende Unwille der Bevölkerung; seinen Unwillen gegen etwas deutlich zeigen

ụn·wil·lig *adj* ❶ *so, dass es Verärgerung oder Ablehnung erkennen lässt:* unwillig den Kopf schütteln; ein unwilliger Blick; einem Befehl unwillig Folge leisten ❷ *nicht bereit, etwas zu tun:* Er war unwillig, irgendetwas dagegen zu unternehmen.

ụn·will·kom·men *adj nicht willkommen:* unwillkommene Gäste; Er spürte, dass er unwillkommen war.

un·will·kür·lich, **ụn·will·kür·lich** *adj /nicht steig./ so, dass es nicht bewusst geschieht:* eine unwillkürliche Reaktion; einem Schlag unwillkürlich ausweichen

ụn·wirk·lich *adj so, dass man kein natürlich oder wirklich scheint:* Die Landschaft war in ein unwirkliches Licht getaucht.

ụn·wirk·sam *adj /nicht steig./ nicht wirksam:* ein unwirksames Medikament; unwirksame Maßnahmen

ụn·wirsch <unwirscher, am unwirsch(e)sten> *adj unfreundlich und ablehnend:* unwirsch reagieren

ụn·wirt·lich *adj (geh.) so, dass man sich nicht gern dort aufhält:* eine unwirtliche Gegend

ụn·wirt·schaft·lich *adj (≈ unrentabel) so, dass es keinen wirtschaftlichen Erfolg bringt:* unwirtschaftliche Maschinen

ụn·wis·send *adj so, dass man kein Wissen hat:* Willst du dumm und unwissend bleiben?; Auf diesem Gebiet bin ich völlig unwissend! ❷ *so, dass man von etwas nichts weiß:* sich unwissend stellen

Ụn·wis·sen·heit *die* <-> */kein Plur./ die Tatsache, dass man (von etwas) nichts weiß:* Unwissenheit schützt nicht vor Strafe.

ụn·wis·sen·schaft·lich *adj* ❶ *nicht wissenschaftlich begründet:* eine unwissenschaftliche Erklärung für etwas ❷ *so, dass es nicht den Kriterien des wissenschaftlichen Denkens und Arbeitens entspricht:* eine Argumentation/einen Gedankengang als unwissenschaftlich abtun

ụn·wis·sent·lich *adv /nicht steig./ ohne es zu wissen:* Ich habe das unwissentlich falsch gemacht.

ụn·wohl *adj nicht ganz gesund:* Ihr ist heute ein wenig unwohl.; ■ **sich irgendwo/bei jemandem/etwas unwohl fühlen** *in einer bestimmten Situation oder in der Gegenwart von jmdm. kein gutes Gefühl haben* Bei dieser Sache fühle ich mich ziemlich unwohl.; In seiner Gegenwart fühlt sie sich unwohl.

Ụn·wohl·sein *das* <-s> */kein Plur./ (geh.) leichte gesundheitliche Störung:* Das ist nur ein kleines Unwohlsein und geht schnell vorüber.

ụn·wür·dig *adj ohne Würde:* Lasst doch die unwürdige Streiterei.; die unwürdige Behandlung vieler Tiere; ■ **einer Sache unwürdig sein** *(geh.) etwas nicht verdienen* Er ist unseres Vetrauens unwürdig.; ■ **etwas ist jemandes unwürdig** *(geh.) etwas entspricht nicht der moralischen und sittli-*

U

chen Art von jmdm. Dieses Verhalten ist deiner unwürdig.

Ụn·zahl *die* <-> /kein Plur./ *riesige Menge:* eine Unzahl von Problemen

un·zäh·lig, **ụn·zäh·lig** *adj* /nicht steig./ *sehr viel(e):* unzählige Stunden üben müssen; Das habe ich dir doch schon unzählige Male gesagt! ◆ **Groß·schreibung** →R 3.7 Es kamen Unzählige, um zu gratulieren.

Ụn·ze *die* <-, -n> *Gewichtseinheit in manchen englischsprachigen Ländern (28,35 g)*

Ụn·zeit *(geh.)* ■ **zur Unzeit** *zu einer unpassenden Zeit* jemanden zur Unzeit anrufen

un·zeit·ge·mäß *adj* /nicht steig./ ❶ (≈ altmodisch) *so, dass es nicht (mehr) den gängigen Auffassungen entspricht:* unzeitgemäße Ansichten ❷ *nicht der Jahreszeit entsprechend:* unzeitgemäße Witterung

un·zer·brech·lich, **un·zer·bręch·lich** *adj* /nicht steig./ *nicht zerbrechlich:* unzerbrechliches Glas/ Geschirr

un·zer·kaut *adj* /nicht steig./ *ohne es vor dem Schlucken gekaut zu haben:* die Nahrung/eine Tablette unzerkaut herunterschlucken

un·zer·stör·bar, **ụn·zer·stör·bar** *adj* /nicht steig./ *so, dass man es nicht zerstören kann:* ein unzerstörbarer Bunker

un·zer·trẹnn·lich, **ụn·zer·trẹnn·lich** *adj* /nicht steig./ *so eng miteinander verbunden, dass man alles zusammen macht:* Die beiden Schwestern waren unzertrennlich.; zwei unzertrennliche Freunde

Ụn·zucht *die* <-> /kein Plur./ *(veralt.) sexuelles Verhalten, das gegen die Moral und die Sitten verstößt:* mit jemandem Unzucht treiben; ■ **Unzucht mit Minderjährigen** RECHTSW. *sexueller Missbrauch Minderjähriger*

un·züch·tig *adj (veralt.) sittlich und moralisch Anstoß erregend:* sich unzüchtig benehmen; unzüchtige Reden führen

un·zu·frie·den *adj nicht zufrieden:* mit dem Gehalt/seiner Lebenssituation/seinen Karriereaussichten unzufrieden sein; ein ewig unzufriedener Nörgler

Ụn·zu·frie·den·heit *die* <-> /kein Plur./ *der Zustand, unzufrieden zu sein:* seine Unzufriedenheit deutlich zeigen

un·zu·gäng·lich *adj* /nicht steig./ ❶ *so, dass man nicht hineingelangen kann:* Einige Räume waren wegen der Einsturzgefahr unzugänglich.; ein unzugängliches Gebiet/Tal ❷ *so, dass man schwer Kontakt zu anderen Menschen findet:* ein unzugänglicher Mensch/Typ; ■ **etwas gegenüber unzugänglich sein** *etwas nicht akzeptieren* Er ist meinen Bitten gegenüber unzugänglich.

un·zu·läng·lich *adj (geh.) so, dass es nicht ausreicht oder nicht so gut ist, wie es sein sollte:* unzulängliche Kenntnisse auf einem Gebiet haben; für eine Bergtour unzulänglich ausgerüstet sein

un·zu·läs·sig *adj* /nicht steig./ *(geh.: ≈ verboten) nicht erlaubt:* Das sind doch unzulässige Behauptungen/Verallgemeinerungen! ▶ **Unzulässigkeit**

un·zu·mut·bar *adj* /nicht steig./ *so, dass es nicht*

erwartet werden kann, dass man es akzeptiert: unter unzumutbaren Bedingungen arbeiten

Ụn·zu·mut·bar·keit *die* <-> /kein Plur./ *die Tatsache, dass etwas unzumutbar ist:* ein Angebot wegen Unzumutbarkeit ablehnen ◆ **-sgrenze**

un·zu·rech·nungs·fä·hig *adj* /nicht steig./ RECHTSW. *so, dass jmd. nicht für etwas verantwortlich gemacht werden kann:* Dem Täter wurde bescheinigt, dass er unzurechnungsfähig sei.

Ụn·zu·rech·nungs·fä·hig·keit *die* <-> /kein Plur./ RECHTSW. *die Eigenschaft, unzurechnungsfähig zu sein*

un·zu·rei·chend *adj* /nicht steig./ *nicht so, wie es eigentlich sein sollte:* unzureichend vorbereitet/ ausgestattet sein; unzureichende Informationen

un·zu·sam·men·hän·gend *adj* /nicht steig./ *so, dass es keinen Sinn macht:* unzusammenhängende Worte stammeln

un·zu·ver·läs·sig *adj so, dass man sich nicht darauf verlassen kann:* Leider ist sie sehr unzuverlässig.; ein unzuverlässiger Mensch; Das Gerät ist ziemlich unzuverlässig, machnchmal funktioniert es, manchmal nicht

un·zweck·mä·ßig *adj* /nicht steig./ *so, dass es für den genannten Zweck ungeeignet ist:* für einen Radausflug unzweckmäßig gekleidet sein

un·zwei·deu·tig *adj* /nicht steig./ (≈ eindeutig) *so, dass man es nicht missverstehen kann:* jemandem unzweideutig sagen, was er zu tun hat

un·zwei·fel·haft, **un·zwei·fel·haft** *adj* /nicht steig./ *so, dass man nicht daran zweifeln kann:* Das ist unzweifelhaft richtig.; Ihr Sieg ist unzweifelhaft.

Up·date *das* ['apdeɪt] <-s, -s> EDV *eine neue und verbesserte Version eines Programms:* das Update aus dem Internet herunterladen

Up·load *der* ['apləʊd] <-s, -s> EDV (↔ Download) *Vorgang, dass Daten von dem eigenen Computer an ein anderes System gesendet werden:* Upload einer Textdatei als Anhang zu einer Mail

Up·per·class *die* ['apᵊkla:s] <-> /kein Plur./ *die gesellschaftliche Oberschicht:* Das ist ein Sport für die Upperclass.

üp·pig *adj reichlich:* ein üppiges Essen; üppig wucherndes Grün; eine üppige Oberweite haben; ganz schön üppig verdienen; ■ **es (nicht so) üppig haben** *(umg.) (nicht so) viel Geld haben*

Ur *der* <-(e)s, -e> ZOOL. *Auerochse*

Ur- *als Erstglied zusammengesetzter Substantive; drückt aus,* ❶ *dass das mit dem Zweitglied Bezeichnete der Herkunft nach auf einen sehr alten/ sehr frühen/vorzeitlichen oder grundlegenden Zustand/Ausgangspunkt bezogen ist* ◆ -adel, -ahn(e), -alter, -anfang, -aufführung, -bedeutung, -beginn, -bestandteil, -bevölkerung, -bewohner(in), -christentum, -druck, -einwohner(in), -fassung, -form, -gemeinde, -geschichte, -geschichtler(in), -gesellschaft, -gestalt, -gestein, -gewalt, -grund, -heimat, -instinkt, -kanton, -kirche, -landschaft, -meer, -mensch, -mutter, -pflanze, -produkt, -produktion, -quelle, -schlamm, -schleim, -schrift, -schweiz, -sendung, -sprache, -stoff, -stromtal, -suppe, -teilchen, -text, -tierchen, -trieb, -typ, -typus, -vater, -vertrauen, -verwandtschaft, -viech/-vieh, -vogel,

-volk, -wahl, -welt, -zeugung ❷ *dass das mit dem Zweitglied Bezeichnete in der nachvollziehbaren Generationenabfolge vor den Großeltern bzw. Enkeln liegt* ◆-eltern, -großeltern, -großmutter, -großvater, -oma, -opa

ur- *als Erstglied zusammengesetzter Adjektive; drückt aus,* ❶ *dass die mit dem Zweitglied bezeichnete Eigenschaft auf einen sehr alten/sehr frühen/vorzeitlichen/ursprünglichen oder sehr grundlegenden Zustand/Ausgangspunkt bezogen ist* ◆-alt, -anfänglich, -christlich, -germanisch, -geschichtlich, -menschlich, -schriftlich, -verwandt, -weltlich ❷ *dass die mit dem Zweitglied bezeichnete Eigenschaft für jmd./etwas sehr grundlegend/typisch ist; intensivierend, mit Betonung auf beiden Bestandteilen* ◆-amerikanisch, -cool, -deutsch, -eigen, -eigentümlich, -geil, -gemütlich, -gesund, -komisch, -plötzlich, -wienerisch ❸ *dass das mit dem Zweitglied Bezeichnete in der nachvollziehbaren Generationenabfolge vor den Großeltern liegt* ◆-großmütterlich, -großväterlich

Ur·ab·stim·mung *die* <-, -en> POL. *eine Wahl, bei der die Mitglieder einer Gewerkschaft abstimmen, ob es einen Streik geben soll oder nicht:* eine Urabstimmung über einen Streik durchführen

Ural *der* <-(s)> GEOGR. *Gebirgszug zwischen Asien und Europa in Westsibirien*

Uran *das* <-s> CHEM. *radioaktives chemisches Element, das Grundstoff zur Erzeugung von Atomenergie ist*

Ur·angst *die* <-, Urängste> PSYCH. *eine Angst, die der Mensch von Geburt an hat:* die Urangst vor der Dunkelheit

Uran·vor·kom·men *das* <-s, -> *natürliches Vorkommen von Uran*

ur·auf·füh·ren <-, -, hat uraufgeführt> *mit OBJ* ■ *etwas wird uraufgeführt ein Theaterstück, ein Film, eine Oper, eine Zirkusnummer o. Ä. wird zum ersten Mal aufgeführt:* Gestern wurde das Stück uraufgeführt.; ein Theaterstück uraufführen

Ur·auf·füh·rung *die* <-, -en> *erste Aufführung:* die Uraufführung einer neuen Oper ◆Welt-

ur·ban *adj /nicht steig./ (geh.: ≈ städtisch)* das urbane Leben

ur·bar ■ *etwas urbar machen etwas für die landwirtschaftliche Nutzung vorbereiten* unkultiviertes Land urbar machen

Ur·bild *das* <-(e)s, -er> *(geh.) die Verkörperung von etwas, die alle typischen Merkmale der Sache trägt und als Vorbild dienen kann:* das Urbild einer treu sorgenden Mutter

ur·chig *adj /nicht steig./* SCHWEIZ. *urwüchsig; bodenständig*

Ur·du *das* <-> */kein Plur./ Amtssprache in Pakistan*

Ur·en·kel *der*; **Ur·en·ke·lin** <-s, -> *Sohn oder Tochter von jmds. Enkel oder Enkelin*

ur·gie·ren <urgierst, urgierte, hat urgiert> *mit OBJ* ■ *jmd. urgiert jmdn./etwas* ÖSTERR. *jmdn. oder etwas anmahnen*

Ur·he·ber *der*; **Ur·he·be·rin** <-s, -> ❶ *Person, die etwas verursacht hat:* der Urheber eines Streits ❷ *Person, die ein Kunstwerk geschaffen hat:* der Urheber dieses Werkes

Ur·he·ber·recht *das* <-(e)s, -e> */kein Plur./* RECHTSW. *Gesamtheit der Gesetze, die die Rechte des Urhebers [2] schützen:* Die unerlaubte Kopie eines Werkes verstößt gegen das Urheberrecht.

ur·he·ber·recht·lich *adj /nicht steig./* RECHTSW. *auf das Urheberrecht bezogen oder zu ihm gehörend:* urheberrechtlichen Schutz genießen

Uri <-s> GEOGR. *ein Kanton in der zentralen Schweiz*

urig *adj* ❶ *urtümlich:* eine urige Kneipe ❷ *auf angenehme Weise komisch:* ein uriger Typ

Urin *der* <-s, -e> */Plur. selten/ (≈ Harn) das Wasser, das der Körper von Menschen und Tieren ausscheidet:* den Urin untersuchen lassen ◆-probe, -untersuchung

uri·nie·ren *ohne OBJ* ■ *jmd. uriniert (geh.: ≈ umg. pinkeln) Harn lassen*

Urin·zu·cker *der* <-s> */kein Plur./* MED. *Zuckeranteil im Urin:* den Urinzucker bestimmen lassen

Ur·knall *der* <-(e)s> */kein Plur./* PHYS., ASTRON. *(≈ Big Bang) nach der herrschenden physikalischen Theorie der Vorgang, dass das Weltall in einer Art Explosion aus einem winzig kleinen Punkt von unvorstellbar dicht gepackter Materie hervorgegangen ist*

Ur·kun·de *die* <-, -n> *ein offizielles Dokument, mit dem etwas bescheinigt wird:* eine Urkunde, die eine Ehe/eine Geburt/eine bestandene Prüfung bescheinigt; Die Sieger erhielten ihre Urkunden. ◆Besitz-, Ehren-, Geburts-, Heirats-, Sieger-

Ur·kun·den·fäl·schung *die* <-, -en> */Plur. selten/* RECHTSW. *das Fälschen einer Urkunde:* wegen Urkundenfälschung verurteilt werden

ur·kund·lich *adj /nicht steig./* *mit oder in einer Urkunde:* urkundlich erwähnt sein

Ur·laub *der* <-(e)s, -e> ❶ *die Zeit, in der man nicht arbeiten muss:* Urlaub nehmen/beantragen/einreichen ❷ *ein Aufenthalt an einem Ort, der fern von zu Hause ist und an dem man sich von der Arbeit erholt:* in den Urlaub fahren; Urlaub in der Schweiz/in den Bergen/am Meer machen ◆Aktiv-, Bade-, Sommer-, Weihnachts-

Ur·lau·ber *der*; **Ur·lau·be·rin** <-s, -> *Person, die irgendwo Urlaub [2] macht:* Unterkünfte für Urlauber anbieten

Ur·laubs·an·spruch *der* <-(e)s, Urlaubsansprüche> *Anspruch eines Angestellten oder eines Arbeiters auf eine bestimmte Zahl von Urlaubstagen pro Jahr*

Ur·laubs·geld *das* <-(e)s, -er> *eine bestimmte Summe Geld, die einem Angestellten zusätzlich zum Gehalt für den Urlaub gezahlt wird*

Ur·laubs·zeit *die* <-, -en> *die Jahreszeit, in der viele Menschen Urlaub machen:* In der Urlaubszeit ist es hier immer sehr voll.; die Urlaubszeiten der einzelnen Bundesländer

Ur·ne *die* <-, -n> ❶ *eine Art Krug, in dem die Asche eines Toten aufbewahrt wird* ◆-nbeisetzung, -nbestattung, -nfriedhof, -ngrab ❷ POL. *(≈ Wahlurne) das Gefäß, in das die Wähler die Wahlzettel einwerfen*

Ur·sa·che *die* <-, -n> *(≈ Grund) etwas, das etwas bewirkt:* Was ist die Ursache für deine Verärgerung?; aus ungeklärter Ursache geschehen; die Ur-

U

sache einer Sache ermitteln; ∎**Keine Ursache!** *verwendet als kurze Antwort, nachdem sich jmd. bedankt hat* Herzlichen Dank! – Keine Ursache! ◆Todes-, Unfall-

Ur·sprung *der* <-(e)s, Ursprünge> *der Zeitpunkt oder der Ort, an dem etwas angefangen hat:* der Ursprung einer Entwicklung; der Ursprung eines Flusses; Dieses Wort ist lateinischen Ursprungs.

ur·sprüng·lich *adj /nicht steig./* ❶ *so, wie es zu Anfang war:* Der ursprüngliche Text des Schreibens lautete anders.; Ursprünglich wollte ich auch teilnehmen, dann habe ich es mir anders überlegt. ❷ *natürlich; unverfälscht:* eine ursprüngliche Landschaft; die ursprüngliche Kultur dieses Volkes; eine ursprüngliche Art haben

Ur·sprungs·land *das* <-(e)s, Ursprungsländer> *Land, aus dem etwas stammt:* Argentinien ist das Ursprungsland des Tangos.

Ur·sprungs·ort *der* <-(e)s, -e> *Ort, von dem etwas stammt oder an dem sich etwas zuerst entwickelt hat*

Ur·teil *das* <-s, -e> ❶ *eine Aussage, die eine bestimmte Ansicht über jmdn. oder etwas enthält:* Mein Urteil über ihn steht fest.; sich kein Urteil erlauben können; sein Urteil zu etwas abgeben/über jemanden fällen; Er hat sich noch kein Urteil darüber gebildet. ❷ RECHTSW. *die Entscheidung, die ein Richter am Ende eines Prozesses trifft:* das Urteil anfechten/annehmen/verkünden/vollstrecken

ur·tei·len *ohne OBJ* ∎ *jmd. urteilt (über jmdn./ etwas) etwas prüfen und sich dann eine Meinung (über jmdn./etwas) bilden:* Darüber kann ich nicht urteilen.; hart/gerecht/ungerecht urteilen

Ur·teils·be·grün·dung *die* <-, -en> RECHTSW. *Begründung, warum ein bestimmtes Urteil² gefällt wurde*

Ur·teils·spruch *der* <-(e)s, Urteilssprüche> RECHTSW. *Verkündung eines Urteils² durch einen Richter*

Ur·teils·ver·mö·gen *das* <-s> */kein Plur./ die Fähigkeit, über etwas urteilen zu können:* ein eingeschränktes Urteilsvermögen haben

Ur·teils·voll·stre·ckung *die* <-, -en> */meist Sing./ das Umsetzen eines Urteils² die Tat*

ur·tüm·lich *adj (≈ ursprünglich) unverfälscht; natürlich:* urtümliche Bräuche; eine urtümliche Landschaft

Uru·gu·ay ['uru.../... gua:ij] <-s> GEOGR. *ein Land in Südamerika mit Grenzen zu Argentinien und Brasilien* ▸Uruguayer, Uruguayerin, uruguayisch

U Ur·ur·groß·mut·ter *die* <-s, Ururgroßmütter> *die Mutter der Urgroßmutter*

Ur·ur·groß·va·ter *der* <-s, Ururgroßväter> *der Vater des Urgroßvaters*

Ur·wald *der* <-(e)s, Urwälder> *ein großes Waldgebiet, das besonders in den Tropen vorkommt:* die reiche Tier- und Pflanzenwelt des brasilianischen Urwalds; Eingeborenenstämme im Urwald des Amazonasbeckens

ur·wüch·sig *adj /nicht steig./* ❶ *(≈ ursprünglich) nicht von Menschen verändert:* die urwüchsige Natur ❷ *nicht von außen beeinflusst und ganz natürlich:* einen urwüchsigen Humor haben; ein urwüchsiger Menschenschlag

Ur·zeit *die* <-, -en> *die älteste Zeit der erdgeschichtlichen Entwicklung:* Diese Kohlelagerstätten stammen aus der Urzeit der Erde.; ∎ **seit/vor Urzeiten** *seit oder vor sehr langer Zeit*

Ur·zu·stand *der* <-(e)s> */kein Plur./ der Zustand, wie er ganz am Anfang war:* etwas wieder in seinen Urzustand zurückversetzen

USA *die* [u:?ɛs'?a:] <-> GEOGR. *Abkürzung von „United States of America": Vereinigte Staaten von Amerika:* Die USA sind eine Weltmacht.; In den USA war ich zuletzt 1999.

Us·be·ki·stan *das* <-s> */kein Plur./* GEOGR. *ein Staat in Mittelasien mit Grenzen zu Kasachstan, Tadschikistan, Turkmenistan, Kirgisien und Afghanistan* ▸Usbeke, Usbekin, usbekisch, Usbekisch, Usbekische

User *der* ['ju:zɐ] <-s, -> EDV *jmd., der einen Computer benutzt*

Usur·pa·tor *der* <-s, ...toren> *(geh.) Person, die widerrechtlich die Gewalt im Staat an sich reißt*

usur·pie·ren *mit OBJ* ∎ *jmd. usurpiert etwas (geh.) mit Gewalt etwas an sich reißen:* die Macht/das Land usurpieren

Usus *der* <-> */kein Plur./* ❶ *(geh.) Brauch; Gewohnheit:* Das ist bei uns/hier so Usus. ❷ SPRACHWISS. *der übliche Sprachgebrauch, an dem man sich orientiert; siehe auch* **Regel**

usw. *Abkürzung von „und so weiter"*

Uten·sil *das* <-s, -ien> */meist Plur./ das, was man für etwas Bestimmtes braucht:* die Utensilien zum Schreiben ◆Mal-, Näh-, Schmink-, Schreib-

Ute·rus *der* <-, Uteri> ANAT. *Gebärmutter*

Uto·pia *das* <-s> */kein Plur./ ein Land, das nur in der Phantasie existiert und in dem eine gerechte Gesellschaft herrscht, in der niemand Not leidet:* in Utopia; die Suche nach Utopia

Uto·pie *die* <-, ...-pien> *eine Idee, die so wirklichkeitsfern oder fantastisch ist, dass man sie nicht verwirklichen kann:* die Utopie einer gerechten Gesellschaft; Vielleicht ist es doch keine Utopie und wir können es verwirklichen?

uto·pisch *adj* ❶ *in der Art einer Utopie:* utopische Vorstellungen/Ideen/Ziele ❷ KUNST, LIT. *ein Kunstwerk, das in einer erdachten (zukünftigen) Welt handelt:* ein utopischer Roman ❸ *(umg.) unrealistisch hoch oder groß:* utopische Preise verlangen

Uto·pist *der* <-en, -en>; **Uto·pis·tin** <-en, -en> *(abwert.) jmd., der Utopien nachhängt und sich zu wenig an der Realität orientiert*

UV [u:'fau] *Abkürzung von „ultraviolett"*

UV-Strah·len [u:'fau...] <-> *Plur.* PHYS. *ultraviolette Strahlen*

Ü-Wa·gen *der* <-s, -> *(≈ Übertragungswagen)*

Vv

V, v *das der zweiundzwanzigste Buchstabe des Alphabets:* ein großes V; ein kleines v

Va·banque·spiel *das* [va'bã:k] <-(e)s> /*kein Plur./ (geh.)* etwas, das ein sehr hohes Risiko darstellt: Der Kauf dieser Aktien ist doch ein Vabanquespiel.; sich auf kein Vabanquespiel einlassen

Va·de·me·kum *das* <-s, -s> *(geh.) ein (kleines) Handbuch zu einem bestimmten Thema*

Va·ga·bund *der*, **Va·ga·bun·din** <-en, -en> *(veralt.:* ≈ *Landstreicher) jmd., der ohne festen Wohnsitz lebt* ◆-enleben

va·ga·bun·die·ren <vagabundierst, vagabundierte, hat/ist vagabundiert> *ohne OBJ* ■ *jmd.* *vagabundiert* ❶*(haben) als Vagabund leben* ❷*(sein) ohne Ziel umherstreifen*

Va·gant *der* <-en, -en> GESCH. ❶*wandernder Musikant, Sänger* ❷*(im Mittelalter) Student* ▶vagieren

Va·gan·ten·dich·tung *die* <-, -en> LIT. *von Vaganten[I] verfasste lateinische weltliche Dichtung des Mittelalters*

vag, va·ge <vager, am vagsten> *adj (*≈ *ungewiss, unbestimmt* ↔ *präzise) nicht präzise und eindeutig:* Mit vagen Versprechungen ist mir nicht geholfen, ich brauche feste Zusagen.; Sie hat nur vage Vorstellungen, welchen Beruf sie erlernen möchte. ▶Vagheit

Va·gi·na, Va·gi·na *die* <-, Vaginen> ANAT. *(*≈ *Scheide) der Teil des weiblichen Geschlechtsorgans, der von der Gebärmutter nach außen führt* ▶vaginal

va·kant *adj /nicht steig./ (geh.) nicht besetzt:* Die Stelle des Verkaufsleiters/Der Lehrstuhl für Literaturwissenschaft ist vakant.

Va·kanz *die* <-, -en> *(geh.)* ❶*eine unbesetzte Stelle* ❷ÖSTERR. *Ferien*

Va·ku·um *das* <-s, Vakuen/Vakua> ❶PHYS. *ein (fast) luftleerer Raum:* das Vakuum in einer Elektronenröhre ◆-pumpe, -röhre ❷*(übertr.) eine Situation, in der etwas nicht ausgefüllt und deshalb für verschiedene Einflüsse offen ist:* das machtpolitische Vakuum nach dem Sturz des Diktators ◆Macht-

va·ku·um·ver·packt *adj /nicht steig./ so, dass ein Lebensmittel in einer bestimmten Weise versiegelt ist, die es sehr lange haltbar macht:* Neben frisch gemahlenem haben wir auch stets vakuumverpackten Kaffee als Vorrat im Hause. ▶Vakuumverpackung

Va·len·tins·tag *der* <-(e)s, -e> *der als Tag der Liebenden gefeierte Tag (14. Februar), an dem man sich Blumen schenkt oder Kartengrüße schickt*

Va·lenz *die* <-, -en> ❶CHEM. *(*≈ *Wertigkeit) die Eigenschaft von Atomen, eine bestimmte Anzahl von Atomen anderer Elemente im Molekül zu binden oder zu ersetzen* ◆-elektron ❷SPRACHWISS. *Eigenschaft eines Wortes, vor allem des Verbs, bestimmte andere Wörter grammatisch an sich zu binden* ◆-beziehung, -bindung, -grammatik, -rah-

men, -stelle, -theorie, -wörterbuch, Adjektiv-, Substantiv-, Verb- ▶valenzbasiert, valenztheoretisch

---

In diesem Wörterbuch erhalten Verben eine Angabe dazu, ob sie ein direktes Objekt erfordern, oder nicht. In vorliegendem Wörterbuch wird dazu die Methode gewählt, dies in einem Textsegment in Form von „ohne Obj." oder „mit Obj." anzugeben. In anderen Wörterbüchern wählt man die Ausdrücke „transitiv" (abgekürzt „tr.") und „intransitiv" (abgekürzt „intr.") zur Markierung gleicher grammatischer Gegebenheiten. Kommentierungen dieser Art gehen zurück auf das in der Sprachwissenschaft übliche Konzept der **Valenz**, das der Chemie entlehnt ist (den dortigen Valenzbindungen). Mit *Valenz,* auch *Fügungspotenz, Stelligkeit* oder *Wertigkeit* genannt, wird die Eigenschaft insbesondere von Verben erfasst, ganz bestimmte Mitspieler zu erfordern, damit eine grammatisch vollständige Satzäußerung entsteht. Unter ihnen können so bezeichnete *Ergänzungen* nicht beliebig weggelassen oder hinzugefügt werden; und sie sind im Unterschied zu den so bezeichneten *Angaben,* die „frei" sind, nicht in ihrer morphologisch-syntaktischen Form veränderbar. Der Anzahl nach werden unterschieden vor allem einwertige, zweiwertige und dreiwertige Verben: So bezeichnete *einwertige* Verben wie *schlafen* (vgl. *Er schläft*) verlangen obligatorisch nur einen Mitspieler; *zweiwertige* Verben wie *lieben* oder *betrachten* verlangen zwei Mitspieler (vgl. *Sie liebt ihn, Er betrachtet das Bild*); *dreiwertige* Verben wie *schenken* und *geben* verlangen drei Mitspieler (vgl. *Sie schenkt ihm etwas, Er gibt ihr das Buch*). Zu den Valenzbeziehungen nicht nur von Verben gibt es Valenzwörterbücher und Valenzgrammatiken.

---

va·lid, *a.* **va·li·de** *adj /nicht steig./ (fachspr.) der Zustand, dass eine (wissenschaftliche) Aussage gültig und zuverlässig ist:* Dieser Beweis ist/gilt als valide. ▶Validität

va·li·die·ren <validierst, validierte, hat validiert> *mit OBJ* ❶■ *jmd. validiert etwas (fachspr.) feststellen, dass eine bestimmte Methode für einen bestimmten Zweck geeignet und gültig ist:* Wir wissen nicht genau, ob die neue Testmethode gültige Aussagen über Arbeitsmotivation machen kann – wir müssen sie noch validieren. ❷■ *etwas validiert etwas EDV entstehende Daten bereits während des Eingabeprozesses mit einem hinterlegten Strukturmodell vergleichen* ▶Validierung

Va·lu·ta *die* <-, Valuten> ❶WIRTSCH., BANKW. *ausländische Währungen* ❷BANKW. *die Festsetzung des Tages, an dem Gutschriften oder Belastungen auf einem Konto vorgenommen werden oder von*

dem an ein Posten verzinst oder zinspflichtig wird ♦ -geschäft, -kredit, -papier

Vamp *der* [vɛmp] <-s, -s> *erotisch anziehende und sehr verführerische Frau, die aber gleichzeitig kalt und berechnend ist: Sie spielte in diesem Film den Typ des männermordenden Vamps.*

Vam·pir *der* <-s, -e> *ein Verstorbener, der dem Volksglauben nach nachts aus seinem Sarg steigt, um lebenden Menschen durch einen Biss das Blut auszusaugen: Graf Dracula, der wohl berühmteste Vampir* ► Vampirismus

Van·da·le, Wan·da·le *der* <-n, -n> ❶ *Angehöriger eines germanischen Volksstammes* ❷ *(übertr.) zerstörungswütiger Mensch;* ■ **jemand haust wie ein Vandale** *beschädigt oder zerstört irgendwo etwas auf sinnlose Art Die Einbrecher haben in dem Laden wie die Vandalen gehaust.*

Van·da·lis·mus, Wan·da·lis·mus *der* <-> */kein Plur./ sinnlose Zerstörungswut: Die Zerstörung der Telefonzellen war reiner Vandalismus.*

Va·nil·le *die* [va'nɪljə, va'nɪlə] <-> */kein Plur./ ein Gewürz (für Süßspeisen), das man z. B. in Eis und Pudding verwendet* ♦ -aroma, -eis, -geschmack, -pudding, -soße, -zucker

Va·ria *die* <-> *Plur. (fachspr.) Verschiedenes: In der Sitzung sprechen wir nach den wichtigsten Themen am Ende noch über Varia (wie zum Beispiel den Betriebsausflug).*

va·ri·a·bel <variabler, am variabelsten> *adj (geh.: ≈ flexibel) so, dass man es (ver)ändern und anders gestalten kann: Wir haben uns eine variable Regalwand gekauft, die lässt sich später noch ausbauen.* ► Variabilität

Va·ri·a·ble *die* <-, -n/-> MATH., PHYS. *(↔ Konstante) eine veränderliche Größe, die verschiedene Werte annehmen kann: Die Gleichung 4x = 2y enthält zwei Variablen, nämlich x und y.*

Va·ri·an·te *die* <-, -n> *(geh.: ≈ Spielart) eine (leicht) veränderte Form oder Abwandlung von etwas: Es gibt verschiedene Varianten bei der Aussprache des Buchstabens „r".; Sie eröffnete die Schachpartie mit einer ungewöhnlichen Variante.* ► variantenreich ♦ Farb-, Geschmacks-, Stil-

Va·ri·anz *die* <-, -> MATH. *(↔ Invarianz) Maß für die Größe der Abweichung vom Mittelwert*

Va·ri·a·ti·on *die* <-, -en> ❶ *(≈ Abwandlung) das Variieren: Von diesem Märchen gibt es verschiedene Variationen.* ❷ *etwas, das variiert wird: In diesem Geschäft gibt es Sommerschuhe in allen Variationen.* ❸ MUS. *melodische, harmonische oder rhythmische Abwandlung eines Themas: Auf dem Konzertprogramm steht auch eine Variation über ein Thema von Mozart.* ♦ -sbreite, -smöglichkeit

Va·ri·e·tät *die* [vari̯e'tɛːt] <-, -en> ❶ BIOL. *(≈ Abart) eine geringfügig vom Standardtyp abweichende Form eines Lebewesens* ❷ SPRACHWISS. *Bezeichnung für eine Variante/sprachliche Ausprägungsform innerhalb einer heterogenen Einzelsprache* ♦ Sprach-; *siehe auch* **Dialekt, Fachsprache, Jugendsprache, Standardsprache**

Als **Varietät** wird der Umstand zusammengefasst, dass Einzelsprachen keine homogenen, in sich einheitlichen Gebilde sind, sondern heterogen. Die im Alltag geläufige Erfahrung einer Vielfalt von „Sprachen in der Sprache" findet ihren Niederschlag in Bezeichnungen, mit denen man hypostasierend auf „Sprache" Bezug nimmt: *Werbesprache, Gaunersprache, Fachsprache, Amtssprache, Gruppensprache, Sondersprache, Jugendsprache, Frauensprache, Männersprache* usw. Dies hat man auch als *innere Mehrsprachigkeit* (des Deutschen) erfasst. Mit *Sprachvariation* bezieht man sich auf die Heterogenität von Einzelsprachen allgemein, während das Varietäten-Konzept beinhaltet, weiter zu differenzieren. Dabei weisen die jeweils unterschiedenen Varietäten bei weitgehend gemeinsamen Merkmalen intern teils eine große Variation auf. Je nach Einteilung werden in der Soziolinguistik vor allem folgende Gesichtspunkte veranschlagt: räumliche bzw. areale (Mundart bzw. Dialekt, Umgangssprache; vgl. die Stichwörter dazu), altersspezifische (Jugendsprache; vgl. dazu das Stichwort), fachorientierte bzw. funktional-situative (Fachsprache; vgl. das Stichwort), soziale (Soldatensprache, Soziolekte generell), geschlechtsspezifische (Frauensprache) usw. Je nach sprachwissenschaftlicher Tradition wird darauf auch mit *Register, Funktionalstil* und *Sondersprache* Bezug genommen. Außerdem werden Ausdrücke mit „-lekt" (z. B. *Regiolekt, Soziolekt*) verwendet. Dabei konkurriert der Ausdruck *Soziolekt* entweder generell mit *Varietät*, oder er wird als soziale Varietät eingeordnet. Varietäten fasst man entweder als Sonderformen einer gleichsam „neutralen" Sprachform auf, nämlich der so bezeichneten *Standardsprache* (auch: *Schriftsprache, Hochsprache, Gemeinsprache*); oder diese wird als Gesamtheit von Varietäten angesehen. Meist versteht man die Standardsprache (vgl. das Stichwort) als übergreifende, alle Varietäten überdachende Sprachform, weshalb sie auch als *Leitvarietät* bezeichnet wird.

Va·ri·e·tee, *a.* **Va·ri·e·té** *das* [vari̯e'teː] <-(s), -s> ❶ *eine Art Theater, dessen Programm aus einer Abfolge von akrobatischen, künstlerischen, musikalischen und tänzerischen Darbietungen besteht* ❷ *(≈ Revue) Vorführung in einem Varietee¹*

va·ri·ie·ren [vari̯'iːrən] <variierst, variierte, hat variiert> **I.** *mit OBJ* ■ *jmd. variiert etwas (≈ abwandeln, modifizieren) leicht verändern: Wir haben die Versuchsanordnung bereits einige Male variiert.* **II.** *ohne OBJ* ■ *etwas variiert sich leicht voneinander unterscheiden: Alle gemessenen Werte variieren.*

Va·sall *der* <-en, -en> GESCH. *Gefolgsmann, Lehensmann* ♦ -endienst, -eneid, -enpflicht ► Vasallentum

Va·sal·len·staat *der* <-es, -en> POL. *ein Staat, der von einem anderen Staat abhängig ist*

Va·se *die* <-, -n> *ein Gefäß, in das man*

(Schnitt-)Blumen stellt: eine bauchige/hohe/ schlanke Vase aus Glas/Kristall/Ton. ◆Blumen-

Va·se·lin *das* <-s> */kein Plur./* eine Substanz, die für die Herstellung von Salben und Schmiermitteln verwendet wird

Va·se·li·ne *die* <-> */kein Plur./* (≈ Vaselin)

vas·ku·lär *adj /nicht steig./* MED. zu den Blutgefäßen gehörend

va·so·mo·to·risch *adj /nicht steig./* MED. die Gefäßnerven betreffend

Va·ter *der* <-s, Väter> ❶ (↔ *Mutter*) ein Mann, der ein Kind gezeugt hat: Unser Nachbar wurde zum zweiten Mal Vater.; Er ist Vater von drei Kindern. ◆-rolle ❷ ein Mann, der sich in der Rolle eines Vaters¹ um ein oder mehrere Kinder kümmert: Als die Mutter wieder heiratete, bekamen die Kinder einen neuen Vater. ◆-bild, -bindung, -figur, -haus, -liebe, -pflicht, Stief- ❸ ein männliches Tier, das Junge gezeugt hat ❹ */meist Plur./* (geh.: ≈ Schöpfer) jmd., der etwas geschaffen oder erfunden hat: Wer waren die Väter des Grundgesetzes? ❺ */kein Plur./* REL. Gott; ■der Vater im Himmel/der himmlische Vater Gott; ■Vater Staat *(umg. scherzh.)* der Staat (im Zusammenhang mit Finanzen und Steuern); ■Heiliger Vater REL. der Papst

Va·ter·freu·den ■Vaterfreuden entgegensehen *(scherzh.)* bald Vater¹ werden

Va·ter·land *das* <-(e)s, -länder> *(geh.: ≈ Heimat)* das Land, in dem man geboren ist und zu dessen Volk man gehört ◆-sverräter

Va·ter·lands·lie·be *die* <-> */kein Plur./* (geh.: ≈ Patriotismus) die positive Einstellung zum eigenen Vaterland

vä·ter·lich *adj /nicht steig./* (↔ *mütterlich*) ❶ wie ein guter Vater (sorgend): Er war mir stets ein väterlicher Freund. ❷ zum Vater gehörend: Wer wird später das väterliche Geschäft übernehmen?

vä·ter·li·cher·seits *adv (in Bezug auf Verwandtschaftsbeziehungen:* ↔ *mütterlicherseits)* von der Seite des Vaters: Auf diesem Foto siehst du meine Großeltern väterlicherseits.

Vä·ter·lich·keit *die* <-> */meist Sing./* (↔ *Mütterlichkeit)* die väterliche¹ Art

va·ter·los *adj /nicht steig./* (↔ *mutterlos)* ohne Vater: Das Kind wächst vaterlos auf.

Va·ter·mord *der* <-(e)s> */kein Plur./* das Ermorden des eigenen Vaters ▶Vatermörder, Vatermörderin

Va·ter·recht *das* <-s, -e> */meist Sing./* (≈ Patriarchat ≈ Matriarchat, Mutterrecht) die rechtliche Ordnung in Familie und Gesellschaft, die durch Vormachtstellung des Mannes und Erbfolge in väterlicher Linie gekennzeichnet ist

Va·ter·schaft *die* <-, -en> */kein Plur./* RECHTSW. der Umstand, Vater eines Kindes zu sein (und seine rechtlichen Konsequenzen): die Vaterschaft bestreiten; ungeklärte Vaterschaften ◆-sanerkennung, -sanfechtung, -stest, -surlaub

Va·ter·schafts·kla·ge *die* <-, -n> RECHTSW. eine Klage, mit der festgestellt werden soll, ob ein Mann der leibliche Vater eines Kindes ist (und Unterhaltszahlungen leisten muss)

Va·ter·stadt *die* <-, Vaterstädte> *(geh.)* die Stadt, in der man geboren und/oder aufgewachsen ist

Va·ter·tag *der* <-(e)s, -e> *(umg.)* der Himmelfahrtstag, an dem viele Männer (ohne ihre Familien) gemeinsam Ausflüge machen und feiern

Va·ter·un·ser *das* <-s, -> REL. Bittgebet aller christlichen Konfessionen

Va·ti *der* <-s, -s> *(umg.: ≈ Papa, Papi) (Koseform von)* Vater

Va·ti·kan *der* <-s> */kein Plur./* ❶ die Residenz des Papstes in Rom ❷ die oberste Instanz der römisch-katholischen Kirche

va·ti·ka·nisch *adj* zum Vatikan ¹, ² gehörend oder von ihm ausgehend: ein vatikanisches Konzil

Va·ti·kan·stadt *die* <-> */kein Plur./* der Stadtstaat, in dem der Vatikan¹ liegt

V-Aus·schnitt *der* <-(e)s, -e> v-förmiger Ausschnitt eines Kleidungsstückes: ein Pullover/ T-Shirt mit V-Ausschnitt

v. Chr. (↔ *n. Chr.*) Abk. für „vor Christi Geburt"

Ve·ge·ta·ri·er *der*, **Ve·ge·ta·ri·e·rin** <-s, -> jmd., der wenig oder gar keine Nahrung aus tierischen Stoffen und besonders kein Fleisch zu sich nimmt: Sie ist aus Protest gegen die Massentierhaltung zur Vegetarierin geworden.

ve·ge·ta·risch *adj /nicht steig./* so, dass man in seiner Ernährung auf tierische Stoffe und besonders auf Fleisch fast oder ganz verzichtet: Er ernährt sich aus gesundheitlichen Gründen vegetarisch.; vegetarische Küche; ein vegetarisches Restaurant ▶Vegetarismus

Ve·ge·ta·ti·on *die* <-, -en> *(fachspr.)* ❶ der Pflanzenbestand in einem bestimmten Gebiet: ein Film über die Vegetation Madagaskars ❷ Pflanzenwuchs: In dieser unberührten Landschaft gibt es noch die üppige Vegetation. ◆-sgrenze, -sgürtel, -speriode

ve·ge·ta·tiv *adj /nicht steig./* ❶ BIOL. ungeschlechtlich: Diese Pflanzen vermehren sich vorwiegend vegetativ. ❷ MED., BIOL. nicht dem Willen oder dem Bewusstsein unterliegend: Welche Körperfunktionen werden vom vegetativen Nervensystem gesteuert?

ve·ge·tie·ren <vegetierst, vegetierte, hat vegetiert> *ohne OBJ* ■jmd. vegetiert *(abwert.)* sehr ärmlich und unter sehr schlechten Bedingungen leben: Die meisten der Slumbewohner vegetieren in einfachsten Behausungen.

ve·he·ment *adj (geh.: ≈ heftig)* Der Vorschlag wurde von allen Seiten vehement kritisiert.

Ve·he·menz *die* <-> */kein Plur./* (geh.) Heftigkeit, temperamentvolle Art

Ve·hi·kel *das* <-s, -> ❶ *(umg. abwert.)* altes, klappriges Fahrzeug ❷ *(geh.:≈ Medium)* Mittel zu einem bestimmten Zweck: Die Sprache ist das Vehikel aller geistigen Prozesse.; Die Romane dieses Autors dienen stets auch als Vehikel der Bloßlegung gesellschaftlicher Missstände.

Veil·chen *das* <-s, -> ❶ eine kleine Blume mit duftenden, violetten Blüten, die im Frühjahr blüht ▶veilchenblau ❷ *(umg. scherzh.)* ein Bluterguss rund ums Auge: Er hat sich bei einer Schlägerei ein Veilchen geholt.

Veits·tanz *der* <-es> /kein Plur./ *Nervenerkrankung mit Muskelzuckungen*

Vek·tor *der* <-s, …-toren> MATH. *eine Größe, die als Pfeil dargestellt wird und durch Angriffspunkt, Richtung und Betrag festgelegt ist* ◆-produkt, -raum, -rechnung

vek·to·ri·ell *adj /nicht steig./* MATH. *den Vektor betreffend, durch Vektoren berechnet*

Ve·lo *das* <-s, -s> SCHWEIZ. *Fahrrad* ◆-fahrer(in), -rennen ◆Getrenntschreibung →R 4.8 Velo fahren

Ve·lours *der* [və'luːɐ̯/ve'luːɐ̯] <-, -> *ein Stoff mit einer weichen, samtartigen Oberfläche*

Ven·det·ta *die* <-, Vendetten> *Blutrache*

Ve·ne *die* <-, -n> *eine Blutader, die zum Herzen führt* ▶intravenös ◆-nentzündung, -nmittel

Ve·ne·dig <-s> *Stadt in Norditalien* ▶Venezianer, Venezianerin, venezianisch

ve·ne·risch *adj /nicht steig./* ■**eine venerische Krankheit** MED. *eine Geschlechtskrankheit*

Ve·ne·zu·e·la <-s> *Staat in Südamerika* ▶Venezolaner, Venezolanerin, venezolanisch

ve·nös *adj /nicht steig./ die Venen betreffend* ▶intra-

Ven·til *das* <-s, -e> ❶ *eine mechanische Vorrichtung, mit der das Stauen oder Ablassen von Gasen und Flüssigkeiten reguliert wird:* Das Ventil ist undicht/schließt nicht/ist offen.; Jemand muss nachts das Ventil des Autoreifens geöffnet und die Luft herausgelassen haben. ◆-einstellung, -steuerung, Auslass-, Einlass-, Entlüftungs-, Fahrrad- ❷ *(umg.) eine Handlung, mit der jmd. seinen (negativen) Gefühlen freien Lauf lässt:* Er braucht ein Ventil für seine Aggressionen.

Ven·ti·la·ti·on *die* <-, -en> ❶ *(fachspr.: ≈ Belüftung) das Bewegen von Luft, um verbrauchte Luft zu beseitigen:* In Gewächshäusern ist es wichtig, für die richtige Ventilation zu sorgen. ❷ *eine Vorrichtung zum Belüften*

Ven·ti·la·tor *der* <-s, …-toren> *ein Gerät, das mit einem sich schnell drehenden Flügelrad für die Raumbelüftung und Kühlung sorgt* ◆Decken-, Zimmer-

ven·ti·lie·ren <ventilierst, ventilierte, hat ventiliert> *mit OBJ* ■**jmd. ventiliert etwas** *(geh. fachspr.) jmd. überlegt etwas sorgfältig:* Ich muss deinen Vorschlag noch etwas ventilieren.

Ve·nus *die* <-> /kein Plur./ ❶ *ein Planet unseres Sonnensystems* ❷ *die römische Liebesgöttin*

ver·ab·fol·gen <verabfolgst, verabfolgte, hat verabfolgt> *mit OBJ* ■**jmd. verabfolgt etwas** *(veralt.: ≈ verabreichen) jmdm. etwas in einer bestimmten Dosis geben:* Der Arzt verabfolgte ihm eine Spritze.

ver·ab·re·den <verabredest, verabredete, hat verabredet> I. *mit OBJ* ■**jmd. verabredet etwas mit jmdm.** *mit jmdm. die gemeinsame Entscheidung für etwas treffen:* Wir haben für nächste Woche einen Termin/ein Treffen verabredet. II. *mit SICH* ■**jmd. verabredet sich mit jmdm.** *(von zwei oder mehr Personen) sich gegenseitig sagen, dass man sich zu einer bestimmten Zeit an einem bestimmten Ort treffen wird:* Ich habe

mich mit meinen Kollegen um 20 Uhr in einem Restaurant verabredet.

Ver·ab·re·dung *die* <-, -en> ❶ *(≈ Vereinbarung) das Verabreden:* Er hat sich nicht an die Verabredung gehalten. ❷ *ein Treffen, zu dem man sich mit jmdm. verabredet hat:* Ich habe am Samstag schon eine Verabredung.

ver·ab·rei·chen <verabreichst, verabreichte, hat verabreicht> *mit OBJ* ■**jmd. verabreicht jmdm. etwas** *(geh.) in einer bestimmten Dosis geben:* Die Ärztin verabreicht dem Patienten ein starkes Beruhigungsmittel/eine Spritze. ▶Verabreichung

ver·ab·scheu·en <verabscheust, verabscheute, hat verabscheut> *mit OBJ* ■**jmd. verabscheut etwas** *(geh.) einen starken Widerwillen gegen jmdn. oder etwas oder ein Tier empfinden:* Sie verabscheut Spinnen.; Ich verabscheue ihre Intrigen. ▶verabscheuenswert

ver·ab·schie·den <verabschiedest, verabschiedete, hat verabschiedet> I. *mit OBJ* ❶ ■**jmd. verabschiedet jmdn.** *jmdm., der aufbricht, auf Wiedersehen sagen:* Er verabschiedete seine Gäste und dankte ihnen für ihr Kommen. ❷ ■**jmd. verabschiedet jmdn.** *jmdm., der aus dem Dienst ausscheidet, Dank und Anerkennung aussprechen:* Der Direktor hat ihn mit freundlichen Worten verabschiedet. ❸ ■**jmd. verabschiedet etwas** POL. *etwas per Beschluss rechtskräftig machen:* Nach langen Debatten verabschiedete der Bundesrat schließlich das Gesetz. II. *mit SICH* ■**jmd. verabschiedet sich (von jmdm.)** *auf Wiedersehen sagen:* Sie verabschiedete sich mit einem Händedruck. ▶Verabschiedung

ver·ab·so·lu·tie·ren <verabsolutierst, verabsolutierte, hat verabsolutiert> *mit OBJ* ■**jmd. verabsolutiert etwas** *eine einzelne Erfahrung oder Erkenntnis als allgemein gültige Wahrheit betrachten:* Er verabsolutiert seine schlechten Erfahrungen. ▶Verabsolutierung

ver·ach·ten <verachtest, verachtete, hat verachtet> *mit OBJ* ❶ ■**jmd. verachtet jmdn./etwas** *jmdn. oder etwas als schlecht oder unwürdig betrachten und deshalb ablehnen:* Sie verachtet ihn wegen seiner Feigheit. ❷ ■**jmd. verachtet etwas** *jmd. hält etwas für nicht wichtig:* Er hat die Gefahr/den Tod verachtet.; ■**nicht zu verachten sein** *(umg.) angenehm oder erstrebenswert sein:* Eine kleine Erfrischung wäre jetzt nicht zu verachten. ▶verachtenswürdig

ver·ach·tens·wert *adj so, dass es Verachtung verdient*

ver·ach·fa·chen <verachtfachst, verachtfachte, hat verachtfacht> I. *mit OBJ* ■**jmd. verachtfacht etwas** *auf die achtfache Anzahl, Menge oder Größe bringen* II. *mit SICH* ■**etwas verachtfacht sich** *um das achtfache so groß werden*

ver·ächt·lich *adj* ❶ *mit (zur Schau gestellter) Verachtung:* Er lachte verächtlich. ❷ *(≈ verachtenswert) so, dass jmd. von anderen verachtet wird:* Er hat seinen Gegner in den Augen der anderen verächtlich gemacht.

Ver·ach·tung *die* <-> /kein Plur./ *(↔ Wertschätzung) das Gefühl, dass man jmdn. oder etwas ver-*

V

achtet; ■ **jemand straft jemanden mit Verach·tung** *(geh.) jmd. beachtet jmdn. nicht* ▶ verach·tungsvoll

ver·al·bern <veralberst, veralberte, hat veralbert> *mit OBJ* ■ **jmd. veralbert jmdn.** *(umg.) necken, zum Narren halten*

ver·all·ge·mei·nern <verallgemeinerst, verallgemeinerte, hat verallgemeinert> *mit OBJ/ohne OBJ* ■ **jmd. verallgemeinert etwas** *(≈ generalisieren) für allgemein gültig erklären:* Man kann eine solche Behauptung doch nicht verallgemeinern.; Er hat von einem einzelnen Fall auf die Gesamtheit aller Fälle geschlossen und damit den Einzelfall verallgemeinert.

Ver·all·ge·mei·ne·rung *die* <-, -en> ❶ */kein Plur./ das Verallgemeinern* ❷ *eine verallgemeinernde Aussage:* Das ist unqualifiziertes Gerede – voller Verallgemeinerungen.

ver·al·ten <veraltet, veraltete, ist veraltet> *ohne OBJ* ■ **etwas veraltet** ❶ *unmodern werden:* eine veraltete Redeweise/Sichtweise ❷ *den Anschluss an den aktuellen (technischen) Entwicklungsstand verlieren:* Computersysteme veralten sehr schnell.; Man arbeitet dort mit völlig veralteten Methoden.

Ve·ran·da *die* <-, Veranden> *ein überdachter Vorbau eines Wohnhauses:* An lauen Sommerabenden sitzen wir gerne auf der Veranda. ◆Glas-, Holz-

ver·än·der·lich *adj /nicht steig./* ❶ *(≈ unbeständig* ↔ *beständig) so, dass es sich häufig ändert:* Das Wetter bleibt auch während der nächsten Tage veränderlich. ❷ *(≈ variabel) so, dass etwas verändert werden kann:* eine veränderliche Größe

Ver·än·der·li·che *die* <-n, -n> MATH. *(≈ Variable) eine mathematische Größe, deren Wert sich ändern kann*

ver·än·dern <veränderst, veränderte, hat verändert> **I.** *mit OBJ* ■ **jmd./etwas verändert jmdn./etwas** *bewirken, dass etwas sich ändert:* Computer haben die Arbeitswelt völlig verändert.; Die Erfahrungen des Krieges hatten ihn völlig verändert. **II.** *mit SICH* ❶ ■ **jmd./etwas verändert sich** *anders werden:* Sie hat sich in all den Jahren überhaupt nicht verändert. ❷ ■ **jmd. verändert sich** *den Beruf wechseln:* Sie will sich noch in diesem Jahr verändern.

Ver·än·de·rung *die* <-, -en> ❶ */kein Plur./ das Verändern* ❷ *Ergebnis einer Veränderung:* In der Unternehmensstruktur wurden deutliche Veränderungen sichtbar.

ver·ängs·tigt *adj voller Angst:* Die verängstigten Tiere wurden aus ihren engen Käfigen befreit.

Ver·ängs·ti·gung *die* <-, -en> ❶ */kein Plur./ das Verängstigen* ❷ *der Zustand, dass jmd. verängstigt ist:* Nach dem Unfall war das Kind in seiner Verängstigung weggelaufen.

ver·an·kern <verankerst, verankerte, hat verankert> *mit OBJ* ❶ ■ **jmd. verankert etwas** *ein Schiff mit einem Anker festmachen* ❷ ■ **jmd. verankert etwas irgendwo** *etwas gut befestigen:* Man verankerte die Pfosten fest im Boden. ❸ ■ **jmd. verankert etwas in etwas** *Dat. (≈ festlegen) etwas per Gesetz zusichern:* Die Würde des

Menschen ist im Grundgesetz verankert. ▶ Verankerung

ver·an·la·gen <veranlagst, veranlagte, hat veranlagt> *mit OBJ* ■ **jmd. veranlagt jmdn. zu etwas** *Dat.* AMTSSPR. *die zu zahlenden Steuern von jmdm. festsetzen:* Das Ehepaar wird gemeinsam zur Einkommensteuer veranlagt. ▶ Veranlagung

ver·an·lagt I. *Part. Perf. von* **veranlagen II.** *adj /nicht steig./* ❶ AMTSSPR. *(≈ festgesetzt) Die veranlagten Steuern belaufen sich auf eine beträchtliche Summe.* ❷ *mit bestimmten Begabungen oder Anlagen ausgestattet:* Der Schüler ist musisch veranlagt.

Ver·an·la·gung *die* <-, -en> ❶ AMTSSPR. */kein Plur./ die Festsetzung der Steuern durch das Finanzamt* ❷ *angeborene (geistige oder körperliche) Eigenschaft, Fähigkeit oder Anfälligkeit:* Er besitzt eine gewisse Veranlagung zum Jähzorn.; Sie hat eine Veranlagung zur Korpulenz.; Der Junge malt sehr schön, ich glaube, er hat eine künstlerische Veranlagung.

ver·an·las·sen <veranlasst, veranlasste, hat veranlasst> *mit OBJ* ■ **jmd. veranlasst etwas** ❶ *bewirken, dass jmd. etwas tut:* Er ließ sich nicht dazu veranlassen, seine Meinung zu ändern. ❷ *(≈ anordnen) Die Geschäftsleitung wird alles Weitere/das Nötigste veranlassen.*

Ver·an·las·sung *die* <-, -en> */meist Sing./* ❶ *(≈ Anlass, Beweggrund) etwas, das bewirkt, dass jmd. etwas tut:* Wir sehen/haben keine Veranlassung, unsere Meinung zu ändern. ❷ *Betreiben:* Auf Veranlassung der Geschäftsleitung wird alles Weitere/das Nötigste in die Wege geleitet.

ver·an·schau·li·chen <veranschaulichst, veranschaulichte, hat veranschaulicht> *mit OBJ* ■ **jmd. veranschaulicht etwas** *etwas zum besseren Verständnis anschaulich machen:* Der Referent veranschaulichte schwierige Sachverhalte stets durch Beispiele oder durch Grafiken. ▶ Veranschaulichung

ver·an·schla·gen <veranschlagst, veranschlagte, hat veranschlagt> *mit OBJ* ■ **jmd. veranschlagt etwas (für etwas** *Akk.) aufgrund einer Schätzung etwas (z.B. Anzahl, Summe, Kosten) vorausrechnen:* Für die Renovierung wurden 50.000 Euro veranschlagt.

ver·an·stal·ten <veranstaltest, veranstaltete, hat veranstaltet> *mit OBJ* ■ **jmd. veranstaltet etwas** ❶ *organisieren und durchführen:* ein Festival/einen Kongress/ein Konzert/eine Tagung veranstalten; Die Schule veranstaltet demnächst einen Tag der offenen Tür. ❷ *(umg. abwert.) machen:* Ihr habt ja einen ziemlichen Lärm/Zirkus veranstaltet.

Ver·an·stal·ter *der,* **Ver·an·stal·te·rin** <-s, -> *jmd., der etwas veranstaltet[1]:* Der Veranstalter rechnet mit etwa 100.000 Zuschauern. ◆Konzert-

Ver·an·stal·tung *die* <-, -en> ❶ */kein Plur./ das Organisieren und Durchführen von etwas:* Wer wurde mit der Veranstaltung der Tagung betraut? ❷ *etwas, das veranstaltet[1] wird:* eine künstlerische/kulturelle/sportliche Veranstaltung; Bei schlechtem Wetter findet die Veranstaltung nicht im Freien, sondern in der Halle statt. ◆-sort, -stipp

Ver·an·stal·tungs·ka·len·der *der* <-s, -> *eine Art*

Kalender, in dem die geplanten Veranstaltungen[2] in einer bestimmten Stadt oder Region aufgelistet werden

Ver·an·stal·tungs·rei·he die <-, -n> eine (thematisch zusammenhängende) Serie von Veranstaltungen[2]: In den Sommermonaten findet im Apothekergarten der Stadt eine Veranstaltungsreihe zum Thema „Heilkräuter" statt.

ver·ant·wor·ten <verantwortest, verantwortete, hat verantwortet> I. mit OBJ ■ jmd. verantwortet etwas eine Entscheidung vertreten (und deren mögliche negative Folgen tragen): Wer hat diese Maßnahme zu verantworten?; Ich kann es nicht verantworten, dass … II. mit SICH ■ jmd. verantwortet sich vor jmdm. (wegen etwas Gen.) (≈ rechtfertigen) Gründe nennen, die erklären, warum man in einer bestimmten Weise gehandelt hat: Sie konnte sich vor dem Richter nicht gut verantworten.; Er muss sich wegen Mordes vor Gericht verantworten.

ver·ant·wort·lich adj /nicht steig./ ① so, dass man die Verantwortung[1] für jmdn. oder etwas hat: Die Eltern sind für ihre Kinder verantwortlich.; Wer ist hier der verantwortliche Redakteur? ② so, dass man jmdm. Rechenschaft schuldet: Er ist nur seinem Vorgesetzten gegenüber verantwortlich. ③ so, dass man für etwas (eine Tat, ein Ereignis) Verantwortung[2] trägt und Schuld daran hat: Sie ist für den Unfall allein verantwortlich.; Die starken Regenfälle der letzten Tage sind für das Ansteigen der Wasserstände verantwortlich.; Wenn etwas passiert, mache ich dich (dafür) verantwortlich!

Ver·ant·wort·lich·keit die <-, -en> ① /kein Plur./ das Verantwortlichsein ② das, wofür jmd. verantwortlich ist: Das fällt nicht in meine Verantwortlichkeit. ③ /kein Plur./ (≈ Verantwortungsbewusstsein)

Ver·ant·wor·tung die <-, -en> ① die Pflicht, dafür zu sorgen, dass (in bestimmten Situationen) das Notwendige und Richtige getan wird und kein Schaden entsteht: Der neue Trainer hat eine große Verantwortung übernommen.; Sie ist ihrer Verantwortung als Chefärztin immer gerecht geworden. ◆ -sbereich ② /kein Plur./ die Verpflichtung, für seine Handlungen einzustehen und ihre Folgen zu tragen: Sie trägt die volle/die alleinige Verantwortung für den Unfall.; ■ jemand zieht jemanden zur Verantwortung jmd. sieht jmdn. als verantwortlich für einen Schaden an und fordert Schadensersatz oder Strafe ③ /kein Plur./ (≈ Verantwortungsbewusstsein) das Bewusstsein, Verantwortung[1] zu haben: Er ist ein Mensch ohne jede Verantwortung. ◆ -sbereitschaft, -sgefühl

Ver·ant·wor·tungs·be·wusst·sein das <-s> /kein Plur./ das Bewusstsein, Verantwortung[1] zu tragen ▶ verantwortungsbewusst

ver·ant·wor·tungs·los adj (≈ unverantwortlich ↔ verantwortungsvoll) ohne Verantwortung[3]: Es ist doch verantwortungslos, bei diesen schlechten Straßenverhältnissen so zu rasen. ▶ Verantwortungslosigkeit

ver·ant·wor·tungs·voll adj ① mit Verantwortung[1] verbunden: Er hat einen sehr verantwortungsvollen Beruf. ② so, dass man Verantwortungsbewusstsein hat: Er war stets ein verantwortungsvoller Familienvater.

ver·äp·peln <veräppelst, veräppelte, hat veräppelt> mit OBJ ■ jmd. veräppelt jmdn. jmd. hält jmdn. zum Narren: Das glaube ich dir nicht. Du willst mich wohl veräppeln!

ver·ar·bei·ten <verarbeitest, verarbeitete, hat verarbeitet> mit OBJ ① ■ jmd. verarbeitet etwas (zu etwas Dat.) aus Rohstoffen Produkte herstellen: In dieser Schreinerei verarbeitet man ausschließlich heimische Gehölze zu hochwertigen Möbeln.; Sie verarbeitet Gold und Silber zu Schmuck. ② ■ jmd. verarbeitet etwas geistig und psychisch bewältigen: Er muss die Trennung von seiner Freundin erst einmal verarbeiten. ③ ■ jmd. verarbeitet etwas operativ bewältigen: Der Computer verarbeitet Hunderttausende von Rechenschritten pro Sekunde. ④ etwas künstlerisch umsetzen: Die Autorin hat in ihrem neuesten Buch auch zahlreiche Motive der antiken Mythologie verarbeitet.

Ver·ar·bei·tung die <-, -en> ① /kein Plur./ das Verarbeiten ② die Art und Weise, wie etwas hergestellt ist: eine Lederjacke in erstklassiger Verarbeitung; Die nachlässige Verarbeitung des Fahrrads konnte unsere Testfahrer nicht begeistern.

ver·ar·gen <verargst, verargte, hat verargt> mit OBJ ■ jmd. verargt jmdm. etwas (geh.) jmd. nimmt jmdm. etwas übel: Er hat es mir verargt, dass ich nicht zu seiner Geburtstagsfeier gekommen bin.

ver·är·gern <verärgerst, verärgerte, hat verärgert> mit OBJ ■ jmd. verärgert jmdn. (mit etwas Dat.) bewirken, dass jmd. ärgerlich wird: Er verärgerte sie mit seinen Bemerkungen. ▶ Verärgerung

ver·ar·men ohne OBJ ■ jmd. verarmt immer mehr von seinem Vermögen verlieren, so dass man am Ende arm ist: Der Landadel verarmte in jener Zeit.; Wenn man keine Bücher liest, verarmt man geistig. ▶ Verarmung

ver·ar·schen <verarschst, verarschte, hat verarscht> mit OBJ ■ jmd. verarscht jmdn. (vulg.: ≈ veralbern) sich (in gemeiner Weise) über jmdn. lustig machen, indem man z. B. etwas Unwahres so erzählt, als wenn es wahr wäre ▶ Verarschung

ver·arz·ten <verarztest, verarztete, hat verarztet> mit OBJ ■ jmd. verarztet jmdn. (umg.) medizinische Hilfe leisten: Sie verarztete ihren Sohn, der vom Rad gestürzt war.; Er verarztet das aufgeschürfte Knie seiner Freundin. ▶ Verarztung

ver·äs·teln <verästelst, verästelte, hat verästelt> mit SICH ■ etwas verästelt sich sich in einzelne Äste teilen: Der Baum verästelt sich in viele Zweige.

Ver·äs·te·lung die <-, -en> ① das Sichverästeln ② ein Teil, der sich verästelt hat

ver·ät·zen <verätzt, verätzte, hat verätzt> mit OBJ ■ etwas verätzt etwas etwas durch Säure beschädigen oder verletzen: Die Säure verätzte ihm die Hand.

Ver·ät·zung die <-, -en> ① das Verätzen ② durch Ätzen entstandene Verletzung

V

ver·aus·ga·ben <verausgabst, verausgabte, hat verausgabt> mit SICH ■ *jmd. verausgabt sich* ❶ sich bis zur (völligen) Erschöpfung anstrengen: Die Marathonläufer hatten sich völlig verausgabt. ▸ Verausgabung ❷ *sein Geld völlig ausgeben:* Ich habe mich heute beim Einkaufen verausgabt.

ver·äu·ßer·li·chen <veräußerlichst, veräußerlichte, hat veräußerlicht> ohne OBJ ■ *jmd. veräußerlicht (geh.) jmd. wird oberflächlich:* Seit sie ihn kennt, ist sie sehr veräußerlicht.

ver·äu·ßern <veräußerst, veräußerte, hat veräußert> mit OBJ ■ *jmd. veräußert etwas (geh.) jmd. verkauft etwas:* Er hat eins seiner Häuser veräußert. ▸ veräußerlich

Ver·äu·ße·rung *die* <-, -en> *(geh.: ≈ Verkauf)* die Veräußerung der Grundstücke

Verb *das* <-s, -en> SPRACHWISS. *(≈ Zeitwort) Wortart sowie zugehöriges Wort, das konjugiert werden kann, das meist eine Tätigkeit, einen Vorgang oder einen Zustand bezeichnet, und das zentrale Element der Satzaussage ist:* Verben werden konjugiert.; Man kann zwischen transitiven, intransitiven und reflexiven Verben, sowie zwischen schwachen, starken und unregelmäßigen Verben unterscheiden. ◆-endung, -form, Hilfs-, Modal-, Voll-

ver·bal *adj* ❶ *(geh.) mit sprachlichen Ausdrücken:* Es war ihr unmöglich, ihre Gefühle verbal zum Ausdruck zu bringen. ❷ SPRACHWISS. *auf einem Verb beruhend, wie ein Verb gebraucht* ▸ Verbalabstraktum, Verbaladjektiv, Verbalsubstantiv

ver·ba·li·sie·ren <verbalisierst, verbalisierte, hat verbalisiert> mit OBJ ■ *jmd. verbalisiert etwas* ❶ *(geh.: ≈ artikulieren) mit Worten (= Sätzen) zum Ausdruck bringen:* Er kann seine Gefühle nur sehr schlecht verbalisieren. ❷ SPRACHWISS. *ein Verb (aus einem Wort einer anderen Wortart) bilden* ▸ Verbalisierung

ver·ba·li·ter *adj /nicht steig./ (geh.) wörtlich, dem Wort nach*

ver·ball·hor·nen <verballhornst, verballhornte, hat verballhornt> mit OBJ ■ *jmd. verballhornt etwas Wörter oder sprachliche Wendungen aus Unkenntnis oder zu parodistischen Zwecken entstellen:* Sie hat in ihrem Aufsatz fast jedes Fremdwort verballhornt.; Der Kabarettist verballhornt klassische Texte. ▸ Verballhornung

Ver·bal·phra·se *die* <-, -n> SPRACHWISS. *die Wortgruppe eines Satzes, in der das Verb den Kern bildet*

Ver·band *der* <-(e)s, Verbände> ❶ MED. *eine Binde, die zum Schutz um ein verletztes Körperteil gewickelt wird:* Der Arzt legt dem Patienten einen Verband an. ◆-smaterial, -swatte, Druck-, Gips-, Wund- ❷ MILIT. *ein Zusammenschluss mehrerer kleiner Einheiten:* Gepanzerte Verbände drangen in feindliches Gebiet vor.; Die Kampfflugzeuge flogen im Verband. ◆Kampf- ❸ *z. B. von Vereinen, Klubs oder Angehörigen eines Berufes gebildeter oder größerer Zusammenschluss:* ein kultureller/politischer Verband; In einer Stellungnahme erklärte der Verband der Ärzte Deutschlands, dass … ◆Berufs-, Bundes-, Interessen-, Landes- ❹ MATH. *eine algebraische Struktur* ◆-stheorie

ver·ban·delt *adj /nicht steig./* SÜDDT. ■ **mit je-**

mandem verbandelt sein *(umg.) mit jmdm. in einer bestimmten Beziehung stehen*

Ver·band·kas·ten, **Ver·bands·kas·ten** *der* <-s, Verband(s)kästen> *Behälter zur Aufbewahrung von Verbandzeug*

Ver·band·stoff, **Ver·bands·stoff** *der* <-(e)s, -e> *(≈ Verbandzeug)*

Ver·band·zeug, **Ver·bands·zeug** *das* <-s> */kein Plur./ Utensilien zum Anlegen von Verbänden¹, zum Beispiel Binden und Heftpflaster u.Ä.*

ver·ban·nen <verbannst, verbannte, hat verbannt> mit OBJ ■ *jmd. verbannt jmdn. (geh.) jmdn. (als Strafe) aus einem Land weisen und ihm einen Aufenthaltsort zuweisen:* Man verbannte den römischen Dichter Ovid nach Tomi. ▸ Verbannte

Ver·bann·te *der/die* <-n, -n> *jmd., der in der Verbannung lebt*

Ver·ban·nung *die* <-, -en> ❶ */kein Plur./ das Verbannen* ❷ *(≈ Exil) der Ort, an den jmd. verbannt worden ist:* Viele Schriftsteller lebten damals in der Verbannung/wurden damals in die Verbannung geschickt.

ver·bar·ri·ka·die·ren <verbarrikadierst, verbarrikadiert> I. mit OBJ ■ *jmd. verbarrikadiert etwas einen Bereich durch Barrikaden unzugänglich machen* II. mit SICH ■ *jmd. verbarrikadiert sich sich selbst hinter Barrikaden vor Angriffen schützen*

ver·bau·en <verbaust, verbaute, hat verbaut> mit OBJ ❶ *jmd. verbaut etwas beim Bauen verbrauchen oder einsetzen:* Bei der Errichtung des neuen Hauses verbaute man auch viel Holz.; Natürlich verbaut die Firma an einen derart edlen Rahmen nur die besten Teile. ❷ ■ *jmd. verbaut etwas (abwert.) in hässlicher, verunstaltender Weise bauen:* Man hat das ganze Bergtal in den vergangenen Jahren verbaut. ❸ ■ *jmd. verbaut jmdm. etwas etwas so bauen, dass es andere als störend empfinden:* Der Nachbar hat uns die ganze Sicht verbaut. ❹ ■ *jmd. verbaut jmdm./ sich etwas jmdm. oder sich eine Möglichkeit nehmen:* Durch diesen Fehler hatte er sich und seiner Familie die ganze Zukunft verbaut.

ver·be·am·ten mit OBJ /meist Passiv/ ■ *jmd. verbeamtet jmdn. zum Beamten auf Lebenszeit ernennen*

ver·bei·ßen <verbeißt, verbiss, hat verbissen> mit SICH ❶ ■ *jmd. verbeißt sich etwas Gefühle nicht zeigen:* Sie hat sich das Lachen/den Schmerz verbissen. ❷ ■ *jmd. verbeißt sich in etwas Akk. an etwas hartnäckig festhalten:* Er hat sich in seine Arbeit verbissen.

ver·ber·gen <verbirgst, verbarg, hat verborgen> I. mit OBJ ■ *jmd. verbirgt etwas* ❶ *(≈ verstecken) etwas in einer verdeckten Position halten, damit andere es nicht sehen oder entdecken können:* Er verbarg eine Waffe unter seinem Mantel/ hinter seinem Rücken. ❷ *(≈ verheimlichen) nicht zu erkennen geben:* Sie verbarg ihre wahren Gefühle vor ihm. II. mit SICH ■ *etwas verbirgt sich hinter etwas Dat. (geh.) sich den Blicken entziehen:* Die Gipfel der Berge verbargen sich hinter dicken Wolken.

V

ver·bes·sern <verbesserst, verbesserte, hat ver-
bessert> **I.** *mit OBJ* ❶ ■ *jmd.* **verbessert etwas.**
(↔ verschlechtern) besser machen: Die Programmierer haben das Computerspiel in den vergangenen Jahren kontinuierlich verbessert. ❷ *(≈ korrigieren) Fehler in etwas beseitigen:* Bevor ich meinen
Aufsatz abgebe, muss ich ihn noch verbessern.
❸ *(≈ berichtigen) jmds. (fehlerhafte) Äußerungen
berichtigen:* Du brauchst mich nicht ständig zu
verbessern! **II.** *mit SICH* ❶ ■ *jmd.* **verbessert
sich** *(↔ verschlechtern) beruflich und sozial aufsteigen:* Mit diesem Posten würde er sich enorm
verbessern. ❷ *(↔ zurückfallen) besser werden:*
Der Radrennfahrer verbesserte sich nach dieser
Etappe in der Gesamtwertung auf Rang sieben.
❸ *(≈ korrigieren) eine fehlerhafte Aussage korrigieren:* Ich muss mich verbessern: Die Fahrt wird
drei Stunden dauern, nicht zwei.
Ver·bes·se·rung, *a.* **Ver·bess·rung** *die* <-, -en>
❶ *eine (einzelne) Änderung, durch die etwas besser wurde:* Das neue Fahrzeugmodell weist eine
Vielzahl von Verbesserungen auf. ❷ */kein Plur./*
(≈ Korrektur) das Verbessern²: Nach der Verbesserung der Fehler kann man den Text drucken.
❸ *das Erhöhen der Qualität von etwas:* Die Ingenieure arbeiten an der Verbesserung des Motors.
▸ verbesserungsbedürftig
ver·bes·se·rungs·fä·hig *adj /nicht steig./ so,
dass man es noch verbessern¹ kann:* Der neu entwickelte Motor ist zweifelsohne noch verbesse-
rungsfähig.
Ver·bes·se·rungs·vor·schlag *der* <-(e)s, Ver-
besserungsvorschläge> *ein Vorschlag, wie man
etwas besser machen könnte*
verbes·se·rungs·wür·dig *adj so unzureichend,
dass es verbessert werden muss*
Ver·bess·rung *die siehe* **Verbesserung**
ver·beu·gen <verbeugst, verbeugte, hat ver-
beugt> *mit SICH* ■ *jmd.* **verbeugt sich (vor
jmdm.)** *als Zeichen von Respekt zum Gruß das
Haupt und den Oberkörper (leicht) nach vorn neigen* ▸ Verbeugung
ver·beu·len <verbeulst, verbeulte, hat verbeult>
mit OBJ ■ *jmd./etwas verbeult etwas Beulen in
etwas machen:* Du hast den Topf verbeult.; Nach
dem Hagelschauer war die Karosserie des Autos
verbeult.
ver·bie·gen <verbiegst, verbog, hat verbogen>
I. *mit OBJ* ■ *jmd.* **verbiegt etwas** *durch Ausüben
einer Kraft bewirken, dass etwas Gerades krumm
wird:* Er hat mehrere Nägel verbogen, bevor es
ihm gelang, einen in die Wand zu schlagen. **II.** *mit
SICH* ■ *etwas* **verbiegt sich** *verbogen werden:*
Unter der Last der vielen Bücher haben sich die Re-
galbretter verbogen.
ver·bies·tert *adj (umg. abwert.) missmutig und
böse:* Sie sieht so verbiestert aus.
ver·bie·ten <verbietest, verbot, hat verboten>
I. *mit OBJ* ❶ ■ *jmd.* **verbietet jmdm. etwas**
*(≈ untersagen ↔ erlauben) sagen, dass jmd. et-
was nicht tun darf:* Ich habe dir das ausdrücklich
verboten!; Betreten verboten!; Zutritt verboten!
❷ ■ *jmd.* **verbietet etwas** *für unzulässig erklären:* Ein solches Verhalten müsste verboten wer-

den! **II.** *mit SICH* ■ *etwas* **verbietet sich** *nicht in
Betracht kommen:* Es verbietet sich von selbst,
derartige Menschenrechtsverletzungen hinzunehmen.; ■ **jemandem den Mund verbieten** *(umg.)*
jmdm. das Sprechen verbieten; ■ **jemandem das
Haus verbieten** *(umg.) jmdm. verbieten, dass er
das Haus wieder betritt*
ver·bild·li·chen <verbildlicht, verbildlichte, hat
verbildlicht> *mit OBJ* ■ *etwas* **verbildlicht etwas** *etwas bildlich darstellen* ▸ Verbildlichung
ver·bil·ligt *adj /nicht steig./ so, dass etwas weniger kostet als normal:* Für Schüler, Studenten und
Senioren gibt es verbilligte Eintrittskarten. ▸ Verbil-
ligung
ver·bin·den <verbindest, verband, hat verbun-
den> **I.** *mit OBJ* ❶ ■ *jmd.* **verbindet etwas** MED.
eine Wunde mit einem Verband¹ versehen
❷ ■ *jmd.* **verbindet etwas mit etwas** *zusammenfügen, verknüpfen:* Ich muss die beiden Bretter noch mit Leim/mit Schrauben miteinander verbinden.; Hast du diese beiden Kabel schon verbunden? ❸ ■ *etwas* **verbindet etwas** *eine Verkehrsverbindung zwischen zwei Orten herstellen:* Die
erste Eisenbahnstrecke Deutschlands verband die
Städte Nürnberg und Fürth. ❹ ■ *jmd.* **verbindet
etwas mit etwas** *Dat. kombinieren:* Sie verbindet
gerne das Angenehme mit dem Nützlichen.
❺ ■ *jmd.* **verbindet etwas mit etwas** *Dat. (≈ assoziieren) gedanklich mit etwas in Verbindung
bringen:* Was verbinden Sie mit diesem Begriff?;
Ich verbinde mit diesem Urlaub viele schöne Erinnerungen. **II.** *mit OBJ/ohne OBJ* ❶ ■ *jmd.* **verbindet jmdn.** TELEKOMM. *eine Leitung zwischen
mindestens zwei Teilnehmern schalten:* „Könnten
Sie mich mit dem Abteilungsleiter verbinden?"
„Moment, ich verbinde." ❷ ■ *etwas* **verbindet
jmdn. mit jmdm.** *Grundlage einer Beziehung zu
jmdm. sein:* Mit ihr verbindet mich eine tiefe
Freundschaft.; Die lange gemeinsame Zeit verbindet. **III.** *mit SICH* ■ *etwas* **verbindet sich mit etwas** *Dat. (zu etwas Dat.)* ❶ CHEM. *eine Verbin-
dung⁴ bilden:* Wasserstoff und Sauerstoff verbinden sich zu Wasser. ❷ ■ **jemand verbindet sich
(ehelich) mit jemandem** *(geh.) heiraten*
ver·bind·lich *adj* ❶ *(≈ liebenswürdig) so, dass
man freundlich ist (und keinen Konflikt aufkommen lässt):* Die Bedienung lächelte verbindlich
und entschuldigte sich dafür, dass das Essen etwas
länger gedauert hatte. ❷ *(↔ unverbindlich) so,
dass es zu etwas verpflichtet:* Er hat mir eine verbindliche Zusage gegeben.
Ver·bind·lich·keit *die* <-, -en> ❶ */kein Plur./*
Entgegenkommen ❷ */meist Plur./* *Verpflichtungen, die sich aus einem Vertrag ergeben* ❸ */nur
Plur./* WIRTSCH. *(≈ Schulden) finanzielle Verpflichtungen*
Ver·bin·dung *die* <-, -en> ❶ *eine der Möglichkeiten, wie man zu einem bestimmten Ziel reisen
kann:* Ich habe mir am Bahnhof alle Verbindungen
von Stuttgart nach München ausdrucken lassen.
◆ Bahn-, Bus-, Flug- ❷ TELEKOMM. *der Zustand, dass
zwei Personen per Telefon kommunizieren können:* Ich kann ihn nicht mehr verstehen, die Verbindung ist offenbar unterbrochen. ❸ *(≈ Zusam-*

V

menhang) Es wird noch geprüft, ob eine Verbindung zwischen den Verbrechen besteht. **4** CHEM. *eine Substanz, die aus einer Reaktion verschiedener Substanzen entsteht:* Wasser ist eine Verbindung aus Wasserstoff und Sauerstoff. **5** *(≈ Korporation) eine (traditionelle) Organisation von Studenten* ✦-sstudent, Studenten- **6** ■ **in Verbindung stehen** *Kontakt haben* Ich stehe seit Jahren mit ihr in Verbindung.; ■ **sich mit jemandem in Verbindung setzen** *mit jmdm. Kontakt aufnehmen*

Ver·bin·dungs·mann *der* <-(e)s, Verbindungsmänner/Verbindungsleute> *(≈ Mittelsmann) jmd., der Kontakte herstellt oder aufrechterhält*

Ver·bin·dungs·stück *das* <-(e)s, -e> TECHN. *ein Bauteil, das Elemente miteinander verbindet*

ver·bis·sen *adj* **1** *(≈ hartnäckig) mit (über)großem Ehrgeiz:* Er kämpft verbissen für seine Ziele.; Wir haben diese Arbeit nur mit verbissenem Fleiß schaffen können. **2** *ärgerlich und voller innerer Spannung:* Er machte ein verbissenes Gesicht.; ■ **etwas nicht so verbissen sehen** *etwas nicht so genau nehmen* ▶ Verbissenheit

ver·bit·ten <verbittest, verbat, hat verbeten> *mit SICH* ■ **jmd. verbittet sich etwas** *Dat. (geh.) verlangen, dass etwas unterbleibt:* Ich verbitte mir Ihre Zudringlichkeit!; Ich verbitte mir diesen Ton!; *siehe aber* **verbieten**

ver·bit·tern <verbitterst, verbitterte, hat verbittert> *mit OBJ* ■ **etwas verbittert jmdn.** *unzufrieden machen, weil jmd. viel Schlimmes erlebt hat:* Die vielen Enttäuschungen hatten ihn verbittert.; Sie ist eine verbitterte Frau. ▶ Verbitterung

ver·blas·sen <verblasst, verblasste, ist verblasst> *ohne OBJ* ■ **etwas verblasst** **1** *in den Farben blasser werden:* Die Fotos sind im Laufe der Jahre verblasst. **2** *(übertr.) schwächer werden:* Ihre Erinnerungen verblassten allmählich.

ver·bläu·en <verbläust, verbläute, hat verbläut> *mit OBJ* ■ **jmd. verbläut jmdn.** *(umg.) verprügeln*

Ver·bleib *der* <-(e)s> /kein Plur./ *(geh.) der Ort, an dem sich vermutlich etwas Gesuchtes befindet:* Über den Verbleib der Schmuggelware tappt die Polizei weiterhin im Dunkeln.

ver·blei·ben <verbleibst, verblieb, ist verblieben> *ohne OBJ* **1** ■ **etwas verbleibt (jmdm.)** *noch da sein:* Nach Abzug der Zinsen verbleiben noch 700 Euro. **2** ■ **jmd. verbleibt irgendwie** *sich auf etwas einigen:* Wie seid ihr verblieben?; Wir sind so verblieben, dass …

ver·blei·chen <verblichst, verblich/verbleichte, ist verblichen/verbleicht> *ohne OBJ* ■ **etwas verbleicht** *(stark) verblassen:* Die Farben verbleichen sehr schnell.

ver·bleit *adj* /nicht steig./ *so, dass Blei darin enthalten ist:* Heute werden kaum noch Fahrzeuge mit verbleitem Benzin betrieben.

ver·blen·den <verblendest, verblendete, hat verblendet> *mit OBJ* **1** ■ **jmd. verblendet etwas mit etwas** *Dat.* BAUW. *mit einem Material verkleiden:* Die Maurer haben die Fassade mit Marmor verblendet. **2** ■ **etwas verblendet jmdn.** *bewirken, dass jmd. kein klares und vernünftiges Urteil mehr hat:* Seine frühen Erfolge haben ihn

verblendet – er glaubt, dass er nichts mehr lernen muss. ▶ verblendet

Ver·blen·dung *die* <-, -en> **1** BAUW. *das Verblenden von Mauerwerk mit Ziersteinen* **2** /kein Plur./ *der Zustand, dass jmd. von etwas verblendet² ist*

ver·bli·chen I. *Part. Perf. von* **verbleichen II.** *adj* *(veralt.) verstorben*

ver·blö·den <verblödest, verblödete, ist verblödet> *ohne OBJ* ■ **jmd. verblödet** *(vulg.) immer dümmer und stumpfsinniger werden:* Wenn man lange Zeit eine monotone Arbeit machen muss, verblödet man immer mehr. ▶ Verblödung

ver·blüf·fen <verblüffst, verblüffte, hat verblüfft> *mit OBJ* ■ **jmd./etwas verblüfft jmdn.** *bewirken, dass jmd. sehr überrascht ist:* Er verblüfft mich immer wieder.; Wir haben eine verblüffend einfache Lösung des Problems gefunden.

Ver·blüf·fung *die* <-> /kein Plur./ *das Verblüfftsein:* Man sah ihm seine Verblüffung an, als …

ver·blü·hen <verblüht, verblühte, ist verblüht> *ohne OBJ* ■ **etwas verblüht** *aufhören zu blühen und beginnen zu verwelken:* Die Blüte dieses Kaktusses verblüht schon nach wenigen Stunden.

ver·blümt *adj* /nicht steig./ *(geh.) so, dass man etwas Unangenehmes nur in Andeutungen sagt, weil man jmdn. nicht kränken will:* Sie hat ihr nur verblümt sagen können, dass dieses Kleid nicht gut zu ihrer Figur passt. ▶ unverblümt

ver·blu·ten *ohne OBJ* ■ **jmd. verblutet** *viel Blut verlieren und daran sterben*

ver·bo·cken <verbockst, verbockte, hat verbockt> *mit OBJ* ■ **jmd. verbockt etwas** *(umg.: ≈ verpfuschen) etwas falsch machen und damit einen völligen Misserfolg auslösen:* Er hat alles gründlich verbockt.

ver·bohrt *adj* (umg. abwert.: ≈ starrsinnig) *so, dass man sich durch nichts von seiner (falschen) Meinung abbringen lässt* ▶ Verbohrtheit

ver·bor·gen¹ *mit OBJ* ■ **jmd. verborgt etwas** *(≈ ausleihen)* Er hat seine Bohrmaschine verborgt.

ver·bor·gen² I. *Part. Perf. von* **verbergen II.** *adj* **1** *weit abgelegen:* In diesen Bergtälern gibt es noch einige verborgene Dörfer. **2** *(≈ versteckt) nicht leicht sichtbar:* Im Urwald lauern überall verborgene Gefahren. ▶ Verborgenheit ✦ Großschreibung → R 3.4, R 3.7 *im Verborgenen bleiben; das Verborgene und das Sichtbare*

Ver·bot *das* <-(e)s, -e> *der Befehl, etwas zu unterlassen:* Das Verbot wurde aufgehoben/beachtet/eingehalten. ✦ Park-, Rauch-, Rede-

ver·bo·ten *adj* /nicht steig./ *(↔ erlaubt) nicht erlaubt:* eine verbotene Tat; ■ **verboten aussehen** *(umg.) so aussehen, dass man unangenehm auffällt* Er sieht ja verboten aus in dem Aufzug!

Ver·bots·schild *das* <-(e)s, -er> *ein Schild, das anzeigt, dass man etwas nicht tun soll*

ver·brä·men <verbrämst, verbrämte, hat verbrämt> *mit OBJ* ■ **jmd. verbrämt etwas mit etwas** *Dat. (geh.) mit sprachlichen Ausdrucksmitteln verhüllen/verschleiern/beschönigen:* Er hat seine Ablehnung/seinen Vorwurf mit schönen Worten verbrämt.

ver·brannt *Part. Perf. von* **verbrennen**

Ver·brauch *der* <-(e)s> /*kein Plur.*/ ❶ (≈ *Konsum*) *das Verbrauchen:* Die Konserve ist zum baldigen Verbrauch bestimmt. ❷ *die Menge, die von etwas verbraucht wird:* Der Verbrauch an/von Energie hat in den vergangenen Jahren beständig zugenommen.; Unser Auto hat einen niedrigen/ hohen Verbrauch an Kraftstoff.; Wir haben im Büro einen hohen Verbrauch an Papier. ♦ *Energie-, Strom-, Wasser-*

ver·brau·chen <verbrauchst, verbrauchte, hat verbraucht> *mit OBJ* ■ *jmd.* **verbraucht etwas** (≈ *aufbrauchen*) *etwas (regelmäßig) für einen bestimmten Zweck verwenden (bis nichts mehr vom Vorrat da ist):* Sie hatten alle Vorräte verbraucht.; Wir haben im vergangenen Winter viel Heizöl verbraucht.; ■ **alt und verbraucht** *alt und von den Anstrengungen eines langen (Berufs)lebens kraftlos;* ■ **verbrauchte Luft** *die sauerstoffarme Luft in einem Raum, in dem sich mehrere Personen längere Zeit aufgehalten haben*

Ver·brau·cher *der*, **Ver·brau·che·rin** <-s, -> WIRTSCH. (≈ *Konsument*) *jmd., der ein Produkt kauft und es benutzt oder der ein Lebensmittel kauft und es verbraucht:* Diese Produktinformationen dienen dem Schutz/ der Aufklärung des Verbrauchers. ♦ *-befragung, -beratung, -schutz, -zentrale*

Ver·brau·cher·ver·band *der* <-(e)s, Verbraucherverbände> *ein Verband, dessen Aufgabe es ist, Verbraucher aufzuklären und zu beraten*

Ver·brauchs·gut *das* <-(e)s, Verbrauchsgüter> /*meist Plur.*/ (≈ *Konsumgut*) *etwas, das jeder Mensch gebraucht (wie Lebensmittel, Kleidung usw.)*

Ver·bre·chen *das* <-s, -> ❶ (≈ *Straftat*) *eine Handlung, die gegen das Gesetz verstößt:* Er wurde Opfer eines brutalen/grauenvollen/schweren Verbrechens. ♦ *-bekämpfung, -verhütung, Gewalt-, Sexual-* ❷ (*abwert.*) *eine verantwortungslose Handlung (die sich negativ auf Mensch und Natur auswirkt):* Es ist ein Verbrechen, dass man ausgerechnet in dieser unberührten Bucht ein riesiges Hotel baut.

ver·bre·chen <verbrichst, verbrach, hat verbrochen> *mit OBJ* ■ *jmd.* **verbricht etwas** (*umg. scherzh.*) *etwas Dummes, Unrechtes anstellen:* Was habe ich denn schon wieder (Schlimmes) verbrochen?

Ver·bre·cher *der*, **Ver·bre·che·rin** <-s, -> *jmd., der ein Verbrechen[1] begangen hat* ♦ *-bande, -jagd, -organisation, Gewalt-, Schwer-, Sexual-*

ver·bre·che·risch *adj* /*nicht steig.*/ ❶ *so, dass etwas wie ein Verbrechen[1] zu beurteilen ist* ❷ (≈ *skrupellos*) *so, dass die Moral nicht beachtet und sich zur Durchsetzung seiner Ziele auch Verbrechen bedient:* Seit dem gewaltsamen Umsturz steht ein verbrecherisches Regime an der Spitze dieses Landes.

ver·brei·ten <verbreitest, verbreitete, hat verbreitet> I. *mit OBJ* ❶ ■ *jmd.* **verbreitet etwas** *dafür sorgen, dass etwas in einem größeren Gebiet bekannt wird:* Man verbreitete die Nachricht über Rundfunk und Fernsehen. ❷ ■ *jmd.* **verbreitet etwas** *etwas in größerer Menge in ein größe-*

res Gebiet gelangen lassen: Der Wind verbreitet die Pollen der Gräser. ❸ ■ *jmd./etwas* **verbreitet etwas** *in seiner Umgebung (bzw. in einem bestimmten Gebiet) etwas aufkommen lassen:* Sie verbreitet Gelassenheit/Heiterkeit.; Der drohende Wirbelsturm verbreitet Angst und Schrecken. II. *mit SICH* ❶ ■ *etwas* **verbreitet sich** *in Umlauf kommen und überall bekannt werden:* Die Nachricht verbreitete sich wie ein Lauffeuer. ❷ ■ *etwas* **verbreitet sich** *irgendwo sich an einem Ort ausbreiten:* Der Qualm verbreitete sich im gesamten Haus.

ver·brei·tern <verbreiterst, verbreiterte, hat verbreitert> I. *mit OBJ* ■ *jmd.* **verbreitert etwas** *breiter machen:* Man hat die schmale Straße verbreitert. II. *mit SICH* ■ *etwas* **verbreitert sich** *breiter werden:* Der Fluss verbreitert sich zu einem gewaltigen Strom. ▶ Verbreiterung

ver·brei·tet I. *Part. Perf. von* **verbreiten** II. *adj* (↔ *selten*) *so, dass es bei sehr vielen Menschen zu finden ist:* Diese Ansichten/solche Vorurteile sind sehr verbreitet.

Ver·brei·tung *die* <-> /*kein Plur.*/ *das Verbreiten:* Nicht nur die Herstellung, auch die Verbreitung von Falschgeld ist strafbar.

Ver·brei·tungs·ge·biet *das* <-(e)s, -e> *das Gebiet, in dem etwas verbreitet ist oder häufig vorkommt:* Durch ständige Eingriffe des Menschen in die Natur ist das Verbreitungsgebiet dieser Tiere stark zurückgegangen.

ver·bren·nen <verbrennst, verbrannte, hat/ist verbrannt> I. *ohne OBJ (sein)* ❶ ■ *jmd./etwas* **verbrennt** *durch Feuer vernichtet werden:* Alle Akten sind verbrannt.; Das Unfallopfer ist im Wagen verbrannt. ❷ ■ *etwas* **verbrennt** *durch zu lange Hitzeeinwirkung Schaden nehmen:* Der Braten ist leider verbrannt. ❸ ■ *etwas* **verbrennt zu etwas** *Dat. chemisch umgewandelt werden:* Kohlehydrate verbrennen im Körper zu Wasser und Kohlensäure. II. *mit OBJ (haben)* ❶ ■ *jmd.* **verbrennt etwas** *durch Feuer zerstören:* Wir haben den Gartenabfälle verbrannt.; Man hat den Verstorbenen im Krematorium verbrannt. ❷ ■ *jmd.* **verbrennt sich etwas an etwas** *Dat. ein Körperteil an etwas Heißem verletzen:* Sie hat sich an der Herdplatte die Finger verbrannt. III. *mit SICH (haben)* ■ *jmd.* **verbrennt sich** *sich an etwas Heißem verletzen:* Er hat sich verbrannt.; ■ **sich die Finger verbrennen** (*umg.*) *etwas Unvorsichtiges tun und dadurch zu Schaden kommen;* ■ **sich den Mund verbrennen** (*umg.*) *etwas unbedacht sagen, das unangenehme Folgen haben kann*

Ver·bren·nung *die* <-, -en> ❶ /*kein Plur.*/ *das Verbrennen* ❷ MED. *ein verbrannter Hautabschnitt:* Das Opfer wurde mit schweren Verbrennungen/mit Verbrennungen dritten Grades ins Krankenhaus eingeliefert

Ver·bren·nungs·mo·tor *der* <-s, -en> *ein Motor, bei dem die Energie durch Verbrennung eines Kraftstoff-Luft-Gemisches in einem Zylinder erzeugt wird:* Der Dieselmotor ist ein Verbrennungsmotor.

Ver·bren·nungs·wär·me *die* <-> /*kein Plur.*/ *bei*

der Verbrennung von etwas entstehende Abwärme
ver·brieft adj /nicht steig./ (geh. o veralt.: ≈ garantiert) durch Gesetz und Urkunde gesichert: Er
hat ein verbrieftes Recht darauf.
ver·brin·gen <verbringst, verbrachte, hat ver-
bracht> mit OBJ ❶ ■ jmd. *verbringt etwas ir-*
gendwo irgendwo für eine bestimmte Zeit sein:
Wir verbrachten das Wochenende in den Ber-
gen/am Meer. ❷ ■ jmd. *verbringt etwas mit et-*
was Dat. etwas eine bestimmte Zeit tun: Er verbrachte das ganze Wochenende mit Aufräumen/
Faulenzen/Lernen.
ver·brü·dern <verbrüderst, verbrüderte, hat ver-
brüdert> mit SICH ■ jmd. *verbrüdert sich mit*
jmdm. enge Freundschaft mit jmdm. schließen
▶Verbrüderung
ver·brü·hen <verbrühst, verbrühte, hat ver-
brüht> mit OBJ ■ jmd. *verbrüht jmdn./sich*
jmdn. oder sich mit einer sehr heißen Flüssigkeit
oder mit heißem Dampf Verbrennungen[2] zufügen: Ich habe mir den Arm verbrüht.; Er hat mir
beim Ausgießen des heißen Wassers versehentlich
die Hände verbrüht.; Das Kind hat sich verbrüht.
Ver·brü·hung die <-, -en> durch Verbrühen erlittene Brandverletzung
ver·bu·chen <verbuchst, verbuchte, hat ver-
bucht> mit OBJ ❶ ■ jmd. *verbucht etwas*
WIRTSCH., BANKW. in die Geschäftsbücher oder auf
einem Konto eintragen ❷ ■ jmd. *verbucht et-*
was als etwas Akk. (übertr.) jmd. wertet oder beurteilt etwas als etwas: Die Museumsleitung verbuchte die gestiegenen Besucherzahlen als Erfolg.
ver·bud·deln <verbuddelst, verbuddelte, hat
verbuddelt> mit OBJ ■ jmd. *verbuddelt etwas*
(umg.) vergraben
Ver·bum das <-s, Verben/Verba> SPRACHWISS.
(veralt.: ≈ Verb) Verbum finitum/infinitum
ver·bum·meln <verbummelst, verbummelte, hat
verbummelt> mit OBJ ■ jmd. *verbummelt et-*
was (umg. meist abwert.) ❶ eine bestimmte Zeit
ohne sinnvolle Beschäftigung verbringen: Er verbummelte das ganze Wochenende ❷ versäumen,
vergessen: Sie hat den Termin verbummelt.
Ver·bund der <-(e)s, -e/Verbünde> ❶ WIRTSCH.
eine bestimmte Form des Zusammenschlusses
von Unternehmen: Verkehrsbetriebe arbeiten im
Verbund. ◆-system, -werbung, -wirtschaft, Ver-
kehrs- ❷ TECHN. eine feste Verbindung von Teilen
zu einer Einheit ◆-stein, -werkstoff
ver·bun·den adj ❶ ■ *etwas ist mit etwas* Dat.
verbunden etwas hat etwas als Folge: Die Prü-
fungsvorbereitungen sind mit viel Stress verbunden. ❷ ■ *jemand ist jemandem irgendwie ver-*
bunden jmd. steht in einer irgendwie gearteten
Beziehung zu jmdm. Wir waren ihm stets freundschaftlich verbunden. ❸ ■ *jemand ist falsch ver-*
bunden TELEKOMM. jmd. hat die falsche Telefonnummer gewählt Der Anrufer war offensichtlich
falsch verbunden. ❹ ■ *jemandem (sehr/zu-*
tiefst) verbunden sein jmdm. sehr dankbar sein
ver·bün·den <verbündest, verbündete, hat ver-
bündet> mit SICH ■ jmd. *verbündet sich mit*
jmdm. ein Bündnis eingehen: Seine Kollegen ha-

ben sich mit dem Chef gegen ihn verbündet.; Die
beiden Staaten haben sich verbündet. ▶Verbün-
dete
Ver·bun·den·heit die <-> /kein Plur./ das Gefühl
der Zusammengehörigkeit
Ver·bün·de·te der/die <-n, -n> jmd., der einem
Bündnis angehört
Ver·bund·fahr·aus·weis der <-es, -e> in einem
Verbundnetz gültiger Fahrausweis
Ver·bund·glas das <-es, Verbundgläser> TECHN.
Glas, das aus mehreren verbundenen Schichten
besteht und nicht splittert
Ver·bund·netz das <-es, -e> ❶ Netz zur Versorgung einer Großstadt mit Elektrizität durch Kraft-
werke ❷ Nahverkehrsnetz einer Großstadt und ihres Einzugsbereichs, in dem verschiedene öffentliche Verkehrsmittel einander ergänzen: S-Bahn,
Busse und Straßenbahn sind ins Verbundnetz integriert.
ver·bür·gen <verbürgst, verbürgte, hat ver-
bürgt> I. mit OBJ ■ jmd./etwas *verbürgt etwas*
(≈ garantieren) für etwas Sicherheit geben, etwas
bestätigen: Das Gesetz verbürgt diese Rechte.
II. mit SICH ■ jmd. *verbürgt sich für jmdn./et-*
was persönlich für jmdn. oder etwas garantieren:
Ich verbürge mich dafür, dass …
ver·bü·ßen <verbüßt, verbüßte, hat verbüßt>
mit OBJ ■ jmd. *verbüßt etwas* RECHTSW. als Strafe
eine bestimmte Zeit im Gefängnis sein: Der Verurteilte muss eine mehrjährige Freiheitsstrafe verbüßen. ▶Verbüßung
ver·chro·men <verchromst, verchromte, hat ver-
chromt> mit OBJ ■ jmd. *verchromt etwas* mit
Chrom überziehen
Ver·chro·mung die <-, -en> ❶ /kein Plur./ das
Verchromen ❷ ein verchromtes Teil von etwas:
Die Verchromungen verleihen der Karosserie eine
nostalgische Note.
Ver·dacht der <-(e)s> /kein Plur./ ❶ die Vermutung, dass jmd. etwas Verbotenes getan hat oder
tun will: Ein Verdacht verdichtet sich/bestätigt
sich/ steigt in jemandem auf/richtet sich gegen je-
manden/fällt auf jemanden. ❷ die Annahme, dass
etwas zutrifft: Bei dem Patienten besteht der Verdacht auf Tuberkulose.; ■ **auf Verdacht** in der Annahme, dass etwas richtig ist Ich habe auf Verdacht ein paar Flaschen Saft mehr gekauft.; ■ **Ver-**
dacht schöpfen mißtrauisch werden; ■ **jemand**
ist über allen Verdacht erhaben jmd. ist so,
dass man ihm nichts Schlechtes zutraut
ver·däch·tig adj ❶ so, dass es zu einem Verdacht
Anlass gibt: Er kam mir von Anfang an verdächtig
vor.; Der Dieb hat sich dadurch verdächtig gemacht, dass er plötzlich viel Geld ausgegeben hat.
❷ fragwürdig, nicht geheuer: Ich glaube, ich habe
im Keller verdächtige Geräusche gehört. ▶Ver-
dächtige
-ver·däch·tig als Zweitglied zusammengesetzter
Adjektive; drückt aus, dass für eine Leistung gute
Aussichten bestehen, das mit dem Erstglied Bezeichnete zu erlangen bzw. zu werden ▶ hit-, me-
daillien-, nobelpreis-, rekord-
ver·däch·ti·gen <verdächtigst, verdächtigte, hat
verdächtigt> mit OBJ ■ jmd. *verdächtigt jmdn.*

(einer Sache) gegen jmdn. einen bestimmten Verdacht haben: Man verdächtigt ihn des Diebstahls/des Einbruchs/des Mordes. ▸ Verdächtigung

Ver·dachts·mo·ment *das* <-(e)s, -e> */meist Plur./* RECHTSW. *etwas, das Verdacht erregt:* Die Polizei hat ihn zum Verhör bestellt, weil es neue Verdachtsmomente gegen ihn gibt.

ver·dam·men <verdammst, verdammte, hat verdammt> *mit OBJ* ❶ ▪ *jmd. verdammt jmdn./ etwas hart kritisieren, verurteilen:* Sie hat sein Handeln verdammt. ❷ ▪ *jmd. verdammt jmdn./ etwas* REL. *mit Verdammnis belegen:* Die Sünder werden verdammt. ▸ Verdammte ❸ ▪ *jmd. verdammt jmdn./etwas zu etwas Dat. zu etwas zwingen, verurteilen:* Wir waren zum Nichtstun verdammt.; Die Sache war von vornherein zum Scheitern verdammt. ▸ Verdammung, verdammungswürdig

ver·dam·mens·wert *adj /nicht steig./* (≈ *verwerflich)* so, dass man es verdammen muss

Ver·damm·nis *die* <-> */kein Plur./* REL. *Zustand schwerer Schuld:* Die Sünder leben in der ewigen Verdammnis.

ver·dammt **I.** *Part. Perf. von* **verdammen** **II.** *adj (umg.)* ❶ *sehr groß:* Wir hatten verdammtes Glück/Pech. ❷ *sehr, ganz bestimmt:* Es war verdammt kalt!; Die Sache war verdammt dumm gelaufen.; Es ist seine verdammte Pflicht, auf die Kinder aufzupassen. ❸ */verwendet, um eine Abwertung zu verstärken/* Du verdammter Trottel!; So ein verdammter Mist! **III.** *interj verwendet als Fluchwort:* Verdammt (noch mal)!

ver·damp·fen <verdampfst, verdampfte, hat/ist verdampft> **I.** *mit OBJ (haben)* ▪ *jmd. verdampft etwas (fachspr.)* eine Flüssigkeit in einen gasförmigen Zustand überführen **II.** *ohne OBJ (sein)* ▪ *etwas verdampft* sich in Dampf verwandeln: Das ganze Wasser ist verdampft. ▸ Verdampfung

ver·dan·ken <verdankst, verdankte, hat verdankt> *mit OBJ* ▪ *jmd. verdankt jmdm./einer Sache etwas* jmdn. oder etwas als Urheber oder Ursache anerkennen: Ich verdanke ihr alles/viel.; Das milde Klima hier verdanken wir dem Golfstrom.; Wir verdanken es deiner Trödelei, dass wir den Zug verpasst haben.

Ver·dan·kung *die* <-, -en> SCHWEIZ. Dank, Ausdruck des Dankes

ver·darb *Part. Perf. von* **verderben**

ver·dat·tert *adj (umg.: ≈ verdutzt)* völlig erschrocken und verwirrt: Ich war ganz verdattert, dass er mich plötzlich anrief.

ver·dau·en <verdaust, verdaute, hat verdaut> **I.** *mit OBJ/ohne OBJ* ▪ *jmd./etwas verdaut etwas* aufgenommene Nahrung im Körper verarbeiten: Der Magen kann diese Stoffe nur schlecht verdauen.; Der Kranke verdaut schlecht. **II.** *mit OBJ* ▪ *jmd. verdaut etwas (übertr.)* Eindrücke geistig verarbeiten: Diesen Schock müssen wir erst einmal verdauen.

ver·dau·lich *adj /nicht steig./* ▪ etwas ist leicht/ schwer verdaulich man kann etwas leicht/ schwer verdauen Das Essen war schwer/leicht verdaulich. ◆Getrennt- oder Zusammenschreibung →R 4.20 leicht verdaulich/leichtverdaulich; schwer verdaulich/schwerverdaulich

Ver·dau·ung *die* <-> */kein Plur./* Vorgang des Verdauens[1]: Seine Verdauung ist gestört/normal. ◆-sbeschwerden, -sprobleme, -sspaziergang, -sstörung

Ver·dau·ungs·or·gan *das* <-(e)s, -e> */meist Plur./* die Organe, die an der Verdauung von Nahrung beteiligt sind: Zu den Verdauungsorganen gehören unter anderem der Magen, der Darm und die Leber.

Ver·dau·ungs·trakt *der* <-(e)s> */kein Plur./* ANAT. alle der Verdauung dienenden Organe (insbesondere der Magen und der Darm)

Ver·deck *das* <-(e)s, -e> *(faltbares) Dach eines Kraftfahrzeuges:* das Verdeck schließen/zurückklappen

ver·de·cken <verdeckst, verdeckte, hat verdeckt> *mit OBJ* ▪ *etwas verdeckt etwas* zudecken, vor den Blicken verbergen: Dicke Wolken verdeckten immer wieder die Sonne.; verdeckte Ermittlungen der Polizei

ver·den·ken ▪ jemandem etwas nicht verdenken können *jmdm. etwas nicht übelnehmen können*

Ver·derb *der* <-s> */kein Plur./* das Verderben II: Lebensmittel vor dem Verderb schützen; ▪ **Er handelt auf Gedeih und Verderb.** *Er handelt, ohne darauf zu achten, ob es gut oder schlecht endet.*

Ver·der·ben *das* <-s> */kein Plur./ (geh.: ≈ Untergang)* völlige Zerstörung, die das Ende von etwas oder jmds. Tod bringt: Sie sind offenen Auges ins/in ihr Verderben gerannt.; Der Krieg brachte Tod und Verderben.; ▪ **ins Verderben rennen** *in sein Unglück laufen*

ver·der·ben <verdirbst, verdarb, hat/ist verdorben> **I.** *mit OBJ (haben)* ❶ ▪ *jmd. verdirbt jmdm. etwas* zunichtemachen, zerstören: Er hat mir durch sein Verhalten die ganze Freude/den ganzen Spaß/die gute Laune verdorben.; Das schlechte Wetter hat uns den Ausflug verdorben. ❷ ▪ *jmd. verdirbt etwas* Schaden zufügen oder eine Störung verursachen: Er hat sich in seiner Kindheit die Augen verdorben.; Ich muss mir den Magen verdorben haben ❸ ▪ *etwas verdirbt jmdn. (geh.)* einen schlechten Einfluss auf jmdn. ausüben und dadurch den Charakter schädigen: Der Umgang mit diesen Menschen hat ihn verdorben. ❹ ▪ *jmd. verdirbt es sich mit jmdm. jmd. macht sich bei jmdm. unbeliebt* ▸ Spielverderber **II.** *ohne OBJ (sein)* ▪ *etwas verdirbt* schlecht, ungenießbar werden: Der Joghurt/Die Wurst ist verdorben.

ver·derb·lich *adj /nicht steig./* ❶ *(von Nahrungsmitteln)* nicht lange haltbar: Diese Lebensmittel sind leicht verderblich. ▸ Verderblichkeit ❷ *schädlich, sehr negativ:* Sein Einfluss wirkt verderblich.

ver·derbt *adj (geh. o veralt.)* moralisch schlecht, verdorben: ein völlig verderbter Charakter ▸ Verderbnis, Verderbtheit

ver·deut·li·chen <verdeutlichst, verdeutlichte, hat verdeutlicht> *mit OBJ* ▪ *jmd./etwas verdeutlicht etwas* deutlicher und verständlicher

V

machen: mit vielen Beispielen den Sachverhalt verdeutlichen ▸ Verdeutlichung

ver·deut·schen <verdeutschst, verdeutschte, hat verdeutscht> *mit OBJ* ■ *jmd.* **verdeutscht etwas** ❶ *etwas in die deutsche Sprache übertragen:* ein Fremdwort verdeutschen ▸ Verdeutschung ❷ *(umg.) etwas, das unverständlich erscheint, erklären und verständlich machen:* Ich musste ihm den Gesetzestext erst einmal verdeutschen.

ver·dich·ten <verdichtest, verdichtete, hat verdichtet> **I.** *mit OBJ* ■ *jmd.* **verdichtet etwas** PHYS., TECHN. *(Gase, Flüssigkeiten) dichter machen, komprimieren* ▸ Verdichtung **II.** *mit SICH* ■ *etwas verdichtet sich dichter werden, zunehmen:* Im Laufe der Nacht verdichtete sich der Nebel.; Die Gerüchte verdichteten sich, dass ...

ver·dick·en <verdickst, verdickte, hat verdickt> *ohne OBJ etwas dicker machen:* eine verdickte Stelle / Narbe ▸ Verdickung, Verdickungsmittel

ver·die·nen <verdienst, verdiente, hat verdient> *mit OBJ / ohne OBJ* ■ *jmd.* **verdient etwas** ❶ *Geld als Lohn für seine Arbeit bekommen:* Sie verdienen ihren Lebensunterhalt selbst.; Er verdient 1.500 Euro brutto.; Sie verdient durchschnittlich / gut. ▸ Verdiener ❷ *zu Recht bekommen:* Er hat ein Lob / seine Strafe verdient.

Ver·dienst¹ *das* <-es, -e> *eine große Leistung zum Wohle anderer Menschen, die von allen anerkannt wird:* Wenn dieser Unternehmensbereich heute wieder große Gewinne macht, dann ist dies nicht zuletzt das Verdienst von Herrn Schulze.; Er hat sich große Verdienste um den Sport / seine Heimatstadt erworben. ◆Bundesverdienstkreuz

Ver·dienst² *der* <-(e)s, -e> ❶ *(≈ Einkommen) das Geld, das man mit seiner beruflichen Tätigkeit verdient* ◆-aussichten, -bescheinigung, -möglichkeit, Durchschnitts-, Spitzen- ❷ *Gewinn (aus dem Verkauf von Waren)*

Ver·dienst·aus·fall *der* <-(e)s, Verdienstausfälle> *durch bestimmte Umstände entgangener Verdienst²* ◆-entschädigung

ver·dienst·lich <verdienstlicher, am verdienstlichsten> *adj (≈ verdienstvoll) so, dass etwas dem Wohl anderer dient und anerkannt werden sollte:* eine verdienstliche Tat

Ver·dienst·span·ne *die* <-, -n> *der Verdienst innerhalb einer oberen und unteren Grenze*

ver·dienst·voll *adj* ❶ *so, dass es Anerkennung verdient* ❷ *so, dass jmd. für etwas viel geleistet hat*

ver·dient **I.** *Part. Perf. von* **verdienen** **II.** *adj* /nicht steig./ ❶ *verdienstvoll²:* besonders verdiente Mitarbeiter der Firma ❷ *(umg.) so, dass der guten Leistung angemessen ist:* Die Mannschaft wurde verdienter Sieger des Turniers.; ■ **sich um etwas verdient machen** *(geh.) für eine wichtige Sache Bedeutendes leisten* Er hat sich um den Sport verdient gemacht.

ver·dien·ter·ma·ßen *adv so, dass das Genannte verdient² ist:* Die Mannschaft hat verdientermaßen gewonnen, sie war klar besser.

Ver·dikt *das* <-(e)s, -e> *(veralt.) negatives Urteil, Urteilsspruch*

ver·din·gen <verdingst, verdingte/verdang, hat verdingt/verdungen> *mit SICH* ■ *jmd.* **verdingt sich als etwas** *(veralt.) gegen Entgelt eine Arbeit annehmen:* Er wollte sich als Söldner / als Knecht verdingen.

ver·dol·met·schen <verdolmetschst, verdolmetschte, hat verdolmetscht> *mit OBJ* ■ *jmd.* **verdolmetscht etwas** ❶ *jmd. übersetzt etwas mündlich:* Kannst du mir das verdolmetschen, was der ausländische Gast gerade gesagt hat ? ❷ *jmd. erklärt etwas deutlich*

ver·don·nern <verdonnerst, verdonnerte, hat verdonnert> *mit OBJ* ■ *jmd.* **verdonnert jmdn. zu etwas** *Dat. (umg.) jmdm. sagen, dass er etwas Unangenehmes tun muss.:* Der Verkehrssünder wurde zu einer Geldstrafe verdonnert.; ■ **verdonnert sein** *(umg.) erschrocken und sprachlos sein* Ich war ganz verdonnert, als ich diese Nachricht hörte.

ver·dop·peln <verdoppelst, verdoppelte, hat verdoppelt> **I.** *mit OBJ* ■ *jmd.* **verdoppelt etwas** *auf die doppelte Menge, Anzahl oder Größe bringen:* Der Spieler verdoppelte seinen Einsatz.; Das Unternehmen konnte seinen Umsatz im letzten Jahr verdoppeln. **II.** *mit SICH* ■ **etwas verdoppelt sich** *das doppelte Ausmaß annehmen:* Die Preise hierfür haben sich in den letzten zehn Jahren nahezu verdoppelt.

Ver·dop·pe·lung, Ver·dopp·lung *die* <-> /kein Plur. / *das Verdoppeln*

ver·dorben *Part. Perf. von* **verderben**

Ver·dor·ben·heit *die* <-> /kein Plur. / *der Umstand, dass jmd. moralisch schlecht ist*

ver·dor·ren <verdorrt, verdorrte, ist verdorrt> *ohne OBJ* ■ **etwas verdorrt** *(≈ vertrocknen) so trocken werden, dass es nicht weiter überleben kann:* Pflanzen verdorren in der Hitze.

ver·dö·sen <verdöst, verdöste, hat verdöst> *mit OBJ* ■ *jmd.* **verdöst etwas** *(umg.) Zeit mit Dösen verbringen:* Ich habe neulich die ganze Zugfahrt verdöst.

ver·drah·ten <verdrahtest, verdrahtete, hat verdrahtet> *mit OBJ* ■ *jmd.* **verdrahtet etwas** ❶ *etwas durch elektrische Leitungen verbinden* ❷ *mit (Stachel-)Draht unzugänglich machen, verschließen*

ver·drän·gen <verdrängst, verdrängte, hat verdrängt> *mit OBJ* ❶ ■ *jmd.* **verdrängt jmdn.** *jmd. zur Seite schieben oder drängen, um dessen Platz zu bekommen* ▸ Verdrängungsstrategie ❷ ■ **etwas verdrängt etwas (aus etwas** *Dat.)* *ersetzen:* PCs verdrängen die Schreibmaschinen (aus den Büros). ❸ ■ *jmd.* **verdrängt etwas** PSYCH. *ein unangenehmes Erlebnis oder Gefühl aus dem Bewusstsein drängen (zum Beispiel durch Vergessen):* Er versuchte stets, seine Probleme zu verdrängen. ▸ Verdrängung, Verdrängungsmechanismus

Ver·drän·gungs·wett·be·werb *der* <-s> /kein Plur. / WIRTSCH. *ein Wettbewerb, bei dem ein Konkurrent versucht, die anderen aus dem Markt zu drängen*

V

ver·dre·cken <verdreckst, verdreckte, hat/ist verdreckt> *(umg. abwert.)* **I.** *mit OBJ (haben)* ■ *jmd.* **verdreckt** *etwas sehr schmutzig machen:* Wer hat denn die Tischdecke so verdreckt? **II.** *ohne OBJ (sein)* ■ *etwas* **verdreckt** *sehr schmutzig werden:* Bei Fahrten in schwerem Gelände verdreckt das Mountainbike schnell.

ver·dre·hen <verdrehst, verdrehte, hat verdreht> *mit OBJ* ■ *jmd.* **verdreht** *etwas* ❶ *etwas so drehen, dass es nicht mehr in seiner ursprünglichen Stellung ist:* Er hat mir den Arm verdreht.; Sie verdrehte genervt die Augen, als sie das hörte. ❷ *(abwert.: ≈ entstellen) etwas unrichtig darstellen oder behaupten:* Er hat doch die Tatsachen völlig verdreht.; ■ **jemandem den Kopf verdrehen** *(umg.) bewirken, dass sich jmd. in einen verliebt;* ■ **jemand ist verdreht** *(umg.) jmd. ist ein bisschen verrückt* ▶ Verdrehtheit

ver·drei·fa·chen <verdreifachst, verdreifachte, hat verdreifacht> **I.** *mit OBJ* ■ *jmd.* **verdreifacht** *etwas auf die dreifache Menge, Anzahl oder Größe erhöhen* **II.** *mit SICH* ■ *etwas* **verdreifacht sich** *dreimal so groß werden:* In den letzten Jahren hat sich der Gewinn verdreifacht.

ver·drie·ßen <verdrießt, verdross, hat verdrossen> *mit OBJ* ■ *etwas* **verdrießt** *jmdn. (geh.) verärgern, missmutig machen:* Die monotone Arbeit verdross ihn.; ■ **Er lässt es sich nicht verdrießen, ...** *er lässt sich die gute Laune nicht verderben*

ver·drieß·lich *adj missmutig, ein wenig ärgerlich:* Sie machte ein verdrießliches Gesicht, als er im letzten Moment die Einladung absagte.

ver·dros·sen I. *Part. Perf. von* **verdrießen II.** *adj missmutig und lustlos:* Verdrossen mähte er den Rasen. ▶ unverdrossen, Verdrossenheit

ver·drü·cken <verdrückst, verdrückte, hat verdrückt> **I.** *mit OBJ* ■ *jmd.* **verdrückt** *etwas (umg.: ≈ vertilgen) eine große Menge von etwas Essen:* Die Kinder haben den ganzen Pudding verdrückt. **II.** *mit SICH* ■ *jmd.* **verdrückt sich** *(umg.) unauffällig weggehen:* Er verdrückte sich ins Nebenzimmer, als die Gäste ankamen.

Ver·druss *der* <-es, -e> *Unzufriedenheit, Missmut, Verdrossenheit:* Der ewige Streit mit den Nachbarn hat ihm schon viel Verdruss bereitet.

ver·duf·ten <verduftest, verduftete, ist verduftet> **I.** *ohne OBJ* ■ *jmd./etwas* **verduftet** *(umg.: ≈ verschwinden) jmd. geht unauffällig weg:* Als die Polizei kam, ist er verduftet. **II.** *ohne OBJ etwas verliert seinen Duft:* Das Parfum ist verduftet.

ver·dum·men *mit OBJ* ■ *jmd./etwas* **verdummt** *jmdn. dumm machen:* Er behauptet, übermäßiges Fernsehen verdumme die Leute. ▶ Verdummung

ver·dun·keln <verdunkelst, verdunkelte, hat verdunkelt> **I.** *mit OBJ* ■ *jmd./etwas* **verdunkelt** *etwas* ❶ *etwas dunkel machen:* Bevor ich die Dias zeigen kann, müssen wir den Raum verdunkeln.; Dicke Wolken verdunkelten den Himmel. ▶ Verdunkelung ❷ RECHTSW. *etwas undeutlich machen:* Wer hat ein Interesse daran, die Umstände der Tat zu verdunkeln? ▶ Verdunkelungsgefahr **II.** *mit SICH* ■ *etwas* **verdunkelt sich** *dunkel werden:* Vor dem Gewitter verdunkelte sich der

Himmel.; ■ **Seine Miene hat sich verdunkelt.** *Sein Gesichtsausdruck ist unfreundlicher geworden.*

ver·dün·nen <verdünnst, verdünnte, hat verdünnt> *mit OBJ* ■ *jmd.* **verdünnt** *etwas zu einer Flüssigkeit Wasser hinzugießen:* Ich verdünne meinen Saft mit etwas Wasser.

Ver·dün·ner *der* <-s, -> *(≈ Lösungsmittel) Mittel zum Verdünnen konzentrierter Flüssigkeiten* ▶ Verdünnungsmittel

ver·dün·ni·sie·ren <verdünnisierst, verdünnisierte, hat verdünnisiert> *mit SICH* ■ *jmd.* **verdünnisiert sich** *(scherzh.) unauffällig verschwinden*

ver·duns·ten <verdunstest, verdunstete, ist verdunstet> *ohne OBJ* ■ *etwas* **verdunstet** *von einem flüssigen in einen gasförmigen Zustand übergehen:* Alkohol verdunstet schneller als Wasser.; An einem heißen Tag verdunstet der Regen schnell. ▶ Verdunster

Ver·duns·tung *die* <-> */kein Plur./ das Verdunsten*

ver·durs·ten <verdurstest, verdurstete, ist verdurstet> *ohne OBJ* ■ *jmd./etwas* **verdurstet** *aus Mangel an Flüssigkeit sterben:* Sie sind in der Wüste beinahe verdurstet.; Diese Pflanze ist verdurstet.

ver·düs·tern <verdüsterst, verdüsterte, hat verdüstert> **I.** *mit OBJ* ■ *etwas* **verdüstert** *etwas düster machen, erscheinen lassen:* Graue Wolken verdüsterten den Himmel. **II.** *mit SICH* ■ *etwas* **verdüstert sich** ❶ *dunkel werden:* Der Himmel verdüstert sich. ❷ *(geh. übertr.) unfreundlich erscheinen lassen:* Ihre Miene verdüsterte sich.

ver·dutzt *adj (≈ verblüfft) erstaunt und verwirrt:* Als ich ihm davon erzählte, sah er mich verdutzt an.

ver·edeln <veredelst, veredelte, hat veredelt> *mit OBJ* ■ *jmd.* **veredelt** *etwas* ❶ *(fachspr.) Rohstoffe oder Naturprodukte so behandeln, dass sie wertvoller oder qualitativ hochwertiger werden:* veredelte Baumwolle/Metalle ❷ BOT. *den Spross eines wertvolleren, aber empfindlichen Gewächses auf ein weniger wertvolles, aber unempfindlicheres Gewächs aufsetzen:* Hier veredelt man Obstbäume und Rosen. ▶ Veredelung

ver·eh·ren <verehrst, verehrte, hat verehrt> *mit OBJ* ❶ ■ *jmd.* **verehrt** *jmdn.* REL. *jmdn. als höheres Wesen ansehen oder anbeten:* Welchen Heiligen verehrt man hier?; Diese Tiere werden als göttliche Wesen verehrt. ❷ ■ *jmd.* **verehrt** *jmdn. (als etwas Akk.) (≈ achten) jmdn. sehr hoch schätzen und bewundern:* Er verehrte seinen Lehrer.; Man verehrt ihn als großen Künstler. ❸ ■ *jmd.* **verehrt** *jmdm. etwas (scherzh.) jmdm. etwas schenken:* Jemand hat mir eine Rose verehrt.

Ver·eh·rer *der*, **Ver·eh·re·rin** *die* <-s, -> *(veralt. oder scherzh.) Liebhaber:* Sie hat einen Verehrer, heute sagt man wohl eher: einen Freund.

Ver·eh·rung *die* <-> */kein Plur./* ❶ *das Verehren [1]* ◆ *Gottes-, Marien-* ❷ *Hochachtung:* Er hat seinem alten Lehrer seine tiefe Verehrung gezeigt.

ver·eh·rungs·wür·dig *adj /nicht steig./ (geh.) so,*

dass jmd. es wert ist, dass man ihn verehrt: Er ist ein verehrungswürdiger Meister.

ver·ei·di·gen <vereidigst, vereidigte, hat vereidigt> *mit OBJ* ■ *jmd. vereidigt jmdn. (auf etwas Akk.) jmdn. einen Eid auf etwas ablegen lassen und ihn dadurch verpflichten:* Der Bundespräsident wurde auf die Verfassung vereidigt. ▸ Vereidigung

Ver·ein *der* <-(e)s, -e> ❶ *(≈ Vereinigung) eine Organisation von Menschen, die ein gemeinsames Interesse haben, sich regelmäßig treffen und sich aus Beiträgen der Mitglieder finanzieren:* Der eingetragene Verein hat eine Satzung/einen Präsidenten/viele Mitglieder.; Sie ist einem Verein beigetreten/aus einem Verein ausgetreten. ◆ -sgründung, -shaus, -smitglied, -smitgliedschaft, -spräsident, -ssatzung, Faschings-, Fußball-, Gesangs-, Karnevals-, Kunst-, Musik-, Schützen-, Sport- ❷ ■ **im Verein mit** *gemeinsam mit*

ver·ein·bar *adj / nicht steig. / so, dass es zu etwas passt:* Sein Verhalten in der Öffentlichkeit ist mit unseren Unternehmensgrundsätzen nicht vereinbar.; Diskothekenbesuche und Parties sind mit dem Leben eines Leistungssportlers nicht vereinbar.

ver·ein·ba·ren <vereinbarst, vereinbarte, hat vereinbart> *mit OBJ* ❶ ■ *jmd. vereinbart etwas (mit jmdm.) gemeinsam beschließen:* Wir haben regelmäßige Treffen vereinbart.; Er hat mit ihm einen neuen Termin vereinbart. ❷ ■ *jmd. vereinbart etwas mit etwas in Einklang bringen:* Ich kann mein Hobby gut mit Beruf und Familie vereinbaren.

Ver·ein·ba·rung *die* <-, -en> ❶ */kein Plur./ das Vereinbaren¹:* Es wurde die Vereinbarung getroffen, dass … ❷ *(≈ Abmachung) das, was vereinbart wurde:* Halte dich an unsere Vereinbarung!

ver·ei·nen <vereinst, vereinte, hat vereint> I. *mit OBJ* ❶ ■ *jmd. vereint etwas (zu/in etwas Dat.) (geh.: ≈ vereinigen) zu einer Einheit machen, zusammenbringen:* Er vereinte die streitenden Splittergruppen zu einer Partei. ❷ ■ *jmd./etwas vereint etwas (in etwas Dat.) zugleich besitzen:* Sie vereint alle Kompetenzen in einer Hand. II. *mit SICH* ❶ ■ *jmd./etwas vereint sich (mit etwas Dat.) sich zusammenschließen:* Die Bürgerinitiativen vereinten sich zum gemeinsamen Protest. ❷ ■ *etwas vereint sich (mit etwas Dat.) gemeinsam vorhanden sein:* In diesem Kunstwerk vereint sich handwerkliches Geschick mit künstlerischer Fantasie.

ver·ein·fa·chen <vereinfachst, vereinfachte, hat vereinfacht> *mit OBJ* ■ *jmd. vereinfacht etwas einfacher machen:* ein vereinfachtes Verfahren/ eine vereinfachte Methode

Ver·ein·fa·chung *die* <-, -en> */kein Plur./* ❶ */kein Plur./ das Vereinfachen* ❷ *etwas, das vereinfacht worden ist:* Die Vereinfachungen in der Produktion ersparen uns viel Geld.

ver·ein·heit·li·chen *mit OBJ* ■ *jmd. vereinheitlicht etwas Unterschiedliches in eine einheitliche Form bringen:* Der Redakteur muss die unterschiedlichen Beiträge seiner Mitarbeiter noch vereinheitlichen.

Ver·ein·heit·li·chung *die* <-, -en> ❶ */kein Plur./*

das Vereinheitlichen ❷ *etwas, das vereinheitlicht worden ist:* Die Vereinheitlichung der Maße/Normen dient der besseren Orientierung des Kunden.

ver·ei·ni·gen <vereinigst, vereinigte, hat vereinigt> I. *mit OBJ* ❶ ■ *jmd. vereinigt etwas zu etwas Dat. zu einer Einheit bzw. zu einem Ganzen zusammenfassen:* Er vereinigte die Firmen zu einem Großkonzern. ❷ ■ *jmd. vereinigt etwas in jmdm. Dat. etwas gleichzeitig bei jmdm. sein lassen:* Alle Ämter sind in einer Person vereinigt. ❸ ■ *jmd. vereinigt etwas auf sich Akk. etwas zusammenkommen lassen:* Der Kandidat konnte die Mehrheit der Stimmen auf sich vereinigen. II. *mit SICH* ❶ ■ *jmd. vereinigt sich zu etwas Dat. sich zu einer Einheit zusammenschließen:* Die Bürgerinitiativen vereinigten sich zum gemeinsamen Protest. ❷ ■ *etwas vereinigt sich gemeinsam vorhanden sein:* In diesem Kunstwerk vereinigt sich handwerkliches Geschick und Genie.

Ver·ei·ni·gung *die* <-, -en> ❶ */kein Plur./ das Vereinigen* ❷ *(≈ Verein) eine Organisation, die ein bestimmtes Ziel verfolgt:* eine politische/studentische Vereinigung

ver·ein·nah·men <vereinnahmst, vereinnahmte, hat vereinnahmt> *mit OBJ* ■ *jmd. vereinnahmt jmdn./etwas (für etwas Akk.) jmdn. oder etwas völlig für sich beanspruchen:* Die Mutter hat ihren erwachsenen Sohn vereinnahmt.; Die Partei hat diese politischen Ideen für sich vereinnahmt. ▸ Vereinnahmung

ver·ein·sa·men <vereinsamst, vereinsamte, ist vereinsamt> *ohne OBJ* ■ *jmd. vereinsamt zu viel allein sein und sich immer einsamer fühlen:* Sie ist im Alter völlig vereinsamt. ▸ Vereinsamung

Ver·eins·bei·trag *der* <-(e)s, Vereinsbeiträge> *Mitgliedsbeitrag in einem Verein*

Ver·eins·mei·er *der* <-s, -> *(umg. abwert.) jmd., der sich übertrieben in einem oder mehreren Vereinen engagiert* ▸ Vereinsmeierei

ver·eint I. *Part. Perf. von* **vereinen** II. *adj / nicht steig. / (≈ vereinigt) so, dass Verschiedenes zu einer Einheit zusammengefasst ist:* Wir können die Probleme des Arbeitsmarktes nur mit vereinten Kräften lösen. ◆ *Großschreibung* →R 3.17 die Vereinten Nationen, auch UN(O) = United Nations Organization

ver·ein·zelt *adj / nicht steig. / (≈ singulär) so, dass etwas einzeln oder in geringer Zahl vorkommt:* In der kommenden Nacht ist mit vereinzelten Schauern zu rechnen.

ver·ei·sen <vereist, vereiste, hat/ist vereist> I. *ohne OBJ (sein)* ■ *etwas vereist mit Eis überzogen werden:* Es ist damit zu rechnen, dass die Straßen vereisen.; Der Gehweg war völlig vereist. II. *mit OBJ (haben)* ■ *jmd. vereist etwas* MED. *eine (kleine) Stelle am Körper dadurch betäuben, dass ein Kältespray aufgesprüht wird:* Der Arzt hat den Finger vereist, bevor er die Warze entfernte. ▸ Vereisung

ver·ei·teln <vereitelst, vereitelte, hat vereitelt> *mit OBJ* ■ *jmd./etwas vereitelt etwas (geh.) verhindern, dass etwas ausgeführt wird, das jmd. geplant hat:* Sondereinheiten konnten das Attentat gerade noch vereiteln. ▸ Vereitelung

ver·ei·tert *adj* MED. *so entzündet, dass sich Eiter gebildet hat:* Sie hatte vereiterte Mandeln/eine vereiterte Wunde am Bein. ▸Vereiterung

ver·ekeln <verekelst, verekelte, hat verekelt> *mit OBJ* ■ *jmd. verekelt jmdm. etwas jmd. bewirkt, dass jmd. die Freude an etwas verliert und dann Widerwillen empfindet:* Er hat ihr erzählt, dass eine Spinne über den Apfel gelaufen sei und ihr so den Apfel verekelt.

ver·elen·den <verelendest, verelendete, ist verelendet> *ohne OBJ* ■ *jmd. verelendet immer mehr ins Elend geraten, völlig verarmen:* Seit Jahren verelenden viele Bauern in unterentwickelten Ländern. ▸Verelendung

ver·en·den <verendest, verendete, ist verendet> *ohne OBJ* ■ *ein Tier verendet (geh.) (von Tieren) langsam sterben*

ver·en·gen <verengst, verengte, hat verengt> *mit SICH* ■ *etwas verengt sich (↔ verbreitern) enger werden:* Die Straße verengt sich zu einer schmalen Gasse. ▸Verengung

ver·en·gern <verengerst, verengerte, hat verengert> *mit OBJ* ■ *jmd. verengert etwas jmd. macht etwas enger:* Ich möchte den Rock gerne etwas verengern. ▸Verengerung

ver·erb·bar *adj /nicht steig./ so, dass es vererbt II werden kann*

ver·er·ben <vererbst, vererbte, hat vererbt> **I.** *mit OBJ* ➊ ■ *jmd. vererbt jmdm. etwas (≈ umg. vermachen) als Erbe hinterlassen:* Sein Onkel soll ihm Millionen vererbt haben. ➋ ■ *jmd. vererbt jmdm. etwas (scherzh.) schenken, überlassen:* Meine Tante hat mir einige Kleider vererbt, weil sie ihr nicht mehr passen. **II.** *mit SICH* ■ *etwas vererbt sich MED., BIOL. genetisch bedingte Eigenschaften, Anlagen werden auf die Nachkommen übertragen:* Die Krankheit/das Merkmal vererbt sich von einer Generation zur nächsten.

Ver·er·bung *die* <-> */kein Plur./* MED., BIOL. *das Vererben II:* Die Vererbung wird durch die Erbanlagen gesteuert.

Ver·er·bungs·leh·re *die* <-> */kein Plur./ (≈ Genetik) Lehre von der Vererbung II*

ver·ewi·gen <verewigst, verewigte, hat verewigt> **I.** *mit OBJ* ■ *jmd. verewigt jmdn. unvergesslich, unsterblich machen:* In diesem Roman hat der Autor seinen Sohn verewigt, nach dem er die Hauptfigur gestaltet hat.; Der Künstler hat ihre Schönheit in seinem Gemälde verewigt. **II.** *mit SICH* ■ *jmd. verewigt sich irgendwo (umg.) seinen Namen irgendwo einschreiben, wo man ihn noch nach langer Zeit lesen kann:* Der Politiker hatte sich im Goldenen Buch der Stadt verewigt.

Ver·fah·ren *das* <-s, -> ➊ *(≈ Methode, Technik) die Art und Weise, in der jmd. bei seiner Arbeit vorgeht:* technische/medizinische/wissenschaftliche/traditionelle Verfahren ◆-sweise, Auswahl-, Herstellungs-, Therapie- ➋RECHTSW. *ein Streitfall, der vor Gericht ausgetragen wird:* Das Verfahren wird eingeleitet/eingestellt/eröffnet. ◆-skosten, -sbeschleunigung, Ermittlungs-, Gerichts-

ver·fah·ren¹ <verfährst, verfuhr, hat/ist verfahren> **I.** *ohne OBJ (sein)* ➊ ■ *jmd. verfährt ir-*

gendwie (mit etwas Dat.) *eine Sache auf eine bestimmte Art bearbeiten, mit bestimmten Methoden vorgehen:* Wie sind Sie in dieser Angelegenheit verfahren?; Der Einbrecher verfährt immer nach derselben Methode. ➋ ■ *jmd. verfährt irgendwie mit jmdm. jmd. behandelt jmdn. irgendwie:* Er ist übel/rücksichtslos/grausam mit ihm verfahren. **II.** *mit SICH (haben)* ■ *jmd. verfährt sich in die falsche Richtung fahren:* Wir hatten uns völlig verfahren und mussten nach dem richtigen Weg fragen.

ver·fah·ren² *Part. Perf. von* **verfahren¹** *so, dass etwas falsch durchgeführt worden ist und deshalb auswegslos erscheint:* Wir haben uns in eine ziemlich verfahrene Situation manövriert.; Die Sache ist total verfahren!; Das ist eine verfahrene Geschichte!

Ver·fah·rens·fra·ge *die* <-, -n> */meist Plur./ Problem bezüglich der Verfahrensweise:* Wichtige Verfahrensfragen müssen erst noch geklärt werden.

Ver·fah·rens·tech·nik *die* <-, -en> TECHN. *(↔ Fertigungstechnik) das Teilgebiet der Technik, das sich mit der Herstellung fließfähiger Stoffe beschäftigt*

Ver·fall *der* <-(e)s> */kein Plur./ das Verfallen^{1, 2, 3, 4}* ◆Kräfte-, Kultur-, Wert-

ver·fal·len <verfällst, verfiel, ist verfallen> *ohne OBJ* ➊ *baufällig werden und langsam zusammenfallen:* Das alte Fabrikgebäude verfällt zusehends.; eine verfallene Burg/Ruine ➋ ■ *etwas verfällt einen kulturellen, sittlichen und moralischen Niedergang erfahren:* Zu dieser Zeit begann das Römische Reich zu verfallen. ➌ ■ *etwas verfällt ungültig werden:* Die Fahrkarte/Der Gutschein/Der Wechsel ist längst verfallen. ➍ ■ *jmd. verfällt an körperlicher und geistiger Kraft verlieren:* Der alte Mann verfiel mehr und mehr. ➎ ■ *jmd. verfällt (etwas/jmdm.) von etwas oder jmdm. abhängig werden:* Sie ist dem Alkohol/der Spielleidenschaft verfallen.; Er ist dieser Frau völlig verfallen. ➏ ■ *jmd. verfällt auf etwas Akk. jmd. kommt auf einen ungewöhnlichen Gedanken:* Wie bist du denn auf die Idee verfallen? ➐ ■ *jmd. verfällt in etwas Akk. jmd. gerät in einen bestimmten Zustand:* Er ist in Nachdenken/Schweigen/Trübsal verfallen.

Ver·falls·da·tum *das* <-s, Verfallsdaten> *ein (aufgedrucktes) Datum, das angibt, wie lange Lebensmittel mindestens haltbar sind:* Das Verfallsdatum der Wurst ist überschritten.

Ver·falls·er·schei·nung *die* <-, -en> *Anzeichen des Verfallens^{2, 4}*

Ver·falls·tag *der* <-es> */kein Plur./ der Tag, an dem etwas seine Gültigkeit verliert:* Der Verfallstag des Gutscheins ist bereits überschritten.

ver·fäl·schen <verfälschst, verfälschte, hat verfälscht> *mit OBJ* ➊ ■ *jmd. verfälscht etwas (≈ entstellen) etwas falsch darstellen:* Er hat die Geschichte verfälscht. ➋ ■ *jmd. verfälscht etwas (durch etwas Akk.) etwas in seiner Qualität mindern:* Sie haben den Wein/die Speise durch Zucker/Aromastoffe verfälscht.

ver·fäl·schung *die* <-, -en> *das Verfälschen*

ver·fan·gen <verfängst, verfing, hat verfangen> mit SICH ■ *jmd./etwas verfängt sich in etwas Dat. sich in etwas verwickeln und hängen bleiben:* Die Drachenschnur hatte sich in einem Baum verfangen.

ver·fäng·lich <verfänglicher, am verfänglichsten> adj (≈ heikel) ❶ (≈ peinlich) Man hat ihn in einer höchst verfänglichen Situation ertappt. ❷ (≈ gefährlich) *so, dass man in Schwierigkeiten kommen kann:* Das ist eine verfängliche Frage – wenn er ehrlich antwortet, kann er Probleme bekommen.

ver·fär·ben <verfärbst, verfärbte, hat verfärbt> **I.** mit OBJ ■ *etwas verfärbt etwas etwas bewirkt, dass etwas eine andere Farbe annimmt:* Die versehentlich mitgewaschenen schwarzen Socken hatten die ganze Kochwäsche verfärbt. **II.** mit SICH ■ *jmd./etwas verfärbt sich (irgendwie) eine andere Farbe annehmen:* Der Himmel verfärbte sich blutrot. ▶ Verfärbung

ver·fas·sen <verfasst, verfasste, hat verfasst> mit OBJ ■ *jmd. verfasst etwas einen Text schreiben:* Ich muss noch einen Artikel/einen Brief/einen Vortrag/ ein Vorwort für das Wörterbuch verfassen.

Ver·fas·ser der, **Ver·fas·se·rin** <-s, -> (≈ Autor) *die Person, die einen Text geschrieben hat:* Der Verfasser des Leserbriefes will anonym bleiben/ist der Redaktion bekannt. ▶ Verfasserschaft

Ver·fas·sung die <-, -en> ❶ POL. *die schriftlich niedergelegten Grundsätze über Form und Aufbau eines Staates, seiner eigenen Rechte und Pflichten und die seiner Bürger:* Das Land erhielt eine demokratische Verfassung. ◆-änderung, -reform ❷ /kein Plur./ (≈ Befinden) *der körperliche und seelische Zustand, in dem man sich befindet:* Der Sportler ist momentan in guter/hervorragender/ miserabler Verfassung. ◆ Geistes-, Gemüts·

ver·fas·sung·ge·bend adj /nicht steig./ *die Verfassung¹ festlegend:* Die verfassunggebende Versammlung traf sich zu ersten Gesprächen. ◆Zusammenschreibung →R 4.20 verfassunggebend/ Verfassung gebend

Ver·fas·sungs·be·schwer·de die <-, -en> *eine Art Klage, die jeder Bürger beim Verfassungsgericht einreichen kann, wenn er glaubt, dass die Staatsgewalt seine Grundrechte verletzt hat*

Ver·fas·sungs·bruch der <-(e)s> /kein Plur./ POL. *eine Handlung, mit der eine Regierung gegen die Verfassung¹ verstößt*

Ver·fas·sungs·ge·richt das <-(e)s, -e> /meist Sing./ RECHTSW. *das Gericht, bei dem man eine Verfassungsbeschwerde einreichen kann* ◆Bundes·

ver·fas·sungs·mä·ßig adj /nicht steig./ *der Verfassung¹, entsprechend, auf die Verfassung¹ gegründet*

ver·fas·sungs·recht·lich adj /nicht steig./ *die in der Verfassung¹ enthaltenen Rechtsnormen betreffend*

Ver·fas·sungs·rich·ter der, **Ver·fas·sungs·rich·te·rin** <-s, -> *Richter am Verfassungsgericht*

Ver·fas·sungs·schutz der <-es> /kein Plur./ *Gesamtheit der Institutionen und Maßnahmen, die*

zum Schutz der Verfassung¹ dienen ▶ Verfassungsschützer, Verfassungsschützerin

Ver·fas·sungs·treue die <-> /kein Plur./ POL. *das Respektieren und Einhalten der Verfassung¹, zu dem vor allem Beamte und Angestellte im öffentlichen Dienst verpflichtet sind* ▶ verfassungstreu

ver·fas·sungs·wid·rig adj /nicht steig./ *gegen eine Verfassung¹ verstoßend*

ver·fau·len <verfault, verfaulte, ist verfault> ohne OBJ ■ *etwas verfault durch Fäulnis verderben:* Die Kirschen sind am Baum verfault.

ver·fech·ten <verfichst, verfocht, hat verfochten> mit OBJ ■ *jmd. verficht etwas (geh.) energisch für etwas eintreten oder kämpfen:* Er hat bis zuletzt seine Meinung/Theorie verfochten.

Ver·fech·ter, Ver·fech·te·rin <-s, -> (geh.) *jmd., der etwas verficht*

ver·feh·len <verfehlst, verfehlte, hat verfehlt> mit OBJ ❶ ■ *jmd./etwas verfehlt etwas ein Ziel nicht treffen oder erreichen:* Der Freistoß verfehlte das Tor nur knapp.; Die Schülerin hat das Thema verfehlt.; Die Sitzung hat ihren Zweck verfehlt.; Wir halten eine solche Politik für verfehlt. ❷ ■ *jmd. verfehlt jmdn.* (≈ verpassen) *jmdn. an dem Ort, wo man ihn treffen wollte, nicht finden:* Eigentlich wollten wir um vier Uhr treffen, wir haben uns aber leider verfehlt.

ver·fehlt adj /nicht steig./ (≈ verkehrt) *falsch, unpassend:* Ich halte es für verfehlt, so zu handeln.; eine verfehlte Entscheidung

Ver·feh·lung die <-, -en> (≈ Vergehen) *ein Verstoß gegen bestehende Vorschriften:* eine Verfehlung im Amt ◆Amts·

ver·fein·det adj *so, dass man jmds. Feind geworden ist:* Der Film handelt von zwei verfeindeten Familien.

ver·fei·nern <verfeinerst, verfeinerte, hat verfeinert> **I.** mit OBJ ❶ ■ *jmd. verfeinert etwas (mit etwas Dat.) feiner machen, im Geschmack verbessern:* Sie verfeinert die Soße stets mit etwas Sahne. ❷ ■ *jmd. verfeinert etwas etwas durch bessere Technik exakter und präziser machen:* Wir haben unsere Methode verfeinert. **II.** mit SICH ■ *etwas verfeinert sich* ❶ *bessere Qualität erlangen:* Ihr Benehmen hat sich verfeinert. ❷ *feiner oder präziser werden:* Die Produktionstechnik hat sich verfeinert.

ver·feu·ern <verfeuerst, verfeuerte, hat verfeuert> mit OBJ ■ *jmd. verfeuert etwas* ❶ *(Holz oder Kohle) im Ofen verbrennen:* Wir haben unsere Stühle verfeuert. ❷ *Munition (durch Schießen) verbrauchen:* Sie schossen so lange, bis sie die ganze Munition verfeuert hatten.

ver·fil·men <verfilmst, verfilmte, hat verfilmt> mit OBJ ■ *jmd. verfilmt etwas eine Vorlage zu einem Film verarbeiten:* Der Roman wurde 1962

Ver·fil·mung die <-, -en> ❶ /kein Plur./ *das Verfilmen* ❷ *ein Film auf der Vorlage eines Romans:* Die Verfilmung weicht in einigen Punkten vom Roman ab. ◆Roman·

ver·fil·zen <verfilzt, verfilzte, ist verfilzt> ohne OBJ ■ *etwas verfilzt etwas ist so stark ineinander verschlungen, dass es sich nicht mehr lösen lässt:*

V

Nach dem Waschen war der Wollpullover verfilzt.; Er hat völlig verfilzte Haare.

ver·fins·tern <verfinsterst, verfinsterte, hat verfinstert> I. *mit OBJ* ■ *etwas verfinstert etwas dunkel, finster machen:* Bei einer Sonnenfinsternis verfinstert der Mond die Sonne. II. *mit SICH* ■ *etwas verfinstert sich* ❶ *dunkel werden:* Der Himmel verfinsterte sich. ❷ *(übertr.) einen unfreundlicheren Gesichtsausdruck annehmen:* Ihre Miene verfinsterte sich.

ver·fla·chen *ohne OBJ* ■ *etwas verflacht (umg. abwert.) banal, langweilig werden:* Die Diskussion verflachte zunehmend.

Ver·flech·tung *die* <-, -en> *enge Beziehung, Verbindung:* Natürlich gibt es Verflechtungen zwischen Politik und Wirtschaft.

ver·flie·gen <verfliegst, verflog, hat/ist verflogen> I. *ohne OBJ (sein)* ■ *etwas verfliegt* ❶ *schnell vorübergehen:* Die wenigen Stunden verflogen im Nu.; Die gute Stimmung war verflogen. ❷ *(≈ sich verflüchtigen) sich in der Luft auflösen:* Der Geruch/Der Nebel ist verflogen. II. *mit SICH (haben)* ■ *jmd. verfliegt sich in die falsche Richtung fliegen:* Der Pilot hat sich verflogen.

ver·flie·ßen <verfließt, verfloss, ist verflossen> *ohne OBJ* ■ *etwas verfließt* ❶ *(geh.: ≈ verstreichen) (kontinuierlich) vergehen:* Die Urlaubstage verfließen. ❷ *(≈ verschwimmen) ineinander übergehen, so dass man keine Grenzen mehr erkennt:* Die Aquarellfarben verfließen.

ver·flixt I. *adj (umg.)* ❶ *unangenehm, ärgerlich:* Das war eine verflixte Geschichte. ❷ *(verhüll.) verdammt:* Der verflixte Computer ist schon wieder abgestürzt.; Dieser verflixte Kerl hat mich belogen. ❸ *sehr viel:* Er hat verflixtes Glück gehabt. ❹ *sehr:* Das war eine verflixt schwierige Prüfung. II. *interj* ■ **Verflixt (noch mal/noch eins/und zugenäht)!** *Verflucht (noch mal)!*

ver·flos·sen I. *Part. Perf. von* **verfließen** II. *adj (umg.) ehemalig:* Dort drüben läuft ihr verflossener Freund.

ver·flu·chen <verfluchst, verfluchte, hat verflucht> *mit OBJ* ❶ ■ *jmd. verflucht jmdn./etwas (≈ verwünschen) jmdm. ein schlimmes Unheil wünschen:* Der Vater hat seinen Sohn verflucht. ❷ ■ *jmd. verflucht etwas sich heftig über etwas ärgern:* Er verfluchte seinen Leichtsinn/sein Schicksal.

ver·flucht I. *Part. Perf. von* **verfluchen** II. *adj /nicht steig./ (umg.)* ❶ *(abwert.) als Ausdruck von Ärger (über etwas Lästiges):* Verfluchter Mist!; Dieser verfluchte Idiot hat alles verraten.; Diese verfluchten Mücken haben mich überall gestochen. ❷ *sehr viel:* Sie hat verfluchtes Pech gehabt. ❸ */nur als Adverb in dieser Bedeutung/ sehr:* Es war verflucht heiß. III. *interj verwendet, um seinen starken Ärger über etwas auszudrücken:* Verflucht (noch mal)!

ver·flüch·ti·gen <verflüchtigst, verflüchtigte, hat verflüchtigt> *mit SICH* ❶ ■ *etwas verflüchtigt sich in einen gasförmigen Zustand übergehen:* Die Flüssigkeit hat sich verflüchtigt. ❷ ■ *etwas verflüchtigt sich aus der Luft verschwinden:* Der Rauch/Geruch verflüchtigt sich langsam.

❸ ■ *jmd. verflüchtigt sich (umg. scherzh.) heimlich verschwinden*

ver·flüs·si·gen <verflüssigst, verflüssigte, hat verflüssigt> I. *mit OBJ* ■ *jmd. verflüssigt etwas (fachspr.: ≈ kondensieren) in den flüssigen Zustand überführen:* Gase verflüssigen II. *mit SICH* ■ *etwas verflüssigt sich (≈ kondensieren) flüssig werden, kondensieren*

Ver·flüs·si·gung *die* <-> */kein Plur./ (fachspr.) das Verflüssigen I, II*

ver·fol·gen <verfolgst, verfolgte, hat verfolgt> *mit OBJ* ❶ ■ *jmd. verfolgt jmdn./ein Tier jmdm. oder einem Tier (oder dessen Spuren) nachlaufen, nachfahren oder nachgehen (um jmdn./ein Tier) einzufangen:* Die Polizei verfolgte die Bankräuber.; Die Tierfilmer verfolgen den Leoparden in sicherem Abstand. ❷ ■ *jmd. verfolgt jmdn. jmdn. aufgrund politischer, rassischer oder religiöser Gründe diskriminieren und bedrohen:* Die Minderheiten in diesem Land werden verfolgt. ❸ ■ *jmd. verfolgt jmdn. mit etwas Dat. dauernd mit etwas bedrängen:* Sie verfolgte ihn mit ihrer Eifersucht/ihrem Hass. ❹ ■ *jmd. verfolgt etwas interessiert beobachten, zuhören:* Die Fans verfolgen mit Spannung das Fußballspiel.; Ich habe diese Diskussion im Fernsehen verfolgt.; In diesem Kriminalfall verfolgen wir mehrere Spuren. ❺ ■ *jmd. verfolgt etwas versuchen, etwas zu erreichen, verwirklichen:* Er verfolgt seit Jahren diese Idee/dieses Ziel ❻ ■ *jmd. verfolgt etwas* RECHTSW. *gegen jmdn. vorgehen:* Die Tat wird bereits polizeilich/strafrechtlich verfolgt. ▶ Strafverfolgung

Ver·fol·ger *der*, **Ver·fol·ge·rin** <-s, -> *jmd., der jmdn. oder ein Tier verfolgt [1]*

Ver·folg·te *der/die* <-n, -n> *jmd., der verfolgt [1, 2] wird*

Ver·fol·gung *die* <-, -en> *das Verfolgen [1, 2, 5]*

Ver·fol·gungs·jagd *die* <-, -en> *der Vorgang, dass jmd. intensiv verfolgt [1] wird:* Die Bankräuber konnten nach einer wilden Verfolgungsjagd durch ganz Bayern schließlich von der Polizei gestellt werden.

Ver·fol·gungs·wahn *der* <-(e)s> */kein Plur./* PSYCH. *eine psychische Krankheit, bei der der Betroffene glaubt, beobachtet und verfolgt zu werden*

ver·for·men <verformst, verformte, hat verformt> I. *mit OBJ* ■ *jmd./ etwas verformt etwas verursachen, dass etwas seine ursprüngliche Form verliert:* Die Hitze hat die Wachskerzen verformt. II. *mit SICH* ■ *etwas verformt sich seine ursprüngliche Form verlieren*

ver·frach·ten <verfrachtest, verfrachtete, hat verfrachtet> *mit OBJ* ■ *jmd. verfrachtet jmdn./etwas irgendwohin etwas (Schweres) verladen:* Ich verfrachte schon mal das Gepäck in den Kofferraum. ▶ Verfrachtung

ver·fran·zen <verfranzt, verfranzte, hat verfranzt> *mit SICH* ■ *jmd. verfranzt sich (umg.) sich (auf der Suche nach etwas) verirren:* In der fremden Stadt haben wir uns bei der Suche nach dem Museum mehrmals verfranzt.

ver·frem·den <verfremdest, verfremdete, hat

V

verfremdet> *mit OBJ* ■ *jmd.* **verfremdet etwas** etwas *(Bekanntes) unter Verwendung ungewöhnlicher Mittel darstellen:* Der Künstler verfremdet Texte bekannter Autoren.; die Sprache/den Stil verfremden
Ver·frem·dung *die* <-> /kein Plur./ das Verfremden ♦-seffekt

ver·fres·sen *adj (umg. abwert.:* ≈ *gefräßig)* Sei nicht so verfressen – lass noch etwas von dem Kuchen übrig !

ver·früht *adj /nicht steig./* zu früh, um etwas zu sagen oder zu tun: Ich halte es für verfrüht, das zu behaupten.

ver·füg·bar *adj /nicht steig./* für den Gebrauch sofort vorhanden: Man versuchte mit allen verfügbaren Mitteln gegen das Hochwasser anzukämpfen.; Die Ersatzteile sind spätestens übermorgen verfügbar. ▶Verfügbarkeit

ver·fü·gen <verfügst, verfügte, hat verfügt> **I.** *mit OBJ* ■ *jmd.* **verfügt etwas** *(≈ anordnen)* per Gesetz anordnen **II.** *ohne OBJ* ■ *jmd./etwas* **verfügt über etwas** *Akk.* ❶ bestimmen, was geschehen soll: Ich kann frei über meine Zeit verfügen.; Er darf selbst über sein Geld verfügen. ❷ besitzen: Er verfügt über viele gute Beziehungen.; Das Hotel verfügt über fünfzig Einzel- und sechzig Doppelzimmer.

Ver·fü·gung *die* <-, -en> ❶ AMTSSPR. Erlass, Anordnung: Es wurde bereits eine richterliche Verfügung erlassen.; eine einstweilige Verfügung ❷ /kein Plur./ die Möglichkeit, das Recht, etwas zu nutzen: Er hatte das Auto zur Verfügung.; ■ jemandem steht etwas zur Verfügung *jmd. kann etwas einsetzen oder gebrauchen;* ■ jemand stellt sich/etwas zur Verfügung *jmd. ist bereit, sich oder etwas für eine Aufgabe einzusetzen;* ■ jemand stellt sein Amt zur Verfügung *jmd. tritt von seinem Amt zurück*

Ver·fü·gungs·ge·walt *die* <-> /kein Plur./ RECHTSW. Gewalt, Recht über etwas zu verfügen I, II

ver·füh·ren <verführst, verführte, hat verführt> *mit OBJ* ❶ ■ *jmd./etwas* **verführt jmdn.** *(≈ verleiten) jmdn. dazu bringen, etwas Unvernünftiges (gegen seine Absicht) zu tun:* Sie hat mich zu einem Glas Wein/zu einem Stück Kuchen verführt.; Die Situation hat mich dazu verführt, mehr Wein zu trinken als ich wollte. ❷ ■ *jmd.* **verführt jmdn.** *zu sexuellen Handlungen verleiten:* Ihm wurde klar, dass sie ihn verführen wollte.

Ver·füh·rer *der,* **Ver·füh·re·rin** <-s, -> jmd., der jmdn. verführt[2]

ver·füh·re·risch <verführerischer, am verführerischsten> *adj* ❶ so, dass etwas verführt[1]: Der frische Kuchen duftet verführerisch. ❷ so, dass etwas verführt[2]: Sie hatte ein verführerisches Kleid an/ warf ihm verführerische Blicke zu.

Ver·füh·rung *die* <-, -en> ❶ Verlockung: Das Essen sieht sehr gut aus, einer solchen Verführung kann ich natürlich nicht widerstehen. ❷ /kein Plur./ das Verführen[2]

ver·fünf·fa·chen <verfünffachst, verfünffachte, hat verfünffacht> **I.** *mit OBJ* ■ *jmd.* **verfünffacht etwas** auf die fünffache Anzahl, Menge oder Größe bringen **II.** *mit SICH* ■ **etwas verfünffacht sich** fünfmal so groß werden

Ver·ga·be *die* <-> /kein Plur./ das Vergeben[2]: In der Sitzung ging es um die Vergabe von Stipendien/von Subventionen. ♦-kriterium, -richtlinie

ver·gack·ei·ern <vergackeierst, vergackeierte, hat vergackeiert> *mit OBJ* ■ *jmd.* **vergackeiert jmdn.** *(umg.:* ≈ *veräppeln) sich einen Scherz mit jmdm. erlauben*

ver·gäl·len <vergällst, vergällte, hat vergällt> *mit OBJ* ■ *jmd./etwas* **vergällt jmdm. etwas** verderben: Er hat ihr das Leben/die Freude an dem Ausflug vergällt.

ver·ga·lop·pie·ren <vergaloppierst, vergaloppierte, hat vergaloppiert> *mit OBJ* ■ *jmd.* **vergaloppiert sich** *(umg.)* einen Irrtum begehen, weil man nicht genug nachgedacht hat: Bei diesem Projekt habe ich mich gründlich vergaloppiert.

ver·gam·meln <vergammelst, vergammelte, hat/ist vergammelt> *(umg.)* **I.** *ohne OBJ (sein)* ■ **etwas vergammelt** schlecht werden: Das Brot/ Der Käse/Die Wurst ist vergammelt. **II.** *mit OBJ (haben)* ■ *jmd.* **vergammelt etwas** *(≈ verbummeln) vertrödeln:* Er hat seine ganze Zeit vergammelt.

ver·gam·melt I. *Part. Perf. von* **vergammeln** **II.** *adj (≈ verwahrlost)* Der alte Mann sieht ziemlich vergammelt aus.

Ver·gan·gen·heit *die* <-, -en> /meist Sing./ ❶ /kein Plur./ *(↔ Gegenwart, Zukunft)* die Zeit, die der Gegenwart vorangeht: die jüngste Vergangenheit; aus den Fehlern der Vergangenheit lernen; Die Vergangenheit kehrt nicht mehr zurück. ❷ die Existenz von etwas in der Vergangenheit[1]: Die Vergangenheit hatte sie eingeholt.; Sie ließ in der Erinnerung die Vergangenheit wieder lebendig werden; Er hat eine bewegte/dunkle/ruhmreiche Vergangenheit. ❸ *(≈ Geschichte) das Geschehen in der Vergangenheit:* Als Historiker erforscht er die Vergangenheit. ❹ SPRACHWISS. die Zeitform des Verbs, mit der sich ein vergangenes Geschehen ausdrücken lässt: Perfekt und Präteritum sind Formen, die Vergangenheit ausdrücken. ♦-zeitform

Ver·gan·gen·heits·be·wäl·ti·gung *die* <-> /kein Plur./ die (kritische) Auseinandersetzung und (psychische) Bewältigung einer Nation mit einem problematischen Abschnitt ihrer Geschichte

ver·gäng·lich *adj /nicht steig./ (↔ ewig)* nur von begrenzter Dauer: vergänglicher Besitz; vergängliche Freuden; Alles Irdische ist vergänglich. ▶Vergänglichkeit

ver·ga·sen <vergast, vergaste, hat vergast> *mit OBJ* ❶ ■ *jmd.* **vergast jmdn.** jmdn. durch Giftgas töten: In den Konzentrationslagern der Nationalsozialisten (zur Zeit des Hitler-Faschismus) wurden unzählige Menschen, vor allem Juden, vergast. ❷ ■ *jmd.* **vergast etwas** *(fachspr.)* Kohle in Gas umwandeln ▶Vergasung

Ver·ga·ser *der* <-s, -> KFZ der Teil eines Ottomotors, der Benzin mit Luft zu einem zündfähigen Gemisch aufbereitet

Ver·ga·ser·ein·stel·lung *die* <- , -en> TECHN. ❶ /kein Plur./ Regulierung des Vergasers ❷ die Stufe, auf die der Vergaser eingestellt ist

V

ver·gat·tern <vergatterst, vergatterte, hat ver­gattert> *mit OBJ* ■ *jmd.* **vergattert jmdn.** *(umg.) zu einer unangenehmen Aufgabe beauftragen oder verpflichten:* Ich wurde dazu vergattert, die Akten bis morgen durchzusehen.

ver·ge·ben[1] <vergibst, vergab, hat vergeben> *mit OBJ/ohne OBJ* ■ *jmd.* **vergibt jmdm. (etwas)** *(≈ verzeihen) jmdm. sagen, dass man wegen seines Fehlers nicht mehr böse ist:* Sie vergab ihm seinen Fehler.; Er hat ihr schon längst vergeben.; ■ **etwas ist vergeben und vergessen** *etwas ist vollständig verziehen* Mach dir keine Sorgen, dass du mich gekränkt hast – das ist doch längst vergeben und vergessen!

ver·ge·ben[2] <vergibst, vergab, hat vergeben> **I.** *mit OBJ* ❶ ■ *jmd.* **vergibt etwas** *etwas unentgeltlich weggeben:* Ich habe zwei Theaterkarten für heute abend zu vergeben. ❷ ■ *jmd.* **vergibt etwas an jmdn.** *einem Bewerber etwas geben:* Man hat das Stipendium/den Auftrag/die Wohnung an ihn vergeben. ❸ ■ *jmd.* **vergibt etwas** SPORT *eine Chance nicht nutzen oder umsetzen:* Der Schütze hat den Elfmeter vergeben. **II.** *mit SICH* ■ *jmd.* **vergibt sich etwas** *etwas tun, wodurch man dem eigenen Ansehen schadet:* Du vergibst dir doch nichts, wenn du mit diesem Angestellten gemeinsam feierst !; ■ **jemand ist schon vergeben** *(umg.) jmd. hat sich schon verabredet oder jmd. hat bereits einen festen Partner* Heute abend bin ich leider schon vergeben – aber morgen abend habe ich Zeit.

ver·ge·bens *adv umsonst, ohne Erfolg:* Die Suche war vergebens.

ver·geb·lich *adj umsonst, ohne Erfolg:* eine vergebliche Anstrengung/Mühe/Suche; ein vergeblicher Versuch; Ich habe mich vergeblich um einen Auslandsstudienplatz beworben. ▸ Vergeblichkeit

Ver·ge·bung *die* <-> */kein Plur./* REL. *das Vergeben*[1] *durch Gott:* die Vergebung der Sünden ◆ Sünden-

ver·ge·gen·wär·ti·gen, **ver·ge·gen·wär·ti·gen** <vergegenwärtigst, vergegenwärtigte, hat ver­gegenwärtigt> *mit SICH* ■ *jmd.* **vergegenwärtigt sich etwas** *sich etwas deutlich vorstellen:* Vergegenwärtigen Sie sich doch einmal meine damalige Situation! ▸ Vergegenwärtigung

Ver·ge·hen *das* <-s, -> RECHTSW. *(≈ Delikt) Verstoß gegen ein bestehendes Gesetz:* ein leichtes/ schweres Vergehen; Er hat sich schon mehrere Vergehen zuschulde kommen lassen. ◆ Steuer-, Verkehrs-, Wirtschafts-

ver·ge·hen <vergehst, verging, ist/hat vergan­gen> **I.** *ohne OBJ (sein)* ❶ ■ *etwas vergeht* vorbeigehen: im vergangenen Jahr, vergangene Woche; Die Zeit vergeht schnell/wie im Fluge. ❷ ■ *etwas vergeht* *(≈ aufhören) als Wahrnehmung oder Gefühl verschwinden:* Das Kopfweh vergeht langsam.; Mir ist der Appetit/die Lust/die ganze Sache vergangen. ❸ ■ *jmd.* **vergeht vor etwas** *Dat. etwas so stark empfinden, dass man glaubt, es nicht aushalten zu können:* Ich bin vor Hunger/Sehnsucht fast vergangen; Er vergeht fast vor Schmerzen. **II.** *mit SICH (haben)* ❶ ■ *jmd.* **vergeht sich gegen etwas** *Akk. (geh.) gegen ein*

Gesetz oder eine Norm handeln: Er hat sich gegen die Vorschriften vergangen. ❷ ■ *jmd.* **vergeht sich an jmdm.** *jmdn. sexuell missbrauchen:* Er hat sich an der Schülerin vergangen.; ■ **Unkraut vergeht nicht !** *(ironische Aussage, die man über sich selbst macht)* Ich bin zäh und kann viel Schweres aushalten. Nach der schweren Grippe stehe ich schon wieder auf den Beinen – Unkraut vergeht nicht!

ver·gei·gen <vergeigst, vergeigte, hat vergeigt> *mit OBJ* ■ *jmd.* **vergeigt etwas** *(umg.: ≈ vermurksen) zu einem Misserfolg machen:* Ich habe die Prüfung total vergeigt.

ver·geis·tigt *adj /nicht steig./ völlig in Gedanken und ohne Aufmerksamkeit für die Umwelt:* das vergeistigte Gesicht des Pianisten/des Professors; Sie ist ein vergeistigter Mensch.

ver·gel·ten <vergiltst, vergalt, hat vergolten> *mit OBJ* ■ *jmd.* **vergilt jmdm. etwas** *(geh.)* ❶ *(≈ lohnen) jmdm. danken oder einen Dienst erweisen, weil er etwas Gutes getan hat:* Wie kann ich dir deine Hilfe vergelten?; Sie haben ihm seine Dienste übel vergolten.; Vergelt's Gott! ❷ *(≈ heimzahlen) auf das böse Verhalten von jmdm. böse reagieren:* Er hat seinen Kollegen die Schikanen vergolten – er hat dem Chef von ihren schlechten Resultaten erzählt.; Man soll nicht Böses mit Bösem vergelten.; ■ **Gleiches mit Gleichem vergelten** *auf böses Verhalten mit bösem Verhalten reagieren* Eigentlich sollte ich ihn wegen seiner Schikanen bestrafen – aber ich will nicht Gleiches mit Gleichem vergelten!

Ver·gel·tung *die* <-> */kein Plur./ (geh.: ≈ Rache) das Vergelten*[2]: *Rache und Vergeltung üben;* blutige Vergeltung ◆ -saktion, -smaßnahme, -sschlag, -swaffe

Ver·gel·tungs·schlag *der* <-(e)s, Vergeltungs­schläge> POL. *eine militärische Aktion, die als Strafe oder Rache für einen Angriff des Gegners eingesetzt wird:* Nach dem schweren Attentat hat man in einem Vergeltungsschlag die Stadt bombardiert, aus der die Attentäter kamen.

ver·ges·sen <vergisst, vergaß, hat vergessen> **I.** *mit OBJ* ❶ ■ *jmd.* **vergisst etwas** *aus dem Gedächtnis verlieren:* Ich habe ihre Telefonnummer vergessen.; Er hat vergessen, wann unser Zug geht.; Sie hat ihn in all den vielen Jahren nicht vergessen. ❷ ■ *jmd.* **vergisst jmdn./etwas** *nicht mehr an jmdn. oder etwas denken:* Vergiss nicht, die Katze zu füttern!; Versuche zu vergessen!; ■ *jmd.* **vergisst jmdm. etwas nie/nicht** *für alle Zeit dankbar/böse sein:* Das werde ich ihm nie vergessen, dass er mir so oft geholfen hat!; Das werde ich dir nie vergessen, dass du mir in dieser schwierigen Situation nicht geholfen hast! **II.** *mit SICH* ■ *jmd.* **vergisst sich** *die Kontrolle über die eigenen Handlungen verlieren:* Nachdem er eine Stunde vergeblich auf sein Essen gewartet hatte, vergaß er sich und begann im Lokal zu toben.; ■ **Vergiss es!** *(umg.) das hat keinen Sinn, das ist nicht so wichtig!*

Ver·ges·sen·heit ■ **in Vergessenheit geraten** *den Zustand erreichen, dass etwas oder jmd. nicht mehr bekannt ist* Dieser Schriftsteller war zu seiner Zeit bekannt, doch heute ist er in Vergessenheit geraten.

ver·gess·lich *adj* *so, dass man häufig etwas vergisst:* Viele Menschen werden im Alter vergesslich.

Ver·gess·lich·keit *die* <-> */kein Plur./ die Eigenschaft, leicht etwas zu vergessen:* Vor lauter Vergesslichkeit habe ich schon wieder meinen Schlüssel nicht eingesteckt.

ver·geu·den <vergeudest, vergeudete, hat vergeudet> *mit OBJ* ■ *jmd.* **vergeudet etwas** *(abwert.: ≈ verschwenden) leichtsinnig etwas verbrauchen:* Energie/Geld/Kraft/Zeit vergeuden; Er hat im Studium viel Zeit mit seinen vielen Hobbys vergeudet. ▶Vergeudung

ver·ge·wal·ti·gen *mit OBJ* ❶ ■ *jmd.* **vergewaltigt jmdn.** *jmdn. mit Gewalt zum Geschlechtsverkehr zwingen:* Der Täter soll das Opfer bedroht und dann vergewaltigt haben. ❷ ■ *jmd.* **vergewaltigt etwas** *(übertr.) etwas (z. B. durch falschen Gebrauch) verschlechtern oder entstellen:* das Recht/die Sprache vergewaltigen

Ver·ge·wal·ti·ger *der* <-s, -> *ein Mann, der eine Frau vergewaltigt* [1]

Ver·ge·wal·ti·gung *die* <-, -en> *der Akt des Vergewaltigens* [1]*:* Er ist wegen mehrfacher Vergewaltigung zu zwei Jahren Freiheitsstrafe verurteilt worden.

ver·ge·wis·sern <vergewisserst, vergewisserte, hat vergewissert> *mit SICH* ■ *jmd.* **vergewissert sich etwas** *Gen. (≈ sich überzeugen) etwas noch einmal überprüfen, um sicher zu sein, dass es richtig ist:* Sie vergewisserte sich, dass/ob alle Unterlagen für den Vortrag in der Mappe waren.; Wir vergewissern uns immer vor dem Weggehen, ob wir die Fenster geschlossen haben. ▶Vergewisserung

ver·gie·ßen <vergießt, vergoss, hat vergossen> *mit OBJ* ■ *jmd.* **vergießt etwas** *eine Flüssigkeit verschütten:* Ich habe wohl gerade etwas Tee vergossen – hier ist ein Fleck!; ■ **Tränen vergießen** *(geh.) (heftig) weinen;* ■ **bei etwas Schweiß vergießen** *(geh.) sich bei etwas sehr anstrengen;* ■ **es wurde viel Blut vergossen** *(geh.) es kamen viele Menschen ums Leben* ▶Blutvergießen

ver·gif·ten <vergiftest, vergiftete, hat vergiftet> I. *mit OBJ* ❶ ■ *jmd.* **vergiftet jmdn.** *mit Gift töten:* Man hat das Opfer vergiftet.; Sie hat sich mit Tabletten vergiftet. ❷ ■ *jmd.* **vergiftet etwas** *giftig machen:* Jemand muss das Essen vergiftet haben.; Die vielen Abgase vergiften die Luft. II. *mit SICH* ■ *jmd.* **vergiftet sich an etwas** *Dat. eine Vergiftung bekommen:* Sie haben sich an Pilzen vergiftet.; Das Kind hat von dem Reinigungsmittel getrunken und sich daran vergiftet.

Ver·gif·tung *die* <-, -en> ❶ */kein Plur./ das Vergiften:* Die Vergiftung der Luft durch Emissionen soll durch Filteranlagen reduziert werden. ◆Luft- ❷ *durch Gift hervorgerufene Erkrankung:* Er starb an einer Vergiftung. ◆Alkohol-, Fleisch-, Gas-, Lebensmittel-, Pilz-

ver·gilbt *adj* */nicht steig./ so, dass Papier nach einiger Zeit gelblich geworden ist:* Die alten Urkunden sind völlig vergilbt.; auf dem Dachboden einen

Stapel vergilbter Zeitungen aus dem Jahre 1921 finden

Ver·giss·mein·nicht *das* <-(e)s, -(e)> *eine kleine Blume mit hellblauen Blüten, die als Symbol der Freundschaft und Erinnerung gilt*

ver·git·tern <vergitterst, vergitterte, hat vergittert> *mit OBJ* ■ *jmd.* **vergittert etwas** *mit einem Gitter versehen:* Wir haben die Kellerfenster vergittert.

ver·gla·sen *mit OBJ* ■ *jmd.* **verglast etwas** *mit Glasscheiben versehen* ▶Verglasung

Ver·gleich *der* <-(e)s, -e> ❶ *das Vergleichen I.1:* Welche Unterschiede und Gemeinsamkeiten fallen beim Vergleich von A und B auf?; Das war ein gewagter/schiefer/treffender unfährer Vergleich.; einen Vergleich anstellen/ziehen; Im Vergleich zu den anderen leiste ich sehr viel mehr.; ■ **der Vergleich hinkt** *der Vergleich* [1] *passt nicht* ◆-spunkt, Leistungs-, Preis- ❷ *(feststehender) bildhafter, das Verständnis erleichternder sprachlicher Ausdruck, zum Beispiel „schwarz wie die Nacht":* etwas durch einen Vergleich anschaulich/verständlich machen ❸RECHTSW. *gütliche Einigung in einem Streitfall:* einen Vergleich schließen/einem Vergleich zustimmen; Der Prozess endete schließlich mit einem Vergleich. ◆-sverfahren ❹ ■ **jemand/etwas hält einen Vergleich mit jemandem/etwas aus** *jmd. oder etwas ist so gut wie ein anderer/etwas anderes;* ■ **das ist ja gar kein Vergleich!** *(umg.) das ist ja viel besser/schlechter als …*

ver·gleich·bar *adj* */nicht steig./ so, dass man es miteinander vergleichen* [1] *kann, weil es in der Qualität ähnlich ist:* In diesem Laden kostet eine vergleichbare Ware fast doppelt so viel wie im Kaufhaus. ▶Vergleichbarkeit

Ver·gleich·bar·keit *die* <-> */kein Plur./ der Zustand, dass etwas vergleichbar ist*

ver·glei·chen <vergleichst, verglich, hat verglichen> I. *mit OBJ* ■ *jmd.* **vergleicht jmdn./etwas (mit jmdm./etwas)** ❶ *etwas betrachten oder prüfen und dabei feststellen, was ähnlich ist und wo die Unterschiede liegen:* Man kann A und B nicht/kaum/nur schwer/durchaus/ in vielen Hinsichten miteinander vergleichen.; Hast du die Preise verglichen?; Hier ist die Bahnhofsuhr – ich möchte eben noch die Uhrzeit vergleichen.; Vergleiche mal die alten Passfotos mit den neuen! ❷ *durch einen Vergleich* [2] *eine Beziehung herstellen:* Der große Dichter verglich sie stets mit einer Rose. II. *mit SICH* ■ *jmd.* **vergleicht sich mit jmdm.** *sich mit jmdm. (im Aussehen, in der Lebensform oder Leistung) messen:* Mit ihr kannst du dich doch nicht vergleichen!; ■ **Äpfel mit Birnen vergleichen** *(umg.) Dinge miteinander vergleichen, die zu verschieden sind*

Ver·gleichs·maß·stab *der* <-(e)s, Vergleichsmaßstäbe> *eine Norm, an der etwas vergleichend gemessen wird*

Vergleichs·mie·te *die* <-, -n> *der vergleichbare zulässige Mietpreis für Wohnungen an einem Ort*

Ver·gleichs·test *der* <-s, -s> WIRTSCH. *das Überprüfen von vergleichbaren Waren oder Leistun-*

gen: Dieses Produkt ist im Vergleichstest besser bewertet worden als die anderen.

ver·gleichs·wei·se *adv (≈ relativ)* im Vergleich zu etwas: Das ist vergleichsweise wenig/viel.

Ver·gnü·gen *das* <-s, -> */kein Plur./* **❶** *(↔ Unbehagen) inneres Wohlbehagen und Freude, die jmd. bei einem Tun empfindet:* Die Kinder spielen mit sichtlichem Vergnügen.; Er macht sich ein Vergnügen daraus, sie immer wieder zu necken.; Viel Vergnügen bei der Party! **❷** *(≈ Vergnügung) etwas, das Vergnügen¹ bereitet:* Es war kein Vergnügen, mit ihnen zu arbeiten.; ▪ **jemand tut etwas mit Vergnügen** *jmd. tut etwas sehr gern* „Darf ich Sie zu meinem Geburtstag einladen?" –„Mit Vergnügen!"; ▪ **etwas ist ein teures Vergnügen** *(umg.) etwas soll Vergnügen machen, ist aber unerwartet teuer* Dieser Urlaub war ein teures Vergnügen.; ▪ **etwas ist ein zweifelhaftes Vergnügen** *(umg.) etwas ist nicht so angenehm, wie jmd. es erwartet hat* Dieser Besuch war leider ein zweifelhaftes Vergnügen.

ver·gnü·gen <vergnügst, vergnügte, hat vergnügt> *mit SICH* ▪ **jmd. vergnügt sich (mit etwas** *Dat.)* *(≈ amüsieren) sich (in angenehmer Weise) beschäftigen:* Die Kinder vergnügen sich schon seit Stunden im Freibad.; Wir haben uns mit Ratespielen vergnügt.

ver·gnüg·lich *adj* **❶** *in netter Weise unterhaltsam:* Ich habe über seinen vergnüglichen Brief sehr gelacht. **❷** *heiter, fröhlich:* Wir hatten einen vergnüglichen Abend miteinander.

ver·gnügt **I.** *Part. Perf. von* **vergnügen** **II.** *adj heiter, fröhlich:* Sie waren in sehr vergnügter Stimmung.; Wir waren gestern abend in einer sehr vergnügten Gesellschaft.

Ver·gnü·gung *die* <-, -en> */meist Plur./ angenehmer Zeitvertreib:* Am Wochenende geht sie ihren Vergnügungen nach.

Ver·gnü·gungs·park *der* <-s, -s> *(≈ Freizeitpark)*

Ver·gnü·gungs·rei·se *die* <-, -n> *(geh.: ↔ Dienstreise) eine Reise, die man nicht aus Pflicht, sondern nur zum eigenen Vergnügen unternimmt*

ver·gnü·gungs·süch·tig *adj /nicht steig./ mit einem übergroßen Bedürfnis nach Vergnügungen:* Sie ist richtig vergnügungssüchtig geworden – sie eilt von einer Party zur nächsten.

ver·gol·den <vergoldest, vergoldete, hat vergoldet> *mit OBJ* ▪ **jmd. vergoldet etwas** *mit einer Schicht Gold überziehen* ▶Vergoldung **❷** ▪ **etwas vergoldet etwas** *(übertr.) etwas als sehr schön oder angenehm erscheinen lassen:* Die Erinnerung vergoldete ihr manches Erlebnis ihrer Jugendzeit.

ver·gönnt *adj* ▪ **etwas ist jemandem (nicht) vergönnt** *(geh.) vom Schicksal (nicht) gegeben* Es war ihm nicht vergönnt, diesen Tag noch zu erleben.

ver·göt·tern <vergötterst, vergötterte, hat vergöttert> *mit OBJ* ▪ **jmd. vergöttert jmdn.** *(≈ anbeten) jmdn. in übertriebener Weise verehren oder lieben:* Er vergöttert seine Kinder.; Solange er in diese Frau verliebt war, hat er sie geradezu vergöttert. ▶Vergötterung

ver·gra·ben <vergräbst, vergrub, hat vergraben> **I.** *mit OBJ* ▪ **jmd./ein Tier vergräbt etwas**

in der Erde eingraben: Der Hund hat den Knochen vergraben. **II.** *mit SICH* **❶** ▪ **ein Tier vergräbt sich** *sich in der Erde verbergen:* Die Wühlmaus hat sich vergraben. **❷** ▪ **jmd. vergräbt sich (irgendwo)** *(übertr.) sich sehr intensiv mit etwas beschäftigen, so dass andere Menschen einen kaum noch zu sehen bekommen:* Er vergrub sich in seiner Doktorarbeit.

ver·grämt *adj /nicht steig./ (veralt.) volle Kummer und Besorgtheit:* das vergrämte Gesicht der alten Frau

ver·grau·len <vergraulst, vergraulte, hat vergrault> *mit OBJ* ▪ **jmd. vergrault jmdn.** *(umg.) jmd. verärgert jmdn. so, dass dieser keine Lust mehr hat, ihn zu treffen:* Mit seiner überheblichen Art vergraulte er alle Freunde.

ver·grei·fen <vergreifst, vergriff, hat vergriffen> *mit SICH* **❶** ▪ **jmd. vergreift sich** *danebengreifen:* Der Pianist hatte sich einige Male vergriffen. **❷** ▪ **jmd. vergreift sich im Ausdruck** *etwas Unpassendes sagen:* Sie hat sich im Ton vergriffen. **❸** ▪ **jmd. vergreift sich an etwas** *Dat. (verhüll. geh.) stehlen:* Er vergriff sich an fremdem Eigentum. **❹** ▪ **jmd. vergreift sich an jmdm.** *(verhüll.) jmdn., der viel schwächer ist, angreifen:* Vergreif dich nicht an so einem kleinen Jungen!; Jugendliche Rowdies haben sich an dem Rollstuhlfahrer vergriffen. **❺** ▪ **jmd. vergreift sich an jmdm.** *(verhüll.) sexuell missbrauchen:* Niemand konnte glauben, dass sich der Erzieher an zwei kleinen Mädchen vergriffen hatte.

ver·grei·sen *ohne OBJ* ▪ **jmd. vergreist** **❶** *jmd. wird sehr alt und verfällt dabei körperlich immer mehr* ▶Vergreisung **❷** *(umg. abwert.) eine Gruppe hat immer mehr Mitglieder, die alt oder sehr alt sind:* Unsere Bevölkerung/Unser Kollegium vergreist immer mehr. ▶Vergreisung

ver·grif·fen **I.** *Part. Perf. von* **vergreifen** **II.** *adj /nicht steig./ (von Büchern) nicht mehr lieferbar:* Das Buch ist leider vergriffen, vielleicht finden Sie es noch in einem Antiquariat.

ver·grö·ßern <vergrößerst, vergrößerte, hat vergrößert> **I.** *mit OBJ* ▪ **jmd. vergrößert etwas** **❶** *etwas größer machen oder im Umfang erweitern:* Der Laden wird durch einen Anbau vergrößert. **❷** *etwas in der Menge steigern:* Wir wollen die Anzahl der Mitarbeiter vergrößern. **❸** *eine größere Reproduktion machen:* Sollen wir diese Fotos vergrößern? **II.** *mit SICH* ▪ **etwas vergrößert sich** *anwachsen:* Der Betrieb hat sich noch vergrößert.; Die Zahl der Studienanfänger in diesen Fächern hat sich vergrößert.

Ver·grö·ße·rung *die* <-, -en> **❶** */kein Plur./* das Vergrößern **❷** *vergrößertes Foto, vergrößerte Kopie*

Ver·grö·ße·rungs·glas *das* <-es, Vergrößerungsgläser> *(≈ Lupe) ein geschliffenes Glas, durch das man Dinge optisch vergrößert sehen kann:* Dieses Insekt möchte ich mir mit dem Vergrößerungsglas ansehen.

ver·gu·cken <verguckst, verguckte, hat verguckt> *mit SICH* **❶** ▪ **jmd. verguckt sich** *falsch gucken:* Der Zug fährt doch schon früher – da habe

ich mich wohl im Fahrplan verguckt. ❷ ■ *jmd.*
verguckt sich in jmdn. *(umg.) sich verlieben*
ver·güns·tigt *adj /nicht steig./* (≈ *ermäßigt) so,
dass etwas im Preis günstiger ist als sonst: Durch
vergünstigte Preise kann man Kunden anlocken.
Ver·güns·ti·gung *die* <-, -en> *(geh.) eine beson-*
ders günstige Bedingung: Vergünstigungen einräu-
men/entziehen/gewähren; finanzielle/steuerliche
Vergünstigungen
ver·gü·ten <vergütest, vergütete, hat vergütet>
mit OBJ ❶ ■ *jmd.* **vergütet jmdm. etwas** *als*
Ausgleich für einen Schaden oder finanziellen
Nachteil zahlen: Selbstverständlich vergüten wir
Ihnen Ihre Unkosten. ❷ ■ *jmd.* **vergütet etwas**
AMTSSPR. *jmdn. für seine Arbeit bezahlen:* Die Leistungen werden nach dem Tarifvertrag vergütet.
❸ ■ *jmd.* **vergütet etwas** TECHN. *die Oberfläche*
von Stahl oder Glas so bearbeiten, dass sie verbes-
sert wird
Ver·gü·tung *die* <-, -en> ❶ *das Ver-*
güten ❷ *eine Geldsumme, mit der etwas vergü-*
tet[1] wird ◆-sanspruch
ver·haf·ten <verhaftest, verhaftete, hat verhaf-
tet> *mit OBJ* ■ *jmd.* **verhaftet jmdn.** *jmdn. mit*
Polizeigewalt in Haft nehmen: Die Polizei hat den
Täter gefasst und gleich verhaftet.; Viele gewalttätige Demonstranten wurden verhaftet.
ver·haf·tet I. *Part. Perf. von* **verhaften** II. *adj stark*
beeinflusst durch etwas, woran man festhält: Der
Maler ist ganz in der Tradition/in seiner Zeit verhaftet. ▶Verhaftete
Ver·haf·tung *die* <-, -en> ❶ *das Verhaften:* Für
eine Verhaftung braucht die Polizei einen Haftbefehl. ◆-swelle ❷ *das Verhaftetsein:* Seine Verhaftung in der Tradition ist seine Stärke.
ver·ha·geln <verhagelt, verhagelte, ist verha-
gelt> *ohne OBJ* ■ *etwas* **verhagelt etwas** *etwas*
wird vom Hagel getroffen: In diesem Jahr ist die
Obsternte verhagelt worden.; ■*jemandem ist*
die Petersilie verhagelt *(umg. scherzh.) jmdn.*
ist die Stimmung verdorben
ver·ha·ken <verhakst, verhakte, hat verhakt>
I. *mit OBJ* ■ *jmd.* **verhakt etwas (mit etwas**
Dat.) *etwas durch einen Haken verbinden:* Kannst
du die Kettenglieder ineinander verhaken? II. *mit*
SICH ■ *jmd.* **verhakt sich in etwas Dat.** *(übertr.)*
sich in eine komplizierte Situation verstricken: In
dem Gespräch verhakten sie sich total.
ver·hal·len <verhallt, verhallte, ist verhallt> *ohne*
OBJ ■ *etwas* **verhallt** *immer leiser werden und*
dann nicht mehr zu hören sein: Ihre Rufe/Schritte
verhallten.; Das Echo verhallte.
Ver·hal·ten *das* <-s, -> *die Art und Weise, wie*
sich jmd. oder ein Tier in bestimmten Situationen
verhält[1]: Er zeigte ein seltsames/taktisch kluges
Verhalten.; Kannst du ihr Verhalten verstehen?;
Konrad Lorenz studierte das Verhalten der Grau-
gänse. ◆-sauffälligkeit, Fahr-, Fehl-, Freizeit-, Kon-
sum-, Lern-, Verbraucher-, Wähler-
ver·hal·ten[1] <verhältst, verhielt, hat verhalten>
mit SICH ❶ ■ *jmd.* **verhält sich irgendwie** *in ei-*
ner bestimmten Art und Weise in einer Situation
handeln: Er verhielt sich abwartend/distanziert/
reserviert/ruhig.; Sie verhielt sich mir gegenüber

völlig korrekt. ❷ ■ *etwas* **verhält sich irgendwie**
in einer bestimmten Weise beschaffen sein: Die
Sache verhält sich nämlich nicht ganz so, wie du
denkst. ❸ ■ *etwas* **verhält sich zu etwas** *Dat.*
eine bestimmte Proportion aufweisen: a verhält
sich zu b wie x zu y (≈ das Verhältnis von a zu b ist
gleich dem Verhältnis von x zu y).
ver·hal·ten[2] <verhältst, verhielt, hat verhalten>
mit OBJ ■ *jmd.* **verhält etwas** ❶ *zurückhalten,*
unterdrücken: Sie konnte ihr Lachen/ihren Zorn
nicht mehr verhalten. ❷ *abschwächen, mildern:*
den Atem/Schritt/die Stimme verhalten
ver·hal·ten[3] I. *Part. Perf. von* **verhalten** II. *adj*
❶ (≈ *unterdrückt) so dezent, dass man es kaum*
merkt: In seinen Worten lag verhaltener Spott.
❷ (≈ *gedämpft) sehr leise:* Sie sprach mit verhaltener Stimme. ❸ (≈ *defensiv) betont vorsichtig und*
ohne ein Risiko einzugehen: Beide Mannschaften
begannen die erste Halbzeit sehr verhalten.; Die
Aktienkurse an der Börse reagierten heute sehr
verhalten.
ver·hal·tens·auf·fäl·lig *adj /nicht steig./* PSYCH.
so, dass sich jmd. nicht immer normal verhält und
dadurch auffällt: Schon im Kindergarten gibt es
heutzutage verhaltensauffällige Kinder. ▶Verhal-
tensauffälligkeit
Ver·hal·tens·for·schung *die* <-> */kein Plur./*
(≈ *Ethologie) das Teilgebiet der Biologie, das sich*
mit dem Verhalten der Menschen und Tiere be-
schäftigt ▶Verhaltensforscher, Verhaltensforsche-
rin
ver·hal·tens·ge·stört *adj /nicht steig./* MED.,
PSYCH. *so, dass jmds. Verhalten in einer bestimm-*
ten (krankhaften) Weise gestört ist: Dieses verhal-
tensgestörte Kind ist mal aggressiv, mal ängstlich.
▶Verhaltensgestörte[r]
Ver·hal·tens·ko·dex, **Ver·hal·tens·co·dex** *der*
<-, -e/...-kodizes/...kodices> */meist Sing./*
(geh.) die Gesamtheit der Regeln, nach denen
man sich gewöhnlich verhält: Höflichkeit gehört
einfach zum Verhaltenskodex!
Ver·hal·tens·maß·re·gel *die* <-, -n> */meist*
Plur./ (≈ *Verhaltensnorm) eine Regel, die vorgibt,*
wie man sich in bestimmten Situationen verhalten
soll: Es gibt bestimmte Verhaltensmaßregeln, wie
man sich bei Gefahr an Bord eines Flugzeugs/
Schiffes verhalten soll.
Ver·hal·tens·mus·ter *das* <-s, -> *eine Verhaltens-*
weise, die immer in der gleichen Form auftritt:
Wenn sie wütend ist, geht sie immer in teure Geschäfte zum Einkaufen – das ist ihr typisches Verhaltensmuster.
Ver·hal·tens·stö·rung *die* <-, -en> PSYCH., MED.
der Zustand, dass jmd. wegen einer Erkrankung
sich nicht normal verhält: Er geht wegen einer
Verhaltensstörung in eine Psychotherapie.
Ver·hal·tens·the·ra·pie *die* <-, ...-pien> PSYCH.
eine Form von Psychotherapie, mit der bestimm-
ten Techniken und Selbstkontrolle Verhaltensstö-
rungen behandelt
Ver·hal·tens·wei·se *die* <-, -n> *die Art, wie sich*
jmd. verhält: eine aggressive/freundliche/koope-
rative/ unsoziale Verhaltensweise
Ver·hält·nis *das* <-ses, -se> ❶ (≈ *Relation) eine*

V

Beziehung zwischen Dingen, die man vergleichen oder messen kann: Man sollte das Verhältnis zwischen Aufwand und Ertrag nicht vergessen. ◆-gleichung, Größen-, Kräfte-, Mengen- ❷ *die menschliche Beziehung zwischen Personen:* Die beiden verbindet ein freundschaftliches/ kollegiales Verhältnis. ◆Abhängigkeits-, Freundschafts-, Vertrauens-, Verwandschafts- ❸ *eine intime Liebesbeziehung, die eine verheiratete Person zu jmdm. unterhält:* Er hat ein Verhältnis mit einer verheirateten Frau. ❹ */nur Plur./* (≈ *Umstände) die Gesamtheit aller (Lebens-)Bedingungen:* Wir werden natürlich kommen, sofern es die Verhältnisse erlauben.; Die politischen Verhältnisse in diesem Land haben sich wieder normalisiert. ❺ */nur Plur./ die finanziellen Lebensbedingungen:* Sie leben in bescheidenen/gesicherten/gehobenen Verhältnissen.; ■ **über seine Verhältnisse leben** *mehr Geld ausgeben, als man sich finanziell leisten kann* ◆Besitz-, Einkommens-, Vermögens-

ver·hält·nis·mä·ßig *adv* (≈ *relativ) (im Vergleich mit etwas anderem) ziemlich …:* verhältnismäßig groß/klein/langsam/schnell; Vergangene Nacht war es verhältnismäßig kalt.; Mit einer Körpergröße von 195 Zentimentern ist er verhältnismäßig groß.

Ver·hält·nis·mä·ßig·keit *die* <-> /kein Plur./ *der Zustand, dass etwas im Verhältnis[1] zu etwas anderem angemessen ist:* Man sollte die Verhältnismäßigkeit der Mittel wahren.

Ver·hält·nis·mä·ßig·keits·prin·zip *das* <-s> /kein Plur./ POL. *die Regel, dass die öffentliche Gewalt in die Rechte der Bürger nur soweit eingreifen darf, wie es unbedingt notwendig ist:* Die Bestrafung einer Straftat muss dem Verhältnismäßigkeitsprinzip folgen.

Ver·hält·nis·wahl·recht *das* <-es> /kein Plur./ POL. (↔ *Mehrheitswahlrecht) die Art von Wahlrecht, bei der sich die Zahl der aus jeder Partei gewählten Abgeordneten danach richtet, in welchem Verhältnis die für jede Partei abgegebenen Stimmen zur Gesamtstimmenzahl stehen*

Ver·hält·nis·wort *das* <-(e)s, Verhältniswörter> SPRACHWISS. (≈ *Präposition) Wortart sowie zugehörige Einheiten, welche die Glieder eines Satzes nach räumlichen, zeitlichen und logischen Verhältnissen verbinden:* „In", „an", „auf", „während", „mit" sind Verhältniswörter.

ver·han·deln <verhandelst, verhandelte, hat verhandelt> I. *mit OBJ* ■ *jmd. verhandelt etwas* ❶ (≈ *besprechen) über etwas sprechen oder diskutieren, um ein Problem zu lösen oder um sich zu einigen:* Wir sollten die betreffenden Punkte nochmals verhandeln ❷RECHTSW. *in einem Gerichtsprozess behandeln:* Das Gericht verhandelte diesen Fall in zweiter Instanz. II. *ohne OBJ* ❶■ *jmd. verhandelt (über etwas Akk.) (mit jmdm.) verhandeln[1]:* Arbeitgeber und Arbeitnehmer verhandelten stundenlang, ohne eine Einigung zu erzielen.; Ich habe lange mit dem Sachbearbeiter über das Problem verhandelt. ❷■ *ein Gericht verhandelt gegen jmdn. verhandeln*

I.2: Das Gericht verhandelt gegen ihn wegen Körperverletzung.

Ver·hand·lung *die* <-, -en> /meist Plur./ ❶ *das Verhandeln I.1:* Es waren eingehende/schwierige/wichtige Verhandlungen. ◆-sgrundsatz, -smarathon, -sprotokoll, -srunde, Friedens-, Geschäfts-, Waffenstillstands- ❷ (≈ *Gerichtsverhandlung) die Behandlung eines Rechtsfalls vor Gericht:* die Verhandlung eröffnen/beschließen/unterbrechen; Am Ende der Verhandlung steht die Urteilsverkündung.

Ver·hand·lungs·ba·sis *die* <-> /kein Plur./ *eine Voraussetzung, die erfüllt sein muss, damit verhandelt I.1 werden kann*

ver·hand·lungs·be·reit *adj /nicht steig./ so, dass jmd. bereit ist, mit jmdm. über etwas zu verhandeln I.1 , um zu einer Lösung zu kommen:* Nach langem Streit sind beide Parteien endlich verhandlungsbereit. ▷Verhandlungsbereitschaft

Ver·hand·lungs·füh·rer *der,* **Ver·hand·lungs·füh·re·rin** <-s, -> *jmd., der in einer Verhandlung[1] stellvertretend für einen Verhandlungspartner spricht*

Ver·hand·lungs·part·ner *der,* **Ver·hand·lungs·part·ne·rin** <-s, -> *jmd., der an einer Verhandlung[1] beteiligt ist:* Im Tarifstreit haben sich die Verhandlungspartner (die Arbeitgeber und die Gewerkschaft) endlich geeinigt.

Ver·hand·lungs·sa·che ■ *etwas ist Verhandlungssache etwas ist nicht festgelegt, sondern kann durch Verhandeln I.1 entschieden werden*

Ver·hand·lungs·tisch ■ *etwas am Verhandlungstisch entscheiden etwas durch Verhandeln I.1 entscheiden*

Ver·hand·lungs·weg ■ *auf dem Verhandlungsweg durch Verhandeln[1]*

ver·han·gen *adj /nicht steig./* ■ *ein verhangener Himmel ein von Wolken und Nebel verdeckter Himmel*

ver·hän·gen <verhängst, verhängte, hat verhängt> *mit OBJ* ❶■ *jmd. verhängt etwas (mit etwas Dat.) etwas vor etwas hängen, dass man nicht mehr hineinsehen kann:* Wir haben die Fenster mit Tüchern verhängt. ❷■ *jmd. verhängt eine Strafe (über jmdn.)* (≈ *festsetzen) eine Strafe anordnen:* Der Richter verhängte eine Haftstrafe von fünf Jahren.; Man hat die Todesstrafe über ihn verhängt.

Ver·häng·nis *das* <-ses, -se> *(geh.) ein (schicksalhaftes) Unglück, das jmds. Leben sehr negativ beeinflusst:* Dieser Mann wurde ihr zum Verhängnis.; Seine Vorliebe für schnelle Motorräder wurde ihm zum Verhängnis = er starb bei einem Unfall.; An diesem Tag brach das Verhängnis über uns herein.

ver·häng·nis·voll *adj /nicht steig./* ❶ *voller Unheil:* eine verhängnisvolle Begegnung/Reise/Zeit ❷ (≈ *fatal) so, dass eine Handlung schlimme Folgen hat oder haben kann:* Er hatte einen verhängnisvollen Irrtum begangen.; Das ist vielleicht eine verhängnisvolle Entscheidung.

ver·harm·lo·sen <verharmlost, verharmloste, hat verharmlost> *mit OBJ* ■ *jmd. verharmlost etwas (vor jmdm.)* (≈ *bagatellisieren) etwas als* harmlos darstellen, obwohl das nicht der Realität entspricht: Sie hat in ihrem Bericht über den Unfall ihre eigene Mitschuld verharmlost. ▸ Verharmlosung

ver·härmt adj so, dass jmd. von Kummer, Sorgen und Elend gezeichnet ist: Die alte Frau hat ein verhärmtes Gesicht.

ver·har·ren ohne OBJ ❶▪ jmd. **verharrt irgendwo** (≈ ausharren) (regungslos) an einem Platz bleiben: Als er die Kirche betrat, verharrte er in andächtigem Schweigen. ❷▪ jmd. **verharrt irgendwie** in einem psychischen Zustand bleiben: Sie verharrte monatelang in tiefer Trauer.

ver·har·schen <verharscht, verharschte, ist verharscht> ohne OBJ ▪ **verharschter Schnee** Schnee, der an der Oberfläche hart und verkrustet ist

ver·här·ten <verhärtest, verhärtete, hat verhärtet> I. mit OBJ ❶▪ etwas **verhärtet etwas** etwas besonders hart machen: Das übertriebene Trainieren hat seine Muskeln verhärtet. ❷▪ etwas **verhärtet jmdn./etwas** jmdn. verbittern: Sein schweres Schicksal hat ihn/sein Herz verhärtet. II. mit SICH ▪ **jmd. verhärtet sich (gegen jmdn.)** sich gegen andere Menschen hart und abweisend verhalten: Sein Herz/Charakter ist verhärtet.

ver·has·peln <verhaspelst, verhaspelte, hat verhaspelt> mit SICH ▪ **jmd. verhaspelt sich** (umg.) so schnell sprechen, dass man sich verspricht: Das Kind hat das Gedicht schnell aufgesagt und sich dabei mehrfach verhaspelt.

ver·hasst adj so, dass jmd. oder etwas bei jmdm. großen Widerwillen erregt: Durch sein böses Verhalten hat er sich überall verhasst gemacht.; eine verhasste Arbeit/Situation

ver·hät·scheln <verhätschelst, verhätschelte, hat verhätschelt> mit OBJ ▪ jmd. **verhätschelt jmdn.** (umg. oft abwert.) übertrieben verwöhnen: Meinst du nicht auch, dass sie das Kind zu sehr verhätschelt? ▸ Verhätschelung

Ver·hau der <-(e)s, -e> ❶ ein Hindernis (aus Ästen und Draht) ❷ /kein Plur./ (umg. abwert.) Unordnung

ver·hau·en <verhaust, verhaute, hat verhauen> I. mit OBJ ❶▪ jmd. **verhaut jmdn.** (umg.: ≈ verprügeln) Auf dem Schulweg haben mehrere Kinder meinen Sohn verhauen. ❷▪ jmd. **verhaut etwas** (umg.: ≈ verpatzen) schlecht oder völlig falsch machen: Ich habe meine Klassenarbeit total verhauen. II. mit SICH ▪ jmd. **verhaut sich (bei/mit etwas** Dat.) sich verrechnen, sich verkalkulieren: Bei deiner Prognose hast du dich ganz schön verhauen!

ver·he·ben <verhebst, verhob, hat verhoben> mit SICH ▪ jmd. **verhebt sich** durch Heben eines schweren Gegenstands einen körperlichen Schaden bekommen: Beim Transportieren des schweren Kleiderschranks habe ich mich verhoben – jetzt habe ich Rückenschmerzen.

ver·hed·dern <verhedderst, verhedderte, hat verheddert> mit SICH (umg.) ❶▪ etwas **verheddert sich** irgendwo hängen bleiben: Die Angelschnur hat sich im Schilf verheddert. ❷▪ jmd.

verheddert sich sich beim Vorlesen mehrmals versprechen: Der Nachrichtensprecher hatte sich verheddert und begann noch mal von vorn.

ver·hee·ren mit OBJ ▪ jmd. **verheert etwas** (veralt.) verwüsten: Dieser Krieg/diese Katastrophe hat das Land verheert. ▸ Verheerung

ver·hee·rend adj ❶ sehr schlimm: Der Waldbrand richtete verheerende Schäden an. ❷ (umg. scherzh.) scheußlich, schlecht: In diesem Anzug siehst du verheerend aus!

ver·heh·len <verhehlst, verhehlte, hat verhehlt> mit OBJ ▪ jmd. **verhehlt etwas (vor jmdm.)** (geh.) verheimlichen, verschweigen: Sie konnte ihre Schadenfreude nicht verhehlen.; Ich will dir meine Zweifel nicht verhehlen.

ver·hei·len <verheilt, verheilte, ist verheilt> ohne OBJ ▪ **etwas verheilt** als eine Stelle, die verletzt war, wieder heil werden und zusammenwachsen: Die Wunde verheilt gut. ▸ Verheilung

ver·heim·li·chen <verheimlichst, verheimlichte, hat verheimlicht> mit OBJ ▪ jmd. **verheimlicht (jmdm.) etwas** (≈ verschweigen) etwas nicht sagen, obwohl man es sagen sollte oder müsste: Sie hat ihre Pläne lange verheimlicht.; Er hat uns sein Alkoholproblem verheimlicht. ▸ Verheimlichung

ver·hei·ra·tet adj /nicht steig./ (↔ ledig) so, dass man in einer Ehe lebt: Sie sind seit knapp zwei Jahren verheiratet.; ▪ **jemand ist mit seinem Beruf/seinem Hobby/... verheiratet** (umg.) jmd. widmet sich fast ausschließlich seinem Beruf/Hobby ... und hat für nichts anderes Zeit: Der Hans ist doch mit seinem Fußballverein verheiratet, der hat am Wochenende für nichts anderes Zeit! ▸ Verheiratung

ver·hei·ßen <verheißt, verhieß, hat verheißen> mit OBJ ❶▪ jmd. **verheißt (jmdm.) etwas** (geh.) voraussagen, versprechen: das verheißene Glück/Land/Paradies; Der Prophet verhieß ihnen göttliche Gnade. ▸ Verheißung ❷▪ etwas **verheißt etwas** (geh.) ankündigen: Die Sache verheißt nichts Gutes.; Allein die Vorspeisen verheißen bei diesem Sternekoch kulinarische Freuden.

Ver·hei·ßung die <-, -en> (geh.) das Verheißen [1]

ver·hei·ßungs·voll adj so, dass etwas viel Gutes verheißt [1] und große Hoffnungen weckt: Das war ein verheißungsvoller Auftakt/ Beginn der Verhandlungen.

ver·hel·fen <verhilfst, verhalf, hat verholfen> mit OBJ ▪ jmd. **verhilft jmdm. zu etwas** Dat. helfen, dass jmd. das bekommt, was er erreichen will: Der Anwalt verhalf ihm zu seinem Recht.; Der Einsatz einer zweiten Endstufe verhalf dem Lautsprecher schließlich zu einem machtvollen, aber gut definierten Bassfundament.

ver·herr·li·chen <verherrlichst, verherrlichte, hat verherrlicht> mit OBJ ❶▪ jmd. **verherrlicht etwas** etwas (übertrieben) großartig darstellen: Das Epos verherrlicht die Taten seiner Helden.; Die selten gewordenen sportlichen Erfolge des Stars wurden von der Presse verherrlicht als nüchtern analysiert. ❷▪ jmd./etwas **verherrlicht jmdn.** jmdn. (übertrieben) loben und verehren: Der Diktator ließ sich vom Volk verherrlichen.

Ver·herr·li·chung die <-, -en> das Verherrlichen

V

ver·he·xen <verhext, verhexte, hat verhext> *mit OBJ* ▪ *jmd.* **verhext jmdn./etwas** *mit magischen Mitteln jmdn. oder etwas verzaubern:* Die Hexe hatte die Kinder verhext, so dass sie sich nicht bewegen konnten.; ▪ *es ist wie verhext!* *(umg.) verwendet, um auszudrücken, dass merkwürdigerweise alles misslingt* Es ist wie verhext: Erst habe ich meine Brille verloren und jetzt kriege ich die Tür nicht auf! ▶ Verhexung

ver·hin·dern <verhinderst, verhinderte, hat verhindert> *mit OBJ* ▪ *jmd.* **verhindert etwas** *bewirken, dass etwas nicht geschieht:* ein Unglück verhindern; Wir konnten gerade noch das Schlimmste verhindern. ▶ Verhinderung

ver·hin·dert *adj /nicht steig./* ▪ *jemand ist verhindert jmd. kann zu einem verabredeten Termin nicht kommen* Ich bin morgen leider verhindert: Können wir einen neuen Termin finden?

ver·hoh·len *Part.Perf. von* **verhehlen**

ver·höh·nen *mit OBJ* ▪ *jmd.* **verhöhnt jmdn.** *auf herausfordernde Weise verspotten und vor anderen lächerlich machen:* Die Klassenkameraden haben ihn wegen seiner ärmlichen Kleidung verhöhnt. ▶ Verhöhnung

ver·hoh·ne·pi·peln <verhohnepipelst, verhohnepipelte, hat verhohnepipelt> *mit OBJ* ▪ *jmd.* **verhohnepipelt jmdn.** *(umg.) jmdn. oder etwas (auf harmlose Weise) verspotten*

ver·hö·kern <verhökerst, verhökerte, hat verhökert> *mit OBJ* ▪ *jmd.* **verhökert etwas** *(umg.) relativ wertlose Dinge billig verkaufen:* Er verhökert alte Dinge auf dem Flohmarkt.

Ver·hör *das* <-(e)s, -e> *die strenge (richterliche oder polizeiliche) Befragung einer Person, die dazu dient, eine Straftat aufzuklären:* Der Tatverdächtige wurde einem strengen Verhör unterzogen. ▶ Kreuz-

ver·hö·ren I. *mit OBJ* ▪ *jmd.* **verhört jmdn.** *(≈ vernehmen) eingehend befragen, vernehmen:* Die Polizei verhörte den Zeugen, um nähere Aufschlüsse über den Tathergang zu erlangen. **II.** *mit SICH* ▪ *jmd.* **verhört sich** *falsch hören und deshalb eine Äußerung missverstehen:* Das habe ich anders verstanden – ich muss mich wohl verhört haben!

ver·hül·len *mit OBJ* ❶ ▪ *jmd.* **verhüllt etwas** *(↔ enthüllen) etwas mit einem Tuch, einer Plane o. Ä. bedecken, um es vor Blicken zu schützen:* Das Denkmal ist heute noch verhüllt.; Die Trauernde hatte das Gesicht mit einem Schleier verhüllt. ❷ *(übertr.) nicht direkt sagen oder ansprechen, sondern indirekt und abgemildert ausdrücken:* eine verhüllte Drohung; eine verhüllende Ausdrucksweise ❸ *so vor etwas sein, dass man es nicht sehen kann:* Wolken verhüllten die Berggipfel.

ver·hun·gern <verhungerst, verhungerte, ist verhungert> *ohne OBJ* ▪ *jmd./ein Tier verhungert aus Mangel an Nahrung sterben:* Täglich verhungern in der Welt viele Tausende von Menschen.

ver·hun·zen <verhunzt, verhunzte, hat verhunzt> *mit OBJ* ▪ *jmd.* **verhunzt etwas** *(umg. abwert.) verunstalten, verderben:* Mit einem fal-

schen Pinselstrich verhunzte er das ganze Gemälde.; Sie haben diese schöne Arie zu einer Schnulze verhunzt! ▶ Verhunzung

ver·hü·ten <verhütest, verhütete, hat verhütet> **I.** *mit OBJ* ▪ *jmd.* **verhütet etwas** *(≈ verhindern) gerade noch bewirken können, dass etwas Schlimmes nicht geschieht:* Man konnte das Unglück/einen Krieg/eine Hungersnot gerade noch verhüten. **II.** *ohne OBJ* ▪ *jmd.* **verhütet** *einer Schwangerschaft durch geeignete Maßnahmen vorbeugen:* Sie verhüten mit der Pille/mit Kondomen.

Ver·hü·tung *die* <-> */kein Plur./ das Verhüten I, II* ◆ Empfängnis-, Unfall-

Ver·hü·tungs·mit·tel *das* <-s, -> *Mittel zur Empfängnisverhütung*

ver·hut·zelt *adj /nicht steig./* ❶ *runzelig, fast vertrocknet:* verhutzelte Äpfel ❷ *durch das Altern zusammengeschrumpft:* eine verhutzelte alte Frau

ve·ri·fi·zie·ren <verifizierst, verifizierte, hat verifiziert> *mit OBJ* ▪ *jmd.* **verifiziert etwas** *(geh.: ↔ falsifizieren) mit wissenschaftlichen Mitteln nachweisen, dass eine Aussage richtig ist:* Wir sollten die Hypothese erst noch verifizieren.

Ve·ri·fi·zie·rung *die* <-, -en> *(≈ Verifikation) das Verifizieren*

ver·in·ner·li·chen <verinnerlichst, verinnerlichte, hat verinnerlicht> *mit OBJ* ▪ *jmd.* **verinnerlicht etwas** *(≈ internalisieren) jmd. prägt sich Normen und Überzeugungen anderer Menschen so ein, dass er sie wie eigene Normen und Überzeugungen erlebt* ▶ Verinnerlichung

ver·ir·ren <verirrst, verirrte, ist verirrt> *mit SICH* ❶ ▪ *jmd.* **verirrt sich (irgendwo)** *(≈ sich verlaufen) unterwegs die Orientierung verlieren, so dass man ratlos ist:* Ich glaube, jetzt haben wir uns verirrt!; Er hatte sich im Wald verirrt. ❷ ▪ *jmd.* **verirrt sich irgendwohin** *zufällig irgendwohin kommen:* Wir haben uns in dieses Gasthaus verirrt.

ve·ri·ta·bel *adj /nicht steig./ (geh.) wahrhaft, echt (so dass man staunt):* Das ist ja ein veritables Prachtexemplar!

ver·ja·gen <verjagst, verjagte, hat verjagt> *mit OBJ* ▪ *jmd.* **verjagt jmdn./etwas verjagt etwas** *vertreiben, forttreiben:* Sie verjagte den streunenden Hund.; Der Wind hatte die Wolken verjagt.

ver·jäh·ren <verjährt, verjährte, ist verjährt> *ohne OBJ* ▪ *etwas* **verjährt** RECHTSW. ❶ *durch Ablauf einer zeitlichen Frist die Gültigkeit verlieren:* Der Rechtsanspruch ist verjährt.; Die Schulden sind längst verjährt. ❷ *nach einer bestimmten Zeit nicht mehr strafbar sein:* Dieses Verbrechen ist noch lange nicht verjährt.

Ver·jäh·rung *die* <-> */kein Plur./ das Verjähren*

ver·ju·beln <verjubelst, verjubelte, hat verjubelt> *mit OBJ* ▪ *jmd.* **verjubelt etwas** *(umg. abwert.) Geld leichtsinnig für Vergnügungen ausgeben:* Er hat schon sein halbes Vermögen verjubelt.

ver·jün·gen <verjüngst, verjüngte, hat verjüngt> **I.** *mit OBJ* ▪ *etwas* **verjüngt jmdn./etwas** *bewirken, dass jmd. oder etwas jünger aussieht:* Diese Creme verjüngt die Haut.; Durch die neue Frisur sieht sie richtig verjüngt aus. ▶ Verjüngung

II. *mit* SICH ■ *etwas verjüngt sich* BAUW. *an Durchmesser abnehmen:* Die Säulen verjüngen sich nach oben.

ver·ka·beln <verkabelst, verkabelte, hat verkabelt> *mit OBJ* ■ *jmd.* **verkabelt etwas** ➊ *mit Kabeln verbinden:* Hast du die Stereoanlage korrekt verkabelt? ➋ TV *ans Kabelfernsehen anschließen:* Die ganze Siedlung wird verkabelt.

Ver·ka·be·lung *die* <-, -en> *das Verkabeln:* EDV-Verkabelungen vom Laien

ver·kal·ken *ohne OBJ* ➊ ■ *etwas verkalkt* (↔ *entkalken*) *Kalk ansetzen:* Die Kaffeemaschine verkalkt. ➋ ■ *jmd.* **verkalkt** *(umg. abwert.) alt und senil werden*

ver·kal·ku·lie·ren *mit* SICH ■ *jmd.* **verkalkuliert sich** ➊ WIRTSCH. *künftig entstehende Kosten falsch oder unzureichend berechnen oder einschätzen:* Dieser Betrieb hat schließlich Konkurs gemacht, weil man sich jahrelang in der Berechnung der Nebenkosten verkalkuliert hat. ➋ *(umg.) etwas falsch berechnen oder einschätzen:* Wir haben uns bei der Vorbereitung des Festes verkalkuliert und zu wenig Getränke eingekauft.

Ver·kal·kung *die* <-, -en> *das Verkalken*

ver·kannt *adj* /*nicht steig.*/ *in seinen Fähigkeiten nicht von den anderen Menschen verstanden und anerkannt:* Er fühlt sich als verkanntes Genie.

ver·kap·seln <verkapselst, verkapselte, hat verkapselt> *mit* SICH ➊ ■ *etwas verkapselt sich etwas schließt sich in eine Kapsel ein:* Die Samen der Pflanze haben sich verkapselt. ➋ ■ *jmd.* **verkapselt sich (in sich)** *jmd. zieht sich vor anderen Menschen (in sich selbst) zurück:* Nach dem Tod seiner Frau hat er sich immer mehr in sich verkapselt.

ver·ka·tert *adj* /*nicht steig.*/ *so, dass man an den Folgen von übermäßigem Alkoholgenuss leidet:* Am Morgen nach der Party war er noch stark verkatert.

Ver·kauf *der* <-(e)s, Verkäufe> ➊ *die Aktivität des Verkaufens:* Verkauf mit Gewinn oder Verlust; einen Verkauf abschließen/beginnen; etwas zum Verkauf anbieten; Das Haus steht zum Verkauf. ◆-sartikel, -sausstellung, -serlös, -sleiter(in), -szahlen ➋ /kein Plur./ WIRTSCH. (↔ *Einkauf*) *kurz für „Verkaufsabteilung":* Sie arbeitet im Verkauf.

ver·kau·fen **I.** *mit OBJ* ➊ ■ *jmd.* **verkauft (jmdm./an jmdn.) etwas** *etwas gegen Bezahlung jmdm. als Eigentum übergeben:* Sie verkauft Obst und Gemüse.; Er hat seinen alten Wagen an seinen Nachbarn verkauft.; Sie hat ihrer Freundin dieses schöne Kleid gerne verkauft. ➋ ■ *jmd.* **verkauft (jmdm.) etwas/sich** *(umg. übertr.) etwas so anpreisen, dass es Interesse und Anklang findet:* Die Parteien wollen den Bürgern die Reform als großen Erfolg verkaufen.; Im Bewerbungsgespräch mit dem Personalchef konnte sie sich gut verkaufen. **II.** *ohne OBJ* ■ *jmd.* **verkauft** (≈ *verkaufen I.1)* Der Geschäftsinhaber sagt, er habe die letzten Wochen gut/schlecht verkauft. **III.** *mit* SICH ➊ ■ *etwas verkauft sich irgendwie der Verkauf von etwas verläuft in der genannten Art:* Dieser Artikel verkauft sich gut/schlecht. ➋ ■ *jmd.* **verkauft sich (mit etwas** *Dat.)*

LANDSCH. *etwas Falsches kaufen:* Mit dieser CD habe ich mich total verkauft, die Musik gefällt mir überhaupt nicht. ➌ ■ *jmd.* **verkauft sich** *(umg.) sich prostituieren:* Dass sich minderjährige Mädchen an Männer verkaufen müssen, ist ein unhaltbarer Zustand.; ■ **jemanden für dumm verkaufen** *(umg.) jmdn. für dumm halten* Du willst mich wohl für dumm verkaufen?; ■ **sich verraten und verkauft fühlen** *(umg.) sich ganz hilflos und verlassen fühlen*

Ver·käu·fer *der,* **Ver·käu·fe·rin** <-s, -> ➊ *jmd., der beruflich in einem Laden Kunden berät und den Verkauf abwickelt:* Sie ist Verkäuferin in einer Boutique.; Der Verkäufer berät Kunden/holt weitere Waren aus dem Lager/ist beim Anprobieren behilflich/kann Ihnen diese Jacke gerne zurücklegen. ◆ Auto-, Möbel-, Schuh-, Zeitungs- ➋ (↔ *Käufer*) *jmd., der als Eigentümer etwas verkauft:* Käufer und Verkäufer des Hauses trafen sich, um den Vertrag zu unterschreiben.; Beim Immobilienkauf müssen Käufer und Verkäufer vor dem Notar erscheinen.

ver·käuf·lich *adj* /*nicht steig.*/ ➊ *zum Verkauf angeboten:* Dieses Auto/Grundstück/Haus ist verkäuflich. ➋ ■ *etwas ist irgendwie verkäuflich etwas ist auf die genannte Weise zum Verkauf geeignet:* Dieser Artikel ist gut verkäuflich.; Dieses Medikament ist (nicht) frei verkäuflich.

Ver·kaufs·ab·tei·lung *die* <-, -en> *die Abteilung eines Unternehmens, die sich mit dem Verkauf beschäftigt*

Ver·kaufs·ar·gu·ment *das* <-(e)s, -e> *ein Argument, mit dem ein Verkäufer den Kunden von den Vorteilen eines Produkts zu überzeugen versucht*

Ver·kaufs·druck *der* <-s> /kein Plur./ *der Zustand, dass etwas unbedingt verkauft werden muss:* Er stand unter Verkaufsdruck und zögerte deshalb nicht, den Preis um 20 Prozent nachzulassen.

Ver·kaufs·ge·spräch *das* <-(e)s, -e> *das Gespräch zwischen einem Verkäufer[1] und einem Kunden mit dem Ziel, den Kunden von der Qualität der Ware zu überzeugen und ihn zum Kauf zu bewegen*

ver·kaufs·of·fen *adj* /*nicht steig.*/ ■ **verkaufsoffener Sonntag** *ein Sonntag, an dem die Geschäfte den ganzen Tag geöffnet sind*

Ver·kaufs·ren·ner *der* <-s, -> *eine Ware, die gerade auffallend häufig gekauft wird*

Ver·kaufs·schla·ger *der* <-s, -> (≈ *Verkaufsrenner*)

Ver·kehr *der* <-(e)s> /kein Plur./ ➊ *das Bewegen von Fahrzeugen und Personen auf festgelegten Wegen wie Straße und Schiene:* Auf den Straßen herrscht dichter/stockender/zähflüssiger Verkehr.; Der Verkehr auf dieser Strecke ist seit einem Jahr eingestellt.; Wegen dichten Schneetreibens und Eisglatt kam der Verkehr in den Abendstunden teilweise zum Erliegen. ◆-sampel, -sbericht, -sdichte, -sknotenpunkt, -skontrolle, -slärm, -smeldung, -snetz, -sopfer, -splanung, -splaner(in), -spolitik, -spolizei, -spolizist(in), -ssicherheit, -stechnik, -steilnehmer(in), -stote, -sunfall, -sunterricht, -svorschrift, -sweg, Auto-, Flug-, Fußgänger-, Schiffs-, Straßen- ➋ (≈ *Umgang*) *der Kontakt mit Men-*

V

schen: Ich habe den Verkehr mit ihm abgebrochen/wieder aufgenommen. ◆Funk-, Publikums- ❸*(verhüll.)* Geschlechtsverkehr: Er hatte mehrmals außerehelichen Verkehr.; ▪**jemanden aus dem Verkehr ziehen** *(umg.) jmdn. nicht mehr in einer bestimmten Position tätig sein lassen, weil man ihm misstraut* Sie haben den Kassierer wegen Verdacht auf Untreue aus dem Verkehr gezogen.; ▪**etwas aus dem Verkehr ziehen** *(umg.) etwas nicht mehr für den Gebrauch zulassen* Die alten Geldscheine und Münzen wurden aus dem Verkehr gezogen.

ver·keh·ren <verkehrst, verkehrte, hat/ist verkehrt> **I.** *mit OBJ (haben)* ▪**jmd. verkehrt mit jmdm./irgendwo** ❶▪**jmd. verkehrt mit jmdm.** *gesellschaftlichen Umgang miteinander pflegen:* Sie verkehren seit Jahren nicht mehr miteinander. ❷▪**jmd. verkehrt irgendwo** *regelmäßig zu Gast sein:* Seit wann verkehren Sie in diesem Lokal? ❸▪**jmd. verkehrt mit jmdm.** *(verhüll.) sexuellen Kontakt haben:* Er hat mit mehreren Frauen verkehrt. **II.** *ohne OBJ (haben o sein)* ▪**etwas verkehrt irgendwo** *(≈ fahren) als öffentliches Verkehrsmittel regelmäßig auf einer Strecke fahren:* Der Bus verkehrt zwischen beiden Orten im Stundentakt.; Auf der stillgelegten Nebenstrecke verkehrte früher eine Regionalbahn. **III.** *mit SICH (haben)* ▪**etwas verkehrt sich in etwas** *Akk. sich ins Gegenteil verwandeln:* Der sicher geglaubte Sieg verkehrte sich in den letzten Spielminuten in eine Niederlage.

Ver·kehrs·ader *die* <-, -n> *viel benutzter Verkehrsweg*

Ver·kehrs·auf·kom·men *das* <-s, -> *die Zahl der Verkehrsteilnehmer im Straßenverkehr;* ▪**erhöhtes/geringes Verkehrsaufkommen** *dichter/ flüssiger Straßenverkehr*

ver·kehrs·be·ru·higt *adj /nicht steig./ so, dass in einem bestimmten Gebiet der Straßenverkehr eingeschränkt ist:* In den Wohngebieten gibt es viele verkehrsberuhigte Zonen.

Ver·kehrs·be·schrän·kung *die* <-, -en> */meist Plur./ Regulierung des Straßenverkehrs durch Verbotsschilder*

Ver·kehrs·be·trieb *der* <-(e)s, -e> */meist Plur./ Betrieb des öffentlichen Personennahverkehrs*

Ver·kehrs·cha·os *das* <-> */kein Plur./ Stauungen und Durcheinander aufgrund einer sehr hohen Verkehrsdichte:* Die Schneefälle lösten ein Verkehrschaos aus.; das alljährliche Verkehrschaos zu Ferienbeginn

Ver·kehrs·de·likt *das* <-(e)s, -e> *Verstoß gegen die Straßenverkehrsordnung*

Ver·kehrs·durch·sa·ge *die* <-, -n> *den Straßenverkehr betreffende Rundfunkdurchsage*

Ver·kehrs·er·zie·hung *die* <-> */kein Plur./ ein Unterricht, in dem vor allem Grundschulkinder die Regeln des Straßenverkehrs lernen*

Ver·kehrs·flug·zeug *das* <-(e)s, -e> *(↔ Militärflugzeug, Privatflugzeug) Flugzeug für den öffentlichen Personenverkehr*

Ver·kehrs·fluss *der* <-es> */kein Plur./ die gleichmäßig fließende Bewegung der Fahrzeuge im Straßenverkehr*

Ver·kehrs·funk *der* <-s> */kein Plur./ Verkehrsmeldungen, die regelmäßig im Rundfunk gesendet werden*

ver·kehrs·güns·tig *adj so gelegen, dass man ein Ziel leicht mit öffentlichen Verkehrsmitteln erreichen kann oder mit dem eigenen Auto günstige Verkehrswege hat:* Ich suche eine Wohnung, die verkehrsgünstig gelegen ist.; Trotz ihrer zentrumsnahen und verkehrsgünstigen Lage ist die Wohnung ruhig.

Ver·kehrs·hin·weis *der* <-es, -e> *Verkehrsdurchsage im Rundfunk*

Ver·kehrs·in·sel *die* <-, -n> *kleiner, erhöhter Platz für Fußgänger auf einer Straßenkreuzung*

Ver·kehrs·la·ge *die* <-, -n> ❶*eine bestimmte Situation im Straßenverkehr* ❷*die Lage einer Wohnung oder eines Geschäftes hinsichtlich der Verkehrsverbindungen*

Ver·kehrs·leit·sys·tem *das* <-(e)s, -e> *Signale, die bei Bedarf eingeschaltet werden und dann helfen, den Straßenverkehr zu regulieren (beispielsweise durch die Anzeige von Geschwindigkeitsbegrenzungen)*

Ver·kehrs·mi·nis·te·ri·um *das* <-s, Verkehrsministerien> *das Ministerium, das für den Verkehr*[1] *zuständig ist* ▸ Verkehrsminister, Verkehrsministerin

Ver·kehrs·mit·tel *das* <-s, -> *ein Fahrzeug, das am Verkehr*[1] *teilnimmt:* Das eigene Auto ist ein privates Verkehrsmittel; Busse und Straßenbahnen sind öffentliche Verkehrsmittel.

Ver·kehrs·ord·nung *die* <-, -en> *die Gesamtheit aller Vorschriften für den Verkehr*[1] ◆Straßen-

Ver·kehrs·re·gel *die* <-, -n> */meist Plur./ im Straßenverkehr geltende Vorschrift*

Ver·kehrs·re·ge·lung *die* <-, -en> *Regelung des Verkehrs durch Ampeln oder durch Verkehrspolizisten*

ver·kehrs·reich *adj mit starkem Verkehr:* Er wohnt an einer sehr verkehrsreichen Staße.

Ver·kehrs·schild *das* <-(e)s, -er> *den Verkehr betreffendes Hinweisschild*

ver·kehrs·schwach *adj mit wenig Verkehr*

ver·kehrs·si·cher *adj /nicht steig./ (≈ verkehrstüchtig) technisch so beschaffen, dass es ohne Risiko im Straßenverkehr eingesetzt werden kann:* Dieses Fahrzeug ist doch nicht mehr verkehrssicher. ▸ Verkehrssicherheit

Ver·kehrs·sün·der *der,* **Ver·kehrs·sün·de·rin** <-s, -> *(umg.) jmd., der gegen die Straßenverkehrsordnung verstoßen hat*

ver·kehrs·tech·nisch *adj /nicht steig./ unter dem Aspekt des Verkehrs*[1]

Ver·kehrs·to·te *der/die* <-n, -n> */meist Plur./ bei einem Verkehrsunfall getötete Person*

ver·kehrs·tüch·tig *adj (≈ verkehrssicher) so, dass es im Straßenverkehr sicher benutzt werden kann* ▸ Verkehrstüchtigkeit

Ver·kehrs·ver·bin·dung *die* <-, -en> *der Anschluss von Orten an Verkehrswege und (öffentliche) Verkehrsmittel*

Ver·kehrs·ver·bund *der* <-(e)s, -e/Verkehrsverbünde> *zu einer Organisation zusammenge-*

schlossene Betriebe des öffentlichen Personennahverkehrs einer Stadt
Ver·kehrs·we·sen *das* <-s> */kein Plur./ alle mit
dem Verkehr¹ zusammenhängenden Vorgänge
und Einrichtungen*
ver·kehrs·wid·rig *adj /nicht steig./ gegen die Verkehrsregeln verstoßend:* Das verkehrswidrige Verhalten des Autofahrers wurde zur Anzeige gebracht. ▷ Verkehrswidrigkeit
Ver·kehrs·zäh·lung *die* <-, -en> *Zählung der
Kraftfahrzeuge, die einen bestimmten Verkehrsweg befahren*
Ver·kehrs·zei·chen *das* <-s, -> (≈ Verkehrsschild)
ver·kehrt I. *Part. Perf. von* **verkehren II.** *adj
(umg.)* ❶ (≈ falsch ↔ richtig) *nicht richtig:* Sie hat
die Zigarette am verkehrten Ende angezündet.; Er
ist versehentlich in den verkehrten Bus eingestiegen. ❷ *nicht sinnvoll:* verkehrte Ansichten, eine
verkehrte Entscheidung; ■ **jemand ist an den
Verkehrten geraten** *(umg.) jmd. ist von jmdm.
abgewiesen worden* Diesmal war der Betrüger an
den Verkehrten geraten, der alte Herr Meier holte
kurzentschlossen die Polizei.
ver·kei·len <verkeilst, verkeilte, hat verkeilt> *mit
SICH* ■ *etwas verkeilt sich in etwas Akk. ein
physisches Objekt schiebt sich in ein anderes so
hinein, dass sich beide nicht mehr bewegen können:* Bei dem Zusammenprall hat sich der Lastwagen in den Zug verkeilt.
ver·ken·nen <verkennst, verkannte, hat ver-
kannt> *mit OBJ* ❶ ■ *jmd. verkennt etwas etwas
falsch beurteilen:* Wir hatten den Ernst der Lage
völlig verkannt. ❷ ■ *jmd. verkennt jmdn. jmdn.
(in seinem Wert) unterschätzen:* Er verkannte ihn
in seinen Fähigkeiten. ▷ verkannt
Ver·ket·tung *die* <-, -en> ❶ */kein Plur./ eine
Folge von Ereignissen, die zusammenwirken:* Eine
Verkettung unglücklicher Umstände führte zu diesem Unfall. ❷ TELEKOMM., MATH. *Verknüpfung, Hintereinanderschaltung, Ausführung von Operationen in einer Abfolge:* Verkettung von Funktionen
oder Abbildungen
ver·kit·schen <verkitschst, verkitschte, hat ver-
kitscht> *mit OBJ* ■ *jmd. verkitscht etwas jmd.
macht etwas, das künstlerisch wertvoll ist, zu
Kitsch:* In dem Film wird ein berühmter Roman
verkitscht. ▷ Verkitschung
ver·kit·ten *mit OBJ* ■ *jmd. verkittet etwas mit
Kitt abdichten oder verschließen:* Löcher/Risse in
der Mauer verkitten
ver·kla·gen <verklagst, verklagte, hat verklagt>
mit OBJ ■ *jmd. verklagt jmdn. eine Klage beim
Gericht einreichen:* Er hat die Firma auf Schadensersatz verklagt.
ver·klap·pen <verklappst, verklappte, hat ver-
klappt> *mit OBJ* ■ *jmd. verklappt etwas (verhüll.) Giftstoffe von einem Schiff ins offene Meer
ablassen:* Greenpeace-Boote versuchten zu verhindern, dass weitere Giftmengen verklappt werden.
▷ Verklappung
ver·klä·ren <verklärst, verklärte, hat verklärt>
I. *mit OBJ* ■ *jmd. verklärt etwas etwas
schöner erscheinen lassen:* Du verklärst die Vergangenheit, statt sie realistisch zu sehen!; Die

Freude verklärte ihr Gesicht. **II.** *mit SICH* ■ *etwas
verklärt sich ein Gesicht oder Blick bekommt einen glücklichen Ausdruck:* Ihr Lächeln verklärte
sich, als sie ihr Kind anschaute.
ver·klärt *adj /nicht steig./ beglückt, entrückt:* Sie
sah ihn mit verklärtem Blick an.
ver·klau·su·lie·ren <verklausulierst, verklausu-
lierte, hat verklausuliert> *mit OBJ* ■ *jmd. verklausuliert etwas* ❶ *etwas sehr kompliziert formulieren:* Er drückt sich immer so verklausuliert
aus. ❷ *durch Klauseln und Vorbehalte einschränken:* Dieses Gesetz verklausuliert die Pflichten des
Arbeitgebers.
ver·kle·ben <verklebst, verklebte, hat verklebt>
mit OBJ ■ *jmd. verklebt (jmdm.) etwas
(≈ zukleben)* Sie hat die Wunde mit einem Heftpflaster verklebt.; Schweiß und Staub verklebten
mir die Augenlider.
ver·klei·den *mit OBJ* ❶ ■ *jmd. verkleidet
jmdn./sich (als jmd./etwas) (≈ kostümieren)
jmdn. oder sich so anziehen, dass man nicht erkannt wird (und in eine andere Rolle schlüpft):* Sie
hat ihren kleinen Sohn für den Karnevalsumzug als
Pirat verkleidet.; Ich werde mich als Indianer verkleiden. ❷ ■ *jmd. verkleidet etwas mit einem
Material bedecken:* Wir wollen die Wände mit
Holz verkleiden.
Ver·klei·dung *die* <-, -en> ❶ */kein Plur./ das Ver-
kleiden¹* ❷ (≈ Kostümierung) *das Ergebnis des
Verkleidens:* Ich habe ihn in seiner Verkleidung
nicht erkannt. ❸ */kein Plur./ das Verkleiden²:* Die
Handwerker sind mit der Verkleidung der Wand
beschäftigt. ❹ *das Material, mit dem etwas verklei-
det² wird:* Wir haben uns für eine Verkleidung aus
Holz entschieden.
ver·klei·nern <verkleinerst, verkleinerte, hat
verkleinert> **I.** *mit OBJ* ■ *jmd. verkleinert etwas* ❶ (↔ vergrößern) *(räumlich) kleiner machen:* Wir mussten den Betrieb verkleinern.
❷ (≈ schmälern) *(im Wert) geringer erscheinen
lassen:* Sie versuchte, vor den Kollegen seine Leistung zu verkleinern. ❸ *als Reproduktion kleiner
machen:* Können Sie die Kopie noch etwas verkleinern? **II.** *mit SICH* ■ *etwas verkleinert sich (im
Umfang) kleiner werden:* Unser Bekanntenkreis
hat sich verkleinert.
Ver·klei·ne·rung *die* <-, -en> *das Verkleinern* ▷
Ver·klei·ne·rungs·form *die* <-, -en> SPRACHWISS.
Diminutiv: „Häuschen" ist die Verkleinerungsform
zu „Haus".; *siehe auch* **Halbaffix**
ver·klem·men <verklemmst, verklemmte, hat
verklemmt> *mit SICH* ■ *etwas verklemmt sich
etwas hängt sich in etwas fest, so dass es sich
nicht mehr bewegen lässt:* Das Garagentor hat
sich verklemmt.
ver·klemmt I. *Part. Perf. von* **verklemmen II.** *adj
(umg. abwert.:* ↔ ungezwungen) *so schüchtern
und gehemmt, dass es irritierend ist:* ein ver-
klemmtes Benehmen ▷ Verklemmtheit
ver·kli·ckern <verklickerst, verklickerte, hat ver-
klickert> *mit OBJ* ■ *jmd. verklickert jmdm. etwas (umg.)* erklären, klar machen: Ich konnte es
ihm nicht verklickern, dass ...
ver·klin·gen <verklingt, verklang, ist verklun-

gen> ohne OBJ ■ *etwas verklingt* (≈ *verhallen*) *als akustischer Eindruck schwächer werden und dann nicht mehr zu hören sein:* Das Lied verklang.; Die Töne verklingen.

ver·klop·pen <verkloppst, verkloppte, hat verkloppt> *mit OBJ* ❶ ■ *jmd.* **verkloppt jmdn.** *(umg.:* ≈ *verhauen) verprügeln* ❷ ■ *jmd.* **verkloppt etwas** *(abwert.) (unter dem Wert) billig verkaufen:* Bei der Auktion wurde die alte Uhr leider verkloppt.

ver·knack·sen <verknackst, verknackste, hat verknackst> *mit OBJ* ■ *jmd.* **verknackst sich etwas** *(umg.:* ≈ *verstauchen)* Ich habe mir den Knöchel verknackst.

ver·knal·len <verknallst, verknallte, hat verknallt> *mit SICH* ■ *jmd.* **verknallt sich (in jmdn.)** *(umg.) sich verlieben:* Er hat sich schon wieder in ein anderes Mädchen verknallt.; Mit siebzehn ist man ständig in irgendjemanden verknallt.

Ver·knap·pung *die* <-, -en> */meist Sing./ das Knappwerden:* Die Verknappung von Rohstoffen wird irgendwann zu einem ernsthaften Problem.

ver·knaut·schen <verknautschst, verknautschte, hat verknautscht> *mit OBJ* ■ *jmd.* **verknautscht etwas** *(umg.) knüllen oder so zusammendrücken, dass es Falten gibt:* Ich habe mir den Rock verknautscht.

ver·knei·fen <verkneifst, verkniff, hat verkniffen> *mit OBJ* ■ *jmd.* **verkneift sich etwas** *etwas, das man gerne tun würde, unterdrücken:* Ich konnte mir das Lachen kaum verkneifen.; Diese dumme Bemerkung hätte sie sich besser verkneifen sollen, der Chef war jedenfalls ganz schön sauer.

ver·knif·fen I. *Part. Perf. von* **verkneifen** II. *adj (abwert.) so, dass Gesichtszüge von ständiger (unterdrückter) Verärgerung und Verbitterung scharf geworden sind:* ein verkniffener Mund; verkniffene Züge

ver·knö·chert *adj /nicht steig./ (umg. abwert.) geistig unbeweglich, in den Ansichten und Gewohnheiten starr geworden:* verknöcherte Ansichten/Gewohnheiten; Er ist ein alter, verknöcherter Mann. ▶ Verknöcherung

ver·kno·ten <verknotest, verknotete, hat verknotet> I. *mit OBJ* ■ *jmd.* **verknotet etwas** *durch einen Knoten miteinander verbinden:* Wir verknoteten die beiden Seile miteinander. II. *mit SICH* ■ *etwas* **verknotet sich** *sich (unbeabsichtigt) zu einem Knoten verschlingen:* Die Seile haben sich verknotet.

 ver·knüp·fen <verknüpfst, verknüpfte, hat verknüpft> *mit OBJ* ■ *jmd.* **verknüpft etwas (mit etwas Dat.)** ❶ *mehrere Schnüre miteinander verknoten* ❷ *in zeitlichen und logischen Zusammenhang bringen:* Ich verknüpfe den Ausflug mit einem Abstecher zu meinem ehemaligen Schulfreund.; Wir sollten die beiden Gedankengänge einfach verknüpfen. ▶ Verknüpfung

ver·ko·chen <verkochst, verkochte, hat/ist verkocht> I. *mit OBJ (haben)* ■ *jmd.* **verkocht etwas (zu etwas Dat.)** *eine Speise sehr lange kochen lassen (und so eine Art Brei daraus machen):*

Wir haben die Früchte zu Mus verkocht.; Ihr seid so spät gekommen, dass das ganze Essen inzwischen verkocht ist. II. *ohne OBJ (sein)* ■ *etwas* **verkocht** *verdampfen:* Das Wasser ist inzwischen verkocht.

ver·koh·len <verkohlst, verkohlte, hat/ist verkohlt> I. *mit OBJ (haben)* ■ *jmd.* **verkohlt jmdn.** *(umg.) aus Spaß etwas Falsches erzählen:* Er hat uns doch alle verkohlt. II. *ohne OBJ (sein)* ■ *etwas* **verkohlt** *durch Verbrennen sehr schwarz werden und wie Kohle aussehen:* Die Balken sind verkohlt.

ver·kom·men <verkommst, verkam, ist verkommen> *ohne OBJ* ❶ ■ *jmd.* **verkommt** (≈ *verwahrlosen) den inneren Halt verlieren und (körperlich und moralisch) ins Elend geraten:* Seit seine Frau ihn verlassen hat, verkommt er mehr und mehr.; in Schmutz und Armut verkommen ▶ Verkommenheit ❷ ■ *etwas* **verkommt** (≈ *herunterkommen) aus Mangel an Pflege verfallen:* Die alte Fabrik/ Der Park verkommt zusehends. ▶ Verkommenheit ❸ (≈ *umkommen), schlecht werden:* Die Äpfel sind verkommen, weil niemand sie gegessen hat.

Ver·kom·men·heit *die* <-> */kein Plur./ das Verkommensein* [1], [2]

ver·kom·pli·zie·ren <verkomplizierst, verkomplizierte, hat verkompliziert> *mit OBJ* ■ *jmd.* **verkompliziert etwas** *jmd. macht etwas in unnötiger Weise kompliziert*

ver·kon·su·mie·ren <verkonsumierst, verkonsumierte, hat verkonsumiert> *mit OBJ* ■ *jmd.* **verkonsumiert etwas** *(umg.) verbrauchen*

ver·kor·ken <verkorkst, verkorkte, hat verkorkt> *mit OBJ* ■ *jmd.* **verkorkt eine Flasche** (↔ *entkorken) mit einem Korken verschließen*

ver·kork·sen <verkorkst, verkorkste, hat verkorkst> *mit OBJ* ■ *jmd.* **verkorkst (jmdm./ sich) etwas** *(umg.) verderben:* Er hat sich den Magen verkorkst.; Sie hat uns die Stimmung gründlich verkorkst.

ver·kör·pern <verkörperst, verkörperte, hat verkörpert> *mit OBJ* ■ *jmd./etwas* **verkörpert jmdn./etwas** ❶ *symbolisch zum Ausdruck bringen:* Die Taube verkörpert den Frieden. ▶ Verkörperung ❷ *in einer Rolle darstellen:* Der Schauspieler verkörpert meist den Typ des jugendlichen Liebhabers. ▶ Verkörperung

Ver·kör·pe·rung *die* <-, -en> *das Verkörpern*

ver·kös·ti·gen <verköstigst, verköstigte, hat verköstigt> *mit OBJ* ■ *jmd.* **verköstigt jmdn./sich (mit etwas Dat.)** (≈ *verpflegen) etwas zu essen geben:* Die Kursteilnehmer müssen sich abends selbst verköstigen. ▶ Verköstigung

ver·kra·chen <verkrachst, verkrachte, hat verkracht> *mit SICH* ■ *jmd.* **verkracht sich mit jmdm.** *(umg.) in Streit geraten:* Wir haben uns mit den Nachbarn verkracht.

ver·kracht ■ **eine verkrachte Existenz** *(umg. abwert.) ein Mensch, der im Leben gescheitert ist*

ver·kraf·ten *mit OBJ* ■ *jmd.* **verkraftet etwas** *in der Lage sein, etwas zu bewältigen:* Er verkraftet die hohen Belastungen nicht.; Sie hat den Tod ihres Mannes nie verkraftet.

ver·krampft adj ❶ *körperlich sehr angespannt:* verkrampfte Muskeln; eine verkrampfte Haltung ▶Verkrampftheit ❷ *im Verhalten gehemmt:* Sie lächelte verkrampft. ▶Verkrampftheit

ver·krie·chen <verkriechst, verkroch, hat verkrochen> *mit SICH* ■ *jmd./etwas verkriecht sich (irgendwo/irgendwohin)* *(umg.)* ❶ *in etwas oder unter etwas kriechen:* Der Hund verkroch sich in seine Hütte. ❷ *(übertr.) sich vor Menschen zurückziehen:* Am Wochenende verkriecht sie sich in ihrem Haus.

ver·krü·meln <verkrümelst, verkrümelte, hat verkrümelt> *mit SICH* ■ *jmd. verkrümelt sich (umg.)* *unauffällig und heimlich verschwinden:* Als der Nachbar zu schimpfen anfing, verkrümelten sich die Kinder endlich.

ver·krümmt adj *so, dass ein Körperglied durch Krankheit nicht mehr gerade, sondern krumm geworden ist:* Sie hat verkrümmte Finger/einen verkrümmten Rücken. ▶Verkrümmung

ver·krüp·pelt adj */nicht steig./ so, dass jmd. oder ein Körperglied nicht normal gewachsen oder durch einen Unfall beschädigt ist:* Er hat einen verkrüppelten Fuß. ▶Verkrüppelung

ver·krus·tet adj */nicht steig./* ❶ *mit einer Kruste bedeckt:* Der Arzt sah sich die verkrustete Wunde an. ❷ *(abwert.) veraltet und starr:* Die verkrusteten Strukturen beschleunigten den Niedergang des Unternehmens.

ver·küh·len <verkühlst, verkühlte, hat verkühlt> *mit SICH* ■ *jmd. verkühlt sich* ÖSTERR. *sich erkälten*

Ver·küh·lung die <-, -en> ÖSTERR. *Erkältung*

ver·küm·mern <verkümmerst, verkümmerte, ist verkümmert> *ohne OBJ* ■ *jmd./etwas verkümmert* ❶ *(↔ gedeihen) nicht mehr recht wachsen und in einen schlechten Zustand geraten:* Im Schatten verkümmert diese Pflanze.; Er hat lange einsam gelebt und ist dabei regelrecht verkümmert. ▶Verkümmerung ❷ *ungenutzt bleiben und verloren gehen:* Du solltest deine Talente nicht verkümmern lassen. ▶Verkümmerung

ver·kün·den <verkündest, verkündete, hat verkündet> *mit OBJ* ■ *jmd. verkündet (jmdm.) etwas* ❶ *(≈ bekanntgeben) öffentlich mitteilen:* Auf der Party verkündete er, dass er auswandern wolle.; ein Urteil verkünden ❷ REL. *(≈ verkündigen) predigen:* Er verkündete der Gemeinde das Wort Gottes.

Ver·kün·dung¹ die <-, -en> *das Verkünden*

Ver·kün·dung² die <-, -en> SCHWEIZ. *Eheverkündung, Aufgebot*

ver·kup·peln <verkuppelst, verkuppelte, hat verkuppelt> *mit OBJ* ■ *jmd. verkuppelt jmdn. (mit jmdm.) (umg. oft abwert.) der Vorgang, dass jmd. versucht, zwei Menschen in eine Liebesbeziehung oder zu einer Heirat zu bringen* ▶Kuppelei, Kuppler(-in), Verkuppelung/Verkupplung

ver·kür·zen <verkürzt, verkürzte, hat verkürzt> I. *mit OBJ* ■ *jmd. verkürzt etwas* ❶ *(↔ verlängern) in der Länge kürzer machen:* Sie sollten die Ärmel des Mantels verkürzen. ❷ *(↔ verlängern) in der zeitlichen Dauer kürzer machen:* Während ich auf dich wartete, habe ich mir mit der Lektüre

einer Zeitschrift ein wenig die Zeit verkürzt.; Arbeitszeiten verkürzen; Wir mussten den Urlaub leider verkürzen. II. *ohne OBJ* ■ *jmd. verkürzt* SPORT *in einem Ballspiel den Rückstand verringern:* Die Mannschaft verkürzte mit diesem Tor auf 4:3 und drängt nun auf den Ausgleich. III. *mit SICH* ■ *etwas verkürzt sich (↔ verlängern) kürzer werden:* Durch den Umzug verkürzt sich mein Schulweg.

Ver·kür·zung die <-, -en> *das Verkürzen* I

ver·la·chen <verlachst, verlachte, hat verlacht> *mit OBJ* ■ *jmd. verlacht jmdn. (geh.) spöttisch auslachen:* Von den Zeitgenossen verlacht, blieb dem Maler nur die Hoffnung auf späte Anerkennung.

Ver·lad der <-s> SCHWEIZ. *Verladung*

Ver·la·de·bahn·hof der <-(e)s, Verladebahnhöfe> *ein Bahnhof, auf dem Güter verladen werden*

Ver·la·de·brü·cke die <-, -n> *Anlage zum Verladen* [1]

ver·la·den <verlädst, verlud, hat verladen> *mit OBJ* ❶ ■ *jmd. verlädt etwas etwas (in größerer Menge) auf ein Fahrzeug laden:* Container/Güter/Kisten/Paletten/ Waren auf einen Güterzug/ LKW verladen ▶Verladung ❷ ■ *jmd. verlädt jmdn. (umg. abwert.) hereinlegen, betrügen:* Du willst mich wohl verladen?

Ver·la·de·ram·pe die <-, -n> *Rampe zum Verladen* [1]

Ver·lag der <-(e)s, -e> *ein Unternehmen, das Manuskripte herstellt oder kauft, und dann in gedruckter Form als Bücher oder Zeitschriften wieder verkauft:* Die Autorin hat ihr Manuskript an einen Verlag geschickt.; Dieser Verlag veröffentlicht in erster Linie belletristische/wissenschaftliche Literatur.; die Autoren/Lektoren/Mitarbeiter des Verlags.; die Buchreihe/der Lizenzpartner/das Programm/der Vertrieb eines Verlags ◆-sbranche, -sgruppe, -skatalog, -sleiter(in), -smitarbeiter(in), -sprogramm, -sredakteur(in), Buch-, Fach-, Sachbuch-, Schulbuch-, Taschenbuch-, Wissenschafts-, Wörterbuch-, Zeitungs-

ver·la·gern <verlagerst, verlagerte, hat verlagert> I. *mit OBJ* ■ *jmd. verlagert etwas irgendwohin* ❶ *jmd. verändert seine Körperhaltung:* Sie verlagerte das Gewicht auf das andere Bein. ❷ *jmd. bringt etwas an einen anderen Standort:* Die Firma hat ihre Produktion ins Ausland verlagert. II. *mit SICH* ■ *etwas verlagert sich (irgendwohin) etwas verändert seine Lage:* Das Tiefdruckgebiet hat sich inzwischen nach Osten verlagert.

Ver·la·ge·rung die <-, -en> *das Verlagern* I

Ver·lags·buch·han·del der <-s> */kein Plur./* der Teil des Buchhandels, der sich mit der Herstellung und dem Vertrieb von Büchern befasst ▶Verlagsbuchhändler(in)

Ver·lags·haus das <-es, Verlagshäuser> *ein (großer) Verlag*

Ver·lan·gen das <-s> */kein Plur./* ❶ *starker Wunsch, Sehnsucht, Begierde:* Ich habe keinerlei Verlangen, ihn jemals wiederzusehen.; Nach einer Woche Diät verspürte sie ein starkes Verlangen

V

nach einem Wiener Schnitzel.; Er sah sie voller Verlangen an. ❷ *Bitte, Forderung:* Die Ausweise sind auf Verlangen vorzuzeigen.

ver·lan·gen <verlangst, verlangte, hat verlangt> **I.** *mit OBJ* ❶ ■ *jmd.* **verlangt etwas** *(nachdrücklich) fordern oder haben wollen:* Die Arbeiter verlangen mehr Lohn.; Ich verlange, dass du auf der Stelle gehst!; Der Schaffner verlangte unsere Fahrkarten.; Er verlangte noch 150 Euro für den gebrauchten Fernseher. ❷ ■ *jmd.* **verlangt jmdn.** TELEKOMM. *jmdn. (am Telefon) sprechen wollen:* Du wirst am Telefon verlangt! ❸ ■ *etwas* **verlangt etwas** *(≈ erfordern)* Ansprüche an jmdn. stellen: Diese Tätigkeit verlangt viel Geduld von ihm.; Bergsteigen verlangt sehr viel Mut und Ausdauer. **II.** *ohne OBJ* ■ *jmd.* **verlangt nach jmdm./etwas** *(geh.)* ausdrücken, dass man jmdn. oder etwas braucht: Der Patient verlangte nach einem Arzt/nach einem Glas Wasser.; Der Fürst verlangte nach seinem Berater.

ver·län·gern <verlängerst, verlängerte, hat verlängert> **I.** *mit OBJ* ❶ ■ *jmd.* **verlängert etwas** *(↔ kürzen) in der physischen Ausdehnung länger machen:* Sie muss die Ärmel des Mantels verlängern. ❷ ■ *jmd.* **verlängert etwas (um etwas Akk.)** *(↔ verkürzen) zeitlich länger dauern lassen, als es geplant oder bestimmt war:* Ich sollte meinen Pass verlängern lassen(≈ am Pass die Eintragung vornehmen lassen, die den Zeitraum seiner Gültigkeit verlängert).; Wenn es uns dort gut gefällt, können wir den Urlaub um eine Woche verlängern. ❸ ■ *jmd.* **verlängert etwas mit etwas** *Dat. (umg.)* verdünnen, strecken: Sie hat die Soße/die Suppe mit Wasser verlängert. **II.** *mit SICH* ■ *etwas* **verlängert sich** *(↔ verkürzen) länger gültig bleiben:* Das Abonnement verlängert sich automatisch um ein weiteres Jahr, wenn es nicht gekündigt wird.; Sein Studienaufenthalt verlängert sich um ein Semester.

Ver·län·ge·rung *die* <-, -en> ❶ /kein Plur./ *das Verlängern* ❷ SPORT *das Verlängern der regulären Spielzeit um einen (definierten)zusätzlichen Zeitraum:* Wenn es nach neunzig Minuten immer noch 1:1 steht, geht das Finalspiel in die Verlängerung.

Ver·län·ge·rungs·ka·bel *das* <-s, -> *ein zusätzliches elektrisches Kabel, mit dem man ein anderes Kabel verlängert:* Zum Heckenschneiden brauchen wir ein Verlängerungskabel.

ver·lang·sa·men <verlangsamst, verlangsamte, hat verlangsamt> **I.** *mit OBJ* ■ *jmd./etwas* **verlangsamt etwas** *(↔ beschleunigen) bewirken, dass etwas langsamer wird:* Der Autofahrer/Der Zug verlangsamte vor der Baustelle das Tempo.; Er verlangsamte seinen Schritt. **II.** *mit SICH* ■ *jmd./etwas* **verlangsamt sich** *langsamer werden:* Kurz vor dem Ziel verlangsamte er sich.

Ver·lass ■ **auf jemanden/etwas ist (kein) Verlass** *man kann sich (nicht) auf jmdn. oder etwas verlassen*

ver·las·sen[1] <verlässt, verließ, hat verlassen> **I.** *mit OBJ* ❶ ■ *jmd.* **verlässt etwas** *von etwas weggehen:* Warum habt ihr die Party so früh verlassen?; Ich habe heute um sieben Uhr das Haus

verlassen. ❷ ■ *jmd.* **verlässt jmdn.** *sich dauerhaft trennen:* Mit achtzehn hat sie das Elternhaus verlassen.; Sie hat ihren Mann verlassen. **II.** *mit SICH* ■ *jmd.* **verlässt sich auf jmdn./etwas** *(vertrauen) sein Handeln auf die Annahme stützen, dass etwas der Fall ist:* Auf dich kann man sich wenigstens verlassen!; Ich verlasse mich darauf, dass du mich anrufst!; ■ **jemand ist von allen guten Geistern verlassen** *(umg. abwert.) jmd. ist plötzlich in seinem Benehmen sehr sonderbar und unvernünftig*

ver·las·sen[2] **I.** *Part. Perf.* **von** **verlassen[1]** **II.** *adj (öde, trostlos) so, dass dort keine oder nur sehr wenige Menschen sind:* In dieser verlassenen Gegend möchte ich nicht wohnen.

Ver·las·sen·heit *die* <-> /kein Plur./ *der Zustand, dass jmd. oder etwas verlassen[1, 2] ist*

Ver·las·sen·schaft *die* <-, -en> ÖSTERR. *Nachlass*

ver·läss·lich *adj (≈ zuverlässig) so, dass man sich auf jmdn. oder etwas verlassen[1] II kann:* Er ist ein verlässlicher Mensch.; Wir haben diese Informationen aus verlässlicher Quelle erfahren. ▸Verlässlichkeit

Ver·laub *der* ■ **mit Verlaub** *(geh.) wenn es erlaubt ist* Herr Graf, Sie haben hier – mit Verlaub (gesagt) – einen großen Fehler gemacht!

Ver·lauf *der* <-(e)s, Verläufe> ❶ *die Richtung, in die etwas führt:* Folgen Sie dem Verlauf der Straße. ❷ *(≈ Ablauf) zeitliche Entwicklung:* Die Ärzte beobachten den Verlauf der Krankheit. ❸ *(≈ Farbverlauf) der (bewusst gestaltete) Effekt, dass (auf einer Fläche) eine Farbe immer mehr an Intensität und Deckungskraft verliert und ab einem gewissen Punkt dann in eine andere Farbe umschlägt:* der Verlauf von Grün nach Blau; ■ **im Verlauf von** *während;* ■ **einen guten/schlechten Verlauf nehmen** *(geh.) sich gut/schlecht entwickeln*

ver·lau·fen <verläufst, verlief, hat/ist verlaufen> **I.** *ohne OBJ* (sein) ❶ ■ *etwas* **verläuft (irgendwo/irgendwohin)** *in eine Richtung führen, sich erstrecken:* Der Radweg verläuft entlang des Flusses. ❷ ■ *etwas* **verläuft** *auseinanderfließen:* Die Tinte verläuft auf diesem Papier. ❸ ■ *etwas* **verläuft irgendwie** *zeitlich ablaufen und dabei eine bestimmte Beschaffenheit oder Qualität haben:* Die Prüfung ist zu meiner vollsten Zufriedenheit verlaufen. **II.** *mit SICH (haben)* ❶ ■ *jmd.* **verläuft sich (irgendwo)** *(≈ sich verirren) in einer unübersichtlichen Gegend laufen und dann den Weg nicht mehr wissen:* Wir hatten uns im Wald verlaufen. ❷ ■ **eine Menge verläuft sich (irgendwie)** *in alle Richtungen auseinandergehen:* Nach dem Konzert hatte sich die Menschenmenge schnell verlaufen.; ■ **etwas ist im Sande verlaufen** *etwas hat ohne Erfolg oder Folgen aufgehört*

ver·laust *adj /nicht steig./ von Läusen befallen*

ver·laut·ba·ren <verlautbarst, verlautbarte, hat verlautbart> ■ *mit OBJ* ■ *jmd.* **verlautbart etwas** *(geh.: ≈ verkünden) öffentlich bekanntmachen:* Ein Pressesprecher verlautbarte, dass … ▸Verlautbarung

ver·lau·ten <verlautet, verlautete, hat/ist verlautet> *(geh.)* **I.** *mit OBJ (haben)* ■ *jmd.* **lässt etwas verlauten** *bekanntgeben:* Ein Pressesprecher

ließ verlauten, dass … **II.** *mit ES (sein)* ■ *es verlautet bekannt werden:* Es verlautete, dass …
ver·le·ben <verlebst, verlebte, hat verlebt> *mit OBJ* ■ *jmd.* **verlebt etwas** *Zeit in einer bestimmten Weise verbringen:* Wir verlebten einige schöne Tage am Meer.; Sie verlebten glückliche Wochen.
ver·lebt I. *Part. Perf. von* **verleben II.** *adj durch einen ausschweifenden Lebensstil vorzeitig gealtert:* Er sieht völlig verlebt aus.
ver·le·gen¹ <verlegst, verlegte, hat verlegt> **I.** *mit OBJ* ❶ ■ *jmd.* **verlegt etwas** *etwas weglegen und nicht mehr finden können:* Hast du schon wieder deine Brille verlegt? ❷ ■ *jmd.* **verlegt jmdn./etwas (irgendwohin)** *jmdn. oder etwas an einen anderen Ort bringen oder legen:* Der Gefangene wurde in ein anderes Gefängnis verlegt.; Der Konzern verlegte einen Produktionszweig/ein Werk ins Ausland. ❸ ■ *jmd.* **verlegt etwas auf etwas** *Akk. einen Termin ändern:* Das Konzert wurde auf nächste Woche verlegt. ❹ ■ *jmd.* **verlegt irgendwo etwas** *etwas anbringen, montieren:* Die Handwerker haben die Fliesen im Bad verlegt. ❺ ■ *jmd.* **verlegt etwas (in etwas** *Dat.***)** *(literarische oder wissenschaftliche) Werke in einem Verlag veröffentlichen:* Dieses Buch ist in Frankfurt verlegt worden. **II.** *mit SICH* ■ *jmd.* **verlegt sich auf etwas** *Akk. seine Taktik ändern, etwas anderes tun:* Weil das Bitten nichts nutzte, verlegte er sich auf Drohungen.
ver·le·gen² I. *Part. Perf. von* **verlegen II.** *adj unsicher, hilflos:* Ein verlegener Blick des Prüflings sagte dem Professor, dass er die Frage nicht beantworten konnte.; ■ **um etwas verlegen sein** *(geh.) etwas benötigen;* ■ **jemand ist um eine Antwort/Ausrede nie/nicht verlegen** *(abwert.) jmd. weiß immer eine Antwort oder Ausrede* Er ist nie um eine Antwort/Ausrede verlegen.
Ver·le·gen·heit *die* <-, -en> ❶ */kein Plur./ das Gefühl, dass man sich unsicher und hilflos fühlt, weil einem etwas sehr peinlich ist:* Er wurde rot vor Verlegenheit.; Sie versuchte ihre Verlegenheit mit einem gekünstelten Lachen zu überspielen. ❷ *eine Lage, die schwierig und unangenehm ist:* Nur du kannst mir aus dieser Verlegenheit helfen!; Wenn du mir das Geld leihen könntest, würdest du mir aus einer großen Verlegenheit helfen.; ■ **eine finanzielle Verlegenheit** *(verhüll.) der Umstand, dass es jmdm. zu einem bestimmten Zeitpunkt an Geld für etwas fehlt* dem Freund aus einer finanziellen Verlegenheit heraushelfen
Ver·le·gen·heits·lö·sung *die* <-, -en> *improvisierte (schlechte) Lösung eines Problems, Notlösung:* Ich halte meinen Mantel an der Stelle, wo er gerissen ist, mit einer Sicherheitsnadel zusammen – das ist erst einmal eine Verlegenheitslösung.
Ver·le·ger *der,* **Ver·le·ge·rin** <-s, -> *jmd., der einen Verlag führt oder besitzt:* Der Autor hat einen Verleger für seine neue Lyriksammlung gefunden.
ver·le·ge·risch DRUCKW. **I.** *adj /nicht steig./ so, dass es einen Verleger betrifft oder zu ihm gehört:* die verlegerischen Aufgaben **II.** *adv /nicht steig./ so, dass es der Art eines Verlegers entspricht:* verlegerisches Handeln; verlegerische Weitsicht
Ver·le·gung *die* <-, -en> *das Verlegen*

ver·lei·den <verleidest, verleidete, hat verleidet> *mit OBJ* ■ *jmd.* **verleidet jmdm. etwas an etwas** *Dat. (geh.) bewirken, dass jmd. keine Freude mehr an etwas hat:* Mit seiner ewigen Nörgelei verleidet er mir noch die ganze Freude/den Spaß an unserem Urlaub.
Ver·leih *der* <-(e)s, -e> ❶ */kein Plur./ das Verleihen* ❷ *ein Betrieb, der gegen Entgelt etwas verleiht* ◆Boots-, Fahrrad-
ver·lei·hen <verleihst, verlieh, hat verliehen> *mit OBJ* ■ *jmd.* **verleiht etwas (an jmdn.)** ❶ *jmdm. etwas (gegen Gebühr) für eine bestimmte Zeit zum Gebrauch überlassen:* Das Geschäft verleiht Baumaschinen.; Ich verleihe meine CDs nicht gerne.; Er hat seine Kamera an einen Freund verliehen. ❷ ■ *jmd./etwas verleiht jmdm./etwas etwas jmdm. oder etwas etwas geben:* Dieses Kleid verleiht dir einen verführerischen Charme.; Sie verliehen ihrer Meinung Ausdruck. ❸ ■ *jmd.* **verleiht jmdm. etwas** *jmdm. in einem feierlichen Akt einen Ehrentitel geben:* Ihm wurde in einer Feierstunde beim Präsidenten der Titel eines … verliehen.; Man verlieh ihm den Ehrendoktor.
Ver·lei·hung *die* <-, -en> *das Verleihen*
ver·lei·men <verleimst, verleimte, hat verleimt> *mit OBJ* ■ *jmd.* **verleimt etwas** *mit Leim (zusammen)kleben:* Hast du die beiden Bretter schon verleimt?
ver·lei·ten <verleitest, verleitete, hat verleitet> *mit OBJ* ■ *jmd.* **verleitet jmdn. (zu etwas** *Dat.***)** *jmdn. dazu bringen, etwas zu tun, was er eigentlich nicht tun will:* Sie hat sie zu faulen Witzen verleitet.; Er verleitet ihn zum Klauen.
ver·ler·nen <verlernst, verlernte, hat verlernt> *mit OBJ* ■ *jmd.* **verlernt etwas** *(↔ erlernen) eine Fähigkeit durch Nichtgebrauch verlieren:* Ich habe das Klavierspielen inzwischen verlernt.; Das Schwimmen kann man eigentlich nicht verlernen.
ver·le·sen¹ <verliest, verlas, hat verlesen> **I.** *mit OBJ* ■ *jmd.* **verliest etwas** *etwas öffentlich laut vorlesen:* Der Richter verlas die Anklagepunkte. **II.** *mit SICH* ■ *jmd.* **verliest sich** *nicht richtig lesen:* Da musst du dich verlesen haben, das Konzert beginnt um acht, sondern um neun Uhr.
ver·le·sen² <verliest, verlas, hat verlesen> *mit OBJ* ■ *jmd.* **verliest etwas** *(Früchte) sortieren:* Hast du die Erbsen/Trauben schon verlesen? ▶handverlesen
ver·letz·bar *adj /nicht steig./ so, dass man etwas leicht verletzt:* Bei bestimmten Sportarten sind die Gelenke leicht verletzbar.
ver·let·zen <verletzt, verletzte, hat verletzt> **I.** *mit OBJ* ❶ ■ *jmd.* **verletzt jmdn.;** ■ *jmd.* **verletzt jmdm. etwas** *jmdm. oder sich körperlichen Schaden oder eine Wunde zufügen:* Er hat seinen Gegner am Arm verletzt.; Er hat seinem Gegner den Arm verletzt.; Ich habe mir den Fuß verletzt.; Das Unfallopfer war lebensgefährlich/leicht/ schwer verletzt. ❷ ■ *jmd.* **verletzt jmdn.** *(≈ kränken) beleidigende Worte zu jmdm. sagen und ihn damit in seinem Stolz treffen:* Seine barschen Worte verletzten sie tief. ▶verletzlich ❸ ■ *jmd.* **verletzt etwas** *(≈ verstoßen) eine Regel, Vorschrift o. Ä. nicht befolgen;* Sie hatte eine Vorschrift

verletzt. **II.** *mit SICH* ◾ **jmd. verletzt sich (an ei-nem Körperteil) (an etwas** *Dat.***)** *an sich selbst einen körperlichen Schaden erleiden:* Ich habe mich an der scharfen Kante verletzt.; Sie hat sich am Arm verletzt. ◆ Getrennt- oder Zusammen-schreibung →R 4.20 schwer verletzt/schwerver-letzt; leicht verletzt/leichtverletzt

ver·letz·lich <verletzlicher, am verletzlichsten> *adj sensibel und daher leicht zu verletzen* ▸ Ver-letzlichkeit

Ver·letz·te *der/die* <-n, -n> *jmd., der verletzt¹ ist:* Der Verletzte musste sofort ins Krankenhaus transportiert werden.

Ver·let·zung *die* <-, -en> ❶ *Wunde:* Das Unfallop-fer erlitt leichte/schwere Verletzungen. ❷ *das Ver-letzen I.2, I.3* ◆-srisiko, Arm-, Gesichts-, Kopf-, Kriegs-

ver·leug·nen <verleugnest, verleugnete, hat verleugnet> **I.** *mit OBJ* ◾ **jmd. verleugnet jmdn./etwas** *sich nicht (mehr) zu jmdm. oder et-was bekennen:* Er hat seine Ideale/seinen besten Freund verleugnet. **II.** *mit SICH* ❶ ◾ **sich (selbst) verleugnen** *nicht dem eigenen Wesen gemäß handeln:* Indem er so tat, als kenne er sie nicht, verleugnete er sich (selbst) ❷ ◾ **sich verleugnen lassen** *Besuchern sagen lassen, man sei nicht da:* Als der Besitzer an der Tür des Pächters klingelte, ließ sich dieser verleugnen, da er die Pacht nicht gezahlt hatte.; ◾ **etwas nicht verleugnen kön-nen/etwas lässt sich nicht verleugnen** *etwas nicht verbergen können* Er konnte seinen Geiz nicht verleugnen – er war ihm ins Gesicht ge-schrieben.; Es lässt sich nicht verleugnen, dass die Welt sich seit der Erfindung des Internets stark ver-ändert hat.

ver·leum·den <verleumdest, verleumdete, hat verleumdet> *mit OBJ* ◾ **jmd. verleumdet jmdn.** *(≈ diffamieren) über jmdn. Unwahrheiten verbrei-ten, um seinem Ruf zu schaden:* Man hat ihn bös-willig/in übler Weise verleumdet. ▸Verleumder, Verleumderin, verleumderich

Ver·leum·dung *die* <-, -en> ❶ */kein Plur./ das Verleumden* ❷ *verleumdende Bemerkung:* Er hat in der Nachbarschaft Verleumdungen über uns ver-breitet.

ver·lie·ben <verliebst, verliebte, hat verliebt> *mit SICH* ◾ **jmd. verliebt sich (in jmdn.)** *begin-nen, für jmdn. heftige Zuneigung zu empfinden:* Sie hatte sich heftig/hoffnungslos/ unsterblich ver-liebt. ▸Verliebtheit

ver·lie·ren <verlierst, verlor, hat verloren> **I.** *mit OBJ* ❶ ◾ **jmd. verliert etwas** *(↔ finden) etwas plötzlich nicht mehr besitzen oder bei sich haben:* Ich habe meinen Schlüssel verloren.; Auf dem Fundbüro kann man verlorene Sachen wiederbe-kommen.; Wo ist mein Ausweis, ich werde ihn hof-fentlich nicht verloren haben. ❷ ◾ **jmd. verliert etwas** *(≈ einbüßen) den Vorgang erleiden, dass ei-nem etwas, das man gehabt hat, genommen wird:* Sie hat ihren Arbeitsplatz verloren.; Der Patient verlor bei der Operation viel Blut. ❸ ◾ **jmd. ver-liert etwas** *(↔ behalten) durch eigene Schuld oder ungünstige Umstände etwas nicht behalten können:* Er hat die Beherrschung/die Freude/

die Geduld/die Hoffnung/das Vertrauen seiner Freunde verloren. ❹ ◾ **jmd. verliert jmdn.** *ver-wendet, um auszudrücken, dass jmd. gestorben ist und daher nicht mehr bei jmdm. ist:* Er verlor seine Frau bei einem Unfall. ❺ ◾ **jmd. verliert jmdn.** *(↔ gewinnen) verwendet, um auszudrü-cken, dass jmd. wegen einer räumlichen Tren-nung nicht mehr bei jmdm. sein kann:* Als ich in eine andere Stadt zog, verlor ich viele Freunde. ❻ ◾ **zwei Personen verlieren sich** *in einer Men-schenmenge voneinander getrennt werden:* Soll-ten wir uns im Kaufhaus verlieren, treffen wir uns in einer halben Stunde am Eingang wieder. ❼ ◾ **et-was verliert etwas** *undicht sein und deshalb et-was ausströmen lassen:* Das Schlauchboot verliert Luft. ❽ ◾ **etwas verliert etwas** *(↔ bekommen) abwerfen, loslassen:* Im Herbst verlieren die Bäume ihre Blätter. **II.** *ohne OBJ* ◾ **jmd. verliert** *(↔ gewinnen) in einem Spiel oder Wettkampf un-terliegen:* Der Favorit verlor überraschend.; Die Mannschaft hat im Spiel klar/haushoch verloren. **III.** *mit SICH* ❶ ◾ **jmd. verliert sich in etwas** *Dat. vom Wesentlichen abschweifen:* Der Referent verlor sich bei seinem Vortrag in Nebensächlichkei-ten. ❷ ◾ **mehrere Personen verlieren sich ir-gendwo** *mehrere Personen sind in einem großen Raum kaum zu erkennen:* Die Festgesellschaft ver-liert sich in der großen Gartenanlage. ❸ ◾ **jmd. verliert sich in etwas** *Dat. jmd. ist ganz in sei-nem inneren Erleben:* Er verliert sich in Erinne-rungen/Fantasien/Grübeleien ❹ ◾ **etwas verliert sich** *etwas verschwindet:* Der Rauchgeruch im Mantel verliert sich, wenn du ihn über Nacht an die Luft hängst.

Ver·lie·rer *der,* **Ver·lie·re·rin** <-s, -> *(↔ Gewin-ner) jmd., der verliert II:* Die Verlierer bekamen ei-nen Trostpreis.

Ver·lies *das* <-es, -e> GESCH. *Kerker (in einer Burg):* Verliese waren im Mittelalter ungefähr das, was heute Gefängnisse sind.

ver·lo·ben <verlobst, verlobte, hat verlobt> *mit SICH* ◾ **jmd. verlobt sich mit jmdm.**; ◾ **zwei Personen verloben sich** *(↔ entloben) eine Ver-lobung vollziehen:* Sie verlobten sich drei Monate vor ihrer Hochzeit.; Wir haben uns gestern verlobt.

Ver·lob·te *der/die* <-n, -n> *Person, die mit einer anderen verlobt ist:* Sie ist meine Verlobte, ich bin ihr Verlobter.

Ver·lo·bung *die* <-, -en> *das offizielle Verspre-chen, einander zu heiraten:* Früher hieratete man nicht, ohne vorher Verlobung gefeiert zu haben. ◆-sfeier, -sring

ver·lo·cken <verlockst, verlockte, hat verlockt> *mit OBJ* ◾ **etwas verlockt (jmdn.)(zu etwas** *Dat.***)** *etwas übt auf jmdn. einen Reiz aus, so dass er etwas tun möchte:* Das klare Wasser verlockte ihn zum Schwimmen.; Das günstige Angebot ver-lockte zum Kaufen.

ver·lo·ckend *adj so reizvoll, dass eine Situation, ein Angebot oder eine Vorstellung verführerisch wirkt:* Die Aussicht, nach Indien zu reisen, war (für sie) sehr verlockend.; eine verlockende Aussicht/ Idee/Vorstellung

Ver·lo·ckung *die* <-, -en> ❶ *das Verlocken:* Er

konnte der Verlockung nicht widerstehen. ❷ *etwas, das verlockt:* Die Verlockungen des Weihnachtsmarktes waren groß.

ver·lo·gen *adj (abwert.)* ❶ *so, dass man immer wieder oder gewohnheitsmäßig lügt:* Er ist ein verlogener Kerl. ❷ *(≈ heuchlerisch) nicht aufrichtig, weil man nicht für alle Fälle oder Menschen die gleichen (moralischen) Maßstäbe anwendet:* Das ist die verlogene Moral eines Spießbürgers. ▷ Verlogenheit

ver·lo·ren I. *Part. Perf. von* **verlieren II.** *adj /nicht steig./* ❶ *einsam, verlassen:* Er fühlte sich in dieser Stadt sehr verloren.; Das Kind wirkte irgendwie verloren. ❷ *nicht mehr zu retten:* Die Verschütteten waren verloren. ❸ ▪ *jmd. ist für jmdn./etwas verloren jmd. kommt für jmdn. oder etwas nicht mehr in Frage:* Sie ist für die Musik verloren – sie will nur noch malen.; Er ist für unsere Sache verloren, er geht jetzt andere Wege.; ▪ **der verlorene Sohn** REL. *der reuig umkehrende Mensch* ❹ ▪ **an jmdn./etwas ist alle Mühe verloren** *jede Bemühung ist zwecklos:* An diesem Kranken ist alle Mühe verloren.

ver·lo·ren·ge·ben, *a.* **ver·lo·ren ge·ben** <gibst verloren, gab verloren, hat verlorengegeben> *mit OBJ* ▪ *jmd. gibt jmdn./etwas verloren sich mit dem Verlust von jmdm. oder etwas abfinden* ◆ Zusammen- oder Getrenntschreibung →R 4.6 Vierzehn Tage nach dem Grubenunglück gab man die Bergleute verloren.; Nach langem vergeblichen Suchen gab sie das Geld verloren.

ver·lo·ren·ge·hen, *a.* **ver·lo·ren ge·hen** <gehst verloren, ging verloren, ist verlorengegangen> *ohne OBJ* ❶ *jmd./etwas geht verloren wegkommen, unbemerkt abhandenkommen:* Auf dem Weg zum Bus ist meine Taschenuhr verlorengegangen. ❷ ▪ **an jmdm. ist etwas verlorengegangen** *jmd. wäre in etwas (einer Tätigkeit oder einem Beruf) sehr erfolgreich gewesen* ◆ Zusammen- oder Getrenntschreibung →R 4.6 An ihm ist ein Schauspieler verloren gegangen.

Ver·lo·ren·heit *die* <-> */kein Plur./ die Einsamkeit, die man bei einer anderen Person wahrnimmt:* Mit seinem schüchternen Lächeln strahlte er eine gewisse Verlorenheit aus.

ver·lo·sen <verlost, verloste, hat verlost> *mit OBJ* ▪ *jmd. verlost etwas per Los an jmdn. kommen lassen:* Unter den Einsendern werden wertvolle Preise verlost.

Ver·lo·sung *die* <-, -en> *ein Gewinnspiel, in dem man etwas per Los gewinnen kann*

ver·lö·ten <verlötest, verlötete, hat verlötet> *mit OBJ* ▪ *jmd. verlötet etwas durch Löten verbinden:* Er hat die Drähte miteinander verlötet.

ver·lot·tern <verlotterst, verlotterte, ist verlottert> *ohne OBJ* ▪ *jmd./etwas verlottert (umg. abwert.) herunterkommen, verfallen:* Der Garten ist total verlottert. ▷ Verlotterung

ver·lu·dern *(umg.)* **I.** *mit OBJ* ▪ *jmd. verludert etwas (umg. abwert.) etwas verkommen lassen:* Sie verluderte ihre Kleidung. **II.** *ohne OBJ* ▪ *jmd. verludert (umg. abwert.) jmd. kommt herunter; jmd. verkommt:* Seit er trank, verluderte er immer mehr.

Ver·lust *der* <-(e)s, -e> ❶ */meist Sing./ das Verlieren* II: Der Verlust meines Geldbeutels hatte böse Folgen. ❷ *(↔ Gewinn) eine finanzielle Einbuße:* Die Verluste des Unternehmens sind erneut gestiegen. ◆-abdeckung, -betrieb ❸ */nur Plur./ Soldaten, die im Krieg sterben:* In dieser Schlacht gab es hohe Verluste auf beiden Seiten.

Ver·lust·an·zei·ge *die* <-, -n> *die öffentliche Bekanntmachung (meist in einer Zeitung), dass man etwas verloren hat (mit der Bitte, das Verlorene zurückzugeben, wenn es gefunden wird)*

Ver·lust·ge·schäft *das* <-(e)s, -e> *ein getätigtes Geschäft, das finanzielle Einbußen zur Folge hat*

ver·lus·tig *adj /nicht steig./ (geh.)* ▪ **einer Sache/eines Rechts/eines Vorteils verlustig gehen** *(geh.) etwas verlieren I.1* Nach diesem Verbrechen ging er seiner bürgerlichen Rechte verlustig.

Ver·lust·mel·dung *die* <-, -en> *eine Meldung, dass man etwas verloren hat I.1* verlustreich

ver·lust·reich *adj mit viel Verlust* ²,³ *verbunden*

ver·ma·chen <vermachst, vermachte, hat vermacht> *mit OBJ* ▪ *jmd. vermacht jmdm. etwas vererben:* Mein Großvater hat mir seine Krawattennadel vermacht.

Ver·mächt·nis *das* <-ses, -se> *(geh.)* ❶ *Erbe:* Dieses Haus ist das Vermächtnis meiner Eltern. ❷ *Letzter Wille, Testament:* Er hat mir die Weiterführung der Firma als Vermächtnis hinterlassen. ❸ *geistiges Erbe, bleibender Einfluss einer bedeutenden Persönlichkeit:* Das Vermächtnis Newtons wird in der klassischen Physik deutlich.

ver·mäh·len *mit SICH* ▪ *jmd. vermählt sich mit jmdm./Personen vermählen sich (geh.) heiraten:* Er hat sich mit mir vermählt.; Wir haben uns vermählt.

Ver·mäh·lung *die* <-, -en> *(geh.) das (Sich-)Vermählen*

ver·ma·le·deit¹ *adj /nicht steig./ (umg.) verflucht, verdammt:* Wo ist das vermaledeite Etui geblieben?

ver·ma·le·deit² *interj verflucht! (Ausdruck der Wut oder Verwünschung):* Vermaledeit! Wo ist hier bloß der Ausgang?!

ver·mark·ten <vermarktest, vermarktete, hat vermarktet> *mit OBJ* ▪ *jmd. vermarktet etwas* WIRTSCH. *ein Produkt oder eine Ware auf den Markt bringen und ein Geschäft damit machen:* Er will sein Patent vermarkten. ▷ Vermarkter

Ver·mark·tung *die* <-, -en> *das Vermarkten:* Die Vermarktung des neuen Produkts gestaltet sich schwierig.; Exklusiv- bzw. Direktvermarktungen ◆-sgesellschaft

ver·mas·seln <vermasselst, vermasselte, hat vermasselt> *mit OBJ* ▪ *jmd. vermasselt etwas (umg.)* ❶ *etwas durch seine Ungeschicklichkeit zum Scheitern bringen:* Durch seine Fehler hat er die Aufführung vermasselt. ❷ ▪ **jemandem die Tour vermasseln** *jmdn. an etwas hindern oder jmdm. etwas verderben, was er gerne tun will:* Durch seine Fehlinformationen hat er mir die Tour vermasselt

ver·meh·ren <vermehrst, vermehrte, hat vermehrt> **I.** *mit OBJ* ▪ *jmd. vermehrt etwas*

Menge, Gewicht, Ausdehnung von etwas größer
machen: Sie hat ihr Geld geschickt angelegt und
stetig vermehrt. **II.** *mit SICH* ❶ ■ *jmd.* **vermehrt**
sich *(von Menschen) Nachwuchs bekommen,*
sich fortpflanzen: Die Bevölkerung Asiens vermehrt sich immer noch stark. ❷ ■ *etwas ver-*
mehrt sich *an Menge, Gewicht, Ausdehnung*
größer werden: Die Zahl der Studienanfänger hat
sich wieder vermehrt. ❸ ■ *etwas vermehrt sich*
(von Tieren und Pflanzen) sich fortpflanzen,
Nachkommen zeugen: Die Population der Vögel
auf dieser Insel hat sich vermehrt.
Ver·meh·rung *die* <-> */kein Plur./ das (Sich-)Ver-*
mehren
ver·meid·bar *adv so, dass es vermieden werden*
kann: Der Zusammenstoß war nicht vermeidbar.
ver·mei·den <vermeidest, vermied, hat vermie-
den> *mit OBJ* ■ *jmd.* **vermeidet etwas** *es nicht*
zu etwas kommen lassen, vor etwas ausweichen:
Sie versuchte, einen Streit zu vermeiden.; Sie vermied die Begegnung mit ihm.; ■ **Es lässt sich**
nicht vermeiden, dass ... *es lässt sich nich ver-*
hindern Der Zusammenstoß der Flugzeuge ließ
sich nicht vermeiden.
ver·meint·lich *adj /nicht steig./ so, dass etwas irr-*
tümlich als etwas anderes angesehen oder einge-
schätzt wird, als es ist: Die vermeintliche Giftschlange entpuppte sich als völlig harmlos.
ver·men·gen <vermengst, vermengte, hat ver-
mengt> *mit OBJ* ■ *jmd.* **vermengt etwas mit et-**
was ❶ *mischen:* Sie vermengt Mehl und Zucker
mit Milch. ❷ *vermischen, verwechseln:* Er vermengte Wirtschaft mit Politik.
Ver·merk *der* <-(e)s, -e> *kurze schriftliche Notiz:*
Ich mache mir einen Vermerk in meine Akten.
ver·mer·ken <vermerkst, vermerkte, hat ver-
merkt> *mit OBJ* ■ *jmd.* **vermerkt etwas ir-**
gendwo *etwas irgendwo notieren:* Ich habe die
Korrekturen im Manuskript vermerkt.
ver·mes·sen¹ <vermisst, vermaß, hat vermes-
sen> *mit OBJ* ■ *jmd.* **vermisst etwas** GEOGR. *et-*
was ausmessen: Sie haben die Grundstücke neu
vermessen.
ver·mes·sen² *adj (geh.) überheblich, anmaßend;*
der Zustand, dass man sich/seine Kräfte/sein
Glück überschätzt: Es war sehr vermessen von
ihm, zu glauben, er könne alles allein schaffen.
▶ Vermessenheit
Ver·mes·sung *die* <-, -en> *das Ausmessen von*
etwas
Ver·mes·sungs·amt *das* <-(e)s, Vermessungs-
ämter> *Amt für das Vermessungswesen*
Ver·mes·sungs·in·ge·ni·eur *der*, **Ver·mes·**
sungs·in·ge·ni·eu·rin <-s, -e> *Fachmann auf*
dem Gebiet der Landvermessung; Landvermes-
ser
ver·mie·sen <vermiest, vermieste, hat ver-
miest> *mit OBJ* ■ *jmd.* **vermiest jmdm. etwas**
Akk. (umg.) jmdm. die Freude an etwas nehmen:
Er hat uns den ganzen Ausflug vermiest.
ver·mie·ten <vermietest, vermietete, hat ver-
mietet> *mit OBJ* ■ *jmd.* **vermietet (an jmdn.)**
(etwas *Akk.) gegen Miete überlassen:* Nachdem
unser Sohn ausgezogen ist, wollen wir das Zimmer

vermieten.; Ich vermiete nur an Nichtraucher.
▶ Vermieter, Vermieterin, Vermietung
ver·min·dern <verminderst, verminderte, hat
vermindert> **I.** *mit OBJ* ■ *jmd./etwas* **vermin-**
dert etwas *abschwächen, verringern:* Der Einbau
eines solchen Filters vermindert den Schadstoffausstoß.; Bei der Einfahrt in die Ortschaft verminderte
er die Geschwindigkeit. ▶ Verminderung **II.** *mit*
SICH ■ *etwas* **vermindert sich** *sich abschwä-*
chen, sich verringern: In diesem Gremium hat
sich sein Einfluss vermindert. ▶ Verminderung
ver·mi·nen <verminst, verminte, hat vermint>
mit OBJ ■ *jmd./etwas* **vermint etwas** *ein Ge-*
biet mit Minen versehen: Die Soldaten verminten
das ganze Gelände.; Die Armee verminte den Hafen. ▶ Verminung
ver·mi·schen <vermischst, vermischte, hat ver-
mischt> **I.** *mit OBJ* ■ *jmd.* **vermischt etwas mit**
etwas *zwei Dinge zusammenbringen und gründ-*
lich mischen: Wenn man rote und blaue Farbe vermischt, erhält man Violett. **II.** *mit SICH* ■ *etwas*
vermischt sich mit etwas *sich vermengen, inei-*
nander aufgehen: Als sie nach Jahren wieder in
ihre Geburtsstadt kam, vermischte sich Freude mit
Wehmut. ▶ Vermischung
ver·mis·sen <vermisst, vermisste, hat vermisst>
mit OBJ ■ *jmd.* **vermisst jmdn./etwas** ❶ *füh-*
len, dass jmd. nicht mehr in der Nähe ist und
Sehnsucht nach ihm haben: Ich habe dich
schmerzlich/heftig/kein bisschen vermisst ❷ *mer-*
ken, dass jmd. oder etwas fehlt und es nicht fin-
den können: Das Kind wird seit zwei Tagen vermisst.; Ich vermisse meinen Regenschirm.
❸ ■ *jmd./etwas* **lässt etwas vermissen** *etwas*
nicht haben, was eigentlich da sein sollte: Der
neue Rechtsanwalt lässt jegliches Taktgefühl vermissen.
ver·misst *adj /nicht steig./* ❶ *so, dass jmd. ver-*
schwunden ist und man nicht weiß, wo er sich
aufhält und man lange Zeit nichts von ihm gehört
hat: Das Kind gilt seit einem Monat als vermisst.;
Die Leiche des vermissten Forschers wurde im Urwald gefunden. ❷ *verschollen; so, dass ein Soldat*
aus dem Krieg nicht zurückkommt und man nichts
über sein Schicksal weiß: Der älteste Sohn gilt seit
10 Jahren als vermisst.; Da man seit der gegnerischen Offensive nichts mehr von ihm wusste,
wurde er als vermisst gemeldet.
Ver·miss·te *der/die* <-n, -n> *jmd., der vermisst²*
wird: die Vermissten des 2. Weltkriegs ◆-nanzeige
ver·mit·tel·bar *adj /nicht steig./ so, dass jmd.*
oder etwas vermittelt 1. 2 *werden kann:* Er galt auf
dem Arbeitsmakt durchaus als vermittelbar.
ver·mit·teln <vermittelst, vermittelte, hat ver-
mittelt> **I.** *mit OBJ* ■ *jmd.* **vermittelt jmdn./et-**
was an jmdn./etwas ❶ *weitergeben:* Die Professorin kann ihr Wissen gut (an ihre Studenten)
vermitteln.; Die Agentur konnte die Künstler sehr
leicht an die Theaterhäuser vermitteln. ❷ *jmdm.*
zu etwas verhelfen: Das Arbeitsamt konnte ihm
eine Stelle vermitteln.; Meine Tante war es, die ihnen die Ehe vermittelt.; Dieses Treffen hat mir
mein Freund vermittelt. **II.** *ohne OBJ* ■ *jmd.* **ver-**
mittelt zwischen jmdm. und jmdm. *schlichten,*

V

eine Einigung erzielen: Er vermittelt zwischen der Gewerkschaft und den Arbeitgebern.
ver·mịt·tels, ver·mịt·telst *präp + Gen. durch, mit Hilfe von:* Vermittels eines Hebels brachen sie die Türe auf.
Ver·mịtt·ler *der,* **Ver·mịtt·le·rin** <-s, -> *jmd., der vermittelt II*
Ver·mịtt·lung *die* <-, -en> ❶ *das Vermitteln* ❷ TELEKOMM. *Telefonzentrale:* Um nach Übersee anrufen zu können, muss man sich bei der Vermittlung melden.
ver·mö·beln <vermöbelst, vermöbelte, hat vermöbelt> *mit OBJ* ■ *jmd.* **vermöbelt** *jmdn. (umg. oft scherzh.) verprügeln:* Ich möchte nicht von deinen Kumpels vermöbelt werden.
ver·mo·dern <vermoderst, vermoderte, ist vermodert> *ohne OBJ* ■ *etwas vermodert verfaulen:* Laub vermodert ▸ Vermoderung/Vermodrung
ver·mö·ge *präp + Gen. (veralt.) durch, aufgrund von:* Vermöge seines großen Einflusses fand er bald Zugang zur High Society.
Ver·mö·gen *das* <-s, -> ❶ *materieller Besitz, Reichtum:* Sie haben ein großes Vermögen geerbt.; Er hatte sich ein großes Vermögen erworben. ◆ -sberater(in), -ssteuer, -sverhältnisse, -sverwalter(in) ❷ */kein Plur./ Fähigkeit, Kraft:* Sein Vermögen, sich an viele Dinge erinnern zu können, ist groß.; ■ **Das kostet ja ein Vermögen!** *das ist sehr teuer*
ver·mö·gen <vermagst, vermochte, hat vermocht> *mit OBJ /mit Inf. und „zu"/* ■ *jmd.* **vermag etwas** ❶ *(geh.) können, beherrschen, die Fähigkeit haben, imstande sein zu:* Ich vermag diese Aufgabe nicht zu lösen.; Die Hilfskräfte vermochten (es) nicht, ihn noch zu retten.; Ich will so viel tun, wie ich vermag. ❷ SCHWEIZ. *sich etw. leisten können*
-ver·mö·gen *als Zweitglied zusammengesetzter Substantive; drückt aus, dass die Fähigkeit besteht, das mit dem Erstglied Bezeichnete tun/leisten zu können* ◆ Denk-, Durchhalte-, Erinnerungs-, Reaktions-, Unterscheidungs-, Urteils-
ver·mö·gend *adj reich:* Er ist ein vermögender Mann.
Ver·mö·gens·bil·dung *die* <-> */kein Plur./ (fachspr.) Bildung von Vermögen¹ bei Arbeitnehmern durch langfristiges Sparen (wobei auch vom Staat Steuervorteile und Prämien gewährt werden)*
ver·mö·gens·wirk·sam *adj auf Vermögensbildung hinwirkend:* Ein Teil meiner Beiträge an die Bausparkasse wird direkt vom Arbeitgeber als vermögenswirksame Leistung überwiesen.
ver·mum·men <vermummst, vermummte, hat vermummt> *mit SICH* ■ *jmd.* **vermummt sich** ❶ *sich warm anziehen:* Bevor sie in die Kälte hinaus gingen, vermummten sie sich. ▸ Vermummung ❷ *sich verkleiden und unkenntlich machen:* Die Demonstranten hatten sich vermummt. ▸ Vermummung
Ver·mum·mungs·ver·bot *das* <-(e)s> */kein Plur./ gesetzliches Verbot, sich bei Demonstrationen zu vermummen²*
ver·mụrk·sen <vermurkst, vermurkste, hat ver-

murkst> *mit OBJ* ■ *jmd.* **vermurkst etwas** *(umg. abwert.) verderben, etwas durch ungeschicktes Arbeiten verpfuschen:* Er hat die Maschine total vermurkst – jetzt läuft sie gar nicht mehr.
ver·mu·ten <vermutest, vermutete, hat vermutet> *mit OBJ* ❶ *jmd.* **vermutet etwas** *glauben, annehmen, für möglich halten:* Man vermutet Brandstiftung als Ursache.; Der bisherige Verlauf der Verhandlungen lässt vermuten, dass ... ❷ *jmd.* **vermutet jmdn./etwas irgendwo** *glauben, dass jmd. irgendwo ist:* Ich vermute ihn in seinem Arbeitszimmer. ❸ ■ *es ist zu vermuten es ist wahrscheinlich:* Es ist zu vermuten, dass der Schlüssel auf dem Spaziergang verloren gegangen ist.
ver·mut·lich *adv /nicht steig./ wahrscheinlich*
Ver·mu·tung *die* <-, -en> *Annahme, Mutmaßung, Verdacht:* Ich habe die Vermutung, dass ...; In diesem Falle sind wir auf Vermutungen angewiesen.
ver·nach·läs·sig·bar *adv /nicht steig./ so, das man es vernachlässigen kann:* In diesem Fall muss man nicht so genau messen – hier ist der Messfehler vernachlässigbar.
ver·nach·läs·si·gen *mit OBJ* ■ *jmd.* **vernachlässigt jmdn./etwas** ❶ *sich nicht (ausreichend) um jmdn. oder etwas kümmern, ausser Acht lassen, übergehen:* Er vernachlässigt seine Familie.; Ich hatte die letzten Wochen so viel Arbeit, dass ich meinen Garten vernachlässigen musste. ▸ Vernachlässigung ❷ *etwas als unwichtig betrachten:* Die Geräusche der Maschine konnte man vernachlässigen, denn sie waren sehr gering.
ver·na·geln <vernagelst, vernagelte, hat vernagelt> *mit OBJ* ■ *jmd.* **vernagelt etwas** *durch Zunageln verschließen:* Man vernagelte das eingeschlagene Schaufenster mit Brettern.
ver·na·gelt I. *Part. Perf. von* **vernageln** II. *adj (umg. abwert.)* ❶ *borniert, dumm, uneinsichtig:* Er versteht das nicht, er ist einfach vernagelt. ❷ *unfähig, etwas klar auszudrücken:* Als ich vor Gericht aussagen sollte, war ich plötzlich wie vernagelt.
ver·nä·hen <vernähst, vernähte, hat vernäht> *mit OBJ* ■ *jmd.* **vernäht etwas** ❶ *durch Nähen verbinden oder verschließen:* Sie hat den Riss in der Hose vernäht.; Der Arzt vernäht die Wunde. ❷ *beim Nähen verbrauchen:* Ich habe eine ganze Rolle Zwirn vernäht. ❸ *das Ende des Fadens festnähen*
ver·nạr·ben <vernarbst, vernarbte, ist vernarbt> *ohne OBJ* ■ *etwas vernarbt unter Ausbildung einer Narbe verheilen* ▸ Vernarbung
ver·nạrrt *adj /nicht steig./ (umg.) so, dass man jmdn. oder etwas sehr mag oder heftig in jmdn./ etwas verliebt ist:* Die Großeltern sind in ihre Enkel ganz vernarrt.; Sie ist in ihre Musik ganz vernarrt. ▸ Vernarrtheit
ver·na·schen <vernaschst, vernaschte, hat vernascht> *mit OBJ* ■ *jmd.* **vernascht jmdn.** ❶ *(umg.) ein sexuelles Abenteuer mit jmdm. haben:* Er hat sie nach der Party vernascht. ❷ *Süßigkeiten nebenher essen*
Ver·neh·men *das* <-s> */kein Plur./ /meist in den*

Fügungen „dem/allem/gutem/sicherem Vernehmen nach"/ nach dem, was man aus sicherer Quelle weiß: Dem Vernehmen nach stammt sie aus einer Professorenfamilie.

ver·neh·men <vernimmst, vernahm, hat vernommen> *mit OBJ* ■ *jmd.* **vernimmt** *jmdn./etwas* ❶ *(geh.) hören:* Sie vernahm Schritte. ❷ *(geh.) erfahren:* Ich habe vernommen, dass ... ❸ RECHTSW. *verhören, befragen:* Die Polizei vernimmt den Verdächtigen/den Zeugen.

Ver·nehm·las·sung *die* <-, -en> SCHWEIZ. *Stellungnahme, Verlautbarung*

ver·nehm·lich *adj (geh.) gut hörbar, deutlich hörbar:* Er räusperte sich vernehmlich.; Sie sprach so leise am Telefon, dass ihre Stimme kaum vernehmlich war.

Ver·neh·mung *die* <-, -en> *(≈ Verhör) das Vernehmen³*

ver·neh·mungs·fä·hig *adj /nicht steig./ so, dass man jmdn. vernehmen³ kann:* Der Zeuge hat sich wieder erholt – er ist wieder vernehmungsfähig.

ver·neh·mungs·un·fä·hig *adj /nicht steig./ so, dass man jmdn. nicht vernehmen³ kann:* Der verletzte Zeuge ist vernehmungsunfähig.

ver·nei·gen <verneigst, verneigte, hat verneigt> *mit SICH* ■ *jmd.* **verneigt sich (vor jmdm./etwas)** *sich verbeugen:* Aus Ehrfurcht vor ihrem Meister verneigten sich die Schüler vor ihm. ▶ Verneigung

ver·nei·nen *mit OBJ* ■ *jmd.* **verneint etwas** ❶ *mit „nein" antworten:* Als ich ihn fragte, ob er mit in das Konzert gehen könne, verneinte er es.; Er schüttelte verneinend den Kopf. ❷ *ablehnen:* Sie verneint die Anwendung von Gewalt.

Ver·nei·nung *die* <-, -en> ❶ *das Verneinen¹* ❷ SPRACHWISS. *Ausdrucksmittel, welches der Verneinung¹ dient:* „nicht" und „kein" sind im Deutschen Ausdrucksmittel der Verneinung ❸ SPRACHWISS. *Satz oder Satzglied mit einer Verneinung²*

ver·net·zen <vernetzt, vernetzte, hat vernetzt> *mit OBJ* ■ *jmd.* **vernetzt jmdn./etwas mit jmdm./etwas** ❶ *relativ eigenständige Personen oder Elemente so untereinander verbinden, dass sie sich wechselseitig in einem effektiveren Ganzen unterstützen:* Alle Teilbereiche der Theorie sind miteinander vernetzt.; Alle Mitarbeiter des Projekts sind miteinander vernetzt. ❷ EDV *einzelne PCs zu einem Netzwerk verbinden bzw. in ein vorhandenes Netzwerk integrieren*

Ver·net·zung *die* <-, -en> *das Vernetzen*

Ver·net·zungs·ge·dan·ke *der* <-ns> */kein Plur./ die Idee/Vorstellung davon, etwas miteinander vernetzen zu können/sollen*

ver·neun·fa·chen <verneunfachst, verneunfachte, hat verneunfacht> **I.** *mit OBJ* ■ *jmd./etwas* **verneunfacht etwas** *auf die neunfache Anzahl, Menge, Größe bringen:* Für die Bewältigung der neuen Arbeit müssen wir die Zahl der Mitarbeiter verneunfachen.; Die Verunsicherungen der Leute hat die Wahrscheinlichkeit von Unfällen verneunfacht. **II.** *mit SICH* ■ *etwas* **verneunfacht sich** *neunmal so groß werden:* Durch eine neue

Produktionsweise hat sich die Zahl der Produkte verneunfacht.

ver·nich·ten *mit OBJ* ■ *jmd./etwas* **vernichtet jmdn./etwas** ❶ *zerstören:* Die Explosion vernichtete viele Gebäude.; Soldaten vernichteten jahrhundertealte Kunstwerke. ❷ *psychisch völlig niederdrücken:* Der Tadel vernichtet ihn völlig.; Es traf ihn ein vernichtendes Urteil.

Ver·nich·tung *die* <-> */kein Plur./ Zerstörung:* Die Vernichtung der Akten ist strafbar.

Ver·nich·tungs·waf·fe *die* <-, -n> *Waffe mit einer verheerenden Zerstörungskraft:* Die Atombombe ist eine der gefürchtetsten Vernichtungswaffen.

ver·ni·ckeln <vernickelst, vernickelte, hat vernickelt> *mit OBJ* ■ *jmd./etwas* **vernickelt etwas** *mit Nickel überziehen*

ver·nied·li·chen <verniedlichst, verniedlichte, hat verniedlicht> *mit OBJ* ■ *jmd./etwas* **verniedlicht jmdn./etwas** *verharmlosen:* Du verniedlichst sie, wenn du sie als Püppchen bezeichnest.; Den Krieg als Abenteuer zu nehmen, heißt ihn verniedlichen.

ver·nie·ten <vernietest, vernietete, hat vernietet> *mit OBJ* ■ *jmd./etwas* **vernietet etwas** *mit Nieten befestigen oder verschließen:* Die Stahlplatten sind miteinander vernietet.

Ver·nis·sa·ge *die* [vɛrnɪˈsaːʒə] <-, -n> KUNST *Eröffnung einer Kunstausstellung mit Werken noch lebender Künstler*

Ver·nunft *die* <-> */kein Plur./ Einsicht, Besonnenheit:* Er hat gegen alle Regeln der Vernunft darauf bestanden.; Endlich nimmt er wieder Vernunft an.; Ich konnte sie gerade noch zur Vernunft bringen. ◆-ehe, -glaube, -heirat, -mensch

ver·nünf·tig *adj* ❶ *einsichtig, besonnen:* Sei endlich vernünftig und ... ❷ *sinnvoll, einleuchtend:* Sie gab mir damals einen sehr vernünftigen Rat.; Mit dir kann man kein vernünftiges Wort reden!; ❸ *akzeptabel:* Das ist wirklich ein vernünftiger Preis. ◆ vernünftigerweise

ver·nunft·ori·en·tiert *adj /nicht steig./ mehr an der Vernunft als am Gefühl ausgerichtet:* Die Aufklärung war eine vernunftorientierte Epoche.

ver·öden <verödest, verödete, hat/ist verödet> **I.** *mit OBJ (haben)* ■ *jmd.* **verödet etwas** MED. *Blutgefäße verschließen:* Der Arzt hat ihr die Krampfadern verödet. **II.** *ohne OBJ (sein)* ■ *etwas* **verödet** ❶ *menschenleer:* Das Stadtviertel verödet allmählich. ❷ *unfruchtbar werden:* Der Landstrich verödet.

ver·öf·fent·li·chen <veröffentlichst, veröffentlichte, hat veröffentlicht> *mit OBJ* ■ *jmd.* **veröffentlicht etwas** *an die Öffentlichkeit bringen:* Der Autor hat einen neuen Roman veröffentlicht.; Die Zeitung veröffentlicht am Mittwoch die Anzeigen.

Ver·öf·fent·li·chung *die* <-, -en> ❶ *das Veröffentlichen* ❷ *ein Druckwerk:* Der Wissenschaftler hat mehrere Veröffentlichungen zu diesem Thema geschrieben.

ver·ord·nen <verordnest, verordnete, hat verordnet> *mit OBJ* ■ *jmd.* **verordnet jmdm. etwas** ❶ MED. *ärztlich anordnen:* Der Arzt verordnete ihr strenge Bettruhe/eine Kur. ❷ *(selten)*

amtlich vorschreiben oder verfügen: Der Bürgermeister verordnete, dass …
Ver·ọrd·nung *die* <-, -en> ① */kein Plur./ das Verordnen:* Er hat die Verordnung des Arztes nicht ernst genommen. ② *verordnete Maßnahme:* Die städtische Verordnung sieht vor, dass die Gasthäuser um 23 Uhr schließen.
ver·ọr·ten *mit OBJ* ■ *jmd. verortet jmdn./etwas (geh.) jmdn. oder etwas einordnen:* Er verortete das Bild im Expressionismus. ▸Verortung
ver·pạch·ten <verpachtest, verpachtete, hat verpachtet> *mit OBJ* ■ *jmd. verpachtet (jmdm.) etwas gegen Pacht überlassen:* Die Gärten werden verpachtet.; Der Besitzer verpachtet seinem Bekannten sein Haus. ▸Verpachtung
ver·pạ·cken <verpackst, verpackte, hat verpackt> *mit OBJ* ■ *jmd. verpackt etwas (mit/in etwas)* ① *etwas mit einer schützenden Hülle versehen, um es zu transportieren oder zu verkaufen:* Er hat die Gläser und das Geschirr für den Umzug sorgfältig verpackt. ② *unterbringen:* Die Kleider haben wir in Kleidersäcken verpackt.
Ver·pạ·ckung *die* <-, -en> ① *das Verpacken:* Der Fernseher ist bei der Verpackung beschädigt worden. ② *Material zum Verpacken:* Hast du die Verpackung des Computers aufgehoben?
ver·pạ·ckungs·arm *adj so, dass nur wenig Verpackungsmaterial verbraucht wird*
Ver·pạ·ckungs·ma·te·ri·al *das* <-s, Verpackungsmaterialien> *zum Verpacken verwendetes Material*
Ver·pạ·ckungs·müll *der* <-s> */kein Plur./ durch Warenverpackungen anfallender Müll*
ver·pạs·sen <verpasst, verpasste, hat verpasst> *mit OBJ* ■ *jmd./etwas verpasst etwas* ① *versäumen:* Ich habe den Zug/den Bus verpasst.; Unser Zug verpasst den Anschlusszug.; Der Musiker hat den Einsatz verpasst. ② *nicht zum richtigen Zeitpunkt nutzen:* Sie hatte auch diese Chance verpasst. ③ *(umg.) geben:* Er hat ihm eine Ohrfeige/einen Denkzettel verpasst.; ■ *jemand verpasst jemandem eine/eins jmd. gibt jmdm. eine Ohrfeige oder einen Schlag;* ■ *eine verpasst kriegen eine Ohrfeige kriegen*
ver·pạt·zen <verpatzt, verpatzte, hat verpatzt> *mit OBJ* ■ *jmd. verpatzt etwas (umg.) nicht erfolgreich ausführen:* Ich habe die Klassenarbeit völlig verpatzt.
ver·pẹn·nen <verpennst, verpennte, hat verpennt> *mit OBJ* ■ *jmd. verpennt etwas (umg.) verschlafen:* Er verpennt die Gelegenheit, seinen Freund vor der Abfahrt noch anzurufen.; Der Schüler verpennt den Unterricht.
ver·pẹs·ten <verpestest, verpestete, hat verpestet> *mit OBJ* ■ *jmd./etwas verpestet etwas* ① *(abwert.) die Luft mit übel riechenden, schädlichen Stoffen erfüllen:* Abgase verpesten die Luft. ② *(umg. abwert. übertr.) jmd. verdirbt die Stimmung in einer Gruppe:* Sie haben mit Streitereien die Atmosphäre verpestet.
Ver·pẹs·tung *die* <-> */kein Plur./ das Verpesten*
ver·pẹt·zen <verpetzt, verpetzte, hat verpetzt> *mit OBJ* ■ *jmd. verpetzt jmdn. (umg.) jmdn. ver-*

raten und dadurch in Schwierigkeiten bringen: Er hat seinen Mitschüler beim Lehrer verpetzt.
ver·pfän·den <verpfändest, verpfändete, hat verpfändet> *mit OBJ* ■ *jmd. verpfändet etwas beleihen lassen, gegen Pfand weggeben:* Sie verpfändete beim Pfandleiher ihren Schmuck.; ■ *Dafür würde ich mein Wort verpfänden, dass … durch Ehrenwort erklären, dass …*
ver·pfei·fen <verpfeifst, verpfiff, hat verpfiffen> *mit OBJ* ■ *jmd. verpfeift jmdn. (umg. abwert.) verraten, denunzieren, anzeigen:* Einer der Gauner verpfiff seine Kumpel bei der Polizei.
ver·pflan·zen <verpflanzt, verpflanzte, hat verpflanzt> *mit OBJ* ■ *jmd. verpflanzt etwas* ① *eine Pflanze ausgraben und an einen neuen Ort einpflanzen:* Ich habe den Johannisbeerstrauch verpflanzt. ② MED. *(≈ transplantieren) eine organische Einheit (Haut, Herz, Niere o. Ä.) von einem Menschen/Tier auf einen anderen Menschen/ein anderes Tier operativ übertragen:* Wann wurde das erste Herz verpflanzt?; ■ *Einen alten Baum soll man nicht verpflanzen. Einen alten Menschen soll man nicht aus seiner vertrauten Umgebung reißen.*
Ver·pflan·zung *die* <-, -en> *das Verpflanzen:* erfolgreich verlaufende Organ-Verpflanzungen
ver·pfle·gen <verpflegst, verpflegte, hat verpflegt> *mit OBJ* ■ *jmd. verpflegt jmdn./sich mit Nahrung versorgen:* Wir verpflegten uns nur mit Obst.; Während ihrer Krankheit haben wir sie verpflegt.
Ver·pfle·gung *die* <-> */kein Plur./* ① *das Verpflegen, Verpflegtwerden:* Die Verpflegung durch das Hotelpersonal war ausgezeichnet. ② *Essen, Nahrung:* Die Verpflegung war reichlich.; ■ *mit voller Verpflegung mit Frühstück, Mittag- und Abendessen*
Ver·pfle·gungs·kos·ten <-> *Plur. die Gesamtkosten für die Verpflegung*
ver·pflich·ten <verpflichtest, verpflichtete, hat verpflichtet> **I.** *mit OBJ* ■ *jmd./etwas verpflichtet jmdn. zu etwas* ① *ein bestimmtes Verhalten erforderlich machen, eine Pflicht auferlegen:* Die Bestellung der Ware verpflichtet zu ihrem Kauf.; Die Installation des Programms auf dem Computer verpflichtet Sie zur Lizensierung. ② *jmdn. dazu veranlassen, sich auf eine Aufgabe festzulegen/einstellen/engagieren:* Man hat ihn für fünf Jahre zum Wehrdienst verpflichtet.; Das Theater verpflichtete den Schauspieler für die nächste Spielzeit. **II.** *mit SICH* ① ■ *jmd. verpflichtet sich zu etwas fest zusagen, eine Aufgabe zu übernehmen:* Er hat sich für zwei Jahre als Zeitsoldat verpflichtet. ② ■ *jmd. ist/fühlt sich jmdm. zu etwas verpflichtet jmd. hat das Gefühl, jmdm. Dank oder eine Gegenleistung zu schulden:* Ich fühle mich verpflichtet, ihm das zu sagen.; ■ *Ich bin ihm sehr verpflichtet. Ich danke ihm viel.;* ■ *Ich bin Ihnen zu Dank verpflichtet! Ich schulde Ihnen Dank.*
Ver·pflich·tung *die* <-, -en> ① *Tätigkeit, Aufgabe, die man tun muss:* Er hat berufliche/gesellschaftliche/vertragliche Verpflichtungen. ② *das Verpflichten II*

V

ver·pfu·schen <verpfuschst, verpfuschte, hat verpfuscht> *mit OBJ* ■ *jmd. verpfuscht etwas (umg.) durch Fehler/Nachlässigkeit/schlechte Arbeit etwas verderben:* Er hat seine Karriere verpfuscht.; ■ **ein verpfuschtes Leben** *ein vergeudetes oder missratenes Leben*

ver·pis·sen <verpisst, verpisste, hat verpisst> *mit SICH* ■ *jmd. verpisst sich (vulg.) entfernen, sich davonmachen:* Verpiss dich!

ver·pla·nen <verplanst, verplante, hat verplant> *mit OBJ* ■ *jmd. verplant etwas* ❶ *etwas in einen festen Zeitplan einsetzen:* Ich habe mein Geld für die kommenden Monate bereits verplant. ❷ *über das Geplante hinaus nichts mehr übrig sein:* Die Lebensmittel sind alle verplant.; ■ **Ich bin in den nächsten Monaten verplant.** *Ich habe in den nächsten Monaten keine Zeit.*

ver·plap·pern <verplapperst, verplapperte, hat verplappert> *mit SICH* ■ *jmd. verplappert sich (umg.) versehentlich etwas Vertrauliches, Geheimes erzählen:* Sie verplapperte sich, als sie „mein Mann" sagte.

ver·plem·pern <verplemperst, verplemperte, hat verplempert> *mit OBJ* ■ *jmd. verplempert etwas (umg. abwert.) sinnlos vergeuden:* In diesen Jahren haben sie viel Zeit/Geld verplempert.

ver·plom·ben <verplombst, verplombte, hat verplombt> *mit OBJ* ■ *jmd. verplombt etwas mit einer Plombe sichern:* Die Beamten verplombten die Eisenbahnwaggons. ▹ Verplombung

ver·pönt *adj /nicht steig./ so, dass es nicht geschätzt wird:* Feigheit ist hier verpönt. ▹ verpönen

ver·pras·sen <verprasst, verprasste, hat verprasst> *mit OBJ* ■ *jmd. verprasst etwas (umg. abwert.) in verschwenderischer Weise ausgeben:* Er hat sein gesamtes Erbe in einem Jahr verprasst.

ver·prel·len <verprellst, verprellte, hat verprellt> *mit OBJ* ■ *jmd. verprellt jmdn. jmdn. so öffentlich verärgern oder beleidigen, dass er nicht wiederkommt:* Die Verkäuferin hat durch ihre Unfreundlichkeit schon viele Kunden verprellt.

ver·prü·geln <verprügelst, verprügelte, hat verprügelt> *mit OBJ* ■ *jmd. verprügelt jmdn./einander verprügeln heftig schlagen:* Er soll seinen Klassenkameraden in der Pause auf dem Schulhof verprügelt haben.

ver·puf·fen <verpufft, verpuffte, ist verpufft> *ohne OBJ* ■ *etwas verpufft* ❶ *mit einem dunkel klingendem Knall schwach explodieren:* Das Gas ist verpufft. ❷ *keine Wirkung zeigen:* Der Protest/ Die Aktion verpuffte.

ver·pul·vern <verpulverst, verpulverte, hat verpulvert> *mit OBJ* ■ *jmd. verpulvert etwas (umg. abwert.: ≈ verschleudern) auf sinnlose Weise ausgeben:* Auf der Kirmes verpulverte er ein Monatseinkommen.

ver·pup·pen *mit SICH* ■ *ein Tier verpuppt sich* ZOOL. *sich in eine Puppe³ verwandeln:* Eine Raupe verpuppt sich. ▹ Verpuppung

Ver·putz *der <-es> /kein Plur./ (aus Sand und Zement bestehender) Belag von Wänden:* Der Verputz blättert ab.

ver·put·zen <verputzt, verputzte, hat verputzt> *mit OBJ* ■ *jmd. verputzt etwas* ❶ *mit Verputz*

versehen: Der Maurer hat die Wände verputzt. ❷ *(umg.) (schnell) aufessen:* Die Kinder haben eine ganze Torte verputzt.

ver·qual·men <verqualmst, verqualmte, hat verqualmt> *mit OBJ* ■ *jmd. verqualmt etwas mit Qualm oder Rauch erfüllen:* Der Ofen verqualmt das ganze Haus.; Du hast mit deinen Zigarren das ganze Zimmer verqualmt.

ver·qualmt *adj (umg. abwert.) von (Zigaretten-)Rauch erfüllt:* Er kann stundenlang in dieser verqualmten Kneipe sitzen.

ver·quer *adj /nicht steig./ (abwert.) absonderlich, seltsam, merkwürdig:* Sie hat ziemlich verquere Ansichten/Ideen.

ver·qui·cken <verquickst, verquickte, hat/ist verquickt> *mit OBJ* ❶ ■ *jmd. verquickt etwas mit etwas Akk. (geh.) in einen festen Zusammenhang bringen:* Der Sprecher verquickte politische und wirtschaftliche Fragen. ❷ ■ *etwas ist mit etwas Akk. verquickt in einem festen Zusammenhang stehen:* Diese Probleme sind eng miteinander verquickt. ▹ Verquickung

ver·quol·len *adj (von Augen) stark geschwollen* Am Morgen hatte ich ganz verquollene Augen.

ver·ram·meln <verrammelst, verrammelte, hat verrammelt> *mit OBJ* ■ *jmd. verrammelt etwas (mit etwas Dat.) (umg.) fest verschließen und mit schweren Gegenständen versperren:* Aus Angst vor Plünderern verrammelte man die Türen und Fenster. ▹ Verrammelung

ver·ram·schen <verramschst, verramschte, hat verramscht> *mit OBJ* ■ *jmd. verramscht etwas (umg.) zu Billigpreisen verkaufen* ▹ Verramschung

Ver·rat *der <-(e)s> /kein Plur./ das Verraten I.3.:* Er hat Verrat begangen. ◆Hoch-, Landes-

ver·ra·ten <verrätst, verriet, hat verraten> **I.** *mit OBJ* ❶ ■ *jmd. verrät jmdm. etwas jmdm. etwas preisgeben, für den es nicht bestimmt ist:* Sie hat ein Geheimnis verraten.; Irgendwann muss der Manager seinem Bekannten wichtige Details des Herstellungsverfahrens verraten haben.; Stelle mir keine weiteren Fragen mehr, ich verrate nichts. ❷ ■ *jmd. verrät jmdm. etwas (umg. oft scherzh.) sagen:* Kannst du mir vielleicht verraten, was wir falsch gemacht haben? ❸ ■ *jmd. verrät jmdn./etwas durch Verrat jmdm. oder etwas schaden:* Er hat seinen Freund/sein Land verraten. **II.** *mit SICH* ■ *jmd. verrät sich jmdm. etwas über sich sagen oder preisgeben, ohne dies zu wollen:* Mit dieser Äußerung hat er sich verraten.; ■ **verraten und verkauft sein** *(umg.) hilflos ausgeliefert, preisgegeben sein*

Ver·rä·ter *der,* **Ver·rä·te·rin** <-s, -> *jmd., der Verrat begeht*

ver·rä·te·risch *adj* ❶ *so, dass es mit einem Verrat zu tun hat* ❷ *so, dass es etwas erkennen lässt:* Ein verräterisches Zucken seiner Mundwinkel zeigte, dass er gelogen hatte.; Die verräterischen Spuren führten die Polizei zu einem neuen Verdächtigen.

ver·rau·chen <verrauchst, verrauchte, hat/ist verraucht> **I.** *mit OBJ (haben)* ■ *jmd. verraucht etwas* ❶ *rauchend aufbrauchen:* Er hat täglich zwei Schachteln Zigaretten verraucht. ❷ *(abwert.) für Tabakwaren vergeuden:* Er hat ein Vermögen

verraucht. **II.** *ohne OBJ (sein)* ▪ *etwas verraucht vergehen:* Sein Zorn ist inzwischen verraucht.

ver·raucht *adj /nicht steig./ so, dass die Luft sehr schlecht ist, weil viel geraucht wird:* eine verrauchte Kneipe; die völlig verrauchte Kneipenluft

ver·rech·nen <verrechnest, verrechnete, hat verrechnet> **I.** *mit OBJ* ❶ ▪ *jmd. verrechnet etwas (mit etwas Dat.)* in die Rechnung mit einbeziehen: Sie haben den Gutschein mit dem Kaufpreis verrechnet. ❷ ▪ *jmd. verrechnet etwas einen Scheck auf einem anderen Konto gutschreiben:* Dieser Scheck muss verrechnet werden. **II.** *mit SICH* ▪ *jmd. verrechnet sich* ❶ *fehlerhaft rechnen:* Die Bedienung muss sich verrechnet haben. ❷ *(umg.) sich täuschen:* Wenn du glaubst, ich helfe dir, hast du dich verrechnet.

Ver·rech·nung *die* <-> */kein Plur./ das Verrechnen I*

Ver·rech·nungs·scheck *der* <-s, -s> BANKW., WIRTSCH. *ein Scheck, der nicht bar ausgezahlt, sondern auf einem anderen Konto gutgeschrieben wird*

ver·re·cken <verreckst, verreckte, ist verreckt> *ohne OBJ* ▪ *jmd./ein Tier verreckt (vulg.) (von Tieren und Menschen) unwürdig sterben:* Auf der Flucht konnten wir ihm nicht mehr helfen – so ist er einfach verreckt.; Die Tiere fanden kein Futter mehr und verreckten.; der entsetzliche Anblick von jämmerlich verreckten Rindern; ▪ *nicht ums Verrecken (umg.) auf keinen Fall, unter keinen Umständen* Er wollte ums Verrecken nicht mitkommen.; ▪ *Es ist zum Verrecken! (vulg.) (Ausdruck der Verzweiflung) etwas ist ganz besonders schlimm*

ver·reg·net *adj /nicht steig./ durch viel Regen verdorben:* Was habt ihr an diesem verregneten Sonntag gemacht?; Die Ernte ist verregnet.

ver·rei·sen <verreist, verreiste, ist verreist> *ohne OBJ* ▪ *jmd. verreist eine Reise machen, auf Reisen gehen:* Wir wollen über die Feiertage verreisen.

ver·rei·ßen <verreißt, verriss, hat verrissen> *mit OBJ* ▪ *jmd. verreißt etwas etwas sehr heftig kritisieren oder eine sehr schlechte Rezension von etwas anfertigen:* Die Kritiker haben das Buch/den Film/das Theaterstück verrissen. ▸ Verriss

ver·ren·ken <verrenkst, verrenkte, hat verrenkt> *mit SICH* ▪ *jmd. verrenkt sich etwas* ❶ *Gliedmaßen durch zu heftige Bewegung schmerzhaft verdrehen:* Sie verrenkte sich beim Turnen den Arm. ❷ *(übertr.) den Körper oder die Glieder in eine außergewöhnliche Stellung bringen:* Die Tänzer haben sich ihre Arme und Beine auf der Bühne verrenkt.; ▪ *jemand verrenkt sich den Hals nach jemandem/etwas (umg.) erwartungsvoll nach jmdm. oder etwas schauen* Er verrenkte sich den Hals, ob er sie nicht doch noch irgendwo sehen könnte.; So sind eben die Männer, nach einer hübschen Frau verrenken sie sich doch alle den Hals.

Ver·ren·kung *die* <-, -en> *das Verrenken:* Der Arzt konnte die Verrenkung wieder einrichten.

ver·ren·nen <verrennst, verrannte, hat verrannt> *mit SICH* ▪ *jmd. verrennt sich (in et-*

was Akk.) hartnäckig an etwas (Sinnlosem) festhalten und nicht mehr davon loskommen: Er hatte sich in diesen Plan verrannt.

ver·rich·ten <verrichtest, verrichtete, hat verrichtet> *mit OBJ* ▪ *jmd. verrichtet etwas tun, ausführen:* Sie verrichtete ihre Arbeit stets zur vollsten Zufriedenheit.; ▪ *sein Gebet verrichten beten;* ▪ *seine Notdurft verrichten (verhüll.) seinen Darm entleeren*

Ver·rich·tung *die* <-, en> */kein Plur./ eine bestimmte Arbeit oder Tätigkeit:* Bei diesen Verrichtungen wird mir regelmäßig schlecht.

ver·rie·geln <verriegelst, verriegelte, hat verriegelt> *mit OBJ* ▪ *jmd. verriegelt etwas (↔ entriegeln) mit einem Riegel absperren:* Hast du das Tor schon verriegelt? ▸ Verriegelung

ver·rin·gern <verringerst, verringerte, hat verringert> **I.** *mit OBJ* ▪ *jmd./etwas verringert etwas (↔ steigern) reduzieren; geringer machen:* Der Einbau solcher Filteranlagen verringert den Schadstoffausstoß erheblich.; Er verringerte sein Engagement. **II.** *mit SICH* ▪ *etwas verringert sich (↔ zunehmen) weniger werden; abnehmen:* Die Chancen auf den Gewinn der Meisterschaft verringerten sich von Spieltag zu Spieltag.

Ver·rin·ge·rung *die* <-> */kein Plur./ (↔ Vergrößerung) das (Sich-)Verringern:* Die Verringerung des Einkommens veranlasst uns zur Sparsamkeit.

ver·rin·nen <verrinnt, verrann, ist verronnen> *ohne OBJ* ▪ *etwas verrinnt (geh.) vorbeigehen:* Die Zeit verrinnt.

Ver·riss *der* <-es, -e> *eine sehr schlechte Kritik:* Zu der Uraufführung ist im Feuilleton ein Verriss erschienen. ▸ verreißen

ver·ro·hen <verrohst, verrohte, ist verroht> *ohne OBJ* ▪ *jmd./etwas verroht brutal werden:* Die Sitten in diesem Land sind durch viele Kriegsjahren verroht. ▸ Verrohung

ver·ros·ten <verrostest, verrostete, ist verrostet> *ohne OBJ* ❶ ▪ *etwas verrostet Rost ansetzen* ❷ ▪ *jmd. verrostet (umg. übertr.) alt werden, unbeweglich werden:* Ich behalte nichts mehr – ich bin schon ganz verrostet.; ▪ *eine verrostete Stimme eine tiefe, heisere Stimme* Sie sang mit einer verrosteten Stimme.

ver·rot·ten <verrottest, verrottete, ist verrottet> *ohne OBJ* ▪ *etwas verrottet* ❶ *durch Mangel an Pflege und an erhaltenden Maßnahmen zerfallen:* Der verlassene Bauernhof verrottet. ❷ *zu Kompost werden:* In einem Jahr sind die Gemüseabfälle verrottet. ▸ Verrottung

ver·rucht *adj (oft scherzh.) lasterhaft, sündig:* Das ist ein ziemlich verruchtes Lokal. ▸ Verruchtheit

ver·rü·cken *mit OBJ* ▪ *jmd. verrückt etwas an einen anderen Ort schieben:* Wir wollen die Kommode verrücken.

ver·rückt *adj* ❶ *(umg. abwert.) geistesgestört, nicht bei Sinnen:* Wenn du das tust, wird man dich für verrückt erklären. ❷ *nervlich überbelastet, nervös:* Seine ewige Fragerei macht mich verrückt.; Sie war verrückt vor Angst. ❸ *ungewöhnlich, ausgefallen, überspannt:* Du mit deinen verrückten Ideen!; ▪ *wie verrückt (umg.) außerordentlich viel, stark, schnell* Wir rannten wie verrückt.;

■**verrückt auf etwas sein** *(umg.) etwas unbedingt haben wollen* Bei dieser Hitze sind die Kinder ganz verrückt auf Eis.; ■**verrückt auf jemanden/nach jemandem sein** *(umg.) sehr verliebt in jmdn. sein*

Ver·rück·te *der/die* <-n, -n> *jmd., der verrückt ist:* Sie fahren auf der Autobahn wie die Verrückten.

Ver·rückt·heit *die* <-, -en> ❶ */kein Plur./ das Verrücktsein* ❷ *eine Handlung, die verrückt³ ist:* Solche Verrücktheiten erweckten natürlich das Misstrauen der braven Bürger.

ver·rückt·spie·len <spielst verrückt, spielte verrückt, hat verrücktgespielt> *ohne OBJ* ■**jmd./ etwas spielt verrückt** *(umg.) (von Menschen) die Beherrschung verlieren oder (von Maschinen) nicht mehr richtig funktionieren* ◆ Zusammenschreibung →R 4.6 Heute morgen spielt der Computer verrückt und es geht nichts mehr.

Ver·rückt·wer·den ■**Das/Es ist (ja) zum Verrücktwerden!** *(umg.) es ist zum Verzweifeln* Die ständigen Steuererhöhungen – das ist zum Verrücktwerden!

Ver·ruf *der* <-s> */kein Plur./ /meist in den Verbindungen „in Verruf kommen/geraten/ bringen"/ schlechter Ruf*

ver·ru·fen *adj einen schlechten Ruf habend:* Er wohnt in einem verrufenen Viertel.

ver·rüh·ren <verrührst, verrührte, hat verrührt> *mit OBJ* ■**jmd. verrührt etwas mit etwas** *Dat. eine Masse so in eine andere Masse durch Rühren hineinrühren, dass man sie nicht mehr unterscheiden kann:* Als Nächstes soll man Eigelb mit Zucker verrühren.

ver·ru·ßen <verrußt, verrußte, ist verrußt> *ohne OBJ* ■**etwas verrußt** *Ruß ansetzen:* Nach dem Winter ist der Schornstein verrußt. ► Verrußung

ver·rut·schen <verrutscht, verrutschte, ist verrutscht> *ohne OBJ* ■**etwas verrutscht** *aus der korrekten Position rutschen:* Der Träger des Kleides ist verrutscht.; Die Ladung auf dem Laster ist verrutscht.

Vers *der* <-es, -e> ❶ *durch Metrum, Rhythmus, Zäsuren gegliederte, oft einen Reim aufweisende Zeile in einem Gedicht:* Der erste Vers des Gedichtes umfaßt fünf Wörter. ❷ *(umg.) Lied-, Gedichtstrophe:* Wir singen Vers 3 des ersten Liedes. ❸ REL. *kleinster Abschnitt eines Bibeltextes: (Stellenangabe aus der Bibel)* Johannesbrief Kapitel 2, Vers 15; ■**sich keinen Vers auf etwas machen können** *sich etwas nicht erklären können* Auf die Ursachen dieses Unglücks konnte sich niemand einen Vers machen.

ver·sach·li·chen <versachlichst, versachlichte, hat versachlicht> *mit OBJ* ■**jmd. versachlicht etwas** *sachlicher machen:* Könnten wir die Diskussion bitte versachlichen! ► Versachlichung

Ver·sa·gen *das* <-s> */kein Plur./ das Versagen II:* Der Unfall wird auf menschliches/technisches Versagen zurückgeführt.

ver·sa·gen <versagst, versagte, hat versagt> **I.** *mit OBJ* ■**jmd. versagt jmdm. etwas** *(geh.) verweigern:* Sie versagte (mir) ihre Hilfe/die Zustimmung.; Ich konnte ihm meine Bewunderung nicht versagen. **II.** *ohne OBJ* ❶ ■**jmd. versagt** *das Geforderte, Erwartete nicht tun, nicht leisten können, scheitern:* Er hat in der Schule/im Studium/beim Wettkampf versagt. ❷ ■**etwas versagt** *plötzlich nicht mehr normal funktionieren:* Das Herz versagte.; Die Bremsen versagten. **III.** *mit SICH* ❶ ■**jmd. versagt sich etwas** *jmd. verzichtet auf etwas, jmd. gönnt sich etwas nicht:* Er versagte sich das Vergnügen. ❷ ■**jmd. versagt sich jmdm.** *jmd. ist nicht bereit, auf jmdn. und auf jmds. Wünsche einzugehen:* Sie versagte sich ihm (als Frau).; ■**ich kann es mir nicht versagen, darauf hinzuweisen, dass ...** *ich muss darauf hinweisen, dass ...*

Ver·sa·gens·angst *die* <-, Versagensängste> *die Angst, zu versagen*

Ver·sa·ger *der,* **Ver·sa·ge·rin** <-s, -> *(abwert.) jmd., der häufig versagt I.1*

Ver·sa·gung *die* <-, en> *das Versagen I:* Die Versagung seines Anliegens kränkte ihn sehr.

Ver·sal *der* <-s, Versalien> */meist Plur./ (≈ Majuskel) großer Anfangsbuchstabe eines Wortes; Großbuchstabe:* Das Wort „WORT" ist in Versalien geschrieben.; Der Name „Johann" beginnt mit dem Versal „J".

ver·sal·zen <versalzt, versalzte, hat versalzen> *mit OBJ* ❶ ■**jmd. versalzt etwas** *mit zu viel Salz würzen:* Ich glaube, ich habe die Suppe versalzen. ❷ ■**jmd. versalzt jmdm. etwas** *Akk. (umg.) zunichtemachen:* Er hat uns die Überraschung/den Plan gründlich versalzen.; ■**jmdm. die Suppe versalzen** *(umg.) jmdm. die Freude an etwas verderben; seine Pläne durchkreuzen*

ver·sam·meln <versammelst, versammelte, hat versammelt> **I.** *mit OBJ* ■**jmd. versammelt jmdn. (irgendwo)** *mehrere Personen an einem Ort zusammenkommen lassen:* Der Direktor versammelte Schüler und Lehrer in der Pausenhalle. **II.** *mit SICH* ■**jmd. versammelt sich** *(von mehreren Personen) an einem Ort zusammenkommen:* Zur verabredeten Zeit versammelten sich alle Mitarbeiter zu einer Besprechung.

Ver·samm·lung *die* <-, -en> ❶ */kein Plur./ das Versammeln* ❷ *eine versammelte Menschenmenge:* Die Versammlung wurde aufgelöst. ◆ -sort, -sraum, Betriebs-, Jahres-, Unternehmens-

Ver·samm·lungs·frei·heit *die* <-> */kein Plur./ das Recht, sich zu (politischen Zwecken) versammeln zu dürfen*

Ver·sand *der* <-(e)s> */kein Plur./* ❶ */kein Plur./ das Versenden bestellter Waren an Kunden:* Der Versand erfolgt in der Regel innerhalb von zwei Tagen nach Bestellung. ◆ -kosten ❷ *kurz für „Versandabteilung" oder „Versandhaus":* im Versand arbeiten; etwas bei einem Versand bestellen

Ver·sand·ab·tei·lung *die* <-, -en> *die Abteilung einer Firma, die bestellte Ware an Kunden verschickt*

ver·san·den <versandet, versandete, ist versandet> *ohne OBJ* ■**etwas versandet** ❶ *sich allmählich mit Sand füllen:* Das Hafenbecken versandet. ❷ *(übertr.) allmählich langweilig werden und aufhören:* Das Gespräch versandete.; Er ließ den Briefwechsel versanden.

Ver·sand·han·del *der* <-s> /kein Plur./ *der Handel durch den Versand von Waren, die der Kunde in einem Prospekt aussucht, bestellt und zugeschickt bekommt:* Der Versandhandel ist eine starke Konkurrenz des Einzelhandels.

Ver·sand·haus *das* <-es, Versandhäuser> *ein (großer) Betrieb des Versandhandels* ◆-katalog

Ver·sand·ta·sche *die* <-, -n> *ein gepolsterter Briefumschlag, den man zum Versenden empfindlicher Dinge benutzt*

ver·sau·en <versaust, versaute, hat versaut> *mit OBJ* ❶ ■ *jmd. versaut etwas (umg.) sehr schmutzig machen:* Die Kinder haben beim Essen die Tischdecke versaut.; Die Gäste haben uns unser Tischtuch versaut. ❷ ■ *jmd. versaut (jmdm.) jmdn./etwas verderben:* Sie hat ihre Prüfung total versaut.; Der Lehrer hat diesen Schüler durch ständiges Nörgeln versaut.; Das Mistwetter hat mir den Tag versaut.

ver·sau·ern <versauerst, versauerte, ist versauert> *ohne OBJ* ■ *jmd. versauert (umg. abwert.) geistig verkümmern/geistige Interessen verlieren/den inneren Schwung verlieren:* Hier in diesem verschlafenen Dorf versauere ich noch!

ver·sau·fen <versäufst, versoff, hat versoffen> *mit OBJ* ■ *jmd. versäuft etwas (vulg. abwert.) so viel Geld für Alkohol ausgeben, dass man dabei sehr viel verliert:* Er hat ein Vermögen versoffen.

ver·säu·men <versäumst, versäumte, hat versäumt> *mit OBJ* ❶ ■ *jmd. versäumt etwas verpassen:* Ich habe den Zug versäumt. ❷ ■ *jmd. versäumt etwas nicht teilnehmen:* Er versäumte den Unterricht wegen einer Krankheit. ❸ ■ *jmd. versäumt plus Inf. nicht tun:* Er versäumte, ihr zum Geburtstag zu gratulieren.; ■ *jemand hat nichts versäumt (umg.) jmd. hat an etwas nicht teilgenommen, aber deswegen auch nichts Wichtiges verpasst* Du warst nicht da, aber du hast auch nichts versäumt.

Ver·säum·nis *das* <-ses, -se> (≈ *Unterlassung) das Versäumen* [2, 3] ◆-klage, -urteil

ver·scha·chern <verschacherst, verschacherte, hat verschachert> *mit OBJ* ■ *jmd. verschachert etwas (an jmdn.) (umg. abwert.) (feilschend) verkaufen; so teuer wie möglich verkaufen:* Er verschacherte den Teppich auf dem schwarzen Markt.

ver·schaf·fen <verschaffst, verschaffte, hat verschafft> I. *mit OBJ* ■ *jmd. verschafft jmdm./sich etwas jmdm. etwas besorgen, das er haben will:* Ich kann deinem Sohn ein Auto verschaffen.; Ich verschaffe mir bald eine neue Arbeit. II. *mit SICH* ■ *jmd. verschafft sich etwas jmd. veranlasst andere Menschen, ihm etwas zu geben, worauf er ein Anrecht hat:* Du musst dir mehr Respekt verschaffen!; Der Lehrer versuchte, sich bei den Schülern Gehör zu verschaffen.; Die Geschädigten versuchten, sich Recht zu verschaffen.; ■ *Was verschafft mir die Ehre/das Vergnügen Ihres Besuches? (geh.) (aus Höflichkeit) Was ist der Grund Ihres Kommens?*

ver·schämt *adj voller Scham, schüchtern:* Als ich sie anschaute, schlug sie verschämt die Augen nieder.

ver·schan·deln <verschandelst, verschandelte,

hat verschandelt> *mit OBJ* ■ *jmd. verschandelt etwas (umg. abwert.) hässlich machen, verunstalten:* Der Anbau verschandelt das Haus. ▶Verschandelung

ver·schan·zen <verschanzt, verschanzte, hat verschanzt> *mit SICH* ■ *jmd. verschanzt sich (hinter/in etwas Dat.) sich vor Angreifern hinter einem Schutz in Deckung bringen:* Die flüchtenden Bankräuber verschanzten sich in einem leer stehenden Haus.; Er wollte mir nicht antworten und verschanzte sich hinter einer Ausrede. ▶Verschanzung

ver·schär·fen <verschärfst, verschärfte, hat verschärft> I. *mit OBJ* ❶ ■ *jmd. verschärft etwas steigern, strenger werden lassen:* Wir müssen die Anstrengungen verschärfen.; Die Kontrollen wurden verschärft, nachdem zwei Häftlingen die Flucht aus dem Gefängnis gelungen war.; Der Favorit verschärft nun das Tempo. ❷ ■ *etwas verschärft etwas verschlimmern:* Der anhaltende Regen verschärft die Situation in den Hochwassergebieten. II. *mit SICH* ■ *etwas verschärft sich* ❶ *sich steigern, stärker werden:* Der Wettbewerb verschärft sich gegen Ende. ❷ *sich verschlimmern:* Die Lage verschärfte sich nach dem zweiten Erdbeben. ▶Verschärfung

ver·schar·ren <verscharrst, verscharrte, hat verscharrt> *mit OBJ* ■ *jmd. verscharrt etwas oberflächlich vergraben:* Sie waren auf der Flucht und mussten die Toten verscharren.

ver·schät·zen <verschätzt, verschätzte, hat verschätzt> *mit SICH* ■ *jmd. verschätzt sich (in etwas Dat.) (um etwas Akk.) falsch einschätzen:* Wir haben uns in der Entfernung verschätzt.; Sie verschätzten sich um zehn Minuten.

ver·schau·keln <verschaukelst, verschaukelte, hat verschaukelt> *mit OBJ* ■ *jmd. verschaukelt jmdn. (umg.:≈ hereinlegen) täuschen und hintergehen:* Ich lasse mich von ihm doch nicht verschaukeln! ▶Verschaukelung

ver·schei·den <verscheidest, verschied, ist verschieden> *ohne OBJ* ■ *jmd. verscheidet (geh.) sterben:* Der Patient verschied noch in der Nacht.

ver·schei·ßern <verscheißerst, verscheißerte, hat verscheißert> *mit OBJ* ■ *jmd. verscheißert jmdn. (vulg.) veralbern:* Ich lasse mich von dir nicht verscheißern.

ver·schen·ken <verschenkst, verschenkte, hat verschenkt> *mit OBJ* ■ *jmd. verschenkt etwas* ❶ *als Geschenk weggeben:* Für die Möbel wollte er nichts haben, er hat sie verschenkt. ❷ *unnötigerweise abgeben:* Im Kampf um die Meisterschaft verschenkte der Tabellenführer heute drei wichtige Punkte.

ver·scher·beln <verscherbelst, verscherbelte, hat verscherbelt> *mit OBJ* ■ *jmd. verscherbelt etwas (umg. abwert.) um jeden Preis verkaufen wollen und daher für viel zu wenig Geld verkaufen:* Sie hat nur noch einen Bruchteil des Neupreises verlangt und das Gerät regelrecht verscherbelt. ▶Verscherbelung

ver·scher·zen <verscherzt, verscherzte, hat verscherzt> I. *mit SICH* ■ *jmd. verscherzt sich etwas (geh.) leichtfertig einbüßen, verlieren:* Sie

V

verscherzt sich durch ihre Unaufmerksamkeit seine Zuneigung. **II.** *mit ES* ■ **es sich mit jmdm.** *verscherzen durch leichtsinniges Handeln oder Verhalten bei jmdm.* an Sympathie verlieren: Sie hat es sich mit ihm total verscherzt: Die Beziehung ist zu Ende.

ver·scheu·chen <verscheuchst, verscheuchte, hat verscheucht> *mit OBJ* ❶ ■ **jmd. verscheucht jmdn./ein Tier/etwas** *vertreiben, fortjagen:* Durch ihre Radiomusik verscheuchten sie die Rehe.; Der alte Mann verscheuchte die Straßenkinder.; Mit Musik versuchte sie, ihre trüben Gedanken zu verscheuchen. ❷ ■ **etwas verscheucht jmdn./etwas** *etwas Unangenehmes forttreiben:* Aktivität verscheucht die Müdigkeit.; Die Rufe verscheuchten die Einbrecher.

ver·scheu·ern <verscheuerst, verscheuerte, hat verscheuert> *mit OBJ* ■ **jmd. verscheuert etwas** *(umg.:* ≈ *verscherbeln) auf einfache Weise zu Geld machen:* Wir haben unsere Sachen auf dem Flohmarkt verscheuert.

ver·schi·cken <verschickst, verschickte, hat verschickt> *mit OBJ* ❶ ■ **jmd. verschickt etwas** *(≈ versenden)* Die Koffer können wir per Post verschicken. ❷ ■ **jmd. verschickt jmdn.** *jmdn. zur Erholung oder Kur an einen anderen Ort reisen lassen;* ■ **Kinder verschicken** *Kinder aufs Land bringen lassen zur Erholung* Nach dem Krieg sollen die Kinder verschickt werden.

ver·schieb·bar *adj /nicht steig./ so, dass etwas verschoben werden kann* ▶ Verschiebbarkeit

ver·schie·ben <verschiebst, verschob, hat verschoben> **I.** *mit OBJ* ❶ ■ **jmd. verschiebt etwas;** ■ **jmd. verschiebt etwas** *an eine andere Stelle rücken:* Wir müssen den Schrank verschieben. ❷ ■ **jmd. verschiebt etwas (auf etwas Akk.)** *auf einen späteren Zeitpunkt festlegen:* Der Prüfungstermin wurde verschoben. ❸ ■ **jmd. verschiebt etwas irgendwohin** *(umg.) in unerlaubter Weise Handel treiben:* Die Bande hat gestohlene Autos über die Grenze verschoben. **II.** *mit SICH* ■ **etwas verschiebt sich (um etwas Akk./ auf etwas Akk.)** *an einem späteren Zeitpunkt stattfinden:* Unser Treffen verschiebt sich um zwei Tage.; Die Besitzverhältnisse haben sich inzwischen verschoben.

Ver·schie·bung *die* <-, -en> *das (Sich-)Verschieben*

ver·schie·den *adj* ❶ *(↔ gleich) nicht gleich, unterschiedlich:* Wir sind offensichtlich verschiedener Meinung.; Die beiden Bauteile sind (deutlich) verschieden, die kann man eigentlich nicht verwechseln. ❷ *einige:* Wir haben verschiedene Teesorten im Angebot.; Verschiedene Fragen sollten vorher noch geklärt werden. ◆ Getrenntschreibung →R 4.3 verschiedene Mal(e); ◆ Großschreibung →R 3.4, R 3.7 Mir ist Verschiedenes noch nicht ganz klar.

ver·schie·den·ar·tig *adj /nicht steig./ unterschiedlich beschaffen:* Das Geschäft führt eine große Auswahl verschiedenartiger Stoffe für jeden Bedarf. ▶ Verschiedenartigkeit

ver·schie·de·ner·lei *adj (≈ mancherlei)* Die Nie-

derlage der Mannschaft bei dem heutigen Spiel hat verschiedenerlei Ursachen.

Ver·schie·den·heit *die* <-, -en> *(↔ Gleichheit) unterschiedliche Art, Beschaffenheit*

ver·schie·dent·lich *adv (≈ mehrmals) zu verschiedenen Zeitpunkten oder Gelegenheiten:* Ich habe schon verschiedentlich versucht, Sie zu erreichen.

ver·schie·ßen <verschießt, verschoss, hat verschossen> **I.** *mit OBJ* ❶ ■ **als Munition verbrauchen:** Wir haben unsere ganze Munition verschossen. ❷ ■ **jmd. verschießt etwas** *SPORT danebenschießen:* Der Schütze hat den Elfmeter verschossen. ❸ ■ **etwas verschießt etwas** *verbleichen:* Die bunten Tücher lagen in der Sonne – jetzt sind ihre Farben ganz verschossen. **II.** *mit SICH* ■ **verschießt sich in jmdn.** *(umg.) sich heftig in jmdn. verlieben:* Er hat sich in die Mitschülerin verschossen.

ver·schif·fen <verschiffst, verschiffte, hat verschifft> *mit OBJ* ■ **jmd. verschifft etwas** *mit einem Schiff transportieren:* Die Firma verschifft alle ihre Waren nach Übersee. ▶ Verschiffung

ver·schim·meln <verschimmelst, verschimmelte, ist verschimmelt> *ohne OBJ* ■ **etwas verschimmelt** *Schimmel ansetzen und verderben:* Die Küche ist so feucht, dass das Brot verschimmelt.

ver·schla·fen¹ <verschläfst, verschlief, hat verschlafen> **I.** *mit OBJ* ■ **jmd. verschläft etwas** ❶ *Zeit schlafend verbringen:* Er verschläft die schönste Zeit des Tages. ❷ *(umg.) einen Termin versäumen:* Ich habe die Besprechung total verschlafen. **II.** *ohne OBJ* ■ **jmd. verschläft** *zu lange schlafen:* Sie hat verschlafen und kam zu spät ins Büro. ▶ Verschlafenheit

ver·schla·fen² **I.** *Part. Perf. von* **verschlafen¹** **II.** *adj* ❶ *(≈ schläftrunken) noch vom Schlaf benommen und noch nicht wach:* Er kam ganz verschlafen an die Haustüre. ❷ *langweilig, temperamentlos:* Er sprach immer so langsam; er wirkte ganz verschlafen. ❸ *(abwert.) auf eine als reizlos empfundene Weise ruhig:* Sie wohnen in einem kleinen, verschlafenen Städtchen; So etwas hatte das verschlafene Provinzstädtchen noch nicht gesehen.

Ver·schlag *der* <-(e)s, Verschläge> *ein einfacher kleiner Raum mit Bretterwänden* ◆ Bretter-, Kohlen-

ver·schla·gen¹ <verschlägst, verschlug, hat verschlagen> **I.** *mit OBJ* ❶ ■ **jmd. verschlägt etwas** *verrühren:* Zuerst verschlägt man Eier und Zucker. ❷ ■ **jmd. verschlägt etwas** *SPORT danebenschlagen; den Ball falsch ins Spiel bringen:* Der Tennisspieler hat den ersten Matchball verschlagen. ❸ ■ **jmd. verschlägt jmdn.** *LANDSCH. verhauen:* Früher hat sie ihre Kinder verschlagen. ❹ ■ **etwas verschlägt jmdn. irgendwohin** *irgenwohin getrieben werden:* Das Schiff wurde an eine fremde Insel verschlagen.; Das Schicksal hat uns hierher verschlagen. **II.** *mit ES* ❶ ■ **es verschlägt jmdm. etwas** *Akk. plötzlich eine Fähigkeit oder ein Gefühl nehmen:* Als er sie sah, verschlug es ihm die Sprache.; Als sie das Fleisch rochen, verschlug es ihnen den Appetit. ❷ ■ **es verschlägt jmdn. irgendwohin** *durch äußere Umstände irgendwo-*

hin kommen: Es hat ihn beruflich ins Ausland verschlagen.

ver·schla·gen[2] adj (abwert.) falsch, hinterhältig: Er ist ein verschlagener Mensch.

Ver·schla·gen·heit die <-> /kein Plur./ (abwert.) die Art, verschlagen[2] zu sein

ver·schlam·pen <verschlampst, verschlampte, hat verschlampt> mit OBJ ❶■ *jmd. verschlampt etwas* (umg. abwert.) verlegen, verlieren ❷■ *jmd. lässt etwas verschlampen* jmd. lässt etwas verkommen oder in Unordnung geraten: Er pflegte seine Sachen nicht und ließ sie verschlampen.

ver·schlech·tern <verschlechterst, verschlechterte, hat verschlechtert> I. mit OBJ ■ *jmd./etwas verschlechtert etwas* schlechter machen: Durch sein Verhalten hat er seine Lage verschlechtert.; Das Wetter hat die Chance stark verschlechtert, in diesem Jahr eine gute Weinernte zu bekommen. ▶ Verschlechterung II. mit SICH ■ *jmd./etwas verschlechtert sich* oder etwas wird schlechter: Das Wetter soll sich angeblich verschlechtern.; Er verschlechterte sich in der Schule von Jahr zu Jahr. ▶ Verschlechterung

ver·schlei·ern <verschleierst, verschleierte, hat verschleiert> I. mit OBJ ❶■ *jmd. verschleiert etwas* mit einem Schleier bedecken: Die Trauernde verschleiert ihr Gesicht. ❷■ *jmd./etwas verschleiert etwas* verbergen, tarnen: Der Skandal wurde verschleiert.; Die Händler verschleierten ihre wahren Absichten.; Mit gezielten Falschnachrichten wurde die wahre Sachlage verschleiert. ▶ Verschleierung II. mit SICH ■ *jmd. verschleiert sich* einen Schleier tragen, um damit das Gesicht zu bedecken: Die Trauernde verschleierte sich. ▶ Verschleierung

Ver·schlei·e·rungs·tak·tik die <-, -en> der systematische Versuch, etwas zu verschleiern I. 2

ver·schleimt adj /nicht steig./ voll Schleim: verschleimte Bronchien

Ver·schleiß der <-es> /kein Plur./ ❶ Abnutzung: Die starken Schmerzen sind auf den Verschleiß des Gelenks zurückzuführen. ❷ Verbrauch: Sie hat einen großen Verschleiß an Schuhen. ◆-erscheinung, Kräfte-, Material-

ver·schlei·ßen <verschleißt, verschliss, hat/ist verschlissen> I. mit OBJ (haben) ■ *jmd. verschleißt etwas* ❶ durch langen, häufigen Gebrauch stark abnutzen: Er verschliss alle zwei Monate ein Paar Schuhe. ❷ vorzeitig verbrauchen: Sie hat ihre Nerven in diesem Job verschlissen. II. ohne OBJ (sein) ■ *etwas verschleißt sich* durch langen, häufigen Gebrauch stark abnutzen: Diese Geräte verschleißen schnell.

Ver·schleiß·er·schei·nung die <-, -en> Anzeichen von Verschleiß[1]

Ver·schleiß·teil das <-(e)s, -e> TECHN. ein Bauteil, das verschleißt II und in bestimmten Abständen ausgetauscht werden muss

ver·schlep·pen <verschleppst, verschleppte, hat verschleppt> mit OBJ ❶■ *jmd. verschleppt jmdn./etwas* mit Gewalt irgendwohin bringen: Die Geiseln wurden verschleppt. ❷■ *jmd. verschleppt etwas* eine Krankheit nicht richtig aus-

heilen lassen und immer weiter mit sich herumtragen: Er hat seine Grippe verschleppt. ❸■ *ein Tier verschleppt etwas* etwas Unangenehmes weiterverbreiten: Verschleppten Ratten diese Seuche? ❹■ *jmd. verschleppt etwas* verzögern: Es hat den Anschein, als wolle er das Projekt/den Prozess verschleppen.

Ver·schlep·pung die <-, -en> das Verschleppen

ver·schleu·dern <verschleuderst, verschleuderte, hat verschleudert> mit OBJ ❶■ *jmd. verschleudert etwas* ❶ etwas sehr billig verkaufen: Im Schlussverkauf wurden die Artikel nur so verschleudert. ▶ Verschleuderung ❷ (abwert.) viel Geld sinnlos ausgeben: Man hört immer wieder, dass Steuergelder verschleudert werden. ▶ Verschleuderung

ver·schließ·bar adj /nicht steig./ so, dass es abgeschlossen werden kann: Das Tagebuch ist nicht verschließbar.

ver·schlie·ßen <verschließt, verschloss, hat verschlossen> I. mit OBJ ❶■ *jmd. verschließt etwas* abschließen: Wer hat das Haus verschlossen? ❷■ *jmd. verschließt etwas (mit etwas Dat.)* fest zuschließen: Ich habe die Weinflasche mit einem Korken verschlossen.; Vor dieser Katastrophe verschloß er Augen und Ohren. ❸■ *jmd. verschließt etwas* (≈ wegschließen) Sie verschließt stets ihr Geld und ihre Papiere. II. mit SICH ❶■ *jmd. verschließt sich* sich niemandem anvertrauen: Er verschließt sich mehr und mehr. ❷■ *jmd. verschließt sich (etwas Dat.)* etwas nicht länger ignorieren können: Ich kann mich der Tatsache nicht mehr verschließen, dass …

ver·schlim·mern <verschlimmerst, verschlimmerte, hat verschlimmert> I. mit OBJ ■ *jmd./etwas verschlimmert etwas* schlimmer machen: Die Operation verschlimmerte seinen Zustand wesentlich.; Er hat die Situation verschlimmert, nicht verbessert. II. mit SICH ■ *etwas verschlimmert sich* schlimmer werden: Die Verhältnisse in dem Krisengebiet haben sich noch verschlimmert.

Ver·schlim·me·rung die <-> /kein Plur./ das Verschlimmern

ver·schlin·gen <verschlingst, verschlang, hat verschlungen> mit OBJ ❶■ *jmd./ein Tier verschlingt etwas* in großen Bissen essen oder fressen: Er hat das ganze Essen verschlungen.; Die Schlange verschlang ein ganzes Kaninchen. ❷■ *etwas verschlingt etwas* viel Geld verbrauchen: Das Projekt verschlang Millionen. ❸■ *jmd. verschlingt etwas* schnell lesen, weil es sehr spannend ist: Ich habe den Krimi in einer Nacht verschlungen.

ver·schlos·sen I. Part. Perf. von **verschließen** II. adj ❶ (≈ reserviert ↔ offen) so zurückhaltend und in sich gekehrt, dass man anderen keinen Hinweis auf seine Gefühle gibt ❷■ *etwas bleibt jmdm. verschlossen* für jmd. (geistig) nicht erreichbar sein: Die höhere Mathematik blieb ihm verschlossen.; Dieser Beruf blieb ihm verschlossen.

Ver·schlos·sen·heit die <-> /kein Plur./ (≈ Reserviertheit ↔ Offenheit) die Art, verschlossen[1] zu sein

ver·schlu·cken I. *mit OBJ* ◼ *jmd.* **verschluckt etwas** ❶ *(versehentlich) hinunterschlucken:* Ich habe eine Fischgräte verschluckt. ❷ *etwas unvollständig aussprechen:* Man konnte ihn sehr schlecht verstehen – er verschluckte fast alle Endsilben. **II.** *mit SICH* ◼ *jmd.* **verschluckt sich (an etwas** *Dat.***)** *etwas in die Luftröhre bekommen und husten müssen:* Ich habe mich an dem letzten Bissen verschluckt, ich kriege gerade keine Luft.

ver·schlu·dern <verschluderst, verschluderte, hat verschludert> *mit OBJ* ◼ *jmd.* **verschludert etwas** *(umg. abwert.) durch Unachtsamkeit verlieren:* Ich habe schon wieder einen Regenschirm verschludert.

Ver·schluss *der* <-es, Verschlüsse> *eine Vorrichtung oder ein Gegenstand, mit dem man etwas verschließen kann:* Der Verschluss meiner Halskette ist kaputt.; Die Flasche mit dem Reinigungsmittel besitzt einen kindersicheren Verschluss. ◆ -deckel, Flaschen-, Magnet-, Reiß-, Tür-

ver·schlüs·seln <verschlüsselst, verschlüsselte, hat verschlüsselt> *mit OBJ* ◼ *jmd.* **verschlüsselt etwas** *(≈ kodieren) eine Zeichenfolge eines Textes nach einem bestimmten (maschinellen) Programm verändern, damit Unbefugte den Text nicht verstehen können:* Hast du die Nachricht/ die Daten verschlüsselt?

Ver·schlüs·se·lung *die* <-, -en> *das Verschlüsseln* ◆ -stechnik

Ver·schluss·sache *die* <-, -n> AMTSSPR. *eine geheime Angelegenheit*

ver·schmach·ten <verschmachtest, ver­schmachtete, ist verschmachtet> *ohne OBJ* ◼ *jmd.* **verschmachtet** *(geh.) vor Hunger und Durst sterben:* In diesem Kerker verschmachteten einst viele Gefangene.

ver·schmä·hen <verschmähst, verschmähte, hat verschmäht> *mit OBJ* ◼ *jmd.* **verschmäht etwas** *(geh.: ≈ zurückweisen) nicht wollen, ablehnen:* Sie verschmähte seine Liebe. ▷ Verschmähung

ver·schmä·lern <verschmälerst, verschmälerte, hat verschmälert> **I.** *mit OBJ* ◼ *jmd.* **verschmälert etwas** *(↔ verbreitern) schmaler machen:* Der Durchgang wurde an dieser Stelle verschmälert. **II.** *ohne OBJ* ◼ **etwas verschmälert sich** *(↔ verbreitern) schmaler werden:* Am Ausgang des Dorfes verschmälert sich das Tal.

ver·schmel·zen <verschmilzt, verschmolz, hat/ ist verschmolzen> **I.** *mit OBJ (haben)* ◼ *jmd.* **(lässt) etwas mit etwas** *Dat.* **(zu etwas** *Dat.***) verschmelzen** *verschiedene Materialien schmelzen und zusammenfließen lassen, so dass sie sich miteinander verbinden:* Man hat diese beiden Metalle (miteinander) zu einer harten Legierung verschmolzen. ▷ Verschmelzung **II.** *ohne OBJ (sein)* ◼ **etwas verschmilzt mit etwas** *Dat.* *ineinander übergehen; in einer Verbindung aufgehen:* Sie sind so eng befreundet, dass sie fast miteinander verschmelzen.

ver·schmer·zen <verschmerzt, verschmerzte, hat verschmerzt> *mit OBJ* ◼ *jmd.* **verschmerzt etwas** *über etwas Unangenehmes hinwegkom*

men: Er hat diesen Verlust bis heute nicht verschmerzt.

ver·schmie·ren <verschmierst, verschmierte, hat verschmiert> *mit OBJ* ❶ ◼ *jmd.* **verschmiert etwas** *Oberfläche glätten:* Ich habe die Löcher in der Wand mit Gips verschmiert. ❷ ◼ *jmd.* **verschmiert etwas (auf etwas** *Dat.***)** *verteilen:* Hast du die Salbe gut verschmiert? ❸ ◼ *jmd.* **verschmiert etwas** *durch Verschmieren verwischen:* Ich habe versehentlich die Farben auf dem frisch gemalten Bild verschmiert.; Sie verschmierte mit dem Ärmel die noch nicht getrocknete Tinte auf dem Papier. ❹ ◼ *jmd.* **verschmiert etwas** *(abwert.) beschmieren:* Die Kinder haben die ganze Tapete verschmiert.

ver·schmitzt *adj (in harmloser Weise) listig, pfiffig:* Sie betrat mit einem verschmitzten Lächeln den Raum. ▷ Verschmitztheit

ver·schmust *adj (umg.) sehr daran gewöhnt, zu schmusen:* Das kleine Kätzchen ist sehr verschmust. ▷ Verschmustheit

ver·schmut·zen <verschmutzt, verschmutzte, hat/ist verschmutzt> **I.** *mit OBJ (haben)* ◼ *jmd./ etwas* **verschmutzt etwas** *schmutzig machen:* Du hast den Teppich verschmutzt.; Du hast bei der Gartenarbeit deine Kleidung verschmutzt. **II.** *ohne OBJ (sein)* ◼ **etwas verschmutzt** *schmutzig werden:* Der Teppich ist im Laufe der Zeit verschmutzt.

ver·schnau·fen <verschnaufst, verschnaufte, hat verschnauft> *ohne OBJ* ◼ *jmd.* **verschnauft** *(umg.) sich bei einer kleinen Pause erholen:* Ich muss eine Weile verschnaufen, bevor wir weitergehen.

ver·schneit *adj /nicht steig./ mit Schnee bedeckt:* die verschneiten Wiesen

Ver·schnitt *der* <-(e)s, -e> ❶ *ein mit anderem Alkohol vermischtes (billiges) alkoholisches Getränk* ◆ Rum- ❷ *beim Zuschneiden von Materialien anfallender Abfall:* Beim Zuschneiden des Holzes hatten sie viel Verschnitt.

-ver·schnitt *(abwert.) als Zweitglied zusammengesetzter Substantive; drückt aus, dass jemand/etwas eine schlechte Kopie/Imitation der mit dem Erstglied genannten prominenten Person bzw. deren künstlerischen Produkts ist* ◆ Ibsen-, James-Dean-, Hitchcock-, Sophokles-

ver·schnör·kelt *adj (über)reich verziert; mit Schnörkeln versehen:* Sie hat eine sehr verschnörkelte Schrift. ▷ Verschnörkelung

ver·schnupft *adj /nicht steig./* ❶ *(≈ erkältet) einen Schnupfen habend:* So verschnupft kann ich nicht zur Arbeit gehen. ▷ Verschnupftheit ❷ *(umg.) beleidigt; gekränkt:* Auf meine Frage hin reagierte sie verschnupft.

ver·schnü·ren *mit OBJ* ◼ *jmd.* **verschnürt etwas** *mit einer Schnur zusammenbinden:* Ich habe das Paket fest verschnürt. ▷ Verschnürung

Ver·schnü·rung *die* <-, -en> *das Verschnüren*

ver·schol·len *adj /nicht steig./ unauffindbar; ohne Nachricht über das Weiterleben von jmdm.:* Das Sportflugzeug ist verschollen.; Die Handschrift galt lange Zeit als verschollen.; Viele Soldaten gelten zwanzig Jahre nach Kriegsende als verschollen.

ver·scho·nen *mit OBJ* ❶ ■ *jmd./etwas verschont jmdn./etwas* keinen Schaden zufügen: Das Hochwasser hatte nur wenige Häuser verschont.; Sie sind von Krankheiten verschont geblieben. ❷ ■ *jmd. verschont jmdn. mit etwas Dat.* in Ruhe lassen, nicht stören: Verschone mich mit deinen Fragen!

ver·schö·nern <verschönerst, verschönerte, hat verschönert> *mit OBJ* ■ *jmd. verschönert etwas* schöner machen: Die Kurverwaltung hat den Kurpark wesentlich verschönert. ▸ Verschönerung

ver·schos·sen I. *Part. Perf. von* **verschießen** II. *adj (umg.)* sehr verliebt: Sie ist total in ihn verschossen.

ver·schrän·ken <verschränkst, verschränkte, hat verschränkt> *mit OBJ* ■ *jmd. verschränkt etwas* überkreuzen; kreuzweise legen: Sie setzte sich hin und verschränkte die Hände hinter dem Kopf/die Arme auf der Brust. ▸ Verschränktheit, Verschränkung

ver·schrei·ben <verschreibst, verschrieb, hat verschrieben> I. *mit OBJ* ■ *jmd. verschreibt jmdm. etwas* MED. (≈ verordnen) als Arzt sagen, dass ein Patient ein bestimmtes Medikament oder eine bestimmte Therapie erhalten soll und dies auf ein Rezept schreiben: Der Arzt hat mir ein Medikament/eine Kur/Massagen verschrieben. II. *mit SICH* ❶ ■ *jmd. verschreibt sich etwas* falsch schreiben: Das Wort schreibt man anders – da muss er sich wohl verschrieben haben. ❷ ■ *jmd. verschreibt sich etwas Dat.* (≈ sich widmen) etwas zum absoluten und beherrschenden Ziel seines Lebens machen: Er hat sich ganz der Kunst/Wissenschaft verschrieben.

ver·schrei·bungs·pflich·tig *adj /nicht steig./* MED. so, dass ein Medikament verschrieben I werden muss

ver·schrien *adj /nicht steig./ (abwert.)* mit sehr schlechtem Ruf: Er ist als Leuteschinder verschrien.

ver·schro·ben *adj /nicht steig./ (abwert.:≈ absonderlich)* mit einem seltsamen Verhalten, das oft aus Einsamkeit resultiert und auf andere Menschen befremdend wirkt: Der alte Mann war ein verschrobener Kauz. ▸ Verschrobenheit

ver·schrot·ten *mit OBJ* ■ *jmd. verschrottet etwas* zu Schrott machen: Mein altes Auto habe ich längst schon verschrotten lassen. ▸ Verschrottung

Ver·schrot·tung *die* <-> */kein Plur./ das Verschrotten*

ver·schüch·tert *adj /nicht steig./* durch etwas schüchtern und ängstlich gemacht

Ver·schul·den *das* <-s> */kein Plur./* (≈ Schuld) Das geschah ohne mein Verschulden.

ver·schul·den <verschuldest, verschuldete, hat verschuldet> I. *mit OBJ* ■ *jmd. verschuldet etwas* die Schuld an etwas haben: Er hatte den Unfall selbst verschuldet. II. *mit SICH* ■ *jmd. verschuldet sich (für etwas Akk.)* Schulden machen: Für den Hausbau musste ich mich hoch verschulden.

ver·schul·det I. *Part. Perf. von* **verschulden** II. *adj* Schulden habend: Das hoch verschuldete

Unternehmen ist kaum noch zu retten.; Er ist nur geringfügig verschuldet.

ver·schus·seln <verschusselst, verschusselte, hat verschusselt> *mit OBJ* ■ *jmd. verschusselt etwas (umg.)* ❶ verlieren: Sie hat ihre Uhr verschusselt. ❷ vergessen: Er hat gleich zwei Termine auf einmal verschusselt.

ver·schütt·ge·hen <gehst verschütt, ging verschütt, ist verschüttgegangen> *ohne OBJ* ■ *jmd./etwas geht verschütt (umg.)* abhandenkommen ◆ Zusammenschreibung →R 4.5, 4.6 Bei unserem Besuch im Zirkus ist meine Handtasche verschüttgegangen.

ver·schüt·ten <verschüttest, verschüttete, hat verschüttet> *mit OBJ* ❶ ■ *jmd. verschüttet etwas* versehentlich irgendwohin schütten: Ich habe versehentlich etwas Mehl verschüttet. ❷ */meist im Pass./* ■ *etwas verschüttet jmdn.* große Mengen von Erde oder Schnee begraben etwas/jmdn. unter sich: Bei dem Lawinenunglück wurden mehrere Skifahrer verschüttet.

ver·schwä·gert *adj /nicht steig./ durch Heirat verwandt* ▸ Verschwägerung

ver·schwei·gen <verschweigst, verschwieg, hat verschwiegen> *mit OBJ* ■ *jmd. verschweigt (jmdm.) etwas* (≈ verheimlichen) etwas absichtlich nicht sagen: Er hat es mir lange Zeit verschwiegen, dass …; Sie hat die Wahrheit lange verschwiegen.

ver·schwei·ßen <verschweißt, verschweißte, hat verschweißt> *mit OBJ* ■ *jmd. verschweißt etwas (mit etwas Dat.)* durch Schweißen zusammenfügen: Die Teile werden verschweißt.

ver·schwen·den <verschwendest, verschwendete, hat verschwendet> *mit OBJ* ❶ ■ *jmd. verschwendet etwas an etwas Akk. (geh.)* viel Geld, Mühe oder Arbeit für etwas aufwenden: An diesen Garten hat er sehr viel Mühe verschwendet. ❷ ■ *jmd. verschwendet etwas* (≈ vergeuden) sinnlos Zeit oder Energie investieren: Jeden Abend saß er in der Kneipe und hat so viel Zeit verschwendet.

Ver·schwen·der *der*, **Ver·schwen·de·rin** <-s, -> *(abwert.) jmd., der häufig etwas verschwendet* [2]

ver·schwen·de·risch *adj* ❶ (↔ geizig) in der Art eines Verschwenders: Er ist ein sehr verschwenderischer Mensch. ❷ (↔ karg) sehr reichhaltig: Ich war überwältigt von der verschwenderischen Ausschmückung des Saales.

Ver·schwen·dung *die* <-, -en> der Zustand, dass viel mehr verbraucht wird als nötig ist: Die Heizung Tag und Nacht laufen zu lassen ist Verschwendung!; Undichte Rohre führen zur Verschwendung der Ressource Wasser/Gas …

Ver·schwen·dungs·sucht *die* <-> */kein Plur./ (abwert.) die krankhafte Neigung zur Verschwendung*

ver·schwie·gen I. *Part. Perf. von* **verschweigen** II. *adj* ❶ (≈ schweigsam) mit der Neigung, nicht viel zu sprechen ❷ mit der Fähigkeit, ein Geheimnis für sich behalten zu können: Ihm kann man das Geheimnis anvertrauen – er ist verschwiegen wie ein Grab. ❸ einsam, abgelegen: Sie trafen sich an einem verschwiegenen Ort.

Ver·schwie·gen·heit *die* <-> /kein Plur./ *die Art, verschwiegen¹ zu sein*

ver·schwim·men <verschwimmst, verschwamm, ist verschwommen> *ohne OBJ* ■ *etwas verschwimmt undeutlich werden:* Alles verschwamm vor seinen Augen.

Ver·schwin·den *das* <-s> /kein Plur./ *der Vorgang, dass etwas verschwindet*

ver·schwin·den <verschwindest, verschwand, ist verschwunden> **I.** *ohne OBJ* ■ *jmd./etwas verschwindet sich entfernen, plötzlich nicht mehr da sein:* Er ging zur Tür hinaus und verschwand.; Gestern war der Schlüssel noch in dieser Tasche – jetzt ist er spurlos verschwunden. **II.** *mit OBJ* ■ *jmd. lässt jmdn./etwas verschwinden bewirken, dass jmd. oder etwas plötzlich nicht mehr da ist; zerstören; (von Personen)jmdn. umbringen:* Beweismittel verschwinden lassen; Die Diktatur ließ Hunderte ihrer Gegner auf Nimmerwiedersehen verschwinden.; ■ *„Ich muss mal verschwinden."* (verhüll.) Ich muss die Toilette aufsuchen.; ■ *„Verschwinde!"* (umg.) Ich will dich nicht mehr sehen, geh weg!

ver·schwit·zen <verschwitzt, verschwitzte, hat verschwitzt> *mit OBJ* ■ *jmd. verschwitzt etwas* ❶(umg.) *vergessen:* Ich habe den Termin total verschwitzt. ❷*nass schwitzen:* Der Sportler hat sein Trikot verschwitzt.

ver·schwom·men **I.** *Part. Perf. von* **verschwimmen** **II.** *adj* (↔ *deutlich*) *vage, unklar:* Er scheint nur eine sehr verschwommene Vorstellung von alledem zu haben. ► Verschwommenheit

ver·schwö·ren <verschwörst, verschwor, hat verschworen> *mit SICH* ■ *jmd. verschwört sich (mit jmdm.) (gegen jmdn./etwas) sich heimlich mit jmd. gegen jmdn. verbünden:* Sie hatten sich gegen den Diktator verschworen.; Die politischen Gegner hatten sich verschworen.; ■ *Es hat sich alles gegen mich verschworen. (geh.) alles fällt zu meinen Ungunsten aus*

Ver·schwo·re·ne *der/die* <-n, -n> (Verschwörer) *jmd., der sich verschworen hat*

Ver·schwö·rer *der,* **Ver·schwö·re·rin** <-s, -> *ein Teilnehmer an einer Verschwörung*

Ver·schwö·rung *die* <-, -en> *ein heimliches Verbünden von Personen, um ein bestimmtes Ziel, vor allem den Sturz eines Herrschenden, zu erreichen:* eine Verschwörung anzetteln/aufdecken; die Verschwörung gegen den Zar

ver·sechs·fa·chen <versechsfachst, versechsfachte, hat versechsfacht> **I.** *mit OBJ* ■ *jmd./etwas versechsfacht etwas auf die sechsfache Anzahl, Menge, Größe bringen* **II.** *mit SICH* ■ *etwas versechsfacht sich sechsmal so groß werden*

Ver·se·hen *das* <-s, -> *ein Irrtum oder ein Fehler, die durch Unachtsamkeit verursacht werden:* „Entschuldigung, das war ein Versehen!"

ver·se·hen <versiehst, versah, hat versehen> **I.** *mit OBJ* ❶■ *jmd. versieht jmdn./etwas mit etwas Dat. versorgen:* Die Lehrerin muss sich und ihre Schüler mit Fahrausweisen versehen.; „Vielen Dank, ich bin mit allem reichlich versehen." ❷■ *jmd. versieht etwas mit etwas Dat. etwas irgendwo anbringen:* Ich habe den Text korrigiert

und mit Anmerkungen versehen.; Der Vermieter versah die Räume mit neuen Tapeten. ❸■ *jmd. versieht etwas erfüllen, ausüben:* Er hat seinen Dienst stets gewissenhaft versehen. **II.** *mit SICH* ■ *jmd. versieht sich* ❶*einen Fehler beim Hinsehen machen* ❷■ *ehe man sich's versieht schneller, als man es erwartet* Ehe man sich's versieht, sind zehn Jahre vorüber.

ver·se·hent·lich *adv aus Versehen; unabsichtlich:* Ich habe die schwarzen Socken versehentlich bei der Weißwäsche mitgewaschen.

Ver·sehr·te *der/die* <-n, -n> *jmd., der körperlich beschädigt oder verletzt ist:* In diesem Krieg gab es viele Versehrte. ◆Kriegs-, Sport-

ver·sen·den <versendest, versandte/versendete, hat versandt/versendet> *mit OBJ* ■ *jmd. versendet etwas (an jmdn.) (in größerer Anzahl) verschicken:* Todesanzeigen/Heiratsanzeigen/Waren versenden; Wir haben an alle Interessenten Prospekte versandt.

ver·sen·gen <versengst, versengte, hat versengt> **I.** *mit OBJ* ■ *jmd./etwas versengt (jmdm.) etwas durch Anbrennen oberflächlich beschädigen:* Die Sonne versengt die Wiesen.; Sie hatte beim Bügeln den Stoff versengt. **II.** *mit SICH* ■ *jmd./ein Tier versengt sich etwas sich durch Anbrennen oberflächlich beschädigen:* Sie hatte sich beim Kochen die Haut versengt.; Das Pferd hatte sich beim Brand im Stall das Fell versengt.; Er hat sich beim Anzünden der Kerze die Augenwimpern versengt.

ver·sen·ken <versenkst, versenkte, hat versenkt> **I.** *mit OBJ* ❶■ *jmd./etwas versenkt etwas bewirken, dass etwas untergeht oder dass etwas versinkt:* Während eines Seegefechtes versenkte die Flotte mehrere feindliche Schiffe. ❷■ *jmd. versenkt etwas in etwas Akk. etwas in etwas einlassen:* den Toten in der Erde versenken; den Kopf einer Schraube/eines Nagels in dem Material versenken **II.** *mit SICH* ■ *jmd. versenkt sich in etwas Akk. sich auf etwas konzentrieren:* Sie versenkte sich in ihre Lektüre.

Ver·sen·kung *die* <-, -en> ❶*das Versenken I.1, 1.2* ❷*die ausschließliche (meditative) Konzentration auf eine Sache* ❸THEAT. *der Teil eines Bühnenbodens, der nach unten und oben bewegt werden kann;* ■ *in der Versenkung verschwinden (umg.) von der Öffentlichkeit vergessen werden*

ver·ses·sen *adj* ■ *versessen auf etwas so, dass man etwas unbedingt haben will:* Das Kind ist ganz versessen auf Schokolade. ► Versessenheit

ver·set·zen <versetzt, versetzte, hat versetzt> **I.** *mit OBJ* ❶■ *jmd. versetzt jmdn./etwas (≈ umsetzen) von einer Stelle zu einer anderen bringen:* Man musste die Grenzsteine/die Rosen versetzen. ❷■ *jmd. versetzt jmdn. (irgendwohin) an einen anderen Arbeitsplatz beordern:* Man hatte ihn ins Ausland/in eine andere Abteilung versetzt.; Er ist neulich in den Ruhestand versetzt worden. ❸SCHULE ■ *jmd. versetzt jmdn. erlauben, dass ein Schüler eine höhere Klasse besucht:* Der Schüler wurde nicht versetzt und musste die Klasse deshalb wiederholen. ❹■ *jmd.*

V

versetzt jmdn. *(umg.) jmdn. umsonst warten las-sen:* Sie hat mich gestern versetzt. ❺■ *jmd./et-was versetzt jmdn.* **in etwas** *Akk. in den ge-nannten Zustand bringen:* Die Mitteilung ver-setzte uns in Aufregung/in Begeisterung. ❻■ *jmd.* **versetzt etwas** *(umg.) verpfänden:* Ich musste meine wertvolle Uhr versetzen. ❼■ *jmd.* **versetzt etwas mit etwas** *Dat. vermischen:* Je-mand muss den Wein mit Wasser versetzt haben. **II.** *mit SICH* ■ *jmd.* **versetzt sich in etwas** *Akk. (zurück) sich in etwas Vergangenes einfühlen, sich vorstellen:* Sie fühlte sich in alte Zeiten ver-setzt.; ■jemand **versetzt** jemandem ei-nen Schlag/Stoß/Tritt *jmd. schlägt/stößt/tritt jmdn.;* ■jemand versetzt jemanden **in die Lage, etwas zu tun** *jmd. befähigt jmdn., etwas zu tun;* ■jemand versetzt sich **in jemands Lage** *jmd. stellt sich vor, er wäre in der Lage des ande-ren* Können Sie sich überhaupt in meine Lage ver-setzen?

Ver·sẹt·zung *die* <-, -en> *das Versetzen [1, 2, 3]*

ver·sẹu·chen <verseuchst, verseuchte, hat ver-seucht> *mit OBJ* ❶■ *jmd./etwas verseucht et-was mit Krankheitserregern oder giftigen Stoffen durchsetzen:* Bakterien verseuchen das Trinkwas-ser. ❷■ *etwas verseucht etwas (übertr.) durch schlechten Einfluss verderben:* Ideologische Pro-paganda verseuchte die politische Kultur.

Ver·sẹu·chung *die* <-> */kein Plur./ das Verseu-chen*

Vẹrs·fuß *der* <-es, Versfüße> LIT. *die kleinste rhythmische Einheit eines Verses:* Der Jambus ist ein zweihebiger Versfuß.

Ver·sị·che·rer *der* <-s, -> *(≈ Versicherungsge-sellschaft)*

ver·sị·chern <versicherst, versicherte, hat versi-chert> **I.** *mit OBJ* ❶■ *jmd.* **versichert jmdn. et-was** *Gen.;* ■ *jmd.* **versichert jmdm., dass ...** *(≈ beteuern, bestätigen) entschieden und glaub-würdig sagen, dass etwas, das für jmdn. sehr wichtig ist, wirklich der Fall, wirklich gegeben ist:* Er versichert mir hoch und heilig, dass ... ❷■ *jmd.* **versichert etwas (bei jmdm.)** *für et-was eine Versicherung abschließen:* Wir haben das Haus gegen Feuer versichert.; Er hat sich und seine Familie bestens versichert.; Alle Familienmit-glieder sind bei der XYZ versichert. **II.** *mit SICH* ■ *jmd.* **versichert sich etwas** *Gen. (≈ sich verge-wissern) jmd. überzeugt sich, dass ...:* Er versi-chert sich jedesmal vor dem Verlassen des Hauses, dass die Fenster geschlossen sind.

Ver·sị·cher·te *der/die* <-n, -n> *jmd., der sich ge-gen etwas versichert* I.2 *hat*

Ver·sị·che·rung *die* <-, -en> ❶ *(≈ Beteuerung) der Vorgang oder die Worte, mit denen jmd. jmdm. etwas versichert* I.1: Ich gebe dir die Ver-sicherung, dass ich zurückkommen werde. ❷RECHTSW. *schriftliche Bestätigung:* Ich musste eine eidesstattliche Versicherung abgeben. ❸ *ein Vertrag darüber, dass eine Firma gegen einen re-gelmäßig zu zahlenden Betrag in einem bestimm-ten Schadensfall die Unkosten trägt:* Wir ha-ben eine Versicherung abgeschlossen/gekündigt. ♦-sbeitrag, -sbetrug, -sdauer, -sgesellschaft, -skauf-

frau, -skaufmann, -sprämie, -sschutz, -ssumme, -svertreter(in), Berufsunfähigkeits-, Feuer-, Glas-, Haftpflicht-, Hausrat-, Lebens-, Risikolebens-, Un-fall- ❹ *kurz für „Versicherungsgesellschaft"* ❺ *kurz für „Versicherungsbeitrag"* ❻ *das Versichern* I.2

Ver·sị·che·rungs·an·spruch *der* <-(e)s, Versi-cherungsansprüche> *Anspruch eines Versicher-ten auf die finanzielle Leistung der Versicherungs-gesellschaft*

ver·sị·che·rungs·fä·hig *adj /nicht steig./ so, dass es versichert* I.2 *werden kann*

Ver·sị·che·rungs·fall *der* <-(e)s, Versicherungs-fälle> *ein Schadensfall, bei dem eine Versiche-rungsgesellschaft die Kosten übernehmen muss*

Ver·sị·che·rungs·kauf·frau *die* <-, -en> *siehe* **Versicherungskaufmann**

Ver·sị·che·rungs·kauf·mann *der* <-(e)s, Versi-cherungskaufmänner> *für das Versicherungswe-sen ausgebildeter Kaufmann*

Ver·sị·che·rungs·pflicht *die* <-> */kein Plur./ die gesetzliche Pflicht, eine Versicherung [3] für etwas abzuschließen*

Ver·sị·che·rungs·po·li·ce *die* <-, -n> *von der Ver-sicherungsgesellschaft ausgefertigte Urkunde über den Abschluss einer Versicherung*

Ver·sị·che·rungs·wert *der* <-(e)s, -e> *der Wert eines versicherten Objektes, beispielsweise eines Kunstgegenstandes*

ver·sị·ckern <versickert, versickerte, ist versi-ckert> *ohne OBJ* ❶■ *etwas versickert (in et-was Dat.) (als Flüssigkeit) langsam im Boden eindringen:* Das Wasser ist im Boden versickert. ❷■ *etwas versickert (übertr.) Geld verschwindet irgendwo unbemerkt:* Die Spendengelder sind ir-gendwo versickert. ❸■ *etwas versickert eine Mitteilung geht verloren:* Eine Nachricht/ein Ge-rücht versickert.

ver·sie·ben <versiebst, versiebte, hat versiebt> *mit OBJ* ■ *jmd.* **versiebt etwas** *(umg.)* ❶ *verlie-ren, verlegen, vergessen:* Ich habe den Brief ver-siebt.; Du hast den Termin versiebt. ❷ *erfolglos be-enden, zunichtemachen:* Wir sind zu spät gekom-men und haben dadurch den Ausflug versiebt.

ver·sie·ben·fa·chen <versiebenfachst, versie-benfachte, hat versiebenfacht> **I.** *mit OBJ* ■ *jmd./etwas versiebenfacht etwas auf die sie-benfache Anzahl, Menge, Größe bringen* **II.** *mit SICH* ■ *etwas versiebenfacht sich siebenmal so groß werden*

ver·sie·geln <versiegelst, versiegelte, hat versie-gelt> *mit OBJ* ■ *jmd.* **versiegelt etwas** *mit ei-nem Siegel versehen:* Man versiegelte den Brief-umschlag. ▶ Versiegelung

ver·sie·gen <versiegt, versiegte, ist versiegt> *ohne OBJ* ■ *etwas versiegt* ❶ *kein Wasser mehr abgeben:* Die Quelle ist versiegt. ❷ *(von Men-schen) keine Energie mehr haben:* Seine Schaf-fenskraft versiegte immer mehr.

ver·siert *adj fachmännisch und erfahren:* Sie ist eine versierte Geschäftsfrau.; Er ist sehr versiert im Umgang mit Kunden. ▶ Versiertheit

ver·sịfft *adj (umg.: ≈ verdreckt)* eine versiffte Toi-lette

ver·sịl·bern <versilberst, versilberte, hat versil-

V

bert> *mit OBJ* ■ *jmd. versilbert etwas* ❶ *mit einer Silberschicht überziehen* ❷ *(umg.) verkaufen:* Er hat seine Weihnachtsgeschenke versilbert, um sein Taschengeld aufzubessern.

Ver·sil·be·rung *die* <-, -en> ❶ *eine Silberschicht, die auf die Oberfläche von etwas aufgebracht ist* ❷ */kein Plur./ das Versilbern*

ver·sin·ken <versinkst, versank, ist versunken> *ohne OBJ* ❶ ■ *etwas versinkt (im Wasser) untergehen:* Das Schiff versank.; Die Sonne versinkt im Meer. ❷ ■ *jmd./etwas versinkt in etwas Dat.* *einsinken:* Die Kinder versanken bis zu den Knien im Schnee. ❸ ■ *jmd. versinkt in etwas Dat.* *sich einer Haltung oder einem Gefühl ganz hingeben:* Sie versanken in Grübeln/Schweigen/Depression/Trauer.; Der Staat versinkt in einem Chaos.

ver·sinn·bild·li·chen <versinnbildlichst, versinnbildlichte, hat versinnbildlicht> *mit OBJ* ■ *jmd./etwas versinnbildlicht jmdn./etwas (≈ symbolisieren) ein Symbol für etwas sein:* Justitia mit der Waage versinnbildlicht das Recht. ▶Versinnbildlichung

Ver·si·on *die* <-, -en> ❶ *(≈ Fassung) eine von mehreren Varianten eines geschriebenen Textes, die sich in Details unterscheiden:* Es existieren verschiedene Versionen dieses Liedes/dieses Gedichtes. ❷ *(≈ Deutung, Interpretation) eine von mehreren möglichen Arten, ein Ereignis zu deuten:* Über den Unfallhergang gibt es mehrere Versionen. ❸ *(≈ Modell) Produktvariante:* Das Automodell gibt es in verschiedenen Versionen.; Von der Software kommt demnächst eine verbesserte Version/die Version 4.1 auf den Markt.

ver·skla·ven *mit OBJ* ■ *jmd. versklavt jmdn. zum Sklaven machen:* Menschen aus Afrika sind in großer Zahl von Europäern und Amerikanern versklavt worden. ▶Versklavung

ver·slu·men [fɐgˈslamən] <verslumt , verslumte, ist verslumt> *ohne OBJ* ■ *etwas verslumt zu einem Slum werden:* In New Yorck hat es immer wieder Stadtteile gegeben, die verslumt waren.

Vers·maß *das* <-es, -e> *(≈ Metrum)* In griechischen Dramen wird oft das Versmaß des Hexameter benutzt.

ver·snobt *adj /nicht steig./ (abwert.) zum Snob geworden/wie ein Snob*

ver·sof·fen *adj (umg. abwert.) trunksüchtig* ▶Versoffenheit

ver·soh·len <versohlst, versohlte, hat versohlt> *mit OBJ* ■ *jmd. versohlt jmdn. (umg.) verhauen, verprügeln:* Ich versohle dir gleich den Hintern!

ver·söh·nen <versöhnst, versöhnte, hat versöhnt> **I.** *mit OBJ* ■ *jmd. versöhnt jmdn. mit jmdm.* veranlassen, dass sich zwei zerstrittene Parteien wieder vertragen: Der Vater versöhnte seine zerstrittenen Söhne wieder miteinander. **II.** *mit SICH* ❶ ■ *jmd. versöhnt sich mit jmdm.* sich nach einem Streit wieder vertragen: Nachdem sich beide voreinander entschuldigt hatten, konnten sie sich wieder miteinander versöhnen. ❷ ■ *jmd. versöhnt sich mit etwas Dat.* eine schwere Zeit für sich akzeptieren: Am Ende seines

Lebens versöhnte er sich mit seinem schweren Schicksal.

ver·söhn·lich *adj* ❶ *(↔ nachtragend) bereit, sich zu versöhnen:* Er ist doch ein versöhnlicher Mensch.; Er fand versöhnliche Worte. ❷ *(≈ verstörend) erfreulich, tröstlich erscheinend:* Der Film hat ein versöhnliches Ende.

Ver·söh·nung *die* <-, -en> *das (Sich-)Versöhnen; das Aussöhnen:* Das Fest der Versöhnung ist im Judentum neben dem Sabbat das wichtigste Fest. ◆-sfest, -stag

ver·son·nen *adj gedankenverloren, träumerisch:* Versonnen blickten sie zu den Sternen. ▶Versonnenheit

ver·sor·gen *mit OBJ* ❶ ■ *jmd./etwas versorgt jmdn./ein Tier/etwas (mit etwas Dat.) bewirken, dass jmd./ein Tier/etwas das bekommt, was er oder es braucht:* Hilfsorganisationen versorgen die Hungernden mit Lebensmitteln.; Das Unternehmen versorgt die Stadt mit Strom.; Das Fernsehen versorgt uns jeden Abend mit Unterhaltung. ❷ ■ *jmd. versorgt jmdn./ein Tier sich um jmdn. kümmern:* Die Krankenschwester versorgt den Patienten.; Die Nachbarn versorgen unseren Kater, während wir im Urlaub sind.

Ver·sor·gung *die* <-> */kein Plur./ das Versorgen* ◆-sanstalt, -sausgleich, -swirtschaft

ver·spach·teln <verspachtelst, verspachtelte, hat verspachtelt> *mit OBJ* ■ *jmd. verspachtelt etwas* ❶ *Löcher, Fugen oder Risse mit einem Füllmaterial schließen:* Wenn wir das Eindringen von Feuchtigkeit verhindern wollen, müssen wir die Risse im Mauerwerk verspachteln. ❷ *(umg.) aufessen:* Er ist ein guter Esser, er verspachtelt an einem Abend drei volle Teller.

ver·span·nen <verspannst, verspannte, hat verspannt> *mit SICH* ■ *jmd. verspannt sich einen verkrampften und angespannten Zustand der Muskulatur annehmen:* Immer wenn er Stress hat, verspannt er sich.

Ver·span·nung *die* <-, -en> *der Zustand, dass Muskeln verspannt sind*

ver·spä·ten *mit SICH* ■ *jmd./etwas verspätet sich zu spät oder später als geplant kommen:* Wenn du weiter so langsam gehst, verspätest du dich.; Der Zug ist fünf Minuten verspätet.

Ver·spä·tung *die* <-, -en> *die Zeitspanne, die jmd. oder etwas zu spät ist:* Der Zug hat leider dreißig Minuten Verspätung.; Bitte entschuldigen Sie meine Verspätung.; Der Frühling kommt diesmal mit Verspätung.

ver·spei·sen <verspeist, verspeiste, hat verspeist> *mit OBJ* ■ *jmd. verspeist etwas (geh.) genüsslich essen:* Den Nachtisch habe ich mit Genuss verspeist.

ver·spe·ku·lie·ren <verspekulierst, verspekulierte, hat verspekuliert> **I.** *mit OBJ* ■ *jmd. verspekuliert etwas durch Spekulationsgeschäfte verlieren:* Er hat sein gesamtes Geld an der Börse verspekuliert. **II.** *mit SICH* ■ *jmd. verspekuliert sich (umg.) sich täuschen, sich verrechnen:* Wenn du das von mir erwartest, hast du dich verspekuliert.

ver·sper·ren <versperrst, versperrte, hat ver-

sperrt> *mit OBJ* ■ **jmd./etwas versperrt (jmdm.)** *etwas blockieren; den Durchgang oder Durchfluss durch etwas verhindern:* Ein parkendes Auto versperrte die Einfahrt.; Er stand da und versperrte mir den Weg.; Das Gebäude versperrt die Aussicht.

ver·spie·len <verspielst, vespielte, hat verspielt> **I.** *mit OBJ* ■ **jmd. verspielt etwas ❶** *im Glücksspiel verlieren:* Er hat sein ganzes Geld beim Roulette verspielt. ❷ *verlieren:* Er hat seine Chancen/ sein Glück verspielt. **II.** *ohne OBJ* ■ **jmd. verspielt bei jmdm.** *jmd. verscherzt sich das Wohlwollen von jmdm.:* Seit dieser Frechheit mir gegenüber hat er bei mir verspielt. **III.** *mit SICH* ■ **jmd. verspielt sich** *falsch spielen:* Der Pianist hat sich einige Male verspielt.

ver·spielt I. *Part. Perf. von* **verspielen II.** *adj so, dass jmd. oder ein Tier nur spielen möchte:* Der junge Hund/Das Kätzchen ist verspielt.; Auch im Alter von zehn Jahren war er immer noch verspielt. ► Verspieltheit

ver·spot·ten <verspottest, verspottete, hat verspottet> *mit OBJ* ■ **jmd. verspottet jmdn./etwas** (≈ *verhöhnen*) *boshaft über jmdn. lachen:* Er vespottete seine Schwester, weil sie nicht so stark war wie er. ► Verspottung

ver·spre·chen <versprichst, versprach, hat versprochen> **I.** *mit OBJ* ❶ ■ **jmd. verspricht jmdm. etwas** *Akk. etwas verbindlich zusichern oder erklären:* Sie hat mir versprochen zu kommen.; Er hat seiner Freundin die Ehe versprochen.; Versprich nicht, was du nicht halten kannst! ❷ ■ **etwas verspricht etwas** */mit Inf. und „zu"/ zu der Hoffnung oder der Befürchtung Anlass geben:* Das verspricht eine tolle Party zu werden.; Die Ernte verspricht dieses Jahr gut zu werden.; Sein Auftreten versprach nichts Gutes. **II.** *mit SICH* ❶ ■ **jmd. verspricht sich** *beim Sprechen irrtümlich etwas falsch sagen, aussprechen, vertauschen o. Ä.:* Bei der Prüfung war ich so nervös, dass ich mich ständig versprach. ❷ ■ **jmd. verspricht sich etwas von etwas** *Dat. sich erhoffen, erwarten:* Von der Kur versprach er sich eine baldige Besserung.; Von dem Autor habe ich mir mehr versprochen.

Ver·spre·chen *das* <-s, -> */meist Sing./ eine Erklärung, mit der man etwas verspricht I.1:* Sie hat ihr Versprechen eingehalten/gebrochen.

Ver·spre·cher *der* <-s, -> *die Handlung, dass sich jmd. verspricht II;* ■ **ein Freudscher Versprecher** *ein Fehler beim Sprechen, der so interpretiert werden kann, dass jmd. unbewusst anders denkt als er bewusst ausdrückt (z. B. wenn jmd. „Triebe" an einer Stelle sagt, wo er „Liebe" meint)*

Ver·spre·chung *die* <-, -en> */meist Plur./ ein Versprechen, das im Verdacht steht, nicht gehalten zu werden:* Das sind doch alles nur leere Versprechungen.

ver·sprit·zen <verspritzt, verspritzte, hat verspritzt> *mit OBJ* ■ **jmd. verspritzt etwas** *durch Spritzen im Raum verteilen:* Sie verspritzt ein Parfüm im Zimmer.

ver·sprü·hen <versprühst, versprühte, hat versprüht> *mit OBJ* ■ **jmd. versprüht etwas**

❶ TECHN. *etwas in Form von feinen Tropfen verteilen:* Der Bauer versprüht Pflanzenschutzmittel. ❷ *ein intensives Gefühl mitteilen:* Sie versprühte in ihrem Tanz die hellste Lebensfreude.

ver·spü·ren <verspürst, verspürte, hat verspürt> *mit OBJ* ■ **jmd. verspürt etwas** *(geh.) empfinden, fühlen:* Beim Anblick des Palastes verspürte er einen leisen Schauer.

ver·staat·li·chen <verstaatlicht, verstaatlichte, hat verstaatlicht> *mit OBJ* ■ **jmd. verstaatlicht etwas** (↔ *privatisieren*) *zum Eigentum des Staates machen:* Die ehemalige DDR hatte auch das gesamte Gesundheitswesen verstaatlicht.

Ver·staat·li·chung *die* <-> */kein Plur./* (↔ *Privatisierung*) *Überführung in Staatseigentum:* Die sozialistischen Staaten haben mit der Verstaatlichung ihrer Wirtschaftsbetriebe die Planwirtschaft durchgesetzt.

Ver·städ·te·rung *die* <-, -en> *der Vorgang, dass Städte sich immer weiter in das ländliche Umland ausbreiten*

Ver·stand *der* <-(e)s> */kein Plur./* (≈ *Intellekt*) *die Fähigkeit des Menschen, zu denken und zu urteilen:* Sie hat einen scharfen/wachen Verstand.; ■ **den Verstand verlieren** *(umg.) wegen eines schlimmen Ereignisses geistig verwirrt werden;* ■ **mit Verstand (essen/trinken)** *etwas Gutes besonnen genießen* Iss doch die Sahnetorte mit Verstand und schlinge die Stücke nicht einfach hinunter!; ■ **etwas bringt jemanden um den Verstand** *(umg.) wegen sehr belastender Ereignisse nervös und wütend werden* Deine Rederei bringt mich noch um den Verstand!; ■ **etwas bringt jemanden um den Verstand** *etwas ist die Ursache, dass jmd. verrückt wird, sich geistig verwirrt* Die Trunksucht brachte ihn um den Verstand.

ver·stan·des·mä·ßig *adj /nicht steig./* (≈ *rational* ↔ *emotional, gefühlsmäßig*) *mit dem Verstand erfassbar*

Ver·stan·des·mensch *der* <-en, -en> (↔ *Gefühlsmensch*) *ein Mensch, der sich in seinem Handeln vor allem vom Verstand, nicht vom Gefühl leiten lässt:* Als Verstandesmensch kalkuliert er alle Schritte genau durch.

ver·stän·dig *adj einsichtig, vernünftig:* Sie ist bereits ein sehr verständiges Kind. ► Verständigkeit

ver·stän·di·gen I. *mit OBJ* ■ **jmd. verständigt jmdn.** (≈ *benachrichtigen*) *jmdm. sagen, dass sich etwas ereignet hat:* Wir sollten die Polizei verständigen. **II.** *mit SICH* ❶ ■ **jmd. verständigt sich mit jmdm.;** ■ **mehrere Personen verständigen sich** *kommunizieren:* Da keiner die Sprache des anderen kannte, verständigten wir uns mit Gebärden.; Über E-Mail konnte ich mich nicht gut mit dir verständigen. ❷ ■ **jmd. verständigt sich mit jmdm. auf etwas** *Akk. sich einigen:* Die beiden Verhandlungspartner verständigten sich auf einen Kompromiss.

Ver·stän·di·gung *die* <-> */kein Plur./* ❶ (≈ *Benachrichtigung*) *das Verständigen I:* Wenn jemand in Lebensgefahr schwebt, ist die Verständigung eines Arztes unbedingt erforderlich. ❷ (≈ *Kommunikation*) *der Vorgang, dass man mit jmdm. geistige Inhalte austauscht und sich gegenseitig versteht:*

V

Die Verständigung mit der Jugend fällt vielen Politikern schwer. ◆-sbereitschaft, -sschwierigkeiten ❸ *Übereinkunft, Einigung:* Das Gespräch führte zu einer Verständigung der Partner.

ver·ständ·lich *adj* ❶ *(gut) hörbar:* Bei dem Lärm im Hintergrund war die Stimme des Reporters nur schwer verständlich. ❷ *(≈ nachvollziehbar) so, dass man es dem Sinn nach gut erfassen kann:* Das Fachbuch ist auch für die Allgemeinheit gut verständlich.; Bei allen Erklärungen konnte er seine Situation doch nicht richtig verständlich machen. ❸ *(≈ begreifbar) so, dass man ein zwischenmenschliches Verständnis für etwas hat:* Das ist doch eine verständliche Reaktion!; Er konnte sich seinem Publikum gut verständlich machen.

ver·ständ·li·cher·wei·se *adv so, dass es verständlich ist:* Er ist verständlicherweise beleidigt.

Ver·ständ·lich·keit *die* <-> */kein Plur./ die Gegebenheit, dass einem beliebigen Text oder einem Kunstwerk (z. B. der Musik) ein Sinn/eine Bedeutung zugeordnet werden kann* ◆-sanalyse, -smerkmale, -smodell, Text-

Ver·ständ·nis *das* <-ses> */kein Plur./* ❶ *die Erfassung des Sinnes von etwas:* Die vielen Fremdwörter und der komplizierte Satzbau erschweren das Verständnis des Textes.; Wie können wir heute ein Verständnis der antiken Kulturen haben? ❷ *(≈ Einfühlungsvermögen) die Fähigkeit, jmdn. oder etwas zu akzeptieren:* Der Professor bringt seinen Studenten viel Verständnis entgegen.; Dafür habe ich volles/kein Verständnis. ❸ *(≈ Auffassung)* Was ich hier sehe, entspricht nicht ganz meinem Verständnis von Kunst. ◆Kunst-, Wissenschafts-

ver·ständ·nis·los *adj (↔ verständnisvoll) ohne Verständnis²* ▶ Verständnislosigkeit

ver·ständ·nis·voll *adj (↔ verständnislos) voller Verständnis²*

ver·stär·ken <verstärkst, verstärkte, hat verstärkt> **I.** *mit OBJ* ❶ *jmd. verstärkt etwas stärker und stabiler machen:* Man verstärkte den Damm.; das Dach mit Stützbalken verstärken ❷ *jmd. verstärkt etwas die Anzahl vergrößern:* Die Mannschaft wurde um zwei neue Spieler verstärkt. ❸ *etwas verstärkt etwas intensivieren:* Eine gewaltige Lautsprecheranlage verstärkte die Musik.; Dieser Eindruck wurde dadurch verstärkt, dass … **II.** *mit SICH* *etwas verstärkt sich (↔ abschwächen) stärker, intensiver werden:* Meine Schmerzen hatten sich wieder verstärkt.; Es verstärkte sich der Eindruck, dass …

Ver·stär·ker *der* <-s, -> ELEKTROTECHN. *ein Gerät, das Ströme, Spannungen, Leistungen stärker macht:* Ich habe mir einen neuen Verstärker für meine Stereoanlage gekauft.; die Lautsprecherterminals/ der Lautstärkeregler/die Leistung/die Leistungsaufnahme/ der Quellenwahlschalter des Verstärkers ◆-schaltung, End-, Hybrid-, Phono-, Röhren-, Transistor-, Voll-, Vor-

Ver·stär·kung *die* <-, -en> */meist Sing./* ❶ */kein Plur./ das Verstärken:* die Verstärkung des Akzents auf der ersten Silbe ❷ *die Personen, die etwas verstärken:* Ich hole Verstärkung, um den Angreifern entgegenzutreten. ❸ *etwas, das der Verstärkung¹*

dient: Dieser Träger dient der Verstärkung der Deckenkonstruktion.

ver·stau·ben <verstaubt, verstaubte, ist verstaubt> *ohne OBJ* *etwas verstaubt von Staub bedeckt werden*

ver·stau·chen *mit SICH* *jmd. verstaucht sich etwas Akk. sich eine Verstauchung zuziehen:* Ich habe mir den Knöchel verstaucht.

Ver·stau·chung *die* <-, -en> *der Vorgang, dass ein Gelenk durch eine plötzliche, zu starke Belastung überbeansprucht wird:* Beim Umknicken des Fußes habe ich mir den Knöchel verstaucht.

ver·stau·en *mit OBJ* *jmd. verstaut etwas (in etwas Dat.) etwas gedrängt zusammenpacken:* Ich verstaue das Gepäck im Kofferraum.

Ver·steck *das* <-(e)s, -e> *ein Ort, an dem man sich oder jmdn. oder etwas versteckt hat oder verstecken kann:* In Zeiten der Verfolgung ist es wichtig, ein sicheres Versteck zu haben.

ver·ste·cken **I.** *mit OBJ* *jmd. versteckt jmdn./ etwas (vor jmdm.) verbergen:* Er versteckte seinen Freund bei sich, weil die politische Polizei ihn suchte. **II.** *mit SICH* *jmd. versteckt sich sich verbergen:* Die Jungen versteckten sich im Heu.; Das Kind versteckte sich hinter seiner Mutter.; *sich vor/neben jemandem nicht zu verstecken brauchen (umg.) ebenbürtig sein*

Ver·steck·spiel *das* <-(e)s, -e> */meist Sing./* ❶ *ein (Kinder-)Spiel, bei dem ein Teilnehmer seine Mitspieler (in ihren Verstecken) suchen muss* ❷ *(abwert.) (unter Erwachsenen) Täuschungsmanöver, Heimlichtuerei:* Er spricht nie offen zu mir, ständig habe ich den Eindruck von einem Versteckspiel.

ver·steckt **I.** *Part. Perf. von* **verstecken** **II.** *adj (↔ offen) nicht offen, nicht direkt:* Sie hörte aus seinen Worten versteckten Vorwurf/eine versteckte Drohung heraus.

ver·ste·hen <verstehst, verstand, hat verstanden> **I.** *mit OBJ* ❶ *jmd. versteht jmdn./etwas geistig, intuitiv erfassen, durchdringen:* Ich habe die Frage/das Problem nicht verstanden.; Ich glaube, ich kann dich verstehen. ❷ *jmd. versteht etwas deutlich und gut hören können:* Sprich bitte etwas lauter, ich kann dich kaum verstehen. ❸ *jmd. versteht etwas akzeptieren, nachvollziehen:* Ich kann deine Angst/Bedenken/ Reaktion gar/halbwegs/nur teilweise/überhaupt nicht verstehen. ❹ *jmd. versteht etwas gut können:* Sie versteht ihr Handwerk. ❺ *jmd. versteht etwas von etwas Dat. Kenntnisse über etwas haben:* Sie versteht viel von klassischer Musik. **II.** *mit SICH* ❶ *jmd. versteht sich mit jmdm./* *mehrere Personen verstehen sich eine gute, von gegenseitigem Verständnis getragene Beziehung haben:* Ich habe mich immer gut mit ihm verstanden.; Sie waren schon lange befreundet und verstanden sich gut. ❷ *jmd. versteht sich auf etwas Akk. etwas beherrschen; gut können:* Sie versteht sich hervorragend auf das Cellospiel.

ver·stei·fen <versteifst, versteifte, hat/ist versteift> **I.** *mit OBJ (haben)* *jmd. versteift etwas steifer, fester machen:* Der Schneider versteift den Hemdkragen. **II.** *ohne OBJ (sein) steif werden:*

V

Das Gelenk versteifte. **III.** *mit SICH (haben)* ■ *jmd.* **versteift sich auf etwas** *Akk. auf etwas beharren:* Er hatte sich auf diesen Gedanken versteift.

ver·stei·gen <versteigst, verstieg, hat verstiegen> *mit SICH* ■ *jmd.* **versteigt sich (zu etwas** *Dat.)* ❶ *sich anmaßen:* Sie hatte sich zu der ungeheuerlichen Behauptung verstiegen, dass ... ▸ Verstiegenheit ❷ *sich beim Bergsteigen verirren:* Sie hatten sich in der Felswand verstiegen und fanden den Pfad nicht mehr.

Ver·stei·ge·rer *der,* **Ver·stei·ge·rin** <-s, -> *(≈ Auktionator) jmd., der eine Versteigerung leitet:* Der Versteigerer darf selbst nicht etwas ersteigern.

ver·stei·gern <versteigerst, versteigerte, hat versteigert> *mit OBJ* ■ *jmd.* **versteigert etwas** *bei einer Versteigerung anbieten:* Man kann nur die Dinge versteigern, die der Versteigerer zur Versteigerung akzeptiert.

Ver·stei·ge·rung *die* <-, -en> *(≈ Auktion) eine Veranstaltung, bei der eine Ware an den Kunden verkauft wird, der am meisten Geld dafür bietet* ◆Zwangs-

ver·stei·nern <versteinerst, versteinerte, ist versteinert> *ohne OBJ* ❶ ■ *etwas/ein Tier versteinert zu Stein werden:* Tiere und Pflanzen können versteinern. ❷ ■ *jmd./etwas* **versteinert** *(geh. übertr.) erstarren:* Sein Gesichtsausdruck versteinerte.; wie versteinert dastehen

Ver·stei·ne·rung *die* <-, -en> ❶ *das Versteinern:* Die Versteinerung seines Charakters war erschreckend. ❷ *ein versteinertes Lebewesen, Fossil:* Im Museum betrachteten wir Versteinerungen, die über eine Million Jahre alt waren.

ver·stell·bar *adj /nicht steig./ in der Position oder Lage veränderbar:* Die Sitze des Autos sind stufenlos verstellbar.

ver·stel·len <verstellst, verstellte, hat verstellt> **I.** *mit OBJ* ■ *jmd.* **verstellt etwas** ❶ *die Stellung verändern:* Lässt sich der Sitz auch verstellen? ❷ *versperren:* Einkaufswagen verstellten den Eingang. ❸ *verändern, um nicht erkannt zu werden:* Er verstellte am Telefon seine Stimme. ❹ *an einen anderen, falschen Ort stellen:* Er verstellte in der Bibliothek die Bücher, so dass sie von anderen nicht mehr gefunden werden konnten. **II.** *mit SICH* ■ *jmd.* **verstellt sich** *sich anders geben, als man ist (um jmdn. zu täuschen):* Sie hatte sich die ganze Zeit über verstellt, um nicht erkannt zu werden.

Ver·stel·lung *die* <-, -en> ❶ */meist Sing./ das Verstellen I.1:* Die Verstellung der Schraube ist nicht schwer. ❷ */kein Plur./ das Verstellen II:* Die Verstellung des Kranken war so perfekt, dass der Arzt zu einer Fehldiagnose kam.

Ver·stel·lungs·künst·ler *der,* **Ver·stel·lungs·künst·le·rin** <-s, -> *jmd., der sich gut verstellen II kann*

ver·step·pen *ohne OBJ* ■ *etwas* **versteppt** *zu Steppe werden:* Bei zu großer Trockenheit versteppt das Grasland. ▸ Versteppung

ver·ster·ben <verstirbst, verstarb, ist verstorben> *ohne OBJ* ■ *jmd.* **verstirbt** *(geh.) (eines na-*

türlichen Todes) sterben: Vor zwei Jahren ist mein Onkel verstorben.

ver·steu·ern <versteuerst, versteuerte, hat versteuert> *mit OBJ* ■ *jmd.* **versteuert etwas** *Steuern für etwas bezahlen:* Selbstverständlich musst du dein Einkommen versteuern. ▸ Versteuerung

ver·stim·men <verstimmst, verstimmte, hat verstimmt> **I.** *mit OBJ* ■ *jmd.* **verstimmt jmdn.** *verärgern:* Sie hat ihn mit dieser Bemerkung sichtlich verstimmt. **II.** *mit SICH* ■ *etwas* **verstimmt sich** *ein Musikinstrument verliert die Stimmung:* Aufgrund der hohen Luftfeuchtigkeit hat sich das Klavier stark verstimmt.

ver·stimmt I. *Part. Perf. von* **verstimmen II.** *adj* ❶ *verärgert, übel gelaunt:* Nach diesen Misserfolgen bin ich richtig verstimmt. ❷MUS. *so, dass es die richtige Stimmung verloren hat:* Die Geige/ Das Klavier ist völlig verstimmt.

Ver·stim·mung *die* <-, -en> *das Verstimmtsein:* Die Verstimmung der Leute drückte sich in ihren Protestrufen aus.

ver·stockt *adj (abwert.) starrsinnig, uneinsichtig, nicht bereit zur Reue;* ■ **ein verstockter Sünder** *ein zur Buße nicht bereiter Sünder*

Ver·stockt·heit *die* <-> */kein Plur./ Trotz, Uneinsichtigkeit, Verstocktsein:* Seine Verstocktheit hinderte ihn daran, einen Rat anzunehmen.

ver·stoh·len *adj /nicht steig./ (geh.) heimlich, unbeobachtet, unauffällig:* seine verstohlenen Blicke zu ihr hin; Sie schaute sich verstohlen um.

ver·stop·fen <verstopfst, verstopfte, hat verstopft> *mit OBJ* ❶ ■ *jmd./etwas* **verstopft etwas** *jmd. verschließt etwas:* Sie hat das Schlüsselloch mit Papier verstopft. ❷ ■ *etwas* **verstopft etwas** *etwas verhindert den Durchgang (durch ein Rohr/eine Straße):* Die vielen Haare haben den Abfluss verstopft.; Die vielen Autos verstopfen die Straßen.

Ver·stop·fung *die* <-, -en> */kein Plur./* ❶ *das Verstopfen; der Zustand, dass etwas verstopft ist* ❷MED. *das Ausbleiben des Stuhlgangs*

Ver·stor·be·ne *der/die* <-n, -n> *(geh.) jmd., der verstorben ist:* Der Verstorbene wird aufgebahrt.; Die Erinnerung an den Verstorbenen wird niemals verblassen.

ver·stört *adj seelisch und geistig verwirrt:* Er macht noch immer einen sehr verstörten Eindruck. ▸ Verstörtheit

Ver·stoß *der* <-es, Verstöße> *das Verstoßen II:* Der Verstoß gegen das Gesetz wird mit Gefängnisstrafe geahndet.

ver·sto·ßen <verstößt, verstieß, hat verstoßen> **I.** *mit OBJ* ■ *jmd.* **verstößt jmdn.** *aus einer Gemeinschaft ausschließen:* Der Vater verstieß seine Tochter. **II.** *ohne OBJ* ■ *jmd.* **verstößt gegen etwas** *Akk. ein Gesetz, eine Bestimmung, eine Vorschrift verletzen, zuwiderhandeln:* Sie hat schon mehrmals gegen das Gesetz verstoßen.; Der Fußballspieler verstieß mehrfach gegen die Regeln.

ver·strahlt *adj mit Strahlen verseucht:* Nach dem Reaktorunfall waren sämtliche Organismen in der Umgebung verstrahlt.

Ver·stre·bung *die* <-, -en> TECHN. *eine stützende*

Querverbindung zwischen zwei Balken ◆ Längs-, Quer-

ver·strei·chen <verstreichst, verstrich, hat/ist verstrichen> **I.** *mit OBJ (haben)* ■ *jmd. verstreicht etwas* ❶ *Farbe, Salbe o.Ä, auftragen und verbrauchen:* Er hat die gesamte Farbe verstrichen. ❷ ■ *jmd. verstreicht etwas auf etwas Dat. gleichmäßig durch Streichen auf etwas verteilen:* die Marmelade auf dem Tortenboden verstreichen **II.** *ohne OBJ (sein)* ■ *etwas verstreicht (geh.) ungenutzt vergehen:* Seit dem Unfall war viel Zeit verstrichen.; Er ließ die Gelegenheit ungenutzt verstreichen.

ver·streu·en <verstreust, verstreute, hat verstreut> *mit OBJ* ❶ ■ *jmd. verstreut etwas auf etwas Dat. durch Streuen auf einer Fläche verbreiten:* Wir haben die Düngerkörner gleichmäßig auf dem Rasen verstreut. ❷ ■ *jmd. verstreut etwas (≈ verschütten)* Ich habe etwas Mehl verstreut. ❸ *da und dort hinlegen, hinsetzen oder hinstellen und dortlassen:* Das Kind hatte seine Spielsachen im ganzen Zimmer verstreut.; Die Häuser lagen weit verstreut in der Landschaft.

ver·stri·cken <verstrickst, verstrickte, hat verstrickt> **I.** *mit OBJ* ■ *jmd./etwas verstrickt jmdn. in etwas Akk. jmdn. in eine unangenehme, unübersichtliche Situation bringen:* Diese Verschwendungen verstrickten schließlich seine ganze Familie in eine schwierige finanzielle Situation. ▶Verstrickung **II.** *mit SICH* ■ *jmd. verstrickt sich (in etwas Akk.) sich in eine unangenehme Lage bringen:* Der Angeklagte hatte sich in Widersprüche verstrickt. ▶Verstrickung

ver·stüm·meln <verstümmelst, verstümmelte, hat verstümmelt> *mit OBJ* ❶ ■ *jmd./etwas verstümmelt jmdn./sich/etwas jmdn. oder sich durch Abtrennen einzelner Körperteile schwer verletzen und entstellen:* Er verstümmelte sich durch Abschneiden eines Fingers, um vom Kriegsdienst befreit zu werden ❷ ■ *etwas verstümmelt etwas /meist im Passiv/ durch Unachtsamkeit oder Missverständnis entstellen:* Durch die unvollständige Datenübertragung wurde der Text der E-Mail völlig verstümmelt.

Ver·stüm·me·lung *die* <-, -en> ❶ *das Verstümmeln, Verstümmeltwerden:* Viele erlitten im Krieg eine Verstümmelung.; die Verstümmmelung vieler Menschen jährlich durch Landminen ❷ *das Verstümmeltsein:* Die Verstümmelung seines Körpers ertrug er jahrelang mit Geduld.; Die Verstümmelung des Textes war so groß, dass man ihn nicht mehr verstehen konnte.

ver·stum·men <verstummst, verstummte, ist verstummt> *ohne OBJ* ❶ ■ *jmd. verstummt jmd. hört auf zu sprechen oder zu singen:* Sie verstummte plötzlich/jäh. ❷ ■ *etwas verstummt (geh.: von Gesprächen, Musik, Lauten, Geräuschen, Lärm) etwas hört auf:* Als er den Raum betrat, verstummte die Unterhaltung.

Ver·such *der* <-(e)s, -e> ❶ *eine Handlung, mit der etwas versucht I.1, I.2 wird:* ein aussichtsloser/geglückter/kühner/letzter/verzweifelter Versuch ◆Flucht-, Mord-, Schreib- ❷ *ein (naturwissenschaftliches oder psychologisches) Experi-*

ment: Wir haben im Labor einige Versuche durchgeführt. ◆-sabteilung, -sergebnis, -sgelände, -slabor, -sperson, -sreihe, Labor-, Tier- ❸ SPORT *in einem sportlichen Wettkampf das Ausführen einer Übung:* Die Weitspringer haben drei Versuche.

ver·su·chen I. *mit OBJ* ❶ ■ *jmd. versucht etwas sich bemühen, etwas Schwieriges zu tun:* Die Bergsteiger versuchten, den Gipfel über eine neue Route zu erreichen. ❷ ■ *jmd. versucht etwas (aus)probieren:* Ich habe schon einige Salben versucht, aber keine hat bisher geholfen.; Ich möchte auch einmal versuchen, ob ich das schon kann. ❸ ■ *jmd. versucht etwas (≈ kosten) eine Speise oder ein Getränk probieren:* Habt ihr diese Früchte schon versucht?; Kann ich auch einmal von dem Wein versuchen? ❹ ■ *jmd. versucht es mit jmdm./etwas jmd. probiert aus, ob jmd. oder etwas geeignet ist, eine bestimmte Aufgabe oder Funktion zu erfüllen:* Der eine Schlüssel passt nicht – ich versuche es mal mit dem anderen. ❺ ■ *jmd. versucht jmdn. (veralt.) jmd. bringt jmdn. in Versuchung:* Der Teufel versucht den Menschen. **II.** *mit SICH* ■ *jmd. versucht sich an/in etwas Dat. jmd. tut etwas zur Probe, um festzustellen, ob er es kann:* Sie versucht sich jetzt in der Malerei.; Ich habe mich an der Reparatur des Fahrrads versucht.; ■ *jemand versucht es noch einmal mit jemandem jmd. gibt jmdm., der einen Fehler gemacht hat, noch einmal eine Chance* Obwohl Sie viele Fehler gemacht haben, will ich es noch einmal mit Ihnen versuchen.

Ver·suchs·an·la·ge *die* <-, -n> *eine Anlage, mit deren Hilfe Versuche durchgeführt werden:* Die Atomphysik kommt ohne die Versuchsanlage eines Teilchenbeschleunigers nicht aus.

Ver·suchs·an·ord·nung *die* <-, -en> *alle für einen wissenschaftlichen Versuch geschaffenen Bedingungen:* Die Versuchsanordnung verlangt, dass alle Messgeräte neu justiert werden.

Ver·suchs·boh·rung *die* <-, -en> *(≈ Probebohrung) eine Testbohrung, die zeigen soll, ob irgendwo bestimmte Bodenschätze lagern*

Ver·suchs·ka·nin·chen *das* <-s, -> *(umg. abwert.) eine Person, mit der man einen Versuch² durchführt oder etwas ausprobiert:* „Wenn ich so von dir ausgefragt werde, fühle ich mich wie ein Versuchskaninchen."

ver·suchs·wei·se *adv (≈ probeweise)* so, dass eine Lösung noch nicht endgültig ist und sich erst in einem Versuch bewähren muss: Wir haben versuchsweise eine neue Regelung eingeführt.

Ver·su·chung *die* <-, -en> *(≈ Verlockung) der starke Wunsch, etwas zu tun, das man nicht tun sollte:* Trotz der Warnungen erlag er der Versuchung.; „Führe uns nicht in Versuchung" (aus dem christlichen Gebet „Vaterunser")

ver·sump·fen <versumpfst, versumpfte, ist versumpft> *ohne OBJ* ❶ ■ *etwas versumpft zu Sumpfland werden:* Der See ist versumpft. ❷ ■ *jmd. versumpft (umg.) lange feiern und viel trinken:* Ich bin letzte Nacht in einer Kneipe versumpft.

ver·sün·di·gen <versündigst, versündigte, hat versündigt> *mit SICH* ■ *jmd. versündigt sich* *(an jmdm./etwas)* *(geh.) unrecht und schlecht handeln und jmdm. oder etwas schaden:* Mit solchen Bauprojekten versündigt man sich an der Natur.; ■**Versündige dich nicht!** *verwendet, um eine religiös verstandene Warnung vor einer Verfehlung auszusprechen*

ver·sun·ken I. *Part. Perf. von* **versinken** II. *adj* ❶ *verschwunden, ausgelöscht:* Ich habe mir ein Buch über die versunkene Kultur der Azteken gekauft. ❷ *so vertieft, dass man nichts anderes mehr bemerkt:* Er war ganz in Gedanken versunken. ▸Versunkenheit

ver·sü·ßen <versüßt, versüßte, hat versüßt> *mit OBJ* ■*jmd. versüßt sich/jmdm. etwas etwas für sich oder jmdn. angenehmer machen:* Sie wollten sich/den Kindern das Leben versüßen. ▸Versüßung

Ver·tä·fe·lung *die* <-, -en> *(≈ Täfelung)* Die Vertäfelung in diesem historischen Saal ist aus Eiche.

ver·ta·gen <vertagst, vertagte, hat vertagt> I. *mit OBJ* ■*jmd. vertagt etwas (≈ verschieben) eine Sache bis auf weiteres ohne Ergebnis oder Beschluss beenden und einen neuen Termin dafür ansetzen:* Man vertagte die Sitzung aufgrund von Terminschwierigkeiten.; Die Entscheidung wurde bis auf weiteres vertagt. II. *mit SICH* ■*jmd. vertagt sich eine Sitzung abbrechen und später fortsetzen:* Das Gericht vertagte sich.

Ver·ta·gung *die* <-, -en> *das (Sich-)Vertagen:* Die Vertagung des Termins scheint hier das einzig Sinnvolle.

ver·tau·schen <vertauschst, vertauschte, hat vertauscht> *mit OBJ* ■*jmd. vertauscht etwas (mit etwas Dat.)* ❶ *gegen etwas tauschen:* Der Professor hat seinen Lehrstuhl mit einem Sitz im Parlament vertauscht.; Mein Kollege und ich, wir haben unsere Büros vertauscht. ❷ *verwechseln; irrtümlich das eine für das andere nehmen:* Sie hat unsere Tennisschläger vertauscht und nicht gemerkt, dass sie meinen genommen hat.

ver·tei·di·gen <verteidigst, verteidigte, hat verteidigt> *mit OBJ* ■*jmd. verteidigt etwas/jmdn.* ❶ *einen Angriff von sich oder jmdm. oder etwas abwehren:* Die Soldaten verteidigen die Stadt gegen die Angreifer.; Ich verteidigte mich mit bloßen Fäusten. ❷ ■*jmd. verteidigt etwas/jmdn. für eine kritische Person, Sache argumentieren:* Sie verteidigte ihre Thesen. ❸ ■*jmd. verteidigt jmdn.* RECHTSW. *für einen Klienten vor Gericht eintreten:* Wer verteidigt den Angeklagten? ❹ SPORT *sich bemühen, einen Spielstand zu halten:* Die Mannschaft verteidigte ihr Unentschieden bis zum Schlusspfiff.

Ver·tei·di·ger *der*, **Ver·tei·di·ge·rin** <-s, -> ❶ *jmd., der jmdn. oder etwas verteidigt:* Nicht nur Feministinnen sind Verteidigerinnen der Chancengleichheit. ❷ RECHTSW. *(↔ Staatsanwalt) Rechtsanwalt, Strafverteidiger:* Im Strafprozess vertritt der Verteidiger die Rechte des Angeklagten. ❸ SPORT *(≈ Stürmer) ein Spieler, dessen Aufgabe es ist, Tore der Gegenmannschaft zu verhindern*

Ver·tei·di·gung *die* <-, -en> ❶ *(≈ Selbstverteidigung) das (Sich-)Verteidigen (mit Taten):* Zu meiner Verteidigung gegen Raubüberfälle werde ich

Boxen/Karate lernen. ❷ *das (Sich-)Verteidigen (mit Worten):* „Wenn Sie mich in ihrer Rede so attackieren, was soll ich da zu meiner Verteidigung sagen?" ❸ */kein Plur./* MILIT. *das Militärwesen (in Friedenszeiten):* Für die Verteidigung wird in diesem Jahr weniger ausgegeben. ▸-minister, -ministerium ❹ RECHTSW. *der oder die Verteidiger²:* Die Verteidigung zieht ihren Antrag zurück. ❺ SPORT *(↔ Sturm) alle Spieler einer Mannschaft, die als Verteidiger spielen*

Ver·tei·di·gungs·krieg *der* <-(e)s, -e> *(≈ Defensivkrieg ↔ Angriffskrieg) ein Krieg, den ein Land führt, um sich vor einem gegnerischen Angriff zu verteidigen*

ver·tei·len I. *mit OBJ* ❶ ■*jmd./etwas verteilt etwas (an jmdm./etwas) Dinge gleicher oder ähnlicher Art an mehrere Personen/an etwas geben oder austeilen:* Sie verteilt den Kuchen an die Kinder.; Wir verteilten Prospekte in der Fußgängerzone (an die Passanten). ❷ ■*jmd. verteilt etwas auf etwas Dat. aufteilen und ausgewogen an verschiedene Stellen bringen:* Wir sollten die Ladung gleichmäßig auf den Anhänger verteilen.; Die Flüsse verteilen das Wasser über das ganze Land. II. *mit SICH* ■*jmd./etwas verteilt sich jmd. oder etwas breitet sich in einer Umgebung aus:* Die Studenten verteilten sich bei der Examensarbeit über den ganzen Hörsaal.; Der Brandgeruch verteilt sich im ganzen Haus.

Ver·tei·ler *der* <-s, -> ❶ *jmd., der etwas verteilt*¹ ❷ WIRTSCH. *jmd., der als (Einzel-)Händler Waren vertreibt* ❸ *eine Liste von Personen, an die Rundschreiben geschickt werden:* jemanden in den Verteiler aufnehmen/aus dem Verteiler streichen

Ver·tei·ler·do·se *die* <-, -n> ELEKTROTECHN. *ein kleines Gehäuse, von dem aus verschiedene elektrische Leitungen abzweigen*

Ver·tei·ler·kas·ten *der* <-s, Verteilerkästen> ELEKTROTECHN. *ein Kasten, von dem aus Elektrizität in verschiedene Leitungen verteilt wird*

Ver·tei·lung *die* <-, -en> *das Verteilen*

Ver·tei·lungs·kampf *der* <-(e)s, Verteilungskämpfe> ■**einen Verteilungskampf um etwas führen** *einen Streit unter denjenigen austragen, die sich etwas teilen müssen* Als Nahrungsmittel in die Hungergebiete gebracht wurden, kam es unter den Einheimischen zu Verteilungskämpfen.

ver·te·le·fo·nie·ren *mit OBJ* ■*jmd. verteleföniert etwas Geld für Telefongespräche ausgeben:* Seit ich in eine andere Stadt ziehen musste, vertelefoniere ich jeden Monat ziemlich viel Geld mit meiner Freundin.

ver·teu·ern <verteuerst, verteuerte, hat verteuert> I. *mit OBJ (↔ verbilligen)* ■*etwas verteuert etwas teurer machen:* Der längere Transportweg verteuert den Endpreis der Waren. II. *mit SICH* ■*etwas verteuert sich teurer werden (↔ verbilligen)* Im letzten Jahr haben sich die Lebensmittel um 10% verteuert.

Ver·teu·e·rung *die* <-, -en> *das Verteuern*

ver·teu·feln <verteufelst, verteufelte, hat verteufelt> *mit OBJ* ■*jmd. verteufelt jmdn./etwas als etwas Akk. (abwert.) als sehr schlecht, gefährlich oder böse darstellen:* Die Kirche verteufelte ihn als Ketzer.; Man hat auch diese Erfindung zunächst verteufelt. ▸ **Verteufelung**

ver·teu·felt I. *Part. Perf. von* **verteufeln** II. *adj (umg.)* ❶ *(≈ verflixt) schwierig, unangenehm:* Wie kommen wir aus dieser verteufelten Situation bloß wieder heraus? ❷ *sehr groß oder stark:* Ich habe einen ganz verteufelten Hunger. ❸ *(≈ verflucht) sehr:* Wir steckten damals in einer verteufelt schwierigen Lage.

ver·ti·cken <verickst, verickte, hat verickt> *mit OBJ* ■ *jmd.* **verickt etwas** *(Jargon) verkaufen; mit etwas (illegal) Handel treiben:* Er hielt sich mit Gelegenheitsjobs über Wasser und soll gelegentlich in Technoclubs Ecstasypillen verickt haben.

ver·tie·fen <vertiefst, vertiefte, hat vertieft> I. *mit OBJ* ❶ ■ *jmd.* **vertieft etwas** *tiefer machen:* Wir mussten den Brunnenschacht vertiefen. ❷ *gedanklich tiefer in ein Thema eindringen, Wissen erweitern:* Im zweiten Teil des Seminars werden wir den behandelten Stoff vertiefen. II. *mit SICH* ❶ ■ *jmd./etwas* **vertieft sich** *tiefer werden:* Im Laufe der Jahre haben sich die Falten in seinem Gesicht vertieft. ❷ ■ *jmd.* **vertieft sich in etwas** *Akk. sich mit etwas intensiv beschäftigen, so dass man seine Umgebung vergisst:* Er vertiefte sich in seine Zeitung/in die Lektüre seines Romans.

Ver·tie·fung *die* <-, -en> ❶ *das gedankliche Vertiefen; die Wissenserweiterung:* Der Aufbaukurs dient der Vertiefung des Stoffes. ❷ *(↔ Erhebung) tiefer gelegener Teil einer Fläche:* Auf der Unterseite der Platte sind Vertiefungen.

ver·ti·kal *adj /nicht steig./ (≈ senkrecht ↔ horizontal)* so, dass etwas entlang einer senkrechten (gedachten) Linie ausgerichtet ist

Ver·ti·ka·le *die* <-, -en> *(↔ Horizontale) eine senkrechte Gerade:* Die Mauerkante bildet eine Vertikale.

ver·til·gen <vertilgst, vertilgte, hat vertilgt> *mit OBJ* ■ *jmd.* **vertilgt etwas** ❶ *(≈ ausrotten) (Ungeziefer oder Unkraut) mit geeigneten Mitteln vernichten* ▸ Vertilgung ❷ *(umg. scherzh.) restlos aufessen:* Bereits auf den ersten Kilometern habe ich meinen ganzen Proviant vertilgt.

Ver·til·gungs·mit·tel *das* <-s, -> *ein Mittel, das zur Vernichtung von Unkraut oder Ungeziefer eingesetzt wird:* Unkraut wird häufig mit chemischen Vertilgungsmitteln bekämpft. ◆Unkraut-

ver·tip·pen *mit SICH* ■ *jmd.* **vertippt sich** *(umg.) beim Schreiben mit einer Schreibmaschine oder am Computer einen Fehler machen:* Aus Eile habe ich mich bei dem Wort „Mänsch" vertippt, ich muss natürlich „Mensch" heißen.

ver·to·nen <vertonst, vertonte, hat vertont> *mit OBJ* ■ *jmd.* **vertont etwas** *eine Melodie zu einem Text oder Film komponieren:* Eisler vertonte einige Stücke von Brecht.

Ver·to·nung *die* <-, -en> *das Vertonen:* Schuberts Vertonungen einiger Schillerscher Balladen sind noch heute ziemlich unbekannt.

ver·trackt *adj (umg.) schwierig, verworren, ärgerlich:* Wir hatten uns in eine vertrackte Situation manövriert. ▸ Vertracktheit

Ver·trag *der* <-(e)s, Verträge> RECHTSW. ❶ *eine (schriftliche) Vereinbarung, in der eine bestimmte Sache rechtsgültig zwischen zwei Parteien geregelt wird:* Er hat den Vertrag erfüllt/gebrochen/gekündigt/ gelöst/verletzt.; Die Laufzeit des Vertrages beträgt drei Jahre.; Das Theater nahm eine neue Schauspielerin unter Vertrag. ❷ *das Dokument, in dem ein Vertrag[1] ausgearbeitet ist:* Sie hat den Vertrag unterschrieben.; Der Vertrag trägt das Siegel des Notars. ◆-sbedingung, -sbruch, -sdauer, -sentwurf, -slaufzeit, -spartner(in), -stext, -sverhandlung, -sverletzung, Arbeits-, Ehe-, Kauf-, Leasing-, Miet-, Pacht-, Werk-

ver·tra·gen <verträgst, vertrug, hat vertragen> I. *mit OBJ* ■ *jmd.* **verträgt etwas** ❶ *ohne Schaden etwas aushalten können:* Ich kann die Hitze/ das Klima gut vertragen. ❷ *gesundheitlich nicht schaden:* Sie verträgt keinen Kaffee/keinen Rauch.; Sie vertragen nur warme Speisen. ❸ *ertragen, akzeptieren:* Er verträgt keine Kritik. ❹ SCHWEIZ. *etwas austragen (z. B. Zeitungen)* II. *mit SICH* ❶ ■ *jmd.* **verträgt sich mit jmdm.** *gut miteinander auskommen:* Wir haben uns vom ersten Tag gut an vertragen. ❷ ■ *jmd.* **verträgt sich wieder mit jmdm.** *versöhnen:* Wollen wir uns nicht wieder vertragen? ❸ ■ *etwas verträgt sich mit etwas vereinbar sein:* Alkohol und Tabletten vertragen sich nicht.

ver·trag·lich *adj /nicht steig./ durch einen Vertrag bestimmt:* Wir haben das vertraglich festgelegt/geregelt.; Ehepartner sind vertraglich gebunden.; Wie bewerten Sie als Jurist die vertragliche Seite der Angelegenheit?

ver·träg·lich *adj /nicht steig./* ❶ *(≈ umgänglich) so, dass Menschen keine Schwierigkeiten haben, sich mit jmdm. gut zu vertragen:* Er ist ein verträglicher Mensch. ❷ *(≈ bekömmlich) so, dass die Einnahme von etwas nicht zu Problemen oder Unwohlsein führt:* Das Medikament ist gut verträglich. ▸ Verträglichkeit

Ver·trags·ab·schluss *der* <-es, Vertragsabschlüsse> *das Abschließen eines Vertrags:* Die erste Rate wird bei Vertragsabschluss gezahlt.

Ver·trags·bruch *der* <-(e)s, Vertragsbrüche> *die Nichteinhaltung eines Vertrags*

ver·trags·brü·chig *adj /nicht steig./ so, dass man Vertragsbruch begangen hat:* Mit der Einstellung seiner Zahlungen wurde er vertragsbrüchig.

ver·trags·ge·mäß *adj /nicht steig./ (↔ vertragswidrig) dem Vertrag entsprechend*

Ver·trags·stra·fe *die* <-, -n> *(≈ Konventionalstrafe) eine Strafe, die jmd. bezahlen muss, wenn er eine vertragliche zugesicherte Leistung nicht wie vereinbart erbringt:* Nachem die Lieferung entgegen dem Vertrag ein halbes Jahr später kam, wurde die Vertragsstrafe fällig.

Ver·trags·werk·statt *die* <-, Vertragswerkstätten> *eine Werkstatt, die solche Autos, Geräte oder Maschinen repariert, für die sie vom Hersteller autorisiert ist:* Ich habe meinen Wagen in die Vertragswerkstatt zur Reparatur gebracht.

ver·trags·wid·rig *adj /nicht steig./ (↔ vertragsgemäß) einem Vertrag nicht entsprechend, nicht vertragsgemäß:* Sie haben den Vertrag unterschrie-

V

ben, und wenn Sie ihn nicht einhalten, so handeln Sie vertragswidrig. ▶ Vertragswidrigkeit

Ver·trau·en *das* <-s> */kein Plur./ das Gefühl, der feste Glaube, dass man einer Person oder einer Macht persönliche Dinge und Gefühle ohne Risiko sagen kann und dass diese Person oder Macht absolut verlässlich ist:* Was sie betrifft, so habe ich blindes/grenzenloses/unerschütterliches Vertrauen.; Ich setze mein ganzes Vertrauen auf Gott.; Nichts konnte sein Vertrauen zu seinem Freund erschüttern.; Sie hat sein Vertrauen enttäuscht/gewonnen/verdient. ♦Getrennt- oder Zusammenschreibung →R 4.16 Vertrauen erweckend/vertrauenerweckend; großes Vertrauen erweckend; äußerst/sehr vertrauenerweckend; noch vertrauenerweckender

ver·trau·en <vertraust, vertraute, hat vertraut> *ohne OBJ* ❶■ *jmd.* **vertraut** REL. *Vertrauen empfinden:* Vertraue doch, das Leben hat einen Sinn! ❷■ *jmd.* **vertraut jmdm.** *sich auf jmdn. verlassen; jmdn. für zuverlässig halten:* Geschäftspartner sollten einander vertrauen können.; Du kannst ihm blind vertrauen. ❸■ *jmd.* **vertraut auf jmdn./etwas** *glauben, dass jmd. oder etwas in der Lage ist, ein Problem zu lösen:* Er vertraut auf seine Fähigkeiten/auf seine Kraft.; Ich vertraue auf mein Glück.

ver·trau·en·er·we·ckend, Ver·trau·en er·we·ckend <vertrauenerweckender, am vertrauenerweckendsten> *adj so, dass man zu jmdm. oder etwas Vertrauen haben kann:* Seine Ausstrahlung war nicht besonders/ sehr vertrauenerweckend.; *siehe aber auch* **Vertrauen**

Ver·trau·ens·arzt *der,* **Ver·trau·ens·ärz·tin** <-es, Vertrauensärzte> *ein Arzt, der im Auftrag einer Krankenkasse Krankheitsfälle von Versicherten (im Hinblick auf Arbeitsunfähigkeit) zu begutachten hat:* Nach dem Betriebsunfall wurde ich vom Vertrauensarzt für vier Wochen krank geschrieben.

ver·trau·ens·bil·dend *adj /nicht steig./* POL. *eine Handlung, die dazu führen soll, dass das Vertrauen (wieder) wachsen kann:* Die Hilfsaktion der Regierung war eine vertrauensbildende Maßnahme.

Ver·trau·ens·bruch *der* <-(e)s, Vertrauensbrüche> *ein Missbrauch des Vertrauens:* Nachdem er die private Post seiner Frau geöffnet hatte, machte sie ihm den Vorwurf des Vertrauensbruchs.

Ver·trau·ens·fra·ge *die* <-, -n> ❶ */meist Sing./ eine Angelegenheit, bei der das Vertrauen einer Person zu einer anderen entscheidend ist:* Ob man ihr diese Arbeit geben soll, ist eine Vertrauensfrage. ❷POL. *eine Anfrage der Regierung oder des Regierungschefs an die Mitglieder des Parlaments, ob sie noch deren Vertrauen genießen:* Der Kanzler stellte die Vertrauensfrage.

Ver·trau·ens·frau *die* <-, -en> *siehe* **Vertrauensmann**

Ver·trau·ens·leh·rer *der,* **Ver·trau·ens·leh·re·rin** <-s, -> SCHULE *ein Lehrer an einer Schule, der Schüler bei persönlichen Problemen berät:* Nachdem ein Schüler in der Schule gestohlen hatte,

wandten sich die Mitschüler an den Vertrauenslehrer.

Ver·trau·ens·mann *der* <-(e)s, Vertrauensmänner/Vertrauensleute> ❶<*pl:* -leute> *jmd., der die Interessen einer Gruppe gegenüber übergeordneten Instanzen vertritt:* Die Verhandlungen mit unseren Auslandsfilialen führen unsere Vertrauensleute. ❷<*pl:* -männer> *jmd., der bei schwierigen oder geheimen Geschäften oder Verhandlungen vermittelt:* Geheimdiplomatie betrieb man nur mit Vertrauensmännern.

Ver·trau·ens·per·son *die* <-, -en> *jmd., der großes Vertrauen genießt:* Für sie war der Beichtvater zugleich auch eine Vertrauensperson.

Ver·trau·ens·sa·che *die* <-, -en> ❶ */meist Sing./ eine Frage des Vertrauens:* Es ist Vertrauenssache, ob du ihr das sagst. ❷ *eine vertraulich zu behandelnde Angelegenheit:* Vertrauenssachen werden nur schriftlich behandelt.

Ver·trau·ens·schwund *der* <-(e)s> */kein Plur./ das Nachlassen des Vertrauens in jmdn.:* Nach der sehr oberflächlichen Behandlung des Arztes empfinde ich einen Vertrauensschwund ihm gegenüber.

ver·trau·ens·se·lig *adj schnell und kritiklos bereit, anderen zu vertrauen:* Er hat ein vertrauensseliges Wesen und erzählt alles über sein privates Leben. ▶ Vertrauensseligkeit

Ver·trau·ens·stel·lung *die* <-, -en> *eine (berufliche) Stellung, die Zuverlässigkeit und Verschwiegenheit erfordert:* Er hat seine Vertrauensstellung missbraucht.

Ver·trau·ens·ver·lust *der* <-(e)s> */kein Plur./ der Zustand, dass jmd. sein Vertrauen verloren hat:* Nach dem Streit litt ihre Beziehung unter dem Vertrauensverlust von beiden Seiten.

ver·trau·ens·voll *adj* ❶ *voller Vertrauen:* Sie können sich jederzeit vertrauensvoll an mich wenden. ❷ *hoffnungsvoll:* Sie blickte vertrauensvoll in die Zukunft.

ver·trau·ens·wür·dig *adj so, dass man jmdm. vertrauen kann* ▶ Vertrauenswürdigkeit

ver·trau·lich *adj* ❶ *(≈ geheim) so, dass es nicht an Unbefugte weitergegeben werden darf:* Er erhielt streng vertrauliche Informationen. ❷ *(≈ freundschaftlich) so, dass man spürt, dass Menschen schon länger eine enge Beziehung haben:* Sie sprachen in vertraulichem Ton miteinander. ❸ *(≈ aufdringlich, zudringlich) so, dass jmd. in übertriebener Weise die Nähe zu jmdm. sucht:* Wenn man ihn nur freundlich grüßt, wird er sofort plump vertraulich.

Ver·trau·lich·keit *die* <-, -en> ❶ */kein Plur./ die Eigenschaft, vertraulich [1] zu sein:* Sie behandelten die Mitteilung mit aller Vertraulichkeit. ❷ *Aufdringlichkeit, Zudringlichkeit*

ver·träu·men <verträumst, verträumte, hat verträumt> *mit OBJ* ■ *jmd.* **verträumt etwas** *nichts tun und seine Zeit bewusst mit Träumereien verbringen:* Den ersten Urlaubstag habe ich im Garten auf einem Liegestuhl verträumt.; Ich glaube, ich habe meine halbe Jugend(zeit) verträumt.

ver·träumt **I.** *Part. Perf. von* **verträumen** **II.** *adj* ❶ *(≈ versonnen) in Gedanken verloren:* Sie blickte verträumt übers Meer. ❷ *einsam gelegen, idyl-lisch:* Wir haben in einem verträumten Städtchen gewohnt.

ver·traut **I.** *Part. Perf. von* **vertrauen** **II.** *adj* ❶ *sehr eng befreundet:* Die beiden scheinen sehr vertraut miteinander zu sein. ❷ *so gut bekannt, dass man es nicht als fremd empfindet:* Auf der großen Party sah ich viele vertraute Gesichter. ❸ *so, dass man etwas gut kennt und beherrscht:* Sie ist mit diesem Computerprogramm bestens ver-traut.

Ver·trau·te *der/die* <-n, -n> *ein sehr guter Freund, eine sehr enge Freundin:* Seine Geheim-nisse konnte er nur einem Vertrauten sagen.; Seine Mutter war seine einzige Vertraute, ihr konnte er alles sagen.

Ver·traut·heit *die* <-> */kein Plur./ das Vertraut-sein:* Die Vertrautheit mit dem Thema gab ihr große Sicherheit.

ver·trei·ben <vertreibst, vertrieb, hat vertrie-ben> *mit OBJ* ❶ ■ *jmd./etwas vertreibt jmdn./ein Tier (aus etwas Dat.)* Menschen oder Tiere zwingen, einen Ort zu verlassen: Nach dem Krieg vertrieb man viele Menschen aus ihrer Heimat.; Der aufkommende Sturm hat nun auch die letzten Badegäste aus dem Schwimmbad ver-trieben. ❷ ■ *jmd./etwas vertreibt jmdn./ein Tier verjagen, verscheuchen:* Vertreib doch mal die Wespen!; Die Abholzung des Waldes hat viele Tiere vertrieben. ❸ ■ *jmd. vertreibt etwas (in großem Stil) verkaufen:* Die Firma vertreibt dieses Produkt in alle Welt. ▶ Vertrieb

Ver·trei·bung *die* <-, -en> *das Vertreiben [1]:* die Vertreibung aus dem Paradies

ver·tret·bar *adj /nicht steig./ so, dass man es ver-treten I.4 kann:* Ich halte einen solchen Stand-punkt nicht für vertretbar. ▶ Vertretbarkeit

ver·tre·ten <vertrittst, vertrat, hat vertreten> **I.** *mit OBJ* ❶ ■ *jmd. vertritt jmdn. jmdn. zeitwei-lig ersetzen:* Wer vertritt die erkrankte Lehrerin? ❷ ■ *jmd. vertritt jmdn. jmds. Interessen, Rechte wahrnehmen:* Die Gewerkschaften sollen die Ar-beitnehmer vertreten.; Vor Gericht vertritt mich selbstverständlich mein Anwalt. ❸ ■ *jmd. vertritt etwas als Handelsvertreter arbeiten:* Er vertritt die Produkte der Firma XY. ❹ ■ *jmd. vertritt etwas sich zu etwas bekennen und es verteidigen:* Er vertritt den Grundsatz/den Standpunkt, dass … **II.** *mit SICH* ■ *jmd. vertritt sich etwas* ❶ *un-glücklich auftreten und sich das Fußgelenk verlet-zen oder verstauchen:* Auf der Treppe bin ich aus-gerutscht und habe mir das Fußgelenk vertreten. ❷ *umherlaufen, um sich wieder Bewegung zu ver-schaffen:* Ich muss nach diesem langen Stillsitzen unbedingt raus und mir die Beine vertreten.; ■ **sich die Beine vertreten** *(umg.) nach länge-rem Sitzen ein wenig laufen, um sich wieder frisch und gelenkig zu werden*

Ver·tre·ter *der*, **Ver·tre·te·rin** <-s, -> ❶ *(≈ Han-delsvertreter) jmd., der im Namen einer Firma Kunden besucht, neue Produkte vorstellt, Rekla-mationen entgegennimmt und Bestellungen auf-nimmt:* Er ist Vertreter für Staubsauger. ❷ *(≈ Stell-vertreter) jmd., der jmdn. vertritt I.1* ❸ *(≈ Reprä-*

sentant) Die Abgeordneten sind die Vertreter des Volkes. ❹ *(≈ Exponent) jmd., der für eine be-stimmte (Kunst-/Denk-)Richtung typisch ist:* Franz Marc ist ein typischer Vertreter des Express-sionismus.

Ver·tre·tung *die* <-, -en> ❶ *das Vertreten I.1., I.2:* Er übernimmt die Vertretung der erkrankten Lehrerin. ❷ *jmd., der jmdn. vertritt I.1:* Während des Urlaubes hat der Arzt eine Vertretung. ❸ *(≈ De-legation) eine Abordnung von Bevollmächtigten:* Die Mitglieder der UNO sind Vertretungen der ein-zelnen Staaten.

Ver·trieb *der* <-(e)s, -e> ❶ */kein Plur./ das Ver-treiben [3]* ◆*-sabteilung, -sgesellschaft* ❷ *eine Firma oder Unternehmensabteilung, die Produkte ver-treibt [3]:* Auf der Messe werden Vertreter der jewei-ligen Vertriebe anwesend sein. ◆*-sleiter(in)*

Ver·trie·be·ne *der/die* <-n, -n> *eine Person, die (durch einen Krieg aus der Heimat) vertrieben [1] worden ist*

Ver·triebs·weg *der* <-(e)s, -e> WIRTSCH. *der Weg, auf dem ein Wirtschaftsgut vom Hersteller zum Verbraucher gelangt:* Für viele Kunden ist der Ver-triebsweg über die Zwischenhändler einfach zu lang.

ver·trim·men *mit OBJ* ■ *jmd. vertrimmt jmdn. (umg.) verprügeln:* Früher konnte ein Vater seinen Sohn vertrimmen und glauben, das sei Erziehung.

ver·trin·ken <vertrinkst, vertrank, hat vertrun-ken> *mit OBJ* ■ *jmd. vertrinkt etwas (umg. ab-wert.: ≈ versaufen) für alkoholische Getränke ver-geuden:* Er hat seine ganzen Ersparnisse/ein Ver-mögen vertrunken.

ver·trock·nen <vertrocknet, vertrocknete, ist vertrocknet> *ohne OBJ* ■ *etwas vertrocknet an Wassermangel eingehen:* Im Blumenkasten sind alle Pflanzen vertrocknet.

ver·trö·deln <vertrödelst, vertrödelte, hat ver-trödelt> *mit OBJ* ■ *jmd. vertrödelt etwas (umg. abwert.: ≈ verbummeln) Zeit sinnlos verstreichen lassen:* Er hat den ganzen Vormittag vertrödelt. ▶ Vertrödelung/Vertrödlung

ver·trös·ten <vertröstest, vertröstete, hat ver-tröstet> *mit OBJ* ■ *jmd. vertröstet jmdn. (auf et-was Akk.) jmdn. hinhalten, auf später hoffen las-sen:* Sie hat unser Treffen abgesagt und mich auf nächste Woche vertröstet.; Die Ärzte haben mich mit ihrem „Es wird schon besser werden" immer wieder vertröstet, statt mir die Wahrheit zu sagen. ▶ Vertröstung

ver·trot·telt *adj (umg. abwert.) dumm, einfältig, ungeschickt:* Er erscheint oft ein wenig vertrottelt, weil er nicht sehr schnell arbeitet.

ver·tun <vertust, vertat, hat vertan> **I.** *mit OBJ* ■ *jmd. vertut etwas (abwert.: ≈ vergeuden, ver-schwenden) auf sinnlose Art verbrauchen:* Mit Spielen vertat er viel Zeit. **II.** *mit SICH* ■ *jmd. ver-tut sich (umg.) sich irren:* Ich habe mich beim Rechnen/in der Zeit vertan.; „Ich bin zu früh?! Oh, entschuldigen Sie bitte, ich habe mich in der Zeit vertan!"

ver·tu·schen <vertuschst, vertuschte, hat ver-tuscht> *mit OBJ* ■ *jmd. vertuscht etwas verber-gen, verheimlichen:* Man versuchte, den Skandal

V

zu vertuschen.; Lange Zeit versuchte er, seine Trunksucht zu vertuschen. ▸ Vertuschung

ver·übeln <verübelst, verübelte, hat verübelt> *mit OBJ* ■ *jmd. verübelt jmdm. etwas übel nehmen:* Er hat es mir sehr verübelt, dass ich vergessen habe, ihn einzuladen.; Diesen Scherz hat er mir sehr verübelt.

ver·üben <verübst, verübte, hat verübt> *mit OBJ* ■ *jmd. verübt etwas* (≈ *begehen*) *ausführen:* Unbekannte Täter verübten einen Anschlag auf den Politiker.; Nach dem Mord verübte der Täter Selbstmord.

ver·ul·ken <verulkst, verulkte, hat verulkt> *mit OBJ* ■ *jmd. verulkt jmdn./etwas* (*umg.*) *sich über jmdn. oder etwas lustig machen* ▸ Verulkung

ver·un·fal·len *ohne OBJ* ■ *jmd. verunfallt* SCHWEIZ. *verunglücken*

ver·un·glimp·fen <verunglimpfst, verun­glimpfte, hat verunglimpft> *mit OBJ* ■ *jmd. verunglimpft jmdn.* (*geh.*) *schmähen, beleidigen:* Er hatte seinen politischen Gegner verunglimpft. ▸ Verunglimpfung

ver·un·glü·cken <verunglückst, verunglückte, ist verunglückt> *ohne OBJ* ❶ ■ *jmd. verunglückt einen Unfall erleiden:* Bei einem schweren Autounfall verunglückten drei Menschen tödlich.; Ihr Mann ist bereits vor zwanzig Jahren mit dem Motorrad verunglückt. ❷ ■ *etwas verunglückt (jmdm.)* (*scherzh.*) *misslingen:* Der Kuchen ist leider ein wenig verunglückt.

Ver·un·glück·te *der/die* <-n, -n> *jmd., der einen Unfall erlitten hat*

ver·un·mög·li·chen <verunmöglichst, verun­möglichte, hat verunmöglicht> *mit OBJ* ■ *jmd./ etwas verunmöglicht etwas* SCHWEIZ. *unmöglich machen, verhindern*

ver·un·rei·ni·gen <verunreinigst, verunreinigte, hat verunreinigt> *mit OBJ* (*geh.*) ❶ ■ *jmd./etwas/ein Tier verunreinigt etwas beschmutzen:* Der Hund hat den Teppich verunreinigt. ▸ Verunreinigung ❷ ■ *etwas verunreinigt etwas unrein machen:* Die vielen Abgase verunreinigen die Luft. ▸ Verunreinigung

ver·un·si·chern <verunsicherst, verunsicherte, hat verunsichert> *mit OBJ* ■ *jmd./etwas verunsichert jmdn. unsicher werden lassen:* Durch solche Aussagen wollte der Trainer die gegnerische Mannschaft verunsichern.; Du verunsicherst mich durch dein Lachen.; Ich lasse mich von einer dummen Bemerkung nicht gleich verunsichern. ▸ Verunsicherung

ver·un·stal·ten <verunstaltest, verunstaltete, hat verunstaltet> *mit OBJ* ■ *jmd./etwas verunstaltet jmdn./etwas entstellen; hässlich machen:* Der Anbau verunstaltet das ganze Haus.; Die Narbe verunstaltet ihr Gesicht.

ver·un·treu·en <veruntreust, veruntreute, hat veruntreut> *mit OBJ* ■ *jmd. veruntreut etwas* RECHTSW. *unterschlagen; sich etwas unrechtmäßig aneignen, was einem anvertraut worden ist:* Der Prokurist soll hohe Summen veruntreut haben.

Ver·un·treu·ung *die* <-, -en> RECHTSW. *die unberechtigte Aneignung einer Sache, die einem anvertraut worden ist; das Veruntreuen*

ver·ur·sa·chen <verursachst, verursachte, hat verursacht> *mit OBJ* ■ *jmd./etwas verursacht etwas der Urheber oder die Ursache von etwas Negativem sein:* Wer hat den Unfall verursacht?; Eine defekte Gasleitung verursachte die Explosion. ▸ Verursacher, Verursacherin, Verursachung

ver·ur·tei·len <verurteilst, verurteilte, hat verur­teilt> *mit OBJ* ❶ ■ *jmd. verurteilt jmdn./etwas (zu etwas Dat.)* RECHTSW. *ein Gerichtsurteil sprechen:* Der Angeklagte wurde zu zwei Jahren auf Bewährung verurteilt. ❷ ■ *jmd. verurteilt jmdn. missbilligen, ablehnen:* Sie verurteilte sein Verhalten aufs Schärfste.; Wer wollte ihn wegen eines einzigen Fehlers verurteilen?

Ver·ur·tei·lung *die* <-, -en> *das Verurteilen*

Ver·ve *die* [ˈvɛrvə] <-> */kein Plur./* (*geh.*) *Begeisterung, Elan, Schwung:* Sie sind mit Verve an die neue Herausforderung herangegangen.

ver·viel·fa·chen <vervielfachst, vervielfachte, hat vervielfacht> ❶. *mit OBJ* ■ *jmd./etwas vervielfacht etwas stark vermehren:* Wir haben unser Warenangebot seit Geschäftseröffnung vervielfacht. ❷. *mit SICH* ■ *etwas vervielfacht sich größer werden:* Die Zahl der Ausstellungsbesucher hat sich nach den positiven Zeitungsberichten verfielfacht.

Ver·viel·fa·chung *die* <-, en> *das Vervielfachen I*

ver·viel·fäl·ti·gen <vervielfältigst, vervielfäl­tigte, hat vervielfältigt> *mit OBJ* ■ *jmd./etwas vervielfältigt etwas viele Exemplare von etwas herstellen oder kopieren:* Kannst du mir bitte den Kopierer bitte diesen Text vervielfältigen?; Früher wurden Bücher durch Abschreiben vervielfältigt.

Ver·viel·fäl·ti·gung *die* <-, -en> *das Vervielfältigen* ◆-smaschine

ver·vier·fa·chen <vervierfachst, vervierfachte, hat vervierfacht> ❶. *mit OBJ* ■ *jmd./etwas vervierfacht etwas auf die vierfache Anzahl, Menge, Größe bringen:* Für die Bewältigung der neuen Aufgaben müssen wir die Zahl der Mitarbeiter vervierfachen.; Die Verunsicherung der Leute hat die Wahrscheinlichkeit von Unfällen vervierfacht. ❷. *mit SICH* ■ *etwas vervierfacht sich viermal so groß werden:* Durch eine neue Produktionsweise hat sich die Zahl der Produkte vervierfacht.

ver·voll·komm·nen <vervollkommnest, vervoll­kommnete, hat vervollkommnet> *mit OBJ* ■ *jmd. vervollkommnet etwas vollkommen, perfekt machen:* Sie versucht, ihre Italienischkenntnisse zu vervollkommnen. ▸ Vervollkommnung

ver·voll·stän·di·gen <vervollständigst, vervoll­ständigte, hat vervollständigt> ❶. *mit OBJ* ■ *jmd. vervollständigt etwas vollständig machen:* Er konnte seine Briefmarkensammlung endlich vervollständigen. ▸ Vervollständigung ❷. *mit SICH* ■ *etwas vervollständigt sich etwas wird aus sich selbst vollständig:* Mit dem Eintritt von Herrn A. vervollständigte sich das Team.

ver·wach·sen¹ <verwächst, verwuchs, ist ver­wachsen> *ohne OBJ* ❶ ■ *etwas verwächst heilen und zunehmend unsichtbar werden:* Die Wunde verwächst in ein paar Wochen. ❷ ■ *jmd./ etwas verwächst mit jmdm./etwas zu einer*

Einheit zusammenwachsen: Er ist mit seiner Arbeit/Firma fest verwachsen.; Die beiden Stämme sind miteinander verwachsen.

ver·wạch·sen² I. *Part. Perf. von* **verwachsen** II. *adj (von Menschen und Bäumen) verkrüppelt*

ver·wạ·ckeln <verwackelst, verwackelte, hat verwackelt> *mit OBJ* ■ *jmd. verwackelt etwas (umg.) ein Foto durch Wackeln bei der Aufnahme unscharf werden lassen:* Ich habe mich gerade beim Fotografieren bewegt und so das Bild verwackelt.; Du hast dich gerade bewegt, jetzt ist das Foto verwackelt. ► Verwackelung

ver·wäh·len <verwählst, verwählte, hat verwählt> *mit SICH* ■ *jmd. verwählt sich (umg.) irrtümlich die falsche Telefonnummer wählen*

ver·wah·ren I. *mit OBJ* ■ *jmd. verwahrt etwas etwas an einen sicheren Ort legen, um es dort aufzubewahren:* Sie verwahrt ihren Schmuck im Tresor. II. *mit SICH* ■ *jmd. verwahrt sich gegen etwas Akk. scharf zurückweisen:* Gegen diese Anschuldigung möchte ich mich entschieden verwahren!; Damit habe ich nichts zu tun, dagegen verwahre ich mich!

ver·wahr·lo·sen <verwahrlost, verwahrloste, ist verwahrlost> *ohne OBJ* ■ *jmd./etwas verwahrlost* ❶ *als Mensch schmutzig und ungepflegt werden oder geistig-psychisch verkommen:* Die Bewohner des Elendsviertels verwahrlosen.; Die Jugendlichen waren moralisch völlig verwahrlost. ❷ *als Sache in einen schlechten und ungepflegten Zustand kommen:* Der Garten verwahrlost immer mehr, da niemand das Unkraut jätet.

Ver·wahr·lo·sung *die* <-> */kein Plur./* ❶ */kein Plur./ das Verwahrlosen* ❷ *ein verwahrloster Zustand*

Ver·wah·rung *die* <-> */kein Plur./* ❶ *das Verwahren* I: Ich habe die Dokumente meinem Sohn in Verwahrung gegeben. ❷ *sichere Unterbringung, Obhut:* Mein Pelzmantel ist während meines Theaterbesuchs bei der Garderobe in sicherer Verwahrung.; Nach dem Morddrohung wurde der Schüler zur Verwahrung in eine Erziehungsanstalt gegeben. ❸ RECHTSW. *Protest, Einspruch:* Gegen diesen Vorwurf legte er Verwahrung ein.

ver·waist *adj /nicht steig./* ❶ *ohne Eltern* ❷ *(≈ verlassen)* In dieser Gegend gibt es viele verwaiste Bauernhöfe.

ver·wạl·ten <verwaltest, verwaltete, hat verwaltet> *mit OBJ* ■ *jmd. verwaltet etwas* ❶ *im Auftrag des Besitzers betreuen:* Er verwaltet ein Haus/einen Nachlass/ein Vermögen. ❷ *verantwortlich leiten, (ein Amt) innehaben:* Sie verwaltet die Finanzen.

V

Ver·wạl·ter *der*, **Ver·wạl·te·rin** <-s, -> *jmd., der etwas verwaltet*

Ver·wạl·tung *die* <-, -en> ❶ */meist Sing./ alle Vorgänge, die zur Planung, Steuerung, Dokumentation und Kostenrechnung einer öffentlichen Institution oder einer Firma gehören* ◆-sbezirk ❷ *alle Ämter und Behörden in einer Stadt, in einem Bundesland oder in einem Staat* ❸ *die Abteilung, die die Verwaltung¹ von etwas durchführt* ◆-saufgaben ❹ *Gebäude oder Räume, in denen die Verwaltung³ untergebracht ist* ❺ *das funktio-*

nelle Organisieren; das Verwalten¹: Die Verwaltung seiner vier Häuser übertrug der Besitzer seinen Kindern.

Ver·wạl·tungs·ap·pa·rat *der* <-es, -e> *(≈ Verwaltung²)*

Ver·wạl·tungs·be·am·te *der*, **Ver·wạl·tungs·be·am·tin** <-n, -n> *Beamter in einer Verwaltung*

Ver·wạl·tungs·ge·richt *das* <-(e)s, -e> RECHTSW. *ein Gericht, das über Streitigkeiten im Bereich des öffentlichen Rechts zu entscheiden hat*

Ver·wạl·tungs·ge·richts·hof *der* <-(e)s, Verwaltungsgerichtshöfe> *Oberverwaltungsgericht; erste Instanz von Gerichten der allgemeinen Verwaltungsgerichtsbarkeit*

Ver·wạl·tungs·kos·ten <-> *Plur. Gebühren und Auslagen, die für die öffentlich-rechtlichen Verwaltungstätigkeiten erhoben werden:* Für die Ausstellung eines Personalausweises müssen Verwaltungskosten bezahlt werden.

Ver·wạl·tungs·re·form *die* <-, -en> *Neuordnung der Aufgaben und Zuständigkeiten einer Verwaltung:* Im Vordergrund der modernen Verwaltungsreformen steht ihre Leistungsfähigkeit.

Ver·wạl·tungs·tech·nisch *adj /nicht steig./ in der Art, wie eine Verwaltung arbeitet*

ver·wạn·del·bar *adj /nicht steig./ so, dass man es verwandeln I kann*

ver·wạn·deln <verwandelst, verwandelte, hat verwandelt> I. *mit OBJ* ■ *etwas verwandelt jmdn./etwas* ❶ *völlig verändern:* Die langwierige Krankheit hatte ihn verwandelt.; Der Umbau hat das Haus völlig verwandelt. ❷ ■ *jmd./etwas verwandelt etwas in etwas Akk. etwas völlig anders werden lassen, etwas stark verändern:* Im Frühjahr verwandeln unzählige blühende Krokusse die Wiese in ein Blumenmeer.; Der Zauberer verwandelte den Prinz in einen Vogel.; Der General verwandelte die Niederlage noch in einen Sieg. II. *mit SICH* ■ *jmd./etwas verwandelt sich (zu etwas Dat. /in jmdn./etwas) zu etwas anderem werden, die Gestalt von etwas annehmen:* Sie hat sich von einem Mauerblümchen zu einer selbstbewussten jungen Frau verwandelt.; Berlin hat nach dem Fall der Mauer total verwandelt.

Ver·wạnd·lung *die* <-, -en> *das (Sich-)Verwandeln*

ver·wạndt *adj /nicht steig./* ❶ *im Verhältnis der Verwandtschaft¹ stehend* ❷ BIOL. *(von Tieren, Pflanzen) zur gleichen Gattung, Ordnung gehörig* ❸ *von ähnlicher Art:* Sie sind sich geistig verwandt.; Die beiden haben verwandte Anschauungen.; verwandte Kunstrichtungen

Ver·wạnd·te *der/die* <-n, -n> *jmd., mit dem man verwandt¹ ist*

Ver·wạndt·schaft *die* <-, -en> ❶ *der Zustand, mit einem anderen Menschen durch gleiche Herkunft, durch Familienbeziehungen verbunden zu sein; das Verwandtsein:* Durch die Verwandtschaft mit meiner Schwägerin bin ich in der glücklichen Lage, dass … ❷ *eine Ähnlichkeit in der Art; eine verbindende Ähnlichkeit auf seelischem oder geistigem Gebiet:* Die Musik von A hat große Verwandtschaft mit der von B.; Mit ihm verbindet mich eine starke geistige Verwandtschaft. ◆Geistes-, Seelen- ❸ /kein Plur./ die Gesamtheit der Verwandten: An Weihnachten versammelt sich die ganze Verwandtschaft.

ver·wạndt·schaft·lich adj /nicht steig./ die Verwandtschaft[1] betreffend, auf ihr beruhend: Uns verbindet ein verwandtschaftliches Verhältnis.

ver·wạnzt adj /nicht steig./ voller Wanzen

ver·wạr·nen <verwarnst, verwarnte, hat verwarnt> mit OBJ ■ **jmd. verwarnt jmdn.** jmds. Verhalten offiziell und unter Androhung von Konsequenzen tadeln: Der Verkehrsteilnehmer wurde polizeilich verwarnt.

Ver·wạr·nung die <-, -en> ❶ /kein Plur./ das Verwarnen ❷ eine Mitteilung über ein zu zahlendes Bußgeld: Weil ich falsch geparkt hatte, bekam ich eine schriftliche Verwarnung.

ver·wạ·schen adj ❶ durch häufiges Waschen ausgebleicht: Sie hatte eine verwaschene Jeans an. ❷ (≈ unbestimmt ↔ deutlich, exakt) so unklar, dass man es nicht verstehen kann: Er gebrauchte einen so verwaschenen Ausdruck, dass ich ihn nicht verstehen konnte.; Seine Aussprache war so verwaschen, dass ich nachfragen musste. ❸ (≈ blass, wässrig ↔ strahlend, intensiv, stark leuchtend) so, dass eine Farbe nicht mehr ihre Strahlkraft hat: Die rote Farbe ihres Rocks wirkte verwaschen.

ver·wäs·sern <verwässerst, verwässerte, hat verwässert> mit OBJ ■ **jmd. verwässert etwas** ❶ mit zu viel Wasser verdünnen: Wer hat den Wein verwässert? ❷ (abwert.) den ursprünglichen Gehalt abschwächen: Er verwässerte den Text/die Darstellung.

ver·wẹch·seln <verwechselst, verwechselte, hat verwechselt> mit OBJ ❶ ■ **jmd. verwechselt jmdn./etwas mit jmdm./etwas** in dem Glauben sein, dass jmd. oder etwas eine andere Person oder Sache ist: Er verwechselte sie mit ihrer Zwillingsschwester.; Die beiden Begriffe kann man nun wirklich leicht verwechseln. ❷ ■ **jmd. verwechselt etwas mit etwas** Dat. vertauschen: Mein Freund hat gestern versehentlich seine Jacke mit meiner verwechselt.

Ver·wẹchs·lung die <-, -en> das Verwechseln

ver·wẹ·gen adj (geh.) draufgängerisch, kühn, sehr mutig: Er spielt in dem Film einen verwegenen Helden. ▶ Verwegenheit

ver·wẹ·hen <verweht, verwehte, hat/ist verweht> I. mit OBJ (haben) ■ **etwas verweht etwas** durch Wind wegtreiben oder durch Schnee zuschütten: Der Wind verwehte die Spuren im Sand.; Der Herbstwind verweht die Blätter der Bäume. II. ohne OBJ (sein) ■ **etwas verweht** (geh.) sich verlieren: Die Rufe verwehten im Wind.

ver·wẹh·ren <verwehrst, verwehrte, hat verwehrt> mit OBJ ■ **jmd. verwehrt jmdm. etwas** (geh.) verweigern, nicht erlauben, verbieten: Man verwehrte mir den Zutritt.

Ver·wẹ·hung die <-, -en> das Verwehen

ver·weich·li·chen <verweichlichst, verweichlichte, hat/ist verweichlicht> I. mit OBJ (haben) ■ **etwas verweichlicht jmdn.** bewirken, dass man die (körperliche, seelische) Widerstandskraft

verliert: Seine Lebensweise hat ihn völlig verweichlicht.; Als ehemaliger Offizier glaubt er, alle seine Enkel seien einfach völlig verweichlicht. II. ohne OBJ (sein) ■ **jmd. verweichlicht** seine (körperliche) Widerstandskraft verlieren: Mein einst durchtrainierter und abgehärteter Freund ist inzwischen ziemlich verweichlicht.

Ver·weich·li·chung die <-> /kein Plur./ das Verweichlichen

Ver·wei·ge·rer der, Ver·wei·ge·rin <-s, -> jmd., der etwas verweigert ◆Kriegsdienst-

ver·wei·gern <verweigerst, verweigerte, hat verweigert> I. mit OBJ ❶ ■ **jmd. verweigert etwas** (≈ ablehnen) mit Entschiedenheit sagen, dass man etwas nicht tun will: Er will den Wehrdienst verweigern.; Er verweigerte den Befehl/die Zustimmung.; Der Kranke verweigert die Nahrung (≈ will nicht essen). ❷ ■ **jmdm. etwas verweigern** (↔ gewähren) nicht erlauben: Ihm wurde die Einreise verweigert. II. ohne OBJ ■ **jmd. verweigert** den Wehrdienst verweigern: Er hat verweigert. III. mit SICH ■ **jmd. verweigert sich jmdm.** in einer bestehenden Beziehung den sexuellen Kontakt ablehnen: Weil sie das Vertrauen verloren hatte, verweigerte sie sich ihrem Mann.

Ver·wei·ge·rung die <-, -en> das Verweigern ◆Befehls-, Wehrdienst-

ver·wei·len <verweilst, verweilte, hat verweilt> ohne OBJ ■ **jmd. verweilt irgendwo** (geh.) bleiben, sich aufhalten: Beim Anblick des Kunstwerks verweilte er davor in Schweigen. ▶ Verweildauer

ver·weint adj /nicht steig./ durch Weinen gerötet und verschwollen: Sie hatte verweinte Augen.

Ver·weis der <-es, -e> ❶ eine strenge Rüge: Sein Zuspätkommen trug ihm einen (scharfen) Verweis ein. ❷ (≈ Hinweis) eine Angabe, die besagt, dass man an einer genannten anderen Stelle (in der Literatur) zu einem Thema passende oder dafür wichtige weiterere Informationen findet: Das Buch enthält zahlreiche Verweise auf andere Textstellen/auf weiterführende Literatur.

ver·wei·sen <verweist, verwies, hat verwiesen> I. mit OBJ ■ **jmd. verweist (jmdn.) auf etwas** Akk. hinweisen, aufmerksam machen: Der Professor verwies seine Studenten auf eine vertiefende Übung im nächsten Semester.; Ich verweise in diesem Zusammenhang auf die frühen Romane dieses Autors. II. mit OBJ ❶ ■ **jmd. verweist jmdn. an jmdn./etwas** veranlassen, dass man sich an eine andere Person oder Abteilung wenden soll: Man verwies mich an die Geschäftsleitung. ❷ ■ **jmd. verweist jmdn. etwas** Gen. an einem bestimmten Ort verbieten: Man verwies ihn des Landes.; Der Spieler wurde des Platzes/vom Platz verwiesen.

ver·wẹl·ken <verwelkst, verwelkte, ist verwelkt> ohne OBJ ■ **etwas verwelkt** welk werden: Die Tulpen in der Vase sind schnell verwelkt.

ver·wẹnd·bar adj /nicht steig./ so, dass man es zu einem bestimmten Zweck verwenden kann: Das Gerät ist vielseitig verwendbar. ▶ Verwendbarkeit

ver·wẹn·den <verwendest, verwandte/verwendete, hat verwandt/verwendet> I. mit OBJ ❶ ■ **jmd. verwendet etwas (für/zu etwas** Akk.)

V

benutzen: Ich verwende zum Kochen nur die besten Zutaten.; Welches Lehrbuch haben Sie verwendet? ❷ ■ *jmd.* **verwendet etwas (aus etwas** *Dat.)* verwerten: Er verwendete Daten aus früheren Untersuchungen. ❸ ■ *jmd.* **verwendet etwas (für etwas** *Akk.)* gebrauchen, verbrauchen: Wir haben unsere Ersparnisse für den Kauf neuer Möbel verwendet. **II.** *mit SICH* ■ *jmd.* **verwendet sich für jmdn.** (geh.: ≈ fürsprechen) für jmdn. eintreten: Er verwendete sich für ihn bei der Parteiführung, um ihm die Karriere zu sichern.

Ver·wen·dung *die* <-, -en> *das Verwenden I* ◆-szweck

Ver·wen·dungs·zweck *der* <-(e)s, -e> *das, wofür etwas verwendet werden soll*

ver·wer·fen <verwirfst, verwarf, hat verworfen> *mit OBJ* ■ *jmd.* **verwirft etwas** *(nach vorausgegangenem Abwägen) für unbrauchbar befinden:* Ich habe die Idee/den Plan wieder verworfen.

ver·werf·lich *adj* (geh.) moralisch schlecht, verdammenswert: Dieses Verbrechen ist eine verwerfliche Tat. ▷Verwerflichkeit

Ver·wer·fung *die* <-, -en> ❶ /kein Plur./ *das Verwerfen:* Die Verwerfung dieser Pläne hat Konsequenzen. ❷ GEOGR. *die Verschiebung von Gesteinslagerungen, die in Schollen zerbrechen*

ver·wer·ten <verwertest, verwertete, hat verwertet> *mit OBJ* ■ *jmd./etwas* **verwertet etwas** *(noch für etwas) verwenden, gebrauchen, benutzen:* Die Kinder verwerten Wollreste bei Bastelarbeiten.; Die Kompostieranlage verwertet Gartenabfälle.; Für seinen Vortrag verwertete er Aufzeichnungen seiner letzten Veröffentlichung.

Ver·wer·tung *die* <-, -en> *das Verwerten* ◆Abfall-

ver·we·sen <verwest, verweste, ist verwest> *ohne OBJ* ■ *jmd./etwas* **verwest** *(als Leiche, Tierkadaver) durch Verwesung zerstört werden*

Ver·we·sung *die* <-> /kein Plur./ *der Abbau organischer Substanzen durch Bakterien unter Luftzufuhr*

ver·wet·ten <verwettest, verwettete, hat verwettet> *mit OBJ* ■ *jmd.* **verwettet etwas** *beim Wetten verlieren:* Er hat seine gesamten Ersparnisse verwettet.

ver·wi·ckeln <verwickelst, verwickelte, hat verwickelt> **I.** *mit OBJ* ■ *jmd./etwas* **verwickelt jmdn. (in etwas** *Akk.)* jmdn. in eine (unangenehme) Sache hineinziehen: Er wurde in eine Affäre/in einen Unfall verwickelt.; Sie verwickelte ihn in ein langes Gespräch. **II.** *mit SICH* ■ *jmd./etwas* **verwickelt sich (in etwas** *Akk.)* ❶ völlig durcheinandergeraten, ineinanderschlingen: Die Wolle/Das Seil hat sich verwickelt. ❷ sich verhaken und hängen bleiben: Die Angelschnur hat sich im Schilf verwickelt. ❸ (übertr.) sich in etwas verstricken: Der Angeklagte verwickelte sich in Widersprüchen.

Ver·wick·lung *die* <-, -en> /meist Plur./ Schwierigkeit, unangenehme Situation: Es kam zu diplomatischen Verwicklungen.

ver·wil·dern <verwilderst, verwilderte, ist verwildert> ❶ *ohne OBJ* ■ *etwas* **verwildert** *von Unkraut überwuchert werden:* Seitdem der Garten nicht mehr gepflegt wird, verwildert er.

❷ ■ *jmd.* **verwildert** *als Person aus einem gepflegten Zustand geraten und schlechte Eigenschaften annehmen:* Die Kinder sind durch Vernachlässigung richtig verwildert. ❸ ■ *ein Tier* **verwildert** *als Haustier wieder wild in der freien Natur zu leben beginnen:* Die entlaufene Katze verwilderte.

ver·win·den <verwindest, verwand, hat verwunden> *mit OBJ* ■ *jmd.* **verwindet etwas** (geh.: ≈ verkraften) über etwas hinwegkommen: Sie hat seinen Tod nie verwunden.

ver·win·kelt *adj* mit vielen Winkeln: Wir liefen durch die verwinkelten Gassen der Altstadt.

ver·wir·ken <verwirkst, verwirkte, hat verwirkt> *mit OBJ* ■ *jmd.* **verwirkt etwas** (geh.) verlieren, einbüßen: Er hatte endgültig sein Recht verwirkt.; Damit hatten sie ihr Leben verwirkt.

ver·wirk·li·chen <verwirklichst, verwirklichte, hat verwirklicht> **I.** *mit OBJ* ■ *jmd.* **verwirklicht etwas** (≈ realisieren) bewirken, dass etwas Wirklichkeit wird: Sie konnten ihren Traum von eigenen Haus verwirklichen. **II.** *mit SICH* ❶ ■ *etwas* **verwirklicht sich** wirklich werden: Seine Pläne/ Seine Befürchtungen haben sich verwirklicht. ❷ ■ *jmd.* **verwirklicht sich** seine Persönlichkeit und sein Können im Zusammenhang mit einer Aufgabe in einer bestimmten Umgebung entfalten: Sie kann sich in ihrer neuen Position endlich verwirklichen.

Ver·wirk·li·chung *die* <-, -en> *das Verwirklichen*

ver·wir·ren <verwirrst, verwirrte, hat verwirrt> *mit OBJ* ❶ ■ *jmd.* **verwirrt jmdn.** *unsicher machen, aus der Fassung bringen:* Jetzt hast du mich mit deinen Fragen total verwirrt! ❷ ■ *jmd.* **verwirrt etwas** *in Unordnung bringen, durcheinanderbringen:* Du hast die Fäden/das Garn völlig verwirrt.

Ver·wirr·spiel *das* <-(e)s, -e> *das absichtliche Stiften von Verwirrung*

Ver·wir·rung *die* <-, -en> ❶ (≈ Durcheinander) *ein chaotischer Zustand, in dem keine klaren Verhältnisse herrschen:* Am Morgen herrschte allgemeine Verwirrung, denn es gab noch keine Informationen über die Sachlage.; ■ **Verwirrung stiften** *bewusst dafür sorgen, dass Unklarheit entsteht* ❷ *ein Zustand geistig-psychischer Undeutlichkeit und Haltlosigkeit:* Nach der Operation fiel sie in den Zustand geistiger Verwirrung.

ver·wi·schen <verwischst, verwischte, hat verwischt> **I.** *mit OBJ* ■ *jmd.* **verwischt etwas** ❶ über etwas wischen und es dadurch undeutlich werden lassen: Er verwischte mit der Hand versehentlich seine Unterschrift. ❷ (≈ die Zeichen von etwas beseitigen) Die Einbrecher hatten alle Spuren verwischt. **II.** *mit SICH* ■ *etwas* **verwischt sich** undeutlich werden: Allmählich verwischten sich meine Eindrücke/die Unterschiede zwischen ...

ver·wit·tern <verwittert, verwitterte, ist verwittert> *ohne OBJ* ■ *etwas* **verwittert** *etwas ist dem Prozess der Verwitterung ausgesetzt:* Die Mauern der alten Burg verwittern seit Jahrhunderten.

Ver·wit·te·rung *die* <-, -en> /meist Plur./ *der durch äußere Einflüsse bewirkte Zerfall von Ge-*

V

steinen und Mineralien nahe der Erdoberfläche: Maßnahmen bei Verwitterungen

ver·wit·wet adj /nicht steig./ so, dass man Witwe oder Witwer ist: Seit zwei Jahren ist sie verwitwet. ◆ der/die Verwitwete

ver·wöh·nen <verwöhnst, verwöhnte, hat verwöhnt> mit OBJ ■ **jmd. verwöhnt jmdn.** ❶ jmdm. übermäßig viel Gutes zukommen lassen: Die Großmutter verwöhnt ihre Enkel. ❷ es jmdm. besonders gut gehen lassen: Es war sein größter Wunsch, seine Freundin zum Geburtstag einmal richtig zu verwöhnen.

ver·wor·fen adj /nicht steig./ (geh.) moralisch minderwertig, lasterhaft: Er ist ein verworfener Mensch. ▶ Verworfenheit

ver·wor·ren adj (geh.) konfus, kompliziert, unübersichtlich: Die Lage ist nach wie vor sehr verworren.; Nach dem Genuss von so viel Alkohol sprach er verworren. ▶ Verworrenheit

ver·wund·bar adj /nicht steig./ ❶ leicht zu verwunden ▶ Verwundbarkeit ❷ leicht zu kränken, empfindlich: Er verträgt keine Kritik; er ist leicht verwundbar. ▶ Verwundbarkeit

ver·wun·den <verwundest, verwundete, hat verwundet> mit OBJ ■ **jmd. verwundet jmdn./ein Lebewesen** jmdm. (mit etwas) eine Wunde zufügen: Der Soldat wurde im Krieg sehr schwer/nur leicht verwundet.; Der Jäger traf das Tier nicht tödlich, sondern verwundete es nur.

ver·wun·der·lich adj sonderbar, erstaunlich: Es ist schon verwunderlich, dass …

ver·wun·dern <verwunderst, verwunderte, hat verwundert> mit OBJ ■ **etwas verwundert jmdn.** bewirken, dass jmd. erstaunt ist: Der Anruf verwunderte sie.; Es verwundert mich nicht, dass …

Ver·wun·de·rung die <-> /kein Plur./ das Verwundern, Erstauntsein: Zu meiner großen Verwunderung hat er sein Studium abgebrochen.

Ver·wun·de·te der/die <-n, -n> jmd., der verwundet ist

Ver·wun·dung die <-, -en> ❶ /kein Plur./ der Umstand, verwundet zu werden ❷ Wunde, Verletzung

ver·wun·schen adj /nicht steig./ (veralt.) verzaubert: Man sagt, dies sei ein verwunschenes Schloss.; in einem verwunschenen Garten

ver·wün·schen <verwünschst, verwünschte, hat verwünscht> mit OBJ ■ **jmd. verwünscht jmdn./etwas** ❶ (≈ verfluchen) Er verwünschte sein Auto, als es nicht ansprang. ❷ (veralt.) verzaubern; ■ **verwünscht!** verflucht!

ver·wur·zelt adj ❶ mit den Wurzeln im Erdreich verankert: Die gepflanzten Bäume sind bereits gut verwurzelt. ❷ (übertr.) mit etwas tief verbunden: Der Maler ist tief in der Tradition/in seiner Heimat verwurzelt.

ver·wüs·ten <verwüstest, verwüstete, hat verwüstet> mit OBJ ■ **jmd./etwas verwüstet etwas** Verwüstung anrichten: Der Wirbelsturm hat weite Teile des Landes verwüstet.

Ver·wüs·tung die <-, -en> (völlige) Zerstörung

ver·za·gen <verzagst, verzagte, hat verzagt> ohne OBJ ■ **jmd. verzagt** (geh.) an etwas oder

sich so sehr zweifeln, dass man den Mut verliert: Als sie sahen, welche Anforderungen an sie gestellt wurden, verzagten sie. ▶ Verzagtheit

ver·zäh·len <verzählst, verzählte, hat verzählt> mit SICH ■ **jmd. verzählt sich** falsch zählen: Beim Herausgeben des Wechselgeldes hat sie sich verzählt.

ver·zap·fen <verzapfst, verzapfte, hat verzapft> mit OBJ ■ **jmd. verzapft etwas** (umg. abwert.: ≈ reden) in Verbindung mit einem Substantiv, das etwas Negatives bezeichnet, wie „Blödsinn", „Mist", „Schwachsinn": Hat er wieder Unsinn/Blödsinn verzapft?

ver·zau·bern <verzauberst, verzauberte, hat verzauberst> mit OBJ ❶ ■ **jmd./etwas verzaubert jmdn./etwas** durch Zauberei zu etwas anderem machen: Die Hexe verzauberte den Prinzen in einen Frosch. ❷ ■ **etwas verzaubert jmdn.** tief beeindrucken und beglücken: Ihr Gesang hat das Publikum verzaubert.

ver·zehn·fa·chen <verzehnfachst, verzehnfachte, hat verzehnfacht> I. mit OBJ ■ **jmd. verzehnfacht etwas** auf die zehnfache Anzahl, Menge, Größe bringen: In den letzten Jahren hat er den Umsatz verzehnfacht. II. mit SICH ■ **etwas verzehnfacht sich** zehnmal so groß werden: Die Zahl der Hilfswilligen hat sich verzehnfacht.

Ver·zehr der <-(e)s> /kein Plur./ das Verzehren I

Ver·zehr·bon der <-s, -s> eine Essensmarke oder -gutschein, gegen deren Vorlage man Speisen und Getränke erhält

ver·zeh·ren <verzehrst, verzehrte, hat verzehrt> I. mit OBJ ■ **jmd. verzehrt etwas** (geh.) essen (und trinken): Auf der Reise verzehrte er seinen Proviant. II. mit SICH ■ **jmd. verzehrt sich** (geh.) sich so sehnen, dass man darunter leidet: Er verzehrte sich in Liebe zu ihr.

ver·zeich·nen <verzeichnest, verzeichnete, hat verzeichnet> mit OBJ ❶ ■ **jmd./etwas verzeichnet (jmdn./etwas)** schriftlich anführen, erfassen: Das Buch verzeichnet alle Olympiasieger.; Die Statistik verzeichnet 1500 Fälle. ❷ ■ **jmd. verzeichnet etwas** (etwas Positives) bemerken oder feststellen: Der Verein konnte im letzten Jahr einen Anstieg der Mitgliederzahl verzeichnen. ❸ falsch zeichnen und damit künstlerisch wertlos machen: Er hat die Porträts alle verzeichnet.

Ver·zeich·nis das <-ses, -se> ❶ eine Liste oder Aufstellung von etwas ❷ EDV (≈ Ordner) Teil eines Dateisystems: ein Verzeichnis anlegen/löschen/umbenennen

ver·zei·gen <verzeigst, verzeigte, hat verzeigt> mit OBJ ■ **jmd. verzeigt jmdn. (wegen etwas Dat.)** SCHWEIZ. anzeigen: Wegen des Ladendiebstahls hat man ihn bei der Polizei verzeigt.

Ver·zei·gung die <-, -en> SCHWEIZ. Anzeige

ver·zei·hen <verzeihst, verzeihte, hat verziehen> mit OBJ/ohne OBJ ■ **jmd. verzeiht (jmdm.) (etwas)** (≈ entschuldigen, vergeben ↔ nachtragen) sagen, dass man jmds. Fehler, Schuld oder Vergehen vergessen und nicht mehr erwähnen will, weil man seine Entschuldigung angenommen hat: Sie hat ihm seinen Fehltritt verziehen.; Sie hat ihm nie verziehen, dass …; Er kann einfach nicht

verzeihen.; ■ **Verzeihen Sie bitte (die Störung)!** *als Höflichkeitsfloskel verwendet, um eine Frage an jmdn. einzuleiten;* ■ **Verzeihen Sie bitte!** *als Höflichkeitsfloskel verwendet, wenn man im Gedränge sich an jmdm. vorbeischieben muss*
ver·zeih·lich *adj /nicht steig./* (↔ *unverzeihlich*) *so (harmlos), dass man es verzeihen kann:* Das war ein verzeihlicher Fehler.
Ver·zei·hung *die <-> /kein Plur./* (≈ *Vergebung, Entschuldigung) das Verzeihen:* Er hat mich um Verzeihung gebeten.
ver·zer·ren <verzerrst, verzerrte, hat verzerrt> **I.** *mit OBJ* ■ *etwas verzerrt (etwas)* TECHN. *nicht richtig wiedergeben, verändern:* Der Lautsprecher verzerrt den Klang der Musik.; Die neuen Lautsprecher verzerren ein wenig. **II.** *mit OBJ* ❶ ■ *jmd./etwas verzerrt etwas entstellen, nicht objektiv wiedergeben:* Eine solche Darstellung verzerrt die wirklichen Verhältnisse. ❷ ■ *jmd. verzerrt etwas überdehnen und verletzen:* Er verzerrte sich beim Sport einen Muskel. ❸ ■ *jmd. verzerrt etwas in entstellender Weise anspannen, verziehen:* Sie verzerrte ihr Gesicht vor Zorn. **III.** *mit SICH* ■ *etwas verzerrt sich aufgrund eines Gefühls zu einer bestimmten Form verzogen werden:* Ihr Gesicht verzerrte sich vor Schmerzen.
Ver·zer·rung *die <-, -en>* ❶ */kein Plur./ das Verzerren* ❷ *etwas Verzerrtes*
ver·zet·teln <verzettelst, verzettelte, hat verzettelt> *mit SICH* ■ *jmd. verzettelt sich nicht vorankommen, weil man zu viele Dinge zugleich tun möchte und so keines richtig tun kann:* Ich habe mich bei den vielen Arbeiten neben meiner Doktorarbeit verzettelt.
Ver·zicht *der <-(e)s> /kein Plur./ das Verzichten:* Er hatte seinen Verzicht auf das Haus erklärt.
ver·zich·ten <verzichtest, verzichtete, hat verzichtet> *ohne OBJ* ■ *jmd. verzichtet (auf etwas Akk.) sich enthalten, nicht in Anspruch nehmen, nicht benutzen:* Da er in einem Benefizkonzert spielte, verzichtete er auf die Gage.; Auf die Frage, ob er auf einer Belohnung bestehe, sagte er nur: „Ich verzichte."
Ver·zicht(s)·er·klä·rung *die <-, -en> eine offizielle Erklärung, dass man auf etwas verzichtet*
ver·zie·hen <verziehst, verzog, hat/ist verzogen> **I.** *mit OBJ (haben)* ❶ ■ *jmd. verzieht jmdn. (abwert.) falsch erziehen, verwöhnen:* Die Eltern verziehen ihr einziges Kind. ❷ ■ *jmd. verzieht etwas (zu etwas Dat.) anspannen und in eine andere Form bringen:* Sie hat das Gesicht vor Abscheu zu einer Grimasse verzogen.; Selbst als ich ihm das sagte, verzog er keine Miene. **II.** *ohne OBJ (sein)* ■ *jmd. verzieht* (≈ *umziehen) an einen anderen Ort ziehen:* Er ist in eine andere Stadt verzogen. **III.** *mit SICH (haben)* ❶ ■ *jmd./etwas verzieht sich irgendwohin an einen anderen Ort bewegen (und verschwinden):* Das Gewitter hat sich verzogen. ❷ ■ *etwas verzieht sich aus der Form geraten, sich werfen:* Das Holz hat sich verzogen. ❸ ■ *jmd. verzieht sich irgendwohin* (umg.) *verschwinden:* Er verzog sich beleidigt in sein Zimmer.
ver·zie·ren <verzierst, verzierte, hat verziert>

V

mit OBJ ■ *jmd. verziert etwas (mit etwas Dat.) mit Zierrat versehen, (aus)schmücken:* Sie verzierte ihre Bluse mit Stickereien.; Wer hat die Torte so schön verziert?
Ver·zie·rung *die <-, -en>* ❶ */kein Plur./ das Verzieren* ❷ (≈ *Ornament) das, womit etwas verziert wird*
ver·zin·sen <verszinst, verzinste, hat verzinst> **I.** *mit OBJ* ■ *jmd./etwas verzinst etwas* BANKW. *(von Banken) Zinsen zahlen:* Mit wie viel Prozent verzinst die Bank das Sparbuch? **II.** *mit SICH* ■ *etwas verzinst sich* BANKW. *Zinsen abwerfen:* Das Guthaben verzinst sich in zehn Jahren um das Doppelte.
ver·zö·gern <verzögerst, verzögerte, hat verzögert> **I.** *mit OBJ* ■ *jmd./etwas verzögert etwas* ❶ *bewirken, dass etwas später als erwartet oder geplant eintritt:* Technische Probleme mit der Musikanlage verzögerten den Beginn des Konzerts. ❷ *verlangsamen:* Eine Reihe von Pannen verzögert die Entwicklung des neuen Autos. **II.** *mit SICH* ■ *etwas verzögert sich später als vorgesehen eintreten:* Der Anpfiff des Spiels verzögerte sich um wenige Minuten.
Ver·zö·ge·rung *die <-, -en> das (Sich-)Verzögern*
Ver·zö·ge·rungs·tak·tik *die <-, -en> der Versuch, eine Entwicklung durch bestimmte Manöver zum eigenen Vorteil zu verlangsamen:* Verzögerungstaktiken beim Scheidungsverfahren
ver·zol·len <verzollst, verzollte, hat verzollt> *mit OBJ* ■ *jmd. verzollt etwas für etwas Zoll zahlen:* Bei der Einfuhr aus Übersee müssen die Waren verzollt werden. ▶ Verzollung
ver·zückt *adj (geh.) hingerissen, voller Begeisterung* ▶ Verzücktheit, Verzückung
Ver·zug *der <-(e)s> /kein Plur./* (≈ *Rückstand) Er ist mit seiner Arbeit/mit der Rückzahlung des Kredits im Verzug.
Ver·zugs·zin·sen *Plur. vom Schuldner bei verspäteter Zahlung zu zahlende Zinsen*
ver·zwei·feln <verzweifelst, verzweifelte, ist verzweifelt> *ohne OBJ* ■ *jmd. verzweifelt (an jmdm./etwas) alle Hoffnung auf Besserung verlieren:* Viele der Erdbebenopfer, deren Hab und Gut zerstört worden war, verzweifelten.; Sie verzweifelte an ihrer Ehe.
ver·zwei·felt I. *Part. Perf. von* **verzweifeln II.** *adj* ❶ *so verbissen, dass man auf nichts mehr Rücksicht nimmt:* Am Ende des Buches liefern sich die beiden Ritter einen verzweifelten Kampf auf Leben und Tod. ❷ *so aussichtslos, dass es überhaupt keine Hoffnung gibt:* Die Hungernden in dieser Region befinden sich in einer verzweifelten Lage.
Ver·zweif·lung *die <-> /kein Plur./ ein Zustand großer Hoffnungslosigkeit und Depression:* Aufgrund der Ausweglosigkeit der Situation geriet er in große Verzweiflung.
Ver·zweif·lungs·tat *die <-, -en> eine aus Verzweiflung begangene Tat:* Der Selbstmord war eine reine Verzweiflungstat.
ver·zwei·gen <verzweigst, verzweigte, hat verzweigt> *mit SICH* ■ *etwas verzweigt sich sich teilen und in verschiedene Richtungen auseinandergehen, sich gabeln:* In einem Meter Höhe ver-

zweigen sich an diesem Baum die Äste zum ersten Mal.

Ver·zwei·gung *die* <-, -en> ❶ */kein Plur./ das Verzweigen* ❷ *die Stelle, an der sich etwas verzweigt* ❸ SCHWEIZ. *Autobahndreieck, Abzweigung, Kreuzung*

ver·zwickt *adj (umg.: ≈ vertrackt) schwierig, kompliziert:* Das ist eine verzwickte Lage. ▸ Verzwicktheit

Ves·per *die* <-, -n> ❶ REL. *Abendgottesdienst* ❷ SÜDDT. *eine kleine, kalte Zwischenmahlzeit*

Ves·ti·bül *das* <-s, -e> *(geh.) Eingangshalle (zum Beispiel in einem Hotel oder einem Theater)*

Ve·suv *der* <-s> */kein Plur./ ein Vulkan bei Neapel*

Ve·te·ran *der* <-en, -en> ❶ MILIT. *ein entlassener Soldat, der eine lange Dienstzeit hinter sich hat* ❷ *(umg.) jmd., der in einem bestimmten Bereich schon lange arbeitet und sehr erfahren ist*

Ve·te·ri·när *der,* **Ve·te·ri·nä·rin** <-s, -e> *(≈ Tierarzt)*

Ve·te·ri·när·me·di·zin *die* <-> */kein Plur./ (≈ Tiermedizin)* ▸ veterinärmedizinisch

Ve·to *das* <-s, -s> *offizieller Einspruch:* Mehrere Abgeordnete haben bereits ihr Veto gegen diesen Beschluss eingelegt.

Ve·to·recht *das* <-(e)s, -e> *das Recht, ein Veto einlegen zu können:* Er hat von seinem Vetorecht Gebrauch gemacht.

Vet·ter *der* <-s, -n> *(≈ Cousin) Sohn des Onkels oder der Tante*

Vet·tern·wirt·schaft *die* <-> */kein Plur./ (abwert.) der Zustand, dass nicht Können und Leistung, sondern verwandtschaftliche Beziehungen ausschlaggebend für den beruflichen Aufstieg sind*

v-för·mig, V-för·mig *adj /nicht steig./ wie der Buchstabe V geformt*

VHS *die* <-> */kein Plur./* ❶ *Abkürzung von „Volkshochschule"* ❷ *eine bestimmte Form von Videotechnik* ◆VHS-Kassette

via *präp* +Akk. ❶ *(auf dem Weg) über:* Er fliegt via Dallas nach San Francisco. ❷ *durch:* Sie können auch via Barscheck bezahlen.

Via·dukt *der/das* <-(e)s, -e> *über größere Talabschnitte führende Brücke*

Vi·a·g·ra® *das* <-s> *ein Medikament gegen Potenzstörungen für Männer*

Vi·b·ra·fon, *a.* **Vi·b·ra·phon** *das* <-s, -e> *ein Schlaginstrument (Metallstäbe werden mit Hämmerchen geschlagen)* ▸ Vibrafonist(in), Vibraphonist(in)

Vi·b·ra·ti·on *die* <-, -en> *Schwingung, feine Erschütterung:* Trotz des Fluglärms gab es in den umliegenden Wohnhäusern keine Vibrationen.

vi·b·ra·ti·ons·frei *adj /nicht steig./ ohne Vibrationen*

Vi·b·ra·tor *der* <-s, ...-toren> *ein Gerät, mit dessen Hilfe mechanische Schwingungen erzeugt werden*

vi·b·rie·ren <vibriert, vibrierte, hat vibriert> *ohne OBJ* ■ *etwas vibriert schwingen, erzittern, beben:* Die Gitarrensaite vibriert.; Der Fußboden vibrierte, als der schwere Lastwagen am Haus vorbeifuhr.

Vi·deo *das* <-s, -s> ❶ *ein System zur magnetischen Filmaufzeichnung und zur Wiedergabe über ein Fernsehgerät* ❷ *kurz für „Videoband", „Videoclip", „Videogerät", „Videokassette", „Videorekorder"*

Vi·deo·auf·zeich·nung *die* <-, -en> *Bild-, Filmaufzeichnung auf einem Videoband*

Vi·deo·band *das* <-(e)s, Videobänder> *ein Magnetband zur Speicherung und Wiedergabe von Videoaufzeichnungen*

Vi·deo·clip *der* <-s, -s> *ein kurzer Videofilm, der zu einem bestimmten Musikstück gedreht wird*

Vi·deo·disc *die* <-, -s> *eine schallplattenähnliche Speicherplatte für Videoaufzeichnungen*

Vi·deo·ge·rät *das* <-(e)s, -e> *(≈ Videorekorder)*

Vi·deo·ka·me·ra *die* <-, -s> *eine kleine Kamera zum Aufnehmen von Videofilmen*

Vi·deo·kas·set·te *die* <-, -n> *eine Kassette zum Einlegen in einen Videorekorder, die das Speichern und Abspielen von Videofilmen ermöglicht*

Vi·deo·kon·fe·renz *die* <-, -en> *eine virtuelle Konferenz, bei der sich die Teilnehmer auf Videobildschirmen sehen können, ohne an einem realen Ort versammelt zu sein*

Vi·deo·künst·ler *der,* **Vi·deo·künst·le·rin** <-s, -> *jmd., der sich mit der künstlerischen Gestaltung von Videofilmen und deren Präsentation als Kunstwerk beschäftigt*

Vi·deo·re·kor·der, *a.* **Vi·deo·re·cor·der** *der* <-s, -> *ein Gerät zum Aufzeichnen von Fernsehsendungen und zum Abspielen von Videofilmen*

Vi·deo·spiel *das* <-(e)s, -e> *ein Spiel, das mithilfe eines an einen Fernseher angeschlossenen Zusatzgeräts gespielt wird, wobei die Spieler in das auf dem Bildschirm dargestellte Spielgeschehen eingreifen können*

Vi·deo·text *der* <-(e)s, -e> *von Fernsehsendern angebotene Zusatzinformationen, die man abrufen und auf dem Bildschirm lesen kann*

Vi·deo·thek *die* <-, -en> *ein Geschäft, das gegen Entgelt Videofilme verleiht*

Vi·deo·über·wa·chung *die* <-, -en> *die Überwachung öffentlicher Orte und Plätze mit Videokameras*

vi·die·ren <vidierst, vidierte, hat vidiert> *mit OBJ* ■ *jmd. vidiert etwas* ÖSTERR. *unterschreiben, beglaubigen*

Vie·che·rei *die* <-, -en> *(umg.)* ❶ *große Anstrengung, Strapaze* ❷ *Gemeinheit, Rohheit, Niedertracht*

Vieh *das* <-(e)s> */kein Plur./* ❶ *Sammelbezeichnung für alle Nutz-, Schlacht- und Zuchttiere, die in der Landwirtschaft eine Rolle spielen* ◆-futter, -handel, -händler(in), -herde, -seuche, -zucht ❷ *Sammelbegriff für Rinder:* Im Frühjahr wird das Vieh auf die Alm getrieben. ❸ *(umg.) Rohling; roher, brutaler Mensch:* Dummes Vieh!; ■ **jemanden wie ein Stück Vieh behandeln** *jmdn. nicht so behandeln, wie man normalerweise mit einem Menschen umgeht*

Vieh·be·stand *der* <-(e)s, Viehbestände> *das gesamte Vieh [1], das z. B. zu einem Bauernhof oder ei-*

V

ner größeren ökonomischen Einheit gehört: Der Viehbestand Bayerns ist erheblich.

vie·hisch adj (abwert.: ≈ bestialisch) sehr roh und primitiv im Verhalten

Vieh·trän·ke die <-, -n> eine Wasserstelle, an der das Vieh trinken kann

Vieh·zeug das <-(e)s> /kein Plur./ (umg.) ❶ (abwert.) Kleinvieh; in der Wohnung gehaltene Tiere ❷ Tiere, die man als lästig empfindet, zum Beispiel Fliegen

viel <mehr, am meisten> **I.** pron ❶ /Plur./ eine große Menge oder Anzahl von einzelnen Dingen: Wir haben nicht mehr viele Freunde.; Bei dem Unglück gab es viele Verletzte.; Wir haben viel Schönes im Urlaub erlebt.; viele Wochen lang; viele Kilometer entfernt; in vielen Fällen ❷ /Sing./ (≈ wenig) eine große Menge (einer Gesamtheit): Sie trinkt viel Kaffee.; Er hat viel Blut verloren.; Ich habe momentan sehr viel Arbeit.; In vielem gebe ich dir Recht.; Er kann vieles nicht verstehen. ❸ verwendet in einer formelhaften Redeweise: viel Glück!; viel Spaß!; vielen Dank! **II.** adv ❶ häufig, wiederholt: Wir sind früher viel ins Theater gegangen.; Warst du auch schon in der viel besuchten/diskutierten/gerühmten Ausstellung?; Sie ist eine viel umworbene/beschäftigte Schauspielerin.; Er schläft viel. ❷ verwendet, um ein Adjektiv im Komparativ zu verstärken: Dem Patienten geht es jetzt schon viel besser. ❸ verwendet, um ein Adjektiv mit „zu“ zu verstärken: Der Mantel ist mir viel zu groß. **III.** part (umg.) verwendet, um rhetorische Fragen zu verstärken: Was soll ich dir noch viel erzählen ... ◆Getrennt- oder Zusammenschreibung →R 4.16 eine viel befahrene/vielbefahrene Straße; ein viel beschäftigter/vielbeschäftigter Schauspieler; ein viel gefragter/vielgefragter Autor; ein viel gepriesenes/vielgepriesenes Werk; ein viel diskutierter/vieldiskutierter Film; ein viel erörtertes/vielerörtertes Thema; ein viel gelesenes/vielgelesenes Buch; ein viel gereister/vielgereister Mann; eine viel gekaufte/vielgekaufte CD; ein viel sagender/vielsagender Blick; ein viel versprechendes/vielversprechendes Projekt; ein viel zitierter/vielzitierter Artikel; viel zu viel; zu viel Regen; zu viele Menschen; so viel arbeiten, dass ...; wir haben gleich viel; ◆Zusammenschreibung →R 4.5 soviel ich weiß, ...; gleichviel, ob er kommt oder nicht; vielmal(s); sehr vielsagend; vielsagender, am vielsagendsten; sehr vielversprechend; vielversprechend, am vielversprechendsten; ◆Kleinschreibung →R 3.15 die vielen; in vielem; mit vielem; um vieles; vieles erlebt haben; ◆Klein- oder Großschreibung →R 3.15 das Lob der vielen/Vielen

viel·deu·tig adj /nicht steig./ in vielfältiger Weise interpretierbar/deutbar/auslegbar: Was mag sie mit dieser vieldeutigen Bemerkung gemeint haben? ▸Vieldeutigkeit

Viel·eck das <-(e)s, -e> (≈ Polygon) geometrische Figur mit mindestens drei Eckpunkten: Das Dreieck, Viereck ... das n-Eck sind Beispiele für das Vieleck.

vie·ler·lei adj /nicht steig./ von vielen verschiede-

nen Arten: Du kannst zwischen vielerlei Wurst und Käse wählen.

vie·ler·orts adv an vielen Orten: Die anhaltenden Schneefälle haben die Lawinengefahr vielerorts wieder erhöht.

viel·fach adj /nicht steig./ mehrfach: Sie ist vielfache Millionärin.; Der Film wurde bereits vielfach ausgezeichnet.

Viel·falt die <-> /kein Plur./ Fülle verschiedener Dinge: Im Frühjahr blüht in unserem Garten eine erstaunliche Vielfalt an/von Blumen.

viel·fäl·tig adj vielseitig: Das Lokal bietet ein vielfältiges Angebot kalter und warmer Speisen.

Viel·fraß der <-es, -e> ❶ eine Marderart ❷ (umg. abwert.) gefräßiger Mensch

viel·leicht I. adv ❶ so, dass es möglich oder wahrscheinlich, aber nicht gewiss ist: Vielleicht komme ich mit, vielleicht auch nicht. ❷ ungefähr: Der Bankräuber war vielleicht 30 Jahre alt. **II.** part ❶ etwa: Glaubst du vielleicht, dass ich mit dieser Lösung zufrieden bin? ❷ bitte: Könnten Sie mir vielleicht sagen, wie ich von hier zum Bahnhof komme? ❸ verwendet, um auszudrücken, dass man die Geduld verliert: Würdest du jetzt vielleicht kommen? ❹ verwendet, um eine Aussage zu intensivieren: Du hast vielleicht Nerven!

viel·mals adv (als Ausdruck der Höflichkeit besonders in Dankes-, Entschuldigungs- oder Grußformeln) sehr, besonders: Ich danke Ihnen vielmals!; Entschuldigen Sie vielmals!

viel·mehr adv genauer gesagt, im Gegenteil: Und dann gingen wir noch auf sein Boot, vielmehr auf seine Jacht.; Ich sehe das nicht so, vielmehr glaube ich, dass ...

viel·schich·tig adj komplex: Wir standen vor einem äußerst vielschichtigen Problem. ▸Vielschichtigkeit

viel·sei·tig adj ❶ mit vielen Fähigkeiten und Talenten: Sie ist ein sehr vielseitig begabter Mensch. ▸Vielseitigkeit ❷ in verschiedene Richtungen gehend: Unser vielseitiges Angebot findet hoffentlich Ihr Interesse.; Sein vielseitiges Wissen war immer neu verblüffend. ▸Vielseitigkeit

Viel·völ·ker·staat der <-(e)s, -en> (≈ Nationalitätenstaat ↔ Nationalstaat) ein Staat, in dem mehrere kulturell und genetisch verschiedene Völker zusammen leben: Die Sowjetunion war ein Vielvölkerstaat.

Viel·zahl die <-> /kein Plur./ große Anzahl, Menge: Er hat sich mit einer Vielzahl von Themen beschäftigt.

Vier die <-, -en> die Ziffer oder das Zahlzeichen „4“: Bei der letzten Prüfung hat er eine Vier geschrieben.

vier num die Zahl „4“: Zwei mal zwei gibt vier.; Damals war ich erst vier Jahre alt.; Das Spiel endete vier zu null.; die vier Jahreszeiten; Wir sind zu vieren/viert.; ■in seinen vier Wänden (umg.) zu Hause; ■sich auf seine vier Buchstaben setzen (umg. scherzh.) sich hinsetzen; ■etwas unter vier Augen besprechen etwas im Zwiegespräch besprechen; ■alle viere von sich strecken sich hinlegen und entspannen; siehe auch acht

Vier·ach·tel·takt *der* <-es , -e> MUS. *eine Taktart, in der die Länge einer Achtelnote die grundlegende Zähleinheit ausmacht*

Vier·au·gen·ge·spräch *das* <-(e)s, -e> *ein ungestörtes Gespräch zwischen zwei Personen, bei dem keine dritte Person anwesend ist*

vier·bän·dig *adj /nicht steig./ als Buchausgabe so, dass sie sich aus vier zusammengehörigen Bänden zusammensetzt:* ein vierbändiges Nachschlagewerk

Vier·bei·ner *der* <-s, -> *(umg. scherzh.:* ≈ *Hund)*

vier·di·men·si·o·nal *adj /nicht steig./* MATH., PHYS. *vier Dimensionen aufweisend:* Die Relativitätstheorie benutzt die Konstruktion des vierdimensionalen Raumes.

Vier·eck *das* <-(e)s, -e> *eine geometrische Figur mit vier Eckpunkten*

vier·eckig *adj /nicht steig./ mit vier Eckpunkten*

vier·ein·halb, vier·ein·halb *num die Zahl „4 1/2"*

Vie·rer *der* <-s, -> ❶ SPORT *ein Ruderboot mit vier Ruderern* ❷ *(in einer Lotterie o. Ä.) vier richtige Zahlen:* Sie hatte einen Vierer im Lotto. ❸ *(umg.) Bezeichnung für eine Buslinie mit der Nummer vier:* „Mit welchem Bus seid ihr gefahren?" „Mit dem Vierer" ❹ *(umg.) die Schulnote 4:* Er hatte zwei Vieren/Vierer im Zeugnis.

Vie·rer·bob *der* <-s, -s> SPORT *ein Bobschlitten mit vier Piloten*

vie·rer·lei *adj /nicht steig./ von vier Sorten:* Es gab viererlei Kuchen.

vier·fach *adj /nicht steig./ (≈ viermal)* Der vierfach ausgezeichnete Film kommt morgen in unsere Kinos. ◆Schreibung mit Ziffer 4·fach; das 4·fache

Vier·far·ben·druck *der* <-(e)s, -e> ❶ *eine Drucktechnik, bei der farbige Bilder aus vier (Grund-)Farben aufgebaut werden* ❷ *ein einzelnes Bild, das im Vierfarbendruck¹ erstellt wurde*

Vier·gang·ge·trie·be *das* <-s, -> KFZ *ein Getriebe mit vier Gängen*

vier·ge·schos·sig *adj /nicht steig./ (Gebäude) von der Bauart, dass es vier Geschosse oder Stockwerke hat:* ein viergeschossiges Wohnhaus

vier·hän·dig *adj /nicht steig./* MUS. *so, dass zwei Personen gleichzeitig (mit vier Händen) spielen:* Sie spielen vierhändig Klavier.

vier·hun·dert *num die Zahl „400"*

vier·jäh·rig *adj /nicht steig./* ❶ *vier Jahre alt:* das vierjährige Kind ❷ *vier Jahre dauernd:* Die vierjährige Amtszeit endet nächste Woche. ◆Vierjähriger

Vier·kant·schlüs·sel *der* <-s, -> *ein Werkzeug, das aus einem vierkantigen Metallstück besteht und als Steckschlüssel gebraucht wird*

Vier·ling *der* <-s, -e> *(↔ Drilling, Zwilling) eines von vier gleichzeitig geborenen Kindern*

Vier·mäch·te·ab·kom·men *das* <-s> */kein Plur./* GESCH. *das 1972 getroffene Abkommen zwischen den Vertretern Großbritanniens, Frankreichs, der USA und der UdSSR über Berlin*

vier·mal *adv /nicht steig./ (≈ vierfach) den Grundwert mit vier multipliziert:* viermal so groß/lang/viel; *siehe auch* **achtmal**

vier·ma·lig *adj /nicht steig./*

vier·mo·na·tig *adj /nicht steig./* ❶ *vier Monate*

alt: ein viermonatiger Säugling ❷ *vier Monate dauernd:* ein viermonatiger Urlaub

vier·mo·to·rig *adj /nicht steig./ (als Flugzeug) mit vier Motoren*

Vier·rad·an·trieb *der* <-s, -e> KFZ *(≈ Allradantrieb) ein Antrieb eines Kraftfahrzeugs, bei dem alle vier Räder angetrieben werden*

vier·rä·de·rig, vier·räd·rig *adj /nicht steig./ mit vier Rädern*

vier·spu·rig *adj /nicht steig./ mit vier Fahrspuren:* Die Autobahn wird vierspurig ausgebaut.

vier·stel·lig *adj /nicht steig./ (als Zahl) mit vier Stellen:* Der Schaden beläuft sich auf eine vierstellige Summe.; Die Zahl „4000" ist eine vierstellige Zahl.

Vier·ster·ne·ho·tel *das* <-s, -s> *ein Luxushotel einer hohen Komfortkategorie, die durch vier Sterne gekennzeichnet ist*

Vier·takt·mo·tor *der* <-s, -en> KFZ *(≈ Viertakter) in vier Arbeitstakten (Ansaugen, Verdichten, Arbeiten, Ausschieben) arbeitender Verbrennungsmotor*

vier·tau·send *num die Zahl „4000"*

vier·te *num die Nummer vier in der Reihe der abgezählten Gegenstände:* die vierte Station ◆Großschreibung →R 3.4 Du bist heute schon die Vierte, die mich das fragt.; *siehe auch* **achte**

vier·tei·lig *adj /nicht steig./ aus vier Teilen bestehend*

vier·tel ['fɪ...] *num der vierte Teil von etwas:* Er kommt um ein viertel acht/viertel vor acht.; Sie hat eine viertel Million gewonnen. ◆Getrennt- oder Zusammenschreibung →R 4.19 in drei viertel Stunden/drei Viertelstunden

Vier·tel *das* ['fɪ...] <-s, -> ❶ *der vierte Teil von etwas:* Es ist Viertel vor sieben.; Ein Viertel aller Teilnehmer sagte ab.; Ein Viertel des Kuchens ist übrig. ❷ *(≈ Stadtviertel) ein Stadtteil:* Wir wohnen in einem ruhigen Viertel.; Das ganze Viertel beteiligte sich an dem Fest. ◆Bahnhofs-, Geschäfts-, Wohn- ❸ MUS. *Viertelnote:* Das Horn setzte eine Viertel zu spät ein. ❹ *(↔ Achtel) ein Viertelliter Wein:* Soll ich mir noch ein Viertel bestellen? ◆Großschreibung Es ist (ein) Viertel vor/nach acht.; Es ist fünf Minuten vor drei Viertel.

Vier·tel·fi·na·le *das* ['fɪ...] <-s, -/...-finals> SPORT *ein Ausscheidungswettkampf, in dem in vier parallelen Wettkämpfen die Teilnehmer des Halbfinales ermittelt werden.*

Vier·tel·jahr *das* ['fɪ...] <-es, -e> *die Dauer von drei Monaten*

Vier·tel·jah·res·schrift *die* ['fɪ...] <-, -en> *vierteljährlich erscheinende Zeitschrift*

vier·tel·jähr·lich ['fɪ...] *adj /nicht steig./ jedes Vierteljahr erfolgend*

Vier·tel·li·ter *der* ['fɪ...] <-s, -> *Der vierte Teil eines Liters:* Bitte füllen Sie mir in diese Flasche einen Viertelliter Sahne.

vier·teln ['fɪ...] <viertelst, viertelte, hat geviertelt> *mit OBJ* ■ *jmd. viertelt etwas in vier gleiche Teile teilen:* Um sie besser schälen zu können, viertelte er die Apfelsine.

Vier·tel·no·te *die* ['fɪ...] <-, -n> MUS. *ein Noten-*

wert, der den vierten Teil einer ganzen Note aus-macht

Vier·tel·pau·se *die* ['fɪ...] <-, -n> MUS. *eine Pause von der Länge einer Viertelnote*

Vier·tel·stun·de *die* [fɪ...] <-, -n> *der vierte Teil einer Stunde; fünfzehn Minuten*

vier·tel·stünd·lich ['fɪ...] *adj /nicht steig./ jede Viertelstunde erfolgend*

vier·tens ['fɪ...] *adv Ordnungszahl zu „vier" (als Zahl „4."), die die Stelle „Nummer 4" in einer Auf-zählung (1, 2, 3, …) bezeichnet*

Vier·tü·rer *der* <-s, -> *ein Auto mit vier Türen*

Vier·vier·tel·takt *der* <-(e)s, -e> MUS. *eine Tak-tart, in der die Länge einer Viertelnote die grund-legende Zähleinheit ausmacht, vier dieser Noten ergeben einen ganzen Takt*

vier·wö·chig *adj /nicht steig./ vier Wochen dau-ernd:* Wir haben einen vierwöchigen Urlaub ge-bucht.

vier·zehn ['fɪ...] *num die Zahl „14"; siehe* **acht**

vier·zehn·tä·gig ['fɪ...] *adj /nicht steig./ vierzehn Tage dauernd*

vier·zehn·täg·lich ['fɪ...] *adj sich alle zwei Wo-chen wiederholend* ◆Schreibung mit Ziffer und Bindestrich R 4.21 14-täglich

vier·zehn·te ['fɪ...] *num Ordnungszahl zu „vier-zehn" (als Zahlzeichen „14."), die die Stelle „Nummer 14" in einer Aufzählung (1, 2, 3, …) be-zeichnet:* der vierzehnte Dalai Lama

Vier·zehn·tel *das num Bruchzahl, mit der vier Teile von einer Grundmenge aus zehn Teilen bezeich-net werden (als Zahlzeichen „4/10")*

vier·zig ['fɪ...] *num Grundzahl (als Zahlzeichen „40")* ▶ Vierzigstundenwoche siehe **achtzig**

vier·zigs·te ['fɪ...] *num Ordnungszahl vierzig (als Zahlzeichen „40."), die die Stelle „Nummer 40" in einer Aufzählung (1, 2, 3, …) bezeichnet; siehe* **achtzigste**

Vier·zim·mer·woh·nung *die* <-, -en> *eine Woh-nung, die außer Küche und Bad vier Zimmer zum Wohnen hat* ◆Schreibung mit Ziffer und Binde-strich →R 4.21 4-Zimmer-Wohnung

Vi·et·nam <-s> *Staat in Südostasien* ▶ Vietna-mese, Vietnamesin, vietnamesisch

Vi·gi·lanz *die* <-> /kein Plur./ *Zustand aufmerksa-mer Wachheit:* Medikamente können die Vigilanz beeinträchtigen.

Vi·g·net·te *die* [vɪn'jɛtə] <-, -n> *eine Gebühren-marke für die Benutzung der Autobahnen in der Schweiz*

Vi·kar *der,* **Vi·ka·rin** <-s, -e> REL. ❶ /nur männli-che Form/ *Stellvertreter eines katholischen Pfar-rers* ❷ *noch in der Ausbildung befindlicher evan-gelischer Pfarrer*

Vil·la *die* <-, Villen> *ein luxuriöses Wohnhaus mit großem Garten* ◆Luxus-

Vil·len·vier·tel *das* <-s, -> *eine Wohngegend mit vielen Villen*

Vi·nyl *das* <-s> /kein Plur./ CHEM. *ungesättigte Kohlenwasserstoffgruppe; wichtiger Bestandteil bei der Herstellung vieler Kunststoffe*

Vi·o·la *die* <-, Violen> MUS. (≈ Bratsche)

Vi·o·lett *das* <-s, -> *von der blau-roten Farbe der Aubergine*

vi·o·lett *adj /nicht steig./ blaurot*

Vi·o·li·ne *die* <-, -n> MUS. (≈ Geige) ▶ Violinist, Violinistin

Vi·o·lin·schlüs·sel *der* <-s, -> MUS. *ein Noten-schlüssel, der G-Schlüssel, der auf der zweiten Notenlinie liegt*

Vi·o·lon·cel·lo *das* <-s, Violoncelli/-s> MUS. *ein Cello (Kurzform von „Violoncello"), das Tenor-Bass-Instrument der Violinfamilie, das man beim Spielen zwischen den Knien hält*

Vi·per *die* <-, -n> ZOOL. *eine Giftschlange*

VIP, V.I.P. *der* [vɪp/ viːaɪ'piː] <-, -s> *Abkürzung von „very important person", sehr wichtige Per-sönlichkeit*

VIP-Lounge *die* <-> /kein Plur./ *ein Gesell-schaftsraum (in einem Hotel) für wichtige Persön-lichkeiten*

Vi·ren *die* <-> Plur. von „Virus"

Vir·en·prüf·pro·gramm *das* <-s, -e> EDV (≈ Antivi-renprogramm) *zu den Abwehrmaßnahmen gegen-über Computerviren gehörende Einzelprogramme wie „Viren-Scanner", „Prüfsummen-Programme" und „Viren-Cleaner", die es ermöglichen, Da-teien, die mit einem Computervirus infiziert sind, zu entdecken und die Viren zu identifizieren*

vi·ril *adj /nicht steig./ (≈ männlich) mit stark aus-geprägten männlichen Eigenschaften* ▶ Virilität

vir·tu·ell *adj /nicht steig./* ❶PHILOS. *der Möglich-keit nach vorhanden:* Der Erwachsene ist virtuell im Baby schon enthalten. ❷PHYS. *nicht beobacht-bar, aber erschließbar:* Bei virtuellen Prozessen in mikrophysikalischen Systemen kann man die virtu-ellen Teilchen nur an ihren Auswirkungen erken-nen. ❸EDV *künstlich, durch Computer erzeugt (Gegenstände, Landschaften, Abläufe, Welten):* Ein anderes Wort für „virtuelle Realität" ist „Cyber-space". ▶ Virtualität

vir·tu·os *adj /nicht steig./ in Bezug auf eine (musi-kalische) Technik meisterhaft, vollkommen:* Sein Geigenspiel war einfach virtuos.; Sie ist eine vir-tuose Lügnerin. ▶ Virtuosität

Vir·tu·o·se *der,* **Vir·tu·o·sin** <-n, -n> MUS. *jmd., der eine (künstlerische) Technik oder ein Instru-ment meisterhaft beherrscht* ◆Geigen-

vi·ru·lent *adj /nicht steig./* MED. *ansteckend, krankheitserregend* ▶ Virulenz

Vi·rus *das/der* <-, Viren> ❶MED. *ein kleins-ter Krankheitserreger* ◆-diagnostik, -erkrankung, -nachweis, -resistenz ▶ Virologe, Virologie ❷EDV *kurz für „Computervirus"* ◆-attacke, -definitionen, -meldung, -programm, -scan, -schutz, -warnung

Vi·sa Plur. von **Visum**

Vi·sa·ge *die* [viˈzaːʒə] <-, -n> (umg. abwert.) Ge-sicht: Er hat eine hässliche Visage.

Vi·sa·gist *der,* **Vi·sa·gis·tin** [vizaˈʒɪst] <-en, -en> *Spezialist für kosmetische Verschönerung des Ge-sichtes*

vis-a-vis, *a.* **vis-à-vis** [vizaˈviː] **I.** *präp* +Dat. ge-genüber: Vis-a-vis dem Krankenhaus ist eine Apo-theke. **II.** *adv* gegenüber: Sie wohnt gleich vis-a-vis.

Vi·sa·vis *das* [vizaˈviː] <-, -> /nicht steig./ *das Ge-genüber*

Vi·sen Plur. von **Visum**

V

Vi·sier *das* <-s, -e> ❶ *ein beweglicher, mit Sehschlitzen versehener Gesichtsschutz am Helm einer Ritterrüstung* ◆*das Visier hochklappen* ❷ *ein beweglicher, aus einem stabilen, durchsichtigen Material gefertigter Gesichtsschutz an einem Schutzhelm:* Das Visier des Integralhelms ist aus einem kratzfesten und bruchsicheren Material gefertigt. ❸ *die Zielvorrichtung an einem Gewehr;* ■ **jemanden ins Visier nehmen** *(umg.) seine Aufmerksamkeit auf jmdn. richten oder jmdn. kritisieren*

vi·sie·ren <visierst, visierte, hat visiert> *mit OBJ* ■ **jmd. visiert etwas** SCHWEIZ. *abzeichnen; als gesehen kennzeichnen*

Vi·si·on *die* <-, -en> ❶ REL. *eine übernatürliche Erscheinung (als religiöse Erfahrung)* ❷ *(übertr.) eine richtungweisende, erneuernde Zukunftsvorstellung:* Was wir jetzt brauchen, sind Visionen!; Er konnte seine künstlerische/ politische Vision verwirklichen. ❸ PSYCH. *Halluzination*

Vi·si·o·när *der,* **Vi·si·o·nä·rin** <-s, -e> *eine Person mit Visionen², besonders ein Künstler:* Das Bauhaus war eine Leistung von Visionären.

vi·si·o·när *adj /nicht steig./ (geh.)* ❶ *zu einer Vision gehörend, in der Art einer Vision* ❷ *in einer Vision zum Ausdruck kommend; seherisch:* eine visionäre Künstlerin

Vi·si·te *die* <-, -n> ❶ MED. *(in der Klinik) regelmäßiger Besuch des Arztes bei den Patienten* ◆Morgen- ❷ *(geh. o veralt.) Höflichkeitsbesuch*

Vi·si·ten·kar·te *die* <-, -n> ❶ *eine kleine Karte mit Name, Adresse und Berufsbezeichnung, die man sich bei sich trägt, um sie jmdm. geben zu können, dessen Bekanntschaft man macht:* Der Handelsvertreter überreichte/gab mir seine Visitenkarte. ❷ *(umg. scherzh.) eine Leistung, mit der man sich bei anderen einführt:* Diese Arbeit ist eine sehr gute Visitenkarte, damit kann man sich überall sehen lassen.

vis·kos *adj /nicht steig./ zähflüssig*

Vis·ko·se *die* <-> */kein Plur./ eine Chemiefaser aus Zellulose*

Vis·ko·si·tät *die* <-> */kein Plur./* CHEM., TECHN. *Zähflüssigkeit:* Die Viskosität von Honig ist erheblich höher als die von Milch.

vi·su·ell *adj /nicht steig./ (geh.) das Sehen betreffend, durch Sehen hervorgerufen:* Da er ein visueller Typ war, konnte er den Text vor seinem inneren Auge sehen und „ablesen".; Die visuelle Dichtung ist eine Form der konkreten Poesie. ◆audio-

Vi·sum¹ *das* <-s, Visa/Visen> *eine Genehmigung in Form eines Sichtvermerks in einem Pass, (für eine bestimmte Zeit) in ein Land einreisen oder aus einem Land ausreisen zu dürfen:* ein Visum beantragen ◆-kontrolle, -pflicht, -zwang, Einreise-

Vi·sum² *das* <-s, Visa> SCHWEIZ. *Namenszeichen, Unterschrift*

vi·tal *adj lebensfroh; voller Lebenskraft:* auch im Alter vital bleiben

Vi·ta·li·tät *die* <-> */kein Plur./* (≈ *Lebensfreude, Lebenskraft) das Vitalsein*

Vi·ta·min *das* <-s, -e> MED. *ein für den Organismus lebensnotwendiger Stoff, der vorwiegend in Obst und Gemüse vorkommt und vom (menschli-*

chen) *Körper selbst nicht hergestellt werden kann;* ■ **Vitamin B** *(umg. scherzh.: „B" für Beziehungen) (hilfreiche) Beziehungen (zu einflussreichen Personen)* Ohne Vitamin B wirst du keinen Erfolg haben. ◆-gehalt, -gabe, -mangel, -präparat, -tablette, -spritze, Multi-

vi·ta·min·reich *adj* (↔ *vitaminarm) reich an Vitaminen:* Der Sportler nimmt vitaminreiche Kost zu sich.

Vi·t·ri·ne *die* <-, -n> ❶ *ein Schaukasten (in einem Museum):* Die Ausstellungsobjekte standen alle in Vitrinen und waren so dem direkten Zugriff der Besucher entzogen. ❷ *ein Glasschrank:* Hol doch bitte die Gläser aus der Vitrine!

vi·va·ce [vi'vaːtʃə] *adv* MUS. *munter, lebhaft:* Die Vortragsbezeichnung des letzten Satzes war „vivace".

Vi·ze *der* <-/-s, -s> *(umg.) Stellvertreter*

Vi·ze- *als Erstglied zusammengesetzter Substantive; drückt aus* ❶ *dass die mit dem Zweitglied bezeichnete Person Stellvertreter(in) einer wichtigen anderen Person in deren Funktion ist* ◆-admiral, -kanzler(in), -könig(in), -konsul(in), -präsident(in) ❷ *dass jemand im Sport den zweiten Rang in dem Bereich innehalt, der mit dem Zweitglied bezeichnet wird* ◆-europameister, -meister, -weltmeister

Vlies *das* <-es, -e> ❶ *die zusammenhängende Wolle des Schafes* ❷ *eine Schicht dicht zusammenhängender Fäden* ◆Vliesstoffe

V-Mann *der* ['fau...] <-(e)s, V-Männer/V-Leute> *(„V" als Abkürzung von „Vertrauens-") Vertrauensmann, geheimer Informant (der Polizei, des Geheimdienstes)*

V-Mo·tor *der* ['fau...] <-s, -en> *ein Verbrennungsmotor, bei dem die Zylinder paarweise in ihrer Anordnung ein V bilden*

Vo·gel *der* <-s, Vögel> ❶ *eines der Tiere, die über zwei Flügel und einen Schnabel verfügen, die (meist) fliegen können, mit Krallen bewehrte Zehen haben und deren Körper mit Federn bedeckt sind:* Im Herbst sammeln sich die Vögel für ihre Reise in den Süden.; Vögel bauen Nester/brüten/ fliegen/ legen Eier/picken. ◆-art, -ei, -fänger, -flug, -futter, -käfig, -nest, -ruf, -schar, -schnabel, -schutzgebiet, -stimme, -zug, Enten-, Hühner-, Wasser-, Zug- ❷ *(umg. scherzh.) ein auffälliger Mensch:* Er ist ein komischer/lustiger/schräger Vogel.; ■ **einen Vogel haben** *(umg. abwert.) nicht ganz richtig im Kopf sein, verrückte Ideen haben;* ■ **den Vogel abschießen** *(umg.) sich mit einer Handlung oder Bemerkung besonders hervortun;* ■ **jemandem den/einen Vogel zeigen** *sich mit dem Zeigefinger an die Stirn tippen, um jmdm. zu zeigen, dass man ihn für dumm oder verrückt hält*

Vo·gel·bau·er *das/der* <-s, -> (≈ *Vogelkäfig)*

Vo·gel·beer·baum *der* <-(e)s, Vogelbeer­bäume> (≈ *Eberesche) ein in Europa und Asien verbreitetes Rosengewächs, das strauchartig oder als Baum vorkommt*

Vo·gel·bee·re *die* <-, -n> *die (giftige) Frucht des Vogelbeerbaums*

Vö·gel·chen *das* <-s, -> *kleiner Vogel*

Vo·gel·ei *das* <-s, -er> *Ei eines Vogels*

V

vo·gel·frei *adj /nicht steig./* GESCH. *(im alten deutschen Recht)* rechtlos und geächtet: Wer für vogelfrei erklärt wurde, durfte von jedermann straflos umgebracht werden.

Vo·gel·haus *das* <-es, Vogelhäuser> *ein Gebäude in einem Zoo, in dem Vögel untergebracht sind*

Vo·gel·häus·chen *das* <-s, -> *ein kleines offenes Häuschen im Freien, in das man im Winter Vogelfutter streut:* Im Winter tun wir meist Sonnenblumenkerne in ein Vogelhäuschen, um damit Vögel füttern zu können.

Vo·gel·kir·sche *die* <-, -n> ❶ *(≈ Süßkirsche)* ❷ *die Frucht der Eberesche*

Vo·gel·kun·de *die* <-> */kein Plur./ (≈ Ornithologie)* das Teilgebiet der Zoologie, das sich mit den verschiedenen Vogelarten befasst ▶ Vogelkundler, Vogelkundlerin

Vo·gel·per·s·pek·ti·ve *die* <-> */kein Plur./ (↔ Froschperspektive)* die Sicht von hoch oben auf etwas:* Bei einem Rundflug sah ich die Stadt erstmals aus der Vogelperspektive.

Vo·gel·scheu·che *die* <-, -n> ❶ *ein Holzgestell, dessen Form an die Gestalt eines Menschen erinnert und das mit alten Kleidern behängt wird, um auf Feldern die Vögel abzuschrecken* ❷ *(umg. abwert.) eine abstoßend hässliche, geschmacklos gekleidete Frau*

Vo·gel·spin·ne *die* <-, -n> *in vielen Arten vorkommende große, behaarte, tropische Spinne*

Vo·gel-Strauß-Po·li·tik *die* <-> */kein Plur./ die Verhaltensart, vorhandene Probleme und Gefahren möglichst zu ignorieren (nach der angeblichen Eigenart des Straußes, den Kopf in den Sand zu stecken, wenn Gefahr droht)*

Vo·gel·war·te *die* <-, -n> *ein Institut für Vogelkunde, das sich insbesondere mit dem Vogelzug beschäftigt*

Vo·gel·zug *der* <-(e)s, Vogelzüge> *der Vorgang, dass manche Vögel in bestimmten Jahreszeiten wegfliegen (z. B. in eine wärmere Region) bzw. in ihre angestammte Region zurückkehren*

Vo·gerl·sa·lat *der* <-(e)s, -e> ÖSTERR. *Feldsalat*

Vo·ge·sen *Plur. ein Mittelgebirge im Osten Frankreichs*

Vogt *der* <-(e)s, Vögte> GESCH. *ein mittelalterlicher Verwaltungsbeamter* ▶ Vogtei ◆ Land·

Vo·ka·bel *die* <-, -n> *ein einzelnes Wort einer Fremdsprache:* die neuen Vokabeln lernen ◆ -heft, -test, -trainer

Vo·ka·bu·lar *das* <-s, -e> *(geh.: ≈ Wortschatz)*

Vo·kal *der* <-s, -e> SPRACHWISS. *(≈ Selbstlaut ↔ Konsonant) ein Sprachlaut, bei dessen Artikulation der Luftstrom ungehindert den Mundraum passiert (im Gegensatz zum Konsonanten, bei dem es durch Reibung oder Verschluss zu einer Modifikation des Lautes kommt)*

Vo·lant *der/das* [vo'lã:] <-s, -s> *ein Stoffbesatz auf Rocksäumen, der gekräuselt ist*

Vo·li·e·re *die* [vo'lɪɛːrə] <-, -n> *ein großer Vogelkäfig (als Teil einer Gartenanlage)*

Volk *das* <-(e)s, Völker> ❶ *eine durch dieselbe Geschichte, Sprache und Kultur verbundene Gemeinschaft von Menschen (die in einem politischen System zusammenleben):* Ich mag die Men-

talität der südeuropäischen Völker. ◆ -saufstand, -sauflauf, -sdichtung, -sgruppe, Berg-, Insel- ❷ */kein Plur./ die Bevölkerung eines Landes:* Politiker sind die gewählten Vertreter des Volkes. ❸ */kein Plur./ die unteren Schichten der Bevölkerung:* Er ist ein Mann aus dem Volk. ❹ */kein Plur./ Menschenmenge:* Sie mischte sich unters Volk ❺ */kein Plur./ (oft abwert.) eine bestimmte Gruppe oder Sorte von Menschen, denen ein weiterreichendes Verstehen abgesprochen wird:* Das dumme Volk hat natürlich nichts von dem verstanden, was ich gesagt habe.; ■ **das auserwählte Volk** *die Juden;* ■ **fahrendes Volk** *Spielleute*

Völ·ker·ball *der* <-(e)s> */kein Plur./ ein Ballspiel*

Völ·ker·bund *der* <-(e)s> */kein Plur./* GESCH., POL. *(1920-1946) eine internationale Organisation zur Sicherung des Weltfriedens*

Völ·ker·ge·mein·schaft *die* <-> */kein Plur./ die Gesamtheit der Völker der Welt*

Völ·ker·kun·de *die* <-> */kein Plur./ (≈ Ethnologie) die Wissenschaft von den Kulturen der schriftlosen, außereuropäischen Völker* ◆ -museum ▶ Völkerkundler, Völkerkundlerin, völkerkundlich

Völ·ker·mord *der* <-(e)s> */kein Plur./ (≈ Genozid) Maßnahmen, die die (physische, ethnische, rassische und kulturelle) Existenz oder Identität einer Volksgruppe in Frage stellen*

Völ·ker·recht *das* <-(e)s> */kein Plur./ die international verbindlichen Rechtsvorschriften (die das Zusammenleben verschiedener Staaten regeln):* Das Völkerrecht umspannt mittlerweile alle Bereiche der zwischenstaatlichen Beziehungen.

völ·ker·recht·lich *adj /nicht steig./* ❶ *das Völkerrecht betreffend:* völkerrechtliche Delikte/Verträge ❷ *dem Völkerrecht unterliegend:* Angriffskriege sind völkerrechtlich nicht legitim.

Völ·ker·ver·stän·di·gung *die* <-> */kein Plur./ der politisch-kultureller Austausch zwischen Nationen, um das Verständnis der jeweils anderen Kultur(-geschichte) zu fördern:* Auch der Schüleraustausch soll der Völkerverständigung dienen.

Völ·ker·wan·de·rung *die* <-, -en> GESCH. *(im 4.-6. Jahrhundert nach Christus) die Wanderung germanischer Völker nach Südeuropa*

Volks·ab·stim·mung *die* <-, -en> *(≈ Plebiszit) eine Abstimmung der wahlberechtigten Bürger über eine wichtige politische Frage*

Volks·be·fra·gung *die* <-, -en> *eine im Rahmen einer Abstimmung zu einer wichtigen politischen Frage vorgenommene Befragung der Bürger*

Volks·be·geh·ren *das* <-, -> POL. *ein Antrag auf Abstimmung der Bürger über einen Gesetzentwurf*

volks·ei·gen *adj /nicht steig./ (in der ehemaligen DDR und anderen kommunistischen Staaten) dem Volke gehörend:* Die private Schuhfabrik ist in einen volkseigenen Betrieb (Abkürzung: VEB) umgewandelt worden.

Volks·emp·fän·ger® *der* <-s, -> GESCH. *ein einfaches und billiges Rundfunkgerät, das in Deutschland ab 1933 sehr verbreitet war, und das zur Zeit des Nationalsozialismus wesentlichen Anteil an der Vermittlung des verbrecherischen Gedankenguts der Faschisten hatte*

V

Volks·emp·fin·den *das* <-s> */kein Plur./ die Art und Weise, wie breite Bevölkerungsschichten etwas beurteilen*

Volks·ent·scheid *der* <-(e)s, -e> POL. *die Entscheidung von Gesetzgebungsfragen durch Volksabstimmung*

Volks·ety·mo·lo·gie *die* <-, ...-gien> *Die falsche Deutung eines unbekanntes Ausdrucks in Analogie zu einem klangähnlichen:* Aus althochdeutsch „muwerf" („Haufenwerfer") wurde neuhochdeutsch „Maulwurf" (durch „Maul" und „werfen" motiviert); das aus dem Niederländischen entlehnte Wort „Hängematte" wurde mit „hängen" und „Matte" in Zusammenhang gebracht, geht aber auf „(h)amaca" (aus einer Indianersprache) zurück.

Volks·fest *das* <-es, -e> *ein Fest für die Bevölkerung einer Stadt oder Gemeinde, bei dem man sich in einem Bierzelt und an zahlreichen Unterhaltungsbetrieben vergnügen kann:* Die Kirmes/ Kirchweih ist ein weit verbreitetes Volksfest.

Volks·front *die* <-> */kein Plur./* POL. *Bezeichnung für eine Koalition zwischen bürgerlichen Linken, Sozialdemokraten (Sozialisten) und Kommunisten*

Volks·ge·sund·heit *die* <-> */kein Plur./ der Zustand der durchschnittlichen Gesundheit eines Volkes*

Volks·held *der* <-en, -en> *(≈ Nationalheld) jmd., der von einem ganzen Volk als Held verehrt wird*

Volks·hoch·schu·le *die* <-, -n> *eine öffentliche Einrichtung, die der Erwachsenenbildung und außerschulischen Jugendbildung dient:* Volkshochschulen bieten sehr viele Kurse zu sehr unterschiedlichen Themenbereichen an, die von Fremdsprachen über technische Themen wie Fotografie und Autoreparatur bis hin zu musischen Themen wie Kunst, Musik und Tanz reichen.; *siehe auch* **Erwachsenenbildung**

Volks·in·i·ti·a·ti·ve *die* <-, -n> SCHWEIZ. *Volksbegehren*

Volks·krank·heit *die* <-, -en> *eine in der Bevölkerung weit verbreitete Krankheit:* Der Vortrag beschäftigt sich mit dem Thema „Volkskrankheit Bluthochdruck".

Volks·kun·de *die* <-> */kein Plur./ (≈ empirische Kulturwissenschaft) die Wissenschaft von den Lebens- und Kulturformen eines Volkes oder einer Volksgruppe*

Volks·kund·ler *der,* **Volks·kund·le·rin** <-s, -> *(≈ empirischer Kulturwissenschaftler) Wissenschaftler auf dem Gebiet der Volkskunde*

volks·kund·lich *adj /nicht steig./ die Volkskunde betreffend, auf ihr beruhend*

Volks·lauf *der* <-(e)s, Volksläufe> *ein sportlicher Wettbewerb für jedermann mit den Disziplinen Laufen, Gehen, Marschieren, Wandern (seit 1971 innerhalb der „Trimmspiele" des deutschen Sportbundes)*

Volks·lied *das* <-(e)s, -er> *ein einfaches, im Volk überliefertes Lied*

Volks·mär·chen *das* <-s, -> *ein mündlich überliefertes Märchen*

Volks·mehr *das* <-s, -s> SCHWEIZ. *die Mehrheit der Abstimmenden*

Volks·mu·sik *die* <-, -en> */meist Sing./ die Musik, die für bestimmte ethnische und soziale Gruppen typisch ist:* Die ungarische Volksmusik ist stark von den Zigeunern beeinflusst.

volks·nah *adj /nicht steig./ so, dass jmd. in engem Kontakt zur Bevölkerung steht:* Im Wahlkampf geben sich die Politiker stets sehr volksnah. ▶ Volksnähe

Volks·par·tei *die* <-, -en> *eine große Partei mit Mitgliedern und Wählern aus allen Bevölkerungsschichten*

Volks·po·li·zei *die* <-> */kein Plur./* GESCH. *die Polizei der DDR*

Volks·re·pu·b·lik *die* <-, -en> *(abgekürzt „VR") Bezeichnung für meist sozialistische Staaten:* die Volksrepublik China

Volks·schu·le *die* <-, -n> ❶ *(veralt.) Grund- und Hauptschule* ❷ ÖSTERR. *Grundschule*

Volks·sport *der* <-(e)s> */kein Plur./ eine von vielen Menschen betriebene Sportart; Breiten-, Massensport:* Fußball ist ein typischer Volkssport.

Volks·stamm *der* <-(e)s, Volksstämme> *eine größere Gruppe von Menschen, die eine gemeinsame Sprache, Kultur oder auch ein gemeinsames Siedlungsgebiet hat und sich dadurch von anderen Gruppen unterscheidet:* die indianischen Volksstämme Südamerikas

Volks·stück *das* <-(e)s, -e> *ein humoristisches Bühnenstück (in dem Dialekt gesprochen wird)*

Volks·tanz *der* <-es, Volkstänze> *ein Tanz, der für eine bestimmte Region typisch ist* ◆-gruppe

Volks·tracht *die* <-, -en> *eine Tracht, die für eine bestimmte Region typisch ist*

Volks·trau·er·tag *der* <-(e)s, -e> *(in Deutschland) der Sonntag vor dem 1. Advent als nationaler Trauertag zum Gedenken an die Gefallenen beider Weltkriege und an die Opfer des Nationalsozialismus*

Volks·tum *das* <-(e)s> */kein Plur./ alles (an Sitten und Bräuchen), was die kulturelle Eigenart eines Volkes ausmacht*

volks·tüm·lich *adj /nicht steig./* ❶ *der Art des Volkes entsprechend:* ein volkstümlicher Brauch ❷ *beim Volk beliebt:* ein volkstümlicher Schauspieler ❸ *allgemein verständlich:* Im Rahmen dieser Veranstaltung wird sie natürlich keinen wissenschaftlichen, sondern einen volkstümlichen Vortrag halten. ◆Volkstümlichkeit

Volks·ver·dum·mung *die* <-> */kein Plur./ (umg. abwert.) (der Versuch der) Irreführung der Bevölkerung, indem man Probleme stark vereinfacht oder falsch darstellt:* Der Politiker betreibt doch Volksverdummung.

Volks·ver·het·zung *die* <-> */kein Plur./ das Aufstacheln (mittels demagogischer Reden) zum Hass gegen Teile der Bevölkerung mit der Aufforderung zu Gewalt und Willkürmaßnahmen gegen sie*

Volks·ver·tre·ter *der,* **Volks·ver·tre·te·rin** <-s, -> *vom Volk gewählter Politiker*

Volks·ver·tre·tung *die* <-, -en> *(≈ Parlament)*

Volks·wirt *der,* **Volks·wir·tin** <-(e)s, -e> *(≈ Nationalökonom) jmd., der Volkswirtschaftslehre studiert hat*

Volks·wirt·schaft *die* <-, -en> ❶ *(≈ Nationalöko-*

V

nomie) *die gesamte Wirtschaft eines Staates*
❷ */kein Plur./ Volkswirtschaftslehre* ▶ Volkswirtschaftler, Volkswirtschaftlerin

Volks·wirt·schafts·leh·re *die* <-> */kein Plur./*
(↔ Betriebswirtschaftslehre) Wissenschaft, die
sich mit (dem Funktionieren) der Wirtschaft eines
Landes beschäftigt

Volks·zäh·lung *die* <-, -en> *eine Zählung der Bür*
ger eines Staates

voll <voller, am vollsten> *adj* ❶ *(↔ leer) so ge*
füllt, dass nichts mehr in etwas hineinpasst: Sie
brachte die vollen Tassen vorsichtig an den Tisch.;
Er hat zwei volle Bücherregale in seinem Zimmer.;
Ich quetschte mich in die volle Straßenbahn.; Der
Saal war brechend voll.; Das Stadion war voll Menschen.; Jedes Kind bekam eine Hand voll Süßigkeiten.; Ich aß einen Teller voll Suppe. ❷ */mit Gen.*
voller = voll der/des/ verwendet, um auszudrü
cken, dass etwas mit vielen Exemplaren oder ei
ner großen Menge der genannten Sache gefüllt
oder bedeckt ist: ein Schrank voller Staub; eine
Straße voller Laub; eine Tasche voller Bücher; ein
Aufsatz voller Fehler; ein Stoff voller Flecken
❸ *verwendet, um auszudrücken, dass jmd. inner*
lich von der genannten Sache erfüllt oder mit der
genannten Sache beschäftigt ist: Er war voll des
Lobes/des Lobes voll.; Ihr Herz war voll Sehnsucht.; voll Freude/Hoffnung/Sorge/Spannung/
Unruhe ❹ *(≈ füllig ↔ schmal) rundlich, dick:* Er
hat ein volles Gesicht.; Sie ist in den letzten Jahren
voller geworden. ❺ *(↔ schütter) dicht gewach*
sen: Damals hatte ich noch volles Haar. ❻ *kräftig,*
reichlich: der volle Geschmack einer Speise; mit
vollem Klang ❼ *(≈ völlig) vollständig, komplett,*
ganz, uneingeschränkt: In zwei Wochen kann ich
die volle Summe zurückzahlen.; Sie unterschrieb
mit ihrem vollen Namen.; Die Rosen stehen in voller Blüte.; Das ist die volle Wahrheit!; mit voller
Wucht; in voller Fahrt; Die Uhr schlägt zur vollen
Stunde.; in vollem Umfang; ■ **jemanden/etwas**
nicht für voll nehmen (können) *(umg. abwert.)*
jmdn. oder etwas nicht ernst nehmen (können);
■ **aus dem Vollen schöpfen** *(umg.) etwas, das in*
großer Menge vorhanden ist, sorglos aufbrau
chen; ■ **in die Vollen gehen** *alle verfügbaren*
Mittel oder Kräfte reichlich einsetzen ◆ Getrennt-
oder Zusammenschreibung →R 4.16, 4.5 voll besetzt/vollbesetzt; voll entwickelt/vollentwickelt;
eine Hand voll/Handvoll; einen Mund voll/Mundvoll; eine Hand voll Reis; ◆ Zusammenschreibung
→R 4.6 volltrunken; ◆ Großschreibung →R 3.4,
R 3.7 aus dem Vollen schöpfen; in die Vollen gehen

 voll- *als Erstglied zusammengesetzter Adjektive;*
drückt intensivierend aus, dass die mit dem Zweit
glied bezeichnete Eigenschaft in sehr hohem
Maße gegeben ist ◆-automatisch, -automatisiert,
-elastisch, -entwickelt, -fett, -gültig, -inhaltlich, -klimatisiert, -mechanisiert, -reif, -wertig

-voll *(≈ -los) als Zweitglied zusammengesetzter Ad*
jektive; drückt aus, dass das mit dem Erstglied Be
zeichnete sehr ausgeprägt ist ◆angst-, charakter-,
demuts-, effekt-, ehrfurchts-, liebe-, mitleids-, qual-,
respekt-, rücksichts-, schmerz-, sehnsuchts-, takt-,
temperament-, vertrauens-

voll·auf *adv (≈ ganz)* Sie war mit ihrem Zeugnis
vollauf zufrieden.

Voll·bad *das* <-(e)s, Vollbäder> *(≈ Wannenbad)*
ein Bad für den ganzen Körper in einer Bade
wanne: Als ich nach Hause kam, nahm ich als Erstes ein Vollbad.

Voll·bart *der* <-(e)s, Vollbärte> *(↔ Kinnbart,*
Schnurrbart) Kinn und Wangen bedeckender Bart

Voll·be·schäf·ti·gung *die* <-> */kein Plur./ der Zu*
stand, dass alle erwerbsfähigen Personen eines
Staates einen Arbeitsplatz haben

Voll·be·sitz ■ **im Vollbesitz seiner (geistigen)**
Kräfte sein *ein ungetrübtes Bewusstsein haben*
Er war nicht mehr im Vollbesitz seiner geistigen
Kräfte, als er das tat.

Voll·blut *das* <-(e)s, Vollblüter> BIOL. *ein reinras*
siges Pferd aus einer besonderen Zucht

Voll·blut- *als Erstglied einiger zusammengesetzter*
Substantive; drückt aus, dass eine Person die mit
dem Zweitglied bezeichnete Tätigkeit mit größter
Leidenschaft ausübt und in ganz typischer Weise
verkörpert ◆-journalist(in), -musikant(in), -musiker(in), -verkäufer(in)

Voll·brem·sung *die* <-, -en> *eine scharfe Brem*
sung, die ein Fahrzeug zum völligen Stillstand
bringt

voll·brin·gen <vollbringst, vollbrachte, hat vollbracht> *mit OBJ* ■ *jmd.* **vollbringt etwas** *etwas*
(Außergewöhnliches) tun, schaffen: „Es ist vollbracht!" (Ein Kreuzeswort Jesu)

voll·bu·sig *adj /nicht steig./ mit einem großen Bu*
sen

Voll·dampf ■ **mit Volldampf** *mit höchstem*
Tempo, mit aller Energie

Völ·le·ge·fühl *das* <-s> */kein Plur./ ein unange*
nehmes Gefühl im Magen oder im Bauch, das
man bekommt, wenn man zu viel gegessen hat

voll·elek·t·ro·nisch *adj /nicht steig./ ganz elek*
tronisch gesteuert und daher vollautomatisch
funktionierend: Diese Waschmaschine ist vollelektronisch.

voll·en·den <vollendest, vollendete, hat vollendet> *mit OBJ* ■ *jmd.* **vollendet etwas** *(≈ ab*
schließen) ein Werk zum Anschluss bringen: Mit
diesem Buch vollendete der Autor seinen Romanzyklus.

voll·en·det I. *Part. Perf. von* **vollenden II.** *adj*
(≈ perfekt) Sie ist eine vollendete Gastgeberin.

voll·ends *adv gänzlich:* Das Nachbeben zerstörte
das Haus vollends.

Voll·en·dung *die* <-, -en> ❶ */kein Plur./ das Voll*
enden: Der Autor steht kurz vor der Vollendung
seiner Romantrilogie. ❷ */kein Plur./ Perfektion:*
Das Spiel des Pianisten zeugt von höchster Vollendung.

Völ·le·rei *die* <-, -en> *(abwert.) übermäßig reich*
haltiges Essen und Trinken

voll·es·sen <isst voll, aß voll, hat vollgegessen>
mit SICH ■ *jmd.* **isst sich voll** *so viel essen, dass*
man nicht mehr kann und voll ist ◆ Zusammenschreibung →R 4.5 Er hat sich am Büffet vollgegessen.

Vol·ley·ball *der* ['vɔlibal] <-(e)s, Volleybälle>
❶ */kein Plur./ ein Ballsport, bei dem sich zwei*

Mannschaften auf einem Spielfeld gegenüberstehen, das durch ein relativ hoch angebrachtes Netz quer über das Spielfeld geteilt wird; die Spieler spielen den Ball mit verschiedenen Schlagtechniken über das Netz und erzielen Punkte, wenn der Ball innerhalb der gegnerischen Hälfte den Boden berührt ❷ der Ball, mit dem Volleyball[1] gespielt wird

voll·fres·sen <frisst voll, fraß voll, hat vollgefressen> mit SICH ■ **jmd. frisst sich voll** (umg.) essen bis man nicht mehr kann ◆Zusammenschreibung →R 4.5 Dass du dich immer so vollfressen musst!

voll·füh·ren <vollführst, vollführte, hat vollführt> mit OBJ ■ **jmd. vollführt etwas** ausführen, machen: Der Artist vollführte die tollsten Kunststücke.

voll·fül·len <füllst voll, füllte voll, hat vollgefüllt> mit OBJ ■ **jmd. füllt etwas** Akk. **voll** etwas so weit füllen, dass nichts mehr hineinpasst ◆Zusammenschreibung →R 4.5 Du kannst den Tank vollfüllen.

Voll·gas ❶ KFZ der Vorgang, dass der Fahrer das Gaspedal durchtritt, um so schnell wie möglich zu fahren ❷ ■ **Vollgas geben** (umg.) sich sehr beeilen, sich davonmachen Gib Vollgas, sonst schnappt dich die Polizei!

Voll·idi·ot der, **Voll·idi·o·tin** <-en, -en> (abwert.) vollkommener Idiot

völ·lig adj /nicht steig./ gänzlich, total

voll·jäh·rig adj /nicht steig./ RECHTSW. (≈ mündig ↔ minderjährig) vor dem Gesetz erwachsen

Voll·jäh·rig·keit die <-> /kein Plur./ (≈ Mündigkeit ↔ Minderjährigkeit) der Zustand, volljährig zu sein

Voll·ju·rist der, **Voll·ju·ris·tin** <-en, -en> ein Jurist, der nach einer Referendarzeit durch Ablegen des zweiten Staatsexamens die Befähigung zum Richteramt erworben hat

voll·kas·ko·ver·si·chern mit OBJ /meist im Infinitiv/Part. Perf./ ■ **etwas (muss man) vollkaskoversichern/ist vollkaskoversichert** eine Vollkaskoversicherung abschließen: Ich muss vor dem Urlaub meinen Wagen noch vollkaskoversichern.

Voll·kas·ko·ver·si·che·rung die <-, -en> KFZ eine Versicherungsform, bei der man vor allem Autos gegen alle möglichen Unfallschäden versichert

voll·kom·men, **voll·kom·men** adj /nicht steig./ ❶ (≈ perfekt) Ich bewundere das vollkommene Kunstwerk. ❷ völlig, vollständig: Du hast vollkommen Recht.

Voll·kom·men·heit die <-> /kein Plur./ (≈ Perfektion)

Voll·korn- als Erstglied zusammengesetzter Substantive; drückt aus, dass bei den mit dem Zweitglied bezeichneten Waren das verarbeitete Getreide verschiedene nährstoffreiche Schichten behält/behalten sollte und darum dunkel ist ◆-biskuits, -brot, -brötchen, -dinkelbrot, -ernährung, -erzeugnis, -flakes, -gebäck, -gerichte, -haferflocken, -hörnchen, -keks, -kuchen, -mehl, -müsli, -nudeln, -produkt, -plätzchen, -pizza, -reis, -sandwich, -semmel, -spaghetti/-spagetti, -spätzle, -toast, -waffeln, -zwieback, -zopf

voll·kot·zen <kotzt voll, kotzte voll, hat vollgekotzt> mit OBJ ■ **jmd. kotzt etwas** Akk. **voll** (umg.) sich über etwas erbrechen ◆Zusammenschreibung →R 4.5 Er hat mein ganzes Auto innen vollgekotzt.; Er hat sein Hemd vollgekotzt.

voll·krie·gen <kriegt voll, kriegte voll, hat vollgekriegt> mit OBJ ■ **jmd. kriegt etwas** Akk. **voll** (umg.) vollbekommen, komplett füllen ◆Zusammenschreibung →R 4.5 Die Veranstalter haben die Halle vollgekriegt.

voll·lau·fen <läuft voll, lief voll, ist vollgelaufen> ohne OBJ ■ **etwas läuft voll** etwas nimmt Flüssigkeit auf bis nichts mehr hineinpasst; ■ **sich volllaufen lassen** (umg.) sich betrinken ◆Zusammenschreibung →R 4.5 Die Badewanne ist vollgelaufen.

voll·ma·chen <machst voll, machte voll, hat vollgemacht> mit OBJ ■ **jmd. macht etwas** Akk. **voll** jemand füllt/legt/stellt so viel in etwas hinein bis es voll ist ◆Zusammenschreibung →R 4.5 Hast du den Tank vollgemacht?; Ich habe die Kiste ganz vollgemacht.

Voll·macht die <-, -en> ❶ RECHTSW. ein Ermächtigung, die eine Person A einer Person B erteilt, damit die Person B anstelle der Person A etwas tun darf: Mit der Vollmacht kannst du Geld von meinem Konto abheben. ❷ ein Dokument, durch das eine Vollmacht[1] erteilt wird

Voll·milch die <-> /kein Plur./ (↔ fettarme Milch) Milch mit vollem Fettgehalt

Voll·mond der <-(e)s> /kein Plur./ (↔ Neumond) der Mond, wenn er als kreisrunde, leuchtende Scheibe erscheint ◆-nacht

Voll·nar·ko·se die <-, -n> MED. (↔ örtliche Betäubung) eine (medizinisch realisierte) Betäubung, durch die jmd. für die begrenzte Zeit eines operativen Eingriffs sein Bewusstsein vollständig verliert

Voll·pen·si·on die <-> /kein Plur./ eine Hotelunterbringung, bei der der Gast außer dem Frühstück auch Mittag- und Abendessen erhält

Voll·rausch der <-(e)s, Vollräusche> ein Zustand völliger Betrunkenheit

voll·schla·gen <schlägt voll, schlug voll, hat vollgeschlagen> mit SICH ■ **jmd. schlägt sich den Magen/Bauch/Ranzen voll** (umg.) sehr viel essen ◆Zusammenschreibung →R 4.5

voll·schlank adj /nicht steig./ (umg. verhüll.) korpulent

voll·schmie·ren <schmierst voll, schmierte voll, hat vollgeschmiert> mit OBJ ■ **jmd. schmiert etwas** Akk. **voll** (umg. abwert.) einen Gegenstand vollmalen, -schreiben, -kritzeln ◆Zusammenschreibung →R 4.5 Die Tafel ist schon wieder vollgeschmiert.; Du hast dein Schulbuch ja ganz vollgeschmiert!; Manche schmieren einfach eine Leinwand voll und nennen es Kunst.

voll·stän·dig adj /nicht steig./ ❶ ganz, total: Nach dem Computerabsturz waren einige Dateien vollständig gelöscht. ❷ (≈ vollzählig) ohne, dass etwas fehlt: Er besitzt eine vollständige Sammlung aller bundesdeutschen Briefmarken seit 1949.

Voll·stän·dig·keit die <-> /kein Plur./ der Zustand, dass etwas vollständig[1] ist

V

voll·stre·cken <vollstreckst, vollstreckte, hat vollstreckt> *mit OBJ* ■ *jmd. vollstreckt etwas* RECHTSW. *ein Gerichtsurteil oder eine gerichtliche Entscheidung (zwangsweise) in die Tat umsetzen:* Die Todesstrafe wurde früh am Morgen vollstreckt.

Voll·stre·ckung *die* <-, -en> *das Vollstrecken* ◆-sbefehl, -smittel, -surteil, Zwangs-

voll·tan·ken <tankst voll, tankte voll, hat vollgetankt> **I.** *mit OBJ* ■ *jmd. tankt etwas Akk. voll den Tank eines Fahrzeugs vollständig füllen:* Das vollgetankte Fahrzeug fing Feuer.; Kannst du das Auto noch volltanken? **II.** *ohne OBJ* ■ *jmd. tankt voll* ◆ Zusammenschreibung →R 4.5 Volltanken, bitte!

Voll·tref·fer *der* <-s, -> ❶ *ein Schlag, der genau ins Ziel trifft:* Der Boxer landete einen Volltreffer. ❷ *(umg.: ≈ Hit, Renner) etwas, das ein sehr großer Erfolg ist:* Die neue CD ist ein Volltreffer.

voll·trun·ken *adj /nicht steig./ (↔ angetrunken) völlig betrunken*

voll·um·fäng·lich *adj* SCHWEIZ. *in vollem Umfang*

Voll·verb *das* <-s, -en> SPRACHWISS. *(↔ Hilfsverb) ein Verb, das allein (ohne Verbindung mit anderen Verben) das Prädikat bilden kann:* „Singen" ist ein Vollverb.

voll·ver·chromt *adj /nicht steig./ ganz mit Chrom überzogen*

Voll·ver·samm·lung *die* <-, -en> *eine Versammlung, an der alle Mitglieder teilnehmen können*

Voll·wai·se *die* <-, -n> *ein Kind, das beide Eltern verloren hat*

Voll·wasch·mit·tel *das* <-s, -> *ein für alle Temperaturbereiche taugliches Waschmittel*

voll·wer·tig *adj /nicht steig./* ❶ *den vollen Wert, alle erwarteten Eigenschaften besitzend:* Ich erwarte einen vollwertigen Ersatz.; Das Programmpaket enthält unter anderem eine vollwertige Textverarbeitung. ❷ KOCH. *den Prinzipien der Vollwertkost entsprechen:* die knappe, aber vollwertige Ernährung der Sportler

Voll·wert·kost *die* <-> */kein Plur./* KOCH. *eine Ernährung, die sich aus naturbelassenen, sehr gesunden und vitaminreichen Nahrungsmitteln zusammensetzt*

voll·zäh·lig *adj /nicht steig./ (≈ komplett) so, dass alle fraglichen Personen oder Gegenstände da sind:* Die Belegschaft ist vollzählig erschienen.; Diese Münzsammlung ist noch nicht vollzählig. ▶ Vollzähligkeit

voll·zie·hen <vollziehst, vollzog, hat vollzogen> **I.** *mit OBJ* ■ *jmd. vollzieht etwas* AMTSSPR. *eine offizielle Handlung ausführen:* Der Standesbeamte vollzog die Trauung. **II.** *mit SICH* ■ *etwas vollzieht sich nach und nach geschehen:* In mir vollzog sich nach diesem Erlebnis ein Wandel.

Voll·zug *der* <-(e)s, Vollzüge> ❶ */kein Plur./ das Vollziehen, das Ausführen:* Der Vollzug der Taufe macht einen Menschen zum Mitglied der christlichen Kirche. ❷ *die Durchsetzung einer Haftstrafe* ❸ *kurz für „Strafvollzug":* geschlossener Vollzug

Voll·zugs·an·stalt *die* <-, -en> *ein Gefängnis*

Vo·lon·tär *der,* **Vo·lon·tä·rin** <-s, -e> *jmd., der zur Vorbereitung auf seinen späteren Beruf gegen geringe Bezahlung in einem Betrieb arbeitet* ▶ Volontariat ◆-sstelle

Vo·lon·ta·ri·at *das* <-(e)s, -e> ❶ *die Zeit, in der jmd. als Volontär arbeitet* ❷ *Stelle eines Volontärs*

vo·lon·tie·ren <volontierst, volontierte, hat volontiert> *ohne OBJ* ■ *jmd. volontiert als Volontär arbeiten*

Volt *das* <-/-(e)s, -> PHYS., ELEKTROTECHN. *(Maß-)Einheit der elektrischen Spannung* ◆-meter

Vo·lu·men *das* <-s, -/Volumina> ❶ *(≈ Rauminhalt)* Der Tank hat ein Volumen von 500 Kubikmetern. ❷ *Umfang, Gesamtmenge:* Wie ein Sprecher des Unternehmens betonte, sei das Volumen der Auftragseingänge im vergangenen halben Jahr deutlich gestiegen. ◆-gewicht, -prozent, -zähler

vo·lu·mi·nös *adj /nicht steig./ (geh.) umfangreich, groß:* Er hat eine voluminöse Doktorarbeit geschrieben.

vom *präp* ❶ */„von" + „dem", meist nicht auflösbar / zur Angabe eines räumlichen oder zeitlichen Ausgangspunktes:* Wir sind zu Fuß vom Bahnhof in die Stadt gelaufen.; Wir haben vom 1.8. bis zum 21.8. geschlossen. ❷ */„vom" (nicht auflösbar) + substantivierter Inf./ Angabe einer Ursache:* Mir schmerzen die Augen vom Lesen.; Sie ist müde vom Wandern.

von **I.** *präp +Dat.* ❶ *verwendet zur Angabe eines räumlichen Ausgangspunktes oder der Richtung, aus der sich eine Bewegung zum Sprecher hin vollzieht:* Wir radelten von Köln nach Paris.; Der Wind kommt von Norden.; Von der Tür bis zum Fenster sind es fünf Meter.; Von hier aus kannst du den Ort liegen sehen.; Von der Straße her konnten wir schon den Hund bellen hören. ❷ *verwendet, um einen Vorgang des Loslösens oder Trennens zu bezeichnen:* Hast du die Wäsche schon von der Leine genommen?; Die Briefmarke löste sich leicht von dem Umschlag. ❸ *verwendet, um die Menge zu nennen, von der der genannte Teil stammt:* Keine von diesen CDs gefällt mir.; Jeder von uns hat so einen Brief bekommen.; Eins von diesen Büchern möchte ich kaufen.; Die Hälfte von der Schokolade gehört dir. ❹ *verwendet zur Angabe eines zeitlichen Ausgangspunktes:* Ich kenne sie von früher.; Die Tat geschah in der Nacht von Montag auf Dienstag.; von Anfang/Geburt/Jugend an; Von Montag ab bin ich verreist. ❺ *verwendet zur Angabe einer Ursache oder eines Urhebers:* Ich war müde von der Arbeit.; Wir haben eine Urlaubskarte von unseren Bekannten bekommen.; Dieser Vorschlag stammt von ihm.; Grüßen Sie ihn bitte von mir! ❻ *verwendet zur Angabe des Urhebers in Passivsätzen:* Er wurde von seiner Lehrerin ermahnt. ❼ *verwendet zur Angabe des Bereichs, für den das Gesagte gilt:* Er ist Buchhändler von Beruf.; Das ist ein Prachtexemplar von Schmetterling! ❽ *verwendet zur Angabe einer Eigenschaft:* Er war ein Mann von Prinzipien.; Sie ist eine Frau von fünfzig Jahren.; ein Kunstwerk von großer Schönheit; Diese Arbeit ist von großer Dringlichkeit. ❾ *(umg.) anstelle eines Genitivattributes oder Possessivpronomens verwendet, um eine Zusammengehörigkeit oder ein Besitzverhältnis auszudrücken:* die Königin von Schweden; der Vertrag von

Versailles; die Umgebung von Berlin; ein Vater von vier Kindern; Das ist sicher der Mantel von deinem Freund.; Ist das Buch von dir? ❿ *verwendet zur Angabe von Maßen, Entfernungen und Größenordnungen:* Nach einem Flug von 12 Stunden kamen wir endlich an.; eine Entfernung von dreißig Kilometern ⓫ *verwendet als Adelsprädikat bei Namen:* Über Johann Wolfgang von Goethe wird erzählt, dass … ⓬ *verwendet in Verbindung mit bestimmten Verben oder Adjektiven:* Er berichtete von seinen Urlaubserlebnissen.; Wir sprachen von diesem und jenem.; abhängig/frei von **II.** *adv (umg.)* NORDDT. *kurz für „davon":* Da habe ich nichts von gewusst.; Da hat er mir nichts von gesagt.

von·ei·n·an·der *adv einer oder eines vom anderen; einen gegenseitigen Bezug ausdrückend:* Am Bahnhof haben sie voneinander Abschied genommen.; Es war schwierig, die zusammengeleimten Teile voneinander zu lösen.

von·nö·ten *adv* ■ **vonnöten sein** *notwendig sein* Hier ist schnelle Hilfe vonnöten.

von·sei·ten, von Sei·ten *adv (geh.) von der Seite der/des …:* Dem Vorschlag wurde auch vonseiten der Geschäftsleitung zugestimmt.

von·stat·ten·ge·hen <geht vonstatten, ging vonstatten, ist vonstattengegangen> *ohne OBJ* ■ *etwas geht vonstatten ablaufen* ◆ Zusammenschreibung →R 4.5 Der Umzug ging schneller vonstatten, als er dachte.

vor I. *präp +Dat.* ❶ *(↔ hinter) verwendet, um auszudrücken, dass etwas auf der vorderen Seite oder dem Betrachter zugewandt ist:* „Wo wartest du auf mich?" „Ich warte auf dich direkt vor der Schule."; Er stand vor seinem Auto und fand den Autoschlüssel nicht mehr. ❷ *(↔ nach) verwendet, um auszudrücken, dass etwas dem genannten Zeitpunkt oder Vorgang vorausgeht:* Sie ist erst vor wenigen Augenblicken gegangen.; Wir sind erst vor zwei Wochen aus dem Urlaub zurückgekommen. ❸ */ohne nachfolgenden Artikel/ verwendet, um eine Ursache auszudrücken:* Sie zitterte vor Kälte.; Er war bleich vor Wut. ❹ */mit oder ohne nachfolgenden Artikel/ verwendet, um auszudrücken, dass etwas in jmds. Gegenwart geschieht:* Er hat das vor Zeugen behauptet.; Sie hat Angst, vor Publikum zu sprechen.; Wir sollten vor den Gästen nicht streiten! ❺ *verwendet, um auszudrücken, dass jmd. oder etwas in einer Reihenfolge oder Rangfolge zuerst kommt:* Ich glaube, ich komme vor Ihnen an die Reihe.; Der Außenseiter ging vor dem Favoriten durchs Ziel.; Ich gebe dem zweiten Redner den Vorzug vor dem ersten. ❻ *verwendet in Verbindung mit bestimmten Verben:* Er fürchtet sich vor Hunden.; Schützen Sie sich vor Erkältungen!; Sie schämte sich vor ihren Freundinnen.; Ich habe großen Respekt/Widerwillen vor ihm. **II.** *präp +Akk. (↔ hinter) (räumlich) drückt aus, dass etwas an die vordere Seite, die dem Betrachter zugewandt ist, gebracht ist:* „Wohin hast du dein Fahrrad gestellt?" „Ich habe mein Fahrrad vor das Haus gestellt." **III.** *adv* ❶ *(umg.) nach vorn:* Freiwillige vor! ❷ *(umg.)* NORDDT. *kurz für „davor":* Da habe ich Angst vor.

vor·ab *adv im Voraus:* Die Presse wurde vorab informiert.

Vor·abend *der* <-s> */kein Plur./ der Abend vor einem Ereignis:* am Vorabend der Hochzeit

Vor·abend·se·rie *die* <-, -n> TV *eine Serie, die zwischen sechs und acht Uhr im Fernsehen läuft*

Vor·ah·nung *die* <-, -en> *das Gefühl, dass etwas Schlimmes passieren wird:* Ich wurde von schlimmen Vorahnungen geplagt.

vo·r·an *adv vor jmdm. oder etwas her*

vo·r·an·ge·hen <gehst voran, ging voran, ist vorangegangen> *ohne OBJ* ❶ ■ *jmd. geht jmdm. voran an der Spitze von etwas gehen:* Als der Zug von Menschen sich in Bewegung setzte, ging er allen voran. ❷ ■ *etwas geht irgendwie voran (≈ vorankommen) in bestimmter Weise Fortschritte machen:* Die Arbeit geht gut/langsam/nur zäh voran. ❸ *(zeitlich) vor etwas liegen:* Dem Vertragsabschluss gingen lange Verhandlungen voran.; Der Krisenstab suchte an den vorangegangenen Tagen fieberhaft nach Lösungen. ◆ Großschreibung →R 3.7 Vorangehendes; im Vorangehenden

vo·r·an·kom·men <kommst voran, kam voran, ist vorangekommen> *ohne OBJ* ❶ ■ *jmd. kommt voran sich auf ein Ziel hin bewegen:* Wir sind mit dem Fahrrad gut vorangekommen. ❷ ■ *etwas kommt irgendwie voran (≈ vorangehen) in bestimmter Weise Fortschritte machen:* Die Arbeit kam nur sehr mühsam voran.

Vor·an·mel·dung *die* <-, -en> *vorherige Anmeldung:* Eine Teilnahme an dem Kurs ist nur mit Voranmeldung möglich.

vo·r·an·schrei·ten <schreitest voran, schritt voran, ist vorangeschritten> *ohne OBJ* ■ *jmd. schreitet voran (geh.) feierlich vorangehen* [1]: In der Prozession schritt der Kardinal den Priestern voran.

vo·r·an·stel·len <stellst voran, stellte voran, hat vorangestellt> *mit OBJ* ■ *jmd. stellt etwas voran als erstes mitteilen, sagen oder schreiben:* Ich möchte meiner Rede zunächst einige Worte des Dankes voranstellen. ▶ Voranstellung

vo·r·an·trei·ben <treibst voran, trieb voran, hat vorangetrieben> *mit OBJ* ■ *jmd. treibt etwas voran beschleunigen:* Die Verantwortlichen trieben das Projekt energisch voran.

Vor·an·zei·ge *die* <-, -n> *die Ankündigung eines neuen Buches, Films oder Theaterstücks*

Vor·ar·beit *die* <-, -en> *die vorbereitende Arbeit, die vor einer eigentlichen Arbeit erfolgt:* Mit den Vorarbeiten für meine schriftliche Hausarbeit dürfte ich nächste Woche fertig sein.

vor·ar·bei·ten I. *ohne OBJ* ■ *jmd. arbeitet vor (↔ nacharbeiten) mehr als üblich arbeiten, so dass man später mehr freie Zeit hat:* Ich habe einen Tag vorgearbeitet. **II.** *mit SICH* ■ *jmd. arbeitet sich vor mit viel Mühe einen Ort oder eine bessere Position erreichen:* Der Radrennfahrer hatte sich bis zur Spitzengruppe vorgearbeitet.

Vor·ar·bei·ter *der*, **Vor·ar·bei·te·rin** <-s, -> *ein Arbeiter, der eine Gruppe leitet*

Vor·arl·berg, Vor·arl·berg <-s> *westlichstes Bundesland von Österreich*

V

vo·r·aus *adv* ❶ *vor jmdm. oder etwas her:* Er ist 10 Meter voraus, aber wir kommen schon hinterher. ❷ *besser, weiter (als andere):* Sie ist ihm im Rechnen voraus.; Er war schon immer seiner Zeit voraus. ❸ ▪ **im Voraus** *schon vorher, früher, als es sein müsste* Er zahlte im Voraus. ♦Großschreibung →R 3.4 Mit bestem Dank im Voraus.

vo·r·aus·ah·nen <ahnst voraus, ahnte voraus, hast vorausgeahnt> *mit OBJ* ▪ *jmd. ahnt etwas voraus eine Vorahnung haben:* Er ahnte voraus, dass es einen Krieg geben würde.

vo·r·aus·be·rech·nen <berechnest voraus, berechnete voraus, hat vorausberechnet> *mit OBJ* ▪ *jmd. berechnet etwas voraus berechnen, wie sich etwas entwickeln oder wie etwas verlaufen wird:* Um kein Risiko einzugehen, berechnete die Universität die Zahl der möglichen Studienbewerber voraus.

vo·r·aus·ei·len <eilst voraus, eilte voraus, ist vorausgeeilt> *ohne OBJ* ▪ *jmd. eilt jmdm. voraus schnell vorangehen:* Eile bitte voraus, um den Bus noch anzuhalten; ich kann nicht so schnell.

vo·r·aus·ge·hen <gehst voraus, ging voraus, ist vorausgegangen> *ohne OBJ* ❶ ▪ *jmd. geht jmdm./etwas voraus an der Spitze von etwas gehen* ❷ ▪ *jmd. geht jmdm. voraus (↔ nachkommen) schon früher vor den anderen irgendwohin gehen:* Ihr könnt ja nachkommen, ich gehe schon voraus. ❸ ▪ *etwas geht etwas voraus (↔ nachfolgen) sich vor anderen Dingen ereignen:* Dem Vertrag sind lange Verhandlungen vorausgegangen.

vo·r·aus·ge·setzt I. *Part. Perf. von* **voraussetzen II.** *konj unter der Voraussetzung, dass ...:* Wir fahren am Wochenende zum Skifahren, vorausgesetzt, dass das Tauwetter nicht anhält.

vo·r·aus·ha·ben <hast voraus, hatte voraus, hat vorausgehabt> *mit OBJ* ▪ *jmd. hat jmdm. etwas voraus in einer bestimmten Hinsicht besser oder überlegen sein:* Sie hat mir diese Erfahrung voraus.

Vo·r·aus·sa·ge *die* <-, -n> *(≈ Prognose) eine Aussage über die Zukunft:* Die Voraussage trat ein/erfüllte sich.

vo·r·aus·sa·gen <sagst voraus, sagte voraus, hat vorausgesagt> *mit OBJ* ▪ *jmd. sagt etwas voraus eine Voraussage oder Prognose machen:* Seine Ankunft konnte man uns nicht voraussagen.

vo·r·aus·schau·end *adj /nicht steig./ (↔ kurzsichtig) mit Blick auf die Zukunft sorgfältig bedenkend:* Sie handelt/plant vorausschauend.

vo·r·aus·schi·cken <schickst voraus, schickte voraus, hat vorausgeschickt> *mit OBJ* ▪ *jmd. schickt etwas voraus* ❶ *etwas zeitlich früher schicken:* Ich werde den Koffer mit der Bahn vorausschicken. ❷ *etwas einleitend sagen:* Bevor ich zum eigentlichen Thema komme, sollte ich vorausschicken, dass ...

vo·r·aus·seh·bar *adj /nicht steig./ so, dass man es voraussehen kann*

vo·r·aus·se·hen <siehst voraus, sah voraus, hat vorausgesehen> *mit OBJ* ▪ *jmd. sieht etwas voraus eine zukünftige Entwicklung bereits in der Gegenwart erkennen oder ahnen:* Eine solche Entwicklung konnte man nicht voraussehen.

vo·r·aus·set·zen <setzt voraus, setzte voraus, hat vorausgesetzt> *mit OBJ* ▪ *jmd. setzt (etwas) voraus* ❶ *als sicher oder vorhanden annehmen:* Wir setzen voraus, dass Sie Kenntnisse in einem Textverarbeitungsprogramm besitzen. ❷ *als notwendige Bedingung haben oder verlangen:* Ein solcher Beruf setzt viel Flexibilität voraus.

Vo·r·aus·set·zung *die* <-, -en> ❶ *(≈ Annahme) eine feste Vorstellung, die das weitere Tun oder Denken leitet:* Ich fürchte, Sie gehen von der irrigen Voraussetzung aus, dass ...; Wir sind damals von völlig falschen Voraussetzungen ausgegangen. ❷ *(≈ Vorbedingung) etwas, das gegeben oder garantiert sein muss, damit etwas geschehen kann:* Er erfüllt alle Voraussetzungen für diesen Posten.; Ich werde dir das Geld leihen, aber nur unter der Voraussetzung, dass du es mir in einem Monat zurückgibst.

Vo·r·aus·sicht *die* <-> */kein Plur./ Vermutung, Ahnung, Wahrscheinlichkeit:* In der Voraussicht, dass der Winter kalt wird, habe ich diesmal mehr Heizöl bestellt.; ▪ **aller Voraussicht nach** *wahrscheinlich*

vo·r·aus·sicht·lich *adj /nicht steig./ sehr wahrscheinlich:* Der Zug hat voraussichtlich 10 Minuten Verspätung.

Vor·aus·wahl *die* <-> */kein Plur./ eine erste Auswahl:* Nachdem der Personalchef eine Vorauswahl getroffen hatte, wurden fünf Kandidaten zu einem Bewerbungsgespräch eingeladen.

vo·r·aus·zah·len *mit OBJ* ▪ *jmd. zahlt (etwas) voraus im Voraus, vor Warenlieferung bezahlen:* Wenn Sie vorauszahlen, liefern wir die Ware 10 Tage früher. ▸ Vorauszahlung

Vor·bau *der* <-(e)s, Vorbauten> ❶ *ein Anbau an der Vorderseite eines Gebäudes* ❷ *(umg.) der große Busen einer Frau*

Vor·be·dacht *der* <-s> */kein Plur. /meist in den Verbindungen „aus/mit/voll Vorbedacht"/ nach genauer Überlegung, mit einer bestimmten Absicht:* Aus Vorbedacht haben wir die Veranstaltung nicht angekündigt.

Vor·be·halt *der* <-(e)s, -e> *(≈ Einschränkung)* Ich werde es euch erlauben, aber nur unter dem Vorbehalt, dass ...

vor·be·hal·ten <behältst vor, behielt vor, hat vorbehalten> *mit SICH* ▪ *jmd. behält sich etwas vor die Möglichkeit für bestimmte Schritte offen lassen:* Ich behalte mir das Recht vor, dagegen Einspruch einlegen zu können.

vor·be·halt·los *adj /nicht steig./ ohne Vorbehalte:* Die Neuankömmlinge wurden in der Gruppe vorbehaltlos akzeptiert.

vor·bei *adv* ❶ *(≈ vorüber)* Der Zug ist schon in Frankfurt vorbei. ❷ *vergangen, zu Ende:* Endlich ist der Winter vorbei. ♦Getrenntschreibung →R 4.8 vorbei sein

vor·bei·brin·gen <bringst vorbei, brachte vorbei, hat vorbeigebracht> *mit OBJ* ▪ *jmdm. bringt jmdm. etwas vorbei (umg.) jmdm. etwas bringen:* Ich bringe dir die CD morgen vorbei. ♦Zusammenschreibung →R 4.5 Kannst du mir das Buch heute Abend noch vorbeibringen?

vor·bei·fah·ren <fährst vorbei, fuhr vorbei, ist vorbeigefahren> *ohne OBJ* **❶** ▪ *jmd./etwas fährt vorbei an etwas vorüber fahren/etwas passieren:* Hier fährt die Straßenbahn täglich fünf mal vorbei. **❷** ▪ *jmd./etwas fährt an etwas vorbei irrtümlich zu weit fahren oder an etwas vorüberfahren, was man suchte:* Die Radrennfahrer sind am Verpflegungswagen vorbeigefahren, ohne es zu merken.; Wir sind zu weit gefahren, wir müssen an der Haltestelle schon vorbeigefahren sein. **❸** ▪ *jmd. fährt an etwas Dat. /bei jmdm. vorbei kurz zu jmdm. oder etwas fahren (um etwas zu erledigen):* Können wir noch an der Post vorbeifahren?

vor·bei·ge·hen <gehst vorbei, ging vorbei, ist vorbeigegangen> *ohne OBJ* **❶** ▪ *jmd. geht (an jmdm.) vorbei etwas oder jmdn. passieren:* Sie ging ohne zu grüßen an mir vorbei. **❷** ▪ *jmd. geht (bei jmdm.) vorbei kurz zu jmdm. gehen (um etwas zu erledigen):* Ich muss noch beim Bäcker vorbeigehen und ein Brot kaufen. **❸** ▪ *etwas geht vorbei aufhören:* Der Liebeskummer wird schon wieder vorbeigehen!

vor·bei·kom·men <kommst vorbei, kam vorbei, ist vorbeigekommen> *ohne OBJ* **❶** ▪ *jmd./etwas kommt (an etwas Dat.) vorbei an etwas vorbeifahren oder vorbeikommen; passieren:* Wenn man diese Straße nimmt, kommt man an vielen alten Burgen vorbei. **❷** ▪ *jmd./etwas kommt (an etwas Dat.) vorbei kaum Platz haben, um vorbeizufahren oder vorbeizugehen:* Die Rettungsmannschaften kamen an den Schaulustigen kaum vorbei.; Die Straße war so eng, dass der Laster kaum an den parkenden Wagen vorbeikam. **❸** ▪ *jmd. kommt (bei jmdm.) vorbei (umg.) zwanglos besuchen:* Kommt doch mal vorbei, wenn ihr in der Gegend seid.

vor·bei·las·sen <lässt vorbei, ließ vorbei, hat vorbeigelassen> *mit OBJ* ▪ *jmd. lässt jmdn. vorbei (umg.) jmdn. Platz machen, damit er vorbeigehen kann:* Würden Sie bitte die Frau mit dem Kinderwagen vorbeilassen?

vor·bei·mar·schie·ren <marschierst vorbei, marschierte vorbei, ist vorbeimarschiert> *ohne OBJ* ▪ *jmd. marschiert (an jmdm./etwas) vorbei im Marschierschritt an jmdm. oder etwas vorbeigehen:* Die Leibgarde marschierte an der Tribüne des Königs vorbei. ► Vorbeimarsch

vor·bei·re·den <redest vorbei, redete vorbei, hat vorbeigeredet> *ohne OBJ* **❶** ▪ *jmd. redet an etwas Akk. vorbei miteinander sprechen, ohne auf den Kern der Sache zu kommen:* Wir haben am eigentlichen Problem vorbeigeredet. **❷** ▪ *Personen reden aneinander vorbei miteinander sprechen und sich missverstehen, sich nicht verstehen:* Die beiden redeten aneinander vorbei.

vor·bei·schau·en <schaust vorbei , schaute vorbei, hat vorbeigeschaut> *ohne OBJ* ▪ *jmd. schaut (bei jmdm.) vorbei (umg.) vorbeikommen³:* Wenn du mal nach Zürich kommst, schau doch einfach (bei mir) vorbei.

vor·bei·schie·ßen <schießt vorbei, schoss vor-

bei, hat/ist vorbeigeschossen> *ohne OBJ* **❶** ▪ *jmd. schießt vorbei (haben) das Ziel verfehlen:* Der Jäger hatte vorbeigeschossen und das Wild nicht getroffen. **❷** ▪ *etwas schießt an jmdm./etwas vorbei (sein) sehr schnell an jmdm. oder etwas vorbeigehen oder vorbeifahren:* Das Auto ist blitzschnell an mir vorbeigeschossen.

vor·bei·schleu·sen <schleust vorbei, schleuste vorbei, hat vorbeigeschleust> *mit OBJ* ▪ *jmd. schleust etwas an jmdm./etwas vorbei (umg.) etwas an jmdm. oder etwas heimlich vorbeigehen lassen:* Er schleuste beim Verlassen der Bibliothek eine Reihe Bücher an der Aufsicht vorbei.; Gelder am Finanzamt vorbeischleusen

vor·bei·schram·men *ohne OBJ* **❶** ▪ *jmd./etwas schrammt an etwas Dat. vorbei (umg.) ❶etwas streift an etwas so vorbei, dass Schrammen entstehen:* Ein Fahrradfahrer schrammte an dem parkenden Auto vorbei. **❷** *es kommt beinahe zu einem sehr negativen Resultat oder Unglück:* Der Einbruch des Aktienkurses schrammte an einem Börsencrash vorbei.; knapp an einer Niederlage vorbeischrammen

vor·be·las·tet *adj /nicht steig./ bereits durch eine negative Anlage oder Eigenschaft belastet:* Sie ist erblich vorbelastet. ► Vorbelastung

Vor·be·mer·kung *die* <-, -en> *einleitende, erläuternde Sätze, die man vor dem eigentlichen Text sagt oder schreibt*

vor·be·rei·ten <bereitest vor, bereitete vor, hat vorbereitet> *mit OBJ* **❶** ▪ *jmd. bereitet sich/ jmdn./etwas (auf etwas Akk.)vor jmdn. oder sich durch gezielte Maßnahmen auf etwas einstellen und in die Lage bringen, eine Aufgabe zu lösen oder eine Situation zu meistern:* Wie der Spielverlauf zeigt, hat der Trainer seine Spieler optimal auf dieses Finale vorbereitet.; Ich bereite mich gerade auf mein Examen vor. **❷** *notwendige Arbeiten im Voraus erledigen:* Habt ihr die Geburtstagsparty schon vorbereitet?

Vor·be·rei·tung *die* <-, -en> *das Vorbereiten*

Vor·be·sit·zer *der,* **Vor·be·sit·ze·rin** *die* <-s, -> *der frühere Besitzer einer Sache*

Vor·be·spre·chung *die* <-, -en> *eine Besprechung, die vor der eigentlichen Besprechung stattfindet:* Bevor wir in die Verhandlungen gehen, sollten wir eine Vorbesprechung abhalten.

vor·be·stel·len <bestellst vor, bestellte vor, hat vorbestellt> *mit OBJ* ▪ *jmd. bestellt etwas vor (≈ reservieren) eine Vorbestellung machen:* Wir haben für heute Abend im Lokal einen Tisch vorbestellt. ► Vorbestellung

vor·be·straft *adj /nicht steig./* AMTSSPR. *früher schon einmal gerichtlich verurteilt*

Vor·be·straf·te *der/die* <-n, -n> AMTSSPR. *jmd., der vorbestraft ist*

vor·beu·gen <beugst vor, beugte vor, hat vorgebeugt> **I.** *mit OBJ* ▪ *jmd. beugt sich/etwas vor sich oder einen Körperteil nach vorne beugen:* Er beugte sich/seinen Kopf/seinen Oberkörper vor. **II.** *ohne OBJ* ▪ *jmd. beugt etwas Dat. vor Maßnahmen treffen, damit etwas Negatives nicht eintritt:* Er wollte sich impfen lassen, um einer Grippe/einer Infektion vorzubeugen.

V

Vor·beu·gung *die* <-> /kein Plur./ *das Vorbeugen II*

Vor·bild *das* <-(e)s, -er> *jmd., der von anderen als mustergültiges Beispiel angesehen wird, Ideal: Dieser Musiker ist ihm (ein) Vorbild/dient ihm als Vorbild.*

Vor·bild·funk·ti·on *die* <-> /kein Plur./ *die Rolle eines Vorbildes*

vor·bild·lich *adj /nicht steig./ so, dass es als Vorbild dienen kann; mustergültig, beispielhaft* ▶ Vorbildlichkeit

Vor·bil·dung *die* <-> /kein Plur./ (≈ Vorwissen) *bereits früher erworbene Kenntnisse oder erworbenes Wissen, die man hat, bevor man einen offiziellen Ausbildungsgang oder Bildungsgang durchläuft*

Vor·bo·te *der* <-n, -n> (≈ Anzeichen) *etwas, das etwas ankündigt: Die Schneeglöckchen, die Vorboten des Frühlings, blühen bereits.*

vor·brin·gen <bringst vor, brachte vor, hat vor­gebracht> *mit OBJ* ■ *jmd. bringt etwas vor (nachdrücklich) sagen, äußern:* Zur eigenen Verteidigung brachte er vor, dass ...

vor·christ·lich *adj /nicht steig./ (↔ nachchristlich) die Zeit vor Christi Geburt betreffend*

Vor·dach *das* <-(e)s, Vordächer> *ein Dach als Vorbau über der Eingangstüre*

vor·da·tie·ren <datierst vor, datierte vor, hat vor­datiert> *mit OBJ* ■ *jmd. datiert etwas vor (≈ rückdatieren) mit einem zukünftigen Datum versehen:* Sie hatte den Brief vordatiert. ▶ Vordatierung

Vor·den·ker *der*, **Vor·den·ke·rin** <-s, -> *ein (fortschrittlicher) Mensch, der bestimmte zukünftige Entwicklungstendenzen erkennt und durch eigene Pläne zu beeinflussen oder voranzubringen versucht*

Vor·der·ach·se *die* <-, -n> KFZ (↔ Hinterachse) *die Achse am vorderen Teil eines Fahrzeugs*

Vor·der·an·sicht *die* <-> /kein Plur./ (≈ Rückansicht) *die Ansicht der Vorderseite von etwas*

Vor·der·asi·en <-s> *das südwestliche Asien; zusammenfassende Bezeichnung für die Türkei, Zypern, Libanon, Israel, Jordanien, Syrien, Irak, Iran und die Länder auf der Arabischen Halbinsel* ▶ vorderasiatisch

Vor·der·bein *das* <-(e)s, -e> (↔ Hinterbein) *eines der vorderen Beine eines vierbeinigen Tieres*

Vor·der·deck *das* <-(e)s, -s> SEEW. (↔ Achterdeck) *vorderer Schiffsteil*

vor·de·re *adj (↔ hintere) der Teil von der Mitte aus bis ganz vorne:* Die vorderen Plätze waren schon belegt.; Der vordere Teil des Schiffes ist schöner als der hintere.

Vor·der·front *die* <-, -en> (↔ Rückseite) *Vorderseite eines Gebäudes*

Vor·der·grund *der* <-(e)s, Vordergründe> (↔ Hintergrund) *der Teil eines Bildes, der dem Betrachter zugewandt ist;* ■ **im Vordergrund stehen** *(übertr.) Mittelpunkt der Aufmerksamkeit sein;* ■ **etwas in den Vordergrund stellen/rücken** *(übertr.) besondere Bedeutung zukommen lassen;* ■ **jemanden/sich in den Vordergrund**

drängen/ rücken/schieben *jmdn. oder sich in den Mittelpunkt stellen*

vor·der·grün·dig *adj /nicht steig./ (≈ oberflächlich) ohne tiefere Bedeutung; offensichtlich*

Vor·der·mann *der* <-(e)s, ...-männer/...-leute> *jmd., der (in einer Reihe) direkt vor jmdm. steht oder sitzt;* ■ **etwas auf Vordermann bringen** *(umg.) etwas wieder so herrichten, dass es wieder ordentlich und sauber ist oder funktioniert*

Vor·der·rad *das* <-(e)s, Vorderräder> (↔ Hinterrad) *ein Rad, das an einem Fahrzeug vorne montiert ist* ◆-antrieb

Vor·der·schin·ken *der* <-s, -> (↔ Hinterschinken) *Schinken von der Schulter eines Schweins*

Vor·der·sei·te *die* <-, -n> (↔ Rückseite) *die Seite, die zum Betrachter hin zeigt*

Vor·der·sitz *der* <-es, -e> (↔ Rücksitz) *einer der vorderen Sitze eines Fahrzeugs*

vor·der·ste- *adj (↔ hinterste-) ganz vorne:* Wir bekamen für das Konzert Plätze in der vordersten Reihe.

Vor·der·teil *das/der* <-(e)s, -e> (↔ Hinterteil) *vordere Teil*

Vor·di·p·lom *das* <-s, -e> (↔ Diplom) *ein Zeugnis, das man für die bestandene akademische Zwischenprüfung in einem Diplomstudiengang erhält*

vor·drän·gen <drängst vor, drängte vor, hat vor­gedrängt> *mit SICH* ■ *jmd. drängt sich vor* ❶ *sich in einer Menge energisch (und rücksichtslos) nach vorn arbeiten* ❷ *(abwert.) sich vor anderen wichtig machen*

vor·drin·gen <dringst vor, drang vor, ist vorge­drungen> *ohne OBJ* ■ *jmd./etwas dringt in etwas Akk. vor* ❶ *(unter Mühen) irgendwohin gelangen, eindringen:* Lange Zeit hatte man es nicht für möglich gehalten, einmal in den Weltraum/die Antarktis vorzudringen. ❷ ■ *etwas dringt in etwas Akk. vor ausbreiten:* Die Virusgrippe ist bereits bis in unsere Breiten vorgedrungen.

vor·dring·lich *adj (≈ prioritär ↔ nachrangig) sehr dringend und deshalb vor allem anderen zu behandeln* ▶ Vordringlichkeit

Vor·druck *der* <-(e)s, -e> (≈ Formular) *ein Formblatt zum Ausfüllen*

vor·ehe·lich *adj /nicht steig./ vor der Ehe erfolgend:* Vorehelicher Geschlechtsverkehr ist seit der sexuellen Revolution nichts Außergewöhnliches mehr.

vor·ei·lig *adj (≈ vorschnell) zu schnell und unüberlegt:* Ich habe es längst bereut, dass ich damals diesen voreiligen Entschluss gefasst habe. ▶ Voreiligkeit

vor·ei·n·an·der *adv* ❶ *einer vor dem anderen; einer gegenüber dem anderen:* Die beiden Preisträger haben großen Respekt voreinander. ❷ *so, dass zwei Menschen oder Tiere sich begegnen und ihre Gesichter einander zugewandt haben:* Sie standen voreinander und konnten sich doch nicht in die Augen sehen.

vor·ein·ge·nom·men *adj /nicht steig./ (↔ neutral, objektiv) mit Vorurteilen behaftet:* Anfangs war sie mir gegenüber sehr voreingenommen. ▶ Voreingenommenheit

Vor·ein·stel·lung *die* <-, -en> TECHN. *die Einstel-*

lung von etwas an einem technischen Gerät bei der Auslieferung

vor·ent·hal·ten <enthältst vor, enthielt vor, hat vorenthalten> *mit OBJ* ■ *jmd. enthält jmdm. etwas vor jmdm. etwas nicht geben, obwohl es ihm zusteht:* Man hatte ihm wichtige Informationen/sein Erbe vorenthalten.

Vor·ent·schei·dung *die* <-, -en> SPORT *das vorläufige Ergebnis eines Wettkampfs:* Mit dem Treffer zum 3:1 dürfte hier im Stadion bereits die Vorentscheidung gefallen sein.

vor·erst *adv zunächst einmal:* Sie kann vorerst bei uns wohnen.

vor·ex·er·zie·ren *mit OBJ* ■ *jmd. exerziert (jmdm.) etwas vor (umg.: ≈ vormachen) jmdm. genau zeigen, wie etwas geht:* Ich glaube nicht, dass er das wirklich kann, bis er uns das vorexerziert hat.

vor·fah·ren <fährst vor, fuhr vor, ist vorgefahren> *ohne OBJ* ❶ ■ *jmd. fährt vor vor den Eingang eines Hauses fahren:* Das Taxi ist vorgefahren ❷ ■ *jmd. fährt bis zu etwas Dat. vor (eine bestimmte Strecke) nach vorn fahren:* Würden Sie bitte noch einen Meter vorfahren, damit ich auch parken kann?; Bitte fahren Sie bis zum diesem Hauseingang dort vor. ❸ ■ *jmd. fährt vor schon früher fahren:* Wir sind spät dran, darum sind die anderen schon vorgefahren.

Vor·fahrt *die* <-> /kein Plur./ *das Recht, mit seinem Fahrzeug vor den von rechts oder links kommenden Fahrzeugen über eine Kreuzung zu fahren:* Der Unfall passierte, weil ein Autofahrer die Vorfahrt nicht beachtet hatte. ◆-(s)recht, -(s)regel, -(s)schild

vor·fahrt(s)·be·rech·tigt *adj* /nicht steig./ *Vorfahrt habend*

Vor·fahrt(s)·stra·ße *die* <-, -n> *eine Straße, auf der man Vorfahrt hat*

Vor·fahrt(s)·zei·chen *das* <-s, -> *ein Verkehrszeichen, das die Vorfahrt regelt*

Vor·fahr, Vor·fah·re *der* <-(e)n, -(e)n> *(↔ Nachfahr(e)) ein Verwandter, der einer früheren Generation angehört; Ahn*

Vor·fall *der* <-(e)s, Vorfälle> *(oft als negativ empfundenes) Ereignis, Geschehnis:* Der Politiker erklärte, von den Vorfällen nichts gewusst zu haben.

vor·fal·len <fällt vor, fiel vor, ist vorgefallen> *ohne OBJ* ■ *etwas fällt vor sich ereignen, geschehen, passieren:* Ist etwas Besonderes vorgefallen, während ich weg war?

vor·fin·den <findest vor, fand vor, hat vorgefunden> *mit OBJ* ■ *jmd. findet jmdn./etwas (irgendwie) vor an einem bestimmten Ort (in einem bestimmten Zustand) finden:* Nach dem Urlaub habe ich jede Menge Arbeit auf meinem Schreibtisch vorgefunden.; Bei meinem letzten Besuch fand ich ihn in sehr gutem Zustand vor.

vor·flun·kern <flunkerst vor, flunkerte vor, hat vorgeflunkert> *mit OBJ* ■ *jmd. flunkert jmdm. etwas vor (umg.) (auf harmlose Art) vorlügen*

Vor·freu·de *die* <-, -n> *die freudige Erwartung eines zukünftigen Ereignisses*

Vor·früh·ling *der* <-s> /kein Plur./ *dem eigentli-*

chen Frühling vorangehende milde Tage des Spätwinters

vor·füh·len *ohne OBJ* ■ *jmd. fühlt (bei jmdm.) vor sich vorsichtig nach jmds. Meinung erkundigen:* Hast du schon beim Chef vorgefühlt, wie es mit deiner Gehaltserhöhung aussieht?

Vor·führ·ef·fekt *der* <-(e)s, -e> *die Erfahrung, dass gerade das nicht funktioniert, was man vorführen will*

vor·füh·ren *mit OBJ* ❶ ■ *jmd. führt jmdm. etwas vor einem Publikum etwas zeigen:* Die Artisten führten ein atemberaubendes Programm vor. ❷ ■ *jmd. führt jmdm. etwas vor (≈ demonstrieren) die Handhabung und Funktionsweise erklären:* Darf ich Ihnen das neueste Modell unseres Staubsaugers vorführen? ❸ ■ *jmd. führt jmdn. jmdm. vor RECHTSW. jmd. (auch mit Gewalt) einem öffentlichen Funktionsträger zuführen:* Der Verbrecher wurde dem Richter in Handschellen vorgeführt.; Die Polizei führte den alkoholisierten Fahrer dem Arzt vor. ❹ ■ *jmd. führt jmdn. vor (abwert.) jmdn. lächerlich machen; jmdn. in eine peinliche Situation bringen*

Vor·führ·ge·rät *das* <-(e)s, -e> *ein neues Gerät, das in einem Laden Kunden vorgeführt² wird*

Vor·füh·rung *die* <-, -en> *das Vorführen*

Vor·führ·wa·gen *der* <-s, -> *ein neues Auto, das ein Händler seinen Kunden zeigt und zum Probefahren überlässt*

Vor·ga·be *die* <-, -n> *eine Bestimmung oder Richtlinie zur Festlegung bestimmter Grenzen, Mengen oder Maße:* Bei der Entwicklung des Autos musste das Team eine Reihe von Vorgaben beachten.; sich an bestimmte Vorgaben halten

Vor·gang *der* <-(e)s, Vorgänge> ❶ *ein Ereignis, Hergang, Geschehnis:* Können Sie die Vorgänge in jener Nacht beschreiben/schildern? ❷ *Prozess, Entwicklung:* Der Lehrer erläutert die chemischen Vorgänge bei der alkoholischen Gärung. ❸ AMTSSPR. *alle über eine bestimmte Person oder Sache angelegten Akten:* Bitte reichen Sie mir den Vorgang „Müller“.

Vor·gän·ger *der*, **Vor·gän·ge·rin** <-s, -> *(↔ Nachfolger) jmd., der in einer bestimmten Stellung früher dasselbe getan hat:* Meine Vorgängerin arbeitete mich noch ein, bevor sie in Rente ging. Ich bin ihr Nachfolger.

vor·gän·gig *adj* SCHWEIZ. *vorangegangen, vorausgehend, vorherig, vorher vorhanden; vorher, zuvor; vor (zeitlich)*

Vor·gangs·wei·se *die* <-, -n> ÖSTERR. *Vorgehensweise*

Vor·gar·ten *der* <-s, Vorgärten> *ein kleiner, vor dem Haus gelegener Garten*

vor·ge·ben <gibst vor, gab vor, hat vorgegeben> *mit OBJ* ❶ ■ *jmd. gibt etwas vor etwas Unwahres als Entschuldigung behaupten:* Sie gab vor, krank gewesen zu sein. ❷ ■ *jmd. gibt etwas vor (umg.) nach vorne reichen* ❸ ■ *jmd. gibt jmdm. etwas vor Akk. jmdm. einen Maßstab, eine Richtlinie geben, woran er sich zu halten hat:* Für dieses Training wurden uns strikte Regeln vorgegeben.; Für die Erledigung dieser Aufgabe gab man ihm zwei Stunden vor.

Vor·ge·bir·ge *das* <-s, -> *die niedrigeren Berge vor einem Gebirge*

vor·geb·lich *adj /nicht steig./ (≈ angeblich)*

vor·ge·fasst *adj /nicht steig./ / von vornherein feststehend, sich auf Vorurteilen gründend:* Es wird auch dir nicht gelingen, ihn von seiner vorgefassten Meinung abzubringen.

Vor·ge·fühl *das* <-(e)s> */kein Plur./ (≈ Vorahnung)*

Vor·ge·hen *das* <-s> */kein Plur./ eine bestimmte Art zu handeln*

vor·ge·hen <gehst vor, ging vor, ist vorgegangen> *ohne OBJ* ❶ ■ *jmd. geht vor (umg.) nach vorn gehen:* Er stand auf und ging vor. ❷ ■ *jmd. geht vor (umg.) früher gehen:* Ich gehe vor, du kommst dann nach. ❸ ■ *jmd. geht irgendwie vor (irgendwie) handeln, verfahren:* Wie wollen wir vorgehen?; Die Täter gingen mit äußerster Brutalität vor. ❹ ■ *jmd. geht gegen etwas/jmdn. vor gegen jmdn. einschreiten:* Die Polizei ging mit Wasserwerfern gegen die Demonstranten vor. ❺ ■ *etwas geht vor wichtiger sein:* Sicherheit geht vor. ❻ ■ *etwas geht irgendwo vor geschehen, sich ereignen:* Was geht hier vor? ❼ ■ *eine Uhr geht (um etwas Akk.) vor (↔ nachgehen) eine falsche Zeit anzeigen, die der tatsächlichen Zeit voraus ist:* Die Uhr geht (um fünf Minuten) vor.

Vor·ge·hens·wei·se *die* <-, -n> *eine bestimmte Art des Vorgehens* [3, 4]

Vor·ge·schich·te *die* <-> */kein Plur./* ❶ *die früheste Menschheitsgeschichte (ohne schriftliche Überlieferung)* ▶ vorgeschichtlich ❷ *alles in der Vergangenheit Geschehene, was im Hinblick auf eine bestimmte Sache, Angelegenheit zu einem jetzigen Zustand, zu einer jetzigen Situation geführt hat:* Der Arzt fragte auch nach der Vorgeschichte meiner Krankheit.

Vor·ge·schmack *der* <-(e)s> */kein Plur./ ein erster Eindruck, eine Kostprobe von etwas Kommendem oder Bevorstehendem:* Dieser warme Winter gibt uns einen Vorgeschmack auf die Klimaveränderung.

vor·ge·se·hen *adj /nicht steig./ geplant oder beabsichtigt:* Für diesen Fall sind folgende Möglichkeiten vorgesehen.; Wir haben die vorgesehenen Schritte eingeleitet.

Vor·ge·setz·te *der/die* <-n, -n> *eine (beim Militär oder in beruflicher Hinsicht) hierarchisch höhergestellte Person*

vor·ges·tern *adv (↔ übermorgen) am Tag vor gestern:* vorgestern früh; vorgestern Morgen/Mittag/Nachmittag/Abend/Nacht

vor·gest·rig *adj /nicht steig./ (umg. abwert.) altmodisch, rückständig*

vor·grei·fen <greifst vor, griff vor, hat vorgegriffen> *ohne OBJ* ❶ ■ *jmd. greift jmdm./etwas vor zuvorkommen:* Ich möchte Ihnen nicht vorgreifen, aber … ❷ ■ *jmd. greift etwas Dat. vor schnell handeln, ohne etwas abzuwarten:* Er hatte der offiziellen Stellungnahme vorgegriffen und behauptet, dass … ❸ ■ *jmd. greift vor das Ende einer Geschichte vorwegnehmen:* Bevor ich Sie

langweile, will ich vorgreifen und erzählen, wie die Sache endete.

Vor·griff *der* <-s, -e> *das Vorgreifen* [2, 3]: im Vorgriff auf …

Vor·ha·ben *das* <-s, -> *Plan, Absicht*

vor·ha·ben <hast vor, hatte vor, hat vorgehabt> *mit OBJ* ■ *jmd. hat etwas vor planen, etwas zu tun gedenken:* Habt ihr am Wochenende schon etwas vor?

Vor·hal·le *die* <-, -n> *Vestibül*

vor·hal·ten <hältst vor, hielt vor, hat vorgehalten> I. *mit OBJ* ❶ ■ *jmd. hält jmdm./sich etwas vor etwas vor jmdn. oder sich halten:* Der Friseur hält seinen Kunden den Spiegel vor.; Kannst du dir beim Niesen nicht die Hand vorhalten? ❷ ■ *jmd. hält jmdm. etwas vor vorwerfen:* Sie hat mir vorgehalten, dass … II. *ohne OBJ* ■ *etwas hält vor ausreichen:* Die Vorräte halten nicht mehr lange vor.

Vor·hal·tung *die* <-, -en> */meist Plur./ (≈ Vorwurf)* Ständig macht sie mir Vorhaltungen.

Vor·hand *die* <-> */kein Plur./* ❶ SPORT *(↔ Rückhand) eine Schlagart im Tennis* ❷ RECHTSW. *Vorkaufsrecht* ❸ *(fachspr.) das Recht zum Ausspielen der ersten Karte (beim Kartenspiel)*

vor·han·den *adj /nicht steig./ existierend, verfügbar:* Ein gewisses Restrisiko bleibt natürlich vorhanden.; Die vorhandenen Hilfsgüter waren schnell aufgebraucht.

Vor·han·den·sein *das* <-s> */kein Plur./ Existenz:* Das Vorhandensein von Problemen ist nicht zu leugnen.

Vor·hang *der* <-(e)s, Vorhänge> ❶ *(≈ Gardine) an einer Schiene oder Stange befestigte Stoffbahn, die man vor ein Fenster ziehen kann* ◆-stange, -stoff, Baumwoll-, Seiden- ❷ *der Eiserne Vorhang ein von Churchill 1946 geprägtes Wort, um die Abriegelung der sozialistischen Sowjetunion gegenüber dem kapitalistischen Westen in der Zeit des Kalten Krieges zu bezeichnen* ◆Großschreibung →R 3.18

Vor·hän·ge·schloss *das* <-es, Vorhängeschlösser> *ein Sicherheitsschloss, das außen an der Tür angebracht ist.*

Vor·haut *die* <-, Vorhäute> ANAT. *die bewegliche Haut, die die Eichel des Penis bedeckt:* Bei der Beschneidung wird die Vorhaut oder ein Teil der Vorhaut abgetrennt.

vor·her, **vor·her** *adv* ❶ *(≈ zuvor) bevor etwas geschehen ist:* Am Abend vorher habe ich sie noch kurz gesehen. ❷ *(≈ davor) bevor etwas geschieht:* Ich gehe vorher noch zum Einkaufen. ❸ *(≈ früher) zu einem früheren Zeitpunkt* ◆Zusammenschreibung →R 4.6 Das hättest du uns auch schon vorher sagen können, nicht erst jetzt.; Du hättest das Haus einmal vorher sehen sollen!; Ein Wahrsager kann die Zukunft vorhersagen.; Den heutigen Stand der Dinge konnte man damals nicht vorhersehen.

vor·her·be·stimmt *adj /nicht steig./ im Voraus (durch das Schicksal) festgelegt:* Es war ihm vorherbestimmt, dass … ▶Vorherbestimmung

vor·her·ge·hen <gehst vorher, ging vorher, ist vorhergegangen> *ohne OBJ* ■ *etwas geht et-*

was *Dat.* **vorher** *etwas findet vorher statt oder kommt in der Reihenfolge früher als etwas anderes:* Langwierige Verhandlungen sind dem Vertragsabschluss vorhergegangen. ◆Großschreibung →R 3.4 das Vorhergehende; im Vorhergehenden

vor·he·rig *adj /nicht steig./ so, dass es früher stattfindet oder stattgefunden hat:* Wir treffen uns dann nach vorheriger telefonischer Rücksprache.; Das Fest findet nach vorheriger Bekanntmachung statt.

Vor·herr·schaft *die* <-, -en> *(≈ Hegemonie) eine politische, wirtschaftliche oder kulturelle Macht, die so groß ist, dass andere davon abhängig sind*

vor·herr·schen <herrschst vor, herrschte vor, hat vorgeherrscht> *ohne OBJ* ■ *etwas herrscht irgendwo vor der überwiegende Einfluss sein:* Einer repräsentativen Umfrage zufolge herrscht in der Bevölkerung die Meinung vor, dass …

Vor·her·sa·ge *die* <-, -n> *(≈ Prognose) eine Aussage über zukünftige Ereignisse* ◆Wetter-

vor·her·sa·gen <sagst vorher, sagte vorher, hat vorhergesagt> *mit OBJ* ■ *jmd. sagt etwas vorher eine Vorhersage machen:* Man hat schwere Unwetter vorhergesagt.

vor·her·seh·bar *adj /nicht steig./ (↔ unvorhersehbar) so, dass etwas vorhergesehen werden kann:* Eine derart rasante Entwicklung war nicht vorhersehbar.

vor·her·se·hen <siehst vorher, sah vorher, hat vorhergesehen> *mit OBJ* ■ *jmd. sieht etwas vorher im Voraus erkennen:* Er hatte die positive Entwicklung dieser Aktie vorhergesehen, investiert und so einen großen Gewinn gemacht.

vor·heu·cheln <heuchelst vor, heuchelte vor, hat vorgeheuchelt> *mit OBJ* ■ *jmd. heuchelt jmdm. etwas vor (umg. abwert.: ≈ vorlügen) durch sein Verhalten bewusst den Eindruck erzeugen, man habe Gefühle, die man in Wirklichkeit gar nicht hat:* Er heuchelte ihr große Dankbarkeit vor.

vor·hin, vor·hin *adv gerade eben:* Vorhin habe ich noch mit ihm gesprochen.

Vor·hi·n·ein ■ *im Vorhinein (≈ im Voraus)* Manches kann man im Vorhinein nicht wissen, man muss es selbst erfahren haben.

Vor·hof *der* <-(e)s, Vorhöfe> ❶ *der vor einem Gebäude gelegene Hof:* Die Burg besitzt einen großen Vorhof. ❷ANAT. *(≈ Atrium) der Teil des Herzens, in den das Blut einfließt*

Vor·hut *die* <-> */kein Plur./* MILIT. *(↔ Nachhut) der Truppenteil, der vorausgeschickt wird, um den Weg zu sichern*

vo·rig- *adj /nicht steig./ (↔ nächste(r,s)) vorhergehend:* Vorige Woche habe ich mit ihr telefoniert. ◆Großschreibung →R 3.4, R 3.7 der/die/das Vorige; im Vorigen

Vor·in·for·ma·ti·on *die* <-, -en> *eine Information, die man hat, bevor man auf den eigentlichen Informanten trifft:* Bevor ich den Chefredakteur vom Daily Mirror traf, hatte ich wenig Vorinformation über diese Zeitung.

vor·in·s·tal·lie·ren <vorinstallierst, installierte vor, hat vorinstalliert> *mit OBJ* ■ *jmd. instal-*

liert etwas vor EDV *ein Betriebssystem oder Programme vor der Auslieferung oder dem Verkauf eines Computers installieren:* Der Händler hat das Betriebssystem und einige Anwendungsprogramme bereits vorinstalliert.

Vor·jahr *das* <-(e)s, -e> *(↔ Folgejahr) das vergangene Jahr, das Jahr zuvor*

Vor·jah·res·sie·ger *der,* **Vor·jah·res·sie·ge·rin** <-s, -> *jmd., der im Vorjahr Sieger geworden ist*

vor·jäh·rig *adj /nicht steig./ (↔ nächstjährig) im Vorjahr:* Alle Beschlüsse der vorjährigen Konferenz wurden mittlerweile in die Tat umgesetzt.

vor·jam·mern <jammerst vor, jammerte vor, hat vorgejammert> *mit OBJ* ■ *jmd. jammert jmdm. etwas vor (umg. abwert.) jmdm. seinen Jammer in langen Wiederholungen und sehr ausführlich erzählen:* Er hat mir stundenlang etwas vorgejammert.

vor·kämp·fen <kämpfst vor, kämpfte vor, hat vorgekämpft> *mit SICH* ■ *jmd. kämpft sich irgendwohin vor sich gegen große Schwierigkeiten bis zu einer bestimmten Stelle vorarbeiten:* Der Katastrophenschutz kämpfte sich bis zum Zentrum des Brandes vor.

Vor·kämp·fer *der,* **Vor·kämp·fe·rin** <-s, -> *jmd., der sich stark für eine neue Idee oder Sache engagiert*

Vor·kas·se *die* <-> */kein Plur./* WIRTSCH. *die Bezahlung vor Erhalt der Ware:* Der Versand liefert nur gegen Vorkasse.

vor·kau·en <kaust vor, kaute vor, hat vorgekaut> *mit OBJ* ■ *jmd. kaut jmdm. etwas vor (umg. abwert.) etwas langatmig und in allen Details erklären:* Wäre er selbstständiger, müsste man ihm nicht immer alles vorkauen.

Vor·kaufs·recht *das* <-s, -e> RECHTSW. *das Recht, als Erster etwas zum Verkauf angeboten zu bekommen*

Vor·keh·rung *die* <-, -en> */meist Plur./ (≈ Schutzmaßnahme)* In den vom Hochwasser bedrohten Gebieten hatte man erste Vorkehrungen für den Notfall getroffen.

Vor·kennt·nis *die* <-, -se> */meist Plur./ (auf einem bestimmten Gebiet) bereits erworbenes Wissen, das als Voraussetzung für weiteres Wissen gilt:* Die Kurse der Mittelstufe können Sie nur belegen, wenn Sie die Vorkenntnisse der Grundstufe haben.

vor·knöp·fen <knöpfst vor, knöpfte vor, hat vorgeknöpft> *mit SICH (umg.)* ❶ *jmd. knöpft sich jmdn./etwas vor zurechtweisen, zur Rechenschaft ziehen:* Wenn das so weitergeht, muss ich mir unseren Sohn einmal vorknöpfen! ❷ *jmd. knöpft sich etwas vor sich energisch einer Sache zuwenden:* Am Wochenende werde ich mir meine Briefmarkensammlung/ die Einkommensteuererklärung vorknöpfen.

vor·ko·chen <kochst vor, kochte vor, hat vorgekocht> *mit OBJ/ohne OBJ* ■ *jmd. kocht (etwas) vor Speisen durch Kochen so weit vorbereiten, dass man sie später nur wieder aufwärmen muss:* Ich habe vor meiner Reise für die Familie vorgekocht.; Sie hat fürs Wochenende vorgekocht.

Vor·kom·men *das* <-s, -> ❶ *das Vorhandensein*

von Bodenschätzen: Die Vorkommen von Erz sind hier sehr reichlich. ◆ Erz-, Gold-, Kupfer-, Silber- ❷ */kein Plur./ das Vorhandensein:* Das Vorkommen dieser Krankheit/dieser Tiere beschränkt sich auf tropische Regionen.

vor·kom·men <kommst vor, kam vor, ist vorgekommen> **I.** *ohne OBJ* ❶ ■ *jmd.* **kommt vor** *(umg.) nach vorne kommen:* Der Lehrer forderte den Schüler auf vorzukommen. ❷ ■ *etwas/ein Tier kommt irgendwo vor existieren, vorhanden sein:* Pinguine kommen nur in der Antarktis, Eisbären nur in der Arktis vor. ❸ ■ *etwas kommt vor geschehen, passieren:* So etwas ist mir noch nie vorgekommen! ❹ ■ *etwas kommt jmdm. irgendwie vor den Anschein haben, den Eindruck erwecken:* Die Sache kam ihnen komisch/seltsam/merkwürdig vor.; ■ **Das kommt in den besten Familien vor.** *(umg.) dafür muss man sich nicht schämen, das passiert auch anderen* **II.** *mit SICH* ■ *jmd.* **kommt sich vor wie ...** *sich fühlen wie ...:* Sie kam sich vor wie eine Prinzessin.

Vor·komm·nis *das* <-ses, -se> *(≈ Vorfall) ein störendes, unangenehmes oder ärgerliches Ereignis:* Besondere Vorkommnisse müssen der Polizei umgehend gemeldet werden.; Die Reise verlief ohne besondere Vorkommnisse.

Vor·kriegs·zeit *die* <-> */kein Plur./ (↔ Nachkriegszeit) der Zeitraum vor Kriegsausbruch (besonders vor dem 2. Wetkrieg)*

vor·la·den <lädst vor, lud vor, hat vorgeladen> *mit OBJ* ■ *jmdn.* **vorladen** AMTSSPR. *jmdn. dazu auffordern, vor Gericht oder bei der Polizei zu erscheinen:* Sie wurde vom Gericht/von der Polizei als Zeugin vorgeladen.

Vor·la·dung *die* <-, -en> RECHTSW. *die Aufforderung, vor Gericht zu erscheinen:* Für die nächste Woche erhielt er eine Vorladung vor Gericht.

Vor·la·ge *die* <-, -n> ❶ */kein Plur./ (≈ Einreichen) das Vorlegen¹:* Ich benötige die Rechnungen zur Vorlage beim Finanzamt. ❷ *ein Muster oder ein Plan, der etwas als Vorbild dienen kann:* Ich habe die Jacke genau nach Vorlage gestrickt. ❸ POL. *Entwurf (eines Gesetzes)* ◆ Gesetzes- ❹ SPORT *(Fußball) ein Pass, der ein Tor vorbereitet:* Der Verteidiger gab eine Vorlage, worauf der Stürmer ein Tor schoss. ❺ SCHWEIZ. *kurz für „Abstimmungsvorlage"*

vor·las·sen <lässt vor, ließ vor, hat vorgelassen> **I.** *mit OBJ* ■ *jmd.* **lässt jmdn. vor** *(umg.) vorgehen lassen, den Vortritt lassen:* Könnten Sie die Mutter mit dem Kinderwagen bitte vorlassen? **II.** *ohne OBJ* ■ *jmd. (bei jmdm.) vorlassen Zutritt gewähren:* Der Botschafter aus Zaire wurde beim belgischen König vorgelassen.

Vor·lauf¹ *der* <-(e)s, Vorläufe> SPORT *ein Lauf oder eine Reihe von Läufen als Qualifizierung für die nächste Runde der (Zwischen-)Läufe bei einem Wettkampf:* In den Vorläufen können sich acht Sprinter fürs Finale qualifizieren.

Vor·lauf² *der* <-s, -> */kein Plur./* TECHN. *(↔ Rücklauf) die Möglichkeit beim Gebrauch eines Video- oder Kassettengerätes, das eingelegte Band, ohne es abzuspielen, schnell vorlaufen zu lassen*

Vor·läu·fer *der,* **Vor·läu·fe·rin** <-s, -> ❶ *jmd., der in seinem Denken und Tun erstmals die Grund-*

züge einer neuen Kunstrichtung oder Weltanschauung erkennen lässt, die sich erst später (auch unter seinem Einfluss) voll entfaltet und allgemein bekannt wird: Er ist ein Vorläufer des Expressionismus. ❷ *ein einfaches Gerät, das am Anfang einer technischen Entwicklung steht:* Die Rechenmaschine ist ein Vorläufer des Computers.

vor·läu·fig **I.** *adj /nicht steig./ vorübergehend, nicht endgültig, provisorisch:* Diese Lösung ist nur vorläufig und muss noch einmal bearbeitet werden. **II.** *adv /nicht steig./ einstweilen, zunächst, fürs Erste:* Das kann vorläufig so bleiben.

vor·laut *adj (abwert.) so, dass man sich überall einmischt und redet, ohne gefragt zu werden:* Vorlaute Kinder gelten als unerzogen.; Sei nicht so vorlaut!

Vor·le·ben *das* <-s> */kein Plur./ die Vergangenheit, das bisherige Leben eines Menschen:* Das Gericht zog genaue Erkundigungen über das Vorleben des Angeklagten ein.

vor·le·gen <legst vor, legte vor, hat vorgelegt> *mit OBJ* ❶ ■ *jmd.* **legt (jmdm.) etwas vor** *(jmdm.) etwas zur Ansicht, Begutachtung, Bearbeitung o. Ä. zeigen oder geben:* Um vom Sport befreit zu werden, musste ich dem Sportlehrer ein ärztliches Attest vorlegen.; Darf ich Ihnen den Brief zur Unterschrift vorlegen? ❷ ■ *jmd.* **legt etwas vor** *etwas der (literarischen) Öffentlichkeit präsentieren:* Die Autorin hat einen neuen Gedichtband vorgelegt.; Mit ... legt der Autor seinen dritten Roman vor.; ■ **Tempo vorlegen** *(umg.) etwas mit großem Tempo tun, sich beeilen* Bei der Fertigstellung seines Manuskripts legte der Autor ein enormes Tempo vor.

vor·le·sen <liest vor, las vor, hat vorgelesen> *mit OBJ* ■ *jmd.* **liest jmdm. (etwas) vor** *jmd. liest in der Gegenwart einer Person etwas laut:* Die Mutter liest den Kindern ein Märchen vor. ▶ Vorleser, Vorleserin, Vorlesewettbewerb

Vor·le·sung *die* <-, -en> *eine Unterrichtsform an der Universität: ein Dozent trägt in einer Reihe von Vorträgen den Stoff den Studenten vor:* Der Professor hält im Wintersemester eine sehr interessante Vorlesung zum Thema ...

Vor·le·sungs·ver·zeich·nis *das* <-ses, -se> *Verzeichnis der Lehrveranstaltungen einer Universität*

vor·letz·te *adj /nicht steig./* ❶ *die Stelle oder Sache, die in einer Reihenfolge direkt vor der letzten Stelle oder Sache ist:* Der Krimi blieb bis zur vorletzten Seite spannend. ❷ *(in der zeitlichen Reihenfolge) direkt vor der oder dem letzten; zweitletzt:* Ich habe vorletzte Woche mit ihm telefoniert. ◆ Großschreibung →R 3.7 Du kommst als Vorletzte dran.

vor·lieb·neh·men <nimmst vorlieb, nahm vorlieb, hat vorliebgenommen> *mit OBJ* ■ *jmd.* **nimmt mit etwas** *Dat.* **vorlieb** *(geh.) sich mit etwas begnügen* ◆ Zusammenschreibung →R 4.5 Ich musste mit einem Platz in den hinteren Reihen vorliebnehmen.

Vor·lie·be *die* <-, -n> *(↔ Abneigung) Neigung, besonderes Interesse:* Er hat eine Vorliebe für schnelle Autos.

V

vor·lie·gen <liegt vor, lag vor, hat/ist vorgelegen> *ohne OBJ* ❶ ▪ *etwas liegt (jmdm.) vor zur Prüfung, Bearbeitung o. Ä. bei jmdm. eingereicht sein:* Dem Finanzamt liegen alle Unterlagen vor. ❷ ▪ *etwas liegt vor veröffentlicht sein:* Der neue Roman des Bestsellerautors liegt jetzt vor. ❸ ▪ *etwas liegt vor für die Berurteilung von etwas vorhanden sein, als zu berücksichtigende Tatsache für etwas bestehen:* Ein Verschulden liegt nicht vor. ❹ ▪ *etwas liegt vor sich handeln:* Offensichtlich liegt hier ein Missverständnis vor.

vor·lü·gen <lügst vor, log vor, hat vorgelogen> *mit OBJ* ▪ *jmd. lügt jmdm. etwas vor (umg.) Lügen erzählen; belügen*

vor·ma·chen <machst vor, machte vor, hat vorgemacht> *mit OBJ* ▪ *jmd. macht jmdm. etwas vor (umg.)* ❶ *zeigen, wie etwas gemacht wird:* Er machte seinen Kindern vor, wie man einen Knoten bindet, damit sie es nachmachen konnten. ❷ *einen falschen Eindruck erwecken, um so jmdn. zu täuschen:* Mir kannst du doch nichts vormachen!

Vor·macht·stel·lung *die* <-> */kein Plur./ (≈ Hegemonie, Vorherrschaft)* Seit dem Ende der Sowjetunion scheint die Vormachtstellung der USA unangefochten.

vor·ma·lig *adj /nicht steig./ ehemalig, vorherig:* Der vormalige Besitzer unseres Hauses hat angerufen.

vor·mals *adv (≈ ehemals) früher:* Vormals waren hier nur Wiesen und Felder.

Vor·marsch *der* <-(e)s> */kein Plur./* ❶ MILIT. *das Vorrücken von Truppen auf ein Ziel hin:* Die feindlichen Truppen sind auf dem Vormarsch.; der Vormarsch feindlicher Panzerverbände ❷ *(übertr.) die Ausbreitung und wachsende Bekanntheit von etwas:* Dieses Computerspiel ist auf dem Vormarsch.

Vor·merk·da·tei *die* <-, -en> EDV *ein (elektronisches) Verzeichnis, in das Vormerkungen eingetragen werden*

vor·mer·ken <merkst vor, merkte vor, hat vorgemerkt> **I.** *mit OBJ* ▪ *jmd. merkt jmdn./etwas (als/für etwas Akk.) vor (schriftlich) festhalten, dass jmd. für etwas (eine Aufgabe, eine Rolle, als Interessent) in Frage kommt:* Ich werde ihren Namen für die Rolle des Lehrers in diesem Theaterstück vormerken. **II.** *mit SICH* ▪ *jmd. merkt sich jmdn./etwas vor jmd. hält für sich jmdn. oder etwas Wichtiges fest, um sich später besser daran erinnern zu können:* Moment, ich werde mir den Termin vormerken.

Vor·mer·kung *die* <-, -en> *eine Notiz, die etwas vormerkt; das Vormerken oder die Entgegennahme einer Vorbestellung:* Alle unsere Vormerkungen sind in unserem Vormerkbuch eingetragen. ▶ Vormerkbuch

Vor·mit·tag *der* <-(e)s, -e> *(↔ Nachmittag) die Stunden des Tages vom Morgen bis Mittag:* Am Samstag Vormittag möchte ich mit dir einkaufen gehen. ▶ vormittägig, vormittäglich ◆ -sstunde, -svorstellung

vor·mit·tags *adv (↔ nachmittags) morgens, am Vormittag*

Vor·mo·nat *der* <-(e)s, -e> *(↔ Folgemonat) der vorangehende Monat*

Vor·mund *der* <-(e)s, -e/Vormünder> RECHTSW. *jmd., der ein Kind, einen geistig kranken Menschen oder einen entmündigten Erwachsenen rechtlich vertritt*

Vor·mund·schaft *die* <-, -en> RECHTSW. *die Wahrnehmung der rechtlichen Vertretung von Kindern, geistig kranken Menschen und entmündigten Erwachsenen:* Die Vormundschaft für seine an der Alzheimer-Krankheit erkrankte Mutter übernahm der jüngste Sohn.

vorn *adv* ❶ *die (Blick-)Richtung, aus der etwas kommt oder in die etwas geht:* Der Gegner kam von vorn. ❷ *(↔ hinten) auf der Vorderseite:* Das Kleid wird vorn zugeknöpft. ❸ *auf den ersten Plätzen in einer Reihenfolge:* Die Radrennfahrer liegen nach der ersten Etappe vorn.; Ich stand bei dem Konzert ganz vorn.; ▪ *von vorn bis hinten (umg.) komplett, völlig* Das ist von vorn bis hinten falsch. ❹ ▪ *von vorn (umg.) von neuem* Dann musst du eben wieder von vorn anfangen.

Vor·na·me *der* <-ns, -n> *(↔ Nachname) der erste Name (vor dem Nachnamen) eines Menschen, mit dem man ihn oder sie im vertraulichen Kontakt anspricht:* Vorname: Erik, Nachname: Zabel.

vor·ne *adv siehe* vorn

vor·nehm *adj* ❶ *edel, nobel, hochherzig:* Er ist ein Mensch mit vornehmer Gesinnung. ❷ *adlig, sozial hochgestellt:* Sie kommt aus einer vornehmen Familie. ❸ *elegant, geschmackvoll:* Das ist ein sehr vornehmes Lokal.

vor·neh·men <nimmst vor, nahm vor, hat vorgenommen> **I.** *mit OBJ* ▪ *jmd. nimmt etwas vor etwas Offizielles durchführen:* Der Standesbeamte nahm die Trauung vor. **II.** *mit SICH* ❶ ▪ *jmd. nimmt sich etwas vor einen Beschluss fassen, etwas zu tun:* Sie nahm sich vor, die Arbeit noch heute zu erledigen. ❷ ▪ *jmd. nimmt sich etwas vor mit etwas beginnen, etwas in Angriff nehmen:* Nach dem Frühstück nahmen sie sich zuerst die Gartenarbeit vor. ❸ ▪ *jmd. nimmt sich jmdn. vor streng tadeln:* Sie nahm sich ihre Tochter vor, weil sie gelogen hatte.

vor·nehm·lich *adv (geh.) hauptsächlich, vor allem*

vor·nei·gen <neigst vor, neigte vor, hat vorgeneigt> *mit SICH* ▪ *jmd. neigt sich vor (≈ sich vorbeugen) sich nach vorn neigen*

vorn·he·r·ein, vorn·he·r·ein *adv* ▪ *von vornherein von Anfang an* Das hatte ich von vornherein gewusst.

vorn·über *adv nach vorne*

Vor·ort *der* <-(e)s, -e> *ein Ort, der einer größeren Stadt vorgelagert ist:* Wir wohnen in einem Vorort von München.

Vor·platz *der* <-es, Vorplätze> *ein freier Platz vor einem Gebäude*

Vor·pos·ten *der* <-s, -> MILIT. *ein vorgeschobener Beobachtungsposten*

vor·pre·schen <preschst vor, preschte vor, ist vorgeprescht> *ohne OBJ* ▪ *jmd. prescht vor (umg.)* ❶ *sich schnell nach vorn bewegen:* Die Soldaten preschten vor. ❷ *voreilig oder als Erster handeln:* Sie preschte bei den Verhandlungen zu weit vor.

vor·pro·gram·miert *adj /nicht steig./ gezielt vor-*

bereitet, so dass es mit großer Sicherheit eintritt: Der Erfolg dieser Kampagne war vorprogrammiert.

Vor·rang *der* <-s> /kein Plur./ *(≈ Priorität) die höhere, wichtigere Stellung, der höhere Stellenwert:* Er gab seiner Familie (vor seiner Arbeit) den Vorrang.; Ihm gebührt der Vorrang vor allen anderen!; Ich lasse Ihnen den Vorrang.; ■ **etwas hat Vorrang** *etwas ist wichtiger*

vor·ran·gig *adj* /nicht steig./ ❶ *(≈ prioritär) wichtiger:* Wir sollten uns zunächst der vorrangigen Arbeit zuwenden. ❷ *zuerst:* Der Lehrer will dieses Thema vorrangig behandeln.

Vor·rang·stel·lung *die* <-, -en> *eine größere Bedeutung oder eine wichtigere Position als jmd./etwas anderes:* In den traditionellen Gesellschaften haben meist die Männer eine Vorrangstellung vor der Frau.

Vor·rat *der* <-(e)s, Vorräte> *(≈ Reserve) für spätere Verwendung aufbewahrte Dinge:* Unser Vorrat an Lebensmitteln geht langsam zu Ende. ♦-sbehälter, -skammer, -sraum

vor·rä·tig *adj* /nicht steig./ *verfügbar; als Vorrat im Lager vorhanden:* Es sind noch ausreichend viele Krawatten vorrätig.

Vor·raum *der* <-(e)s, Vorräume> *der Raum vor einem (größeren) anderen Raum:* Ich wartete im Vorraum, bis der Chef sein Telefonat beendet hatte.

vor·rech·nen *mit OBJ* ■ **jmd. rechnet jmdm. etwas vor** ❶ *jmd. führt jmdm. eine Rechnung vor, damit dieser sie besser verstehen oder nachprüfen kann:* Kannst du uns diese Aufgabe noch einmal langsam vorrechnen, damit wir sie alle verstehen? ❷ *jmd. seine Fehler oder seine Verfehlungen vorhalten:* Soll ich dir etwa vorrechnen, wie oft du vergangene Woche abends zu spät nach Hause gekommen bist?

Vor·recht *das* <-(e)s, -e> *Privileg, Sonderrecht:* Hat er dir irgendwelche Vorrechte eingeräumt, die dir etwas zu tun erlauben, was anderen nicht erlaubt ist?

Vor·re·de *die* <-, -n> *(≈ Vorwort) einleitende Worte (in Büchern oder vor der eigentlichen Rede)*

Vor·red·ner *der,* **Vor·red·ne·rin** <-s, -> *ein Redner, der vor einem anderen gesprochen hat*

vor·rei·ten <reitest vor, ritt vor, ist vorgeritten> **I.** *mit OBJ* ■ **jmd. reitet etwas vor** *ein Pferd reitend vorführen* **II.** *ohne OBJ* ■ **jmd. reitet vor** *jmd. reitet voran/an der Spitze/als erster*

Vor·rei·ter *der,* **Vor·rei·te·rin** <-s, -> *(≈ Pionier) jmd., der als Erster etwas Neues tut:* Die Gebrüder Wright waren Vorreiter auf dem Gebiet des Motorflugs.

Vor·rich·tung *die* <-, -en> *ein Apparat oder Gerät für einen bestimmten Zweck*

vor·rü·cken <rückst vor, rückte vor, hat/ist vorgerückt> **I.** *mit OBJ (haben)* ■ **jmd. rückt etwas vor** *nach vorn schieben:* Wir müssen die Kommode noch ein Stück vorrücken. **II.** *ohne OBJ (sein)* ■ **jmd./etwas rückt vor** ❶ *sich nach vorne bewegen:* Langsam rückten die Zeiger der Uhr vor.; Die Mannschaft ist auf dem vierten Tabellenplatz vorgerückt. ❷ MILIT. *sich einem Ziel nä-*

hern: Die feindlichen Truppen rückten unaufhaltsam vor.

Vor·ru·he·stand *der* <-(e)s> /kein Plur./ *Ruhestand bei freiwilligem, vorzeitigem Ausscheiden aus Erwerbsleben*

Vor·ru·he·stands·re·ge·lung *die* <-, -en> *gesetzliche Bestimmung, die den Vorruhestand regelt*

Vor·run·de *die* <-, -n> SPORT *eine Serie von Spielen zur Ermittlung der Teilnehmer für die Zwischenrunde:* Die Spiele der Vorrunde werden morgen ausgelost.

vors *präp* +Akk. *(umg.) Kurzform für „vor das"*

vor·sa·gen **I.** *mit OBJ* ■ **jmd. sagt (jmdm.) etwas vor** ❶ *einem anderen (Schüler) die Antwort auf eine Frage heimlich zuflüstern:* Er hat seinem Mitschüler die Lösung vorgesagt.; Du sollst nicht vorsagen! ❷ *jmdm. etwas zum Nachsprechen vorsprechen:* Der Lehrer sagte den Liedtext so oft vor, bis alle ihn auswendig nachsprechen konnten. **II.** *mit SICH* ■ **jmd. sagt sich etwas vor** *etwas leise vor sich hinsprechen, um es nicht zu vergessen:* Sie sagte sich die Telefonnummer immer wieder vor.

Vor·sai·son *die* <-, -s> *(↔ Hauptsaison, Nachsaison) vor der Hauptsaison liegender Zeitraum*

Vor·satz *der* <-es, Vorsätze> *fester Entschluss:* Hast du auch gute Vorsätze fürs neue Jahr gefasst?; einen Vorsatz brechen/einhalten

vor·sätz·lich *adj* /nicht steig./ *(↔ unabsichtlich) mit voller Absicht:* Er hat mich vorsätzlich beleidigt. ► Vorsätzlichkeit

Vor·schau *die* <-, -en> *die Ankündigung von Fernseh-, Kino- Theaterprogrammen und Veranstaltungen*

Vor·schein ■ **zum Vorschein kommen** *aus dem Verborgenen hervorkommen* Beim Aufräumen der Schubladen kamen auch alte Fotos zum Vorschein.; ■ **zum Vorschein bringen** *bewirken, dass etwas Verborgenes sichtbar wird* Das Aufräumen des Dachbodens brachte auch die alten Briefe zum Vorschein.

vor·schi·cken <schickst vor, schickte vor, hat vorgeschickt> *mit OBJ* ❶ ■ **jmd. schickt jmdn. vor** *jmdn. beauftragen, etwas Unangenehmes zu erkunden oder zu erledigen:* Ich lasse mich nicht vorschicken in dieser Sache. ❷ ■ **jmd. schickt etwas vor** *vorausschicken:* Ich werde den Koffer mit der Bahn vorschicken.

vor·schie·ben <schiebst vor, schob vor, hat vorgeschoben> *mit OBJ* ❶ ■ **jmd. schiebt etwas vor** *nach vorn schieben:* Sie schob die Unterlippe vor. ❷ ■ **jmd. schiebt etwas vor** *Akk. vor etwas schieben:* Hast du den Riegel vor das Tor geschoben? ❸ ■ **jmd. schiebt etwas vor** *(≈ vorschützen) etwas als Grund angeben, das gar nicht der Grund ist:* Sie schob Kopfschmerzen vor, um nicht mitgehen zu müssen.

vor·schie·ßen <schießt vor, schoss vor, hat/ist vorgeschossen> *(umg.)* **I.** *mit OBJ (haben)* ■ **jmd. schießt jmdm. etwas vor** *jmdm. eine Geldsumme im Voraus geben:* Der Chef hat seinen Angestellten etwas Geld vorgeschossen. **II.** *ohne OBJ (sein)* ■ **jmd./etwas schießt irgendwo vor**

sich schnell nach vorne bewegen: Plötzlich schoss ein Radfahrer auf die Straße vor.

Vor·schlag *der* <-(e)s, Vorschläge> ❶ *eine Aussage, wie man etwas machen könnte; Rat, Empfehlung:* Darf ich einen Vorschlag machen?; auf einen Vorschlag eingehen ◆-srecht, -swesen ❷ MUS. *Verzierung, die aus dem Einschub von einem oder mehreren Tönen zwischen zwei Melodietönen besteht*

vor·schla·gen <schlägst vor, schlug vor, hat vorgeschlagen> *mit OBJ* ❶ ■ *jmd. schlägt (jmdm.) etwas vor einen Plan empfehlen:* Er schlug (uns) vor, nächstes Jahr nach Panama zu fliegen. ❷ ■ *jmd. schlägt jmdn. (als etwas Akk. /für etwas Akk.) vor jmdn. als Kandidat für ein Amt empfehlen:* Man schlug Bill Clinton als Kandidaten für die Präsidentschaft vor.

Vor·schlag·ham·mer *der* <-s, Vorschlaghämmer> *ein schwerer Hammer*

vor·schnell *adj* /*nicht steig.*/ (≈ *voreilig*) *zu schnell oder zu früh und unbedacht:* Sie hat vorschnell gehandelt.; Das war eine vorschnelle Antwort.

vor·schrei·ben <schreibst vor, schrieb vor, hat vorgeschrieben> *mit OBJ* ❶ ■ *jmd. schreibt etwas vor jmd. schreibt etwas als Entwurf oder Muster auf, um es in einer zweiten Fassung oder Abschrift endgültig zu formulieren:* Er schrieb den Brief vor, um ihn dann in eine Reinschrift zu bringen ❷ ■ *jmd. schreibt jmdm. etwas vor* (≈ *anordnen, befehlen*) *jmd. gibt jmdm. eine Anordnung oder einen Befehl, wie oder was er zu tun habe:* Das Gesetz schreibt vor, dass ...; Ich lasse mir von dir nichts vorschreiben!; Ich halte mich an die vorgeschriebene Dosis Medikamente!

Vor·schrift *die* <-, -en> *Anordnung, Bestimmung, Anweisung:* Er hat gegen die Vorschriften verstoßen.; Sie hat gemäß den Vorschriften gehändelt.

vor·schrifts·mä·ßig *adj* /*nicht steig.*/ (↔ *vorschriftswidrig*) *der Vorschrift entsprechend*

vor·schrifts·wid·rig *adj* /*nicht steig.*/ (↔ *vorschriftsmäßig*) *dem Sinn von bestimmten Vorschriften entgegen*

Vor·schub ■ *jemandem/einer Sache Vorschub leisten Hilfe dafür geben, dass sich etwas (Negatives) entwickelt Unsauberkeit leistet der Ausbreitung von Krankheit Vorschub.*

Vor·schul·al·ter *das* <-s> /*kein Plur.*/ *das Alter von Kindern, die noch nicht schulpflichtig sind (das Alter zwischen 3 und 6 Jahren):* Sie haben zwei Kinder im Vorschulalter.

Vor·schu·le *die* <-, -n> *eine Art Schule für Kinder vor Beginn der Schulpflicht* ◆ Vorschulerziehung, Vorschulkind

Vor·schuss *der* <-es, Vorschüsse> (↔ *Nachzahlung*) *im Voraus bezahltes Gehalt*

Vor·schuss·lor·bee·ren <-> *Plur. im Voraus erhaltenes Lob:* Noch vor Fertigstellung der Komposition erhielt sie Vorschusslorbeeren dafür.

vor·schüt·zen <schützt vor, schützte vor, hat vorgeschützt> *mit OBJ* ■ *jmd. schützt etwas vor* (*geh.*) *als Ausrede angeben:* Sie schützte Kopfweh vor, um nicht an der Besprechung teilnehmen zu müssen.; Nur keine Müdigkeit vorschützen!

vor·schwe·ben <schwebt vor, schwebte vor, hat vorgeschwebt> *ohne OBJ* ■ *etwas schwebt jmdm. vor etwas ist als Idee oder Ziel in jmds. Vorstellung:* Mir schwebt eine andere Lösung vor.

vor·schwin·deln <schwindelst vor, hat vorgeschwindelt> *mit OBJ* ■ *jmd. schwindelt (jmdm.) etwas vor* (*umg.*) *vortäuschen:* Sie haben uns etwas von einem großen Gewinn vorgeschwindelt.

vor·se·hen <siehst vor, sah vor, hat vorgesehen> **I.** *mit OBJ* ❶ ■ *jmd. sieht etwas vor* (*haben*) *planen oder beabsichtigen:* Für diesen Fall haben wir die folgende Maßnahme vorgesehen. ❷ ■ *jmd. sieht etwas für jmdn. vor jmdm. eine bestimmte Funktion geben wollen:* Dieses Amt ist für ihn vorgesehen. **II.** *ohne OBJ* ■ *jmd./etwas sieht hinter etwas Dat. vor hinter etwas hervorschauen:* Er sah hinter dem Baum vor. **III.** *mit SICH* ■ *jmd. sieht sich (vor jmdm./etwas) vor aufpassen:* Aber vor dem Hund sieh dich vor!

Vor·se·hung *die* <-> /*kein Plur.*/ *die höhere unpersönliche Macht, von der man glaubt, dass sie das Leben der Menschen lenkt:* Die Vorsehung hat es so gelenkt, dass ich noch lebe.

vor·set·zen <setzt vor, setzte vor, hat vorgesetzt> *mit OBJ* ❶ ■ *jmd. setzt jmdn. vor veranlassen, dass jmd. weiter vorn sitzt:* Der Lehrer setzte die Schülerin vor. ❷ ■ *jmd. setzt jmdm. etwas vor jmdm. etwas zu essen oder trinken anbieten:* Der Gastgeber setzte uns ein köstliches Gericht vor.

Vor·sicht *die* <-> /*kein Plur.*/ *achtsames Verhalten in Bezug auf die Verhütung eines Unfalles oder Schadens:* Bei dieser Bergtour ist äußerste Vorsicht geboten.; Vorsicht Stufe/bissiger Hund!

vor·sich·tig <vorsichtiger, am vorsichtigsten> *adj mit Vorsicht:* Sei vorsichtig beim Überqueren der Straße!

vor·sichts·hal·ber *adv aus Vorsicht:* Ich habe vorsichtshalber einen Regenschirm mitgenommen.

Vor·sichts·maß·nah·me *die* <-, -n> *etwas, das man aus Vorsicht tut*

Vor·sil·be *die* <-, -n> SPRACHWISS. (≈ *Präfix* ↔ *Nachsilbe, Suffix*) *eine Silbe, die vor ein Wort gesetzt wird, so dass ein neues Wort entsteht:* Setzt man das Wort „Vor" vor das Wort „Silbe", entsteht das neue Wort „Vorsilbe".

vor·sin·gen <singst vor, sang vor, hat vorgesungen> **I.** *mit OBJ* ■ *jmd. singt (jmdm.) (etwas) vor* (↔ *nachsingen*) *für andere etwas singen, damit sie es nachmachen oder nachsingen können:* Kannst du mir die Melodie vorsingen?; Die Lehrerin sang das Lied vor und die Schüler sangen nach. **II.** *ohne OBJ* ■ *jmd. singt vor seine Fähigkeiten im Gesang unter Beweis stellen:* Ich muss heute Nachmittag im Theater vorsingen.

vor·sint·flut·lich *adj* /*nicht steig.*/ (*umg. scherzh.*) *sehr altmodisch:* Woher hast du denn dieses vorsintflutliche Motorrad?

Vor·sitz *der* <-es, -e> *die Leitung einer Konferenz, Versammlung oder Sitzung:* Sie hat den Vorsitz niedergelegt/übernommen.

Vor·sit·zen·de *der/die* <-n, -n> (≈ *Konferenzleiter, Versammlungsleiter*) *jmd., der den Vorsitz hat*

Vor·so·k·ra·ti·ker *der* <-s, -> PHILOS. *jeder der griechischen Philosophen, die zeitlich dem Sokrates und der Blütezeit der griechischen Philosophie (mit Platon und Aristoteles) vorausgingen*

Vor·sor·ge *die* <-> /kein Plur./ *alle Maßnahmen, mit denen man unangenehme Situationen verhindern will:* Habt ihr auch für den Fall des Stromausfalls Vorsorge getroffen? ◆ Alters-, Gesundheits-

vor·sor·gen *ohne OBJ* ■ *jmd. sorgt für etwas Akk.* **vor** *etwas vorsorglich tun; etwas als Vorsorge tun:* Er hatte schon in der Jugend begonnen, fürs Alter vorzusorgen.

Vor·sor·ge·un·ter·su·chung *die* <-, -en> MED. *eine Untersuchung zur frühzeitigen Erkennung von Krankheiten*

vor·sorg·lich *adj /nicht steig./* (≈ *vorsichtshalber) einer vorhersehbaren Schwierigkeit vorbeugend:* Du solltest vorsorglich zum Arzt gehen.

Vor·spann *der* <-(e)s, -e/Vorspänne> FILM, TV *einem Film oder einer Sendung vorangestellte Angaben über beteiligte Personen, Institutionen (Produzent(en), Verleih usw.); Einleitung eines Presseartikels:* Hast du im Vorspann des Films gesehen, welche Schauspieler mitspielen?

Vor·spei·se *die* <-, -n> (↔ *Dessert, Nachspeise) vor dem Hauptgericht servierte kleinere Speise:* Wir nehmen die Suppe als Vorspeise.

Vor·spie·ge·lung *die* <-, -en> (≈ *Vortäuschen) Lügnerische Behauptung(en), um sich dadurch einen Vorteil zu verschaffen:* Sie verschaffte sich unter Vorspiegelung falscher Tatsachen Zutritt.

Vor·spiel *das* <-(e)s, -e> ❶ MUS. *einleitendes Stück* ❷ THEAT. *Prolog* ❸ *der Austausch von Zärtlichkeiten vor dem Geschlechtsakt*

vor·spie·len I. *mit OBJ* ■ *jmd. spielt jmdm. (etwas) vor* ❶ *Musik aufführen:* Bitte spielen Sie uns ein Stück auf dem Klavier vor.; Sie sollte den Gästen vorspielen. ❷ *aufführen, darbieten:* Sie wollen uns einen Sketch vorspielen. ❸ *etwas vortäuschen:* Sie hat uns die ganze Zeit vorgespielt, dass sie reich/arm sei. II. *ohne OBJ* ■ *jmd. spielt vor ein Musikstück darbieten, um in einer Art Prüfung zu zeigen, wie gut man spielt:* Ich muss heute im Musikunterricht vorspielen.

vor·spre·chen <sprichst vor, sprach vor, hat vorgesprochen> I. *mit OBJ/ohne OBJ* ❶ ■ *jmd. spricht (jmdm.) (etwas) (etwas) vor etwas vortragen und seine Fähigkeiten überprüfen lassen:* Ich möchte einen Monolog vorsprechen.; Er muss morgen für die Aufnahmeprüfung vorsprechen. ❷ ■ *jmd. spricht jmdm. etwas vor* (↔ *nachsprechen) etwas laut sagen, damit es jmd. wiederholen kann:* Die Französischlehrerin sprach im Satz vor und die Schüler sprachen ihn nach. II. *ohne OBJ* ■ *jmd. spricht bei jmdm. vor bei jmdm. vorstellig werden:* Er soll bei seinem Chef vorsprechen.

vor·sprin·gen <springt vor, sprang vor, ist vorgesprungen> *ohne OBJ* ❶ ■ *jmd. springt vor nach vorne springen:* Zwischen den parkenden Autos sprang plötzlich ein Kind hervor. ❷ ■ *etwas springt vor herausragen:* Das Hausdach springt vor.; Sie hat ein vorspringendes Kinn.

Vor·sprung *der* <-s, Vorsprünge> ❶ *ein Teil, der*

aus einer senkrechten Fläche heraussteht ◆ Fels-, Mauer- ❷ SPORT *der zeitliche oder räumliche Abstand eines Athleten zu seinem Gegner:* Der Radrennfahrer hat einen Vorsprung von 12 Sekunden auf das Hauptfeld.; Der Vorsprung schrumpft/vergrößert sich. ❸ *der höhere Entwicklungsstand, den jmd. oder etwas verglichen mit der Konkurrenz hat:* Der technische Vorsprung dieses Unternehmens scheint kleiner zu werden.

Vor·stadt *die* <-, Vorstädte> *einer Großstadt vorgelagerte Stadt* ▶ Vorstädter, Vorstädterin

vor·städ·tisch *adj /nicht steig./ für eine Vorstadt typisch*

Vor·stand *der* <-(e)s, Vorstände> ❶ *ein Gremium, das einem Unternehmen oder einem Verein leitet* ◆ -schef(in), -smitglied, -ssitzung, -ssprecher(in), -svorsitzende ❷ *jmd., der einem Vorstand¹ angehört*

Vor·stands·eta·ge *die* <-, -n> ❶ *das Stockwerk, in dem die Firmenleitung ihre Büros hat* ❷ *(übertr.: ≈ Firmenleitung)* Die Vorstandsetage sieht das aber anders.

vor·ste·hen <stehst vor, stand vor, hat vorgestanden> I. *mit OBJ* ■ *jmd. steht etwas Dat. vor als Leiter an der Spitze von etwas stehen:* Er steht einem Institut vor. II. *ohne OBJ* ■ *etwas steht vor hervorragen:* Der Dachgiebel steht vor.; Er hat vorstehende Zähne.

Vor·ste·her *der*, **Vor·ste·he·rin** <-s, -> (≈ *Leiter) jmd., der etwas vorsteht I* ◆ Gemeinde-

Vor·ste·her·drü·se *die* <-, -n> ANAT. (≈ *Prostata)*

vor·stel·len I. *mit OBJ* ❶ ■ *jmd. stellt jmdn./sich vor jmdn. oder sich (mit dem Namen) bekanntmachen; jmdm. den Namen von jmdm./sich nennen:* Darf ich Ihnen Herrn Müller vorstellen?; Der neue Firmenchef stellte sich seinen Angestellten vor.; Sie stellte sich und ihren Mann vor. ❷ ■ *jmd. stellt (jmdm.) etwas vor einem Kunden oder einem Publikum zeigen oder vorführen:* Die Autorin hat gestern bei einer Lesung ihr neues Buch vorgestellt. ❸ ■ *jmd. stellt etwas vor* (↔ *nachstellen) auf eine spätere Zeit einstellen:* Heute werden die Uhren auf die Sommerzeit vorgestellt. II. *mit SICH* ■ *jmd. stellt sich etwas vor sich etwas denken, ausdenken:* So hatte ich mir das nicht vorgestellt.; Ich kann es mir nicht vorstellen, zu dir zu kommen.

vor·stel·lig *adj /nicht steig./* ■ *bei jemandem vorstellig werden* AMTSSPR. *persönlich bei jmdm. oder einer Behörde erscheinen*

Vor·stel·lung *die* <-, -en> ❶ *das Bekanntmachen, das Einführen einer Person* ❷ *ein gedankliches Bild, das man von jmdm. oder etwas gewonnen hat:* Ich habe keine Vorstellung davon, wie das aussehen soll. ◆ Gehalts-, Ideal-, Preis- ❸ /kein Plur./ *Einbildung, Fantasie:* Das existiert doch nur in deiner Vorstellung! ◆ -swelt ❹ FILM, THEAT. *Aufführung* ◆ Theater-, Zirkus-

Vor·stel·lungs·ge·spräch *das* <-(e)s, -e> *ein Gespräch zwischen einem Personalchef und einem Bewerber um eine Stelle*

Vor·stel·lungs·kraft *die* <-> /kein Plur./ *die Fähigkeit und Gabe, sich von etwas in bestimmter Weise ein Fantasiebild machen zu können*

V

Vor·stel·lungs·ver·mö·gen *das* <-s> /*kein Plur.*/ *die Fähigkeit des Menschen, sich etwas vorzustellen:* Das übersteigt mein Vorstellungsvermögen!

Vor·stoß *der* <-es, Vorstöße> ❶ *das Vorstoßen I, II* ❷ *der Versuch, sich für etwas einzusetzen:* Er will bei seinem Chef einen Vorstoß wegen einer Gehaltserhöhung machen.

vor·sto·ßen <stößt vor, stieß vor, hat/ist vorgestoßen> **I.** *mit OBJ (haben)* ■ *jmd.* **stößt etwas vor** *in Stößen nach vorne bewegen* **II.** *ohne OBJ (sein)* ■ *jmd.* **stößt irgendwohin vor** *unter Schwierigkeiten nach vorne dringen:* Die Expedition ist immer tiefer in den Urwald vorgestoßen.

Vor·stra·fe *die* <-, -n> RECHTSW. *eine bereits früher verhängte (gerichtliche) Strafe*

Vor·stra·fen·re·gis·ter *das* <-s, -> RECHTSW. *das amtliche Verzeichnis aller Vorstrafen einer Person*

vor·stre·cken <streckt vor, streckte vor, hat vorgestreckt> *mit OBJ* ❶ ■ *jmd.* **streckt etwas vor** *ein Körperteil nach vorne strecken:* Sie streckten bei der Ankunft des Ministers die Köpfe vor. ❷ ■ *jmd.* **streckt jmdm. etwas vor** *(umg.) Geld auslegen; an jmdn. kurzfristig verleihen:* Er streckte mir so viel Geld vor, dass ich noch nach Hause fahren konnte.

Vor·stu·fe *die* <-, -n> ❶ *ein Entwicklungsstadium vor einem bestimmten späteren Stadium:* Dieser Prototyp stellt die Vorstufe des serienreifen Automodells dar.; Die Vorstufe des Aufstands war ein heftiger Protest. ❷ *(≈ Vorverstärker)*

Vor·tag *der* <-(e)s, -e> *vorangehender/vorangegangener Tag:* Am Vortag der Prüfung machte ich einen langen Spaziergang.

vor·tas·ten <tastest vor, tastete vor, hat vorgetastet> *mit SICH* ❶ ■ *jmd.* **tastet sich in etwas** *Akk.* **vor** *sich vorsichtig tastend irgendwohin bewegen:* Er tastete sich langsam in den dunklen Raum vor. ❷ ■ *jmd.* **tastet sich vor** *in einem Gespräch vorsichtig prüfen, ob man ein Anliegen offen ansprechen kann:* Sie tastete sich in dem Gespräch mit ihrem Chef vor, wie weit sie mit ihren Forderungen vielleicht gehen könnte.

vor·täu·schen <täuschst vor, täuschte vor, hat vorgetäuscht> *mit OBJ* ■ *jmd.* **täuscht etwas vor** *(≈ vorspiegeln) (um jmdn. irrezuführen) so tun, als ob etwas der Fall wäre:* Er täuschte lebhaftes Interesse/einen Unfall vor. ▸ Vortäuschung

Vor·teil *der* <-(e)s, -e> *(↔ Nachteil) etwas, das jmdm. oder einer Sache zuträglich ist oder einen größeren Nutzen bringt; günstiger Umstand, positive Eigenschaft:* Sprachgefühl ist in diesem Beruf zweifellos von Vorteil.; Wir haben die Vorteile und die Nachteile abgewogen und entschieden, dass …; Dieser Plan hat den Vorteil, dass …

vor·teil·haft *adj (↔ nachteilhaft) Nutzen bringend, günstig:* Es ist vorteilhafter für Sie, wenn Sie den Eurocity nehmen; so sind Sie schneller am Ziel. ▸ Vorteilhaftigkeit

Vor·trag *der* <-(e)s, Vorträge> ❶ *eine längere Rede über ein bestimmtes (wissenschaftliches) Thema vor einem Publikum* ◆-sabend, -smanuskript, -sreise, -thema ❷ */kein Plur./ Art und Weise der Darstellung:* Der Redner/Schauspieler bestach auch durch seinen flüssigen/lebendi-

gen/temperamentvollen Vortrag. ◆-sanweisung, -skunst, -stechnik

vor·tra·gen <trägst vor, trug vor, hat vorgetragen> *mit OBJ* ❶ ■ *jmd.* **trägt etwas vor** *darbieten:* Der Sänger wird Lieder von Franz Schubert vortragen.; Die Eiskunstläuferin hat ihre Kür fehlerlos vorgetragen. ❷ ■ *jmd.* **trägt jmdm. etwas vor** *offiziell darlegen, berichten:* Hast du dem Chef deine Bedenken nicht vorgetragen? ❸ ■ *jmd.* **trägt etwas vor** *(umg.) nach vorn tragen*

Vor·trags·rei·he *die* <-, -n> *eine Serie von Vorträgen I zu einem bestimmten Thema*

vor·treff·lich, vor·treff·lich *adj /nicht steig./ (geh.) sehr gut, hervorragend, von überragender Qualität:* Sie ist eine vortreffliche Autofahrerin.

Vor·treff·lich·keit *die* <-> /*kein Plur.*/ *(geh.) vortreffliche Beschaffenheit*

vor·tre·ten <trittst vor, trat vor, ist vorgetreten> *ohne OBJ* ■ *jmd.* **tritt vor** ❶ *(ein Stück) nach vorne gehen:* Er trat einen Schritt vor, um besser sehen zu können. ❷ *aus einer Menge heraustreten:* Wer etwas dazu zu sagen hat, soll bitte vortreten.; Die Jüngste trat vor und sang ein Lied.

Vor·tritt *der* <-(e)s> /*kein Plur.*/ ❶ ■ **jemandem den Vortritt gewähren/lassen** *aus Höflichkeit jmdn. zuerst an die Reihe kommen lassen* Der höfliche Herr hat der Dame den Vortritt gelassen, so dass sie sich vor ihm ein Glas Sekt nehmen konnte. ❷ SCHWEIZ. *Vorfahrt*

vo·r·ü·ber *adv (geh.: ≈ vorbei)*

vo·r·ü·ber·ge·hen <geht vorüber, ging vorüber, ist vorübergegangen> *ohne OBJ* ❶ ■ *jmd.* **geht vorüber** *vorbeigehen:* Sie ging grußlos an mir vorüber. ❷ ■ **etwas geht vorüber** *aufhören:* Die Schmerzen gingen schnell vorüber.

vo·r·ü·ber·ge·hend *adj /nicht steig./ für kurze Zeit, zeitweilig, momentan:* Das Lokal ist vorübergehend geschlossen.

Vor·übung *die* <-, -en> *einer Sache vorausgehende, vorbereitende Übung*

Vor·ur·teil *das* <-(e)s, -e> *eine vor dem Bekanntwerden einer Sache gebildete, meist negative Meinung oder Haltung:* Man sollte versuchen, durch Aufklärung die Vorurteile in der Bevölkerung abzubauen

vor·ur·teils·frei *adj /nicht steig./ ohne Vorurteile:* Sie ging völlig vorurteilsfrei an die Sache heran.

Vor·vä·ter <-> *Plur. Ahnen, Vorfahren*

Vor·ver·kauf *der* <-(e)s> /*kein Plur.*/ *der Verkauf von Eintrittskarten mehrere Tage oder Wochen vor einer Veranstaltung* ◆ Karten-

Vor·ver·kaufs·stel·le *die* <-, -n> *eine Stelle, an man Eintrittskarten für eine Veranstaltung im Vorverkauf erwerben kann*

vor·ver·le·gen <verlegt vor, verlegte vor, hat vorverlegt> *mit OBJ* ■ *jmd.* **verlegt etwas vor** ❶ *auf eine Stelle weiter vorne platzieren:* Die Haltestelle wurde um 200 Meter vorverlegt. ❷ *auf einen früheren Zeitpunkt legen:* Wir mussten den Besprechungstermin vorverlegen.

Vor·ver·stär·ker *der* <-s, -> ELEKTROTECHN. *(↔ Endstufe) ein Verstärker, der die Signale des Quellgeräts in geringem Maße verstärkt, das Einstellen der Lautstärke und die Quellgerätewahl er-

V

möglicht und das Signal dann an den Endverstärker weiterreicht

vor·vor·ges·tern *adv /nicht steig./ der Tag vor vorgestern, vor drei Tagen:* vorvorgestern früh; vorvorgestern Morgen/Mittag/Nachmittag/Abend/Nacht

vor·wa·gen <wagst vor, wagte vor, hat vorgewagt> *mit SICH* ■ *jmd.* **wagt sich vor** *den Mut haben, sich auf etwas Neues einzulassen:* Nie zuvor hatte sich eine Expedition so weit in den Urwald vorgewagt.

Vor·wahl *die* <-, -en> ❶POL. *Wahl, durch die bestimmt wird, wer an der zweiten Wahl/Hauptwahl teilnehmen soll* ❷TELEKOMM. *Ortskennzahl der Telefonnummer*

Vor·wand *der* <-(e)s, Vorwände> *(≈ Ausrede) nicht den Tatsachen entsprechender, als Ausrede benutzter Grund:* Unter dem Vorwand, er hätte noch einen Arzttermin, verließ er vor Dienstschluss sein Büro.

vor·wär·men <wärmst vor, wärmte vor, hat vorgewärmt> *mit OBJ* ■ *jmd.* **wärmt etwas vor** *etwas wärmen, bevor es benutzt wird:* Hast du die Teller vorgewärmt?; Vor dem Anlassen muss der Dieselmotor vorgewärmt werden.

vor·war·nen <warnst vor, warnte vor, hat vorgewarnt> *mit OBJ* ■ *jmd.* **warnt jmdn. vor** *jmdn. vorher vor etwas warnen:* Ich habe diesen Fehler begangen, obwohl er mich eindringlich vorgewarnt hat.

vor·wärts *adv* ❶*(↔ rückwärts) nach vorn:* Das Kind machte einige Schritte vorwärts und blieb stehen. ❷*weiter in Richtung einer bestimmten Entwicklung, eines Ziels:* Das Internet entwickelt sich rasant vorwärts.

vor·wärts·brin·gen <bringst vorwärts, brachte vorwärts, hat vorwärtsgebracht> *mit OBJ* ■ *jmd./etwas bringt jmdn./etwas vorwärts* zu *Fortschritten verhelfen, verbessern* ◆Zusammenschreibung →R 4.5 Diese Erfahrung hat mich mental vorwärtsgebracht.; Durch deine Hilfe hast du die Studenten vorwärtsgebracht.

Vor·wärts·gang *der* <-es, Vorwärtsgänge> KFZ *(↔ Rückwärtsgang) einer der Gänge eines Straßenfahrzeugs für die Fahrt vorwärts*

vor·wärts·ge·hen <gehst vorwärts, ging vorwärts, ist vorwärtsgegangen> I. *ohne OBJ* ■ *jmd./etwas geht vorwärts* ❶ *sich mit der Vorderseite nach vorne bewegen* ❷*weitergehen:* Geh vorwärts! II. *mit ES* ■ *es geht vorwärts mit etwas* Dat. *etwas macht Fortschritte, etwas entwickelt sich* ◆Zusammenschreibung →R 4.5 Mit dem Projekt geht es vorwärts.

V

vor·wärts·kom·men <kommst vorwärts, kam vorwärts, ist vorwärtsgekommen> *ohne OBJ* ■ *jmd./etwas kommt vorwärts vorankommen, weiterkommen* ◆Zusammenschreibung →R 4.5 In diesem Schnee sind wir nicht vorwärtsgekommen.

vor·wa·schen <wäschst vor, wusch vor, hat vorgewaschen> *mit OBJ* ■ *jmd.* **wäscht etwas vor** *vor der Hauptwäsche waschen:* Die Hose ist so schmutzig, dass ich sie vorwaschen muss, bevor ich sie in die Waschmaschine gebe.

vor·weg *adv* ❶*zuvor:* Lassen Sie mich bitte etwas vorweg erklären. ❷*an der Spitze:* Die Hochzeitsgesellschaft fuhr von der Kirche in ein Lokal, vorweg der Wagen des Brautpaares.

vor·weg·neh·men <nimmst vorweg, nahm vorweg, hat vorweggenommen> *mit OBJ* ■ *jmd.* **nimmt etwas vorweg** *etwas, das eigentlich erst später zu sagen oder zu tun wäre, schon sagen oder tun:* Um Sie nicht zu langweilen, will ich das Ende der Geschichte gleich vorwegnehmen. ▶Vorwegnahme

vor·weg·schi·cken <schickst vorweg, schickte vorweg, hat vorweggeschickt> *mit OBJ* ■ *jmd.* **schickt etwas vorweg** *(≈ vorausschicken) etwas vor etwas anderem sagen:* Um es gleich vorwegzuschicken: der heutige Abend wurde von Dr. Meier unterstützt.

Vor·weih·nachts·zeit *die* <-> */kein Plur./ (≈ Adventszeit) etwa die letzten vier Wochen vor Weihnachten*

vor·wei·sen <weist vor, wies vor, hat vorgewiesen> *mit OBJ* ■ *jmd.* **weist etwas vor** ❶*zeigen, dass man etwas hat:* Können Sie eine Vollmacht vorweisen? ❷*zeigen, dass man etwas kann:* Welche Fähigkeiten/Kenntnisse sollte der Bewerber vorweisen können?

vor·wer·fen <wirfst vor, warf vor, hat vorgeworfen> *mit OBJ* ❶ ■ *jmd.* **wirft jmdm. etwas vor** *jmdm. sagen, dass er Fehler gemacht oder sich nicht richtig verhalten hat:* Er hat mir vorgeworfen, dass …; Ich habe mir nichts vorzuwerfen. ❷ ■ *jmd.* **wirft einem Tier etwas vor** *Tieren als Futter hinwerfen:* etwas den Löwen zum Fraß vorwerfen

vor·wie·gend *adv (≈ hauptsächlich)* Im Urlaub hatten wir vorwiegend schönes Wetter.

Vor·wis·sen *das* <-s> */kein Plur./ (≈ Vorkenntnisse) Wissen, das jmd. vor dem Beginn eines Ereignisses oder einer bestimmten Lernphase hat:* Mit diesem Vorwissen kannst du an dem Kurs teilnehmen.

vor·wit·zig *adj /nicht steig./ (≈ besserwisserisch, naseweis) so, dass jmd. so tut, als wüsste er alles besser (meist von Kindern oder Schülern gesagt):* Ihr Kind ist ziemlich vorwitzig. ▶Vorwitzigkeit

Vor·wo·che *die* <-, -n> *(↔ Folgewoche) vergangene/vorangegangene Woche*

Vor·wort[1] *das* <-(e)s, -e> *(↔ Nachwort) ein kurzer, einem Buch als Einleitung vorangestellter Text*

Vor·wort[2] *das* <-(e)s, Vorwörter> ÖSTERR. *Präposition*

Vor·wurf *der* <-(e)s, Vorwürfe> ❶*eine Äußerung, mit der man jmdm. sagt, dass er Fehler gemacht oder sich nicht richtig verhalten hat:* einen ernsten/schwerwiegenden Vorwurf gegen sie erheben.; einen Vorwurf scharf zurückweisen ❷*eine Art Vorbild für das eigene kreative Schaffen:* Er nahm sich das Werk seines Kollegen als Vorwurf.

vor·wurfs·voll *adj so, dass ein Vorwurf*[1] *ausgedrückt wird:* Sie blickte mich mit vorwurfsvoller Miene an.

Vor·zei·chen *das* <-s, -> ❶*(≈ Omen) ein Anzei-*

chen, das auf ein zukünftiges Geschehen hindeutet: Das ist ein böses/gutes/untrügliches Vorzeichen. ❷ MATH. das vor einer Zahl stehende Pluszeichen (+) oder Minuszeichen (-), so dass diese Zahl positiv oder negativ ist ❸ MUS. ein Zeichen, das anzeigt, ob die folgende Note einen halben Ton höher oder tiefer gespielt/gesungen werden soll
vor·zeich·nen <zeichnest vor, zeichnete vor, hat vorgezeichnet> *mit OBJ* ❶ ■ *jmd. zeichnet etwas vor die Umrisse einer Zeichnung oder eines Bildes (z. B. mit Bleistift) skizzieren:* Ich zeichne das Bild erst mit Bleistift vor, dann male ich es mit Farben aus. ❷ ■ *jmd. zeichnet jmdm. etwas vor etwas zeichnen, damit jmd. es nachzeichnen kann:* Der Lehrer hat mir die Blume vorgezeichnet, weil ich nicht wusste, wie ich sie malen soll. ❸ ■ *jmd. zeichnet jmdm. etwas vor jmd. gibt jmdm. etwas als Richtlinie, an die er sich halten soll:* Dieses Buch kann dir deinen Lebensweg vorzeichnen. ▶ Vorzeichnung
vor·zeig·bar *adj /nicht steig./ als Ergebnis so (gut), dass man es anderen stolz zeigen kann*
vor·zei·gen <zeigst vor, zeigte vor, hat vorge­zeigt> *mit OBJ* ■ *jmd. zeigt etwas vor jmdm. etwas zeigen, damit es geprüft oder beurteilt werden kann:* Würden Sie bitte Ihren Ausweis/Ihren Führerschein/Ihre Fahrkarte vorzeigen?; Zeig dein Zeugnis vor!
Vor·zeit *die* <-> */kein Plur./ (≈ Urzeit) früheste, vorgeschichtliche Zeit in der Entwicklung der Menschheit:* in grauer Vorzeit ▶ vorzeitlich
vor·zei·tig *adj /nicht steig./ früher als geplant oder erwartet:* Wir mussten unseren Urlaub vorzeitig abbrechen.
vor·zie·hen <ziehst vor, zog vor, hat vorgezo­gen> *mit OBJ* ❶ ■ *jmd. zieht etwas vor vor etwas ziehen:* Kannst du den Vorhang bitte vorziehen? ❷ ■ *jmd. zieht etwas/jmdn. (etwas/jmdm. Dat.) vor lieber mögen, bevorzugen:* Ziehen Sie Tee oder Kaffee zum Frühstück vor?; Ich ziehe die neuen Freunde den Bekannten vor. ❸ ■ *jmd. zieht etwas vor früher als geplant stattfinden lassen:* Wir müssen die Sitzung vorziehen.
Vor·zim·mer *das* <-s, -> *das Zimmer vor dem Büro des Chefs oder der Chefin, in dem die Sekretärin arbeitet*
Vor·zim·mer·da·me *die* <-, -n> *(veralt.) Sekretärin*
Vor·zug *der* <-(e)s, Vorzüge> ❶ */kein Plur./ die größere Bedeutung oder der Vorrang, die oder der jmdm. oder etwas gegeben wird:* Ich gebe seiner

Idee den Vorzug. ❷ *(↔ Nachteil) Vorteil:* Dieser Plan hat den Vorzug, dass … ❸ ÖSTERR. *Schulauszeichnung bei sehr guten Noten*
vor·züg·lich *adj /nicht steig./ sehr gut, hervorragend:* Ich bedankte mich für das vorzügliche Essen/für den vorzüglichen Wein. ▶ Vorzüglichkeit
Vor·zugs·ak·tie *die* <-, -n> */meist Plur./* WIRTSCH. *Aktie, deren Inhaber besondere Vorrechte hat*
Vor·zugs·preis *der* <-es, -e> *besonders günstiger Preis*
vor·zugs·wei·se *adv (geh.) vor allem, besonders:* Ich höre vorzugsweise klassische Musik.
vo·tie·ren <votierst, votierte, hat votiert> *ohne OBJ* ■ *jmd. votiert für/gegen etwas (geh.) für oder gegen jmdn. oder etwas stimmen:* Die Abgeordneten votierten gegen den Gesetzentwurf.
Vo·tiv·bild *das* <-(e)s, -er> REL. *ein Bild, das einem Heiligen zum Dank geweiht ist*
Vo·tum *das* <-s, Voten/Vota> *(geh.)* ❶ *Entscheidung: Die Wahl war ein Votum gegen die Regierungsparteien.* ❷ *Stimme (bei einer Wahl):* Die Stimmberechtigten haben ihr Votum abgegeben.
Vo·yeur *der* [voa'jøːɐ̯] <-s, -e> *jmd., der Lust empfindet, wenn er andere bei sexuellen Handlungen beobachtet* ▶ Voyeurismus, voyeuristisch
vul·gär *adj (≈ ordinär) so, dass es dem guten Geschmack und dem Gefühl für Anstand widerspricht:* eine vulgäre Person; ein vulgärer Ausdruck; Sein Benehmen war so vulgär, dass er nicht mehr eingeladen wurde. ▶ Vulgarität
Vul·kan *der* <-s, -e> ❶ *Berg, aus dem an seinem Gipfel sehr heiße Gase, Gesteinsbrocken oder Flüssigkeiten (Lava) kommen können:* ein aktiver/ erloschener Vulkan ♦-ausbruch, -gestein, -krater, -landschaft ❷ *(übertr.) ein sehr temperamentvoller Mensch:* Sie begeistert die Massen, sie war ein richtiger Vulkan.; ■ *ein Tanz auf dem Vulkan ein gefährliches Spiel treiben*
vul·ka·nisch *adj /nicht steig./ von einem Vulkan herrührend:* vulkanisches Gestein, vulkanische Aktivitäten, vulkanische Landschaft
vul·ka·ni·sie·ren <vulkanisierst, vulkanisierte, hat vulkanisiert> *mit OBJ* ■ *jmd. vulkanisiert etwas* ❶ *Rohkautschuk in Gummi umwandeln* ❷ *Gummiteile miteinander verbinden (z. B. bei der Reparatur eines Reifens)*
vul·ne·ra·bel *adj /nicht steig./ (geh.) verletzbar, verletzlich:* Der Mensch ist in vielfältiger Hinsicht vulnerabel. ▶ Vulnerabilität
Vul·va *die* <-, Vulven> *(≈ Scham) die äusseren weiblichen Geschlechtsorgane* ♦-karzinom, -krebs

V

Ww

W, w *das* <-, -> *der dreiundzwanzigste Buchstabe des Alphabets:* ein großes W; ein kleines w

WAA *die* [veːʔaˈʔaː] <-, -s> *Abkürzung von „Wiederaufbereitungsanlage"*

Waadt <-> *Kanton im Südwesten der Schweiz mit dem französischen amtlichen Namen „Canton de Vaud"*

Waa·ge *die* <-, -n> ❶ *ein Gerät, mit dem man Sachen oder Personen wiegen kann, um das genaue Gewicht festzustellen:* Waagen in Geschäften sind amtlich geeicht.; Stellen Sie sich auf die Waage, um zu sehen, ob Sie zugenommen haben. ◆ Balken-, Brief-, Küchen-, Personen- ❷ */kein Plur./ Name eines Sternzeichens, das für die Zeit vom 23. September bis zum 22. Oktober gilt:* im Zeichen der Waage geboren sein ❸ *jmd., der in der Zeit des Sternzeichens der Waage² geboren ist:* Sie ist Waage.; ■ **die Vor- und Nachteile halten sich die Waage** *(umg.) Vor- und Nachteile von etwas sind im Gleichgewicht oder in einem ausgewogenen Verhältnis* Die Vor- und Nachteile bei dieser Aktion halten sich die Waage.

Waa·ge·bal·ken *der* <-s, -> TECHN. *der Balken einer Waage¹, der in der Mitte eine Achse hat und an dessen beiden Enden Waagschalen befestigt sind*

waa·ge·recht, waag·recht *adj /nicht steig./* (≈ *horizontal* ↔ *senkrecht) so, dass es parallel zum Boden und rechtwinklig zum Lot ist:* das Brett waagerecht halten; eine waagerechte Linie ziehen

Waag·scha·le *die* <-, -n> *eine der beiden Schalen, die am Ende auf jeder Seite eines Waagebalkens befestigt sind und auf die man etwas legt, um es zu wiegen:* Die beiden Waagschalen befinden sich im Gleichgewicht.; ■ **etwas in die Waagschale werfen** *(umg.) etwas Wichtiges tun oder sagen, um eine Entscheidung zu beeinflussen* Der Kanzler warf seine ganze Autorität in die Waagschale.

wab·be·lig, wabb·lig *adj (umg.) so, dass es sehr weich ist und sich leicht hin und her bewegt:* Die Sülze ist ganz wabbelig.; ein wabbeliger Bauch

Wa·be *die* <-, -n> *eine Zelle, die sechs Ecken hat, aus Wachs ist und in die Bienen Honig füllen:* Der Imker schleudert den Honig aus den Waben.

wa·bern <waberst, waberte, hat gewabert> *ohne OBJ* ■ **etwas wabert** *(veralt.) sich als etwas, das keine bestimmte Form besitzt, hin und her bewegen:* Der Nebel wabert über dem Land.; eine wabernde Lavamasse

wach *adj* ❶ *nicht schlafend:* Ist er noch wach oder schläft er schon?; Wie lange willst du noch wach bleiben? ❷ *intelligent und geistig sehr beweglich:* ein wacher Geist/Verstand; das Geschehen mit wachen Augen verfolgen ◆ Getrenntschreibung →R 4.8 wach sein; ◆ Getrennt- oder Zusammenschreibung →R 4.16 Sie können sich nur mit Mühe wach halten/wachhalten.; *siehe auch* **wachhalten, wachrufen, wachrütteln**

Wach·ab·lö·sung *die* <-, -en> ❶ *die Ablösung einer Wache³:* Die Wachablösung vor dem Palast zieht immer viele Schaulustige an. ❷ *(übertr.) Vorgang, dass besonders die Spitze einer Regierung wechselt:* Nach den letzten Wahlen kam es endlich zu einer Wachablösung.

Wa·che *die* <-, -n> ❶ */kein Plur./ das Kontrollieren und Sichern von Gebäuden oder Personen, um eventuelle Gefahren abzuwehren:* Vor der WAA halten Polizisten und Bundesgrenzschutz Wache.; Vor dem Büro des Präsidenten steht immer ein Soldat Wache.; auf Wache sein ❷ *ein Gebäude, in dem die Polizei eine Dienststelle hat:* Sie brachten den Betrunkenen auf die Wache.; Er musste die Nacht auf der Wache verbringen. ❸ *eine Person oder eine Gruppe, die Wache¹ halten:* Vor dem Tor ging eine Wache auf und ab.; Mehrere Wachen patrouillieren an der Grenze.

wa·chen *ohne OBJ* ❶ ■ *jmd. wacht* *(geh.:* ↔ *schlafen) nicht schlafen und wach sein:* Er hat bis spät in die Nacht gewacht und auf sie gewartet. ❷ ■ *jmd. wacht über etwas* *Akk. kontrollieren, dass Regeln, Verordnungen o. Ä. eingehalten und befolgt werden:* Das Finanzamt wacht über die vorschriftsmäßige Abführung der Steuern.; über den Straßenverkehr wachen ❸ ■ *jmd. wacht bei jmdm./an jmds. Bett auf jmdn. aufpassen, der krank ist:* Sie wachte die ganze Nacht bei ihrem Kind.; Er wachte an ihrem Krankenbett. ❹ ■ *jmd. wacht über jmdn./etwas/irgendwo etwas kontrollieren und beschützen:* Der Bundesgrenzschutz wacht über die Flughäfen und Bahnhöfe.; Die Posten wachen am Haupteingang.

wach·ha·bend *adj /nur attr./ /nicht steig./* MILIT. *so, dass jmd. gerade Wache¹ hat:* der wachhabende Offizier

wach·hal·ten <hältst wach, hielt wach, hat wachgehalten> *mit OBJ* ❶ ■ *jmd. hält etwas wach dafür sorgen, dass etwas nicht vergessen wird:* die Erinnerung an die Vergangenheit wachhalten ❷ ■ *jmd. hält sich/jmdn. wach dafür sorgen, dass man selbst oder jmd. anderes nicht einschläft:* Er hat sich die ganze Nacht mit Kaffee wachgehalten.

Wach·mann *der* <-(e)s, ...-männer/...-leute> ❶ *jmd., der beruflich Gebäude bewacht:* Der Wachmann macht seine Runde durch das Haus. ❷ ÖSTERR. *Polizist*

Wa·chol·der *der* <-s, -> BOT. ❶ *ein Strauch oder Baum, der zu den Nadelhözern gehört und dunkle Beeren hat, die auch als Gewürz verwendet werden* ❷ *ein Schnaps aus den Beeren des Wacholders¹* ◆ -schnaps

Wach·pos·ten *der* <-s, -> *jmd., der Wache¹ hält:* Es werden Wachposten an jeder Tür aufgestellt.

wach·ru·fen <rufst wach, rief wach, hat wachgerufen> *mit OBJ* ❶ ■ *etwas ruft etwas in jmdm. wach etwas bewirkt, dass sich jmd. wieder an etwas erinnert oder wieder daran denkt:* Diese alten Filme rufen immer Kindheitserinnerungen in mir

wach. ❷ ■ *etwas ruft etwas wach* (≈ *wecken²*) *etwas bewirkt, dass jmd. etwas stark spürt:* Das hat ihren Ehrgeiz wachgerufen!

wạch·rüt·teln <rüttelst wach, rüttelte wach, hat wachgerüttelt> *mit OBJ* ❶ ■ *jmd. rüttelt jmdn. wach* *jmdn. aufwecken, indem man ihn rüttelt:* Als er um 11 Uhr immer noch schlafend im Bett lag, rüttelte sie ihn wach. ❷ ■ *etwas rüttelt jmdn./etwas wach* *etwas weckt das Gewissen von jmdm. oder sensibilisiert jmdn.:* Die erschreckenden Ereignisse haben die ganze Stadt wachgerüttelt.

Wạchs *das* [vaks] <-es, -e> ❶ *eine Masse, die von Bienen stammt (oder künstlich) hergestellt ist und die man formen oder kneten kann und aus der vor allem Kerzen hergestellt werden:* Das Wachs schmilzt.; eine Kerze aus Wachs ✦-figur, -kerze, Bienen-, Kerzen- ❷ *eine Art Creme, die wie Wachs¹ ist und mit der man Holz oder Leder einreibt, um es zu schützen;* ■ **weich wie Wachs sein** *keinen festen Charakter haben* ✦ -politur

wạch·sam *adj* *sehr aufmerksam und alles beobachtend, um Gefahren zu erkennen:* ein wachsamer Blick; Der Hund ist sehr wachsam.; ■ **ein wachsames Auge auf jemanden/etwas haben** *jmdn. oder etwas gut kontrollieren*

Wạch·sam·keit *die* <-> /*kein Plur.*/ *der Zustand, dass jmd. oder ein Tier wachsam ist:* in seiner Wachsamkeit nicht nachlassen

wạchs·ar·tig [vaks-] *adj* /*nicht steig.*/ *wie Wachs:* eine wachsartige Schuhcreme

wạchs·bleich [vaks-] *adj* /*nicht steig.*/ (≈ *kreidebleich*) *sehr blass:* Als er die Nachricht hörte, wurde er wachsbleich.

wạch·sen¹ ['vaksen] <wächst, wuchs, ist gewachsen> *ohne OBJ* ❶ ■ *jmd./etwas wächst größer und stärker werden:* Unser Sohn ist um drei Zentimeter gewachsen.; Das Getreide wächst gut.; Die Ferkel müssen noch etwas wachsen, dann kann man sie schlachten. ❷ ■ *etwas wächst länger werden:* Der Bart wächst.; Die Haare wachsen. ❸ ■ *jmd./etwas wächst irgendwie* *in eine bestimmte Form wachsen¹:* Er ist schlank gewachsen.; Die Tanne ist völlig krumm gewachsen. ❹ ■ *etwas wächst irgendwo* *an einer bestimmten Stelle vorkommen:* Auf dem Heideboden wächst Wacholder.; Auf diesem kargen Boden wächst kaum noch etwas. ❺ ■ *etwas wächst* (↔ *abnehmen*) *zunehmen:* Die Produktion von Elektrogräten wächst dieses Jahr um 6 Prozent.; Die Gefahr wächst. ❻ ■ *etwas wächst* (↔ *abnehmen*) *stärker oder intensiver werden:* Das Interesse an Geschichte wächst in der Bevölkerung.; Die Begeisterung wächst.; ■ **jemandem nicht gewachsen sein** *jmdm. nicht Widerstand leisten können, weil er stärker oder besser ist* Er war ihm in der Diskussion nicht gewachsen.; ■ **etwas nicht gewachsen sein** *etwas nicht bewältigen können* Dieser Aufgabe ist sie nicht gewachsen.

wạch·sen² ['vaksen] <wachst, wachste, hat gewachst> *mit OBJ* ■ *jmd. wachst etwas* *etwas mit Wachs² einreiben, um es zu schützen oder zu pflegen:* Sie wachst den Fußboden.; gewachstes Holz; Skier wachsen

wäch·sern ['vɛksern] *adj* /*nicht steig.*/ (geh.) ❶ *aus Wachs:* eine wächserne Schicht/Kerze ❷ *so blass und farblos wie Wachs:* eine wächserne Haut haben

Wạchs·fi·gur *der* [vaks-] <-, -en> *eine Figur aus Wachs¹*

Wạchs·fi·gu·ren·ka·bi·nett *das* [vaks-] <-s, -e> *Ausstellung von Figuren berühmter Personen, die aus Wachs¹ gemacht sind*

Wạchs·tuch *das* [vaks-] <-(e)s, …-tücher> *ein fester Stoff, der auf einer Seite mit einer wasserdichten Schicht versehen ist:* Auf dem Gartentisch liegt eine Tischdecke aus Wachstuch.

Wạchs·tum *das* [vaks-] <-s> /*kein Plur.*/ *Vorgang des Wachsens¹:* Mit 15 Jahren befindet sich im Jugendlicher noch im Wachstum.; Rauchen behindert das Wachstum bei Jugendlichen.; Das wirtschaftliche Wachstum blieb hinter der Erwartungen zurück.; Die neue Industrieanlage fördert das Wachstum der Produktion. ✦-sindustrie, -sprognose, -stempo

Wạchs·tums·bran·che *die* [vaks-] <-, -n> WIRTSCH. *ein Bereich der Wirtschaft, der sich gut entwickelt und stetig größer wird:* Die Telekommunikationsindustrie zählt man immer noch zu den Wachstumsbranchen.

wạchs·tums·för·dernd [vaks-] *adj* *so, dass Wachstum unterstützt und gefördert wird:* wachstumsfördernde Mittel/Präparate

wạchs·tums·hem·mend [vaks-] *adj* *so, dass Wachstum vermindert und gebremst wird:* die wachstumshemmenden Nebenwirkungen eines Medikaments

Wạchs·tums·hor·mon *das* [vaks-] <-(e)s, -e> *Hormon, das das Wachstum fördert:* jemanden mit Wachstumshormonen behandeln

Wạchs·tums·markt *der* [vaks-] <-(e)s, Wachstumsmärkte> WIRTSCH. *eine Wirtschaftsbranche oder eine Wirtschaftsregion, die sich gut entwickelt:* Asien war lange Zeit ein Wachstumsmarkt.; Die Informationstechnologie bleibt ein Wachstumsmarkt.

Wạchs·tums·ra·te *die* [vaks-] <-, -n> WIRTSCH. *ein bestimmter Prozentbetrag, der angibt, wie die gesamte Produktion einer Volkswirtschaft in einem bestimmten Zeitraum wächst:* Für das erste Quartal dieses Jahres wurde eine Wachstumsrate von 1,5 Prozent angegeben.

wạchs·weich [vaks-] *adj* /*nicht steig.*/ ❶ *so weich wie Wachs* ❷ (übertr. abwert.: ≈ *vage*) *so, dass eine Äußerung oder ein Verhalten nicht erkennen lässt, welche Einstellung jmd. hat*

Wạcht *die* <-, en> (veralt.) *das Wachen:* bei jemandem/etwas Wacht halten; auf Wacht stehen

Wạch·tel *die* <-, -n> ZOOL. *ein kleiner Hühnervogel, der in der Natur lebt* ✦ -ei

Wạch·ter, **Wạch·te·rin** *die* <-s, -> ❶ *jmd., der jmdn. oder etwas bewacht:* der Wächter in einem Park/Museum ✦ Nacht-, Park- ❷ (≈ *Hüter*) *jmd. oder eine Institution, die auf die Einhaltung und Bewahrung bestimmter Werte achtet:* Für viele Menschen ist Amnesty International ein Wächter der Menschenrechte.

Wạcht·meis·ter *der*, **Wạcht·meis·te·rin** <-s, ->

W

❶ *Polizist mit einem niederen Dienstrang* ❷ MILIT. SCHWEIZ., ÖSTERR. *Soldat im Rang eines Feldwebels*
Wạcht·pos·ten *der siehe* **Wachposten**
Wạch·traum *der* <-(e)s, Wachträume> PSYCH. *Traum, den man im wachen Zustand hat:* einen Wachtraum haben
Wạch·turm, a. **Wạcht·turm** *der* <-(e)s, Wachtürme> *Turm, von dem aus ein Gebiet überwacht wird:* an allen vier Ecken des Lagers standen Wachtürme.
Wạch·wech·sel *der* <-s, -> (≈ Wachablösung[1])
wạ·cke·lig, a. **wạck·lig** *adj* ❶ *nicht fest (stehend):* ein wackeliger Stuhl/Tisch; Die Brücke ist mir zu wackelig. ❷ *(umg.) schwach:* nach einer langen Krankheit noch etwas wackelig (auf den Beinen) sein; Das neugeborene Rehkitz war noch etwas wackelig auf den Beinen. ❸ *(umg.) nicht überzeugend oder verlässlich:* Unser Plan war ziemlich wackelig.; ein wackeliges Argument
Wạ·ckel·kon·takt *der* <-(e)s, -e> ELEKTROTECHN. *eine Verbindung in einem Stromkreis, die beschädigt ist und der Grund für eine Unterbrechung des Stromflusses ist:* Das Radio hat einen Wackelkontakt.
wạ·ckeln <wackelst, wackelte, hat/ist gewackelt> *ohne OBJ* ❶ ■ *etwas wackelt (haben) nicht fest oder stabil sein:* Der Tisch hat gewackelt. ❷ ■ *etwas wackelt (haben) sich leicht hin und her bewegen, weil es eine Erschütterung gab:* Die Wand/Das ganze Haus/Die Deckenlampe hat gewackelt. ❸ ■ *jmd./etwas wackelt mit etwas Dat. (haben) etwas leicht hin und her bewegen:* Sie hat mit dem Kopf gewackelt.; Der Hund wackelt mit dem Schwanz. ❹ ■ *etwas wackelt (umg.) etwas ist nicht sicher oder zuverlässig oder in Gefahr, verloren zu gehen:* Der Plan wackelt.; Deine Argumente wackeln ganz schön!; In der Firma wackeln viele Arbeitsplätze. ❺ ■ *jmd. wackelt irgendwohin (sein) (umg. abwert.) unsicher irgendwohin gehen:* Sie ist über die Straße gewackelt.
Wạ·ckel·pe·ter *der* <-s, -> KOCH. *(umg.) Wackelpudding*
Wạ·ckel·pud·ding *der* <-s> /kein Plur./ KOCH. (≈ Götterspeise) *ein süßer Pudding aus farbiger Gelatine*
wạ·cker *adj (veralt.)* ❶ (≈ *tapfer*) Sie haben sich wacker geschlagen. ❷ (≈ *ehrbar*) ein wackerer Bürger
wạck·lig *adj siehe* **wackelig**
Wạ·de *die* <-, -n> ANAT. *der hintere Teil des Unterschenkels eines Menschen:* kräftige/stramme Waden haben ◆-nkrampf
Wạ·den·bein *das* <-(e)s, -e> ANAT. *der Knochen, der sich unter dem Schienbein im Unterschenkel befindet*
wạ·den·lang *adj /nicht steig./ so, dass es die Waden bedeckt:* wadenlange Strümpfe
Wạ·den·wi·ckel *der* <-s, -> MED. *ein Tuch, das kalt und feucht ist und das um die Waden gewickelt wird, um ein Fieber zu senken*
Wạ·fer *der* [weɪfə] <-s, -(s)> TECHN. *dünne Scheibe aus Silicium, die für die Herstellung von Chips verwendet wird*

Wạf·fe *die* <-, -n> *ein Gerät oder ein Instrument zum Kampf oder zur Verteidigung:* Schwerter, Lanzen und Dolche waren die Waffen der Ritter.; Polizisten tragen eine Waffe.; eine gefährliche/mittelalterliche/moderne Waffe; ■ **die Waffen niederlegen/ruhenlassen** *aufhören zu kämpfen;* ■ **die Waffen strecken** *den Kampf aufgeben;* ■ **die Waffen ruhen** *die Kämpfe sind unterbrochen;* ■ **jemanden mit seinen eigenen Waffen schlagen** *jmdn. mit dessen eigenen Mitteln bekämpfen oder widerlegen* ◆-nbesitz, -nembargo, -ngesetz, -ngewalt, -nhandel, -nlager, -nschmied, -nschmuggel, -nschrank, -nsystem, Atom-, Feuer-, Panzer-, Schuss-, Stich-
Wạf·fel *die* <-, -n> *ein dünnes Gebäck, das ein auf der Außenseite eingeprägtes Muster hat, das an Waben erinnert, und das meist mit einer süßen Füllung gegessen wird*
Wạf·fel·ei·sen *das* <-s, -> *ein Gerät, mit dem man Waffeln backt*
Wạf·fen·gat·tung *die* <-, -en> MILIT. *der Teil einer Armee, der eine bestimmte Ausrüstung und Bewaffnung hat:* Soldaten aller Waffengattungen
wạf·fen·los *adj /nicht steig./ ohne Waffen*
Wạf·fen·narr *der* <-en, -en> *(umg. abwert.) jmd., der sich übertrieben für Waffen interessiert (und sie auch illegal erwirbt):* Im Keller des als Waffennarr bekannten Mannes fand die Polizei sogar ein Maschinengewehr sowie mehrere Samuraischwerter.
Wạf·fen·ru·he *die* <-> /kein Plur./ MILIT., POL. *zeitweilige Unterbrechung der Kämpfe:* Zurzeit herrscht Waffenruhe zwischen den Krieg führenden Parteien.
Wạf·fen·schein *der* <-(e)s, -e> RECHTSW. *Dokument, das zum Besitz einer Waffe berechtigt:* einen/keinen Waffenschein haben
Wạf·fen·still·stand *der* <-(e)s, Waffenstillstände> MILIT., POL. *eine Vereinbarung, mit der Kämpfe unterbrochen werden, um dann zu versuchen, Frieden zu schließen:* Die Gegner handelten einen Waffenstillstand aus.; Schon nach einer Woche wurde der Waffenstillstand gebrochen und die Kämpfe begannen erneut.
wạ·ge·hal·sig *siehe* **waghalsig**
Wạ·ge·mut *der* <-(e)s> /kein Plur./ *Bereitschaft zum Risiko:* Das ist ein Unternehmen, das großen Wagemut erfordert.
wạ·ge·mu·tig *adj bereit, ein Risiko einzugehen:* ein wagemutiger Kletterer; eine wagemutige Unternehmung
Wạ·gen *der* <-s, -/Wägen> ❶ *(umg.: ≈ Auto)* ein schneller/neuer Wagen; den Wagen in die Garage fahren; Wir sind mit dem Wagen gekommen. ◆-dach, -fenster, -kolonne ❷ *ein Fahrzeug mit Rädern, das man zieht oder das von Tieren gezogen wird:* die Pferde vor den Wagen spannen; das Kind in einem kleinen Wagen hinter sich herziehen ◆Hand-, Leiter- ❸ *ein Fahrzeug, das von einer Lokomotive gezogen wird · Teil einer Straßenbahn oder U-Bahn ist:* Die Wagen der ersten Klasse halten im Abschnitt C. ❹ ASTRON. ■ **der Große Wagen** ■ **der Kleine Wagen** *der Große Wagen und der Kleine Wagen sind Sternbilder am nördli-*

W

chen Himmel und bestehen aus sieben Sternen; ■ **sich (nicht) vor jemandes Wagen spannen lassen** *(umg.) sich (nicht) von jmdm. für dessen Ziele ausnutzen lassen;* ■ **jemandem an den Wagen fahren** *(umg.) jmdn. mit Worten angreifen oder beleidigen*

wa·gen I. *mit OBJ* ❶ ■ *jmd.* **wagt etwas** *den Mut zu etwas haben:* einen Blick/ein Spiel/einen Versuch wagen; Er wagte (es) nicht zu widersprechen.; ein ziemlich gewagtes Unternehmen; eine sehr gewagte Behauptung ❷ ■ *jmd.* **wagt (für jmdn./etwas) etwas** *ein Risiko eingehen, um etwas zu erreichen:* für jemanden/etwas sein Leben wagen; Sie hat viel/alles gewagt, um so weit zu kommen. II. *mit SICH* ❶ ■ *jmd.* **wagt sich an etwas** *Akk. sich trauen, etwas Schwieriges zu tun:* sich an eine schwierige Aufgabe wagen ❷ ■ *jmd.* **wagt sich irgendwohin** *sich trauen, irgendwohin zu gehen:* sich nicht aus dem Haus wagen; Er wagt sich sogar in das Gehege der Bären.; ■ **Frisch gewagt ist halb gewonnen.** *(Sprichwort) man sollte optimistisch an eine schwere Aufgabe herangehen;* ■ **Wer nichts wagt, der nichts gewinnt!** *(Sprichwort) wenn man jedes Risiko vermeiden will, kann man auch nichts erreichen*

wä·gen <wägst, wägte/wog, hat gewogen> *mit OBJ* ❶ ■ *jmd.* **wägt etwas** *(veralt.) etwas wiegen:* die Substanzen für ein chemisches Experiment genau wägen ❷ ■ *jmd.* **wägt etwas** *(geh.) etwas sorgfältig bedenken:* seine Worte/eine Entscheidung genau wägen; ■ **Erst wäg es, dann wag es!** *(geh.) bevor man handelt, sollte man alles genau bedenken*

Wa·gen·füh·rer *der;* **Wa·gen·füh·re·rin** <-s, -> *jmd., der den Triebwagen eines Zuges oder einer Straßenbahn lenkt und fährt*

Wa·gen·he·ber *der* <-s, -> KFZ *Gerät, mit dem man ein Auto anheben kann, um die Reifen zu wechseln oder Reparaturen an der Unterseite vorzunehmen*

Wa·gen·la·dung *die* <-, -en> *die Ladung, die ein Lastwagen aufnehmen kann:* drei Wagenladungen Sand

Wa·gen·pa·pie·re *Plur.* KFZ *Fahrzeugschein und Fahrzeugbrief eines Autos:* Man sollte die Wagenpapiere nicht im Handschuhfach liegen lassen.

Wa·gen·park *der* <-(e)s, -s> *alle Fahrzeuge, die einem Unternehmen, einer Firma, einer Behörde o. Ä. gehören:* Die städtischen Verkehrsbetriebe erneuern ihren Wagenpark.

Wa·gen·rad *das* <-(e)s, Wagenräder> *das Rad eines Pferdewagens:* Die Speichen des Wagenrades waren gebrochen.; ■ **Augen, so groß wie Wagenräder** *(umg.) weit aufgerissene Augen* Sie machte Augen, so groß wie Wagenräder .

Wa·gen·schlag *der* <-s, Wagenschläge> *(veralt.) Tür eines Autos oder einer Kutsche*

Wa·gen·tür *die* <-, -en> *die Tür eines Wagens* [1, 2, 3]

Wa·gen·wä·sche *die* <-, -n> KFZ *(≈ Autowäsche)*

Wag·gon, *a.* **Wa·gon** *der* [va'gõ:/va'gɔŋ/va'goːn] <-s, -s> ❶ *(≈ Eisenbahnwagen)* Das Bistro befindet sich im letzten Waggon.; ein Waggon erster

Klasse ❷ *(≈ Güterzugwagen)* einen Waggon mit Kohle beladen ◆-ladung

wag·gon·wei·se, *a.* **wa·gon·wei·se** *adv* ❶ *Waggon für Waggon:* einen Zug waggonweise entladen ❷ *(abwert.) in übertrieben großen Mengen:* Die Werbegeschenke wurden gleich waggonweise an die Besucher verteilt.

wag·hal·sig *adj mutig und so, dass man ein großes Risiko eingeht:* Einige waghalsige Kletterer wagten sich bis zum Gipfel vor.; ein waghalsiges Unternehmen

Wag·ner *der* <-s, -> *(veralt.)* ÖSTERR., SCHWEIZ. *(≈ Stellmacher) jmd., der früher Wagen* [2] *herstellte*

Wag·nis *das* <-ses, -se> *(≈ Risiko) eine Handlung, die unsicher und gefährlich ist:* ein Wagnis eingehen/bestehen; Die Überquerung des Atlantiks in einem kleinen Boot ist ein großes Wagnis.

Wa·gon *der siehe* **Waggon**

wa·gon·wei·se *adv siehe* **waggonweise**

Wah·ha·bit *der;* **Wah·ha·bi·tin** <-s, -en> REL. *jmd., der einer Reformsekte des Islams angehört, die besonders in Saudi Arabien verbreitet ist*

Wahl [1] *die* <-> */kein Plur./* ❶ *die Entscheidung zwischen zwei oder mehreren Möglichkeiten:* Eine gute/schlechte Wahl treffen.; Sie haben die Wahl/keine Wahl.; vor eine Wahl gestellt sein; ein Getränk nach ihrer Wahl ❷ *etwas Gewähltes:* Das war eine erstklassige/gute/schlechte Wahl.; ■ **erste/zweite/dritte Wahl** *sehr gute/befriedigende/schlechte Qualität;* ■ **Wer die Wahl hat, hat die Qual.** *verwendet, um auszudrücken, dass jmd. sich nur für von verschiedenen Möglichkeiten entscheiden kann und dies ohne Hilfe tun muss;* ■ **die Qual der Wahl haben** *(scherzh.) verschiedene Möglichkeiten haben, die alle gut sind, aber von denen man nur eine wählen kann;* ■ **keine andere Wahl haben** *etwas Bestimmtes machen müssen, ohne eine Alternative zu haben;* ■ **jemanden/etwas in die engere Wahl ziehen** *jmdn. oder etwas in den engeren Kreis direkt vor der endgültigen Auswahl nehmen*

Wahl [2] *die* <-, -en> ❶ POL. *eine Abstimmung, um Personen zu bestimmen, die bestimmte Ämter oder Funktionen bekleiden sollen:* freie und demokratische Wahlen; die Wahlen zum Landtag/ zum Bundestag ❷ */meist Sing./ das Abgeben der Stimme für eine Person oder Partei:* Bist du schon heute zur Wahl gegangen? ❸ */meist Sing./ Vorgang, dass jmd. durch eine Wahl* [1] *zu einem Amt, einer Funktion o. Ä. berufen wird:* die Wahl zum Ministerpräsidenten/Vorsitzenden annehmen

Wahl·al·ter *das* <-s> */kein Plur./ das Alter, ab dem jmd. wählen* [2] *darf:* Das Wahlalter in Deutschland liegt bei 18 Jahren.

Wahl·amt *das* <-(e)s, ...-ämter> POL. *ein politisches Amt, das durch eine Wahl vergeben wird*

Wahl·auf·ruf *der* <-(e)s, -e> *eine Aufforderung zur Wahl:* Alle Parteien versandten einen Wahlaufruf an ihre Mitglieder.

Wahl·aus·schuss *der* <-es, Wahlausschüsse> *ein Ausschuss, der eine Wahl vorbereitet und die korrekte Durchführung kontrolliert*

Wähl·au·to·ma·tik *die* <-> */kein Plur./* TELE-KOMM., EDV *das automatische Anwählen über eine*

W

Telefonverbindung, ohne dass die Ziffern von Hand gedrückt werden: ein Modem mit Wählautomatik

wähl·bar *adj /nicht steig./* ❶ POL. *berechtigt, in ein Amt oder eine Funktion gewählt² zu werden:* Das Gesetz bestimmt, in welchem Alter man wählbar ist. ❷ *so, dass etwas zur Auswahl steht:* Die Farbe/Das Muster des Bezuges ist frei wählbar. ▸ Wählbarkeit

Wahl·be·ob·ach·tung *die* <-, -en> POL. *der Vorgang, dass eine politische Wahl von unabhängigen Personen oder Institutionen kontrolliert wird, um festzustellen, ob es zu Verfälschungen oder Betrug kommt:* Die Opposition forderte von der UNO eine Wahlbeobachtung für die kommenden Präsidentenwahlen.

wahl·be·rech·tigt *adj /nicht steig./ berechtigt, an Wahlen teilzunehmen:* Mit 18 Jahren ist man in Deutschland wahlberechtigt.; Wahlberechtigt sind nur Mitglieder des Vereins. ▸ Wahlberechtigte

Wahl·be·rech·ti·gung *die* <-, -en> *Berechtigung zu wählen²:* Auf dem Kongress wurde nur den eingetragenen Mitgliedern eine Wahlberechtigung erteilt

Wahl·be·tei·li·gung *die* <-, -en> *das Ausmaß, in dem sich Wahlberechtigte an einer Wahl beteiligen:* eine hohe/geringe Wahlbeteiligung

Wahl·be·zirk *der* <-(e)s, -e> POL. *ein bestimmtes Gebiet, das für eine politische Wahl² als Teil eines größeren Gebiets bestimmt wird und dem ein Wahllokal zugeordnet ist:* Für den Wahlbezirk der Innenstadt befindet sich das Wahllokal im Gymnasium am Marktplatz.

Wahl·boy·kott *der* <-(e)s, -s/-e> POL. *Vorgang, dass eine Wahl absichtlich boykottiert wird:* Die Opposition rief zu einem Wahlboykott auf.

Wahl·bünd·nis *das* <-ses, -se> *ein Bündnis von Personen, Parteien, Institutionen o. Ä. mit ähnlichen Interessen oder Zielen, die sich gemeinsam zu einer Wahl² stellen:* Das Wahlbündnis der wichtigsten Oppositionsparteien konnte die Wiederwahl des Präsidenten nicht verhindern.

wäh·len¹ *mit OBJ/ohne OBJ* ❶ ■ *jmd. wählt etwas sich zwischen zwei oder mehreren Möglichkeiten für eine entscheiden:* Er wählt die Freiheit.; Es gibt nur zwei Möglichkeiten, aber ihr könnt wählen!; Ihr könnt unter mehreren Möglichkeiten wählen. ❷ ■ *jmd. wählt etwas (geh.) sich für ein Essen auf einer Speisekarte entscheiden:* Haben Sie schon (ein Gericht von der Speisekarte) gewählt? ❸ ■ *jmd. wählt (sich) jmdn. zu etwas Dat. jmdn. zu einem bestimmten Zweck bestimmen:* Der Kanzler wählte sich den Vorstandsvorsitzenden des Konzerns zu seinem wirtschaftlichen Berater.

wäh·len² *mit OBJ/ohne OBJ* ❶ ■ *jmd. wählt jmdn.* POL. *jmdn. bei einer Wahl seine Stimme geben:* Welchen Kandidaten haben Sie gewählt? ❷ ■ *jmd. wählt an einer Wahl teilnehmen:* Wir wollen morgen wählen gehen.; Wie werden die Bürger wählen?

wäh·len³ *mit OBJ/ohne OBJ* ■ *jmd. wählt (eine Telefonnummer) eine Reihe von Ziffern an einem Telefon durch Drücken der Tasten oder*

durch Drehen der Wählscheibe markieren, um eine Telefonverbindung herzustellen: Wenn Sie die angegebene Nummer wählen, erhalten Sie die entsprechende Auskunft.

Wäh·ler *der,* **Wäh·le·rin** <-s, -> POL. *jmd., der an einer Wahl teilnimmt, indem er seine Stimme abgibt:* Die Entscheidung der Wählerinnen und Wähler muss akzeptiert werden.; Ein Großteil der Wähler hat vom Wahlrecht Gebrauch gemacht.

Wäh·ler·auf·trag *der* <-s> /kein Plur./ POL. *die Verpflichtung einer Regierung etwas zu tun, was im Interesse derjenigen liegt, die diese Regierung gewählt² haben:* Für die neue Regierung lautet der Wählerauftrag, die Arbeitslosigkeit energisch zu bekämpfen.

Wahl·er·folg *der* <-(e)s, -e> *der Sieg bei einer Wahl², ¹:* einen Wahlerfolg erzielen

Wahl·er·geb·nis *das* <-ses, -se> POL. *das, was bei einer Wahl², ¹ am Ende als Resultat herauskommt:* Wahlergebnisse können aufgrund der Größe des Landes erst gegen Mitte der Woche bekanntgegeben werden.

Wäh·ler·gunst *die* <-> /kein Plur./ POL. *die zustimmende positive Haltung von Wählern gegenüber einer Partei:* sich um die Wählergunst bemühen; ■ **wieder an der Wählergunst steigen** *wieder mehr Zustimmung bei den Wählern haben*

wäh·le·risch *adj* (≈ anspruchsvoll) *so, dass man sehr bestimmte Vorstellungen darüber hat, was einem schmeckt oder gefällt, und nur dieses akzeptiert:* im Essen sehr wählerisch sein; Ich weiß nicht, was ich ihr schenken/anbieten soll, sie ist doch so wählerisch!

Wäh·ler·po·ten·ti·al, *a.* **Wäh·ler·po·ten·zi·al** *das* <-s, -e> POL. *alle die Wähler, die eventuell für eine bestimmte Partei stimmen würden:* Die Partei versuchte, das Wählerpotential in den Gewerkschaften zu aktivieren.

Wäh·ler·schaft *die* <-, -en> *die Gesamtheit der Wähler (einer Partei):* Die Wählerschaft dieser Partei kommt aus der Landbevölkerung.

Wäh·ler·schicht *die* <-, -en> POL. *alle Wähler, die zu einer bestimmten gesellschaftlichen Schicht gehören:* die Wählerschicht der Beamten

Wäh·ler·wil·le *der* <-ns> /kein Plur./ *die Entscheidung der Wähler für oder gegen eine Partei:* sich dem Wählerwillen beugen

Wahl·fach *das* <-(e)s, Wahlfächer> (↔ Pflichtfach) *ein Fach, das Schüler oder Studierende freiwillig belegen können:* Spanisch oder Russisch sind in der 12. Klasse Wahlfächer.

Wahl·fäl·schung *die* <-, -en> POL. *die Fälschung eines Wahlergebnisses*

wahl·frei *adj /nicht steig./ so, dass es frei gewählt werden kann:* Diese Fächer sind für die Studenten wahlfrei.

Wahl·gang *der* <-s, ...-gänge> *eine von mehreren Abstimmungen bei einer Wahl:* im ersten/zweiten Wahlgang

Wahl·ge·heim·nis *das* <-ses> /kein Plur./ POL. *das garantierte Recht auf geheime Stimmabgabe bei einer Wahl:* das Wahlgeheimnis verletzen/wahren

Wahl·ge·setz *das* <-es, - e> RECHTSW., POL. *Gesetz,*

das die Durchführung und den Verlauf einer Wahl regelt

Wahl·hei·mat *die* <-> /kein Plur./ *die Gegend oder Stadt, in der jmd. freiwillig lebt:* Er ist geborener Hamburger, aber München wurde später seine Wahlheimat.

Wahl·hel·fer *der,* **Wahl·hel·fe·rin** <-s, -> POL. *Person, die ehrenamtlich bei einer Wahl hilft*

Wahl·ka·bi·ne *die* <-, -n> POL. *Kabine, in der man einen Stimmzettel bei einer Wahl ausfüllt, ohne dass jmd. dies sehen kann*

Wahl·kampf *der* <-(e)s, Wahlkämpfe> *Gesamtheit der Werbung und der Aktionen, die die Parteien vor einer Wahl betreiben, um gewählt zu werden:* Der Wahlkampf wurde durch eine große Kundgebung mit den Spitzenkandidaten beendet.

Wahl·kampf·kos·ten·er·stat·tung *die* <-, -en> *Geld, das den Parteien, die zu einer Wahl antreten, nach der Wahl gezahlt wird, um damit einen Teil des Wahlkampfes zu finanzieren*

Wahl·kampf·the·ma *das* <-s, -themen> POL. *ein Thema, das in einem Wahlkampf eine zentrale Rolle spielt:* Die wirtschaftliche Entwicklung war das Wahlkampfthema aller Parteien.

Wahl·kom·mis·si·on *die* <-, -en> *eine Kommission, die eine Wahl vorbereitet und beaufsichtigt*

Wahl·kreis *der* <-es, -e> POL. *eines von mehreren Gebieten, in die ein Land für Wahlen unterteilt wird und in dem die Wahlberechtigten eine bestimmte Zahl von Abgeordneten ins Parlament wählen:* ein Land in Wahlkreise einteilen; der Wahlkreis des Abgeordneten Schulze

Wahl·lei·ter *der,* **Wahl·lei·te·rin** <-s, -> *jmd., der eine Wahl beaufsichtigt und die Ergebnisse bekannt gibt*

Wahl·lo·kal *das* <-(e)s, -e> POL. *Ort, wo die Bürger bei einer Wahl ihre Stimme abgeben können:* Die Wahllokale schließen um achtzehn Uhr.

wahl·los *adj* /nicht steig./ *nicht planvoll:* einige Personen wahllos aus der Menge herausgreifen; in wahlloser Reihenfolge

Wahl·mann *der* <-(e)s, ...-männer> POL. *jmd., der in einem System der indirekten Wahl in ein Gremium gewählt wird, das den Zweck hat, den eigentlichen Vertreter oder Träger eines Amtes zu wählen:* Der amerikanische Präsident wird von Wahlmännern gewählt.

Wahl·pa·ro·le *die* <-, -n> *eine kurze Aussage, mit der eine Partei im Wahlkampf antritt*

Wahl·pe·ri·o·de *die* <-, -n> POL. *der Zeitraum, für den jmd. in ein Amt oder eine Funktion gewählt ist*

Wahl·pflicht·fach *das* <-(e)s, Wahlpflichtfächer> *eines von mehreren angebotenen Fächern, das Schüler/Studierende pflichtgemäß belegen müssen*

Wahl·pla·kat *das* <-(e)s, -e> POL. *Plakat, mit dem eine politische Partei oder Gruppierung vor einer Wahl Werbung für sich macht:* Wahlplakate kleben gehen

Wahl·pro·gramm *das* <-(e)s, -e> POL. *politisches Programm, das eine politische Partei oder Gruppierung vor einer Wahl vorlegt*

Wahl·recht *das* <-(e)s, -e> ❶ POL., RECHTSW. *das*

Recht einer Person, an Wahlen teilzunehmen: von seinem Wahlrecht Gebrauch machen ❷ RECHTSW. *die gesamten gesetzlichen Regelungen, die Wahlen[2, 1] betreffen:* ein demokratisches Wahlrecht; eine Reform des Wahlrechts; ■ **aktives Wahlrecht** POL. *das Recht zu wählen;* ■ **passives Wahlrecht** POL. *das Recht, in bestimmte Ämter und Funktionen gewählt zu werden*

Wahl·re·de *die* <-, -n> *Rede, die normalerweise der Kandidat vor einer Partei zu Beginn des Wahlkampfs auf einem Parteitag hält:* eine mitreißende Wahlrede

Wähl·schei·be *die* <-, -n> *die Scheibe, die auf einem Telefon befestigt ist und die man dreht, um eine Nummer zu wählen[3]*

Wahl·schein *der* <-(e)s, -e> POL. *Schein, der zur Teilnahme an einer Wahl berechtigt*

Wahl·sieg *der* <-(e)s, -e> POL. *Sieg bei einer Wahl:* Die überlegene Partei feierte ihren Wahlsieg ausgiebig.

Wahl·spot *der* <-s, -s> *eine kurze Sendung im Fernsehen oder Radio, mit der Parteien im Wahlkampf für sich Werbung machen*

Wahl·spren·gel *der* <-s, -> ÖSTERR. *Wahlkreis*

Wahl·spruch *der* <-(e)s, Wahlsprüche> (≈ Motto) *die (als ein Satz formulierte) Grundhaltung, von der man sich in seinem Handeln leiten lässt:* „Nur nicht den Mut verlieren!" war ihr Wahlspruch in der schwierigen Zeit.

Wahl·sys·tem *das* <-s, -e> POL. *die Art und Weise wie in einer Demokratie die politischen Repräsentanten gewählt[2] werden:* Bei einem indirekten Wahlsystem wird der Präsident von Wahlmännern gewählt.

Wahl·tag *der* <-(e)s, -e> POL. *der Tag, an dem eine Wahl[2, 1] stattfindet*

Wahl·ter·min *der* <-s, -e> POL. *der Termin, an dem eine Wahl[2, 1] stattfindet*

Wähl·ton *der* <-(e)s, Wähltöne> TELEKOMM. *Ton, der ertönt, wenn man eine Nummer wählt[3]*

Wahl·ur·ne *die* <-, -n> POL. *ein Behälter, in den die Wähler die ausgefüllten Stimmzettel bei einer Wahl einwerfen:* Nach Schließung der Wahllokale werden die Wahlurnen geöffnet.; ■ **an die Wahlurne treten** *wählen gehen*

Wahl·ver·samm·lung *die* <-, -en> *eine Veranstaltung, die eine Partei im Wahlkampf organisiert und bei der Reden gehalten werden und Werbung für diese Partei gemacht wird*

Wahl·ver·spre·chen *das* <-s, -> POL. *ein Versprechen, das Politiker im Wahlkampf machen, um gewählt zu werden:* Sie erinnerten den gewählten Politiker an die Einhaltung seiner Wahlversprechen.

wahl·wei·se *adv je nach Wunsch:* Das Gericht erhalten Sie wahlweise mit Kartoffeln oder mit Reis.

Wahl·zet·tel *der* <-s, -> POL. *eine Art Formular, auf dem man bei einer Wahl die Partei oder die Person, für die man stimmt, durch ein Zeichen markiert*

Wahn *der* <-(e)s, -e> ❶ (abwert.) *eine falsche und unrealistische Vorstellung:* Sie lebt in dem Wahn, eine große Schauspielerin zu sein.; von einem religiösen Wahn ergriffen sein ❷ MED. *eine zwang-*

hafte Einbildung, die pathologisch ist: der Wahn, von allen beobachtet/verfolgt zu werden; Der Patient war völlig dem Wahn verfallen.; Die Grenzen zwischen Normalität und Wahn sind fließend. ◆Verfolgungs-

wäh·nen <wähnst, wähnte, hat gewähnt> I. mit OBJ ▪ **jmd. wähnt jmdn. irgendwo** (geh.) glauben, dass jmd. irgendwo sei: Ich wähnte dich im Urlaub, dabei bist du im Büro! II. mit SICH ▪ **jmd. wähnt sich irgendwie** (geh.) glauben, dass ein Sachverhalt für einen zutreffe: Er wähnte sich im Recht, doch die Tatsachen sprachen gegen ihn.

Wahn·sinn[1] der <-(e)s> /kein Plur./ ❶ (veralt.) eine geistige Verwirrung, die krankhaft ist: Später verfiel die Künstlerin dem Wahnsinn.; jemanden in den Wahnsinn treiben ❷ (umg. abwert.) eine sehr unvernünftige oder unverständliche Sache: Was ihr vorhabt, ist doch der reine Wahnsinn!; Schon wieder ein teures neues Auto, so ein Wahnsinn!; Ist es auch Wahnsinn, so hat es doch Methode!

Wahn·sinn[2] interj (umg.: ≈ toll) verwendet, um Bewunderung auszudrücken: Wahnsinn, wie die Gitarre spielen kann!

wahn·sin·nig[1] adj ❶ (≈ geisteskrank) krankhaft geistig verwirrt: In seinen späten Lebensjahren wurde er wahnsinnig. ❷ (umg. abwert.) völlig unvernünftig oder gefährlich: Du bist ja wohl komplett wahnsinnig.; Bei einem solchen wahnsinnigen Unternehmen willst du mitmachen? ❸ /nur attr./ (umg.) sehr groß: Ich habe wahnsinnigen Durst.; Was für eine wahnsinnige Hitze!; ▪ **Jemand/etwas macht mich (noch) wahnsinnig!** verwendet, um auszudrücken, dass man jmdn. oder etwas nicht mehr aushalten kann Du machst mich noch wahnsinnig mit deiner ewigen Fragerei!

wahn·sin·nig[2] adv (umg.) sehr; in extrem hohem Maße: wahnsinnig viele Menschen; wahnsinnig schnell/schön/stark/schwer

Wahn·sin·ni·ge der/die <-n, -n> Person, die krankhaft geistig verwirrt ist: Es gab viele Wahnsinnige unter seinen Vorfahren.; ▪ **wie ein Wahnsinniger/eine Wahnsinnige** (umg.) sehr intensiv und stark übertrieben Er schrie/rannte herum wie ein Wahnsinniger.

Wahn·sinns- (umg.) als Erstglied zusammengesetzter Substantive; drückt intensivierend aus, dass das mit dem Zweitglied Bezeichnete in kaum vorstellbarer Weise beeindruckend ist ◆-arbeit, -film, -frau, -gewinn, -gefühl, -hitze, -karriere, -lautstärke, -musik, -preise, -show, -stimmung, -tempo, -typ, -vorstellung

Wahn·vor·stel·lung die <-, -en> eine völlig unrealistische Annahme, die pathologisch ist: Er litt unter der Wahnvorstellung, seine Nachbarn wären Außerirdische.

 Wahn·witz der <-es> /kein Plur./ (abwert.) völlige Unvernunft oder völliger Blödsinn: Euer Vorhaben ist der absolute Wahnwitz!

wahr adj /nicht steig./ ❶ so, dass es den Tatsachen oder der Wirklichkeit entspricht: eine wahre Behauptung/Geschichte; Ist das auch wirklich wahr?; Meine unsere Befürchtungen wahr werden, … ❷ (geh.: ≈ echt) so, wie es sein muss und man sich es wünscht: wahre Freundschaft/Groß-

mut/Liebe ❸ regelrecht: ein wahres Glück/Wunder; ein wahrer Sturm der Entrüstung; ▪ **…, nicht wahr?** verwendet am Ende eines Satzes, um auszudrücken, dass man Zustimmung erwartet oder erhofft Die Arbeitslosigkeit ist das größte Problem, nicht wahr?; ▪ **etwas wahr machen/wahrmachen** etwas in die Realität umsetzen seine Drohungen wahr machen; ▪ **So wahr ich hier stehe!** (umg.) verwendet, um eine Aussage zu bekräftigen Ich habe das Ufo mit eigenen Augen gesehen, so wahr ich hier stehe!; ▪ **Das ist schon nicht mehr wahr.** (umg.) das ist schon so lange her, dass man es nicht mehr glauben kann; ▪ **Das darf/kann doch nicht wahr sein!** (umg.) verwendet, um Bestürzung oder große Verwunderung auszudrücken ◆Getrenntschreibung →R 4.8 Was wahr ist, muss auch wahr bleiben.; All ihre Träume sind wahr geworden.

wah·ren mit OBJ ▪ **jmd. wahrt etwas** ❶ ein bestimmtes Verhalten oder einen Zustand nicht verändern: den Anstand/die guten Sitten/den Schein wahren ❷ (≈ verteidigen) etwas schützen oder verteidigen: seine Rechte/Interessen wahren

wäh·ren ohne OBJ ▪ **etwas währt eine bestimmte Zeit** (geh.) eine bestimmte Zeit dauern: Das Fest währte drei Tage.; eine viele Jahre währende Freundschaft; ▪ **Was lange währt, wird endlich gut.** wenn etwas lange dauert, kann man (wenigstens) hoffen, dass es (sehr) gut wird; ▪ **Ehrlich währt am längsten.** (Sprichwort) Ehrlichkeit zahlt sich am Ende aus

wäh·rend[1] präp ❶ +Gen. benennt eine Zeitspanne, in der etwas stattfindet: während der Vorstellung; während des Schlafens ❷ +Dat. (umg.) benennt eine Zeitspanne, in der etwas stattfindet: während dem Essen …; während dem Vortrag …

wäh·rend[2] konj ❶ verwendet, um auszudrücken, dass die Handlung im Nebensatz zur gleichen Zeit stattfindet wie die Handlung im Hauptsatz: Sie hängte die Wäsche auf, während er das Essen kochte.; Während sie schlief, träumte sie.; Während du Brot schneidest, kann den Tisch decken. ❷ verwendet, um auszudrücken, dass die Handlung im Nebensatz im Gegensatz zur Handlung im Hauptsatz steht: Während der eine lacht, weint der andere.

wäh·rend·des·sen adv während dieser Zeit: Du kannst die Koffer schon hinuntertragen; ich rufe währenddessen ein Taxi.

wahr·ha·ben mit OBJ ▪ **etwas nicht wahrhaben wollen** etwas nicht als richtig oder wahr anerkennen oder verstehen wollen Er wollte es nicht wahrhaben, dass er schwer krank war.

wahr·haft adj ❶ (≈ wahr[2]) Das ist ein wahrhafter Freund! ❷ (≈ wirklich) eine wahrhaft große Tat: Sie ist wahrhaft fleißig.; Das hat mich wahrhaft erschüttert.

wahr·haf·tig[1] adj (geh.: ≈ aufrichtig) so, dass man immer ehrlich ist und die Wahrheit sagt: ein wahrhaftiger Mensch

wahr·haf·tig[2] adv so, dass es wirklich so ist: Er hatte wahrhaftig gelogen.; Ich weiß wahrhaftig nicht, wie du das schaffen soll.

Wahr·heit die <-, -en> ❶ /kein Plur./ das Übereinstimmen *einer Aussage oder Behauptung mit der Wirklichkeit:* die Wahrheit einer Behauptung/ Aussage; Die Wahrheit dessen, was er sagt, lässt sich schwer überprüfen. ❷ /kein Plur./ *eine wahre[1] Aussage:* Das ist die reine Wahrheit.; Hast du wirklich die Wahrheit gesagt?; die nackte/ungeschminkte Wahrheit sagen ❸ *eine als allgemein richtig anerkannte Erkenntnis:* geschichtliche/philosophische Wahrheiten; ▪ **in Wahrheit** *in Wirklichkeit;* ▪ **bei der Wahrheit bleiben** *nicht lügen;* ▪ **jemandem die Wahrheit sagen** *jmdm. deutlich seine Meinung über ihn sagen;* ▪ **etwas schlägt der Wahrheit ins Gesicht** *etwas widerspricht offensichtlich dem wirklichen Sachverhalt;* ▪ **jemand nimmt es mit der Wahrheit nicht so genau** *jmd. lügt oft;* ▪ **um die Wahrheit zu sagen** *verwendet, um eine Aussage einzuleiten, mit der man etwas als wahr[1] darstellt* Um die Wahrheit zu sagen, gefällt mir dein Kleid eigentlich nicht.

wahr·heits·ge·mäß *adj /nicht steig./ den Tatsachen entsprechend*

wahr·heits·ge·treu *adj /nicht steig./ (≈ wahrheitsgemäß) einen Vorgang wahrheitsgetreu wiedergeben*

Wahr·heits·lie·be *die <-> /kein Plur./ die Eigenschaft, dass man immer bemüht ist, die Wahrheit zu sagen*

wahr·lich *adv (geh.) wirklich, in der Tat:* Das ist wahrlich kein Vergnügen!

wahr·nehm·bar *adj so, dass man es mit den Sinnen bemerken kann:* eine deutliche/kaum wahrnehmbare Veränderung; ein kaum wahrnehmbares Geräusch

wahr·neh·men *<nimmst wahr, nahm wahr, hat wahrgenommen> mit OBJ* ❶ ▪ *jmd. nimmt etwas wahr etwas mit den Sinnen bemerken:* ein Geräusch/einen Lichtschein wahrnehmen ❷ ▪ *jmd. nimmt jmdn. wahr jmdn. zur Kenntnis nehmen:* Kaum ein Passant nahm den Bettler auf der Straße wahr. ❸ ▪ *jmd. nimmt etwas wahr von etwas Gebrauch machen:* eine Chance/ eine Gelegenheit wahrnehmen; sein Recht wahrnehmen; Ich kann den Termin leider nicht wahrnehmen. ❹ ▪ *jmd. nimmt etwas wahr übernehmen:* Endlich nimmt er seine Verantwortung wahr. ❺ ▪ *jmd. nimmt etwas wahr (geh.) vertreten:* Der Betriebsrat nimmt die Interessen der Angestellten wahr.

Wahr·neh·mung *die <-, -en>* ❶ *das, was man mit den Sinnen bemerkt:* Könnten Sie uns Ihre Wahrnehmungen genauer beschreiben? ❷ */kein Plur./ die Fähigkeit, etwas mit den Sinnen zu bemerken:* eine gestörte Wahrnehmung haben; Die Wahrnehmung mit der Nase ist beim Hund besser ausgeprägt als beim Menschen. ❸ */kein Plur./ das Ergreifen oder das Einhalten von etwas:* die Wahrnehmung einer Chance/eines Termins ❹ */kein Plur./ (geh.) das Vertreten von etwas:* die Wahrnehmung der eigenen Interessen

wahr·sa·gen *<sagst wahr/wahrsagst, sagte wahr/wahrsagte, hat wahrgesagt/gewahrsagt> mit OBJ/ohne OBJ* ▪ *jmd. sagt (jmdm.) (etwas) wahr die Zukunft vorhersagen:* Sie kann aus den

Karten wahrsagen.; Das Orakel hat ihm eine erfolgreiche Zukunft wahrgesagt.; sich wahrsagen lassen

Wahr·sa·ger *der,* **Wahr·sa·ge·rin** *<-s, -> Person, die die Zukunft vorhersagt*

Wahr·sa·ge·rei *die <-, -en> (abwert.)* ❶ */ohne Plur./ das Wahrsagen:* sein Geld mit Wahrsagerei verdienen ❷ *eine Bemerkung, mit der jmd. etwas wahrsagt:* Ich glaube nicht an solche Wahrsagereien.

Wahr·sa·gung *die <-, -en>* ❶ */ohne Plur./ das Wahrsagen:* die Wahrsagung der Zukunft ❷ *(≈ Prophezeiung) das Vorhergesagte:* Ich glaube nicht, dass die Wahrsagungen wirklich eintreffen werden.

währ·schaft *adj* SCHWEIZ. ❶ *solide:* ein währschafter Stoff ❷ *tüchtig:* ein währschafter Bauer/Handwerker

wahr·schein·lich, wahr·schein·lich *adj so, dass etwas ziemlich sicher oder wahr[1] ist:* Es ist sehr wahrscheinlich, dass er die Prüfung bestanden hat.; Sie hat wahrscheinlich verschlafen.; der wahrscheinliche Täter; die wahrscheinliche Ursache

Wahr·schein·lich·keit *die <-, -en> /Plur. selten/ die mehr oder weniger große Möglichkeit, dass etwas der Fall ist:* mit hoher/großer/an Sicherheit grenzender Wahrscheinlichkeit; Das wird mit großer Wahrscheinlichkeit so eintreffen.

Wahr·schein·lich·keits·grad *der <-(e)s, -e> das Maß, in dem etwas wahrscheinlich ist*

Wahr·schein·lich·keits·rech·nung *die <-> /kein Plur./* MATH. *die Untersuchung der Gesetzmäßigkeiten zufälliger Ereignisse*

Wah·rung *die <-> /kein Plur./* ❶ *die Aufrechterhaltung:* die Wahrung der guten Sitten/des Scheins ❷ *der Schutz:* in Wahrung ihrer/seiner Rechte

Wäh·rung *die <-, -en>* ❶ *die Münzen und Banknoten, die in einer Wirtschaftsregion gültig sind:* Die europäische Währung ist der Euro.; Hier können Sie auch mit deutscher Währung zahlen. ❷ *das Währungssystem einer Wirtschaftsregion*

Wäh·rungs·ein·heit *die <-, -en> die Währung[1] in einer Wirtschaftsregion:* Der Dollar ist die Währungseinheit in den USA.

Wäh·rungs·fonds *die <-, ->* ▪ **der Internationale Währungsfonds** WIRTSCH. *ein Fonds, mit dessen Hilfe Kursschwankungen von Wechselkursen ausgeglichen und Währungen stabilisiert werden können*

Wäh·rungs·ge·biet *das <-(e)s, -e>* WIRTSCH. *ein Gebiet, in dem es eine einheitliche Währung[1] gibt*

Wäh·rungs·po·li·tik *die <-> /kein Plur./ alle staatlichen Maßnahmen, die die Währung[1] betreffen*

Wäh·rungs·re·form *die <-, -en>* WIRTSCH. *der Vorgang, dass ein Währungssystem neu geordnet wird*

Wäh·rungs·sys·tem *das <-(e)s, -e>* WIRTSCH. *das System der Währung in einem Wirtschaftsgebiet*

Wäh·rungs·uni·on *die <-, -en> /meist Sing./* WIRTSCH. *die Vereinigung der Währungssysteme verschiedener Länder zu einem gemeinsamen Währungssystem:* die Europäische Währungsunion; Mitglied der (Europäischen) Währungsunion sein

Wäh·rungs·ver·fall *der* <-s> /kein Plur./ WIRTSCH. *die allmähliche Entwertung einer Währung*

Wahr·zei·chen *das* <-s, -> *etwas, das für ein Land, eine Stadt, ein Unternehmen als ein typisches Kennzeichen gilt:* Big Ben ist das Wahrzeichen von London.

Wai·se *die* <-, -n> *ein Kind, dessen Eltern gestorben sind:* Sie ist seit frühester Kindheit (eine) Waise. ◆ Halb-, Voll-

Wai·sen·haus *das* <-es, Waisenhäuser> *(veralt.) Heim für Waisen*

Wai·sen·kna·be ■ im Vergleich zu jemand ist jemand der reinste Waisenknabe *(umg. scherzh.) verwendet, um auszudrücken, dass im Vergleich mit einer anderen Person die eigenen Fehler, Vergehen o. Ä. immer noch harmlos sind*

Wai·sen·ren·te *die* <-, -n> *Rente, die eine Waise erhält*

Wal *der* <-(e)s, -e> *ein großes Säugetier, das im Meer lebt:* Moby Dick, der weiße Wal ◆-fang, -fänger, -fisch, Blau-, Pott-, Zahn-

Wald *der* <-(e)s, Wälder> *ein großes Gebiet, auf dem viele Bäume relativ dicht beieinander wachsen:* ein dichter/dunkler Wald; einen Wald abholzen/wieder aufforsten; im Wald spazieren gehen; ■ ein Wald von ... *(umg.) eine riesige Menge* ein Wald von Fahnen; ■ den Wald vor lauter Bäumen nicht sehen *(umg.) aufgrund zu vieler Einzelheiten das Wesen einer Sache nicht mehr erkennen*

Wald·be·stand *der* <-(e)s, Waldbestände> AMTSSPR. *der gesamte Wald in einem Gebiet:* Der Waldbestand in dieser Region ist stark geschädigt.

Wald·brand *der* <-(e)s, Waldbrände> *ein großes Feuer, bei dem ein Wald brennt:* einen Waldbrand auslösen/verhindern/bekämpfen

Wald·erd·bee·re *die* <-, -n> *eine Erdbeere, die wild im Wald wächst*

Wald·horn *das* <-(e)s, Waldhörner> MUS. *ein Blasinstrument aus Metall mit einem runden gebogenen Rohr*

wal·dig *adj mit viel Wald:* waldige Hügel/Berge

Wald·lauf *der* <-(e)s, Waldläufe> *das als Sport betriebene Laufen im Wald:* einen Waldlauf machen

Wald·lehr·pfad *der* <-(e)s, -e> *ein Waldweg, auf dem in Abständen Tafeln angebracht sind, auf denen Informationen über Tiere, Pflanzen und den Boden stehen*

Wald·meis·ter *der* <-s> /kein Plur./ BOT. *eine Pflanze, die im Wald wächst, sehr würzig ist, weiße Blüten hat und als Aroma für Lebensmittel oder Getränke verwendet wird*

Wal·dorf·schu·le *die* <-, -n> *an dem Konzept von Rudolf Steiner orientierte freie und private Schulform*

Wald·rand ■ am Waldrand *am Rand eines Waldes*

Wald·re·be *die* <-, -n> BOT. *ein Strauch, der oft weiße Blüten hat und dessen Zweige an Bäumen oder Felsen im Wald hochklettern*

wald·reich *adj so, dass viel Wald vorhanden ist:* eine waldreiche Gegend

Wald·scha·den *der* <-s, Waldschäden> /meist Plur./ *der Schaden, den ein Sturm einem Wald zugefügt hat:* Der Orkan richtete erhebliche Waldschäden an.

Wald·ster·ben *das* <-s> /kein Plur./ *das allmähliche Absterben von Bäumen, das durch Luftschadstoffe verursacht wird*

Wald·weg *der* <-(e)s, -e> *ein Weg durch einen Wald*

Wald·wie·se *die* <-, -n> *eine Lichtung im Wald, auf der Gras und Kräuter wachsen*

Wald·wirt·schaft *die* <-> /kein Plur./ *die Pflege und wirtschaftliche Nutzung vor allem der Bäume als Holzlieferant*

Wales ['weɪlz] <Wales'> *Halbinsel im Westen Großbritanniens* ▸ Waliser, Waliserin, walisisch

Wal·fang *der* <-(e)s> /kein Plur./ *das Fangen von Walen*

Wal·fän·ger *der* <-s, -> ❶ *jmd., der beruflich Wale fängt* ❷ *ein Schiff, von dem aus Wale gejagt werden*

Wal·hall, **Wal·hall** *das/die* <-s> /kein Plur./ /meist ohne Artikel/ siehe **Walhalla**

Wal·hal·la *das/die* <-s> /kein Plur./ /meist ohne Artikel/ *mythischer Ort der nordischen Sagenwelt, an dem sich die im Kampf Gefallenen aufhalten*

wal·ken *mit OBJ* ■ jmd. walkt etwas *etwas bearbeiten, indem man es kräftig knetet:* den Teig walken; das Leder walken, um es geschmeidig zu machen; einen Stoff walken, um ihn zum Verfilzen zu bringen

Wal·kie-Tal·kie *das* ['wɔːkiˈtɔːki] <-(s), -s> *ein kleines Funksprechgerät, das man tragen kann*

Walk·man® *der* ['wɔːkmən] <-s, -s/Walkmen> *ein kleiner Kassettenrekorder, den man tragen kann und über dessen kleine Kopfhörer man überall Musik hören kann*

Wal·kü·re *die* <-, -n> ❶ *Götterbotin der nordischen Sagenwelt, welche die Toten vom Schlachtfeld nach Walhall geleitet* ❷ *(umg. scherzh.) große, kräftige, blonde Frau*

Wall *der* <-(e)s, Wälle> ❶ *eine Erhöhung, die meist aus Erde, Sand und Steinen aufgeschüttet ist und zum Schutz vor Gefahren dient:* Wälle gegen das Hochwasser errichten/aufschütten; Der Wall rund um die Stadt diente früher zur Verteidigung gegen Feinde. ❷ *(übertr.) eine große (unüberwindliche) Menge:* ein Wall von Menschen; Ein Wall von trockenem Laub lag vor der Tür.

Wal·lach *der* <-(e)s, -e> *ein kastriertes Pferd*

wal·len <wallt, wallte, hat/ist gewallt> *ohne OBJ* ❶ ■ etwas wallt *(haben) (geh.) eine Flüssigkeit brodelt, weil sie stark erhitzt ist:* etwas in wallendem Wasser kochen; Wenn das Wasser im Topf wallt, kann man die Nudeln hineingeben. ❷ ■ etwas wallt *(sein) (geh.) sich in Form von Wellen stark bewegen:* Das Meer wallte unaufhörlich gegen die Deiche.; Der Nebel ist ins Tal gewallt. ❸ *(sein) (geh.) in Form von Wellen, Falten oder Locken herabhängen:* Ein langes Gewand wallte um seinen Körper.; Das Haar wallte über ihre

Schultern.; wallende Haare; ■**jemandes Blut zum Wallen bringen** *(geh. übertr.) jmdn. in Wut versetzen*

wạll·fah·ren <wallfahrst, wallfahrte, ist gewallfahrt> *ohne OBJ* ■*jmd.* **wallfahrt** REL. *(≈ pilgern) zu einem heiligen Ort reisen*

Wạll·fah·rer *der,* **Wạll·fah·re·rin** <-s, -> REL. *(≈ Pilger) Person, die eine Wallfahrt macht*

Wạll·fahrt *die* <-, -en> REL. *(≈ Pilgerfahrt) eine Reise, die man aus religiösen Motiven unternimmt und die zu einem Ort führt, der als heilig verehrt wird:* eine Wallfahrt nach Santiago ◆-sort

Wạll·holz *das* <-es, Wallhölzer> SCHWEIZ. *Nudelholz*

Wạl·lis *das* <-> GEOGR. *ein Kanton in der südlichen Schweiz mit dem französischen Namen Valais* ▶ Walliser, Walliserin, walliserisch

Wall·street, *a.* **Wall Street** *die* ['wɔːlstriːt] <-> */kein Plur./ das Zentrum des amerikanischen Geld- und Kapitalmarktes:* Die wirtschaftlichen Entscheidungen werden doch alle an der Wall Street getroffen!

Wạl·lung *die* <-, -en> ❶ *das Wallen¹* ❷ ■*etwas* **bringt jemanden in Wallung** *etwas versetzt jmdn. in starke Erregung oder Aufregung* Die Ungerechtigkeit brachte ihn jedesmal in Wallung.; ■**jemandes Blut gerät in Wallung** *(geh. übertr.) jmd. gerät in Wut*

Wạl·nuss *die* <-, Walnüsse> *die Frucht des Walnussbaumes* ◆-baum, -holz

Wạl·ross *das* <-es, -e> ❶ ZOOL. *eine Art große Robbe mit langen, vorstehenden Stoßzähnen* ❷ *(umg. abwert.) schwerfälliger, tölpelhafter Mensch:* Du Walross, hättest du nicht besser aufpassen können?

wạl·ten <waltet, waltete, hat gewaltet> *ohne OBJ* ■*jmd./etwas* **waltet** *(geh. o veralt.) wirken, da sein:* Drinnen waltet die Frau, Hüterin des Hauses.; wo rohe Kräfte sinnlos walten; das Walten der Natur; ■**seines Amtes walten** *(geh.) tun, was seine amtliche Funktion ist* Richter, walten Sie Ihres Amtes!; ■**Gnade walten lassen** *Nachsicht ausüben* Wir wollen mal Gnade walten lassen und dieses Vergehen übersehen.; ■**Gerechtigkeit walten lassen** *Gerechtigkeit ausüben;* ■**Vorsicht walten lassen** *vorsichtig sein* Du solltest bei dieser Person Vorsicht walten lassen!; ■**Das walte Gott!** *(veralt.) Das möge Gott geben!*

Wạl·ze *die* <-, -n> ❶ *ein Körper in der Form eines Zylinders* ❷ TECHN. *ein Teil eines Gerätes oder einer Maschine in der Form einer Walze¹, der sich um die eigene Achse dreht und mit dem etwas geglättet, gepresst, transportiert o. Ä. wird:* die Walze einer Druckmaschine/Schreibmaschine/einer Spieluhr

wạl·zen <walzt, walzte, hat gewalzt> *mit OBJ/ ohne OBJ* ■*jmd./etwas* **walzt (etwas)** *etwas mit einer Walze² bearbeiten:* Stahl/Eisen/Straßenbelag walzen; zu Blech gewalztes Aluminium; Erst wird der Staßenbelag aufgebracht, dann kann gewalzt werden.

wạ̈l·zen <wälzt, wälzte, hat gewälzt> **I.** *mit OBJ* ❶ ■*jmd.* **wälzt etwas (irgendwohin)** *etwas Schweres irgendwohin bewegen, indem man es*

rollt: einen Stein vor den Eingang der Höhle wälzen; einen Baumstamm ins Wasser wälzen ❷ ■*jmd.* **wälzt etwas in etwas** *Dat. etwas in etwas hin und her bewegen, um es damit zu bedecken:* die Fleischstücke in Mehl wälzen; Wälzen Sie die fertigen Plätzchen in Schockoladenstreusel. ❸ ■*jmd.* **wälzt etwas** *(umg.) sich angestrengt und intensiv mit etwas beschäftigen:* Pläne/Probleme wälzen ❹ ■*jmd.* **wälzt etwas** *etwas durchsehen, um eine bestimmte Information zu finden:* Akten/Atlanten/Fahrpläne/Lexika wälzen ❺ ■*jmd.* **wälzt etwas auf jmdn.** *etwas Negatives auf jmdn. übertragen:* Er wälzt immer die Verantwortung auf seine Kollegen.; Sie wälzt die Kosten des Abendessens auf ihren Freund. **II.** *mit SICH* ❶ ■*jmd.* **wälzt sich** *sich im Liegen hin und her bewegen:* sich schlaflos im Bett wälzen; Der Hund wälzt sich im Dreck/auf der Wiese. ❷ ■*etwas* **wälzt sich irgendwohin** *sich mit viel Kraft und in großer Menge irgendwohin bewegen:* Eine Lawine wälzte sich zu Tal.; Die Menschenmenge wälzte sich durch die Straßen.

wạl·zen·för·mig *adj in der Form einer Walze¹*

Wạl·zer *der* <-s, -> MUS. *ein Musikstück oder Tanz im Dreivierteltakt:* ein Wiener Walzer

Wạ̈l·zer *der* <-s, -> *(umg. abwert.) dickes Buch:* Hast du den Wälzer etwa schon wieder ausgelesen?

Wạlz·stra·ße *die* <-, -n> TECHN. *eine technische Anlage zum Walzen von Metall*

Wạlz·werk *das* <-(e)s, -e> TECHN. *Betrieb, in dem Metall auf Walzstraßen bearbeitet wird*

Wạm·pe *die* <-, -n> *(umg. abwert.) dicker Bauch:* Er hat eine ganz schöne Wampe!; sich die Wampe vollschlagen

wạm·pert *adj (umg. abwert.)* SÜDDT., ÖSTERR. *dickbäuchig:* So ein wamperter Kerl!

Wạms *das* <-es, Wämser> GESCH. ❶ *von einem Ritter unter seiner Rüstung getragenes Gewand* ❷ *eine enge Jacke, die unter dem Überrock von Männern getragen wurde*

WAN *das* <-s, -s> EDV *(↔ LAN) Bezeichnung für ein System von Computern, die über sehr große Entfernungen miteinander vernetzt sind (Wide Area Network)*

wạnd *Prät. von* **winden**

Wạnd *die* <-, Wände> ❶ *ein Bauteil, der senkrecht steht und einen Raum oder ein Zimmer in einem Haus zur Seite begrenzt:* eine 2,5 Meter hohe Wand; eine Wand aus Beton/Brettern/Ziegeln; Bilder an die Wand hängen; die Wände frisch tapezieren ◆-schrank, -tafel, -teppich, -uhr, -verkleidung, Außen-, Haus-, Holz-, Zimmer- ❷ *äußere Begrenzung:* die Wand eines Gefäßes/des Magens/einer Zelle ◆Gefäß-, Magen- ❸ *(übertr.) etwas Unüberwindliches oder Drohendes, das trennt:* eine Wand von Flammen; eine Wand des Schweigens ❹ *(≈ Felswand) eine steile Wand erklettern;* in eine Wand einsteigen; ■**jemanden an die Wand stellen** *jmdn. mit einer Schusswaffe hinrichten;* ■**mit dem Kopf gegen die Wand rennen** *(umg.) sich mit Gewalt durchsetzen wollen, obwohl das nicht möglich ist;* ■**weiß wie die Wand sein/werden** *(umg.) sehr blass sein oder*

werden; ▪ **gegen eine Wand reden** *(umg.) mit jmdm. reden, ohne dass er Interesse hat oder sich überzeugen lässt;* ▪ **die Wände haben Ohren** *(umg.) man wird belauscht;* ▪ **die Wände hochgehen** *(umg.) sehr wütend werden;* ▪ **die eigenen vier Wände** *(umg.) die eigene Wohnung*

Wan·da·le, Van·da·le *der* <-n, -n> ❶ *Angehöriger eines germanischen Volksstammes* ❷ *(übertr.) jmd., der absichtlich etwas ohne Grund zerstört:* Diese Vandalen haben wieder alle Blumen im Park ausgerissen!

Wan·da·lis·mus, Van·da·lis·mus *der* <-> */kein Plur./ absichtliche grundlose Zerstörung:* Die zerstörten Parkanlagen waren das Ergebnis des Vandalismus der betrunkenen Fans.

Wand·be·hang *der* <-(e)s, Wandbehänge> *(≈ Wandteppich) etwas, das als Zierde an einer Wand hängt und sie bedeckt:* kostbare Teppiche als Wandbehang

Wan·del *der* <-s> */kein Plur./ (≈ Veränderung) der Vorgang, dass ein Zustand in einen anderen Zustand übergeht:* ein allmählicher/grundlegender/plötzlicher/ revolutionärer Wandel; einem ständigen Wandel unterworfen sein; die Mode im Wandel der Zeiten; gesellschaftlicher Wandel

wan·del·bar *adj so, dass sich etwas leicht verändern kann:* Die Mode ist wandelbar.; ein wandelbarer Geschmack

Wan·del·hal·le *die* <-, -n> *(veralt.: ≈ Foyer, Lobby) eine große Halle (als Teil einer Anlage), in der man auf und ab gehen kann*

wan·deln¹ <wandelst, wandelte, ist gewandelt> *ohne OBJ* ▪ *jmd. wandelt (geh.) bedächtig und langsam umhergehen:* Er ist im Garten gewandelt.; auf den Spuren Goethes wandeln; ▪ **ein wandelndes Lexikon/Wörterbuch** *(umg.) jmd., der sehr viel weiß*

wan·deln² <wandelst, wandelte, hat gewandelt> *mit SICH* ▪ *jmd./etwas wandelt sich (geh.) sich verändern:* Die Situation hat sich gewandelt.; Er hat sich zu einem fleißigen Schüler gewandelt.

Wan·der·büh·ne *die* <-, -n> *eine Theatergruppe, die von einem Ort zum anderen zieht und dort auftritt*

Wan·der·dü·ne *die* <-, -n> *eine Düne in einer Sandwüste, die ihren Standort durch den Wind verlagert*

Wan·de·rer *der,* **Wan·de·rin** <-s, -> *jmd., der wandert:* Bei dem herrlichen Wetter waren viele Wanderer unterwegs.

Wan·der·fal·ke *der* <-n, -n> ZOOL. *ein Raubvogel*

Wan·der·feld·mo·tor *der* <-s, -en> TECHN. *ein elektrischer Antriebsmotor auf elektromagnetischer Grundlage, der besonders in Magnetschwebebahnen eingesetzt wird*

W Wan·der·kar·te *die* <-, -n> *eine spezielle Karte, auf der Wanderwege eingezeichnet sind*

wan·dern <wanderst, wanderte, ist gewandert> *ohne OBJ* ❶ ▪ *jmd. wandert eine längere Strecke meist in der Natur zu Fuß gehen, weil man sich erholen möchte:* im Wald/im Gebirge/durch die Wiesen/viele Kilometer wandern; Ich gehe gern wandern. ❷ ▪ *jmd./etwas wandert (irgendwohin) von Ort zu Ort ziehen:* Die Noma-

den wandern mit ihren Herden durch die Steppe.; Der Zirkus/das Puppentheater wandert in die nächste Stadt.; ruhelos von einem Ort zum anderen wandern ❸ ▪ *etwas wandert (≈ schweifen) etwas bewegt sich von einem Punkt zum anderen:* Seine Blicke wanderten über die ausgedehnte Landschaft.; die Gedanken wandern lassen ❹ ▪ *etwas wandert von etwas Dat. zu etwas Dat. etwas wird weitergegeben:* Das Foto/das Buch wandert von Hand zu Hand.; Viele Märchenmotive wandern von einem Volk zum anderen. ❺ ▪ *etwas wandert irgendwo den Standort wechseln:* Zahlreiche Dünen wandern in der Wüste.; Wolken wandern am Himmel. ❻ ▪ *jmd./etwas wandert irgendwohin (umg.) irgendwo(hin) gelangen:* Der Brief wandert in den Papierkorb.; Der Teig wandert für eine Stunde in den Kühlschrank.; Sie wandert für vier Jahre in den Knast.

Wan·der·po·kal *der* <-(e)s, -e> SPORT *Pokal, den der Sieger eines Wettkampfs oder Wettbewerbs bekommt und den er bis zum nächsten Wettkampf oder Wettbewerb behalten darf, weil dann der nächste Sieger den Pokal erhält*

Wan·der·rat·te *die* <-, -n> ZOOL. *eine große Rattenart, die besonders am Wasser lebt*

Wan·der·schaft *die* <-, -en> */Plur. selten / GESCH. (≈ Walz) das Umherziehen von jungen Handwerkern, die an verschiedenen Orten eine Zeitlang arbeiten, um so in ihrem Beruf verschiedene Techniken zu lernen:* sich auf die Wanderschaft begeben; die Jahre der Wanderschaft

Wan·ders·mann *der* <-s, Wandersleute> *(veralt.: ≈ Wanderer)*

Wan·der·tag *der* <-(e)s, -e> *ein bestimmter Tag, an dem Schulklassen einen Ausflug oder eine Wanderung unternehmen*

Wan·de·rung *die* <-, -en> *ein Ausflug zu Fuß:* eine Wanderung durch den Wald machen

Wan·der·vo·gel *der* <-s, Wandervögel> GESCH. *eine Jugendbewegung in der ersten Hälfte des 20. Jahrhunderts, die sehr viele Aktivitäten in der freien Natur, wie Wandern und Zelten, förderte*

Wand·kar·te *die* <-, -n> *eine große Landkarte, die an der Wand aufgehängt wird*

Wand·ler *der* <-s, -> TECHN. *ein Gerät, das elektrischen Strom in unterschiedliche Stärken umwandelt*

Wand·lung *die* <-, -en> ❶ *(geh.) Veränderung, Wandel:* einer Wandlung unterliegen; Eine grundlegende Wandlung hat sich vollzogen. ❷ REL. *(≈ Konsekration²)*

Wand·spie·gel *der* <-s, -> *ein großer Spiegel, der an einer Wand hängt*

Wan·ge *die* <-, -n> ❶ ANAT. *(geh.: ≈ Backe) eine der beiden seitlichen Flächen des Gesichts rechts und links der Nase:* jemanden auf die Wange küssen ❷ TECHN. *Seitenteil: die Wangen einer Maschine/eines Regals/einer Treppe*

wan·kel·mü·tig *adj so, dass jmd. schwer endgültige Entscheidungen trifft und oft seine Meinung ändert:* Er ist ein wankelmütiger Mensch.; einen wankelmütigen Charakter haben

wan·ken <wankst, wankte, hat/ist gewankt> *ohne OBJ* ❶ ▪ *jmd./etwas wankt (haben) hin* *und her schwanken:* Der Betrunkene wankt.; Der Turm wankte und fiel um.; Der Untergrund wankte unter uns.; ins Wanken geraten ❷■ *jmd. wankt irgendwohin (sein) sich unsicher hin und her schwankend irgendwohin bewegen:* Leichenblass wankt sie aus dem Zimmer. ❸■ *jmd. wankt (haben) unsicher sein oder werden:* Er wankte noch und wusste nicht, wie er sich entscheiden sollte.; in seiner Meinung wankend werden ❹■ *etwas wankt (haben) in Gefahr sein:* Seine Position/unser Plan wankt/gerät ins Wanken.

wann[1] *adv* ❶ *verwendet, um eine direkte Frage nach der Zeit oder dem Zeitpunkt einzuleiten:* Wann kommst du?; Wann ist es endlich soweit?; Wann kommt der Zug an/ist der Zug angekommen? ❷ *verwendet, um eine indirekte Frage nach der Zeit oder dem Zeitpunkt einzuleiten:* Kannst du mir sagen, wann er wiederkommt?; Ich frage mich, wann sie endlich fertig ist. ❸ *verwendet, um nach den Bedingungen von etwas zu fragen:* Wann wird ein Komma gesetzt und wann nicht?; Wann spricht man von Mord und wann von Totschlag?

wann[2] *konj* SÜDDT., ÖSTERR. *wenn*[1, 2]

Wan·ne *die* <-, -n> ❶ *ein längliches Gefäß, das oben offen ist und in das man Wasser zum Baden füllt:* sich in die Wanne setzen; die Wanne voll Wasser laufen lassen ◆Bade- ❷TECHN. *ein Gefäß in dem Öl aufgefangen wird und das unter einem Motor befestigt ist* ◆Öl-

Wan·nen·bad *das* <-(e)s, Wannenbäder> *das Baden in einer Wanne*[1]

Wanst *der* <-es, Wänste> *(umg. abwert.) dicker Bauch:* sich den Wanst vollschlagen

Wan·ze *die* <-, -n> ❶ZOOL. *ein Insekt, das flach ist und Blut oder Pflanzensäfte saugt:* Wanzen im Bett haben ❷ *sehr kleiner Sender, der irgendwo heimlich angebracht ist, um Gespräche abzuhören:* Die Polizei hatte eine Wanze in seiner Wohnung angebracht.

WAP [wap, wɔp] <-> ↔ EDV *kurz für „wireless application protocol"; eine Technik, mit der es möglich ist, Informationen aus dem Internet mit einem Handy abzurufen*

WAP-Han·dy *das* [wap..., wɔp...] <-s, -s> *Handy, das mit WAP ausgerüstet ist*

Wap·pen *das* <-s, -> *ein Zeichen, das als Symbol für eine Stadt, ein Land oder eine Adelsfamilie dient:* ein Wappen mit zwei gekreuzten Schwertern; einen Löwen in seinem Wappen führen

Wap·pen·kun·de *die* <-> /kein Plur./ (≈ Heraldik) *die Wissenschaft von der Gestaltung und Geschichte der Wappen*

Wap·pen·tier *das* <-(e)s, -e> *ein Tier, das in einem Wappen abgebildet ist:* Löwe, Adler und Bär erscheinen häufig als Wappentier.

wapp·nen <wappnest, wappnete, hat gewappnet> *mit* SICH ■ *jmd. wappnet sich (mit etwas Dat.) (gegen/für etwas Akk.) (geh.) sich gut ausrüsten, um auf etwas vorbereitet zu sein:* gegen eine Gefahr/einen Angriff gut gewappnet sein; sich mit Geld/Mut wappnen; sich mit Geduld wappnen müssen

war *Prät. von* **sein**

Wa·ran *der* <-(e)s, -e> ZOOL. *eine große Echsenart*

Wa·re *die* <-, -n> *etwas, das in einem Laden zum Verkauf angeboten wird:* Waren im Wert von einer Million Euro; Diese Ware ist vergriffen/führen wir nicht.; Das Geschäft bekommt immer montags neue/frische Ware.; ■ **heiße Ware** *(umg.) unrechtmäßig erworbene Ware* ◆-nangebot, -nannahme, -nausfuhr, -naustausch, -nbeförderung, -nbestand, -neinfuhr, -nlieferung, Alt-, Neu-

Wa·ren·ab·kom·men *das* <-s, -> WIRTSCH. *Abkommen zwischen Staaten, das den Austausch von Waren regelt*

Wa·ren·aus·ga·be *die* <-, -n> *die Stelle in einem Geschäft oder Betrieb, von der aus Waren ausgeliefert werden*

Wa·ren·code *der* [-kọd] <-s, -s> *eine Art Zeichen, das aus vielen verschiedenen Linien besteht und auf einer Ware angebracht ist und Informationen zu der Ware enthält*

Wa·ren·haus *das* <-es, Warenhäuser> (≈ Kaufhaus) Heute eröffnet in der Stadt ein neues, großes Warenhaus.

Wa·ren·haus·ket·te *die* <-, -n> *mehrere Warenhäuser an verschiedenen Orten, die alle zu einem Unternehmen gehören*

Wa·ren·korb *der* <-(e)s> /kein Plur./ WIRTSCH. *bestimmte Waren, die für den alltäglichen Bedarf notwendig sind und anhand deren durchschnittlicher Preise zu einem bestimmten Zeitpunkt die Entwicklung der Inflation und der Preisentwicklung berechnet werden*

Wa·ren·la·ger *das* <-s, -> ❶ *Vorrat an Waren:* sich ein großes Warenlager anlegen ❷ *Raum, in dem Waren lagern:* In den Kellerräumen befindet sich das Warenlager des Kaufhauses/der Firma.

Wa·ren·um·satz·steu·er *die* <-, -n> WIRTSCH. SCHWEIZ. (veralt.) *Mehrwertsteuer*

Wa·ren·ver·kehr *der* <-s> /kein Plur./ *der Handel und Austausch von Waren, besonders zwischen Staaten:* Zwischen den Anrainerstaaten herrscht ein reger Warenverkehr.

Wa·ren·zei·chen *das* <-s, -> WIRTSCH., RECHTSW. (≈ Markenzeichen) *ein gesetzlich geschütztes Zeichen für eine bestimmte Ware eines bestimmten Herstellers:* ein eingetragenes Warenzeichen

warf *Prät. von* **werfen**

warm <wärmer, am wärmsten> *adj* ❶ (↔ kühl) *so, dass es eine relativ hohe Temperatur hat, aber nicht heiß ist:* Der Tee ist nicht mehr heiß, aber auch noch nicht kalt, sondern warm.; warmes Sommerwetter; warme Hände ❷ *so, dass es vor Kälte schützt:* warme Kleidung; ein warmes Bett; sich mit einer warmen Decke zudecken ❸ (↔ kühl) *herzlich; voller Gefühl und freundlich:* ein warmer Empfang/Händedruck; ein warmer und herzlicher Mensch ❹ (↔ kalt) *so, dass es als angenehm empfunden wird:* warme Farben; ein warmer Klang; warmes Licht ❺ (↔ kalt (keine Steigerung)) *mit Heizkosten:* Das sind 500 Euro Miete warm.; Wie viel kostet die Wohnung warm? ❻ /meist Superl./ *groß, intensiv:* Sie zeigt wärmstes Interesse für die neue Wohnung.; ■ **jemandem ist warm** *jmd. fühlt, dass es warm*[1] *oder zu warm*[1] *ist* In dem Strampelanzug ist dem

Baby doch viel zu warm!; ■ **sich warm ma-chen/laufen** SPORT *die Muskeln vor einer sportlichen Betätigung lockern;* ■ **den Motor warm laufen lassen** KFZ *den Motor eines Autos im Leerlauf anmachen, damit er die Betriebstemperatur erreicht und funktioniert;* ■ **etwas warm stellen/warmstellen** *Essen oder Getränke an einen Platz stellen, damit sie nicht kalt werden* ◆ Getrennt- oder Zusammenschreibung →R 4.16 das Essen warm machen/warmmachen; die Hände warm halten/warmhalten; ◆ Getrenntschreibung →R 4.6 sich zu Beginn des Sportunterrichts warm machen; ◆ Kleinschreibung →R 3.13 auf kalt und warm reagieren; ◆ Großschreibung →R 3.7 Jetzt brauche ich etwas Warmes in den Magen.; Hast du nichts Warmes/Wärmeres anzuziehen?; *siehe auch* **warmhalten**

Warm·blü·ter *der* <-s, -> ZOOL., BIOL. *(↔ Kaltblüter) ein Lebewesen, dessen Körpertemperatur immer gleich hoch bleibt:* Säugetiere sind Warmblüter.

Warm·du·scher *der* <-s, -> *(umg. abwert.) Weichling*

Wär·me *die* <-> /kein Plur./ ❶ *(↔ Hitze, Kälte) eine mäßig hohe Temperatur:* die angenehme Wärme des Frühlingstags ❷ PHYS. *(≈ Wärmeenergie)* Durch Reibung entsteht Wärme.; Wärme abgeben/freisetzen ❸ *(≈ Herzlichkeit) die Eigenschaft, dass man anderen Menschen Wohlwollen und menschliche Sympathie entgegenbringt:* eine Frau voller Güte und Wärme ❹ *etwas, das als angenehm empfunden wird:* die Wärme der Farben/ihrer Stimme

Wär·me·aus·tausch *der* <-(e)s> /kein Plur./ TECHN. *die Übertragung von Wärmeenergie von Stellen oder Körpern, die eine höhere Temperatur haben, zu solchen, die eine niedrigere Temperatur haben*

wär·me·be·stän·dig *adj so, dass es hohe Temperaturen aushalten kann:* eine wärmebeständige Isolierung

Wär·me·däm·mung *die* <-, -en> TECHN., BAUW. *der Schutz gegen den Verlust von Wärme[1]:* die Wärmedämmung einer Fassade/eines Hauses/von Rohren; eine gute/schlechte Wärmedämmung haben

wär·me·emp·find·lich *adj so, dass es durch hohe Temperaturen beschädigt oder zerstört wird*

Wär·me·ener·gie *die* <-, -n> PHYS. *Energie, die durch Bewegung von Atomen oder Molekülen entsteht*

Wär·me·haus·halt *der* <-(e)s, -e> *(fachspr.) das System, in dem die Aufnahme und Abgabe von Wärme geregelt wird:* der Wärmehaushalt des menschlichen Körpers; Der Wärmehaushalt der Erde wird durch die Umweltverschmutzung aus dem Gleichgewicht gebracht.

Wär·me·iso·lie·rung *die* <-, -en> *der Schutz gegen Wärmeverlust*

Wär·me·kraft·werk *das* <-(e)s, -e> *ein Kraftwerk, in dem verschiedene Stoffe verbrannt werden, wodurch Wärmeenergie entsteht, die über Turbinen in Elektrizität umgewandelt wird:*

ein Wärmekraftwerk mit Biomasse/Gas/Kohle/Müll/Öl betreiben

Wär·me·leh·re *die* <-> /kein Plur./ PHYS. *(≈ Thermodynamik) Teilgebiet der Physik, das das Verhalten von physikalischen Systemen untersucht, wenn Wärmeenergie zugeführt oder abgeführt wird oder die Temperatur geändert wird:* erster Hauptsatz der Wärmelehre

Wär·me·lei·ter *der* <-s, -> PHYS., TECHN. *ein Material, das Wärme gut transportiert:* Eisen ist ein guter Wärmeleiter.; Holz ist ein schlechter Wärmeleiter.

wär·men I. *mit OBJ/ohne OBJ* ■ *etwas wärmt jmdn./etwas bewirken, dass jmd. oder etwas warm[1] wird:* Der Tee wärmt mich von innen.; Der Ofen/die Decke wärmt schön. II. *mit OBJ* ■ *jmdn. wärmt sich etwas etwas warm[1] machen:* Du kannst dir das Essen von gestern wärmen. III. *mit SICH* ■ *jmd. wärmt sich irgendwo sich irgendwo hinstellen, damit einem warm[1] wird:* sich am Ofen/am Feuer/an der Heizung/in der Stube wärmen

Wär·me·quel·le *die* <-, -n> *etwas, von dem Wärme ausgeht*

Wär·me·reg·ler *der* <-s, -> *(≈ Thermostat) ein Gerät, das die Zufuhr und Abfuhr von Wärmeenergie an einem Gerät oder einer Maschine misst und regelt*

Wär·me·rück·ge·win·nung *die* <-> /kein Plur./ TECHN. *Prozess, bei dem freigesetzte Wärmeenergie aufgefangen und für einen bestimmten Zweck umgeleitet wird*

Wär·me·spei·cher *der* <-s, -> TECHN. *eine technische Anlage, die Wärme[2] aufnehmen und für eine längere Zeit bewahren kann, um sie dann bei Bedarf wieder abzugeben*

Wär·me·tech·nik *die* <-> /kein Plur./ TECHN. *Gebiet der Technik, das sich mit Wärmeenergie befasst*

Wär·me·über·tra·gung *die* <-> /kein Plur./ TECHN. *(≈ Wärmeaustausch)*

Wärm·fla·sche *die* <-, -n> *ein Behälter aus Gummi, der mit heißem Wasser gefüllt wird und den man z. B. mit ins Bett nimmt, damit er wärmt I.1:* dem Kind eine Wärmflasche ins Bett legen

Warm·front *die* <-, -en> METEOR. *(↔ Kaltfront) warme[1] Luftmassen, die sich in Richtung eines Gebietes mit kalten Luftmassen bewegen:* Vom Süden her nähert sich unserem Raum eine Warmfront.

Warm·hal·te·kan·ne *die* <-, -n> *(≈ Thermoskanne) eine Kanne, in der Getränke für längere Zeit warm[1] bleiben*

warm·hal·ten <hältst warm, hielt warm, hat warmgehalten> *mit SICH* ■ *jmd. hält sich jmdn. warm mit jmdm. gute Verbindung halten, weil man sich für die Zukunft noch etwas von ihm verspricht:* Herrn Meier müssen wir uns warmhalten, der wird uns sicher noch einmal nützlich sein.; *siehe auch* **warm**

warm·her·zig *adj mitfühlend und freundlich:* Er ist ein warmherziger Mensch, den die Sorgen der anderen nicht kaltlassen.

Warm·luft *die* <-> /kein Plur./ *warme[1] Luft:*

Warmluft in eine Halle blasen; Die Warmluft liegt über einer kalten Luftschicht.

wärms·tens *adv sehr; ausdrücklich:* Das kann ich Ihnen nur wärmstens empfehlen.

Warm-up *das* ['wɔmap] <-s, -s> SPORT *das Lockern der Muskeln vor einer sportlichen Betätigung*

Warm·was·ser *das* <-s> */kein Plur./ Wasser, das von einer Heizung oder einem Gerät warm¹ gemacht wurde* ◆-bereiter, -heizung, -speicher

warm·wer·den, *a.* **warm wer·den** <wirst warm, wird warm, ist warmgeworden> *mit OBJ* ■ *jmd.* **wird warm mit jmdm.** *(umg.) jmdn. sympathisch finden* ◆Zusammenschreibung →R 4.6 Ich kann mit dem neuen Kollegen einfach nicht richtig warmwerden.

Warn·an·la·ge *die* <-, -n> *eine Vorrichtung in einem Gebäude oder einem Fahrzeug, die optische und akustische Signale gibt, wenn eingebrochen wird oder versucht wird, das Fahrzeug zu stehlen*

Warn·blink·an·la·ge *die* <-, -n> KFZ *Vorrichtung, mit der man zur Warnung alle Blinker am Auto gleichzeitig einschalten kann:* Am Straßenrand stand ein Auto mit eingeschalteter Warnblinkanlage.

Warn·drei·eck *das* <-(e)s, -e> KFZ *ein dreieckiges Schild mit einem roten Rand, das im Auto mitgeführt wird und bei Unfällen oder Pannen hinter dem Fahrzeug aufgestellt werden muss*

war·nen **I.** *mit OBJ/ohne OBJ* ■ *jmd./etwas* **warnt (jmdn.) (vor jmdm./etwas)** *jmdn. auf Gefahren oder eine gefährliche Situation aufmerksam machen:* Er wollte sie vor der Gefahr warnen.; Das Schild soll vor Taschendieben warnen. **II.** *mit OBJ* ■ *jmd.* **warnt jmdn.** *(≈ drohen) sagen, dass es für jmdn. negative Folgen haben wird, wenn er etwas noch einmal tut:* Ich warne dich davor, das noch einmal zu tun.

Warn·hin·weis *der* <-es, -e> *ein Hinweis, der vor etwas warnt*

Warn·leuch·te *die* <-, -n> *eine Art Lampe, die optische Signale gibt, um vor etwas zu warnen*

Warn·mel·dung *die* <-, -en> *ein Hinweis in Form eines kurzen Textes, mit dem vor etwas gewarnt I wird:* Der Computer gibt die Warnmeldung:„Fehler bei Zugriff auf Anwendung. Eventuell nicht gespeicherte Daten gehen verloren!".

Warn·schild *das* <-(e)s, -er> *ein Schild, mit dem vor etwas gewarnt I wird:* ein Warnschild an einer gefährlichen Stelle aufstellen; ein Warnschild beachten/missachten

Warn·schuss *der* <-es, Warnschüsse> *ein Schuss in die Luft, um damit jmdm. zu drohen, dass man beim nächsten Mal auf ihn schießen wird:* Der Polizist gab einen Warnschuss ab, bevor er scharf schoss.

Warn·si·g·nal *das* <-s, -e> ❶ *ein Signal, das auf eine Gefahr hinweist:* Am Bahnübergang blinkt das Warnsignal. ❷ *(übertr.) ein offensichtlicher Hinweis, der auf eine mögliche Gefahr aufmerksam macht:* Über Wochen anhaltender Husten ist ein ernstes Warnsignal, das man nicht unterschätzen sollte.

Warn·streik *der* <-(e)s, -s> *ein kurzer Streik, mit*

dem die Gewerkschaften den Arbeitgebern drohen, dass sie zu einem Arbeitskampf bereit sind: zu einem Warnstreik aufrufen

Warn·ton *der* <-s, Warntöne> *ein akustisches Signal, mit dem vor etwas gewarnt I wird*

War·nung *die* <-, -en> ❶ *ein Hinweis auf eine Gefahr:* eine Warnung vor Sturm/Hochwasser; die offiziellen Warnungen beachten/nicht beachten ❷ *eine nachdrückliche Aufforderung, etwas zu unterlassen oder nicht mehr zu tun:* Der Arzt sprach eine eindringliche Warnung an den Patienten aus, mit dem Rauchen aufzuhören.; Das ist meine letzte Warnung!; ■ **alle Warnungen in den Wind schlagen** *die Warnungen nicht beachten*

Warn·zei·chen *das* <-s, -> ❶ *ein Zeichen, das im Verkehr vor etwas warnt I:* Der Fahrer hatte ein Warnzeichen missachtet. ❷ *ein Signal oder ein Hinweis, mit dem eine drohende Gefahr angekündigt wird:* Ständige Kopfschmerzen sind ein ernstes gesundheitliches Warnzeichen.; erste Warnzeichen des drohenden Vulkanausbruchs

War·schau <-s> *die Hauptstadt Polens*

War·schau·er Pakt *der* <-(e)s> */kein Plur./* GESCH., POL. *in Warschau am 14. Mai 1955 begründetes, 1991 im Rahmen der politischen Veränderungen endgültig aufgelöstes, Militärbündnis, das darin bestand, die Streitkräfte der kommunistischen Staaten Europas zusammenzufassen und ein Gegengewicht gegen die NATO zu bilden*

War·te *die* <-, -n> ❶ *(veralt.) Beobachtungsposten:* eine Warte zur Beobachtung von Wildvögeln ❷ */kein Plur./ Standpunkt:* von meiner/deiner Warte aus betrachtet

War·te·frist *die* <-, -en> *eine Zeit, die man warten muss:* Nach einer Wartefrist von zwei Jahren können Sie den Antrag erneut stellen.

War·te·hal·le *die* <-, -n> *ein großer Raum auf einem Bahnhof, in dem sich Reisende aufhalten können*

War·te·lis·te *die* <-, -n> *eine Liste, auf der Personen aufgeführt sind, auf etwas warten:* Leider gibt es mehr Bewerber als freie Stellen, wir müssen Sie auf die Warteliste setzen.

war·ten¹ *mit OBJ* ■ *jmd.* **wartet etwas** *etwas technisch instand halten, indem man es regelmäßig pflegt und kontrolliert:* ein Auto/eine Maschine regelmäßig warten ▶ Wartung

war·ten² *ohne OBJ* ❶ ■ *jmd.* **wartet (auf jmdn./ etwas)** *irgendwo bleiben und sich nicht fortbewegen, bis jmd. kommt oder etwas eintritt:* Er wartete auf den Besuch/die Ankunft des Zuges. ❷ ■ *jmd.* **wartet mit etwas** Dat. **(auf jmdn.)** *erst dann mit etwas anfangen, wenn jmd. gekommen ist:* Jeden Abend warteten sie mit dem Abendessen auf ihre Tochter. ❸ ■ *etwas wartet (auf jmdn.)* **bereit sein:** Deine Pizza wartet schon! ❹ ■ *etwas wartet (auf jmdn.) etwas ist noch zu erledigen:* Okay, machen wir eine Pause, die Arbeit kann warten.; ■ **Na warte!** *(umg.) Ausdruck einer (nicht sehr ernsten) Drohung;* ■ **Warte mal!** *(umg.) einen Moment* Warte mal, ich bin gleich fertig!; ■ **etwas lässt lange auf sich warten** *etwas wird nicht schnell Wirklichkeit* Der Frühling lässt aber lange auf sich warten.; ■**Darauf habe ich gerade noch gewartet!** *(umg.) Das gefällt mir überhaupt nicht!*; ■**Worauf wartest du noch?** *(umg.) Fang doch endlich an!*

Wạ̈r·ter *der,* **Wạ̈r·te·rin** <-s, -> *Person, die jmdn. pflegt oder auf etwas oder (in einem Heim o. Ä.) auf jmdn. aufpasst:* Wärter im Gefängnis/im Zoo/in einem Museum sein ◆Gefängnis-, Leuchtturm-, Zoo-

Wạr·te·raum *der* <-(e)s, Warteräume> *ein Raum, in dem sich Personen aufhalten, die auf etwas warten*

Wạr·te·saal *der* <-(e)s, Wartesäle> *ein großer Raum in einem Bahnhof, in dem sich Reisende aufhalten können*

Wạr·te·schlan·ge *die* <-, -n> *Personen, die sich in einer Reihe vor etwas angestellt haben und warten:* Vor der Kinokasse stand eine lange Warteschlange.

Wạr·te·zeit *die* <-, -en> *der Zeitraum, in dem man auf etwas wartet:* In der Wartezeit habe ich ein Buch gelesen.; Es besteht eine Wartezeit von dreizehn Monaten nach Antragstellung, bevor man Anspruch auf das Geld hat.

Wạr·te·zim·mer *das* <-s, -> *ein Raum, in dem man darauf wartet, dass man behandelt oder bedient wird:* im Wartezimmer beim Arzt/bei einer Behörde sitzen; Bitte nehmen Sie im Wartezimmer Platz!

Wạr·tung *die* <-, -en> *regelmäßige Kontrolle und Pflege, mit der man sicherstellt, dass etwas gut funktioniert:* die Wartung eines Fahrzeugs vom Fachhändler vornehmen lassen

wạr·tungs·arm *adj /nicht steig./ so, dass es wenig Wartung benötigt:* ein wartungsarmer Motor

wạr·tungs·frei *adj /nicht steig./ so, dass es keine Wartung benötigt*

wa·rụm *adv* ❶ *in direkten Fragen verwendet, um nach der Ursache zu fragen:* Warum kommst du zu spät?; Warum weint er? ❷ *in indirekten Fragen verwendet, um nach der Ursache zu fragen:* Ich weiß nicht, warum ich das machen soll.; Weißt du, warum das Geschäft schon geschlossen ist?; ■**Warum denn/auch nicht?** *(umg.) natürlich ist es so möglich*; ■**Warum nicht gleich so?** *(umg.) Das hätte man schon sofort so machen können!*

Wạr·ze *die* <-, -n> *eine gutartige Wucherung auf der Haut:* eine Warze auf der Nase haben

wạs¹ *pron* ❶ *in direkten Fragen verwendet, um nach einer Sache oder einem Sachverhalt zu fragen:* Was ist das?; Was ist denn dort passiert?; Was wünschen Sie?; Was hast du gesagt? ❷ *in indirekten Fragen verwendet, um nach einer Sache oder einem Sachverhalt zu fragen:* Weißt du, was das ist?; Ich würde gern wissen, was dort passiert ist. ❸ *verwendet, um nach der Definition von etwas zu fragen:* Was ist das Leben?; Was ist Kunst? ❹ *verwendet, um nach dem Beruf zu fragen:* Was willst du mal werden, wenn du groß bist?; Was bist du? – Lehrer! ❺ *(umg.) warum:* Was regst du dich so auf?; Was ärgert dich das überhaupt? ❻ *(umg.) am Ende eines Satzes verwendet, um auszudrücken, dass man vom Hörer Bestätigung oder Zustimmung erwartet:* Das schmeckt echt gut, was?;

Das ist wirklich Klasse, was? ❼ *(umg.) zusammen mit einer vorgestellten Präposition:* Um was handelt es sich? (Worum handelt es sich?); Über was habt ihr schon wieder gesprochen? (Worüber habt ihr schon wieder gesprochen?) ❽ *(umg.) wie bitte?:* Was? – Ich habe gesagt, du solltest weniger Rauchen!; ■**Was kostet das?** *(umg.) wie viel kostet das;* ■**Was dann?** *(umg.) was sollen wir dann/unter den Umständen tun?;* ■**Was nun?** *(umg.) was sollen wir jetzt/unter den gegebenen Umständen tun;* ■**Was für ein/eine ...** *(umg.) verwendet in einer Frage nach der Beschaffenheit oder den Eigenschaften von jmdm./etwas* Was für eine Wohnung sucht ihr?; Was für ein Typ war das denn?

wạs² *pron* ❶ *verwendet in einem Relativsatz, der die gesamte Aussage des Bezugssatzes aufgreift:* Ich mache jeden Tag Sport, was mir mein Arzt auch ernsthaft geraten hat.; Er hat niemals davon gesprochen, was sich damals ereignet hat. ❷ *verwendet in einem Relativsatz, der sich auf „nichts, alles, einiges, manches, vieles, etwas o. Ä.“ bezieht:* Wir müssen für die Klassenarbeit alles lernen, was wir im vergangenen Monat behandelt haben.; Es gibt nichts, was er nicht schafft.; Einiges, was sie gesagt hat, ist wirklich war. ❸ *verwendet in einem Relativsatz, der nach dem Demonstrativpronomen „das“ steht:* Die Art und Weise ist das, was mich ärgert. ❹ *verwendet in einem Relativsatz, der sich auf einen neutralen Superlativ bezieht:* Das war das Schönste, was wir gesehen haben.; Das Letzte, was ich gehört habe, betraf den Arbeitsvertrag. ❺ *verwendet in einem vorangestellten Relativsatz als Ersatz oder Attribut zu dem Subjekt, Akkusativobjekt oder präpositionalen Objekt:* Was immer wir auch tun, (es) ist umsonst; Was du auch sagen wirst, man wird (es) dir nicht mehr glauben.; Was man nicht sagen kann, darüber soll man schweigen.

wạs³ *pron (umg.) etwas:* Es sollte schon was Besonderes sein.; Gibt es schon was Neues?

wạs⁴ *interj (umg.) verwendet, um einen Vorwurf oder ein Erstaunen auszudrücken:* Was, das kannst du nicht?; Was, der Zug fällt aus?; *siehe* ach

Wạ·sa·bi *das* <-(s)> KOCH. *japanischer Meerrettich*

Wạsch·an·la·ge *die* <-, -n> *(≈ Autowaschstraße) eine Vorrichtung, in der Autos automatisch gewaschen werden, indem sie zwischen sehr großen rotierenden Bürsten hindurchfahren*

Wạsch·an·lei·tung *die* <-, -en> *ein kurzer Hinweis, der (oft mit Symbolen) erklärt, wie ein Kleidungsstück gewaschen werden soll*

Wạsch·au·to·mat *der* <-en, -en> *automatische Waschmaschine*

wạsch·bar *adj /nicht steig./ so, dass es gewaschen werden kann:* Diese Jacke ist nicht waschbar, sie muss chemisch gereinigt werden. ◆voll-

Wạsch·bär *der* <-s/-en, -en> ZOOL. *ein kleiner Bär aus Nordamerika, dessen Fell im Gesicht eine Zeichnung hat, die an eine Brille erinnert*

Wạsch·be·cken *das* <-s, -> *ein Becken mit einem Wasserhahn, das meist im Badezimmer an der*

Wand befestigt ist und in dem man sich Hände und Gesicht wäscht

Wasch·be·ton *der* <-s> */kein Plur./ Beton, bei dem die oberste Schicht abgebürstet oder abgewaschen ist, damit die Bestandteile wie zum Beispiel Kieselsteine, als Zierde zu sehen sind* ◆-platte

Wasch·brett *das* <-s, -er> *(veralt.) ein Brett mit runden Rillen, auf dem nasse Wäsche zusammen mit Seife hin und her gerieben wird, um auf diese Weise die Wäsche zu reinigen*

Wasch·brett·bauch *der* <-(e)s, Waschbrettbäuche> */kein Plur./ (umg.) ein Bauch ohne Fett, bei dem man die Muskeln gut sehen kann*

Wä·sche *die* <-, -n> */Plur. selten/* ❶ */kein Plur./ Kleidung und alle Textilien, die gewaschen werden: Wäsche flattert an der Leine.; die Wäsche vor dem Waschen sortieren; die schmutzige Wäsche* ❷ */kein Plur./ (≈ Unterwäsche) In dieser Abteilung gibt es Wäsche für Damen und Herren.* ❸ */kein Plur./ Betttücher, Kissenbezüge, Tischdecken o. Ä.: das Bett mit frischer Wäsche beziehen* ❹ *das Waschen von jmdm. oder etwas: Die Wäsche macht viel Arbeit.; die tägliche Wäsche der Haare/Füße;* ■ **schmutzige Wäsche waschen** *(umg.) sich über Vergangenes streiten;* ■ **dumm aus der Wäsche gucken** *(umg.) verblüfft sein*

Wä·sche·box *die* <-, -en> *ein Behälter, in den man getragene Wäsche¹ bis zum Waschen sammelt*

wasch·echt *adj /nicht steig./* ❶ *so, dass es beim Waschen nicht ausbleicht: Die Farben sind waschecht.* ❷ *(umg.: ≈ richtig, echt) so, dass jmd. die charakteristischen Eigenarten von etwas hat: Er ist ein waschechter Münchner.*

Wä·sche·klam·mer *die* <-, -n> *eine der Klammern, mit der man die Wäsche¹ nach dem Waschen an einer Wäscheleine befestigt: die nassen Sachen mit Wäscheklammern an der Leine befestigen*

Wä·sche·korb *der* <-(e)s, Wäschekörbe> *ein Korb, in dem man getragene Wäsche¹ bis zum Waschen sammelt*

Wä·sche·lei·ne *die* <-, -n> *eine Schnur, an die man die nasse Wäsche¹ hängt, damit sie trocknet: die Wäscheleine im Garten ziehen/spannen*

Wä·sche·man·gel *die* <-, -n> *ein Gerät mit zwei Walzen, durch die Wäsche¹ gepresst wird, damit sie glatt wird*

wa·schen <wäschst, wusch, hat gewaschen> I. *mit OBJ/ohne OBJ* ■ **jmd. wäscht (etwas)** *etwas mit Wasser und Waschmittel säubern: das Auto/Handtücher/Hemden/Unterwäsche/Vorhänge/Wäsche waschen; Ich muss heute wieder waschen, es ist sehr viel schmutzige Wäsche da.; Manche Textilien können beim Waschen eingehen.* II. *mit OBJ* ❶ ■ **jmd. wäscht jmdn./sich/etwas** *jmdn./sich/etwas mit Wasser und Seife oder Waschmittel säubern: jemandem/sich die Haare/Füße/das Gesicht waschen; Der Pfleger wäscht den Patienten.; sich regelmäßig (unter der Dusche) waschen; das Auto/die Scheiben waschen* ❷ ■ **jmd. wäscht etwas** TECHN. *etwas mit Wasser oder anderen Flüssigkeiten von etwas anderem trennen: Gold/Erz waschen;* ■ **Geld waschen**

(umg.) illegal erworbenes Geld (z. B. aus Drogenhandel und Prostitution) in einem anderen (unbedenklichen) Geschäft anlegen; ■ **etwas hat sich gewaschen** *(umg.) etwas ist unangenehm und sehr schwierig oder sehr streng Die Prüfung/Die Strafe hatte sich gewaschen.*

Wä·sche·rei *die* <-, -en> *ein Unternehmen, das gegen Bezahlung Wäsche¹ wäscht*

Wä·sche·schleu·der *die* <-, -n> *eine Maschine, in der Wäsche¹ sehr schnell gedreht wird, damit das Wasser herausgepresst wird*

Wä·sche·spin·ne *die* <-, -n> *eine Art großer Schirm, der fest auf dem Boden steht, und der statt Stoff Schnüre hat, an denen man Wäsche¹ zum Trocknen aufhängt*

Wä·sche·trock·ner *der* <-s, -> ❶ *ein Ständer, an dem man Wäsche¹ zum Trocknen aufhängt* ❷ *ein Gerät, das nasse Wäsche¹ trocknet*

Wä·sche·tru·he *die* <-, -n> *(veralt.) eine Truhe, in der Wäsche³ aufbewahrt wird*

Wä·sche·zei·chen *das* <-s, -> *ein Zeichen, z. B. ein Stück Stoff oder eine Stickerei, das an einem Stück Wäsche³ angebracht ist und das zum Beispiel die Anfangsbuchstaben des Besitzers enthält*

Wasch·hand·schuh *der* <-s, -e> *ein Handschuh aus weichem Stoff, mit dem man sich oder etwas waschen II.1 kann*

Wasch·kü·che *die* <-, -n> ❶ *ein Raum, der sich meistens im Keller eines Hauses befindet und in dem Wäsche¹ gewaschen wird* ❷ *(umg.) dichter Nebel: Auf dem Berggipfel war die reinste Waschküche.*

Wasch·lap·pen *der* <-s, -> ❶ *ein kleiner Lappen aus Frotteestoff, mit dem man sich wäscht II.1* ❷ *(umg. abwert.) jmd., der feige oder schwach ist: So ein Waschlappen, er traut sich ja gar nichts!*

Wasch·ma·schi·ne *die* <-, -n> *ein Gerät, mit dem man Wäsche¹ wäscht*

Wasch·mit·tel *das* <-s, -> *eine Substanz, mit der man Wäsche¹ wäscht*

Wasch·raum *der* <-(e)s, Waschräume> *ein Raum, in dem mehrere Duschen und Waschbecken sind und in dem man sich zum Beispiel nach dem Sport wäscht II.1: Der Waschraum befindet sich neben den Umkleidekabinen.*

Wä·sche·rum·pel *die* <-, -n> ÖSTERR. *Waschbrett*

Wasch·sa·lon *der* <-s, -s> *ein Geschäft, in dem man gegen Bezahlung Waschmaschinen benutzen kann*

Wasch·stra·ße *die* <-, -n> KFZ *eine Anlage, in der Autos automatisch gewaschen I werden*

Wa·schung *die* <-, -en> *das Waschen eines Körpers oder eines Körperteils* ◆Fuß-

Wasch·was·ser *das* <-s> */kein Plur./ Wasser, mit dem gewaschen wird oder wurde: Wo kann ich hier Waschwasser herbekommen?; Das Waschwasser wird noch zur Toilettenspülung benutzt.*

Wasch·weib *das* <-(e)s, -er> *(umg. abwert.) Person, die gerne und viel über andere redet*

Wasch·zet·tel *der* <-s, -> *eine Art Prospekt, mit dem ein Verlag eines seiner Bücher empfiehlt*

Wasch·zeug *das* <-(e)s> */kein Plur./ Sachen, die man für die Körperpflege braucht: Ich habe mein Waschzeug im Waschraum liegen lassen.*

Wạs·ser *das* <-s, -/Wässer> ❶ */kein Plur./* CHEM. *die farb- und geruchlose Flüssigkeit, die aus einer Verbindung von Wasserstoff und Sauerstoff besteht, die Meere und Flüsse bildet und für das Leben auf der Erde unverzichtbar ist:* Wasser gefriert bei 0 Grad Celsius und siedet bei 100 Grad Celsius.; Ein Kaktus kann mit sehr wenig Wasser auskommen.; In der Wüste gibt es in Oasen Wasser.; Wasser bedeckt mehr als zwei Drittel der Erdoberfläche.; Ohne Luft, Wasser und Nahrung kann man nicht leben. ◆-becken, -behälter, -druck, -eimer, -fass, -kanister, -leitung, -mangel, -pumpe, -qualität, -schaden, -speicher, -strahl, -tank, -temperatur, -tropfen, -verbrauch, -vergeudung, -verschmutzung, Leitungs-, Regen-, Trink- ❷ <*pl:* Wasser/ Wässer> *(geh.: ≈ Gewässer)* die Wasser der Erde; Ein Wasser rinnt durch die Felsen.; ein kleines/ schmutziges Wasser; zu Lande und zu Wasser erreichbar sein ❸ <*pl:* Wasser> *der Inhalt von Flüssen, Meeren, Seen, Teichen:* die trägen, dunklen Wasser des großen Flusses; Das Wasser schlug mit großer Wucht über die Deiche.; Beim Schwimmen schluckt man manchmal Wasser.; unter Wasser tauchen; im Wasser leben ◆ Fluss-, Meer- ❹ <*pl:* Wässer> *Wasser[1] als Lebensmittel, das mit anderen Bestandteilen, wie zum Beispiel Mineralien, Kohlensäure angereichert ist:* ein stilles/kohlensäurehaltiges Wasser ◆ Mineral-, Tafel- ❺ *eine (kosmetische)Flüssigkeit, die Parfüm enthält:* sich mit duftenden/wohl riechenden Wässern einsprühen ◆ Duft-, Haar-, Rasier- ❻ */kein Plur./ (umg.)* Tränen, Schweiß oder Speichel: Bei dieser Nachricht schoss ihr das Wasser in die Augen.; Das Wasser tropfte ihr vom Gesicht.; ■ **mit fließendem Wasser** *ein Zimmer mit Wasser[1] direkt aus dem Wasserhahn;* ■ **stehendes Wasser** *ein Fluss oder ein See;* ■ **fließendes Wasser** *ein Fluss oder ein Bach;* ■ **stille Wasser sind tief** *(Sprichwort) jmd., der zurückhaltend oder schüchtern ist, verbirgt hinter diesem Verhalten oft ungeahnte Eigenschaften oder große Fähigkeiten;* ■ **über das große Wasser fahren** *über den Atlantik nach Amerika fahren;* ■ **jemandem läuft das Wasser im Mund(e) zusammen** *(umg.) jmd. bekommt großen Appetit auf ein Essen* Mir läuft das Wasser im Mund(e) zusammen, wenn ich diesen Braten sehe.; Das Wasser lassen müssen *urinieren müssen;* ■ **Wasser in den Beinen** MED. *Ansammlung von Körperflüssigkeit in den Beinen, so dass sie anschwellen und schmerzen;* ■ **etwas fällt ins Wasser** *(umg.) etwas findet nicht statt* Leider fällt die Gartenparty wegen des schlechten Wetters ins Wasser.; ■ **sich über Wasser halten** *(umg.) mit wenig Geld gerade so auskommen;* ■ **jemand kocht auch nur mit Wasser** *(umg.) jmd. macht etwas auch nur so, dass es nichts Besonderes ist;* ■ **jemandem steht das Wasser bis zum Hals** *(umg.) jmd. hat viele Geldprobleme und Schwierigkeiten;* ■ **jemandem das Wasser nicht reichen können** *(umg.) noch lange nicht so gut sein wie jmd. anderer* In Mathematik konnte ihm keiner das Wasser reichen.; ■ **etwas ist Wasser auf jemandes Mühlen** *(umg.) etwas kommt jmdm. sehr gelegen* Der Skandal war natürlich Wasser auf

den Mühlen der Opposition.; ■ **reinsten Wassers** *echt* ein Diamant reinsten Wassers; ein Hamburger reinsten Wassers ◆ Getrennt- oder Zusammenschreibung →R 4.16 Wasser abweisende/wasserabweisende Kleidung; eine Wasser abstoßende/ wasserabstoßende Beschichtung

wạs·ser·ab·wei·send *adj so, dass Wasser nicht aufgenommen wird:* ein wasserabweisender Stoff; wasserabweisende Textilien

Wạs·ser·ader *die* <-, -n> *eine Schicht unter der Erdoberfläche, in der Wasser fließt*

Wạs·ser·an·schluss *der* <-es, Wasseranschlüsse> *Anschluss an eine Wasserleitung:* Der Garten hat keinen Wasseranschluss.

Wạs·ser·auf·be·rei·tung *die* <-> */kein Plur./* TECHN. *Reinigung von verschmutztem Wasser, um es dann wieder z. B. als Trinkwasser zu benutzen*

Wạs·ser·ball *der* <-(e)s, ...-bälle> ❶ */kein Plur./* SPORT *ein Ballspiel, bei dem zwei Mannschaften von Schwimmern in einem Schwimmbecken gegeneinander spielen* ❷ *ein Ball insbesondere als Spielzeug und für ein Plantschbecken*

Wạs·ser·bett *das* <-(e)s, -en> *ein Bett, dessen Matratze mit Wasser gefüllt ist*

Wạs·ser·chen ■ **aussehen, als ob man kein Wässerchen trüben könnte** *(umg.) völlig harmlos wirken* Er sieht aus, als ob er kein Wässerchen trüben könnte, dabei ist er ein international gesuchter Verbrecher.

Wạs·ser·dampf *der* <-(e)s> */kein Plur./* Dampf *der entsteht, wenn Wasser auf 100 Grad Celsius erhitzt wird*

wạs·ser·dicht *adj* ❶ *so, dass kein Wasser eindringen kann:* eine wasserdichte Uhr; etwas wasserdicht verpacken ❷ *(umg. übertr.) nicht anzweifelbar:* ein wasserdichtes Alibi

wạs·ser·durch·läs·sig *adj* (↔ *wasserdicht*) *so, dass Wasser durchdringen kann* ▸ Wasserundurchlässigkeit

Wạs·ser·fahr·zeug *das* <-(e)s, -e> (↔ *Landfahrzeug, Luftfahrzeug) ein Fahrzeug, das sich im Wasser fortbewegen kann:* Boote und Schiffe sind Wasserfahrzeuge.

Wạs·ser·fall *der* <-(e)s, Wasserfälle> *ein fließendes Gewässer, das (über Felsen) steil nach unten fällt:* Der Fluss wird am Rande des Felsplateaus zu einem reißenden Wasserfall.; ■ **reden wie ein Wasserfall** *(umg. abwert.) unaufhörlich reden*

Wạs·ser·far·be *die* <-, -n> (≈ *Aquarellfarbe) Farbe, die mit Wasser gemischt wird und mit der man auf Papier malen kann*

Wạs·ser·floh *der* <-s, Wasserflöhe> ZOOL. *ein sehr kleines Krebstier, das auf der Wasseroberfläche hüpfen kann*

Wạs·ser·flug·zeug *das* <-s, -e> *ein Flugzeug, das Kufen hat und auf dem Wasser landet und startet*

Wạs·ser·glas *das* <-es, Wassergläser> *ein einfaches Trinkgefäß, das aus Glas ist:* den Wein/Saft aus einem Wasserglas trinken; ■ **ein Sturm im Wasserglas** *eine große, aber kurze Aufregung um etwas, das nicht wichtig war*

Wạs·ser·gym·nas·tik *die* <-> */kein Plur./* gymnastische Übungen, die in einem Schwimmbecken (mit warmem Wasser) gemacht werden

Wạs·ser·hahn *der* <-(e)s, Wasserhähne> *eine Art Ventil, das an eine Wasserleitung angeschlossen ist und mit dem man das Fließen des Wassers regelt:* den Wasserhahn aufdrehen/schließen; Der Wasserhahn tropft.

wạs·ser·hal·tig *adj so, dass eine relativ große Menge Wasser darin vorhanden ist:* wasserhaltiges Fruchtfleisch

Wạs·ser·haus·halt *der* <-(e)s> /kein Plur./ *die Regulierung von Aufnahme und Abgabe oder Verbrauch von Wasser:* der Wasserhaushalt des Körpers; der Wasserhaushalt der Erde

wäs·se·rig *adj siehe* **wässrig**

Wạs·ser·kes·sel *der* <-s, -> *ein Metallgefäß, in dem Wasser gekocht wird und das oft eine Pfeife hat, die einen Ton abgibt, wenn das Wasser kocht*

Wạs·ser·klo·sett *das* <-s, -s> *eine Toilette mit Wasserspülung, abgekürzt „WC"*

Wạs·ser·kopf *der* <-(e)s, Wasserköpfe> ❶ MED. *eine krankhafte Missbildung des Kopfes, bei der sich zu viel Flüssigkeit in der Hirnschale angesammelt hat* ❷ *(umg. abwert.) etwas, das übertrieben groß geworden ist:* Die Verwaltung ist der reinste Wasserkopf.

Wạs·ser·kraft *die* <-> /kein Plur./ *die Energie, die freigesetzt wird, wenn fließendes Wasser z. B. eine Turbine antreibt:* die Nutzung der Wasserkraft zur Energiegewinnung; Im Schwarzwald nutzten früher hunderte Mühlen und Sägewerke die Wasserkraft.

Wạs·ser·kraft·werk *das* <-(e)s, -e> *eine Anlage, in der die Wasserkraft in elektrische Energie umgewandelt wird*

Wạs·ser·kreis·lauf *der* <-s> /kein Plur./ METEOR. *der Kreislauf des Wassers zwischen den Gewässern und der Atmosphäre der Erde*

Wạs·ser·kunst *die* <-> /kein Plur./ *Springbrunnen, Fontänen und Wasserspiele, die früher besonders in Gärten von Barockschlössern angebracht waren*

Wạs·ser·lan·dung *die* <-, -en> *eine Landung, die ein Flugzeug auf dem Wasser macht*

Wạs·ser·lauf *der* <-(e)s, Wasserläufe> *der Verlauf eines fließenden Gewässers:* dem Wasserlauf folgen

Wạs·ser·le·be·we·sen *das* <-s, -> BIOL., ZOOL. *Tiere, die in Gewässern leben*

Wạs·ser·lei·che *die* <-, -n> *eine Leiche, die seit längerer Zeit im Wasser liegt*

Wạs·ser·loch *das* <-(e)s, Wasserlöcher> *ein Loch im Erdboden, das Wasser enthält:* Das Wasserloch in der Wüste war die Tränke für Menschen und Vieh.

wạs·ser·lös·lich *adj* /nicht steig./ *so, dass es sich in Wasser auflöst*

Wạs·ser·mann *der* <-(e)s, Wassermänner> ❶ *eine Gestalt aus dem Märchen, die im Wasser lebt* ❷ /kein Plur./ *Name des Sternzeichens vom 21. Januar bis zum 19. Februar* ❸ *jmd., der im Zeichen des Wassermanns² geboren ist:* Sie ist Wassermann.

Wạs·ser·me·lo·ne *die* <-, -n> *eine Melonenart mit grüner Schale und rotem, sehr wasserhaltigem Fruchtfleisch*

wạs·sern <wasserst, wasserte, hat/ist gewassert> **I.** *mit OBJ (haben)* ■ *jmd.* **wassert etwas** *etwas auf dem Wasser landen lassen:* ein Flugzeug wassern **II.** *ohne OBJ (sein)* ■ *jmd./etwas* **wassert** *auf dem Wasser landen:* Die Flugzeuge/die Gänse sind gewassert.

wäs·sern <wässerst, wässerte, hat gewässert> *mit OBJ* ❶ ■ *jmd.* **wässert etwas** *etwas in Wasser legen, damit es weich oder sauber wird:* die Linsen vor dem Kochen einige Stunden wässern ❷ ■ *jmd.* **wässert etwas** *etwas mit viel Wasser gießen:* die Pflanzen wässern

Wạs·ser·pflan·ze *die* <-, -n> BOT. *eine Pflanze, die im Wasser wächst*

Wạs·ser·pis·to·le *die* <-, -n> *eine Spielzeugpistole, die einen Wasserstrahl abgibt*

Wạs·ser·rad *das* <-(e)s, Wasserräder> *eine Konstruktion, die die Form eines Schaufelrades hat, und über die Wasser geleitet wird, um zum Beispiel ein Mühlwerk anzutreiben*

Wạs·ser·rat·te *die* <-, -n> ❶ ZOOL. *eine Art große Maus, die sehr gut schwimmt und taucht* ❷ *(umg. scherzh.) Person, die gern und gut schwimmt*

wạs·ser·reich *adj mit viel Wasser:* ein wasserreicher Fluss

Wạs·ser·rohr *das* <-(e)s, -e> *Rohr, durch das Wasser fließt* ◆-bruch

Wạs·ser·rutsch·bahn *die* <-, -en> *eine lange Rutsche in einem Schwimmbad, in der Wasser fließt und auf der man zum Vergnügen in ein Schwimmbecken rutscht*

Wạs·ser·säu·le *die* <-, -n> PHYS. *eine gedachte Säule aus Wasser, die auf einer Grundfläche steht und deren Höhe früher als Maß für den Wasserdruck angegeben wurde*

wạs·ser·scheu *adj so, dass die Berührung mit Wasser vermieden wird:* Der Hund ist wasserscheu, er geht nicht freiwillig ins Wasser.; Warum wäschst du dich nicht, bist du wasserscheu?

Wạs·ser·schi *vgl.* **Wasserski**

Wạs·ser·schutz·ge·biet *das* <-(e)s, -e> AMTSSPR. *ein Gebiet, in dem bestimmte strengere Vorschriften zum Schutz des Wassers gelten*

Wạs·ser·ski, *a.* **Wạs·ser·schi** *der* <-s, -> SPORT ❶ *ein breiter Ski, auf dem man sich von einem Boot über das Wasser ziehen lassen kann* ❷ SPORT *ein Sport, bei dem man sich auf Wasserski¹ von einem Boot ziehen lässt*

Wạs·ser·spei·er *der* <-s, -> BAUW., KUNST *eine Art Abflussrohr für Regenwasser, das am Dach von einem großen Gebäude angebracht ist und die Form eines Gesichts oder einer fantastischen Figur hat:* die Wasserspeier am Dach der Kirche

Wạs·ser·spie·gel *der* <-s, -> (≈ *Wasserstand*) *Der Wasserspiegel in den Überflutungsgebieten steigt weiter.*

Wạs·ser·spie·le <-> *Plur. eine Art großer Springbrunnen mit vielen verschiedenen Wasserstrahlen und Fontänen:* ein Park mit wunderschönen Wasserspielen

Wạs·ser·sport *der* <-(e)s> /kein Plur./ *Sport, der auf oder im Wasser ausgeübt wird:* Rudern und Segeln gehören zum Wassersport.

Wạs·ser·spü·lung *die* <-, -en> *ein Vorrichtung, mit der Wasser in eine Toilette geleitet wird*

Wạs·ser·stand *der* <-(e)s, Wasserstände> *die Höhe der Wasseroberfläche¹:* fallender/hoher/ niedriger/steigender Wasserstand ◆-smeldung

Wạs·ser·stoff *der* <-(e)s> /kein Plur./ CHEM. *ein farb-, geschmack- und geruchloses Gas, das zusammen mit Sauerstoff Wasser bildet* ◆-antrieb, -bombe, -peroxid/-peroxyd, -superoxyd

wạs·ser·stoff·blond *adj /nicht steig./ (umg.) so, dass jmd. sehr blond ist, weil seine Haare mit Wasserstoffperoxid gebleicht worden sind*

Wạs·ser·strahl·an·trieb *der* <-s, -e> TECHN. *ein Motor, der in einem Wasserfahrzeug installiert ist und einen starken Wasserstrahl erzeugt, mit dem das Fahrzeug angetrieben wird:* Ein Jet-Ski hat einen Wasserstrahlantrieb.

Wạs·ser·stra·ße *die* <-, -n> *ein Gewässer, auf dem Schiffe Lasten transportieren können:* Kanäle sind künstliche, Flüsse sind natürliche Wasserstraßen. ◆-nnetz

Wạs·ser·sucht *die* <-> /kein Plur./ MED. (≈ Hydropsie) *eine Krankheit, bei der sich zu viel Flüssigkeit im Körper ansammelt*

Wạs·ser·turm *der* <-(e)s, Wassertürme> *Turm eines Wasserwerks, in dem aufbereitetes Wasser gespeichert wird und mit dem der Wasserdruck reguliert werden kann*

Wạs·ser·uhr *die* <-, -en> *Gerät, mit dem gemessen wird, wieviel Wasser verbraucht wird*

Wạs·se·rung *die* <-, -en> LUFTF. *eine Landung auf dem Wasser* ◆Not-

Wạs·ser·ver·drän·gung *die* <-, -en> SEEW. *Maß für die Größe von Schiffen, das das Gesamtgewicht einschließlich der Ladung in Tonnen angibt*

Wạs·ser·ver·sor·ger *der* <-s, -> WIRTSCH. *ein Unternehmen, das die Bevölkerung und die Industrie mit Wasser versorgt* ▸ Wasserversorgung

Wạs·ser·vo·gel *der* <-s, Wasservögel> ZOOL. *Vogel, der am Wasser lebt und auch sehr gut schwimmen und tauchen kann:* Der See ist ein Paradies für Enten, Gänse und andere Wasservögel.

Wạs·ser·waa·ge *die* <-, -n> *ein Gerät, bei dem sich eine Luftblase in einer Flüssigkeit frei bewegen kann und das mit einer exakt mittigen Position der Luftblase anzeigt, dass die Fläche, auf der die Wasserwaage liegt, absolut waagerecht ist*

Wạs·ser·weg *der* <-(e)s, -e> (≈ Wasserstraße) *ein Gewässer, auf dem Schiffe fahren können:* Die Flüsse sind wichtige Wasserwege.; ■ **auf dem Wasserweg** *mit dem Schiff etwas auf dem Wasserweg transportieren;* Die Stadt ist auch auf dem Wasserweg zu erreichen.

Wạs·ser·wer·fer *der* <-s, -> *ein Fahrzeug mit einer Vorrichtung, die einen gezielten, starken Wasserstrahl abgeben kann, der als Waffe eingesetzt wird:* Die Polizei ging mit Wasserwerfern gegen die Demonstranten vor.

Wạs·ser·werk *das* <-(e)s, -e> *eine Anlage, in der Wasser für die Wasserversorgung aufbereitet wird und die einen Ort mit Wasser versorgt*

Wạs·ser·wirt·schaft *die* <-> /kein Plur./ *die Gesamtheit der Maßnahmen zur Versorgung der Bevölkerung und der Industrie mit Wasser*

Wạs·ser·zei·chen *das* <-s, -> *eine Prägung in einem Papier, die als Markierung dient und die man nur sehen kann, wenn man das Papier gegen das Licht hält:* Banknoten haben Wasserzeichen als Echtheitsnachweis.; handgeschöpftes Briefpapier mit Wasserzeichen ◆-papier

wäss·rig, a. **wäs·se·rig** *adj so, dass es relativ viel Wasser enthält:* eine wässrige Lösung; Der Kaffee/ Die Suppe schmeckt wässrig.; ■ **jemandem den Mund wässrig machen** *(umg.) jmdm. Appetit oder Lust auf etwas machen*

wa·ten <watest, watete, ist gewatet> *ohne OBJ* ■ *jmd. watet irgendwo sich in einer Flüssigkeit langsam fortbewegen:* durch einen Fluss/einen Sumpf/den Schlamm waten

Wat·sche *die* <-n, -n> SÜDDT., ÖSTERR. *(umg.) Ohrfeige*

wat·scheln <watschelst, watschelte, ist gewatschelt> *ohne OBJ* ■ *jmd./ein Tier watschelt mit schaukelnden Bewegungen so gehen, dass der ganze Körper nach her schwankt:* Die Enten watscheln übers Gras.; einen watschelnden Gang haben

wat·schen *mit OBJ* ■ *jmd. watscht jmdn.* SÜDDT., ÖSTERR. *jmdn. ohrfeigen*

Watt¹ *das* <-s, -en> GEOGR. *Küstenstreifen am Meer, der bei Ebbe nicht überflutet ist*

Watt² *das* <-s, -> ELEKTROTECHN. *Maßeinheit zum Messen der elektrischen Leistung:* eine elektrische Heizung mit 3000 Watt

Wat·te *die* <-, -n> *eine leichte und sehr lockere Masse, die meistens aus Baumwolle hergestellt und weiß ist:* eine Wunde mit Watte abtupfen; eine mit Watte gefütterte Jacke; ■ **jemanden in Watte packen** *(umg.) jmdn. in übertriebener Weise schonen* ◆-bausch, -stäbchen

wat·tie·ren *mit OBJ* ■ *jmd. wattiert etwas etwas mit Watte füttern:* eine Jacke wattieren

Wạtt·se·kun·de *die* <-, -n> *physikalische Einheit, mit der der Wert von Energie angegeben wird:* Eine Wattsekunde entspricht einem Joule oder einem Newtonmeter.

Wạtt·stun·de *die* <-, -n> PHYS., TECHN. *physikalische Einheit von 3600 Wattsekunden*

Wau·wau *der* <-s, -s> *(umg.) Lautmalerei, mit der Kinder oder mit der man gegenüber Kindern einen Hund bezeichnet:* Das ist aber ein süßer Wauwau!

Wa·xing *das* ['wæksɪŋ] <-(s), -s> *mit Wachs durchgeführte kosmetische Entfernung von Körperhaaren:* Das Entfernen von Körperhaaren mit Warmwachs, auch Waxing genannt, liegt im Trend.

WC *das* [ve'tse:] <-(s), -(s)> (≈ Wasserklosett) ◆-Bürste, -Sitz

WDR *der* <-s> /kein Plur./ *Abkürzung von „Westdeutscher Rundfunk", die Rundfunkanstalt für Nordrhein-Westfalen:* Der Sitz des WDR ist in Köln.

Web *das* <-s> /kein Plur./ EDV (≈ WWW) *Bezeichnung für den Teil des Internets, in dem jeder Nutzer auch Produzent von Inhalten für andere sein kann:* im Web surfen

Web·ad·res·se *die* <-, -n> EDV *eine Reihe von*

W

Buchstaben und Zeichen oder Ziffern und Zeichen, die man in einem Webbrowser eingibt, um auf eine Website zu gelangen

Web·brow·ser *der* ['webbraʊze] <-s, -> EDV *ein Programm, mit dem man das Internet durchsuchen und Dokumente aus dem Internet herunterladen kann:* Der Webbrowser ist in diesem Betriebssystem schon enthalten.

Web·cam *die* [webkɛm] <-, -s> EDV *eine kleine Digitalvideokamera, die an einen Computer angeschlossen wird, um die Aufnahmen, die sie macht, ins Web zu senden*

we·ben <webst, webte/wob, hat gewebt/gewoben> **I.** *mit OBJ* ■ *ein Tier webt ein Netz ein Tier macht ein Netz* **II.** *mit OBJ/ohne OBJ* <webte, hat gewebt> ■ *jmd. webt (etwas) etwas herstellen, indem man einzelne Fäden auf einer Vorrichtung miteinander verkreuzt:* einen Teppich mit der Hand/maschinell weben; In dem Kurs kann man lernen, wie man webt.; An dem Tuch habe ich mehrere Wochen gewebt. **III.** *mit SICH* <wob, hat gewoben> ■ *etwas webt sich um jmdn./etwas (veralt.: ≈ ranken) etwas existiert im Zusammenhang mit jmdm. oder etwas:* Manche Sage wob sich um den Helden.

We·ber *der,* **We·be·rin** <-s, -> *Person, die beruflich Stoffe webt II*

We·be·rei *die* <-, -en> ❶ *Betrieb, in dem gewebt wird:* in einer Weberei arbeiten ❷ *das Weben:* das Handwerk der Weberei erlernen

We·ber·knecht *der* <-s, -e> ZOOL. *(≈ Schneider) eine Spinne, die sehr lange feine Beine hat*

We·ber·vo·gel *der* <-s, Webervögel> ZOOL. *ein Vogel, der vor allem in Afrika und Südasien lebt und Kugelnester aus Pflanzenfasern baut*

Web·feh·ler *der* <-s, -> *Fehler in einem gewebten Stoff*

We·bi·nar® *das* <-s, -e> *(Kofferwort aus engl. "web" und "Seminar":) über das Internet übertragenes Seminar*

Web·sei·te *die* <-, -n> EDV *(≈ HTML-Seite) Seite im Web, die mit der Programmiersprache HTML erstellt wird und die man mit einem Web-Browser ansehen kann; siehe* **Homepage**

Web·ser·ver *der* <-s, -> EDV *(↔ Webbrowser) ein Computer, auf dem eine bestimmte Software läuft, die Dienste für das Web anbietet*

Web·site *die* ['websaɪt] <-, -s> ❶ EDV *das zusammengehörige Angebot, das unter einer Adresse im Web abgerufen werden kann* ❷ EDV *Standort eines Webservers*

Web·space *der* ['webspeɪs] <-, -s> EDV *Speicherplatz im Internet*

Web·stuhl *der* <-(e)s, Webstühle> *ein Gerät, mit dem man weben kann*

Web·wa·ren <-> *Plur. Waren, die durch Weben hergestellt werden*

Wech·sel¹ *der* ['weksel] <-s, -> ❶ */meist Sing./ das Ersetzen einer Person oder eines Gegenstandes:* der Wechsel der Reifen; ein Wechsel in der Leitung des Instituts; einen Wechsel bei einigen Feldspielern vornehmen ❷ *die Änderung des Arbeitsplatzes, des Studiums oder der Schule:* ein Wechsel in die Konzernspitze ◆Berufs-, Studien-,

Schul- ❸ */meist Sing./ Veränderung eines Zustands:* ein allmählicher/plötzlicher Wechsel des Wetters ❹ */meist Sing./ die regelmäße Aufeinanderfolge von bestimmten Phasen:* der Wechsel von Tag und Nacht; der Wechsel der Jahreszeiten; der Wechsel der Gezeiten

Wech·sel² *der* [weksel] <-s, -> BANKW. *ein Dokument, mit dem man erklärt, dass man in einer bestimmten Frist jmdm. eine bestimmte Summe Geld auszahlen wird:* einen Wechsel ausstellen/einlösen/unterschreiben

Wech·sel·bad *das* <-(e)s, -Wechselbäder> */meist Plur./ Bäder, die man abwechselnd in heißem und kaltem Wasser nimmt;* ■ im **Wechselbad der Gefühle** *das ständige Wechseln von guten und schlechten Gefühlen*

Wech·sel·be·zie·hung *die* <-, -en> *eine gegenseitige Abhängigkeit oder Bedingtheit:* Die beiden Erscheinungen stehen in enger Wechselbeziehung zueinander.

Wech·sel·fäl·le ■ die **Wechselfälle des Lebens** *die nicht vorhersehbaren Ereignisse im Leben*

Wech·sel·fie·ber *das* <-s> */kein Plur./* MED. *(≈ Malaria)*

Wech·sel·geld *das* <-(e)s> */kein Plur./ das Geld, das man zurückbekommt, wenn man mit einem Geldschein oder Geldstück bezahlt, dessen Wert über dem Preis der Ware liegt:* Sie werden gebeten, das Wechselgeld gleich an der Kasse nachzuzählen.

wech·sel·haft *adj (≈ unbeständig) so, dass es sich häufig verändert:* wechselhaftes Wetter; Ihre Launen sind sehr wechselhaft.

Wech·sel·jah·re <-> *Plur. (≈ Klimakterium, Menopause) Lebensalter, in dem bei Frauen die Fähigkeit, schwanger zu werden, allmählich aufhört:* in die Wechseljahre kommen

Wech·sel·kurs *der* <-es, -e> WIRTSCH. *das Preisverhältnis zwischen zwei Währungen, auf das es ankommt, wenn man eine bestimmte Summe von einer Währung in die andere wechselt:* der Wechselkurs zwischen Dollar und Euro; feste/flexible Wechselkurse ◆-schwankung

wech·sel·kurs·be·dingt *adj /nicht steig./ so, dass es vom Wechselkurs abhängt*

Wech·sel·me·di·um *das* <-s, Wechselmedien> */meist Plur./ Ton-, Bild- oder Datenträger, die man überspielen oder auf denen man öfter etwas speichern kann*

wech·seln¹ <wechselst, wechselte, hat/ist gewechselt> **I.** *mit OBJ (haben)* ❶ ■ *jmd. wechselt etwas etwas durch etwas Neues oder anderes mit der gleichen Funktion ersetzen:* einen Film/die Autoreifen/die Wäsche wechseln ❷ ■ *jmd. wechselt etwas eine neue Arbeit anfangen, etwas Neues studieren, eine neue Wohnung beziehen o. Ä.:* den Beruf/das Studienfach/die Wohnung wechseln ❸ ■ *jmd. wechselt etwas etwas verändern:* Plötzlich wechselte er die Tonart.; Der Kameramann wechselte andauernd die Perspektive. ❹ ■ *jmd. wechselt jmdn. eine andere Person als Lebensgefährten, Freund, Arzt o. Ä. wählen:* den Partner/den Freund/den Arzt wechseln **II.** *ohne OBJ* ❶ ■ *etwas wechselt (ha-*

ben) sich verändern: Das Wetter/Die Stimmung hat plötzlich gewechselt. ❷ ■ *etwas wechselt (haben) aufeinanderfolgen:* Die Jahreszeiten/Die Regierungen wechseln. ❸ ■ *jmd. wechselt (irgendwohin) (sein) an einen anderen Ort gehen oder eine neue Arbeit oder ein Studium aufnehmen oder an eine andere Schule gehen:* Er ist von einer Straßenseite zur anderen gewechselt.; Sie ist an/in eine andere Universität/in ein anderes Fach gewechselt.; Er ist von der Realschule ans/ins Gymnasium gewechselt.; ■ **den Glauben wechseln** *zu einer anderen Religionsgemeinschaft übertreten;* ■ **die Ringe wechseln** *bei der Hochzeit die Trauringe austauschen;* ■ **mit jemandem einen Blick wechseln** *sich gegenseitig kurz anschauen;* ■ **mit jemandem einige Worte wechseln** *mit jmdm. kurz sprechen;* ■ **das Thema wechseln** *über ein neues Thema sprechen oder diskutieren*

wech·seln² <wechselst, wechselte, hat gewechselt> *mit OBJ* ❶ ■ *jmd. wechselt etwas (in etwas Akk.) Geld einer Währung gegen eine andere Währung austauschen:* Dollars in Euro wechseln ❷ ■ *jmd. wechselt (jmdm.) etwas (in etwas Akk.) jmdm. für einen Geldschein oder eine Geldmünze Geldscheine oder Geldmünzen in kleineren Einheiten, die aber den gleichen Gesamtwert haben, geben:* Können Sie mir die zwanzig Euro in zwei Zehner wechseln?

wech·selnd *adj /nur attr./ /nicht steig./ (≈ unterschiedlich) so, dass es nicht immer in der gleichen Weise, mit dem gleichen Erfolg o. Ä. abläuft:* sein Studium mit wechselndem Erfolg betreiben

Wech·sel·plat·te *die* <-, -n> EDV *eine Festplatte, die in einem Wechselrahmen² befestigt ist*

Wech·sel·rah·men *der* <-s, -> ❶ *ein Bilderrahmen, den man leicht öffnen kann, um Bilder oder Fotos herauszunehmen und andere hineinzutun* ❷ EDV *eine Vorrichtung, die eine Wechselplatte aufnimmt, und die man in einen Computerschacht stecken und herausnehmen kann*

wech·sel·sei·tig *adj /nicht steig./ so, dass es sich aufeinander bezieht:* eine wechselseitige Abhängigkeit

Wech·sel·spiel *das* <-s, -e> *häufige Veränderung einer Sache:* das Wechselspiel der Farben

Wech·sel·strom *der* <-(e)s, Wechselströme> ELEKTROTECHN., PHYS. *(↔ Gleichstrom) elektrischer Strom, dessen Richtung und Stärke sich in regelmäßigen Abständen verändert und der im Haushalt verwendet wird*

Wech·sel·stu·be *die* <-, -n> WIRTSCH. *eine Art Geschäft, in dem Geld von einer Währung in eine andere umgetauscht werden kann*

wech·sel·voll *adj so, dass es sich häufig grundlegend ändert:* die wechselvolle Geschichte der Stadt

Wech·sel·wäh·ler *der,* **Wech·sel·wäh·le·rin** <-s, -> *jmd., der bei politischen Wahlen immer unterschiedliche Parteien wählt*

wech·sel·wei·se *adv so, dass eins auf das andere folgt:* Das Kind lebt wechselweise beim Vater und bei der Mutter.

Wech·sel·wir·kung *die* <-, -en> *gegenseitige Be-*

einflussung: die Wechselwirkung zwischen den Tieren und ihrer Umwelt

Wech·te *die* <-, -n> SCHWEIZ. *durch den Wind angewehte Schneemasse, die über einem Hang überhängt und leicht herunter rutschen kann*

Weck *der* <-(e)s, -e> SÜDDT., ÖSTERR. *längliches Weizenbrötchen*

Weck·dienst *der* <-(e)s, -e> *ein Service, den eine Telefongesellschaft oder ein Hotel anbietet und mit dem man sich durch einen Telefonanruf wecken¹ lassen kann*

We·cke *die* <-, -n> siehe **Weck**
We·cken *der* <-, -> siehe **Weck**
we·cken *mit OBJ* ❶ ■ *jmd./etwas weckt jmdn. jmdn. wach machen:* Bitte weck mich morgen früh um 6 Uhr.; Das Klingeln des Weckers hat mich geweckt. ❷ ■ *etwas weckt etwas (in/bei jmdm.) (≈ wachrufen) etwas in jmdm. entstehen lassen:* Gefühle/Hoffnungen in jemandem wecken; Das hat meine Aufmerksamkeit geweckt.; Die Kritik hat ihren Ehrgeiz geweckt.

We·cker *der* <-s, -> *eine Uhr, die zu einer vorher eingestellten Zeit einen Ton erzeugt, um jmdn. zu wecken:* den Wecker stellen; Der Wecker hat geklingelt, wir müssen aufstehen.; ■ **jemand geht jemandem auf den Wecker** *(umg. abwert.) jmd. stört jmdn., indem er lästig ist* Du gehst mir ganz schön auf den Wecker!

Weck·mit·tel *das* <-s, -> MED. *(≈ Aufputschmittel) ein Medikament, das das zentrale Nervensystem stimuliert und eine erregende Wirkung hat:* Die regelmäßige Einnahme von Weckmitteln kann zu Abhängigkeit führen.

We·del *der* <-s, -> ❶ *ein Stab, an dessen Ende Federn o. Ä. befestigt sind und mit dem man Staub entfernen kann:* den Staub auf den Bücherregalen mit einem Wedel entfernen ◆ Staub- ❷ BOT. *ein gefächertes Blatt einer Pflanze:* die Wedel einer Palme ◆ Palm-

we·deln <wedelst, wedelte, hat/ist gewedelt> **I.** *mit OBJ (haben)* ■ *jmd./etwas wedelt etwas von etwas Dat. etwas entfernen, indem man ein Tuch oder Wedel o. Ä. schnell hin und herbewegt:* den Staub von den Regalen wedeln **II.** *ohne OBJ* ❶ ■ *jmd./ein Tier wedelt (mit etwas Dat.) (haben) etwas schnell hin und her schwenken:* mit den Armen/einem Tuch in der Luft wedeln; Der Hund wedelt mit dem Schwanz. ❷ ■ *jmd. wedelt (sein) auf Skiern in kurzen Schwüngen fahren:* den Hang hinunter wedeln

we·der *konj verwendet, um auszudrücken, dass das Erste und das Zweite (und das Dritte) nicht der Fall ist:* weder der eine noch der andere; Weder er noch sie konnte es wissen.; Weder kann ich ihn bringen noch ihn holen.; Weder kann seine Frau ihn bringen, noch kann sein Freund sie abholen.; weder rot noch schwarz noch gelb

Weg *der* <-(e)s, -e> ❶ *ein freier schmaler Streifen, auf dem man gehen oder fahren kann und der durch ein Gelände führt:* ein Weg durch den Wald; ein asphaltierter/ausgetretener/befestigter/gepflasterter Weg; einen neuen Weg im Garten anlegen ❷ *die bestimmte Strecke, die man zurücklegen muss, um zu einem Ziel zu gelangen:* noch

W

einen langen Weg vor sich haben; Wie weit ist der Weg ins nächste Dorf?; den Weg verlieren/nicht finden ❸ *die Richtung, die zu einem Ziel führt:* jemandem den Weg zeigen; Wohin führt dieser Weg?; jemandem den Weg abschneiden ❹ *die Art und Weise, mit der man ein Problem oder eine Angelegenheit lösen und behandeln kann:* auf diplomatischem/dienstlichem Wege; es auf anderem Weg(e) versuchen; Es gibt viele Wege, zum Erfolg zu kommen.; Ist das der richtige Weg, um gesund zu werden? ❺ *das, was man noch machen muss, um etwas zu erlangen:* der Weg zum Erfolg; der Weg zum Glück ❻ *die Zeit, während der man irgendwohin geht, reist oder fährt:* Auf dem Weg in die Schule habe ich sie getroffen.; Sie ist bereits auf dem Weg nach Zürich.; ■ **sich auf den Weg machen** *losgehen oder verreisen* Es ist schon spät, ich mach mich jetzt lieber auf den Weg.; ■ **sich einen Weg (durch etwas) bahnen** *sich Platz verschaffen, um durch etwas Dichtes hindurchzugehen* Er bahnte sich einen Weg durch die Menschenmassen.; ■ **seines Weges gehen** *(geh.) weitergehen, ohne sich um das zu kümmern, was um einen herum passiert;* ■ **jemand ist jemandem über den Weg gelaufen** *(umg.) jmd. hat jmdn. zufällig getroffen* Und dann ist mir noch mein Ex-Freund über den Weg gelaufen!; ■ **jemandem/etwas aus dem Weg gehen** *versuchen, jmdn. nicht zu treffen oder etwas zu vermeiden* der Arbeit aus dem Weg gehen; Ich gehe ihm lieber aus dem Weg, wenn er so eine schlechte Laune hat.; ■ **jemandem nicht über den Weg trauen** *(umg.) jmdm. nicht vertrauen;* ■ **seine eigenen Wege gehen** *sich von jmdm. unabhängig machen* Ab einem gewissen Alter gehen die Kinder ihre eigenen Wege.; ■ **Sie/er wird ihren/seinen Weg schon machen.** *(umg.) sie oder er wird im Leben bestimmt Erfolg haben;* ■ **etwas in die Wege leiten** *etwas vorbereiten und dann damit beginnen;* ■ **den Weg des geringsten Widerstandes gehen** *etwas tun, was am wenigsten Probleme bereitet;* ■ **sich auf dem Weg der Besserung befinden** *wieder gesund werden* Nach der Operation befindet er sich schon auf dem Weg der Besserung.; ■ **jemand ist auf dem besten Wege, etwas zu werden** *jmd. handelt so, dass er bald in eine negative Situation gerät* Sie ist auf dem besten Wege, ihren Job zu verlieren.; ■ **jemand steht jemandem im Weg** *jmd. ist für jmdn. ein Hindernis;* ■ **jemanden aus dem Weg räumen** *(umg. verhüll.) jmdn. umbringen;* ■ **etwas aus dem Weg räumen** *(umg.) ein Hindernis beseitigen;* ■ **Da führt kein Weg dran vorbei!** *(umg.) das muss man unbedingt machen;* ■ **Wo ein Wille ist, ist auch ein Weg.** *(Sprichwort) wenn man etwas wirklich will, kann man es auch realisieren;* ■ **jemandes letzter Weg** *die Beerdigung von jmdm.;* ■ **etwas zu Wege/zuwege bringen** *(umg.) etwas erreichen* ◆ Getrennt- oder Zusammenschreibung →R 4.20 Wie hast du das nur zu Wege/zuwege gebracht?

wẹg *adv* ❶ *relativ weit entfernt:* Es befindet sich weit weg von hier.; Die nächste Tankstelle ist nicht weit weg von hier. ❷ *(umg.) in Aufforderungen,*

sich oder etwas zu entfernen: Weg von hier!; Weg mit euch!; Hände weg!; Weg mit dem Messer! ❸ *(umg.) nicht mehr da; verschwunden:* Das Geld ist weg.; Ist er nun endlich weg?; Der Bus ist schon weg.; ■ **weg sein** *(umg.) ohne Bewusstsein sein* Nach dem vierten Bier war ich plötzlich weg.; ■ **ganz (hin und) weg sein** *(umg.) ganz begeistert sein* Sie war ganz (hin und) weg von dem Film.; ■ **darüber weg sein** *(umg.) etwas überwunden haben* Ist er endlich darüber weg, dass sie ihn verlassen hat?; Sie ist längst darüber weg. ◆ Getrenntschreibung →R 4.8 Meine Brille kann doch nicht einfach weg sein!

wẹg·an·geln <angelst weg, angelte weg, hat weggeangelt> *mit OBJ* ■ *jmd. angelt jmdm. jmdn./etwas weg (umg.) jmdn. oder etwas nehmen, den/das jmd. anderer schon hatte oder gern gehabt hätte:* Sie hat ihr einfach den Freund weggeangelt.

wẹg·be·kom·men <bekommst weg, bekam weg, hat wegbekommen> *mit OBJ* ❶ ■ *jmd. bekommt jmdn./etwas (aus /von etwas Dat.) weg (umg.: ≈ wegkriegen) bewirken, dass jmd. oder etwas nicht mehr an einem bestimmten Ort oder an einer bestimmten Stelle ist:* Den Jungen bekommst du von seinem Computer nicht mehr weg.; Ich bekomme den Bauch einfach nicht weg.; einen Flecken wegbekommen ❷ ■ *jmd. bekommt etwas weg (umg.: ≈ wegkriegen) jmd. erhält etwas:* Warte, du bekommst auch noch deine Strafe weg!

Wẹg·be·rei·ter *der;* **Wẹg·be·rei·te·rin** <-s, -> *eine Person, die die Voraussetzungen für eine spätere Entwicklung schafft:* ein Wegbereiter der Demokratie/des Fortschritts

wẹg·bla·sen <bläst weg, blies weg, hat weggeblasen> *mit OBJ* ❶ ■ *jmd. bläst etwas weg etwas entfernen, indem man darauf bläst:* den Staub von etwas wegblasen ❷ ■ *jmd. bläst jmdn./etwas weg (umg. abwert.) jmdn. erschießen oder etwas durch einen Schuss umstürzen lassen;* ■ **wie weggeblasen sein** *(umg.) spurlos verschwunden sein* Seine Sorgen waren plötzlich wie weggeblasen.

wẹg·blei·ben <bleibst weg, blieb weg, ist weggeblieben> *ohne OBJ* ■ *jmd. bleibt (von etwas Dat.) weg (umg.) nicht mehr anwesend sein oder nicht mehr kommen:* Sie ist von der Versammlung/vom Schulunterricht weggeblieben.; ■ **jemandem ist die Sprache weggeblieben** *jmd. war so verblüfft, dass er nichts mehr sagen konnte*

wẹg·brin·gen <bringst weg, brachte weg, hat weggebracht> *mit OBJ* ❶ ■ *jmd. bringt jmdn. weg jmdn. an einen anderen Ort führen:* Ich muss noch die Kinder wegbringen, bevor ich zur Arbeit gehe. ❷ ■ *jmd. bringt etwas weg eine Sache an einen Ort bringen, der für die weitere Behandlung/Verarbeitung o. Ä. der Sache relevant ist:* ein Paket/einen Brief wegbringen; Bring doch noch kurz den Müll weg, bevor du gehst.

wẹg·dre·hen <drehst weg, drehte weg, hat weggedreht> **I.** *mit OBJ* ■ *jmd. dreht den Kopf/das Gesicht weg den Kopf zur Seite drehen*

II. *mit SICH* ■ *jmd.* **dreht sich weg** *den Körper zur Seite drehen*

We·ge·bau *der* <-(e)s> *das Anlegen von meist gepflasterten Wegen¹*

We·ge·la·ge·rer *der* <-s, -> GESCH. *(≈ Straßenräuber)*

we·gen *präp* +Gen. *umg.:* +Dat. *verwendet, um den Grund von etwas anzugeben:* wegen seines Schweigens; Wegen deiner Lügerei sind wir in Schwierigkeiten.; Wegen dieser Sache sollten wir neu verhandeln.; Wegen seines Betruges kommt er unter Anklage.; ■ **wegen mir/dir/ihm usw.** *(umg.)* meinetwegen, deinetwegen, seinetwegen *usw.;* ■ **Von wegen!** *(umg.) verwendet, um auszudrücken, dass man jmds. Aussage (in milder Weise) widerspricht und zu betonen, dass das Gegenteil der Aussage richtig oder zutreffend wäre* Mach du das, du kannst das doch so gut! Von wegen, ich habe das noch nie gemacht!; ■ **von Amts wegen** *(geh.) im Auftrag eines Amtes* Ich komme von Amts wegen, nicht aus freien Stücken.

We·ge·netz *das* <-es, -e> *ein System von Wegen¹*

We·ge·rich *der* <-s, -e> BOT. *eine Pflanze, die an Wegen und auf Wiesen wächst und lange Stängel und kleine weiße Blüten hat*

weg·es·sen <isst weg, aß weg, hat weggegessen> *mit OBJ* ■ *jmd.* **isst (jmdm.) etwas weg** *(umg.) alles aufessen, was noch jmd. anderer essen wollte:* Du hst mir schon wieder die Pizza weggegessen.

weg·fah·ren <fährst weg, fuhr weg, hat/ist weggefahren> **I.** *mit OBJ (haben)* ■ *jmd.* **fährt etwas weg** *etwas an einen anderen Ort fahren:* Müll/ Möbel wegfahren; Ich muss das Auto hier wegfahren, es steht im Parkverbot. **II.** *ohne OBJ (sein)* ❶ ■ *jmd.* **fährt weg** *verreisen:* übers Wochenende wegfahren ❷ ■ *jmd.* **fährt mit dem Auto an einen anderen Ort fahren:* Ohne ein Wort zu sagen, stieg er ein und fuhr weg. ❸ ■ *etwas* **fährt weg** *ein Fahrzeug entfernt sich:* Der Bus fährt weg.

Weg·fahr·sper·re *die* <-, -n> KFZ *eine Vorrichtung in einem Auto, die verhindert, dass ein Autodieb mit diesem Fahrzeug wegfahren kann*

Weg·fall *der* <-(e)s> /kein Plur./ *(≈ Fortfall) der Sachverhalt, dass etwas, das bisher existiert hat oder der Fall war, nun nicht mehr gegeben ist:* der Wegfall eines Feiertages/Zusatzdienstes/; der Wegfall von Privilegien/von steuerlichen Vergünstigungen

weg·fal·len <fällt weg, fiel weg, ist weggefallen> *ohne OBJ* ■ *etwas* **fällt weg** *nicht mehr vorhanden sein:* Die Übungsstunden müssen leider wegfallen.; Diese Probleme fallen zukünftig weg.

weg·fe·gen *mit OBJ* ❶ ■ *jmd.* **fegt etwas weg** *etwas durch Fegen entfernen:* die Blätter/den Schnee auf dem Weg/vom Weg wegfegen ❷ ■ *jmd.* **fegt etwas/etwas weg** *jmdn. verjagen:* die alte Regierung wegfegen

weg·flie·gen <fliegst weg, flog weg, ist weggeflogen> *ohne OBJ* ■ *jmd./ein Tier fliegt weg* *sich fliegend entfernen:* Der Vogel ist weggeflogen.

weg·füh·ren **I.** *mit OBJ* ❶ ■ *jmd.* **führt jmdn.**

weg *mit jmdm.* **von einem Ort weggehen:** die Gefangenen wegführen; Führ die Kinder hier weg, das müssen sie nicht mit ansehen! ❷ ■ *etwas* **führt jmdn. (von etwas** Dat.) **weg** *etwas bewirkt, dass man sich von etwas entfernt:* Das führt uns zu weit vom eigentlichen Thema weg. **II.** *ohne OBJ* ■ *jmd./etwas* **führt von etwas** Dat. **weg** *von etwas abgehen:* Vom Weg führen schmalere Nebenwege weg.; Die Diskussion führt vom eigentlichen Thema weg.

Weg·gang *der* <-(e)s> /kein Plur./ *(≈ Ausscheiden) der Vorgang, dass jmd. seinen Arbeitsplatz aufgibt oder sein Amt niederlegt:* Nach dem Weggang des Kollegen müssen Sie dessen Arbeit übernehmen.

weg·ge·ben <gibst weg, gab weg, hat weggegeben> *mit OBJ* ■ *jmd.* **gibt etwas weg** *etwas, das man besessen hat, jmd. anderem geben, weil man es nicht mehr braucht:* Die alten Anzüge/Bücher habe ich weggegeben, ich brauchte sie nicht mehr.

weg·ge·hen <gehst weg, ging weg, ist weggegangen> *ohne OBJ* ❶ ■ *jmd.* **geht weg** *sich von irgendwo entfernen:* Sie ist schon weggegangen, sie wollte nicht länger warten.; Wollen wir heute Abend weggehen oder bleiben wir lieber zu Hause? ❷ ■ *jmd.* **geht weg** *(umg.) ein Lokal aufsuchen:* Wollen wir heute Abend weggehen oder bleiben wir lieber zu Hause? ❸ ■ *jmd.* **geht von jmdm. weg** *jmdn. verlassen:* Nach 10 Jahren Ehe ist er von ihr weggegangen. ❹ ■ *etwas* **geht weg** *(umg.) verschwinden:* Der Fleck ist beim Waschen nicht weggegangen.; Die Schmerzen wollen einfach nicht weggehen. ❺ ■ *etwas* **geht weg** *(umg.) gut und schnell verkauft werden:* Das Brot ist schnell weggegangen.; ■ **weggehen wie warme Semmeln** *(umg.) sehr gut und schnell verkauft werden;* ■ **Geh mir/Gehen Sie mir doch mit … weg!** *(umg.) Lass mich/lassen Sie mich mit … in Ruhe!*

weg·gie·ßen <gießt weg, goss weg, hat weggegossen> *mit OBJ* ■ *jmd.* **gießt etwas weg** *etwas entfernen, indem man es irgendwohin gießt:* das schmutzige Wasser weggießen

weg·ha·ben <hast weg, hatte weg, hat weggehabt> *mit OBJ* ■ *jmd.* **hat etwas weg** *(umg.) etwas entfernt haben:* Endlich habe ich den Schmutz (hier) weg!; Wenn ihr den Schrank hier weghabt, kann ich die Tür öffnen.; ■ **einen (Schlag/Schaden) weghaben** *(abwert.) durch ein schlimmes Ereignis einen dauerhaften psychischen Schaden erlitten haben*

weg·hal·ten <hältst weg, hielt weg, hat weggehalten> **I.** *mit OBJ* ■ *jmd.* **hält etwas von jmdm./sich weg** *etwas mit der Hand auf Abstand zu jmdm. oder sich halten* **II.** *mit SICH* ■ *jmd.* **hält sich von jmdm./etwas weg** *zu jmdm. keinen Kontakt mehr haben oder eine Sache vermeiden*

weg·hän·gen <hängst weg, hängte weg, hat weggehängt> *mit OBJ* ■ *jmd.* **hängt etwas weg** *etwas irgendwohin hängen, so dass man es nicht mehr sieht oder damit es nicht mehr stört:* den Wintermantel weghängen

weg·ho·len <holst weg, holte weg, hat wegge-

holt> **I.** *mit OBJ* ■ **jmd. holt jmdn. weg** *jmdn. irgendwo abholen und an einen anderen Ort bringen:* Wir müssen sie aus dem Heim wegholen, es gefällt ihr dort nicht. **II.** *mit SICH* ■ **jmd. holt sich etwas weg** *(umg.) eine Krankheit bekommen:* sich etwas/eine Krankheit wegholen; Ich weiß nicht, wo ich mir diesen Schnupfen weggeholt habe.

weg·hö·ren <hörst weg, hörte weg, hat weggehört> *ohne OBJ* ■ **jmd. hört weg** *nicht mehr zuhören:* Hör doch einfach weg, wenn dir die Musik nicht gefällt!

weg·ja·gen *mit OBJ* ■ **jmd. jagt jmdn./ein Tier weg** *jmdn. oder ein Tier vertreiben:* die Katze (vom Tisch) wegjagen; Er jagt immer die Kinder vom Hof weg.

weg·kom·men <kommst weg, kam weg, ist weggekommen> *ohne OBJ* ❶ ■ **jmd. kommt weg** *(umg.) einen Ort verlassen können:* Wir kommen hier nicht weg, wir stehen im Stau.; Bis zum Nachmittag komme ich nicht von zu Hause weg, ich habe zu viel zu tun. ❷ ■ **etwas kommt weg** *(umg.) gestohlen werden:* Mir ist mein Notizbuch weggekommen.; Lassen Sie Ihre Wertsachen lieber im Safe, hier ist schon einiges weggekommen. ❸ ■ **jmd. kommt von jmdm./etwas weg** *sich von etwas befreien oder lösen:* Er kam nicht vom Alkohol/Heroin/seiner Sucht weg.; Sie kommt nicht von ihm weg. ❹ ■ **jmd. kommt bei etwas irgendwie weg** *(umg.) bei etwas irgendwie behandelt werden:* Er ist bei der Verteilung des Erbes schlecht weggekommen.; Wir können froh sein, wir sind noch einmal gut bei der Sache weggekommen. ❺ ■ **jmd. kommt über etwas nicht weg** *(umg.) etwas nicht vergessen können:* Ich komme über die Trennung einfach nicht weg.; ■ **Mach, dass du wegkommst!** *(umg.) verwendet, um auf sehr unhöfliche Art zu sagen, dass jmd. weggehen soll*

weg·kön·nen <kannst weg, konnte weg, hat weggekonnt> *ohne OBJ* ❶ ■ **jmd. kann weg** *(umg.) einen Ort verlassen können:* Ich kann jetzt nicht weg, ich warte noch auf einen Anruf. ❷ ■ **etwas kann weg** *(umg.) etwas kann entfernt werden:* Die alten Zeitungen können weg.

weg·krat·zen <kratzt weg, kratzte weg, hat weggekratzt> *mit OBJ* ■ **jmd. kratzt etwas/ein Tier kratzt etwas weg (von etwas** *Dat.)* **weg** *etwas durch Kratzen entfernen:* das Eis von der Windschutzscheibe wegkratzen

weg·krie·gen <kriegst weg, kriegte weg, hat weggekriegt> *mit OBJ* ❶ ■ **jmd. kriegt jmdn./etwas (aus/von etwas** *Dat.)* **weg** *(umg.) wegbekommen[1]:* Ich kriege den Flecken nicht weg. ❷ ■ **jmd. kriegt etwas weg** *(umg.) wegbekommen[2]*

weg·kun·dig *adj (geh.) so, dass jmd. den Weg[2, 3] sehr gut kennt:* ein wegkundiger Führer

weg·las·sen <lässt weg, ließ weg, hat weggelassen> *mit OBJ* ❶ ■ **jmd. lässt etwas weg** *(umg.) etwas auslassen:* Das Komma kann man hier weglassen.; Wenn man das Salz weglässt, schmeckt das Essen nicht mehr.; Das (Thema) lassen wir hier lieber weg! ❷ ■ **jmd. lässt jmdn. weg** *(umg.) jmdn.*

---

weggehen lassen: Paul kommt heute nicht mit, seine Eltern haben ihn nicht weggelassen.; Ohne dass du eine warme Jacke anziehst, lasse ich dich nicht weg.

weg·lau·fen <läufst weg, lief weg, ist weggelaufen> *ohne OBJ* ❶ ■ **jmd./etwas läuft weg** *sich sehr schnell zu Fuß von einem Ort entfernen:* Lauf doch nicht gleich weg, wir müssen noch etwas besprechen! ❷ ■ **jmd. läuft jmdm. weg** *(umg.) verlassen:* Ihm ist seine Frau weggelaufen. ❸ ■ **jmd. läuft aus/von etwas** *Dat.* **weg** *etwas unerwartet verlassen:* Er ist aus dem Heim/von zu Hause/von der Arbeit weggelaufen. ❹ ■ **jmd./ein Tier läuft vor jmdm./etwas weg** *wegen jmdn. oder etwas flüchten:* Die Katze läuft vor dem Hund weg.

weg·le·gen *mit OBJ* ■ **jmd. legt etwas weg** *etwas irgendwohin legen, was man in der Hand hatte:* das Messer/die Zeitung weglegen

weg·ma·chen <machst weg, machte weg, hat weggemacht> *mit OBJ* ■ **jmd. macht etwas weg** *(umg.) etwas entfernen:* einen Fleck wegmachen; Er hat einen Baum im Garten weggemacht.; ■ **(sich) ein Kind wegmachen lassen** *(umg.) abtreiben*

weg·müs·sen <musst weg, musste weg, hat weggemusst> *ohne OBJ* ❶ ■ **jmd. muss weg** *(umg.) einen Ort verlassen müssen:* Ich muss hier weg, ich halte das nicht aus!; Musst du heute noch einmal weg oder bleibst du hier? ❷ ■ **etwas muss weg** *(umg.) etwas muss entfernt oder verbraucht werden:* Der Tisch muss hier weg; Die Milch muss heute weg, morgen ist sie schlecht. ❸ ■ **etwas muss weg** *(umg.) irgendwohin gebracht werden müssen:* Die Post muss heute noch weg.

weg·neh·men <nimmst weg, nahm weg, hat weggenommen> *mit OBJ* ❶ ■ **jmd. nimmt etwas weg** *etwas von einer Stelle nehmen:* die Decke vom Tisch wegnehmen; den Fuß von der Bremse wegnehmen ❷ ■ **jmd. nimmt jmdm. etwas weg** *jmdm. etwas nehmen, das ihm gehört:* jemandem den Führerschein/den Pass wegnehmen; Nimm mir nicht immer meine Sachen weg! ❸ ■ **jmd. nimmt jmdm. etwas weg** *(umg.) verhindern, dass jmd. etwas hat:* Geh zur Seite, du nimmst mir das Licht weg! ❹ ■ **etwas nimmt viel Platz weg** *viel Platz benötigen:* Der Tisch nimmt viel Platz weg.

weg·ra·ti·o·na·li·sie·ren <rationalisiert weg, rationalisierte weg, hat wegrationalisiert> *mit OBJ* ■ **jmd. rationalisiert jmdn./etwas weg** *(umg. verhüll.) jmdn. oder etwas durch Rationalisierung überflüssig machen:* Arbeitsplätze wegrationalisieren

weg·räu·men *mit OBJ* ❶ ■ **jmd. räumt etwas weg** *etwas irgendwohin schaffen, damit es nicht mehr stört:* die Spielsachen wegräumen ❷ ■ **jmd. räumt etwas weg** *etwas beseitigen:* Hindernisse/Schwierigkeiten wegräumen

weg·rei·ßen <reißt weg, riss weg, hat weggerissen> *mit OBJ* ❶ ■ **jmd. reißt etwas weg** *ein Gebäude abbrechen:* Der Bagger riss das Haus weg. ❷ ■ **jmd. reißt jmdm. etwas weg** *jmdm. plötzlich etwas mit Gewalt entwenden:* Der Dieb riss

ihm die Tasche weg. ❸ ■ *etwas reißt jmdn. weg*
jmd. wird von etwas plötzlich fortgezogen: Die
Strömung riss sie plötzlich weg.

weg·schaf·fen <schaffst weg, schaffte weg, hat
weggeschafft> *mit OBJ* ■ *jmd. schafft etwas
weg etwas irgendwohin bringen:* den Müll wegschaffen

weg·sche·ren <scherst weg, scherte weg, hat
weggeschert> *mit SICH* ■ *jmd. schert sich weg
(umg. abwert.) verschwinden:* Die (Störenfriede)
sollen sich endlich hier wegscheren!; Scher dich
weg!

weg·schi·cken *mit OBJ* ❶ ■ *jmd. schickt jmdn.
weg jmdn. auffordern, wegzugehen:* Wir haben
ihn wieder weggeschickt.; Ihr könnt mich doch
nicht einfach so wegschicken! ❷ ■ *jmd. schickt
etwas weg etwas irgendwohin senden:* einen
Brief/ein Fax/eine E-Mail wegschicken

weg·schie·ben <schiebst weg, schob weg, hat
weggeschoben> *mit OBJ* ■ *jmd. schiebt
jmdn./etwas weg etwas beiseiteschieben:* den
Teller/seinen Vordermann wegschieben

weg·schlep·pen <schleppst weg, schleppte
weg, hat weggeschleppt> **I.** *mit OBJ* ❶ ■ *jmd.
schleppt etwas weg (umg.) etwas Schweres irgendwohin tragen:* Taschen voller Getränke wegschleppen ❷ ■ *jmd. schleppt etwas weg (umg.
abwert.) etwas ohne Erlaubnis mitnehmen:* Wer
hat denn wieder meinen Schlüssel wegge-
schleppt? **II.** *mit SICH* ■ *jmd. schleppt sich
weg sich mit viel Mühe von einer Stelle entfernen:* Mit letzter Kraft schleppte er sich von der
Unfallstelle weg.

weg·schmei·ßen <schmeißt weg, schmiss
weg, hat weggeschmissen> *mit OBJ* ■ *jmd.
schmeißt etwas weg (umg.) etwas irgendwohin
werfen, weil man es nicht mehr braucht:* alte Sachen wegschmeißen

weg·schnap·pen <schnappst weg, schnappte
weg, hat weggeschnappt> *mit OBJ* ■ *jmd.
schnappt jmdm. etwas weg (umg.) etwas sehr
schnell und plötzlich nehmen oder kaufen, so
dass jmd. anderer es nicht mehr nutzen kann:* Er
hat mir doch die letzten Eintrittskarten wegge-
schnappt!

weg·schüt·ten *mit OBJ* ■ *jmd. schüttet etwas
weg etwas entfernen, indem man es irgendwohin
schüttet:* verdorbenes Essen/schmutziges Wasser
wegschütten

weg·se·hen <siehst weg, sah weg, hat weggese-
hen> *ohne OBJ* ❶ *(↔ hersehen)* ■ *jmd. sieht
weg den Blick woandershin richten:* verlegen
wegsehen ❷ ■ *jmd. sieht weg etwas nicht zur
Kenntnis nehmen:* Man kann nicht einfach wegsehen, wenn Unrecht geschieht.

 weg·set·zen <setzt weg, setzte weg, hat wegge-
setzt> **I.** *mit OBJ* ■ *jmd. setzt jmdn./etwas
weg jmdn. oder etwas an eine andere Stelle setzen:* Die Lehrerin hat Paul von Franz weggesetzt.;
Wir müssen die Grünpflanze dort wegsetzen, sie
gedeiht nicht richtig. **II.** *mit SICH* ❶ ■ *jmd. setzt
sich weg sich an eine andere Stelle setzen:* Ich
habe mich von ihm/von der Tür weggesetzt.
❷ ■ *jmd. setzt sich über etwas weg (umg.) et-

was nicht beachten: Er hat sich über ihre Anweisungen weggesetzt.

weg·ste·cken <steckst weg, steckte weg, hat
weggesteckt> *mit OBJ* ■ *jmd. steckt etwas weg
etwas irgendwohin stecken:* Du kannst das Notiz-
buch/dein Geld (wieder) wegstecken.; ■ *jemand
kann etwas wegstecken (umg.) etwas gut ertragen können* Sie hat den Misserfolg gut wegge-
steckt.

weg·steh·len <stiehlst weg, stahl weg, hat weg-
gestohlen> *mit SICH* ■ *jmd. stiehlt sich weg
heimlich weggehen:* Er hat sich von der Party weg-
gestohlen.

weg·stel·len *mit OBJ* ■ *jmd. stellt etwas weg etwas an eine andere Stelle stellen:* Kannst du die
Vase dort wegstellen? Sie stört mich.

weg·ster·ben <stirbst weg, starb weg, ist weg-
gestorben> *ohne OBJ* ❶ ■ *jmd./etwas stirbt
weg (umg.) ein Menge Personen sterben reihenweise:* In manchen Dörfern sind wegen AIDS fast
alle Jugendliche weggestorben. ❷ ■ *jmd. stirbt
jmdm. weg (umg.) sterben und jmdn. alleinlassen:* Nach sechzig Jahren Ehe ist ihm seine Frau
plötzlich weggestorben.

weg·sto·ßen <stößt weg, stieß weg, hat wegge-
stoßen> *mit OBJ* ■ *jmd. stößt jmdn./etwas
weg jmdn. oder etwas beiseitestoßen:* Sie hat die
neben ihr Stehenden einfach weggestoßen, um
besser sehen zu können.; Die Mutter stieß das
Kind unwirsch von sich weg.

Weg·stre·cke *die* <-, -n> *Teil eines längeren Weges, den man geht:* Sie hat ihn auf einer Wegstrecke von fünf Kilometern begleitet.; noch eine
ganze Wegstrecke vor sich haben

weg·tra·gen <trägst weg, trug weg, hat wegge-
tragen> *mit OBJ* ■ *jmd. trägt jmdn./etwas
weg jmdn. oder etwas an einen anderen Ort tragen:* Wir haben die Steine weggetragen.

weg·tre·ten <trittst weg, trat weg, ist weggetre-
ten> **I.** *mit OBJ* ■ *jmd. tritt etwas weg gegen etwas treten, damit es sich entfernt:* den Ball wegtreten **II.** *ohne OBJ* ❶ ■ *jmd. tritt (von etwas
Dat.) weg von etwas mit einem oder ein paar
Schritten zur Seite gehen:* vom Fenster/vom Eingang wegtreten, um anderen Platz zu machen
❷ ■ *jmd. ist weggetreten (umg.) geistig abwesend sein:* Die Vorlesung war schwierig und ich
war müde, da bin ich leider kurz weggetreten.;
■ **Wegtreten!** MILIT. *Kommando, mit dem Soldaten befohlen wird, eine Formation zu verlassen
und sich normal zu bewegen*

weg·tun <tust weg, tat weg, hat weggetan> *mit
OBJ* ❶ ■ *jmd. tut etwas weg (umg.) etwas an
eine andere Stelle tun:* Könntest du bitte deine Sachen hier wegtun? Ich brauche den Platz!
❷ ■ *jmd. tut etwas weg (umg.) etwas zum Abfall
tun:* verdorbenes Essen/alte Sachen wegtun
❸ ■ *jmd. tut etwas weg (umg.) etwas schnell
verbergen oder verschwinden lassen:* Tu das weg,
der Lehrer kommt!

weg·wei·send *adj /nicht steig./ so, dass es für
eine zukünftige Entwicklung sehr wichtig ist:* ein
wegweisendes Urteil des Bundesverfassungsge-
richts

Weg·wei·ser *der* <-s, -> *ein Zeichen, das die Richtung und manchmal auch die Entfernung zu einem Ort oder Ziel angibt:* Ihr könnt euch nach den Wegweisern richten, um ans Ziel zu kommen.

weg·wer·fen <wirfst weg, warf weg, hat weggeworfen> *mit OBJ* **1** ■ *jmd. wirft etwas weg etwas irgendwohin werfen:* den Ball auffangen und wieder wegwerfen **2** ■ *jmd. wirft etwas weg etwas, das man nicht mehr braucht, in den Müll werfen:* verdorbene Lebensmittel/alte Schuhe wegwerfen; ■ **sein Geld wegwerfen** *sein Geld verschwenden;* ■ **sein Leben wegwerfen** *sich für eine sinnlose Sache opfern*

Weg·werf·fla·sche *die* <-, -n> *(umg.: ≈ Einwegflasche ↔ Pfandflasche) Flasche, die man nach Gebrauch wegwirft, weil man für sie kein Pfand erhält*

Weg·werf·ge·sell·schaft *die* <-, -en> *(abwert.) Gesellschaft, in der Waren nur kurz gebraucht und dann weggeworfen und durch neue ersetzt werden*

Weg·werf·ver·pa·ckung *die* <-, -en> *(↔ Mehrwegverpackung) Verpackung, die nach Gebrauch in den Müll geworfen wird*

Weg·werf·win·del *die* <-, -n> *Windel, die nach Gebrauch in den Müll geworfen wird*

weg·wi·schen <wischst weg, wischte weg, hat weggewischt> *mit OBJ* ■ *jmd. wischt etwas weg etwas durch Wischen entfernen:* den Schmutz/Staub (vom Schrank) wegwischen; alles, was an der Tafel steht, wegwischen; ■ **etwas ist wie weggewischt** *(umg. übertr.) etwas ist aus dem Gedächtnis verdrängt* Die Erinnerungen der letzten Jahre sind wie weggewischt.

Weg·zeh·rung *die* <-, -en> *(geh.) ein kleiner Vorrat an Essen, den man auf einer Wanderung oder einem Spaziergang mit sich trägt*

Weg·zei·chen *das* <-s, -> *Zeichen, das an einem Weg die Richtung angibt*

weg·zie·hen <ziehst weg, zog weg, hat/ist weggezogen> **I.** *mit OBJ (haben)* ■ *jmd. zieht (jmdm.) etwas weg etwas durch Ziehen entfernen:* die Decke/die Hand wegziehen; jemandem den Stuhl wegziehen **II.** *ohne OBJ (sein)* **1** ■ *jmd./ein Tier zieht weg den Wohnort oder Aufenthaltsort wechseln:* Familie Schmidt ist im vergangenen Jahr weggezogen.; Die Stare sind schon weggezogen. **2** ■ *etwas zieht weg sich entfernen:* Das Gewitter/die Wolke ist weggezogen.

Weh *das* <-(e)s> */kein Plur./ (veralt. geh.) (seelisches) Leid, Kummer:* jemandem großes Weh bereiten; ■ **mit viel Ach und Weh** *mit viel Stöhnen und Klagen*

weh¹ *adj* **1** *(umg.) schmerzend:* ein wehes Bein haben **2** *(geh.) traurig:* Ihr ist ganz weh zumute.; Ihm wurde ganz weh ums Herz.

weh² *interj verwendet, um Kummer oder Leid auszudrücken:* O weh, wie war das nur möglich?; Ach weh!

weh, *a.* **we·he** *interj verwendet, um zu drohen:* Wehe, wenn ihr das vergesst!; Weh(e) ihm, wenn er das noch einmal macht!

We·he¹ *die* <-, -n> */meist Plur./ das schmerzhafte* Zusammenziehen der Gebärmutter bei der Geburt: Die Wehen setzen ein.

We·he² *die* <-, -n> *Schnee oder Sand, der vom Wind zu einem Haufen geweht wurde:* Der Wind hatte große Wehen (von Schnee) auf der Straße aufgetürmt. ◆ Schnee-

We·he³ *das Wohl und Wehe (geh.) die Art und Weise, wie es jmdm. ergeht* Das wird über unser Wohl und Wehe entscheiden.

we·hen I. *mit OBJ* ■ *etwas weht etwas irgendwohin der Wind oder ein Sturm bewegt etwas irgendwohin:* Der Wind weht das Laub durch die Luft. **II.** *ohne OBJ* **1** ■ *etwas weht (irgendwohin)/(irgendwoher) der Wind oder der Sturm bläst (irgendwohin) (irgendwoher):* Der Wind weht über das Land.; Der Sturm weht stark aus Norden. **2** ■ *etwas weht etwas bewegt sich durch den Wind:* Die Wäsche weht auf der Leine.; Die Flaggen wehen im Wind.; Mit wehenden Haaren lief er über die Straße.

Weh·ge·schrei *das* <-s> */kein Plur./ (≈ Wehklage)*

Weh·kla·ge *die* <-, -n> *(geh.) lautes Klagen wegen seelischer oder körperlicher Leiden:* die Wehklage der trauernden Angehörigen

weh·kla·gen <wehklagst, wehklagte, hat gewehklagt> *ohne OBJ* ■ *jmd. wehklagt (geh.) laut wegen seelischer oder körperlicher Leiden klagen:* Man hörte sie schon aus der Ferne wehklagen.; mit wehklagender Stimme

weh·lei·dig *adj (abwert.)* **1** *übertrieben empfindlich gegen Schmerzen:* Sei doch nicht so wehleidig!; ein wehleidiges Kind ▶ Wehleidigkeit **2** *so jammervoll, dass es Mitleid erregt:* eine wehleidige Stimme; ein wehleidiges Gesicht machen

Weh·mut *die* <-> */kein Plur./ leichter Schmerz, den man bei der Erinnerung an etwas Vergangenes empfindet:* voller Wehmut an die Jugendzeit denken ▶ wehmütig

Wehr¹ *das* <-(e)s, -e> *eine Art Mauer, mit der Wasser gestaut wird oder die Wassergeschwindigkeit verringert wird:* Der Fluss staut sich vor einem Wehr.

Wehr² *die* <-, -en> *(veralt.) eine Gruppe von Personen, die etwas verteidigen oder schützen:* Die Wehren der Nachbarorte mussten ausrücken, um den Brand zu löschen.; ■ **Wehr und Waffen** *(dichter. veralt.) Schutz und Verteidigung* ◆ Bundes-, Feuer-, Land-

Wehr³ ■ **sich zur Wehr setzen** *(geh.) sich verteidigen*

Wehr·be·auf·trag·te *der/die* <-n, -n> POL., MILIT. *eine Person, die vom Bundestag beauftragt ist, zu kontrollieren, ob die verfassungsmäßigen Rechte der Soldaten der Bundeswehr eingehalten werden:* der Bericht des Wehrbeauftragten

Wehr·dienst *der* <-(e)s, -e> *Dienst, der aufgrund der Wehrpflicht beim Militär gemacht wird:* seinen Wehrdienst bei der Luftwaffe/der Marine ableisten; den Wehrdienst antreten/verweigern; zum Wehrdienst eingezogen werden ◆ -verweigerer, -verweigerung

wehr·dienst·taug·lich *adj* /nicht steig./ *zum*

Wehrdienst geeignet: jemanden für (nicht) wehrdiensttauglich erklären

weh·ren I. ohne OBJ ■ jmd. **wehrt jmdm. etwas** (veralt. geh.) jmdm. etwas nicht erlauben: Sie wehrte ihm den Zutritt zum Schloss.; Wehret den Anfängen! II. mit SICH ❶ ■ jmd. **wehrt sich gegen etwas** Akk. gegen etwas Widerstand leisten: Sie wehrte sich gegen die Anschuldigungen. ❷ ■ jmd. **wehrt sich (gegen jmdn./etwas)** sich verteidigen: Wenn man angegriffen wird, muss man sich wehren.; ■ **Wehret den Anfängen!** (geh.) verwendet als Aufforderung, schon früh einer negativen Entwicklung entgegen zu treten; ■ **sich mit Händen und Füßen wehren** (umg.) sich mit aller Kraft verteidigen

Wehr·ex·per·te der, **Wehr·ex·per·tin** <-n, -n> POL. Experte (einer Partei) für die Streitkräfte

wehr·fä·hig adj /nicht steig./ für den Militärdienst geeignet

wehr·haft adj (veralt.) ❶ (↔ wehrlos) in der Lage, sich zu verteidigen: ein kleines, wehrhaftes Volk ❷ gut befestigt: eine wehrhafte Burg

Wehr·kraft·zer·set·zung die <-> /kein Plur./ GESCH. Ausdruck, mit dem während des Zweiten Weltkriegs von den Nationalsozialisten jegliche kritische Äußerung zum Militäreinsatz bezeichnet und mit dem Tode oder der Inhaftierung in einem KZ bestraft wurde

wehr·los adj nicht in der Lage, sich zu verteidigen: einer Sache völlig wehrlos gegenüberstehen; ein wehrloses Kind; Einen Wehrlosen schlägt man nicht. ▶ Wehrlosigkeit

Wehr·macht die <-> /kein Plur./ die Streitkräfte des nationalsozialistischen Deutschen Reiches/ Hitlerdeutschlands von 1935 bis 1945 ◆-sdeserteur

Wehr·mann der <-(e)s, Wehrmänner> SCHWEIZ. Soldat

Wehr·pflicht die <-> /kein Plur./ die gesetzliche Pflicht, Wehrdienst zu leisten, die in Deutschland seit 2011 nicht mehr gilt: die allgemeine Wehrpflicht ▶ wehrpflichtig, Verpflichtige

Wehr·sold der <-(e)s> /kein Plur./ der monatliche Lohn, den ein Soldat erhält

Wehr·sport·grup·pe die <-, -n> eine neonazistische Gruppe, die militärische Übungen macht

wehr·taug·lich adj /nicht steig./ (≈ wehrfähig)

weh·tun, a. **weh tun** <tust weh, tat weh, hat wehgetan> ohne OBJ ❶ ■ etwas tut weh (umg.: ≈ schmerzen) Mein Arm/Finger/Kopf tut furchtbar weh.; Wo tut es dir denn weh? ❷ ■ jmd./etwas tut jmdm. weh jmdm. Schmerzen zufügen: Er hat mir absichtlich wehgetan.; Das grelle Licht tut den Augen weh.; Ich habe mir wehgetan.; Er hat sich mit dem Messer wehgetan.; Die Spritze hat überhaupt nicht wehgetan. ❸ ■ jmd./etwas tut jmdm. weh (übertr.) jmdm. seelische Schmerzen zufügen: Du hast ihr mit deiner Äußerung sehr wehgetan.; Scheiden/Ein Abschied tut weh. ◆Zusammen- oder Getrenntschreibung →R 4.16 Hat es wehgetan/weh getan?; Wer hat dir denn wehgetan/weh getan?

Weh·weh·chen das <-s, -> (umg. abwert.) harmlose Beschwerden: Du mit deinen dauernden Wehwehchen!

Weib das <-(e)s, -er> ❶ (umg. abwert.) Frau: ein altes/fürchterliches/hässliches Weib ❷ (umg.) tolle Frau: Das ist vielleicht ein (tolles) Weib!

Weib·chen das <-, -> (↔ Männchen) weibliches Tier: Bei vielen Tierarten kümmert sich nur das Weibchen um die Aufzucht der Jungen.

Wei·ber·feind der <-(e)s, -e> (veralt.) jmd., der Frauen ablehnt und sie feindselig betrachtet

Wei·ber·held der <-en, -en> (umg. abwert.) Mann, der viele (sexuelle) Beziehungen zu verschiedenen Frauen hat und damit prahlt

Wei·ber·volk das <-(e)s> /kein Plur./ (abwert.) Frauen

wei·bisch adj /nicht steig./ so, dass jmd. nicht die (angeblichen) typischen männlichen Eigenschaften hat: Er hat eine weibische Art/ein weibisches Benehmen.

weib·lich adj ❶ beim Menschen von dem Geschlecht, das Kinder gebären kann: weibliche Nachkommen; die weiblichen Angestellten einer Firma ❷ so, dass ein Tier Junge gebären kann: Ein weibliches Tier nennt man „Weibchen". ❸ BOT. so, dass es eine Frucht bilden kann: eine weibliche Blüte ❹ zu einer Frau gehörend: die weibliche Anatomie/Psyche; die weiblichen Geschlechtsorgane; die weibliche Brust; ein weiblicher Vorname ❺ (≈ feminin) typisch für eine Frau: eine weibliche Stimme; eine sehr weibliche Ausstrahlung ❻ SPRACHWISS. von einem grammatischen Genus, das für Substantive im Nominativ Singular den Artikel „die" erfordert: Die weibliche Form von „Lehrer" ist „Lehrerin".

Weib·lich·keit die <-> /kein Plur./ ❶ weibliche Art: viel/wenig Weiblichkeit ausstrahlen/haben ❷ (geh. scherzh.) die Gesamtheit der Frauen: die holde Weiblichkeit; Er hatte wenig Erfolg bei der Weiblichkeit.

Weibs·bild das <-(e)s, -er> (umg. abwert.) eine Frau: So ein unverschämtes Weibsbild kommt mir nicht noch einmal in Haus!

weich adj ❶ so, dass ein Material einfach zu formen oder zu bearbeiten ist: Silber ist ein weiches Metall.; weiches Holz ❷ so, dass es sich sanft und glatt anfühlt: ein weiches Fell; weiche Wolle; ein weicher Stoff; die Wäsche weich spülen/weichspülen ❸ so, dass es nachgibt und elastisch ist: ein weiches Bett ❹ so, dass es fertig gekocht ist: das Fleisch weich kochen/weichkochen; weich gedünstetes Gemüse ❺ so, dass es sehr reif ist: Der Apfel ist schon ganz weich. ❻ mitfühlend: ein weiches Herz haben ❼ so, dass jmd. leicht zu überreden ist und nachgibt: Er ist halt zu weich für diesen Job. ❽ angenehm zu hören: eine weiche Stimme ❾ angenehm für die Augen: in ein weiches Licht getaucht sein ❿ so, dass es ohne Kanten und runde Formen hat: weiche Gesichtszüge haben; ■ weiches Wasser wenig Kalk enthaltendes Wasser; ■ weich gespülte/weichgespülte Wäsche Kleidung, die sich nach dem Reinigen weich² anfühlt ◆Getrennt- oder Zusammenschreibung →R 4.16 weich gekochte/

weichgekochte Eier; das Fleisch weich klopfen/ weichklopfen

Wei·che[1] *die* <-, -n> *Vorrichtung an Eisenbahnschienen, mit der ein Zug von einem Gleis auf ein anderes gelenkt werden kann:* eine Weiche stellen; ■ **die Weichen für etwas stellen** *(übertr.) etwas so entscheiden, dass eine Entwicklung in eine bestimmte Richtung gelenkt wird*

Wei·che[2] *die* <-, -n> */meist Plur./ (≈ Flanke)* dem Pferd die Sporen in die Weichen drücken

Weich·ei *das* <-s, -er> *(umg. abwert.) Weichling*

wei·chen[1] <weichst, wich, ist gewichen> *ohne OBJ* ❶ ■ *jmd.* **weicht nicht von irgendwo** *(geh.) irgendwo bleiben:* nicht von der Stelle weichen; Er wich den ganzen Abend nicht von ihrer Seite. ❷ ■ *jmd.* **weicht (vor) jmdm./etwas** *nachgeben, kapitulieren:* vor der Gefahr weichen; Sie mussten (vor) der Übermacht der Angreifer weichen. ❸ ■ *etwas weicht etwas Dat. durch etwas anderes abgelöst werden:* Die Angst weicht der Erleichterung.; Allmählich weicht der Tag der Nacht. ❹ ■ *etwas weicht (geh.) verschwinden:* Alles Blut war aus ihren Wangen gewichen. ❺ ■ *jmd.* **weicht irgendwohin** *irgendwohin ausweichen:* Schnell wich ich zur Seite.

wei·chen[2] <weichst, weichte, hat/ist geweicht> **I.** *mit OBJ (haben)* ■ *jmd.* **weicht etwas** *etwas weich machen:* Wir haben das Brot erst in Milch geweicht, dann ließ es sich besser essen. **II.** *ohne OBJ (sein)* ■ *etwas weicht weich werden:* Das Brot muss noch etwas weichen/ist schon genug geweicht.

Wei·chen·stel·ler *der* <-s, -> *jmd., der eine Weiche*[1] *einstellt*

Wei·chen·stel·lung *die* <-, -en> ❶ *Einstellung einer Weiche*[1] ❷ *(übertr.) Entscheidung für eine bestimmte Richtung, in die etwas geht:* Die Regierung hat die Weichenstellungen für die Reformen vorgenommen.

Weich·heit *die* <-, -en> */kein Plur./* ❶ *Zustand, in dem etwas weich ist:* die Weichheit des Materials ❷ *Zustand, in dem jmd. sehr nachgiebig und beeinflussbar ist:* Seine Weichheit verhindert wirkliche Entscheidungen.

weich·her·zig *adj (↔ hartherzig) mitfühlend und gütig* ▶ Weichherzigkeit

Weich·kä·se *der* <-s> */kein Plur./ ein weicher Schmierkäse, den man zum Beispiel auf ein Brot streichen kann*

weich·lich *adj (abwert.)* ❶ *ohne starken Willen:* ein weichlicher Charakter ❷ *körperlich schwach:* Er ist zu weichlich, er schafft eine solche schwere Bergtour nicht. ❸ *nicht streng genug:* eine weichliche Erziehung ▶ Weichlichkeit

Weich·ling *der* <-s, -e> *(abwert.) Mann, der weichlich*[1, 2] *ist*

weich·ma·chen <machst weich, machte weich, hat weichgemacht> *mit OBJ* ■ *jmd.* **macht jmdn. weich** *jemand redet so lange auf jemanden ein bis dieser nachgibt* ◆Zusammenschreibung →R 4.6 jemanden durch vieles Überreden weichmachen

Weich·sel[1] *die* <-> *ein Fluss in Polen*

Weich·sel[2] *die* <-, -n> ÖSTERR. *Sauerkirsche*

Weich·spü·ler *der* <-s, -> *ein Mittel, das dem Spülwasser der Wäsche zugesetzt wird, um sie weicher zu machen*

Weich·tier *das* <-s, -e> ZOOL. *(≈ Molluske) ein kleines wirbelloses Tier:* Schnecken und Muscheln gehören zu den Weichtieren.

Weich·zeich·ner *der* <-s, -> FOTOGR., FILM ❶ *eine Linse, die bei analoger Fotografie auf das Objektiv einer Kamera gesetzt wird, um die Aufnahmen in ein weiches*[9] *Licht zu tauchen* ❷ *Filter in der digitalen Fotografie:* Gaußscher, radialer, selektiver Weichzeichner

Wei·de[1] *die* <-, -n> ❶ BOT. *ein Baum, der am Wasser wächst, und lange biegsame Zweige hat:* der Wind in den Weiden ❷ *von einer Weide abgeschnittener Zweig:* Ostern stellen wir immer einen Strauß Weiden in die Vase.

Wei·de[2] *die* <-, -n> *Land, auf dem Gras wächst und auf dem Vieh weiden kann:* fette/grüne/saftige Weiden; die Kühe/Schafe auf die Weide treiben

wei·den[1] **I.** *mit OBJ* ■ *jmd.* **weidet ein Tier** *ein Tier auf die Weide führen und dort beaufsichtigen:* Der Schäfer weidet seine Schafe. **II.** *ohne OBJ* ■ *ein Tier weidet auf einer Weide Gras fressen:* die Herde weiden lassen; Die Kühe weiden auf der Wiese.

wei·den[2] *mit SICH* ■ *jmd.* **weidet sich an etwas** *Dat. (geh.) sich an etwas erfreuen, auch wenn es dabei anderen schlecht geht:* sich am Unglück anderer weiden; sich an einem schönen Anblick weiden

Wei·den·ge·büsch *das* <-s, -e> *Gebüsch aus Weiden*[1, 1]

Wei·den·ge·flecht *das* <-(e)s, -e> *etwas aus Weidenruten Geflochtenes*

Wei·den·kätz·chen *das* <-s, -> *die weiße, pelzige Blüte des Weidenbaums*

Wei·den·ru·te *die* <-, -n> *ein Zweig, der von einem Weidenbaum geschnitten und sehr biegsam ist*

Wei·de·platz *der* <-es, Weideplätze> *Stelle in einer Landschaft, an der es eine Weide*[2] *gibt:* Die Nomaden sind auf der Suche nach guten Weideplätzen.

weid·ge·recht *adj /nicht steig./ (fachspr.) so, dass es den Normen der Jagd entspricht*

weid·lich *adv (veralt.) reichlich:* etwas weidlich genießen

Weid·mann *der* <-(e)s, Weidmänner> *(fachspr.) Jäger*

weid·män·nisch *adj /nicht steig./ (fachspr.) in fachgerechter Art der Jäger*

Weid·manns·heil *interj Gruß der Jäger bei der Jagd*

weid·wund *adj /nicht steig./ (fachspr.) so, dass ein Tier durch einen Schuss in die Eingeweide zu Tode verwundet ist*

wei·gern <weigerst, weigerte, hat geweigert> *mit SICH* ■ *jmd.* **weigert sich, etwas zu tun** *erklären, dass man etwas nicht tun will:* Ich weigere mich, den Befehl auszuführen/das zu glauben.

Wei·ge·rung *die* <-, -en> *der Vorgang, dass sich jmd. weigert:* Auch deine Weigerung wird dir nicht helfen.; Im Falle der Weigerung müssen wir Gewalt anwenden.

Weih·bi·schof *der* <-s, Weihbischöfe> *Bischof, der den amtierenden Bischof bei bestimmten Handlungen vertritt*

Wei·he[1] *die* <-, -n> ❶ REL. *Sakrament der katholischen Kirche, mit dem eine Person in ein niederes oder höheres Priesteramt berufen wird:* die niederen/höheren Weihen empfangen ❷ REL. *rituelle Handlung, mit der für etwas Neues Gottes Segen erbeten wird:* die Weihe einer Kirche/eines neuen Bauwerks ❸ *(geh.) Erhabenheit; Würde:* Der Veranstaltung fehlte die rechte Weihe.

Wei·he[2] *die* <-, -n> ZOOL. *mittelgroßer Greifvogel, der seine Beute im Flug schlägt*

wei·hen I. *mit OBJ* ❶ ■ *jmd. weiht jmdn.* REL. *jmdm. das Sakrament der Weihe erteilen:* jemanden zum Priester weihen ❷ ■ *jmd. weiht etwas* REL. *Gottes Segen für etwas Neues erbitten:* eine Kirche/ein neues Bauwerk weihen ❸ ■ *jmd. weiht jmdm./etwas etwas etwas unter die Schirmherrschaft oder dem Dienst einer Gottheit oder eines Heiligen stellen:* Der Tempel war der Aphrodite geweiht.; Die Kirche ist dem heiligen Johannes geweiht. ❹ ■ *jmd. weiht jmdm./etwas etwas (geh.) etwas jmdm. oder etwas widmen:* Er hat sein Leben/seine ganze Kraft der Arbeit an dieser Sache geweiht.; Das Denkmal ist dem Andenken an die Opfer geweiht. **II.** *mit SICH* ■ *jmd. weiht sich etwas (geh.) sich für etwas mit aller Kraft einsetzen:* Sie weihte sich der Arbeit für die Kranken und Ausgestoßenen.; ■ **jemand ist dem Tode geweiht** *(geh.) jmd. muss sterben;* ■ **etwas ist dem Untergang geweiht** *(geh.) etwas wird untergehen und verschwinden* Karthago war dem Untergang geweiht.

Wei·her *der* <-s, -> SÜDDT. *kleiner Teich:* Die Frösche quaken im Weiher. ◆Fisch-

wei·he·voll *adj (geh.) sehr erhaben*

Weih·nacht *die* <-> /kein Plur./ (geh.: ≈ Weihnachten) Ich wünsche Ihnen eine gesegnete Weihnacht.

Weih·nach·ten *das* <-, -> ❶ *kirchliches Fest am 25. Dezember zur Feier der Geburt von Jesus Christus:* In unserer Familie wird Weihnachten gemeinsam gefeiert. ❷ *die Zeit vom Abend des 24.12.(Heiligabend) bis zum 26.12.(zweiter Weihnachtsfeiertag):* über Weihnachten Urlaub haben; das Weihnachten von 1921; ■ **weiße Weihnacht(en)** *ein Weihnachtsfest, bei dem Schnee liegt*

Weihnachten ist das wichtigste religiöse Fest und gleichzeitig das wichtigste Familienfest des Jahres. Das wichtigste Symbol des Festes ist der „Weihnachtsbaum", eine Tanne oder Fichte, die man in der Weihnachtzeit auf vielen öffentlichen Plätzen findet und die man auch in der eigenen Wohnung im Wohnzimmer aufstellt. Der Weihnachtsbaum wird mit Kerzen und bunten Kugeln geschmückt. Es gibt eine riesige Zahl an „Weihnachtsbräuchen", die landschaftlich variieren; vgl. das Stichwort

„Brauch". Man beschenkt sich mit „Weihnachtsgeschenken", die man sich am Abend des 24. Dezembers überreicht. Der 25. Dezember, der „1. Weihnachtsfeiertag" und der 26. Dezember, der „2. Weihnachtsfeiertag", sind arbeitsfreie Feiertage. Ohnehin nehmen viele Menschen über die „Weihnachtstage" einen „Weihnachtsurlaub". Gern vergnügt man sich im „Advent", den vier Wochen vor Weihnachten, auf den zahlreichen „Weihnachtsmärkten" mit heißen Würsten, Punsch und „Glühwein" (gewürztem und heiß getrunkenem Rotwein). Traditionell gehört zum Fest ein besonders gutes Essen, zum Beispiel die „Weihnachtsgans".

weih·nach·ten ■ **Es weihnachtet sehr.** *es wird bald Weihnachten*

weih·nacht·lich *adj zum Weihnachtsfest gehörend:* weihnachtliche Lieder singen; Es herrscht überall weihnachtliche Stimmung.; eine weihnachtlich geschmückte Kirche

Weih·nachts- *als Erstglied zusammengesetzter Substantive; drückt aus, dass sich das mit dem Zweitglied Bezeichnete auf Weihnachten bezieht* ◆-baum, -botschaft, -feiertag, -fest, -geschenk, -gratifikation, -lied, -papier, -stollen, -zeit

Weih·nachts·abend *der* <-s> /kein Plur./ (≈ Heiligabend) *der 24. Dezember, der Abend vor dem Weihnachtsfest*

Weih·nachts·geld *das* <-(e)s, -er> *Geld, das Angestellte, Arbeiter und Beamte im Dezember zusätzlich zu ihrem Gehalt bekommen*

Weih·nachts·krip·pe *die* <-, -n> *Darstellung des Stalls, in dem Jesus geboren wurde, als Modell mit Figuren*

Weih·nachts·mann *der* <-(e)s, Weihnachtsmänner> ❶ *Gestalt, die wie der Nikolaus aussieht und angeblich zu Weihnachten die Geschenke bringt* ❷ *(umg. abwert.) Bezeichnung für jmdn., der alles falsch oder Unsinn macht;* ■ **Du glaubst auch noch an den Weihnachtsmann!** *(umg.) du bist auch sehr leichtgläubig*

Weih·nachts·markt *der* <-es, Weihnachtsmärkte> *Markt zur Weihnachtszeit, auf dem Spielzeug, Süßigkeiten und Weihnachtsschmuck verkauft werden*

Weih·nachts·stern *der* <-s, -e> ❶ /kein Plur./ *der Stern, der sehr hell leuchtete, um die Geburt von Christus anzuzeigen* ❷ *ein Stern aus Stroh oder Papier, mit dem man zu Weihnachten den Weihnachtsbaum schmückt oder den man vor das Fenster hängt* ❸ BOT. *eine Pflanze mit roten Blüten, die die Form eines Sterns haben und die im Winter blüht*

Weih·rauch *der* <-(e)s, -e> ❶ *Harz eines tropischen Strauches, das man verbrennt und das dabei einen sehr aromatischen Duft verströmt:* Das Jesuskind bekam Gold, Weihrauch und Myrrhe geschenkt. ❷ *der aromatische Rauch, der entsteht, wenn Weihrauch*[1] *verbrannt wird:* Die ganze Kirche duftete nach Weihrauch.; Aus dem Gefäß stieg Weihrauch auf.

Weih·was·ser *das* <-s> */kein Plur./* REL. *Wasser, das ein Priester gesegnet hat:* etwas mit Weihwasser besprengen; ■ **etwas fürchten wie der Teufel das Weihwasser** *(geh.) etwas sehr fürchten*

weil *konj* ❶ *leitet Nebensätze ein, die eine Ursache angeben:* Wir kommen zu spät, weil die Bahn ausgefallen ist.; Sie ist beliebt, weil sie Erfolg hat. ❷ *leitet die Antwort auf eine Frage nach der Ursache ein:* Warum kommst du erst jetzt? – Weil der Bus Verspätung hatte.; Warum lachst du nicht? – Weil ich traurig bin!

Weil·chen *das* <-> */kein Plur./ (umg.) ein relativ kurzer Zeitraum:* Das wird noch ein Weilchen dauern.

Wei·le *die* <-> */kein Plur./ eine unbestimmte Zeitdauer:* eine Weile nachdenken; Er kam nach einer geraumen Weile zurück.

wei·len *ohne OBJ* ■ *jmd. weilt irgendwo (geh.) sich irgendwo aufhalten:* Sie weilt gerade im Ausland.; Der Baron weilt gerade auf seinem Landsitz.; ■ **nicht mehr unter den Lebenden weilen** *tot sein* Der Graf weilt nicht mehr unter den Lebenden.

Wei·ler *der* <-s, -> *eine sehr kleine Ortschaft, die aus wenigen Häusern besteht:* Im Dorf und den umliegenden Weilern leben etwa fünfhundert Menschen.

Wein *der* <-(e)s, -e> ❶ */kein Plur./* BOT. *eine Pflanze, deren essbare Früchte, die Beeren, in charakteristischen Gebilden, den Trauben, angeordnet sind:* Wein anbauen; Am Hang wächst Wein.; Wilder Wein rankt sich am Haus empor. ◆-beere, -berg, -ernte, -ranke, -traube ❷ *ein alkoholisches Getränk, das aus dem Saft der Beeren des Weins¹ gemacht wird:* edler/erlesener/halbtrockener/lieblicher/roter/süßer/trockener/ weißer Wein; deutscher/französischer/italienischer/ spanischer Wein; Wein dekantieren/keltern/lagern/trinken; eine Flasche Wein entkorken/als Geschenk mitbringen/ aus dem Regal nehmen; Wein von fruchtigem/herbem Geschmack; ■ **jemandem reinen Wein einschenken** *(umg.) jmdm. die Wahrheit über etwas sagen* ◆-fass, -flasche, -glas, -kenner(in), -sorte

Wein·an·bau *der* <-(e)s> */kein Plur./* LANDW. *das Anpflanzen und Kultivieren von Wein¹* ◆-gebiet

Wein·bau *der* <-(e)s> */kein Plur./ (≈ Weinanbau)* ◆-gebiet

Wein·berg·schne·cke *die* <-, -n> *eine Schnecke mit Gehäuse, die man essen kann*

Wein·brand *der* <-s, Weinbrände> *ein starker Alkohol, der aus Wein² gemacht wird*

wei·nen *ohne OBJ* ❶ ■ *jmd. weint Tränen vergießen und schluchzen, weil man enttäuscht oder traurig ist oder weil man Angst oder Schmerzen hat:* Er weinte bitterlich.; Sie weint wegen der Schmerzen/vor Angst/aus Enttäuschung. ❷ ■ *jmd. weint über etwas/um jmdn.* weinen¹, *weil man wegen etwas oder dem Tod von jmdm. sehr traurig ist:* um einen Toten weinen; ■ **bittere Tränen weinen** *sehr stark weinen¹;* ■ **Das ist ja zum Weinen!** *(umg.) das ist sehr bedauerlich oder sehr schlecht*

wei·ner·lich *adj so, dass man fast weint:* mit weinerlicher Stimme; Mir ist ganz weinerlich zumute.

Wein·es·sig *der* <-s, -e> *Essig, der aus Wein² hergestellt ist*

Wein·gut *das* <-(e)s, Weingüter> *landwirtschaftlicher Betrieb für Weinbau*

Wein·hau·er *der*, **Wein·hau·e·rin** <-s, -> ÖSTERR. *Winzer(in)*

Wein·jahr *das* <-(e)s, -e> *Jahr einer Weinernte:* ein besonderes/gutes/hervorragendes/schlechtes Weinjahr ◆Jahrhundert-, Spitzen-

Wein·kar·te *die* <-, -n> *eine Liste, auf der die Weine² verzeichnet sind, die in einem Lokal erhältlich sind*

Wein·kel·ler *der* <-s, -> ❶ *Keller, in dem Weine² gelagert werden:* einen vollen Weinkeller haben ❷ *(≈ Weinstube) Lokal, in dem Wein² ausgeschenkt wird*

Wein·kell·ner *der*, **Wein·kell·ne·rin** <-s, -> *(≈ Sommelier)*

Wein·krampf *der* <-(e)s, Weinkrämpfe> *ein sehr starkes Weinen:* Sie wurde von Weinkrämpfen geschüttelt

Wein·le·se *die* <-, -n> *das Ernten der Weintrauben:* bei der Weinlese helfen

Wein·pro·be *die* <-, -n> *das Probieren verschiedener Weinsorten:* an einer Weinprobe teilnehmen

Wein·re·be *die* <-, -n> *(≈ Wein¹) die Pflanze, aus deren Früchten Wein² hergestellt wird*

wein·rot *adj /nicht steig./ dunkelrot*

wein·se·lig *adj locker und lustig, weil viel Wein² getrunken wurde:* eine weinselige Stimmung

Wein·stein *der* <-(e)s> */kein Plur./ eine harmlose Substanz, die manchmal in einer Weinflasche entsteht und die hart ist*

Wein·stock *der* <-(e)s, Weinstöcke> *Pflanze der Weinrebe*

Wein·stu·be *die* <-, -n> *Lokal, in dem Wein (und dazu passende kleinere Gerichte) angeboten werden*

Wei·se¹ *die* <-, -n> *die Art, wie etwas geschieht oder getan wird:* eine bestimmte Art und Weise; es auf diese Weise doch schaffen; in dieser/in der üblichen Weise verfahren; etwas auf viele verschiedene Weisen versuchen; ■ **in gewisser Weise** *von einem bestimmten Standpunkt aus gesehen* In gewisser Weise hast du recht, aber ich möchte dazu noch einiges sagen.

Wei·se² *die* <-, -n> *(veralt.) eine Melodie:* eine fröhliche/sanfte/vertraute Weise

Wei·se³ *der/die* <-n, -n> *ein kluger und erfahrener Mensch:* den Rat eines Weisen suchen; ■ **die drei Weisen aus dem Morgenland** REL. *die Heiligen Drei Könige*

wei·se *adj* ❶ *klug und erfahren:* eine weise alte Frau; weise handeln ❷ *auf Klugheit und Erfahrung beruhend:* eine weise Entscheidung; jemandem weisen Rat geben; sich weise zurückhalten

wei·sen <weist, wies, hat gewiesen> **I.** *mit OBJ* ❶ *(geh.)* ■ *jmd. weist jmdm. etwas jmdm. etwas zeigen:* Er wies ihr den Weg. ❷ ■ *jmd weist jmdm. von/aus etwas Dat. jmdn. auffordern, einen Ort zu verlassen:* Man wies die Randalierer aus dem Saal.; Er wurde von der Schule gewiesen. **II.** *ohne OBJ* ■ *jmd./etwas weist irgendwohin (geh.) irgendwohin zeigen:* Sie wies in seine Richtung.; Er wies (mit der Hand) auf die Frau in der letzten Reihe.; Das Schild weist in den nächsten Ort.; ■ **etwas von sich weisen** *etwas ablehnen;* ■ **jemandem die Tür weisen** *jmdn. auffordern zu gehen*

Weis·heit *die* <-, -en> ❶ */kein Plur./ Klugheit und großes Wissen, die auf Lebenserfahrung beruhen:* ein alter Mann von großer Weisheit; die Weisheit des Alters ❷ *weiser Spruch:* eine Weisheit aus dem alten China ❸ */meist Plur./ (umg. iron.) ein Ratschlag, der nicht willkommen ist:* Du kannst deine Weisheiten für dich behalten!; ■ **(nicht) der Weisheit letzter Schluss** *(umg.) ein (noch nicht) vollkommen zufrieden stellendes Ergebnis;* ■ **mit seiner Weisheit am Ende sein** *(umg.) nicht mehr wissen, wie es weiter gehen soll;* ■ **jemand hat die Weisheit nicht gerade mit Löffeln gegessen** *(umg. iron.) jmd. ist dumm oder nicht besonders klug*

Weis·heits·zahn *der* <-(e)s, Weisheitszähne> *einer der Backenzähne beim Menschen, der ganz hinten sitzt und den man meist erst als Erwachsener bekommt:* Normalerweise hat man vier Weisheitszähne.

weis·ma·chen *mit OBJ* ■ *jmd. will jmdm. etwas weismachen (abwert.) durch sein reden bewirken wollen, dass jmd. etwas glauben soll, was nicht wahr ist:* Sie wollte uns die tollsten Dinge weismachen.; Wollen Sie mir vielleicht weismachen, dass Sie das nicht gewusst haben?

weiß¹ *Präsens von* **wissen**

weiß² *adj* ❶ *ohne eigene Farbpigmente und sehr hell:* weiß wie Schnee; zum Anzug ein weißes Hemd tragen; Die Tennisspieler sind weiß gekleidet. ❷ *von der hellsten Schattierung, die der Farbton von etwas aufweisen kann:* Der Hund hatte ein weißes Fell.; weiße Haut ❸ *blass:* eine weiße Hautfarbe haben; ganz weiß werden vor Schreck ❹ MED. *farblos:* weiße Blutkörperchen; ■ **weiße Weihnachten** *Weihnachten mit Schnee;* ■ **der weiße/Weiße Tod** *das Erfrieren im Schnee;* ■ **eine weiße Weste haben** *sich nicht schuldig gemacht haben;* ■ **ein weißer Fleck auf der Landkarte** *ein unerforschtes Gebiet;* ■ **das Weiße Haus** *der Sitz des amerikanischen Präsidenten* ◆Großschreibung →R 3.17 aus Weiß Schwarz machen; das Weiße Haus in Washington; ◆Getrennt- oder Zusammenschreibung →R 4.16 das Hemd weiß waschen/weißwaschen; eine weiß glühende/weißglühende Sonne; eine weiß getünchte/weißgetünchte Wand; ◆Getrenntschreibung →R 4.2 weiß gekleidete Kinder; *siehe aber auch* **weißwaschen**

Weiß *das* <-(es), -> */meist Sing./* ❶ *weiße Farbe:* das Weiß des Schnees ❷ */ohne Artikel / der Spieler, der bei einem Brettspiel, wie zum Beispiel Schach, auf den weißen Feldern oder mit den weißen Figuren spielt:* Weiß gewinnt.; ■ **in Weiß** *mit Kleidung, die weiß ist* eine Hochzeit in Weiß

weis·sa·gen <weissagst, weissagte, hat geweissagt> *mit OBJ* ■ *jmd. weissagt (jmdm.) etwas*

(≈ *prophezeien) (jmdm.) etwas vorhersagen:* die Zukunft weissagen; Es ist ihr geweissagt worden, dass sie einmal sehr berühmt wird.; Vor wichtigen Entscheidungen lässt er sich immer weissagen.

Weis·sa·gung *die* <-, -en> (≈ *Prophezeiung) das, was über die Zukunft oder künftige Ereignisse vorhergesagt wird:* Nicht alle Weissagungen sind Wirklichkeit geworden.

Weiß·bier *das* <-(e)s, -e> *ein obergäriges Weizenbier, das vor allem in Süddeutschland hergestellt wird*

Weiß·brot *das* <-(e)s, -e> *ein helles Weizenbrot*

Weiß·dorn *der* <-(e)s, -e> BOT. *eine Pflanze, die als Strauch oder kleiner Baum wächst und Dornen an den Ästen und weiße Blüten hat*

Wei·ße *der/die* <-n, -n> *ein Mensch, der eine helle Hautfarbe hat*

wei·ßen <weißt, weißte, hat geweißt> *mit OBJ* ■ *jmd. weißt etwas etwas mit weißer Farbe anstreichen:* die Wände im Keller frisch weißen

Weiß·glut *die* <-> */kein Plur./ das sehr helle Glühen, das entsteht, wenn Metall sehr stark erhitzt wird:* das Eisen bis zur Weißglut erhitzen; ■ **jemanden zur Weißglut bringen** *(umg.) jmdn. sehr wütend machen*

Weiß·gold *das* <-(e)s> */kein Plur./ Gold, das mit Silber oder Platin gemischt ist*

weiß·haa·rig *adj /nicht steig./ so, dass die Haare ihre Farbe verloren haben:* ein weißhaariger alter Mann

Weiss·ka·bis *der* <-> */kein Plur./* SCHWEIZ. *Weißkohl*

Weiß·kohl *der* <-(e)s> */kein Plur./* NORDDT. *ein Kohl mit weißen bis hellgrünen Blättern*

Weiß·kraut *das* <-s> SÜDDT. *Weißkohl*

weiß·lich *adj fast weiß:* einen weißlichen Belag haben

Weiß·ma·cher *der* <-s, -> *Waschmittelzusatz, der die Wäsche aufhellt*

Weiß·russ·land <-s> GEOGR. *Staat in Osteuropa mit Grenzen zu Polen, Litauen, Lettland, der Ukraine und Russland* ► Weißrusse, Weißrussin, weißrussisch

weiß·wa·schen <wäschst weiß, wusch weiß, hat weißgewaschen> *mit OBJ* ■ *jmd. wäscht jmdn./sich weiß (übertr. abwert.) alles tun, damit jmd. oder man selbst nicht verdächtig erscheint:* sich von einer Schuld/einem Verdacht weißwaschen; *siehe aber auch* **weiß**

Weiß·wein *der* <-(e)s, -e> (↔ *Rotwein) ein sehr heller durchsichtiger Wein*

Weiß·wurst *die* <-, Weißwürste> SÜDDT., ÖSTERR. *eine Wurst aus Kalbfleisch, die gewärmt und mit süßem Senf gegessen wird*

Wei·sung *die* <-, -en> *(geh.) Befehl:* einer Weisung Folge leisten; auf höhere Weisung hin handeln

Weisungs·be·fug·nis *die* <-, -se> *das Recht, eine Weisung zu geben*

weisungs·be·rech·tigt *adj /nicht steig./ so, dass jmd. Weisungsbefugnis hat*

weisungs·ge·bun·den *adj /nicht steig./ an Weisungen gebunden*

wei·sungs·ge·mäß *adj /nicht steig./ (geh.) so,*

dass es der Weisung entspricht: Es ist alles wei-
sungsgemäß durchgeführt worden.

weit[1] *adj* ❶ *so, dass es in einer oder über eine relativ große Entfernung erfolgt:* Wir sind weit gefahren.; weit gereist sein; Sie sind weit hinaus aufs Eis
gegangen.; Der Blick schweift weit bis zum Horizont.; Mit dem Fernglas kann man sehr weit sehen.; einen Ball weit weg werfen ❷ *in einer bestimmten Distanz:* Wie weit ist es von München
bis nach Hamburg?; Er ist 3 Meter weit gesprungen. ❸ *so, dass es einen relativ langen Zeitraum
umfasst:* Wie weit ist es noch bis zu den Ferien?;
Das liegt alles weit zurück, ich kann mich nicht
mehr daran erinnern.; Man muss bis weit in die
Zukunft hinein planen. ❹ *so, dass es einen bestimmten Punkt einer Entwicklung bezeichnet:*
Wie weit seid ihr mit der Arbeit (gekommen)?; Wir
sind weiter gekommen, als wir gehofft hatten.;
Bald ist es so weit, und wir können in das neue
Haus einziehen.; Bist du so weit, dass wir gehen
können? ❺ *räumlich sehr ausgedehnt:* weites
Land; eine weite Ebene; hinaus auf das weite
Meer; Der Gang wird hier weiter.; die Türen weit
öffnen; ein weit verbreiteter Irrtum; ein weit verzweigtes Netz von Leitungen ❻ *(übertr.) so, dass
es einen großem inhaltlichen Umfang hat:* ein
weites Aufgabengebiet; weit gehende/reichende
Vollmachten haben; Das ist ein weites Feld, da
kann man endlos diskutieren.; einen weiten Horizont besitzen ❼ *so, dass es nicht eng am Körper
anliegt:* Der Gürtel/die Hose/der Hut ist zu weit.;
Ich muss den Rock weiter machen.; Die Öffnung
ist zu weit, der Pfropfen kann sie nicht verschließen.; ■ **die weite Welt** *die Welt, die von zu Hause
entfernt ist und in der man viel erleben kann* Er
zog in die weite Welt hinaus.; ■ **das weite Meer**
das große Meer ohne sichtbare Grenzen Sie fuhren aufs weite Meer hinaus.; ■ **von weitem** *aus einer gewissen Entfernung* Von weitem betrachtet
wirkt das Haus nicht mehr so eindrucksvoll.; ■ **bei
weitem** *mit großem Abstand* Das ist bei weitem
die teuerste Wohnung, die ich gesehen habe.;
■ **weit und breit** *in der ganzen Umgebung* Hier
gibt es weit und breit keine Tankstelle.; ■ **etwas
ist weit hergeholt** *etwas, das nichts mit dem
Thema zu tun hat, aber als Argument gelten soll*
Das ist jetzt aber weit hergeholt!; ■ **jemand ist
viel weiter als jemand** *jmd. hat jmdn. anders in
der Entwicklung oder bei einer Aufgabe überholt;*
■ **jemand hat es weit gebracht** *jmd. hat im Beruf oder/und im Leben viel Erfolg;* ■ **mit etwas
ist es nicht weit her** *(umg. abwert.) etwas taugt
nicht viel;* ■ **weit blickend/weitblickend** *vorausschauend* weit blickende/weitblickende Entscheidungen; ■ **das Weite suchen** *(geh.) fliehen;*
■ **Das geht zu weit!** *das kann nicht toleriert werden;* ■ **jemand ist zu weit gegangen** *(umg.)
jmd. hätte nicht tun oder sagen dürfen* Mit
dieser Kritik sind Sie eindeutig zu weit gegangen!;
■ **so weit, so gut** *bis jetzt ist es in Ordnung*
◆Großschreibung →R 3.7 Lasst uns schnell das
Weite suchen!; Ihr Blick verlor sich ins Weite.;
◆Kleinschreibung →R 3.13 Weit und breit war
niemand zu sehen.; ◆Kleinschreibung →R 3.7

Wir sind bei weitem/Weitem noch nicht fertig.; Er
sah sie schon von weitem/Weitem kommen.;
◆Getrennt- oder Zusammenschreibung →R 4.3
Seid ihr soweit?; Er hat den Stein so weit geworfen
wie ich.; Nie hätte ich gedacht, dass es so weit mit
dir kommt/dass wir so weit kommen.; ◆Ge-
trennt- oder Zusammenschreibung → R 4.20
eine weit blickende/weitblickende Politik betreiben; Diese Meinung ist weit verbreitet/weitver-
breitet.; ein weit verzweigtes/weit verzweigtes
Netz von Straßen und Schienen; *siehe aber auch*
soweit, **weitblickend**, **weiterbestehen**, **weitgehend**, **weither**

weit[2] *adv (↔ kaum) verwendet, um zu betonen,
dass der Unterschied sehr groß ist:* Sie ist weit älter, als sie aussieht.; Er hat weit mehr getrunken,
als er zugibt.; Der Film war weit besser, als ich gedacht habe.

weit·ab *adv weit entfernt von:* Das Boot trieb
weitab von den anderen auf dem See.; weitab von
jeglicher Zivilisation

weit·aus *adv verwendet, um einen Vergleich hervorzuheben:* der weitaus beste Schüler; Sie ist
weitaus bekannter als ihre Vorgängerin.

Weit·blick *der <-(e)s> /kein Plur./ die Eigenschaft, Entwicklungen vorausschauend richtig zu
beurteilen:* ein Politiker/eine Politik mit Weitblick;
Sie hat in dieser Sache viel/wenig Weitblick bewiesen.

weit·bli·ckend, **weit bli·ckend** *adj Weitblick habend; vorausschauend*

Wei·te *die <-, -n> ❶ die räumliche Ausdehnung:*
die Weiten des Ozeans/des Himmels; die unendlichen Weiten des Weltalls ❷ *Ferne:* Ihr Blick
schweifte in die Weite. ❸ *Durchmesser, Innen-
maß:* ein Rohr mit einer Weite von drei Metern
❹ sport *die erreichte Entfernung:* Er belegte mit
einer Weite von sieben Metern den ersten Platz.;
große Weiten erzielen ❺ *Größe oder Passform eines Kleidungsstücks in Bezug auf den Umfang:*
Die Hose passt in der Weite, aber nicht in der
Länge.; Welche Weite brauchen/haben Sie?; ■ **die
lichte Weite** *Abstand zwischen den inneren Rändern einer Öffnung* die lichte Weite einer Durchfahrt

wei·ten **I.** *mit OBJ* ■ **jmd. weitet etwas** *etwas
weiter machen:* eine Öffnung weiten; die Schuhe
weiten lassen **II.** *mit SICH* ■ **etwas weitet sich**
größer werden: Ihre Augen weiteten sich vor
Schreck.

wei·ter[1] *adj* ❶ *so, dass es über das bereits Gesagte
hinausgeht:* Haben Sie noch weitere Fragen?; Alles
Weitere besprechen wir später. ❷ *(≈ zukünftig)*
Man muss die weiteren Entwicklungen abwarten.;
■ **ohne weiteres** *einfach so* Er hat das ohne weiteres geglaubt.; ■ **bis auf weiteres** *vorläufig*
◆Großschreibung →R 3.4 Das Weitere wollen
wir verschweigen.; Die Weiteren haben wir noch
... anzubieten.; Das wollen wir noch im Weiteren besprechen.; ◆Groß- oder Kleinschreibung
→R 3.7 Bis auf weiteres/Weiteres bleibt das Geschäft geschlossen.; Das hat er ohne weiteres/Wei-
teres geglaubt.

wei·ter[2] *adv* ❶ *bezeichnet die Fortsetzung einer*

Handlung: Schnell weiter!; Bis hierher und nicht weiter! **2** (≈ *außerdem*) *so, dass es über das bereits Gesagte hinausgeht:* Was geschah weiter?; Was willst du noch weiter?; Weiter weiß ich nichts. **3** *weiterhin:* Wenn du weiter so redest, wird dir keiner mehr zuhören!; ■ **nichts weiter (als)** *nur* Das ist nichts weiter als eine Grippe.; Sie ist eine Angeberin, nichts weiter.; ■ **Wenn es weiter nichts ist!** *(umg. iron.)* das ist für mich gar kein Problem ◆ Getrenntschreibung →R 4.6 Soll ich dich noch weiter bringen als bis hierher?; Wir sind heute 15 Kilometer gelaufen, seid ihr noch weiter gelaufen?; Du hast mir schon so viel geholfen, kannst du mir noch weiter helfen?; Wir haben dich jeden Tag im Krankenhaus besucht, sollen wir auch weiter kommen?; Wer will die Versammlung weiter leiten?; Was sollen wir weiter machen?; Was soll ich dazu weiter sagen?; *siehe aber auch* **weiterbestehen, weiterbringen, weiterführen, weitergeben, weitergehen, weiterhelfen, weiterkommen, weiterleiten, weitermachen, weitersagen**

wei·ter·be·ste·hen <besteht weiter, bestand weiter, hat weiterbestanden> *ohne OBJ* ■ *etwas besteht weiter erhalten bleiben und auch in Zukunft existieren* ◆ Zusammenschreibung →R 4.9 Dieser Betrieb konnte nicht mehr weiterbestehen.; *siehe aber auch* **weiter**

wei·ter·bil·den <bildest weiter, bildete weiter, hat weitergebildet> *mit SICH* ■ *jmd. bildet sich weiter etwas Zusätzliches lernen, besonders um bessere Möglichkeiten im Beruf zu bekommen:* sich durch die Lektüre von Fachbüchern/in einem Kurs/durch Selbststudium/in Seminaren weiterbilden

Wei·ter·bil·dung *die* <-, -en> **1** /kein Plur./ *das Weiterbilden:* als Firma in die Weiterbildung der Mitarbeiter investieren **2** *ein Art Kurs, in dem sich jmd. weiterbildet:* Sie hat schon mehrere Weiterbildungen absolviert. ◆ -smaßnahme

wei·ter·brin·gen <bringst weiter, brachte weiter, hat weitergebracht> *mit OBJ* ■ **Das bringt mich/uns (auch) nicht weiter.** *das hilft mir/uns auch nicht bei der Lösung eines Problems* ◆ Zusammenschreibung →R 4.6 Dein Vorschlag wird uns auch nicht weiterbringen.; *siehe aber auch* **weiter**

wei·ter·emp·feh·len <empfiehlst weiter, empfahl weiter, hat weiterempfohlen> *mit OBJ* ■ *jmd. empfiehlt jmdn./etwas weiter eine Person, mit er man selbst zu tun hatte oder eine Sache, die man selbst benutzt hat, an jmdn. empfehlen:* Diesen Mitarbeiter kann ich wärmstens weiterempfehlen. ◆ Zusammenschreibung →R 4.6 jemandem ein Restaurant weiterempfehlen; *siehe aber auch* **weiter**

wei·ter·ent·wi·ckeln <entwickelst weiter, entwickelte weiter, hat weiterentwickelt> **I.** *mit OBJ* ■ *jmd. entwickelt etwas weiter etwas ständig neu bearbeiten, um es besser zu machen:* Der Motor wird ständig weiterentwickelt. **II.** *mit SICH* ■ *jmd. entwickelt sich weiter sich verbessern und an Reife gewinnen:* Der Schüler hat sich in letzter Zeit deutlich weiterentwickelt. ◆ Zusammenschreibung →R 4.6 ein weiterentwickeltes

Modell dieser Serie; sich zu seinem Vorteil weiterentwickeln

Wei·ter·ent·wick·lung *die* <-, -en> **1** /kein Plur./ *das Weiterentwickeln I:* eine ständige Weiterentwicklung der Methoden/der Technik **2** *das Ergebnis einer Weiterentwicklung [1]:* Wir kaufen nicht das alte Modell, sondern gleich die neueste Weiterentwicklung.

Wei·ter·fahrt *die* <-, -en> *Fortbewegung, die nach einer Pause oder einem Aufenthalt geschieht:* Die Weiterfahrt des Zuges verzögert sich wegen eines Unfalls um dreißig Minuten – Wir bitten um Ihr Verständnis!.

wei·ter·füh·ren <führst weiter, führte weiter, hat weitergeführt> *mit OBJ* ■ *jmd. führt etwas weiter etwas fortsetzen:* Die Polizei führt die Untersuchungen weiter.; Der Sohn wird das Geschäft der Eltern weiterführen.; ■ **etwas führt (jemanden) nicht weiter** *etwas hilft nicht* Das Jammern führt (dich) doch nicht weiter. ◆ Zusammenschreibung →R 4.6 Wollen wir das Projekt weiterführen oder geben wir auf?; Das wird uns kaum weiterführen.; *siehe aber auch* **weiter**

Wei·ter·ga·be *die* <-> /kein Plur./ **1** *(die Weitergabe von Informationen)* ≈ *Übermittlung* **2** *der Vorgang, dass man etwas an jmdn. gibt, das man vorher selbst von einer anderen Person erhalten hat:* die Weitergabe eines Briefes

wei·ter·ge·ben <gibst weiter, gab weiter, hat weitergegeben> *mit OBJ* **1** ■ *jmd. gibt etwas (an jmdn.) weiter übermitteln:* Informationen weitergeben; eine Tradition von Generation zu Generation weitergeben **2** ■ *jmd. gibt etwas (an jmdn.) weiter jmdm. etwas geben, was man vorher selbst bekommen hat:* Nun gib schon endlich die Fotos weiter, wir wollen sie auch mal sehen.; *siehe aber auch* **weiter**

wei·ter·ge·hen <gehst weiter, ging weiter, ist weitergegangen> *ohne OBJ* **1** ■ *jmd. geht weiter die Bewegung nach einer Unterbrechung fortsetzen:* Wollen wir inzwischen schon weitergehen?; Gehen Sie bitte weiter! **2** ■ *es/das Leben geht weiter (nach einem (negativen) Ereignis) nimmt das Leben wieder seinen Verlauf:* Irgendwie wird es schon weitergehen. ◆ Zusammenschreibung →R 4.6 Sie sind schon weitergegangen, wir warten noch.; Wie soll es mit dir bloß weitergehen?; *siehe aber auch* **weiter**

wei·ter·hel·fen <hilfst weiter, half weiter, hat weitergeholfen> *ohne OBJ* ■ *jmd./etwas hilft jmdm. weiter jmdm. erfolgreich bei der Lösung von Problemen helfen:* Kann ich dir irgendwie weiterhelfen?; Danke, Sie haben mir sehr weitergeholfen!; Das Buch hat mir weitergeholfen. ◆ Zusammenschreibung →R 4.6 Wer kann uns denn jetzt noch weiterhelfen?; *siehe aber auch* **weiter**

wei·ter·hin *adv* **1** *auch in Zukunft:* Das Gesetz gilt auch weiterhin. **2** *außerdem:* Weiterhin ist zu beachten, dass...

wei·ter·kom·men <kommst weiter, kam weiter, ist weitergekommen> *ohne OBJ* **1** ■ *jmd. kommt weiter eine Bewegung nach einer Unterbrechung fortsetzen:* Kommt weiter, der Weg ist noch lang. **2** ■ *jmd. kommt mit/in etwas Dat.*

weiter bei etwas einen Fortschritt erzielen: Ich komme mit dieser Arbeit einfach nicht weiter.; im Beruf weiterkommen ♦ Zusammenschreibung →R 4.6 So werden wir wohl kaum weiterkommen!; *siehe aber auch* **weiter**
wei·ter·lei·ten <leitet weiter, leitete weiter, hat weitergeleitet> *mit OBJ* ■ *jmd. leitet etwas (an jmdn./etwas) weiter etwas (an jmdn. oder etwas) übermitteln:* eine Nachricht/einen Brief weiterleiten ♦ Zusammenschreibung →R 4.6 Hast du die Information an alle weitergeleitet?; *siehe aber auch* **weiter**
wei·ter·ma·chen *ohne OBJ* ■ *jmd. macht (mit etwas Dat.) weiter etwas fortsetzen:* seine Arbeit weitermachen; Wollen wir so weitermachen wie bisher?; ■ **Mach nur so weiter!** *(umg. iron.) wenn du deine Handlung auf diese Art fortsetzt, wirst du Schwierigkeiten bekommen* ♦ Zusammenschreibung →R 4.6 Wenn du so weitermachst, bist du bald krank!; *siehe aber auch* **weiter**
Wei·ter·rei·se *die* <-> /kein Plur./ *Fortsetzung einer Reise nach einer Unterbrechung:* die Weiterreise antreten; Auf unserer Weiterreise wurden wir von Frau Schmidt begleitet.
wei·ter·sa·gen *mit OBJ* ■ *jmd. sagt (jmdm.) etwas weiter* ❶ *etwas mündlich weiterleiten:* Kannst du den Termin weitersagen? ❷ *etwas erzählen, was eigentlich geheim ist:* ein Geheimnis weitersagen ♦ Zusammenschreibung →R 4.6 Wir wollen es allen weitersagen.; *siehe aber auch* **weiter**
wei·ter·se·hen *ohne OBJ* ■ **... dann sehen wir weiter** *(umg.) dann werden wir entscheiden, was zu tun ist* Erst müssen wir diese Aufgabe erledigen und dann sehen wir weiter.
Wei·ter·ver·ar·bei·tung *die* <-> /kein Plur./ *Vorgang, dass ein Produkt oder Erzeugnis noch einmal bearbeitet wird:* Das Erzeugnis wird zur Weiterverarbeitung ins Ausland geschickt.
wei·ter·ver·wei·sen <verweist weiter, verwies weiter, hat weiterverwiesen> *mit OBJ* ■ *jmd. verweist jmdn. an jmdn./etwas weiter jmdn. zu jmdm. schicken, damit er dort Informationen bekommt:* Ich muss Sie leider an meinen Vorgesetzten weiterverweisen.
wei·ter·wis·sen <weiß weiter, wusste weiter, hat weitergewusst> *ohne OBJ* ❶ ■ *jmd. weiß weiter wissen, was zu tun ist* ❷ ■ *jmd. weiß nicht mehr weiter verzweifelt sein und sich keinen Rat mehr wissen*
weit·ge·hend[1], *a.* **weit ge·hend** *adj* ❶ /nur attr./ *so, dass es viele Konsequenzen hat:* weitgehende Ideen/Planungen ❷ /nur attr./ *so, dass es fast vollständig ist:* weitgehende Vollmacht/Ablehnung
weit·ge·hend[2] *adv* (≈ größtenteils) Er hat sich weitgehend beruhigt.
weit·her *adj* ■ **von weither** *von einem weit entfernten Punkt her:* Das Schiff kam von weither.; *siehe aber* **weit**
weit·her·zig *adj großzügig:* Er war ein reicher, sehr weitherziger Mann, der alles den Armen spendete. ▸ Weitherzigkeit

weit·hin *adv* ❶ *in großem Umkreis:* weithin zu hören/bekannt sein ❷ *in hohem Maße:* Das ist weithin unsere Schuld.
weit·läu·fig *adj* ❶ *ausgedehnt in alle Richtungen:* ein weitläufiger Park ❷ *sehr ausführlich:* weitläufige Schilderungen ❸ *nicht sehr nahe:* weitläufig mit jemandem bekannt/verwandt sein; eine weitläufige Verwandte
weit·ma·schig *adj* (↔ engmaschig) *so, dass es große Zwischenräume gibt:* ein weitmaschiges Netz
weit·räu·mig *adj so, dass es viel Raum umfasst:* eine weiträumige Siedlung; eine weiträumige Fahndung der Polizei
weit·rei·chend, *a.* **weit rei·chend** <weitreichender/weiter reichend, weitreichendst/weitest­reichend> *adj mit großen Auswirkungen oder Konsequenzen verbunden:* weitreichende/weit reichende Veränderungen/Auswirkungen; *siehe auch* **weit**
weit·schwei·fig *adj (abwert.) so ausführlich, dass es langweilt:* weitschweifig erzählen; ein weitschweifiger Bericht; eine weitschweifige Art haben ▸ Weitschweifigkeit
Weit·sicht *die* <-> /kein Plur./ *Voraussicht:* mit großer Weitsicht entscheiden/planen
weit·sich·tig *adj /nicht steig./* ❶ MED. (↔ kurzsichtig) *so, dass man etwas gut in der Ferne, aber schlecht in der Nähe sehen kann:* Ich bin weitsichtig, ich brauche zum Lesen eine Brille. ❷ (geh.: ↔ kurzsichtig) *vorausschauend:* eine sehr weitsichtige Politik/Entscheidung
Weit·sich·tig·keit *die* <-> /kein Plur./ ❶ MED. (↔ Kurzsichtigkeit) Augenfehler, bei dem man nur weit entfernte Dinge deutlich sieht ❷ (↔ Kurzsichtigkeit) *vorausschauende Art:* Die Weitsichtigkeit des Kanzlers war entscheidend für das Gelingen seiner Politik.
Weit·sprung *der* <-(e)s> /kein Plur./ SPORT *Disziplin in der Leichtathletik, bei der versucht wird, nach einem Anlauf möglichst weit zu springen:* Heute üben wir (den) Weitsprung. ▸ Weitspringer(in)
Wei·zen *der* <-s> /kein Plur./ *eine Getreideart:* Weizen anbauen/ernten ♦ -bier, -brot, -mehl
welch *pron /vor unbestimmten Artikeln und Adjektiven ohne Endung/ verwendet, um in Ausrufen ein Substantiv zu verstärken:* Welche Freude!; Welch ein Anblick!; Welch ein schöner Tag ist heute!
wel·che(r, s)[1] *pron in direkten Fragen und indirekten Fragen verwendet, um nach jmdm./etwas aus einer schon bekannten Gruppe zu fragen:* Welcher Schuft war das?; Welches Menü würden Sie uns empfehlen?; Welchen von beiden willst du?; Ich weiß nicht, welches Kleid ich anziehen soll.; Weißt du, welches (von beiden) du nimmst?; *siehe* **was für ein**
wel·che(r, s)[2] *pron (geh. o veralt.) verwendet in einem Relativsatz, der sich auf eine Person oder Sache bezieht:* Diejenigen hier im Saal, welche Kritik äußern wollen, sollen nun aufstehen.; Er war nun schon seit Wochen mit dem Problem, welches wirklich unlösbar schien, beschäftigt.

wel·che(r, s)³ *pron* ❶ *verwendet, um auf eine Person oder Sache zu beziehen, deren Anzahl nicht bestimmt ist:* Sind schon alle Gäste da oder kommen noch welche?; Liegen von den Schreiben schon welche vor?; Ich suche einen Füllfederhalter. Haben Sie vielleicht welche? ❷ *verwendet, um sich in einem Nebensatz auf eine Person oder Sache zu beziehen, die nicht näher bestimmt ist:* Es ist wirklich egal, unter welchem Chef man arbeitet.; Welchen Weg du auch nimmst, er führt nach Rom.

wel·cher·lei *pron (geh.) welche Sache oder Person auch immer:* In welcherlei Form auch immer, es leuchtet immer gleich.

welk *adj (↔ frisch) nicht mehr frisch:* welke Blumen; welkes Laub/Gemüse

wel·ken <welkst, welkte, ist gewelkt> *ohne OBJ* ❶■ *etwas welkt an Frische verlieren und welk werden:* Die Blumen welken in der Sonne. ❷■ *etwas welkt (geh.) vergehen:* Ruhm und Schönheit welken dahin.

Well·blech *das <-(e)s, -e> Blech, das gewellt und sehr widerstandsfähig ist* ✦-hütte

Wel·le *die <-, -n>* ❶ *eine bestimmte Menge Wasser auf der Oberfläche eines Gewässers, die sich nach oben und unten bewegt:* hohe Wellen; Die Wellen brechen sich an den Klippen. ❷PHYS. *eine Schwingung, die sich fortsetzt:* elektromagnetische Wellen; Der Schall/das Licht breitet sich in Wellen aus. ❸ *(übertr.) etwas, das sich schnell und stark verbreitet:* eine Welle der Begeisterung/der Empörung/des Hasses; eine Welle von Luftangriffen/Protesten/Terroranschlägen ❹ *etwas, das die Form einer Welle¹ hat:* Wellen in den Haaren haben; über eine Welle im Boden stolpern; Das Parkett/Papier schlägt Wellen. ❺ *eine bestimmte Strömung in der Kultur:* Punk war eine neue Welle der Rockmusik.; ■ **neue deutsche Welle** *Rockmusik mit deutschen Texten zu Beginn der 1980er Jahre;* ■ **etwas schlägt hohe Wellen** *(übertr.) etwas verursacht große Aufregung* Der überraschende Rücktritt des Ministers hat hohe Wellen geschlagen.

wel·len *mit SICH* ■ *etwas wellt sich Wellen⁴ bekommen:* Das Papier/das Parkett wellt sich.

Wel·len·be·reich *der <-(e)s, -e> ein Bereich der Frequenzen des Radios:* UKW im Wellenbereich von 30MHz bis 300MHz

Wel·len·berg *der <-(e)s, -e> der oberste Teil einer Welle*

Wel·len·bre·cher *der <-s, -> etwas, das zum Schutz vor Wellen¹ errichtet ist:* Am Strand lagen große Steine als Wellenbrecher.

wel·len·för·mig *adj /nicht steig./ in Form einer Welle²:* sich wellenförmig ausbreiten

Wel·len·gang *der <-(e)s> /kein Plur./ das Vorhandensein von Wellen¹ im Wasser:* Es herrscht geringer/starker Wellengang.

Wel·len·län·ge *die <-, -n>* ❶PHYS. *die messbare Länge von elektromagnetischen Schwingungen:* Licht von unterschiedlicher Wellenlänge ❷PHYS. *Frequenz von Radiowellen:* Auf welcher Wellenlänge kann man diesen Sender empfangen?; ■ **die gleiche Wellenlänge haben/auf der gleichen**

Wellenlänge liegen *die gleiche Art des Denkens und des Handelns haben* Wir haben die gleiche Wellenlänge.

Wel·len·li·nie *die <-, -n> (≈ Schlangenlinie) eine Linie, die in Kurven abwechselnd über und unter einer (gedachten) Geraden verläuft*

Wel·len·rei·ten *das <-s> /kein Plur./ (≈ Surfen) Wassersportart, bei der sich Sportler, auf einer Art Brett stehend, von Wellen tragen lassen*

Wel·len·schlag *der <-(e)s> /kein Plur./ das ständig wiederkehrende Geräusch der Wellen:* dem Wellenschlag lauschen

Wel·len·sit·tich *der <-(e)s, -e> ein kleiner Vogel von gelbgrünem oder blauweißem Gefieder, der oft als Haustier gehalten wird*

Wel·len·tal *das <-(e)s, Wellentäler> tiefste Stelle zwischen zwei Wellen¹*

wel·lig *adj so, dass es die Form von vielen kleinen Wellen hat:* welliges Haar haben; eine wellige Oberfläche haben

Well·ness *die <-> /kein Plur./ Gesundheit und Schönheit (als umfassendes Konzept körperlichen Wohlbefindens gegenüber der „Fitness" als reiner körperlicher Leistungsfähigkeit)* ✦-urlaub, -wochenende

Well·pap·pe *die <-, -n> Pappe, die aus zwei Lagen Pappe besteht und im Inneren eine gewellte Papierschicht hat:* etwas Empfindliches sicher mit Wellpappe polstern; Wellpappe zum Basteln verwenden

Wel·pe *der <-n, -n>* ZOOL. *Junges bei Füchsen, Hunden und Wölfen*

Wels *der <-es, -e>* ZOOL. *ein großer Süßwasserfisch mit Bartfäden am Maul*

welsch *adj* ❶SCHWEIZ. *zum französisch sprechenden Teil der Schweiz gehörend* ❷*(veralt. abwert.) fremdartig*

Welsch·land *das <-s> /kein Plur./* SCHWEIZ. *vgl.* **Welschschweiz**

Welsch·schweiz *die <->* /kein Plur./ SCHWEIZ. *(≈ Welschland) Gebiete/Regionen der Schweiz mit französischsprachiger Bevölkerung* ▶ Welschschweizer, Welschschweizerin, welschschweizerisch

Welt *die <-, -en>* ❶ */kein Plur./ die Erde:* die Welt vom All aus gesehen; die Erforschung der Welt; um die ganze Welt reisen ❷ *einzelne Gebiete der Erde:* fremde/ferne Welten erkunden; in eine völlig unbekannte Welt geraten ❸ *der Kosmos:* die Entstehung der Welt ❹ *ein fremdes Planetensystem:* Gibt es Leben auf anderen Welten? ❺ */kein Plur./ die Gesamtheit der Menschen:* Die Welt blickt mit Spannung auf dieses Ereignis.; die ganze Welt in Atem halten/erschüttern; die ganze Welt ❻ */kein Plur./ ein Teil der Menschen der Erde:* die Jugend der Welt ❼ *die Lebensform auf der Welt:* in etwas in der Welt führend sein; die Welt verändern wollen; an der Welt verzweifeln; die Welt nicht mehr verstehen; die Welt satthaben ❽ *ein bestimmter Lebensbereich oder ein bestimmtes Interessengebiet:* in der Welt der Astrophysik/des Hochleistungssports/der Oper/der Naturwissenschaften; In seiner kleinen Welt fühlt er sich wohl.; Tennis spielen ist ihre Welt.; Das war

W

eine ganz neue Welt für ihn.; ■ **die Dritte Welt** *die Entwicklungsländer;* ■ **die Neue Welt** *Amerika;* ■ **die Alte Welt** *der Teil der Erde, der im Mittelalter den Europäern bekannt war;* ■ **viel in der Welt herumgekommen sein** *viel von der Erde gesehen haben;* ■ **verkehrte Welt** *(umg.) verwendet, um auszudrücken, dass in einem Bereich alles anders ist, als es sein sollte;* ■ **jemand versteht die Welt nicht mehr** *jmd. ist sehr erstaunt oder entsetzt;* ■ **zwischen uns/euch/ihnen liegen Welten** *wir/ihr/sie sind sehr verschieden;* ■ **Was/Wo/Wie/Warum in aller Welt ...?** *verwendet, um Fragen oder Ausrufe zu verstärken* Wie in aller Welt soll ich denn diese Arbeit gleichzeitig machen?; ■ **alle Welt** *(umg.) jeder;* ■ **nicht um alles in der Welt** *(umg.) auf keinen Fall;* ■ **auf die Welt kommen** *(umg.) geboren werden;* ■ **eine Frau bringt ein Kind auf die Welt** *eine Frau gebärt ein Kind;* ■ **etwas aus der Welt schaffen** *(umg.) etwas beseitigen;* ■ **etwas in die Welt setzen** *(umg.) etwas hervorbringen* ein Gerücht in die Welt setzen; ■ **für jemanden bricht eine Welt zusammen** *jmd. ist sehr enttäuscht von jmdm. oder etwas;* ■ **etwas kostet nicht die Welt** *(umg.) etwas kostet nicht viel;* ■ **eine Welt von** *sehr viel* eine Welt von Vorurteilen ◆Großschreibung →R 3.17 in der Dritten Welt

welt·ab·ge·wandt *adj so, dass jmd. kein Interesse an den Ereignissen um ihn herum hat:* ein weltabgewandtes Leben

Welt·all *das <-s> /kein Plur./ der Weltraum mit allen Himmelskörpern:* das Alter des Weltalls erforschen

Welt·an·schau·ung *die <-, -en> die Art, wie jmd. die Welt und das Leben sieht und beurteilt:* nach christlicher Weltanschauung; Seine Weltanschauung ist mir fremd/teile ich nicht. ▶ weltanschaulich

Welt·at·las *der <-ses, Weltatlanten> Atlas mit Landkarten der ganzen Erde*

Welt·auf·la·ge *die <-, -n> die Zahl der gedruckten Exemplare eines Buches, Comics oder einer Zeitung, Zeitschrift auf der ganzen Erde:* eine Weltauflage von sieben Millionen Exemplaren

Welt·aus·stel·lung *die <-, -en> Ausstellung mit vielen Teilnehmerländern, die den Weltstandard der Technik aufzeigen soll*

Welt·bank *die <-> /kein Plur./ eine internationale Bank für den wirtschaftlichen Aufbau und die wirtschaftliche Entwicklung*

welt·be·kannt *adj /nicht steig./ in weiten Teilen der Welt den Menschen bekannt*

welt·be·rühmt *<nicht steig> adj in weiten Teilen der Welt berühmt:* ein weltberühmter Autor/Komponist/Maler/ Schauspieler/Schriftsteller

Welt·bes·te *der/die <-n, -n> jmd., der besser als alle anderen ist:* Er gilt in der Elite der Schachspieler als einer der Weltbesten.

Welt·best·zeit *die <-, -en> SPORT Zeit, die bei einem sportlichen Wettkampf von keinem anderen Sportler auf der Welt erreicht wurde:* Sie lief Weltbestzeit.

Welt·be·völ·ke·rung *die <-> /kein Plur./ alle* Menschen auf der Erde: das Wachstum der Weltbevölkerung

welt·be·we·gend *adj /nicht steig./ so, dass es für die ganze Welt bedeutend ist:* eine weltbewegende Theorie; ■ **nichts Weltbewegendes** *nichts Wichtiges*

Welt·bild *das <-(e)s, -er> die Vorstellung von der Welt und den Menschen:* das mittelalterliche Weltbild; das christliche/mittelalterliche/moderne/naturwissenschaftliche Weltbild

Welt·bür·ger *der,* **Welt·bür·ge·rin** *<-s, -> (≈ Kosmopolit) jmd., der sich nicht an Nationen ausrichtet und sich überall auf der Welt zu Hause fühlt*

welt·bür·ger·lich *adj /nicht steig./ (≈ kosmopolitisch) nicht national eingestellt und offen für alle Kulturen der Welt:* eine weltbürgerliche Anschauung/Einstellung/Geisteshaltung/Lebensweise

Welt·eli·te *die <-, -n> die Personen, die auf einem Gebiet im Weltmaßstab die besten Leistungen erbringen*

Welt·emp·fän·ger *der <-s, -> ein Radio, mit dem man Sender aus vielen Ländern der Erde empfangen kann*

Wel·ten·bumm·ler *der,* **Wel·ten·bumm·le·rin** *<-s, -> (≈ Globetrotter) jmd., der viel und lange um die Welt [1] reist*

Welt·er·folg *der <-(e)s, -e> etwas, das bei sehr vielen Menschen auf der Welt [1] Erfolg hat:* Das Musical/Der Song war ein Welterfolg.

welt·er·schüt·ternd *adj /nicht steig./ sehr wichtig*

welt·fern *adj /nicht steig./ (≈ weltabgewandt)*

Welt·flucht *die <-> /kein Plur./ Rückzug vom normalen Leben:* Lesen ist eine harmlose Form der Weltflucht.

welt·fremd *adj so, dass es nicht an der Wirklichkeit ausgerichtet ist:* weltfremde Ideen/Vorstellungen haben; ein weltfremder Träumer ▶ Weltfremdheit

Welt·geist·li·che *der <-n, -n> REL. ein katholischer Kleriker, der keinem Orden und keiner Kongregation angehört*

Welt·ge·schich·te *die <-> /kein Plur./* ❶ *die geschichtliche Entwicklung der Welt [1]:* wichtige Ereignisse der Weltgeschichte ❷ *ein Buch, in dem die Weltgeschichte [1] beschrieben ist;* ■ **in der Weltgeschichte herumreisen** *(umg. scherzh.) viel in der Welt herumreisen*

Welt·ge·sund·heits·or·ga·ni·sa·ti·on *die <-> /kein Plur./ eine Organisation der Vereinten Nationen, die sich mit der Eingrenzung und Kontrolle bestimmter (gefährlicher) (Seuchen)krankheiten und der medizinischen Versorgung der Bevölkerung befasst*

welt·ge·wandt *adj gewandt und geschickt im Umgang mit anderen Personen*

Welt·han·del *der <-s> /kein Plur./ der Handel zwischen den Ländern der Erde*

Welt·han·dels·kon·fe·renz *die <-, -en> WIRTSCH. eine internationale Konferenz, die seit 1964 alle vier Jahre in Genf stattfindet, um über Fragen des Welthandels zu beraten, deren Beschlüsse aber nicht bindend für die Länder sind*

Welt·han·dels·or·ga·ni·sa·ti·on *die <-> /kein*

W

Plur./ eine Sonderorganisation der UNO, die seit 1995 mit Sitz in Genf besteht und Fragen des Welthandels klären soll

Welt·herr·schaft *die <-> /kein Plur./ Herrschaft über die Erde:* der Griff nach der Weltherrschaft; die Weltherrschaft anstreben

Welt·kar·te *die <-, -n> eine Landkarte, auf der die ganze Erde abgebildet ist*

Welt·kin·der·hilfs·werk *das <-(e)s> /kein Plur./ (≈ UNICEF) eine Organisation der UNO, die sich mit den Belangen und Bedürfnissen der Kinder beschäftigt*

Welt·krieg *der <-(e)s, -e>* GESCH. *einer der großen Kriege im zwanzigsten Jahrhundert:* der Erste Weltkrieg; der Zweite Weltkrieg

Welt·ku·gel *die <-, -n> (≈ Globus) eine Kugel, die die Welt[1] darstellt*

Welt·kul·tur·er·be *das <-s> /kein Plur./ das, was von der UNESCO als wertvoller Ausdruck der Kultur der Menschen auf der Welt erklärt wird und deshalb besonders geschützt und erhalten werden soll:* Die Stadt Venedig gehört zum Weltkulturerbe.

welt·läu·fig *adj (≈ weltgewandt)*

welt·lich *adj* ❶ *zum normalen Leben auf der Erde gehörend:* die weltlichen Genüsse ❷ *(↔ geistlich, kirchlich) nicht zur Kirche gehörend:* weltliche Bauten/Musik; die weltliche und die kirchliche Macht

Welt·li·te·ra·tur *die <-> /kein Plur./ die Gesamtheit der bedeutendsten Werke aller Nationalliteraturen:* ein Werk der Weltliteratur; Eingang in die Weltliteratur finden

Welt·macht *die <-, Weltmächte> ein politisch, wirtschaftlich und militärisch sehr einflussreiches Land:* die Weltmacht USA

Welt·mann *der <-(e)s> /kein Plur./ jmd., der sehr viel Erfahrung und Charme besitzt und deshalb sehr sicher wirkt*

welt·män·nisch *adj /nicht steig./ so, dass man viel Erfahrung und Charme besitzt und deshalb sicher wirkt:* eine weltmännische Art/Ausstrahlung haben

Welt·markt *der <-(e)s, Weltmärkte> der internationale Markt, der durch den weltweiten Handel entsteht:* eine Firma, die auf dem Weltmarkt führend ist; die Preise auf dem Weltmarkt ◆-führer, -preis

Welt·meer *das <-(e)s, -e> (≈ Ozean)*

Welt·meis·ter *der,* **Welt·meis·te·rin** *<-s, -> SPORT Person oder eine Mannschaft, die in einer sportlichen Disziplin den Wettkampf um die Weltmeisterschaft gewonnen hat:* der Weltmeister im Speerwerfen; die dreifache Weltmeisterin und Olympiasiegerin ◆-titel, -trikot, Fußball-, Hochsprung-

Welt·meis·ter·schaft *die <-, -en> SPORT ein sportlicher Wettkampf, um den Weltmeister zu ermitteln:* die Weltmeisterschaft im Gewichtheben

Welt·mu·sik *die <-> /kein Plur./ MUS. Bezeichnung für die meist traditionelle Musik der verschiedenen Völker der Erde*

welt·of·fen *adj* ❶ *so, dass Interesse an dem, was in der Welt geschieht, besteht:* eine weltoffene

Einstellung ❷ *(≈ kosmopolitisch) eine weltoffene Stadt*

Welt·öf·fent·lich·keit *die <-> /kein Plur./ die informierte Öffentlichkeit aller Länder:* Die gesamte Weltöffentlichkeit nahm Anteil an diesem Ereignis.

Welt·ord·nung *die <-> /kein Plur./ System der wirtschaftlichen und politischen Beziehungen der Nationen der Welt[1]:* die aktuelle Weltordnung

Welt·po·li·tik *die <-> /kein Plur./ internationale Politik*

Welt·pres·se *die <-> /kein Plur./ die Gesamtheit der wichtigsten Zeitungen, die in der Welt gelesen werden*

Welt·rang ▪ **von Weltrang** *von weltweiter Bedeutung und Anerkennung* ein Künstler/ein Regisseur/eine Wissenschaftlerin von Weltrang

Welt·rang·lis·te *die <-, -n> SPORT Liste, auf der die Sportler einer Disziplin nach ihrem Rang aufgeführt sind:* die Weltrangliste im Tennis anführen

Welt·raum *der <-(e)s> /kein Plur./ alles, was außerhalb der Erde und ihrer Atmosphäre besteht:* die Erkundung des Weltraumes; Reisen in den Weltraum ◆-fahrer(in), -flug, -labor, -rakete, -station, -teleskop

Welt·raum·bahn·hof *der <-s, ...-höfe> (≈ Raumfahrtbahnhof) eine große Einrichtung, von der Raketen oder Shuttles in den Weltraum starten*

Welt·raum·be·hör·de *die <-, -n> (≈ Raumfahrtbehörde) (staatliche) Institution, die die wissenschaftlichen und technischen Tätigkeiten, die im Weltraum ausgeführt werden sollen, plant und durchführt*

Welt·raum·fäh·re *die <-, -n> (≈ Spaceshuttle, Shuttle) Fluggerät, das in den Weltraum und wieder zurück auf die Erde fliegen und (im Gegensatz zu einer Rakete) mehrere Male benutzt werden kann*

Welt·raum·kap·sel *die <-, -n> (≈ Raumkapsel) der obere abtrennbare Teil einer Rakete, in dem sich die Astronauten befinden*

Welt·raum·müll *der <-s> /kein Plur./ Überreste von Raketen oder Satelliten, die im Weltall treiben*

Welt·rei·se *die <-, -n> ❶ eine Reise durch die Länder der Welt[1]:* eine Weltreise unternehmen ❷ *(umg. scherzh.) ein sehr weiter Weg:* Das ist ja eine Weltreise bis zu eurem Haus! ▸ Weltreisende

Welt·re·kord *der <-(e)s, -e> die beste Leistung in der Welt auf einem Gebiet:* der Weltrekord im 100-m-Lauf; der Weltrekord im Maschinenschreiben ▸ Weltrekordinhaber, Weltrekordinhaberin, Weltrekordler, Weltrekordlerin

Welt·ruhm *der <-(e)s> /kein Plur./ Ruhm in der ganzen Welt[1]:* zu Weltruhm gelangen

Welt·schmerz *der <-es> /kein Plur./ (geh.) Traurigkeit, weil man mit der Welt unzufrieden ist:* sich seinem Weltschmerz hingeben

Welt·si·cher·heits·rat *der <-(e)s> /kein Plur./ POL. eine Organisation der Vereinten Nationen, die sich mit der Verhinderung oder der Beendigung von Kriegen befasst*

Welt·spra·che *die <-, -n> Sprache, die in sehr vielen Ländern gesprochen wird und sehr wichtig für die internationale Verständigung ist:* die Weltsprache Englisch

W

Welt·stadt *die* <-, Weltstädte> *eine Großstadt, die sehr bedeutend und wichtig ist:* die Weltstadt Paris ▸ weltstädtisch

Welt·um·se·ge·lung, a. **Welt·um·seg·lung** *die* <-, -en> *die Fahrt mit einem Segelboot um die Welt [1]*

welt·um·span·nend *adj /nicht steig./ (≈ global) so, dass es die ganze Welt [1] umfasst:* eine weltumspannendes Informationsnetz

Welt·un·ter·gang *der* <-(e)s> */kein Plur./ der Zeitpunkt, an dem die Welt aufhört zu bestehen:* den Weltuntergang vorhersagen

Welt·un·ter·gangs·stim·mung *die* <-> */kein Plur./ allgemeine Traurigkeit, weil alles als aussichtslos angesehen wird:* Verbreitet doch nicht solch eine Weltuntergangsstimmung, noch ist unser Plan nicht ganz verloren!; in Weltuntergangsstimmung sein

Welt·ver·band *der* <-(e)s, ...-bände> *Organisation von vielen Ländern der Erde:* Weltverband des Fußballs ◆ Fußball-, Leichtathletik-

Welt·ver·bes·se·rer *der,* **Welt·ver·bes·se·rin** <-s, -> *(abwert.) jmd., der unrealistische Ideen hat, wie die Welt zu verbessern ist oder der die Weltordnung nach seinen Vorstellungen ändern will*

welt·weit *adj /nicht steig./ auf der ganzen Welt:* weltweit verbreitet sein; weltweit per Telefon erreichbar sein

Welt·wirt·schaft *die* <-> */kein Plur./* WIRTSCH. *die Gesamtheit der internationalen Wirtschaftsbeziehungen und des Welthandels* ◆ -sforum, -sgipfel, -skrise

Welt·wirt·schafts·gip·fel *der* <-s, -> WIRTSCH. *ein Treffen, das seit 1975 jährlich stattfindet und auf dem die sieben führenden Industriestaaten (USA, Kanada, Japan, Großbritannien, Frankreich, Italien, Deutschland) Fragen der Weltwirtschaft besprechen*

Welt·wun·der *das* <-s, -> ❶ *eines der sieben berühmten Bauwerke der Antike:* Die Pyramiden in Ägypten zählen zu den sieben Weltwundern des Altertums. ❷ *etwas sehr Außergewöhnliches oder Wunderbares:* Das ist ja das reinste Weltwunder!

Welt·zeit *die* <-> */kein Plur./ die Ortszeit am Längengrad Null (Längengrad von Greenwich), die die Grundlage für die Zeiteinteilung auf der Welt ist* ◆ -uhr

Welt·zeit·uhr *die* <-, -en> *Uhr, die anzeigt, welche Uhrzeiten zu einem gegebenen Zeitpunkt in den anderen Zeitzonen der Erde herrschen*

wem *pron Dat. von „wer"*

wen *pron Akk. von „wer"*

Wen·de *die* <-, -n> ❶ *einschneidende Veränderung in einer Entwicklung:* Es ist eine Wende zum Guten eingetreten. ❷ *Übergang zwischen zwei Zeitabschnitten:* an der Wende/um die Wende vom 19. zum 20. Jahrhundert ❸ *das Umkehren:* eine Wende um 180° machen; Das Boot/Fahrzeug machte eine Wende. ❹ SPORT *der Vorgang, dass ein Schwimmer nach dem Zurücklegen einer Bahn [8] die Beckenwand berührt, sich vollständig umdreht und die nächste Bahn in der anderen Richtung beginnt;* ■ **die Wende** *die politischen und wirtschaftlichen Veränderungen in der ehemaligen DDR, kurz nach dem Zusammenbruch der Sowjetunion;* ■ **vor/nach der Wende** *(umg.) vor/nach der Wiedervereinigung Deutschlands*

Wen·de·hals *der* <-es, ...-hälse> *(umg. abwert.: ≈ Opportunist) jmd., der seine Überzeugungen schnell ändert, wenn es ihm Vorteile bringt:* Nach dem Ende der früheren DDR (der „Wende") bezeichneten viele erzürnte Ostdeutsche ihre besonders opportunistischen Mitbürger/Mitbürgerinnen als „Wendehälse".

Wen·de·ja·cke *die* <-, -n> *eine Jacke, die man auch mit der Innenseite nach außen tragen kann*

Wen·de·kreis *der* <-es, -e> ❶ KFZ *der kleinste Kreis, den das Vorderteil eines Fahrzeugs beschreibt, wenn man das Lenkrad ganz einschlägt:* einen großen/kleinen Wendekreis haben ❷ GEOGR. *der Breitengrad, über dem die Sonne bei der Sommer-/Wintersonnenwende am höchsten steht:* der nördliche/südliche Wendekreis

Wen·del·trep·pe *die* <-, -n> *eine gewundene Treppe, die die Form einer Spirale hat:* In den runden Turm führte eine Wendeltreppe.

Wen·de·ma·nö·ver *das* <-s, -> *der Vorgang, dass man mit einem Fahrzeug oder einem Boot die Richtung um 180° wechselt*

wen·den <wendest, wendete/wandte, hat gewendet/gewandt> **I.** *mit OBJ* ❶ ■ *jmd.* **wendet etwas** <gewendet> *auf die andere Seite drehen:* die Pfannkuchen wenden ❷ ■ *jmd.* **wendet etwas** <gewendet> *bei einem Kleidungsstück die Innenseite nach außen bringen:* eine Jacke wenden, so dass die Innenseite außen ist ❸ ■ *jmd.* **wendet etwas irgendwohin** <gewendet/gewandt> *etwas in eine andere Richtung drehen:* das Fahrzeug/das Boot wenden; Er hat den Kopf zur Seite gewendet/gewandt. ❹ ■ *jmd.* **wendet etwas von jmdm.** <gewendet/gewandt> *(geh.) etwas von jmdm. abwenden:* Sie hat das Unheil von ihm abgewandt. **II.** *ohne OBJ* <gewendet> ■ *jmd.* **wendet** *umkehren:* Wendest du bitte da vorne!; Hier kann man mit dem Auto wenden. **III.** *mit SICH* ❶ ■ *jmd.* **wendet sich an jmdn.** <gewendet/gewandt> *jmdn. ansprechen, weil man einen Rat oder Hilfe braucht:* Wenden Sie sich bitte an den zuständigen Sachbearbeiter! ❷ ■ *jmd./etwas wendet sich an jmdn. /nur Präs./ an eine bestimmte Gruppe gerichtet:* Der Film wendet sich besonders an Jugendliche.; Ich wende mich mit meinem Appell an alle Anwesenden. ❸ ■ *etwas wendet sich* <gewendet/gewandt> *einen gegenteiligen Verlauf nehmen:* das Glück/Schicksal wandt/wendete sich ❹ ■ *jmd.* **wendet sich irgendwohin** <gewendet/gewandt> *sich in eine bestimmte Richtung drehen oder irgendwohin gehen:* Sie wendete sich in eine andere Richtung und ging weg.; Rasch wandte er sich dem Waldrand zu.; ■ **bitte wenden** *bitte umdrehen und auf der anderen Seite weiterlesen*

Wen·de·punkt *der* <-(e)s, -e> ❶ *der Zeitpunkt, an dem eine grundlegende Veränderung eintritt:* ein Wendepunkt in der Geschichte/in seinem Leben ❷ *der Punkt, an dem sich eine Bewegung in*

die entgegengesetzte Richtung ändert: der südliche Wendepunkt der Sonne

wen·dig *adj* ❶ *körperlich oder geistig beweglich:* Sie ist sehr wendig, bestimmt kann sie gut turnen.; *ein wendiger Politiker, der in jeder Situation einen Ausweg findet* ❷ KFZ *gut zu manövrieren und zu lenken:* ein wendiges Fahrzeug ▸ Wendigkeit

Wen·dung *die* <-, -en> ❶ *Richtungsänderung:* eine Wendung des Kopfes; Die Straße macht eine Wendung. ❷ SPRACHWISS. *(≈ Redewendung)* eine feste Wendung; *siehe auch* **Phraseologie**

we·nig¹ *pron* ❶ */nicht deklinierbar vor Subst. im Sing./ /steigerbar/ verwendet, um auszudrücken, dass etwas nur im geringem Maße oder in geringer Menge vorhanden ist:* Sie hat wenig Geld, aber er hat noch weniger.; Nur noch wenige Vorräte sind uns geblieben.; wenige Zuschauer/ Plätze; wenig/weniger Zeit; wenige/noch weniger Jahre ❷ */steigerbar/ verwendet, um auszudrücken, dass es sich um eine geringe Menge oder um ein geringes Maß handelt:* Nur wenige/Wenige kamen zu dem Spiel.; die wenigen/Wenigen, die ihn kannten; das wenige/Wenige, was ich weiß; ■**die wenigsten/Wenigsten** *sehr kleine Anzahl* Das wissen nur die wenigsten/Wenigsten.; ■**ein wenig** *ein bisschen* ein wenig Geduld/Wasser; Das hilft mir schon ein wenig. ◆Klein- oder Großschreibung →R 3.15 Nur wenige/Wenige blieben zurück.; Das wenige/Wenige, das ihr geblieben war, war auch bald aufgebraucht.; Ein weniges/Weniges würde uns schon helfen.; ◆Getrenntschreibung →R 4.16 ein wenig gelesenes/ weniggelesenes Buch; ein wenig bekannter/wenigbekannter Autor

we·nig² *adv* *in geringem Maße, nicht viel:* Sie hat weniger geübt als du.; Seine Aussagen helfen nur wenig/noch weniger weiter.; Das interessiert mich nur wenig/am wenigsten.; Du gehst wenig schwimmen.

we·ni·ger¹ *Komparativ von* **wenig¹**

we·ni·ger² *minus:* Fünf weniger drei ist zwei.

we·nigs·tens *adv* ❶ *zumindest:* Du könntest dich wenigstens entschuldigen!; Morgen soll die Sonne scheinen, wenigstens sagt das der Wetterbericht ❷ *mindestens:* Ich brauche wenigstens zehn Helfer.

wenn *konj* ❶ *verwendet, um in einem Nebensatz eine Bedingung oder Voraussetzung für einen Sachverhalt zu nennen:* Wenn ich Zeit habe, besuche ich dich.; Wenn du nicht hilfst, dann schaffen wir es nicht. ❷ *verwendet, um in einem Nebensatz den Zeitpunkt für ein Geschehen zu beschreiben:* Wenn es heute dunkel wird, bringst du die Kinder ins Bett!; Bitte sage Bescheid, wenn du mich brauchst! ❸ *verwendet, um in einem Nebensatz einen sich wiederholenden Zeitpunkt für ein Geschehen zu beschreiben:* Wenn es Frühling wird, blühen die Blumen.; Wenn ich Post bekomme, hoffe ich, sie sei von dir.; ■**wenn ... doch (nur)/bloß** *Ausdruck einer Hoffnung oder eines Wunsches* Wenn doch schon Abend wäre.; Wenn sie doch nur anriefe!; Wenn bloß nichts passiert!; ■**wenn ... auch** *obwohl* Wenn der Urlaub auch kurz war, so war er doch erlebnisreich.

wenn·gleich *konj (geh.) obwohl:* Wenngleich die beiden sich nicht leiden konnten, ...

wenn·schon *konj obgleich:* Ich kann nicht kommen, wennschon ich gern bei euch wäre.; ■**wennschon, dennschon** *(umg.) wenn man etwas tut, dann aber auch richtig;* ■**na, wennschon** *(umg.) das ist mir völlig egal*

wer¹ *pron verwendet, um in direkten und indirekten Fragen nach einer Person zu fragen:* Wer kommt da zur Tür hinein?; Wer ist bereit, die Aufgabe zu übernehmen?; Weißt du, wer das getan hat?; Ich frage mich, wer das gewesen ist.

wer² *pron verwendet in einem verkürzten Relativsatz, der sich auf eine unbestimmte Person bezieht:* Wer dagegen ist, sollte jetzt nein sagen!; (Alle, die dagegen sind, sollten jetzt nein sagen!); Wer so müde ist, sollte sich besser hinlegen. (Derjenige, der so müde ist, sollte sich besser hinlegen.); (Sprichwort) Wer anderen eine Grube gräbt, fällt selbst hinein.

wer³ *pron (umg.: ≈ jemand)* Ist da wer?; Da ist wer an der Tür.

Wer·be- *als Erstglied zusammengesetzter Substantive; drückt aus, dass das mit dem Zweitglied Bezeichnete im Zusammenhang mit der Werbung steht* ◆-abteilung, -agentur, -aktion, -anzeige, -beilage, -branche, -broschüre, -einnahme, -fachfrau, -fachmann, -fernsehen, -film, -geschenk, -kampagne, -kosten, -material, -mittel, -prospekt, -schild, -slogan, -spot, -strategie, -text

Wer·be·ein·blen·dung *die* <-, -en> TV *Werbespot, der für kurze Zeit eine Sendung unterbricht*

Wer·be·feld·zug *der* <-(e)s, ...-züge> *(≈ Werbekampagne) eine große Werbeaktion*

wer·be·fi·nan·ziert <(nicht steig.)> *adj so, dass es mit Geld durch Werbung finanziert ist*

Wer·be·flä·che *die* <-, -n> *eine Fläche, auf der Werbung für etwas gemacht wird*

wer·ben <wirbst, warb, hat geworben> **I.** *mit OBJ* ■**jmd. wirbt jmdn. (für jmdn./etwas)** *versuchen, jmdn. zu finden und zu überzeugen, etwas zu kaufen oder bei etwas mitzumachen o. Ä.:* Abonnenten für eine Zeitung werben; Die Heilsarmee versuchte, neue Mitglieder zu werben. **II.** *ohne OBJ* ❶ ■**jmd. wirbt für etwas** *versuchen, etwas so darzustellen, dass es Interesse erweckt:* für ein Produkt/eine Idee werben ❷ ■**jmd. wirbt um etwas** *versuchen, etwas zu bekommen:* Er warb um ihr Vertrauen.; Der Politiker warb um die Gunst der Wähler. ❸ ■**jmd. wirbt um jmdn.** *(geh. o veralt.) sich um die Zuneigung und Liebe einer Frau bemühen:* Vergeblich warb er um aller Geduld um sie.

Wer·be·trom·mel ■**für etwas die Werbetrommel rühren** *(umg.) für etwas stark werben*

wer·be·wirk·sam *adj so, dass es erfolgreich für etwas wirbt:* ein Plakat werbewirksam anbringen

Wer·bung *die* <-, -en> ❶ */kein Plur./ Maßnahme, mit der für etwas geworben* **II.** *1 wird:* Werbung für ein neues Produkt; Werbung für etwas machen; in der Abteilung für Werbung arbeiten ❷ *das Werben I:* die Werbung von Arbeitskräften/Kunden/Mitgliedern ❸ *(geh. o veralt.) das*

Werben II. 2, 3: die Werbung um ihre Gunst ④*(umg.) gedruckte Werbemittel, Prospekte:* Bitte keine Werbung einwerfen!; Ständig ist der Briefkasten voller Werbung

Wer·bungs·kos·ten <-> *Plur.* ①*Geld, das für Werbung bezahlt werden muss* ②*Kosten, die jmd. hat, der einen Beruf ausübt, und die damit in Zusammenhang stehen und die man von der Steuer absetzen kann*

Wer·de·gang *der* <-(e)s, Werdegänge> /*meist Sing.*/ ①*die Entwicklung eines Menschen:* Er schilderte ihr seinen persönlichen Werdegang. ②*die berufliche Ausbildung von jmdm.:* Können Sie kurz ihren beruflichen Werdegang skizzieren? ③*der Prozess der Herstellung oder Entwicklung einer Sache:* der Werdegang eines Forschungsprojekts

Wer·den *das* <-s> /*kein Plur.*/ *(geh.) das Entstehen:* etwas ist im Werden

wer·den¹ <wirst, wurde, ist geworden> **I.** *ohne OBJ* ①■ *jmd. wird irgendwie* einen bestimmten Zustand erreichen oder eine bestimmte Eigenschaft bekommen: alt/ernst/erwachsen/krank/reich werden ②■ *jmd. wird etwas Nom.* einen Beruf lernen oder eine Arbeitsstelle antreten: Was willst du mal werden?; Sie ist unsere Chefin geworden. ③■ *jmd. wird etwas Nom.* ein bestimmtes Verwandtschaftsverhältnis zu jmdm. bekommen: Sie wird Mutter.; Er wird mein Schwager. ④■ *jmd. wird eine bestimmte Zahl* am nächsten Geburtstag ein bestimmtes Alter erreichen: Sie wird bald 40. ⑤■ *etwas wird etwas Nom.* sich zu etwas entwickeln: Sein Traum ist Wirklichkeit geworden. ⑥■ *etwas wird zu etwas Dat.* sich zu etwas entwickeln: Die Arbeit wird allmählich zur Routine. ⑦■ *jmd. wird zu etwas Dat.* eine bestimmte Position oder einen bestimmten Status erreichen: Sie wurde zur uneingeschränkten Herrscherin des Reiches.; Er wurde zum Kultautor der jungen Generation. ⑧■ *jmd. wird wie jmd.* sich so entwickeln, wie jmd. anders ist: Sie wird wie ihre Mutter. ⑨■ *etwas wird irgendwie (umg.) gelingen:* Sind die Fotos etwas geworden?; So wird das nichts!; Na, es wird ja allmählich! **II.** *mit ES* ①■ *es wird irgendwie/etwas* einen bestimmten Zustand oder Zeitpunkt erreichen: Langsam wird es hell.; Morgen soll es kalt werden.; Es wird zwölf Uhr.; Langsam wird es Nacht/Frühling. ②■ *jmdm. wird es irgendwie* ein bestimmtes Gefühl empfinden: Mir wird (es) kalt.; Ich glaube, ihm wird schlecht und er muss sich erbrechen.; ■ **Das wird schon wieder.** *(umg.)* verwendet, um jmdn. zu trösten; ■ **Was soll bloß daraus werden?** *(umg.)* Wie soll es bloß damit weitergehen?; ■ **Daraus wird nichts!** *(umg.) das wird nicht getan oder das passiert auf keinen Fall;* ■ **Das wird noch was (werden)!** *(umg. iron.) das wird noch Probleme geben;* ■ **Was nicht ist, kann noch werden.** *verwendet, um auszudrücken, dass es noch nicht zu spät für etwas ist*

wer·den² **I.** *mit Inf.* ①■ *jmd./etwas wird plus. Inf.* verwendet, um ein Geschehen in der Zukunft zu beschreiben: Er wird morgen verreisen. ②■ *jmd./etwas wird plus. Inf.* verwendet, um

eine Hoffnung oder einen Wunsch auszudrücken: Hoffentlich wird es nicht regnen. ③■ *jmd./etwas wird plus. Inf.* verwendet, um eine Drohung auszudrücken: Du wirst noch von mir hören! ④■ *jmd./etwas wird plus. Inf.* verwendet, um eine Vorhersage oder Prophezeiung auszudrücken: Rationalisierung wird zum Verlust zahlreicher Arbeitsplätze führen.; Mit der neuen Gentechnologie wird man auch Krebs heilen können. ⑤■ *jmd. wird (wohl) plus. Inf. Perf.* verwendet, um eine Vermutung auszudrücken, die sich auf etwas bezieht, was (kurz) vorher passiert ist: Ich werde wohl durch die Prüfung gefallen sein.; Er wird wohl den Bus verpasst haben. ⑥■ *jmd./etwas würde plus Inf.* verwendet zur Bildung des Konjunktiv II: Ich würde gern verreisen.; Das würde nicht klappen. **II.** *mit Part. Perf.* <wirst, wurde, ist worden> ①■ *jmd./etwas wird plus. Part. Perf.* verwendet zur Bildung des Passiv: Sie werden gefilmt.; Die Häuser werden abgerissen.; Die Stadt ist neu aufgebaut worden. ②■ *(es) wird plus Part. Perf.* verwendet, um einen Befehl oder eine Aufforderung auszudrücken: Jetzt wird gearbeitet!; Hier wird nicht mehr geraucht!

wer·fen¹ <wirfst, warf, hat geworfen> **I.** *mit OBJ/ohne OBJ* ■ *jmd. wirft (etwas) (etwas)* mit einer starken Bewegung des Arms aus der Hand irgendwohin schleudern: Er wirft den Ball.; Er hat geworfen, ich war es nicht!; Sie kann sehr weit werfen. ►Werfer(in) **II.** *mit SICH* ■ *jmd. wirft sich irgendwohin* sich irgendwohin fallen lassen: Sie warfen sich vor dem König auf den Boden

wer·fen² <wirfst, warf, hat geworfen> *mit OBJ/ohne OBJ* ■ *ein Tier wirft (Junge)* gebären: Die Katze hat drei Junge geworfen.; Gestern hat unsere Hündin geworfen.

Werft *die* <-, -en> *Anlage zum Bau und zur Reparatur von Schiffen* ◆-arbeiter, -gelände

Werg *das* <-(e)s> /*kein Plur.*/ *eine Art Hanf, der besonders zum Abdichten von Rohren verwendet wird*

Werk¹ *das* <-(e)s, -e> ①*das Ergebnis einer künstlerischen oder wissenschaftlichen Leistung:* Der Schriftsteller stellt sein neuestes Werk vor.; die Werke Albrecht Dürers ②/*kein Plur.*/ (≈ Gesamtwerk) das Werk Schillers ③/*kein Plur.*/ *etwas, das jmd. getan hat:* Das ist alles sein Werk.; Der Mord war das Werk eines skrupellosen Verbrechers.; ■ **ein gutes Werk tun** jmdm. helfen, der es benötigt; ■ **sich ans Werk machen** anfangen zu arbeiten; ■ **Da/Hier war jemand/ein Tier am Werk** der Schaden ist durch jmdn. oder ein Tier verursacht worden

Werk² *das* <-(e)s, -e> ①*Fabrik:* Das Werk ist der größte Arbeitgeber in der Region. ◆-(a)ngehörige, -(s)arzt, -(s)ärztin, -(s)gelände, -(s)leiter(in), -(s)leitung, -spionage, -(s)wohnung ②*Mechanismus:* ein kompliziertes Werk aus Zahnrädern und Ketten

Werk·bank *die* <-, Werkbänke> *eine Art fester Arbeitstisch, der in einer Fabrik oder Werkstatt steht*

werk(s)·ei·gen *adj* /*nicht steig.*/ *so, dass es zu einer Fabrik gehört:* werkeigene Freizeiteinrichtungen/Parkplätze/Wohnungen

wer·keln <werkelst, werkelte, hat gewerkelt> *ohne OBJ* ■ *jmd. werkelt (an etwas Dat.) (umg.) sich als nicht Fachkundiger mit einer handwerklichen Arbeit beschäftigen:* im Hobbyraum werkeln; Er werkelt schon seit Stunden an seinem Auto.

wer·ken *ohne OBJ* ■ *jmd. werkt (iron.) mit den Händen arbeiten*

Wer·ken *das* <-s> /kein Plur./ *(veralt.) Schulfach, in dem handwerkliches Arbeiten unterrichtet wird*

Wer·ke·ver·zeich·nis *das* <-ses, -e> *Liste mit allen Werken[1] eines Komponisten*

werk·ge·treu *adj so, dass es dem Werk[1] eines Komponisten oder Dichters genau entspricht:* die werkgetreue Aufführung einer Oper/eines Theaterstücks

Werk·schutz *der* <-es> /kein Plur./ ❶ *die Überwachung der Sicherheit einer Fabrik:* den Werkschutz gewährleisten/organisieren ❷ *(Mitarbeiter der) Abteilung, die die Sicherheit einer Fabrik überwacht:* beim Werkschutz arbeiten; Der Werkschutz macht regelmäßige Kontrollgänge.

werks·ei·gen *adj siehe* **werkeigen**

Werk·statt *die* <-, Werkstätten> ❶ *Arbeitsraum eines Handwerkers oder Handwerksbetriebes:* die Werkstatt einer Autolackiererei/eines Schuhmachers/ eines Uhrmachers; nach Arbeitsschluss die Werkstatt aufräumen/auskehren; Vater hat sich im Keller eine kleine Werkstatt eingerichtet. ❷ *Atelier eines Künstlers:* Das Bild stammt aus der Werkstatt eines unbekannten Meisters.

Werk·stät·te *die* <-, -n> *Werkstatt*

Werk·stoff *der* <-(e)s, -e> *Grundstoff für die Herstellung eines Produkts:* hochmoderne Werkstoffe wie Carbonfasern

Werk·stück *das* <-(e)s, -e> *ein Gegenstand, der noch bearbeitet werden muss, um aus ihm ein Produkt herzustellen*

Werk·stu·dent *der*, **Werk·stu·den·tin** <-en, -en> *ein Student, der während der Semesterferien oder auch zeitweilig während des Semesters in einer Fabrik arbeitet, um Geld zu verdienen*

Werk·tag *der* <-(e)s, -e> *Wochentag, an dem gearbeitet wird:* Dieser Bus verkehrt nur an Werktagen.

werk·tags *adv an Werktagen* ◆ Kleinschreibung →R 3.10 Der Zug verkehrt nur werktags.

werk·tä·tig *adj /nicht steig./ so, dass man einen Beruf ausübt:* die werktätige Bevölkerung

Werk·tä·ti·ge *der/die* <-n, -n> *Person, die einen Beruf ausübt*

Werk·ver·trag *der* <-(e)s, -verträge> *ein Arbeitsvertrag, der nur für eine bestimmte Zeit geschlossen wird und in dem eine bestimmte Aufgabe beschrieben ist, die in dieser Zeit zu bearbeiten ist*

Werk·zeug *das* <-(e)s, -e> ❶ *ein Gerät oder Gegenstand, mit dem man eine Arbeit ausführt oder mit dem man eine Arbeit erleichtert:* Zangen, Feilen und andere Werkzeuge; Zur Reparatur des Fahrrades fehlen mir die richtigen Werkzeuge. ◆ -kasten, -koffer, -maschine, -schrank, -tasche ❷ /kein Plur./ *Gesamtheit der Werkzeuge[1] für*

eine bestimmte Arbeit: sein Werkzeug in Ordnung halten; Zu dieser Arbeit fehlt mir das geeignete Werkzeug.; ■ **jemanden als Werkzeug benutzen** *(abwert.) jmdn. benutzen, um ein bestimmtes Ziel zu erreichen*

Wer·mut *der* <-(e)s> /kein Plur./ ❶ BOT. *eine aromatisch duftende Heil- und Gewürzpflanze* ❷ *ein alkoholisches Getränk, das Wermut[1] enthält*

Wer·muts·trop·fen *der* <-s, -> *etwas Unangenehmes, das die Freude an etwas verringert:* Ein Wermutstropfen bei der Sache war die extrem lange Wartezeit.

Wert *der* <-(e)s, -e> ❶ /kein Plur./ *der Preis von etwas, der in Geld ausgedrückt ist:* der Wert einer Ware; Waren im Wert von vielen Millionen Euro; Häuser sind im Wert gefallen/gestiegen ❷ *etwas, das sehr wertvoll ist:* Werte schaffen/erhalten vernichten; Das ist etwas von bleibendem Wert.; Der Brand hat ungeheure Werte vernichtet. ❸ /kein Plur./ *etwas, das nützlich ist und eine hohe Qualität hat:* Das ist etwas ohne jeden Wert für mich.; Das Buch hat einen großen erzieherischen Wert.; einer Sache großen Wert beimessen ❹ *positive Eigenschaft und Tugend:* Für ihn zählen die inneren Werte. ❺ *etwas, das gemessen und in Zahlen ausgedrückt wird:* Werte auf einer Skala ablesen; die gemessenen Werte sorgfältig notieren; Die Temperatur erreicht heute Werte um 30 Grad. ◆ Durchschnitts-, Maximal-, Spitzen- ❻ ■ **großen Wert auf etwas legen** *etwas für sehr wichtig halten;* ■ **etwas keinen/großen Wert beimessen** *etwas für nicht/sehr wichtig halten;* ■ **etwas unter Wert verkaufen** *etwas zu billig verkaufen;* ■ **keinen gesteigerten Wert auf etwas legen** *etwas nicht wünschen oder haben wollen* Ich lege keinen gesteigerten Wert auf deine Anwesenheit.

wert *adj /nicht steig./* ❶ *so, dass es einen bestimmten Geldwert hat:* Der alte Computer ist noch 100 Euro/nichts mehr wert.; Was wird das Haus noch wert sein? ❷ ■ **etwas ist es/etwas wert** *so, dass es sich lohnt:* Die Reise war mir das Geld wert.; Das ist nicht der Mühe wert.; Leipzig ist immer eine Reise wert.; Ich halte das nicht für wert, gelesen zu werden. ❸ *so, dass es sehr wichtig ist:* Dein Urteil ist mir viel wert.; Pauls Hilfe war mir mehr/weniger wert als deine. ❹ *(veralt.) teuer; geschätzt:* Werter Herr …; Ihre werten Eltern …; ■ **jemandes nicht wert sein** *(geh.) nicht gut genug für jmdn. sein* Dieser Luftikus ist ihrer nicht wert ◆ Getrenntschreibung →R 4.8 wert sein; Er hat die Sache nicht für wert gehalten, erwähnt zu werden.; *siehe aber auch* **werthalten**

Wert·ar·beit *die* <-> /kein Plur./ ❶ *eine Arbeit, die sehr gut und fachmännisch ausgeführt wird:* Diese Tischlerei liefert Wertarbeit. ❷ *ein Produkt von guter Qualität:* Diese Uhr ist Wertarbeit aus dem Hause …

wert·be·stän·dig *adj so, dass es seinen Wert behält:* eine wertbeständige Geldanlage

Wert·brief *der* <-(e)s, -e> *ein Brief, der einen wertvollen Inhalt hat und von der Post ersetzt wird, falls er verloren geht*

wer·ten *mit OBJ/ohne OBJ* ❶ ■ *jmd. wertet etwas als etwas beurteilen:* etwas als einen Erfolg

werten ❷ ■ *jmd.* **wertet etwas** *etwas mit einer Note beurteilen:* Der Fehlversuch wird nicht gewertet.; Jede Klassenarbeit wird gewertet. ❸ ■ *jmd.* **wertet (etwas)** SPORT *eine sportliche Übung mit Punkten benoten:* eine Kür mit der höchsten Punktzahl werten

Wer·te·sys·tem *das* <-s, -e> *Gesamtheit der positiven Eigenschaften und Tugenden, die in einer Gesellschaft hoch angesehen werden*

wert·frei *adj /nicht steig./ (≈ neutral) ohne (persönliches) Werturteil:* eine völlig wertfreie Darstellung

Wert·ge·gen·stand *der* <-(e)s, Wertgegenstände> *ein Gegenstand, der einen hohen Wert¹ hat:* Bitte bewahren Sie Ihre Wertgegenstände nicht im Hotelzimmer auf!

wert·hal·ten <hälst wert, hielt wert, hat wertgehalten> *mit OBJ* ■ *jmd.* **hält jmdn./etwas wert** *(geh.) jmdn. oder etwas in Ehren halten:* Wir wollen sein Andenken werthalten. ◆ Zusammenschreibung →R 4.6 Sie hat das alte Erbstück immer wertgehalten.; *siehe aber auch* **wert**

Wer·tig·keit *die* <-, -en> ❶ CHEM. *(≈ Valenz) Verhältnis der Mengen, in denen sich Stoffe zu chemischen Verbindungen zusammensetzen* ❷ SPRACHWISS. *(≈ Valenz) Eigenschaft von Wörtern, andere Wörter als (notwendige) Ergänzung an sich zu binden:* die Wertigkeit eines Verbs ❸ */kein Plur./ beigemessene Bedeutung:* Die Familie besitzt für ihn eine hohe Wertigkeit.

wert·los *adj /nicht steig./ (↔ wertvoll)* ❶ *ohne Wert¹:* Das Gemälde ist aber wertlos. ❷ *ohne Nutzen:* Dein Rat ist wertlos.

Wert·maß·stab *der* <-(e)s, Wertmaßstäbe> *der Maßstab, nach dem etwas beurteilt wird:* Junge Menschen haben andere Wertmaßstäbe als ältere.

Wert·min·de·rung *die* <-, -en> WIRTSCH. *der Verlust von finanziellem Wert¹:* Ein Unfallschaden stellt eine Wertminderung für ein Auto dar.

Wert·pa·pier *das* <-s, -e> WIRTSCH. *eine Art Urkunde, die einen bestimmten Wert¹ hat:* Aktien sind die bekanntesten Wertpapiere; sein Vermögen in Wertpapieren anlegen ◆·börse

wert·schät·zen <wertschätzt, wertschätzte, hat wertgeschätzt> *mit OBJ* ■ *jmd.* **wertschätzt jmdn./etwas** *(veralt.) hochachten:* Sie wussten die Werke dieses Künstlers wertzuschätzen. ◆ Zusammenschreibung →R 4.6 Die Öffentlichkeit hat diesen Künstler zu wenig wertgeschätzt.

Wert·schät·zung *die* <-, -en> *(geh.: ≈ Hochachtung) der Sachverhalt, dass Menschen jmdm. Achtung, Bewunderung und Respekt entgegenbringen:* Die Künstlerin genießt große Wertschätzung bei ihrem Publikum.

Wert·schöp·fung *die* <-, -en> WIRTSCH. *die Gesamtheit der in einem Wirtschaftszweig oder der gesamten Volkswirtschaft geschaffenen Werte*

Wert·stoff *der* <-(e)s, -e> *Stoffe, die im Müll oder als Rest anfallen, die man aber wieder verwertet, um etwas daraus herzustellen:* Altpapier und Glas sind die bekanntesten Wertstoffe.

Wert·stoff·hof *der* <-(e)s, Wertstoffhöfe> *Sammelstelle für Wertstoffe*

Wer·tung *die* <-, -en> ❶ *das Bewerten einer Leis-*

tung: Die Studenten erreichten bei diesem Test gute Wertungen. ❷ SPORT *innerhalb eines Wettkampfs eine spezielle Teildisziplin, die in der gewertet³ wird* ◆ Berg-, Mannschafts-, Sprint-

Wert·ur·teil *das* <-s, -e> *das Urteil über die Qualität oder die Nützlichkeit von etwas:* ein Werturteil über etwas abgeben

Wert·ver·lust *der* <-(e)s, -e> WIRTSCH. *der Verlust an finanziellem Wert¹:* der Wertverlust einer Aktie/eines Grundstücks

wert·voll *adj (↔ wertlos)* ❶ *von hohem finanziellen, künstlerischen oder geistigen Wert:* wertvoller Schmuck; ein wertvolles Kunstwerk; ein wertvolles altes Erinnerungsstück; ein pädagogisch wertvoller Film ❷ *von großem Nutzen:* dem Freund einen wertvollen Rat geben; jemandem wertvolle Hilfe leisten; zu einer wissenschaftlichen Arbeit wertvolle Beiträge leisten

Wert·vor·stel·lung *die* <-, -en> *(≈ Wertmaßstab) die Vorstellung darüber, was wichtig oder von Bedeutung ist:* Die Wertvorstellungen in der Gesellschaft sind einem ständigen Wandel unterworfen.

Wert·zei·chen *das* <-s, -> *etwas, das als Zeichen einen bestimmten Geldwert darstellt*

Wert·zu·wachs *der* <-es, Wertzuwächse> WIRTSCH. *der Betrag, um den der Wert¹ von etwas gestiegen ist:* der Wertzuwachs bei einer Aktie/einem Grundstück

Wer·wolf *der* <-(e)s, Werwölfe> *ein Mensch aus der Sage oder aus dem Märchen, der sich bei Vollmond in einen Wolf verwandelt und dann Menschen angreift*

wes *pron (veralt.) wessen (Gen. von „wer"):* Wes Brot ich ess, des Lied ich sing!

We·sen *das* <-s, -> ❶ */kein Plur./ die grundlegende Eigenart einer Sache, mit der sich von einer anderen unterscheidet:* zum Wesen einer Sache vordringen; Es liegt im Wesen der Kunst, dass sie frei ist.; Demokratie ist das Wesen dieses Gesellschaftsmodells ❷ */kein Plur./ die grundlegende Eigenart einer Person:* Er hat ein sanftes/ernstes/heiteres Wesen. ❸ *etwas, das in irgendeiner unbestimmten Form, meist erdacht, existiert:* außerirdische Wesen; an ein göttliches Wesen glauben ❹ *ein kleines Kind oder kleines Tier:* ein kleines Wesen; Ein hilfloses Wesen saß am Straßenrand.

we·sen·haft *adj /nicht steig./ (geh.) wichtig*

we·sen·los *adj /nicht steig./ (geh.)* ❶ *grundlos:* eine wesenlose Entscheidung ❷ *so, dass es keinen stofflichen Körper besitzt:* eine wesenlose Erscheinung

we·sens·gleich *adj /nicht steig./ von identischem Charakter:* zwei wesensgleiche Brüder

We·sens·zug *der* <-(e)s, Wesenszüge> *grundlegendes Merkmal oder eine grundlegende Eigenschaft:* Ihre Offenheit ist ein angenehmer Wesenszug an ihr.; Weltweite Kommunikation ist ein wichtiger Wesenszug unserer Zeit.

we·sent·lich¹ *adj von entscheidender Wichtigkeit, sehr wichtig:* die wesentlichen Gesichtspunkte; Deine Mitwirkung ist wesentlich für den Erfolg des Projektes.; Das war im Wesentlichen alles, was ich zu sagen hatte.

we·sent·lich² *adv sehr viel:* Sie hat wesentlich zum

Erfolg beigetragen.; Ich kann euch nicht mehr wesentlich weiterhelfen. ◆Großschreibung →R 3.7 Ich bin im Wesentlichen einverstanden.

We·sent·li·che *das* <-n> */kein Plur./ das Wichtigste (von etwas):* Das Wesentliche habt ihr natürlich vergessen.

We·ser *die* <-> *Fluss in Norddeutschland*

wes·halb[1] *adv warum:* Weshalb kommst du so spät?

wes·halb[2] *konj verwendet, um in einem Nebensatz die Folge oder Konsequenz eines Sachverhaltes, der im Hauptsatz genannt ist, anzugeben:* Es gab einen großen Stau, weshalb wir fünf Stunden warten mussten.

We·sir *der* <-s, -e> GESCH. *Minister eines islamischen Herrschers*

Wes·pe *die* <-, -n> ZOOL. *ein Insekt mit giftigem Stachel, das einer Biene ähnlich ist, aber eine schmalere Taille hat*

Wes·pen·nest *das* <-(e)s, -er> *das Nest von Wespen:* Das Ausräuchern von Wespennestern ist verboten.; ■ **in ein Wespennest stechen** *(umg.) ein heikles Thema ansprechen und damit viel Aufregung hervorrufen* Mit ihrer Frage hatte sie in ein Wespennest gestochen.

wes·sen *pron Gen. von „wer"*

Wes·si *der* <-s, -s> *(umg. abwert.: ↔ Ossi) jmd., der aus den alten Bundesländern kommt*

West[1] */ohne Art.; nicht deklinierbar/* METEOR., SEEW. *Westen:* Wind aus West

West[2] *der* <-(e)s> */kein Plur./* SEEW. *Westwind*

West·ber·lin <-s> ❶ *der westliche I. 1 Teil Berlins* ❷ GESCH. *Bezeichnung für den Teil Berlins, der vor der Wiedervereinigung zu der Bundesrepublik gehörte*

West·deutsch·land <-s> *(↔ Ostdeutschland)* ❶ GESCH. *das Gebiet der Bundesrepublik Deutschland vor der Wiedervereinigung im Jahre 1990* ❷ GEOGR. *der Westen Deutschlands*

Wes·te *die* <-, -n> ❶ *ein Kleidungsstück ohne Ärmel, das bis zum Gürtel reicht und über einem Hemd getragen wird:* eine Weste über dem Hemd tragen; eine kugelsichere Weste ◆Leder-, Stoff- ❷ SÜDDT. *leichte Strickjacke;* ■ **eine weiße Weste haben** *sich nicht schuldig gemacht haben*

Wes·ten *der* <-s> */kein Plur./* ❶ *die Himmelsrichtung, die auf der Landkarte links ist:* Wind aus Westen; Im Westen geht die Sonne unter.; nach Westen fahren ❷ *(↔ Osten) der Teil von etwas, der im Westen[1] liegt:* der Westen des Landes; Den Westen sollten sie möglichst umfahren, da gibt es momentan viele Straßensperren.; Sie sind in den Westen gezogen. ❸ *Westeuropa und die USA als politische oder weltanschauliche Einheit:* Der Westen hat in dieser Frage nicht schnell genug gehandelt.; die Öffnung des Westens gegenüber dem Osten ❹ *(≈ Okzident) das Abendland;* ■ **der Wilde Westen** GESCH. *der (weitgehend gesetzlose) westliche Teil Nordamerikas zur Zeit der Kolonisation im 19. Jahrhundert*

Wes·ten·ta·sche *die* <-, -n> *eine (kleine) Tasche in einer Weste:* die Taschenuhr aus der Westentasche ziehen; ■ **etwas wie seine Westentasche kennen** *(umg.) etwas sehr gut kennen;* ■ **sich ir-** gendwo wie in seiner Westentasche auskennen *sich irgendwo sehr gut auskennen*

Wes·tern *der* <-s, -> *ein Film oder Roman über den Wilden Westen; siehe* **Westen**

West·fa·len <-s> *der nordöstliche Teil Nordrhein-Westfalens mit der zentralen Stadt Münster* ▶ Westfale, Westfälin

west·fä·lisch <nicht steig> *adj Westfalen betreffend;* ■ **der Westfälische Friede** GESCH. *Friedensverträge, mit denen 1648 in Münster und Osnabrück der Dreißigjährige Krieg beendet wurde*

West·geld *das* <-(e)s> */kein Plur./* GESCH. *Bezeichnung in der ehemaligen DDR für Währung aus dem Westen, die als zweites Zahlungsmittel eingesetzt wurde*

west·in·disch *adj /nicht steig./ das Gebiet der karibischen Inseln betreffend*

West·küs·te *die* <-, -n> *Meeresküste, die im Westen[1] eines Landes liegt:* die Westküste Amerikas/ Frankreichs

west·lich[1] *adj* ❶ */nur attr./ (↔ östlich) so, dass sich jmd. oder etwas nach Westen[1, 2] orientiert:* Sie fahren in westlicher Richtung ❷ */nur attr./ (↔ östlich) so, dass etwas oder jmd. aus dem Westen[1, 2] kommt:* Der Wind weht aus westlicher Richtung. ❸ *(↔ östlich) so, dass etwas oder jmd. im Westen[1, 2] ist:* der westliche Teil der Stadt ❹ POL. *zu den Staaten Westeuropas oder der USA gehörend:* die westlichen Regierungen/Politiker; die westlichen Kulturen

west·lich[2] *präp +Gen. (↔ östlich; vor Eigennamen ohne Artikel mit „von", ↔ östlich) drückt aus, dass etwas weiter im Westen liegt als etwas anderes:* Westlich des Flusses ist alles überschwemmt!; westlich der Elbe; Die Stadt liegt westlich der Ardennen.; westlich von Hannover; westlich von Polen; Der Ort liegt westlich von Berlin.

West·mächte <-> *Plur.* POL., GESCH. *die westlichen Verbündeten im Zweiten Weltkrieg: Frankreich, Großbritannien und die USA*

west·rö·misch *adj /nicht steig./* GESCH. ■ **das Weströmische Reich** *der westliche Teil, der nach der Spaltung des Römischen Reiches im Jahr 395 n. Chr. entstand*

West·sei·te *die* <-, -n> *(↔ Ostseite) die Seite von etwas, die in Richtung Westen[1] zeigt:* die Westseite des Gebäudes

West·teil *der* <-(e)s, -e> *(↔ Ostteil) westlicher Teil von einem Gebiet, einer Stadt, einem Gebäude o. Ä.*

west·wärts *adv (↔ ostwärts) in westlicher Richtung:* westwärts fahren

West·wind *der* <-(e)s, -e> *(↔ Ostwind) Wind aus dem Westen[1]*

wes·we·gen[1] *adv (≈ warum) Weswegen rufst du an?*

wes·we·gen[2] *konj (≈ weshalb[2])*

Wett·be·werb *der* <-(e)s, -e> ❶ */kein Plur./* WIRTSCH. *(≈ Konkurrenz) der Vorgang, dass Unternehmen, Betriebe, Institutionen o. Ä. alle gleichzeitig versuchen, mit ihren Produkten oder Angeboten einen Markt zu beherrschen und die größten Anteile von ihm zu gewinnen:* der internatio-

nale/globale Wettbewerb; ein fairer/unlauterer Wettbewerb; Im harten Wettbewerb überleben nur die schnellsten und kostengünstigsten Hersteller.
► Wettbewerber ◆-svorteil, Verdrängungs- ❷ *eine Veranstaltung, bei der die Teilnehmer gegeneinander antreten, um ihre Leistungen miteinander zu vergleichen und bei dem es für die besten Preise gibt:* einen Wettbewerb veranstalten; der Wettbewerb um das schönste Buch/den schönsten Kinderfilm des Jahres

Wẹtt·be·wer·ber *der,* **Wẹtt·be·wer·be·rin** <-s, -> ❶ WIRTSCH. *(≈ Konkurrent) Firma, die mit anderen im Wettbewerb[1] steht:* zum Kreis der Wettbewerber auf einem Markt gehören ❷ *(≈ Kandidat) Person, die an einem Wettbewerb[2] um Preise oder Platzierungen teilnimmt:* Die Wettbewerber haben mehrere schwierige Aufgaben zu meistern.

Wẹtt·be·werbs·druck *der* <-s> */kein Plur./* WIRTSCH. *der starke Zwang, wettbewerbsfähig zu sein, der von einem intensiven Wettbewerb[1] ausgelöst wird*

wẹtt·be·werbs·fä·hig *adj /nicht steig./* WIRTSCH. *stark genug, um in einem wirtschaftlichen Wettbewerb[1] gute Chancen zu haben*

wẹtt·be·werbs·för·dernd *adj /nicht steig./ so, dass es den wirtschaftlichen Wettbewerb[1] unterstützt*

Wẹtt·bü·ro *das* <-s, -s> *eine Art Geschäft, in dem man Wetten[2], zum Beispiel für Pferderennen, abschließen kann*

Wẹt·te *die* <-, -n> ❶ *eine Übereinkunft zwischen zwei Personen, die besagt, dass derjenige, der etwas behauptet und nicht Recht behält, dem anderen etwas bezahlen oder geben muss:* eine Wette abschließen/eingehen/gewinnen/verlieren; Topp, die Wette gilt!; Ich gehe jede Wette ein, dass ich stärker bin. ❷ *der Versuch, bei einem Wettbewerb den Gewinner vorherzusagen, indem man Geld auf diesen Kandidaten setzt:* bei einer Wette viel Geld einsetzen; ■ **um die Wette** *(umg.)* mit dem Ziel, schneller oder irgendwie besser als der andere oder die anderen zu sein um die Wette fahren/rennen/essen

Wẹtt·ei·fer *der* <-s> */kein Plur./ das Bestreben, etwas besser als andere zu machen:* Sie übertrafen sich in ihrem Wetteifer um den ersten Platz.

wẹtt·ei·fern <wetteiferst, wetteiferte, hat gewetteifert> *ohne OBJ* ■ **jmd. wetteifert (mit jmdm.) um etwas** *Akk. versuchen, andere in einer Sache zu übertreffen und zu gewinnen:* um die Gunst des Lehrers wetteifern

wẹt·ten I. *mit OBJ* ■ **jmd. wettet (etwas), dass ...** *erklären, dass man ganz sicher ist, dass etwas so wird oder so passiert:* Ich wette meinen Kopf, dass er verliert.; Ich wette mit dir um 10 Euro, dass morgen schönes Wetter wird. **II.** *mit OBJ/ohne OBJ* ■ **jmd. wettet (mit jmdm.) (etwas) (mit jmdm.)** *eine Wette[1] machen (und den Einsatz angeben):* Sollen wir wetten?; Ich wette zehn Euro!; Ich wette mit dir einen Kasten Bier! **III.** *ohne OBJ* ❶ ■ **jmd. wettet auf etwas** *Akk. eine Wette[2] abschließen:* Er wettet immerzu auf Pferde. ❷ ■ **jmd. wettet (mit jmdm.) (um etwas** *Akk.)* wetten II

Wẹt·ter *das* <-s> */kein Plur./ der Zustand, in dem die Atmosphäre zu einem bestimmten Zeitpunkt in einer bestimmten Region ist und der mit Erscheinungen wie Regen, Gewitter, Schnee o. Ä. verbunden ist:* Das Wetter ist unbeständig/verschlechtert sich/ist wechselhaft.; das Wetter beobachten/vorhersagen; Es hängt vom Wetter ab, ob wir baden gehen können.; Da hat uns das Wetter einen Strich durch die Rechnung gemacht – Am Ausflugstag herrschte Dauerregen!; Ein stabiles Hoch bestimmt bis zum Wochenende unser Wetter.; ■ **bei jemandem gut Wetter machen** *(umg.) versuchen, jmdn. günstig zu stimmen, nachdem man ihn verärgert hatte* ◆-satellit, -vorhersage

Wẹt·ter·aus·sich·ten <-> *Plur. die Erwartungen, wie das Wetter wird:* Die Wetteraussichten für die Woche sind günstig.

Wẹt·ter·be·richt *der* <-(e)s, -e> *eine Vorhersage des Wetters für den kommenden Tag, die in Fernsehen oder Rundfunk gesendet wird:* den Wetterbericht anhören/ansehen

Wẹt·ter·dienst *der* <-(e)s, -e> *Einrichtung zur Vorhersage und Beobachtung des Wetters:* der Wetterdienst eines Flughafens/einer Region; Daten für den Wetterdienst sammeln

Wẹt·ter·fah·ne *die* <-, -n> *eine Art Fahne aus Metall, die die Windrichtung anzeigt:* die vergoldete Wetterfahne auf der Turmspitze

wẹt·ter·fest *adj /nicht steig./ auch für schlechtes oder nasses Wetter geeignet:* wetterfeste Kleidung

Wẹt·ter·frosch *der* <-(e)s, Wetterfrösche> ❶ *ein Laubfrosch, den man in einem Glas hält, in dem eine kleine Leiter ist, und der angeblich auf die Leiter klettert, wenn das Wetter schöner wird* ❷ *(umg. scherzh.) Person, die bei einem Wetterdienst arbeitet oder die Wettervorhersage in Funk oder Fernsehen macht*

wẹt·ter·füh·lig *adj* MED. *so, dass man unter Wettereinflüssen gesundheitlich leidet:* Im Alter ist sie wetterfühlig geworden. ► Wetterfühligkeit

Wẹt·ter·hahn *der* <-(e)s, Wetterhähne> *drehbare Figur in der Form eines Hahnes, die die Windrichtung anzeigt:* der vergoldete Wetterhahn auf der Turmspitze

Wẹt·ter·kar·te *die* <-, -n> *Landkarte, auf der das Wetter in verschiedenen Gebieten angegeben ist*

Wẹt·ter·kun·de *die* <-> */kein Plur./ (≈ Meteorologie)*

Wẹt·ter·la·ge *die* <-, -n> *das Wetter, wie es gegenwärtig allgemein in einem großen Gebiet vorherrscht:* eine hochsommerliche/stabile/unbeständige/wechselhafte Wetterlage

Wẹt·ter·leuch·ten *das* <-s> */kein Plur./ das Leuchten von Blitzen eines Gewitters, das weit entfernt ist*

wẹt·ter·leuch·ten <wetterleuchtet, wetterleuchtete, hat gewetterleuchtet> *mit ES* ■ **es wetterleuchtet** *man sieht ein Wetterleuchten:* Es wetterleuchtet hinter den Bergen.

wẹt·tern <wetterst, wetterte, hat gewettert> *ohne OBJ* ■ **jmd. wettert (gegen/über jmdn./etwas)** *(umg.) heftig (auf/über jmdn./etwas) schimpfen:* gegen den Verfall der Sitten wettern

Wet·ter·sta·ti·on *die* <-, -en> ❶ *ein kleiner Kasten mit Instrumenten, die Temperatur, Luftdruck und Luftfeuchtigkeit anzeigen* ❷ *ein kleines Gebäude, von dem aus mit Instrumenten Wetterdaten gemessen und aufgezeichnet werden*

Wet·ter·um·schlag *der* <-(e)s, Wetterumschläge> *plötzlicher Wechsel des Wetters, meist zu einem schlechten Wetter hin*

Wet·ter·um·schwung *der* <-(e)s, Wetterumschwünge> *ein Wechsel des Wetters*

Wet·ter·war·te *die* <-, -n> *Station für die Beobachtung des Wetters*

wet·ter·wen·disch *adj /nicht steig./* *launenhaft:* eine wetterwendische Person

Wett·kampf *der* <-(e)s, Wettkämpfe> *(sportlicher) Wettstreit, um zu ermitteln, wer die besten Leistungen erbringt:* an einem Wettkampf teilnehmen; Wettkämpfe im Skispringen veranstalten ▸ Wettkämpfer, Wettkämpferin

Wett·lauf *der* <-(e)s, Wettläufe> *ein Lauf von mehreren Personen, bei dem der oder die Schnellste ermittelt werden soll:* einen Wettlauf machen; Die Jungen wollen mit einem Wettlauf herausfinden, wer der schnellste Läufer ist.; ■ **ein Wettlauf mit der Zeit** *(übertr.) eine Situation, in der große Eile geboten ist* Die Bekämpfung der Seuche wurde zum Wettlauf mit der Zeit.

wett·ma·chen <machst wett, machte wett, hat wettgemacht> *mit OBJ* ■ **jmd. macht etwas wett** *etwas ausgleichen:* eine Fehler/Verlust wieder wettmachen

Wett·ren·nen *das* <-s, -> *(≈ Wettlauf)*

Wett·rüs·ten *das* <-s> */kein Plur./ das ständige Bestreben, mehr und bessere Waffen zu besitzen als der militärische oder politische Gegner:* das nukleare Wettrüsten der Supermächte in der Zeit des Kalten Krieges

Wett·streit *der* <-(e)s, -e> */Plur. selten/ (geh.) das Bemühen, besser als andere zu sein:* im Wettstreit miteinander liegen; ein künstlerischer Wettstreit um den besten Entwurf für ein Bauwerk

wet·zen¹ <wetzt, wetzte, hat gewetzt> *mit OBJ (haben)* ■ **jmd. wetzt etwas** *etwas wieder scharf machen:* das Messer wetzen; Der Vogel wetzt seinen Schnabel.

wet·zen² <wetzt, wetzte, ist gewetzt> *ohne OBJ (sein)* ■ **jmd. wetzt irgendwohin** *(umg.) rennen:* schnell zum Laden an der Ecke wetzen

Wetz·stahl *der* <-(e)s, Wetzstähle/Wetzstahle> *ein Stück Stahl, an dem man eine Klinge wetzen¹ kann*

Wetz·stein *der* <-(e)s, -e> *ein Stein, an dem man Klingen wetzen¹ kann*

WG *die* [ve:'ge:] <-, -s> *(umg.) Abkürzung von „Wohngemeinschaft"*

Whg. *Abkürzung von „Wohnung"*

Whirl·pool® *der* ['wə:lpu:l] <-s, -s> *eine Art große Badewanne mit Düsen, die das Wasser zum Sprudeln bringen*

Whis·key *der* ['wɪskɪ] <-s, -s> *amerikanischer oder irischer Branntwein aus Roggen oder Mais*

Whis·ky *der* ['wɪskɪ] <-s, -s> *ein schottischer Branntwein, der aus Gerste oder Malz hergestellt wird*

White·board *das* ['waɪtbɔ:d] <-s, -s> ❶ *Wandtafel mit weißer Kunststoffoberfläche* ❷ *(an einen Computer angeschlossene) elektronische Wandtafel*

WHO *die* [ve:ha:ʔ'o:] <-> */kein Plur./ Abkürzung von „World Health Organization": Weltgesundheitsorganisation*

wich *Prät. von* **weichen**

Wichs *der/die* <-es, -e o ÖSTERR. -en/-, -en o ÖSTERR. -en> *Festkleidung von Burschenschaftlern oder Korpsstudenten:* in vollem/voller Wichs aufmarschieren

Wich·se *die* ['vɪksə] <-, -n> *(umg.)* ❶ *ein wachsartiges Putzmittel:* Wichse für die Schuhe/den Fußboden ❷ */nur Sing./ Prügel:* ordentlich Wichse bekommen/beziehen

wich·sen ['vɪksən] <wichst, wichste, hat gewichst> I. *mit OBJ* ■ **jmd. wichst etwas** *etwas mit Wichse¹ polieren:* den Fußboden wichsen; frisch gewichste/frischgewichste Stiefel II. *ohne OBJ* ■ **jmd. wichst** *(vulg.) sich (als Mann) sexuell selbst befriedigen*

Wich·ser *der* ['vɪksɐ] <-s, -> *(umg. vulg.) sehr beleidigendes Schimpfwort für einen Mann*

Wicht *der* <-(e)s, -e> ❶ *(abwert.) verachtenswerter Mensch:* So ein (böser) Wicht! ❷ *ein Zwerg im Märchen:* ein kleiner Wicht

Wich·tel *der* <-s, -> *Wichtelmännchen*

Wich·tel·männ·chen *das* <-s, -> *ein kleiner Zwerg aus dem Märchen*

wich·tig *adj* ❶ *so, dass es von großer Bedeutung für jmdn. oder etwas ist:* eine wichtige Entscheidung; Es ist für mich wichtig, das zu wissen.; Bewegung an frischer Luft ist wichtig für die Gesundheit.; etwas in wichtigem Ton/mit wichtiger Miene sagen ❷ *so, dass jmd. viel Macht und großen Einfluss hat:* Auf der Messe trafen sich alle wichtigen Manager der Branche.; eine wichtige Persönlichkeit; ■ **sich/etwas wichtig nehmen** *sich oder einer Sache große Bedeutung beimessen;* ■ **etwas ist nur halb so wichtig** *(umg.) etwas hat keine große Bedeutung;* ■ **jemand hat nichts Wichtigeres zu tun, als …** *jmd. tut etwas sehr schnell, aber ohne dass es wirklich nötig oder erwünscht wäre* Hast du nichts Wichtigeres zu tun, als unser Gespräch sofort weiter zu erzählen? ▸ Wichtigkeit

wich·tig·ma·chen <machst wichtig, machte wichtig, hat wichtiggemacht> *mit SICH* ■ **jmd. macht sich wichtig** *(umg. abwert.) die eigene Person in den Vordergrund drängen* ♦ Getrenntschreibung →R 4.6 Er muss sich immer wichtigmachen.

wich·tig·tun <tust wichtig, tat wichtig, hat wichtiggetan> *mit SICH* ■ **jmd. tut sich wichtig** *(umg. abwert.) die eigene Person in den Vordergrund drängen* ♦ Getrenntschreibung →R 4.6 Muss er sich immer so wichtig tun?

Wich·tig·tu·er *der*, **Wich·tig·tu·e·rin** <-s, -> *(umg. abwert.) Person, die sich selbst übertrieben wichtig nimmt*

Wich·tig·tu·e·rei *die* <-, -en> *(umg. abwert.)* ❶ */kein Plur./ der Sachverhalt, dass man sich selbst übertrieben wichtig nimmt:* Deine Wichtigtuerei geht mir auf die Nerven! ❷ *Handlung, mit der man sich wichtig tut:* Lass deine ewigen Wichtigtuereien!

wịch·tig·tu·e·risch *adj (abwert.)* so, als ob es sehr wichtig wäre: wichtigtuerisches Gerede

Wị·cke *die* <-, -n> BOT. *eine rankende Pflanze, die der Erbse ähnlich ist und weiße oder rosa Blüten hat*

Wị·ckel *der* <-s, -> ❶ MED. *eine Art Umschlag, den man um den Hals oder die Brust legt, um Fieber zu senken oder Entzündungen zu mindern:* einem Patienten heiße/kühlende Wickel machen; In diesem Fall helfen warme Wickel mit Kräutern. ◆Waden- ❷ *etwas Gewickeltes:* Wickel aus Kraut und Fleisch ❸ *etwas, auf das etwas gewickelt wird:* sich Wickel in die Haare drehen ❹ ÖSTERR. *Schwierigkeiten;* ■**jemanden am/ beim Wickel kriegen/nehmen** *(umg.) jmdn. zu fassen kriegen oder für etwas zur Verantwortung ziehen*

Wị·ckel·kind *das* <-(e)s, -er> *ein kleines Kind, das noch Windeln braucht*

Wị·ckel·kleid *das* <-(e)s, -er> *Kleid, das um den Körper gewickelt wird*

Wị·ckel·kom·mo·de *die* <-, -n> *eine hohe Kommode, auf der Säuglinge gewickelt werden*

wị·ckeln <wickelst, wickelte, hat gewickelt>
I. *mit OBJ* ❶ ■ **jmd. wickelt etwas (um etwas Akk.)** *etwas in langen Bahnen um etwas herumlegen:* einen Faden auf eine Rolle wickeln; Wolle wickeln; Draht auf eine Spule wickeln; sich einen Schal um den Hals wickeln ❷ ■ **jmd. wickelt etwas (um etwas Akk.)** *etwas um etwas legen oder schlingen:* sich ein Tuch um die Hand wickeln; Er wickelt sich einen langen Schal um den Hals. ❸ ■ **jmd. wickelt ein Kind** *einem Kind frische Windeln anlegen:* einen Säugling wickeln ❹ ■ **jmd. wickelt sich/jmdn./etwas in etwas Akk. sich/jmdn./etwas in etwas einhüllen:** Abends wickelt er sich in eine warme Decke.; Sollen wir die Gläser nicht besser in Papier wickeln? ❺ ■ **jmd. wickelt sich/jmdn./etwas aus etwas Dat.** *von sich/jmdm./etwas die Umhüllung entfernen:* Wickel dich erstmal aus deinen ganzen Klamotten und setz dich dann an die Heizung. **II.** *mit SICH* ■ **etwas wickelt sich um jmdn./ etwas** *sich in langen Bahnen um jmdn. oder etwas herumlegen:* Das Tuch hatte sich um den Pfosten gewickelt.

Wị·ckel·raum *der* <-(e)s, Wickelräume> *Raum, wo man Säuglinge wickeln³ kann*

Wị·ckel·rock *der* <-(e)s, -Wickelröcke> *Rock, der um die Hüfte gewickelt wird*

Wịd·der *der* <-s, -> ❶ ZOOL. *das männliche Schaf* ❷ */kein Plur./* ASTRON. *Name eines Sternzeichens vom 21. März bis zum 20. April* ❸ *jmd., der im Zeichen des Widders² geboren ist:* Er ist ein Widder.

wị·der *präp +Akk. (geh.)* ❶ *gegen:* Er kämpfte wider seine Feinde.; Es passierte wider seinen Willen.; Er schwamm wider den Strom. ❷ *im Gegensatz zu:* Wider alle Voraussagen wurde es doch schön. ◆Großschreibung →R 3.4 das Für und Wider einer Sache genau abwägen; ◆Abweichung

der Schreibung vom Lautprinzip →R 1.12 Er tat das wider besseres Wissen.

wi·der·bors·tig *adj* ❶ *so, dass es nur schwer glatt gemacht werden kann:* widerborstige Haare ❷ *frech und eigensinnig:* Eine widerborstige Tochter habt ihr da!

wi·der·fah·ren <widerfährt, widerfuhr, ist widerfahren> *ohne OBJ* ■ **jmdm. widerfährt etwas** *(geh.) zuteilwerden, ohne dass man etwas dagegen tun kann:* Ihm ist ein schreckliches Schicksal widerfahren.; Erzähl, was dir widerfahren ist!

Wi·der·ha·ken *der* <-s, -> *ein Haken, der so geformt ist, dass er leicht in etwas eindringt, aber nur schwer wieder herausgezogen werden kann:* ein Pfeil mit Widerhaken

Wi·der·hall *der* <-(e)s, -e> ❶ *(≈ Echo) der Vorgang, dass die Schallwellen eines Geräusches von Wänden reflektiert werden:* der Widerhall der Stimme in einem leeren Raum; der Widerhall eines Rufes in den Bergen ❷ *(≈ Echo) Beachtung, die etwas bei einer Gruppe findet:* Ich bin mit meinem Vorschlag auf wenig Widerhall gestoßen.; Der Aufruf zur Hilfe hat einen großen Widerhall gefunden.

wi·der·hal·len <hallt wider, hallte wider, hat widergehallt> *ohne OBJ /nur in der 3. Pers. Sing und Plur./* ❶ ■ **etwas hallt wider** *ein Echo haben:* Die Stimme hallt in den leeren Räumen wider. ❷ ■ **etwas hallt von etwas Dat. wider** *mit Geräuschen oder Klängen angefüllt sein:* Die Nacht hallt wider von lauten Rufen.; Der Morgen hallt von dem Zwitschern der Vögel wider.

Wi·der·hand·lung *die* <-, -en> SCHWEIZ. *Zuwiderhandlung*

wi·der·le·gen <widerlegst, widerlegte, hat widerlegt> *mit OBJ* ■ **jmd. widerlegt jmdn./etwas** *beweisen, dass jmd. nicht Recht hat oder dass etwas falsch ist:* eine Behauptung/eine Theorie widerlegen

wi·der·lich *adj* ❶ *Ekel erregend:* ein widerlicher Gestank ❷ *völlig unsympathisch:* ein widerlicher Mensch

wi·der·na·tür·lich *adj (abwert.: ≈ pervers)* so, dass es von dem Empfinden, das als normal angesehen wird, abweicht: ein widernatürliches Verhalten/ Verlangen ▸ Widernatürlichkeit

wi·der·recht·lich *adj /nicht steig./ gegen das Gesetz verstoßend:* sich etwas widerrechtlich aneignen; sich die Daten widerrechtlich verschaffen

Wi·der·re·de *die* <-, -n> *(≈ Widerspruch)* Ich dulde keine Widerrede!

Wi·der·ruf *der* <-(e)s, -e> *Erklärung, dass eine Aussage, die gemacht wurde, nicht mehr gültig oder falsch ist:* einen offiziellen Widerruf veröffentlichen; Diese Regelung gilt bis auf Widerruf.

wi·der·ru·fen <widerrufst, widerrief, hat widerrufen> *mit OBJ* ■ **jmd. widerruft etwas** *etwas für ungültig oder unrichtig erklären:* eine Bestellung/eine Regelung widerrufen; Der Regierungssprecher hat diese Meldung widerrufen.

Wi·der·sa·cher *der,* **Wi·der·sa·che·rin** <-s, -> *(geh.: ≈ Gegner)* ihre politischen Widersacher; Bei seinem Vorhaben hatte er viele Widersacher.

wi·der·set·zen <widersetzt, widersetzte, hat widersetzt> *mit SICH* ■ **jmd. widersetzt sich**

jmdm./etwas *sich gegen jmdn. oder etwas auflehnen oder jmds. Anordnungen nicht befolgen:* Er hat sich den Anordnungen widersetzt.; *sich dem Druck des Vorgesetzten/der Öffentlichkeit widersetzen*

Wi·der·sinn *der* <-(e)s> /kein Plur./ (geh. abwert.: ≈ Unnsin) *etwas, dass der Vernunft widerspricht:* Sinn und Widersinn einer Regelung diskutieren; Welch ein Widersinn!

wi·der·sin·nig *adj /nicht steig./* (abwert.) *so, dass es der Vernunft widerspricht:* eine völlig widersinnige Anweisung/Regelung/Vorschrift ▶ Widersinnnigkeit

wi·der·spens·tig *adj* ❶ (abwert.) *so, dass man es ablehnt, Anordnungen oder Regeln zu folgen:* ein widerspenstiges Kind; widerspenstige Personen zum Einlenken bewegen ❷ *widerborstig[1]:* widerspenstige Zweige an einem Gatter festbinden; Widerspenstige Haare lassen sich schlecht frisieren.

Wi·der·spens·tig·keit *die* <-, -en> ❶ /kein Plur./ *Ablehnung von Anordnungen oder Regeln:* voller Widerspenstigkeit sein ❷ *widerspenstige[1] Handlung:* Ich habe seine Widerspenstigkeiten satt! ❸ /kein Plur./ *die Eigenschaft, widerspenstig[2] zu sein:* die Widerspenstigkeit meiner Haare

wi·der·spie·geln <spiegelst wider, spiegelte wider, hat widergespiegelt> **I.** *mit OBJ* ❶ ■ **etwas spiegelt etwas wider** *etwas reflektieren:* Die Glasscheiben spiegeln das Licht der Lampen wider.; Das Wasser spiegelt ihr Gesicht wider. ❷ ■ **etwas spiegelt etwas wider** (übertr.) *etwas in etwas klar erkennen lassen:* Seine Äußerungen spiegeln seine Weltanschauung wider. **II.** *mit SICH* ❶ ■ **etwas spiegelt sich irgendwo wider** *von etwas reflektiert werden:* In den Fensterscheiben spiegelt sich das Sonnenlicht wider.; Ihr Gesicht spiegelt sich an/in der Wasseroberfläche wider. ❷ ■ **etwas spiegelt sich irgendwo wider** *irgendwo lässt sich etwas klar erkennen:* In dem Gedicht spiegeln sich die Erfahrungen des Dichters wider.

wi·der·spre·chen <widersprichst, widersprach, hat widersprochen> **I.** *ohne OBJ* ❶ ■ **jmd. widerspricht jmdm.** *eine andere Meinung als jmd. äußern und vertreten:* Er widerspricht ihr andauernd/wagt nicht zu widersprechen.; Da muss ich meinem Vorredner leider widersprechen. ❷ ■ **etwas widerspricht etwas** *Dat. nicht mit etwas übereinstimmen:* Das widerspricht jeder Regel/dem gesunden Menschenverstand.; Das widerspricht dem, was wir gelernt haben. **II.** *mit SICH* ■ **jmd./etwas widerspricht sich** *nicht mit einer früheren Äußerung oder Einstellung übereinstimmen:* Warum widersprichst du dir ständig?; die Fakten widersprechen sich

W **Wi·der·spruch** *der* <-(e)s, Widersprüche> ❶ *gegenteilige oder ablehnende Meinungsäußerung:* Da muss ich aber Widerspuch einlegen, meiner Ansicht nach ist das anders gewesen.; Widerspruch zählt nicht, es wird so gemacht, wie wir es beschlossen haben. ❷ RECHTSW. *Ablehnung einer richterlichen Entscheidung mit dem Ziel, einen neuen Prozess zu beantragen:* Der Rechtsanwalt legte Widerspruch gegen das Urteil ein.; Der Wider-

spruch wurde abgelehnt. ❸ /kein Plur./ *Gegensatz:* im Widerspruch zu etwas stehen; ■ **sich in Widersprüche verwickeln** *widersprüchliche[1] Aussagen machen*

wi·der·sprüch·lich *adj* ❶ *so, dass in sich nicht mit etwas übereinstimmt:* widersprüchliche Angaben/Aussagen machen ❷ *so, dass es Gegensätze enthält:* widersprüchliche Positionen

Wi·der·spruchs·geist *der* <-(e)s, -er> /kein Plur./ *Eigenschaft, gern zu widersprechen:* Diese Aussage weckte ihren Widerspruchsgeist.

wi·der·spruchs·los *adv so, dass man nicht widerspricht:* etwas widerspruchslos über sich ergehen lassen

Wi·der·stand *der* <-(e)s, Widerstände> ❶ /kein Plur./ (≈ Gegenwehr) *Handlung, mit der man sich gegen jmdn. oder etwas widersetzt:* Die feindlichen Truppen lieferten keinen Widerstand und ergaben sich.; heftigen/erbitterten Widerstand leisten ❷ /kein Plur./ *Kurzform für „Widerstandsbewegung":* Er war lange Jahre im Widerstand.; Sie kämpft im Widerstand. ❸ /kein Plur./ *etwas, das eine Bewegung oder eine Handlung behindert:* mit dem Fuß an einen Widerstand stoßen; einen Plan gegen viele Widerstände doch verwirklichen; mit einem Vorschlag auf Widerstand stoßen ❹ PHYS. *etwas, dass sich als Kraft einer Bewegung oder Handlung entgegensetzt:* Nach der fünften Drehung verspürt man einen Widerstand. ◆ Luft-, Strömungs- ❺ /kein Plur./ PHYS. *Eigenschaft von Stoffen, das Fließen von elektrischem Strom zu behindern:* den Widerstand in Ohm angeben/berechnen ❻ ELEKTROTECHN. *elektrisches Schaltelement mit einem bestimmten Widerstand[5];* ■ **Widerstand gegen die Staatsgewalt** *eine strafbare Handlung, bei der man sich gegen die Festnahme durch die Polizei wehrt;* ■ **passiver Widerstand** *gewaltloser Widerstand[1]*

Wi·der·stands·be·we·gung *die* <-, -en>

Der Ausdruck **Widerstandsbewegung** bezeichnet allgemein zunächst die organisierte Gegnerschaft gegen ein diktatorisches Regime. In Deutschland wird darunter im engeren Sinn eine aktive Opposition gegen das nationalsozialistische Regime (den Hitler-Faschismus) der Jahre 1933-1945 verstanden. Damit grenzt man die Verwendung des Ausdrucks von bloß weltanschaulichem Dissidententum und gesellschaftlicher Verweigerung ab. Gleiches gilt für die so genannte „innere Emigration", in welche zahlreiche Schriftsteller und Künstler gingen, die aus unterschiedlichen Gründen und aufgrund unterschiedlicher Problemlagen trotz Ablehnung des Regimes in Hitler-Deutschland blieben oder bleiben mussten. Dies war in der Nachkriegszeit oft Anlass kontroverser Diskussionen zur Rolle namhafter Persönlichkeiten in jener Zeit.

Aktiver Widerstand ging von Einzelpersonen aus, so von Georg Eisler, der 1939 ein Attentat auf Adolf Hitler verübte und hingerichtet wurde. Zu den namhaften Widerstandsgruppen zählen: die „Rote Kapelle", die „Weiße Rose", der „Kreisauer Kreis", und vor allem die „Gruppe des 20. Juli 1944". Meist handelte es sich bei den Gruppen um lose Netzwerke von Personen mit unterschiedlicher politischer und sonstiger weltanschaulicher (ethisch oder religiös motivierter) Orientierung. Die „Weiße Rose" (zwischen 1942 und 1943) um die Geschwister Hans und Sophie Scholl tat sich unter anderem durch das Drucken und Verteilen von Flugblättern gegen das Hitler-Regime hervor. Sie wurden durch den so bezeichneten „Blutrichter" Roland Freisler zum Tode verurteilt und hingerichtet. Freisler führte als Präsident des „Volksgerichtshofes" z. B. auch die Prozesse gegen die „Gruppe 20. Juli 1944". Die „Rote Kapelle" (seit 1933; am stärksten tätig zwischen 1940 und 1942) war eine Gruppe von meist politisch links gerichteten NS-Gegnern um Harro Schulze-Boysen, Adam Kuckhoff, Arvid Harnack und anderen. Gegen sie wurde unter diesem Decknamen von der Gestapo ermittelt; nach der Aufdeckung der Gruppe wurden viele von ihnen hingerichtet. Im engeren Bereich gehörten dem „Kreisauer Kreis" (1940 bis 1944) neben den wichtigen Repräsentanten Graf von Moltke und Graf York von Wartenburg insgesamt etwa zwanzig Personen an. Nach der Aufdeckung des Kreises durch die Gestapo (auf die offenbar auch der Name zurückgeht) schlossen sich mehrere von ihnen der Gruppe um Graf von Stauffenberg an. Mit seinem Namen verbindet sich das von ihm verübte, aber fehlgeschlagene Attentat auf Adolf Hitler vom 20. Juli 1944. Dies wird als das zentrale Ereignis des Widerstands gegen den Nationalsozialismus angesehen. Die Gruppe „20. Juli 1944" nennt man meist auch wegen der großen Zahl der beteiligten Repräsentanten an erster Stelle, wenn es um den militärischen Widerstand gegen das Regime geht. Ihr gehörten Personen aus dem Adel, der Wehrmacht und der Verwaltung an. Die Erhebung endete mit einer Serie von Prozessen und mit einer erheblichen Zahl von Todesurteilen. Heute erinnert unter anderem die „Gedenkstätte Plötzensee" (Plötzensee war Hinrichtungsort der Nazis) für die Opfer des Nationalsozialismus an den Widerstand gegen das Regime und an die Hinrichtungen nach Unrechtsurteilen der NS-Justiz.

wi·der·stands·fä·hig adj so, dass es Belastungen gut aushält: ein widerstandsfähiges Material; widerstandsfähig gegen Krankheiten sein ▶ Wi̶derstandsfähigkeit
Wi·der·stands·kämp·fer der, **Wi·der·stands·kämp·fe·rin** <-s, -> Person, die in einer Widerstandsbewegung kämpft
Wi·der·stands·kraft die <-, ...-kräfte> /kein Plur./ Fähigkeit, sich gegen Belastungen oder Krankheiten zu wehren: die körperliche Wider-

standskraft durch Sport/gesunde Ernährung steigern
wi·der·stands·los adv so, dass kein Widerstand geleistet wird: sich widerstandslos gefangen nehmen lassen; sich widerstandslos in sein Schicksal ergeben
wi·der·ste·hen <widerstehst, widerstand, hat widerstanden> ohne OBJ ❶■ jmd./etwas widersteht jmdm./etwas sich gegen jmdn. oder etwas erfolgreich wehren: einem Angreifer widerstehen ❷■ jmd. widersteht jmdm./etwas jmdm. oder etwas nicht nachgeben: der Versuchung widerstehen ❸■ etwas widersteht etwas Dat. viel aushalten und keinen Schaden nehmen: Das Material widersteht auch hohem Druck/hohen Temperaturen. ❹■ etwas widersteht jmdm. Ekel oder Abscheu erregen: Es widersteht mir, noch mal mit ihm zu reden.; ■ nicht widerstehen können nicht nein sagen können Bei Himbeereis kann ich einfach nicht widerstehen.
wi·der·stre·ben ohne OBJ ■ etwas widerstrebt jmdm. nicht mit eigenen Anschauungen oder Grundsätzen zu vertreten sein: Es widerstrebt mir, oberflächlich zu arbeiten.; Der raue Umgangston widerstrebt ihr.
wi·der·stre·bend adj /nicht steig./ widerwillig: Nur widerstrebend erklärte er sich einverstanden.; etwas mit widerstrebenden Empfindungen tun
Wi·der·streit der <-(e)s /kein Plur./ (geh.) ein Konflikt, bei dem Dinge schlecht miteinander vereinbar sind: der Widerstreit von Gefühl und Vernunft
wi·der·strei·tend adj /nicht steig./ so, dass etwas im Widerstreit zueinander steht: widerstreitende Gefühle
wi·der·wär·tig adj (abwert.: ≈ eklig, widerlich) Ekel erregend (sehr unangenehm: ein widerwärtiger Gestank; ein widerwärtiger Charakter/Mensch
Wi·der·wär·tig·keit die <-, -en> ❶ /kein Plur./ die Tatsache, dass etwas Ekel erregt oder unangenehm ist: die Widerwärtigkeit des Gestanks ❷ sehr unangenehme Lage oder Handlung: viele Widerwärtigkeiten geduldig ertragen
Wi·der·wil·le der <-ns> /kein Plur./ (≈ Abscheu) das Gefühl, dass man etwas überhaupt nicht mag: großen Widerwillen gegen etwas empfinden/haben/hegen
wi·der·wil·lig adj ❶ voller Abscheu: ein widerwilliges Einverständnis ❷ sehr ungern: etwas nur widerwillig tun
Wi·der·wort ■ Widerworte geben (geh.) widersprechen
wid·men I. mit OBJ ❶■ jmd. widmet jmdm. etwas ein Werk schaffen und ausdrücklich sagen, dass das Werk zur Ehre einer bestimmten Person geschaffen wurde: das Gedicht dem Freund widmen; Das Denkmal ist den Opfern des Krieges gewidmet. ❷■ jmd. widmet jmdm./etwas etwas jmdm. oder etwas aufwenden: die Freizeit der Familie widmen; jedem Detail Sorgfalt widmen ❸■ jmd. widmet jmdm./etwas etwas sehr intensiv für jmdn. oder etwas arbeiten: Er widmete seine ganze Kraft dem Unternehmen.
II. mit SICH ■ jmd. widmet sich jmdm./etwas

sich sehr intensiv mit jmdm. oder etwas beschäftigen: sich dem Studium der Literatur widmen; sich ganz der Familie widmen

Wịd·mung *die* <-, -en> ❶ *ein kurzer Text, den man in ein Buch schreibt, das man jmdm. als Geschenk gibt:* eine Widmung in einem Buch ❷ *der Vorgang, dass jmdm. etwas gewidmet* [1] *wird:* die Widmung des Denkmals an die Opfer des Krieges

wid·rig *adj /nicht steig./ (≈ ungünstig)* Widrige Winde brachten sie vom Kurs ab.; Widrige Umstände verhinderten seinen Erfolg. ▶ Widrigkeit

wid·ri·gen·falls *adv* AMTSSPR. *(≈ andernfalls)*

wie[1] *adv* ❶ *verwendet, um in direkten und indirekten Fragen nach der Art und Weise oder den Mitteln zu fragen:* Wie ist das Ganze abgelaufen?; Wie hast du das gemacht?; Ich frage mich, wie es gewesen ist.; Weißt du, wie er das gemacht hat? ❷ *verwendet, um in direkten und indirekten Fragen nach den Eigenschaften einer Person oder einer Sache oder nach den Umständen von etwas zu fragen:* Wie ist er denn so als Ehemann?; Wie ist das Wetter?; Willst du nicht wissen, wie der Umzug war? ❸ *verwendet, um in direkten oder indirekten Fragen nach dem Maß oder dem Grad oder nach näheren Informationen zu fragen:* Wie alt ist sie?; Ich frage mich, wie alt er wohl ist.; Wie hoch ist der Turm?; Wie schnell fährt der Zug?; Willst du nicht wissen, wie warm es hier ist? ❹ *verwendet in direkten oder indirekten Fragen, um nach einer Zahl oder Menge zu fragen:* Wie viel kostet das?; Ich weiß nicht mehr, wie viele Leute auf der Party waren. ❺ *verwendet, um in direkten oder indirekten Fargen nach dem Grad eines Unterschieds zu fragen:* Wie viel teurer als der ist denn dieser Wagen hier? ❻ *(umg.) verwendet, um am Ende eines Satzes, der eine rhetorische Frage stellt, den Ausdruck von Verärgerung zu verstärken:* Du bist wohl nicht mehr ganz bei Trost, wie? ❼ *verwendet, um eine Aussage zu verstärken:* Wie blöd von dir!; Wie dumm du bist!; Wie schön!; ■ **Wie bitte?** *(umg.) verwendet, um Verwunderung oder auch Ärger auszudrücken:* Ich mache jetzt mal eine Pause. – Wie bitte? Sie müssen erst mal die Aufgabe hier erledigen!; ■ **Wie spät ist es?** *verwendet, um nach der Uhrzeit zu fragen;* ■ **Und wie!** *(umg.) verwendet, um eine positive Antwort zu verstärken* Hast du Lust, schwimmen zu gehen? – Und wie! ◆ Getrenntschreibung →R 4.3 Wie viele Teilnehmer sind es?; Wie weit seid ihr gekommen?; Wie viele Male habe ich dir das schon gesagt!

wie[2] *konj* ❶ *leitet einen Vergleich ein:* Sie ist so groß wie er.; stark wie ein Bär sein; Ich habe es (so) wie er gemacht. ❷ *leitet einen Nebensatz ein, der einen Vergleich darstellt:* Schreib so schnell, wie es möglich ist!; Sie waren so dumm, wie man es erwartet hatte. ❸ *leitet einen Nebensatz der Art und Weise ein:* Du weißt ja, wie es mir geht.; Ich habe gehört, wie du mit dem Chef diskutiert hast.; Wie man hört, ist er wieder mal krank.; Ich höre, wie es regnet. ❹ *leitet einen Nebesatz ein, der ein Geschehen beschreibt, das zur gleichen Zeit passiert wie das im Hauptsatz:* Wie er den Saal betritt, fangen alle Leute an zu klatschen. ❺ *verknüpft die*

Elemente einer Aufzählung: Männer wie Frauen wie Kinder mussten von Bord. ❻ *(≈ und auch)* Sommers wie winters arbeiteten sie auf dem Feld.; Dieser Drucker ist als Fax wie als Kopierer zu gebrauchen.; ■ **wie wenn** *als ob* Wie wenn ich es geahnt hätte!; ■ **Wie dem auch sei ...** *egal, wie es ist ...*

Wie ■ **Auf das Wie kommt es an.** *die Art und Weise, wie etwas gemacht wird, ist wichtig*

Wie·de·hopf *der* <-(e)s, -e> ZOOL. *ein hellbrauner Vogel mit langem Schnabel und großer Haube*

wie·der[1] *adv* ❶ *verwendet, um auszudrücken, dass etwas nochmals und nicht das erste Mal passiert, geschieht o. Ä.:* Nächste Woche gehen wir wieder ins Kino.; Lass uns mal wieder ein Bier trinken.; Das Theater ist wieder ausverkauft. ❷ *verwendet, um auszudrücken, dass ein früherer Zustand hergestellt wird:* Ich glaube, du musst die Tapete wieder abmachen.; Natürlich werden Sie wieder gesund! ❸ *(≈ andererseits) verwendet, um eine Aussage oder einen Sachverhalt zu ergänzen:* Dieses Handbuch ist kompliziert, dafür aber wieder genauer. ❹ *(umg.) verwendet, um den Ton einer Aussage, die eine Kritik enthält, zu verschärfen:* Das ist wieder typisch für ihn!; Was hast du da wieder angestellt?

wie·der[2] *adv* ❶ *mit einem Verb verwendet, um auszudrücken, dass etwas erneut oder noch einmal geschieht:* wieder abdrucken; wieder anfangen; wieder anpfeifen; wieder aufheben (vom Boden); wieder aufnehmen; wieder aufsuchen; wieder einfallen; wieder tun ❷ *mit einem Verb verwendet, um auszudrücken, dass ein früherer Zustand erneut hergestellt wird:* wiederaufrichten (an der alten Stelle); wiederauftauchen (an derselben Stelle); wiedereingliedern; wiedereinsetzen; wiederentstehen

Wie·der- *als Erstglied zusammengesetzter Substantive; drückt aus, dass das mit dem Zweitglied Bezeichnete erneut/ein weiteres Mal durchgeführt wird, zustande kommt bzw. in Angriff genommen oder durchgeführt wird* ◆ -entdeckung, -eröffnung, -erstarken, -instandsetzung, -verkauf, -verwendung, -verwertung, -wahl

Wie·der·auf·bau *der* <-(e)s> /kein Plur./ *der erneute Aufbau von etwas, das zerstört wurde:* der Wiederaufbau einer zerstörten Stadt/eines Landes

wie·der·auf·bau·en, *a.* **wie·der auf·bau·en** <baust wieder auf, baute wieder auf, hat wiederaufgebaut> *mit OBJ* ■ **jmd. baut etwas wieder auf** *erneut aufbauen:* ein Gebäude/ein Land/eine zerstörte Stadt wiederaufbauen ◆ Zusammen- oder Getrenntschreibung →R 4.16 die wiederaufgebaute/wieder aufgebaute Kirche; *siehe auch* **wieder**

Wie·der·auf·be·rei·tung *die* <-, -en> *die Bearbeitung von Gebrauchtem, so dass man es wieder verwenden kann:* die Wiederaufbereitung von abgebrannten Brennelementen aus Atomkraftwerken ◆ -sanlage

wie·der·auf·lad·bar *adj /nicht steig./ so, dass man es (mit elektrischem Strom) wieder aufladen kann:* Ein Akku ist wiederaufladbar, eine Batterie nicht.

Wie·der·auf·nah·me *die* <-, -n> *die erneute Aufnahme:* die Wiederaufnahme der diplomatischen Beziehungen; die Wiederaufnahme eines Gerichtsverfahrens

Wie·der·auf·nah·me·ver·fah·ren *das* <-s, -> RECHTSW. *gerichtliches Verfahren, bei dem ein früheres Urteil beseitigt werden soll, weil sich neue Beweise zugunsten oder zuungunsten des Angeklagten ergeben haben*

wie·der·be·kom·men <bekommst wieder, bekam wieder, hat wiederbekommen> *mit OBJ* ■ *jmd. bekommt etwas wieder zurückerhalten:* Wann bekomme ich die geliehenen Sachen wieder?; *siehe auch* **wieder**

Wie·der·be·le·bung *die* <-, -en> *der Vorgang, dass durch medizinische Maßnahmen jmd., der einen Herzstillstand hat, erneut belebt wird:* die Wiederbelebung eines Opfers ◆-sversuch

wie·der·be·schreib·bar *adj* /*nicht steig.*/ EDV *so, dass darauf mehrmals Daten geschrieben werden können:* eine wiederbeschreibbare CD

wie·der·brin·gen <bringst wieder, brachte wieder, hat wiedergebracht> *mit OBJ* ■ *jmd. bringt (jmdm.) etwas wieder jmdm. etwas zurückbringen:* Kannst du mir das geliehene Buch wiederbringen?; *siehe auch* **wieder**

Wie·der·ein·füh·rung, **Wie·der·ein·füh·rung** *die* <-, -en> *die erneute Einführung:* die Wiedereinführung exportierter Waren; die Wiedereinführung eines Gesetzes

Wie·der·ein·glie·de·rung *die* <-, -en> *die erneute Eingliederung:* die Wiedereingliederung eines Straftäters in die Gesellschaft ▶ wiedereingliedern

Wie·der·ein·tritt *der* <-s, -e> *das erneute Eintreten in etwas, das vorher verlassen wurde:* Der Wiedereintritt in die Atmosphäre war für das Shuttle ein gefährliches Manöver.; beim Wiedereintritt in die Kirche/in eine Organisation

wie·der·er·hal·ten <erhältst wieder, erhielt wieder, hat wiedererhalten> *mit OBJ* ■ *jmd. erhält etwas wieder zurückbekommen:* die geliehenen Sachen wiedererhalten; *siehe auch* **wieder**

wie·der·er·lan·gen <erlangst wieder, erlangte wieder, hat wiedererlangt> *mit OBJ* ■ *jmd. erlangt etwas wieder (≈ zurückbekommen) etwas, das einem genommen wurde, erneut bekommen:* seinen Besitz/seine Freiheit/seine Privilegien/ seine Rechte wiedererlangen

wie·der·er·stat·ten <erstattest wieder, erstattete wieder, hat wiedererstattet> *mit OBJ* ■ *jmd. erstattet etwas wieder (≈ zurückzahlen) jmdm., der bestimmte Kosten wegen etwas, z. B. wegen einer Geschäftsreise, hatte, dieses Geld geben:* Sie bekommen Ihre Reisekosten wiedererstattet.

Wie·der·ga·be *die* <-, -n> ❶ TECHN. *die Audio- oder Videodaten, die auf einem Datenträger gespeichert sind, wieder in Töne oder Bilder umsetzen:* die originalgetreue Wiedergabe von Bildern/ Klängen ◆-qualität ❷ *(≈ Schilderung) die Art, wie jmd. ein vergangenes Ereignis darstellt:* Ihre Wiedergabe der Ereignisse unterscheidet sich von mei-

ner. ❸ *das Zurückgeben:* Ich bitte um baldige Wiedergabe der Schlüssel.

wie·der·ge·ben <gibst wieder, gab wieder, hat wiedergegeben> *mit OBJ* ❶ ■ *jmd. gibt (jmdm.) etwas wieder jmdm. etwas zurückgeben:* Gib mir meine Bücher wieder! ❷ ■ *jmd. gibt etwas (mit etwas Dat.) wieder etwas schildern oder berichten:* Es lässt sich mit Worten kaum wiedergeben, was ich erlebt habe. ❸ ■ *jmd. gibt etwas (in etwas Dat.) wieder etwas mit etwas ausdrücken:* Gebt bitte in eigenen Worten wieder, was ihr gelesen habt.; Wie gibt man dies im Chinesischen wieder? ❹ ■ *etwas gibt etwas wieder Töne oder Farben hörbar oder sichtbar machen:* Dieser CD-Player gibt die Klänge nahezu originalgetreu wieder.; Der Fernseher gibt die Farben nicht richtig wieder. ❺ ■ *etwas gibt etwas (in etwas Dat.) wieder etwas künstlerisch darstellen:* Die ganze Schönheit ist in diesem Gemälde wiedergegeben

Wie·der·ge·burt *die* <-, -en> ❶ REL. *erneute Geburt eines verstorbenen Menschen in ein neues (irdisches) Leben:* an eine Wiedergeburt glauben ❷ *(≈ Renaissance) das erneute Aufleben einer kulturellen oder geistigen Strömung*

wie·der·ge·win·nen <gewinnst wieder, gewann wieder, hat wiedergewonnen> *mit OBJ* ❶ ■ *jmd. gewinnt etwas wieder etwas wieder erlangen, was zeitweilig nicht mehr da war:* seine verlorene Ehre wiedergewinnen wollen ❷ ■ *jmd. gewinnt aus etwas Dat. etwas wieder aus Wertstoffen neue Produkte machen:* Man kann aus Altpapier Papier für den alltäglichen Bedarf wiedergewinnen. ▶ Wiedergewinnung

Wie·der·gut·ma·chung *die* <-, -en> ❶ *etwas, mit dem ein Schaden ausgeglichen wird:* eine Wiedergutmachung in Form von Geld; Wiedergutmachung für erlittenes Unrecht fordern ❷ GESCH. *Geld, das die Bundesrepublik Deutschland an Länder und Personen zahlte und zahlt, die unter dem Nationalsozialismus besonders gelitten haben*

wie·der·ha·ben <hast wieder, hatte wieder, hat wiedergehabt> *mit OBJ* ❶ ■ *jmd. hat etwas wieder etwas wieder zur Verfügung haben, was eine Zeit nicht mehr da war:* Endlich habe ich meine Brille wieder. ❷ ■ *jmd. will etwas wiederhaben* (umg.) *etwas zurückbekommen wollen:* Ich will meine Bücher langsam wiederhaben. ❸ ■ *jmd. hat jmdn./ sich Akk. wieder mit jmdm. wieder zusammen sein:* Nach fünf Jahren hat sie ihren Sohn endlich wieder.; Na bitte, ihr habt euch ja wieder.

wie·der·her·stel·len <stellst wieder her, stellte wieder her, hat wiederhergestellt> *mit OBJ* ❶ ■ *jmd. stellt etwas wieder her etwas wieder so aufbauen oder reparieren, wie es vorher war:* Das Haus ist schon fast vollständig wiederhergestellt.; Kannst du die Programmeinstellungen wiederherstellen? ❷ ■ *jmd. ist wiederhergestellt gesund sein:* Nach der langen Krankheit ist er fast wiederhergestellt. ◆Zusammenschreibung →R 4.6 Die wiederhergestellten Sportanlagen werden der Öffentlichkeit übergeben; *siehe aber* **wieder**

Wie·der·her·stel·lung *die* <-, -en> ❶ *Reparatur:* Die Wiederherstellung eines alten Hauses kostet viel Geld. ❷ *Gesundung:* die Wiederherstellung eines Patienten

wie·der·hol·bar *adj /nicht steig./ so, dass es noch einmal gemacht werden kann*

wie·der·ho·len <holst wieder, holte wieder, hat wiedergeholt> *mit OBJ* ■ *jmd. holt etwas wieder* etwas zurückholen: Morgen hole ich mir meine Bücher wieder.

wie·der·ho·len <wiederholst, wiederholte, hat wiederholt> **I.** *mit OBJ* ❶ ■ *jmd. wiederholt etwas* etwas noch einmal machen; erneut ausführen: Er wiederholte den Wurf.; Können Sie das bitte wiederholen?; eine Aufführung/Sendung wiederholen ❷ ■ *jmd. wiederholt etwas* etwas noch einmal durcharbeiten, um es besser im Gedächtnis zu behalten: Ich muss die unregelmäßigen Verben noch einmal wiederholen. ❸ ■ *jmd. wiederholt etwas* an etwas noch einmal teilnehmen: Sie musste die fünfte Klasse wiederholen. **II.** *mit SICH* ❶ ■ *etwas wiederholt sich* immer wieder auftreten: Das Muster wiederholt sich immer wieder. ❷ ■ *etwas wiederholt sich* noch einmal geschehen: Der Vorfall hat sich wiederholt. ❸ ■ *jmd. wiederholt sich* immer das Gleiche reden: Du wiederholst dich.

wie·der·holt *adj /nicht steig./* ❶ */nur attr./ mehrfach:* trotz wiederholter Aufforderung nichts tun ❷ */nicht attr./ (geh.) mehrmals:* Sie hat wiederholt versucht, die Präsidentschaft zu erlangen.; wiederholt straffällig werden

Wie·der·ho·lung *die* <-, -en> ❶ *erneute Auf-/Durchführung:* Bei einem Fehlversuch gibt es keine Wiederholung.; Der Spielfilm ist eine Wiederholung von gestern.; sich etwas in der Wiederholung ansehen ❷ *nochmaliges Lernen:* Ohne Wiederholung lernst du das nie. ❸ *nochmalige Teilnahme:* Er hat den Kurs ohne Wiederholung geschafft. ❹ *regelmäßiges Auftreten:* Die Wiederholung des Musters wird langweilig. ❺ *nochmaliges Geschehen:* Eine Wiederholung der schrecklichen Ereignisse darf es nicht geben! ❻ *der Vorgang, dass jmd. immer das Gleiche redet:* Deine ständigen Wiederholungen kannst du dir sparen.

Wie·der·ho·lungs·fall *der* <-(e)s, Wiederholungsfälle> RECHTSW. *der Fall, dass etwas Strafbares noch einmal getan wird:* Im Wiederholungsfall droht ein Bußgeld von 3.000 EUR.

Wie·der·ho·lungs·zei·chen *das* <-s, -> MUS. *in Musiknoten ein Zeichen, das aus einem Doppelstrich mit zwei Punkten besteht und besagt, dass der vorhergehende Teil noch einmal gespielt werden muss*

Wie·der·hö·ren ■ **Auf Wiederhören!** *(geh.) Abschiedsformel im Rundfunk oder am Telefon*

wie·der·käu·en <käust wieder, käute wieder, hat wiedergekäut> **I.** *mit OBJ* ■ *jmd. käut etwas wieder* (umg. abwert.) etwas in ermüdender Weise häufig wiederholen, was andere schon gesagt haben: Musst du das denn immer wiederkäuen? **II.** *mit OBJ/ohne OBJ* ■ *ein Tier käut et-*

was wieder Futter aus dem Labmagen in den Mund bringen und dort noch einmal kauen: Die Kuh käut ihr Futter wieder.; Kühe käuen wieder.

Wie·der·käu·er *der* <-s, -> ZOOL. *Tier, das seine Nahrung wiederkäut*

Wie·der·kehr *die* <-> */kein Plur./* ❶ *(geh.:≈ Rückkehr)* Wir warten auf seine baldige Wiederkehr aus dem Ausland. ❷ *wiederholtes Vorkommen:* die zehnte Wiederkehr des Gründungstages der Firma

wie·der·keh·ren <kehrst wieder, kehrte wieder, ist wiedergekehrt> *ohne OBJ* ❶ ■ *jmd. kehrt wieder (geh.) zurückkehren:* aus dem Ausland wiederkehren ❷ ■ *etwas kehrt wieder* sich wiederholen: Der Jahrestag der Firmengründung kehrt zum zehnten Mal wieder.

wie·der·kom·men <kommst wieder, kam wieder, ist wiedergekommen> *ohne OBJ* ❶ ■ *jmd. kommt wieder* zurückkommen: Er kommt bestimmt wieder. ❷ ■ *jmd. kommt wieder* noch einmal kommen: Wann wirst du wiederkommen?; Kommst du morgen wieder?

Wie·der·schau·en ■ **auf Wiederschauen!** SÜDDT., ÖSTERR. *auf Wiedersehen!*

wie·der·schen·ken <schenkst wieder, schenkte wieder, hat wiedergeschenkt> *mit OBJ* ■ *jmd. schenkt jmdm./einem Tier die Freiheit wieder* jmdn. oder ein Tier freilassen: Den Gefangenen wurde erst nach Jahren die Freiheit wiedergeschenkt.

Wie·der·se·hen *das* <-s, -> *die erneute Begegnung mit jmdm.:* ein Wiedersehen mit alten Freunden; Heute wollen wir unser Wiedersehen feiern!; ■ **auf Wiedersehen!** *verwendet, um sich von jmdm. zu verabschieden* ◆ -sfreude

wie·de·rum *adv (geh.)* ❶ *nochmals:* Er hatte sich wiederum geirrt. ❷ *andererseits, hingegen:* Ich hatte einen Vorschlag, sie wiederum hatte etwas einzuwenden.

Wie·der·ver·ei·ni·gung *die* <-, -en> ❶ *die nochmalige Vereinigung:* die Wiedervereinigung getrennter Familien ❷ */kein Plur./ der erneute Zusammenschluss zweier Staaten, die politisch getrennt waren:* die deutsche Wiedervereinigung im Jahre 1990

Wie·der·zu·las·sung *die* <-, -en> KFZ *die erneute Zulassung:* die Wiederzulassung eines Wagens

Wie·ge *die* <-, -n> ❶ *ein kleines Bett, in das man Babys legt und das man auf abgerundeten Kufen hin und her schaukeln kann:* das Kind in der Wiege schaukeln ❷ *(übertr.) Ort des Ursprungs:* Die Wiege der Olympischen Spiele ist Griechenland.

Wie·ge·mes·ser *das* <-s, -> *ein Messer, das eine Klinge mit der Form eines Halbmondes hat, an dessen beiden Enden Griffe sind und mit dem man meist Kräuter zerkleinert:* die Petersilie mit einem Wiegemesser zerkleinern

wie·gen[1] <wiegst, wog, hat gewogen> **I.** *mit OBJ* ■ *jmd. wiegt jmdn./sich/etwas* mit einer Waage das Gewicht feststellen: die Pakete/das Fleisch wiegen; sich/einen Patienten wiegen **II.** *ohne OBJ* ■ *jmd./etwas wiegt* ein bestimmtes Gewicht haben: Er wiegt 78 Kilogramm.; Wie viel wiegt er?

W

wie·gen² <wiegst, wiegte, hat gewiegt> **I.** *mit OBJ* **❶■** *jmd. wiegt jmdn. jmdn. leicht hin und her bewegen:* ein Kind in den Armen wiegen **❷■** *jmd. wiegt etwas (veralt.) etwas mit dem Wiegemesser zerkleinern:* Kräuter/Petersilie wiegen **II.** *mit SICH* **■** *jmd./etwas wiegt sich langsam hin und her bewegen:* Die Bäume wiegen sich im Wind.; einen wiegenden Gang haben; den Kopf hin und her wiegen

Wie·gen·lied *das* <-(e)s, -er> *Lied, das man kleinen Kindern vorsingt, damit sie einschlafen*

wie·hern <wieherst, wieherte, hat gewiehert> *ohne OBJ* **❶■** *ein Pferd wiehert das Geräusch machen, das für ein Pferd typisch ist:* das Pferd wiehert **❷■** *jmd. wiehert (umg.) laut lachen:* über einen Witz wiehern

Wien <-s> *Hauptstadt von Österreich*

Wie·ner¹ *die* <-, -> ᴋᴏᴄʜ. *ein dünne Wurst, die im Wasser warm gemacht wird:* ein paar Wiener mit Brot

Wie·ner² *der;* **Wie·ne·rin** <-s, -> *Einwohner Wiens*

Wie·se *die* <-, -n> **❶** *eine Fläche, die überwiegend mit Gras und kleinen Pflanzen bewachsen ist:* eine grüne Wiese voller Sommerblumen ◆-nblume, -nkräuter, Berg-, Streuobst- **❷■** *auf der grünen Wiese (umg.) verwendet, um auszudrücken, dass (wegen der günstigeren Grundstückspreise) ein Geschäft nicht in der Innenstadt, sondern außerhalb der Stadt, z. B. in einem Industriegebiet, gebaut wurde* Baumärkte/Einkaufszentren auf der grünen Wiese

Wie·sel *das* <-s, -> ᴢᴏᴏʟ. *ein kleines Raubtier mit braunrotem, an der Bauchseite weißem Fell*

wie·so *adv* (≈ *warum*) Wieso glaubst du mir nicht?; Ich weiß nicht, wieso ich dir das immer wieder sagen muss.

wie·viel·mal, wie·viel·mal *adv* (≈ *wie oft*) Wievielmal haben wir das jetzt schon wiederholen müssen! ◆aber Getrenntschreibung wie viele Male; *siehe auch* **wie**

wie·viel·te, wie·viel·te *adj /nur attr./ /nicht steig./ verwendet, um in direkten oder indirekten Fragen nach einer Ordinalzahl zu fragen:* Den wievielten Platz habt ihr belegt? – Den dritten!; Zum wievielten Mal kommst du nun schon zu spät!; **■ Den Wievielten haben wir heute?** *Welches Datum ist heute?* ◆Großschreibung →R 3.4

wie·weit *konj* (≈ *inwieweit*) *in welchem Grad oder Umfang:* Ich weiß nicht, wieweit ich mich darauf verlassen kann.

wie·wohl *konj (veralt.) obwohl*

Wig·wam *der* <-s, -s> *Zelt der nordamerikanischen Indianer*

Wild *das* <-(e)s> */kein Plur./* **❶** *frei lebende Tiere, die man jagen kann:* Wildschweine, Hasen und Rothirsche werden zum Wild gezählt.; ein Stück Wild erlegen **❷** *das Fleisch vom Wild¹:* Im Herbst bieten viele Restaurants Wild an. ◆-gericht, -spezialität

wild *adj* **❶** *in der freien Natur lebend:* wilde Tiere **❷** *in der freien Natur wachsend:* wilde Beeren/Kräuter sammeln; wilder Mohn **❸** *heftig:* ein wilder Sturm; die wilde See **❹** *chaotisch:* in wilder

Flucht davonlaufen **❺** *ohne Disziplin:* ein wildes Kind **❻** *wütend:* wild um sich schlagen; wild werden, wenn man gereizt wird **❼** *so, dass es noch unberührt ist:* ein wilder Wald **❽** *nicht zivilisiert und primitiv:* eine wilde Horde **❾** *so, dass es nicht gepflegt ist:* ein wilder Bart; wilde Haare **❿** *nicht offiziell erlaubt oder bestätigt:* eine wilde Badestelle; wild im Wald zelten **⓫** *wirr und unwahr:* wilde Gerüchte verbreiten; wildes Zeug reden; **■ ein wilder Streik** *Streik, der nicht von der Gewerkschaft erlaubt ist;* **■ eine wilde Ehe** *(veralt.) das Zusammenleben ohne Trauschein;* **■ halb so wild** *(umg.) nicht so schlimm;* **■ (ganz) wild auf/nach etwas/jemandem sein** *(umg.) etwas unbedingt wollen* Sie ist ganz wild auf Schokolade.; Er ist ganz wild nach ihr.; **■ den wilden Mann markieren** *(umg.) sich aufspielen* ◆Getrennt- oder Zusammenschreibung →R 4.16 wild wachsende/wildwachsende Kräuter; wild lebende/wildlebende Tiere

wild- (≈ *sehr*) *als Erstglied einiger zusammengesetzter Adjektive, mit Betonung auf beiden Teilen; drückt intensivierend aus, dass die mit dem Zweitglied bezeichnete Eigenschaft äußerst ausgeprägt ist* ◆fremd, -romantisch

Wild·bahn *die* <-, -en> **■** *in freier Wildbahn in der freien Natur*

Wild·bret *das* <-s> */kein Plur./ (geh.) Fleisch vom Wild*

Wil·de *der/die* <-n, -n> **❶** *(veralt. abwert.) von anderen als nicht zivilisiert bewertete(r) Angehörige(r) eines Naturvolkes* **❷** *(abwert.) rücksichtsloser Mensch:* herumtoben wie ein Wilder

Wild·en·te *die* <-, -n> ᴢᴏᴏʟ. *wild¹ lebende Ente*

Wil·de·rer *der;* **Wil·de·rin** <-s, -> *Person, die ohne Erlaubnis Tiere in einem fremden Jagdgebiet jagt*

wil·dern <wilderst, wilderte, hat gewildert> *ohne OBJ* **❶■** *jmd. wildert ohne Erlaubnis Tiere in einem fremden Jagdgebiet jagen:* in fremden Revieren wildern **❷■** *ein Hund/eine Katze wildert herumstreunen und andere Tiere jagen und töten:* wildernde Hunde/Katzen

Wild·fang *der* <-(e)s, Wildfänge> **❶** *ungezügeltes, lebhaftes Kind:* Sie ist ein richtiger Wildfang! **❷** *ein Raubvogel, der in der freien Natur gefangen wurde:* Wildfänge sind im Zoo selten, meist stammen die Tiere aus eigener Zucht.

Wild·heit *die* <-> */kein Plur./ die Eigenschaft, unberührt oder sehr lebhaft zu sein:* die Wildheit der Natur; Ihre Wildheit ist auf die Dauer sehr anstrengend.

Wild·hü·ter *der;* **Wild·hü·te·rin** <-s, -> *Person, die berufsmäßig das Wild¹ in einem Jagdgebiet pflegt und kontrolliert*

Wild·le·der *das* <-s, -> *Leder mit einer aufgerauten, weichen Oberfläche:* eine Jacke aus Wildleder

Wild·ling *der* <-(e)s, -e> **❶** *Wildfang¹* **❷** *ein ungezähmtes Tier*

Wild·nis *die* <-, -se> *unberührte und von Menschen nicht veränderte Natur:* draußen in der Wildnis; in der Wildnis des Dschungels leben

Wild·park *der* <-s, -s> *Park, in dem Wild hinter Zäunen gehalten wird*

Wild·pas·te·te *die <-, -n>* KOCH. *eine Pastete, die mit Wild² gefüllt ist*

wild·reich *adj mit viel Wild¹*

Wild·sau *die <-, Wildsauen>* ZOOL. *weibliches Wildschwein*

Wild·scha·den *der <-s, Wildschäden> Schaden, den Wild¹ auf landwirtschaftlich oder forstwirtschaftlich genutzten Flächen anrichtet*

Wild·schwein *das <-(e)s, -e>* ZOOL. *wild¹ lebendes Schwein*

Wild·was·ser *das <-s, -> ein Fluss oder Bach mit einer sehr starken Strömung*

Wild·wech·sel *der <-s, -> ein Pfad im Wald, den das Wild regelmäßig passiert*

Wild·west·film *der <-(e)s, -e> (≈ Western)*

Wild·wuchs *der <-es> /kein Plur./* ❶ *Wachstum von Pflanzen, das nicht von Menschen beeinflusst ist* ❷ *(übertr.) unkontrolliertes Wachstum von etwas:* der Wildwuchs der Bürokratie

will *Präs. von* **wollen**

Wil·le *der <-ns, -n> /meist Sing./* ❶ *Fähigkeit, sich für oder gegen etwas zu entscheiden:* einen schwachen/starken/unbeugsamen Willen haben; Es mangelt ihm an Willen. ❷ *Entscheidung für etwas:* Es ist mein fester Wille.; gegen ihren Willen; etwas wider Willen tun ❸ *die Absicht, etwas zu tun:* Ich konnte es beim besten Willen nicht machen.; Ich habe den Willen, es zu schaffen. ❹ *(≈ Wunsch) das, was man sich sehr wünscht oder haben will:* seinen Willen bekommen/durchsetzen; ■**jemandem seinen Willen lassen** *jmdn. tun und machen lassen, ohne ihn daran zu hindern;* ■**der gute Wille** *(umg.) die Bereitschaft, an etwas mitzuwirken* der gute Wille zählt; ■**böser Wille** *(umg.) böse Absicht* Das war kein böser Wille von mir, ich habe es einfach vergessen!; ■**Wo ein Wille ist, ist auch ein Weg.** *(Sprichwort) wenn man etwas wirklich will, findet man auch einen Weg es zu bekommen;* ■**der Letzte Wille/letzte Wille** *das Testament;* ■**jemandem zu Willen sein** *tun, was ein anderer will*

wil·len *präp + Gen. (geh.)* ■**um jemands/etwas willen** *jmdm. oder etwas zuliebe* um des lieben Friedens willen

wil·len·los *adj ohne eigenen Willen:* sich willenlos seinem Schicksal ergeben

wil·lens *adv (geh.) so, dass man die Bereitschaft zu etwas hat:* Sie ist nicht willens, ihm zu helfen.

Wil·lens·frei·heit *die <-> /kein Plur./ Freiheit, nach dem eigenen Willen¹ zu entscheiden*

Wil·lens·kraft *die <-> /kein Plur./ die Eigenschaft, einen starken Willen¹ zu haben:* Zu dieser Arbeit ist viel Willenskraft erforderlich.; Ohne Willenskraft kann man es nicht weit bringen.

wil·lens·schwach *adj /nicht steig./ (↔ willensstark) ohne eigenen starken Willen¹* ▶Willensschwäche

wil·lens·stark *adj /nicht steig./ (↔ willensschwach) mit einem starken eigenen Willen¹* ▶Willensstärke

wil·lent·lich *adj /nicht steig./ (geh.: ≈ absichtlich) eine willentliche Verletzung der Vorschriften;* jemanden willentlich beleidigen/verletzen

will·fah·ren *<willfahrst, willfahrte, hat willfahrt>* ohne OBJ ■**jmd. willfahrt jmdm.** *(geh.) jmdm. bereitwillig den Willen⁴ erfüllen*

will·fäh·rig *adj (geh. abwert.) allzu bereitwillig:* Er fand stets willfährige Handlanger für seine Machenschaften.

wil·lig *adj so, dass man tut, was jmd. anderer will:* jemandem willig folgen; ein williger Schüler, der aber kaum eigene Ideen hat

Will·kom·men *das <-s> /kein Plur./ (geh.) freundliche Begrüßung, wenn jmd. zu Besuch kommt:* ein herzliches Willkommen bereiten

will·kom·men *adj* ❶ *erwünscht, angenehm:* eine willkommene Abwechslung/Erfrischung/Pause ❷ *gern gesehen:* ein willkommener Gast; ■**Herzlich willkommen bei uns!** *höfliche Begrüßungsformel;* ■**jemanden willkommen heißen** *(geh.) jmdn. offiziell begrüßen* Die Gäste wurden vom Gastgeber willkommen geheißen.

Will·kür *die <-> /kein Plur./ (abwert.) ein Verhalten, das nur eigene Interessen und keine Rücksicht auf allgemein gültige Regeln oder Menschen nimmt:* In dem Land herrschte die reinste Willkür.; der Willkür anderer/der Naturgewalten ausgesetzt sein

will·kür·lich *adj* ❶ *so, dass nur eigene Interessen und keinerlei allgemein gültige Regeln gelten:* völlig willkürlich entscheiden ❷ *zufällig:* ein Beispiel willkürlich herausgreifen ❸ BIOL. *(fachspr.) bewusst; vom Willen gesteuert:* eine willkürliche Reaktion; willkürliche Muskulatur

willst *Präs. von* **wollen**

wim·meln *<wimmelst, wimmelte, hat gewimmelt>* I. ohne OBJ ❶ ■**jmd./etwas wimmelt irgendwo** *sich schnell und ungeordnet hin- und herbewegen:* Die Fische wimmeln im Netz. ❷ ■**etwas wimmelt von jmdm./etwas** *sehr voll von jmdm. oder etwas sein:* Der Text wimmelt von Fehlern. II. mit ES ■**es wimmelt von jmdm./etwas** *sehr voll sein von jmdm. oder etwas:* Hier wimmelt es ja von Touristen.; In der Stadt wimmelt es von Menschen.; Es wimmelt hier von Ameisen.

Wim·merl *das <-s, -(n)>* SÜDDT., ÖSTERR., SCHWEIZ. ❶ *Hitzebläschen, Eiterbläschen* ❷ *Gurttasche für Wanderer und Skifahrer*

wim·mern *<wimmerst, wimmerte, hat gewimmert>* ohne OBJ ■**jmd. wimmert (irgendwie)** *leise Klagelaute von sich geben:* Sie wimmerte leise.

Wim·met *der <-s> /kein Plur./* SCHWEIZ. *Weinlese*

Wim·pel *der <-s, -> kleine dreieckige Flagge*

Wim·per *die <-, -n> eines der feinen Haare am Augenlid:* die Wimpern tuschen; ■**ohne mit der Wimper zu zucken** *(umg.) ohne jegliche Bedenken und Gefühle* ◆-ntusche

Wind *der <-(e)s, -e>* ❶ *die wahrnehmbare Bewegung der Luft im Freien:* der Wind weht/frischt auf/kommt aus Westen/wird stürmisch/lässt nach/ist orkanartig/erreicht Stärke acht; südliche Winde ◆-kraftwerk, -richtung, -stärke, -stille ❷ *(verhüll.) Blähungen;* ■**bei Wind und Wetter** *bei jedem Wetter, auch wenn es schlecht ist;* ■**hier weht ein frischer Wind** *(umg.) hier gelten neue Regeln und Maßstäbe;* ■**jemandem**

den Wind aus den Segeln nehmen *(umg.)* *jmds. Position entscheidend schwächen;* ■ **von etwas Wind bekommen** *(umg.) etwas in Erfahrung bringen;* ■ **jemandes Bedenken in den Wind schlagen** *(umg.) die Einwände des anderen nicht beachten;* ■ **viel Wind um etwas machen** *(umg.) etwas sehr übertreiben;* ■ **Daher weht der Wind!** *(umg.) So ist das also!;* ■ **jemand ist in alle Winde zerstreut** *Menschen, die sich gut kannten, leben jetzt an weit auseinander liegenden Orten* Die Familie ist in alle Winde zerstreut.

Wind·beu·tel *der* <-s, -> *ein Gebäck aus Blätterteig, das mit Sahne gefüllt ist*

Wind·bö(e) *die* <-, Windböen> *starker Windstoß*

wind·dicht *adj so, dass kein Wind hindurchkommt:* eine winddichte Jacke

Win·de *die* <-, -n> ❶ TECHN. *Gerät, mit dem man ein Seil aufwickelt und Lasten hebt oder zieht, die an dem Ende des Seils befestigt sind* ❷ BOT. *eine Kletterpflanze mit trichterförmigen Blüten*

Wind·ei *das* <-s, -er> *(umg. abwert.) unzuverlässige Person*

Win·del *die* <-, -n> *ein saugfähiges dickes Stück Tuch oder Zellstoff, das Kot und Urin aufnehmen soll:* einen Säugling/einen Kranken in Windeln wickeln; einem Baby die Windeln wechseln ♦ Papier-

win·del·weich ■ **jemanden windelweich prügeln** *(umg.) jmdn. sehr heftig prügeln*

win·den <windest, wand, hat gewunden> **I.** *mit OBJ* ❶ ■ **jmd. windet jmdm./sich etwas um etwas** *Akk. etwas um etwas herumwickeln:* Er windet sich ein Tuch um seinen Hals.; ein Tuch um den Kopf/einen Ast winden; einen Schal um den Hals winden ❷ ■ **jmd. windet etwas (zu etwas** *Dat.) etwas flechten und daraus etwas formen:* Sie windet die Blumen zu einem Kranz. ❸ ■ **jmd. windet jmdm. etwas aus der Hand/den Händen** *etwas mit Anstrengung aus jmds. Hand oder Händen entfernen:* Sie wand ihm die Pistole aus der Hand. **II.** *mit SICH* ❶ ■ **etwas windet sich (um etwas** *Akk.) herumwachsen:* Der Efeu windet sich um den Laternenpfahl. ❷ ■ **jmd. windet sich (vor etwas** *Dat.) sich krümmen:* Der Verletzte windet sich vor Schmerzen. ❸ ■ **ein Tier windet sich irgendwohin** *sich schlängelnd bewegen:* Die Schlange windet sich über den Sand. ❹ ■ **etwas windet sich irgendwohin** *in vielen Kurven irgendwohin führen:* Ein Bach/Pfad windet sich durch den Wald. ❺ ■ **jmd. windet sich** *(übertr.) ausweichend antworten:* Sie wand sich, um nicht die Wahrheit sagen zu müssen.

Wind·ener·gie *die* <-> */kein Plur./ elektrische Energie, die aus der Kraft des Windes gewonnen wird*

Win·des·ei·le *die* ■ **in/mit Windeseile** *sehr schnell*

Wind·fang *der* <-(e)s, Windfänge> *kleiner Vorbau an Fenstern oder Türen zum Schutz vor Zugluft*

wind·ge·schützt *adj vom Wind abgeschirmt:* in windgeschützter Lage

Wind·hauch *der* <-(e)s, -e> *geringe Luftbewegung:* Man spürte kaum einen Windhauch.

Wind·ho·se *die* <-, -n> METEOR. *eine Art Wirbelsturm*

Wind·hund *der* <-(e)s, -e> ❶ ZOOL. *eine Rasse von Hunden, die sehr schnell laufen können* ❷ *(umg. abwert.) unzuverlässiger Mann*

win·dig *adj* ❶ *so, dass Wind weht:* Am Meer ist es immer windig.; windiges Wetter ❷ *(umg. abwert.) unzuverlässig, unsicher:* ein windiger Bursche; Die Sache ist mir zu windig!

Wind·ja·cke *die* <-, -n> *(≈ Blouson) eine leichte Jacke, die vor Wind schützt*

Wind·jam·mer *der* <-s, -> *ein großes Segelschiff*

Wind·kraft·an·la·ge *die* <-, -n> *ein Windrad mit einem Dynamo, das elektrischen Strom produziert*

Wind·licht *das* <-(e)s, -er> *eine Kerze, die sich in einem Glas befindet und so vor dem Wind geschützt ist*

Wind·ma·schi·ne *die* <-, -n> THEAT., FILM *ein Gerät, das einen großen Propeller hat, um damit Wind zu erzeugen*

Wind·mes·ser *der* <-s, -> SEEW. *Instrument, mit dem man die Windstärke messen kann*

Wind·müh·le *die* <-, -n> *eine Mühle, die ein großes Windrad ^{1} hat, das durch den Wind angetrieben wird*

Wind·park *der* <-(e)s, -s> *ein Gebiet, auf dem viele Windanlagen stehen*

Wind·po·cken <-> *Plur.* MED. *eine Infektionskrankheit mit Hautausschlag, die nicht gefährlich ist, aber bei der die Bläschen sehr jucken und Narben hinterlassen können*

Wind·rad *das* <-(e)s, Windräder> ❶ *eine Maschine, die eine Art Propeller mit großen Flügeln hat und die vom Wind angetrieben werden, um so Energie zu produzieren* ❷ *ein Spielzeug in Form eines Rades, das sich im Wind dreht*

Wind·ro·se *die* <-, -n> SEEW., METEOR. *Darstellung in Form eines Sterns, dessen Strahlen die vier Himmelsrichtungen anzeigen*

Wind·schat·ten *der* <-s> */kein Plur./* ❶ *die Seite hinter einem Fahrzeug, die vor dem Fahrtwind geschützt ist:* Der Rennfahrer fuhr im Windschatten seines Teamkollegen. ❷ *Seite, die dem Wind nicht zugewandt ist:* der Windschatten eines Berges

wind·schief *adj /nicht steig./ (umg. abwert.) nicht mehr gerade; wackelig:* eine windschiefe, alte Hütte

Wind·schutz·schei·be *die* <-, -n> *die große Scheibe, die sich vorne an einem Auto befindet und durch die Fahrer und Beifahrer auf die Fahrbahn sehen*

wind·still *adj /nicht steig./ so, dass kein Wind weht:* eine windstille Bucht; Unmittelbar vor dem Gewitter war es plötzlich ganz windstill. ▶ Windstille

Wind·stoß *der* <-es, Windstöße> *ein kurzer und heftiger Wind:* Ein Windstoß fegte alle Blätter vom Tisch.

Wind·sur·fen *das* <-s> */kein Plur./* SPORT *eine Wassersportart, bei der man auf einem Surfbrett, das ein Segel hat, über das Wasser gleitet* ▶ Windsurfer, Windsurferin

Win·dung *die* <-, -en> ❶ */meist Plur./ der Verlauf von etwas, das Krümmungen oder Kurven hat:* die Windungen des Darms/im Gehirn; Die Treppe ver-

W

läuft in Windungen nach oben.; die Windung eines Flusses ❷ *Gewinde:* die Windung der Schraube

Wink *der* <-(e)s, -e> ❶ *ein Zeichen, das jmd. mit der Hand oder dem Kopf oder den Augen gibt:* jemandem einen Wink geben ❷ *ein Hinweis oder Tipp:* Sie verstand den Wink sofort.; ■ **ein Wink mit dem Zaunpfahl** *(umg.) ein deutlicher Hinweis*

Win·kel *der* <-s, -> ❶ MATH., TECHN. *die Neigung, die zwei Linien oder Flächen zueinander haben, wenn sie aufeinander treffen:* in einem Winkel von 30° zueinander stehen ❷ *(≈ Ecke)* jeden Winkel des Zimmers durchsuchen; mit der Taschenlampe in jeden Winkel des Raumes leuchten ❸ *(umg.) abgelegenes Gebiet:* In diesen entlegenen Winkel verirren sich nur selten Touristen.; ■ **ein spitzer/ein stumpfer/ein rechter Winkel** *ein Winkel von weniger als 90 Grad/mehr als 90 Grad/90 Grad;* ■ **toter Winkel** *eine Stelle, an der man nicht gesehen werden kann* Autos, die sich im toten Winkel befinden, sieht man auch im Rückspiegel nicht.

Win·kel·ad·vo·kat *der,* **Win·kel·ad·vo·ka·tin** <-en, -en> *(abwert.) ein Rechtsanwalt, der einen schlechten Ruf hat*

Win·kel·funk·ti·on *die* <-, -en> MATH. *trigonometrische Funktion, wie zum Beispiel Sinus, Kosinus, Tangens*

win·ke·lig, *a.* **wink·lig** *adj* ❶ *mit vielen Ecken:* wink(e)lige alte Gassen ❷ *(umg.) im rechten Winkel:* messen, ob eine Wand wink(e)lig ist

Win·kel·mes·ser *der* <-s, -> *Gerät zum Messen von Winkeln*

Win·kel·zug *der* <-(e)s, Winkelzüge> *ein Vorgehen, das schwer durchschaubar ist und mit dem listig etwas erreicht werden soll:* Der Anwalt war berühmt für seine Winkelzüge.; nur durch geschickte Winkelzüge an sein Ziel kommen

win·ken <winkst, winkte, hat gewinkt> I. *mit OBJ* ■ *jmd. winkt jmdn./etwas irgendwohin jmdn. oder etwas mit Handzeichen auffordern, sich an einen Ort oder an eine Stelle zu begeben:* jemanden zu sich/nach oben winken; das Auto aus der Parklücke winken II. *ohne OBJ* ❶ ■ *jmd. winkt (jmdm.) (mit etwas Dat.) die Hand oder etwas in der Hand als Zeichen des Abschieds oder zum Gruß schnell hin und her bewegen:* Er winkte ihr mit dem Taschentuch.; am Bahnsteig stehen und winken ❷ ■ *jmd. winkt jmdm. jmdm. mit der Hand ein Zeichen geben, damit er kommt:* Lässig winkte er dem Kellner, um die Rechnung zu fordern. ❸ ■ *etwas winkt jmdm. (übertr.) jmdm. in Aussicht stehen:* Den Gewinnern winken Preise im Wert von zehntausend Euro.

W **wink·lig** *adj siehe* **winkelig**

win·seln <winselst, winselte, hat gewinselt> *ohne OBJ* ❶ ■ *jmd./ein Hund winselt leise, hohe, klagende Laute von sich geben:* Der Hund winselt.; Hör auf zu winseln! ❷ ■ *jmd. winselt um etwas Akk. (abwert.) unterwürfig bitten:* um Gnade winseln

Win·ter *der* <-s, -> *(↔ Sommer) die Jahreszeit, die durch Kälte und Schneefall gekennzeichnet ist*

und von Dezember bis März dauert: der Winter setzt (mit Schneefällen) ein/ist sehr hart/ist vorüber.; ein harter/langer/strenger Winter; Im Winter friert der See immer ganz zu. ◆-kleidung, -mantel, -monat, -sport, -tag, -zeit

Win·ter·an·fang *der* <-(e)s, Winteranfänge> *Beginn des Winters am 21. Dezember*

Win·ter·dienst *der* <-(e)s, -e> *Dienst der Stadt im Winter, um Straßen von Schnee oder Eis zu befreien:* Auf Nebenstraßen gibt es nur eingeschränkten Winterdienst.

Win·ter·fell *das* <-(e)s, -e> *das dichtere und wärmere Fell, das manche Tiere im Winter ausbilden*

win·ter·fest *adj /nicht steig./ so, dass es Temperatur und Witterung im Winter aushält:* die Hütte winterfest machen; winterfeste Kleidung/Schuhe

Win·ter·gar·ten *der* <-s, Wintergärten> *ein Raum, der direkt an ein Haus gebaut ist und sehr viele Fenster hat und in dem oft viele Zimmerpflanzen stehen*

Win·ter·ge·trei·de *das* <-s, -> LANDW. *Getreide, das im Herbst gesät und im Sommer des folgenden Jahres geerntet wird*

win·ter·hart *adj /nicht steig./ so, dass es Kälte und Witterung im Winter schadlos übersteht:* winterharte Pflanzen

win·ter·lich *adj /nicht steig./ für den Winter typisch:* winterliche Kälte/Temperaturen/Witterung; eine winterliche Landschaft

Win·ter·rei·fen *der* <-s, -> KFZ *Autoreifen, der für winterliche Straßenverhältnisse mit Eis und Schnee geeignet ist*

Win·ter·ru·he *die* <-> /kein Plur./ *Ruhezustand im Winter:* die Winterruhe der Bäume/der Natur

win·ters ■ **sommers wie winters** *ganzjährig* ◆Kleinschreibung →R 3.10 sommers wie winters mit dem Rad zur Arbeit fahren

Win·ter·schlaf *der* <-(e)s> /kein Plur./ *Ruhephase von einigen Tiere im Winter, in der sie in einem Unterschlupf lange und viel schlafen:* Bären halten Winterschlaf.

Win·ter·schluss·ver·kauf *der* <-(e)s, Winterschlussverkäufe> *(↔ Sommerschlussverkauf) Verkauf von Winterkleidung zu reduzierten Preisen am Winterende*

Win·ter·se·mes·ter *das* <-s, -> *(↔ Sommersemester) Semester an der Universität, das von Oktober bis zum März des nächsten Jahres geht*

Win·ter·son·nen·wen·de *die* <-, -n> *(↔ Sommersonnenwende) Zeitpunkt, an dem die Sonne ihren tiefsten Stand erreicht (21./22. Dezember)*

Win·ter·speck *der* <-s> ❶ *Speck, der sich Tiere für den Winterschlaf angefressen haben* ❷ *(umg. scherzh.) das Fett, dass jmd. angesetzt hat, der besonders während der Weihnachtszeit viel gegessen hat*

Win·ter·spie·le <-> *Plur.* SPORT *die olympischen Spiele im Winter*

Win·ters·zeit *die* <-> /kein Plur./ *winterliche Jahreszeit*

Win·ter·zeit *die* <-> /kein Plur./ ❶ *(↔ Sommerzeit) die Zeit im Jahr, in der die Uhren nicht (wie für die Sommerzeit) verstellt werden:* Meine Uhr zeigt noch Winterzeit. ❷ *winterliche Jahreszeit:*

Während der Winterzeit schläft der Bär in seiner Höhle.

Win·zer *der;* **Win·ze·rin** <-s, -> *Person, die beruflich Wein anbaut und verarbeitet*

win·zig *adj* ❶ *sehr klein:* ein winziges Mäuschen; winzige elektronische Bauelemente ❷ *sehr unbedeutend:* ein winziger Fehler; eine winzige Unachtsamkeit

Winz·ling *der* <-s, -e> *(umg.) sehr kleine Person oder Sache*

Wip·fel *der* <-s, -> *Spitze eines Baumes:* bis in den Wipfel des Baumes klettern

Wip·pe *die* <-, -n> *eine Art Schaukel in Form eines Balkens, der in der Mitte beweglich auf einem Ständer angebracht ist und dessen Enden sich nach oben und nach unten bewegen*

wip·pen *ohne OBJ* ❶ ■ *jmd.* **wippt** *auf einer Wippe schaukeln:* Die Kinder wippen gerade.; Wollen wir zusammen wippen? ❷ ■ *jmd.* **wippt mit etwas** *Dat. etwas auf und ab schwingen:* mit dem Fuß wippen

wir *pron /1. Person. Plur. Nom./* ❶ *verwendet, wenn man von zwei oder mehreren Personen spricht und man selbst dazu gehört:* Wir fliegen morgen nach London, meine Frau möchte nämlich diese Ausstellung besuchen. ❷ *verwendet, wenn man in einem Text oder einer Rede nicht in der 1. Person Sing. Nom. sprechen möchte:* Wir halten diese These nicht für korrekt und möchten dies im folgenden weiter ausführen. ❸ *verwendet, wenn Ärzte mit Patienten oder Erwachsene mit Kindern sprechen:* Na, wie haben wir denn die Operation überstanden?; Haben wir denn auch der Oma schön die Hand gegeben ❹ *(veralt.) verwendet von Adeligen an Stelle der 1. Person Sing. Nom.:* Wir verfolgen mit größtem Unbehagen die demokratischen Bestrebungen des Pöbels.

Wir·bel *der* <-s, -> ❶ *(umg.) Aufruhr; Aufregung:* Mach doch nicht solch einen Wirbel um jede Kleinigkeit! ❷ *der Vorgang, dass es in einer Flüssigkeit oder einem Gas an einem Punkt zu einer schnellen Drehbewegung kommt:* Im Wasser/in der Luft entstehen Wirbel. ▶ Verwirbelung ❸ *Stelle auf dem Kopf, an der das Haar in kreisförmiger Anordnung wächst:* einen Wirbel auf dem Hinterkopf haben ❹ ANAT. *einer der Abschnitte der Wirbelsäule* ◆-bruch, Hals-, Lenden- ❺ MUS. *eine Art Schraube, mit der man eine Saite eines Instruments spannt*

wir·bel·los *adj /nicht steig./* BIOL. *ohne Wirbelsäule:* wirbellose Tiere; zu den Wirbellosen gehören

wir·beln <wirbelst, wirbelte, hat/ist gewirbelt> I. *mit OBJ (haben)* ■ *jmd./etwas* **wirbelt jmdn./etwas irgendwohin** *jmd. oder etwas in eine schnelle kreisende Bewegung versetzen, die an eine bestimmte Stelle führt:* Der Wind hat die Blätter durcheinander/in die Luft gewirbelt.; Er hat seine Tanzpartnerin über das Parkett gewirbelt. II. *ohne OBJ (sein)* ■ *jmd.* **wirbelt irgendwohin** *sich schnell drehend irgendwohin bewegen:* Die Paare sind durch den Saal gewirbelt.

Wir·bel·säu·le *die* <-, -n> *(≈ Rückgrat) beim Menschen und bei Wirbeltieren die lange Reihe von beweglich miteinander verbundenen Knochen,* die das zentrale Element des Skeletts darstellt ◆-ngymnastik

Wir·bel·sturm *der* <-(e)s, Wirbelstürme> *ein Sturm mit großen Windstärken, der sich kreisend um einen Mittelpunkt bewegt*

Wir·bel·tier *das* <-(e)s, -e> BIOL. *ein Tier, das eine Wirbelsäule besitzt*

wirbt *Präs. von* **werben**

wird *Präs. von* **werden**

wirft *Präs. von* **werfen**

Wir·ken *das* <-s> */kein Plur./ (geh.) das Handeln (im Hinblick auf seine Ergebnisse):* Eine Gedenktafel erinnert an das Wirken dieses tüchtigen Arztes.

wir·ken[1] I. *mit OBJ* ■ *jmd./* **wirkt (wahre/ reinste) Wunder (mit etwas** *Dat.) etwas Außergewöhnliches hervorbringen oder erzielen:* Mit Geisteskräften wirke ich Wunder. II. *ohne OBJ* ❶ ■ *etwas* **wirkt (gegen etwas** *Akk.) erzielen, dass ein Medikament oder eine Behandlung das gewünschte Resultat hat:* Die Behandlung hat gewirkt.; Das Medikament wirkt gut gegen Migräne. ❷ ■ *etwas* **wirkt irgendwie (auf jmdn./etwas)** *einen bestimmten Einfluss auf jmdn. oder etwas haben:* Die Musik wirkt beruhigend. ❸ ■ *jmd./ etwas* **wirkt irgendwie** *einen bestimmten Eindruck vermitteln:* Sie wirkt noch sehr jung.; Die Arbeit wirkt unfertig.; Das Kleid wirkt sehr gut. ❹ ■ *jmd.* **wirkt** *(geh.) eine bedeutende oder schwierige Tätigkeit ausüben:* An dieser Universität hat zu allen Zeiten berühmte Wissenschaftler gewirkt.; Sie hatte in Kalkutta als Krankenschwester gewirkt.

wir·ken[2] *mit OBJ* ■ *jmd.* **wirkt etwas** *Garne oder Stofffäden miteinander verschlingen, um etwas herzustellen:* einen Teppich wirken; gewirkte Wäsche

wirk·lich[1] *adj /nicht steig./* ❶ *tatsächlich:* Sein wirklicher Name war Schulz.; Ihre wirkliche Mutter lebt nicht mehr. ❷ *so, wie er/sie/es sein muss und man es sich vorstellt:* Eine wirkliche Mutter lässt ihr Kind nicht im Stich.; Das ist ein wirklicher Freund.

wirk·lich[2] *adv verwendet, um eine Aussage oder etwas zu verstärken:* Das tut mir wirklich Leid!; es wirklich ernst meinen

Wirk·lich·keit *die* <-, -en> ❶ *(≈ Realität) das, was tatsächlich ist und existiert und nicht nur in Phantasie oder Vorstellung vorkommt:* mit der rauen Wirklichkeit konfrontiert werden; den Sinn für die Wirklichkeit verlieren ❷ */kein Plur./ so, wie es sich wirklich*[1] *verhält:* In Wirklichkeit habe ich gar keine Lust.; ■ **der Wirklichkeit ins Auge sehen** *anerkennen müssen, wie etwas tatsächlich ist*

wirk·lich·keits·fremd *adj* ❶ *so, dass es nicht zu verwirklichen ist:* Das sind wirklichkeitsfremde Pläne, du hast ja gar kein Geld! ❷ *so, dass die Realität nicht anerkannt wird:* Er ist immer so wirklichkeitsfremd.

wirk·lich·keits·ge·treu *adj so, dass es der Wirklichkeit*[1] *genau entspricht*

wirk·mäch·tig *adj* LIT. *so, dass es eine große Wirkung*[2] *erzielt:* ein wirkmächtiges Buch

wirk·sam *adj so, dass es ein beabsichtigtes Ergeb-*

nis erzielt: ein wirksames Medikament; wirksame Hilfe leisten; wirksame Maßnahmen gegen die Arbeitslosigkeit; ■ **etwas wird wirksam** AMTSSPR. *etwas wird rechtsgültig* Die Maßnahmen werden sofort wirksam. ▶ Wirksamkeit

Wirk·stoff *der* <-(e)s, -e> ❶ MED. *Stoff, der in einem Medikament für die Heilwirkung verantwortlich ist:* Das Medikament enthält eine Kombination aus mehreren Wirkstoffen. ❷ MED. *Bezeichnung für die Substanzen, die für das Funktionieren des Organismus notwendig sind, wie zum Beispiel Hormone, Enzyme o. Ä.*

Wir·kung *die* <-, -en> ❶ *das erzielte Ergebnis einer Anwendung:* Dieses Medikament hat eine schmerzstillende Wirkung.; die Wirkung setzt ein/hält an/lässt nach ❷ *Einfluss, den etwas auf jmdn. oder etwas hat:* Kaffee hat eine anregende Wirkung.; Die Wirkung dieser These auf die Sprachwissenschaft ist nicht abzuschätzen.; Das bleibt alles ohne Wirkung. ❸ *Eindruck, den jmd. oder etwas hinterlässt:* eine große/keinerlei Wirkung auf jemanden haben

Wir·kungs·be·reich *der* <-(e)s, -e> *Bereich, in dem jmd. arbeitet oder tätig ist:* den Wirkungsbereich ausdehnen

Wir·kungs·dau·er *die* <-> /kein Plur./ *Zeitdauer, in der etwas wirkt*

Wir·kungs·grad *der* <-(e)s, -e> PHYS. *das Verhältnis zwischen der aufgewandten Leistung und der nutzbaren Energie:* Durch die Verringerung der Reibungs- und Wärmeverluste hat die Maschine einen sehr hohen Wirkungsgrad.

Wir·kungs·kreis *der* <-es, -e> *(≈ Wirkungsbereich)* seinen Wirkungskreis ausdehnen/einschränken/erweitern

wir·kungs·los *adj* *(↔ wirkungsvoll) ohne Wirkung:* ein wirkungsloses Medikament ▶ Wirkungslosigkeit

Wir·kungs·stät·te *die* <-, -n> *(geh.) Ort, an dem ein Künstler tätig war*

wir·kungs·voll *adj* ❶ *so, dass es großen Eindruck hinterlässt:* sich wirkungsvoll in Szene setzen; ein Schaufenster wirkungsvoll ausgestalten ❷ *(≈ effektiv ↔ wirkungslos) so, dass es eine schnelle und starke Wirkung[1, 2] hat:* ein wirkungsvolles Medikament

Wir·kungs·wei·se *die* <-, -n> *die Art, wie etwas Ergebnisse erzielt oder funktioniert:* jemandem die Wirkungsweise einer Maschine erklären

wirr *adj* ❶ *unordentlich:* ein wirres Durcheinander auf dem Schreibtisch; wirre Haare ❷ *so, dass es keinen Sinn macht:* wirr (im Kopf) sein; wirre Gedanken/Vorstellungen; wirres Zeug reden

Wir·ren <-> *Plur. (geh.) Verhältnisse ohne politische und soziale Ordnung:* in den Wirren des Krieges

Wirr·kopf *der* <-(e)s, Wirrköpfe> *(abwert.) Mensch mit Ideen, die als abwegig und wirr[2] empfunden werden:* ein politischer Wirrkopf

Wirr·warr *der* <-s> /kein Plur./ *(abwert.) Durcheinander:* In diesem Wirrwarr soll ich mich zurechtfinden?

Wir·sing *der* <-s> /kein Plur./ BOT. *ein Kohlgemüse mit gekräuselten Blättern*

Wirt[1] *der;* **Wir·tin** <-(e)s, -e> ❶ *(≈ Gastwirt) Person, die als Inhaber ein Gasthaus führt:* sich beim Wirt beschweren ❷ *Gastgeber;* ■ **die Rechnung ohne den Wirt gemacht haben** *(umg.) etwas Entscheidendes in seiner Planung nicht berücksichtigt haben*

Wirt[2] *der* <-(e)s, -e> BIOL. *Lebewesen, das Parasiten benutzen, um sich auf ihm ernähren oder zu vermehren:* Hund und Katze sind Wirte für Flöhe.

Wirt·schaft *die* <-, -en> ❶ */kein Plur./ die Gesamtheit aller Firmen und Einrichtungen, die mit der Herstellung und Verteilung von Waren und der Bereitstellung von Dienstleistungen zu tun haben:* die Wirtschaft eines Landes/einer Region fördern; eine blühende Wirtschaft; Vertreter aus Wirtschaft und Politik ◆-sentwicklung, -sexperte, -sexpertin, -skriminalität, -sminister(in), -ministerium, -ssystem, -sverbrechen, swachstum, -swissenschaft ❷ *Gasthaus, Gaststätte:* in eine Wirtschaft einkehren ◆ Gast- ❸ */kein Plur./ (veralt.) Haushalt;* ■ **eine schöne Wirtschaft!** *(umg. abwert.) was für eine Unordnung*

wirt·schaf·ten *ohne OBJ* ❶ ■ *jmd. wirtschaftet in einer bestimmten Weise mit materiellen Gütern und Geldmitteln arbeiten:* gut/schlecht/sparsam wirtschaften ❷ ■ *jmd. wirtschaftet irgendwo (umg.) irgendwo mit etwas beschäftigt sein:* Sie wirtschaftete noch bis spät in die Nacht in der Küche.

Wirt·schaf·te·rin *die* <-, -nen> *(≈ Haushälterin) eine Frau, die jmdm. den Haushalt führt*

Wirt·schaft·ler *der;* **Wirt·schaft·le·rin** <-s, -> ❶ *jmd., der in Industrie und Wirtschaft[1] eine leitende Stellung hat* ❷ *(umg.) Wirtschaftswissenschaftler*

wirt·schaft·lich *adj* ❶ *(≈ ökonomisch) die Wirtschaft[1] betreffend:* die wirtschaftliche Entwicklung eines Landes; die wirtschaftlichen Rahmenbedingungen ❷ *so, dass man Geld sinnvoll und sparsam einsetzt:* wirtschaftlich denken; wirtschaftlich mit den vorhandenen Mitteln umgehen ❸ *(≈ finanziell) das Geld betreffend:* in einer schwierigen wirtschaftlichen Lage sein; ein wirtschaftlicher Erfolg/Misserfolg; aus wirtschaftlichen Gründen sein Geschäft aufgeben müssen

Wirt·schaft·lich·keit *die* <-> /kein Plur./ *der sinnvolle und sparsame Einsatz vorhandener Mittel:* Die Wirtschaftlichkeit des Unternehmens entscheidet über seinen Erfolg.

Wirt·schafts·ab·kom·men *das* <-s, -> *Vertrag zwischen zwei oder mehreren Ländern über wirtschaftliche[1] Beziehungen*

Wirt·schafts·be·zie·hung *die* <-, -en> *Handelsbeziehungen zwischen zwei oder mehreren Ländern*

Wirt·schafts·flücht·ling *der* <-(e)s, -e> *(abwert.) jmd., der aus wirtschaftlichen[1] Gründen aus einem Land flüchtet und in einem anderen Land Asyl sucht*

Wirt·schafts·ge·bäu·de *das* <-s, -> *Stallung an landwirtschaftlichen Gebäuden:* Zum Haus gehören noch mehrere Wirtschaftsgebäude, in denen das Vieh untergebracht ist.

W

Wirt·schafts·geld *das* <-(e)s, -er> *(≈ Haushaltsgeld)*

Wirt·schafts·ge·mein·schaft *die* <-, -en> WIRTSCH. *Zusammenschluss von mehreren Staaten aus wirtschaftlichen*[1] *Gründen:* die Europäische Wirtschaftsgemeinschaft

Wirt·schafts·gym·na·si·um *das* <-s, Wirtschaftsgymnasien> *ein Gymnasium mit wirtschaftswissenschaftlichem Schwerpunkt*

Wirt·schafts·hil·fe *die* <-, -n> *wirtschaftliche*[1] *Unterstützung eines Landes:* einem Entwicklungsland Wirtschaftshilfe leisten

Wirt·schafts·jahr *das* <-(e)s, -e> WIRTSCH. *Geschäftsjahr*

Wirt·schafts·kraft *die* <-> /kein Plur./ *die wirtschaftliche*[1] *Leistungsfähigkeit:* die Wirtschaftskraft eines Landes stärken

Wirt·schafts·kri·se *die* <-, -n> WIRTSCH. *Zustand, in dem es schwere wirtschaftliche*[1] *Probleme gibt, wie zum Beispiel hohe Arbeitslosigkeit, kein wirtschaftliches Wachstum, hohe Inflation o. Ä.:* Das Land befindet sich in einer tiefen Wirtschaftskrise.; Wege aus der Wirtschaftskrise suchen

Wirt·schafts·la·ge *die* <-> /kein Plur./ *die Situation einer Volkswirtschaft:* eine angespannte/gute/schlechte Wirtschaftslage

Wirt·schafts·macht *die* <-, Wirtschaftsmächte> *Staat oder Region mit einer großen und starken Wirtschaft*[1]*, über die auch politischer Einfluss ausgeübt werden kann*

Wirt·schafts·ord·nung *die* <-, -en> WIRTSCH. *die Art und Weise, wie die Wirtschaft*[1] *eines Landes aufgebaut ist:* eine kapitalistische/sozialistische Wirtschaftsordnung

Wirt·schafts·prü·fer *der,* **Wirt·schafts·prü·fe·rin** *<-s, -> Person, die beruflich die Jahresabschlüsse wirtschaftlicher*[1] *Unternehmen prüft*

Wirt·schafts·raum *der* <-(e)s, Wirtschaftsräume> WIRTSCH. *Gebiet im Hinblick auf seine wirtschaftlichen*[1] *Gegebenheiten:* der osteuropäische/asiatische Wirtschaftsraum

Wirt·schafts·stand·ort *der* <-(e)s, -e> WIRTSCH. *ein Land oder eine Region im Hinblick auf ihre wirtschaftliche*[1] *Leistungsfähigkeit:* der Wirtschaftsstandort Baden-Württemberg/Deutschland

Wirt·schafts·ver·bre·chen *das* <-s, -> *Verbrechen im Bereich der Wirtschaft*[1]

Wirt·schafts·wun·der *das das* <-s> /kein Plur./ (umg.) *überraschender wirtschaftlicher*[1] *Aufschwung in der Bundesrepublik Deutschland nach 1948:* in der Zeit des deutschen Wirtschaftswunders

Als 1948 mit der D-Mark in Deutschland wieder eine feste Währung eingeführt wurde, begann die wirtschaftliche Erholung des Landes. Abgesehen von dem nach dem Zweiten Weltkrieg gegebenen Nachholbedarf trug dazu die Einbettung in das westliche Wirtschaftssystem bei. Weil schnell relativ große Fortschritte erzielt wurden, sprach man in Deutschland im Hinblick auf die 50er und 60er Jahre vom „Wirtschaftswunder". Der Ausdruck wurde aber auch auf entsprechende positive wirtschaftliche Entwicklungen in Österreich und Japan bezogen.

Wirt·schafts·zweig *der* <-(e)s, -e> *ein bestimmter Bereich der Wirtschaft*[1]*:* Die Textilindustrie ist der bestimmende Wirtschaftszweig dieser Region.

Wirts·haus *das* <-es, Wirtshäuser> *(≈ Gasthaus)*

Wirts·leu·te <-> *Plur. Ehepaar, das Gästezimmer vermietet oder eine Gastwirtschaft führt*

Wisch *der* <-(e)s, -e> (umg. abwert.) *wertloser beschriebener Zettel:* Zeig mal den Wisch her!

wi·schen <wischst, wischte, hat gewischt> **I.** *mit OBJ/ohne OBJ* ❶ ■ *jmd. wischt (etwas Dat.) etwas säubern, indem man mit einem nassen oder feuchten Lappen darüberreibt:* Er wischt gerade den Fußboden/das Badezimmer.; Halt mich nicht auf, ich muss noch wischen! ❷ ■ *jmd. wischt sich etwas einen Körperteil säubern:* sich den Mund/die Stirn wischen ❸ ■ *jmd. wischt etwas etwas mit einem Tuch entfernen, indem man wischt*[1]*:* Staub wischen **II.** *ohne OBJ* ■ *jmd. wischt (sich Dat.) mit etwas Dat. über etwas Akk. mit etwas über etwas streichen:* Ich wischte mir mit der Hand über die Stirn.; ■ **jemandem eine wischen** (umg.) jmdm. eine Ohrfeige geben; ■ **einen gewischt bekommen** (umg.) einen Stromschlag bekommen

wi·schen² <wischst, wischte, hat gewischt> *mit OBJ* ■ *jmd. wischt etwas* SCHWEIZ. *etwas fegen oder kehren*

wi·schen³ <wischst, wischte, ist gewischt> *ohne OBJ* ■ *jmd. wischt irgendwohin (umg.) sich sehr schnell irgendwohin bewegen:* Und dann wischte er um die Ecke!

Wi·schi·wa·schi *das* <-s> /kein Plur./ (umg. abwert.) *Aussage, die sehr unpräzise ist:* Das ist doch alles Wischiwaschi, was du da erzählst!

Wisch·lap·pen *der* <-s, -> *ein großes schweres Tuch, mit dem man den Boden wischen kann*

Wisch·tuch *das* <-(e)s, Wischtücher> *(≈ Lappen) Tuch, mit dem man etwas wischen kann*

Wi·sent *der* <-s, -e> ZOOL. *eine Art wilder Büffel, der in früher in Europa lebte und mit dem nordamerikanischen Bison verwandt ist, aber heute nur noch in Zoos und Reservaten vorkommt*

Wis·mut *das* <-(e)s> /kein Plur./ CHEM. *ein rötlich-weißes Schwermetall, das häufig Bestandteil von Legierungen ist*

wis·pern <wisperst, wisperte, hat gewispert> *mit OBJ/ohne OBJ* ■ *jmd. wispert (etwas) (≈ flüstern) ganz leise sagen:* Er wisperte ihr etwas ins Ohr.; Warum wisperst du so?

Wiss·be·gier(·de) *die* <-> /kein Plur./ *der Drang, Neues zu erfahren oder zu erlernen:* voller Wissbegier sein ► wissbegierig

wis·sen <weißt, wusste, hat gewusst> **I.** *mit OBJ* ❶ ■ *jmd. weiß etwas Kenntnisse von etwas haben:* Ich weiß nicht alle Ankunftszeiten (auswendig).; Wer weiß die Antwort/den Weg?; Er wusste (sich) keinen anderen Rat mehr. ❷ ■ *jmd. weiß etwas sich an etwas erinnern:* Ich weiß noch, wie ich vor zehn Jahren in die Firma kam.; Was, das weißt du nicht mehr? ❸◾ *jmd. weiß etwas* Ge-*wissheit über etwas haben:* Ich glaube das nicht nur, ich weiß es (sicher).; Ich weiß nicht, ob ich recht habe. ❹◾ *jmd. weiß etwas* sich *über etwas im Klaren sein:* Wenn man die Reformen verstehen will, muss man folgendes wissen.; Ja, ich weiß es! ❺◾ *jmd. weiß etwas über jmdn./etwas* Kentnisse über jmdn. oder etwas haben: Sie weiß viel über die Ministerin. ❻◾ *jmd. weiß (sich Dat.) etwas zu plus Inf.* etwas können oder in der Lage sein, etwas zu tun: Er weiß sich nicht zu helfen.; Sie weiß mit Kindern umzugehen. **II.** *ohne OBJ* ◾ *jmd. weiß um etwas* Akk. (geh.) sich et-was bewusst sein: Ich weiß um seine Probleme.; Sie wussten um die Folgen dieser Krankheit.; ◾**Weißt du was, wir ...** (umg.) ich schlage vor, wir...; ◾**Was weiß ich!** (umg.) ich habe keine Ahnung davon und es interessiert mich auch nicht; ◾**Ich weiß (schon)!** (umg.) ich weiß Be-scheid; ◾**Weißt du, ...** (umg.) Einleitung einer Bemerkung Weißt du, ich habe mich sehr um dich gesorgt!; ◾**jemanden in Sicherheit wissen** wis-sen, dass jmd. irgendwo in Sicherheit ist; ◾**je-manden etwas wissen lassen** jmdn. informie-ren Lassen Sie mich es wissen, wann Sie wieder in der Stadt sind.; ◾**von jemandem nichts mehr wissen wollen** mit jmdm. keinen Kontakt mehr haben wollen; ◾**von etwas nichts (mehr) wis-sen wollen** mit etwas nichts (mehr) zu tun haben wollen

Wis·sen das <-s> /kein Plur./ ❶ *Kenntnis eines Sachverhalts:* Nach meinem Wissen ist das so.; Das ist ohne mein Wissen geschehen.; Das Wissen, dass er in Sicherheit war, beunruhigte sie. ❷ *alle Kenntnisse einer Person:* ein enormes Wissen ha-ben; sich viel Wissen aneignen; sein Wissen an an-dere weitergeben ❸ *(geh.) bewusste Kenntnisse eines Sachverhaltes:* Trotz des Wissens um die Schädlichkeit des Rauchens verfallen immer noch zahlreiche Jugendliche dem Tabak.; ◾**meines Wissens** soweit ich weiß Meines Wissens fällt die Vorlesung heute aus.; ◾**wider besseres Wissen** obwohl man es besser weiß; ◾**nach bestem Wis-sen und Gewissen** so gut man kann

Wis·sen·schaft die <-, -en> ❶ *die Tätigkeit, bei der ein Sachverhalt mit objektiven und nachvoll-ziehbaren Methoden systematisch beschrieben und untersucht wird* ❷ *ein bestimmter Bereich, in dem mit wissenschaftlichen Methoden gearbeitet wird:* Biologie ist die Wissenschaft von der beleb-ten Materie. ◆-stheorie, -sverlag, Geistes-, Inge-nieur-, Natur- ❸ */kein Plur./ Gesamtheit der Ein-richtungen und Personen, die wissenschaftlich arbeiten:* Berichte aus Wissenschaft und Technik; ◾**etwas ist eine Wissenschaft für sich** (umg.) etwas ist ziemlich schwierig ▶ Wissenschaftler, Wissenschaftlerin

wis·sen·schaft·lich adj ❶ *im Bereich der Wissen-schaft:* eine wissenschaftliche Fragestellung/Ta-gung/Zeitschrift; wissenschaftliche Forschungspro-jekte/Hilfskräfte/Mitarbeiter; wissenschaftliche Aufsätze/Kolloquien/Symposien/Veröffentlichun-gen ❷ *(↔ unwissenschaftlich) so, dass die Ergeb-nisse überall und jederzeit exakt nachvollzogen*

werden können: wissenschaftlich exaktes Arbei-ten; wissenschaftliche Arbeitsweisen/Methoden/Theorien

Wis·sen·schafts·mi·nis·te·ri·um das <-s, Wis-senschaftsministerien> *Ministerium, das für die Fragen der Wissenschaft²und Forschung zustän-dig ist* ▶ Wissenschaftsminister, Wissenschaftsmi-nisterin

Wis·sens·drang der <-(e)s> /kein Plur./ *starkes Verlangen nach Kenntnissen und Informationen:* einen unbändigen Wissensdrang haben; seinen Wissensdrang befriedigen

Wis·sens·durst der <-es> /kein Plur./ siehe **Wis-sensdrang**

Wis·sens·ge·biet das <-(e)s, -e> *Teilbereich des Wissens oder der Wissenschaft:* auf vielen Wis-sensgebieten bewandert sein

Wis·sens·lü·cke die <-, -n> *ein Bereich eines Sachgebiets, den man nicht kennt:* In Physik habe ich viele Wissenslücken.

wis·sens·wert adj so, dass es interessant genug ist, dass man es erfährt: viel Wissenswertes erfah-ren

wis·sent·lich adj /nicht steig./ (≈ absichtlich) je-mandem wissentlich schaden; eine wissentliche Lüge

wit·tern <witterst, witterte, hat gewittert> mit OBJ ❶◾ *ein Tier wittert jmdn./etwas* jmdn. oder etwas am Geruch wahrnehmen: Der Hund hat die Katze/den Einbrecher gewittert. ❷◾ *jmd. wittert etwas* (übertr.) etwas im Voraus spüren: eine Chance/Gefahr wittern

Wit·te·rung¹ die <-, -en> *das Wetter während ei-nes bestimmten Zeitraumes:* bei jeder Witterung Sport treiben; bei frühlingshafter Witterung einen Ausflug machen ◆-sbedingungen

Wit·te·rung² die <-, -en> ❶ *Geruchssinn eines Tieres:* Der Hund hat eine feine Witterung. ❷ *Ge-ruch von etwas, das ein Tier wittert¹:* Der Hund hat die Witterung aufgenommen. ❸ *(übertr.) Ge-spür für etwas, das geschehen wird:* eine Witte-rung für gute Geschäfte haben

wit·te·rungs·be·dingt adj so, dass es von der Wit-terung¹abhängt

Wit·we die <-, -n> Frau, deren Ehemann gestor-ben ist ◆-nrente

Wit·wer der <-s, -> Mann, dessen Ehefrau gestor-ben ist

Witz der <-es, -e> ❶ *eine Art kurze Geschichte mit einem überraschenden und lustigen Ende, die man erzählt, um andere Menschen zum Lachen zu bringen:* ein geistreicher/gemeiner/guter/obs-zöner/politischer/schmutziger Witz; einen Witz erzählen; über einen Witz lachen; ständig Witze reißen ❷ */kein Plur./ die Eigenschaft, geistvoll zu sein:* Er hat viel Witz.; etwas mit viel Witz erzäh-len können ❸ *(umg. abwert.) etwas, das man sehr schlecht und ärgerlich findet:* Es ist doch ein Witz, dass man auf die bestellte Ware acht Wochen war-ten muss!; Diese Bedienungsanleitung ist doch ein Witz, man versteht kein Wort!; ◾**der Witz an der Sache** (umg.) das eigentlich Wichtige einer Sa-che; ◾**ohne Witz!** (umg.) im Ernst

Witz·bold der <-(e)s, -e> ❶ (umg.) jmd., der gern

scherzt ❷ *(umg. abwert.: ≈ Dummkopf)* Welcher
Witzbold hat schon wieder den Strom abgestellt!
Wit·ze·lei *die* <-, -en> *ein harmloser Spaß, der
ein bisschen einfältig ist*
wit·zeln <witzelst, witzelte, hat gewitzelt> *ohne
OBJ* ■ *jmd. witzelt (über jmdn./etwas) sich in
witziger Form über etwas oder jmdn. lustig machen:* über andere witzeln
wit·zig *adj* ❶ *so, dass man darüber lachen kann:*
witzige Bemerkungen machen; ein witziger Einfall; eine witzige Art haben ❷ *so, dass es Interesse
oder Verwunderung weckt:* ein witziger Mensch;
Das Haus ist witzig gebaut.; Dein Vortrag war ganz
witzig.; ■ **Sehr witzig!** *(umg. iron.) Das ist überhaupt nicht lustig*
WM *die* [veː?'ɛm] <-, -s> *Abkürzung von „Weltmeisterschaft"*
wo¹ *adv* ❶ *verwendet, um in direkten und indirekten Fragen nach dem Ort zu fragen:* Wo hast du
sie gesehen?; Ich möchte wissen, wo sie ist.;
Kannst du mir sagen, wo ich das finde? ❷ *verwendet in Relativsätzen, um sich auf einen genannten
Ort zu beziehen:* Dort, wo ich herkomme, sagt
man das so.; In Paris, wo sie zu Hause ist, ...
❸ *(umg.) verwendet in Relativsätzen, um sich auf
eine Zeitangabe zu beziehen:* in den letzten Jahren, wo es mit der Wirtschaft nur bergauf ging,
konnte man auch viel ausgeben.; Jetzt, wo es eine
Krise gibt, muss man halt kürzer treten.
wo² *konj (umg.)* ❶ *(≈ da, weil)* Sie wollte nicht mit,
wo sie doch keine Lust hatte. ❷ *(≈ obwohl)* Sie ist
mir böse, wo ich ihr doch gar nichts getan habe!
wo·an·ders *adv an einem anderen Ort:* Ich wohne
hier, er wohnt woanders.
wo·an·ders·hin *adv an einen anderen Ort:* Wollen
wir uns woandershin setzen?
wob *Prät. von* **weben**
wo·bei¹ *adv verwendet, um in direkten und indirekten Fragen nach den Umständen eines Geschehens zu fragen:* Wobei ist denn das passiert?;
Ich möchte wissen, wobei ich sie jetzt wieder gestört habe.
wo·bei² *konj (≈ während)* Sie telefonierte, wobei
sie ihre Katze fütterte.
Wo·che *die* <-, -n> ❶ *eine Zeitspanne von sieben
Tagen:* Ich komme in einer Woche.; ein vier Wochen altes Kind ❷ *der Zeitraum von Montag bis
(einschließlich)Sonntag:* Das mache ich nächste
Woche/in der nächsten Woche.; Woche für Woche
arbeiten; Die Wochen vergehen. ❸ *(↔ Sonn- und
Feiertage) die Werktage:* während/in/unter der
Woche von 8 bis 18 Uhr geöffnet haben; die Wo-
che über
Wo·chen·ar·beits·zeit *die* <-, -en> *die wöchent-
liche Arbeitszeit:* eine Wochenarbeitszeit von 40
Stunden haben
Wo·chen·bett *das* ■ **im Wochenbett sein** *in dem
Zeitraum nach einer Geburt sein, in dem es zur
Rückbildung der durch die Schwangerschaft verur-
sachten (körperlichen) Veränderungen kommt*
Wo·chen·blatt *das* <-(e)s, Wochenblätter> *Zeit-
schrift oder Zeitung, die wöchentlich erscheint*
Wo·chen·end·be·zieh·ung *die* <-, -en> *eine
Partnerbeziehung, bei der ein Partner während*

*der Woche an einem entfernten Ort arbeitet und
wohnt*
Wo·chen·en·de *das* <-s, -n> *Samstag und Sonntag als arbeitsfreie Tage:* übers Wochenende ins
Grüne fahren; den Kollegen ein schönes Wochenende wünschen; ■ **ein langes Wochenende** *ein
Wochenende, zu dem man noch zusätzlich den
Freitag oder den Montag als freien Tag nimmt*
Wo·chen·end·haus *das* <-es, Wochenendhäu-
ser> *kleineres Haus für Freizeitaktivitäten am Wo-
chenende*
Wo·chen·end·se·mi·nar *das* <-s, -e> ❶ *eine Art
Kurs, der am Wochenende stattfindet:* Einführung
in Yoga auf einem Wochenendseminar ❷ *Seminar
an einer Universität, das am Wochenende stattfin-
det*
Wo·chen·kar·te *die* <-, -n> *eine Fahrkarte für
Busse oder Bahnen, die eine ganze Woche gilt*
wo·chen·lang *adj /nicht steig./ mehrere Wochen
dauernd* ◆aber Getrenntschreibung mehrere
Wochen lang
Wo·chen·lohn *der* <-(e)s, Wochenlöhne> *der Ar-
beitslohn für eine Woche*
Wo·chen·schau *die* <-, -en> GESCH. *Vorfilm im
Kino mit den aktuellen Berichten der vergangenen
Woche*
Wo·chen·tag *der* <-(e)s, -e> ❶ *einer der sieben
Tage der Woche:* An welchem Wochentag bist du
geboren?; Er kennt alle Wochentage auf Russisch.
❷ *(↔ Sonn- und Feiertag) ein Werktag:* An Wochentagen stehe ich immer zeitig auf, sonntags
schlafe ich aus.
wo·chen·tags *adv (↔ sonn-und feiertags) werktags:* Nur wochentags ist der Schalter geöffnet,
sonntags ist er geschlossen.
wö·chent·lich *adj /nicht steig./ jede Woche stattfindend:* die wöchentliche Arbeitsberatung
Wo·chen·zei·tung *die* <-, -en> *Zeitung, die einmal pro Woche erscheint*
Wöch·ne·rin *die* <-, -nen> *(veralt.) Frau während
des Wochenbetts*
Wod·ka *der* <-s, -s> *(russischer) Branntwein aus
Korn oder Kartoffeln*
wo·durch *adv* ❶ *verwendet in direkten oder indirekten Fragen, um nach einer Sache oder einem
Sachverhalt zu fragen (durch was):* Wodurch ist er
so krank geworden?; Ich weiß nicht, wodurch das
gekommen ist. ❷ *verwendet in einem Relativsatz,
der sich auf den genannten Sachverhalt bezieht:*
Er lief sehr schnell, wodurch er außer Atem geriet.
wo·für *adv* ❶ *verwendet in direkten oder indirekten Fragen, um nach dem Ziel oder Zweck zu fragen:* Wofür brauchst du das?; Ich möchte wissen,
wofür du das brauchst. ❷ *verwendet in einem Relativsatz, der sich auf den genannten Sachverhalt
bezieht:* Sie hatte fleißig gearbeitet, wofür sie auch
gelobt wurde.
Wo·ge *die* <-, -n> *(geh.)* ❶ *Welle¹:* Das Boot
wurde von den Wogen emporgehoben. ❷ *(übertr.)
ein Gefühl, das viele ergreift:* eine Woge der Be-
geisterung/Empörung/Entrüstung; ■ **die Wogen
glätten sich** *(umg.) die Aufregung legt sich*
wo·ge·gen *adv* ❶ *verwendet in direkten und indirekten Fragen, um nach einer Sache zu fragen (ge-*

W

gen was): Wogegen hilft das Medikament?; Ich weiß nicht, wogegen ich allergisch bin. ❷ *verwendet in einem Relativsatz, der sich auf den genannten Sachverhalt bezieht:* Ich habe Kopfschmerzen, wogegen ich ein Medikament nehme.; Er hat das so angeordnet, wogegen ich nichts einzuwenden habe.

wo·gen *ohne OBJ (geh.)* ❶ ■ *etwas wogt sich hin und her bewegen:* Das Getreide wogt im Wind.; die wogende Menschenmenge ❷ ■ *etwas wogt Wellen schlagen:* das wogende Meer

wo·her *adv* ❶ *verwendet in direkten und indirekten Fragen, um nach dem Ort, der Richtung o. Ä., von dem/aus der jmd./etwas kommt, zu fragen:* Woher kommst du?; Ich möchte wissen, woher du kommst. ❷ *verwendet in direkten oder indirekten Fragen, um nach der Ursache oder der Herkunft von etwas zu fragen:* Woher weißt du das denn?; Ich kann mir nicht vorstellen, woher sie das schon wieder weiß. ❸ *verwendet in einem Relativsatz, der sich auf einen Ort oder eine Richtung o. Ä., von dem/aus der jmd./etwas kommt, bezieht:* Er kommt aus der Schweiz, woher auch seine Eltern stammen.

wo·hin *adv* ❶ *verwendet in direkten und indirekten Fragen, um nach dem Ort oder der Richtung o. Ä., zu dem/in die sich jmd./etwas bewegt, zu fragen:* Wohin gehst du?; Ich wüsste gern, wohin du gehst. ❷ *verwendet in einem Relativsatz, der sich auf einen Ort oder eine Richtung o. Ä. bezieht, zu dem/in die sich jmd./etwas bewegt:* Sie sind nach Hause gegangen, wohin ich jetzt auch gehen werde. ❸ ■ **wohin müssen** *(verhüll.) auf die Toilette müssen:* Ich muss mal eben noch schnell wohin.

wo·hin·ge·gen *konj (≈ während) verwendet, um einen Nebensatz einzuleiten, der einen Gegensatz zu dem Sachverhalt des Hauptsatzes ausdrückt:* Sie kann gut singen, wohingegen er hervorragend Geige spielt.

Wohl *das* <-(e)s> */kein Plur./ Zustand, in dem man sich sowohl physisch als auch psychisch gut fühlt:* an das eigene Wohl denken; auf jemandes Wohl trinken; Das ist nur zu deinem Wohl!; ■ **das leibliche Wohl** *(geh.) Essen und Trinken;* ■ **Zum Wohl!** *ein Trinkspruch*

wohl¹ *adv* ❶ <wohler, am wohlsten> *physisch und psychisch gut und gesund:* Ich fühle mich nicht mehr wohl.; wohl aussehen; Es wird dir bald wohler werden.; Mir ist am wohlsten, wenn ich hier raus bin!; Das wird dir aber wohl tun! ❷ <besser, am besten> *gut:* eine wohl überlegte/wohlüberlegte Entscheidung ❸ *gut:* eine wohl behütete/wohlbehütete Tochter; Er ist der Polizei wohl bekannt/wohlbekannt.; etwas aus wohl unterrichteten/wohlunterrichteten Kreisen erfahren; ■ **wohl aber** *verwendet, um einen Gegensatz zu einer verneinten Aussage auszudrücken* Es handelt sich noch nicht um ein Rezession, wohl aber um eine konjunkturelle Flaute.; ■ **wohl oder übel** *ob man will oder nicht;* ■ **jemandem ist nicht ganz wohl bei etwas** *jmd. hat Bedenken bei etwas;* ■ **jemand lässt es sich wohl sein** *jmd. genießt das Leben und besonders das Essen und die Ge-*

tränke; ■ *jemand täte wohl daran zu plus Inf. jmd. sollte besser Inf.:* Du tätest wohl daran, auf seinen Rat zu hören. ◆ Zusammen- oder Getrenntschreibung →R 4.20 wohl bedacht/wohlbedacht; wohl bekannt/wohlbekannt; wohl durchdacht/wohldurchdacht; wohl erzogen/wohlerzogen; wohl geordnet/wohlgeordnet; wohl überlegt/wohlüberlegt; wohl unterrichtet/ wohlunterrichtet; wohl versorgt/wohlversorgt

wohl² *part* ❶ *betont; verwendet, um eine Aussage hervorzuheben und gleichzeitig einzuschränken:* Die Botschaft hör' ich wohl, allein mir fehlt der Glauben.; Er hat es ihm wohl versprochen, aber doch nicht eingehalten. ❷ *verwendet, um eine Vermutung auszudrücken, der man annimmt, dass sie stimmt:* Sie wird wohl den Bus verpaßt haben.; Er ist wohl gerade auf der Toilette. ❸ *verwendet, wenn der Sprecher auf Zustimmung hofft:* Ich gehe wohl richtig in der Annahme, dass …; Es kann doch wohl vorausgesetzt werden, dass … ❹ *verwendet in Fragesätzen, um eine Unsicherheit oder Distanz auszudrücken:* Ob sie es wohl schon weiß? ❺ *verwendet, um eine Aussage zu verstärken und den Inhalt zu bekräftigen:* Du spinnst wohl!; Da siehst du wohl, dass ich Recht hatte.; Das kann man wohl sagen!; Das kann doch wohl nicht war sein! ❻ *verwendet, um einer Aufforderung besonderen Nachdruck zu verleihen:* Lässt du das wohl sein! ◆ Getrenntschreibung →R 4.8 Es ist ihm wohl ergangen.; Lass es dir wohl sein!; Es wird dir wohl tun.; wohl ausgewogen; Er war wohl beraten, ihr nichts zu sagen.; ◆ Getrennt- oder Zusammenschreibung →R 4.16 die wohl bekannten/wohlbekannten Autoren; wohl erzogene/wohlerzogene Kinder; ein wohl geformter/wohlgeformter Körper; ein wohl genährtes/wohlgenährtes Kind; eine wohl temperierte/wohltemperierte Heizung; wohl behütet/wohlbehütet; wohl durchdacht/wohldurchdacht; wohl erhalten/wohlerhalten; wohl situiert/wohlsituiert; wohl überlegt/wohlüberlegt; ◆ Zusammenschreibung →R 4.6 wohlbehalten; wohlgemut; *siehe auch* **wohlgeformt, wohlgelitten, wohlgenährt, wohltemperiert**

wohl- *als Erstglied zusammengesetzter Adjektive; drückt aus, dass das mit dem Zweitglied Bezeichnete in einem relativ hohen Maße bzw. in einem angenehmen Ausmaß vorhanden ist* ◆-bekannt, -definiert, -erzogen, -gefüllt, -gelaunt, -gelungen, -gemeint, -gesinnt, -klingend, -proportioniert, -riechend, -schmeckend, -tönend, -überlegt, -unterrichtet, -versorgt, -verstanden, -vertraut, -verwahrt, -vorbereitet

wohl·an *interj (veralt.) verwendet als Aufforderung, mit etwas zu beginnen*

wohl·auf *adv* ■ **wohlauf sein** *(geh.) gesund sein* Ist sie wieder wohlauf?

Wohl·be·fin·den *das* <-s> */kein Plur./ das Wohl:* zu jemandes Wohlbefinden beitragen; das Wohlbefinden beeinträchtigen

Wohl·be·ha·gen *das* <-s> */kein Plur./ das Wohlbefinden:* jemandem großes Wohlbehagen bereiten

wohl·be·hal·ten *adj /nicht steig./ (geh.) ohne*

W

Schaden zu nehmen: Sie sind wohlbehalten zu Hause angekommen.

Wohl·er·ge·hen *das* <-s> */kein Plur./ das Wohlbefinden:* sich um jemandes Wohlergehen sorgen; Dein Wohlergehen liegt mir am Herzen.

Wohl·fahrt *die* <-> */kein Plur./* ❶ *das Wohlergehen des einzelnen Bürgers oder aller Bürger des Staates:* die öffentliche Wohlfahrt ❷ *(veralt.) Sozialhilfe:* von der Wohlfahrt leben

Wohl·fahrts·staat *der* <-(e)s, -en> POL. *Staat, der seine Bürger durch viele soziale Maßnahmen absichert*

Wohl·ge·fal·len *das* <-s> */kein Plur./ (geh.) Gefallen, Freude:* Wohlgefallen an etwas haben; etwas mit Wohlgefallen betrachten; ■ **etwas löst sich in Wohlgefallen auf** *(umg.) etwas wird belanglos und verschwindet* Die Probleme haben sich in Wohlgefallen aufgelöst.

wohl·ge·fäl·lig *adj anerkennend; zufrieden:* ein wohlgefälliger Blick; eine wohlgefällige Bemerkung machen

wohl·ge·formt *adj gut geformt* ◆ Zusammen- oder Getrenntschreibung →R 4.16 ein wohlgeformtes/wohl geformtes Gesicht; *siehe auch* **wohl**

wohl·ge·lit·ten *adj (geh.) gern gesehen:* bei jemandem wohlgelitten sein ◆ Zusammenschreibung →R 4.6 Sie war überall wohlgelitten.; *siehe auch* **wohl**

wohl·ge·merkt *adv (umg.) verwendet, um eine Aussage zu verstärken oder zu betonen:* Ich hatte, wohlgemerkt, nur ein Exemplar bestellt.

wohl·ge·nährt *adj (≈ korpulent) ziemlich dick:* wohlgenährt/wohl genährt aussehen ◆ Zusammen- oder Getrenntschreibung →R 4.16 ein wohlgenährtes/wohl genährtes kleines Kind; *siehe auch* **wohl**

wohl·ge·ra·ten, *a.* **wohl ge·ra·ten** *adj (geh. o veralt.) gelungen* ◆ Zusammen- oder Getrenntschreibung →R 4.16 ein wohlgeratenes/wohl geratenes Werk; ein wohlgeratenes/wohl geratenes Kind; *siehe auch* **wohl**

Wohl·ge·ruch *der* <-(e)s, Wohlgerüche> *(geh.) angenehmer Geruch:* Ein Wohlgeruch verbreitete sich in der Wohnung.

wohl·ha·bend *adj so, dass man reichlich Geld hat:* eine wohlhabende Familie; Sie sind wohlhabend.

woh·lig *adj angenehm:* wohlige Wärme

Wohl·klang *der* <-(e)s, ...-klänge> *die Eigenschaft, angenehm zu klingen*

wohl·mei·nend *adj so, dass Gutes beabsichtigt ist:* ein wohlmeinender Rat; Wohlmeinende Freunde rieten ihr von dem Vorhaben ab.

Wohl·sein ■ **(Zum) Wohlsein!** *(geh.: ≈ Prost) ein Trinkspruch, mit dem man jmdm. Gesundheit wünscht*

Wohl·stand *der* <-(e)s> */kein Plur./ die Tatsache, dass man mit allem, was zum Leben notwendig ist, reichlich versorgt ist:* im Wohlstand leben

Wohl·stands·ge·sell·schaft *die* <-, -en> *(abwert.) Gesellschaft, in der die überwiegende Mehrzahl der Bürger im Wohlstand lebt:* Er ist in einer Wohlstandsgesellschaft aufgewachsen und kennt weder Not noch Hunger.

Wohl·tat *die* <-, -en> ❶ *eine Tat, mit der man an-*

deren hilft: Wohltaten für die Armen vollbringen ▶ Wohltäter, Wohltäterin, wohltätig, Wohltätigkeit ❷ */kein Plur./ etwas, das als sehr angenehm empfunden wird:* Die Ruhe ist eine Wohltat/eine wahre Wohltat/ die reinste Wohltat.

wohl·tem·pe·riert, *a.* **wohl tem·pe·riert** *adj /nicht steig./ so, dass eine angenehme Temperatur herrscht:* eine wohltemperierte/wohl temperierte Wohnung ◆ Zusammen- oder Getrenntschreibung →R 4.16 Das Zimmer ist wohltemperiert/wohl temperiert.; *siehe auch* **wohl**

wohl·tu·end *adj so, dass es als angenehm empfunden wird:* Das ist einfach eine wohltuende Abwechslung bei all der Routine.

wohl·ver·dient *adj so, dass es jmdm. zusteht:* eine wohlverdiente Pause machen; sich im wohlverdienten Urlaub befinden

Wohl·ver·hal·ten *das* <-s> */kein Plur./ (geh.) richtiges Verhalten:* Wenn er Wohlverhalten zeigt, kann der Tadel gelöscht werden.

wohl·weis·lich *adv aus gutem Grund:* Das habe ich wohlweislich verschwiegen.

Wohl·wol·len *das* <-s> */kein Plur./ das Verhalten, dass man Freundlichkeit und Gutwilligkeit zeigt und, wenn man die Möglichkeit hat, etwas für jmdn. tut:* Es hängt vom Wohlwollen des Chefs ab, ob ich Urlaub bekomme. ▶ wohlwollend

Wohn- *als Erstglied zusammengesetzter Substantive; drückt aus, dass sich das mit dem Zweitglied Bezeichnete auf das Wohnen und entsprechende (bauliche, räumliche) Verhältnisse bezieht* ◆ -anlage, -block, -fläche, -gebiet, -haus, -komfort, -küche, -nebenkosten, -ort, -stube

Wohn·an·hän·ger *der* <-s, -> KFZ *(≈ Wohnwagen)*

woh·nen *ohne OBJ* ❶ *jmd. wohnt irgendwo sein ständiges Zuhause haben:* in Hamburg/auf dem Land/bei den Eltern wohnen; Im Haus wohnen außer uns noch drei andere Familien.; beengt/ luxuriös wohnen ❷ *jmd. wohnt irgendwo sich vorübergehend aufhalten:* Wenn ich in München bin, wohne ich bei einer Tante.; Im Urlaub haben wir in einem Ferienhaus gewohnt.; ■ **zur Miete wohnen** *für die Wohnung Miete zahlen*

Wohn·geld *das* <-(e)s, -er> *eine bestimmte Summe Geld, die jmd., der sehr wenig Einkommen hat und zur Miete wohnt, als Hilfe von der Stadt bekommen kann:* Wohngeld beziehen/erhalten ▶ Wohngeldberechtigte, Wohngeldempfänger, Wohngeldempfängerin

Wohn·ge·mein·schaft *die* <-, -en> *Gruppe von Personen, die keine Familie sind und sich gemeinsam eine Wohnung teilen:* eine studentische Wohngemeinschaft; In der Wohngemeinschaft teilen sich vier Studenten eine Küche und ein Bad.; Statt „Wohngemeinschaft" sagt man oft „WG".

wohn·haft *adv* AMTSSPR. *mit Wohnsitz in:* Herr X, wohnhaft in Hamburg, ist als vermisst gemeldet.

Wohn·heim *das* <-(e)s, -e> *Haus mit Zimmern oder kleinen Wohnungen für die Unterbringung bestimmter Personenkreise:* ein Wohnheim für Studenten/Asylbewerber/Krankenschwestern/ Obdachlose

Wohn·kul·tur *die* <-, -en> *die Art und Weise des Wohnens, wie sie sich in bestimmten Möbeln, der*

Wahl bestimmter Teppiche, Dekorationsstücke usw. ausdrückt: fernöstliche Wohnkultur

wohn·lich adj so, dass es angenehm ist, darin zu wohnen: ein Zimmer wohnlich einrichten

Wohn·mo·bil das <-s, -e> ein großes Auto, das Betten, eine kleine Küche und Ähnliches hat, um darin auf Reisen wohnen zu können: ein Campingplatz mit Stellplätzen für Wohnmobile

Wohn·sitz der <-es, -e> AMTSSPR. der Ort, an dem man wohnt: einen zweiten Wohnsitz haben; seinen ersten Wohnsitz in Köln haben; ■ **fester Wohnsitz** die Wohnung und die dazugehörige Postanschrift

Woh·nung die <-, -en> die Einheit aus mehreren zusammenhängenden Räumen in einem Haus, die jmd. bewohnt: eine gemütliche/großzügige/kleine/luxuriöse/ruhige Wohnung; eine Wohnung einrichten/beziehen/kaufen/mieten/suchen/vermieten; eine Wohung mit Balkon/im vierten Stock eines Hauses/ mit allem Komfort/mit drei Zimmern, Küche und Bad; die Wohnung aufräumen/ einrichten/lüften/möblieren/putzen/renovieren
◆-seigentümer(in), -spolitik, -sschlüssel

Woh·nungs·bau der <-(e)s> /kein Plur./ der Bau von Wohnungen: den Wohnungsbau staatlich fördern ◆-förderung, -gesellschaft

Woh·nungs·geld das <-(e)s, -er> (≈ Wohngeld)
woh·nungs·los adj /nicht steig./ ohne festen Wohnsitz

Woh·nungs·markt der <-(e)s> /kein Plur./ Angebot und Nachfrage in Bezug auf Wohnungen (in einer bestimmten Region)

Woh·nungs·not die <-> /kein Plur./ großer Mangel an Wohnungen: In dem zerstörten Land herrschte große Wohnungsnot.

Woh·nungs·su·chen·de der <-n, -n> jmd., der eine Wohnung sucht

Wohn·vier·tel das <-s, -> ein Gebiet in einer Stadt, das überwiegend mit Wohnhäusern bebaut ist

Wohn·wa·gen der <-s, -> KFZ ein Anhänger, der so ausgestattet ist, dass man darin auf Reisen und im Urlaub wohnen kann: mit einem Wohnwagen in den Urlaub fahren

Wohn·zim·mer das <-s, -> ein relativ großes Zimmer in einer Wohnung, in dem man sich vor allem in der Freizeit aufhält, Gäste bewirtet o. Ä.: Im Wohnzimmer stand eine Couchgarnitur, ein Fernseher und eine Stereoanlage.

wöl·ben mit SICH ❶ ■ *etwas wölbt sich (über etwas* Akk.*)* in der Form eines Bogens über etwas liegen oder stehen: Die Kuppel wölbt sich über dem Gebäude.; ein gewölbtes Dach ❷ ■ *etwas wölbt sich* sich krümmen und nicht mehr gerade sein: Die Bretter wölben sich.; ein nach oben gewölbter Deckel einer Konserve ▶ Wölbung

W

Wolf der <-(e)s, Wölfe> ❶ZOOL. ein Raubtier, das wie ein Hund mit spitzer Schnauze und grauem Fell aussieht und in der Wildnis meist in Gruppen lebt: Wölfe leben in Rudeln. ❷(umg.: ≈ Fleischwolf) das Fleisch durch den Wolf drehen; ■ **Hunger wie ein Wolf haben** (umg.) großen Hunger haben; ■ **ein Wolf im Schafspelz** (umg.) eine gefährliche Person, die ganz harmlos wirkt; ■ **mit den Wölfen heulen** (umg.) das sagen und tun, was die anderen tun; ■ **jemanden durch den**

Wolf drehen (umg.) jmdn. körperlich sehr anstrengen, so dass ihm alle Muskeln weh tun

Wolf·ram das <-s> /kein Plur./ CHEM. ein Schwermetall, das silberweiß glänzt und aus dem man Glühfäden für Glühbirnen herstellt

Wolfs·hund der <-(e)s, -e> ZOOL. ein großer Hund, der einem Wolf ähnlich sieht und meist als Schäferhund benutzt wird

Wolfs·hun·ger der <-s> /kein Plur./ (umg.: ≈ Bärenhunger) sehr großer Hunger

Wolfs·mensch der <-en, -en> (≈ Werwolf)

Wol·ke die <-, -n> ❶METEOR. Ansammlung von Wasserdampf in der Atmosphäre: graue/dichte Wolken; Die Wolken ziehen am Himmel/ballen sich zusammen. ❷eine Ansammlung von etwas in Form einer Wolke[1]: eine Wolke von giftigen Gasen/Zigarettenrauch/Parfüm; Eine Wolke einer trüben Flüssigkeit schwamm im Wasser.; ■ **aus allen Wolken fallen** (umg.) völlig überrascht sein; ■ **auf/über/in den Wolken schweben** nicht realistisch sein

Wol·ken·bruch der <-(e)s, Wolkenbrüche> sehr heftiger Regenfall, der nicht lange dauert

Wol·ken·de·cke die <-> /kein Plur./ METEOR. eine geschlossene Schicht von Wolken[1] am Himmel: eine geschlossene Wolkendecke; Die Wolkendecke reißt auf.

Wol·ken·krat·zer der <-s, -> (umg.) sehr hohes Hochhaus: die Wolkenkratzer Frankfurts/Manhattans

wol·ken·los adj /nicht steig./ METEOR. ohne Wolken: ein wolkenloser Himmel

wol·kig adj ❶METEOR. mit Wolken: ein wolkiger Himmel/Tag; Das Wetter wird heiter bis wolkig. ❷so, dass etwas die Form einer Wolke[1] hat

Woll- als Erstglied zusammengesetzter Substantive; drückt aus, dass sich das mit dem Zweitglied Bezeichnete auf Produkte/Waren aus Wolle bezieht ◆-decke, -jacke, -kleid, -socke, -stoff, -strumpfhose, -waren

Wol·le die <-, -n> /meist Sing./ ❶die Haare des Schafes, nach dem sie abgeschnitten sind: Die geschorene Wolle wird gereinigt und zu Garn gesponnen. ❷die Fäden, die man aus Wolle[1] gewinnt und aus denen man Textilien herstellt: ein Knäuel Wolle; feine/gefärbte/naturfarbene/reine Wolle; einen Pullover aus Wolle stricken ❸ein Gewebe aus Wolle[2]: ein Anzug aus feinster Wolle; ■ **sich mit jemandem in die Wolle kriegen** (umg.) sich mit jmdm. streiten

wol·len[1] <nicht steig> adj aus Wolle: ein wollener Schal

wol·len[2] <willst, wollte, hat wollen> ohne OBJ
❶ ■ *jmd./etwas will (etwas) plus Inf.* die Absicht oder den Wunsch haben, etwas zu tun, sagen, machen o. Ä.: Sie will nicht mehr rauchen.; Er will alles auf einmal machen.; Gestern wollte ich es noch haben, aber heute nicht mehr.; Dieses Buch hat informieren wollen.; Die Probleme wollen gründlich durchdacht werden. ❷ ■ *jmd. will (etwas) plus Inf.* verwendet, um zu etwas aufzufordern: Jetzt wollen wir aber mal eine Pause machen.; Willst du lieber nicht nochmal darüber nachdenken?; Na, dann wollen wir (ein)mal anfan-

gen! ❸ ■ *jmd. will (etwas) plus Inf.* *verwendet,*
um auszudrücken, dass etwas unmittelbar bevor-
steht: Ich wollte gerade Feierabend machen, da
kommt der Chef doch noch mit einem neuen Projekt.; Ich will ihm mal mailen, dass ich erst nächste
Woche Zeit habe. ❹ */kein Perfekt /* ■ *jmd. will*
(etwas) plus Inf. *verwendet, wenn der Sprecher*
bei der Äußerung über jmdn. oder etwas Zweifel
oder Skepsis ausdrücken möchte: Sie will nichts
davon gewusst haben.; Eie will gestern gearbeitet
haben.; Sie will wohl nichts darüber wissen.
❺ ■ *jmd. will etwas sein* *(iron.) verwendet,*
wenn man anzweifelt, dass jmd. etwas wirklich
kann: Der will Musiker sein? ❻ ■ *etwas will*
Part. Perf. sein *verwendet, um auszudrücken,*
dass etwas mit vielen Schwierigkeiten verbunden
ist: Autofahren will gelernt sein.; Geld will verdient sein.; ■ *ich wollte ... Inf.* *verwendet, um*
höflich eine Bitte oder eine Frage einzuleiten Ich
wollte nur mal fragen, ob es auch morgen möglich
wäre.; ■ **Wollen Sie bitte Inf.** *verwendet, um*
jmdn. höflich aufzufordern, etwas zu tun Wollen
Sie bitte den Mantel dort ablegen!; Wenn Sie nun
bitte das Rauchen einstellen wollen!

wol·len³ <willst, wollte, hat gewollt> **I.** *mit OBJ*
❶ ■ *jmd. will etwas etwas wünschen:* Ich will
ein neues Kleid!; Er hat nur ein bisschen Zuwendung gewollt.; Was hat er denn gewollt? ❷ ■ *jmd.*
will, dass ... *verlangen, dass ...:* Der Abteilungsleiter will, dass Sie sofort das Angebot erstellen.
❸ ■ *etwas will etwas benötigt etwas:* Die
Pflanzen wollen tägliche Pflege. **II.** *ohne OBJ*
❶ ■ *jmd. will irgendwohin* *den Wunsch haben,*
irgendwohin zu fahren, reisen, gehen o. Ä.: Nach
Australien? Dahin wollte ich schon immer!; Ich
will nach Hause! ❷ ■ *etwas will nicht mehr*
(umg.) verwendet, um auszudrücken, dass etwas
nicht mehr so gut funktioniert wie in früheren Zei-
ten: In meinem Alter wollen die Augen halt nicht
mehr so recht.
Woll·fett *das* <-(e)s> */kein Plur./* (≈ Lanolin) *na-*
türliches Fett, dass in Wolle¹ vorkommt
wol·lig *adj* ❶ *aus Wolle, mit Wolle:* ein wolliges
Schaf ❷ *so, dass es sich wie Wolle anfühlt:* das
wollige Haar des Hundes
Woll·knäu·el *das* <-s, -> *eine Art Kugel, die ent-*
steht, wenn man Wolle² aufwickelt
Woll·sie·gel *das* <-s, -> *ein Zeichen, das an Texti-*
lien angebracht ist und bescheinigt, dass es sich
um reine Wolle² handelt
Woll·lust *die* <-> */kein Plur./ (geh. o veralt.) sexu-*
elles Vergnügen; Lustempfinden: Wollust empfinden; ■ **etwas mit (wahrer) Wollust tun** *etwas*
mit großem Vergnügen tun
wol·lüs·tig *adj* ❶ *Wollust erregend:* wollüstige Blicke ❷ *Wollust empfindend:* wollüstiges Stöhnen
Woll·wä·sche *die* <-> */kein Plur./ (≈ Feinwäsche)*
ein bestimmtes Programm der Waschmaschine,
mit dem auch Textilien aus Wolle², ³ gewaschen
werden können
wo·mit *adv* ❶ *verwendet in direkten oder indi-*
rekten Fragen, um nach einer Sache oder einem
Sachverhalt zu fragen (mit was): Womit hast du
das gemacht?; Ich frage mich, womit ich das ver-

dient habe. ❷ *verwendet in einem Relativsatz, der*
sich auf den genannten Sachverhalt bezieht: Das
ist etwas, womit ich nicht zufrieden bin.
wo·mög·lich *adv vielleicht, möglicherweise:* Sie ist
womöglich verreist.; Wir haben uns womöglich
geirrt.
wo·nach *adv* ❶ *verwendet in direkten oder indi-*
rekten Fragen, um nach einer Sache oder einem
Sachverhalt zu fragen (nach was): Wonach sucht
ihr?; Ich möchte wissen, wonach ich mich richten
soll. ❷ *verwendet in einem Relativsatz, der sich*
auf den genannten Sachverhalt bezieht: Das ist etwas, wonach wir schon lange gesucht haben.; Es
gibt Meldungen, wonach die Geiseln in Freiheit
sein sollen.
Won·ne *die* <-, -n> *(geh.) Zustand, in dem man*
große Freude und Wohlbehagen empfindet
Won·ne·mo·nat *der* <-s, -e> ■ *der Wonnemo-*
nat Mai (veralt.) der schöne Monat Mai
Won·ne·prop·pen *der* <-s, -> *(umg.) ein sehr sü-*
ßes und niedliches, meist auch etwas dickliches
Baby oder Kind
wo·r·an *adv* ❶ *verwendet in direkten oder indirek-*
ten Fragen, um nach einer Sache oder einem Sach-
verhalt zu fragen (an was): Woran denkst du?; Woran sollen wir uns festhalten?; Sag mir, woran ich
dich erkennen kann. ❷ *verwendet in einem Rela-*
tivsatz, der sich auf den genannten Sachverhalt be-
zieht: ein Haken, woran man den Mantel hängen
kann; Hier stand das Haus eines berühmten Komponisten, woran eine Gedenktafel erinnert.
wo·r·auf *adv* ❶ *verwendet in direkten oder indi-*
rekten Fragen, um nach einer Sache oder einem
Sachverhalt zu fragen (auf was): Worauf kann man
sich noch verlassen?; Worauf hast du die Vase gestellt?; Ich weiß nicht, worauf ich schreiben soll.
❷ *verwendet in einem Relativsatz, der sich auf*
den genannten Sachverhalt bezieht: Das Foto, worauf er zu sehen war, ... ❸ (≈ *woraufhin²*) Es klingelte, worauf ich die Tür öffnete.
wo·r·auf·hin *adv* ❶ *in direkten und indirekten Fra-*
gen nach einer Ursache oder einem Anlass: Woraufhin hat man dich untersucht?; Ich weiß nicht,
woraufhin er die Genehmigung bekommen hat.
❷ *verwendet, um einen Nebensatz einzuleiten,*
der eine Folge oder Reaktion auf das Geschehen
des Hauptsatzes darstellt: Er weinte, woraufhin
alle ihn zu trösten versuchten.
wo·r·aus *adv* ❶ *verwendet in direkten oder indi-*
rekten Fragen, um nach einer Sache oder einem
Sachverhalt zu fragen (aus was): Woraus hast du
das genommen?; Woraus schlussfolgerst du das?;
Ich weiß nicht, woraus er sein Selbstbewusstsein
bezieht. ❷ *verwendet in einem Relativsatz, der*
sich auf den genannten Sachverhalt bezieht: Hier
ist der Topf, woraus alle ihre Suppe bekommen haben.; Das Buch, woraus ich zitiere, ...
Worces·ter·so·ße, *a.* **Worces·ter·sau·ce** *die*
['vʊstɐzo:sə] <-> */kein Plur./* *eine würzige Soße,*
die nach der englischen Stadt Worcester be-
nannt ist
Wor·ding *das* ['wɜːdɪŋ] <-s, -s> WIRTSCH. *(einer*
einheitlichen Sprachkultur eines Unternehmens)
angepasste Formulierung

W

wo·r·in *adv* ❶ *verwendet in direkten oder indirek-*
ten Fragen, um nach einer Sache oder einem
Sachverhalt zu fragen (in was): Worin besteht das
Neue/der Unterschied?; Ich frage mich, worin die
Ursache liegt. ❷ *verwendet in einem Relativsatz,*
der sich auf den genannten Sachverhalt bezieht:
eine kleine Wohnung, worin sechs Personen wohnen müssen; das Grundlegende, worin sich beide
unterscheiden
Wor·k·a·ho·lic *der* [wəːkəˈhɔlɪk] <-s, -s> *Person,*
die unter dem Zwang steht, immer arbeiten zu
müssen
Work·shop *der* [ˈwəːkʃɔp] <-s, -s> *eine Art Kurs*
oder Veranstaltung, bei dem die Teilnehmer in
Form von praktischen Übungen etwas lernen oder
Ideen und Vorschläge zu etwas sammeln und dis-
kutieren: Ein Workshop übers Wochenende für
alle, die Jazztanz kennen lernen möchten.
Work·sta·tion *die* [ˈwəːksteɪʃn] <-, -s> EDV
❶ *(≈ Client ↔ Server) PC in einem Netzwerk*
❷ *(veralt.) leistungsfähiger Computer der häufig*
im grafischen Bereich eingesetzt wurde
World·cup *der* [ˈwəːldkʌp] <-s, -s> SPORT *(≈ Welt-*
meisterschaft)
World Wide Web *das* [ˈwəːldˈwaɪdˈwəb] <- -
-(s)> */kein Plur./* EDV *(≈ WWW, das Web) der*
sichtbare Teil des Internet
Wort *das* <-(e)s, -e/Wörter> ❶ *<pl:* Worte>
schriftliche oder mündliche Äußerung mindestens
von Satzlänge: die weisen Worte des alten Mannes;
ernste Worte mit jemandem sprechen; Worte/ein
Wort der Anteilnahme/des Beileids/der Ermuti-
gung/des Lobes/des Trostes; jemandes Worte be-
herzigen; Mir fehlen einfach die Worte, um zu sagen, was mich bewegt.; die richtigen Worte finden,
um etwas auszudrücken ❷ *<pl:* Wörter> *als lexi-*
kalisches Morphem (= Lexem) die kleinste selbst-
ständige Einheit der Sprache, der eine Lautform,
eine Schriftform und gewöhnlich mehrere Bedeu-
tungen zugeordnet werden können: Wörter in einem Text zählen/zu Sätzen verbinden/auf einer
bestimmten Silbe betonen/an einer bestimmten
Stelle trennen/korrekt schreiben/ richtig aussprechen; neue Wörter (in einer Fremdsprache) lernen;
die richtigen Wörter in einen Lückentext einsetzen;
■ **mit einem Wort** *kurz gesagt;* ■ **mit anderen**
Worten *anders gesagt;* ■ **das Wort Gottes** *die*
Heilige Schrift; ■ **in Worten** *nicht in Ziffern* 25
oder in Worten fünfundzwanzig; ■ **das große**
Wort haben *(in einer Gruppe von Personen)am*
meisten reden Er hat mal wieder das große Wort.;
■ **zu Wort** *reden dürfen* Bei diesen Diskussionen kommen immer nur die gleichen Personen zu Wort.; ■ **jemandem das Wort erteilen**
jmdn. in einer Diskussion die Erlaubnis geben, zu
sprechen; ■ **das Wort ergreifen** *anfangen, über*
etwas zu sprechen; ■ **jemand hat das Wort** *jmd.*
ist in einer Diskussion an der Reihe, etwas zu sa-
gen; ■ **jemandem ins Wort fallen** *(umg.) jmdn.*
unterbrechen, während er spricht; ■ **für jeman-**
den ein gutes Wort einlegen *jmdm. helfen, in-*
dem man etwas Gutes über ihn zu einer anderen
Person sagt; ■ **jemanden beim Wort nehmen**
sich auf jmds. Aussagen verlassen; ■ **sein Wort**

brechen/geben/halten *ein Versprechen bre-*
chen/geben/halten; ■ **Du nimmst mir das Wort**
aus dem Mund! *Du sagst genau das, was ich auch*
gerade sagen wollte.; ■ **jemandem das Wort im**
Munde umdrehen *etwas absichtlich falsch inter-*
pretieren, was jmd. gesagt hat; ■ **jemandem**
bleibt das Wort im Hals stecken *jdm. kann aus*
Überraschung oder Bestürzung nicht sprechen;
■ **kein Wort (mehr) über jmdn./etwas verlie-**
ren *nicht (mehr) über jmdn. oder etwas sprechen;*
■ **jemand will/muss das letzte Wort haben**
jmd. will unbedingt recht haben; ■ **jemandem**
aufs Wort gehorchen *jmdm. sofort gehorchen*
Der Hund gehorcht ihm aufs Wort.; ■ **Das glaube**
ich dir/ihm/ihr/euch/ihnen aufs Wort.
jmdm. ohne Zweifel glauben; ■ **ein Wort gab das**
andere *so kam es zum Streit*
Wort·art *die* <-, -en> SPRACHWISS. *eine der Klassen,*
in die man die Wörter einer Sprache (nach be-
stimmten Merkmalen) einteilt: Substantiv und
Verb sind Wortarten.

Die **Wortart** (auch: *Wortklasse* genannt) ist
eine grundlegende grammatische Kategorie.
Die Einteilung der Wortarten erfolgt nach
semantischen, morphologischen und syntaktischen Kriterien. Nach dem semantischen Kriterium werden Wortarten eingeteilt nach der
Art ihrer Bedeutung: Sie können z. B. Gegenstände oder Eigenschaften bezeichnen (Sub-
stantive/Nomen, Adjektive); oder mit ihnen
werden Beziehungen im Satz sowie Einstellungen zum Gesagten ausgedrückt. Nach dem
morphologischen Kriterium werden sie danach
eingeteilt, ob sie flektierbar sind oder nicht;
das syntaktische Kriterium umfasst ihre Rolle
bei der syntaktischen Verwendung (z. B. Eignung als Satzglied). Je nach Gewichtung der
Kriterien gibt es unterschiedliche Einteilungen
der Wortarten. Traditionell werden unterschieden: Verb, Substantiv/Nomen, Pronomen,
Adjektiv (einschließlich Numerale), Artikel,
Präposition, Konjunktion, Adverb und Interjektion. Anders als für diese waren für Teile der
Nebenwortarten (insbesondere der Nicht-
Flektierbaren) bzw. der Partikeln (vgl. das
Stichwort) die Zuordnungen in Grammatiken
und Wörterbüchern noch nie einheitlich. Seit
der um 1980 einsetzenden modernen Partikelforschung stellt sich z. B. die Frage, ob nicht
zumindest die Abtönungspartikeln/Modalpar-
tikeln (vgl. das Stichwort) oder die Gradpartikeln (vgl. das Stichwort) als eigenständige
Wortart auch in Wörterbüchern angesetzt werden müssen.

Wort·bil·dung *die* <-, -en> *siehe auch* **Entleh-**
nung, Halbaffix

Eine Erweiterung des Wortschatzes erfolgt
neben der Aufnahme von Wörtern aus anderen

W

Sprachen (vgl. das Stichwort *Entlehnung*) durch die Ableitung aus bereits vorhandenem Material. Mit dem Ausdruck **Wortbildung** bezieht man sich einerseits, im Unterschied zur Wortformenbildung (Flexion), auf damit zusammenhängende Prozesse; andererseits wird darunter auch das entsprechende Teilgebiet verstanden. Bei der so bezeichneten **Präfigierung** wird ein Präfix (eine Vorsilbe) vor einen Wortstamm gesetzt (*Unglück, vertreiben*). Die **Suffigierung** besteht umgekehrt darin, dass ein Suffix (eine Nachsilbe) an den Wortstamm angehängt wird (*glücklich, Heilung*). Präfixe und Suffixe werden als so bezeichnete *Affixe* zusammengefasst. Bei der **Komposition** (Zusammensetzung) bilden mindestens zwei Worteinheiten eine neue Einheit: *Haustür, Gemeindehauseröffnungsfest*. Heute wird zunehmend auch die Bildung mit Hilfe so bezeichneter *Affixoide*, auch genannt **Halbaffixe** (vgl. das Stichwort), dabei berücksichtigt; Beispiele sind *spottbillig* oder auch *Heidenlärm*. Die so bezeichnete **Konversion** besteht darin, dass ein Wort in eine andere Wortart überführt wird: *essen* (Verb) und *das Essen* (Substantiv). Hinzu kommt die Bildung von **Kurzwörtern** (*Uni* statt *Universität*) und die von **Akronymen**, nämlich die Bildung von Wörtern aus zusammengesetzten Anfangsbuchstaben, wie für *Aids* (aus engl. „acquired immune deficiency syndrome"). Als Untertyp der Akronyme gilt das so bezeichnete *Buchstabenwort*, bei dem die Buchstaben einzeln ausgesprochen werden (*Lkw, PC*). Beim so bezeichneten *Klammerwort* erfolgt die Kürzung zwischen dem Anfangs- und dem Endteil längerer Wortverbindungen; vgl. *O-Saft* statt *Orangensaft*.

Wọrt·bruch *der* <-(e)s, Wortbrüche> *der Bruch eines Versprechens:* Wortbruch begehen
wọrt·brü·chig *adj* /nicht steig./ *so, dass man ein Versprechen gebrochen hat:* wortbrüchig werden
Wọrt·chen *das* <-, -> ■ **ein Wörtchen mitzureden haben** *an einer Entscheidung teilhaben oder mitwirken* Dabei habe ich wohl auch noch ein Wörtchen mitzureden.; ■ **mit jemandem noch ein Wörtchen zu reden haben** *jmdm. ernsthaft und deutlich eine Kritik mitteilen* Mit Ihnen habe ich nachher noch ein Wörtchen zu reden!
Wọr·ter·buch *das* <-(e)s, Wörterbücher> *ein Buch, in dem die Wörter einer Sprache in alphabetischer Form angeordnet sind und in ihrer Bedeutung erklärt und/oder in eine andere Sprache übersetzt sind:* ein einsprachiges/zweisprachiges/russisch-deutsches Wörterbuch ◆-benutzung, -forschung, -nachspann, -vorspann, Abkürzungs-, Bild-, Dialekt-, Fach-, Spezial-, Sprach-, Valenz-; *siehe auch* **Lexikographie**

Wörterbücher sind lexikographische Nachschlagewerke (vgl. dazu das Stichwort *Lexiko-*

graphie). Sie befriedigen als Gebrauchsgegenstände meist punktuelle Nachschlagebedürfnisse, sind Kulturgut und Ware zugleich. Geschichtlich betrachtet, kommt ihnen im Rahmen der Herausbildung von Standardsprachen eine wichtige Funktion zu (vgl. das Stichwort *Standardsprache*). Ihre Existenz begründet sich aus der Notwendigkeit, angesichts einer Vielfalt von Sprachen und Varietäten (vgl. das Stichwort) in den für bedeutsam gehaltenen Lebensbereichen (von Handel bis Wissenschaft) sprachliche Verständigung zu erreichen und zu sichern. Jedes Wörterbuch hat einen Gegenstandsbereich, aus dem die jeweiligen Gegenstände ausgewählt werden: eine gesamte Einzelsprache, ein Dialekt, eine Fachsprache, Partikel, Verben usw., aber z. B. auch Symbole. In Wörterbüchern werden jeweils ausgewählte Daten so miteinander vernetzt, dass die jeweiligen Wörterbuchartikel einen Text (vgl. das Stichwort) bilden. Dieser ist allerdings in heutigen Wörterbüchern mehr oder weniger stark verdichtet, z. B. durch die Bildung von Abkürzungen. Neben den Texten im Wörterbuchvorspann und Wörterbuchnachspann, also den Außentexten, bildet den zentralen Textteil eines jeden Wörterbuchs das (in alphabetischen Wörterbüchern nach A bis Z geordnete) Wörterverzeichnis mit den Lemmata bzw. Stichwörtern (vgl. dazu unter *Stichwort*). Falls in einem Wörterbuch die Stichwörter nach thematischen Bereichen geordnet sind, muss es im Wörterbuchnachspann ein alphabetisches Register aufweisen. Den Stichwörtern eines jeden Wörterbuchs sind (je nach Umfang und Art des Datenangebots) Angaben unterschiedlichen Typs zugeordnet. Aus ihnen kann man Informationen erschließen (kognitiv aufbauen), die in Sprachwörterbüchern insbesondere solche zur Bedeutung, zum Genus usw. sind.
Die so bezeichnete **Wörterbuchforschung**, auch **Metalexikographie** genannt, ist der Theoriebereich, in dem theoretisch begründete Antworten nicht nur zu Fragen des Aufbaus von Wörterbüchern gemacht werden und zu ihrer Benutzung, sondern z. B. auch zu den verschiedenen Typen von Wörterbüchern: einsprachige, mehrsprachige, fachliche, historische, dann auch Spezialwörterbücher, Abkürzungswörterbücher, Bildwörterbücher usw. Die seit den 80er Jahren entwickelte und weitgehend terminologisch ausgereifte Wörterbuchforschung hat dazu beigetragen, dass heute zu sämtlichen, mit Wörterbüchern zusammenhängenden Fragestellungen überhaupt erstmals eine „Sprache" existiert, auf der man sich sachlich angemessen auf Wörterbücher beziehen kann. Auch ist die Lexikographie als Praxis (vgl. das Stichwort) lehrbar und lernbar geworden.

W

Wọr·ter·buch·ar·ti·kel *der* <-s, -> *zentraler Text-*

baustein eines jeden Wörterbuchs, in dem zu einem Lemma/Stichwort die Angaben verschiedener Art in einer (gewöhnlich) festgelegten Abfolge mit dem Ziel gemacht werden, dass man aus den Daten kognitiv Informationen erschließen kann: Die Lexikographin führt die Handlung „Einen Wörterbuchartikel verfassen" dadurch aus, dass sie zu einem Lemma eine Wortartenangabe formuliert, anschließend fünf Bedeutungsangaben usw.; *siehe auch* **Lexikographie, Wörterbuch**

Wör·ter·buch·for·schung *die* <-> /kein Plur./ (≈ *Metalexikographie*) *Theoriebereich zur lexikographischen Praxis, in dem theoretisch fundierte Antworten auf alle mit Wörterbüchern zusammenhängende Fragen gegeben werden:* Das „Wörterbuch zur Lexikographie und Wörterbuchforschung" umfasst mehrere Bände; *siehe auch* **Lexikographie, Wörterbuch**

Wort·fa·mi·lie *die* <-, -n> *siehe auch* **Wortbildung**

Als **Wortfamilie** bezeichnet man eine Menge von Wörtern einer Sprache, deren gleiche oder ähnliche Wortstämme auf dieselbe etymologische (sprachgeschichtliche) Wurzel zurückgehen. Beispiel: Zum Wortstamm *fahr-* gehören *fahren, abfahren, nachfahren, Fahrt, Gefährt, gefährlich, führen, Fuhre, Furt* usw. Durch Wortfamilien wird sozusagen eine ähnliche Schneise in Zusammenhänge eines erheblichen Teils des Wortschatzes einer Sprache geschlagen, wie dies durch Aufzeigen von Bedeutungszusammenhängen im Rahmen der Wortfelder (vgl. das Stichwort) der Fall ist. Die Beschäftigung mit Wortfamilien spielt im Anfangsunterricht der Primarstufe eine große Rolle insofern, als damit dem Rechtschreiberwerb durch modellhaft vorgestellte Ausdrücke (z. B. *gefährlich* kommt von *Gefahr*, deshalb mit „ä") gedient wird. Beim Erlernen von Deutsch als Fremdsprache dürfte Einsichten in Wortfamilienzusammenhänge eine ähnliche Rolle zukommen.

Wort·feld *das* <-(e)s, -er> *lexikalische Teilstruktur eines Wortschatzes* ◆-analyse, -theorie

Als **Wortfeld** wird eine lexikalische Teilstruktur des Wortschatzes bezeichnet. Andere Bezeichnungen sind **Bedeutungsfeld** und **lexikalisches Paradigma**. Im Unterschied zu Wortfamilien (vgl. das Stichwort) stehen die Einheiten eines Wortfelds im Verhältnis der partiellen bzw. teilweise gegebenen Synonymie: Ihre Bedeutungen sind zwar im Hinblick auf das, was mit ihnen bezeichnet wird, gleich; sie weisen allerdings darüber hinaus auch nicht gemeinsam geteilte Merkmale auf. Ein Wortfeld ist folgendermaßen aufgebaut: Zunächst muss ein übergeordneter Ausdruck angesetzt werden, dem andere zugeordnet sind. Beispiel: „Aufhören des Lebens" mit den Einheiten *ster-*

ben, verrecken, verhungern usw. Obwohl dt. *sterben* ebenso gut als übergeordnete Einheit infrage käme, wird im Beispiel zu Zwecken des Sprachvergleichs „Aufhören des Lebens" angesetzt. Für die in der Hierarchie untergeordneten Einheiten gilt, dass sie der gleichen Wortart angehören müssen. Der übergeordnete Ausdruck wird als *Hyperonym* bezeichnet, die untergeordneten als *Hyponyme* (vgl. das Stichwort); dabei darf der übergeordnete Ausdruck nicht zu hoch angesetzt werden. Kein Wortfeld ist gleichsam „naturgemäß" irgendwie vorgegeben: Wenn man ein solches konstruiert bzw. aufbaut, müssen zunächst die untergeordneten Ausdrücke aufgezählt werden, die Anteil an der Teilhierarchie haben. Dazu kann man Fragebögen benutzen, Wörterbücher sondieren, oder sich auf seine Sprachintuition verlassen. Im Falle von *Pferd* könnte wegen der Mehrdeutigkeit (vgl. das Stichwort) des Ausdrucks *Pferd* ein Wortfeld mit „Pferdearten" angesetzt werden (*Rappe, Schimmel* usw.), aber auch ein hierarchisches Teilsystem zu „Sportgeräten" oder der Bezeichnung von „Schachfiguren".

Mit verschiedenen Methoden werden sodann die Bedeutungen der Einheiten eines Wortfeldes voneinander abgegrenzt. Ist dies die Merkmalsemantik, ließe sich z. B. für *verhungern* und *verdursten* gemeinsam ansetzen „äußerlich verursacht", sowie zur weiteren Unterscheidung „durch Mangel an Nahrung" und „durch Mangel an Flüssigkeit". So könnte man eine Einheit von jeder anderen sprachlich abgrenzen. Bereits bei der Auswahl der Einheiten, dann auch bei der sprachlichen Fassung der Merkmale allerdings müsste man in vielen Fällen mit Widerspruch rechnen. Denn gleichsam „objektive" Verfahren gibt es in diesem Bereich nicht; anders ist dies auf lautlicher Ebene durch Verfahren von Phonologie und Phonetik geleistet worden, welche der Konstruktion von Wortfeldern ursprünglich zum Vorbild gedient haben. Untersucht worden sind verschiedene Bereiche vor allem von Sachbezeichnungen (Verwandtschaftsbeziehungen, Möbelarten, Gewässer usw.); besonders interessant sind sprachvergleichende Untersuchungen. Obwohl mit den jeweiligen Wortfeld-Konzepten dem Anspruch nach oft schwerwiegende theoretische Probleme verbunden sind, kommt ihnen im muttersprachlichen und insbesondere auch im fremdsprachlichen Unterricht zweifelsohne ein hoher Stellenwert zu.

Wort·fet·zen <-> *Plur. einzelne Wörter oder Teile von Wörtern, die keinen zusammenhängenden Sinn ergeben:* Von der Unterhaltung der beiden konnte man nur Wortfetzen aufschnappen.

Wort·füh·rer *der,* **Wort·füh·re·rin** *die* <-s, -> *Person, die eine Gruppe nach außen hin vertritt:* Er ist schon immer der Wortführer in der Klasse.

Wort·ge·fecht *das* <-(e)s, -e> *heftige mündliche Auseinandersetzung:* sich ein Wortgefecht liefern

wort·ge·treu *adj /nicht steig./ (↔ sinngemäß) so, dass es genau dem Orginal entspricht:* Ich habe ihre Äußerungen/den Text wortgetreu wiedergeben.

wort·ge·wal·tig *adj mit großer Wirkung und Überzeugung:* ein wortgewaltiger Redner ▸ Wortgewalt

wort·ge·wandt *adj mit viel sprachlichem Geschick und guter Rhetorik:* ein wortgewandter Politiker/ Redner ▸ Wortgewandtheit

wort·karg *adj (↔ redselig) so, dass jmd. wenig Lust hat zu sprechen:* ein wortkarger alter Mann; Warum bist du heute so wortkarg? ▸ Wortkargheit

Wort·klau·be·rei *die* <-, -en> *(abwert.) Streit um unwichtige Feinheiten* ▸ wortklauberisch

Wort·laut *der* <-(e)s /kein Plur./ der genaue wörtliche Text einer Äußerung:* die Äußerung des Ministers in ihrem Wortlaut wiedergeben; sich an den genauen Wortlaut nicht mehr erinnern können

wört·lich *adj /nicht steig./ genau so, wie es gesagt oder geschrieben worden ist:* eine wörtliche Übersetzung; eine Aussage/einen Text wörtlich wiedergeben; Nimm doch nicht alles gleich so wörtlich!

wort·los *adj /nicht steig./ ohne zu sprechen:* Sie verließ wortlos den Raum. ▸ Wortlosigkeit

Wort·mel·dung *die* <-, -en> *ein Handzeichen, mit dem jmd. in einer Diskussion zeigt, dass er auch etwas sagen möchte:* Es gibt noch drei Wortmeldungen zu diesem Thema.

wort·reich *adj /nicht steig./ so, dass viel gesprochen wird:* eine wortreiche Entschuldigung

Wort·schatz *der* <-es, Wortschätze> /meist Sing./ ❶ SPRACHWISS. *Gesamtheit aller Wörter einer Sprache oder eines Teilbereichs der Sprache:* der Wortschatz des Deutschen; der spezielle Wortschatz der Politik/der Rechtsprechung/der Wirtschaft ❷ *die Gesamtheit der Wörter, die eine Person kennt und die ihr als sprachliche Ausdrucksmittel zur Verfügung stehen:* über einen begrenzten/großen Wortschatz verfügen

Wort·schwall *der* <-(e)s, -e> /meist Sing./ der Vorgang, dass jmd. viel und schnell redet:* Ihren Wortschwall konnte man kaum unterbrechen.

Wort·spiel *das* <-(e)s, -e> *eine witzige spielerische Verwendung von Wörtern, wobei meist deren verschiedene Bedeutungen den Witz ergeben:* Viele Wortspiele gründen sich auf die Bedeutungsvielfalt einzelner Wörter. ▸ wortspielerisch

Wort·stamm *der* <-(e)s, Wortstämme> SPRACHWISS. *der Teil eines Wortes ohne Flexionsendung, Vor- oder Nachsilbe*

Wort·tren·nung *die* <-, -en> *in Rechtschreibregelungen geregelte Trennung innerhalb von Wörtern und am Zeilenende*

Wort·wech·sel *der* <-s, -> *ein harmloser Streit*

wort·wört·lich *adj /nicht steig./ ganz genau dem Wortlaut entsprechend:* Das war wortwörtlich das, was er gesagt hat!

wo·r·ü·ber *adv* ❶ *verwendet in direkten oder indirekten Fragen, um nach einer Sache oder einem Sachverhalt zu fragen (über was):* Worüber lachst du?; Kannst du mir sagen, worüber ihr gesprochen habt? ❷ *verwendet in einem Relativsatz, der sich auf den genannten Sachverhalt bezieht:* Er kam zu spät, worüber alle sehr verärgert waren.

wo·r·um *adv* ❶ *verwendet in direkten oder indirekten Fragen, um nach einer Sache oder einem Sachverhalt zu fragen (um was):* Worum gehört diese Schutzhülle?; Worum handelt es sich?; Wisst ihr, worum sie sich gestritten haben? ❷ *verwendet in einem Relativsatz, der sich auf den genannten Sachverhalt bezieht:* Sie ist mit der Prüfung schon fertig, worum ich sie sehr beneide.

wo·r·un·ter *adv* ❶ *verwendet in direkten oder indirekten Fragen, um nach einer Sache oder einem Sachverhalt zu fragen (unter was):* Worunter leidet sie?; Weißt du, worunter ich die Tasche gelegt habe? ❷ *verwendet in einem Relativsatz, der sich auf den genannten Sachverhalt bezieht:* die Post, worunter sich ein Einschreiben befindet, …; Sie hat ihn verlassen, worunter er sehr leidet.

wo·von *adv* ❶ *verwendet in direkten oder indirekten Fragen, um nach einer Sache oder einem Sachverhalt zu fragen (von was) einer Sache oder der Herkunft von etwas:* Wovon lebt er eigentlich?; Weißt du, wovon sie gesprochen haben? ❷ *verwendet in einem Relativsatz, der sich auf den genannten Sachverhalt bezieht:* Sie wurde völlig durchnässt, wovon sie eine Erkältung bekam.

wo·vor *adv* ❶ *verwendet in direkten oder indirekten Fragen, um nach einer Sache oder einem Sachverhalt zu fragen (vor was):* Wovor steht sie auf dem Bild?; Sag mir, wovor du Angst hast! ❷ *verwendet in einem Relativsatz, der sich auf den genannten Sachverhalt bezieht:* Morgen habe ich Prüfung, wovor ich mich ziemlich fürchte.

wo·zu *adv* ❶ *verwendet in direkten oder indirekten Fragen, um nach einer Sache oder einem Sachverhalt zu fragen (zu was):* Wozu brauchst du das?; Weißt du, wozu er das macht? ❷ *verwendet in einem Relativsatz, der sich auf den genannten Sachverhalt bezieht:* Heute essen wir chinesisch, wozu wir auch Stäbchen verwenden.

Wrack *das* <-(e)s, -s> ❶ *ein altes Schiff, Flugzeug oder Auto o. Ä., das kaputt ist und nicht mehr benutzt wird:* ein Wrack vom Meeresboden bergen; Das Auto war nach dem Unfall ein Wrack. ▸ abwracken ❷ *(umg. abwert.) heruntergekommener Mensch:* Nach vielen Jahren des Drogenkonsums war er nur noch ein Wrack.

wrang *Prät. von* **wringen**

wrin·gen <wringst, wrang, hat gewrungen> *mit OBJ* ■ *jmd. wringt etwas ein nasses Tuch o. Ä. so um die eigene Achse verwinden, dass alles Wasser herausgedrückt wird:* einen Lappen/die nasse Wäsche wringen, bis kein Wasser mehr herauskommt

WSV <-, -> *Abkürzung von „Winterschlussverkauf"*

WTO *die* <-> /kein Plur./ *Abkürzung von „World Trade Organization", Welthandelsorganisation*

Wu·cher *der* <-s> /kein Plur./ (abwert.) das Fordern von übertrieben hohen Zinsen oder Preisen:* Wucher treiben; Die Miete ist ja Wucher! ◆-preis, -zins, Miet- ▸ Wucherer, Wucherin

wu·chern <wucherst, wucherte, hat/ist gewu-

W

chert> *ohne OBJ* ❶ ■ *etwas wuchert (haben o
sein) sehr stark und wild wachsen:* die Pflanze ist/
hat sehr stark gewuchert; eine wuchernde Geschwulst ❷ ■ *jmd. wuchert (mit etwas Dat.)
(haben) (abwert.) Wucher treiben:* mit seinem
Geld/Kapital wuchern
Wu·che·rung *die* <-, - en> ❶ /kein Plur./ *das
schnelle und unkontrollierte Wachsen von etwas*
❷ MED. *eine Verdickung im Körpergewebe, die
plötzlich und unkontrolliert gewachsen ist:* die
Wucherungen entfernen
wuchs *Prät. von* **wachsen**
Wuchs *der* [vu:ks] <-es, Wüchse> /Plur. fachspr./
❶ *das Wachsen* ¹, ² ❷ *die Art, wie jmd. oder etwas
gewachsen ist:* ein Kind von zartem/kräftigem
Wuchs; ein Baum von kräftigem/schlankem
Wuchs
Wucht *die* <-> /kein Plur./ *Kraft bei einem Stoß,
Schlag, Wurf o. Ä.:* die Wucht des Aufpralls; ■ *je-
mand/etwas ist eine Wucht (umg.) jmd. oder
etwas ist sehr toll*
wuch·ten I. *mit OBJ* ■ *jmd. wuchtet etwas irgendwohin etwas Schweres mit großem Kraftaufwand irgendwohin befördern:* Er hat den Schrank
ganz allein auf den LKW gewuchtet. II. *mit SICH*
■ *jmd. wuchtet sich irgendwohin (umg.) sich
schwerfällig irgendwohin begeben:* Er hat sich in
den Sessel gewuchtet.
wuch·tig *adj /nicht steig./* ❶ *groß und schwer:*
ein wuchtiger alter Bücherschrank aus Eichenholz
❷ *mit viel Kraft:* ein wuchtiger Schlag
wüh·len I. *mit OBJ* ■ *jmd./ein Tier wühlt etwas
etwas grabend erzeugen:* ein Loch in die Erde
wühlen II. *ohne OBJ* ❶ ■ *jmd./ein Tier wühlt
(mit etwas Dat.) in etwas Dat. in etwas graben:*
Die Kinder wühlen im nassen Sand.; Das Schwein
wühlt mit der Schnauze im Schlamm. ❷ ■ *jmd.
wühlt irgendwo irgendwo heftig nach etwas suchen, und dabei alles in Unordnung bringen:* Sie
hat lange in alten Akten/Fotos/Zeitungen ge-
wühlt, bis sie fand, was sie suchte. III. *mit SICH*
❶ ■ *etwas wühlt sich irgendwohin durch etwas hindurch graben:* Bagger wühlen sich durch
die Erde. ❷ ■ *jmd. wühlt sich durch etwas Akk.
etwas mit viel Arbeit bewältigen:* sich durch Berge
von Akten wühlen
Wühl·maus *die* <-, Wühlmäuse> ZOOL. *eine
Maus, die in der Erde Gänge wühlt II und darin
lebt*
Wulst *der* <-(e)s, Wülste> ❶ *längliche Verdickung, die aus einer glatten Fläche hervortritt:*
eine Wulst aus Fett im Nacken/am Bauch haben
❷ *etwas, das wie eine Wulst ¹ aussieht und durch
Zusammenrollen eines weichen Materials entsteht:* die Decke zu einer Wulst zusammenrollen
wuls·tig *adj so, dass es länglich dick hervortritt:*
wulstige Augenbrauen/Lippen
wum·mern <wummert, wumerte, hat gewum-
mert> *ohne OBJ* ■ *etwas wummert (umg.)
dumpf dröhnen:* Die Bässe der alten Boxen wum-
mern ganz schön.
wund *adj so, dass die Haut durch Scheuern oder
Reibung gerötet, entzündet oder offen ist* ◆ Ge-
trennt- oder Zusammenschreibung sich wund

liegen/wundliegen; sich die Finger wund schrei-
ben/wundschreiben; sich die Füße wund laufen/
wundlaufen
Wun·de *die* <-, -n> *eine Verletzung der Haut und
des Gewebes:* eine eiternde/blutende/infizierte
Wunde; eine Wunde desinfizieren/reinigen/medi-
zinisch versorgen; die Wunde heilt (schlecht);
■ *alte Wunden wieder aufreißen unangenehme Erinnerungen wecken*
Wun·der *das* <-s, -> ❶ *ein Ereignis, das man nicht
für möglich gehalten hat:* Wie durch ein Wunder
stand sie plötzlich vor uns. ❷ *ein Ereignis, das
durch göttliche oder übernatürliche Kräfte herbeigeführt worden ist:* Man sagte von ihm, er könne
Wunder tun.; Man sagt, sie sei durch ein Wunder
wieder geheilt worden.; Nur ein Wunder kann uns
noch retten! ◆-heilung ❸ *etwas Außergewöhnliches:* ein Wunder der Natur/Technik; ■ **Das ist
(ja) kein Wunder!** *(umg.) das war so zu erwarten;* ■ **(wahre) Wunder wirken** *(geh.) sehr gut
wirken* Die Arznei wirkt wahre Wunder!; ■ *jemand wir sein blaues Wunder erleben (umg.)
jmd. wird etwas sehr Unangenehmes erleben*
wun·der- *(≈ äußerst, sehr) als Erstglied einiger zusammengesetzter Adjektive, mit Betonung auf beiden Teilen; drückt intensivierend aus, dass die mit
dem Zweitglied bezeichnete Eigenschaft auf
jmd./etwas in sehr hohem Maße zutrifft*
◆-hübsch, -prächtig, -schön
wun·der·bar¹ *adj* ❶ *großartig:* Er hat eine wunderbare Frau!; Heute ist wunderbares Wetter
❷ *(umg.) herrlich:* Das ist wunderbar entspannend! ❸ *übernatürlich:* auf wunderbare Weise geheilt werden
wun·der·bar² *adv (umg.) sehr:* Die alten Möbel
waren noch wunderbar solide verarbeitet.
Wun·der·ker·ze *die* <-, -n> *ein Draht, um den
eine Masse geklebt ist und die, wenn man sie anzündet viele Funken versprüht:* Wir hängen immer
auch Wunderkerzen an den Weihnachtsbaum.; Bei
den langsamen Stücken schwenken die Fans im
Konzert Tausende von Wunderkerzen.
Wun·der·kind *das* <-(e)s, -er> *(umg.) ein Kind
mit außergewöhnlichen Fähigkeiten:* Das Wunder-
kind konnte mit vier Jahren Geige spielen.
wun·der·lich *adj in seinem Verhalten so eigenwillig und unverständlich, dass es andere irritiert:* ein
wunderlicher alter Mann; Es ist schon wunderlich,
dass sie dir nicht einmal zum Geburtstag gratuliert!
Wun·der·mit·tel *das* <-s, -> *(iron.) ein Mittel, das
angeblich sehr gut wirkt:* Gegen Kopfschmerzen
weiß ich ein Wundermittel!; Auf dem Kosmetik-
markt werden allerlei Wundermittel gegen Falten
angepriesen.
wun·dern <wunderst, wunderte, hat gewun-
dert> I. *mit OBJ* ■ *etwas wundert jmdn. jmdn.
erstaunen:* Sein Verhalten hat alle sehr gewundert.
II. *mit SICH* ■ *jmd. wundert sich über jmdn./
etwas sich sehr erstaunen:* Sie wundert sich über
mich.; Langsam wundere ich mich über gar nichts
mehr!; Ich muss mich doch sehr (über euch) wundern! III. *mit ES* ■ *es wundert jmdn., ... jmdn.
sehr in Erstaunen versetzen:* Es wundert mich,
wie lange das dauert.; Es würde mich nicht wun-

dern, wenn …; Ich wundere mich, dass es nicht regnet.; ■**jemand wird sich noch wundern** *jmd. wird noch etwas Unangenehmes erleben;* ■**Ich muss mich doch sehr (über jmdn./etwas) wundern** *das hätte ich nicht (von jmdm. oder etwas) gedacht*

wun·der·voll *adj* ❶ *großartig:* wundervolles Wetter ❷ *(umg.) herrlich:* Das Bett ist wundervoll weich/bequem.

Wund·in·fek·tion *die* <-, -en> MED. *das Eindringen von Krankheitserregern in eine Wunde*

Wund·sal·be *die* <-, -n> *eine Salbe, mit der man Wunden behandelt*

Wund·starr·krampf *der* <-(e)s> /kein Plur./ MED. *(≈ Tetanus) eine lebensgefährliche Infektion offener Wunden, bei der die Muskeln starr werden:* eine Impfung gegen Wundstarrkrampf

Wunsch *der* <-(e)s, Wünsche> ❶ *etwas, das man gern haben möchte:* Ein Medizinstudium war ihr größter Wunsch.; der Wunsch nach Erholung/mehr Abwechslung/Ruhe; Es ist alles nach Wunsch verlaufen. ❷ *eine geäußerte Bitte:* Ihr Wunsch sei mir Befehl!; Haben Sie noch einen Wunsch? ❸ *etwas, das man jmdm. wünscht:* ein Wunsch für Gesundheit/ein glückliches Leben; jemandem gute Wünsche zum Geburtstag übermitteln/überbringen; ■**auf Wunsch** *so, wie man es will;* ■**ein frommer Wunsch** *etwas, das leider nicht Wirklichkeit werden kann*

wünsch·bar *adj* SCHWEIZ. *wünschenswert*

Wunsch·bild *das* <-(e)s, -er> *eine Vorstellung, die nicht der Realität entspricht sondern den eigenen Wünschen*

Wunsch·den·ken *das* <-s> /kein Plur./ *(abwert.) eine Sicht der Dinge, die nicht den Tatsachen entspricht, sondern von Träumen und Wünschen bestimmt ist:* Da hat er sich allein von seinem Wunschdenken leiten lassen.

Wün·schel·ru·te *die* <-, -n> *eine Art Zweig mit der Form eines Y, mit dem bestimmte Personen Wasser oder Erze in der Erde aufspüren können* ▶ Wünschelrutengänger, Wünschelrutengängerin

wün·schen <wünschst, wünschte, hat gewünscht> *mit OBJ* ❶ *jmd. wünscht sich etwas (von jmdm.) (zu etwas Dat.) etwas haben wollen und das auch sagen:* Das Kind wünscht sich zu Weihnachten einen Teddybären.; Was wünschen Sie?; Ich wünsche mir nichts mehr als … ❷ *jmd. wünscht jmdm. etwas den Wunsch haben, dass jmd. etwas bekommt oder erlebt:* Ich wünsche euch ein wunderschönes Fest.; Ich wünsche dir eine gute Heimfahrt! ❸ *jmd. wünscht etwas (geh.) verlangen:* Ich wünsche Ruhe/nicht gestört zu werden!; Das nächste Mal wünsche ich, dass Sie besser vorbereitet sind!; ■**etwas lässt zu wünschen übrig** *etwas ist nicht gut*

wün·schens·wert *adj* /nicht steig./ *so, dass man es gut fände, wenn es verwirklicht würde oder eintreten würde:* eine wünschenswerte Ergänzung zu unserem Programm

wunsch·ge·mäß *adv* /nicht steig./ *so, wie man es sich gewünscht hat:* Ist gestern alles wunschgemäß verlaufen?

Wunsch·kind *das* <-(e)s, -er> *Kind, dessen Ge-*burt von den Eltern gewünscht und geplant war: Er war ein lange ersehntes Wunschkind.

Wunsch·kon·zert *das* <-(e)s, -e> *aus den Wünschen des Publikums zusammengestelltes Konzert (im Rundfunk oder Fernsehen)*

wunsch·los *adj* ■**wunschlos glücklich/zufrieden sein** *sehr glücklich oder zufrieden sein, ohne etwas haben zu wollen*

Wunsch·traum *der* <-(e)s, Wunschträume> *ein Vorstellung, die sich leider nicht verwirklichen lässt, aber die man sich sehnlich wünscht:* Die Reise nach Australien ist mein lange gehegter Wunschtraum/wird wohl immer ein Wunschtraum bleiben.

Wür·de *die* <-, -n> ❶ /kein Plur./ *der innere Wert eines Menschen:* Die Würde des Menschen ist unantastbar.; einem Menschen/einem Tier seine Würde lassen ❷ /kein Plur./ *das Ansehen (einer Institution):* die Würde des Gerichts achten; Die Würde des Präsidentenamtes gebietet das. ❸ /kein Plur./ *Achtung gebietende persönliche Ausstrahlung:* etwas mit viel/großer Würde tun; etwas mit Würde ertragen; ein Mann/eine Haltung von großer Würde ❹ *hohes Amt; Titel:* akademische/geistliche Würden anstreben; ■**unter jemandes Würde sein** *von jmdm. als Zumutung empfunden werden*

wür·de·los *adj* (abwert.) *ohne Würde:* ein würdeloses Verhalten ▶ Würdelosigkeit

Wür·den·trä·ger *der*, **Wür·den·trä·ge·rin** <-s, -> *Person, die ein hohes Amt innehat:* geistliche Würdenträger

wür·de·voll *adj* (↔ würdelos) *so, dass man sich seiner Würde bewusst ist:* würdevoll durch den Saal schreiten

wür·dig *adj* ❶ *im Bewusstsein der eigenen Würde:* eine würdige alte Dame; in würdiger Haltung ❷ *so, dass es mit entsprechendem Ernst und Feierlichkeit geschieht:* jemandem einen würdigen Empfang bereiten ❸ *jmds./einer Sache gleichwertig:* ein würdiger Anlass, um die Neuigkeit zu verkünden; Er war ein würdiger Nachfolger seines Vaters.; Er war noch nicht würdig, in den Kreis aufgenommen zu werden.; ■**jemandes/etwas würdig sein** *jmdn. oder etwas mit Recht erhalten* Das ist deiner nicht würdig.

wür·di·gen *mit OBJ* ❶ *jmd. würdigt jmdn./etwas jmdn. oder etwas wertschätzen:* etwas (nicht) zu würdigen wissen; Der Künstler ist zu Lebzeiten nicht ausreichend gewürdigt worden. ▶ Würdigung ❷ *jmd. würdigt jmdn./etwas lobend hervorheben:* in der Ansprache die Leistungen des Preisträgers würdigen; ■**jemanden keines Blickes/keiner Antwort würdigen** *jmdn. nicht anschauen oder jmdm. nicht antworten* ▶ Würdigung

Wurf[1] *der* <-(e)s, Würfe> ❶ *das Werfen*[1]: ein weiter Wurf; ein Wurf über 40 Meter ❷ *das Würfeln:* drei Sechsen mit einem Wurf; ■**ein großer Wurf** *etwas Außergewöhnliches* Mit diesem Buch ist ihm der große Wurf geglückt.

Wurf[2] *der* <-(e)s, Würfe> *die jungen Tiere, die von einem Weibchen geboren wurden*

Wür·fel *der* <-s, -> ❶ MATH. *ein dreidimensionales Gebilde mit sechs quadratischen Seitenflächen, die gleich groß sind und im rechten Winkel aufei-*

nanderstehen **②** *ein kleiner Würfel¹, den man zum Spielen benutzt und auf dessen Seitenflächen Punkte, Zahlen oder Buchstaben stehen:* die Würfel entscheiden; die Würfel werfen **③** *etwas, das ungefähr die Form eines Würfels hat:* die Kartoffeln in Würfel schneiden

Wür·fel·be·cher *der* <-s, -> *ein Becher aus Kunststoff oder Leder, in den man Würfel² tut und sie dann gut schüttelt und wieder auswirft, indem man den Becher mit der Öffnung nach unten auf eine Fläche stülpt*

wür·fe·lig *adj wie ein Würfel*

wür·feln <würfelst, würfelte, hat gewürfelt> **I.** *mit OBJ* **①** ■ *jmd. würfelt etwas ein bestimmtes Ergebnis mit Würfeln² erzielen:* Unglaublich, er hat schon wieder eine Sechs gewürfelt. **②** ■ *jmd. würfelt etwas etwas in Würfel³ schneiden:* die Tomaten und die Zwiebeln würfeln **II.** *ohne OBJ* ■ *jmd. würfelt (um etwas Akk.) mit Würfeln² um etwas spielen:* Sie würfeln immer um Geld.

Wür·fel·zu·cker *der* <-s> */kein Plur./ Zucker in Form kleiner Würfel¹*

Wür·ge·mal *das* <-s, -e> *eine Art roter Fleck, der an der Stelle auf der Haut zu sehen ist, wo jmd. gewürgt wurde*

wür·gen I. *mit OBJ* **①** ■ *jmd. würgt jmdn. jmdn. zu ersticken versuchen, indem man ihm die Kehle zusammendrückt* ▶ Würger, Würgerin **②** ■ *etwas würgt jmdn. am Hals sehr eng sein:* Die Krawatte würgt ihn. **③** ■ *etwas würgt jmdn. zu groß sein, um geschluckt zu werden:* Die Gräte würgte ihn, bis er es blau anlief. **II.** *ohne OBJ* **①** ■ *jmd. würgt versuchen, sich zu erbrechen* **②** ■ *jmd. würgt an etwas Dat. etwas nicht hinunterschlucken können, obwohl es schon im Rachen sitzt:* Er würgte an dem großen Stück Fleisch, bis er es wieder ausspuckte.

Wurm *der* <-(e)s, Würmer> **①** *eine kleines Tier ohne Skelett und Gliedmaßen, das sich kriechend fortbewegt:* einen Wurm als Köder zum Angeln benutzen ◆Regen- **②** *ein Parasit in Form eines sehr kleinen Wurms¹, der, Menschen, Tiere oder Pflanzen und Holz befällt:* von Würmern befallen ◆Band-, Holz- **③** *(umg.) jmd., den man verachtet oder mit dem man nur Mitleid hat:* ein elender Wurm **④** *(umg.) ein hilfloses Kleinkind*

wur·men *mit OBJ* ■ *etwas wurmt jmdn. (umg.) jmdn. ärgern:* Die Kritik hat sie sehr gewurmt.

Wurm·fort·satz *der* <-es, Wurmfortsätze> MED. *(≈ Appendix) ein kleines längliches Stück Gewebe am Ende des Blinddarms*

wur·mig *adj von Würmern² befallen:* wurmiges Obst

wurm·sti·chig *adj (≈ wurmig)* wurmstichiges Holz

Wurst *die* <-, Würste> **①** *eine Masse aus klein gehacktem Fleisch, die in eine Hülle gepresst wird und kalt oder warm gegessen werden kann* ◆-aufschnitt, -haut, -platte, Bock-, Brat-, Dauer-, Leber-, Streich- **②** *etwas, das die Form einer länglichen Rolle hat;* ■ **es geht um die Wurst** *(umg.) eine Sache wird entschieden;* ■ **jemandem ist jemand/etwas Wurst** *(umg.) jmd. oder etwas ist jmdm. völlig egal*

Würst·chen *das* <-s, -> **①** *eine schmale kleine*

Wurst **②** *(umg. abwert.) jmd., mit dem man Mitleid hat, weil es ihm schlecht geht*

wurs·teln <wurstelst, wurstelte, hat gewurstelt> *ohne OBJ* ■ *jmd. wurstelt (umg. abwert.) arbeiten, ohne dass man einen Plan hat und genau weiß, was man tut:* Er wurstelt da nur vor sich hin.

Wür·ze *die* <-, -n> **①** *ein Mittel, das den Geschmack eines Essen verstärkt oder verfeinert:* Worcester-Soße ist eine Würze. **②** */kein Plur./ das Aroma von etwas:* Dieser Wein hat wirkliche Würze. **③** *Zustand des Biers bei der Herstellung, bevor Wasser dazu gefüllt wird* ◆Stamm- **④** */kein Plur./ (übertr.) das Besondere einer Sache:* Dieser Geschichte fehlt die notwendige Würze.; ■ **In der Kürze liegt die Würze.** *sehr gut ist es, wenn man sich kurz fasst*

Wur·zel *die* <-, -n> **①** *der Teil einer Pflanze, der (meist) im Boden steckt und über den die Pflanze Wasser und Nährstoffe aus dem Boden bekommt:* Der Strauch hat schon Wurzeln getrieben. **②** *Teil eines Zahnes, eines Haares o. Ä., der tief in der Haut steckt:* Die Wurzel des Backenzahnes ist entzündet. ◆-behandlung **③** *die allererste Form eines Wortes, die man durch einen Vergleich von mehreren Sprachen ermittelt hat:* die germanische/indogermanische **④** ■ *die Wurzel aus einer Zahl (≈ Quadratwurzel) diejenige Zahl, deren Quadrat² die fragliche Zahl ist:* Die Wurzel aus sechzehn ist vier. **⑤** *(übertr.) etwas, das jmdn. mit seiner Vergangenheit und den Traditionen seiner Vorfahren verbindet:* In diesem Dorf liegen seine Wurzeln.; ■ **das Übel an der Wurzel packen** *den Ursprung von einem Problem beseitigen;* ■ **jemand schlägt irgendwo Wuzeln** *jmd. lässt sich irgendwo auf Dauer nieder*

wur·zel·los *adj /nicht steig./ ohne Wurzeln⁵*

wur·zeln <wurzelst, wurzelte, hat gewurzelt> *ohne OBJ* **①** ■ *etwas wurzelt irgendwo/irgendwie Wurzeln¹ in der Erde haben:* Der Baum wurzelt im Garten. **②** ■ *etwas wurzelt in jmdm./etwas mit jmdm. oder etwas stark verbunden:* Das Misstrauen wurzelte stark in ihr.; Seine neuen Kompositionen wurzeln noch im Freejazz.

Wur·zel·werk *das* <-(e)s> */kein Plur./ alle Wurzeln¹ einer Pflanze*

wur·zen <wurzt, wurzte, hat gewurzt> *mit OBJ* ■ *jmd. wurzt jmdn./etwas (umg.)* SÜDDT., ÖSTERR. *jmdn. oder etwas ausbeuten oder ausnutzen*

wür·zen <würzt, würzte, hat gewürzt> *mit OBJ/ ohne OBJ* **①** ■ *jmd. würzt (etwas) (mit etwas Dat.) einem Essen Würze¹ zu einem Essen geben:* Nicht so viel würzen! **②** ■ *jmd. würzt etwas (mit etwas Dat.) einer Rede oder einem Text etwas Besonderes verleihen:* Er hatte seine Rede mit Sarkasmus und Ironie gewürzt.

wür·zig *adj so, dass es kräftig und intensiv riecht oder schmeckt:* die würzige Seeluft; Das Bier schmeckt sehr würzig.

wusch *Prät. von* **waschen**

wu·sche·lig *adj lockig:* wuschelige Haare

Wuschel·kopf *der* <-(e)s, Wuschelköpfe> *jmd., der viel wuschelige Haare hat*

wuss·te *Prät. von* **wissen**

Wust *der* <-(e)s> */kein Plur./ eine Menge von etwas, die ungeordnet und chaotisch ist:* ein Wust von Akten/Aufzeichnungen/Dokumenten/ Notizzetteln/Papieren

wüst *adj* ❶ *so, dass dort keine Menschen wohnen können:* eine wüste Landschaft ❷ *unordentlich und chaotisch:* Die Bücher lagen wüst durcheinander auf dem Boden. ❸ *schlimm und roh:* Plötzlich entstand eine wüste Schlägerei.; ein wüster Kerl

Wüs·te *die* <-, -n> ❶ *ein großes Gebiet, in dem es (fast) kein Wasser gibt, wo (fast) keine Pflanzen wachsen und es sehr heiß ist:* die Wüste Gobi/Sahara; Karawanen durchqueren die Wüste.; In der Wüste gibt es Sandstürme/findet man in Oasen Wasser/überleben nur wenige Tiere. ♦-nbewohner, Sand- ❷ *ein Landstrich, der ohne Vegetation, unbebaut und öde ist;* ■ **jemanden in die Wüste schicken** *(umg.) jmdn. aus seinem Amt entlassen* Nach den Skandalen wurde der Minister in die Wüste geschickt.

Wüst·ling *der* <-s, -e> *(veralt. abwert.)* ❶ *jmd., der sehr grob und rücksichtslos ist* ❷ *jmd., der sexuell ausschweifend ist*

Wut *die* <-> */kein Plur./ ein Gefühl, das von star-* kem Ärger und Zorn bestimmt ist und bei dem man häufig laut wird oder schreit: Sie war voller Wut auf ihren Chef.; Er lief vor Wut rot an.

Wut·an·fall *der* <-s, Wutanfälle> *plötzlicher Ausbruch von Wut:* Da bekam er schon wieder einen Wutanfall.

Wut·aus·bruch *der* <-(e)s, Wutausbrüche> *(≈ Wutanfall)*

wü·ten <wütest, wütete, hat gewütet> *ohne OBJ* ❶ ■ *jmd./ein Tier wütet vor Wut gewalttätig werden und Zerstörung verursachen* ❷ ■ *etwas wütet Zerstörung verursachen:* Der Orkan wütete schon seit Stunden.; Die Pest wütete über mehrere Jahre in Europa.

wü·tend *adj* ❶ *voller Wut:* Sie war sehr wütend auf ihn.; Er war wütend über die Behandlung.; ein wütendes Kind ❷ */nur attr./ sehr heftig:* ein wütendes Unwetter; wütender Hunger

wut·ent·brannt *adj /nicht steig./ mit sehr viel Wut:* Wutentbrannt stürmte er aus dem Zimmer.

wut·schnau·bend *adj /nicht steig./ mit sehr viel Wut*

WWW *das* <-s> */kein Plur./* EDV *(≈ „World Wide Web")*

X, x *das* [ɪks] <-, -> ❶ *der vierundzwanzigste Buchstabe des Alphabets:* ein großes X; ein kleines x ❷ */Großschreibung/ verwendet, um einen Namen zu umschreiben:* Sie werden Herrn X um Mitternacht treffen. ❸ */Kleinschreibung/ (umg.) viele:* Ich habe x Anträge ausgefüllt und es ist immer noch nichts passiert. ❹ */Kleinschreibung/* MATH. *verwendet, um eine Zahl oder Größe, die unbekannt ist, zu bezeichnen:* Zwölf geteilt durch x ist gleich vier.; ■ **der Tag/die Stunde X** *verwendet, um den genauen Zeitpunkt nicht zu nennen oder weil man ihn nicht kennt;* ■ **jemandem ein X für ein U vormachen** *versuchen, jmdn. auf plumpe Art zu täuschen;* ■ **Größe XL** *(bei Konfektionsgrößen) Abkürzung von „extra large" (sehr groß)*

X-Ach·se *die* [ˈɪks-akse] <-, -n> MATH. *(↔ Y-Achse) die Achse, die in einem Koordinatensystem waagerecht liegt*

Xan·thip·pe *die* [ksantˈɪppe] <-, -n> ❶ *(abwert.) eine Frau, die viel streitet* ❷ */kein Plur./* GESCH. *Frau des Sokrates*

X-Bei·ne *die* [ˈɪks-] <-> *Plur. (↔ O-Beine) Beine, bei denen sich die Unterschenkel nach außen biegen, wenn sich die Knie berühren*

x-bei·nig, *a.* **X-bei·nig** *adj (↔ o-beinig, O-beinig) mit X-Beinen*

x-be·lie·big [ˈɪks-] *adj /nicht steig./ (umg.: ≈ irgendein) egal, wer oder welche/welcher/welches:* Ziehen Sie eine x-beliebige Zahl.; Hier trifft man an jedem x-beliebigen Tag die gleichen Leute.; Man darf nicht jedem x-beliebigen vertrauen.

X-Chro·mo·som *das* [ˈɪks-] <-s, -en> BIOL. *(↔ Y-Chromosom) eines der beiden Chromosomen, die für das Geschlecht bestimmend sind*

Xe·non *das* [kseˈnon] <-s> */kein Plur./* CHEM. *ein Edelgas* ♦-lampe

xe·no·phob *adj /nicht steig./ (geh.) fremdenfeindlich*

Xe·no·pho·bie *die* <-> */kein Plur./ (geh.) Hass auf Fremde*

x-fach [ˈɪks-] *adj /nicht steig./ (umg.: ≈ tausendfach) sehr viele Male:* Das habe ich doch schon x-fach wiederholt!

X-Fa·che *das* [ˈɪks-] <-n> */kein Plur./ (umg.) etwas, das eine größere Menge, Anzahl o. Ä. von etwas ist:* Du musst das X-fache von dem alten Preis dafür hinblättern.

x-mal [ˈɪks-] *adv (umg.: ≈ tausendmal) sehr viele Male:* Den Film haben sie schon x-mal wiederholt.

x-t [ɪkst] *adj /nur attr./ /nicht steig./ so, dass es sehr große unbestimmte Zahl ist:* Er hat den x-ten Fim von Arnold Schwarzenegger gesehen.

x-ten [ˈɪksten] ■ **zum/beim x-ten Mal** *(umg.) sehr oft wiederholt* Er hat sich zum x-ten Mal beschwert.

Xy·lo·fon, *a.* **Xy·lo·phon** *das* [ˈksylofon] <-s, -e> MUS. *ein Musikinstrument, das aus einem offenen Kasten mit einer Reihe unterschiedlicher Holz- oder Metallstäben besteht; diese werden mit zwei Stäben angeschlagen* ♦Bügel-, Holm-, Schenkel-, Trog-

Yy

Y, y *das* ['ʏpsilɔn] <-, -> *der fünfundzwanzigste Buchstabe des Alphabets:* ein großes Y; ein kleines y

y-Ach·se *die* ['ʏpsilɔn-akse] <-, -n> MATH. *(↔ x-Achse) die Achse, die in einem Koordinatensystem senkrecht steht*

Yacht *die* [j...] <-, -en> *Jacht* ◆-club/-klub, -hafen

Yan·kee *der* ['jɛŋki] <-s, -s> *(abwert.) Bürger der (nördlichen) USA:* ein waschechter Yankee ▶ Yankeetum

Y-Chro·mo·som *das* ['ʏpsilɔn...] <-, -en> BIOL. *(↔ X-Chromosom) eines der beiden Chromosomen, die für das Geschlecht bestimmend sind*

Ye·ti *der* [je:ti] <-s, -s> *(≈ Schneemensch) Wesen, das angeblich im Himalaya lebt und wie ein großer Menschenaffe aussehen soll*

Yo·ga *der/das* [jo:ga] <-(s)> *Joga* ◆-anzug, -arten, -ausbildung, -bolster, -decke, -hose, -kleidung, -kurs, -lehrer, -lehrerin, -matte, -stellungen, -therapie, -übung

Yo·gi *der,* **Yo·gin** [jo:gi] *Jogi*

Yp·si·lon *das* <-(s), -s> *der Buchstabe „y"*

Yuc·ca *die* ['jʊka] <-, -s> BOT. *ein Art Palme, die meist als Zimmerpflanze in Wohnungen oder Räumen steht* ◆-fasern, -garten, -motte, -palme, -wurzel

Yup·pie *der* ['jʊpi/'japi] <-s, -s> *(abwert.) ein junger Mensch, der sehr erfolgreich im Beruf ist, viel Geld für Luxus ausgibt und in einer Großstadt lebt:* Die Yuppies waren typisch für viele Großstädte in den Achtzigern.

Zz

Z, z *das* [tsɛt] <-, -> *der sechsundzwanzigste Buchstabe des Alphabets:* ein großes Z; ein kleines z

Zack ■ **auf Zack sein** *(umg.) bei etwas sehr gut und effektiv sein* Die Klasse ist wirklich auf Zack, sie hat das ganze Fest selbst organisiert.; ■ **etwas auf Zack bringen** *(umg.) dafür sorgen, dass etwas so wie erwartet funktioniert;* ■ **jemanden auf Zack bringen** *(umg.) jmdn. dazu bringen, dass er etwas Entsprechendes gut macht*

zack *interj* *drückt aus, dass etwas sehr schnell geht oder gehen soll:* Jetzt (geht es) aber zack, zack!; Und zack, hatte er sich bereits den halben Kuchen geschnappt.

Za·cke *die* <-, -n> *eine von meist mehreren Spitzen am Rand von etwas:* die Zacken einer Krone; ein Stern mit fünf Zacken; Das Messer hat spitze Zacken.; sich in den spitzen Zacken eines Stacheldrahtes verfangen ◆ Fels-

Za·cken *der* <-s, -> *(umg.) SÜDD., ÖSTERR. (≈ Zacke)* ein Kamm mit einem abgebrochenen Zacken; ■ **Da bricht dir kein Zacken aus der Krone.** *(umg. abwert.) etwas ist für dich nicht zu verlangt* Dir bricht schon kein Zacken aus der Krone, wenn du dich mal bedankst!

za·ckig *adj* ❶ *(≈ gezackt) mit Zacken:* eine Briefmarke/ein Papier mit einem zackigen Rand; spitze, zackige Felsen ❷ *(umg.) schnell und ruckartig:* zackige Bewegungen; Die Soldaten grüßen ihren Vorgesetzten zackig.

za·gen *ohne OBJ* ■ *jmd. zagt (geh.) aus Unsicherheit oder Angst zögern:* nicht zittern und nicht zagen; Wenn er noch lange zagt, versäumt er eine große Chance! ◆ Großschreibung → R 3.4 Mit Zittern und Zagen wagten sie sich an das schwierige Unternehmen.

zag·haft *adj so, dass es aus Unsicherheit oder Angst langsam und unentschlossen ist:* ein zaghafter Versuch, sich zu versöhnen; zaghaft um etwas bitten; Sei nicht so zaghaft und komm mit! ▶ Zaghaftigkeit

zäh *adj* ❶ *als Flüssigkeit so dick, dass es fast gar nicht oder nur sehr langsam fließt:* ein zäher Schleim; Die zähe Masse lässt sich schlecht aus dem Topf entfernen.; Das Harz ist erst flüssig, dann wird es zäh, und am Ende ist es hart. ❷ *so, dass man es fast nicht zerkauen kann:* Das Fleisch ist so zäh wie eine Schuhsohle! ❸ *(≈ robust) voller Kraft und Widerstandsfähigkeit:* Das ist ein zäher Bursche, den so schnell nichts umhaut.; eine zähe Gesundheit haben; Katzen haben ein zähes Leben. ❹ *(≈ beharrlich) so, dass viel Kraft und Ausdauer vorhanden ist:* zähen Widerstand leisten; ein zäher Verhandlungspartner ❺ *sehr langsam:* zähe Diskussionen/Verhandlungen; zäh um einen Kompromiss ringen; zäh vorankommen

zäh·flüs·sig *adj /nicht steig./ (≈ dickflüssig) so, dass es nur sehr langsam fließt, weil es viele feste Bestandteile hat:* zähflüssiger Honig/Teig; Die Lava wälzt sich zähflüssig den Berg hinab.

Zä·hig·keit *die* <-> */kein Plur./* ❶ *(≈ Widerstandsfähigkeit)* Seine Zähigkeit macht dieses Material besonders geeignet.; Die Zähigkeit dieser Burschen ist sprichwörtlich. ❷ *(≈ Beharrlichkeit)* seine Ziele mit großer Zähigkeit verfolgen ❸ *(≈ Langsamkeit)* die Zähigkeit der Verhandlungen

Zahl *die* <-, -en> ❶ MATH. *ein Grundelement der Mathematik, mit dem verschiedene Rechenoperationen ausgeführt werden können:* die Zahlen addieren/substrahieren; eine Zahl aufrunden/abrunden; eine große/kleine/niedrige Zahl; durch eine Zahl teilen; mit einer Zahl malnehmen ❷ *(≈ Ziffer)*

die Verschriftlichung einer Zahl[1]: Zahlen aufschreiben ❸ */meist Plur./ Mengen oder Größen, die die Ergebnisse von Rechenoperationen darstellen:* Er hat über die Arbeitslosigkeit gesprochen, aber keine Zahlen genannt.; Unsere Umsätze sind gestiegen, hier die neuesten Zahlen.; Diese Zahlen wurden in einer Umfrage ermittelt. ❹ */kein Plur./ eine Menge:* eine große Zahl von Leuten; Die Zahl der Leserbriefe war gigantisch.; Die Besucher kamen in großer Zahl.; Es gab eine große Zahl Verletzter/von Verletzten.; ▪ **die arabischen Zahlen** *die Ziffern 0, 1, 2, 3, usw.;* ▪ **die römischen Zahlen** *die Ziffern I, II, III, IV usw.;* ▪ **eine gerade Zahl** MATH. *eine Zahl, die man durch 2 teilen kann;* ▪ **eine ungerade Zahl** MATH. *eine Zahl, die man nicht durch zwei teilen kann;* ▪ **eine positive/negative Zahl** MATH. *ein Zahl, die größer/kleiner als Null ist;* ▪ **eine natürliche Zahl** MATH. *eine Zahl, die größer als Null ist und kein Bruch ist;* ▪ **in den roten/schwarzen Zahlen sein** WIRTSCH. *mit/ohne wirtschaftlichen Verlust arbeiten* Das Unternehmen ist in den roten Zahlen.

zahl·bar *adj /nicht steig./* WIRTSCH. *so, dass es in der genannten Weise zu zahlen ist:* Die Ware kostet 200 Euro, zahlbar bei Erhalt/Lieferung/in zehn Monatsraten zu 20 Euro. ▷ Zahlbarkeit

zähl·bar *adj /nicht steig./ so, dass man es zählen kann:* eine zählbare Menge ▷ Zählbarkeit

zäh·le·big *adj* ❶ *so, dass es sehr widerstandsfähig ist:* Löwenzahn ist eine zählebige Pflanze ❷ *(übertr.) so, dass es für lange Zeit vorhanden ist:* Das sind zählebige Vorurteile, die man nur schwer überwinden kann. ▷ Zählebigkeit

zäh·len *mit OBJ/ohne OBJ* ❶ *jmd. zahlt (jmdm.) (etwas) (für etwas) Akk.) (jmdm.) Geld für eine Ware oder Dienstleistung geben:* Du hast 100 Euro für diesen Schrott gezahlt?; Er muss dem Vermieter noch die Heizkosten zahlen.; Zahlen Sie bar oder mit Kreditkarte?; Wie viel hast du für deinen PC gezahlt? ❷ ▪ *jmd. zahlt (jmdm.) (≈ entlohnen)* Die Firma zahlt recht gut.; Die Angestellten werden nicht gut gezahlt.; ▪ **Bitte zahlen!/Zahlen, bitte!** *verwendet, um in einem Restaurant oder einem Café o. Ä. den Kellner um die Rechnung zu bitten*

zäh·len I. *mit OBJ* ❶ ▪ *jmd. zählt jmdn./etwas zu jmdm./etwas jmdn. oder etwas einer bestimmten Gruppe von Menschen oder Sachen zuordnen:* Er wird zu den Besten seines Faches gezählt.; Ich zähle ihn zu meinen besten Freunden.; Wir dürfen uns zu den Glücklichen zählen, die gewonnen haben. ❷ ▪ *jmd. zählt etwas, bis … sehr stark wünschen, dass etwas bald eintritt oder passiert:* Er zählte die Tage bis zu seiner Pensionierung.; Sie zählte die Minuten bis Schulschluss. **II.** *mit OBJ/ohne OBJ* ❶ *feststellen, wie groß eine bestimmte Menge von Personen oder Sachen ist:* Er hat seine CDs gezählt und ist auf über 400 gekommen.; die Jastimmen und die Neinstimmen zählen; Na, dann zählen Sie mal! ❷ ▪ *etwas zählt (etwas) einen bestimmten Wert aufweisen:* Gesundheit zählt mehr als Geld oder Ruhm.; Die Karte zählt 11 Punkte. **III.** *ohne OBJ* ❶ ▪ *jmd.*

zählt die Zahlen der Reihe nach nennen: Das Kind kann schon bis einhundert zählen.; Ich zähle bis drei und dann geht's los!; laut bis zehn zählen ❷ ▪ *jmd. zählt zu etwas zu einer bestimmten Gruppe gehören:* Er zählt zu den Glücklichen, die dabei waren.; Sie zählt zu den Besten ihres Faches. ❸ ▪ *etwas zählt irgendwie von einer bestimmten Bedeutung sein oder eine bestimmte Geltung haben:* Alle seine Versprechungen zählen plötzlich nichts mehr.; Bei diesem Spiel zählt Geschicklichkeit. ❹ ▪ *etwas zählt nicht (in einem Spiel) nicht gültig sein:* Das zählt nicht! du hast geschummelt! ❺ ▪ *jmd. zählt ein bestimmtes Alter (geh.) ein bestimmtes Alter haben:* Er zählt schon 70 Jahre. ❻ ▪ *etwas zählt eine bestimmte Menge (geh.) eine bestimmte Menge von Personen oder Sachen darstellen:* Unser Verein zählt erst 20 Mitglieder.; Der Wagenpark der Stadt zählt unter anderem 30 Lastwagen. ❼ ▪ *jmd./etwas zählen nach etwas verwendet, um auszudrücken, dass Personen oder Dingen nicht mehr eine genaue Zahl zugeordnet werden kann, weil es so viele sind:* Die Opfer der Flutkatastrophe zählen nach Tausenden. ❽ ▪ *jmd. zählt auf jmdn./etwas; jmd. kann auf jmdn./etwas zählen sich auf jmdn oder etwas verlassen (können):* Sie können auf meine Hilfe zählen !; Ihr könnt auf unsere Unterstützung bei diesem riskanten Unternehmen zählen.; ▪ **jemandes Tage sind gezählt** *(geh.) jmd. stirbt bald;* ▪ **jemandes Tage irgendwo sind gezählt** *(geh.) jmd. kann irgendwo nicht mehr lange bleiben* Unsere Tage in der Schule sind gezählt, bald feiern wir Abschluss.

Zah·len·fol·ge *die* <-, -n> *bestimmte Abfolge von Zahlen in einem bestimmten Zusammenhang:* Er kann sich die Zahlenfolge für das Schloss nicht merken.; eine Zahlenfolge über die Tastatur eingeben

zah·len·mä·ßig *adj /nicht steig./ was die Anzahl betrifft:* zahlenmäßig überlegen; Die zahlenmäßige Darstellung sagt noch nichts über die Inhalte aus.

Zah·len·ma·te·ri·al *das* <-s> */kein Plur./ (statistische) Zahlen, die man ermittelt hat:* das Zahlenmaterial auswerten

Zah·len·schloss *das* <-es, Zahlenschlösser> *Schloss, das sich durch Einstellen einer bestimmten Zahlenfolge öffnen lässt*

Zah·ler *der,* **Zah·le·rin** <-s, -> *Person, die zahlt:* ein pünktlicher Zahler; eine säumige Zahlerin mahnen; Der Zahler muss hier unterschreiben. ◆Steuer-

Zäh·ler *der* <-s, -> ❶ MATH. *(↔ Nenner) die Zahl, die bei Brüchen über dem Bruchstrich steht* ❷ TECHN. *die Anzeige, die bei einem Messgerät zeigt, wie groß die Menge oder die Anzahl von etwas ist:* den Zähler an der Heizung ablesen ◆Gas-, Kilometer-, -Strom-, Wasser- ❸ SPORT *Punkt oder Treffer*

Zäh·ler·stand *der* <-(e)s, Zählerstände> TECHN. *der Wert, der auf einem Messgerät zu einem bestimmten Zeitpunkt angezeigt wird:* den Zählerstand ablesen; die Zählerstände vergleichen

Zahl·kar·te *die* <-, -n> *(früher:) eine Postanweisung, mit der man jmdm. Geld schickt*

Z

zahl·los *adj /nicht steig./ (≈ unzählig) so viele, dass man sie kaum oder gar nicht zählen kann:* Zahllose Zuhörer verließen das Konzert schon in der Pause.; Auf der Wiese blühen zahllose Blumen.

Zahl·meis·ter *der;* **Zahl·meis·te·rin** <-s, -> *Person, die irgendwo für die Einnahmen und Ausgaben verantwortlich ist:* Herr Schulze war zehn Jahre lang Zahlmeister in unserem Verein.

zahl·reich *adj (≈ zahllos) in großer Anzahl:* Zahlreiche Briefe erreichten die Redaktion.; Das Publikum war zahlreich erschienen.; seine zahlreiche Verwandtschaft

Zahl·tag *der* <-(e)s, -e> WIRTSCH. *Tag, an dem ein bestimmter Geldbetrag, wie z.B Lohn oder Sold, gezahlt wird:* Der letzte Werktag im Monat ist Zahltag.

Zah·lung *die* <-, -en> ❶ *die Übermittlung oder das Geben von Geld an jmdn.:* Die Zahlung erfolgt grundsätzlich am Monatsersten.; die Zahlung in bar/in mehreren Monatsraten; einen Betrag zur Zahlung anweisen ❷ *gezahlter Betrag:* Bitte bestätigen Sie den Erhalt der Zahlung!; ■ **eine Zahlung leisten** WIRTSCH. *bezahlen;* ■ **etwas in Zahlung nehmen** WIRTSCH. *einen gebrauchten Gegenstand als Teil eines zu zahlenden Betrages annehmen* Der Verkäufer nimmt Ihren Gebrauchtwagen beim Kauf eines Neuwagen in Zahlung; ■ **etwas in Zahlung geben** WIRTSCH. *einen gebrauchten Gegenstand als Teil eines zu zahlenden Betrages geben* Beim Kauf eines Neuwagens können Sie Ihren gebrauchten in Zahlung geben. ◆-saufforderung, -saufschub, -sbedingung, /-sfrist, Bar-, Gehalts-, Pacht-, Raten-, Steuer-, Voraus-

Zäh·lung *die* <-, -en> *das Zählen II. 1:* Die Zählung der Stimmen erfolgt per Hand. ▶Auszählung ◆Verkehrs-, Volks-

Zah·lungs·an·wei·sung *die* <-, -en> AMTSSPR. *Dokument, mit dem ein Geldbetrag an einen bestimmten Adressaten überwiesen wird*

Zah·lungs·be·fehl *der* <-(e)s, -e> RECHTSW. *rechtsverbindliche Aufforderung, eine offene Rechnung zu bezahlen*

Zah·lungs·bi·lanz *die* <-, -en> WIRTSCH. *das Verhältnis der Werte aller wirtschaftlichen Operationen des Imports und Exports eines Staates:* Eine Zahlungsbilanz ist definitionsgemäß immer ausgeglichen.

Zah·lungs·ein·stel·lung *die* <-> /kein Plur./ AMTSSPR. *die Beendigung einer regelmäßigen Zahlung:* die Zahlungseinstellung des Arbeitslosengeldes

Zah·lungs·emp·fän·ger *der;* **Zah·lungs·emp·fän·ge·rin** <-s, -> AMTSSPR. *Person, die eine Zahlung erhält*

zah·lungs·fä·hig *adj /nicht steig./* WIRTSCH. *so, dass genug Geld da ist, um Rechnungen zu bezahlen:* Der Betrieb ist nicht mehr zahlungsfähig. ▶Zahlungsfähigkeit

Zah·lungs·frist *die* <-, -en> WIRTSCH. *Frist, bis zu der ein Betrag bezahlt werden muss*

zah·lungs·kräf·tig *adj so, dass jmd. auch sehr teure Sachen kaufen kann:* Zahlungskräftige Kunden sind besonders gern gesehen.

Zah·lungs·mit·tel *das* <-s, -> *etwas, mit dem et-*
was bezahlt wird: Scheck oder Geldkarte sind bargeldlose Zahlungsmittel.; Der Dollar ist ein ausländisches Zahlungmittel.; In manchen Kulturen galten Muscheln als Zahlungsmittel.

Zah·lungs·mo·ral *die* <-> /kein Plur./ *Bereitschaft, Rechnungen pünktlich zu bezahlen:* Aufgrund der geringen Zahlungsmoral vieler Kunden, geraten zahlreiche Handwerksbetriebe in Schwierigkeiten.

zah·lungs·pflich·tig *adj /nicht steig./* AMTSSPR. *verpflichtet, etwas zu bezahlen:* die zahlungspflichtige Firma/Person; dem Zahlungspflichtigen eine Mahnung zustellen

Zah·lungs·schwie·rig·keit *die* <-, -en> /meist Plur./ (verhüll.) *die Tatsache, dass etwas nicht bezahlt werden kann, weil kein Geld da ist:* Die Firma ist in Zahlungsschwierigkeiten geraten.

zah·lungs·un·fä·hig *adj /nicht steig./ so, dass man seine offenen Rechnungen nicht begleichen kann:* Das Unternehmen ist zahlungsunfähig. ▶Zahlungsunfähigkeit

zah·lungs·un·wil·lig *adj so, dass jmd. etwas nicht bezahlen will:* ein zahlungsunwilliger Kunde ▶Zahlungsunwilligkeit

Zah·lungs·ver·kehr *der* <-s> /kein Plur./ BANKW. *der Vorgang, dass Geld zwischen Bankkonten hin und her bewegt wird:* bargeldloser Zahlungsverkehr

Zah·lungs·ver·pflich·tung *die* <-, -en> WIRTSCH. *unbezahlte Rechnungen:* Zahlungsverpflichtungen gegenüber jemandem haben

Zah·lungs·ver·zug *der* <-(e)s, Zahlungsverzüge> *Verzögerung einer Zahlung*

zah·lungs·wil·lig *adj /nicht steig./ bereit, etwas zu bezahlen:* Einen zahlungswilligen Gast sollte man nicht warten lassen.

Zähl·werk *das* <-(e)s, -e> *Vorrichtung, die die Anzahl oder die Menge von etwas anzeigt*

Zahl·wort *das* <-(e)s, Zahlwörter> SPRACHWISS. *(≈ Numerale) ein Adjektiv, das eine Zahl, Anzahl oder Menge bezeichnet:* das Zahlwort fünf

Zahl·zei·chen *das* <-s, -> (≈ Ziffer)

zahm *adj* ❶ (≈ gezähmt) *so, dass ein wildes Tier ohne Angst vor Menschen ist:* Er hält zu Hause einen zahmen Raben. ❷ *so, dass ein Haustier friedlich ist und keinen Menschen angreift:* Keine Angst, mein Hund ist ganz zahm ! ❸ (↔ scharf) *so, dass es nicht polemisch und sehr nachsichtig ist:* eine zahme Kritik; Sie hat sich heute für ihre Verhältnisse sehr zahm geäußert.

zäh·men *mit OBJ* ❶ ■ *jmd. zähmt ein Tier (≈ bändigen) ein wildes Tier, das gefangen wurde, an den Menschen gewöhnen und lehren, Befehlen zu gehorchen:* einen Löwen zähmen ❷ ■ *jmd. zähmt jmdn. (scherzh.) jmdn. gehorsam oder gefügig machen:* Nur mit einem Monat Ehe hat sie ihn gezähmt. ❸ ■ *jmd. zähmt etwas Akk. (geh.) sich oder etwas unter Kontrolle halten:* Ich muss mich wirklich zähmen, um nicht ausfällig zu werden; seine Leidenschaft/Ungeduld zähmen

Zahm·heit *die* <-> /kein Plur./ *die Eigenschaft, zahm zu sein*

Zäh·mung *die* <-> /kein Plur./ *das Zähmen:* die Zähmung eines wilden Tieres; der Widerspenstigen

Zähmung; Die Zähmung ihrer Neugier fiel ihr schwer.

Zahn der <-(e)s, Zähne> ❶ ANAT. *eines der harten und weißlichen Teile im Mund, mit denen man beißt und Nahrung zerkaut:* Man sollte die Zähne regelmäßig putzen.; Mein Zahn wackelt.; Ich habe ein Loch im Zahn und muss zum Zahnarzt.; attraktive/gelbe/gepflegte/gesunde/schiefe/schmutzige/spitze/weiße Zähne haben ◆-ausfall, -behandlung, -belag, -bleaching, -bürste, -gold, -lücke, -medizin, -prothese, -putzglas, -seide, -spange, -stein, -techniker(in), -wurzel, Backen-, Schneide-, Vorder-, Weisheits- ❷ *hervorstehende Zacke an Gegenständen:* die Zähne eines Zahnrades; ein Messer/eine Säge mit stumpfen Zähnen; ein Kamm mit ausgebrochenen Zähnen; die Zähne an einer Briefmarke; ■ **die dritten Zähne** *ein künstliches Gebiss, das man herausnehmen kann;* ■ **einen (irren/höllischen) Zahn drauf haben** *(umg.) sehr schnell fahren;* ■ **ein steiler Zahn** *(umg. o veralt.) eine sehr attraktive junge Frau;* ■ **ein Tier bleckt/fletscht die Zähne** *ein Tier zieht die Lippen zurück, so dass man die Zähne sehen kann;* ■ **mit den Zähnen klappern** *so stark zittern, dass die Zähne schnell aufeinanderschlagen;* ■ **die Zähne zusammenbeißen** *(umg.) etwas tun oder ertragen, was sehr unangenehm ist;* ■ **sich an jemandem/etwas die Zähne ausbeißen** *(umg.) bei jmdm. oder mit etwas keinen Erfolg haben, obwohl man sich sehr bemüht;* ■ **jemandem auf den Zahn fühlen** *(umg.) jmdn. aushorchen oder scharf befragen;* ■ **jemandem einen Zahn ziehen müssen** *(umg.) jmdn. enttäuschen müssen;* ■ **bis an die Zähne bewaffnet sein** *schwer bewaffnet sein;* ■ **jemandem die Zähne zeigen** *(übertr.) sich wehren; sich nicht alles gefallen lassen* Du solltest deinem Chef endlich mal die Zähne zeigen!; ■ **der Zahn der Zeit** *(geh.) die Kräfte, die etwas mit der Zeit zerstören* Der Zahn der Zeit hatte an den Gebäuden genagt.; ■ **einen Zahn zulegen** *(umg.) sich beeilen*

Zahn·arzt der, **Zahn·ärz·tin** <-es, Zahnärzte> *jmd., der Zahnmedizin studiert hat und Erkrankungen der Zähne behandelt* ◆-besuch, -helfer, -helferin, -praxis, -stuhl, -behandlung

Zäh·ne·flet·schen das <-s> /kein Plur./ *das Zurückziehen der Lippen bei Tieren, um bei Wut oder als Drohung die Zähne zu zeigen:* Das Zähnefletschen drückt bei Affen Angst oder Drohung aus.

Zäh·ne·klap·pern das <-s> /kein Plur./ *das schnelle Aufeinanderschlagen der Zähne, wenn man Angst hat oder einem sehr kalt ist:* Kommt sein Zähneklappern von der Kälte oder hat er solche Angst? ▸ zähneklappernd

zäh·ne·knir·schend adj /nur attr./ /nicht steig./ *(übertr.) so, dass man bei etwas sehr ärgerlich und widerwillig ist:* Zähneknirschend stimmte er schließlich der Entscheidung zu.

zah·nen ohne OBJ ■ **ein Kleinkind zahnt** *Zähne bekommen:* Kleine Kinder sind oft misslaunig, wenn sie zahnen.

Zahn·er·satz der <-es> /kein Plur./ *Ersatz für einen oder mehrere fehlende Zähne:* Zahnersatz in Form einer Brücke/Prothese; ein fester/herausnehmbarer Zahnersatz

Zahn·fäu·le die <-> /kein Plur./ MED. *Karies*

Zahn·fleisch das <-es> /kein Plur./ *die Schleimhaut im Mund, die den Knochen bedeckt, aus dem die Zähne wachsen:* Parodontose ist eine Erkrankung des Zahnfleisches.; ■ **auf dem Zahnfleisch gehen/kriechen** *(umg.) sehr erschöpft sein* ◆-abszess, -aufbau, -behandlung, -bluten, -chirurgie, -entzündung, -farbe, -fistel, -former, -furche, -gel, -geschwür, -herpes, -hyperplasie, -infektion, -korrektur, -krebs, -lächeln, -lappen, -massage, -operation, -papille, -pflege, -prophylaxe, -reinigung, -regeneration, -rückbildung, -rückgang, -schmerz(en), -schwund, -taschen, -verpflanzung, -wucherung

Zahn·fül·lung die <-, -en> (≈ *Plombe) Füllung für ein Loch im Zahn:* einen aufgebohrten Zahn mit einer Zahnfüllung versehen

zahn·los adj /nicht steig./ *ohne Zähne:* ein zahnloser Mund; ein zahnloser alter Mann

Zahn·pas·ta, a. **Zahn·pas·te** die <-, Zahnpasten> *eine Creme, mit der man die Zähne reinigt und pflegt und die man aus einer Tube auf eine Zahnbürste drückt:* eine Tube Zahnpasta kaufen ◆-tube

Zahn·rad das <-(e)s, Zahnräder> *ein Rad mit Zacken am Rand, das, wenn es sich dreht, ein anderes Rad oder eine Kette bewegt:* die Zahnräder eines mechanischen Uhrwerks; Die Kette des Fahrrades läuft über Zahnräder.

Zahn·rad·bahn die <-, -en> TECHN. *eine Bahn, die eine sehr steil aufsteigende Strecke hinauffahren kann, weil sie an der Unterseite mehrere Zahnräder hat, die in eine Zahnstange greifen und so die Bahn antreiben:* Eine Zahnradbahn führt auf den Gipfel des Berges.

Zahn·schmelz der <-es> /kein Plur./ *die harte Substanz, die die Oberfläche von Zähnen bildet:* Zucker schädigt den Zahnschmelz.

Zahn·sei·de die <-> *ein dünner Faden, den man benutzt, um die Zwischenräume zwischen den Zähnen von Essensresten zu reinigen*

Zahn·stan·ge die <-, -n> TECHN. *ein Stange aus Metall mit Zacken, so dass die Zacken eines Zahnrades in die Zwischenräume greifen können*

Zahn·sto·cher der <-s, -> *ein kleines spitzes Stäbchen, mit dem man die Zwischenräume zwischen den Zähnen reinigt, indem man zum Beispiel Essensreste damit entfernt*

Zahn·zwi·schen·raum der <-(e)s, Zahnzwischenräume> *Zwischenraum zwischen zwei Zähnen*

Zam·pa·no der <-s, -s> ❶ /kein Plur./ *Hauptfigur aus dem Film „La strada" von Fellini, dargestellt von Anthony Quinn* ❷ *(umg.) ein prahlerischer Mann:* Der markiert mal wieder den Zampano!

Zan·der der <-s, -> ZOOL. *ein großer Süßwasserfisch, der zu den Barschen gehört und den man essen kann*

Zan·ge die <-, -n> ❶ *ein Werkzeug, das zum Greifen, Trennen oder Biegen dient und das aus zwei Teilen besteht, die übereinanderliegen. Wenn man die unteren Enden zusammendrückt, werden die oberen Enden zusammengepresst.:* mit

Z

der Zange einen Nagel aus der Wand ziehen; einen Draht mit einer Zange biegen/zertrennen; den Zucker mit der Zange aus der Dose nehmen ◆ Beiß-, Kneif-, Kombi-, Rohr- ❷ ZOOL. *eines der Körperteile von bestimmten Tieren wie zum Beispiel Krebsen oder einigen Käfern, mit denen sie ihre Beute greifen können;* ■ **jemanden in die Zange nehmen** *(umg.) jmdn. so hart bedrängen, dass er keinen Ausweg hat* Wenn man ihn richtig in die Zange nimmt, wird er schon sagen, was er weiß.; den Gegner durch einen Angriff von zwei Seiten in die Zange nehmen

zan·gen·för·mig *adj /nicht steig./ so, dass es die Form des oberen Teils einer Zange hat*

Zangengeburt *die <-, -en> MED. der Vorgang, dass das Baby mit Hilfe einer Geburtszange von Ärzten zur Welt gebracht wird*

Zank *der <-(e)s> /kein Plur./ ein Streit, der mit Worten ausgetragen wird:* Sie haben Zank mit den Nachbarn wegen einer Nichtigkeit.; Es gab Zank unter den Anwesenden um die besten Plätze.

Zank·ap·fel *der <-s> /kein Plur./ Anlass einer Streitigkeit:* Dieses Grundstück ist zum Zankapfel zwischen den Verwandten geworden.

zan·ken *(veralt.)* **I.** *ohne OBJ* ■ *jmd. zankt (mit jmdm.) (um/über etwas Akk.) (umg.) (mit jmdm.) schimpfen:* Die Mutter zankt mit ihrem Kind, weil es nicht gefolgt hat. **II.** *mit SICH* ❶ ■ *jmd. zankt sich mit jmdm. (über/um etwas Akk.) sich mit jmdm. streiten:* Sie zankt sich mit der Nachbarin um jede/wegen jeder Kleinigkeit. ❷ ■ *jmd. zankt sich (um/über etwas Akk.) sich streiten:* Hört endlich auf euch zu zanken!; Die Kinder zanken sich um einen Ball.

Zan·ke·rei *die <-, -en> (umg. abwert. veralt.: ≈ Streiterei) unnötiger Streit:* Ihre kleinlichen Zänkereien stören das Arbeitsklima.

zän·kisch *adj (veralt.: ≈ streitsüchtig) so, dass man gerne zankt:* zänkische Nachbarn haben

Zank·sucht *die <-> /kein Plur./ (veralt.: ≈ Streitsucht)* ▸ zanksüchtig

Zäpf·chen *das <-s, -> ❶ MED. ein Medikament in einer länglichen, gleitfähigen Kapsel, die über den After eingeführt und so vom Körper aufgenommen wird:* dem Kind ein Zäpfchen gegen das Fieber geben ❷ ANAT. *(≈ Uvula) ein kleines fleischiges Teil, das hinten in der Mitte des Gaumens hängt*

Zap·fen *der <-s, -> ❶ BOT. ein längliches Teil an Nadelbäumen, bei dem die Samen unter einer Art Schuppen liegen:* die Zapfen am Tannenbaum ◆ Fichten-, Kiefern-, Tannen- ❷ *eine Art kurzer Stab, mit dem man Öffnungen von großen Gefäßen verschließt:* ein Fass mit einem Zapfen verschließen ❸ TECHN. *das dünne Ende einer Welle, mit dem sie im Lager läuft* ❹ TECHN. *Holzstift, mit dem zwei Holzteile verbunden werden:* zwei Regalteile mit Zapfen verbinden ❺ *ein Gebilde in der Form von Zapfen¹:* Zapfen aus Eis hängen von der Dachrinne.

zap·fen *mit OBJ* ❶ ■ *jmd. zapft etwas Flüssigkeit aus einem Behälter mit einem Zapfhahn entnehmen:* ein Bier zapfen; Benzin zapfen ❷ ■ *jmd. zapft etwas TECHN. etwas mit Zapfen⁴ verbinden:* die Bretter werden gezapft und geleimt

Zap·fen·streich *der <-(e)s, -e> MILIT.* ❶ *musikalisches Signal, das anzeigt, wann die Soldaten wieder in die Kaserne zurückkehren müssen, wenn sie abends Ausgang haben:* den Zapfenstreich blasen ❷ *die Zeit, zu der die Soldaten abends wieder in die Kaserne zurückkehren müssen, wenn sie Ausgang gehabt haben:* zum Zapfenstreich heimkehren

Zap·fen·zie·her *der <-s, -> SCHWEIZ. Korkenzieher*

Zapf·hahn *der <-(e)s, Zapfhähne> ein Hahn, der an einem großes Gefäß angebracht ist und durch den man Flüssigkeit aus diesem Gefäß entnimmt, wenn man ihn öffnet:* einen Zapfhahn in das Bierfass schlagen

Zapf·pis·to·le *die <-, -n> Vorrichtung, mit der aus einer Zapfsäule Benzin entnommen wird*

Zapf·säu·le *die <-, -n> an einer Tankstelle befindliche Säule, aus der Benzin entnommen wird*

zap·pe·lig, a. zapp·lig *adj nicht in der Lage, lange ruhig zu sitzen:* ein zappeliges Kind; Der Junge war vor Aufregung schon ganz zappelig.

zap·peln *<zappelst, zappelte, hat gezappelt> ohne OBJ* ■ *jmd. zappelt sich unruhig schnell hin- und herbewegen:* Ein Fisch zappelt an der Angel.; Das Kind zappelt unruhig mit den Beinen.; ■ *jemanden zappeln lassen (umg.) jmdm., der neugierig ist, eine Nachricht oder Entscheidung nicht sofort mitteilen* Die Kinder wollten ihre Zeugnisse haben, aber die Lehrerin ließ sie noch ein wenig zappeln. ▸ Zappelei

Zap·pel·phi·lipp *der <-s, -e/-s> (umg.) ein Kind, das nicht still sitzen kann*

zap·pen *['zεpn] ohne OBJ* ■ *jmd. zappt (umg.) wahllos mit der Fernbedienung von einem Fernsehkanal zum nächsten schalten:* von einem Programm ins nächste zappen; Musst du denn andauernd zappen?

zap·pen·dus·ter *adj /nicht steig./ (umg.)* ❶ *sehr dunkel:* Das Straßenlicht fiel aus und plötzlich war es zappenduster. ❷ *(≈ hoffnungslos)* Ohne Geld sieht es für unsere Pläne zappenduster aus.

zapp·lig *adj siehe* **zappelig**

Zar *der,* **Za·rin** *<-en, -en> GESCH. Herrschertitel in Russland vor der Oktoberrevolution:* Zar Peter der Erste ◆ -endynastie, -eneier, -enfamilie, -enfolge, -enherrschaft, -enhof, -enkrieg, -enmord, -enmythos, -enname, -enpalast, -enreich, -enregime, -ensturz, -entochter, -enzeit

-zar *als Zweitglied zusammengesetzter Substantive; drückt aus, dass jemand in dem mit dem Erstglied bezeichneten Bereich äußerst einflussreich/beherrschend/mächtig ist* ◆ Film-, Medien-, Mode-, -Presse- , Zeitungs-

zart *adj* ❶ *fein und weich:* die zarte Haut eines Kindes ❷ *leicht zu kauen:* zartes Gemüse/Fleisch; den Schinken in ganz zarte Scheiben schneiden ❸ *fein und sehr schmal:* zarte Gliedmaßen haben ❹ *sehr dünn:* ein zartes Seidengewebe ❺ *empfindlich und leicht verletzlich:* ein zartes Kind; eine zarte Gesundheit haben; Der Film ist nichts für zarte Gemüter. ❻ *noch jung:* ein zartes junges Mädchen; die ersten zarten Triebe eines Baumes im Frühjahr; im zarten Alter von sechzehn Jahren ❼ *feinfühlig und sanft:* jemanden ganz zart berühren; zarte Annäherungsversuche; zarte Gefühle für jemanden hegen ❽ *von geringer Intensität:* zarte Farben; ein zarter Windhauch; ■ **das zarte Geschlecht** *(umg. scherzh.) die Frauen;* ■ **zart besaitet/zartbesaitet sein** *(abwert.) sehr empfindlich sein;* ■ **zart fühlend/zartfühlend sein** *feinfühlig und verständnisvoll sein* ◆ Getrennt- oder Zusammenschreibung →R 4.16 ein zart fühlender/zartfühlender Freund; Er ist noch zartfühlender/zartfühlend/zartfühlendst.; *siehe auch* **zartbesaitet, zartfühlend**

zart·be·sai·tet, *a.* **zart be·sai·tet** <zartbesaiteter, am zartbesaitesten/zartbesaitetsten> *adj (abwert.) sehr empfindlich:* Sie ist ja wirklich zartbesaitet/zart besaitet!; *siehe auch* **zart**

zart·bit·ter *adj /nicht steig./ leicht bitter:* ein zartbitterer Geschmack ◆ Zusammenschreibung →R 4.6 zartbittere Schokolade

zart·füh·lend <zartfühlender, am zartfühlendsten> *adj feinfühlig und verständnisvoll:* ein zartfühlender Freund; Das war aber nicht gerade zartfühlend von dir!; *siehe auch* **zart**

Zart·ge·fühl *das* <-s> */kein Plur./* Feingefühl, Taktgefühl: wenig Zartgefühl haben; jemandem etwas mit viel Zartgefühl mitteilen

zart·glied·rig *adj mit feinen Gliedern*

zart·grün *adj /nicht steig./ von einem hellen Grün:* die zartgrünen jungen Triebe einer Pflanze ◆ Zusammenschreibung →R 4.2 ein zartgrünes Kleid

zärt·lich *adj* ❶ *in feinfühliger, vorsichtiger, liebevoller Weise:* ein zärtlicher Kuss; ein zärtlicher Liebhaber; sehr zärtlich zu jemandem sein; jemanden zärtlich streicheln ❷ *verliebt:* jemandem zärtliche Blicke zuwerfen; zärtliche Gefühle für jemanden hegen ❸ *(geh.) fürsorglich:* zärtliche Eltern; jemanden zärtlich umsorgen

Zärt·lich·keit *die* <-, -en> ❶ */kein Plur./* Gefühl der Zuneigung: eine große Zärtlichkeit für jemanden empfinden; jemanden voller Zärtlichkeit ansehen ❷ */meist Plur./* Liebkosung: Zärtlichkeiten mit jemandem austauschen ❸ */kein Plur./ (geh.)* Fürsorglichkeit: Die Katze umhegt ihr Junges mit großer Zärtlichkeit. ◆ -sbedürfnis

Zä·si·um, *a.* **Cae·si·um** *das* <-s> */kein Plur./* CHEM. *ein Metall*

Zas·ter *der* <-s> */kein Plur. / (umg.:≈ Kohle) Geld*

Zä·sur *die* <-, -en> *(geh.) wichtiger Einschnitt in einer Entwicklung:* Der Schulabschluss ist eine Zäsur im Leben.; eine Zäsur setzen

Zau·ber *der* <-s, -> ❶ *(≈ Magie) Handlung, bei der der Eindruck entsteht, dass jmd. etwas mit Hilfe magischer/übernatürlicher Kräfte tut:* einen Zauber über jemanden sprechen; Die böse Fee hatte mit einem Zauber das ganze Schloss in einen hundertjährigen Schlaf versetzt.; Auf dem Schloss lag ein böser Zauber.; einen Zauber aufheben/bannen/brechen ◆ -artikel, -dreieck, -einmaleins, -formel, -hut, -kraft, -kugel, -lehrling, -masche, -macht, -märchen, -namen, -spruch, -tasse, -trick, -umhang, -utensilien, -vers, -viereck, -wort ❷ *(geh.:≈ Faszination) etwas Reizvolles, das Bewunderung erregt:* eine Seenlandschaft voller Zauber; Und jedem Anfang wohnt ein Zauber inne, der uns

beschützt und der uns hilft zu leben (Hermann Hesse).; der Zauber einer alten Stadt; die Zauber der Natur; Doch am nächsten Tag regnete es in Strömen und der Zauber, der bisher über der herbstlichen Landschaft gelegen hatte, war gebrochen. ◆ -garten, -flöte ❸ */kein Plur./ (umg. abwert.) unnütze, überflüssige Sache:* Was soll der ganze Zauber? Den brauchen wir nicht!; ■ **fauler Zauber** *(umg. abwert.)* Schwindel, Betrug Das glaube ich nicht. Das ist doch alles fauler Zauber!

Zau·be·rei *die* <-, -en> ❶ */kein Plur. / die Beherrschung magischer Kräfte und ihre Verwendung für bestimmte Ziele:* Man sagt, sie beherrsche die Kunst der Zauberei.; Das ging so schnell, als wäre es die reinste Zauberei. ❷ *(≈ Zauberkunststück)* Die Künstlerin unterhielt die Gäste mit kleinen Zaubereien.

Zau·be·rer *der*, **Zau·be·rin** <-s, -> ❶ *eine Gestalt aus dem Märchen oder der Sage, die magische Kräfte besitzt:* Man sagt, sie sei eine Zauberin.; der böse Zauberer im Märchen ❷ *jmd., der Kunststücke vorführt, die die Illusion vermitteln, sie seien durch Zauberei[1] begründet:* Nach den Trapezkünstlern trat ein Zauberer im Zirkus auf.; Der Zauberer trug Frack und Zylinder/zauberte ein Kaninchen aus dem Hut.

Zau·ber·for·mel *die* <-, -n> ❶ *ein Spruch, mit dem eine Zauberei[1] bewirkt werden soll:* Die böse Fee sprach eine Zauberformel, um die Prinzessin zu verwünschen.; eine Zauberformel wirkt/wirkt nicht mehr; Der Zauberer hatte alle seine Zauberformeln in ein dickes Buch geschrieben. ❷ *(übertr.) eine Möglichkeit, mit der ein sehr schwieriges oder alle Problem gelöst werden sollen:* Die Wissenschaftler glaubten, mit ihrer Entdeckung eine Zauberformel gegen die meisten Erbkrankheiten gefunden zu haben.

zau·ber·haft *adj (≈ entzückend) sehr reizvoll und schön:* eine zauberhafte Landschaft; Sie kann zauberhaft malen/singen.

Zau·ber·hand ■ **wie von/durch Zauberhand** *unerklärlich und plötzlich* Meine Kopfschmerzen waren wie von Zauberhand verschwunden

Zauber·kraft *die* <-, Zauberkräfte> *Kraft, die einen Zauber[1] bewirken kann:* die Zauberkraft des Amuletts

Zau·ber·kunst *die* <-, Zauberkünste> ❶ *die Fähigkeit, Zauberei[1] zu treiben:* Man sagt von ihm, er beherrsche die Zauberkunst.; die Zauberkünste einer Fee im Märchen ❷ *die Beherrschung von Zauberkunststücken:* Die Zauberkunst erfordert viel Übung und große Fingerfertigkeit. ▷ Zauberkünstler, Zauberkünstlerin

Zau·ber·kunst·stück *das* <-(e)s, -e> *ein Kunststück, das die Illusion vermittelt, es sei durch Zauberei[1] begründet:* Die Künstlerin unterhielt das Publikum mit Zauberkunststücken.

zau·bern <zauberst, zauberte, hat gezaubert> **I.** *mit OBJ* ■ **jmd. zaubert etwas (aus etwas Dat.)** *mit viel Geschick aus relativ einfachen Dingen etwas Schönes oder Beeindruckendes herstellen:* Aus alten Kleidern haben die Kinder wunderschöne Kostüme gezaubert.; Aus den Servietten hat sie kleine Kunstwerke als Tafelschmuck gezau-

Z

bert. **II.** *mit OBJ/ohne OBJ* ❶ ■ *jmd. zaubert (etwas) Zauberei[1] betreiben:* Feen und Hexen im Märchen können zaubern; Man sagt von ihm, er könne Regen zaubern.; Die Quelle zaubert alle wieder jung, die daraus trinken.; Denkst du, ich kann zaubern? ❷ ■ *jmd. zaubert (etwas) etwas so mit Hilfe von Tricks tun, als wäre es Zauberei[1]:* Er zaubert eine Taube aus dem Hut.; Sie kann aus den Tüchern Blumen zaubern.; Der Clown zauberte ein wenig für die Kinder.; Zaubern ist sein Hobby. ▸ herbei-, weg-

Zau·ber·spruch *der* <-(e)s, Zaubersprüche> *(≈ Zauberformel[1])* Die Hexe wusste einen Zauberspruch, um sich unsichtbar zu machen.

Zau·ber·wort *das* <-(e)s, -e> ❶ *Zauberformel[1]:* Sie hatte das Zauberwort vergessen, das sie wieder in ihre normale Größe zurückverwandeln konnte. ❷ *(umg.) ein Wort, mit dem etwas Schwieriges bewältigt werden kann:* Du hast das Zauberwort „Bitte" vergessen!

Zau·de·rer *der,* **Zau·de·rin** <-s, -> *Person, die oft zaudert:* Eine solche Managementaufgabe ist nichts für Zauderer· da muss man schnell und entschlossen Entscheidungen treffen.

zau·dern <zauderst, zauderte, hat gezaudert> *ohne OBJ* ■ *jmd. zaudert unentschlossen sein und zögern:* Wir sollten nicht zu lange zaudern, sonst entgeht uns eine gute Chance.

Zaum *der* <-(e)s, Zäume> *(≈ Zaumzeug) Lederbänder, die einem Pferd um den Kopf gelegt werden, um es zu führen:* einem Pferd den Zaum anlegen; ■ *jemanden/sich/etwas im Zaum halten jmdn./sich/etwas unter Kontrolle halten* seine Gefühle im Zaum halten; Er konnte den Hund kaum im Zaum halten.

zäu·men *mit OBJ* ■ *jmd. zäumt ein Pferd einem Pferd den Zaum anlegen:* ein Pferd zäumen

Zaum·zeug *das* <-(e)s> *(≈ Zaum)* einem Pferd das Zaumzeug anlegen

Zaun *der* <-(e)s, Zäune> *eine Absperrung, die aus Draht oder Gittern oder Latten o. Ä. besteht und die um ein Stück Land oder um ein Grundstück herum aufgestellt wird:* ein Zaun aus Holz/Maschendraht; ein hoher/unüberwindlicher Zaun; ■ **ein lebender Zaun** *eine Hecke;* ■ **einen Streit vom Zaun brechen** *(umg.) zu streiten beginnen* wegen eines nichtigen Anlasses einen Streit vom Zaun brechen ◆-anlage, -bau, -design, -eidechse, -gabione, -gast, -gucker, -hocker, -höhe, -könig, -latte, -pfahl, -pfosten, -rebe, -recht, -verkleidung, -wicke, Bretter-, Draht-, Garten-, Gitter-, Holz-, Latten-, Stacheldraht-

Zaun·gast *der* <-(e)s, Zaungäste> *(umg.) jmd., der an der Absperrung eines Veranstaltungsgeländes steht und bei einer Veranstaltung zuschaut (also kein offizieller Besucher ist und keinen Eintritt bezahlt hat):* Bei den Wettkämpfen hatten sich viele Zaungäste eingefunden.

Zaun·kö·nig *der* <-s, -e> *ein kleiner, bräunlich gefärbter Singvogel*

Zaun·pfahl *der* <-(e)s, Zaunpfähle> *ein Pfahl, an dem ein Zaun befestigt ist;* ■ **ein Wink mit dem Zaunpfahl** *(umg. scherzh.) ein indirekter, aber sehr deutlicher Hinweis*

zau·sen *mit OBJ* ■ *jmd./etwas zaust etwas (umg.) etwas in Unordnung bringen, indem daran leicht gezogen wird:* Der Wind zauste ihre Haare. ▸ zer-

Za·zi·ki, *a.* **Tsa·t·si·ki** *der/das* <-s, -s> KOCH. *eine griechische Spezialität aus Quark, fein gehackten Gurken, Pfeffer und Knoblauch* ◆-rezept, -salat, -sauce, -soße

z. B. *Abkürzung von „zum Beispiel"*

ZDF *das* <-s> */kein Plur./* ❶ *Abkürzung von „Zweites Deutsches Fernsehen", ein Fernsehsender in Deutschland, der seinen Sitz in Mainz hat* ❷ *(≈ das Zweite) das Programm des ZDF[1]:* Was gibt es denn im ZDF?

Ze·b·ra *das* <-s, -s> ZOOL. *ein Tier, das in Afrika lebt, ein Fell mit weißen und schwarzen Streifen hat und wie ein kleines Pferd aussieht*

Ze·b·ra·strei·fen *der* <-s, -> *weiße Streifen, die auf einer Straße anzeigen, wo Fußgänger die Straße überqueren dürfen, während Autos warten müssen*

Zech·bru·der *der* <-s, Zechbrüder> *(umg. abwert.) jmd., der sehr viel und häufig Alkohol trinkt*

Ze·che[1] *die* <-, -n> *(≈ Rechnung) Betrag an Geld, den man in einer Gaststätte für das bezahlen muss, was man getrunken und gegessen hat:* eine große Zeche machen; seine Zeche zahlen; ■ **die Zeche prellen** *in der Gaststätte seine Rechnung nicht bezahlen;* ■ **für etwas die Zeche zahlen müssen** *die schlechten Folgen von etwas tragen müssen* Nun muss er die Zeche für sein jahrelanges Rauchen zahlen. ▸ Zecher, Zecherin, Zechpreller, Zechprellerin, Zechprellung, Zeckprellerei

Ze·che[2] *die* <-, -n> BERGB. *(≈ Bergwerk)* auf der Zeche arbeiten; eine Zeche stilllegen ◆-nfest, -nführung, -ngebäude, -ngebiet, -ngelände, -nnamen, -nsterben, -nturm

ze·chen *ohne OBJ* ■ *jmd. zecht (umg.) (viel) alkoholische Getränke trinken:* eine ganze Nacht lang tüchtig zechen ▸ Zecherei

Ze·chen·schlie·ßung *die* <-, -en> *das Schließen einer Zeche[2]*

Ze·cher *der,* **Ze·che·rin** <-s, -> *Person, die gerade (viel) Alkohol trinkt oder getrunken hat:* Die Zecher saßen fröhlich beisammen.; Die Zecher verlassen singend die Kneipe.

Zech·ge·la·ge *das* <-s, -> *Anlass, bei dem viel Alkohol getrunken wird:* ein großes Zechgelage abhalten

Zech·kum·pan *der* <-(e)s, -e> *(umg. abwert.: ≈ Zechbruder) sich jeden Abend mit seinen Zechkumpanen in der Kneipe treffen*

Zeck *der* <-(e)s, -e> SÜDDT., ÖSTERR. *(≈ Zecke)*

Ze·cke *die* <-, -n> ❶ ZOOL. *ein kleines Insekt, das im Wald oder auf Wiesen lebt und Menschen oder Tiere in die Haut beißt um das Blut zu saugen Insekt:* von einer Zecke gebissen werden ◆-nalarm, -nbiss, -ngebiete, -nenzephalitis, -nerkrankung, -nfieber, -nhalsband, -nkarte, -nlähmung, -nlarve, -nmittel, -nnester, -nnosode, -nprophylaxe, -nplage, -nrückfallfieber, -nschutzimpfung, -nuntersuchung, -nverbreitung, -nzange ❷ *(umg. abwert.) sehr abwertender Ausdruck, mit dem ursprünglich*

Z

Rechtsradikale Andersdenkende bezeichnet ha-ben: linke/schwule Zecke

Ze·cken·imp·fung *die* <-, -en> MED. *Impfung ge-gen die Krankheiten, die durch den Biss einer Ze-cke[1] übertragen werden können*

Ze·der *die* <-, -n> ❶BOT. *ein Nadelbaum, der im Mittelmeerraum vorkommt und ein stark duften-des Holz hat* ❷ *das Holz der Zeder[1]* ◆-nbaum, -ndecke, -nduft, -nfrucht, -nholz, -nkerne, -nöl, -nsamen, -nwald, -nzapfen

Zeh *der* <-s, -en> *(≈ Zehe)*

Ze·he *die* <-, -n> ❶ANAT. *eines der fünf bewegli-chen Glieder am vorderen Ende des Fußes:* die große/kleine Zehe; eine gebrochene Zehe haben ❷ *ein einzelner Teil einer Knoblauchknolle:* zwei Zehen Knoblauch klein schneiden; ■ **jemandem auf die Zehen treten** *(umg.) jmdn. beleidigen oder zur Eile antreiben*

Ze·hen·na·gel *der* <-s, Zehennägel> *der Nagel[2] am Ende einer Zehe:* sich die Zehennägel schnei-den

Ze·hen·spit·ze *die* <-, -n> *die Spitze einer Zehe:* sich auf die Zehenspitzen stellen, um besser sehen zu können; ■ **auf Zehenspitzen** *ganz leise und vorsichtig*

Zehn *die* <-, -en> ❶ *die Zahl 10:* Ich zähle bis Zehn ❷ *jdm. oder etwas mit der Zahl 10:* Die Zehn hatte wieder Verspätung.; Die Zehn ist an der Reihe. ◆Großschreibung →R 3.3 Die Zehn ge-winnt den Hauptpreis.

zehn *num* 10: zehn Teilnehmer/Kilometer/Liter; Die ersten zehn dürfen hereinkommen.; Einer von zehn hat die Prüfung bestanden.; Wir treffen uns um zehn.; ■ **sich alle zehn Finger nach etwas lecken** *(umg.) sehr begierig auf etwas sein* ◆Kleinschreibung →R 3.16 Diese zehn haben sich für die Wettkämpfe qualifiziert.; Es ist zehn.; zehn Komma drei; ◆Großschreibung →R 3.17 die Zehn Gebote; *siehe auch* **neun**

Zeh·ner *der* <-s, -> ❶ *(umg.) ein Geldstück oder -schein im Wert von Zehn:* Hast du mal einen Zeh-ner? ❷MATH. *die zweite Stelle vor dem Komma:* Die Zahl 631(,00) enthält sechs Hunderter, drei Zehner und einen Einer.

zeh·ner·lei *adj /nicht steig./ von zehn verschiede-nen Arten:* Diese Limonade gibt es in zehnerlei verschiedenen Geschmacksrichtungen.

Zeh·ner·pa·ckung *die* <-, -en> *Packung, die zehn Einheiten eines Produkts enthält:* eine Zehnerpa-ckung Papiertaschentücher

zehn·fach *adj /nicht steig./ zehnmal so viel:* der zehnfache Betrag; Sie verdient glatt das Zehnfa-che.; um das Zehnfache höher/größer sein ◆Großschreibung →R 3.4 Das Geld reicht bei weitem nicht. Wir benötigen das Zehnfa-che.; ◆Schreibung mit Zifferund Bindestrich →R 4.21 10-fach; das 10-fache; *siehe auch* **acht-fach**

Zehn·fin·ger·sys·tem *das* <-s> */kein Plur./ das geübte Schreiben auf einer Tastatur mit allen zehn Fingern:* im Zehnfingersystem schreiben

zehn·jäh·rig *adj /nicht steig./ zehn Jahre alt oder andauernd:* ein zehnjähriges Kind; eine zehnjäh-rige Haftstrafe absitzen müssen ◆Schreibung mit

Ziffer und Bindestrich →R 4.21 eine 10-jährige Frist; *siehe auch* **achtjährig**

Zehn·kampf *der* <-es, ...-kämpfe> SPORT *ein Wett-bewerb in der Leichtathletik, der zehn verschie-dene Disziplinen umfasst:* der Sieger im Zehn-kampf ▶ Zehnkämpfer, Zehnkämpferin

zehn·mal *adv* ❶ *zehn Male:* Ich habe den Film schon zehnmal gesehen.; Ihr Garten ist zehnmal so groß wie unserer.; Das Buch ist zehnmal teurer als die CD. ❷ *(umg.) sehr oft:* Das habe ich dir doch schon zehnmal gesagt, kannst du dir das nicht end-lich merken? ◆Schreibung mit Ziffer und Binde-strich →R 4.21 10-mal; *siehe auch* **achtmal, Mal**

zehnt ■ **zu zehnt** *mit insgesamt zehn Personen*

zehnt *adj /nur attr./ /nicht steig./ in einer Reihen-folge an der Stelle 10:* Heute ist schon der zehnte Tag der Ferien.

zehn·tau·send *num 10 000:* das Stadion fasst zehntausend Zuschauer; ■ **die oberen Zehntau-send/zehntausend** *(umg.) die obere, reiche, ein-flussreiche Gesellschaftsschicht* ◆Groß- oder Kleinschreibung →R 3.4, R 3.16 Die Gäste kamen aus den Reihen der oberen Zehntausend/zehntau-send.

Zehn·tel *das* <-s, -> *der zehnte Teil von etwas:* Ein Zehntel von einhundert ist zehn.; Jeder von uns bekommt ein Zehntel der gesamten Summe.; *siehe auch* **Achtel**

zehn·tel *adj /nur attr./ /nicht steig./ so, dass es der zehnte Teil von etwas ist:* ein zehntel Liter Wasser; Bereits nach der zehntel Strecke aus dem Rennen ausscheiden.; *siehe auch* **achtel**

zehn·tens *adv* *an zehnter Stelle in einer Aufzäh-lung:* Wir brauchen erstens, zweitens ... und zehntens ...

zeh·ren *ohne OBJ* ❶ ■ *jmd. zehrt von etwas* Dat. *(geh.) von etwas leben oder sich von etwas ernäh-ren:* Er zehrt von seinen Ersparnissen.; Die Robben können von ihren Fettreserven zehren. ❷ ■ *jmd. zehrt von etwas* Dat. *(geh. übertr.) sich an etwas Vergangenem freuen oder trösten:* Sie zehrt von der Erinnerung. ❸ ■ *etwas zehrt an jmdm./et-was jmdn. körperlich entkräften oder psychisch schwächen:* Die Krankheit hat an ihm gezehrt.; Die Sorgen um ihren Arbeitsplatz zehren an ihr.

Zei·chen *das* <-s, -> ❶ *etwas Geschriebenes oder ein Bild, womit auf etwas hingewiesen wird und dem eine Bedeutung (in Inhalt) zugeordnet werden kann:* Die Eule ist ein Zeichen für Natur-schutz.; Dort über der Tür ist das Zeichen für „Ausgang" !; einen Wanderweg mit Zeichen mar-kieren; an den Stellen im Text, an denen etwas fehlt, ein Zeichen machen ▶ Abzeichen, Kennzei-chen, Merkzeichen ❷SPRACHWISS. *abstrakte Ein-heit des Sprachsystems (Abstraktionsklasse aller sinnlich wahrnehmbaren Zeichenrealisierungen), bei der eine Ausdrucksseite/ein Formativ und ge-wöhnlich mehrere Bedeutungen/Inhaltsseiten re-gelhaft und wechselseitig per Konvention aufei-nander bezogen sind:* Sprache als System von Zeichen; Bilateralität und Arbitrarität des Zeichens ◆-realisierung, -system, -theorie ❸ *etwas Ge-schriebenes, das allgemein festgelegt ist und dem eine bestimmte Bedeutung zugeordnet ist:*

Z

ein chemisches/mathematisches Zeichen; Welches Zeichen kommt an das Ende eines Fragesatzes?; die Zeichen der kyrillischen Schrift ◆ Ausrufe-, Frage-, Satz-, Verkehrs- ❹ *eine Geste, ein Laut, ein Signal o. Ä., das in einer Situation etwas mitteilen soll:* jemandem ein Zeichen geben; Das war das Zeichen zum Aufbruch.; Sie wollten auf ein vereinbartes Zeichen hin losstürmen.; vor dem Abbiegen in eine Seitenstraße Zeichen geben ❺ *(≈ Symptom, Indiz) etwas, aus dem ein bestimmter Zustand ersichtlich wird:* ein sicheres Zeichen für eine Krankheit; Ihre Gereiztheit ist ein Zeichen von Überarbeitung.; Tränen können auch manchmal ein Zeichen der Freude sein.; Sein athletischer Körperbau ist ein Zeichen für tägliches Training. ►Anzeichen ◆ Krankheits- ❻ *Anlass für Ahnungen bzw. Mutmaßungen:* Wenn sich die Zugvögel sammeln, ist das ein Zeichen für den nahenden Winter.; Schwüle ist ein Zeichen für ein aufkommendes Gewitter. ►Vorzeichen ◆ Krisen-, Unglücks- ❼ *als Geste für etwas interpretierbare Aktion bzw. Regung:* Gefühle kann man oft besser in Zeichen und Symbolen ausdrücken als sprachlich.; zum Zeichen der Ablehnung den Kopf schütteln; jemandem zum Zeichen der Versöhnung die Hand reichen; Er schenkte ihr einen Ring zum Zeichen seiner Treue.; Das ist ein Zeichen seiner Liebe zu seinen Eltern.; ■ *im Zeichen von ... stehen von etwas geprägt sein* Die Feier stand im Zeichen ihrer glücklichen Heimkehr.; ■ *ein Zeichen setzen etwas (Gutes) tun, um Nachahmer zu finden* Sie wollte mit ihrer Hilfe ein Zeichen gegen Egoismus und Selbstsucht setzen.; ■ **Es geschehen noch Zeichen und Wunder!** *(umg. scherzh.) Ausruf, wenn sich plötzlich etwas zum Guten wendet;* ■ **die Zeichen der Zeit erkennen** *eine bestimmte Situation richtig beurteilen können, um dann entsprechend zu handeln*

Zei·chen·ab·stand *der* <-(e)s, Zeichenabstände> EDV *ein Untermenü in einem Textverarbeitungsprogramm, mit dem der Abstand der Zeichen² (wie Buchstaben, Symbole, Zahlen) im Text bestimmt werden kann*

Zei·chen·block *der* <-(e)s, Zeichenblöcke> *Block mit mehreren Blättern von Zeichenpapier*

Zei·chen·leh·rer *der,* **Zei·chen·leh·re·rin** <-s, -> *Person, die das Zeichnen II unterrichtet*

Zei·chen·pa·pier *das* <-s, -e> *Papier, das für das Zeichnen II bestimmt ist*

Zei·chen·set·zung *die* <-> /kein Plur./ SPRACHWISS. ❶ *die Regelungen, die bestimmen, wie die Satzzeichen Komma, Punkt Ausrufezeichen usw. gestzt werden müssen* ❷ *(≈ Interpunktion) der Gebrauch der Zeichensetzung¹:* bei der Zeichensetzung Fehler machen

Zei·chen·spra·che *die* <-, -n> *(umg.) ein System von Symbolen, die mit den Bewegungen der Hände und Finger dargestellt werden und mit denen sich zum Beispiel Gehörlose verständigen können:* sich in Zeichensprache verständigen

Zei·chen·stift *der* <-(e)s, -e> *ein Stift, der für das Zeichnen II bestimmt ist*

Zei·chen·stun·de *die* <-, -n> *Unterrichtsstunde*

in der Schule, in der das Zeichnen II unterrichtet wird

Zei·chen·tisch *der* <-(e)s, -e> *eine große Platte, die auf einem Sockel befestigt und verstellbar ist und auf der Techniker oder technische Zeichner Zeichnungen anfertigen*

Zei·chen·trick·film *der* <-(e)s, -e> *ein Film, der aus sehr vielen Zeichnungen besteht, die sehr schnell wechseln, so dass es scheint, als ob die dargestellten Figuren sich bewegen würden*

Zei·chen·un·ter·richt *der* <-(e)s> /kein Plur./ *Schulfach, in dem Zeichnen II unterrichtet wird*

zeich·nen I. *mit OBJ* ❶ ■ *etwas zeichnet jmdn./etwas bei jmdm. oder etwas deutliche Spuren hinterlassen:* Die Krankheit hat ihn gezeichnet.; Wind und Wetter haben die Landschaft und ihre Bewohner gezeichnet.; Die Gesichter der Rennfahrer sind von der schweren Bergetappe gezeichnet. ❷ ■ *jmd. zeichnet etwas Akk. (veralt.) etwas durch Unterschrift anerkennen:* einen Scheck zeichnen; Aktien an der Börse zeichnen ❸ ■ *jmd. zeichnet (als etwas) für etwas Akk. (geh.) eine bestimmte Funktion haben und die Verantwortung für etwas übernehmen:* als Herausgeber für etwas zeichnen; für etwas verantwortlich zeichnen ❹ ■ *jmd. zeichnet ein Bild von etwas Dat. etwas in einer bestimmten Art beschreiben:* Sie zeichneten ein sehr positives Bild von der künftigen wirtschaftlichen Entwicklung. **II.** *mit OBJ/ohne OBJ* ■ *jmd. zeichnet (etwas) (≈ skizzieren) etwas mit einem Stift in Form einzelner Linien oder Striche abbilden:* ein Bild/einen Entwurf/eine Skizze auf ein Blatt Papier zeichnen; mit wenigen Strichen ein Haus zeichnen; gut zeichnen können; In ihrer Freizeit zeichnet sie oft. ►aufzeichnen, nachzeichnen, vorzeichnen

Zeich·ner *der,* **Zeich·ne·rin** <-s, -> *(≈ Illustrator) Person, die beruflich künstlerische Zeichnungen anfertigt:* ein Buch von einem Zeichner illustrieren lassen; Ein technischer Zeichner zeichnet Pläne von Maschinen, Häusern und Gebäuden. ◆ Karten-, Porträt-

Zeich·nung *die* <-, -en> ❶ *Bild, das gezeichnet II wurde:* Die Ausstellung zeigt Gemälde und Zeichnungen von Paul Klee.; eine Zeichnung mit Bleistift/Tusche/Kreide anfertigen; etwas mit einer groben Zeichnung veranschaulichen ◆ Akt-, Bleistift-, Feder-, Kohle-, Kreide-, Tusch- ❷ *Schilderung oder Darstellung von jmdm. oder etwas:* eine lebhafte Zeichnung der Figuren; eine realistische Zeichnung der damaligen Zeit ❸ WIRTSCH. *der Vorgang, dass etwas unterschrieben wird:* die Zeichnung von Aktien/eines Schecks ❹ *die bestimmte Färbung des Fells bei Tieren:* Das Fell hat eine schöne Zeichnung.; Jedes Zebra hat seine eigene charakteristische Zeichnung.

zeich·nungs·be·rech·tigt *adj* /nicht steig./ AMTSSPR. *berechtigt, etwas durch seine Unterschrift gültig zu machen*

Zeich·nungs·voll·macht *die* <-, -en> *Vollmacht, etwas zu zeichnen I. 2*

Zei·ge·fin·ger *der* <-s, -> *der Finger neben dem Daumen*

zei·gen I. *mit OBJ* ■ *jmd. zeigt jmdm. etwas*

❶ *jmdn. herumführen und ihm mit Worten erklä-ren, wo etwas ist oder was etwas darstellt:* den Gästen das Haus zeigen; Der Fremdenführer zeigte uns die ganze Stadt. **❷** *jmdm. etwas vorführen, so dass er sieht, wie es gemacht wird:* Wer kann uns diese Übung noch einmal zeigen?; Die Eiskunstläu-ferin zeigte eine hervorragende Kür. **❸** *einen Film, ein Theaterstück, eine Zirkusnummer o. Ä. brin-gen:* Wir zeigen (Ihnen) jetzt einen französischen Spielfilm. **❹** *jmdm. erklären, wo etwas ist und wie man dahin gelangt:* Sie zeigte uns den kürzesten Weg zum Bahnhof. **❺** ■ *jmd./etwas zeigt etwas etwas erklären und vorführen, so dass man er-kennt, wie es funktioniert:* Er zeigte uns, wie seine neue Uhr funktioniert.; Zeig mir doch bitte, wie man das macht! **❻** *etwas erkennen lassen oder auf etwas hindeuten:* Die Zuschauer zeigten großes In-teresse.; Er hat bei der Sache viel Mut gezeigt.; Ihr Gesicht zeigte keine Regung. **❼** *etwas abbilden:* Das Bild zeigt unsere Urgroßeltern.; Die Darstel-lung zeigt die Verdauungsorgane des Menschen.; Das Diagramm zeigt die Temperaturen des letzten Monats. **❽** *etwas angeben:* Das Thermometer zeigt zehn Grad.; Der Tacho zeigt hundert Stun-denkilometer.; Die Uhr zeigt fünf vor sechs. ▸ *an-zeigen* **❾** *sich aus etwas ergeben:* Die Untersu-chungen haben gezeigt, dass wir Recht hatten.; Die Erfahrung zeigt Folgendes … **❿** ■ *jmd./etwas zeigt etwas (umg. scherzh.) etwas zur Schau stel-len:* Die Mode zeigt in diesem Sommer viel Haut.; Sie zeigt heute viel Bein mit ihrem kurzen Rock. **II.** *mit OBJ/ohne OBJ* ■ *jmd. zeigt (jmdm.) (et-was) etwas jmdm. vorweisen oder so hinhalten, dass man es beachtet und sieht:* Zeigen Sie mir bitte Ihren Ausweis!; Er zeigte uns seine neuesten Bilder.; Das Kind zeigte der Mutter seine Hände.; Zeig doch mal!; ■ *es jemandem zeigen (umg.) jmdm. beweisen, dass man selbst etwas besser kann* Euch werde ich es zeigen!; ■ *jemand zeigt jemandem den Vogel mit dem Finger an die Stirn tippen, zum Zeichen, dass man jemanden für ziemlich verrückt hält* **III.** *ohne OBJ* **❶** ■ *jmd. zeigt irgendwohin/auf jmdn./etwas auf eine Stelle/auf jmdn./etwas mit etwas deuten:* Er zeigte mit dem Finger auf den Täter.; Sie zeigte zur Tür. **❷** ■ *etwas zeigt irgendwohin auf eine Stelle gerichtet sein:* Der Pfeil zeigt nach oben.; Der Ast zeigt steil in den Himmel. **IV.** *mit SICH* **❶** ■ *jmd. zeigt sich irgendwo sich von anderen an einem Ort sehen lassen:* So kannst du dich nir-gends zeigen.; Er hat sich lange nicht mehr in der Öffentlichkeit gezeigt. **❷** ■ *etwas zeigt sich ir-gendwo irgendwo zu sehen sein:* Am Himmel zeigten sich die ersten Sterne. **❸** ■ *etwas zeigt sich sich herausstellen oder deutlich werden:* Das wird sich noch zeigen!; Es hat sich gezeigt, dass wir Recht hatten. **❹** ■ *jmd. zeigt sich irgendwie sich in einer bestimmten Weise verhalten:* Sie zeigte sich großmütig.; Er hat sich uns gegenüber sehr freundlich gezeigt.

Zei·ger *der* <-s, -> **❶** *einer der schmalen und be-weglichen Teile auf dem Zifferblatt einer Uhr:* der große/kleine Zeiger einer Uhr ♦Minuten-, Sekun-den-, Stunden- **❷** *ein schmales Teil mit einer* Spitze, das bei einem Messinstrument einen be-stimmten Messwert anzeigt: Der Zeiger der Waage zeigt 200 Gramm.

Zei·ge·stab *der* <-(e)s, Zeigestäbe> *(≈ Zeige-stock)*

Zei·ge·stock *der* <-(e)s, Zeigestöcke> *ein schma-ler Stab, mit dem man auf etwas deuten kann*

zei·hen <zeihst, zieh, hat geziehen> *mit OBJ* ■ *jmd. zeiht jmdn. etwas Gen. (veralt. geh.) jmdn. eines Verbrechens oder eines Vergehens be-schuldigen:* Er zieh ihn des Mordes. ▸*verzeihen*

Zei·le *die* <-, -n> **❶** *eine der parallelen Linien auf einem Papier:* ein Blatt Papier mit Zeilen versehen; auf den Zeilen schreiben **❷** *eine der einzelnen Rei-hen, in denen die Wörter in einem geschriebenen Text angeordnet sind:* Der Text besteht aus ein-undvierzig Zeilen.; ein paar Zeilen auf das Papier schreiben; jede Seite hat dreißig Zeilen **❸** *der Wort-laut einer Zeile:* Das Gedicht endet mit den be-kannten Zeilen …; ■ *zwischen den Zeilen lesen (übertr.) eine versteckte Bedeutung aus einem Text herauslesen* ♦-nabstand, -ngießmaschine, -ngussmaschine, -nhonorar, -nlänge, -nmaß, -nsprung, Brief-, Druck-, Gedicht-, Lied-, Schluss-, Text-, Vers-, Zwischen-

Zei·len·ab·stand *der* <-(e)s, Zeilenabstände> *Abstand, der zwischen den Zeilen in einem ge-schriebenen Text besteht:* den Zeilenabstand ver-ändern

-zei·lig *als Zweitglied zusammengesetzter Adjek-tive; drückt aus, dass etwas den Zeilenumfang hat, der mit der Zahlenangabe des Erstglieds genannt wird* ♦ein-, zwei-, drei- usw.

Zei·ne *die* <-, -n> SCHWEIZ. *großer Wäschekorb*

Zei·sig *der* <-s, -e> *ein kleiner Singvogel*

Zeit *die* <-, -en> **❶** */kein Plur./ das Nacheinander von Ereignissen in bestimmten messbaren Ab-schnitten:* die Messung/das Verstreichen der Zeit; Die Zeit vergeht.; Die Geschwindigkeit ist der Quotient aus Weg und Zeit.; Große Philosophen haben sich mit dem Phänomen der Zeit beschäf-tigt. **❷** */kein Plur./ Stunden, Tage, Wochen usw., die jmdm. für etwas zur Verfügung stehen:* Ich habe überhaupt keine Zeit jetzt.; Im Urlaub haben wir viel Zeit füreinander.; seine Zeit gut einteilen; die Zeit mit Arbeit ausfüllen; Wir haben viel kost-bare Zeit mit Warten verloren.; Er weiß nichts mit seiner Zeit anzufangen.; Nütze deine Zeit!; Auch diese Arbeit dauert ihre Zeit. ♦Essens-, Jahres-, Ta-ges- **❸** */kein Plur./ (≈ Uhrzeit) eine bestimmte Mi-nute oder Stunde innerhalb einer Zeitmessung:* Welche Zeit ist es?; Haben Sie die genaue Zeit? **❹** *die Uhrzeit in einer bestimmten Zone auf der Erde:* Es ist sieben Uhr mitteleuropäischer Zeit.; die Zeit im Frühjahr (auf Sommerzeit) umstellen **❺** *Zeitpunkt oder Termin für etwas:* eine Zeit ver-einbaren, bis zu der etwas erledigt sein muss; eine Zeit für ein Treffen festlegen; Um diese Zeit früh-stücken wir immer.; Bitte halten Sie sich an die ver-einbarten Zeiten!; eine Entscheidung auf unbe-stimmte Zeit vertagen; Es wird Zeit, dass wir uns entscheiden.; Das Angebot kommt gerade zur rechten/richtigen Zeit. **❻** *Zeitraum oder Frist für etwas:* eine längere Zeit im Ausland leben; seine

Z

Zeit im Gefängnis absitzen müssen; Sie ist seit einiger Zeit krank.; Er hat nach kurzer Zeit aufgegeben.; Das ist doch schon vor langer Zeit geschehen!; Ich gebe Ihnen noch zwei Wochen Zeit für diese Arbeit.; Die Läufer haben gute Zeiten erreicht. ⓻ *ein Zeitraum oder eine Phase im privaten Leben:* schöne/schwere Zeiten miteinander verbringen; gern an eine Zeit zurückdenken; sich gern an die alten Zeiten erinnern; Sie hat ihre große Zeit noch vor sich.; Zu meiner Zeit war das noch ganz anders. ◆Jugend-, Schul-, Studenten- ⓼ *eine charakteristische Ära oder Epoche in der Geschichte:* die Zeit der Aufklärung/der Romantik/des Sturm und Drang; Das war die Zeit großer wissenschaftlicher Entdeckungen und Erfindungen.; zur Zeit Augusts des Starken; Die Zeiten haben sich geändert.; Mit ihren Anschauungen war sie ihrer Zeit weit voraus. ◆Barock-, Biedermeier-, Friedens-, Kriegs- ⓽ *die Gegenwart:* Das ist halt der Geschmack der Zeit.; die heutige Zeit ⓾ SPRACHWISS. *(≈ Tempus) eine grammatische Form des Verbs:* In welcher Zeit steht dieser Satz/dieses Verb?; In verschiedenen Sprachen gibt es verschiedene Zeiten des Verbs.; ▪ **im Laufe der Zeit** *allmählich, nach und nach* sich im Laufe der Zeit an etwas gewöhnen; ▪ **mit der Zeit** *nach und nach, langsam* Mit der Zeit gewöhnt man sich an alles.; ▪ **jederzeit** *immer* Du kannst mich jederzeit besuchen kommen!; ▪ **von Zeit zu Zeit** *manchmal* Sie kommt uns von Zeit zu Zeit besuchen.; ▪ **zu gegebener Zeit** *(geh.) zu einem richtigen Zeitpunkt* Man wird Ihnen das zur gegebener Zeit mitteilen; ▪ **auf Zeit** *für einen bestimmten Zeitraum* eine Arbeitsvertrag auf Zeit; ▪ **in jüngster Zeit** *in den letzten Wochen oder Tagen;* ▪ **zur Zeit** *zu Lebzeiten;* ▪ **für alle Zeiten** *für immer* für alle Zeiten ausgesorgt haben; ▪ **jemandem Zeit lassen etwas zu tun** *jmdn. nicht drängen, etwas zu tun;* ▪ **sich bei etwas Zeit lassen** *etwas ohne Eile tun;* ▪ **jemandem/sich (mit etwas) die Zeit vertreiben** *etwas Angenehmes tun* Er vertreibt sich die Zeit mit Lesen.; ▪ **die Zeit totschlagen** *(umg. abwert.) versuchen, sich irgendwie mit etwas zu beschäftigen, damit die Zeit, die man warten muss, vergeht* Beim Arzt schlage ich immer die Zeit mit Kreuzworträtseln tot.; ▪ **sich für jemanden/etwas Zeit nehmen** *mit etwas nicht weitermachen, um somit Zeit für jmdn. oder etwas zu haben, mit dem man sich gerne beschäftigt;* ▪ **Die Zeit drängt!** *etwas muss sofort getan werden, sonst ist es zu spät;* ▪ **keine Zeit verlieren dürfen** *etwas sofort machen müssen;* ▪ **es ist höchste Zeit** *es muss sofort getan werden* Es ist höchste Zeit, dass du zum Arzt gehst!; ▪ **es ist an der Zeit** *(geh.) es muss jetzt allmählich getan werden* Es ist an der Zeit, dass du dich entscheidest, was du werden willst!; ▪ **zu meiner/deiner/seiner usw. Zeit** *als ich/du/er usw. jung war;* ▪ **in meinen/deinen/seinen usw. besten Zeiten** *als es mir/dir/ihm usw. körperlich, finanziell usw. sehr gut ging;* ▪ **eine ganze Zeit** *(umg.) schon ziemlich lange* Ich habe schon eine ganze Zeit nichts von ihm gehört.; ▪ **seit ewigen Zeiten** *(umg.) seit sehr langem;* ▪ **Ach du liebe Zeit!**

(umg.) verwendet, um Verwunderung oder Erschrecken auszudrücken; ▪ **mit der Zeit gehen** *modisch sein;* ▪ **jemandem läuft die Zeit davon** *jmd. hat das Gefühl, dass die Zeit zu schnell vergeht, um etwas noch rechtzeitig erledigen zu können;* ▪ **Das hat Zeit.** *das kann man auch später noch erledigen oder machen;* ▪ **Alles zu seiner Zeit!** *man soll nichts überstürzen;* ▪ **Kommt Zeit, kommt Rat.** *wenn man Geduld hat, findet man eine Lösung* ◆Getrennt- oder Zusammenschreibung →R 4.16 eine Zeit raubende/zeitraubende Arbeit; eine Zeit sparende/zeitsparende Methode; noch zeitraubender/sehr zeitraubend/das zeitraubendste Verfahren; (noch) zeitsparendere Verfahren/sehr zeitsparende Verfahren/das zeitsparendste Verfahren; *siehe aber auch* **zurzeit, zuzeiten, seinerzeit, zeitraubend, zeitsparend**

zeit *präp +Gen.* ▪ **zeit meines/seines/ihres usw. Lebens** *während meines/seines/ihres usw. ganzen Lebens* Das wollte ich zeit meines Lebens gern tun.; Er war zeit seines Lebens ein armer Mann.

Zeit·ab·schnitt *der* <-(e)s, -e> *ein Abschnitt im Verlauf der Zeit* [1]: ein Zeitabschnitt in seinem Leben/in der Geschichte

Zeit·al·ter *das* <-s, -> *(≈ Epoche) eine irgendwie charakterisierter Abschnitt in der Geschichte:* das Zeitalter der Aufklärung/der Raumfahrt; ein Zeitalter großer Gelehrter und bedeutender Entdeckungen

Zeit·ar·beit *die* <-> */kein Plur./* WIRTSCH. *eine Form der Beschäftigung, bei der eine Firma Personen anstellt, um sie an andere Firmen befristet zu verleihen*

Zeit·ar·beits·kraft *die* <-, Zeitarbeitskräfte> *jmd., der Zeitarbeit verrichtet*

zeit·auf·wen·dig, *a.* **zeit·auf·wän·dig** *adj so, dass dafür viel Zeit benötigt wird* ▸ Zeitaufwand

zeit·be·dingt *adj /nicht steig./ so, dass es durch die Umstände einer geschichtlichen Epoche beeinflusst ist:* eine zeitbedingte Weltanschauung

Zeit·be·griff *der* <-(e)s> */kein Plur./ (≈ Zeitgefühl) das Gefühl, mit dem man einschätzt, wie lange etwas dauert:* Mir ist jeglicher Zeitbegriff abhandengekommen.

Zeit·bom·be *die* <-, -n> ❶ *eine Bombe, die einen Zeitzünder hat und zu einer bestimmten Zeit automatisch explodiert:* Der Täter hatte im Auto des Opfers eine Zeitbombe deponiert. ❷ *(übertr.) eine Situation, die irgendwann sehr gefährlich werden kann:* Diese ungesicherte Mülldeponie ist eine Zeitbombe für das Grundwasser.

Zeit·dau·er *die* <-> */kein Plur./ Zeit, die für etwas benötigt wird:* Die Zeitdauer der Prüfung beträgt dreißig Minuten.; für die Zeitdauer von zwei Jahren im Ausland sein

Zeit·druck *der* <-(e)s> */kein Plur./ der Zwang, eine Aufgabe innerhalb einer knapp bemessenen Zeit zu bewältigen:* unter Zeitdruck arbeiten

Zeit·ein·tei·lung *die* <-, -en> *Art, wie sich jmd. seine Zeit (für verschiedene Aufgaben) einteilt:* eine gute/schlechte Zeiteinteilung; Viele Freiberufler schätzen die freie Zeiteinteilung.

Zeit·er·schei·nung *die* <-, -en> *etwas, das nur in*

einer bestimmten geschichtlichen Epoche vorkommt und in ihr etwas Typisches darstellt

Zeit·er·spar·nis *die* <-, -se> *eingesparte Zeit:* Diese Abkürzung bringt uns eine Zeitersparnis von zwanzig Minuten.

Zeit·fah·ren *das* <-s> /kein Plur./ SPORT *eine Prüfung im Radsport, bei der gemessen wird, in welcher Zeit ein Fahrer eine bestimmte Strecke zurücklegt* ◆Einzel-, Mannschafts- ▶ Zeitfahrer(in), Zeitfahranzug, Zeitfahrhelm, Zeitfahrmaschine

Zeit·form *die* <-, -en> SPRACHWISS. *(umg.: ≈ Tempus) eine grammatische Form des Verbs, die angibt, zu welcher Zeit das vom Verb bezeichnete Geschehen geschieht:* In verschiedenen Sprachen gibt es verschiedene Zeitformen des Verbs.; Vergangenheit, Gegenwart und Zukunft sind Zeitformen.

Zeit·fra·ge *die* <-, -n> *etwas, dass in einer bestimmten Zeit aktuell ist:* Der Politiker versucht zu den aktuellen Zeitfragen Stellung zu nehmen; ■ **es ist eine reine Zeitfrage** *es kommt darauf an, ob genug Zeit vorhanden ist*

zeit·ge·bun·den *adj /nicht steig./ (↔ zeitlos) so, dass etwas von der Mode einer bestimmten Zeit oder vom Zeitgeist abhängig ist.:* zeitgebundene Meinungen/Denkweisen

Zeit·geist *der* <-(e)s> /kein Plur./ *ein bestimmtes Lebensgefühl und die vorherrschenden Anschauungen und Meinungen in einem Zeitabschnitt der Geschichte:* sich (nicht) dem Zeitgeist anpassen

zeit·ge·mäß *adj (≈ aktuell) einer bestimmten Zeit entsprechend:* Diese Auffassungen sind nicht mehr zeitgemäß.; Diese Form der Abwasserbeseitigung ist heute nicht mehr zeitgemäß.

Zeit·ge·nos·se *der,* **Zeit·ge·nos·sin** <-n, -n> *Person, die zur gleichen Zeit wie eine andere Person gelebt hat:* Schiller war ein Zeitgenosse Goethes.; ■ **ein unangenehmer Zeitgenosse** *jmd., der sehr unsympathisch ist*

zeit·ge·nös·sisch *adj /nicht steig./ (geh.: ≈ gegenwärtig)* ❶ *aus der gleichen geschichtlichen Epoche stammend:* die zeitgenössische Malerei des 19. Jahrhunderts ❷ *aus der Gegenwart, aktuell:* zeitgenössische Architektur/Malerei/Musik/ Kunst

Zeit·ge·schich·te *die* <-> /kein Plur./ *die Geschichte der jüngsten Vergangenheit vor allem seit dem Zweiten Weltkrieg:* eine wichtige Person der Zeitgeschichte; ein Museum für Zeitgeschichte ▶ zeitgeschichtlich

Zeit·ge·schmack *der* <-(e)s> /kein Plur./ *dem Geschmack einer bestimmten geschichtlichen Epoche entsprechend:* ganz dem damaligen Zeitgeschmack entsprechen

Zeit·ge·winn *der* <-(e)s> /kein Plur./ *Möglichkeit, mehr Zeit zur Verfügung zu haben, weil man etwas schneller als vorgesehen erledigt oder beendet hat:* ein Zeitgewinn von drei Stunden

zeit·gleich *adj /nicht steig./ SPORT mit der gleichen Zeit, wie der andere:* Die beiden Läufer kamen zeitgleich ans Ziel.

Zeit·grün·de <-> Plur. ■ **aus Zeitgründen** *wegen fehlender Zeit*

zei·tig *adj* ❶ *(≈ früh)* Er ist heute zeitig aufgestanden.; Ich gehe heute zeitig ins Bett. ❷ *(≈ frühzei-*

tig) Ich muss zeitig am Flughafen sein.; Seine Mutter ist sehr zeitig gestorben.

zei·ti·gen *mit OBJ* ■ **etwas zeitigt etwas** Akk. *(geh.) hervorbringen:* Seine Mühen zeitigten Erfolg.

Zeit·kar·te *der* <-, -n> *Fahrkarte für Bahn oder Bus, die für einen bestimmten Zeitraum gilt, in dem man dann so oft fahren kann, wie man will*

Zeit·kon·to *das* <-s, Zeitkonten> WIRTSCH. *eine Art Plan, in dem aufgeführt ist, wieviele Stunden ein Arbeitnehmer, der gleitende Arbeitszeit hat, in einem bestimmten Zeitraum gearbeitet hat:* Sie haben einen Überschuss von 15 Stunden auf ihrem Zeitkonto, die Sie als Urlaub abfeiern können.

Zeit·lauf *der* <-s, Zeitläufe/Zeitläufte> *Verlauf der Ereignisse*

zeit·le·bens *adv während des gesamten Lebens einer genannten Person:* Er hat sich zeitlebens nach Geborgenheit gesehnt. ◆Zusammenschreibung →R 4.3 Sie war zeitlebens an den Rollstuhl gefesselt.; *siehe aber auch* **zeit**

zeit·lich *adj auf die Dauer oder Reihenfolge von etwas bezogen:* das zeitliche Ausmaß eines Vorgangs; eine zeitlich begrenzte Erscheinung; der zeitliche Ablauf einer Veranstaltung; ■ **das Zeitliche segnen** *(verhüll.) sterben*

Zeit·li·mit *das* <-s, -s> *eine zeitliche obere oder untere Grenze für eine Aufgabe:* ein Zeitlimit von zwei Stunden setzen

zeit·los *adj /nicht steig./ (↔ zeitgebunden) nicht an eine bestimmte Mode oder Epoche gebunden:* Kleidung/Möbel von zeitloser Eleganz

Zeit·lu·pe *die* <-> /kein Plur./ FILM *(↔ Zeitraffer) ein filmisches Verfahren, bei dem die Vorgänge stark verlangsamt gezeigt werden:* Schauen wir uns das Tor noch mal in der Zeitlupe an!; in Zeitlupe ablaufen

Zeit·lu·pen·tem·po *das* <-s> /kein Plur./ (umg.) *stark verlangsamtes Tempo:* im Zeitlupentempo arbeiten

Zeit·man·gel *der* <-s> /kein Plur./ *Mangel an Zeit:* unter ständigem Zeitmangel leiden

Zeit·ma·schi·ne *die* <-, -n> *eine (erfundene) Maschine, mit der Personen in die Vergangenheit oder Zukunft reisen können:* Mit der Zeitmaschine reisten die Zeitreisenden in die Römerzeit.

zeit·nah *adj so, dass es für die Gegenwart wichtig und von Bedeutung ist:* Das sind zeitnahe Problemstellungen, die behandelt werden müssen.

Zeit·not *die* <-> /kein Plur./ *ein Problem, das aus Zeitmangel entstanden ist:* Wegen der Zugverspätung sind wir in Zeitnot geraten.

Zeit·plan *der* <-(e)s, Zeitpläne> *Plan über den zeitlichen Ablauf eines Geschehens:* einen Zeitplan machen; den Zeitplan (nicht) einhalten

Zeit·punkt *der* <-(e)s, -e> *der Moment, in dem etwas geschieht oder geschehen soll:* Wir haben noch keinen Zeitpunkt dafür festgelegt.; Bis zu diesem Zeitpunkt muss alles erledigt sein.; einen geeigneten Zeitpunkt finden, um ein Anliegen vorzutragen; Dein Angebot kam genau zum richtigen Zeitpunkt.; Was ereignet sich zu diesem Zeitpunkt in einem anderen Teil der Welt?

Zeit·raf·fer *der* <-s, -> FILM *(↔ Zeitlupe) ein filmi-*

Z

sches Verfahren, bei dem Ereignisse, die sich sehr langsam abspielen, mit stark erhöhter Geschwindigkeit sichtbar gemacht werden: Schauen wir uns das Wachstum der Blume im Zeitraffer an!

zeit·rau·bend, a. **Zeit rau·bend** adj so, dass es viel Zeit benötigt: Die Vorarbeiten waren (noch) zeitraubender, als ich angenommen hatte. ♦ Zusammenschreibung →R 4.16 Am zeitraubendsten war die Auswertung der Testergebnisse.; siehe aber auch **Zeit**

Zeit·raum der <-(e)s, Zeiträume> bestimmter Abschnitt im Ablauf der Zeit: für/über einen Zeitraum von drei Jahren ins Ausland gehen; einen längeren Zeitraum überbrücken

Zeit·rech·nung die <-, -en> die Zählung der ablaufenden Zeit in Jahren von einem bestimmten Ereignis an: Die christliche Zeitrechnung beginnt mit der Geburt Christi.; im vierten Jahrhundert unserer Zeitrechnung; im Jahre 200 vor unserer Zeitrechnung

Zeit·rei·se die <-, -n> eine (erfundene) Reise durch die Zeit: Dieser utopische Roman beschreibt eine Zeitreise in das 23. Jahrhundert.

Zeit·schrift die <-, -en> (≈ Magazin) ein gedrucktes Heft, das in regelmäßigen Abständen, aber nicht täglich erscheint und auch meist viele Fotos beinhaltet: eine Zeitschrift abonniert haben/am Kiosk kaufen/ regelmäßig lesen; der Anzeigenleiter/der Anzeigenteil/der Chefredakteur/das Impressum/die Mitarbeiter/der Redakteur/die Redaktion/die Titelseite/die Werbebeilage einer Zeitschrift; eine Zeitschrift für Angelsport/HiFi/Mode/Motorsport ♦ -enaufsatz, -enverlag, Computer-, Fach-, Fernseh-, Film-, Frauen-, Jugend-, Literatur-, Mode-, Musik-

Zeit·sol·dat der, **Zeit·sol·da·tin** <-en, -en> jmd., der sich freiwillig verpflichtet hat, über einen längeren Zeitraum Wehrdienst zu leisten

Zeit·span·ne die <-, -n> (≈ Zeitraum) die Zeitspanne zwischen Schulabschluss und Lehre/Studium mit einem Job im Ausland überbrücken

zeit·spa·rend, a. **Zeit spa·rend** adj so, dass es Zeit spart: eine noch zeitsparendere Arbeitsmethode anwenden ♦ Zusammenschreibung →R 4.16 Dieses Verfahren ist von allen das zeitsparendste.; siehe aber auch **Zeit**

Zeit·ta·fel die <-, -n> eine Art große Tabelle, die eine Übersicht über Ereignisse der Geschichte darstellt: den Verlauf des Zweiten Weltkriegs in einer Zeittafel darstellen

zeit·ty·pisch adj so, dass es typisch für eine bestimmte Zeit oder geschichtliche Epoche ist

Zei·tung die <-, -en> ❶ ein gedrucktes Erzeugnis der Presse, das in der Regel täglich erscheint, auf großformatigen, gefalteten Seiten Nachrichten und Berichte über aktuelle Ereignisse enthält und normalerweise keine farbigen Fotos enthält: die Zeitung lesen/zusammenfalten/im Zug liegen lassen; die örtliche Zeitung abonniert haben; Zeitungen austragen; eine Zeitung herausgeben; der Leitartikel/die Schlagzeilen/der Regionalteil/ der Sportteil einer Zeitung ♦ -lesen, -sablage, -sannonce, -sartikel, -sausschnitt, -sbericht, -sinserat, -sinterview, -sjargon, -skiosk, -skorrespondent(in),

-sleser(in), -smeldung, -snotiz, -sredaktion, -reklame, -sroman, -sverkäufer(in), -sverlag, -sverleger(in), -swesen, -swissenschaft, -szusteller(in), Abend-, Boulevard-, Gewerkschafts-, Morgen-, Partei-, Sonntags-, Sport-, Tages-, Wirtschafts-, Wochen- ❷ /kein Plur./ Verlag, der Zeitungen herausgibt: bei der Zeitung arbeiten; eine Neuigkeit an die Zeitung weitergeben; die Leute von der Zeitung

Zei·tungs·an·zei·ge die <-, -n> eine Anzeige, die in einer Zeitung[1] abgedruckt ist: eine Zeitungsanzeige aufgeben

Zei·tungs·en·te die <-, -n> (umg. abwert.) eine Meldung, die falsch ist und in einer Zeitung[1] veröffentlicht wurde

Zei·tungs·pa·pier das <-s> /kein Plur./ ❶ Papier, auf das Zeitungen[1] gedruckt werden ❷ Papier von Zeitungen[1]: das Gemüse in Zeitungspapier einwickeln

Zeit·un·ter·schied der <-(e)s, -e> der Unterschied der Zeit in verschiedenen Zeitzonen: Viele Leute, die mit dem Flugzeug von Westen nach Osten eine lange Strecke fliegen, leiden anschließend unter den Folgen des Zeitunterschieds.

Zeit·ver·lust der <-(e)s, -e> verlorene Zeit: Der Umweg beim Aufstieg zum Gipfel brachte einen Zeitverlust von mehreren Stunden.

Zeit·ver·schwen·dung die <-, -en> (abwert.) unnötiges Vergeuden von Zeit: Es ist doch reine Zeitverschwendung, das alles noch einmal abzuschreiben!

Zeit·ver·trag der <-(e)s, Zeitverträge> ein Vertrag, in dem festgelegt ist, das jmd. nur für eine bestimmte Zeit irgendwo beschäftigt oder angestellt ist

Zeit·ver·treib der <-(e)s, -e> eine Tätigkeit, die man nur zur eigenen Unterhaltung macht, um sich nicht zu langweilen: Er saß am Ufer und warf zum Zeitvertreib kleine Steinchen ins Wasser.

zeit·wei·lig[1] adj /nicht steig./ (≈ befristet) nur für eine begrenzte Zeit: Er hat eine zeitweilige Beschäftigung gefunden.

zeit·wei·lig[2] adv manchmal; von Zeit zu Zeit: In der Urlaubszeit ist das Büro zeitweilig geschlossen.

zeit·wei·se adv ❶ (≈ manchmal) Im vergangenen Jahr ist sie zeitweise wegen Krankheit ausgefallen. ❷ für kurze Zeit: Die Straße musste wegen des Unfalls zeitweise gesperrt werden.

Zeit·wort das <-(e)s, Zeitwörter> SPRACHWISS. (≈ Verb)

Zeit·zei·chen das <-s, -> (im Rundfunk ausgestrahltes) akustisches Signal, das eine bestimmte Uhrzeit angibt: Beim letzten Ton des Zeitzeichens war es genau acht Uhr.

Zeit·zeu·ge der, **Zeit·zeu·gin** <-n, -n> Person, die geschichtliche Ereignisse selbst miterlebt hat: Man sollte Zeitzeugen befragen, um den damaligen Ereignisse besser verstehen zu können.

Zeit·zün·der der <-s, -> eine Vorrichtung, die einen Sprengsatz zu einem vorher eingestellten Zeitpunkt explodieren lässt: eine Bombe mit einem Zeitzünder versehen

ze·le·b·rie·ren mit OBJ (geh.) ❶ ▪ jmd. zelebriert etwas einen Gottesdienst oder eine Messe abhalten: Der Priester zelebriert die Messe.

❷ ■ *jmd.* **zelebriert** *etwas* (*scherzh.*) *etwas betont feierlich tun:* Sie zelebrieren wieder einmal ihren Abschied.

Zell- *als Erstglied zusammengesetzter Substantive; bezeichnet mit dem Zweitglied Beschaffenheiten der pflanzlichen, tierischen oder menschlichen Zelle³* ◆ -biologie, -gewebe, -kern, -kultur, -membran, -plasma, -stoffwechsel, -teilung, -typ, -vermehrung, -wachstum, -wand

Zel·le *die* <-, -n> **❶** *kleiner und sehr karg eingerichteter Raum, in dem jmd. lebt:* die Zelle eines Mönchs; Zwei Gefangene müssen sich eine Zelle teilen.; eine Zelle zum Umkleiden ◆ Dunkel-, Einzel-, Gefängnis-, Kerker-, Kloster-, Mönchs-, Todes- **❷** *eine Art kleiner hohler Raum, der Teil einer größeren Struktur ist:* die Zellen in einer Bienenwabe; Das Dämmmaterial hat an der Unterseite kleine Zellen. **❸** BIOL. *die kleinste lebende Einheit eines Organismus:* menschliche/pflanzliche/tierische Zellen; Die Zelle teilt sich/stirbt ab/wuchert. ◆ -nbildung, -ngewebe, -nlehre, Blut-, Ei-, Gehirn-, Keim-, Nerven-, Samen-, Krebs- **❹** ELEKTROTECHN. *einzelnes Element einer Batterie oder eines Akkus* ◆ Licht-, Foto-/Photo- **❺** *eine kleine, organisierte Gruppe von Personen, die gemeinsam politisch und meistens geheim arbeiten:* eine politische/revolutionäre Zelle gründen

Zell·kern *der* <-(e)s, -e> *Kern einer menschlichen, pflanzlichen oder tierischen Zelle:* die im Zellkern enthaltene Erbinformation; die Teilung eines Zellkerns

Zell·lo·phan *siehe* **Cellophan**

Zell·stoff *der* <-(e)s, -e> **❶** TECHN. *eine Masse, die meist aus Holz gewonnen wird und mit der man Papier herstellt:* eine Fabrik zur Herstellung von Zellstoff **❷** *ein weicher, saugfähiger, aus mehreren Schichten bestehender papierähnlicher Stoff:* eine Wunde mit Zellstoff reinigen; Taschentücher/Windeln aus Zellstoff ◆ -tuch

Zell·tei·lung *die* <-, -en> BIOL. *Teilung einer menschlichen, pflanzlichen oder tierischen Zelle³:* Durch Zellteilung und Spezialisierung entwickelt sich ein Organismus.

zel·lu·lar, *a.* **zel·lu·lär** *adj* /*nicht steig.*/ (*fachspr.*) *in Form von Zellen²:* eine zellulare Struktur

Zel·lu·li·tis *die* <-, Zellulitiden> MED. **❶** *eine krankhafte Veränderung des Bindegewebes unter der Haut* **❷** *Bezeichnung für die Verdickung des Fettgewebes im Bereich der Oberschenkel bei Frauen*

Zel·lu·loid, *a.* **Cel·lu·loid** *das* <-(e)s> /*kein Plur.*/ TECHN. *ein durchsichtiger, elastischer Kunststoff:* Früher wurden Filme aus Zelluloid hergestellt.; ■ *etwas auf Zelluloid bannen* (*umg.*) *etwas filmen oder fotografieren* ◆ -ball, -film, -platte, -puppe, -streifen

Zel·lu·lo·se, *a.* **Cel·lu·lo·se** *die* <-, -n> BIOL. *Hauptbestandteil der pflanzlichen Zellwände*

Zell·wand *die* <-, Zellwände> BIOL. *Wand einer pflanzlichen oder tierischen Zelle³*

Zelt *das* <-(e)s, -e> *eine Art Hütte aus Stoff, die nicht dauerhaft an einem Ort steht, sondern aufgebaut wird, indem man Stoffbahnen über Stangen spannt, die man in die Erde hineingesteckt*

hat: ein Zelt abbauen/aufbauen/beheizen; im Zelt übernachten; mit dem Zelt in den Urlaub fahren; Der Campingplatz ist für zweihundert Zelte ausgelegt.; ■ *seine* **Zelte (irgendwo) abbrechen** (*umg.*) *umziehen; woanders hingehen;* ■ *seine* **Zelte (irgendwo) aufschlagen** (*umg.*) *sich (irgendwo) niederlassen* ◆ Beduinen-, Camping-, Nomaden-, Zirkus-

Zelt·bahn *die* <-, -en> *einzelne Stoffbahn eines Zelts*

zel·ten *ohne OBJ* ■ *jmd.* **zeltet** (≈ campen) *in einem Zelt übernachten oder zeitweise wohnen:* Im Urlaub zelten wir.

Zel·ten *der* <-s, -> ÖSTERR. *Lebkuchen*

Zelt·la·ger *das* <-s, -> *aus mehreren Zelten bestehende Unterbringung für Menschen:* In den Schulferien fährt die Klasse in ein Zeltlager ans Meer.; Die Flüchtlinge wurden in Zeltlagern untergebracht.

Ze·ment *der* <-(e)s, -e> BAUW. *ein graues Pulver, das als Bindemittel für Beton und Mörtel dient:* Zement mit Wasser und Kies anrühren; schnell bindender Zement

ze·men·tie·ren *mit OBJ* **❶** ■ *jmd.* **zementiert etwas** *etwas mit Hilfe von Zement bauen:* den Boden zementieren; die Zaunsäulen fest in den Boden zementieren **❷** ■ *jmd.* **zementiert etwas** (*geh. übertr.*) *etwas auf lange Zeit unveränderlich machen:* die politischen Verhältnisse zementieren

Zen *das* [zɛn/tsɛn] <-(s)> /*kein Plur.*/ *eine Form der Meditation, die ursprünglich aus Japan stammt* ◆ -meister

Ze·nit, Ze·nit *der* <-(e)s> /*kein Plur.*/ **❶** ASTRON. *der höchste Stand eines Gestirns am Himmel über einem Bezugspunkt auf der Erde:* Die Sonne/Ein Stern steht im Zenit.; Die Sonne hatte den Zenit bereits überschritten. **❷** (*geh. übertr.*) *Höhepunkt:* Der Kanzler befand sich im Zenit seiner Macht.

Ze·no·taph *vgl.* **Kenotaph**

zen·sie·ren *mit OBJ* **❶** ■ *jmd.* **zensiert etwas** *Akk. etwas auf unerlaubte Inhalte hin überprüfen und dann eventuell verbieten:* Bücher/Filme/die Presse zensieren **❷** ■ *jmd.* **zensiert jmdn./etwas** SCHULE *jmd. oder etwas mit einer Note bewerten:* die Arbeit/Leistung eines Schülers mit „zwei" zensieren

Zen·sor *der,* **Zen·so·rin** <-s, ...-soren> *Person, die etwas auf unerlaubte Inhalte hin überprüft:* Einige Textstellen sind dem Rotstift des Zensors zum Opfer gefallen.

Zen·sur *die* <-, -en> **❶** /*kein Plur.*/ *das Überprüfen auf unerlaubte Inhalte:* die Zensur der Presse; der Zensur unterworfen sein ◆ Film-, Post-, Presse- **❷** /*kein Plur.*/ *Behörde, die Veröffentlichungen auf unerlaubte Inhalte hin überprüft:* etwas der Zensur vorlegen müssen; von der Zensur verboten werden **❸** SCHULE *Note, mit der eine Leistung bewertet wird:* eine gute/schlechte Zensur bekommen; die Zensuren auf dem Zeugnis

zen·su·rie·ren *mit OBJ* **❶** ■ *jmd.* **zensuriert etwas** *Akk.* ÖSTERR., SCHWEIZ. *etwas zensieren¹* **❷** ■ *jmd.* **zensuriert jmdn./etwas** SCHWEIZ. *jmdn. oder etwas zensieren²*

Zen·taur, *a.* **Ken·taur** *der* <-en, -en> *Gestalt der*

Z

griechischen Mythologie mit dem Körper eines Pferdes und dem Oberkörper eines Menschen

Zen·ti·me·ter *der/das* <-s, -> *ein Längenmaß, das einem hundersten Teil eines Meters entspricht:* Hundert Zentimeter sind ein Meter.

Zent·ner *der* <-s, -> ❶ *eine Gewichtseinheit von fünfzig Kilogramm:* ein Zentner Kohlen/Weizen ❷ÖSTERR., SCHWEIZ. *eine Gewichtseinheit von Hundert Kilogramm*

Zent·ner·last *die* <-, -en> *(umg.) sehr schwere Last:* Der Sattelschlepper bewegt Zentnerlasten über die Landstraße.

zent·ner·wei·se *adv (umg.) in großen Mengen:* zentnerweise Sand auf einen Platz fahren

zen·t·ral *adj* ❶ *in der Mitte eines Ortes:* die zentrale Lage der Wohnung; Die Wohnung ist zentral, aber dennoch ruhig gelegen.; zentral wohnen ❷ */nicht steig./ von der Mitte oder einer übergeordneten Stelle ausgehend:* etwas zentral planen/steuern; eine zentral gelenkte Wirtschaft; das zentrale Nervensystem ❸ *wichtig, hauptsächlich:* ein Problem von zentraler Bedeutung; die zentrale Figur in einem Roman

Zen·t·ral- *als Erstglied zusammengesetzter Substantive; drückt aus,* ❶ *dass das mit dem Zweitglied Bezeichnete die Geltung, Position oder der organisatorischen Funktion nach den höchsten Stellenwert hat bzw. den Mittelpunkt in entsprechendem Bereich bildet* ◆-abitur, -anschluss, -anstalt, -antiquariat, -apotheke, -archiv, -arterienverschluss, -atom, -ausschuss, -bank, -bau, -bibiothek, -büro, -deponie, -finanzamt, -flughafen, -friedhof, -gestirn, -gewalt, -hirn, -institut, -klinik(um), -lager, -logistik, -markt, -massiv, -notenbank, -organ, -perspektive, -projektion, -prüfung, -regierung, -register, -ruf, -sekretariat, -teilchen, -verband, -vorrichtung, -wert, -wirtschaft, -zeit, -zylinder, ❷ *dass das mit dem Zweitglied nur generell und nicht spezifisch Bezeichnete seiner Geltung, Position oder der organisatorischen Funktion nach den höchsten Stellenwert hat bzw. den Mittelpunkt bildet* ◆-bereich, -dienst, -dokument, -figur, -funktion, -instanz ❸GEOGR. *dass es sich um die Mitte/den mittleren Teil des mit dem Zweitglied Bezeichneten handelt* ◆-anatolien, -asien, -atlantik, -australien, -europa, -mexiko, -osteuropa, -pazifik, -portugal, -sahara, -sudan

zen·t·ral- *als Erstglied einiger zusammengesetzter Adjektive; drückt aus,* ❶ *dass das mit dem Zweitglied Bezeichnete der Funktion oder Position nach übergeordneter Art ist* ◆-beheizt, -geheizt, -nervös ❷GEOGR. *dass es sich um den mittleren Teil des mit dem Zweitglied Bezeichneten handelt* ◆-afrikanisch, -amerikanisch, -asiatisch, -europäisch

Zen·t·ral·af·ri·ka <-s> GEOGR. *die Mitte des afrikanischen Kontinents* ▸ Zentralafrikaner, Zentralafrikanerin, zentralafrikanisch, Zentralafrikanische Republik

Zen·t·ral·ame·ri·ka <-s> *festländischer Teil Mittelamerikas* ▸ zentralamerikanisch

Zen·t·ral·bank *die* <-, -en> WIRTSCH. *Notenbank, die Träger der Politik eines Währungssystems ist:* die Europäische Zentralbank

Zen·t·ra·le *die* <-, -n> ❶ *leitende Stelle in einer Organisation:* die Zentrale einer Partei; Die Zentrale hat einen Beschluss gefasst. ◆Partei-, Verbands- ❷ *leitende Stelle einer Firma, von der aus etwas gesteuert wird und Informationen weitergeleitet werden:* die Zentrale eines Taxiunternehmens/eines Hilfsdienstes; von der Zentrale informiert werden ◆Taxi- ❸ *Stelle, an der bei einer großen Telefonanlage Anrufe eingehen und weitergeleitet werden:* bei der Zentrale anrufen und sich weiterverbinden lassen ◆Telefon- ❹TECHN. *(≈ Schaltzentrale) Die Anlage wird von einer Zentrale aus gesteuert.;* die Zentrale eines Kraftwerks

Zen·t·ral·ein·heit *die* <-, -en> EDV *der Prozessor eines Computers*

Zen·t·ral·hei·zung *die* <-, -en> *System, bei dem von einer Heizungsanlage im Keller aus die Heizungen im ganzen Haus betrieben werden:* ein Haus mit Zentralheizung

zen·t·ra·li·sie·ren *mit OBJ* ▪ *jmd. zentralisiert etwas* Akk. *(geh.) etwas an einer Stelle zusammenfassen oder von ihr ausgehen lassen:* die Verwaltung zentralisieren; die Vergabe von Studienplätzen zentralisieren

Zen·t·ra·lis·mus *der* <-> */kein Plur./* POL. *(↔ Föderalismus) das Streben nach Zusammenführung der Verwaltung und Machtausübung an einer Stelle:* ein nach dem Prinzip des Zentralismus organisiertes Staatswesen

zen·t·ra·lis·tisch *adj /nicht steig./ (↔ föderalistisch) auf den Zentralismus bezogen oder zu ihm gehörend:* ein zentralistisches Land; eine zentralistisch aufgebaute Organisation

Zen·t·ral·ko·mi·tee *das* <-s, -s> POL. *Führungsgremium einer kommunistischen Partei*

Zen·t·ral·ner·ven·sys·tem *das* <-(e)s, -e> BIOL. *der aus Gehirn und Rückenmark bestehende Teil des Nervensystems:* Höher entwickelte Tiere besitzen ein Zentralnervensystem.

Zen·t·ral·or·gan *der* <-s, -e> *die offizielle Zeitung[1] einer Partei oder Massenorganisation*

Zen·t·ral·rat *der* <-(e)s, Zentralräte> POL. *Spitzengremium eines Verbandes:* der Zentralrat der Juden in Deutschland

Zen·t·ral·rech·ner *der* <-s, -> EDV *(≈ Server) zentraler Rechner eines Systems von miteinander vernetzten Computern:* Zugriff auf den Zentralrechner haben

Zen·t·ral·ver·rie·ge·lung *die* <-, -en> KFZ *Vorrichtung, mit der in einem Auto alle Türen gleichzeitig verriegelt werden können*

zen·t·rie·ren *mit OBJ* ▪ *jmd. zentriert etwas* TECHN. *auf einen Mittelpunkt ausrichten:* Das Rad muss neu zentriert werden, es läuft nicht mehr rund. ▸ patientenzentriert, konfliktzentriert

Zen·t·ri·fu·gal·kraft *die* <-, ...-kräfte> PHYS. *(≈ Fliehkraft ↔ Zentripetalkraft) die Kraft, die bei einer Drehbewegung nach außen gerichtet ist*

Zen·t·ri·fu·ge *die* <-, -n> PHYS. *eine Maschine, die die Zentrifugalkraft technisch nutzt:* eine Flüssigkeit in einer Zentrifuge in verschiedene Bestandteile zerlegen ▸ zentrifugieren

Zen·t·ri·pe·tal·kraft *die* <-, ...-kräfte> */kein*

Z

Plur./ PHYS. *(↔ Zentrifugalkraft) die Kraft, die bei einer Drehbewegung nach innen gerichtet ist*
zen·t·risch *adj /nicht steig./ so, dass es sich im Mittelpunkt befindet*
Zen·t·rum *das* <-s, Zentren> ❶ *Mittelpunkt:* das Zentrum eines Kreises; das Zentrum eines Erdbebens ❷ *Stadtmitte:* Wo geht es zum Zentrum?; Fahren Sie Richtung Zentrum! ❸ *Stelle, an der sich etwas sammelt oder zusammenballt:* das Zentrum eines Sturms; die Zentren der Macht; ein industrielles/kulturelles Zentrum; ■ **im Zentrum der Aufmerksamkeit stehen** *am meisten beachtet werden* ◆Einkaufs-, Forschungs-, Presse-, Sport-
Ze·phir, *a.* **Ze·phyr** *der* <-s, -e> */kein Plur./* ❶ */kein Plur./ der Gott des Windes in der griechischen Mythologie* ❷ LIT. *leichter Wind*
Zep·pe·lin *der* <-s, -e> *ein Luftfahrzeug, das von einem langen, mit Gas gefülltem Körper getragen und von einem Motor mit Propeller angetrieben wird*
Zep·ter, *a.* **Szep·ter** *das/der* <-s, -> *eine Art Stab, der reich verziert ist und das Machtsymbol eines Herrschers darstellt:* Der König hält auf dem Bild Zepter und Reichsapfel in den Händen.; ■ **das Zepter führen/schwingen** *(umg. scherzh.) bestimmen, was getan wird*
zer·bei·ßen <zerbeißt, zerbiss, hat zerbissen> *mit OBJ* ❶ ■ *jmd./ein Tier zerbeißt etwas etwas durch Beißen in mehrere kleine Stücke teilen:* Der Hund hat seine Leine zerbissen.; Das Eichhörnchen zerbeißt die Nüsse. ❷ ■ *Insekten zerbeißen jmdn. (umg.) durch viele Insektenstiche oder -bisse verletzen:* Die Mücken haben uns völlig zerbissen.; von Flöhen zerbissen sein
Zer·be·rus, *a.* **Cer·be·rus** *der* <-s> ❶ *in der griechischen Mythologie der Hund, der den Eingang zur Unterwelt bewacht* ❷ *(umg. scherzh.) Person, die streng über oder vor etwas wacht:* Der Zerberus an der Pforte hätte mich beinahe nicht hereingelassen.
zer·beu·len <zerbeulst, zerbeulte, hat zerbeult> *mit OBJ* ■ *jmd./etwas zerbeult etwas viele Beulen in etwas machen:* Der Hagel hat viele Autodächer zerbeult.
zer·bom·ben <zerbombst, zerbombte, hat zerbombt> *mit OBJ* ■ *etwas zerbombt etwas etwas durch Bomben völlig kaputt machen:* eine Stadt zerbomben; zerbombte Häuser
zer·bre·chen <zerbrichst, zerbrach, hat/ist zerbrochen> **I.** *mit OBJ (haben)* ■ *jmd. zerbricht etwas etwas in zwei oder viele Teile brechen:* Er hat den Teller zerbrochen. **II.** *ohne OBJ (sein)* ❶ ■ *etwas zerbricht in zwei oder viele Teile brechen:* Der Teller ist zerbrochen.; einen Stab zerbrechen ❷ ■ *etwas zerbricht (geh.) scheitern:* Ihre Freundschaft ist zerbrochen.; Das Bündnis der beiden Länder ist über den Grenzstreitigkeiten zerbrochen. ❸ ■ *jmd. zerbricht an etwas Dat. sich seelisch von etwas nicht mehr erholen:* Er ist an seinem schweren Los trotz allem nicht zerbrochen.; ■ **sich den Kopf zerbrechen** *(umg.) angestrengt nachdenken*
zer·brech·lich *adj* ❶ *so, dass es leicht zerbricht:*

ein zerbrechliches Material; Glas ist sehr zerbrechlich ❷ *(≈ grazil) so, dass es einen sehr zarten Körper hat:* ein zerbrechliches kleines Kind
zer·brö·ckeln <zerbröckelst, zerbröckelte, hat/ist zerbröckelt> **I.** *mit OBJ (haben)* ■ *jmd. zerbröckelt etwas etwas in viele kleine Stücke brechen:* Er hat den Kuchen zerbröckelt. **II.** *ohne OBJ (sein)* ■ *etwas zerbröckelt in viele kleine Teile auseinanderfallen:* Der Fels/Die Mauer/Das Gebäck ist zerbröckelt. ▶Zerbröckelung/Zerbröcklung
zer·brö·seln <zerbröselst, zerbröselte, hat zerbröselt> *mit OBJ* ■ *jmd. zerbröselt etwas etwas zerbröckeln[1]*
zer·dep·pern <zerdepperst, zerdepperte, hat zerdeppert> *mit OBJ* ■ *jmd. zerdeppert etwas (umg.) gegen etwas schlagen und es dadurch in viele einzelne Stücke oder Scherben zerlegen:* Wer hat die Vase zerdeppert?
zer·drü·cken <zerdrückst, zerdrückte, hat zerdrückt> *mit OBJ* ❶ ■ *jmd. zerdrückt etwas etwas durch Drücken in einen breiigen Zustand bringen:* eine Banane/gekochte Kartoffeln mit einer Gabel zerdrücken ❷ ■ *jmd./etwas zerdrückt jmdn./etwas jmdn. oder etwas durch Drücken zerstören oder töten:* eine Blume/eine Fliege/eine Mücke zerdrücken; Das Opfer ist zwischen den beiden Autos regelrecht zerdrückt worden. ❸ ■ *jmd. zerdrückt etwas etwas durch Drücken unförmig machen:* Der Baumwollrock ist völlig zerdrückt.
ze·re·b·ral *adj /nicht steig./* MED. *das Gehirn betreffend:* eine zerebrale Lähmung/Störung
Ze·re·mo·nie, **Ze·re·mo·nie** *die* [...'mo:niə] <-, Zeremonien> *eine Handlung, die nach einer vorgeschriebenen Form abläuft und sehr feierlich ist:* die Zeremonie der Bestattung/Taufe/Trauung ◆Begrüßungs-, Bestattungs-, Tauf-, Trauungs-
Ze·re·mo·ni·ell *das* <-s, -e> *Regeln und Vorschriften, die den Ablauf einer feierlichen Handlung regeln:* das diplomatische/militärische Zeremoniell; das festgelegte Zeremoniell bei Hofe
ze·re·mo·ni·ell <nicht steig> *adj /nur attr./ in der Art einer Zeremonie:* eine zeremonielle Begrüßung
zer·fah·ren[1] *adj so, dass es durch vieles Befahren beschädigt ist:* eine völlig zerfahrene Straße
zer·fah·ren[2] *adj nervös und unkonzentriert:* Sie wirkte völlig zerfahren.; einen zerfahrenen Eindruck machen ▶Zerfahrenheit
Zer·fall *der* <-(e)s> */kein Plur./* ❶ *der Prozess der allmählichen Auflösung von etwas:* der Zerfall eines Bauwerks; den Zerfall zahlreicher wertvoller Kulturdenkmäler aufhalten; Der Leichnam befindet sich im Stadium des Zerfalls. ❷ *der Untergang eines Reiches, einer Regierung o. Ä.:* der Zerfall des Römischen Reiches ❸ PHYS. *die spontane Spaltung des Atomkerns:* der Zerfall radioaktiver Atomkerne
zer·fal·len <zerfällt, zerfiel, ist zerfallen> *ohne OBJ* ❶ ■ *etwas zerfällt untergehen; nicht mehr existieren:* Wie konnte das Römische Reich zerfallen?; Das Bündnis/Die Freundschaft ist zerfallen. ❷ ■ *etwas zerfällt sich allmählich in seine Be-*

Z

standteile auflösen: etwas zerfällt zu Staub; Die alte Mauer ist zerfallen.; Der Tierkadaver zerfällt. ❸ ■ *etwas zerfällt* PHYS. *sich spontan spalten:* Radioaktive Atomkerne zerfallen. ❹ ■ *etwas zerfällt in etwas Akk. sich gliedern:* Das Fach zerfällt in mehrere Teilbereiche.; Der Vortrag zerfällt in mehrere Abschnitte.

Zer·falls·pro·dukt *das* <-(e)s, -e> PHYS. *etwas, das als Ergebnis einer Kernspaltung entsteht*

Zer·falls·pro·zess *der* <-es, e> *der Vorgang, dass etwas zerfällt*[3]

zer·fẹt·zen <zerfetzt, zerfetzte, hat zerfetzt> *mit OBJ* ❶ ■ *jmd. zerfetzt etwas mit Gewalt in Stücke reißen:* Sie zerfetzte wütend den Brief.; Der Hund hat ihm die das Bein/die Hose zerfetzt.; Der Sturm hat das Zelt völlig zerfetzt. ❷ ■ *ein Tier zerfetzt jmdn./etwas ein Tier reißt jmdn. oder etwas in Stücke;* ■ **jemanden/etwas in der Luft zerfetzen** *(übertr.) jmdn. oder etwas meist öffentlich vernichtend kritisieren*

zer·flẹd·dern <zerfledderst, zerfledderte, hat zerfleddert> *mit OBJ* ■ *jmd. zerfleddert etwas durch häufigen oder unachtsamen Gebrauch schwer beschädigen;* ein völlig zerfleddertes Buch

zer·flei·schen <zerfleischst, zerfleischte, hat zerfleischt> **I.** *mit OBJ* ❶ ■ *ein Tier zerfleischt jmdn./etwas mit den Zähnen in Stücke reißen:* Der Löwe zerfleischte sein Opfer.; Der Hund hat ihm das Bein zerfleischt. ► Zerfleischung ❷ ■ *etwas zerfleischt jmdn. (geh.) mit innerlichen Qualen füllen:* Selbstzweifel zerfleischten ihn. **II.** *mit SICH* ■ *jmd. zerfleischt sich (geh.) innere Qualen wegen etwas leiden:* sich vor Kummer/mit Vorwürfen zerfleischen

zer·flie·ßen <zerfließt, zerfloss, ist zerflossen> *ohne OBJ* ❶ ■ *etwas zerfließt (≈ schmelzen) flüssig werden:* Die Butter ist in der Wärme völlig zerflossen.; Das Eis/Der Schneemann zerfließt in der Sonne. ❷ ■ *etwas zerfließt in den Konturen unscharf werden:* Die Farbe/Tinte zerfließt auf dem Papier. ❸ ■ *jmd. zerfließt (umg. übertr.) sehr schwitzen:* Wir sind in der Hitze fast zerflossen.; ■ **vor Selbstmitleid/Trauer/Bescheidenheit o. Ä. zerfließen** *(umg. übertr. abwert.) übertrieben stark sein Selbstmitleid/seine Trauer/seine Bescheidenheit o. Ä. zeigen*

zer·frẹs·sen <zerfrisst, zerfraß, hat zerfressen> *mit OBJ* ❶ ■ *ein Tier zerfrisst etwas Löcher in etwas fressen und es somit beschädigen:* Die Motten haben die Pullover zerfressen.; Würmer haben das Holz zerfressen. ❷ ■ *etwas zerfrisst etwas beschädigen; angreifen:* Rost/Säure zerfrisst das Metall.

zer·fụrcht *adj mit vielen Furchen:* eine zerfurchte Stirn

zer·ge·hen <zergehst, zerging, ist zergangen> *ohne OBJ* ❶ ■ *etwas zergeht (≈ sich auflösen)* Das Pulver zergeht im Wasser ❷ ■ *etwas zergeht flüssig werden:* Die Butter/Das Eis zergeht in der Sonne.

zer·glie·dern <zergliederst, zergliederte, hat zergliedert> *mit OBJ* ❶ ■ *jmd. zergliedert etwas etwas in seine Teile zerlegen:* den Arbeitsprozess zergliedern ❷ ■ *jmd. zergliedert etwas Akk.*

etwas analysieren: einen komplexen Satz zergliedern ► Zergliederung

zer·hạ·cken *mit OBJ* ■ *jmd. zerhackt etwas etwas in einzelne Stücke hacken:* Holz/einen Schrank zerhacken

zer·hau·en <zerhaust, zerhaute, hat zerhauen> *mit OBJ* ❶ ■ *jmd. zerhaut etwas etwas mit einem Schlag trennen:* einen Knoten/ein Seil mit einem Messer/Schwert zerhauen ❷ ■ *jmd. zerhaut etwas (umg.: ≈ zerschlagen)* Wer hat denn Omas gutes Geschirr zerhauen?

zer·klei·nern <zerkleinerst, zerkleinerte, hat zerkleinert> *mit OBJ* ■ *jmd. zerkleinert etwas etwas in kleine Stücke teilen:* den Apfel/die Gurke mit dem Messer zerkleinern ► Zerkleinerung

zer·klüf·tet *adj mit tiefen Spalten und Rissen:* zerklüftete Felswände ► Zerklüftung

zer·knirscht *adj so, dass man Reue zeigt, weil man etwas falsch gemacht hat:* Nachdem sie ihren Fehler eingesehen hatte, war sie völlig zerknirscht.; ein zerknirschtes Gesicht machen ► Zerknirschtheit, Zerknirschung

zer·knịt·tern <zerknitterst, zerknitterte, hat zerknittert> *mit OBJ* ■ *jmd. zerknittert etwas viele Falten in etwas machen und es so aus der Form bringen:* Ich habe mir meinen Rock beim Sitzen im Auto zerknittert.; den zerknitterten Anzug auf einen Bügel hängen; nach dem Aufstehen ein zerknittertes Gesicht haben

zer·knül·len <zerknüllst, zerknüllte, hat zerknüllt> *mit OBJ* ■ *jmd. zerknüllt etwas etwas zu einer Art Kugel zusammendrücken:* einen Brief zerknüllen und wegwerfen; zerknülltes Papier wieder glatt streichen

zer·kọ·chen <zerkochst, zerkochte, hat/ist zerkocht> **I.** *mit OBJ (haben)* ■ *jmd. zerkocht etwas etwas so lange kochen lassen, bis es breiig wird:* Du darfst die Kartoffeln nicht zerkochen! **II.** *ohne OBJ (sein)* ■ *etwas zerkocht so lange kochen, bis es breiig wird:* Die Nudeln zerkochen, wenn du sie nicht abgießt!; Das Gemüse ist völlig zerkocht.

zer·krạt·zen <zerkratzt, zerkratzte, hat zerkratzt> *mit OBJ* ■ *jmd. zerkratzt etwas viele Kratzer in etwas machen:* eine Scheibe zerkratzen; Meine Beine sind von dem Gestrüpp völlig zerkratzt.

zer·krü·meln <zerkrümelst, zerkrümelte, hat/ist zerkrümelt> **I.** *mit OBJ (haben)* ■ *jmd. zerkrümelt etwas etwas zu vielen Krümeln zerreiben:* das Brot mit den Fingern zerkrümeln **II.** *ohne OBJ (sein)* ■ *etwas zerkrümelt zu Krümeln zerfallen:* Der Kuchen ist beim Aufschneiden zerkrümelt.

zer·lạs·sen <zerlässt, zerließ, hat zerlassen> *mit OBJ* ■ *jmd. zerlässt etwas* KOCH. *etwas durch Erhitzen flüssig machen:* Butter/Fett in der Pfanne zerlassen; Zwiebeln in zelassener Butter anbraten/bräunen

zer·leg·bar *adj /nicht steig./ so, dass es in seine einzelnen Teile zerlegt werden kann:* ein zerlegbarer Campingtisch ► Zerlegbarkeit

zer·le·gen <zerlegst, zerlegte, hat zerlegt> *mit OBJ* ❶ ■ *jmd. zerlegt etwas alle Verbindungen zwischen den einzelnen Teilen eines Gegenstan-*

Z

des lösen: eine Uhr in ihre Einzelteile zerlegen; die Möbel zum Transport zerlegen ❷ ■ *jmd. zerlegt etwas eine Speise in kleine Portionen teilen:* den Braten/einen Fisch/Geflügel Fisch zerlegen ❸ ■ *jmd. zerlegt etwas (umg.) etwas kaputtmachen:* Das Auto ist beim Unfall völlig zerlegt worden.; Der Boxer hat seinen Gegner regelrecht zerlegt. ▻ Zerlegung

zer·lumpt *adj* ❶ *zerrissen und alt:* zerlumpte Kleidung; zerlumpt herumlaufen ❷ *in Lumpen gekleidet:* zerlumpte, abgemagerte Gestalten

zer·mal·men <zermalmst, zermalmte, hat zermalmt> *mit OBJ* ■ *etwas zermalmt jmdn./etwas jmdn. oder etwas durch großen Druck töten oder zerstören:* Das Opfer ist von den Rädern des Zuges regelrecht zermalmt worden.; Die Lawine hat alles zermalmt, was in ihrem Weg stand. ▻ Zermalmung

zer·man·schen <zermanschst, zermanschte, hat zermanscht> *mit OBJ* ■ *jmd. zermanscht etwas Akk. (umg.) etwas so drücken, dass es zu Brei wird:* die Kartoffeln mit dem Gemüse zermanschen

zer·mar·tern <zermarterst, zermarterte, hat zermartert> *mit OBJ* ■ *jmd. zermartert sich das Gehirn/den Kopf sich intensiv und sehr angestrengt Gedanken über etwas machen:* Du musst dir deshalb nicht das Gehirn zermartern!

zer·mür·ben <zermürbst, zermürbte, hat zermürbt> *mit OBJ/ohne OBJ* ■ *etwas zermürbt jmdn. jmdn. erschöpft und hoffnungslos machen:* Die Jahre der vergeblichen Anstrengung haben ihn zermürbt.; den Gegner durch ständige Belagerung zermürben; die zermürbende Wartezeit ▻ zermürbt, Zermürbung

zer·na·gen <zernagst, zernagte, hat zernagt> *mit OBJ* ■ *jmd./ein Tier zernagt etwas etwas durch Nagen zerstören:* Mäuse haben das Holz zernagt.

Ze·ro·plas·tik *Prozess, bei dem Plastik aus Wachs hergestellt wird vgl.* **Keroplastik**

zer·pflü·cken <zerpflückst, zerpflückte, hat zerpflückt> *mit OBJ* ❶ ■ *jmd. zerpflückt etwas etwas mit den Händen in einzelne Stücke reißen:* den Teig (in kleine Stückchen) zerpflücken; den Salat zerpflücken ❷ ■ *jmd. zerpflückt etwas (umg. übertr.) etwas in allen Einzelheiten negativ bewerten:* Der Lehrer hat unseren Vortrag regelrecht zerpflückt.

zer·plat·zen <zerplatzt, zerplatzte, ist zerplatzt> *ohne OBJ* ❶ ■ *etwas zerplatzt vom (inneren) Druck auseinandergerissen werden:* Der Luftballon/ein Reifen/eine Seifenblase zerplatzt. ❷ ■ *etwas zerplatzt (übertr.: ≈ scheitern)* Unsere Hoffnungen/Träume sind zerplatzt.

zer·quet·schen <zerquetschst, zerquetschte, hat zerquetscht> *mit OBJ* ■ *jmd./etwas zerquetscht jmdn./etwas jmdn. oder etwas durch große Kraft schwer oder tödlich verletzen oder schwer beschädigen:* ein Insekt mit dem Finger zerquetschen; Ein herabfallender Stein hat seinen Fuß zerquetscht.

Zerr·bild *das* <-(e)s, -er> *eine Darstellung, die ab-*

sichtlich falsch ist: Der Bericht gibt nur ein Zerrbild der Wirklichkeit wider.

zer·re·den <zerredest, zerredete, hat zerredet> *mit OBJ* ■ *jmd. zerredet etwas (abwert.) zu lange über eine Sache reden und ihr damit schaden, weil sich schließlich niemand mehr dafür interessiert:* Die Kollegen haben ihren guten Vorschlag in der Versammlung zerredet.

zer·rei·ben <zerreibst, zerrieb, hat zerrieben> *mit OBJ* ❶ ■ *jmd. zerreibt etwas durch Reiben in sehr feine einzelne Stücke auflösen:* den Stein zu Sand zerreiben; feines Papier zwischen den Fingern zerreiben; den Pfeffer zu einem feinen Pulver zerreiben ❷ *(übertr.) vernichten:* die feindlichen Truppen zwischen zwei Fronten zerreiben ▻ zerreibbar, Zerreibung

zer·rei·ßen <zerreißt, zerriss, hat/ist zerrissen> **I.** *mit OBJ (haben)* ❶ ■ *jmd. zerreißt etwas durch Reißen bewirken, dass etwas in einzelne Stücke zerfällt:* Sie hat den Brief zerrissen.; Er hat den Faden zerrissen. ❷ ■ *etwas/ein Tier zerreißt jmdn./etwas jmdn. oder etwas in Stücke reißen:* Der Hund hat ihm die Hose/das Bein zerrissen.; Die Wölfe zerreißen ihr Opfer.; Das Geschoss hat das Opfer förmlich zerrissen. ▻ zerreißbar, Zerreißung ❸ ■ *etwas zerreißt etwas (geh. übertr.) etwas plötzlich stören oder unterbrechen:* Ein Schrei zerreißt die Stille.; Ein Lichtstrahl zerriss das Dunkel. **II.** *ohne OBJ (sein)* ■ *etwas zerreißt viele Risse bekommen und in Stücke gehen:* Das Papier zerreißt leicht.; Der Stoff ist zerrissen.; Wenn du noch kräftiger ziehst, zerreißt die Schnur.; Der Nebel/die Wolkendecke zerreißt.; Ihre Nerven waren zum Zerreißen gespannt. **III.** *mit SICH (haben)* ■ *jmd. zerreißt sich für jmdn./etwas (umg.) sich für jmdn. oder etwas außerordentlich stark bemühen:* Sie hat sich für ihre Arbeit zerrissen.; Er hat sich förmlich zerrissen, um ihr alle Wünsche zu erfüllen.; ■ **Ich kann mich doch nicht zerreißen!** *Ich kann nicht alles auf einmal machen;* ■ *sich vor Lachen zerreißen (umg. übertr.) sehr laut lachen*

Zer·reiß·pro·be *die* <-, -n> *harte Belastungsprobe:* eine Zerreißprobe für ihre Freundschaft

zer·ren I. *mit OBJ* ❶ ■ *jmd. zerrt jmdn./etwas irgendwohin jmdn. gegen körperlichen Widerstand oder etwas mit großer Anstrengung an einen Ort ziehen:* jemanden aus dem Bett zerren; Der Täter zerrte sein Opfer in ein Gebüsch.; Sie zerrte einen schweren Karren hinter sich her/die Straße entlang. ❷ ■ *jmd. zerrt jmdn./etwas irgendwohin (abwert.) jmdn. gegen seinen Widerstand an einen Ort bringen oder etwas öffentlich bekanntmachen:* jemanden vor Gericht zerren; etwas an die Öffentlichkeit zerren ❸ ■ *jmd. zerrt sich etwas* MED. *etwas überdehnen:* Ich habe mir einen Muskel gezerrt. **II.** *mit OBJ/ohne OBJ* ■ *jmd. zerrt (jmdn.) an etwas Dat. heftig an jmdm. oder einem Teil von jmdm. ziehen:* Du sollst (andere) nicht immer an den Haaren zerren!; Sie zerrte die Mutter am Rock.; Sie zerrte am Rock der Mutter. **III.** *ohne OBJ* ■ *etwas/ein Tier zerrt an etwas Dat. heftig an etwas ziehen:* Der Hund

Z

zerrt an der Leine.; Das Warten zerrt an den Nerven.

zer·rin·nen <zerrinnst, zerrann, ist zerronnen> *ohne OBJ* ❶ ■ *etwas zerrinnt flüssig werden; weglaufen:* Der Schnee zerrinnt in der Sonne. ❷ ■ *etwas zerrint (geh. übertr.)* verloren gehen; Ihre Träume/Hoffnungen sind zerronnen.

Zer·rung *die* <-, -en> MED. *(≈ Überdehnung)* Ich habe eine Zerrung in der Wade. ◆Muskel-, Sehnen-

zer·rüt·ten <zerrüttet, zerrüttete, hat zerrüttet> **I.** *mit OBJ* ■ *etwas zerrüttet jmdn. jmdn. dauerhaft schädigen:* Das viele Rauchen hat seine Gesundheit zerrüttet. **II.** *ohne OBJ* ■ *etwas ist zerrüttet etwas nicht mehr wieder herzustellen:* Die Ehe ist zerrüttet.; zerrüttete Familienverhältnisse ▶ Zerrüttung

zer·schel·len <zerschellst, zerschellte, ist zerschellt> *ohne OBJ* ■ *etwas zerschellt in viele einzelne Stücke brechen, weil es gegen etwas gestoßen ist:* Der Hubschrauber zerschellte am Boden.; Die Schüssel zerschellte in tausend Stücke.

zer·schie·ßen <zerschießt, zerschoss, hat zerschossen> *mit OBJ* ■ *jmd. zerschießt etwas durch Schüsse zerstören:* zerschossene Fenster

zer·schla·gen[1] <zerschlägst, zerschlug, hat/ist zerschlagen> **I.** *mit OBJ (haben)* ❶ ■ *jmd. zerschlägt etwas durch Schlagen bewirken, dass etwas in einzelne Teile zerfällt:* eine Schüssel zerschlagen, indem man sie fallen lässt; Der Stein hat das Fenster zerschlagen.; eine Scheibe mit einem Hammer zerschlagen ❷ ■ *jmd. zerschlägt jmdn./etwas besiegen:* Die gegnerischen Truppen sind zerschlagen worden. ❸ ■ *jmd. zerschlägt etwas unschädlich machen:* Die Polizei hat einen Ring von Drogendealern zerschlagen. **II.** *ohne OBJ (sein)* ■ *etwas zerschlägt kaputtgehen:* Das Glas zerschlägt, wenn es zu Boden fällt.; Die Vase ist auf dem harten Boden zerschlagen. **III.** *mit SICH (haben)* ■ *etwas zerschlägt sich scheitern oder sich nicht realisieren lassen:* All ihre Hoffnungen zerschlugen sich.; Aufgrund des schlechten Wetters haben sich unsere Pläne leider zerschlagen. ▶ Zerschlagung

zer·schla·gen[2] *adj* körperlich sehr erschöpft: Sie fühlt sich abends immer völlig zerschlagen.

zer·schlis·sen *adj* als Kleidungsstück vom vielen Tragen abgenutzt: eine zerschlissene Hose

zer·schmet·tern <zerschmetterst, zerschmetterte, hat zerschmettert> *mit OBJ* ■ *etwas zerschmettert etwas* etwas mit großer Kraft treffen und dadurch zerstören: eine Scheibe mit einem Ball zerschmettern; ein Glas am Boden zerschmettern; Die Kugel hat seine Hand zerschmettert. ▶ Zerschmetterung

zer·schnei·den <zerschneidest, zerschnitt, hat zerschnitten> *mit OBJ* ❶ ■ *jmd. zerschneidet etwas etwas in einzelne Stücke schneiden:* den Apfel mit einem Messer zerschneiden; die Schnur mit einer Schere zerschneiden ❷ ■ *jmd. zerschneidet sich etwas sich mit einer scharfen Klinge oder einem scharfen Messer verletzen:* sich mit einem Messer die Finger zerschneiden ❸ ■ *etwas zerschneidet etwas durch Schneiden verlet-*

zen oder beschädigen: Die Dornen zerschnitten (ihm) seine Beine. ❹ *(übertr.) etwas irgendwie zertrennen oder unterbrechen:* Der Bug des Schiffes zerschneidet die Wellen.; Ein Schrei zerschneidet die Stille. ▶ Zerschneidung

zer·schos·sen *Part. Perf. von* **zerschießen**

zer·schun·den *adj* mit vielen Wunden: ein zerschundener Körper

zer·set·zen <zersetzt, zersetzte, hat zersetzt> **I.** *mit OBJ* ■ *etwas zersetzt etwas* ❶ *bewirken, dass sich etwas in seine Bestandteile auflöst:* Bakterien zersetzen die Abfälle.; Fäulnis zersetzt den Tierkadaver.; Die Säure zersetzt das Metall. ❷ *(abwert.) etwas untergraben oder von innen zerstören:* Diese Vorfälle zersetzen die Moral der Truppe.; eine Organisation zersetzen; eine zersetzende Wirkung der gegnerischen Propaganda **II.** *mit SICH* ■ *etwas zersetzt sich sich in seine Bestandteile auflösen:* Die Abfälle haben sich völlig zersetzt.; Das Metall der Nägel hat sich im Wasser zersetzt, die Holzplanken der Schiffe sind erhalten geblieben.

Zer·set·zung *die* <-, -en> ❶ *Auflösung in seine Bestandteile:* Die Zersetzung des Kadavers ist schon weit fortgeschritten. ❷ *(abwert.) das Untergraben, das Zerstören:* die Zersetzung der Moral der Truppe

zer·sie·deln <zersiedelt, zersiedelte, hat zersiedelt> *mit OBJ (abwert.) durch ungeordnete Bebauung unschön machen:* die Landschaft zersiedeln; Die Gegend um die Großstädte ist durch zahlreiche Wohn- und Gewerbebauten zersiedelt worden. ▶ Zersiedelung

zer·split·tern <zersplitterst, zersplitterte, hat/ist zersplittert> **I.** *mit OBJ (haben)* ■ *etwas zersplittert etwas etwas in viele kleine Teile schlagen:* Der Blitz hat den Baumstamm zersplittert. **II.** *ohne OBJ (sein)* ❶ ■ *etwas zersplittert in sehr viele kleine Teile zerbrechen:* Das Glas ist am Boden zersplittert.; Bei dem Unfall ist die Frontscheibe zersplittert.; Der Baum ist durch den Einschlag des Blitzes regelrecht zersplittert. ❷ ■ *etwas zersplittert (übertr.) in kleine Teile zerfallen:* Die Partei ist in viele kleine Gruppierungen zersplittert.; ein in viele kleine Fürstentümer zersplittertes Land

Zer·split·te·rung *die* <-, -en> ❶ *das Zersplittern II. 1:* Die Zersplitterung der Frontscheibe führte dazu, dass der Fahrer nichts mehr sah. ❷ */kein Plur./ die Eigenschaft, in viele Teile zu zerfallen:* die Zersplitterung einer politischen Bewegung; die Zersplitterung eines Landes

zer·sprin·gen <zerspringt, zersprang, ist zersprungen> *ohne OBJ* ■ *etwas zerspringt aufgrund innerer Spannung reißen; in Stücke gehen:* Die Fliese/Die Glasscheibe/Der Spiegel ist zersprungen.; Das Glas zerspringt, wenn du heißen Tee hineingießt!; Die Vase fällt vom Regal und zerspringt.

zer·stamp·fen <zerstampfst, zerstampfte, hat zerstampft> *mit OBJ* ❶ ■ *jmd. zerstampft etwas etwas durch wiederholtes Drücken zu Brei machen:* Kartoffeln zerstampfen ❷ ■ *jmd./ein Tier zerstampft etwas etwas so mit den Füßen*

Z

treten, dass es zerstört wird: Er zerstampfte die
Blumen mit den Füßen.; Die Wildschweine haben
wieder die Ernte zerstampft
zer·stäu·ben *mit OBJ* ■ *jmd. zerstäubt etwas
Akk. Flüssigkeit in ganz kleine Tröpfchen verwandeln:* das Parfüm/den Haarlack zerstäuben; das
Wasser zerstäuben; die Medizin zum Inhalieren in
einem Gerät zerstäuben ▶ Zerstäubung
Zer·stäu·ber *der* <-s, -> *Vorrichtung zum Zerstäuben:* ein Zerstäuber für Parfüm; mit einem Zerstäuber Wasser auf die Pflanzen sprühen
zer·ste·chen <zerstichst, zerstach, hat zersto-
chen> *mit OBJ* ❶ ■ *jmd. zersticht etwas etwas
mit einem spitzen Gegenstand durchlöchern:* mit
einer Nadel den Luftballon zerstechen; eine Folie
mit einem Messer zerstechen ❷ ■ *etwas zersticht jmdn. jmdn. mit einem spitzen Gegenstand verletzen:* Ich habe mir den Finger zerstochen.; Die Dornen haben ihre Füße zerstochen.
❸ ■ *Insekten zerstechen jmdn. viele Insektenstiche beibringen:* Die Mücken haben mich völlig
zerstochen.
zer·sto·chen *Part. Perf. von* **zerstechen**
zer·stö·ren <zerstörst, zerstörte, hat zerstört>
mit OBJ ❶ ■ *jmd./etwas zerstört etwas etwas
gewaltsam und mutwillig völlig kaputtmachen:*
Die Luftangriffe haben die Stadt völlig zerstört.;
Die Kirche wurde im Krieg zerstört; Der Spielplatz
ist immer wieder von Randalierern zerstört worden.
❷ ■ *etwas zerstört etwas etwas unbrauchbar
werden lassen:* Überbelichtung hat die Fotos zerstört. ❸ ■ *etwas zerstört etwas (übertr.) zunichtemachen:* Der Vorfall hat alle unsere Hoffnungen
zerstört.; Das Vertrauen des Kindes in seine Eltern
war unwiederbringlich zerstört. ▶ Zerstörung
Zer·stö·rer *der*, **Zer·stö·re·rin** <-s, -> ❶ *Person,
die etwas zerstört:* Die Zerstörer kommen immer
im Schutze der Dunkelheit. ❷ */keine weibliche
Form /* MILIT. *ein (großes) Kriegsschiff*
zer·stö·re·risch *adj /nicht steig./ so, dass es zerstört:* zerstörerische Angriffe auf eine Stadt fliegen;
die zerstörerische Kraft eines Erdbebens/Wirbel-
sturms
Zer·stö·rung *die* <-, -en> ❶ */kein Plur./ das Zerstören:* Ziel der Luftangriffe war die Zerstörung
großer Industrieanlagen. ❷ (≈ *Schaden)* Der
Sturm richtete große Zerstörungen an.
Zer·stö·rungs·wut *die* <-> */kein Plur./ der starke
Drang zu zerstören:* die Zerstörungswut der Randalierer; die Zerstörungswut eines Sturmes
zer·sto·ßen <zerstößt, zerstieß, hat zerstoßen>
mit OBJ ■ *jmd. zerstößt etwas durch wiederholtes Stoßen in einzelne Teile zerlegen:* Das Gewürz
wird in einem Mörser zu einem Pulver zerstoßen.
zer·streu·en <zerstreust, zerstreute, hat zer-
streut> **I.** *mit OBJ* ■ *jmd./etwas zerstreut etwas* ❶ *etwas in sehr kleinen Teilen in verschiedene Richtungen über etwas verteilen:* Der Wind
zerstreut die Blätter im Garten.; Seine Asche
wurde in alle Winde zerstreut. ❷ *etwas auflösen:*
Die Polizei zerstreute die neugierige Menge. ❸ *unangenehme Gefühle verschwinden lassen:* Der
Redner zerstreute mit seinem Vortrag die Ängste/
Bedenken/Zweifel des Publikums. ❹ ■ *jmd. zer-

streut jmdn./sich mit etwas Dat. jmdm. oder
sich Ablenkung bieten:* die Kinder während der
Wartezeit mit kleinen Spielen zerstreuen; sich im
Wartezimmer mit Lesen zerstreuen **II.** *mit SICH*
■ *Menschen zerstreuen sich auseinandergehen:* Die Zuschauermenge zerstreute sich allmählich.
zer·streut *adj unkonzentriert und vergesslich:* Sie
wirkt heute sehr zerstreut; dauernd vergisst sie etwas.; ein zerstreuter Professor ▶ Zerstreutheit
Zer·streu·ung *die* <-, -en> ❶ *das Auseinander-
treiben einer Menschenmenge in verschiedene
Richtungen:* die Zerstreuung der neugierigen Menschenmenge durch die Polizei ❷ *das Auseinandergehen:* die Zerstreuung der Freunde nach dem
Ende der Schule ❸ *Beseitigung:* die Zerstreuung
ihrer Ängste/Bedenken/Zweifel ❹ *Ablenkung;
Unterhaltung:* der Zerstreuung des Publikums dienen; Am Abend wurden viele Zerstreuungen geboten.; etwas Zerstreuung suchen
zer·stü·ckeln <zerstückelst, zerstückelte, hat
zerstückelt> *mit OBJ* ■ *jmd. zerstückelt etwas
etwas in Stücke teilen:* eine zerstückelte Leiche;
Das Land wurde zerstückelt und unter verschiedenen Besitzern aufgeteilt. ▶ Zerstückelung, Zer-
stücklung
zer·tei·len <zerteilst, zerteilte, hat zerteilt>
I. *mit OBJ* ❶ ■ *jmd. zerteilt etwas etwas in Stücke teilen:* den Gänsebraten zerteilen ❷ ■ *etwas
zerteilt etwas etwas durchtrennen:* Eine Mauer
zerteilte die Stadt viele Jahre lang.; Der Fluss zerteilt das Land.; Der Bug des Schiffes zerteilt die
Wellen. **II.** *mit SICH* ■ *etwas zerteilt sich sich
teilen:* Der Nebel zerteilt sich. ▶ Zerteilung
Zer·ti·fi·kat *das* <-(e)s, -e> ❶ *amtliche Bescheinigung:* die Echtheit mit einem Zertifikat belegen
❷ *Urkunde über eine abgelegte Prüfung:* ein Zertifikat erhalten/erwerben
zer·ti·fi·zie·ren *mit OBJ* ■ *jmd./etwas zertifi-
ziert jmdn./etwas jmdm. oder etwas ein Zertif-
kat* [1, 2] *verleihen* ▶ Zertifikation, Zertifizierung
zer·tram·peln <zertrampelst, zertrampelte, hat
zertrampelt> *mit OBJ* ■ *jmd./ein Tier zer-
trampelt etwas (umg. abwert.: ≈ zerstampfen²)
etwas zerstören, indem man rücksichtslos darauf
tritt:* die Blumenbeete/die Gartenanlagen zertram-
peln
zer·tre·ten <zertrittst, zertrat, hat zertreten>
mit OBJ ■ *jmd. zertritt etwas/ein Tier etwas
zerstören oder ein Tier töten, indem man darauf
tritt:* ein Blumenbeet/einen Käfer zertreten ▶ Zer-
tretung
zer·trüm·mern <zertrümmerst, zertrümmerte,
hat zertrümmert> *mit OBJ* ■ *jmd. zertrümmert
etwas etwas mit großer Gewalt in kleine Stücke
zerschlagen:* Die Randalierer hatten die gesamte
Einrichtung zertrümmert.; Bei dem Unfall ist sein
Knie zertrümmert worden. ▶ Zertrümmerung
Zer·ve·lat·wurst *die* ['sɛrvəla] <-, -s> *eine Roh-
wurst aus Rind- und/oder Schweinefleisch und
Speck*
zer·wüh·len <zerwühlst, zerwühlte, hat zer-
wühlt> *mit OBJ* ■ *jmd./ein Tier zerwühlt etwas etwas in Unordnung bringen, indem man da-*

Z

rin wühlt: Die Wildschweine zerwühlen den Boden.; ein zerwühltes Bett; zerwühlte Haare haben

Zer·würf·nis *das* <-ses, -se> *(geh.) heftiger Streit, nach dem man meist nicht mehr miteinander redet:* Zwischen den beiden ist es zum Zerwürfnis gekommen.

zer·zau·sen <zerzaust, zerzauste, hat zerzaust> *mit OBJ* ■ *jmd./etwas zerzaust etwas* etwas, *das aus vielen einzelnen Teilen besteht, dadurch in Unordnung bringen, dass man in verschiedenen Richtungen hindurchfährt:* Der Wind hat ihre Haare zerzaust.; ein Vogel mit einem zerzausten Gefieder ► Zerzausung

Ze·ter ■ **Zeter und Mordio schreien** *(umg.) übermäßig heftig und laut gegen etwas protestieren* Das kleine Mädchen schrie Zeter und Mordio, als der Arzt sie untersuchen wollte.

ze·tern <zeterst, zeterte, hat gezetert> *ohne OBJ* ■ *jmd. zetert (umg. abwert.) laut schimpfen und jammern:* Wegen jeder Kleinigkeit muss er zetern!

Zet·tel *der* <-s, -> *kleines Stück Papier, auf das etwas notiert wird:* eine Nachricht/Notiz auf einem Zettel hinterlassen ◆ Bestell-, Einkaufs-, Merk-, Notiz-

Zet·tel·kas·ten *der* <-s, Zettelkästen> *Kasten für Zettel, auf denen Notizen stehen*

Zeug *das* <-(e)s, -e> ❶ */kein Plur./ (umg. abwert.) Sammelbezeichnung für uninteressante oder wertlose Dinge, die man nicht beim Namen nennen will:* Ich will das Zeug hier nicht mehr sehen!; Das Zeug kommt mir sofort aus dem Haus!; Wem gehört das ganze Zeug hier?; Willst du dieses Zeug wirklich essen? ❷ */kein Plur./ (umg. abwert.) Unsinn:* Was erzählt er nur für Zeug?; Rede doch kein (dummes) Zeug!; Glaubst du das Zeug etwa, was in dieser Zeitung steht? ❸ */kein Plur./ (veralt.) Kleider, Wäsche ◆ Wäsche- ❹ (veralt.) Geschirr für Zugtiere; ■ (nicht) das Zeug zu etwas haben (umg.) (nicht) die nötigen Fähigkeiten zu etwas haben* Sie hat das Zeug zur Firmenchefin.; ■ **jemandem etwas am Zeug(e) flicken** *(umg.) zu Recht oder Unrecht Schlechtes über jmdn. sagen* Du kannst mir nichts am Zeuge flicken!; ■ **sich (mächtig) ins Zeug legen** *(umg.) sich sehr anstrengen;* ■ **was das Zeug hält** *(umg.) so sehr es geht; mit aller Kraft* Sie rannten, was das Zeug hielt.

-zeug *als Zweitglied zusammengesetzter Substantive; drückt aus, dass die mit dem Erstglied nicht näher bezeichneten Gegenstände für entsprechende Tätigkeiten benötigt werden ◆* Angel-, Arbeits-, Bade-, Feuer-, Flick-, Mal-, Näh-, Rasier-, Schreib-, Schwimm-, Ski-/Schi-, Sport-, Strick-, Turn-, Wasch-

Zeu·ge *der,* **Zeu·gin** *die* <-n, -n> ❶ *Person, die einen bestimmten Vorfall beobachtet hat:* Zeuge eines Gesprächs werden; Gibt es einen Zeugen für den Mord/den Unfall? ◆ Augen-, Belastungs- ❷ RECHTSW. *Person, die vor Gericht zu etwas aussagt:* einen Zeugen vereidigen/vernehmen; ein glaubwürdiger Zeuge; Der Zeuge belastete die Angeklagte mit seinen Aussagen. ◆ Haupt-, Kron- ❸ RECHTSW. *Person, die zu einer Rechtshandlung*

gebeten wird, um sie zu bestätigen: ein Testament vor Zeugen eröffnen; die Zeugen bei einer Trauung ❹ */keine weibliche Form/ (geh. übertr.) Sache, die Beleg für Vergangenes ist:* Findlinge, die steinernen Zeugen der Eiszeit; Die Kathedralen sind Zeugen der Macht und des Reichtums der Kirchenfürsten.

zeu·gen¹ *mit OBJ* ❶ ■ *ein Mann zeugt ein Kind durch Geschlechtsverkehr ein neues Leben entstehen lassen:* ein Kind/neues Leben zeugen ❷ ■ *etwas zeugt etwas (geh.) verursachen, hervorbringen:* Misstrauen zeugt nur Streit. ► erzeugen

zeu·gen² *ohne OBJ* ❶ ■ *jmd. zeugt für etwas* Akk. *als Zeuge vor Gericht aussagen:* Sie kann für seine Unschuld zeugen.; Ich zeuge dafür, dass er an jenem Abend zu Hause war. ❷ ■ *etwas zeugt von etwas* Dat. *Zeichen von etwas sein:* Sein Verhalten zeugt nicht gerade von Intelligenz.; Die Kirche zeugt von der großen Baukunst ihrer Schöpfer.

Zeu·gen·aus·sa·ge *die* <-, -n> RECHTSW. *Aussage eines Zeugen²* vor Gericht: *eine Zeugenaussage machen; auf Grund von Zeugenaussagen verurteilt werden*

Zeu·gen·schutz *der* <-es> */kein Plur./ der Sachverhalt, dass die persönlichen Daten und der Wohnort eines Zeugen² nicht bekanntgegeben werden*

Zeu·gen·stand *der* <-(e)s> */kein Plur./ RECHTSW. der Platz, an dem die Zeugen² vor Gericht ihre Aussage machen:* jemanden in den Zeugenstand rufen

Zeug·haus *das* <-es, Zeughäuser> GESCH., MILIT. *Gebäude, in dem früher Waffen und Kriegsgerät aufbewahrt wurde*

Zeug·nis *das* <-ses, -se> ❶ SCHULE *Dokument mit dem Gesamtnoten eines Schul- oder Lehrjahres:* Am Schuljahresende gibt es die Zeugnisse.; ein gutes/schlechtes Zeugnis haben ◆ Schul-, Abitur-, Zwischen- ❷ *Bewertung für Arbeitnehmer vom Arbeitgeber:* jemandem ein gutes/schlechtes Zeugnis ausstellen ◆ Arbeits- ❸ *Dokument, mit dem etwas bescheinigt wird:* Für bestimmte Berufe ist ein Zeugnis erforderlich. ◆ Führungs-, Gesundheits- ❹ *(geh.) Sache, die Beleg für etwas ist:* Die Arbeit ist ein Zeugnis ihres großen Könnens.; Die Entscheidung ist Zeugnis seines Weitblicks.; Die Funde sind Zeugnisse aus einer längst vergangenen Zeit. ❺ *(geh. o veralt.: ≈ Zeugenaussage) Aussage als Beweis oder Beleg einer Behauptung:* gegen jemanden Zeugnis ablegen; für/gegen etwas Zeugnis ablegen; Du sollst nicht falsch Zeugnis reden wider deinen Nächsten.

Zeu·gung *die* <-, -en> *der Vorgang des Zeugens von Leben:* Beim Geschlechtsakt kam es zur Zeugung.; die Zeugung eines Embryos außerhalb des Mutterleibs durch künstliche Befruchtung

Zeu·gungs·akt *der* <-(e)s, -e> *ein Geschlechtsakt, beim dem es zur Zeugung kommt*

zeu·gungs·fä·hig *adj /nicht steig./ als Mann fähig, Nachkommen zu zeugen:* feststellen lassen, ob ein Mann zeugungsfähig ist ► Zeugungsfähigkeit

zeu·gungs·un·fä·hig *adj /nicht steig./ als Mann*

nicht fähig, Nachkommen zu zeugen: Es war festgestellt worden, dass er zeugungsunfähig ist.
▸ Zeugungsunfähigkeit

z. Hd. *zu Händen: verwendet in einer Adresse, um auszudrücken, dass der Brief innerhalb einer Firma oder Institution an die genannte Person weitergeleitet werden soll:* An die XYZ Software GmbH, z. Hd. Herrn Müller

Zi·be·be *die* <-, -n> SÜDDT., ÖSTERR. *große Rosine*

Zi·cke *die* <-, -n> ❶ ZOOL. *weibliche Ziege* ❷ *(umg. abwert.) Frau oder Mädchen mit einem launischen, schwierigen Charakter:* Sie ist eine dumme Zicke.; Du dumme Zicke!; ▪ **Zicken machen** *(umg.) sich dumm anstellen und Schwierigkeiten machen* ▸ zicken

zi·ckig *adj (umg. abwert.) launisch und eigensinnig:* Sei doch nicht so zickig!; Sie ist ziemlich zickig, ihr kann man nichts recht machen.

Zick·lein *das* <-s, -> ZOOL. *Junges einer Ziege*

Zick·zack ▪ **im Zickzack** *(umg.) so dass die Richtung immer von links nach rechts und zurück wechselt:* im Zickzack laufen

zick·zack *adv im Zickzack:* zickzack laufen

Zi·der *siehe* **Cidre**

Zie·ge *die* <-, -n> ❶ ZOOL. *mittelgroßes Säugetier mit Hörnern und weißem, braunem oder schwarzem kurzen Fell, das als Haustier gehalten wird, weil es Milch gibt:* eine Ziege melken; Ziegen hüten ◆ -nkäse, -nleder ❷ *(umg. abwert.) Frau oder Mädchen mit einem launischen, schwierigen Charakter:* Du blöde Ziege!

Zie·gel *der* <-s, -> ❶ *ein rotbrauner Stein mit einer meist rechteckigen Form, aus gebranntem Ton/Lehm, der zum Bauen verwendet wird:* eine Wand aus Ziegeln mauern; ein Dach mit Ziegeln decken ◆ -mauer, -stein, Lehm-, Ton- ❷ *eine von vielen flachen Platten, mit denen ein Dach gedeckt ist* ◆ -dach, Dach-

Zie·ge·lei *die* <-, -en> *Betrieb, der Ziegel* [1, 2] *herstellt*

zie·gel·rot *adj /nicht steig./ von einem kräftigen, ins Braune spielenden Rot*

Zie·gen·bart *der* <-(e)s, Ziegenbärte> *(umg.) ein spitzer, schmaler Kinnbart*

Zie·gen·bock *der* <-(e)s, Ziegenböcke> ZOOL. *männliche Ziege*

Zie·gen·pe·ter *der* <-s> */kein Plur./ (umg.: ≈ Mumps)*

Zie·ger *der* <-s, -> SÜDDT., ÖSTERR., SCHWEIZ. *Molke; Quark*

zie·hen <ziehst, zog, hat/ist gezogen> **I.** *mit OBJ/ohne OBJ (haben)* ❶ ▪ *jmd./etwas zieht (jmdn./etwas) (↔ schieben) mit Kraftanstrengung bewirken, dass jmd. oder etwas sich hinter dem Betreffenden herbewegt:* Die Frau zieht einen schweren Karren.; Die Lok zieht fünfzig Güterwaggons.; Eine Lok zieht und eine schiebt.; Zieh bitte kräftiger! ❷ ▪ *jmd. zieht (jmdn./etwas) (irgendwohin/irgendwoher) bewirken, dass jmd. oder etwas sich an einen Ort bewegt, indem man ihn/es mit den Händen fasst:* jemanden ins Haus/in ein Versteck ziehen; einen Verletzten aus den Trümmern ziehen; Alle fassten mit an und zogen kräftig. ❸ ▪ *jmd. zieht (etwas Akk.) eine*

Karte oder eine Figur bei einem Spiel aufnehmen oder bewegen: Er hat einen Joker gezogen.; Jeder musste eine Karte ziehen.; Zum Schluss zog er die Dame und gab Schach Matt. ❹ *schnell eine Waffe hervorholen:* Er zog die Pistole/das Schwert.; mit gezogener Waffe: „Zieh!", rief er seinem Gegner zu. **II.** *mit OBJ (haben)* ❶ ▪ *jmd. zieht etwas eine Mechanismus betätigen, indem man daran zieht I.* 2: den Abzug einer Pistole/die Bremse/einen Hebel ziehen ❷ ▪ *jmd. zieht etwas (aus etwas Dat.) etwas mit Kraft aus etwas entfernen, indem man daran zieht I²:* den Korken aus der Flasche/den Nagel aus der Wand ziehen ❸ ▪ *jmd. zieht jmdm. etwas* MED. *ein Arzt entfernt einen Zahn oder die Fäden einer Operationsnaht:* Der Zahnarzt hat ihr einen Zahn gezogen.; Morgen werden ihm schon die Fäden gezogen. ❹ ▪ *etwas zieht jmdn. irgendwohin jmdn. herbeilocken:* Das Fest zog viele Besucher in die Stadt. ❺ ▪ *jmd. zieht etwas auf sich Akk. große Aufmerksamkeit bekommen:* Sie zieht alle Blicke auf sich.; Das Unternehmen zog die Wut der Umweltschützer auf sich. ❻ ▪ *jmd. zieht etwas bewirken, dass etwas irgendwo befestigt oder gespannt wird:* eine Leine zwischen zwei Pfosten ziehen ❼ ▪ *jmd. zieht etwas über etwas Akk. ein Kleidungsstück über ein anderes Kleidungsstück anziehen:* einen Pullover über das Hemd ziehen ❽ ▪ *jmd. zieht etwas etwas pflegen und züchten:* Diese Rosen habe ich selbst gezogen. ❾ ▪ *jmd. zieht eine Linie eine Linie zeichnen:* Sie zog mehrere Linien über das Blatt. ❿ ▪ *jmd. zieht eine Mauer eine Mauer bauen:* Um die Grundstücksgrenze wurde eine Mauer gezogen. ⓫ ▪ *jmd. zieht eine Kerze/einen Draht eine Kerze oder einen Draht herstellen* ⓬ ▪ *jmd. zieht jmdn./etwas aus einer Menge ziehen. oder auswählen, der/das etwas gewinnt:* Schließlich haben sie den Gewinner gezogen.; Sie haben das große Los gezogen.; Am Samstag werden die Lottozahlen gezogen. ⓭ ▪ *jmd. zieht jmdn. an etwas Dat. jmd. an etwas festhalten und ziehen I.* 1: Sie zog ihn an den Haaren. ⓮ ▪ *etwas zieht etwas nach sich etwas als Folge bewirken:* Das Verhalten des Politikers zog einen Sakandal nach sich. ⓯ ▪ *jmd. zieht ein Gesicht/eine Grimasse einen Gesichtsausdruck meist des Ärgers oder der Ablehnung machen:* Warum ziehst du schon wieder so ein Gesicht? ⓰ */ verwendet zusammen mit einem Substantiv, um ein Verb zu ersetzen oder zu umschreiben / ▪ jmd. zieht seine Lehren/Schlussfolgerungen aus etwas jmd. lernt etwas aus etwas /jmd. schließt etwas aus etwas ▪ jmd. zieht einen Vergleich zwischen zwei Sachen jmd. vergleicht zwei Sachen miteinander ▪ jmd. zieht etwas in Erwägung jmd. erwägt etwas* **III.** *ohne OBJ* ❶ ▪ *jmd. zieht irgendwohin (sein) sich irgendwo neu niederlassen und wohnen:* Er ist in die neue Wohnung gezogen.; Die Vögel ziehen im Winter in den Süden. ❷ ▪ *jmd./etwas zieht irgendwohin (sein) sich an einen Ort bewegen:* Die Siedler zogen mit Trecks in den Westen Amerikas.; Die Fans zogen feiernd durch die Straßen; Die Truppen sind durch das Gebiet gezogen. ❸ ▪ *et-*

Z

was zieht irgendwohin (sein) sich irgendwohin bewegen: Ein würziger Duft zieht durch das ganze Haus. ❹ ■ *etwas zieht (haben)* Aroma entwickeln: Der Tee muss noch etwas ziehen. ❺ ■ *jmd./etwas zieht an jmdn./etwas (haben)* jmdn. oder etwas mit Kraft in eine bestimmte Richtung bewegen: Du sollst (andere) nicht immer an den Haaren/am Arm/am Ärmel ziehen!; Das kleine Mädchen hat am Rock der Mutter gezogen.; Der Hund zog an der Leine. ❻ ■ *jmd. zieht an etwas* Dat. *(haben)* an etwas saugen: an einem Trinkhalm/einer Zigarette ziehen ❼ ■ *etwas zieht gut/schlecht (haben)* TECHN. viel/wenig Kraft entwickeln: Der Motor zieht gut/schlecht. ❽ ■ *etwas zieht (haben)* mit viel/wenig Luft als Abzug wirken: der Kamin/Schornstein zieht schlecht/gut ❾ ■ *etwas zieht (haben) (umg.)* wirken: Das Angebot zieht (bei mir) nicht, da müsst ihr schon mehr bieten!; Die Drohung hat gezogen! **IV.** *mit SICH (haben)* ❶ ■ *etwas zieht sich (bis …)* lange andauern: Die Veranstaltung zieht sich.; Die Feier zog sich bis in den nächsten Tag. ❷ ■ *etwas zieht sich irgendwohin* sich über eine große Entfernung erstrecken: Der Fluss zieht sich durch die Ebene.; Eine Straße zieht sich durch den Ort.; Die Felder ziehen sich bis zum Horizont. **V.** *mit ES (haben)* ❶ ■ *es zieht* es weht ein unangenehmer kalter Lufthauch, den man zum Beispiel bei offenem Fenster oder bei offener Tür spürt: Macht bitte das Fenster zu, es zieht! ❷ ■ *jmdn. zieht es irgendwo (umg.)* irgendwo einen Schmerz spüren: Wo zieht's denn bei dir?; Bei mir zieht es im Rücken. ❸ ■ *jmdn. zieht es irgendwohin* jmd. hat Sehnsucht danach, an einem bestimmten Ort zu sein: Es zieht uns immer wieder ans Meer/in den Süden/nach Afrika

Zieh·har·mo·ni·ka *die* <-, -s> eine Harmonika, die beim Musizieren vor der Brust gehalten wird und die einen Balg hat, mit dem durch Ziehen und Drücken ein Luftstrom für die Töne erzeugt wird, die auf Tastaturen mit der Hand angeschlagen werden

Zieh·mut·ter *die* <-, Ziehmütter> *(veralt.: ≈ Pflegemutter)*

Zieh·sohn *der* <(e)s, Ziehsöhne> ❶ *(veralt.)* Adoptivsohn ❷ *(≈ Günstling)*

Zie·hung *die* <-, -en> die Auswahl von Gewinnern in einer Lotterie: die Ziehung der Gewinner/der Lottozahlen

Zieh·va·ter *der* <-s, Ziehväter> *(veralt.)* Pflegevater

Ziel *das* <-(e)s, -e> ❶ *Bestimmungsort am Ende einer Fahrt, Reise oder Wanderung:* Was ist das Ziel eurer Reise?; Ohne Ziel in der Stadt umherstreifen.; Das Jazzfestival ist Jahr für Jahr Ziel tausender Fans.; Ziel des Atommülltransports ist die Wiederaufbereitungsanlage. ❷ *Zweck oder Absicht von Handlungen:* Sie hat sich ein Ziel/etwas zum Ziel gesetzt.; Er studiert mit dem Ziel, Arzt zu werden.; seine Ziele verwirklichen; Das Unternehmen verfolgt bestimmte Ziele auf dem Markt.; Das Ziel der Forschungen ist es, ein Mittel gegen Aids zu finden.; Das Ziel ihres Kampfes ist die politische Unabhängigkeit. ◆Lebens-, Verhandlungs- ❸ SPORT

Endpunkt eines Rennens: ins Ziel einlaufen; Die beiden Läufer kamen gleichzeitig ins Ziel.; Das Ziel liegt am Ende einer langen Steigung. ◆-einlauf, -foto, -gerade, -kamera ❹ *Objekt, das man mit einer Schusswaffe zu treffen versucht:* Die Rakete wird elektronisch ins Ziel gelenkt.; ein Ziel ins Visier nehmen; Der Schuss hat ins Ziel getroffen/ging am Ziel vorbei.; ■ **über das Ziel hinausschießen** *(umg.)* bei einer Sache stark übertreiben

ziel·be·wusst *adj* entschlossen und ohne sich beirren zu lassen: zielbewusst arbeiten; ein zielbewusster Mensch

zielen *ohne OBJ* ❶ ■ *jmd./etwas zielt auf jmdn./etwas* einen Schuss oder Wurf auf etwas ausrichten: Der Täter hat direkt auf den Kopf des Opfers gezielt.; Er zielte lange, bevor er schoss.; Mit dem Gewehr auf etwas zielen.; Eigentlich hatte er auf das Tor gezielt, aber der Ball traf nur den Pfosten.; einen gezielten Schuss abgeben ❷ ■ *etwas zielt auf jmdn./etwas* sich mit etwas auf jmdn. oder etwas beziehen: Worauf zielt deine Äußerung?; Auf wen zielt seine Kritik eigentlich? ❸ ■ *etwas zielt auf etwas* Akk. etwas beabsichtigen: Das Gesetz zielt auf die Entlastung der Familien mit Kindern.

Ziel·fern·rohr *das* <-(e)s, -e> ein kleines Fernrohr, das an einer Schusswaffe angebracht ist und mit dem man ein Ziel⁴ anvisiert

Ziel·ge·ra·de *die* <-n, -n> SPORT ein gerader Streckenabschnitt, an dessen Ende sich der Endpunkt eines Rennens befindet: jemanden auf der Zielgeraden überholen; Die Spitzengruppe hat die Zielgerade erreicht.

ziel·ge·rich·tet *adj* /nicht steig./ entschlossen und ohne sich beirren zu lassen: bei etwas ganz zielgerichtet vorgehen

Ziel·grup·pe *die* <-, -n> WIRTSCH. Gruppe von Menschen mit ähnlichen Eigenschaften oder Bedürfnissen, die man mit einer Botschaft oder einem Warenangebot erreichen will: das Produktangebot sorgfältig auf die Bedürfnisse der Zielgruppe der Zwanzigjährigen abstimmen

Ziel·ka·me·ra *die* <-, -s> SPORT ein Kamera, die im Bereich des Ziels³, eines Rennens aufgestellt ist und deren Bilder bei schwierigen Entscheidungen über die Reihenfolge des Erreichens des Ziels³ helfen können

Ziel·li·nie *die* <-, -n> Linie, die den Endpunkt eines Rennens markiert: die Ziellinie überqueren

ziel·los *adj* /nicht steig./ (↔ zielbewusst, zielstrebig) ohne bestimmtes Ziel oder bestimmte Absichten: ziellos in der Stadt umherirren; ein zielloses Leben führen ▸ Ziellosigkeit

Ziel·ort *der* <-(e)s, -e> Bestimmungsort einer Fahrt, Reise oder Wanderung: Am späten Abend hatten sie den Zielort ihrer Reise erreicht.; Der Zug traf pünktlich am Zielort ein.

Ziel·schei·be *die* <-, -n> ❶ Scheibe, auf die man zur Übung zielt¹: die Zielscheibe treffen ❷ *(übertr.)* derjenige, gegen den sich Angriffe, Kritik o. Ä. richtet: Er wurde zur Zielscheibe allgemeinen Spottes.

Ziel·set·zung *die* <-, -en> Festlegung von Dingen, die man mit bestimmten Handlungen erreichen will: Die Zielsetzung des Kurses ist das Erlernen von Entspannungsübungen.; Mit welcher Zielsetzung geht die Delegation in die Verhandlungen?

ziel·si·cher adj ❶ im Zielen[1] mit einer Schusswaffe geübt: ein zielsicherer Schütze ▸ Zielsicherheit ❷ so, dass man genau weiß, was zu tun ist: zielsicher die nächsten Schritte zur Verwirklichung eines Planes unternehmen

Ziel·spra·che die <-, -n> SPRACHWISS. ❶ (↔ Quellsprache) Sprache, in die ein fremdsprachiger Text übersetzt wird oder werden soll ❷ (↔ Ausgangssprache) Sprache, die gelernt wird, um sich schließlich nur in ihr zu verständigen und auszudrücken

ziel·stre·big adj so, dass man fleißig und unbeirrt eine Absicht verfolgt: eine zielstrebige Schülerin; zielstrebig arbeiten ▸ Zielstrebigkeit

Ziel·vor·ga·be die <-, -n> ein vorgegebenes Ziel[2]: die Zielvorgaben erfüllen/nicht erfüllen

zie·men <ziemt, ziemte, hat geziemt> mit SICH ■ etwas ziemt sich (veralt. oder geh.) sich gehören: Das ziemt sich nicht.; sich so betragen, wie es sich ziemt

ziem·lich[1] adj ❶ (umg.: ≈ beträchtlich) Das weiß ich mit ziemlicher Sicherheit.; Das war eine ziemliche Enttäuschung. ❷ (veralt.: ≈ geziemend) so, wie es sich gehört: Sie verlangte von ihren Kindern ein ziemliches Betragen.

ziem·lich[2] adv ❶ (umg.: ≈ einigermaßen) Es ist ziemlich kalt heute.; Du kommst aber ziemlich spät! ❷ (umg.: ≈ fast) Das ist so ziemlich dasselbe.; Sie sind beide ziemlich gleich groß.

zie·pen (umg.) NORDDT. **I.** mit OBJ ■ jmd. ziept jmdn. (an etwas Dat.) jmdn. kurz an einem Körperteil ziehen: Du sollst deine Schwester nicht immer an den Haaren ziepen! **II.** ohne OBJ ■ etwas ziept einen kurzen Schmerz verursachen: Die Haare ziepen beim Kämmen.; Ihr ziept der Rücken.

Zier·de die <-, -n> etwas, das zur Verschönerung beiträgt: zur Zierde Blumen ins Haar stecken; Der alte Marktplatz mit seinen bunten Fassaden ist die Zierde des Städtchens.

zie·ren I. mit OBJ ■ etwas ziert etwas (geh.) schmücken: Eine goldene Kette zierte ihren Hals.; Ein in Stein gehauenes Wappen ziert das Portal.; Geranien zieren die Balkone der Schwarzwaldhäuser. **II.** mit SICH ■ jmd. ziert sich (abwert.) etwas aus gekünstelter Zurückhaltung nicht tun: Ziert euch doch nicht so lange, greift zu!; Sie zierte sich nicht lange und stimmte ihm direkt an.

Zier·gar·ten der <-s, Ziergärten> (↔ Nutzgarten) ein schmückender Garten: Vor dem Haus einen Ziergarten anlegen.

zier·lich adj ❶ zart und fein: eine zierliche Figur haben; eine zierliche junge Frau; eine zierliche Schrift haben ❷ (veralt. geh.) anmutig: eine zierliche Verbeugung machen ▸ Zierlichkeit

Zier·naht die <-, Ziernähte> an einem Kleidungsstück zur Zierde angebrachte Naht

Zier·pflan·ze die <-, -n> (↔ Nutzpflanze) als Zierde dienende Pflanze: Zierpflanzen für den Balkon kaufen

Zier·rat der <-(e)s /kein Plur./ (geh.: ≈ Dekoration) Sache, die zur Verzierung angebracht ist: Das Innere der Kirche war reich an goldenem Zierrat.

Zif·fer die <-, -n> ❶ das Zeichen, das für eine Zahl geschrieben wird: eine Zahl mit vier Ziffern; im Wörterbuch arabische und römische Ziffern verwenden ◆-nfolge ❷ RECHTSW. Unterpunkt eines Paragraphen: Unter Paragraph 2, Ziffer 3 des Gesetzes heißt es ….; ■ arabische Ziffern die Zahlen 1, 2, 3, 4, 5 usw.; ■ römische Ziffern die Zahlen I, II, III, IV, V usw.

Zif·fer·blatt das <-(e)s, Zifferblätter> die Scheibe, auf der bei einer Uhr mit Zeigern die Stunden angegeben sind: eine Uhr mit einem goldenen Zifferblatt

zig adj /nicht steig./ (umg.: ≈ unzählige) Ich habe dafür schon zig Euro ausgegeben.; Sie hat zig Stunden Arbeit in das Projekt investiert.

Zi·ga·ret·te die <-, -n> eine dünne Papierhülle, die mit Tabak gefüllt ist: sich eine Zigarette anzünden/drehen; die Zigarette im Aschenbecher ausdrücken; eine Schachtel/Stange Zigaretten; zwanzig Zigaretten täglich rauchen; Wer eine Zigarette nach der anderen raucht, den kann man wirklich „Kettenraucher“ nennen. ◆-nautomat, -netui, -npackung, -nspitze, Filter-

Zi·ga·ret·ten·etui das <-s, -s> Etui für Zigaretten: ein goldenes/silbernes Zigarettenetui

Zi·ga·ret·ten·stum·mel der <-s, -> das Endstück, das von einer fertig gerauchten Zigarette übrig geblieben ist

Zi·ga·ril·lo der/das <-s, -s> eine kleinere Zigarre

Zi·gar·re die <-, -n> zu einer Art von dünnem Stab gerollter und mit einem Tabakblatt umhüllter Tabak: Zigarren rauchen; ■ jemandem eine Zigarre verpassen (umg.) jmdn. heftig kritisieren ◆-nkiste, -nstummel

Zi·ger SCHWEIZ. siehe **Zieger**

Zi·geu·ner der, **Zi·geu·ne·rin** <-s, -> ❶ Bezeichnung für Angehörige des Volkes der Sinti und Roma. Diese Bezeichnung wird von den Betroffenen als diskriminierend empfunden ❷ (umg. abwert.) Person, die ein sehr unruhiges Leben führt: wie ein Zigeuner leben

Zi·geu·ner·mu·sik die <-> /kein Plur./ für die Kultur der Zigeuner[1] typische Musik

zig·fach adj /nicht steig./ (umg.) viele Male vorliegend oder geschehend: das Formular in zigfacher Ausfertigung einreichen

zig·mal adv /nicht steig./ (umg.) sehr oft: Das habe ich dir doch schon zigmal gesagt!

zig·tau·send adj /nicht steig./ (umg.) sehr viele tausend: zigtausend Zuschauer waren gekommen

Zi·ka·de die <-, -n> ZOOL. ein Insekt, das einer Grille ähnlich ist und dessen Männchen zirpende Laute von sich gibt

Zim·bel die <-, -n> ❶ MUS. kleines Becken ❷ MUS. hell tönendes Orgelregister

Zim·mer das <-s, -> ❶ einer der Räume in einer Wohnung oder einem Haus: ein enges/geräumiges/großes/helles/kleines Zimmer; ein möbliertes Zimmer vermieten; Jedes der Kinder hat ein eigenes Zimmer.; Du solltest häufiger mal dein Zimmer

Z

aufräumen. ◆-pflanze, -suche, -temperatur, Arbeits-, Bade-, Ess-, Gäste-, Kranken-, Schlaf-, Warte- ❷ *Hotelzimmer:* Bitte reservieren Sie mir ein Zimmer mit Dusche.; Haben Sie noch ein Zimmer frei? ◆-kellner(in), Doppel-, Einzel-

Zim·me·rer *der* <-s, -> (≈ Zimmermann)

Zim·mer·flucht *die* <-, -en> *viele hintereinander liegende Zimmer in einem großen Gebäude, die alle mit Türen verbunden sind*

Zim·mer·hand·werk *das* <-s> /kein Plur./ *das Handwerk des Zimmermanns*

Zim·mer·laut·stär·ke *die* <-> /kein Plur./ *die Lautstärke, die in Wohnräumen üblicherweise als angemessen betrachtet wird, weil man außerhalb des Zimmers[1] nichts hört:* die Musik auf Zimmerlautstärke einstellen

Zim·mer·mäd·chen *das* <-s, -> *junge Frau, die im Hotel die Zimmer aufräumt, Betten macht und für Sauberkeit sorgt*

Zim·mer·mann *der* <-(e)s, Zimmerleute/Zimmermänner> *Person, deren Beruf es ist, beim Bau von Häusern die Gebäudeteile aus Holz zu errichten:* Die Zimmerleute errichten den Dachstuhl. ◆-shammer

zim·mern <zimmerst, zimmerte, hat gezimmert> mit OBJ/ohne OBJ ■ **jmd. zimmert (etwas)** *etwas aus Holz bauen:* ein Regal/einen Sarg zimmern; an einem Regal zimmern; auf grob gezimmerten/grobgezimmerten Bänken sitzen

Zim·mer·nach·weis *der* <-es, -e> *Stelle, die Zimmer[2] zum Übernachten vermittelt:* sich an den Zimmernachweis wenden

Zim·mer·ver·mitt·lung *die* <-, -en> ❶ *Agentur, die Zimmer zum Mieten vermittelt:* Gibt es hier in diesem Ort eine Zimmervermittlung? ❷ *das Vermitteln von Zimmern*

zim·per·lich *adj (abwert.: ≈ überempfindlich)* Sei nicht so zimperlich, es tut doch gar nicht weh! ▸ Zimperlichkeit

Zim·per·lie·se *die* <-, -n> *(umg. abwert.) Bezeichnung für eine Frau, die sehr zimperlich ist*

Zimt *der* <-(e)s, -e> /Plur. nur fachspr./ *ein Gewürz von rotbrauner Farbe, das man beim Backen und für Süßspeisen verwendet:* Milchreis mit Zucker und Zimt essen; den Zimt als Pulver/als Stangen kaufen ◆-stange

Zimt·zi·cke *die* <-, -n> *(umg. abwert.)* Zicke[2]

Zink *das* <-(e)s> /kein Plur./ CHEM. *ein Metall, das eine bläulich weiße Farbe hat und mit dem man anderes Metall vor Rost schützen kann* ▸ verzinkt

Zin·ke *die* <-, -n> /meist Plur./ *schmale, lange Zacke:* Eine Gabel mit vier Zinken.; die Zinken eines Rechens

Zin·ken *der* <-s, -> ❶ (≈ Zinke) ❷ *ein geheimes Zeichen, das irgendwo von Gaunern angebracht wird, um anderen Gaunern eine Information zu geben* ❸ *(umg. abwert.) eine große Nase:* Der hat aber einen Zinken!

zin·ken[1] *adj /nicht steig./ aus Zink*

zin·ken[2] mit OBJ ■ **jmd. zinkt etwas** *Akk. (umg.) Karten heimlich mit Markierungen versehen, um zu betrügen:* Die Karten sind gezinkt.; mit gezinkten Karten spielen

Zinn *das* <-(e)s> /kein Plur./ ❶ CHEM. *ein Metall,*

das sehr weich ist und wie Silber glänzt ❷ *Gegenstände aus Zinn* ◆-becher

Zin·ne *die* <-, -n> ❶ *eines von den Stücken auf einer Burgmauer, die emporragen und zwischen denen jeweils eine Schießscharte ist:* die Zinnen einer Burg ❷ *(geh.) Bergspitze:* die Zinnen der Berge

zin·nern *adj /nicht steig./ aus Zinn:* zinnernes Geschirr

Zinn·fi·gur *die* <-, -en> *aus Zinn[1] gefertigte kleine Figur:* Er sammelt Zinnfiguren.

Zin·nie *die* <-, -n> BOT. *eine im Sommer blühende Gartenblume*

Zin·no·ber[1] *der/das* <-s> /kein Plur./ *leuchtend rote Farbe*

Zin·no·ber[2] *der* <-s> /kein Plur./ ❶ *(umg. abwert.) überflüssige, wertlose Sache:* Wirf doch den ganzen Zinnober einfach weg! ❷ *(umg. abwert.) unnötige Aufregung:* Mach nicht solch einen Zinnober!

zin·no·ber·rot *adj /nicht steig./ von einem leuchtenden Rot*

Zinn·sol·dat *der* <-en, -en> *aus Zinn gefertigte Figur eines Soldaten*

Zins *der* <-es, Zinsen> ❶ /meist Plur./ *Geld, das man einer Bank für das Entleihen von Geld bezahlen muss oder das man für das Anlegen von Geld bei einer Bank erhält:* Zinsen für einen Kredit zahlen müssen; Zinsen für das Geld bekommen, das man auf der Bank hat; Zinsen von jemandem verlangen, dem man Geld leiht ❷ SÜDDT., ÖSTERR., SCHWEIZ. *Miete:* Was zahlst du an Zins für deine Wohnung?; Der Zins ist am Monatsersten fällig. ◆-Miet-

Zins·ab·schlag·steu·er *die* <-, -n> WIRTSCH. *eine Steuer, die auf Einnahmen von Zinsen[1] zu zahlen ist*

Zin·ses·zins *der* <-es, -en> WIRTSCH. *Zinsen[1], die man von einer Bank auf Geldbeträge erhält, die dort fest angelegt sind*

Zins·fuß *der* <-es, Zinsfüße> *die in Prozent ausgedrückte Höhe der Zinsen[1]*

zins·güns·tig *adj mit einem günstigen Zinssatz:* ein zinsgünstiger Kredit

zins·los *adj /nicht steig./ so, dass man keine Zinsen[1] dafür bezahlen muss:* ein zinsloses Darlehen

Zins·ni·veau *das* <-s, -s> *durchschnittliche Höhe der momentan üblichen Zinsen[1]:* ein niedriges/hohes Zinsniveau

Zins·satz *der* <-es, Zinssätze> *die Höhe der Zinsen[1], die in Prozent ausgedrückt sind*

Zi·o·nis·mus *der* <-> /kein Plur./ ❶ GESCH. *Bewegung für die Gründung eines jüdischen Nationalstaates* ❷ POL. *politische Strömung im heutigen Israel, die eine Stärkung des Staates Israel befürwortet und zu erreichen sucht* ▸ Zionist, Zionistin, zionistisch

Zip·fel *der* <-s, -> ❶ *Ecke oder spitzes Ende von etwas, das aus Stoff besteht:* die Zipfel eines Kopftuchs/Taschentuchs; eine Tischdecke an allen vier Zipfeln anfassen; eine Mütze mit einem Zipfel; die Zipfel eines Fracks ❷ *Ende einer Wurst:* einen Zipfel Leberwurst kaufen ❸ *(übertr.) äußerstes oder abgelegenes Ende einer Fläche:* der Zipfel eines

Z

Sees; der südlichste Zipfel Italiens ❹ *(umg. kinderspr.) Penis*

Zip·fel·müt·ze *die* <-, -n> *Mütze mit einem Zipfel[1], der meist herabhängt:* ein Zwerg mit einer Zipfelmütze

Zip·per·lein *das* <-s, -> *(umg. abwert.) eine Krankheit, die nicht genauer bezeichnet und auch nicht ernst zu nehmen ist:* Was hast du denn schon wieder für ein Zipperlein?

zir·ka, *a.* **cir·ka** *adv ungefähr:* Die Fahrt dauert zirka zwei Stunden.

Zir·kel *der* <-s, -> ❶ MATH. *ein Gerät aus zwei schmalen Stäben, die mit einem Gelenk verbunden sind und mit dem man Kreise zeichnen oder Strecken auf dem Papier abmessen kann:* mit dem Zirkel in einen Punkt einstechen und um diesen Punkt einen Kreis ziehen; die Länge einer Strecke mit dem Zirkel abmessen ❷ *(geh.) ein geschlossener Personenkreis:* Nur ein Zirkel von Eingeweihten wusste Bescheid.; der Prager Zirkel von Linguisten; sich im engeren Zirkel treffen, um etwas zu besprechen

Zir·kel·schluss *der* <-es, Zirkelschlüsse> *(fachspr.) ein Beweis, bei dem das, was man beweisen will, bereits als gegeben vorausgesetzt wird*

zir·ku·lar, **zir·ku·lär** *adj /nicht steig./ (geh.) sich in Kreisen vollziehend:* sich auf zirkularen Bahnen bewegen

Zir·ku·la·ti·on *die* <-, -en> *Umlauf oder Kreislauf von etwas in einem System:* die Zirkulation des Blutes; die Zirkulation des Wassers in der Atmosphäre; die Zirkulation des Wassers in einer Heizungsanlage; die Zirkulation des Geldes

zir·ku·lie·ren <zirkuliert, zirkulierte, ist/hat zirkuliert> *ohne OBJ* ❶ ■ *etwas zirkuliert* in einem System in Umlauf sein: Das Blut zirkuliert in den Adern.; Die Luft zirkuliert im Raum. ❷ ■ *etwas zirkuliert (≈ kursiert) weitergegeben werden:* Über ihn zirkulieren die verschiedensten Gerüchte.

Zir·kus, *a.* **Cir·cus** *der* <-(es), -se> ❶ *ein Unternehmen, das artistische Darbietungen, dressierte Tiere, Clowns usw. vor zahlendem Publikum in einem großen Zelt vorführt:* beim Zirkus arbeiten; sich eine Vorstellung im Zirkus ansehen; Der Zirkus kommt in unsere Stadt. ◆-direktor, -wagen, Staats-, Wander- ❷ *Vorstellung eines Zirkus[1]:* Der Zirkus beginnt für Kinder schon um 15 Uhr. ◆-vorstellung ❸ *kurz für „Zirkuszelt"* ❹ *(umg. abwert.) unnötig viel Aufhebens um etwas:* Mach nicht so einen Zirkus!; Wegen so einer Nichtigkeit macht ihr einen derartigen Zirkus!

Zir·kus·zelt *das* <-(e)s, -e> *ein großes Zelt, in dem die Artisten eines Zirkus[1] auftreten und in dem das Publikum sitzt:* Auf der Wiese steht ein Zirkuszelt.

zir·pen *ohne OBJ* ■ *ein Tier zirpt* den für Grillen typischen, hohen, schnarrenden Laut von sich geben: Eine Grille/Zikade zirpt.

Zir·rus·wol·ke *die* <-, -n> METEOR. *Federwolke in höheren Luftschichten*

zir·zen·sisch *adj /nicht steig./ (geh.) den Zirkus[1] betreffend:* zirzensische Darbietungen

zi·scheln <zischelst, zischelte, hat gezischelt> *mit OBJ/ohne OBJ* ■ *jmd. zischelt (etwas Akk.) eindringlich flüstern:* Sie zischelte ihm etwas ins Ohr.; „Seid endlich still", zischelte er wütend.

zi·schen <zischst, zischte, hat/ist gezischt> **I.** *mit OBJ (haben)* ■ *jmd. zischt etwas in eindringlichem Ton sagen oder flüstern:* „Lass mich in Ruhe", zischte sie wütend. **II.** *ohne OBJ* ❶ ■ *etwas zischt (haben) einen scharfen Laut hervorbringen:* Eine Gans/eine Schlange zischt drohend.; Die Dampflokomotive zischt.; Das Fett zischt in der Pfanne. ❷ ■ *etwas zischt irgendwohin (umg.) (sein) sich sehr schnell an eine Stelle bewegen:* Der Dampf zischt aus dem geöffneten Ventil.; Ein Geschoss zischte haarscharf am Fenster vorbei.; Wir zischten schnell um die Ecke.; ■ *ein Bier zischen (gehen) (umg.) ein Bier trinken (gehen)*

Zisch·laut *die* <-(e)s, -e> SPRACHWISS. *ein stimmloser Reibelaut:* Das „S" ist ein Zischlaut.

zi·se·lie·ren *mit OBJ* ■ *jmd. ziseliert etwas Ornamente in Metall einarbeiten:* ein fein ziseliertes/feinziseliertes Metallarmband ▶ Ziseleur, Ziseleurin, Ziselierer, Ziseliererin, Ziselierung

Zis·ter·ne *die* <-, -n> *eine Art großer Brunnen, der als Speicher für Regenwasser dient besonders in Gegenden, wo es sehr trocken ist* ◆-nwasser

Zi·ta·del·le *die* <-, -n> *geschlossene Befestigungsanlage innerhalb einer Stadt oder einer Festung*

Zi·tat *das* <-(e)s, -e> *wörtlich wiedergegebene Äußerung aus einem bekannten oder veröffentlichten Text:* ein Zitat aus Goethes „Faust" ◆-enlexikon, -ensammlung, Goethe-, Original-, Shakespeare- usw.

Zi·ther *die* <-, -n> *ein Saiteninstrument, das die Form eines flachen Kastens hat und bei dem die Saiten mit beiden Händen gezupft werden* ◆-spiel

zi·tie·ren **I.** *mit OBJ/ohne OBJ* ■ *jmd. zitiert (etwas) jmds. Äußerungen in genauem Wortlaut wiedergeben:* seinen Vorredner zitieren; einen Autor/das Werk eines Autors/eine Textstelle zitieren; aus einem Werk zitieren **II.** *mit OBJ* ■ *jmd. zitiert jmdn. zu jmdm. jmdn. auffordern, zu jmdm. zu kommen:* einen Mitarbeiter zum Chef zitieren; Der Chef hat ihn zu sich zitiert. ▶ herzitieren, herbeizitieren

Zi·tro·nat *das* <-(e)s, -e> /Plur. fachspr./ KOCH. *die kandierte Schale einer Zitrusfrucht:* Pfefferkuchen mit Zitronat backen

Zi·tro·ne *die* <-, -n> ❶ BOT. *kurz für „Zitronenbaum"* ❷ *eine Frucht mit einer dicken gelben Schale und einem sehr sauren Geschmack:* eine Zitrone aufschneiden/auspressen ◆-nbaum, -nkern, -nlimonade, -npresse, -nsaft, -nsäure, -nschale, -nscheibe

Zi·tro·nen·fal·ter *der* <-s, -> *ein gelber Schmetterling*

Zi·tro·nen·me·lis·se *die* <-, -n> BOT. *Heil- und Gewürzpflanze mit Blättern, die nach Zitronen[2] duften:* einen Tee aus Zitronenmelisse kochen

Zi·t·rus·frucht *die* <-, Zitrusfrüchte> *eine Frucht mit dicker Schale und einem hohen Gehalt an Vitamin C:* Apfelsinen, Mandarinen und Zitronen gehören zu den Zitrusfrüchten.

Z

zit·te·rig, zitt·rig *adj* ❶ *(≈ zitternd)* mit zitterigen Händen unterschreiben ❷ *schwach und unsicher:* noch ganz zitterig auf den Beinen sein

zit·tern <zitterst, zitterte, hat gezittert> *ohne OBJ* ❶ ■ *jmd./etwas zittert sich unwillkürlich sehr schnell hin- und herbewegen:* Seine Hände/Knie zittern.; Er zitterte am ganzen Leib vor Angst/Aufregung/Kälte.; Die Nadel des Kompasses zittert. ❷ ■ *jmd. zittert vor jmdm./etwas (umg.) vor jmdm. oder etwas Angst haben:* Sie zitterte vor der nächsten Prüfung.; Alle zittern vor dem Chef. ❸ ■ *jmd. zittert um jmdn./etwas (umg.) sich um jmdn. oder etwas Sorgen machen:* Wir zittern um das Leben der Geiseln.; ■ *jemandes Stimme zittert jmds. Stimme klingt unsicher und schwankend* Im Alter beginnt manchmal die Stimme zu zittern.

Zit·tern *das* <-s> /kein Plur./ ❶ *der Zustand, dass man zittert:* ein unkontrolliertes Zittern der Hände ❷ *(umg.) große Angst:* Vor den Prüfungen begann für alle das große Zittern.

Zit·ter·pap·pel *die* <-, -n> *ein zu den Pappeln gehörender Laubbaum, dessen Blätter bei Wind schnell zu zittern beginnen*

Zit·ter·par·tie *die* <-, -n> *(umg.) etwas, dessen Ausgang bis ganz zum Schluss offen und unsicher ist*

zitt·rig *siehe* **zitterig**

Zit·ze *die* <-, -n> *eines der Organe weiblicher Säugetiere, an denen die Jungen Milch trinken:* Das Lamm sucht nach den Zitzen der Mutter.; Die Welpen trinken an den Zitzen der Mutter.

Zi·vi *der/die* <-(s), -s> *(umg.) kurz für „Zivildienstleistender"*

Zi·vil *das* <-s> /kein Plur./ ❶ *(↔ Uniform) Kleidung, die keine Uniform ist und die im Zivilleben getragen wird:* Er erschien zu der Feier in Zivil.; Es wird darum gebeten, Zivil anzulegen. ❷ *(↔ Militär) Zivilpersonen:* In diesem Bereich des Geländes ist dem Zivil der Zutritt verboten. ❸ SCHWEIZ. *Familienstand:* Beim Verhör musste sie ihr Zivil angeben.

zi·vil *adj* /nicht steig./ ❶ *(↔ militärisch) nicht militärisch:* die zivile Nutzung der Kernenergie; Die Finanzhilfen sind ausschließlich für zivile Zwecke gedacht.; Nach seinem Dienst beim Militär möchte er einen zivilen Beruf erlernen/ins zivile Leben zurückkehren. ❷ *(umg.) angemessen:* zivile Forderungen/Preise

Zi·vil·be·völ·ke·rung *die* <-> POL. *nicht militärischer Teil der Bevölkerung:* Bei den Luftangriffen gab es viele Opfer unter der Zivilbevölkerung.

Zi·vil·cou·ra·ge *die* <-> /kein Plur./ *der Mut, für seine Meinung auch Nachteile in Kauf zu nehmen:* Zivilcourage haben/zeigen/beweisen

Zi·vil·dienst *der* <-(e)s> /kein Plur./ *ein Dienst, den ein junger Mann im sozialen Bereich leisten muss, wenn er den Wehrdienst verweigert:* seinen Zivildienst im Altenheim/Behindertenheim/Krankenhaus ableisten ► Zivildienstleistende

Zi·vil·ge·richt *das* <-(e)s, -e> RECHTSW. *ein Gericht, das sich mit Fällen des Zivilrechts beschäftigt*

Zi·vil·ge·setz·buch *das* <-(e)s> /kein Plur./ SCHWEIZ. *Gesetzbuch des bürgerlichen Rechts*

Zi·vi·li·sa·ti·on *die* <-, -en> ❶ /kein Plur./ *der Entwicklungsstand einer Gesellschaft, der durch einen relativ hohen Stand wissenschaftlich-technischer und kultureller Errungenschaften geprägt ist:* Die Zivilisation hält auch in diesem entlegenen Bergdorf allmählich Einzug.; die Segnungen und die Probleme der modernen Zivilisation; abgeschnitten von jeder Zivilisation leben ❷ *eine Gesellschaft auf einem bestimmten Entwicklungsstand:* Der Autor nimmt an, dass in fernen Sonnensystemen Zivilisationen existieren können, die der unseren ähneln. ◆-smüll, -sprozess, -sschäden ► zivilisationsmüde, Zivilisationsmüdigkeit

Zi·vi·li·sa·ti·ons·krank·heit *die* <-, -en> *Krankheit, die von dem Leben in einer modernen Zivilisation¹ verursacht wird:* Übergewicht und Herz-Kreislauf-Erkrankungen sind typische Zivilisationskrankheiten.

zi·vi·li·sa·to·risch *adj* /nicht steig./ *(geh.) auf die Zivilisation bezogen, von ihr stammend:* zivilisatorische Einflüsse/Schäden

zi·vi·li·sie·ren *mit OBJ* ■ *jmd. zivilisiert jmdn.* GESCH. *die moderne (westliche) Zivilisation errichten:* Der Versuch, dieses Naturvolk zu zivilisieren, traf auf heftigen Widerstand der Betroffenen.

zi·vi·li·siert *adj* ❶ *(umg.) anständig und so, wie es erwartet wird:* Kannst du dich nicht etwas zivilisierter benehmen?; sich zivilisiert kleiden ❷ *mit einem relativ hohen Stand der Zivilisation:* eine zivilisierte Gesellschaft; Auch im scheinbar so zivilisierten Europa des 20. Jahrhunderts waren grausame Kriege möglich.

Zi·vi·list *der,* **Zi·vi·lis·tin** *die* <-en, -en> ❶ *jmd., der nicht zum Militär gehört:* In der Kommission sitzen Militärs und Zivilisten. ❷ *Person, die Zivilkleidung trägt:* Zu privaten Feiern erscheint er als Zivilist.

Zi·vil·klei·dung *die* <-> /kein Plur./ *Kleidung, die keine Uniform ist:* in der Freizeit/im Privatleben Zivilkleidung tragen

Zi·vil·le·ben *das* <-s> /kein Plur./ ❶ *das Leben außerhalb des militärischen Dienstes:* Die in der Kaserne stationierten Soldaten nehmen rege am Zivilleben in der Stadt teil. ❷ *(umg.) Privatleben:* Im Zivilleben ist unser Chef viel lockerer als im Dienst.

Zi·vil·per·son *die* <-, -en> *die Person, die nicht zum Militär gehört:* Zivilpersonen ist der Zutritt zu diesem Gelände untersagt.

Zi·vil·pro·zess *der* <-es, -e> RECHTSW. *ein Prozess, der das Zivilrecht berührt*

Zi·vil·recht *das* <-(e)s> /kein Plur./ RECHTSW. *(↔ Strafrecht) die Rechtsvorschriften, die die Rechtsbeziehungen von Privatpersonen regeln und nicht zum Strafrecht gehören*

zi·vil·recht·lich *adj* /nicht steig./ RECHTSW. *(↔ strafrechtlich) zum Zivilrecht gehörend:* ein zivilrechtlicher Prozess

Zlo·ty *der* ['zlɔti] <-s, -s> *polnische Währungseinheit*

Zmit·tag *der/das* <-s> SCHWEIZ., LANDSCH. *Mittagessen*

Z

Zmor·ge(n) *der/das* <-(s), -> SCHWEIZ., LANDSCH. *Frühstück*

Znacht *der/das* <-s> /kein Plur./ SCHWEIZ., LANDSCH. *Abendessen*

ZNS *das Abkürzung von „Zentrales Nervensystem"*

Znü·ni *das/der* <-(s), -(s)> SCHWEIZ. *zweites Frühstück*

Zo·bel *der* <-s, -> ❶ ZOOL. *ein kleines Raubtier aus der Familie der Marder* ❷ *das verarbeitete Fell des Zobels*[1]: *ein Mantel aus Zobel*

zo·ckeln, zu·ckeln <zockelst, zockelte, ist gezockelt> *ohne OBJ* ■ *jmd./etwas zockelt irgendwohin (umg.) langsam gehen oder fahren:* Eine Kleinbahn zockelte durch das Tal.

zo·cken *ohne OBJ* ■ *jmd. zockt (umg. abwert.) in Glücksspielen um Geld spielen* ▶ abzocken

Zo·cker *der,* **Zo·cke·rin** <-s, -> *(umg. abwert.) Person, die häufig in Glücksspielen um Geld spielt:* Diese Kneipe gilt als Treffpunkt für Dealer und Zocker.

Zo·fe *die* <-, -n> GESCH. *eine Frau, die eine reiche, meist adelige Frau bedient*

Zoff *der* <-s> /kein Plur./ (umg.) Ärger, Streit: Das wird Zoff geben!; Die Freunde haben miteinander Zoff bekommen.

zof·fen *mit SICH* ■ *jmd. zofft sich mit jmdm. (umg.) sich mit jmdm. streiten*

zö·gern <zögerst, zögerte, hat gezögert> *ohne OBJ* ■ *jmd. zögert nicht sofort handeln, sondern abwarten, weil man sich nicht, entscheiden kann oder weil man ängstlich ist:* Bei dem Angebot sollte man nicht zögern, sondern gleich zugreifen.; Er zögerte ein wenig, bevor er antwortete.; Sie zögern noch mit ihrer Zusage. ▶ zögerlich

Zög·ling *der* <-s, -e> (veralt.) Kind, das in einem Heim oder Internat aufgezogen wird/wurde: die Zöglinge einer früher Schule

Zö·li·bat *das/der* <-(e)s> /kein Plur./ REL. *Ehelosigkeit aus religiösen Gründen:* Katholische Geistliche leben im Zölibat. ▶ zölibatär, Zölibatär, Zölibatärin

Zoll[1] *der* <-(e)s, -> *ein altes Längenmaß, das ungefähr 3 cm entspricht*

Zoll[2] *der* <-(e)s, Zölle> ❶ *eine Abgabe, die auf Waren erhoben wird, die importiert oder exportiert werden:* auf bestimmte Waren Zoll zahlen müssen; auf diesen Waren liegt ein hoher/niedriger Zoll ◆-bestimmungen, -grenzbezirk, Ausfuhr-, Einfuhr-, Schutz- ❷ *Behörde, die den Warentransport an den Grenzen kontrolliert und Zollabgaben erhebt:* der Zoll kontrolliert das Gepäck der Reisenden; beim Zoll arbeiten; ein Paket beim Zoll abholen

Zoll·amt *das* <-(e)s, Zollämter> *Dienststelle der Zollbehörde*

Zoll·be·am·te *der,* **Zoll·be·am·tin** <-n, -n> *Person, die beim Zoll*[2, 2] *arbeitet*

Zoll·be·hör·de *die* <-, -n> *Behörde, die den Warentransport an Grenzen kontrolliert und Zoll*[2, 1] *erhebt*

zol·len *mit OBJ* ■ *jmd. zollt jmdm. Achtung (geh.) jmdm. Achtung erweisen:* dem Redner Beifall zollen; jemandem Achtung/Anerkennung zollen

Zoll·er·klä·rung *die* <-, -en> *Schriftstück mit ei-*

ner Erklärung über die Waren, für die man Zoll[2, 1] zahlen muss: eine Zollerklärung ausfüllen

Zoll·fahn·dung *die* <-> /kein Plur./ ❶ *Überprüfung der Einhaltung der Zollbestimmungen:* die Verschärfung der Zollfahndung ❷ *Behörde, die die Einhaltung der Zollbestimmungen überprüft:* bei der Zollfahndung arbeiten; Die Zollfahndung hat Rauschgift/Schmuggelware sichergestellt. ▶ Zollfahnder, Zollfahnderin

zoll·frei *adj* /nicht steig./ (↔ zollpflichtig) *so, dass es nicht verzollt werden muss:* eine Ware zollfrei einführen dürfen

Zoll·grenz·be·zirk *der* <-(e)s, -e> *Gebiet entlang einer Zollgrenze, das von den Zollbeamten überwacht wird*

Zoll·gren·ze *die* <-, -n> *die Grenze, die ein einheitliches Zollgebiet umschließt*

Zoll·kon·t·rol·le *die* <-, -n> *durch Zollbeamte vorgenommene Kontrolle, ob Reisende Waren, die sie über Grenzen transportieren, Zoll*[2, 1] *zahlen müssen*

Zöll·ner *der,* **Zöll·ne·rin** <-s, -> (umg.) Person, die Zollkontrollen besonders an der Grenze durchführt

zoll·pflich·tig *adj* /nicht steig./ (↔ zollfrei) *so, dass man es verzollen muss:* zollpflichtige Waren in ein Land einführen

Zoll·stock *der* <-(e)s, Zollstöcke> (≈ Meterstab) *eine Art langer Stab, den man zusammenklappen kann und der eine Einteilung in Meter und Zentimeter hat, um damit etwas zu messen:* ein Zimmer mit dem Zollstock ausmessen

Zom·bie *der* ['tsɔmbi] <-(s), -s> ❶ *ein Toter, der wieder zum Leben erwacht und keinen Willen mehr hat:* In dem Horrorfilm trieben Zombies ihr Unwesen in einer Stadt. ❷ (umg. abwert.) jmd., der aussieht und wirkt wie ein Zombie[1]

Zo·ne *die* <-, -n> ❶ *abgegrenztes Gebiet mit bestimmten Eigenschaften:* eine atomwaffenfreie/ entmilitarisierte Zone; die arktische/subtropische Zone; die Zone oberhalb der Baumgrenze; In der Zone um das Kraftwerk herum gelten besondere Sicherheitsbestimmungen. ◆Fußgänger-, Gewitter-, Klima- ❷ *Geltungsbereich eines Tarifs bei bestimmten Dienstleistungen:* Der Bustarif/Telefontarif ist nach Zonen gestaffelt. ❸ *Verwaltungsbezirk einer militärischen Macht:* die amerikanische/von den UNO-Friedenstruppen verwaltete Zone ❹ GESCH. (umg.: ≈ Ostzone) das Gebiet der DDR während der Zeit der Teilung Deutschlands: in der Zone wohnen; aus der Zone kommen

Zo·nen·gren·ze *die* <-> GESCH. *die Grenze zwischen der Bundesrepublik Deutschland und der DDR während der Zeit der Teilung Deutschlands*

Zoo *der* <-s, -s> (≈ zoologischer Garten) *ein Park, in dem gegen Geld Tiere besichtigt werden können (und in dem auch Tiere gezüchtet werden):* in den Zoo gehen

Zoo·lo·gie *die* [tsoo..] <-> /kein Plur./ Wissenschaft, die sich mit den Tieren und deren Lebensweise beschäftigt ▶ Zoologe, Zoologin

zoo·lo·gisch [tsoo..] *adj* /nicht steig./ *die Zoologie betreffend:* zoologische Forschungen betrei-

Z

ben; ein zoologischer Garten ◆Großschreibung →R 3.19 der Zoologische Garten Berlin

Zoom *der/das* [zu:m] <-s, -s> FILM, FOTOGR. *ein Objektiv, das man verstellen kann, um nahe oder ferne Sachen zu fotografieren:* bei einer Szene mit Zoom arbeiten; eine Kamera mit Zoom verwenden

zoo·men ['zu:mən] <zoomst, zoomte, hat gezoomt> *mit OBJ/ohne OBJ* ▪ *jmd. zoomt (etwas)* FOTOGR. *ein Zoom so verstellen, dass etwas nah oder fern erscheint:* Kannst du den Schmetterling noch etwas zoomen?; Kannst du mit diesem Objektiv auch zoomen?

Zopf *der* <-(e)s, Zöpfe> ❶ *langes Haar, das in drei gleich starke Teile zu einem dicken Strang geflochten ist:* ein Mädchen mit blonden Zöpfen; Sie trägt ihr Haar zu einem langen Zopf geflochten. ❷ *ein Hefegebäck in Form eines Zopfes¹:* ein Zopf mit Mohn/Rosinen; ▪ **ein alter Zopf** *(umg. abwert.) etwas, das längst jeder weiß und das deshalb uninteressant ist*

Zorn *der* <-(e)s> */kein Plur./ ein Gefühl großer Wut:* in Zorn geraten; großen/maßlosen Zorn auf jemanden haben; etwas im Zorn/aus lauter Zorn tun; Er wurde bleich/rot vor Zorn. ▸ Jähzorn

Zor·nes·ader *die* <-, n> *eine Ader, die auf der Stirn bei manchen Menschen sichtbar wird, wenn sie wütend sind*

Zorn·aus·bruch, *a.* **Zor·nes·aus·bruch** *der* <-(e)s, Zornesausbrüche> *ein plötzlich sich äußernder Zorn:* einen Zornesausbruch haben

Zor·nes·rö·te *die* <-> */kein Plur./ (geh.) Gesichtshaut, die aufgrund von Zorn gerötet ist:* Die Zornesröte stieg ihr ins Gesicht.

zor·nig *adj* ▪ *zornig (auf jmdn.) sehr wütend:* auf jemanden zornig sein; Er wurde auf einmal sehr zornig.; So zornig habe ich sie noch nie erlebt/gesehen.

Zo·te *die* <-, -n> *(abwert.) ein unanständiger Witz über ein sexuelles Thema:* Er erzählte eine Zote nach der anderen.; ▪ **Zoten reißen** *Zoten erzählen* ▸ zotig

Zot·tel *die* <-, -n> */meist Plur./ (umg. abwert.) unordentlich herabhängende Haare:* Die Zotteln hingen ihr ins Gesicht.; Lass dir mal deine Zotteln schneiden!

zot·te·lig, *a.* **zott·lig** *adj (umg.)* ❶ *wie Zotteln:* zottelige Haare haben; ein zotteliges Fell haben ❷ *voller Zotteln:* ein zotteliger Bär

zot·teln <zottelst, zottelte, ist gezottelt> *ohne OBJ* ▪ *jmd./ein Tier zottelt irgendwohin (umg.) langsam gehen:* Sie zottelten langsam nach Hause.

zott·lig *adj siehe* **zottelig**

zu¹ *präp +Dat.* ❶ *verwendet, um das Ziel einer Bewegung anzugeben:* Geh zu dem Haus dort drüben!; Komm zu mir!; zu Bett gehen; zur Arbeit/ Schule gehen; Leg das Buch zu den anderen! ❷ *verwendet, um sich auf eine Veranstaltung zu beziehen, bei der viele Leute sind:* Er muss schon wieder zu einem Kongress fahren.; zum Geburtstag/zu einer Party eingeladen sein ❸ *verwendet, um auszudrücken, dass etwas mit etwas anderem zusammengehört:* etwas Sahne zur Soße geben; Ich nehme Zucker zum Kaffee. ❹ *verwendet, um*

anzugeben, wo jmd. oder etwas ist: Wir sind zu Hause.; Die Kinder sind schon zu Bett.; Der Kollege ist gerade zu Tisch.; Das Fahrzeug kann zu Wasser und zu Lande eingesetzt werden.; sich zum Fenster hinauslehnen; zur Tür hinausgehen ❺ *(geh.) verwendet, um den Namen oder den Ort bei Gebäuden anzugeben:* der Dom zu Köln ❻ *verwendet, um einen Zeitpunkt oder eine Zeitspanne anzugeben:* Zu Weihnachten lag kein Schnee.; zu(m) Ende des Monats; erst zu(m) Mittag aufstehen; Wir suchen zum nächstmöglichen Zeitpunkt einen Hauswart.; Ihr ist zum Ersten des nächsten Monats gekündigt worden.; Zu Beginn war alles ganz einfach.; zu jeder Tages- und Nachtzeit; Beides geschah zur selben Zeit.; zur Zeit des Zweiten Weltkrieges; zu Lebzeiten Mozarts ❼ *verwendet, um die Art und Weise einer Bewegung anzugeben:* zu Fuß gehen; zu Schiff reisen ❽ *verwendet, um die Anzahl von Personen anzugeben:* zu dritt in einem Zimmer übernachten; Die Zuschauer kamen zu Hunderten. ❾ *verwendet, um eine Menge oder einen Preis anzugeben:* Das Bier gibt es nur in Kisten zu zwanzig Flaschen.; Es gab Erdbeeren, den Korb zu fünf Euro.; Die Bücher und CDs werden zu Spottpreisen verkauft.* ❿ *verwendet, um auszudrücken, in welcher Art und Weise etwas zutrifft:* Das stimmt nur zum Teil.; zur Hälfte; zur Gänze ⓫ *verwendet, um den Anlass einer Handlung auszudrücken:* zu Ehren des Staatsgastes ein Festessen geben; dem Kind zum Trost ein Eis kaufen; etwas nur zum Spaß sagen ⓬ *verwendet, um das Ergebnis der Folge einer Handlung zu bezeichnen:* Was wird das zur Folge haben?; Das Wasser ist zu Eis gefroren.; Die Kartoffeln sind zu Mus zerkocht.; Sie ist vom kleinen Mädchen zu einer jungen Frau geworden.; Er ist zum Vorsitzenden gewählt worden.; Sie ist zur Professorin ernannt worden.; Er hat es zu etwas gebracht.; So kommen wir zu keinem Ergebnis! ⓭ *verwendet, um das Ziel einer Handlung auszudrücken:* Ich brauche etwas Warmes zum Anziehen.; Sie geht abends zum Schwimmen. ⓮ *verwendet, um das Ergebnis eines Spiels auszudrücken:* Es steht jetzt Null zu Eins für die blaue Mannschaft. ⓯ *verwendet, um etwas zu bezeichnen, wofür man etwas voraussetzen muss:* Zum Fallschirmspringen braucht man gute Nerven.; Zum Malen braucht man Farben und Papier.; ▪ **zum Ersten, zum Zweiten, Zum Dritten usw.** *erstens, zweitens, drittens usw.*

zu² *adv* ❶ *verwendet, um auszudrücken, dass etwas in Richtung auf jmdn./etwas weist oder geht:* Nach Osten zu wurde der Himmel heller.; Die Fenster gehen nach Süden zu; Sie ging dem Ausgang zu. ❷ *so stark, dass es nicht angemessen oder nicht erwartet ist:* Er kam zu früh.; Der Mantel ist zu groß/klein.; Du fährst zu langsam/riskant/schnell!; Das ist mir zu wenig!; Sie hat sich zu viel zugemutet!; Dafür ist es nun zu spät! ❸ *geschlossen, nicht geöffnet:* Wir haben montags zu.; Die Geschäfte sind zu.; Das Fenster ist zu.; Ist die Tür auch richtig zu?; Augen zu! ❹ *verwendet bei einer Aufforderung, etwas weiter zu machen:* Nur immer zu!; ▪ **bis zu (100, 1000 …)** *ungefähr,*

Z

aber nicht mehr als (100, 1000 …) Der See ist an manchen Stellen bis zu siebzig Meter tief.; ■ **ab und zu** *manchmal* Ab und zu treffen wir uns noch.; ■ **jemand ist zu** *(umg. abwert.) jmd. ist sehr betrunken oder im Drogenrausch* Er war nicht nur betrunken, er war ja völlig zu!; Das ist viel zu viel für mich!; Das ist zu viel des Guten!; Sie verdient zu wenig, um sich das leisten zu können. ◆ Getrenntschreibung →R 4.8 Das Geschäft/Die Tür wird wohl zu sein.; ◆ Getrennt- oder Zusammenschreibung →R 4.20 zu Lasten/zulasten des Klägers gehen; zu Grunde/zugrunde gehen; zu Gunsten/zugunsten des Angeklagten entscheiden; zu Hause/zuhause sein; niemandem etwas zu Leide/zuleide tun; mir war es ängstlich zu Mute/zumute; sich etwas zu Nutze/zunutze machen; mit einer Aufgabe nicht zu Rande/zurande kommen; einen Fachmann zu Rate/zurate ziehen; ein Pferd zu Schanden/zuschanden reiten; sich nichts zu Schulden/zuschulden kommen lassen; zu Seiten/zuseiten des Fußballfeldes; etwa zu Stande/zustande bringen; etwas zu Tage/zutage fördern; zu Ungunsten/zuungunsten des Klägers ausfallen; etwas zu Wege/zuwege bringen; *siehe auch* **zugrunde, zugunsten, zuhause, zulasten, zuleide, zumute, zunutze, zurande, zurate, zuschanden, zuschulden, zuseiten, zustande, zutage, zuungunsten, zuwege**

zu³ *konj* ❶ */verwendet mit einem Infinitiv bei bestimmten Verben, Substantiven und Adjektiven/* Das fängt an, langweilig zu werden; Ich habe noch zu arbeiten.; Es gibt viel zu tun.; Er bat alle zu schweigen.; Sie beabsichtigt, ein Jahr im Ausland zu studieren.; Sie ist nicht fähig, sich zu konzentrieren.; Wir sind glücklich, das erreicht zu haben. ❷ *verwendet mit „sein" und Inf., um ein Passiv mit Modalverb auszudrücken:* Das Problem ist nicht zu lösen. (Das Problem kann nicht gelöst werden.); Es ist noch allerhand zu tun. (Es muss noch allerhand getan werden.) ❸ *verwendet mit Part. Präs. vor einem Subst., um eine Möglichkeit, eine Notwendigkeit, eine Erwartung o. Ä. auszudrücken:* die zu erledigenden Aufgaben; das zu reparierende Auto; der zu gewinnende Preis; die zu erwartenden Einnahmen; die zu besichtigenden Ausstellungsstücke

zu·al·ler·erst *adv als Erstes:* Du sollst es zuallererst erfahren! ◆ Zusammenschreibung →R 4.3 Er kam zuallererst in Ziel.

zu·al·ler·letzt *adv als Letztes:* Daran hatten wir zuallerletzt gedacht! ◆ Zusammenschreibung →R 4.3 Das glaube ich zuallerletzt!

zu·al·ler·meist *adv am meisten; besonders:* Das hat mich zuallermeist gestört! ◆ Zusammenschreibung →R 4.3 Er war zuallermeist betrübt.

Zu·ar·beit *die* <-, -en> *Tätigkeit, mit der man andere bei ihrer Arbeit unterstützt:* Sie werden gebeten, Ihre Zuarbeiten zum Bericht bis Ende der Woche abzugeben. ► zuarbeiten

zu·bau·en <baust zu, baute zu, hat zugebaut> *mit OBJ* ■ **jmd. baut etwas zu** *auf einer freien Fläche ein Haus bauen:* Jetzt haben sie den schönen Garten zugebaut.

Zu·be·hör *das* <-(e)s> */kein Plur./ Dinge, die*

nicht die Hauptbestandteile eines technischen Geräts sind, die aber zu dem Gerät gehören und mit ihm verwendet werden: Zubehör, wie Fototasche und Stativ, sind im Preis der Kamera inbegriffen. ◆ -industrie, -teil, Auto-, Boots-, Camping-, Kraftfahrzeug-

zu·bei·ßen <beißt zu, biss zu, hat zugebissen> *ohne OBJ* ❶ ■ **jmd./etwas beißt zu** *kräftig in etwas hineinbeißen:* Das Brot ist hart, da muss man kräftig zubeißen.; Ärgere den Hund nicht, sonst beißt er zu! ❷ ■ **jmd. beißt zu** *die Zähne aufeinanderpressen:* „Bitte einmal zubeißen", bat der Zahnarzt.

zu·be·kom·men <bekommst zu, bekam zu, hat zubekommen> *mit OBJ* ■ **jmd. bekommt etwas zu** *(umg.) etwas schließen können:* Ich bekomme die Hose schon wieder nicht zu!

Zu·ber *der* <-s, -> SÜDDT., ÖSTERR., SCHWEIZ. *Bottich; Waschtrog*

zu·be·rei·ten <bereitest zu, bereitete zu, hat zubereitet> *mit OBJ* ■ **jmd. bereitet etwas zu** *an Nahrungsmitteln die Handlungen vornehmen, die nötig sind, dass man sie essen kann:* Erst brate ich die Schnitzel, dann bereite ich den Salat zu.

Zu·be·rei·tung *die* <-, -en> ❶ */kein Plur./ das Zubereiten:* Die Zubereitung des Salats benötigt etwa eine Stunde. ❷ (≈ Zubereitungsart) *die Art, wie etwas zubereitet ist:* Für das Fleisch gibt es, je nach Geschmack, verschiedene Zubereitungen.

zu·be·to·nie·ren <betonierst zu, betonierte zu, hat zubetoniert> *mit OBJ* ■ **jmd. betoniert etwas zu** *auf einer freien Fläche etwas mit Beton bauen und sie dadurch ganz bedecken*

Zu·bett·ge·hen *das* <-s> */kein Plur./ die (mit bestimmten Vorbereitungen verbundene) Handlung, ins Bett zu gehen:* vor dem Zubettgehen die Zähne putzen; Das ist mir nach dem Zubettgehen noch eingefallen.

zu·bil·li·gen <billigst zu, billigte zu, hat zugebilligt> *mit OBJ* ■ **jmd. billigt jmdm. etwas zu** (≈ *gewähren* ↔ *abschlagen, verweigern*) *sagen, dass jmd. etwas haben darf:* jemandem ein Recht zubilligen; jedem Referenten eine halbe Stunde Redezeit zubilligen ► Zubilligung

zu·bin·den <bindest zu, band zu, hat zugebunden> *mit OBJ* ■ **jmd. bindet etwas zu** *etwas durch Binden verschließen:* einen Sack zubinden; Der kleine Junge kann sich schon allein die Schuhe zubinden.

zu·blei·ben <bleibt zu, blieb zu, ist zugeblieben> *ohne OBJ* ■ **etwas bleibt zu** *(umg.) geschlossen bleiben:* Montags bleibt der Friseursalon zu.; Die Vorschrift besagt, dass die Geschäfte sonntags zubleiben.; Das Fenster muss zubleiben, sonst zieht es!

zu·blin·zeln <blinzelst zu, blinzelte zu, hat zugeblinzelt> *ohne OBJ* ■ **jmd. blinzelt jmdm. zu** *jmdm. durch Augenzwinkern ein Zeichen geben:* Er hat ihr aufmunternd/freundlich/heimlich zugeblinzelt.

zu·brin·gen <bringst zu, brachte zu, hat zugebracht> *mit OBJ* ❶ ■ **jmd. bringt eine bestimmte Zeit (mit etwas Dat.) (irgendwo) zu** *eine Zeit (mit etwas) (an einem Ort) verbringen:*

Z

den ganzen Tag mit Warten zubringen; Sie hat mehrere Wochen im Krankenhaus zugebracht. **②** ■ *jmd.* **bringt etwas zu** *(umg.) es schaffen, etwas zu schließen:* Ich bringe die Tür nicht zu!; Hast zu den Koffer zugebracht?

Zu·brin·ger *der* <-s, -> **①** AMTSSPR. *kleinere Straße, die auf eine größere Straße führt:* der Zubringer zur Autobahn ◆Autobahn- **②** LUFTF. *ein Fahrzeug, das Personen von einem Ort zu einem anderen Ort bringt, um von da aus weiterzureisen:* Der Zubringer zum Flughafen fährt vor dem Bahnhof ab. ◆-bus, -dienst, -straße, -verkehr

zu·but·tern <butterst zu, butterte zu, hat zugebuttert> *mit OBJ* ■ *jmd.* **buttert (jmdm.) etwas** *Akk.* **zu** *(umg. abwert.) (jmdm.) extra Geld für etwas zuzahlen, das sich aber meist nicht lohnt:* Damit dieser Schrottwagen endlich durch den TÜV kam, musste ich richtig was zubuttern.

Zuc·chi·ni *die* [tsʊˈkiːni] <-, -> *ein Gemüse, das die Form einer Gurke hat:* gebratene/gefüllte Zucchini ◆-auflauf, -suppe

Zucht[1] *die* <-, -en> **①** */kein Plur./ das Züchten:* die Zucht von Austern/Kristallen/Perlen/Rindern/Schafen/Schweinen; durch Zucht bestimmte Eigenschaften bei Tieren oder Pflanzen herausbilden ◆-bulle, -hengst, -vieh, Hunde-, Pferde-, Schaf-, Vieh- **②** *ein Betrieb, der sich mit der Zucht*[1] *beschäftigt:* eine Zucht für Rassepferde betreiben; Fische aus eigener Zucht **③** *durch Züchten entstandene Tiere oder Pflanzen:* Die Rosen sind eine ganz neue Zucht.; eine neuartige Zucht von Austern

Zucht[2] *die* <-> */kein Plur./ (veralt.) Gehorsam; strenge Disziplin:* auf Zucht und Ordnung achten ◆Kirchen-, Selbst-

züch·ten *mit OBJ* ■ *jmd.* **züchtet etwas** *Pflanzen oder Tiere halten und darauf achten, dass die Nachkommen oder Sprösslinge bestimmte Eigenschaften haben:* Kühe mit hoher Milchleistung züchten; Rassehunde/edle Rennpferde/eine bestimmte Rosenart züchten ▶ Züchtung

Züch·ter *der,* **Züch·te·rin** <-s, -> *Person, die Tiere oder Pflanzen züchtet* ◆Bienen-, Hunde-, Katzen-, Rosen-

Zucht·haus *das* <-es, Zuchthäuser> **①** GESCH. *(veralt.) Gefängnis für Personen, die besonders schwere Straftaten begangen haben* **②** *(umg.) Gefängnis:* ins Zuchthaus kommen **③** */kein Plur./ (veralt.) Freiheitsstrafe:* Er wurde zu fünfzehn Jahren Zuchthaus verurteilt.

züch·tig *adj (veralt.: ↔ frivol) so, wie es den guten Sitten entspricht:* Sie schlug züchtig die Augen nieder.

züch·ti·gen *mit OBJ* ■ *jmd.* **züchtigt jmdn.** *(veralt. geh.) (körperlich) bestrafen:* Früher wurden die Kinder in der Schule noch mit dem Rohrstock gezüchtigt. ▶ Züchtigung

Zü·ch·tung *die* <-, -en> *das Züchten:* Die Züchtung von Rennpferden erfordert viel Geld.

zu·ckeln/zo·ckeln <zuckelst, zuckelte, ist gezuckelt> *ohne OBJ* ■ *jmd./etwas* **zuckelt irgendwohin** *(umg.) langsam an einen Ort gehen oder fahren:* Langsam zuckelte die Kleinbahn aus dem Bahnhof.

zu·cken <zuckst, zuckte, hat/ist gezuckt> **I.** *mit OBJ* ■ *jmd.* **zuckt die Schultern** *(≈ mit den Schultern zucken) die Schultern kurz und schnell nach oben ziehen, weil man etwas nicht weiß oder weil es einen nicht interessiert* **II.** *ohne OBJ* **①** ■ *jmd./etwas* **zuckt** *(haben) kurze, schnelle und unkontrollierte Bewegungen machen:* Er zuckte kurz, als er seinen Namen hörte.; Sie zuckte mit den Schultern, als sie gefragt wurde.; kurz mit den Augenbrauen zucken; Ihr Augenlid/Bein zuckt unaufhörlich. **②** ■ *etwas* **zuckt** *(sein) kurz aufleuchten:* Ein Blitz ist über den Himmel gezuckt.; Rote Flammen zucken aus den Fenstern. **III.** *mit ES (haben)* ■ *es* **zuckt** *kurze, unkontrollierte Bewegungen hervorrufen:* Es zuckte um ihren Mund herum.; Mir zuckt es in den Beinen.; ■ **ohne (mit der Wimper) zu zucken** *(umg.) ohne Zögern oder Bedenken erkennen zu lassen* Er trank das undefinierbare Getränk, ohne mit der Wimper zu zucken.

zü·cken *mit OBJ* **①** ■ *jmd.* **zückt eine Waffe** *(eine Waffe) plötzlich herausziehen:* ein Messer/die Pistole/das Schwert zücken **②** ■ *jmd.* **zückt etwas** *(umg. scherzh.: ≈ hervorholen)* Er zückte den Bleistift/die Brieftasche.

Zu·cker *der* <-s> */kein Plur./* **①** *eine weiße oder braune Substanz, die aus Pflanzen gewonnen wird und süß schmeckt und zu Speisen oder Getränken gegeben wird, um sie zu süßen:* Nehmen Sie Zucker in den Kaffee?; In den Teig gehört außer Zucker auch eine Prise Salz.; zwei Teelöffel/Würfel Zucker in den Kaffee nehmen ◆-dose, -rübe, Kandis-, Puder-, Rohr-, Würfel- **②** CHEM. *eine Substanz, die in Pflanzen gebildet wird und süß schmeckt* ◆Frucht- **③** *(umg.: ≈ Diabetes) kurz für „Zuckerkrankheit":* Man hat bei ihm Zucker festgestellt.; Blut-, Harn-

Zu·cker·bä·cker *der,* **Zu·cker·bä·cke·rin** <-s, -> ÖSTERR. *Konditor*

Zu·cker·brot ■ **mit Zuckerbrot und Peitsche** *(umg. scherzh.) abwechselnd mit Lob und mit Drohungen und Strafen* In dieser Familie wurden die Kinder mit Zuckerbrot und Peitsche erzogen.

Zu·cker·guss *der* <-es> */kein Plur./ Glasur aus Zucker*[1] *und anderen Zutaten auf Kuchen und Gebäck*

zu·cke·rig, *a.* **zuck·rig** *adj voller Zucker:* Die Kinder haben vom Naschen zuckerige Münder.

Zu·cker·krank·heit *die* <-> */kein Plur./* MED. *(≈ Diabetes) eine Stoffwechselkrankheit, die auf einer Fehlfunktion der Bauchspeicheldrüse beruht und sich in einem erhöhten Zuckergehalt im Blut und Ausscheidung von Zucker im Urin äußert* ▶ zuckerkrank, Zuckerkranke

Zu·ckerl *das* <-s, -(n)> ÖSTERR. *Bonbon*

zu·ckern <zuckerst, zuckerte, hat gezuckert> *mit OBJ* ■ *jmd.* **zuckert etwas** *mit Zucker*[1]*, bestreuen oder Zucker*[1] *beigeben:* den Kuchen nach dem Backen zuckern; Der Tee ist mir zu stark gezuckert. ▶ über-, ver-

Zu·cker·rohr *das* <-(e)s> */kein Plur./ eine tropische Pflanze, aus deren hohen Stängeln Zucker*[1] *gewonnen wird*

Zu·cker·spie·gel *der* <-s> */kein Plur./* MED.

Z

Menge des Blutzuckers, die jmd. im Blut oder im Urin hat

zu·cker·süß *adj /nicht steig./* ❶ *sehr süß:* ein zuckersüßes Gebäck ❷ *(umg. abwert.) so freundlich, dass es unecht und übertrieben wirkt*

Zu·cker·watte *die <-> /kein Plur./ Zuckerwerk, das die Form von einem großen Wattebausch hat*

Zu·cker·werk *das <-(e)s /kein Plur./ Süßigkeit, die vorwiegend aus Zucker¹ besteht*

zuck·rig *adj siehe* **zuckerig**

Zu·ckung *die <-, -en> eine kurze, schnelle und unkontrollierte Bewegung:* eine Zuckung machen; Zuckungen in den Beinen haben; ■ **in den letzten Zuckungen liegen** *(umg.) nicht mehr genügend Kraft, Geld, Macht o. Ä. haben und deswegen bald aufhören zu existieren* die letzten Zuckungen des Regimes

zu·de·cken *<deckst zu, deckte zu, hat zugedeckt> mit OBJ* ■ *jmd. deckt jmdn./etwas (mit etwas Dat.) zu jmdn. oder etwas mit etwas bedecken:* das schlafende Kind zudecken; die jungen Pflänzchen mit Erde zudecken; den Topf mit einem Deckel zudecken

zu·dem *adv (geh.: ≈ außerdem)* Wir haben viel zu tun, und zudem ist noch ein Kollege erkrankt.

zu·den·ken *<denkst zu, dachte zu, hat zugedacht> mit OBJ* ■ *jmd. denkt jmdm. etwas zu (geh.) bestimmen, dass jmd. etwas bekommt:* Dieses Geschenk habe ich dir zugedacht.; Jedem Anwesenden ist ein Glas Sekt zugedacht.

zu·dre·hen *<drehst zu, drehte zu, hat zugedreht> I. mit OBJ* ■ *jmd. dreht etwas zu* ❶ *etwas schließen, indem man an einem Ventil, einem Rad, einer Schraube o. Ä. dreht:* den Gashahn/Wasserhahn zudrehen; Hast du die Heizung zugedreht? ❷ ■ *jmd. dreht jmdm. das Gesicht/den Rücken zu den Körper so drehen, dass das Gesicht oder der Rücken jmdm. zugewandt ist* **II.** *mit SICH* ■ *jmd. dreht sich jmdm. zu sich so wenden, dass man von jmdm. angesehen wird:* Er drehte sich dem Publikum zu.

zu·dring·lich *adj (abwert.)* ❶ *(≈ aufdringlich) so, dass man nach zu intimen und privaten Dingen fragt:* Die Reporter stellten zudringliche Fragen. ❷ *in sexueller Hinsicht aufdringlich:* Der Angeklagte wurde der Frau gegenüber zudringlich.

Zu·dring·lich·keit *die <-, -en> zudringliche Handlung:* sich vor jemandes Zudringlichkeiten schützen

zu·drü·cken *<drückst zu, drückte zu, hat zugedrückt> I. mit OBJ* ■ *jmd. drückt etwas zu etwas durch Drücken schließen:* Er drückte die Tür leise zu. **II.** *ohne OBJ* ■ *jmd. drückt zu mit aller Kraft drücken:* Du musst richtig zudrücken, dann funktioniert der Schalter.; ■ **ein Auge zudrücken** *(umg.) etwas akzeptieren, was eigentlich nicht in Ordnung ist*

zu·ei·n·an·der *adv der/das eine zum anderen:* Sie passen nicht zueinander. ◆*Getrenntschreibung* →R 4.5 Ich glaube nicht, dass die beiden zueinanderpassen.

zu·ei·n·an·der·fin·den *<finden zueinander, fanden zueinander, haben zueinandergefunden> ohne OBJ* ■ *jmd. findet zueinander sich näher-*

kommen, sich treffen ◆*Zusammenschreibung* →R 4.5 Nach vielen Jahren haben sie wieder zueinandergefunden.

zu·ei·n·an·der·hal·ten *<halten zueinander, hielten zueinander, haben zueinandergehalten> ohne OBJ* ■ *jmd. hält zueinander sich unterstützen, loyal sein* ◆*Zusammenschreibung* →R 4.5 Sie versprachen, immer fest zueinanderzuhalten.

zu·er·ken·nen *<erkennst zu, erkannte zu, hat zuerkannt> mit OBJ* ■ *jmd. erkennt jmdm. etwas zu (geh.) jmdm. etwas meist durch einen offiziellen Beschluss gewähren:* Ihm wurde die höchste Auszeichnung/ eine Entschädigung zuerkannt.

zu·erst *adv* ❶ *(↔ zuletzt) an erster Stelle in einer Reihenfolge:* Wer geht zuerst?; Er kam zuerst ins Ziel.; Wer wird zuerst bedient? ❷ *(≈ zunächst) vor allem anderen:* Wir müssen zuerst eine Planung machen.; Wir können gleich gehen, zuerst muss ich mir aber noch etwas anziehen. ❸ *(≈ erstmals) zum ersten Male:* Zuerst habe ich so etwas in Paris gesehen. ❹ *(≈ anfangs) am Anfang:* Zuerst glaubte sie, er scherze nur.; Zuerst habe ich sie ja ganz nett gefunden, aber später nicht mehr. ◆*Zusammenschreibung* →R 4.3 Was machen wir zuerst?; Wo haben wir das zuerst erlebt?

zu·fä·cheln *<fächelst zu, fächelte zu, hat zugefächelt> mit OBJ* ■ *jmd. fächelt sich/jmdm. (mit etwas Dat.) Luft zu Luft in eine Richtung bewegen, indem man die Hand oder einen Gegenstand hin und her bewegt:* sich mit einer Zeitung Luft zufächeln; dem Kranken mit der Hand Luft zufächeln

zu·fah·ren *<fährst zu, fuhr zu, ist zugefahren> ohne OBJ* ❶ ■ *jmd. fährt auf jmdn./etwas zu in eine Richtung auf jmdn. oder etwas fahren:* Er ist auf den Radfahrer zugefahren.; Das Auto fuhr direkt auf die Menschenmenge zu. ❷ ■ *jmd. fährt zu (umg.) los-, weiterfahren:* Obwohl sie die Fußgängerin gesehen hatte, ist sie einfach zugefahren.; Los, fahr endlich zu!

Zu·fahrt *die <-, -en> Weg, auf dem man ein Gebäude oder einen Ort erreicht:* Die Zufahrt zum Gebäude befindet sich auf der Rückseite.; Zufahrt Tag und Nacht freihalten! ◆-straße

Zu·fall *der <-(e)s, Zufälle> ein Ereignis, das so nicht geplant oder erwartet war:* ein glücklicher/ unglücklicher Zufall; Es war Zufall, dass wir uns getroffen haben.; Das ist kein Zufall/reiner Zufall.; Welch ein Zufall, dass wir uns hier über den Weg laufen!; Es gibt schon seltsame Zufälle!; Das sollte man dem Zufall überlassen.

zu·fal·len *<fällt zu, fiel zu, ist zugefallen> ohne OBJ* ❶ ■ *etwas fällt zu sich plötzlich (von selbst) schließen:* Der Deckel/die Klappe/die Tür fiel plötzlich zu. ❷ ■ *etwas fällt jmdm. zu jmdm. zuteilwerden:* Der erste Preis fiel ihr zu.; Das Erbe fällt beiden Kindern zu. ❸ ■ *etwas fällt jmdm. zu ohne Mühe erreicht werden:* Die guten Ergebnisse in der Schule sind ihm zugefallen.; Ihr ist früher alles zugefallen, jetzt muss sie sich mehr anstrengen. ❹ ■ *etwas fällt jmdm. zu getan werden müssen:* Ihr fällt die Aufgabe zu, die neuen Prospekte zu entwerfen.; ■ **jemandem fallen die Augen zu** *jmd. ist so müde, dass er sich fast nicht mehr*

Z

wach halten kann Vor Müdigkeit fielen ihm die Augen zu.

zu·fäl·lig *adj* ❶ *durch Zufall:* eine zufällige Begegnung; Ich war zufällig da. ▶ Zufälligkeit ❷ *(umg.:* ≈ *vielleicht)* Hast du zufällig einen Fahrschein für mich?; Weißt du zufällig, wann die Kinder nach Hause kommen?

Zu·falls·be·kannt·schaft *die* <-, -en> *Person, die man zufällig¹ irgendwo kennen gelernt hat*

Zu·falls·tref·fer *der* <-s, -> *(umg.) etwas, das man zufällig¹ erraten hat:* Ich habe die Lösung nicht gewusst, das war nur ein Zufallstreffer.

zu·fas·sen <fasst zu, fasste zu, hat zugefasst> *ohne OBJ* ❶ ■ *jmd. fasst zu nach etwas greifen und es fest halten:* Sie hielt ihm die Hand hin, er musste nur noch zufassen. ❷ *(umg.:* ≈ *anfassen) helfen:* Wenn alle mit zufassen, werden wir schneller fertig.

zu·flie·gen <fliegst zu, flog zu, ist zugeflogen> *ohne OBJ* ❶ ■ *jmd./etwas fliegt auf jmdn./etwas zu in Richtung auf jmdn. oder etwas geflogen kommen:* Das Flugzeug fliegt auf die Landebahn zu.; Der Ball fliegt auf das Tor zu. ❷ ■ *ein Vogel fliegt jmdm. zu ein Vogel, der seinem ersten Besitzer entflogen ist, ist zu jmdm. anderen geflogen:* Mir ist gestern ein Vogel zugeflogen. ❸ ■ *etwas fliegt jmdm. zu etwas ohne Mühe bekommen:* Ihm fliegen die Sympathien nur so zu.; Ihm ist in der Schule alles zugeflogen, im Studium musste er sich mehr bemühen. ❹ ■ *etwas fliegt zu (umg.) sich plötzlich von selbst schließen:* Es kam ein Luftzug und die Tür flog zu.

zu·flie·ßen <fließt zu, floss zu, ist zugeflossen> *ohne OBJ* ❶ ■ *etwas fließt etwas Dat. zu in Richtung auf etwas fließen:* Der Bach fließt dem Fluss zu.; Die Flüsse fließen dem Meer zu. ❷ ■ *etwas fließt jmdm./etwas zu jmdm. oder einer Organisation gegeben werden:* Die Spenden fließen der Welthungerhilfe zu.; jemandem Geld zufließen lassen

Zu·flucht *die* <-> ❶ *Ort oder Person, an dem/bei der man Schutz oder Hilfe findet:* irgendwo Zuflucht suchen; Eine Scheune bot den Wanderern Zuflucht vor dem Gewitter.; Tausende Flüchtlinge suchten Zuflucht im Nachbarland.; In seiner Not suchte er Zuflucht bei einem Priester ❷ *(geh. übertr.) Sache, von der man sich Hilfe erwartet:* zu einer Lüge Zuflucht nehmen; Zuflucht im Alkohol suchen

Zu·fluss *der* <-es, Zuflüsse> ❶ *Fluss, der in ein anderes Gewässer mündet:* Der See hat mehrere Zuflüsse. ❷ */kein Plur./ (↔ Abfluss) das Zufließen:* der ständige Zufluss frischen Wassers ❸ */kein Plur./ (↔ Abfluss) das Hinzukommen:* der Zufluss weiterer Finanzmittel

zu·flüs·tern <flüsterst zu, flüsterte zu, hat zugeflüstert> *mit OBJ* ■ *jmd. flüstert jmdm. etwas zu jmdm. etwas flüsternd mitteilen:* jemandem etwas zuflüstern

zu·fol·ge *präp +Dat. /nachgestellt/ verwendet, um sich auf die Aussage oder die Meldungen von jmdm. zu beziehen:* Den neuesten Meldungen zufolge wird das Friedensabkommen bald in Kraft tre-

ten.; Seiner Aussage zufolge war er gestern Abend zu Hause.

zu·frie·den *adj so, dass man nichts zu bemängeln oder zu wünschen hat:* mit etwas zufrieden sein; zufrieden gestellte/zufriedenstellende Kundschaft; ein zufrieden stellendes/zufriedenstellendes Ergebnis ◆ Getrennt- oder Zusammenschreibung →R 4.20 Er konnte uns keine zufrieden stellende/ zufriedenstellende Antwort geben.; Die Schülerin hat in diesem Jahr ein zufriedenstellenderes Ergebnis erzielt.

zu·frie·den·ge·ben <gibst zufrieden, gab zufrieden, hat zufriedengegeben> *mit SICH* ■ *jmd. gibt sich mit etwas Dat. zufrieden sich mit etwas begnügen, nicht mehr fordern* ◆ Zusammenschreibung →R 4.6 sich mit diesem Ergebnis zufriedengeben; Mit diesem Ergebnis können wir uns nicht zufriedengeben.

Zu·frie·den·heit *die* <-> */kein Plur./ der Zustand, zufrieden zu sein:* voller Zufriedenheit sein Werk begutanden

zu·frie·den·las·sen <lässt zufrieden, ließ zufrieden, hat zufriedengelassen> *mit OBJ* ■ *jmd. lässt jmdn. zufrieden (umg.) jmdn. nicht weiter behelligen, in Ruhe lassen* ◆ Zusammenschreibung →R 4.5 Kannst du mich nicht endlich zufriedenlassen?; Er hat uns die ganze Zeit über nicht zufriedengelassen.

zu·frie·ren <friert zu, fror zu, ist zugefroren> *ohne OBJ* ■ *etwas friert zu von einer geschlossenen Eisdecke bedeckt werden:* Die Seen und Flüsse sind zugefroren.

zu·fü·gen <fügt zu, fügte zu, hat zugefügt> *mit OBJ* ❶ ■ *jmd. fügt etwas Dat. etwas Akk. zu zu einer Sache etwas hinzutun:* Der Soße kann man zur Verfeinerung noch etwas Butter zufügen. ▶ hinzufügen ❷ ■ *jmd. fügt jmdm./einem Tier etwas zu jmdm. oder einem Tier Schlimmes antun:* jemandem Unrecht/einen Schaden zufügen; Sie wollte dem Tier nicht unnötig Schmerzen zufügen.

Zu·fuhr *die* <-, -en> ❶ *der Vorgang, dass etwas irgendwohin geleitet wird:* Die Zufuhr von Benzin/ Gas/Luft erfolgt über eine Rohrleitung. ❷ *die zugeleitete Menge:* Die Reaktionsgeschwindigkeit hängt von der Zufuhr an Sauerstoff ab.

zu·füh·ren <führst zu, führte zu, hat zugeführt> **I.** *mit OBJ* ❶ ■ *jmd./etwas führt etwas Dat. etwas zu etwas irgendwohin leiten oder bringen:* Der Maschine wird der Strom direkt vom Netz zugeführt.; Die Einnahmen aus dem Konzert werden dem Kinderhilfswerk zugeführt.; einem Unternehmen neue Kunden zuführen ❷ ■ *jmd. führt jmdn./etwas etwas Dat. zu (geh.) mit einem Substantiv verwendet, um ein Verb zu umschreiben:* ein Problem einer Lösung zuführen (ein Problem lösen); einen Verbrecher seiner verdienten Strafe zuführen (einen Verbrecher bestrafen); etwas einer neuen Verwendung zuführen (etwas neu verwenden) **II.** *ohne OBJ* ■ *etwas führt auf etwas Akk. zu auf die Richtung von etwas hinführen:* Die Straße führt direkt auf den Bahnhof zu.; Das führt uns direkt auf den Kern unseres Problems zu.

Zug[1] *der* <-(e)s, Züge> ❶ *mehrere aneinandergehängte Eisenbahnwagen mit einer Lokomotive:* Der Zug verspätet sich/fährt auf Gleis acht ein/ ist pünktlich.; Ich komme mit dem Zug.; Die Bahn setzt über die Weihnachtstage zusätzliche Züge ein.; Die Züge nach Köln verkehren heute auf Gleis sechs.; Der Zug hatte ein Signal überfahren/war entgleist.; den Zug erreichen/nehmen/verpassen ◆ Fernreise-, Fernverkehrs-, Güter-, Hochgeschwindigkeits-, Luxus-, Nahverkehrs-, Schnell-, Sonder-, Trieb-, ❷ *Lastkraftwagen mit Anhängern:* ein Zug mit vier Achsen; ■ **der Zug ist abgefahren** *(umg.) dafür ist es jetzt zu spät*

Zug[2] *der* <-(e)s, Züge> ❶ *eine große Gruppe von Menschen, die sich gemeinsam in einer Richtung bewegen:* Der Zug der Flüchtlinge bewegt sich auf die Grenze zu.; Viele Menschen schlossen sich dem Zug der Demonstranten an.; Bunt geschmückte Wagen fahren am Rosenmontag im Zug mit. ◆ Demonstrations-, Fest-, Faschings- ❷ *das Sichfortbewegen in einer Richtung:* der jährliche Zug der Wildgänse in den Süden; der Zug der Wolken am Himmel ◆ Vogel- ❸ *die Ausübung von Kraft (von etwas weg), um es zu bewegen:* Um die Kiste zu bewegen, muss man von hinten Druck und von vorn Zug ausüben.; ein Zug nach unten/ nach der Seite/nach oben; Durch einen Zug an der Reißleine öffnet sich der Fallschirm.; Mit einem Zug am Hebel brachte er den Wagen zum Stehen. ❹ *eine Bewegung, um vorwärtszukommen:* mit kräftigen Zügen rudern/schwimmen ❺ *Linienführung beim Schreiben oder Zeichnen:* etwas in großen/klaren Zügen schreiben; Der Künstler malt in kräftigen Zügen. ❻ *das Rücken einer Figur im Spiel:* einen Zug mit der Dame machen; Wer ist am Zug?; matt in einundzwanzig Zügen; ein geschickter/kluger Zug des Gegners ❼ */kein Plur./ Luftströmung in eine Richtung:* Ich spüre einen Zug im Nacken.; Der Kamin hat keinen guten Zug. ▶ Durchzug ❽ TECHN. *Öffnung, durch die Luft oder Gase abziehen können:* ein Schornstein mit zwei Zügen ❾ *eine bestimmte Art zu handeln:* Ein weniger schöner Zug an ihm war eine Unzuverlässigkeit.; Das ist der Zug der Zeit.; Der strenge Herrscher offenbarte plötzlich auch menschliche Züge.; Das war kein schöner Zug von dir. ◆ Charakter- ❿ *Gesichtslinie; Gesichtsausdruck:* Sie hatte einen strengen Zug um den Mund.; Sein Gesicht hatte noch kindliche Züge. ⓫ *das Einziehen von Flüssigkeit oder Luft in den Körper:* einen kräftigen Zug aus der Flasche tun; mehrere Züge an der Zigarette machen; in tiefen Zügen atmen ◆ Atem-, Lungen- ⓬ *eine Organisationseinheit einer Institution:* Die Schule verfügt über einen sprachlichen und einen naturwissenschaftlichen Zug in jeder Klassenstufe.; Die Feuerwehr rückte mit vier Zügen zur Brandbekämpfung an. ⓭ MILIT. *eine Untereinheit einer Kompanie:* Der zweite Zug ist angetreten.; ■ **in den letzten Zügen liegen** *(umg.) im Sterben liegen* Der Schwerkranke lag in den letzten Zügen.; Die Bauarbeiten am Haus liegen in den letzten Zügen, morgen ist feierliche Übergabe.; ■ **etwas in vollen Zügen genießen** *etwas sehr genießen;* ■ **im Zug(e) der/des** *(geh.) während; im Ver-*

laufe der/des Im Zuge der Umbaumaßnahmen wird auch die Heizung mit erneuert.; ■ **in einem Zug(e)** *(umg.) ohne Unterbrechung* Er hat das dicke Buch in einem Zug ausgelesen.; ■ **am Zug(e) sein/zum Zug(e) kommen** *die Möglichkeit haben, etwas zu tun* Jetzt sind wir endlich am Zuge!; ■ **Zug um Zug** *nacheinander; unbeirrt; ohne Unterbrechung* Sie setzte ihren Plan Zug um Zug in die Wirklichkeit um.; ■ **in groben/großen Zügen** *(umg.) ungefähr und überblicksweise* Er erläuterte das Projekt in groben Zügen, ehe er zu den Einzelheiten kam.; Ich bin nur in groben Zügen informiert.; ■ **einen guten Zug am Leib haben** *(umg.) sehr viel und schnell Alkohol trinken können*

Zug[3] <-s> *Kanton der Schweiz*

Zu·ga·be *die* <-, -n> ❶ *etwas, das man (beim Kauf) zusätzlich erhält:* Jeder, der Waren im Wert von mindestens 100 Euro kauft, erhält ein Geschenk des Hauses als Zugabe. ❷ *etwas, das am Ende eines Konzerts noch zusätzlich gespielt wird:* Der Künstler spielte zwei Zugaben.; Das Publikum forderte eine Zugabe. ❸ */kein Plur./ das Hinzugeben:* die Spaghetti unter Zugabe von Salz in siedendem Wasser kochen

Zug·ab·teil *das* <-(e)s, -e> *Abteil eines Eisenbahnwagens:* ein Zugabteil reservieren lassen

Zu·gang *der* <-(e)s, Zugänge> ❶ */kein Plur./ Möglichkeit, irgendwo hineinzugehen:* Kein Zugang für Unbefugte!; sich mit Gewalt Zugang verschaffen ❷ *Eingang, Einfahrt:* Ein geparkter Wagen versperrte den Zugang.; Das Haus hat mehrere Zugänge. ◆ -sweg, Treppen- ❸ */kein Plur./ Möglichkeit, jmdn. oder etwas zu verstehen:* Er findet zum Werk dieses Künstlers keinen Zugang.; Er findet leicht Zugang zu anderen Menschen/zu Kindern. ❹ */meist Plur./ neu hinzugekommene Dinge oder Personen:* Welche Zugänge verzeichnet die Bibliothek diesen Monat?; Die Unfallabteilung hatte heute zwei Zugänge.

zu·gäng·lich *adj* ❶ *so, dass man es betreten oder benutzen kann:* Die Bibliothek ist der Öffentlichkeit zugänglich. ❷ *so, dass man es verstehen kann:* das Werk eines Künstlers dem breiten Publikum zugänglich machen ❸ *interessiert und aufgeschlossen:* Sie ist immer zugänglich für neue Ideen.; Sie war für einen Bitten nicht zugänglich.

Zug·brü·cke *die* <-, -n> *eine Brücke, die hochgezogen und abgesenkt werden kann:* die Zugbrücke der mittelalterlichen Burg

zu·ge·ben <gibst zu, gab zu, hat zugegeben> *mit OBJ* ❶ *jmd. gibt etwas zu* (≈ streiten ↔ abstreiten) *sagen, dass man etwas Schlechtes getan hat:* Er hat den Fehler schließlich zugegeben. ❷ *jmd. gibt etwas Dat. etwas zu hinzufügen:* unter ständigem Rühren dem Teig drei Esslöffel Zucker zugeben

zu·ge·geben *part verwendet, um eine Aussage einzuleiten, mit der man etwas aus Höflichkeit oder Gerechtigkeit erwähnt, was aber an der eigentlichen Aussage nichts ändert:* Zugegeben, es war ein sehr schwieriger Test, aber doch zu schaffen.

zu·ge·ge·be·ner·ma·ßen *adv wie man zugeben*

Z

oder einräumen muss: Ich habe zugegebenermaßen nicht daran gedacht, dich anzurufen.

zu·ge·gen *adv (geh.: ≈ anwesend)* Ein Mitglied der Geschäftsleitung wird bei der Tagung der Abteilungsleiter zugegen sein.

zu·ge·hen <gehst zu, ging zu, ist zugegangen> **I.** *ohne OBJ* ❶ ■ *jmd. geht auf jmdn./etwas zu* sich räumlich jmdm. oder etwas nähern: Der Redner ging auf das Pult zu.; Sie ging direkt auf ihn zu. ❷ ■ *etwas geht auf etwas Akk. zu* sich zeitlich etwas nähern: Die Ferien gehen auf das Ende zu. ❸ ■ *jmd. geht auf jmdn. zu (wieder)* mit jmdm. Kontakt aufnehmen: Wenn ihr aufeinander zugeht, werdet ihr euch wieder vertragen können.; Sie ist Fremden gegenüber sehr aufgeschlossen und geht auf jeden zu. ❹ ■ *etwas geht zu (umg.)* sich schließen (lassen): Die Tür ging leise zu.; Der Koffer geht nicht zu, er ist zu voll. ❺ ■ *etwas geht jmdm. zu (geh.)* etwas jmdm. zugesandt werden: Ist Ihnen mein Brief schon zugegangen?; Ihnen wird in Kürze ein Schreiben zugehen. **II.** *mit ES* ❶ ■ *es geht irgendwo irgendwie zu* auf eine bestimmte Art und Weise geschehen: Hier geht es nicht mit rechten Dingen zu.; Auf dem Fest ging's sehr lustig zu. ❷ ■ *es geht auf etwas Akk. zu* sich einem Zeitpunkt nähern: Es geht allmählich auf Mitternacht/das Monatsende/Weihnachten zu.

Zu·geh·frau *die* <-, -en> ÖSTERR., SÜDDT. *Frau, die gegen Bezahlung im Haushalt hilft*

zu·ge·hö·ren <gehörst zu, gehörte zu, hat zugehört> *ohne OBJ* ■ *jmd. gehört etwas Dat.* **zu** *(geh.)* zu einer Organisation, einer Glaubensgemeinschaft o. Ä. gehören: Er gehörte der kommunistischen Partei zu.

zu·ge·hö·rig *adj /nicht steig./* ❶ so, dass man sich als Teil von etwas fühlt: Er fühlt sich ihr/dieser Familie zugehörig. ❷ so, dass es zu etwas gehört: Die zugehörigen Kabel finden Sie in der Verpackung.

Zu·ge·hö·rig·keit *die* <-> */kein Plur./* ❶ *(≈ Mitgliedschaft)* die Zugehörigkeit zu einer Organisation/Partei ❷ *innere Verbundenheit:* Die beiden verband ein Gefühl der Zugehörigkeit.

zu·ge·kifft *adj (umg. abwert.)* so, dass man viel Haschisch oder Marihuana geraucht hat: Er ist jeden Abend zugekifft.

zu·ge·knöpft *adj* ❶ */nicht steig./* mit Knöpfen verschlossen: ein zugeknöpftes Hemd ❷ *(umg.)* verschlossen und wenig auskunftsfreudig: Ist er immer so zugeknöpft? ▸ Zugeknöpftheit

Zü·gel *der* <-s, -> einer der Riemen, mit denen das Pferd geführt wird: einem Pferd die Zügel anlegen; ■ **die Zügel kurz halten** streng reagieren; ■ **die Zügel schießen/schleifen lassen/aus der Hand geben** jmdn. oder etwas sich selbst überlassen

zü·gel·los *adj (≈ ausschweifend ↔ maßvoll)* so, dass man ohne Hemmungen und ohne Rücksicht auf moralische Bedenken o. Ä. sich dem Genuss hingibt: ein zügelloses Leben führen; ein zügelloser Mensch; sich zügellos dem Genuss hingeben ▸ Zügellosigkeit

zü·geln¹ <zügelst, zügelte, hat gezügelt> **I.** *mit OBJ* ❶ ■ *jmd. zügelt ein Pferd* ein Pferd am kur-

zen Zügel halten und beruhigen: Das Pferd scheute und der Reiter versuchte, es zu zügeln. ❷ ■ *jmd. zügelt etwas* bestimmte negative Gefühle beherrschen: seine Angst/Neugier/Wut zügeln **II.** *mit SICH* ■ *jmd. zügelt sich* beherrschen: Versuche(,) dich zu zügeln!

zü·geln² <zügelst, zügelte, hat gezügelt> *ohne OBJ* ■ *jmd. zügelt* SCHWEIZ. *umziehen* ▸ Zügler

zu·ge·stan·de·ner·ma·ßen *adv (≈ zugegebenermaßen)* so, dass man es einräumen oder zugestehen muss: Er war zugestandenermaßen klüger als wir alle.

Zu·ge·ständ·nis *das* <-ses, -se> ❶ der Vorgang, dass man in einem bestimmten Punkt die eigenen Bedürfnisse unterdrückt und dem Wunsch der Gegenseite entspricht: Bei der Verhandlung hat der Betriebsrat viele Zugeständnisse gemacht, sonst wäre es zu keiner Einigung gekommen. ❷ etwas, das man tut, um sich anzupassen: Ihre gefärbten Haare sind ein Zugeständnis an die Mode.

zu·ge·ste·hen <gestehst zu, gestand zu, hat zugestanden> *mit OBJ* ■ *jmd. gesteht jmdm. etwas zu* ❶ *(≈ erlauben)* sagen, dass jmd. etwas haben darf: jemandem gewisse Freiheiten zugestehen ❷ *jmdm. Recht geben:* Du wirst mir zugestehen müssen, dass dies nicht richtig war.

zu·ge·tan ■ *jemandem/etwas zugetan sein* jmdn. oder etwas gernhaben Sie war ihm sehr zugetan.; Er ist dem Radsport zugetan.

Zug·füh·rer *der,* **Zug·füh·re·rin** *die* <-s, -> ❶ *(geh.)* Person, die in einem Eisenbahnzug die Aufsicht hat: Wenn Sie Fragen haben, wenden Sie sich bitte an den Zugführer. ❷ MILIT. *Unteroffizier, der einen Zug führt*

zu·gie·ßen <gießt zu, goss zu, hat zugegossen> *mit OBJ* ■ *jmd. gießt etwas zu* etwas durch Gießen hinzufügen: heißes Wasser zugießen

zu·gig *adj* so, dass immer ein unangenehmer Luftzug zu spüren ist: eine zugige Ecke; Auf dem Berggipfel war es sehr zugig und kalt.

zü·gig *adj* so, dass ziemlich schnell und ohne Pausen: Sie hatten zügig gearbeitet ▸ Zügigkeit

Zug·kraft *die* <-, Zugkräfte> ❶ PHYS. *Kraft, mit der ein Körper gezogen wird.* ❷ */kein Plur./ (≈ Attraktivität)* Eigenschaft, Interesse zu wecken: die Zugkraft eines bekannten Schauspielers/einer Ausstellung; Der Fußball besitzt eine große Zugkraft für viele Menschen.

zug·kräf·tig *adj (≈ attraktiv)* so ansprechend, dass es Interesse weckt: ein zugkräftiges Angebot; ein Film/ein Buch/ein Zeitungsartikel mit einem zugkräftigen Titel

zu·gleich *adv* ❶ *(≈ außerdem)* darüber hinaus: Er ist Regierungschef und zugleich Parteivorsitzender. ❷ *(≈ gleichzeitig)* zur gleichen Zeit: Sie lachte und weinte zugleich.

Zü·ge·l·te *die* <-, -n> SCHWEIZ. *Umzug*

Zug·luft *die* <-> */kein Plur./* Luftströmung in eine Richtung: In diesem Raum herrscht dauernd Zugluft.; Zugluft schadet der Gesundheit.

Zug·ma·schi·ne *die* <-, -n> KFZ *ein Fahrzeug mit einem starken Motor, das schwere Anhänger ziehen kann*

Zug·per·so·nal *das* <-s> */kein Plur./* die Eisen-

bahner, die mit einem bestimmten Zug fahren und die verschiedenen Aufgaben ausführen: Mit Fragen wenden Sie sich bitte an unser Zugpersonal!

Zug·pferd *das* <-(e)s, -e> ❶ *Pferd, das etwas zieht:* ein Zugpferd vor den Pflug spannen ❷ *(umg.) Person oder Sache, die viele Interessenten anlockt:* Als Zugpferd für die Veranstaltung wurde eine populäre Künstlerin eingeladen.

zu·grei·fen <greifst zu, griff zu, hat zugegriffen> *ohne OBJ* ■ *jmd. greift zu* ❶ *mit der Hand greifen:* Seine Hand war gebrochen, er konnte nicht mehr zugreifen.; Er hielt ihr seine Hand hin, sie musste nur noch zugreifen. ❷ *sich von angebotenen Dingen etwas nehmen:* Greifen Sie ruhig zu, es ist genug für alle da!; Das ist eine einmalige Gelegenheit, greifen Sie zu! ❸ *(umg.) helfen:* Kannst du bitte einmal zugreifen, ich kann die Kiste nicht allein tragen!; Wenn alle mit zugreifen, ist die Arbeit schneller erledigt. ❹ ■ *jmd. greift auf etwas Akk. zu etwas benutzen oder einsehen:* Ich kann schon wieder nicht auf das Konto zugreifen.; auf eine Datei zugreifen

Zu·griff *der* <-(e)s, -e> ❶ */kein Plur./ die Möglichkeit oder das Recht, etwas für sich zu nutzen:* (keinen) Zugriff auf ein Konto haben; Der Computer verweigert den Zugriff auf diese Datei.; Über das Internet hat man Zugriff auf die Kataloge der verschiedensten Bibliotheken. ❷ EDV *das Zugreifen³ auf Daten:* Die Anzahl der Zugriffe auf diese Webseite steigt ständig.

Zu·griffs·zeit *die* <-, -en> EDV *für den Zugriff² auf Daten benötigte Zeit:* die Zugriffszeit mit technischen Verbesserungen verkürzen

zu·grun·de, zu Grun·de *adv* ■ **zugrunde/zu Grunde gehen** *sterben; verfallen;* ■ *etwas zugrunde/zu Grunde legen etwas als Voraussetzung nehmen;* ■ **zugrunde/zu Grunde liegen** *die Grundlage sein* die zugrunde/zu Grunde liegenden Fakten; ■ *etwas/jemanden zugrunde/zu Grunde richten jmdn. oder etwas so schädigen, dass er/es nicht mehr existieren kann; siehe auch zu*

Zug·schaff·ner, Zug·schaff·ne·rin <-s, -> *Person, die im Zug die Fahrscheine kontrolliert*

zu·gu·cken <guckst zu, guckte zu, hat zugeguckt> *ohne OBJ* ■ *jmd. guckt zu (umg.: ≈ zusehen)* jemandem bei der Arbeit zugucken

zu·guns·ten, zu Guns·ten *präp* +Gen. *verwendet, um auszudrücken, dass etwas für etwas einen Vorteil bringt:* Die Verlosung wurde zugunsten/zu Gunsten der Welthungerhilfe durchgeführt.; *siehe auch zu*

zu·gu·te·hal·ten <hältst zugute, hielt zugute, hat zugutegehalten> *mit OBJ* ■ *jemandem etwas Akk. zugutehalten (geh.) etwas als Entschuldigung für jmds. Versagen anerkennen:* Man muss ihr zugutehalten, dass sie sich redlich bemüht hat.

zu·gu·te·kom·men <kommt zugute, kam zugute, ist zugutegekommen> *mit OBJ* ■ *etwas kommt jmdm./etwas zugute (geh.) jmdn. oder etwas unterstützen oder für jmdn. oder etwas sehr nützlich:* Die Einnahmen kommen einem Kindergarten zugute.; ■ *jemandem/sich etwas zugutekommen lassen (geh.) jmdm. etwas An-*

genehmes gewähren Er wollte den Kindern auch einmal etwas zugutekommen lassen.

Zug·ver·bin·dung *die* <-, -en> *die Möglichkeit, mit dem Zug ein Ziel zu erreichen; sich eine günstige Zugverbindung von München nach Hamburg heraussuchen lassen;* Zu diesem Ort gibt es heute leider keine Zugverbindung mehr.

Zug·ver·kehr *der* <-s> */kein Plur./ Gesamtheit der verkehrenden Eisenbahnzüge in einem bestimmten Bereich:* den Zugverkehr überwachen; Auf dieser Strecke herrscht reger Zugverkehr.

Zug·vo·gel *der* <-s, Zugvögel> ZOOL. *Vogel, der regelmäßig vor Einbruch des Winters in wärmere Gegenden fliegt:* Die Zugvögel sammeln sich für ihren Flug in den Süden.

Zug·zwang *der* <-(e)s, Zugzwänge> */meist Sing./ Notwendigkeit, in einer bestimmten Situation handeln zu müssen:* Der Präsident stand unter Zugzwang.; Die Regierung scheint immer mehr unter Zugzwang zu geraten

zu·ha·ben <hast zu, hatte zu, hat zugehabt> *(umg.)* **I.** *mit OBJ* ■ *jmd. hat etwas Akk. zu etwas geschlossen haben;* Sie hatte die Augen zu.; Hast du deine Tür auch richtig zu? **II.** *mit OBJ/ohne OBJ* ■ *jmd./etwas hat zu für die Kundschaft geschlossen haben:* Tut mir leid, aber wir haben schon zu.; Das Büro hat den ganzen Juli über zu.

zu·hal·ten <hältst zu, hielt zu, hat zugehalten> **I.** *mit OBJ* ■ *jmd. hält etwas zu* ❶ *mit der Hand verschließen oder bedecken:* jemandem den Mund zuhalten; sich die Nase/Ohren zuhalten ❷ *verhindern, dass etwas geöffnet wird:* den Deckel/die Tasche/die Tür zuhalten **II.** *ohne OBJ* ■ *jmd./etwas hält auf jmdn./etwas zu (geh.) in die Richtung von jmdm. oder etwas laufen, fahren o. Ä.:* Der Tanker hielt direkt auf den Eisberg zu.

Zu·häl·ter *der* <-s, -> *ein Mann, der von dem Geld lebt, das Prostituierte verdienen* ▶ Zuhälterei

zu·han·den *präp* +Gen. ÖSTERR., SCHWEIZ. ❶ *zur Weiterbehandlung, Beschlussfassung durch:* zuhanden des Amtsvorstehers ❷ *zu Händen:* zuhanden der Verwaltung; zuhanden Herrn Meyer

zu·hän·gen <hängst zu, hängte zu, hat zugehängt> *mit OBJ* ■ *jmd. hängt etwas zu etwas verdecken, indem man etwas davorhängt:* das Fenster/den Schrank mit einem Tuch zuhängen

zu·hau·en <haust zu, haute zu, hat zugehauen> **I.** *mit OBJ* ❶ ■ *jmd. haut etwas zu durch Behauen mit Werkzeugen in eine gewünschte Form bringen:* Der Stein wird erst grob zugehauen. ❷ ■ *jmd. haut etwas zu (umg.) gewaltsam schließen:* Wütend haute sie die Autotür zu. **II.** *ohne OBJ* ■ *jmd. haut zu (umg.) zuschlagen:* Als er mich weiter ärgerte, habe ich einfach zugehauen.

zu·hauf *adv* *(veralt. geh.) in großen Mengen:* Aus aller Herren Länder kamen die Spielleute zuhauf.

Zu·hau·se *das* <-s> */kein Plur./ der Ort, das Haus oder die Wohnung, wo jmd. dauerhaft lebt:* Sie haben sich ein gemütliches Zuhause eingerichtet.; Nach den wochenlangen Reisen freut sie sich auf

Z

ihr Zuhause.; Die Flüchtlinge haben hier ein neues Zuhause gefunden.

zu·hau·se, *a.* **zu Hau·se** *adv* daheim; in der eigenen Wohnung: Bist du morgen zuhause?; Wir fühlen uns hier zuhause.; Ihr könnt euch wie zuhause fühlen!; *siehe* **zu**

zu·hei·len <heilt zu, heilte zu, ist zugeheilt> *ohne OBJ* ■ *etwas heilt zu* heilen und sich mit Haut bedecken: Die Wunde heilt langsam zu.

Zu·hil·fe·nah·me ■ **unter Zuhilfenahme von etwas** indem man etwas benutzt die Aufgaben unter Zuhilfenahme eines Taschenrechners lösen

zu·hö·ren <hörst zu, hörte zu, hat zugehört> *ohne OBJ* ■ *jmd. hört (jmdm./etwas) zu* bewusst jmdn. oder etwas hören: Nur wenige Menschen können wirklich zuhören.; Unterbrich mich nicht schon wieder, hör jetzt endlich zu!; Alle hörten den Ausführungen des Reiseleiters aufmerksam zu.; Als der Pianist zu spielen begann, hörten alle andächtig zu.

Zu·hö·rer *der*, **Zu·hö·re·rin** <-s, -> *Person, die bei etwas zuhört:* Ein Raunen ging durch die Zuhörer.; Nach dem Vortrag durften die Zuhörer und Zuhörerinnen noch Fragen stellen. ▸ Zuhörerschaft

zu·ju·beln <jubelst zu, jubelte zu, hat zugejubelt> *ohne OBJ* ■ *jmd. jubelt jmdm. zu* jmdm. gegenüber laut seine Begeisterung äußern: Tausende Fans jubelten dem frischgebackenen Weltmeister zu.

zu·keh·ren <kehrst zu, kehrte zu, hat zugekehrt> *mit OBJ* ■ *jmd. kehrt jmdm. den Rücken/das Gesicht zu* (≈ zudrehen I.2) jemandem den Rücken/das Gesicht zukehren

zu·klap·pen <klappst zu, klappte zu, hat/ist zugeklappt> **I.** *mit OBJ (haben)* ■ *jmd. klappt etwas zu* den Deckel von etwas schließen: ein Buch/eine Kiste/den Kofferraum zuklappen **II.** *ohne OBJ (sein)* ■ *etwas klappt zu* sich unbeabsichtigt schließen: Das Buch ist zugeklappt, nun muss ich die Seite wieder suchen.; Der Deckel der Truhe ist zugeklappt, als die Katze noch darin saß.

zu·kle·ben <klebst zu, klebte zu, hat zugeklebt> *mit OBJ* ■ *jmd. klebt etwas zu* durch Kleben verschließen: den Briefumschlag sorgfältig zukleben

zu·knöp·fen <knöpfst zu, knöpfte zu, hat zugeknöpft> *mit OBJ* ■ *jmd. knöpft etwas zu* durch Knöpfe verschließen: das Hemd zuknöpfen

zu·kom·men <kommst zu, kam zu, ist zugekommen> *ohne OBJ* ❶ ■ *jmd./etwas kommt auf jmdn./etwas zu* sich räumlich jmdm. oder etwas nähern: Er kam gleich auf uns zu und begrüßte uns.; Das Auto kam direkt auf uns zu.; Ich weiß nicht was es ist, aber es kommt direkt auf uns zu! ❷ ■ *etwas kommt auf jmdn. zu* sich zeitlich jmdm. nähern; jmdm. bevorstehen: In der Zukunft kommen große Aufgaben auf dich zu!; Die Prüfungen kommen auf uns zu. ❸ ■ *jmd. kommt auf jmdn. zu* (geh.) mit jmdm. Kontakt aufnehmen: Bitte kommen Sie auf uns zu, wenn Sie noch Fragen haben!; Ich werde zu gegebener Zeit mit meiner Bitte auf Sie zukommen! ❹ ■ *etwas kommt jmdm./etwas zu* (geh.) angemessen sein: Dieser Titel kommt ihm nicht zu.; Diesem Treffen kommt große Bedeu-

tung zu.; Es kommt mir nicht zu, über dein Verhalten zu urteilen. ❺ ■ *etwas kommt jmdm. zu* (geh.) als Eigentum zufallen: Wem kommt das Erbe zu?; ■ **etwas auf sich zukommen lassen** in einer Sache vorerst abwarten Das lassen wir erst einmal auf uns zukommen.; ■ **jemandem etwas zukommen lassen** jmdm. etwas geben Sie hat dem Tierheim gelegentlich Spenden zukommen lassen.

zu·kor·ken <korkst zu, korkte zu, hat zugekorkt> *mit OBJ* ■ *jmd. korkt etwas zu* (↔ entkorken) durch einen Korken verschließen: die Weinflasche zukorken

Zu·kunft *die* <-> /kein Plur./ ❶ (↔ Gegenwart, Vergangenheit) die Zeit, die nach einem gegebenen Zeitpunkt liegt: Kein Mensch kann in die Zukunft sehen.; mit großen Erwartungen in die Zukunft blicken; Was wird in (der) Zukunft geschehen? ❷ *das Geschehen in der kommenden Zeit:* eine düstere/glänzende/großartige/ ungewisse Zukunft (vor sich) haben; sich Gedanken um seine Zukunft machen; die Zukunft vorhersagen können ❸ *gute Aussichten für die Zukunft[1]:* ohne Zukunft sein; Die Jugend in diesem Land hat keine Zukunft.; eine Region/Wirtschaft ohne Zukunft ❹ SPRACHWISS. (≈ Futur) eine Zeitform des Verbs: einen Satz/ein Verb in die Zukunft setzen; ■ **in Zukunft** künftig

zu·künf·tig *adj* /nicht steig./ auf die Zukunft bezogen, ihr zugeordnet: die zukünftige Entwicklung der Stadt; ■ **seine zukünftige Ehefrau** die Frau, die er heiraten wird; ■ **ihr zukünftiger Ehemann** der Mann, den sie heiraten wird

Zu·künf·ti·ge *der/die* <-n, -n> (umg. scherzh.) die zukünftige Ehefrau oder der zukünftige Ehemann: Er hat den Eltern seine Zukünftige vorgestellt.

Zu·kunfts·aus·sicht *die* <-, -en> /meist Plur./ (≈ Zukunftsperspektive) (gute) Aussicht oder Chance für die Zukunft[1]: ein Beruf mit guten Zukunftsaussichten

Zu·kunfts·for·schung *die* <-, -en> (≈ Futurologie) eine Wissenschaft, die sich mit zukünftig zu erwartenden wissenschaftlichen, technischen und gesellschaftlichen Entwicklungen befasst ▸ Zukunftsforscher

Zu·kunfts·mu·sik ■ *etwas ist (noch) Zukunftsmusik* (umg.) etwas ist aus heutiger Sicht noch nicht zu verwirklichen Vieles von den Ideen, die vorgestellt wurden, ist noch Zukunftsmusik.

Zu·kunfts·per·s·pek·ti·ve *die* <-, -n> Aussicht oder Chance für die Zukunft[1]: ein Beruf mit guter Zukunftsperspektive; Unter den Verhältnissen im Land sah er für sich und seine Familie keine Zukunftsperspektive.

Zu·kunfts·tech·no·lo·gie *die* <-, -n> Technologie, von der man annimmt, dass sie die Zukunft[1] maßgeblich bestimmen wird

zu·kunfts·träch·tig *adj* mit positiven Aussichten für die Zukunft[1]: eine zukunftsträchtige Entwicklung im Bereich der Telekommunikation

Zu·kunfts·vi·si·on *die* <-, -en> Vorstellung, wie die Zukunft[1] von etwas aussehen wird

zu·kunft(s)·wei·send *adj* bestimmend für die zu-

künftige Entwicklung: zukunftsweisende Ideen; eine zukunftsweisende Erfindung

zu·lä·cheln <lächelst zu, lächelte zu, hat zugelächelt> *ohne OBJ* ▪ *jmd.* **lächelt** *jmdm.* **zu** *jmdn. ansehen und lächeln:* Er lächelte ihr aufmunternd/freundlich zu.

Zu·la·ge *die* <-, -n> *Geld, das man aus einem bestimmten Grund zusätzlich zum Gehalt oder Lohn erhält:* Für die erhöhte Gefahr, der sie bei der Arbeit ausgesetzt sind, erhalten die Arbeiter eine Zulage. ◆ Gefahren-, Schicht-

zu·lan·gen <langst zu, langte zu, hat zugelangt> *ohne OBJ (umg.)* ❶ ▪ *jmd.* **langt zu** (≈ *zugreifen*) *sich von angebotenen Dingen nehmen:* Langt nur richtig zu, es ist genug da!; Die Gäste hatten ordentlich zugelangt. ❷ ▪ *jmd.* **langt zu** (≈ *zupacken²*) *meist bei einer körperlich schweren Arbeit helfen:* Kann mal jemand schnell mit zulangen, ich schaffe es nicht allein!

zu·las·sen <lässt zu, ließ zu, hat zugelassen> *mit OBJ* ❶ ▪ *jmd.* **lässt etwas zu** *etwas erlauben, dulden:* Er lässt es nicht zu, dass andere sein Auto benutzen.; Ich lasse diese dauernden Störungen nicht zu!; Die Regelung lässt keine Ausnahmen zu. ❷ ▪ *jmd.* **lässt** *jmdn./etwas* **zu** *jmdm. oder etwas amtlich erlauben, etwas offiziell auszuüben oder an etwas teilzunehmen:* einen Kassenarzt zulassen; Der Film ist für Kinder nicht zugelassen.; ein Auto für den Verkehr zulassen; Die Brücke ist nur für Fußgänger zugelassen. ❸ ▪ *jmd.* **lässt** *jmdn.* **zu** *jmdm. den Zugang zu oder die Teilnahme an etwas gewähren:* Hier sind nur Betriebsangehörige zugelassen.; Kinder unter zwölf Jahren sind hier nicht zugelassen.; einen Bewerber für ein Studium zulassen ❹ ▪ *jmd.* **lässt etwas zu** *(umg.) nicht öffnen:* Lassen Sie bitte diese Tür zu!; Ich habe das Fenster zugelassen, wer hat es dann geöffnet?; Sonntags müssen wir das Geschäft zulassen.

zu·läs·sig *adj /nicht steig./* (≈ *erlaubt*) die zulässige Höchstgeschwindigkeit ► Zulässigkeit

Zu·las·sung *die* <-, -en> ❶ */kein Plur./ der Vorgang, dass jmd. jmdm. eine Teilnahme, Nutzung, Tätigkeit o. Ä. offiziell erlaubt:* Die Zulassung eines Medikaments nimmt viel Zeit in Anspruch.; die Zulassung zum Studium beantragen ❷ *die Genehmigung, etwas zu tun, zu nutzen, an etwas teilzunehmen:* Er hat ohne Zulassung als Arzt praktiziert.; Hat dieser Gaststättenbetrieb eine amtliche Zulassung? ❸ *(umg.) Zulassungspapier für ein Kraftfahrzeug*

Zu·las·sungs·pa·pier *das* <-(e)s, -e> */meist Plur./ Dokument, das eine Zulassung²* eines Fahrzeugs amtlich bestätigt: die Zulassungspapiere für ein Kraftfahrzeug

zu·las·sungs·pflich·tig *adj /nicht steig./* AMTSSPR. *so, dass eine Zulassung²* benötigt wird: ein zulassungspflichtiges Fahrzeug

Zu·las·sungs·stel·le *die* <-, -n> *amtliche Stelle, die für die Erteilung von Zulassungen*[1, 2] *zuständig ist*

zu Las·ten, zu Las·ten *präp + Gen. (geh.) verwendet, um auszudrücken, dass etwas zum Nachteil von jmdm./etwas geschieht:* Der Stress geht zulasten/zu Lasten Ihrer Gesundheit!; Die Lieferkosten

gehen zulasten/zu Lasten des Empfängers.; *siehe auch* **zu**

Zu·lauf *der* <-(e)s, Zuläufe> ❶ */kein Plur./ eine große Menge von Besuchern, Zuschauern o. Ä.:* Die Veranstaltung hat großen Zulauf. ❷ *Stelle, an der die Flüssigkeit irgendwo hineinfließen kann:* Der Zulauf des Schwimmbeckens ist verstopft.; Der Teich hat zwei Zuläufe.

zu·lau·fen <läufst zu, lief zu, ist zugelaufen> *ohne OBJ* ❶ ▪ *jmd.* **läuft auf** *jmdn./etwas* **zu** *in die Richtung von jmdm. oder etwas laufen:* Froh lief sie auf ihn zu. ❷ ▪ **ein Tier läuft** *jmdm.* **zu** *ein Tier sucht die Nähe eines Menschen und bleibt bei ihm:* Die Katze ist uns zugelaufen, jetzt möchten wir sie nicht mehr hergeben.; ein zugelaufener Hund ❸ ▪ *jmd.* **läuft** *jmdm.* **zu** *viel Kundschaft, viele Anhänger, viele Fans bekommen:* Nach der Neueröffnung liefen ihm die Kunden in Massen zu. ❹ ▪ *jmd.* **läuft zu** *(umg.) loslaufen:* Lauf zu, sonst verpasst du noch den Bus! ❺ ▪ *jmd.* **lässt Wasser zulaufen** *Wasser zu schon vorhandenem Wasser hinzufüllen:* Lass noch ein bisschen warmes Wasser in die Wanne zulaufen. ❻ ▪ **etwas läuft irgendwie zu** *an einem Ende eine spitze oder schmale Form haben:* Der Hut läuft oben spitz zu.

zu·le·gen <legst zu, legte zu, hat zugelegt> *(umg.)* **I.** *mit OBJ* ▪ *jmd.* **legt etwas zu** *etwas zu etwas hinzufügen:* Legen Sie noch eine Scheibe zu!; Ich kann noch hundert Euro zulegen, wenn dein Geld nicht reicht. **II.** *ohne OBJ* ▪ *jmd.* **legt zu** *an Gewicht zunehmen:* Er hat in letzter Zeit ganz schön zugelegt. **III.** *mit SICH* ▪ *jmd.* **legt sich etwas zu** *sich etwas anschaffen:* Ich habe mir ein neues Auto zugelegt.; Er hat sich seit ein paar Wochen einen Bart zugelegt.

zu·lei·de, zu Lei·de ▪ *jmdm./einem Tier* **etwas zuleide/zu Leide tun** *jmdm. oder einem Tier Schaden zufügen oder wehtun* Er tut keiner Fliege was zuleide.; *siehe auch* **zu**

zu·lei·ten <leitest zu, leitete zu, hat zugeleitet> *mit OBJ* ▪ *jmd./etwas* **leitet** *jmdm./etwas* **etwas zu** *bewirken, dass etwas zu jmdm. oder irgendwohin gelangt:* Das Gas wird (dem Kessel) über ein Rohrsystem zugeleitet.; Alle Anfragen werden der Zentrale in Berlin zugeleitet.; Uns ist Ihr Antrag zugeleitet worden.

Zu·lei·tung *die* <-, -en> ❶ *Leitung, durch die etwas irgendwohin gelangt:* die Zuleitung für den Strom/das Wasser installieren/sperren ❷ */kein Plur./ der Vorgang des Zuleitens:* Die Zuleitung des Stromes muss für kurze Zeit unterbrochen werden.

zu·letzt *adv* ❶ (↔ *zuerst*) *am Ende:* Das müssen wir ganz zuletzt besprechen. ❷ *als Letzte(r, -s):* Sie war zuletzt an der Reihe.; Diejenigen, die zuletzt ankamen, wirkten sehr erschöpft. ❸ *(umg.) das letzte Mal:* Wo haben wir uns zuletzt gesehen?; Wann hast du zuletzt etwas gegessen?; Was hatten wir zuletzt besprochen? ❹ *endlich; im Endeffekt:* Zuletzt haben sie doch zugestimmt.; Warten wir es ab, wer zuletzt Recht behalten wird.; ▪ **bis zuletzt** *bis zum letzten Moment* Er hatte bis zuletzt die Hoffnung auf Genesung nicht aufgegeben.; ▪ **nicht**

Z

zuletzt *in erheblichem Maße* Dass wir es geschafft haben, lag nicht zuletzt an deiner Hilfe.; ■ **Wer zuletzt lacht, lacht am besten.** *(Sprichwort)* man sollte sich nicht voreilig als Überlegener fühlen

zu·lie·be *präp +Dat. /nachgestellt /* ❶ *verwendet, um auszudrücken, dass etwas zum Vorteil von jmdm. geschieht:* Tu es mir zuliebe! ❷ *(≈ wegen)* Euch zuliebe habe ich auf meinen freien Tag verzichtet!

Zu·lie·fe·rer *der* <-s, -> WIRTSCH. *Betrieb, der einem Unternehmen bestimmte Teile zur Weiterverwertung liefert:* Die Elektronikfirma war ein wichtiger Zulieferer der Autoindustrie.

Zu·lie·fer·in·dus·t·rie *die* <-, -n> WIRTSCH. *Zweig der Industrie, der einer Branche bestimmte Teile zur Weiterverwertung liefern:* Unter Krisen der Automobilbranche leidet auch die Zulieferindustrie.

Zu·lu *der* ['tsu:lu] <-(s), -(s)> *Angehöriger eines Stammes in Südafrika*

zum *präp (≈ zu dem)* zum Beispiel; zum Glück; zum Teil; zum Essen gehen; *siehe* **zu**

> Die Wortfügung **zum Beispiel**, abgekürzt: „z. B.", wird in den Satz eingebunden oder kann vorangestellt werden. Auf den Punkt zwischen „z" und „B" folgt kein Leerzeichen. Wird „z. B." nachgestellt, so muss ein Komma gesetzt werden: *Ich habe ihn letzten Montag sehr häufig gesehen, z. B. im Theater.* In Verbindung mit einer Konjunktion wird die Fügung von Kommata eingeschlossen: *Ich habe ihn sehr häufig gesehen, zum Beispiel, als er ins Theater ging.*

zu·ma·chen <machst zu, machte zu, hat zugemacht> **I.** *mit OBJ/ohne OBJ* ■ *jmd./etwas macht (etwas) zu (umg.) (etwas) schließen:* Soll ich das Fenster zumachen?; Mach endlich (die Tür) zu!; Sie mussten ihr Geschäft leider zumachen, da es keinen Gewinn mehr abwarf. **II.** *ohne OBJ* ❶ ■ *etwas macht zu für die Kundschaft schließen:* die Zeit, zu der die Geschäfte gewöhnlich zumachen ❷ ■ *jmd. macht zu (umg.)* NORDDT. *sich beeilen:* Nun mach schon zu oder sollen wir ewig warten?

zu·mal¹ *part (≈ besonders; vor allem)* Alle waren stolz auf das Projekt, zumal der Chef.

zu·mal² *konj (≈ vor allem, weil)* Alle waren neugierig, zumal noch niemand etwas Genaues wusste.; Ich freue mich auf das Wochenende, zumal das Wetter schön werden soll.

zu·mau·ern <mauerst zu, mauerte zu, hat zugemauert> *mit OBJ* ■ *jmd. mauert etwas zu etwas mit einer Mauer verschließen:* Der Keller/Die Tür wurde zugemauert.

zu·meist *adv (geh.) in den meisten Fällen:* Diese Krankheit verläuft zumeist ohne Komplikationen.

zu·mes·sen <misst zu, maß zu, hat zugemessen> *mit OBJ* ■ *jmd. misst jmdm./etwas etwas zu (geh.) beimessen; geben:* einer Sache große Bedeutung zumessen ▸ Zumessung

zu·min·dest *adv (≈ wenigstens)* ❶ *verwendet, um*

auszudrücken, dass man die genannte Sache als das Minimum betrachet, das jmd. hätte tun können: Er hätte zumindest anrufen können, wenn er schon nicht kommt. ❷ *(≈ wenigstens) verwendet, um auszudrücken, dass die im Hauptsatz genannte Sache zwar schlimm ist, aber die im Nebensatz genannte Sache eine Art Trost darstellt:* Es ist hoher Sachschaden entstanden, aber zumindest ist niemand ernsthaft verletzt worden. ❸ *(≈ jedenfalls) verwendet, um auszudrücken, dass die im Hauptsatz gemachte Aussage wahr oder falsch sein kann, aber gemäß der im Nebensatz genannten Sichtweise wahr ist:* Es wird schon alles gut gehen, zumindest glaube ich das.

zu·mu·te, a. **zu Mu·te** ■ *jemandem ist irgendwie zumute/zu Mute jmd. fühlt sich in einer bestimmten Weise* Mir ist nicht zum Lachen zumute/zu Mute.; Wie ist dir zumute/zu Mute?; war nicht ganz wohl zumute/zu Mute bei der Sache.; *siehe auch* **zu**

zu·mu·ten <mutest zu, mutete zu, hat zugemutet> *mit OBJ* ■ *jmd. mutet jmdm./sich etwas zu von jmdm. oder sich etwas Unangenehmes, Schwieriges o. Ä. fordern oder jmdm./sich etwas Unangenehmes, Schwieriges o. Ä. auferlegen:* jemandem/sich/seinem Körper zu viel zumuten; Die Belastungen kann er seiner alten Mutter doch nicht zumuten!

Zu·mu·tung *die* <-> /kein Plur./ (abwert.) ❶ *etwas Unerträgliches:* Der Lärm ist eine Zumutung für alle Anwohner.; Es ist eine Zumutung, was ihr da von uns verlangt! ❷ *etwas Unannehmbares; etwas nicht Akzeptables:* Die Unterkunft war eine Zumutung für die Reisenden.; Es ist eine Zumutung, was er als Abschlussarbeit abgeliefert hat!

zu·nächst¹ *adv* ❶ *(≈ zuerst) an erster Stelle; als Erstes:* Wir müssen zunächst einmal einen Plan machen.; Zunächst ruhen wir uns aus, dann können wir uns die Stadt ansehen gehen.; Er muss zunächst seine Arbeit erledigen, dann kann er Urlaub machen. ❷ *(≈ vorläufig)* Die Kinder können zunächst hierbleiben.; Sie bekommen zunächst einen provisorischen Ausweis.

zu·nächst² *präp +Dat. (geh.) unmittelbar neben:* die Zuschauer, die zunächst der Bühne standen; Die ihm zunächst Stehenden hatten alles mit angehört.

zu·nä·hen <nähst zu, nähte zu, hat zugenäht> *mit OBJ* ■ *jmd. näht etwas zu durch Nähen verschließen:* ein Loch in der Hose zunähen; Der Arzt hat die Wunde zugenäht.

Zu·nah·me *die* <-, -n> (↔ Abnahme) *das Vergrößern, das Anwachsen:* eine Zunahme der Mitgliederzahl/des Straßenverkehrs; eine Zunahme des Körpergewichts von zehn Kilogramm ◆ Bevölkerungs-, Muskel-

Zu·na·me *der* <-ns, -n> AMTSSPR. *(≈ Familienname, Nachname ↔ Vorname)* Bitte unterschreiben Sie mit (dem) Vor- und Zunamen.

zün·den **I.** *mit OBJ* ■ *jmd. zündet etwas* ❶ *bewirken, dass es zu brennen anfängt oder explodiert:* ein Gas/eine Sprengstoffladung zünden ❷ TECHN. *eine Maschine, die mit Verbrennung arbeitet, starten:* eine Rakete/ein Triebwerk zünden

II. *ohne OBJ* ■ *etwas zündet* ❶ *in Brand geraten oder explodieren:* Das Streichholz zündet nicht.; Trockenes Stroh zündet sehr leicht.; Der Sprengstoff hat gezündet. ❷ *als Maschine, die mit Verbrennung arbeitet, starten:* Der Motor/das Triebwerk der Rakete zündet. ❸ *(übertr.) Begeisterung hervorrufen:* Der Vorschlag hat bei allen gezündet.; eine zündende Rede halten; eine zündende Idee haben

Zun·der *der* <-s, -> *ein leicht brennbares Material, mit dem man leicht Feuer entfachen kann:* Das brennt wie Zunder.; ■ **jemandem Zunder geben** *(umg.) jmdn. scharf kritisieren*

Zün·der *der* <-s, -> ❶ MILIT. *Teil eines Sprengkörpers, mit dem dieser gezündet II. 2 wird:* Er entschärfte die Bombe, indem er den Zünder entfernte. ❷ */nur Plur./* ÖSTERR. *Zündhölzer*

Zünd·flam·me *die* <-, -n> TECHN. *kleine Flamme, die dazu dient, ein brennbares Gas zu zünden:* die Zündflamme in einem Gasofen

Zünd·holz *das* <-es, Zündhölzer> SÜDDT., ÖSTERR. *(≈ Streichholz) ein kleines Stäbchen, an dessen Ende sich eine leicht brennbare Masse befindet, die durch Reibung entzündet wird:* ein Zündholz anreißen; eine Schachtel Zündhölzer kaufen ◆schachtel

Zünd·ker·ze *die* <-, -n> TECHN., KFZ *Bauteil eines Verbrennungsmotors, das die Zündung[1] herbeiführt:* die Zündkerzen auswechseln

Zünd·schlüs·sel *der* <-s, -> KFZ *Schlüssel, mit dem der Motor eines Kraftfahrzeugs gestartet wird*

Zünd·schnur *die* <-, Zündschnüre> *eine Schnur, die mit einer Sprengladung verbunden ist und die angezündet wird und nach deren Abbrennen die Sprengladung explodiert*

Zünd·stoff *der* <-(e)s, -e> ❶ *(fachspr.) leicht entzündlicher Stoff, der etwas zur Explosion bringen soll* ❷ *(übertr.) ein Thema, das sehr heftige Diskussionen auslöst:* Der Artikel enthält viel Zündstoff.

Zün·dung *die* <-, -en> ❶ *das Zünden:* Die Zündung des Triebwerks ist erfolgt. ❷ *technische Vorrichtung, um etwas zu zünden I. 2:* Die Zündung des Motors ist defekt.

zu·neh·men <nimmst zu, nahm zu, hat zugenommen> *ohne OBJ (↔ abnehmen)* ❶ ■ *etwas nimmt zu* mehr, größer oder intensiver werden: Die Zahl der Drogenabhängigen nimmt zu.; Die Lärmbelästigung hat in den letzten Jahren zugenommen.; Die Hitze hat gegen Mittag noch zugenommen. ❷ ■ *jmd. nimmt zu* größer oder dicker werden: Er hat im letzten Jahr fünf Kilo zugenommen.; Das Baby hat an Gewicht zugenommen.; ■ **zunehmender Mond** *die Phase, bei der täglich ein größerer Teil des Mondes sichtbar ist* Wir haben zurzeit zunehmenden Mond.; ■ **in zunehmendem Maße** *immer mehr* Es wurde in zunehmendem Maße Kritik geäußert.; ■ **mit zunehmendem Alter** *beim Älterwerden* Mit zunehmendem Alter ließ sein Gehör nach.

zu·nei·gen <neigst zu, neigte zu, hat zugeneigt> *(geh.)* **I.** *ohne OBJ* ■ *jmd. neigt etwas Dat. zu zu etwas tendieren:* Ich neige mehr seiner Ansicht

zu.; In seiner Jugend neigte er radikalen Auffassungen zu. **II.** *mit SICH* ■ *jmd./etwas neigt sich jmdm./etwas zu sich in eine Richtung beugen:* Sie neigte sich ihm zu.; Die Zweige der Weide neigten sich dem Wasser zu.; ■ *etwas neigt sich dem Ende zu etwas geht zu Ende* Der Tag neigt sich dem Ende zu.

Zu·nei·gung *die* <-, -en> */Plur. selten/ Gefühl der Liebe oder Sympathie:* Zuneigung für jemanden empfinden

Zunft *die* <-, Zünfte> ❶ GESCH. *Standesorganisation von Handwerkern im Mittelalter:* die Zunft der Zimmerleute/Schneider/Goldschmiede ❷ *(umg. scherzh.) Gesamtheit der Personen, die denselben Beruf ausüben:* die Zunft der Zahnärzte; die schreibende Zunft

zünf·tig *adj (umg.)* ❶ *ordentlich und so, wie es sein soll:* eine zünftige Kneipe; für die Bergtour zünftig gekleidet sein; Das gehört zu einem zünftigen Campingurlaub! ❷ *(≈ heftig, stark)* eine zünftige Tracht Prügel; ein zünftiger Gewitterguss

Zun·ge *die* <-, -n> ❶ ANAT. *das bewegliche muskulöse Organ im Mund, das zum Essen, Schmecken und zur Lautbildung gebraucht wird:* sich mit der heißen Suppe die Zunge verbrennen; die Stellung der Zunge bei der Artikulation dieses Lautes; Er hat sich aus Versehen auf die Zunge gebissen. ❷ *(geh.) Sprache:* Dichter/Menschen fremder Zunge ❸ KOCH. *die Zunge[1] von geschlachteten Tieren als Speise:* gepökelte/gekochte Zunge essen ❹ *ein Gegenstand, der der Form einer Zunge[1] ähnelt:* die Zunge an einer Waage; ■ **eine scharfe/spitze Zunge haben** *streitlustig sein;* ■ **böse Zungen** *Menschen, die Böses sagen;* ■ **seine Zunge hüten** *nichts ausplaudern, verraten oder sagen;* ■ **etwas löst jemandem die Zunge** *etwas bringt jmdn. zum Reden* Der Wein hatte ihm die Zunge gelöst.; ■ **sich lieber auf die Zunge beißen, als ...** *sich bemühen, etwas nicht zu sagen* Sie beißt sich lieber auf die Zunge, als sich zu entschuldigen.; ■ **etwas liegt jemandem auf der Zunge** *jmdm. beinahe wieder einfallen* Der Name liegt mir auf der Zunge, gleich fällt er mir wieder ein!; *beinahe ausgesprochen werden* Mir lag eine Bemerkung auf der Zunge, ich habe sie dann doch nicht ausgesprochen.; ■ **eine schwere Zunge haben** *nicht mehr verständlich reden können, weil man zu viel Alkohol getrunken hat;* ■ **da bricht man sich ja die Zunge!** *(umg.) das Wort kann man nicht aussprechen;* ■ **sich etwas auf der Zunge zergehen lassen** *etwas mit viel Vergnügen sagen* Diese Bosheiten ließ er sich auf der Zunge zergehen.; ■ **etwas brennt jemandem auf der Zunge** *jmd. will unbedingt etwas Bestimmtes sagen;* ■ **sich die Zunge verbrennen** *etwas sagen, was einem schaden wird;* ■ **jemandem hängt die Zunge zum Hals heraus** *(umg.) jmd. ist sehr erschöpft, weil er sich körperlich angestrengt hat;* ■ **mit hängender Zunge** *(umg.) außer Atem*

zün·geln <züngelt, züngelte, hat gezüngelt> *ohne OBJ* ❶ ■ *ein Tier züngelt die Zunge zuckend bewegen:* Die Schlange züngelte. ❷ ■ *Flammen züngeln irgendwohin Flammen*

Z

bewegen sich irgendwohin: Die Flamme züngelte
an dem Gebäude empor.

Zun·gen·bre·cher *der* <-s, -> *(umg. scherzh.) ein
Wort, dessen Aussprache schwierig ist:* Der Name
dieses Ortes ist ja der reinste Zungenbrecher!

Zun·gen·kuss *der* <-es, Zungenküsse> *inniger
Kuss, bei dem sich die Zungen¹ der Küssenden
berühren*

Zun·gen·spit·ze *die* <-, -n> *Spitze der Zunge¹:*
Beim Sprechen stößt er mit der Zungenspitze an.

Zun·gen·wurst *die* <-> *aus Rinderzunge hergestellte Wurst*

Züng·lein ■ *das Zünglein an der Waage etwas
oder eine Person, das/die plötzlich sehr wichtig
und für den Ausgang einer Sache ausschlaggebend wird* Die Stimme eines Abgeordneten wurde
zum Zünglein an der Waage für den Gesetzesentwurf.

zu·nich·te·ma·chen <machst zunichte, machte
zunichte, hat zunichtegemacht> *mit OBJ* ■ *jmd.
macht etwas Akk. zunichte etwas zerstören; vernichten:* Das hat alle unsere Hoffnungen zunichtegemacht. ◆ Zusammenschreibung →R 4.5 Das
Wetter hat unsere Pläne zunichtegemacht.

zu·ni·cken <nickst zu, nickte zu, hat zugenickt>
ohne OBJ ■ *jmd. nickt jmdm. zu kurz mit dem
Kopf in jmds. Richtung nicken:* Er nickte ihr auf-
munternd zu.; Kennst du den Mann, der uns da
eben zugenickt hat?

zu·nut·ze, zu Nut·ze ■ *sich etwas zunutze/zu
Nutze machen etwas zum eigenen Vorteil nutzen* Im Urlaub konnten wir uns die Sprachkenntnisse unserer Tochter zunutze/zu Nutze machen.;
*sich die Errungenschaften der modernen Technik
zunutze/zu Nutze machen; siehe auch* **zu**

zu·oberst *adv ganz oben:* Mein Heft liegt zuoberst
auf dem Stapel.

zu·ord·nen <ordnest zu, ordnete zu, hat zuge-
ordnet> *mit OBJ* ■ *jmd. ordnet jmdn./etwas
etwas Dat. zu jmdn. oder etwas als zugehörig zu
etwas ansehen:* Katzen den Raubtieren zuordnen;
jemanden einer politischen Richtung zuordnen
▸ Zuordnung

zu·pa·cken *ohne OBJ* ❶ ■ *jmd. packt zu nach etwas greifen und es festhalten:* Als das Rettungsseil
über seinem Kopf hing, packte er zu. ❷ ■ *jmd.
packt zu (umg.) bei einer körperlichen Arbeit helfen:* Wenn alle mit zupacken, sind wir schneller
fertig.

zu·pass·kom·men, *a.* **zu·pas·se·kom·men**
<kommt zupass, kam zupass, ist zupassgekom-
men> *mit OBJ* ■ *etwas kommt jmdm. zupass
(geh.) etwas kommt jmdm. sehr gelegen:* Diese
Absage kommt mir zupass, ich hatte sowieso keine
Lust.

zup·fen I. *mit OBJ* ■ *jmd. zupft (sich/jmdm.)
etwas (aus etwas Dat.) durch kurzes Ziehen entfernen:* sich/jemandem die Augenbrauen zupfen;
Du solltest mal wieder das Unkraut aus dem Rasen
zupfen.; Fäden aus dem Stoff zupfen **II.** *mit OBJ/
ohne OBJ* ❶ ■ *jmd. zupft (etwas Akk.) ein Zupf-
instrument spielen, indem man die Saiten mit den
Fingerspitzen anreißt:* Sie zupft eine Melodie auf
der Gitarre.; Sie singt und zupft dazu die Harfe.; Er

zupfte ein wenig auf der Gitarre. ❷ ■ *jmd. zupft
(jmdn./sich) an etwas Dat. kurz und vorsichtig
an etwas ziehen:* Er zupfte sie am Ärmel.; Er
zupfte sich nachdenklich am Bart.; Kannst du bitte
aufhören, an meiner Jacke zu zupfen?

zur *präp* (≈ zu der) *zur Ansicht; zur Zeit Goethes
und Schillers; zur See fahren; siehe* **zu**

zu·ran·de, zu Ran·de ■ *mit jemandem/etwas
zurande/zu Rande kommen mit jmdm. gut auskommen oder eine Sache ohne Probleme bewältigen können* Ich komme mit der Arbeit kaum/gut
zurande/zu Rande.; Der kleine Vogel kam mit dem
großen Zweig nicht zurande/zu Rande.; ■ *etwas
zurande/zu Rande bringen etwas schaffen können, auch wenn es sehr schwierig ist; siehe auch*
zu

zu·ra·te, *a.* **zu Ra·te** ■ *etwas/jemanden zura-
te/zu Rate ziehen sich bei etwas oder jmdm.
Auskunft suchen* einen Facharzt zurate/zu Rate
ziehen; ein Lexikon zurate/zu Rate ziehen; *siehe
auch* **zu**

zu·ra·ten <rätst zu, riet zu, hat zugeraten> *ohne
OBJ* ■ *jmd. rät jmdm. zu etwas Dat. zu (geh.)
jmdm. empfehlen, etwas zu tun:* Ich kann dir zu
diesem Kauf nur zuraten.

zu·rech·nen <rechnest zu, rechnete zu, hat zu-
gerechnet> *mit OBJ* ■ *jmd. rechnet jmdn./et-
was etwas Dat. zu jmdn. oder etwas etwas zuordnen:* Man rechnet diesen Schriftsteller der
Klassik zu.

zu·rech·nungs·fä·hig *adj /nicht steig./* (↔ *unzurechnungsfähig) im Vollbesitz seiner geistigen Fähigkeiten:* Er war voll zurechnungsfähig und deshalb auch für sein Tun verantwortlich.; Ich glaube,
sie ist nicht mehr ganz zurechnungsfähig; sie tut so
seltsame Sachen! ▸ Zurechnungsfähigkeit

zu·recht·fin·den <findest zurecht, fand zurecht,
hat zurechtgefunden> *mit SICH* ❶ ■ *jmd. findet sich irgendwo zurecht irgendwo den Weg
finden, sich auskennen:* Findest du dich in der
neuen Umgebung zurecht?; Ich finde mich in meinen Sachen nicht mehr zurecht. ❷ ■ *jmd. findet
sich irgendwo zurecht eine Situation bewältigen:* Sie findet sich im Leben nicht mehr zurecht.
◆ Zusammenschreibung →R 4.5 Sie versuchte
sich, im dunklen Zimmer zurechtzufinden.

zu·recht·kom·men <kommst zurecht, kam zurecht, ist zurechtgekommen> *ohne OBJ*
❶ ■ *jmd. kommt mit jmdm./etwas zurecht
mit jmdm. oder etwas ohne Probleme umgehen
können:* Wie kommst du mit dem neuen Kollegen
zurecht?; Kommt ihr mit den Aufgaben zurecht?
❷ ■ *jmd. kommt zurecht zur rechten Zeit kommen:* Da bin ich ja gerade noch zurechtgekom-
men!; Wenn der Bus sich nicht verspätet, kommen
wir noch zurecht ins Kino. ◆ Zusammenschreibung →R 4.5 So werden wir wohl nicht mehr zurechtkommen.

zu·recht·le·gen <legst zurecht, legte zurecht,
hat zurechtgelegt> *mit OBJ* ❶ ■ *jmd. legt (sich)
etwas zurecht (sich) etwas an einen bestimmten
Platz für einen Zweck hinlegen:* Die Schwester hat
für den Arzt das Operationsbesteck zurechtgelegt.;
Der Hund hatte sich so zurechtgelegt, dass man

ihn streicheln konnte. **2** ■ *jmd. legt sich etwas zurecht (übertr.)* sich vorher etwas ausdenken oder vorher bereithalten: Er hatte sich eine Erklärung/eine Ausrede zurechtgelegt. ◆Zusammenschreibung →R 4.5 Ich habe mir ein paar Fotos zurechtgelegt, die ich euch zeigen will.

zu·recht·ma·chen <machst zurecht, machte zurecht, hat zurechtgemacht> **I.** *mit OBJ* ■ *jmd. macht etwas für jmdn./etwas zurecht (umg.)* etwas für einen bestimmten Zweck vorbereiten: ein Zimmer für die Gäste zurechtmachen; ein Beet für die Aussaat zurechtmachen **II.** *mit SICH* ■ *jmd. macht sich zurecht (umg.)* sich schminken oder sich schön kleiden: Ich muss mich noch etwas zurechtmachen, bevor wir ausgehen. ◆Zusammenschreibung →R 4.6 einen Schauspieler für seinen Auftritt zurechtmachen

zu·recht·rü·cken <rückst zurecht, rückte zurecht, hat zurechtgerückt> *mit OBJ* **1** ■ *jmd. rückt etwas zurecht* etwas an einen bestimmten Platz für einen bestimmten Zweck rücken: Bevor die Gäste kamen, rückte er noch die Stühle zurecht. **2** ■ *jmd. rückt etwas zurecht* ein Missverständnis oder Missgeschick bereinigen: Mit viel Geschick konnte sie diese peinliche Situation wieder zurechtrücken.

zu·recht·schnei·den <schneidest zurecht, schnitt zurecht, hat zurechtgeschnitten> *mit OBJ* ■ *jmd. schneidet etwas zurecht* etwas durch Schneiden in eine bestimmte Form bringen: Der Gärtner hat die Hecke schön zurechtgeschnitten.

zu·recht·stut·zen <stutzt zurecht, stutzte zurecht, hat zurechtgestutzt> *mit OBJ* **1** ■ *jmd. stutzt etwas zurecht* etwas so beschneiden, dass es eine bestimmte Form hat: die langen Haare zurechtstutzen **2** *(umg.)* ■ *jmd. stutzt jmdn. zurecht* jmdn. scharf mit Worten kritisieren

zu·recht·wei·sen <weist zurecht, wies zurecht, hat zurechtgewiesen> *mit OBJ* ■ *jmd. weist jmdn. zurecht (geh.)* jmdn. streng mit Worten kritisieren, weil er etwas Schlechtes gemacht hat: jemanden wegen eines Fehlers zurechtweisen ◆Zusammenschreibung →R 4.6 Er ist von der Chefin zurechtgewiesen worden.

Zu·recht·wei·sung *die* <-, -en> *(geh.)* strenger mündlicher Tadel: Sie ließ die Zurechtweisung wortlos über sich ergehen.

Zu·re·den *das* <-s> */kein Plur./* der Versuch, jmdn. mit Worten zu überzeugen: Bei ihm hilft auch gutes Zureden nicht.

zu·re·den <redest zu, redete zu, hat zugeredet> *ohne OBJ* ■ *jmd. redet jmdm. zu* jmdn. mit Worten zu überzeugen versuchen: Alle redeten ihr gut zu und schließlich stimmte sie zu.

zu·rei·ten <reitest zu, ritt zu, ist/hat zugeritten> **I.** *mit OBJ (haben)* ■ *jmd. reitet ein Tier zu* ein Tier an einen Reiter gewöhnen: ein Pferd/einen Esel zureiten; ein noch nicht zugerittenes Pferd **II.** *ohne OBJ (sein)* ■ *jmd. reitet auf jmdn./etwas zu* in die Richtung von jmdm. oder etwas reiten: Er kam genau auf sie zugeritten.

Zü·rich <-s> *Stadt und Kanton in der Schweiz* ▶Zürcher, Züricher, züricherisch

zu·rich·ten <richtest zu, richtete zu, hat zugerichtet> *mit OBJ* **1** ■ *jmd. richtet etwas zu (fachspr.)* etwas für einen bestimmten Zweck vorbereiten und bearbeiten: Bretter vor dem Einbau zurichten **2** ■ *jmd. richtet etwas zu (umg.)* vorbereiten: das Essen/das Zimmer zurichten **3** ■ *jmd. richtet jmdn./etwas irgendwie zu* jmdn. verletzen oder etwas beschädigen: Der Wagen wurde bei dem Unfall übel zugerichtet.; Der Boxer hat seinen Gegner schlimm zugerichtet.

zu·rie·geln <riegelst zu, riegelte zu, hat zugeriegelt> *mit OBJ* ■ *jmd. riegelt etwas zu* etwas durch einen Riegel verschließen: das Fenster/die Tür zuriegeln

zür·nen *ohne OBJ* ■ *jmd. zürnt (jmdm.) (geh.)* Zorn und Ärger (über jmdn.) empfinden: Der Göttervater Zeus zürnte den Menschen.

zu·rol·len <rollst zu, rollte zu, ist zugerollt> **I.** *mit OBJ* ■ *jmd. rollt etwas auf jmdn./etwas zu* etwas in die Richtung von jmdm. oder etwas rollen: Sie rollten das große Fass auf den Festplatz zu. **II.** *ohne OBJ* ■ *etwas rollt auf jmdn./etwas zu* in die Richtung von jmdm. oder etwas rollen: Der Wagen rollte direkt auf die Zuschauer zu.

Zur·schau·stel·lung *die* <-, -en> das Zeigen von etwas in der Öffentlichkeit: der Zurschaustellung von Macht und Reichtum dienen

Zu·rück *das* <-(s)> */kein Plur./* die Möglichkeit, etwas rückgängig zu machen: Von nun an gab es für uns kein Zurück mehr.

zu·rück *adv* **1** *wieder an den Ausgangsort:* hin und zurück; zwei Fahrkarten nach Dresden und zurück; Ich bin bald wieder zurück.; Wann ist er aus dem Ausland/aus dem Urlaub zurück? **2** *hinter einer bestimmten Stelle gelegen:* Zwei Schritte zurück befindet sich ein tiefer Abgrund.; Die anderen folgen etwas weiter zurück. **3** *in Richtung hinter eine bestimmte Stelle:* Zurück! Hier wird es gefährlich. **4** *(umg.) nicht so fortgeschritten oder entwickelt, wie es erwartet wird:* hinter seiner Zeit zurück sein; Er ist ein bisschen zurück für sein Alter.; Ich bin mit der Arbeit weiter zurück als ihr. ◆Getrenntschreibung →R 4.8 Wann wirst du wieder zurück sein?

zu·rück·be·hal·ten <behältst zurück, behielt zurück, hat zurückbehalten> *mit OBJ* **1** ■ *jmd. behält etwas zurück* etwas nicht weggeben: Etwas Geld solltest du für Notfälle zurückbehalten; Ich kann vom Mittagessen etwas für abends zurückbehalten. **2** ■ *jmd. behält (von etwas Dat.) etwas Akk. zurück* einen Schaden davontragen: Er hat von dem Unfall eine Narbe zurückbehalten. ▶Zurückbehaltung

zu·rück·be·kom·men <bekommst zurück, bekam zurück, hat zurückbekommen> *mit OBJ* ■ *jmd. bekommt etwas zurück* **1** *etwas, das man schon hatte, wiederbekommen:* Ich möchte das Buch gern zurückbekommen. **2** *Wechselgeld bekommen:* Ich bekomme noch etwas zurück!; Ich habe von der Verkäuferin fünf Euro zurückbekommen. **3** *(umg.) etwas wieder in die Ausgangsposition bringen können:* Ich bekomme den Hebel nicht wieder zurück, er klemmt.

zu·rück·beu·gen <beugst zurück, beugte zu-

Z

rück, hat zurückgebeugt> *mit OBJ* ▪ *jmd. beugt sich/etwas zurück sich oder etwas nach hinten beugen:* den Oberkörper/sich zurückbeugen; Um besser sehen zu können, musst du dich etwas zurückbeugen.

zu·rück·bil·den <bildet zurück, bildete zurück, hat zurückgebildet> *mit SICH* ▪ *etwas bildet sich zurück weniger werden:* Muskeln, die man nicht beansprucht, bilden sich allmählich zurück.; Die Schwellungen haben sich zurückgebildet. ▸ Zurückbildung

zu·rück·blei·ben <bleibst zurück, blieb zurück, ist zurückgeblieben> *ohne OBJ* ❶ ▪ *jmd. bleibt irgendwo zurück irgendwo bleiben, während andere weggehen:* Sie ist im Hotel zurückgeblieben, um sich auszuruhen. ❷ ▪ *jmd. bleibt zurück sich langsamer vorwärtsbewegt als andere:* Die Verfolger sind immer weiter zurückgeblieben.; Auf der Wanderung blieb er bald hinter den anderen zurück. ❸ *sich langsamer entwickeln als andere:* Er ist (geistig) etwas zurückgeblieben.; ein zurückgebliebenes Land ❹ ▪ *etwas bleibt (von etwas Dat.) zurück als Schaden dauerhaft bleiben:* Von der Operation ist eine Narbe zurückgeblieben.

zu·rück·bli·cken <blickst zurück, blickte zurück, hat zurückgeblickt> *ohne OBJ* ❶ ▪ *jmd. blickt (zu jmdm./etwas)/(auf etwas Akk.) zurück nach hinten blicken:* Sie blickten zurück auf den Hafen, der sich immer weiter entfernte.; Sie ging, ohne ein einziges Mal zurückzublicken. ❷ ▪ *jmd. blickt auf etwas Akk. zurück sich an Vergangenes erinnern:* auf das vergangene Jahr zurückblicken; Er konnte auf ein erfülltes Leben zurückblicken. ▸ Rückblick

zu·rück·brin·gen <bringst zurück, brachte zurück, hat zurückgebracht> *mit OBJ* ▪ *jmd. bringt (jmdm.) jmdn./etwas zurück jmdn. oder etwas wieder dorthin bringen, wo er/es vorher war:* Bringen Sie mir meinen Sohn bloß gesund zurück!; Kannst du mir die geliehenen Bücher zurückbringen?; Bringen Sie die leeren Flaschen in den Laden zurück!; Ich bringe dir dein Fahrrad zurück.

zu·rück·da·tie·ren <datierst zurück, datierte zurück, hat zurückdatiert> I. *mit OBJ* ▪ *jmd. datiert etwas zurück* ❶ *ein früheres als das aktuelle Datum auf etwas schreiben:* einen Brief/eine Rechnung/einen Scheck/ zurückdatieren ▸ Zurückdatierung ❷ *feststellen, dass etwas älter ist als angenommen:* Die Funde müssen nach neuesten Erkenntnissen um zweihundert Jahre zurückdatiert werden. II. *ohne OBJ* ▪ *etwas datiert auf etwas Akk. zurück (geh.) seinen Ursprung haben:* Diese Funde datieren auf die Steinzeit zurück.

zu·rück·den·ken <denkst zurück, dachte zurück, hat zurückgedacht> *ohne OBJ* ▪ *jmd. denkt an etwas Akk. zurück sich an Zurückliegendes erinnern:* an die gemeinsame Schulzeit zurückdenken; Sie muss immer an ihn zurückdenken.

zu·rück·drän·gen <drängst zurück, drängte zurück, hat zurückgedrängt> *mit OBJ* ❶ ▪ *jmd. drängt jmdn./etwas zurück bewirken, dass*

jmd. oder etwas sich rückwärtsbewegt: Die Polizei versuchte, die Menge zurückzudrängen. ❷ ▪ *jmd. drängt etwas zurück verhindern, dass etwas zur Wirkung kommt:* Noch nie ließen sich technische Entwicklungen einfach zurückdrängen.; Er versucht, seine Gefühle zurückzudrängen. ▸ Zurückdrängung

zu·rück·er·obern <eroberst zurück, eroberte zurück, hat zurückerobert> *mit OBJ* ▪ *jmd. erobert etwas zurück etwas, das man verloren hat, nochmals erobern:* eine Festung/eine Stadt zurückerobern; Er hat seine Freundin zurückerobert. ▸ Zurückeroberung

zu·rück·er·stat·ten <erstattest zurück, erstattete zurück, hat zurückerstattet> *mit OBJ* ▪ *jmd. erstattet etwas zurück bereits bezahltes Geld wiedergeben:* Wir können Ihnen den Kaufpreis nicht zurückerstatten.; Ihre Auslagen werden Ihnen natürlich zurückerstattet. ▸ Rückerstattung, Zurückerstattung

zu·rück·fah·ren <fährst zurück, fuhr zurück, hat/ist zurückgefahren> I. *mit OBJ (haben)* ❶ ▪ *jmd. fährt jmdn. zurück jmdn. an den Ausgangsort befördern:* Ich kann dich nach Hause zurückfahren. ❷ ▪ *jmd. fährt etwas zurück etwas nach hinten fahren:* das Auto einige Meter zurückfahren ❸ TECHN. *die Leistung verringern:* eine Anlage/Maschine zurückfahren II. *ohne OBJ (sein)* ❶ ▪ *jmd. fährt irgendwohin zurück an den Ausgangsort fahren:* Ich bin allein nach Hause zurückgefahren.; Wollen wir heute noch zurückfahren? ❷ ▪ *jmd. fährt zurück nach hinten oder rückwärtsfahren:* Du musst ein paar Meter zurückfahren. ❸ *sich rasch nach hinten bewegen:* Erschrocken fuhr er zurück. ▸ Rückfahrt

zu·rück·fal·len <fällst zurück, fiel zurück, ist zurückgefallen> *ohne OBJ* ❶ ▪ *etwas fällt zurück wieder an den alten Ort fallen:* Der Ball fiel auf den Boden zurück. ❷ ▪ *jmd. fällt zurück nach hinten fallen:* Er verlor den Halt, fiel zurück und verletzte sich am Hinterkopf. ❸ *langsamer werden:* Die Verfolger waren weit zurückgefallen.; Er ließ sich absichtlich zurückfallen. ❹ ▪ *jmd. fällt in etwas Dat. zurück schlechter in einem Fach oder auf einem Fachgebiet o. Ä. werden:* Er ist in seinen Leistungen im Vergleich zum vergangenen Jahr sehr zurückgefallen. ❺ ▪ *jmd. fällt in etwas Akk. zurück eine abgelegte schlechte Verhaltensweise wieder aufnehmen:* Er fiel in seine alten Fehler zurück.; ▪ *etwas fällt an jemanden zurück etwas wird wieder jmds. Eigentum:* Sein Besitz fiel an den Staat zurück.; ▪ *etwas fällt auf jemanden zurück etwas wird jmdm. zur Last gelegt* Wenn Einzelne sich schlecht benehmen, fällt das auf die ganze Gruppe zurück. ▸ Rückfall

zu·rück·fin·den <findest zurück, fand zurück, hat zurückgefunden> *ohne OBJ* ❶ ▪ *jmd. findet zurück den Punkt, von dem man gekommen ist, wiederfinden:* Die Kinder fanden nicht mehr nach Hause zurück.; Wir hatten Schwierigkeiten, zum Hotel zurückzufinden. ❷ ▪ *jmd. findet zu jmdm. zurück zu jmdm. wiederkommen, den* *man vorher verlassen hat:* Er fand zu seiner alten Lebensgefährtin zurück.

zu·rück·flie·ßen <fließt zurück, floss zurück, ist zurückgeflossen> *ohne OBJ* ■ *etwas fließt zurück* ❶ *wieder dorthin fließen, wo es hergekommen ist:* Das Wasser wird gereinigt und fließt wieder in den Behälter zurück.; das Wasser wieder in den Topf zurückfließen lassen ▶Rückfluss ❷ *wieder dorthin gelangen, wo es hergekommen ist:* Die nicht benötigten Gelder fließen an den Fonds zurück. ▶Rückfluss

zu·rück·for·dern <forderst zurück, forderte zurück, hat zurückgefordert> *mit OBJ* ■ *jmd. fordert etwas zurück fordern, dass man etwas wiederbekommt, was einem gehört hat:* Die unzufriedenen Zuschauer forderten ihr Geld zurück.; sein Eigentum von jemandem zurückfordern ▶Rückforderung

zu·rück·füh·ren <führst zurück, führt zurück, hat zurückgeführt> **I.** *mit OBJ* ❶ ■ *jmd. führt jmdn. zurück jmdn. wieder zum Ausgangspunkt führen:* Der Reiseleiter führte die Gäste zum Hotel zurück. ❷ ■ *jmd. führt etwas auf etwas Akk. zurück etwas als Ursache von etwas betrachten:* Die Krankheit ist auf falsche Ernährung zurückzuführen.; Die Veranstalter führen den Misserfolg auf das schlechte Wetter zurück.; Worauf ist der Unfall zurückzuführen? ❸ ■ *jmd. führt etwas auf etwas Akk. zurück etwas herleiten oder etwas als Ursprung von etwas betrachten:* eine mathematische Formel auf eine andere zurückführen; Er führt seine Herkunft auf ein altes Adelsgeschlecht zurück. **II.** *ohne OBJ* ■ *etwas führt irgendwohin zurück zum Ausgangspunkt führen:* Von hier führt kein Weg zurück.; Die Straße macht einen Bogen und führt wieder zum Marktplatz zurück. ▶Rückführung

zu·rück·ge·ben <gibst zurück, gab zurück, hat zurückgegeben> *mit OBJ* ❶ ■ *jmd. gibt jmdm. etwas zurück jmdm. etwas wiedergeben, den/das derjenige schon besessen hatte:* Gib mir bitte meinen Stift zurück!; Hast du mir mein Geld zurückgegeben?; Ich habe vergessen, den Schlüssel zurückzugeben! ❷ ■ *jmd. gibt jmdm./etwas etwas zurück bewirken, dass jmd. oder etwas etwas wieder hat:* Er gab ihr das Selbstvertrauen zurück.; Das gab der Stadt ihre alte Schönheit zurück. ❸ ■ *jmd. gibt etwas zurück (geh.) (unfreundlich) antworten:* „Schweig“, gab er zurück. ▶Rückgabe

zu·rück·ge·hen <gehst zurück, ging zurück, ist zurückgegangen> *ohne OBJ* ❶ ■ *jmd. geht irgendwohin zurück an den Ausgangspunkt gehen:* Ich gehe nicht mehr zurück.; Ich möchte nicht den gleichen Weg zurückgehen. ❷ ■ *jmd. geht zurück nach hinten gehen:* Er ging einige Schritte zurück. ❸ ■ *etwas geht zurück sich verringern:* Die Verkaufszahlen gehen zurück.; Die Schwellung ist zurückgegangen.; Die Temperaturen gehen zurück.; ■ *etwas zurückgehen lassen zurückgeben* Sie hat das Fleisch zurückgehen lassen, es war zu zäh.; ■ *etwas geht auf etwas zurück in etwas seinen Ursprung haben* Dieses Fest geht auf eine alte Tradition zurück. ▶Rückgang

zu·rück·ge·win·nen <gewinnst zurück, gewann zurück, hat zurückgewonnen> *mit OBJ* ■ *jmd. gewinnt jmdn./etwas zurück jmdn. oder etwas, den/das man verloren hat, erneut bekommen:* einen alten Freund zurückgewinnen; Sie hat ihr Selbstvertrauen zurückgewonnen. ▶Zurückgewinnung

zu·rück·ge·zo·gen *adj so, dass fast kein Kontakt zu anderen Menschen vorhanden ist:* Er lebte vollkommen zurückgezogen. ▶Zurückgezogenheit

zu·rück·grei·fen <greifst zurück, griff zurück, hat zurückgegriffen> *ohne OBJ* ❶ ■ *jmd. greift zurück nach hinten greifen:* mit der Hand zurückgreifen ❷ ■ *jmd. greift auf etwas Akk. zurück etwas zur Hilfe nehmen oder verwenden:* In der Not griff man auf altbewährte Methoden zurück.; auf seine Ersparnisse zurückgreifen können ▶Rückgriff

zu·rück·hal·ten <hältst zurück, hielt zurück, hat zurückgehalten> **I.** *mit OBJ* ❶ ■ *jmd. hält jmdn. zurück jmdn. nicht gehen lassen:* Halte ihn noch eine Weile zurück!; die Besuchermassen zurückhalten ❷ ■ *jmd. hält etwas zurück jmdn. hindern, etwas zu tun:* Ich konnte ihn nicht zurückhalten, er hat es verraten. ❸ ■ *jmd. hält etwas zurück etwas nicht freigeben:* Die Ware wird am Zoll zurückgehalten.; Die Zensur hielt das Buch zurück. ❹ ■ *jmd. hält etwas zurück etwas unterdrücken:* Ich konnte das Lachen kaum zurückhalten.; Sie konnte ihre Wut nicht länger zurückhalten. **II.** *ohne OBJ* ■ *jmd. hält mit etwas Dat. zurück nicht erkennbar werden lassen:* Er hielt mit seiner Überraschung noch zurück.; Wir hielten mit unserer Meinung zurück. **III.** *mit SICH* ❶ ■ *jmd. hält sich zurück nichts oder wenig tun:* Sie hielt sich stets zurück, wenn es ans Arbeiten ging.; Ich werde mich zurückhalten, ehe ich etwas Falsches tue. ❷ ■ *jmd. hält sich mit etwas Dat. zurück sich bei etwas beherrschen:* Ich konnte mich mit dem Essen nicht zurückhalten.; Er sollte sich mit dem Trinken mehr zurückhalten. ▶Zurückhaltung

zu·rück·hal·tend *adj* ❶ *wenig aufdringlich:* ein zurückhaltender, stiller Mensch ❷ *abwartend und vorsichtig:* Sie stand seinem Angebot eher zurückhaltend gegenüber.; zurückhaltenden Optimismus äußern ❸ (≈ *unauffällig*) sich zurückhaltend kleiden

Zu·rück·hal·tung *die* <-> /kein Plur./ ❶ *die Eigenschaft, wenig aufdringlich zu sein:* Zurückhaltung und Bescheidenheit sind seine Stärken. ❷ (≈ *Vorsicht*) Die Kunden betrachten das neue Produkt zuerst mit Zurückhaltung.

zu·rück·ho·len <holst zurück, holte zurück, hat zurückgeholt> *mit OBJ* ■ *jmd. holt jmdn./etwas zurück jmdn. oder etwas wieder an den Ausgangsort holen:* die Bücher, die man verborgt hat, zurückholen; Es ist gelungen, den Künstler, der lange Zeit im Ausland gearbeitet hatte, ins Land zurückzuholen. ▶Rückholung

zu·rück·kau·fen <kaufst zurück, kaufte zurück, hat zurückgekauft> *mit OBJ* ■ *jmd. kauft etwas zurück etwas nochmal kaufen, was man vorher verkauft hat:* Sie kauften das Grundstück zurück,

Z

das sie vor Jahren an die Stadt verkauft hatten. ▶Rückkauf

zu·rück·keh·ren <kehrst zurück, kehrte zurück, ist zurückgekehrt> *ohne OBJ (geh.)* ❶ ◼ *jmd. kehrt irgendwohin zurück wieder an den Ausgangspunkt gehen:* nach vielen im Ausland verbrachten Jahren in die Heimat zurückkehren; Wir kehrten müde von unserer Wanderung ins Hotel zurück. ▶Rückkehr ❷ ◼ *etwas kehrt zurück wieder vorhanden sein, nachdem es verschwunden war:* Langsam kehrte sein Bewusstsein zurück.; Als er gesund wurde, kehrte auch sein alter Humor zurück. ▶Rückkehr

zu·rück·kom·men <kommst zurück, kam zurück, ist zurückgekommen> *ohne OBJ* ❶ ◼ *jmd. kommt irgendwohin zurück wieder zum Ausgangspunkt kommen:* Sie kam nach Hause zurück.; Die Kinder kommen aus der Schule zurück. ▶Rückkunft ❷ ◼ *jmd. kommt irgendwohin zurück es schaffen, wieder an den Ausgangspunkt zu gelangen:* Wie komme ich von hier wieder zum Bahnhof zurück?; Ohne fremde Hilfe wäre ich nicht wieder ins Hotel zurückgekommen. ❸ ◼ *etwas kommt irgendwohin zurück (umg.) wieder an den Ausgangsort gebracht werden:* Die Bücher kommen alle wieder ins Regal zurück, wenn ihr sie nicht mehr braucht! ❹ ◼ *etwas kommt zurück wieder vorhanden sein:* Die Beschwerden sind nicht wieder zurückgekommen. ❺ ◼ *jmd. kommt auf etwas Akk. zurück ein Thema nochmals aufgreifen:* Lassen Sie mich noch einmal auf Ihre erste Frage zurückkommen.; Darf ich auf Ihr Angebot zurückkommen?

zu·rück·las·sen <lässt zurück, ließ zurück, hat zurückgelassen> *mit OBJ* ❶ ◼ *jmd. lässt etwas irgendwo zurück etwas an einem Ort lassen, nachdem man ihn verlassen hat:* Leider haben die Touristen auch viel Müll an den Stränden zurückgelassen.; den Verletzten in einem hilflosen Zustand zurücklassen ❷ ◼ *jmd. lässt jmdn. zurück (geh.) verwendet, um auszudrücken, dass es Angehörige von jmdm. gibt, der gestorben ist:* Das Opfer lässt Frau und zwei Kinder zurück. ❸ ◼ *jmd. lässt jmdn. irgendwohin zurück (umg.) wieder an den Ausgangsort gehen lassen:* Er hat die Kinder nicht wieder nach Hause zurückgelassen. ❹ ◼ *etwas lässt etwas zurück zur Folge haben:* Die Operation lässt kaum Narben zurück.

zu·rück·le·gen <legst zurück, legte zurück, hat zurückgelegt> I. *mit OBJ* ❶ ◼ *jmd. legt etwas irgendwohin zurück etwas an einen ursprünglichen Platz legen:* Sie legte den Apfel in den Korb zurück. ❷ ◼ *jmd. legt jmdm./sich etwas zurück jmdm. oder sich etwas aufbewahren oder reservieren:* Können Sie mir zwei Karten zurücklegen?; Sie hatten sich Geld für den Urlaub zurückgelegt. ❸ ◼ *jmd. legt etwas zurück eine Entfernung hinter sich bringen:* ein gutes Stück Weg zurücklegen II. *mit SICH* ◼ *jmd. legt sich zurück seinen Körper nach hinten auf eine Unterlage legen:* Entspannen Sie sich und legen Sie sich zurück.

zu·rück·lie·gen <liegst zurück, lag zurück, hat/

ist zurückgelegen> *ohne OBJ* ❶ ◼ *etwas liegt eine bestimmte Zeit zurück vergangen sein:* Das liegt fast zehn Jahre zurück. ❷ ◼ *jmd. liegt hinter jmdm. zurück bei einem Wettkampf nicht führend sein:* Die Mannschaft liegt (um) zwei Punkte/sechs Minuten hinter der Erstplatzierten zurück.

zu·rück·neh·men <nimmst zurück, nahm zurück, hat zurückgenommen> *mit OBJ* ❶ ◼ *jmd. nimmt etwas zurück etwas, das man weggegeben hat, wieder nehmen:* Das Händler hat das fehlerhafte Gerät zurückgenommen. ▶Rücknahme ❷ ◼ *jmd. nimmt etwas zurück etwas für ungültig erklären:* Er nahm seine Anweisung/Behauptung/Klage zurück.; Ich nehme alles zurück! ▶Rücknahme ❸ ◼ *jmd. nimmt etwas zurück niedriger einstellen:* die Bässe/die Geschwindigkeit/die Lautstärke zurücknehmen ❹ ◼ *jmd. nimmt den Kopf/den Oberkörper zurück den Kopf oder den Oberkörper nach hinten nehmen:* Wenn du den Kopf etwas zurücknimmst, kann ich besser sehen.

zu·rück·pfei·fen <pfeifst zurück, pfiff zurück, hat zurückgepfiffen> *mit OBJ (umg.)* ❶ ◼ *jmd. pfeift einen Hund zurück einen Hund durch Pfeifen zum Umkehren bewegen:* Er pfiff seinen Hund, der losgerannt war, zurück. ❷ ◼ *jmd. pfeift jmdn. zurück (umg.) bei einer Handlung stoppen:* Die Mitarbeiter wurden wieder zurückgepfiffen, der Chef hatte eine andere Idee. ▶Rückpfiff

zu·rück·pral·len <prallst zurück, prallte zurück, ist zurückgeprallt> *ohne OBJ* ◼ *etwas prallt auf etwas Dat. zurück heftig auf einen festen Untergrund treffen und von diesem zurückgeworfen werden:* Der Ball ist vom Torpfosten zurückgeprallt. ▶Rückprall

zu·rück·rei·sen <reist zurück, reiste zurück, ist zurückgereist> *ohne OBJ* ◼ *jmd. reist irgendwohin zurück wieder an den Ausgangsort reisen:* Wir sind mit dem Zug zurückgereist. ▶Rückreise

zu·rück·ru·fen <rufst zurück, rief zurück, hat zurückgerufen> I. *mit OBJ* ❶ ◼ *jmd. ruft jmdn./ ein Tier zurück jmdn. oder ein Tier durch Rufen zum Zurückkommen bewegen:* Er rief seinen Hund zurück.; die Kinder ins Haus zurückrufen ❷ ◼ *jmd./etwas ruft jmdm./sich etwas zurück (sich) an etwas Vergangenes bewusst erinnern:* Sie versuchte, sich das Erlebte ins Gedächtnis zurückzurufen.; Die Bilder rufen schreckliche Erinnerungen zurück. ❸ ◼ *jmd. ruft etwas zurück rufend antworten:* „Ich kann nichts verstehen", rief sie zurück. II. *mit OBJ/ohne OBJ* ◼ *jmd. ruft (jmdn.) zurück auf einen Anruf telefonisch antworten:* Wenn ich Genaueres weiß, rufe ich (Sie) zurück!; Er hat versprochen zurückzurufen. ▶Rückruf

zu·rück·schal·ten <schaltest zurück, schaltete zurück, hat zurückgeschaltet> *ohne OBJ* ◼ *jmd. schaltet zurück auf oder in einen niedrigeren Gang schalten:* vom vierten auf/in den dritten Gang zurückschalten

zu·rück·schau·en <schaust zurück, schaute zurück, hat zurückgeschaut> *ohne OBJ* SÜDDT., ÖS-

TERR., SCHWEIZ. **❶** ■ *jmd. schaut (zu jmdm./etwas)/(auf jmdn./etwas) zurück* nach hinten blicken: Sie ging, ohne ein einziges Mal zurückzuschauen. **❷** ■ *jmd. schaut auf etwas* Akk. *zurück* sich an Vergangenes erinnern: auf die gemeinsame Schulzeit zurückschauen; Er konnte im Alter auf ein glückliches Leben zurückschauen. ▸ Rückschau

zu·rück·scheu·en <scheust zurück, scheute zurück, ist zurückgescheut> *ohne OBJ* ■ *jmd. scheut vor etwas* Dat. *zurück* vor etwas Angst haben und es deswegen nicht tun: Vor dieser Arbeit scheute er zurück.

zu·rück·schi·cken <schickst zurück, schickte zurück, hat zurückgeschickt> *mit OBJ* ■ *jmd. schickt jmdn./etwas zurück* jmdn. oder etwas wieder an den Ausgangsort schicken: einen unzustellbaren Brief an den Absender zurückschicken; die Kinder nach Hause zurückschicken

zu·rück·schie·ben <schiebst zurück, schob zurück, hat zurückgeschoben> *mit OBJ* **❶** ■ *jmd. schiebt etwas (irgendwohin) zurück* etwas wieder an seinen ursprünglichen Platz schieben: ein Buch ins Regal zurückschieben **❷** ■ *jmd. schiebt etwas zurück* etwas nach hinten schieben: den Stuhl/den Tisch ein wenig zurückschieben; Der Sitz lässt sich zurückschieben. **❸** *etwas zur Seite schieben:* einen Riegel/eine Schiebetür zurückschieben

zu·rück·schla·gen <schlägst zurück, schlug zurück, hat zurückgeschlagen> **I.** *mit OBJ* **❶** ■ *jmd. schlägt jmdn./etwas zurück* jmdn. oder etwas abwehren: den Feind zurückschlagen; einen Angriff zurückschlagen **❷** ■ *jmd. schlägt etwas zurück* etwas in die Richtung schlagen, aus der es gekommen ist: den Ball in die gegnerische Hälfte zurückschlagen **❸** *umschlagen:* die Ärmel/die Decke/den Kragen zurückschlagen **❹** ■ *jmd. schlägt etwas in etwas* Dat. *zurück* Seiten in einem Buch, einer Zeitung o. Ä. nach hinten blättern: Du musst einige Seiten im Buch zurückschlagen. **II.** *ohne OBJ* ■ *jmd. schlägt zurück* einen Schlag oder Angriff erwidern: Er hat mich geschlagen, da habe ich einfach zurückgeschlagen.; Die gegnerischen Truppen haben zurückgeschlagen.

zu·rück·schrau·ben <schraubst zurück, schraubte zurück, hat zurückgeschraubt> *mit OBJ* ■ *jmd. schraubt etwas zurück* **❶** *auf einen Teil dessen verzichten, was man eigentlich wollte:* Er musste seine Ansprüche zurückschrauben. **❷** (≈ *verringern)* Die Rentenbezüge werden wahrscheinlich zurückgeschraubt.

zu·rück·schre·cken <schreckst/schrickst zurück, schreckte/schrak zurück, ist zurückgeschreckt/zurückgeschrocken> *ohne OBJ* **❶** ■ *jmd. schreckt zurück* plötzlich nach hinten ausweichen, weil man erschrickt: Er schrak zurück, als plötzlich jemand vor ihm stand. **❷** ■ *jmd. schreckt vor etwas* Dat. *zück* etwas nicht wagen, weil man Angst vor den Folgen hat: Vor diesem Schritt schreckte sie zurück.; Sie schreckten vor keinem Verbrechen zurück, um ihre Ziele zu erreichen.

zu·rück·seh·nen <sehnst zurück, sehnte zurück, hat zurückgesehnt> *mit SICH* ■ *jmd. sehnt sich nach etwas* Dat. *zurück* hoffen, dass Vergangenes oder Verlorenes wiederkommt: sich nach der Freundin/der Heimat/der guten alten Zeit zurücksehnen

zu·rück·sen·den <sendest zurück, sandte/sendete zurück, hat zurückgesandt/zurückgesendet> *mit OBJ* ■ *jmd. sendet etwas zurück* (geh.) etwas an den Ausgangsort schicken: einen Brief/ein Paket zurücksenden ▸ Rücksendung

zu·rück·set·zen <setzt zurück, setzte zurück, hat zurückgesetzt> **I.** *mit OBJ* **❶** ■ *jmd. setzt jmdn./sich/etwas zurück* jmdn./sich/etwas wieder an den Ausgangsort setzen: die Vase/die Tasse auf den Tisch zurücksetzen; Sie setzte das Kind/sich auf den alten Platz zurück. **❷** ■ *jmd. setzt sich/etwas zurück* sich/etwas nach hinten setzen: Kannst du dich/deinen Stuhl bitte ein wenig zurücksetzen? **❸** ■ *jmd. setzt jmdn. zurück* jmdn. benachteiligen: sich zurückgesetzt fühlen **II.** *mit OBJ/ohne OBJ* ■ *jmd. setzt (etwas) zurück* KFZ *ein Fahrzeug (in Bezug auf einen bestimmten Punkt) nach hinten fahren:* Du musst den Wagen ein Stück zurücksetzen.; Du musst (mit dem Wagen) noch ein Stück zurücksetzen. ▸ Zurücksetzung

zu·rück·sprin·gen <springst zurück, sprang zurück, ist zurückgesprungen> *ohne OBJ* **❶** ■ *etwas springt irgendwohin zurück* wieder zur Ausgangsstelle springen: Der Frosch springt ins Wasser zurück.; Die Feder springt in die Ausgangsstellung zurück. **❷** ■ *jmd. springt zurück* nach hinten springen: Er sprang vor Schreck ein Stück zurück, als der Hund vor ihm stand.

zu·rück·ste·cken <steckst zurück, steckte zurück, hat zurückgesteckt> **I.** *mit OBJ* ■ *jmd. steckt etwas zurück* etwas wieder an den ursprünglichen Platz stecken: Stecke die Nadel wieder zurück!; Das Geld wieder in die Tasche zurückstecken. **II.** *ohne OBJ* ■ *jmd. steckt zurück* (umg.) seine Ansprüche verringern: Seitdem er weniger verdient, muss die ganze Familie zurückstecken.

zu·rück·ste·hen <stehst zurück, stand zurück, hat/ist zurückgestanden> *ohne OBJ* **❶** ■ *etwas steht etwas (von etwas) zurück* in Bezug auf etwas weiter hinten stehen: Das Haus steht ein paar Meter von der Front der anderen Häuser zurück. **❷** ■ *etwas muss (hinter etwas* Dat.*) zurückstehen* etwas muss im Moment unberücksichtigt bleiben, weil etwas anderes wichtiger ist: Ihre Bedürfnisse müssen zurzeit hinter denen der Kinder zurückstehen. **❸** ■ *jmd. steht (hinter jmdm.) zurück* schlechter als jmd. anderer sein: Ihre Leistung steht hinter der ihrer Klassenkameraden in keiner Weise zurück.; Jeder gab sein Bestes, denn keiner wollte zurückstehen.

zu·rück·stel·len <stellst zurück, stellte zurück, hat zurückgestellt> *mit OBJ* **❶** ■ *jmd. stellt etwas irgendwohin zurück* etwas wieder an den Ausgangsort stellen: Stelle die Vase bitte wieder an ihren Platz zurück. **❷** ■ *jmd. stellt etwas zurück* nach hinten stellen: den Tisch ein wenig zurück-

Z

stellen, damit die Stühle Platz haben ❸ ■ *jmd.* *stellt etwas (um etwas Akk.) zurück (↔ vorstellen) auf einer Uhr eine Zeit einstellen, die vor der tatsächlichen Zeit liegt:* eine Uhr/die Zeiger einer Uhr um eine Stunde zurückstellen; Um drei Uhr wurden die Uhren auf zwei Uhr zurückgestellt. ❹ ■ *jmd.* *stellt etwas zurück etwas auf einen späteren Zeitpunkt verschieben:* Dieses Problem müssen wir erst einmal zurückstellen. Wir haben Wichtigeres zu tun. ❺ ■ *jmd.* *stellt jmdn./etwas zurück jmdn. vorläufig von etwas befreien:* einen Schüler/die Einschulung eines Schülers um ein Jahr zurückstellen ► Zurückstellung

zu·rück·sto·ßen <stößt zurück, stieß zurück, hat/ist zurückgestoßen> I. *mit OBJ (haben)* ❶ ■ *jmd.* *stößt jmdn. zurück jmdn. mit einem Stoß an den Ausgangsort befördern:* Er stieß den Jungen ins Wasser zurück.; Sie stieß ihn auf den Stuhl zurück. ❷ ■ *jmd.* *stößt jmdn. zurück jmdn. mit einem Stoß nach hinten befördern:* Er stieß sie vom Fenster zurück, um selbst hinauszublicken zu können. ❸ ■ *jmd.* *stößt jmdn. zurück (übertr.) jmdn. abweisen:* Er liebt sie, fühlt sich aber von ihr zurückgestoßen. II. *ohne OBJ (sein)* ■ *jmd./etwas stößt zurück (mit dem Auto) (um ein bestimmtes Stück) nach hinten fahren:* Das Fahrzeug stößt zurück.; Sie ist zurückgestoßen und hat dabei ein anderes Fahrzeug gerammt.

zu·rück·strö·men <strömt zurück, strömte zurück, ist zurückgeströmt> *ohne OBJ* ❶ ■ *jmd.* *strömt zurück als (große) Gruppe von Personen sich wieder an den Ausgangsort bewegen:* Die Zuschauer strömen nach der Pause in den Saal zurück. ❷ ■ *etwas strömt zurück wieder an den Ausgangsort fließen:* Das Wasser strömt in das Becken zurück.

zu·rück·stu·fen <stufst zurück, stufte zurück, hat zurückgestuft> *mit OBJ* ■ *jmd.* *stuft jmdn.* *zurück jmdn. niedriger oder schlechter einstufen:* jemanden in eine niedrigere Gehaltsstufe zurückstufen; Sie ist in eine niedrigere Klasse zurückgestuft worden. ► Rückstufung, Zurückstufung

zu·rück·trei·ben <treibst zurück, trieb zurück, hat/ist zurückgetrieben> I. *mit OBJ (haben)* ■ *jmd.* *treibt jmdn./Tiere zurück Personen oder Tiere nach hinten oder wieder an den Ausgangsort treiben:* Die Polizei trieb die Demonstranten hinter die Absperrungen zurück.; die Hühner in den Stall zurücktreiben; die Schafe ein wenig von der Straße zurücktreiben II. *ohne OBJ (sein)* ■ *etwas treibt zurück (auf einem Gewässer) nach hinten oder an den Ausgangsort bewegt werden:* Das Schiff ist ans Ufer zurückgetrieben.; Sobald man aufhört zu rudern, wird man von der Strömung zurückgetrieben.

zu·rück·tre·ten <trittst zurück, trat zurück, ist zurückgetreten> *ohne OBJ* ■ *jmd.* *tritt zurück* ❶ *nach hinten oder an den Ausgangsort treten:* Bitte treten Sie einen Schritt zurück!; Bitte treten Sie an Ihren Platz in der Reihe zurück! ❷ ■ *jmd.* *tritt zurück eine Position oder ein Amt abgeben:* Nach dem Skandal mussten drei Minister zurücktreten. ► Rücktritt ❸ ■ *etwas tritt hinter etwas* *Dat.* *zurück sich hinsichtlich der Bedeutung einer*

anderen Sache unterordnen müssen:* Ihr Hobby muss zurzeit hinter dem Studium zurücktreten. ❹ ■ *jmd.* *tritt von etwas Dat.* *zurück etwas kündigen oder für die eigene Person für ungültig erklären:* von einem Vertrag zurücktreten; Ich trete freiwillig von meinen Ansprüchen zurück. ► Rücktritt

zu·rück·ver·lan·gen <verlangst zurück, verlangte zurück, hat zurückverlangt> *mit OBJ* ■ *jmd.* *verlangt etwas zurück verlangen, dass man etwas wiederbekommt, was einem gehört hat:* Wenn sie nicht zufrieden sind, können sie Ihr Geld zurückverlangen.; Er verlangte von ihr die Bücher zurück, die er ihr geliehen hatte.

zu·rück·ver·set·zen <versetzt zurück, versetzte zurück, hat zurückversetzt> I. *mit OBJ* ❶ ■ *jmd.* *versetzt jmdn./etwas zurück jmdn. oder etwas an den Ausgangsort versetzen:* Er ist an seine alte Dienststelle zurückversetzt worden. ❷ ■ *etwas versetzt jmdn. in etwas Akk.* *zurück bewirken, dass jmd. den Eindruck hat, eine vergangene Zeit oder Situation noch einmal zu erleben:* Das Stück versetzt uns in die Zeit der Jahrhundertwende zurück. II. *mit SICH* ■ *jmd.* *versetzt sich in etwas Akk.* *zurück sich in eine vergangene Zeit oder Situation hineindenken:* sich in seine Kindheit/in die Vergangenheit zurückversetzen

zu·rück·wei·chen <weichst zurück, wich zurück, ist zurückgewichen> *ohne OBJ* ❶ ■ *jmd.* *weicht zurück nach hinten ausweichen:* Die Menge wich zurück.; Er wich erschrocken einige Schritte zurück, als der Zug einfuhr. ❷ ■ *jmd.* *weicht vor etwas Dat.* *zurück etwas nicht tun wollen:* vor einem Angreifer/einer Auseinandersetzung zurückweichen; vor einer schwierigen Aufgabe zurückweichen

zu·rück·wei·sen <weist zurück, wies zurück, hat zurückgewiesen> *mit OBJ* ❶ ■ *jmd.* *weist jmdn. zurück jmdn. wieder an den Ausgangspunkt schicken:* jemanden an der Grenze/Pforte zurückweisen ❷ ■ *etwas weist zurück nach hinten zeigen:* Der Wegweiser weist in die Richtung zurück, aus der wir gekommen sind. ❸ ■ *jmd.* *weist jmdn./etwas zurück jmdn. oder etwas nicht annehmen, indem man es klar ablehnt:* eine Bitte/einen Bittsteller zurückweisen; einen Antrag/eine Forderung/eine Klage zurückweisen; Er liebte sie, aber sie hat ihn zurückgewiesen. ❹ ■ *jmd.* *weist etwas zurück entschieden sagen, dass etwas nicht zutrifft:* eine Anschuldigung/Behauptung zurückweisen ► Zurückweisung

zu·rück·wer·fen <wirfst zurück, warf zurück, hat zurückgeworfen> *mit OBJ* ❶ ■ *jmd.* *wirft etwas zurück nach hinten oder wieder an seinen Ausgangspunkt werfen:* einen Ball zu jemandem/irgendwohin zurückwerfen; Er warf die gefangenen Fische ins Wasser zurück.; den Gegner hinter die bisherige Kampflinie zurückwerfen ► Rückwurf ❷ ■ *jmd.* *wirft die Arme/den Kopf zurück die Arme/den Kopf (schnell) nach hinten bewegen* ❸ ■ *etwas wirft etwas zurück (≈ reflektieren) auftreffende Strahlen oder Wellen in die Gegenrichtung abgeben:* Der Spiegel wirft die Sonnenstrahlen/ihr Bild zurück. ④ ■ *etwas wirft jmdn./ etwas zurück jmdn. oder etwas wieder auf einen vorherigen oder schlechteren Stand bringen:* Dieser Misserfolg wirft die Firma um Jahre zurück.; Die Krankheit hat mich in der Arbeit zurückgeworfen.

zu·rück·wir·ken <wirkt zurück, wirkte zurück, hat zurückgewirkt> *ohne OBJ* ■ *etwas wirkt zurück den Ausgangspunkt einer Wirkung beeinflussen:* Die Erkenntnisse der Forschung führen zu neuen technischen Entwicklungen und diese wiederum wirken auf die Forschung zurück. ▷ Rückwirkung

zu·rück·wol·len <willst zurück, wollte zurück, hat zurückgewollt> **I.** *mit OBJ* ■ *jmd. will jmdn./etwas zurück (umg.) jmdn. oder etwas wiederhaben wollen:* Ich will mein Fahrrad endlich zurück! **II.** *ohne OBJ* ■ *jmd. will irgendwohin zurück an den Ausgangsort zurückkehren wollen:* Es gefällt dem Jungen hier nicht, er will wieder in seine alte Schule zurück.; Sie hat nach Hause zurückgewollt.

zu·rück·zah·len <zahlst zurück, zahlte zurück, hat zurückgezahlt> *mit OBJ* ❶ ■ *jmd. zahlt etwas zurück geliehenes Geld wieder dem geben, dem es gehört:* einen Kredit/Schulden/Geld an jemanden zurückzahlen ▷ Rückzahlung, Zurückzahlung ❷ ■ *jmd. zahlt jmdm. etwas zurück (umg.) sich an jmdn. für etwas rächen:* Sie hat ihm seinen Verrat zurückgezahlt.; Dem werd' ich es zurückzahlen!

zu·rück·zie·hen <ziehst zurück, zog zurück, hat/ist zurückgezogen> **I.** *mit OBJ (haben)* ■ *jmd. zieht etwas zurück* ❶ *ziehend nach hinten oder an den Ausgangsort bringen:* den Fuß/die Hand zurückziehen; den Tisch ein wenig zurückziehen ❷ *eine Figur eines Brettspieles wieder an ihren Ausgangsort bewegen:* eine Schachfigur in die Ausgangsstellung zurückziehen ❸ *etwas, das vor etwas gewesen ist, auf die Seite ziehen und damit den Blick frei machen:* die Gardinen/Vorhänge zurückziehen ❹ ■ *jmd. zieht jmdn. zurück* MILIT. *jmdm. den Befehl geben, ein Gebiet zu verlassen:* seine Truppen aus einem Gebiet zurückziehen; die Polizeikräfte zurückziehen ❺ ■ *jmd. zieht etwas/jmdn. zurück etwas für nicht mehr gültig erklären:* Ich ziehe mein Angebot/meine Zusage zurück.; einen Kandidaten zurückziehen **II.** *ohne OBJ (sein)* ■ *jmd. zieht zurück wieder an seinen alten Wohnort gehen:* Ich bin wieder nach Hamburg zurückgezogen. **III.** *mit SICH (haben)* ❶ ■ *jmd./ein Tier zieht sich zurück Kontakt mit anderen Menschen oder Aktivitäten aufgeben oder vermeiden:* Wenn Sie erlauben, würde ich mich gerne zurückziehen.; Der Bär zieht sich im Winter in seine Höhle zurück.; Im Laufe der Zeit hat er sich immer mehr zurückgezogen.; ein zurückgezogenes Leben führen; Ich habe mich aus dem Projekt zurückgezogen. ❷ ■ *jmd. zieht sich zurück* MILIT. *das Kampfgebiet verlassen:* Der Gegner hat sich zurückgezogen. **IV.** *mit ES (haben)* ■ *es zieht jmdn. irgendwohin zurück den Wunsch vermitteln, an einem Ort sein zu wollen,*

an dem man früher gewesen ist: Es zieht ihn wieder in die Heimat.

Zu·ruf *der* <-(e)s, -e> *etwas, das jmdm. zugerufen wird:* Der Redner beachtete die Zurufe aus dem Publikum nicht.

zu·ru·fen <rufst zu, rief zu, hat zugerufen> *mit OBJ* ■ *jmd. ruft jmdm. etwas zu jmdm. etwas mit einem Ruf mitteilen:* Sie rief ihm die richtige Antwort zu.; Das Publikum rief ihr etwas/aufmunternde Worte zu.

zur·zeit *adv momentan, im Augenblick:* Sie ist zurzeit verreist. ◆ Zusammenschreibung →R 4.3 Herr Müller ist zurzeit nicht im Hause.; ◆ aber Getrenntschreibung zur Zeit Goethes; *siehe auch* Zeit

Zu·sa·ge *die* <-, -n> ❶ (≈ *Versprechen*) Hast du schon irgendwelche Zusagen gemacht? ❷ *positive Antwort:* Wir haben auf unser Angebot bereits drei Zusagen erhalten.; Sie hat auf ihre Bewerbung noch keine Zusage erhalten.

zu·sa·gen <sagst zu, sagte zu, hat zugesagt> **I.** *mit OBJ/ohne OBJ* ■ *jmd. sagt jmdm. etwas zu* (↔ *absagen*) *jmdm. etwas versprechen oder eine bejahende Antwort geben:* Ich habe ihr meine Hilfe fest zugesagt.; Ich habe bereits zugesagt.; Er wird sicher kommen, er hat (es) uns fest zugesagt. **II.** *ohne OBJ* ■ *etwas sagt jmdm. zu jmdm. behagen oder gefallen:* Dieser Anzug sagt mir gar nicht zu.

zu·sam·men *adv* ❶ (≈ *gemeinsam* ↔ *allein*) *verwendet, um auszudrücken, dass Träger der im Satz genannten Handlung nicht nur eine Person, sondern mehrere Personen sind:* ein Konzept nicht allein, sondern zusammen mit Kollegen erarbeiten; Wir (Hans, Peter und ich) sind zusammen nach Prag gefahren – Karin ist allein gefahren.; Lasst uns das zusammen tun!; Sie haben alle zusammen gesungen. ❷ (≈ *insgesamt*) *so, dass alle Aspekte, Personen o. Ä. berücksichtigt sind:* Zusammen kostet das 24 Euro.; Sie ist intelligenter als ihr alle zusammen. ◆ Getrenntschreibung →R 4.8 Er wollte immer mit ihnen zusammen sein.; Er wollte immer mit ihm noch ein paar Jahre mit ihm zusammen gewesen.; ◆ Getrenntschreibung →R 4.10 Auf dem Heimweg sind wir alle zusammen gefahren.; Erst haben sie alle zusammen gearbeitet, dann haben sie zusammen eine Pause gemacht.; Die beiden Läufer sind zusammen gefallen, aber nur einer hatte sich verletzt.; Peter und Paul sind zusammen gekommen; nur Max traf etwas später ein.; Die Kinder haben einen ganzen Nachmittag lang zusammen gespielt.; Wenn alle zusammen sitzen wollen, brauchen wir noch ein paar Stühle, sonst müssen einige von uns stehen.; Wenn wir alle zusammen suchen, finden wir den Schlüssel vielleicht schneller.; Wollen wir die schwere Tasche nicht zusammen tragen?; Ich möchte das nicht allein, sondern mit euch zusammen tun.; Anton und Maria haben das Geld zusammen gezählt und die erhaltenen Beträge danach zusammengezählt.; Wenn alle zusammen ziehen, bekommen wir das Boot ins Wasser.; *siehe aber auch* **zusammenarbeiten, zusammenfahren, zusammenfallen, zusammenkommen, Zusammensein, zusammensitzen,**

Z

zusammenspielen, zusammensuchen, zusammentragen, zusammentun, zusammenzählen, zusammenziehen

Zu·sam·men·ar·beit *die* <-> */kein Plur./* (≈ *Kooperation*) *das Zusammenarbeiten:* die Zusammenarbeit mit jemandem/von mehreren Personen/Unternehmen; Auf eine gute Zusammenarbeit!; Die Zusammenarbeit verläuft reibungslos.

zu·sam·men·ar·bei·ten <arbeitest zusammen, arbeitete zusammen, hat zusammengearbeitet> *ohne OBJ* ■ *jmd.* **arbeitet mit jmdm. (an etwas** *Dat.***) zusammen** (≈ *kooperieren) mit jmdm. gemeinsam an etwas arbeiten oder auf etwas hinarbeiten:* Sie arbeitet bei diesem Projekt mit mir zusammen.; Die beiden Länder arbeiten wirtschaftlich zusammen. ◆ Zusammenschreibung →R 4.9 Wenn wir zusammenarbeiten, können wir uns gegenseitig helfen.; *siehe aber auch* **zusammen**

zu·sam·men·bal·len <ballst zusammen, ballte zusammen, hat zusammengeballt> **I.** *mit OBJ* ❶ ■ *jmd.* **ballt die Hand zusammen** *die Hand zur Faust machen:* die Hand zusammenballen ❷ ■ *jmd.* **ballt etwas zusammen** *etwas zu einer festen Kugel knüllen:* ein Stück Papier zusammenballen **II.** *mit SICH* ■ *etwas ballt sich zusammen sich als Masse ansammeln:* Am Himmel ballen sich dunkle Gewitterwolken zusammen.; Am Ausgang des Stadions hatte sich eine Menschenmenge zusammengeballt.; In ihm hatte sich eine große Wut zusammengeballt. ▶ Zusammenballung

zu·sam·men·bau·en <baust zusammen, baute zusammen, hat zusammengebaut> *mit OBJ* ■ *jmd.* **baut etwas zusammen** (≈ *montieren* ↔ *demontieren, zerlegen) etwas aus einzelnen Teilen zu einem Ganzen bauen:* Das Fahrrad lässt sich mit wenigen Handgriffen zusammenbauen. ▶ Zusammenbau

zu·sam·men·bei·ßen <beißt zusammen, biss zusammen, hat zusammengebissen> *mit OBJ* ■ *jmd.* **beißt die Zähne zusammen** *die Zähne aufeinanderpressen:* die Zähne fest zusammenbeißen; ■ **die Zähne zusammenbeißen** *(umg. übertr.) ein Gefühl des Schmerzes oder der Erschöpfung unterdrücken* Sie hat bei der Arbeit die Zähne zusammengebissen.

zu·sam·men·bin·den <bindest zusammen, band zusammen, hat zusammengebunden> *mit OBJ* ■ *jmd.* **bindet etwas zusammen** *um einzelne Dinge ein Band, eine Schnur o. Ä. so legen und mit einem Knoten befestigen, dass die einzelnen Dinge eine Art Einheit bilden und z. B. als ein Paket transportiert werden können:* die Zeitungen zu einem Bündel zusammenbinden; die Haare mit einer Schleife zusammenbinden

zu·sam·men·blei·ben <bleiben zusammen, blieben zusammen, sind zusammengeblieben> *ohne OBJ* ■ *jmd.* **bleibt (mit jmdm.) zusammen** *beieinanderbleiben:* Nach der offiziellen Feier sind die Gäste noch lange zusammengeblieben.; Sie wollten für immer zusammenbleiben.

zu·sam·men·brau·en <braust zusammen, braute zusammen, hat zusammengebraut> **I.** *mit OBJ* ■ *jdm.* **braut etwas zusammen** *(umg.*

scherzh.) ein Getränk aus anderen Zutaten herstellen: Was hast du denn da zusammengebraut, der Cocktail schmeckt ja widerlich! **II.** *ohne OBJ* ■ *etwas braut sich zusammen allmählich entstehen:* Am Himmel braut sich ein Gewitter zusammen.; Hier braut sich ein Unheil zusammen.

zu·sam·men·bre·chen <brichst zusammen, brach zusammen, ist zusammengebrochen> *ohne OBJ* ❶ ■ *etwas bricht zusammen brechen und einstürzen:* Die Brücke ist unter der Last zusammengebrochen.; Bei dem Erdbeben brachen zahlreiche Häuser zusammen. ❷ ■ *etwas bricht zusammen nicht mehr richtig funktionieren:* Der Verkehr ist völlig zusammengebrochen.; Sein Kreislauf ist zusammengebrochen.; Unsere gesamte Planung ist zusammengebrochen. ❸ ■ *jmd.* **bricht zusammen** *einen Schwächeanfall erleiden:* Er ist ganz plötzlich zusammengebrochen.

zu·sam·men·brin·gen <bringst zusammen, brachte zusammen, hat zusammengebracht> *mit OBJ* ❶ ■ *jmd.* **bringt etwas zusammen** *(umg.) etwas zu Stande bringen:* Sie bringt nicht mal ein richtiges Mittagessen zusammen. ❷ ■ *jmd.* **bringt etwas zusammen** *(umg.) mehrere Dinge, die notwendig sind, beschaffen:* Wenn wir das Geld dafür zusammenbringen, fahren wir nach Australien in den Urlaub. ❸ ■ *jmd.* **bringt etwas zusammen** *(umg.) vollständig ins Gedächtnis rufen:* Ich bringe den Text des Liedes nicht mehr zusammen.; Bringst du die Namen der Fußballmannschaft zusammen? ❹ ■ *jmd./etwas* **bringt jmdn. zusammen** *Personen miteinander bekanntmachen:* Die Veranstaltung bringt Menschen aus den verschiedensten Gesellschaftsschichten zusammen.

Zu·sam·men·bruch *der* <-(e)s, Zusammenbrüche> *das Zusammenbrechen[2, 3]:* Als sie die Nachricht erhielt, erlitt sie einen Zusammenbruch.; Der Unfall führte zu einem totalen Zusammenbruch des Verkehrs.; Der Zusammenbruch des Regimes steht unmittelbar bevor.

zu·sam·men·drän·gen <drängst zusammen, drängte zusammen, hat zusammengerängt> **I.** *mit OBJ* ■ *jmd.* **drängt jmdn./Tiere/etwas zusammen** *bewirken, dass viele Menschen, Tiere oder Dinge auf engstem Raum versammelt sind:* Die Tiere wurden auf kleinstem Raum zusammengedrängt.; Er musste seine Erläuterungen auf wenigen Seiten zusammendrängen. **II.** *mit SICH* ■ *jmd./etwas* **drängt sich zusammen** *sich auf engstem Raum sammeln:* Die Tiere drängten sich auf kleinstem Raum zusammen.; Die Menschenmenge drängte sich am Eingangstor zusammen.

zu·sam·men·drü·cken <drückst zusammen, drückte zusammen, hat zusammengedrückt> *mit OBJ* ■ *jmd.* **drückt etwas zusammen** ❶ *etwas so drücken, dass es kleiner oder flacher wird:* einen Schwamm zusammendrücken ▶ zusammendrückbar ❷ *etwas aufeinanderdrücken:* beide Handflächen fest zusammendrücken; beide Flächen mit Leim bestreichen und fest zusammendrücken ▶ zusammendrückbar

zu·sam·men·fah·ren <fährst zusammen, fuhr zusammen, hat/ist zusammengefahren> **I.** *mit*

OBJ ■ *jmd.* **fährt** *jmdn./etwas* **zusammen** *(umg.) gegen jmdn. oder etwas fahren und ihn/es schwer verletzen oder beschädigen:* An der Kreuzung wurde schon wieder ein Radfahrer zusammengefahren.; Er hat schon das zweite Auto zusammengefahren. **II.** *ohne OBJ* ❶ ■ *jmd./etwas* **fährt mit** *jmdm./etwas* **zusammen** KFZ *beim Fahren mit jmdm. oder etwas zusammenstoßen:* Wie konnten die Autos zusammenfahren?; Er ist beim Überholen mit einem LKW zusammengefahren. ❷ ■ *jmd.* **fährt zusammen** *(≈ zusammenzucken) erschrecken und dies auch körperlich zeigen, indem man z. B. die Schultern einzieht:* Sie fuhr erschrocken zusammen. ◆ Zusammenschreibung →R 4.6 Er ist zusammengefahren, als sein Name aufgerufen wurde.; *siehe aber* **zusammen**

zu·sam·men·fal·len <fällt zusammen, fiel zusammen, ist zusammengefallen> *ohne OBJ* ❶ ■ *etwas* **fällt zusammen** *(≈ einstürzen)* Eines Tages musste diese Bruchbude ja zusammenfallen. ❷ ■ *etwas* **fällt (mit etwas** *Dat.)* **zusammen** *zeitgleich stattfinden:* Die beiden Termine fallen leider zusammen, ich muss einen verschieben. ◆ Zusammenschreibung →R 4.6 Ostern wird in diesem Jahr mit seinem Geburtstag zusammenfallen.; Das Haus ist einfach zusammengefallen.; *siehe aber* **zusammen**

zu·sam·men·fal·ten <faltest zusammen, faltete zusammen, hat zusammengefaltet> *mit OBJ* ■ *jmd.* **faltet etwas zusammen** *so falten, dass es kleiner wird:* die gebügelten Hemden sorgfältig zusammenfalten; einen Stadtplan zusammenfalten und in die Tasche stecken

zu·sam·men·fas·sen <fasst zusammen, fasste zusammen, hat zusammengefasst> **I.** *mit OBJ* ■ *jmd.* **fasst etwas zu einem Ganzen vereinigen:** Werbe- und Vertriebsabteilung wurden zusammengefasst. **II.** *mit OBJ/ohne OBJ* ■ *jmd.* **fasst (etwas) zusammen** *etwas in kurzen Worten wiedergeben:* den Inhalt kurz zusammenfassen; Er fasste zusammen, was bisher gesagt worden war.; Lassen Sie mich kurz zusammenfassen!

Zu·sam·men·fas·sung *die* <-, -en> ❶ *kurze Wiedergabe des Inhalts:* Dem Artikel ist eine kurze Zusammenfassung vorangestellt. ❷ *das Vereinigen zu einem Ganzen:* die Zusammenfassung einzelner Gruppen zu einem Verband

zu·sam·men·fin·den <findest zusammen, fand zusammen, hat zusammengefunden> *mit SICH* ■ *jmd.* **findet sich zusammen** *sich mit jmdm. oder einer Gruppe treffen und Dinge gemeinsam machen*

zu·sam·men·flie·ßen <fließt zusammen, floss zusammen, ist zusammengeflossen> *ohne OBJ* ❶ ■ *etwas* **fließt (irgendwo) zusammen** *ineinanderfließen:* Die Moldau und die Elbe fließen bei Melnik zusammen. ❷ ■ *etwas* **fließt zusammen** *sich vermischen:* die Farben/Klänge fließen zusammen

Zu·sam·men·fluss *der* <-es, Zusammenflüsse> *die Stelle, an der zwei Flüsse zusammenfließen:* eine Stadt am Zusammenfluss von Rhein und Mosel

zu·sam·men·fü·gen <fügst zusammen, fügte

zusammen, hat zusammengefügt> *(geh.)* **I.** *mit OBJ* ■ *jmd.* **fügt etwas zusammen** *(≈ zusammensetzen) etwas aus einzelnen Teilen zu einem Ganzen machen:* die Teile des Puzzles zusammenfügen **II.** *mit SICH* ■ *etwas* **fügt sich (zu etwas** *Dat.)* **zusammen** *sich zu einem Ganzen verbinden:* Die Stücke fügen sich nahtlos zusammen. ▶ Zusammenfügung

zu·sam·men·füh·ren <führst zusammen, führte zusammen, hat zusammengeführt> **I.** *mit OBJ* ■ *jmd./etwas* **führt** *jmdn./etwas* **zusammen** *bewirken, dass Menschen oder Sachen (die getrennt waren) (wieder) zusammen sind:* Das Festival führt Musiker aus den verschiedensten Ländern zusammen.; getrennte Familien wieder zusammenführen **II.** *ohne OBJ* ■ *etwas* **führt zusammen** *aufeinandertreffen und zusammen weiterverlaufen:* Die Wege führen wieder zusammen.

Zu·sam·men·füh·rung *die* <-, -en> *das Zusammenführen* I: *die Zusammenführung von Familien, die durch den Krieg getrennt wurden*

zu·sam·men·ge·hö·ren <gehört zusammen, gehörte zusammen, hat zusammengehört> *ohne OBJ* ❶ ■ *etwas* **gehört zusammen** *eine Einheit bilden, sich ergänzen:* Die beiden Teile gehören zusammen.; Die beiden Schuhe gehören nicht zusammen. ❷ ■ *jmd.* **gehört zusammen** *zueinandergehören:* Eltern und Kinder gehören zusammen.; Wir gehören nicht zusammen, der Herr ist allein hier.

zu·sam·men·ge·hö·rig *adj /nicht steig./ so, dass es eine Einheit bildet oder sich ergänzt:* die zusammengehörigen Bauteile kennzeichnen

Zu·sam·men·ge·hö·rig·keit *die* <-> */kein Plur./ die Eigenschaft, zueinanderzugehören:* Die Freunde verband ein Gefühl der Zusammengehörigkeit. ◆ -sgefühl

Zu·sam·men·halt *der* <-(e)s, -e> *die freundschaftliche Verbundenheit zwischen den Mitgliedern einer Gruppe:* der Zusammenhalt innerhalb einer Schulklasse; den Zusammenhalt in der Mannschaft stärken

zu·sam·men·hal·ten <hältst zusammen, hielt zusammen, hat zusammengehalten> **I.** *mit OBJ* ❶ ■ *etwas* **hält etwas zusammen** *etwas dauerhaft miteinander verbinden:* Leim hält die Bretter zusammen.; Die Brücke wird mit Nieten zusammengehalten. ❷ ■ *jmd./etwas* **hält** *jmdn./etwas* **zusammen** *bewirken, dass eine Gruppe von Personen oder eine Herde Tiere sich nicht verstreut:* Der Hund hält die Schafherde zusammen.; Das gemeinsame Ziel hält das Team zusammen. ❸ ■ *jmd.* **hält sein Geld zusammen** *sein Geld sparen und nicht ausgeben:* Er bemüht sich, sein Geld zusammenzuhalten. **II.** *ohne OBJ* ❶ ■ *etwas* **hält zusammen** *fest miteinander verbunden bleiben:* Die geklebten Teile halten zusammen. ❷ ■ *jmd.* **hält zusammen** *zueinanderstehen:* Die Freunde hielten fest zusammen.

Zu·sam·men·hang *der* <-(e)s, Zusammenhänge> *eine Verbindung oder Wechselbeziehung zwischen Dingen oder Fakten:* einen Zusammenhang zwischen verschiedenen Dingen erkennen/herstellen; zwei Dinge miteinander im Zusammen-

Z

hang sehen; Die Polizei bringt die Tat in Zusammenhang mit ähnlichen Verbrechen.; ■ **etwas aus dem Zusammenhang reißen** *Äußerungen von jmdm. in einer anderen Beziehung oder Verbindung gebrauchen* eine Textstelle aus dem Zusammenhang reißen und dadurch entstellen; ■ **in diesem Zusammenhang** *verwendet, um sich auf etwas zu beziehen, was vorher gesagt wurde* In diesem Zusammenhang möchte ich das Folgende bemerken … ◆ Gedanken-

zu·sạm·men·hän·gen <hängt zusammen, hing zusammen, hat/ist zusammengehangen> *ohne OBJ* ❶ ■ **etwas hängt (mit etwas** *Dat.***) zusammen** *miteinander verbunden sein:* Die einzelnen Telefonanschlüsse hängen mit einer zentralen Anlage zusammen.; Die Blätter hängen zusammen, weil Leim dazwischengekommen ist. ❷ ■ **etwas hängt (mit etwas** *Dat.***) zusammen** *eine logische Verbindung haben, aus etwas folgen:* Wie hängt das zusammen?; Die Krankheit hängt meist mit falscher Ernährung zusammen.

zu·sạm·men·hän·gend *adj /nicht steig./ ohne Unterbrechung:* keinen zusammenhängenden Satz sprechen können; Das ganze Stück wird zusammenhängend an einem Abend aufgeführt.

zu·sạm·men·hang(s)·los *adj /nicht steig./ (abwert.) ohne inhaltlichen Bezug zueinander:* zusammenhangsloses Zeug erzählen

zu·sạm·men·hau·en <haust zusammen, haute zusammen, hat zusammengehaut> *mit OBJ (umg.)* ❶ ■ **jmd. haut etwas zusammen** *etwas kaputtschlagen* ❷ ■ **jmd. haut jmdn. zusammen** *jmdn. zusammenschlagen*

zu·sạm·men·kau·fen <kaufst zusammen, kaufte zusammen, hat zusammengekauft> *mit OBJ* ■ **jmd. kauft etwas zusammen** *(umg. oft abwert.) viele Dinge ohne Überlegung kaufen:* Was hast du denn schon wieder an Klamotten zusammengekauft?

zu·sạm·men·klapp·bar *adj /nicht steig./ so, dass man es zusammenklappen kann:* zusammenklappbare Campingmöbel

zu·sạm·men·klap·pen <klappst zusammen, klappte zusammen, hat/ist zusammengeklappt> **I.** *mit OBJ (haben)* ■ **jmd. klappt etwas zusammen** *etwas verkleinern, indem man die einzelnen beweglichen Teile in verschiedene Richtungen klappt:* einen Stadtplan/ ein Taschenmesser zusammenklappen; einen Campingtisch zusammenklappen **II.** *ohne OBJ (umg.)* ❶ ■ **etwas klappt zusammen** *kaputtgehen:* Der Stuhl/die wackelige Hütte klappte plötzlich zusammen. ❷ ■ **jmd. klappt zusammen** *(umg.) einen Schwächeanfall erleiden oder ohnmächtig werden:* Kein Wunder, dass bei der Hitze so viele Leute zusammenklappen!

zu·sạm·men·kle·ben <klebst zusammen, klebte zusammen, hat zusammengeklebt> **I.** *mit OBJ* ■ **jmd. klebt etwas zusammen** *etwas durch Kleben miteinander verbinden:* Er klebt die beiden Teile zusammen. **II.** *ohne OBJ* ■ **etwas klebt zusammen** *aneinanderhaften und sich nicht lösen:* Die beiden Teile kleben noch immer zusammen.;

Meine Finger haben zusammengeklebt, ich musste erst den Teig abspülen.

zu·sạm·men·knül·len <knüllst zusammen, knüllte zusammen, hat zusammengeknüllt> *mit OBJ* ■ **jmd. knüllt etwas zusammen** *ein Stück Papier so in der Hand drücken, dass eine Art Kugel daraus entsteht:* Er knüllte den Brief zusammen und warf ihn in den Papierkorb.

zu·sạm·men·kom·men <kommst zusammen, kam zusammen, ist zusammengekommen> *ohne OBJ* ❶ ■ **jmd. kommt (mit jmdm.) zusammen** *sich treffen:* Wir kommen jeden Mittwoch im Vereinshaus zusammen.; Der Vorstand kommt einmal im Monat zusammen. ❷ ■ **etwas kommt zusammen** *sich ansammeln, sich häufen:* In meiner Abwesenheit ist einiges an Arbeit zusammengekommen.; Es kommt wieder alles zusammen, viel Arbeit, viele Termine und Kopfschmerzen! ❸ *(umg.) Ergebnis einer Sammlung sein:* Bei der Sammlung sind fünfhundert Euro zusammengekommen. ❹ ■ **etwas kommt mit etwas** *Dat.* **zusammen** *(umg.) gleichzeitig geschehen:* Ostern kommt nie mit Weihnachten zusammen. ◆ Zusammenschreibung →R 4.6 Wir sind gestern mit unseren Freunden zusammengekommen.; *siehe aber* **zusammen**

zu·sạm·men·kra·chen <kracht zusammen, krachte zusammen, ist zusammengekracht> *ohne OBJ* ■ **etwas kracht zusammen** *(umg.)* ❶ *einstürzen:* Das Haus ist mit lautem Getöse zusammengekracht. ❷ *zusammenstoßen:* Die beiden Autos sind auf der Kreuzung zusammengekracht.

zu·sạm·men·krat·zen <kratzt zusammen, kratzte zusammen, hat zusammengekratzt> *mit OBJ* ❶ ■ **jmd. kratzt etwas zusammen** *einen Rest auf einen Haufen schieben:* Er hat mit einem Löffel den letzten Rest im Topf zusammengekratzt. ❷ ■ **jmd. kratzt etwas zusammen** *(umg.) einzelne (geringe) Geldbeträge, die man erspart hat, zusammenführen, weil man eine größere Summe ausgeben will:* Für das Motorrad hat er alle seine Ersparnisse zusammengekratzt.

Zu·sạm·men·kunft *die* <-, Zusammenkünfte> *(≈ Treffen)* Zu unserer Zusammenkunft waren alle erschienen.; Die nächste Zusammenkunft findet in einer Woche statt.

zu·sạm·men·lau·fen <läuft zusammen, lief zusammen, ist zusammengelaufen> *ohne OBJ* ■ **jmd. läuft irgendwo zusammen** ❶ *aus verschiedenen Richtungen zu einer Stelle laufen:* Eine große Menschenmenge ist an der Unfallstelle zusammengelaufen. ❷ *an eine Stelle fließen:* Am Boden der Schüssel läuft die ganze Soße zusammen. ❸ ■ **etwas läuft zusammen** *ineinanderfließen:* Die beiden Flüsse laufen zusammen. ❹ ■ **etwas läuft zusammen** *(umg.) sich vermischen:* Die Farben sind zusammengelaufen. ❺ ■ **etwas läuft zusammen** *sich aufeinander zu bewegen:* Die beiden Linien laufen zusammen.

Zu·sạm·men·le·ben *das* <-s> */kein Plur./ das gemeinsame Leben:* das harmonische Zusammenleben verschiedener Bevölkerungsgruppen

zu·sạm·men·le·ben <lebst zusammen, lebte zu-

Z

sammen, hat zusammengelebt> I. *ohne OBJ*
■ *jmd. lebt (mit jmdm.) zusammen* mit jmdm.
in Gemeinschaft leben: Sie haben lange zusammengelebt, ehe sie geheiratet haben.; Verschiedene Tierarten leben hier auf engstem Raum zusammen. II. *mit SICH* ■ *jmd. lebt sich zusammen (umg.:* ↔ *auseinanderleben) sich im Leben aufeinander einstellen:* Nach einiger Zeit hatten sie sich zusammengelebt.

zu·sam·men·leg·bar *adj /nicht steig./ so, dass man es falten oder einklappen kann:* ein zusammenlegbarer Stuhl

zu·sam·men·le·gen <legst zusammen, legte zusammen, hat zusammengelegt> I. *mit OBJ*
■ *jmd. legt etwas zusammen* ❶ *(≈ zusammenfalten) ein Kleidungsstück, ein Stück Stoff o. Ä. entlang bestimmter (gedachter) Linien falten und ihm damit eine bestimmte Form geben:* die gewaschene Bettwäsche/eine Serviette zusammenlegen; die Zeitung/einen Stadtplan wieder zusammenlegen ❷ *(≈ vereinigen) etwas zu einer Einheit werden lassen:* Die beiden Abteilungen der Firma wurden zusammengelegt.; ein Unternehmen mit einem anderen zusammenlegen ❸ *zusammen irgendwohin legen:* Ich habe alle Kopien auf einen Stapel zusammengelegt. ❹ ■ *jmd. legt jmdn. zusammen in einem Raum übernachten lassen:* drei Patienten in einem Zimmer zusammenlegen II. *mit OBJ/ohne OBJ* ■ *jmd. legt (Geld) für (etwas Akk.) zusammen gemeinsam Geld für etwas geben:* Wir haben (Geld) für eine gemeinsamen Urlaub zusammengelegt.; Wenn wir alle zusammenlegen, dann haben wir genug Geld für ein schönes Geschenk.

zu·sam·men·neh·men <nimmst zusammen, nahm zusammen, hat zusammengenommen> I. *mit OBJ* ■ *jmd. nimmt etwas zusammen* ❶ *verschieden Sachen insgesamt betrachten:* Wenn wir alles zusammennehmen, was geboten wurde, war es nicht gerade gut.; Alles zusammengenommen, reicht das Geld gerade noch. ❷ *etwas zusammen für etwas einsetzen:* alle Kraft/alles Können zusammennehmen; Er nahm all seinen Mut zusammen und sprang. II. *mit SICH* ■ *jmd. nimmt sich zusammen (≈ sich beherrschen) seine Gefühle und sein Verhalten sehr stark unter Kontrolle halten, um sich z. B. etwas nicht anmerken zu lassen:* Ich musste mich sehr zusammennehmen, um nicht zu lachen.; Nimm dich (gefälligst) zusammen!

zu·sam·men·pa·cken <packst zusammen, packte zusammen, hat zusammengepackt> I. *mit OBJ* ■ *jmd. packt etwas zusammen etwas in eine Tasche oder einen Koffer o. Ä. packen:* Hast du deine Kleider schon zusammengepackt? II. *mit OBJ* ■ *jmd. packt zusammen Arbeitsmaterial wegräumen:* Es klingelte und die Schüler packten zusammen.; ■ *zusammenpacken können (umg.) aufgeben müssen* Wenn das wirklich passiert, dann können wir zusammenpacken.

zu·sam·men·pas·sen <passt zusammen, passte zusammen, hat zusammengepasst> *ohne OBJ*
❶ ■ *jmd./etwas passt zusammen zueinanderpassen oder miteinander harmonieren:* Die bei-

den passen überhaupt nicht zusammen.; Wer sagt, dass Grün und Rot nicht zusammenpassen?
❷ ■ *etwas passt zusammen eine Einheit bilden:* Die beiden Teile des Puzzles passen nicht zusammen.; Die Zubehörteile und das Gerät müssten eigentlich zusammenpassen.

zu·sam·men·pfer·chen <pferchst zusammen, pferchte zusammen, hat zusammengepfercht> *mit OBJ* ■ *jmd. pfercht jmdn./Tiere zusammen bewirken, dass viele Menschen oder Tiere sich auf engem Raum drängen:* Die Schafe wurden für den Transport auf engstem Raum zusammengepfercht.

Zu·sam·men·prall *der* <-(e)s> */kein Plur./ heftiges Aufeinanderstoßen:* der Zusammenprall zweier Fahrzeuge

zu·sam·men·pral·len <prallst zusammen, prallte zusammen, ist zusammengeprallt> *ohne OBJ* ■ *jmd./etwas prallt mit jmdm./etwas zusammen mit jmdm. oder etwas heftig aufeinanderstoßen:* Aus noch ungeklärter Ursache prallten die beiden Lastzüge auf der Kreuzung zusammen.

zu·sam·men·pres·sen <presst zusammen, presste zusammen, hat zusammengepresst> *mit OBJ* ■ *jmd. presst etwas zusammen* ❶ *etwas aufeinanderpressen:* beide Handflächen/die Lippen/die Pobacken fest zusammenpressen; beide Seiten mit Leim bestreichen und dann fest zusammenpressen ❷ *so pressen, dass es kleiner wird:* einen Schwamm zusammenpressen; den Kofferinhalt zusammenpressen, damit sich der Deckel schließen lässt

zu·sam·men·raf·fen <raffst zusammen, raffte zusammen, hat zusammengerafft> *mit OBJ* ■ *jmd. rafft etwas zusammen* ❶ *etwas hastig nehmen:* Er raffte seine Unterlagen zusammen und ging. ❷ *(abwert.) gierig anhäufen:* viel Geld zusammenraffen ❸ *so bündeln, dass viel gehalten werden kann:* Sie raffte ihren Rock zusammen und stieg in die Kutsche.; die Gardine mit einem Band zusammenraffen

zu·sam·men·rau·fen <raufst zusammen, raufte zusammen, hat zusammengerauft> *mit SICH* ■ *jmd. rauft sich (mit jmdm.) zusammen (umg.) sich trotz bestehender Unterschiede allmählich verstehen und akzeptieren:* Für das gemeinsame Projekt mussten sich die Kollegen erst zusammenraufen.

zu·sam·men·rech·nen <rechnest zusammen, rechnete zusammen, hat zusammengerechnet> *mit OBJ/ohne OBJ* ■ *jmd. rechnet etwas zusammen (≈ addieren) eins zum anderen zählen:* alle Beträge zusammenrechnen; Wenn wir alle Ausgaben zusammenrechnen, haben wir viel Geld verbraucht.; Die Kellnerin rechnete schnell zusammen.

zu·sam·men·rei·men <reimst zusammen, reimte zusammen, hat zusammengereimt> *mit SICH (umg.)* ❶ ■ *jmd. reimt sich etwas zusammen eine mögliche Erklärung finden:* Den Rest können wir uns zusammenreimen.; Das kann ich mir nicht zusammenreimen. ❷ ■ *etwas reimt sich zusammen sich erklären:* Wie reimt sich das zusammen?

Z

zu·sam·men·rei·ßen <reißt zusammen, riss zusammen, hat zusammengerissen> *mit SICH* ■ *jmd. reißt sich zusammen (umg.:* ≈ *zusammennehmen II) sich beherrschen:* Jetzt reiß dich endlich zusammen und jammere nicht so!

zu·sam·men·rol·len <rollst zusammen, rollte zusammen, hat zusammengerollt> **I.** *mit OBJ* ■ *jmd. rollt etwas zusammen etwas zu einer Rolle formen:* eine Landkarte/einen Teppich zusammenrollen **II.** *mit SICH* ■ *jmd./ein Tier rollt sich zusammen sich mit gerundetem Rücken hinlegen:* Die Katze rollte sich in der Sonne zusammen.

zu·sam·men·rot·ten <rottest zusammen, rottete zusammen, haben zusammengerottet> *mit SICH* ■ *jmd. rottet sich zusammen (abwert.) eine (gewalttätige) Gruppe von mehreren Personen bilden:* die Randalierer rotten sich zusammen ▸ Zusammenrottung

zu·sam·men·rü·cken <rückst zusammen, rückte zusammen, hat/ist zusammengerückt> **I.** *mit OBJ (haben)* ■ *jmd. rückt etwas zusammen etwas enger zueinanderstellen:* die Stühle zusammenrücken **II.** *ohne OBJ (sein)* ■ *jmd. rückt zusammen zueinanderrücken:* Wenn wir enger zusammenrücken, hat jeder Platz.; Als es kälter wurde, sind sie um das Feuer zusammengerückt.

zu·sam·men·ru·fen <rufst zusammen, rief zusammen, hat zusammengerufen> *mit OBJ* ■ *jmd. ruft jmdn. zusammen bewirken, dass mehrere Personen sich an einem Ort treffen:* alle Mitarbeiter zu einer kurzen Besprechung zusammenrufen

zu·sam·men·sa·cken <sackst zusammen, sackte zusammen, ist zusammengesackt> *ohne OBJ (umg.)* ❶ ■ *jmd. sackt zusammen plötzlich keine Kraft mehr haben und sehr schwach werden:* Nach dieser Anstrengung sackte er plötzlich zusammen ❷ ■ *etwas sackt (in sich) zusammen zusammenstürzen:* Nach dem Brand sackte das Haus in sich zusammen

zu·sam·men·schei·ßen <scheißt zusammen, schiss zusammen, hat zusammengeschissen> *mit OBJ* ■ *jmd. scheißt jmdn. zusammen (umg. abwert.) jmdn. sehr hart tadeln:* Der Meister hat mich gestern ganz schön zusammengeschissen.

zu·sam·men·schla·gen <schlägst zusammen, schlug zusammen, hat zusammengeschlagen> *mit OBJ* ❶ ■ *jmd. schlägt etwas zusammen mit einem lauten Geräusch aufeinanderschlagen:* die Hände/die Hacken zusammenschlagen; Der Schlagzeuger schlug die Zimbeln zusammen. ❷ ■ *jmd. schlägt jmdn. zusammen (umg.:* ≈ *zusammenhauen²) durch Schlagen schwer verletzen:* Das Opfer wurde von zwei Männern nach einem Streit in der Kneipe zusammengeschlagen. ❸ ■ *jmd. schlägt etwas zusammen (umg.:* ≈ *zusammenhauen) durch Schlagen schwer beschädigen:* Er schlug alle Möbel und Einrichtungsgegenstände zusammen.

zu·sam·men·schlie·ßen <schließt zusammen, schloss zusammen, hat zusammengeschlossen> **I.** *mit OBJ* ■ *jmd. schließt etwas zusammen etwas mit einem Schloss verbinden:* beide Fahrräder mit einem Schloss zusammenschließen **II.** *mit SICH* ■ *jmd. schließt sich zu etwas Dat. zusammen sich mit anderen zu einem bestimmten Zweck vereinigen:* Die einzelnen Gruppen schlossen sich zu einer größeren Organisation zusammen.; Wenn wir uns zusammenschließen, können wir gemeinsam mehr erreichen.

Zu·sam·men·schluss *der* <-es, Zusammenschlüsse> *die Vereinigung zu einem bestimmten Zweck:* der Zusammenschluss der beiden Unternehmen; der Zusammenschluss der beiden Länder

zu·sam·men·schnei·den <schneidest zusammen, schnitt zusammen, hat zusammengeschnitten> *mit OBJ* ■ *jmd. schneidet etwas zusammen aus einer Film- oder Tonaufzeichnung eine kürzere herstellen:* eine Dokumentation/einen Film/eine Reportage zusammenschneiden

zu·sam·men·schnü·ren <schnürst zusammen, schnürte zusammen, hat zusammengeschnürt> *mit OBJ* ■ *jmd. schnürt etwas zusammen (≈ zusammenbinden)* alte Zeitschriften zusammenschnüren; ■ *etwas schnürt jemandem die Kehle zusammen (umg.) jmdn. unfähig machen, einen Laut zu äußern* Die Angst schnürte ihm die Kehle zusammen.

zu·sam·men·schrau·ben <schraubst zusammen, schraubte zusammen, hat zusammengeschraubt> *mit OBJ* ■ *jmd. schraubt etwas zusammen etwas durch Schrauben miteinander verbinden:* die Teile des Regals/ein Regal zusammenschrauben

zu·sam·men·schrei·ben <schreibst zusammen, schrieb zusammen, hat zusammengeschrieben> *mit OBJ* ■ *jmd. schreibt etwas zusammen* ❶ *etwas in einem Wort schreiben:* Schreibt man dieses Wort zusammen oder getrennt? ▸ Zusammenschreibung ❷ *aus verschiedenen Aufzeichnungen etwas herausschreiben und zusammenstellen:* ein Referat/einen Vortrag zusammenschreiben ❸ *(umg. abwert.) schnell und ohne Sorgfalt schreiben:* Was hast du denn da für einen Unsinn zusammengeschrieben? ❹ *(umg.) durch Schreiben etwas verdienen:* Er hat sich mit seinen Romanen ein Vermögen zusammengeschrieben.

zu·sam·men·schrump·fen <schrumpft zusammen, schrumpfte zusammen, ist zusammengeschrumpft> *ohne OBJ* ■ *etwas schrumpft zusammen kleiner werden:* Die Beule/Blase ist zusammengeschrumpft.; Unsere Vorräte sind zusammengeschrumpft.

zu·sam·men·schwei·ßen <schweißt zusammen, schweißte zusammen, hat zusammengeschweißt> *mit OBJ* ❶ ■ *jmd. schweißt etwas zusammen* TECHN. *etwas durch Schweißen verbinden:* zwei Teile zusammenschweißen ❷ ■ *etwas schweißt jmdn. zusammen (übertr.) enge Verbundenheit zwischen Personen entstehen lassen:* Die gemeinsamen Jahre haben die Freunde zusammengeschweißt.

Zu·sam·men·sein *das* <-s> */kein Plur./ (≈ Treffen)* ein gemütliches Zusammensein unter Freunden ♦ Zusammenschreibung →R 4.1 Sie hatte zu einem zwanglosen Zusammensein eingeladen.; *siehe aber* **zusammen**

Z

zu·sam·men·set·zen <setzt zusammen, setzte zusammen, hat zusammengesetzt> **I.** *mit OBJ* **❶ ■** *jmd.* **setzt etwas zusammen** *aus Teilen ein Ganzes aufbauen:* Man kann das Gerät mit wenigen Handgriffen zusammensetzen.; aus verschiedenen Mitarbeitern ein gutes Team zusammensetzen **❷ ■** *jmd.* **setzt jmdn. zusammen** *jmdn. nebeneinandersetzen:* Die Lehrerin hat die beiden Schüler zusammengesetzt. **II.** *mit SICH* **❶ ■** *etwas setzt sich aus etwas Dat.* **zusammen** *bestehen aus:* Wasser setzt sich aus Wasserstoff und Sauerstoff zusammen. **❷ ■** *jmd.* **setzt sich zusammen** *sich treffen, um über etwas zu sprechen, zu diskutieren o. Ä.:* Wir müssen uns mal zusammensetzen und das genau besprechen.; Wir haben uns zu einer Beratung zusammengesetzt.

Zu·sam·men·set·zung *die* <-, -en> *die Elemente, aus denen etwas besteht, und die Art, wie sie miteinander verbunden sind:* die Zusammensetzung einer chemischen Verbindung analysieren; In dieser Zusammensetzung hat das Team die besten Chancen.

zu·sam·men·sit·zen <sitzt zusammen, saß zusammen, hat/ist zusammengesessen> *ohne OBJ* **■** *jmd.* **sitzt zusammen** **❶** *beieinandersitzen:* Wir sitzen heute hier zusammen, um anstehende Fragen zu besprechen.; Wir haben gestern noch lange zusammengesessen. **❷** *nebeneinandersitzen:* Habt ihr im Konzert zusammengesessen? ◆ Zusammenschreibung →R 4.6 Wir haben in einer gemütlichen Runde zusammengesessen.; *siehe aber* **zusammen**

Zu·sam·men·spiel *das* <-(e)s> */kein Plur./* **❶** *die Art und Weise, wie sich Personen bei einer gemeinsamen Tätigkeit aufeinander abstimmen:* das perfekte Zusammenspiel des Geigers und der Pianistin; Die einzelnen Spieler haben hervorragende Fähigkeiten; der Mannschaft mangelt es aber am Zusammenspiel. **❷** *die Art und Weise, wie Dinge oder Vorgänge gemeinsam wirken:* das Zusammenspiel der Farben und Klänge; das Zusammenspiel der Kräfte auf dem freien Markt

zu·sam·men·spie·len <spielst zusammen, spielte zusammen, hat zusammengespielt> *ohne OBJ* **❶ ■** *jmd.* **spielt zusammen** *sich bei einer gemeinsamen Tätigkeit aufeinander abstimmen:* Das Orchester/die Mannschaft hat hervorragend zusammengespielt. **❷ ■** *etwas spielt (bei etwas Dat.)* **zusammen** *(≈ zusammenwirken) gemeinsam zu einem bestimmten Ergebnis beitragen:* Bei ihrer Erkrankung spielen körperliche und seelische Ursachen zusammen.; Farben und Klänge spielen zusammen und vermitteln ein beeindruckendes Erlebnis. ◆ Zusammenschreibung →R 4.6 Wenn die Mannschaft nicht besser zusammenspielt, wird sie nicht gewinnen können.; *siehe aber* **zusammen**

zu·sam·men·ste·cken <steckst zusammen, steckte zusammen, hat/ist zusammengesteckt> **I.** *mit OBJ (haben)* **■** *jmd.* **steckt etwas zusammen** **❶** *etwas mit Nadeln aneinander befestigen:* Die Teile der Bluse werden zuerst zugeschnitten und dann mit Stecknadeln zusammengesteckt.; die Haare zu einer Hochfrisur zusammen-

stecken **❷** *durch Ineinanderstecken verbinden:* Das Gerüst für das Zelt wird zuerst zusammengesteckt, dann wird das Zelt darübergespannt. **II.** *ohne OBJ (haben o sein)* **■** *jmd.* **steckt (mit jmdm.) zusammen** *(umg.) die Zeit miteinander verbringen:* Sie stecken den ganzen Tag zusammen.; Er steckt immer mit seinen Freunden zusammen.; **■ die Köpfe zusammenstecken** *(umg.)* *heimlich etwas miteinander besprechen* Sie steckten die Köpfe zusammen und begannen zu lästern.

zu·sam·men·stel·len <stellst zusammen, stellte zusammen, hat zusammengestellt> *mit OBJ* **❶ ■** *jmd.* **stellt etwas zusammen** *etwas nebeneinanderstellen:* mehrere Tische zu einer langen Tafel zusammenstellen **❷ ■** *jmd.* **stellt etwas zusammen** *etwas in bestimmter Weise aufbauen oder arrangieren:* Der Trainer stellt eine ganz neue Mannschaft zusammen.; das Menü für den Abend zusammenstellen; ein besonderes Angebot für einen Kunden zusammenstellen

Zu·sam·men·stel·lung *die* <-, -en> **❶** */kein Plur./ das Anfertigen einer Liste, einer Übersicht oder eines Arrangements:* Die Zusammenstellung der Daten benötigt Monate.; Der Koch ist für die Zusammenstellung des Menüs verantwortlich. **❷** *Übersicht, Liste:* Ich habe der Chefin eine Zusammenstellung der Absatzzahlen gegeben. **❸** *die Art und Weise, wie etwas arrangiert ist:* In dieser Zusammenstellung hat die Mannschaft echte Siegchancen.; Dieses Muster gibt es in verschiedenen farblichen Zusammenstellungen.

Zu·sam·men·stoß *der* <-es, Zusammenstöße> **❶** *der Vorgang, dass zwei Fahrzeuge zusammenstoßen:* Der Fahrer hatte die Vorfahrt missachtet und es kam zum Zusammenstoß.; Der Zusammenstoß beider Rennfahrer/Läufer hatte schwere Verletzungen zur Folge. **❷** *Auseinandersetzung oder Streit:* An der Grenze kam es häufig zu kleineren Zusammenstößen.; Sie hatte gestern wieder einen Zusammenstoß mit dem Chef.

zu·sam·men·sto·ßen <stößt zusammen, stieß zusammen, ist zusammengestoßen> *ohne OBJ* **❶ ■** *jmd./etwas stößt (mit jmdm./etwas)* **zusammen** *verwendet, um auszudrücken, dass zwei Fahrzeuge oder zwei Personen während des Fahrens oder Laufens sich mit großer Wucht berühren:* Die Fahrzeuge sind frontal zusammengestoßen.; Die Fußballer sind mit ihren Köpfen zusammengestoßen. **❷ ■** *etwas stößt irgendwo* **zusammen** *aneinandergrenzen:* Die beiden Grundstücke stoßen hier zusammen.; Hier stoßen drei Länder zusammen. **❸ ■** *jmd.* **stößt mit jmdm. zusammen** *(umg.) miteinander streiten:* Mit diesem Kollegen stoße ich immer wieder zusammen, wir passen nicht zueinander.

zu·sam·men·strei·chen <streichst zusammen, strich zusammen, hat zusammengestrichen> *mit OBJ* **■** *jmd.* **streicht etwas zusammen** *(umg.) kürzen oder verringern:* Finanzmittel wurden zusammengestrichen.; Die Zahl der Mitarbeiter wurde drastisch zusammengestrichen

zu·sam·men·stür·zen <stürzt zusammen, stürzte zusammen, ist zusammengestürzt> *ohne OBJ* **■** *etwas stürzt (in sich) zusammen*

Z

(≈ einstürzen) Die Brücke/das Gebäude/das Haus/die Konstruktion ist während des Sturms/ nach dem Bombenangriff zusammengestürzt. ▶Zusammensturz

zu·sạm·men·su·chen <suchst zusammen, suchte zusammen, hat zusammengesucht> *mit OBJ* ■ *jmd.* **sucht jmdn/etwas für etwas** *Akk. zusammen jmdn. oder etwas zu einem bestimmten Zweck auswählen und an einen Ort bringen:* ein paar Bilder für einen Diavortrag zusammensuchen; Er hat die Spieler für seine Mannschaft in der ganzen Welt zusammengesucht. ◆ Zusammenschreibung →R 4.6 Ich habe ein paar Bücher zusammengesucht, die ich euch schenken kann.; *siehe auch* **zusammen**

zu·sạm·men·tra·gen <trägst zusammen, trug zusammen, hat zusammengetragen> *mit OBJ* ■ *jmd.* **trägt etwas zusammen** *etwas zu einem bestimmten Zweck auswählen und an einen Ort bringen:* Man hat aus Galerien in der ganzen Welt Werke von Paul Klee für die Ausstellung zusammentragen.; Sie hat aus verschiedenen Nachschlagewerken Informationen für ihren Vortrag zusammengetragen.; Die Kinder trugen Holz für ein Lagerfeuer zusammen.; *siehe auch* **zusammen**

Zu·sạm·men·tref·fen *das* <-s, -> ❶ *Begegnung:* ein Zusammentreffen mit alten Freunden ❷ *Gleichzeitigkeit:* ein Zusammentreffen ungünstiger Umstände

zu·sạm·men·tref·fen <triffst zusammen, traf zusammen, ist zusammengetroffen> *ohne OBJ* ❶ ■ *jmd./etwas* **trifft (irgendwo) zusammen** *sich räumlich begegnen:* Sie sind nach vielen Jahren zufällig wieder zusammengetroffen.; Treffen Warm- und Kaltluft zusammen, kann es Gewitter geben.; Die beiden Straßen treffen vor der nächsten Ortschaft wieder zusammen. ❷ ■ *etwas* **trifft (mit etwas** *Dat.***) zusammen** *sich gleichzeitig ereignen:* Sein Geburtstag trifft in diesem Jahr mit Ostern zusammen.; Hier treffen ungünstige Umstände zusammen.

zu·sạm·men·trei·ben <treibst zusammen, trieb zusammen, hat zusammengetrieben> *mit OBJ* ■ *jmd.* **treibt jmdn./Tiere zusammen** *Menschen oder Tiere gewaltsam und gegen Widerstand an den gleichen Ort bringen:* eine Herde Schafe zusammentreiben; die Gefangenen auf dem Platz des Lagers zusammentreiben

zu·sạm·men·tre·ten <trittst zusammen, trat zusammen, ist zusammengetreten> **I.** *mit OBJ* ■ *jmd.* **tritt jmdn./etwas** *(umg.) jmdn. oder etwas durch Treten verletzen, zerstören oder beschädigen:* einen Karton zusammentreten, damit er in die Mülltonne passt; Die Täter haben ihr Opfer brutal zusammengetreten. **II.** *ohne OBJ* ■ *jmd./etwas* **tritt zusammen** *als Mitglieder einer Institution sich versammeln:* Die Geschworenen treten morgen zusammen.; Der Vorstand tritt zusammen. ▶Zusammentritt

zu·sạm·men·trom·meln <trommelst zusammen, trommelte zusammen, hat zusammengetrommelt> *mit OBJ* ■ *jmd.* **trommelt jmdn. zusammen** *(umg. scherzh.) bewirken, dass mehrere Personen sich an einem Ort treffen:* Er hat zu seinem fünfzigsten Geburtstag die gesamte Verwandtschaft zusammengetrommelt.

zu·sạm·men·tun <tust zusammen, tat zusammen, hat zusammengetan> *(umg.)* **I.** *mit OBJ* ■ *jmd.* **tut etwas zusammen** *mischen oder gemeinsam in etwas hinein tun:* Butter, Zucker, Ei und Mehl (in einer Schüssel) zusammentun; die guten und die schlechten Äpfel zusammentun **II.** *mit SICH* ■ *jmd.* **tut sich (mit jmdm.) zusammen** *sich (zu gemeinsamem Handeln) vereinigen:* Wenn wir uns zusammentun, können wir unser Ziel verwirklichen.; Er hat sich mit einer anderen Frau zusammengetan, bevor er geschieden war. ◆ Zusammenschreibung →R 4.6 Die beiden haben sich zusammengetan und gemeinsam eine Firma gegründet.; *siehe aber* **zusammen**

zu·sạm·men·wach·sen <wächst zusammen, wuchs zusammen, ist zusammengewachsen> *ohne OBJ* ■ *jmd./etwas* **wächst zusammen** *sich (wieder) zu einem Ganzen entwickeln:* Die Knochen wachsen wieder zusammen.; Die Familie/Gemeinschaft wächst allmählich zusammen.

zu·sạm·men·wir·ken <wirkt zusammen, wirkte zusammen, hat zusammengewirkt> *ohne OBJ* ❶ ■ *jmd.* **wirkt zusammen** *(geh.: ≈ kooperieren)* *miteinander arbeiten:* Die beiden Institute haben bei diesem Projekt eng zusammengewirkt.; Regierung und Opposition haben bei diesem Gesetz zusammengewirkt. ❷ ■ *etwas* **wirkt zusammen** *sich gegenseitig in der Wirkung beeinflussen:* Noch ist unerforscht, wie diese Chemikalien/Kräfte/Stoffe/Verbindungen zusammenwirken. ▶Zusammenwirkung

zu·sạm·men·zäh·len <zählst zusammen, zählte zusammen, hat zusammengezählt> *mit OBJ* ■ *jmd.* **zählt etwas zusammen** *(≈ addieren) einander hinzufügen und die Summe bilden:* Wenn wir die einzelnen Beträge zusammenzählen, wissen wir, wie viel es gekostet hat.; Jetzt schau nicht so, als könntest du eins und eins nicht zusammenzählen! ▶Zusammenzählung ◆ Zusammenschreibung →R 4.6 alle Beträge zusammenzählen, um ein Endergebnis zu erhalten

zu·sạm·men·zie·hen <ziehst zusammen, zog zusammen, hat/ist zusammengezogen> **I.** *mit OBJ (haben)* ❶ ■ *jmd.* **zieht etwas (um etwas** *Akk.***) zusammen** *an etwas, das lose um etwas herumgelegt ist, ziehen und damit bewirken, dass es sich enger darum spannt:* eine Schlinge enger zusammenziehen; die Kapuze enger um das Gesicht zusammenziehen; einen Schal enger um den Hals zusammenziehen ❷ ■ *jmd.* **zieht etwas zusammen** MILIT. *Truppen an einem Ort versammeln:* zwei Panzerdivisionen an der Grenze zusammenziehen **II.** *ohne OBJ (sein)* ■ *jmd.* **zieht mit jmdm. zusammen** *in eine gemeinsame Wohnung ziehen:* Er ist vor kurzem mit seiner Freundin zusammengezogen. **III.** *mit SICH (haben)* ❶ ■ *etwas* **zieht sich zusammen** *enger oder kürzer werden:* Die Muskelfasern ziehen sich zusammen.; Die Schlinge um seinen Hals zog sich zusammen. ❷ ■ *etwas* **zieht sich zusammen** *(≈ zusammenballen)* Ein Gewitter zog sich zusammen.; Dunkle Wolken zogen sich am Himmel zusam-

men. ◆ **Zusammenschreibung** →R 4.6 Das Herz
schlägt, indem es sich ausdehnt und zusammenzieht.; *siehe aber* **zusammen**
Zu·satz *der* <-es, Zusätze> ❶ */kein Plur./ das
Hinzufügen:* die Mischung unter Zusatz von Wasser ständig rühren ❷ *Ergänzung; Nachtrag:* Der
Vertrag erhielt noch einige ergänzende Zusätze.;
Ich möchte zu dem eben Gesagten noch einen Zusatz machen. ❸ *das Hinzugefügte:* natürliche/
künstliche Zusätze enthalten; Bei diesem Fertigge-
richt sind alle Zusätze auf der Packung angegeben.
Zu·satz·ge·rät *das* <-(e)s, -e> *ein Gerät, das zusätzlich benötigt wird oder erhältlich ist:* Die Kü-
chenmaschine wird mit zahlreichen Zusatzgeräten
angeboten.
Zu·satz·kos·ten <-> *Plur. Kosten, die zusätzlich
anfallen:* Die Zusatzkosten sind bei der Planung
nicht berücksichtigt worden.
zu·sätz·lich *adj /nicht steig./ so, dass es (ergänzend) zu etwas hinzukommt:* eine zusätzliche Bemerkung machen; ein zusätzliches Einkommen haben; zusätzliche Kosten verursachen
Zu·satz·stoff *der* <-(e)s, -e> *Substanz, die zu etwas hinzugefügt wird:* die Zusatzstoffe sind auf der
Verpackung angegeben; Welche Zusatzstoffe enthält Zement?
Zu·satz·zahl *die* <-, -en> *ein Gewinnzahl, die zusätzlich beim Lotto gezogen wird und eine Ergänzung zu den ersten fünf gezogenen Zahlen darstellt:* Er hatte fünf Richtige im Lotto und auch
noch die richtige Zusatzzahl!
zu·schan·den, zu Schan·den *adv so, dass es beschädigt oder zerstört ist:* jemandes Hoffnungen
zuschanden/zu Schanden machen; ein Auto zu-
schanden/zu Schanden fahren; *siehe auch* **zu**
zu·schan·zen <schanzt zu, schanzte zu, hat zu-
geschanzt> *mit OBJ* ■ *jmd. schanzt jmdm. etwas zu (umg. abwert.)* bewirken, dass jmd. etwas
bekommt, was ihm eigentlich nicht zusteht:* Er
soll dem Sohn seines Freundes die Stelle zuge-
schanzt haben.
zu·schau·en <schaust zu, schaute zu, hat zuge-
schaut> *ohne OBJ* ■ *jmd. schaut jmdm./etwas
zu* SÜDDT., ÖSTERR., SCHWEIZ. (≈ *zusehen)*
Zu·schau·er *der*, **Zu·schau·e·rin** <-s, -> *Person,
die bei etwas zusieht:* Die meisten Zuschauer waren sehr zufrieden mit der Vorstellung.; Diese Fernsehsendung ist sehr beliebt bei den Zuschauern.;
Bei dieser Arbeit kann ich keine Zuschauer gebrauchen. ◆ -beteiligung, -kulisse, quote, -rang, -raum,
-tribüne, -zahl, Fernseh-, Theater-
Zu·schau·er·tri·bü·ne *die* <-, -n> *die Sitzreihen
meist in einem Stadion, die für die Zuschauer bestimmt sind:* Die Zuschauertribünen waren gut gefüllt.
zu·schi·cken <schickst zu, schickte zu, hat zuge-
schickt> *mit OBJ* ■ *jmd. schickt jmdm. etwas
zu* jmdm. etwas mit der Post an dessen Anschrift
schicken:* jemandem die bestellten CDs/die benötigten Ersatzteile/ein Formular/einen Fragebogen
zuschicken
zu·schie·ben <schiebst zu, schob zu, hat zuge-
schoben> *mit OBJ* ❶ ■ *jmd. schiebt etwas zu
etwas durch Schieben schließen:* eine Tür/ein

Fenster/einen Schrank zuschieben ❷ ■ *jmd.
schiebt jmdm. etwas zu etwas zu jmdm. hin-
schieben:* jemandem heimlich einen Brief/etwas
Geld zuschieben ❸ ■ *jmd. schiebt jmdm. etwas
zu jmdm. etwas heimlich überantworten oder zuteilen:* jemandem die Schuld/die Verantwortung
zuschieben; Er hat ihr immer die unangenehmen
Arbeiten zugeschoben.
Zu·schlag *der* <-(e)s, Zuschläge> ❶ (≈ *Aufpreis
↔ Nachlass, Rabatt) Geld, das zusätzlich zum
Preis einer Sache zu zahlen ist:* Für die Unterbringung im Einzelzimmer wird ein Zuschlag erhoben.; Für die Fahrt mit dem ICE brauchen Sie Ihre
Fahrkarte und den entsprechenden Zuschlag.; ein
Zuschlag für schnelle Züge/schnelle Beförderung
eines Briefes ❷ *der Vorgang, dass bei einer Auktion oder einer Ausschreibung eine bestimmte
Person oder eine bestimmte Firma das versteigerte Objekt oder den Auftrag bekommt:* Der Herr
in der hintersten Reihe bekommt den Zuschlag!;
Die Fima bekam den Zuschlag für den Bau der Ver-
bindungsstraße.
zu·schla·gen <schlägst zu, schlug zu, hat/ist zu-
geschlagen> **I.** *mit OBJ (haben)* ❶ ■ *jmd.
schlägt etwas zu etwas mit einem lauten Geräusch schließen:* Er schlug wütend die Tür zu.;
Sie schlug das Buch zu und sagte das Gedicht auswendig auf. ❷ ■ *jmd. schlägt jmdm. etwas zu
jmdm. etwas bewilligen oder geben:* Ihm wurde
das gesamte Erbe zugeschlagen. ❸ ■ *jmd. schlägt
etwas zu etwas Dat. zu jmd. zu etwas ergänzend hinzufügen:* Der Miete muss man noch
die Nebenkosten zuschlagen.; Dem Grundstück
wurde noch die benachbarte Fläche zugeschlagen.
II. *ohne OBJ* ❶ ■ *etwas schlägt zu (sein) sich
mit einem lauten Geräusch schließen:* Die Tür
schlug zu. ❷ ■ *jmd. schlägt zu (haben) jmdn.
schlagen:* Er hat einfach ohne Vorwarnung zugeschlagen. ❸ *(haben) plötzlich angreifen oder handeln:* Die Polizei hat die Verdächtigen lange beobachtet, bevor sie zuschlug.; Die Entführer halten
sich in ihrem Versteck still, aber um Mitternacht schlagen wir zu! ❹ ■ *jmd. schlägt bei etwas Dat. zu (haben) (umg.) etwas Angebotenes
nehmen:* Bei diesem günstigen Angebot musste
ich einfach zuschlagen.; Die Gäste haben beim Essen tüchtig zugeschlagen.
zu·schlag·pflich·tig *adj /nicht steig./ so, dass
man einen zusätzlichen Betrag bezahlen muss:*
Beachten Sie, dass dieser Zug zuschlagpflichtig ist!
zu·schlie·ßen <schließt zu, schloss zu, hat zuge-
schlossen> *mit OBJ* ■ *jmd. schließt etwas zu
(↔ aufschließen) etwas mit einem Schlüssel verschließen:* den Tresor/die Tür zuschließen
zu·schnap·pen <schnappt zu, schnappte zu,
hat/ist zugeschnappt> *ohne OBJ* ❶ ■ *ein Tier
schnappt zu (haben) plötzlich beißen:* Der
Hund/Das Krokodil schnappte plötzlich zu. ❷ ■
*etwas schnappt zu (sein) sich plötzlich von
allein schließen:* Die Falle/Das Schloss schnappt
zu.
zu·schnei·den <schneidest zu, schnitt zu, hat zu-
geschnitten> *mit OBJ* ❶ ■ *jmd. schneidet etwas zu etwas so schneiden, dass es die richtige

Z

Form für einen bestimmten Zweck hat: Stoffbahnen/Tapeten zuschneiden ❷ ▪ *jmd.* **schneidet etwas auf jmdn. zu** *etwas für die Bedürfnisse von jmdm. anpassen:* ein Angebot auf Jugendliche zuschneiden; Diese Fernsehsendung ist speziell auf ältere Menschen zugeschnitten.

Zu·schnitt *der* <-(e)s, -e> ❶ */kein Plur./ das Zuschneiden* [1]*:* Der Zuschnitt der Bretter erfolgt im Sägewerk. ❷ *(≈ Schnitt)* ein Kleid in modernem Zuschnitt ❸ *Rang, Bedeutung:* eine Messe von internationalem Zuschnitt

zu·schnü·ren <schnürst zu, schnürte zu, hat zugeschnürt> *mit OBJ* ▪ *jmd.* **schnürt etwas zu** *etwas mit einer Schnur schließen:* den Rucksack/ die Stiefel zuschnüren; ▪ **etwas schnürt jemandem die Kehle zu** *(umg.) etwas hindert jmdn. am Sprechen* Angst/Trauer schnürte ihm die Kehle zu.

zu·schrau·ben <schraubst zu, schraubte zu, hat zugeschraubt> *mit OBJ* ▪ *jmd.* **schraubt etwas zu** *den Deckel auf einen Behälter (mit Schraubverschluss) aufsetzen und drehen, bis er dicht schließt:* eine Flasche/eine Tube zuschrauben

zu·schrei·ben <schreibst zu, schrieb zu, hat zugeschrieben> *mit OBJ* ❶ *jmd.* **schreibt jmdm. etwas zu** *der Ansicht sein, dass jmd. Urheber von etwas ist:* Experten schreiben das Werk Rembrandt zu.; jemandem die Schuld an etwas zuschreiben; Das hat er nur sich selbst zuzuschreiben. ❷ ▪ *jmd.* **schreibt jmdm. etwas zu** *glauben, dass jmd. oder etwas bestimmte Eigenschaften hat:* Dieser Quelle wird eine heilende Wirkung zugeschrieben.; Ihr wurden Zauberkräfte zugeschrieben. ❸ ▪ *jmd.* **schreibt etwas** *Dat.* **etwas zu** *übereignen:* Das Geld wurde seinem Konto zugeschrieben.

Zu·schrift *die* <-, -en> *ein Brief, der als Reaktion auf etwas an jmdn. geschickt wird:* Der Sender/ die Zeitung erhält täglich hunderte von Zuschriften.; Wir haben auf unsere Anzeige keine einzige Zuschrift erhalten.

zu·schul·den, zu Schul·den *der* ▪ sich etwas/ **nichts zuschulden/zu Schulden kommen lassen** *etwas/nichts Verbotenes oder Schädliches tun* Er hat sich in dieser Sache einiges zuschulden/zu Schulden kommen lassen.; *siehe auch* **zu**

Zu·schuss *der* <-es, Zuschüsse> *Geld, das zusätzlich als Unterstützung gezahlt wird:* Personen mit geringem Einkommen bekommen einen Zuschuss zur Miete.; Die Stadt zahlt jährlich einen Zuschuss zum Betrieb des Theaters. ◆ Mietkosten-, Reisekosten-

Zu·schuss·be·trieb *der* <-(e)s, -e> *(abwert.) Betrieb, der Verlust macht und deshalb finanziell unterstützt werden muss*

zu·schus·tern <schusterst zu, schusterte zu, hat zugeschustert> *mit OBJ* ▪ *jmd.* **schustert jmdm. etwas zu** *(umg.: ≈ zuschanzen) jmdm. etwas geben, das ihm eigentlich nicht zusteht aber das ihm Vorteile bringt:* Der Abgeordnete hat dem Unternehmen mehrere Aufträge zugeschustert.

zu·schüt·ten <schüttest zu, schüttete zu, hat zugeschüttet> *mit OBJ* ❶ ▪ *jmd.* **schüttet etwas mit etwas** *Dat.* **zu** *(≈ auffüllen ↔ ausheben)* Erde, Sand o. Ä. in einen Hohlraum schütten und ihn auf diese Weise schließen: Die Grube wurde mit Sand zugeschüttet. ❷ ▪ *jmd.* **schüttet etwas zu** *(≈ zugießen) dazugießen:* Soll ich noch heißes Wasser zuschütten?

zu·se·hen <siehst zu, sah zu, hat zugesehen> *ohne OBJ* ❶ ▪ *jmd.* **sieht etwas** *Dat.* **zu** *unbeteiligt beobachten; nichts tun:* Sollen wir einfach zusehen, wenn solche Dinge vor unseren Augen geschehen?; Sie mussten hilflos zusehen, wie er das Unternehmen ruinierte. ❷ ▪ *jmd.* **sieht jmdm./ etwas zu** *aufmerksam mit Blicken verfolgen:* Die Kinder sahen zu, wie der Clown turnte.; Lass mich mal zusehen, wie du das machst! ❸ ▪ *jmd.* **sieht zu, dass/wie/ob …** *sich bemühen, etwas zu tun:* Sieh doch bitte zu, dass das heute noch erledigt wird.; Sie sahen zu, dass sie schnell wegkamen.

zu·se·hends *adv* *so, dass man es gut wahrnehmen kann:* Es wurde zusehends heller.; Er wurde zusehends dicker.

zu·sei·ten, zu Sei·ten *präp + Gen. (geh.: ≈ neben)* *siehe auch* **zu**

zu·sen·den <sendest zu, sandte/sendete zu, hat zugesandt/zugesendet> *mit OBJ* ▪ *jmd.* **sendet jmdm. etwas zu** *etwas mit der Post an jmds. Adresse transportieren lassen:* jemandem einen Brief/ein Paket/Prospektmaterial zusenden ▶ Zusendung

zu·set·zen <setzt zu, setzte zu, hat zugesetzt> **I.** *mit OBJ* ❶ ▪ *jmd.* **setzt etwas** *Dat.* **etwas zu** *hinzufügen:* Sie setzte dem Teig Hefe zu.; Dem Saft wird man Zucker zugesetzt haben. ❷ ▪ **etwas setzt etwas zu** *etwas verstopfen:* Der Schlamm hat das Rohr/den Abfluss zugesetzt. **II.** *ohne OBJ* ❶ ▪ *jmd.* **setzt jmdm. zu** *(≈ bedrängen) so lange auf jmdn. einreden, bis dieser einer Sache zustimmt:* Sie setzte ihm so lange zu, bis er einwilligte. ❷ ▪ **etwas setzt jmdm. zu** *verwendet, um auszudrücken, dass eine negative Erfahrung für jmdn. sehr quälend ist und ihn (über einen langen Zeitraum) belastet:* Die Niederlage setzt ihm ganz schön zu.; Mir hat die Hitze ganz schön zugesetzt. **III.** *mit SICH* ▪ **etwas setzt sich (mit etwas** *Dat.***) zu** *sich mit etwas füllen und verstopfen:* Das Rohr hat sich (mit Schlamm/Schmutz) zugesetzt. **IV.** *mit OBJ* ▪ *jmd.* **setzt bei etwas** *Dat.* **(etwas) zu** *(umg.) Geld bei etwas verlieren:* Er hat bei diesem Geschäft (viel Geld) zugesetzt.

zu·si·chern <sicherst zu, sicherte zu, hat zugesichert> *mit OBJ* ▪ *jmd.* **sichert jmdm. etwas zu** *jmdm. offiziell etwas versprechen:* Er sicherte dem Vorhaben die Unterstützung der Stadt zu.; Er forderte den ihm zugesicherten Anteil. ▶ Zusicherung

Zu·spät·kom·men·de *der/die* <-n, -n> *Person, die zu spät kommt:* Für die Zuspätkommenden waren keine Plätze mehr frei.

zu·sper·ren <sperrst zu, sperrte zu, hat zugesperrt> *mit OBJ/ohne OBJ* ▪ *jmd.* **sperrt (etwas) zu** SÜDDT., ÖSTERR. *zuschließen:* das Fenster/ die Tür/die Wohnung zusperren; Hast du auch richtig zugesperrt?

zu·spie·len <spielst zu, spielte zu, hat zuge-

spielt> **I.** *mit OBJ* ■ *jmd. spielt jmdm. etwas zu* *unauffällig zukommen lassen:* Sie spielte dem Chef die Nachricht zu.; Man hatte ihm den Brief heimlich zugespielt. **II.** *mit OBJ/ohne OBJ* ■ *jmd. spielt (etwas) zu jmdm. spielen:* jemandem den Ball zuspielen; Der Mittelfeldspieler spielte dem Stürmer zu. ▶ Zuspiel

zu·spit·zen <spitzt zu, spitzte zu, hat zugespitzt> **I.** *mit OBJ* ■ *jmd. spitzt etwas zu etwas spitz machen:* einen Bleistift/einen Pfahl zuspitzen; das zugespitzte Ende eines Stockes **II.** *mit SICH* ❶ ■ *etwas spitzt sich irgendwo zu* *spitz zulaufen:* Der Stock spitzte sich nach dem Ende hin zu. ❷ ■ *etwas spitzt sich zu gefährlich oder heftig werden:* Die Lage spitzt sich mehr und mehr zu.; Der Streit der beiden spitzte sich von Tag zu Tag zu. ▶ Zuspitzung

zu·spre·chen <sprichst zu, sprach zu, hat zugesprochen> **I.** *mit OBJ* ■ *jmd. spricht jmdm. jmdn./etwas zu* RECHTSW. *gerichtlich jmdm. jmdn. oder etwas zuteilen:* Das Kind wurde der Mutter zugesprochen.; Das gesamte Erbe wurde der Frau zugesprochen. **II.** *mit OBJ/ohne OBJ* ■ *jmd. spricht jmdm. etwas zu* *mit Worten irgendwie auf jmdn. einwirken, um ihm zu helfen oder zu beruhigen:* jemandem Mut zusprechen; jemandem Trost zusprechen; Er versuchte ihr besänftigend/gut zuzusprechen. **III.** *ohne OBJ* ■ *jmd. spricht etwas* Dat. *zu (geh.) etwas gerne und in größeren Mengen zu sich nehmen:* dem Alkohol zusprechen; Sie hatten dem Essen tüchtig zugesprochen.

Zu·spruch *der* <-(e)s> */kein Plur./* *(geh.)* ❶ *Aufmunterung, Trost:* In ihrer Situation hatte sie Zuspruch bitternötig. ❷ *Anklang, Zulauf:* Die Veranstaltung fand viel/regen Zuspruch beim Publikum.

Zu·stand *der* <-(e)s, Zustände> ❶ PHYS. *die aktuelle physikalische Beschaffenheit eines Stoffes:* vom flüssigen in den gasförmigen Zustand übergehen; Die Materie geht bei extrem hohen Temperaturen in den Zustand eines Plasmas über. ❷ *die Verfassung oder Lage, in der sich jmd. oder etwas zu einem Zeitpunkt befindet, und die bestimmte Eigenschaften hat:* in einem verwahrlosten Zustand sein; im Zustand geistiger Verwirrung; im Zustand des Verfalls; Sein Zustand hat sich gebessert.; In seinem Zustand braucht er dringend einen Arzt/Urlaub. ❸ */meist Plur./* *(≈ Gegebenheit) die gesellschaftlichen, wirtschaftlichen und politischen Bedingungen, denen jmd. unterliegt:* die politischen/wirtschaftlichen Zustände; Hier herrschen ja (unbeschreibliche) Zustände!; ■ **Zustände kriegen** *(umg.) sich sehr aufregen* Wenn ich sehe, wie es hier aussieht, kriege ich Zustände!

zu·stan·de, *a.* **zu Stan·de** ■ *etwas zustande/zu* **Stande bringen** *etwas können oder verwirklichen* Wie hat er denn das zustande/zu Stande gebracht? Sie hat eine recht gute Arbeit zustande/zu Stande gebracht.; ■ *etwas kommt irgendwie* **zustande/zu Stande** *etwas gelingt oder kann umgesetzt werden* Das Treffen/der Vertrag ist nie zustande/zu Stande gekommen.; *siehe aber auch* **zu**

Zu·stan·de·kom·men *das* <-s> */kein Plur./* *(≈ Verwirklichung)* am Zustandekommen eines Vertrages maßgeblich mitwirken

zu·stän·dig *adj* */nicht steig./* ❶ *verpflichtet und berechtigt, etwas zu tun:* Wer ist heute für das Essen zuständig?; Welches Amt ist für diese Genehmigung zuständig?; die für die Bearbeitung des Antrags zuständige Stelle; etwas an den Zuständigen weiterleiten ❷ *schuld an etwas sein:* Wer ist dafür zuständig, dass die Scheibe kaputt ist?; Wir versuchen herauszufinden, wer für die Verspätung zuständig ist.

Zu·stän·dig·keit *die* <-, -en> AMTSSPR. ❶ *(≈ Kompetenz) das Recht und die Pflicht, etwas zu tun:* Er hat in seinem Amt genau bestimmte Zuständigkeiten. ❷ *Zuständigkeitsbereich*

Zu·stän·dig·keits·be·reich *der* <-(e)s, -e> AMTSSPR. *der Bereich, für den jmd. zuständig[1] ist:* Das fällt in den Zuständigkeitsbereich der Polizei.; Das fällt nicht in meinen Zuständigkeitsbereich.

zu·stat·ten·kom·men <kommt zustatten, kam zustatten, ist zustattengekommen> *mit OBJ* ■ *etwas kommt jmdm. zustatten* *jmdm. nützlich und hilfreich sein:* Bei dieser Arbeit kamen ihm seine guten Fremdsprachenkenntnisse sehr zustatten.

zu·ste·cken <steckst zu, steckte zu, hat zugesteckt> *mit OBJ* ■ *jmd. steckt jmdm. etwas zu* *jmdm. etwas heimlich geben:* Die Mutter steckte ihm hin und wieder etwas Geld zu.; Sie steckte ihm einen Brief zu.

zu·ste·hen <steht zu, stand zu, hat/ist zugestanden> **I.** *ohne OBJ* ■ *etwas steht jmdm. zu* *jmdm. als Recht zukommen:* Darüber steht dir kein Urteil zu.; Ihm steht die Hälfte des Erbes zu. **II.** *mit ES* ■ *es steht jmdm. zu* *als Recht zukommen:* Es steht ihm nicht zu, darüber zu urteilen.

zu·stel·len <stellst zu, stellte zu, hat zugestellt> *mit OBJ* ❶ ■ *jmd. stellt jmdm. etwas zu* *jmdm. etwas mit der Post liefern:* Die Post wird Ihnen heute noch zugestellt. ❷ ■ *jmd. stellt etwas zu* *etwas so verstellen, dass man an die Stelle nicht hindurchgehen oder hindurchfahren kann:* Die Möbelpacker haben die ganze Einfahrt zugestellt.; die Tür mit einem Schrank zustellen

Zu·stel·ler *der*; **Zu·stel·le·rin** *die* <-s, -> AMTSSPR. *Person, die Briefe oder Waren ausliefert*

Zu·stel·lung *die* <-, -en> AMTSSPR. *das Ausliefern:* die Zustellung eines Schreibens durch die Post/durch einen Boten ◆ Eil-, Express-

zu·stim·men <stimmst zu, stimmte zu, hat zugestimmt> *ohne OBJ* ❶ ■ *jmd. stimmt jmdm. zu* *erklären, dass man jmdm. einverstanden ist:* Sie stimmte ihrem Vorredner in vielen Punkten zu.; In diesem Fall kann ich dir/deiner Meinung nicht zustimmen. ❷ ■ *jmd. stimmt etwas* Dat. *zu etwas in einer Abstimmung billigen:* Das Parlament hat dem Gesetzentwurf mehrheitlich zugestimmt.

Zu·stim·mung *die* <-, -en> *(≈ Einverständnis)* Der Vorschlag stieß auf allgemeine Zustimmung.; einer Sache seine Zustimmung geben/verweigern

zu·sto·ßen <stößt zu, stieß zu, hat/ist zugestoßen> **I.** *mit OBJ (haben)* ■ *jmd. stößt etwas zu*

Z

etwas mit einem Stoß schließen: Er hat die Tür mit dem Fuß zugestoßen. **II.** *ohne OBJ* **1** ■ *jmd. stößt zu (haben) mit etwas Spitzem stechen:* Der Täter hat mit dem Messer mehrfach zugestoßen.; Der Ziegenbock stieß mit den Hörnern zu. **2** ■ *etwas stößt jmdm. zu (sein) jmd. geschehen:* Ist dir etwas zugestoßen?; Hoffentlich ist ihnen nichts zugestoßen!

zu·stre·ben <strebst zu, strebte zu, ist zugestrebt> *ohne OBJ* ■ *jmd./etwas strebt jmdm./etwas/auf jmdn./etwas zu sich zielgerichtet zu etwas hinbewegen:* Die Wolken strebten dem Norden zu.; auf ein Ziel zustreben; Sie strebte direkt auf ihn zu, er konnte ihr gar nicht mehr ausweichen.

Zu·strom *der* <-(e)s> */kein Plur./* **1** *das Strömen in eine Richtung:* ein Zustrom kalter Meeresluft **2** *das Herbeikommen in großer Zahl:* Der Zustrom der Studierenden zu diesen Fächern ist ungebrochen.; Der Zustrom der Flüchtlinge aus dem Kriegsgebiet hält an.

zu·stür·zen <stürzt zu, stürzte zu, ist zugestürzt> *ohne OBJ* ■ *jmd. stürzt auf jmdn./etwas zu schnell zu etwas oder jmdm. hinlaufen:* Sie kam aufgeregt auf mich zugestürzt.; Er stürzte voller Panik auf die Tür zu.

zu·ta·ge, zu Ta·ge *adv* ■ etwas zutage/zu Tage **bringen/fördern** *sichtbar oder öffentlich werden lassen* einen Betrug zutage fördern; ■ etwas **kommt/tritt zutage/zu Tage** *sichtbar oder öffentlich werden* Jetzt erst kam seine ganze Bosheit zutage/zu Tage.; *siehe auch* **zu**

Zu·tat *die* <-, -en> */meist Plur./* KOCH. *etwas, das man für die Zubereitung eines Gerichts benötigt:* Die Zutaten sind für vier Personen berechnet.; die Zutaten für eine Pizza einkaufen; Spitzenköche verwenden nur frischeste und beste Zutaten.

zu·teil·wer·den <wird zuteil, wurde zuteil, ist zuteilgeworden> *mit OBJ* ■ *etwas kommt jmdm. zuteil (geh.) bekommen:* Ihm wurde die Ehre zuteil, die Festrede halten zu dürfen.; jemandem viel Gutes zuteilwerden lassen

zu·tei·len <teilst zu, teilte zu, hat zugeteilt> *mit OBJ* ■ *jmd. teilt (jmdm.) etwas zu (jmdm.) einen Anteil von etwas geben:* jedem ein Stück Brot zuteilen; eine zugeteilte Menge erhalten; Jeder bekam eine Arbeit zugeteilt.

Zu·tei·lung *die* <-, -en> **1** *das Zuteilen:* die Zuteilung von Lebensmitteln an alle Bedürftigen **2** (≈ Ration) *das Zugeteilte:* Jeder erhält eine bestimmte Zuteilung.

zu·tiefst *adv* (≈ äußerst, sehr) zutiefst betroffen/beleidigt sein; sich zutiefst in seiner Ehre getroffen fühlen

zu·tra·gen <trägst zu, trug zu, hat zugetragen> **I.** *mit OBJ* **1** ■ *jmd./etwas trägt jmdm. etwas zu etwas jmdm. bringen:* Alle halfen, die Steine zuzutragen, während er sie zu einer Mauer aufschichtete.; Der Wind trug ihnen den Duft der Blüten zu. **2** ■ *jmd. trägt jmdm. etwas zu jmd. etwas heimlich mitteilen:* Mir wurde zugetragen, dass Sie immer wieder zu spät zur Arbeit kommen. **II.** *mit SICH* ■ *etwas trägt sich irgendwann zu (geh.) irgendwann geschehen:* Das hat sich vor

vielen Jahren zugetragen.; Wie hat sich das eigentlich damals zugetragen?

zu·träg·lich *adj gut oder bekömmlich für jmdn.:* Zu viel Sonne ist der Haut nicht zuträglich.; Sport ist der Gesundheit zuträglich.

Zu·trau·en *das* <-s> */kein Plur./* *Vetrauen (in jmds. Fähigkeiten):* Langsam fasste sie Zutrauen zu dem Fremden.; Wir haben großes Zutrauen zu dem neuen Kollegen.; Er hat kein Zutrauen zu sich selbst.

zu·trau·en <traust zu, traute zu, hat zugetraut> *mit OBJ* ■ *jmd. traut jmdm. etwas zu der Ansicht sein, dass jmd. etwas kann:* Das hätte ich dir nie zugetraut!; Sie sollten sich ruhig etwas/mehr zutrauen!; Sie traute sich das nicht allein zu.

zu·trau·lich *adj vertrauensvoll und ohne Scheu:* ein zutrauliches Tier; zutraulich zu jemandem sein; Nach einiger Zeit wurden die Kinder zutraulich. ▸ Zutraulichkeit

zu·tref·fen <trifft zu, traf zu, hat zugetroffen> *ohne OBJ* ■ *etwas trifft zu richtig sein:* Diese Aussage trifft absolut zu.; Ihre Vermutung ist nicht zutreffend.; Zutreffendes bitte ankreuzen! **2** ■ *etwas trifft auf jmdn. zu für jmdn. gelten, jmdn. betreffen:* Das trifft besonders auf Sie zu!; Diese Regelung trifft auf mich nicht zu.

zu·trei·ben <treibst zu, trieb zu, hat/ist zugetrieben> **I.** *mit OBJ (haben)* ■ *jmd. treibt (jmdm.) etwas (auf etwas Akk.) zu bewirken, dass sich etwas irgendwohin bewegt:* Er trieb ihr die Hühner zu.; Er trieb die Kugel auf das Ziel zu. **II.** *ohne OBJ (sein)* ■ *etwas treibt auf jmdn./etwas zu sich ohne Kontrolle auf dem Wasser in die Richtung von jmdm./etwas bewegen:* Das Boot trieb auf das Ufer/das Wehr zu.

zu·tre·ten <trittst zu, trat zu, hat/ist zugetreten> *ohne OBJ* **1** ■ *jmd. tritt zu (haben) mit dem Fuß nach etwas treten:* Der Täter hat mehrmals mit seinen schweren Stiefeln zugetreten. **2** ■ *jmd. tritt auf jmdn. zu (sein) einen Schritt zu jmdm. hin machen:* Ein fremder Herr trat auf sie zu.

zu·trin·ken <trinkst zu, trank zu, hat zugetrunken> *ohne OBJ* ■ *jmd. trinkt jmdm. zu auf jmds. Wohl trinken:* Alle tranken dem Geburtstagskind zu.

Zu·tritt *der* <-(e)s> */kein Plur./* **1** *das Betreten eines Raumes oder Geländes:* Der Zutritt ist nur über den Haupteingang möglich. **2** *Erlaubnis, etwas zu betreten:* Kein Zutritt für Unbefugte!; jemandem Zutritt zu einem Gebäude gewähren/verschaffen

Zu·tun *das* <-s> */kein Plur./* *aktive Beteiligung von jmdm.:* Es geschah ohne mein Zutun.; Das kam ohne Zutun Fremder zustande.

zu·tun <tust zu, tat zu, hat zugetan> *mit OBJ* ■ *jmd. tut etwas (zu etwas Dat.) zu (umg.) hinzufügen:* etwas Salz zutun; ■ jemand tut kein **Auge zu** *jmd. kann nicht schlafen* Ich habe die ganze Nacht kein Auge zugetan.

zu·un·guns·ten, zu Un·guns·ten *präp +Gen. zum Nachteil von:* Der Prozess ging zuungunsten/zu Ungunsten der Kläger aus.; *siehe auch* **zu**

Z

zu·un·terst *adv ganz unten:* Ihr Heft lag ganz zuunterst im Stapel.

zu·ver·läs·sig *adj so, dass man sich darauf verlassen kann:* ein zuverlässiger Freund/Mitarbeiter; Die Uhr ist/funktioniert sehr zuverlässig. ▶ Zuverlässigkeit

Zu̲·ver·sicht *die* <-> */kein Plur./ der feste Glaube, dass die Zukunft Gutes bringt:* wieder voll Zuversicht in die Zukunft blicken

zu̲·ver·sicht·lich *adj voller Hoffnung:* Ich bin zuversichtlich, dass ich gewinne.; Es herrscht eine zuversichtliche Stimmung.

zu·vo̲r *adv (↔ danach) vor einer anderen Begebenheit:* Das war kurz zuvor geschehen.; Im Jahr zuvor hatten sie geheiratet.; Am Tag zuvor war ihr Auto gestohlen worden.; Er war glücklicher als jemals zuvor.

zu·vo̲r·kom·men <kommst zuvor, kam zuvor, ist zuvorgekommen> *ohne OBJ* ■ *jmd.* **kommt** *jmdm.* **zuvor** *schneller als andere etwas Bestimmtes tun:* Sie wollte das letzte Exemplar kaufen, aber ich bin ihr zuvorgekommen.; Sie wollte der Frau über die Straße helfen, aber ein anderer war ihr zuvorgekommen.; Sie ist ihrer Entlassung zuvorgekommen, indem sie selbst gekündigt hat.

zu·vo̲r·kom·mend *adj sehr hilfsbereit und höflich:* sehr zuvorkommend bedient werden; ein äußerst zuvorkommender junger Mann; Sie war gegenüber den Gästen/gegen die Gäste sehr zuvorkommend.

Zu·vo̲r·kom·men·heit *die* <-> */kein Plur./ die Eigenschaft, zuvorkommend zu sein:* jemanden mit großer Zuvorkommenheit behandeln

Zu̲·wachs *der* <-es, Zuwächse> ❶ *(≈ Steigerung, Zuwachs) der Vorgang, dass etwas an Größe, Umfang oder Menge zunimmt:* der Zuwachs der Bevölkerung/der Umsätze; Das Unternehmen konnte große Zuwächse verzeichnen. ◆ Umsatz- ❷ */kein Plur./ (umg. scherzh.) Nachwuchs:* Unsere Nachbarn haben letztes Jahr Zuwachs bekommen.

zu̲·wach·sen <wächst zu, wuchs zu, ist zugewachsen> *ohne OBJ* ■ *etwas wächst zu* ❶ *sich allmählich schließen; allmählich heilen:* Die Wunde ist schnell zugewachsen. ❷ *allmählich von Pflanzen bedeckt werden:* Die Lichtung wächst im Laufe der Zeit zu.; Der Weg war völlig zugewachsen, man konnte kaum darauf laufen.

Zu̲·wachs·ra·te *die* <-, -n> WIRTSCH. *der Prozentsatz, um den sich etwas steigert:* Wirtschaftsexperten rechnen mit zweistelligen Zuwachsraten.

zu̲·wan·dern <wanderst zu, wanderte zu, ist zugewandert> *ohne OBJ* ■ *jmd. wandert zu* von auswärts an einen neuen Ort ziehen, um dort zu leben: In dieser Gegend sind viele Menschen aus dem Ausland zugewandert.; In der Stadt wandern viele Menschen vom Lande zu, in der Hoffnung, Arbeit zu finden.

Zu̲·wan·de·rung *die* <-, -en> *Zuzug von außerhalb:* die Zuwanderung aus dem Ausland; die Zuwanderung in den großen Städten

zu̲·we̲·ge, zu We̲·ge ■ jemand bringt etwas zuwege/zu Wege *etwas erreichen oder etwas können:* Wie hast du das bloß zuwege/zu Wege ge-

bracht?; Er hat in der ganzen Zeit nichts Rechtes zuwege/zu Wege gebracht.; *siehe auch* **zu**

zu·we̲i·len *adv (geh.: ≈ manchmal)* Er kann zuweilen sehr launisch sein.; Zuweilen war das Wetter auch ganz schön.

zu·we̲i·sen <weist zu, wies zu, hat zugewiesen> *mit OBJ* ■ *jmd. weist jmdm. etwas zu (≈ zuteilen) offiziell bestimmen, dass jmd. etwas bekommt:* den Mitarbeitern die Aufgaben zuweisen; Jeder bekam eine Unterkunft zugewiesen.

zu·we̲n·den <wendest zu, wandte/wendete zu, hat zugewandt/zugewendet> *mit OBJ* ■ *jmd.* **wendet sich/etwas jmdm./etwas zu** ❶ *sich oder etwas in eine bestimmte Richtung wenden:* Sie wendete sich/ihr Gesicht dem Fenster zu. ❷ *sich jmdm. oder etwas widmen:* Er wendete sich/seine Aufmerksamkeit dem Geschehen auf der Bühne zu. ❸ ■ *jmd. wendet jmdm./etwas etwas zu jmdm. oder etwas Geld geben:* einer Stiftung/einem Verein Geld zuwenden

Zu̲·wen·dung *die* <-, -en> ❶ *(≈ Geldbetrag, der für einen Zweck gegeben wird:* Zuwendungen von der Stadt erhalten; Er hat der Kunstsammlung Zuwendungen in nicht bekannter Höhe gemacht. ❷ */kein Plur./ liebevolle Aufmerksamkeit:* Ein Kind braucht viel Liebe und Zuwendung.; Dem Tier fehlt es an Zuwendung.

zu̲·wer·fen <wirfst zu, warf zu, hat zugeworfen> *mit OBJ* ❶ ■ *jmd. wirft jmdm. etwas zu etwas in jmds. Richtung werfen:* Sie warf ihm den Ball zu. ▶ Zuwurf ❷ ■ *jmd. wirft etwas zu (≈ zuschlagen) etwas laut und mit Schwung schließen:* Er hat die Tür zugeworfen.; ■ jemandem einen **Blick zuwerfen** *jmd. kurz ansehen*

zu̲·wi·der¹ ■ jemand/etwas ist jemandem zuwider *jmd. oder etwas ruft jmds. starke Ablehnung hervor* Der ganze Kerl ist mir zuwider.; Die ganze Sache war mir von Anfang an zuwider.

zu̲·wi·der² *präp +Dat. (≈ entgegen)* Unseren Erwartungen zuwider ist so entschieden worden.; Er hat den ärztlichen Anweisungen zuwider doch geraucht.

zu̲·wi·der·han·deln <handelst zuwider, handelte zuwider, hat zuwidergehandelt> *ohne OBJ* ■ *jmd. handelt etwas Dat. zuwider* AMTSSPR. *(↔ befolgen, einhalten) gegen Bestimmungen verstoßen:* einer Anweisung/einem Gesetz zuwiderhandeln

Zu̲·wi·der·han·deln·de *der/die* <-n, -n> AMTSSPR. *Person, die gegen Bestimmungen verstößt:* Zuwiderhandelnde müssen mit Bestrafung rechnen.

Zu̲·wi·der·hand·lung *die* <-, -en> AMTSSPR. *Verstoß gegen Bestimmungen:* Zuwiderhandlungen werden geahndet!

zu̲·wi·der·lau·fen <läuft zuwider, lief zuwider, ist zuwidergelaufen> *ohne OBJ* ■ *etwas läuft etwas Dat. zuwider etwas entgegenwirken:* Der Beschluss läuft unseren Interessen zuwider.

zu̲·win·ken <winkst zu, winkte zu, hat zugewinkt> *ohne OBJ* ■ *jmd. winkt jmdm. zu jmdm. mit der Hand grüßen:* Sie hat uns zum Abschied zugewinkt.; Der Präsident winkte den Wartenden zu.

zu̲·zah·len <zahlst zu, zahlte zu, hat zugezahlt>

Z

mit OBJ/ohne OBJ ■ *jmd. zahlt (zu etwas Dat.*) *(etwas) zu eine bestimmte Summe Geld zusätzlich zu etwas zahlen:* Du musst noch 20 Euro zuzahlen.; Müssen wir noch zuzahlen?

Zu·zah·lung *die <-, -en> zusätzlich zu zahlender oder gezahlter Betrag:* eine Zuzahlung leisten

zu·zei·ten *adv (geh.:* ≈ *manchmal)* Zuzeiten fühlte sie sich recht einsam.

zu·zeln <zuzelst, zuzelte, hat gezuzelt> *ohne OBJ (umg.)* SÜDDT., ÖSTERR. ❶ ■ *jmd. zuzelt an etwas Dat. an etwas lutschen oder saugen:* an einem Glas zuzeln ❷ ■ *jmd. zuzelt lispeln*

zu·zie·hen <ziehst zu, zog zu, hat/ist zugezogen> I. *mit OBJ (haben)* ❶ ■ *jmd. zieht etwas zu an etwas ziehen und damit bewirken, dass eine Schlaufe o. Ä. enger wird oder dass ein Vorhang o. Ä. vor eine Fensterscheibe gelangt:* Er zieht die Schlinge/den Vorhang zu.; mit zugezogenen Gardinen ❷ ■ *jmd. zieht jmdn. zu etwas Akk. zu jmdn. zu etwas hinzuziehen:* Sie erwogen, einen Experten zur Beratung zuzuziehen. II. *ohne OBJ (sein)* ■ *jmd. zieht zu in einen Ort ziehen:* Ich bin erst kürzlich zugezogen. III. *mit SICH (haben)* ❶ ■ *etwas zieht sich (um etwas Akk.) zu sich ziehend schließen:* Die Schlinge um seinen Hals zog sich zu. ❷ ■ *der Himmel zieht sich zu sich mit Wolken bedecken:* Der Himmel hat sich zugezogen. ❸ ■ *jmd. zieht sich etwas zu etwas Unangenehmes bekommen:* Er hat sich eine Erkältung zugezogen.; Sie zog sich den Zorn der Lehrerin zu.

Zu·zug *der <-(e)s, Zuzüge> die Zuwanderung an einen Ort:* Der Zuzug aus den Nachbarorten/in die großen Städte hält unvermindert an.

zu·züg·lich *präp +Gen. (↔ inklusive) verwendet, um auszudrücken, dass zu einem bestimmten Geldbetrag noch ein anderer (meist kleinerer) Geldbetrag addiert werden muss:* Wie hoch ist die Miete zuzüglich (der) Nebenkosten?; Das Gerät kostet 2000 Euro zuzüglich Mehrwertsteuer.

Zvi·e·ri *der/das* ['tsfiə...] *<-(s), -(s)>* SCHWEIZ. *(↔ Znüni) Imbiss am Nachmittag*

zwa·cken *mit OBJ* ■ *jmd./etwas zwackt jmdn. (umg.) zwicken*

Zwang *der <-(e)s, Zwänge> ❶ ein durch Gewalt erzeugter Druck auf jmdn., der diesen dazu bewegt, etwas gegen seinen Willen zu tun:* Zwang auf jemanden ausüben; Sie gaben zu Protokoll, sie hätten unter Zwang gehandelt. ❷ *ein unkontrollierbares, starkes inneres Verlangen:* Wie unter einem Zwang musste er immer wieder diese schrecklichen Verbrechen begehen. ❸ *starke Erwartungshaltungen, denen man entsprechen muss:* gesellschaftlichen Zwängen ausgesetzt sein; Sie hatte sich selbst Zwang auferlegt.; Die Eltern hatten dem Kind den Zwang auferlegt zu studieren. ❹ *äußere Umstände, die man nicht ändern kann:* wirtschaftliche Zwänge; Unter dem Zwang des Hungers hatte er gestohlen.

zwän·gen I. *mit OBJ* ■ *jmd. zwängt etwas durch/in etwas Akk. (mit Gewalt) hineinpressen:* Sie zwängten ihren Kopf durch den Halsausschnitt des Pullovers.; Er versuchte, die Sachen in den Koffer zu zwängen. II. *mit SICH* ■ *jmd.*

zwängt sich in/durch etwas *Akk. sich irgendwohin drängen, wo wenig Platz ist:* Er zwängte sich als Letzter in den Bus.; Sie zwängte sich in die viel zu engen Hosen.; Er zwängte sich durch das kleine Kellerfenster.

zwang·haft *adj /nicht steig./* PSYCH. *so, dass es sich unter einem psychischen Zwang² vollzieht:* zwanghafte Bewegungen machen; eine zwanghafte Handlung, die jemand immer wieder tut ▶ Zwanghaftigkeit

zwang·los *adj* ❶ *frei und ungezwungen:* ein zwangloses Beisammensein unter Freunden; ein zwangloses Gespräch führen ❷ *ungeregelt und locker:* etwas ganz zwanglos im Raum anordnen; sich in zwangloser Reihenfolge aufstellen

Zwang·lo·sig·keit *die <-> /kein Plur./ zwanglose¹ Art:* die Zwanglosigkeit der Atmosphäre

Zwangs·ar·beit *die <-> /kein Plur./ Arbeit, die unter schlechten Bedingungen unter Zwang¹ oder als Strafe getan wird:* zu zehn Jahren Zwangsarbeit verurteilt werden; Zwangsarbeit verrichten müssen ▶ Zwangsarbeiter, Zwangsarbeiterin

Zwangs·ein·wei·sung *die <-, -en>* AMTSSPR. *erzwungene Einweisung:* eine Zwangseinweisung in ein Heim/eine psychiatrische Anstalt

Zwangs·er·näh·rung *die <-> /kein Plur./ (künstliche) Ernährung, die Personen gegen ihren Willen verabreicht wird:* Den Hungerstreikenden wird Zwangsernährung verabreicht.

Zwangs·hand·lung *die <-, -en>* PSYCH. *Handlung, die man immer wieder ausführen muss, weil man unter einem psychischen Zwang² steht:* Es war eine Zwangshandlung, dass er sich immer wieder die Hände wusch.

Zwangs·ja·cke *die <-, -n> eine Art Jacke, deren Ärmel auf dem Rücken verknotet werden und die benutzt wird, um Personen ruhig zu stellen:* Er bekam einen Tobsuchtsanfall und wurde in eine Zwangsjacke gesteckt.

Zwangs·la·ge *die <-, -n> Situation, in der man gezwungen ist, etwas zu tun, was man nicht will:* Wir befanden uns in einer Zwangslage und konnten nicht anders handeln.

zwangs·läu·fig *adj /nicht steig./ (≈ unvermeidlich) notwendig und unvermeidbar:* Das sind die zwangsläufigen Folgen seines Leichtsinns.; Es musste zwangsläufig zum Streit kommen.

Zwangs·räu·mung *die <-, -en>* AMTSSPR. *Räumung einer Wohnung auf amtlichen Beschluss, weil keine Miete gezahlt worden ist:* Wegen Mietschulden wurde die Zwangsräumung der Wohnung angeordnet.

Zwangs·um·sie·de·lung, *a.* **Zwangs·um·sied·lung** *die <-, -en> die Umsiedelung von Menschen an einen anderen Ort gegen deren Willen*

Zwangs·ver·stei·ge·rung *die <-, -en>* RECHTSW. *Versteigerung von Immobilien, um mit dem erlösten Geld Schulden bezahlen zu können:* die Zwangsversteigerung eines Hauses

Zwangs·voll·stre·ckung *die <-, -en>* RECHTSW. *staatlich angeordnete Auflösung eines Unternehmens:* Die Firma befindet sich in Zwangsvollstreckung.

Zwangs·vor·stel·lung *die <-, -en>* PSYCH. *durch*

Z

einen psychischen Zwang² bedingte krankhafte Vorstellung: unter Zwangsvorstellungen leiden

zwangs·wei·se *adj /nicht steig./ unter Zwang:* eine Wohnung zwangsweise räumen; nur zwangsweise zustimmen

Zwan·zig *die* <-, -en> ❶ *die Zahl Zwanzig (20):* eine Zwanzig ziehen ❷ *jmd. oder etwas mit der Zahl 20:* Die Zwanzig ist an der Reihe. ◆ Großschreibung →R 3.3 bis zur Zwanzig zählen können; Ich suche die Zwanzig.

zwan·zig *num als Zahl 20:* zwanzig Kilometer; Wir treffen uns um zwanzig Uhr.; Die ersten zwanzig wurden eingelassen, die anderen mussten warten. ◆ Kleinschreibung →R 3.16 Die zwanzig, die gewonnen haben, kommen bitte auf die Bühne.; Es ist zwanzig Uhr.; zwanzig Komma fünf; *siehe auch* **achtzig**

Zwan·zi·ger¹ *der,* **Zwan·zi·ge·rin** <-s, -> *(umg.) Person im Alter zwischen 20 und 29 Jahren:* Das Thema interessiert einen Zwanziger noch nicht so brennend.

Zwan·zi·ger² *der* <-s, -> *(umg.)* ❶ *Geldschein oder ·stück im Wert von zwanzig:* Kannst du mir einen Zwanziger wechseln? ❷ */kein Sing./ Zwanzigerjahre; siehe auch* **zwanziger, Zwanzigerjahre**

zwan·zi·ger ■ **die zwanziger Jahre** *die Jahre 20 bis 29 eines Jahrhunderts* in den zwanziger Jahren; *siehe auch* **Zwanzigerjahre**

Zwan·zi·ger·jah·re, *a.* **zwan·zi·ger Jah·re** *die* <-> */Plur./ die Jahre 20 bis 29 eines Jahrhunderts;* ■ **die Goldenen Zwanzigerjahre** *die so bezeichnete Zwanzigerjahre des 20. Jahrhunderts* ◆ Schreibung mit Ziffer →R 4.21 20er Jahre/20er-Jahre

zwan·zig·fach *adj /nicht steig./ zwanzigmal so viel:* in zwanzigfacher Vergrößerung; um das Zwanzigfache größer sein ◆ Großschreibung →R 3.4 Das kostet das Zwanzigfache.; ◆ Schreibung mit Ziffer 20-fach; das 20-fache; *siehe auch* **achtfach**

zwan·zig·jäh·rig *adj /nicht steig./ zwanzig Jahre alt oder andauernd:* eine zwanzigjährige erfolgreiche Zusammenarbeit; Sie hat schon zwanzigjährig geheiratet. ◆ Großschreibung →R 3.4 ein Programm für die über Zwanzigjährigen; ◆ Schreibung mit Ziffer →R 4.21 20-jährig; der/die 20-Jährige; *siehe auch* **achtjährig**

zwan·zigs·te *adj /nicht steig./ an zwanzigster Stelle in einer Reihenfolge:* jeder zwanzigste Antragsteller; der zwanzigste Teil eines Ganzen; Jeder Zwanzigste hat eine Gewinnchance.

Zwan·zigs·tel *das* <-s, -> *der zwanzigste Teil von etwas:* ein Zwanzigstel

Zwan·zig·uhr·vor·stel·lung *die* <-, -en> *die Vorstellung im Konzert, Kino oder Theater, die um zwanzig Uhr beginnt:* Die Zwanziguhrvorstellung ist ausverkauft.

zwar *adv* ❶ *verwendet, um etwas, das bereits genannt wurde, noch genauer zu bezeichnen oder zu bestimmen:* Am besten schlägt man das in einem Wörterbuch nach, und zwar in einem einsprachigen Lernerwörterbuch.; Ich habe dir eine CD mitgebracht, und zwar ein Doppelalbum der Beatles. ❷ ■ **zwar ... aber ...** *verwendet, um eine Aussage einzuleiten, zu der im anschließenden, mit „aber" eingeleiteten Nebensatz eine Einschränkung genannt wird:* Ich wollte zwar arbeiten, aber dann kam etwas dazwischen.; Er hat zwar angerufen, doch nichts erreichen können.; Er ist zwar gelernter Friseur, hat den Beruf aber schon fünf Jahre nicht mehr ausgeübt.

Zweck *der* <-(e)s, -e> ❶ *(≈ Funktion) die Aufgabe, die etwas in einem bestimmten Zusammenhang haben soll:* Welchen Zweck hat dieser Hebel?; Dieser Schalter hat offensichtlich keinen bestimmten Zweck.; Welchem Zweck dient dieses Gerät? ❷ *das Ziel, das jmd. mit einer Sache verbindet oder der Nutzen, den sie für ihn haben soll:* Zu welchem Zweck studierst du?; sein Leben einem bestimmten Zweck widmen; Geld für einen guten Zweck spenden; Ich brauche das Geld für einen bestimmten Zweck.; Der eigentliche Zweck dieser Reise ist es, fremde Länder kennen zu lernen.; Wenn es ihm besser geht, hat die Kur ihren Zweck erfüllt. ◆ Erholungs-, Erwerbs-, Gebrauchs-, Übungs-, Verwendungs- ❸ */kein Plur./ (≈ Sinn)* Welchen Zweck soll das denn haben?; Es hat keinen Zweck, sich so anzustrengen. ❹ */meist Plur./ Verwendung:* die Nutzung der Atomenergie für friedliche Zwecke; Ich nutze den PKW ausschließlich zu dienstlichen Zwecken.; ein Buch für wissenschaftliche Zwecke; ■ ■ **Der Zweck heiligt die Mittel.** *(abwert.) Wenn ein Ziel nur mit unlauteren Mitteln erreicht werden kann, fühlt man sich berechtigt, diese einzusetzen.*

zweck·dien·lich *adj /nicht steig./* AMTSSPR. *nützlich für einen bestimmten Zweck:* Zweckdienliche Hinweise nimmt jede Polizeidienststelle entgegen. ▶ Zweckdienlichkeit

Zwe·cke *die* <-, -n> *(≈ Reißzwecke) eine Art kleiner Nagel mit einem breiten Kopf, den man leicht in eine nicht zu harte Unterlage drücken kann:* ein Plakat mit Zwecken an der Tür befestigen

zweck·ent·frem·den *mit OBJ* ■ *jmd. zweckentfremdet etwas etwas zu einer anderen als der eigentlichen Verwendung benutzen:* Es kann gefährlich sein, wenn man einen Stuhl als Leiter zweckentfremdet.; Für Schäden, die durch die zweckentfremdete Nutzung des Gerätes entstehen, übernehmen wir keine Haftung. ▶ Zweckentfremdung

zweck·ent·spre·chend *adj /nicht steig./ der eigentlichen Funktion entsprechend:* Das Gerät sollte nur zweckentsprechend eingesetzt werden.

zweck·ge·bun·den *adj /nicht steig./* AMTSSPR. *nur für eine festgelegte Verwendung bestimmt:* zweckgebundene Gelder/Mittel ▶ Zweckgebundenheit

zweck·los *adj /nicht steig./ so, dass es nicht zum Erfolg führt:* Es ist zwecklos, es noch einmal zu versuchen, es wird nicht gelingen.; Nachfragen außerhalb der Öffnungszeiten sind zwecklos. ▶ Zwecklosigkeit

zweck·mä·ßig *adj so, dass es einem bestimmten Gebrauch gut entspricht:* Wandern macht mit zweckmäßiger Kleidung mehr Spaß. ▶ Zweckmäßigkeit

Zweck·op·ti·mis·mus *der* <-> */kein Plur./ Opti-*

Z

mismus, der dazu dient, den Mut bei einer aussichtslosen Sache nicht zu verlieren: Die gute Stimmung, die er verbreitet, obwohl es mit der Firma nicht zum Besten steht, ist reiner Zweckoptimismus.

zwecks *präp +Gen.* AMTSSPR. *mit dem Ziel:* die Akten zwecks späterer Überprüfung aufbewahren

zweck·wid·rig *adj /nicht steig./* AMTSSPR. *so, dass es zu einer anderen als der eigentlichen Verwendung benutzt wird:* Eine zweckwidrige Verwendung der Gelder muss ausgeschlossen werden. ► Zweckwidrigkeit

Zwei *die* <-, -en> ❶ *die Zahl zwei (2):* eine Zwei schreiben/würfeln ❷ *jmd. etwas mit der Zahl 2:* Die (Linie) Zwei hatte wieder Verspätung.; Die Zwei ist an der Reihe. ◆ Großschreibung →R 3.3 Er hat in Deutsch eine Zwei bekommen.

zwei *num als Zahl 2:* zwei Personen; Wir nehmen die ersten zwei.; Eine von uns zweien muss gehen.; Wir treffen uns um zwei.; ■ **für zwei** *(umg.) sehr viel* Er isst/arbeitet für zwei. ◆ Kleinschreibung →R 3.16 Die zwei bekommen einen Preis; Es ist um zwei.; zwei Komma fünf; *siehe auch* **acht**

zwei·ar·mig *adj /nicht steig./ mit zwei Armen:* ein zweiarmiger Leuchter

Zwei·bett·zim·mer *das* <-s, -> *Zimmer in einem Hotel oder Krankenhaus mit zwei Betten:* ein Zweibettzimmer buchen ◆ Schreibung mit Ziffer und Bindestrich →R 4.21 2-Bett-Zimmer

zwei·deu·tig *adj /nicht steig./* ❶ *(umg.: ↔ eindeutig) so, dass es auf zweierlei Art und Weise verstanden werden kann:* ein zweideutiges Wort; eine zweideutige Antwort/Auskunft ❷ *(≈ schlüpfrig) so, dass es versteckte sexuelle Anspielungen enthält:* einen zweideutigen Witz machen; eine zweideutige Bemerkung

Zwei·deu·tig·keit *die* <-, -en> ❶ */kein Plur./ die Eigenschaft, zweideutig zu sein:* die Zweideutigkeit einer Auskunft/einer Bemerkung ❷ *zweideutige Äußerung:* Der Text steckte voller Zweideutigkeiten.

zwei·di·men·si·o·nal *adj /nicht steig./ mit den zwei Dimensionen der Länge und Breite:* eine zweidimensionale Darstellung ► Zweidimensionalität

Zwei·drit·tel·mehr·heit *die* <-, -en> POL. *Mehrheit von zwei Dritteln der bei einer Wahl abgegebenen Stimmen:* Dafür ist eine Zweidrittelmehrheit erforderlich.

zwei·ei·ig *adj /nicht steig./* BIOL. *aus zwei befruchteten Eizellen entstanden:* zweieiige Zwillinge

Zwei·er *der* <-s, -> *(umg.) ein Geldstück im Wert von zwei:* Hast du mal einen Zweier?

zwei·er·lei *adj /nicht steig./ von zwei verschiedenen Arten:* Er hat zweierlei Socken an.; Es gab nur noch zweierlei Brot beim Bäcker.; ■ **mit zweierlei Maß messen** *zwei Dinge unterschiedlich oder ungerecht beurteilen* Bei der Beurteilung seiner Schüler darf der Lehrer nicht mit zweierlei Maß messen.

zwei·fach *adj /nicht steig./ zweimal oder doppelt so viel:* zweifacher Weltmeister; eine zweifache Vergrößerung; die zweifache Summe; um das Zweifache größer sein ◆ Großschreibung →R 3.4

Das kostet das Zweifache.; ◆ Schreibung mit Ziffer und Bindestrich →R 4.21 2-fach; das 2-fache; *siehe auch* **achtfach**

Zwei·fa·mi·li·en·haus *das* <-es, Zweifamilienhäuser> *ein Haus, in dem zwei Familien wohnen können* ◆ Schreibung mit Ziffer und Bindestrich →R 4.21 2-Familien-Haus

zwei·far·big *adj /nicht steig./ mit zwei verschiedenen Farben:* ein zweifarbiges Muster; ein zweifarbiges Bild

Zwei·fel *der* <-s, -> *Ungewissheit, ob etwas wahr oder richtig ist:* Nach dem Entschluss überkamen ihn Zweifel.; Zweifel plagten ihn nach der Tat.; Ich habe nicht den geringsten Zweifel, dass wir das schaffen.; Ihr seid noch sicher, aber ich habe da so meine Zweifel.; Konnte ich Ihre Zweifel ausräumen?; ■ **etwas steht außer Zweifel** *sicher sein* Seine Mittäterschaft steht außer Zweifel.; ■ **jemand/etwas ist über jeden Zweifel erhaben** *keinen Anlass zur Kritik bieten* Ihr fachliches Können ist über jeden Zweifel erhaben.; ■ **jemand ist (sich) über etwas im Zweifel** *etwas nicht genau wissen:* Ohne Zweifel wissen sie schon über alles Bescheid.; ■ **etwas in Zweifel ziehen** *anzweifeln* ◆ Selbst-

zwei·fel·haft *adj* ❶ *nicht sicher:* Es ist zweifelhaft, ob er wieder richtig gesund wird. ❷ *möglicherweise falsch oder schlecht:* ein zweifelhaftes Verfahren ❸ *(abwert.) unangenehm:* jemandem ein zweifelhaftes Kompliment machen; Die Fahrt in der Achterbahn war ein recht zweifelhaftes Vergnügen für mich. ❹ *(abwert.) nicht rechtmäßig:* zweifelhafte Geschäfte machen; Kunstschätze von zweifelhafter Herkunft

zwei·fel·los *adv sicher oder so, dass man es nicht bezweifeln kann:* Das ist zweifellos die beste Lösung für dieses Problem.; Du hattest zweifellos Recht mit deiner Warnung.

zwei·feln <zweifelst, zweifelte, hat gezweifelt> *ohne OBJ* ■ **jmd. zweifelt an jmdm./etwas** ❶ *nicht sicher wissen, ob man jmdm. oder etwas glauben oder vertrauen kann:* Ich zweifle nicht an seiner Ehrlichkeit.; Er zweifelt am Erfolg unserer Bemühungen.; Ich zweifle noch, ob ich das wirklich tun soll. ❷ ■ **jmd. zweifelt an sich** *sein Selbstvertrauen verlieren und sich hinsichtlich des eigenen Handelns nicht mehr sicher sein:* Sie zweifelte an sich selbst.

Zwei·fels·fall *der* <-(e)s, Zweifelsfälle> *ein unklarer Fall, der zu Zweifeln Anlass gibt:* Im Zweifelsfall sollte man lieber nachfragen.; Das ist so ein Zweifelsfall, bei dem man nicht weiß, wie zu urteilen ist.

zwei·fels·frei *adj /nicht steig./ ohne Zweifel:* Es steht zweifelsfrei fest, dass er der Täter ist.; ein zweifelsfreier Beweis

zwei·fels·oh·ne *adv sicher, gewiss:* Das ist zweifelsohne ein schwerer Verlust.; Das Wetter könnte zweifelsohne besser sein.

Zweif·ler *der,* **Zweif·le·rin** <-s, -> *Person, die (oft) zweifelt:* Das dürfte auch den letzten Zweifler überzeugt haben.

Zweig *der* <-(e)s, -e> ❶ *kleiner Ast:* einen Zweig abbrechen/abschneiden/knicken; grüne

Zweige in eine Vase stellen ◆ Blüten-, Dornen-, Lorbeer-, Tannen- ❷ (≈ Nebenlinie) eine bestimmte genealogische Linie innerhalb der Verwandtschaftsbeziehungen einer (großen) (adligen) Familie: ein Zweig eines Adelsgeschlechts ❸ (≈ Teilbereich) ein Zweig der Naturwissenschaft; ein Zweig eines Unternehmens; ▪ auf keinen grünen Zweig kommen (umg.) keinen Erfolg haben Wir sind trotz angestrengter Arbeit auf keinen grünen Zweig gekommen. ◆ Berufs-, Forschungs-, Gewerbe-, Industrie-, Produktions-

zwei·ge·teilt adj /nicht steig./ in zwei Teile geteilt: Die Hufe dieser Tiere sind zweigeteilt.; Die Meinung des Publikums war zweigeteilt.

zwei·glei·sig adj /nicht steig./ ❶ mit zwei Gleisen: eine zweigleisige Strecke ▸ Zweigleisigkeit ❷ (übertr.) zwei verschiedene Möglichkeiten nutzend: zweigleisig verhandeln; Er fährt immer zweigleisig, er will sich nie auf etwas festlegen. ▸ Zweigleisigkeit

Zweig·nie·der·las·sung die <-, -en> Zweigstelle

Zweig·stel·le die <-, -n> (≈ Filiale) räumlich getrennte, abhängige Niederlassung eines Unternehmens/einer Behörde: die Zweigstelle einer Bank; Die Stadtverwaltung hat in den Außenbezirken Zweigstellen eingerichtet.

zwei·hän·dig adj /nicht steig./ mit zwei Händen: zweihändig Klavier spielen; zweihändig Fahrrad fahren

zwei·hun·dert num als Zahl 200: zweihundert Kilometer/Gramm

zwei·jäh·rig adj /nicht steig./ zwei Jahre alt oder andauernd: ein zweijähriges Kind; Als Zweijähriger ging er schon in den Kindergarten. ◆ Großschreibung →R 3.4 Dieser Kindersitz ist für über/ etwa Zweijährige geeignet.; ◆ Schreibung mit Ziffer und Bindestrich →R 4.21 2-jährig; der/die 2-Jährige

Zwei·kampf der <-(e)s, Zweikämpfe> ❶ ein Kampf zwischen zwei Menschen: Er forderte ihn zum Zweikampf heraus. ❷ Wettkampf zwischen zwei Teilnehmern: Der Lauf wurde zum spannenden Zweikampf zwischen den beiden Erstplatzierten.

zwei·mal adv zwei Male: Sie hat den Film zweimal gesehen.; ein- bis zweimal ◆ Schreibung mit Ziffer und Bindestrich →R 4.21 1- bis 2-mal; siehe auch **achtmal**

Zwei·mas·ter der <-s, -> Segelschiff mit zwei Masten

zwei·mo·to·rig adj /nicht steig./ mit zwei Motoren: ein zweimotoriges Flugzeug

Zwei·par·tei·en·sys·tem das <-(e)s, -e> POL. Staatsform, bei der nur eine Partei an der Regierung und eine in der Opposition ist

Zwei·plät·zer der <-s, -> SCHWEIZ. Auto oder Fahrzeug mit zwei Sitzen

zwei·po·lig adj /nicht steig./ ELEKTROTECHN. so, dass es zwei Pole hat: ein zweipoliger Stecker

Zwei·rad der <-(e)s, Zweiräder> Fahrzeug mit zwei Rädern: Fahrrad und Motorrad sind Zweiräder.

zwei·räd·rig, **zwei·rä·de·rig** adj /nicht steig./ mit zwei Rädern: ein zweirädriger Wagen; eine zweirädrige Kutsche

zwei·rei·hig adj /nicht steig./ so, dass es zwei Reihen bildet: eine zweireihige Schlange an der Kasse; ein zweireihig geknöpfter/zweireihiger Anzug

zwei·schnei·dig adj /nicht steig./ ❶ mit einer Klinge, die auf beiden Seiten scharf ist: ein zweischneidiges Messer/Schwert ❷ (übertr.) mit Vor- und Nachteilen behaftet: eine zweischneidige Sache; ▪ ein zweischneidiges Schwert (übertr.) etwas, das Vor- und Nachteile hat

zwei·sei·tig adj /nicht steig./ ❶ aus zwei Seiten bestehend oder zwei Seiten lang: ein zweiseitiges Formular; ein zweiseitiger Aufsatz ❷ auf beiden Seiten: ein Blatt zweiseitig bedrucken; Kann das Gerät auch zweiseitig kopieren?; ein zweiseitig geschliffenes Messer; ein zweiseitiges Abkommen

zwei·sit·zig adj /nicht steig./ mit zwei Sitzen: ein zweisitziger Sportwagen; ein zweisitziges Flugzeug

Zwei·spän·ner der <-s, -> Kutsche, die von zwei Pferden gezogen wird

zwei·spra·chig adj /nicht steig./ in oder mit zwei Sprachen: Das Kind ist zweisprachig aufgewachsen.; ein zweisprachiges Wörterbuch; Der Unterricht wird zweisprachig gehalten. ▸ Zweisprachigkeit

zwei·stim·mig adj /nicht steig./ mit oder für zwei Stimmen: ein zweistimmiges Lied; zweistimmig singen ▸ Zweistimmigkeit

zwei·stö·ckig adj /nicht steig./ mit zwei Stockwerken: ein zweistöckiges Haus

zwei·stün·dig adj /nicht steig./ zwei Stunden dauernd: eine zweistündige Schlossbesichtigung/ Fahrt/ Radtour/Vorlesung/Wanderung

zweit ▪ zu zweit insgesamt zwei Personen

Zwei·tak·ter der <-s, -> (≈ Zweitaktmotor)

Zwei·takt·mo·tor der <-s, -en> KFZ ein Verbrennungsmotor, der in zwei Takten arbeitet

zweit·äl·tes·te adj /nicht steig./ jünger als der/ die/das Älteste: mein zweitältester Bruder; Sie ist die Zweitälteste in der Klasse.

zweit·bes·te(r, -s) adj /nicht steig./ etwas schlechter als der/die/das Beste: die zweitbeste Arbeit; Sie ist die Zweitbeste in der Klasse.

zwei·te(r, -s) adv in einer Reihenfolge an der Stelle zwei: der zweite Rang; die zweite Geige spielen; die zweite Stimme singen; der zweite Stock eines Hauses; in zweiter Linie ◆ Großschreibung →R 3.16 jeder Zweite; als Zweite(r) durchs Ziel kommen; zum Ersten, zum Zweiten, …; Sie ist so engagiert wie keine Zweite.; Sie sind heute schon der Zweite, der mich das fragt.; Ein Zweites ist noch zu erwähnen.; ◆ Großschreibung →R 3.17 der Zweite Weltkrieg; das Zweite Programm; die Zweite Republik; siehe auch **achte**

Zwei·tei·ler der <-s, -> ❶ (↔ Einteiler) zweiteiliges Bekleidungsstück: ein Zweiteiler, bestehend aus Jacke und Hose; Sie liebt keine Badeanzüge, sie trägt lieber Zweiteiler. ❷ FILM zweiteiliger Fernsehfilm

zwei·tei·lig adj /nicht steig./ aus zwei Teilen bestehend: ein zweiteiliges Kleidungsstück/Musikstück

Z

zwei·tens adv an zweiter Stelle in einer Aufzählung: erstens, zweitens und drittens

zweit·klas·sig adj /nicht steig./ (abwert.) minderwertig, schlecht: ein zweitklassiges Theaterstück; Sie gibt sich nicht mit Zweitklassigem zufrieden.

zweit·letz·te(r, -s) adj /nicht steig./ vor dem oder der Letzten: der zweitletzte Schultag vor den Ferien ◆ Großschreibung →R 3.4 Sie war die Zweitletzte in der Gesamtwertung.

Zweit·li·gist der <-en, -en> SPORT Mannschaft, die in der zweiten Liga spielt

zweit·ran·gig adj /nicht steig./ nebensächlich, unwichtig: Das sind Fragen von zweitrangiger Bedeutung. ▷ Zweitrangigkeit

Zweit·schlüs·sel der <-s, -> zweites Exemplar eines Schlüssels: ein Zweitschlüssel zur Wohnung

Zweit·schrift die <-, -en> AMTSSPR. (≈ Kopie) die Zweitschrift einer Urkunde

Zweit·spra·che die <-, -n> mindestens eine weitere Sprache neben der Muttersprache; siehe auch **Zweitspracherwerb**

Zweit·sprach·er·werb der <-s> SPRACHWISS. Erwerb mindestens einer weiteren Sprache neben der Muttersprache; siehe auch **Bilingualismus**, **Mehrsprachigkeit**, **Spracherwerb**

Während der Erstspracherwerb (vgl. das Stichwort *Spracherwerb*) gleichsam bei der Geburt einsetzt, wenn man nicht pränatale Einflüsse annehmen will, kann der **Zweitspracherwerb** grundsätzlich zu beliebigen späteren Zeitpunkten einsetzen: im frühen Kindesalter ebenso wie im fortgeschrittenen Erwachsenenalter. Für den Erwerb weiterer Sprachen wird nicht über *Zweitspracherwerb* hinaus differenziert. Der Zweitspracherwerb kann wie der Erstspracherwerb in natürlicher Umgebung als so bezeichneter *ungesteuerter Zweitspracherwerb* erfolgen, ist aber oft als *gesteuerter Zweitspracherwerb* Ergebnis von Unterrichtung. Dann spricht man meist von *Fremdsprach(en)erwerb*. Wenn allerdings eine Zweitsprache von Anfang an mit der Muttersprache erworben wird, bezeichnet man diese Form der Mehrsprachigkeit (vgl. das Stichwort) nicht als *Fremdspracherwerb*, sondern als *Bilingualismus* (vgl. das Stichwort), die zugehörige Form des Spracherwerbs als *bilingualen Erstspracherwerb*.
Bei Zweitspracherwerb und Fremdspracherwerb sind die für den Erstspracherwerb zu veranschlagenden Prozesse bereits abgeschlossen oder zumindest teilweise gemeistert; insgesamt beruhen sie auf gleichen Mechanismen der Sprachverarbeitung und auf gleichen Prinzipien, die jeden Spracherwerb steuern. Ergebnisse des Zweitspracherwerbs (auch: *Mehrspracherwerb* genannt), sind verglichen mit dem Erstspracherwerb recht uneinheitlich; sie variieren stark nach Alter sowie Art des Erwerbs und münden meist nicht in einer perfekten Beherrschung der Zielsprache. Denn oft kommt aus verschiedenen Gründen der

Spracherwerb auf einer unteren oder mittleren Ebene der Sprachbeherrschung zum Erliegen; vor allem ist dies bei ungesteuertem Erwerb der Fall. Dann spricht man von der *Fossilisierung* auf einer gewissen Stufe; für den muttersprachlichen Erstspracherwerb ist dies normalerweise nicht zu beobachten. Der so bezeichnete *Wiedererwerb* einer Sprache stellt eine Sonderform des Spracherwerbs dar. Darunter wird die erneute Aneignung einmal erlernter, aber in Vergessenheit geratener sprachlicher Fertigkeiten in einer Zweitsprache (oder auch weiterer Sprache) verstanden.

Zweit·stim·me die <-, -n> POL. (↔ Erststimme) in Deutschland: die zweite Stimme, mit der ein Wähler bei der Bundestagswahl für die Landesliste stimmen kann

Zwei·tü·rer der <-s, -> (↔ Viertürer) Auto mit zwei Türen

Zweit·wa·gen der <-s, -> ein zweites (meist kleineres) Auto, das jmd. besitzt

Zweit·woh·nung die <-, -en> eine zweite Wohnung, die jmd. neben seiner Hauptwohnung noch besitzt: Er hat ein Haus auf dem Land und eine Zweitwohnung an seinem Arbeitsort.

zwei·zei·lig adj /nicht steig./ ❶ zwei Zeilen lang: eine zweizeilige Notiz ❷ mit einem bestimmten Zeilenzwischenraum: einen Text zweizeilig formatieren/schreiben ◆Schreibung mit Ziffer und Bindestrich →R 4.21 2-zeilig

Zwerch·fell das <-(e)s, -e> ANAT. die muskulöse Scheidewand, die Brust- und Bauchraum voneinander trennt

zwerch·fell·er·schüt·ternd adj (umg.) sehr lustig: eine zwerchfellerschütternde Satire

Zwerg der, **Zwer·gin** <-(e)s, -e> ❶ im Märchen eine Art sehr kleiner Mann, der meist mit Zipfelmütze und Vollbart dargestellt wird: das Märchen „Schneewittchen und die sieben Zwerge" ❷ (abwert.) Person von sehr kleinem Wuchs: Was will dieser Zwerg?

Zwerg- als Erstglied zusammengesetzter Substantive; drückt aus, ❶ BIOL., BOT., ZOOL. dass die mit dem Zweitglied bezeichnete Tier- oder Pflanzenart von besonders kleiner Gestalt bzw. kleinem Wuchs ist ◆-affe, -agame, -ahorn, -bärbling, -bartagame, -baum, -chamäleon, -chichliden, -chihuahua, -collie, -dackel, -dommel, -fadenfische, -fledermaus, -flusskrebs, -garnele, -gecko, -griffon, -hamster, -hase, -huhn, -igel, -kaninchen, -kiefer, -leguan, -mangusten, -maus, -mops, -obst, -obstbäume, -ohreule, -orange, -orchidee, -otter, -pinscher, -pudel, -rind, -rose, -schnauzer, -schwein, -spitz, -strauch, -taucher, -teckel, -terrier, -trappe, -ulme, -vogelspinne, -wachtel, -wal, -waran, -widder, -yorkshire, -ziege ❷ dass dem Zweitglied Bezeichnete eine vergleichsweise geringe Ausprägung an Größe/Umfang aufweist ◆-planet, -staat, -volk

zwer·gen·haft adj /nicht steig./ ❶ sehr klein(wüchsig): ein zwergenhafter Mensch; von zwergenhaftem Wuchs sein ❷ wie ein Zwerg im Märchen: zwergenhaftes Aussehen

Zwerg·schu·le *die* <-, -n> *sehr kleine Schule mit sehr geringer Schülerzahl, in der unterschiedliche Altersstufen gemeinsam in einer Klasse unterrichtet werden*

Zwerg·wuchs *der* <-es> /kein Plur./ ❶ MED. *krankhafter Stillstand im Längenwachstum* ❷ BIOL. *bei bestimmten Pflanzen- und Tierrassen ausgeprägte Kleinwüchsigkeit*

Zwet·sche *die* <-, -n> ❶ *Pflaume von länglicher Form und dunkelblau-violetter Farbe* ❷ *Baum, der Zwetschen[1] trägt*

Zwet·schen·was·ser *das* <-s, -> *ein aus Zwetschen gebrannter Obstschnaps*

Zwetsch·ge *die* <-, -n> SÜDDT., ÖSTERR., SCHWEIZ. *Zwetsche*

Zwetsch·ke *siehe* **Zwetschge**

Zwi·ckel *der* <-s, -> *Einsatz in Kleidungsstücken, der diese stabiler oder passend macht und die Form eines Keils hat:* eine Strumpfhose mit verstärktem Zwickel

Zwi·ckel·tag *der* <-(e)s, -e> ÖSTERR. *Brückentag*

zwi·cken *mit OBJ/ohne OBJ* ❶ ■ *jmd. zwickt (jmdn./sich) Haut zwischen den Fingern drücken, sodass es wehtut:* Er hat (mich) immerzu gezwickt.; jemanden/jemandem in den Arm zwicken ❷ ■ *etwas zwickt (jmdn.) einen leicht ziehenden Schmerz verursachen:* Lass das, das zwickt (mich)!; Ihm/Ihn zwickt sein Rheuma. ❸ ■ *etwas zwickt (jmdn.) ein Kleidungsstück kneift, weil es zu eng ist:* Die Hose zwickt (mich) am Bund. ❹ ■ *jmd. zwickt einen Fahrschein* ÖSTERR. *einen Fahrschein lochen*

Zwi·cker *der* <-s, -> *(früher) eine Art Brille ohne Bügel, die auf die Nase geklemmt wird*

Zwick·müh·le ■ **in der Zwickmühle sitzen** *(umg.) in einer Situation sein, in der jeder Ausweg unangenehm ist*

Zwie·back *der* <-(e)s, -e/Zwiebäcke> *ein hartes, haltbares Gebäck in Form von Weißbrotscheiben, die nach dem Backen geröstet werden*

Zwie·bel *die* <-, -n> ❶ *ein rundes Gemüse, unter dessen gelblich-brauner Schale viele Häute stecken, das einen intensiven Geruch und Geschmack hat und roh oder gebraten gegessen wird:* Zwiebeln in Ringe schneiden; das Fleisch mit Speck und Zwiebeln anbraten; Zwiebeln anbauen/ernten/stecken ◆-ring, -schale, -suppe ❷ *eine Art Zwiebel[1], die man in die Erde pflanzt und aus der Blumen wachsen:* Narzissen/Tulpen wachsen aus Zwiebeln. ◆ Blumen-

zwie·bel·för·mig *adj /nicht steig./ mit der Form einer Zwiebel[1]:* Türme mit zwiebelförmigen Hauben nennt man „Zwiebeltürme".

zwie·beln <zwiebelst, zwiebelte, hat gezwiebelt> *mit OBJ* ■ *jmd. zwiebelt jmdn. (umg.) hartnäckig antreiben oder schikanieren:* Der Lehrer hat uns vor den Prüfungen ordentlich gezwiebelt.

Zwie·bel·turm *der* <-(e)s, Zwiebeltürme> *Turm mit einer zwiebelförmigen Spitze*

Zwie·ge·spräch *das* <-(e)s, -e> *(geh.) vertrauliches Gespräch zwischen zwei Personen:* sich im Zwiegespräch mit jemandem befinden

Zwie·licht *das* <-(e)s> /kein Plur./ ❶ *Dämmerung:* im abendlichen/morgendlichen Zwielicht ❷ *Mischung aus natürlichem und künstlichem Licht:* Mir tun die Augen weh, weil ich den ganzen Tag bei Zwielicht gearbeitet habe.; ■ **ins Zwielicht geraten** *(abwert.) einen schlechten Ruf bekommen; verdächtig werden* Diese Firma/Person ist in letzter Zeit ins Zwielicht geraten.

zwie·lich·tig *adj (abwert.) von zweifelhaftem Ruf:* Hier treiben sich zwielichtige Gestalten herum.; zwielichtige Geschäfte/Machenschaften

Zwie·spalt *der* <-(e)s, -e/...-spälte> /Plur. selten/ ❶ *Lage, in der es schwer fällt, eine Entscheidung zu treffen:* der Zwiespalt zwischen Gefühl und Vernunft; in einen Zwiespalt geraten ❷ *Uneinigkeit:* ein tiefer Zwiespalt zwischen den beiden Freunden

zwie·späl·tig *adj innerlich zerrissen und voller Widersprüche:* zwiespältige Gefühle bei jemandem auslösen

Zwie·tracht *die* <-> /kein Plur./ (geh.) *Streit, Uneinigkeit:* irgendwo Zwietracht säen/stiften; In der Familie/Zwischen den Freunden herrscht seit Wochen Zwietracht.

Zwilch, Zwil·lich *der* <-(e)s, -e> *ein strapazierfähiges Gewebe*

Zwil·le *die* <-, -n> *(umg.) eine Schleuder, die die Form eines Ypsilon hat und an der ein starkes Gummi befestigt ist mit dem man kleine Steine oder Kugeln verschießen kann*

Zwil·ling *der* <-s, -e> ❶ *eines von zwei Kindern, die gleichzeitig von derselben Mutter geboren worden sind:* eineiige/zweieiige Zwillinge; Sie bekommt Zwillinge. ◆-sbruder, -sbuggy, -sforschung, -sgeburt, -skinderwagen, -smütter, -snamen, -spaar, -sschwester, -ssprache, -sstudie, -strage, -swagen ❷ ■ **Zwillinge** *Name des Sternzeichens für die Zeit vom 21. Mai bis zum 20. Juni* ❸ *jmd., der im Zeichen der Zwillinge[2] geboren ist:* Er ist (ein) Zwilling. ❹ *doppelläufige Flinte*

Zwil·lings·for·mel *die* <-, -n> SPRACHWISS. *Typ einer phraseologischen Einheit, bei dem es sich um einen mit „und" verbundenen Wortkomplex handelt, wie z. B. „mit Kind und Kegel"; siehe auch* **Phraseologie**

Zwing·burg *die* <-, -en> GESCH. *stark befestigte Burg im Mittelalter*

Zwin·ge *die* <-, -n> TECHN. *Werkzeug zum Zusammenpressen und Einspannen von Werkstücken:* zwei Bretter mit Leim bestreichen und mit einer Zwinge zusammenpressen, bis der Leim getrocknet ist

zwin·gen <zwingst, zwang, hat gezwungen> I. *mit OBJ* ❶ ■ *jmd. zwingt jmdn. zu etwas Dat./etwas zu tun mit Gewalt oder durch Drohungen bewirken, dass jmd. etwas gegen seinen Willen tut:* Er zwang mich, für ihn zu stehlen.; Sie wurden mit vorgehaltener Waffe gezwungen, das Geld herauszugeben.; Du kannst mich nicht zwingen mitzukommen. ❷ ■ *etwas zwingt jmdn. zu etwas Dat./etwas zu tun für jmdn. notwendig machen; erfordern:* Der Sturm zwang uns, Halt zu machen.; Die Notsituation zwang sie, die Reserven anzugreifen.; Wir waren leider gezwungen aufzugeben. ❸ ■ *jmd. zwingt jmdn./etwas irgend-*

Z

wohin mit Gewalt an eine Stelle bringen: Er zwang ihn zu Boden.; Sie zwang sich/ihren Kopf durch den engen Spalt. **II.** *mit SICH* ■ *jmd. zwingt sich zu etwas Dat./etwas zu tun* sich überwinden: Ich muss mich sehr zwingen, das zu tun.; Er zwang sich zu lächeln.; ■ **sich gezwungen sehen** *(geh. verhüll.) müssen* Wir sehen uns leider gezwungen, Ihnen zu kündigen.

zwin·gend *adj* ❶ *so, dass es keine andere Wahl gibt:* Es gibt zwingende Gründe für unsere Entscheidung.; Das ist eine zwingende Notwendigkeit. ❷ *überzeugend, schlüssig:* zwingende Logik; ein zwingendes Argument

Zwin·ger *der* <-s, -> *großer Käfig für Tiere:* Hunde/Löwen in einem Zwinger halten ◆ Hunde-

zwin·kern <zwinkerst, zwinkerte, hat gezwinkert> *ohne OBJ* ■ *jmd. zwinkert Dat. für kurze Zeit ein Auge oder die Augen in schnellem Wechsel schließen und wieder öffnen:* nervös zwinkern; mit dem linken Auge zwinkern; Sie zwinkerte vor Schreck mit den Augen.; Er zwinkert dauernd in unsere Richtung, was will er damit andeuten? ◆ zu-

zwir·beln <zwirbelst, zwirbelte, hat gezwirbelt> *mit OBJ* ■ *jmd. zwirbelt etwas etwas zwischen den Fingern drehen:* seinen Bart zwirbeln

Zwirn *der* <-(e)s, -e> *festes Garn zum Nähen* ◆ -sfaden, -sspule

zwi·schen *präp* ❶ *+Dat. verwendet, um auszudrücken, dass jmd. oder etwas in einem Raum ist, der zwei Dingen oder Personen oder Seiten o. Ä. als Begrenzungen hat:* etwas zwischen den Händen halten; sich zwischen den Büschen verstecken; Sie sitzt zwischen ihren beiden Freundinnen.; Die Hängematte hängt zwischen den beiden Bäumen.; Der Weg verläuft zwischen zwei Feldern. ❷ *+Akk. verwendet, um auszudrücken, dass jmd. oder etwas in einen Raum, der zwei Dinge oder Personen oder Seiten o. Ä. als Begrenzungen hat hineinkommt:* Der Schuss ging zwischen die Augen.; Zwischen die Häuser passt keine Straße mehr.; Er setzt sich zwischen seine Freunde.; Wir hängen die Hängematte zwischen die Bäume.; Zwischen die Felder können wir eine Hecke pflanzen. ❸ *+Dat. verwendet, um auszudrücken, dass jmd. oder etwas inmitten einer Menge ist:* Zwischen den Früchten befanden sich auch einige unreife.; Der Attentäter wurde zwischen den Zuschauern vermutet.; Sie verschwand zwischen den Passanten. ❹ *+Akk. verwendet, um auszudrücken, dass jmd. oder etwas in eine Menge hinein kommt:* Der Attentäter hatte sich zwischen die Zuschauer gemischt.; etwas Zucker zwischen die Früchte geben/mischen; Wer wagt sich zwischen diese wilden Tiere? ❺ *+Dat. verwendet, um auszudrücken, dass etwas von einmem Punkt oder Ort zu einem anderen Punkt oder Ort verläuft:* Der Abstand zwischen den Läufern nahm immer mehr zu.; Die Entfernung zwischen den Himmelskörpern bleibt konstant. ❻ *+Dat. verwendet, um auszudrücken, dass etwas innerhalb eines Zeitraums passiert:* Er hat zwischen Weihnachten und Neujahr Geburtstag.; Der Zug fährt irgendwann zwischen neun und zehn Uhr. ❼ *+Akk. verwendet, um auszudrücken,*

dass etwas in einen Zeitraum hinein fällt, verlagert, gelegt o. Ä. wird: Sein Geburtstag fällt zwischen die Feiertage.; Wir haben die Beratung zwischen zwei andere Termine gelegt. ❽ *+Dat. verwendet, um auszudrücken, dass sich etwas irgendwo in einem Bereich, der von zwei Werten begrenzt wird, befindet:* Die Temperatur liegt zwischen zehn und fünfzehn Grad.; Das kostet so etwa zwischen zehn und zwölf Euro.; eine Farbe zwischen Rot und Orange; ein Mittelding zwischen einer Villa und einem Schloss ❾ *+Dat. verwendet, um eine gegenseitige Beziehung zum Ausdruck zu bringen:* die Liebe zwischen Eltern und Kindern; ein Vertrag zwischen zwei/drei Staaten; ein Streit zwischen Freunden ❿ *+Dat. verwendet, um Gegensätze in Bezug zueinander zu setzen:* zwischen Himmel und Hölle; sich zwischen Gut und Böse entscheiden

Zwi·schen·auf·ent·halt *der* <-(e)s, -e> *ein Aufenthalt während einer Fahrt:* Wir legten einen kurzen Zwischenaufenthalt in Wien ein.; Das Flugzeug fliegt ohne Zwischenaufenthalt nach Kairo.

Zwi·schen·be·mer·kung *die* <-, -en> *eingeschobene Bemerkung, mit der man jmdn. oder die Rede von jmdm. unterbricht:* Darf ich eine kurze Zwischenbemerkung machen?

Zwi·schen·be·richt *der* <-(e)s, -e> *ein Bericht, der vor Abschluss einer Sache über den gegenwärtigen Stand gegeben wird:* Das Projekt läuft über fünf Jahre. Nach drei Jahren müssen wir Zwischenbericht erstatten.; Er gab einen Zwischenbericht über den gegenwärtigen Stand der Vorbereitungen.

Zwi·schen·be·scheid *der* <-(e)s, -e> AMTSSPR. *vorläufiger Bescheid:* Wir haben von der Behörde einen Zwischenbescheid erhalten.

Zwi·schen·deck *das* <-s, -s> SEEW. *zwischen Hauptdeck und Schiffsboden gelegenes Deck:* einen Platz im Zwischendeck gebucht haben

Zwi·schen·de·cke *die* <-, -n> BAUW. *unter der Zimmerdecke eingezogene niedrigere Decke:* eine Zwischendecke einziehen

Zwi·schen·ding *das* <-s> /kein Plur./ (umg.) *etwas, das weder das eine noch das andere ist, aber Eigenschaften von beidem hat:* ein Zwischending zwischen Oper und Musical; ein Zwischending zwischen Kleid und Bluse

zwi·schen·drein *adv* (umg.) *mitten hinein:* Es waren viele Zuschauer da und er mischte sich zwischendrein.

zwi·schen·drin *adv* (umg.) *inmitten, unter:* Die Menge stürmte zum Ausgang und wir waren zwischendrin.; Der Brief, den du suchst, muss hier irgendwo zwischendrin sein.

zwi·schen·durch *adv* ❶ *einmal oder mehrmals innerhalb eines Zeitraums:* Wir haben um acht gefrühstückt und um sieben zu Abend gegessen und zwischendurch nur einen Kaffee getrunken.; Ich habe drei Wochen Urlaub, muss aber zwischendurch an zwei Tagen arbeiten.; Sie kochte das Mittagessen und sah zwischendurch ein paarmal nach dem Kind. ❷ *einmal oder mehrmals in der Mitte von etwas:* Es ist ein reiner Nadelwald, nur selten gibt es zwischendurch ein paar Laubbäume.; In der

Z

einsamen Gegend sah man nur selten zwischendurch ein kleines Gehöft.

Zwi·schen·er·geb·nis *das* <-ses, -se> *(↔ Endergebnis) vorläufiges Ergebnis:* Während der Arbeit werden die Zwischenergebnisse vorgelegt.; Die Zwischenergebnisse der einzelnen Rechnungen werden zum Schluss addiert.

Zwi·schen·fall *der* <-(e)s, Zwischenfälle> *nicht gewünschter Vorfall, der sich im Laufe einer Sache ereignet:* ein gefährlicher/peinlicher/unangenehmer Zwischenfall; Hoffentlich verläuft alles ohne Zwischenfälle!; Die Demonstration verlief ohne ernsthafte Zwischenfälle.

Zwi·schen·fra·ge *die* <-, -n> *eine Frage, die während einer Rede oder Diskussion gestellt wird:* Der Redner gestattete keine Zwischenfragen.; Darf ich eine Zwischenfrage stellen?

Zwi·schen·grö·ße *die* <-, -n> *eine Konfektionsgröße, die zwischen den normalen Größen liegt:* Wir führen keine Zwischengrößen.

Zwi·schen·halt *der* <-(e)s, -e> SCHWEIZ. *Zwischenaufenthalt*

Zwi·schen·han·del *der* <-s> */kein Plur./* WIRTSCH. *das Abnehmen von Waren vom Produzenten und der Weiterverkauf dieser Waren an die Einzelhändler* ▶ Zwischenhändler, Zwischenhändlerin

Zwi·schen·la·ger *das* <-s -> *Ort, an dem etwas zwischengelagert wird:* ein Zwischenlager für Atommüll

zwi·schen·la·gern <lagerst zwischen, lagerte zwischen, hat zwischengelagert> *mit OBJ* ■ *jmd. lagert etwas zwischen vorläufig oder für eine bestimmte Zeit lagern:* die Waren vor dem Weitertransport zwischenlagern ▶ Zwischenlagerung

Zwi·schen·lan·dung *die* <-, -en> *eine Landung, die ein Flugzeug auf einer längeren Flugreise irgendwo macht, um aufzutanken oder andere Passagiere aufzunehmen:* ein Flug ohne Zwischenlandung

Zwi·schen·mahl·zeit *die* <-, -en> *(↔ Hauptmahlzeit) kleinere Mahlzeit, die zwischen den Hauptmahlzeiten eingenommen wird:* mehrere kleine Zwischenmahlzeiten einnehmen

zwi·schen·mensch·lich *adj /nicht steig./ zwischen Menschen erfolgend oder bestehend:* zwischenmenschliche Beziehungen/Kontakte/Spannungen

Zwi·schen·raum *der* <-(e)s, Zwischenräume> ❶ *freier Raum oder Abstand zwischen zwei Dingen:* ein schmaler Zwischenraum zwischen dem Schrank und der Wand; beim Schreiben einen Zwischenraum für Notizen lassen; Der Zwischenraum zwischen den Fahrzeugen verkleinerte sich zusehends. ❷ *zeitlicher Abstand zwischen zwei Ereignissen:* Die Flugzeuge starten in kurzen Zwischenräumen.; Die Zwischenräume zwischen Blitz und Donner werden immer kürzer.

Zwi·schen·ruf *der* <-(e)s, -e> *eine laute Bemerkung während der Rede eines anderen:* den Redner ständig mit Zwischenrufen stören ▶ Zwischenrufer, Zwischenruferin

Zwi·schen·spiel *das* <-(e)s, -e> ❶ MUS. *Musik, die größere Musikstücke verbindet* ❷ THEAT. *kleines*

Theaterstück, das zwischen größere Stücke eingeschoben wird ❸ *(übertr.) ein relativ kurzer, unbedeutender Vorgang:* Nach einem kurzen Zwischenspiel im Ausland kehrte sie wieder in die Heimat zurück.

zwi·schen·staat·lich *adj /nicht steig./ zwischen Staaten erfolgend:* eine zwischenstaatliche Vereinbarung

Zwi·schen·ton *der* <-(e)s, Zwischentöne> ❶ *eine Farbe, die zwischen zwei Farben liegt:* die Zwischentöne zwischen Rot und Blau ❷ */meist Plur./ (übertr.: ≈ Unterton) eine bewusst oder unbewusst versteckte Mitteilung, die man aus dem, was jmd. sagt, heraushören kann:* Es gab in ihrer Rede kritische Zwischentöne.

Zwi·schen·wand *die* <-, Zwischenwände> BAUW. *zusätzliche Wand, die ein Zimmer teilt:* eine Zwischenwand einziehen

Zwi·schen·zeit *die* <-, Zwischenzeiten> ❶ */kein Plur./ die Zeit zwischen zwei Zeitpunkten:* Was wollen wir in der Zwischenzeit machen?; Er ist in der Zwischenzeit zu einem jungen Mann herangewachsen. ❷ SPORT *bei einer Teilstrecke gemessene Zeit:* die Zwischenzeit nehmen; die Zwischenzeiten beider Läufer vergleichen

zwi·schen·zeit·lich *adv (geh.) in der Zeit, die seit einem Zeitpunkt vergangen ist:* Sie waren zwischenzeitlich nicht untätig gewesen.; Er hatte zwischenzeitlich geheiratet.

Zwi·schen·zeug·nis *das* <-ses, -se> ❶ *ein Zeugnis über die Leistungen in der Hälfte eines Schuljahres/eines Studiums* ❷ *ein Zeugnis, das ein Arbeitnehmer von seinem Arbeitgeber als Beurteilung seiner Leistungen erhält, ohne dass das Arbeitsverhältnis beendet wird*

Zwist *der* <-(e)s, -e> *(geh.) (harmloser) Streit;* ■ *einen Zwist begraben einen Streit beenden* Die Brüder begruben ihren Zwist. ◆ Familien-, Parteien-

Zwis·tig·keit *die* <-, -en> */meist Plur./ (geh.) Streitigkeiten:* Es gab häufig Zwistigkeiten unter den Kollegen.

zwit·schern <zwitschert, zwitscherte, hat gezwitschert> *mit OBJ/ohne OBJ* ■ *ein Vogel zwitschert (etwas) in hohem, hellem, nicht sehr lautem Ton singen:* Der Vogel zwitschert ein Lied.; Die Vögel im Gebüsch zwitschern leise.

Zwit·ter *der* <-s, -> BIOL., MED. *ein Lebewesen mit männlichen und weiblichen Geschlechtsorganen*

zwit·ter·haft *adj /nicht steig./* ❶ *wie ein Zwitter:* zwitterhaft wirken ❷ *nicht genau bestimmbar:* ein zwitterhaftes Wesen, halb Mensch, halb Geist

zwo *num (umg.: ≈ zwei)*

Zwölf *die* <-, -en> *die Zahl zwölf:* eine Zwölf würfeln; Sie hat die Zwölf gezogen.; Die Zwölf fährt zum Bahnhof. ◆ Großschreibung →R 3.3 Die Zwölf ist dran.

zwölf *num mit der Zahl 12:* zwölf Personen; Wir treffen uns um zwölf. ◆ Kleinschreibung →R 3.16 Die zwölf bekommen einen Preis; Es ist um zwölf.; zwölf Komma fünf; *siehe auch* **acht**

Zwölf·en·der *der* <-s, -> *Hirsch, dessen Geweih zwölf Enden hat:* einen Zwölfender schießen

zwölf·fach *adj /nicht steig./ zwölfmal so viel:* Er

Z

ist zwölffacher Vater.; eine zwölffache Vergrößerung; die zwölffache Summe; um das Zwölffache größer sein ◆ Großschreibung →R 3.4 Das kostet das Zwölffache.; ◆ Schreibung mit Ziffer und Bindestrich →R 4.21 12-fach; das 12-fache; *siehe auch* **achtmal**

Zwölf·fin·ger·darm *der* <-(e)s, Zwölffingerdär­me> ANAT. *der an den Magen anschließende Teil des Dünndarms* ◆ -geschwür

zwölf·jäh·rig *adj /nicht steig./ zwölf Jahre alt oder andauernd:* eine zwölfjährige Tochter; eine zwölfjährige Zusammenarbeit ◆ Großschreibung →R 3.4 der/die Zwölfjährige; ◆ Schreibung mit Ziffer und Bindestrich →R 4.21 12-jährig; der/die 12-Jährige; *siehe auch* **achtjährig**

Zwölf·kampf *der* <-(e)s> /kein Plur./ SPORT *ein Mehrkampf bei Turnern*

zwölf·mal *adv /nicht steig./ zwölf Male:* Sie war schon zwölfmal in Paris.; eine Seite zwölfmal kopieren ◆ Schreibung mit Ziffer und Bindestrich →R 4.21 12-mal; *siehe auch* **achtmal, Mal**

zwölft ■ **zu zwölft** *mit zwölf Personen* Sie sind zu zwölft im Zimmer.; *siehe auch* **acht**

zwölf·te(r, -s) *adj /nicht steig./ in einer Reihenfolge die Stelle 12:* am zwölften Tag ◆ Großschreibung →R 3.16 als Zwölfter im Ziel sein; jeder Zwölfte hat eine Gewinnchance; *siehe auch* **achte**

Zwölf·tel *das* <-s, -> *der zwölfte Teil von etwas:* Wir teilen den Betrag unter zwölf Beteiligten auf und jeder erhält ein Zwölftel.

zwölf·tens *adv an zwölfter Stelle in einer Aufzählung:* ... und zwölftens besprechen wir alles Sonstige.

Zwölf·ton·mu·sik *die* <-> /kein Plur./ MUS. *(≈ Dodekaphonie) auf einer bestimmtem Harmonik beruhende Komposition*

zwo·tens *adv (umg.:* ≈ zweitens*)*

Zy·a·nid *das* <-s, -e> CHEM. *Salz der Blausäure*

Zy·an·ka·li *das* <-(s)> /kein Plur./ CHEM. *sehr starkes Gift aus Blausäure*

Zy·k·la·me *die* <-, -n> BOT. *Alpenveilchen*

zy·k·lisch *adj /nicht steig./* ❶ *einem Zyklus entsprechend:* zyklisch verlaufend/wiederkehrend ❷ CHEM. *ringförmig:* zyklische Verbindungen

Zy·k·lon *der* <-s, -e> METEOR. *ein heftiger Wirbelsturm in den Tropen*

Zy·k·lop *der* <-en, -en> *ein einäugiger Riese der griechischen Sage*

Zy·klo·t·ron *das* <-s, -s/...-trone> PHYS. *ein Teilchenbeschleuniger, bei dem Elementarteilchen*

auf einer kreisförmigen Bahn auf immer höhere Geschwindigkeiten beschleunigt werden

Zy·k·lus *der* <-, Zyklen> ❶ *(geh.) regelmäßige Wiederkehr:* der Zyklus der Jahreszeiten; Er muss in einem regelmäßigen Zyklus immer wieder untersucht werden. ❷ TECHN. *(≈ Kreislauf) Das Wasser wird in einen Zyklus eingespeist.* ❸ KUNST *mehrere zusammengehörende Werke oder Veranstaltungen:* ein Zyklus von Aufführungen/Bildern/ Gedichten zu einem Thema ◆ Bilder-, Lieder- ❹ MED. *die Zeit vom ersten Tag der Menstruation bis zum Beginn der nächsten Menstruation einer Frau:* ein kurzer/langer/unregelmäßiger Zyklus ◆ Menstruations-, Monats-

Zy·lin·der *der* <-s, -> ❶ MATH., TECHN. *Körper, der die Form einer Walze hat und an den Enden geschlossen ist:* Die Papierbahnen laufen über rotierende Zylinder. ❷ TECHN. *Rohr, in dem sich bei Verbrennungsmotoren der Kolben auf und ab bewegt:* ein Motor mit vier Zylindern ❸ *hoher, gerader Hut:* Der Zauberkünstler trug unter dem schwarzen Zylinder.; ein Kaninchen aus dem Zylinder zaubern

zy·lin·d·risch *adj /nicht steig./ in der Form eines Zylinders*

Zy·ni·ker *der,* **Zy·ni·ke·rin** <-s, -> *Person, die zynisch ist*

zy·nisch *adj auf rücksichtslose und beleidigende Art spöttisch:* eine zynische Bemerkung machen; ein zynischer Mensch

Zy·nis·mus *der* <-, Zynismen> ❶ /kein Plur./ *rücksichtsloser, beißender Spott:* Er war voller Zynismus. ❷ *zynische Bemerkung:* eine Rede voller Zynismen

Zy·pern <-s> *ein Inselstaat im Mittelmeer* ▶ Zyprer/Zypriot/Zypriote, Zyprerin/Zypriotin, zypriotisch/zyprisch

Zy·p·res·se *die* <-, -n> BOT. *ein im Mittelmeerraum vorkommender Nadelbaum* ◆ -nallee, -nbaum, -ngewächse, -nhain, -nhecke, -nholz, -nkraut, -nmulch, -nöl, -nzapfen

zy·ril·lisch *siehe* **kyrillisch**

Zys·te *die* <-, -n> MED. *mit Flüssigkeit gefüllte Geschwulst im Körpergewebe* ◆ Hals-, Haut-, Leber-, Lymph-, Nieren-, Talgdrüsen-, Pseudo-

Zy·to·lo·gie *die* <-> /kein Plur./ *Lehre von den menschlichen, tierischen und pflanzlichen Zellen* [3] ▶ Zytologe, Zytologin, zytologisch

z.Z., z.Zt. *Abkürzung von „zur Zeit"*

Anhang

Deutsche Kurzgrammatik

Der Artikel

Ein Substantiv kann im Deutschen **Maskulinum, Femininum** oder **Neutrum** sein.

Das Genus eines Substantivs erkennt man an seinem **Artikel**: *der, die* oder *das*.

	Bestimmter Artikel				Unbestimmter Artikel			
	m	**f**	**nt**	**Plur.**	**m**	**f**	**nt**	**Plur.**
Nom.	der	die	das	die	ein	eine	ein	
Akk.	den	die	das	die	einen	eine	ein	
Gen.	des	der	des	der	eines	einer	eines	
Dat.	dem	der	dem	den	einem	einer	einem	

Substantive

Im Deutschen teilt man die Substantivdeklination ein in die **starke**, **schwache** und **gemischte**.

Substantive der starken Deklination erkennt man an den Endungen „*s*", „*sch*", „*ß*" und „*z*". Der Genitiv Singular dieser Substantive erhält die Endung „*-es*":

Hals – Halses, Busch – Busches, Fuß – Fußes, Reiz – Reizes.

1. starke Deklination: Maskulinum und Neutrum

	Plural mit ~e	Plural mit Umlaut + e	Plural mit ~er	Plural mit Umlaut + er
Singular				
Nom.	der Tag	der Traum	das Kind	das Dach
Akk.	den Tag	den Traum	das Kind	das Dach
Gen.	des Tag(e)s	des Traum(e)s	des Kind(e)s	des Dach(e)s
Dat.	dem Tag(e)	dem Traum(e)	dem Kind(e)	dem Dach(e)
Plural				
Nom.	die Tage	die Träume	die Kinder	die Dächer
Akk.	die Tage	die Träume	die Kinder	die Dächer
Gen.	der Tage	der Träume	der Kinder	der Dächer
Dat.	den Tagen	den Träumen	den Kindern	den Dächern

	Plural mit ~s	Plural ohne Endung	Plural mit Umlaut
Singular			
Nom.	das Auto	der Tischler	der Vogel
Akk.	das Auto	den Tischler	den Vogel
Gen.	des Autos	des Tischlers	des Vogels
Dat.	dem Auto	dem Tischler	dem Vogel
Plural			
Nom.	die Autos	die Tischler	die Vögel
Akk.	die Autos	die Tischler	die Vögel
Gen.	der Autos	der Tischler	der Vögel
Dat.	den Autos	den Tischlern	den Vögeln

2. starke Deklination: Femininum

	Plural mit Umlaut + „e"	Plural ohne Endung	Plural mit „-s"
Singular			
Nom.	die Wand	die Mutter	die Bar
Akk.	die Wand	die Mutter	die Bar
Gen.	der Wand	der Mutter	der Bar
Dat.	der Wand	der Mutter	der Bar
Plural			
Nom.	die Wände	die Mütter	die Bars
Akk.	die Wände	die Mütter	die Bars
Gen.	der Wände	der Mütter	der Bars
Dat.	den Wänden	den Müttern	den Bars

3. schwache Deklination: Maskulinum

Singular			
Nom.	der Bauer	der Bär	der Hase
Akk.	den Bauern	den Bären	den Hasen
Gen.	des Bauern	des Bären	des Hasen
Dat.	dem Bauern	dem Bären	dem Hasen

Plural			
Nom.	die Bauern	die Bären	die Hasen
Akk.	die Bauern	die Bären	die Hasen
Gen.	der Bauern	der Bären	der Hasen
Dat.	den Bauern	den Bären	den Hasen

4. schwache Deklination: Femininum

Singular				
Nom.	die Uhr	die Feder	die Gabe	die Ärztin
Akk.	die Uhr	die Feder	die Gabe	die Ärztin
Gen.	der Uhr	der Feder	der Gabe	der Ärztin
Dat.	der Uhr	der Feder	der Gabe	der Ärztin

Plural				
Nom.	die Uhren	die Federn	die Gaben	die Ärztinnen
Akk.	die Uhren	die Federn	die Gaben	die Ärztinnen
Gen.	der Uhren	der Federn	der Gaben	der Ärztinnen
Dat.	den Uhren	den Federn	den Gaben	den Ärztinnen

5. gemischte Deklination: Maskulinum und Femininum

Im Singular wird in der gemischten Deklination
wie ein starkes Substantiv und im Plural wie ein
schwaches Substantiv dekliniert.

Singular				
Nom.	das Auge	das Ohr	der Name	das Herz
Akk.	das Auge	das Ohr	den Namen	das Herz
Gen.	des Auges	des Ohr(e)s	des Namens	des Herzens
Dat.	dem Auge	dem Ohr(e)	dem Namen	dem Herzen

Plural				
Nom.	die Augen	die Ohren	die Namen	die Herzen
Akk.	die Augen	die Ohren	die Namen	die Herzen
Gen.	der Augen	der Ohren	der Namen	der Herzen
Dat.	den Augen	den Ohren	den Namen	den Herzen

6. Deklination der Adjektive

	Maskulinum	
Singular		
Nom.	der Reisende	ein Reisender
Akk.	den Reisenden	einen Reisenden
Gen.	des Reisenden	eines Reisenden
Dat.	dem Reisenden	einem Reisenden
Plural		
Nom.	die Reisenden	Reisende
Akk.	die Reisenden	Reisende
Gen.	der Reisenden	Reisender
Dat.	den Reisenden	Reisenden

	Femininum	
Singular		
Nom.	die Reisende	eine Reisende
Akk.	die Reisende	eine Reisende
Gen.	der Reisenden	einer Reisenden
Dat.	der Reisenden	einer Reisenden
Plural		
Nom.	die Reisenden	Reisende
Akk.	die Reisenden	Reisende
Gen.	der Reisenden	Reisender
Dat.	den Reisenden	Reisenden

	Neutrum	
Singular		
Nom.	das Neugeborene	ein Neugeborenes
Akk.	das Neugeborene	ein Neugeborenes
Gen.	des Neugeborenen	eines Neugeborenen
Dat.	dem Neugeborenen	einem Neugeborenen
Plural		
Nom.	die Neugeborenen	Neugeborene
Akk.	die Neugeborenen	Neugeborene
Gen.	der Neugeborenen	Neugeborener
Dat.	den Neugeborenen	Neugeborenen

7. Deklination der Eigennamen

Der Genitiv von Eigennamen wird durch verschiedene Regeln bestimmt:

Eigenname mit Artikel	Eigenname ohne Artikel	Eigenname Endung auf „s", „ß", „x", „z"	mehrere Eigennamen in Folge	Eigenname mit Apposition
bleibt unverändert	bekommt ein „s"	bekommt einen Apostroph	bekommt am Ende ein „s"	wird wie ein Substantiv dekliniert
des Aristoteles	Marias Auto	Aristoteles' (Schriften)	Johann Sebastian Bachs (Musik)	Nom.: Karl der Große
des (schönen) Berlin	die Straßen Berlins	die Straßen Calais'		Akk.: Karl den Großen
				Gen.: Karls des Großen
				Dat.: Karl dem Großen

Familiennamen bekommen ein „-s" im Plural:

die Schneiders.

Endet ein Familienname auf „s", „ß", „x" oder „z", wird „-ens" angehängt:

die Schmitzens.

Die Eigennamen von Straßen, Gebäuden, Firmen, Schiffen, Zeitungen und Institutionen werden immer dekliniert.

Adjektive

Steht ein Adjektiv vor einem Substantiv, muss es in **Genus, Kasus und Numerus** mit dem Substantiv übereinstimmen. Wie bei den Substantiven unterscheidet man bei der Deklination der Adjektive stark, schwach und gemischt.

1. stark

- bei Adjektiv + Substantivkombinationen ohne Artikel;

- wenn ein Adjektiv vor einem Substantiv steht, ohne dass sich das Genus ablesen lässt:

  mehrere liebe Kinder, manch guter Wein.

- nach Kardinalzahlen und *ein paar, ein bisschen:*

  Sie hörte zwei laute Schritte.

  Wir machen eine Reise mit ein paar guten Freunden.

  Mit einem bisschen guten Willen schaffst du das.

Beispiele für das Maskulinum („m"), Femininum („f") und das Neutrum („nt"):

	m	f	nt
Singular			
Nom.	guter Wein	schöne Frau	liebes Kind
Akk.	guten Wein	schöne Frau	liebes Kind
Gen.	guten Wein(e)s	schönen Frau	lieben Kindes
Dat.	gutem Wein(e)	schönen Frau	liebem Kind(e)

	m	f	nt
Plural			
Nom.	gute Weine	schöne Frauen	liebe Kinder
Akk.	gute Weine	schöne Frauen	liebe Kinder
Gen.	guter Weine	schöner Frauen	lieber Kinder
Dat.	guten Weinen	schönen Frauen	lieben Kindern

2. schwach

- bei Adjektiv + Substantivkombinationen mit dem bestimmten Artikel *der, die, das*

- bei Pronomen, die das Genus des Substantivs anzeigen   *diese(r), folgende(r), jede(r), welche(s, r)*

	m	f	nt
Singular			
Nom.	der gute Wein	die schöne Frau	das liebe Kind
Akk.	den guten Wein	die schöne Frau	das liebe Kind
Gen.	des guten Wein(e)s	der schönen Frau	des lieben Kindes
Dat.	dem guten Wein	der schönen Frau	dem lieben Kind
Plural			
Nom.	die guten Weine	die schönen Frauen	die lieben Kinder
Akk.	die guten Weine	die schönen Frauen	die lieben Kinder
Gen.	der guten Weine	der schönen Frauen	der lieben Kinder
Dat.	den guten Weinen	den schönen Frauen	den lieben Kindern

3. gemischt

- bei Adjektiv + Substantiv-Kombinationen mit dem unbestimmten Artikel *ein, kein* (bei männlichen und sächlichen Substantiven im Singular)
- und den Possessivpronomen *mein, dein, sein, unser, euer, ihr:*

	m	nt
Singular		
Nom.	ein guter Wein	ein liebes Kind
Akk.	einen guten Wein	ein liebes Kind
Gen.	eines guten Wein(e)s	eines lieben Kindes
Dat.	einem guten Wein(e)	einem lieben Kind

4. Adjektive auf „-abel", „-ibel", „-el"

Dekliniert verlieren diese Adjektive das „-e":

	miserabel	penibel	heikel
Singular			
Nom.	ein miserabler Stil	eine penible Frau	ein heikles Problem
Akk.	einen miserablen Stil	eine penible Frau	ein heikles Problem
Gen.	eines miserablen Stils	einer peniblen Frau	eines heiklen Problems
Dat.	einem miserablen Stil	einer peniblen Frau	einem heiklen Problem

	miserabel	penibel	heikel
Plural			
Nom.	miserable Stile	penible Frauen	heikle Probleme
Akk.	miserable Stile	penible Frauen	heikle Probleme
Gen.	miserabler Stile	penibler Frauen	heikler Probleme
Dat.	miserablen Stilen	peniblen Frauen	heiklen Problemen

5. Adjektive auf „-er", „-en"

– behalten gewöhnlich das „-e" in der deklinierten Form, aber nicht in gehobenem Stil:

finster	seine finstren Züge

Das trifft auch auf Adjektive zu, die Fremdwörter sind:

makaber	eine makabre Geschichte
integer	ein integrer Beamter

6. Adjektive auf „-auer", „- euer"

– verlieren normalerweise das „e" in der deklinierten Form:

sauer	saure Gurken
teuer	ein teures Geschenk

7. Adjektive auf „-ß"

– behalten das „ß" nach einem langen Vokal:

groß	mein großer Bruder
bloß	eine bloße Freundschaft

Komparation der Adjektive

	m	f	nt
Positiv	schön	schöne	schönes
Komparativ	schöner	schönere	schöneres
Superlativ	der schönste	die schönste	das schönste

Benutzt man die Komparativ-/Superlativformen im Akkusativ, Genitiv oder Dativ, gelten die gleichen Regeln wie für ein Adjektiv in der Grundform vor einem Substantiv.

der Garten mit den schönsten Blumen (Dativ, Plural)

Ausnahmen:

1. Adjektive und Adverbien erhalten ein „e" vor der Superlativ-Endung, wenn:

  – sie nur aus einer Silbe bestehen
  – die letzte Silbe betont ist
  – die Endung „-s", „-ß", „-st", „-x", „-z" lautet
  – die Endung „-d", „-t", „-sch" lautet:

spitz	Adj.	spitze(r,s)
	Adv.	am spitzesten
beliebt	Adj.	beliebteste(r, s)
	Adv.	am beliebtesten

Das gilt auch für zusammengesetzte Adjektive und Adverbien sowie solche mit einem Präfix, unabhängig von der Betonung:

unsanft	Adj.	unsanfteste(r, s)
	Adv.	am unsanftesten

2. Einsilbige Adjektive, deren Wurzelvokal „a", „o", oder „u" ist, erhalten einen Umlaut in den Komparativ- und Superlativformen:

arm	ärmer	ärmste(r, s)
groß	größer	größte(r, s)
klug	klüger	klügste(r, s)

3. Die folgenden Adjektivgruppen haben nie einen Umlaut in den Komparativ- und Superlativformen:

– diejenigen mit dem Diphthong „-au":

faul	fauler	faulste(r, s)
kraus	krauser	krauseste(r, s)
schlau	schlauer	schlaueste(r, s)

– diejenigen mit den Suffixen „-bar", „-haft", „-ig", „-lich", „-sam":

dankbar	dankbarer	dankbarste(r, s)
schwatz-haft	schwatz-hafter	schwatz-hafteste(r, s)
schattig	schattiger	schattigste(r, s)
stattlich	stattlicher	stattlichste(r, s)
sorgsam	sorgsamer	sorgsamste(r, s)

– Adjektive, die auch Partizipien sind:

überrascht	überraschter	überraschteste(r, s)

– Fremdwort-Adjektive:

banal	banaler	banalste(r, s)
interessant	interessanter	interessanteste(r, s)
grandios	grandioser	grandioseste(r, s)

– unregelmäßige Komparativ-/Superlativformen der Adjektive und Adverbien:

gut	besser	beste(r, s)
viel	mehr	meiste(r, s)
gern	lieber	am liebsten
bald	eher	am ehesten

Adverbien

Wird ein Adjektiv als Adverb benutzt, bleibt es unverändert:

Er singt gut.
Sie schreibt schön.
Er läuft schnell.

Die Regeln für die Komparation des Adverbs entsprechen denen der Adjektive:

Er singt besser.
Sie schreibt schöner.
Er läuft schneller.

Die meisten Adverbien bilden den Superlativ nach dem Muster „am ...sten":

Er singt am besten.
Sie schreibt am schönsten.
Er läuft am schnellsten.

Verben

Präsens

Im Deutschen dient das Präsens dazu, eine Handlung auszudrücken, die sich in der Gegenwart vollzieht. Das Präsens steht unter anderem auch, um eine allgemeingültige Aussage sowie ein zukünftiges Ereignis zu bezeichnen:

„Was machst du?" – „Ich lese".

Die Erde dreht sich um die Sonne.

Morgen fliege ich nach Rom.

1. regelmäßige Verben (schwache Konjugation)

	machen	legen	sagen	sammeln
ich	mache	lege	sage	sammle
du	machst	legst	sagst	sammelst
er sie es	macht	legt	sagt	sammelt
wir	machen	legen	sagen	sammeln
ihr	macht	legt	sagt	sammelt
sie	machen	legen	sagen	sammeln

Verben auf „s", „ss", „ß" und „z":

	rasen	passen	grüßen	reizen
ich	rase	passe	grüße	reize
du	rast	passt	grüßt	reizt
er sie es	rast	passt	grüßt	reizt
wir	rasen	passen	grüßen	reizen
ihr	rast	passt	grüßt	reizt
sie	rasen	passen	grüßen	reizen

Verben auf „d" oder „t" sowie solche mit einem der Konsonanten „m" oder „n" im Wortinnern erhalten ein „-e" in der 2. Person Singular:

	reden	wetten	atmen	trocknen
ich	rede	wette	atme	trockne
du	redest	wettest	atmest	trocknest
er sie es	redet	wettet	atmet	trocknet
wir	reden	wetten	atmen	trocknen
ihr	redet	wettet	atmet	trocknet
sie	reden	wetten	atmen	trocknen

Verben, deren Stamm auf ein unbetontes „-e" oder „-er" endet, haben in der ersten Person Singular kein „-e":

angeln	ich angle
zittern	ich zittre

2. Unregelmäßige Verben (starke Konjugation) verändern gewöhnlich ihren Stammvokal:

	tragen	blasen	laufen	essen
ich	trage	blase	laufe	esse
du	trägst	bläst	läufst	isst
er				
sie	trägt	bläst	läuft	isst
es				
wir	tragen	blasen	laufen	essen
ihr	tragt	blast	lauft	esst
sie	tragen	blasen	laufen	essen

Präteritum

Das Präteritum drückt ein vergangenes Ereignis aus:	Letztes Jahr reisten wir nach Spanien.

1. regelmäßige Verben

	machen	sammeln	grüßen	reizen
ich	machte	sammelte	grüßte	reizte
du	machtest	sammeltest	grüßtest	reiztest
er				
sie	machte	sammelte	grüßte	reizte
es				
wir	machten	sammelten	grüßten	reizten
ihr	machtet	sammeltet	grüßtet	reiztet
sie	machten	sammelten	grüßten	reizten

Verben auf „d", „t", einem Konsonanten + „m"
oder einem Konsonanten + „n":

	reden	wetten	atmen	trocknen
ich	redete	wettete	atmete	trocknete
du	redetest	wettetest	atmetest	trocknetest
er				
sie	redete	wettete	atmete	trocknete
es				
wir	redeten	wetteten	atmeten	trockneten
ihr	redetet	wettetet	atmetet	trocknetet
sie	redeten	wetteten	atmeten	trockneten

2. unregelmäßige Verben

	tragen	blasen	laufen	essen
ich	trug	blies	lief	aß
du	trugst	bliest	liefst	aßt
er				
sie	trug	blies	lief	aß
es				
wir	trugen	bliesen	liefen	aßen
ihr	trugt	bliest	lieft	aßt
sie	trugen	bliesen	liefen	aßen

Perfekt

Das Perfekt drückt ein abgeschlossenes Ereignis oder einen abgeschlossenen Zustand in der Vergangenheit aus:

Der Zug ist abgefahren.
Heute Nacht hat es geregnet.

Das Perfekt wird mit der Präsensform der Hilfsverben *haben* oder *sein* und dem Partizip Perfekt gebildet.

1. Verben, die eine Bewegung oder eine Zustandsveränderung ausdrücken, bilden das Perfekt mit *sein*.

	radeln	fahren	verstummen	sterben
ich	bin geradelt	bin gefahren	bin verstummt	bin gestorben
du	bist geradelt	bist gefahren	bist verstummt	bist gestorben
er sie es	ist geradelt	ist gefahren	ist verstummt	ist gestorben
wir	sind geradelt	sind gefahren	sind verstummt	sind gestorben
ihr	seid geradelt	seid gefahren	seid verstummt	seid gestorben
sie	sind geradelt	sind gefahren	sind verstummt	sind gestorben

2. Transitive, reflexive und unpersönliche Verben bilden das Perfekt mit *haben* – wie die meisten intransitiven Verben –, wenn sie einen dauerhaften Zustand ausdrücken.

	legen	sich freuen	regnen	leben
ich	habe gelegt	habe mich gefreut		habe gelebt
du	hast gelegt	hast dich gefreut		hast gelebt
er sie es	hat gelegt	hat sich gefreut	es hat eregnet	hat gelebt
wir	haben gelegt	haben uns gefreut		haben gelebt
ihr	habt gelegt	habt euch gefreut		habt gelebt
sie	haben gelegt	haben sich gefreut		haben gelebt

Bildung des Partizip Perfekts mit oder ohne „-ge-"

Das Partizip Perfekt wird meist gebildet, indem „**ge-**" vor den Verbstamm gesetzt und entweder „**-t**" (bei schwachen Verben) oder „**-en**" (bei starken Verben) angehängt wird. Beim Partizip Perfekt der starken Verben verändert sich gewöhnlich der Vokal des Verbstamms:

bau·en	gebaut
hö·ren	gehört
le·sen	gelesen
sin·gen	gesungen

Bei zusammengesetzten deutschen Verben, die mit einer so genannten trennbaren Vorsilbe gebildet werden, wird „**-ge-**" zwischen die Vorsilbe und den Verbstamm gesetzt:

auf|bau·en	aufgebaut
zu|hö·ren	zugehört
vor|le·sen	vorgelesen

Wichtig: Eine große Zahl von Verben bildet das
Partizip Perfekt ohne „ge-".

Die meisten dieser Verben gehören mit sehr
wenigen Ausnahmen zu den folgenden Gruppen:

1. <ohne „ge-">: alle Verben auf „-ieren"

mar·schie·ren	marschierte	(ist) marschiert
pro·bie·ren	probierte	(hat) probiert

__Anmerkung:__ Diese Verben bilden das Partizip
Perfekt auch dann ohne „ge-", wenn sie ein trennbares (betontes) Präfix enthalten.

ab|mar·schie·ren	marschierte ab	(ist) abmar-schiert
aus|pro·bie·ren	probierte aus	(hat) auspro-biert

2. <ohne „ge-">: alle Verben, die mit einem der
   folgenden, immer unbetonten Präfixe beginnen

„be-", „emp-", „ent-", „er-", „ge-", „ver-",
„zer-"

be·bau·en	bebaute	(hat) bebaut
er·hö·ren	erhörte	(hat) erhört
ge·stal·ten	gestaltete	(hat) gestaltet
ver·lan·gen	verlangte	(hat) verlangt

Verben mit einem nicht-trennbaren Präfix
gehören ebenfalls zu dieser Gruppe:

um·ge·hen	umging	(hat) umgangen
un·ter·su·chen	untersuchte	(hat) untersucht
über·set·zen	übersetzte	(hat) übersetzt

__Anmerkung:__ Diese Verben bilden das Partizip
Perfekt auch dann ohne „ge-", wenn sie ein trennbares betontes Präfix enthalten.

um|ge·stal·ten	gestaltete um	(hat) umgestaltet
ab|ver·lan·gen	verlangte ab	(hat) abverlangt
zu·rück|über·set·zen	übersetzte zurück	(hat) zurücküber-setzt

Einige wenige Verben, die in keine der beiden
Gruppen fallen, z. B. *miauen, trompeten, stibit-
zen*), bilden ebenfalls das Partizip Perfekt ohne
„ge-".

Plusquamperfekt

Mit dem Plusquamperfekt wird eine Handlung
bezeichnet, die bereits abgeschlossen war, als
sich eine andere Handlung ereignete.

Als er im Kino ankam, hatte der Film schon
begonnen.

Man bildet es mit dem Imperfekt von *haben* oder
sein und dem Partizip Perfekt.

	fahren	**sterben**	**legen**	**leben**
ich	war gefahren	war gestorben	hatte gelegt	hatte gelebt
du	warst gefahren	warst gestorben	hattest gelegt	hattest gelebt
er				
sie	war gefahren	war gestorben	hatte gelegt	hatte gelebt
es				
wir	waren gefahren	waren gestorben	hatten gelegt	hatten gelebt
ihr	wart gefahren	wart gestorben	hattet gelegt	hattet gelebt
sie	waren gefahren	waren gestorben	hatten gelegt	hatten gelebt

Futur

Mit dem Futur wird etwas ausgedrückt, das in der Zukunft geschehen wird oder sich auf die Zukunft bezieht.

| Morgen wird es schneien. |
| Er wird noch im Urlaub sein. |
| Ich werde dich immer lieben. |

Es wird gebildet mit dem Präsens des Hilfsverbs *werden* und dem Infinitiv des Hauptverbs:

	legen	fahren	sein	haben	können
ich	werde legen	werde fahren	werde sein	werde haben	werde können
du	wirst legen	wirst fahren	wirst sein	wirst haben	wirst können
er					
sie	wird legen	wird fahren	wird sein	wird haben	wird können
es					
wir	werden legen	werden fahren	werden sein	werden haben	werden können
ihr	werdet legen	werdet fahren	werdet sein	werdet haben	werdet können
sie	werden legen	werden fahren	werden sein	werden haben	werden können

Konjunktiv I

Der Konjunktiv I wird aus dem Verbstamm gebildet, an den die Endungen „-e", „-est", „-e", „-en", „-et", „-en" angehängt werden.

Er drückt indirekte Rede aus:

| Kannst du mir helfen? | (direkte Rede) |
| Er fragt sie, ob sie ihm helfen könne. | (indirekte Rede) |

Manche unregelmäßige Verben haben einen Umlaut oder Vokalwechsel im **Indikativ, aber nicht im Konjunktiv I**:

Infinitiv	Präsens Indikativ	Konjunktiv I
fallen	du fällst	du fallest
geben	du gibst	du gebest

Außer in der indirekten Rede wird der Konjunktiv I unter anderem auch in einigen festen Ausdrücken verwendet:

| Er lebe hoch! |
| Gott sei Dank! |
| Man nehme Salz, Mehl und Butter ... |

	legen	küssen	reden
ich	lege	küsse	rede
du	legst	küssest	redest
er			
sie	lege	küsse	rede
es			
wir	legen	küssen	reden
ihr	leget	küsset	redet
sie	legen	küssen	reden

Konjunktiv I der Hilfsverben *sein, haben* und *werden*:

	sein	haben	werden
ich	sei	habe	werde
du	seist	habest	werdest
er sie es	sei	habe	werde
wir	seien	haben	werden
ihr	seiet	habet	werdet
sie	seien	haben	werden

Konjunktiv I der Modalverben:

	können	dürfen	mögen	müssen	sollen	wollen
ich	könne	dürfe	möge	müsse	solle	wolle
du	könnest	dürfest	mögest	müssest	sollest	wollest
er sie es	könne	dürfe	möge	müsse	solle	wolle
wir	können	dürfen	mögen	müssen	sollen	wollen
ihr	könn(e)t	dürf(e)t	mög(e)t	müss(e)t	soll(e)t	woll(e)t
sie	können	dürfen	mögen	müssen	sollen	wollen

Konjunktiv II

Der Konjunktiv II wird gebildet aus dem Stamm des Präteritums des Verbs und den Endungen „-e", „-(e)st", „-e", „-en", „-(e)t", „-en".

Bei regelmäßigen Verben ist der Konjunktiv II identisch mit dem Indikativ Präteritum; unregelmäßige Verben mit „i" oder „ie" in den Imperfektformen behalten diese im Konjunktiv II bei.

Der Konjunktiv II drückt hypothetische Aussagen sowie Vergleiche aus und dient auch als Höflichkeitsform:

Wenn ich Zeit hätte, ginge ich mit dir ins Kino.

Die Leiter schwankte so, als fiele sie gleich um.

Könnten Sie uns bitte eine Auskunft geben?

	gehen/ging	rufen/rief	greifen/griff
ich	ginge	riefe	griffe
du	ging(e)st	rief(e)st	griff(e)st
er sie es	ginge	riefe	griffe
wir	gingen	riefen	griffen
ihr	ging(e)t	rief(e)t	griff(e)t
sie	gingen	riefen	griffen

Verben mit den Vokalen „*a*", „*o*" und „*u*" im Indikativ Präteritum haben im Konjunktiv II einen Umlaut:

	singen / sang	fliegen /flog	fahren /fuhr	sein / war	haben / hatte	werden / wurde
ich	sänge	flöge	führe	wäre	hätte	würde
du	säng(e)st	flög(e)st	führ(e)st	wär(e)st	hättest	würdest
er sie es	sänge	flöge	führe	wäre	hätte	würde
wir	sängen	flögen	führen	wären	hätten	würden
ihr	säng(e)t	flög(e)t	führ(e)t	wär(e)t	hättet	würdet
sie	sängen	flögen	führen	wären	hätten	würden

Konditionalsätze

Ein Konditionalsatz beginnt oft mit „wenn". Er drückt etwas aus, das geschehen könnte, wenn bestimmte Bedingungen erfüllt wären und wird mit dem Konjunktiv II von *werden* sowie dem Infinitiv des Hauptverbs gebildet.

Wenn ihr uns einladen würdet, würden wir kommen.

	legen	fahren
ich	würde legen	würde fahren
du	würdest legen	würdest fahren
er sie es	würde legen	würde fahren
wir	würden legen	würden fahren
ihr	würdet legen	würdet fahren
sie	würden legen	würden fahren

Imperativ

Der Imperativ drückt eine Forderung, Bitte oder Warnung aus und wird mit der zweiten Person Singular oder Plural gebildet:

1. Regelmäßige Verben hängen an den Stamm ein „-e" im Singular an.

2. Die Pluralform des Imperativs ist identisch mit der zweiten Person Plural Präsens Indikativ.

Bei der höflichen Form mit *Sie* steht das Verb vor dem Subjekt:

Sie schreiben einen Brief.	(eine Feststellung/ Indikativ)
Schreiben Sie einen Brief!	(eine Aufforderung/ Imperativ)

Infinitive	Singular	Plural	höfliche Form
schreiben	schreibe	schreibt	schreiben Sie
singen	singe	singt	singen Sie
trinken	trinke	trinkt	trinken Sie
atmen	atme	atmet	atmen Sie
reden	rede	redet	reden Sie

<u>Ausnahmen</u>: Bei Verben auf „*-eln*", „*-ern*" kann das „*-e*" im Singular ausfallen.

Infinitive	Singular	Plural	höfliche Form
sammeln	samm(e)le	sammelt	sammeln Sie
fördern	förd(e)re	fördert	fördern Sie
handeln	hand(e)le	handelt	handeln Sie

Endet der Verbstamm auf „-m" oder „-n" und
steht vor ihm ein „h", „l", „m", „n" oder „r", kann
das „-e" im Singular ausfallen.

Infinitive	Singular	Plural	höfliche Form
rühmen	rühm(e)	rühmt	rühmen Sie
qualmen	qualm(e)	qualmt	qualmen Sie
kämmen	kämm(e)	kämmt	kämmen Sie
rennen	renn(e)	rennt	rennen Sie
lernen	lern(e)	lernt	lernen Sie

Steht allerdings ein anderer Konsonant vor dem „-m" oder „-n", muss das „-e" erhalten bleiben:	atme, rechne.

Unregelmäßige Verben ohne Vokalwechsel zu „-i"
oder „-ie" im Präsens bilden den Imperativ nach
denselben Regeln wie regelmäßige Verben:

Infinitiv	Singular	Plural
lesen	lies	lest
werfen	wirf	werft
essen	iss	esst
sehen	sieh	seht

Bildung der Hilfsverben *sein, haben* und *werden:*

Infinitiv	Singular	Plural
sein	sei	seid
haben	habe	habt
werden	werde	werdet

Aktiv und Passiv

Im Aktivsatz führt das Subjekt die Handlung aus.
Im Passivsatz wird das Subjekt von einer Handlung betroffen.

Die Parlamentarier wählen den Präsidenten.	(Aktiv)
Der Präsident wird von den Parlamentariern gewählt.	(Passiv)

Das Passiv wird mit *werden* und dem Partizip
Perfekt gebildet.

Präsens	ich werde geliebt	ich werde geschlagen
Präteritum	ich wurde geliebt	ich wurde geschlagen

Hilfsverben *haben, sein* und *werden:*

Diese Verben werden so bezeichnet, weil man mit
ihrer „Hilfe" bestimmte Zeitformen, z. B. Perfekt,
Plusquamperfekt und Futur, bilden kann.

Präsens

	sein	haben	werden
ich	bin	habe	werde
du	bist	hast	wirst
er sie es	ist	hat	wird
wir	sind	haben	werden
ihr	seid	habt	werdet
sie	sind	haben	werden

Partizip Präsens:

Das Partizip Präsens wird durch Anhängen von „-d" an den Infinitiv gebildet.

singend, lachend

Er saß in der Bade- wanne und sang.	Er saß *singend* in der Badewanne.
Sie öffnete die Tür und lachte.	Sie öffnete *lachend* die Tür.

Partizip Perfekt:

Das Partizip Perfekt der regelmäßigen Verben wird nach der folgenden Regel gebildet:

	Präfix	+ Stamm	+ Endung
machen	„ge"	+ mach	+ „t"

legen	*ge* legt
sagen	*ge* sagt
vierteln	*ge* viertelt
rasen	*ge* rast
hassen	*ge* hasst
küssen	*ge* küsst
reizen	*ge* reizt
reden	*ge* redet
wetten	*ge* wettet
trocknen	*ge* trocknet

Verben auf „*-ieren*" lassen das Präfix „*ge-*" aus , auch solche mit den Präfixen „*be-*", „*em-*", „*ent-*", „*er-*", „*ver-*" und „*zer-*":

	Stamm	+ Endung
manöv*rieren***	manövrier	+ t

*em*pören*	empört
*ent*giften*	entgiftet
*er*setzen*	ersetzt
*ver*trösten*	vertröstet
*zer*reden*	zerredet

Zusammengesetzte Verben mit einer Bedeutung, bei der die Vorsilbe nicht abtrennbar ist, stehen ebenfalls ohne „*ge-*":

übersetzen*	übersetzt
durchwaten*	durchwatet
unterlegen*	unterlegt
umarmen*	umarmt

Das Partizip Perfekt trennbarer zusammengesetzter Verben wird nach der folgenden Regel
gebildet:

Präfix Verb	+	Präfix Part.P. „ge-"	+	Verbstamm	+	Endung „t"
durch	+	ge	+	mach	+	t

anbeten	angebetet
überschnappen	übergeschnappt
umdeuten	umgedeutet

Pronomen

Im Deutschen werden Pronomen wie Artikel,
Substantive, Adjektive und Adverbien dekliniert.

1. Das Personalpronomen

Nominativ	Akkusativ	Genitiv	Dat.
ich	mich	meiner	mir
du	dich	deiner	dir
er	ihn	seiner	ihm
sie	sie	ihrer	ihr
es	es	seiner	ihm
wir	uns	unser	uns
ihr	euch	euer	euch
sie	sie	ihrer	ihnen

2. Das Reflexivpronomen

Ein Reflexivpronomen bezieht sich auf das Satz-
subjekt und muss mit dem Subjekt in Kasus und
Numerus übereinstimmen.

ich wasche mich
du wäschst dich
er/sie/es wäscht sich
wir waschen uns
ihr wascht euch
sie waschen sich

3. Das Possessivpronomen

Ein Possessivpronomen drückt Besitz aus und
muss in Kasus, Genus und Numerus mit dem Substantiv übereinstimmen, auf das es sich bezieht.

a)   Adjektivgebrauch:

	m	f	nt	pl
1. Person Singular				
Nom.	mein	meine	mein	meine
Akk.	meinen	meine	mein	meine
Gen.	meines	meiner	meines	meiner
Dat.	meinem	meiner	meinem	meinen
2. Person Singular				
	dein	deine	dein	deine
		dekliniert wie *mein*		
3. Person Singular				
	sein	seine	sein	seine
		dekliniert wie *mein*		

	m	f	nt	pl
3. Person Singular				
	ihr	ihre	ihr	ihre
			dekliniert wie *mein*	
3. Person Singular				
	sein	seine	sein	seine
			dekliniert wie *mein*	
1. Person Plural				
Nom.	unser	uns(e)re	unser	uns(e)re
Akk.	uns(e)ren	uns(e)re unsern	unser	uns(e)re
Gen.	uns(e)res	uns(e)rer	uns(e)res	uns(e)rer
Dat.	uns(e)rem	uns(e)rer unserm	uns(e)rem	uns(e)ren unserm
2. Person Plural				
Nom.	euer	eure	euer	eure
Akk.	euren	eure	euer	eure
Gen.	eures	eurer	eures	eurer
Dat.	eurem	eurer	eurem	euren
3. Person Plural				
Nom.	ihr	ihre	ihr	ihre
Akk.	ihren	ihre	ihr	ihre
Gen.	ihres	ihrer	ihres	ihrer
Dat.	ihrem	ihrer	ihrem	ihren

b)   Substantivgebrauch:

	m	f	nt	pl
1. P. Sing.	meiner	meine	mein(e)s	meine
2. P. Sing	deiner	deine	dein(e)s	deine
3. P. Sing. m, nt	seiner	seine	sein(e)s	seine
3. P. Sing. f	ihrer	ihre	ihr(e)s	ihre
1. P. Pl.	uns(e)rer	uns(e)re	uns(e)res	uns(e)re
2. P. Pl.	eurer	eure	eures, euers	eure
3. P. Pl.	ihrer	ihre	ihr(e)s	ihre

4. Das Demonstrativpronomen

Ein Demonstrativpronomen zeigt an, von welcher
Person oder Sache die Rede ist.

	m	f	nt	Plural
Nom.	dieser	diese	dieses	diese
Akk.	diesen	diese	dieses	diese
Gen.	dieses	dieser	dieses	dieser
Dat.	diesem	dieser	diesem	diesen
Nom.	jener	jene	jenes	jene
Akk.	jenen	jene	jenes	jene
Gen.	jenes	jener	jenes	jener
Dat.	jenem	jener	jenem	jenen

	m	f	nt	Plural
Nom.	derjenige	diejenige	dasjenige	diejenigen
Akk.	denjenigen	diejenige	dasjenige	diejenigen
Gen.	desjenigen	derjenigen	desjenigen	derjenigen
Dat.	demjenigen	derjenigen	demjenigen	denjenigen
Nom.	derselbe	dieselbe	dasselbe	dieselben
Akk.	denselben	dieselbe	dasselbe	dieselben
Gen.	desselben	derselben	desselben	derselben
Dat.	demselben	derselben	demselben	denselben

Der bestimmte Artikel *der, die, das* wird auch als Demonstrativpronomen benutzt.

5. Das Relativpronomen

Die häufigsten Relativpronomina sind *der, die, das*. Seltener sind *welcher, welche, welches*.

Er liest das Buch, das/welches er sich gestern gekauft hat.

Alle Relativpronomina leiten einen Nebensatz ein. Relativpronomina müssen in Genus und Numerus mit dem Substantiv übereinstimmen, auf das sie sich beziehen:

	m	f	nt	Plural
Nom.	welcher	welche	welches	welche
Akk.	welchen	welche	welches	welche
Gen.	dessen	deren	dessen	deren
Dat.	welchem	welcher	welchem	welchen

Wer und *was* können ebenfalls als Relativpronomina benutzt werden:

Wer das behauptet, lügt.
Mach doch, was du willst!

6. Das Interrogativpronomen

Beim Interrogativpronomen wird zwischen Person und Sache unterschieden.

Es kommt nur im Singular vor.

	Person	Sache
Nom.	*Wer* spielt mit?	*Was* ist das?
Akk.	*Wen* liebst du?	*Was* höre ich da?
Gen.	*Wessen* Haus ist das?	
Dat.	*Wem* gehört das Haus?	

Die Interrogativpronomina *welcher, welche* und *welches* werden benutzt, um nach einer bestimmten Person oder Sache unter mehreren zu fragen.

Welche Schuhe soll ich nehmen?	(die braunen oder die schwarzen?)
Mit welchem Bus kommst du?	(dem um 16 oder 17 Uhr?)
Welches Eis schmeckt dir besser?	(Erdbeer- oder Schokolade(n)eis?)

	m	f	nt	Plural
Nom.	welcher	welche	welches	welche
Akk.	welchen	welche	welches	welche
Gen.	welches	welcher	welches	welcher
Dat.	welchem	welcher	welchem	welchen

Präpositionen

+ Akkusativ:	bis	durch
	für	gegen
	je	ohne
	pro	um
	wider	
+ Dat.:	ab	aus
	außer	bei
	binnen	entgegen
	entsprechend	gegenüber
	gemäß	mit
	nach	nächst
	nahe	nebst
	samt	seit
	von	zu
	zufolge	zuwider
+ Akkusativ/Dat.*:	an	auf
	entlang	hinter
	in	neben
	über	unter
	vor	zwischen

* Im Zusammenhang mit Bewegung und Richtungsänderung wird der Akkusativ benutzt (Wohin?).

Im Zusammenhang mit einer Ortsangabe wird der Dativ benutzt (Wo?):

Er hängt die Uhr an die Wand.	(Wohin?)
Die Uhr hängt an der Wand.	(Wo?)

Einige Präpositionen können mit der entsprechenden Form des bestimmten Artikels verschmolzen werden:

an/in	+ dem	wird zu	am/im
bei	+ dem	wird zu	beim
von	+ dem	wird zu	vom
zu	+ dem/der	wird zu	zum/zur
an/in	+ das	wird zu	ans/ins

Liste der wichtigsten unregelmäßigen Verben

Die unregelmäßigen Formen der mit *auf-*, *ab-*, *be-*, *er-*, *zer-* usw. präfigierten Verben entsprechen denen ihrer Grundform. Neben dem Infinitiv wird zusätzlich die 2. Person Singular angegeben, wenn diese gegenüber der Grundform einen Umlaut aufweist oder eine Vokalveränderung erfährt. Ebenso wird zum Partizip Perfekt das Hilfsverb aufgeführt, mit welchem es gebildet wird.

1. Infinitiv	2. Imperfekt	3. Partizip Perfekt	4. Imperativ – Sing/Pl
backen bäckst, backst	backte	hat gebacken	back[e]/backt
befehlen befiehlst	befahl	hat befohlen	befiehl/befehlt
beginnen	begann	hat begonnen	beginn[e]/beginnt
beißen	biss	hat gebissen	beiß[e]/beißt
bergen birgst	barg	hat geborgen	birg/bergt
bersten birst	barst	ist geborsten	berste/berstet
bewegen	bewog	hat bewogen	beweg[e]/bewegt
biegen	bog	hat/ist gebogen	bieg[e]/biegt
bieten	bot	hat geboten	biet[e]/bietet
binden	band	hat gebunden	bind[e]/bindet
bitten	bat	hat gebeten	bitt[e]/bittet
blasen bläst	blies	hat geblasen	blas[e]/blast
bleiben	blieb	ist geblieben	bleib[e]/bleibt
bleichen	bleichte blich	hat gebleicht hat geblichen	bleich[e]/bleicht
braten brätst	briet	hat gebraten	brat[e]/bratet
brechen brichst	brach	hat/ist gebrochen	brich/brecht
brennen	brannte	hat gebrannt	brenn[e]/brennt
bringen	brachte	hat gebracht	bring/bringt
denken	dachte	hat gedacht	denk[e]/denkt
dreschen drischst	drosch	hat gedroschen	drisch/drescht
dringen	drang	ist gedrungen	dring[e]/dringt
dürfen darfst	durfte	hat gedurft	
empfangen empfängst	empfing	hat empfangen	empfang[e]/empfangt
empfehlen empfiehlst	empfahl	hat empfohlen	empfiehl/empfehlt
empfinden	empfand	hat empfunden	empfind[e]/empfindet
erlöschen erlischst	erlosch	ist erloschen	erlisch/erlöscht
erschrecken erschrickst	erschrak	ist erschrocken	erschrick/erschreckt
essen isst	aß	hat gegessen	iss/esst
fahren fährst	fuhr	hat/ist gefahren	fahr[e]/fahrt

1. Infinitiv	2. Imperfekt	3. Partizip Perfekt	4. Imperativ – Sing/Pl
fallen fällst	fiel	ist gefallen	fall[e]/fallt
fangen fängst	fing	hat gefangen	fang[e]/fangt
fechten fichtst	focht	hat gefochten	ficht/fechtet
finden	fand	hat gefunden	find[e]/findet
flechten flichtst	flocht	hat geflochten	flicht/flechtet
fliegen fliegst	flog	hat/ist geflogen	flieg[e] /
fliehen	floh	ist geflohen	flieh[e]/flieht
fließen	floss	ist geflossen	fließ[e]/fließt
fressen frisst	fraß	hat gefressen	friss/fresst
frieren	fror	hat gefroren	frier[e]/friert
gären	gor gärte	hat/ist gegoren hat/ist gegärt	gär[e]/gärt
gebären gebierst	gebar	hat geboren	gebier[e]/gebärt
geben gibst	gab	hat gegeben	gib/gebt
gedeihen	gedieh	ist gediehen	gedeih[e]/gedeiht
gefallen gefällst	gefiel	hat gefallen	gefall[e]/gefallt
gehen	ging	ist gegangen	geh[e]/geht
gelingen	gelang	ist gelungen	geling[e]/gelingt
gelten giltst	galt	hat gegolten	gelte/geltet
genesen	genas	ist genesen	genese/genest
genießen	genoss	hat genossen	genieß[e]/genießt
geraten gerätst	geriet	ist geraten	gerat[e]/geratet
gerinnen	gerann	ist geronnen	gerinn[e]/gerinnt
geschehen geschieht	geschah	ist geschehen	geschehe/gescheht
gestehen	gestand	hat gestanden	gesteh[e]/gesteht
gewinnen	gewann	hat gewonnen	gewinn[e]/gewinnt
gießen	goss	hat gegossen	gieß[e]/gießt
gleichen	glich	hat geglichen	gleich[e]/gleicht
gleiten	glitt	ist geglitten	gleit[e]/gleitet
glimmen	glomm	hat geglommen	glimm[e]/glimmt
graben gräbst	grub	hat gegraben	grab[e]/grabt
greifen	griff	hat gegriffen	greif[e]/greift
haben hast	hatte	hat gehabt	hab[e]/habt
halten hältst	hielt	hat gehalten	halt[e]/haltet
hängen	hing	hat gehangen	häng[e]/hängt
hauen	haute	hat gehauen	hau[e]/haut
heben	hob	hat gehoben	heb[e]/hebt
heißen	hieß	hat geheißen	heiß[e]/heißt

1. Infinitiv	2. Imperfekt	3. Partizip Perfekt	4. Imperativ – Sing/Pl
helfen hilfst	half	hat geholfen	hilf/helft
kennen	kannte	hat gekannt	kenn[e]/kennt
klingen	klang	hat geklungen	kling[e]/klingt
kneifen	kniff	hat gekniffen	kneif[e]/kneift
kommen	kam	ist gekommen	komm[e]/kommt
können kannst	konnte	hat gekonnt	
kriechen	kroch	ist gekrochen	kriech[e]/kriecht
küren	kürte	hat gekürt	kür[e]/kürt
laden lädst	lud	hat geladen	lad[e]/ladet
lassen lässt	ließ	hat gelassen	lass/lasst
laufen läufst	lief	ist gelaufen	lauf[e]/lauft
leiden	litt	hat gelitten	leid[e]/leidet
leihen	lieh	hat geliehen	leih[e]/leiht
lesen liest	las	hat gelesen	lies/lest
liegen	lag	hat gelegen	lieg[e]/liegt
lügen	log	hat gelogen	lüg[e]/lügt
mahlen	mahlte	hat gemahlen	mahl[e]/mahlt
meiden	mied	hat gemieden	meid[e]/meidet
melken	molk melkte	hat gemolken hat gemelkt	melk[e], milk/melkt
messen misst	maß	hat gemessen	miss/messt
misslingen	misslang	ist misslungen	
mögen magst	mochte	hat gemocht	
müssen musst	musste	hat gemusst	
nehmen nimmst	nahm	hat genommen	nimm/nehmt
nennen	nannte	hat genannt	nenn[e]/nennt
pfeifen	pfiff	hat gepfiffen	pfeif[e]/pfeift
preisen	pries	hat gepriesen	preis[e]/preist
quellen quillst	quoll	ist gequollen	quill/quellt
raten rätst	riet	hat geraten	rat[e]/ratet
reiben	rieb	hat gerieben	reib[e]/reibt
reißen	riss	hat/ist gerissen	reiß/reißt
reiten	ritt	hat/ist geritten	reit[e]/reitet
rennen	rannte	ist gerannt	renn[e]/rennt
riechen	roch	hat gerochen	riech[e]/riecht
ringen	rang	hat gerungen	ring[e]/ringt
rinnen	rann	ist geronnen	rinn[e]/rinnt
rufen	rief	hat gerufen	ruf[e]/ruft
salzen	salzte	hat gesalzen hat gesalzt	salz[e]/salzt

1. Infinitiv	2. Imperfekt	3. Partizip Perfekt	4. Imperativ – Sing/Pl
saufen säufst	soff	hat gesoffen	sauf[e]/sauft
schaffen	schuf	hat geschaffen	schaff[e]/schafft
schallen	schallte scholl	hat geschallt	schall[e]/schallt
scheiden	schied	hat/ist geschieden	scheid[e]/scheidet
scheinen	schien	hat geschienen	schein[e]/scheint
scheißen	schiss	hat geschissen	scheiß[e]/scheißt
schelten schiltst	schalt	hat gescholten	schilt/scheltet
scheren	schor	hat geschoren hat geschert	scher[e]/schert
schieben	schob	hat geschoben	schieb[e]/schiebt
schießen	schoss	hat geschossen	schieß[e]/schießt
schinden	schindete	hat geschunden	schind[e]/schindet
schlafen schläfst	schlief	hat geschlafen	schlaf[e]/schlaft
schlagen schlägst	schlug	hat geschlagen	schlag[e]/schlagt
schleichen	schlich	ist geschlichen	schleich[e]/schleicht
schleifen	schliff	hat geschliffen	schleif[e]/schleift
schließen	schloss	hat geschlossen	schließ[e]/schließt
schlingen	schlang	hat geschlungen	schling[e]/schlingt
schmeißen	schmiss	hat geschmissen	schmeiß[e]/schmeißt
schmelzen schmilzt	schmolz	ist geschmolzen	schmilz/schmelzt
schnauben	schnaubte schnob	hat geschnaubt hat geschnoben	schnaub[e]/schnaubt
schneiden	schnitt	hat geschnitten	schneid[e]/schneidet
schreiben	schrieb	hat geschrieben	schreib[e]/schreibt
schreien	schrie	hat geschrie[e]n	schrei[e]/schreit
schreiten	schritt	ist geschritten	schreit[e]/schreitet
schweigen	schwieg	hat geschwiegen	schweig[e]/schweigt
schwellen schwillst	schwoll	ist geschwollen	schwill/schwellt
schwimmen	schwamm	hat/ist geschwommen	schwimm[e]/schwimmt
schwinden	schwand	ist geschwunden	schwind[e]/schwindet
schwingen	schwang	hat geschwungen	schwing[e]/schwingt
schwören	schwor	hat geschworen	schwör[e]/schwört
sehen siehst	sah	hat gesehen	sieh/seht
sein 1. Präs Sing bin 2. Präs Sing bist 3. Präs Sing ist 1. Präs Pl sind 2. Präs Pl seid 3. Präs Pl sind	war	ist gewesen	sei/seid
senden	sendete CH sandte	hat gesendet CH hat gesandt	send[e]/sendet
sieden	siedete sott	hat gesiedet hat gesotten	sied[e]/siedet
singen	sang	hat gesungen	sing[e]/singt

1. Infinitiv	2. Imperfekt	3. Partizip Perfekt	4. Imperativ – Sing/Pl
sinken	sank	ist gesunken	sink[e]/sinkt
sinnen	sann	hat gesonnen	sinn[e]/sinnt
sitzen	saß	hat gesessen	sitz[e]/sitzt
sollen	sollte	hat gesollt	
spalten	spaltete	hat gespalten	spalt[e]/spaltet
		hat gespaltet	
speien	spie	hat gespie[e]n	spei[e]/speit
spinnen	spann	hat gesponnen	spinn[e]/spinnt
sprechen	sprach	hat gesprochen	sprich/sprecht
sprichst			
sprießen	spross	ist gesprossen	sprieß[e]/sprießt
	sprießte	ist gesprießt	
springen	sprang	ist gesprungen	spring[e]/springt
stechen	stach	hat gestochen	stich/stecht
stichst			
stecken	steckte	hat gesteckt	steck[e]/steckt
	stak		
stehen	stand	hat gestanden	steh[e]/steht
stehlen	stahl	hat gestohlen	stiehl/stehlt
stiehlst			
steigen	stieg	ist gestiegen	steig[e]/steigt
sterben	starb	ist gestorben	stirb/sterbt
stirbst			
stinken	stank	hat gestunken	stink[e]/stinkt
stoßen	stieß	hat gestoßen	stoß[e]/stoßt
stößt			
streichen	strich	hat gestrichen	streich[e]/streicht
streiten	stritt	hat gestritten	streit[e]/streitet
tragen	trug	hat getragen	trag[e]/tragt
trägst			
treffen	traf	hat getroffen	triff/trefft
triffst			
treiben	trieb	hat getrieben	treib[e]/treibt
treten	trat	hat getreten	tritt/tretet
trittst			
triefen	triefte	hat getrieft	trief[e]/trieft
	troff	hat getroffen	
trinken	trank	hat getrunken	trink[e]/trinkt
trügen	trog	hat getrogen	trüg[e]/trügt
tun	tat	hat getan	tu[e]/tut
1. Präs Sing tue			
2. Präs Sing tust			
3. Präs Sing tut			
verbieten	verbot	hat verboten	verbiet[e]/verbietet
verbrechen	verbrach	hat verbrochen	verbrich/verbrecht
verbrichst			
verderben	verdarb	hat verdorben	verdirb/verderbt
verdirbst			
vergessen	vergaß	hat vergessen	vergiss/vergesst
vergisst			
verlieren	verlor	hat verloren	verlier[e]/verliert
verraten	verriet	hat verraten	verrat[e]/verratet
verrätst			

1. Infinitiv	2. Imperfekt	3. Partizip Perfekt	4. Imperativ – Sing/Pl
verschleißen	verschliss	hat verschlissen	verschleiß[e]/verschleißt
verstehen	verstand	hat verstanden	versteh[e]/versteht
verwenden	verwendete	hat verwendet	verwend[e]/verwendet
	verwandt	hat verwandt	
verzeihen	verzieh	hat verziehen	verzeih[e]/verzeiht
wachsen wächst	wuchs	ist gewachsen	wachs[e]/wachst
waschen wäschst	wusch	hat gewaschen	wasch[e]/wascht
weben	wob	hat gewoben	web[e]/webt
	webte	hat gewebt	
weichen	wich	ist gewichen	weich[e]/weicht
weisen	wies	hat gewiesen	weis[e]/weist
wenden	wendete	hat gewendet	wend[e]/wendet
	wandte	hat gewandt	
werben wirbst	warb	hat geworben	wirb/werbt
werden wirst	wurde	ist geworden	werd[e]/werdet
	ward		
werfen wirfst	warf	hat geworfen	wirf/werft
wiegen	wog	hat gewogen	wieg[e]/wiegt
winden	wand	hat gewunden	wind[e]/windet
wissen weißt	wusste	hat gewusst	wisse/wisset
wollen willst	wollte	hat gewollt	woll[e]/wollt
ziehen	zog	hat/ist gezogen	zieh[e]/zieht
zwingen	zwang	hat gezwungen	zwing[e]/zwingt

Deutschland

Länder (und Hauptstädte)
Baden-Württemberg (Stuttgart)
Bayern (München)
Berlin (Berlin)
Brandenburg (Potsdam)
Bremen (Bremen)
Hamburg (Hamburg)
Hessen (Wiesbaden)
Mecklenburg-Vorpommern (Schwerin)
Niedersachsen (Hannover)
Nordrhein-Westfalen (Düsseldorf)
Rheinland-Pfalz (Mainz)
Saarland (Saarbrücken)
Sachsen (Dresden)
Sachsen-Anhalt (Magdeburg)
Schleswig-Holstein (Kiel)
Thüringen (Erfurt)

Österreich

Bundesländer (und Hauptstädte)
Burgenland (Eisenstadt)
Kärnten (Klagenfurt)
Niederösterreich (St. Pölten)
Oberösterreich (Linz)
Salzburg (Salzburg)
Steiermark (Graz)
Tirol (Innsbruck)
Vorarlberg (Bregenz)
Wien (Wien)

Die Schweiz

Kantone (und Hauptorte)
Aargau (Aarau)
Appenzell Außerrhoden (Herisau)
Appenzell Innerrhoden (Appenzell)
Basel-Landschaft (Liestal)
Basel-Stadt (Basel)
Bern (Bern)
Freiburg (Freiburg)
Genf (Genf)
Glarus (Glarus)
Graubünden (Chur)
Jura (Delémont)
Luzern (Luzern)
Neuenburg (Neuenburg)
Sankt Gallen (Sankt Gallen)
Schaffhausen (Schaffhausen)
Schwyz (Schwyz)
Solothurn (Solothurn)
Tessin (Bellinzona)
Thurgau (Frauenfeld)
Nidwalden (Stans)
Obwalden (Sarnen)
Uri (Altdorf)
Waadt (Lausanne)
Wallis (Sitten)
Zug (Zug)
Zürich (Zürich)

Die deutsche Phonetik

Vokale

Laut	Beispiel
[a]	matt, hat
[aː]	haben, Fahne
[ɐ]	Vater, Bauer, Meter
[ɐ̯]	Abitur, Februar, leger, Uhr
[ã]	Centime, Rendevouz
[ãː]	Abonnement, Melange
[e]	Etage, Geografie
[eː]	Seele, Mehl
[ɛ]	Wäsche, Bett
[ɛː]	zählen, quälen
[ɛ̃ː]	Cousin, Pointe
[ə]	mache, Gepäck
[ɪ]	Kiste, mit
[i]	privat, Biologie
[iː]	Ziel, prima, Biologie
[o]	Oase, Projekt
[oː]	ohne, Ofen
[õ]	Fondue, Bonbon, Annonce
[õː]	Karton
[ɔ]	oft, Kosten
[ø]	ökologisch
[øː]	blöd, Höhle
[œ]	Götter, öffnen
[u]	zuletzt, Kurier
[uː]	Mut, gut
[ʊ]	Mutter, lustig
[y]	Zypresse
[yː]	Mühle, physisch
[ʏ]	Sünde, Rhythmus

Doppelvokale (Diphthonge)

Laut	Beispiel
[ai̯]	weit, bei
[au̯]	Haus, laufen
[ɔy̯]	Heu, Häuser

Konsonanten

Laut	Beispiel
[b]	Ball, Nebel
[ç]	mich, Licht, zwanzig, Chemie
[d]	denn, bedenken
[f]	Freund, vielfach, Philosophie
[g]	gern, gegen
[h]	Hand
[j]	ja , Million
[k]	Kind, schicken
[l]	links, Pult
[l̩]	Achsel
[m]	matt, Kamm
[n]	Nest, nennen
[n̩]	Abend
[ŋ]	lang, fangen
[p]	Paar, Pappe, Lob
[pf]	Pflanze, Pfahl
[r]	rennen
[s]	fassen, Glas, groß
[ʃ]	Stein, Schlag
[t]	Tafel, Hütte, und
[ts]	Zahl, zehn, Patient
[v]	wer, Qual, Klavier
[x]	Loch, Bach
[z]	Singen, Rose
[ʒ]	genieren, Garage
[ʔ]	Knacklaut
[']	Hauptakzent